松阳县志

一

松阳县地方志编纂委员会　编

方志出版社

图书在版编目（C I P）数据

松阳县志 / 松阳县地方志编纂委员会编. -- 北京：
方志出版社，2020.9
ISBN 978 -7-5144-4328-8

I.①松-. II.①松.. II.. ①松阳县-地方志IV.
①K295.54

中国版本图书馆CIP数据核字(2020)第180329号

松阳县志

编　　者：松阳县地方志编纂委员会
责任编辑：程　倩
出 版 者：方志出版社
地址　北京市朝阳区潘家园东里 9 号（国家方志馆4层）
邮编　100021
网址　http://www.zgfzcb.cn
发　　行：方志出版社图书经销中心
电话（010）67110500
经　　销：各地新华书店
印　　刷：云南美嘉美印刷包装有限公司
开　　本：889 × 1194　1/16
印　　张：301
字　　数：6667千字
版　　次：2020年9月第1版　2020年9月第1次印刷
印　　数：0001 ~ 3000册
书　　号：ISBN　978-7-5144-4328-8
定　　价：1080.00元

江滨公园（钟土军 摄于 2009 年）

在河舟公园（叶光铭 摄于 2004 年）

延庆寺塔景区全貌（叶坚红 摄于 2007 年）

黄家大院（叶坚红 摄于 2007 年）

茶园风光（叶光铭 摄于 2001 年）

箬寮原始林石人矶（县旅游局提供 2010 年）

四都云雾（叶高兴 摄于2005年）

山村雪景（叶高兴 摄于2005年）

环城西路
（叶光铭 摄于2008年）

要津路
（叶光铭 摄于2009年）

太平坊路（叶光铭 摄于2008年）

长松路（叶光铭 摄于2008年）

江南豪园住宅小区（叶光铭 摄于 2008 年）

古市镇筱铺新村（叶光铭 摄于 2009 年）

新兴乡内孟村（县农办提供 2006 年）

新处乡坳后新村（县农办提供 2009 年）

邵（山）寨（头）公路
（县交通局提供 2009 年）

江南公路
（县交通局提供 2010 年）

龙（游）丽（水）高速公路松阳段
（县交通局提供 2010 年）

南门双木桥（叶祖青 摄于 1955 年）

松阳县首座钢筋水泥大桥——南门大桥（叶祖青 摄于 1972 年）

独山大桥
（叶光铭 摄于 2005 年）

松州大桥
（叶光铭 摄于 2009 年）

春耕（叶高兴 摄于 2003 年）

山区稻田
（樊兔兔 摄于 2010 年）

收割水稻（县农业局提供 2010 年）

晒谷（叶高兴 摄于 2007 年）

松阳县第二届优质早熟梨品评会
（叶光铭 摄于2009年）

甲鱼养殖
（县农业局提供2010年）

香菇种植
（叶坚红 摄于2010年）

茶叶节（县农业局提供 2008 年）

茶叶加工
（县农业局提供 2008 年）

茶叶采摘
（樊兔兔 摄于 2010 年）

浙江雷克机械工业有限公司
（叶光铭 摄于 1996 年）

松阳不锈钢产业参加国际钢管工业展览会
（王彦 摄于 2009 年）

工业园区（叶光铭 摄于 2007 年）

松阳县首届农民文化节
（叶光铭 摄于 2008 年）

乡村节庆活动
（叶坚红 摄于 2010 年）

社区腰鼓队排练（叶光铭 摄于 2007 年）

乒乓球运动
（县老年体协提供 2008 年）

气排球比赛
（叶光铭 摄于 2007 年）

皮划艇训练
（叶光铭 摄于 2009 年）

松阳县第一中学（县教育局提供 2009 年）

松阳县第二中学
（县教育局提供 2009 年）

松阳县三中集团学校
（县教育局提供 2010 年）

松阳县民族中学
（叶光铭 摄于2010年）

松阳县实验小学毓秀校区升旗仪式
（县教育局提供2009年）

松阳县实验幼儿园
（县教育局提供2009年）

松阳县人民医院
（叶光铭 摄于 2007 年）

松阳县中医医院
（叶光铭 摄于 2008 年）

松阳县古市医院
（县卫生局提供 2010 年）

松阳县板桥畲族乡卫生院
（县卫生局提供 2010 年）

松阳县斋坛乡卫生院
（县卫生局提供 2010 年）

松阳县疾控中心（县卫生局提供 2010 年）

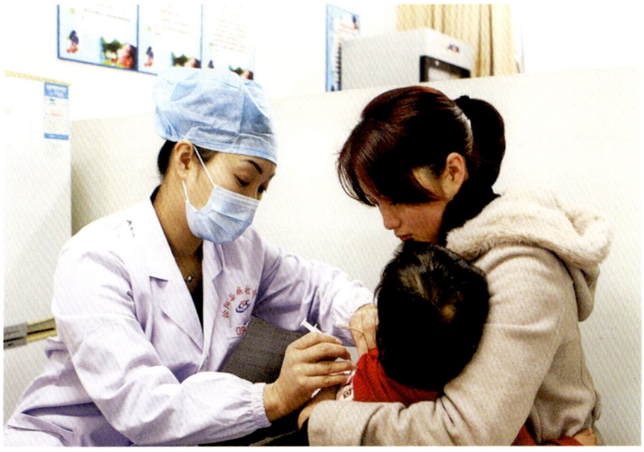

预防接种（县卫生局提供 2010 年）

松阳高腔表演
（叶光铭 摄于2005年）

月宫神韵音乐会
（叶光铭 摄于2008年）

大东坝山边马灯表演
（叶光铭 摄于2006年）

樟溪木偶戏表演（叶光铭 摄于 2008 年）

玉岩道惠夫人会（县文广新局提供 2008 年）

竹溪锣鼓表演
（县文广新局提供 2008 年）

古市桂花亭表演
（县文广新局提供 2008 年）

蔡宅花鼓灯表演
（樊兔兔 摄于 2009 年）

高亭迎神赛会（县文广新局提供 2008 年）

玉岩程路船灯（樊兔兔 摄于 2009 年）

打铁（叶祖青 摄于 1998 年）

制作棕板床（郑忠民 摄于 2010 年）

串编蓑衣（郑忠民 摄于 2008 年）

弹棉被（郑忠民 摄于 2010 年）

制秤
（郑忠民 摄于2008年）

制作麦秆扇
（县文广新局提供2008年）

制纸
（叶光铭 摄于2006年）

石斧、石钺、石镞、石刀、石环（新石器时代）

印纹陶罐（商代）

原始瓷豆（西周）

印纹陶盉（商代）

S纹原始瓷罐（西周）

陶灶（汉代）

翻唇陶罐（汉代）

五铢钱 新莽货币（东汉）

铜鉴（三国）

堆塑五联（三国）

双系盘口壶（唐代）

刻花梅瓶（北宋）

青釉菱口大盘（元代）

龙泉窑青瓷凤耳瓶（南宋）

横街（叶坚红 摄于 2007 年）

人民大街（叶坚红 摄于 2007 年）

南直街（叶坚红 摄于 2007 年）

北直街（叶坚红 摄于 2007 年）

松阳老城区（叶坚红 摄于 2007 年）

松阳三庙

城隍庙（叶坚红 摄于 2007 年）

文庙（叶坚红 摄于 2007 年）

关圣宫 又名汤兰公所、兰溪会馆（叶坚红 摄于 2007 年）

古市城隍庙（叶祖青提供 1956 年）

三济桥（周兆金 摄于 2006 年）

鹦鹉冢外景（叶祖青提供 摄于 1946 年）

界首村（叶坚红 摄于2007年）

杨家堂村（叶高兴 摄于2006年）

山下阳村（叶高兴 摄于2010年）

酉田村（金春清 摄于2010年）

黄上村（叶高兴 摄于2005年）

吊坛村（叶鑫垚 摄于2008年）

松阳县政区图
比 例 尺
1:200000
0 3 6 9公里
武 义 县
溪口
前湾
石门洲
三港
竹客
塘后
赤圩
丁公
梁村
老竹
上塘畈
白岸口
莲
都
区
吴源
高溪
苍坑
处寮
周巷
平田
柘坑
章田
周山头
都
乡
椰树
1270
白水基东山
呈回
黄岭根
三
都
乡
淡竹
老鸦洞背
孙源
岭上
三都
(里庄)
水竹
上源
上田
下田
上庄
尹源
杨家堂
西田
后湾
毛源
松庄
板
桥
畲
族
乡
后塘
桐榔
板桥畲族乡
(板桥)
金村
大毛科
潘八
东坑
张山
殿后岗
高山
磨石弄
程路后
鲁峰
下寮儿
陈家里
村头
鲁西
塘里源
金山头
上梅
小佛儿
靖居
龙湾
象
溪
镇
活源
青蒙塔
石鼓
石牌门
东田
黄店
坑里
水车
吴村
潘弄
石马源
金钟
大塔
雅溪口
石马铺
下坑源
高岭
吕潭
南州
南坑口
靖居口
塔背
象溪镇
毛弄
罗坑
南坑源
兰蓬
金竹坞
黄岭头
仰天河
黄牛山
西焦
潘山
西龙顶
叶西后
徐山
裕溪
(金村圩)
裕溪
裕
溪
乡
小槎
隔溪山
章山
内陈
凤弄源
合溪
木岱坑
源底
前山
朱坑
百步
天鹅孵蛋
金村
茶铺
上东
(东畲)
兰田
七尖顶
顶头炉
毛山
布岱岗
县
图 例
城镇街道
县政府驻地
乡、镇政府驻地
村民委员会驻地
自然村
山峰、宝塔
河流、水库
省辖市界
县、市界
乡、镇界
省 道
一级公路
县 道
乡道、村道
矿山、事业单位

审图号：

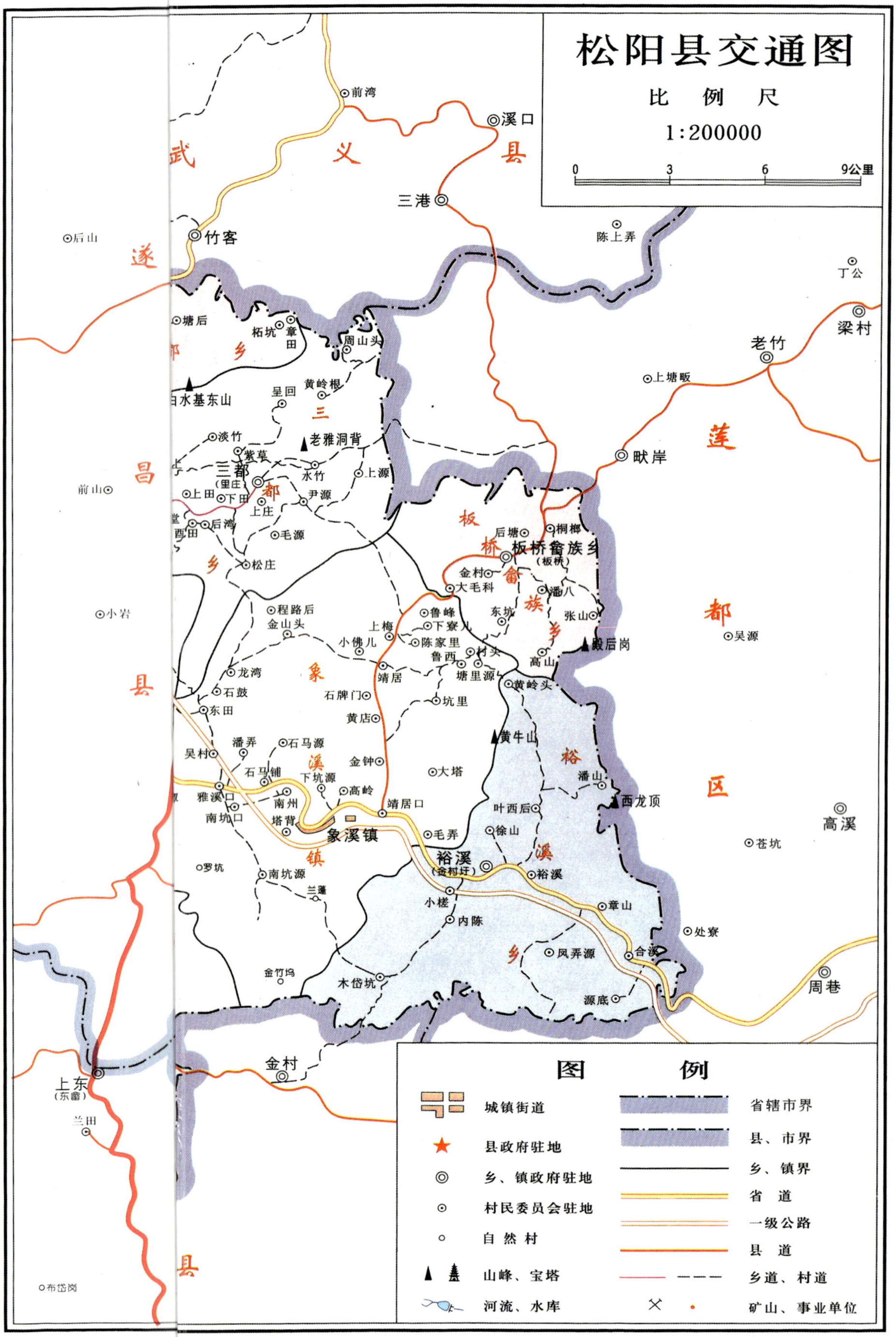
松阳县交通图
比　例　尺
1:200000
0
3
6
9公里
武
义
县
遂
昌
县
县
莲
都
区
板
桥
畲
族
乡
三
都
乡
象
溪
镇
裕
溪
乡
前湾
溪口
三港
竹客
后山
陈上弄
丁公
梁村
老竹
上塘畈
畈岸
塘后
柘坑
章田
周山头
白水基东山
呈回
黄岭根
老雅洞背
淡竹
紫草
三都
(里庄)
下田
上田
水竹
上源
尹源
上庄
前山
西田
后湾
毛源
松庄
后塘
桐榔
板桥畲族乡
(板桥)
金村
大毛科
潘八
小岩
程路后
金山头
鲁峰
东坑
张山
吴源
下寮儿
上梅
小佛儿
陈家里
殿后岗
村头
鲁西
高山
龙湾
塘里源
靖居
黄岭头
石鼓
石牌门
坑里
东田
黄店
黄牛山
潘弄
石马源
吴村
金钟
大塔
潘山
石马铺
下坑源
雅溪口
高岭
西龙顶
南州
靖居口
叶西后
高溪
南坑口
塔背
象溪镇
徐山
毛弄
苍坑
裕溪
(金村圩)
裕溪
罗坑
南坑源
兰蓬
小槎
章山
内陈
处寮
合溪
凤弄源
周巷
金竹坞
木岱坑
源底
金村
上东
(东畲)
兰田
布岱岗
图　　例
城镇街道
县政府驻地
乡、镇政府驻地
村民委员会驻地
自 然 村
山峰、宝塔
河流、水库
省辖市界
县、市界
乡、镇界
省　道
一级公路
县　道
乡道、村道
矿山、事业单位

审图号：浙S（2

松阳县境图

清光绪元年（1875）

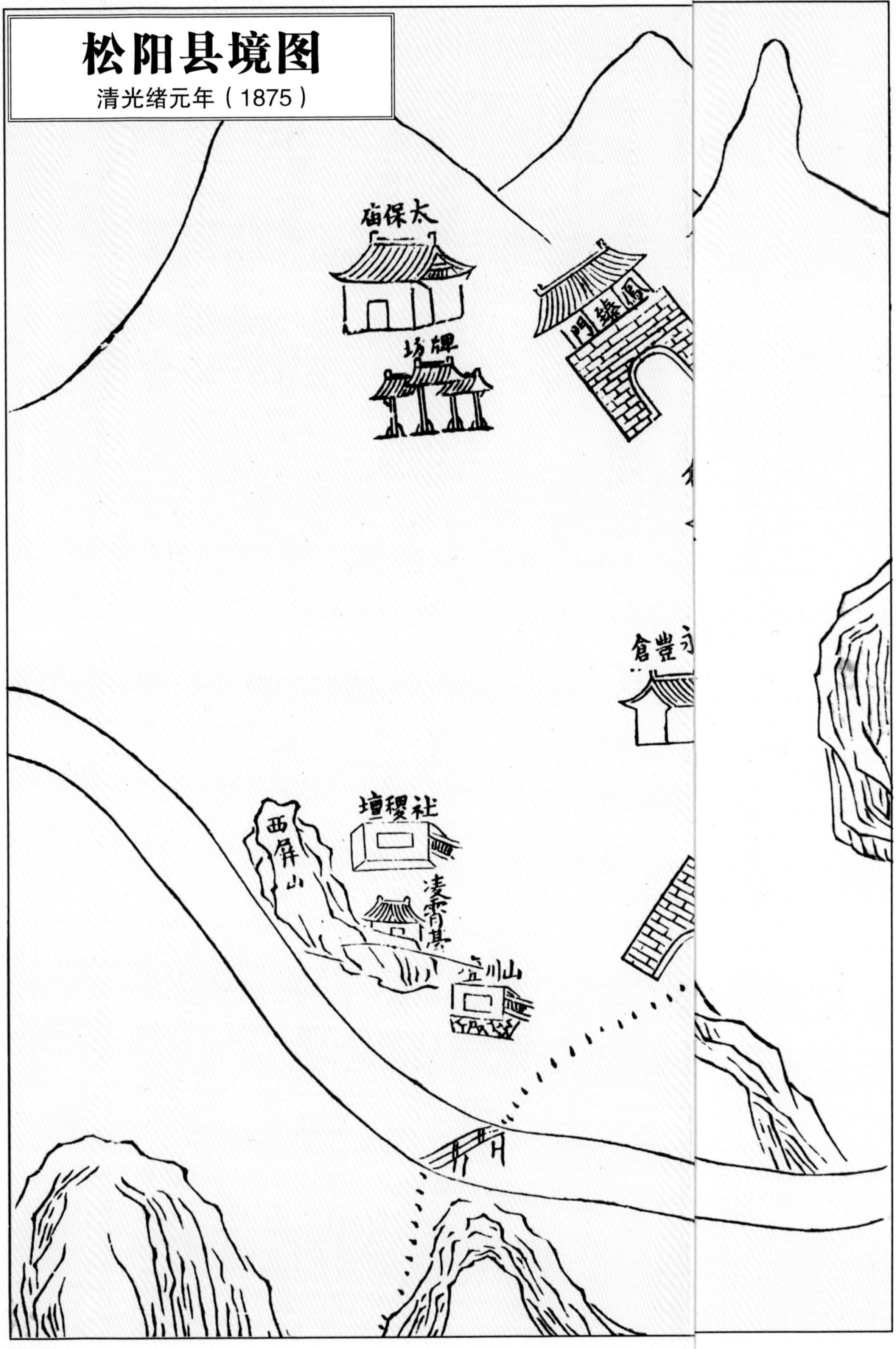

松阳县舆图

清光绪元年（1875）

县城鸟瞰（叶坚红 摄于2010年）

市政广场（叶坚红 摄于 2010 年）

松阳县地方志编纂委员会（2009～2020）

主　　任：（按时间顺序）王　峻　李汉勤

副 主 任：（按时间顺序）

叶郑献　翁樟明　毛建南　王立武　潘力平　杨金跃

委　　员：（按姓氏笔画）

丁建胜　丁晓敏　叶东香　叶红佳　叶建豹　叶建福　叶荣亮
叶培虎　叶雯涛　叶鑫垚　包金付　吕书元　朱大林　李文标
李剑飞　李展阳　吴子仁　吴王文　吴为民　吴宝良　谷慧香
张健幸　张益农　陈林贵　陈宝清　陈增伟　林开武　周兆金
周胜胜　咸德征　洪关旺　黄金花　梅先平　曾凡文　傅春霞
温小运　蓝　君　蓝建平　廖卫民　潘永水　潘旭辉

办公室主任：洪关旺　黄金花

副 主 任：周兆金　梅先平　蓝　君　谷慧香

《松阳县志》编辑部

顾　　问：王志邦　叶永萱

主　　编：洪关旺

副 主 编：周兆金　梅先平　蓝　君　谷慧香

执行副主编：郑莉瑛

编　　辑：（按姓氏笔画）

王汇江　王香花　王发来　毛馨韫　叶坚红　叶俊彪　叶星亮
叶　凯　叶灵超　叶　影　纪　红　刘永根　刘关洲　汤光新

朱丽婷　谷慧香　李伟春　李永庭　吴香弟　吴　昊　吴炅昊
张爱玲　张宏生　何为松　陆宝良　杨文熙　杨向明　林斌荣
周玉薇　徐彩德　徐荣庆　蒋益悍　詹宏寿　蔡　敏　潘云飞
潘树丰　潘惠民

各编责任编辑：

大事记：洪关旺　蔡　敏

第一编　政区：洪关旺　郑莉瑛　吴炅昊　叶坚红　汤陈生

第二编　自然环境：蓝根成　郑光毅　王汇江　周日信　肖庆来　何呈祥
杨向明　卢建伟

第三编　自然资源：蓝根成　何呈祥　卢建伟　陈建伟

第四编　生态县建设：吴炅昊　洪关旺

第五编　人口：杨文熙　潘树丰　潘惠民　吕玉萍

第六编　城乡建设：洪关旺　杨向明　王汇江

第七编　信息通信业：陈　倩　叶世伟

第八编　电力：王汇江

第九编　交通：叶永萱　叶坚红

第十编　经济综述与体制改革：何呈祥　汤陈生　张宏生

第十一编　农业：何呈祥　郑光毅　汤陈生

第十二编　林业：肖庆来　叶荣亮　潘云飞

第十三编　水利：郑光毅　王汇江　周日信

第十四编　工业：汤陈生

第十五编　商贸　服务业：何呈祥　汤陈生

第十六编　金融：汤陈生　姜　红

第十七编　财政　税务：汤陈生　叶逢彬

第十八编　综合经济管理：何呈祥　吕玉萍　曾水平　叶松华　吴叶明
潘松浪　王素翠

第十九编　政治体制改革：丁荣美　叶荣亮　张宏生　李永庭　杨文熙
郑莉瑛　刘永根

第二十编 中国共产党松阳县委员会：刘永根　叶星亮　徐荣庆　杨文熙　钟香红
王香花　周祚云　傅长俞　雷银才　潘君秀

第二十一编 松阳县人民代表大会：丁荣美

第二十二编 县级行政组织：王陈亮　张宏生　李永庭　潘建英

第二十三编 政协松阳县委员会：叶荣亮

第二十四编 党派 工商联：叶　凯　叶木水　潘春燕

第二十五编 社会团体：丁荣美　杨文熙　刘关洲　刘建超　季淑燕　刘永根
杨慧华　吴关军　吴文户　何伟红　杨君弟　叶松华

第二十六编 公安：周树林　郑光毅　杨向明

第二十七编 检察：刘琳玲　郑光毅　杨向明

第二十八编 法院：俞伟琴　洪雪滢　郑光毅　杨向明

第二十九编 司法行政：郑光毅　丁荣美　毛　敏

第三十编 军事：吴延亮　王汇江

第三十一编 教育：包关火　王汇江

第三十二编 体育：刘关洲　王汇江

第三十三编 科学技术：周祚云　王汇江

第三十四编 医疗卫生：王汇江　杨文熙　纪日法

第三十五编 文化 旅游：叶坚红　刘关洲　徐荣庆　杨向明

第三十六编 文献著述：李伟春　潘树丰　潘惠民

第三十七编 文物：叶坚红

第三十八编 人事劳动和社会保障：王汇江　赖春香

第三十九编 民政：周祚云　杨向明

第四十编 畲族 宗教 信仰：汤陈生　王汇江　叶坚红

第四十一编 风俗：潘云飞　何为松

第四十二编 方言：徐定火

第四十三编 人物：李伟春　叶坚红　王发来

专　记：洪关旺　郑莉瑛　蔡　敏

附　录：洪关旺　张宏生　李永庭

图　照：谷慧香　吴　昊

表　格：叶　影　郑莉瑛

索　引：郑莉瑛　叶坚红

编　务：洪关旺　蓝　君　谷慧香　王香花　潘建英　朱丽婷　吴香弟　吴　昊
张爱玲　郑莉瑛　蒋益悍　詹玉梅

序

从中国的历史、地理、行政区划及管理等方面考量，县志是一个地方最具代表性的地情资料。它立足官方立场又兼顾民情风俗，既树立权威又贴近民间，因而显得可信又可亲。

持续不断地编纂地方志，是中国延续两千多年的优良文化传统。地方志工作是一项承上启下、继往开来、服务当代、有益后世的极为重要的文化基础事业，也是各级地方政府管理和发展文化事业的重要抓手。2006 年 5 月，国务院颁布《地方志工作条例》，更是把地方志工作上升到法规层面，足见重视程度之高。

松阳建县始于东汉建安四年（199），是浙西南一个具有 1800 多年历史的古县。松古大地山川秀美，土肥水沃。松阳人民勤劳智慧，耕读传家。长期以来，松阳农耕文明发达。史料记载，松阳元代即编纂《松阳志略》，明清以及民国时期，更是先后十数次编修《松阳县志》。20 世纪 90 年代初期曾纂修新中国后第一部《松阳县志》，所记述的内容之下限止于 1992 年。星移斗转，社会飞速发展，文明不断推进，人们的思想观念、对事物的认识发生根本性变化。2009 年，松阳县决定新修《松阳县志》。这是一项工作量极为浩繁的系统工程，需要各级各部门积极配合和大力支持才能完成。

改革开放以来，特别是中共十八大之后，松阳经济社会各项事业快速发展，人民群众的幸福感和获得感大幅提升。2018 年 12 月召开的松阳县第十次党代会，明确提出要深入贯彻习近平总书记系列重要讲话精神，全面落实省委“八八战略”和市委“绿色发展、科学赶超、生态惠民”发展主线，坚持以“绿水青山就是金山银山”战略思想为引领，深入实施“生态立县、产业强县、文化名县、开放兴县”发展战略，突出文化引领，坚持品质发展，着力推动政治经济社会同步提升，生态产业文化融合发展，城市乡镇农村协调共生，确保与全省同步高水平全面建成小康社会，加快建设生活富裕、家园秀美、人文和谐的“田园松阳”升级版。“田园松阳”升级版是全县人民对美好生活向往的集中体现，是当前和今后一个时期的奋斗目标和发展愿景。衷心祝愿松阳人民在建设“田园松阳”升级版的进程中越走越好！

习近平总书记在中共十九大报告中指出，文化是一个国家、一个民族的灵魂。文化兴则国运兴，文化强则民族强。文化自信是一个国家、一个民族发展中更基本、更深沉、更持久的力量。要推动中华优秀传统文化创造性转化、创新性发展，继承革命文化，发展社会主义先进文化，不忘本来、吸收外来、面向未来，更好构筑中国精神、中国价值、中国力量，为人民提供精神指引。要坚持中国特色社会主义文化发展道路，激发全民族文化创新创造活力，建设社会主义文化强国。

特别需要赞扬的是，新编的《松阳县志》，洋洋六百余万字，比较全面系统地记述了松阳县自然、经济、政治、文化和社会的历史与现状，是一部资料性文献，对推动松阳县经济社会发展必将发挥重要的存史、资政、育人作用。广大编纂人员含辛茹苦、夜以继日地不断修改、完善，力求提高志书质量，工作精神值得充分肯定。付梓在即，聊作序言，以庆以贺！

中共松阳县委书记：王　峻

松阳县人民政府县长：李汉勤

2019 年 10 月

凡 例

一、本志是中华人民共和国成立后继1996年版《松阳县志》之后的一部新修本。记述时限上自事物发端，下迄2010年末。对个别事件作适当延伸。

二、本志以马克思列宁主义、毛泽东思想、邓小平理论、“三个代表”重要思想、科学发展观、习近平新时代中国特色社会主义思想为指导，坚持辩证唯物主义和历史唯物主义立场、观点和方法，全面、客观、系统地记述松阳县行政区域自然、经济、政治、文化、社会的历史与现状，旨在“存史、资政、育人”。

三、本志所记地域范围以2010年松阳县行政区划为记述范围，少数内容因追溯源流、叙述因果或不可分割等原因，适当兼及现境之外、旧境之内事项。

四、本志采用述、记、志、传、图、表、录等体裁，以志为主。地图与照片除部分集中于志首外，其余随文设置。大事记采用编年体和纪事本末体相结合的方法记述。

五、本志编目设置坚持科学分类和社会分工相结合原则，采用章节目体。首设概述、大事记，末设专记、附录、索引。按照继承延续和创新相结合的原则，采用中小篇章结构的形式设置编目。正文设43编。

六、本志遵循生不立传的原则。人物传收录前志已载以及2010年末前去世的、对社会发展有较大贡献和重大影响的松阳籍或在松阳工作过的客籍人士。

七、本志采用现代语体文记述。行文采用第三人称。引文仍用原文。

八、本志中“解放”“中华人民共和国成立”均指1949年10月1日；“改革开放”指1978年12月中共十一届三中全会后中国实行对内改革、对外开放政策。

九、文字，以1986年国家语言文字工作委员会重新发布的《简化字总表》、1955年文化部和中国文字改革委员会联合发布的《第一批异体字整理表》和1988年国家语言文字工作委员会、新闻出版署联合发布的《现代汉语通用字表》为准。

外文字母按印刷体，易混淆时则注明大、小写。

十、标点符号，以2011年12月30日国家质量监督检验检疫总局、国家标准化管理委员会发布的《标点符号用法》（GB／T 15834—2011）为准。

十一、历史分期，采用朝代分期法或古代（远古至1840年）、近代（1840～1919）、现代（1919～1949）、当代（1949～）分期法。

十二、本志的纪年：历史纪年，清宣统三年（含宣统三年）以前采用旧纪年，括注公历纪年；

民国纪年采用阿拉伯数字书写，括注公历纪年；1949 年 10 月以后，直接以公历纪年。公历纪年一律采用阿拉伯数字。括注公元前年份，年份前冠“前”字。括注公元年份直接书写年份，不添“年”字。

十三、人名、地名、书名、文章篇名及引录古籍文句，凡可能引起歧义的，仍用原繁体字或原异体字。人名、地名中的“砿”通“坛”，地名中的“冏”通“垒”，“樥”通“蓬”。历史地名，仍沿其旧，并于其后括注今地名。今地名采用标准地名。

外国国名、地名、人名、民族名以及行政机构、党派团体、报刊等名称，均以《辞海》译名为主，并参照新华通讯社译名室常用译名。各卷首次出现时，括注外文原名。

十四、生物、矿物名称，使用中文标准学名。生物名称首次出现时采用二名法，必要时加注当地俗名。

十五、专用名词，首次出现时用全称。凡全称过长，且存在语意准确而又流行的简称者，则在全称后括注简称，再次出现时即用简称。未特别标明的“省地（市）”，指浙江省、丽水地区（市）。

十六、地图按照《地图管理条例》的规定使用。

十七、称谓、计量单位、数字等均按照国家关于出版物的有关规定执行。其中，货币单位为当时的货币单位；解放初期的旧币已折合新币。

十八、统计数据，以政府统计部门公布为准，统计部门缺项者则采用相关部门经过核实的数据。文中表格出现 1958～1981 年的数据，为松阳、遂昌并县时松阳区域的数据。前后数据因统计口径等原因导致前后数据不统一的，一般按各承编单位提供的数据辑录。

十九、引文及重要内容，均括注说明资料来源。

二十、前后内容有交叉重复的，采用“互为补充”“详见”等形式，内容在其归属的章节中详述。

二十一、排列上，先综合（含图照、编纂人员、序、凡例、目录、概述、大事记），然后按自然、经济、政治、文化、社会部类，再人物、专记、附录、索引、后记等编排。

二十二、人名索引仅限于第四十二编“人物”第一章“人物传略”和第二章“人物简介”；属于群体的（已列表格）在表格的索引中体现，不再另列。

总目录

第二编　自然环境

第三编　自然资源

第四编　生态县建设

第五编　人　口

第六编 城乡建设

第七编　邮政 电信

第八编　电　力

第九编　交通运输

第十编　经济综述与体制改革

第十一编　农　业

第十二编　林　业

第十三编　水　利

第十四编 工 业

第十五编　商贸 服务业

第十六编　金　融

第十七编　财政 税务

第十八编　综合经济管理

第十九编 政治体制改革

第二十编　中共松阳县地方组织

第二十一编　松阳县人民代表大会

第二十二编　县级行政组织

第二十三编　政协松阳县委员会

第二十四编　党派 工商联

第二十五编　社会团体

第二十六编　公　安

第二十七编　检　察

第二十八编　法　院

第二十九编 司法行政

第三十编　军　事

第三十一编 教育

第三十二编　体育

第三十三编　科学技术

第三十四编　医疗卫生

第三十五编　文化 旅游

第三十六编　文献著述

第三十七编　文　物

第三十八编　人事劳动和社会保障

第三十九编　民　政

第四十编　畲族 宗教 信仰

第四十一编 风 俗

第四十二编 方 言

第四十三编　人　物

专　记

附　录

索　引

CONTENTS

Part 2 Natural Environment

Part 3 Natural Resources

Part 4 Construction of An Ecological County

Part 5 Population and Demography

Part 6 Construction of Urban and Rural Areas

Part 7 Post and Telecommunications

Part 8 Electric Power

Part 9 Transportation

Part 10 Economy Overview and Economy Restructuring

Part 11 Agriculture

Part 12 Forestry

Part 13 Water Resources

Part 14 Industry

Part 15 Commerce, Trade and the Service Sector

Part 16 Finance

Part 17 Finance & Tax

Part 18 Comprehensive Economic Management

Part 19 Reform of Political System

Part 20 Local CPC Organizations in Songyang County

Part 21 Songyang County People' s Congress

Part 22 Administrative Organization at County Level

Part 23 CPPCC Songyang County Committee

Part 24 Political Parties and Groups and the Association of Industry and Commerce

Part 25 Social Organizations

Part 26 Public Security

Part 27 Procuratorial

Part 28 Court

Part 29 Administration of Justice

Part 30 Military Affairs

Part 31 Education

Part 32 Sports

Part 33 Scientific Technologies

Part 34 Healthcare

Part 35 Culture and Tourism

Part 36 Literature Writings

Part 37 Cultural Relics

Part 38 Personnel Labor and Social Security

Part 39 Civil Administration

Part 40 She Ethnic Group, Religion, and Faith

Part 41 Customs

Part 42 Dialects

Part 43 Figures

Special Records

Appendix

Index

本册目录

第二编　自然环境

第三编　自然资源

第四编　生态县建设

第五编　人　口

第六编　城乡建设

第七编　邮政 电信

第八编　电　力

概　述

松阳县始建于东汉建安四年（199）。置县之际，松阳境域宽广，虽具体边界无考，但大致区域可察。西枕长松山毗邻太末县，北靠仙霞余脉毗邻长山县，东倚缙云山毗邻章安县，南抵雁荡山毗邻永宁县。松阳历史悠久，为处州肇始之县。唐武德四年（621），升为松州；八年，仍为县。原处州各县均有曾隶属松阳县之辖地。直至明景泰三年（1452），处州十县形成。1958年11月，松阳县撤，并入遂昌。1982年1月，松阳恢复县置。之后，区划基本稳定，东南连莲都区，西南邻云和县与龙泉市，西北接遂昌县，东北毗金华市武义县；介于北纬28°14′～28°36′，东经119°10′～119°42′。2010年底，辖5个镇15个乡（含1个畲族乡）、401个行政村、6个社区、5个居委会；总面积1406平方千米；总人口23.72万。

田园风光　市井梓桑

松阳地处浙西南腹地瓯江上游中低山、丘陵地带。以“西北金钟山、东北竹客岭、西南石塘、东南保定”构筑成松阳四塞，古代关塞险要，具有军事战略意义。域内以西马鞍山、东马鞍山（靖居）、北牛头山（长松山）、南牛头山（石仓源牛头山），构成松阳山脉舆地形态。诸峰形成天然屏障，金瓯玉盘。松古平原平衍宽广，不仅田园风光旖旎，而且物曲土宜，各有攸利，粮食储备富足。在传统农耕社会，松阳天时地利、物华天宝，冠盖浙西南。

松阳气候属亚热带季风性湿润气候。总的气候特点是温暖湿润、降雨充沛、四季更替明显，春早、夏热、秋爽、冬暖。春季，阳光明媚，鸟语花香；夏天，早晚东风徐徐，植物生长旺盛；秋季，天高气爽，硕果累累；冬天，暖阳和煦，百姓悠然。全年平均无霜期250天以上，降水量1700多毫米。松阳历史上虽常有水旱灾害，但罕有特大灾难，亦无明显的地震；就是“台风”，少有造成重大的人员伤亡和直接经济损失，还给干燥的大地带来雨水，缓解旱情，降低高温。

松阳地形“八山一水一分田”。“八山”分布松古平原四周，其中海拔千米以上的山脉有33座，箬寮岘海拔1502米，为境内最高峰。山峦叠嶂，连绵起伏，切割强烈，峡谷众多。“一水”就是瓯江水。其主要支流之一的松阴溪，境内流域面积1300多平方千米，占县域总面积的92%强。“一分田”主要集中在县境中部的松古平原，亦称松古盆地，面积近180平方千米，是浙西南最大的山间平原。

松阳为江南水乡，松阴溪是松阳人民的母亲河。松阴溪自西北向东南斜贯松古平原，流淌徘徊，灌溉百万亩农田；经青云山出平原，在峡谷中蜿蜒东去，至堰后圩汇入瓯江，主干流境内长60.5千米；支流分布南北，似“非”字型排列。干支流上下游自然落差大，水力资源蕴藏丰富，河流枯丰随季节降水变化明显，且带有一定的规律性。境内有大小堰坝120多条。历史名堰通济堰、青龙堰、白龙堰、金梁堰（宣公堤）、芳溪堰、观口堰，一直发挥着灌溉作用。当代，江南渠道等引灌水渠陆续兴建，松阴溪沿溪大堜筑成。百姓既参与筑堤，又建众多的大禹、平水大王庙，祈求上苍风调雨顺。河流里，淡水鱼类资源丰富，品种多样。干流中上游以桃花鲫、青红鯆为主，山区支流多为石斑鱼；故亦有“鱼米之乡”之称。

早在夏商周时期，在松古盆地的低山缓坡，松阳先民逐水而居，即利用水又避水患。他们在松阴溪的冲积平原上刀耕火种，掌握水稻种植。经过先民累世改良土壤、兴修水利，使松古盆地良田千顷。到明朝中后期，松古平原粮食作物有水稻、大豆、小麦、苞萝、番薯、马铃薯等，开启了“松阳熟处州足”“处州咥粮靠松阳”的辉煌时期。粮食“自给有余每资他邑”，明成化（1465～1487）之后，每年资助他邑粮食8000石。不过，至解放前多是阔种薄收，亩产400斤左右。解放后，耕作制度不断改革，从“两熟”到“春花”加“两熟”的三熟制。良种不断培育、推广，产量不断提高；但根本性改变是在1976年后杂交水稻的培育、推广，亩产开始超双千斤。改革开放后，注重经济效益，多改回“两熟”制。小麦是解放后松阳春花作物的当家品种，21世纪初，由于小麦产量低、品质差被淘汰。苞萝以秋苞萝为主，改革开放之后，改种为甜苞萝、春苞萝。改革开放前，番薯、马铃薯作为杂粮种植；改革开放后，依然有人种植，但面积不大，产量不高，靠外地调入；从杂粮变成健康食品。在农业产业结构调整前，大豆以种在田埂边为主，之后小范围种植，且鲜食。概言之，此后一直到20世纪末，松阳的粮食生产都问鼎浙西南。经济作物尤以“三叶”（烟叶、茶叶、桑叶）闻名遐迩。

松阳矿产地下发现煤、铁、铅、锌、银、铜、钼、钴、萤石、高岭土、叶蜡石、花岗岩、瓷土、黄铁矿、玛瑙、稀土等20余种矿产，其中稀土矿储量颇丰。明朝时期，银矿开采盛行。其他如黄铁矿、煤、高岭土、叶蜡石、花岗岩、萤石、玛瑙等矿亦曾开采，但除高岭土、叶蜡石外，其他皆不甚理想。当代，松阳黄蜡石以质优形佳著称；其中的细蜡冻被誉为“黄玉”，声名鹊起，但资源匮乏。叶蜡石中有许多优质印章料，特别是“紫檀冻”“鱼脑冻”，堪称印章石中的佳品。

自古以来，松阳县对外交通，水路得松阴溪之利，有舟楫之便；陆路则全赖人力。为方便城镇乡村、县境内外之间沟通，先民们不避险阻，铺桥砌路，世代相承。逢山涧则依山傍水砌筑道路，遇高山则越岭翻山，跨溪流则架设渡桥。历千八百年发展，城乡道路可谓纵横交错，网络四布；铺舍桥亭，设施完备。有县治达府、达邻县且中途置递铺的为官道；有县治通乡村或乡村间互通的称大路。此类道路多卵石或块石砌成，少数路段也有卵石铺就中砌条石，官道也有全用条石铺成路段。志载，明成化年间，松阳县有到丽水、龙泉、云和、宣平、遂昌等县城的县际大道8条，县境内有递铺10余处。随着交通基础设施日臻完善，县际通道已少有利用，逐渐被公路交通所替代。2010年，全县等级公路里程1311千米。

松阳曾是浙西南政治、经济、文化的中心。隋后虽然设立栝州（处州府），但松阳始终是丽水地区经济、文化的中心之一。建县、升州，至唐朝中期，治在古市。唐贞元年间（785～805），因水患迁紫荆村（西屏），历宋、元、明、清、民国，直至解放后松阳撤并前、复县后治亦在西屏。唐贞元以后，松阳历代县官在西屏不断建造、修缮县衙、城门、埠头、桥梁、驿道、官学、祭祀场所等等，老百姓围绕太平坊修建前店后作坊的大街、直街、横街。从北朝天门到南门码头，从东华门到西金屏门，店铺林立，松阳县城初具规模。虽屡遭水患火灾兵燹，特别是民国31年（1942）8月，日军盘踞西屏，县城主要街道房舍焚毁殆尽；但松阳人民屡毁屡建，至1949年，县城仍不失原来的格局。过去，松阳县城是海绵城市，排水系统“一横三纵”流畅。居民生活污物，用木桶接存，循环利用，没有污染。居民或凿井或汲溪取水生活生产；一日三餐用柴禾做饭烧水，炊烟袅袅，但依然蓝天白云。分县后，开始大规模城市建设，先是新华路，接着紫荆街，然后是太平坊路、要津路、长松路改造。改建后高楼林立，道路宽敞，绿树成荫。但交通工具从行走到自行车到摩托车到小汽车逐步替换，开始出现拥挤。排水系统被毁坏，地面硬化，一下雨就内涝。在“大拆大建”时，幸存下来的千年水利工程白龙堰、青龙堰，以及万余平方米的老城区，近年在不断修复、有机更新。

聚族而居是松阳人生活居住的特点，往往一支宗族就是一个村庄。纵观历史，松阳是赖、黄、瞿、丰、库（厍）、劳、公、壶等姓氏的郡望地，是江南叶姓发祥地，还是浙江省最大的客家族群聚居地之一。全县通族的姓氏则有高、纪、丁、詹、孟、傅、夏、阙、吕、卓、谷等，同姓同宗，凝聚力强。而杨家堂为宋姓族居，陈家铺为鲍姓族居，杨村头为颜姓族居，这类情况比比皆是，堪为不解之谜。在漫长的历史长河中，松阳人辛勤劳作，繁育后代，建设家园。中华人民共和国成立后，经过土改、合作化运动，生活条件有所改善，但总体上物质匮乏、经济拮据，没有能力建设。改革开放后，“一产”的辉煌、粮食的丰收没有给老百姓增收，反而带来经济的滞后。沿海发达地区产业结构不断调整，经济腾飞。而此时，松阳仍止步不前，守着昔日的辉煌。20世纪80～90年代，松阳开始大规模基础设施建设，乡镇企业异军突起，发展第三产业，城镇化水平提高。1998年后，政府严格控制建设，农村冻结审批建房。2007年开始，松阳把推行旧村改造作为“头等大事”，鼓励连片大规模拆除或整村搬迁。到2011年10月，全县旧村改造195个村，拆除13681户，面积达100余万平方米。松阳有识之士疾声呼吁保护传统建筑，加上一些乡镇由于各种因素，改造工作推动不力，幸存100多个风貌保持完整的古村落。这些古村落是人类文明的根，是不可重置的稀缺资源。当政者及时调整方向，使松阳保留下大半个老城和上百个外貌协调、结构较完整的古村落。

千百年来，松阳始终是一片沃土，金瓯玉盘。其间，市井乡村罗星棋布，阡陌交通，渠网交错，鸡犬相闻，百姓日出而作、日落而息，呈现一派田园牧歌式桃源风情。宋宣和甲辰科（1124）状元沈晦《初至松阳》诗：“西归道路塞，南去交亲疏。惟此桃花源，四塞无他虞。”因羡爱松阳田园风光，沈晦选择定居松阳。中原世族大家和闽粤赣族群迁居落户松阳，而沈晦，是其中的一个缩影。

耕读习常　工商焕彰

中原世族大家和闽粤赣族群迁居落户松阳之后，孕育出一支支家族。这些家族秉承着孝敬长辈、夫妻相敬、兄友弟恭、妯娌和睦、扶持弱小、忠孝节义、与人为善、安分守己、勤俭持家等传统美德。尤其是耕读二途，深入人心，大多家族都将“耕读”视为治家之本。“百本为营生之谋，讵若耕读之根本”“丰仓箱无如耕作，大家声还是读书”“他务勿妄营，本业读与耕”“耕读二事，不可缺一”“以忠孝节义为纪纲，以耕读勤俭为本务”“莫将姑息养奸误，耕读两途勖厥身”……诸多姓氏的族规家训虽表述有不一，而意义无二致。松阳有俚语“读书无着，望病撮药；望病无着，种田摘箬”。精耕持家、勤读传世成为农耕时期松阳经济社会的真实写照。农耕时期的耕读文明，亦是松阳人忘不了、抹不去的乡愁。

松阳教育源远流长，早在唐武德四年（621）创有官学，为浙西南最早设置的地方官学。到南宋，为鼎盛。除官学外，自宋至清，陆续出现过第一明善书院（址在古市）、潜斋书院（址在独山）、第二明善书院（址在城东）、紫阳书院（址在象溪）、第三明善书院（址在城北）、积诚草舍（址在城南）等讲学场所。清朝，学塾遍及城乡。光绪《松阳县志》载：“家多置塾延师，勤教力学。昔者宦业相望，今虽少逊前徽，然人文蔚起，是在加意以振刷之耳。”由于特殊的地理位置和自然条件，近代教育开始时，松阳教育基本赶上了中国教育发展的历史步伐。清光绪二十七年（1901），创办迪德小学。光绪三十一年至三十二年，文德、毓秀、育英、启秀等学堂以及震东、成淑、坤元等女子学堂创办，其中界首震东是丽水地区最早的女子学堂；从此开启学校教育。1949年之后，松阳对原有学校进行整顿改造，并新办一批中小学校，入学人数增加。1984年，松阳县成为丽水地区第二个实现基本普及初等教育和基本无盲县。随后30年，职业、民办、成人等教育与时俱进。

正是在这种浓郁的耕读氛围下，松阳尊师重教，人文蔚起。纵观由隋至清科考名录，记载明确、传承清晰的进士92名、举人85名、征辟157名、贡生401名。论武功，有叶一源，先从唐高祖反隋，后随唐太宗征高句丽，战死谥号“武义”。论文治，则有王景，史称其“上继屈宋下并班马”，开启临安（今云南建水）文风，总裁纂修《永乐大典》。论忠义，有叶希贤，随从明建文帝流亡第一近臣。论贞文，则有张玉娘，敏慧绝伦，与李清照、朱淑真、吴淑姬并称“宋代四大女词人”。论理学，有王光祖，朱熹赞之为“栝苍士友第一人”。论道学，有叶法善，河洛图纬，卜筮摄养，在道教史上罕有匹俦。论佛学，有慈辩从谏法师，不仅是当时杭州多家寺院的主持，还是高句丽国佛教天台宗始祖初祖。论易学，则有项安世，所著《周易玩辞》，主张“因辞而测象”的治易路效，在易学发展中具有深远影响力。论儒学，有周权，袁桷称之为“磊落湖海之士”。论方志，则有潘景夔，早在嘉定二年（1209）编著《海昌图经》十卷、《续胡粃盐官图经》，体例完备。论功名，有沈晦，宣和六年甲辰科（1124）状元。论隐逸，则有练鲁，力辞明太祖征辟。论早慧，有程榆，九岁能属文，二十四岁登进士第，爵封“松阳开国男”。论老成，则有何珽玺，七世同堂，百岁庆诞，明太祖敕赐建坊“耆德门”。代有闻人，不胜枚举。

历史上的松阳经济，是典型的自给自足的自然经济。俗语“种田钿，万万年”，松阳当地人往上数三四代，绝大多数是务农。各族姓都把务本即最根本的职业是种田，写进族规家训。这亦是松阳在传统农业时期能够辉煌的原因之一。松阳经济作物以“三叶”（烟叶、桑叶、茶叶）、油菜、花生、芝麻、甘蔗等作物为主。土纸（粗糙纸）、白炭、绵纸、红糖、花生、红梨、柿枣则作为解放前的土特产。山区的老百姓，靠山啞山，除种植粮食作物以外，以出售竹木原材、制品及林下经济为生。由于，高山果蔬与平原果蔬季节错开，且作物生长期长，受到平原城镇居民的青睐。

明末清初，晒红烟传入松阳。因松古平原土壤适宜晒红烟生长，使得晒红烟产供销产业链迅速发展，许多人因此发家致富。民国 4 年（1915），松阳晒红烟获巴拿马万国博览会金奖；乌井的黄家因经营晒红烟成为松阳首富。中华人民共和国成立后，一度控制烟叶种植规模。20 世纪 60～70 年代，是种植的鼎盛时期。松阳成为全国七个晒红烟基地之一。改革开放后，因晒红烟效益不如其他经济作物，种植面积慢慢减少。

松阳素有养蚕纺纱之传统。早先种植的是草桑。20 世纪初，留日回国人员赤寿界首的刘德怀，引入“湖桑”，改良蚕桑养殖。民国时期，丽水地区的蚕桑育种总站设在松阳。改革开放后，农户从事养殖蚕桑的区块由松古盆地、象溪、南州一带逐步缩减为南州、石马铺等少数村庄。

松阳很早就生产茶叶。宋代生产制作“凤团茶”，明成化年间茶芽成为贡品，清代卯山有“雀舌”仙茶记载；民国 18 年（1929），古市下街、水南横山茶叶获西湖首届博览会一等奖。全面抗战时期，省农业改进所在松阳推广优质茶种。20 世纪 60～70 年代，“大队核算”时期，又大规模开垦低山缓坡种植茶叶，80 年代中期一度荒芜；改革开放后，再度兴起。

21 世纪初，松阳农业产业结构进行了一次大调整，松阳“三叶”的烟叶和桑叶继续缩减，名优茶叶开始大规模引进种植并迅速发展。至 2010 年，松阳已是生态绿茶之乡，是“浙江生态绿茶第一县”“中国绿茶集散地”。通过实施茶叶全产业链发展工程，松阳已跻身全国茶产业十强县、全国重点产茶县。全县有茶园 18 万亩，形成“40%人口从事茶产业、50%农民收入来自茶产业、60%农业产值源于茶产业”的格局，也形成“一路山水一路景，百里乡村百里茶”的美景。虽不再是“处州粮仓”，却转而成为浙江名茶之乡。此外，松阳还是浙江脐橙之乡、全国松脂之乡、花菇之乡，仍不失为“金瓯玉盘”之誉。

历史上，松阳是一个传统农业县，到明清时期，虽然把“士农工商”排在同等地位，但官府、民间还是重农轻工抑商。元明时期曾有银、铁矿冶，明清时期有一些竹木、土纸、铁业、陶瓷、酿造、制糖、印染、粮食、松脂加工等作坊，但没有现代意义的工业。全面抗战时期，杭州等大城市的一些工业南迁松阳，纺织、化工、烟草等工业一度发展。中华人民共和国成立初期，没有兴建大规模的工厂。1958 年 11 月，松阳并入遂昌。之后，少有工业在松阳区域兴办。可以一说的就是松阳工业“三根烟囱”（中药厂、造纸厂、酒厂）与农业“三张叶”，为松阳工农业除粮食以外的支柱产业，屈指可数。并入遂昌 24 年，松阳被边缘化。1982 年分县后，开始注重工业，但基础薄弱，大多“小打小敲”，少有“规上”企业。90 年代初期，亦想发展工业，探索“浙南纺织城”“工贸长廊”等，皆以失败而告终。20 世纪末，依托当地高岭土资源发展建筑材料，曾红火过几年，但很快偃旗息鼓。21 世纪初，创办工业园区，后以不锈钢产业为主。

改革开放以后，松阳有三股大军活跃全国各地：一股是松脂产业大军分布全国 18 个省区，产值占全国总量的 1/3 强。2007 年，全县有 2 万余人外出采松脂或从事松脂加工行业，在全国各地创办松香企业 230 家，松香、松节油产量占全国的 35.9%，年产值 20 多亿元，打响了“松阳松香”的牌子，业内专家对松阳松香产业的发展感到震惊，誉之为“松阳现象”。一股是不锈钢产业，活跃于华北地区。2004 年开始培育发展不锈钢管产业，经过多年的发展，不锈钢管产业链得到极大丰富与完善，涵盖穿孔、拉管、检测、销售、配套服务、污水处理等企业，已形成一定规模的块状产业集群。松阳不锈钢管产量（无缝钢管）占全国不锈钢管总产量的30%左右，成为全省乃至全国重要的不锈钢管生产基地。一股是室内装修，活跃于东北地区。

对于商业，处州府志上说："邑非津要，商贾鲜通，百货难备，市井间，自布帛菽粟而外，别无异物。"自然经济下，市场发育不全，习惯集市"过行"交易。生产、生活工具、用品大多自给自足，只有不能生产的食盐、金属器皿、较大型的农具如犁头等需要购买。全面抗战时期，因属后方，曾热闹一时。中华人民共和国成立后，实行计划供应，市场没有发育。20世纪90年代，亦曾号令公职人员摆夜摊、设星期日市场、建设"工贸长廊"，但昙花一现。进入21世纪，百货齐全，超市密布。但农村老百姓还有习惯于"五日一""过行"。改革开放后，松阳人活跃于华东地区，特别是江浙沪，开小超市营生；在北京、广州从事服装批发生意的松阳人亦多。松阳的浙南茶叶市场，作为"中国绿茶第一市"、全国绿茶价格指数发布市场和全国百强商品贸易市场而闻名遐迩。此外，新型经济业态蓬勃发展，茶产业、民宿经济、全域旅游、乡村振兴、传统文化保护发展等工作成为全省示范。

司政宽让　俗崇敦良

纵观松阳历史，大多主政者施政宽简肃让，少有急功近利的政治行为，也少行繁杂琐细的扰民事务。多数官员怀有为官一任造福一方的志向，不追求名声虚荣，司政宽让。他们或德教感化，或治水除患，或修桥立渡，或兴学重教，或公正断案，或抗倭抵匪，使得百姓多能安居乐业。

东晋时县令孔某，德冠缙绅，遗爱在民，深受松阳百姓爱戴。百姓避名讳而尊称之"孔松阳"，并为之塑像祭祀。宋代知县陈戒，劝民义役，清白廉洁，在任上逝世，数百百姓为其披麻戴孝；知县蔡任，明农劝学，不檄而令行，不朴而事治，不征呼而赋集，境内大治。此皆为德教感化之标范。

宋宣和三年（1121），金华、衢州、处州相继遭到兵燹。松阳县丞梅溶虽年过七旬，且明知势不能敌，仍抵抗至死。明嘉靖三十二年（1553），倭寇由东南沿海转掠松阳，知县罗拱辰率领属下积极抗御，以孤军勍敌，立下战功。清咸丰八年（1858），太平军自衢州经遂昌涌入松阳，杀人盈野。知县张士超与次子招集兵勇扼守狮子山，松阳百姓自发参与抵御兵乱。后守军兵败，张士超父子殉难。此皆抗暴守土、保靖卫民之典范。

清康熙十五年（1676），知县张景留在兵乱蹂躏之后，招抚流民，设立义学，修葺学宫。乾隆十五年（1750），知县陈朝栋，捐俸购房改建书院（史称"第二明善书院"）。十九年，知县黄槐捐俸建朱子祠，为童业义学。同治六年（1867），知县徐葆清捐置房屋，改建书院（史称"第三明善书院"）。此皆兴学助教之楷模。

像这些律己清廉、爱民革弊、平赋轻役、以身立教之仪型，一直以来为松阳百姓所爱戴。百姓为知县孙德润、魏良弼、周宗邠、支恒椿、知事钱世昌等，或立政绩碑，或立去思碑，或立遗爱碑，或立德政碑；为知县林大佳、张景留、张士超等建祠祀之。清光绪二十年（1894），知县张尊三作《松阳八咏》，从风土、科第、城乡、祠庙、物产、国民、冬防、自咏八个方面都以“绝好松阳县”开端，作诗赞美松阳的政治清明。其《咏国民》中写道：“绝好松阳县，人烟万户余。年丰兴礼让，士众诵诗书。百货堆廛市，三农颂里闾。四民皆乐业，安堵庆何如。”

1949年3月，民国松阳县长祝更生为浙江省第三个宣布起义的县长。中华人民共和国成立后，祝更生担任松阳县民主政府首任县长，爱民革弊。无论调任还是离休后，仍心系松阳，直至1993年逝世，按其遗愿长眠松阳。此后，大多当政者继承司政宽让传统，重点解决好民生问题，给百姓创造生产、经营和日常生活的良好环境。改革开放以后，政府简政放权，方便百姓办事。至2010年，松阳被列为全国首批“法治建设先进县”。从2012年开始，在推进文化引领的乡村复兴过程中，当政者致力于实现人心教化、人心修复。

风俗因政教而振起，宋高宗诰封的“松阳开国男”程榆在《松阳县经界记》开篇称：“松阳县，旧最号乐土，闾井周联，风俗淳厚。”清顺治年间训导孟称舜作《贞文祠记》，云：“松俗简朴，颇为近古。”乾隆年间知县曹立身《松阳县志·序》“松邑民多质朴，俗尚节俭。邑虽小，悠然有淳厚之风。”

松阳民众启思古之幽情，贴近自然，恬淡纯朴，不事浮华。生活方式安逸，性情豁达率真，悠然有魏晋之风。体现在四时岁时节令中不事华侈，譬如端午前后，民间家家户户采集百草，根据家庭成员身体习性，配制“端午茶”，有防疫、祛病、解渴、待客之功能，既便捷又实用；也体现在四礼冠婚丧祭中别无繁缛，丧礼则三日内殡殓，祭礼则丰约各随其分，冠礼则不行，婚礼则只举送日子书、送嫁接路之礼，皆简约而合仪。

松阳民众乐太平，安时命，体现在为人处世的“克己”中，自律、知足、输课、止忿和息讼等方面。体现在本土文艺的“娱人”中，如沿袭至今的有豺画、月光佛画；有“戏曲界的活化石”之誉松阳高腔“夫人戏”；还有道教音乐《月宫调》、松阳鼓词、竹溪锣鼓、民间小调、文武彩灯、桂花亭灯、采茶灯、马灯、船灯等等，无不呈现歌舞升平景象。也体现在本土信仰的“娱神”中，如竹溪摆祭、平卿散胙，又如以祈雨、打醮、还愿、求太平等祈祷形式，旨在赢得城隍、太保、社公等主宰神灵的护佑，以求生存和发展。

松阳尊师重教，香火堂中奉“天地君亲师”。习儒则师承之，谓文章之正轨。如宋代叶重开师从吕祖谦、刘炎师从真德秀，元代吴志宁师从朱仲潜，明代徐学礼师从何镗，清代叶维藩私淑饶庆霖而饶庆霖步武杨孙芝，丁绍清私淑陈其福而陈其福步武潘步贤。习医则家传之，谓岐黄之积淀。如“西田先生”西田叶氏、“仁寿堂”“张三馀”中弄张氏、“中药楼”杨家堂宋氏、“包一钱”城西包氏，皆为世家中医，累世延续经营。各行各业亦是如此，为徒者给为师者送端午、担年睇之习尚传。

松阳是一个充满法则的中国缩影，自古松阳人尊重和敬畏规则，具有契约精神。保留了完整的明清8000件土地契约及数百种民间文书，包含明清、民国多个时期遗留下来反映生产生活过程的地契、田契、卖女典妻契约、婚约、证书执照、祖宗字画等，为研究中国古代农村社会形态提供了文献资料。保留下来的契约在数量和种类上，在浙江甚至中国乡村来看都较罕见。

在古代，除全国通行的立义学、置义田、设义仓、捐义冢之外，松阳历史上还倡义役。《宋史·食货志上六》载："乾道五年（1169），处州松阳县倡为义役，众出田谷，助役户轮充。自是所在推行。"以一乡或一都为单位，由应役户出田或买田若干作助役田，所收田租充应役费用。出田多少，贫富不等。松阳民间首创义役法并在全国推行，充分体现了松阳民风之淳朴和互助互济精神。遵循这一遗风，民间多有赈贫困、济孤寡、救灾荒之举。这也是在人物传略中尚义、笃行之"小人物"所占比重大的主要原因。至2016年，全县开展四届道德模范评选活动，共有19人获得"道德模范"称号，32人获得提名奖。另外，还有5人获得市级道德模范称号，11人入选浙江好人榜，2人入选中国好人榜，2人获得省级道德模范称号和全国道德模范提名奖，1个家庭被评为全国文明家庭。

城乡共襄　福祉展望

松阳拥有一个"古"字的优势，据有一个"绿"字的优势，攥有一个"红"字的优势，拈有一个"文"字的优势。这是近几年松阳民众对乡村的综合价值和巨大潜力的新认识和新判断。

松阳历史悠久，境有新石器时代至商周时期的文化遗址多处；博物馆收藏着秦汉、三国、两晋、南北朝、隋、唐直至宋、元、明、清、民国各时期的出土文物1600多件；境有宋代至民国的历史建筑不计其数，有江南诸塔中保存最完整的北宋遗存延庆寺塔，位于城东的元代杉溪桥，保存明代原貌的兄弟进士牌坊、市口进士牌坊和青云塔，老城区明清至民国时期的老街风貌依旧，清代建筑三庙（城隍庙、文庙、关圣宫）并存为省内独一无二，建于清末民初的黄家大院，被誉为木雕艺术殿堂；境内保存较好的古村落有百余个。2000年，松阳县被公布为省级历史文化名城。至2016年，有西屏、古市2个国家历史文化名镇，杨家堂、山下阳等71个中国传统村落和上百个省市县历史文化名村。松阳是全国"老屋拯救行动"整体推进试点县、中国传统村落保护发展示范县和中国传统村落保护利用试验区（系全国唯一）。是华东地区集历史文化名城、名镇、传统村落体系保留最完整和乡土文化传承最好的地区之一。可以说，松阳是县域"古典中国"的代表。

松阳生态优美，山清水秀，空气质量好，水土污染少。境内森林资源丰富，动植物种类繁多。辖区内有林业用地11余万公顷，占总面积的81%，森林覆盖率（不含1.2万公顷茶园）75.2%，是浙江省林业重点县之一。木本植物650多种，国家级保护的野生银杏、南方铁杉、南方红豆杉、长叶榧树等19种；名木古树4700多株，挂牌保护。植物中"东方水韭"，为松阳所特有。平原地区多有在田头地角、房前屋后种植树木的习俗；山区更注重封山育林。1958年，松古平原部风水口、"风水树"被砍伐烧炭炼钢。70年代，"农业学大寨"，开荒造地，毁坏一些树林。改革开放以后，"外运材"等开放，对森林资源的破坏最为严重。90年代后期，山区老百姓使用瓶装煤气，加上公益林建设，开始保护森林。21世纪初，浙江实施"八八战略"，松阳确立"生态立县"，决定创建"生态县"，慢慢修复生态。2010年，城区空气质量达标率的天数336天，主要水系检测断面水质三类以上比例达100%；是浙江的天然氧吧。至2018年，创建成为国家生态县。

松阳是块热血土地，第二次国内革命战争时期，红军挺进师以玉岩、安岱后为中心开辟浙西南革命根据地；加上之后的抗日战争、解放战争时期，遗留下来的革命遗址遗迹有上百个。

松阳兴学重教，文化积淀深厚，非物质文化遗产颇为丰厚。松阳深厚文化底蕴和乡土文化生命力、创造力的高度自信逐步体现。依托松阳丰富、独特的历史文化资源，对松阳的名人、名迹、民俗等进行研究，在“文化+”的模式下，推进文化与经济、产业的融合，开发推动如晒红烟、熬红糖、采松脂、造土纸、制陶瓷、钉秤等传统技艺创造性转化、创新性发展，更好地展现特色韵味和人文风尚。

中国共产党松阳县第十次代表大会提出“文化引领，品质发展，打造田园松阳升级版”的发展战略，既践行“绿水青山就是金山银山”理念，又符合松阳实际。系统推动乡村的生态修复、经济修复、文化修复和人心修复。在全国率先推进传统村落保护发展，点位激活乡村，挖掘在地民俗文化活动，新型经济业态蓬勃发展，茶产业、民宿经济、全域旅游、乡村振兴、传统文化保护发展等工作成为全省示范，松阳成为全国传统村落保护发展示范县、中国传统村落保护利用试验区、“拯救老屋行动”整县推进试点县。

中国茶乡、国际乡愁旅游目的地、世界中医药康养胜地和国际艺术创作交流胜地逐步彰显，松阳初步走出符合一二三产相生相融、城乡互动互补的新型城镇化道路，向世界发出了可持续乡村创新发展的“松阳声音”。

福祉展望，未来的松阳定能让人感受到诗意乡村与田园城市的交融相彰，感受到时代进步和传统沉淀的文化碰撞，感受到原生态的田园风光、原真的田园乡村风情、原味古朴沧桑的历史风华。

大事记

春 秋

周敬王四十四年，越王勾践二十一年（前476）

秋，楚沈诸梁伐东夷，以报复越人侵楚。三夷男女及楚师盟于敖。（沈诸梁，后分封叶县，为叶公；东汉末年，其裔孙叶望辗转迁徙松阳卯山，为松阳叶姓始祖。东夷地，在浙江滨海）。

是时，松阳属越地。

战 国

越王无彊二十三年（前333）

是年，楚威王围齐于徐州，遂兴兵伐越。楚军大败越师，杀越王无彊，尽取故吴地至于浙江，北破齐于徐州。而越国以此散，诸族子争力，或为王，或为委。滨于江南海上，服朝于楚。松阳属楚地。

秦王政二十五年（前222）

是年，秦出兵东南越族地区，统一瓯越和闽越地，建立闽中郡。

秦

松阳属闽中郡。

西 汉

高祖五年（前202）

是年，汉复立无诸为闽越王。闽越王无诸及越东海王摇者，其先皆越王勾践之后也，姓驺氏。秦已并天下，皆废为君长，以其地为闽中郡。其诸侯叛秦，无诸、摇率越归鄱阳令吴芮所谓鄱君者，从诸侯灭秦。汉击项籍，无诸、摇率越人佐汉。汉高祖五年复立无诸为闽越王，王闽中故地，都东治。松阳属闽越国。

惠帝三年（前192）

五月，汉惠帝立越王勾践后裔、闽越君驺摇为东海王。东海王都东瓯，世俗号称“东瓯王”。松阳属东瓯国。

武帝建元三年（前138）

七月，闽越听从刘濞子刘驹挑唆，发兵围攻东瓯国。东瓯国受困粮尽，派人向朝廷告急。武帝派遣中大夫严助持节发会稽兵，从海上救援东瓯，闽越人闻风而退。东瓯王广武侯望请求举国内迁，朝廷准之。于是率4万余人迁居江淮（今安徽舒城一带）之间，东瓯国除去国号，前后立国54年。松阳从此又人烟荒芜。

东　汉

建武十四年（38）

是年，会稽郡发生大疫，死者数万。松阳属此郡。

永建四年（129）

是年，阳羡令周嘉上书，分浙江以西为吴郡，治设吴县；浙江以东为会稽，治设山阴（今绍兴市），此为浙江省境内的第一个郡级城市。其时浙江境内属吴郡的有乌程、海盐、余杭、由拳、富春5县；属于会稽郡的有山阴、鄮、乌伤、诸暨、太末、上虞、剡、余姚、句章、鄞、章安、永宁等13县。松阳属于章安县。这是以浙江为界划分政区的最早记载。

建安四年（199）

析章安县西乡（旧志为南乡）地置松阳县，属会稽郡。

建安八年（203）

松阳长丁蕃参加平叛之役，不服永宁长贺齐统领，被贺齐所斩。

三　国

会稽王太平二年（257）

二月，析会稽东部置临海郡，治设章安。辖有章安、临海、始平、宁海、永宁、松阳、安固、横县8县，1.8万户。

东　晋

建武元年（317）

叶俭致仕，徙居松阳卯山。此后蕃衍成族，成为松阳第一大姓。

太宁元年（323）

是年，析临海郡地置永嘉郡，治设永宁，辖永宁、安固、横阳、松阳4县。

隆安二年（398）

十一月，晋安帝书“松阳郡”赐松阳赖氏。江南赖姓多为“松阳郡”。

南北朝

梁天监四年（505）

詹、南两司马率众在松阴溪建通济堰（今属莲都区），灌田 200 顷。

梁普通二年（521）

松阳建善妙寺，隋大业间废。

梁大同年间（535～546）

松阳建寺院 12 座。

陈至德三年（585）

是年，丰州刺史章大宝举兵谋反。永嘉内史毛喜乃修治城隍，严饬器械，又遣所部松阳令周磻领千军援建安。

隋

开皇九年（589）

析松阳县东乡地置栝苍县。

大业十二年（616）

叶法善诞生；唐开元八年（720）逝。

唐

武德四年（621）

建官学。为处州各县之先。

撤松阳县，置松州。

武德八年（625）

撤松州，复为松阳县。

遂昌县并入松阳。景云二年（711）复置遂昌县。

天宝年间（742～756）

量日影，测得独山高百仞，遂名百仞山。

乾元二年（759）

析松阳县和遂昌县部分地置龙泉县。

贞元间（785～805）

县治自旌义乡旧市（今古市镇）迁至紫荆村（今西屏镇）。

中和元年（881）

九月，唐朝廷诏授董昌杭州刺史，钱镠都知兵马史、太子宾客。同月，浙江各地民众纷纷起事反抗朝廷，临海杜雄攻下台州，永嘉朱褒攻下温州，遂昌卢约攻下处州。

五　代

后梁开平四年（910）

松阳县更名为长松县。

后晋天福四年（939）

长松县更名为白龙县。

宋

咸平二年（999）

建延庆寺塔。咸平五年（1002）成。

白龙县复名松阳县。

庆历年间（1041～1048）

百仞堰毁于大水，松阴溪南“一望萧然，尽为赤土”。后几经修复。

宣和二年（1120）

三月十五日，方腊部将洪载率起义军攻占松阳县城，杀县丞梅溶。县署、儒学焚于兵火。起义军据守县城年余。

绍兴十五年（1145）

状元沈晦因寄情松阳山水，定居松阳袭魁坊（状元坊）。

乾道五年（1169）

首创义役法，众出田谷助役，户轮充。

乾道七年（1171）

修缮县学，戟门上有宋高宗御书榜题。

淳熙九年（1182）

朱熹任浙东常平使，到古市、南州等地讲学。

绍定三年（1230）

十月，“联什伍，表界分”。至第二年五月，勘定全县田源、陂塘、厘市、庐田为2627.45顷。

淳祐七年（1247）

立《进士题名碑》，松阳士气振兴。

淳祐十年（1250）

七月，张玉娘诞生。景炎元年（1276）卒。有《兰雪集》传世。

旱，谷物昂贵。

咸淳年间（1265～1274）

邑人叶再遇请于古市朱熹讲学处建明善学院。元末废。

咸淳十年（1274）

知县赵与寅重建县署。

元

延祐元年（1314）

水涝，田禾漂。

至元初（1340前）

浦江吴莱（1297～1340）修《松阳志略》。此为松阳有地方志记载之始。

至元六年（1340）

六月，洪水入城，深丈余。

十一月，达鲁花赤买住从道率众筑金梁堰大堤三百丈，灌田40顷；“民不告劳，复垦废田三千余亩”。

至正十年（1350）

县置26都，260保。

至正十六年（1356）

冬，里人周德闾捐资修筑白龙堰，灌田 20 顷。

明

洪武二十八年（1395）

置净居（今靖居）巡检司。

洪武间（1368～1398）

置按察分司，在县治东。清废。

建文四年（1402）

靖难兵起，消息传到松阳，乡人以为建文帝心腹近臣松阳人叶希贤已死，以衣冠发丧而葬。

永乐二十二年（1424）

龙游柯山农民起义军势逼松阳，“县城几为所据”。

正统六年（1441）

置布政分司，址古市。

正统十四年（1449）

宣平人陶得义等起兵，兵燹延至松阳。民众或避难或堵截，多有伤亡。

成化二十二年（1486）

全县官民有田地、山塘 3162 顷 43 亩 7 厘 4 分。

全县有预备仓 5 所。

境内有递铺 10 处。

是年，贡茶芽 3 斤，赋麦 903 石 4 升 7 合 3 勺、米 1031 石 8 斗 7 升 5 合 1 勺、丝 28 斤 10 两 1 钱 5 分、绢 25 匹 1 丈 3 尺 6 寸。

弘治九年（1496）

建兄弟进士牌坊。

正德年间（1506～1521）

建玉岩普济桥，2 孔石墩木梁廊屋桥，桥面廊屋 7 间，为境内现存最古老廊屋桥。

十一年（1516），地震，雪积丈余。

嘉靖三十二年（1553）

倭寇500多人自青田、丽水窜掠松阳。知县罗拱宸率兵抗击。寇败，自水路遁去。

万历二十二年（1594）

知县周宗邠率众修复百仞堰，把堰口“上移数百武，使南可决水灌田，北不漫流漂舍”。万历三十六年（1608），又毁。万历末修复，置河闸式堰坝。

玉岩白沙岗村创办松阳高腔班。

万历二十五年（1597）

建成雪庵祠。

万历二十六年（1598）

四月，水暴涨，独山渡翻，溺死53人。

万历年间（1573～1620）

知县林大佳捐俸倡建青云塔（又称青蒙塔）于县东十里青云山。至今完好。

万历三十二年（1604）十一月，地震。

崇祯元年（1628）

处州通判许有寰捐银百两修缮县学。第二年，知县杨应华续建竣工。

崇祯六年（1633）

建三贤祠，祀奉知县杨应华、许有寰、邑宦叶以章。清后，增祀代理知县葛永振，三贤祠更名为四贤祠。

清

顺治三年（1646）

六月，清贝勒博洛和浙江总督张存仁，率兵连陷温州、金华，入境劫掠。松阳纷乱，民众死伤甚多。

顺治四年（1647）

十月，玉岩洪舜聚众反清，攻县城。十一月，攻遂昌。后遭清军游击刘登瀛等率兵镇压。

顺治六年（1649）

周君秀、王大头等作乱，劫掠屯踞石仓源等处。

顺治八年（1651）

八月，王应举聚众起兵，活动于石仓、梅村、大阴等地。刘登瀛率兵“进剿”。抗清失败。

康熙五年（1666）

秋，大旱。至第二年四月始雨。

康熙十三年（1674）

五月，靖南王耿精忠叛军攻陷县城，“寇聚于垣，民无完室”。康熙十五年八月，“官兵云集，以次荡平”。

康熙二十五年（1686）

闰四月，大雨4昼夜，赤塔房屋俱漂，南门内水满7尺，舟行城市，傍河庐舍俱漂，淹死人口无数，冲毁四乡田地30余顷。

康熙四十八年（1709）

二月，福建彭子英在石仓、蔡宅、外社等地发动农民起义，响应者甚众。起义军先后攻打云和、遂昌等县。清政府调集温、金、衢、处四府官兵“围剿”。彭子英被捕遇害，起义遭镇压。

雍正二年（1724）

春，有十余名乞丐因疫病死于旧学基旁神庙中。

九月，城南善观铺起火，北至太平坊，东至横街、塔头街，两旁房屋俱毁。

奉旨勅建忠义祠，祀永乐间仕南京应天府通判徐仕坚。

雍正四年（1726）

编户籍。10户为牌，有牌头；10牌为甲，置甲头；10甲为保，设保正。

乾隆十四年（1749）

闽商在城北建福建会馆（即上天后宫）。

乾隆十五年（1750）

复建明善书院，在城东朱子祠左。咸丰八年（1858），毁于兵火。同治六年（1867），在城北天后宫弄重建。

乾隆十九年（1754）

建朱子祠义学。

县城东南失火，部分民宅烧毁。

乾隆二十六年（1761）

五月，大雨，十三都山体滑坡，坏民居、田地；北乡大雨，溪水入城南，损民居若干。

乾隆三十一年（1766）

夏，重建育婴堂，仲秋落成。

知县曹立身告示禁止溺女。

乾隆三十四年（1769）

八月，旅松闽商于济川门外另建天后宫（下天后宫）。

嘉庆五年（1800）

六月二十三日，洪水自遂昌东乡来。六月二十五日，内孟山洪复发，漂尸无数。

嘉庆八年（1803）

松阳等县畲民群起反对科举中排斥畲民。十年，启准畲民“一体考试”。

嘉庆十四年（1809）

汤溪、兰溪布商建汤兰公所。

嘉庆十六年（1811）

药商公建药王庙。

嘉庆二十五年（1820）

东北乡发大水，水入城东，冲坏民舍。

道光元年（1821）

大旱，饿殍甚众。民谣：“嘉庆传道光，家家咥砻糠。”

道光十五年（1835）

知县汤景和劝捐新建南门大堤，后称汤公堤。

道光二十二年（1842）

重建明伦堂，士林纷纷作诗为贺，当时称盛。

道光二十四年（1844）

连旬大雨，水溢城乡。十五都、十六都田地、民居冲坏无数。

道光二十六年（1846）

城南善观铺大火。上至桶盖亭，西至官塘口及市墈头亭下，两旁店屋俱焚。

咸丰六年（1856）

九月，境内大雷雨，三都杨家堂、淡竹等庄山体崩裂数十丈。

咸丰八年（1858）

三月二十三日，太平天国翼王石达开部将石镇吉率部自遂昌抵松境，太平军攻占县城，知县张士超战败身亡。

六月初一，北乡民团伙同遂昌民团攻城，太平军防守抵抗，双方伤亡甚大。太平军撤转处州。初七，太平军由处州回师松阳；至十九日，与清军激战后撤往龙泉。

六月底，清总兵周天受、周天培驻守松阳。

咸丰十一年（1861）

五月十一日，侍王李世贤部将黄忠率太平军由龙游抵松阳，攻占县城。九月，太平天国花旗军由松阳水陆并进，攻占处州。

咸丰年间（1851～1861）

烟商罗宏槐创办罗萃泰烟行，址设古市太保庙左侧。后歇业。宣统二年（1910），其子罗锡祺复业。

同治元年（1862）

六月十九日，清军派5人潜入城内，“约期放火，里应外合”，攻占县城。太平军向宣平方向撤离。

同治七年（1868）

闰四月二十七日晚，善应塔倒于市墈头大街正中，未伤一人未损一物。塔内多开元、太平、洪武钱。

同治八年（1869）

在县治之东和界首村南建成昭忠祠，为崇表忠节。

光绪五年（1879）

夏，大旱，月余不雨。

光绪十二年（1886）

七月，境内大水，漂没堤岸无数。

光绪十五年（1889）

三月，大雨雹。四月，大水，漂没田地坝堤甚多。

光绪十八年（1892）

闰六月，大雨雹，损坏禾稼。十二月，大雪，积二尺余。

光绪十九年（1893）

冬，德国内地华盟耶稣堂到松阳传教，教堂设城北永庆铺弄内。

光绪二十一年（1895）

秋，旱。象溪村下山顶开裂，崩陷数十百丈，阔数丈，深不见底。其水流出，有硝磺气，经久不散。

光绪二十三年（1897）

耶稣教会创办博爱医院，西医传入松阳。

大水，城南大堤被冲塌。

光绪二十六年（1900）

五月，大水，城南大堤再次被冲，洪水入城。

光绪二十七年（1901）

法国牧师到松阳传播天主教，教堂设申亭弄内。

光绪二十八年（1902）

秋，瘟疫流行，城乡死人无数。

光绪二十九年（1903）

设大清松阳邮政代办所，址在太平坊下仁和洋行。

筹办“官立毓秀两等小学堂”，址设旧明善书院旁；于光绪三十一年（1905）三月初三开学。

光绪三十年（1904）

天主教徒叶土根包揽耶稣堂产权纠纷诉讼，偏庇教会，激起民愤，群起驱逐洋教。德国牧师廉和清逃到杭州。

十月，知县叶昭敦保送叶葆彝、叶高崧等到日本东京弘文学院就读；选派许作舟、吴春泽到日本考察学务。

是月，王金宝秘密组织“双龙会”，与浙江各地会党约期起义，准备袭取遂昌。因叛徒告密失败，王金宝被捕就义。

光绪三十一年（1905）

正月初三大雪，“平地雪积三尺，冻死牛羊无数”。至初九日止。

光绪三十二年（1906）

劝学所成立。宣统三年（1911）废。

震东女子两等小学堂创立，址设界首村。

成淑女子两等小学堂成立。民国 11 年（1922），更名为县立第一女子学校。

是年，出口晒红烟 22147 担，价值约 24.3 万海关两。

光绪三十三年（1907）

私立益智英算专修学堂成立。省视学称该校“学生英文、算术两学科成绩颇著”。

光绪三十四年（1908）

石仓阙宗清在象溪南坑口建炉炼铁。

宣统元年（1909）

古市邮政代办所设立。

日本三井洋行经温州海关核准，到古市采购烟叶 6000 担。

宣统二年（1910）

五月，县地方自治事务所成立。全县分设城区、厦田、五都、竹溪、古市、玉岩、靖居、石仓 8 个自治区。

是年，松阳县设厘金局，址在县城南门下天后宫东侧。

宣统三年（1911）

是年，松阳县商会、农会成立。

是年，全县产烟近 3 万担，值银约 30 万两。

中华民国

元年（1912）

8 月底，暴雨 4 昼夜，死百余人；石仓源尤甚，芥菜源全村覆没；城南大堤冲坍 120 余丈。

建忠烈祠，为崇表忠烈。

是年，设县公署，改知县为知事。

松阳县议会成立。民国 3 年（1914）撤。

同明阅报社成立，址设文昌宫。

潘文衡独资建寺岭下三济桥。为当时境内最长的石拱桥。2008 年水毁。

2 年（1913）

8 月，大水。汤公堤水毁过半，包芝洲等筹组水灾善后事务所劝捐修复。

是年，师范传习所成立。民国 5 年（1916），更名为师范讲习所。

3年（1914）

2月27日，独山山岩崩裂，填塞青龙圳。

夏，松阳大旱。持续70多天干旱无雨，数百里田地禾苗被晒死。

是年，松阳邮电局成立。

是年，第一贫民习艺所成立，址设西屏山。

4年（1915）

夏秋大旱，谷价飞涨，每担涨至银元6元以上。

古市罗萃泰烟行选送的松阳晒红烟在旧金山举办的巴拿马太平洋万国博览会上获金奖。

5年（1916）

7月下旬，大水，南州渡覆，淹死9人。

6年（1917）

复设劝学所。民国12年（1923），改称教育局。

7年（1918）

2月，松阳发生地震。门窗箱柜皆摇曳作声。

6月，县立毓秀高等小学举办第一次体育运动会。

9月，时疫流行，知事钱世昌精医术，初一、十五坐堂施医，赤贫赠药。

是年，叶虎臣等筹资创办京剧戏班易俗舞台。民国10年（1921），因经费不敷歇业。

是年，开办公立图书馆，设在文昌宫内。民国15年（1926）2月，与文昌宫同付一炬；民国19年（1930），复设。

8年（1919）

7月，松阳反帝救国会成立，声援五四爱国运动。

9月，县城学校开始推广白话文教学，采购留声机一架、“五朴读音”唱片一套，供教师学习。

9年（1920）

旱灾后，继又风灾。至秋收，从温州购买价值约13万元的大米，以济灾荒。

兰溪“新剧社”到松阳演出文明戏（话剧）。

10年（1921）

7月，大雨，十八都山水暴发，淹没田地农房。

叶村农民罗水宝应荐到台湾传授种烟技术。民国14年（1925），返松阳。

农林试验场成立，址设山下阳村；设苗圃，址设城北望松禅院东侧。

11年（1922）

4月，第二届县议会成立，各区相继成立区议会。民国16年（1927）3月，县、区议会均奉令解散。

是年，县参事会成立。

9月，县城一批进步青年成立“启新社”，组织社员阅读《新青年》等进步书刊。

是年，县田赋征收处成立。

民国11年（1922）闰五月初三日，大雨倾盆，山水暴发，冲坍雅溪口新筑石桥三大洞并各处处旧桥不少，冲没田庐、道路尤多。二十五都板桥岭头山崩，四都庄后亦山崩，各压死一人。

12年（1923）

乡绅潘文衡等倡捐银元7000元，修建黄埠头和仁桥，三孔，长38.4米。民国23年（1934），松（阳）遂（昌）公路通车时，和仁桥利用为公路桥。

14年（1925）

6月，松阳反帝爱国委员会成立，声援上海五卅运动。

秋，叶虎臣等筹资创办华阳电灯公司，装机容量6千瓦。第二年春发电。

15年（1926）

9月，县立松阳初级中学创立，校址城东东福禅院。

10月，中国国民党松阳县党部筹备委员会成立。

11月，军阀孙传芳所属周荫人残部从江西窜入松阳，骚扰城乡，民众损失甚大。

是年，卢子敬、陈凤生、陈丹山在玉岩、枫坪、安民一带组织多个农民协会，开展“二五减租”运动，持续3年。

16年（1927）

5月，县公署更名为县政府。

7月21日，中国国民党松阳县党部改组委员会成立。第二年，县党部执行委员会成立。

9月，县立初中增设女师讲习科，址设东阁街。民国22年（1933），停止招生。

是年，松阳钱粮总柜设立。古市、玉岩、大竹溪设分柜。

是年，四一二反革命政变后，中共党员宋世淦、宋昌华、潘关洲、叶肇琅等因组织游行、参与“驱杨迎陈”事件暴露身份，被温州戒严司令部、省防军第四团派兵缉拿。次年1月，被保释出狱。

17年（1928）

2月，牛瘟局成立。次年，撤。

5月，胜达利钱庄在县城开业。

18年（1929）

7月1日，土地陈报办理处成立。民国19年（1930）6月21日开始办理，至10月底结束。册内总计公私土地面积231195.524亩。

11月，县佃业仲裁委员会成立。

12月，玉岩片区陈凤生、卢子敬、陈丹山以“青帮”为掩护组织农军开展革命斗争，提出“打土豪，分田地”口号。

是年，罗萃泰、徐裕昌烟行选送的晒红烟和包一钱中药店选送的桔梗获西湖博览会优等奖；古市下街、横山茶叶获一等奖。

是年，有英国东印度公司到松阳推销肥田粉。

19年（1930）

2月，夜校同志会成立，招生280人。4月，招女生40余人。

3月5日，县民众教育馆成立。址设城西贞文祠内。

5月，松阳县夏荒严重，米价昂贵。10日，潘宗遗、蔡德标等发起罢市。县政府被迫决定办理平粜。

5月17日，识字运动委员会成立。

5月20日，城厢四里办理平粜，定米价每元20斤。6月，一、二、四区数十村里“接踵办理平粜”。

7月13日，陈凤生等率农军100多人袭击玉岩、枫坪、根下等村土豪乡绅。16日，农军300多人袭击玉岩公安分局。30日，再次袭击国民党玉岩区公所。

8月25日，县水利委员会成立。

9月13日，陈凤生、卢子敬、陈丹山等率部在松阳、宣平、遂昌三县交界的牛头山举行三县红军誓师暴动，遭省保安队、县军警镇压，牺牲6人，被俘2人。

11月，松阳长途电话支局成立。

20年（1931）

5月，县城脑膜炎流行，成立临时防疫所。

10月1日，县抗日救国会成立。

11月，处属烟酒稽征分局在松阳成立。

是年，黄海清开办中西大药房，经营西药。址设古市前街。

是年，锦铭印刷社开业，为县内有铅印之始。

是年，全县产烟4.5万担。

21年（1932）

农民筹借处成立。民国24年（1935）5月，改设农民借贷所。民国28年（1939）1月，停业。

22 年（1933）

秋，刘龙、阙廷等筹资在古市镇创办碾米厂，兼营发电，装机容量 7.5 千瓦。民国 31 年（1942）7 月，停业。

12 月 25 日，松（阳）遂（昌）公路开工。第二年 8 月 24 日竣工，全长 31 千米，境内长 22.5 千米，民国 24 年（1935）5 月 10 日通车。

是年，松阳电报收发处成立。民国 27 年（1938），升格为电报局，辖遂昌、宣平两县电报收发处。

是年，义乌籍共产党员朱金宝在靝溪建立中共支部，系境内第一个中共党组织。次年，因叛徒出卖，党员被捕，党组织遭破坏。

23 年（1934）

7 月，县立初中开始招收女生。

夏秋大旱，数月未雨，田地龟裂，有“甲戌年间断水流”之说。大竹溪等地农民发生抢水械斗。

24 年（1935）

5 月 10 日，刘英、粟裕率中国工农红军挺进师进入松阳境内。后建立以玉岩、安岱后为中心区域的浙西南革命根据地。

10 日，松阳县总工会成立，丁廉任常务理事。

6 月上旬，挺进师政治委员会在枫坪乡小吉村召开会议，决定组建中共浙西南特委；成立浙西南军分区，王蕴瑞任司令员，黄富武任政治委员；成立松（阳）遂（昌）游击大队；成立红军第十五支队等。

7 月上旬，松（阳）遂（昌）游击大队升格为松（阳）遂（昌）龙（泉）游击总队，陈凤生任总指挥，卢子敬任副总指挥。红军第十五支队升格为红军第五纵队。

7 月上旬，中共竹溪区委、区苏维埃政府成立。22 日，中共玉岩区委、区苏维埃政府成立。

9 月 11 日，罗卓英率国民党第 18 军到松阳，“围剿”浙西南革命根据地。军部驻上天后宫。

10 月，松阳县“城乡食盐消费合作社”“二区食盐消费合作社”在西屏、古市 2 镇先后成立。

12 月，碧（湖）松（阳）公路开工，第二年 10 月 4 日完工，全长 47 千米，境内长 37.5 千米。

年底，浙西南革命根据地遭破坏。

25 年（1936）

5 月，始建松阳汽车站。由省公路局经营，置美产“雪佛莱”客车 1 辆，松阳、遂昌每日对开一次。

26 年（1937）

5 月 15 日，全省学区七届辅导会议及自制教具博览会在松阳举行。

夏，仙岩岭脚水库（位于赤寿乡龙下村）开工。民国 27 年（1938）夏竣工。民国 31 年（1942）

夏，大坝坍毁。

七七事变后，烟叶滞销，烟价惨跌，平均每担二元左右，上等好烟仅七八元。

8月2日，松阳县各界抗敌后援会成立。

27年（1938）

1月，浙江省立湘湖乡村师范学校迁古市广因寺。

1月，浙江省农业改进所在松阳成立。

2月15日，浙江省战时物产调整处松阳办事处成立。

2月21日，松阳县抗敌自卫委员会成立。

2月，孟卿、吴玠遵照周恩来指示，回故乡松阳组建第三战区特种工作团一团六分团，分团部驻古市镇城隍殿。

2月，浙江省文化界抗敌协会松阳分会成立。4月21日，国民党县党部下令取缔。

3月16日，县政治工作队成立。

3月20～27日，上海劳动界救亡协会流动宣传队在松阳城隍庙演出，宣传抗日。

3月，县中心农场在古市成立。

4月17日，浙江省烟叶股份有限公司在松阳成立。

5月，《松阳民报》创刊。民国36年（1947）停办。

8月1日，县抗日自卫团成立。

8月，县中心农场试制的明牌雪茄烟投放市场。

10月，松阳县城58防空监视哨成立。

11月，古市区为省建设厅特约经济建设实验区，委托湘湖师范辅导。民国29年（1940）底，停办。

12月，松阳县合作联合社成立。

是年，上海生活书店在县城南门开设分店，出售《老百姓》等进步书刊。民国28年（1939）10月，遭国民党县党部查封。

是年，松阳县食粮委员会成立，下设粮食公卖处。

28年（1939）

1月，迁入松阳的机关团体及难民激增，外地粮商接踵到松阳采购粮食，当地粮商囤积居奇，米价涨至每元（银元）11.5市斤。

2月6日，松阳县粮食调剂委员会成立。8月24日，更名为松阳县粮食管理委员会。

春，横山试验茶厂成立，试制龙井茶、红茶。民国31年（1942），停办。

4月1日，松阳开始全县户口总检查。

5月20日，省立英士大学农学院在松阳开学，址设省农改所内（吴家山脚）。

春、夏间，有84所中小学校3743名学生参加摘除黑麦穗竞赛运动，共摘除病穗480余万株。

7月，松阳县合作金库成立。

8月，战时初中学生补习学校开学。民国34年（1945）9月，更名为私立国强中学。

秋，茶排乡一带时疫流行。第十七后方医院派员治疗。

29年（1940）

3月，省建设厅松阳办事处成立。

4月，中共松阳县工作委员会成立，书记楼国平。

5月，中国三民主义青年团松阳直属支队成立。民国34年（1945），改组为松阳县分团部。

是年，省建设厅在松阳设林产制造示范场。

30年（1941）

1月，浙江省地方银行松阳办事处成立，址设太平坊下首。4月，在古市、靖居各设分理处，11月撤。

4月4日，松阳卫生院成立，址设官塘门三元宫。

4月23日，浙江省政府由永康县方岩迁松阳；8月6日，迁回方岩。

秋，教育家俞子夷特约县立北镇中心小学（今县实验小学）进行国民教育实验，改称教育部特约国民教育实验学校。

10月，省政府为战后防疫善后处理，设松阳卫生工作站，负责消毒防疫工作。

10月，樟溪乡民900多人抵制省保安处派粮，击伤士兵9人、扣留5人、缴获枪支7支。

11月，因民众反对，县政府决定县常平仓由按亩起收改为按田亩累进派购，先收大户，次收中户，再收小户。

是年，第一届乡（镇）民代表会成立，圈选乡（镇）长。

31年（1942）

5月，为阻止侵华日军窜犯，民国松阳县政府奉命破坏龙（游）南（山）公路；34年（1945）9月，开始修复；第二年3月，通车。

5月18日，省政府自方岩再迁松阳；6月2日，迁云和县。

5月22日，日军飞机3架轰炸古市广因寺湘湖师范本部，投弹19枚，炸死师生员工8人，毁房6间。

8月2日，县城沦陷。29日，收复。

8月，省保安三团、陆军第二十一师在松阳与云和县交界的石仓岭抗击日军。

32年（1943）

3月25日、4月10日、4月18日，县政府先后3次派政警下乡，强行铲除烟叶，规定农民须持“种烟注册证”限量种植烟叶。

春，筹办私立俭公中学；第二年8月，开学。

5月13日，县立初中14名教师联名向县政府报告，请求发给薪金，称“许多教师开学迄今，未领分文，虽稀粥菜羹，已感刻饔飧不继，而濒绝境。”

7月，首次印行《松阳县全图》；民国35年（1946），修订重版。

是年，实行“计口授盐”，全县每月供应1500担。

是年，全县有人口122420人，比民国31年（1942）减少6116人，比民国30年减少12278人。

33年（1944）

3月1日，县市政工程处成立。

秋，县立简易师范创立；民国38年（1949）秋，并入县立初中。

10月13日，南州渡舟覆，48人溺死46人。

34年（1945）

3月30日，省政府准拨积谷3000石，办理水利工程。

5月15日，县参议会成立。

上半年，县内回归热流行，发病111例，死亡43例。

8月15日，城乡群众庆祝抗日战争胜利。是年，县政府奉令豁免田赋一年。

9月，县医院成立，院址西门外。民国35年（1946），并入县卫生院。

35年（1946）

春，划定松阳等14个县为新蚕区。

5月10日，物价飞涨，县府职员61人联名，以“公务员生活难以为继”，呈文行政院救济总署浙闽分署，请求救济。

是年，县防疫委员会成立。

36年（1947）

春，第九区农业推广所在松阳进行纯系早稻试验，试验成功。

夏，猪肺疫猖獗，城乡生猪病死无数。

7月，第九区农工职业学校迁松阳，设原省农改所旧址。

11月12日，第二届县参议会成立。

12月1日，国民党松阳县党部与三民主义青年团松阳县分部合并。

是年，《松阳日报》创刊，县政府社会科主办。

37年（1948）

8月10日，中国青年党松阳县党部成立。

是年，叶明等筹资250元，购得手摇发电机、电影放映机、荧幕、无声电影拷贝《红楼梦》等，在县城放映。

38年（1949）

2～4月，物价飞涨。2月10日，松阳市面中等籼米每石价2400元；至4月11日，涨至180000元，暴涨75倍。

3月13日，县长祝更生率部起义，宣布成立松阳县民主政府。

3月15日，起义部队撤至板桥，成立中共松（阳）宣（平）遂（昌）工委，林艺圃任书记；同时成立松宣遂人民游击支队，祝更生任支队长，林艺圃任政委。

4月2日，起义部队在枫坪乡高亭村遭国民党第11师33团袭击，双方激战，游击队牺牲15人，被俘38人。

4月26日，松宣遂游击支队再次攻克县城。

5月9日，中国人民解放军第二野战军十一军三十二师九十六团进驻松阳县城，松阳全境解放。

5月16日，中国人民解放军松阳县军事管制委员会成立。

5月26日，松阳县人民民主政府成立；6月，改称松阳县人民政府。

5月，在全县农村开展减租减息运动。

7月27日，中共松阳县委员会成立。

8月24日，松阳县人民政府粮食局成立。同时建立城关、古市、靖居、玉岩4个区的粮库。

9月，设中国人民银行松阳办事处。第二年，改设松阳县支行。

中华人民共和国

1949年

10月2日，县城群众集会庆祝中华人民共和国成立。

10月24日，中国人民解放军松阳县大队到丽水畎岸剿匪，副大队长杨凤山等多人牺牲。至1953年2月，肃清境内全部土匪。

11月2～4日，松阳县第一次农民代表大会在县城召开，成立县农民协会筹备会。

11月5～7日，松阳县各界人民代表会议第一次会议在县城召开。至1953年，共召开7次会议。

11月，县开展冬学活动，创办冬学265所。

12月，县委、县政府完整有序地完成旧政权接管改造工作，共接收国民党党、政、军机关和所辖省银行、省农推所等9个单位。

1950年

1月19日，基督教会牧师谢发利（德籍）等3人离开松阳回国。

2月，县总工会成立。

2月，县供销合作总社成立；1954年9月6日，改称县供销合作社。

2月，贯彻《关于严禁鸦片烟毒通令》，全县开展肃清鸦片烟毒群众活动。

3月，县新华书店开业。

4月，县人民法院成立。

上半年，县工商业联合会筹备会成立。1956年10月4日，县工商联正式成立。

7月15日，私营松阳力民电厂发电，装机容量7.5千瓦。

7月，私营裕民森记火柴盒片厂开业，厂址古市镇前街。

9月，中国粮食公司松阳办事处成立。

10月，县委土地改革试点工作组进驻泰芝乡8个村，开展土改试点。

10月，开展镇压反革命运动；至第二年5月，告一段落。

12月，木航船运输粮食到丽水，因水大流急，在途中翻船1次、沉船2次、撞破航船6只、遇难船工2人、损失稻谷1800公斤。

是年，全县进行工商登记，核准开业的工商业户462户。

是年，省人民政府贷款大米15500公斤，补助修建青龙堰等水利工程。

是年，推销人民胜利折实公债。

是年，松阳印刷厂成立，为县内首家国营工业企业。

1951年

1月初，调整行政区划，全县设4区43乡镇。1月中旬，土地改革工作全面开展，至4月结束。

4月13日，全县首次劳动模范大会在县城召开。号召全县人民努力生产，进一步开展“抗美援朝，保家卫国”运动。

4月23日，中国人民解放军松阳县人民武装部成立。

5月中旬始，月余未雨，田土龟裂，秧苗枯死，严重影响春种。秧苗枯死8784亩，土地干裂5940亩，损失粮食37.5万公斤。

9月18日，在抗美援朝捐献飞机大炮活动中，全县人民共捐献人民币11.66万元。

9月29日，配合贯彻《中华人民共和国婚姻法》，县人民政府颁行《松阳县婚姻登记暂行办法》。

10月，开始颁发“土地证”。至月底，全县273个行政村，有241个村完成确权发证工作。

12月底，新兴乡横溪村廖达富、阳溪乡项弄村叶群丰常年互助组相继成立。

是年，全县粮食总产量3154万公斤。

1952年

1月6日，全县干部大会召开，部署“反贪污、反浪费、反官僚主义”运动（“三反”运动）。

1月，县委召开农村工作会议，号召开展以“组织起来，改进技术，发展生产”为中心的农业增产运动。

2月，城镇开展“反行贿、反偷税漏税、反盗骗国家财产、反偷工减料和反盗窃国家经济情报”

的“五反”运动。

2月，县总工会进行手工业合作化试点。

4月上旬，县委召开第一次互助合作会议，总结农业互助合作工作经验。

春，私立中小学由民办改为公办。

5月，西屏、古市2镇开展户口登记工作，建立人口出生、死亡、迁出、迁入等项登记报告制度。

6月4～6日，松阳县第一次妇女代表大会召开。

6月8～13日，举办首次物资交流大会，遂昌、龙游、武义、金华等地客商到松阳参加物资交流，成交额24.47万元。

7月上旬，雨，松阴溪水位上涨，冲塌堤岸2100多米；黄圩大堤被冲开60余米，洪水进村；下游800亩农田被淹没。

7月，县委设立城镇工作部，具体负责手工业互助合作化运动；8月，撤销该机构，其职能划归松阳县供销合作总社。

8月，望松乡塔寺下村何世清互助组试种连作晚稻成功。

9月上旬，全县开展禁毒活动，至11月结束。

9月15～18日，松阳县首届职工代表大会召开。

9月，全县国家机关工作人员、中小学教师开始实施公费医疗。

9月，西屏镇、古市镇中心学校附设幼稚班3所；县立初级师范创办，设2个班招生100人。

12月15日，县人民政府明令取缔同善社、一贯道等反动会道门。

12月28～30日，中国新民主主义青年团松阳县工作委员会首届代表会议召开。会议决定在全县建立167个“团员阅读小组”。

12月，农业劳动模范代表大会召开。大会推选廖达富、叶群丰等10人出席浙江省劳动模范代表大会。

12月，增设中共松阳县委统一战线工作部，简称县委统战部，主管全县统战工作。

12月，县委决定，在廖达富互助组和叶群丰互助组试办初级农业生产合作社。

1953年

1月，松阳县工人俱乐部成立，址在西屏镇谢家祠堂。

2月，浙江省森林工业局松阳收购站成立，统一经营全县木材采伐、收购、调配、供应。

3月1日，在全县范围实施通行证制度；6月29日，撤销。

6月22～23日，暴雨成灾，冲毁堤坝45处，受淹稻田1万多亩、棉田500多亩，冲毁鱼塘10多口；叶村、水南、阳溪等乡部分村庄被淹。

7月1日零时，为第一次全国人口普查标准时间。全县32991户、120783人。

8月上旬，全县久晴无雨，受旱稻田万余亩，县委动员上百名干部下乡参加抗旱。

10月，实行粮食统购统销政策，全县私营粮商全部歇业，城乡缺粮户凭介绍信由国营粮店供应粮食。

10月29～11月4日，第一届全县人民体育运动会在松阳中学举行。

是年，县爱国卫生运动委员会成立。

是年，县级财政建立，实行财政收支预算制度。

1954年

1月，首次农村剧团会演在县城举行。

1月，全县实行购粮券，凭券定量供应。

3月中旬，第一次烟农代表会议召开。

3月23日，新兴乡信用合作社开业。

3月，松阳县第一个农村俱乐部——岗寺乡上河农业生产合作社俱乐部成立。

4月6日，县人民检察院成立。

4月，县、区、乡镇均成立防疫委员会，行政村成立防疫小组。

4月，全县普选结束，共选举乡（镇）人民代表1358名、县人民代表107名。

5月，水稻小株密植开始推广。

7月10～15日，松阳县第一届人民代表大会第一次会议在县城举行。

8月14日，县手工业劳动者协会成立。

同月，麻疹流行，至第二年4月，蔓延至全县3/4乡镇，发病10504例，死亡354例。

9月，松阳县兵役局成立。县人武部保留名称，停止职能，下属各区人武部即行撤销。

10月8～16日，山区工作会议召开，贯彻“谁种谁有”的造林政策。

11月，松阳县计划委员会成立，对国营工业企业实行高度集中的直接形式的计划管理。

11月，廖达富为社长的横溪村初级农业生产合作社与李樟元为社长的大木山自然村初级农业生产合作社合并成全县最早的高级社——横溪村高级农业生产合作社。

12月14日，松阳县人民武装委员会成立。

12月18日，全县赶制的10000张篾簟，启运支援长江流域灾区。

12月，石仓乡后宅至汶水口手车路开工，月底竣工。

是年，推广连作晚稻、秋玉米、秋番薯获得成功。

是年，发行国家建设公债，至1957年，共发行28.18万元。

1955年

1月1日，城乡居民使用购粮证，按月定量供应。8月始，对城镇居民实行分等按月定量供应。

5月，金华县红旗婺剧团在松阳县登记注册，改称松阳婺剧团。

5月，贯彻“全力巩固，坚决收缩”方针，全县农业生产合作社由318个缩减为242个。

5月，以潘连、上安、后刘、横溪4个合作社为基础，成立松阳新华高级农业生产合作社。

6月18～21日，连降暴雨，降雨量225.3毫米，冲毁房屋1740幢、灰铺1628间，死亡21人，受伤14人，受灾稻田近14500亩、粮田变成溪滩4000多亩，冲毁水利工程30多处。

7月，《中华人民共和国兵役法》颁布，义务兵役制取代志愿兵役制。县人武部在古市、西屏、靖居口、叶村等地设立4个征集站，开展首次征集义务兵工作。

10月，全县农村实行“粮食三定”（定产、定购、定销），统购3年不变，统销一年一评。

10月15～20日，县第一届人民代表大会第三次会议召开，选举产生首届县人民委员会（简称县人委）。是月，各乡（镇）人民政府也改称乡（镇）人民委员会。

1956年

2月，私营工商业社会主义改造形成高潮，西屏、古市2个镇各行业纷纷申请公私合营。至年底基本完成。

2月，松阳县安置杭州移民166户、521人。

2月，松阳县手工业生产合作联社成立。

3月，县委在全县机关企事业单位开展“肃反审干”工作，至1958年结束。

4月15日，古市七都源国有林场发生火灾，烧毁山林700多亩、各种林木12万余株。

6月1～6日，中国共产党松阳县第一次代表大会召开，会议提出之后两年主要任务是开展以合作化为中心的农业增产节约运动。

6月8日，省人民委员会批复，同意将遂昌县濂竹乡的梧桐口村、龙下村划归为松阳县赤寿乡管辖。

6月9日，县手工业联社成立供销经理部，管理手工业供、产、销，全县手工业社会主义计划经济体制基本形成。

6月20日至7月下旬，晴热少雨，水稻乏水灌溉，全县有49500多亩水稻因旱歉收，其中约900亩颗粒无收。

7月，省人民委员会批复，同意将宣平县竹客乡的章田、柘坑、汤城、午岭村划归为松阳县管辖。

8月6日，省人民委员会批复，同意将云和县金岗乡的木岱坑村、金村乡的茶铺自然村划归为松阳县联溪乡管辖。

8月23日，港（口）玉（岩）公路第一期工程港口至大东坝段正式开工；1958年12月竣工，全长12.3千米。

9月，谢村乡西坑村村民15人误食松树蕈中毒，死亡6人。

10月1日，中共松阳县委机关报《松阳报》创刊；1958年10月25日停刊。

10月18日，四都源水库破土动工，1958年11月竣工。为县内第一座蓄水百万立方米以上的水库。

10月，松阳县工商业者联合会成立（简称县工商联），下设西屏工商联和古市工商联。

10月，松阳县地方交通建设委员会成立。

12月25日，松阳县首次音乐舞蹈会演在县城举行。

是年，浙江省林业厅首次对松阳进行森林资源调查。查明境内有林业用地170.1万亩，活立木蓄积186.6万立方米。

是年，全县推广双轮双铧犁143部，因不适合当地水田作业，至1957年冬，退回66部。

1957年

1月30日，松阳县广播站正式开播。

4月，流行性感冒流行，全县发病1000余例，松阳中学被迫停课5天。

4月下旬，畲族代表板桥乡潘八村蓝仁福、石仓乡灯塔村雷兆根到北京参加五一观礼。5月13日，在中南海怀仁堂受到毛泽东等党和国家领导人接见。

4月下旬至5月初，阴雨连绵，裹夹冰雹，总降雨量387.5毫米。松阴溪水位猛涨，靖居口洪峰量250立方米/秒。沿溪农田遭受浸淹，农作物受损惨重。

5月23日，水南乡清路村卢火珠等4名妇女打死一头俗称“人熊”的短尾猴。

7月20日，中国人民解放军总参谋部第三测量大队奉命在县境内进行大地测量工作。

7月，开展反右派斗争；至第二年秋，有58人被错划为右派分子。1979年后，全部改正。

8月1日，西屏、古市2个镇开放国家指导下的农村自由市场。

1958年

1月，县人民委员会召开全县干部大会，提出批判“右倾保守思想”树立“大跃进”思想。

1月，县委、县人民委员会开始对全县无依无靠、无生活来源的孤寡老人、残疾人、孤儿实行五保政策（保吃、保住、保穿、保医、保养）。

2月，省人民委员会批复，同意将松阳县望松乡的塘后村划归宣平县竹客乡管辖（1961年重新划归望松乡）。

3月21日，全县农村实行粮食包干，宣布包干5年不变，增产不增购，减产不减免。

3月，松阳县人造丝浆厂筹建处（松阳造纸厂前身）成立。

春，开展“除四害（苍蝇、蚊子、老鼠、麻雀）”运动。

4月，进行人口调查。靖居乡一名男性102岁，裕溪乡一名女性108岁。

4月17日，松阳县首批下放干部115人到农村安家落户。

7月4日，第一座水力发电站赤岸电站建成发电。

7月31日，新兴乡新华社创办全县第一个农村公共食堂。至8月底，全县共有农村公共食堂300多个，参加用餐4万余人。

9月20日，红旗人民公社成立，由原城关区1个镇6个乡86个高级农业生产合作社组建成。至9月底，全县实现人民公社化。

9月，县初级卫生学校开学。2个月后，随县制撤销停办。

10月14日，红旗人民公社召开首次社员代表大会，通过《红旗人民公社章程》（试行）。

10月，全县农村实行人民公社，以区为基础，全县置红旗、红光、先锋、红星、卫星5个人民公社。乡为生产大队、村为生产队。

11月21日，撤消松阳县建置，原政区并入遂昌县。

是年夏，松阳汽车站建成。

1959年

4月，103道班班长金关潭代表道班出席全国群英会。

6月，166名青年到宁夏支援社会主义建设。第二年5月，第二批201人到宁夏支援建设。

9月26日至10月7日，开展“反右倾”斗争，以“反对三面红旗”“反对大办钢铁”“抵制农业大跃进”为名，错误批判一批领导干部。1962年，对被批判处理的干部进行甄别改正。

是年，上海音乐学院派员到松阳录制松阳高腔。

是年，受旱24000多亩，成灾4000多亩。

1960年

3月，从生产队所有制直接过渡到人民公社所有制；城乡居民全部进入公共食堂用膳。第二年6月，公共食堂基本停办。

3月，毛弄煤矿动工兴建。1964年，建成投产。

9月，全县初中实行“两条腿走路”的教育方针。根据农业生产合作社办学的指示，民办靖居初中和民办石仓初中相继创办。

是年，松阳烟丝厂批量生产“春丽”牌烟斗丝、“松鹤”牌卷烟。

是年，受旱24000多亩，成灾8000亩。

1961年

同月，春荒严重，有227个大队12854人缺粮104.68万公斤。

5月21日，中央提出“关于减少职工和城镇人口的宣传要点”，至6月底，全县精简下放5684人，支援农业建设。

6月，执行党中央《关于坚决纠正平调错误 彻底退赔的决定》，退赔平调69.8万元。

6月12日至9月3日，晴热少雨，受旱389个大队（较严重138个），农田受旱70813亩，较严重3284亩。松阳、古市两区尤甚，损失粮食80余万公斤。

9月，豁免到期贫农合作贷款9.26万元。

是年，拨自然灾害救济款1815元，夏荒救济款6200元。

1962年

4月，动员1200余名干部职工回乡参加农业生产。

8月，松阳县第一个农村电灌站——望松石角电管站建成。

9月5～6日，14号台风袭击玉岩、古市、松阳、靖居一带，风力强，雨量特大（靖居口实测两日内降雨量128.1毫米），受灾农田17500亩，大小水利工程和乡村木桥被冲共120多处。

10月，接收安置新安江水库移民442户、1929人，在叶村、赤寿、新兴、樟溪等公社新建10个移民大队；后有部分人员未安置。

1963年

2月，马鞍山林场连续发生3起森林火灾，烧毁森林4000余亩。

5月，全县各大生产大队相继建立成立贫下中农协会。

7月初至8月初，干旱30余天，57000多亩农田受旱，致严重减产。

1964年

2月中旬，县委工作组进驻望松公社，开展以“清仓、清帐、清财务、清工分”（“小四清”）为主要内容的社会主义教育运动。

4月，农村出现多种形式的简易小学、耕读小学。

5月22日，交塘公社余叶小学校舍坍塌，压死学生1人，6名师生受伤。

6月中旬，全县普降大雨，玉岩、靖居为最。冲毁防洪堤、堰坝共20处，倒塌房屋5间、灰铺2间，水南公社压死2人，淹没农田870亩。

7月1日零时为第二次全国人口普查标准时间。境内有37288户、141809人。

7月28日，西屏、古市2个镇开放粮油交易所。12月5日，关闭所有粮油市场，由国家粮食部门统一经营。

是年，境内首次在新兴公社进贤大队出土新石器时期石斧等文物。

1965年

5月4日，全县首批城镇知识青年20人到阳溪公社桐溪大队插队落户，集体安置并参加农业生产。此后十年，共有2935名知识青年“上山下乡”。

9月30日，设靖居口集市日，农历每旬逢五为市。

是年，“四清”（清思想、清政治、清组织、清经济）运动由点到面全面展开，一批农村基层干部被当成“走资本主义道路当权派”，受到错误批判和处理。

1966年

6月，杭州胡庆余堂制药厂伤膏车间迁移松阳，称一分厂，即后来的处州中药厂。

7月，取消高校、中专、高中、初中招生考试。至1968年夏，复招初中新生；1970年，复招高中新生。1977年12月，恢复高（中）考制度。

8～9月，农田受旱54000多亩，成灾34500多亩。

11月20日，江南渠道工程开工。至第二年7月竣工，灌田5000亩。

1967年

3月7日，县人民武装部组建农业生产办公室（后改为县人武部生产办公室）。

9月，南门大桥动工兴建，云岩山天桥被拆毁，天门岩石被炸去构筑南门大桥。1969年2月竣工。

11月，境内中等学校红卫兵代表大会（红代会）成立。

12月初，遂联总召开会议，成立遂昌工代会，取代遂昌县总工会。

是年，受旱45000多亩，成灾27750亩。晚造玉米，蔫于结蒲。云岩岩顶大松树枯萎，甘泉断绝。

1968年

7月，赤寿公社革命委员会成立。至1969年2月，各区、公社相继成立革命委员会。

8月，工人毛泽东思想宣传队（简称“工宣队”）、贫下中农毛泽东思想宣传队（简称“贫宣队”）进驻各中学和中心小学。

8月13日，县贫代会成立。至此，“三代会”的成立，取代原来的工、农、青群众团体组织。1976年12月，“三代会”停止活动，组织消失。

11月5日，经浙江省革委会批准，建立“三结合”的遂昌县革命委员会（简称县革委会）。

11月，县革委会无产阶级教育革命办公室成立，取代县教育局的职能。

是年，西屏公社一大队率先由生产队核算改为生产大队核算，改评工记分为“政治评分”，社员自留地交给集体。

是年，赤寿公社赤岸大队试办农村合作医疗。1974年12月24日，《人民日报》载文《赤岸大队的“百草园”和“百草篮”》，介绍赤寿公社赤岸大队合作医疗工作。

1969年

1月，县革委会建立安置办公室，开始安置知识青年上山下乡、到农村插队落户工作。

2月26日，境内城镇200多名知识青年到农村插队落户。大多投亲靠友安置，另有27名知识青年到内蒙古落户。

3月，中国人民解放军浙江省军区独立二师某排进驻西屏执行“支左”任务；10月，撤出。

3月，省医疗队24人及部分医疗器械充实玉岩区医院。

9月，实行教师回队任教。公、民办教师一律实行工分加补贴。1971年，取消贫下中农协会管理学校后，原公办教师恢复原待遇。

1970年

3月，在农业学大寨运动中，农村掀起开荒造地热潮。

9月，第一个农村电影放映队岗寺公社16毫米电影队成立。

10月15日，东坞水库工程正式开工，电站装机容量1125千瓦。1978年8月，第一台机组发电。

11月，开始实行不经考试，推荐工、农、兵上大学。

1971年

6～9月，持续高温少雨，干旱90余日，境内有5400多公顷农田受灾严重，有的绝收。望松、岗寺等10余村群众生活用水困难。飞机在境内施行人工增雨。

7月1日，首条10千伏输电线路长（濂）青（蒙）线投入运行。

10月2～12日，县委和县革委会召集全体委员参加“双全会”。会议贯彻执行中央“三级所有，队为基础”的政策。

1972年

4月，县委撤销县革委会政治工作组文教办公室，建立县文教局。

8月，县委撤销县革委会人民保卫组，恢复县公安局建制。

10～11月，开展“批林整风”运动。

是年，飞机在新兴公社下源口至斋坦公社东关源一带飞播造林，面积8000余亩。

是年，农村恢复以生产队为基本核算单位。

是年，局部受风暴袭击，毁屋伤人，政府拨发自然灾害救济款1.32万元。

1973年

1月，撤销学校革委会，恢复校长制。中学和区、公社（镇）小学建立党支部，配备党支部书记和校长。

秋，松阳、古市一带疟疾流行，发病14684例，省防疫站速派医疗队到疫区开展防治工作，疫情得到控制。

12月26日，谢村公社大甫大队发生火灾，烧毁山林1000余亩、烧毁房屋79幢，儿童3人遇难。

1974年

6月中旬，连降大雨数日，溪水上涨。古市一带沿溪7000亩农田受灾。公路、桥梁、水利设施被毁，人、畜等被洪水冲没，损失惨重。龙丽干线交通一度中断。

是年，先后3次遭风暴和冰雹袭击，引起山洪暴发，64个大队受灾严重，发放各公社自然灾害救济款4000元。

1975年

5月，遂昌县第二人民医院（今松阳县人民医院）装备第一辆救护车。

6月5日，古市、玉岩交界处普降大暴雨，5日、6日两天雨量289毫米。8月12日晚至13日凌晨，4号台风雨袭击松阳。沿松阴溪农田、公路、桥梁、水利设施及人、畜等被洪水冲淹，损失惨重。龙丽干线交通一度中断。

9月，县“五七”大学创办，校址西屏镇塔寺下；1978年停办。

1976年

1月8日，国务院总理周恩来逝世，城乡人民自发开展悼念活动。

4月22日，松阳区等地遭受罕见的冰雹袭击，冰雹粒块20～60毫米，受害面涉及10个公社和部分山区。同时山洪瀑发，烟叶生长和紫云英田里正在扬花的紫云英籽受害严重。

6月1日夜，全县普降暴雨，降雨量110毫米，松阴溪水位陡涨。古市、松阳一带农田被淹20000多亩，水利设施被毁10余处。

7月6日，城乡人民沉痛悼念朱德逝世。

9月9日，毛泽东逝世，城乡人民沉痛悼念。18日，举行追悼活动。

9月，全县掀起社办高中热潮，各公社均开办高中。

10月下旬，城乡人民庆祝粉碎“四人帮”（王洪文、张春桥、江青、姚文元）反革命集团。

1977年

7月26日，县革委会通知，废除西屏、古市2镇历史悠久的集市日期，重新规定西屏、古市一律以公历每月逢一、逢六为集市日。由于群众抵制，新规定执行不久仍恢复原来的集市日期。

9月8日，治理松阴溪工程指挥部成立。9月15日，工程破土动工。

10月11日，松阳至遂昌农村公共汽车开通。

11月中旬，中共浙江省委第一书记铁瑛考察松阴溪工程和东坞水库。

是年，使用农药1605剂（俗称“一扫光”）进行飞机喷洒治虫；开展运用工厂污水进行施肥，松阳生态遭受严重影响。

1978年

4月，全县各基层工厂、机关学校以及其他企事业单位的革委会或革命领导小组全部撤销，分别实行党委领导下的业务负责人分工负责制。

5月15日，中共遂昌县委成立“中共遂昌县委摘掉右派帽子工作领导小组”，开始全面复查130名曾被划为“右派”的干部（其中原松阳县58人）。

6月，陆续接收安置乌溪江水库移民940户、4569人，分112个大队安置。

6～9月，持续干旱，松阴溪水位降至最低点。

8月，西屏始建电视差转台，址城西吴家山。

8月10～12日，中共浙江省委书记李丰平考察治理松阴溪工程、东坞水库和玉岩、大东坝等地社队企业。

8月30日，各区革委会一律改称区公所。

10月，浙江省遂昌师范学校创办，址在西屏镇。1982年8月，改名浙江省松阳师范学校。

10月，西（屏）武（义）公路开工；1984年9月竣工。

12月3日，古市镇后塘畈“田园化”工程破土动工，1991年竣工。

1979 年

4 月，对 1810 名地主、富农、反革命分子、坏分子（简称“四类分子”）给予摘除帽子。至 1983 年 11 月，对尚留的 604 名“四类分子”全部摘帽。

6 月，始置古市、港口 2 个车辆观测点。1986 年，古市观测点迁西屏；港口点撤销，设省道西武公路召山观测点。

10 月，龙（游）南（山）线 78k～94k＋300 段路基拓宽工程开工，按国家二级公路路基标准施工。1982 年 3 月竣工。

10 月 31 日，西屏第二工艺厂生产的弦五两线“联合”牌商标注册登记，为境内首家注册商标。

1980 年

4 月 1 日，西武公路 11k＋570 处隧道施工时发生塌方，死亡 5 人。

6 月 6 日，动工兴建古市 110 千伏变电所；第二年，建成投入运行。

11 月上旬，联溪公社党委率先决定实行包产到户生产责任制，不久即被“纠正”。

1981 年

3 月，农村开始改造饮用水。至 1992 年，累计建成农村简易自来水 288 处，61.1%的农村人口饮用上清洁卫生水。

9 月，公布第一批县级文物保护单位，境内有 6 处。

是年，取消各级革命委员会。

1982 年

1 月 30 日，复置松阳县。辖松阳、古市、靖居、玉岩 4 个区，西屏、古市等 2 个镇，石仓直属公社，22 个公社。

5 月 4～6 日，中共松阳县委、县人民政府召开全县干部大会，动员全县人民为振兴松阳经济努力奋斗。

春，联产承包责任制在各社队普遍推行。

6 月，首次在松阴溪放养蟹苗 100 公斤，第二年捕获河蟹 1.75 万公斤。

7 月 1 日零时为第三次全国人口普查标准时间。普查数据显示全县有 49045 户、208168 人。

8 月，山林定权发证工作开始。

12 月，潘（连）杭（坑桥）公路竣工。至此，全县乡乡通公路。

1983 年

2 月 22 日，县委、县人民政府召开首次全县专业户、重点户代表会，向与会代表传达“允许一部分人先富起来”的政策。

3 月 18～21 日，松阳县第三届人民代表大会第二次会议在县城举行。此为恢复县制后第一次人代会。

7月1日，在石仓公社开始“政社分设”试点。12月，全县取消人民公社，改人民公社为乡人民政府；改大队为村民委员会。农业生产推行联产承包责任制，农业增产显著。

7月13日，南州上渡发生沉船事故，18人全部落水，5人生还。

8月，开展严厉打击严重危害社会治安的刑事犯罪分子行动，依法从重从快惩处一批刑事犯罪分子。

10月4日下午5时至夜10时，望松、阳溪、岗寺等公社持续大暴雨，造成4人死亡，157户房屋被毁，冲毁农田5000余亩。

10月，县自来水厂建成试供水。1985年2月，正式投产供水。

10月，延庆寺塔修复工程开工，国家先后拨款121万元。1990年11月，竣工。

11月，松阳造纸厂工业污水库工程竣工，可容污水7400吨。

12月，龙南线98 k＋300～100 k＋300段建成宽9米、厚0.2米的水泥路面。

是年，划西屏镇七村60亩农田建立蔬菜生产基地。

是年，实行木材按计划凭证采伐。

1984年

3月10日，首次畲族歌会在松阴溪畔独山脚下举行。1992年开始，每年农历三月初三由松阳板桥畲族乡、丽水丽新乡和老竹镇、武义柳城镇3个县4个乡（镇）轮流举办名为“新桥竹柳”的畲乡歌会。

3～7月，全县开展首次文物普查。

4月，中国民主同盟松阳小组成立。

5月下旬，赤寿乡半古月村炒制的银猴茶，在全省名茶评比会上被评为省优名茶。

5月，县环境卫生监测站成立。

6月19～26日，十三都源和靖居源一带遭遇暴雨袭击。暴雨中心的谢村、玉岩、靖居等乡33个村遭遇水灾，死4人，伤2人，5000亩农田受淹，243间民房倒塌，冲毁桥梁49座，冲走木材500立方米，合计3500多米长的防洪堤岸、4600米引水渠及小水电站3座被冲。

7月4～8日，中国人民政治协商会议松阳县第一届委员会第一次全体会议召开。

7月5～9日，松阳县第四届人民代表大会第一次会议召开。

8月8日，中共浙江省委书记王芳到松阳考察。

8月11日，板桥畲族乡成立。

8月，县中等职业技术学校创办。

9月30日至10月4日，第三届全县人民体育运动会举行，为松阳县复置后的首次运动会。

10月1日，松阳县电影院建成。

11月，松阳县基本普及初等教育和基本扫除文盲通过省人民政府验收。

12月1日，松阳汽车站客车在港玉公路12k+010处，因旅客携带“野猪弹”引爆炸，造成2人死亡、10人受伤。

12月9日，中央人民广播电台以“中国特有的红山茶”为题，报道县林科所对浙江红花油茶的研究成果。

是年，全县粮食总产124880吨，粮食入库38000吨，均创历史最高纪录。

是年，企业用工开始推行劳动合同制。

1985年

4月1日，全县木材开放经营。

4月，县文学艺术工作者联合会成立。

5月，县建筑设计室购置县内第一台微型计算机。

5月31日至6月2日，樟溪乡馒头山村200多亩松树林、风景树被毁。

12月19日，叶村乡占安山出土新石器时期石镞。

是年，松阳县被列为全国“七五”速丰林基地建设重点县。

1986年

1月，完成对中华人民共和国成立前松阳中共地下组织的复查工作，21人恢复党籍，1人被追认为革命烈士。

2月，乡级财政建立。

3月26日，松阳县被列为全国7个名晒烟出口生产基地县之一。

5月20日，松阳县志编纂委员会成立。

6月23日下午3～5时，马鞍山一带，2小时降雨120毫米。由于降雨范围集中，暴雨强度大，致使山体滑坡，形成泥石流，致雅溪源溪水猛涨。处于暴雨中心的三都及雅溪、板桥等乡村，遭洪水袭击。59公顷田被水淹，其中有24.3公顷良田沦为滩地，冲垮水利工程多处，房屋倒塌、桥梁冲塌多处，三都乡死1人。

7月10日，县政府公布第二批县级文物保护单位9处。

8月，双（坑口）安（民）公路全程竣工。

10月2日，松阳一中举行建校60周年庆祝活动，成立松阳一中校友基金会。

10月，国营企业职工待业保险制度开始实行。

12月，经考试、考核，98名乡村医生获合格证书。

是年，松阳晒红烟出口埃及等国家和地区220000千克，为1949年以后出口量最高年份。樟溪乡徐山村烟农叶光胜种植烟叶亩产432.2千克，产量之高全国罕见。

1987年

1月3～5日，少年先锋队松阳县第一次队员辅导员代表大会召开。

3 月，县政府召开粮食投售先进表彰大会。

4 月，松阳县开始对县属各行政、事业单位推行定期审计制度。

5 月 1 日，县田径场建成投入使用，此为丽水地区第一个 400 米标准田径场。

8 月中旬，为扶持贫困村发展村级集体经济，发放贴息贷款 70 万元，用于发展以种植业为主的开发性农业。

9 月 26 日，县城 2000 门自动电话开通。1991 年 7 月 27 日，古市镇 800 门自动电话开通。1992 年 10 月 1 日，象溪镇 112 门自动电话开通。

9 月 28 日，县政府决定建立生猪、烟叶、茶叶、蚕桑、水果、食用菌、食用笋、蔬菜 8 个商品生产基地指导服务小组。

9 月，省顾问委员会主任铁瑛到松阳考察。

10 月，在全县颁发居民身份证。

12 月，县劳动争议仲裁委员会设立。

12 月，裕溪乡章山村新渡坑自然村畲民从高山迁至山下公路旁新居。

是年，县城综合市场（小商品市场）建成投入使用。

1988 年

年初，在部分工业企业推行以改革企业内部经营机制、扩大企业自主权为主要内容的厂长（经理）承包责任制，承包期 3 年。

3 月 3 日，区、乡、镇人民监察员设置。

3 月 10 日，松阳至杭州直达客运班车开通。

3 月，松阳县中医院成立，设病床 30 张。

5 月 13 日，浙江省人民政府批准松阳县为革命老根据地县。

6 月 18～20 日，3 日内降雨量 250 毫米，致山洪暴发。全县死 5 人、伤 4 人，大量的牲畜被淹死冲走，损失奇重。

12 月 31 日，玉岩敬老院建成，33 名老红军、老游击队员、“五保”老人入院。

1989 年

3 月 13 日，松阳县烈士陵园落成。

5 月 23 日、28 日，连续 2 次暴雨成灾，造成 3 人死亡、6 人重伤，冲毁房屋 148 幢，受灾农田 37000 余亩。

6 月 7 日，县人民教育基金会成立。

7 月 2～3 日、21～23 日，先后 2 次暴雨成灾，造成 6 人死亡，受灾农田 17500 余亩，毁塌房屋 115 幢。

7 月 14 日，农民技术人员职称首次评定，全县有 491 人取得任职资格。

11月20日，全国首届中等师范学校书法大赛在松阳师范学校举行，29个省（市）400多所师范学校的7000多幅作品参赛。

是年，松毛虫危害严重，受灾面积10300余亩。

1990年

1月16日，县民政局开始办理松阳籍公民与华侨及港、澳、台同胞婚姻登记。

2月27日，县农村电气化领导小组成立。1991年3月，松阳县被列为全国第二批初级电气化试点县。1995年8月28日，通过省级验收。

5月22日，松阳县第一个用电标准村——阳溪乡水车村，经县供电局验收合格。

7月1日零时为第四次全国人口普查标准时间。全县有61108户、221331人。

7月，持续高温无雨，全县1万亩双季晚稻无水移栽，有4.78万亩单季稻遭受旱灾，部分村人畜饮水困难。

8月9日，中共浙江省委书记李泽民到松阳考察。

8月，实行企业第二轮承包，承包期3年。

9月26～28日，浙江省长沈祖伦到松阳考察。

是年，3万亩吨粮田工程建设，获丽水地区农业丰收一等奖。

1991年

1月24日，县内最大的水利工程谢村源水库工程破土动工。1994年4月28日，下闸蓄水，灌溉农田6.5万亩。1996年4月18日，电站启动发电，装机16000千瓦。1999年4月18日，谢村源三级电站启动发电。2002年3月18日，谢村源一级水电站水库下闸蓄水典礼举行。

5月，县政府建立县初级卫生保健委员会。

6月3日下午5时许，水南乡大竹溪小学3名学生、斋坛乡金梁村3名村民、叶村乡松山村1名村民同时遭雷击，4人死亡、3人重伤。

6月20日，世界银行中国局交通处专家斯蒂芬·斯代尔思一行3人到松阳考察农村道路。

8月26日，县政府制定《关于鼓励台湾同胞投资的暂行规定》。

9月，日本客商与天然工艺厂签订价值人民币190万元的木碗、珠宝箱购销合同。

10月15日，港玉公路西山大桥工程开工，第二年7月竣工。

是年，香港同胞沈炳麟捐建县实验小学、裕溪乡中心小学“庆同”教学楼各1座。1993年8月18日，实验小学“庆同教学楼”落成。

1992年

1月1日，独山卫星地面接收站建成。县内始有电视节目全套转播。

4月14日，江南渠道修建工程竣工，扩大灌溉面积万余亩。

4月25～26日，省政协主席商景才到松阳考察。

5月25日，省民政厅批准松阳县撤区扩镇并乡方案，撤销原辖5个区，全县置5个镇15个乡（含1个畲族乡）。

6月14日，松阳县教育电视台正式开播，为丽水地区第一家教育电视台。

6月14～17日，连日雷雨交加，山洪暴发。洪峰最大流量2280立方米/秒。松阴溪堤防及大小渠道被冲坏89.98千米，近溪村落的民宅、牲畜被冲毁、冲走。受害村落260多个，10万亩农田受淹，直接经济损失1.9亿多元。

7月3～4日，连降暴雨，冲淹农田6.82万亩，毁冲房屋3000余幢，6人遇难，直接经济损失4000万元。

7月，松阳酒厂生产的松阳特酿酒获第30届世界优质产品博览会金奖。

7月，境内公路检查站撤除。

8月8日，首次国有土地使用出让招标仪式举行，出让紫荆路东端北侧181.25平方米土地使用权。

8月，县公安局开始办理经济性户口，后称蓝印户口。

8月，县委、县政府决定建设松古平原工贸长廊，东始青蒙西至赤岸，沿省道龙丽公路建设工业区、商贸区、农业综合开发区。

11月25日，县城星期日市场开业。不久，被季节性夜市替代。

11月26日，古市镇新直街拆迁工程开工。

1993年

1月始，取消省对市县粮食部门的订购粮食收购优惠补助金和调拨补助金。

1月4日，古市一带农村生猪“口蹄疫”猖獗，畜牧兽医到疫区扑治。2月，疫情得到遏制。

1月8日，县政府首次在古市镇举行国有土地使用权公开拍卖竞投仪式。

1月，县委、县政府与20个乡镇48个县直部门第一责任人签订社会治安综合治理目标管理责任书，开始实行社会治安综合治理“一票否决制”。

1月，松阳县美力工艺品有限公司成立，为松阳第一家与境外合资的企业，合资方为香港新律有限公司。

2月7～8日，副省长刘锡荣到松阳考察。

3月1日，松阳县蓝天律师事务所成立，为丽水地区第一家合作制律师事务所。

3月30日，松阳县综合批发市场建立。

4月1日，县林科所高级工程师陈汉林从1992年10月开始享受政府特殊津贴，是松阳第一位享受政府特殊津贴的科技人员。1993年10月，县林业局高级农艺师包闻书享受政府特殊津贴。

4月，县蔬菜公司在叶村乡麻寮村、古市镇上河村试种日本胡瓜，获得成功，亩产5000千克以上。

5月，县公安机关在全县开展以打击团伙犯罪、打击车匪路霸、打击拐卖妇女儿童犯罪和查禁卖淫嫖娼为主要内容的“三打一禁”斗争。

6月8日，松阳县食药用菌研究所设立。

6月24日，连日暴雨，造成洪灾。靖居口水文站24日最大洪峰暴流量2421立方米/秒，接近20年一遇洪水。全县8.5万人受灾，0.85万人被洪水围困，损坏、倒塌房屋2900多间，农作物受灾6.33万亩，3人死亡，直接经济损失7400万元。

6月，松阳县被浙江省青年成才基金会列为全省第二批希望工程实施县。

7月1日，县境内乡道公路改由乡镇养护管理。

7月7～10日，县级文物保护单位青云塔进行抢救性修复。

7月30日，西屏镇草场圩县橡胶粉厂发生重大火灾，烧毁厂房381.5平方米，直接经济损失32.5万元。

7月，松阳会计师事务所成立。

7月，松阳县撤销界首、四都、靖居3处税务检查站。

8月，县工商局下属集体所有制小型商业企业西屏“三八”百货商店被公开拍卖，开丽水地区小型商业企业拍卖先河。商店的6名职工全部得到妥善安置。

8月19～21日，县七届人大常委会第四次会议作出《关于减轻农民负担的决议》。

8月21日，开展首次第三产业普查。至1995年4月，全县共调查第三产业单位6898个，其中独立核算单位759个、单独核算单位699个、个体户5440户。

8月30日，原松阳县民主政府县长、松（阳）宣（平）遂（昌）人民游击支队支队长祝更生在杭州逝世。9月27日，在松阳县举行“祝更生同志骨灰抛洒仪式”。

9月11日，县委决定首次公开选拔司法局、统计局、工业局、卫生局副局长、团县委副书记各1人。

9月20日，日产1500吨的象溪自来水厂竣工投产。

10月10日，台北市松阳同乡会向松阳县残疾人联合会捐赠22辆轮椅。

10月30日，经中国民主同盟浙江省委员会批准，民盟松阳县支部委员会成立。

10月，县境内最长公路桥南门独山大桥竣工验收，大桥长300米、9孔，不等跨双曲拱桥，车道宽7米，人行道各1.5米。

10月，农村初级卫生保健工作在全县各乡镇全面铺开。

10月，由县科委立项靖居农机厂试制生产的微型水轮机通过部级验收合格，列入农业部推广的能源项目。

11月15日，松阳电视台开始试播。1994年9月28日正式开播。

11月19日，松阳县第二毛纺厂被评定为松阳县首家省级星火示范企业，是丽水地区第二家星火示范企业。

11月21日，县邮电局5000门程控电话开通；同日，松阳至丽水、遂昌、象溪等地通信传输实现数字化（即光纤通信开通）。12月28日，大东坝邮电支局512门程控电话开通，松阳县告别“摇把子”电话，实现电话程控化。

11月，松阳县被列为省第二期自力更生治水扶持县。

12月20日，松阳县移动电话开通。

12月，全县开展首次第一轮全国0～4岁儿童脊髓灰质炎强化免疫活动，接种8805人次，接种率达96.13%。

12月，玉（岩）谢（村）公路二期工程洋坑至新岗凹段开通。

1994年

1月1日，松阳县城镇建设管理监察大队成立。

1月18日，省委副书记、省政协主席刘枫，副省长徐志纯考察松阳师范、县职技校和延庆寺塔。

1月28日，经国务院批准，松阳县被列为对外国人开放地区。

3月14日，松阳县精神文明建设委员会办公室成立。

3月17日，县政府决定建立箬寮岘自然保护区。

3月18日，松阳县首家私营企业工会——丽水地区华东漆包线有限责任公司工会成立。

3月29日，西屏幼儿园205名在园幼儿因氧化镁污染食品引起食物中毒，经卫生防疫人员积极抢救，中毒病儿全部脱险。

3月，县城综合市场建成。

3月，首次在斋坛乡花田垄村20亩茶园进行塑料大棚栽培试验成功，春茶采摘期提前至3月中旬。

4月2～3日，省人大常委会常务副主任许行贯到松阳检查农业生产和乡镇企业工作。

4月16日，世界银行官员熊哲清一行到松阳考察下（下宅街）金（云和县金村）公路工程建设情况。

4月18日，浙江省人民检察院检察长葛圣平到松阳检察院考察。

4月23日，在县七届人大第二次会议上，通过《关于开展依法治县的决议》。

5月19日，省委副书记卢展工在丽水地委书记陈仲芳陪同下到松阳考察，考察项桥下村和县通用机械总厂。

5月26日下午，松阳加油站发生纵火案，松阳一中学生徐剑锋报警，得以及时扑救。

5月27日，县政府颁发《松阳县统一征地实施办法》。

5月28日，省人大常委会副主任孔祥有松阳到考察。

5月，松阳县木材市场开放。

5月，古（市）大（岭根）公路（1k+200～4k+200）潘连至横溪段拓宽改造工程开工；至第二年9月油路路面浇筑竣工，路面宽由4～4.5米拓宽为8.5米，总造价45万余元。

6月13日，县委、县政府颁发《关于鼓励个体私营经济发展的若干规定》，规定共22条。

6月14～17日，连降暴雨，洪水持续时间长，全县20个乡镇的263个行政村不同程度受灾，受灾人口10.2万，造成直接经济损失1.53亿元。

6月24日，省长万学远到松阳考察灾情，察看“6.14”“6.17”水毁工程。

6月28日，县委、县政府号召开展向在“6.17”洪水中抗洪抢险牺牲的象溪镇象溪村高贵洪学习活动。7月4日，浙江省人民政府批准授予高贵洪革命烈士称号。

6月29日，松阳剧院首次接待外国演出团体——俄罗斯民族音乐歌舞团。

7月4日，省长万学远考察蛤湖圩水毁工程。

7月5日，龙丽公路县境内最后一段泥结石路面界首至上方段水泥砼路面改造工程动工。1995年11月底完工。

7月27日，设立松阳县人民政府行政复议办公室。

7月，松阳县协怡建材有限公司成立，此为松阳县第一家港商独资企业。

8月4日，县人民医院门诊楼工程奠基动工。1996年4月16日竣工。

8月21～22日，遭受17号台风袭击，全县经济损失4000多万元。

8月28～29日，副省长龙安定带领救灾外贸扶贫工作组到松阳检查指导工作。

8月初至9月上旬，天气晴热，高温干旱，全县受旱农作物8万余亩、受旱桑园0.8万亩、茶园1.5万亩、柑橘2.4万亩，造成直接经济损失2000余万元。

9月8日，松阳县劳动力市场开业。

9月18日，嘉兴市郊区捐赠的18万件救灾衣物运抵松阳。

9月22日，松阳籍台胞麻哲飞捐资5500美元兴建桐榔儒琛小学。

9月25～10月12日，松阳县首届机关体育运动会暨老年人体育运动会举行。

9月28日，松阳电视台开播仪式暨浙南纺织城系统工程宣传活动举行。

10月4日，晚上9时30分，县图书馆采编室失窃起火，烧毁采编室、资料室、报刊阅览室3间房屋，馆内图书资料受损，直接经济损失13.35万元。

10月13日，县委、县政府决定建立“松阳见义勇为基金会”。

10月23日，松阳县人民政府驻上海工作处成立。

10月31日，松阳县独山牌香菇、金耳，在1994国际香菇生产暨产品研讨会上被评为国际金奖。

10月，松阳县固化废弃物申报工作领导小组成立；全县开展固体废弃物申报登记工作。

11月1日，刘春林出资购置松阳县第一辆出租汽车。

12月22～23日，省委常委、副省长刘锡荣到松阳检查指导农业、农村工作。

12月26日，松阳县农村合作基金联合会成立，各乡镇先后设立农村合作基金会。

是年，全县18个乡镇配置科技副乡镇长，配置率90%。1996年，配置率100%。

是年，枫坪乡实行下山脱贫政策，钱余村高山岗自然村15户和龙虎坳村21户山民迁至山下新村落户。

是年，对县级文物保护单位兰溪公所进行维修。

是年，江南渠道续建工程开工。次年8月18日，新兴至樟溪段通水成功，新增灌溉能力7200亩。200年2月，江南渠道改建工程全线贯通，解决万亩良田的用水紧缺问题。

1995年

1月11～12日，中国国民党革命委员会浙江省委员会妇委会向象溪镇和三都乡的24名失学女童捐款助学，这是“春蕾计划”在松阳的第一批受助学生。

1月12日，省委常委、副省长刘锡荣到松阳检查指导农业、农村工作。

1月26日，县红十字会在叶村将价值5万余元的大米、衣物等救灾物资发放给灾民。这批救灾物资由台湾同胞、香港红十字会和中国红十字会捐赠。

同月，赤寿乡半古月村取得“松阳银猴”的注册商标，这是松阳县村级第一个特产类注册商标。

2月，松阳县被列为浙江省“绿色证书工程”试点县。

3月10日，浙江省首批世界银行公路工程贷款项目之一的下宅街至云和县金村公路通过省、地交通部门竣工验收。

3月13～15日，县七届人大常委会第十六次会议上授予江家余“人民好公仆”称号。

3月23日，松阳遭受冰雹、暴风雨袭击，造成直接经济损失3335万元。

4月13日，开展第三次工业普查。

4月28日，县公安局“122”交通事故报警电话开通。

4月，松阳县对外贸易公司以丽水地区进出口公司松阳分公司名义与日本大陆贸易公司签订木制家具出口合同，为松阳县历史上第一次自营出口业务。

5月25日，县政府召开全县劳动合同制实施大会，贯彻实施《松阳县劳动合同制实施意见》。

5月，开始对全县城乡定量人口粮实行凭证、凭券定价限量供应。

6月10日，古市镇下五木村发生山体滑坡。

6月28～30日，连降暴雨，洪水冲毁公路路基10.9千米，冲毁桥梁3座、涵洞12座，县道港（口）排（居口）、古（市）大（石）、弓（桥）大（潘坑）及下（下宅街）金（云和金村）公路交通中断。全县受灾人口8万，造成直接经济损失7100万元。

6月，县民政局地名办完成对全县2541条地名的补查和资料更新工作，对全县军事地图进行核对，修改补充标准。

6月，在全县开展清理整顿暂住人口工作。共登记暂住人口1698人，发证1573人，登记率和发证率分别为99.3%和92.6%。

7月2日（农历六月十三日），为赤岸第一个集市日。自此，赤岸逢农历每旬三、八为市日。

7月16日，各乡镇配置司法助理员。

7月21日，县政府批复同意建立西屏工业小区。

7月28日，港（口）大（东坝）沥青路面开始浇筑。第二年8月，全线竣工。

8月1日，举行浙江松阳自营出口烟叶首发仪式。

8月初至9月28日持续高温晴热干旱，全县20个乡镇320个行政村14.33万人受灾，农作物受旱面积14.12万亩，造成直接经济损失3100万元。

8月，原县长运公司、县运输公司、县第二运输公司3家运输企业合并组建松阳县长运集团公司。

9月7日，西屏镇新华路松阳县家具城及松阳制刷有限公司发生重大火灾，烧毁房屋面积155平方米，直接经济损失23.7万元。

10月1日，县城北菜场开张营业。

10月11～12日，松阳县首届农民体育运动会举行。

10月16日，香港爱国同胞沈炳麟捐资建设石门圩小学恩美楼意向书在上海签订。1996年6月7日，总投资13.7万元，其中沈炳麟捐资6.72万元助建的石门圩小学恩美教学楼落成剪彩。

10月17日，松阳县第一所希望小学在大东坝镇动工，工程总投资50万元，其中宁波市希望工程办公室援助20万元。

10月，港（口）大（东坝）狮子山隧道开通，全长132米，此为松阳境内第一条公路隧道。1996年11月11日，通过竣工验收。

11月6日，县邮电局开通129无线寻呼。

11月14日，县政府公布首批7处松阳县爱国主义教育基地。

11月，县委、县政府制定印发《松阳县贯彻〈爱国主义教育实施纲要〉的意见》。

12月8日，县邮电局向中国邮电博物馆赠送邮电文物——20世纪50年代称量邮件的杆秤。

12月9日，县食品公司4名女职工到日本研修肉类食品加工；1997年10月，学成回县。这是松阳首批出国研修生。

12月26日，县邮电局电视电话会议室建成投入使用。

12月28日，全县最后一个无电行政村玉岩镇大丘下村通上网电，至此松阳县实现村村通电目标。

是年，风疹流行，全县累计发病181例，发病率为79.56/10万。

1996年

1月，松阳县对外贸易公司经中华人民共和国对外贸易经济合作部批准，获进出口经营权，成为松阳县第一家具有对外进出口经营权的流通企业。

1月，省“马寅初人口福利基金会”从1996年开始，每年资助松阳县100名计划生育户特困女童接受义务教育。

1月，县城规划区12.75平方千米1∶500地形图测绘完成。

2月5日，县政府批转县粮食部门两线运行实施方案。

2月8日，松阳县粮食供应改普惠制为特惠制。

2月28日，县政府召开全县耕地保护工作会议，首次与各乡镇政府签订“九五”期间耕地保护目标责任书。

3月8日，《人民日报》载文《松阳“文艺使者”坚持九年下乡》高度评价县文化局坚持送戏下乡，繁荣农村文化生活。

3月17日，省委常委、省委宣传部部长梁平波到松阳检查指导春耕备耕工作。

3月26日、6月1日，分别在西屏镇、古市镇先后推行生猪“定点屠宰、集中检疫、统一纳税、分散经营”管理办法。

4月25日，原中共中央顾问委员会委员、浙江省委原书记铁瑛到松阳考察农业综合开发等工作。

4月26日，松阳县市政工程公司成立。

4月，完成首次娱乐业普查任务。

4月，松阳县矿山机械厂、象溪机械厂以集体资产转让形式改制为私营企业。

6月8日，马桥至乌井公路拓宽改造工程开工。第二年10月竣工，由原来6米宽的沙石路面改造为18米宽的砼路面。

6月20日，由西屏镇开往三都乡的一辆“天目山”机动三轮车，因严重超载，在西屏至三都公路7k+810路段翻入60米深的山涧，造成当场死亡15人，送往抢救途中死亡2人，共死亡17人、伤2人的特大交通事故。

6月21日，县人民医院新门诊大楼开业。

7月6日，省委副书记、常务副省长柴松岳到松阳检查指导工作。

7月24日，县政府决定联办城南中学，校址定原水南初中。

7月25日，县重点工程县城万吨水厂扩建工程竣工供水；厂址位于白露岭。

8月初，境内高温晴热，月余无雨，全境进入干旱。部分山上柑橘因旱落果，高山梯田晚稻受创。

8月2日，县重点工程县中医院病房大楼竣工验收并投入使用。

8月12日，香港永联行贸易有限公司董事长、浙江省政协委员闻儒根捐资12万元助建四都乡闻裕顺中心小学协议书在杭州签订。1997年4月3日，举行落成典礼。

8月，首次从应届大中专毕业生中招考录用15名乡镇机关行政工作人员。

9月8日，旅美侨胞潘福及夫人叶仙凤在母校松阳一中设立“潘叶奖学金”。至2003年2月，潘福夫妇先后为家乡的文化教育事业累计捐款237万元人民币。

9月13日，松阳县公安局玉岩派出所枫坪分所成立，此为松阳县第一个乡级公安派出所。

9月19日，松阳县被省财政厅、农业厅、水利厅列为粮食自给工程项目县，分别在卯山片、馒头山片、小石片实施。1997年5月通过省级验收。

9月，松阳县枫坪乡、遂昌县垵口乡和龙泉县城北乡建立三县治安联防组织。

9月，松阳县信用合作联社成立；10月31日与中国农业银行松阳县支行正式脱离隶属关系。

10月5日，松阳县被列为第一批省级商品粮基地建设县，由县农业局组织实施。

10月10日，松阳县党政机构改革方案出台，全县共设党政机构30个，比原来减少16个，减幅34.8%。

10月20～25日，省人民政府“两基”验收组通过对松阳县基本普及九年义务教育、基本扫除青壮年文盲（简称“两基”）评估验收。

10月26日凌晨2点，枫坪乡高亭村发生重大火灾，烧毁23户农户房屋、建筑面积900多平方米，烧伤1人、受灾人口74人，直接经济损失37万余元。

10月28日，县城办税中心正式开业运行。

12月23日，省长万学远、省长助理李长江率全省山区开发暨扶贫工作会议与会部分代表参观斋坛乡农业示范园区。

同日，斋坛乡金梁村被定为浙江省首批省级现代农业示范园区建设试点单位。规划面积500亩，至1997年底建成机耕路2000米、进水渠2000米、排水渠3000米。

12月25日，县政府举行松阳造纸厂治污转产封球仪式。

12月31日，中国农业银行松阳县支行将自1994年6月30日以后代理的农业政策性业务，正式移交中国农业发展银行丽水地区分行驻松阳办事组。

是年，斋坛乡石门圩村85户农户三熟高产攻关田平均亩产1322.1公斤。这是全县首次平均亩产超“三纲”（全国农业发展纲要指标为粮食平均亩产400公斤）的记录。

是年，全县有50家县属企业完成以股份合作制为主要形式的企业产权制度改革，占总数的95%。

1997年

1月1日，《松阳县公费医疗统筹管理办法》和《松阳县公费医疗统筹管理办法实施细则》在全县实施。

1月1日，《松阳县林地管理实施办法（试行）》开始实施，对林地管理试行使用许可证制度。

1月，县政府批准玉岩香乳禅院、桐榔崇觉寺、樟溪法昌寺为宗教活动场所。

2月开始，全县县界勘定工作全面开展，此次勘定共需勘定交点5处、边界线5条。1999年9月3日，松阳、丽水、龙泉、云和4个县市勘定和行政区域界线签字仪式在松阳宾馆举行。2001年11月，松阳县与相邻县、市、区的勘界工作结束，其中有3段边界579.1公顷土地分别从遂昌县和莲都区重新划归松阳版图。

2月26日，全县第一个以股份制形式筹资兴建的西屏镇黄坑源水库奠基开工。

2月28日，44省道上（交道）松（阳）线k76+000～k88＋070段改造工程破土动工；2000年12月，工程竣工。

2月，县中医院被评定为二级乙等中医院。

3月17日，中共浙江省委原副书记、丽水地委原书记张敬堂到松阳参观考察。

4月8日，大东坝镇初中林杏教学楼动工，建筑面积1615平方米，总投资80万元，其中香港同胞赵安中捐资25万元。12月2日，通过竣工验收。

4月23日，县委印发《松阳县1997～2000年社会主义精神文明建设实施意见》。

4月28日，松阳本田工业有限公司正式开业。

5月27日，县政府召开振兴松阳工业恳谈会，向外地客商介绍松阳基本情况及投资环境。会上县政府聘请吉利集团董事长李书福为县政府经济顾问。

5月29日，省民革组织医疗专家到三都乡进行贫困山区儿童肠道寄生虫病调查。

5月，省政协办公厅组织中国工程院院士、浙江农业大学原校长陈子元等7位省政协委员、农业专家到松阳考察农业综合开发情况。

6月2日，县农业局选送的松阳“山兰”“小凤凰”名茶在浙江省第十二届名茶和机制名优茶评比会上被评为省一类名茶。

6月2～3日，省委副书记王金山到松阳考察。

6月25日，卓伍路（赤岸至红连）竣工，总投资36万元，旅法归侨卓王庚捐赠15万元。

6月25～27日，全省营林工作座谈会在松阳召开，会议制定《浙江省县级绿化达标标准》。

6月27日，新处乡竹囮村一棵国家一级保护植物南方红豆杉被狂风连根拔起。该树高22.5米，胸径1.25米，树龄800年以上。

7月9日，特大暴雨持续12小时，降雨量130毫米，24小时降雨量170毫米。全县20个乡镇400个行政村遭受不同程度损失，沿溪农田、道路受淹，10余处水利工程被毁。

7月10～13日，省人大常委会副主任孔祥有在地委书记陈仲方、行署专员徐培金等陪同下到松阳指导抢险救灾工作。

7月18日，县政府公布首批明令保护古树名木331棵。其中生长在箬寮岘自然保护区的百日青在浙江省是首次发现。

7月，县委下发《关于加强少数民族工作的通知》，规定每年从县财政预算收入中提取1‰的民族补助资金；县扶贫办安排给板桥畲族乡的扶贫资金比照其他乡镇的平均数不少于两倍。

8月10日，省委常委、省公安厅长斯大孝到松阳检查指导工作。

8月15日、9月13日，县境内连续发生2起劫车杀人的恶性案件，2名女出租车司机被杀害，汽车被劫。县公安机关于2006年1月将在逃的犯罪嫌疑人抓获。

8月27日，副省长鲁松庭到松阳调研工业经济情况。

8月，县人民医院开通120急救电话。

8月，县政府定期发给百岁老人生活补助费每月100元。

9月10日，教师新村落成，新村占地1万多平方米，有宿舍楼4幢120套。

9月18日，全县第一座陵园式公墓凉亭山公墓破土动工。

10月10日，松阳县福利院开业，第一期设床位35张，首批入院寄养老人共18人。

10月27日，松阳县法律援助中心成立。此为丽水地区首家县（市）级法律援助中心。

10月28日，县工商局开通“96315”专线消费者投诉电话。

11月8日，松阳县佛教界首次信徒代表会在法昌寺召开；同日，松阳县佛教协会筹备小组成立。

11月13～19日，省世行造林抽查组对松阳县1997年森林资源发展和保护项目造林进行质量抽查，成活率、单株达标率等8项指标全部达标。

11月18日，县公安局“110”电脑报警服务台正式开通。

11月26日，县职技校教学大楼落成，杭州市工商局捐资72万元用于该校扶贫建校。

11月，新处乡坳后村下山脱贫工程动工，新村选址潘（连）新（处）公路六节桥头，占地1.5万平方米。

12月5日，安宁垒（又作乌泥垒）中低产田改造工程开工，工程面积10000亩。

1998年

3月，《松阳县交通旅游图》正式出版发行。

5月，县城新华路、府前路口红绿灯自动指挥系统投入使用。

8月6日，省委常委王其超到松阳检查指导工作。

9月10日，国有湖溪八都林区林场被毁，县领导与有关部门领导现场调处。

9月28日，松阳县长运（集团）公司改制完成，国有资产全额置换，成立松阳县长运有限公司。

9月，久晴不雨，旱地作物损失甚大。

10月13～15日，县林业局在望松乡五都阳村开展陆生野生动物管理试点工作，成立松阳第一个村级野生动物保护协会。

10月15日，松阳籍植物学专家叶树茂为故乡经济发展，从西安带回10多个优质新品种烟籽试种，并探讨花卉发展项目。

10月28日，松阳企业职工养老保险基金已全额纳入社会保障基金财政专户，此后，该项基金支出由社会保障经办机构具体负责支付。

11月23日，县农村最低生活保障工作现场会在望松乡召开，会上发放24户56人的最低生活保障金2865元。

1999年

1月15日，县住房改革委员会成立。

2月12日，县卷烟个体经营者协会挂牌成立，在全省尚属首家。

3月11日，县政府出台《关于加快粮食流通体制改革，做好1999年粮食产销工作的通知》。

3月16～18日，省政协副主席龙安定带领调研组到松阳调研农业、农村工作。

4月7日，松阳县1999年早稻统一塑盘育秧现场会在赤寿乡、古市镇召开。

5月12日，地区行署把松阳“松阴溪——双童积雪”区域列为地区级风景名胜区。

7月1日，松阳造纸厂资产转让完成签约。

7月1日，三轮简易农用机动（代客）车全部退出公路客运营运市场。

7月10日，省重点工程50省道龙丽线松阳西屏至古市过境公路工程开工。2001年7月31日竣工通车。

7月23日，松阳县世界银行贷款国家造林项目通过浙江省世界银行验收。

10月25日，松阳县公路运输管理所、松阳县长运公司与城南中学签订学生周末接送车安全协议。29日，开通首班周末学生接送车。

11月1日，松阳8个农村合作基金会全部完成归并工作，并全面开展兑付税款。

11月1日，谢村源水库跨流域引水工程通过省级验收。

12月5日，副省长卢文舸到松阳了解滩坑电站移民安置、重点工程建设情况。

2000年

1月7日，玉岩至谢村公路通过县交通局验收，至此，历经10余年的谢玉断头路全线开通。

1月13日，美国唐氏基金会向松阳教育系统捐资助学仪式举行。

1月18日，江南公路一期（叶村至樟溪段）工程开工。2001年10月10日完工。

1月23～24日，省委书记张德江、地委书记丁耀民等到松阳检查指导农业农村工作，并走访慰问农村特困户、孤寡老人及企业特困职工。

4月16～17日，越南河内经贸代表团一行5人到松阳雷克公司考察洽谈业务，并签订首批500辆摩托车销售协议。

4月26日，县政府出台《松阳文物和历史文化名城（保护区）保护管理办法》。

5月26日，县委、县政府印发《关于实行财政集中支付，统一核算的若干意见》。自6月1日始，设立县行政事业单位会计核算中心。

10月，《松阳报》创刊；2003年12月停刊。

10月10日，召开县城城东路、南直街建设工程征地工作动员会。11月15日，召开拆迁动员会。

10月12日，省人大常委会副主任徐志纯到松阳考察。

10月14日，处州制药厂国有资产转让举行签约仪式。

10月23日，松阳社会保险基金（企业、机关单位、女工生育、工伤、补充养老保险）全部进入财政专户。

11月13日，县委、县政府重新命名县博物馆、武警中队、谢村源电站、革命烈士陵园、延庆寺塔、安岱后革命遗址6处基地为松阳县爱国主义教育基地。

11月23日，省委副书记李金明在市委书记丁耀民等陪同下，到松阳检查指导工作。

11月28日，省高级人民法院院长张启楣到松阳调研工作。

12月18日，余姚市政府领导率土管、财政、对口扶贫办等部门负责人到四都乡扶贫考察，并举行“余姚市—松阳县对口扶贫”签约仪式。

2001年

1月7日，上松线82k+600处发生特大交通事故，一辆大货车制动失灵，车辆侧翻，造成3人当场死亡、1人受伤。

2月10日，东坞水库大坑源饮用水工程启动。

2月，小学学制由五年制向六年制过渡。

3月8日，省委副书记周国富到松阳考察指导效益农业发展情况。

3月10日，副省长叶荣宝到松阳考察调研工业经济发展状况。

3月，县中医院开通急救电话96120。

5月，“松阳银猴”在浙江省名茶精品展示会上获“会稽杯”金奖，卯山仙茶在“龙顶杯”名优茶评比中获银奖。

6月6日，松阳至杭州直达快客开通。

6月12日，松阳县生态公益林建设工程启动大会召开。

6月13日，县委召开常委扩大会议，确立脐橙、茶叶为松阳县农业支柱产业。

6月28日，县图书馆新馆开馆。

7月26日，在全国优质早熟梨鉴评暨信息技术交流会上，松阳绿珍牌“翠冠”、梦阳牌“西子绿”、“雪英”3个早熟梨品种被评为全国优质早熟梨。8月10日，梦阳牌“西子绿”梨在浙江省精品水果展销会上获金奖。

7月26日，50省道松阳收费站设立，站址位于50省道96k+500处；9月11日，开始对过往车辆收费；2010年2月28日23时58分始，停止收费。

8月28日，松阳和仁燃气有限责任公司古市十五里液化气储配站正式投入运营，至此，液化石油气市场结束垄断经营。

8月31日，县林业局给11棵古树名木挂上“松阳县人民政府古树名木保护”的牌子，至此，县政府公布的329棵古树名木全部挂牌保护。

8月，开展历史文化遗产普查工作；2002年6月，普查工作结束。

9月6日，全面暂停征收屠宰税。

9月7～8日，省委副书记、省长柴松岳到松阳调研经济欠发达地区如何围绕当地实际加快发展的问题。

9月14～15日，松阳县市政工程首次以明标方式公开招标。

9月25～26日，希腊爱琴岛市市长哥特西斯一行3人到松阳摄影采风。

9月29日，县城江滨公园举行开园典礼。

10月7日，在首届（杭州）国际民间手工艺术品展上，松阳黑陶工艺厂选送的“56条龙”雕花炉瓶获金奖。

11月7日，省人大常委会副主任孔祥有到松阳一中、民族中学视察指导，并对县人大工作进行调研。

11月23日，县“农技110”信息服务中心正式挂牌运营。

12月1日，县疾控中心结核病防治所挂牌成立。

是年，松阳被确定为丽水市唯一的省级社区建设实验县。

2002年

1月1日，县城镇职工基本医疗保险制度开始实施。

1月1日，启用浙江省生殖健康服务证，停止发放生育证。

1月13日，斋坛乡石门圩村与绍兴御茶村茶叶有限公司正式签订千亩蒸青茶用地协议。

1月14～15日，省委常委、公安厅厅长俞国行到松阳检查公安工作。

1月25日，县绿色食品工业园区项目通过省级会审，这是松阳县工业项目中唯一被列为省级重点工程的项目。

1月，在过境公路上方村段发生一起追尾碰撞的特大交通事故，造成3人死亡、4人受伤，3辆大货车不同程度受损。

2月1日，松阳至丽水直快班车开通。

3月14日，省委副书记乔传秀到松阳考察调研指导工作。

3月22日，副省长章猛进等到松阳考察城市防洪工程。

3月，松阳县被国家烟草专卖局确定为全国第二个地方名优晾晒烟有关技术实施课题基地之一。

4月28日，江滨公园环境卫生清扫保洁权、园林绿地养护管理权和经营项目经营权采取明标报价竞投方式进行招投标。

5月8～10日，在2002年中国精品名茶博览会上，“松阳银猴”获金奖。

5月24日，在中国济南第二届国际茶博览会上，松阳选送的“松阳银猴”获银奖、“万寿龙剑”获铜奖。

5月29日，省人大两条例执法检查组到松阳检查《浙江省职工基本养老保险条例》和《浙江省职工失业保险条例》的贯彻执行情况。

6月19日，松阳籍侨胞潘福、蓝章铭被授予“丽水市荣誉市民”称号。

6月19日，港玉线黄南—排居口—玉岩路面砂改油工程开工，全长17千米，12月通过竣工验收。

7月，板桥畲族有机茶专业合作社选送的“板桥香”和“观音露”茶，在第四届国际名茶评比中分获银奖和优质奖。

8月22日，副省长巴音朝鲁到松阳调研中小企业、工商市场等的发展情况。

8月23日始，县城建成区内养犬要持有养犬证和犬类免疫证，并实行年审制度。

8月，在赤寿乡东星砖瓦厂附近出土距今已有1亿多年的古树化石，随之出土的还有一些唐宋时期的陶瓷器和古墓遗物。

9月3～6日，全市各县（市）水利局到松阳购买10万只鳖苗投放瓯江流域，其中有5万只入户松阴溪，及松阳小港流域、大中型水库。

9月18日，工业园区举行开园典礼，首批4家企业入园，总投资超过5000万元。

9月28日，斋坛乡小石村周仙炳注册“致富思源”商标。

9月，“松阳晒红烟”摘得全市首只证明商标。

9月，全面实施村级“零招待”制度。

11月21日，“森阳”“鸣东阁”“仰天湖”“松阳晒红烟”“晨阳”5个商标获首批社会知名商标称号。

12月11日，周仙炳申请注册的“小康社会”商标被正式受理。

12月12日，松阳县制定《松阳香菇地方标准》。

12月，“梦阳脐橙”“银猴茶叶”获得“绿色食品”标志使用权。

2003年

1月16日，县城新华综合市场开业，占地面积3400平方米，总建筑面积7000平方米。

1月22～23日，叶村、枫坪2个乡通过市级小康乡验收，至此，连同西屏、古市、新兴、赤寿、斋坛等，全县已有7个乡镇列入市小康乡镇。

1月，松阳高腔艺术档案入选浙江档案文献遗产。

1月，县政府出台农村税费改革实施方案。取消乡统筹等面向农民征收的政府性收费和集资，取消屠宰税，取消农村劳动积累和义务工。

3月18日，龙丽一级公路松阳段建设工程开工。

4月13日，在中国精品名茶评选会上，“松阳银猴”获金奖。

4月17日，县卫生局召开“传染性非典型肺炎”（以下简称“非典”）防治业务培训会，并决定对乡村卫生所建立“非典”二级监控体系。

4月22日，全县“非典”防治工作会议召开；5月4～10日，在卯山山庄设立预防“非典”集中观察点，在象溪镇南坑口村设立留置观察点。5月9～18日，在安民乡设立“非典”就地隔离点。

4月，松阳县被评为全省第三批农村中医工作先进县。

5月30日，省人大常委会副主任李志雄到松阳调研生态建设工作。

5月，县重新核定公布县级文物保护单位、历史文化保护区和乡镇文保点。

6月12日，省长吕祖善，省委常委副省长章猛进，副省长陈加元一行到松阳考察指导工作。

7月23日，世界卫生组织官员、卫生部专家和省卫生厅的有关领导到松阳督查CIDA-WHO中国结核病控制项目实施情况。

7月，4名残疾人运动员在省第六届残疾人运动会上获2金、2银、3铜。

7月，松阳县中心粮库通过验收。

7月，松阳选送的翠沁牌西子绿梨、翠沁牌雪心梨和旦旦牌翠冠梨3个早熟梨样品在全省优质早熟梨评比会上全部获得金奖。

8月4日，乡村“康庄工程”启动。

8月，白龙茶厂生产的“碧云天”茶，获中国农业科学院茶叶研究所有机茶研究与发展中心颁发的有机茶原料、加工及标志准用3本证书。

9月28日，县民族中学举行建校庆典。民族中学于2001年5月动工兴建，一期工程于2003年8月竣工。

9月，县4万立方米供水工程正式启动。

9月，全市领导干部下访工作制度在松阳试点。

10月11日，丽水师专松阳校区从丽水师专分离，成立丽水中等专业学校、丽水艺术学校，并举行挂牌仪式。

10月20日，统一实行遗体火化，同时实行骨灰集中安葬。

10月27日，省委副书记梁平波和副省长王永明、省政协副主席王玉娣到松阳开展下访活动。

11月6日，在安民乡安岱后村举行浙西南革命根据地揭碑暨箬寮风景电话卡发行仪式。

11月11日，县城市防洪工程北岸一期C段通过验收，至此，历时5年，总投资6200万元的城市防洪工程建设全面完成。

11月，《松阳县防治传染性非典型肺炎应急预案》出台。

12月1日，县委组织部和县人事劳动社会保障局组织举行县首次公务员上岗宣誓仪式。

12月30日，安民水电站下闸蓄水。2004年4月16日，一级机组启动，全网发电。

是年，境内遭遇近50年不遇的长期干旱，夏秋冬连旱，其间偶雨不湿地。影响较大的是山区乡村及松古盆地周边半山区地带，松古盆地水田影响较小。

2004年

1月7日，浙江省委书记习近平、副省长钟山一行到松阳访贫问苦。

1月30日，首期“双证制”钳工专业30名学员在县劳动力就业培训中心组织下，到深圳知名企业上岗就业。

1月，松阳县取消18项涉农收费项目，其中渔业部门2项、林业部门2项、农业部门13项、劳动部门1项。同时，降低12项涉农收费标准，其中林业部门2项、农业部门10项。

2月13日，县城老造纸厂至塔山段防洪堤开工建设。

2月下旬，《松阳县标准地名图册》正式出版发行。

3月4日，浙江省委副书记夏宝龙到松阳调研。

3月6日下午1时30分，西屏镇清路村林场发生火灾，全县组织200多人进行扑救。至晚上8时40分，大火被扑灭，扑火英雄徐永平、曹振飞牺牲。4月21日，浙江省政府颁发证书，追认曹振飞、徐永平为烈士。

3月18日，县原高岭土公司蜂洞岩、大樟源高岭土矿采矿权拍卖。

3月19日，松阳县千库保安一期工程在全市率先通过蓄水前验收。该一期工程是省千库保安工程项目之一，列入县重点工程。一期工程实施西屏镇关弄、陈塘垄、赤寿乡泉坑亭3座小（二）型水库的大坝除险加固及配套设施项目，于2003年9月1日开工，2004年2月完工，工程总投资389万元。

3月29日，松阳县茶叶协会成立。

4月2日，六都水库供水示范一期工程六都至草塔村管道铺设全面动工。六都水库供水示范工程是浙江省“五大百亿工程”项目之一，涉及望松乡、古市镇辖区内共26个行政村，受益人口1.45万，总投资860万元。

4月9日，县政府召集经贸、质监、工商、供电等部门召开“地条钢”整治会议。全县共查处4家“地条钢”生产企业，责令其停止生产，没收违法生产的“地条钢”40余吨，并监督销毁。

4月12日，以越南国家文联副主席、越南摄影家协会主席黎馥为团长的6人代表团到松阳县开展为期3天的访问采风活动。

4月13日，松阳县首家汽车驾驶学校——松阳县长林汽车驾驶培训学校成立。10月开学。

4月15日，松阳县山塘水库巡查责任制度全面实施。全县1165座山塘[此外还有小(二)型及以上水库37座]已全部落实巡查员，发放巡查登记本，并对巡查员进行业务培训。

5月1日，松阳县调整养老金缴费标准。从即日开始，养老金缴费工资调整为880元/月，提高个人缴纳基本养老保险费的比例，由7%调高到8%，企业缴费比例仍为17%。2006年7月4日，通过调整企业职工养老保险最低缴费基数及比例方案，将原最低缴费基数880元/年调整为980元/年；将原缴费比例由原来的25%调整为26%，其中单位缴纳部分为18%，个人缴纳部分为8%。调整后的缴费标准从2006年7月1日起执行。

5月21日，由浙江省农业厅、浙江省茶叶协会主办的“浙江十大名茶”评选活动在杭州举行，松阳选送的“松阳银猴”入选。

5月，松阳县行政许可清理工作全面展开。共涉及32个职能单位，清理事项504项，清理工作于6月底完成。

5月，松阳县4万吨供水项目输水管线工程顺利开工。此工程为松阳县第一个城建国债项目，总投资7553.18万元，建设期2年。其中，输水管线工程全长6.5千米，由东坞水库经松阴溪河底引水至县城和平山头，概算投资1255万元。

6月16日，县政府决定在50省道龙丽线85k+500地段设立治超固定检测站，6月20日正式启用。

6月28日，松阳县总商会北京分会在北京成立。此为县总商会首家异地商会。

6月30日，松阳县提高城镇最低生活保障标准，提高后县城镇居民最低生活保障标准为每人每月150元。2006年7月1日，全县再次提高低保救助标准：农村居民由原来的92元/月提高到106元/月，城镇居民由原来的150元/月提高到176元/月。

7月1日，松阳县实行婚姻登记集中办理工作。全县婚姻登记工作全部集中到县民政部门办理，同时，撤销乡镇婚姻登记处。

7月1日，县事业单位工作人员养老保险办法全面施行。全县有参保事业单位190个，参保人员5676人。

7月2日，县城10座公共厕所，长虹路、新华北路道路路面保洁权，县城绿地养护权4个标段进行公开招标。

7月5日，松阳县召开省重点公益林完善区划界定工作业务培训会，正式启动2.93万公顷省重点公益林完善区划界定工作。

7月10日，联合国教科文组织“全球对话”大使、中国民俗摄影协会会长沈澈、副会长陈昌余一行到松阳进行为期两天的考察访问。

7月16日，县地税局网上申报办税试运行并取得成功。此后，松阳县企业可通过上网申报办理涉税事项。

7月20日，县城城西绿地地下（市政广场）车库工程正式启动。建筑占地及建筑面积为4094

平方米，设计停车位88个；2006年建成；2010年6月投入使用。

7月，卯山农业观光园通过国家旅游局的检查验收，被命名为全国农业旅游示范点。

8月6日，松阳县启动实施民族民间文化保护和文物安全保护2项工程。

8月12日，第14号台风“云娜”是自1956年以后侵袭浙江省最大的一次台风，造成松阳县直接经济损失4000余万元。

8月，松阳县完成中小学教职工编制重新核定工作。全县中小学教职工编制为1876人，比原定编制2330人减少19.5%。

9月1日，松阳县九年制义务教育普通中小学全面试行“一费制”收费管理办法。

9月2日，松阳县开始实施行政性收费公示制度。

9月2日，境内谢村、新处、樟溪等地遭暴雨袭击一个多小时，雨量在140毫米以上，山洪暴发。冲倒房屋300余间，冲毁公路路基40余千米、桥梁3座。

9月，水利部门分3次在松阴溪、小港源水域和东坞、谢村等5座重点水库放养鳖苗6万只。

9月，松阳县全面启动“百塘除险”工程。

10月20日，松阳县首家爱心超市在西屏镇古城社区开业。

10月25日，松阳县茶叶农药残留检测工作全面启动。

10月28日，松阳县延庆寺塔景区在清理池塘时发现一口千年古井。古井的口径约为65厘米，井身用条状石头整齐砌成。

10月，松阳县早生鹊山鸡养殖专业合作社在新处乡成立，是松阳县首家养殖专业合作社。

10月，新浙南茶叶市场竣工。

11月5日，松阳县山菌食用菌种业专业合作社正式成立，是浙江省食用菌行业首家种业专业合作社。

11月19～21日，中央音乐学院教授杜亚雄一行到玉岩镇，对松阳高腔进行观摩研究。

11月，在杭州举行的2004年浙江农业博览会上，松阳县“玉峰”“碧云天”“绿谷青帝”等茶叶和“森尔”香菇获得金奖，“箬寮”茶叶获得优质奖。

12月11日，在全国星火计划农民科技培训星火学校申报评比中，松阳县职业中专被国家科技部确定为“第一批国家星火计划农民科技培训星火学校”。

2005年

1月1日，《新松阳》创刊。

1月15日，省政协原副主席、省慈善总会会长孙家贤到望松、古市敬老院慰问集中供养的孤寡老人。

1月23日，省委常委、宣传部部长陈敏尔到松阳调研工作并视察新兴乡内孟村、横溪村及西屏镇城西社区等。

1月，滩坑第一水平年移民全部落实到位。安置松阳的共有2000多名移民，分布8个平原乡镇的54个村。其中第一水平年204名移民安置在樟溪乡的11个村；5月13日迁入新居。

2月1日，丽水市首个党员先进性教育基地在安民乡安岱后村正式挂牌。

3月11日，丽水市“海选”村支书在松阳县叶村乡寺岭下村党支部选出。

3月12日，全县普降大雪，站点积雪7厘米。

3月21日，龙（游）丽（水）高速公路松阳段开始施工；2006年12月31日建成。

4月11日，省人大常委会副主任孙优贤带领省人大代表民族华侨考察组一行，到板桥畲族乡调研民族工作。

4月26日，县发展计划局举办县城房屋拆迁货币补偿基准价听证会，县人大、县政协等单位代表及专业人员与市民代表共16人出席听证会，5位市民参加旁听。

4月，省政府颁布第五批省级文物保护单位名单，望松黄家大院、普济桥、寺口进士牌坊3处文物保护单位列入其中。

5月25日，省委副书记周国富、市委书记楼阳生到新兴乡考察内孟省级示范村。

6月8日，中共中央党校原常务副校长、浙江省委原书记薛驹，省革命老区开发建设促进会会长、浙江省委原副书记陈法文到松阳调研革命老区经济社会发展问题。

6月8日，红军挺进师老战士王福英、省革命老区开发建设促进会副会长乐子型到松阳县考察调研和参加纪念浙西南革命根据地创建70周年活动。

6月11日下午5时50分左右，因洪水爆发，西屏镇横山村死亡1人、象溪镇南坑村死亡1人。

7月12日，江南公路二期工程赤寿至樟溪段开工；2007年1月7日竣工。工程全长5.56千米。

8月3日，县召开“千村示范、万村整治”省市级示范村现场会。

8月29日，全县“分类住村、联心创好”试点工作会议在安民乡召开，在象溪、安民、新兴3个乡镇开展试点。于2006年在全县401个行政村全面铺开。

9月2日，受台风“泰利”影响，全县普降150毫米特大暴雨，松阴溪最大洪峰流量2600立方米/秒，属于50年不遇的暴雨洪灾；10个乡镇断电、5个乡镇通信中断、2条省道受阻10个小时；安民乡降雨量214毫米，为百年不遇，出现交通、电力、通信、电视“四不通”的险情。

11月9日，丽水中专被授予“全国大中专院校书法教育教学示范学校”称号。

11月10日，副省长金德水到松阳县调研工业经济和食品安全工作。

11月10日，全县县道“砂改油”路面工程全部完成。

11月11～14日，在萧山召开的2005年茶业科技创新与产业可持续发展国际研讨会期间，松阳县获首届中国茶产业发展政府贡献奖，全省2个县榜上有名。

12月2日，《松阳县康庄公路养护管理办法》颁布，2006年1月1日起实行。

12月29日，“松阳县十大历史名人”评选揭晓。

2006年

1月8日，县职业中等学校被确定为浙江省一级重点中等职业学校。

1月11日，县良种繁育场提供的“万寿”龟鳖在浙江省农业博览会上获得金奖。

1月18日，松阳县首家1人公司——“早上好”鹊山鸡养殖有限公司诞生，并领取营业执照。

1月24日，县政府出台《松阳县工业用地改变用途遗留问题的处理意见》。

2月12日，县文化部门在县城举办大型元宵踩街活动。

3月24日，县政府制定《松阳县食用菌生产材料暂行管理办法》，是浙江省首个由县政府制定实施的食用菌生产材料管理办法。

3月24日，松阳县工业园区升级为省级开发区。

3月31日，县延长山林承包期试点工作在枫坪乡启动。

4月，在2006年浙江省海洋与渔业工作会上，松阳县被省政府授予“渔业杯”，全省共有11个县（市、区）获奖，松阳是丽水市唯一获此奖的县市。

5月17～18日，省政协常务副主席梁平波率调研组在市长刘希平、市政协主席施基城等陪同下，到松阳县就“村庄环境整治”进行专题调研。

6月2日，松阳高腔被列入第一批国家级非物质文化遗产名录；松阳县延庆寺塔被公布为第六批全国重点文物保护单位。

6月2日，松阳县700亩茶叶基地被评定为全国最大的昆虫信息素诱捕茶园假眼小绿叶蝉技术示范基地。

6月3～6日，松阳县普降大到暴雨，降雨量达179.5毫米，全县大小水库、山塘普遍满蓄泄洪，部分流域发生大洪水。

7月28日，省委书记、省人大常委会主任习近平到松阳县调研农村工作。

7月28日开始，出现连续高温干旱天气，谢村源水库下游灌溉区发生旱情，居民生活及农田用水出现困难，茶叶、水果等经济作物受到严重影响，造成较大经济损失。

8月1日，开始实施松阳香茶地方标准。

8月10日，副省长王永明到松阳县检查高速公路建设工程。

8月18日，松阳被确定为2006年“阳光工程”项目实施县。全县有2000名农民享受“阳光工程”免费培训。

9月1 日中午12时至9月2日凌晨4时，全县普遭50年一遇的暴雨，交通、电力、通信、水利设施遭严重破坏，共造成直接经济损失2.16亿元。

9月5日，松阳县被列为国家农民体育健身工程试点县。

9月5日，从2006年下半年开始，松阳县义务教育阶段中小学学生免除学杂费。

9月5日，松阳县经济适用房破土动工。项目总投资1200多万元，共70套。

9月，“小学生周末班车”正式开通。

10月23日，全县“户户通电”工程竣工。

11月，松阳县20多年来在叶村乡首次发现狂犬病死亡病例。

11月30日，县委、县政府决定在全县农村贫困户中开展“一户一策一干部”帮扶活动。

12月6日，松阳县首家村级为农综合服务社在新兴乡横溪村挂牌运营。

12月15日，松阳县界首地表水水质自动监测站通过浙江地表水水质自动监测站验收小组的验收。

12月25日，松阳县农资统一配送中心成立，中心实行连销经营模式，在全县范围内设立82个连锁店。

2007年

2月2日，松香业主王关标购置价值4.3万元的新课桌椅310套，捐赠给竹源乡中心小学。

2月12日，松阳县被命名为浙江省卫生县城。

2月27日，松阳县全面完成水域调查工作。全县共有982条大小河流、64条渠道、150座山塘水库、55个池塘。

3月6～7日，全县出现“倒春寒”，茶叶受冻面积3万余亩，造成损失300万元左右。

4月2日，松阳县在浙江省首个出台《松阳县农村汽车客运站建设及管理暂行办法》。

4月26日，松阳县新星不锈钢废水处理有限公司与杭州中奇环境工程有限公司正式签订《松阳县工业园区不锈钢酸洗废水重金属回收及深度达标排放技改工程》合同。

4月26日，松阳银猴白茶正式成为国务院会议指定用茶。

4月30日，丽水市第一所“正达希望小学”在新兴乡落成。

4月，县实验小学集团学校被评为浙江省“百年名校”100强。

4月，浙南茶叶市场被省工商行政管理局确定为省重点市场。

4月，全国首个花菇清洁化生产基地在玉岩镇坳头村落户。

5月15日，省委常委、公安厅厅长王辉忠到松阳调研公安工作。

5月17～18日，省人民检察院检察长陈云龙到松阳调研检察工作。

5月24日，浙江省高级人民法院院长应勇一行到松阳县调研基层法院工作。

5月，松阳县实施低收入农户增收工程。

6月6日，松阳县望松圣雄希望小学、县工业园区职工子弟学校、望松乡中心小学举行教学大楼落成典礼。

7月，松阳县实施危桥改造和边坡治理项目。全县有6座危桥和2处危险边坡治理工程开始实施，总投资163.88万元，工期为5个月。

9月12日，西班牙侨胞张景东、詹海燕夫妇与玉岩中学的15名贫困学生结成助学对子，每年拿出1万元人民币，资助这15名贫困学生，直至完成大学学业。

9月22日，松阳县第一次面向高校毕业生招聘农村和社区工作人员，招聘农村工作人员37名、社区工作人员6名。

9月22日，西屏三桥开工建设。

9月，全县第一座由交通部补助撤渡建桥的项目南坑口大桥动工；第二年11月完工。

10月7～8日，受第16号超强台风“罗莎”影响，全县普降暴雨，受灾人口5.3万，倒塌房屋

67间，全县直接经济总损失9560万元。

10月30日，玉岩镇新岗、周安2个村正式挂牌为松阳高腔传承基地。

11月7日，松阳县召开白龙圳整治方案会审会，审查通过《松阳县白龙圳改造工程规划设计方案》。

11月26日，国务院参事、中国林科院首席科学家盛炜彤在浙江林科院副院长柳新红的陪同下考察湖溪林场，实地察看翅荚木引种及繁育基地。

12月7日，50省道王田铺段发生重大车祸，死5人，伤多人。

12月8日，玉岩镇获得“中国花菇之乡”的称号。

12月14日，玉岩镇大树后村的一株千年南方红豆杉古树获“浙江农业吉尼斯纪录”称号。其树高30米，胸径2.78米，冠幅10米×11米，是浙江省现存最大的一株南方红豆杉。

12月18日，松阳县全面实行公文无纸化传输。

12月25日，龙泉安福至松阳大东坝公路（松阳段）和江南公路三期暨斋坛连接线建设项目正式启动。

12月，松阳卯山国家森林公园被省林业厅评为首批浙江省森林旅游区质量等级四星级的森林旅游区。

2008年

1月19～20日，省政府咨询委员会主任、浙江大学原党委书记张浚生到松阳调研指导工作。

1月，受雨雪天气影响，山区县道部分路段发生边坡塌方及路面结冰。全网电网线路受损35千伏1条、10千伏18条，断线31处，断杆、倒杆19处，导致断电54个村。至2月，全县电网总损失2660万元。

1月，松阳县卯山国家森林公园被命名为丽水市首批生态道德教育基地。

1月，松阳县“箬寮—安岱后”景区被评为省级风景名胜区。

1月，省政府发文公布浙江省农业特色优势产业强县强镇（乡）榜，松阳县被认定为茶叶产业强县、食用菌产业强县；新兴乡被认定为茶叶产业强镇（乡）、玉岩镇被认定为食用菌产业强镇（乡）、三都乡被认定为果品产业强镇（乡）。

1月，《松阳县被征地农民基本生活保障暂行办法》正式颁布实施。

3月2日，裕溪乡章山村发生一起山林火灾，火势一度蔓延到邻近的潘山村乌奴自然村。3日晚上火苗被全部扑灭。

3月14日，国家质检总局发布《关于批准对松阳茶实施地理标志产品保护》的公告，批准即日起对松阳茶实施地理标志产品保护。

3月16日晚，由松阳县人民政府、中国国际茶文化研究会、中国农业科学研究院茶叶研究所和浙江省茶叶产业协会共同举办的首届中国·松阳银猴开茶节暨茶商大会开幕。中国国际茶文化研究会会长，中共浙江省委原副书记、省政协原主席刘枫出席会议。

3月，古市派出所在搬迁整理时，发现一本旧相册，内有386张20世纪20年代拍摄的珍贵战争历史照片。

4月25日，浙江电大松阳工作站升格为浙江电大松阳分校，增挂“松阳社区学院”牌子。

5月3日，合溪梯级电站合溪二级正式下闸蓄水，松阳县首座河床式电站建成。

5月12日，松阳县在丽水市率先实现广播电视“村村通”目标。

5月18～19日，丽水市“抗战损失”课题调研工作现场会在松阳召开。

5月20日，浙江省人大常委会副主任吴国华率调研组到松阳县板桥畲族乡，就少数民族经济发展情况进行调研。

5月22日，宁波市海曙区教育局向松阳县革命老区安民乡中心小学捐赠一套价值3万余元的铜管乐器。

5月28日，松阳县工业园区不锈钢污水处理厂酸洗废水治理及污泥镍铬回收环境工程项目竣工。

5月，《松阳县低丘缓坡综合开发利用总体规划》制定完成，松阳县的低丘缓坡综合规划开发工程正式启动。

5月，“碧云天”牌茶叶被评为“名品正牌”农产品，成为松阳县首个获“省名品正牌农产品”称号的商标。

5月，松阳县成为浙江省第一批省级农村信息化试点单位，是丽水市唯一的农村信息化试点县市。

5月，松阳县玉峰茶厂生产的“玉峰”茶，获2008“中绿杯”中国名优绿茶金奖。

6月，松阳县古市筏铺下山移民小区一期工程100亩完成建设，近200户移民搬入新房。

7月17日，松阳县成立留学人员和家属联谊会，选举产生第一届理事会会长、副会长。

7月24日，中共浙江省委常委、常务副省长陈敏尔到松阳考察松阳旧村改造工作。

7月29日，松阳县首届农民文化节启动。

8月25日，《松阳县无公害花菇地方标准》通过省市专家组审定。

8月，松阳县茶叶标准化示范区国家级项目通过验收。

9月3日，浙江省副省长金德水到松阳调研工业经济发展情况。

9月17日，新兴乡成为丽水市首个创建食品安全示范乡。

11月17日，浙江省委常委、省军区司令员王贺文到松阳县调研指导国防工作。

11月，松阳县完成20个乡镇379个行政村危旧房现状的调查工作。

12月3日，松阳县被授予“中国名茶之乡”称号。

12月，松阳县浙南茶叶市场成为丽水市首家“农业部定点市场”。

是年，台风及山洪灾害导致全县16个乡镇不同程度受灾，受灾总人口2.5万；受灾倒塌房屋46间；受灾农作物1650公顷；冲毁、损坏水利设施430多处25.2千米；受灾停产工矿企业45个；冲毁、损坏交通、电力、通信线路23条70千米，共造成直接经济损失7750万元。

2009年

1月，松阳县被丽水市工商局认定为“丽水市生态绿茶商标品牌基地”。这是全市唯一一个绿茶类品牌基地。

2月，松阳县被浙江省委、省政府命名为“浙江省文明县城”。

2月，松阳县被中国茶叶流通协会命名为“中国绿茶集散地”。

3月5日，浙江省委副书记夏宝龙到松阳调研指导平安建设和新农村建设工作。

3月9日，浙江省副省长王建满到松阳调研农村公路建设和“十小”行业整治与规范工作。

3月14～15日，华东片区浙江商会代表首次到松阳考察产业发展现状和基础设施建设情况，并落实3个扶贫项目的首批扶持资金。

3月23日上午，由省卫生厅、教育厅和松阳县人民政府联合主办的2009年“世界防治结核病日”现场宣传活动在赤寿乡中心小学举行。

3月25日，浙江省副省长茅临生在出席2009年中国茶商大会暨松阳茶叶节开幕式后，就松阳县的旧村改造工作进行调研。

3月25日，浙江省原省长、全国政协原常委沈祖伦，到樟溪乡馒头山村考察旧村改造工作。

4月13～14日下午，省委副书记、省长吕祖善先后到松阳县新兴乡外孟村、赤寿乡梧桐口村实地察看农村危旧房改造情况，并召开农村危旧房改造建设工作座谈会。

4月17日，松阳县首届“一村一名大学生”农业经济管理专业大专班毕业。

4月，浙江省质量技术监督局批准发布B33/T739—2009《地理标志产品 松阳茶》省级地方标准。这是由松阳县参与制订的首个省级地方标准。

5月5日，浙江省革命老区开发建设促进会名誉会长、省委原副书记陈法文到松阳调研老区工作。

5月10日，松阳县第一条避险车道工程开工，位于上松线K85+550路段，全长85米。

5月19日，省委书记、省人大常委会主任赵洪祝到松阳县新兴乡、叶村乡考察农业产业发展和旧村改造情况。

5月，赤寿乡工业功能区块首家投产企业浙江隆兴不锈钢有限公司正式投入生产。

6月3日，由巴西侨领尹霄敏援助的裕溪海联希望小学正式挂牌。

6月14日，松阳县的浙江隆达不锈钢有限公司董事长项军炎作为商务部组织的中国经贸促进团成员，随同国家主席胡锦涛到俄开展访问活动。是松阳县及丽水市外贸企业有史以来第一次跟随国家领导人出行的外事活动。

6月16日，浙江省高级人民法院院长齐奇到松阳调研。

6月22日，松阳县首个社区红色影视教育基地——西屏镇城东社区红色影视教育基地挂牌成立。

7月16日，松阳县第一座景观大桥松州大桥（西屏三桥）通过竣工验收。

7月18日，龙丽高速公路开始提速，小客车时速由80千米提高至100千米。

7月，松阳县叶法善传说（民间文学）、道教音乐月宫调（民间音乐）、松阳端午茶（传统医药）

被列入浙江省非物质文化遗产名录。全县共有8个项目入选该遗产名录。

8月8～10日，受台风“莫拉克”影响，松阳县普降暴雨，局部大暴雨。全县平均降雨量176.8毫米。全县20个乡镇不同程度受灾，转移人口1960人，房屋倒塌125间，受灾人口3.2万，农作物受灾面积1680公顷，水利设施损坏78处，损坏水电站2座，电力线路中断13条次，广播、通讯线路中断11条次，公路中断6条次，直接经济损失8100万元。

8月10日，副省长王建满到松阳县指导抗台救灾工作。

9月4日，浙江省上上不锈钢有限公司落户到县工业园区，并举行奠基仪式。

9月9日，松阳县召开二轮修志动员会，部署二轮修志工作。

11月2日，由中纪委驻质检总局纪检组组长王炜带领的中央检查组到松阳县检查指导中央扩大内需促增长政策落实情况。

11月5日，浙江省农村住房改造建设施工现场会在松阳县城召开。全省各县（市、区）建设部门建筑业分管领导共160多人参加现场会。

11月10日，松阳县启动“为了明天——预防青少年违法犯罪”专项教育活动。

11月22日，松阳县举办“松阳经济发展论坛——不锈钢产业转型升级”专题讲座。邀请国家钢铁产品质量监督检验中心副主任宋志敏，国家金属协会不锈钢分会常务副会长、上海上上集团董事长季学文为松阳的不锈钢产业转型升级提出建议。

11月25日，50省道龙丽线和44省道上松线安装全自动连续式交通流量信息识别系统，结束松阳县交通流量手工采集的历史。

11月，松阳县首家小额贷款公司科马小额贷款股份有限公司正式成立。

11月，县“宅基地换养老”项目获“第五届中国地方政府创新奖”。

12月17日，浙江省委常委、宣传部部长黄坤明到松阳调研经济社会发展工作。

2010年

1月1日，浙江红楼集团的松阳籍企业家洪涛到四都乡中心小学捐赠300条棉被、16台电脑、300余册书籍及一批体育器材，向全校100余名学生每人捐赠一套学习用品。

1月14日，松阳县城乡居民社会养老保险基金首发仪式在西屏镇丁山头村举行。全县2009年12月31日前年满60周岁的23891名城乡居民符合条件，可在2010年1月开始，不用缴费，由政府提供每月60元的基本养老金。

1月18日，松古平原供水工程正式竣工通水，日供水4万吨。

1月，从1日始，全县所有投资建设项目的申报，前期审批、核准、备案，开工、竣工的全程动态管理等信息，按照全省统一的基本信息项和编码规范，录入全省统一的投资项目管理信息系统。

2月20日，松阳县首次发现国家二级保护动物——红腹锦鸡。

2月23日，中国国际茶文化研究会常务副会长徐鸿道到松阳考察茶产业、茶文化工作。

3月4～6日，松阳县普降大到暴雨，全县平均降雨量82.5毫米。全县受灾乡镇20个，受灾人口 3.5 万人，直接经济总损失 9600 万元。

3 月 5 日，傍晚 5 时 10 分至 30 分左右，一场 50 年不遇的冰雹袭击枫坪、玉岩、大东坝、安民等乡镇。部分群众的房屋、农作物以及牲畜损失严重。

3 月 10 日，倒春寒天气给全县农业生产造成严重影响，经农业部门初步统计，全县共有 15646.67 公顷农作物受到影响，直接经济损失 1.96 亿元，其中茶叶受冻严重，全县有 7266.67 公顷茶园不同程度遭受冻害，直接经济损失 1.5 亿元。

3 月 26 日，浙江省人大常委会副主席程渭山参加松阳茶叶节。

4 月 14 日，县政府在四都乡启动林权 IC 卡试点工作。

4 月 21～22 日，松阳县通过省教育强县评估验收。

6 月 11～12 日，浙江省委常委、副省长葛慧君在松阳召开全省 6 个重点欠发达县扶贫工作座谈会。

6 月 18 日，浙江加利利科技集团公司执行总裁陈德概到松阳为西屏镇阳溪小学捐助资金 50 万元。

6 月 23 日，丽水市委书记陈荣高到松阳调研农村金融工作。

6 月 16～22 日，全县普降大到暴雨，平均降雨量为 155.2 毫米，单站最大雨量安岱后 266.5 毫米，安民、玉岩、大东坝、枫坪、象溪等乡镇出现严重的洪涝灾害。全县有 12 个乡镇 3.2 万人受灾，农作物受灾面积 800 公顷，成灾面积 720 公顷，倒塌房屋 15 间，损坏房屋 205 间，转移 1360 人次，直接经济损失 4800 万元。

7 月 29 日，浙江省副省长龚正到松阳调研信访、商贸经济发展、民族宗教、侨台等工作。

7 月，丽水市首家污泥镍铬回收项目松阳中奇环境工程有限公司所建污泥镍铬回收项目竣工。

8 月 10 日，省政协副主席徐冠巨到松阳调研农村旧村改造工作。

8 月 17 日，省农科院试验示范基地在松阳四都乡授牌成立。

8 月，松阳县水车果蔬专业合作社申报的 1000 亩杨梅基地和林村林场申报的 1000 亩脐橙基地获得 2010 年度“浙江省森林食品基地”称号。

9 月 5 日，青田籍侨胞伊楚平、周美花、叶红秋到松阳板桥畲族乡中心小学，捐助 10 万元用于师生食堂项目建设。

9 月 8 日，全县农村公路“白露节·养路日”活动正式启动。

9 月 10 日 20 时，台风“莫兰蒂”开始影响松阳，至 11 日 2 时结束。6 个小时内，全县降雨量超过 100 毫米的有 8 个站，12 个乡镇 3.2 万人受灾，倒塌房屋 18 间，安全转移 96 人，农作物受灾面积 890 公顷，停产工矿企业 6 家，公路中断 21 条次，供电线路中断 3 条次，通信线路中断 2 条次，损坏堤防 23 处长 0.9 千米，堤防决口 19 处长 0.7 千米，损坏护岸 26 处、灌溉设施 11 处，直接经济损失 4700 万元。

9 月 27 日，50 省道松阳段改建工程开工仪式在西屏镇横山村举行；12 月 29 日，钓鱼岭隧道开工。

10 月 9 日，松阳县农民专业合作社联合会成立。

10 月 26 日，松阳县香榧产业协会成立，是丽水市首个香榧产业协会。

10 月 28 日，浙江泰隆商业银行丽水松阳支行开业。

12月2日，松阳县在省委外宣办举行的“重点欠发达县群众增收致富奔小康”新闻发布会上宣布，拟三年投入18.83亿元实施扶贫开发建设小康。

12月3日，丽水市首支综合应急救援大队在松阳县授牌成立。

12月12日，省林业厅和县委、县政府共同举行原省长沈祖伦捐建“天荟天放”香榧基地建设暨松阳县设立香榧发展基金启动仪式。

12月15日，全县普降暴雪，平均积雪深23厘米，受灾乡镇20个，受灾人口10.67万人，直接经济损失7270万元，其中农业直接经济损失5260万元。松阳电网16条10千伏配电线路跳闸或停电。

第一编 政 区

松阳因地处长松山之南而名，历史上曾改为“长松”“白龙”县，但时间不长，复名“松阳”。

松阳县在丽水市最早建县。东汉建安四年（199），从章安县析出。唐武德初年，松阳升格为松州。不久废州复县。1958年，松阳县建置撤销，并入遂昌县。1982年，恢复松阳县建置。

松阳地处浙西南腹地。建县初，境内面积宽广，涵盖2010年时丽水市的大部分以及金华市、温州市的一部分。旧时，处州十县（包括1958年并入金华市武义县的宣平）的其他九县，或多或少从松阳分析而出。至1982年，松阳县建置恢复时总面积为1406平方千米。

松阳建县时县治在旌义乡瑞应里（古市镇）。唐贞元年间（785～805），因水患迁紫荆村（西屏镇）。

1949年10月，中华人民共和国成立后，松阳县多次调整行政区划。1992年，松阳县撤区扩乡并镇后，下辖5个镇15个乡（含1个畲族乡）。至2010年末，未变动。

早在夏商周时期，松阳就有先民在松古盆地生产生活。“永嘉之乱”始，松阳县接纳大规模南迁的北方士族，形成许多因血缘关系而集居的村落。

松阳古今地名变化不大，至2010年，尚沿用许多用当地土字命名的地名。

第一章 建置沿革

松阳建置沿革存有多种说法。

松阳禹贡属扬州域。春秋属越。战国属楚。秦时属闽中郡。汉初，属东瓯国。东瓯国消失后，以其地为回浦县，属会稽郡。东汉建安四年（199），析章安县西乡地置松阳县，属会稽郡。建安二十三年（218），西面建立平昌（遂昌）县。隋开皇九年（589），分松阳之东乡地置栝苍县（亦写成括苍县）；废临海、永嘉两郡为县，合栝苍、松阳、临海、永嘉四县为处州。后，缙云、青田、龙泉等地先后建县。松阳先后从属于会稽郡、临海郡、永嘉郡，到属栝苍郡（缙云），直至清末。民国初，置瓯海道，松阳为所属。后，为省辖。民国21年（1932）后，为丽水督察区所辖。

1949年松阳解放后，为丽水专区所属。1952年，丽水专区撤销，松阳县属衢州专区。1955年3月，改隶金华专区。1958年11月，松阳县并入遂昌县。1963年5月，丽水专区恢复，遂昌（含松阳区域）隶属之。1968年，改为丽水地区，松阳隶属之。1982年1月，松阳县恢复建置，属丽水地区。2000年7月，丽水撤地设市，松阳县属丽水市。

第一节　中华人民共和国成立前建置

东汉以前建置

禹贡扬州域，春秋属越，战国属楚。秦王政二十四年（前 223），灭楚，先后统一瓯越和闽越等地，以其地属闽中郡。

汉初，越王勾践后裔率族参与诸侯灭秦，又辅佐刘邦打败项羽。汉惠帝三年（前 192），立越王之后摇为东海王，都东瓯（温州市区），史称东瓯王。汉武帝建元三年（前 138），闽越伐东瓯。武帝遣兵解围。东瓯王请求内迁，朝廷准之。东瓯国从此除去国号。后，以其地为回浦县，属会稽郡。

东汉至唐代建置

东汉建安四年（199），析章安县西乡地置松阳县，属会稽郡。

三国吴太平二年（257），以会稽东郡为临海郡，松阳属临海郡。晋太宁元年（323），分临海郡置永嘉郡，松阳属永嘉郡。

隋开皇九年（589），废临海、永嘉两郡为县，又分松阳东乡地置栝苍县。合栝苍、松阳、临海、永嘉四县为处州；十二年，处州改为栝州，松阳隶之。隋大业三年（607），改栝州为永嘉郡，松阳属之。

唐武德四年（621），升松阳县为松州，栝州置总管府；七年，总管府改都督府。松州均属之。八年，废松州，复为松阳县；遂昌县并入松阳县。唐景云二年（711），刺史孔琮复奏改栝州为处州，遂昌县复从松阳县西地分出。唐天宝元年（742），改栝州为缙云郡。唐乾元元年（758），复为栝州，松阳均所属。二年（759），分松阳遂昌地置龙泉县。唐大历十四年（779），栝州又改为处州，松阳隶之。

唐后至清末建置

五代梁开平四年（910），吴越王钱镠改松阳县为长松县。晋天福四年（939），岁旱，县令陈时祈雨于百仞山，白龙现，吴越王元瓘闻之，改长松县为白龙县。

宋咸平二年（999），郡守杨亿请复为松阳县，隶处州路，属浙东道。此后，县名一直沿用。

元至正十九年（1359），改处州路为安南府，不久改为处州府，松阳均所属。明时，松阳隶浙江布政使司，仍属浙东道，隶处州府。清，仍属处州府。清宣统三年（1911）11 月，辛亥革命后，置处州军政分府，松阳隶之。

民国时期建置

民国元年（1912），撤处州军政分府，实行省县两级制，松阳县省辖。民国 3 年，置瓯海道，松阳为所属。民国 16 年，废瓯海道，复为省县两级制，松阳仍为省辖。民国 21 年 6 月，置第十一行政督察区；10 月，改置第二临时特区；松阳均隶之。民国 24 年 6 月，第二临时特区改为丽水行政督察区。民国 25 年 4 月，改称第九行政督察区，松阳属之。民国 34 年 4 月，改置第六行政督察区；6 月，改称第七行政督察区，至民国 38 年 5 月，松阳均所属。

第二节 中华人民共和国成立后建置

1949年5月，松阳解放。8月，设浙江省第七专区；10月，改称丽水专区，松阳均所属。1952年1月，丽水专区撤销，松阳县改属衢州专区。1955年3月，衢州专区撤销，改隶金华专区。

1958年11月21日，国务院批准撤销松阳县，原辖境域并入遂昌县。1963年5月，丽水专区恢复，遂昌县（含松阳区域）隶属之。1968年，改为丽水地区，遂昌县隶属之。1982年1月30日，国务院批准恢复松阳县建置，属丽水地区。

2000年7月，丽水撤地设市，松阳县属丽水市。

附：旧志记载建县时间及县名释义诸说

建县时间诸说

三国吴立　《宋书·州郡志》载，“松阳令，吴立”。北宋《舆地广记》也载“松阳县吴置”。“吴”并非单指三国时的吴国，也可理解为泛指“孙吴”。如雍正《浙江通志·建置表》载，“吴于建安中分章安地置松阳县”。

东汉建安元年（196）　见于清雍正《处州府志》、光绪《处州府志》、光绪《松阳县志》、民国《松阳县志》及《补三国疆域志》等，此说最早见于宋《太平寰宇记》载，“白龙县，本章安县之南乡，汉献帝八年吴立为县”，并无“建安八年”的记载。献帝即位于189年，在位时曾六易其号，献帝八年为196年，亦即建安元年。

建安四年（199）　清《嘉庆重修一统志》《读史方舆纪要》、民国《重修浙江通志稿》等书，《读史方舆纪要》第九十四卷载，“松阳县，本章安县南乡地，建安四年孙氏析置松阳县，属会稽郡”。民国《重修浙江通志稿·沿革表》载，“东汉献帝建安四年，孙吴置”。

兴平二年（195）　见于清嘉靖《浙江通志》、清康熙《浙江通志》、光绪《黄岩县志》、民国《台州府志》等志书。《台州府志》载，“献帝兴平二年，章安县析松阳县”。宋嘉泰《会稽志》载，“兴平二年，分章安县之南乡为松阳县”。兴平二年，即195年。

建安元年前　《王国维遗书》第十四册《乾隆（浙江通志）考异残稿》对《三国志·吴书·贺齐传》的考证，认为“松阳县的建立，应在汉建安元年前”。

县名释义

松阳史上曾称松阳、长松、白龙。

松阳县　《吴录》载，“作松杨，以地多二木也”。《吴地志》载，“县东南临大溪有松树，大八十一围，腹中空，可容三十人坐，故取此为名”。《旧唐书》载，“后汉，分章安之南乡置松阳县。县东南大阳及松树名”。

明万历《郡县释名·浙江卷》谓松阳地处长松山之南，故名松阳县。

长松县 《舆地广记》卷二三："朱梁时杨氏据江淮，于是吴越钱氏上言，以淮寇未平，耻闻逆姓，请改（松阳）为长松。"《清一统志》卷三〇五："长松山在松阳县西北四十五里，吴越时以此山名县。"清光绪《松阳县志》及《浙江分县简志》载，后梁时，吴越王钱镠与杨行密为仇，上书梁太祖，以"淮寇未平，耻闻逆姓"为由，请改诸县名"阳"（音同杨）者，五代梁开平四年（910）改松阳县为长松县。

白龙县 后晋天福四年（939）改长松县为白龙县。《十国春秋·地理表下》、《宋史》、清顺治《松阳县志》均载，天福四年，岁旱，县令陈时祈雨百仞山，据传白龙现于山麓之白龙津，吴越王元瓘遂改长松县为白龙县。

第二章 境 域

松阳有俗语“上到界头，下到堰头”，说的是松阳境域从西北到东南的界限。总体上说，松阳从建县到撤县，再到恢复县置，境域面积逐步缩小。到2010年，境域总面积1406平方千米。

省道222龙（游）丽（水）线自赤寿乡界首村入松阳县境，西北至东南斜贯松阳县境，至裕溪乡霭溪村出境。省道220上（武义县上交道）松（松阳）线与武义交界于四都寨下。

县道石（云和石塘）汶（松阳大东坝汶水口）线与云和交界于钓鱼潭。县道外（缙云外堰）靖（松阳靖居口）线与莲都交界于外桥。

第一节 位 置

松阳县位于北纬28° 14′ ～28° 36′ ，东经119° 10′ ～119° 42′ ，地处浙江省西南部、丽水市西部，东连丽水市莲都区，东南接云和县，西南与龙泉市相邻，西和西北与遂昌县接壤，东北毗金华市武义县。县城驻地西屏镇，县人民政府驻府前街1号。电话区号0578，邮政编码323400。

附：旧志分野

《前汉·地理志》载，吴地斗分野，即今之会稽等郡，则处虽偏隅，孰非天之垂象乎！

《隋书·地理志》载，于辰在丑，吴越之分野。

晋《天文志》载，自南斗十二度至须女七度为星纪。

《宋史·天文志》载，南星魁也，北星杓也。石申曰：魁第一星主吴，二星主会稽。松，会稽之支邑也。

《史记·天官书》载，吴之疆候在荧惑，占于鸟衡。荧惑、鸟衡，南方星也。观斗魁之躔度，则邑之休征咎征可觇矣。

明崇祯《处州府志》载，处州，古栝苍地，于天文属扬州斗分，为牛女之次，上直少微星，应处士。

顺治《松阳县志》按：星纪在丑而吴越扬州应之。松次吴越，乃扬州域也。扬州上应星纪祥系斗牛。

民国《松阳县志》按：《处州府志》云，志乘首列星野，均主吴越斗牛恒星不移之说。但列宿丽天东行随天西转七十二年差一度，是以月令中星与《尧典》不和，如房宿次卯今次寅，娄宿次戌今次酉矣。非竟不移也。若以厚重不迁之地统健行不息之天，证丽天东行之宿，谓某县入某宿若干分析及微茫援古例今，而不知今于《汉志》亦犹《月令》之于《尧典》也。惟分野之说，沿习已久，未便遽删，姑存其说，并附旧图于后，以俟精于推步者。

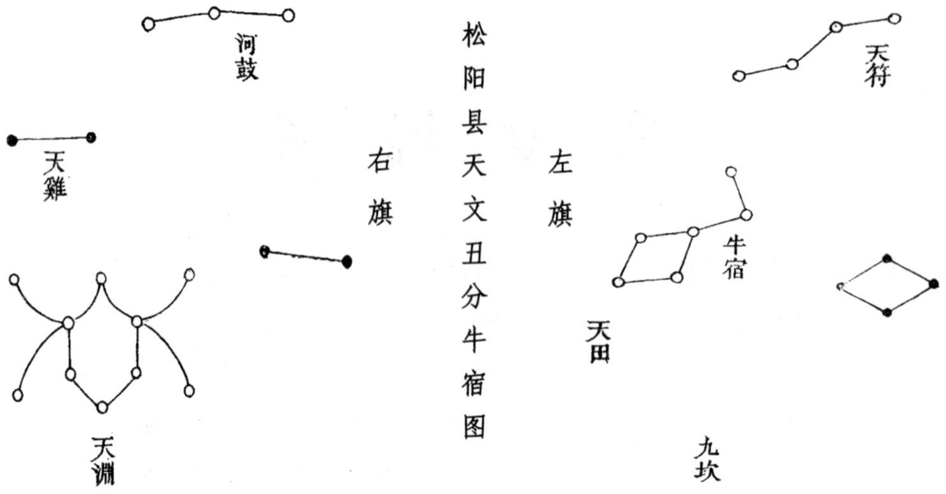

民国《松阳县志》星宿图

第二节　区界变迁

区界范围

隋开皇九年（589），析东乡地置栝苍县。乾元二年（759），析松阳遂昌南乡地置龙泉县。此后，境域基本稳定。明成化二十年（1484）《处州府志》载，松阳县疆域“东距西一百九十里，南距北一百三十里，东南距西北一百一十里，东北距西南一百四十里”。清乾隆、光绪《松阳县志》依此为依据。

民国 15 年（1926）《松阳县志》载疆域，“东至堰头七十里，西至洋坑五十里，合一百二十里；北至平田三十里，南至大横坑一百一十里，合一百四十里；东南至石子岭六十里，西北至界首六十里，合一百二十里，东北至桐榔六十里，西南至龙虎坳一百二十里，合一百八十里”。

民国 33 年（1944），军令部浙江陆地测量事务所测定，松阳县地处北纬 28° 14′ ～28° 35′ ，东经 119° 10′ ～119° 44′ ，极东堰头，极西龙虎坳，极南烧香尖，极北界首；东西长 56.25 千米，南北宽 41.75 千米。总面积 1390.47 平方公里。

1985 年《松阳地名志》图载疆域，北沿庄门源水向西，北折经钓鱼潭，沿老龙殿岗、炭火塔、大铺东山、大铺北山、大机坑、殿后岗尖、拳头砱背、小洋盘尖、李相坑至堰古栏与遂昌县分界；南沿龙虎坳向东经苦竹坞、小吉山、小双岘、大路岗、老鸦坑顶、关山岭、棋盘山、大横坑山、山头寮、破刀尖、鸦鹊尖、坳头至尖峰顶与龙泉县分界，再向东沿银坑洞、天星砱、菖蒲尖、石仓岭、石尖子、七尖顶、吊桥山尖、石子岭、天鹅孵卵、青源坳至观音坐莲心与云和县分界；东向南沿蓑衣潭、天师殿尖、大树山尖、殿后岗、高山坳、仰天河、西龙顶、处后山、东溪沿往西至青柴山与丽水市分界；北沿上坪、上舒大尖、坞应坑、大天顶、章田至天师尖与武义县分界。县界长约 290

公里。

区域调整

中华人民共和国成立后，松阳辖境多次调整。1956年6月，遂昌县长濂乡梧桐口（包括后安垄）、龙下（包括朱坑、大岭脚、下定）2个村划入松阳县赤寿乡。7月，宣平县竹客乡章田、柘坑2个村划入松阳县三都乡，汤城、午岭2个村划入松阳县望松乡。8月，云和县金岗乡的木岱坑村划入松阳县裕溪乡、金村乡茶铺自然村划入松阳县石仓乡。1958年2月，望松乡塘后村划入宣平县竹客乡；1961年复归望松乡。1961年，松阳区域的叶家田、千义坑2个大队划入遂昌县濂竹公社；垵口管理区划入玉岩公社。1963年5月，联溪公社堰头、堰后、大林、麦垵4个大队划入丽水县新合公社。1969年，遂昌县濂竹公社田岗生产队划入松阳区域赤寿公社。1982年，松阳县建置恢复时，垵口公社划归遂昌县管辖。1997年2月，全面开展县界勘定工作，共勘定交点5处、边界线5条。

区域面积

2010年，松阳县境域极东至裕溪乡新渡，极西至枫坪乡龙虎坳，东西最宽处径距53.7千米；极北至赤寿乡大川，极南至大东坝镇，南北最长处径距40.2千米。总面积1406平方千米。

第三章　行政区划

行政区划是国家为进行分级管理而实行的区域划分。《中华人民共和国宪法》明文规定，中华人民共和国行政区划分为省级行政区、县级行政区、乡级行政区三个级别。隋前，县下设乡，隋时，县下设党。唐时仍为乡。宋朝设乡镇，时，松阳辖五乡一镇。元朝为都保制，松阳设26都。明清为乡里制，松阳设6乡。清宣统二年（1910），实行地方自治，松阳设8个自治区，下辖都图。

历史上，松阳所辖乡镇行政区划变化较大。20世纪30年代、50年代，都曾采用小乡制。也曾采用县政府派出机构“区”。1992年，松阳县撤区扩镇并乡后，多采用大乡制。2010年，松阳辖5个镇15个乡（含1个畲族乡）。

第一节　民国前区划

东汉至隋代区划

东汉中平五年（188），改秦、西汉时期的郡、县两级制为州、郡、县三级制。县以下设乡、亭、里、什、伍。东汉建安四年（199），松阳从章安西乡析出，单独建县。时松阳人口不足3000户，只有旌义1个乡。

南北朝时期，松阳设3个乡，即旌义乡、移风乡、栝苍乡。

隋代，县以下，5户为1保，5保为1里，5里为1党。开皇九年（589），析松阳东乡栝苍乡建立栝苍县。

唐代至清末区划

唐武德四年（621），松阳升县为松州；八年，废州复县，遂昌并入松阳。景云二年（711），遂昌析出。乾元二年（759），析松阳遂昌地置龙泉县。

县以下设立乡、里、保、邻。4户为1邻，5邻为1保，5保为1里，5里为1乡。据此，1个乡为500户，1个乡人口为1500～2000人。时，松阳不足万人。

宋初，县以下设乡、里。熙宁变法（王安石变法）后，县域内推行保甲制，10户为1保，50户为1大保，500户为1都保；后又改为5户为1保，25户为1大保，250户为1都保。江浙农村推行都和乡建置。宋时，松阳“有五乡、松阳一镇”。

元代，推行都保制，元至正十年（1350），置26都，每都10保，都有长、保有正，分任其事。

明、清推行乡里制。明成化二十二年（1486），置6乡，移风乡辖7里5都，旌义乡辖5里4都，布和上乡辖4里4都，布和下乡辖4里4都，九芝乡辖5里3都，惠治乡辖4里6都。

至明隆庆初，乡制置而不用。

清顺治十一年（1654），仍置6乡。移风乡辖7里5都31图，旌义乡辖5里4都13图，布和上乡辖4里4都14图，布和下乡辖4里4都22图，九芝乡辖5里3都14图，惠洽乡辖4里6都26图。其中，移风乡辖境为今西屏镇、三都乡、四都乡、大东坝镇大部。旌义乡辖境为今古市镇、望松乡。布和上乡辖境为今赤寿乡、谢村乡、新兴乡大部、玉岩镇一部。布和下乡辖境为今樟溪乡、新处乡大部、新兴乡一部、玉岩镇大部、枫坪乡、安民乡一部。九芝乡辖境为今西屏镇一部、叶村乡、斋坛乡、竹源乡、新处乡一部。惠洽乡辖境为今象溪镇、裕溪乡、板桥畲族乡、大东坝镇一部、安民乡大部。

乾隆三十三年（1768），原设都图顺编为142庄。

宣统二年（1910），实行地方自治，分设城区、厦田、五都、大竹溪、古市、玉岩、靖居、石仓自治区，下辖都、图、庄。

元明清时期松阳县区划一览表

表1-3-1-1

乡	里	都	辖　　村
移风乡	绥和里 济川里	一都 十图	城东：桥亭，下马，东阁，要津，朱山，明德 城南：南济，荷田，骥湖，善观，太唐，官塘，陈巷，济川 城西：太平，五福，东琳，山川，儒行，南勋，大市，明伦，状元 城北：仁寿，永庆，朝天，家兴，熙宁，文华
	会宁里	二都 三图	项弄，中央圩，白沙，过路郎（廊），永福，周坌，青蒙，匣头，水车， 乌形山（雅山），坑塔儿，阳坛头（央坛头）
	善政里	三都 六图	外三都：葛山头，林村，桐溪（桐川），官溪，大路口，铺门，匣源（活源）， 寺后山，梁连（凉连），彩湾，五尺坑（雅溪坑），茂坛（麻坛） 内三都：源内，孙源，刘富岱，岭上，碗寮，淡竹，紫草，黄岭根，呈回，周山头， 墓旺，后塆，油田（酉田），泉址，仓陇源，上田，半岭，杨梅坪，思步， 下田，朱竹，上庄，里庄，杨家堂，宋庄（松庄），毛源，尹源（尹川）， 后畲，里黄，水竹，洞军，上源
	昭融里 遵化里	四都 五图	外四都：竹客口，西河，发祥，项桥下，茂洋塔（麻阳塔），塘村，北山，乌石前， 双坑口，上项（西坌），乌岱，河村，丁山头，邵山脚，西囮，坛下， 白仙冈 内四都：柘村，上浪树，东坑，西坑，陈家铺，平田，庄后，下包
	白沙里	二十都 七图	外二十都：徐村（溪南），程村（澄川），白沙圩，掌内，郑弄口，南山（普后）， 大埠头，路里，横山（宏山），踏埠头，岩下，新村，清源坌，桥头， 上黄，岩西，冈顶，冷水坑，项坑源，东岭，潘村，马蹄泉，坑口剳， 宅沿头，占坛，坛岩壳下 内二十都：横水口，树梢，梅村，大栋坝，大阴，横樟，燕田，小后畲，何山头， 王山头，余叶，召楼，黄南，五部（五裒），西坑口，曹竹（曹溪）， 李坑，大横坑，乌弄（乌衕），台坑，潘坑（潘溪），中桥，仁里塆， 小苏坑，司武坪，高坛背，蟾湖（蛤湖），洋坑埠，双坑口， 洋坑源（陈留），小源，青石坝，坳里，双港，叶名山，山徐，平岗

续表 1-3-1-1-1

乡	里	都	辖　　村
旌义乡	茂春里	五都 三图	王村（玉林），石门，大徐，石门圩，石角，炉下，灰弄，上林头，塔寺下，中央圩，十五里，高峰，下亭（谢家），冈后，五都洋，上院，乌井，官囮，大塔头，姥桥后，翁村，黄冈头，馒头石，叶家，西路，徐庄，李宅，姥桥下，处冈山，大荒田，乌石下，刘宅山
	平馆里	六都 三图	吴弄（梧衢），瓦窑冈，应店，寺口，后村，维新，仪桥，福宁，郑家，太村（六都），半岭，砌坛，高山，和尚寮，山后，山下洋（山下阳），寺后，里河，山仁下，西路，郎下，午岭，上囮，李村
	景化里	七都 四图	黄埠头（航埠头），上河，新处，谢树寮，坳头，冈下，五木，角头，梧村，堰头，黄连山，东湖，西湖，新村，大湖溪，上寮，新坞，金村（白角外），徐学，安宁，下连畈，黄处，黄圩寮，净村
	瑞应里 报政里	八都 三图	古市，下街，塘岸，大井头，城头，三角坛，观口，陈村
布和上乡	彰教里	九都 三图	庄门，叶川头，缸窑，半架月（半鼓月、半古月），下定，东角垄，卯山后（太平庄），卞头山，马踏岭，黄坑口，太平山，黄山头，刘坑，横坑，大竹，千义坑，外垄，梧桐口（遂昌辖），叶家田（遂昌辖）
	怀德里	十都 三图	上方（斋岗山脚），上塆，永兴，田铺，高金，乌连（红连），朱坑，浪下（龙下），长濂，大岭脚（大川、翯岭脚、翯川），角陷（谷旺），塘栋，楼石头，赤岸，择梓山
	永政里	十一都 六图	界首（佳溪），大石，后周包（厔洲），匣坑，小竹囮，西明周，杨村头，泉庄
	务财里	十二都 二图	内孟（黉源），上源口，徐郑（大垄），外孟（平濂），大墓山（大木山），塌头，上塌头，横溪，上艾，宋坦，大畈，建坞（金坞），大岭根，孟坑，坳后，丁岱，合湖，淡竹，大南坑，云台山，塔岭（峻垅），北坑山，半山，平卿，大铺，上庄（上仓），李山头（凤山头），周坑，谢村，道惠口，道惠，郑岭根（程岭根），墓田，大岭里，直源头，白沙冈（玉沙岗），烧火坑，程路，洋坑，西坑，应岱，帝石
布和下乡	归厚里	十三都 十四图 十四都 四图	外十三都：上安，潘连，项宅，后刘，下源口，西源，球坑，小南坑，外石塘，坳后，洋岭脚（杨岭脚），内石塘，杭坑，新处，东钵头（东北头），石板岭，珠岱，冈头，官岭，张山头，竹囮，后郑，庄后，杭坑下，周坑，上杭，丁岱，黄楚坛 内十三都：大岭脚，丁坑，犁埠坑（梨步坑），斗潭（斗川），白麻山，盘坑，吴往，安坑，泥山头，根坑，大树后，金竹，钱余， 黄坛，支木，山乍口，范山头，神坛，簰居口（排居口），岩坑，济上，高寮，小珠岱，演坑，高亭，坛头背，西演头，粗垄，竹蓬，散甫（山甫），苦竹，陈坑，下陈（下川、夏川），小吉，周安，溪口，白岩（玉岩），东渡寮，吴山头，吴树坞，大垢下，文岭后，乌岩，枫坪，大栗湾，梨树下，南坑儿，交塘，军廷殿，何庄窟，潘山头，黄埠坞，叶寮，塘鱼冈，根下（根野），洋庄源，老鸦坑，金山头，白坛沿，大山，安岱后，白客寮，大畈，大根，全畈，沿坑岭头，大垄头 十四都：力溪（碧溪），高岭村（高垄），下马坑，高岸，泉塘口，包村，顺村，塘头，林泽，溪下，黄田，徐山，后肖，李村，大徐，周弄口，新村，冈头，净村（馒头山），陈村（蓝家），城村，福村，坑前，兴村（番薯寮）

续表 1-3-1-1-2

乡	里	都	辖　　村
布和下乡	永德里	十五都四图	斋坛，桐村，小石，横冈山，东市，毛庄，郎衣山
	鸣絃里 永风里	十六都二图	毛村，大路，墈头，东关，桐楼，坑西，塆口，上栋圩，浮桥头
九芝乡	三秀里 仙兴里 康济里	十七都二图	下杨，官田，杨村，叶村（上村），上项弄，叶墙头，寺岭下，丁项村，上叶塔，外村，河头，新村
	协宁里	十八都十图	上十八都：赤岩，下南岱，上南岱，岱头，项坑，横坑，斗米坳，正间山，膳垄，吊坛，大坑源 下十八都：可重旺，潘坑，北山，周岭根，黄庄，龙坑，陈田（呈田） 内十八都：小竹溪，横冈，下坑，后畲，大岭头，赤圩，石井，蒲弄，紫坞 外十八都：大竹溪，松山，大荒田，三家堂，麻寮，花田垄，廖家，前坑，苦马塘，东坞，西岭根，杨里洞，盘龙，东关源，乌石垄，朱口，牛背脊，小岭头，包安山
	嘉德里	十九都二图	赤塔，塘寮，水南，黄泉头（航船头），安乐山，外水碓，山垄，东江寮（东岗寮）
惠洽乡	乐安里	二十一都三图	百步，五合圩（牛角圩），茶排，夫人庙，南山下，蔡宅，大片头，仓源头，南岭，大寮，后宅，三接桥，上山头，下山头，港口，上包，西山，包山脚，樟树下，赵圩坝，外塆子，下包，桐坑，山边，梦岭脚，天堂坑，周弄源，茶铺，下宅街，社处后，周岭脚，温岱冈，高坑，白麻山，三坑子，金钟山，横路下，白峰，犁树冈，包处坑，牛栏湾，后门山，周宅寮，潘山头，芥菜源，石寺源，麻厂，小山头，二滩坝，大阴源，虎山坝，下寮，坑门口，香菇寮，赤圩坑口，麻园，后岱山，上山寮，苦株树下，下垄，大岭后，天鹅孵蛋，大樟源，弓桥，百鸟朝王，小地源
	千秋里	二十二都四图	项山头，吕潭，程路后，南坑源，南坑口，黄店铺，排铺，西山脚，五尺口（雅溪口），士源坑（自然坑），吴村（雅村），东田，石鼓，龙塆，牛铺，杨高坪，南洲（沙溪），鲁坑，陈下，下木厂，田铺，西坑，章村源，风洞，西山，蓝蓬，潘弄，田边，西坑口，黄岩，大王庙，石马铺，潘山头，陈乐山，企坛，东风坳，小槎垵，蓝田河，獭背，白马寮，白鹤岭，樟树下，大乌棚，黄庵，七里岚，金山头，坑头源，上弄源，石马源，中央坑
	石马里	二十三都六图	小槎，内陈，田塘，东坑，石坑，源坑，乾坑，雾岭坟，务公庄，西夏源，上牛塘，柴后，西坑，龙潭背，后斜，徐山，金村圩，裕溪，源底，青田圩，青枥山，叶细后，支山头，双坑口，隔溪山，陈村，赤路圩，新渡，姜山岭脚（章山岭脚），茶坑，乌奴，黄地，陈坳，碓谷埠，凤弄源（下垄源），洋大坑，大坑头，香山寺，霭溪，黄店圩，鸡谷埠，岭脚，麦垵

续表 1-3-1-1-3

乡	里	都	辖村
惠洽乡	忠原里	二十四都四图 二十三都三图	象溪，山庄，岭下，高岭，下坑源，净居口（靖居口），毛弄，大坞，金钟，对山，大塔，坑里，东源，冈下庵，猪樟，吴司，大坑，西坑，黄店，净居包（靖居、蓉川），楼底，上梅，垅背，小步塘，高书，大垦，石牌门，小佛儿，小西，陈坳，焦树，西山，西垵，陈家里，风门坳，白鹿山头
		二十五都五图	鲁峰，板桥，下仓，桐榔（桐川），潘八，苦竹弄，插葱，对村，东坑，张山，潘山，水艾坳（水支坳），庄头源，枫岭根，鲁西，村头，黄岭头，上山背，下山背，高山，楼山，大山后，大猫科，牧牛山头，荠上，半岭，塘里源，仰天河，板桥岭头，角边，坛头凸，田垵春，西焦，双隔垢，大垢笼，黄碧垵，安成畈，后塘，雷山头，岗沿，潘家弄，靛青弄，大纺车，金弄，木杓弄，万岭脚，银坑，骑马冈，坑上源，沙岸坑，白坑，塘弄，后山垵，下寮儿，杉树园，石马下，叶家田，横岚（丽水辖）
		二十六都一图	堰头，堰阁，堰山，平地，堰后，乔木瑾，大林，畲客，公墓，内寮，外寮，莪山坳，火炎山，大片，章山，田寮，谢坑，书堂，白岭，排墓，东后，风洞坛，金坑坳，金瓜塘，阴弄，新渡坑，寨头，仰天饭甑，金坑（丽水辖）

第二节 民国时期区划

民国初沿清制，置6个自治区，辖都、图、庄。

民国17年（1928），实行村里制，县辖区、村（里）、闾、邻。在城为里，在乡为村（或联合村）。时全县置城区、厦田、五都、大竹溪、古市、玉岩、靖居、石仓8个区。民国18年，改置5个区。把城区、厦田、五都3个区划为第一区，辖4里35村；改古市区为第二区，辖3里37村；以原玉岩区为第三区，辖1里19村；改大竹溪区为第四区，辖31村；原靖居区、石仓区并为第五区，辖40村。时全县辖5区、8里、162村、619闾、3046邻。

民国18年（1929）村、里名称为：

第一区辖东、南、西、北4里，项弄、周山头、呈回、尹源4村，同气、五运、永和庆、山石树、庆坌、三德、三和、胜山、洪协、和合、厦中、和洽、活武坑、润东、林葛溪、唐溪、唐坦、茅溪、梓溪东、梓溪西、东坑源、西坑源、生生亭、岗后、仓东、仓西、玉林、高峰、环溪、鹰嘴、仪桥31个联合村。

第二区辖古市上中下3里，黄圩、千义坑、赤岸3个村，上下五木、上河、清溪、金堰、岗谢、筏铺、东庄、黄家河、川岗、上金坞、朱月山、大楼塘、佳溪、大石、后周包、杨村、横溪、泉源徐孟、黉源、集真、双溪、西坑、上安、芳溪、西黄、竹南、东球、溪金泉、徐包、萧周徐、樟溪、下高净、力溪、卯太 34 个联合村。

第三区辖玉岩里，官钟村、枫坪、斗潭、高亭、吉垄龙、根下、周安、白沙岗、程岭根、潘山头、杭坑、山甫、大岭脚、台楼、黄南、梨树下、大潘坑、乌岩、后大垟 19 个联合村。

第四区辖水南、大竹溪、清源坌、后畲、横樟、上寮山 6 个村，友助、百仞、大溪西、松包河寺、叶麻源东、花田八处、呈福杨毛、桐村五处、东关吊砬、横坑七膳、永清两社、小竹旺田、湾南二社、黄庄周岭、上黄三竹、南岩詹路、横埠、梅树、大阴、大岭头、平山、洽洋、洋坑、燕后茗、青圩 25 个联合村。

第五区辖茶排上、中、下村 3 个村及徐山、象溪、南州、张山 4 个村，港赵、百步、五合、山边、下宅、山头、蔡宅、金坑下、下后宅、上后宅、汶东、堰谢驮公、靄堰、新厦、章赤紫黄、凤黄陈斗、裕隔青金、潘楼乌仰、黄叶双岭、小槎同社、靖钟高对、石田风上、南坑口源、吕寺陈杨、雅项吴港、石龙陈东、鲁塘、坑岗吴朱、鲁麻骑下、靖居附近、岭东大箸、板下黄金、东山岭、桐川后潘 34 个联合村。

民国 19 年（1930）2 月，实行乡镇制，里编为镇，村编为乡。县城 4 里为 4 镇，古市 3 里缩编为 1 镇，玉岩里编为乡。改编后，第一区辖 4 个镇 35 个乡，第二区辖 1 个镇 37 个乡，第三区辖 20 个乡，第四区辖 35 个乡，第五区辖 40 个乡，时全县辖 5 个区、5 个镇、167 个乡。民国 21 年，松阳县调整乡镇，全县设乡镇 180 余个，乡镇名佚。

民国 23 年（1934），推行保甲制，县辖区、乡镇、保、甲。全县辖 5 个区、5 个镇 54 个乡、313 保、3269 甲。县城称城镇。

民国 29 年（1940）6 月，推行新县置，规定每乡最小不得少于 6 保，最多不得超过 15 保。原乡镇最小仅辖 2 保，最多辖 30 保，调整为 5 个区、43 个乡镇、312 保、2210 甲。县城置南镇、北镇。

民国 33 年（1944）3 月，因“原编乡镇与新县置未尽适合”，将原行政区划调整为 4 个区、30 个乡（镇）、259 保、2461 甲。县城南、北两镇合并，始称西屏镇。民国 35 年，松阳县改编为 4 个区、21 个乡镇、249 保、2206 甲，直至 1949 年。

民国23年（1934）松阳县乡镇一览表

表1-3-2-1

区别	乡镇名	乡镇公所驻地	区别	乡镇名	乡镇公所驻地
城区	城　镇	本镇	玉岩区	潘乌后乡	大潘坑
	茅亭乡	乌石下		南楼乡	黄南
	附郭乡	项弄		坑岭乡	交塘
	岗桥乡	岗后		山岗岭乡	潘山头
	上大源乡	呈回		官钟乡	官岭
	中大源乡	思步	竹溪区	竹溪镇	大竹溪
	下大源乡	松庄		松溪乡	瓦窑头
	源口乡	桐溪		云峰乡	桥头
	峰林乡	十五里		桃溪乡	叶村
	四都乡	下包		九芝乡	河头
	源外乡	源内		泰田乡	斋砇
	溪沿乡	石门		桐溪乡	桐村
	仑溪乡	山下阳		镇西乡	南岱
	梓山乡	北山		化南乡	黄庄
古市区	古市镇	本镇		归正乡	横樟
	卯麓乡	卯山后		香雪乡	大阴
	赤川乡	朱坑		青茗乡	燕田
	安溪乡	温州寮	靖居区	南州镇	南州
	上源乡	金坞		靖象乡	象溪
	七都乡	岗下		裕溪乡	裕溪
	杨源乡	杨村		堰头乡	堰头
	佳石乡	界首		靖居乡	靖居包
	下源乡	坳后		桐川乡	桐榔
	樟溪乡	樟村		鲁西乡	鲁峰
	后源乡	千义坑		雅溪乡	雅溪口
	净溪乡	力溪		百步乡	上包
玉岩区	玉岩镇	玉岩		后蔡乡	蔡宅
	根安乡	根下		山下乡	下宅街
	枫树斗乡	枫坪		茶排乡	牛角圩
	高吉乡	高亭			

民国29年（1940）松阳县乡镇一览表

表1-3-2-2

区别	乡镇名	驻 地	区别	乡镇名	驻 地
城竹区	南 镇	十字路	靖居区	桐川乡	板桥
	北 镇	耶稣堂弄		雅溪乡	雅溪口
	塔溪乡	项弄		裕溪乡	裕溪
	源口乡	桐溪		鲁西乡	鲁西
	三都乡	里庄		堰头乡	堰头
	茅溪乡	北山		石仓乡	山边
	四都乡	下包		茶步乡	牛角圩
	临溪乡	王村		香茗乡	大阴
古市区	古市镇	小叶祠	玉岩区	钟岭乡	山甫
	外源乡	金坞		镇南乡	南岱
	佳石乡	界首		南楼乡	五部
	赤川乡	赤岸		枫树斗乡	枫坪
	仑溪乡	吴弄		潘乌后乡	大潘坑
	卯源乡	庄门		根安乡	根下
	净都乡	净村		高吉乡	高亭
	樟溪乡	周弄口		玉岩乡	玉岩
	安溪乡	横溪	竹溪区	竹溪乡	大竹溪
	下源乡	外石塘		松溪乡	瓦窑头
	内源乡	谢村		泰芝乡	斋砼
靖居区	靖居乡	靖居包		桃芝乡	叶村
	南象乡	南州		归正乡	横樟

民国33年（1944）松阳县乡镇一览表

表1-3-2-3

区别	乡（镇）名	驻　地	区别	乡（镇）名	驻　地
城竹区	西屏镇	十字路	古市区	上源乡	大岭根
	洞阳乡	乌形山		下源乡	外石塘
	三都乡	厦田	玉岩区	玉岩乡	玉岩
	望松乡	王村		周岭乡	周安
	茅溪乡	西囮		南楼乡	黄南
	竹溪乡	大竹溪		枫坪乡	枫坪
	泰芝乡	叶村		高亭乡	高亭
	化南乡	小竹溪		安民乡	大潘坑
	留茗乡	蛤湖		南岱乡	南岱
古市区	古市镇	古市镇	靖居区	靖居乡	靖居包
	仑溪乡	山下阳		雅溪乡	雅溪口
	卯源乡	庄门		石仓乡	下宅街
	安石乡	横溪		靖南乡	南州
	万寿乡	赤岸		桐川乡	板桥
	樟溪乡	樟溪		裕后乡	裕溪

民国35年（1946）松阳县乡镇一览表

表1-3-2-4

区别	乡镇名	乡镇公所驻地	辖　村
城竹区	西屏镇	十字路叶祠	樟庵坛　瑞阳门　朝天门　北直街　杨柳街　钟楼街　大街　太平坊　大井路　东琳宫弄　官儒路　要津路　朱山路　桥亭路　善应堂街　仙娘巷　十字路横街　猪行路　塔头街　东阁街　下马街　南直街　荷田路　官塘路　祠前巷　竹櫒头　溪滩路
	阳溪乡	乌形山刘祠	孙源　刘富岱　源内　寺后山　丁山头　硋下　邵山脚　西囮　白头岗　石板路　西角垄　西岗背　竹客口　乌石前　北山　后泽源　破樟树　松树亭　项桥下　金钟囮　河村　上田坌　周家　王家　周安山　大路口　塘村　铺门　村湾儿　三十担　柏树亭　乌形山　东坑　央硋头　岗头　占村　双坑口　洞阳亭　项弄　白沙　周坌　山顶　葛山头　坑塔儿　硋头嘴　外青蒙　水车　白鹤坞　驮山垄

续表 1-3-2-4-1

区别	乡镇名	乡镇 公所驻地	辖　村
城竹区	三都乡	厦田 三官殿	里庄　上庄　思步　厦田　杨梅坪　酉田　后湾　上田　泉址　半岭　杨家堂　毛源　杨连　麻磁　松庄　尹源　上源　水竹　里黄　周山头　柘坑　黄岭根　后畲　洞军　呈回　紫草　淡竹　碗寮　岭上　活源　武旺　五尺坑　桐溪　林村　官溪
	望松乡	五都阳 广福寺	陈家铺　庄后　平田　椰树　下包　上河　东坑　西坑　河坌　西河　麻阳塔　上寮　西河口　半岭　半岭脚　翁村　李家　黄岗头　乌井　五都阳　草塔　大塔头　姥桥下　王村　金村儿　石门　大徐　石角　黄公渡　塔寺下　上沿头　处岗山　大荒山　乌石下　姥桥后
	竹溪乡	大竹溪 道堂	周岭根　黄庄　龙坑　北山　可重旺　呈田　大路下　大樟源　孔曹源　潘坑　下坑　横岗　小竹溪　潘村　岩西　上黄　桥头　杭坑源　高坑源　山岗顶　白峰尖　坑口塔　清源坌　路里　宅沿头　砖磁　马蹄泉　山垄　岩下　大陂头　南山　郑弄口　匣头　踏步头　横山　程村　徐村　何山吉　水南　安乐山　桃寮　外水碓　中央滩　瓦窑头　大竹溪　市口
	泰芝乡	叶村 叶祠	苦马堂　花田坌　仙坑源　徐岭　斋磁　湾口　龙衣山　石门圩　八亩垛　浮桥头　东圩橡　上桐村　道堂　下圩　东关　桐楼源　东关源　西桐楼源　吊磁　小石　大花地　叶墙头　寺岭下　五橡口　叶村　河头　包安山　松山　麻寮　源口　东坞　大坑源　下官田　乌石垄　黄犬山　西岭根　毛村　大路　墈头　泉下坌
	留茗乡	蛤湖 三元宫	后畲　大岭头　赤圩　横樟　上寮山　树梢　梅村　上洋坑　梧桐树下　大阴　蛤湖　洋坑埠头　麻寮　坳儿　洋坑源　叶明山　燕田　双港　小后畲　大樟源口　青石坝　平岗　山徐　五部　黄南
古市区	古市镇	塘岸 小叶祠	城头　上前街　上后街　中前街　后街　黄圩　下后街　下前街　塘岸　下街　筏铺　五木
	仑源乡	山下阳 张祠	砌磁　尖竹岗　流水磁　靛青山　宅叶岗　和尚寮　郑家　太村　吴弄　寺口　五龙岗　郎下　山仁下　山头背　茶树橡　十五里　谢家　上河　黄埠头　岗下　谢树寮　大垄口　下社　山下阳　湖溪　白角外　堰头　瓦窑　坑口　小湖溪　新坞　桃树坞　蚱蜢源　黄连山
	万寿乡	赤岸寺观	赤岸　择子山　乌连　上方　叶川头　庄门　东阁垄　塘垛　楼石头　大岭脚　赤溪源　界首　狮子口　半古月　黄山头　太平山　大塘　千义坑　叶家田　大坌　李和　黄坑口
	安石乡	上源口 夫人殿	潘连　上安　东寮　广因寺脚　后刘　道堂塔　下沿　坳头　墈头沿　大弄　横溪　大木山　官山寮　徐郑　上源口　内孟　金坞　泉庄　外孟　杨村头　西山垄　白塔垄　后周包　匣口　李项　大石　墈头　内里坑
	樟溪乡	周弄口 公馆	力溪　竹橡　下马坑　高岸磁　高里村　净村　横岗山　东市　毛庄　蓝家　樟村　谷山垄　岗头儿　坑徐　陈村　福村　兴村　后肖　周弄口　大徐　徐山　荒田　新安寮　金村　包村　泉塘口　林宅　溪下　塘头　下源口　项宅　凤凰山脚　思路源　宝善寺　球坑　杨岭脚　西源
	南源乡	庄后 周祠	庄后　赤岩　岱头　南岱　斗米岙　横坑　膳垄　小南坑　坳后　小岭头　外石塘　新处　内石塘　杭坑桥　东北头　官岭　石板岭　殿后　落梯岭　上程　山甫　西沿坑　竹囮　张山头

续表 1-3-2-4-2

区别	乡镇名	乡镇 公所驻地	辖　　村
玉岩区	周源乡	程岭根	周安　洋坑　白沙岗　直源头　墓田　程岭根　道惠口　程路　上杭　丁岱　西坑　上庄　大铺　石村　大岭里　大南坑　淡竹　北坑下　半山　平卿　孟坑　岙后　大岭根　合湖　大畈　李山头　塔岭
	玉岩乡	道院 夫人庙	玉岩　隔溪　乌岩　文里后　吴山头　大岗头　叶寮　吴树坞　内湾　大连　东肚寮　大丘下　溪口　下川　山后　鲍客寮　碓坑　支木　何庄　松树坑　根坑　交塘　神磁　范山头　沙丘　吴大山　八担　大岭脚　源头　黄坛　磁头背　排居口　召楼　方石源　余叶　何山头　王山头　岙头　杨梅岗　钟山头　大树后　济上　犁步坑　吴往　白麻山
	枫亭乡	斗潭	枫坪　水店　清净磁　黄埠坞　石柱　盘坑儿　梨树下　稻草坞　大山　竹岙岗　朱岱儿　廷坑　山赤坑　金山头　老鸦坑　大垄头　沿坑岭头　斗潭　塘鱼岗　西坑头　田中寮　白磁沿　根下　大畈　后齐　金竹　旧屋　大根　破桥源　钱余　山乍口　水洞口　高亭　小粗坑　洋坑源　岩坑　大岗　堰牯栏　油章　内南坑　外南坑　军廷后　大派　真武桥　白肖　粗垄　岙下　小吉　苦竹下　龙虎坳
	安民乡	大潘坑 杨祠	大潘坑　内源　吴宅　荷田　台坑　大石岩　东岱岗　金山头　乌弄　曹竹　下马坑　李坑　洋坑儿　李坑口　大山寮　安岱后　大横坑　小苏坑　苏马坪　大姑岙　高磁背
靖居区	靖居乡	鲁峰	下寮儿　鲁峰　洞坑口　麻车岭　紫坑　双坑　磨石弄　石龙潭　上梅　水路垿　磁头坑　风打岙　牛栏垵　垄背　小佛儿　楼底　牛铺　大垦　高书　靖居　石牌门　岗沿　白鹿山头　小西　陈家里　坑口　白坑　坑里　小步塘　黄家畈　笋山　东源　家庵　西山　黄店　吴司　面桶尖　独山后　村头　塘里源　鲁西　东坑　石马下　高笼　半衣尖　内湾坑　半岭　上岗丘　山背　枫岭根　鲁高山　张山　潘八　沙岸坑　万岭根　下坑　桐榔　靛青垄　后塘　枯枝　树岙　板桥　下垵　大毛窝　上东坑　坑岭　金村　高山
	雅溪乡	南州	下麻厂　樟树源　林家　陈落山口　蓝蓬　西坑口　陈下　吕潭　岩弄　寺源坑　外埠头　西山脚　南坑口　石马铺　石马源　风洞源　上弄源　潘弄　雅溪口　埠头　王店铺　石鼓　项山头　东田　吴村　田边　金山头　黄庵　程路后　白麻寮　桥亭旺　龙湾　金钟　大坑　西塘　大塔　对山　石楼　猪槽坑　靖居口　毛弄　岭下　朱家田　和尚坑　象溪　南州　高岭　山钟
	裕后乡	裕后	堰头　书堂　大林　祖源　堰后圩　木陈　阴弄　高堪　霭溪　源底　新渡　黄岭头　风弄源　源口　斗谷埠　仓前　章山　王田圩　岭脚　赤路圩　裕溪　隔溪山　陈济山头　杨梅坪　铁炉　水尾口　徐山　叶西后　源底　金村圩　小槎　曾家　小槎埠头　高村　半岭　五里坟　寨后　田塘　内陈
	石仓乡	下宅街	上后宅　马蹄湾　下后宅　梨树岗　下茶排　岗坑　山坑子　大东坝　汶水口　白峰　湾里　梦山头　坑口　百步坑　赵圩坝　西山　百步　牛角圩　上包　港口　三节桥　横路下　山头　下宅街　山边　下包　上茶排　洋头岗　蔡宅

民国23～35年（1934～1946）松阳县乡镇区划更替一览表

表 1-3-2-5

<table>
<tr><th>1934</th><th>1940</th><th>1944</th><th>1946</th></tr>
<tr><td rowspan="2">城　镇</td><td>南镇</td><td rowspan="2">西屏镇</td><td rowspan="2">西屏镇</td></tr>
<tr><td>北镇</td></tr>
<tr><td>桃芝乡</td><td rowspan="2">桃芝乡</td><td rowspan="4">泰芝乡</td><td rowspan="4">泰芝乡</td></tr>
<tr><td>九芝乡</td></tr>
<tr><td>泰田乡</td><td rowspan="2">泰溪乡</td></tr>
<tr><td>桐溪乡</td></tr>
<tr><td>峰林乡</td><td rowspan="2">临溪乡</td><td rowspan="3">望松乡</td><td rowspan="3">望松乡</td></tr>
<tr><td>溪沿乡</td></tr>
<tr><td>四都乡</td><td>四都乡</td></tr>
<tr><td>茅亭乡</td><td rowspan="2">茅溪乡</td><td rowspan="2">茅溪乡</td><td rowspan="5">阳溪乡</td></tr>
<tr><td>梓山乡</td></tr>
<tr><td>附郭乡</td><td>塔溪乡</td><td rowspan="4">洞阳乡</td></tr>
<tr><td>源外乡</td><td rowspan="3">源口乡</td></tr>
<tr><td>源口乡</td></tr>
<tr><td>下大源乡</td><td rowspan="3">三都乡</td></tr>
<tr><td>中大源乡</td><td rowspan="2">三都乡</td><td rowspan="2">三都乡</td></tr>
<tr><td>上大源乡</td></tr>
<tr><td>竹溪镇</td><td rowspan="2">竹溪乡</td><td rowspan="3">竹溪乡</td><td rowspan="6">竹溪乡</td></tr>
<tr><td>云峰乡</td></tr>
<tr><td>松溪乡</td><td>松溪乡</td></tr>
<tr><td>化南乡</td><td rowspan="2">镇南乡</td><td rowspan="2">化南乡</td></tr>
<tr><td>镇西乡</td></tr>
<tr><td>归正乡</td><td>归正乡</td><td rowspan="3">留茗乡</td></tr>
<tr><td>青茗乡</td><td rowspan="2">香茗乡</td><td rowspan="2">留茗乡</td></tr>
<tr><td>香雪乡</td></tr>
<tr><td>古市镇</td><td>古市镇</td><td>古市镇</td><td>古市镇</td></tr>
<tr><td>樟溪乡</td><td>樟溪乡</td><td rowspan="2">樟溪乡</td><td rowspan="2">樟溪乡</td></tr>
<tr><td>净溪乡</td><td rowspan="2">净都乡</td></tr>
<tr><td>七都乡</td><td>仑溪乡</td><td>仑源乡</td></tr>
</table>

续表 1-3-2-5-1

<table>
<tr><th>1934</th><th>1940</th><th>1944</th><th>1946</th></tr>
<tr><td>岗桥乡</td><td rowspan="2">仑溪乡</td><td rowspan="2">仑溪乡</td><td rowspan="3">仑源乡</td></tr>
<tr><td>仑溪乡</td></tr>
<tr><td>卯麓乡</td><td rowspan="2">卯溪乡</td><td rowspan="2">卯源乡</td></tr>
<tr><td>后源乡</td><td rowspan="3">万寿乡</td></tr>
<tr><td>赤川乡</td><td>赤川乡</td><td rowspan="2">万寿乡</td></tr>
<tr><td>杨源乡</td><td rowspan="2">佳石乡</td></tr>
<tr><td>佳石乡</td><td rowspan="2">安石乡</td><td rowspan="2">安石乡</td></tr>
<tr><td rowspan="2">安溪乡</td><td rowspan="2">安溪乡</td></tr>
<tr><td rowspan="2">下源乡</td><td rowspan="6">南源乡</td></tr>
<tr><td>下源乡</td><td>下源乡</td></tr>
<tr><td>镇西乡</td><td rowspan="2">镇南乡</td><td rowspan="3">南岱乡</td></tr>
<tr><td>化南乡</td></tr>
<tr><td>官钟乡</td><td rowspan="2">钟岭乡</td></tr>
<tr><td>山岗岭乡</td><td rowspan="2">周岭乡</td></tr>
<tr><td>根安乡</td><td>根安乡</td><td rowspan="3">周源乡</td></tr>
<tr><td rowspan="2">上源乡</td><td>外源乡</td><td rowspan="2">上源乡</td></tr>
<tr><td>内源乡</td></tr>
<tr><td>玉岩镇</td><td rowspan="2">玉岩乡</td><td rowspan="2">玉岩乡</td><td rowspan="3">玉岩乡</td></tr>
<tr><td>坑岭乡</td></tr>
<tr><td>南楼乡</td><td>南楼乡</td><td rowspan="3">南楼乡</td></tr>
<tr><td>青茗乡</td><td rowspan="2">香茗乡</td><td rowspan="3">安民乡</td></tr>
<tr><td>香雪乡</td></tr>
<tr><td>潘坞后乡</td><td>潘坞后乡</td><td>安民乡</td></tr>
<tr><td>枫树斗乡</td><td>枫树斗乡</td><td>枫坪乡</td><td rowspan="2">枫亭乡</td></tr>
<tr><td>高吉乡</td><td>高吉乡</td><td>高亭乡</td></tr>
<tr><td>鲁西乡</td><td>鲁西乡</td><td rowspan="2">靖居乡</td><td rowspan="3">靖居乡</td></tr>
<tr><td>靖居乡</td><td>靖居乡</td></tr>
<tr><td>桐川乡</td><td>桐川乡</td><td>桐川乡</td></tr>
<tr><td>南州镇</td><td rowspan="2">南象乡</td><td rowspan="2">靖南乡</td><td rowspan="3">雅南乡</td></tr>
<tr><td>靖象乡</td></tr>
<tr><td>雅溪乡</td><td>雅溪乡</td><td>雅溪乡</td></tr>
<tr><td>裕溪乡</td><td>裕溪乡</td><td rowspan="2">裕后乡</td><td rowspan="2">裕后乡</td></tr>
<tr><td>堰头乡</td><td>堰头乡</td></tr>
</table>

续表 1-3-2-5-2

<table>
<tr><th>1934</th><th>1940</th><th>1944</th><th>1946</th></tr>
<tr><td>后蔡乡</td><td rowspan="2">石仓乡</td><td rowspan="4">石仓乡</td><td rowspan="4">石仓乡</td></tr>
<tr><td>山下乡</td></tr>
<tr><td>百步乡</td><td rowspan="2">茶步乡</td></tr>
<tr><td>茶排乡</td></tr>
</table>

第三节 中华人民共和国成立至1958年区划

1949年5月，松阳解放，废除保甲制，原城竹、古市、靖居、玉岩各区分设办事处。5月26日，撤销各区办事处，分别建立第一、第二、第三、第四区人民民主政府。时全县辖4个区21个乡镇，各乡镇辖区依旧。

第一区辖西屏镇和泰芝、望松、三都、竹溪、阳溪5个乡。

第二区辖古市镇和仑源、樟溪、万寿、安石、周源5个乡。

第三区辖靖居、雅南、裕后、石仓、留名5个乡。

第四区辖玉岩、南源、枫亭、安民4个乡。

1950年，顺编4区分别更名为城关、古市、靖居、玉岩区，原编21个乡镇扩编为43个乡镇。

1952年松阳县乡镇一览表

表 1-3-3-1

<table>
<tr><th>区别</th><th>乡镇名</th><th>驻地</th><th>区别</th><th>乡镇名</th><th>驻地</th></tr>
<tr><td rowspan="12">城关区</td><td>西屏镇</td><td>太平坊路</td><td rowspan="12">古市区</td><td>古市镇</td><td>三清殿坛</td></tr>
<tr><td>叶村乡</td><td>叶村</td><td>庄门乡</td><td>庄门</td></tr>
<tr><td>泰芝乡</td><td>斋砼</td><td>万寿乡</td><td>大石</td></tr>
<tr><td>望松乡</td><td>王村</td><td>新兴乡</td><td>横溪</td></tr>
<tr><td>四都乡</td><td>下包</td><td>赤岸乡</td><td>赤岸</td></tr>
<tr><td>项溪乡</td><td>项桥下</td><td>寺口乡</td><td>吴弄</td></tr>
<tr><td>阳溪乡</td><td>项弄</td><td>樟村乡</td><td>樟村</td></tr>
<tr><td>水源乡</td><td>水竹</td><td>溪下乡</td><td>溪下</td></tr>
<tr><td>三都乡</td><td>思步</td><td>岗下乡</td><td>岗下</td></tr>
<tr><td>水南乡</td><td>水南</td><td>周源乡</td><td>大岭根</td></tr>
<tr><td>竹溪乡</td><td>大竹溪</td><td>谢村乡</td><td>谢村</td></tr>
<tr><td>竹源乡</td><td>小竹溪</td><td>—</td><td>—</td></tr>
</table>

续表 1-3-3-1

区别	乡镇名	驻地	区别	乡镇名	驻地
靖居区	雅溪乡	雅溪口	玉岩区	玉岩乡	玉岩
	象溪乡	象溪		交塘乡	交塘
	裕溪乡	裕溪		余叶乡	余叶
	靄溪乡	靄溪		新处乡	新处
	板桥乡	板桥		庄后乡	庄后
	靖居乡	靖居包		南源乡	南岱
石仓区	百步乡	百步		枫坪乡	枫坪
	石仓乡	下宅街		根下乡	根下
	横樟乡	横樟		高吉乡	高亭
	五部乡	五部		—	—
	安民乡	大潘坑		—	—

1952 年 5 月，增设石仓区，辖石仓、百步、横樟、五部、安民乡。时全县置城关、古市、靖居、玉岩、石仓 5 个区，仍辖 43 个乡镇。是年 8 月，撤销城关区，建江南、江北区和县直属西屏镇。置王村乡，属江北区。10 月，撤销石仓区，原辖百步乡并入石仓乡，五部乡并入横樟乡，划归靖居区；安民乡划归玉岩区。时全县辖 1 个直属镇，江北、江南、古市、靖居、玉岩 5 个区 41 个乡镇。

西屏镇，县直属。

江北区区公所驻乌井，辖项溪、阳溪、望松、王村、寺口、四都、三都、水源乡。

江南区区公所驻叶村，辖泰芝、叶村、水南、竹溪、竹源、南源、庄后乡。

古市区区公所驻古市镇，辖古市镇和万寿、赤岸、庄门、岗下、樟村、溪下、谢村、新兴、新处乡。

靖居区区公所驻靖居口，辖雅溪、象溪、靖居、板桥、裕溪、靄溪、石仓、横樟乡。

玉岩区区公所驻玉岩村，辖余叶、周源、交塘、玉岩、根下、高吉、枫坪、安民乡。

1956 年 3 月，撤区并乡。撤销江北、江南、古市 3 个区，所辖 24 个乡镇合并为 14 个乡镇，与西屏镇同为县直属镇。其中，项溪乡并入阳溪乡，四都乡、王村乡和寺口乡一部并入望松乡，寺口乡大部并入岗寺乡，竹溪乡并入水南乡，划横樟乡的大岭头、后畲并入竹源乡；万寿、赤岸乡合并为赤寿乡，南源、新处两乡合并为庄后乡，周源乡并入谢村乡；新兴、庄门两乡区划不变；余叶乡一部并入玉岩乡、一部并入交塘乡，根下、高吉两乡并入枫坪乡，安民乡区划依旧。横樟、石仓、靖居、板桥乡区划依旧，象溪乡并入雅溪乡，裕溪、靄溪并为联溪乡。西屏、古市两镇编制居民委员会，下辖居民小组，旋改称居民区。时全县辖 15 个直属乡镇，2 个区 10 个乡。

县直属乡镇：西屏镇、竹源乡、叶村乡、水南乡、望松乡、阳溪乡、三都乡、古市镇、赤寿乡、新兴乡、樟溪乡、庄后乡、庄门乡、岗寺乡、谢村乡。

靖居区辖靖居乡、板桥乡、联溪乡、雅溪乡、石仓乡、横樟乡。

玉岩区辖玉岩乡、交塘乡、安民乡、枫坪乡。

1957 年 3 月复置古市区。1958 年 2 月复置城关区。时全县辖 4 个区 25 个乡镇。

1958 年松阳县乡镇一览表

表 1-3-3-2

区别	乡镇名	驻地	辖行政村（居民区）
城关区	西屏镇	太平坊路	第 1～11 行政村，第 1～9 居民区
	望松乡	五都阳	西河 五都阳 大塔头 石门 王村 乌石下 岗后 山仁下 山头背 郑家 仪桥 六都 吴弄 砌砬 半岭 下包 槲树 柘坑 章田 汤城 午岭 西坑 陈家铺 浮桥头 塔寺下
	叶村乡	叶村	叶村 官田 黄公渡 河头 寺岭下 包安山 松山 源口 斋砬 石门圩 大路 花田垄 东关 桐村 小石
	阳溪乡	项弄	乌形山 项弄 周垄 桐溪 水车 青蒙 白沙 官溪 铺门 源内 西囮 丁山头 竹客口 北山 项桥下 邵山脚 大路口 活源
	三都乡	里庄	里庄 上源 尹源 淡竹 呈回 松庄 周山头 杨家堂 西田 后畲 思步 水竹
	水南乡	水南	水南 程徐 南山 横山 清路 桥头 潘村 寺口 大竹溪 塘寮 岩西 瓦窑头
	竹源乡	小竹溪	小竹溪 后畲 大岭头 横岗 潘坑 黄庄 呈田
古市区	古市镇	官门口	城头 前街 后街 横街 筏铺 5 个居民区 城头 古一 古二 古三 古四 古五 古六 古七 古八 筏铺
	赤寿乡	赤岸	赤岸 择子山 界首 大岭脚 楼塘 半古月 乌连 叶川头 上方 狮子口
	新兴乡	横溪	横溪 上安 后刘 泉庄 上源口 徐郑 杨村头 后周包 大石 内孟 金坞 潘连
	岗寺乡	岗下	岗下 上黄圩 下黄圩 谢村寮 五木 山下阳 下社 寺口 十五里 上河
	庄门乡	庄门	黄坑口 卯山后 湖溪 千义坑 庄门 白角外 东角垄
	樟溪乡	肖周	徐山 樟村 福村 大徐 球坑 溪下 包村 下马坑 力溪 馒头山 东市 下源口 肖周
	谢村乡	谢村	大岭根 平卿 上庄 塔岭 大岭里 白沙岗 程岭根 周坑 李山头 谢村 周安 洋坑 大铺 西坑 南坑
	庄后乡	庄后	岱头 南岱 膳垄 横坑 外石塘 张山头 珠岱 庄后 新处 山甫 官岭 赤岩 竹囮 南岭 坳后 东北头

续表 1-3-3-2

区别	乡镇名	驻地	辖行政村（居民区）
靖居区	靖居乡	靖居包	石排门　黄店　大塔　坑里　鲁西　金钟　鲁峰　上梅　小佛儿　靖居包
	板桥乡	板桥	板桥　桐榔　潘八　东坑　大毛科　张山　后塘　高山
	雅溪乡	雅溪口	雅溪口　东田　龙湾　石马铺　象溪　南州　南坑口　南坑源　吕潭　靖居口　黄田铺　毛弄　石鼓　石马源
	联溪乡	裕溪	裕溪　章山　潘山　黄岭头　徐山　小槎　内陈　凤弄源　霭溪　堰头　堰后　大林　麦垵
	石仓乡	下宅街	下宅街　上茶排　下茶排　山头　蔡宅　上后宅　下后宅　百步　西山　汶水口　牛角圩　大东坝　山边
	横樟乡	横樟	横樟　蛤湖　山徐　大樟源口　黄南　燕田　五部　大阴　二滩坝
玉岩区	玉岩乡	玉岩	玉岩　排居口　大丘下　吴山头　乌岩　支木　范山头　洋坑埠头
	交塘乡	交塘	交塘　何山头　余叶　潘山头　西沿头　大岭脚　根坑
	枫坪乡	枫坪	枫坪　丁坑　南胜　小吉　山乍口　斗潭　根下　高亭　龙虎坳　粗砻　南坑　梨树下　沿坑岭头　金竹　军廷后
	安民乡	大潘坑	大潘坑　安岱后　李坑　曹竹　乌弄　台坑　苏马坪

1958 年 9 月，原区级建置撤销，代之以政社合一的人民公社，乡级建置改为公社下属的生产大队，原行政村改称生产队。时全县置 5 个人民公社，辖 2 个镇 26 个生产大队。

红旗人民公社管理委员会驻西屏镇，辖西屏镇和西屏、望松、三都、阳溪、叶村、水南、竹源生产大队。

红光人民公社管理委员会驻古市镇，辖古市镇和古市、赤寿、新兴、岗寺、庄门、樟溪、谢村、庄后生产大队。

先锋人民公社管理委员会驻靖居口，辖靖居、板桥、联溪、雅溪、生产大队。

红星人民公社管理委员会驻下宅街，辖石仓、汶东、横樟生产大队。

卫星人民公社管理委员会驻玉岩，辖玉岩、交塘、枫坪、安民生产大队。

1958 年 11 月，撤销松阳县建置，原松阳县辖境并入遂昌县，行政区划不变。

第四节　松阳县并入遂昌县时原境内区划

1959 年 4 月，红旗、红光、先锋、红星、卫星公社分别改称西屏、古市、靖居、石仓、玉岩公社，生产大队改称管理区。

1961 年 7 月，撤销庄门管理区，辖境并入赤寿、岗寺 2 个管理区。垵口管理区划归玉岩公社。9

月，恢复区级建置，原管理区改置人民公社；原生产队改称生产大队。9月，撤销石仓人民公社，所辖石仓、汶东、横樟管理区改置公社后并入靖居区。12月，叶村公社分置叶村、斋磁2公社。

1962年1月，石仓、汶东、横樟人民公社合并为县直属石仓人民公社。

1964年6月，析望松公社塘后、庄河、榔树、西坑、陈家铺、下包、午岭、汤城、平田9个生产大队，三都公社章田、柘坑2个生产大队，合置塘后公社。

同年，原县境内置4个区、2个镇、25个公社和1个县直属人民公社。

松阳区区公所驻西屏镇，辖西屏镇和西屏、塘后、望松、三都、阳溪、斋磁、叶村、水南、竹源人民公社。

古市区区公所驻古市镇，辖古市镇和古市、赤寿、新兴、岗寺、谢村、樟溪、庄后人民公社。

靖居区区公所驻靖居口村，辖靖居、板桥、雅溪、联溪人民公社。

玉岩区区公所驻玉岩村，辖玉岩、交塘、枫坪、安民、垵口人民公社。

石仓公社县直属，驻下宅街。

1965年，斋磁更名斋坦。1968年，撤销西屏、古市2个公社建置，原辖大队分别划入西屏、古市2个镇。

1980年7月，西屏镇、古市镇2个镇为县直属。

第五节　1982年复县后区划

1982年1月30日，恢复松阳县建置，原玉岩区垵口公社划归遂昌县。全县辖2个直属镇、1个直属公社、4个区、22个公社。其中，西屏镇、古市镇、石仓人民公社为县直属。松阳区辖阳溪、水南、望松、叶村、斋坛、竹源、三都、塘后公社。古市区辖赤寿、岗寺、新兴、樟溪、谢村、庄后公社。靖居区辖靖居、板桥、雅溪、联溪公社。玉岩区辖玉岩、交塘、枫坪、安民公社。各人民公社区划不变。

1983年10月，实行政社分设，人民公社先后复改为乡，生产大队改为行政村。同月，撤销县直属石仓人民公社，置大东坝区，辖大东坝、石仓和原玉岩区安民乡；置蛤湖乡，隶属大东坝区。全县辖2个直属镇、5个区、25个乡、399个行政村。

1984年8月，塘后、庄后、联溪乡分别更名为四都、新处、裕溪乡，板桥乡改建板桥畲族乡。

1985年5月，斋坦乡更名为斋坛乡，撤玉岩乡建为玉岩镇。全县辖2个直属镇、5个区、25个乡（镇）、400个行政村。其中，西屏镇、古市镇县直辖。松阳区辖阳溪、水南、望松、叶村、斋坛、竹源、三都、四都乡。古市区辖赤寿、岗寺、新兴、樟溪、谢村、新处乡。靖居区辖靖居、板桥、雅溪、裕溪乡。玉岩区辖玉岩镇、交塘、枫坪乡。大东坝区辖大东坝、石仓、安民、蛤湖乡。

1992年3月，松阳县进行撤区、扩镇、并乡。撤销松阳、古市、玉岩、大东坝、靖居等5个区。保留四都、三都、望松、斋坛、叶村、竹源、赤寿、新兴、樟溪、新处、谢村、枫坪、安民、裕溪等14个乡和板桥畲族乡。各乡辖区不变。撤销阳溪、水南乡，并入西屏镇，镇人民政府驻西屏镇太平坊路31号；撤销岗寺乡，并入古市镇，镇人民政府驻溪边路9号；撤销交塘乡，并入玉岩镇，镇人民政府驻玉岩镇车站路14号；撤销大东坝、石仓、蛤湖乡，在大东坝村组建大东坝镇，管辖原3个乡辖区；撤销靖居、雅溪乡，在象溪村组建象溪镇，管辖原2个乡辖区。

松阳原辖27个乡镇，其中镇3个，乡24个。扩镇并乡后调整为20个乡镇，其中镇5个，乡15个（民族乡1个）。

1992年松阳县乡镇情况表

表1-3-5-1

乡镇名	乡镇人民政府驻地	辖行政村（居民委员会）
西屏镇	太平坊路	第一至十一居民委员会　西一至西十一村　塔寺下　上连头　乌形山　项弄　周垄　桐溪　活源　水车　青蒙　白沙　阳东坑　官溪　铺门　大路口　源内　孙源　丁山头　西垄　邵山脚　竹客口　北山　项桥下　水南　青龙　程徐　岩下　南山　横山　踏埠头　郑弄口　清路　桥头　岩西　潘村　竹溪　新溪　市口　东岗寮　安乐山　塘寮　瓦窑头
古市镇	溪边路	城头　前街　后街　横街　筏铺居民委员会　古一至古八村　城头　上方　筏铺　东角垄　塘头　岗下　黄圩　下黄圩　上五木　下五木　白角外　庄门　源口　湖溪　刘边　谢树寮　山下阳　下社　寺口　十五里　黄埠头　上河
四都乡	下包	下包　椰树　柘坑　章田　塘后　平田　汤城　午岭　陈家铺　庄河　西坑
望松乡	乌井	乌井　西河　五都阳　草塔　石门　王村　乌石下　岗后　麻阳塔　翁村　山仁下　山头背　郑家　仪桥　六都　吴弄　半岭　六都源口　砌砇
三都乡	里庄	里庄　水竹　上源　尹源　上庄　毛源　松庄　杨家堂　后湾　酉田　下田　上田　岭上　紫草　淡竹　呈回　黄岭根　周山头
斋坛乡	斋坛	斋坛　金梁　石门圩　大路　墈头　花田垄　吊砇　下垄　上垄　桐楼　东关　桐村　东圩蓬　小石
叶村乡	叶村	叶村　官田　黄公渡　河头　寺岭下　叶家　包安山　松山　寺山　麻寮　东坞　膳垄　叶村源口　横坑　斗米坳　南岱　岱头
竹源乡	小竹溪	小竹溪　后畲　大岭头　横岗　潘坑　黄上　周岭根　黄下　燕庄　可重旺　呈回
赤寿乡	赤四	赤四　赤三　章家　择子山　狮子口　界首　大川　楼塘　龙下　垟里　半古月　朝阳　红连　叶川头　梧桐口　田岗　黄山头　黄坑口　卯山后
新兴乡	横溪	横溪　渡市　泉庄　杨村头　后周包　大石　进贤　外孟　上源口　徐郑　内孟　金坞　大畈　下源口　贤溪　潘连　上安　端口　后刘　高丰

续表 1-3-5-1

乡镇名	乡镇人民政府驻地	辖行政村（居民委员会）
谢村乡	大岭根	大岭根 孟坑 平卿 大铺 上仓 谢西坑 谢村 南坑 塔岭 大岭里 李山头
樟溪乡	肖周	肖周 陆家 谷山垄 球坑 杨岭脚 西源 黄田 上徐山 溪下 兴村 包村 高岸 下马坑 力溪 富兴 馒头山 东市 樟村 岗头儿 兰家 富村 大徐
新处乡	新处	新处 坳后 外石塘 东北头 张山头 朱山 山甫 官岭 庄后 赤岩 竹囿 小岭头 小南坑
象溪镇	象溪	靖居口 石牌门 黄店 金钟 毛弄 大塔 坑里 鲁西 塘里源 村头 陈家里 鲁峰 下寮儿 上梅 小佛儿 靖居包 雅溪口 吴村 东田 石鼓 龙湾 程路后 金山头 石马源 潘弄 石马铺 下坑源 高岭 象溪 岭下 塔背 南州 南坑口 南坑源 吕潭
板桥畲族乡	板桥	板桥 后塘 桐榔 潘八 张山 高山 东坑 大毛科 金村
裕溪乡	裕溪	裕溪 章山 叶西后 潘山 黄岭头 徐山 小槎 内陈 木岱坑 凤弄源 源底 霭溪
玉岩镇	溪边路	一居委会 玉岩 溪口 沙丘 排居口 召楼 步斜 大丘下 吴山头 乌岩 周安 洋坑 白沙岗 烧火坑 程源头 道惠 程路 程岭根 道惠口 根坑 何庄 余叶 坳头 何山头 交塘 支木 白麻山 大岭脚 潘山头 大树后 西沿头 周坑
枫坪乡	枫坪	枫坪 黄埠坞 珠岱 梨树下 丁坑 小吉 外南坑 龙虎坳 高亭 高寮 山乍口 沿坑岭头 斗潭 洋庄源 根下 金竹 钱余
大东坝镇	大东坝	大东坝 牛角圩 百步 西山 白峰 赤圩 树稍 二滩坝 外大阴 内大阴 蛤湖 横樟 上寮山 山徐 大樟源口 黄南 五部 小后畲 燕田 明源 洋坑埠头 下宅街 山边 上茶排 下茶排 山头 蔡宅 梨树岗 后宅 灯塔
安民乡	大潘坑	大潘坑 曹竹 苏马坪 乌弄 台坑 大横坑 安岱后 李坑

1997 年，设 5 个镇 15 个乡（其中 1 个畲族乡）、400 个行政村、17 个居民区。1998 年，划四都榔树村的榔阳自然村归望松乡管辖，单独成立行政村，此时，全县共 401 个行政村。2000 年 7 月，丽水撤地设市，松阳属丽水市。

2001 年开始至 2010 年 12 月，松阳县辖 5 个镇、14 个乡、1 个民族乡，401 个行政村、6 个社区、5 个居委会。

1949～2010 年松阳县乡镇（管理区、公社）区划变更一览表

表 1-3-5-2

1949 年	1950	1956	1958	1959	1961	1964	1970	1983	1985	1992	2010
西屏镇	西屏镇	西屏镇	西屏镇	西屏镇	西屏镇	西屏镇	西屏镇	西屏镇	西屏镇	西屏镇	西屏镇
			红旗公社 西屏大队	西屏公社 西屏管理区	西屏公社	西屏公社					
阳溪乡	项溪乡	阳溪乡	红旗公社 阳溪大队	西屏公社 阳溪管理区	阳溪公社	阳溪公社	阳溪公社	阳溪乡	阳溪乡		
	阳溪乡										
竹溪乡	水南乡	水南乡	红旗公社 阳溪大队	西屏公社 水南管理区	水南公社	水南公社	水南公社	水南乡	水南乡		
	竹溪乡	竹源乡	红旗公社 竹源大队	西屏公社 竹源管理区	竹源公社	竹源公社	竹源公社	竹源乡	竹源乡	竹源乡	竹源乡
	竹源乡										
三都乡	三都乡	三都乡	红旗公社 三都大队	西屏公社 三都管理区	三都公社	三都公社	三都公社	三都乡	三都乡	三都乡	三都乡
泰芝乡	叶村乡	叶村乡	红旗公社 叶村大队	西屏公社 叶村管理区	叶村公社	叶村公社	叶村公社	叶村乡	叶村乡	叶村乡	叶村乡
	泰芝乡				斋砬公社	斋砬公社	斋坦公社	斋坦乡	斋坛乡	斋坛乡	斋坛乡
望松乡	王村乡	望松乡	红旗公社 望松大队	西屏公社 望松管理区	望松公社	望松公社	望松公社	望松乡	望松乡	望松乡	望松乡
	望松乡										
	四都乡				塘后公社	塘后公社	塘后公社	塘后乡	四都乡	四都乡	四都乡
古市镇	古市镇	古市镇	古市镇	古市镇	古市镇	古市镇	古市镇	古市镇	古市镇	古市镇	古市镇
			红光公社 古市大队	古市公社 古市管理区	古市公社	古市公社					
仑源乡	庄门乡	庄门乡	红光公社 庄门大队	古市公社 庄门管理区	岗寺公社	岗寺公社	岗寺公社	岗寺乡	岗寺乡		
	寺口乡	岗寺乡	红光公社 岗寺大队	古市公社 岗寺管理区							
	岗下乡										
樟溪乡	樟村乡	樟溪乡	红光公社 樟溪大队	古市公社 樟溪管理区	樟溪公社	樟溪公社	樟溪公社	樟溪乡	樟溪乡	樟溪乡	樟溪乡
	溪下乡										
万寿乡	万寿乡	赤寿乡	红光公社 赤寿大队	古市公社 赤寿管理区	赤寿公社	赤寿公社	赤寿公社	赤寿乡	赤寿乡	赤寿乡	赤寿乡
	赤岸乡										

续表 1-3-5-2

1949年	1950	1956	1958	1959	1961	1964	1970	1983	1985	1992	2010
安石乡	新兴乡	新兴乡	红光公社 新兴大队	古市公社 新兴管理区	新兴公社	新兴公社	新兴公社	新兴乡	新兴乡	新兴乡	新兴乡
南源乡	南源乡	庄后乡	红光公社 庄后大队	古市公社 庄后管理区	庄后公社	庄后公社	庄后公社	庄后乡	新处乡	新处乡	新处乡
	庄后乡										
	新处乡										
周源乡	周源乡	谢村乡	红光公社 谢村大队	古市公社 谢村管理区	谢村公社	谢村公社	谢村公社	谢村乡	谢村乡	谢村乡	谢村乡
	谢村乡										
玉岩乡	玉岩乡	玉岩乡	卫星公社 玉岩大队	玉岩公社 玉岩管理区	玉岩公社	玉岩公社	玉岩公社	玉岩乡	玉岩乡	玉岩镇	玉岩镇
	余叶乡										
	交塘乡	交塘乡	卫星公社 交塘大队	玉岩公社 交塘管理区	交塘公社	交塘公社	交塘公社	交塘乡	交塘乡		
安民乡	安民乡	安民乡	卫星公社 安民大队	玉岩公社 安民管理区	安民公社	安民公社	安民公社	安民乡	安民乡	安民乡	安民乡
枫亭乡	根下乡	枫坪乡	卫星公社 枫坪大队	玉岩公社 枫坪管理区	枫坪公社	枫坪公社	枫坪公社	枫坪乡	枫坪乡	枫坪乡	枫坪乡
	枫坪乡										
	高吉乡										
雅南乡	象溪乡	雅溪乡	先锋公社 雅溪大队	靖居公社 雅溪管理区	雅溪公社	雅溪公社	雅溪公社	雅溪乡	雅溪乡	象溪镇	象溪镇
	雅溪乡										
靖居乡	靖居乡	靖居乡	先锋公社 靖居大队	靖居公社 靖居管理区	靖居公社	靖居公社	靖居公社	靖居乡	靖居乡		
	板桥乡	板桥乡	先锋公社 板桥大队	靖居公社 板桥管理区	板桥公社	板桥公社	板桥公社	板桥乡	板桥 畲族乡	板桥 畲族乡	板桥 畲族乡
裕后乡	霭溪乡	联溪乡	先锋公社 联溪大队	靖居公社 联溪管理区	联溪公社	联溪公社	联溪公社	联溪乡	联溪乡	裕溪乡	裕溪乡
	裕溪乡										
留茗乡	横樟乡	横樟乡	红星公社 横樟大队	石仓公社 横樟管理区	横樟公社	石仓公社 （县属）	石仓公社 （县属）	蛤湖乡	蛤湖乡	大东坝镇	大东坝镇
	五部乡										
石仓乡	百部乡	石仓乡	红星公社 汶东大队	石仓公社 汶东管理区	汶东公社			大东坝乡	大东坝乡		
								石仓乡			

第六节　县　治

古市（瑞应里）

古市镇位于松阳县西北部。早在新石器时代，古市就有人类活动。松阳建县前，古市称旌义乡小陈庄，亦名瑞应里。东汉建安四年（199）松阳设县，遂为县治所在地，先后近600年。唐贞元年间（785～805）因屡遭水患，县治迁紫荆村（今西屏），遂成为旧治，后亦称旧市。清乾隆《松阳县志》载，“旧志云：初，县治建于旌义乡之旧市。屡值水患，唐贞元间郡刺史张增请于朝，改设今地，即古紫荆村也”。民国《松阳县志》载，“在县西二十里，古松阳县治，故址犹存，故名‘旧治’，今曰‘旧市’音之讹也”。

（详见本编第四章“乡镇”第二节“古市镇”）

西屏（紫荆村）

西屏因西屏山而得名，位于松古盆地东部。原名紫荆村，唐贞元年间（785～805），松阳县治由古市迁入，始为县治所在地。旧县署故址在县人民大街北端紫荆路以南，钟楼路以北，社仓弄、龙头坑以西，人民大街两侧。北宋宣和年间（1119～1125），县署毁。南宋咸淳（1265～1274）、元元贞（1295～1297）、明嘉靖（1522～1566）、清乾隆（1736～1795）、清咸丰（1851～1861）、清同治（1862～1874）年间历经修葺。民国县公署、县政府均驻此。民国31年（1942），窜犯松阳的日军纵火将县署夷为废墟，县政府一度驻天主堂；是年末，移至大井路文庙。1949年6月，松阳县人民政府驻大井路，至1958年11月松阳县并入遂昌县。1982年1月，松阳县建置恢复。5月，中共松阳县委、县人民政府驻大井路2号。1985年5月，迁府前街1号新址。

明成化二十年（1484）《处州府志》载，松阳县“城池：无。光华门去县东一里，济川门去县南一里，治平门去县西一百五十步，朝京门去县北一里”。清乾隆《松阳县志》载，“松邑傍山依水，向无城墉，有关门四：东曰光华门，南曰济川门，西曰治平门，北曰朝天门”。另有西北凤臻门、东北瑞阳门。乾隆三十四年（1769），光华、朝天、凤臻、济川4门外各建牌坊一座。光绪年间（1875～1908），四门外已无牌坊，济川门已废。民国31年（1942），拆除凤臻门。光华门、金屏门、瑞阳门在解放后旧城区扩建时被拆除。今存朝天门，在北直街北端。

明时，设坊隅。有隅4，为东隅、南隅、西隅、北隅；坊20，为太平、明伦、寿安、寿仁、裕德、福宁、儒林、寿和、济川、进德、忠良、儒行、悦进、文华、有庆、仁寿、澄清、宣化、月中、云衢，今存地名仅太平坊、仁寿坊、济川路。清时，仍为隅。民国时，初设社，县城分36个半社。民国17年（1928）分4里。民国19年置镇，初分东、南、西、北4镇。后称城镇。继为南、北两镇。民国33年始称西屏镇。

明时，主要街道有“西门街在县前，城后街在县北，河塘街在县东，马湖街在县南，寺下街在县西，官塘头街在县西南，园阁堂街在县西北，桥亭街在县东南”。今存地名有荷塘垄、西寺下、官塘路、桥亭街。

县城迭遭火焚兵燹，现存多为清、民国初建筑。

街道除太平坊至桶盖（概）亭一段为条石路面外，多为街心条石两边卵石砌成。巷弄均为卵石砌成。北直街、大街、南直街、横街、桥亭街为主要商业区。农历每旬逢一、六为集市，有米行、柴行、烟行、鸡行、猪行、牛行等专门交易场所。

清乾隆前，有塔5座：五福寺塔、仁寿坊塔、赤塔，久废；善应塔，清同治年间倒塌；状元坊塔“文化大革命”时被当成“四旧”拆除。

全面抗战期间，许多省级机关迁到松阳，县城一度繁荣。

县城自北至南长2里，南宽北窄；东至西广里许，东伸而西缩。至1982年，城郭少有变化。1982年松阳县置恢复后，县城建设发展迅速。新建的新华路长1760米、宽21米；紫荆街长750米、宽21米，两旁多四层以上建筑。2010年，城区主要街道南北向的有新华路、要津路、人民大街、大井路、北直街、南直街；东西向的有长松路、紫荆街、府前街、太平坊路、横街、桥亭街。街区成“井”字形布局。宽3米以上街道总长9571米。居民点呈块状聚落。

中华人民共和国成立后，尤其是1982年后，工商业发展迅速，初步形成以建材、造纸、纺织、机械、食品、医药、印刷、化工等工业门类组成的地方工业体系。百货、五金、食品、烟草、糖酒、医药等国营集体商店和众多的私营商店构成多层次的县城商业网点。有广播电视大学、中等师范学校、中等职业技术学校、中小学、幼儿园、职工业余学校、图书馆、文化馆、博物馆、电视台、新华书店、青少年宫、体育场、公园、县人民医院、县中医院、妇幼保健所等文教卫生设施。自来水厂、汽车站和供电、邮电、消防、环卫等市政设施基本完备。每天有直达杭州、宁波、温州、金华、衢州、龙游、遂昌、云和、缙云、义乌、龙泉、瑞安的长途客运班车，还有17条县内客运线路。城西有延庆寺塔，城东有青云塔，城内有兄弟进士牌坊、汤兰公所等胜迹。

2010年，全年实现工农业总产值115.52亿元，其中工业总产值101.56亿元，农业总产值13.96亿元。

（与本编第四章“乡镇”第一节“西屏镇”互为补充）

第四章　乡　镇

乡镇是中国最基层的政权组织。自秦汉开始，在县下设乡，直至中华民国未变。中华人民共和国成立后，乡镇建置在不断变化中。松阳解放初期，曾实行小乡制，乡镇有44个；至人民公社化高潮时，设5个大公社。1992年撤区扩镇并乡，全县置5个镇15个乡（含1个畲族乡）。至2010年12月未变。

本章第六节“江南片区各乡”与第七节“江北片区各乡”系以松阴溪为界南北区分；且乡镇皆为同一级基层政权机构。

第一节　西屏镇

政区概况

地理位置　位于北纬28°22′03″～28°30′02″，东经119°25′45″～119°33′34″。地处松阳县中部、松古盆地东南部，是松阳政治、经济、文化中心，省道龙（游）丽（水）线和上（武义上交道）松（阳）线在城东交会。东接三都乡、象溪镇，南与大东坝镇接壤，西接竹源、斋坛、叶村3乡，北邻望松乡和四都乡。

政区沿革　民国23年（1934），县城称城镇。民国29年，县城置南镇、北镇。民国33年，南北两镇合为西屏镇。1949年5月，为第一区属镇。1952年8月，改为县属镇。1958年2月，改为城关区属镇。1959年，分设西屏镇和西屏管理区，归属红旗公社。1961年，改为西屏镇和西屏人民公社，归属松阳区（由红旗公社改称）。1970年，镇社合并，称西屏镇。1980年7月，改为县属镇。1992年，阳溪、水南2乡并入西屏镇。

2010年末，西屏镇辖西一、西二、西三、西四、西五、西六、西七、西八、西九、西十、西十一村、塔寺下、上连头、北山、项弄、白沙、青蒙、水车、乌形山、周垄、桐溪、活源、官溪、阳东坑、铺门、大路口、源内、孙源、项桥下、西垄、丁山头、邵山、竹客口、竹溪、新溪、市口、潘村、岩西、桥头、清路、郑弄口、南山、横山、踏步头、程徐、水南、青龙、岩下、塘寮、东岗寮、安乐山、瓦窑头52个行政村和城东、城南、城西、城北、城中、古城6个居委会。

人口　面积　在未成县治之前，西屏为松古盆地东端一个小村。唐贞元年间（785～805），作为县治后，逐步成为松阳政治、经济、文化的中心，人口不断集聚。1965年，辖区总人口28003人（西屏13512人、阳溪7419人、水南7072人）。西屏人口自然增长率25.5‰，阳溪人口自然增长率31.5‰，水南人口自然增长率40.1‰。1982年末，辖区总户数10172户（西屏5027户、阳溪2601户、水南

2544户)，总人口39959人(西屏17953人、阳溪11279人、水南10727人)，其中男性20797人、女性19162人。西屏人口自然增长率8.53‰，阳溪人口自然增长率9.44‰，水南人口自然增长率10.77‰。1992年撤区扩镇并乡，阳溪、水南2个乡并入西屏镇。2010年末，辖区总户数23891户，总人口58110人，其中男性29396人、女性28714人。人口自然增长率-0.3‰。辖区总面积69平方千米。

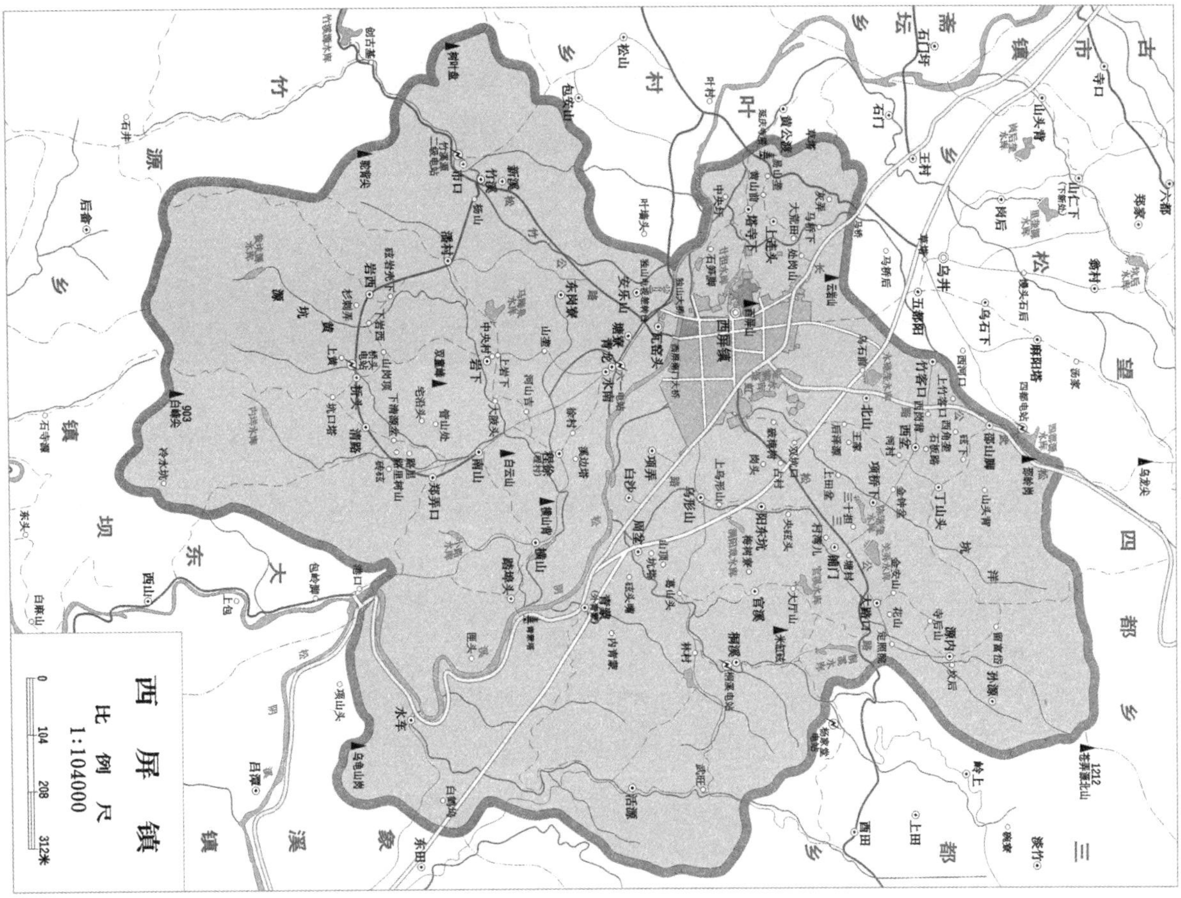

图1-1 西屏镇政区图

自然环境 境内大部为河谷盆地，西部有少量丘陵山区，地势西北高东南低，有丰富的耕地资源和山地资源，耕地面积1546.7公顷、林地面积5680公顷，为松阳县主要工业区和粮食主产区。境内气候属中亚热带季风气候，季风交替明显，温暖湿润，四季分明。全年平均气温16～17℃，最高气温7月、最低气温1月。降水量1500～1600毫米，降水日数161天，年日照时数1840小时，年无霜期236天。境内水系分布涉及同属于松阴溪的6条支流：五都源、四都源、三都源、活源、竹溪源、黄坑源。

经济

西屏地处松古盆地东段，自古为自给自足的自然经济，农业以种植粮食为主。唐贞元年间开始为县治所在地，集市经济较发达。1962年，辖区耕地总面积2124.6公顷(包括原水南乡、阳溪乡，下同)，农民平均口粮262.5千克，人均经济收入42元。1982年，辖区耕地总面积1921.7公顷，农民平均口粮511千克，人均经济收入136元。2010年，粮食作物种植面积2214.67公顷；工农业总产值115.52亿元，其中工业总产值101.56亿元，农业总产值13.96亿元。有茶叶加工企业76家，畜禽规模养殖户155户。农民专业合作社104家，其中水稻植保专业合作社5家、茶叶植保专业合作社11家。形成以名优茶、水果、花卉、规模养殖为主的经济效益较高的农业特色产业集群。西屏镇为浙江省工业强镇，支柱产业有机电制造加工、服装、文教用品等，工业企业681家；其中，2000万元以上规模企业6家。省名牌产品1个，省知名商号1个，市著名商标1个。辖区新华路、太平坊路、要津路、长松路、人民大街、紫荆街是最主要、最繁华的商业贸易场所，浙南茶叶市场是“农业部定点市场”。另有项桥下、竹客口等村茶青市场和竹溪毛芋市场及水车、南山杨梅市场与源内香菇市场等8个农副产品产地市场。

社会事业

2010年末，西屏镇有镇文化站（活动中心）及村（社）级文化活动中心59处，“茶乡天天乐”文体广场20个，“农家书屋”33个，戏曲演唱团、高腔传承剧团等各类特色文体团队50支，群众文艺骨干近2000人。有线电视入户率89.1%。

1984年后，全镇适龄儿童入学率100%，在校生巩固率100%。2010年末，有幼儿园31所，在园幼儿3492人，专任教师181人；小学3所（松阳县实验小学集团学校、松阳县西屏镇阳溪中心小学、松阳县西屏镇水南中心小学），在校生5535人，专任教师 296人；初中2所（松阳三中集团学校、松阳县民族中学），在校生4767人，专任教师398人；普通高中1所（松阳县第一中学），在校生2071人，专任教师179人；中等职业学校1所，在校生1938人，专任教师113人。

辖区有县人民医院、县中医院、松阳县疾病预防控制中心、松阳县卫生监督所、松阳县妇幼保健所、松阳县西屏镇中心卫生院、松阳县竹溪社区卫生服务中心等医疗卫生机构，社区卫生服务站5个，村卫生室7个，学校卫生室4个，看守所医务室1个，私人医院（诊所）9所，床位365张。公立医疗卫生机构卫生专业技术人员547人，其中主任医师10人、副主任医师52人、主治医师179人、医师173人、医士123人、其他人员10人。

基础设施建设

2010年末，日供水4万吨的自来水厂和日处理污水5000吨的污水处理厂投入使用。等级公路通村率99.5%，龙丽高速公路穿过镇南。有邮政局（所）3个。水、电、通信设施齐全。

名胜古迹

西屏镇自唐贞元年间始为县治所在地，历史文化底蕴深厚，是省级历史文化名城。山水景色秀丽，昔有望松夜月、凌霄岚翠、云岩石屋、石笋仙踪、百仞云峰、塔溪绿涨、

图1-2 青云塔（叶高兴 摄于2003年）

柳池鱼跃、梅墩春色、邮亭远眺、双童积雪松阳旧十景。有瓦窑头村营盘背、塘寮村厝后山新石器至商周文化遗址。有建于北宋咸平二年（999）的全国重点文物保护单位延庆寺塔，建于明弘治九年（1496）的兄弟进士牌坊、市口进士牌坊和建于清代的汤兰公所、文庙、城隍庙 5 处省级文物保护单位，保存有西屏山“醴泉”“凌霄台”摩崖石刻、青云塔、天主教堂、药皇宫、太保庙、朝天门、宗祠庙宇等众多历史建筑和历史遗迹，有青龙堰、白龙堰 2 处古代水利工程。其中，县级文物保护单位 6 处，文保点 33 处。明、清至民国时期的古民居连片集中，2000 余米长的明清古街店铺商肆林立。

城区有西屏山公园、江滨公园、独山公园、云岩山公园、市政广场、在河舟公园等，供市民休闲、健身、娱乐。

附：阳溪乡和水南乡政区沿革

阳溪乡，明、清属移风乡。民国 18 年（1929）属第一辖区。民国 23 年，为城区附郭乡。民国 29 年，为城竹区塔溪乡。民国 35 年，为城竹区阳溪乡。1949 年，为阳溪乡。1952 年，析置为阳溪乡、项溪乡。1956 年，项溪乡并入阳溪乡。1958 年，建为红旗公社阳溪大队。1959 年，改为西屏公社阳溪管理区。1961 年，改为阳溪公社。1984，改为阳溪乡。1992 年，并入西屏镇。

水南乡，明属九芝乡；清为外十八都一部分、十九都、外二十都。民国初为水南村、大竹溪村及友助、百仞、永清两社、清源垒、南岩占路、横埠等联合村。民国 23 年（1934）为竹溪镇及云峰、松溪乡；民国 29 年，并编为竹溪、松溪乡。民国 33 年，松溪乡并入竹溪乡。民国 35 年，化南乡并入竹溪乡。1952 年，竹溪乡析置竹源乡和水南乡。1956 年，竹溪乡并入水南乡。1958 年，建为红旗公社水南大队，次年改为西屏公社水南管理区。1961 年，改为水南公社。1984 年 6 月，改为水南乡。1992 年，并入西屏镇。

第二节　古市镇

政区概况

古市镇是丽水市最早的县治和州治所在地，也是最古老的集镇。是全市行政区划面积最小的省级中心镇。古市以古老集市得名，又称旧市，史称“历史重镇”“浙南古镇”。

地理位置　位于北纬 28°28′57″～28°33′58″，东经 119°04′75″～119°28′21″。地处松阳县西北部、瓯江支流松阴溪中上游，东邻望松乡，南连樟溪乡和斋坛乡，西邻新兴乡，北接赤寿乡，东北与遂昌县濂竹乡相连。镇政府驻地古市溪边路。

政区沿革　建置于东汉建安四年（199），为松阳县治近 600 年。明前属旌义乡，清代为八都、九都一部分及十都一部分。民国初为上、中、下里及筏铺联合村，后合编为一镇。民国 17 年（1928），实行村里制，县辖区、村（里）、闾、邻，古市设上、中、下 3 里。民国 19 年（1930），取名古市镇，沿用至今。1949 年，为第二区属镇。1952 年，为古市区属镇。1956 年，改为县属镇。1958 年，分置古市镇和红光公社古市大队，古市镇复为区（公社）属镇。1959 年，改为古市镇和古市公社古市管理区，把赤寿管理区之上方大队划入古市管理区。1961 年，改为古市镇和古市人民公社，并把庄门管理区之东角垄大队划入古市人民公社。1970 年，古市公社并入古市镇。1980 年，复为县辖镇。1992 年，撤区并乡，岗寺乡并入，仍称古市镇。

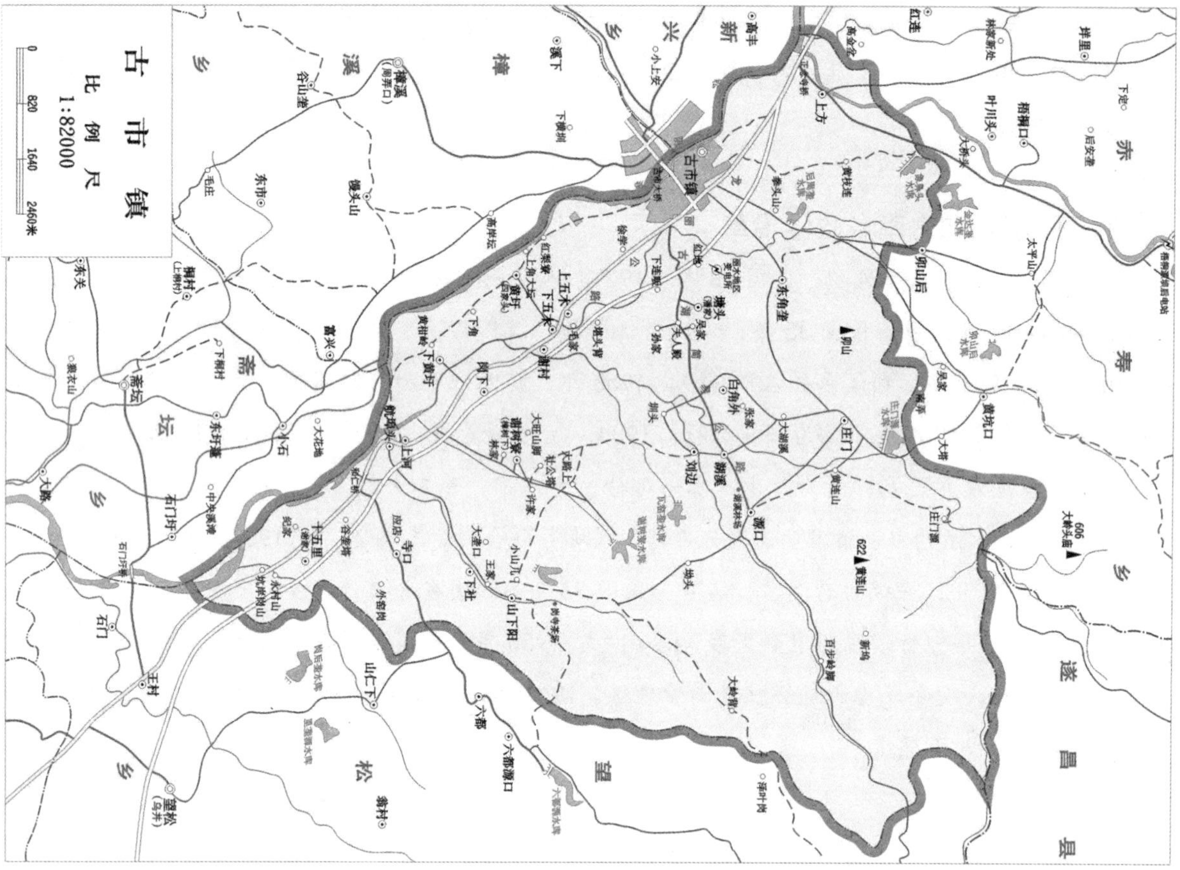

图 1-3　古市镇政区图

2010 年末，辖上方、城头、一村、二村、三村、四村、五村、六村、七村、八村、筏铺、塘头、东角垄、刘边、湖溪、源口、庄门、白角外、上五木、下五木、黄圩、下黄圩、岗下、上河、黄埠头、十五里、寺口、下社、山下阳、谢树寮 30 个行政村和城头、前街、后街、横街、筏铺 5 个居民委员会。

人口 面积　松阳建县之初的三四百年间，古市是丽水区域唯一的县治所在地，为浙西南政治、经济、文化中心，人口较其他地方集中。唐代县治迁移西屏后，古市仍然人口稠密。1965 年，辖区总人口 7967 人，人口自然增长率 30.3‰。1982 年末，古市镇辖区总户数 2830 户，总人口 9870 人，其中男性 5103 人、女性 4767 人，人口自然增长率 8.28‰；1982 年末，岗寺公社辖区总户数 2448 户，总人口 10264 人，其中男性 5262 人、女性 5002 人，人口自然增长率 10.67‰。2010 年末，辖区总户数 8464 户，总人口 21180 人，其中男性 10849 人、女性 10331 人，人口自然增长率-0.4‰。

辖区总面积 47 平方千米，为松阳县副中心和松阳县西北区域五乡一镇的经济、文化、商贸中心，松阳县第二大镇。

自然环境　多为丘陵山地。地势东北高；西南沿松阴溪两岸地势平坦，以平原为主，农田平整成畈，土层较厚。境内气候属中亚热带季风气候，季风交替明显，温暖湿润，四季分明，冬暖春早。

松阴溪自西北向东南纵贯全镇境内，发源于遂昌濂竹的梧桐源、湖溪源，发源于新处的十三都源，发源于武义县的六都源均经该镇汇入松阴溪。境内山塘、水库 11 处。农业资源丰富，茶叶等经济作物规模大。镇东北郊的卯山为省级森林公园，是国家级农业旅游示范点。地质灾害主要为小流域山洪、泥石流和滑坡。

经济

古市镇农业经济发达，素以种植粮食作物为主。因旧治所在，且在松阴溪干流上游，集贸、航运亦较发达。1982 年，农民平均口粮 430.5 千克，人均经济收入 106 元。1992 年，辖区耕地面积 563.6 公顷，经济作物以种植茶叶为主；畜牧业以养殖鸡、猪、羊为主。2010 年，粮食作物种植面积 575 公顷，茶叶种植面积 736 公顷，水果面积 262 公顷，农林牧副渔业总产值 13092 万元。工业总产值 82322 万元，其中规模以上工业总产值 64668 万元。工业以机械加工、绿色农产品、竹木制品为主。高速接线、溪西、十五里 3 大工业区块初具规模，共落户企业 248 家，其中产值 2000 万以上企业 13 家、亿元企业 4 家。

社会事业

2010 年末，全镇有幼儿园 12 所，在园幼儿 1043 人，专任教师 35 人；小学 2 所，在校生 1624 人，专任教师 92 人；初中 1 所，在校生 1466 人，专任教师 108 人；普通高中 1 所，在校生 1198 人，专任教师 91 人。有线电视入户率 84.5%。辖区有各级医疗卫生机构 6 个。松阳县古市医院核定床位 60 张，卫技人员 96 人（高级职称 5 人、中级职称 33 人）；卫生院 1 个，有床位 2 张，卫生专业技术人员 6 人（医师 3 人、医士 3 人）；村卫生室 2 个，学校卫生室 1 个，私人诊所 1 所。敬老院 1 家，床位 200 张，收养农村“五保”人员 109 人。社区服务中心 13 个。

基础设施建设

1983 年，建成古市客运站，日发班车 79 班次。同年，建成古市镇自来水厂，日供水 1500 吨。是年，建成古市镇供电所，2000 年搬入新办公大楼，占地面积 2000 余平方米。2010 年末，有邮政业务处 3 个，报纸、杂志累计发行 61.1 万份。乡村通邮率 100%；镇内有电信企业 1 家，中国移动和中国联通服务网点 12 家。龙丽高速公路、省道 222 及多条等级公路穿境。

名胜古迹

卯山位于古市镇东 1 千米处，山势平缓，呈覆盆形，历来为道家修炼之所。山顶有通天宫、点易亭、试剑石、紫霞馆等遗迹，久废。山腰道院、俭公祠、白鹤洞等古迹犹存。

永宁观天师殿　原址位于古市镇松州路上，现古市镇幼儿园旁。唐开元中叶时，叶法善舍宅为道院，玄宗皇帝赐额“淳和仙府”，后改名永宁观。历代多次修建。天师殿建于清嘉庆二十年（1815），为纪念唐代宗师叶法善而建。1992 年，该建筑因涉及松州路建设被拆。2007 年，天师殿复建至卯山俭公祠东侧。建筑面阔 12 米，进深 19.55 米，二层三开间，明间抬梁式，次间穿斗式，硬山顶。前廊檐柱、金柱均为石质方柱，石柱上刻楹联 6 对，具有很高的书法价值。1986 年，被公布为县级文物保护单位。

俭公祠　位于古市卯山，系叶姓后裔为纪念先祖叶俭而建。旁为叶俭十七世孙、道教法师叶法善道院。全面抗战期间，私立俭公中学设此。祠面阔 3 间，明间抬梁式，面阔 4.65 米；次间穿斗式，面阔 3.25 米，前廊深 1.95 米，两边厢房面阔 3.85 米，深 3.3 米，天井面阔 8.3 米，深 6 米。地墁方砖，硬山顶。道院内有天师渠、浴丹池，终年不涸。

图 1-4　俭公祠（叶坚红 摄于 2006 年）

附：岗寺乡政区沿革

岗寺乡，明、清属旌义乡。民国时期分别为七都乡、仑溪乡、仑源乡。1949 年，为第二区仑源乡。1952 年，为岗下乡，属古市区。1956 年 3 月，撤区并乡，寺口乡大部并入岗寺乡，为县直属乡。1958 年 9 月，为岗寺生产队，由红光人民公社管理委员会管理。1961 年 7 月，撤销庄门管理区，辖境并入赤寿、岗寺管理区；是年 9 月，为岗寺公社。1983 年，为岗寺乡，隶属古市区；1992 年撤区扩镇并乡，岗寺乡撤销，并入古市镇。

第三节　象溪镇

政区概况

地理位置　位于北纬 28° 18′ 49″ ～28° 27′ 42″，东经 119° 31′ 13″ ～119° 39′40″。地处松阳县东南边境，东临板桥畲族乡、裕溪乡，南邻云和县石塘镇，西连大东坝镇，北与西屏街道、三都乡接壤。镇政府驻地象溪圩。

政区沿革　史载，象溪有大石似象雄踞溪中阻航，故名。1992 年 5 月，撤销靖居区合并雅溪、靖居 2 个乡建立象溪镇。以驻地象溪圩而得名。2010 年末，辖南坑源、南坑口、吕潭、金山头、程路后、龙湾、石鼓、东田、吴村、雅溪口、潘弄、石马源、石马铺、南州、塔背、下坑源、象一村、象二村、高岭、毛弄、靖居口、金钟、大塔、黄店、石牌门、靖居包、小佛儿、陈家里、上梅、鲁峰、下寮儿、村头、塘里源、鲁西、坑里 35 个行政村。

人口　面积　象溪镇辖区，俗称“下乡”，一向地广人稀，且多畲族同胞。1965 年，雅溪总人口 5334 人，人口自然增长率 32.6‰。时靖居总人口 5842 人，人口自然增长率 25.3‰。1982 年末，雅溪乡辖区总户数1617户，总人口7242人，其中男性3864人、女性3378人，人口自然增长率8.17‰；靖居乡辖区总户数1819户，总人口8098人，其中男性4362人、女性3736人，人口自然增长率7.71‰。2010年末，辖区总户数5117户，总人口14928人，其中男性7859人、女性7069人；人口自然增长率-6.2‰。辖区东西最宽距离14千米，南北最长距离16.6千米，总面积124平方千米。

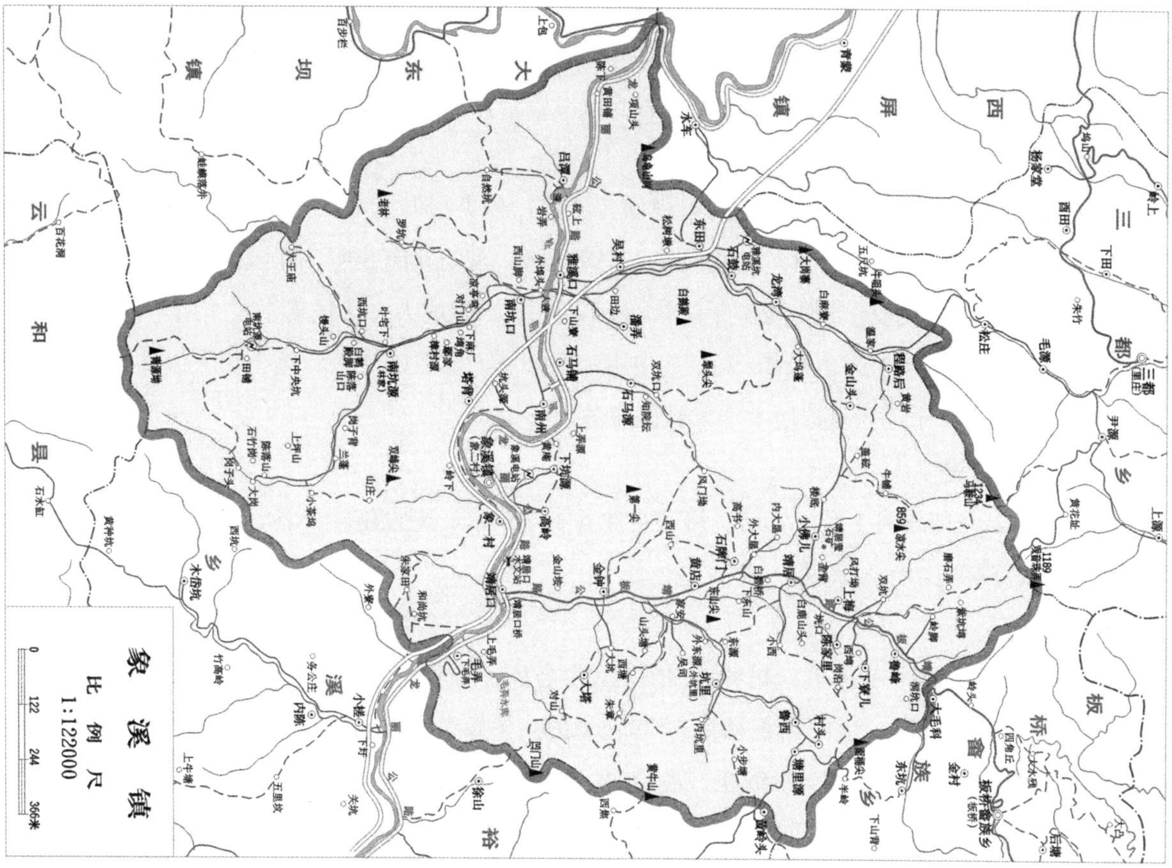

图1-5 象溪镇政区图

自然环境 境内以中低山为主，海拔多在115～300米；地层属侏罗系，有独特的山字型地质构造。境内属中亚热带季风气候，温暖湿润，四季分明，冬暖春早，高山地区气候垂直差异明显。全年平均气温17.7℃，最高气温7至8月，平均27.7℃；最低气温为1月，平均气温5.3℃。极端最高气温41.8℃，为2003年7月25日；极端最低气温零下8.4℃，为1973年12月28日。年降雨量1500～1700毫米，降雨天数160天，年日照时数1840小时，无霜期为236天。

境内河流主要有松阴溪干流及南坑源、靖居源、雅溪源3条支流，积雨面积为1857平方千米，山塘、水库共8处。境内矿产资源丰富，已探明矿产资源有莹石矿、钼矿、石英矿、煤、铅锌、明矾等。另外，山区竹木资源丰富。

经济

地处山区，经济“靠山吃山”，以种植经济作物、竹木及加工、狩猎等为主。1982年，靖居乡农民平均口粮297.5千克，人均经济收入90元；雅溪乡农民平均口粮363千克，人均经济收入95

元。1992 年，辖区内耕地面积 457 公顷。主要经济作物有茶叶、板栗、吊瓜、脐橙、油茶、香榧等。2010 年，粮食作物种植面积 530 公顷，茶叶种植面积 376 公顷，水果面积 333 公顷，农林牧副渔业总产值 5812 万元。工业总产值 37143 万元，其中规模以上工业总产值 29318 万元。全镇林业用地面积 967 公顷，森林覆盖率 69%，木材储量丰富，生态公益林 7330 公顷。象溪镇是松阳县“一心两翼”之“一翼”工业发展重镇，主要有矿产品开采加工、竹木制品、化工涂料、鞋材、建材水电开发等五大工业支柱产业，主要分布在雅溪口黄田铺工业区、象溪工业区、靖居工业区等区块。有企业 130 家，其中规模企业 9 家、其他企业 121 家。有农业专业合作社 21 家、来料加工点 11 个。

社会事业

2010 年末，象溪镇有文化站、广播电视站各 1 处，各类图书室 35 个，藏书 4 万册。有学校体育场 2 个，11 个村安装健身器材。有线电视入户率 86%。有幼儿园 8 所，在园幼儿 171 人，专任教师 15 人；小学 2 所，在校生 551 人，专任教师 34 人；省二级成人文化技术学校 1 所。卫生院 2 个，有床位 12 张，卫生专业技术人员 10 人，其中主治医师 2 人、医师 7 人、医士 1 人；社区卫生服务站 1 个，村卫生室 5 个，牙科诊所 1 个。社区服务中心 12 个。

基础设施建设

2010 年末，有邮政局 1 个，电信、移动企业各 1 家。水、电设施较齐备。龙丽高速公路、省道及多条等级公路穿境。

名胜古迹

罗坑千年紫藤 生长在南坑口村罗坑自然村，学名称吉林油桐，属藤本植物，有 1000 多年历史，被当地村民称为“棉藤”。主干由直径为 30 多厘米的三条藤缠绕而成，藤干从旁边的百年樟树攀援而上，和周围的枫树、苦楝树交织缠绕，最长的一条藤先后绕过四五棵树，延伸至上百米，树冠覆盖面积达 1000 平方米。每年正月开始星星点点开花，到 4 月初，繁花似锦。6 月结束，花期长 150 多天。

罗坑原始瀑布群 位于南坑口村罗坑自然村，由大小七八个瀑布组成。瀑布落差小的两三米，大的二三十米，其中最大的一个瀑布由四级小瀑布组成，总落差近 40 米。瀑布群长年不断流，遇上雨季，瀑布颇为壮观。

图 1-6 象溪村（象溪镇提供 摄于 2010 年）

象溪村 镇政府驻地。唐大历年间（766～799）建村，山川秀丽，文化底蕴深厚，松阳历史名人高焕然的故乡，存圆塘映月、虎庙谈经、双峰插云、仙坛观弈等人文景观。

项山头 项山头是雅溪口村的一个自然村，位于西屏镇与象溪镇的交界处，海拔约 320 米。四周群山环绕，众峰相倚相连，民居错落相间，古木参天。村中有 1 座夫人庙，每逢初一、十五，香客从四面八方云集，祈祷家人平安。每年夏季，有许多游客至此避暑。

牛铺　是小佛儿村的一个自然村，距靖（居）板（桥）公路约6千米处，海拔620米，该山地势险峻，独有一条石头铺就小路直达山顶。牛铺村有夏天穿棉袄一说。山上怪石嶙峋，峭岩壁立。林木葱茏，风光奇丽。这里有千年柳杉、百年松树，还有许多奇花异草。尚存祥云寺、天师殿2处古寺。

附：雅溪乡、靖居乡政区沿革

雅溪乡，明、清属惠洽乡。民国23年（1934），为靖居区南州镇。民国29年，为靖居区雅溪乡。民国35年，与靖南乡合并为雅南乡。1952年，为雅溪乡。1956年，象溪乡并入雅溪乡。1958年9月，原区级建置撤销，代之以政社合一的人民公社，乡级建置改为公社下属的生产大队，原行政村改称生产队，雅溪生产队由先锋人民公社管理委员会（原靖居区）管理。1964年6月，靖居区公所驻雅溪人民公社。1982年1月30日，恢复松阳县建置，雅溪公社由靖居区管辖。1992年3月，进行撤区扩镇并乡，撤销雅溪乡与靖居乡，在象溪村组建象溪镇，管辖原2个乡辖区。

靖居乡，明、清属惠洽乡。民国17年（1928），置靖居区。民国18年，与石仓区并为松阳县第五区，辖40个村。民国23年，为靖居区靖居乡。民国33年，与鲁西乡合并为靖居乡。民国35年，桐川乡并入靖居乡。1949年，靖居乡属第三区辖。1956年，象溪乡的金钟、大塔2个村划归靖居乡。1958年，雅溪乡的靖居口、毛弄2个村划入，原区级建置撤销，建为先锋公社靖居大队。1959年，改为靖居公社靖居管理区。1961年，改为靖居公社。1982年1月30日，恢复松阳县建置，雅溪公社划入靖居辖区。1984年，改建靖居乡。1992年3月，撤销靖居区，合并雅溪、靖居2个乡组建象溪镇。

第四节　玉岩镇

政区概况

地理位置　位于北纬28°19′04″～28°29′21″，东经119°12′53″～119°22′52″。地处松阳县西南部，东连新处乡、叶村乡、竹源乡和大东坝镇，南与安民乡、枫坪乡交接，西与遂昌县垵口乡相邻，北接谢村乡。人民政府驻玉岩村。

政区沿革　以驻地玉岩而得名。玉溪溯源而上，“相去两舍有奇，其层峦叠岘，奇峰异石千态万状，中有白岩拔立于大源道左，高可百数十丈，非石非玉犹璞质然，故老相传谓之玉岩”。元朝为内十三都一部分。明属布和上乡。清为内十三都一部分。民国初为玉岩里及召楼、乌岩、周安、白沙岗、程岭根等联合村。民国23年（1934），为玉岩镇及坑岭、南楼、根安等乡。民国29年，为玉岩乡及根安、内源、南楼等乡。民国33年，为玉岩、南楼乡。民国35年，并为玉岩乡。1951年，分为玉岩、交塘、余叶乡。1956年，撤销余叶乡，所属召楼、排居口、步斜、沙丘4个村划入玉岩乡。1958年，建为卫星公社玉岩大队。1959年，改为玉岩公社玉岩管理区。1961年，改为玉岩公社，把原划归谢村公社的白沙岗、程岭根、道惠口、周安、洋坑、程路等 7 个大队并入。1984 年 6 月，改为玉岩乡。1985 年 5 月，改为玉岩镇。1992 年 3 月，实行撤区扩镇并乡，交塘乡并入玉岩镇。

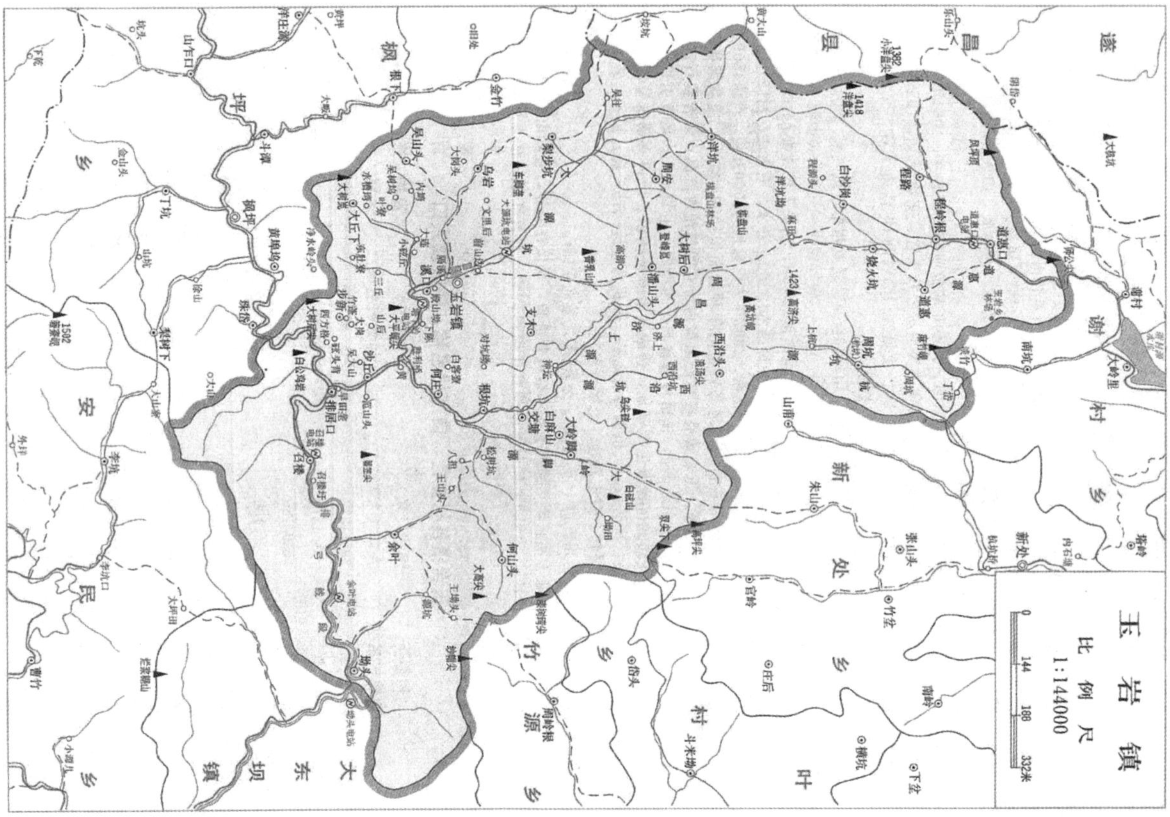

图 1-7　玉岩镇政区图

2010 年末，玉岩镇辖玉岩、溪口、沙丘、排居口、步新、召楼、余叶、坳头、大丘下、吴山头、乌岩、支木、梨步坑、洋坑、周安、西沿头、大树后、潘山头、何庄、根坑、交塘、白麻山、大岭脚、何山头、白沙岗、程源头、烧火坑、程岭根、程路、道惠口、道惠、周坑 32 个行政村。

人口 面积　玉岩地处松阳西南山区，旧时交通不便，人口发展缓慢，宋代才开始成规模地建村落户。1965 年，玉岩总人口 4826 人，人口自然增长率 33.5‰。1982 年末，玉岩乡辖区总户数 1579 户，总人口 7159 人，其中男性 3926 人、女性 3233 人，人口自然增长率 7.16‰；交塘乡辖区总户数 1076 户，总人口 5148 人，其中男性 2720 人、女性 2428 人，人口自然增长率 6.43‰。2010 年末，辖区总户数 4119 户，总人口 13449 人，其中男性 7204 人、女性 6245 人，人口自然增长率-4.4‰。辖区总面积 134 平方千米。

自然环境　境内山多地少，海拔千米以上的山峰 40 余座，海拔在 700 米以上的村庄 14 个，其中周安村海拔 1030 米，为全县村庄海拔之最高。境内属中亚热带季风气候，季风交替明显，温暖湿润，四季分明，冬暖春早，气候垂直差异明显。全年平均气温 16.6℃，最高气温在 7 月，平均 27.2℃，最低气温为 1 月，平均 5.3℃，年降水量 1500～2000 毫米，最高年降水量 2647.3 毫米（1975 年），最少年 1221.6 毫米（1979 年）。以高济尖至洋坑坳东西向为分界线，境内两大水系贯穿全镇。大坑源发源于洋坑坳，由北往南，经洋坑，汇集周安、梨步坑水源至玉岩，在玉岩、溪口、沙丘、排居口又汇集交塘源、枫坪源，途径召楼、余叶、坳头，汇入小港注入松阴溪，是松阴溪主要支流之一；另一水系由南向北，经白沙岗、烧火坑、程岭根，汇集程源头、程路的水源，经道惠口，注入谢村源水库，最后汇入松阴溪。境内矿产资源丰富，主要有铅锌矿、萤石、高岭土等；另外，玉岩竹木资源丰富。

经济

玉岩是典型的山区经济。1982年，玉岩乡农民平均口粮339千克，人均经济收入122元；交塘乡农民平均口粮307.5千克，人均经济收入117元。1992年，耕地面积557公顷，全部为水浇地，以种植毛竹、香菇、高山蔬菜、粮食作物为主。畜牧业以养猪、羊及家禽为主。2010年，粮食作物种植面积1030公顷，茶叶种植面积150公顷，水果面积140公顷，农林牧副渔业总产值10061万元。工业总产值4300万元；工业以农副产品加工业、竹木制造业、电力、热力的生产和供应为主。有工业企业14家，辖区沪闽申松阳菇业有限公司建有可贮藏60吨鲜菇冰库，鲜菇出口日本、美国、韩国等10余个国家。

社会事业

2010年末，有镇文化站、广播电视站各1家，图书室1个、藏书2000余册；有村级文化活动室28个。11个村安装体育健身器材，1个村建有篮球场，经常参加体育活动的人员占常住人口的15%。有线电视入户率80.5%。有幼儿园6所，在园幼儿359人，专任教师14人；小学1所，21个班级，在校生746人，专任教师37人；初中1所，在校生542人，专任教师37人。乡卫生院1个，有床位10张，卫生专业技术人员16人，其中主治医师3人、医师2人、医士11人；村卫生室6个。社区服务中心9个。

基础设施建设

2010年末，有邮政业务处1个。镇所在地玉岩及周边村庄水、电、路、通讯设施比较完备。多条县道、乡道公路穿境。松玉线、港排线开通客运班车。

名胜古迹

玉岩历史文化保护区 玉岩素以松阳西南重镇著称。往东水路经松阴溪通温州，陆路通向县城；往南经龙泉可达福建；往西可达遂昌；往北又通古市，是古时的交通要衢。现在老镇区的绝大部分建筑为清代至民国时期所建，街弄纵横交错，宗祠、古民居和古店铺等近50座。大源坑上建有古桥梁5座，风格迥异，其中普济桥为明正德年间建造。1935年，刘英、粟裕率红军挺进师在浙西南建立革命根据地，杨氏宗祠内保存有“只有苏维埃才能救中国”等红军标语4条。

红军标语 1935年，中国工农红军挺进师进入浙西南开创革命根据地，在玉岩各地展开活动，留下许多红军当时书写的标语。大树后村社庙墙上写有“白军士兵看母妻，只有拖抢过来当红军！”“欢迎白军士兵拖枪过来当红军”；庙的内墙上写有“反对国民党出卖中国！”“反对国民党抽丁当兵”。何山头社庙墙上写有“不当卖国贼蒋介石的老卫兵！”“欢迎白军士兵暴动起来当红军！”“士兵不打士兵”。此2处是县级文物保护单位。周安、玉岩等地也有多幅红军标语。

自然景观　大树后村的3棵南方红豆杉树龄都在千年以上，是华东地区最大的红豆杉。何山头的长序榆树是在国内首先发现的珍稀树种。何山头村、余叶村的香榧树群树龄都在500年以上。还有白麻山的古木树群、香水漈、西沿头、程源头的竹海等自然风光，各具特色。另有玉岩十景：石屋听泉、石佛观海、喷水龙湫、横潭印月、花滩巴钓、文岭晚霞、普济避雨、翠屏积雪、文阁冲霄、香乳钟毓。

图1-8　翠屏山（玉岩镇提供 摄于2010年）

普济桥　位于玉岩村口，建于明正德年间（1506～1521），是松阳县尚存最早的廊桥，为省级文物保护单位。（详见第九编“交通运输”第三章“公路”第六节“桥梁隧道”）

香乳山禅院　因建于香乳山而得名，修建于清道光年间（1821～1850），是自然景观和人文景观和谐统一的胜地。每年的八月初一，香客众多，香火较盛，吸引着遂昌、龙泉等地游客。还有日出、云海、松涛、半山亭、廿四弯，加上道旁参天的古木等景观。山上有泉眼，大旱不见其少，大涝不见其满。还有红军洞、石佛观海、喷水龙湫、悬崖陡壁。（与第三十七编“文物”第二章“古建筑”第三节“塔庙寺祠”互为补充）

附：交塘乡政区沿革

交塘乡，明清属布和下乡。民国23年（1934），属玉岩区玉岩镇坑岭乡。民国29年，属玉岩区玉岩乡。1952年为交塘乡。1958年9月，原区级建置撤销，代之以政社合一的人民公社，乡级建置改为公社下属的生产大队，原行政村改称生产队，交塘生产队由卫星人民公社管理委员会（原玉岩区）管理。1992年3月，进行撤区扩镇并乡，撤销交塘乡，并入玉岩镇。

第五节　大东坝镇

政区概况

地理位置　位于北纬28°28′57″～28°33′58″，东经119°04′75″～119°28′21″。地处松阳县南部，东邻象溪镇，南与云和县赤石乡相连，东南与云和县石塘镇接壤，西接安民乡、玉岩镇，北靠竹源乡、西屏镇水南片。镇政府驻地大东坝村。

政区沿革　清顺治八年（1654），称移风镇。民国17年（1928），为松阳县第五区。民国23～25年，设石仓、百步、横樟、五部、安民5个乡。1952年8月，撤石仓并入靖居区。1958年，设红星公社（即石仓直属公社）管理委员会，辖石仓、汶东、横樟生产大队。1959年4月，改为石仓公社。1962 年 1 月，把石仓、汶东、横樟公社并为县直属石仓公社。1983 年 11 月，实行政社分设，把公社设为镇，撤销县直属石仓公社，设大东坝区，置蛤湖乡、安民乡、石仓乡、大东坝镇。1992 年 3 月，松阳县实行撤区扩镇并乡，把石仓、大东坝、蛤湖 3 个乡镇合并为大东坝镇。

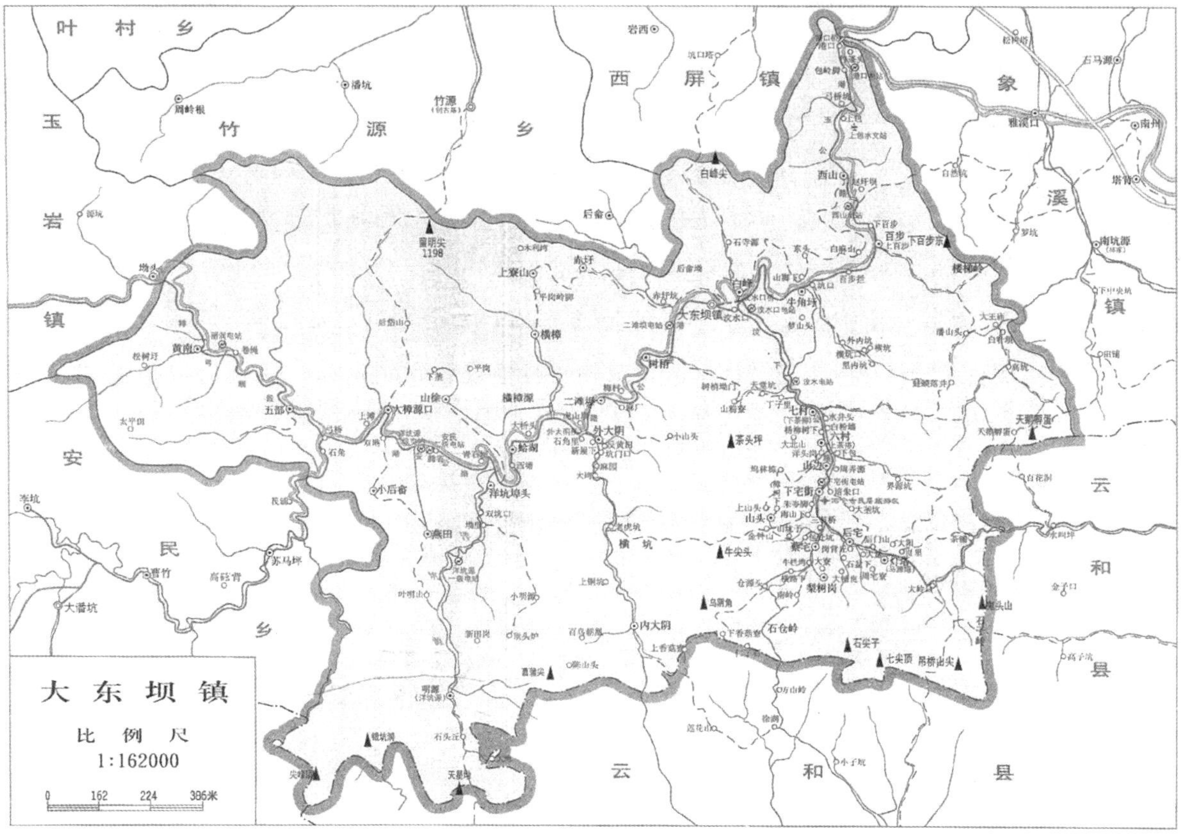

图 1-9 大东坝镇政区图

2010 年末，辖灯塔、梨树岗、蔡宅、山头、后宅、下宅街、山边、六村、七村、西山、百步、牛角圩、白峰、赤圩、大东坝、树稍、二滩坝、外大阴、内大阴、上寮山、横樟、山徐、蛤湖、洋坑埠头、明源、燕田、小后畲、大樟源口、五部、黄南 30 个行政村。

人口 面积 宋元以前，人口不多，交通不便，村落少。清初，闽汀客家人迁徙石仓源，人口聚集。1965 年，辖区总人口 14099 人，人口自然增长率 25.6‰。1982 年末，辖区总户数 3619 户，总人口 15839 人，其中男性 8732 人、女性 7107 人，人口自然增长率 10.48‰。2010 年末，辖区总户数 5325 户，总人口 16678 人，其中男性 8998 人、女性 7680 人，人口自然增长率为 0。辖区总面积 206 平方千米。

自然环境 境内属中低山区峡谷地段，山峦起伏，地势陡峻，河流曲折，山林面积广阔，山脉连绵。气候属中亚热带季风气候，温暖湿润，四季分明，降水充沛，流域内多年平均降水量 1600 毫米以上。多年平均气温 16.8℃，月平均最高气候 33.1℃（7 月），月平均最低气温 1.4℃（1 月），极端最高气温 40.1℃（1961 年 7 月 23 日），极端最低气温零下 9.9℃（1983 年 12 月 31 日）。

境内小港源为松阴溪最大支流，从镇区内西山村港口自然村注入松阴溪。水系分布涉及同属于小港源的三大支流：石仓源、洋坑源及安民源。境内山塘水库 3 座。南岭环武夷山系，地势西南高、东北低。小港从西南至东北，上中游河道狭窄，落差较大；下游河道开阔，河水深稳，曾可行舟船。大东坝村以上集雨 432 平方千米。境内高岭土等矿产资源丰富，有高岭土矿山企业 2 家；水力资源丰富，有小水电站 10 个；木材、毛竹资源丰富。

经济

闽汀客家人迁到石仓源后除农耕外，还精“百工”、擅冶炼。1982 年，农民平均口粮 331.5 千克，人均经济收入 101 元。1992 年，辖区内耕地面积 571 公顷，全部为水浇地，以种植茶叶、油茶、食用菌、水稻、大豆为主。畜牧业以养生猪、羊、牛及家禽为主。2010 年，粮食作物种植面积 703 公顷，茶叶种植面积 338 公顷，水果面积 10.6 公顷，农林牧副渔业总产值 10308 万元。工业总产值 10273 万元，其中规模以上工业总产值 5145 万元。工业以矿石加工业、木制品、小水电为主。2010 年，工业总产值首次突破亿元大关。企业 59 家，其中规模以上企业 3 家。支柱产业高岭土矿实现转型升级，从原矿出售为主向深加工均化微粉方向转变。

社会事业

2010 年，大东坝镇有文化站、广播站各 1 个，有村级文化活动中心 30 个。各类图书室 30 个，农家书屋 30 个，藏书 4 万余册。报刊 100 多种。音乐、美术、书法、摄影及文学业余创作队伍 100 余人；学校体育场 2 个。数字电视入户率 88%。辖区有幼儿园 5 所，在园幼儿 297 人，专任教师 11 人；小学 1 所，在校生 725 人，专任教师 39 人。卫生院 3 所，床位 15 张，卫生专业技术人员 14 人，其中医师 2 人、医士 12 人；村卫生室 4 个。

基础设施建设

2010 年末，有邮政业务处 2 个。固定电话用户 1650 余户，电话普及率 90%；移动电话用户 5156 余户。镇所在地水、电、路、通信设施较完善。省道 222 及多条县道公路穿境。大东坝镇客运站点日发客运汽车 18 班次，日均容量 360 余人次。

名胜古迹

自然景观 辖区山川秀丽，多梯田和茶园，为丽水市十大摄影创作基地之一。有石仓源十景：碧池鱼跃、柳岸钟声、姑媳并峙、中山远眺、松下望月、罗星布列、孤岚拱秀、古木盘石、石上听泉、三层石室。有蟾湖（蛤湖）八景：湖堤春晓、郭林晴雪、西溪夕照、蟾湖夜月、后岭孤松、野渡横舟、笔峰晚翠、石桥流水。有横樟四景：西岭青松、南屏横翠、三台拱秀、双溪怀古。

图 1-10　石仓古民居（叶坚红 摄于 2007 年）

石仓历史文化保护区 有相当规模的古民居群分布在石仓源两岸的后宅、蔡宅、下宅街、山边、六村、七村，至今保存着 40 余处完整连

片的清代民居群和宗祠、庙宇、古桥、古道、古树等历史遗存。村民赓续闽西汀州方言和客家人的生活习俗，2000年被省政府公布为省级历史文化保护区。详见第三十七编“文物”第二章“古建筑”第一节“历史文化名城与保护区”。

附：石仓乡和蛤湖乡政区沿革

石仓乡，清属移风乡。民国17年（1928），置石仓区。民国18年，与靖居区并为第五区。民国29年，为靖居区石仓乡；是年，后蔡乡和山下乡合并为石仓乡。民国33年（1944），茶步乡划入石仓乡。1950年，为百步乡。1952年5月，再设石仓区，为石仓区石仓乡；是年8月，撤销石仓区，百步乡并入石仓乡，由靖居区辖。1958年，设红星公社（即石仓直属公社）管理委员会，辖石仓、汶东、横樟生产大队。1959年4月，改为石仓公社。1962年1月，石仓、汶东、横樟公社并为县直属石仓公社。1983年11月，撤石仓公社，设大东坝区，置蛤湖乡、安民乡、石仓乡、大东坝镇。1992年3月，进行撤区扩镇并乡，石仓、大东坝、蛤湖3个乡镇合并为大东坝镇。

蛤湖乡，清属移风乡。民国33年（1944），属城竹区留茗乡。1958年，由靖居区横樟乡辖；是年9月，原区级建置撤销，隶属红星公社横樟大队。1959年，为石仓公社横樟管理区辖。1983年10月，实行政社分设，人民公社先后复改为乡，生产大队改为行政村，置蛤湖乡，隶属大东坝区。1992年，松阳县进行撤区扩镇并乡，撤销大东坝镇、石仓乡、蛤湖乡，组建大东坝镇，管辖原3个乡镇辖区。

第六节　江南片区各乡

松阳习惯以松阴溪为界，称溪南为江南、溪北为江北。江南之乡包括叶村、斋坛、竹源3乡；江北之乡包括望松、三都、四都3乡。

叶村乡

政区概况　位于北纬28°23′38″～28°27′44″，东经119°19′52″～119°27′26″。地处松阳县中部，东北与望松乡、西屏镇交界，南与西屏镇、竹源乡相连，西与新处乡相邻，北接斋坛乡。乡政府原驻叶村村；1999年12月，迁驻河头村。

元代为十七、十八、十九都一部分；明、清属九芝乡。民国35年（1946），属泰芝乡。1952年，泰芝乡分置叶村乡。1956年，泰芝乡并入叶村乡，并把王村乡的黄公渡、塔寺下划入。1958年，建为红旗公社叶村大队。1959年，改为西屏公社叶村管理区。1961年，叶村管理区分置斋𥐻公社后，改为叶村公社。1984年6月，改称叶村乡，属松阳区。1992年3月，实行撤区扩镇并乡，保留叶村乡。

2010年末，辖叶家、包安山、河头、松山、寺山、叶村、官田、麻寮、源口、东坞、膳垄、横坑、斗米岙、南岱、岱头、寺岭下、黄公渡17个行政村。

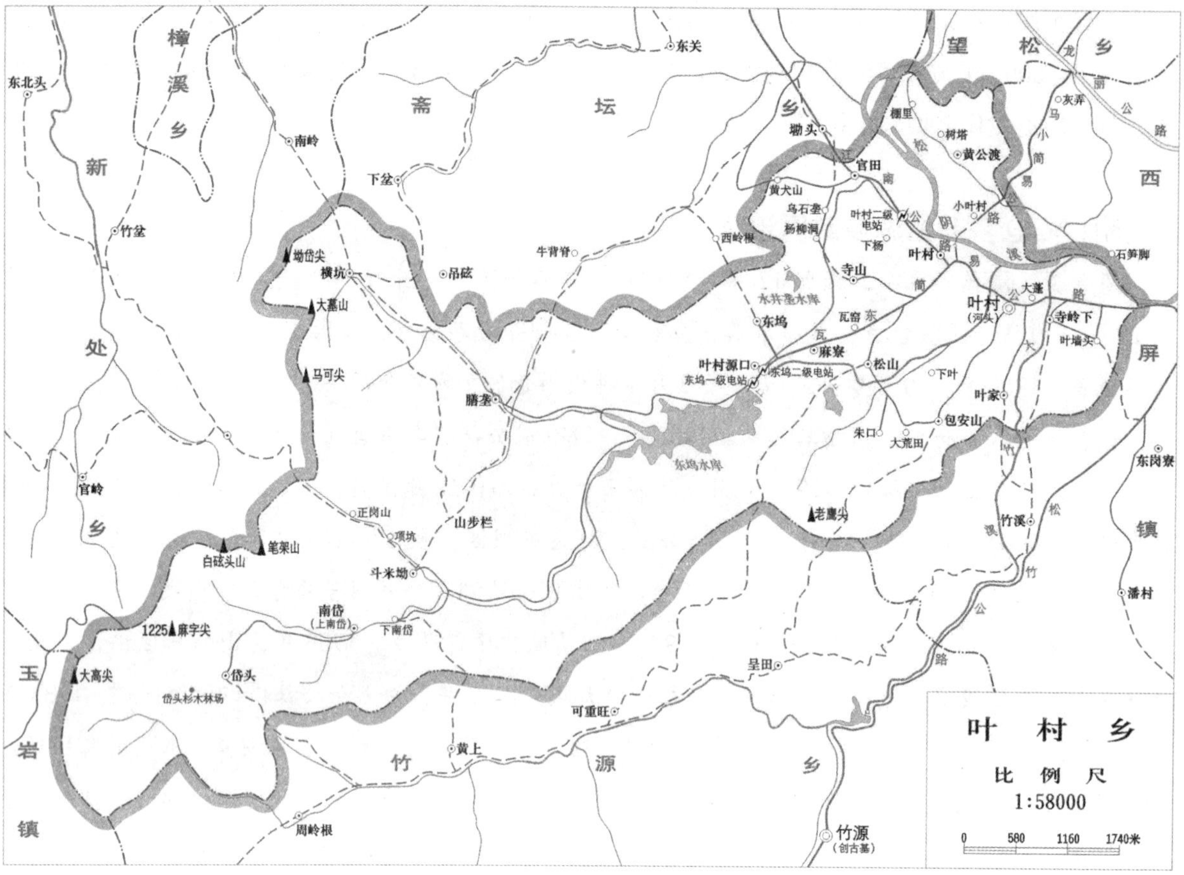

图 1-11　叶村乡政区图

叶村乡三分之二的村庄坐落松古平原，开发较早，人口密度较大。1965 年，辖区总人口 5076 人，人口自然增长率 30‰。1982 年末，辖区总户数 1820 户，总人口 8076 人，其中男性 4207 人、女性 3869 人，人口自然增长率 8.95‰。2010 年末，辖区总户数 3163 户，总人口 8631 人，其中男性 4530 人、女性 4101 人，人口自然增长率 2.3‰。全乡总面积 40.73 平方千米。

叶村地势由西向东倾斜。西部为低中山，超千米山峰 6 座；其他地区为松古平原一部分。境内气候属中亚热带季风气候，温暖湿润，四季分明，冬暖春早，山区气候垂直差异明显。境内水系分布涉及同属于松阴溪及其两大支流：松阴溪斜贯该乡东部，上与斋坛乡大路村相连，经官田、叶村、河头、寺岭下 4 个村，约 2 千米。河头纳南岸东坞源之水，寺岭下纳南岸竹溪源之水。境内山塘、水库 5 处，其中最大的东坞水库，集雨面积 52 平方千米，供应县城西屏镇和郊区生活、工业用水及叶村乡、斋坛乡、樟溪乡、竹源乡、西屏镇农田灌溉用水。平原地区土质肥沃，多属水稻土；山区竹木资源丰富。

经济　平原地区以农业为主，多种植粮食、经济作物。过去特产有甘蔗、春玉米以及西瓜、柑橘。1982 年，农民平均口粮 426 千克。1992 年，耕地面积 437 公顷，全部为水浇地，以种植玉米、蚕豆、蔬菜、茶叶为主。畜牧业以养猪、牛及家禽为主。2010 年，粮食作物种植面积 652 公顷，茶叶种植面积 265 公顷，水果面积 76.8 公顷，农林牧副渔业总产值 5791 万元。工业总产值 4361 万元，其中规模以上工业总产值833万元。工业以铸造、机械加工、木制品、陶艺品为主。

社会事业 2010年末，有乡文化站、广播电视站各1个，有村级文化活动中心9个，各类文化专业户7户，各类图书室9个、藏书2250余册。音乐、美术、书法及文学业余创作队伍11人。有市、县级文物保护单位8处。有线电视入户率95.9%。有幼儿园2所，在园幼儿 91人，专任教师5人；小学1所，在校生364人，专任教师32人，小学适龄儿童入学率100%。乡卫生院 1所，专业卫生人员5人，其中主治医师1人、医师2人、医士2人；村卫生室2个。

基础设施建设 2010年末，水、电、通信等基础设施完善。龙丽高速公路、县道、专用道穿境，成“T”字形框架，由此向周围形成网格状道路框架。

名胜古迹 境内有县级文物保护单位三济桥、寺岭下村节孝坊。东坞水库建于1970年，坝高47米，集雨面积52平方千米，水库是县城饮用水源，也是人们度假消暑胜地。

位于寺岭下村的三济桥，是境内最长的石拱桥。为通往西乡及龙泉、庆元两县通衢。2007年水毁。

图1-12 寺岭下节孝坊（叶坚红 摄于2007年）

位于寺岭下村的节孝坊，清道光十二年（1832）建。整座牌坊雄伟气派，石雕精细，保存完好。（详见第三十七编“文物”第二章“古建筑”第四节“历史牌坊”）

斋坛乡

政区概况 位于北纬28° 26′ 05″ ～28° 29′ 59″，东经119° 21′ 59″ ～119° 26′ 42″ 。地处松古平原中部、松阴溪南岸，东倚望松乡，南邻叶村乡，西靠新处乡，西北傍樟溪乡，北与古市镇接壤。乡政府驻地斋坛村。

以驻地斋坛而得名。梁大同四年（538）建有善应寺，香火旺盛，时常设壇布斋，建村后名斋壇。元、明、清为五都一部分、十五都、十六都、外十八都一部分，属九芝乡。民国时为花田八处、呈福杨毛、桐村五处、东关、吊砭等联合村。民国23年（1934），为泰田、桐溪2个乡。民国29年为泰溪乡，属竹溪区。民国33年，与桃芝乡合为泰芝乡，属城竹区。1952年，置叶村、泰芝2个乡。1956年，两乡合并为叶村乡。1958年，改为叶村公社。1961年，从叶村公社中分置出斋砭公社。1965年，更名为斋坦公社。1984年6月，改建为斋砭乡。1985年5月，更名为斋坛乡。1992年3月，松阳县实行撤区扩镇并乡，保留斋坛乡。

2010年末，辖石门圩、东关、桐楼、花田垄、坎头、大路、吊坛、小石、金梁、东圩蓬、斋坛、桐村、上垄、下垄14个行政村。

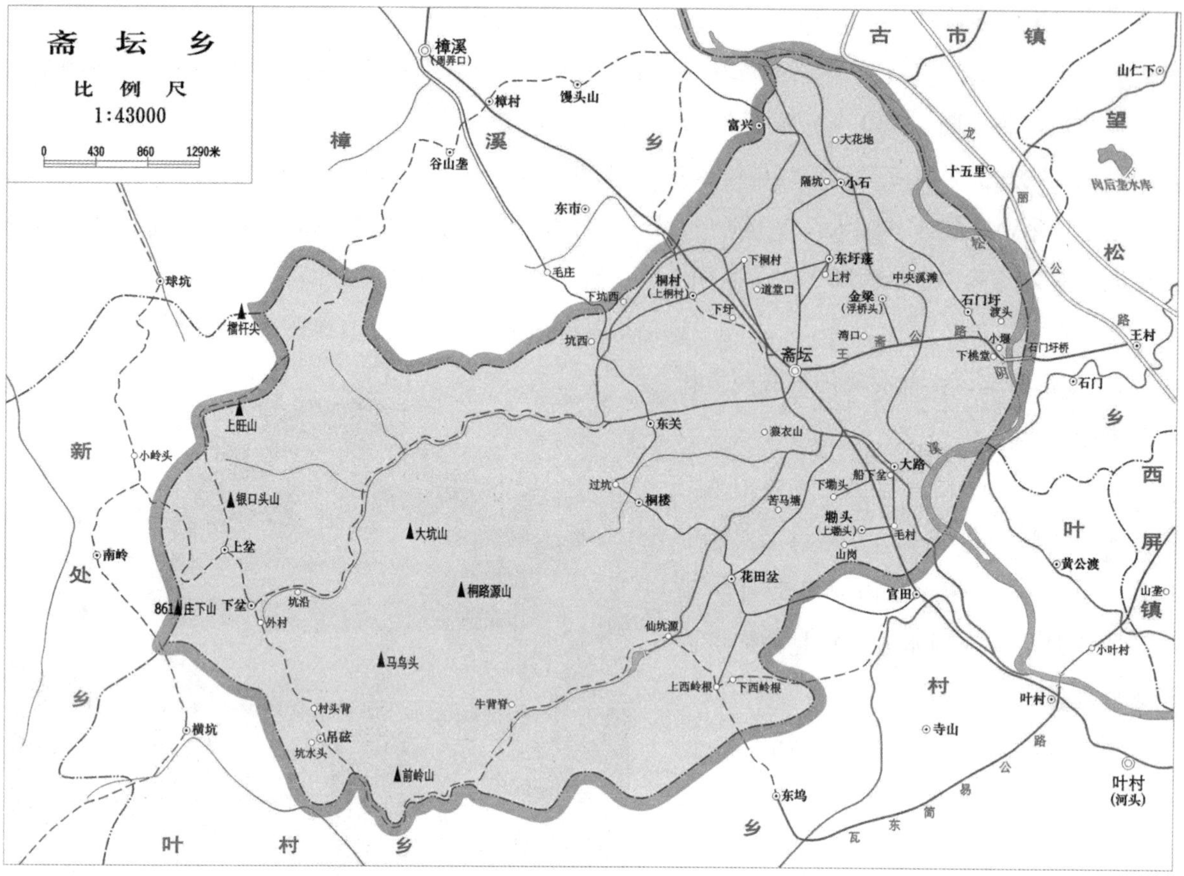

图 1-13 斋坛乡政区图

斋坛乡除 3 个山区村外，其他村坐落松古平原腹地，是松阳开发最早的地方之一，村庄密布，人口较集中。1965 年，辖区总人口 5122 人，人口自然增长率 30.1‰。1982 年末，辖区总户数 1808 户，总人口 8056 人，其中男性 4161 人、女性 3895 人，人口自然增长率 10.83‰。2010 年末，辖区总户数 3135 户，总人口 8905 人，其中男性 4657 人、女性 4248 人，人口自然增长率-4.4‰。辖区总面积 28.07 平方千米。

境内西部群山环抱，东南部一马平川，地势西部高、东部低，由西向东倾斜，横穿乡境的王（村）斋（坛）公路连接龙丽公路，江南公路纵贯斋坛，连接叶村、樟溪两乡。属中亚热带季风气候，温暖湿润，雨量充沛，四季分明，年平均气温 17.7℃，历年平均无霜期为 277 天。境内水系分布涉及松阴溪及其支流东关源、仙坑源、东坞北干渠道。松阴溪纵贯该乡东部，上与樟溪乡交界的犊儿洞潭相连，经小石、石门圩、大路村而下，沿线全长 3.8 千米；东关源和仙坑源横穿该乡北部和中部；北干渠道纵贯该乡西部与东坞水库总渠道相连，经新东坞、花田坌、桐楼、东关村而上，全长 5 千米；全乡水系形似井字架。境内万亩以上山塘水库共 4 处，其中最大的属东关源水库，该水库集雨面积 8 平方千米。平原地区土质肥沃，属水稻土；山区竹木资源丰富。

经济 平原地区以农业为主，主要从事粮食生产。辖区内山地、丘陵较多，经济作物丰富。1982 年，农民平均口粮 587 千克，人均经济收入 176 元。1992 年，有耕地面积 672 公顷，以种植粮食作物、茶叶、干水果为主。畜牧业以养猪、家禽为主。2010 年，粮食作物种植面积 636 公顷，茶叶种植面积 523 公顷，水果面积 150 公顷，农林牧副渔业总产值 6348 万元。工业总产值 7445 万元，其中规模以上工业总产值 2575 万元。工业以木材加工、矿物棉制品、摩擦材料制品、高岭土加工、酿酒、阀门制造等为主。有工业企业 16 家。斋坛中心村中心街道形成商贸一条街。有各类专业合作社 12 家。上坌等村的村民走出斋坛到杭州、温州发展务工经济，主要从事小型宾馆、超市经营。

图 1-14　斋坛花田坌缸窑（叶高兴 摄于 2002 年）

社会事业　2010 年末，有乡文化站 1 个；11 个村兴建村级活动场所和文化活动中心，14 个村全有文化员；有村级农家书屋 11 个，各书屋藏书均 1000 余册。村级健身舞蹈队、腰鼓队、戏迷会、民间艺术采茶灯、音乐、乐器、美术、书法等业余队伍 200 余人。有学校体育场 1 个，多数村安装健身器材。先后举办机关运动会、老年运动会和趣味运动会。有线电视入户率 45%。有幼儿园 2 所，在园幼儿 171 人，专任教师 9 人；小学 1 所，在校生 369 人，专任教师 31 人。卫生院 1 所，占地面积 330 平方米，固定资产 120 万元，卫生技术人员 13 人，其中执业医师 3 人（中级 1 人）、助理医师 2 人、护士 1 人；村卫生室 6 个，乡村医生 6 人。社区服务中心 6 个。

基础设施　2010 年末，水、电、通信设施比较齐全。龙丽高速公路、县、乡道公路穿境。

名胜古迹　境内有兴修于宋代的水利工程金梁堰，又名京梁堰、宣公堤。地处小石村大花地自然村村北，横卧于松阴溪干流河床。堰坝南北走向，从犊儿洞潭引水入渠，是松阳历史名堰之一。（与第十三编“水利”第一章“水利灌溉”第二节“引水工程”互为补充）

竹源乡

政区概况　位于北纬 28° 20′ 19″ ～28° 25′ 19″，东经 119° 20′ 01″ ～119° 28′ 54″。地处松阳县境中部，东邻西屏镇，南临大东坝镇，西接玉岩镇，北与叶村乡毗邻。乡政府原驻小竹溪村，1996 年 9 月，迁至小竹溪村创古基自然村。

竹源乡环境特殊，其区域划分和乡址变迁较频繁。元时都制，为十八都。明、清时为乡里制，为九芝乡。民国初期，一分为三：后畲、大岭头属归正乡；小竹溪、横岗、呈田属竹溪镇；潘坑、可重旺、燕庄、黄庄上、黄庄下、周岭根为化南乡。民国 33 年（1944），小竹溪、横岗、呈田划入化南乡；解放后属于第一区（后改城关区）；后把后畲、大岭头划入管辖，定名为竹源乡，属江南区。1950 年 10 月，建立竹源乡政府。1958 年 10 月，改为竹源乡管理区。1961 年 9 月，撤销管理区，改建为人民公社。1968 年 12 月，建立竹源公社革委会。20 世纪 70 年代，大岭头村的赤圩升为大队，划入蛤湖公社革委会管辖。1981 年 4 月，革委会改为管委会。1984 年 7 月，改为竹源乡政府。1992 年 3 月，实行撤区扩镇并乡，仍保留竹源乡。

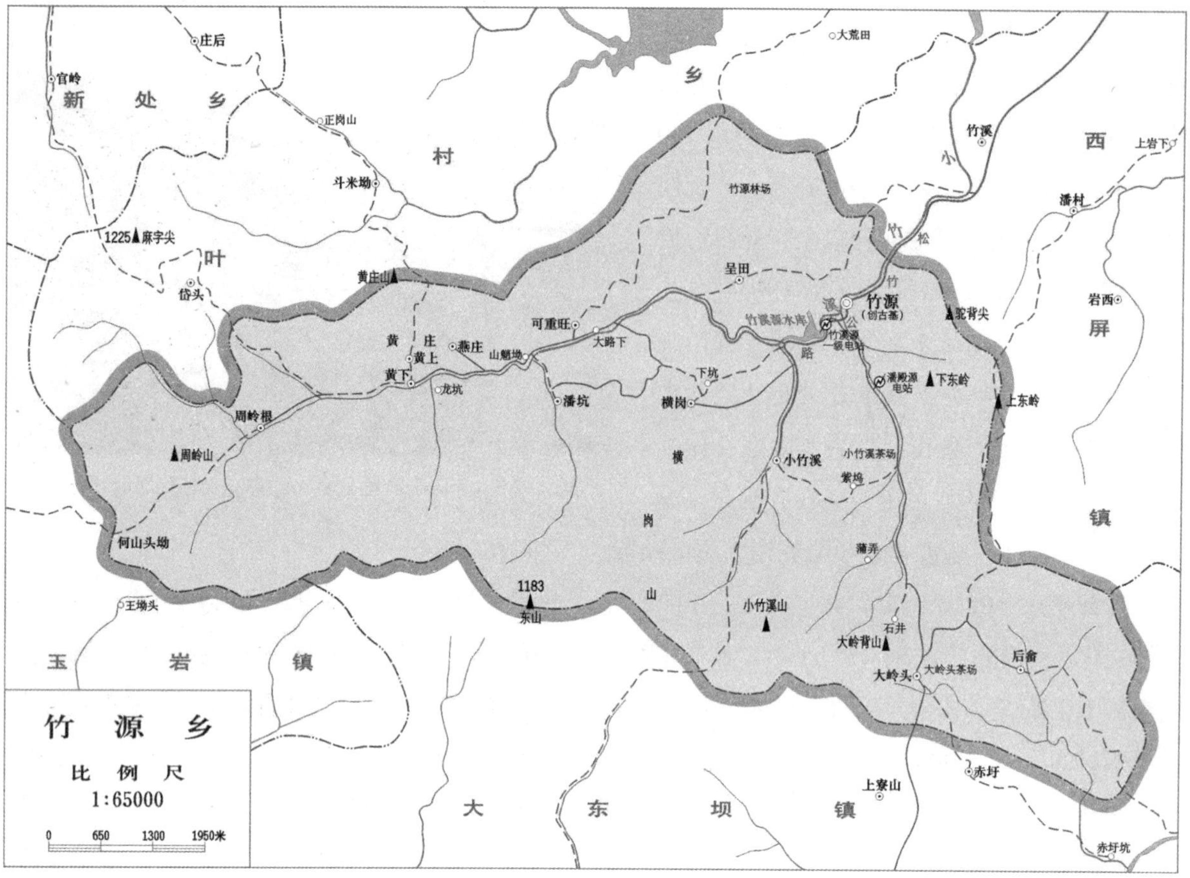

图 1-15　竹源乡政区图

2010 年末，辖后畲、大岭头、小竹溪、横岗、呈田、可重旺、潘坑、燕庄、黄上、黄下、周岭根 11 个行政村。

竹源乡地处县城“南乡”，是古时候通往云和、玉岩、龙泉一带的要道，建村历史比较早，但地广人稀。1965 年，辖区总人口 4314 人，人口自然增长率 34.4‰。1982 年末，辖区总户数 1233 户，总人口 5925 人，其中男性 3262 人、女性 2663 人，人口自然增长率 9.31‰。2010 年末，辖区总户数 2057 户，总人口 6802 人，其中男性 3782 人、女性 3020 人，人口自然增长率 3.5‰。辖区总面积 59.12 平方千米。

境内山峰林立，沟谷纵横，山高坡陡。海拔 1000 米以上的山峰 15 座，均分布在南边和西南边。全乡最高点与最低处的海拔高程相差 1000 米。地势西南高东北低。境内气候属中亚热带季风气候，温暖湿润，四季分明。年平均气温 11.8℃，7 月最高，月平均气温 23.7℃，1 月最低，月平均气温 4.3℃。年平均降雨量 1500 毫米。山区气候垂直变化明显。境内主要水系有 3 条，均发源于该乡境内。其中最长的为发源于西边周岭根村的黄庄源，其次是发源于南边大岭头村的潘殿源和同样发源于南边小竹溪村的小竹溪源。三源于创古基汇合成竹溪源后，穿过东北向的峡谷，经叶村乡寺岭下村注入松阴溪。境内有水库 1 个，集雨面积 38 平方千米。竹溪源是县城自来水厂的重要饮用水取水源。

境内有铅、锌、铜、银和高岭土等矿藏资源；横岗高岭土矿已开采。

经济　竹源乡毛竹资源丰富，百姓多以毛竹为原料制作生活、生产器物；采制松脂的历史悠久，形成独特的采脂方法，俗称“松阳刀”。1982年，农民平均口粮327.5千克，人均经济收入122元。1992年，有耕地面积228公顷。粮食作物以稻谷、薯类为主。畜牧业以养家禽、猪、牛、羊为主。2010年，粮食作物种植面积220公顷，茶叶种植面积140公顷，水果面积31.8公顷，农林牧副渔业总产值3360万元。工业总产值556万元。竹源乡是“省级生态乡”。辖区有呈田、东岭林场、潘坑孔曹源森林保护区，森林木材蓄积量112198立方米，毛竹27万余支。境内水力资源丰富，工业以电站为主，建有竹溪电站、潘殿源电站。

社会事业　2010年末，竹源乡有文化站、广播电视站各1个；图书室1个，藏书1000余册；有村级文化活动室9个。有幼儿园1所，在园幼儿19人，专任教师1人；小学1所，6个班级，在校生165人，在职教师13人。有村卫生室4所，床位4张。10个村安装体育健身器材，5个村建有篮球场，经常参加体育活动的人员占常住人口的23%。有线广播入户率44.5%。

基础设施　2010年末，水、电、通信设施较齐全。全乡公路总里程28.6千米。西小线、新后线、尧周线开通客运班车。有乡道公路穿境。

名胜古迹　“竹源峡”瀑布位于潘坑村境内，峡谷内群山延绵，重峦叠嶂，古树苍翠，绿竹成林。峡谷干流长2800多米，流域面积393公顷，有大小瀑布20余个，其中高度在10米以上7个，俗称“竹源七漈”。以“山峻、岩奇、水秀、潭幽”的纯自然风光于2002年被列入丽水市首批“浙江绿谷·十大峡谷”。

竹溪摆祭是小竹溪最具特色的民俗活动。2009年，被列入丽水市非物质文化遗产名录。

境内黄庄王氏、横岗潘氏、大岭头叶氏、可重旺项氏宗祠属清晚期古建筑。后畲村有明代银矿洞遗址。小竹溪、横岗祠堂尚存同治、光绪年间多块匾额。横岗、黄庄廊桥历史悠久。山锁坳唐葛周殿内尚存许多历史碑刻。

第七节　江北片区各乡

望松乡

政区概况　位于北纬28°27′47″～28°33′37″，东经119°26′29″～119°29′60″。地处松阳县中北部，东邻四都乡，南邻西屏镇、叶村乡，西接斋坛乡、古市镇，北连武义县柳城畲族镇和遂昌县濂竹乡。

因南端近望松山而得名。宋前属旌义乡；元朝为四、五、六都地，旌义乡；直至民国初期。民国35年（1946），为望松乡。1949年，解放时仍称望松乡。1950年，析置四都、王村2个乡。1956年，2乡复并望松乡。1958年，改为红旗公社望松大队。1964年，析置塘后公社。1984年，复称望松乡。1992年3月，松阳县实行撤区扩镇并乡，保留望松乡。1998年，把四都乡榔树村榔阳自然村划入，单独成立行政村。

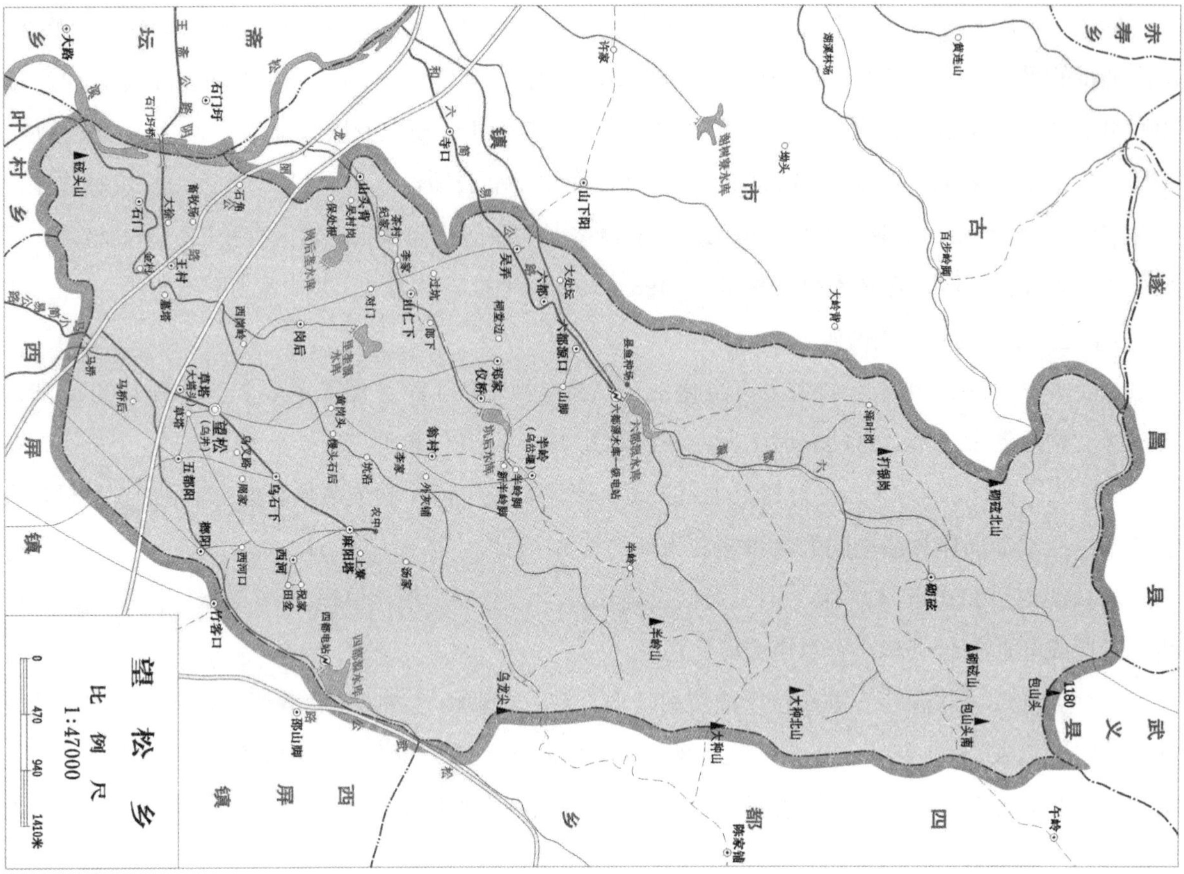

图 1-16　望松乡政区图

2010 年末，辖石门、王村、岗后、五都阳、草塔、乌井、郑家、翁村、西河、山头背、乌石下、砌坛、山仁下、麻阳塔、半岭、六都、源口、仪桥、吴弄、榔阳 20 个行政村。

望松除砌坛、半岭 2 个村外，都是平原地区，开发较早，人口集聚较快。1965 年，辖区总人口 5831 人，人口自然增长率 34.4‰。1982 年末，辖区总户数 2096 户，总人口 8949 人，其中男性 4640 人、女性 4309 人，人口自然增长率 3.69‰。2010 年末，辖区总户数 3832 户，总人口 10296 人，其中男性 5307 人、女性 4989 人，人口自然增长率-0.1‰。辖区总面积 36.62 平方千米。

北部为低山，南部除小部分丘陵外均属松古平原，地势由北向南倾斜。千米以上高山有大种山、砌坛山、包头山等。境内气候属中亚热带季风气候，温暖湿润，四季分明，冬暖春早，山区地带气候垂直差异明显。全年平均气温 17.7℃，最高气温 7 月，平均 28℃；最低气温为 1 月，平均气温 5.2℃；极端最高气温 41.8℃，为 2003 年 7 月 25 日。年降水量 1500～1600 毫米，降水日数 160 天，年无霜期 236 天。主要溪流有四都源和六都源。境内山塘、水库 25 处，其中最大的六都水库，水库集雨面积 10.5 平方千米，供望松乡、古市镇 800 公顷农田灌溉用水。

经济　望松虽大多村庄处于松古平原，过去，由于灌溉条件限制，晚稻缺水，多种植经济作物；主要特产有花生、玉米、晒红烟等。1982 年，农民平均口粮 499 千克，人均经济收入 138 元。1992 年，耕地面积 315 公顷，全部为水浇地，以种植茶叶、玉米、蔬菜为主，形成大棚蔬菜、干水果、茶叶、肉类食品加工为主导、其他产业为补充的产业结构。畜牧业以猪、兔、家禽等养殖为主。2010

年，粮食作物种植面积1044公顷，茶叶种植面积380公顷，水果面积104公顷，农林牧副渔业总产值6390万元。工业总产值40847万元，其中规模以上工业总产值30547万元。正德和食品加工企业被评为省级农业龙头示范企业。工业以摩擦制品、玻纤、水泥制品、高岭土矿粉、炒货等为主。有工业企业37家，其中科马摩擦材料有限公司年产值超亿元，为省级驰名商标，产品出口东南亚、欧美等地。

社会事业　2010年末，望松乡有文化站1个、村级文化活动中心20个。各类图书室12个，藏书5万余册。有线电视入户率91%。幼儿园5所，在园幼儿275人，专任教师11人；小学1所，在校生746人，专任教师42人。小学适龄儿童入学率100%；小升初升学率、九年义务教育覆盖率均100%。卫生院1所，床位2张；专业卫生人员7人，其中执业医师2人、医士4人、其他1人；村卫生室2个。

图1-17　黄家大院木雕（叶坚红 摄于2006年）

名胜古迹　黄家大院位于乡人民政府驻地乌井村，始建于清同治年间，完善于民国7年（1918），由黄中和祖孙三代历时60余年经营、规划构筑而成，建筑面积3800平方米。木雕装饰严谨华丽细腻，被誉为江南木雕艺术的殿堂，2005年被省政府公布为省级文物保护单位。详见第三十七编“文物”第二章“古建筑”第二节“古民居”。

吴弄历史文化村于明代建村，“村如一座房，房是一个村”是吴弄村特色。13幢清式古民居粉墙黛瓦，或山墙毗连，或大门相对共弄，连绵成片。吴弄村是浙西南家族集聚的典型典范。2003年，被县政府公布吴弄为县级历史文化村。详见第三十七编“文物”第二章“古建筑”第一节“历史文化名城与保护区”。

昔有西河水桥浮烟、菱塘泛月、乌石山辉、月池浪澈、杨岗翠霭、桑囮绿阴、绕龙雾谷、多宝禅林八景。另有灵鹫山、留云坞、落泉渠、半月池、突星冈、九曲岭、五方坪、红鞋岩八景。

三都乡

政区概况　位于北纬28°24′48″～28°32′04″，东经119°30′59″～119°37′50″。地处松阳县东北部、马鞍山西麓，东毗丽水市莲都区丽新畲族乡，东南连板桥畲族乡，南邻象溪镇，西接西屏镇，北靠四都乡、武义县三港乡。乡政府驻地里庄村。

元、明、清为三都，属移风乡。民国23年（1934），属城区，置上大源、中大源、下大源乡。民国29～35年，属城竹区，置三都乡。1952年，属城关区，辖三都乡、水源乡。1952年8月，撤销城关区，建江南、江北区和县直属西屏镇，三都乡、水源乡属江北区。1956年3月，撤区并乡，三都乡、水源乡并为三都乡，为县直属乡镇。1958年，属城关区，置三都乡。1958年9月，原区级建置撤销，建人民公社，三都为红旗公社（即松阳区）三都生产大队。1959年4月，改称西屏公社三都管理区。1961年9月至1983年9月，改为三都公社，属松阳区。1983年10月，改称三都乡，属松阳区。1992年3月，实行撤区扩镇并乡，仍保留三都乡。

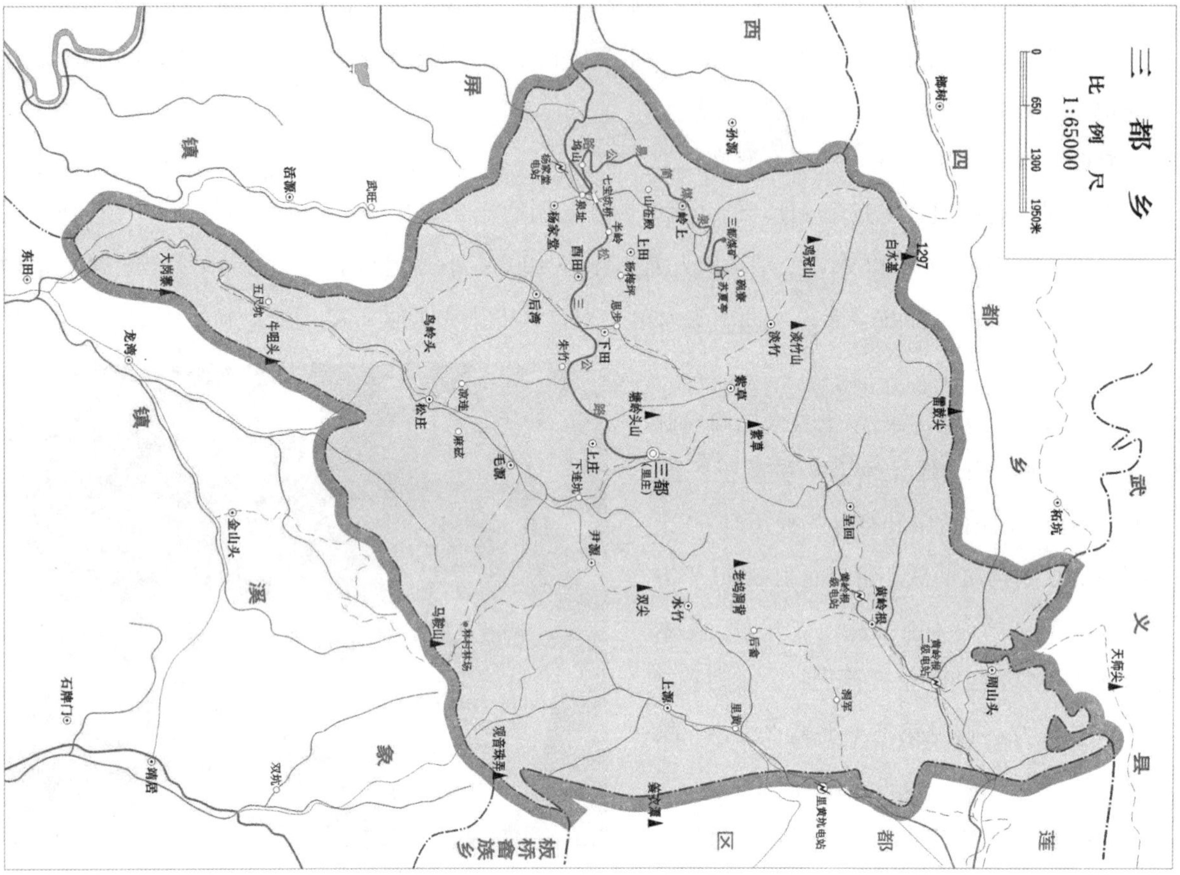

图1-18　三都乡政区图

2010年末，辖里庄、上庄、毛源、松庄、下田、后湾、酉田、杨家堂、上田、岭上、淡竹、紫草、尹源、上源、水竹、呈回、黄岭根、周山头18个行政村。

三都乡的村庄虽为全县平均海拔最高，但宋、元之后，或避难或留念这里山水，许多族姓迁徙居住。1965年，辖区总人口5915人，人口自然增长率35.3‰。1982年末，辖区总户数1854户，总人口8400人，其中男性4397人、女性4003人，人口自然增长率10.86‰。2010年末，辖区总户数2679户，总人口8367人，其中男性4584人、女性3783人，人口自然增长率4.8‰。辖区总面积65.19平方千米。

全乡地势较高，崇山峻岭，层峦叠嶂，平均海拔518米，海拔千米以上山峰11座，其中，马鞍山海拔1234.4米。土壤性质为酸性岩浆岩分化体的坡积原积物。植被以高山阔叶林、混交林为主，保留较多原生、半原生常绿阔叶林。属中亚热带季风气候，季风交替明显，温暖湿润，四季分明；因地处高山地区，气候垂直差异明显，雨季多雾，平均气温15.8℃，年降水量1500毫米。

境内水系涉及松阴溪和宣平港。三都源支流经鸡冠山至周垒村，注入松阴溪；活源支流经紫草至水车，注入松阴溪；五尺坑支流经鸡冠山至麻田，纳宣平港；上源支流经观音珠弄至里黄村北，注入宣平港。境内有山塘、水库2处，老湾和灯盏凸2个水库集雨面积2平方千米，主要供上田村的农田灌溉。主要矿产有碗寮煤矿点和岭上4条呈脉状矿体的铅锌银矿点，另有马鞍山麓的辉钼矿。

图1-19　三都乡梯田（郑忠民 摄于2007年）

经济　三都乡是典型的山区经济，以农业为主。主要特产有生姜、大蒜、高山蔬菜等。1982年，农民平均口粮314.5千克，人均经济收入69元。1992年，耕地面积395公顷，种植粮食作物、蔬菜等为主。为“浙江省十大有机优质早熟梨基地”。畜牧业以猪、牛、家禽养殖为主。2010年，粮食作物种植面积311公顷，茶叶种植面积113公顷，水果面积404公顷，农林牧副渔业总产值3780万元。工业总产值822万元；工业以小水电为主，有七宝坑、杨家堂、五尺坑、里黄坑和黄岭根一级、二级6个水电站，总装机容量3575千瓦。全乡森林木材蓄积量13.76万立方米，毛竹蓄积量200余万株。

社会事业　2010年末，三都乡有文化站、广播电视站各1个，村级文化活动中心16个。各类图书室16个，藏书8余万册。县文物保护点6处。有线电视入户率45%。辖区有幼儿园（所）2所，在园幼儿60人，专任教师1人；小学1所，在校生192人，专任教师13人。乡卫生院 1个，有床位2张，专业卫生人员5人，其中执业医师2人；村卫生室6个。

基础设施建设　2006年，建成三都乡客运站，日发客运汽车12班次。2010年末，基本形成乡村公路网，总长87.6千米，自然村公路建成率90%以上。

名胜古迹　山苍殿始建于唐广德年间（763～764），坐落在三都乡上田村仁龙山顶。1995年2月进行维修，基本恢复历史旧貌。为县文物保护点。龙胜殿又名淡竹殿，位于淡竹村龙胜山。1949年3月，民国政府县长祝更生率部队在此起义，殿内有纪念碑1通。境内古道纵横交错，卵石铺设，有三都至西屏、至四都、至象溪等古道，经历了数百年的历史沧桑，吸引众多游客前往寻古探秘。

四都乡

政区概况　位于北纬28°29′39″～28°33′55″，东经119°29′21″～119°35′40″。地处松阳县城北部，东南与三都乡相接，南邻西屏镇，西毗望松乡，北、东北接武义县柳城畲族镇。乡政府驻地下包村。

元、明属移风乡遵化里四都，清为内四都及外四都一部分。民国初为东坑源、西坑源等联合村，后改为乡。民国23年（1934），为四都乡及茅亭乡一部分。民国29年，为四都乡。民国33年，属茅溪乡。民国35年，属望松乡。中华人民共和国成立后，尚属望松乡。1950年，从望松乡分出，仍建为四都乡，属城关区。1952年8月，撤销城关区，四都乡划归江北区。1956年3月，撤区并乡，四都乡并入望松乡；7月，宣平县竹客乡的章田、柘坑2个村划入三都乡，汤城、午岭2个村划入望松乡。1958年，属红旗公社（即松阳区）望松大队；2月，望松乡塘后村划归宣平县竹客乡。1959

年，改为望松管理区。1961 年，改为望松公社，宣平县竹客乡塘后村划回望松公社。

1964 年 6 月，析望松公社塘后、庄河、榔树、西坑、陈家铺、下包、午岭、汤城、平田 9 个生产大队和三都公社章田、柘坑 2 个生产大队置塘后公社，归辖松阳区。1984 年 6 月，改称塘后乡；8 月，更名为四都乡。1992 年 3 月，撤区扩镇并乡后，保留四都乡。1998 年，划出榔树村榔阳自然村至望松乡，单独成立行政村。2005 年，章田、柘坑 2 个村搬入西屏镇西坌小区内元新社区。

2010 年末，辖下包、汤城、午岭、平田、章田、塘后、陈家铺、柘坑、庄河、西坑、榔树 11 个行政村。

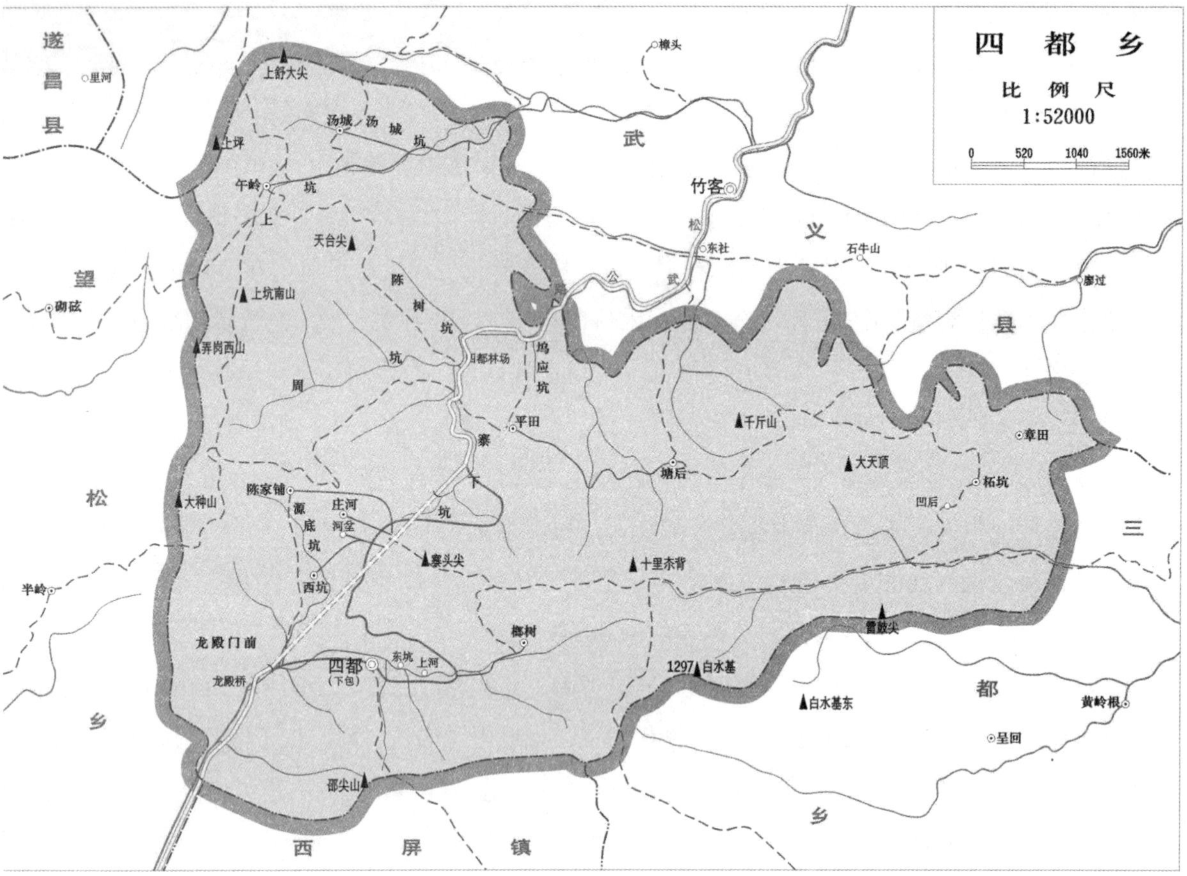

图 1-20 四都乡政区图

四都乡在县城北面，村庄分布在通往金华的驿道旁，建村历史较晚，山高路远，人口不多。1965 年，辖区总人口 2769 人，人口自然增长率 28.9‰。1982 年末，辖区总户数 833 户，总人口 3560 人，其中，男性 1937 人、女性 1659 人。2010 年末，辖区总户数 1223 户，总人口 3534 人，其中男性 1923 人、女性 1611 人，人口自然增长率 2.6‰。辖区总面积 43.37 平方千米。

境内大部为山地，仙霞岭北脉自西向东横亘，地形复杂，海拔从乡政府驻地 400 多米到最高处 1300 多米，村庄平均海拔 700 余米。气候属中亚热带季风气候，全年温暖湿润。年平均气温 12～18.5℃。海拔高度相差悬殊，形成丰富多样的山地立体小气候。境内水系支流分属于松阴溪水系和武义县宣平港水系，四都源之水以寨头岭为分水岭，呈南北走向，以南流入松阴溪水系，以北流入武义县宣平港水系。有山塘、水库共2座，均属小（三）型山塘，分别位于平田、章田村，为2个村部分农田灌溉用水。矿产资源主要为铁矿石、硫磺等。林地面积3466公顷，森林覆盖率78.9%，木材、毛竹等资源丰富。

经济　四都乡各村庄处于崇山峻岭中，土地贫瘠，粮食不能自给。主要特产有萝卜和野生果实毛栗等。1982年，农民平均口粮316.5千克，人均经济收入71元。1992年，有耕地面积133公顷，全部为水浇地，以种植高山蔬菜、茶叶等为主。蔬菜中以萝卜为主，四都萝卜闻名遐迩。畜牧业以猪、家禽养殖为主。2010年，粮食作物种植面积171公顷，茶叶种植面积116公顷，水果面积40公顷，农林牧副渔业总产值1938万元。工业总产值577万元；工业以生态农产品加工业为主。

社会事业　2010年末，四都乡有文化站、广播电视站各1个，村级文化活动中心3个。农村图书室7个，藏书10500余册。有学校体育场1个。有线电视入户率55%。辖区有幼儿园1所，在园幼儿11人，专任教师1人；小学1所，在校生91人，专任教师9人，小学适龄儿童入学率100%。医疗卫生机构 1个，床位2张。专业卫生人员2人，其中执业医师1人、注册护士1人。

基础设施建设　2008年，建成四都乡客运站，日发客运汽车3班次，日均容量80余人次。2010年末，省道、县道穿境而过。有电信服务网点1个。

旅游景区　境内自然风光秀丽，是丽水市有名的风光摄影基地；“寨头晨雾”“章柘云海”“白水漈瀑布”等诸多自然景观受摄影爱好者青睐。

寨头晨雾因景观位于寨头岭而得名。寨头岭是四都的分水岭，海拔800多米，凡云雾天气的黎明时分，其云雾缭绕、村庄隐现之景象留下不少摄影佳作。章柘云海得名于章田、柘坑2个村村名，章田、柘坑2村均处于海拔近千米高山，云海景观源于得天独厚的气候、地理环境，是尚未充分开发的观光、摄影之处女地。

图1-21　寨头晨雾（叶高兴 摄于2003年）

第八节　古市片区各乡

赤寿乡

政区概况　赤寿乡以原赤岸、万寿二乡各取一字为名。北部、东北、东与遂昌县濂竹乡相连，西与遂昌县妙高镇相邻，南临古市镇、新兴乡，北与遂昌县云峰镇毗邻。乡政府驻地赤岸村。

宋元至明清为旌义乡九都、十都地。民国时为万寿乡。1949年后，仍称万寿乡。1950年，分置万寿、赤岸2乡。1956年，万寿、赤岸2乡合并为赤寿乡。1958年，改为红光公社（即古市区）赤寿大队。1959 年，改为古市公社赤寿管理区。1961 年，改为赤寿公社。1984 年 6 月，改为赤寿乡。1992 年，松阳县实行撤区扩镇并乡后，仍保留赤寿乡。

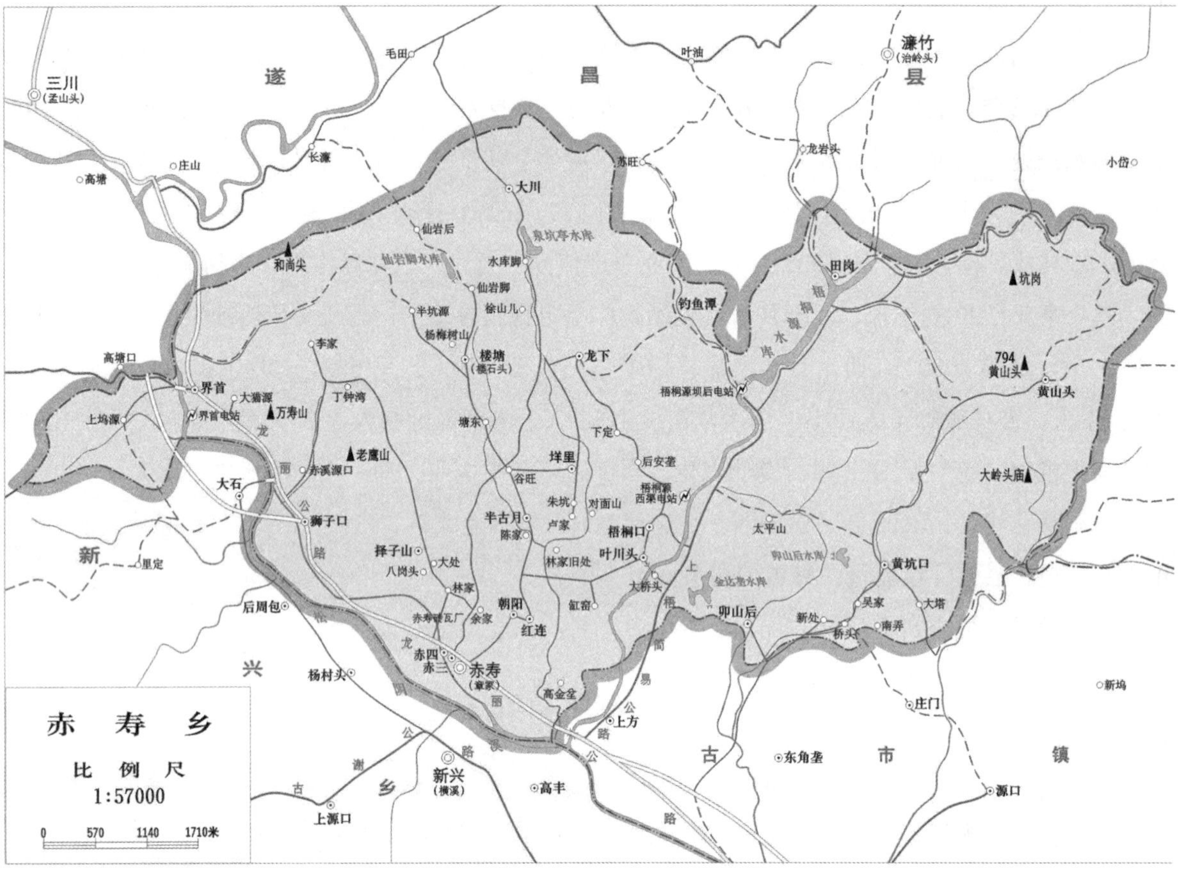

图 1-22　赤寿乡政区图

2010 年末，辖界首、狮子口、赤三、赤四、章家、择子山、朝阳、红连、半古月、垟里、楼塘、龙下、大川、梧桐口、叶川头、卯山后、黄坑口、黄山头、田岗 19 个行政村。

赤寿乡地处松阳西北端，以低山、丘陵、冲积平地为主，是松阳早期人口聚集、村落密布的地方。1965 年，辖区总人口 6751 人，人口自然增长率 33.9‰。1982 年末，辖区总户数 2455 户，总人口 10297 人，其中男性 5209 人、女性 5088 人，人口自然增长率 9.36‰。2010 年末，辖区总户数 3915 户，总人口 10760 人，其中男性 5425 人、女性 5335 人，人口自然增长率-1.5‰。辖区总面积 53.48 平方千米。

赤寿乡地势西北高东南低。除北部属中低山外，大部分地区属松古平原。境内气候属中亚热带季风气候，温暖湿润，四季分明。全年平均气温 17.7℃，最高气温为 7 月，平均 27.7℃。极端最高气温 41.8℃，为 2003 年 7 月 25 日；最低气温为 1 月，平均气温 5.3℃，极端最低气温为零下 8.4℃，为 1973 年 12 月 26 日。年降水量 1500～1700 毫米，年无霜期 236 天。境内水系属松阴溪、梧桐源两大干支流。其中，松阴溪干流斜贯境西，流域面积 7 平方千米，占 56%；松阳溪支流梧桐源流域面积 5.5 平方千米，占 44%。有梧桐源、大川、泉坑亭、择子山等水库。矿产资源主要有黏土、萤石。山区多为用材林和毛竹，平原地区土质肥沃，多属水稻土。

经济 历史上，赤寿是典型的传统农业乡，以种植粮食为主。山多丘陵广，经济作物品种多，柑橘、茶叶种植历史悠久。1982年，农民平均口粮369千克，人均经济收入133元。1992年，耕地面积800公顷，全部为水浇地，以种植粮食作物、茶叶、干水果、蔬菜为主。畜牧业以养猪、羊、家禽为主。2010年，粮食作物种植面积348公顷，茶叶种植面积692公顷，水果面积342公顷，农林牧副渔业总产值9251万元。工业总产值24565万元，其中规模以上工业总产值17559万元。工业以化工、活性炭、不锈钢等产业为主；有工业企业146家，工业区块有不锈钢管生产企业6家及不锈钢废水处理厂、重金属回收公司、奥科博石英石有限公司、皮革助剂等企业。

社会事业 2010年末，赤寿乡有文化站、广播电视站各1个，村级文化活动中心5个，各类文化专业户15户；村村有舞蹈队、锣鼓队。农家书屋13个，藏书2万余册。学校体育场1个，全乡有8个篮球场，多数村安装有健身器材。有线电视入户率89.8%。有幼儿园7所，在园幼儿324人，专任教师17人；小学1所，在校生530人，专任教师32人。医疗卫生机构1个，卫生院1所，病床2张；专业卫生人员7人，其中执业医师2人、执业助理医师3人、注册护士1人、其他人员1人。

基础设施建设 2006年，建成赤岸客运站。2010年末，龙丽高速公路、省道、县道、专用道穿境。有固定电话用户400多户，电话普及率80%；互联网用户400多户。全年电信业务收入110万元。

名胜古迹 位于狮子口村的万寿山，相传明太祖、清高宗曾驻跸于此。该山怪石嶙峋，峭岩壁立，林木葱茏。旧时，山中有石莲屏、飞佛洞、石仗峰、响石廊、落霞亭、五松岭、放生池、双鱼滩、滴玉岩、德馨阁十景。除古建筑久废外，其余景观尚存。主峰形似狮子张开口，俗称狮子口，山内存有崖墓等景观。

界首村为省级历史文化名村。村西北鲤鱼山有商周文化遗址。村东北水井岭头有唐、宋时代瓷窑址，为县级文物保护单位。村落老街两旁集中保留有清代中后期建筑风格的宗祠、庙宇、牌坊、古民居、古店铺及古井、古树。详见第三十七编“文物”第二章“古建筑”第一节“历史文化名城与保护区”。

图1-23 万寿山（叶坚红 摄于2010年）

新兴乡

政区概况 位于北纬28°29′47″～28°34′27″，东经119°17′52″～119°23′52″。地处松阳县西北部，东北与赤寿乡隔松阴溪相望，东邻古市镇，西连谢村乡，西北接遂昌县妙高镇。乡政府驻地横溪村。

宋元时属旌义乡，十一、十二都地。明清时分属布和上乡和布和下乡。民国33年（1944），属安石乡管辖范围，属古市区。1949年后，仍称安石乡。1950年，改名为新兴乡，属古市区。1958年，改为红光公社（即古市区）新兴大队。1959年，改为古市公社新兴管理区。1961年，改为新兴公社，属古市区。1984 年，改称新兴乡。1992 年 3 月，撤销古市区，保留新兴乡。境域至 2010 年未变。

2010 年末，辖下源口、贤溪、潘连、上安、端口、后刘、高丰、横溪、渡市、泉庄、徐郑、上源口、外孟、进贤、杨村头、后周包、大石、内孟、大畈、金坞 20 个行政村。

新兴乡大多数村庄坐落松古平原西北首，多低山缓坡，夏商时期就有早期的先民在此居住。村落密布，人口聚集。1965 年，辖区总人口 6484 人，人口自然增长率 33.6‰。1982 年末，辖区总户数 2268 户，总人口 9281 人，其中男性 4808 人、女性 4473 人，人口自然增长率 9.29‰。2010 年末，辖区总户数 3440 户，总人口 9906 人，其中男性 5066 人、女性 4840 人，人口自然增长率 1.0‰。辖区总面积 44.91 平方千米。

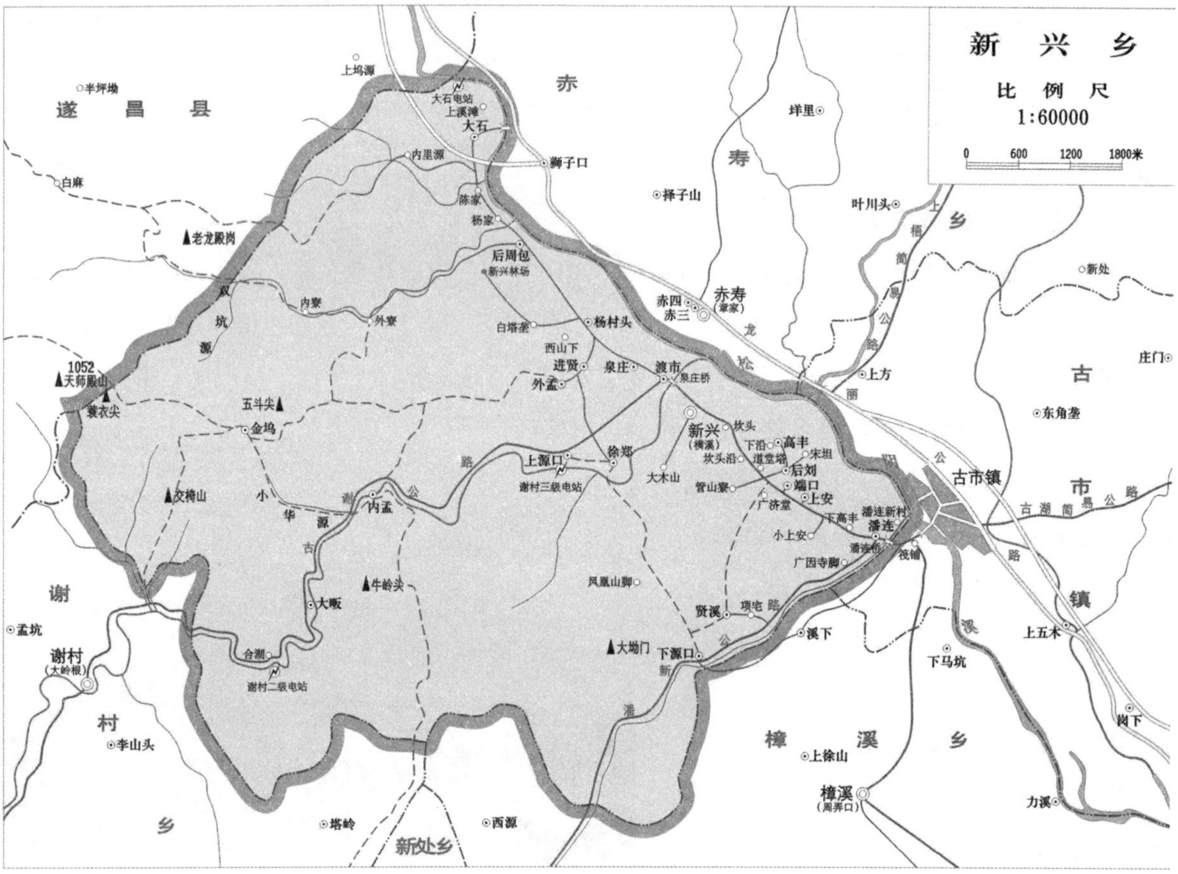

图 1-24 新兴乡政区图

整个乡地势西北高东南低，地貌类型复杂；除西北属中低山外，其他为松古平原组成部分。属中亚热带季风气候，温暖湿润，四季分明，全年无霜期 240 多天，雨量充沛。境内水资源丰富，松阴溪斜贯乡境东北，涉及同属于松阴溪的两大支流十二都源、十三都源。十二都源东西向穿境而过。还有江南渠道、芳溪堰、燥堰 3 大渠道，山塘、水库 12 座，电灌站 5 座。由于十二都源、十三都源属山溪性溪流，水位易涨易落，洪、枯水位变化大。境内有少量的铁矿存储。土层深厚，属水稻土，工业污染少，生态环境优越。西首与遂昌交界的山区木材资源丰富。

经济 新兴乡开发较早，平原地区以农业生产为主，经济作物丰富多样。1982 年，农民平均口粮384千克，人均经济收入155元。1993年，耕地面积130公顷，以种植茶叶、粮食作物为主。2010年，粮食作物种植面积134公顷，茶叶种植面积749公顷，水果面积104公顷，农林牧副渔业总产值10417万元。工业总产值23119万元，其中规模以上工业总产值12065万元。辖区万亩无公害名优茶生产基地是中国茶叶科学研究所定点试验基地和国家级绿色茶叶示范基地，茶叶良种优化率98%。工业以茶叶加工为主，有茶叶加工企业234家，年加工茶叶总产值上亿元，通过QS认证企业4家，通过质量管理体系和环境管理体系认证企业2家，省级示范茶厂2家，市级农业龙头企业2家。“越玉兰”品牌茶叶成为省、市著名商标。

图1-25 新兴乡无公害茶叶基地（叶光铭 摄于2003年）

社会事业 2010年末，有乡文化站、广播电视站各1个，有村级文化活动中心21个。各类图书室21个，藏书2.5万册。先后投入250万元建立文体活动辅导站，配备三级社会体育指导员；有篮球场15个，露天舞台1个，健身器材20套。下源口、后周包2个村的文体活动中心被列为省文体活动示范中心。有线电视入户率95.8%。有幼儿园6所，在园幼儿193人，专任教师8人；小学1所，在校生335人，专任教师25人。乡卫生院1所，床位2张，卫生专业技术人员5人，其中主治医师1人、医师2人、医士2人；村卫生室2个。

基础设施建设 2010年末，有邮政代办所1个。水、电、通信等基础设施齐备。龙丽高速公路、县道、乡道等公路穿境。乡政府驻地距龙丽高速公路出口4.5千米，距省道龙丽公路2千米。

名胜古迹 大石村崖墓位于大石村西北1.5千米处尖硋背山岩洞中，岩洞距地面约100余米，距山顶约40余米，洞口朝东南方向。该崖墓时代不详。

大石商周文化遗址位于尖硋背山脚，北靠松阴溪，地势比较平稳，面积约25000平方米，曾出土商周时代的原始瓷罐、瓷钵、瓷豆等。

上安村刘氏宗祠占地面积268平方米，坐北朝南，原为三进，尚存一二进，门厅规格大，雕刻精致。

徐郑村郑氏宗祠建于清嘉庆二年（1797），宗祠梁上尚留有“清嘉庆二年重建”七字。该宗祠坐北朝南，通面阔13.9米，通进深22.5米，建筑面积313平方米。自南至北依次有门厅和后厅共二进。后厅墙上曾写有抗战标语“争取解放、争取生存、孝子孝孙救国救家”“抗战到底”“保卫祖宗、保卫乡土，尽力同心，打倒日本”，系1938年特种工作团团长孟卿所写。宗祠外墙立有“清道光八年禁赌碑”1块。

上安村51号古民居建于清初。古民居坐北朝南，通面阔14.5米，通进深38.1米，占地面积552平方米。自南至北依次有门厅、中厅和后厅，为五间三进泥木结构，单檐硬山顶，方砖地墁地。

由于建造年代久，故破损严重。

全乡有县文物保护点 5 个。县级非物质文化遗产有徐郑村的桂花亭和高丰村的竹马。

樟溪乡

政区概况　位于北纬 28° 27′43″ ～28° 31′21″，东经 119° 20′25″ ～119° 25′23″。地处松阳县西北部，松阴溪西岸，东北靠古市镇，东南与斋坛乡接壤，西南与新处乡毗邻，西与谢村乡接壤，西北与新兴乡相邻。乡政府驻地肖周村。

宋元时属旌义乡，十三、十四都地。明、清属布和上乡、布和下乡。民国 35 年（1946）为樟溪乡。1952 年，樟溪乡分置樟村、溪下 2 个乡。1956 年，2 个乡合并，复为樟溪乡。1958 年，建为红光公社樟溪大队，并把新丰生产队的下源口划归新兴大队。1959 年，改为古市公社樟溪管理区。1961 年，改为樟溪公社。1984 年，改建为樟溪乡。1992 年 3 月，松阳县实行撤区扩镇并乡后，仍保留樟溪乡。

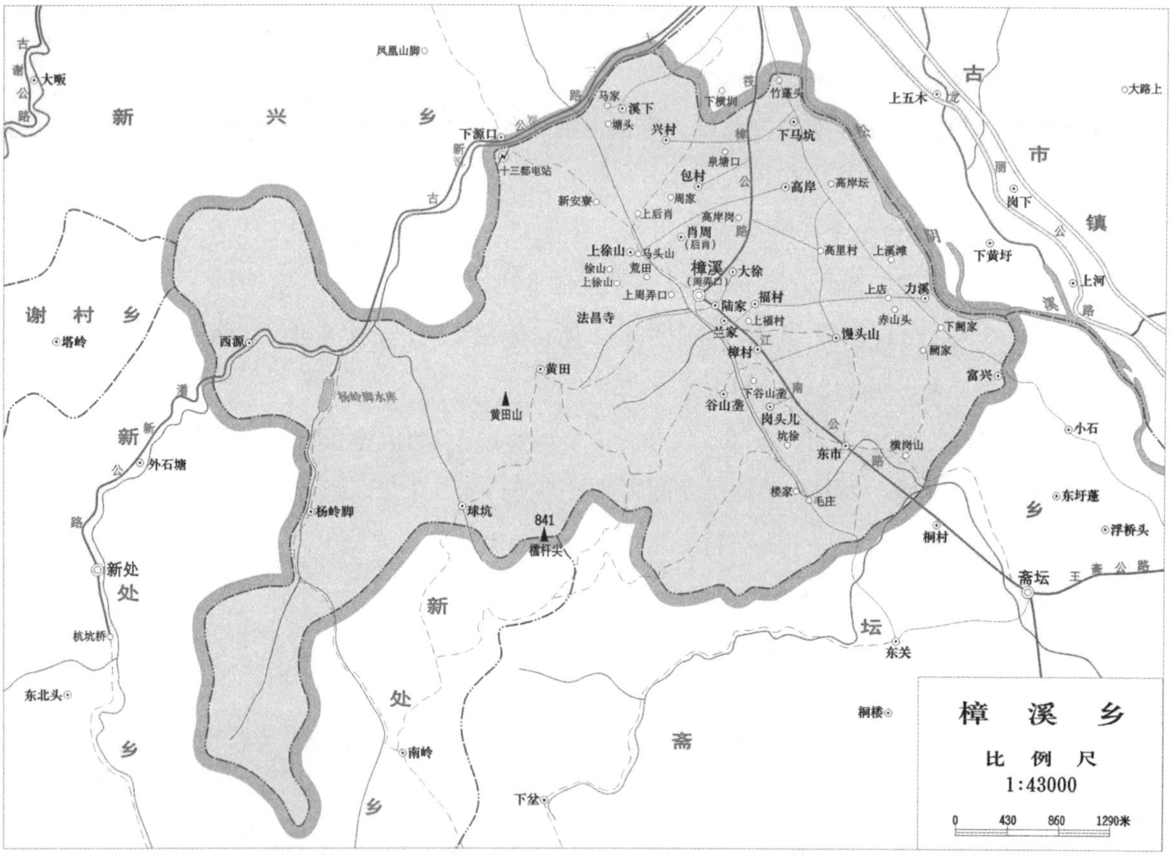

图 1-26　樟溪乡政区图

2010 年末，辖富兴、力溪、馒头山、东市、岗头儿、谷山垄、樟村、福村、兰家、大徐、陆家、肖周、上徐山、溪下、兴村、包村、下马坑、高岸、黄田、球坑、西源、杨岭脚 22 个行政村。

樟溪乡绝大多数的村庄在松古平原的西南面，临山近水，建村历史悠久，人口较密集。1965 年，辖区总人口 6893 人，人口自然增长率 30.2‰。1982 年末，辖区总户数 2312 户，总人口 9823 人，其中男性 4995 人、女性 4828 人，人口自然增长率 12.59‰。2010 年末，辖区总户数 3722 户，总人口

10290人，其中男性5294人、女性4996人，人口自然增长率-0.6‰。辖区总面积26.63平方千米。

境内地势西南高、东北低；地貌层次明显，类型多样，紧靠仙霞岭山脉，多数为火山岩地质。其他大部分处于松古平原中部，土地肥沃。气候温和，多年平均气温17.7℃，最低1月，平均气温6.4℃；最高7月，平均气温28.4℃；年平均降水量1500毫米，年平均无霜期260天。松阴溪沿乡境东北穿流。境内有杨岭脚水库、十四亩水库等5座山塘水库，江南渠道为主要灌溉渠道，受益农田493公顷。境内有少量的高岭土矿储存，未发现有可开采价值的其他矿藏资源。平原地区土质肥沃，属水稻土；山区竹木资源丰富。

经济 樟溪乡在松古平原的西北山脚，以传统农业为主，易旱。经济作物多，明末清初种植晒红烟闻名遐迩。1982年，农民平均口粮382.5千克，人均经济收入125元。1992年，耕地面积220公顷，农业以茶叶为主导产业。畜牧业以猪、家禽为主。2010年，粮食作物种植面积430公顷，茶叶种植面积696公顷，水果面积46公顷，农林牧副渔业总产值6224万元。工业总产值3350万元；工业以茶叶加工为主，有茶叶加工厂200余家，从业人员800余人。辖区“碧云天”茶叶成为国务院紫光阁外事接待指定用茶。

图1-27 大徐村晒烟场（叶祖青 摄于1985年）

社会事业 2010年末，全乡有文化站、广播电视站各1个，村级文化活动中心10个，各类文化专业户5户。各类图书室10个，藏书2余万册。有学校体育操场1个。有线电视入户率62.09%。幼儿园7所，在园幼儿205人，专任教师4人；小学1所，在校生383人，专任教师26人。小学适龄儿童入学率100%；初中适龄人口入学率、小升初升学率、九年义务教育覆盖率均为100%。乡级卫生院1个，床位2张；专业卫生人员2人，其中医师1人、医士1人；村卫生室1个。

基础设施 2010年末，有邮政储蓄点1个。固定电话用户1900余户，移动电话用户7500余户，互联网用户720余户。龙丽高速公路、县道、乡道等公路穿境。

名胜古迹 法昌寺始建于南朝梁，为县文物保护点。建筑群包括观音殿、大雄宝殿、关王殿。一年四季溪水长流，果园飘香，寺后峰峦叠翠，可胜览松古平原田园景色。（详见第三十七编“文物”第二章“古建筑”第三节“塔庙寺祠”）

境内有3处县级文保点：兰家村清利公祠，清道光二十二年（1842）建。占地300多平方米，明间抬梁式，次间穿斗式，二进之间为天井，硬山顶，阴阳合瓦，水泥墁地。“文化大革命”期间，大多设施被毁，2000年重修。馒头山的香火堂和西源村的郑氏宗祠，分别建于清光绪七年（1881）和清末，都是明间抬梁式，次间穿斗式，照壁、牛腿木雕工艺精美。

富兴村原化成寺存有清光绪十二年（1886）的金梁堰碑，详细记载金梁堰的分水期和管理公约事宜。另有其他不可移动文物39处。

樟村拳、木偶戏被列为市级非物质文化遗产名录，文武彩灯、桂花亭、红糖制作技艺、晒红烟技艺、传统织布技艺等10余项被列为县级非物质文化遗产名录。

谢村乡

政区概况　位于北纬28° 27′40″～28° 32′40″，东经119° 13′52″～119° 20′57″。地处松阳县西北部，是典型的山区乡，东北与新兴乡接壤，东南与新处乡相连，西南与玉岩镇为邻，西、西北与遂昌县妙高镇毗邻。乡政府原驻谢村村；1961年7月，迁入大岭根村。

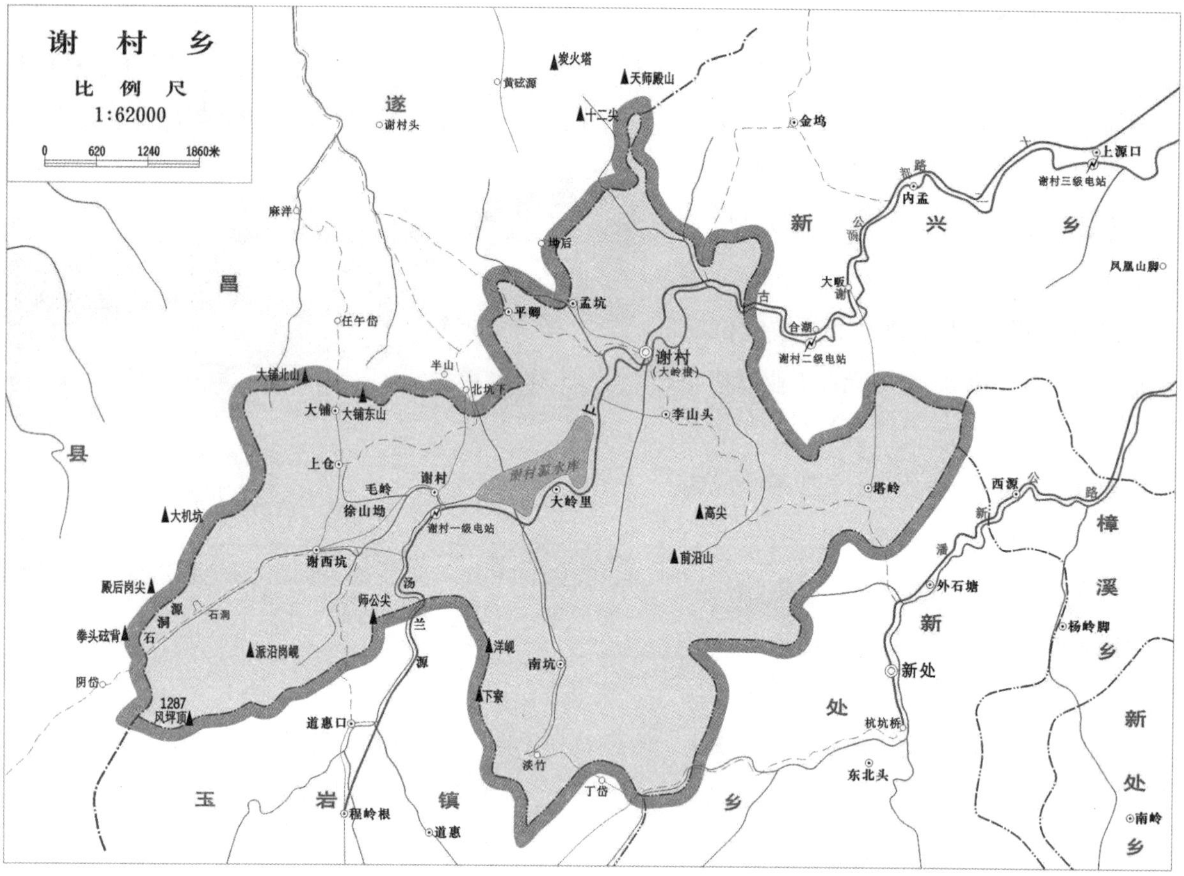

图1-28　谢村乡政区图

明属布和上乡，清为十二都大部分。民国初，建有集真、双溪、西坑等联合村。民国23年(1934)，为根安、上源、坑岭乡。民国29年，为根安、外源、内源乡。民国33年，划入钟岭乡的一部分，组成周岭乡。民国35年，上源、周岭合并称周源乡。解放后仍名周源乡。1950年，周源乡析置谢村乡；划大畈、金坞村入新兴乡。1956年，周源乡并入谢村乡。1958年10月，建立红光公社（即古市区）谢村大队。1959年1月，改为古市公社谢村管理区。1961年7月，改为谢村人民公社，并划白沙岗、程岭根、道惠、道惠口、周安、洋坑、程路7个大队入玉岩公社；划周坑大队入交塘公社。1984年6月，改为谢村乡。1992年3月，松阳县撤区扩镇并乡，保留谢村乡。

2010年末，辖塔岭、李山头、大岭根、孟坑、平卿、大岭里、南坑、谢村、谢西坑、上仓、大铺11个行政村。

谢村乡山高水长，交通不便，人口密度低。1965年，辖区总人口3667人，人口自然增长率32.1‰。1982年末，辖区总户数1190户，总人口5039人，其中男性2776人、女性2263人，人口自然增长率7.15‰。2010年末，辖区总户数1624户，总人口5041人，其中男性2795人、女性2246人，人口自然增长率-2.4‰。辖区总面积44.87平方千米。

该乡地势西南高、东北低。千米以上山峰10余座纵贯乡境。全乡各村海拔均在300米以上，最高为平卿村，海拔810米。属中亚热带季风气候，温暖湿润，四季分明，冬暖春早，立地气候垂直差异明显。全年平均气温17.7℃，年无霜期225天。境内有松阴溪支流谢村源，有松阳县最大的水库谢村源水库以及一级、二级、三级电站，水库集雨面积80.6平方千米，供应古市镇生活、工业用水及谢村、新兴等乡4330公顷农田灌溉用水，配套电站装机容量22500千瓦。矿产资源主要有萤石矿。自然资源主要是用材林和毛竹、药材等。

图1-29 谢村源一级电站（县水利局提供 2006年）

经济　属典型山区经济，以种植经济作物为主。主要经济作物有茶叶、笋竹两用林、药材、高山蔬菜等。1982年，农民平均口粮362千克，人均经济收入102元。2010年，粮食作物种植面积260公顷，茶叶种植面积362公顷，水果面积74公顷，农林牧副渔业总产值2363万元。工业总产值399万元。有茶叶统防统治专业合作社7家，家庭茶叶加工厂66家，注册有“谢源玉露”商标。工业以来料加工为主，有服装、皮鞋、饰品等主要从事小工艺品加工的来料加工集中点3个、经纪人4人，从事来料加工人员400余人。

社会事业　2010年末，有乡文化站1个，农家书屋5个，广播音箱67只；有线电视用户760户，入户率65%。有幼儿园2所，在园幼儿83人，专任教师1人；小学1所，在校生265人，专任教师11人。适龄儿童入学率100%。乡卫生院1所，有床位2张，执业医师5人、药剂师1人；村卫生室2个。

基础设施建设　2010年末，全乡11个行政村全部通公路，总里程40余千米。境内有县道穿境。

名胜古迹　境内有全县最大的水库谢村源水库，建于1994年，坝高66米。库区是古市饮用水源，也是人们度假消暑休闲胜地。

南坑和平卿2个村各有1座禁赌碑，为清道光年间所立，碑刻文字用于教育后代。

新处乡

政区概况　位于北纬28°23′35″～28°30′05″，东经119°17′21″～119°22′49″。地处松阳县西北部，东邻斋坛乡，东南连叶村乡，西南与玉岩镇为邻，西北毗谢村乡，东北接樟溪乡。乡政府驻地新处村。

元朝属十三都；明、清分属布和下乡、九芝乡。民国35年（1946），为南源乡。1950年，析置新处、庄后2乡。1956年，2乡合并为庄后乡。1958年，改为红光公社（即古市区）庄后大队。1959年，改为古市公社庄后管理区。1961年，改为庄后公社。1984年，仍改为庄后乡；8月，更名为新处乡。1992年3月，松阳县实行撤区扩镇并乡，仍保留新处乡。

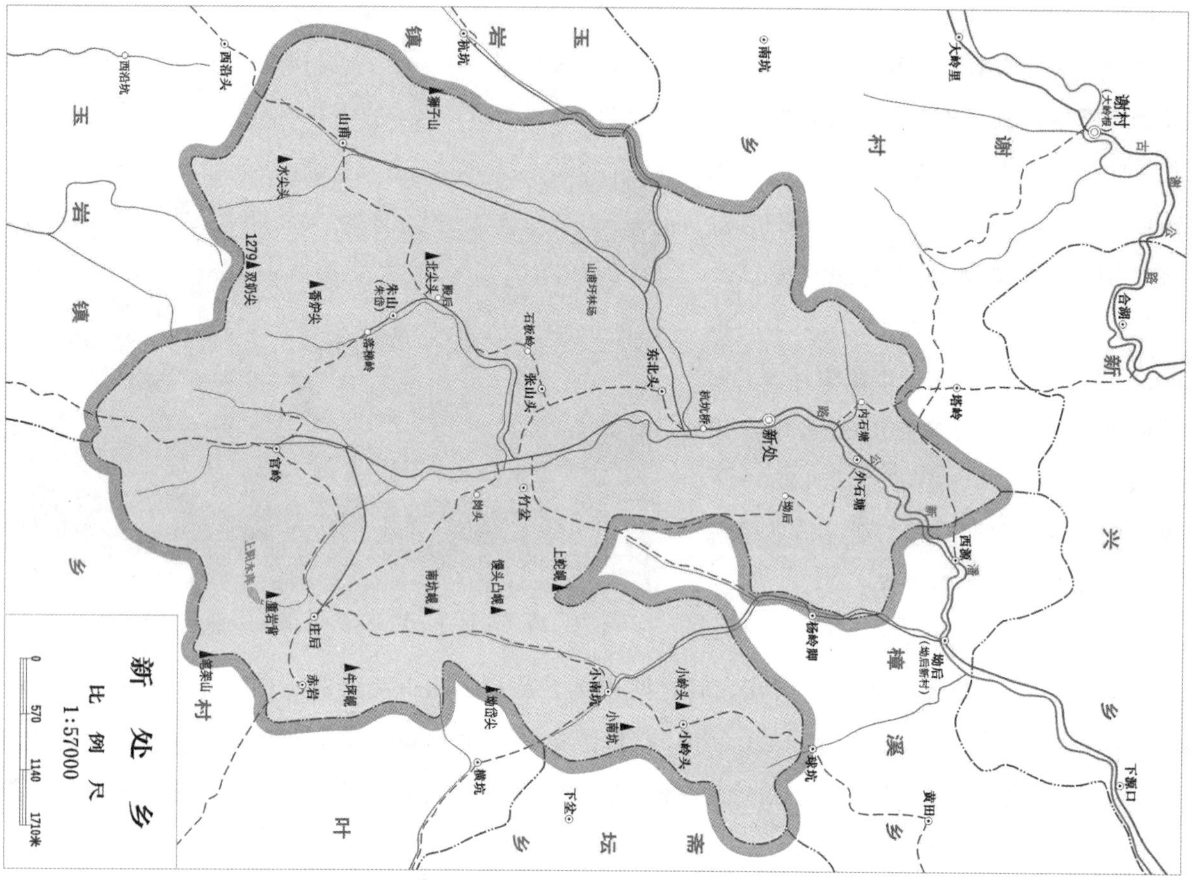

图1-30　新处乡政区图

2010年末，辖坳后、外石塘、新处、山甫、东北头、竹囮、张山头、朱山、官岭、庄后、赤岩、小南坑、小岭头13个行政村。

新处乡山高路陡，交通不便，地广人稀。1965年，辖区总人口4561人，人口自然增长率36.4‰。1982年末，辖区总户数1351户，总人口6310人，其中男性3412人、女性2898人，人口自然增长率9.86‰。2010年末，辖区总户数1963户，总人口6973人，其中男性3816人、女性3157人，人口自然增长率-1.0‰。辖区总面积50.83平方千米。

新处乡地势西南高、东北低。南部千米以上山峰10余座，平均海拔500多米。境内属中亚热带季风气候，温暖湿润，四季分明，立地气候垂直差异明显。全年平均气温15.5℃，最高7月平均气温25.5℃，最低1月平均气温3.5℃，年无霜期205天。境内水系分布涉及松阴溪的两大支流十三都源、东坞源。十三都源斜贯西北乡境汇入松阴溪。境内山塘、水库、湿地4处，其中上洋水库集雨面积0.2平方千米，供应庄后、赤岩、官岭3个村生活、农业用水。自然资源以用材林、毛竹、中药材为主。山林面积3960公顷，森林覆盖率87.7%。

经济　新处地处大山深处，为典型的“靠山吃山”经济，百姓多赖竹木资源生存。1982年，农民平均口粮290千克，人均经济收入87元。1992年，耕地面积263公顷，以种植茶叶、高山蔬菜、吊瓜为主。主要经济作物为茶叶和高山蔬菜。高山蔬菜主要品种有四季豆、小辣椒、生姜等。2010年，粮食作物种植面积269公顷，茶叶种植面积134公顷，水果面积28公顷，农林牧副渔业总产值3747万元。工业总产值431万元。形成以笋竹林、吊瓜、鹊山鸡、茶叶、高山蔬菜、香榧等为主的支柱产业。有专业合作社17家。工业以来料加工为主，从事来料加工人员269人，发展来料加工低收入农户集中村13个。外出创业1200余人，创办超市450余家。

图1-31　竹林养鸡（叶光铭 摄于2009年）

社会事业　2010年末，新处乡有文化站1个，村级文化活动中心13个。各类图书室9个，藏书1.1万册。村级农民乐队1支，腰鼓队1支，排舞队1支。有学校体育场1个，84.6%的村安装健身器材。有线电视入户率55%。有幼儿园 3 所，在园幼儿48人，专任教师4人；小学1所，在校生295人，专任教师 14人。卫生院1个，床位2张；专业卫生人员3人，其中执业助理医师2人、注册护士1人；村卫生室1个。社区服务中心6个。

基础设施　2010年末，水、电、通信设施较完备。境内有乡道穿境。13个行政村、6个自然村通公路。

名胜古迹　有县文物保护点5处，其他不可移动文物25处。

山甫村节孝坊建于清嘉庆年间（1796～1820）。该坊为旌表儒童徐成龙原配程氏节孝而立。青石雕刻而成，整座牌坊精雕细刻，气势雄伟。

山甫村保存有多座古民居。这些古建筑梁枋及牛腿雕有狮子戏球、莲花飞鸟、凤凰、松鼠等图案。

第九节　其他各乡

枫坪乡

政区概况　位于北纬28°15′25″～28°23′58″，东经119°09′53″～119°18′09″。地处松阳县西南部。东北靠玉岩镇，东南邻安民乡，南毗龙泉市道太乡，西连遂昌县垵口乡。乡政府驻地枫坪村。

明属布和下乡；清为内十三都之大部分。民国初，为枫坪、斗潭、高亭、吉垄龙、根下等联合村和梨树下村。民国23年（1934），属玉岩区，分根安乡、枫树斗乡、高吉乡。民国33年，合为高亭乡和枫坪乡。民国35年，合为枫亭乡。1950年，扩编为根下、高吉、枫坪3个乡。1956年，撤区并乡，根下、高吉2个乡并入枫坪乡，驻地枫坪村。1958年，属卫星人民公社管理委员会（玉岩区）枫坪生产大队。1959年，改为玉岩公社枫坪管理区。1961年，改为枫坪公社。1983年，复改为枫坪乡。1992年，实行撤区扩镇并乡，保留枫坪乡。

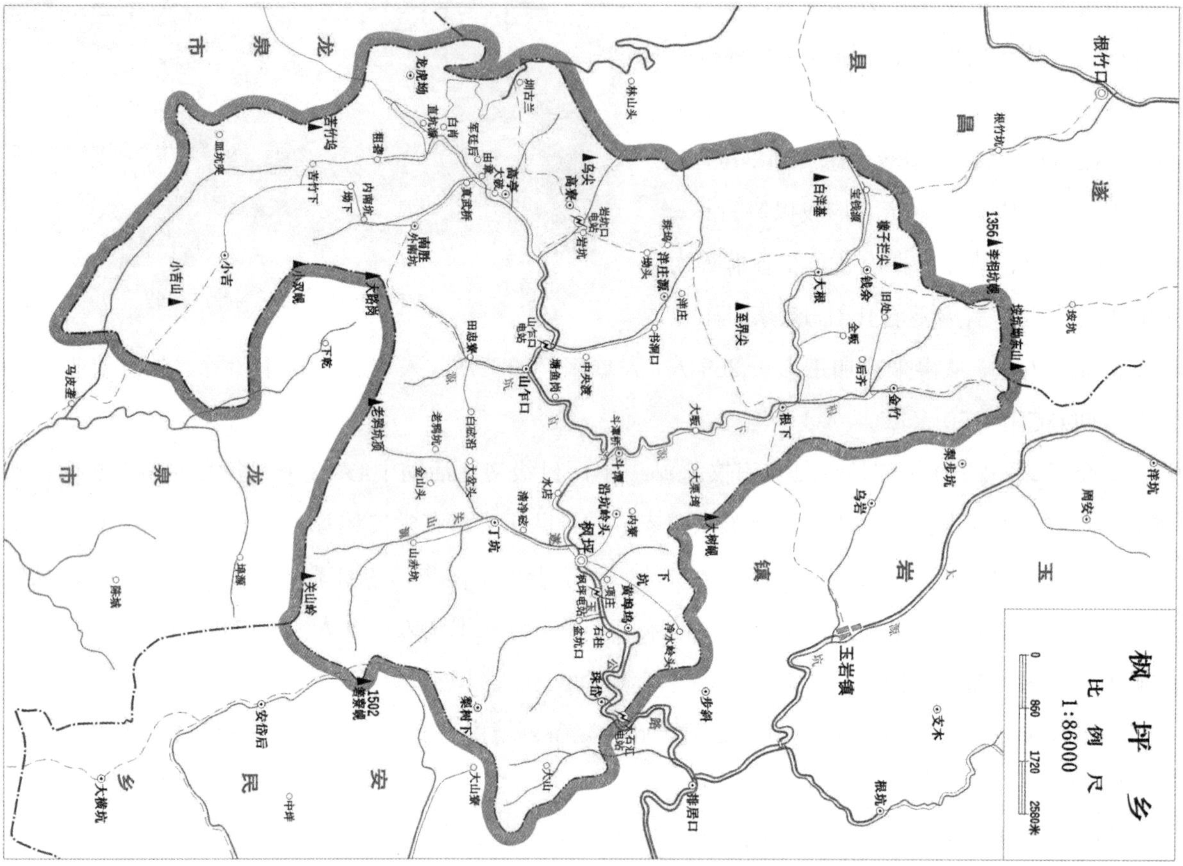

图1-32　枫坪乡政区图

2010年末，辖小吉、龙虎坳、南胜、高亭、高寮、洋庄源、山乍口、斗潭、根下、金竹、钱余、沿坑岭头、枫坪、丁坑、黄埠坞、朱岱儿、梨树下17个行政村。

1965年，辖区总人口5741人，人口自然增长率32.2‰。1982年末，辖区总户数1775户，总人口7962人，其中男性4288人、女性3674人，人口自然增长率12.12‰。2010年末，辖区总户数2562户，总人口8392人，其中男性4416人、女性3976人，人口自然增长率-4.4‰。辖区总面积101.04平方千米。

枫坪乡境内山地层叠，奇峰屹立，地层参差，构造复杂，地质发展历史悠久。地势由东北向西南倾斜，千米以上高山有32座。山地占总面积95.2%，耕地占总面积4.8%。境内气候属中亚热带季风气候，温暖湿润，四季分明，气候垂直差异明显。全年平均气温16～17℃，最高气温7月，最低气温为1月。年降水量1500～1700毫米，年无霜期236天。

境内有属于小港溪的支流枫坪溪。枫坪溪源于西南部枫坪乡龙虎坳村南，由西南向东北横贯该乡中部，沿途纳粗砻坑、南坑、岩坑、洋庄源、西坑、根下源、丁坑源、下坑诸水，经枫坪乡政府驻地向东北，纳山坑、大山源之水，至排居口村，与玉岩、交塘大源坑水相汇合，约15千米。境内建有山乍口、斗潭水库。有高亭、山乍口、龙亭、枫溪、大石汇5座电站。用材林、毛竹资源丰富。

经济　属典型的山区经济。1982年，农民平均口粮389千克，人均经济收入146元。1992年，耕地面积494公顷，全部为水浇地，以种植粮食作物、高山蔬菜、吊瓜为主。畜牧业以养猪、牛、家禽为主。2010年，粮食作物种植面积564公顷，茶叶种植面积110公顷，水果面积127公顷，农林牧副渔业总产值7729万元。工业总产值3980万元；工业以小水电、竹木加工和农副产品加工为主。有并网发电的小水电站5家，竹材加工企业6家，食用菌冷库35家。

社会事业　2010年末，有线电视入户率86.1%。枫坪乡有幼儿园3所，在园幼儿44人，专任教师2人；小学1所，学校占地面积6万余平方米，建筑面积4万余平方米，在校生318人，专任教师19人。辖区有医疗机构5家，其中乡卫生院1所，床位3张，卫生技术人员4人；村卫生室3家，社区卫生服务站1家。

基础设施建设　2010年末，固定电话用户768户，移动电话用户5859户，互联网用户227户。排（排居口）黄（遂昌黄坛口）公路贯穿全乡。县道、乡道穿境。县级公路17.8千米，通过验收的村级公路51.8千米，在建的村级公路13千米。

名胜古迹　位于丁坑村的关山源原始林景区，是箬寮岘景区的主体部分，枫坪乡境内面积545公顷。主峰海拔1502米。主峰西北有硕大无比的擎天巨石，陡峭的崖壁上有虬龙般的苍松。箬寮岘是光叶水青冈树、猴头杜鹃树和中华水韭群落植物的王国，猴头杜鹃分布面积广阔。与第二编“自然环境”第五章“生态环境”第三节“自然生态保护区”互为补充。

洋庄源村古银矿洞位于村东大牛角湾山中，有矿洞多处。最大的高3.5米、宽1.1米。洞中有洞，洞洞相连，深不可测。

小吉村永庆桥建于清末，为县文物保护点。详见第九编“交通运输”第三章“公路”第六节“桥梁隧道”。

苏维埃旧址群。1935年5～9月，刘英、粟裕率领的中国工农红军挺进师在浙西南建立革命根据地。在该乡牺牲和该乡在外牺牲的革命烈士有30人。全乡保存大量的革命遗址及32条红军标语。

裕溪乡

政区概况　位于北纬28°18′26″～28°25′19″，东经119°35′14″～119°42′43″。地处松阳县东南部，东南与莲都区碧湖镇相接，南毗莲都区大港头镇、云和县石塘镇，西接象溪镇，北靠板桥畲族乡。乡政府原驻裕溪村；1989年，搬入金村圩自然村。

以原驻地裕溪而得名。明属惠洽乡；清为二十三都一部分、二十六都。民国初，建有裕隔青金、潘楼乌仰、黄叶双岭、霭堰新夏、章赤紫黄、凤黄陈斗等联合村和徐山、小槎村。民国23年（1934）为裕溪乡、堰头乡。民国33年，合并为裕后乡。解放后，仍称裕后乡。1950年，分置裕溪乡、霭溪乡。1956年，2个乡复合，称联溪乡；同年，把云和县金岗乡的木岱坑村划入。1958年，建为先锋公社（即靖居区）联溪大队。1959年，改为靖居公社联溪管理区。1961年，改为联溪公社。1963

年5月，划堰头、堰后、大林、麦垵4个大队，25个生产队、313户、1207人，入丽水县新合公社。1984年6月，改为联溪乡；8月，更名为裕溪乡。1992年3月，实行撤区扩镇并乡后，仍保留裕溪乡。

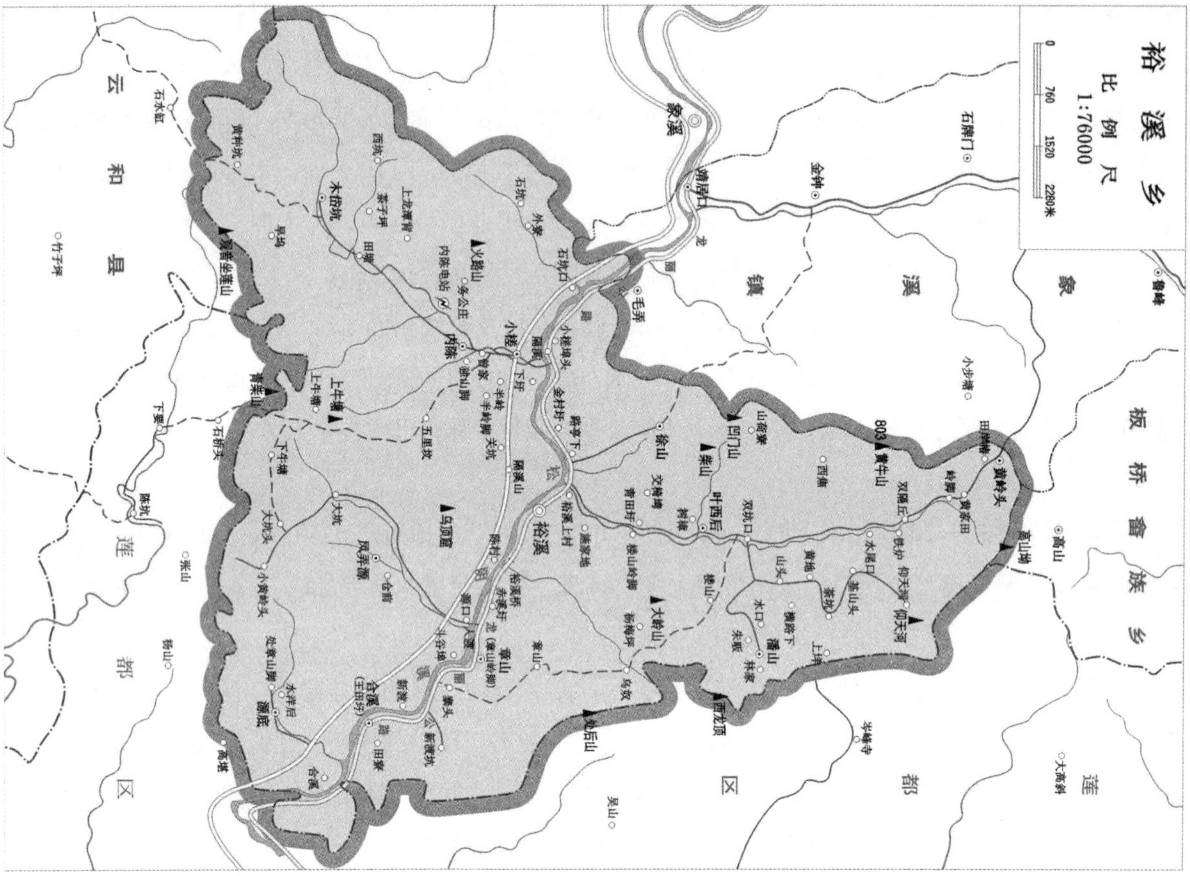

图 1-33　裕溪乡政区图

2010年末，辖木岱坑、内陈、小槎、徐山、裕溪、叶西后、黄岭头、潘山、凤弄源、章山、合溪、源底12个行政村。

裕溪乡地处松阳、云和、丽水三县交界，较早建有村落。1965年，辖区总人口5321人，人口自然增长率32.7‰。1982年末，辖区总户数1536户，总人口6608人，其中男性3533人、女性3075人，人口自然增长率14.77‰。2010年末，辖区总户数2154户，总人口6320人，其中男性3391人、女性2929人，人口自然增长率-7.7‰。辖区总面积75.73平方千米。

该乡地势西北高、东南低。四周山峰环绕，北部陡峭，山多地少。全乡地形以低山丘陵为主。村庄位于松阴溪下游两岸，地势从南北两面相向降落。属中亚热带季风气候，季风交替明显，温暖湿润，四季分明，山区气候垂直差异明显，雨量充沛。境内有松阴溪下游段和裕溪坑2条水系，松阴溪从西北向东南斜贯乡境；裕溪坑自北向南注入松阴溪。水力资源丰富，有合溪梯级水电站、木岱坑水电站。境内矿藏资源丰富，有煤、锌、白云母、萤石、砂石料资源。自然资源中用材林、毛竹资源丰富。

经济　裕溪乡在松阴溪下游，过去航运发达，漕运经济突出。境内多低山缓坡，经济作物丰富，其中，山茶油为特产。1982 年，农民平均口粮 294.5 千克，人均经济收入 80 元。1992 年，耕地面积 144 公顷。粮食作物以水稻为主。主要经济作物有油茶、板栗、吊瓜、香菇等，为“中国油茶之乡”。畜牧业以养猪、肉鸡为主。2010 年，粮食作物种植面积 208 公顷，茶叶种植面积 73 公顷，水果面积 75 公顷，农林牧副渔业总产值 3688 万元。工业总产值 35095 万元，其中规模以上工业总产值 34563 万元。工业以食用油加工、混凝土生产、电力生产为主。年产值超千万元企业有 3 家。

社会事业　2010 年末，有村级文化活动中心 2 个，各类文化专业户 12 户，村文艺队伍 5 支；编撰《油茶古道》等图书，创作浙江省首支乡歌《裕溪之歌》，并进行传唱活动。农家书屋 12 个。有 3 个村安装健身器材。有线电视用户 1207 户，入户率 85.8%。有幼儿园 3 所，在园幼儿 94 人，专任教师 3 人；小学 1 所，在校生 141 人，专任教师 13 人。有乡卫生院 1 个，床位 2 张；卫生专业技术人员 2 人；村卫生室 1 个。

基础设施　2010 年末，水、电、通信等基础设施较完善。龙丽高速公路、省道、县道、康庄公路穿境。

景点　该乡位于松阴溪沿岸，景色优美。内陈村是传统畲族村落，畲乡风味浓郁。

板桥畲族乡

政区概况　位于北纬 28°24′52″～28°28′44″，东经 119°37′20″～119°41′20″。地处松阳县东部，东毗莲都区高溪乡，南连裕溪乡，西邻象溪镇、三都乡，北接莲都区丽新畲族乡。乡政府驻地板桥村。

板桥畲族乡是全省 18 个少数民族乡镇之一，是松阳县唯一一个少数民族乡。因乡政府驻地板桥村而得名。

清代为惠洽乡安乐里，属松阳县二十五都。民国初属靖居乡。民国 21 年（1932），从靖居新置桐川乡、后潘乡、板下黄金乡、岭东大筋乡、东半山岭乡和张山乡 6 个乡。民国 24 年，6 个乡合并，改称桐川乡。中华人民共和国成立之初，并入靖居乡。1950 年，设板桥乡。1958 年，改为先锋公社板桥管理区。1959 年，改为靖居公社板桥管理区。1961 年，改为板桥公社。1983 年，改为板桥乡。1984 年 10 月，经浙江省民政厅批准成立板桥畲族乡。1992 年 3 月，实行撤区扩镇并乡后，仍保留板桥畲族乡。

2010 年末，辖大毛科（民族村）、金村（民族村）、板桥、后塘（民族村）、桐榔、潘八（民族村）、张山、高山、东坑 9 个行政村。

明、清时期，畲族人口大量涌入板桥等地。1965 年，辖区总人口 4026 人，人口自然增长率 31.8‰。1982 年末，辖区总户数 1113 户，总人口 5078 人，其中男性 2693 人、女性 2385 人，人口自然增长率 7.71‰。2010 年末，辖区总户数 1622 户，总人口 4957 人（畲族 1072 人），其中男性 2635 人、女性 2322 人，人口自然增长率-4.4‰。辖区东西最宽距离 4 千米，南北最长距离 8 千米，总面积 28.93 平方千米。

境内地势自西向东北倾斜，700 米以上山峰有 6 座；四周山峦叠起，中部为丘陵地带。东南隅桐榔村三条溪坑上下交汇处有狭小平地，整体属低山丘陵。属中亚热带季风气候，年平均气温 17℃，年平均无霜期 250 天，年平均降水量 1500 毫米。全乡多数水系汇合于桐榔村，95%的地表水流入莲都区境内的宣平港。全年气候适宜，有利于茶叶、油茶的发展，是全省茶叶的一类适生区，适宜发展有机茶。矿产资源丰富，主要有铜、钼、铅锌及辉绿岩矿等，还有大面积的稀土矿区。

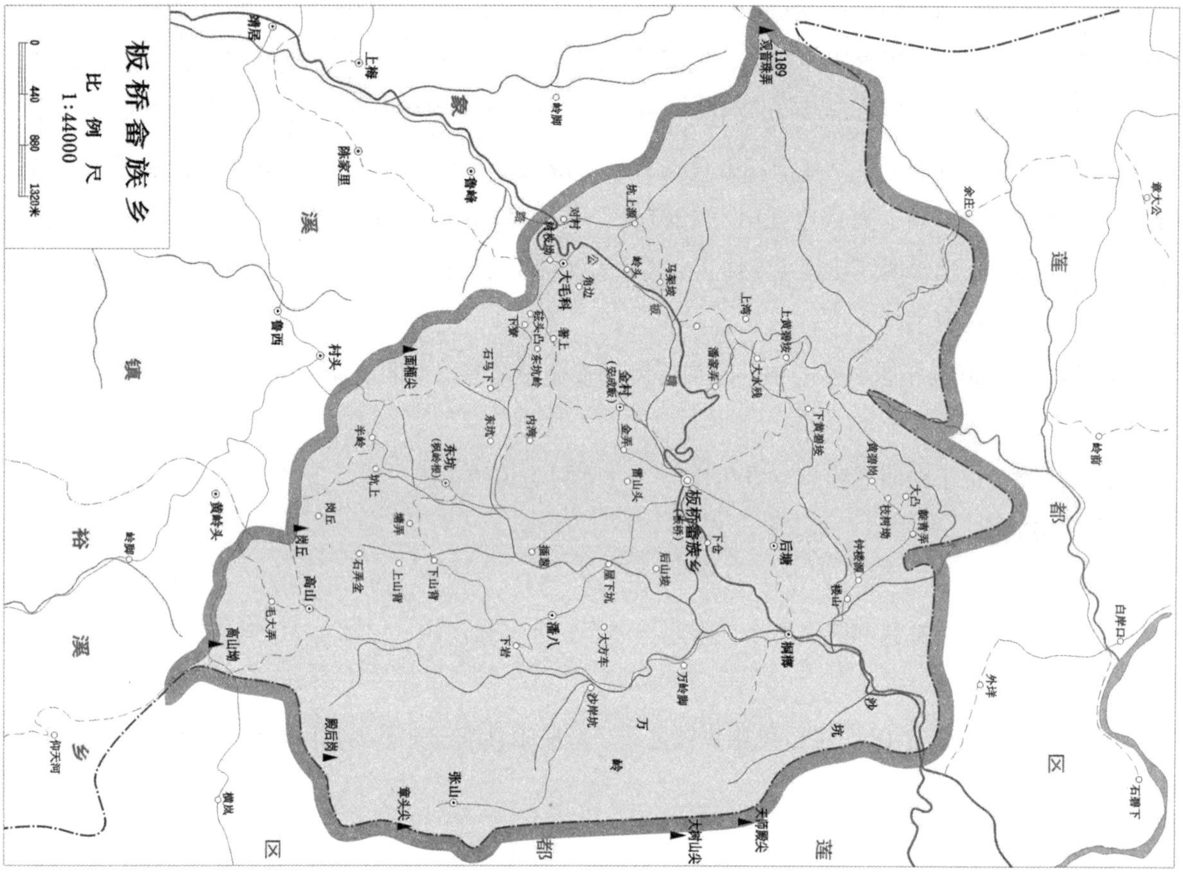

图 1-34 板桥畲族乡政区图

经济　板桥以低山缓坡为主，经济作物丰富多样。1982 年，农民平均口粮 332 千克，人均经济收入 106 元。1992 年，耕地面积 141 公顷，全部为水浇地，以种植粮食作物、吊瓜、茶叶、油茶为主。畜牧业以猪、耕牛、家禽养殖为主。2010 年，粮食作物种植面积 191 公顷，茶叶种植面积 540 公顷，水果面积 71 公顷，农林牧副渔业总产值 2036 万元。工业总产值 4688 万元，其中规模以上工业总产值 3663 万元。工业以茶叶加工和矿产开采为主。有规模以上矿业企业 1 家，茶叶加工厂 27 家。境内有桐榔、板桥 2 个茶青市场。

社会事业　2010 年末，板桥乡有文化站 1 个，广播电视站 1 个；村级文化活动中心 9 个，村级文化活动队伍 50 余人。各类图书室 9 个，藏书 5 万余册。有乡政府体育场 1 个、学校体育场 1 个，9 个行政村均安装有健身器材。安装有广播音箱 59 只，有线电视入户率 86%。辖区有幼儿园 1 所，在园幼儿 48 人，专任教师 2 人；小学 1 所，在校生 142 人，专任教师 12 人。小学适龄儿童入学率 100%，在校学生巩固率 100%。乡卫生院 1 所，床位 2 张；卫生专业技术人员 3 人，其中医师 2 人、医士 1 人；村卫生室 6 个。

基础设施建设 1998年，板桥车站建成，日发客运汽车8班次，日均容量百余人次。2010年末，省道、县道穿境，9个行政村全部通康庄公路。水、电、通信等基础设施较齐全。

名胜古迹 崇觉寺位于桐榔村东1里许的小山上，始建于南宋开庆元年（1259），寺前存2株近两围粗的宋代罗汉松。原寺院占地3900平方米，曾有僧人80余人。此寺门正对一座圆形孤山，形似“九龙抢珠”。原有三进殿堂、禅房、大钟楼、观音堂、魁星阁、土谷祠和百子岩，天灯柱点着日夜不灭的长明灯。（与第三十七编“文物”第二章“古建筑”第三节“塔庙寺祠”互为补充）

图1-35 板桥畲族乡桐榔村崇觉寺(麻威武 摄于2010年)

板桥村连接桐川溪坑的3座廊屋桥，始建于清康熙年间（1662～1722），既是交通要道，又是村民休闲娱乐的重要场所，为县级文物保护单位。大毛科、金村、后塘、潘八等村是畲族聚居的传统村落，畲乡风情浓郁。

安民乡

政区概况 位于北纬28°14′36″～28°19′11″，东经119°15′58″～119°24′20″。地处松阳县西南部，东连大东坝镇，南、西南与龙泉市道太乡交界，西邻枫坪乡，北与枫坪乡、玉岩镇、大东坝镇接壤。乡政府驻地大潘坑村。

因地处龙（泉）松（阳）边境，地势险要，自明末至民国迭经战乱，人民为祈安居乐业，改称安民。明属布和下乡、惠洽乡，清为内二十都一部分、内十三都一部分。民国时为大潘坑、后大垟等联合村。民国23年（1934），为潘乌后乡。民国33年，更名安民乡。民国35年，把南楼乡的苏马坪村划入。解放后，仍称安民乡。1958年，建立卫星公社安民大队。1959年，改为玉岩公社安民管理区。1961年，改为安民公社。1983年10月，由玉岩区辖改属大东坝区。1984年，恢复安民乡。1992年3月，实行撤区扩镇并乡后，仍保留安民乡。

2010年末，辖安岱后、大横坑、李坑、大潘坑、曹竹、台坑、乌弄、苏马坪8个行政村。

安民乡开发较迟，交通不便，地广人稀。1965年，辖区总人口2777人，人口自然增长率27.6‰。1982年末，辖区总户数825户，总人口3605人，其中男性1944人、女性1661人，人口自然增长率9.5‰。2010年末，辖区总户数1171户，总人口3707人，其中男性1954人、女性1753人，人口自然增长率-0.88‰。辖区总面积87.30平方千米。

境内多为中高山区，地势由东南向西北倾斜，层峦叠嶂，绵亘数十里。平均海拔700米，千米以上山峰34座，安岱后村西北的箬寮岘尤为险峻，海拔1502.3米，为松阳县第一高峰。气候属中亚热带季风气候，年平均气温为12～17℃，立地垂直气候变化明显。境内有多条支流形成安民源，汇聚于小港流域，后注入松阴溪。矿产资源有铅、锌、铜、银等有色金属。境内竹木、药材、水力资源丰富。

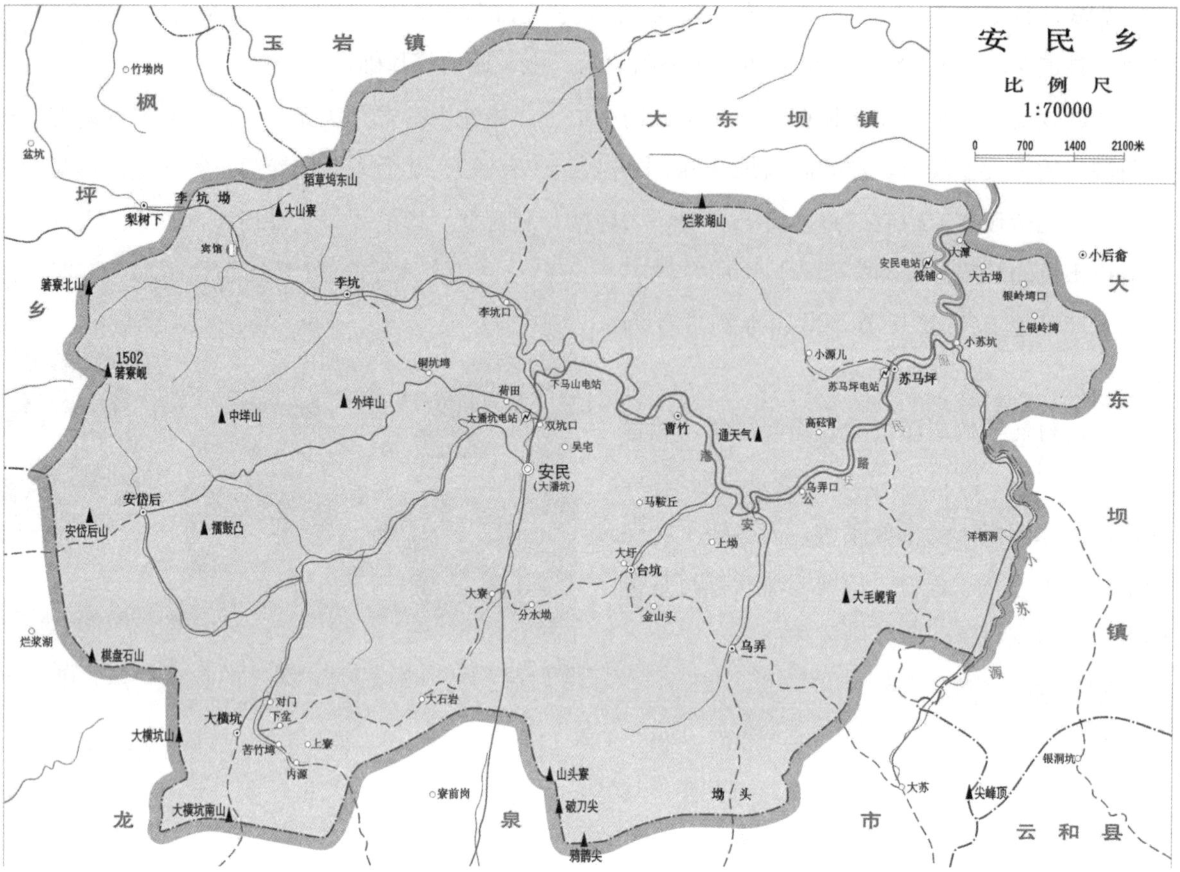

图 1-36　安民乡政区图

经济　安民是典型的山区经济，粮食不能自给，百姓赖竹木资源生存。1982 年，农民平均口粮 323 千克，人均经济收入 137 元。1992 年，耕地面积 132 公顷，全部为水浇地，以种植粮食作物、笋竹林、茶叶、香菇为主。2010 年，粮食作物种植面积 194 公顷，茶叶种植面积 36 公顷，水果种植面积 9 公顷，农林牧副渔业总产值 3738 万元。工业总产值 770 万元；工业以小水电、竹木加工为主。有来料加工经纪人 3 人，加工队伍 205 人。有小水电站 3 个。

社会事业　2010 年末，安民乡有文化站 1 个，广播站 1 个，村级文化活动中心 8 个；音乐、美术、书法、摄影及文学业余创作队伍 50 余人。各类图书室 8 个，农家书屋 8 个，藏书 1.6 万册，报刊 300 多种。学校体育场 1 个。有线电视用户 709 户，入户率 79%。辖区有幼儿园 1 所，在园幼儿 19 人，专任教师 1 人；小学 1 所，在校生 95 人，专任教师 7 人。小学适龄儿童入学率 100%，初中适龄人口入学率、小升初升学率、九年义务教育覆盖率均为 100%。乡卫生院 1 所，床位 2 张；卫生专业技术人员 2 人，其中医师 1 人、医士 1 人；村卫生室 1 个。

基础设施建设　2010 年末，有邮政所 1 个，报纸、杂志累计发行 1000 余份。固定电话用户 100 余户，固定电话普及率 12%；移动电话用户 1100 余户，互联网用户 26 户。水、电等基础设施较健全。县道、乡道穿境，村村通简易公路。安民乡客运站点日发客运汽车 6 班次，日均容量 100 余人次。

名胜古迹　境内有箬寮原始林景区和红色古寨 2 个旅游区域，有多座宗祠、寺庙。

境内有纯自然风光的箬寮原始林景区，总面积 2666.67 公顷，主峰海拔 1502 米。景区内花艳、树奇、山险、岩怪、潭幽、水清，动植物资源丰富，各类树木 1000 余种，野生名贵中草药 700 余种，野生动物 100 余种，其中国家一二级保护动植物 30 余种。有国内罕见的数千亩古老的猴头杜鹃林、红山茶林。

1935 年，刘英、粟裕率领中国工农红军挺进师在浙西南建立革命根据地。安岱后村是根据地自始至终的中心区域，尚存红军主会场，红军桥，刘英、粟裕旧居等革命遗址遗迹。

图 1-37 安岱后村陈氏宗祠（红军主会场）（县史志办提供 2010 年）

黄牛山金龙寺坐落于境内的高砿背，始建于宋朝，民国时期被毁，2003 年重建。占地面积 500 余平方米，包括地母殿、观音殿、天王殿。四周群山环抱，奇峰林立；有徐老传奇“金鸡”“大毛岘背”“八卦山”“前天八卦”“猿猴山”及三源头顶天然“鸳鸯湖”等景致。

第五章　村　落

村落是乡民聚居的形态，一般以血缘关系为纽带联系在一起。千百年来，松阳境内自然形成的大大小小村落有 1000 多个。21 世纪初，松阳县历经旧村改造，许多传统村落面目全非。但是，历史风貌保存较好的传统村落尚有上百个，是华东地区保存传统村落最多、最完好的县，成为中国古典农耕文明的样板。

因数量多，本章列举 74 个传统村落。顺序按传统习惯以松阴溪为界，松阳片区分江南、江北片区，另分古市片区、象溪片区、大东坝片区（含玉岩片区）。

第一节　江南片区村落

桥头村

隶属西屏镇，1991 年之前属水南乡。以村前有一石桥得名。由桥头、山岗顶、上黄、坑口塔 4 个自然村组成。《南山毛氏宗谱》记载，宋太平兴国元年（976）毛氏始迁祖自江山迁居松阳南山，后世分居郑弄口、清路、桥头等邻村。

图 1-38　桥头村（县档案馆提供 2008 年）

村落山环水绕，环境清幽。村内生态传统风貌保存完好，传统建筑分布连片集中，保留清代传统民居、庙宇、香火堂、驿站、石拱桥等。其中“锄经裕后”潘肇庠旧居建筑规格轩豁气派，装饰优雅清致，雕梁画栋，集石雕、木雕、砖雕多种建筑技艺。清光绪二十四年（1899），岁旱，潘家开仓平粜粮食，帮助饥民渡荒年，中堂高悬处州府褒奖的“振赡风高”金匾一方。近有双童山景区、石空瀑布等特色景点。传承节庆舞龙灯、吉庆锣鼓等传统民俗活动。

横坑村

隶属叶村乡，以村前有一条横向的小溪得名。《横坑叶氏宗谱》记载，明万历年间（1573～1620），叶氏始迁祖“见夫崇山峻岭，茂林修竹，山水得回绕之势，地土得肥腴之利，可以兴族里。于是，自松阳八都塘岸（今古市镇塘岸）到此披荆棘，开基地，创业为家焉”。

村周山峦叠嶂，古树参天，翠竹如海，溪涧潺潺，梯田错落，3 条山涧小溪汇于村口。今尚存完整连片的数十幢清代至民国时期古民居群，并有宗祠、廊桥、庙宇、凉亭、古井、古道等历史遗存。民居依山就势而建，卵石砌筑基，夯土为墙，青瓦覆顶。村巷卵石铺设。民间有祭祀、舞狮、舞龙灯、求雨、迎神演戏等传统活动。其中，横坑绳抽狮子是该村的特色民间舞蹈，源于早时山区常有猛兽伤害人畜，损害庄稼；为驱赶山中猛兽以及表达人们对自然现象敬畏之心，形成绳抽狮子传统民间活动，以祈求神灵保佑年年平安。

南岱村

隶属叶村乡，以地处形如布袋的山坳之南得名。《南岱吴氏宗谱》载，始迁祖于明末“自景宁喜游山水，偶至南岱，见此地层峦叠嶂，宛若峨眉，山环水绕，爰是卜筑于此”。今南岱村以吴姓村民为主，亦有金、叶等姓。

村落地处山源峡谷，小溪穿村，依山沿溪呈带状分布，分为上、下南岱两个片区。20 余幢清代至民国时期的古民居群、宗祠、庙宇、廊桥、凉亭、水碓、古道等历史遗迹保存完好。其中，吴氏宗祠建于清嘉庆五年（1800），建筑规模恢宏气派，为二进五开间，抬梁穿斗混合结构，门楼重檐歇山顶，建筑装饰集木雕、石雕、砖雕一体，技艺精湛。建于清代的祝寿桥，为单孔石拱桥，是连接松（阳）龙（泉）的古道。村边有摩崖题刻、山涧瀑布。

村民传承四时八节敬神祭祖民间习俗，祈求诸神护佑风调雨顺、吉祥安康。演十月戏是该村一年中最大的盛事，热闹非凡。

岱头村

隶属叶村乡，旧名岱峰。以地处南岱山之巅得名。叶姓为该村第一大姓氏。《岱峰叶氏宗谱》记载，叶氏始迁祖“自大明洪武年间（1368～1398）由官岭而居岱峰”。

村落位于海拔 800 多米的山区，山峦环抱，梯田层叠，道士坑穿村而过，古木翠竹相映，四时景致如画。民居依山势而建，连片集中。传统民居大多为一字屋、三合院、四合院结构，有少量吊脚楼、过街骑楼。文物史迹丰富，清代书院、民国学堂、岱头小学、叶氏宗祠、香火堂、新明社殿、廊桥、客栈、岱头堂、茶亭、凉亭等历史建筑保存完好。其中廊桥、新明社殿、岱头堂、叶氏宗祠 4 处为县文物保护点。松阳至龙泉古道经村而过，山岭的古道岩壁存有清嘉庆六年（1801）松阳知县对岱头村与周岭根村山林纠纷判决的摩崖题刻和“咸丰辛酉年重修”古道的题刻，2 处题刻均为县文物保护点。1935 年 8 月，中国工农红军挺进师曾进驻岱头。1935 年 9 月 2 日，中国工农红军挺进师第五纵队在村后的麻士尖山与国民党部队发生激烈战斗，史称“麻士尖战斗”。

图 1-39　岱头村景（叶坚红 摄于 2010 年）

位于金坑源的毛洞主殿是祭祀神灵、护佑百姓平安之地。岱头村至今仍保留着迎请洞主娘娘巡村、看仁戏、求雨等习俗，传承节庆舞龙灯、吉庆锣鼓等传统活动。

吊坛村

隶属斋坛乡，村名由来有多种说法：一说，因村有巨石，上大下小，远眺如吊在空中，故名；又说，村庄远眺如灯盏吊壁，故名。《吊磁何氏宗谱》记载，明嘉靖年间（1522～1566），何姓始迁祖自邻近金鉴山（今叶村乡正岗山）迁居吊磁始居，今村民以何姓为主。后“磁”改“坛”。

传统民居依山就势阶梯式分布，连片集中，村落的原生态与历史本底保存完好。全村房子为清一式土木结构，墙基山石垒砌，泥墙黛瓦。最具地域特色的当属吊脚楼，三面悬空，廊道或前屋以木廊柱支撑，二楼出檐置“美人靠”，可凭栏休闲远眺，是松阳保存吊脚楼最多的村落之一。何氏宗祠保存完好。建于清代的永安社庙是村民对神灵崇拜，祈求平安的地方。吊坛村自然资源丰富，南方红豆杉群给山村带来瑞气。村边“七石头”之景流传七头黑猪的美丽传说。村民保留着传统的生产生活方式，四时八节有祭祖习俗，年逢正月有舞龙灯、采茶灯等民俗活动，还有制作麦杆扇、高山端午茶、织带、竹篾加工等传统手工技艺。

上坌村

隶属斋坛乡，原名东关源上畔，“畔”，意田地的界线。附近有山谷和半山两块缓坡地，中有山林分界，此村居上，名上畔。后方言谐音改作上坌。《叶氏宗谱》载，明万历二十八年（1600），叶氏始祖“自横坑迁居东关源上畔择地开基卜居焉”。清时潘姓迁自横岗村，今村民以叶、潘姓为主。

村落地处半山缓坡地，山峦环抱，翠竹如海，梯田错落，聚落依山呈团块状分布。传统民居连片集中，古民居、祠堂、庙宇等历史建筑保存完好，泥墙黛瓦，布局整齐，与自然环境风貌协调统一。还保留有石臼、石磨、踏碓、榨油机、土窖洞等传统生产生活用具、设施。新兴社是村民祭神祈平安的圣地，香火旺盛。逢年庆时有舞鱼灯、采茶灯、桂花亭等民间艺术活动。该村原生态特征明显，村边的橄榄林为珍稀树种，还有百年红豆杉等珍贵树种。东关源古道枫树岭古枫参天，秋季红叶绚烂，为赏枫佳境。

图 1-40　上坌村全景（叶高兴 摄于 2008 年）

下坌村

隶属斋坛乡，原名东关源（村名见上目上坌村），1961 年，析出称下坌。《平岗王氏宗谱》记载，王姓始祖于清雍正年间（1723～1735）自黄庄下村迁居于此，今村民以王姓为主。

村落四面环山，古树参天。清一色泥木结构的传统民居布局整齐，原生态“土”味浓厚。村中古民居、祠堂、庙宇、踏碓等历史建筑、遗迹保存完好。该村是革命老区村，留有当年红军修筑的战壕遗址。村民民俗文化活动丰富，有庆丰收迎神赛会、花鼓灯、采茶舞灯等。通往玉岩、龙泉的东关源古道经过村庄。著名的枫树岭景色优美，有红豆杉、桉杉、枫树、五足树等多种国家保护树种。

膳垄村

隶属叶村乡。地处狭长的小山垄中，形如鳝鱼，称鳝垄，后演为膳垄。《膳垄周氏宗谱》记载，周氏始迁祖于嘉靖年间（1522～1566），自本邑城东迁十八都膳垄庄择而居之。

膳垄村群山环抱，翠竹如海，水口古树参天，环境优美。全村清一色的传统民居从水口至村头分布在小溪两岸依山而建，间以小桥相连接，形成宛如鳝鱼的狭长村落。村中古民居、祠堂、庙宇、廊桥、谷仓等历史遗存种类丰富，建筑的整体风貌以及精美的木雕、石雕、绘画保存完好。其中古廊桥被列为县级文物保护点，周氏宗祠等5处被列为县历史建筑保护。100多幢房子全为泥木结构，整体风貌协调。村民多从事农耕，以种植稻谷、笋竹林、茶叶等为主。民风淳朴，有迎神、打清醮等民间信仰习俗。

斗米岙村

隶属叶村乡。相传，古时有一商人挑货进山岙，行至村外的山步栏岭下时精疲力尽，便雇山民以一斗米的工钱挑货，以此得村名。

斗米岙村是典型的高山阶梯式传统村落，四面环山，茂林修竹，松玉古道穿村而过。传统民居依山旁水，自然风光优美。建于清末的古民居连片集中，室内木构装饰考究精美。周氏宗祠、何氏宗祠、项坑祠堂、庙宇等历史建筑保存完好，有10座历史建筑被县政府列为历史文化建筑保护。村民多从事农耕，以种植稻谷、笋竹林、茶叶等为主。每年农历正月十五，村里表演3～5日的“还愿戏”；除夕，家家户户都要进行“请年神”民俗活动。

大竹溪村

隶属西屏镇，1991年之前属水南乡。以溪得名。大竹溪《荥阳潘氏宗谱》载，“始祖潘鏞于宋乾德年间（963～968），从钱塘（杭州）迁丽水丁川，再迁松阳城南大竹溪”。民国时期曾为大竹溪镇、大竹溪乡驻地，1952年为竹溪乡人民政府驻地。

大竹溪地处松古平原西南部，旧时为江南片区之重镇，历史古迹众多。民居沿溪呈带状分布，贯穿村庄的近2000米长的老街是古时松阳通往龙泉的古驿道。老街两旁有清至民国时期建筑风格的古店铺、古民居、古客栈、学校、社庙等历史建筑保存完好。

竹溪源绕过村旁，人水和谐是大竹溪村最具特色的自然景观。先人以别具心裁的规划，在溪中拦河筑坝，修筑龙石堰、济众堰2条古代水利工程，引溪水灌溉农田400公顷；多条人工沟渠贯穿全村，清澈的山水穿巷入户，从门前流过后直接注入竹溪源。村民多从事农耕和松脂产业，以种植稻谷、茶叶、芋艿等为主。

大竹溪山川秀丽，非物质文化遗产丰富。流传至今的民间音乐竹溪锣鼓和竹溪摆祭民间习俗，2007年被列入浙江省非物质文化遗产名录。宋代状元沈晦曾写《游竹溪》诗三首：“寒流穿清閟，支径入翠微。山深古木合，林静珍禽飞。居人本避俗，游客亦忘机。归路晚烟暝，新月照柴扉。”“方池涨石溜，野崖生野烟。将穷物外趣，独入壶中天。风光泛草木，丽日绚山川。更寻白岩路，人家西崦边。”“溪水清见底，游鱼如蹈空。壁立千丈山，屈曲细路通。艾纳渍苍碧，凌霄吐高红。平生山水思，尽偿老景中。”

小竹溪村

隶属竹源乡，因地处小竹溪而得名。有创古基、紫坞、蒲弄3个自然村。小竹溪村有吴、潘、叶、王、孙等姓，其中吴姓约占全村一半人口。《吴姓宗谱》载，“小竹溪吴氏始迁祖吴万八，居丽邑小水门，于明嘉靖年间(1522～1566)遨游松阳内十八都小竹溪，见其山明水秀，竹苞松茂，遂卜居”。潘氏始祖于宋末元初自景宁沐鹤迁此。

小竹溪村群山环抱，竹源溪由南向北蜿蜒穿村而过，泥墙黛瓦的民居与竹海、古树浑然一体。现存有吴氏宗祠、潘氏宗祠、墨口殿等历史遗迹，每年正月十五小竹溪摆祭是特色传统习俗，祈求新年出入平安、风调雨顺、五谷丰登。2009年，竹溪摆祭被列入丽水市非物质文化遗产保护名录。村民多从事农耕和松脂产业，以种植稻谷、笋竹林、茶叶等为主。小竹溪村是全国闻名的“松脂之乡”。2010年，松脂采制传统手工技艺被列入丽水市非物质文化遗产保护名录。

图1-41　小竹溪摆祭(叶坚红 摄于2008年)

后畲村

隶属竹源乡。后畲《叶氏宏二房谱》记载，始迁祖于元代（1271～1368）自城邑耐性桥“游览十八都后畲庄，见此峰峦回护，石泉清翠，厚风美俗，有田可耕，有书可读，遂迁于此”。

村落地处小港支流赤圩坑的源头，四面环山，水口古树茂密，传统民居因地就势分布山腰，连片集中。古民居具有典型的浙南山区特色，泥墙黛瓦，硬山顶马头墙，泥土墁地，天井卵石拼花，建筑木构装饰精致。建于清乾隆三十年（1765）的叶氏宗祠，梁、枋、柱用材硕大，牛腿、雀替雕刻考究。有9座极具地域特色的古粮仓群，仓锁各异。唐葛周殿、村东明代大风岩银矿洞等历史遗迹保存完好。村民多从事农耕和松脂产业，种植稻谷、笋竹林、茶叶等，有四时八节敬神祭祖的传统习俗。

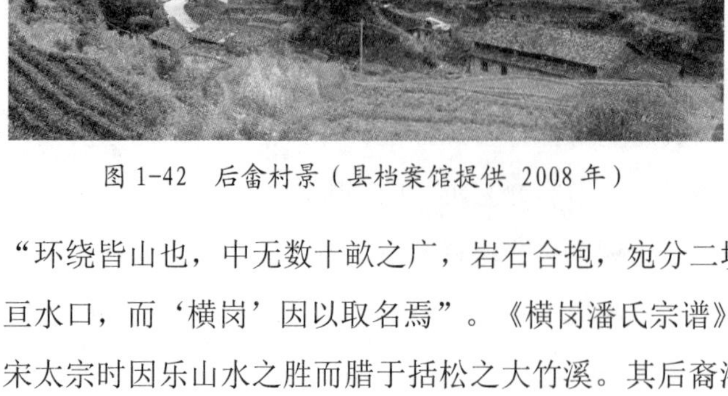

图1-42　后畲村景（县档案馆提供 2008年）

横岗村

隶属竹源乡。《横岗形胜志》记载，“环绕皆山也，中无数十畝之广，岩石合抱，宛分二境，外有一岗，自南发派，迤逦而东而北，横亘水口，而‘横岗’因以取名焉”。《横岗潘氏宗谱》载，“始祖潘鏕世居杭州，后徙居丽水丁川。宋太宗时因乐山水之胜而腊于括松之大竹溪。其后裔潘浩因性爱山水，见横岗山环水抱，内有茂林修竹，于明成化年间（1465～1487）遂卜筑开基，聚族而居焉”。村民以潘姓为主。

横岗村环境清幽，空气洁净，景色优美，茫茫竹海连绵不断，盛产竹笋，松阳有谚云：横岗掘笋。村中传统民居连片集中，建于清朝乾隆二十九年（1764）的潘氏宗祠和清代黄庄廊桥为县文保点，淳安外社、石拱桥等历史建筑保存完好。村民多从事农耕，以种植水稻、高山蔬菜、笋竹林为主。历有采集加工松脂的技能，松脂产业已成为村民外出创业的重要产业之一。

黄上村

隶属竹源乡。王氏始居，原名“王庄”。以姓氏取村名。因松阳方言“王”与“黄”同音，后改为黄庄。以廊桥为界，此村居桥上，称黄上。《黄上王氏宗谱》记载，明正德年间（1506～1521），迁自城邑陈巷，因“山环水绕，俗美风淳，遂卜筑而居焉”。

村落山环水绕，翠竹如海，环境优美。传统民居临竹源溪北岸依山呈阶梯式分布，是典型的高山阶梯式村落，具有鲜明的浙西南特色。村中王氏宗祠、三坦社殿、三元正终殿、石谷殿、谷仓、廊桥、古道等历史遗迹保存完好，黄庄廊桥是县文物保护点。村民有四时八节敬神祭祖的传统习俗。村民多从事农耕，以种植水稻、高山蔬菜、笋竹林为主。历有采集加工松脂的技能，松脂产业成为村民外出创业的重要产业之一。

呈田村

隶属竹源乡。旧名陈田，后谐音改为呈田。地处群山环抱的山谷中，村周翠竹如海，村口古树参天，风景秀丽。《呈田潘氏宗谱》载，明弘治年间（1488～1505），潘氏始祖自邻村横岗下坑分迁呈田。今村民以潘姓为主。

全村清一色的土木结构传统民居、宗祠、庙宇及谷仓、牛栏、猪栏、踏碓等传统生产生活用房保存完好。传统民居背山面阳，坐北朝南，泥墙黛瓦，建筑装饰朴素简单，以三合院或四合院结构为主。村西的水口风景林、古树名木、古道风貌依旧。村民民间信仰浓郁，淳安外社（社公殿）、四相公庙、十八道师庙是村人对神灵崇拜而进行祭祀、祈福、谢神等民俗活动的场所。每逢年节时有舞龙灯、花鼓灯文化活动。

村民多从事农耕，以种植水稻、高山蔬菜、笋竹林为主，有冬笋、竹材、山杨梅等特产。松香加工产业是该村的传统产业，已有300多年采脂炼香的历史，也是松阳县开发松香产业最早的村之一。松香采制技术代代相传，村人潘振杨早在民国年间就随父辈采脂炼香，成为松阳县最早的松香指导员。1951年8月，他作为松阳县代表参加浙江省松香代表大会。

周岭根村

隶属竹源乡。以周姓人始居、村处山岭之下得名。《周岭根周氏宗谱》载，“始祖周昶见此山清水秀、俗美风淳，遂筑业室，而居焉”。

村落地处山源谷地，群山环绕，古树茂密，梯田层叠，环境优美。民居依山就势而建，村中古民居、宗祠、庙宇等历史建筑保存完好，村民至今仍保持着自然、淳朴的农耕生活方式。村东有一清澈的山涧小溪，有石斑鱼、石蛙、鳝鱼等几十种鱼类；森林资源丰富，有百年以上的树木100多株，有麂、鹰、松鼠、山兔、蛇等上百种陆生动物。村民多从事农耕，以种植稻谷、笋竹林、茶叶等为主。

第二节　江北片区村落

桐溪村

隶属西屏镇。旧名桐川，“川”即河流通名。村临溪，山坡多油桐树得名。北宋天圣三年（1025），为宋大理寺评事叶经致仕卜居地。《酉田叶氏宗谱》载，“叶经（1001～1063），号溪山，见桐川山秀水抱，自卯山分迁于桐溪居焉”。

村落呈团块状分布。村民历以耕读传家，曾有南宋尚书左丞相、词人、政治家叶梦得等历史名人。叶梦得晚年归隐于此，尚存丞相府遗址，石质门框历经数百年风雨依然耸立。村中建于清至民国时期的 13 幢古民居保存完好，叶氏宗祠、钱库社殿、宁康社殿、书院、石拱桥等历史建筑风貌依旧，有连通县城、三都、丽水等地的古道经村。建于乾隆四十五年（1780）的叶氏宗祠，建筑规模恢宏，木雕装饰精致华丽，为县级文物保护单位。该村人文鼎盛，从北宋至清代曾出过进士 20 人、举人 30 多人，民国以来有海外博士 13 人、硕士 20 多人。村周古树参天，村边有多株四五百年树龄的古樟树和风水树，自然景观优美。村民多从事农耕，有银猴茶叶、竹笋、柑橘等特产。

图 1-43　桐溪村貌（县档案馆提供 2008 年）

吴弄村

隶属望松乡。昔有狭长如弄的枫树林，吴姓人始居得名。《耐性桥叶氏宗谱》载，明隆庆年间（1567～1572），始祖叶广授自县城耐性桥迁居吴弄。叶姓是吴弄第一大姓。《午岭曾氏宗谱》载，清康熙三十七年（1698），曾姓自四都午岭迁居吴弄，曾姓为吴弄第二大姓。

村落依六都源东南岸呈块状分布，15 幢传统民居连片集中，“村如一座房，房是一个村”是吴弄村的特征。一幢挨着一幢，山墙毗连，井然有序，且幢幢建筑的内门都相通。每幢古民居的门楣题额各异，门墙绘画集诗书为一体，室内雕梁画栋，装饰题材丰富，寓意吉祥。叶氏宗祠建筑规模恢宏气派，木雕绘画技艺甚为精湛。村中古井、古道、古树穿插于民居之间。吴弄烟（属“六都烟”）为松阳晒红烟中之上乘，素有“松

图 1-44　吴弄村貌（叶坚红 摄于 2010 年）

北大烟”的美称。

上庄村

隶属三都乡。因村处松庄村之上方得名。全村多山间梯田。《三都上庄毛氏宗谱》载，明永乐年间（1403～1424），毛姓始迁祖自邻村里黄迁至上庄。村民以毛姓为主。

村落地处半山台地，山峦起伏，依山呈团块状分布。村道石板、卵石铺设，古村风貌依旧。连片集中的传统民居、商铺、毛氏宗祠、社庙等历史遗存保留完好。村民赓续农耕生活，有春秋祭祀等传统民俗活动。村民多从事农耕，有高山蔬菜、生姜、大蒜、桃子、翠冠梨等物产。

毛源村

隶属三都乡。旧名“茅源”，以地处雅溪之源，村周茅草丛生得名。《毛源徐氏宗谱》记载，南宋绍兴年间（1131～1162）学士徐惟澄自龙游县灵山村迁此。今村民多徐姓。

村落依山沿五尺坑呈长块状分布，10 多幢清至民国时期古民居群和徐氏宗祠、社庙等历史建筑保留完整。屋内外构建多应用石雕、木雕、砖雕等技艺，门楣砖雕题额有“秀挹西屏”“青峰远映”“瑞霭彤雲”等，门墙上有诗书绘画。室内木构装饰考究雕梁画栋，梁枋、檐柱牛腿雀替、门窗木构雕狮子、龙、凤、鱼、祥云、花卉等图案，木雕技艺精致。毛源摆祭是该村特有的民间习俗，每隔一年的立冬后第一个未日举行祭祀“唐葛周徐”四神，祈愿国泰民安、风调雨顺、五谷丰登。村民多从事农耕，有高山蔬菜、生姜、大蒜、桃子、翠冠梨等物产。

松庄村

隶属三都乡。旧名宋村，以宋氏始居得名。《朱竹宋氏宗谱》载，明正统年间（1436～1449），宋氏自闽中迁此。明正德年间（1506～1521），叶姓人自古市迁此，宋姓人主动接纳叶姓人居住。宋庄更名“送庄”，后谐音演为今名。今村民以宋、叶 2 姓为主。

村落为山区典型的小桥流水人家，传统民居依山沿溪布列在小溪两岸，2 座石拱桥是村民出行的主要通道，数十幢清至民国时期古民居群、叶氏宗祠、宋氏宗祠、书院、龙安社庙、石拱桥等历史建筑保存完好，建筑装饰集木雕、石雕、砖雕、绘画一体，富有鲜明的地域特色。先民以农立家，勤俭持家，克孝克悌惟谦惟让，世代辛勤耕作，河谷边荒之地终成安居乐土。至今延续除夕早餐吃年夜饭的习俗。村民多从事农耕，有高山蔬菜、生姜、大蒜、桃子、翠冠梨等物产。

西田村

隶属三都乡。原名“油田”，因地处高山，水源稀缺，水贵如油得名。后谐音改为今名。叶姓始居，《西田叶氏宗谱》载，于明嘉靖四十三年（1564）自桐溪迁此。

村落依山呈团块状分布。今存完整连片的清至民国时期古民居群及叶氏宗祠、水碓房、社庙、香火堂等历史建筑。古民居以一字屋、三合院式、四合院式泥墙黛瓦建筑为主。屋内外构建多石雕、木雕、砖雕等，以八仙法器、花鸟、祥云、虫草等吉祥图案为题材，装饰精致。村民向以耕读和医学传家。23 号宅院为清嘉庆年间名医、世称“西田先生”叶起鸿的故居，中堂悬松阳知县授予的“术继天士”匾额。其后代六世从医，被誉为医术世家。村西南有 1 口池塘和 4 棵百年马尾松，成为村庄标志性的景观。村民多从事农耕，有高山蔬菜、生姜、大蒜、桃子、翠冠梨等物产。

杨家堂

隶属三都乡。原名“樟交堂”，以村口有两棵大樟树交错互荫得名。后以方言谐音歧化为杨家堂。清康熙《呈回宋氏宗谱》载，明末清初，宋氏始迁祖由呈回迁至杨家堂。村民多宋姓。

村落顺着高低错落的地形向上延伸呈团块状分布，形成壮观的阶梯式村落。30余幢建于清至民国的古民居泥墙黛瓦，马头墙林立，村巷块石铺设，优美的自然环境与错落有致的传统民居浑然天成。村民向以耕读传家，崇文之风厚重。清光绪三十三年（1907）创办的杨家堂初级小学校，是松阳县办学最早的学堂之一。至清末，此村共出30余个庠生、贡生；民国后有数十人毕业于师范学校及高等院校，从医从教者众。宋氏宗祠粉墙上留有墨书《宋氏家规十条》，古民居的院墙存《朱子治家格言》《孝经》等内容的墨书绘画20余处。村中的古树、古道、踏碓房、小学堂等历史遗存依旧。非物质文化遗产丰富，有祭祀、舞龙灯、求雨等习俗。村民多从事农耕，有高山蔬菜、生姜、大蒜、桃子、翠冠梨等物产。

尹源村

隶属三都乡。村处五尺坑之源，由尹姓人始居得名。又名“尹川”。《尹源李氏宗谱》记载，李氏于元延祐年间（1314～1320年）迁自缙云五云东阁；《尹源曾氏宗谱》记载，曾氏于明代中期迁自宣平。现村民以李、曾2姓为主。

村落坐落于马鞍山脚，群山环抱，村周五座山冈形成“五马饮槽”之势，村庄隐于“槽”（山谷）中。聚落依山沿小溪两岸呈块状分布。尚存完整连片的清代至民国时期古民居群，并有李氏宗祠、曾氏宗祠、社庙、关公庙、八仙殿等历史建筑。古民居以一字屋、三合院式、四合院式泥墙黛瓦建筑为主。其中，6幢清式古民居规模宏大，为五间四轩格局，民居构件多石雕、木雕、砖雕，装饰精致，尤以牛腿和梁枋木雕技艺为精良。村民多从事农耕，有高山蔬菜、生姜、大蒜、桃子、翠冠梨等物产。

黄岭根村

隶属三都乡。地处松阳、武义、莲都3县（区）交界处，多古道。以村处黄泥岭脚得名。《颖川陈氏宗谱》载，黄岭根始祖于南宋开禧年间（1205～1207）自石鼓迁徙至此。今村民多陈姓。

图1-45　黄岭根村景（县档案馆提供 2008年）

村落东南方朝着笔架山，西北向倚斗山，形成“魁星踢斗”布局。民居沿溪呈带状分布，3座石拱桥是村中的主要通道。30余幢清至民国时期古民居连片集中，保存完好。存有陈氏宗祠、书院、庙宇、香火堂等历史建筑，民居以一字屋、三合院为主，构件多石雕、木雕、砖雕，装饰考究精美，门楣题额、厅堂古匾及木质楹联内容典雅，多出自当时名家之手。陈氏宗祠和双孔石拱桥被列为县级文物保护点。村落延续着四时八节敬宗祭祖和舞龙灯、求雨等习俗，有洞军娘娘的传说和信仰。村民多从事农耕，有高山蔬菜、生姜、大蒜、桃子、翠冠梨等物产。

紫草村

隶属三都乡。以产紫草（紫云英，俗名草子）得名。《紫草冯氏宗谱》记载，迁自丽水太平庄，明正德年间（1506～1521），冯姓始祖“见其山环水秀，山水秀丽，风土淳厚，源深土沃，遂择地卜居为家焉”。李姓始祖于明朝隆庆年间（1567～1572）自航船头迁居紫草。

村落依山就势布局。松（阳）宣（平）古道经村而过，昔设驿站。尚存完整连片的传统民居群，以泥墙黛瓦一字屋和三合院式建筑为主。屋内外装饰多石雕、木雕、砖雕。碗寮自然村的明清古瓷窑址为县文物保护点。村北建有“反修渠”，是连接活源溪和安连溪的水利工程。

紫草村仍保持自然古朴的民间习俗，每年除夕和中元节祭祀神灵，祈求平安；农历六月初六界天大王生日，到鹿岭寨殿祭祀，祈祷风调雨顺、五谷丰登。村民多从事农耕，有高山蔬菜、生姜、大蒜、桃子、翠冠梨等物产。

呈回村

隶属三都乡。因四面环山，一水回绕得名。《呈回宋氏宗谱》记载，宋氏先祖为明代开国文臣宋濂三子宋韬，于明弘治年间（1488～1505）自浦江出游松川靖居，“见呈回山水明秀，居为家焉”。明景泰年间（1450～1456），汤姓始祖自丽水五云迁此。今村民以宋、汤2姓为主。

图 1-46　呈回村全景（叶高兴 摄于 2009 年）

村落四面环山，民居依山就势分布。30余幢清至民国时期古民居鳞次栉比，错落有序。以一字屋和三合院泥墙黛瓦建筑为主，屋内外构件多石雕、木雕、砖雕，庭院粉墙诗书绘画精美考究。宋氏宗祠、汤氏宗祠、三官殿、唐胜社、唐葛周庙等历史建筑保存完好。村中巷道高低错落，块石铺设，主干道修筑于清嘉庆十五年（1810），石板铺设。民俗文化传承较好，至今保留着四时八节敬神祭祖、“演戏台志”等传统习俗，有竹编、熏火腿、烧炭等传统技艺。

周山头村

隶属三都乡。地处松阳、武义、莲都3县（区）交界处。原名“钟山”，以村南有形似覆钟的山峰得名。后因村周山峦叠嶂，周姓人始居改今名。南宋绍定年间（1228～1233）进士周梓自本县鲁峰迁居于此。村民多周姓。

图 1-47　周山头村景（三都乡提供 2008 年）

村落依山沿溪呈带状分布。尚存数十幢完整连片的清至民国时期古民居，周氏宗祠、客栈、书院、庙宇、石桥、古戏台等历史遗存保留完好。民居多为三合院、四合院格局。构建多石雕、木雕、砖雕，门窗和牛腿、雀替等木构件雕刻精良，题材多样。18号民居的木雕技艺尤为精致。村民向以耕读传家，崇文重教。昔建有钟山书院。村民多从事农耕，有高山蔬菜、生姜、大蒜、桃子、翠冠梨等物产。

后湾村

隶属三都乡。以村处鸟岭头山后的水湾处得名。明嘉靖年间（1522～1566），吴姓始祖自横山迁此。宋氏于明初自浦江迁居于此。村民以吴、宋2姓为主。

村落中20余幢建于清代至民国的传统民居连片集中，建筑木雕技艺精湛；吴氏宗祠、宋氏宗祠、白鹤五侯大殿、社庙、石拱桥等历史建筑保存完好。其中，吴氏宗祠建筑规模恢宏，梁枋柱用材硕大，木雕装饰考究。村道纵横交错，卵石铺设。自然环境协调统一，粮仓、古井、池塘等历史遗存风貌依旧。100年以上的古树有200余株。村民传承四时八节敬宗祭祖和舞龙灯、求雨等习俗。村民赓续传统农耕生活，有高山蔬菜、生姜、大蒜、桃子、翠冠梨等物产。

下田村

隶属三都乡。以村处山坞梯田之下首得名，由下田、思步（旧名“苏埠”“苏步”）、朱竹3个自然村组成。《下田叶氏宗谱》记载，“卯山俭公三十六世宗辉公徙居界首，吾邑东乡有下田一族，始祖曰仲山公（1398～1478），由界首迁至此”。《苏埠蔡氏宗谱》载，“大元至顺三年（1332），自宣平曳岭徙居松川三都之苏埠”。《朱竹宋氏宗谱》载，“始迁祖于明正统年间（1436～1449）自闽迁居松邑三都松庄，旋复迁居朱竹”。村民以叶、蔡、宋3姓为主。

村落依山梯次呈块状分布。清至民国时期的传统民居依山势而建，连片集中。民居门楣题额斯文儒雅，室内木构装饰精细，中堂设神龛。村道石板、卵石铺设。村民多从事农耕，有高山蔬菜、生姜、大蒜、桃子、翠冠梨等物产。

上田村

隶属三都乡。以村处山坞梯田之上方得名。《上田宋氏宗谱》载，明成化年间（1465～1487），始祖“雅爱山水，出游上田，见夫此地崇山峻岭，山环水绕自本都西坑后（现松庄）迁徙择于此地，卜居于斯”。

村落四面环山，民居阶梯式分布，错落有序。宅院格局有一字屋、三合院、四合院式，均保存原有的传统风貌，屋宇相连，门户相通，室内木构装饰古朴典雅。李氏宗祠、宋氏宗祠及社庙等历史建筑保存完好。巷道块石铺设。村西仁龙山上，有建于明末清初的山苍殿，为县文物保护点。村民多从事农耕，有高山蔬菜、生姜、大蒜、桃子、翠冠梨等物产。

塘后村

隶属四都乡。因屋宅初建于村北一口山塘之后得名。《塘后陈氏宗谱》载，元延祐

图1-48 塘后村全景（县档案馆提供2008年）

年间（1314～1320），始祖迁自宣平三都竹川（今武义县竹客）。村民多陈姓。

村落依山梯次而建。村中20幢古民居连片集中，陈氏宗祠、庙宇、驿站、凉亭等历史建筑保存完好。松阳至宣平古道穿村而过。百步岭古道全长3千米，条石砌筑，有大、小百步岭480级台阶。百步岭两侧枫槐参天，秋叶似火，著名的“枫槐古道”风景独特。民间有祭祀、舞狮、舞龙灯、求雨、迎神演戏等传统习俗活动。流传四都祈福、陈氏八步洪拳2项非物质文化遗产。村民多从事农耕，有茶叶、竹木、番薯干、萝卜等特产。

平田村

隶属四都乡。以村周地势和缓、田地平坦得名。《平田江氏宗谱》载，江氏于南宋绍兴年间（1131～1162）自括苍城（今丽水市区）迁此。村民多江姓。

村落四周古树参天，民居依山梯次呈块状分布。村道块石砌筑，传统民居、江氏宗祠、庙宇、驿站、凉亭等历史建筑连片集中。清代文人吴国玫曾赞《平田霞绮》：“平田霞起绣林初，一月红光锦不如。自是天孙加意织，搴来作贡焕皇居。”民间有祭祀、舞狮、舞龙灯、求雨、迎神演戏等传统习俗活动。四都祈福被列入县级非物质文化遗产名录。村民多从事农耕，有茶叶、竹木、番薯干、萝卜等特产。

西坑村

隶属四都乡。因地处四都源西坑边而得名。元末明初，叶氏始祖自古市卯山后迁此。之后，丁氏族人自六都岗后迁入。村民以叶姓、丁姓为主。

村落完整连片的传统民居依山呈阶梯式团状分布，其中12幢建于清代的古民居传统风貌与历史格局保存完好，叶氏、丁氏宗祠风貌依旧。松阳至宣平古道穿村而过，村东北竹客岭，宋代状元沈晦著有《竹客岭》：“三月陟山中，崎岖处处同。溪流因雨涨，木叶着霜红。人迹千岩绝，松声万壑雄。幽寻自可悦，不复欢途穷。”民间有祭祀、舞狮、舞龙灯、求雨、迎神演戏等传统民俗活动，叶、丁2姓均有“拜月半”之俗。民间习俗四都祈福被列入县级非物质文化遗产名录。村民多从事农耕，有茶叶、竹木、番薯干、萝卜、茅栗等特产。

图1-49　西坑村全景（叶高兴 摄于2008年）

陈家铺村

隶属四都乡。因陈姓人先在此搭寮养鸭而得名。《陈家铺鲍氏宗谱》载，鲍氏始迁祖于元至正年间（1341～1368），自宣平山下鲍村（今属武义县）迁此。村民以鲍姓为主。

民居利用地形地貌，沿山崖、山坡延伸建造，形成壮观的崖居式村落。鲍氏宗祠、庙宇、古店铺、古道、驿站、凉亭等历史遗存保存完好，村道纵横交错，块石铺设。松宣古道穿村而过，清代曾设有递铺，驻有士兵。民间有祭祀、舞狮、舞龙灯、求雨、迎神演戏等传统民俗活动。民间习俗四都祈福被列入县级非物质文化遗产名录。村民多从事农耕，有茶叶、番薯干、萝卜、茅栗等特产。

图 1-50　陈家铺村景（叶坚红 摄于 2008 年）

汤城村

隶属四都乡。与遂昌、武义县交界，古时为三县交通要道。古有汤姓者择此而居，群山环绕似城，故名汤城。《汤城郑氏宗谱》载，邑人郑有连“此处有崇山峻岭，涧水澄鲜，苍松掩映于前后，翠竹交加于两旁，异峰接天，迥然出尘之境也”。遂迁居于此。村民以郑姓为主。

村落群山环抱，古树林立，涧水澄鲜，风景秀丽。汤城历史悠久，“前有汤城，后有宣平”之说，流传至今。古民居、古店铺、古道等历史建筑保存完好。

第三节　古市片区村落

山下阳村

隶属古市镇。原名“麓阳”。因村处大岭背山麓之阳得名。旧名麓阳庄。《麓阳张氏宗谱》载，清康熙三十年（1691），张氏始祖自龙泉县溪圩村迁此。村民以张姓为主。

山下阳村按中国传统的“天人合一”道家思想布局，自然景观与房屋建筑、池塘沟渠、村道等巧妙结合，卵石巷道或“丁”字形交错，或曲折回环，将村庄分割成若干个“口”字，古村落宛如八卦迷宫。村前的风水塘是该村的地标，20 幢完整连片的清代至民国时期古民居，粉墙黛瓦，马头墙。门墙题诗绘画儒雅别致，内外粉墙上多绘山水花鸟及真、草、隶、篆等多体书法；室内木构雕梁画栋，多以凤、鹿、狮子、蝙蝠以及花卉、亭台楼阁为主。建于清嘉庆年间（1796～1820）的张氏宗祠建筑规模宏伟壮观，保存完好。村民向以耕读传家。有茶叶、六都花生、烟叶等特产。

界首村

隶属赤寿乡。为遂昌入松阳界的首村得名。宋、元时期称洪坦，因地势开阔平坦，洪氏始居得名。又名介寿、赤溪、清溪、佳溪、界头。《潘山头洪氏宗谱》载，宋理宗朝时仕边卫总指挥将军、括苍太守洪潆，因战乱致仕“道经松邑界首，见其山水清秀，遂卜而居焉”。村民以刘、张 2 姓为主。《界首张氏宗谱》载，张氏于元代（1271～14368）自平昌北隅（今遂昌官溪）迁此。《佳溪刘氏宗谱》载，刘氏始祖于明建文年间（1399～1402）自青田南田迁此。上坞源自然村是畲族聚居地，雷氏畲民于明万历年间（1573～1620）自景宁殿源迁此定居。

村落依万寿山沿松阴溪拐弯处东岸呈带块状分布。一条东西走向的老街是旧时松阳至遂昌的交通要道，石板卵石铺设，20 余栋清代古民居连片集中分布在老街两旁，粉墙黛瓦，马头墙错落有致。屋内外构件多石雕、木雕、砖雕，门楼、厅堂、格扇门窗等艺术装饰精美。村民耕读传家，崇文重教，震东女子两等小学堂创办于清光绪三十一年（1905）。村内刘氏宗祠、张氏宗祠、节孝坊和禹王宫等建筑恢宏。刘氏宗祠前三座石拱门上“怀德古里”“彭城旧家”“松川锁钥”“德被苍生”“功垂奕祀”“括水浚疏”6 条题额的书法潇洒刚劲。村有古井 6 口、古树 6 株。2006 年，界首村被浙江省人民政府公布为第三批历史文化名村。

黄山头村

隶属赤寿乡。与遂昌县濂竹乡千义坑村交界。以村处黄茅草山得名。《黄山头苏氏宗谱》载，苏氏始祖于明万历年间（1573～1620），自遂邑七都上马头迁此。

村落坐落在燕形山凹中，北靠高山，两翼山峦环抱。祠堂、香火堂、神坛社、古圣堂、古树等文物遗迹门类齐全。始建于清道光二十六年（1847）的苏氏宗祠保存完好。

平卿村

隶属谢村乡。原名“平青”，以“平地达青天”之意得名，后谐音改为平卿。《平卿张氏宗谱》载，张姓于明末自遂昌周山头迁此。《平卿周氏族谱》载，周姓自本邑大岭根迁此。现村民以张、周 2 姓为主。

图 1-51 平卿村全貌（县档案馆提供 2008 年）

平卿村是典型的山地式传统村落，民居黄墙黛瓦，借山势而建。村中数十幢传统建筑保存较好，建筑内部木构件装饰精细。存有祠堂、庙宇、碑刻、井泉等历史遗迹，其中清光绪十六年（1890）立的“县示碑”为县文物保护点。村民有福日祈福之习俗，每年有八个福日，即大福日和小福日各四个。大福大祭，每次要杀一头大黑猪作主要祭品；小福小祭，用肉块、饭等简单的祭品。择黄道吉日，合众到八保新兴社向平水大王祭拜，祈求神灵保佑风调雨顺、五谷丰登。

球坑村

隶属樟溪乡。球坑地名一说以地形似球状得名；一说经村溪流有九条小支流汇聚于此，取村名“九坑”，后谐音改为今名。《球坑郑氏宗谱》载，宋时自龙游迁此。叶姓为邑内迁之。村民多为郑姓。

图 1-52 球坑村全貌（叶高兴 摄于 2013 年）

村落民居传统民居分布在小溪两岸。民居多为一字屋式泥墙黛瓦建筑，屋内外构件多石雕、木雕、砖雕。郑氏宗祠、叶氏宗祠、社殿、唐葛周殿、凉亭、石拱桥、古井、古道等风貌依旧。村巷石板铺设，户前小桥流水汇集到村外大溪，体现“水活”理念。村口风水林古树参天，有红豆杉、红枫、古柏等，其中300余年树龄的红豆杉，为国家二级保护树种。

黄田村

隶属樟溪乡。以黄土梯田得名。《千义坑刘氏宗谱》载，于清道光年间（1821～1850），迁自遂昌县千里坑（今千义坑），因刘氏打猎途经此地，见其地山明水秀，风光独好，故在此卜居。

图1-53　黄田村景（叶永萱 摄于2010年）

村落依山呈阶梯状分布于梯田之上。尚存完整连片的清和民国时期传统民居，并有香火堂、庙宇、路亭、石桥、踏碓房、古井、古道等历史遗存。民居以泥墙黛瓦一字屋式建筑为主。黄田山脚有古刹法昌寺。村民向擅制香，手工制香传统工艺被列入县级非物质文化遗产保护名录。

朱山村

隶属新处乡。乾隆《松阳县志》卷二称“珠岱”。以村处低洼，如落袋中而得名。后谐音演为朱岱。《珠岱程氏族宗谱》载，元至元年间（1335～1340），程姓迁自县城东门。明嘉靖年间（1522～1567），叶姓人由古市塘岸迁此。村民以程、叶2姓为主。

村落沿山涧小溪阶梯式分布，数十幢传统民居保存原有的格局和传统风貌，程氏宗祠、叶氏宗祠、落梯岭香火堂、安福社殿、安福上社殿、殿后关王殿、四相公殿、旧戏台、珠岱学堂、水碓房、造纸坊、凉亭、石拱桥等历史遗迹保存完好。有叶氏宗祠、安福社等16处历史建筑被挂牌重点保护。民间手工技艺传统造纸技艺被列入县非物质文化遗产保护名录。村民多从事农耕，以种植茶叶、高山蔬菜和笋竹两用林为主。有笋干、香榧、中药材等特产。

官岭村

隶属新处乡。官岭地名一说以村处高山岭背，松阳至龙泉古道经村得名；一说以地处山岭边，昔有村民外出做官得名。《官岭陈氏宗谱》载，陈姓于明万历年间（1573～1620），迁自本县十三都夏川（下陈）。陈氏宗祠存有建村碑记。

图1-54　官岭村景（县档案馆提供 2008年）

村落依山就势呈团块状分布，传统民居、陈氏宗祠、禹王庙、关公庙、四相公庙、永庆堂、廊桥、谷仓等历史建筑保存完好。村中尚存清代祭祀器具，有八仙法器和兵器，雕刻精致。村口有南方红豆杉、柳杉、枫杨、枫香、甜槠、女贞、锥栗、香榧等古树百余株，为松阳县五大古树群之一。

民间保留着四时八节敬神祭祖习俗，祭祀神灵以祈求国泰民安、五谷丰登。每逢年节有舞龙灯传统。村民多从事农耕，有木材、毛竹、笋干、香榧、中药材等特产。

山甫村

图 1-55 山甫村景（叶高兴 摄于 2008 年）

隶属新处乡。乾隆《松阳县志》卷二称“散甫”，后谐音改为山甫。五代后周显德年间（954～960），杨氏打猎至此开基。明永乐年间（1403～1424），本县十三都高湖（今潘山头）毛姓人迁此。明正德年间（1506～1521），本县十三都斗潭徐姓人迁此。村民以毛、徐、程 3 姓为主。

村落依山傍水呈阶梯式布局，村道卵石铺设，村中 64 幢传统民居连片集中，整体风貌协调统一。民居以三合院式二层重檐楼房为主。程氏宗祠、徐氏宗祠、客栈、庙宇、节孝坊、石拱桥、踏碓房等历史建筑保存完好。徐氏宗祠砖雕门楼恢宏气派，祠内门墙存有诗书绘画和徐氏家训，牛腿雀替等木雕技艺精湛。建于清道光二年（1822）的徐氏节孝坊为县级文物保护点。村民多从事农耕，以种植茶叶和水稻为主。

庄后村

图 1-56 庄后村景（县档案馆提供 2008 年）

隶属新处乡。原名重后村，因屋宅初建于 2 块重叠的大岩石后得名，后谐音改为庄后。《庄后周氏宗谱》载，周姓于明洪武年间（1368～1398），自本县内二十都裒溪（今大东坝镇五部村）迁此。

村落数十幢传统民居连片集中，多为三合院布局。泥墙黛瓦，木雕、石雕工艺精湛，门窗等木构装饰典雅别致，门楣题额多出自《诗经》《论语》等典籍，书法遒劲。尚存有宗祠、私塾、客栈、谷仓、庙宇等历史建筑。有 200 余株百年以上的古树名木。竹木资源较丰富，村民曾以做糙纸为业，纸业衰退后从事竹编制品，庄后村传统造纸技艺被列入县非物质文化遗产保护名录。

张山头村

隶属新处乡。村以姓氏得名。明洪武十七年（1384），张姓人自布和上乡怀德里（今赤寿乡界首村）迁此。

是典型的高山阶梯式传统村落，地理自然环境与山村民居建筑相协调。30 余幢传统民居连片集中，民居格局以一字屋、三合院为主，石雕、木雕、砖雕技艺精湛。宗祠、庙宇、驿站等历史遗迹风貌依旧，叶氏宗祠四合院式建筑，前厅设戏台，雕梁画栋，保存完好。村民多从事农耕，有木材、毛竹、笋干、香榧、中药材等特产。

东北头村

隶属新处乡。原名东钵头，以地形像钵得名，后谐音演为东北头。叶姓人于明洪武十年（1377）自黄南迁此。

村落为典型的农耕文化特色古村落，清一色泥木结构的传统民居依山而建，连片集中，保存完好。民居的牛腿雕刻精湛，叶氏宗祠占地面积171.5平方米，八字门墙，祠内木雕构件精细，后厅明间高悬“奕世流芳”匾。村巷曲折萦回卵石铺设，村民仍保持自然、淳朴的农耕生活方式。村民手工草鞋制作技艺世代相传。

第四节　玉岩片区村落

玉岩村

隶属玉岩镇。与遂昌、龙泉2个县（市）相邻。旧名白岩，村北有老鹰山和香乳山，以岩石色白如玉得名。宗谱记载，叶姓人于北宋天圣二年（1024）自古市塘岸迁此。杨姓人于清康熙初期自大潘坑迁此。玉岩村自1934年起为镇政府驻地。

图1-57　玉岩村景（金康法 摄于2008年）

村庄留存文物古迹众多，普济桥是全国重点文物保护单位。翠屏山上有建于清乾隆年间的玉峰楼。村中保留有上门街、北直街等大小老街巷近10条，布列着清至民国建筑风格的古民居、古店铺20座，叶氏宗祠、杨氏宗祠、香乳山寺、古桥、古道、古井等文物建筑风貌依旧，保存完好。1935年，刘英、粟裕率领红军挺进师驻玉岩，在此建立浙西南革命根据地，杨氏宗祠内墙留有“只有苏维埃才能救中国”等4条红军标语。村民多从事农耕和香菇种植，有香菇、有机茶叶、马铃薯等特产。

交塘村

隶属玉岩镇。以村中昔有茭白塘得名，谐音作交塘。又说村周山头交接，中间低洼似塘，故名。有交塘和神磁2个自然村。《交塘叶氏宗谱》载，叶氏始祖于明永乐至宣德年间（1403～1435），自大岭脚、白麻岩徙交塘。神磁自然村季姓于明洪武年间（1368～1398）自玉岩溪口迁此。该村1952～1991年为交塘乡人民政府驻地。

村落传统民居从水口向三个小山坳延伸，连成一片，景致秀美。全村100多幢房子为泥木结构传统建筑，泥墙黛瓦，有一字屋、三合院、吊脚楼和过街骑楼等多种建筑形式，室内木雕和绘画装饰精美。叶氏宗祠、季氏宗祠、禹王庙、廊桥、谷仓等历史建筑保存完好。建于明末的季氏宗祠，为县内尚存最早的宗祠之一。永济桥、叶氏宗祠、44号民居被公布为县级文物保护点。村民多从事农耕及竹篾加工，有笋干、香榧、中药材、马铃薯等土特产。

白麻山村

隶属玉岩镇。以近有白麻山得名。《白麻山叶氏宗谱》载，明洪武年间（1368～1398），叶氏自古市塘岸迁此。清嘉庆年间（1796～1820），钟氏自大岭脚迁入白麻山。村民以叶、钟2姓为主。

村口有香枫、柳杉、香樟、苦槠等古树72株。村落依山就势呈块状分布，尚存完整连片的清代古民居群，有少数三层民居和吊脚楼。叶氏宗祠和钟氏宗祠雕梁画栋，装饰考究。松阳至龙泉的古驿道经村而过。村民多从事农耕，有笋干、香榧、中药材等土特产。

图1-58 白麻山村景（金康法 摄于2008年）

大岭脚村

隶属玉岩镇。村民多叶、钟、金3姓。叶姓人自白麻山迁此；钟姓人自城邑南门迁此。

民居依山就势沿着山涧小溪呈带状分布，60多幢传统民居、叶氏宗祠、钟氏宗祠、香火堂、书院、客栈等连绵成片，还有禹王庙、文武庙、古桥等历史建筑。民居建筑有一字屋、三合院、四合院和吊脚楼等多种形式，泥墙黛瓦，木雕、石雕、彩画等装饰精美。建于清代的叶氏宗祠为县文物保护点。村民多从事农耕，有笋干、香榧、中药材等土特产。

图1-59 大岭脚村景（金康法 摄于2008年）

何山头村

属玉岩镇。以姓氏得村名。明初，何姓人自龙泉南乡豫章迁此始居。之后，叶姓人自黄南迁此。村民以何、叶2姓为主。

村落四周古树名木众多，长序榆为国家二级树种，苦槠、香榧树成林，100年以上的古香榧有360株。传统民居依山就势呈阶梯式分布，建筑格局以一字屋、三合院式为主，有少数吊脚楼。何氏宗祠、庙宇、谷仓、古桥等历史建筑保存完好。社庙外墙上多条红军标语保存完好，为县级文物保护单位。主要特产有高山有机茶叶、笋干、竹材、香榧、香菇等。

梨树下村

隶属枫坪乡。以村口大梨树得名。《梨树下张氏宗谱》载，清乾隆二年（1737），张姓自福建宁化张坊徙居于此。村民多张姓。

村口有百年以上的南方铁杉、红豆杉、红枫、古松古柏等百余株，南方铁杉、红豆杉为国家二级保护树种。村落依山就势呈团块状分布。古民居、张氏宗祠、社庙、石拱桥、古道、古驿站等历史遗迹保存完好。屋内外构件多石雕、木雕、砖雕，粉墙墨书绘画考究。村内尚存多条红军标语。有竹木材、厚朴、香榧等特产。

沿坑岭头村

隶属枫坪乡。又名丁坑沿头，以村处丁坑边山岭得名。《沿坑岭头叶氏族谱》载，叶氏于明代自本县二十都黄南迁十三都余叶、何山头，清康熙年间（1662～1722）迁入沿坑岭头。村民多叶姓。

村落依山就势阶梯式分布。尚存完整连片的传统民居群，民居皆为泥墙黛瓦的泥木结构建筑。叶氏家祠、庙宇、古道、古井等历史建筑保存完好。村口有 10 余株 300 年以上树龄的红豆杉、榧树、柳杉、香枫等古树名木；村边的房前屋后分布着 182 株约 300 年树龄的老柿树。村民多从事农耕，经营竹木，有高山有机茶叶、柿枣、笋干、竹材、香榧、山茶油等特产。

钱余村

隶属枫坪乡。以山源富足之寓意得名。宝钱源、旧处 2 个自然村的历史和自然本底保存较好。李氏先祖于南宋末年自福建迁居钱余旧处建村，周氏先祖于清时自玉岩程路迁入钱余宝钱源建村繁衍。

民居依山就势散状分布，传统民居、宗祠、庙宇等历史建筑风貌依旧。凉亭、古道、路碑等历史遗迹保存较好。正福社殿和宝钱源村牛栏的墙上尚存多条红军标语。

第五节　象溪片区村落

象溪村

隶属象溪镇。因溪中有象状巨石得名。唐神龙年间（705～709）进士高镃之子、国子监大学士高温于大历年间（766～779）从钱塘徙居于此。村民以高姓为主。

村庄坐落在松阴溪南岸，保留有明清时期的古民居、高氏宗祠、文昌阁、元坛庙、社庙、凉亭、古井、池塘、古树等众多历史遗迹和胜景。清代民居“太守第”是松阳历史名人高焕然故居。村有虎庙谈经、仙坛观弈、圆塘映月、双峰插云四胜景。村民多从事农耕，有吊瓜、山茶油、板栗等特产。

图 1-60　象溪村景（叶坚红 摄于 2010 年）

靖居包村

隶属象溪镇。古称净居、蓉川、净居市。以地处净居源得名。清咸丰年间（1851～1861），有乡贤书春联曰：“靖以献勿忘靖境，居之安自愧居仁。”后人取此对联首字，将“净居”谐音雅化为“靖居”，因包氏居多，改名靖居包。此地昔为松阳县“东大门”，设有巡检司。包氏自蟾湖（蛤湖）迁此，李氏则由牛铺（今小佛儿村）迁居于此。村民以包、李、汤 3 姓为主。

村落枕山环水呈长块状分布。尚存 12 幢完整连片的明、清至民国时期古民居、临街古商铺和包氏宗祠等历史建筑。古民居厅堂存古匾、古楹联 17 方。巷道以石板或卵石铺就。村民向以耕读传家，李氏祖屋所题古楹联保存完好。传统手工技艺包氏风炉制作被列入县非物质文化遗产保护名录。村民多从事农耕，有山茶油、板栗、茶叶、吊瓜等特产。

雅溪口村

隶属象溪镇。乾隆《松阳县志》称“五尺口”。以地处五尺坑溪流汇入松阴溪口得名，后谐音雅化为“雅溪口”。《雅溪口徐氏宗谱》载，徐氏于清初由邻村吕潭迁入；项山头自然村林氏于清雍正三年（1725）迁自福建长汀。

濒临松阴溪，沿溪百年古树茂密。昔为松阴溪流域水陆交通要道，沿溪 300 多米长的老街是松阳至丽水的古驿道，传统民居临溪呈块状分布。建于清初的徐氏宗祠、古店铺、古民居群保存完好。项山头自然村林氏祖屋和夫人庙为县文物保护点。黄田铺自然村的村民世代从事织网捕鱼、弹棉等传统技艺。

南州村

隶属象溪镇。古称“沙溪”，因村口河滩多泥沙淤积得名。后因地处松阴溪南沙洲改名南洲，谐音写作“南州”。《南州徐氏宗谱》载，南宋景炎三年（1278），始迁祖徐千驮自龙游灵山迁居于此。罗氏于清顺治年间（1644～1661）徙自福建延平。村民以徐、罗 2 姓为主。

南州村旧时为松阴溪航运停留歇脚之地，商贸繁荣。村中老街是古时松阳通往丽水的古驿道，古民居、古店铺、古客栈、徐氏宗祠、罗氏宗祠、书院、庙宇等历史建筑保存完好。村口存清同治十三年（1874 年）“南岩渡碑”一通，记述南岩渡船管理的相关事宜。民国 23 年（1934）设南州镇。南宋著名思想家、理学家、教育家朱熹于淳熙九年（1182）曾在村西福安寺讲学。村民多从事农耕，经济以种桑养蚕为主。

大毛科箸上村

隶属板桥畲族乡大毛科行政村。因旧时有鹿獐出没，旧名“鹿獐”，谐音演为“箸上”；村庄对面的山形似卧趴的麒麟，亦称“麒上”。箸上村是畲族村，畲民于清乾隆年间（1736～1795）迁自莲都水阁沙旺。

传统民居依山势带状分布，社庙、古井等历史遗迹保存完好。村民沿承畲族语言、风俗习惯、宗教信仰等，有畲族对歌、畲族编织彩带等特色畲族文化。村民多从事农耕，有高山有机茶叶、山茶油、板栗、杨梅、香榧等特产。

张山村

隶属板桥畲族乡，位于松阳东部与莲都区交界。以张姓人始居得名。《张山叶氏宗谱》载，明初，叶姓先祖迁自丽水高溪。村民多叶姓。

村落四周古树蔽天，风景秀丽。古道穿村而过，7 幢气势恢宏的古民居屋宇相连，门户相通。以“南阳旧家”最负盛名，为二进五开间三层泥木结构楼房，石雕、木雕、砖雕技艺精湛。香火堂、庙宇、石拱桥、凉亭、古井等历史遗迹风貌依旧，块石铺设的巷道高低错落。村口有落差 30 余米瀑布，甚为壮观。村民多从事农耕，有高山有机茶叶、竹材、山茶油等特产。

木岱坑村

属裕溪乡。地处县境东南部，与云和、莲都交界，由茶园坑、石水坑、营盘坑、直坑、钗坑 5

条小溪流像5个手指汇合于布袋形的大溪流，取名“布袋坑”；后谐音演为“木岱坑”；村以溪得名。黄氏先祖于清康熙年间（1662～1722）徙自福建上杭崎滩。以黄、张、叶3姓为主。

村庄坐落在小槎源头的小盆地上，100余幢清一色的传统民居泥墙黛瓦，连片集中。民居多为一字屋、三合院、四合院式土木结构，屋内外构建多石雕、木雕装饰，古朴典雅。香火堂、禹王殿、寺庙、石拱桥等历史建筑保存完好。村民至今仍操闽语循闽俗，保留着闽地文化的原型。非物质文化遗产有采茶灯舞、放水灯、花鼓灯等。村民多从事农耕，以种植香菇、油茶、笋竹两用林、香榧为主。村民擅竹篾加工。

第六节　大东坝片区村落

横樟村

隶属大东坝镇。因村口有大樟树横出得名。《包氏宗谱》载，明末，包氏自蟾湖（蛤湖）迁居横樟。村民以包氏为主。1934～1961年，为横樟乡政府驻地。

村落四周山川形胜，多梯田和茶园。清至民国时期传统民居、包氏宗祠、庙宇、水碓作坊、古道、古桥等历史遗存保存完好。建于清代的包氏宗祠系县文物保护点。

燕田村

隶属大东坝镇。以地处半山台地，形似燕窝，周围田多得名。《燕田吴氏宗谱》载，元末，吴氏先祖自丽水迁徙松阳内二十都燕田。村民多吴姓。

燕田村四面环山，村周梯田层叠，水口古树参天，有百年古樟、古柏、香枫、古松等300余株。古民居、宗祠、庙宇等历史建筑保存完好。1935年，吴氏宗祠是中共竹溪区委、区苏维埃政府驻地，村外有燕田战斗革命遗址。村民多从事农耕，有茶油、笋干、香榧等特产。

洋坑埠头村

隶属大东坝镇。旧名“蛟洋”，以村北小港溪回潆曲折得名。此地开设航运后，改称“洋坑埠”。傅氏于清初自福建上杭迁此。潘氏于清嘉庆年间（1796～1820）自本邑南门骥湖迁此。练氏于晚清徙自龙泉桃子坑。村民以傅、潘、练姓为主。

图1-61　洋坑埠头村（钟乐平　摄）

村落依山顺水呈“S”形分布，村道石板卵石铺设，昔为松阳西南部重要水上交通节点，山区物资外销的集散地。今存完整连片的建于清代和民国时期的古民居群，并有宗祠、庙宇、书院、客栈、石桥、航运埠头遗址等历史建筑。民居建筑以泥墙黛瓦的四合院为主，门窗木构等雕刻精美，屋间多马头墙。村道以石板、卵石铺设。村民多从事农耕，有茶油、笋干、香榧等特产。

茶排村

隶属大东坝镇。由上茶排、湾里、水井头、白粉墙、洋头岗、杨柳下、下茶排、天堂坑、山粉寮、同坑9个自然村组成。以附近山坡油茶树排列成行得名。《石仓阙氏宗谱》载，阙氏先祖于清康熙年间（1662～1722）迁自福建上杭。村民多阙姓。

地处山源峡谷，传统民居分布在石仓溪两岸。17幢清代古民居高墙大院，背山面水，粉墙黛瓦，鳞次栉比，错落有致。村民赓续闽西汀州方言和客家的生活习俗。当地村民珍藏着清雍正元年（1723）至民国时期8000余份各类契约文书。2000年被公布为省级历史文化保护区。村民多从事农耕，有石仓米酒、石仓油豆腐、山茶油等特产。

图1-62 茶排村（叶坚红 摄于2010年）

蔡宅村

隶属大东坝镇。以村民多蔡姓得名。蔡氏先祖于明嘉靖年间（1522～1566）徙自福建莆田。之后，李、曹等姓也先后自福建上杭、长汀迁入。村民以蔡、曹、李、叶姓为主。

村口有一株距今300余年的古樟枝干横跨石仓溪。村中数十幢清至民国时期的古民居，建筑装饰精良。宗祠、庙宇、古道、古桥、凉亭等历史建筑风貌依旧。村民仍保存福建客家文化习俗，操闽语。2007年，民间舞蹈采茶灯被列入丽水市非物质文化遗产名录。村民多从事农耕，有石仓油豆腐、石仓米酒等特产。

后宅村

隶属大东坝镇。以村处蔡宅之后得名。阙氏先祖于清康熙年间（1662～1722）迁自福建上杭。村民多阙姓。

后宅村昔为松阳至云和的交通要道，商贸繁荣。传统民居分布在石仓溪两岸，4座古石梁桥布列其中。现存20余幢古民居、古店铺、古客栈、古戏台、感应佛堂、禹王庙等历史建筑连片集中，卵石墙基墙脚，泥墙黛瓦、高墙大院、马头墙，民居装饰多木雕、砖雕、石雕，题材丰富，技艺精湛。村民赓续着闽西汀州方言和客家人的生活习俗。村民多从事农耕，有高山茶叶、茶油、石仓油豆腐、石仓米酒等特产。

图1-63 后宅村(叶坚红 摄于2007年)

内大阴百鸟朝凰村

隶属大东坝镇内大阴行政村。是松阳、云和2县交界的边缘山村。村后岩石险峻，每逢太阳上山，百鸟飞集岩上，啁啾争鸣，故名；也称“百鸟朝王”。

小山村清一色古朴的泥木结构传统民居风貌依旧，村民依然保留着自然淳朴的农耕生活方式。1935年中国工农红军在此活动，留红军标语。村旁有百鸟朝凰龙潭、凤凰洞、瀑布等胜景。

小后畲村

隶属大东坝镇。旧名鹅梨树樣；因村后像平舍，改名小后舍，后演为小后畲。

村落民居依山就势呈阶梯式布局，泥墙黛瓦，有一字屋、三合院、吊脚楼和过街骑楼等建筑。宗祠、庙宇、谷仓等历史建筑风貌依旧。村民多从事农耕，村庄仍保留着自然底本和历史文化底本。

安岱后村

隶属安民乡。在松阳县西南部，与龙泉交界。以村处似袋形山谷得名，以此喻“平安吉祥”之义。《安岱后陈氏宗谱》载，陈氏先祖于清康熙五十四年（1715）迁自景宁半山（沙湾）。村民多陈姓，操沙湾语。

图1-64　安岱后村村景(县史志办提供 2010年)

民居依山沿溪阶梯式带状分布，连片集中，建筑形制多为一字屋、三合院。7幢清代古民居室内木构装饰较为考究。陈氏宗祠、古廊桥、古寺庙等历史遗存风貌依旧。安岱后村是红军挺进师开辟浙西南革命根据地的中心区域，留存众多革命遗址遗迹。村民多从事农耕，有茶叶、柿枣、笋干、竹木材、香榧、山茶油等特产。

大潘坑村

隶属安民乡。旧名潘溪，以溪得名。杨氏始祖于明万历年间（1573～1620）自邻村曹竹迁此。村民多杨姓。

村落依山沿溪呈带状分布，清至民国传统民居连片集中。村落传统风貌与历史格局保存完好。杨氏宗祠建筑规模恢宏，木雕构件精致，保存完好。村民多从事农耕，擅竹篾加工。有笋干、香菇、香榧、中药材等土特产。

第六章　地名管理

行政区划与地名管理是国家对社会进行行政管理的一个重要方面。松阳县民政部门负责本辖区内的城镇路街巷道路名称、行政区划等人文地理实体名称和自然地理实体名称的命名更名、论证、审核和申报工作，开展地名标志设置和监管，推行地名标志标准化，收集整理有关行政区划与地名管理的资料、档案，编纂出版地名图、录、志、典等工作。松阳地名是松阳历史变迁、人文因素发展的重要反映。它的由来与松阳的地理环境、历史古迹、人物典故、风土人情以及社会政治、经济发展密不可分。

第一节　行政区划地名

松阳县

明万历《郡县释名·浙江卷》谓松阳地处长松山南，故名松阳县。（参见本编第一章“建置沿革”附“旧志记载建县时间及县名释义诸说”。）

西屏镇

城西有山峰，石岩壁立如屏，取名西屏山，镇以山得名。为中共松阳县委、县人民政府驻地。辖 52 个行政村，面积 105.59 平方千米。镇人民政府驻古城社区太平坊路 139 号。

西一村　城中村，西屏镇第一行政村简称。

西二村　城中村，西屏镇第二行政村简称。

西三村　城中村，西屏镇第三行政村简称。

西四村　城中村，西屏镇第四行政村简称。

西五村　城中村，西屏镇第五行政村简称。

西六村　城中村，西屏镇第六行政村简称。

西七村　城中村，西屏镇第七行政村简称。

西八村　城中村，西屏镇第八行政村简称。

西九村　城中村，西屏镇第九行政村简称。

西十村　城中村，西屏镇第十行政村简称。

西十一村　城中村，西屏镇第十一行政村简称。

塔寺下村　以村处延庆寺和延庆寺塔之下方得名。

上连头村　据传，清初，村之上头与金村相连，以此得名。

北山村　以村处城北山脚下得名。

项弄村　村形似街弄，为祈兴旺发达，取名旺弄，松阳方言“旺”与“项”音同，演为项弄。

白沙村　村处松阴溪岸冲积地带，初建村时挖基多见白色沙石，以此得名。

青蒙村　以青蒙山得名。

水车村　旧时，该村灌溉农田依靠人工车水，故名。

乌形山村　以乌形山得名。旧名雅山。

周坌村　以村四周均为田坌得名。

桐溪村　村边山坡盛产桐籽，村东有溪，故名。旧名桐川。

活源村　村处活源溪旁得名。民国《松阳县志》卷一作匣源，后演为活源。

阳东坑村　村以东坑得名。因重名，1981年更名为阳东坑。

铺门村　村有一株古柏，树枝铺展，遮蔽如门，故名。

大路口村　村处孙源至西屏镇的大路口，故名。

源内村　以村处三都源内得名。

孙源村　以孙姓人始居得名。

项桥下村　村西有项桥，村在桥下首，故名。

西坌村　原名西囷，松阳方言“囷”读 fén，以村西多菜园得名。后改为西坌村，方言“坌”音 fén。旧名上项。

丁山头村　以村后有丁山得名。

邵山脚村　以村处邵尖山山脚得名。

竹客口村　村处四都源口，源内有竹客岭（又名寨头岭），以此得名。

城东社区　以地处城区东部得名。

城南社区　以地处城区南部得名。

城西社区　以地处城区西部得名。

城北社区　以地处城区北部得名。

城中社区　以地处城区中部得名。

古城社区　以地处旧城区得名。

水南村　村处松阴溪南岸，故名。

青龙村　村处北宋初年建的青龙堰旁，以堰得名。原属水南村，1961年建村。

程徐村　古为徐川、澄川，后以村民多程、徐2姓而得名。

岩下村　村处南岩山和尚岩之下而得名。

南山村　村处横山之南，故名。

横山村　村西有横山，以山得名。旧名宏山，因音讹而演为横山。

踏埠头村　村旁有松阴溪埠头可停泊木筏船只，故名。

郑弄口村　村处山弄口，相传，曾住有一位郑法师，故名。

清路村　以清源垄、路里两地各取首字为名。

桥头村　村前有一座石桥，以桥得名。

岩西村　以村处和尚岩之西得名。

潘村村　村以多潘姓得名。

竹溪村　以溪得名。

新溪村　以溪得名。

市口村　原有阁宗寺，村建寺外，原名寺口。1982 年 2 月，因重名，改为市口。

东岗寮村　村东有山岗，昔时多草寮，故名。民国《松阳县志》卷一称东江寮。

安乐山村　原名何落山，因火毁，村重建后，期盼平安快乐，取名安乐山。

瓦窑头村　地处西屏镇南门大桥的南面桥头，村多瓦窑，故名。

塘寮村　村处松阴溪南岸的冲击淤，盛产糖梨，每年秋季搭寮看守，取名糖寮，后演为塘寮。

古市镇

为松阳县旧治，“旧治”松阳方言音讹为“旧市”，以古老集市得名。辖 30 个行政村，面积 49.9 平方千米。镇人民政府驻古三村溪边路 24 号。

上方村　以地处古市与正念寺之上方得名。

城头村　以地处老城区之上首得名。

古一村　古市镇第一行政村简称。

古二村　古市镇第二行政村简称。

古三村　古市镇第三行政村简称。

古四村　古市镇第四行政村简称。

古五村　古市镇第五行政村简称。

古六村　古市镇第六行政村简称。

古七村　古市镇第七行政村简称。

古八村　古市镇第八行政村简称。

筏铺村　村处松阴溪西南岸，旧时货运船筏常在此停泊宿夜，松阳人称“排铺”。“排”同“筏”。

东角垄村　村处古市镇之东部山垄，故名。曾名“千垄”。亦称东阁垄村。

塘头村　以村头有水塘得名。

岗下村　以村处石龟山的山岗下得名。

黄圩村　松阳方言“圩”读 yū（下同），指低洼的田地。以地处黄圩得名。

下黄圩村　地处黄圩村之下方得名。村民多叶姓，又名“叶家”。

上五木村　村处五木桥之上方，故名。

下五木村　村处五木桥之下方，故名。

白角外村　当初有人在荒地一角始居，开荒种田，因水利不好，十年九旱，晒成白地，村民被迫外出谋生，取名白角外。

庄门村　民国《松阳县志》卷一称钟门山。后演为庄门。

源口村　以地处七都源口得名。

湖溪村　古时有东湖、西湖 2 大塘，因与溪相连，地处东湖取名“小湖溪”，处西湖取名“大湖溪”。此村原名小湖溪，后改名湖溪。

刘边村　村处七都源小溪边，建村时村民多刘姓，遂名刘边。

谢树寮村　据传，旧时此地树多，谢姓人搭寮始居，故名。

山下阳村　村处大岭背山南麓之阳，取名麓阳，今称山下阳。民国《松阳县志》卷一称山下洋。又名麓阳庄。

下社村　地处社公庙之下首得名。

寺口村　昔时，村有古寺，村处古寺之前，故名。

十五里村　以距旧县治古市约十五里得名。

航埠头村　从前村边松阴溪畔常有船筏停泊，取名航埠头。因松阳方言“航”与“黄”同音，又称黄埠头。

上河村　村处黄岗坑和松阴溪岸的上首，即在河之上首，故名。

象溪镇

以驻地象溪村得名。辖 35 个行政村，面积 120.11 平方千米。

象溪一村　原名象溪村。1992 年 5 月，雅溪、靖居两乡合并，建立象溪镇，改名象溪一村。为镇人民政府驻地。

象溪二村　原名岭下村，以村处山岭下得名。1992 年 5 月，雅溪、靖居两乡合并，建立象溪镇，更名象溪二村。

塔背村　据传，古代南州兴府，在山上建塔，名塔山。村处塔山背上，故名。

南州村　村处松阴溪南沙州上，故名。旧名沙溪、南洲。

南坑口　村处松阴溪南岸的圩地，南坑源溪流出口处，故名。

南坑源村　村处南坑源，以源得名。

吕潭村　村头、村脚各有一个潭，方位形状似“吕”字，故名。

雅溪口村　以地处雅溪源出口处得名。民国《松阳县志》卷一称五尺口。

吴村村　旧名雅村，因松阳方言音讹，演变为吴村。

东田村　村东有田畈，以畈得名。

石鼓村　宋朝村人陈普思在朝廷做官，造石鼓两对，村头村尾各置一对，故名。

龙湾村　村周围山弯，蜿蜒似龙，故名。

程路后村　原称近路后，后演为程路后。

金山头村　据传，昔时村旁山头曾开采过金矿，故名。

潘弄村　村处山垄中，其形如弄，潘姓人始居，故名。

石马铺村　村西岩石形如马，曾设递铺，故名。

石马源村　村处石马铺村之内向，以源得名。

下坑源村　村处下坑源，以源得名。

高岭村　村处高山岭上，故名。

靖居包村　村民多包姓，昔称净居包。清咸丰年间，有人春联写道“靖以献无忘靖境，居以安自求居义”，后人取此对联首字，改为靖居包。又名蓉川。

靖居口村　地处靖居源汇入松阴溪的出口处，故名。民国《松阳县志》卷一称净居口。

毛弄村　村处山弄，毛姓人始居，故名。

金钟村　相传，昔时村后山上，夜有钟声，故名。

黄店村　此地过去曾有市面，行店较多，称行店。后因黄姓人在此开店，改为黄店。

石牌门村　相传，周姓祖先为官，死后葬此，坟前建有石牌门，村以此得名。

大塔村　松阳方言“塔”读 dao（下同），村处山上小空地，当地人称“坪”为“塔”，故名。

坑里村　以村处山坑里得名。

鲁西村　以村处鲁峰山西得名。

塘里源村　村处山源里，村口有一口小塘，故名。

村头村　地处鲁西村之东北头，故名。又名鲁西村头。

陈家里村　村处山源里，村民多陈姓，故名。

下寮儿村　村处鲁峰山下，初时多畲民草寮，故名。

鲁峰村　村东南有鲁峰山，以山得名。

上梅村　村处山上，四周多梅树，故名。

小佛儿村　原名小陈村，后有人造屋时出土一个小佛像，遂改名小佛儿。

大东坝镇

以驻地大东坝村得名。辖 30 个行政村，面积 208.29 平方千米。

大东坝村　以村北大埭坝得名，后演为大东坝。为镇人民政府驻地。

牛角圩村　村处河边形似牛角的圩地，故名。又名五合圩。

百步村　村南有百步岭，以岭得名。

西山村　因村西有山得名。

白峰村　村前有防洪埭，旧名埭村。1912 年，村被洪水冲毁，变成白地一片，重建后取名白峰村。

赤圩村　据传，古时有一猎人经此，猎犬倒地不走，遂在圩地上倒插坚赤柴一株，如三年后树能成活，就在此定居。之后该树果然成活，建村后取名赤圩。

树稍村　村头有大树，行人经树下时，稍休息一下，故名。

二滩坝村　地处小港溪流南岸，为大东坝西南第二座坝，称二道坝，后演为二滩坝，以坝得名。

外大阴村　地处大阴源出口处得名。民国《松阳县志》卷一称大阴，无内外之分。

内大阴村　村处大阴源之内侧，故名。

蛤湖村　以蛤湖山得名。旧名蟾湖。

横樟村　村口庙旁有棵古老大樟树，枝干横伸路外，故名。

上寮山村　村处高山上，昔时村民搭寮居住，故名。

大樟源口村　村处大樟源出口处，故名。民国《松阳县志》卷一称大樟源。

山徐村　村处大樟源口东面山麓，原称山前，后演为山徐。

黄南村　旧名南溪。村被洪水冲毁后，在黄土山南麓重建，取名黄南。

五部村　原名五裒，以五裒山得名。后演为五部。

小后畲村　昔名鹅梨树橒。因村后象平舍，改名小后舍，后演为小后畲。

燕田村　村处山腰，形似燕窝，周围田多，故名。

明源村　由叶明山、洋坑源各取一字，取名明源。

洋坑埠头村　村濒小港，昔日船只木排到此停泊装卸，故名。民国《松阳县志》卷一称洋坑埠。

下宅街村　村处山间小盆地中，夏姓人建村，有石板街道，取名夏宅街。后因地势较后宅、蔡宅低，改名下宅街。

山边村　沿山边建村，故名。

六村　原名上茶排村，以附近山源盛产油茶籽，油茶树排列成行得名。民国《松阳县志》卷一称茶排。地处茶排上方，称上茶排。1958 年改为石仓大队六村生产队，1984 年改为上茶排村，1992 年复为六村。

七村　地处茶排下方，原名下茶排村。1958 年改为石仓大队七村生产队，1984 年改为下茶排村，1992 年复为七村。

山头村　以村处崇山峻岭之端得名。

蔡宅村　以村民多蔡姓得名。

后宅村　以地处蔡宅村之后得名。

梨树岗村　以村边山岗多梨树得名。

灯塔村　1961 年从后宅析出，取名灯塔。有马蹄湾、后门山、茶铺、崀里、周宅寮、大岭口、乌岩前、高石山、大阳 9 个自然村。

玉岩镇

以驻地玉岩村得名。辖 32 个行政村，面积 144.32 平方千米。

玉岩村　旧名白岩。村北有老鹰山和香乳山，岩石外露，色白如玉，故名。为镇人民政府驻地。

溪口村　以地处两溪出口处得名。

沙丘村　村前有溪，溪水涨时，沙漫田中，故名。

排居口村　村处大源坑与小港汇合出口处，从前放木排人常在此住宿，故名。

召楼村　旧名赵楼，因音讹，演为召楼村。

步新村　旧名步斜村。因村前有一条徐徐而上、步步倾斜的山坡得名。

大丘下村　村后有大丘田畈，故名。

吴山头村　当初由吴姓人在山头上始居，故名。

乌岩村　村近多乌黑岩石，故名。

梨步坑村　清代有人到此放羊，后移居于此，取名移步坑，后演为梨步坑。

周安村　原名松安，后周姓人居多，改为周安。

洋坑村　当初有放羊人到此坑边始居，取名羊坑，后演为洋坑。

白沙岗村　村处白色沙岗上，故名。曾名新岗村。

烧火坑村　以烧火坑得名。

程源头村　以地处程路源头得名。

程路村　村处程路源得名。

道惠村　村处道惠源，以源得名。

道惠口村　村处道惠源出口处，故名。

程岭根村　村处程岭山脚，故名。民国《松阳县志》卷一称郑岭根。

根坑村　村处根坑边，以坑得名。

何庄村　昔时何、钟 2 姓同居此地，取名何钟，后演为何庄。民国《松阳县志》卷一称何庄窟。

余叶村　昔时村有李、叶 2 姓，分住东、西两隅，后叶姓人迁移李姓处，当时称移叶，后演为余叶。

坳头村　村处小港北岸，水流至此成“凹”形，称凹头，后演为坳头。

何山头村　地处何姓人的山头上得名。

交塘村　四周山头交接，中间低洼似塘，故名。民国《松阳县志》卷一称茭塘。

支木村　昔时有一棵大树，名叫“支木”，质红，可入药，村以此取名。

白麻山村　以村处白麻山脚得名。

大岭脚村　村后有大山，山岭陡峻，村处大岭下，故名。

潘山头村　村处潘家山头之上，以山得名。

大树后村　地处多株南方红豆杉大树后，故名。

西沿头村　地处西沿坑的源头，故名。民国《松阳县志》卷一称西演头。

周坑村　村处周家山前的水坑边，故名。

望松乡

因辖区南端近望松山得名。辖 20 个行政村，面积 36.62 平方千米。

乌井村　松阳方言“井”读 děn，意低洼。此处原多树木，遮荫蔽日，村建地势低洼之处，故名乌井。旧名上院。为乡人民政府驻地。

西河村　村处茅溪坑西岸，故名。

五都阳村　处五都源之阳地，故名。

草塔村　村原系一片草塔，故名。

石门村　据传，村中房屋的大门门框多用石条制成，故名。

王村村　因王姓人始居得名。旧名玉林。

乌石下村　村后有乌黑的大石，故名。

岗后村　村处小山岗后得名。

麻阳塔村　村处宽敞向阳之地，多种苎麻和络麻，故名。民国《松阳县志》卷一称茂阳塔。

翁村村　因翁姓人建村得名。

山仁下村　民国《松阳县志》卷一称山儿下。以山得名。后演为山仁下。

山头背村　村建在小山背上，故名。

郑家村　因郑姓人建村得名。

仪桥村　村前有仪隆桥，以桥取名。因昔时村中有庙，多和尚，故又名“和尚寮”。

六都村　村处六都源，故名。旧名太村。

六都源口村　因村处六都源口，故名。

吴弄村　昔有梧桐和枫树林，狭长如弄，又因吴姓人建村，故名。旧名梧弄。

半岭村　村处山岭之中，故名。

砌坛村　村南有巨石，远望似人工筑砌，以此得名。

榔阳村　1987年，村民由四都乡榔树村迁居松阳，取名榔阳。

叶村乡

以乡人民政府原驻地叶村得名。辖17个行政村，面积40.73平方千米。

河头村　村处东坞源溪流注入松阴溪的东首，故名。为乡人民政府驻地。

叶村村　原名新村，后多叶姓人而得名。

官田村　村有制陶罐窑，取名罐田，后演为官田。

叶家村　1963年，淳安县新安江水库移民迁此建村，沿用原村名。

包安山村　包姓人始居，取意安居乐业，故名。民国《松阳县志》卷一称有包姓道士结庵于此，名包庵山。

寺岭下村　古时，村头西南面有一个大寺庙，村处寺庙前的山岭下，故名。

黄公渡村　据史料载，宋状元黄公度隐居于此，昔时溪边有渡，遂名黄公渡。民国《松阳县志》卷一称上项弄，因白龙堰起于此，阳溪乡项弄村民因修筑堰坝常居于此，取名上项弄。

松山村　村在山边，山上松树成林，故名。

寺山村　村边的山丘上曾有寺，故名。

麻寮村　因在此搭寮种苎麻得名。

膳垄村　村处狭长的小山垄中，形如鳝鱼，取名鳝垄，后演为膳垄。

东坞村　原址在膳垄东面的山坞之中，故名。

叶村源口村　地处东坞水源之口，曾名东坞源口。

横坑村　以村前横坑得名。

南岱村　村处地形如布袋的山坳之南，故名。

斗米坳村　相传，古时有一个商人挑货进山坳，行至村外山步栏岭下已筋疲力尽，雇山里人代

挑，以一斗米为价，此坳取名斗米坳，村以坳得名。

岱头村　村处南岱山之颠，故名。

斋坛乡

以驻地斋坛村得名。辖 14 个行政村，面积 28.07 平方千米。

斋坛村　梁大同四年（538），建有善应寺，香火旺盛，时常设壇布斋，建村后取名斋�，后改为斋坛。为乡人民政府驻地。

金梁村　村东有元朝建的金梁堰，以金梁堰得名。“金梁”又名“京梁”。

石门圩村　村处石门村对岸的圩地，故名。

大路村　村处官田至斋坛的大路上，故名。

墈头村　东西两面低，中间高，村在高处如坐墈上，故名。

花田垄村　村名来历说法不一：一谓环境优美，野花丛生；二因农田缺水，粮食收成较少，生活贫困，取名“敷田畈”；三说村中水利欠佳，十年九旱，故名“浮田垄”。由此演变为花田垄村。

吊坛村　村有巨石，上大下小，远眺如吊在空中，故名。

下垄村　村处田垄下方，故名。

上垄村　村处田垄上方，故名。

桐楼村　据传，昔时此地曾设过桐楼县堂而得名。又传旧时有一个福建杨姓人逃难到此，在山脚下搭寮种植烟苗，故又名烟基寮。

东关村　据传，宋初此地曾设过东关府堂而得名。又传，村中有一幢大屋，共有 120 个门户，称东关府第，村以此得名。

桐村村　从前桐树成林，故名。

东圩蓬村　当时满圩树林，故名。旧名东圩樣。

小石村　村处松阴溪西岸，因溪滩小石子（鹅卵石）多而得名。

三都乡

以地处三都源而得名。辖 18 个行政村，面积 65.19 平方千米。

里庄村　建村时多李姓，原为李庄，后演为里庄。为乡人民政府驻地。

水竹村　此地四面环山，毛竹茂密，常年湿润，故名。

上源村　以地处五尺坑源头之上方得名。

尹源村　地处五尺坑源头，初多尹姓人居住，故名。旧名尹川。

松庄村　宋姓人送给叶姓人居住，旧名送庄，后演为松庄。民国《松阳县志》卷一称宋庄。

上庄村　因地处松庄村之上方得名。

毛源村　以地处毛草、林木丛生的山源得名。

杨家堂村　村旁有多棵大樟树，树枝交错，初称樟交堂，后演为杨家堂。

后湾村　村处鸟岭头山后水湾处，故名。

酉田村　村处高山，缺水，水贵如油，原名油田，后演为酉田。

下田村　因地处梯田山坞之下方得名。

上田村　因地处梯田山坞之上方得名。

岭上村　以地处八索岭上方得名。

紫草村　村以产紫草（紫云英，俗名草子）得名。

淡竹村　此地曾产一种实心的竹子，俗称有竹。松阳方言“有”音“dǎog”，以竹取村名，后演为淡竹。

呈回村　因四面环山，一水回绕得名。

黄岭根村　村处黄泥岭脚，故名。

周山头村　据《周氏家谱》记载，原名钟山村，后因村四周都是山头，改名周山头村。

四都乡

以地处四都源而得名。辖 11 个行政村，面积 43.37 平方千米。

下包村　地处寨头山尖下，村民多姓包，故名。为乡人民政府驻地。

榔树村　以树得名。民国《松阳县志》卷一称上浪村。

柘坑村　相传，村下小坑中，有两块大岩石挤在一起，称挤坑，后演为柘坑，以坑得名。

章田村　初由章姓人居此种田，故名。

塘后村　村北田垄中有一口山塘，以此得名。

平田村　村边田片比较平坦，故名。

汤城村　村南有汤城坑，以坑得名。又传，因汤姓人始居，群山环绕似城而名。

午岭村　村处五条岭之交点，民国《松阳县志》卷一称五岭。后演为午岭。

陈家铺村　因陈姓人先在此建村，故名。

庄河村　地处竹客、河垄村庄之后，原名庄后，后演为庄河。

西坑村　村处四都源西坑边，以坑得名。

竹源乡

以地处竹溪源得名。辖 11 个行政村，面积 59.12 平方千米。

小竹溪村　以溪得名。为乡人民政府驻地。

后畲村　以后畲坳取村名。

大岭头村　村处横樟村至县城的一条山岭，故名。

横岗村　村前有一座横向山岗，故名。

潘坑村　村民多潘姓，以坑得名。

周岭根村　周姓人始居，村处山岭之下，故名。

黄上村　王姓人建村，取名王庄，后演为黄庄。以黄庄廊桥为界，居廊桥之上方称黄上。

黄下村　王姓人建村，取名王庄，后演为黄庄。以黄庄廊桥为界，居廊桥之下方称黄下。

燕庄村　原名北山。1981 年，因重名，以村形如燕窝，更名燕庄。

可重旺　据传，建村时曾遭火灾，为祈后代兴旺，取名可重旺。

呈田村　村处陈姓人梯田下方得名。民国《松阳县志》卷一称陈田，后演为呈田。

赤寿乡

以原赤岸乡和万寿乡2乡名各取一字得名。辖19个行政村，面积53.48平方千米。

章家村　为1963年新安江水库移民村，且村民多章姓，故名。为乡人民政府驻地。

赤三村　地处赤溪岸边，赤寿乡三村简称。

赤四村　地处赤溪岸边，赤寿乡四村简称。

择子山村　村以择子山得名。又名择梓山。

狮子口村　以村后有一块形似狮子张口的岩石而得名。

界首村　地处松阳与遂昌交界的第一个村，故名。又名佳溪、界头。

大川村　地处鼍岭山脚，原名大岭脚。又名鼍岭脚、鼍川。后演为大川。

楼塘村　以楼石头、塘东2地各取首字得名。

龙下村　民国《松阳县志》卷一称浪下，后演为龙下。又说，地处五条蜿蜒如龙的山岗下方，故名。

垟里村　新安江移民迁此建村，沿用垟里原名。

朝阳村　1963年，淳安县移民迁此建村，初名淳西，后改为朝阳，寓意前程辉煌。

半古月村　以村边有两座形似半鼓形、半月形的小山而得名。原名半鼓月，后演为半古月。民国《松阳县志》卷一称半架月。

红连村　昔时此地有大树林，多栖乌鸦，原名乌林，后演为乌连。1970年，改为红连。

叶川头村　村由叶姓人初建小川边，从古市沿川而上是头一村，故名。

梧桐口村　村处梧桐源出口处，故名。

田岗村　村四周是山岗，中间为小田畈，故名。

黄山头村　村处黄茅草山头，以山得名。

黄坑口村　村处黄坑源出口处，故名。

卯山后村　村处卯山之后，故名。

樟溪乡

以原樟村乡与溪下乡2个乡名首字取名。辖22个行政村，面积26.63平方千米。

肖周村　以后肖村和周弄口村两地各取一字得名。为乡人民政府驻地。

陆家村　村民以陆姓为主。1963年，由淳安县迁入建村，沿用陆家原名。

谷山垄村　旧名角山垄，后演为谷山垄。

球坑村　以地形似球、村边有水坑得名。

杨岭脚村　以地处杨岭之下方得名。

西源村　以村处西源岸边得名。

黄田村　以黄土梯田得名。

上徐山村　原名徐山，因重名，改为上徐山。又名肖徐。

溪下村　村处芳溪下游，故名。

兴村村　初，有人在此搭寮种番薯，旧名番薯寮。后改名兴村。

包村村　包姓人建村，故名。

高岸村　地处松阴溪西岸，因岸较高，故名。

下马坑村　相传，宋朝湖南人萧元载曾任衢州知府，在古市娶妻住此。以后，萧被人陷害，其妻在村坑边建祠志哀，来往官员感其节义，下马入祠参拜，取名下马坑。

力溪村　村建立在溪旁，取名立溪。后改为力溪。

富兴村　村旧有化成寺，以寺取村名。后据方言谐音，更名富兴。

馒头山村　民国《松阳县志》卷一称净村。村旁有馒头山，以山得名。

东市村　从前此地是集市镇，地处谢村、新处东面，故名东市。

岗头儿村　村处山岗上，故名。民国《松阳县志》卷一称岗头。

樟村村　此村附近樟树较多，故名。

兰家村　村民兰姓居多，故名。后演为兰家。

福村村　民国《松阳县志》卷一称福村。后因钟姓人多，又名钟家。

大徐村　村处松阴溪西面大田畈中部，位如人体之“肚脐”，原称肚脐，后演为大徐。

新兴乡

以新兴堰得名。辖 20 个行政村，面积 44.91 平方千米。

横溪村　地处十二都源与松阴溪汇合处，流向略成直交得名。又因温州温姓人始居，又名温州寮。为乡人民政府驻地。

渡市村　1962 年，淳安县渡市移民迁此建村，沿用渡市原名。

泉庄村　以村边有一处泉得名。

杨村头村　以杨家村头得名。

后周包村　地处寺庙后，村民以周、包姓居多，故名。旧名厔洲。

大石村　村后有海螺背、尖磁背等大岩石，故名。

进贤村　1962 年，淳安县移民迁此建村，沿用进贤原名。

外孟村 村处上源外，孟姓人由内孟徙居于此，故名外孟。旧名平濂。

上源口村　村处上源的源口，故名。

徐郑村　村中徐、郑二姓居多，故名。

内孟村　村处上源内，村民多孟姓，故名。 旧名簧源。

金坞村　原名建坞，后演为金坞。孟姓人建村。

大畈村　村处山区较大田畈内，故名。

下源口村　村处下源出口处，故名。

贤溪村　1962 年，淳安县移民迁入建村，沿用贤溪原名。

潘连村　村民潘姓居多，又因与附近村庄相连，取名潘连。

上安村 村处松阴溪西岸，地势较高，历经洪水未受害，为庆吉祥，取名上安。

端口村 1962年，淳安县移民迁此建村，沿用端口原名。

后刘村 因部分刘姓人未迁居上安，仍留下居住，取名后留，后改为后刘。

高丰村 1962年，淳安县青溪镇一村移民迁此建村，盼望粮食高产丰收，取名高丰。

谢村乡

以驻地谢村得名。辖11个行政村，面积44.87平方千米。

谢村村 以谢姓人建村得名。为乡人民政府驻地。

大岭根村 村处李山头、大岭里、孟坑3座山岭的岭脚，故名。

孟坑村 初由孟姓人建村，村边有水坑，故名。

平卿村 村处高山中的平地上，常有云雾笼罩，如平地达青天，原名平青，后演为平卿。

大铺村 初有较大铁铺，后名大铺。

上仓村 村处西坑上方，原名上庄。

谢西坑村 村处西坑边，原名西坑。因重名，改为谢西坑。

南坑村 村处南坑边，故名。

塔岭村 村处两座山岭相交之处，山岭陡峭如塔，故名。又名峻垅。

大岭里村 村处大山岭中，故名。村庄四面环山，低洼像塘，曾名塘里。

李山头村 村处李姓人山上，故名。又因山形似凤凰，又名凤山头。

新处乡

以驻地新处得名。辖13个行政村，面积50.83平方千米。

新处村 村初建于破寮前面，时称破寮徐。后新房日增，改名新处（方言“处”谐音“厝”，即“房”）。为乡人民政府驻地。

坳后村 村在山坳后面，故名。

外石塘村 四周多岩石，地势低洼，像石塘，村处似石塘的山沟外，故名。

东北头村 地形像钵，原称东钵头，后演为东北头。

张山头村 村建在张姓人的山上，故名。

朱山村 村处朱姓人山边，故名。

山甫村 民国《松阳县志》卷一称散甫。因地处山区，改名山甫。

官岭村 最初村中有人做过官，村边有山岭，故名。

庄后村 村处于两块重叠的大岩石后面，原名重后，后演为庄后。

赤岩村 村周的岩石呈赤色，故名。

竹囮村 松阳方言“囮”读fén，以村四周毛竹茂盛得名。曾名竹坌。

小岭头村 村处小山岭头，故名。

小南坑村 以小南坑得名。

裕溪乡

以驻地裕溪村得名。辖 12 个行政村，面积 75.73 平方千米。

裕溪村　村处松阴溪北岸，从前村民大多从事帆船水运业及商业，经济较宽裕，取名裕溪。为乡人民政府驻地。

章山村　村处章山岭，以山而名。

叶西后村　叶姓人始居，地处楼山之西，大岭山之后，故名。民国《松阳县志）卷一称叶细后。

潘山村　地处半山，原名半山，后演化为潘山。

黄岭头村　以村头是黄土岭得名。

徐山村　以山得名。

小槎村　木岱坑至此村，溪坑只能放小木筏，故名。

内陈村　地处小槎村内首，陈姓人始居，故名。

木岱坑　以坑得名。

凤弄源村　旧名下垄源，以源得名。民国《松阳县志》卷一称凰弄源。

源底村　地处霭溪源之底部，故名。

霭溪村　以溪得名。为方便书写，取方言谐音，一时曾改称合溪。

板桥畲族乡

因乡政府驻板桥村得名。辖 9 个行政村，面积 28.93 平方千米。

板桥村　村中民房建在桐川两岸，以村多木板桥得名。据《周姓宗谱》记载，旧名桐川乐安里，后因周姓人建村，曾名周川。为乡人民政府驻地。

后塘村　以地处山后水塘边得名。

桐榔村　旧名桐川，曾名桐廊，后演为桐榔。

潘八村　潘姓人建村，屋后山呈“八”字形，故名。

张山村　张姓人始居于章头尖山峰之北，故名。

高山村　以村处高山上得名。

东坑村　以地处水坑东面得名。

大毛科村　昔时此地茅草丛生，有驮猫（老虎）出没，故名。松阳方言“驮猫窠”谐音“大毛科”。民国《松阳县志》卷一称驮猫窝。

金村村　富庶之地，含“黄土变金”之意而名。

枫坪乡

因驻地枫坪村得名。辖 17 个行政村，面积 101.04 平方千米。

枫坪村　山坪多枫树，故名。为乡人民政府驻地。

黄埠坞村　黄姓人始居于小港边山坞中，故名。

珠岱村　村处山圆似珠、袋形的山坞中，取名珠袋，后演为珠岱。民国《松阳县志》卷一称小珠岱。

梨树下村　村有大梨树，故名。

丁坑村　以丁坑得名。

南胜村　村处南坑源，原名南坑。因重名，1985年，改为外南坑,后更名南胜村。

小吉村　初建村时，为求小地方吉祥，取名小吉。

龙虎坳村　村处龙、虎两山之山坳中，故名。

高亭村　前人在村旁高山上，用大石垒成石亭，取村名高亭。

高寮村　前人在此高山搭寮居住，故名。

山乍口村　村处山地窄口得名。后演为山乍口。

沿坑岭头村　村处坑边岭头，故名。

斗潭村　村口水潭中漂浮米斗，取名斗潭。旧名双溪。

洋庄源村　村处洋庄源，以源得名。

根下村　原村址在山坡上，后迁至山脚开阔处，故名。

金竹村　据传，从前村边有棵空腹大树，内长一棵竹，竹被大树箍住，原称箍竹、苦竹。该竹生命力强，价值高，如同金子，遂名金竹。村以竹得名。

钱余村　民间有赞美此山源生活富足的谚语，“古代宝钱源，有钱有宝钱有余”。取村名钱余。

安民乡

原名潘乌后乡，民国35年（1946），以吉祥之意，改为安民乡。辖8个行政村，面积87.30平方千米。

大潘坑　村以大潘坑得名。为乡人民政府驻地。

曹竹村　村处槽形山地，四周山上毛竹成林，取名槽竹，后演为曹竹。

苏马坪村　此地原为茅草坪（当地人称茅草为苏马草），故名。民国《松阳县志》卷一称司武坪。

乌弄村　山上林木茂盛，村子坐落在树荫蔽日之弄中，取村名乌弄。

台坑村　村旁山坑汇合而下，民居沿溪而建，村基突起如高台，故名。又名台川。

大横坑村　村前有一个大横坑，以坑得名。

安岱后村　村处袋形山坞后，村民祈求平安，取名安岱后。

李坑村　村前有坑，昔日两岸多大栗树，原称栗坑，后演为李坑。

第二节　历史地名

旧志载二十六都庄名

一　都　在县城

城东：桥亭　下马　东阁　要津　朱山　明德

城南：南济　荷田　蠙湖　善观　太唐　官塘　陈巷　济川

城西：太平　五福　东琳　山川　儒行　南勋　大市　明伦　状元

城北：仁寿　永庆　朝天　家兴　熙宁　文华

二　都　项弄　中央圩　白沙　过路郎　永福　周岔　青蒙　匣头　水车　乌形山　坑塔儿　阳砝头

外三都　葛山头　林村　桐溪　官溪　大路口　铺门　匣源　寺后山　彩湾　梁连　五尺坑　茂砝

内三都　源内　孙源　刘富岱　岭上　碗寮　淡竹　紫草　黄岭根　呈回　周山头　墓旺　后塆　油田　泉址　仓陇源　上田　半岭　杨梅坪　思步　下田　朱竹　上庄　里庄　杨家堂　宋庄　毛源　尹源　后畲　里黄　水竹　洞军　上源

外四都　竹客口　西河　发祥　项桥下　茂洋塔　塘村　北山　乌石前　双坑口　上项　乌岱　河村　丁山头　邵山脚　西岔　砝下　白仙冈

内四都　柘坑　上浪树　东坑　西坑　陈家铺　平田　庄后　下包

五　都　玉林　石门　大徐　石门圩　石角　炉下　灰弄　上林头　塔寺下　中央圩　十五里　高峰　下亨　冈后　五都洋　上院　乌井　官囮　大塔头　姥桥后　翁村　黄冈头　馒头石　叶家　西路　徐庄　李宅　姥桥下　处冈山　大荒田　乌石下　刘宅山

六　都　吴弄　瓦窑冈　应店　寺口　后村　维新　仪桥　福宁　郑家　太村　半岭　砌砝　高山　和尚寮　山后　山下洋　寺后　里河　山仁下　西路　郎下　午岭　上岔　李村

七　都　黄埠头　上河　新处　谢树寮　坳头　冈下　五木　角头　梧村　堰头　黄连山　东湖　西湖　新村　大湖溪　上寮　金村　新坞　徐学　安宁　下连畈　黄处　黄圩寮　净村

八　都　古市　下街　塘岸　大井头　城头　三角砝　观口　陈村

九　都　庄门　叶川头　缸窑　半架月　下定　卯山后　东角垄　卞头山　马踏岭　黄坑口　太平山　黄山头　刘坑　横坑　大竹　千义坑　外岔　梧桐口　叶家田

十　都　上方　上塆　永兴　田铺　高金　乌连　朱坑　浪下　长濂　大岭脚　角陷　塘栋　楼石头　赤岸　择梓山

十一都　佳溪　大石　屋洲　匣坑　小竹囮　西明周　杨村头　泉庄

十二都 内孟 上源口 徐郑 外孟 大墓山 墈头 上墈头 横溪 上艾 宋坦 大畈
建坞 大岭根 孟坑 坳后 丁岱 合湖 淡竹 大南坑 云台山 塔岭 北坑下
半山 平卿 大铺 上庄 周坑 李山头 谢村 道惠口 道惠 郑岭根 墓田
大岭里 白沙冈 直源头 烧火坑 程路 洋坑 西坑 应岱 帝石

外十三都 上安 潘连 项宅 后刘 下源口 西源 球坑 小南坑 外石塘 坳后 洋岭脚
内石塘 杭坑 新处 东钵头 石板岭 珠岱 冈头 官岭 张山头 竹囮 后郑
庄后 杭坑下 周坑 上杭 丁岱 黄楚硋

内十三都 大岭脚 丁坑 梨埠坑 斗潭 白麻山 盘坑 吴往 安坑 泥山头 根坑
大树后 金竹 黄硋 支木 山乍口 范山头 神硋 箳居口 岩坑 济上 高寮
小珠岱 西演坑 高亭 硋头背 西演头 粗坴 竹蓬 散甫 苦竹 下陈 陈坑
小吉 周安 溪口 白岩 东渡寮 吴山头 吴树坞 大坵下文 岭后 乌岩
枫坪 大栗湾 梨树下 南坑儿 茭塘 军廷殿 何庄窟 潘山头 黄埠坞 叶寮
塘鱼冈 根下 洋庄源 老鸦坑 金山头 白硋沿 大山 安岱后 白客寮 大畈
大根 全畈 沿坑岭头 大坌头

十四都 力溪 高岭村 下马坑 高岸 泉塘口 包村 顺村 塘头 林泽 溪下 黄田 徐山
后肖 李村 大徐 周弄口 新村 冈头 城村 净村 陈村 福村 坑前 兴村

十五都 斋硋 桐村 小石 横冈山 东市 毛庄 郎衣山

十六都 毛村 大路 墈头 东关 桐楼 坑西 塆口 上栋圩 浮桥头

十七都 下杨 官田 杨村 叶村 上项弄 叶墙头 寺岭下 丁项村 上叶塔 外村
河头 新村

上十八都 赤岩 下南岱 上南岱 岱头 项坑 横坑 斗米坳 正间山 膳坴 吊硋 大坑源

下十八都 可重旺 潘坑 北山 周岭根 黄庄 龙坑 陈田

内十八都 小竹溪 横冈 下坑 后畲 大岭头 赤圩 石井 蒲弄 紫坞

外十八都 大竹溪 松山 大荒田 三家堂 麻寮 花田坌 廖家 前坑 苦马塘 东坞
西岭根 杨里洞 盘龙 东关源 乌石坴 朱口 牛背脊 小岭头 包安山

十九都 赤塔 塘寮 水南 黄泉头 安乐山 外水碓 山坴 东江寮

外二十都 徐村 程村 白沙圩 掌内 郑弄口 南山 大陂头 路里 宏山 踏埠头 岩下
新村 清源坌 桥头 上黄 岩西 冈顶 冷水坑 项坑源 东岭 潘村 马蹄泉
坑口剳 宅沿头 占硋 硋岩壳下

内二十都 横水口 树梢 梅村 大栋壩 大阴 横樟 燕田 小后畲 何山头 王山头
余叶 召楼 黄南 五裒 西坑口 曹溪 李坑 大横坑 乌弄 台坑 潘溪
中桥 仁里塆 小苏坑 司武坪 高硋背 蟾湖 洋坑埠 双坑口 洋坑源 小源
青石坝 坳里 双港 叶名山 山徐 平岗

二十一都 百步 五合圩 茶排 夫人庙 南山下 蔡宅 大片头 仓源头 南岭 大寮

后宅　三接桥　上山头　下山头　港口　上包　西山　包山脚　樟树下　赵圩坝
外塆子　下包　桐坑　山边　梦岭脚　天堂坑　周弄源　茶铺　下宅街　社处
周岭脚　温岱冈　高坑　白麻山　三坑子　金钟山　横路下　白峰　梨树冈
包处坑　牛栏湾　后门山　周宅寮　潘山头　芥菜源　石寺源　麻厂　小山头
二滩坝　大阴源　虎山坝　下寮　坑门口　香菇寮　赤圩坑口　麻园　后岱山
上山寮　苦株树下　下垄　大岭后　天鹅孵蛋　大樟源　弓桥　百鸟朝凰　小地源

二十二都　项山头　吕潭　程路后　南坑源　南坑口　黄店铺　排铺　西山脚　五尺口
士源坑　吴村　东田　石鼓　龙塆　牛铺　杨高坪　南洲　鲁坑　陈下　下木厂
田铺　西坑　章村源　风洞　西山　蓝蓬　潘弄　田边　西坑口　黄岩
大王庙　石马铺　潘山头　陈乐山　企砝　东风坳　小槎垵　蓝田河　獭背
白马寮　白鹤岭　樟树下　大乌棚　黄庵　七里岚　金山头　坑头源　上弄源
石马源　中央坑

二十三都　小槎　内陈　田塘　东坑　石坑　源坑　乾坑　雾岭坟　务公庄　西夏源　上牛塘
柴后　西坑　龙潭背　后斜　徐山　金村圩　裕溪　源底　青田圩　青枥山
叶细后　支山头　双坑口　隔溪山　陈村　赤路圩　新渡　姜山岭脚　茶坑　乌奴
黄地　陈坳　碓谷埠　下弄源　洋大坑　大坑头　香山寺　霭溪　黄店圩　鸡谷埠
岭脚　麦垵

二十四都　象溪　山庄　岭下　高岭　下坑源　净居口　毛弄　大坞　金钟山　大塔　坑里
东源　冈下庵　猪樟　吴司　大坑　西坑　楼底　黄店　净居包　上梅　垅背
小步塘　高书　大垦　石牌门　小佛儿　小西　陈坳　焦树　西山　西垵　陈家里
风门坳　白鹿山头

二十五都　鲁峰　板桥　下仓　桐川　潘八　苦竹弄　插葱　对村　东坑　张山　潘山
水艾坳　庄头源　枫岭根　鲁西　村头　黄岭头　上山背　下山背　高山　楼山
大山后　驮猫窠　牧牛山头　荠上　半岭　塘里源　仰天河　板桥岭头　角边
砝头凸　田垵春　西焦　双隔坵　大坵垄　黄碧垵　安成畈　后塘　雷山头
岗沿　潘家弄　靛青弄　大纺车　金弄　木杓弄　万岭脚　银坑　骑马冈　坑上源
沙岸坑　白坑　塘弄　后山垵　下寮儿　杉树园　石马下　叶家田　横岚

二十六都　堰头　堰阁　堰山　平地　堰后　乔木瑾　大林　畲客　公墓　内寮　外寮
莪山坳　火炎山　大片　章山　田寮　谢坑　书堂　白岭　排墓　东后　风洞砝
金坑坳　金瓜塘　阴弄　新渡坑　寨头　仰天饭甑　金坑

松阳县部分古今地名对照表

表 1-6-2-1

乡镇	今地名	旧地名	今地名	旧地名
西屏镇	西屏镇	紫荆村	青蒙山	青云山
	乌形山	雅山	黄公渡	上项弄
	项山前	黄山前、白脚山	上连头	上林头
	桐溪	桐川	马桥下	姥桥下
	项弄	旺弄	马桥后	姥桥后
	武旺	墓旺	活源	匣源
	央坛头	阳磁头	阳东坑	东坑
	塘村	唐村	留富岱	刘富岱、留库岱
	金安山	周安山	西垄	西囵、西枫、上项
	乌石徐	乌石前	河村	何村、东河
	徐村	徐川、溪南	横山	宏山、衡山
	南山	普后	程村	澄川
	市口	寺口	塘寮	糖寮
	上黄	上皇	东岗寮	东江寮
	砖坛	占磁	郑弄口	郑巷口
	独山	蜀峰、蟾峰、百仞山	坑口塔	坑口劄
古市镇	古市镇	旧治、旧市	牛头山	长松山
	古六村	观口	古七村、古八村	塘岸、清溪
	红地	麻地弄	东角垄	千垄、东阁
	山下阳	山下洋、丽阳庄	外窑岗	五龙岗
	黄埠头	航埠头	庄门	钟门山
	苦重墓	堪头背	白角外	金村
	上方	斋岗山脚	黄圩	黄圩寮
	大湖溪	湖溪口	湖溪	东湖.西湖
	塘头	角头	谢家	下塆
象溪镇	象溪一村	象溪、象川	雅溪口	五尺口
	象溪二村	岭下	下麻厂	下木厂
	小茶坞	小槎坞	叶肖弄	叶小垄
	程路后	近路后	陈落山	陈乐山
	自然坑	士源坑	兰蓬	蓝蓬

续表 1-6-2-1-1

乡镇	今地名	旧地名	今地名	旧地名
象溪镇	吴村	雅村	南州	南洲、沙溪
	雅溪坑	五尺坑	靖居口	净居口
	黄庵	黄垵	黄店	行店
	朱章	猪獐	村头	鲁西村头
	小西	小溪	西埼	溪埼
	小佛儿	小陈村	盖坛	盖岩
	楼底	楼邸	靖居	蓉川、净居包、靖居包
	大坞蓬	桥亭旺、大乌棚	家庵	姑庵
	吴司	五寺	塔背	獭背
	大塔	大劄	黄田铺	黄店铺
大东坝镇	牛角圩	五合圩	百步栏	百步拦
	上包	上坝	白峰	堜村
	二滩坝	二道坝、滩坝	麻厂	麻场
	蛤湖	蟾湖	五部	五裒、裒溪
	南岭	难岭	双港	桐子圩、双岗
	百鸟朝凰	百鸟朝王	山徐	山前
	西塘	官塘口	大樟源口	大樟源
	黄南	南溪	小后畲	鹅梨树㰖、小后舍
	洋坑埠头	洋坑埠	下宅街	夏宅街
	下包	下坝	山徐	山前
	汶水口	混水口、横水口	叶明山	燕名山
	埼里	老屋下	上山头	五大楼
	大铺崀	大湖崀	崀里	蛙蟆埼
	石仓六村	茶排、上茶排	洋头岗	阳头岗
	石仓七村	茶排、下茶排	丁子里	半山里
	后门山	长田丘、陈路后	树梢	南源
	洋坑源	陈留	山边	桐坑
玉岩镇	玉岩	白岩	下陈	下川、夏川、陈村
	东肚寮	东渡寮	白沙岗	玉沙岗
	大连	大链	黄坛	黄砭
	吴大山	鱼大山	召楼	邵楼、赵楼

续表 1-6-2-1-2

乡镇	今地名	旧地名	今地名	旧地名
玉岩镇	步新	步斜	文里后	文岭后
	梨步坑	移步坑、梨埠坑	吴往	鱼养
	何庄	何钟、何庄窟	白客寮	鲍客寮
	麻田	墓田	周安	松安
	程岭根	郑岭根	济上	漈上
	洋坑	羊坑	余叶	移叶
	坳头	凹头	交塘	茭塘
	西沿头	西演头	—	—
望松乡	五都阳	五都洋	乌叉路	李家
	乌井	上院	石门	习文
	大徐	肚脐儿、徐庄	马桥后	姥桥后
	麻阳塔	茂阳塔	山仁下	山儿下
	李家	李宅	榔阳	樟山头
	仪桥	和尚寮	六都	太村
	吴弄	梧弄	灵鹫山	五方山、仑山、红鞋花岗
	王村	玉林	砌坛	砌磁
叶村乡	叶村	上叶、新村	叶村源口	东坞源口
	包安山	包庵山	项坑	巷坑
	膳垄	鳝弄	叶墙头	景星里
	下杨	下阳	正岗山	正间山、金鉴山
	杨柳洞	杨里洞	松山	嵩山
	官田	罐田	黄犬山	盘龙山
斋坛乡	斋坛	斋磁、斋坦	下桃堂	下道堂、大桥头
	湾口	官口	花田垄	敷田昕、浮田垄、花田畈
	船下垄	泉下垄	桐楼	烟基寮
	苦马塘	梏马堂	金梁	金梁
	大花地	桃花地	上垄、下垄	东关源
	坑沿	坑徐	吊坛	吊磁
三都乡	里庄	李庄	后畲	后斜
	尹源	尹川	麻坛	茂磁、磨磁
	松庄	送庄、宋庄	凉连	梁连

续表 1-6-2-1-3

乡镇	今地名	旧地名	今地名	旧地名
三都乡	杨家堂	樟交堂	酉田	油田
	周山头	钟山	—	—
四都乡	上河	上何	榔树	上浪树
	柘坑	挤坑	午岭	五岭
	庄河	庄后、钟后	河坌	何坌
竹源乡	燕庄	北山	呈田	陈田
赤寿乡	界首	洪坦、佳溪、界头	万寿山	晚翠山、万岁山
	择子山	择梓山	大川	鼍岭脚、鼍川、大岭脚
	丁钟塆	金钟塆	半古月	半鼓月、半架月
	塘东	塘栋	谷旺	角陷
	龙下	浪下	红连	乌林、乌连
	朝阳	淳西	卯山后	太平庄
樟溪乡	马头山	武头山、莲花山	谷山垄	角山垄
	上徐山	肖徐、徐山	兴村	番薯寮、金村
	高岸坛	孤魂坛	力溪	立溪、碧溪
	富兴	化成、化成寺	馒头山	净村
	高里	高岭、高坌	坑徐	坑前
	岗头儿	岗头	福村	钟家
	大徐	肚脐	兰家	陈村
	杨岭脚	洋岭脚	溪下	林宅庄、林泽
	周弄口	李村	后肖	后萧
新兴乡	横溪	温州寮	大木山	大墓山
	后周包	厍洲	外寮	匣坑源
	外孟	平濂	内孟	簧源
	徐郑	大垄	庄后	重后
	下源口	芳溪	金坞	建坞
	后刘	后留	大弄	大垄
谢村乡	平卿	平青	上仓	上庄
	淡竹	弹竹	谢西坑	西坑
	大岭里	塘里	塔岭	峻垅
	李山头	凤山头	—	—

续表 1-6-2-1-4

乡镇	今地名	旧地名	今地名	旧地名
新处乡	新处	破寮徐	山甫	散甫
	朱岱	珠袋	竹垒	竹囮
	东北头	东钵头	—	—
裕溪乡	务公庄	五空庄	田岸椿	田岸串
	五里坟	雾里坟	基山头	支山头
	山荷寮	山河寮	竹高岭	竹篙岭
	斗谷埠	碓谷埠	小黄岭头	黄岭头
	章山、章山岭脚	姜山、姜山岭脚	王田圩	黄店圩
板桥畲族乡	板桥	乐安里、周川	桐榔	桐川、桐廊
	钟楼源	庄头源	石弄垒	石卵垒
	大方车	大纺车	塘弄	大垄
	大毛科	驮猫窝	麒上	鹿獐、箸上
	雷山头	南山头	潘家弄	潘山垄
	下仓	苍山	—	—
枫坪乡	珠岱	珠袋、小珠岱	徐山	前山
	老鸦坑	华坑	山赤坑	三吉坑
	全畈	船畈	竹坳岗	处后岗
	南胜	南坑、外南坑	真武桥	金木桥
	石柱	石贵	山乍口	山窄口
	庄后寮	钟后寮	田忠寮	田中寮
	洋庄	杨钟	杨庄源	天火砝
	金竹	箍竹、苦竹	后齐	何齐
	宝钱源	破桥源	钱余	黄砝
	根下	根野、双溪口	高亭	亭川
	水店	徐店	塘鱼岗	唐虞岗
安民乡	大潘坑	潘坑、潘溪	曹竹	槽竹、曹溪
	吴宅	大脉墓、鱼宅	大古坳	大姑坳
	苏马坪	司武坪	大山寮	大山岭
	台坑	台川、台山下坊	李坑	栗坑

说明：根据民国《松阳县志》、《松阳县地名志》（1987）及各姓氏宗谱、民间俗名整理

第三节　地名管理工作

地名普查

1980年10月，根据省政府要求，在全县范围开展地名普查。12月，县地名普查办公室成立，抽调民政、公安、邮电、交通、教育等部门的人员，组成地名普查领导小组，在西屏镇开展地名普查试点工作。1981年3月，普查工作在全县范围展开。经过地名普查，查清境内地名状况，核定主要地名，解决一地多名、一名多用、用字不当、含义不妥、重名、无名等问题。普查地名1016条，填写档案卡片816张，撰写乡镇概况30余份。1982年9月，经浙江省地名委员会验收合格通过。

1989年，在1981年地名普查的基础上进行一次地名补查和资料更新工作。

1982年松阳县地名普查成果统计表

表1-6-3-1

项目／数字／单位名称	地名普查条数										填写地名卡片数	查到地名来历含义条数	增补地名数	修改移位地名数	修改地名错字数	地名命名更名数
	合计	行政村	自然村	街道·巷	企业单位	事业单位	名胜古迹	人工建筑物	自然地理实体	其他						
松阳县	1892	435	998	130	22	7	5	38	195	62	815	815	112	5	91	37
西屏镇	140	23	10	92	4	3	3	2	1	2	27	27	2	—	1	13
古市镇	82	20	16	38	2	3	—	1	1	1	23	23	12	—	—	8
石仓公社	184	27	127	—	—	—	—	3	21	6	53	53	7	—	17	5
赤寿公社	75	21	41	—	—	—	—	3	7	3	38	38	11	—	1	—
新兴公社	59	21	34	—	—	—	—	—	3	1	41	41	3	—	—	—
岗寺公社	57	18	29	—	2	—	—	3	2	3	36	36	4	—	1	—
樟溪公社	61	23	35	—	—	—	—	2	1	—	45	45	5	1	1	2
谢村公社	33	12	16	—	—	—	—	—	3	2	23	23	—	—	1	2
庄后公社	36	13	19	—	—	—	—	1	2	1	25	25	2	—	2	—
塘后公社	70	13	18	—	1	1		5	27	5	24	24	2	—	3	1
望松公社	68	20	38	—	—	—	—	2	5	3	39	39	4	—	1	—
三都公社	66	19	34	—	2	—	—	—	9	2	37	37	—	1	7	—
斋坛公社	45	15	29	—	—	—	—	—	1	—	29	29	6	1	4	—
叶村公社	56	18	31	—	—	—	—	4	3	—	35	35	—	1	1	1

续表 1-6-3-1

项目/数字/单位名称	地名普查条数										填写地名卡片数	查到地名来历含义条数	增补地名数	修改移位地名数	修改地名错字数	地名命名更名数
	合计	行政村	自然村	街道·巷	企业单位	事业单位	名胜古迹	人工建筑物	自然地理实体	其他						
阳溪公社	91	21	50	—	3	—	1	3	8	5	43	43	4	—	1	1
水南公社	63	20	32	—	—	—	1	2	6	2	40	40	5	—		2
竹源公社	41	12	22	—	1	—	—	1	4	1	23	23	1	—	4	1
靖居公社	69	16	48	—	1	—	—	—	3	1	34	34	5	—	3	1
板桥公社	74	10	52	—	—	—	—	1	8	3	19	19	12	—	3	—
雅溪公社	105	20	66	—	—	—	—	—	12	7	39	39	3	1	8	—
联溪公社	106	13	76	—	2	—	—	—	14	1	25	25	5	—	16	—
玉岩公社	85	19	43	—	4	—	—	2	17	—	36	36	8	—	6	—
交塘公社	52	14	26	—	—	—	—	—	6	6	28	28	2	—	1	—
枫坪公社	112	18	70	—	—	—	—	3	15	6	36	36	9	—	7	—
安民公社	62	9	36	—	—	—	—	—	16	1	17	17	—	—	2	—

地名命名更名

1982年8月，在进行第一次全县地名普查工作的同时，对“文化大革命”时滥改的地名、因历史遗留的异地同名和含义不妥的地名进行纠正，共处理不规范地名27条。至1994年，更名重名、同音、生僻字、地方字地名98条，其中因重名而更名的地名32条，更正生僻、地方字地名4条，其他类地名35条。

1984年8月8日，丽水地区民政局批准联溪乡更名为裕溪乡、塘后乡更名为四都乡、庄后乡更名为新处乡；8月11日，浙江省民政厅批准板桥乡更名为板桥畲族乡。1985年5月4日，丽水地区民政局批准斋坦乡更名为斋坛乡；5月20日，浙江省民政厅批准玉岩乡更名为玉岩镇。1992年5月22日，浙江省民政厅批准撤销松阳、古市、玉岩、大东坝、靖居5个区；松阳县原辖3个镇、24个乡，撤区扩镇后调整为5个镇、15个乡（含1个畲族乡）。

1998年，批准公布屏南小区、朝天门小区、瑶台小区、凌霄小区、玉峰小区、醴泉小区、净梵寺小区、济川小区、慧明小区、青云小区、长运小区、瑞阳小区等居民区，以及环城西路、长虹西路、长虹中路、长虹东路、育英路、太平坊路、荷塘路、云峰路、江滨路等城镇道路的地名命名。

1981～1994年松阳县地名变动情况表

表 1-6-3-2

序号	乡镇	村名	标准地名		地名类别	变动时间性质	变动原因
			原地名	新地名			
1	西屏镇	街道	府前街 大街	人民大街	路名	1981年更名	将原历史路名，重新命名
2	西屏镇	街道	北大街 光明街	北直街	路名	1981年更名	纠正“文化大革命”时滥改，重新命名北直街
3	西屏镇	街道	南大街 胜利街	南直街	路名	1981年更名	纠正“文化大革命”时滥改，重新命名南直街
4	西屏镇	街道	东风街	横街	路名	1981年更名	纠正“文化大革命”时滥改，恢复原名
5	西屏镇	街道	工农路	樟庵坛路	路名	1981年更名	纠正“文化大革命”时滥改，恢复原路名
6	西屏镇	街道	光明街 工农路	毛祠路	路名	1981年更名	纠正“文化大革命”时滥改，恢复原路名
7	西屏镇	街道	工农路	朴子弄	路名	1981年更名	纠正“文化大革命”时滥改，恢复原路名
8	西屏镇	街道	小亭路 少先路	上天 后宫弄	路名	1981年更名	纠正“文化大革命”时滥改，恢复原路名
9	西屏镇	街道	宫弄 人民大街	中弄	路名	1981年更名	纠正“文化大革命”时滥改，恢复原路名
10	西屏镇	街道	大众路	官儒路	路名	1981年更名	纠正“文化大革命”时滥改，恢复原路名
11	西屏镇	街道	前进路	社仓弄	路名	1981年更名	纠正“文化大革命”滥改，恢复原路名
12	西屏镇	街道	庆丰路	明德路	路名	1981年更名	纠正“文化大革命”时滥改，恢复原路名
13	西屏镇	街道	利民路 济川路	大井路	路名	1981年更名	纠正“文化大革命”时滥改，恢复原路名
14	西屏镇	街道	红卫路	要津路	路名	1981年更名	纠正“文化大革命”时滥改，恢复原路名
15	西屏镇	街道	大庆路	猪行路	路名	1981年更名	纠正“文化大革命”时滥改，恢复原路名
16	西屏镇	街道	大寨路	东阁街	路名	1981年更名	纠正“文化大革命”时滥改，恢复原路名
17	西屏镇	街道	立新路	下马街	路名	1981年更名	纠正“文化大革命”时滥改，恢复原路名
18	西屏镇	街道	劳动路	荷田岭路	街道	1981年更名	纠正“文化大革命”时滥改，恢复原路名
19	西屏镇	街道	丰收路	白龙堰路	路名	1981年更名	纠正“文化大革命”时滥改，恢复原路名
20	西屏镇	街道	游泳路	溪滩路	路名	1981年更名	纠正“文化大革命”时滥改，恢复原路名
21	西屏镇	街道	游泳路	青田码道	路名	1981年更名	纠正“文化大革命”时滥改，恢复原路名
22	西屏镇	街道	永丰桥路	府前街	路名	1988年更名	因地处县政府前，更名
23	西屏镇	街道	马头坑路	公园路	路名	1988年更名	因通往西屏山公园，更名
24	西屏镇	西一村	一大队	西一	行政村	1981年更名	因重名，更名
25	西屏镇	西二村	二大队	西二	行政村	1981年更名	因重名，更名

续表 1-6-3-2-1

序号	乡镇	村名	标准地名		地名类别	变动时间性质	变动原因
			原地名	新地名			
26	西屏镇	西三村	三大队	西三	行政村	1981 年更名	因重名，更名
27	西屏镇	西四村	四大队	西四	行政村	1981 年更名	因重名，更名
28	西屏镇	西五村	五大队	西五	行政村	1981 年更名	因重名，更名
29	西屏镇	西六村	六大队	西六	行政村	1981 年更名	因重名，更名
30	西屏镇	西七村	七大队	西七	行政村	1981 年更名	因重名，更名
31	西屏镇	西八村	八大队	西八	行政村	1981 年更名	因重名，更名
32	西屏镇	西九村	九大队	西九	行政村	1981 年更名	以序数命名，无地名特色，更名
33	西屏镇	西十村	十大队	西十	行政村	1981 年更名	以序数命名，无地名特色，更名
34	西屏镇	西十一村	十一大队	西十一	行政村	1981 年更名	以序数命名，无地名特色，更名
35	西屏镇	塔寺下村	十二大队	塔寺下	行政村	1981 年更名	以序数命名，无地名特色，更名
36	西屏镇	上连头村	十三大队	上连头	行政村	1981 年更名	以序数命名，无地名特色，更名
37	西屏镇	上连头村	黄山前	项山前	自然村	1993 年更名	因姓氏不符，以山得名
38	西屏镇	上连头村	山垄	上山垄	自然村	1993 年更名	因重名，更名
39	西屏镇	塘寮村	山垄	下山垄	自然村	1993 年更名	因重名，更名
40	西屏镇	阳东坑村	东坑	阳东坑	行政村	1981 年更名	因重名，更名
41	西屏镇	铺门村	甫门	铺门	行政村	1981 年更名	纠正别字“甫”
42	西屏镇	邵山脚村	邵山	邵山	行政村	1985 年更名	纠正别字“召”，以邵山取名
43	西屏镇	西垒村	西囮 西枫	西垒	行政村	1981、 1985 年更名	“囮”标准字音不符，“枫”含义不符，取方言谐音二次更名
44	西屏镇	市口村	寺口	市口	行政村	1982 年更名	因重名，更名
45	古市镇	古一村	一大队	古一	行政村	1981 年更名	因重名，更名
46	古市镇	古二村	二大队	古二	行政村	1981 年更名	因重名，更名
47	古市镇	古三村	三大队	古三	行政村	1981 年更名	因重名，更名
48	古市镇	古四村	四大队	古四	行政村	1981 年更名	因重名，更名
49	古市镇	古五村	五大队	古五	行政村	1981 年更名	因重名，更名
50	古市镇	古六村	六大队	古六	行政村	1981 年更名	因重名，更名
51	古市镇	古七村	七大队	古七	行政村	1981 年更名	因重名，更名
52	古市镇	古八村	八大队	古八	行政村	1981 年更名	因重名，更名
53	古市镇	航埠头村	黄埠头	航埠头	行政村	1993 年更名	恢复原村名，原名注销
54	古市镇	航埠头村	黄埠桥头	航埠桥头	自然村	1993 年更名	随主地名更名，原名注销

续表 1-6-3-2-2

序号	乡镇	村名	标准地名		地名类别	变动时间性质	变动原因
			原地名	新地名			
55	古市镇	下五木村	乌岩头 大旺山脚	横岩头	自然村	1993年更名	原名乌岩头、大旺山脚，更名横岩头
56	斋坛乡	东圩蓬村	东圩檬	东圩蓬	行政村	1981年更名	纠正造字“檬”
57	斋坛乡	斋坛乡 斋坛村	斋硋 斋坦 斋硋 斋坦	斋坛乡 斋坛村	乡政府 行政村	1985年更名	为方便书写，更名
58	斋坛乡	东淤蓬村	东淤蓬	东圩蓬	行政村	1985年更名	因习惯用字“圩”，更名
59	斋坛乡	石门圩村	石门淤	石门圩	行政村	1985年更名	因习惯用字“圩”，更名
60	竹源乡	燕庄村	北山	燕庄	行政村	1981年更名	因重名，更名
61	叶村乡	叶村源口村	源口	叶村源口	行政村	1981年更名	因重名，更名
62	四都乡	庄河村	庄后	庄河	行政村	1981年更名	因重名，更名
63	四都乡	四都乡	塘后乡	四都乡	乡政府	1984年更名	恢复原地名
64	大东坝镇	大樟源口村	源口	大樟源口	行政村	1981年更名	因重名，更名
65	大东坝镇	洋坑埠头村	洋坑埠	洋坑埠头	行政村	1981年更名	因重名，更名
66	大东坝镇	大东坝村	卫东	大东坝	行政村	1981年更名	纠正“文化大革命”滥改村名，恢复原村名
67	大东坝镇	后宅村	红灯	后宅	行政村	1981年更名	纠正“文化大革命”滥改村名，恢复原村名
68	大东坝镇	燕田村	红星	燕田	行政村	1981年更名	纠正“文化大革命”滥改村名，恢复原村名
69	大东坝镇	上茶排村	六村	上茶排	行政村	1981年更名	以序数命名，无地名特色
70	大东坝镇	下茶排村	七村	下茶排	行政村	1981年更名	以序数命名，无地名特色
71	大东坝镇	赤圩村	赤淤	赤圩	行政村	1985年更名	因习惯用字“圩”，更名
72	大东坝镇	百鸟朝凰村	百鸟朝皇	百鸟朝凰	自然村	1985年更名	纠正别字“皇”
73	大东坝镇	牛角圩村	牛角圩	塆内	自然村	1993年更名	纠正地名普查时误写
74	大东坝镇	外大阴村	外大阴	大阴口	自然村	1993年更名	纠正地名普查时误写
75	大东坝镇	内大阴村	内大阴	苦槠树下	自然村	1993年更名	纠正地名普查时误写
76	玉岩镇	白沙岗村	新岗	白沙岗	行政村	1985年更名	恢复原名
77	玉岩镇	外南坑	南坑	外南坑	行政村	1985年更名	
78	玉岩镇	步新村	步斜	步新	行政村	1993年更名	原步斜村已消失，更名步新
79	象溪镇	小佛儿村	立新	小佛儿	行政村	1981年更名	纠正“文化大革命”滥改村名，恢复原村名
80	象溪镇	吕潭村	吕沄	吕潭	行政村	1981年更名	纠正别字“沄”
81	象溪镇	象溪村	象溪	象溪一村	行政村	1993年更名	因与镇政府驻地同名，更名
82	象溪镇	高岭村	高岭	象溪二村	行政村	1993年更名	因村迁址象溪村，与镇政府驻地同名，而更名

续表 1-6-3-2-3

序号	乡镇	村名	标准地名		地名类别	变动时间性质	变动原因
			原地名	新地名			
83	赤寿乡	大川村	大岭脚	大川	行政村	1981 年更名	因重名，更名
84	谢村乡	谢西坑村	西坑	谢西坑	行政村	1981 年更名	因重名，更名
85	樟溪乡	兴村村	金村	兴村	行政村	1982 年更名	因重名，更名
86	樟溪乡	上徐山村	徐山	上徐山	行政村	1982 年更名	因重名，更名
87	樟溪乡	富兴村	力农	富兴	行政村	1985 年更名	由力溪农场简称“力农”，更名福村
88	樟溪乡	福村村	钟家	福村	行政村	1985 年更名	恢复原名
89	谢村乡	上仓村	上庄	上仓	行政村	1982 年更名	因重名，更名
90	新处乡	新处乡	庄后乡	新处乡	乡政府	1984 年更名	以驻地村更名
91	新处乡	竹囵村	竹囵	竹垒	行政村	1985 年更名	1985 年去掉生僻字“囵”
92	板桥畲族乡	板桥畲族乡	板桥乡	板桥畲族乡	乡政府	1984 年更名	因畲族人口多更名
93	板桥畲族乡	箸上村	麒上	箸上	自然村	1985 年更名	纠正别字“麒”
94	板桥畲族乡	东坑村	内塆	上内塆	自然村	1993 年更名	因重名，更名
95	板桥畲族乡	金村村	内塆	下内塆	自然村	1993 年更名	因重名，更名
96	裕溪乡	裕溪乡	联溪乡	裕溪乡	乡政府	1984 年更名	以驻地村得名
97	裕溪乡	霭溪村	合溪	霭溪	行政村	1985、1993 年更名	1985 年纠正别字“合”，复原地名霭溪；1993 年为便于书写，又复为“合溪”
98	枫坪乡	钱余村	破钱源	宝钱源	自然村	1993 年更名	因地名含义不符，而更名

松阳县地名方言用字情况表

表 1-6-3-3

字形	方言读音	含义	地名举例
砀	dang（音同“坛”）	石块或岩石	砌砀、吊砀、砀头嘴、砀岩壳下、砀头背
丼	den（音同“钝”）	低洼地	乌丼
圳	yuan（音同“渊”）	堰	白龙圳、圳头、横圳、圳古栏
垟	yang（音同“阳”）	平坦、宽阔之地	大垟、外垟、内垟
圩	yue（音同“于”）	淤泥沉积地	石门圩、黄田圩、黄圩、赤圩
陂	bi（音同“皮”）	小水坝	大陂头
塔	dao（音同“答”）	荒地或草地	草塔、大塔、麻阳塔、坑塔
塆	wang（音同“弯”）	山弯	内塆、塆角、水槽塆、马蹄塆

续表 1-6-3-3

字形	方言读音	含义	地名举例
筏	ba（音同“排”）	竹排、木排	筏铺、
厝	que（音同“处”）	房屋	新处、大处、旧处
垵	wan（音同“安”）	山坳或山坞	黄碧垵、马架垵、后山垵
坑	kang（音同“坑”）	小溪沟	东坑、西坑、双坑口、大横坑
岱	dai（音同“袋”）	袋的意思	南岱、岱头、珠岱、木岱坑、
徐	xue（音同“徐”）	前面的意思	山徐、坑徐、项山徐、
囦	fen（音同“分”）	意为菜园	西囦、竹囦、菜囦
坌	fen（音同“分”）	指田园	西坌
墈	kan（音同“坎”）	高出的地方	墈头、墈头沿、市墈头
檬	beng（音同“蓬”）	竹木生长茂盛，木成林	东圩蓬、竹蓬头、蓝蓬
儿	ni(音同“尼”）	虚语素，用作后缀	小佛儿、下寮儿、岗头儿

地名标志

地名标志是指为社会公众使用所设立标示地理实体名称的标志，包括居民地、街（路、巷）名称标志，门（楼）编码名称等标志，由县民政局负责该行政区域内地名标志的设置和管理。

1982 年，松阳县人民政府批转县地名委员会《关于松阳县开展制订门牌工作的报告》，在西屏镇试点后，在古市镇展开，1987 年底前完成各建置镇的街、路、巷、弄和门牌的设置工作。

1988 年后，松阳县地名标志设置工作与城乡建设规划、公安机关发放居民身份证、美化城镇市容、统一使用标准地名等工作相结合，对城镇地名标志作重设、更新、增补和调整。

1994 年，为落实省、市地名委员会《关于建置镇设立标准路、门牌的通知》精神，对西屏镇街、路、巷、门牌的设置工作进行整顿，为新命名路段增设地名标志 26 块，更换残缺地名标志 3 块，整改更换使用不规范的交通地名标志 14 块。

1996 年 12 月，松阳县执行民政部《地名管理条例》《浙江省地名管理办法》《松阳县地名管理规定》，对城乡设置和整顿地名标志，规范使用门牌和制作门牌证，实行一牌一证制度。1997 年初，先在象溪镇进行地名标志试点工作；6 月底，完成西屏镇整顿设置地名标志工作；年末，完成古市、玉岩、大东坝 3 镇的整顿设置。1998 年，完成全县乡村地名标志的设置，制发门牌证，城乡地名标志的设置走向规范化、法制化、标准化。

1998 年 5 月，根据浙江省人民政府办公厅《转发省公安厅关于完善农村户籍制度实施意见的通知》规定，原由民政局负责管理的门（楼）牌编制工作移交公安局管理，民政局配合公安局开展城乡门牌设置管理工作。

县界勘定

民国18～19年（1929～1930），勘定松阳与遂昌县界6处，松阳与宣平县界3处，松阳与云和、龙泉、丽水各县均以田界为界。

松阳县境与5个县（市）交接。其中，与遂昌接边涉及遂昌5个乡镇24个行政村、松阳7个乡镇27个行政村，境界长93.51千米，占总长度的32.21%；与龙泉接边涉及龙泉2个乡10个行政村、松阳3个乡镇11个行政村1个乡办林场，境界长46.85千米，占16.14%；与云和接边涉及云和4个乡11个行政村、松阳5个乡10个行政村，境界长52.63千米，占18.13%；与丽水（今莲都）接边涉及丽水4个乡16个行政村、松阳3个乡15个行政村1个县办林场，境界长70.47千米，占24.27%；与武义接边涉及武义3个乡7个行政村、松阳3个乡8个行政村1个乡办林场，境界长26.85千米，占9.25%。全县境共设界址点278个，界址线277段。

至2010年，勘定境域县界长286.34千米，涉及市界1条，与金华市武义县交界；县（区）界4条，与丽水市莲都区、云和县、龙泉市、遂昌县交界。县境勘界涉及乡镇12个、行政村50个、国家级森林公园1个、省级风景名胜区1个，沿线共埋设界桩10个。

市际交界线1条，为金（金华）丽（丽水）线武义松阳段，全长26.19千米。应埋设界桩2个，界桩号330711002、330711003，实埋1个（界桩号330711003），界桩号330711002因勘界尚存争议未埋。

县际交界线有4条：

莲（莲都）松（松阳）线，沿线涉及莲都区丽新畲族乡、碧湖镇、大港头镇，松阳县三都乡、板桥畲族乡、裕溪乡，全长63.3千米。埋设界桩2个，界桩号33110224001、33110224002。

遂（遂昌）松（松阳）线，沿线涉及遂昌县垵口乡、妙高街道、云峰街道、濂竹乡，松阳县玉岩镇、赤寿乡、望松街道、古市镇、新兴镇、枫坪乡，全长92.97千米。埋设界桩1个，界桩号33112324001。

云（云和）松（松阳）线，沿线涉及云和县赤石乡、大源乡、朱村乡，松阳县大东坝镇、象溪镇、裕溪乡，全长53.7千米。埋设界桩1个，界桩号33112425001。

龙（龙泉）松（松阳）线，沿线涉及龙泉市城北乡、道太乡，松阳县枫坪乡、安民乡、大东坝镇，全长50.18千米。埋设界桩1个，界桩号33112481001。

区、市、县交会点有3条：

莲（莲都）云（云和）松（松阳）线，沿线涉及莲都区大港头镇石桥村、云和县石塘镇大岗山村、松阳县裕溪乡内陈村。埋设界桩1个，界桩号3311022524s。

龙（龙泉）云（云和）松（松阳）线，沿线涉及龙泉市道太乡大苏村、云和县赤石乡店子村、松阳县大东坝镇燕田村。埋设界桩1个，界桩号3311812524s。

遂（遂昌）松（松阳）龙（龙泉）线，沿线涉及遂昌县垵口乡葛程村、龙泉市城北乡陂川村、松阳县枫坪乡龙虎坳村。埋设界桩1个，界桩号3311232481s。

第二编　自然环境

自然环境包括大气、水、植物、动物、土壤、岩石矿物、太阳辐射等。与人类生产、生活密切的主要是地质构造、地貌特征、大气环境、水环境以及声环境、土地与土壤环境和生态环境。

松阳在地质构造上处于中国东南部华夏系第二隆起带的南段，“华夏古陆”的东北端。主要出露前震旦系、侏罗系、白垩系和第四系地层及侵入岩。境内有丽水市最大的河谷盆地，四周为中低山。地貌层次明显，类型多样，有中山、低山、丘陵、漫岗、盆地、谷地、溪滩。

松阳地属中亚热带季风性湿润气候区。温暖湿润，雨量充沛，四季分明，无霜期长，山地立体气候特征明显。光、热、水的组合良好，表现为春季水、热同步，秋、冬季光温互补。适宜农作物生长，造就松阳农耕文明。

2006 年，松阳县开始监测县城区域内的声环境。噪声污染主要来源于交通、工业、建筑施工、社会生活以及其他声源。

松阳县水系单一，全部溪流均属瓯江流域。松阴溪为瓯江上游主要一级支流，为县内最大河流，流域面积占全县面积 92.64%。溪流多为山溪性河流，大多源短流急，河道狭窄落差较大，流量受降雨影响明显，水位易涨易落，洪枯变化大。年均水资源总量 13.85 亿立方米。由于众多小水电的截流，松阴溪干支流常出现断流现象。

松阳“八山一水一分田”。水稻土是松阳人民千百年来赖以生存的宝贵资源。红壤分布广，其成土母质以凝灰岩，花岗岩、流纹岩等酸性岩浆岩风化物为主，具有酸、黏、瘦的特征；以园地、林地、旱地为主，是松阳茶叶主要种植区域。

松阳是国家生态示范县，境内动植物数量多、种类丰富。

松阳的自然灾害主要有气象灾害、地质灾害、农作物生物灾害、森林生物灾害。

第一章　地质 地貌

在地质构造上，松阳处于全国东南部华夏系第二隆起带的南段，“华夏古陆”的东北端。境内山地层叠，奇峰屹立，地层参差，构造复杂，地质发展历史悠久。

松阳县属浙西南山区，地处瓯江流域上游中低山、丘陵地带。四周群山起伏、切割强烈，峡谷众多。中部为松古盆地，呈北偏西 40 度走向，长 25 千米，宽 5～7 千米，成一槽型，整个地势以盆地为中心，两边高中间低，西南高东部低，地貌层次分明，类型多样，有中山、低山、丘陵、漫岗、盆地、谷地、溪滩。

第一节 基岩地质

松阳县主要出露前震旦系、侏罗系、白垩系和第四系地层及侵入岩。

前震旦系八都群、陈蔡群变质岩

是松阳县基底层，出露于玉岩、枫坪、大岭头、里庄等地，面积约110平方千米，主要岩性有黑云斜长片麻岩、黑云斜长变粒岩、斜长角闪岩、含铁石英岩、黑云片岩、绿泥片岩、少量黑云（石英）片岩等。岩石片理发育，受构造作用和风化剥蚀，风化残积层比较厚，且疏松。

侏罗系火山岩

分布在松古盆地四周，构成低山丘陵主体，面积约1027平方千米。

上侏罗统：地层分布广泛，出露面积1005平方千米。境内出露以大爽组、高坞组为主，局部为西山头组。

大爽组主要岩性为灰绿色流纹质凝灰岩、灰白色流纹质含砾晶玻屑凝灰岩、灰黄色复屑砂岩夹泥岩和粉砂岩。

高坞组岩性为流纹质晶玻屑熔结凝灰岩、晶玻屑凝灰岩，夹有沉凝灰岩、粉砂岩。

西山头组岩性为玻屑凝灰岩、流纹质含砾晶玻屑凝灰岩、流纹质晶玻屑凝灰岩、熔结凝灰岩等。

中侏罗统毛弄组：分布在毛弄、小槎、内陈一带，面积约10平方千米，岩性以灰色长石粗—中砂岩，含砾长石粗砂岩，灰白色长石石英粗砂岩，含砾石英粗砂岩为主，夹流纹质凝灰岩、沉凝灰岩、沉玻屑凝灰岩及少量灰白色砾岩、砾质砂岩和岩屑砂岩等。

下侏罗统枫坪组：面积约12平方千米。岩性为灰白、灰黄、灰绿色石英砂岩，夹少量薄层、透镜状泥岩和碳质页岩，有时含煤线，易风化形成较厚的碎石土。

白垩系陆相碎屑岩

主要分布在松古盆地内，面积约125平方千米。

馆头组：分布在盆地南西缘桐溪、岩下、中部谢树寮及西北上江一带，面积约50平方千米。上段主要岩性为紫红色砂岩、粉砂岩和灰绿、灰黄色砂岩，泥岩及红色块状砾岩。下段为暗红色碱性粗面岩、灰黑色玄武岩。

朝川组：分布在盆地望松、西屏、叶村、古市一带，面积约65平方千米。按岩性可分三段，主要岩性为紫红砖红色砂岩、粉砂岩、泥岩和砂砾岩。

方岩组：分布在盆地狮子山一带，面积约10平方千米。岩性为紫红色块状砾岩和砂砾岩。

第四系砂砾层

由上更新统莲花组和全新统郭江桥组组成，主要分布在松古盆地及其边缘，面积约59平方千米。

莲花组：分布在盆地边缘及盆地的Ⅰ、Ⅱ级阶地和山谷出口处的洪积扇地带，成因类型主要为洪积相和冲积相。

上部为土黄色含砾粉质黏土，含少量砾石，砾径 2～10 毫米，呈次棱角状。含砂量约 10%，粒径 0.5～1.0 毫米，其余为粉土或黏土，厚度大于 2.4 米。

下部为褐黄色碎、块石层，碎、块石含量大于 60%，粒径 5～300 毫米，呈次棱角状，部分为棱角状，多已风化，成份以凝灰岩类为主，厚 1.2 米。

鄞江桥组：分布在松古盆地河床、河漫滩及广泛的古河漫滩中。成因类型以冲积为主，且具有明显的二元结构。成份以漂砾、卵石、砾砂为主。现代河漫滩以含砾中细砂为主，呈松散状，分选性较好，厚度 3～10 米。

侵入岩

侵入岩种类有花岗岩、花岗闪长岩、花岗斑岩、石英正长斑岩和霏细斑岩，主要分布在东部、南部和西南部，面积 85 平方千米。出露面积较大的有靖居口花岗闪长岩和金钟山花岗岩，其他只是零星出露。该类岩石易风化形成较厚的残坡积层，在地貌上往往为负地形。另外有次火山岩，主要分布在县域西南部，主要为流纹岩。

地质构造

松阳县大地构造处华南褶皱系，龙泉—宁波北东向与松阳—平阳北西向两大区域大断裂交汇部位。

区域性断裂构造　(1) 龙泉—宁波断裂带在松阳境内西南起智山经鲁峰延至莲都区老竹盆地南缘，在卫片上呈北东向的线状、带状色调影像极为清晰，形成一条总体走向北东 40～50 度的色调异常带，带宽 0.5～20 千米。该断裂的次级断裂有枫坪—三笋坑和牛岗圩—石门坑断裂，出露长 35～50 千米，宽 0.5～3 千米和 5～8 千米，由一系列更次级断裂组成，断裂性质属先张后压，具多期活动的特征，局部地段有较强的挤压片理化现象。

(2) 松阳—平阳断裂带走向与盆地轴向一致，盆地北东、南西两侧浅色线状影像在卫片上清晰，由数条北西向平行断裂组成，形成宽 15～20 千米的断裂带，单条断裂长 5～50 千米，走向北西，倾角 70～85 度，断裂中见有构造角砾岩、碎裂岩，局部片理化明显，常有闪长岩、霏细岩、安山岩等岩脉充填。

东西向构造　里庄—黄村构造带，在里庄一带见有老变质岩沿断裂逆冲于中生代火山岩之上，与一系列南北向规模不大的张性断裂正交。

南北向构造　形成较晚，分布零散，主要发育在松阳境内东部。

新构造　县志记载，明、清年间，境内曾有过 5 次地震，无强度与震级记载。地质研究资料证实龙泉—宁波断裂是一条具多次活动、长期上升的隆起带，在前震旦系地层出露地段，韧性剪切带发育。在海拔 400～700 米的丘陵与低山过渡带，形成多阶梯夷平面，在枫坪、玉岩大岭头、四都等地尤为显见。

地质灾害情况

松阳县地处浙西南山区，地质灾害频发，是浙江省地质灾害多发县之一。20 世纪 90 年代，地质灾害呈高发趋势，地质灾害造成的损失也逐步增大。截至 2010 年末，全县共调查核实地质灾害点 187 处，分布于全县 17 个乡镇 130 个行政村。地质灾害类型为滑坡、崩塌、泥石流，其中以滑坡为主，共118处，占灾害点总数的63.1%；次为崩塌，共34处，占18.2%；再次为泥石流，共35处，占18.7%。滑坡、崩塌主要为浅表残坡积层地质灾害；泥石流主要为小型低易发沟谷泥石流，其中8处为坡面泥石流。地质灾害规模以小型为主，共178处，其余为中型8处、大型1处。地质灾害危害程度为特大级的1处，重大级15处，较大级52处，一般级119处。至2010年末，地质灾害共造成5人死亡，共威胁1185户5721人的生命财产安全，威胁财产13844万元。

松阳县总面积1406平方千米，地质灾害易发区面积1271.22平方千米，占总面积的90.4%，已发现的地质灾害点有185处位于地质灾害易发区。2010年，松阳县共设置重点防治的A、B、C类地质灾害点及新增地质灾害点共40处，其中“A”类地质灾害点2处、“B”类点3处、“C”类点35处。40处地质灾害点中滑坡27处、崩塌5处、坡面泥石流8处。

第二节　水文与工程地质

水文地质

境内地下水主要含水层为卵砾石或砂砾石层。该层孔隙潜水埋藏浅，水量丰，渗透系数大于50米/天，补给来源主要是大气降水和松阴溪河水，因此动态受雨季控制。山麓地区地下水主要赋存于含碎（砾）粉质黏土或黏质粉土中，含水性和透水性均较差，但埋藏浅，动态变化受大气降水控制，常为山区村民生活用水之源。

广泛的基岩分布区，地下水赋存条件受岩性、断裂、节理、片理和裂隙的影响，呈现含水层的不均匀性。在火山碎屑岩和花岗岩类分布地区以块状裂隙潜水为主，常以下降泉出现排泄于地表，但水量不丰，渗透性差。而变质岩和火山碎屑沉积岩分布区，地下水沿片埋、层理或构造破碎带下渗活动，构成层状裂隙潜水或构造裂隙承压水。总之山区地下水因地表水径流排泄快，而地下水水量贫乏，且不具备统一的含水层位。

工程地质

根据岩土体的成因类型、岩性组合和物理力学特征，境内分布的岩体可分为硬质岩类、软质岩类和极软质岩类三种。土体可分为黏性土和砂砾土两类。

硬质岩类：主要为上侏罗统的火山岩和下白垩统方岩组的凝灰质砾岩。前者约占全境面积的71.5%；后者占全境面积的3%。特征坚硬致密，抗风化能力强，轴向抗压强度大，一般风化残积盖层较薄，节理裂隙虽较发育，但整体稳定性好。其次为花岗岩类侵入体和中侏罗统毛弄组砂砾岩，分布面积占全境面积的6.05%，特征是结构完整致密，轴向抗压强度大，不易软化，整体稳定性好。但表部因节理裂隙发育，常形成3～5米厚的风化层,局部深10米，由于风化后多呈松散的砂性土，且易充水饱和，故在斜坡地带易出现崩滑失稳。

软质岩类：主要为变质岩类和下白垩统中的砂岩和砂砾岩。前者占全境面积的7.85%；后者约占全境面积的3%，其特征是片理化发育，蚀变强烈或因呈凝灰砂质结构，一般轴向抗压强度低，稳定性较差，尤其在断裂附近，岩体破碎，常风化呈碎石土，当地形坡度较陡时，易出现崩滑失稳。

极软质岩类：以下侏罗统中的灰绿色含砾凝灰岩、泥质粉砂岩、泥岩和下白垩统中的泥质粉砂岩、泥岩为主。前者约占全境面积的 1.56%；后者约占全境面积的 2%。该类岩体常呈软弱夹层存在，轴向抗压强度一般低于 5Mpa，遇水后极易软化，在斜坡地带稳定性最差，常出现崩滑现象。

土体工程性状分黏性土和砂砾土两类。粘性土含碎石粉质黏土或黏质粉土。多分布于山坡地带，软塑、可塑、硬塑状态均有，系坡洪积成因，一般厚 2～3 米，建房削坡和公路开挖切坡易引发其顺坡蠕动形成地质灾害。砂砾土含卵砾石层或砂砾层。分布于松古盆地内，稍密、中密至密实状态均有，一般压缩性低，承载力高，系河流相冲积而成，是境内孔隙潜水的主要含水层，厚度 3～6 米，占全境面积的 4.2%，自然状态下稳定性能好。

第三节　地貌分区

松古盆地

又称松古平原，位于松阴溪流经的两岸，西北自赤寿乡界首，东南至西屏镇青蒙，海拔 105～200 米，面积 175.46 平方千米，占全县总面积的 12.48%，其中农田面积 90.67 平方千米，占全县农田的 58%。盆地包括西屏、古市 2 个镇和赤寿、新兴、樟溪、望松、斋坦、叶村等乡。

松古盆地为典型的构造盆地，西北端高，东南端低。盆地中大部分出露为白垩系的红色砂砾岩、钙质紫砂岩、沉积凝灰岩，少量的中基性岩类，岩层内倾，倾角 15 度左右，成土母质为该类基岩风化残积物，第四系 Qz 红土残积物，及松阴溪沿岸的近代河流冲积物。盆地开阔平坦，流经盆地中部的松阴溪呈北偏西 40 度，与地质构造一致，沿溪两岸冲积平原，农田连片，土层较厚。盛产粮、烟、豆、油、茶、果、桑，也是禽畜和鱼鳖主要产地。

丘陵、谷地

主要分布在盆地、河谷两侧，及东部的板桥、象溪、裕溪、大东坝等乡镇。丘陵海拔 200～500 米，总面积 498.85 平方千米，占全县总面积的 35.48%，其中农田 39.33 平方千米。自然条件与盆地相比，光照略少，湿度略高。成土母质以片麻岩、花岗岩的风化物为主。溪边土壤是洪积物发育，T 层达 1 米以上。农田多为山垄田，是连作稻或晚稻栽培区。丘陵主要有毛竹、油茶等经济林，局部开发成果园、茶园。

南部丘陵区，松阴溪支流小港迂回其中，并有很多山坑山溪汇入，形成开阔谷地，丘谷相间，分布着谷地贩田和丘陵粮地。

低山

分布在松古盆地外缘各乡镇，构成县内山地主体，海拔 500～800 米，面积 446.69 平方千米，占全县总面积的 31.77%，其中农田 20 平方千米。出露地表的基岩为流纹岩、凝灰岩，成土母质沟岩石风化原积、坡积物。松东、松东南和松南海拔较高，雨量充沛，气温适宜，土层较厚，利于松、杉、杂、阔和毛竹生长。松北低山，植被较差。农田分布在平缓山坡和山垄狭谷，筑成梯田耕作，以单季稻为主，间有一年二熟和少数三熟制混杂耕作区。

中山

主要分布在西南部安民、大东坝、玉岩、枫坪、谢村、新处和东北部的三都、四都等乡镇。海拔 800 米以上，面积 285 平方千米，占全县总面积的 20.27%，其中水田面积 7.33 平方千米。农田零星分布于出坡、冷坞，宜种单季稻。土壤母质为酸性岩浆岩风化体的坡积原积物。植被以黄山松、阔叶林、混交林为主。在部分交通不便的地区，植被破坏程度较轻，保留较多原生、半原生常绿阔叶林和自然土壤。

山脉

境内群山皆属仙霞岭山脉。仙霞岭余脉入境后，分为 4 支。

松北山脉　自西北经遂昌牛头山入松北，逶迤东南，经莲都，接栝苍，是松阳武义之天然分界。其间山峰耸立，有白砀山（1088 米）、大毛尖（1136 米）、包山头（1179.8 米）、大种山（1139 米）、寨头尖（1002 米）、十里沿背（1126 米）、白水基（1297.8 米）、鸡冠山（1241 米）、马鞍山（1234 米）、观音珠弄（1189 米）、面桶尖（789 米）、殿后岗（792 米）、西龙鼎（734 米）、处后山（666 米）。

松北山脉延伸的主要山峰一览表

表 2-1-3-1

起点	经过主要山峰	终点	走向	全长（千米）
牛头山	华峰尖、治岭头、老鹰山	界首	东北—西南	16
李村后山尖	下山、黄山头	大塔	东北—西南	10
包山头	大岭背、坳头	岗下	东北—西南	9.5
大种山	半岭	十五里	东北—西南	7
白水基至鸡冠山之间	邵尖山	金钟坌	北—南	6
紫草	西田、朱马岭	水车	北—南	6
紫草	鸟岭头、白鹤岭乌龟山岗	港口	北—南	14.5
马鞍山	凉水尖、佛堂第一尖	靖居口	北—南	10.5
黄岭头后山尖	黄年山、凹门山	毛弄	北—南	9
十里沿背	大天顶、章田天师尖	章湾	西南—东北	11.5
观音珠弄	莎衣谭、虎头山	五赤口	西南—东北	7
观音珠弄	殿后岗、章头尖	徐岸	西—东	9
高山坳	天师殿尖	塘寮	南—北	8

松南山脉　自西南经龙泉龙凤山，逶迤向东，界云和、连雁荡。为松阳与龙泉、云和、莲都等3个县（市、区）分界线。其间山脉连亘，有龙虎坳门、粗砻岭、小双嘴（1206米）、大路岗（1091米）、棋盘石（1190米）山头寮（1230米）、鸦鹊尖（1190米）、烧香尖（1184米）、大毛岘背、菖蒲尖（1113.6米）、乌阴角（1151米）、石子岭、七尖顶（1182米）、观音坐莲（698米）、青柴山（742米）、铁壁山（575米）、八仙山（400米）。

松南山脉延伸的主要山峰一览表

表2-1-3-2

起点	经过主要山峰	终点	走向	全长（千米）
安岱后山尖	箬寮岘	坳头	西北—东南	14
	大山尖			
上香菇寮后山尖	乌阴角	大东坝	南—北	8
	茶头坪			
百花洞山后尖	楼梯岭、下百步山东	竹棚头	南—北	11.5
金竹坞后山峰	河抬顶、双峰尖	南坑口	南—北	10

松西山脉　自西南向北延伸，为松（阳）遂（昌）之分界。起自北园坳、白洋基（1349米），经根柱坑顶（1246米）、百青山（1388米）、大洋盘尖（1418米）、小洋盘尖（1382米）、枫坪顶（1287米）、清明源（1031米）、炭火塔（1056米）、大毛坪（705米），至松古盆地边缘为终端，与松北分支狮子岩隔溪相峙。全长约41千米。

松中山脉　向西北后折转东南向，插入中部腹地，为松中山脉，是松阴溪与小港的分水岭。主要山峰有洋坑后山尖（1227米）、棋盘山（1396米）、高济尖（1423.8米）、猢狲尖（1158米）、双奶尖（1268米）、留明尖（1198.8）、白峰尖（903米）、钓鱼岭（258米）。

松中山脉延伸的主要山峰一览表

表2-1-3-3

起点	经过主要山峰	终点	走向	全长（千米）
棋盘山	潘山头　支木	黄坛	西北—东南	8.5
大岭背	王山头、箬笠尖	召楼	北—南	7.5
留明尖	—	蛤湖	北—南	6.7
高济尖	丁岱、塔岭村	徐郑	西南—东北	15
大岭头	麻士尖、庄后、坳头尖、小岭头	下源口	南—北	14.5
麻士尖	—	寺口	西—东	12

松阳县各村庄海拔高程一览表

表 2-1-3-4　　单位：米

乡镇	村名	海拔	村名	海拔	村名	海拔
西屏镇	西屏	125	塔寺下	125	上连头	128
	水南	117	青龙	118	塘寮	118
	瓦窑头	118	安乐山	140	东岗寮	140
	程徐	116	竹溪	147	新溪	150
	横山	131	踏埠头	120	岩下	135
	南山	125	市口	156	潘村	161
	郑弄口	151	岩西	190	清路	165
	桥头	188	项弄	116	白沙	115
	乌形山	127	邵山脚	220	孙源	260
	源内	280	丁山头	210	竹客口	180
	西垈	179	项桥下	177	大路口	208
	北山	163	铺门	175	阳东坑	140
	官溪	158	桐溪	140	周垈	128
	活源	290	青蒙	116	水车	130
古市镇	筏铺	140	上方	149	东角垄	149
	塘头	157	岗下	145	庄门	188
	源口	190	白角外	170	湖溪	174
	刘边	162	上五木	138	下五木	137
	黄圩	136	下黄圩	135	谢树寮	163
	山下阳	170	下社	152	寺口	146
	上河	134	黄埠头	134	十五里	133
象溪镇	象溪一村	97	象溪二村	120	雅溪口	104
	程路后	300	金山头	390	龙湾	165
	石鼓	140	东田	140	石马源	125
	潘弄	145	吴村	115	吕潭	105
	石马铺	102	下坑源	150	南州	98
	高岭	185	南坑口	110	塔背	115
	南坑源	145	靖居	185	石牌门	200
	鲁峰	315	下寮儿	425	上梅	185
	陈家里	370	村头	420	小佛儿	330
	鲁西	310	塘里源	400	坑里	190
	黄店	140	金钟	110	大塔	265
	靖居口	98	毛弄	120	—	—

续表 2-1-3-4-1

乡镇	村名	海拔	村名	海拔	村名	海拔
玉岩镇	玉岩	395	道惠口	650	程岭根	725
	程路	790	道惠	770	杭坑	735
	白沙岗	975	西沿头	770	洋坑	975
	周安	1030	梨步坑	900	乌岩	540
	溪口	390	吴山头	630	沙丘	303
	大丘下	595	步新	350	排居口	370
	召楼	337	周坑	735	根坑	395
	西沿头	770	大树后	890	潘山头	975
	大岭脚	440	白麻山	590	支木	610
	交塘	470	何山头	650	何庄	880
	余叶	645	坳头	276	—	—
大东坝镇	大东坝	147	西山	125	百步	130
	赤圩	290	白峰	140	牛角圩	130
	树稍	150	二滩坝	208	外大阴	195
	内大阴	410	下宅街	270	上茶排	238
	下茶排	215	山边	243	山头	470
	后宅	325	蔡宅	335	灯塔	433
	梨树岗	433	蛤湖	183	上寮山	460
	横樟	237	黄南	254	山徐	510
	大樟源口	210	五部	229	洋坑埠头	200
	小后畲	560	燕田	550	明源	406
望松乡	乌井	150	砌坛	800	六都	181
	六都源口	188	半岭	675	吴弄	168
	郑家	178	仪桥	188	翁村	190
	山仁下	162	山头背	140	麻阳塔	185
	岗后	148	西河	172	乌石下	159
	五都阳	152	草塔	150	王村	137
	石门	128	榔阳	168	—	—
三都乡	里庄	620	周山头	425	黄岭根	335
	呈回	630	淡竹	970	紫草	810
	岭上	590	水竹	690	上源	410
	上田	520	下田	500	上庄	550
	尹源	602	酉田	465	后湾	390
	杨家堂	325	毛源	430	松庄	380
四都乡	下包	500	汤城	590	午岭	795
	平田	610	塘后	740	章田	800

续表 2-1-3-4-2

乡镇	村名	海拔	村名	海拔	村名	海拔
四都乡	柘坑	800	陈家铺	825	庄河	730
	西坑	640	榔树	690	—	—
斋坛乡	斋坛	135	小石	132	东圩蓬	133
	桐村	138	金梁	135	石门圩	128
	东关	157	大路	127	桐楼	167
	坎头	130	上坌	680	花田坌	164
	下坌	580	吊坛	625	—	—
叶村乡	叶村	131	黄公渡	129	官田	132
	横坑	585	寺山	150	河头	128
	东坞	179	寺岭下	125	麻寮	154
	叶村源口	168	松山	149	叶家	137
	膳垄	280	包安山	150	斗米坳	530
	南岱	465	岱头	830	—	—
竹源乡	小竹溪	270	呈田	375	可重旺	320
	燕庄	410	黄上	445	黄下	340
	潘坑	350	横岗	410	周岭根	390
	大岭头	550	后畲	390	—	—
赤寿乡	赤三	150	赤四	150	章家	150
	大川	230	田岗	235	楼塘	185
	龙下	177	黄山头	700	界首	170
	垟里	170	狮子口	165	半古月	173
	梧桐口	173	择子山	160	叶川头	165
	黄坑口	210	朝阳	160	红连	160
	卯山后	165	—	—	—	—
新兴乡	横溪	150	后周包	162	高丰	150
	端口	150	进贤	163	外孟	169
	泉庄	157	大畈	205	内孟	195
	金坞	500	上源口	168	徐郑	162
	杨村头	155	大石	164	潘连	145
	上安	150	后刘	150	下源口	172
	贤溪	172	渡市	150	—	—
樟溪乡	肖周	149	溪下	157	下马坑	141
	兴村	142	包村	147	高岸	144
	上徐山	172	大徐	146	钟家	149
	陆家	162	福村	140	力溪	136

续表 2-1-3-4-3

乡镇	村名	海拔	村名	海拔	村名	海拔
樟溪乡	兰家	155	馒头山	149	樟村	155
	黄田	600	西源	230	富兴	130
	谷山垄	173	岗头儿	157	东市	147
	杨岭脚	285	球坑	490	—	—
谢村乡	大岭根	310	孟坑	515	平卿	730
	大铺	965	李山头	490	上仓	708
	谢村	480	大岭里	450	塔岭	590
	谢西坑	580	南坑	600	—	—
新处乡	新处	290	外石塘	270	坳后	565
	小岭头	775	东北头	480	小南坑	600
	张山头	760	竹囵	450	朱山	790
	山甫	700	庄后	865	赤岩	915
	官岭	620	—	—	—	—
枫坪乡	枫坪	420	金竹	600	钱余	820
	根下	500	洋庄源	575	黄埠坞	430
	斗潭	430	沿坑岭头	770	珠岱	400
	高寮	745	山乍口	475	高亭	560
	丁坑	450	梨树下	825	南胜	720
	龙虎坳	930	小吉	850	—	—
安民乡	大潘坑	510	李坑	595	苏马坪	310
	曹竹	365	安岱后	930	台坑	500
	乌弄	413	大横坑	830	—	—
板桥乡	板桥	195	桐榔	130	后塘	195
	金村	250	大毛科	435	潘八	300
	东坑	250	张山	510	高山	490
裕溪乡	裕溪	88	黄岭头	470	潘山	445
	叶西后	140	徐山	305	小槎	88
	章山	270	内陈	115	凤弄源	170
	合溪	80	木岱坑	330	源底	118

附：旧志中“山”的记载

民国《松阳县志·舆地志·山川》记载：松之山川，自天姥中攒，则为箬寮山，为龙凤山，为百圣山，稳坑之水出焉。分而为香乳山、玉岩山，左右二流出焉，会为夏川。龙凤山蜿蜒百叠，为凤门山，中为南岱山，其极高处为望祀山。又折而为亚岱山，其上出霏溪。又上水出横溪源，中为留名山，南岱水出其右，亚岱水绕其左，左右合流，为中澳川，出白龙津。稳坑水出平昌龙凤峡，过平昌侵云岭，东转为长松山。右水出宣慈，左水为平昌大溪。长松山下出水为梧桐源，与大溪合，东行一百二十里，与宣慈水合于石牛。长松山中，上为马鞍山、石罂山，下为蔡尖山，为钟门山，为北斗山，为卯山，为酉山、蔡尖山，水为湖溪，出石龟山、仓山为仓溪源，至河云桥。仓山之东，为封寿山，下为邵尖山，水至婺桥，出石笋山，与白龙堰合流邵尖山左，自七星岩淡竹寨山曲折而南，为马鞍山，山下众水合，出于回龙桥，至青蒙山石虎潭，风门山诸水由九芝山出，大竹溪、夏川诸水出大阴山、石仓山，为宏溪。白龙津之水积于百仞山下，汇于钟潭。自青蒙山与横山合。左水出裕溪，右水出小槎溪；又左水出五赤溪，右水出南坑。此松邑山川之大凡也。

谨查松阳山脉起点于仙霞，仙霞东南有枫岭，乃浙江、瓯江之分水岭，即闽浙之分界也。分界以后，其一自东经遂昌侵云岭入松阳，迤逦北东而下宣平、丽水，与栝苍山脉相连。其一自南经龙泉入松阳，迤逦西南，而界云和、丽水，与雁荡山脉相接。此两大干也。

其属于北东一脉，首为长松山，俗名牛头山，南水出松阳，北水流宣平，实为松、宣之分界。向南起伏为西马鞍山，为石罂山，为万寿山，下为赤溪岩山，即狮子岩。长松山中，蜿蜒为太平山，为卯山，为北斗山，为庄门山，为蔡尖山，为灵鹫山，为封寿山，为邵尖山。分脉为石龟山，为上方山，为石笋山，为云龙山，为望松山，为西屏山，为洞阳观山，为青云山，为玉莲山。又长松山中曲折为淡竹碗寮山，为紫草山，为洞军山。南下为东马鞍山。分脉为白麻山，为白鹤山，为石佛山，为黄山，为雅溪山，为风洞山，为石马山，为第一峰，为循居口山。向东北为朱尖山。分脉为垄崆山，为高山，为张山，为崇觉寺山，界丽水之鼓板山、马尾山、詹山。向东南为莲花山。分脉为东山，为铜钟山，为封山，为徐山，为楼山，为章山，为潘山，界丽水之外寮山、莪山。此一大脉也。

其属于西南一脉，首为龙凤山。向东南为箬寮山，为小苏山，为五裒山，为燕山，为蛤湖山，为大英山，为石仓山。向南为莲华山，界云和之凤尾山。向北为周岭山，折东为南州山，为象溪山，为小槎山、为兰花山，为杨山，为堰山，终止于火炎山，伸入溪流。此又一大脉也。

又自龙凤山向北为香乳山，为百圣山，为全豪山，为太平田山，为高翠山，为烂泥山，为卓峰山，为隆瑞山，为云台山，为紫金山，为凤凰山，为酉山，与狮子岭、卯山相对，此一小脉也。

又自龙凤山向东北为金钟山，为天马山，为玉岩山，为芦塘山，为弹子山，起伏为风门山，为南岱山，为望祀山。左为玉华山，右为留名山，外为九芝山，独立为百仞山，与望松山相对，此又一小脉也。

其亚岱山向东南为后岱山，折东为白峰尖，为西山，终止于钓鱼岭。其留名山向东为有道观山，即南岩山，为双童峰，为白云山，起伏为横山，与钓鱼岭相接。此又一小脉中之支脉也。

凡此皆松阳山脉之大概也。

古洞山　在县西南二百里。高九千余丈，自西南五岭而来。至此，将入栝松界中。有龙洲。

天姥山　在县西南四十里。高二百余丈。其中，烟云五色，洞壑幽深，中有石佛、石鼎、石牛、石马，背上有百鸟百兽迹。昔有道人结屋修炼于此，因阙泉，道人凿石得之，至今不竭。

箬寮山　在县西南一百四十里。高五六千丈，上出矿冶，嘉靖间封闭。

龙凤山　在县西一百里。高五千丈，形胜盘绕，甲于一邑。龙虎隘在其前。

龙虎隘　在县西一百二十里。高三千丈有奇，山半为龙虎坳，东龙泉界，两山对峙，中通一线，倚山设险，鸟雀不通，诚松邑西界之锁钥也。

金钟山　在县西一百十里。形如覆钟。上有七宝庙，左为集善堂，奉大士像，祈祷辄应。

百圣山　在县西南一百里。高四千丈，水出稳坑，山多灵应，人皆祈祷。

太平田山　在县西八十里十三都周安里。高五千丈。山顶平坦，有田数十亩。山势盘曲，林木森翠。

全豪山　在县西八十里。高四千丈，中有阿如盘，广可十亩，乔木森列，涧水潺潺，幽胜为最。

高翠山　在县西七十里十二都。高九千丈，层峦叠嶂，陟其岭可览一邑之胜，松阳诸山之极高者。

香乳山　在县西一百里。高三千丈。昔章思廉修炼于此，尝凿石穴纳磁瓮于中，巨腹敛口若生成然，人皆异之。

玉岩山　在县西南一百里。高五千丈，中有石岩如屋，可容百余人，下有多福寺。

双乳峰　在玉岩大岭脚村北十余里。万仞。山巅有两峰对峙，尖圆似乳，并有清泉，常出不竭，称为龙窟。每逢雾起，必有大雨。

天马山　在十三都斗潭，县西九十里。高五千丈。

芦塘山　在十三都支木，县西九十里。高三千余丈，巅有池，广三亩许，清可见底，池环松桧，月夜波光林影，掩映激射，最为幽雅。里人何君泽建亭其上，颜曰金波夜月。

弹子山　在县西九十里。高千余丈。小石峣峣，宛如弹子。云岭险仄，斜出山椒。苍松夹道，遥通香乳山。地最清凉，人多避暑于此。

茶寮山　在县西七十里。高十里许，中通一径，左过龙泉，右归松城，崇山峻岭，下瞰如天堑，山半构亭一笠，为行人憩息之所。年久废圮，里人何君泽复建，颜曰半山亭。

风门山　在县西五十里。高五千余丈，为西南诸山之会，云气出入处也。山之坳为茶寮岭。

卓峰山　在县西五十里。涧水合流处陡起一峰，高二千五百丈，屹崒苍茫，兼巫峡辋川之胜，下有桥界之。

烂泥山　在县西八十里。有金钟洞主庙，岩壑幽邃，水出上横溪。顶有平湖，广数十亩。山下有龙潭，祈雨辄应。

笼瑞山　在县西三十五里。高百余丈。

西马鞍山　在县西五十里。

九云峰　在县西四十五里。为松西遂南接壤处最高之峰。峰下有仙迹坛，相传有仙人足迹云。

牛头山　即长松山，旧名风牛山，在县西北四十五里。登其巅，可以远眺处、婺。上有龙潭，旁有九云峰，叶法善解化于此。

石罂山　又名石杖峰，在县西四十里。旁无连属，若石罂然。

南岱山　在县西南四十里。高五千余丈。

望祀山　在县西南四十里。高六千丈。时有云气出没其间，云古柴望处也，故名。

亚岱山　又名玉华山，在县西三十里。高三千丈，阴有赤岩，其下有徐氏族居之。左水出霏溪，右出东关。唐时建云居寺。

留名山　在县西南二十里。高三千丈，山多胜境，尝有神人头戴火炬出没隐现于此，相传可以卜阴晴，乡人立庙祀之。中有天柱峰、太乙峰、青莲峰、桃源洞、蓑衣潭、水花洲、息柯石、栖鹫亭。唐时，进士毛云龙遇戴火仙于此。

鏖容山　在县西二十五里。

赤溪岩　又名金钟山。在县西四十里，俯临赤溪，石洞幽邃，深八九丈，广十余丈，中有诸佛像。上连界首，山路通遂昌。旧有窑冶，久废。下有狮子岩。

万寿山　即晚翠山，在县西四十里。有十景，曰石莲屏，曰飞佛洞，曰石杖峰，曰响石廊，曰落霞亭，曰五松岭，曰小钓台，曰放生池，曰双鱼滩，曰滴玉岩。又有德馨阁，明邑令杨应华题其门，前曰云堆，后曰小桃源。

北斗山　在县西二十五里。中有斗口，前为天罡，连属若北斗然。

卯山　在县西三十里。峰峦耸秀，怪石如松。上有通天宫、点易亭、试剑石、紫霞馆。有天师渠，前临清溪，即叶法善修真处。溪之上，有永宁观，中有浴丹池，冬夏不涸。山之下，有石洞，丰去奢修炼于此，道成跨白鹤而去，后人因指为白鹤洞。

蔡尖山、钟门山　均在县西二十里。水出湖溪。

皮雀步山　在县西一十五里。

石龟山　在县西十里。高百余丈，其形如旗，中有元武像，有石如龟。

宝盖山　在县西三十里。望之形若宝盖。昔有道人结屋于此。亦修真之胜地也。上有广慈寺，下有法昌寺。

落魄岩山　在县西二十五里。一名檑礴砇，高千余丈，岩势若倒，游人至此，魂惊魄落，故名。

金钗山　在县西十里。状如金钗。

东华峰　在县西十五里。为九芝山最高之巅。下有异石，形似铜罐，名为铜罐墓。昔有道人结庵于此。

九芝山　在县西南十五里。自留名山视之，宛如灵芝。山凡九座，若九芝。昔有道人张景潜结屋隐居于此。下有觉宗寺、净信寺、龙石桥、比翼洞。前有东华山、小竹溪、三台山、大竹溪。至安仁畈百仞山下与大溪合，乡曰九芝。

包庵山　在县西南十里。由九芝山迤逦而下，屡起屡伏连珠。昔有包道士结庵于此，故名。

周岭山　在县西南四十五里。高千余丈。下有三桑坳唐葛周庙，祈雨灵应，立祠祀焉。

云台山　在县西南六十里。高数百丈，水出季溪。

蛤湖山　在县南四十里。下有蟾湖，深三十丈，水口有石如印，名曰印山。下有民居辏集，向出银冶，今封闭。

燕山　即燕田岭，在县西南五十里。阳有蟾湖，背挹龙泉。

太平山　在县西南二十五里。梧桐源之水出焉。下有梧桐桥。

江蝉山　在县南十里。山脉屈曲盘绕，足供游览。

关山　在县南十里。高五六百丈，素禁樵採，堪舆家以此山为大竹溪庄之天关。

眠牛山　在县西南十里。状如青牛伏地，故名。

南岩　一名有道观山（清顺治《松阳县志》分述），在县西南十里。有丛石如林，或云八仙聚会。中有小桃源、桃核洞、卧云岩、浴丹井、石僧岩、莲华洞。又有涌泉石，泉自下升，四时不竭。前有二穴泉，水清潆，名曰马蹄泉。东有抱膝亭，又名大观亭，可以远眺。亭右一石孤耸，高十余丈，张即之题曰小峨眉。唐会昌间，建普济院、妙高阁。宋乾德间，建有道观及东琳宫。元至正间，彭应龄修道于此。

酒瓶尖山　在县南三十五里。高三千余丈。登其巅，可以远眺松、遂、龙三邑。

双乌尖山　在县南三十五里。高三千余丈。其山有三峰相连，上触云霄，名为三仙出洞。

五衰山 在县南四十里。旧志作五菩山。

石佛岘山　在县南四十五里。高二千余丈，岩石耸峙。樵夫难登其巅。天将雨，先有云气腾起。

内大峤山　在县南三十五里。高千余丈。四围石壁，上有飞瀑，下有石潭，圆形而涤，常有神龙藏迹于中。

小苏山　在县西南八十里。旧出银冶，今塞。

莲华山　在县南六十里。西入松阳，东连云和，高五千余丈，俗名牛头八面山。昔有道人结屋其上，侧有八仙洞、大龙井。下有钓鱼桥、饭甑砻、七尖山。

七尖山　在县南六十里。高冠一邑，南面松阳，北连云和。登其巅，可观七邑。古有八仙殿，今废。

七宝尖山　在县南二十五里。高二千余丈。昔万古仙曾修炼于此。

比翼洞山　在县南二十里。高千余丈。山脚有石洞口，大十数围。洞前有石穴，又有飞瀑。相传曩时有蝙蝠精遁藏其中。

狮犸山　在县南四十里横水口。前临溪潭，有巨石如球，名为狮犸球。山巅有侯庙一所。

麒麟山　在县南四十里大东坝。其山雄壮孤峙，岩壑峭拔，横拦溪中，为小港之屏蔽。

大凤岩　在县南三十里后畲村之北。山峰奇峭，林壑幽清，岩展两翼如飞凤。岩前环列数洞。有一小洞，时流石乳，取之能消肿毒。又有一大洞，宽洪高耸，可容三五百人，内有石厨、石桌、石凳，旁有石井，水色澄碧。此实天然胜境，直可与石笋云岩相仿佛也。

大阴山　在县南三十八里。水自宏口出钓鱼岭下，与大溪合。

酉山　在县西南三十里。唐弘道元年（683），建酉山观。亦叶法善修炼之处。

龙华山　在县南一十五里大竹溪上。数峰联缀，宛若莲花，有僧云空苦行焚修，足不下山，新构一庵，即名莲花庵。

白峰尖　在县南二十里。高八千余丈，雄伟正立，为邑之朝对。

双童峰　在县南二十里。名曰二童讲书，左有状元峰，右有三台峰、玉屏峰、天马峰，罗列耸秀，为县治之名山。

百仞山　在县西南三里。其山孤峙，旁无连续，故名独山。又曰蜀峰。唐天宝中，量日影有百仞，更名百仞山。昔有赵初旸祀太乙于此山之巅，遗址在焉。正统间，里人何子彰筑寨门、凿井臼，预言有变。至次年，宣平寇发，乡人赖之。天福三年，建大慈寺于山麓，有潜斋毛辉书院址。侧有蟾峰阁、广福院，久废。东有龙母庙。五代时，知县陈时祷雨，有白龙现，大雨随至，县上其事，庙曰瑞现夫人庙，改县为白龙县。山下有堰，亦因而名之。其堰自山足引入耆德门，至河桥、徐村、澄川、横山，与青蒙石虎潭合，溉田五十余顷。

白云山　在县南十里。昔有游僧结庵于上，昼夜不火，食唯诵经饮泉，三年坐化。前有双石耸矗，高二百丈，顶有石桥横渡，悬空无际，人迹不能到。相传昔有山僧曾秉烛而游。旁有碧桃二株，或三年一花。下有石洞，西有鹅胫寨，即天马山也。其胜特甚。

横山　在县南十里。高三百丈，状若横云。山顶有白鹤庙、石棋盘，宽平五百亩。正统间，乡人筑寨避乱于此。后寨破，有妇不受辱，投岩而死，又名为烈妇岩。下有明觉寺、天井岩。其水出自黄坑源，横溪之水出自蛤湖，俱会于钓鱼岭下而入大溪。

钓鱼岭　在县南十五里。石级千余步，为东南通道。上有茶亭，名曰钓台。嘉庆间，石仓源阙姓建造，拨田施茶，至今称便。其山系吴人魁祖业。路旁大松多株，向为林福元所植。相传福元曾携孙过岭，经夏炎逼毙，乃立愿种树护荫行人。民国7年（1918），因风拔木，致启讼端，经钱邑令会同邑绅高焕然、吴江涛等勘明山界，劝令吴人魁将大路两旁之山各拨三丈，补种路木，永远作为公产，不得私行砍伐，并禁樵采，由县出示立石永禁，有案。

仙人峰　在县东南五十里。其山自龙泉迤逦而来，至石仓源中，一峰高数百丈，顶宽平百余亩，土色光润，草木不生，石如几案。相传有仙人弈棋于此，故名。

七星岩　在县东北二十里。下有北岩寺。桐溪之水出于其间。

雄虎山　在县西十五里。由东市迤逦出溪山头。有石牛浮于水面，金梁堰之水从此进口。

盘龙山　在县西十里。形势环绕，状似灵龙盘旋。山内开设冶窑有年。

双岩山　在县西十里。有二岩相叠，近视之形同僧帽，远眺之状若青牛。

嘉石山　在县西十里。高七八百丈，山麓有三元真君庙，前有深潭，有大岩横亘似钓矶。下有堰，即嘉石沙堰。

神弦山　在县西十里。山旁有石穴，宛若狮口。有弦屹立水中，乡人祀以为神。山脚有堰，名曰神弦堰。

紫金山　在县西四里。旧有庵，颇称绚丽，今圮。庵旁有程氏墓。

石笋山　在县西三里。双峰对峙，石蹬千寻，峭拔如笋，下临大溪。中有吕祖师庙，名曰秀峰观。下有仙鹤岩，昔人题曰野鹤归来。

上方山　在县西五里。唐进士毛云龙炼丹于此。泉出岩中，大旱不竭。名为炼丹泉。中有福安寺。前有见山亭。行六七十步，有群山亭、梅花墩、垂石岩、明月台。山之顶有凌风台、西望台，今俱废焉。宋状元沈晦曾居此，有《上方山居诗》。

赤壁山　在县西五里上方山之侧。其山横若列眉，峭如削壁，前临溪流，岩带赤色。旁有石龟，下有龙舌。宋状元黄公度隐居于此，刻“小赤壁”三字于岩壁.其下又有“放生潭”三字。远望则字画显然，近观则毫无痕迹，真仙境也。又有小峨眉、小桃源在其中，山下有渡，遂名其地为黄公渡。

云龙山　在县西五里。下有延庆寺，梁时，建大浮屠葬舍利于此，至今巍然犹存。惟欹斜若醉汉。下有村，名曰塔寺下。

白泽山　在塔寺下村后。状若弥勒佛，端坐山门，昂首挺身，两乳下垂胸前。岩石洁白如玉，霜雪不侵。脐际有清泉，虽旱不涸。

狮子岩　在县西石笋山后白露岭亭下。状如狮子盘踞，昂首张口，尾后有泉。春夏间，茅草丛生，有似青狮。秋日草枯，有似黄狮。至冬积雪，又似白狮。其形状随时变易于此。

望松山　在县西二里。下有逍遥观，上有东皋亭，侧有王将军庙。或谓王右军曾来此望松，故名。

西屏山　在县西一里。其山壁立如屏，山顶平旷。石壁间有“凌霄台”三大字，相传为米元章所题。上有白鹤殿、偃月池、龙鳞石。下有治平寺、天王庙、真元道院。

云岩　在县西三里。高百余丈，峰峦峻耸，林木秀美，为一邑之胜。有龙岩石，上下石洞，深广十丈。复道横空，下悬飞瀑。循石蹬而上，有二小亭可以远眺。昔有道士潘自然建雷院于此。前有石穴如釜。其泉冬夏不涸，名曰丹泉。

凤凰山　在县北五里。

馒头石山　在县北五里。又名屏风山。其形如狮，周围约一里，高十余仞。

十八山头　在县北五里。其山自仪桥起至馒头石山止，一起一伏，连珠不断，约有三里许。

金钩山　在县北七里冈后村。右形如金钩，旁有鲤鱼山，形亦宛肖，山背有社坛。

马山　在县北十五里山下阳村右。高百余丈，其形如马。

封寿山、五阳山　在山下阳村后，下有唐相公庙。

五方山　一名灵鹫山，在县北十五里。又名仑山。仑溪之水出焉。山麓有红坭岗，多怪石。又有田螺、紫燕、圆枣、青蟹诸峰，形状绝肖。上有郑仙姑庙。

望市山　在县北二十五里。

邵山、尖山、玉旦山　在县北二十里，县治之镇山也。三峰联合，状若笔架。下有项平庵宅，中有岩洞，深广数千尺。昔有主簿避乱于此，名主簿岩。正等寺、丽阳行祠、东岳行宫俱在其下。

龙鼎山　在县北二十五里平田庄前。

竹客岭　在县北三十里。山高四千余丈。北通宣平，足称扼塞。泉出山顶，下潴为巨潭，可溉田百余顷。宋大观间，县丞李寮遇旱祷之应，乃立庙祀焉。

澮竹寨山　在县东北三十里。高四十余丈。正统末，乡人避难于此。

洞阳观山　在县东八里。高一百丈。山多灵异，上有叶真人祠。西至藤岗朱山，甘露堂、净严寺、净梵寺、景福观、太极阳明道院、陈夫人庙、杉溪桥、洞阳桥、仁寿桥俱在焉。

米缸砝　在县东十里。为杨家堂之屏障。

肚肠岭　在县东二十里。相传明法师收伏老鸦精，破肚抽肠于此，故名。

石笋尖　在县东十五里源内。山势险峻，仅一小径可通行人。洪杨之变，乡人多避难于此。

擂鼓山　在县东二十里。为思步庄之屏障。

大坪山　在县东十里。形如荷花。

蔡旺山　在县东二十里。形如老龙盘旋。

蜒蚰山　在县东二十里。形如蜒蚰，故名。

仁龙山　在县东十五里。高三千丈，顶宽平广十余亩。上有山苍殿，近复增建观音寺。前有仁甘泉，后有大观坪。登坪远眺，县城瞭如指掌。左有紫霞岭、七宝坑、锣壶桥。右有东山路、上田坑、延寿桥诸胜。

龙胜山　在县东二十五里。高七千丈。上有龙胜殿，风景幽雅，登其巅，可以瞻一邑诸胜景。

福龙山　在县东二十五里。高四千丈。上有福龙殿。

青云山　即青蒙山，在县东十里。溪有石虎石印。上有慈云庵、青云塔。源有玉泉寺。

玉莲山　在县东十五里。下有潭，名为钟潭。潭有巨石如覆钟，中空可容百余人。前有石栏，后有亭台，亦松之胜地也。

石佛岭　在县东二十里，高数百丈。前有巨岩如佛，故名。向为由县至府通衢，石磴崎岖，殊艰行旅。乾隆三十三年，知县曹立身捐俸修砌平坦，行者便之。下有普陀庵、白礓岭、白鹤岭。

仙车岩　在县东二十里。岩洞如屋，宽可数亩。前有小径，可达郡城。荦确险仄，榛棘丛生。民国六年，在籍进士高焕然倡捐修砌，遂成坦途。岩前建造凉亭，为行人憩息之所。岩内装塑准提佛像，以资点缀。并于邻近峡头庄添设义渡，以济往来，行者便之。入松大路，向不能越过石佛、钓鱼两岭，自此路通，可谓王道平平矣。

南州山　在县东三十里，下有福安寺，宋王宽庵与朱晦庵论辨于此，信宿而去。下连象溪。山前有第一峰，后有双荐峰。下有南岩殿，颇灵应。殿前有放生潭。

八仙砿　在县东三十五里象溪村后。有巨石八，坐立如人。又有石桌、石棋子，故名。旁有石师姑，如拱揖。下有银坑洞，深不见底，相传可通南岩，殿有蝙蝠大如箬笠。其水流出有硝磺气，至今犹然。

小槎山　在县东四十里。前有槎溪，深可百丈。

莲华峰　在县东四十里。高七千余丈，秀异雄伟，形若莲华。中有金山庵，下有资圣寺、天井岩、风门洞。一名蓉川。学士王常斋、长史包雨庵世居其下。水出净居口，与大溪合。

内铜钟山　在县东四十里小西村前。形似覆钟，上有白鹤殿。

外铜钟山　在净居口村下。山下有岩如珠，名曰珠砿。俯临深溪，似浴珠然。此山横列中流，为象溪各村之屏蔽。

白砿山　在县东四十里。高四千余丈。东有石仙人，西有凉瑞尖。

东山尖　在县东四十五里。高数百丈。上有唐葛周庙，香火极盛，祈雨辄应，其庙系乡绅包成功所建。

铜锣寨　在县东四十五里。上有天师古庙。

龙崆山　即鲁峰山，在县东四十里。高四千余丈，山形峭拔。上有岩形如面桶，泉由石罅上升，四时不竭，故又名面桶尖。下有龙湫，深不可测，蛟龙居焉，能兴云雨，虽盛暑亦如深秋，岁旱祷之多应。山顶有马孝仙庙，昔人题曰蓬莱境。又有半山亭，凭栏远眺。可瞻丽、宣诸乡村。

东马鞍山　在县东四十八里。状若马鞍，中有石龛，昔有僧人禅化于此，屡显灵异。后失其名。常见其身衣紫衣，俗呼称为紫衣大德仙，塑像立庙。有蓑衣潭、大龙湫、小龙湫、龙岩洞，遇旱祈祷，每有应焉。

朱尖山　在县东六十里，高五千丈。东有香乳亭，西有崇觉寺，其山东至丽水，西入松阳。山下之水出马村，与宣平水合。

徐山　在县东四十五里。上有仰天河、自然塘，广可数亩。

寨头岭　在县东六十里，路径峻仄，下临深溪，最为险要。

莲花山　在县东六十里。下为堰首，上有延昌寺、香山寺、报恩寺，前有鸡冠砬。

铁壁寨　在县东七十里麦垵村后。为松、丽交界之山。岩石黝黑如铁。势甚峻峭，惟一径可通。其上平广，可容数千人，乡人曾于此立寨避乱。

堰山　在县东七十里堰头对面，长约三里，在松、丽交界之区，松遂、云龙两港之水会合于此山之下。上有八仙寨，登其巅可以远瞩。明景泰间，都御史张楷剿匪于此。下有宋太师何偁墓。

火焰山　在县东七十里。自龙凤坳蜿蜒百余里，至此终结，伸入溪流。松阳南条之山尽于此矣。

第二章　大气及声环境

松阳县地处浙西南山区中低山、丘陵地带，属中亚热带东亚季风气候区。松阳气候温暖湿润，雨量充沛，四季分明，无霜期长；山地具有明显的立体气候特征。冬季温和，春季回暖早，温度日较差大；光、热、水的组合良好，表现为春季水、热同步，秋、冬季光温互补。春季天气变化快，温度起伏大，多阴雨、冰雹和大风天气。夏季，初夏梅雨期，雨量集中，暴雨次数多，常造成洪涝灾害；盛夏除偶有台风影响和局部雷阵雨外，以晴热天气为主，日照强，气温高，蒸发快，常有伏旱。秋季雨期短，多秋高气爽天气，常有秋旱。冬季西北季风盛行，寒冷干燥，北方寒潮南下，多霜冻和冰雪天气。

随着城市规模的不断扩大和县域经济的发展，噪声对人们的影响逐渐凸显出来。噪声污染主要来源于交通、工业、建筑施工、社会生活以及其他声源。

第一节　气　温

1998～2010 年，松阳年平均气温 18.5℃，最低年平均气温 17.8℃（2010 年），最高年平均气温 19.1℃（1998 年）。7 月最热，平均气温 29.0℃，1 月最冷，平均气温 7.1℃。

一年中 1 月气温最低，多年平均气温 7.1℃。一般年份极端最低气温-3℃～-5℃，县城极端最低气温-6.1℃（1999 年 12 月 23 日）。一年中 7 月最热，平均气温 29.0℃，县城极端最高气温 41.8℃（2003 年 7 月 25 日）。年平均高温天数（≥35℃）为 40 天，最多的是 2003 年 61 天，最少的是 1999 年 12 天。

1961～1980 年松阳县各地月平均气温及年较差统计表

表 2-2-1-1　　单位：米 ℃

地点	海拔	1月	2月	3月	4月	5月	6月	7月	8月	9月	10月	11月	12月	年	年较差
靖居口	105	6.1	7.5	12.0	18.0	22.2	25.2	28.8	28.3	24.7	19.1	13.5	8.4	17.8	22.7
岗寺上河	140	6.3	7.7	11.9	18.0	22.0	24.8	28.4	28.0	24.6	19.1	13.7	8.4	17.7	22.1
石仓五部	230	6.0	7.4	11.8	17.6	21.7	24.6	28.2	27.7	24.2	18.7	13.3	8.2	17.5	22.2
谢村	300	5.3	6.7	11.0	17.0	21.2	24.2	27.7	27.2	23.5	18.0	12.6	7.5	16.8	22.4
玉岩村	395	5.3	6.6	11.0	16.8	20.9	23.7	27.2	26.7	23.3	17.8	12.5	7.4	16.6	21.9

续表 2-2-1-1

地点	海拔	1月	2月	3月	4月	5月	6月	7月	8月	9月	10月	11月	12月	年	年较差
三都下田	515	4.7	5.9	10.0	16.0	20.1	22.9	26.4	25.8	22.5	17.1	11.8	6.7	15.8	21.7
安民大潘坑	520	4.8	6.1	10.4	16.1	20.2	23.0	26.6	25.9	22.5	17.1	11.8	6.8	15.9	21.7
四都寨头	700	3.6	4.9	9.1	14.9	19.0	21.9	25.3	24.8	21.2	15.8	10.5	5.6	14.7	21.7
山区	800	3.2	4.4	8.6	14.4	18.5	21.4	24.7	24.2	20.6	15.3	10.0	5.1	14.2	21.5
山区	1000	2.4	3.5	7.6	13.4	17.4	20.3	23.6	23.0	19.4	14.2	9.0	4.2	13.2	21.2
山区	1200	1.6	3.6	6.7	12.3	16.3	19.2	22.4	21.8	18.2	13.0	8.0	3.3	12.1	20.8

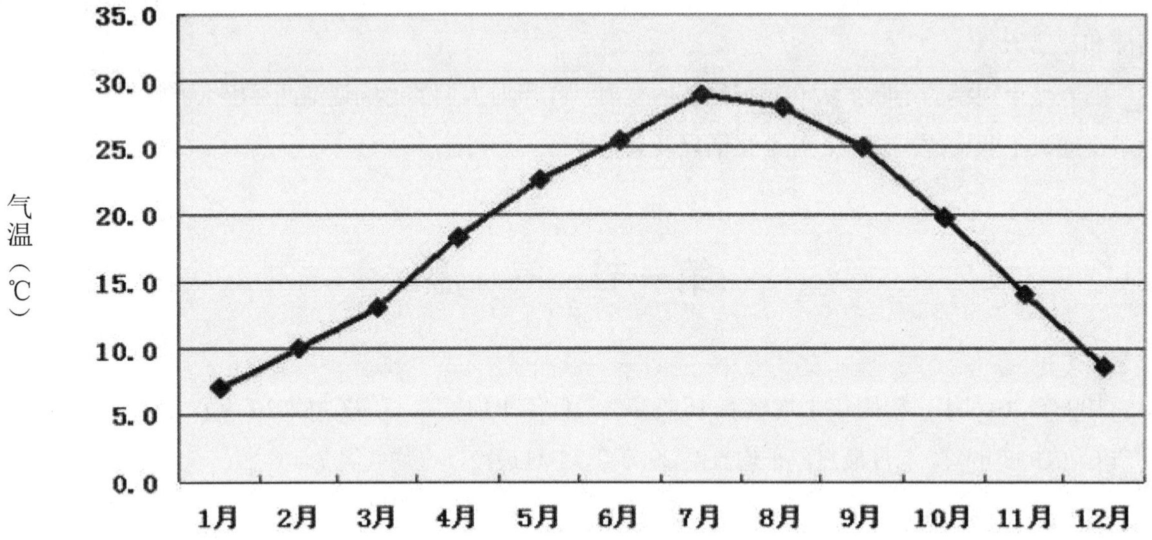

1998～2010 年气温月际分布图

1998～2010 年松阳县出现的气温极值情况表

表 2-2-1-2　　单位：℃

时间＼气温	最低气温	最高气温	年极值和出现日期
1 月	-6.0	28.4	最低气温：-6.1 出现日期：1999 年 12 月 23 日
2 月	-3.3	30.0	
3 月	-2.0	34.3	
4 月	4.6	34.9	
5 月	9.6	37.4	
6 月	13.4	38.3	

续表 2-2-1-2

时间＼气温	最低气温	最高气温	年极值和出现日期
7 月	19.3	41.8	最高气温：41.8 出现日期：2003 年 7 月 26 日
8 月	19.4	41.5	
9 月	12.4	38.9	
10 月	2.0	35.5	
11 月	-0.1	33.1	
12 月	-6.1	27.2	

第二节 降 水

降水随海拔的变化

松阳县降水空间分布不均，总的态势是山区雨水多于松古盆地。

松阳县海拔高度 80～1500 米，年降水量由低海拔区到高海拔区逐步增大。其低值区分布在 300 米以下的低海拔区，代表地有松古盆地、靖居区等地，年降水量 1500～1550 毫米。降水量的高值区分布在南部的山区，年降水量 2000～2300 毫米。这是由于山地对空气的抬升作用及南下冷空气的阻挡，有利降水形成，而低海拔地形平坦，水汽抬升作用小，故降水偏少。

1961～1980 年松阳县若干地各月平均降水量表

表 2-2-2-1 单位：米 毫米

地点	海拔	各月降水量												年降水量
		1	2	3	4	5	6	7	8	9	10	11	12	
靖居口	105	52.1	90.5	131.4	186.0	237.0	280.4	118.4	134.4	123.2	68.9	46.8	47.5	1516.6
上包	120	56.9	96.1	138.3	193.1	244.6	293.2	132.7	129.9	132.3	86.9	47.3	53.4	1604.7
西屏	130	50.2	87.2	129.7	191.5	243.6	287.2	125.4	117.0	124.2	69.6	43.0	45.4	1514.0
上河	140	49.7	87.8	131.7	175.8	242.9	284.0	155.2	102.2	124.5	68.7	43.7	45.4	1511.6
五部	230	55.8	92.8	144.1	201.7	258.7	312.2	152.4	143.7	145.0	83.5	48.8	48.8	1687.5
西源	230	55.0	84.8	139.8	189.5	238.8	287.8	144.3	135.8	133.6	76.7	46.8	57.7	1590.6
玉岩	395	55.6	93.6	140.4	199.4	279.4	327.2	169.0	183.5	151.6	86.9	43.7	48.4	1778.7
大潘坑	520	64.5	108.0	161.9	220.5	286.1	337.3	155.5	172.4	135.2	92.2	50.9	60.4	1844.9

降水随季节的变化

松阳县属中亚热带季风气候区，季风交替明显，四季分明。受大气环流影响，年内降水季节分布不均。

3 月为冬季西北季风（冬季风）减退和东南季风（夏季风）开始增强期。北方的冷空气和南方的暖空气常在境内交汇，形成阴雨，习惯称“春雨”。境内春雨一般为 300～400 毫米，占年降水量的 21%。

5～6 月，是境内春末夏初时节，夏季风的暖气流与南下的冷空气相遇境内，形成梅雨锋面。维持时间较长，且伴有辐合气旋产生，故阴雨连绵、降水集中，习惯称“梅雨”。境内梅雨量达 500～700 毫米，占年降水量的 34%。

7～8 月，是梅雨期过后夏季风盛行期。境内为单一的热带海洋气团控制，天气酷热久晴，造成“伏旱”。此时的降水主要是局地的雷阵雨和范围较大的台风雨。境内“夏雨”量一般为 200～400 毫米，占年降水量的 17～18%。夏雨一般可以满足农作物的需水量（约 300 毫米），但由于夏雨量年际之间、地区之间等差异很大，易造成径流，故易发生“伏旱”。

9～10 月，是夏季风减退和冬季风开始影响境内的时节。此时冷暖空气再度在境内相遇，所造成的锋面降水称作“秋雨”“秋水”。境内秋雨量约为 200 毫米，占年降水量的 12%。这种秋季雨水偏少、相应光照时数偏多的气候，对境内连作稻抽穗开花灌浆成熟十分有利。少数年份因秋雨过少，形成“秋旱”，与前期的“夏旱”相承，造成危害较大的“夏旱连秋旱”。

11 月至第二年 2 月，夏季风退出境内，冬季风盛行。在此期间，极地冷空气不断南下，控制境内。但冷空气的南下有间歇性，在间歇期，会形成冬暖期，大气中的水汽逐渐蓄积。当强冷空气南下，迫使境内较暖湿的空气上升，常引起降雨下雪天气。当冷空气特别强大时，还伴有偏北大风，出现低温和严重冰霜冻等天气。这个时期，境内为单一的干冷大陆气团控制，故雨量较少。此时的降水称为“冬水”或“冬季降水”。区域内各地冬降水量为 200～300 毫米，占年降水量的 15～16%。冬季以晴冷天气为主，气温较低，降水较少，为低温少雨季节。境内各种越冬作物生长缓慢和处休眠状态，需水量较少（约 100 毫米）。所以境内的冬水多数年份是过剩的，造成“烂冬”，影响春花作物和一些林果木的根系生长。从各地冬季降水资料反映，境内只有少数年份冬水过少，发生冬旱。

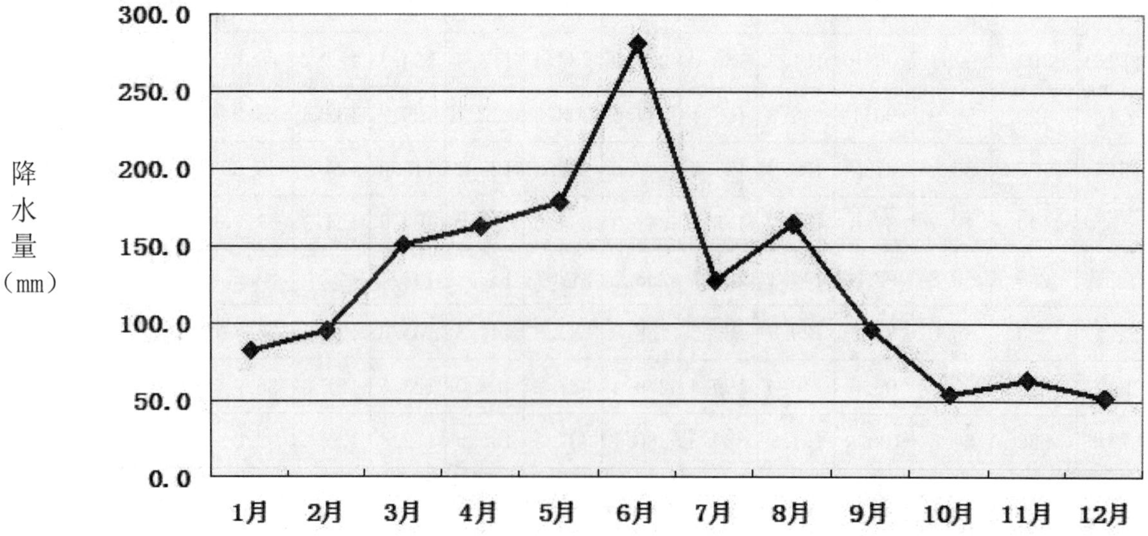

1998～2010 年松阳县降水量月际分布图

一年中平均月降水量最大的月份为6月，降水量为279.5毫米；平均月降水量最小的月份为12月，降水量为52.3毫米。最大月降水量487.0毫米（1998年6月）。

1998～2010年,年平均降水量1506.8毫米，为浙江省雨量较多的地区之一。由于地形的作用，降水地域差异较大，总的分布特点是东南部少，西北部多，山区多，平原少。降水年际变化大，2010年最多（2030.7毫米），2003年最少（1136.2毫米）。

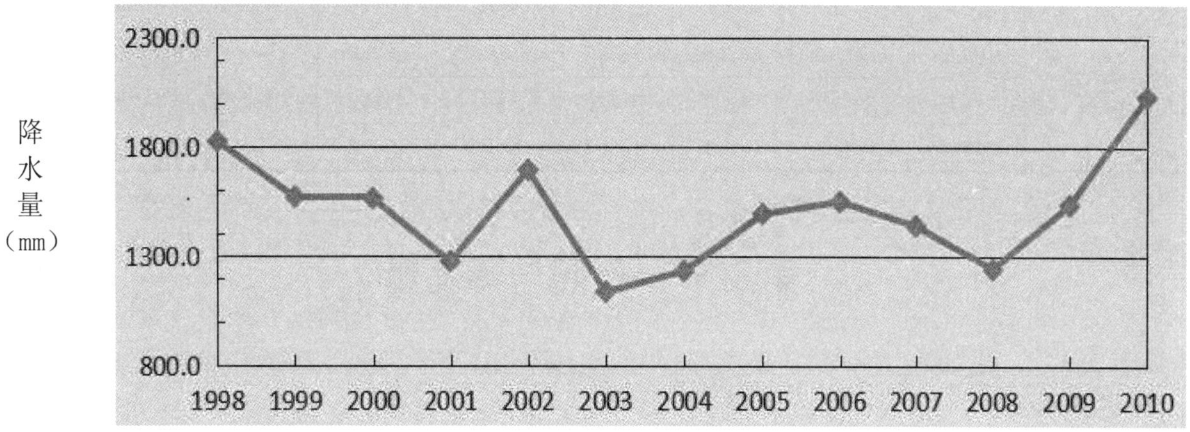

1998～2010年松阳县降水量图

日降水量≥50mm的暴雨日数平均每年3.4天。暴雨最早出现日期为1月14日（1998年），最迟出现日期为11月15日（2002年）。

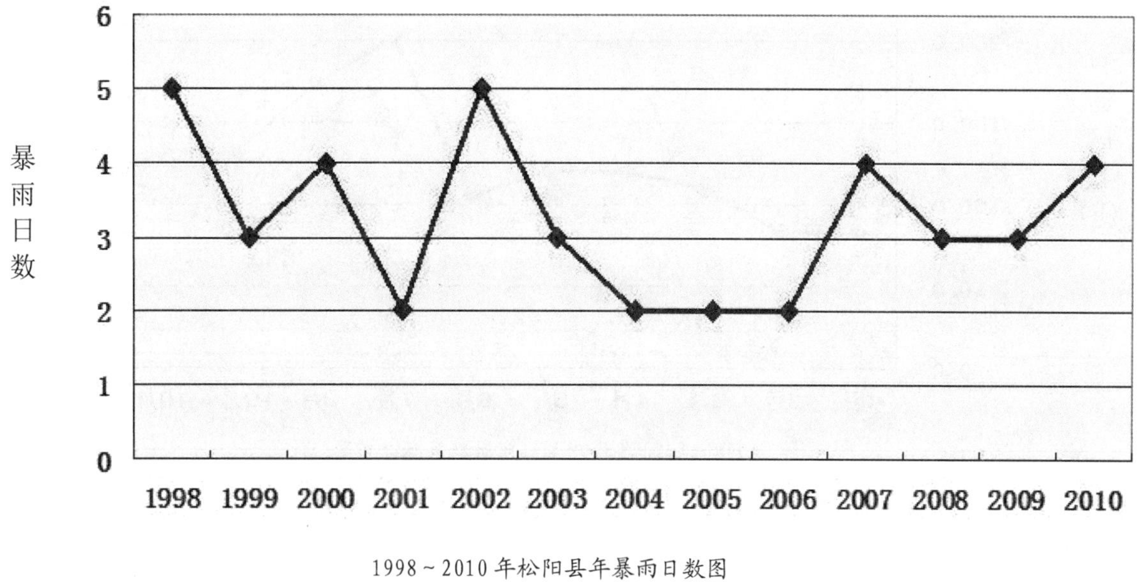

1998～2010年松阳县年暴雨日数图

1998～2010 年松阳县各月降水极值一览表

表 2-2-2-2　　　　单位：毫米

月极小值	1 月	2 月	3 月	4 月	5 月	6 月	年极值	出现时间
	44.6	26.1	65.0	85.3	59.9	65.1	0.4	2006 年 10 月
	7 月	8 月	9 月	10 月	11 月	12 月		
	30.1	65.9	13.6	0.4	4.7	6.5		
月极大值	1 月	2 月	3 月	4 月	5 月	6 月	年极值	出现时间
	198.9	171.4	307.8	287.1	341.5	487.0	487.0	1998 年 6 月
	7 月	8 月	9 月	10 月	11 月	12 月		
	313.5	325.2	190.1	195.7	133.3	136.3		

第三节　日照与蒸发量

日照

1998～2010 年，松阳县年平均日照总时数 1478.3 小时，最多 1720.8 小时（2003 年），最少 1286.5 小时（1998 年）。一年中，7 月的日照时数最多，年均 197.0 小时；1 月的日照时数最少，年均 84.5 小时。

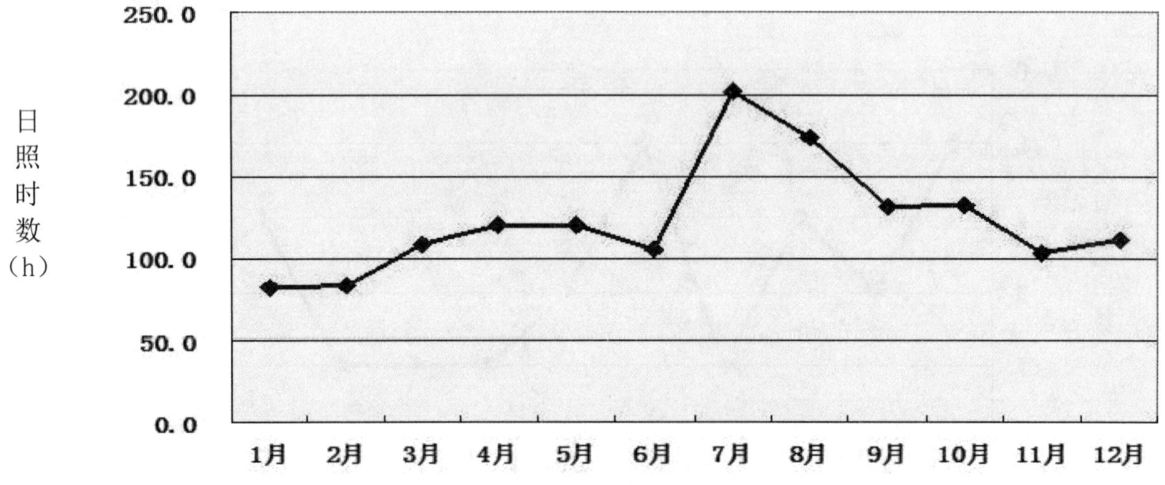

1998～2010 年松阳县日照时数月际分布图

蒸发量

2000～2010 年，松阳县年均总蒸发量 1572.8 毫米，最多 1893.2 毫米（2003 年），最少 1335.4 毫米（2010 年）。一年中，7 月蒸发量最多，年均 255.3 毫米；1 月蒸发量最少，年均 51.5 毫米。

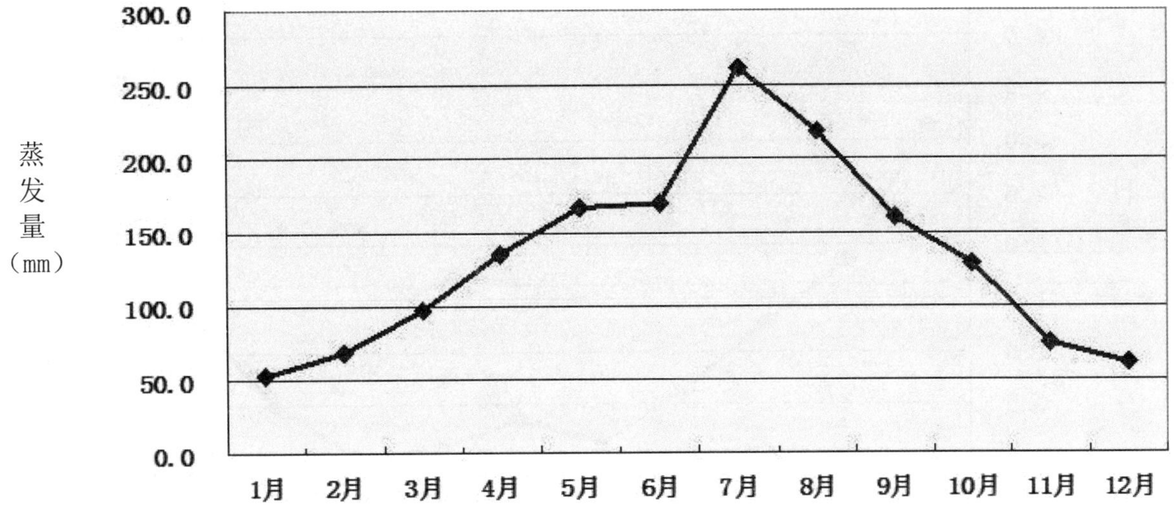

2000～2010年松阳县蒸发量月际分布图

第四节 其他气候要素

霜期

1961～1980年，松阳县采用日最低气温等于和小于4℃的初、终日作为初、终霜日。松古盆地初霜日平均日期为11月14日，终霜日为3月22日，无霜期为236天。海拔高的地区初霜提早，终霜推迟。其提早和推迟的幅度，每增高百米，为2～3天，无霜期约缩短5天。在同一高度，由于地形的差异无霜期可差10～20天。

1998～2010年，松阳县一年中11月至第二年3月均有霜出现。年均无霜期282.7天，最长326天（2000年），最短254天（2001年）。初霜最早11月19日（1998年）。终霜最迟3月15日（2009年）。

积雪

松阳县积雪天气主要发生在12月至第二年3月。1998年至2010年，松阳县年均降雪日数为1.2天，2003年积雪日数最多，为4天；1998～2002年、2006年、2007年，松阳县均无积雪。

大雾

以能见度低于1千米为大雾的标准，根据松阳县1998～2010年气象观测站数据，松阳县年均雾日18.3天，雾日年际变化较大，最多的是1998年58天，最少的是2008年6天。

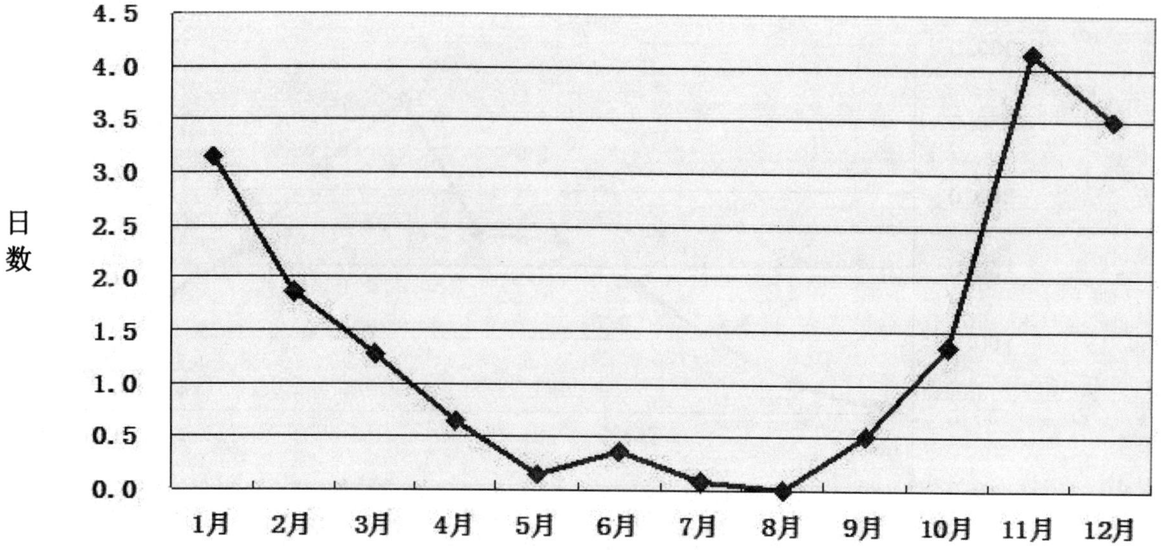

1998～2010年松阳县大雾日数月际分布图

雷暴

根据1998～2010年观测数据统计，全年除1月、12月罕有出现雷暴，其余各月均有出现，雷电的月分布呈典型的单峰型。每年的春夏季是雷暴多发期，7月和8月是雷电最高发期，冬季鲜有雷电发生。3月，气温逐渐回升，春回大地，万物复苏，春雷萌动。7～8月进入盛夏高温，持续的高温天气有利于不稳定能量积聚，一旦有弱冷空气渗透，极易促发雷暴积雨云的发生发展。9月，凉风渐起，雷暴天气骤减。

1998～2010年，松阳年均雷暴日数37.2天，年雷暴日数最多的是2010年52天，最少的是2000年25天。

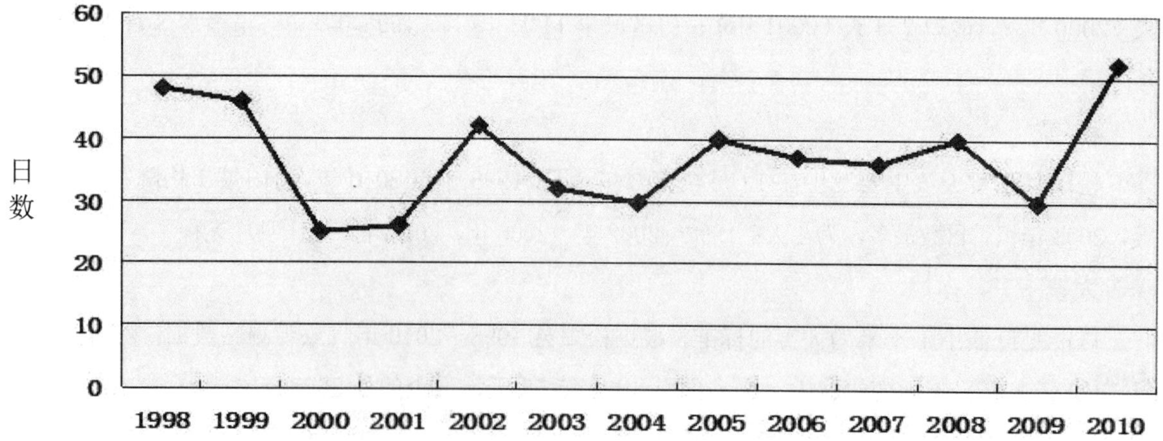

1998～2010年松阳县雷暴日数图

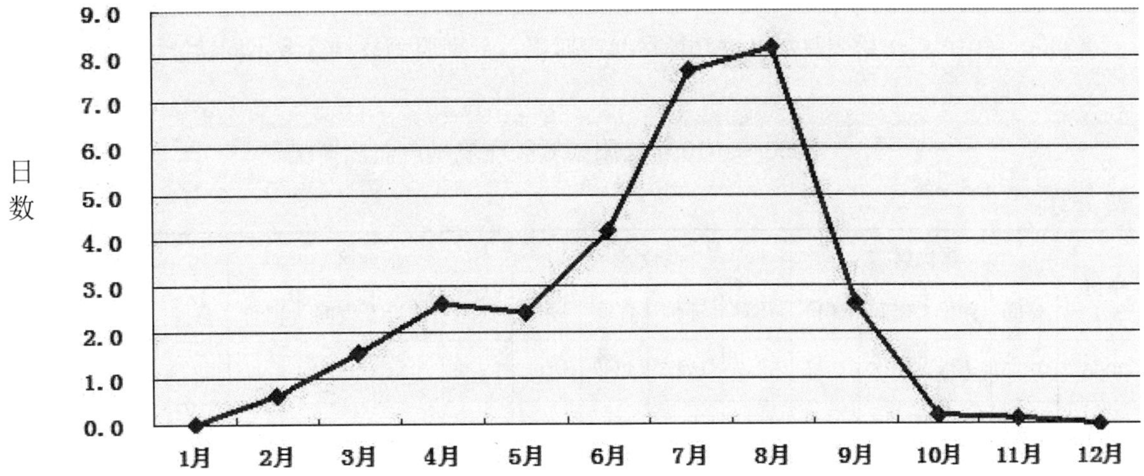

1998～2010 年松阳县雷暴日数月际分布图

第五节 声环境

2005 年末，松阳县建成区面积 4.83 平方千米的范围内创建噪声达标区，噪声达标建设范围为县城环境噪声功能区所确定的一类功能区 1 类区块、一类功能区 2 类区块、二类功能区 1 类区块、二类功能区 2 类区块 4 块地段。

2006 年开始，执行国家和省噪声监测网络规定，对县城区域内的声环境进行监测，松阳县城区域 2006～2010 年重点开展：功能区噪声定期监测，监测 4 个功能区，每年监测 2 次，每次连续监测 24 小时；道路交通监测，监测 10 个城区主干道路，每年监测 1 次，每个监测点监测 20 分钟；区域环境噪声监测，监测县城区域内 106 个监测点位，每年监测 1 次，每个监测点监测 1 分钟。

区域声环境

2006～2010 年，松阳县城开展区域环境噪声监测，监测县城区域内 106 个监测点位。均值为 54.12～54.9 分贝，平均为 54.6 分贝。

2006～2010 年松阳县区域环境噪声监测结果均值表

表 2-2-5-1

年份	2006	2007	2008	2009	2010
监测结果均值（分贝）	54.4	54.6	54.7	54.9	54.2

交通声环境

2006～2010 年，松阳县道路交通噪声呈波动上升趋势。城区机动车保有量和车流量大幅度增长，道路交通噪声测点达标率和路段达标率略有下降。

功能区噪声

2006～2010年，松阳县城开展功能区噪声监测，分别监测县城区域不同功能区代表点位。

2006～2010年松阳县城区环境噪声监测情况表

表 2-2-5-2

单位：分贝

年份	居民区				混合区				工业区				交通干线两侧			
	昼间	评价	夜间	评价	昼间	评价	夜间	评价	昼间	评价	夜间	评价	昼间	评价	夜间	评价
2006	48.5	达标	33.5	达标	52.7	达标	43.2	达标	62.8	达标	48.7	达标	62.3	达标	51.2	达标
2007	50.9	达标	35.7	达标	54.8	达标	41.7	达标	62.5	达标	51.2	超标	63.7	达标	50.8	达标
2008	50.3	达标	37.0	达标	52.1	达标	44.5	达标	63.7	达标	52.8	超标	62.5	达标	52.5	达标
2009	49.8	达标	38.6	达标	55.3	达标	46.2	达标	64.1	达标	53.9	超标	61.8	达标	51.3	达标
2010	53.9	达标	40.6	达标	57.2	达标	47.0	达标	64.5	达标	55.4	超标	63.3	达标	50.7	达标

第三章 水环境

松阳县水系单一，全部溪流均属瓯江流域。全县水系呈脉络状分布，以松阴溪、小港为主干，众多山坑小溪在崇山峻岭中弯曲迂回，溪流大多源短流急，河道狭窄落差较大，流量受降水量影响明显，水位易涨易落，洪枯变化悬殊，多为山溪性河流。

松阴溪为瓯江上游主要一级支流，为县内最大河流，流域面积占全县面积的92.64%。此外，尚有三都、四都和板桥3乡的部分山涧小溪注入宣平港，大东坝镇和枫坪乡的部分山涧小溪注入龙泉溪，其流域面积占全县面积的7.36%。宣平港、龙泉溪均注入瓯江。

松阳县属中亚热带季风气候，四季分明，温暖湿润，雨量充沛，年均降水量1600多毫米，年均水资源总量13.845亿立方米。每当雨季，大溪小河水量充足。

第一节 河 流

松阴溪干流

松阴溪发源于海拔1155.6米的遂昌县垵口乡贵义岭黄蜂洞山麓，即遂昌、松阳、龙泉3县（市）交界处北坡（北纬28° 19′ 30″，东经119° 10′ 20″）。出源头后经朱口、垵口、成屏至遂昌县城与南溪、北溪汇合后称襟溪。襟溪北流至渡船头后折向东南至庄山纳溏溪后，过资口进入松阳境内，始称松阴溪。松阴溪上游河段属遂昌县境，流程44.3千米，流域面积671.43平方千米。

松阴溪自遂昌资口进入松阳县境后，河道豁然开阔。河水自西北向东南，穿过松阳全境，沿途经界首至大石纳南岸内里源，至狮子口纳北岸赤溪源，至后周包纳南岸华坑源，至横溪纳南岸谢村源（十二都源），经上方正念寺桥纳北岸梧桐源，经古市筏铺纳南岸十三都源，经大路纳南岸东关源，经上河纳北岸庄门源，经和仁桥纳北岸六都源，经塔寺下纳北岸五都源、四都源。然后折向东南，流经县城西屏镇，沿途纳南岸黄坑源、北岸三都源，至水车纳北岸活源，然后向西掉头约2.5千米至港口，与南岸松阴溪最大支流小港相汇合。

图2-1 松阴溪（叶高兴 摄于2003年）

小港汇入，水量陡增，溪流复归东南向，在南北诸山挟持下，溪水在低山丘陵地带逶迤穿行。沿途南岸多陡峻丘陵，北岸有沿山龙游至丽水公路相伴，河床狭窄，溪流深壑，水流湍急。沿途经象溪镇、裕溪乡，并纳南来之水南坑源、木岱坑、凤弄源、霭溪，北来之水雅溪源、石马源、靖居源、裕溪源、乌奴水等诸支流，直至堰后圩进入莲都区境内，流向不变，经通济堰坝直奔大港头与龙泉溪合成大溪。

松阴溪自遂昌资口入境至莲都堰后圩出境，流程60.5千米，流域面积1302.57平方千米，河道宽120～160米，平均水深1.84米，年均径流量13.845亿立方米。河道自然落差100米，平均坡降7.8‰。流域内有耕地1.076万公顷，占全县总耕地面积95.8%；人口21.5万，占全县总人口93.07%。

松阴溪流域地形复杂，干流与小港支流上段，系仙霞岭余脉，山峰连绵，溪流纵横，仅松阳县境内，千米以上山峰有221座，其中以安民乡箬寮岘为最高峰，海拔高度1502.3米，上游平均坡降73.4‰。这虽可提供丰富的水力资源，有发电、灌溉之利，但也带来严重冲刷，易造成水土流失，形成山洪灾害。

过资口入县境后的中游河段，地势渐缓，河床展开，构成面积175.46平方千米的松古盆地，约有农田万顷。斜贯盆地中部的松阴溪，至水南踏步头河段长34.1千米，最宽处300米，坡降仅1.52‰。该河段两岸已建的谢村源、梧桐源、杨岭脚、东坞、六都、四都、官溪等水库，乃松古盆地主要水利设施；沿溪开凿的江南渠道、响石堰、观口堰、青龙堰、白龙堰等灌溉上百公顷的堰渠，世代浇灌松古盆地万余公顷粮田。

松阴溪名称由来已久，俗称大溪、松川、松阳港、松阳溪。《丽水地区地名通览》载，东汉建安四年（199），分章安县南部置松阳县，因地处长松山（现名牛头山）之南得名，故曰“松川”，即松阳之河义。而松川各河段又各有其名，界首段称佳溪，过狮子口至赤岸称赤溪，赤岸以下开始称大溪，县城段称赤塔溪，“塔溪绿涨”为松阳十景之一。

踏埠头以下，南北诸山四拢夹击，河床变长，水流深急，平均河宽100米，至雅溪南州一半河道逐渐变宽。靖居口以下又窄，直至赤路圩，河床展开，溪流平缓。至大港头合流处，平水期河宽250米左右。

松阴溪支流

松阴溪在松阳县境内主要支流有28条，其中流域面积在10平方千米以上的有20条。自西而东，溪南岸有十二都源、十三都源、东关源、东坞源、竹溪源、黄坑源、小港、南坑源和木岱坑源9条；溪北岸有大岭脚源、梧桐源、庄门源、六都源、五都源、四都源、三都源、活源、雅溪源、靖居源、裕溪源11条。

小港　小港源于县南枫坪乡龙虎坳，为松阴溪最大支流。流经枫坪、玉岩、大东坝3个乡镇，至港口纳入松阴溪，流程63千米，流域面积500.33平方千米，自然落差865米，平均坡降13.7‰，中游河宽50～150米。流域内有大小支流26条，主要有安民源、玉岩源和石仓源3条。水源自西南流向东北，沿途纳粗砻坑、南坑、高亭坑、岩坑、洋庄源、西坑、根下源、丁坑诸水。经枫坪后有徐山坑、大山源之水注入。至排居口纳北岸玉岩源、交塘源、余叶源、源坑。至岙头有黄南源、五部源从南北两岸注入；至弓桥后注入安民源、大樟源；流经洋坑埠头后，有南岸洋坑源、大阴源、石仓源和北岸横樟源、赤圩源、石寺源诸水注入，经百步、西山、上包等村至港口入松阴溪。

小港流域内群山环抱，森林覆盖良好。沿岸千米以上山峰有90余座。小港支流多，河道落差大，水力资源相当丰富。上包水文站测得，1962年最高洪水位117.77米，相应流量1090立方米/秒；1971年最低枯水位111.76米，相应流量0.68立方米/秒。多年平均径流量1.12亿立方米。至2010年，流域内已全面进行小水电开发。

其他支流　十二都源。亦称谢村源，为松阴溪第二大支流。源于玉岩镇白沙岗村程源头洋坑坳，流经玉岩、谢村、新兴1个镇2个乡的程源头、程路、道惠口、谢村、南坑口、大岭里、大岭根、蛤湖、大畈、内孟、上源口、徐郑等村，至横溪村北注入松阴溪，流程26.8千米，流域面积85.82平方千米。流域内群山连绵，多高山峻岭，海拔千米以上山峰有20多座。源头河床海拔1223米，出口处海拔仅148米，总落差1075米，平均坡降40.11‰。流域上游森林覆盖良好，有众多山涧小溪，主要有石洞源、汤兰源、南坑源、孟坑源、上仓源、北坑源等。

梧桐源。在古市镇以北，源于遂昌濂竹乡安门村西白砬山，经田岗村入梧桐源水库，至上方正念寺桥注入松阴溪，流程19.45千米（其中遂昌境内6.95千米），流域面积62.3平方千米（其中遂昌境内流域面积47.95平方千米）。

十三都源。源于玉岩镇上杭村坳，沿途有山甫源、官岭源、甫坑源、球坑源等山源注入，至新兴镇潘连村注入松阴溪，流程19.6千米，流域面积70.38平方千米，自然落差810米，坡降41.33‰。

六都源。源于望松乡砌砬村东北的包山头，经六都源水库后，至和仁桥注入松阴溪，流程9.55千米，流域面积14.7平方千米，自然落差775米，坡降81.15‰。

东坞源。源于叶村乡岱头村白头山，过南岱流入东坞水库，到河头村注入松阴溪，流程13.33千米，流域面积33.72平方千米，自然落差775米，坡降58.14‰。

四都源。源于四都乡椰树村歇脚凉亭，经下包注入四都源水库，至西屏镇石笋脚村注入松阴溪，流程13.8千米，流域面积21.41平方千米，河道自然落差915米，坡降66.3‰。

宣平港支流

县境东北寨头尖、鸡冠山、老坞洞背至马鞍山一带山峰北麓，四都、三都、板桥3乡之山涧小溪注入宣平港，流域面积86.99平方千米。诸支流均在上游源头，山高坡陡，河道狭窄，源短流急，洪枯水量悬殊，属季节性河流。终汇入瓯江。

龙泉溪支流

境内南部大东坝镇辖七尖顶山麓诸河、小溪流和县南枫坪乡小双岘山麓诸山间小溪，注入龙泉市龙泉溪，流域面积12.98平方千米，诸河段处于上游源头，群山环抱，峰高源短，易洪易枯。终汇入瓯江。

2010年松阴溪流域面积10平方千米以上支流一览表

表 2-3-1-1

支流名称	流程（千米）	流域面积（平方千米）	发源地	注入地	落差（米）	坡降（‰）
小　港	63.00	500.33	枫坪乡龙虎坳门	大东坝镇港口村	865	13.70
谢村源	26.80	85.82	玉岩镇的洋坑坳	新兴乡横溪村	1075	40.11
大岭脚源	7.95	18.54	赤寿乡大川村北山垭	古市镇上方村小洋桥	140	17.61
梧桐源	19.45	62.30	遂昌县濂竹乡安门村西白山西麓	古市镇上方村正念寺桥	100	31.50
十三都源	19.60	70.38	玉岩镇上杭坳	新兴乡潘连村	810	41.33
庄门源	12.55	29.55	望松乡包山头山西麓	古市镇黄埠头村	640	51.00
六都源	9.55	14.70	望松乡包山头南山西南麓	古市镇和仁桥	775	81.15
五都源	8.65	11.76	望松乡半岭山东南麓	西屏镇石笋脚村	630	72.83
东关源	14.10	18.86	斋坛乡百鸟头山西北麓	斋坛乡大路村	520	38.88
东坞源	13.33	33.72	叶村乡白头山西南麓	叶村乡河头村	775	58.14
竹溪源	18.50	50.56	叶村乡大高尖峰南麓	叶村乡寺岭下村	780	42.60
四都源	13.80	21.41	四都乡歇脚凉亭	西屏镇石笋脚村	915	66.30
三都源	9.60	14.42	三都乡鸡冠山南麓	西屏镇回龙桥	780	81.25
黄坑源	10.30	27.45	西屏镇上东岭	西屏镇踏步头村	480	46.60
活　源	10.50	13.50	三都乡紫草山西南麓	西屏镇水车村	545	51.90
雅溪源	14.50	36.60	三都乡老坞洞背山西南麓	象溪镇雅溪口村	710	49.00
南坑源	10.80	34.50	大东坝镇天鹅孵卵山西麓	象溪镇南坑口村	560	51.90
靖居源	10.30	37.90	三都乡观音珠弄峰南麓	象溪镇靖居口村	820	79.60
木岱坑	8.00	19.00	裕溪乡木岱坑村西南山麓	裕溪乡小槎村	625	78.10
裕溪源	7.50	18.50	裕溪乡高山坳南麓	裕溪乡裕溪上村	330	44.00

说明：松阴溪支流中流域面积在10平方千米以下的有内里源、赤溪源、华坑源、坞洋坑、自然坑、石马源、凤弄源、霭溪等

2010年松阳县小港支流基本情况表

表 2-3-1-2

支流名称	流程（千米）	流域面积（平方千米）	发源地	注入地	落差（米）	坡降（‰）
洋庄源	6.00	10.08	枫坪乡宝钱源山东北麓	枫坪乡山乍口村	560	93.33
根下源	9.30	22.84	枫坪乡箴坑坳东山麓	枫坪乡斗潭村	855	48.92
丁　坑	5.45	14.22	枫坪乡箬寮岘西麓	枫坪乡枫坪村	785	144.04
玉岩源	14.00	72.60	玉岩镇洋坑坳	玉岩镇排居口村	780	55.71
安民源	26.30	100.00	安民乡箬寮岘西麓	大东坝镇弓桥村	1180	44.90
大樟源	5.00	10.50	大东坝镇留明尖山西南麓	大东坝镇大樟源口村	520	104.00
洋坑源	9.20	23.80	大东坝镇大塆源头	大东坑镇洋坑埠头村	500	54.30
横樟源	5.50	10.90	大东坝镇留明尖山南麓	大东坝镇横樟源口村	590	107.30
大阴源	6.80	19.10	大东坝镇下香菇寮山西南	大东坝镇外大阴村	430	63.20
石仓源	9.80	31.00	大东坝镇乌阴角山东麓	大东坝镇汶水口村	600	61.20

说明：小港流域小支流还有余叶源、源坑、五部源、黄南源、赤圩坑、石寺源、百步坑等

2010年松阳县边界溪流基本情况表

表 2-3-1-3

支流名称	县境内流程（千米）	县境内流域面积（平方千米）	发源地	注入地	落差（米）	坡降（‰）
汤城坑	3.40	5.55	四都乡上坪山东麓	于独山殿出县境注入宣平溪	580	170.59
寨下坑	3.40	15.04	四都乡南寨头尖峰西北麓	于火烧亭出县境注入宣平溪	315	92.65
五尺坑	8.60	25.46	三都乡白水基山西南麓、鸡冠山西北麓	于麻田出县境注入宣平溪	820	95.35
上　源	5.05	11.14	三都乡观音珠弄山西南麓	于黄客田村出县境注入宣平溪	580	114.85
余庄源	2.50	3.50	三都乡观音珠弄山东麓	于石猪头坑东北出县境注入宣平溪	150	58.82
板桥源	7.00	26.30	板桥乡殿后岗峰西麓	于外洋口出县境注入宣平溪	475	67.86
泉　溪	4.50	7.84	大东坝镇吊桥山尖东北麓	于钓鱼潭出县境注入龙泉溪	410	91.11
小吉坑	1.60	5.14	枫坪乡苦竹坞山东南麓	于小吉村西300米处出县境注入道太溪	110	68.75

附1：旧志中关于“川”的记载

民国《松阳县志》中记载的河流。

谨查松阳水系分两源：

一自界首至堰首，自西北达东南，直下丽水者为大溪，即松川也。发源于遂昌贵义岭，至佳溪，即界首，入松阳境。

溪流至大石，则有南来内里源水入。至狮子口，有北来赤溪源水入。至后周包，有南来匣坑源水入。至横溪，有南来周岭根、大南坑、上源口各水入。至赤岸下，有北来择子山水入。至古市上，有梧桐溪自遂昌北来水入。至排铺，曰清溪，有南来杭坑、小南坑、官岭各水入。至古市下，有北来黄坑口水入。至黄淤寮，有北来庄门水入。至力溪，有南来东关源水入。至上河村外湖溪，有北来湖溪源水入。至和仁桥，即河云桥外仓溪，有北来砌砿水入。至河头，有南来横坑、南岱各水入。至寺岭下，曰霏溪，有南来黄庄、潘坑、小竹溪、大岭头、大竹溪各水入。至石笋脚，有北来四都源姥桥水入。此处以下曰赤塔溪，离佳溪四十里。古紫荆村在大溪北岸，今松阳县治在焉。至项弄，有北来刘富岱水入。至横山，有南来岩西、郑弄口各水入。至青蒙，有北来三都源、淡竹、上田各水入。下此至金钟潭，有石岩如带，横亘中流，仅留小缺通舟，曰石门枕。至水车，有北来思步水入。至港口，与小港相汇合，离佳溪六十里。此松川上游也。

一自龙松坳，即龙虎坳，至港口。自西南达东北，横入大溪者为小港。其发源，又分斗潭、玉岩两小支。

斗潭一支，发源于龙松坳。至金马桥，有南来南坑水入。至高亭，有西北来岩坑水入。至斗潭，有北来稳坑岭、泥山头各水汇焉。南流至枫坪，有南来丁坑水入。至黄步坞，有南来李树下水入。曲折至排居口，乃与玉岩支水合，离龙虎坳四十五里。此一小支流也。

玉岩一支，起源于洋坑、梨步坑，东南流至周安桥，有北来周安水入。至白岩，有西来乌岩水入。至溪口，曰夏川，有南来吴树坞、东渡寮、神水岭各水，北来乌砿水入。东北流至竹�，有北来大岭脚、松树坑各水入。曲折至黄砿，有东北来范山头水入。东南流至排居口，乃与斗潭支水合，离洋坑、梨步坑二十里。此又一小支流也。

两流相合，东北至坳头，有北来余叶、洞主源各水入。此处可通舟筏焉。东流至黄南，有南来大平田水入。曲折至弓桥，有西南来大潘坑、大苏坑、大横坑、小苏坑各水入。南流至洋坑埠头，有南来洋坑源水入。至大阴，有南来箬竹水入。至横水口，有南来石仓源水入，曰宏溪，直出港口，与松川大港相合。自龙松坳至港口百四十里，此小港一源之总汇也。

两源合流于大溪。东下至吕潭，有南来寺源坑水入。至雅溪口，有北来里庄、尹源、雅溪坑各水入。至南坑口，有南来陈落山、中央坑、南坑源各水入。至黄庵口，有北来石马源水入。东南流至靖居口，有北来蓉川、鲁西、坑里各水入。至小槎，东南来西坑、东坑、西夏源各水入。东流至裕溪，有北来黄岭头、裕溪源各水入。至寨头，有北来乌呶水入。至源口，有南来洋大坑、凰陇源各水入。至岭脚，有北来章山水入。至霭溪，有南来麦垵水入。至堰头，有西北来驮林源水入。直下丽水之大港头，与龙泉、云和诸水相汇合，经青田入瓯海。自港口至此五十里，此松川下游也。

独有稳坑之水，西北流出遂昌垵口。又呈回、周山头、黄岭根各水，东北流出宣平五尺坑。又洞军、上源、里黄各水，东南流出宣平白硋下。又潘八、张山、板桥、桐梆各水，北流出丽水畎岸。另一溪流，直至石牛方与大溪汇合，顺流到海。此则虽在松界之水，而非松川之所容纳者也。

凡此皆松阳水系之大概也。

佳溪　在县西四十里。此水自遂昌金岸流入松界。

松阴溪　在县西三十五里。上有界首桥及渡。

赤溪　在县西三十里。

清溪　在县西二十里卯山前。下有观口潭，又有上下二渡及金梁渡、响岩桥。

霏溪　在县西二十里。下有金梁堰。

力溪　在县西十五里。

湖溪　在县西北十五里。水从北斗山出，有五福桥、松江桥。又有仁济桥，隆庆六年，知县杨维新重建。

西流坑　在县西十五里山下阳村，旁灌田百余亩。

泉庄湖　在县十一都上泉庄。冬夏不竭，水极澄清。

仑溪　在县西十里灵鹫山下。

梓溪　在县西十里。会竹客水入石笋潭。有仑溪、中川、平济三桥。

竹客岭下坑　在县北二十里。水出东西坑，潴为龙潭。有竹客桥、仙掌石。又有龙王庙，宋时县丞李寮祷雨有应建祀。

中澳川　在县西十五里。水绕詹庵山，出白龙津。

鹰嘴潭　在县西十里。下有黄公渡。

砻糠泉　在县北五里大塔头。泉脉有二，分为大泉、小泉，清洁如玉，从平地涌出，冬暖夏凉，酿酒极佳，芳香甘冽，重逾量，灌田五百余亩，大旱不竭。西流五里，入鹰嘴潭。

石笋潭　在县西五里。

小竹溪　在县南二十里。外有龙石桥、济众桥。

大竹溪　在县南十里。民居辏集。

青坞口溪　在县南三里。有木桥。

赤塔溪　在县南三里。有木桥，又有渡，明嘉靖间，邑人何智跋田看守。

蓑衣潭　一在县西南二十里留名山中，一在县东四十八里东马鞍山，凡二处祈雨皆应。

白龙津　在县西南三里。有浮桥，后废，续有二渡。一成化间邑人捐跋田亩建设，一嘉靖间邑人潘尚英建。

横溪　在县东十里。

乌石潭　在县东十里。水从桐溪东流汇此。有乌石渡、回龙桥，明隆庆六年（1572），知县杨维新重建。

石虎潭　一名大猫潭，在县东十五里。

局口潭　旧志未详所在，今亦查无其实。

金钟潭　在县东十二里玉莲山下。

洪口潭　在县东二十里。

稳坑　在县西南九十里。

斗潭　在县西南七十里。

蛤湖溪　在县南四十里。

洋坑源　在县南四十里。

横溪　在县南三十五里。

石仓溪　在县南四十里。

宏溪　一名横水口，在县南三十里。此名小港，水出港口。

里潭　在县东二十余里。又曰长潭。松川深潭，此为最长。

樟树滩　在里潭下，水势奔激，最为险恶。

五赤源　在县东二十五里。五赤溪之水出此。有义渡，又有桥，旧名五赤桥，弘治间，邑人詹守之建。隆庆六年，桥圮，知县杨维新重建，今仍废。

南坑源　在县东南三十里。水出南坑口。内有坝，灌田多亩。民国元年秋七月，被水冲坍，奉拨赈款并民捐修复。惟西坑口下马厂一带冲坏民田不少，至今砂砾堆积。

石马源　在县东三十里南州对面。水口有桥。

象川　即象溪，在县东南三十五里。溪中有巨石如象，故名。俗名上溪，清末进士高焕然之故里。

蓉川　在县东五十里。中有安乐桥。水出净居源，由黄店坑入双坑潭，达净居口。民国元年秋，大水冲坏堤埭不少，奉拨赈款补助修复，惟民田未能垦复者尚多。

罔庵坑　在县东四十里。水由坑里东源出，汇入净居口。

牛路潭　在县东四十里。相传净居包姓上祖有聚宝盆掷此，旁系岩石甃凿成路。民国元年，被水冲坍，乡绅李芳森等倡捐修复。

鲁川　即鲁西，在县东四十里。水出净居口，入大溪。

东坑　在县东五十五里。水出桐廊，由丽水畉岸入大溪。

桐廊川　在县东六十里。近沙岸处有龙潭，水由板桥坑汇入，出丽水畉岸。

槎川　即小槎，在县东南四十五里。内有坑源从云和木袋坑流出。有澳坝多处，灌田多顷。民国元年秋，大水冲坍，奉拨赈款修复。

裕溪　在县东五十里。水由黄家田出。有裕溪桥，明万历六年（1578），知县罗应兆建，丽水何镗记。

凰弄源　在县东南五十五里。水由大坑源出。

霭溪　在县东六十里。

杨山渡　在堰后，离县东六十里。昔年彭子英作乱，有丽水杨山人招集乡勇在此堵御有功，故名杨山渡。

堰头潭　在县东六十五里。有堰头渡。

举诸川　在县东七十里。与龙泉、云和诸水汇合于大港头，由丽水经青田入瓯海。

附2：民国《松阳县志》之《松阳溪流之变迁》

松阳水利，惟大溪方面为最长。自界首经赤岸达古市，向多向南岸而行，今改向北岸而行。古市以下，昔向北经五木、岗下、上河、十五里折南，由浮桥头而出黄公渡；今则向南经力溪折北，由石门而至黄公渡。黄公渡以下，昔则迤北经小赤壁、塔寺下、石笋脚，弯出汪泉头；今则迤南经叶村，直至汪泉头。现在塔寺下、石笋脚一带皆成田原，惟地势卑下。又有“小赤壁”“放生谭”数字尚留石壁不灭。该处昔为溪流自无疑议。又如南门潘祠昔为騳湖；市墈头昔为赤塔埠；今则人烟稠密，已成街市。虽查无证据，而传闻甚确，形迹尚存。民国五六年以前，南门大埭下，溪流由税关前向南直下横山而至青蒙岭；今则经外水碓北入白沙口过青蒙村外以出青蒙岭脚矣。相传此犹旧流也。谚曰：“十年水流东，十年水流西。”沧海桑田，其说信不诬矣！港口下，中流积沙砾数十百丈，溪水分南北两支约里许，至陈下相汇。北为小槠碡滩，南为大槠碡滩。民国以前，忽此忽彼，均视大港水势强弱为转移。自民国十一年以后，则均经小槠碡滩矣。自此以下，至堰首，两岸青山，溪港狭窄，地鲜平原，虽略有变迁，而损失无多。惟自赤岸至青蒙岭，两岸沙田鳞次栉比，或南或北，迭为消长，冲坍民田不少，历年争垦争水之案迭出，尤为民间之累。安得贤有司思患预防、劝民间多作坡障，以防水患于未来，藉人力以补天工，保水利以赡民食，抑亦行政之一大端也。此松阳溪流变迁之大略也。详记之，以俟留心农田水利者。高自卑记述。

第二节　水　文

水文管理机构

民国22年（1933），在松阳县城南门设立雨量站。民国27年，改建为测候所，观测水情、雨情、温湿度、风云变化等天气纪要，并在靖居口增设水位站，隶属松阳县农业推广所水利科管辖。

1951年5月，堰头设三等水文站。1953年3月，迁靖居口。1958年1月，大东坝镇白峰设水文站；1959年5月，迁上包。20世纪60年代以后，先后在玉岩、大潘坑、五部、西源等村，以及四都、东坞、梧桐源、杨岭脚、六都、官溪等小（一）型以上水库设雨量站。1995年，松阴溪流域内仅保留玉岩、五部、大潘坑、西源、上包、靖居口、西屏7座雨量站。2001年末，松阳水文站在县城南门建成，总投资120万元。2010年12月，靖居口水文站改建工程竣工并投入使用，总投资193.18万元。2010年末，全县设有水文站3个，密度为468.7平方千米每站；雨量站7个，密度为200.9平方千米每站；流量站2个，密度为703平方千米每站。均已达省水文站网规划要求。全县有水文专职人员6人、代办人员6人。

2010年松阳县水文站网一览表

表 2-3-2-1

名称	观测场地点	设立年份	观测项目							观测仪器				
			降水量	蒸发量	流量	含沙量	水温	水位	水质	雨量器	蒸发皿	水文缆道	雨量自动遥测	水位自动遥测
水文站	靖居口	1953	√	√	√	√	√	√	√	√	√	√	√	√
	上包	1959	√	-	√	—	—	√	—	√	—	√	—	—
	松阳	2001	√	√	√	—	—	√	—	√	√	√	√	√
雨量站	玉岩	1962	√	—	—	—	—	—	—	√	—	—	√	—
	五部	1957	√	—	—	—	—	—	—	√	—	—	—	—
	大潘坑	1962	√	—	—	—	—	—	—	√	—	—	—	—
	西源	1964	√	—	—	—	—	—	—	√	—	—	—	—

说明：√为已达省水文站网规划要求

降水情况

松阳县雨量充沛，多年平均降水量为1658.6毫米。年降水量最高值的玉岩为2647.3毫米（1975年），年降水量最小值的靖居口为885.9毫米（1979年）。全县月最大降水量为大潘坑，1973年5月，为533.6毫米；该地24小时最大降水量为154毫米，出现在1954年7月12日。全县降水量时空分布不均。

年际降水量相差悬殊。玉岩站实测，丰水年为2647.3毫米（1975年），枯水年为1127.5毫米（2003年），比值为2.35。

2010年松阳县各地年降水量极值一览表

表 2-3-2-2

站名	最大值		最小值		平均值		比值
	年降水量（毫米）	发生年份	年降水量（毫米）	发生年份	年均降水量（毫米）	设站时间（年）	
玉岩	2647.3	1975	1127.5	2003	1773.2	17	2.35
上包	2242.2	1962	953.3	1979	1605.7	22	2.35
靖居口	2213.2	1975	885.9	1979	1524.8	27	2.50
五部	2357.2	1975	1094.2	1979	1709.2	23	2.15
西屏	2217.4	1937	894.6	1979	1527.4	37	2.48
西源	2201.2	1975	1085.9	1979	1599.3	15	2.03
大潘坑	2640.9	1975	1247.0	1979	1858.6	17	2.12

年内降水量分布不均。受大气环流影响，形成年内降水量的季节不均：3～6月为多雨季节，平均降水量880.5毫米，占全年降水量的53.1%，易成洪涝灾害，其中6月，各地都在260毫米以上。

7～8月，松古盆地为150毫米（且多为雷阵雨），高温晴热，易出现伏旱。12月，雨量最少，多年平均46.1毫米，只占全年降水量的2.78%。

2010年松阳县各地降水量随季风变化分配一览表

表2-3-2-3　　单位：毫米

地点	多雨期（冬夏季风交汇期）				少雨期（冬夏季风盛行期）					
	春雨（3～4月）		梅雨（5～6月）		秋雨（9～10月）		夏雨（7～8月）		冬水（11月至第二年2月）	
	雨量	占全年降水量比例(%)	雨量	占全年降水量比例(%)	雨量	占全年降水量比例(%)	雨量	占全年降水比例(%)	雨量	占全年降水量比例(%)
靖居口	339.1	22.2	477.8	31.3	175.7	11.5	276.7	18.2	255.5	16.8
上包	354.5	22.1	499.7	31.1	192.2	12.0	288.8	18.0	269.8	16.8
西屏	332.8	21.9	500.2	32.9	173.2	11.4	268.2	17.6	246.9	16.2
五部	361.4	21.2	538.3	31.5	202.7	11.9	336.4	19.7	270.4	15.8
西源	323.3	20.2	503.9	31.5	189.6	11.9	322.2	20.1	260.4	16.3
玉岩	360.3	20.3	566.9	32.0	208.5	11.8	374.7	21.1	262.8	14.8
大潘坑	417.6	22.5	587.7	31.6	207.4	11.2	342.3	18.4	303.3	16.3

松阳县多年平均月降水量分布一览表

表2-3-2-4　　单位：毫米

月份	1	2	3	4	5	6	7	8	9	10	11	12
降水量	61.4	89.0	146.3	186.5	215.1	285.1	131.9	136.3	108.7	64.5	55.6	40.8
占全年比例（%）	4.0	5.9	9.6	12.3	14.1	18.7	8.7	9.0	7.1	4.2	3.7	2.7

年降水量空间分布不均。总的态势是山区雨多，丘陵次之，河谷平原较少；海拔越高，降水量越多。（参见本编第二章“大气及声环境”第二节“降水”。）

1961～2010年松阳县各代表站降水量一览表

表2-3-2-5　　单位：毫米

地点	年均降水量	月均降水量											
		1月	2月	3月	4月	5月	6月	7月	8月	9月	10月	11月	12月
西屏	1527.4	62.0	88.4	146.9	189.2	214.6	289.7	132.6	134.9	107.4	65.7	55.9	40.1
靖居口	1524.8	64.2	90.7	147.8	191.3	217.5	260.3	132.9	143.8	115.3	60.4	58.3	42.3
上包	1605.7	69.3	95.8	150.8	203.7	219.2	280.5	141.3	147.5	121.9	71.0	59.1	45.6
玉岩	1773.2	68.2	97.2	156.2	204.1	251.3	315.6	183.4	191.3	131.2	77.3	51.7	45.7
大潘坑	1858.6	79.3	105.3	180.5	237.1	261.8	325.9	161.3	181.0	127.3	80.1	63.7	55.3

1952～2010年松阳县西屏站各月降水量一览表

表2-3-2-6　　单位：毫米

年份	全年降水量	分月降水量											
		1月	2月	3月	4月	5月	6月	7月	8月	9月	10月	11月	12月
1952	2136.5	38.8	138.2	216.1	147.4	412.6	256.8	333.1	170.5	325.7	50.9	15.0	31.4
1953	1805.3	106.8	43.8	127.0	69.6	268.8	354.4	58.7	153.8	194.1	96.1	228.2	104.0
1954	1743.6	57.3	44.0	83.3	249.9	432.8	375.7	315.7	101.8	16.0	9.3	23.2	34.6
1955	1443.9	23.5	135.0	164.0	102.2	267.4	385.3	112.4	148.7	56.2	8.4	31.6	9.2
1956	1497.9	33.0	83.5	195.3	121.7	364.6	88.0	25.0	112.0	348.6	74.2	23.0	29.0
1957	1217.7	23.0	80.0	66.6	236.1	201.5	145.9	24.8	189.8	110.2	80.1	12.3	47.4
1958	1456.3	44.3	62.9	181.4	163.0	373.3	143.8	31.8	171.6	153.2	93.0	21.2	16.8
1959	1683.6	45.6	328.6	67.1	65.3	262.9	259.8	236.9	93.3	230.5	15.6	45.0	33.0
1960	1370.4	69.0	14.5	163.4	140.1	209.6	262.8	132.7	203.4	101.1	2.4	40.5	30.9
1961	1716.8	48.8	179.6	165.3	144.7	268.8	308.3	71.4	113.1	237.4	70.9	69.3	39.2
1962	1863.8	53.1	41.3	181.4	201.3	310.7	283.6	216.4	169.7	153.4	155.7	68.7	28.5
1963	1463.9	0	23.6	52.3	149.2	220.2	313.9	41.0	268.2	249.3	16.3	86.8	43.1
1964	1454.6	90.6	95.4	57.7	172.2	223.4	397.3	115.8	102.2	96.1	102.6	0	1.3
1965	1495.2	16.3	107.6	77.2	207.4	150.1	258.4	102.4	168.4	74.0	100.7	132.8	99.9
1966	1256.0	71.1	81.6	124.9	260.1	170.1	187.9	96.2	43.0	75.5	41.5	44.5	59.6
1967	1566.0	22.6	96.0	148.3	237.6	392.9	358.9	103.9	92.1	41.4	6.9	38.0	27.4
1968	1576.6	31.9	53.8	134.5	183.4	218.0	397.4	234.1	117.8	20.0	107.7	12.8	65.2
1969	1563.1	89.6	157.2	145.9	210.0	327.5	213.3	130.6	83.9	130.2	30.4	37.1	7.4
1970	1742.3	93.4	69.6	251.6	132.1	267.9	368.3	182.1	18.4	183.1	55.7	44.4	75.7
1971	999.8	14.1	46.7	43.0	101.9	215.7	166.6	33.1	49.5	215.3	54.3	5.6	54.0
1972	1387.6	12.2	174.6	64.5	101.3	158.8	278.9	120.7	142.7	74.3	86.0	76.6	97.0
1973	1798.1	74.7	60.0	155.7	193.7	472.6	309.5	116.7	48.6	302.7	59.9	4.0	0
1974	1456.8	86.3	92.2	75.5	97.0	237.1	210.5	114.3	192.9	76.0	84.0	61.5	129.5
1975	2166.6	50.3	86.7	133.3	416.0	364.9	447.3	193.0	148.1	84.6	125.3	55.0	62.1
1976	1508.6	7.4	88.5	185.0	233.5	147.8	341.8	142.2	89.7	110.7	92.5	30.9	38.6
1977	1423.1	103.9	50.8	77.2	53.9	254.3	256.2	184.3	156.5	148.1	85.2	9.3	43.4
1978	1085.0	49.9	70.1	165.4	119.5	147.5	271.8	110.2	25.5	69.6	9.9	27.8	17.8
1979	894.6	36.8	48.0	137.4	198.4	125.7	164.7	37.3	74.36	43.3	0	14.9	13.8
1980	1590.4	49.6	119.7	207.0	216.2	198.3	209.5	163.0	235.4	40.4	106.8	39.7	4.8
1981	1295.1	48.5	87.9	163.2	207.9	147.9	163.6	115.8	81.9	72.6	69.9	112.2	23.7
1982	1448.0	15.0	155.5	140.5	186.5	97.9	243.3	119.1	202.5	37.2	123.3	108.7	18.5
1983	1638.1	68.9	93.5	78.4	283.0	224.0	295.0	252.2	96.9	105.4	95.2	5.2	40.4
1984	1500.6	74.0	65.5	143.6	166.4	275.2	281.0	117.5	82.8	112.8	71.6	69.1	41.1

续表 2-3-2-6

年份	全年降水量	分月降水量											
		1月	2月	3月	4月	5月	6月	7月	8月	9月	10月	11月	12月
1985	1246.5	51.0	173.8	150.1	38.9	116.5	314.8	55.3	128.5	109.3	32.0	54.5	21.8
1986	1318.4	9.5	70.7	197.4	173.2	221.8	129.5	63.3	132.9	103.9	113.9	92.2	10.1
1987	1561.7	39.5	51.8	189.7	183.3	224.0	170.8	180.4	26.6	201.7	161.3	131.4	1.2
1988	1677.3	48.2	205.8	190.6	98.7	289.4	440.6	21.1	96.1	261.2	1.9	7.7	16.0
1989	1837.5	100.8	97.7	120.7	219.1	384.9	266.5	235.3	160.3	136.5	27.4	41.1	47.2
1990	1390.4	116.2	107.0	70.7	141.7	197.1	222.1	42.4	175.7	129.0	63.8	115.7	9.0
1991	1274.8	77.4	58.9	163.4	264.9	165.2	164.3	65.6	114.2	73.1	63.4	36.0	28.4
1992	1871.0	102.3	127.8	327.2	117.5	190.9	346.9	225.8	246.9	105.7	1.1	16.5	62.4
1993	1521.3	66.3	47.6	93.5	140.5	317.5	364.7	211.1	66.5	88.9	40.4	67.3	17.0
1994	1639.8	45.7	127.1	139.9	233.6	112.2	393.8	81.2	251.5	65.0	54.8	1.9	133.1
1995	2002.6	80.9	56.4	187.1	429.7	322.7	581.0	149.6	45.1	76.6	56.2	7.3	10.0
1996	1163.8	75.0	38.1	293.1	113.5	71.7	133.8	61.3	257.9	26.6	38.4	40.5	13.9
1997	1669.1	31.4	71.6	137.3	151.8	99.0	271.2	340.9	151.0	58.1	25.4	241.8	89.6
1998	1830.2	223.1	103.6	262.6	127.4	173.4	500.3	171.5	73.8	89.0	32.7	36.8	36.0
1999	1558.8	49.1	20.5	219.1	164.1	173.9	241.8	344.5	276.4	18.6	31.0	13.8	6.0
2000	1609.5	81.9	94.4	114.1	148.3	63.4	410.5	54.1	297.4	42.3	196.6	80.8	25.7
2001	1383.5	84.9	82.9	126.1	145.7	149.6	315.1	80.0	148.2	19.1	29.1	117.6	85.2
2002	1681.4	88.3	21.8	104.0	275.5	185.3	255.1	157.5	196.8	105.4	106.0	116.8	68.9
2003	1203.6	74.3	102.6	99.1	291.8	171.2	190.4	31.6	134.1	66.0	4.3	28.2	10.0
2004	1275.2	48.8	108.6	130.8	72.7	215.2	104.7	111.4	214.2	142.8	7.8	41.5	76.7
2005	1420.3	104.9	155.1	127.6	107.1	228.8	194.0	83.1	108.4	132.9	50.6	80.9	46.9
2006	1495.6	50.5	103.3	74.2	134.0	353.4	352.5	86.4	134.4	115.3	0.8	57.0	33.8
2007	1387.9	49.8	64.8	80.6	188.3	88.8	265.8	196.6	129.7	114.1	118.8	13.7	76.9
2008	1200.6	65.3	64.1	63.7	154.7	117.4	260.1	128.9	69.7	141.6	42.4	86.9	5.8
2009	1494.7	39.5	61.7	216.1	142.2	113.2	170.3	177.4	293	98.8	6.3	132.4	43.8
2010	2218.2	95.5	128.9	343.3	250.0	308.3	406.4	253.2	80.4	102.5	79.6	32.4	134.7

蒸发

据靖居口水文站1980～2010年的实测资料载，多年平均蒸发量为915.2毫米（E601型蒸发皿）。蒸发量最小月为1月，月平均蒸发量27.3毫米；蒸发量最大月为8月，月平均蒸发量152.4毫米。5～10月的蒸发量占全年蒸发量的69%。

境内多年平均水面蒸发量为990毫米，陆地蒸发量为674毫米，松古盆地和丘陵地区蒸发量大于山地。历年各月蒸发量与气温变化基本一致，7～8月平均气温最高，蒸发量也最大，约占全年的31%；12月和1月降水量偏少，仅占全年的17%。极易发生干旱。（与本编第二章“大气及声环境”第三节“日照与蒸发量”互为补充）

2010年松阳县降水量、蒸发量观测站一览表

表 2-3-2-7

河名	站名	观测场地点	坐标		设立年份	测雨仪器	
			北纬	东经		绝对高程（米）	器口离地面高度（米）
松阴溪	西屏	西屏镇	28°28′	119°29′	1935	135	1.50
	靖居口	象溪镇靖居口村	28°23′	119°37′	1939	118	1.50
	古市	古市镇	28°32′	119°24′	1982	140	1.50
	西源	樟溪乡西源村	28°30′	119°21′	1964	230	1.50
	南岱	叶村乡南岱村	28°25′	119°22′	1982	470	1.50
	里庄	三都乡里庄村	28°29′	119°35′	1982	625	1.50
小港	高亭	枫坪乡高亭村	28°19′	119°12′	1980	556	1.50
	玉岩	玉岩镇玉岩村	28°22′	119°16′	1962	400	1.50
	大岭脚	玉岩镇大岭脚村	28°24′	119°18′	1980	450	1.50
	安岱后	安民乡安岱后村	28°17′	119°17′	1980	920	1.50
	大潘坑	安民乡大潘坑村	28°17′	119°19′	1962	510	1.50
	五部	大东坝镇五部村	28°20′	119°23′	1957	230	1.50
	洋坑源	大东坝镇洋坑源村	28°16′	119°25′	1980	505	1.50
	下茶排	大东坝镇下茶排村	28°19′	119°30′	1980	220	1.50
	上包	大东坝镇上包村	28°23′	119°31′	1959	119	1.50
宣平港	桐榔	板桥乡桐榔村	28°28′	119°40′	1980	140	1.50

径流

全县多年平均径流量为13.845亿立方米，折合径流深984.7毫米。地域分布上是山区大于平原，西南部大于东北部。径流的年内分配与降水的年内分配相一致。松阳属梅雨区，5月和6月降水量占全年降水量的32.8%，多年平均最大月径流量也出现在5月或6月，其月径流量可占全年的16%。最少月径流量，境内多数河流出现在12月或1月，其月径流量占全年的2%～5%。靖居口水文站测得最大流量为4250立方米/秒，出现于1955年6月20日；最小流量为0.351立方米/秒，出现在2004年1月7日。

全县各主要河流最大年径流量与最小年径流量的比值，一般为4～5，具有典型季节性、山溪性河流的特点。

径流的年际变化受降水量年际变化的影响，且具有丰枯交替现象。年径流量最大的1975年为29.96亿立方米，年径流量最小的1979年为7.01亿立方米，两者比值为4.27。

2010年松阳县松阴溪、小港径流量（深）特征一览表

表 2-3-2-8

河流名称	集水面积（平方千米）	多年平均径流量（深）		最大年径流量（深）		最小年径流量（深）		最大年与最小年比值
		径流量（亿立方米）	径流深（毫米）	径流量（亿立方米）	径流深（毫米）	径流量（亿立方米）	径流深（毫米）	
松阴溪	1857	17.82	959.60	29.96	1544.30	7.01	498.50	4.27
小 港	491	4.83	982.60	8.90	1724.20	2.16	439.90	4.12

说明：资料来源于靖居口水文站（1955~2004年）、上包水文站（1962~1991年）

1953～2004年靖居口、上包水文站流量一览表

表 2-3-2-9

年 份	靖居口站				上包站			
	最大流量（立方米每秒）	出现时间	最小流量（立方米每秒）	出现时间	最大流量（立方米每秒）	出现时间	最小流量（立方米每秒）	出现时间
1953	2340.0	6月23日	4.30	9月2日	—	—	—	—
1954	2400.0	7月12日	0.80	10月25日	—	—	—	—
1955	4250.0	6月20日	1.05	10月21日	—	—	—	—
1956	2040.0	9月5日	1.27	8月18日	—	—	—	—
1957	1250.0	4月27日	1.40	9月14日	—	—	—	—
1958	1490.0	5月2日	2.28	7月7日	—	—	—	—
1959	2620.0	9月5日	3.02	12月11日	550.0	9月5日	0.99	10月24日
1960	1730.0	6月15日	2.30	7月17日	636.0	6月15日	0.85	12月11日
1961	2260.0	5月20日	1.42	7月23日	950.0	5月2日	0.80	7月23日
1962	3330.0	7月2日	4.14	2月22日	1090.0	7月1日	1.31	2月22日
1963	1900.0	9月13日	1.40	4月19日	648.0	6月16日	1.00	3月3日
1964	2760.0	6月21日	1.98	9月10日	1230.0	6月21日	0.62	12月28日
1965	1120.0	8月20日	1.18	1月25日	699.0	8月20日	0.55	2月4日
1966	1050.0	7月10日	2.23	9月27日	669.0	8月20日	0.55	2月4日
1967	1790.0	6月22日	0.56	11月3日	925.0	6月22日	0.38	11月1日
1968	1900.0	7月8日	1.92	1月2日	677.0	7月8日	0.66	1月13日
1969	2560.0	5月20日	2.82	9月13日	1150.0	5月20日	0.91	12月19日
1970	2320.0	6月26日	1.14	8月23日	1040.0	6月26日	0.82	1月1日
1971	1150.0	6月30日	0.78	8月16日	453.0	6月5日	0.68	8月15日
1972	883.0	8月30日	2.99	1月28日	477.0	8月18日	1.16	1月25日
1973	2500.0	5月31日	1.44	8月28日	1150.0	5月31日	0.90	9月2日
1974	1150.0	6月17日	2.00	1月6日	462.0	6月17日	1.13	1月9日

续表 2-3-2-9

年份	靖居口站				上包站			
	最大流量（立方米每秒）	出现时间	最小流量（立方米每秒）	出现时间	最大流量（立方米每秒）	出现时间	最小流量（立方米每秒）	出现时间
1975	2870.0	8月13日	3.34	9月3日	814.0	8月13日	2.86	1月19日
1976	1970.0	6月2日	2.75	8月10日	530.0	4月17日	1.83	12月21日
1977	928.0	4月9日	2.94	12月13日	362.0	4月9日	1.02	12月17日
1978	918.0	6月12日	0.72	9月9日	368.0	6月18日	0.66	9月9日
1979	885.0	5月1日	0.82	12月15日	181.0	5月1日	0.61	12月28日
1980	800.0	4月28日	2.04	1月22日	267.0	4月28日	0.56	1月11日
1981	694.0	4月5日	3.77	1月1日	251.0	4月4日	0.99	1月2日
1982	1450.0	6月17日	5.42	2月3日	646.0	6月17日	1.55	1月21日
1983	1410.0	6月2日	3.08	12月14日	495.0	6月2日	0.92	12月13日
1984	943.0	5月16日	4.22	1月13日	501.0	5月16日	0.92	1月11日
1985	1970.0	6月26日	6.30	5月7日	413.0	8月24日	1.59	12月27日
1986	1240.0	5月3日	2.12	8月19日	468.0	5月3日	0.37	8月18日
1987	922.0	9月11日	3.17	2月10日	287.0	9月11日	1.30	2月10日
1988	1846.0	6月20日	2.34	12月1日	603.0	6月19日	0.77	8月7日
1989	2100.0	5月23日	3.52	1月4日	1180.0	5月21日	0.90	1月4日
1990	1530.0	6月13日	2.30	7月25日	795.0	4月13日	0.77	7月24日
1991	1290.0	4月29日	1.14	7月26日	478.0	4月29日	0.66	7月29日
1992	2280.0	7月4日	5.05	11月30日	—	—	—	—
1993	2630.0	6月24日	5.10	12月31日	—	—	—	—
1994	3350.0	6月17日	4.28	1月5日	—	—	—	—
1995	2460.0	6月26日	2.12	12月14日	—	—	—	—
1996	1410.0	3月20日	2.19	1月6日	—	—	—	—
1997	2980.0	7月10日	2.60	1月14日	—	—	—	—
1998	2220.0	6月21日	3.80	11月14日	—	—	—	—
1999	1170.0	6月18日	3.04	12月29日	—	—	—	—
2000	2260.0	6月9日	2.96	1月5日	—	—	—	—
2001	1150.0	6月12日	2.84	10月23日	—	—	—	—
2002	1410.0	11月15日	3.79	1月13日	—	—	—	—
2003	991.0	6月24日	0.43	12月26日	—	—	—	—
2004	655.0	8月13日	0.35	1月7日	—	—	—	—

说明：1.上包站1992年后未施测流量；2.靖居口站2005年后未施测流量

水位

靖居口水文站测站基面高程 85 米（吴淞基面），警戒水位 92.7 米。该站 1953～2004 年实测水位资料，50 年间超过警戒水位的有 17 次之多，概率为 34%。其中 1955 年 6 月 20 日最高水位 95.91 米，超过警戒水位 3.21 米，实测最大洪峰流量 4250 立方米/秒。

1953～2010 年靖居口、上包水文站水位一览表

表 2-3-2-10

年份	靖居口站				上包站			
	最高水位（米）	出现时间	最低水位（米）	出现时间	最高水位（米）	出现时间	最低水位（米）	出现时间
1953	93.14	6 月 23 日	86.58	8 月 2 日	—	—	—	—
1954	93.55	7 月 12 日	86.51	10 月 25 日	—	—	—	—
1955	95.91	6 月 20 日	86.20	10 月 21 日	—	—	—	—
1956	92.41	9 月 5 日	86.24	1 月 1 日	—	—	—	—
1957	90.88	4 月 27 日	86.30	9 月 14 日	—	—	—	—
1958	91.23	5 月 2 日	86.36	7 月 7 日	—	—	—	—
1959	92.03	9 月 5 日	86.37	8 月 29 日	115.23	9 月 5 日	111.95	5 月 4 日
1960	91.78	6 月 15 日	86.43	1 月 13 日	115.63	6 月 15 日	111.95	12 月 11 日
1961	92.02	5 月 20 日	86.40	7 月 23 日	116.26	5 月 2 日	111.95	7 月 23 日
1962	94.67	7 月 2 日	86.48	2 月 22 日	117.77	7 月 1 日	111.95	12 月 29 日
1963	92.16	9 月 13 日	86.30	3 月 4 日	115.17	6 月 16 日	111.86	3 月 3 日
1964	93.51	6 月 21 日	86.60	7 月 12 日	117.19	6 月 12 日	112.05	9 月 6 日
1965	90.54	8 月 20 日	86.68	1 月 3 日	115.62	8 月 20 日	112.13	9 月 17 日
1966	90.34	7 月 10 日	86.64	11 月 13 日	115.42	7 月 10 日	112.00	11 月 8 日
1967	91.95	6 月 22 日	86.34	11 月 3 日	116.57	6 月 22 日	111.90	10 月 31 日
1968	92.21	7 月 8 日	86.37	9 月 13 日	115.42	7 月 8 日	112.01	1 月 12 日
1969	93.76	5 月 20 日	86.42	9 月 13 日	117.05	5 月 20 日	111.97	11 月 13 日
1970	93.04	6 月 26 日	86.29	8 月 23 日	116.79	6 月 26 日	111.79	8 月 20 日
1971	90.52	6 月 30 日	86.25	8 月 16 日	114.72	6 月 5 日	111.76	8 月 15 日
1972	89.97	8 月 30 日	86.40	1 月 18 日	115.54	8 月 18 日	112.07	1 月 9 日
1973	93.28	5 月 31 日	86.30	9 月 28 日	117.74	5 月 31 日	112.54	9 月 2 日
1974	90.61	6 月 17 日	86.32	1 月 6 日	115.79	6 月 17 日	112.54	1 月 6 日
1975	94.13	8 月 13 日	86.57	9 月 3 日	116.38	8 月 13 日	112.35	1 月 19 日
1976	92.39	6 月 2 日	86.39	8 月 10 日	117.91	4 月 17 日	114.76	12 月 14 日
1977	90.12	4 月 9 日	86.35	12 月 13 日	117.43	1 月 9 日	114.71	12 月 17 日

续表 2-3-2-10-1

年份	靖居口站				上包站			
	最高水位（米）	出现时间	最低水位（米）	出现时间	最高水位（米）	出现时间	最低水位（米）	出现时间
1978	90.08	6月12日	86.19	9月9日	117.43	6月18日	114.65	9月9日
1979	88.55	5月1日	86.18	12月15日	116.60	5月1日	114.64	8月14日
1980	89.80	4月28日	86.27	1月22日	117.03	4月28日	114.66	1月11日
1981	89.50	4月5日	86.33	1月1日	117.03	4月4日	114.71	1月2日
1982	91.27	6月17日	86.37	2月3日	118.44	6月17日	114.76	1月21日
1983	91.20	6月2日	86.26	12月14日	117.98	6月2日	114.72	8月16日
1984	90.02	5月16日	83.30	1月13日	117.94	5月16日	114.72	1月11日
1985	89.64	6月26日	86.37	5月7日	117.60	8月24日	114.75	12月27日
1986	90.77	5月3日	86.19	8月19日	117.75	5月3日	114.65	8月18日
1987	90.17	9月11日	86.27	2月10日	117.17	9月11日	114.71	2月10日
1988	92.16	6月20日	86.23	12月1日	118.27	6月19日	114.65	8月7日
1989	92.77	5月23日	86.29	1月4日	120.06	5月21日	114.68	1月4日
1990	91.77	6月13日	86.18	7月25日	118.92	6月13日	114.69	7月24日
1991	91.11	4月29日	86.14	7月26日	117.85	4月29日	114.66	7月29日
1992	93.20	7月4日	86.33	1月30日	119.07	7月4日	114.68	12月3日
1993	93.64	6月24日	86.32	12月31日	119.69	6.24	114.71	2.19
1994	94.68	6月17日	86.28	1月5日	—	—	—	—
1995	92.93	6月26日	86.17	12月14日	—	—	—	—
1996	91.17	3月20日	86.16	7月27日	—	—	—	—
1997	94.12	7月10日	86.15	1月14日	118.76	7月10日	114.71	11月9日
1998	92.75	6月21日	86.19	11月14日	119.82	6月21日	14.77	11月11日
1999	90.63	6月18日	86.08	12月29日	118.19	7月16日	114.78	1月10日
2000	92.72	6月9日	86.07	1月5日	120.50	6月9日	114.91	8月8日
2001	90.59	6月12日	86.05	10月23日	118.40	6月12日	114.94	11月21日
2002	91.17	11月15日	86.10	1月13日	118.25	11月15日	114.96	6月4日
2003	90.26	6月24日	85.80	12月26日	117.65	5月13日	114.92	11月8日
2004	89.81	8月23日	85.79	1月7日	117.35	9月13日	114.92	1月4日
2005	89.24	6月13日	84.67	11月25日	—	—	—	—
2006	90.0	6月6日	84.15	11月14日	—	—	—	—
2007	88.53	10月8日	84.16	1月20日	—	—	—	—
2008	88.23	6月27日	84.15	1月6日	—	—	—	—

续表 2-3-2-10-2

年份	靖居口站				上包站			
	最高水位（米）	出现时间	最低水位（米）	出现时间	最高水位（米）	出现时间	最低水位（米）	出现时间
2009	88.16	6月18日	84.15	1月3日	—	—	—	—
2010	90.63	6月22日	84.11	11月25日	—	—	—	—

说明：1.高程为吴淞基准面

2.1994～1996年上包站水位资料未留底，省水文局未刊印

3.2004年后上包站撤销水位观测项目

泥沙

随水流下移的泥沙有两种运动形式：一是颗粒较大的泥沙在河流底部被水流推动，沿河底移动，称为“推移质”泥沙；二是颗粒较细的泥沙悬浮于水体中，被水流挟带而运动，称为“悬移质”泥沙。前者因测验方法还不成熟，尚难检测。悬移质泥沙在随水流运动中，一部分沉积于河道或水库底部，大部分随水流输出河口进入海洋。

松阴溪支流均属山溪性河流，落差大，水流湍急。尤其是暴雨期，水土流失严重，使河道淤积河床升高，库塘淤积减少库容。

靖居口水文站历年的侵蚀模数和年输沙量的实测资料显示，松阴溪水系年平均侵蚀模数为105.66吨/平方千米，年均流失泥沙20.31万吨。最大年的1975年，侵蚀模数为302吨/平方千米，年输沙量58.6万吨；最小年的1979年，侵蚀模数为19.3吨/平方千米，年输沙量3.58万吨。河水中含沙量的变化规律是：汛期含沙量较大，枯水期含沙量较小；丰水年较大，枯水年较小；上游较大，下游较小。

1960～2001年若干年份松阳县靖居口水文站实测输沙量一览表

表 2-3-2-11

年 份	年均输沙率（千克/秒）	全年输沙量（万吨）	月均输沙量（万吨）	最高月输沙率（千克/秒）	最低月输沙率（千克/秒）	侵蚀模数（吨/平方千米）
1960	5.61	17.7	1.48	39.4（6月）	0.039（10月）	-
1963	7.67	24.2	2.02	42.0（9月）	0（1月）	125.0
1964	7.33	23.2	1.93	57.3（6月）	0.003（12月）	120.0
1965	3.53	11.1	0.93	14.2（8月）	0.002（1月）	57.2
1966	3.58	11.3	0.94	15.6（7月）	0.009（11月）	58.2
1967	7.67	24.2	2.02	58.0（6月）	0.002（11月）	125.0
1972	3.12	9.9	0.82	16.1（6月）	0.046（1月）	50.9
1973	8.94	28.2	2.25	50.9（5月）	0.008（12月）	145.0

续表 2-3-2-11

年份	年均输沙率（千克/秒）	全年输沙量（万吨）	月均输沙量（万吨）	最高月输沙率（千克/秒）	最低月输沙率（千克/秒）	侵蚀模数（吨/平方千米）
1974	3.66	11.5	0.96	17.2（6月）	0.03（1月）	59.3
1975	18.60	58.6	4.88	81.7（8月）	0.103（1月）	302.0
1976	8.92	28.2	2.25	63.7（6月）	0.019（12月）	145.0
1977	6.09	16.2	1.35	27.5（4月）	0.020（12月）	99.0
1978	3.40	10.7	0.89	28.0（6月）	0.010（12月）	57.6
1979	1.13	3.6	0.30	4.0（4月）	0.010（1月）	19.3
1980	4.36	13.8	1.15	16.2（4月）	0.020（1月）	74.3
1981	2.68	8.5	0.70	15.3（4月）	0.033（1月）	45.5
1982	6.09	19.2	1.60	35.8（6月）	0.055（1月）	103.0
1983	10.00	31.5	2.63	48.4（6月）	0.019（12月）	170.0
1984	5.13	16.2	1.35	17.4（6月）	0.025（12月）	87.2
1985	3.66	11.5	0.96	17.9（6月）	0.027（12月）	61.9
1986	4.62	14.6	1.22	25.8（5月）	0.016（1月）	78.6
1987	6.34	20.0	1.67	17.7（6月）	0.012（12月）	108.0
1988	12.10	38.4	3.20	69.8（6月）	0.007（12月）	207.0
1989	13.60	42.8	3.57	37.7（7月）	0.060（11月）	230.0
1990	5.43	17.1	1.43	33.5（6月）	0.037（12月）	92.1
1991	3.69	11.6	0.97	28.1（4月）	0.018（12月）	62.5
1992	14.43	45.6	3.80	83.3（7月）	0.022（11月）	246.0
1993	10.31	32.5	2.71	93.5（6月）	0.053（11月）	175.0
1994	15.34	48.4	4.03	122.0（6月）	0.014（11月）	261.0
1995	13.15	41.5	3.46	100.0（6月）	0.014（11月）	223.0
1996	3.09	9.76	0.81	22.1（3月）	0.015（12月）	52.6
1997	10.28	32.4	2.70	82.9（7月）	0.018（1月）	174.0
1998	12.28	38.7	3.23	112.0（6月）	0.019（12月）	208.0
1999	6.94	21.9	1.83	37.3（7月）	0.013（1月）	118.0
2000	7.31	23.1	1.93	69.6（6月）	0.064（12月）	124.0
2001	2.32	7.3	0.61	15.3（6月）	0.027（10月）	124.0

说明：1961年、1962年、1968～1971年、2002～2010年资料不全

第三节 水 质

地表水水质

松阴溪源自崇山峻岭深处，自古以来溪水潺潺，清澈见底。随着工业经济的发展和人口数量的增加，工业污水、生活废水以及施入农田的化肥、农药残留物大量排入松阴溪及其支流，造成水质严重污染。其中，建于20世纪40～50年代的遂昌造纸厂、松阳造纸厂污染最大。松阴溪水质污染日趋严重，在枯水期，水色变黑，尤以松阴溪干流最为严重，其中水色度超过国家饮用水标准五六倍。

1983年12月至1984年6月，对松阴溪干流和小港等4条主要支流，以及6座水库和4个重点污染源水样进行水质检测，综合评估认定，松阳县地表水属低矿化度软水，总硬度均在15毫克/升以下。但有机污染（溶解氧、耗氧量、氨氮）和五项毒物（氰化物、汞、砷、氯化物、铬）污染均超标。尤其是遂昌金矿、古市酒厂、古市造纸厂和松阳造纸厂4个重点污染源排出口的河流水质已严重污染。其中，界首、古市大桥、西屏大桥监测点，有机污染为二级、五项毒物污染为五级；4个重点污染源排出口水质均为五级。

1993年，遂昌造纸厂采取改自制浆为商品浆、消除制浆黑液排放等措施治污；松阳造纸厂兴建蓄污工程以减轻污水污染程度。但治标不治本，溪水依然泡沫飘浮，水色发黑。经检测，松阴溪水质为四五类，有的监测点超过五类。1995年6月、12月，遂昌、松阳2家造纸厂先后封存草浆蒸球，停止草浆生产，结束造纸制浆废水污染松阴溪的历史。1998年后，松阳县大部分区域水质指标均已达到或优于Ⅱ类水质的要求。从监测结果看，全县地表水水质污染类型主要为有机污染型。主要污染因子为高锰酸盐指数、氨氮、亚硝酸盐等。

地下水水质

松阳县浅层地下水水质良好，属重碳酸一钙（纳）型、低矿化度水，矿化度为0.01～0.38克/升，水化学类型以HCO_3-Ca和HCO_3Cl-Ca型为主。但亦有部分村庄卫生条件差，生活污水渗入浅层地表水，造成不同程度的有机污染和五项毒物污染，直接影响身体健康。

深层地下水水质因条件限制，未能检测。

水质保护

2005年，根据水利部《水功能区管理办法》规定，江河、湖泊、水库的水质保护以水功能区划为基础，污染物的排放必须控制在国家和浙江省规定的指标内，所有企业的污水排放必须达到相应的排放标准，要达到各功能区均能满足要求的水平。是年8月11日，召开《松阳县水资源综合规划》审查会议。2008年，松阳县政府批准实施《松阳县水资源综合规划》。

2008年，松阳县贯彻《浙江省水功能区水质监测规划》，加强水资源监测中心建设。6月1日，开始施行新修订的《中华人民共和国水污染法》，划定水质保护区，不得新建排污口。7月7日，开始实施《浙江省重大污染事件报告办法》，规范重大污染事件报告行为。

1985 年松阳县各监测站水质等级评定一览表

表 2-3-3-1　　　　水质液度单位：毫克/升（pH 除外）

站名	pH		PO 溶解氧		COP 耗氧量		氨氮		总硬度		氯化物		酚		氰		汞		砷		铬（六价）		综合定级（均值）			
	均值 极值	等级	均值 极值	等级	均值 极值	等级	均值 极值	等级	均值 极值	等级	均值 极值	等级	均值 极值	等级	均值 极值	等级	均值 极值	等级	均值 极值	等级	均值 极值	等级	项数		等级	
																							有机	五毒	有机	五毒
界首	7.2 7.3	1 1	5.1 3.0	2 3	3.3 5.2	2 3	0.29 0.58	1 2	0.31 0.6	1 1	2.4 4.8	1 1	0.003 0.005	2 2	0.0049 0.0128	1 1	0.0026 0.0068	3 4	—	—	—	—	3 3	5 5	2 3	3 4
古市	7.0 7.0	1 1	3.8 4.6	3 2	3.1 3.1	2 2	0.07 0.12	1 1	7.0 7.9	1 1	1.5 1.5	1 1	0.003 0.005	2 2	—	—	0.0009	2	—	—	—	—	3 3	5 5	3 2	2 2
西屏	8.4	1 1	7.3	2	7.2	3	—	—	10.1	1	2.0	1	—	—	—	—	0.0019	3	0.01	1	—	—	3	5	3	3
竹溪	7.2 7.3	3	—	—	1.2 1.7	1 1	0.01 0.02	1 1	6.3 8.9	1 1	1.2 1.9	1 1	—	—	—	—	0.0003 0.0003	1 1	—	—	—	—	3 3	5 5	1 1	1 1
上包	7.2 7.4	1 1	8.6 12.1	1 1	1.3 1.5	1 1	0.08	1	5.5 5.6	1 1	1.7 2.0	1 1	0.001	1	0.003	1	0.0015	3	—	—	—	—	3 3	5	1 1	3
靖居口	7.4 7.7	1 2	6.5 9.4	2 1	6.5 9.0	3 4	0.11 0.18	1 1	13.2 17.1	1 1	4.5 7.0	1 1	0.011	3	—	—	0.0002	1	—	—	—	—	3 3	5	3 4	3

说明：1. 界首、竹溪站为 1984 年监测资料，其余为 1985 年监测资料

2. 参与综合定级的有机指标有 3 项，分别是溶解氧（DO）、化学需氧量（COD）、氨氮。综合等级为最差一项指标等级

3. 参与综合定级的有毒指标有 5 项，分别是酚、氰、汞、砷、铬，综合等级为 5 项指标中最差一项指标等级

1998～2004年松阳县地表水水质评价结果一览表

表 2-3-3-2　　单位：毫克/升

断面	功能类别	年度	pH	深解氧	高锰酸盐指数	生化需氧量	氨氮	挥发酚	氰化物	砷	汞	六价铬	铅	镉	水质类别	评价结果
大石	III	1998	7.17	7.20	3.24	1.23	0.031	<0.002	<0.004	<0.007	<0.00005	<0.004	<0.01	<0.001	II	达标
		1999	7.08	7.68	2.91	1.15	0.307	<0.002	<0.004	<0.007	<0.00005	0.005	<0.01	<0.001	II	达标
		2000	7.08	8.25	3.12	1.31	0.305	<0.002	<0.004	<0.007	<0.00005	0.006	0.024	0.0013	II	达标
		2001	7.13	8.53	3.24	0.61	0.234	<0.002	<0.004	<0.007	—	<0.004	<0.01	<0.001	II	达标
		2002	7.08	8.48	2.71	0.81	0.230	<0.002	<0.004	<0.007	—	<0.004	<0.01	<0.001	II	达标
		2003	7.03	8.28	3.18	0.90	0.20	<0.002	<0.004	<0.007	<0.00005	<0.004	<0.01	<0.001	II	达标
		2004	6.95	6.93	3.67	1.69	0.315	<0.002	<0.004	<0.007	<0.00005	<0.004	<0.01	<0.001	II	达标
松阳二中	III	1998	7.20	8.22	3.03	0.57	0.488	<0.002	<0.004	<0.007	<0.00005	<0.004	<0.01	<0.001	II	达标
		1999	7.13	8.04	2.62	0.67	0.420	<0.002	<0.004	<0.007	<0.00005	0.004	<0.01	<0.001	II	达标
		2000	7.07	8.79	3.32	0.65	0.333	<0.002	<0.004	<0.007	<0.00005	0.008	0.017	<0.001	II	达标
		2001	7.09	8.76	3.31	0.44	0.257	<0.002	<0.004	<0.007	—	<0.004	<0.01	<0.001	II	达标
		2002	7.09	8.83	2.79	0.52	0.265	<0.002	<0.004	<0.007	—	<0.004	<0.01	<0.001	II	达标
		2003	7.14	8.31	3.15	0.95	0.208	<0.002	<0.004	<0.007	<0.00005	<0.004	<0.01	<0.001	II	达标
		2004	7.01	7.42	3.99	1.14	0.610	<0.002	<0.004	<0.007	<0.00005	<0.004	<0.01	<0.001	II	达标
石门桥下	III	1998	7.17	7.93	2.48	0.46	0.147	<0.002	<0.004	<0.007	<0.00005	<0.004	<0.01	<0.001	II	达标
		1999	7.29	7.43	2.19	0.57	0.098	<0.002	<0.004	<0.007	<0.00005	<0.004	<0.01	<0.001	II	达标
		2000	7.05	7.95	3.05	0.53	0.354	<0.002	<0.004	<0.007	<0.00005	0.008	0.010	<0.001	II	达标
		2001	6.91	8.55	3.09	0.32	0.238	<0.002	<0.004	<0.007	—	<0.004	<0.01	<0.001	II	达标
		2002	7.06	8.76	3.01	0.56	0.253	<0.002	<0.004	<0.007	—	<0.004	<0.01	<0.001	II	达标
		2003	7.05	8.28	3.13	0.89	0.203	<0.002	<0.004	<0.007	<0.00005	<0.004	<0.01	<0.001	II	达标
		2004	7.17	7.34	3.44	0.90	0.322	<0.002	<0.004	<0.007	<0.00005	<0.004	<0.01	<0.001	II	达标

续表 2-3-3-2-1

断面	功能类别	年度	pH	深解氧	高锰酸盐指数	生化需氧量	氨氮	挥发酚	氰化物	砷	汞	六价铬	铅	镉	水质类别	评价结果
白沙	III	1998	7.42	8.11	2.23	0.96	0.165	<0.002	<0.004	<0.007	<0.00005	<0.004	<0.01	<0.001	II	达标
		1999	7.40	8.19	2.76	0.77	0.117	<0.002	<0.004	<0.007	<0.00005	<0.004	<0.01	<0.001	II	达标
		2000	7.24	7.91	3.81	0.69	0.388	<0.002	<0.004	<0.007	<0.00005	0.010	0.029	<0.001	II	达标
		2001	7.06	8.59	3.66	0.50	0.263	<0.002	<0.004	<0.007	—	<0.004	<0.01	<0.001	II	达标
		2002	7.25	8.77	3.00	0.45	0.267	<0.002	<0.004	<0.007	—	<0.004	<0.01	<0.001	II	达标
		2003	7.07	8.35	2.96	0.94	0.214	<0.002	<0.004	<0.007	<0.00005	<0.004	<0.01	<0.001	II	达标
		2004	7.43	7.14	3.93	1.62	0.817	<0.002	<0.004	<0.007	<0.00005	<0.004	<0.01	<0.001	II	达标
港口桥上	III	1998	7.30	7.89	2.24	0.81	0.143	<0.002	<0.004	<0.007	<0.00005	<0.004	<0.01	<0.001	II	达标
		1999	7.35	8.07	2.10	0.45	0.107	<0.002	<0.004	<0.007	<0.00005	0.004	<0.01	<0.001	II	达标
		2000	7.27	8.05	3.49	0.53	0.478	<0.002	<0.004	<0.007	<0.00005	0.008	<0.01	<0.001	II	达标
		2001	7.33	8.54	3.28	0.41	0.301	<0.002	<0.004	<0.007	—	<0.004	<0.01	<0.001	II	达标
		2002	7.22	8.76	2.85	0.37	0.265	<0.002	<0.004	<0.007	—	<0.004	<0.01	<0.001	II	达标
		2003	7.11	8.44	2.87	0.89	0.199	<0.002	<0.004	<0.007	<0.00005	<0.004	<0.01	<0.001	II	达标
		2004	7.43	7.43	3.22	1.08	0.416	<0.002	<0.004	<0.007	<0.00005	<0.004	<0.01	<0.001	II	达标
靖居口	III	1998	7.18	7.80	1.91	0.73	0.077	<0.002	<0.004	<0.007	<0.00005	<0.004	<0.01	<0.001	I	达标
		1999	7.20	8.06	1.57	0.58	0.041	<0.002	<0.004	<0.007	<0.00005	<0.004	<0.01	<0.001	I	达标
		2000	7.01	8.13	2.35	0.61	0.363	<0.002	<0.004	<0.007	<0.00005	<0.004	0.010	<0.001	II	达标
		2001	7.16	8.44	2.47	0.42	0.300	<0.002	<0.004	<0.007	—	<0.004	<0.01	<0.001	II	达标
		2002	7.07	8.79	2.49	0.36	0.290	<0.002	<0.004	<0.007	—	<0.004	<0.01	<0.001	II	达标
		2003	7.12	8.53	2.92	0.91	0.225	<0.002	<0.004	<0.007	<0.00005	<0.004	<0.01	<0.001	II	达标
		2004	7.32	7.13	3.32	1.09	0.303	<0.002	<0.004	<0.007	<0.00005	<0.004	<0.01	<0.001	II	达标
梧桐源	III	1998	7.11	8.57	3.41	2.05	1.935	<0.002	<0.004	<0.007	<0.00005	0.009	0.017	0.0032	劣V	超标
		1999	7.04	8.67	4.11	1.23	1.945	<0.002	<0.004	<0.007	<0.00005	<0.004	0.014	0.0044	劣V	超标

续表 2-3-3-2-2

断面	功能类别	年度	pH	深解氧	高锰酸盐指数	生化需氧量	氨氮	挥发酚	氰化物	砷	汞	六价铬	铅	镉	水质类别	评价结果
梧桐源	III	2000	7.16	8.59	3.65	1.66	2.129	<0.002	<0.004	<0.007	<0.00005	0.013	0.027	0.0210	劣V	超标
		2001	7.05	8.93	6.25	1.76	0.277	<0.002	<0.004	<0.007	—	<0.004	<0.01	0.0010	IV	超标
		2002	6.91	8.87	4.58	1.29	0.487	<0.002	<0.004	<0.007	—	<0.004	<0.01	<0.001	III	达标
		2003	7.17	8.34	5.23	1.79	0.297	<0.002	<0.004	<0.007	<0.00005	<0.004	<0.01	<0.001	II	达标
		2004	7.08	7.95	3.63	1.20	0.950	<0.002	<0.004	<0.007	<0.00005	<0.004	<0.01	<0.001	III	达标
大东坝溪口	III	1998	7.37	8.28	1.22	.038	<0.025	<0.002	<0.004	<0.007	<0.00005	<0.004	<0.01	<0.001	I	达标
		1999	7.46	8.02	1.27	0.44	<0.025	<0.002	<0.004	<0.007	<0.00005	<0.004	<0.01	<0.001	I	达标
		2000	7.15	8.32	1.69	0.28	0.305	<0.002	<0.004	<0.007	<0.00005	<0.004	<0.01	<0.001	II	达标
		2001	7.05	8.88	1.63	0.23	0.225	<0.002	<0.004	<0.007	—	<0.004	<0.01	<0.001	II	达标
		2002	7.05	9.05	1.70	0.49	0.196	<0.002	<0.004	<0.007	—	<0.004	<0.01	<0.001	II	达标
		2003	7.08	8.70	2.31	0.81	0.172	<0.002	<0.004	<0.007	<0.00005	<0.004	<0.01	<0.001	II	达标
		2004	8.11	8.24	2.05	0.61	0.080	<0.002	<0.004	<0.007	<0.00005	<0.004	<0.01	<0.001	II	达标

2010年松阳县地表水功能区划分一览表

表 2-3-3-3

河道	功能范围	主要功能	控制目标
松阴溪	界首—上方（5.0千米）	Ⅲ类水质多功能区	Ⅲ
	上方—白沙（18.0千米）	Ⅲ类水质多功能区	Ⅲ
	白沙—港口（8.0千米）	Ⅲ类水质多功能区	Ⅲ
	港口—靖居口（11.0千米）	Ⅲ类水质多功能区	Ⅲ
	靖居口—堰后（19.0千米）	Ⅲ类水质多功能区	Ⅲ
	梧桐源水库—梧桐源溪口（11.5千米）	Ⅲ类水质多功能区	Ⅲ
	水域：一级保护区外的库区 陆域：沿岩纵深50米	Ⅱ类水质集中式生活饮用水源二级保护区	Ⅱ
	水域：东坞水库库区（1.0千米） 陆域：沿岩纵深100米	Ⅰ类水质集中式生活饮用水源一级保护区	Ⅰ
	水域：竹源水库 陆域：沿岩纵深50米	Ⅰ类水质集中式生活饮用水源一级保护区	Ⅰ
	水域：竹源水库—松阳水厂竹源溪取水点（1.0千米） 陆域：沿岩纵深100米	Ⅰ类水质集中式生活饮用水源一级保护区	Ⅰ
	水域：谢村源水库 陆域：沿岩纵深50米	Ⅱ类水质多功能区	Ⅱ
	水域：六都源水库 陆域：沿岩纵深50米	Ⅱ类水质多功能区	Ⅱ
	庄门源（12.55千米）	Ⅱ类水质多功能区	Ⅱ
	小港（63.0千米）	Ⅱ类水质多功能区	Ⅱ

第四章　土地与土壤环境

松阳地形以中低山为主，县域的中部是约180平方千米的盆地。海拔500米以下、以上的土地各占一半。水稻土分布广泛，海拔100～800米均有分布。宜种水稻等粮油作物，是松阳各类土壤中肥力和生产力水平最高的土壤；占全县土壤总面积的17%左右。红壤为松阳最主要的地带性土壤，广泛分布在海拔800米以下的低山丘陵，占全县土壤总面积的57%左右，适合茶叶生长。其他还有黄壤、岩性土类、潮壤等。

第一节　土　地

县内群山起伏，峰岭逶迤，山脉的分布和走向支配着整个地形。境内群山皆起源于仙霞岭山脉，仙霞岭余脉延伸入境后，分四束分布于松北、松南、松西、松中。

（参见本编第一章“地质 地貌”第三节“地貌分区”）

层状地形明显

从松阴溪畈到千米山巅显示出层状特征。海拔在200米以下的面积26.26万亩，占土地总面积的12.48%；海拔200～250米的面积17.9万亩，占8.5%；250～500米的面积56.76万亩，占26.98%；501～800米的面积66.84万亩，占31.77%，801米以上的面积42.64万亩，占20.26%。山体较陡峻，全县地面陡度在3°以下的18.33万亩，占土地总面积的8.71%；3°～5°的面积5.13万亩，占2.44%；6°～15°的面积10.55万亩，占5.01%；16°～25°的面积31.39万亩，占14.92%；26°～34°山坡面积70.29万亩，占33.41%；大于35°的面积74.71万亩，占35.51%。由于坡度陡峻，处于经常受侵蚀状态，水土流失严重，对农业生产影响颇大。

2010年松阳县土地资源的海拔分布和坡度情况表

表2-4-1-1

		250米以下	250～500米	500～800米	800米以上	合计
3°以下	面积（亩）	182152	1121	—	—	183273
	占比（%）	8.66	0.05	—	—	8.71
3°～5°	面积（亩）	39653	9063	2537	—	51253
	占比（%）	1.88	0.43	0.12	—	2.43

续表 2-4-1-1

		250 米以下	250～500 米	500～800 米	800 米以上	合计
6°～15°	面积（亩）	71058	22646	9177	2614	105495
	占比（%）	3.38	1.07	0.44	0.12	5.01
15°～25°	面积（亩）	83956	79494	95612	54827	313889
	占比（%）	3.99	3.78	4.54	2.61	14.92
25°以上	面积（亩）	64788	455245	561117	368989	1450139
	占比（%）	3.08	21.64	26.67	17.54	68.93
合计	面积（亩）	441607	567569	668443	426430	2104049
	占比（%）	20.98	26.98	31.77	20.27	100

第二节　土　壤

1990～1993 年，松阳县土地土壤详查统计，全县土壤面积 136810.4 公顷，土壤类型多，分布复杂，性态特征各异，可划分为 5 个大类、11 个亚类、41 个土属、72 个土种。

红壤

红壤土类为松阳县最主要的地带性土壤，广泛分布在海拔 800 米以下的低山丘陵，面积为 77264.67 公顷，占全县土壤总面积的 56.5%，占土地总面积的 55.1%。

红壤的成土母质以凝灰岩、花岗岩、流纹岩等酸性岩浆岩风化物为主，具有酸、黏、瘦的特征。目前利用以园地、林地、旱地为主。

黄壤

面积 33400 公顷，占全县土壤总面积的 24.6%，主要分布在海拔较高的中山上，松古盆地四周分布高度在 800 米以上；西南部玉岩带 750 米以上，是受垂直气候影响发展的土壤。该土壤在松阳县的成土母质为酸性火山岩的风化体。由于受高海拔的特殊生物气候条件影响，多利用于林地。

岩性土类

面积较少，仅 573.33 公顷，占土壤总面积的 0.4%；零星分布在盆地的低丘上，占盆地面积的 4%，母质为钙质紫砂岩、石灰性紫砂岩和玄武岩。母岩的特性保留在土壤中，该土适宜种植耐旱作物。

潮土类

分布在溪流两岸，以水为动力的近代沉积物。面积 1466.67 公顷，占全县土壤总面积的 1.1%，是松阳发展桑、橘等园地的主要土壤类型，同时可种植西瓜、豆、花生等旱地作物。

水稻土

面积 23800 公顷，占土壤总面积的 17.4%。水稻土是人们在各种自然土壤的基础上进行长期灌水耕种和施肥等综合农业措施影响下发育起来的土壤类型。松阳县的水稻土分布广泛，海拔 100～800 米均有分布。宜种水稻等粮油作物，是全县各类土壤中肥力和生产力水平最高的土壤。

松阳县各类土壤分布情况表

表 2-4-2-1

土类	亚类	土属	土种			主要分布地点
			名称	面积		
				亩	占比(%)	
红壤	红壤	黄筋泥	黄筋泥	4025	0.19	赤寿半古月、谷旺等地
			砾石黄筋泥	219	0.01	望松西河
		红黏土	红黏土	3717	0.18	古市岗寺片、西屏阳溪片、水南片
	黄红壤	亚黄筋泥	亚黄筋泥	3398	0.16	新兴、古市岗寺片、斋坛、西屏等地
		黄泥土	黄泥土	604899	28.75	叶村、西屏水南片、大东坝石仓、裕溪等乡 750 米以下低山
			黄砂泥土	204848	9.74	古市岗寺片、新兴、樟溪、谢村等地 750 米以下低山
		黄红泥土	黄红泥土	1368	0.07	西屏吴家山
		砂黏质红土	砂黏质红土	22946	1.09	大东坝石仓、蔡宅、后宅，象溪靖居、鲁西等
		红砂土	红砂土	7473	0.36	松古盆地各乡低丘小山
			砾石红砂土	22447	1.07	松古盆地各乡低丘下山
		红松泥	红松泥	81781	3.89	板桥、玉岩、枫坪、交塘、竹源等乡
			砂质红松泥	24553	1.17	三都、象溪雅溪
		黄黏土	黄黏土	3200	0.15	西屏葛山头、古市岗寺、赤寿卯山
			黏紫泥土	9452	0.45	西屏铺门至望松西河、古市岗寺片、樟溪等
	侵蚀型红壤	石砂土	石砂土	162498	7.72	各乡低山
		岩秃	红砂秃	595	0.03	新兴大石、赤寿狮子口
			岩秃	1551	0.07	西屏岩下等地
黄壤	黄壤	山地黄泥土	山地黄泥土	314846	14.96	各乡海拔 750 米以上山地
		山地黄泥砂土	山地黄泥砂土	96520	459	各乡海拔 750 米以上山地
		山地红松泥	山地红松泥	14629	0.69	枫坪高亭等地
	侵蚀型黄壤	山地石砂土	山地石砂土	79530	3.78	四都、大东坝石仓片、安民等地
			山地石坤香灰土	217	0.01	叶村岱头麻士尖

续表 2-4-2-1-1

土类	亚类	土属	土种			主要分布地点
			名称	面积		
				亩	占比(%)	
岩性土	钙质	紫砂土	紫砂土	4388	0.21	赤寿择子山、西屏水南等地
	紫色土	红紫砂土	红紫砂土	2687	0.13	赤寿、望松、西屏水南等地
	玄武岩幼年土	棕粘土	棕粘土	1554	0.07	西屏横山至宅沿头
潮土	潮土	洪积泥砂土	砾石滩	3499	0.16	溪下、三都、竹源、东坞等水库边
			谷口泥砂土	2119	0.10	古市塘头村等地
		清水砂	清水砂	2612	0.12	松阴溪边
			溪滩壳	818	0.04	松阴溪边
			卵石滩	3797	0.18	松阴溪边
		培泥砂土	培砂土	8775	0.42	松阴溪边圩地
水稻土	渗育型	山地黄泥田	山地黄泥土	16751	0.79	四都、安民、玉岩交塘等高山梯田
			山地石坤黄泥田	2899	0.14	四都槲树
			山地砂性黄泥田	9166	0.44	玉岩、谢村、新处等高山梯田
		黄泥田	黄泥田	44468	2.11	各乡海拔 750 米以下低山山峦梯田
			石坤黄泥田	1226	0.06	安民、竹源等地
			焦砾坤黄泥田	418	0.02	安民乌弄
			砂性黄泥田	25872	1.31	谢村、新处、新兴横溪、古市岗寺片、斋坛等地
		白砂田	白砂田	17794	0.85	大东坝石仓、象溪靖居、板桥等地
			砾坤白砂田	1445	0.07	大东坝蔡宅等地
		红泥田	红粘田	7198	0.34	西屏阳溪片、望松、樟溪、古市岗寺片等地
			新黄筋泥田	10667	0.51	赤寿、叶村、斋坛、望松等乡
			红砂田	7425	0.35	松古盆地各乡
			紫泥田	990	0.05	赤寿择子山
			紫砂田	720	0.03	赤寿
			棕粘田	652	0.03	西屏宅沿头
			红松泥田	47397	2.25	枫坪、玉岩、三都、板桥等乡
			石坤红松泥田	2899	0.14	竹源、三都、安民、枫坪等乡
	潴育型	洪积泥砂田	山谷泥砂田	12500	0.59	丘陵山地、各乡坑边田
			山谷砾坤泥砂田	4570	0.22	新处、大东坝石仓片、安民等地坑边田
			谷口泥砂田	34534	1.64	松古盆地各乡
			谷口砾坤泥砂田	31557	1.01	樟溪、古市岗寺片、望松、叶村、西屏水南等地
			谷口白坤老泥砂田	1500	0.05	叶村、望松、新兴等乡
			谷口老泥砂田	4450	0.21	西屏北门垄、阳溪片等地

续表 2-4-2-1-2

土类	亚类	土属	土种			主要分布地点
			名称	面积		
				亩	占比(%)	
水稻土	潴育型	黄泥砂田	黄泥砂田	16311	0.778	各乡山垄缓坡
			黄大泥田	6728	0.32	水南横山、阳溪片、古市岗寺片
			黄泥粗砂田	1472	0.07	象溪靖居片
		泥砂田	泥砂田	6517	0.26	西屏水南片、赤寿、斋坛等大畈田
			青坤泥砂田	2980	0.14	西屏水南片、赤寿、斋坛畈新田或近山低洼田
		培泥砂田	培泥砂田	13079	0.62	松阴溪边田
			砂田	4806	0.32	松阴溪边田
		山地黄泥砂田	山地黄泥砂田	4717	0.22	玉岩、新处庄后等高山梯田
		老黄筋泥土	老黄筋泥砂田	4925	0.22	赤寿半古月、西屏安仁亭
			谷口泥砂老黄泥田	880	0.04	赤寿高金垄、斋坛勘头
		紫红泥砂田	紫泥砂田	1384	0.07	赤寿择子山
			红泥砂田	4657	0.22	松古盆地各乡低丘垄田
		红松泥砂田	红松泥砂田	9646	0.46	板桥、三都、玉岩、枫坪等乡
	潜育型	烂灰田	烂灰田	77	0.004	新处朱山
		烂滃田	烂滃田	25	0.001	叶村松山
			青红松泥砂田	156	0.007	板桥凉亭下
			烂红松泥砂田	535	0.03	玉岩叶寮、枫坪斗潭
		烂泥田	青泥砂田	475	0.02	新兴后刘

第五章　生态环境

松阳县境森林植被属中亚热带常绿阔叶林区。由于地势高低悬殊，形成多种小气候环境，森林植物群繁多，植物资源丰富。

境内属浙闽低山丘陵区，地貌类型复杂，地势起伏变化大，地面坡度在25°以上（不含）的山地约占全县土地总面积的68.92%。县内水系多属山溪性、季节性河流，源短流急，暴涨暴落，极易导致地面侵蚀、水土流失。同时，人类活动诸如垦山种粮、修路建厂、开矿采石、筑窑烧炭等，皆会导致植被破坏、水土流失。

第一节　森林植被

海拔500米以下低山丘陵以马尾松林和马尾松、常绿阔叶树混交林为主。海拔500～800米低山区，大面积山坡是杉木林或马尾松、阔叶混交林。海拔800～1400米山地，近山脊或阳坡，以黄山松、阔叶树混交林为主，中下部或阴坡，以杉木与木荷甜槠等阔叶混交林为主。

植被主要有针叶林、杉木林、柳杉林、针叶、阔叶混交林、阔叶林、毛竹林、经济林、人工茶园、柑橘园、桑园、果园等。

松木林以马尾松为主，多分布在海拔800米以下低山丘陵；其次为黄山松，分布在海拔800米以上山地，800～1000米山地以两者天然混生为主。

杉木林为人工栽培的主要森林群落，面积大，分布不均，垂直分布以海拔500～700米山地长势最佳。800～1200米山坡、山坳有成片人工杉木林。

阔叶林为天然次生林，分布于深山区，面积很少。海拔800米以下为常绿阔叶林；海拔800米以上为常绿、落叶阔叶林；海拔800～1200米为针叶林与常绿、落叶阔叶林混生，形成针阔混交林。

竹林境内品种繁多，资源丰富，以毛竹为主，一般分布在海拔800米以下的山地、丘陵。松古盆地零星分布以笋用竹为主的杂竹。

经济林品种较多，分布较广，2010年全县面积23.23万亩，有油茶、茶叶、香榧、板栗、柑、橘、柚、橙、梨、杨梅、桃，以及桑、厚朴等，占经济林面积的95%，主要分布在裕溪、象溪、板桥、大东坝、玉岩、三都、西屏、古市、赤寿、新兴等乡镇。厚朴自古为重要药材经济树种，主产于南部林区。

灌木丛多分布在海拔800米以上的山脊、山顶。

（此节内容详见第十二编“林业”第一章“森林资源”第一节“林种分布”）

第二节 水土流失

成因

松阳县属中亚热带气候区，温暖湿润，雨量充沛。县城四周群山环抱，森林资源丰富，素为浙江省重点林区县和全国杉木林基地之一。宋状元沈晦《游竹溪》诗云：“寒流穿曲岸，支径入翠微。山深古木合，林静珍禽飞。”至明、清，依然“万壑之古杉蔽日，千峰之翠竹凌霄”。全县山地自然形成的乔灌草立体生态环境，起到涵养水源，保持水土之作用。

水土流失有其自然因素，县内水系多属山溪性、季节性河流，源短流急，暴涨暴落，极易导致地面侵蚀、水土流失。

近百年来，人类活动诸如垦山种粮、修路建厂、开矿采石、筑窑烧炭等，皆导致植被破坏、水土流失。民国 28 年（1939），省农改所在《松阳林业概况调查报告》中称：“处属各县中，森林蓄积之富，除龙、遂诸县外，其次当推松阳。乃以农村经济衰落，滥伐之风乃盛，昔日富藏摧毁殆尽。现所见者，仅与龙、遂交界处尚有林相可言，其余三区，除靖居多油茶，古市多油桐外，概呈荒废现象，唯松川两岸马尾松耳。”至 1949 年，全县荒山面积已从民国 28 年（1939）的 5460 公顷增加到 30933.3 公顷，10 年时间，荒山面积扩大 5.7 倍。

中华人民共和国成立后，全县城乡普遍开展植树造林、封山育林、绿化荒山活动，林业生产得以恢复和发展。全县各地采取砌坳保土、挖鱼鳞坑、修水平带等措施，进行综合治理，水土流失得以减缓。但生产关系变动频繁，每变动一次，山林就被破坏一次。1958 年，森林资源遭殃；1961 年，森林植被再遭破坏。“文化大革命”初期，乱砍滥伐之风盛行，山林再度遭殃。20 世纪 80 年代后，实行山林权属变革之初，农民担心政策不稳，受急功近利思想驱使，休养生息不久的森林资源又一次遭受破坏。放开木材市场后，一度缺乏管理，森林资源遭破坏尤为严重。

流失情况

松阳县森林植被几经破坏，水土流失几度加剧。河流输沙量增加，河床抬高，河道变窄，塘库淤积，影响生态环境。1960～2001 年，靖居口水文站水文资料显示，松阴溪水系年平均侵蚀模数为 10.566 万千克/平方千米，年均流失泥沙 20310 万千克。如按表土 15 厘米厚计算，相当于每年有 66.7 公顷土地的表土被溪水带出县境。据测算，年均随泥沙流失的有机质 538.38 万千克，全氮 23.01 万千克，速效磷 740 万千克。全县耕地水土流失面积从 1980 年的 2300 公顷上升至 1991 年的 2933.3 公顷。

1996 年后，松阳县贯彻执行《中华人民共和国水土保持法》和《浙江省实施〈中华人民共和国水土保持法〉办法》，加强水土保持监督执法工作，水土流失趋缓。1998 年公布的浙江省水土流失普查结果显示，松阳县水土流失面积为 249.17 平方千米，占全县土地总面积的 17.7%。其中，轻度流失面积 100.24 平方千米，中度流失面积 98.84 平方千米，强度流失面积 29.81 平方千米，极强度流失面积 17.12 平方千米，剧烈度流失面积 3.16 平方千米。水土流失面积中，坡耕地 21.26 平方千米，疏林地 225.6 平方千米，其他 2.24 平方千米。水土流失类型主要为水力侵蚀。

水土流失带走大量泥沙，流入河道、水库，致使河道、水库淤积；水库减少库容，降低蓄水功能；河道淤塞，阻滞泄洪。四都水库库底淤积达 5 米以上，灌溉效益已不足设计库容的 50%。松阴溪松古盆地段河道淤积日益加剧，泄水断面缩水。叶村乡的寺岭下、新兴乡的上源口一带河道，河床已高于两岸村庄农田，如遇暴雨，极易发生洪灾，危及沿岸人民生命财产安全。

截至 2004 年末，全县水土流失面积减少至 160.2 平方千米，6 年间减少水土流失面积 88.97 平方千米（年均减少 14.83 平方千米）。其中，中度流失减少至 49.57 平方千米，强度流失减少至 13.16 平方千米，极强度流失减少至 5.17 平方千米，剧烈度流失减少至 1.22 平方千米。

保护

2006 年 9 月，松阳县贯彻《浙江省水土保持生态修复规划》，在水土流失预防工作中坚持预防为主、保护优先，以人为本、生态为重，尊重自然、和谐共处，统筹规划、突出重点，生态修复为主、人工治理为辅，政府协调、公众参与六项原则。2010 年，县水利部门发出水土保持责令采取补救措施意见 10 份，对河道内违法违规采砂行为立案查处 2 件，发出责令限期整改通知书 36 份。通过专项执法，乱占河道、乱采砂现象得到好转。

2010 年松阴溪干流堤防建设情况表（1）

表 2-5-2-1

		松阴溪干堤西屏镇段	松阴溪干堤西屏镇段	松阴溪干堤青蒙段	松阴溪干堤裕溪段	松阴溪干堤裕溪段
1	河流岸别	左	右	左	左	右
2	起点村	西屏镇塔寺下	叶村乡寺岭下	西屏镇青蒙村	裕溪乡裕溪村	裕溪乡裕溪村
	终点村	西屏镇白沙村	西屏镇水南村	西屏镇青蒙村	裕溪乡裕溪村	裕溪乡裕溪村
3	建成时间（已建）	—	—	2004.12	—	—
	开工时间（在建）	2004.4	2001.11	—	2010.5	2010.5
4	堤防级别	3	3	3	4	4
5	规划标准	50	50	50	20	20
6	堤防长度（米）	4173	3970	1006	505	982
	达到标准的长度（米）	4173	3970	1006	505	350
7	堤顶起点高程（米）	123.25	122.46	120	87.85	87.94
	堤顶终点高程（米）	118.1	118.1	115.16	86.7	87.82

续表 2-5-2-1

		松阴溪干堤西屏镇段	松阴溪干堤西屏镇段	松阴溪干堤青蒙段	松阴溪干堤裕溪段	松阴溪干堤裕溪段
8	设计（高潮）水位（米）	120.25	120.25	115.16	86.68	86.78
9	堤防高度最小值（米）	5.8	5.8	5.5	1.9	6
	堤防高度最大值（米）	8.5	8.5	10.7	5	7
10	堤顶宽度最小值（米）	5.7	5.7	2.5	3.5	8
	堤顶宽度最大值（米）	8	8	5	3.5	12

说明：系 1985 年国家高程系统

2010 年松阴溪干流堤防建设情况表（2）

表 2-5-2-2

		松阴溪干堤叶村官田段	松阴溪干堤界首段	松阴溪干堤赤寿至古市段	松阴溪干堤大石至新兴段	松阴溪干堤古市至樟溪段
1	河流岸别	右	左	左	右	右
2	起点村	叶村乡官田村	赤寿乡界首村	赤寿乡赤三村	新兴乡大石村	古市镇筏铺村
	终点村	叶村乡官田村	赤寿乡界首村	古市镇六村	新兴乡泉庄村	樟溪乡力溪村
3	建成时间（已建）	—	—	2011.7.28	—	—
	开工时间（在建）	2007.3	2010.11.15	—	2010.1.25	2005.3
4	堤防级别	4	4	4	4	4
5	规划标准（重现年）	20	20	20	20	20
6	堤防长度（米）	1500	850	6017	3954	3427
	达到标准的长度（米）	1500	425	6017	3954	3427
7	堤顶起点高程（米）	129.58	163.3	157.6	159.9	144.96
	堤顶终点高程（米）	127.31	165.44	145.53	155.37	139.15
8	设计（高潮）水位（米）	127.63	165.08	150.86	157.3	141.35
9	堤防高度最小值（米）	9.3	7	7.2	6	6.8
	堤防高度最大值（米）	10.2	10	9.7	9	8.5
10	堤顶宽度最小值（米）	5	8	5	3.5	3.5
	堤顶宽度最大值（米）	5	12	5.6	5	5

说明：系 1985 年国家高程系统

第三节　自然生态保护区

箬寮岘自然保护区

1994年3月17日，松阳县人民政府印发《关于建立松阳县箬寮岘自然保护区的通知》。箬寮岘自然保护区距松阳县城约50千米，涉及安岱后、李坑、丁坑、梨树下、枫坪5个村范围内的山林，实行全封山保护森林资源，总面积为524公顷，其中核心区222公顷，缓冲区302公顷。县政府成立松阳县箬寮岘自然保护区管理委员会，保护区办公室设在县林业局，安岱后、李坑、丁坑、梨树下4个村各配1名专职护林员。

箬寮岘自然保护区是松阳县唯一的自然保护区，保存着年代古老、林相整齐、林种丰富、面积达500余公顷的天然次生林，特别是光叶水青冈和猴头杜鹃的群落，前者个体粗壮高大，后者分布面积广阔。2004年11月，箬寮岘自然保护区进行面积调整，调整后的区域总面积为1182.88公顷，其中保护小区面积为69.31公顷、核心区为434.92公顷、缓冲区为678.65公顷。

2000年8月，松阳县长运有限公司投资千万元，在箬寮岘自然保护区缓冲区李坑村土名李坑源头开发旅游项目。2006年，景区被评为国家AAA级旅游景区。2007年9月，松阳县政府决定撤销松阳县箬寮岘自然保护区。12月，省政府公布箬寮—安岱后风景区为省级风景名胜区。此后，箬寮原始林景区由县旅游局管理。

图2-2　箬寮原始林（叶光铭 摄于2010年）

松阳县箬寮原始林景区总面积1583.86公顷，森林覆盖率95%以上，主峰箬寮岘海拔1502米，为松阳县境内第一高峰，旧志记述“陟其巅，可览七邑之胜”。气候条件优越，年平均气温12.8℃，最热月七月平均气温为23.7℃，年极端最低气温-14.0℃。

箬寮原始林景区内植物资源丰富，有维管植物175种，隶属187科、785属。其中，蕨类植物38科69属153种，裸子植物7科20属26种，被子植物142科696属1571种，科、属、种数目列入国家保护的有数十种，景区内保留着大量年代久远的古树，林相整齐，以阔叶林为主的珍贵的天然林。2002年12月，发现中国特有的植物品种、国家一级重点保护植物东方水韭；2005年9月，国际生物物种命名委员会确认东方水韭为新种（已由国际植物命名权威刊物《NOVON》首次公布）。高寿树龄以千百年计者，总计有近千株，鲜见的中药材在数百种以上。延绵数百亩的“十里花海”猴头杜鹃叠锦，被评为“浙江绿谷十大景点”之一。

箬寮原始林景区内栖息着千余种野生动物，包括无脊椎动物中的昆虫纲，计有18目1100余种，脊椎动物中的鱼纲有10目90多种，两栖动物有2目15种，爬行纲有3目49种，鸟纲18目220种，哺乳纲7目60余种，其中列入国家一级、二级保护的动物30余种，箬寮林中的云豹、金猫、黑鹿、苏门铃、毛冠鹿、猕猴，还有大灵猫、小灵猫、黄蛤尤为珍稀。据载，黄蛤是南方珍稀蛙类，民间俗称“黄皮蛤蟆”，为珍贵的解毒药物。

位于景区内的安岱后村是浙西南革命斗争与苏维埃政权建设的中心据点，是中央红军在浙江开辟的第一块革命根据地。安岱后尚保留着10多处革命遗址，有刘英、粟裕旧居，陈凤生、陈丹山故居，红军寮、红军桥、陈氏宗祠等，成为爱国主义教育基地，是全国第二批红色旅游经典景点之一。

（此目与第十二编“林业”第三章“植树造林”第三节“美丽乡村建设”第六目“箬寮原始林景区”内容互补）

2010年松阳县箬寮岘自然保护区权属村面积一览表

表2-5-3-1

村名	总面积（公顷）	核心区面积（公顷）	缓冲区面积（公顷）
安岱后	211.59	45.16	166.43
李　坑	426.87	72.45	354.42
丁　坑	446.92	259.06	187.86
梨树下	89.42	50.17	39.25
枫　坪	8.08	8.08	—

卯山国家森林公园

卯山国家森林公园是丽水市唯一一个国家级生态文明教育基地，是丽水市第三个国家森林公园。距松阳县城17千米，总面积1385公顷。景区生态环境优良，森林覆盖率为96.4%，空气负氧离子含量均值为8700个/立方厘米，PM2.5均值为22微克/立方米。景区先后获首批浙江省4星级森林旅游区、全国农业旅游示范点等称号。

公园气候宜人，环境优良，地势平坦开阔，山上树木郁郁葱葱，山下大片茶园、果园，春季花香四溢；秋季果实累累。盛夏时节，浓荫蔽日，是理想的避暑之地。公园森林覆盖率高，拥有木本植物90个科508个种，属国家重点保护的珍稀树种有8个种。观赏植物300多种，药用植物数百种。境内有两栖类、爬行类、鸟类、兽类数百种之多，属国家重点保护的有20余种。

卯山是唐代道教宗师叶法善修道养生之处。卯山山顶原有通天宫、点易亭、紫霞馆等久废，山腰有道院、俭公祠、白鹤洞等古迹犹存。俭公祠内有天师渠、浴丹池，泉清现底、水质甘冽，冬暖夏凉，终年不涸。

万寿山景区有白鹤大帝殿遗址，明代著名戏剧家汤显祖曾到过此地，相传明太祖朱元璋、清高宗乾隆也曾到此。民间广为流传着有关卯山、万寿山的众多美丽传说。

（此目与第十二编“林业”第三章“植树造林”第三节“美丽乡村建设”之目“森林公园”内容互补）

第六章　自然灾害

松阳县自然灾害主要有气象灾害、地质灾害、农作物生物灾害及森林病虫害等。气象灾害包括风灾、水旱灾害、寒潮及其他气象灾害。对松阳来说，最主要的是旱、涝灾害及个别年份的极端寒潮。地质灾害是由于自然作用特别是地质作用和人类活动引起地质环境恶化而产生的灾害，如破坏性地震、崩塌、滑坡、泥石流、荒漠化、土地沉降等。农作物生物灾害分粮油作物病虫害、茶叶病虫害和水果病虫害；主要有水稻的褐飞虱、南方水稻黑条矮缩病，茶叶的黑毒蛾、茶尺蠖，柑橘的黄龙病。森林病虫害中主要树种病源51种，其中危害严重的本土病害17种。板栗粉锈病、柑橘黄龙病、杉木细菌性叶枯病、马尾松赤枯病、柳杉赤枯病、板栗疫病等病害发生面积多、危害大。

第一节　气象灾害

松阳地处瓯江上游，为省内梅汛期（5～6月）和暴雨次中心地带，复加台风致雨，降水比较集中，一年间月际及地域间的降水量悬殊，洪涝灾害频繁；干旱期主要发生在7～8月，少数年份也有发生在9～11月的。松阳有句俗语：“人愁老来苦，田怕秋里旱。”秋旱时有发生，危害匪浅。

民国《松阳县志》载：“松邑山泽相半，十日之雨则病水，一月不雨则病旱。故水旱之情，黩神为甚。”又载：“栝苍山峻而源促，土瘠而易涸。”其“风土篇”载：“松邑半多山田，易致干旱。”

水旱灾害是松阳最主要、也是最常见的自然灾害，境内向有“十年九灾”之说。据明成化元年（1465）至民国末年的484年间的统计，松阳境内的特大和较大水灾，共发生25次。1954～1984年，发生洪涝20余次，其中1955年发生特大洪水1次。历史上洪水进城，水满城南市坳头共10余次。水毁堰坝、堤防等水利工程，农作物被吞没，已属常见灾情。近溪民宅，墙塌屋倒，家杂被漂，百姓淹死；久晴不雨，亢阳高悬，数月不雨，禾苗枯焦，影响民生。此乃松阳地方文献上，涉及水旱灾害的常见用语。（此节内容是对大事记中未记水旱灾害的补充）

水灾

俗话说易涨易落山涧水。松阴溪干流及其各支流，从源头至出境，流程长，落差大。干流松阴溪河道，天然落差854米。最大支流小港，其天然落差865米；玉岩源天然落差780米；安民源天然落差1180米；十二都源（后称谢村源）天然落差1075米。全境干支流坡降大，具有明显山涧特征，一年四季，洪枯变化悬殊，属季节性河流。河床走向随山迂回曲折，复加丰水期集中于短暂的梅雨或台汛期，风暴雨骤，山水紧，大都留不住。因此，松阳自古以来水灾频仍。松古盆地易涝区域分别为赤寿畈、新兴畈、力溪畈、石门圩畈、水南畈、乌尾畈和古市镇后塘畈。

东汉建安四年（199）置县至唐显庆元年（656），尚无松阳水灾的记录。

唐显庆元年（656），栝州大风雨，松阳亦然，溪水平两岸。迄贞元间（785～804），松阳县治原设旌义乡旧市（今古市）。据地方文献记载，县治址迁至紫荆村（今西屏）之原因，乃“屡值水患”。

以上为境内重大水灾见诸文字的最早记述。民国《松阳县志·艺文》中有明朝屠赤水的《百仞堰记》记称：“松阳县南，有山窿然，曰百仞。大溪汤汤东注，旧筑堰障，水因山名百仞。”“引水灌田万亩。北宋庆历间，波冲堰坏，田禾尽槁，一望萧然，荒榛野蔓，民穷租逋，逃徙为墟……”

明朝李鋕《百仞堰记》记称：“百仞堰溉田数十顷，盖吾邑巨浸也，所从来远矣。正德间，坏于洪水，溪南一带尽为赤土几百年。”万历二十三年（1595）四月，百仞堰又被洪水冲圮。万历三十六年（1608），“澍雨暴涨，从中冲决，百仞堰堰断为二”。

清顺治十七年(1660)，大水数日，境内古水利工程芳溪一二堰坝悉被冲圮。康熙二十五年(1686)闰四月，大雨四昼夜，城南大堤浸溃，赤塔埠一带民宅漂没，南门水位七尺，舟可入城；傍溪庐舍俱漂，有人淹死，沿溪坏田数十顷，堰坝、桥梁被毁。嘉庆五年（1800），暴雨数日，南门水平市堋头街道，舟可入城。

民国元年（1912），淫雨成灾。暴雨四昼夜，溪水横流。据靖居口水文站水位调查，属百年一遇洪水。民国2年、5年、9年、11年、32年、36年等年份，境内梅雨成灾，农田水利工程被冲，百姓连连遭殃。

中华人民共和国成立至2010年，共发生大小水灾24次。1955年水灾为50年一遇，损失严重。1975年、1979年的水灾和1983年的局部水灾淹没庄稼，民宅受损。

纵观境内历年水灾，绝大部分发生在夏秋，冬春鲜有。

松阳历史上部分水灾辑录：

南宋建炎二年（1128），大雨成潦，洪水进城。

元至元六年（1340）六月，洪水入城，深丈余。

明洪武十七年（1384），水坏民居。

明成化十三年（1477），大水坏田地。

明成化十五年（1479），大水坏田地、民居。

正德间（1506～1521），大水。百仞堰被冲坏，溪南禾苗被浸。

明嘉靖四年（1525），大水。

明嘉靖三十年（1551），潦。

明嘉靖四十四年（1565），大水。

明万历二十九年（1601）三月，大风雨，罗土岗、文昌阁圮。

清咸丰四年（1854）七月，处州水灾，松阳亦然。

清宣统三年（1911）七月，大水。

1949年10月至2003年，境内发生水灾41次。其中特大水灾1次，大水灾4次，中等水灾8次，一般水灾28次。

1954年5月4日，降雨52.8毫米，山水汹涌。境内18个乡受灾，受淹农田800多公顷。6月15日，降雨79.1毫米，其中5时13分至27分降雨20毫米。7月12日，降雨154毫米，靖居口站实测洪峰流量为2400立方米/秒，最高水位93.55米。全县遭灾严重，冲走房屋130间、灰铺140间。古市镇东角垄、安民乡李坑尤为严重，6.7公顷农田作物失收。

1955年6月18～21日，境内连续暴雨，3天内实测降雨量197.4毫米，山洪暴发，溪水猛涨，松阴溪水位超过历史最高水位。20日，靖居口站实测洪峰流量4250立方米/秒，水位95.91米；西屏水位120.61米，洪水又一次进城，南门水满市磡头。全县15个乡41个村受灾，房屋倒塌1239间，损坏2148间，死亡4人，受伤14人，淹死耕牛4头，冲走许多猪、羊等家畜。沿溪农田作物被冲，有的粮田成溪滩，多处水利工程被冲毁。水满西屏市墈头以下，南门外溪滩中央村10余民宅、店铺被夷成溪滩。

1983年10月4日下午5时30分至10时30分，境内北侧局部地区暴雨，5小时雨量126毫米（四都源水库雨量站记录）。望松乡、五都源一带，山洪突发，山体滑坡，形成具有强大破坏力的泥石流，冲垮防洪堤及堰坝、渠道，淹没农田，水漫村间道路，民房倒塌，交通中断。望松乡水碓坑一带的翁村、岗后、王村等村尤为严重。引水渠道5500米及防洪堤岸、中小堰坝20多处被冲；鱼塘270亩被洗，15万尾鱼苗、数万斤成鱼被山洪卷走；毁坏民房181间，牛栏、灰铺近百间，漂走牲畜279头，淹死4人，泥墙倒塌压死1人，重伤5人；村际交通桥27座被冲坍，西武公路数处塌方，交通中断。

1988年6月18～20日，3日内降雨量250毫米。暴雨中心的东关、东坞、南坑、风弄、三都等源及松古盆地一带，日降雨量140毫米以上。由于暴雨强度大，范围集中，致山洪暴发。据调查统计，冲毁防洪堤、堰坝、渠道等200多处，损坏排灌站2处、水电站7处，中断高压线路8条30千米，公路塌方110处，淹没农田650多公顷，其中冲毁305.7公顷。望松乡石角村防洪堤被冲决后，8.7公顷田地顿成一片汪洋，颗粒无收；倒塌房屋720间。叶村乡麻寮村7户23间房屋全被冲毁。南坑源村榨油厂厂房、车料厂厂房、大会堂等悉被冲塌。全县淹死3人，压死2人，重伤4人，还有大量的牲畜被淹死冲走，损失严重。

1989年6月底至7月初，连降大雨，后暴雨，局部乡村时降雨量50毫米，致山洪暴发。古市、松阳2个区11个乡84个村遭灾。据县防汛指挥部调查统计，冲毁农田73.4公顷、经济作物园地150多公顷；毁坏防洪堤岸、堰坝多处，计16.22千米，渠道9.9千米；冲倒输电通信线路1.2千米、桥梁8座。另被冲走不少牲畜、木材等。

1995年6月23日，全境大雨，溪水横溢。

1996年7月，连降暴雨，少数地段堤岸、堰坝被冲决口。

1998年6月21日，暴雨连日，溪水水位疾速上涨。境内六都源上游出现局部暴雨，溪水猛涨。因小流域经治理后泄洪通畅，两岸田、舍安然无恙。

2008年6月26日下午，玉岩镇道惠口片突降暴雨，降雨量120毫米，暴雨导致多处山洪暴发、山体滑坡和泥石流灾害，全镇基础设施损失1000余万元，其中谢玉线及洋坑、新岗、烧火坑、程路等10条农村公路、村内道路毁坏，直接损失100多万元，多个村自来水损毁严重，损失20余万元，道惠口片3000多群众交通受阻，700多人吃水困难。

2004～2010年松阳县受台风影响情况表

表 2-6-1-1

年份	月 日	台风名称	降雨量（毫米）	受灾人口（人）	农作物受灾面积（公顷）	倒塌民房（间）	损坏民房（间）	直接经济损失（万元）
2004 年	8 月 12～14 日	云娜	110	5300	5160	27	3152	4300
2005 年	8 月 5～6 日	麦莎	—	53000	2380	—	—	1124
2006 年	5 月 18～20 日	珍珠	—	9670	868	4	212	1100
	8 月 10～11 日	桑美	—	6500	210	3	86	1100
2007 年	10 月 6～8 日	罗莎	—	—	4467	—	—	9500
2009 年	8 月 9 日	莫拉克	155	2500	1650	125	321	6670
2010 年	9 月 10～11 日	莫兰蒂	—	—	867	—	—	4700

旱灾

民国版《松阳县志》载：“松邑半多山田，易致干旱。”又载，“松阳山垄梯田，大多位于高仰之地，水资源短缺”。松古盆地易旱区域分别为半古月畈、湖溪畈、樟溪东市畈、古市镇山下阳畈、望松麻洋塔畈和西屏镇项桥下、西垄畈等。

纵观松阳的干旱灾害，旧志上说：“今者止雨之祷未逾月，又以苦旱告之官吏。”

考松阳历史上旱灾的记载，居多发生在每年的 7～8 月，俗称夏旱；少数年份发生于 9～11 月。因全年降水季节比较集中，时空降雨量不均，久不雨年份亦多。

据水文气象部门统计，松阳境内不同程度的夏旱概率为 64%，不同程度的秋旱概率为 25%，不同程度的夏连秋旱的概率 18%；类似 2003 年近乎全年干旱，属少见。

松阳历史上部分旱情辑录：

北宋大观四年（1110），境内大旱，山涧几断流。

南宋嘉熙四年（1240），久旱，伤农。

南宋咸淳十年（1274），旱，谷物昂贵。

元至正十年（1350），旱。

明正德十年（1515），旱。

明正德十三年（1518），旱。

明嘉靖二十九年（1550），旱。

明万历三十四年（1606），旱。

明万历三十五年（1607），旱。

明万历三十七年（1609），旱。

清康熙九年（1670），旱。

清康熙二十年（1681），旱。

清康熙二十六年（1687），旱。

清康熙二十七年（1688），旱。

清康熙二十八年（1689），旱。

清康熙三十六年（1697），旱。

清康熙四十一年（1702），旱。

清康熙六十一年（1722），大旱，赈济。

清雍正元年（1723），大旱，赈济。

清乾隆十二年（1747），大旱，赈济。

清乾隆十六年（1751），大旱，赈济。

清乾隆六十年（1795），大旱。

清道光十五年（1835），大旱，赈济。

清道光二十五年（1845），旱。

清光绪九年（1883）秋，旱。

清光绪十三年（1887）夏，旱，谷价甚昂。

清光绪二十九年（1903）六月，大旱，至七月。

清光绪三十一年（1905）夏秋之交，大旱，两月不雨，谷价从此递贵。

清光绪三十三年（1907）秋，旱。

清宣统元年（1909）秋，旱。

民国33年（1944），全县遭受严重干旱，复遭蝗灾，6000多公顷土地过半受灾，近667公顷土地颗粒无收，有人饿死或流落他乡。

中华人民共和国成立至2010年，发生旱灾21年，其中特大旱灾2年、大旱8年、一般旱灾11年。旱年旱情辑录于下。

1951年5月中旬始，月余未雨，田土龟裂，秧苗枯死，严重影响春种。

2004年，连续数月，少雨不湿地，旱象严重。松古盆地微有影响，山区高海拔处的农作物被晒死，受灾严重。

第二节　地质灾害

松阳县是浙江省地质灾害多发区之一。

1996年《松阳县志》载：明正德十一年（1516），松阳地震，雪积丈余；十六年（1521）冬至夜，松阳地震，其声如雷；嘉靖十六年（1537）冬，松阳地震声如雷，十八都、二十都山裂二十余里。民国《松阳县志》记载，明万历二十五年（1597），松阳发生过地震；万历三十二年（1604）十一月九日，松阳地震（同时发生地震的还有丽水、缙云、永嘉和金华府八县）。

因久雨、暴雨致山崩坍塌频繁。清嘉庆二十五年（1820），东北乡大水山崩，水入城东，冲毁民舍。清咸丰五年（1855），松阳发生过地震。具体地点及地震情况没有记载。光绪十二年（1886）7月，大水漂没堤无数；二十三年（1897）5月，洪水冲毁城南大坝，修复后，二十六年（1900）5月，大坝复冲。民国元年（1912）7月，淫雨四昼夜，山崩地陷，死百余人，石仓芥菜源全村覆没，城南大堤坍塌120余丈。

2006年2月8日，受泰顺、文成两县交界处多次发生4级左右地震影响，松阳县枫坪乡朱岱儿村发生地震现象，该村7日晚8时至9时有轻微震感2次，前后间隔约半小时，8日零晨1点30分左右，有一次较强的震动，并有泥墙脱落、水池的鱼不停地往上跳跃、狗吠得很凶、床铺左右摇摆、小孩被惊醒哭叫等现象，平阳大断裂主要经过松阳、云和、景宁，震感持续时间4～5分钟。

2001年，松阳县开展地质灾害调查，并撰有《浙江省松阳县地质灾害调查与区划报告》。调查发现并核实，松阳地质灾害（隐患）点有95处，平均每平方千米约有0.068处。

地质灾害类型有滑坡60处、崩塌26处、复合型的滑坡——泥石流7处、垮坝泥石流和矿山采空塌陷各1处。

95处地质灾害（隐患）点中，由自然作用致灾的48处，其中已发生成灾的26处、存在隐患的22处；因人类工程活动诱发的47处，已发生成灾的17处、存在地质隐患的30处。

图2-3 裕溪乡凤弄源村发生崩塌（县国土资源局提供 2006年）

从地质灾害发育密度及规模的袭扰系数大小加以划分，全县有三片易发区，即玉岩—枫坪、大东坝和四都，总面积64.84平方千米；低易发区四片，即玉岩—枫坪周边、大东坝周边、安民、西屏—四都—望松，总面积77.18平方千米；其余地区为不发育区。

全县地质灾害危险及较危险的地段有11处，即枫坪乡的岩坑、洋庄源，玉岩镇的乌岩、何庄、西山，谢村乡的大岭里，大铺西山，安民乡的曹竹，四都乡的四都源水库边公路，斋坛乡的东关源以及象溪镇的家庵村背后山。

2001年松阳县地质灾害（隐患）点基本情况表

表 2-6-2-1

乡镇	地点	灾害类型	立方米	规模	始发时间	北纬	东经	稳定性	历史危害	潜在危害	危害程度级别
西屏镇	四都源水库边公路	岩质滑坡	14950	小型	1982.06	28° 29′ 26 ″	119° 29′ 38 ″	不稳定	—	公路滑坡 10 万元	
	独山陡崖山脚	崩塌隐患	16000	小型	老崩塌	28° 26′ 29 ″	119° 28′ 19 ″	基本稳定	影响行人安全	—	
	踏埠头公路	土质滑坡	3000	小型	1992.07	28° 25′ 04 ″	119° 31′ 40 ″	稳定	影响行人安全 0.8 万元	—	
	踏埠头公路	土质滑坡	3420	小型	1992.07	28° 24′ 01 ″	119° 31′ 42 ″	稳定	影响行人安全 0.8 万元	—	
	邵山脚公路	崩塌隐患	800	小型	1986.07	28° 29′ 36 ″	119° 29′ 39 ″	基本稳定	—	影响行人安全 0.5 万元	
	港口公路	土质滑坡隐患	6500	小型	2001.07	28° 24′ 02 ″	119° 31′ 07 ″	不稳定	—	交通受阻 2 万元	
四都乡	龙殿公路	崩塌隐患	3000	小型	1982.06	28° 30′ 04 ″	119° 29′ 55 ″	不稳定	交通中断	交通中断 10 万元	
	陈寮殿公路	土质滑坡	380	小型	1986.08	28° 32′ 19 ″	119° 31′ 19 ″	稳定	影响行人安全 0.5 万元	—	
	平田公路	土质滑坡	1221	小型	1986.08	28° 31′ 55 ″	119° 31′ 30 ″	稳定	影响行人安全 0.5 万元	—	
	上河东侧公路	岩质滑坡	1800	小型	1986.07	28° 30′ 32 ″	119° 31′ 29 ″	基本稳定	影响行人安全 0.5 万元	—	
	上河南侧公路	土质滑坡	1700	小型	1986.07	28° 30′ 26 ″	119° 31′ 18 ″	基本稳定	—	5 户 15 人 5 万元	
	龙殿公路	岩质滑坡	22100	小型	1986.07	28° 30′ 14 ″	119° 30′ 05 ″	稳定	—	交通中断 10 万元	
望松乡	半岭山坡	滑坡～泥石流	50000	中型	1983.10.04	28° 30′ 26 ″	119° 28′ 20 ″	稳定	死亡 5 人，综合损失 200 万元（时值）	—	
三都乡	上源山坡	滑坡～泥石流	17550	小型	1958.08	28° 28′ 42 ″	119° 36′ 29 ″	稳定	房 9 间，田 40 亩，20 万元	—	
竹源乡	潘坑山坡	岩质滑坡	2553	小型	1999.09.01	28° 23′ 31 ″	119° 24′ 04 ″	不稳定	毁房 3 间 5 万元	2 户 8 人 10 万元	
斋坛乡	东关源山坡	土质滑坡隐患	36000	小型	1991.06	28° 27′ 26 ″	119° 22′ 24 ″	不稳定	—	93 户 305 人 80 万元	

续表 2-6-2-1-1

乡镇	地点	灾害类型	立方米	规模	始发时间	北纬	东经	稳定性	历史危害	潜在危害	危害程度级别
象溪镇	下东山山坡	土质滑坡	3000	小型	1996.07	28°24′33″	119°27′16″	基本稳定	损坏农田0.5万元	—	—
	弄背山坡	地面塌陷	150m²	中型	1986.05	28°25′33″	119°36′35″	基本稳定	—	3户11人5万元	—
	东田村西山坡	土质滑坡隐患	8000	小型	1996.01	28°24′13″	119°33′33″	基本稳定	—	水电站设施5万元	—
	吕潭陡崖	崩塌	300	小型	2001.06	28°22′54″	119°32′57″	基本稳定	—	威胁行人安全0.5万元	—
	家庵山坡	土质滑坡隐患	12000	小型	1985.06	28°24′08″	119°37′13″	不稳定	—	16户49人50万元	—
板桥乡	下黄碧垵山沟	回砂坝泥石流	12000	小型	1999.09	28°27′56″	119°38′47″	不稳定	1死2伤15亩田10万元	—	—
	金村山坡	崩塌隐患	3600	小型	1991.07	28°26′56″	119°39′04″	不稳定	—	1户4人5万元	—
	枫岭根山坡	土质滑坡	1400	小型	1998.05	28°26′03″	119°39′19″	不稳定	5间3万元	—	—
裕溪乡	王田圩公路	土质滑坡	5600	小型	1999.04.30	28°19′52″	119°41′35″	基本稳定	塌方2000m³，中断6小时，损失10万元	—	一般级
	赤路圩公路	崩塌隐患	3000	小型	1984.07	28°20′36″	119°40′17″	基本稳定	—	交通行人安全2万元	一般级
	水美口陡崖	崩塌隐患	21000	小型	1971.07	28°23′16″	119°40′10″	基本稳定	—	行人安全1万元	一般级
	黄种坑山坡	土质滑坡	315	小型	2000.06	28°18′43″	119°36′34″	基本稳定	毁房4间，3万元	—	一般级
大东坝镇	蛤湖公路	土质滑坡隐患	5600	小型	1999.06	28°19′02″	119°26′29″	不稳定	—	交通中断2万元	一般级
	大樟源公路	崩塌隐患	700	小型	1985.04	28°19′14″	119°24′20″	不稳定	—	交通受阻0.8万元	一般级
	马蹄湾公路	崩塌隐患	5000	小型	1999.06	28°17′23″	119°31′45″	不稳定	—	交通中断5万元	一般级
	黄南公路	土质滑坡隐患	12600	小型	1986.07	28°20′47″	119°21′35″	基本稳定	—	交通受阻0.8万元	一般级
	黄南公路	崩塌	3600	小型	1985.06	28°20′12″	119°27′08″	不稳定	交通受阻1万元	—	一般级

续表 2-6-2-1-2

乡镇	地点	灾害类型	立方米	规模	始发时间	北纬	东经	稳定性	历史危害	潜在危害	危害程度级别
大东坝镇	五部公路	崩塌隐患	2000	小型	1985.06	28° 19′ 59″	119° 22′ 34″	基本稳定	行人安全 0.8 万元	—	一般级
	五部公路	岩质滑坡隐患	17500	小型	1985.04	28° 19′ 48″	119° 22′ 51″	不稳定	—	交通中断，行人安全 5 万元	一般级
	双港公路	崩塌隐患	1200	小型	2001.07	28° 18′ 56″	119° 24′ 42″	不稳定	交通受阻 1 万元	—	一般级
	梨树岗南山	土质滑坡	108000	中型	1912.08	28° 16′ 54″	119° 30′ 24″	基本稳定	下游泥石流	—	重大级
	石坑南山	土质滑坡	108000	中型	1912.08	28° 17′ 09″	119° 29′ 37″	基本稳定	下游泥石流	—	一般级
	金钟山西山	土质滑坡	375000	中型	1912.08	28° 17′ 42″	119° 29′ 18″	基本稳定	下游泥石流	30 户 100 人 60 万元	较大级
	下山头南山	土质滑坡	165000	中型	1912.08	28° 17′ 50″	119° 29′ 31″	稳定	下游泥石流	20 户 60 人 50 万元	较大级
	上山头南山	土质滑坡	135000	中型	1912.08	28° 18′ 15″	119° 29′ 25″	基本稳定	下游泥石流	—	一般级
	汶水口公路	土质滑坡	8250	小型	1996.07	28° 20′ 49″	119° 29′ 31″	基本稳定	2001 的下滑 1500m^3，2 万元	—	一般级
	上百步公路	崩塌隐患	2200	小型	1975.07	28° 21′ 30″	119° 31′ 22″	不稳定	交通受阻 2 万元	—	一般级
	下百步公路	崩塌隐患	1600	小型	1975.07	28° 21′ 40″	119° 31′ 06″	不稳定	交通受阻 2 万元	—	一般级
	状元头	土质滑坡隐患	2625	小型	1983.08	28° 17′ 09″	119° 29′ 42″	不稳定	—	农田受损	一般级
	杨柳塘山脊	岩质滑坡	108000	中型	1912.08	28° 18′ 24″	119° 32′ 15″	稳定	下游泥石流	—	一般级
	中心坑山脊	岩质滑坡	180000	中型	1912.08	28° 17′ 54″	119° 31′ 52″	稳定	下游泥石流	—	一般级
	界沅坑	滑坡～泥石流	188000	中型	1912.08	28° 18′ 27″	119° 31′ 26″	稳定	死亡十人毁田地	—	特大级
	下包Ⅰ号	岩质滑坡	44000	小型	1912.08	28° 18′ 54″	119° 30′ 54″	稳定	下游泥石流	—	一般级
	下包Ⅱ号	岩质滑坡	65000	小型	1912.08	28° 18′ 52″	119° 30′ 59″	稳定	下游泥石流	—	一般级
	下包Ⅲ号	滑坡～泥石流	122750	中型	1912.08	28° 18′ 47″	119° 30′ 53″	稳定	部分农田	—	较大级
	石仓源	滑坡～泥石流	1000000	大型	1912.08	28° 18′ 06″	119° 30′ 21″	基本稳定	死亡数十人，冲毁房屋、农田等	—	特大级

续表 2-6-2-1-3

乡镇	地点	灾害类型	立方米	规模	始发时间	北纬	东经	稳定性	历史危害	潜在危害	危害程度级别
安民乡	曹竹公路	土质滑坡隐患	15600	小型	1991.08	28°17′24″	119°21′06″	不稳定	—	30户100人 100万元	重大级
	荷田公路	崩塌	8000	小型	1982.07	28°17′38″	119°19′55″	不稳定	影响行人及交通安全	交通受阻5万元	一般级
	大横坑公路	崩塌隐患	600	小型	1986.08	28°16′02″	119°18′01″	不稳定	—	交通中断 0.8万元	一般级
	大石岩口公路	崩塌隐患	300	小型	1986.08	28°16′29″	119°18′15″	基本稳定	—	行人安全 0.8万元	一般级
	李坑口公路	岩质滑坡隐患	4000	小型	1986.08	28°17′48″	119°19′43″	基本稳定	—	交通中断1万元	一般级
	箬寮宾馆	崩塌隐患	2700	小型	1995.07	28°18′32″	119°17′36″	基本稳定	—	影响宾馆交通及安全5万元	一般级
	大潘坑村东	岩质滑坡隐患	1200	小型	1981.07	28°17′03″	119°19′40″	基本稳定	—	3户15人5万元	一般级
	大潘坑村西	土质滑坡隐患	3000	小型	1962.06	28°17′03″	119°19′49″	基本稳定	—	农田1万元	一般级
	小苏坑公路	崩塌隐患	1000	小型	1978.07	28°17′58″	119°23′13″	基本稳定	—	农田1万元	一般级
玉岩镇	乌岩山坡	土质滑坡隐患	270000	中型	1974.07	28°22′15″	119°14′17″	不稳定	—	300户1000人 600万元	重大级
	何庄西山	土质滑坡隐患	1800	小型	2001.05.09	28°22′09″	119°22′35″	不稳定	—	11户40人40万元	较大级
	四方格公路	崩塌隐患	1800	小型	1985.07	28°20′38″	119°16′56″	基本稳定	—	行人安全0.5万元	一般级
	坳头公路	崩塌隐患	500	小型	1985.07	28°21′14″	119°20′53″	基本稳定	—	行人安全0.5万元	一般级
	余叶道班公路	崩塌隐患	100	小型	1999.07	28°21′00″	119°20′09″	不稳定	—	行人安全0.5万元	一般级
	排居口公路	土质滑坡	750	小型	1985.07	28°20′42″	119°17′53″	稳定	—	行人安全0.8万元	一般级
	交塘公路	土质滑坡隐患	396	小型	1998.07	28°22′52″	119°17′48″	基本稳定	—	行人安全0.8万元	一般级
	根坑公路	岩质滑坡隐患	638	小型	1998.06	28°22′36″	119°18′00″	基本稳定	—	行人安全0.8万元	一般级
	何庄村北公路	土质滑坡隐患	6000	小型	2001.06	28°22′18″	119°17′45″	不稳定	—	行人安全0.5万元	一般级
	余叶口公路	崩塌隐患	300	小型	1998.07	28°21′11″	119°19′28″	不稳定	—	交通中断行人安全 2万元	一般级

续表 2-6-2-1-4

乡镇	地点	灾害类型	立方米	规模	始发时间	北纬	东经	稳定性	历史危害	潜在危害	危害程度级别
玉岩镇	余叶东山坡	土质滑坡	63000	小型	1912.08	28° 21′ 31″	119° 19′ 37″	稳定	淹没全村 200 余人	—	重大级
	溪口公路	土质滑坡隐患	690	小型	1999.06	28° 22′ 02″	119° 16′ 09″	基本稳定	—	行人安全 0.5 万元	一般级
	大坵下山坡	土质滑坡隐患	1380	小型	1996.06	28° 21′ 32″	119° 15′ 15″	基本稳定	—	12 户 50 人 10 万元	一般级
	四方格山坡	土质滑坡隐患	600	小型	2000.07	28° 20′ 52″	119° 17′ 00″	基本稳定	毁房 3 间 3 万元	—	一般级
	程岭脚山坡	滑坡～泥石流	24000	小型	1984.06.27	28° 27′ 41″	119° 15′ 37″	稳定	死 2 人等综合损失 50 万元（时值）	—	重大级
	程路山坡	滑坡～泥石流	19200	小型	1984.06.27	28° 27′ 33″	119° 14′ 47″	稳定	毁房 26 间，综合损失 20 万元	—	较大级
枫坪乡	岩坑山坡	土质滑坡隐患	27000	小型	1976.07	28° 19′ 58″	119° 11′ 48″	不稳定	地面塌陷，建筑物变形	43 户 143 人 200 万元	重大级
	洋庄源山坡	土质滑坡隐患	270000	中型	1998.06	28° 20′ 48″	119° 12′ 53″	不稳定	地面塌陷农田受损	22 户 80 人 80 万元	较大级
	田忠寮山坡	土质滑坡隐患	4000	小型	2001.05.07	28° 18′ 46″	119° 13′ 07″	不稳定	交通及行人安全	堵塞河道 1 万元	一般级
	枫坪公路	岩质滑坡隐患	3900	小型	1962.07	28° 19′ 41″	119° 15′ 08″	稳定	—	交通及行人安全 2 万元	一般级
	梨树下公路	土质滑坡隐患	750	小型	1996.04	28° 18′ 41″	119° 16′ 45″	不稳定	—	行人安全 0.5 万元	一般级
	金山头机耕路	土质滑坡隐患	2250	小型	1999.04	28° 18′ 34″	119° 14′ 35″	不稳定	—	行人安全 0.5 万元	一般级
	丁坑公路	土质滑坡隐患	5400	小型	1999.05	28° 18′ 54″	119° 14′ 45″	不稳定	—	行人安全 0.5 万元	一般级
	黄埠坞山坡	岩质滑坡隐患	11550	小型	2001.05	28° 20′ 31″	119° 15′ 57″	基本稳定	农田损失 2 万元	—	一般级
古市镇	岗寺山坡	岩质滑坡	1050	小型	1999.06	28° 30′ 54″	119° 25′ 19″	稳定	—	0.5 万元	一般级
赤寿乡	梧桐口公路	岩质滑坡	1500	小型	2000.03.19	28° 34′ 21″	119° 24′ 32″	稳定	交通中断 5 万元	—	一般级

续表 2-6-2-1-5

乡镇	地点	灾害类型	立方米	规模	始发时间	北纬	东经	稳定性	历史危害	潜在危害	危害程度级别
新兴乡	合湖山坡	岩质滑坡隐患	24000	小型	1995.08	28° 30′ 49 ″	119° 19′ 03 ″	基本稳定	—	20 户 70 人 30 万元	一般级
	上源口山沟	岩质滑坡隐患	22000	小型	1995.08	28° 31′ 35 ″	119° 20′ 36 ″	基本稳定	—	农田损失 1 万元	一般级
新处乡	小南坑陡崖	崩塌	600	小型	1990.02	28° 27′ 47 ″	119° 21′ 48 ″	稳定	7 户 20 间房屋 20 万元	—	一般级
	庄后山坡	土质滑坡	1240	小型	2000.05	28° 26′ 02 ″	119° 21′ 10 ″	稳定	—	0.5 万元	一般级
谢村乡	大岭根公路	土质滑坡隐患	9000	小型	2001.06	28° 30′ 50 ″	119° 17′ 51 ″	不稳定	—	0.8 万元	一般级
	大甫西山	土质滑坡隐患	24000	中型	1925.05	28° 30′ 19 ″	119° 15′ 21 ″	不稳定	—	45 户 180 人 80 万元	重大级
	大甫东山	土质滑坡	22000	小型	1995.05	28° 30′ 23 ″	119° 21′ 42 ″	稳定	农田损失 0.5 万元	—	一般级
	大岭里山坡	崩塌	100	小型	2001.08.14	28° 29′ 50 ″	119° 17′ 18 ″	不稳定	1 户 2 间 5 万元	7 户 20 间 5 万元	较大级

第三节　农作物生物灾害

病虫测报与植保机构

1965年，在赤寿公社赤岸大队建立病虫测报点。1971年，在古市镇车站路7号建立病虫测报站。1991年，县农业局成立县植物保护站。1998年，植物保护站与病虫测报站分设。2004年，植保站、土肥站和病虫测报站合并成立植保土肥站。经省农业厅立项，建设农作物重大病虫害监测预警松阳县区域站项目。

2005年，松阳县区域站病虫观测场从古市搬迁到叶村乡叶村村，占地面积共征用3248平方米，安装自动虫情测报灯取代老式虫情测报灯，虫情测报设施得到改进。县植物保护站根据病虫调查和预测情况每年不定期发布病虫情报20多期，分发到各乡镇和部分农户手中。利用广播、电视和报纸等媒体发布病虫害信息，指导农民进行科学防治，减少病虫害造成的损失。

图2-4　县病虫观测场测报灯（左）、小型气候观测仪（中）、孢子捕捉仪（右）

病虫害主要种类和防治

病虫害主要种类　主要是粮油作物、茶叶、水果之病虫害。

1.粮油作物主要病虫害。

水稻主要病虫害有纹枯病、稻瘟病、稻曲病、黑条矮缩病、南方水稻黑条矮缩病、白叶枯病、细菌性条斑病，水稻螟虫（大螟、二化螟）、纵卷叶螟、稻飞虱（褐飞虱、白背飞虱和灰飞虱）、稻蓟马、黑尾叶蝉、山区稻秆潜蝇等。小麦有赤霉病、白粉病、蚜虫等。油菜主要病虫害有菌核病、霜霉病、病毒病和蚜虫等。杂粮病虫害有玉米螟、斜纹夜蛾、番薯黑斑病、蔓割病等。马铃薯有晚疫病等。

1991年，大东坝区、西屏镇稻象甲虫害严重，受害面积650公顷。1994年，山区乡镇单季稻发生严重穗颈瘟，减产20～50%。以汕优63、汕优64等种植多年杂交水稻感染最重。2005～2008年，全县水稻褐飞虱、纵卷叶螟大发生。2010年，新发现南方水稻黑条矮缩病，丛发病率5%；樟溪乡东市村1公顷水稻丛发病率达80%。

2.茶叶主要病虫害。

茶叶发生的虫害主要有假眼小绿叶蝉、螨类、黑刺粉虱、蚜虫、茶尺蠖、斜纹夜蛾、茶细蛾、茶毛虫、黑毒蛾等；病害主要有褐色叶斑病、炭疽病、轮斑病、赤星病、赤叶斑病、云纹叶枯病等。

1985年，赤寿乡茶园黑毒蛾发生，危害严重。2007年，斋坛乡东关村5公顷茶园茶尺蠖爆发，全片茶园受害严重。2008年，西屏镇乌形山村5公顷茶园茶尺蠖爆发，损失严重。

3.水果主要病虫害。

柑橘有黄龙病、溃疡病、疮痂病、煤烟病、红蜘蛛、吸果夜蛾、锈壁虱和蚧壳虫等；杨梅有赤衣病、小叶病、褐斑病、牡蛎蚧、卷叶蛾等；桃有流胶病、缩叶病、桃粉蚜和桑白介壳虫等；梨有黑星病、轮纹病、二叉蚜、小食心虫等。其中，检疫性病害柑橘黄龙病受害严重，损失最大。

病虫害防治　分水稻、茶叶、水果病虫害的防治。

1.水稻病虫害防治。

民国18年（1929），松阳县治虫委员会成立，发动、检查、监督稻田治虫事宜。民国28年后，治虫辅导工作由县农业推广所承担。

中华人民共和国成立后，全县植保事业迅速发展，从农业防治、人工防治为主发展到化学防治。20世纪50年代，为防治以水稻螟虫、稻飞虱、浮尘子、稻瘟病、麦类黑穗病五大病虫及稻纵卷叶螟、稻苞虫、稻蟥象、玉米螟、稻蝗等，提倡冬季治螟，铲除田岸杂草，开展“三光”治虫运动。使主要病虫从常年发生面积12.36万亩降至1955年的4.18万亩。1954年，开始推广有机氯农药“666粉”。1956年，试用223乳剂（又称DDT）。1965年，赤寿公社赤岸大队建立病虫测报点，推广有机磷杀虫剂“乐果”“敌百虫”“敌敌畏”，化学农药销售量161.3吨；有机氯农药占总量约98.2%。20世纪70年代中期，开展病虫害综合防治研究与推广。1974年，试用化学除草剂10%除草醚、20%敌稗乳剂和20%二甲四氯等。1983年，推广低溶量防治病虫喷雾技术，减少污染，保护天敌。

1984年始，停止使用有机氯农药，转而推广高效、低毒、低残留的药剂为主。1990年，全县农药销售量为330.6吨。其中，杀虫螨剂的主要品种为甲胺磷、乐果、敌敌畏、杀螟松、呋喃丹、叶蝉散、杀虫双和菊脂类农药，占总量的60%。杀菌剂主要品种有稻瘟净、克瘟唑、托布津、叶青双、井岗霉素、多菌灵等农药，占农药总量的25.7%。除草剂主要品种为草甘磷、除草醚，占农药总量的8.1%。1990年，引进扑虱灵560公斤，用于防治水稻稻虱，效果较好，应用面积2.21万亩。1992年，县农业局在西屏镇项桥下村和樟溪乡兴村对300亩稻田实施水稻病虫害统一防治示范。是年，全县粮油作物实施综合防治10万亩。

1998年后，引进推广抗性较好的杂交稻两优培九、中浙优1号、协优9308等新品种，淘汰、替换种植多年的汕优63、Ⅱ优63等感病品种。2005年以后，推广甬优9号等抗性品种，提高抗病虫能力。

2007年，开始实施粮油农机作业环节补贴资金水稻病虫害统防统治，共有7家专业合作社，面积 467 公顷。到 2010 年，共有 22 家专业合作社，实施面积 2333 公顷。

2. 茶叶主要病虫害防治。

2001～2003 年，与中国农业科学院茶叶研究所合作实施茶叶中农药残留控制技术示范推广项目。2002 年，新兴乡上安村安装频振式杀虫灯诱捕茶叶害虫示范。

2006 年，中国农业科学院茶叶研究所在新兴乡渡市村、上安村，古市镇卯山实施信息素诱捕器诱捕茶小绿叶蝉、黑刺粉虱试验示范，组织专家在松阳召开现场验收会。2007 年，开始实施茶叶病虫害绿色防控技术示范。

图 2-5　信息素诱捕器诱捕黑刺粉虱

2007～2008 年，中国农业科学院茶叶研究所在松阳实施茶叶质量安全全程控制技术示范。

2009 年，浙江省植物保护检疫局在松阳召开全省茶叶病虫害绿色防控现场会。2010 年，有 4 家专业合作社实施茶叶病虫害统防统治，面积 200 公顷。

3. 水果主要病虫害防治。

柑橘红蜘蛛防治方法主要有修剪僵叶、清园；保护并利用天敌，在田间人工释放胡瓜钝绥螨等捕食螨，并种植藿香蓟、大豆、豌豆、紫云英等，也可实行生草栽培；避免滥用农药，选用高效、低毒、低残留且对天敌杀伤小的化学农药。

防治柑橘锈壁虱可利用多毛菌进行生物防治；也可化学防治，每叶（果）5～10 头时进行防治。

防治疮痂病方法有剪除病梢病叶、适期避雨、实施检疫、化学防治。防治溃疡病则可采取严格检疫、营造防风林、剪除发病枝条和果实及无病接穗、喷雾保护幼梢和嫩果等方法。

第四节　森林生物灾害

病虫危害与防治

1950 年以后，浙江省新发生毛竹枯梢病、日本松干蚧、松材线虫病 3 种危险性病虫害（国内森林植物检疫对象）。松阳县主要树种病原 51 种，其中危害严重的本土病害 17 种。板栗粉锈病、柑橘黄龙病、杉木细菌性叶枯病、马尾松赤枯病、柳杉赤枯病、板栗疫病等病害发生面积多、危害大。害虫 9 目 82 科 408 种，本土害虫 16 种，松毛虫、柳杉毛虫、刚竹毒蛾等危害最为严重。20 世纪 80 年代以来，松材线虫病危害严重。有害植物有 10 科 23 种，其中本土有害植物 15 种，有律草、锈毛寄生、杜板归等。

中华人民共和国成立前，受林业科技知识匮乏的制约，林区群众对病虫害无法控制。

中华人民共和国成立后，在林业生产建设中，对森林病虫害防治进行管理和指导。至 20 世纪

80年代，贯彻《森林病虫害防治条例》《植物检疫条例》，逐步健全森林病虫害防治管理体系。防治设备从单一到多样化，并实行化学、生物、物理相结合的综合治理。

（本节内容详见第十二编“林业”第四章“森林资源保护与发展”第二节“森林病虫害防控”）

防治措施

森林病虫害的防治，中华人民共和国成立前采用单一的人工捕杀。中华人民共和国成立后，随着科学技术逐步发展，从50年代的化学防治、60年代飞机洒药防治、70年代生物防治、80年代植物检疫，到综合防治等，松阳县森林病虫害防治取得良好效果。

检测测报　早先，森林病虫害情况大多是病虫大发生时，群众有反映，临时组织人员调查病虫害的发生地点、发生面积和危害程度，组织防治，缺乏统一的方法和标准。为了准确、及时地掌握病虫害的发生期、发生量、发生范围和危害程度，1962年，根据浙江省林业厅的要求，开展松毛虫预测预报工作。松阳县根据浙江省林业厅1982年制定的《浙江省森林害虫预测预报工作条例》和修改的《浙江省森林病虫害防治实施办法》《浙江省马尾松毛虫预测预报技术规程》，全县设置22个测报点，设专、兼职测报员31人（专职4人）。根据不同的地形地势、不同的松毛虫发生区域，分别在林间设观察点、采取标准地调查、黑光灯及性信息素诱蛾等方法，对马尾松毛虫各个世代的各个虫态的出现（起始）日期、持续时间（历期）及高峰期等进行连续定期系统的观察记载，研究选择最佳防治时间。

防治手段　民国时期至中华人民共和国成立初期，在农药、机械不足的情况下，林业部门会同有关单位发动群众，采取人工捕捉、采集松毛虫卵、捕杀幼虫、摘除树冠上的茧等方法防治松毛虫。之后主要采取化学防治。防治森林病虫害使用的农药有代森锰锌，主要用于油茶炭疽病；白蚁诱杀包，主要用于防治板栗、香榧的白蚁以及拟除虫菊酯类杀虫药；敌马烟剂熏烟和以CH-851有机磷混配剂喷烟，主要用于防治松毛虫。常用施药方法有机动喷雾和喷粉，防治松毛虫多用喷雾和地面放烟；防治竹虫用兽用针筒在竹腔内注射氧化乐果或甲胺磷等。生物防治。20世纪90年代前，多数采用以白僵菌农药为主的生物防治法防治森林病虫害，在防治松毛虫上，创造大量繁蜂和大量生产菌粉的技术方法并取得较好的防治效果。21世纪，以原来的白僵菌农药防治改用阿维苏云菌农药的生物防治。后普遍采用仿生农药噻虫啉防治，对害虫高效，对人畜低毒，使用较为安全。

21世纪开始，针对全县森林病虫害多发、面广、危害严重的局面，选择面积集中、危害严重的乡镇实行害虫综合防治工程建设。采取营林手段调整林种结构；采取预测预报手段，早发现早防治；采取工程治理手段，有效防治森林病虫害。2008～2010年，实施《松阳县香榧病虫害工程治理》，治理项目主要分布在松阴溪和小港溪沿线，包括林村林场、湖溪林场，涉及11个乡镇204个行政村，有香榧面积1.5万亩；通过项目的实施，治理对象的防治率90%以上。

管理办法　中华人民共和国成立后，松阳县林业部门主管森林病虫害防治和检疫工作。20世纪80年代，由营林技术人员兼职分管此项工作。1983年12月，松阳县森林植物检疫站建立。1991年3月，设立松阳县森林病虫防治站。2000年，成立松阳县松材线虫病预防指挥部。禁止任何单位和个人到松材线虫病发生区调运松苗、松木、松材及其成品、半成品，并要求全县木材检查站严格检查、防止疫木进入境内。

1983 年以后，每年都进行较大面积的森林病虫害防治，主要由县森防站配合各林业工作站、国有林场等单位，发动当地林农组成治虫队上山作业，县森防站提供技术指导和农药。采取谁经营谁出钱防治，县人民政府适当扶持的做法。改变集体林区单纯依赖国家包办治虫的局面。同时，培养一批掌握测报防治技术的森防队伍，提高防治技术水平和经济效益。

1992 年，浙江省林业厅制定《浙江省森林病虫害防治目标管理考核办法（1992～1995）》，在全省范围内实施森林病虫害防治目标管理。是年 9 月，又制定《浙江省森林病虫害防治目标管理考核办法（1992～1995）实施意见》，确定各市 1992～1995 年分年目标管理指标，统一检查方法与标准。1994 年，森林病虫害防治目标管理的病虫害发生率、防治率、监测覆盖率、种苗产地检疫率等 4 个指标列入《浙江省保护和发展森林资源责任状》中，从省到市（地）、县、乡（镇）层层签订责任状，把森林病虫害防治工作的责任落实到各级人民政府，落实到基层。1995 年，浙江省林业厅草拟《浙江省森林病虫害防治实施办法》，1996 年发布施行。实行目标管理降低病虫害发生率，提高防治率、监测覆盖率、种苗产地检疫率。2007 年 12 月，松阳县人民政府办公室发出《关于印发松阳县突发性重大林业有害生物灾害应急处置预案》，明确规定基本原则、灾（疫）情分级、应急处置体系、预案的实施和保障措施等。

第三编　自然资源

自然资源包括国土资源、气候资源、水资源、生物资源、矿物资源、旅游资源等。

土地资源包括山地土地资源、丘陵土地资源、平原土地资源、盆地土地资源、水域等；松阳总体为“八山一水一分田”。松阳先民最早在松古盆地的低山缓坡生产、生活，因而平原地区开发利用率高于山区。松阳从宋代开始有文字记载土地管理，至1949年松阳解放后，特别是改革开放后，土地管理更加规范。

松阳地表水、地下水资源充沛，水力资源丰富。松阳属中亚热带季风性湿润气候，日照时间长，热量资源丰富，降水量多，山口风能大。

金属矿产资源包括黑色金属矿产资源、有色金属矿产资源、贵金属矿产资源。非金属矿产资源包括化工原料非金属矿产资源、冶金辅助原料资源、建筑材料资源、陶瓷·玻璃原料资源、钻井泥浆原料资源、特种非金属矿产资源。松阳除高岭土、稀土储量大外，其他矿产资源较缺乏。

生物资源参见第十二编“林业”第一章“森林资源”、第三章“植树造林”和第四章“森林资源保护与发展”；旅游资源参见第三十五编“文化 旅游”第十章“旅游事业”。

第一章　国土资源

2010年末，松阳土地总面积为1406平方千米，其中耕地18289.16公顷，占13.0%；园地8699.16公顷，占6.2%；林地101304.07公顷，占72.1%；溪流及其地面积11780.45公顷，占8.4%。

中华人民共和国成立后，开展土地改革、“一化三改造”，实行社会主义制度。

解放初期，国家接收旧国家政权所有制的土地，没收和征收封建地主、旧式富农所有的土地。土地改革后，国有土地的扩大，在农业合作化前是依靠征收农民私有土地；农业合作化之后是依靠征收农村集体所有的土地。城市市区的土地属国家所有，农村国有土地包括除法律规定集体所有的森林、山岭、草原、荒地、滩涂之外的全部矿藏、水流、森林、山岭、草原、滩涂等土地资源；名胜古迹、自然保护区等特殊土地（不包括区内集体所有土地）；国家拔给国营的农、林、牧、渔业企业和事业单位使用的土地；国家拨给国家机关、部队、学校和非农企业、事业单位使用的土地；国家拨给农村集体和个人使用的土地等。农村土地集体所有制，经历土地改革、互助合作、人民公社、土地承包等一系列变化不断完善起来。

建设用地是人们用来建造物质工程的土地，它是土地利用方式之一，是相对农业用地而言的。从土地所有制角度讲，建设用地可分为国家建设用地和乡镇集体建设用地。

第一节　土地资源构成

耕地

松阳县耕地分水田和旱地。南宋绍定四年（1231），凡田原坡塘廛市庐舍2607顷45亩。明成化二十二年（1486），承粮田地、山塘3162顷43亩。清顺治十一年（1654），田2272顷，地101顷45亩；乾隆三十一年（1766），原额田2213顷37亩；道光十六年（1836）承粮田1511顷89亩，地94顷87亩。

民国19年（1930），耕地约24.15万亩，其中平原16.28万亩，山丘7.77万亩，湖荡0.098万亩。民国35年，田地22.63万亩，其中水田20.52万亩，旱地2.11万亩；人均耕地1.59亩。

1951年，耕地18.22万亩；1958年，耕地17.70万亩，其中全民所有0.02万亩，集体所有17.53万亩，社员自留地0.15万亩。

1982年，耕地17.41万亩，其中全民所有0.02万亩，集体所有17.39万亩（含社员自留地1.03万亩）。1992年，耕地16.64万亩，其中水田16.17万亩，旱地0.47万亩，人均0.74亩。2010年，耕地面积18289.16公顷，计274337.4亩，人均1.16亩。

水田　松阳县水田分灌溉水田和望天田。

灌溉水田是松阳耕地主要部分。主要分布于海拔250米以下的河谷盆地，有8993.8公顷，占灌溉水田总面积的94.19%；海拔250～500米的有430.51公顷，占4.23%；海拔500～800米的有121.10公顷，占1.27%；海拔800米以上的只有29.85公顷，占0.31%。

各乡镇中，灌溉水田以西屏镇最多，有2208.00公顷，占全县的23.12%；古市镇灌溉水田占全镇耕地面积的88.77%，比例最高。

松阳的灌溉水田，平原地区以泥沙田、谷口泥沙田、培泥沙田为主，山区以黄泥田、山地黄泥田为主。

望天田主要分布在低山丘陵和山间谷地，生产条件较差，其中分布于海拔250米以下的有988.90公顷，占望天田面积的12.95%；海拔250～500米有2660.81公顷，占34.85%；海拔500～800米的有2931.52公顷，占38.39%；海拔800米以上的有1054.43公顷，占13.81%。全县85.86%的望天田集中分布在玉岩、大东坝、枫坪、谢村、新处等山区乡镇

菜地面积较少，有21.83公顷，主要分布在城区周围的平坦水田，集中在西屏、古市两大镇。

旱地　主要分布于低山丘陵的岗背、坡地和部分山垄、山脚。海拔250米以下的有1238.13公顷，占旱地总面积的45.53%；海拔250～500米的有637.31公顷，占23.44%；海拔500～800米的有630.79公顷，占23.19%；海拔800米以上的有213.24公顷，占7.84%。

由于诸多原因，耕地的详查、概查和统计年报数有较大的差距。

随着城乡建设的发展和土地的开发利用，水田面积在不断减少，山地面积有所增加。与1991年相比，2002年全县耕地共减少41356亩，旱地增加521亩。

到2010年，全县有耕地27.43万亩，其中水田20.21万亩，旱地7.22万亩。

2010年松阳县各乡镇不同高程、坡度耕地面积一览表

表 3-1-1-1 单位：公顷

序号	行政区域		耕地面积	平地	梯田及坡地面积											
	名称	代码		≤2°	2° ～ 6°			6° ～ 15°			15° ～ 25°			>25°		
				面积	合计	梯田	坡地	合计	梯田	坡地	合计	梯田	坡地	合计	梯田	坡地
合计			18289.91	5393.32	2738.18	1782.92	955.26	2484.08	1784.90	699.18	5589.37	4775.53	813.84	2084.96	1765.85	319.11
1	西屏镇	331124100	2361.12	1277.43	651.06	417.25	233.81	254.40	103.79	150.61	143.35	64.83	78.52	34.88	15.09	19.79
2	古市镇	331124101	1536.76	1000.77	397.82	232.92	164.90	97.04	25.80	71.24	38.67	2.93	35.74	2.46	0.91	1.55
3	玉岩镇	331124102	1330.40	36.69	23.43	23.43	—	129.36	123.75	5.61	820.47	766.12	54.35	320.45	299.37	21.08
4	象溪镇	331124103	1184.10	150.52	233.22	204.90	28.32	370.13	299.06	71.07	394.90	318.90	76.00	35.33	17.48	17.85
5	大东坝镇	331124104	1402.38	29.56	69.89	63.32	6.57	637.18	585.96	51.22	591.25	533.31	57.94	74.50	60.60	13.90
6	望松乡	331124200	896.61	471.46	307.99	243.59	64.40	52.99	24.04	28.95	29.64	28.52	1.12	34.53	31.75	2.78
7	叶村乡	331124201	835.66	488.27	128.88	85.85	43.03	38.39	19.86	18.53	135.01	126.14	8.87	45.11	40.10	5.01
8	斋坛乡	331124202	923.05	650.91	149.26	92.50	56.76	13.50	9.07	4.43	90.87	89.59	1.28	18.51	17.92	0.59
9	三都乡	331124203	887.35	—	10.01	8.83	1.18	88.76	68.46	20.30	523.37	447.91	75.46	265.21	213.57	51.64
10	竹源乡	331124204	379.46	0.42	5.06	5.06	—	32.00	28.24	3.76	288.91	251.29	37.62	53.07	48.54	4.53
11	四都乡	331124205	421.56	—	—	—	—	22.01	6.51	15.50	278.90	187.60	91.30	120.65	79.55	41.10
12	赤寿乡	331124206	950.87	417.64	317.90	201.38	116.52	130.71	71.08	59.63	58.06	47.33	10.73	26.56	7.08	19.48
13	新兴乡	331124207	900.53	389.88	237.77	39.57	198.20	113.69	16.39	97.30	120.30	72.14	48.16	38.89	8.03	30.86
14	樟溪乡	331124208	738.19	468.19	135.65	107.15	28.50	34.71	13.82	20.89	88.29	86.77	1.52	11.35	10.28	1.07
15	谢村乡	331124209	566.61	—	0.40	0.40	—	22.10	12.59	9.51	218.96	197.61	21.35	325.15	300.23	24.92
16	新处乡	331124210	534.64	0.59	0.77	0.77	—	42.07	33.48	8.59	385.10	358.78	26.32	106.11	96.47	9.64
17	枫坪乡	331124211	1162.00	3.12	10.49	9.59	0.90	40.31	40.31	—	667.90	631.77	36.13	440.18	421.28	18.90
18	板桥畲族乡	331124212	510.67	0.74	16.93	9.38	7.55	201.30	149.58	51.72	263.84	147.84	116.00	27.86	13.87	13.99
19	裕溪乡	331124213	422.40	6.79	39.21	34.77	4.44	133.40	123.74	9.66	222.32	193.64	28.68	20.68	5.63	15.05
20	安民乡	331124214	345.55	0.34	2.44	2.26	0.18	30.03	29.37	0.66	229.26	222.51	6.75	83.48	78.10	5.38

园地

2010 年，松阳县园地有 8699.16 公顷，主要是果园、茶园和桑园。

果园　2010 年，有果园 55295 亩，占园地面积的 33.29%。果园中以柑橘园为主，有 21485 亩，占果园面积的 38.86%。柑橘宜生长在海拔 400 米以下、坐北朝南的向阳山坡地，极端气温不低于-7℃。松古盆地和东部丘陵低山适宜种植。果园除柑橘外，还有板栗、杨梅、枇杷、葡萄、梨、桃、柿等。2010 年，产水果 47057 吨，其中柑橘 25665 吨，占 54.54%。

茶园　2010 年，有茶园 110161 亩，占园地面积的 66.32%，各乡镇均有分布，千亩以上的有新兴、赤寿、西屏、古市等 14 个乡镇。2010 年，全县产茶叶 9049.5 吨，名茶有银猴、玉峰、万寿、碧螺春、龙井、观音露、小凤凰、山兰等品牌。

桑园　主要分布在松阴溪沿岸和东部丘陵谷地。蚕桑生产逐年减少，1993 年，有桑园 10067 亩，产茧 652 吨；2002 年，降至 2922 亩，产茧 242 吨，面积和产量分别是 1993 年的 29.03%和 37.12%；2010 年，有 653 亩，产茧 68.7 吨，面积和产量分别是 1993 年的 6.49%和 10.54%。

2002 年松阳县园地面积一览表

表 3-1-1-2　　单位：亩

乡镇名称	总面积	果园		茶叶	桑叶
		合计	其中柑橘		
合计	132817	71025	42941	58870	2922
西屏镇	20905	14052	8888	6159	694
古市镇	12861	6917	6076	5944	0
玉岩镇	4192	2677	218	1515	0
象溪镇	14442	1066	8838	2169	1207
大东坝镇	6087	4121	491	1836	130
望松乡	5801	3437	3298	2312	52
叶村乡	3751	2061	1505	1590	100
斋坛乡	7764	3153	1837	4524	87
三都乡	4970	4054	181	916	0
竹源乡	2589	795	0	1794	0
四都乡	834	85	2	749	0
赤寿乡	12339	5335	4179	7004	0
樟溪乡	6433	2408	1667	3960	65
新兴乡	11747	2311	1872	9366	70
谢村乡	3489	998	149	2491	0
新处乡	1407	878	58	529	0

续表 3-1-1-2　　单位：亩

乡镇名称	总面积	果园		茶叶	桑叶
		合计	其中柑橘		
枫坪乡	2555	1853	14	702	0
板桥乡	5759	1515	1261	4071	173
裕溪乡	1747	1114	681	460	173
安民乡	668	45	1	279	344
农林场	2650	2150	1725	500	0

2010年松阳县园地面积一览表

表 3-1-1-3　　单位：亩

乡镇名称	总面积	果园		茶叶	桑叶
		合计	其中柑橘		
合计	166109	55295	21485	110161	653
西屏镇	22559	10812	3879	11579	168
古市镇	14968	3925	3158	11043	0
玉岩镇	4443	2103	0	2340	0
象溪镇	11060	5002	2953	5638	420
大东坝镇	11370	6289	159	5066	15
望松乡	7260	1564	1135	5696	0
叶村乡	5128	1152	347	3976	0
斋坛乡	9956	2127	1411	7829	0
三都乡	7753	6063	0	1690	0
竹源乡	2582	477	160	2105	0
四都乡	2332	597	75	1735	0
赤寿乡	15502	5126	3462	10376	0
樟溪乡	11137	694	358	10443	0
新兴乡	12793	1559	870	11234	0
谢村乡	6536	1113	64	5423	0
新处乡	2441	427	20	2014	0
枫坪乡	3573	1909	0	1664	0
板桥乡	9155	1062	854	8093	0

续表 3-1-1-3

乡镇名称	总面积	果园		茶叶	桑叶
		合计	其中柑橘		
裕溪乡	2270	1132	656	1088	50
安民乡	683	138	0	545	0
农林场	2598	2024	1924	574	0

林地

1999 年，松阳县林业用地面积 112375.8 公顷，占全县土地总面积 140600 公顷的 79.93%。在林业用地中，有林地 98213.53 公顷，占林业用地面积的 87.12%；灌木林地 7833.8 公顷，占 7.12%；疏林地 2711.73 公顷，占 2.48%；未成林造林地 1807.87 公顷，占 1.64%；无林地 1807.87 公顷，占 1.64%。

2010 年，松阳县林业用地面积 101304.07 公顷，占全县土地总面积 140600 公顷的 72.05%。在林业用地中，有林地 96980 公顷，占林业用地面积的 85.3%；灌木林地 250.28 公顷，占 0.22%；疏林地 146 公顷，占 0.13%；未成林造林地与无林地共 16335.72 公顷，占 14.35%。

林地中有林村和湖溪 2 个国有林场，林业用地 37773 亩，占全县林业用地面积的 2.29%。集体和个人承包林地 1611849 亩，占 97.71%。

全县森林覆盖率 75.2%，绿化程度为 76.2%。

全县林分面积 1143437 亩，林分蓄积量 2582031 立方米。林分中按林种分，以用材林为主，面积 1075643 亩，占 94.07%；蓄积 2427878 立方米，占 94.03%。防护林其次，面积 54234 亩，占 4.74%；蓄积 105166 立方米，占 4.07%。特用林面积为 13560 亩，占 1.19%；蓄积 48987 立方米，占 1.90%。

在用材林中，按优势树种分，以杉树为主，面积 542342 亩，占 50.42%；蓄积 1105612 立方米，占 45.54%。其次是松树，面积 384157 亩，占 35.71%；蓄积 841183 立方米，占 34.65%。阔叶林较少，面积 149144 亩，占 13.87%；蓄积 481083 立方米，占 19.81%。

全县经济林面积 167222 亩，占全县总面积的 7.94%，占林地面积的 11.64%。

1992 年松阳县各乡镇林地面积一览表

表 3-1-1-4

单位	土地总面积（公顷）	林地总面积（公顷）	林地占土地总面积（%）	人均林地面积（公顷/人）
全　县	139913.31	100444	71.79	0.45
西屏镇	11606.94	6122.13	52.75	0.13
古市镇	3674.94	929.20	25.29	0.04

续表 3-1-1-4

单位	土地总面积（公顷）	林地总面积（公顷）	林地占土地总面积（%）	人均林地面积（公顷/人）
玉岩镇	14365.84	11629.13	80.95	0.92
象溪镇	12006.81	9195.46	76.59	0.60
大东坝镇	20931.69	17655.80	84.35	1.06
望松乡	3658.47	1985.34	54.27	0.21
叶村乡	4265.08	2661.23	62.40	0.31
斋坛乡	2832.79	1265.15	44.66	0.15
三都乡	5930.73	4175.57	70.41	0.50
竹源乡	5907.65	5064.57	85.73	0.79
四都乡	4050.59	2758.97	68.11	0.74
赤寿乡	4922.70	2496.68	50.72	0.23
新兴乡	4486.56	2423.84	54.02	0.25
樟溪乡	2665.76	1201.66	45.08	0.12
谢村乡	4491.99	3335.07	74.24	0.69
新处乡	5048.51	3974.78	78.17	0.60
枫坪乡	10106.86	7668.69	75.88	0.92
板桥乡	2890.77	1805.41	62.45	0.66
裕溪乡	7455.75	6293.34	84.41	1.76
安民乡	8179.47	7437.01	90.92	3.69
权属未定	397.40	364.96	91.84	0

2008 年，松阳县耕地用地面积 18293.69 公顷，其中水田 13360.70 公顷、旱地 4932.99 公顷；园地用地面积 8621.79 公顷，其中果园 6547.68 公顷、茶园 1639.00 公顷、其他园地 435.11 公顷；林地用地面积 101304.07 公顷。

2008年松阳县各乡镇用地面积统计表

表 3-1-1-5　　　　单位：公顷

行政区域	合计	耕地	园地	林地	牧草地	城镇村及工矿用地	交通运输用地	水域及水利设施用地	其他工地
		小计	小计	小计	小计	小计	小计	小计	小计
松阳县	140077.22	18615.05	8367.27	101125.23	753.32	3842.68	1469.92	2986.01	2917.74
西屏镇	10539.37	2342.83	1565.57	4443.05	53.16	1044.50	293.03	439.02	178.21
古市镇	4064.45	1563.48	480.66	1152.59	29.58	398.77	118.57	245.71	75.09
玉岩镇	14431.67	1375.64	167.39	12087.36	139.84	124.24	61.76	126.39	349.05
象溪镇	12010.62	1190.77	1211.65	8778.66	32.87	226.38	112.37	267.46	190.46
大东坝镇	20829.22	1452.73	669.31	17627.85	63.36	229.67	102.92	380.70	302.68
望松乡	3661.89	897.38	221.57	1894.08	14.01	388.43	55.53	132.94	57.95
叶村乡	4272.66	838.00	149.85	2687.24	8.58	195.69	92.63	232.16	68.51
斋坛乡	2807.03	931.75	155.69	1298.57	8.96	150.91	70.75	144.95	45.45
三都乡	6518.89	928.75	308.98	4837.99	43.91	61.00	46.68	41.86	249.72
竹源乡	5912.28	395.18	33.36	5248.60	20.02	59.82	18.93	35.89	100.48
四都乡	4336.65	432.38	86.67	3578.16	55.95	29.55	26.79	8.47	118.68
赤寿乡	5348.21	965.54	1221.82	2536.02	25.38	223.80	84.24	213.77	77.64
新兴乡	4490.69	915.67	496.60	2552.94	1.11	152.60	93.18	165.42	110.17
樟溪乡	2662.86	744.59	346.94	1194.48	6.81	158.99	75.13	86.91	49.01
谢村乡	4486.83	583.76	131.86	3455.82	5.04	41.92	20.82	72.29	175.32
新处乡	5082.63	547.35	28.39	4226.80	25.90	58.07	25.04	29.08	142.00
枫坪乡	10104.20	1168.42	128.75	8134.44	130.63	89.21	49.81	77.46	325.48
板桥畲族乡	2892.59	548.01	259.07	1844.50	7.74	75.71	20.05	17.03	120.48
裕溪乡	7572.59	429.56	674.18	5996.44	48.08	99.57	69.67	164.07	91.02
安民乡	8231.89	360.26	28.96	7549.64	32.39	33.85	32.02	104.43	90.34

说明：依据2008年全国第二次土地评查统计结果

2010年松阳县土地利用现状一级分类面积汇总情况表

表 3-1-1-6

面积单位：亩

行政区域名称	行政区域总面积	耕地	园地	林地	草地	城镇村及工矿用地	交能运输用地	水域及水利设施用地	其他土地
全县	2101158.23	274348.05	130513.12	1521103.65	11471.73	55460.80	20911.84	45161.55	42187.49
西屏镇	155388.98	35415.83	24336.18	67193.33	813.39	14598.49	3828.78	6706.17	2496.81
古市镇	60966.90	23052.07	7757.21	17525.48	468.93	5824.43	1611.31	3735.87	996.60
玉岩镇	216476.49	19955.99	2523.97	182196.86	2098.88	1843.55	920.57	1896.16	5040.51
象溪镇	180160.13	17761.03	18357.20	131828.47	492.93	3252.50	1611.80	4031.28	2824.92
大东坝镇	312438.40	21036.10	10268.83	265226.64	953.62	3427.94	1452.90	5724.44	4347.93
望松乡	54928.34	13449.33	3526.54	28508.72	215.95	5505.84	764.56	2122.48	834.92
叶村乡	64089.34	12535.05	2384.509	40348.57	128.58	2836.02	1348.53	3500.99	1007.51
斋坛乡	42106.15	13846.33	2476.20	19483.76	137.47	2256.94	1059.63	2179.84	665.98
三都乡	97782.70	13310.02	5246.35	72732.11	671.84	915.48	702.74	628.08	3576.08
竹源乡	88684.57	5692.31	596.32	78908.61	353.99	874.59	284.61	539.03	1435.11
四都乡	65049.25	6323.31	1456.35	53718.78	839.61	443.09	402.57	127.36	1738.18
赤寿乡	80223.56	14262.91	18710.02	38076.29	381.76	3237.01	1240.99	3210.00	1104.58
新兴乡	67359.38	13507.57	7712.92	38432.85	16.67	2224.88	1396.24	2484.99	1583.26
樟溪乡	39942.27	11071.17	5320.19	17984.28	106.55	2351.92	1091.75	1304.36	712.05
谢村乡	67303.18	8499.69	2240.51	51914.00	75.60	618.84	314.33	1084.86	2555.35
新处乡	76240.87	8020.25	648.01	63424.48	403.79	868.06	369.10	436.68	2070.50
枫坪乡	151562.15	17429.88	1936.89	122181.82	1959.15	1329.36	703.52	1163.07	4858.46
板桥畲族乡	43389.02	7660.04	4294.86	28017.17	117.47	1086.20	301.09	257.33	1654.86
裕溪乡	113588.76	6336.44	10118.79	90110.41	720.95	1463.74	1045.49	2461.26	1331.68
安民乡	123477.79	5182.73	601.69	113291.02	514.60	501.92	461.33	1567.30	1357.20

第二节　土地制度

封建土地所有制

松阳县自东汉建安四年（199）建县后，历经隋、唐、宋、元、明、清等各个朝代，直到1951年中华人民共和国实行土地改革前均实行封建土地所有制。

三国吴时，采取受田制。《汉书·食货志上》载：“民年二十受田，六十田。”又载：“民受田，上田夫百亩；中田夫二百亩；下田夫三百亩。”汉建元年间（前140～前135），“瓯越之人悉徙中国，天台山以南殆虚无人居”，瓯江上游松阴溪流域人居尚稀，可耕地较多。东汉末，北方军阀混战，北方人口大量南迁，相对安定的松阳人口快速增多。之后，江东孙吴采取秦时商鞅变法所创的辕田制（受田制），给农民分受生荒开垦，鼓励开田造地。所垦田地属国家所有，农民占有耕种，交纳赋税。

晋采取占田制，规定：农民垦种土地，男子每人限七十亩，女子三十亩。同时规定征赋的课田制。《晋书·食货志》载：“丁男课田五十亩，丁女二十亩，次丁男半之，女则不课。”“男女年十六岁以上至六十岁为正丁，十五以下至十三岁、六十一至六十五岁为次丁，十二岁以下六十六岁以上为老小，不事。”松阳建县近百年，但尚属地广人稀之地，吸引许多流民到古市、西屏、碧湖等平原谷地开发土地。

北魏太和九年（485），孝文帝采取计口分配空荒土地政策。隋、唐均沿此制。

隋开皇二年（582），颁布《均田令》，“一夫授田百亩，其中二十亩为永业田，八十亩为露田。前者为受田者所有，后者死后还官府，女子受露田四十亩，奴婢与良人相同。丁牛一头受田六十亩”。开皇九年（589）平陈，均田制推向全国。大业五年（609），栝州（松阳属栝州）每县平均2635.5户，每户平均5.7口，户均授田627.04亩，每口平均受田121.37亩。是时，松阳县属人少地多之地域。

唐武德七年（624），颁布《均田令》，“度田以步其阔一步，长二百四十步为亩，百亩为顷。授田之制，男年十八以上者一顷，其八十亩为口分，二十亩为永业，老及笃疾废疾者人四十亩。女子一般不授田，寡妻妾三十亩，当户者增二十亩，皆以二十亩为永业，其余为口分。田多可以足其人者为宽乡，少者为狭乡，狭乡受田减半”。唐在推行均田制时，其基层组织是：四户为邻，二十户为保，一百户为里，五百户为乡；保有保长，里有里正，乡有乡长，由三长负责具体执行均田令职责。

唐开元七年（719），颁布第二次均田令。十四年（726），江南道浙东观察使向户部报告，栝州领县五（栝苍、松阳、缙云、青田、遂昌），辖乡776、户33278，每户平均5.86口，每口平均授田34.78亩。但由于武德立法之初，土地准自由买卖，到开元七年第二次颁布均田令时，官、商、地主兼并土地已势不可挡。

宋、元、明、清时期，采取官田与民田分开制度。官田是指宋代以后封建国家或皇室所有的田地。元代继承宋官田外，又掠夺大量民田为官田，明代官田面积极广，名目较多，有官庄、屯田、仓田、职田、学田等等，农民负担极重。明嘉靖（1522～1566）以后，官民田土科则逐渐平均；到明末，官田、民田区别基本消失。清代官田由新设的旗田和皇室官庄等取代，官田多为官僚及地主侵占。顺治年间（1644～1661），会稽贡生孟称舜任松阳训导，致力恢复学田，设法清理收回被移占的学田，倡议捐金购置，共得学田二顷之多。

民田属私有制土地，须向政府交纳赋税。自宋至明，民田田赋较官田为轻，但须负担差徭。北宋开始，推行垦荒自由，谁开垦归谁所有，并对土地买卖、兼并不干预、不限制，这样地主大土地私有制迅速发展起来。北宋时期，有土地的主户约占全国总人口的60%，但占人口6%的地主却占有耕地总面积的60～70%，土地高度集中。

民田中有自耕农所有的土地，自耕农的土地承担着国家税赋的重担。自耕农和半自耕农占有的土地，不同时期有所变化。北宋，约占民田30～40%。明、清前期，都鼓励开荒，谁垦复归谁所有。清顺治十八年（1661），民田占全国耕地的95.4%，其中自耕农和半自耕农要占半数以上。

宋、元、明、清王朝都允许土地买卖。由于土地买卖频繁，兼并加剧，土地占有两极分化严重，导致大批农民破产逃亡，以至于揭竿起义。北宋末年的方腊农民起义，起义军洪载部曾于宣和三年（1121）二月攻入松阳；元末刘福通为首的农民起义、明末庆元人叶宗留领导的矿工起义、福建彭子英在松阳石仓源发动的农民起义，松阳农民都曾积极响应，为争取耕地而斗争。

民国时期租田制

民国政府曾提出过“耕者有其田”主张，但从未实施。民国19年（1930），松阳县政府组织土地陈报调查，松阳二区一名大地主占有良田3004亩，而不少农民只有0.01～0.03亩。租田交租仍是农民的主要生活出路。

租田的方式有定租制和活租制两种。定租制，凡良田租额一定不变，一般都在正产量的一半以上。活租制，确定租田关系时不确定租额，只确定分成比例，到收获时按正产实数在田头按比例分成。有“五五”分、“四六”分、“三七”分，也有高到“二八”分的，即农民得二成，地主得八成。农民租田收获主要靠副产，如麦、豆、玉米、蕃薯、菜等养家糊口。

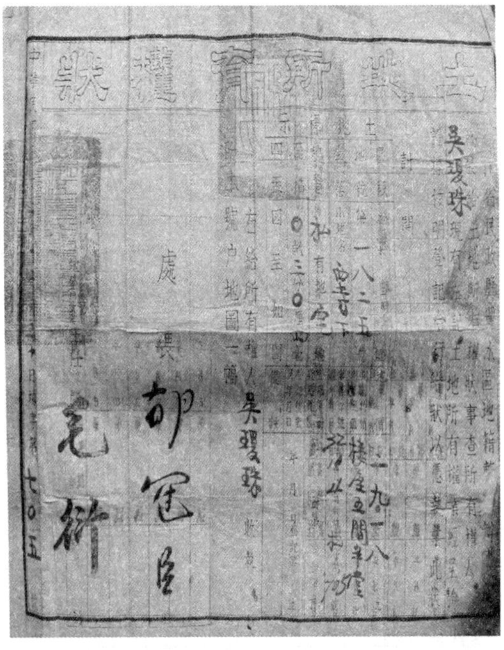

图3-1 民国时期土地所有权状（县档案馆提供）

民国15年（1926）年10月，国民政府作出《关于农民之政纲》的决议，提出“减轻农民田租百分之二十五”要求，但没有落实。松阳一些有识之士曾组织农民斗争。枫坪乡斗潭村卢子敬等在玉岩区组织农会，推行“二五减租”运动。后又与安岱后的陈凤山、陈丹山，在松阳、遂昌、龙泉边境发展“青帮”，发动贫苦农民，打土豪、分田地，劫富济贫，组织农军。1935 年 5 月，他们迎接中国工农红军挺进师到玉岩、安岱后等地，开展土地革命和武装斗争。

中华人民共和国成立初期农民土地所有制

土地改革　1950 年 2 月，中共松阳县委根据中央和浙江省委“为准备土地改革加强调查研究工作”的指示，组织机关干部深入农村调查，剖析农村土地占有情况。占人口 3.8%的地主占有 39.6%的土地，地主、富农占人口的 8.4%，他们所占的土地加上他们把持的社田、庙会田、宗祠田等占土地总面积的 83.1%；而占总人口 91.6%的其他阶层，占有 16.9%的土地。人均占有粮食，地主有 12659 斤、富农为 5559 斤，中贫农有 324 斤。80%的农户靠租种地主的土地度日，而且田租额一般要占正产物的 60%以上。

1950 年 4 月，县委确定叶村乡为试点单位，进行土改试点，历时半年，于 10 月结束。1951 年 1 月上旬，举办土地改革干部训练班，训练土改干部 284 人，并全面部署土改工作。1 月下旬，全县 43 个乡镇同时展开土改工作。在土改中，强调贯彻“依靠贫雇农，团结中农，中立富农，有步骤有分别地消灭封建剥削制度”的方针政策，经过宣传政策、发动群众、划分阶级成分、征收没收和分配土地等几个阶段。土地分配采取“抽肥补瘦，中间不动、两头平”的办法，力求“农民团结互让，干部大公无私，方法民主协商，分配公平合理，目的有利生产，结果群众满意”。历时 3 个月，全县土改结束。全县共征收没收地主、富农的耕地（含庙会田、宗祠田、桥会田等）122722 亩，房屋 6429 间，耕牛 464 头，各种农具 72925 件，粮食 357325 斤。有 26881 户 95906 人的无地和少地农民分得土地和山林。一部分最贫困的雇农和贫农分得耕牛、房屋和农具、家具。国家承认土改后的土地所有者有自由经营、买卖及出租土地的权利，使土地的所有权与土地的使用权结合起来。

1951 年松阳县土改前后农村耕地占有情况表

表 3-1-2-1　　面积单位：亩

阶层	户数		人口		土改前土地占有			土改后土地占有			土改后增减	
	户	占总户数比例（%）	人	占总人口比例（%）	土地面积	占土地面积比例（%）	人均土地	土地面积	占土地面积比例（%）	人均	增加	减少
合计	30809	—	114749	—	128785	—	1.12	182165	—	1.59	107641	54298
雇农	823	2.6	1722	1.5	290	0.2	0.16	2501	1.37	1.45	2211	—
贫农	17507	55.3	58107	50.6	17903	1.4	0.31	92046	50.5	1.58	74124	—
中农	8247	26.7	36077	31.4	32915	25.6	0.91	63218	35	1.75	30266	—
富农	955	3	4976	4.3	14589	11.3	2.93	10344	5.7	2.08	—	4244
半地主式富农	76	0.2	409	0.3	1679	1.3	4.15	567	0.3	1.38	—	1130
地主	936	3	4410	3.8	51020	4	11.57	4490	2.46	1.02	—	46530
小土地出租	534	2	1459	1.3	1836	1.4	1.58	2859	1.57	1.96	1022	—
其他	2181	7	7586	6.6	8535	6.6	1.12	6140	3.37	0.81	—	2394

说明：土改前土地占有数不含桥、渡、祠、会田等 52130 亩；土改后，保留机动田 4152 亩，亦不含土地占有数内

互助合作 土地改革使农民分得土地，但多数雇贫农由于农具不足，缺乏耕牛和生产资金，发展生产尚有困难，有的遇到意想不到的天灾人祸，土改刚结束重新出现买卖土地现象。为发展生产、共同富裕、防止农村再次出现两极分化，政府立即提倡“组织起来”，开展互助合作运动。1951 年 12 月，中共中央颁发《关于农业生产合作社的决议（草案）》，提倡开展互助合作运动。12 月，县委召开全县干部大会，组织县、区、乡干部学习决议草案。会后，各地通过典型示范，开始组织互助组。月底，阳溪乡项弄村叶群丰、新兴乡横溪村廖达富成立常年互助组。叶群丰互助组由 13 户贫农、2 户中农组成，63 个人口，耕地 94.5 亩。廖达富互助组由 6 户贫农组成，29 人，30.44 亩耕地。其他乡村也相继出现临时互助组或常年互助组。

图 3-2 廖达富农业合作社被浙江省政府表彰（叶祖青 摄于 1953 年）

1952 年 7 月，全县成立互助组 1921 个，入组农户 11130 户，43605 人，分别占总农户和总人口的 34%和 39%。其中，季节性互助组 1367 个，临时互助组 251 个，常年互助组 303 个。11 月，全县互助组发展到 2366 个，入组 15172 户，占总农户数的 50.4%；入组人数 59417 人，占农业人口的 54.7%。

1953 年 2 月，经上级批准，叶群丰互助组和廖达富互助组转为土地入股，统一经营的初级农业合作社。收益按土地劳力“四六开”，即土地分红为 40%、劳力分红 60%的办法分配。1954 年 11 月，全县初级农业生产合作社发展到 289 个，入社农户 6265 户，占总农户的 20.1%；常年互助组 669 个，季节性互助组 1575 个。

1955 年初，中共中央发出《关于整顿和巩固农业生产合作社的通知》。松阳县遵照“积极领导，大巩固”的方针，纠正重平原轻山区的倾向，派工作组到玉岩动员组织发展 72 个农业生产合作社。到 2 月底，全县初级农业生产合作社发展到 307 个。5 月初，贯彻中央和省地有关领导“全力巩固，坚决收缩”的方针，到月底，全县农业社由原来的 348 个 7941 户，收缩到 242 个 5232 户。7 月，中共中央七届六中全会通过《关于农业合作问题的决议》，批判“坚决收缩”方针是“小脚女人走路”。到年末，全县农业社发展到 845 个，入社农户发展到 20098 户，占总农户的 64.8%。1955 年 12 月初，县委工作组到水南乡，调查农业合作社状况，宣传贯彻毛主席《关于农业合作化问题》的 17 条指示，发动群众扩社并社。1956 年 1 月初，廖达富初级社转入高级农业生产合作社，全社由横溪、上安、潘连、后刘 4 个行政村组成，取名新华高级农业生产合作社，有 383 户 1315 人，耕地 2865.53 亩，下设 18 个生产队和 1 个科技队。制订一整套管理制度。各乡、镇仿效升级并社。到 7 月底，全县有高级社 360 个，入社农户 22922 户，占总农户数的 72.5%；初级社 233 个，农户 6720 户，占 21.24%。初、高级社合计 593 个，入社农户 29642 户，占总农户的 93.2%。

由于农业合作化过程中存在一些官僚主义、主观主义、脱离群众、脱离实际和强制命令的作风，处理政策不当，特别是山林入社不计价，群众怕吃亏，出现大量毁林现象。水南乡 13 个行政村有

11个村砍掉松树、柏子、水果等8万余株。1956年，做好年终分配方案的709个社（其中高级社360个）中，收入比1955年增加的有169个社，占23.84%；保持原有水平的119个社，占16.78%；减少的有421个社，占59.38%。1957年3月，全县农村开展社会主义教育运动，已退社的1366户有821户重新入社。高级社，农民带土地入社，取消土地分红，农民土地所有制已过渡到集体所有制。

社会主义制度土地集体所有制

1958年8月，中共中央作出《关于农村建立人民公社问题的决议》。9月初，县委工作组到城关区开展建立人民公社的试点工作，建立红旗人民公社（由1个镇、6个乡的85个农业社合并组成）。9月底，全县实现人民公社化，由原来的25个乡镇、297个农业社、35676户社员合并组成5个人民公社，即红旗公社（原城关区）、红光公社（原古市区）、先锋公社（原靖居区）、红星公社（原石仓区）、卫星公社（原玉岩区）。9月27日，县委对红旗人民公社的土地划片问题的报告中指示：土地划片总的要求是做到“三个方便、三个有利”，即耕作方便、管理方便、领导方便和有利于发展生产、有利于实现机械化、有利于公社集体经济的发展。划拨原则是动地不动人，适当调整，连片成畈，逐丘登记、块块插签，做好划拨交接验收工作。全县进行一次较大的土地划片调整。

1958年11月21日，国务院批准撤销松阳县置，原行政区域全部并入遂昌县。1959年1月1日，人民公社名称一律冠以地名，以便不因同名过多而发生混淆。3月18～25日，县委召开五级干部大会，到会有生产队长以上干部6000余人，主要是贯彻毛泽东主席关于整顿人民公社的14句话的方针，即“统一领导，队为基础（指原高级社）；分级管理，权力下放；三级核算，各计盈亏；分配计划，由社决定；适当积累，合理调整；物质劳动，等价交换；按劳分配，承认差别”。会议决定，实行以生产队（原高级社）为基本核算单位，原松阳区域定为448个基本核算单位。实行分级管理，公社下放权力，调动社、区（管理区）、队三级的积极性，在分配上实行按劳取酬的原则。会议通报交流古市公社赤寿管理区龙下生产队实行定规模、定领导、定劳力、定生产任务、定分配计划、定计酬办法的“六定”经验。1960年11月，贯彻中共中央的“四固定”政策，即土地、劳力、耕牛、农具，小队有固定使用权。

1961年3月，贯彻《农村人民公社工作条例（草案）》（通称《六十条》）。调整一部分生产大队（原称生产队）和生产队（原称生产小队）的规模，每个生产大队平均为90户，每个生产队平均为17户。

1962年1月11日至2月7日，中共中央召开有各县委书记参加的扩大的中央工作会议（即“七千人大会”），作出“关于改变农村人民公社基本核算单位问题的指示”。指出以生产队为基本核算单位保持30年不变。同时开始落实山林政策，到3月底，全县已划分自留山的有395个生产大队，占有山林大队数的43%。户均自留山面积一般为5～8亩。

1962年9月27日，中共八届十次全体会议通过《农村人民公社工作条例修正草案》（即“六十条”），规定：“生产队范围内土地归生产队所有。生产队所有的土地，包括社员的自留地、自留山、宅基地等等，一律不准出租和买卖。”“自留地一般占生产队耕地面积的5%至7%，归社员家庭使用，长期不变。自留山划定后，也长期不变。”

1968年6月，县军管会组织100余名县、区、社、队干部到大寨参观学习。之后，一些社队出现改生产队核算为大队核算，原松阳范围生产队数从1966年的2133个、队均16.23户调整到1969年的1597个、队均23.64户，1970年892个、队均41.3户，且有64.6%的大队实行大队核算，自留地收回8000多亩。1972～1978年，公社各级规模和体制相对稳定。

（本节部分内容与第十八编“综合经济管理”第八章“国土资源管理”第三节“土地资源税费”互为补充）

第三节 土地使用制度改革

联产承包责任制

家庭联产承包责任制是中国农村集体土地所制土地使用制度上的重大改革。在松阳有一个发展变化成熟的过程。

1956年1月，松阳县委互助合作部总结推广“阳溪乡项弄村初级社实行‘农业三包’（包工、包成本、包产量）生产责任制”的经验，把粮食生产指标、生产资料和农具、耕牛分到小组，缓解社大人多排工记分难的问题，加强责任心，做到田头评地头清。但不久就夭折。

1961年5月，玉岩公社交塘、枫坪2个管理区有5个生产大队、25个生产队、430户社员搞包产到户，占总户数的43.4%。其办法是按照人口土地包到户，部分作物包到户，管理不便的零星土地分到户，近村的好田包产到户。

1962年，全县有占10%左右的475个生产队搞不同形式的包产到户。望松公社五都阳大队，由于将部分耕地以自留地、包产地、饲料地、开荒扩种地分给社员，人均口粮124.5千克，比集体分配人均口粮87.5千克多42.3%。私有经济收入户均163元，比集体分配到户均133元多22.6%。后受到批判被制止。

1978年中共十一届三中全会后，开始拔乱反正。1980年11月，联溪公社党委根据该社山区经济落后的实际出发，在9个大队37个生产队中建立包产到户的生产责任制，受到群众的拥护。但区委提出批评，县委进行指责，丽水地委专门派工作组调查。公社党委在三重压力下作出硬性纠正，改革受到抑制。

1981年5月13日，县委召开农村工作电话会议，对包产到户家庭联产责任制还是小支持大反对。规定“少数人均口粮在450斤以下，人均收入在50元以下的生产队，在群众切实要求包产到户，也确实需要通过包产到户才能解决问题的应当允许和支持外，一般要尽量做工作，不用包产到户这种办法去解决”。到6月底，全县4473个生产队有21个队实行包产到户。

1982年1月，在中央有关文件的指导和周围环境的影响下，农民自发实行大田作业包产到户或包干到户。松阳区域的联溪、雅溪、三都、塘后、阳溪等公社搞“双包”到户的比较多，塘后、三都实行“双包”的生产队数占70%以上。1982年《全国农村工作会议纪要》下达后，县委召开三级干部大会，提出“要因地制宜根据多数群众意见，选择责任制的形式”。到3月中旬，全县1643个生产队（占31.3%）实行大田“双包”到户的责任制，松阳区域占绝大多数。5月，经国务院批准，恢复松阳县建置。到6月9日，全县3092个生产队有2258个生产队实行“双包”责任制，占总队数的75%；采取其他形式承包责任制的占25%。

1983年4月，根据中共中央国务院《关于实行政社分开，建立乡政府的通知》（主要内容为：当前农村改变政社合一体制的首要任务是把政社分开，建立乡政府；同时按乡建立乡党委，并根据生产的需要和群众的意愿逐步建立经济组织。乡的规模一般以原有公社的管辖范围为基础，要求各地有领导、有步骤地搞好农村政社分开的改革，争取在1984年末以前大体上完成建立乡政府的工作，改变党不管党、政不管政和政企不分的状况）和省委文件精神，开始改变“政社合一”的人民公社体制，废除公社大队、生产队和社员的称号，恢复乡镇人民政府、村委会、村民小组和村民的称谓。是月，全县400个生产大队、2867个生产队，有2864个生产队实行“双包”到户的生产责任制，占生产队总数的99.9%。

1984年初，在宣传贯彻中央《关于一九八四年农村工作的通知》（《通知》指出：1984年农村工作的重点是在稳定和完善生产责任制的基础上，提高生产水平，疏通流通渠道，发展商品生产）基础上，县委进行延长土地承包期的试点工作，承包期由原来的2～3年延长到15年，而后全面推广。12月，全县400个行政村、3979个村民小组，已实行延长土地承期的有3779个，其中按人口承包土地的有2238个；按人、劳比例承包土地的360个；按“三结合”（人口、劳力、口粮定量）和其他办法承包土地的42个。承包期延长到15年以上。县、乡（镇）人民政府统一印制和填发承包耕地使用证，每户一本。接着又落实林业生产责任制。

1998～1999年，农村集体土地的承包再次签订合同，承包期延长到30年不变。

农村宅基地的有偿使用

1989年9月，确定松阳县农村私人建房用地土地管理费收缴标准为，新建房使用水田收取2元/平方米，其他耕地（包括菜地、园地、水塘等）收取1.5元/平方米，使用非耕地（荒地、荒滩、空宅基地等）收取1元/平方米。

1990年5月，松阳县土地管理局在新兴乡开展农村宅基地有偿使用的试点工作，至1991年6月结束。对全乡21个行政村、34个自然村、2706户的5473宗地面积391597.9平方米的宅基地开展使用权申请登记，应收宅基地使用费32385.6元。试点期间按50%收取，除55户91宗5475.5平方米因困难减免或其他原因未收外，实收宅基地有偿使用费16001元。1992年11月11日，松阳县土地管理局、财政局、物价局联合发出《关于农村宅基地有偿使用收费标准的通知》，作出有偿使用收费规定：省定额使用面积范围内的年收费按0.05～0.10元/平方米收取（省定额面积6人及以上140平方米，4～5人120平方米，3人及以下100平方米）。超过省定额使用面积的收费标准按：1～50平方米，每平方米收取0.10元；51～100平方米，每平方米收取0.20元；101～150平方米，每平方米收取0.40元；151～200平方米，每平方米收取0.80元；200平方米以上，每平方米收取2.00元。

1993年11月，县政府明确乡（镇）村办企业和农民建房用地收取造地费标准，规定乡（镇）

村办企业（不包括挂靠企业）占用耕地每亩收取造地费500元；农民私人建房占用耕地按每平方米1.5元收取。

国有土地有偿使用

土地出让 1992年7月15日，松阳县人民政府制订《松阳县国有土地使用权出让和转让实施细则》（以下简称《细则》），规定县政府对松阳县境内的国有土地、城镇规划区内的土地实行统一规划、统一征地、统一开发、统一出让、统一管理。按照土地所有权与使用权分离的原则，对国有土地使用权实行有偿、有限期出让和转让制度，但地下资源、埋藏物和市政公用设施除外。集体所有的土地，必须由县政府土地管理局征为国有土地以后，方可出让和转让。出让地块、用途、年限和其他条件由土地管理局会同城建局共同拟定方案，按照规定的审批权限报经县政府批准后由土地管理局组织实施，并代表县政府与土地使用者签订出让合同。土地使用权出让可采取协议、招标、拍卖三种方式。机关、部队、事业单位等非盈利性公共事业用地的出让金，经县政府批准可以减免。土地使用金按不同区域不同用途计收。8月8日，松阳县举行首次出让国有土地使用权公开拍卖，选择位于西屏镇紫荆路东端、县汽车站斜对面，面积187.25平方米的商业用地。拍卖结果，平均地价每平方米1218.75元，总金额为228212.50元。扣除拍卖费用及业务费24320.25元，政府净得出让金203792.25元。

图3-3 1992年8月8日在松阳电影院首次拍卖县城紫荆路东端地块（县国土资源局提供 摄于1992年）

1993年3月1日，松阳县人民政府下发《关于加快土地使用制度改革的通知》。通知规定，扩大国有土地有偿有限期使用范围，从1993年4月1日开始，除对国家投资的非经营性用地继续采用划拔方式供应土地外，对其他新增建设用地，如商业、金融、旅游、服务业、商品房屋和涉外工程建设用地等，均采取土地使用权有偿有限期出让的办法供应土地。加强对划拨土地使用权的管理，凡通过划拨取得的土地使用权进行转让、出租和抵押者，必须补交或者以转让出租和抵押所获收益抵交土地使用权出让金，否则土地使用权不得转让、出租和抵押。加强地价管理，提高土地利用效益。县土地定级估价委员会根据土地的不同区位、使用性质、容积率、级差收益和供求状况等合理确定基准地价。加强土地使用权出让合同管理，出让方和受让方要按规定的程序签订土地使用权出让合同。

1993年7月27日，县政府转发县土地管理局《关于国有土地使用权出让转让若干问题请求》的通知，对有关问题作出重申和补充。规定城镇居民原拆原建和新建私房用地，纳入国有土地使用权有偿限期出让轨道管理，对原拆原建户出让金给予优惠等等。

从1992年8月8日首次出让国有土地至2002年，松阳县城出让国有土地1659宗、229.37万平方米，出让总金额13922万元。

1992～2002年松阳县国有土地出让一览表

表3-1-3-1

年份	商业综合用地			住宅用地			工矿企业用地			合计		
	宗地数（幅）	面积（平方米）	金额（万元）	宗地数（幅）	面积（平方米）	金额（万元）	宗地数（幅）	面积（平方米）	金额	宗地数（幅）	面积（平方米）	金额（万元）
1992	4	187	23	—	—	—	2	396	2	6	583	25
1993	27	2735	147	29	5531	11	12	12548	38	68	20814	196
1994	110	9473	634	18	1660	7	22	27665	34	150	38798	675
1995	120	9183	1159	45	4314	38	50	62581	7	215	76078	1204
1996	86	9036	757	86	8952	294	35	53315	—	207	71303	1048
1997	64	5640	723	82	8071	289	46	92179	—	192	105890	1012
1998	59	4270	551	104	15602	564	28	66712	—	191	86584	1115
1999	56	4711	589	71	7704	363	25	395400	—	152	407815	952
2000	108	11171	1292	65	14409	371	15	288500	—	188	314080	1663
2001	97	43918	4333	73	11013	282	19	420900	—	189	475831	4615
2002	51	11494	1336	37	3368	81	13	681100	—	101	695962	1417
合计	782	111818	11541	610	80624	2300	267	2101296	81	1659	2293783	13922

2006年，举办国有土地使用权拍卖会9期、挂牌2期。办理土地使用权出让98宗，面积500125平方米，共收取土地出让金23400.29万元。其中，拍卖45宗，面积39200平方米，土地出让金19277.77万元；挂牌14宗，面积7300平方米，土地出让金185.89万元；协议39宗，面积453500平方米，土地出让金3936.62万元。

2008年，全县招标、拍卖、挂牌出让国有土地34宗，面积69757平方米，出让金合同金额为10626.92万元。其中商住用地20宗，面积46229平方米，出让金合同金额10008.50万元；工业用地6宗，面积20555平方米，出让金为368.45万元。2009年，全县拍卖、挂牌出让国有建设用地使用权62宗，面积38.26万平方米，收取土地出让金3.6597亿元。

2010年，拍卖、挂牌出让国有建设用地使用权42宗，面积42.46万平方米，出让金合同总额9155万元。其中，经营性用地2宗，面积18668平方米，出让金合同金额为1506万元；工业用地16宗，面积37.92万平方米，出让金合同金额为5754万元。出让9宗商住地块，出让面积1216.9平方米，出让金合同总额 525万元。

土地转让　1992年7月15日，松阳县人民政府在上述的《细则》中规定，土地使用权转让是土地使用者将土地使用权再转移的行为,包括出售、交换和赠与。

土地使用权转让必须同时具备的条件：已缴清土地使用权出让金；不改变出让合同规定的土地用途和规划要求；除土地使用权出让金外，实际投资已达出让合同规定的建设投资总额的20%以上。已实现出让合同规定的其他转让前提条件。

土地使用权转让时增值的，应按规定交纳增值费。由县政府土地定级估价委员会核定，报县政府批准。

城镇规划区内的集体土地，因转让地上建筑物、其他附着物而转让土地使用权的，根据土地区位和用途的不同，收取基准地价的10～30%的土地增值税。其中，繁华地段有经营收益的按30%计收。非繁华地段用于住宅的按10%计收，其他20%计收。基准地价由县政府土地定级估价委员会核定，报县政府批准。

公司、企业、其他经济组织和个人通过划拨取得的国有土地使用权，在转让时应补交出让金。出让金计算标准，根据土地的区位和用途不同，分别标定地价的20～50%收取。西屏镇、古市镇繁华地段用于商业、服务业的按标定地价的50%计收；其他有经营收益的用地按标定地价的40%计收；住宅用地按标定地价的30%计收。其他乡镇有经营收益的按标定地价的30%计收。无经营收益的按标定地价的20%计收。标定地价由县政府土地定级估价委员会核定，报县政府批准。

自1992年7月《细则》实施之后至2002年末，全县办理土地使用权转让手续共有2270宗，面积合计974635平方米，政府收取增值费共43.6万元。

2006年，办理土地使用权转让（补办出让）643宗，面积21.2865公顷，收取土地出让金199.7021万元，交易费7.77万元，评估费21.1398万元。

2008年，办理商品房、房改房补办出让及房改房等各类房地产转让615宗，办理改变用途与划拨土地使用权转让补办出让土地112宗，补交土地出让金193.4233万元。

2009年，办理土地使用权转让（划拨用地补办出让）1082宗，面积10.87万平方米，收取土地出让金38.39万元；办理超面积补办用地手续，收取土地出让金8.17万元。

有偿划拨　土地划拨是指土地使用权划拨，不是所有权划拨。中华人民共和国成立后较长时期内，对全民所有制的党政机关、部队、教育、卫生、厂矿等单位的用地，基本上实施无偿划拨。用地单位仅依法支付附着物补偿费或青苗补偿费，无需支付土地补偿费和安置补助费。

拆迁安置、下山脱贫安置等安置个人建房也基本实施划拨供地。1999～2010年，土地使用权划拨共1899宗，面积11717.83亩。

1999～2010年松阳县土地使用权划拨情况表

表3-1-3-2

年份	宗数	面积（亩）	年份	宗数	面积（亩）
1999	425	80.80	2005	83	143.78
2000	201	101.01	2006	64	197.66
2001	205	511.10	2007	79	90.06
2002	319	235.51	2008	54	118.81
2003	261	3074.92	2009	29	6699.26
2004	137	121.12	2010	42	343.81

土地抵押　1992 年 7 月，县政府出台的《细则》对土地使用权的抵押作出规定：土地使用权抵押是指土地使用者将土地使用权单独或随同地上建筑物、其他附着物作为按期清偿债务的担保行为。原拥有土地使用权的一方称为抵押人，抵押债务人称为抵押权人；土地使用权抵押时，抵押人与抵押权人应签订抵押合同，并在合同签订之日起三十天内，按规定到县土管局办理抵押登记手续；属划拔或减免出让金取得国有土地使用权的，抵押土地使用权时应补交出让金；城镇规划区内的集体土地，抵押土地使用权时，收取土地增值费；城镇规划区内通过出让取得国有土地使用权的，在抵押土地使用权时，土地增值部分收取增值费，其标准按抵押金的 10%计收。

2006 年，受理抵押登记 859 宗。土地储备中心向县中国银行货款 1900 万元，向西屏信用社货款 750 万元（主要用于工业园区）。为县城市发展有限公司抵押担保 2000 万元，为工业园区抵押担保 2900 万元。共融资金额 7550 万元。

2008～2010 年，共受理抵押登记 1230 宗。

土地储备　2001 年 9 月，县政府印发《松阳县土地储备管理办法（暂行）》的通知。10 月，成立松阳县土地储备中心。规定县土地储备中心主要职责是代政府行使全县范围国有土地使用权的收购和储备，对储备土地进行前期开发整理和利用，开展储备土地的预出让、收取土地开发补偿金等。

土地使用权收购储备的范围：县城范围内的无主地；因单位拆迁、解散、撤销、破产、改制、产业结构调整或其他原因调整出的原划拨国有土地；被依法收回或没收的国有土地；因建设征用而在法律规定年限未处置的土地（县城市发展有限公司城市建设项目存量土地以及符合《土地管理法》需要复耕的土地除外）；经批准征用的年度批次用地；以出让方式取得土地使用权后无力开发或不按规定如期开发的土地以及改变土地用途需重新建设的土地；因实施城镇规划和土地整理、县政府指令征购的土地；土地使用权人申请储备中心收购的土地；土地使用权转让价格明显低于市场价格的国有土地；其他需要进行储备的国有土地。

土地储备的程序。无主地、经批准征用的年度批次用地、依法没收回收的土地和建设征用未处置的多余土地（核算土地征用成本后），直接进入储备中心储备。集体所有土地需要储备的，必须依法办理征用手续。

除上述规定外，凡需要储备的土地按申请→权属核查→评估、测算→方案报批→签订合同→补偿→交付土地→权属登记的程序进行。

经县土地储备管理委员会批准，以协议方式进行储备土地使用权预出让的按确定地块→发布信息→约定对象→方案报批→签订协议→支付补偿费用→向县土地管理部门办理正式出让手续的程序进行。

国有土地使用权交易管理办法

2002 年 9 月 6 日，县政府制定《松阳县国有土地资产管理若干规定》14 条（以下简称《规定》）和《松阳县土地使用权交易办法》29 条（以下简称《办法》）。

《规定》强调国有土地资源处置（出让、转让、出租）须向县国土资源行政主管部门申请，未经同意或委托，任何组织和拍卖中介机构不得擅自组织拍卖。除市政公共事业和工业生产性项目用地可以协商出让外，其他经营性用地原则上须依据招标、拍卖方式供应土地。

《办法》告示，县人民政府设立土地交易中心，作为办理土地使用权交易手续的专门机构，土地交易中心创办土地交易市场，作为土地使用权交易的专门场所。

第四节 土地开发利用与保护

土地开发

中华人民共和国成立前的土地开发 据古市阴岗山古遗址出土文物考证，早在新石器时代，即最迟在四五千年前，就有人类在松阳居住劳动生息，开始原始的农业耕作。

秦汉时期，瓯江流域地广人稀，大部分地区均未建县。东汉建安四年（199），会稽太守孙策分章安县西乡地置松阳县，县治今古市镇，为丽水市9县（市、区）之首。

三国时期，孙吴倡导属地“广开农桑之业，积不訾之储”，对开发土地起重要作用。

西晋末年至南北朝时期，北方战乱不断，江南稍安，北方人大批南下，垦殖荒山水滨，带来先进的生产工具和技术，使农业生产和社会经济发展较快。始建于南朝梁武帝天监年间（502～519）的通济堰，是浙江最古老的大型水利工程之一。它截松阴溪之水于堰头村，把溪水拦入渠道，日流水量20多万立方米，灌溉碧湖平原2.5万余亩农田。另外，开发松古盆地，使松阳成为粮仓。“温州吃粮靠平阳，处州吃粮靠松阳”，这是对松阳农业开发的真实写照。

隋文帝开皇九年（589），分松阳东乡置栝苍县（今莲都区）。唐乾元二年（759），析松阳县和遂昌县的部分地为龙泉县，松阳版图减少，但土地开发垦殖未曾停止。北宋，松古盆地兴修多条堰坝，松阳农业进一步发展。宋大中祥符五年（1012），引种福建占城稻，该品种耐旱，适宜于山区望天田种植。

元末明初，不少地区人口稀少，土地荒芜，但地处山区的松阳县相对比较安定。元至元六年（1340），达鲁花赤买住筑金梁堰，灌田60顷。明洪武元年（1368），里人周汉杰筑白龙堰，可灌农田20顷。明万历二十六年（1598），处州知府任可容重修百仞堰（今青龙堰），可灌良田万亩。清初，连年战乱，人丁锐减，田地荒芜。

清代是浙西南山区土地开发的重要时期。顺治十四年（1657），处州知府奖励垦荒者，每三户给牛一头，每人给米一石。康熙年间（1662～1722），为鼓励垦荒，明确规定所垦土地由官府发给印信执照，准为已业，垦荒起科的年限3年改为6～10年，这种减免赋税的办法，提高耕者的垦荒积极性。

清代松阳开垦积荒田情况表

表 3-1-4-1　　　　单位：亩

年号	历史纪年	公元纪年	开垦面积	年号	历史纪年	公元纪年	开垦面积
康熙	二十年	1681 年	606.21	乾隆	元年	1736 年	109.05
	二十二年	1683 年	258.02		九年	1744 年	157.5
	二十三年	1684 年	12.30		十四年	1749 年	534.76
	二十五年	1686 年	212.10		十七年	1752 年	437.93
	二十六年	1687 年	88.34		十八年	1753 年	389.75
	二十七年	1688 年	103.77		二十二年	1757 年	626.94
	五十七年	1718 年	2796.36		二十五年	1760 年	1145.43
雍正	元年	1723 年	50.92		三十二年	1767 年	1267.51
	八年	1730 年	3890.45		三十八年	1773 年	1369.61
	九年	1731 年年	1502.69		四十一年	1776 年	543.46
	十年	1732 年	439.48	嘉庆	四年	1799 年	789.79
	十二年	1734 年	2244.45	道光	三年	1823 年	127.26
	十三年	1735 年	1982.60		十六年	1836 年	75.24

说明：明清时期面积单位 1 顷=100 亩，旧制的 1 亩=0.9216 市亩

民国时期，政府对垦荒曾下达多次政令。民国 22 年（1933），浙江省出台《督垦荒地办法》，鼓励垦荒。民国 27 年，浙江省政府颁布《浙江省战时开垦荒地暂行办法》，规定承垦公荒将免租赋 3 年。抗战时期，从沦陷区逃难的民众开垦荒地，其应用农具、肥料、种子、树苗可呈请政府借贷。

民国 25 年（1936），准许民众自由开辟水田，凡以山地开辟水田都准予免赋 3 年，以原有熟地开辟水田亦准暂停 3 年再行升等课赋。全面抗日战争爆发后，浙江省民政厅、建设厅在农业改进会决议中建议“强迫开垦公积荒地”，以解决抗战中的军粮民食。民国 26 年冬，由省农业改进所设计、省农田水利工程队施工的赤寿仙岩脚水库动工兴建，第二年建成；由于质量不好，于民国 31 年被端午水冲垮。民国 28 年，浙江省农业改进所迁至松阳县城吴家山脚，并在所内开办国立英士大学农学院，且在古市开办农场，在赤寿乡界首村创办面积为 100 亩的蚕桑基地和蚕种试验场，对松阳的农业开发起到重要作用。

中华人民共和国成立后的土地开发　中华人民共和国成立后，政府对土地开发十分重视，把它作为一项长期的战略任务来抓，主要体现在开田造地和荒山植树造林上。

开田造地。20 世纪 50 年代大兴水利，60～70 年代“农业学大寨”，实施农田整理，改造低产田。丘陵荒山、溪滩圩地都被开辟成水田、茶园、柑橘园和桑园。1968～1979 年，全县共开新田 3380 亩，开辟茶园 42353 亩、橘园 4336 亩，营造杉木林基地 71660 亩。

1982 年，省政府决定，实行征地与造地相结合，并对国家建设征用耕地（包括水田、旱地、果、桑、茶园、水塘）征收造地费，落实造地计划。

1984年6月28日，县农牧特产局、粮食局、财税局就有关开田造地问题下发文件，规定开田前应由甲方（开田方）向县、区、乡有关部门给于落实开田计划任务，乙方（松阳县农牧特产局）在开田前实地勘察，落实计划面积，签订开田合约。开田计划完成后，组织三员（农科员、财税员、粮食专管员）实地验收，经验收合格后每亩发给开田补助费500元。

1986年4月10日，县政府要求强调稳定粮食生产面积，严禁滥占耕地建房和扩大砖瓦窑；发展多种经营必须开发荒山、荒地、荒滩和荒水，尽量减少占用粮田面积。指出松阳耕地面积由1950年土改时的人均1.59亩减少到当前的0.87亩，全县减少耕地8668亩。是年，新发展柑橘4352亩、杨梅1863亩、食用笋415亩。

1983～1987年，全县开田造地14376.66亩。其中，水田63.15亩、园地11012.51亩，其他3301亩，共收缴造地费51.84万元。

1988年5月底，松阳县对待开发土地资源进行调查，于8月中旬结束。历时2个多月，编绘1∶50000的待开发土地资源现状图，编制各类数据表格，撰写《待开发土地资源调查报告》。经调查，当时，全县有待开发土地237143亩，其中大面积宜农荒地199769亩，疏林地33857亩，闲散地、废弃地2873亩，荒滩地644亩。分布状况：大面积宜农荒地的分布全县各乡均有，以谢村、大东坝、四都、叶村等乡为最多；疏林地的分布则以松古各乡及大东坝、蛤湖乡等为最多；闲散地、废弃地主要分布在松阴溪流域两岸及盆地中各支流近出口地段。凡大面积宜农荒地和疏林地多分布在海拔250米以上，而闲散地、废弃地多在250米以下，坡度小于15°。松阳县的土地利用开发由单一的农业开发利用改为小流域山、水、田、林、路综合治理为目标的生态土地开发利用、保护相结合的综合开发。是年，新开水田97.83亩。其中新兴乡53.544亩，全年水稻总产18894千克，平均亩产352.87千克。1989年，阳溪乡官溪村、新兴乡高峰村、谢村乡李山头村和大岭根村共新开水田51.276亩，平均亩产650千克。

图3-4 阳溪乡官溪村农民在开垦荒地（县国土资源局提供 摄于1989年）

1991年，新开水田117.48亩，其中新兴乡大石村27亩、叶村乡松山村6亩，当年开发，当年收益，且均成为吨粮田。1992年，新开水田335.28亩，其中属省列项经过地区验收合格的有270.3亩，赤寿乡赤三村新开102.80亩（当年水稻亩产700千克以上）。位于边远山区的安民乡李坑村新开粮田6.36亩，当年收益。

1988～2002年，松阳开发耕地面积1263.84公顷。

1988～2002年松阳县耕地开发面积一览表

表3-1-4-2　　单位：公顷

年份	面积	年份	面积	年份	面积
1988	34.47	1994	5.2	2000	7.00
1989	14.27	1995	12.33	2001	29.87
1990	7.93	1996	225.0	2002	440.42
1991	12.00	1997	199.73	合计	1263.84
1992	22.35	1998	156.80	—	—
1993	19.20	1999	77.27	—	—

2005年，全县共批复立项土地开发项目18个，总面积6976亩。当年，完成开发新增耕地6971亩，完成西屏活源、赤寿龙下等项目总工程量的80%。2006年，土地开发项目11个，涉及西屏、古市、象溪、望松、三都、四都、樟溪、板桥、湖溪林场8个乡镇和1个林场，项目开发总面积2732.4亩，其中水田开发84.15亩；竣工并通过验收，开发总面积4190.53亩，其中水田26.7亩。2007年，土地开发项目开工13个，涉及西屏、古市、象溪、望松、叶村、枫坪、玉岩、板桥8个乡镇，项目开发总面积5492.1亩，其中水田开发92.1亩。2007年，开发竣工并通过验收总面积3112.65亩。其中，水田209亩、旱地2849亩，项目总投资777.63万元。2003～2007年，通过土地开发整理和标准农田建设，新增耕地15113亩，确保全县耕地总量动态平衡。

2008年，全县立项建设用地复垦项目77个，总面积3027亩，完成通过省、市、县验收项目71个，总面积2410亩。完成年初市县下达400亩建设用地复垦指标任务的6倍。同时,完成土地开发项目3076.46亩。2009年8月，县政府印发《松阳县垦造耕地实施办法》，明确垦造耕地的质量标准、运作模式、施工管理、竣工验收及经费补助标准等方面的实施办法。是年，落实省委托垦造耕地项目，完成2100亩，超额完成年计划250亩。完成提升土地垦造耕地项目3200亩。自筹垦造耕地项目51个，规划面积3819亩，进入全面施工，工程直接投资5247.42万元，完成并通过验收面积920亩。实施建设用地复垦项目共42个，面积1132亩，工程总投资3000万元。

荒山植树造林。1950～2001年，松阳绿化造林120.50万亩。

1950～2001年松阳县绿化造林面积一览表

表3-1-4-3　　单位：亩

年份	面积	年份	面积	年份	面积	年份	面积	年份	面积
1950	4954	1953	11984	1956	23790	1959	31342	1962	13824
1951	5799	1954	12656	1957	24770	1960	21796	1963	5021
1952	8051	1955	19623	1958	27833	1961	1791	1964	20156

续表 3-1-4-3

年份	面积	年份	面积	年份	面积	年份	面积	年份	面积
1965	23094	1973	32942	1981	29914	1989	17603	1997	17079
1966	34640	1974	17548	1982	20800	1990	23933	1998	16895
1967	33592	1975	16314	1983	23100	1991	33000	1999	16546
1968	11369	1976	21537	1984	21100	1992	25808	2000	14590
1969	19181	1977	16002	1985	20099	1993	17648	2001	11150
1970	26037	1978	16679	1986	23610	1994	20425	合计	1205090
1971	27330	1979	30537	1987	19429	1995	18279		
1972	29802	1980	37425	1988	19000	1996	15507		

土地保护

划定基本农田保护区　松阳县划定基本农田保护工作分别于20世纪90年代初和90年代末进行过2次。

1990年10月，县划定基本农田保护区领导小组成立，培训一支专业人员，在阳溪乡搞试点。划定基本农田保护区的基本原则为：优先保护高产粮田；因地制宜；统筹兼顾，合理划定保护区和协调安排各类建设用地范围；讲实效，注重落实。保护对象首先是粮田（地），其次是蔬菜基地和名、优、特产基地。保护期限以1989年为基础年，为两个规划期，即1989～2000年和2001～2020年，前者为最短保护期，后者为展望保护期。

1991年1月，阳溪试点工作结束，县政府召开土地工作会议，与各区、乡（镇）政府签订土地管理目标责任制，对土地管理法律法规宣传、土地基础业务、建设用地管理、查处土地违法案件、土地资源开发与保护、人民来信来访处理等作出明确责任目标要求。

会后按“先平原、再山区，最后西屏、古市两大镇”的方针实施。各乡镇的划定工作经过预备会—动员会—工作会—制定方案—实地划定—总结会—整理成果资料等程序。1991年末，完成原9个平原乡的划定计划。山区12个乡镇从1992年4月开始至9月底结束。10月，西屏、古市2个镇的划定工作开始。对国家、集体建设用地指标按照城建部门的规划方案尽量留足，定量不定位；私人建房用地以村为单位进行实地规划。是年11月，全县性成果资料的整理工作开始。历经2年时间，完成全县20个乡镇（撤区扩镇并乡后数）400个行政村的基本农田保护区的划定工作。全县共埋设2464个水泥保护桩，建8块保护牌、178块永久性宣传栏，签订农田保护责任书400份，实际规划建设用地2891.23亩，规划开田941.2亩。全县农田保护面积164741亩，长期保护率97.2%。

在各乡（镇）与各村村民主任签订的基本农田保护责任书中，明确规定规划期内各类用地指标、规划亩产量以及双方应负的责任。制定公布农田保护布告，布告中明确各村农田保护面积、地块，在保护区内严禁毁田建房、新建砖瓦窑、取土制砖、建水泥构件预制场，不得抛荒，粮田一般不要种多年生经济作物和挖塘养鱼等，违规者按有关规定予以处理。

1997年，县农保办以1996年耕地为基数，对1997～2010年基本农田保护指标进行调整。1999年5月，县政府制定基本农田保护指标调整方案，下达到各乡镇，要求按调整方案分解落实到村。

2001年8月下旬，由丽水市国土资源局、农业局组织有关部门的领导和专家对松阳的基本农田划区定界进行验收。全县基本农田保护率88.82%，比原计划增加3.82个百分点。

2006年，松阳县制订《松阳县基本农田保护示范区建设方案》，成为全省8个省级基本农田保护示范区建设单位之一。

2006～2009年，完成20个乡镇的基本农田示范区建设任务；共实施土地整理项目45个，整理总面积11641.52公顷，项目总投资30315.2万元，经农业部门核查，实际建成标准农田面积8613.70公顷，全县基本农田标准化率52.33%；同时在建的有松阳县江南畈国家土地整理项目，建设期为2年，总面积999.98公顷，总投资金额3483.2万元，实现“基本农田标准化，基础工作规范化，保护责任社会化，监督管理信息化”的目标。2010年，建立落实基本农田保护公示制度以及巡查制度等机制措施。

低产田改造 低产田主要障碍因素是干旱缺水、耕层浅薄、土壤黏重、土壤酸性太强、土层含水量砂量太高、土体下部含砂太高而漏水、涝渍、盐碱、砾石含量太多、潜育化，以及风沙、白浆、砂姜、碱化、石灰板结和矿毒、污染等。针对不同土壤的障碍因素进行低产田改造，是提高土地生产力的重要途径。改造低产田比垦荒投入省、用工省、见效快。低产田改造好能长期见效益。松阳县低产田改造在1978年12月古市镇后塘畈田园化建设开始。

古市镇后塘畈田园化建设、水南畈低产田改造、斋坛湖畈低产田改造、新兴畈低产田改造详见第十三编“水利”第三章“水土保持”第四节“水土改良”。

自1998年始，低产田改造主要与土地整理、标准农田建设结合在一起整治。1998年2月至1999年1月，松阳县土地整理工作先在斋坛乡金梁畈开展试点。该项目完成农田整理总面积552亩，总投资138万元。其中，省农业厅补助60万元、地方财政补助38万元，农民自筹40万元（包括劳动集累工折算）。新增耕地（水田）面积60亩。1999年5月，金梁畈土地整理农田标准化建设项目通过验收。

2001年4月，县政府出台《关于鼓励开展农村土地整理工作的通知》。2002年，是省政府提出提前两年基本完成1000万亩标准农田建设的最后一年，市下达松阳县任务8万亩。1998～2001年末，松阳县先后完成叶村畈、斋坛石门圩畈、樟溪畈等标准农田建设项目，面积6.2万亩。2002年，完成1.8万亩，完成燥堰畈、山下阳畈、章家畈、叶川头畈、中央滩畈、岗寺畈、望松畈、寺岭下畈、程徐畈、雅溪畈10个土地整理和标准农田建设任务。

1998～2002年，全县土地整理暨标准农田建设涉及10个乡镇104个行政村，验收核定面积72361.95亩，新增有效耕地面积9987.3亩。

2005年，新增耕地面积3820亩，建成标准农田22929亩，总投资2400余万元。全年竣工验收象溪靖居畈、新兴内孟畈、斋坛东关畈3个项目，共新增有效耕地面积1428亩，建成标准农田8767

亩，实际完成土地整理投资额 1238 万元。

2006 年，建成标准农田 19650 亩，项目总投资 4380.04 万元。2007 年，建成标准农田 35064 亩，项目总投资 11955.06 万元。截至 2009 年，实际建成标准农田 129206 亩，全县基本农田标准化率 52.33%，达到省对基本农田保护示范区标准化率的要求。

土地整理　土地整理是在一定区域内，按照土地利用总体规划确定的目标和用途，采取行政、经济和工程技术手段，对土地利用现状进行综合整治，提高土地利用率和产出率，改善生产、生活条件和生态环境的过程，是继 20 世纪 50～60 年代以后一次农田水利建设的新举措。

松阳县是丽水市最大的产粮县，但农业生产条件落后，采用土地整理的手段，对田、水、路、林、村的统一综合整治，建成现代化的标准农田、农业示范园区等，可改善农业生产条件。

松阳县对土地整理暨标准农田建设提出达到“田成方、渠相通、路相连、林成网”的标准。把“提高耕地质量，增加有效耕地面积、改善农业生产条件和生态环境”作为土地整理的立足点。田成方：一般每丘 2～3 亩，即长 60～80 米，宽 20～25 米的田块，田面高低不大于 5 厘米，耕地层土地土壤要求达到 30 厘米以上。丘陵地区根据地形地貌可因地制宜，达到田面平整，梯田格子化要求。渠相通：项目区内田间渠系配套完整，并实行“三面光”，田间渠配套完整，达到每丘田能灌能排，旱涝保收。路相通：项目区内道路布局合理、畅通，干道宽 5 米左右，支道宽 3 米左右，保证农业机械能通行，路基两侧石块衬砌，沙石铺面，路面平整，农机下田有出入口。林成网：在项目区周边、区内主干道等宜林地段栽种经济林或营造农田防护林。

通过土地整理与标准农田建设，变水害为水利、变荒滩圩地为良田、变低产田为高产稳产田，增强农业基础设施的建设，提高耕地质量，改善农业生产条件，提高粮食生产单位面积产量。

1998～2002 年松阳县土地整理暨标准农田建设一览表

表 3-1-4-4

土地整理项目	所在乡镇	涉及行政村	农户数（户）	农业人口（人）	整治时间	验收核定面积（公顷）	新增加有效耕地面积（公顷）	准予折抵建设用地面积（公顷）
金梁畈	斋坛乡	金梁村	195	641	1998.02～1999.01	36.81	3.87	1.96
赤寿畈	赤寿乡	赤三、赤四、章家、朝阳、半古月、龙下、叶川头、择子山、红连、垟里、楼塘	2136	6605	1998.10～1999.07	397.88	32.31	14.69
乌形畈	叶村乡 西屏镇	新溪、竹溪、安乐山、寺岭下、叶家	1056	3698	1998.11～1999.12	226.53	5.94	2.39
水南畈	西屏镇	水南、青龙、程徐	1056	3698	1998.11～1999.12	31.54	1.47	—
樟溪畈	樟溪乡	溪下、下马坑、包村、高岸、徐山、周弄口、大徐、力溪、樟村、馒头山等 18 个行政村	2917	8862	2001.03～2001.12	668.13	55.45	40.02
叶村畈	叶村乡	叶村、源口、寺山等 6 个村	809	2823	2001.02.13～2001.09.05	273.09	55.7	23.49
徐郑畈	新兴乡	徐郑、外孟等 5 个村	619	1947	2001.09.10～2001.11.29	215.57	39.91	28.75

续表 3-1-4-4

土地整理项目	所在乡镇	涉及行政村	农户数（户）	农业人口（人）	整治时间	验收核定面积（公顷）	新增加有效耕地面积（公顷）	准予折抵建设用地面积（公顷）
石门圩畈	斋坛乡	石门圩村	441	1556	2001.10.05～2001.12.15	143.66	30.75	22.22
山下阳畈	古市镇	山下阳村	—	1296	2002.01.30～2002.05.15	132.65	26.06	18.91
叶川头畈	赤寿乡	叶川头、半古月、红连、梧桐口村	—	2754	2002.01.30～2002.05.19	167.56	33.85	24.59
燥堰畈	新兴乡	横溪、渡市、高丰	—	1398	2002.02.28～2002.05.12	137.56	26.73	19.42
河头畈	叶村乡	河头、叶家、包安山、松山	—	3088	2002.04.30～2002.08.11	249.37	41.74	30.29
青龙堰畈	西屏镇	水南、青龙、桥头等 8 个村	—	6555	2002.9.04～2002.12.01	277.35	52.31	37.22
雅溪口畈	象溪镇	雅溪口、东田等 6 个村	—	—	2002.05.22～2002.09.23	189.03	36.72	26.96
赵圩坝畈	大东坝镇	西山、百步	—	1488	2002.09.26～2002.11.24	37.57	7.48	5.4
望松畈	望松乡	乌石下、西河、源口等 18 个村	—	9581	2002.10.03～2002.12.08	968.08	113.56	82.03
岗寺畈	古市镇	岗下、黄圩等 8 个村	—	8128	2002.10.08～2002.12.09	668.75	101.97	46.68
合　计	10	104	—	—	—	4821.13	665.82	425.52

2004 年，完成 2003 年度叶村乡黄公渡畈和新兴乡杨村头畈土地整理项目扫尾工作；完成卯山畈项目实施工作，面积 12823 亩，于 2004 年 12 月通过市级验收；完成靖居畈土地整理项目面积 3824 亩工程量的 90%；完成新兴乡内孟畈 611 亩、下源口畈 6008 亩、西屏周垄畈 13225 亩、安民李坑畈 1580 亩、斋坛东关畈 7539 亩 5 个项目的规划、设计、立项报批工作。其中，内孟畈、下源口畈进入实施阶段。2005 年，新上马项目 3 个，扫尾项目 2 个，整理面积 31206 亩。2006 年，在建土地整理项目 10 个，涉及西屏、大东坝、望松、新兴、斋坛、裕溪、板桥、安民、枫坪 9 个乡镇。年内，完成土地整理项目立项 5 个，竣工土地整理项目 8 个，总面积 33325 亩。

2007 年，在建土地整理项目 14 个，涉及西屏、樟溪、赤寿、象溪、玉岩、新兴、大东坝、望松、裕溪、板桥、安民、枫坪 12 个乡镇。完成 2006 年土地整理工程扫尾 8 个项目；竣工土地整理项目 6 个，总面积 10190 亩，竣工后可获取折抵指标 1297 亩。全年共立项 18 个土地整理项目，总面积 64834 亩，项目实施后可获取折抵指标 6675 亩。竣工验收 6 个项目、进入招投标程序 6 个项目、进入设计预算程序 3 个项目、进入配套路渠外业测量程序 2 个项目。

截至 2009 年，实施省级土地整理项目 45 个，总面积 174623 亩，项目总投资 3.03 亿元。

治理水土流失　松阳县境山高坡陡，松阴溪支流大多源短流急，谷地狭小，季节性溪水涨落频繁。砂砾性土壤多，加之历史上伐木开垦无计划，特别几次大规模的乱砍滥伐后地表裸露，暴雨时，山体滑坡，山洪暴发，造成水土流失，田舍冲毁。1996《松阳县志》记载：宋庆历年间（1041～1048），百仞堰毁于大水，松阴溪南一带“一望萧然，尽为赤土”。民国元年（1912）7月中旬，松阴溪水连绵4个昼夜，冲毁庐舍无数，淹死居民不计其数，石仓区尤甚，死者百余，芥菜源全村覆灭。1955年6月18～21日，境内连降暴雨，降雨量225.3毫米，县城水满市墈头，南门一片汪洋。全县冲毁房屋1740幢，死亡21人，受伤14人，受灾农田近2万亩，冲毁水利设施30余处。1985年10月4日，松北地区降雨126毫米，山洪暴发，引起具有强大破坏力的泥石流，望松乡翁村、岗后、王村，出现历史上罕见的山洪灾害，损失惨重。

靖居口水文站1960～1991年统计，年平均侵蚀模数为105.66吨/平方千米，年流失泥沙平均为20.31万吨，相当于1700亩农田耕层土壤被冲走。1975年为18.6千克/秒，年失泥沙58.6万吨。

治理水土流失，主要手段是封山育林、植树造林、恢复植被和整治河道等。

松阳民谚“官靠印，山靠禁”，松阳历来重视封山育林，竖禁碑、立民约，违者受罚。50多年来，人民政府抓封山育林，1955年封山2.06万亩，1958年封山4.44万亩；1959年后，每年封山10万亩以上。1984年，县政府与省林业厅签订封山育林合同计划，由省林业厅每亩补助0.5元。封山期为4～5年，每块不少于100亩。提高山农封山育林积极性。

开山种杂粮而后点桐插杉是境内植树造林传统习惯。民国30～35年（1941～1946），共造林12000亩385.09万株。中华人民共和国成立后重视造林，1950～1957年，年均造林1.4万亩。1958～1962年，先“大跃进”后经济困难，毁林现象严重。1963～1971年，全面实行停垦还林。1972年后，提高造林补助（6元/亩），实行面积、质量验收制度，林业生产得以恢复和发展。1950～2010年，造林120.55万亩，年均19762亩。

境内地势高低悬殊，形成多种小气候环境，森林植物种群繁多，恢复植被，因地制宜：海拔500米以下低山丘陵以马尾松、常绿阔叶树混交林为主。海拔500～800米低山区，以樟科的紫楠、红楠、楠、木姜子属、壳斗科栲及深山含笑、乳源木莲等常绿阔叶林为主。海拔800～1400米山地阳坡以黄山松、阔叶树混交林为主，中下部或阴坡以杉木与木荷等阔叶林混交为主，山顶、山背地带乔木以黄山松为主。阴坡凹处，分布猴头杜鹃、乌岗栎等矮曲林。2002年，松阳县绿化面积占全县总面积的94.2%。

清道光十五年（1835），知县汤景和劝捐筹款，在县城济川以外筑堤防洪，后人称“汤公堤”。民国3年（1914）、民国8年、民国37年，先后在古市下街、县城和水南修筑防洪堤坝。

1949年后，人民政府重视河道治理。20世纪50年代初，拨专款和大米支持沿溪两岸修建五里亭坝、南门大坝、黄圩坝、五亩坝等防洪工程。1976年，县委决定彻底治理松阴溪，实施资口（现属遂昌）至西屏踏步头34.10千米河道疏通、截弯取直、沿溪筑堤的治理方案。至1992年，全县已建成干支流防洪堤158.47千米。至2002年8月，建造方石构筑的城防工程9322米。

建设用地置换 1982年松阳县恢复建置后，在城镇建设中运用建设用地置换，新建多条街道和多个居民新村。上级下达的基本农田保护面积、生态退耕面积和建设留用地面积，县级都不能任意调整，县乡待置换面积在随机应变。

1996年，松阳县划定待置换土地为495.04公顷。2001年9月，为确保外县基本农田代保面积

533.34 公顷，除 234.06 公顷一般农田面积外，需减少待置换用地 299.28 公顷。

1997～2004 年，共使用待置换用地 55.66 公顷，剩余 729.8 公顷。

1996 年和 2001 年松阳县待置换用地面积变化表

表 3-1-4-5　　单位：公顷

乡镇名	1996 年	2001 年	乡镇名	1996 年	2001 年
西屏镇	132.32	62.91	赤寿乡	16.45	—
古市镇	107.55	44.33	新兴乡	7.99	—
象溪镇	13.02	11.50	樟溪乡	10.29	—
大东坝镇	9.16	9.16	谢村乡	5.62	—
玉岩镇	9.36	1.78	新处乡	3.27	—
望松乡	89.39	49.76	裕溪乡	4.30	—
斋坛乡	21.83	—	板桥乡	9.00	—
叶村乡	38.10	16.23	安民乡	1.70	—
三都乡	4.95	—	枫坪乡	2.95	—
四都乡	3.31	—	合　计	494.86	195.76
竹源乡	4.30	—	—	—	—

经济发展和各项建设需要用地，原本主要使用待置换建设用地，减少待置换用地后，对松阳县的建设影响很大，特别是西屏、古市、望松等乡镇影响更大。其他乡村没有待置换用地后，乡村建设用地只能在每年经上级审批划定的建设占用耕地指标的范围内进行，面积很少，对之后乡村建设有很大的制约性。

土地利用规划

土地利用总体规划　1993 年 6 月，县政府着手对土地利用作总体规划。1994 年 1 月，浙江省土地管理局把松阳县列为省级土地利用总体规划试点县。

这次规划中的规划基年为 1990 年，规划目标年为 2000 年，同时展望 2020 年。土地资源数据以土地资源详查（1990 年 9 月至 1993 年 12 月完成）经变更调查修正后的数据为依据。全县土地总面积 139913.3 公顷，已利用的土地面积为 129797.57 公顷，土地利用率为 92.77%，其中耕地 20052.54 公顷、占 14.33%，园地 3290.71 公顷、占 2.35%，林地 100462.71 公顷、占 71.80%，城镇居民点及工矿用地 2613.21 公顷、占 1.89%，交通用地 428. 92 公顷、占 0.30%，水域 2943.3 公顷、占 2.10%；未利用土地 10121.91 公顷、占 7.23%。农村用地 123805.96 公顷，占土地总面积的 88.48%；城乡、工矿、交通、水域等非农业建设用地 5985.43 公顷，占土地总面积 4.29%；农业与非农业建设用地之比为 20.6∶1。

1992年松阳县土地利用现状分类面积和构成情况表

表 3-1-4-6

乡镇名	土地总面积		耕地		园地		林地		居民工矿		交通用地		水域		未利用地	
	合计（公顷）	比重（%）	合计（公顷）	比重（%）	合计（公顷）	比重（%）	合计（公顷）	比重（%）	合计（公顷）	比重（%）	合计（公顷）	比重（%）	合计（公顷）	比重（%）	合计（公顷）	比重（%）
合计	139913.3	100	20052.54	14.33	3290.71	2.35	100462.71	71.8	2613.21	1.89	428.92	0.3	2943.3	2.1	10121.91	7.23
西屏镇	11808.94	100	2839.67	24.47	611.08	5.26	6128.3	52.8	513.14	4.42	58.82	0.51	448.15	3.88	1007.8	8.68
古市镇	3874.94	100	1578.32	42.95	279.53	7.61	937.11	25.5	293.83	8	39.5	1.07	262.92	7.15	283.73	7.72
玉岩镇	14365.84	100	1385.38	9.64	119.88	0.84	11623.32	80.97	108.51	0.76	15.93	0.11	135.24	0.94	968.58	6.74
大东坝镇	20931.69	100	1427.84	6.82	337.57	1.61	17628.67	81.22	181.72	0.87	52.06	0.25	345.86	1.65	957.97	4.58
象溪镇	12006.81	100	1439.55	11.99	260.21	2.17	9208.06	76.69	172.87	1.44	34.76	0.29	288.46	2.4	802.9	5.02
竹源乡	5907.65	100	389.68	6.6	72.21	1.22	5061.57	85.68	44.87	0.78	2.72	0.05	30.29	0.51	306.31	5.18
三都乡	5930.73	100	856.68	14.4	57.48	0.97	4175.57	70.41	62.09	1.05	18.22	0.31	48.27	0.81	712.42	12.01
四都乡	4050.59	100	404.53	9.99	83.07	2.05	2758.97	68.2	29.37	0.72	17.4	0.43	16.65	0.41	740.6	18.28
望松乡	3658.47	100	1026.2	28.05	62.89	1.72	1991.47	54.43	138.65	3.79	14.34	0.39	164.21	4.49	260.89	7.13
叶村乡	4265.08	100	867	20.33	201.44	4.72	2672.1	62.65	103.63	2.43	11.39	0.27	187.07	4.38	222.45	5.22
斋坦乡	2832.79	100	980.36	34.61	127.8	4.51	1265.15	44.68	125.93	4.45	3.15	0.11	114.57	4.04	215.83	7.62
新处乡	5084.51	100	521.18	10.25	37.27	0.73	3976.42	78.21	80.38	1.19	0.54	0.01	7.92	0.15	480.8	9.46
樟溪乡	2885.78	100	879.83	33	174.78	6.56	1201.66	45.08	132.94	4.99	9.29	0.35	89.57	3.36	177.69	6.68
赤寿乡	5320.1	100	1140.74	21.44	418.18	7.86	2861.68	53.79	196.86	3.7	33.92	0.64	211.06	3.97	457.7	8.6
新兴乡	4486.56	100	902.92	20.13	244.53	5.45	2423.84	54.02	122.15	2.72	34.76	0.78	181.03	4.03	577.33	12.87
谢村乡	4491.99	100	550.32	12.25	36.62	0.82	3335.34	74.25	52.45	1.17	7.09	0.16	92.76	2.06	417.41	9.29
枫坪乡	10106.86	100	1327.62	13.13	38.04	0.37	7668.69	75.88	92.77	0.92	23.85	0.24	68.68	0.68	887.21	8.78
安民乡	8179.47	100	338.1	4.13	36.2	0.44	7437.08	90.93	36.41	0.45	21.95	0.26	68.83	0.84	241.26	2.95
裕溪乡	7455.75	100	618.09	8.29	30.79	0.41	6293.34	84.41	76.23	1.02	15.03	0.2	156.09	2.1	226.18	3.57
板桥乡	2890.77	100	578.71	20.02	61.16	1.12	1805.41	62.45	68.41	2.37	14.56	0.5	25.67	0.89	336.85	11.65

在编制总体规划的方法上，根据松阳山区特点，选取能用数量化指标评定、对土地适宜性起限制作用的因子，即大于10℃积温、海拔高程、土壤类型、耕作层厚度、坡度、水利条件、土壤有机质及含氮含量等，并采取对各个因子评级打分，确定每一因子的不同等级。

用该方案对全县的土地进行适宜性评价，结果为：宜农类（或多宜类），面积22214.72公顷，多为地势平坦、水源充足、农业生产力高、土地承载量高的土地，是松阳土地资源的精华所在。宜农园类，面积25541.99公顷，反映松阳农业生产的潜力及部分受水利条件、土壤侵蚀等因素限制的土地。宜林类，面积80484.01公顷，存在着水利、光热条件、土壤侵蚀等多种限制因素的土地。暂难利用地类，面积5989.25公顷，坡度很大，土层很薄的荒山。1994年5月，此项工作结束，成果获国家土管局科技优秀成果一等奖、省土管局科技进步一等奖。

1997年，丽水地区土地管理局下达《关于下发1997～2010年丽水地区土地利用总体规划主要指标的通知》。1998年7月，松阳县土地利用总体规划编制修正工作领导小组建立，对松阳的土地利用总体规划重新修编。此次修编的基础年为1996年，近期规划年限到2000年，远期规划年限到2010年。规划的土地资源数据以土地资源变更调查的数据为依据；有关社会经济指标以松阳县统计年鉴为基础资料。

1999年5月11日，国土资源部发出《关于贯彻落实国务院办公厅关于印发全国土地利用总体规划纲要的通知》。6月，浙江省土地管理局发出通知，要求各市县切实做好土地利用总体规划的修编预审、审查和报批工作。1999年7月，县土管局与有关部门重新修编松阳县1997～2010年土地利用总体规划主要控制指标。

1997～2010年松阳县各乡镇土地利用总体规划主要控制指标表

表3-1-4-7　　单位：公顷

县、镇名称	1996年耕地面积	控制耕地减少量				耕地补充量			基本农田		2010年耕地保有面积
		小计	建设占用	灾毁及其他	生态退耕	小计	开发	整理	保护面积	保护率%	
松阳县	17533.02	980.00	178.33	28.33	773.34	213.33	36.43	176.90	14907.00	85.00	16766.35
西屏镇	2511.82	143.07	54.60	4.00	84.47	46.81	4.67	42.14	2135.00	85.00	2415.56
古市镇	1313.56	59.33	27.00	3.00	29.33	27.33	0	27.33	1116.00	85.00	1281.56
象溪镇	1208.74	93.53	10.00	1.53	82.00	11.60	2.00	9.60	1027.00	85.00	1126.81
大东坝镇	1272.32	78.90	12.97	2.00	63.93	11.60	6.20	5.40	1081.00	85.00	1205.02
玉岩镇	1201.31	75.10	9.50	2.00	63.60	11.60	0	11.60	1021.00	85.00	1137.81
望松乡	899.88	36.10	9.70	2.00	24.40	48.73	5.53	43.20	765.00	85.00	912.15
斋坛乡	867.62	27.93	4.60	3.00	20.33	34.40	21.07	13.33	737.47	85.00	874.09
叶村乡	795.38	23.97	5.44	3.00	15.53	22.27	12.80	9.47	676.00	85.00	793.68
三都乡	719.43	69.07	2.20	0.20	66.67	7.73	7.73	0	611.47	85.00	658.09
四都乡	346.72	29.36	3.83	0.20	25.33	5.20	5.20	0	295.00	85.00	322.56

续表 3-1-4-7

县、镇名称	1996 年耕地面积	控制耕地减少量				耕地补充量			基本农田		2010 年耕地保有面积
		小计	建设占用	灾毁及其他	生态退耕	小计	开发	整理	保护面积	保护率%	
竹源乡	349.94	13.53	2.13	0.20	11.20	4.53	4.53	0	336.00	85.00	385.94
赤寿乡	927.63	31.53	8.93	2.00	20.60	24.04	11.47	12.57	788.00	85.00	920.13
新兴乡	821.17	16.27	4.67	2.00	9.60	24.46	8.40	16.06	698.00	85.00	829.37
樟溪乡	754.65	20.44	5.77	2.00	12.67	9.06	2.93	6.13	641.00	85.00	743.28
谢村乡	465.40	41.03	1.83	0.20	39.00	4.53	4.53	0	395.20	85.00	428.90
新处乡	500.56	17.57	2.77	0.20	14.60	4.53	1.40	3.13	425.00	85.00	487.13
裕溪乡	535.21	52.57	3.17	0.20	49.20	4.53	4.53	0	455.00	85.00	487.13
板桥乡	511.71	28.83	1.83	0.20	26.80	4.53	4.53	0	434.93	85.00	487.41
安民乡	299.04	17.6	4.47	0.20	13.00	4.53	4.30	0.23	254.19	85.00	285.91
枫坪乡	1108.68	104.20	2.93	0.20	101.07	6.13	0	6.13	942.00	85.00	1010.02

县城建设用地规划　松阳县城西屏镇建设用地规划始于 1984 年，后经多次修编，1998 年完成县城总体规划。规划近期 1999～2005 年；中期 2006～2010 年；远期 2011～2020 年。

规划范围，南至横山，西抵东坞水库，北界十五里及龙丽一级公路外侧约 200 米，东达青蒙山，总面积约 57 平方千米。

规划还包括县城人口规模、用地规模、公共设施、工业用地以及仓储用地、绿地、交通用地、道路与广场等项目。

1998 年、2020 年松阳县城总体规划用地情况表

表 3-1-4-8　　单位：公顷

类别名称		现状（1998 年）		远期（2020 年）	
		面积	占城市总体规划用地（%）	面积	占城市总体规划用地（%）
城市总体规划用地		1577.7	100	1577.7	100
城市建设用地		335.4	32.8	795.0	50.4
水域及其它用地		1242.3	67.2	231.55	49.6
其中	水域	102.9	—	146.6	—
	风景区用地	120.0	—	184.8	—
	耕地	306.2	—	—	—
	林地	215.5	—	82.7	—
	乡村建设用地	337.7	—	—	—
	闲置地	160.0	—	—	—

说明：1998 年实际居住人口为 3.18 万，远期 8 万

村镇建设用地规划　村镇建设用地包括全县各中心村及较大的自然村。1998年，村镇建设面积1817.40公顷，占全县总面积的1.30%。主要是农村居民用地。

村镇建设用地规划的方针是严格执行计划、审批制度，加强农村宅基地的整理，进行村庄缩并、旧村改造，走内涵式发展的道路。对确需外延扩建的，应按其不足部分增划建设用地，人均建设用地指标严格执行《村镇规划标准》。

1997～2010年松阳县村镇各项建设占用耕地分解方案一览表

表3-1-4-9　　单位：亩

乡镇合计	合计	1997～2000年					2001～2010年				
		小计	交通用地	水利用地	村镇建设	农房启动	小计	交通用地	水利用地	村镇建设	农房启动
合计	2674.9	1900	795	271	789	45	774.9	210	164	280.9	120
西屏镇	819	759	258	57	435	9	60.0	—	—	32	28
古市镇	405	375	112	48	210	5	30.0	—	—	17	13
象溪镇	150	127.5	65	20.5	39	3	22.5	—	—	15	7.5
大东坝	1945	172	123	30.5	16	3	22.5	—	—	15	7.5
玉岩镇	1425	129	83	24.0	19	3	13.5	—	—	6	7.5
望松乡	1455	77.5	61	4.5	10	2	68	13	12	38	5
斋坛乡	69	23	6	9	6	2	46	13	12	16	5
叶村乡	81.5	26.5	6	9	10	1.5	55	13	21	16	5
三都乡	33	9	5	—	2	2	24	7	6	6	5
四都乡	57.5	36	33	—	2	—	21.5	7	6	6	2.5
竹源乡	32	10.5	3	4.5	2	—	21.5	7	6	6	2.5
赤寿乡	134	40	6	22	10	—	94	42	21	26	5
新兴乡	70	24	6	10	6	2	46	13	6	22	5
樟溪乡	86.5	29.5	8	13.5	6	2	57	13	17	22	5
谢村乡	27.5	6	3	—	2	1	21.5	7	6	6	2.5
新处乡	41.5	20	3	10	6	1	21.5	7	6	6	2.5
裕溪乡	47.5	6	3	—	2	1	41.5	27	6	6	2.5
板桥乡	27.5	6	3	—	2	1	21.5	7	6	6	2.5
安民乡	67	10.5	3	4.5	2	1	56.5	27	21	6	2.5
枫坪乡	44	13	5	4.5	2	1.5	31	7	12	8	4

土地开发规划　松阳县土地开发整治规划包括现代农业示范园区建设、粮食自给工程建设、中低产田改造3个项目。

县政府确定斋坛乡金梁畈、新兴乡徐郑垄、西屏镇水南畈3个现代农业示范园区，共规划面积70公顷。投资210万元，达到“田成方、路成框、渠成网、林成行”和省定标准的“八化”（布局优化、村庄绿化、河道净化、道路硬化、路灯亮化、卫生洁化、住宅美化、服务强化）要求。

粮食自给工程建设总投资 1479 万元，达到改造整治土地 4197 公顷，新增耕地 71 公顷。

规划投资 600 万元改造中低产田 1333 公顷，增加耕地 20.3 公顷。

土地后备资源开发规划　规划期内规划开发耕地 36.43 公顷。

1997～2010 年松阳县土地开发规划情况表

表 3-1-4-10　　单位：公顷

乡镇名称	开发耕地面积	乡镇名称	开发耕地面积	乡镇名称	开发耕地面积
西屏	4.67	叶村	2.80	新处	1.40
象溪	2.00	四都	5.20	裕溪	0.30
大东坝	6.20	竹源	1.47	安民	0.67
望松	5.53	赤寿	0.43	合计	36.43
斋坛	4.06	新兴	1.70	—	—

农业结构调整规划　根据土地资源详查资料分析，松阳县有近千公顷园地在耕地区范围内，部分园林已老化。遵照“果园上山，渔塘下滩”的规划精神，规划期内对灌溉条件较好的 5.83 公顷进行退园复耕。

松阳县可把林地开发为耕地的有 2000 余公顷，主要是疏林地和迹地。根据生态、资金、劳力等多方因素，决定在规划期内（2010 年）退林造地 54.93 公顷。

2010 年，退园还耕 5.83 公顷，退林造地 54.93 公顷。

第二章　气候资源

松阳县属中亚热带湿润季风区，季风交替明显，温暖湿润，四季分明，雨量充沛，无霜期长，气候垂直差异显著，山区昼夜温差悬殊。四季中春秋季短，夏冬季长，季节特征明显。冬季温和，春季回暖早，温度日差较大；光、热、水的组合良好，表现为春季水、热同步，秋、冬季光温互补。松阳县气候总体特征表现为“四季分明、冬暖春早，降水充沛、雨热同步，垂直气候，资源丰富”。

第一节　太阳光能资源

太阳辐射能

太阳辐射和到达地面的太阳辐射　松阳各地的太阳总辐射值引用《浙江省简明综合农业气候区划》的经验公式求算。经计算，松阳各地的太阳总辐射量85～105千卡/cm²之间，属浙江省低值区。其中，松阳县松古平原和低海拔丘陵地带，年太阳总辐射量约为104千卡/cm²；山区年太阳辐射量普遍较小，其值为85～100千卡/cm²。

造成松阳年太阳总辐射量比金华、衢州盆地和浙北平原少的原因，主要是松阳年雨量雨日比金衢盆地和浙北平原多，即年总云量多的缘故。而造成松阳县低山地带年太阳总辐射比山区多的原因，主要是低山地带四周遮蔽不明显及雨量雨日偏少、山区四周遮蔽明显及雨量雨日偏多。

太阳总辐射量的季节分配，以夏季各月值最大，春、秋季各月次之，冬季各月最小。其中，7～8月值各地为10～14千卡/cm²；3～6月及9～11月各月值为6～10千卡/cm²，12月、1月、2月各月值为5～6千卡/cm²。

松阳7～8月太阳总辐射量大，是因为盛夏处在单一的西太平洋副热带高压气团中，雨量雨日少，光照时间多，太阳高度角大，天文辐射理论值大。

光合有效辐射和光合潜力　松阳各地的光合有效辐射量约为太阳总辐射量的50.3%。其地区分布及季节变化与太阳总辐射特征基本一致：松古盆地及低海拔丘陵地带，年光合有效辐射量多，约为52.3千卡/cm²。山区全年光合有效辐射量较少，为40～50千卡/cm²。各地年光合有效辐射的季节变化为夏季多，春、秋季次之，冬季最少。

光能利用率

根据计算，松阳县光能有效辐射利用率分别为2%、3%、5%、10%四个等级的三季作物理论产量（即光合潜力）。

松阳县三季作物光能利用率的理论产量情况表

表 3-2-1-1　　千克／亩

作物 有效光能利用率	小麦 （11.11-5.20）	早稻 （4-7 月）	晚稻 （6.11-10 月）	单季稻 （4.21-9 月）
2%	156	289.5	369	377.5
3%	234.5	434.5	553	566.5
5%	390.5	724	922	944
10%	781	1448	1844	1887.5

松阳县大田生产水平的光能利用率为 1.5～2.8%，高产田生产水平的光能利用率为 3.4～4.5%。

松阳县大田、高产田生产水平的光能利用率情况表

表 3-2-1-2

作　物 项　目	小麦	早稻	晚稻	单季稻
大田生产水平（千克/亩）	180（142.5）	40（325）	350（269）	450
光能利用率（%）	2.3（1.8）	2.8（2.3）	1.9（1.5）	2.4
高产田生产水平（千克/亩）	350	650	625	760
光能利用率（%）	4.5	4.5	3.4	4.0

说明：括号内数值为 1983 年遂昌县

第二节　热能资源

松阳热量分布的特点是受海拔高度及地形特点影响较大、受地理位置影响较小。

海拔高度对气温的影响

松古盆地年平均气温为 17.7℃。海拔高度每增加百米，年平均气温下降 0.52℃。海拔高度在 200 米以下为 17～18℃，200～450 米为 16～17℃，450～650 米为 15～16℃，650～850 米为 14～15℃，850～1050 米为 13～14℃，1050～1200 米为 12～13℃。

一年中最热月份（一般是 7 月）与最冷月份（一般是 1 月）平均气温的差值，叫气温的年较差。松阳县各地的年较差均为 20℃～23℃，年较差随海拔高度的增加差异减小。平均最高气温和平均最低气温也随高度的增加而降低。其中，年平均最高气温的直减率为 0.67℃/百米，年平均最低气温的直减率为 0.50℃/百米。另外，平均气温、平均最高气温和平均最低气温的直减率都存在年变化和季变化。

松阳县年、季气温直减率表

表 3-2-2-1　　单位：℃/百米

项目＼年·季	年	春季	夏季	秋季	冬季
平均气温	0.52	0.52	0.59	0.56	0.41
平均最高气温	0.67	0.66	0.77	0.71	0.54
平均最低气温	0.50	0.47	0.50	0.54	0.46

地形特点对气温的影响

在松阳，影响气温最明显的因素是海拔高度，其次是地形特点。地形特点按冷空气入侵的难与易和获得太阳辐射量的多与少可分为盆地、谷地、坡地等。松阳常见的地形有盆地、谷地、盆谷地、坡地、低山、起伏丘陵、山顶山岗、马蹄型山地等。

从农业气候角度讲，热量条件好的，统称有利地形；热量条件差的，统称不利地形；界于两者间的，泛称一般地形。有利地形主要有大山体（仙霞岭）南侧的松古盆地、低山丘陵（靖居、石仓）；坡度较小的偏南坡；偏东南向开口的马蹄型山地等。不利地形主要有偏北开口的谷地、盆谷地、马蹄型山地、北坡坡地等。一般地形主要有四周遮蔽较明显的小盆地；东西或南北两端开口的盆谷地、谷地；东坡、西坡坡地、山岗山顶等。

盆地对气温的影响　松阳县的松古盆地，在大山体（仙霞岭）的偏南侧，盆底尺度大于 2 千米，属冷空气难进地类，一般都有增温效应。松古盆地年平均气温可增温 0.1～0.3℃，月平均气温可增温 0.2～0.4℃。上述盆地对平均最高气温、平均最低气温、极端最低气温和各界限温度的总积温都有增温效应。

盆谷地对气温的影响　松阳山区呈喇叭形或葫芦形的盆谷地随处可见，盆谷地四周遮蔽一般较明显，所获得的太阳辐射量通常少于开阔地区，因而热量条件不如盆地和开阔地区。特别是山体北侧的盆谷地，其热量条件更差。山体南北侧的盆谷地，月平均气温可差 0.2～1.0℃，年温可差 0.5～0.8℃，10℃以上积温可差 200～300℃，极端最低气温可差 3～5℃；上述温差将随着山体的高大而更加明显。

松阳县盆地对平均气温的影响表

表 3-2-2-2　　单位：℃

项目＼年季	年	春（4 月）	夏（7 月）	秋（10 月）	冬（1 月）
松古盆地	17.7	18.0	28.4	19.1	6.3
同高度地区	17.6	17.8	28.6	18.9	5.9
增减值	+0.1	+0.2	-0.2	+0.2	+0.4

坡地对气温的影响　由于到达不同坡地上的太阳辐射强度不同及冷空气入侵难易，引起坡地温度分布的差异。南坡接受太阳直接辐射最多，冷空气难进易出，故气温最高；东南坡、东坡次之；北坡接受太阳直接辐射最少，冷空气易进难出，故气温最低。

不同方位坡地的热状况差异也反映在物候现象上：冬季一场大雪过后，南坡积雪较快融化，北坡则融化很慢；同一品种的农作物在南坡种植生育期较短，北坡的生育期偏长

山地的逆温　北方的冷空气侵入及夜间辐射冷却的冷空气，因其比重大流往山地的凹地或低处地带中堆积起来，形成底部气温低于中上部的现象，即山地逆温。

逆温层的厚度，视冷平流和辐射冷却的强度而异，一般为200～500米，厚的可达500米以上。逆温的机率，因天气状况而异，一般是晴天条件下逆温机率较大，多云次之，阴天较少。

逆温所形成的增温值，在不同冷平流和辐射冷却强度及不同地形条件下，增温效应是不同的。据观测站（拔高238米，小山岗）与另一山岗（海拔515米，偏南坡）1980～1983年的1月、12月共7个月统计的数据，日最低气温平均增温值为1.5℃，最大增温值为4～5℃。

参考丽水地区其他哨点资料，山地逆温层多集中在山体高度1/3至2/3左右地段，即山腰左右地段，其最暖层出现机率也最大。

松阳县不同天气下日最低气温逆温机率表

表3-2-2-3

项目＼天气条件	晴天	多云	阴天
天气天数	78	61	78
逆温天数	65	28	15
逆温机率（%）	83	46	19
逆温增温（℃）	1.5	1.6	1.4

地理位置离海远近对气温的影响

由于太阳光射向南北不同纬度的倾斜程度不同，所以南北部单位面积上所获得的太阳辐射量是不相同的。在北半球，地理位置越偏北，气温越偏低。另外，浙江省面临东海，由于海温的调节作用，使离海距离的不同的地方，每纬度间隔的气温变化是有差异的。

根据浙江省嘉善和瑞安、安吉和遂昌两组气温资料，通过高度订正，求出每一纬度的温差，再根据离海距离，算出松阳县同高度地区南、北部的温差。

计算结果为：沿海地区，每一纬度的年温差为0.8℃；离海距离约200千米地区，每一纬度的年温差为1.2℃。松阳县偏南部和偏北部同高度同地形的年温差为0.3℃。本地地理位置的温差从季节而言，冬季最大，为0.6～1.0℃；春、秋季次之，为0.4～0.8℃，夏季最小，为0.1～0.4℃。

浙江省纬度、离海距离及松阳县南北部对平均气温的影响情况表

表 3-2-2-4 单位：℃

项目＼月、年	1	2	3	4	5	6	7	8	9	10	11	12	年
沿海地区每纬度温差	1.5	1.2	0.9	0.5	0.4	0.3	0.1	0.1	0.6	0.9	1.2	1.5	0.8
离海约 200 千米每纬度温差	1.7	1.7	1.6	1.4	1.0	0.6	0.5	0.5	1.2	1.3	1.4	1.6	1.2
松阳南、北部最大温差	0.6	0.5	0.5	0.4	0.3	0.2	0.1	0.1	0.4	0.4	0.5	0.5	0.4
松阳偏南、北部温差	0.4	0.4	0.4	0.3	0.2	0.1	0.1	0.1	0.3	0.3	0.4	0.4	0.3

第三节 降水及水资源

降水情况

1998～2010 年，松阳县年平均年降水量 1511.4 毫米，为浙江省雨量较多的地区之一。由于地形的作用，降水地域差异较大，总的分布特点是东南部少，西北部多；山区多，平原少。降水年际变化大，2010 年最多 2030.7 毫米，2003 年最少 1126.7 毫米。

一年中平均月降水量最大的月份为 6 月，降水量为 279.9 毫米；最小的月份为 12 月，降水量为 51.4 毫米。最大月降水量 487.0 毫米（1998 年 6 月）。

日降水量≥50 毫米的暴雨日数平均每年 3.4 天。暴雨最早出现日期为 1 月 14 日（1998 年），最迟出现日期为 11 月 15 日（2002 年）。

（参见第二编“自然环境”第二章“大气及声环境”第二节“降水”）

水资源

水资源包括降雨形成的地表水资源和地下水资源两部分。全县多年平均水资源总量为 13.85 亿立方米，其中地表水资源 10.605 亿立方米，地下水资源 3.24 亿立方米。

2010 年松阳县水资源情况表

表 3-2-3-1 单位：亿立方米/年

分 区	水资源总量	其中	
		地表水资源量	地下水资源量
合 计	13.85	10.61	3.24
松古盆地区 松古山丘区	5.19	3.97	1.21
松东山丘区	5.71	4.38	1.34
松南山丘区	2.95	2.26	0.69

地表水资源 松阳多年平均降水量为1658.6毫米，年降水总量约23.32亿立方米，年均河川径流量13.845亿立方米，其中地表水资源为10.605亿立方米。按2004年流年数据计算，全县平均每平方千米水资源量98.47万立方米，高于全省每平方千米92.1万立方米的平均值。按人计算，全县人均拥有水资源量6062立方米，高于全省人均值2415立方米；按耕地面积计算，单位耕地面积拥有水资源量12.33万立方米每公顷，高于全省均值5.07万立方米每公顷。

地下水资源 境内地貌大部分为丘陵低山区，地下水以天然降水为补给来源。全县年地下水资源总量为3.24亿立方米，占全县水资源总量的23.4%，其中可开采利用量为0.54亿立方米，已开采利用量为0.015亿立方米，占可开采量的2.78%。

开发利用 1986年水资源调查资料显示，全县水能理论蕴藏量为13.6万千瓦，其中可开发利用水能资源为10.16万千瓦，年发电量32970万千瓦时。

截至2010年末，全县已建成大小水库154座；灌溉千亩以上堰坝15条；提水泵站76处，装机1296.7千瓦；自来水厂75个，日供水能力6.25万吨；小水电站66座，装机107台，总装机容量97295千瓦，年发电量2.35亿千瓦时。

（参见第八编“电力”第一章“发电”第二节“水力发电”）

第三章　矿物资源

松阳矿藏丰富。民国《松阳县志·物产·矿类》（卷六）载，矿类有冻石、紫水晶、杜花石、青石、铜、铅、银、锡、水银、煤、铁等。该版《松阳县志·舆地·坑治》（卷一）载，“南平、甽坑、新坑、蛤湖、马鞍山、白坛、横樟、黄坑、大小茗、黄岩、东山”以上产银；“连绳、滌铸、双坑、李斜、宣坑”以上产铜；“压石、黑源、李黄”以上产铅，久废；“黄坑、小苏山、桐榔、古桶、神堂大尖，旧出银冶，早废”；“鲁丰庄后之硃坑、横坛下，元朝至大四年（1311），提举司用工起废，卒无成功，寻罢其役”；“箬寮山，在县西南140里，高五六千丈，上出矿冶，明嘉靖间封闭”。

至2010年，松阳县开发利用的矿种有钼矿、铜矿、高岭土矿、建筑用凝灰岩等。全县有矿山29家，均属中小型矿山。其中，金属类矿山3家，即天工钼矿、象溪钼矿、金山铜矿，均为采选联合企业；高岭土矿和建筑用凝灰岩矿各3家；其他20家。

相关矿课内容，见第十七编“财政 税务”第八章“地税税种税率”第三节“收益与资源税类”。

第一节　矿产种类与分布

松阳境内有固体矿产、黑色金属矿产、有色金属矿产、贵金属矿产及非金属矿产，以及冶金辅助原料类矿产等，星散各乡村野，储量尚丰，开发也早。三都乡马鞍山、大东坝枫树湾，宋代就有人开采冶银，尚存矿洞遗址多处。竹源乡后畲村大风岩银矿遗址数十个，有的洞口高2米，进深150米。明永乐年间（1403～1424）、正统十年（1445），有人两度结庐板桥乡老鹰岩，开矿冶银。

据累年地质勘探及群众以传统方式探矿报矿所积资料记载，境内有煤、铁、钴、锌、铅锌、铜锌银、银、钼、钨、汞、高岭土、伊利石、瓷土、膨润土、黏土、萤石、明矾石、叶蜡石、黄铁矿、白云母、玛瑙和花岗石类等。

至2010年，县内已发现矿产有铅锌、铜、银、稀土、萤石、叶蜡石、高岭土、瓷土、紫砂土、膨润土、黏土、花岗石、煤13种，其中查明资源储量的有煤、钼、铜、铅锌、银、高岭土、瓷土 、稀土8种。金属矿产以钼为主，稀土、铜、铅锌、银矿次之。非金属矿产以高岭土、瓷土矿为主，萤石、叶蜡石、膨润土次之。

后岱山瓷土矿床，位于大东坝镇源口村北端，峰洞岩与下坌之间，已控制矿床长700余米，宽200～400米，厚15～30米；主要成分为石英、伊利石；烧失量5.2%，为中型矿床。岩西村瓷土矿点，位于西屏镇岩西村山脊上，为小型矿藏，矿石白色，为较好的陶瓷原料，有开采史。

大樟源伊利石矿床，位于峰洞岩以北，伊利石矿体与峰洞岩矿相距600余米。矿体呈层状、透镜状产出，出露长度70米，平均厚度1.64米，控制深度20米。矿物以伊利石为主，其次迪开石，少量高岭石及石英细粒，烧失量5.93%，估算地质储量万吨。大东坝镇源口村的下垄伊利石矿床，估算储量30余万吨。

古市镇东角垄、小湖溪，西屏镇的外青蒙膨润土矿点3处，属钙基膨润土，矿石质地较好。

西屏镇大竹溪、望松乡王村2个黏土矿点，其长度和厚度有限，开采经济效益欠佳。

垄背萤石矿床，位于靖居包北侧山脊。萤石呈脉状，矿化长度600米，其中矿床长450米，宽0.5～2.85米，平均厚1.89米，矿石为萤石型。矿石质量较好，资源储量13.7万吨，有近20余年的开采史。已停采的赤寿乡龙下村和谢村乡的塔岭村的萤石矿点，其藏量、含量质量均未探明。

岭头黄铁矿化点，位于板桥乡岭头。有2条矿脉，矿石矿物为黄铁矿，次为辉钼矿。

图3-5 大东坝镇山徐村枫树湾明代银矿洞遗址（叶雅珍 摄）

靖居口明矾石矿点，有,3个矿层，以三层较富，含明矾石40%～45%。

坳头观音柱叶蜡石矿点，位于玉岩镇坳头村，矿脉长50米，厚约5米。

白云母矿化点，分别位于象溪镇南州、枫坪乡净冰岭头和内南坑盘龙岗。

竹客口玛瑙矿化点，位于西屏镇竹客口村，系安山岩气孔中充填的硅质物，粉红色玛瑙，具条带构造。

叶蜡石、迪开石中的印章料明代已有开采。其中“鱼脑冻”“紫藤冻”等为优。松阴溪河床有部分黄蜡石质优形佳，但量少。

2010年松阳县矿产地情况表（1）

表3-3-1-1

矿种	矿床	矿点	矿化点	小计	备 注
煤	2	3	0	5	20世纪90年代中期息采
铁	0	1	1	2	—
铁砂	1	0	0	1	地方需要时间可利用
钴	0	0	2	2	—
铅	0	0	2	2	—
锌	0	1	1	2	—
铅锌	0	0	2	2	—

续表 3-3-1-1

矿种	矿床	矿点	矿化点	小计	备　注
铜铅	0	0	1	1	—
铜锌银	1	0	0	1	需要时可开发
铅锌银	1	2	0	3	需要时，矿床可开发
银	0	4	5	9	—
钼	2	1	10	13	—
钨	—	—	—	—	—
高岭土	2	0	1	3	—
伊利石	2	0	0	2	地质评价中，有条件开发
瓷土	1	1	0	2	地质评价中，有条件开发
膨润土	0	3	0	3	矿床在工作中，有条件开发
粘土	0	2	0	2	—
萤石	1	2	0	3	—
明矾石	0	1	1	2	矿床可边采边探
叶蜡石	0	1	2	3	无分析资料
黄铁矿	0	0	1	1	—
白云母	0	0	3	3	—
玛瑙	0	0	1	1	—
合计	13	22	33	68	—

2010年松阳县矿产地情况表（2）

表 3-3-1-2

产　地	矿种	规模	远 景 评 价
三都五寮	煤矿	小矿床	深部可扩大远景
枫坪水店	煤矿	矿点	可进一步开展地表和深部工作
裕溪叶西后	煤矿	矿点	—
裕溪铁炉	煤矿	小矿床	—
枫　坪	煤矿	小矿床	储量30吨，尚待勘探
象溪毛弄	煤矿	小矿床	B煤层有28万吨储量
裕溪小槎	煤矿	矿点	—
古市上方	炭沥青	矿化点	规模小，可作找矿标志
象溪陈家里	铁矿	矿化点	—

续表 3-3-1-2-1

产　地	矿种	规模	远 景 评 价
象溪鲁西	铁矿	矿点	—
象溪垄背	褐铁矿	小矿床	—
大东坝蔡宅	铁矿	矿点	—
枫坪高亭	闪锌矿	矿点	估计有铁砂 58.5 万吨，可供地方开采
枫坪洋庄源	闪锌矿	矿化点	—
安民安岱后	铅锌矿	矿化点	—
叶村岱头	闪锌矿	小矿床	—
枫坪高亭	铅锌矿	小矿床	—
枫坪洋庄源	银矿	矿点	矿体具有一定规模
枫坪根下	铅锌矿	矿点	—
安民里垟	银矿	小矿床	部分元素含量高
大东坝叶明山	银矿	小矿床	—
大东坝小明源	银矿	小矿床	矿体具一定规模，可进一步工作
安民大毛砚背	银矿	矿点	矿体具一定规模，可进一步工作同上
安民大石凹岭	银矿	矿点	矿体具一定规模，可进一步工作
三都呈回	银矿	情报点	—
大东坝后金	银矿	矿点	铅锌铜锡异常反映好
板桥黄碧安	铅矿	矿化点	—
象溪东源	铅矿	矿化点	异常反映好
安民坞弄	铜铅矿	矿化点	—
大东坝苦株树下	方铅矿	小矿床	—
大东坝大岭头	多金属矿	小矿床	—
板桥上湾	铜银金矿	小矿床	—
三都岭上	铅锌银矿	矿点	可供地方边采边探
象溪大坑	铅锌银矿	矿化点	储量 1041 吨
板桥岭头	辉钼矿	矿化点	—
板桥大毛科	辉钼矿	矿点	—
靖居大岭脚	辉钼矿	矿点	—
大东坝燕田	银矿	矿点	—
安民大潘坑	银矿	矿点	—
安民坑班岱	银矿	矿点	注意寻找新矿体
安民大寮湾	银矿	矿点	注意寻找新矿体
大东坝双坑口	银矿	情报点	注意寻找新矿体

续表 3-3-1-2-2

产 地	矿种	规模	远 景 评 价
安民东坑	银矿	—	—
大东坝赤坞	铜矿转石	矿化点	—
竹源坑山源	银矿	情报点	—
枫坪坑山源	银矿铜	情报点	—
枫坪岩坑坳头	银矿铜	矿点	—
枫坪洋庄源	铅锌银	矿化点	—
古市卯山	钴土矿	矿化点	银含量较高，可进一步检查
西屏东溪	钴土矿	矿点	含量低
望松王村	粘土	矿点	—
西屏大竹溪	粘土	矿点	—
板桥岭头	黄铁矿	矿化点	—
象溪岭脚	黄铁矿	情报点	—
枫坪田中寮	黄铁矿	—	—
玉岩余叶	黄铁矿	—	—
象溪鲁峰	莹石矿	—	—
裕溪大岭	莹石矿	—	—
象溪垄背	莹石矿	中型矿床	—
叶村大畈	莹石矿	矿化床	—
赤寿龙下	莹石矿	小矿床	—
象溪南州	白云母	矿点	储量 13.7 万吨
枫坪白龙岗	白云母	矿点	—
枫坪净水岭头	白云母	矿点	曾采出矿石约 100 吨
西屏竹客口	玛瑙	矿化点	—
玉岩观音柱	叶腊石	小矿床	—
大东坝大樟源口	高岭土	矿点	—
大东坝大平田	高岭土	矿床	—
大东坝内徐	高岭土	矿床	—
大东坝下垄	高岭土	矿床	可供地方边采边探
四都内包	高岭土	矿床	已开采
大东坝大樟源口	伊利石	矿床	已开采
大东坝后岱山	瓷土	矿床	已开采
象溪靖居口	明矾	矿点	曾开采

第二节 金属矿产资源

黑色金属矿床

蔡宅铁砂小型矿床 位于大东坝镇蔡宅村，铁砂储存于细粒斑状花岗岩的风化残积层中，每立方米残积层含磁铁矿钞5.6千克，含铁率60.92%，储量58万吨。铁砂易于淘洗富集，质量好，易于冶炼。

褐铁矿点 一在象溪镇小佛儿村，矿体脉状2条，矿石矿物为褐铁矿，含铁28.83%～38.64%。一在枫坪乡沿坑岭头村，储存于枫坪组底部与下伏陈蔡群变质岩的不整合接触面上，矿体透镜状，相变为含铁砾岩。未见开采记载。

古市镇卯山钴土矿，似层状，成结核体，大小0.2～1厘米，围绕山坡可见，不很稳定,含矿率约1～10%。西屏镇桐溪钴土矿，似层状成结核体。矿体有桐溪及葛山头附近2处，含矿率，桐溪3～5%；葛山头1%；化学分析含钴0.02%、锰12.51%、铁12.55～14.21%。

有色金属矿床

板桥乡上湾铜银矿 有9个矿化带，长50～1000米，一般180～200米。探明D级储量，其中铜2240余吨，锌960吨，伴生银16.2吨，为小型多金属矿床。

三都乡岭上铅锌银矿点 矿体呈脉伏，共4条。枫坪乡高亭铅锌银矿点，矿体似层状，矿化带断续长约200米，开采场矿体层4～6米。象溪镇大矿铅锌银矿点，矿石矿物为方铅矿、闪锌矿、自然银及辉钼矿。安民乡大石凹岭铅锌银矿化点及枫坪乡洋庄源芭蕉子梁铅锌银矿化点，矿石含铅、锌、银、锡等，规模甚小。

竹源乡大岭头的多金属矿 矿化呈似层伏、脉伏、透镜状。岩体铜矿化分散，沿断裂略集中构成小矿体。铅锌矿体3个，矿石品位有铜0.13～0.85%，铅0.13～1.5%，锌0.14～1.94%，银1～110克/吨。初步探明，C十D级铅、锌的储量约1400吨，银10吨，铜83吨,为小型矿床。

枫坪乡高亭石吊凉亭闪矿点 矿化带厚约1米，长50～60米。枫坪乡洋庄源闪锌矿化点，矿体脉状，宽1米，长10米以上。安民乡安岱后铅锌矿化点，矿石含铅、锌、锡、铜。象溪镇东源铅矿化点，矿石含铅、铜；苦侏树下方铅矿化点，矿石矿物为方铅矿，皆规模小。

大东坝镇石子源铅锌矿化点 矿石含铅、锌、锡、铜，规模小。

安民乡乌弄铜铅矿化点及安民乡大毛岘背银矿化点 矿体宽1米，长约1000米，矿脉有一定规模；大坪田银矿化点，矿石矿物为息然银；大潘坑银矿化点、班代银化点、大辽湾银矿点，均有老硐，前人曾采挖过。

大东坝镇叶明山银矿 矿体脉状，具一定规模，矿石矿物为自然银、自然金；小明源银矿，矿体脉状，矿脉较多，有21条，矿石矿物为自然银、自然金；燕田银矿，矿体规模不清，矿石矿物为自然银，经化学分析，认定含银量高。此外，有石仓双坑口银矿化点。

象溪镇岭脚辉钼矿点 矿体脉状，矿石经化学分析，钼0.02～0.2%。附近尚有含钼石英脉转石矿体，可能继续延伸。板桥乡岭头辉钼矿化点，矿体脉状。大毛科辉钼矿化点，矿体为脉状。受钼矿价格影响，目前仅松阳县天工钼业有限公司在生产。

象溪镇垄背黑钨矿化点 矿体呈脉状，矿石光谱分析，含钨（W）0.001～0.009%，个别样品为0.02%。附近还有重砂黑钨矿，无开采史。

“十一五”期间（2005～2010），全县地质勘查项目4个，分别为板桥乡岭头钼矿普查项目、三都乡马鞍山钼矿普查项目、玉岩镇支木萤石矿普查项目和象溪镇靖居包萤石矿详查项目，其中2个钼矿的普查工作基本完成。根据普查地质报告，马鞍山钼矿未发现具工业利用价值的矿体。靖居包矿区萤石矿探得资源储量44余万吨，由政府通过拍卖的方式出让探矿权，已申请办理采矿权。

2010年松阳县金属矿化带类型及规模一览表

表3-3-2-1

编号	矿化类型	形态	长度（米）	厚度			品位（%）金银为g/T					产状
				最大	最小	平均	Au	Ag	Cu	Pb	Zn	
I-1	铜银	脉状	450	5.91	0.97	2.23	—	45.63	0.63	—	—	130°～140° <75°～85°
I-2	铜银	脉状	200	1.73	0.54	0.91	—	78.40	0.99	—	—	—
II-2	铜锌银	脉状	180	—	—	—	—	53.60	0.68	—	1.93	340°<78°
III	金银	脉状	192	1.20	0.50	0.85	0.10	54.40.	0.08	0.10	0.040	85°～115° <65°～85°
III-1	金银	不规则脉状	50	1.50	1.10	1.02	0.63	9.50	0.03	0.01	0.040	75°～115° <67°～89°
IV	银	不规则脉状	80	0.70	0.40	0.55	—	10.0	0.025	0.14	0.040	130°～150° <65°～76°
IV-1	银	不规则脉状	90	1.70	0.70	1.20	0.03	2.7	0.007	0.036	0.010	71°～112° <63°～78°
V	银	脉状	104	1.65	0.70	1.23	0.075	61.75	0.023	0.039	0.010	194°～240° <52°～75°
V-1	铜根	脉状	106	2.40	0.65	1.75	0.018	17.50	0.130	0.026	0.096	169°～190° <75°～88°
VI	金银	脉状	130	7.85	0.70	2.10	0.26	12	0.016	0.039	0.007	65°～115° <75°～85°
VII	金银	不规则脉状	170	6.17	0.30	2.95	0.69	83.79	0.019	0.027	0.630	195°～244° <70°～78°
VII	银	脉状	95	0.50	0.40	0.45	—	0.50	0.033	0.055	0.025	135°～146° <79°～89°
IX	银	脉状	17	—	—	0.30	—	<1.00	0.013	0.090	0.030	126°～80°
IX-1	金银	脉状	26	1.00	0.40	0.73	0.11	91.60	0.030	0.093	0.070	130°～79°

说明：I—1、I—2、II—2为工业矿体

第三节 非金属矿产资源

境内已发现非金属矿藏11种，矿床、矿化点等21处。其中，以高岭土、瓷土为最，其次为伊利石、萤石和膨润土。非金属矿产较丰富。

高岭土

峰洞岩高岭土矿床位于大东坝镇山徐至后岱山一带。已控制矿体长210米，厚约20米，控制垂深65米。估算C+D级含量106.6万吨，具有一定规模，为中型矿床。矿石杂质小，质量较佳，用途广泛，特别是地开石型矿石，经可行性试验，精选地开石在纸张涂布料的应用试验中，获得满意效果。

坳头大湾高岭土矿床，矿点位于玉岩镇源口村北西。矿体出露长度35米，厚3～6米。矿体中下部有一层厚5～6米的白色、块状、质地细腻的地开石，矿石质量较好。

图3-6 松阳明石高岭土有限公司露天采场（县国土资源局提供）

瓷土

已发现瓷土矿2处，分布在后岱山及岩西村等地。其中，以后岱山瓷土矿床规模大，探得地质储量2500万吨。

后岱山瓷土矿床 后岱山位于源口村之北，峰洞岩与下坌之间。矿体呈层状，已控制矿体长700余米，厚15～30米，品味较稳定，可作陶瓷原料和耐火材料。

岩西村瓷土矿点 位于县城东南面山脊上。瓷土矿由蚀变凝灰经风化而成，矿石呈白色、浅灰白色。 矿石可作为陶瓷原料。

伊利石

伊利石主要分布在蚼湖乡大樟源及下坌等地。矿石除用作制取钾肥外，还用于造纸橡胶和油漆填料及中细瓷原料等。

大樟源伊利石矿床 位于峰岩洞以北。矿体呈似层状、透镜状产出，倾向北东。矿体出露长度70米，平均厚1.46米，控制深度20米。矿石矿物主要为伊利石，次为迪开石和少量高岭石。地表矿石质量变化不大，比较稳定，质量好。估算地质储量1万吨。另外，伴随部分质优印章石。

下坌伊利石矿床 位于大东坝镇源口村，估算地质储量30余万吨。

膨润土

膨润土主要分布在古市镇的东角垄、小湖溪和西屏镇的外青蒙等地。

东角垄膨润土地矿点 位于古市镇东角垄村。矿层围岩为紫红褐色、灰紫色砂岩、砂砾岩和凝

灰质粉砂岩。膨润土出露在村庄附近300～400米范围内，可见厚度1米左右，推测厚度1.5～3米。矿石呈青灰绿色、浅灰色。属钙基膨润土。

小湖溪膨润土矿点 位于古市镇正东小湖溪村东侧山坡上。矿层围岩为紫红色、灰褐色、灰色粉砂岩。矿层厚度0.3～0.5米（未见底板）。矿石呈白色、浅青灰色，风化石为软质泥团块状，质地细腻，骨滑感，塑性强。属钙基膨润土。

外青蒙膨润土矿点 位于县城东南龙丽公路边上。矿层顶底围岩为红色凝灰质矿岩、细砂岩及蒙脱石化凝灰岩。矿石为半风化产物，呈灰白色、浅青灰色。属钙基膨润土。

黏土

有水南乡大竹溪和西屏镇项弄、白沙到乌形山2个矿点。大竹溪黏土地质工作开展较少，所见长度很小。乌形山膨润土矿可作为铸造用黏土开发利用，但储量不明。

萤石

垄背萤石矿床 位于象溪镇靖居包村垄背自然村。萤石呈脉状，矿化带长600米，矿石为萤石型，质量较好。估算地质储量13.7万吨。

龙下萤石矿点 位于赤寿乡龙下村。萤石矿围岩为晶凝灰岩，矿脉长50米，宽1～1.5米。矿物主要有石英和萤石。

玉岩萤石矿点 位于玉岩镇周安村。矿脉长500米，矿物有萤石和石英。1997年开始开采，年产矿石5000吨。但矿体厚薄变化大，矿石储量不多。

塔岭萤石矿化点 位于谢村乡塔岭村西侧。矿体围岩为凝灰岩，围岩蚀变有硅化和高岭土化。矿脉长1～4米，宽5～10厘米，最宽0.5米。1958年，当地曾开采，后息采。

黄铁矿

岭头黄铁矿化点，位于板桥乡岭头。象溪镇岭脚亦见黄铁矿化。黄铁矿呈脉状，矿脉围岩为熔凝灰岩及晶屑凝灰岩，蚀变以硅化为主。岭头黄铁矿脉长20米，宽0.4米；岭脚两天矿脉，长1～2米，宽2～20厘米。矿石矿物为黄铁矿，次为辉钼矿，脉石脉物以石英为主。矿体矿量少，厚度薄，难以利用。

明矾石

明矾石见于象溪镇靖居口，据载有3个明矾石矿层，长数百米，厚数米至20米，含明矾45%。1958年，当地曾开采。

叶蜡石

叶蜡石见于玉岩镇坳头观音柱，围岩蚀变为叶蜡石化、硅化及次生石英岩化。矿脉走向北东，脉长50米，厚约5米。

白云母

有西屏镇竹客口矿化点1处，系安山岩气孔中充填的硅质物。

2010年松阳县非金属矿产情况表

表 3-3-3-1

产地名称	所在地	规模	简　况
岭头黄铁矿	板桥乡	矿化点	矿脉长20米，宽0.4米，含S11.96～46.63%
靖居口明矾石	象溪镇	矿点	1958年当地曾开采
垄背萤石矿	象溪镇	矿床	当地在小型开采
龙下萤石矿	赤寿乡	矿点	1958年当地曾开采，采出矿石100吨
塔岭萤石矿	新处乡	矿化点	1958年当地曾开采
大竹溪黏土	西屏镇	矿点	长2米，厚1米，AL20311.41～15.32%
王村粘土	望松乡	矿点	长100米，厚0.5米
风洞岩高龄土	大东坝镇	矿床	县矿在开采，地质队在工作
坳头大湾高岭土	玉岩镇	矿床	矿体长100米，厚约15米
后岱山瓷土矿	大东坝镇	矿床	地质队在工作
岩西村瓷土矿	西屏镇	矿点	矿石含AL20316.10%
大樟源伊利石	大东坝镇	矿床	地质队在工作
下坌伊利石	大东坝镇	矿床	地质队在工作
东角垄膨润土	古市镇	矿点	钙基膨润土
小湖溪膨润土	古市镇	矿点	钙基膨润土
外青蒙膨润土	西屏镇	矿点	钙基膨润土
坳头叶蜡石	玉岩镇	矿点	矿脉长50米，厚约5米
南州白云母	象溪镇	矿化点	含矿伟晶岩脉长2米，20米，宽0.1～1.2米
净水岭头白云母	枫坪乡	矿化点	云母片长大小为2×3厘米
盘龙岗白云母	枫坪乡	矿化点	云母片大小为4×20厘米
竹客口玛瑙	西屏镇	矿化点	产于杏仁状安山岩中，玛瑙为粉红色
赤寿择子山紫砂土	赤寿乡	矿床	矿床为层状，储量4500万吨，含AL20316.5%

第四节　能源矿产

能源矿产主要有毛弄煤矿、枫坪煤矿等。稀土资源在“十一五”期间未进行勘查和开发利用，根据以往的工作成果，资源储量共计为17838吨氧化物。

毛弄煤矿

探明煤炭储量70余万吨，其中C级工业储量36万吨，D级远景储量38万吨。矿体层状呈透镜状，含煤7层以上，以B煤层最好，发热量2640卡/克～4320卡/克。经30余年开采，已成穷矿，于20世纪90年代初停采。

枫坪煤矿

储量23余万吨。为砂岩、含砾岩夹两煤组。近底部称下层煤组，中部称上煤矿组，以下层煤组为好，发热量3000卡/克～3500卡/克。上煤组煤层发热量稍差，煤层薄。

全县尚有裕溪乡内陈小槎煤矿点、三都乡寮矿点，枫坪乡根下一带至玉岩镇范围内也有小煤矿点。皆为无烟煤，已息采。

附1：中华人民共和国成立前的矿课

旧时对矿业所征的税谓矿课。春秋战国时已征铁税，唐开元十五年（727），始征伊阳（今河南嵩县一带）五重山的银、锡税。及至宋、元、明代，对金、银、铁、铜、水银、矾、朱砂等矿，改征实物税。

南朝宋允许百姓开银矿，但须纳税。元代，对天地自然之利，全面课税。凡山林川潭的生产，诸如金、银、铜、铁、珠、玉、水银、铅、锡、矾、硝之类，皆为课税对象，总称矿税。如银矿产银，税率十取其三；锡矿每产一百斤，课税三百文；矾十取其二。

明代冶铁业衰落，民矿发展，铁矿业课业十取二，税率约6.6%。永乐元年（1403），民间交实物税（铁）19800多斤。

清代，对采矿一业，时开时禁，矿税分金银、铜铁锡铅和水银、朱砂、雄黄等目，用帛成办法征实物税。

民国时期的矿税，沿清代旧制，后将矿税划为国税。

民国3年（1914），北洋政府将矿税分为矿区税、矿产税及统税等3种。民国19年，民国政府公布《矿业法》，规定分别征收矿区税和矿产税。民国20年，民国中央财政部订出《矿产税条例草案》，规定矿产税按矿产物价格计税，税率为2%～10%。民国33年3月，民国政府公布《矿产税条例》，规定凡国内出产之矿产物，除另有规定外，均应依照条例征收矿产税。

民国31～33年（1942～1944），松阳分局实收矿税26.11万元，其中铁类税2.54万元，其他金属税1.59万元，非金属矿税21.98万元。

附 2：松阳黄蜡石纪略

一、松阳县地质地貌

松阳县位于浙江省西南部，介于北纬 28° 14′ ～28° 36′ ，东经 119° 10′ ～119° 42′ 之间，总面积 1406 平方千米。在地质构造上，处于全国东南部新华夏系第二隆起带的南端，“华夏古陆”的东北端，境内山地层叠，奇峰屹立，地层参差，构造复杂，地质发展历史悠久。燕山运动期间，地壳活动强烈，伴有极其强烈的岩浆侵入和火山喷发活动及断裂为主构造活动。晚侏罗纪产生大规模火山喷发活动，形成广泛分布的凝灰岩、流纹岩，安山岩系，成为县内中低山、丘陵的主体。

松阳境内河流属瓯江水系。松阴溪为县内最大河流，流域面积占全县面积 92.55%，是瓯江主要支流之一。发源于遂昌垵口乡，在赤寿乡界首村入境，至裕溪乡堰后圩出境，注入瓯江。县境内干流长 60.5 公里，天然落差 100 米，流域面积 1302.57 平方公里。松阴溪两岸的松古盆地宛如金瓯玉盘，置于群山环抱之间，阡陌纵横，良田千顷，桃花掩映，白鹭成群，素有“浙南桃花源”之美誉。具有非常优越的旅游资源。

二、蜡石的成因、分类

黄蜡石又名蜡石，因石表层内蜡状感色感而得名（一说此石原产真腊国故称腊石）。蜡石的原岩为乳石英、石英砂岩、石英岩，主要成分为二氧化硅，韧性强，硬度大（摩氏 6～7 度）。蜡石是石英岩因地壳变动而破碎的产物。一块块破碎的石英岩埋藏在黄泥山之中，长期被黄泥山中的酸性物质侵蚀，所以表层多为黄色。随着山洪的暴发，它们又被冲进山涧、河谷里。长年累月地受到流水和沙粒的冲刷，表面变得十分光滑，于是就形成了蜡石。蜡石经水中各种矿物元素的长期浸蚀，使其产生多种色彩。蜡石按其色彩分类有：黄蜡石（含锰成分），褐黑蜡石（含铁成分），红蜡石（含氧化铁成分），彩蜡石（含多种矿物成分），白蜡石（未经矿物渗蚀只因长期受水的渗浸而产生蒙蒙的白膜）等五大类。松阳以黄蜡石居多，白蜡石、红蜡石次之，其他类较少。

图 3-7 黄蜡石原石

蜡石又由于其二氧化硅的纯度、石英体颗粒的大小，表层熔融的情况不同，可分为冻蜡、胶蜡、晶蜡、冰蜡、细蜡和粗蜡。其中，“冻蜡”属高档，“胶蜡”“晶蜡”“冰蜡”为次高档，“细蜡”为中档，“粗蜡”为低档。冻蜡状若凝脂，呈透明或半透明状，上等冻蜡可达到通体通透，石面鲜亮油润、柔美纯洁，有如美玉，令人爱不释手；由于存量很少，极为珍贵，有人说它是“黄金其外，美玉其中”“质与玉同，价比玉高”；胶蜡呈胶状体，微透光，石质不及冻蜡纯美，但油润光洁，表面呈油滴状或胶凝状，颇具观赏价值；晶蜡、冰蜡的视觉效果不及冻蜡、胶蜡，但能透光，表面空洞和缝隙处有水晶状物质，亦能产生较好的观赏效果；细蜡不透光，但手感尚好，并且有的造型逼真，或像人，或似物，因而受到青睐；粗蜡较粗糙，质地、硬度、光泽均远次于前者。

三、松阳黄蜡石的特点

位于松古平原东北方向的卯山一带黄泥山上，到处是裸露的石英岩，这里得天独厚的地理条件，正是松阳黄蜡石得以发育的源头。2006年初，卯山脚下的源口自然村村民在其山上发现大量表皮鲜红的蜡石山石。同年8月，又挖出许多颗粒状色彩艳红、质地细腻的珍珠蜡石。这种珍珠蜡石外焦里嫩，鲜红欲滴；色彩和表面变化丰富，而且两种截然不同的表面结构能和谐地交相融合，这就是松阳蜡石有别于其他蜡石的显著特点，也正是松阳蜡石的妙之所在！它在蜡石家族中极其罕见。一经面世，便受到全国各地许多石友的关注和青睐，成了蜡石家族中的新宠。一位石友在网上看了松阳珍珠蜡石后发表如下感受：

美得让人心醉！美得让人震慑！美得让人忘了北！美得超乎所有的想象！

松阳的水冲黄蜡石也具备非常鲜明的特征——光泽温润，造型奇特。凡玩蜡石的人都知道，蜡石主要讲究质和色。能得到完整无损的冻蜡、胶蜡就已不易，至于形则不能强求。因为蜡石质硬，很难出好形。如能得到一块形好的冻蜡、胶蜡，藏石人都会把它视为珍宝。然而松阳的水冲黄蜡石却多有奇特的造型。她或似人似马栩栩如生，或小桥流水，千姿百态，异彩纷呈，天然成画；出现“凤凰涅槃”“昭君出塞”“叶落归根”等富人文历史色彩的精品。每一块奇石，都是一部经典、一个故事、一份情感、一份财富。真可谓一石一世界，一石一亘古。

四、松古平原上的石文化渊源

石文化是人类最早最古的文化之一。人类生活的最早阶段便和石不能或离。松阳县博物馆保存有在古市镇阴岗山、叶村包安山、水南营盘背、新兴进贤等地出土的新石器时代的穿孔石斧、石刀、石镯、石镞、石箭头等，给我们留下了发明金属材料前距今三四千年间的文化实物。而叶梦得则是有文字记载的松阳籍玩石第一名家。叶梦得是南北宋之交时的著名词人，官居宰相。他著有《平泉草木记跋》，谈了对唐代李德裕蓄石、失石的感想。此文还记有当时交易奇石的具体价格，资料十分珍贵。宋代“四大女词家”之一的张玉娘，松阳人，生于南宋淳祐十年（1250），卒于南宋景炎元年（1276）。她的一首《蔡确》诗中写到“楚水吴山作胜游，竹床石枕写离愁。”当时松阳人把石头作枕头，可见其爱石之深。广西八步区盛产黄蜡石的里松乡是远近闻名的长寿乡。许多长寿老人现在还有用蜡石做枕头、石凳，有把玩蜡石的习惯。这是因为黄蜡石不但观赏价值高，而且石内含的微量元素对人体能起保健作用。

图 3-8 黄蜡冻雕件

清乾隆三十年（1765），在松阳任知县的曹立身有一首描写松阳风景的诗《凌霄岚翠》：“层台高峙碧芙蓉，环绕云山积翠浓。试问米颠题石处，何如袖里第三峰。”诗中所指米颠即宋代大书画家米芾，是中国古代赏石界最富传奇色彩的人物。米芾喜爱奇石，简直到了如醉如痴、如癫如狂的地步。故有“米颠”的戏称。“米芾拜石”的故事，则是对其癫狂的一个最好的印证。诗中的“何如袖里第三峰”则来源于米颠身上发生的一个故事：公元11世纪，在安徽无为县为官的米芾爱石如痴。他的上司杨杰听说他在署衙嗜石成癖，深恐他弄石废事，就去正言相劝。米芾见上司到来，便从袖中取出一石，此石“嵌空玲珑，峰峦洞穴皆具，色极清润”。他对上司说：“如此石，安得不爱？”岂料杨次公（字杰）看都不看。米芾只得纳回袖中，又取出一石，乃“叠嶂层峦，奇巧更胜”，杨次公仍不顾。米芾无奈，悻悻然又摸出一石，那是“尽天画神镂之巧”的神品。他好似受了委屈般道：“如此石，安得不爱？”杨次公此时像是忽被惊醒一般，大声道：“非独公爱，我亦爱也！”顺势将石从米芾手中攫得，头也不回，登车而去。

松阳县石仓等古民居中仍可看到各种奇形怪状的观赏石。界首村一古民居有一块数百斤重的黄蜡石，收藏年代有百年以上，可见当时已经有人赏玩黄蜡石，并把它作为镇宅之宝。然而，黄蜡石真正被松阳人民了解青睐，走进千家万户还是2000年以后的事。

随着社会经济的发展，人民的生活水平有显著提高，休闲娱乐成为人们日常生活中一项必不可少的内容。这时，松阳县城基本建设的步伐不断加大，松阴溪河段到处响起挖掘机隆隆马达声。在松阴溪河床底下沉睡了亿万年的黄蜡石从梦乡中惊醒，来到这陌生的世界。它们一经面世，就被改革开放过上小康生活的松阳人民所喜爱，视为珍宝。短短几年时间，玩石队伍就从原来的几人发展到现在的近千人。

五、黄蜡石的收藏价值

古云：“山无石不奇，水无石不洁，园无石不看，室无石不雅。赏石清心，赏石怡人，赏石益智，赏石陶情，赏石长寿。”

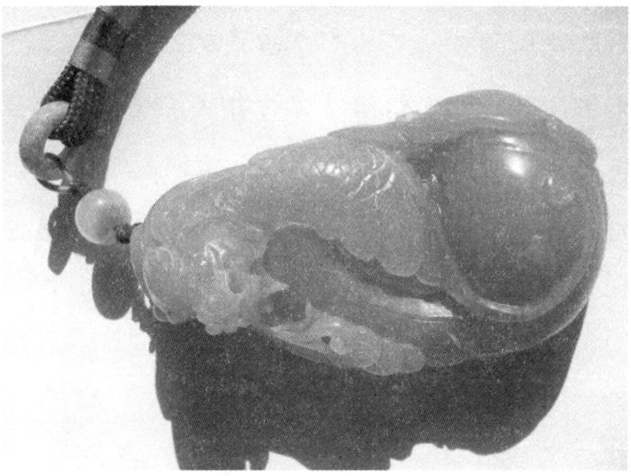
图 3-9 黄蜡冻手把件

赏石、藏石在中国源远流长，源于远古，兴于秦汉，盛于唐宋元明清，绵延至今不衰。千百年来，国人的采石、拣石、藏石、赏石、悟石、玩石、爱石、展石、论石之风久盛不衰，形成了传统的赏石文化。“花如解语还多事，石不能言最可人”。多少文人墨客、帝王将相都为奇石、美石所倾倒，留下动人的故事、优美的诗篇。陶渊明与“醒石”，杜甫与“杜甫石”，苏轼咏石，米芾拜石，米万钟取号“石友”，曹雪芹的石头缘……唐代宰相李德裕，南唐后主李煜，宋徽宗以及乾隆帝均是爱石之人。他们以石来点缀自己的人生，一动一静，行云流水，相互辉映，人石共乐感动了一代又一代人。

鲁迅先生说得好：“最纯朴、最厚重的艺术往往是不加雕琢的。”黄蜡石之美，贵在质地如玉，华在色艳如虹，美在浑然天成，有道是“清水出芙蓉，天然去雕饰。”时下由于黄蜡石名声在外，收藏价值日趋见涨，身价也一路攀升。2005年，在松阳沙石料场花几百元就可买到一块质量上乘的黄蜡石，而2006年以数千元一块成交的已司空见惯。在2002年的广东奇石展销会上，一块质纯色艳、重量不足10千克的八步红冻蜡被一新加坡客商以130万元人民币购去，大有“一寸蜡石一寸金”

之势。

松阳黄蜡石还有很高的科研和旅游开发价值。松阳县位于地球北纬30度附近，有许多神秘而有趣的自然现象，等着我们去探索发现。2005年年初，一部名为《神秘的北纬30度》的考古纪实报告在美国出版后，连续数月荣登排行榜。此书也记载中国北纬30度不少的神秘现象。在中国，神秘的北纬30度横贯整个大陆腹地。各类自然现象和奇绝景观同样令人关注，令人遐想；如气势磅礴的长江三峡，被誉为天下奇观的钱塘江大潮，频频目击“野人”的神农架。与松阳很近的新昌，也打造出中国最大的第四纪冰川遗迹万马渡冰石河，神奇的地下森林公园等旅游品牌。据说新昌第四纪冰川的证据还是玩石人发现的。当地许多石友收藏的“水冲硅化木”其表面有许多“指甲印”。这正是20世纪50年代至60年代原地质部部长、世界著名地质学家李四光用以鉴别冰川作用存在的最有力佐证即“李四光环”。所谓“李四光环”是李四光长期从事第四纪冰川遗迹研究过程中，首先发现由石英岩和硅质岩形成的冰碛砾石表面有许多似指甲印状的弧形或环状的挤压裂纹，而其他成因的砾石（如泥石流、冲洪积砾石）则不存在。因此提出这些与冰川作用有关的特有的微构造标志。后经广大地学工作者大量实践证实，它是鉴别冰川作用存在的良好和可靠标志。后人为纪念李四光教授的这一发现，特命名为“李四光环”构造。值得欣慰的是松阳的黄蜡石也存在着大量“李四光环”。

图3-10 黄蜡石籽料

以松阳黄蜡石的“李四光环”为起点，进一步探索发现松阳第四纪冰川遗迹，为打造松阳历史文化品牌，开发松阳特有的自然景观旅游景点，发展旅游经济，对青少年进行科普教育，提高当地民众科学素质与水平都具有非常深远的意义。相信：松阳黄蜡石那光泽温润、色彩艳丽、造型奇特的品质一定会受到越来越多的石友欢迎，它也一定能走出山谷，亮相世界！

第四编　生态县建设

松阳地处浙西南山区，地形复杂，气候温暖湿润，动植物资源丰富，环境优美。松阳百姓恋土、珍惜土地，自觉保护水土。有封山蓄木、在田头地角房前屋后种植树木的习惯。

1958 年，全民“大办钢铁”，松古平原及部分山区的“风水树”、大树木被砍伐烧炭“炼钢”。改革开放后，木材政策放宽，树木砍伐严重，工业“三废”污染，农业化肥、农药泛滥，城市道路硬化，生态遭到破坏。21 世纪开始，松阳县委县政府开始重视生态建设。2003 年，提出“生态立县”的口号，并为之努力。

第一章　生态立县

20 世纪 90 年代末至 21 世纪初，随着招商引资、工业园区建设，土地、能源、矿产等资源对松阳经济发展的制约不断加剧。自然环境作为资源的载体，其支撑能力与经济发展需求间的矛盾也日益突出，处理好这个矛盾关键在于科学合理地利用有限的自然环境，以建立可持续的经济发展模式、健康合理的消费模式以及和睦和谐关系。

松阳县自 2003 年开始开展生态县建设，确立“生态立县、工业强县、开放兴县”的“三县并举”发展战略。2005 年 8 月，响应浙江省委书记习近平提出的“绿水青山就是金山银山”的号召，松阳县生态县建设步伐加快，先后启动各种生态工程。至 2010 年，省级生态县创建满足各项基本条件，且各类指标考核均达标。

2010 年相比较 2003 年初提“生态立县”时，各项工作取得明显成效。编制《松阳生态县建设总体规划》；发展农产品中有机、绿色及无公害产品种植，提高种植面积和产量；建设生态公益林，森林覆盖率 75%；推进废弃矿山治理和创建绿色矿山工作；推广户用沼气、“厌氧湿地”等农村生活污水处理模式；完善 20 个乡镇的生活垃圾收集处理系统，在农村 281 个村建立垃圾收集设施；治理 2 个规模化畜禽养殖场污染；对“三沿五区”的坟墓进行治理、在行政村推行生态葬法；集中式饮用水源水质达标率 100%；4 个乡被命名为省级以上生态乡，其余 16 个乡镇被命名为市级生态乡镇；县城污水处理厂和县城垃圾填埋场建成并投入使用；城市人均绿化面积逐年提高；开展工业园区污染防治工作且取得成效；界首水自动监测站、2 座县城空气自动监测站和环境监控中心建成并投入使用；主要污染物减排工作阶段任务基本完成；水、气、声环境达到功能区要求，环境质量位于全省前列。全县公民生态意识明显增强，生态产业迅速发展，绿色经济蓬勃兴起，自然生态保护得到加强，环境质量全面改善。

第一节　生态县建设的设想

生态立县的提出

2003年10月，松阳县成为国家级生态示范区。2004年6月，《松阳县建设规划》通过丽水市生态办公室论证。是月，县委常委会首次把“生态立县”写入松阳“三县并举”战略。8月，松阳生态县建设专项基金管理委员会成立。2006年9月，“松古盆地万人下山移民项目”通过专家审查。

2007年6月，松阳县不锈钢酸洗废水集中处理工程被省列入循环经济“991行动计划”重点项目。是月，《松阳县生态环境功能区规划（试行）》通过专家评审。9月，松阳县工业园区被省纳入2007年度生态化建设与改造试点。是月，城市污水处理厂一期工程投入试运行。

创建生态县

2008年7月，丽水市委市政府向松阳县下达创建省级生态县的任务，要求2010年要创建省级生态县。2009年5月，松阳县工业园区被省经信委评定为“2008年省级创新型工业园区”。6月，松阳县创建省级生态县工作组成立。9月，政协松阳县委员会常委会审议通过《城乡饮用水工程建设与管理的的建议》。11月，松阳不锈钢酸洗废水减排在线综合治理系统被工业和信息部列入《工业领域节能减排电子信息应用技术导向名录》。是月，制定《2009年度松阳县旧村改造工作考核细则》。12月，制定《松阳县集中式饮用水源突发环境污染事件应急预案》。是月，《松阳县农村环境保护规划》通过专家组评审。

2010年1月，松古平原供水一体化工程正式通水。3月，《松古平原污水处理一体化》方案通过专家组评审。6月，《不锈钢行业酸洗污泥综合处理处置技术》被纳入环保部《2010年度国家先进污染防治示范技术名录》。7月，4个乡镇（玉岩大源、象溪石马源、大东坝石仓、三都温联溪）集中式合格饮用水源创建规划通过专家评审。是月，《松阳县生态县建设规划（2009～2020）》通过专家评审，制定下发《松阳县2010年创建省级生态县宣传实施方案》。

至2010年，全县被命名的全国环境优美乡2个（新兴乡、樟溪乡），省级生态乡镇16个，市级生态乡镇20个，市级生态村40个，县级生态村180个；省级绿色学校8所，市级绿色学校10所，县级绿色学校28所；省级绿色医院1所；省级绿色家庭7个，市级绿色家庭8个；省级绿色社区6个；省级绿化示范村5个。

第二节 工作机制

生态县建设专项基金管理委员会

2004年，松阳生态县建设专项基金管理委员会成立，在县环保局内设立办公室。主要负责筹集、管理、审批、监督在生态县建设上所用的资金（申请生态办的除外）。是年，县财政首期安排资金10万元。之后每年提取上年地方财政收入的2‰注入生态县建设专项基金，以保证建设基金的正常运行。专项基金的使用范围主要是重要生态功能区的规划编制、抢救性保护措施与建设工程项目、生态化改造和循环经济建设项目、生态破坏严重地区生态恢复示范工程项目、农业农村污染综合防治工程及有机食品基地建设项目、生态环境管理系统工程项目、重点污染源防治、区域性污染防治以及污染防治新技术、新工艺的开发示范和应用生态县建设宣传、生态环境执法、监测测能力建设。

省级生态县工作机构

2009年6月，松阳县创建省级生态县工作小组成立，下设办公室和7个专项工作组，办公室设在松阳县环境保护局。7个专项工作组包括综合创建组、农村环境组、工业环境组、城镇环境组、文化宣传组、后勤保障组和督查推动组。

综合创建组，指导有关乡镇进行省级生态乡镇创建，确保省级生态乡镇达到16个以上。组织收集2003年以后的文件、资料、支撑材料，并分类装订成册。撰写省级生态县创建申请报告、工作总结、创建技术报告等。水环境基本达到功能区标准且过境河流水质不降低，气环境达到功能区要求，声环境达到功能区要求。

农村环境组，要确保农村环境整治村、“五整治一提高”村数240个以上。森林覆盖率72%以上。主要农林水产品中有机、绿色及无公害产品种植（养殖）面积占40%以上。完成全县200头以上规模化养猪场治理任务，确保规模化畜禽养殖粪便综合利用率90%以上。“三沿五区”坟墓治理率、生态葬法行政村覆盖率达90%以上；农村生态墓地，城市生态公墓按照“园林化、艺术化、生态化、规范化”标准建设管理，覆盖率达到90%以上。

建成樟溪、斋坛、新兴、四都、谢村5个农村生活污水治理示范工程。

各乡镇垃圾焚烧炉、中转站必须正常运行；建立健全农村生活垃圾清扫、清运、收集、处置制度；平原乡镇开展6个以上、山区乡镇开展3个以上农村环境综合整治，重点确保乡镇所在地、公路沿线村庄没有垃圾乱堆、乱倒现象。每个乡镇建成1～2个农村环境整治示范点。

工业环境组，实施生态环境功能区规划，正确处理县城经济社会发展与生态环境保护的关系，制定优化调整产业结构的相关政策和措施，严格禁止“两高资”项目，完成上级下达的年度节能减排任务。加快推进重点工业污染整治工作，完成9家不锈钢企业酸洗设施改造，完成园区环境应急工程建设，建成赤寿区块不锈钢酸洗废水处理中心并投入使用。废弃矿山、生态环境治理率90%以上。化学需氧量（COD）排放强度万元GDP化学需氧量控制在4.5千克以下。完成园区不锈钢污泥堆置场地建设，工业固体废物处置利用量占工业固体废物总量的90%以上。

城镇环境组，环保基础设施建设较完备；建有城市集中污水处理厂，出厂水达标排放；建有城市生活垃圾处理设施，达到无害化要求；妥善处置工业固体废物，医疗废物和危险废物。加快城市截污管网的改造，月底前完成园区二期生活污水提升工程建设。编制古市镇松古平原污水处理一体化方案。

5个镇生活垃圾无害化处理量占垃圾产生总量的90%以上。确保城镇及沿路、沿线、街道、河沟无垃圾、塑塑料袋等；加快垃圾填埋场扩充改造，落实渗滤液处置方案，督促各镇垃垃圾处理实施正常运行；完成松古平原垃圾处理一体化规划方案。妥善收集处置各医院、卫生院的医疗废物交市危废中心集中处置。集中式饮用水源、城镇集中饮用水源地、其地表水水源水质达到《地表水环境质量标准》（GB3838—2002）III类标准，达标率为100%。城镇公共人工绿地、天然绿地以及机关、企事业单位绿地人均大于12平方米。

文化宣传组，重点做好生态环境建设与保护生态农业、生态工业、生态林业、生态城市、生态文化、生态旅游等宣传报道。各乡镇、部门结合目标任务，采取多种形式开展丰富多彩的生态文化宣传活动。各部门落实专人收集2003以后省级生态县创建的文件、资料和支撑材料，并进行整理归档，督促指导乡镇做好生态宣传文化活动。

后勤保障组，负责生态县创建资金落实与协调工作。

督查推动组，每月开展1～2次的省级生态县创建工作督查，及时通报创建督查情况。

第二章 生态产业

松阳县生态产业包括生态农业、林业、工业等方面。农业、林业本身属生态范畴，但随农药、化肥的使用增多，农产品安全成为问题。工业的生态化是个大问题，特别是松阳是以不锈钢为主导产业的县份。

第一节 生态农业

实施品牌战略，壮大“三品”认证。以培植市场和打造品牌为重点，在整合各类农产品牌的基础上，先后制订“松阳银猴”茶、“森尔”香菇、“梦阳”脐橙和“早上好”鹊山鸡等10余个地方农业标准和企业标准，鼓励龙头企业、合作经济组织积极参与无公害、绿色、有机农产品认证，发展壮大无公害、绿色、有机食品基地。

2009年，松阳县共有有机食品基地23个、绿色食品基地4个、无公害农产品基地66个，覆盖茶叶、水果、食用菌、蔬菜以及畜禽养殖5大优势产业，发展三品认证基地110583亩，认证产量47081.7吨，分别比2004年增长2.85倍和6.95倍。

生态茶叶

松阳产茶历史悠久，明代的“芽茶”相继进入宫廷，成为贡品。明清时期的“横山茶”“万寿茶”“下街茶”，弥香远近，成为地方名茶。民国18年（1929年），松阳茶叶获得首届西湖博览会金奖。如今的松阳银猴茶更是传承千百年的历史文化，被评为中国文化名茶、浙江十大名茶。

图4-1 生态茶园（叶光铭 摄于2007年）

21世纪以后，松阳县依托优越的生态环境和深厚的历史文化底蕴，着力培育茶叶这一农业支柱产业、“浙江生态绿茶第一县”和“中国绿茶集散地”现代区域产业品牌。深入推广测土配方施肥、病虫无害化治理、茶叶加工标准化论证等技术，重点把好茶叶生产、销售、加工的各个环节，同时抓好市场监管、品牌宣传等各项工作，促进茶业增效、茶农增收。

2009 年，松阳生态茶园面积 11.1 万亩，从事茶产业 8 万多人。全县 1/3 人口从事茶产业，农业总产值的 1/3 来自茶产业，农民收入的的 1/3 来自茶产业，形成“百里乡村百里茶”的区域特色产业，先后被命名为“中国绿茶集散地”“中国名茶之乡”和“浙江省茶叶强县”“全国十大特色产茶县”；“松阳茶”成为国家地理标志保护产品；浙南茶叶市场成为全国最大的绿茶产地市场。

2010 年，全县茶叶总产量 9049.5 吨，产值 42238 万元，占全县农业总产值的 30.3%。同时以松阳浙南茶叶市场为依托，以强大推动力，带动全县农民增收，辐射周边遂昌、武义、云和、莲都等县（市、区）以及福建省、江西省、湖南省、安徽省等地茶园 100 余万亩，惠及茶农 30 余万人。2010 年，浙南茶叶市场实现茶叶交易量 5.12 万吨，交易额 17.8 亿元，交易量连续 8 年、交易额连续 5 年居全省首位。

生态畜牧业

生态畜牧业是指围绕“畜牧进山，畜禽养殖上山”的畜牧发展理念，按照“减量化、无害化、资源化”的原则，依托良好的自然生态条件，发展农牧结合、生态循环的种养模式。对基地排泄物和污水，采取农牧结合、资源化利用，促进松阳农业循环经济的发展。同时，以龙头企业和项目为助力，相继建立畜禽养殖基地 18 个，通过辐射带动，全县建立近 100 家畜禽生态规模养殖场，发展特色养殖鹊山鸡 20 多万羽。

2009 年，畜牧业总产值 2.05 亿元，占全县农业总产值的 20%，生猪年饲养量 22.81 万头，位居丽水市第二，禽类饲养量 196 万羽，位居全市第三。

第二节　生态林业

林业育林资金和再生产费用实现省财政转移支付，集体林权制度改革进入全面推进阶段，森林资源流转有序开展，林权抵押贷款累计完成 1971 笔，计 9273.4 万元，实现农村金融史上以林权为抵押物的突破。

1990 年，消灭宜林荒山；1995 年，全面绿化达标；1997 年，进入全国造林绿化百佳县行列；2000 年以后，林业工作逐步从原来的木材生产向生态建设转变，林业工作的重心从挖坑种树向高效林业建设转变。2010 年，全县林木蓄积总量 427 万立方米，林业用地面积 171 万亩，森林覆盖率 75.2%，绿化率 76.2%。绿化造林面积 10.8 万亩，城镇周边山体绿化 0.237 万亩、省道绿化 69.55 公里、四旁植树 99.13 万株；建成林业特色基地 4.8894 万亩、生物防火林带 211.23 千米、育苗 2851 亩、建设竹林道 78 千米、中幼林抚育 17.7 万亩；累计发放公益林补偿金 2140 万元；创建省、市级兴林富民示范乡 5 个、示范林场 1 个，省市级兴林富民示范村 12 个、绿化示范村 10 个。

松阳有卯山国家森林公园、马鞍山省级森林公园、西屏山城市森林公园、独山森林公园，相关内容详见第十二编“林业”第三章“植树造林”第三节“美丽乡村建设”。

生态公益林

2010年，全县重点公益林面积93.2047万亩，占全县林地总面积的54.7%，国家级公益林2.9896万亩，省级公益林90.2151万亩，分布于全县2个国有林场和20个乡镇的297个行政村。重点公益林建设工程围绕县域生态重要区位进行布局，以箬寮景区、卯山国家森林公园、林村国有林场三点和龙丽高速公路、上松线省道和小港流域三线为重点，采用补植大苗方式，对独山范围内的疏林地、无林地及马尾松林空隙地进行全面改造，改造面积189亩，并把城镇周围、城镇引水源区及人文遗产地等地的森林改造划入工程体系。

2009年松阳县省级公益林扩面情况表

表4-2-2-1

统计单位	全县林业用地总面积（亩）	原有公益林建设面积（亩）			原有公益林所占林业用地比例（%）	本次扩面公益林面积(亩)	扩面后公益林总面积（亩）	扩面后公益林所占比例(%)
		合计	国家级	省级				
合　计	1704864	448861	29896	418965	26.3	483186	932047	54.7
大东坝镇	278150	59924	1260	58664	21.5	77977	137901	49.6
安民乡	111259	29685	0	29685	26.7	34022	63707	57.3
玉岩镇	209368	33238	0	33238	15.9	47850	81088	38.7
枫坪乡	138211	21660	0	21660	15.7	32634	54294	39.3
古市镇	16512	6218	0	6218	37.7	874	7092	43.0
谢村乡	52941	17998	0	17998	34.0	17559	35557	67.2
赤寿乡	52390	12035	1440	10595	23.3	6892	18927	36.1
新兴乡	44251	15821	0	15821	35.8	10344	26165	59.1
新处乡	60666	8246	0	8246	13.6	18364	26610	43.9
樟溪乡	26183	4413	0	4413	16.9	3869	8282	31.6
象溪镇	147559	55530	15187	40343	37.6	61432	116962	79.3
板桥乡	30994	6240	0	6240	20.1	8373	14613	47.1
裕溪乡	98841	27831	9513	18318	28.2	36812	64643	65.4
叶村乡	46692	16431	0	16431	35.2	7151	23582	50.5
西屏镇	91194	26815	2278	24537	29.4	22380	49195	53.9
望松乡	36371	12026	0	12026	33.1	9641	21667	59.6
斋坦乡	26181	7468	0	7468	28.5	3141	10609	40.5
竹源乡	77508	25744	0	25744	33.2	32611	58355	75.3
三都乡	71713	13956	0	13956	19.5	31130	45086	62.9

续表 4-2-2-1

统计单位	全县林业用地总面积（亩）	原有公益林建设面积（亩）			原有公益林所占林业用地比例(%)	本次扩面公益林面积(亩)	扩面后公益林总面积（亩）	扩面后公益林所占比例(%)
		合计	国家级	省级				
四都乡	52439	15013	0	15013	28.6	20130	35143	67.0
湖溪林场	17602	16641	0	16641	94.5	0	16641	94.5
林村林场	17839	15928	218	15710	89.3	0	15928	89.3

2009年松阳县新增省级重点公益林按地类面积统计表

表 4-2-2-2　　单位：亩

统计单位	合计	有林地	疏林地	灌木林地	未成林造林地	宜林地	无林地
合　计	483186	439104	265	18938	24469	410	0
大东坝镇	77977	69682	0	3166	5129	0	0
安民乡	34022	31686	0	232	2104	0	0
玉岩镇	47850	41618	0	353	5845	34	0
枫坪乡	32634	31442	0	0	1192	0	0
古市镇	874	802	0	0	0	72	0
谢村乡	17559	12751	0	646	4162	0	0
赤寿乡	6892	4996	0	269	1627	0	0
新兴乡	10344	9254	0	61	1029	0	0
新处乡	18364	15714	265	1237	1148	0	0
樟溪乡	3869	3718	0	19	132	0	0
象溪镇	61432	59847	0	1317	0	268	0
板桥乡	8373	7839	0	255	262	17	0
裕溪乡	36812	26034	0	9741	1037	0	0
叶村乡	7151	7071	0	0	80	0	0
西屏镇	22380	22372	0	8	0	0	0
望松乡	9641	8644	0	870	127	0	0
斋坦乡	3141	3122	0	0	0	19	0
竹源乡	32611	32362	0	0	249	0	0
三都乡	31130	30020	0	764	346	0	0
四都乡	20130	20130	0	0	0	0	0

森林城市规划

2010年，松阳县启动创建省级森林城市，打造松阳县森林城市。2010年，完成市绿化示范村创建8个、县级绿化村50个，城镇周边山体绿化515亩。是年末，《松阳县森林城市建设总体规划》

和《延庆森林公园建设规划》完成并开展实施。

城区景区规划　主要是松阳县独山风景区规划。该风景区位于县城南1千米，为松阳古县之象征，旧时松阳十景之一。主景独山，海拔274.8米，孤峰独立、高耸入云，古称“百仞云峰”。

独山风景区是未来松阳水南新区行政和商业中心的柔性延展面，也是新区与北岸旧城的过渡渡区带。规划期限从2008～2013年。规划将景区划分为独山山林景观区、历史文化娱乐区、田园风光区、生态湖休闲区、宗教文化区以及滨江观光带等功能区。景区总面积为40公顷，分生态休闲用地和文化娱乐用地两大块。

生态休闲用地：总用地面积为33.5公顷，包括独山山林景观区、宗教文化区、生态湖休闲区和田园风光区。把古时农耕社会的四业“耕读渔樵”分别解读为体验农事活动、历史品读活动、亲水休闲活动和山林户外活动，突出松阳的农耕文化。

文化娱乐用地：总用地面积为6.5公顷，位于独山两侧，由文体中心、文化广场和文化公园三大部分组成，是文化活动和公共活动中心的载体。它将成为体现人文历史、重视地方文化、具有浓厚文化特色的城市空间。

云岩山公园景区规划　规划地块位于松阳县城北面，古青公路以北，工业园区以南，万寿小区以西，总用地面积为59.57公顷。

该景区定位为以自然山水为依托，以植物花卉景观为特色，融山水景观和人文景观为一体的生态型市级综合性公园。

规划期限为近期2009～2012年，远期2013～2018年。景区根据园林规划的生态性、文化性、特色性和可操作性四项原则，云岩山公园规划为5个功能区，即主题公园区、特色商业区、文化体闲区、植物观赏区和生态游览区。

龙湖公园景区规划　规划中的龙湖公园景区位于松阳县城东面，瑞阳小区以东，慧明小区以北，北山路以南规划道路以西，总面积为17.69公顷，该地块地势西高东低，拥有自然山体和水体，林木繁茂，水质良好，景色优美，是建设森林公园、水上乐园和高档住宅的理想处所。

规划主体结构为“一带”“五轴”“七区”。一带：沿规划道路商业带，彰显地理区域优势。五轴：景观大道轴，沿景区主道，看景观变化；都市立体空间景观轴，将住区、景区和城市空间在立体空间上结合在一起；住区入口景观轴2条；休闲娱乐轴。七区：西侧山峰景区、蛙蟆垄水库景区、高档排屋区、综合会所区、高层区、多层区、还建区（为当地拆迁户统一还建住房，不作为商业出售）。

（此目内容与第六编“城乡建设”第一章“建设规划”第六节“专项规划”之目“风景区规划”互为补充）

林区基地

建成香榧基地近2万亩，油茶基地1.8万亩，高效笋竹林3.2万亩，厚朴混交林基地1万亩；培育省、市级林业龙头企业17家，市级以上林产品牌3个，省、市级森林食品基地11个，成立林业专业合作社38家；培育林业经营大户13家，经营森林面积4万亩。

野生动物保护

野生动物种类分布详见第十二编“林业”第一章“森林资源”第四节“野生动植物”。

1983～2001年，全国人大常委会、国务院、浙江省人大常委会、省政府以及国家林业部、农业部、公安部和浙江省林业厅、公安厅先后颁布一系列的野生动物保护的法律法规、条例、规定等，松阳县严格执行上述法律法规。2008年12月，松阳县人民政府发出《关于设立中华秋沙鸭栖息保护地的通告》，划定中华秋沙鸭栖息保护地范围。2009年5月之前，野生动物管理工作划为县公安局森林分局管理。之后，在松阳县林业局设立松阳县野生动植物保护站，野生动物保护与管理有专门机构。

每年春冬季，根据国家林业局、浙江省林业厅的统一部署，组织开展“春雷行动”“野生动物保护专项执法行动”及加强对秋冬季候鸟的监测保护等，集中打击破坏野生动物资源的违法犯罪活动。对全县的养殖、经营场所、狩猎人员、主要宾馆饭店、交通运输要道等进行检查，对违法运输、经营野生动物行为进行查处。对违法狩猎（放电猫、铁夹、吊等）进行多次检查处理。1992～2010年，查处猎捕屠杀国家一级保护动物案件、查扣放生国家二级保护动物案件等。

野生植物保护

1975年12月，农林部颁发《关于保护、发展和合理利用珍贵树种的通知》，同时公布《关于一、二类珍贵树种的有关规定》。1981年，浙江省五届人民代表大会常务委员会十二次会议通过《浙江省自然保护区条例》，并公布浙江省国家重点保护植物名录50种，其中珍稀树种42种。1984年，全国人民代表大会常务委员会通过《中华人民共和国森林法》。是年，国务院环境保护委员会公布全国第一批珍贵濒危保护植物名录，列出保护植物384种（含种下等级）。

1986年10月，林业部发出《关于加强出口木材生产管理的通知》规定，凡属珍稀树种的木材，不得出口。1987年7月10日，浙江省林业厅、省公安厅制定《浙江省森林案件管辖范围及森林刑事案件立案标准暂行规定》。其中，盗伐林木案中设有盗伐或破坏稀有珍贵树木案，并对立案标准作出具体规定。

1992年10月，林业部发出《关于保护珍贵树种的通知》，同时公布国家珍贵树种名录（第一批），对1975年12月10日公布的《关于一、二类珍贵树种的有关规定》进行重新修订。公布的国家珍贵树种名录共132种。其中，一级珍贵树种37种、二级珍贵树种95种。浙江省分布的一级珍贵树种有银杏（原生种）、百山祖冷杉、南方红豆杉、普陀鹅耳枥、伯乐树（钟萼木）、格木、香果树、黄菠罗（黄劈）计8种；二级珍贵树种有：福建柏、黄杉、白豆杉、长叶榧树、羊角槭、刺楸、连香树、杜仲、长柄双花木、闽楠、浙江楠、花榈木、鹅掌楸、厚朴、榉木（原生种）计15种。松阳县多种树种列其中。1993年9月25日，浙江省八届人民代表大会常务委员会通过《浙江省森林管理条例》。规定国家、省重点保护的珍贵树种和具有特殊价值的植物资源，未经省林业部门批准，不得采伐和采集。古树名木，应当由县级以上人民政府建立档案，设立标志，明令保护。2006年8月10日，松阳县人民政府发出《关于依法保护野生植物的通知》，对野生植物的保护更加规范。

第三节　生态工业

2003年以后，松阳县加大工业企业技改资金投入，有效推动原有企业清洁生产的步伐。截至2008年，有6家企业分别通过清洁生产审核。同时以松阳工业园区为载体，开展园区生态化建设。依靠循环经济的理念，通过严把入园关、实行废水集中处理、废物资源化利用、第三方治理运营等措施，巧妙破解环保难题，确保全县不锈钢产业的可持续发展。使松阳工业园区成为吸引外资的密集区、先进制造业的集聚区、科技创新的核心区、体制创新的先行区、节约集约利用土地的示范区。松阳工业园区的循环经济项目被列入浙江省发展循环经济“991行动计划”（9大重点领域、9个一批抓手和100个重点项目）重点项目，园区成为浙江不锈钢管业基地、浙江省工业园区生态化改造试点园区和浙江省创新型工业园区。

2008年以后，通过结构减排，关停丽水乐太士化工有限公司、松阳县西屏白沙卫生纸厂和浙江雁泉啤酒有限公司等8家污染企业，削减化学需氧量242.45吨、二氧化硫183.95吨；通过工程减排，松阳县象溪钼业有限公司新上废水处理设施投入使用，削减化学需氧量12.05吨。

工业园区生产废水集中处理

工业园区生产废水集中处理中心投资1600多万元，日处理能力1600吨，于2005年9月开工建设，2006年8月投入运行，有44家不锈钢企业生产废水进入中心进行集中处理。

采用不锈钢废水集中处理模式，节约近3000万元的固定资产投资和2.2万平方米的环保设施用地，节省企业在线监控的建设和运维费用（每家企业7.6万元/年）；还可有效杜绝偷排、漏排情况，实现环境效益、经济效益与社会效益的统一。在不锈钢生产废水集中治理的基础上，该中心深入探索循环经济发展模式，为实现“不锈钢资源回收、副产品户用户连、废弃物综合利用”资源循环利用链和“废水处理中水回用”的水资源循环利用提供有效支撑。

不锈钢污泥镍铬回收工程

2007年，园区引进杭州中奇环境工程有限公司，委托其运行管理，同时与该公司合作，实施不锈钢酸洗废水综合处理、镍铬金属回收、废酸液回收、中水回用等工程。通过废水综合处理和镍铬回收工程，镍、铬等重金属回收利用率达85%以上，年回收效益350余万元以上；回收后的下脚料用作新型墙体材料，其烧制的砖等墙材通过省建筑检测中心的检测，符合建筑相关标准，达到无害化处置要求。

建立废酸液处理生产线，将不锈钢酸洗过程中产生的废酸液进行有效的分离和回收经不锈钢废水处理中心集中处理达标的中水实行再次循环利用，在园区部分企业实行中水回用，减少新鲜水的消耗，提高水资源的再利用率。实现“生产用水→生产废水处理→中水回用”的水资源循环利用和“不锈钢管生产→生产废水→污泥→镍铬板或金属盐→炼熔原→钢坏→不锈钢管”资源循环利用链。该项工程被列为省循环经济“991行动计划”重点项目，该技术于2010年被环境保护部列入《国家先进污染防治示范技术名录》。同时，中奇公司被省环保厅批准为丽水市唯一的固废处置资质单位，被省科技厅批准为创建省级区域科技创新服务中心。

工业园区水环境应急处理工程

松阳县工业园区水环境应急处理工程占地1336平方米，总投资318万元（包含外接管网），2010年8月底建成并投入使用。工程对区域内不锈钢生产废水突发性渗漏事故及初期雨水冲刷造成排放水质污染起到应急处理作用。

工程建设内容包括雨水监测池、收集池、生活污水监测池、收集池和应急池、自动化监测报警系统和自动控制设备系统。

工程对工业园区雨水、生活污水排放口起到“一监二控三提四处理”的作用。当排放口水质不符合排放标准时，系统会自动监测报警并进入应急程序，系统将自动关闭排放口，同时开启对应收集池门，使不合格水进入收集池。当收集池水位达到一定标位时，系统将自动开启提升泵，将收集池内不合格水提升至应急池，并进入废水处理厂进行处理。当排放口水质处于达标状况时，系统分别将雨水和生活污水排入相应的城市管网中。同时应急池可作为不锈钢废水处理厂的缓冲区，在酸洗废水处理厂瞬时处理能力不能满足要求时可暂时将酸洗废水排入应急池储存。工程与不锈钢废水集中处理中心进行有机组合，通过联动系统，有效地提高现有不锈钢废水处理中心日处理能力。

环境监控中心与污染源在线监控系统

2008年，投入140余万元建成环境自动监控中心。中心搭建第一批5家重点企业废水污染源在线监控系统，并协助企业与有资质的单位签定运维合同，加强监管。

监控中心内容包括数据处理及存储备份系统、数据传输网络系统、多媒体展示体系、视频监控平台、视频会议系统、安全保障系统、基础建设等。污染源在线系统建设内容包括废水自动监控系统和视频自动监控系统。监控中心和污染源在线监控系统的建立，对污染源进行24小时监控，及时掌握污染源的动态排放状况，预防污染事故，提高环境科学管理和信息化水平。

环境质量（水、空气）自动监测系统

2006年、2007年，分别建成1座县界断面水质自动监测站和2座空气自动监测站，对入境水质和县城环境空气质量进行24小时监测。

松阳界首水质自动监测站　松阳界首站位于县城西北边界，距县城约20千米，是监控上游遂昌县河流来水质的重要监测断面。2005年12月，完成供水、供电等基础建设任务以及监测仪器设备的安装、前期调试，2006年4月投入试运行。该站主要由自动采水系统、预处理系统、水质自动监测仪、数据处理与传输系统等组成，可进行水温、电导率、pH、溶解氧、浊度、氨氮、CODMn、高锰酸盐指数等水质参数的自动监测，实现远程智能化控制、自动站工作状态实时显示等功能。自动监测站的运行为松阳与遂昌县界水质断面控制管理、污染物排放总量控制、及时处理突发性水污染事故以及履行水资源保护职能提供技术保障。至2010年末，共计获取1800余天有效数据。

松阳县城环境空气质量自动监测站　松阳县有环境空气自动监测站2座，分别为和平山水厂站和环保大楼站。空气监测站于2006年7月开始建设，10月完成基本建设；2007年3月，完成仪器

安装，8 月，完成单机测试投入试运行，11 月，通过市级验收。自动站监测因子为臭氧、二氧化硫、二氧化氮、PM_{10}和气象五参数（风向、风速、温度、湿度、气压等）。执行《环境空气质量标准》（GB3095-1996）中的二级标准。空气自动监测站的建立，对提高环境监测技术水平、提高环境管理的科学化、信息化以及客观、准确、及时地掌握环境质量状况、预防环境污染事故发生具有重要的作用，为提高人民群众的生活质量创造条件。空气自动监测站自运行以后，共计获取 1000 余天有效数据。

工业经济集中区天然气源站

天然气是一种绿色环保的清洁能源。随着松阳县工业园区、江南工业区块、王村工业区块产业基地建设的迅速发展，大批不锈钢厂家对能源特别是清洁能源需求日益增加。2010 年 10 月 28 日，松阳县建设局受县人民政府委托，与松阳县永安管道燃气有限公司签订《松阳县工业集中区管道燃气特许经营协议》，允许永安管道燃气公司投资 4450 万元在王村工业园区西北角建年供应 3000 万 Nm^3/a 的天然气源站。站址用地 20396.37 平方米，建筑面积 3594.6 平方米。

气源以液化天然气（LNG）为主，供气能力为 $16000Nm^3/h$；压缩天然气（CNG）为补充气源。建设时间为 10 个月。

第三章　生态工程建设

2003年，开始创建省级卫生县城，进而创建国家级卫生县城。

2003年末，松阳县抓住浙江省实施“千万农民饮用水”工程的机遇，改善农民饮水条件，使90%的农民用上卫生饮用水。

2003～2007年，松阳完成清水河道建设26.6千米；建设松古平原一体化建设工程，包括松古平原集中供水一体化工程、污水集中处理一体化工程以及垃圾集中处理一体化工程；并进行绿色矿山创建工作。

2007年，因农村违建现象不断，松阳县开展旧村改造工作，欲破解农民建房难的瓶颈，拆除一些历史建筑，建设一批新村。在新村建设中，松阳县实施松古盆地万人下山脱贫工程（即农民异地转移工程），引导山区农民向县城、中心镇和中心村集聚。

松阳县在生态建设中狠抓农村改水、改路、改房、改厕和环境美化，推进“千村示范万村整治工程”和农村能源开发利用工程。

卫生县城创建详见第六编“城乡建设”第六章“市容环卫”第三节“卫生保洁”。

旧村改造工作详见专记“松阳县旧村改造”。

松古平原万人下山脱贫工程详见第三十九篇“民政”第六章“移民”第三节“致富搬迁移民”。

第一节　基础工程

千万农民饮用水工程

民国19年（1930年），松阳县政府“奉令调报饮水井，曾令县公安局转令各分局一体查报，已据各局查报完，全县计有饮水井一百六十七，除将小数不洁之井谕令留作洗涤之用外，其余日常所饮之水颇为清洁”。

20世纪70年代，石仓公社和三都公社曾分别尝试从临近的云和、宣平水域筑水坝、修渠道引水解决社员吃水困难，均因交通不便、资金困难、施工技术落后而告停。直至21世纪初，除西屏、古市2个镇建成区外，农民饮用水还都是井水、溪水和山泉。2004年，全县共有15.55万农村人口存在饮用水不安全的问题。2007年初，实际共有16.14万人存在饮用水不安全问题。

2003年末，松阳县抓住浙江省实施“千万农民饮用水”工程的机遇，开启六都、樟溪等供水工程。2007年，浙江省委、省政府提出解决农村饮用水安全问题“两年完成，三年扫尾”的工作目标。松阳县委、县政府高度重视，县政府成立以县长为组长的农民饮用水工程建设领导小组。2007年9

月，县政府出台《松阳县加快农民饮用水工程建设实施意见》，后成立工程建设指挥部。通过调研规划，确定松阳县农民饮用水可分别用城镇水厂管网延伸、区域集中供水和分村独立供水三种模式解决，并规定供水工程建设管理的责任主体。

工程建设由各乡镇负责实施。水厂管网延伸工程由乡镇担任业主，施工由县供排水公司组织实施，工程建成后移交县水厂统一管理；区域集中供水工程由所在乡镇负责建设和管理，或成立自来水协会、组建公司进行建设和管理；分散式供水工程由所在乡镇村负责管理。县水利部门负责做好项目包装、规划设计、资金争取和技术服务等工作。

2003～2009年末，松阳县农村饮用水工程累计投入资金1.31亿元，解决362个行政村18.2万人的饮用水问题。农村合格自来水普及率从2003年的16.1%，提高到2009年末的90%。先后建设六都供水工程、小港片农民饮用水工程及樟溪、赤寿等农民饮用水工程。此外，划定松阳县城集中式饮用水源保护区，开展集中供水工程建设，并建设分散式供水工程247个。

2009年松阳县已完成农民饮用水工程情况表

表4-3-1-1

乡镇名称	已完成的行政村数（个）	受益人口（人）	尚未完成的行政村数（个）	乡镇名称	已完成的行政村数（个）	受益人口（人）	尚未完成的行政村数（个）
西屏镇	32	20693	22	新处乡	11	5506	2
叶村乡	17	8350	0	新兴乡	21	9764	2
三都乡	17	7824	1	象溪镇	33	13477	2
四都乡	11	3457	0	板桥乡	9	4886	0
竹源乡	11	6605	0	裕溪乡	10	5379	2
斋坛乡	9	5192	5	大东坝镇	30	16288	44
望松乡	20	10100	0	安民乡	8	3649	0
古市镇	26	15795	4	玉岩镇	30	11784	2
赤寿乡	18	9929	1	枫坪乡	17	8277	0
樟溪乡	21	9745	1	合计	362	181663	88
谢村乡	11	4963	0				

2003～2010年松阳县农村饮用水主要工程情况表

表4-3-1-2

工程名称	投资金额（万元）	工程起讫时间	受益情况	
			行政村数（个）	人数（人）
六都源供水工程	966.78	2004.06～2007.08	27	15000
樟溪乡供水工程	644	2006.03～2007.07	18	9000

续表 4-3-1-2

工程名称	投资金额（万元）	工程起讫时间	受益情况	
			行政村数（个）	人数（人）
大东坝石仓片区域集中供水工程	836	2007.11～2009.09	8	5000
西屏镇阳溪片区域集中供水工程	1080	2007.12～2010.12	17 另有小区单位	12700 5500
新兴乡供水工程	880	2007.11～2008.02	16	7400
三都乡安联溪区域集中供水工程	400	2008.06～2010.04	7	3400
玉岩镇玉岩片饮用水工程	440	2008.02～2009.03	12	7200
象溪镇分村独立饮用水	560	2008.03～2009.03	11	6500
竹源乡农村饮用水工程	735	2008.03～2009.03	11	6800
象溪镇石马源片区域集中供水	560	2008.03～2009.03	5 另有工业园区	6600
西屏镇水南片集中供水工程	794	2008.05～2010.12	16	10749
斋坛乡集中供水工程	676	2008.09～2010.12	11	8000
裕溪乡农民饮用水工程	485.74	2010.01～2010.12	12	6415
谢村源流域农民饮用水工程	580.40	2010.01～2010.12	19	7413
枫坪乡农民饮用水工程	532.40	2010.01～2010.12	14	7546
古市镇庄门源农民饮用水工程	234.28	2009.07～2010.12	6	3150
合计	10404.60	—	210	128373

万里清水河道建设工程

2003～2007 年，全县完成清水河道建设 26.6 千米，综合治理松阴溪干流及古湖坑、茅溪坑、竹溪源、东坞源、梧桐源等小流域河道，全面实施松阴溪干流延庆景区段、古市镇段、造纸厂至塔山段、狮子口段、界首段、章家段防洪堤，修建防洪堤 2.5 千米，疏浚河道 26.6 千米，治理水土流失面积 100 平方千米；同时投资 1200 多万元完成竹溪源、黄坑源等小流域治理，整治河道 20 千米、河沟 15 千米。

松古平原一体化建设工程

松古平原一体化建设工程，包括松古平原集中供水一体化工程、污水集中处理一体化工程以及垃圾集中处理一体化工程。松古平原集中供水一体化工程覆盖松古平原 2 个镇 5 个乡 34 个村，建成供水主干管 16.5 千米，配水管网 54.6 千米，加压泵站 1 座，四级取水口 1 座。松古平原污水集中处理一体化工程建设污水收集管道长 9.5 千米，3 万吨/日提升泵站 1 座，较大程度解决松古平原的生活污水污染问题，避免一些乡、村污水处理工程的重复投资，提高城市污水处理厂运行效率。松古平原垃圾集中处理一体化工程完成松古平原垃圾集中处理方案，同时启动县城垃圾填埋场改造一期工程。

松古平原集中供水一体化工程　松古盆地是松阳县的核心区域，居住着全县 2/3 人口，其中有国家大中型水库移民 2.5 万人，但供水普及率低，2 个镇 6 个乡中有近 5 万村民的饮用水仍是溪水、井水或接引的山泉。生态环境受损，水污染日益严重，农村饮水难日益突出。

利用已建成的和平山水厂，建设松古盆地供水工程，实现城乡供水一体化，可根本解决该区域乡村饮用水安全问题。

松古盆地一体化供水工程酝酿于 2005 年，决策于 2006 年。2007 年，完成工程立项、地质勘探、施工图等前期工作，并经省发改委批准后上报国家发改委，取得国家预算内资金支持，被列入省、市、县重点建设工程。

为解决项目资金不足问题，2008 年 4 月，县人民政府与浙江省基础建设投资股份有限公司签订投资框架协议，采用 BT 模式投资建设本工程。

工程由浙江省城乡规划设计研究院设计，松阳县子民管道安装公司施工，松阳县监理公司监理，建设工期为 2007 年至 2009 年末。一期工程概算总投资 6374 万元。

该工程建设总规模日供水为 9 万吨，分江南和江北两条供水线。工程内容主要为管道安装。一期先行实施江南线，以县城和平山水厂为起点，经塔寺下村跨松阴溪至叶村沿江南公路北上，铺设 DN700 球墨铸铁管至樟溪乡东市村，长约 10.5 千米，中途在狮子山建加压泵站 1 座（1.35 万吨/日）和 1000 立方米高位水池 2 座。泵站前为重力自流供水，泵站后铺设 DN600 球墨铸铁管进入古市城区，长约 4.6 千米。沿线每个供水点预设三通接水口。在斋坛至望松间安装江南线与江北古青线的跨松阴溪连接管道，全长约 3.2 千米。二期再沿龙丽公路铺设江北线，在岗下建加压泵站和 1 座高位水池。

水源以东坞水库为主水源，庄门源水库、六都源水库为备用和补充水源。2008 年 12 月，为提高供水安全性和水质，县政府决定利用东坞水库放空加固的时机，实施东坞水库分层取水工程，并将此项目纳入松古盆地供水工程内容之中。

松古盆地供水一体化一期工程于 2008 年 8 月 28 日正式开工建设，2009 年末，总体工程基本结束。2010 年 1 月 18 日，在樟溪东市泵站举行松古盆地供水工程试通水仪式，提前 6 个月向规划区域居民和工厂提供优质自来水。

北线工程（二期）2009 年完成前期工作，2010 年 1 月开工，规划 2011 年末竣工交付使用。届时，可向西屏、古市、叶村、斋坛、樟溪、新兴、赤寿、望松 8 个乡镇 130 个行政村、4 处下山脱贫点、2 个工业孵化基地全年正常供水，受益人口 9 万，从根本上解决松古盆地城乡民众饮用水的供给难题。

松古平原污水集中处理一体化工程 2002 年 12 月，松阳县建设局向县发改局提交要求建县城污水处理厂项目建议书的报告，因龙丽高速公路在县城内建设走向与原污水处理厂的选址产生冲突，故未能及时立项。

2005 年初，高速公路走向一确定，县建设局组织技术人员对污水处理厂建设地址进行重新论证。2005 年 5 月，工程正式启动，委托金华市政设计院编制项目方案；9 月，正式立项；2006 年 3 月，初审批复，7 月，完成土地征用工作，8 月 17 日，正式进场开工。

松阳县污水处理厂工程属省政府“811”工程（“811”环境污染整治行动（2004～2007 年）。

“8”，指全省八大水系及运河、平原河网，“11”指11个设区市，也是指11个省级环境保护重点监管区。其主要内容是，从2004年到2007年，在浙江省开展以八大水系和11个省级环境保护重点监管区为重点的环境污染整治行动，通过对重点流域、重点区域、重点行业和企业的整治，控制污染物排放总量，推进环保基础设施建设，强化环境执法和监测），列入省市重点工程。项目选址在县城东南方，龙丽高速公路与长虹路交接点南侧，西屏镇白沙村东面，松阴溪北岸。用地面积4.37公顷，其中污水处理厂3.516公顷。项目设计规模一期1万立方米/日，中期2万立方米/日，远期4万立方米/日。服务范围为县城建成区内的城市污水和工业废水的处理。

图4-2　松阳县污水处理厂（叶光铭 摄于2008年）

该项目由云南庆中公司承建，历经13个月的实施，完成集水池、污水处理主池、提升泵房、生化池、二沉池、综合楼及设备安装等主体工程建设。2007年9月14日，成功通过单机和联动调试，运行情况符合设计要求。10月9日，开始试运行处理污水，监控系统与省局联网。2008年5月，通过环保验收。

污水处理厂日平均处理污水0.5万吨，其中生活污水4560吨，占91.2%；工业废水440吨，占8.8%。日产生污泥1.76吨（含水率约80%）。排出水质达到《城镇污水处理厂污染物排放标准》一级B标准。污泥由环卫所运往垃圾填埋场填埋处理。

整个污水处理厂一期工程投资5953万元。

松古平原垃圾集中处理一体化工程　1999年，规划建设松阳县垃圾填埋场，该工程位于松阳县城东南，西屏镇外青蒙东大坑儿山谷，距城中心5.5千米。山谷三面环山，南面紧临龙丽公路。项目初设批复核定工程概算投资780.3万元，工程用地9.4公顷，总填埋库容90万立方米，垃圾中转站日转运垃圾70吨，设计使用年限25年。垃圾处理采用卫生填埋方式，污水处理采用生化物理处理工艺。

工程由浙江省城乡规划设计研究院编制可行性研究报告，由丽水地区建筑设计院编制扩初设计，2000年5月底开工建设。

图4-3　松阳县城垃圾填埋场填埋区（叶光铭 摄于2008年）

垃圾填埋按功能分为3个区，即填埋区、污水处理区、管理区。填埋区的主要工程内容包括垃圾坝、截污坝、库底场地处理工程、渗沥液收集系统、气体导排系统、排洪及雨水系统、入库道路运输系统。污水处理区的工程内容包括渗沥液调节池、污水处理系统、处理水排放系统。管理区包括填埋场综合管理（含环境监测）用房及仓库、车库等（不包括在该次设计范围内），还有地下水监测井、大气监测点、防火隔离带等。

2000年末，一期工程完成交付使用。2002年3月，建成永丰垃圾中转站，地点在长虹路中段，永丰粮站对面，建筑面积259平方米，垃圾转运量70吨/日。2003年3月，建成县茶叶市场上首垃圾中转站，建筑面积103.74平方米，中转量30吨/日。

2003年6月，启动县城垃圾填埋场渗沥液处理工程，2005年4月，完工并开始试运行，设计能力为1500立方米/天，处理后出水水质达到《污水综合排放标准》一级标准。

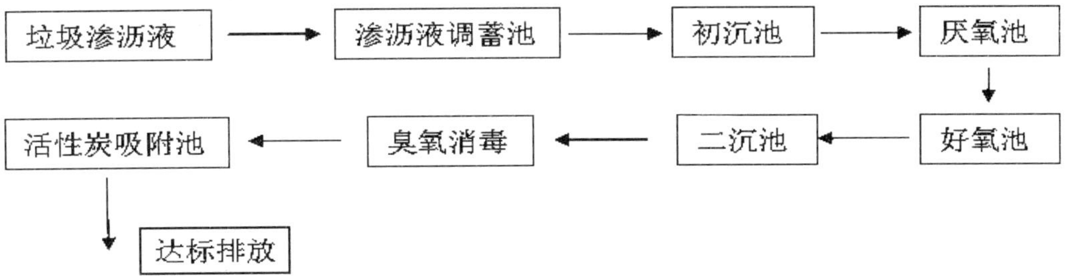

图4-4 垃圾填埋场渗沥液处理流程图

2006年，建设截污沟、管理用房，购置垃圾处理运输机械等。设立建筑垃圾填埋场所。2006年6月，与古市镇十五里村签订协议，设立弃渣场，按照“谁产生，谁承担处置责任”的原则，由业主单位或委托环卫部门将建筑垃圾运至弃渣场填埋，实现建筑垃圾资源化回填处理。

2009年11月，在龙丽公路边原草场圩垃圾堆放场完成城区垃圾收集系统和环卫综合基地建设，建筑面积110平方米，垃圾转运量70吨/日。2010年，启动县城垃圾填埋场改造。

绿色矿山创建

金山矿业 金山矿业有限公司板桥铜矿位于松阳县东部的板桥畲族乡，距县城37千米，面积1.4503平方千米，是浙江省主要有色金属原料基地之一。2009年8月，金山矿业开始创建绿色矿山。是年11月，创建方案通过市评审组专家的评审。2010年11月，通过验收。

创建绿色矿山的具体做法是采用平硐、盲斜井联合开拓的科学开采方式；采用环保的生产工艺，升级器械设备；采取覆土、绿化、复垦等生态环境治理措施，选择速生用材林和经济林果树，恢复矿区生态，保持水土，为土地合理利用创造条件；加强地质灾害防治工作，采取清除局部危岩、生态治理（植树、覆土、撒播草树籽等）、修建截排水沟和回填渣土的方法；开采结束后，结合矿区实际情况，对平硐口两端封堵，尽量选用矿山废石采用浆砌块石对矿山各老硐、各井巷及井口进行封闭隔离，使地下水位逐渐得到恢复。保障矿区及周边人员生命财产安全，消除地质灾害隐患；减少废气、废水及固体废弃物的排放；通过生产用水再生循环技术，每年可节约13.08万元。

明石矿业 浙江省松阳县峰洞岩、大樟源高岭土矿位于松阳县大东坝镇，前身为浙江高岭土公司，后该公司破产，由明石矿业有限公司收购。2010年1月，开始创建绿色矿山。是年11月，创建方案经专家评审通过。

创建绿色矿山的具体做法是补充完善相关规章制度，做到依法办矿、规范管理；外聘多位地质、测量、采矿工程师，指导生产作业，矿产资源综合利用率达到100%；加强环保工作，2009年12月，通过清洁生产审核验收，2010年1月，获ISO14001环境管理体系认证，新建五级沉淀池、新造拦渣坝等工程；终止露天开采，开展生态修复工作，治理露天采场与边坡150余亩、种植松树苗和枫树苗2.2万株及部分爬藤植物，植树总面积210余亩；修缮公司建筑，将食堂洗涤通用的明水沟改为暗水沟，新建矿山职工篮球场与乒乓球场。

矿区废水达标排放，保持矿区周边的水体不受污染；矿区植被逐步恢复，矿区绿化覆盖率增加；污染物达标排放，减少排放粉尘、噪声、废水和固体废弃物等；清除安全隐患，保障矿区及周边人员生命财产安全；规范矿山开采，提高矿产资源利用率，实现吨矿资源经济效益的最大化。

第二节　生态乡镇建设

千村示范万村整治工程

（详见第六编“城乡建设”第三章“村镇建设”第二节“乡村建设”）

农村能源开发利用工程

松阳县农村沼气建设国债项目总投资4369万元，涉及12个乡镇的34个村、2286户农户。2006～2010年，全县新建沼气6741户，累计建成户用沼气1.2万余户，建池数居全省各县（市）区首位；减少二化碳排放量176.4万千克，保护森林植被2640公顷。同时，成立全省首家农村沼气专业合作社，建立县级服务站1个，区城服务站5个，村级服务点62个。建成原料预处理池26个，每年可实现增收节支1352.4万元，惠及全县4万余户农户。

全县农民安装太阳能数量明显增长，全年共推广太阳能热水器3000余平方米左右。推广太阳能11250平方米，年节约标煤1820吨，完成叶村乡寺岭下村生态家园富民行动示范村项目建设。

推广秸秆还田技术，提高农作物秸秆的还田率；推广农作物秸秆非农业利用方式，提高二次利用率。2007年末，全县有180户农民开始使用该技术，利用废菌棒、垃圾、果壳、杂草等废弃物，较好地实现资源循环利用，累计节约能源支出10万余元。

（此目内容与第十一编“农业”第九章“农村能源建设”互为补充）

第五编 人 口

松阳原居民是“百越”族一支。秦统一六国以后，采取“迁虏”措施，把“越族”人口强行北迁。汉武帝时期先后4次迁瓯江流域4万余人到安徽省舒城一带。

后来，经过“永嘉南渡”、南北朝民族融合、“靖康之难”、康熙帝削藩与收复台湾，百姓从中原、闽汀、江西等各地迁徙松阳，构成居民主干。

松阳建县之初，人口不足万户，到明成化年间（1465～1487）突破2万人；清初战乱，减少一半；到同治年间（1862～1874）超过5万人。到民国15年（1926），人口发展到11万。中华人民共和国成立后，人口发展迅速。改革开放以后，实行“计划生育”政策，人口发展得到有效控制。到2010年末，松阳总人口23.72万人。

人口数量与分布包括松阳县的人口总量、人口密度和人口分布情况。人口变动有自然变动和人口迁移变动。人口结构分年龄结构、性别结构、劳动力人口结构、职业结构、民族人口结构、受教育人口结构和城乡人口比重。自中华人民共和国成立至2010年共进行6次人口普查，在两次普查之间进行人口抽样调查。计划生育主要记述计生宣传、有关计生政策、基层计生工作、技术服务和计生管理。婚姻家庭简述松阳婚姻和家庭的情况。族姓介绍松阳居民中各个族姓的基本情况。

第一章 人口数量与分布

东汉建安四年（199），松阳县建县时，人口不足万户。按照秦汉规定，万户以上者设令（县令），万户以下者设长（县长）。松阳县设县长。

松阳原住民主要分布在松古盆地的丘陵地带。

西晋太康元年（280），临海郡下辖章安、临海、始丰、永宁、宁海、松阳、安国、横阳8县，总户数1.8万户。

唐中后期，战乱造成老百姓南迁。松阳先民或避难躲仇或隐居，开始到山区居住。北宋末年“靖康之难”，北方沦陷区人民不堪忍受金代贵族的统治和民族压迫，被迫举族迁移，大批王族、官员、士民涌向江南地区，归于南宋小朝廷。当时的松阳县人口仍不足2万人。

明制以男为丁，女为口，“十六岁曰成丁，丁成而役，六十岁免役”。明成化八年（1472），全县有12755户，22068人，人口迅速发展。

清初“三藩之乱”时，人丁罹难逃亡甚众，人口锐减。后闽汀“十八姓”入松，康熙中期人口始升平。康熙六十年（1721），10782丁口。经过康（熙）雍（正）乾（隆）嘉（庆）4个时期200余年的发展，到同治十三年（1870），松阳的人口52938人。

民国15年（1926），全县26801户，110765人，户均4.13人。民国30年，有32667户，134698人。民国31年8月，日军侵占松阳，县人被杀、被俘或外逃者不计其数，人口锐减。民国32年统计，全县有30570户，122420人，比上年减少2097户，12278人。此后，人口仍逐年下降。

1949年10月中华人民共和国成立后，松阳人口增长迅速。年末，全县27418户，114765人。1958年，松阳与遂昌并县时，有36830户，133299人。1962年始，新兴、赤寿、樟溪、叶村4个公社安置新安江水库库区（遂安和淳安县）移民442户，1929人。1978年，安置乌溪江水库移民901户，4595人。1982年，松阳、遂昌分县时，有49683户，210584人，比并县前增加12853户、77285人，人口增长57.98%。2005～2006年，共安置摊坑移民1932人。2010年，松阳人口23.72万人。

第一节　人口总量

2010年末，全县户籍人口23.72万，比上年增长0.13%。其中，男性12.39万，女性11.33万，分别占总人口的52.2%和47.8%。全年出生1855人，出生率7.8‰；死亡2033人，死亡率为8.6‰；全年净增人口-178人，自然增长率为-0.8‰。

1978～2010年松阳县户籍人口及其自然变动情况表

表5-1-1-1　　单位：人

年份	总户数（户）	年末总人口			年平均人口	总人口中非农业人口	自然增加数	自然增长率（‰）	出生人数	人口出生率（‰）	死亡人数	人口死亡率（‰）
		合计	男	女								
1978	46568	203798	107381	96417	200320	9926	2536	12.7	3969	19.8	1433	7.2
1979	46808	205262	108031	97231	204530	10232	2059	10.1	3506	17.1	1447	7.1
1980	47217	206122	108694	97428	205692	10466	1121	5.4	2552	12.4	1431	7.0
1981	49150	207362	109159	98203	206742	12091	1302	6.3	2789	13.5	1487	7.2
1982	49683	210584	111028	99556	208973	13730	1997	9.6	3550	17.0	1553	7.4
1983	50364	212145	112008	100137	211365	14565	1264	6.0	2869	13.6	1605	7.6
1984	51266	213619	112710	100909	212882	15122	1331	6.3	2883	13.5	1552	7.3
1985	52603	215153	113533	101620	214386	18264	1706	8.0	3221	15.0	1515	7.1
1986	53802	217250	114459	102791	216202	17768	2050	9.5	3577	16.5	1527	7.1
1987	56898	219959	115915	104044	218605	18458	2451	11.2	3979	18.2	1528	7.0
1988	59441	222497	116833	105664	221228	19426	1956	8.8	3594	16.2	1638	7.4

续表 5-1-1-1

年 份	总户数（户）	年 末 总 人 口			年平均人口	总人口中非农业人口	自然增加数	自然增长率（‰）	出生人数	人口出生率（‰）	死亡人数	人口死亡率（‰）
		合 计	男	女								
1989	62419	224101	117768	106333	223299	19971	1674	7.5	3314	14.8	1640	7.3
1990	63618	224763	118219	106544	224432	20314	1178	5.2	2736	12.2	1558	6.9
1991	64423	225141	118315	106826	224952	20476	735	3.3	2304	10.2	1569	7.0
1992	65671	225511	118732	106779	225326	21490	632	2.8	2311	10.3	1679	7.5
1993	68992	226170	119003	107167	225841	21982	897	4.0	2588	11.5	1691	7.5
1994	67986	226731	119129	107602	226451	22886	1033	4.6	2665	11.8	1632	7.2
1995	69142	227489	119470	108019	227110	23945	1171	5.2	2941	12.9	1770	7.8
1996	70160	228033	119819	108214	227761	24584	996	4.4	2810	12.3	1814	8.0
1997	71087	228678	120020	108658	228356	25242	975	4.3	2659	11.6	1684	7.4
1998	72152	228809	120098	108711	228744	25901	561	2.5	2343	10.2	1782	7.8
1999	72485	229778	120642	109136	229294	26433	1045	4.6	2838	12.4	1793	7.8
2000	73413	230231	120985	109246	230005	27323	1302	5.7	2928	12.7	1626	7.1
2001	74308	230739	121087	109652	230485	28306	869	3.8	2539	11.0	1670	7.2
2002	74926	231229	121237	109992	230984	29206	834	3.6	2479	10.7	1645	7.1
2003	75723	230999	121108	109891	231114	29180	793	3.4	2379	10.3	1586	6.9
2004	76768	231037	121137	109900	231018	28978	1237	5.4	2723	11.8	1486	6.4
2005	77904	231428	121342	110086	231233	28886	887	3.8	2658	11.5	1771	7.7
2006	79741	233415	122412	111003	232422	28914	1107	4.8	2712	11.7	1605	6.9
2007	81341	234556	122966	111590	233986	28818	1051	4.5	2838	12.1	1787	7.6
2008	82321	235746	123406	112340	235151	29167	1018	4.3	2713	11.5	1695	7.2
2009	84474	236907	123901	113006	236327	29504	990	4.2	2745	11.6	1755	7.4
2010	85178	237226	123881	113345	237067	28742	-178	-0.8	1855	7.8	2033	8.6

第二节 人口密度

民国 15 年（1926），全县总人口 110765 人，土地面积 1390 平方千米，人口密度为 79.7 人/平方千米。民国 30 年，有 134698 人，土地面积 1390.45 平方千米，人口密度为 96.87 人/平方千米。民国 34 年，有 120085 人，土地面积 1390.47 平方千米，人口密度为 86.36 人/平方千米，比民国 15 年增加 6.66 人，比民国 30 年减少 10.51 人。民国 37 年，有 119658 人，人口密度为 86.06 人/

平方千米。

1953年，人口密度87人/平方千米，1964年为101人；1982年为150人；1990年为160人。1982年，西屏、古市两镇每平方千米分别为1735人和1221人，平均为1507人；农村（23个公社）为130人，其中平原地区（松古盆地9个公社）平均为234人，半山区（4个公社）平均为116人，山区（10个公社）平均为86人。城镇人口密度比农村高出11.59倍，为平原地区的6.44倍，半山区的12.99倍，山区的17.52倍。1990年，西屏、古市两镇人口密度分别为每平方千米2537人和1375人，平均2021人，比1982年分别增加802人和154人，平均增加514人，农村（25个乡）为133人，增加3人，其中平原地区（9个乡）为241人，增加7人，半山区（4个乡）为113人、减少3人，山区（12个乡）为89人、增加3人。城镇人口密度是农村的15.20倍、平原地区的8.39倍、半山区的17.88倍，山区的22.71倍。2000年，第五次全国人口普查，全县人口密度为164人/平方千米。2010年，第六次全国人口普查，全县人口密度为169人/平方千米。

2010年松阳县第六次全国人口普查分乡镇人口密度一览表

表5-1-2-1

乡镇	人口数（人）	土地面积（平方千米）	人口密度（人/平方千米）
西屏镇	66021	111	595
古市镇	20229	50	405
玉岩镇	9213	143	64
象溪镇	8765	121	72
大东坝镇	9961	216	46
望松乡	8619	38	227
叶村乡	6253	45	139
斋坛乡	6134	28	219
三都乡	2496	58	43
竹源乡	1966	50	39
四都乡	1165	40	29
赤寿乡	8335	48	174
新兴乡	8171	47	174
樟溪乡	7231	30	241
谢村乡	3453	44	78
新处乡	3307	46	72
枫坪乡	5322	100	53
板桥乡	2799	32	87
裕溪乡	3656	76	48
安民乡	1955	83	24

1978～2010年松阳县户籍人口密度一览表

表5-1-2-2

年份	年末户籍人口总数（人）	土地面积（平方千米）	人口密度（人/平方千米）
1978	203798	1406	145
1979	205262	1406	146
1980	206122	1406	147
1981	207362	1406	148
1982	210584	1406	150
1983	212145	1406	151
1984	213619	1406	152
1985	215153	1406	153
1986	217250	1406	155
1987	219959	1406	156
1988	222497	1406	158
1989	224101	1406	159
1990	224763	1406	160
1991	225141	1406	160
1992	225511	1406	160
1993	226170	1406	161
1994	226731	1406	161
1995	227489	1406	162
1996	228033	1406	162
1997	228678	1406	163
1998	228809	1406	163
1999	229778	1406	163
2000	230231	1406	164
2001	230739	1406	164
2002	231229	1406	165
2003	230999	1406	164
2004	231037	1406	164
2005	231428	1406	165
2006	233415	1406	166
2007	234556	1406	167
2008	235746	1406	168
2009	236907	1406	169
2010	237226	1406	169

第三节 人口分布

古市镇筏铺、新兴乡进贤、西屏镇营盘背出土的新石器时代文物证明，六七千年前松阳就有人类繁衍生息。早期，主要聚居松古盆地，唐以后，特别是南宋以后成放射状逐步散居境内各地。2010年末，全县总人口237226人，西屏镇人口占比最高，占全县总人口的24.5%；四都乡人口占比最低，占全县总人口的1.5%。

2010年松阳县分乡镇户籍人口及其变动情况一览表

表5-1-3-1　　单位：人

	总户数（户）	年末总人口			年平均人口	总人口中非农业人口	人口自然增加数	人口自然增长率（‰）	出生人数	人口出生率（‰）	死亡人数	人口死亡率（‰）
		合计	男	女								
全县合计	85178	237226	123881	113345	237067	28742	-178	-0.8	1855	7.8	2033	8.6
西屏镇	23891	58110	29396	28714	58304	23903	-16	-0.3	380	6.5	396	6.8
古市镇	8464	21180	10849	10331	21151	3269	-8	-0.4	163	7.7	171	8.1
玉岩镇	4119	13449	7204	6245	13420	200	-19	-1.4	121	9.0	140	10.4
象溪镇	5117	14928	7859	7069	14943	296	-92	-6.2	133	8.9	225	15.1
大东坝镇	5325	16678	8998	7680	16664	226	0	0.0	131	7.9	131	7.9
望松乡	3832	10296	5307	4989	10249	46	-1	-0.1	71	6.9	72	7.0
叶村乡	3163	8631	4530	4101	8592	67	20	2.3	80	9.3	60	7.0
斋坛乡	3135	8905	4657	4248	8881	57	-17	-1.9	61	6.9	78	8.8
三都乡	2679	8367	4584	3783	8341	25	40	4.8	92	11.0	52	6.2
竹源乡	2057	6802	3782	3020	6775	20	24	3.5	70	10.3	46	6.8
四都乡	1223	3534	1923	1611	3517	18	9	2.6	34	9.7	25	7.1
赤寿乡	3915	10760	5425	5335	10719	141	-16	-1.5	83	7.7	99	9.2
新兴乡	3440	9906	5066	4840	9871	89	10	1.0	90	9.1	80	8.1
樟溪乡	3722	10290	5294	4996	10266	92	-6	-0.6	81	7.9	87	8.5
谢村乡	1624	5041	2795	2246	5040	19	-12	-2.4	34	6.7	46	9.1
新处乡	1963	6973	3816	3157	6961	28	-7	-1.0	51	7.3	58	8.3
枫坪乡	2562	8392	4416	3976	8382	90	-13	-1.6	63	7.5	76	9.1
板桥乡	1622	4957	2635	2322	4961	54	-22	-4.4	31	6.2	53	10.7
裕溪乡	2154	6320	3391	2929	6324	71	-49	-7.7	56	8.9	105	16.6
安民乡	1171	3707	1954	1753	3710	31	-3	-0.8	30	8.1	33	8.9

第二章 人口变动

人口变动指人口状况随着时间和所处社会经济条件的变化而不断变化的过程。人口变动可分为自然变动、机械变动。在中华人民共和国成立之前，松阳多为自然变动；之后，有水库移民、“知识青年”插队落户等机械变动。

第一节 自然变动

东汉建安四年（199），松阳建县时，人口不到万户。到元代，松阳人口没有超过2万人。

明代，以男为丁，女为口，“十六岁曰成丁，丁成而役，六十岁免役”。明成化八年（1472），全县有12755户，22068人。成化十八年（1482），有13034户，25007人。10年间增加279户、2939人。此后，人口时起时落。崇祯八年（1635），有13014户，24007人。153年间，减少20户、1000人。

清初沿袭明制。顺治十一年（1654），有丁口10191。“三藩之乱”时，康熙十三年（1674）五月至十五年（1676）八月，县境沦陷，人丁罹难逃亡甚众，人口锐减。康熙中期始升平。康熙六十年（1721），10782丁口。雍正四年（1726），有10827丁口。嘉庆五年（1800），降为10153丁口。同治十三年（1874），全县有居民21235户，52938人。光绪二年（1876），有21261户，53100人。清代200多年间，人口迅速增长，增加8000余户、2.8万余人。

民国15年（1926），全县26801户，110765人，户均4.13人。民国17年，有28732户，121574人，户均4.23人。民国30年，有32667户，134698人。16年间，人口增加23933人，平均增长1.23%。民国31年8月，日军侵占松阳，县人被杀、被俘或外逃者不计其数，人口锐减。民国32年统计，全县30570户，122420人，比上年减少2097户、12278人。民国33年，全县受严重干旱、蝗虫灾害，数万亩耕地受灾，1万多亩耕地颗粒无收，县境内饿殍遍地，为求生路，许多人流离他乡。至民国34年，全县25736户，120085人，比上年减少1782户、3410人。此后，人口仍逐年下降，民国36年，有26164户，112262人，其中男60020人、女52242人。男子比民国34年减少5285人，下降率为8.1%。

1949年，全县27418户，114765人；1953年为32950户，120640人，比1949年增加5532户、5875人，年平均增长1.26%。1958年与遂昌并县时，有36830户，133299人；1982年松、遂分县时，有49683户，210584人，比并县前增加12853户、77285人，人口增长57.98%。1992年有65671户，225511人，与1949年相比，净增38253户、110746人，平均年增2575人，年递增率为15.83‰。人口自然增长率最高年份为1963年，增长率为35.8‰；最低年份为1961年，增长率为-1.8‰。1960

年、1961 年，松阳人口死亡率分别为 18.3‰和 17.2‰。

中华人民共和国成立后，人口增长速度超过历代，自 1974 年后逐步得到控制，1980 年后人口纳入计划发展轨道。1982 年第三次全国人口普查，全县常住人口 208168 人，其中男 109775、女 98393 人。1990 年第四次全国人口普查，全县常住人口 221381 人，其中男 116687 人、女 104694 人。2000 年第五次全国人口普查，全县常住人口 197340 人，其中男 102688 人、女 94652 人。2010 年第六次全国人口普查，全县常住人口 185051 人，其中男 94581 人、女 90470 人。

第二节　人口迁移

迁入迁出

迁入　东汉末年，北方诸侯割据，战乱不断，松阳偏居东南一偶，相对安稳。中原的大户为避战祸，举族南迁，有的连同村民一同迁入松阳。其中，最显著的有叶姓一族。魏晋南北朝时期，北方战争频仍，士族、庶民纷纷南移，赖、纪、项等姓辗转落脚松阳。

唐贞元年间（785～805），迁县治至移风乡紫荆村，即后来的西屏。从此，松古盆地的东端人口集聚加快。唐朝中后期的“安史之乱”“黄巾起义”，造成战乱地区老百姓南迁，迁入松阳的有金、高、周、季、程、徐、潘、陈、纪 9 个姓氏。

南宋高宗南渡时，北方居民扈从南迁，入境者散居境内各处，成为开垦山区的先驱者。这个时期迁入松阳的有洪、王、翁、杨、沈、丁、毛、吴、刘、孟、项、詹、郑、包、梅、何、江、萧 18 个姓氏。

元初，迁入松阳的有李、符、谢、曾、张、蔡、鲍 7 个族姓。

明代早中期，社会比较稳定，商品贸易较繁荣，人员流动较大，部分族姓亦迁入松阳。明代有施、姜、管、汤、宋、龚、颜、钱、俞、阙、夏、林、冯、游 14 个姓氏迁入松阳。

清初，靖南王耿精忠“以税敛暴于闽”，大批百姓不堪重负，背井离乡，迁往浙江、江西、江苏等地。康熙为收归台湾，在福建沿海重行“迁界”，强迫居民内迁十里或二十里，部分福建先民背井离乡迁到松阳这一带。清代迁入松阳的姓氏有钟、蓝、邓、廖、朱、曹、邱、邹、许、华、傅、余、卢、苏、董、饶、戴、温、邵、孙、吕、麻、陶、白、方、祝、马、樊、赵、胡、罗 31 个姓氏。清末民国初，温州、青田的漕运人员、商人沿松阴溪两岸埠头落脚，在靖居口、西屏、温州寮（横溪）等地定居。

全面抗日战争时期，省政府所属机关一度内迁，部分随员家属定居松阳。民国 37 年（1948）《浙江经济年鉴》载，本省他县定居松阳境内有 586 人，其中男 362 人、女 224 人；外省籍 27 人，其中男 12 人、女 15 人。

中华人民共和国成立初期，一批南下干部入境。1956 年 3 月，先后接收杭州移民 166 户，521 人，分别安置在新兴、赤寿、岗寺、庄门、阳溪、樟溪、望松、叶村 8 个乡 16 个高级农业生产合作社参加农业生产劳动。

1962年始，新兴、赤寿、樟溪、叶村4个公社安置新安江水库库区（遂安和淳安县）移民442户，1929人。1964年始，先后有5批外籍知识青年到松阳插队落户。其中，1964年四川省永川县5人；1966年绍兴县324人（男219人、女105人）；1969年有上海、安徽、福建、云南、甘肃等省市和浙江省杭州、宁波、建德、丽水等市县12人；1970年有江苏、湖南等省和浙江省杭州、温州、龙泉等市县5人；1974年杭州2人。1978年，安置乌溪江移民901户，4595人；2006年，安置滩坑移民1932人。

迁出　在松阳繁衍发祥成为望族的族姓，如劳姓、瞿姓、丰姓、库（厍）姓、公姓、壶姓等，已经难于考究，或播迁或消亡，不知所终。

汉代，江南叶姓始祖叶望迁居松阳，其后在县内各地迁移或回迁。因此，松阳成为江南叶姓的迁出地。

晋代，赖姓始祖赖光迁居松阳，到赖遇时已成当地一大郡望。晋安帝亲题“松阳郡”赐予赖遇，故此支望族以“松阳”为郡号，并尊赖光为开基始祖。赖光后人有迁居江西者，且在当地发展成为大郡望。

唐代，据《唐贞观八年条举氏族事体》载，括州“松阳郡”四大姓之首为黄氏。但之后“松阳郡”黄姓人口外迁，江夏郡黄姓人口迁入。唐代迁出人口有程姓播迁江西鄱阳、安徽徽州，高姓播迁丽水高源（今属云和）、青田前街、温州双门。

宋代，有名士叶梦得迁居湖州，潘好古迁居婺州。迁出人口多集中在周边州县，如有叶姓播迁龙泉西街、杨村后，衢州航埠；王姓播迁遂昌湖山；潘姓播迁严州（今建德）、温州、杭州；包姓播迁龙泉、遂昌、青田、丽水六都、金华浦江、严州清溪、温州乐清；陈姓徐姓则多播迁宣平（时属丽水）。

元代，迁出人口可查的有吴姓播迁遂昌；程姓播迁丽水滋溪、青田大漈、龙泉、庆元；孟姓播迁绍兴凤坳、遂昌大莩、王坞、孟岭。

明代，有名士王景迁居安徽铜陵。叶姓播迁遍布处州各县。这一时期人口呈现远迁，如有福建浦城（吴姓、杨姓、包姓），江苏常州（徐姓）等。其中，周姓人口外迁远及云南洱海、楚雄及贵州。

清代，松阳叶姓播迁江南及海内外，不可备述。其他已知外迁人口按照姓氏分别聚居于：

王姓播迁遂昌株树窟、龙口、应村、大山，龙泉苦马口、邑城西街、东岱、高大门，云和七赤，宣平白岸口，金华兰溪，杭州昌化，温州郡城，安徽太平、宁国，龙游，福建等地。

周姓播迁遂昌东姑坦、山树湾，龙泉枫岭源、校垟后、潘溪、鲤鱼坵，丽水碧湖，宣平源村、处水头、岭前、三港，云和，湖州孝丰，杭州于潜，建德，龙游，福建，有名士周敬昭宦居沔阳景陵。

李姓播迁遂昌垵口、金岸，龙泉上田，丽水碧湖，宣平大坑，温州平阳，衢州寺口。

潘姓播迁遂昌登埠，龙泉，温州，建德西塘，龙游大安源，安徽宁国，福建。

吴姓播迁遂昌大畈、国坪、金岸、大隐寮、社后、大马埠、石练，龙泉道太，金华兰溪，临安青龙口，德清寿昌，杭州于潜，龙游灵山。

陈姓播迁景宁，遂昌川坞、直源、樵川，宣平竹客、六葱湖、三港，丽水，龙游，温州。

徐姓播迁遂昌荫樟源、长濂、潘坑、北界，景宁，龙泉。

刘姓播迁云和徐湖，丽水保定，遂昌大柘、东门，龙泉新地口，庆元竹口，金华兰溪。

杨姓播迁福建浦城，龙游庙下，遂昌风岭头。

蓝姓播迁江西信国、万安。

张姓播迁遂昌小马埠，湖州，杭州江干、于潜。

黄姓播迁温州平阳，龙泉黄山，遂昌古亭，龙游水亭淤、大畈，丽水西门。

阙姓播迁遂昌马头、牛筋垫、东源、古亭、株树窟、龙口、下岩、新路湾、石蒲下、外塅，兰溪北门、上兜、游埠，湖州孝丰，龙游灵山、上洋源，桐庐钟山，建德寿昌，安徽宁国，福建龙溪。

郑姓播迁福建建宁，遂昌木担庄。

林姓播迁遂昌市亭、龙口、岗儿头、大马埠，苏州。

包姓播迁遂昌湖山、邑城、寺后，龙泉双溪，丽水庐湾、玉溪，宣平六葱湖，永嘉徐家桥，龙游灵山、坛头背、上杨、童家，余杭周家墩。

毛姓播迁遂昌孟岭、西庵垈、后葛、汤山头，宣平下肇、东社。

蔡姓播迁丽水郡城，遂昌高坪、邑城、长濂，龙游沐尘、庙下，德清，宁波江东。

金姓播迁龙泉坪坑，遂昌焦川、西溪，湖州。

程姓播迁云和、宣平、德清。

项姓播迁遂昌桂树窟。

宋姓播迁宣平上山头、黄莲树，兰溪邑城。

詹姓播迁福建。

钟姓播迁龙游，遂昌六都。

孟姓播迁遂昌高路、湖山、枣坞、金岸、岭上，衢州柯城、塘头、洋坑，兰溪叶垅下，温州，龙泉，云和赤石，福建浦城。

曾姓播迁宣平六葱湖、前湾、观后，遂昌后葛庄。

丁姓播迁云和松树岗、桑岭根，龙游灵山，福建福州。

汤姓播迁宣平邑城后坊，丽水城邑、黄山头、陈寮，宣平三港、山下鲍，杭州江干、余杭，景宁五都。

江姓播迁宣平竹客、叶宅。

洪姓播迁遂昌金岸。

高姓播迁遂昌。

纪姓播迁丽水黄山前、太平黄坑，遂昌麻地垵，龙游。

夏姓播迁丽水碧湖，德清。

鲍姓播迁丽水、遂昌、淳安。

季姓播迁龙泉溪下、寺下。

曹姓播迁永康，龙游，兰溪北门。

梅姓播迁福建，遂昌新路湾，龙游溪口、灵山，安徽宁国。

施姓播迁温州永嘉，丽水杨叶、余村。

民国15～19年（1926～1930），松阳县年均外迁农民410人，总数2100人。

1959年始，两批青年及家属到宁夏回族自治区支援社会主义建设。第一批166人，于1959年6月在吴忠县陈远滩落户；第二批201人，于1960年5月在宁川市平吉堡农场安置。两批总计367人，其中随迁家属54人。后多数返回，部分人留在水电部第三工程局等地工作。

1982年后，松阳县实施家庭联产承包责任制，农村富余劳力外出务工经商者逐年增加。1990年人口普查统计，外出人口4232人，其中男2294人、女1938人。18～27岁青壮年2304人，占外出总人数54.4%。1991年迁出人口2408人；1992人迁出908人。

1990～2010年松阳县人口迁入和迁出情况表

表5-2-2-1　　单位：人

年份	迁入	迁出	年份	迁入	迁出
1990	2793	4232	2001	2448	3024
1991	2084	2408	2002	2315	2738
1992	1182	908	2003	2631	3111
1993	2392	2667	2004	1975	3107
1994	2143	2378	2005	1949	3064
1995	2370	2840	2006	2253	2774
1996	2356	2783	2007	3211	2312
1997	2313	2761	2008	1560	1372
1998	2261	2552	2009	1343	1087
1999	2936	3329	2010	1189	984
2000	2402	2739	—	—	—

城镇人口

2000年，根据第五次全国人口普查结果，全县城镇户数37747户，其中家庭户37277户、集体户470户；城镇合计人口110698人，其中男57201人、女53497人，性别比103.92。

2010年，第六次全国人口普查结果显示，全县城镇户数合计24604户，其中家庭户23685户、集体户919户；城镇人口合计66183人，其中男33022人、女33161人，性别比99.58。

2010年松阳县各建制镇城镇人口情况表

表 5-2-2-2　　单位：户、人

地区	户数			人口数			
	合计	家庭户	集体户	合计	男	女	性别比
总计	24604	23685	919	66183	33022	33161	99.58
西屏	19038	18226	812	51344	25583	25761	99.31
古市	4183	4085	98	11519	5742	5777	99.39
玉岩	901	899	2	2168	1109	1059	104.72
象溪	227	226	1	503	246	257	95.72
大东坝	255	249	6	649	342	307	111.40

流动人口

2000年，根据第五次全国人口普查结果，全县流动人口12036人。其中户口登记地在松阳县其他乡的6032人，在松阳县其他镇的3052人，在浙江省其他县市区的1900人，在省外的1052人。

2010年，根据第六次全国人口普查结果，全县户口登记地在外乡镇街道的总计31097人，其中男15509人、女15588人；户口登记地在丽水市松阳之外的23881人，其中男11642人、女12239人；户口登记地在省内其他市的1504人，其中男884人、女620人；户口登记地在省外的4712人，其中男1983人、女2729人。居住在城镇的23662人，其中男11848人、女11814人；居住在乡村的7435人，其中男3661人、女3774人。

2010年松阳县现住地分乡镇户口登记地在外乡镇的人口统计表

表 5-2-2-3　　单位：人

乡镇	合计	男	女	乡镇	合计	男	女
西屏	19765	9894	9871	四都	24	11	13
古市	4790	2379	2411	赤寿	760	426	334
玉岩	842	360	482	新兴	707	340	367
象溪	341	190	151	樟溪	252	95	157
大东坝	313	119	194	谢村	129	12	117
望松	1303	768	535	新处	88	13	75
叶村	827	518	309	枫坪	218	84	134
斋坛	336	160	176	板桥	95	41	54
三都	30	5	25	裕溪	154	53	101
竹源	25	4	21	安民	98	37	61

暂住人口

1994年8月，全县有暂住人口1709人。

1998年3～6月，全县设流动人口登记站42个，以5个镇为重点，分别建立整治领导小组，对全县实有人口状况进行一次整顿调查。专项治理中，登记暂住人口1946人，发放暂住证1480份；登记人户分离7837人，其中5个建制镇有人户分离2819户6248人，占总人数的79.7%。

1999年1～6月，全县登记暂住人口1316人，发证1083人。2001年，新登记暂住人口6924人，新发暂住证1931人。

2008年，登记暂住人口22002人。2009年，全年登记暂住人口21416人，其中新登记暂住人口20258人。2010年，登记暂住人口25079人。

第三章 人口结构

从1982年人口年龄结构上看，全县14周岁以下的人口占比呈下降趋势，60岁以上人口占比呈上升趋势。在性别结构上，中华人民共和国成立前，男女性别比高于中华人民共和国成立后，山区高于平原。从职业上分，松阳县是农业县，改革开放前，从事农业生产的居多，改革开放后，从事第二、三产业的增多。从民族结构上分，松阳以汉族为主，少数民族中以畲族人口为最多。从受教育人口比例上看，中华人民共和国成立后受过教育的比中华人民共和国成立前比例高；改革开放后比改革开放前高，学历也是改革开放后高于改革开放前。从城乡人口变化上看，城镇化速度日趋加快。

第一节 年龄与性别结构

年龄结构

0～14岁人口 1964年55991人，占总人口39.53%；1982年71556人，占总人口34.37%；1990年有54711人，占总人口24.71%。1990年第四次与1982年第三次全国人口普查相比，少年儿童人口降低9.66个百分点。2000年第五次全国人口普查40966人，占20.76%。2010年第六次全国人口普查30422人，占16.44%。

15～59岁人口 1982年有119388人，占总人口57.35%；1990年144049人，占65.06%。两相比，增加24661人，增长20.66%，平均每年递增2.37%。2000年第五次全国人口普查127361人，占64.54%。2010年第六次全国人口普查121220人，占65.51%。

60岁及以上人口 民国33年（1944）8977人，占总人口7.27%；1964年10399人，占7.34%；1982年17224人，占8.27%；1990年22621人，占10.22%。2000年第五次全国人口普查29013人，占14.70%。2010年第六次全国人口普查33409人，占18.05%。

90岁以上人口 1964年1人；1982年46人；1990年61人，其中95岁以上5人，最高年龄97岁（女姓）。2000年第五次全国人口普查140人，其中95岁以下127人，100岁以下12人，100岁及以上1人。2010年第六次全国人口普查198人，其中95岁以下177人，100岁以下18人，100岁及以上3人。

全县总抚养比为40.58%，少儿抚养比为23.11%，老年赡养比为100%。

性别结构

民国17年（1928），男69719人，女51855人，性别比（女为100，下同）134.45，民国30年为119.55，低于丽水地区125.86比值。民国34年，为119.13；民国35年，为115.52；民国37

年，为113.16。历年男性人口比例均高于女性。

解放前出生人口性别比高于中华人民共和国成立后出生人口，高龄人口性别比高于低龄人口。中华人民共和国成立后，性别比逐步缩小，但仍高于全国、全省、全丽水地区比值。4次全国人口普查性别比值分别为1953年112.32、1964年110.70、1982年111.58、1990年111.46。1990年全国性别比为106.60，全省106.39，全地区110.65，全县111.46；高出全国平均比值4.86、全省5.16、全地区0.81。

1990年普查，0～29岁人口性别比为107.52，30～60岁为123.06，41～60岁为129.72。西屏、古市、望松、斋坛、叶村、阳溪、水南、新兴、岗寺、樟溪、赤寿11个平原乡镇的性别比106.81；雅溪、四都、裕溪、枫坪、交塘、大东坝、蛤湖、安民、靖居、板桥、三都、石仓、竹源、谢村、新处、玉岩16个山区、半山区乡镇性别比为117.86。平原乡镇性别比接近全国、全省平均比值。山区、半山区高于平原乡镇11.05个比值。

2000年第五次全国人口普查，全县性别比为108.49。2010年第六次全国人口普查，全县性别比为104.54，城镇性别比为99.58，乡村性别比为107.42，家庭户人口性别比为103.79，集体户人口性别比为133.32。

第二节 劳动力与职业人口结构

劳动力人口结构

劳动力结构指劳动就业人口在不同产业的分布，即不同产业的劳动就业人口在总劳动就业人口中所占的比重。

1982～2010年松阳县从业人员总数一览表

表5-3-2-1 单位：万人

年份	全社会从业人员				城镇集体以上单位从业人员	国有经济单位	城镇集体单位	乡村从业人员
	合计	第一产业	第二产业	第三产业				
1982	8.98	—	—	—	0.88	0.59	0.29	—
1983	9.11	—	—	—	0.9	0.61	0.29	—
1984	10.26	—	—	—	1.01	0.61	0.4	—
1985	10.93	—	—	—	1.07	0.62	0.45	—
1986	11.25	—	—	—	1.16	0.68	0.48	—
1987	11.64	—	—	—	1.26	0.75	0.51	—
1988	11.89	—	—	—	1.29	0.78	0.51	—
1989	12.07	—	—	—	1.27	0.79	0.48	—

续表 5-3-2-1

年份	全社会从业人员				城镇集体以上单位从业人员	国有经济单位	城镇集体单位	乡村从业人员
	合计	第一产业	第二产业	第三产业				
1990	12.28	—	—	—	1.36	0.83	0.53	9.46
1991	12.77	—	—	—	1.5	0.9	0.59	9.83
1992	13.19	—	—	—	1.44	0.96	0.48	9.7
1993	12.74	—	—	—	1.44	0.94	0.5	9.57
1994	13.06	—	—	—	1.37	0.95	0.37	9.77
1995	13.26	—	—	—	1.45	0.99	0.41	9.75
1996	13.32	—	—	—	1.45	0.98	0.4	9.61
1997	13.09	—	—	—	1.39	0.98	0.36	9.59
1998	13.19	—	—	—	1.28	0.91	0.26	9.77
1999	13.17	—	—	—	1.2	0.79	0.18	9.78
2000	13.2	—	—	—	1.13	0.76	0.18	9.4
2001	12.21	—	—	—	1.08	0.75	0.13	9.22
2002	11.42	8.37	0.87	2.18	0.97	0.71	0.11	9.12
2003	11.27	7.93	1.15	2.19	0.95	0.71	0.1	8.96
2004	11.31	7.92	1.16	2.23	0.99	0.73	0.09	8.96
2005	11.39	6.97	2.14	2.28	0.94	0.7	0.06	8.65
2006	11.42	6.98	2.14	2.3	0.85	0.69	0.05	8.64
2007	11.45	6.66	2.5	2.29	0.88	0.69	0.06	8.46
2008	11.49	6.41	2.81	2.27	0.9	0.74	0.06	8.44
2009	11.5	6.38	2.81	2.31	0.91	0.76	0.06	8.43
2010	11.52	4.95	3.58	2.99	0.96	0.76	0.04	8.2

职业人口结构

松阳历来以农为本，商贾、手工业者也多以农为基。民国 17 年（1928），全县 28732 户，121574 人，其中农民 19960 户，85398 人，占总人口 70.24%。民国 18 年，有人口 31073 户，121205 人，其中农民 21170 户，84850 人，占总人口 70%。民国 23 年，全县总人口 126955 人，其中公务（党、政、军、警）员 380 人，占总人口 0.30%；农 39522 人，占 31.13%；工 3343 人，占 2.63%；商 2014 人，占 1.59%；学 785 人，占 0.62%；自由职业 106 人，占 0.09%；其他 25 人，占 0.02%。有职业人口 46175 人，其中男 45957 人，女 218 人，占应就业人口 99.41%；无职业 272 人，占 0.59%。民国 32 年，12 岁以上劳动人口 78010 人，占总人口 65．72%，其中农 32200，工 3052 人，商 1957 人，渔 38 人，交通 117 人，医务人员 144 人，技术 43 人，自由职业 62 人，公务（党、政、军、警）4551 人，家务 31630 人，就学 2745 人，无业 211 人，失业 260 人。民国 33 年，12 岁以上人口 88023 人，占总人口71.28%，其中农33723人，工1790人，矿7人，商1368人，渔16人，交通253人，公务2218人，自由职业526人，服务业28074人，其他307人，无业19741人。民国37年，职业人口有85858人，占总人口71.57%，其中农35982人，工1663人，矿8人，商1543人，交通262人，公务1334人，自由职业802人，服务业86人，其他538人，无业43640人。4个年度比较，务农者为最，小手工业者、经商者为次，妇女从事服务或无业者居多。民国时期，行业结构少有变动。

中华人民共和国成立后，划分农业与非农业人口户籍。1949年，农业人口105159人，占总人口91.63%。1955年，农业人口112950人，占总人口数91.24%；商业人口（包括商业摊贩）685人，占0.55%；文教工作者419人，占0.34%；农业科学技术人员26人，占0.02%。1975年，农业人口增至181937人，占总人口98.29%；1977年增至187833人，占总人口95.42%。1982年，农业人口196854人，占总人口93.35%。1990年，农业人口204449人，占总人口90.96%。1978年中共十一届三中全会后，特别是1982年复置松阳县后，农业人口从事工、商、运、建、服等非农业工作的人员逐年增多，劳动结构发生很大变化。1985年，办理进城务工经商自理口粮617户、1373人，其中西屏镇512户、1154人，古市镇105户、219人。1992年，办理经济性户口742人。

2000年第五次全国人口普查，全县农业户口170893人，其中男88894人、女81999人；非农业户口25140人，占总人数12.82%，其中男13102人、女12038人。

2010年第六次全国人口普查，全县农业户口159036人，其中男81175人、女77861人；非农业户口24655人，其中男12769人、女11886人。非农业户口人数占总人数13.42%。

第三节　民族人口结构

松阳人口以汉族为主。畲族于明末清初迁居境内，聚居板桥、靖居、雅溪、裕溪、大东坝等地山区。民国18年（1929）有畲族人口1136人。民国23年，增至3167人，其中男1536人、女1631人。1949年，畲族人口降至3043人。

中华人民共和国成立后，畲族人口逐年增加。1953年有3103人，其中男1533人、女1570人；1955年有970户，3347人，其中男1715人、女1632人；1964年增至3878人，比1949年增长27.44%。

1982年全国人口普查，全县汉族203010人，占总人口97.52%；畲族5152人，占2.48%；回族4人；满族2人。1990年全国人口普查，汉族215945人，占总人口97.55%；畲族5407人，占2.44%；另有苗族6人，彝族6人，白族5人，回族3人，壮族2人，土家族2人，朝鲜族1人，侗族1人，尚未识别民族3人，计29人，占0.013%。

2000年第五次全国人口普查，全县汉族合计192367人，蒙古族24人，回族5人，藏族3人，苗族41人，彝族37人，布依族34人，满族7人，侗族14人，白族12人，土家族6人，哈尼族111人，傣族22人，佤族18人，畲族4526人，拉祜族72人，水族7人，布朗族22人，仡佬族3人，其他民族6人，其他未识别民族3人。

2010年第六次全国人口普查，全县汉族合计179430人，蒙古族2人，回族29人，藏族7人，维吾尔族5人，苗族256人，彝族109人，壮族27人，布依族146人，朝鲜族2人，满族3人，侗族40人，瑶族10人，白族43人，土家族126人，哈尼族113人，哈萨克族1人，傣族38人，黎族9人，傈僳族8人，佤族80人，畲族4259人，拉祜族217人，水族23人，东乡族1人，纳西族1人，羌族5人，布朗族52人，仡佬族3人，阿昌族2人，普米族1人。京族1人，其他未识别民族2人。

第四节　受教育与城乡人口比重

受教育人口比重

民国21年(1932)，松阳学龄儿童就学6575人，占学龄儿童32.15%；失学13879人，占67.85%。民国32年，就学学童11103人，有各种文化程度人口17854人，其中小学程度8671人、中学1563人、大学128人、其他7492人，就学者和各种文化程度者共28957人，占总人口23.65%；失学学童9040人，13岁以上不识字者54834人，占52.18%。民国33年，7岁以上103144人，其中识字人口31739人，占总人口25.70%，占应识字人口30.77%；不识字71405人，占总人口57.82%，占应识字人口69.23%。民国37年，应识字人口中私塾9755人、初小13548人、高小5425人、初中2462人、中等教育597人，高等教育127人，不识字67494人，共计99408人，分别占总人口8.13%、11.29%、4.52%、2.05%、0.5%、0.1%和56.27%。

1982年第三次全国人口普查，有各种文化程度人口127750人，占应识字（6岁及6岁以上）人口68.64%，占总人口61.37%；1990年全国人口普查统计，有各种文化程度人口154450人，占应识字人口77.61%，占总人口69.77%。

2000年第五次全国人口普查，全县6岁及6岁以上人口中，未上过学的20810人，上过扫盲班的7851人，小学文化72626人，初中文化59238人，高中文化12514人，中专文化5603人，大学专科3769人，大学本科873人，研究生28人。15岁及以上人口中，文盲人口19662人，其中男5961人、女13701人，文盲人口占15岁及以上人口比例12.57%。

2010年第六次全国人口普查，全县6岁及6岁以上人口中，未上过学的17376人，小学文化65513人，初中文化59600人，高中文化20981人，大学专科6122人，大学本科4041人，研究生85人。15岁及以上人口中，文盲人口15969人，其中男4605人、女11364人，文盲人口占15岁及以上人口比例10.3%。

城乡人口比重

根据第五次全国人口普查结果，截至2000年末，松阳县城镇人口49367人，其中男26229人、女23138人，城镇人口占总人口比重26.54%；乡村人口144973人，其中男76459人、女68514人，乡村人口占总人口比重73.46%。根据第六次全国人口普查结果，2010年末，全县城镇人口66183人，其中男33022人、女33161人，性别比99.58；城镇人口占总人口比重35.76%；乡村人口118868人，其中男61559人、女57309人，性别比107.42，乡村人口占比为64.24%。

第四章 人口普查与抽样调查

中华人民共和国成立后，分别于1953年、1964年、1982年、1990年、2000年与2010年进行过六次全国性人口普查。其中，1964年松阳是并入遂昌县的，但单独统计松阳区域的人口情况。

人口抽样调查是指根据一定的研究目的，从被研究的人口总体中随机抽出一部分人作为样本进行调查，并依据调查所得的数据，推断全部人口相应各项指标数值的一种非全面调查。一般介于前后两次普查之间。松阳主要是每年抽查1%人口变化，看城镇化率的变化，从而得出城镇化进程情况。

第一节 人口普查

（此节内容与第十八编“综合经济管理”第一章“统计管理”第三节“统计调查”之目“人口普查”互为补充）

1949年中华人民共和国成立后至2010年，松阳县开展全县性的人口普查6次。

1953～2010年松阳县6次人口普查情况表

表5-4-1-1 单位：人

年份	户数（户）	总人口数			占总人口（%）	
		合计	男	女	男	女
1953	32950	120640	63818	56822	52.90	47.10
1964	37141	143242	76000	67242	53.06	46.94
1982	49683	210584	111028	99556	52.72	47.28
1990	63618	224763	118219	106544	52.60	47.40
2000	73413	230231	120985	109246	52.55	47.45
2010	85178	237226	123881	113345	52.22	47.78

第六次全国人口普查以2010年11月1日零时为标准时点。全县412个普查区，920个普查小区，共登记92206户，280523人，其中户籍人口235338人，户口在该村居委会以外的43590人，户口待定的1342人，居住在该村其他普查小区的253人。

全县常住人口与家庭户数

2010年，全县常住人口为18.51万，同第五次全国人口普查2000年11月1日零时的19.73万人相比，10年减少1.22万人，下降6.23%，年平均下降0.64%。

图5-1 第六次人口普查入户调查（县统计局提供 摄于2010年）

全县常住人口中，共有家庭户7.13万户，家庭户人口为17.97万，平均每个家庭户的人口为2.52人，比2000年第五次全国人口普查的2.89人减少0.37人。

性别与年龄构成

2010年，全县常住人口中，男性人口为9.46万，占51.11%；女性人口为9.05万，占48.89%。总人口性别比由2000年第五次全国人口普查的108.49下降为104.54。

全县常住人口中，0～14岁的人口为3.04万，占16.44%；15～59岁的人口为12.12万，占65.51%；60岁及以上人口为3.34万，占18.05%，其中65岁及以上的人口为2.30万，占12.43%。同2000年第五次全国人口普查相比，0～14岁人口的比重下降4.32个百分点，15～59岁人口比重上升0.97个百分点，60岁及以上人口的比重上升3.35个百分点，65岁及以上人口的比重上升1.90个百分点。

受教育程度人口

2010年，全县常住人口中，具有大学（指大专及以上）程度的人口为1.02万；具有高中（含中专）程度的人口为2.10万；具有初中程度的人口为5.96万；具有小学程度的人口为6.55万（以上各种受教育程度的人包括各类学校的毕业生、肄业生和在校生）。同2000年第五次全国人口普查相比，每10万人中具有大学程度的人口由2366人上升为5538人；具有高中程度的人口由9181人上升为11338人；具有初中程度的人口由30018人上升为32207人；具有小学程度的人口由40781人下降为35403人。

全县常住人口中，文盲人口（15岁及以上不识字的人）为1.60万，同2000年第五次全国人口普查相比，文盲人口减少0.37万，文盲率由9.96%下降为8.63%，下降1.33个百分点。

城乡与地区人口分布

2010年，全县常住人口中，居住在城镇的人口为6.62万，占35.76%；居住在乡村的人口为11.89万，占64.24%。同2000年第五次全国人口普查相比，城镇人口增加1.38万，乡村人口减少2.61万，城镇人口比重上升12.45个百分点。

松古平原乡镇多于山区乡镇。

2010年松阳县各乡镇常住人口分布情况表

表5-4-1-2　　单位：万人

地区	常住人口	地区	常住人口
全县	18.51	四都	0.12
西屏	6.60	赤寿	0.83
古市	2.02	新兴	0.82
玉岩	0.92	樟溪	0.72
象溪	0.88	谢村	0.35
大东坝	1.00	新处	0.33
望松	0.86	枫坪	0.53
叶村	0.63	板桥	0.28
斋坛	0.61	裕溪	0.37
三都	0.25	安民	0.20
竹源	0.20	—	—

第二节　人口抽样调查

人口抽样调查指的是在两次全国人口普查中每年进行的1%人口抽样调查工作，主要统计全县每年末总人口数（常住），以此得出城镇化率。

2005～2010年松阳县人口抽样调查结果一览表

表5-4-2-1

年份	2005年	2006年	2007年	2008年	2009年	2010年
常住人口（万人）	18.82	18.71	18.62	18.57	18.54	18.51
城镇化率（%）	29.50	30.4	31.5	32.7	34.5	35.8

第五章　计划生育

松阳县的计划生育服务工作始于20世纪50年代中期，初时以贯彻、宣传《中华人民共和国婚姻法》为主。到20世纪70年代中期，还是比较初步的、提倡性的、时断时续地进行着，对控制人口数量、增强人口素质没有起到很大作用。1983年开始，把计划生育确定为基本国策。各级人大、政府出台一系列法律、法规、条例等规范计划生育工作。1994年5月，松阳县委、县政府决定实行计划生育“一票否决制”，县政府与各乡镇、各部门签订计划生育责任状，加强计划生育工作。

2010年，松阳人口得到有效控制。全县人口出生率由1963年的47.9‰下降到2010年的7.8‰，人口自然增长率由35.8‰下降到-0.8‰。人口由高出生率、低死亡率、高增长率，过渡到低出生率、低死亡率、低增长率，甚至出现负增长率。

第一节　计划生育宣传

松阳县的计划生育宣传，从20世纪50年代初期学习、宣传、贯彻《中华人民共和国婚姻法》和宣传避孕节育开始，随着计生工作的不断深入，在不同时期有不同的内容和特色。

早期宣传

1950年4月，《中华人民共和国婚姻法》颁布。松阳县委、县政府组织县、区、乡、机关企事业单位开展学习宣传《中华人民共和国婚姻法》的法定结婚年龄，宣传新法接生对妇女、儿童（婴幼儿）的健康保护作用，反对买卖婚姻、包办婚姻、未婚同居、早婚早育。

1962年，遂昌县计划生育委员会成立，恢复计生宣传教育工作。县计生委提出“四有利”口号，鼓励干部群众实行计划生育和晚婚，防止早婚和生育过多、过密。结合社会主义教育运动和《农业发展纲要》，提倡晚婚和计划生育，开展计生宣传教育。

“文化大革命”期间，计划生育工作处于停顿状态。

中共十一届三中全会以后，计生宣传和落实节育（四项手术）措施结合，边宣传、边摸查、边动员群众，根据计生政策接受节育手术。

国策宣传

1980年，《中共中央关于控制我国人口增长问题，致全体共产党员、共青团员的公开信》发表，要求全体共产党员、共青团员做全国青年的表率，开创“一对夫妇只生育一个孩子”的计划生育工作阶段。

8月，县计划生育委员会恢复，配备专职干部人员，负责计生宣传工作。各区（镇）公社建立相应的计生领导机构，配备计生专职干部 27 人。稍后，各大队选出不脱产的计生联络员。全县初步形成从上到下的计划生育宣传教育管理网络。

1983 年，计划生育被确定为基本国策。从此，每年都至少有一次全县范围的计生宣传教育服务月活动，进行计生国策和政策法规教育。1989 年 10 月，省政府决定把每年 10 月定为全省计划生育宣传月，松阳县遵循此规，一直延续。

20 世纪 90 年代，主要宣传《浙江省计划生育条例》，普及和推广人口和计划生育基础教育。1993 年，松阳县全面开展推进新家庭计划活动，并且一直延续。1998 年，“婚育新风进万家”活动在松阳县迅速开展，延续至 2010 年。

2000 年 3 月，县委、县政府把贯彻《中共中央国务院关于加强人口与计划生育工作 稳定低生育水平的决定》作为计划生育头等大事来抓，订购学习材料，印刷宣传单，发放到乡、镇、村，形成家喻户晓的学习热潮。

2001 年，进一步深化“婚育新风进万家”和“新家庭计划”活动，党校开设人口理论和人口知识课程，宣传结合服务、结合村民自治民主管理，寓宣传教育于服务活动，计生宣传结合文艺汇演、文化活动。开展纪念日（5.29 计生协活动日、7.11 世界人口日等）活动。是年 10 月，县计划生育委员会更名为县计划生育局。

2002 年，在电视台、《松阳报》开设计生专题、专栏，制作“计生政策访谈录”电视专题节目。对全县新当选的 2000 余名村干部集中进行计生政策法规教育，对全县 536 名村级计生服务员进行计生宣传教育培训，对全县 5000 余名育龄群众进行避孕节育、优生优育、生殖保健知识宣传教育。年末，《中华人民共和国人口与计划生育法》颁布实施以后，原有的政策和工作方法有所变化，计生局改进并充实计生宣传教育内容、重点，以适应今后的计生形势和任务。2003 年，县计生局以“一法三规”（《中华人民共和国人口与计划生育法》《社会抚养费征收管理办法》《计划生育技术服务管理条例》《流动人口计划生育工作管理办法》）和“省条例”（《浙江省人口与计划生育条例》）为主要内容，以婚育新风进万家为主要载体，在县城江滨公园制作大幅彩色宣传牌，制作 6 万份图文并茂的《计生优质服务指南》分发到全县每个育龄家庭，进村入户率和科普知识普及率 90%以上。当年有 401 户家庭申领独生子女父母光荣证，有 830 户农村独女户家庭放弃二孩生育。2004 年，主要开展“健康幸福主题教育”活动，转变育龄群众生育观念。全年着重抓“村村有节目、乡镇一台戏、县里大汇演”的计生专场演出活动。通过活动，育龄夫妇的计生法规和科普知识知晓率、随访服务率、群众满意率明显提高。2005 年，各乡（镇）、村按照“村村召开育龄妇女培训会、户户得到计生随访、人人受到计生教育”的要求，开展宣传教育服务活动。是年，1768 对夫妇申领独生子女父母光荣证，较往年有较大增长。

2006 年，计生宣传教育确立“人文、关爱”的宣传主题，同时，对外出人员实行联系户制度，采用“一联一”跟踪宣传教育服务，对流入人口实行和当地人员一样同宣传、同教育、同管理、同服务，有效地落实和解决这一宣传、教育的管理难题。2007 年，全县组织育龄妇女培训会 613 场次，34227 名育龄妇女参加并接受教育。9 月，县人口计生局发动各乡镇（村）对在全县范围内开展清理规范更新人口计生宣传标语口号专项行动。2008 年，围绕“转变人们婚育观念”这个核心任务，全年组织三级培训会 352 场次，15695 人参加，发放资料 93360 份，发放《生育文明读本》等入户 19.23 万份，随访育龄妇女 28120 人。

2009 年，全县发动乡乡计生一台戏，乡村计生人口成果展。全县 401 个行政村 80%以上有规范的“三室一校”，有 40%以上的村庄绿化、亮化工程结合开展计生环境宣传，实现乡乡有国策宣传墙，村村有计生宣传窗和国策路，整治村有宣传长廊，旧农村“多子多福”“重男轻女”等传统观念受到强烈的冲击，科学、文明、进步的新婚育观念日渐浓厚。2010 年春节期间，编排多个计生节目，在 20 个乡镇巡回“送戏下乡”文艺演出，观众超过 10000 人次。4 月，举办“将成功传给下一代”家庭教育知识讲座活动，有 5000 余名学生家长受到教育。对全县 401 个行政村、6 个社区计生情况调查摸底，全县 20 年以上无违法生育的行政村有 28 个，3 年以上无违法生育的行政村 131 个。

图 5-2　西屏镇创建人口和计生优质服务先进乡镇文艺汇演（县人口和计生局提供 摄于 2008 年）

第二节　计划生育政策

计生政策

1954 年 9 月，省卫生厅发出《关于改进避孕及人工流产问题的通知》。规定已婚男女避孕节育一律不加限制，但也不得公开宣传。松阳县政府认真贯彻执行。

1964 年 2 月，省人委下达《关于实行计划生育若干问题的暂行规定（草案）》。文件规定提倡晚婚，男子 30 岁、女子 25 岁结婚比较适宜；高校、中专、技校招生不得招收已婚男女青年，在校学生一律不得结婚。1965 年 12 月，省人委下达《关于计划生育工作若干问题的通知》。为鼓励计划生育，取消原草案中的限制性规定，规定城镇居民施行各种节育手术，除伙食费外，其他费用一律免收。职工手术、休假期间，工资照发，不算缺勤。农村社员术后应适当休息，并给予劳动工分补贴。积极提倡晚婚。

“晚、稀、少”的婚育政策　1970 年，国家提出“晚、稀、少”的婚育政策。1973 年，省政府颁布《关于计划生育工作若干规定》（试行）草案，县委积极响应，认真落实。12 月，丽水地区计划生育委员会制订《丽水地区计划生育工作规划》（1974～1980）草案（下称“草案”），明确提出“结婚晚一点，生得稀一点、少一点，养得好一点的要求”。“草案”规定，大力提倡晚婚，积极动员男女青年在 25 周岁以后结婚。已婚的要按计划生育，不要超过生育两个孩子。学生、学徒工等在学习培训期内不要结婚，否则应劝其退学、退职。在就业、分房时，有关部门应适当照顾实行晚婚和计划生育者。“草案”还提出人口自然增长率要由1973年的21‰降至1980年的10‰，人口总数到1980年要控制在210万以内。松阳县委县政府认真贯彻之。

“一对夫妇只生一个子女”的政策　1978年，中共中央批转《关于国务院计划生育领导小组第一次会议的报告》，提出“提倡一对夫妇生育子女最好一个，最多两个”的生育政策，规定一对夫妇只生一孩且有可靠节育措施者，经本人申请，单位审核，可由县政府发给独生子女优待证。规定持有独生子女优待证的夫妇，其独生子女可优先入托儿所幼儿园，免费入托入学至高中毕业（不含杂费）。独生子女在同等条件下，优先入学、招工和安排社队企业。申领独生子女光荣证后，享受3个月或每月30分工分的儿童保健费，从孩子出生日起至18周岁止。

图5-3 古市镇计划生育宣传栏（叶光铭 摄于2008年）

1980年10月7日，中央发出《关于控制我国人口增长问题致全体共产党员、共青团员的公开信》，要求广大党员、团员以身作则，带头贯彻执行“一对夫妇只生育一个孩子”的规定。1982年，计划生育工作从“晚、稀、少”转移到普遍提倡“一对夫妇只生育一个子女”，严格控制二胎，坚决遏制多胎。

1982年3月，省人大颁发《浙江省计划生育条例（试行草案）》，松阳县政府制定相应的实施细则。明确规定，“国家干部职工和城镇居民一对夫妇只生育一个孩子”“农村普遍提倡一对夫妇只生一个孩子，严格限制生第二个孩子”。县委、县政府要求行政干部、党、团员身为表率，在限定日期内落实节育措施。全县一个孩子夫妇5501对，领取独生子女证3375本，领证率61.6%，晚婚率41.9%，节育率92.98%，当年人口自增率下降到7.9‰。

松阳县计生奖惩政策　1985年9月，县政府对计划生育奖惩作出规定。凡是领取独生子女证的农村育龄夫妇，在采取可靠节育措施后，奖励奖金100元，夫妇一方在农村的奖励奖金50元；国家干部职工城镇居民，领取独生子女证，并采取可靠节育措施，按规定发给独生子女保健费每年50元等奖励政策。对于违反计划生育的也有相应的处罚政策。

计划生育流动人口管理　2004年10月，县政府制订《加强人口计划生育管理的意见》（下称“意见”）。

“意见”规定外出人口需要办理婚育证明；由所在村委会与育龄妇女签订计划生育管理服务合同，约定双方的权利和义务，保证在外出期间不违反计划生育的法律法规和政策。建立“以外管外”管理制度，各乡镇在外出人员相对集中的地方，建立计划生育协会，设立流动人口计生信息联系点，确定一名联络员（信息员），与联络员签订计生责任书、明确职责和任务，联络员定期向户籍地乡镇反馈外出人员的婚育情况。

“意见”规定凡到松阳务工、经商、从业的18～49周岁的流动人口须持国家统一格式印制的流动人口婚育证明。

计生配套政策

计划生育家庭奖励扶助制度　2002年12月，县政府制订实施计划生育利益导向和激励机制的意见，对自觉实行计划生育的家庭给予奖励和政策优惠。夫妻双方均为农村居民的，在领取独生子女父母光荣证后，其独生子女在本县范围内就学的，同等条件下优先获得助学金和奖学金，参加中考的给予加5分的待遇。14周岁以下人员在本县各医院及计生指导站就诊时，享受“一免三减半”优惠，即免收普通挂号费，三大常规（血、尿、便）检查费按国家规定标准减半收取。本县内的个体工商户，工商部门优先办理证照，规费给予适当优惠，自开业之日起两年内工商管理费减半收取。县政府建立“计划生育奖励基金”，对符合《浙江省人口与计划生育条例》可照顾生育二孩但自愿放弃生育的家庭，在领取独生子女父母光荣证、落实可靠节育措施，并在其子女满5周岁后，给予一次性800元的奖励。对高考、中考成绩优秀并被学校录取的独生子女特困生给予资助性奖励。“奖励基金”由县财政安排，每年不少于10万元。夫妻双方均为城镇失业人员的，独生子女父母奖励费由县财政全额拨给县计划生育局负责发放。民政部门制定有利于计划生育家庭的社会救助政策，建立计划生育特困户救助基金，对独生子女贫困户予以扶持。农林部门采取项目优先、科技扶持、政策优惠等措施，帮助计划生育农户增加经济收入，解决实际困难。对晚婚晚育的居民，由其所在单位给予适当奖励和照顾。机关、团体、企事业单位和其他组织干部职工晚婚的，婚假增加到20天，工资、奖金和其他福利待遇照发；晚育的，女方产假增加到120天，男方可享受15天护理假，工资、奖金和其他福利待遇照发。对达到村自管理、村民自治目标并连续3年无计划外生育的行政村，县、乡（镇）两级政府及职能部门优先安排扶贫资金。

图5-4　松阳县独生子女特困生资助奖励仪式（叶光铭 摄于2007年）

2004年，《松阳县计划生育公益金管理办法》规定，独生子女死亡或被依法鉴定为残疾（伤、病残达到三级以上），其父母不再生育、不再收养子女的家庭；独生子女家庭父母被依法鉴定为残疾（伤、病残达到三级以上）或死亡以及父母双亡的计划生育家庭，其子女年龄未满18周岁，生产、生活有特殊困难的家庭；高考、中考成绩优秀并被学校录取的独生子女特困生；独生子女死亡后依法收养子女或实施辅助生育的家庭；因计划生育手术造成手术后遗症、并发症，丧失劳动能力，生活困难的家庭；计划生育工作人员作出较大贡献、本人或家庭发生特殊困难或重大变故；推行计划生育系列保险；因其他特殊情况造成较大困难的计划生育家庭，经批准可以享受公益金扶持。

2006年，浙江省出台独生子女家庭政策奖励扶助制度，松阳县执行这一制度。本人为本省农业户口或界定为农村居民户口；现存一个子女或子女死亡现无子女；年满60周岁；本人未享受城镇职工基本社会养老保险的农村计划生育夫妇，每人每年可享受960元计划生育奖扶金。

2008年，浙江省出台计划生育家庭特别扶助制度，松阳县执行这一制度。扶助对象为松阳县城镇和农村独生子女死亡或伤、病残后未再生育或收养子女家庭的夫妻。夫妇年满49周岁的，每人每年享受6000元扶助金；年满60周岁的，每人每年享受8400元扶助金。

严禁非法鉴定胎儿性别 2004年9月，松阳县人口与计划生育领导小组颁发《关于开展出生人口性别比偏高问题治理工作意见》。禁止非医学需要的胎儿性别鉴定和选择性别的人工终止妊娠。未经卫生局或计划生育局批准，任何机构和个人不得开展胎儿性别鉴定和人工终止妊娠手术。

确定县人民医院、中医院、古市医院为中期及以上终止妊娠手术的医疗单位，实行定点引产。对符合法定生育条件、医学需要引产者，提交由县卫生局出具的医学需要终止妊娠证明或经许可的产前诊断机构出具的产前诊断报告和县计划生育局出具的同意终止妊娠证明；对不符合法定条件妊娠，拟实行终止妊娠引产者，应提交县计划生育局出具的同意终止妊娠证明。施行引产手术的医务人员，应认真查验受术者的有关证明并填写登记。

特殊情况生育审批 1982年，县人大制订《松阳县关于贯彻执行〈浙江省计划生育条例〉（试行草案）的实施细则》，把下列情况列为特殊情况生育审批对象：双方均为独生子女；已生育一个子女，经市级以上病残儿童鉴定机构确诊为非遗传性残疾，不能成为正常劳动力的；婚后五年不孕，经市级医疗单位诊断并经市计划生育委员会核定为不孕症，依法收养一个子女后怀孕的；一方为烈士的独生子女，已生育一孩的；一方未生育过，另一方再婚前已生育过一个子女的；一方未生育过，另一方再婚前丧偶并已生育二个子女的；一方连续从事矿井井下作业五年以上，只生育一个女孩并继续从事井下工作的。

基层基础规范化建设 2005年，松阳县根据《丽水市计划生育基层基础规范化建设实施意见》，进一步规范村级计划生育工作机制，建立健全村两委的计划生育工作责任制、村级计划生育工作考核激励机制、村级计划生育工作制度、村级计划生育工作网络。规范村级计划生育工作措施，规范宣传教育、合同管理、外出育龄妇女的源头管理、基础帐册、随访服务及“三查”（查病、查孕、查环）工作。

统筹解决人口问题 2007年8月，县委、县政府颁发《关于贯彻落实〈中共中央国务院关于全面加强人口和计划生育工作统筹解决人口问题的决定〉的实施意见》（以下简称《意见》）。《意见》明确提出新时期人口和计划生育工作的主要任务是从全局和战略的高度全面加强人口和计划生育工作，坚持从统筹和改革的思路推进新时期的人口和计划生育，千方百计稳定低生育水平，努力提高出生人口素质，加强出生人口性别比偏高问题的综合治理，加快建立完善流动人口计划生育管理服务体系，积极应对人口老龄化，建立完善人口和计划生育利益导向政策体系，加快推动人口管理信息化建设，加大人口和计划生育事业发展保障力度，进一步加强对人口和计划生育工作的领导。

依法行政 规范管理

2004年，县计划生育监察大队设立。2006年4月，成立人口和计生局计划生育依法行政工作领导小组，下设办公室。

监察大队制作行政执法依据目录，把国家、省有关行政行为的法律法规、规章编成册发放到各乡镇（街道）社区，做到有法可依；在执法中把行政执法职能及法律依据公开，让违法对象知道处罚结果，做到文明执法。

2007～2010 年，计划生育政策无变动。

第三节　基层计生工作

乡镇计生工作

1978 年 12 月至 1979 年 8 月，松阳地域各区、公社成立计生办公室，陆续配置计生专干，加强教育培训，加快计生专干“职业化”。1984 年以后，各乡镇成立计生工作领导小组，乡镇党委书记任组长，乡镇长任副组长，乡镇党委班子成员任小组成员。制定完善计生工作责任机制，与各村委会签订计生目标责任书，指导村制定“村规民约”，坚持“一把手”负总责，分管领导负主责，计生干部负实责制度。建立计生专干包片、住村干部包村、村干部包组包户制度。做好各项惠民政策与人口计生政策有效衔接，使计生家庭得到真正的实惠。各乡镇党委政府出台政策，深化、强化计生管理服务工作。帮助乡镇、村建立计生协会，乡领导、村领导担任会长、副会长，引导农村计生管理向村民自治管理转化。协助村委会选聘村级计生服务员，帮助指导村计生服务员尽快学习、熟悉有关计生工作职责，指导开展村里的计生管理服务工作，监督、考核村级计生工作。

村级计生工作

2000 年，松阳县在全县各村（行政村和一部分自然村）选聘村级计生服务员，负责全村计生服务工作。是年，全县 401 个行政村和较大的自然村，村村选聘村级计生服务员（大村 2～3 人，小村 1 人）。

村级计生服务员参加本村计生服务工作，促进计生工作的重心由乡镇管理向村级自主服务转变。确定每村有 1 名干部具体抓计生工作，村书记、主任为计生工作第一责任人。加强村级计生活动阵地建设，村村建立计生活动室、服务室、人口学校，开展经常性的活动。落实合同管理，组织村民自治情况回头看，推进村民计生自治民主管理工作。

计生员们做好信息搜集和记录工作。利用广播、村计生专栏及同村工作生活便利等，宣传党的计生政策法规、优生优育知识和少生、优生快富典型。每次下发计生宣传品，都及时发放到户到人。为育龄群众提供方便，提供计生服务。落实计生家庭和独生子女系列优先优惠政策。

县计生局根据计生管理服务员工作职责要求，对全县村级计生服务和驻村干部、村两委干部、乡镇计生专干分片进行教育培训。指导做好计生管理服务，做好计生统计台账，坚持实数计生。准确掌握全村育龄人员婚、孕、育、节育等信息。做好村级月报告单和计生台账的整理、核实、变更、上报等工作。做到计生台账资料完整、准确、整洁、规范，出生、新婚、性别等无差错、遗漏、瞒报。妥善保管计生统计档案和及时归档工作等。

（本节内容与本章第五节“计划生育管理”和第二十五编“社会团体”第八章“计划生育协会”第三节“计划生育服务”互为补充）

第四节 技术服务

节育技术服务

避孕节育等服务 20世纪50年代初，对避孕和堕胎采取严格的控制措施。1954年9月，省卫生厅发出《关于避孕及人工流产问题的通知》，规定已婚男女避孕节育一律不加限制，但不公开宣传。因此松阳县避孕工作并未开展，大多数医务人员对避孕工作甚感生疏。1956年9月，省卫生厅发出的《关于避孕工作的指示》，要求各地开展避孕宣传，进行避孕技术指导。1957年，省卫生厅等5个部门发出《关于避孕工作的联合通知》，要求在城市全面开展宣传工作的同时，在农村有计划、有领导地开展避孕节育的宣传。1959～1961年三年困难时期，人口增长处于低谷时期，节制生育工作暂时搁置。

20世纪80年代开始，随着计划生育宣传技术指导站的建立，一方面继续免费提供避孕套等简便节育工具，为广大育龄夫妇服务；另一方面调入一批以妇产专业为主的医务人员进入指导站工作，使避孕节育技术服务项目由医院为主逐步转向计生系统为主，并向乡（镇）延伸，使广大农村育龄夫妇就近接受技术指导，就近获取避孕节育用品。

20世纪90年代后，县、乡（镇）、村三级计划生育服务机构相继开展男女生殖系统问题的监测和治疗以及优生优育咨询、优生监测、不孕不育症咨询和诊治等。

改善硬件设施 2000年以后，计划生育经费逐年增加，购置精液尿液分析仪、妇科聚焦超生治疗机、离心机、带探头B超机、721分析仪等设备。2002年12月，松阳县出台《松阳县计划生育避孕方法知情选择指导性意见》，指导乡镇积极开展避孕方法的技术指导。2010年，县计生指导站标准化、规范化建设项目正式立项。由省财政补助100万、县财政配套投入20万元，对指导站进行标准化建设，建成之初建筑面积近500平方米。之后，扩大至1500平方米。发展成为集人口计生宣传教育、技术服务、优生指导、药具发放、生殖健康、信息咨询、随访服务、人员培训八位一体的计划生育专业服务机构。指导站拥有聚焦超声治疗仪、光学电子阴道镜、Leep刀、带阴道探头B超、血液分析仪、尿液分析仪、酶标仪等先进的检测和治疗设备。

扩大服务范围 计划生育指导站开设的技术服务项目有优生优育咨询、优生检测、不孕不育诊治、性知识咨询指导、性病诊治、妇科疾病诊治等。全县各乡镇根据县计生局的要求加强技术服务、网络服务，建立技术服务机构，配置技术服务人员，承担优生优育咨询和孕检服务项目等。

药具管理服务

1991年10月22日，县计生委印发《关于加强避孕药县管理的通知》，要求各区、镇、乡计生办把避孕药具管理工作和技术、宣传工作放在同等重要的位置，切实加强领导，督促计划生育专职干部做好药具发放工作。1992年3月，县计生委印发《关于进一步做好避孕药具工作的通知》，对避孕药具的领取、销售作出规定。

2010年，松阳县计生技术指导站在2007年药具改革评估工作的基础上，进一步规范药具管理的各项工作。根据县、乡（镇）、村、免费发放点的不同要求制定不同的药具管理制度。对城区设置的避孕药具免费发放点进行不定期地检查、指导和送药，满足各个发放点药具的需求。严格执行县、乡库存周转量指标，实行乡、镇按实际情况随时请领制度，避免库存量过多而造成的浪费，并且在避孕药具出入库中严格执行验收制度，有效杜绝过期变质失效药具发放到育龄群众手中。对全县药具管理人员进行业务培训考核，考核合格者发放避孕药具管理人员上岗证，做到持证上岗、规范管理。

（此节内容与第三十四编“医疗卫生”第六章“妇幼保健”第四节“计划生育技术指导”互为补充）

第五节　计划生育管理

1963年11月，遂昌县计划生育委员会成立，其时松阳区域的计生管理工作（仅仅是宣传和提倡避孕节育）在遂昌县计生委领导下开展工作。1966年“文化大革命”开始，计生工作全面停止，计生机构被撤销，计生队伍人员被解散，只留少数人员处理日常工作。1972年4月，遂昌县重新成立计生委，计生委与县爱委会合并，成为县计划生育、爱国卫生运动委员会。下设办公室，负责计生宣传工作。1975年12月，遂昌县计生委改成县计生领导小组，下设办公室。

1982年8月，建松阳县计划生育委员会，2001年改称计生局，2005年8月，改称人口计生局。

县人计局是县政府主管全县人口与计划生育工作的职能部门。任务是贯彻国家和省、地有关人口与计划生育的方针政策、法令法规，负责管理全县人口与计划生育工作以及有关人口工作的规划、协调、监督、宣传和服务工作，实现全县各时期的人口计划与经济社会发展相适应。

1993年开始，松阳县逐步加强对流动人口的计生管理。12月，县计生委行政许可科（政策统计科）开始检查、督促、指导、协调乡镇流动人口的计生管理工作；联系协调公安、建设、工商、劳动保障、卫生等有关部门，落实流动人口计划生育管理职责，促进流动人口计划生育工作的综合治理。1997年12月，县计生委成立流动人口管理科，加强对流动人口计生管理工作。与此同时，乡镇（街道）也加强对流动人员的管理。

随着全县工业经济和农村茶业经济的发展，外来的打工人员和采茶妇女呈逐年上升趋势，这些外来人员，流动性大，给计生工作带来管理上的困难。2000～2010年，全县各乡镇、村在日常计生服务的基础上，每年组织2次外来人口大排查活动，把外来育龄妇女纳入辖区日常管理，每月做好外出流动人口的信息采集工作，并在全员系统中录入建档，及时处理回复流动人口综合信息平台内容，对外来、外出育龄妇女实行动态管理，查验有关证件，进行“三查”等定期服务。村级计生服务员对流动人员中的育龄妇女，同样发放宣传资料、避孕药具，乡镇卫生院对她们实行免费“三查”。

第六章 婚姻家庭

在清代前，松阳的婚姻状况讲究形式。民国时期，虽然实行“一夫一妻”制，但典妻、纳妾现象不在少数。中华人民共和国成立后，颁布《中华人民共和国婚姻法》，规范婚姻家庭关系。

由婚姻缔结组成的家庭，中华人民共和国成立前，基本上是大家庭、大家族；中华人民共和国成立后，逐步发展为自由的小家庭；改革开放后，家庭的规模更小，成员工作、生活更分散。

第一节 婚姻概况

封建社会婚姻遵奉父母之命、媒妁之言的习俗，自由恋爱属越轨行为，不为社会、家族、家庭所认同，故有“天上无云不下雨，地上无烟不为村，男女无媒不成婚”的说法。一般婚配有以下几个过程：媒人提亲、相亲、定亲（定婚）、结婚等程序，俗称明媒正娶。定婚时，双方父母互换庚帖（八字），再请人推算能否婚配，称为“合八字”。若无相冲相克，或女方不犯“八败”，则婚事可成；若有“八字”不合，则退亲悔婚，提出悔婚方要承担相应的补偿。古人不知优生优育的科学道理，但禁止同宗同族通婚。

旧时，虽然认为家庭婚姻制度重要，也有相关的律法，但主要是维护封建礼教制度，并没有对妇女地位、结婚年龄等方面的规定，娶娃娃亲、童养媳、纳妾等现象较多。有些妇女在丈夫去世后，家里成员不准其再嫁，成为寡妇，有的还立“贞节牌坊”。民国后，从法律上确立一夫一妻制度，提倡男女平等和新式婚姻，但童养媳、典妻、借腹生子、纳妾、寡妇不能继承丈夫遗产的现象仍然存在。

中华人民共和国成立前，对最低婚育年龄，民间有“十三娘十四爷”之说。民国18年（1929），国民政府规定男18岁、女16岁始可结婚。

1950年，《中华人民共和国婚姻法》颁布，规定男20岁、女18岁方可结婚。1980年，经修订，法定结婚年龄为男22周岁、女20周岁。提倡晚婚年龄是男25周岁、女23周岁。提倡晚婚晚育、优生优育后，松阳群众积极响应，结婚年龄相应推迟。

改革开放后，男女青年多有外出工作经商、打工，时有外地女青年嫁到松阳，松阳女青年嫁到外地，汉族与少数民族通婚已属普遍现象。婚姻状态更趋交融和谐。

第二节　婚姻统计

民国 21 年（1932），松阳县有配偶 62273 人（男 31092 人，女 31181 人），未婚 55518 人（男 36324 人，女 19194 人），离婚 97 人（男 87 人，女 10 人），鳏寡 9076 人（男 4247 人，女 4829 人）。民国 32 年，有配偶 62263 人（男 31569 人，女 30694 人），未婚 9664 人（男 7593 人，女 2071 人），离婚 1312 人（男 1088 人，女 224 人），鳏寡 9941 人（男 3914 人，女 6027 人）。民国 37 年，有配偶 55748 人（男 27753 人，女 27995 人），未婚 12960 人（男 8654 人，女 4306 人），丧偶 9073 人（男 3972 人，女 5101 人），离婚 1008 人（男 709 人，女 299 人），无偶和丧偶人数占可婚人数 25%以上。相对比，丧偶率高，离婚率低，丧偶人数中女性高于男性 1 倍以上。中华人民共和国成立后，这种情况得到改变。

1982 年，15 岁以上（含 15 岁）人口 136612 人，（男 72618 人，女 63994 人）；未婚 40917 人（男 25697 人，女 15220 人），占 15 岁以上人口（以下同）29. 95%；有配偶 84291 人（男 41971 人，女 42320 人），占 61. 70%；丧偶 9675 人（男 3324 人，女 6351 人），占 7. 08%；离婚 1729 人（男 1626 人，女 103 人），占 1. 27%。1990 年，15 岁以上（含 15 岁）166663 人（男 88228 人，女 78435 人）；未婚 48959 人（男 30266 人，女 18693 人），占 29. 38%；有配偶 105510 人（男 52578 人，女 52932 人），占 63. 31%；丧偶 10341 人（男 3722 人，女 6619 人），占 6. 20%；离婚 1853 人（男 1662 人，女 191 人），占 1. 11%。1990 年与 1982 年相比，15 岁以上（含 15 岁）人口，增长 22. 00%，未婚增长 19. 65%，有配偶增长 25. 17%，丧偶增长 6. 88%，离婚率增长 7. 17%。

2004～2010 年松阳县婚姻登记统计表

表 5-6-2-1

年份	结婚登记（对）	离婚登记（对）	补发结婚证（件）	补发离婚证（件）	补办（对）	（无）婚姻登记记录证明（份）
2004	787	53	—	—	—	—
2005	1596	166	38	3	—	—
2006	1933	232	49	4	—	—
2007	1940	323	65	10	—	—
2008	1936	303	95	6	166	414
2009	1881	350	201	9	227	1198
2010	1951	342	203	8	231	2161
合计	12024	1769	651	40	624	3773

第三节 家 庭

古代，松阳县家族主义、夫权至上、男尊女卑等宗法制度几近严苛，数代同堂、累世同居较为寻常，尤其以“庭无间言，室无异爨”为理想家庭的标志。

明代，水南何斑玺，享寿百岁有零，六世同堂，奉旨建坊名耆德门。清代，牛角圩林福元，生平好义，五代同堂，奉旨旌表，钦赐顶服、缎匹、银两，给予“七叶衍祥”匾额；王村王廷侯，五代同堂，有子七人，孙二十二人，曾孙十四人，元孙五人。书香门第及豪富之家，尤以多代同居共炊为荣，儿辈提出“分家”，非但会受到家族的非难，也会遭到公众舆论的谴责，会被斥为“不孝”，受亲友邻里的唾骂。

晚清至民国的百余年，随着中国社会性质的变化，松阳的家庭关系也经历了深刻的变化。直至民国初年，松阳仍多大家庭。石仓阙联辉，孝友谦和，五代同堂，奉大总统徐世昌褒题“乡里矜式”匾额，并给红绶银质褒章。

中华人民共和国成立后，全国的家庭在规模上也经历了由大到小的变化。松阳的大家庭模式也随之逐渐解体，经济独立的小家庭日见增多。但仍有个别现象，如樟溪乡蓝家村在解放初期还存在五世同堂共爨的家庭。总体而言，四世、五世同堂，由数十口、百余口成员组成的大家庭，到新中国建立后已不多见。特别是改革开放之后，广大农村放宽搞活经济政策的实施，核心家庭的比例越来越大。1949 年，全县平均每户规模为 4.2 人，到 2010 年，已降为 2.8 人。中华人民共和国成立后的 60 年间，家庭户数量的比例增加 1.5 倍。

第七章 族 姓

松阳县有10个姓发祥成为望族，其郡图为“松阳郡”。松阳也是一个移民社会，据近百部族谱载，永嘉之难、南北朝、靖康之难以及清初削藩，是外地族姓迁徙松阳最多的几个时点。

外来族姓多会建造宗祠祭祖。明嘉靖之后延续数百年，民间建造宗祠盛行。府志称，“松邑人崇信义，家置祭田，建造祠宇，兢兢乎有报本追远之思焉”。中华人民共和国成立后，县境内部分宗祠被改为他用或拆除，现存有200多座宗祠。

封建社会，族规即宗法制度下家族的法规，是同姓家族制定的公约，用来约束本家族成员。民间所谓“国有国法，族有族规”，反映族规对族人的影响力。家训是家庭对子孙立身处世、持家治业的教诲，对个人的教养、原则都有着重要的约束作用。松阳百姓的族规家训有着与全国其他地方族规家训相同的地方，比如体现儒家思想、耕读传家、慈孝文化等，但也体现松阳地方特色。

第一节 源 流

松阳郡诸姓

汉民族的族姓中，郡望是“松阳郡”或堂号是“松阳堂”的姓氏有10个，即劳、瞿、丰、库、厍、公、壶、赖、黄、叶，可以表明这10个姓氏在松阳发祥成为望族。

劳姓　有一支劳姓在松阳繁衍发祥，成为望族。松阳劳姓除郡望是“松阳郡”外，堂号也是“松阳堂”。今松阳劳姓无考。

瞿姓　大约两宋时期，瞿姓迁入松阳并发祥至望族。松阳瞿姓除郡望是“松阳郡”外，堂号也是“松阳堂”。今松阳瞿姓无考。

丰姓　据《通志·氏族略》记载：丰氏望出松阳。松阳丰姓除郡望是“松阳郡”外，堂号也是“松阳堂”。晚唐时松阳有个名道士酆去奢，民国《松阳县志》误作“丰去奢，元人也，居卯山修炼”。实际上丰姓与酆姓是两个姓氏，在宋版《百家姓》中分别排序第392位和第61位，今松阳也没有丰姓与酆姓。

库（厍）姓　“库”“厍”二字通假通用，因此其姓氏亦分称库氏、或厍氏。松阳库（厍）氏除郡望是“松阳郡”外，堂号也是“松阳堂”。丽水地区尚有库（厍）姓分布，松阳没有。

公姓　公姓何时迁入松阳发枝发祥，无从稽考。松阳公姓郡望与堂号均为“栝苍”，栝苍郡其实也就是松阳郡，今龙泉有公姓分布，松阳没有。

壶姓　郡号为松阳郡，亦称缙云郡。今松阳壶姓无从查考。

赖姓 赖姓发源于今河南省境。据《赖氏族谱》所载，东晋有赖忠诚任虔州（今属江西省）知府，后人赖光迁居松阳，到赖遇时已成当地一大郡望。晋安帝亲题“松阳郡”赐予赖遇，故此支望族以“松阳”为郡号，并尊赖光为开基始祖。另外，赖光后人有迁居江西者，且在当地发展成为大郡望，治郡为南康郡。

黄姓 据《唐贞观八年条举氏族事体》载，栝州松阳郡四大姓之首为黄氏；据北宋《太平寰宇记》，处州缙云郡三大姓之首也是黄氏。因此，黄姓有“松阳郡”。

叶姓 源于沈姓，沈诸梁分封河南叶县，后代姓叶。东汉建安二年（197），江南叶姓始祖叶望经山东青州、丹阳到松阳，再发展到江南各地。松阳全县叶姓人口 3 万多，占总人口的 13%强。境内叶姓都是叶望的后裔子孙，他们在县内各地迁移或回迁。因此，江南的叶姓可视为“松阳郡”。

迁徙

白氏 楼塘支、石马铺支。石马铺白氏于清雍正年间（1723～1735）徙自平阳。楼塘支白氏于清同治年间（1862～1874）徙自青田。

包氏 蟾湖支、青田码头支。蟾湖包氏始迁祖包仁，绍熙癸丑科进士，于宋宝庆年间（1225～1227）徙自婺州，今散居各处。青田码头包氏于民国 5 年（1916）徙自青田。

鲍氏 聚居四都。陈家铺鲍氏于元至正年间（1341～1368）徙自宣平。

蔡氏 思步支、淡竹/半岭支、蔡宅支、古市支。古市蔡氏于清光绪十二年（1886）徙自福建莆田。思步蔡氏于元至顺三年（1332）徙自宣平（今丽水曳岭脚），今城东、上源等地蔡氏系由思步出；淡竹/半岭蔡氏于明宣德年间（1426～1435）徙自宣平（今丽水曳岭脚）；蔡宅蔡氏于明嘉靖年间（1522～1566）徙自莆田。

曹氏 港口支、石仓支。港口曹氏于清乾隆年间（1736～1795）徙自福建长汀。石仓曹氏于清康乾年间（1662～1795）徙自福建，今蔡宅、灯塔、东关等地曹氏系由石仓曹氏出。

程姓 城东支、邑城大井支、白沙支。白沙程氏于南宋末徙居。城东程氏始迁祖程旷，于唐乾符三年（876）仕松阳县尹，徙自江西鄱阳，今大川、朱山、程徐、蛤湖、石仓、裕溪徐山程氏同出；邑城大井程氏于清乾隆年间（1736～1795）徙自徽州绩溪。

戴姓 聚居古市城头。古市城头戴氏于清代中期徙自福建。

邓姓 麻寮支、牛角圩支、内大阴支。麻寮邓氏于清雍正七年（1729）徙自江西南丰；牛角圩邓氏于清乾隆年间（1736～1795）徙自福建邵武；内大阴邓氏于清雍正年间（1723～1735）徙自福建连城。

丁姓 骥湖支、庄河支。骥湖丁氏始迁祖丁克仁（1024～1087），授松阳博学宣教，于宋元祐年间（1086～1094）徙自缙云；庄河丁氏始迁祖丁克仁（1042～1106）于宋元祐年间（1086～1094）徙自温州府城，其后于明永乐年间（1403～1424）迁居庄河。

董姓 聚居大竹溪、叶川头董氏，同系一支。于清朝初年徙自云和。

樊氏 聚居石马湾（今属安民乡大潘坑村），即荷田樊氏，于元明之际徙自安庆怀宁。

范氏 仅知遂安一支，1963 年新安江移民，郡望高平。

方姓 善观庄支、新安江支。新安江方氏于 1963 年移居松阳县新兴镇进贤、端口、渡市、贤溪等地。善观庄方氏于清康熙年间（1662～1722）徙自安徽歙县。

冯姓　紫草支、灯塔支。郡望始平。灯塔冯氏于清乾隆十一年（1746）徙自福建上杭。紫草冯氏于明正德年间（1506～1521）徙自丽水太平庄，今源内、铺门、靖居、鲁峰等地冯氏同出。

符姓　聚居枫坪、山乍口。于明前期徙自浦江。

傅氏　皆系福建上杭蛟洋始祖傅念七郎后裔，散居新溪、蕃薯寮（樟溪乡金村）、唐虞岗（属枫坪乡山乍口）、排住口（玉岩镇排居口）、洋坑源（大东坝镇明源）、沙岸坑（板桥乡潘八）等地。

高姓　聚居象溪。象溪高氏于唐大历年间（766～779）徙自钱塘，郡望广陵。

耿姓　聚居潘村。潘村耿氏于清乾隆年间徙自丽水陶庄。

龚姓　聚居小吉。小吉龚氏于清乾隆十五年（1750）徙自龙泉龚村。

谷姓　仅一支，于清光绪间（1875～1908）徙自碧湖。

管姓　聚居桐榔。桐榔管氏于明末清初徙自龙泉。

郭姓　北山支、赵圩坝支。北山郭氏于清顺治年间（1644～1661）徙自福建上杭；赵圩坝郭氏于清乾隆年间徙自福建寿宁。

何姓　项弄/水南支、何山头支、项坑/吊坛支、四都上河支、七都上河支、支木支、东坑支、排住口支、黄岗头支、山下阳支。黄岗头何氏后裔全部迁出望松黄岗头，分居北山乌石徐村、西河等地；山下阳何氏徙自宣平。项弄/水南何氏于大德元年（1297）徙自处州保定；何山头何氏于明永乐年间（1403～1424）徙自龙泉豫章，何山头、源坑何氏同出；项坑/吊坛何氏于明嘉靖（1522～1566）前后徙自金鉴山；四都上河何氏于明永乐年间（1403～1424）徙居上河（今四都乡下包村上河自然村）；七都上河何氏于明成化十九年（1483）徙居上河（今古市镇上河村）；支木何氏于宋时徙自龙泉豫章；东坑何氏于元至顺年（1330～1333）徙居东坑（今四都乡下包村东坑自然村）；排住口何氏于清康熙五十四年（1715）徙自福建上杭，谱传为何仙姑族裔。

洪姓　潘山头支、旌义支。郡望皆为敦煌。潘山头洪氏于宋咸淳三年（1267）卜居界首。后转迁道惠，元延祐年间（1314～1320）定居潘山头。旌义（古市）洪氏于明崇祯年间（1628～1644）徙自徽州歙县。

胡姓　聚居石仓源荼排。石仓胡氏于清顺治年间（1644～1661）徙自庆元。还有胡姓于清末徙自永康、缙云。

华姓　聚居曹竹。曹竹华氏于清康熙 2 间（1662～1722）徙自福建汀州。

黄姓　黄圩支、徐郑支、木岱坑支、叶村头支、界首支、上湾支、大竹溪支、乌井支、雅溪口支。乌井黄氏于清康熙三年（1664）徙自江西永丰；雅溪口黄氏徙自福建建宁。黄圩黄氏于清顺治十七年（1660）徙自福建仙游；徐郑黄氏于清乾隆年间（1736～1795）徙自福建建宁；木岱坑黄氏于清康熙二十五年（1686）徙自福建崎滩；叶村头黄氏于明天启年间（1621～1627）徙自福建安溪；界首黄氏于清康熙年间（1662～1722）徙自广东嘉应；上湾（今黄枝连与红连一带）黄氏于清康熙年间徙自江西南丰；大竹溪黄氏清雍正七年（1729）徙自江西广昌。

纪氏　始迁祖纪浚，又名纪仁义，五代时期松阳县尹，南唐开运二年（945）徙居十五里铺边（十五里村），今散居各处。

季姓　神坛支、粗砻支、丁坑支。神坛（交塘）季氏于宋末元初徙居玉岩溪口，其后转迁神坛；粗砻（南胜）季氏于明成化年间（1465～1487）徙自龙泉，今苦竹下、高寮、由章同出；丁坑季氏于清康熙年间自龙泉迁居斗潭，析迁丁坑。

江姓　平田支、横岚支。平田江氏于宋绍兴年间（1131～1162）徙自郡城，今榔树、岭上同出；横岚江氏自云和郑地迁居丽水，后迁松阳象溪、裕溪、板桥一带。

姜姓　聚居靖居口。靖居口姜氏于明景泰年间（1450～1456）徙自衢州东迹街。

金姓　西沿坑支、王村支、上源支、洋坑支、潘山支、南岱支。南岱金氏徙自永康童琴，于明时迁居遂昌金岸转迁吊坛，清时分迁南岱。西沿坑金氏于明洪武年间（1368～1398）自上安徙居，今竹客口、力溪、大邱下同出；王村金氏于宋末自兰溪徙居松阳城邑北隅，元至元年间（1335～1340）转迁王村；上源金氏于明洪武年间徙自栝苍；洋坑金氏于明景泰年间徙自遂昌，今大根、洋庄同出；潘山金氏于清乾隆十三年（1738）徙自处州郡城。

赖姓　东角垄支、桥头支、赵圩坝支。东角垄赖氏于清雍正六年（1728）徙自福建永定；桥头赖氏于清雍正年间（1723～1735）徙自福建上杭，今塘寮、白峰尖同出；赵圩坝（西山）赖氏于雍正六年（1728）徙自福建上杭。

蓝姓　陈村支、鲁西支、石马源支、景宁支。今松阳有兰姓，本蓝姓，因不规范简化之故。石马源蓝氏于清初徙自云和安溪，今石牌门、坑头源、黄垵、田蚁弄口同出；景宁蓝氏于清时各期徙自景宁包凤和南峰，后裔散居各地，该支为松阳畲族大宗。陈村（福村蓝家）蓝氏于清乾隆九年（1744）徙自福建上杭，该支为汉族；鲁西蓝氏于清乾隆年间徙自云和石塘。

雷姓　惠明寺支、石马源支、裕溪源支、后塘支。郡望冯翊。石马源雷氏于清顺治年间（1644～1661）徙自景宁殿源，今下里垟杨梅、神仙垄、建坑、下牛栏坪同出；裕溪源雷氏于清乾隆年间徙自丽水，今大林、裕溪源同出；后塘雷氏于清乾隆年间徙自宣平上坦，今马蹄湾、坑上源、东坑、潘家弄、大纺车同出。惠明寺雷氏于清顺治年间徙居云和新处垟，分迁松阳后塘、石仓马蹄湾、源底等地。

练姓　聚居洋坑埠头。洋坑埠头练氏于清道光年间（1821～1850）徙自龙泉桃子坑，郡望河内。

梁姓　仅知苍南一支，1949年后迁居松阳。

廖姓　聚居大徐。大徐廖氏于清康熙二年（1663）自福建永定迁居乌连（赤寿乡红连村），清乾隆五十二年（1787）转迁大徐。

林姓　彩湾支、雅溪口支、牛角圩支、石仓山头支、二滩坝支、雅溪东田支、后刘支、半古月支。石仓山头林氏于清乾隆年间徙自福建长汀；二滩坝林氏于乾隆间徙自福建上杭，系柴世宗之子改柴为林；雅溪东田林氏于清道光年间徙自温州平阳；大垄（后刘）林氏于乾隆三十九年（1774）徙自温州平阳；半古月林氏于乾隆四十三年（1778）徙自温州平阳。彩湾林氏于明崇祯五年（1632）自福建连城迁居碗寮（紫草），清康熙三十九年（1700）析居菜湾（铺门）；项山头（雅溪口）林氏于清雍正三年（1725）徙自福建长汀，系柴世宗之子改柴为林，今邵山脚同出；五合圩（牛角圩）林氏于雍正元年（1723）自福建材溪迁居隔溪上潘，乾隆三年（1738）转迁五合圩，今楼塘、力溪、斋坛、上潘、汶水口、岩下同出。

楼姓　聚居东市。东市楼氏于清乾隆四十年（1775）徙自义乌里介。郡望杞国。

卢姓　斗潭支、靖居口支、樟村支、半古月支。樟村卢氏于清康熙五十四年（1715）徙自福建永定；半古月卢氏于清乾隆五十六年（1791）徙自温州平阳。斗潭卢氏于清嘉庆六年（1801）徙自永康；靖居口卢氏于清雍正年间（1723～1735）徙自金华卢家，系柴世宗之子改柴为卢。

陆姓　分淳安与遂安二支，均为1963年新安江移民。淳安（淳安锦沙）陆氏析居樟溪乡陆家村等地，郡望江南。遂安（遂安双龙里）陆氏析居叶村乡叶家村等地，郡望吴郡。

罗姓　南州支、新村支。南州罗氏于清顺治年间（1644～1661）徙自福建延平，今斋坛、大路、大毛科同出；新村（叶村）罗氏于清康熙六十一年（1722）徙自福建龙岩。

骆姓　于明嘉靖年间（1522～1566）自岩头骆村迁居麻洋（即遂昌县麻洋，与松阳县大铺、平卿紧邻），郡望内黄，松阳骆姓由此出。

吕姓　于清康熙乾隆年间自丽水保定徙居章山、霭溪一带（今属裕溪乡），郡望东平。

麻姓　桐榔支、卯山后支。桐榔麻氏于清康熙年间（1662～1722）徙自缙云东溪，水南青龙同出；卯山后麻氏于清同治五年（1866）徙自青田邑城。

马姓　溪下支、花田垄支，郡望扶风。溪下马氏于清康熙年间徙自东阳；花田垄马氏于清咸丰年间（1851～1861）徙自云和。

毛姓　南山支、里黄支、大岭根支、山甫支、毛村支、上仓支。南山毛氏始迁祖毛大宣，衢州太守，于宋太平兴国元年（976）致仕卜居松阳南山，后裔于宋淳祐年间（1241～1252）迁居城北，今活源、澄川同出；里黄毛氏于元朝自福建上杭徙居松阳里黄（上源），明永乐年间（1403～1424）析迁上庄（三都乡上庄）；大岭根毛氏自江山徙居松阳毛岭根，明永乐年间析迁坳后；山甫毛氏于明建文二年（1400）徙居散甫（山甫），清康熙五十六年（1717）析迁大栗湾（斗潭）。毛村毛氏于明正统年间（1436～1449）自南山迁居毛村（大路）；上仓毛氏于宋绍熙年间（1190～1194）自遂昌大仓头徙居毛山头，明洪武二十九年（1396）析迁上庄（新兴镇上仓）。

梅姓　聚居梅村（今属二滩坝村）。梅村梅氏徙自龙泉，清同治年间（1862～1874）析迁赤岸。

孟姓　聚居黉源（今内孟村）。黉源孟氏始迁祖孟世醴，于宋淳熙元年（1174）任松阳主薄，后裔聚居新兴一带。

钱姓　聚居杭坑（今周坑）。周坑钱氏于宋时徙自青田石帆。

邱姓　南胜支、草塔支。西江庄（草塔）邱氏于清朝中期徙自福建闽州。南坑（南胜）邱氏于清康熙年间（1662～1722）徙自龙泉。

阙姓　从清康熙四十年（1701）开始，陆续徙自福建上杭。

饶姓　城北支、坑里支。坑里饶氏于清雍正年间（1723～1735）徙自江西桃花园，城北饶氏于清乾隆年间（1736～1795）徙自福建长汀。

邵姓 聚居山背（板桥乡高山）。山背邵氏于清顺治年间（1644～1661）徙自余姚城南，郡望博陵。

沈姓 始迁祖沈秉铎，作教松阳，遂自湖州吴兴宦居松阳城西。其子沈晦，宋宣和甲辰科状元。

施姓 聚居雅溪。雅溪施氏于明万历二年（1574）徙自缙云，清光绪年间（1875～1908）析迁靖居包。

宋姓 呈回/杨家堂支、后湾支、上田/半岭支、朱竹支、凉连支。呈回/杨家堂宋氏于明弘治年间（1488～1505）自浦江徙居松阳呈回，清顺治年间析迁杨家堂；后湾宋氏于明初徙自浦江，始迁祖宋浩，系宋濂第四子；上田/半岭宋氏，自乌伤（义乌）徙居松阳斗潭，后举族转迁西坑后（松庄），明成化年间（1465～1487）析迁上田、半岭；朱竹宋氏于明正统年间徙自闽中，析迁官溪；杨濂（凉连）宋氏于明嘉靖年间（1622～1566）徙自青田。

苏姓 黄山头支、东田/水南支。郡望武功。黄山头苏氏于明正德年间（1506～1521）自遂昌马头徙居松阳溪根（水南市口），明万历年间（1573～1620）转迁黄山头；东田/水南苏氏于清乾隆五十三年（1788）、嘉庆三年（1798）徙自平阳。

孙姓 潘八支、蛤湖支。蛤湖孙氏原籍江西吉水，潘八孙氏于明崇祯年间（1628～1644）徙自丽水孙村。

谭氏 仅知商城一支。谭惟棨，职衔中校军需，1949年落户松阳。

汤姓 呈回支、大潘支。呈回汤氏于明景泰年间（1450～1456）徙自丽水，今三都、寺口、山下阳、靖居包、小佛儿、鲁峰等地同出；大潘汤氏于清嘉庆年间（1796～1820）徙自云和。

陶姓 聚居裕溪徐山。徐山陶氏于清康熙三年（1664）徙自金华浦江。

魏氏 宋靖康元年（1126）自江西南昌卜居城西通济里（今莲都区魏村），郡望巨鹿，今松阳板桥魏氏系该支析迁。

温姓 聚居横溪。横溪温氏于清乾隆二十八年（1763）徙自平阳金村垟。

翁姓 翁村支、梧桐口支、五都阳支、小吉支，郡望皆为盐官。翁村翁氏于宋皇祐年间（1049～1054）自钱塘迁居松阳铁炉头（今新华北路东侧古老院北侧），明永乐年间（1403～1424）转迁五都翁村；梧桐口翁氏于明正德年间（1506～1521）自永康迁居松阳古市，转迁梧桐口；五都阳翁氏于清康熙年间（1662～1722）徙自江西广丰；小吉翁氏于明宣德年间（1425～1435）徙自遂昌葛坪。

夏姓 聚居鲁西、桃花地（小石），分别于清顺治年间（1644～1661）、同治、光绪年间（1862～1908）徙自青田，郡望会稽。

项姓 石门圩支、下源口支、桥亭支、可重旺支、桐溪支、岗下支、六都支，郡望皆为东鲁。石门圩项氏，不详。芳溪（下源口项宅）项姓于宋南渡时卜居芳溪；桥亭项氏于南宋时徙居松阳竹客源口东河坑头（项桥下），析迁邑城桥亭街，始迁祖项宗嘉，字廷瑞，宋绍兴丁丑科进士，今西垄、岩下、项山下、下马坑、力溪、横山等地同出；可重旺项姓徙自松阳城东桥亭街；林村（桐溪）项姓于明宣德年间（1426～1435）徙自城东桥亭街；岗下项姓于元至正二十七年（1367）徙自城东桥亭街；太村（六都）项姓于宋隆兴年间（1163～1164）徙自栝苍。

萧姓　周坑支、竹溪支、包安山支。丁岱（周坑）萧氏始祖萧元载知松阳县事，于宋建炎年间（1127～1130）徙自开封祥符，定居松阳五木淤博（五木），后裔转迁丁岱；竹溪萧氏于宋理宗（1225～1264）时徙自福建；包安山萧氏于清康熙年间（1662～1722）徙自温州。

谢姓　道惠支、下亭支、靖居包/西山/水南支、洋坑源支、黄公渡/盘龙山支、溪口支。陈留（洋坑源）谢氏于元末徙自安徽云井；黄公渡/盘龙山（官田）谢氏分别于清顺治九年（1652）、康熙四十六年（1707）徙自福建龙岩；大林前（溪口）谢氏，自龙游迁居松阳谢村，后于清康熙年间（1662～1722）析迁大林前（今玉岩镇溪口村大连自然村）。道惠谢氏，自龙游迁居松阳谢村，明洪武年间（1368～1398）转迁道惠；下亭（十五里）谢氏于清乾隆十三年（1748）徙自平阳大亭；靖居包/西山/水南谢氏于清乾隆年间（1736～1795）徙自福建建宁。

熊姓　聚居潘村、清路，于清康熙年间徙自福建长汀，郡望江陵。

许姓　太平坊支、凤弄源支、谢树寮支。太平坊许氏于清顺治年间徙自东阳，乾房析居城北，坤房析居城西；下陇源（凤弄源）许氏于清康熙二十六年（1687）徙自福建寿宁；谢树寮许氏于清乾隆年间徙自苍南。

薛姓　始迁祖薛尧章，仕处州太守，宋绍圣年间（1094～1098）宦居松阳。

颜姓　聚居杨村头。杨村头颜氏于明末徙自泉州德化。

杨姓　有八支。河头支、官田支、曹竹支、高里村支、丁山头福建支、丁山头温州支、丁山头坛下支、烂浆糊支等。丁山头温州支杨氏于清康熙五十八年（1719）徙自温州平阳；坛下（属丁山头）杨氏于清初由福建泉州迁居温州，旋又迁居松阳坛下（今西屏镇丁山头村坛下自然村），清康熙五十四年（1715）析迁桐楼、择梓山、麻阳塔；烂浆糊杨氏于清乾隆三年（1738）自江西会昌县迁居云和县烂泥山（又名烂浆糊山，今松阳县大东坝镇与安民乡交界处）。河头杨氏始迁祖杨嗣成，仕松阳主薄，于宋熙宁年间（1068～1077）自衢州府城迁居松阳，其子杨信转迁河头；官田杨氏于宋元祐年间（1086～1094）徙自萧山，今官田、东关、东市同出；曹溪（曹竹）杨氏于宋建炎二年（1128）徙自平阳迁居，明万历年间（1573～1620）举族迁居潘溪（大潘坑村），今大潘坑、玉岩、台坑、大竹溪、寺岭下、东圩蓬同出。竹高垒（高里村）杨氏于清顺治年间（1644～1661）徙自江西进贤。丁山头福建支杨氏于清朝中期自福建安溪迁居江西，旋又迁居松阳丁山头村，后裔析迁麻阳塔、丁山头、坛下、山下阳等地。

应氏　于清道光年间（1821～1850）徙自永康芝英，居城北。

尤姓　聚居下连畈（今属古市镇塘头村）。下连畈尤氏徙自尤源，系由沈改尤，今塘头、择子山系同出。

游姓　聚居新村（今属叶村）。新村游氏于清顺治十三年（1656）自松阳双广（双港）迁居十七都詹庵山定居新村。

余姓　仅知大阴余氏于明末清初徙自福建上杭，今树稍、南坑口、南州、黄店、大竹溪、桐楼等地余氏系同出。

俞姓　于明嘉靖年间（1522～1566）自江西信州永丰迁居松阳大竹溪，清嘉庆间（1796～1820）

转迁赵楼（召楼村）。

曾姓　章田支、午岭支、尹源支、岗川支。章田曾氏于明嘉靖年间徙自宣平；午岭曾氏于元至元年间（1264～1294）徙自宣平，今五都阳、六都半岭、吴弄、寺口、石门、塘头、大石同出。尹源曾氏始迁祖曾志起，永乐壬寅科状元曾鹤龄曾孙，于明朝中期徙自宣平；岗川曾氏徙自宣平，该支析迁松阳吴弄、城邑、山仁下、六都、西河、汤城等地。

詹姓　桥亭支、青田平演支。今松阳有占姓，本詹姓，因不规范简化之故。桥亭詹氏于宋绍兴年间（1131～1162）徙自缙云五云，官溪、岭上、以及松阳大多詹氏为此支，部分詹氏（赤寿龙下等地）为青田平演支。

张姓　界首支、平卿支、古市寺口支、山下阳支、中弄支、梨树下支、山头支等。山头张氏于清朝中前期自云和徙居石仓金钟山、山坑子（今皆属大东坝镇山头村）。佳溪（界首）张氏，元代徙自遂昌官溪；平卿张氏于明崇祯年间（1628～1644）徙自遂昌周山头，今龙下、内孟、孟坑、白麻岱同出。应店（古市寺口）张氏于清康熙六十年（1721）徙自江西建昌南丰；麓阳（下阳村）张氏于清康熙三十年（1691）徙自龙泉溪圩；中弄张氏于清乾隆年间（1736～1795）徙自兰溪石埠岭，清光绪年间（1875～1908）析迁五都翁村；梨树下张氏于清乾隆二年（1737）徙自福建宁化，后世析迁定珠包（今靖居包）。

章姓　仅知遂安一支，1963年新安江移民，聚居赤寿一带。

赵姓　聚居楼塘。楼塘赵氏系赵廷美后裔，于清咸丰年间（1851～1861）徙自莒溪。

郑姓　文华坊支、程岭根支、竹垒支、西源支、杨村头支、球坑支、徐郑支。文华坊郑氏始迁祖郑元熙，于宋隆兴元年（1163）徙自浦江芳溪，上任温州府丞途中卜居松阳文华坊（今址松阳实验小学），清乾隆四十五年（1780）析迁隔溪山（今裕溪村）；程岭根郑氏于明朝徙自松阳文华坊，清乾隆年间（1736～1795）析迁大岭脚；竹囮（竹垒）郑氏于元朝徙自括苍，后裔析迁济上（今属玉岩镇大树后）、石板岭（今属新兴镇张山头）、桥头定坛（今属玉岩镇交塘）、后郑、溪根、上河、楼塘等地；西源郑氏于明朝自括苍迁居松阳二都水车，转迁西源；杨村头郑氏于明万历元年（1573）徙自福建永春；球坑郑氏始迁祖郑开芳，其父郑杰仕龙游知县，于宋时迁居松阳球坑；徐郑郑氏于清康熙年间（1662～1722）徙自龙泉武溪。

钟姓　大岭脚/白麻山支、福村/五都阳支、红连支、石马源支。乌连（红连）钟氏于清初徙自青田，汉族；石马源钟氏徙自景宁，分迁鲁西、岗丘、石马下等地，畲族。大岭脚/白麻山钟氏于清康熙年间徙自福建汀州，后世析迁白麻山，今黄坛、玉岩同出，汉族；福村/五都阳钟氏于康熙四十九年（1710）徙自福建武平，清同治年间（1861～1875）析迁五都姥桥后（今五都阳村），今东市、大石同出，汉族。

朱姓　清路支、红连支。缸窑（红连）朱氏于清光绪年间徙自福建建宁，析迁朱坑、半古月等地。路里（清路）朱氏于清康熙年间徙自福建长汀，析迁宅沿头、牛角圩等地。郡望沛国。

祝姓　石马铺支、西河支。西河祝氏，不详。石马铺祝氏于宋朝时徙自栝苍宣慈，郡望鲁东。

卓姓　聚居南胜。南胜卓氏于清嘉庆年间（1796～1820）自龙泉仓坛迁居松阳高亭真武桥后再转迁南胜，此后，又有龙泉仓坛卓姓陆续迁居松阳枫坪、小吉一带。

邹姓　仅知一支，清嘉庆年间自江西迁居遂昌县坳下湾，后世自遂昌坳下湾迁居松阳西屏，郡望范阳。

松阳大姓选介

松阳九大姓为叶、王、周、李、潘、吴、陈、徐、刘，九姓占全县在籍总人口的50%以上。

叶姓有俭公支、游公（高山）支、丁坑支。俭公支叶氏始迁祖叶俭，于晋建武间（317～318）宦居松阳卯峰（卯山），今该支叶氏分播松阳全县乃至海内外。

该支析迁情况：1.叶参派下，城西等。

2.叶元辅派下，坳头、五木、落梯岭、松庄（再迁六都山阴下、二十二都内杨）、朱山、王村等。

3.叶元颖派下，桐溪、大楼下、项弄、酉田（再迁城东塔头街、城西明伦坊；三都官溪、毛源；二十二都龙湾、东田；二十五都半岭）、叶川头、匣源、下仓（再迁外十八都竹溪、二十二都南州、二十五都合湖）、赤圩、蔡宅、上源口等。

4.叶元顗派下，南岱等。

5.叶仁赞派下，道惠口等。

6.叶仁训派下，黄南、东钵头、何山头（再迁五都塔寺下，十都择子山，十一都白塔垄，内十三都沿坑岭头、范山头、叶寮、玉岩、溪口、安坑、山乍口、下陈、沙丘吴驮山、排居口、蔴砻、松树坑、大岭脚、斗潭，内二十都余叶、吴树坞、召楼、黄坳头，二十四都靖居口）等。

7.叶仁让长子叶修己派下，外十三都官岭、朱岱，内十三都枫坪、根坑、盘坑、黄埠坞、西坑头、高寮、斗潭、石柱、龙潭背、吴树坞、坑儿头，十四都力溪、樟村，十五都小石、斋坛，外十八都大竹溪，上十八都松树坑，松阳北山（再迁十八都松山、黄庄，内二十都双港，二十一都后岱山，内二十都大樟源口），西坑、半岭、西坌、西河、下田、横坑等。

8.叶仁让三子叶修睦派下，邑城耐性桥（再迁十四都后萧、十五都石门圩、十六都东关、内十八都后畲、廿一都石仓山头、廿二都南坑口）、航埠头（再迁大徐、十五里、谢树寮）、周安、石门、吴弄、大岭头（再迁上寮山）、塔寺下等。

9.叶仁让四子叶修古派下，大岭根等。

10.叶仁议派下，白麻山、十都仙岩后、内十三都根坑、大岭脚等。

11.叶仁谓派下，直源头、乌岩等。

12.叶利用派下，交塘、张山（再迁城内申亭；九都赤岸；二十四都黄店；二十五都下庄、蒲塘、高山、板桥、桐榔）等游公支叶氏即高山（板桥高山）叶氏，于清顺治年间（1644～1661）徙自寿宁，系叶俭之弟叶游后裔。

丁坑（枫坪丁坑）叶氏于清康熙六十年（1721）徙自景宁，该支叶氏区别于叶俭族裔。

王氏有陈巷支、花田坌支、市堪头支、桐榔支、雅溪口支、根下支、毛庄/五大楼、百步支、清路支、岗寺源口支、二滩坝支、五合圩支等。

陈巷王氏始迁祖王惟良，仕衢州助教，北宋徙居松阳城南荷田，今王村、枫岭根、岗后、砌坛、黄上、后畲、黄山头、梯坑、南山、山徐、平岗、洋坑埠头、下坌、潘坑、黄下、大岭脚同出。花田坌王氏于明嘉靖年间（1522～1556）徙自丽水。

市堪头王氏于元初自丽水迁居松阳邑城市堪头（祠址在今人民大街），今古市、白角外、卯山后、湖溪、田岗、龙下、东阁垄、庄门、岗寺同出。桐榔王氏于清康熙年间（1662～1722）徙自丽水；项山头（雅溪口）王氏于康熙年间徙自福建长汀。

根野（根下）王氏始祖王国洪，仕栝苍刺史，于宋乾德年间（963～967）自福建上杭徙居松阳城邑市墈头，转徙根下，今半古月、粗砻、钱余、洋庄源、黄角岱、后齐、小苏坑同出。

毛庄/五大楼王氏于清康熙年间徙自福建上杭，今东市、山头、麻园（外大阴）同出。百步王氏于清康熙四十九年（1710）徙自景宁；清源坌（清路）王氏于康熙五十三年（1714）徙自福建。

岗寺源口王氏于清康熙五十年（1711）徙自福建长汀，后泽源、湖溪源口同出；

二滩坝王氏于清乾隆年间(1736～1795)原籍福建汀州；五合圩(牛角圩)王氏于清雍正间(1723～1735）徙自福建上杭，清嘉庆初析迁桐坑（石仓山边）。

周姓有板桥支、城北支、城东支、大岭根/赤岸支、树稍支、乌弄支、周岭根支、周山头支、樟溪支、李坑支、古市支等。

古市周氏于元至元年间（1264～1294）自遂昌迁居松阳城邑西门，明嘉靖年间（1522～1566）转迁上方，清康熙年间分迁塘岸、后街（皆古市）。

板桥周氏于南宋末年徙自武义周陇，该支第六世有周权，元代大儒。

永庆铺（城北）周氏始迁祖周文德，仕唐广明年间（880～881）武陵令，因避黄巢之乱徙自江西永丰，后裔分三房：长房聚居城北、丁山头，二房聚居六都、寺口，三房聚居上源口、泉庄、斗米坳、力溪、小石，另有高亭支系稍远，分迁内十三都岩坑、松树坑、白肖、春坞寮、呈坑、洋庄、大珠溪等地。

城东周氏始迁祖周秉信，仕浙东制置使，于宋宝祐年间（1253～1258）自安徽绩溪迁居松阳城东三角坛，今程路、金竹、钱余、项弄、膳砻、上河、后周包、潘山、踏步头等地同出。

大岭根/赤岸周氏于元至元年间（1335～1340）徙自遂昌，明朝后期析迁赤岸。

南源（树稍）周氏于南宋初徙自处州。

乌弄周氏于清康熙七年（1668）徙自福建寿宁，今平堰、大竹溪同出。

周岭根周氏于宋时自福建浦城迁居松阳裒溪（今五部村），今钟厚（庄后）、周岭根、白峰、黄庄、呈田、斗米坳等地同出。

钟山（周山头）周氏于宋绍熙年间（1190～1194）徙居松阳鲁峰，后世转迁钟山。

新村（樟溪）周氏于明末清初徙自义乌。

李坑周氏于清乾隆年间徙自景宁。

李姓有里庄/尹源支、余叶支，内大阴支、雅溪支、樟溪支、谢西坑/道惠口支、周坑支、白沙岗支、钱余支、紫草支、蛤湖支。

里庄/尹源李氏于元延祐年间（1314～1320）徙自缙云五云，今尹源、里庄、牛铺（今小佛儿村）、鲁峰、靖居、桐榔等同出。

余叶李氏于明洪武元年（1368）徙自云和七赤，黄南系同出。

内大阴李氏于清康熙六十一年（1722）徙自福建上杭，今大樟源口、蔡宅、小槎同出。

雅溪李氏于清康熙年间（1662～1722）徙自福建上杭。

樟溪李氏于清康熙间徙自福建上杭，今樟村、馒头山、周弄口、下马坑、后肖以及朱坑（今半古月村）同出。

谢西坑/道惠口李氏于元末明初徙自遂昌，今枫坪、新兴、燕庄、横岗山同出。

周坑李氏于元末明初徙自青田。

白沙岗李氏于元末自遂昌迁居玉岩下李，析迁白沙岗。

钱余李氏于明永乐二年（1404）徙居旧处（钱余）。

紫草李氏于元明之际自缙云徙居黄船头，明万历年间（1573～1620）转迁紫草。

蛤湖李氏于清末期徙自江西南丰，系滕王李元婴之后裔。

潘姓有大竹溪支、潘巷支、骥湖支、小竹溪支、三都上源支、古市下街支、古市观口支、洋坑埠头支、坑里支、李坑支等。今松阳有泮姓，本潘姓，因不规范简化之故。

青溪口东源（象溪坑里）潘氏于清康熙二十七年（1688）徙自福建邵武；李坑潘氏于清中期徙自景宁。

大竹溪（�溪）潘氏于北宋徙自丽水丁川，明成化年间（1465～1487）析迁横岗，今大竹溪、横岗、小后畲同出。

邑城潘巷潘氏，先有潘姓后有潘巷，第五世析迁白沙岗，第十四世析迁项弄。

骥湖（南门）潘氏于宋初徙自景宁，今大坵下、李坑同出。

小竹溪潘氏于宋初徙自青田鹤溪（今景宁鹤城）。

里黄（三都乡上源）潘氏徙自松阳邑城骥湖，后嗣析迁城东明德路、城北永庆铺。

古市下街潘氏于宋德祐年间（1275～1276）徙自遂昌。

古市观口潘氏于元至正二十六年（1366）徙自武义桃溪。

双坑口（洋坑埠头）潘氏于清雍正年间（1723～1735）徙自福建武平。

吴姓有三堆支、小吉/南胜支、赤岸支、新村支、燕田支、小竹溪支、横山支、邑城大市支、遂昌湖山支、花田坌支、京梁支、岗头呢支、双坑口支等。

三堆吴氏，始祖吴翥，仕唐宣宗朝观察使，后裔转迁松阳派系有宋天圣二年（1024）迁居周安、明万历三十九年（1611）迁居南岱、清雍正年间迁居安岱后等，另有丁坑、高亭、根下、吴山头、梨步坑、古市塘头等地同出。

小吉/南胜吴氏原籍庆元

赤岸吴氏于元初徙自庆元松源，后裔散居根下、古市、泉庄、下马坑等地。

新村吴氏于明嘉靖十六年（1537）自宣平迁居松阳十四都新村（今樟村、力溪一带）。

燕田吴氏于元末明初徙自丽水，析迁城内、界首、大石、潘连、潘坑、苏马坪、坳头、洋坑源、召楼、蛤湖、大苏坑、百步栏、梦岭栋、雅溪口、南坑源、吕潭等地。

小竹溪吴氏于明朝徙自丽水。

宏山（横山）吴氏于宋建炎二年（1128）徙自云和贵溪，今后湾、乌石下、斋坛、大竹溪、上黄、潘弄、小槎、桐榔、大毛科等地同出。

邑城大市吴氏于清康熙末年徙自江西抚州。

遂昌湖山吴氏于清康熙年间（1662～1722）自福建连城举族徙居遂昌湖山，20世纪70年代乌溪江移民析迁松阳城乡。

西岭根（花田坌）吴氏于明末徙自杭州。

浮桥头（京梁）吴氏徙自碧湖吴村。

冈头庄（岗头呢）吴氏于清康熙年间徙自江西石城。

城东双坑口吴氏于清康熙年间徙自温州乐清。

陈姓有钟楼支、塘后支、芳溪支、安岱后支、上源支、仙岩下支、白角外支、陈霸先裔支、溪下支、吕潭支、界首支、黄公渡支、霭溪支、河头支、石门圩支等。

钟楼陈氏始迁祖陈存信，宋雍熙四年（987）仕松阳令，宦居城东，今周坌、铺门、桐溪等地陈氏同出。

塘后陈氏于元延祐年间（1314～1320）徙自宣平。

芳溪陈氏于唐乾符元年（874）徙自栝苍，今下陈、周坑、官岭、下源口等地陈氏同出。

安岱后陈氏于清康熙五十四年（1715）徙自景宁。

上源陈氏于宋绍定四年（1231）徙自遂昌，今水竹、活源、官溪等地陈氏同出。

仙岩下陈氏于明嘉靖年间（1522～1566）徙自缙云，今楼塘、狮子口、大石等地陈氏同出。

白角外陈氏于清康熙年间徙自福建上杭。

陈霸先裔支陈氏，今分布龙湾、黄岭根、坑里、柘坑、榔树、大路、东圩蓬等地。

溪下陈氏于明末徙自福建仙游，今小石等地陈氏同出。

吕潭陈氏于明正德年间（1506～1521）徙自邑城陈巷。

界首陈氏于明崇祯二年（1629）徙自福建泉州。

黄公渡陈氏于明时徙自丽水二都。

霭溪陈氏于明隆庆年间（1567～1572）徙自云和。

河头陈氏于清初徙自福建漳州。

石门圩陈氏于清雍正年间（1723～1735）徙自永康西山。

徐姓有毛源支、儒行坊支、城北支、赤岩支、南州/城东支、斗潭支、吕潭支、高亭支、大铺支、坳后支、乌弄支、程徐支、下源口支、合湖支、鲁西支、玉岩支、凤弄源口支、铺门支等，郡望皆为东海。

毛源徐氏于宋绍兴年间（1131～1162）徙自龙游灵山。

儒行坊徐氏，始迁祖徐弘，仕江都丞，于唐乾祐元年（948）徙自衢州西安。

城北徐氏，始迁祖徐阡，宋淳祐年间（1241～1252）授栝苍治政，于南宋末年徙自婺州。

赤岩徐氏于元仁宗朝（1312～1320）徙居，菲溪口（今属樟溪乡）、斗米坳同出。

南州/城东徐氏于南宋徙自龙游灵山，今城东、古市寺口、叶村头、后周包、东市、桐村、乌石垄、塘寮等地同出。

斗潭徐氏于南宋时期徙自龙游泊里，始迁祖徐知章，居玉岩，其长子徐浩为斗潭上徐祖，次子徐赞为斗潭下徐祖，三子徐谨为徐庄祖，后世又析迁山甫、坳头、黄南、枫坪、包安山等地。

吕潭徐氏于宋朝时期徙自龙游灵山，明末清初析迁雅溪口。

高亭徐氏于清康熙年间（1662～1722）自徐山头迁居高亭。

大铺徐氏于明永乐十三年（1415）徙自遂昌，项圩（黄圩）、大徐（兴村）、文里后（乌岩）等地同出。

坳后徐氏于宋景炎三年（1278）自龙游迁居松阳南州，明洪武十七年（1384）析迁赤岩，明景泰七年（1456）析迁坳后，明弘治年间（1488～1505）析迁白沙。

乌弄徐氏于清康熙年间徙自福建寿宁，西焦坑（今属裕溪乡）、台坑徐氏同出。

徐村（程徐）徐氏于元至正年间（1341～1368）徙自衢州官塘，岩西徐氏同出。

下源口徐氏于宋宝祐元年（1253）徙自龙游泊里。

合湖徐氏于明嘉靖四年（1525）自龙游灵山迁居合湖（今新兴乡大畈村合湖自然村）。

塘里源（鲁西）徐氏于清乾隆年间（1736～1795）后期徙自丽水县大山村。

白岩（玉岩）徐氏徙自龙泉西溪头；凤弄源口徐氏原籍泰顺岭里；铺门徐氏徙自南州。

刘姓有古市支、城北支、裕溪/小槎支、里庄支、佳溪支、上安支、塘寮/上潘支、乌形山支、山乍口支、大川支、花田垒支、五木支、大毛科支等。

古市刘氏于宋绍兴二十三年（1153）自汴梁（开封）徙居古市三角坛，始迁祖刘一先，由武进士任镇国上将军，南渡。

城北刘氏于宋时徙自丽水竹洲，吕潭同出，始迁祖刘乾，宋益州教授。

裕溪/小槎刘氏于明嘉靖年间（1522～1566）徙自青田，系刘基后裔，今板桥、裕溪一带刘氏系同出。

里庄刘氏于南宋时期徙自丽水竹洲，今鲁峰同出。

佳溪刘氏于明时徙自青田，今界首、黄坑口、黄田、溪下、小石同出。

上安刘氏于宋时徙居蟾湖，明洪武二十四年（1391）转迁外上安。

塘寮/上潘刘氏于清康熙五十三年（1714）与雍正二年（1724）徙自福建上杭，今塘寮、牛角圩、大阴、东关同出。

雅山（乌形山）刘氏于清乾隆元年（1736）徙自福建上杭，今大竹溪寺口、赤岸、松山同出。

白坛下（山乍口）刘氏于清康熙六十一年（1722）徙自景宁葛山。

鼍川（大川）刘氏于宋天禧元年（1017）自台州仙居迁居松阳邑城，元丰三年（1080）转迁大川。

花田坌刘氏于清道光年间（1821～1850）徙自云和。

五木刘氏于元元统年间（1333～1335）徙自青田九都；大毛科刘氏于清乾隆五十六年（1791）徙自宣平。

第二节 宗 祠

概况

宗祠供设祖先神主牌位，后世子孙在宗祠举行春秋祭祀，慎终追远，序昭穆，崇功德，收族睦邻。每个宗祠都制定族规家训，在肃穆神圣的宗祠教化族中子弟，规范宗亲行为准则。要求每个宗亲严格遵循为人处世、读书治学、齐家治国之道。

中华人民共和国成立后，松阳人对族规家训文化、宗亲观念逐渐淡化。宗祠的功能变化很大。县城多把宗祠改造为粮储仓库；乡村利用宗祠办学堂；集体化后有的宗祠被改建成大会堂，作集会、演戏、放电影的场所；更有甚者，把祠堂当作牛栏、猪栏；有的干脆拆除建私房。后又把宗祠改造为乡村文化礼堂，传承传统族规家训文化中的优秀成分，传承社会主义道德文化，弘扬社会主义价值观。

2010 年，松阳尚存宗祠（含公祠、分祠、香火堂等）257 座，建造始自明万历年间（1573～1620），终于民国时期。保留明代建巩风格的宗祠有官岭陈氏宗祠、潘山头洪氏宗祠、交塘神坛季氏宗祠、西屏杨柳街周氏宗祠、尹源李氏宗祠、雅溪口徐氏宗祠 6 座。

宗祠建筑风貌深含儒家礼制思想，做到中正有序，昭穆有序，孝亲有序，上下有别。实施到宗祠建筑上，严格遵循大木作建筑营造法式，从开间布局、梁架结构、屋顶脊饰及室内木雕艺术构件，到彩绘祖像、楹联匾额都严格按照礼制规定，不得违制僭越。

松阳宗祠建筑的文化内涵很丰富。庄严肃穆的宗祠建筑与政治伦理价值统一。族长、房长借助宗祠行使族权、神权，推行族规家训，对族中事务进行控制和治理。族中子弟对宗祠身怀崇敬心情，接受伦理道德教育，做一个安分守己的良民。宗祠在营造过程中，体现阴阳相济，虚实相生，门前有案山把守，左右有龙虎护卫。对称的平面布局和高耸的木构柱架构成唯美的三维空间。坚实耐固的板筑泥墙，高耸的屋脊和飘逸舒展的出檐，彰显宗祠建筑立面美轮美奂。千变万化的装饰艺术内涵丰富，寓意吉祥。

图 5-5 叶川头叶氏宗祠（叶祖青提供 1956 年）

宗祠选介

叶川头叶氏宗祠　叶川头叶氏尊明监察御史叶希贤次子孔廉为一世祖，叶孔廉之孙叶如垣于明弘治年间（1488～1505）由古市卯峰迁居九都叶川头。

叶氏宗祠坐落在叶川头村中，由叶如垣始建于明代。由族长荣桂重建于清乾隆三十四年（1769）。宗祠坐东南朝西北，占地面积587.4平方米。平面呈四合院式，八字门墙，前后厅面阔均为五间。梁架为抬梁穿斗混合结构。前后厅梁架均为五架梁前后双步梁。撑栱、雀替、格扇门等木雕艺术构件精细。天井阶沿用条石砌筑，台明用卵石拼花。地面用方砖墁地。立面为板筑泥墙，小青瓦屋顶，硬山顶马头墙。保存完好。

黄南叶氏宗祠　黄南叶氏始迁祖叶仁训于宋仁宗年间（1023～1063）由古市塘岸迁居内二十都黄南。

叶氏宗祠坐落在黄南村中。创建于清乾隆五十五年（1790）。宗祠坐东朝西，占地面积488平方米。平面呈四合院式，八字门墙，前后厅面阔均为三间。梁架为抬梁穿斗混合结构。前后厅梁架均为五架梁前后双步梁。牛腿、雀替等木雕艺术构件精细。天井阶沿用条石砌筑，台明用卵石拼花。地面用泥土墁地。立面呈板筑泥墙，小青瓦屋顶，硬山顶马头墙。

该宗祠既是古建筑又是革命纪念建筑。1935年5月，红军挺进师进驻松阳开辟革命根据地，7月，黄南独立乡苏维埃政府在叶氏宗祠成立。现在，叶氏宗祠被辟为爱国主义教育基地。具有较高的文物价值，为县级文物保护单位。

桐溪叶氏宗祠　桐溪叶氏始迁祖叶经致仕后，由五木冈迁居外三都桐溪。其裔孙叶梦得，至仕后返回故里。

叶氏宗祠坐落在桐溪村24号，始建于清乾隆四十五年（1780），名雍肃堂。宗祠坐西朝东，占地面积657平方米。中轴线上依次有八字门墙、前厅、邮亭、后厅，邮亭两侧设厢房。前后厅面阔均为五间，邮亭面阔一间，邮亭和后厅相连接，厢房面阔二间。梁架为抬梁穿斗混合结构。前后厅梁架均为五架梁前后双步梁，邮亭为歇山梁架。牛腿、雀替等木雕艺术构件精细，天井呈凹字形，阶沿用条石砌筑，台明用卵石拼花。地面用三合土墁地。立面呈板筑泥墙，小青瓦屋顶，硬山顶马头墙。保存完好。

图5-6　桐溪叶氏宗祠（叶祖青 摄）

王村王氏宗祠　王村王氏尊北宋天圣年间（1023～1032）进士，栝苍知府王元为一世祖。始迁祖王端衡系王元五世孙。传九世王景，字景彰，任礼部侍郎兼翰林侍讲，建文初，修《太祖实录》，为总裁官；参与《永乐大典》纂修。后徙居安徽池州铜陵县。传十三世王继行，字同伦。登明永乐年间（1403～1424）进士，授广西道监察御史，升江西佥事。

王氏宗祠坐落在王村西路13号，始建于清乾隆年间（1736～1795）。坐西南朝东北，占地面积219.6平方米。平面四合院式，八字门墙，前后厅面阔均为三间，梁架为抬梁穿斗混合结构。前厅五架梁前单步梁，后厅五架梁前双步后单步梁。牛腿、雀替木雕艺术构件精细。天井阶沿和台明用条石铺设。地面用泥土墁地。立面呈板筑泥墙，小青瓦屋顶，硬山顶马头墙。保存完好。

潘山头洪氏宗祠　潘山头洪氏系宋末栝苍太守洪凛之后裔。洪凛于宋咸淳三年（1267）致仕，卜居松阳十一都界首。其玄孙洪济于元代中叶自界首迁居内十三都潘山头，是为潘山头一世祖。

洪氏宗祠由洪太凤首倡，建于明万历年间（1573～1620），前厅于民国25年（1936）重建，后厅为明代原物。坐落在潘山头村中，坐北朝南，占地面积151.4平方米。四合院式布局，前后厅面阔均为三间。梁架为抬梁穿斗混合结构。前厅五架梁前单步梁，后厅五架梁前后单步梁。柱梁枋用材硕大，后厅前金枋横跨明间、次间，榫头搭在次间金柱上。明间前金柱减省，支承五架梁和金檩的柁墩落在前金枋上。后厅未施牛腿、雀替等木雕艺术构件。前厅所施木雕艺术构件精细。天井阶沿和台明用条石砌筑。地面用泥土墁地。立面呈板筑泥墙，小青瓦屋顶，硬山顶马头墙。

该宗祠后厅完整地保存明代建筑特色，前厅按清式建筑侧例建造，完整地保存清式建筑风貌，具有较高的文物价值。

官岭陈氏宗祠　官岭陈氏始迁祖陈胜祖，字廉溪，于明万历初年，自内十三都下川（玉岩下陈）徙居外十三都官岭。

陈氏宗祠始建于明万历八年（1580），坐落在官岭村中，坐北朝南，占地面积197.2平方米。平面布局四合院式，八字门墙，前后厅面阔均为三间。梁架为抬梁穿斗混合结构。前厅五架梁前单步梁，后厅五架梁前双步后单步梁。天井四周出檐未施牛腿挑檐，雀替为蚕肚形。天井阶沿用条石砌筑，台明用块石铺设。地面用泥土墁地。立面呈板筑泥墙。前厅明间屋顶重檐悬山顶，前厅次间屋顶和后厅屋顶为硬山顶。前后厅屋顶均覆小青瓦，施封火马头墙。

图 5-7　官岭陈氏宗祠（新处乡提供）

该宗祠完整地保存明代建筑风貌，具有较高的文物价值。

杨柳街周氏宗祠　杨柳街周氏宗祠缺宗谱，其历史资料略。

周氏宗祠坐落在西屏镇杨柳街56号，坐西朝东，占地面积327.8平方米。四合院式布局，倒座设一字门墙，面阔五间，厅堂面阔三间，厢房面阔二间。倒座为穿斗梁架，三柱五檩。额枋上置补间斗栱二朵，栱眼施编壁。厅堂五架梁前后双步梁，用撑栱挑檐。次间明栿间施编壁。倒座、厅堂柱梁枋用材硕大。柱头施丁头栱承檩条，梁枋两端施蚕肚形雀替。天井阶沿和台明用条石砌筑。地面用泥土墁地。立面呈板筑泥墙，小青瓦屋顶，硬山顶马头墙。保存完好。

神坛季氏宗祠　神坛季氏始迁祖季远明，于明洪武年间（1368～1398）自内十三都溪口迁居本都神坛，为神坛季氏一世祖。

季氏宗祠创建于明末。坐落在神坛村中，坐东朝西，占地面积232平方米。平面布局四合院式，八字门墙，前后厅面阔均为三间，厢房面阔一间。梁架为抬梁穿斗混合结构。前厅五架梁前单步梁，未置后廊；后厅五架梁前后单步梁。柱梁枋用材硕大，柱头上置方斗承檩条。天井四周未施牛腿或撑栱挑檐，梁枋两端未施雀替构件，天井阶沿和台明用块石砌筑。地面用泥土墁地。立面呈板筑泥墙，小青瓦屋顶，屋脊高耸，出檐低短，硬山顶马头墙。

该宗祠完整地保存明代建筑风貌，具有很高的文物价值。

尹源李氏宗祠　尹源李氏始迁祖李宗源（1288～1355），字流长，于元代中叶，由缙云五云迁居内三都尹源，为尹源李氏一世祖。

图 5-8　尹源李氏宗祠（三都乡提供）

李氏宗祠由四世孙世贞（1368～1432）率族众创建于明永乐年间（1403～1424）。坐落在尹源村中，坐西朝东，占地面积 228 平方米。平面四合院式，倒座设一字门墙，倒座和厅堂面阔均为三间，厢房面阔一间。倒座梁架穿斗式。三柱五檩。厅堂五架梁前后双步梁，柱梁枋用材较大。天井四周未施牛腿挑檐，雀替为蚕肚形，天井阶沿用条石砌筑，台明用卵石拼钱纹。地面用泥土墁地。立面呈板筑泥墙，小青瓦屋顶，硬山顶马头墙。

该宗祠完整地保存明代建筑风貌，具有很高的文物价值。

雅溪口徐氏宗祠　雅溪口徐氏始迁祖徐元振（1624～1697），字时英，署千总，于清初从二十二都吕潭迁居本都雅溪口。徐氏宗祠由其子徐攀龙、徐攀桂、徐攀麟三房合力建于清初。

宗祠坐落在雅溪口村中，坐北朝南，占地面积 480 平方米。平面四合院式，中轴线上依次有倒座、天井和厢房、正厅。倒座与正厅面阔五间，厢房面阔二间。倒座梁架为单坡二柱三檩。正厅梁架为抬梁穿斗混合结构，明间抬梁式，次、梢间穿斗式。正厅五架梁前后双步梁。前金枋横跨明间、次间，榫头搭置在次间金柱上。正厅明间前金柱减省，支承五架梁和金檩的斗栱安置在前金枋上。五架梁上置斗栱承三架梁，三架梁上置斗栱承脊檩。柱头上置柱头斗栱。明间、次间、梢间分别置补间斗栱。次间、梢间穿斗梁架的明栿间隙用编壁填充。出檐未施挑檐构件。梁枋两端的雀替为蚕肚形。天井阶沿用条石砌筑，阶沿石浮雕海涛纹、鲤鱼跃龙门、瑞兽珍禽、卷草花卉等纹饰。天井台明用小卵石拼花。地面用三合土墁地。立面呈板筑泥墙，小青瓦屋顶，硬山顶马头墙。

该宗祠按明代建筑风格建造，完整地保存建筑原貌，具有很高的文物价值。

东角垄赖氏宗祠　松阳赖姓开基祖赖庄，字仕端，东晋宁康间（373～375）任浙江临海太守。因祖父赖光及曾祖赖忠诚都曾因官而居松阳，追先祖之芳迹而从颍川徙居松阳卯山之南麓东阁。其子赖遇，字臣庆，任江东太守，升两广监察御史。于东晋安帝隆安二年（398）上疏请改松阳为郡，安帝恩准，御笔亲书“松阳郡”三字。开启了松阳郡赖氏宗派。松阳赖氏显赫一时，其裔孙因出仕等原因相继迁往江西、福建、广东等地。

图 5-9　东角垄赖氏宗祠（叶坚红 摄）

东角垄赖氏始迁祖赖天民、赖天钟、赖天祥、赖天佑兄弟四人，分别于清雍正六年（1728）和十二年（1734）自福建永定岩前村返迁松阳先祖故地卯山之南麓东阁。

赖氏宗祠坐落在东角垄村中，始建于清雍正九年（1731），续建于乾隆二十七年（1762）和四十八年（1783）。坐北朝南，占地面积766平方米。平面中轴线上依次有影壁、院子、倒座、三进厅堂和八厢房。倒座和各进厅堂面阔均为三间，八厢房面阔均为一间。梁架为抬梁穿斗混合结构。倒座为穿斗式，五柱九檩；前厅为五架梁前后双步梁；二进厅为穿斗式，五柱七檩；后厅未施柱梁构造，明次间均用泥筑山墙承载屋顶，即把檩条搭在墙体上，檩条上设椽，上覆小青瓦。牛腿、雀替等木雕艺术构件精细。天井阶沿用条石砌筑，台明用卵石拼花。地面用泥土墁地。立面呈板筑泥墙，小青瓦屋顶，硬山顶马头墙。

宗祠建筑体量大，平面布局、梁架结构、立面外观保持原貌，是一座较有价值的乡土建筑。

横樟包氏宗祠　横樟包氏尊宋待制包拯为始祖。包拯六世孙包仁，仕宋大理寺右评事，于南宋宝庆（1225～1227）年间致仕后从兰溪乡头迁松阳内二十都蟾湖，为松阳包氏始祖。包仁十七世孙包继昱于明代自蟾湖迁横樟，是为横樟一世祖。

图5-10　横樟包氏宗祠（叶高兴 摄）

包氏宗祠坐落在横樟村中，建于清乾隆四十三年（1778），坐西朝东，占地面积277.1平方米。平面布局四合院式，八字门墙，前后厅面阔均为三间，厢房面阔一间。梁架抬梁穿斗混合结构，前厅五架梁前后单步梁，后厅五架梁前后双步梁。牛腿、雀替雕刻简洁，但不失艺术韵味。祠内悬古匾10块、古楹联8副。天井阶沿用条石砌筑，台明用小卵石拼花。地面用泥土墁地。立面为板筑泥墙，小青瓦屋顶，硬山顶马头墙。保存完好。

安岱后陈氏宗祠　安岱后陈氏始迁祖陈日政（1700～？），于清康熙五十四年（1715）由景宁半山迁居松邑内十三都安岱后。

陈氏宗祠坐落在安岱后村中，由陈维茂会同合族创建于清光绪三十四年（1908），坐西南朝东北，占地面积227平方米。平面四合院式，八字门墙，前后厅面阔均为三间，厢房面阔一间，天井呈凹字形，前厅明间为歇山布局。前厅明间梁架为歇山梁架，次间三柱五檩。后厅五架梁前双步后单步梁。牛腿、雀替等木雕艺术构件精细，天井阶沿和台明用块石砌筑。地面改作混泥土地面。立面呈板筑泥墙，小青瓦屋顶，硬山顶马头墙。

该宗祠既是祖庙，又是革命纪念建筑。民国24年（1935）5月，红军挺进师在浙西南建立革命根据地，安岱后村是根据地中心据点，陈氏宗祠是红军集会的主会场，是现代革命纪念建筑。具有较高的文物价值。

燕田吴氏宗祠　燕田吴氏始迁祖吴万七（1306～1394），于元朝末年由丽水迁居松阳内二十都燕田，为燕田吴氏一世祖。

吴氏宗祠坐落在燕田村中，由族长智荷商于族众于清光绪二十八年（1902）重建。坐东朝西，占地面积258平方米。平面四合式，八字门墙，前后厅面阔三间，厢房面阔一间。梁架抬梁穿斗混合结构，前后厅均为五架梁前后单步梁。木雕艺术构件精细。天井阶沿和台明用块石砌筑，地面用泥土墁地。立面为版筑泥墙，硬山顶覆小青瓦。

图5-11　燕田吴氏宗祠（大东坝镇提供）

民国24年（1935）5月，红军挺进师进驻松阳开辟革命根据地，燕田村是革命根据地中心据点之一。7月，成立中共竹溪区委、竹溪区苏维埃政府，驻地设在吴氏宗祠。现在吴氏宗祠辟为革命纪念馆，陈列革命文物、革命事迹供人们瞻仰。

松阳尚存宗祠基本情况

松阳尚存宗祠257座，其中叶姓最多，有43座；其次王氏宗祠17座。

2010年松阳县宗祠一览表

表5-7-2-1

宗祠名称	坐落地点	建造年代	建筑简况
桐溪叶氏宗祠	西屏镇桐溪村24号	清乾隆四十五年（1780）	详见上一目“宗祠选介”
大楼叶氏宗祠	西屏镇十字路18号	明成化年间（1465～1487）	坐东朝西，四合院式，倒座和各进厅堂面阔均为三间。梁架为抬梁穿斗混合结构，倒座为五架梁前双步梁，前厅和后厅均为五架梁前后双步梁。未施木雕艺术构件。天井阶沿、台明和地面均改为混泥土地面。硬山顶覆小青瓦。占地面积408平方米
济川路叶氏宗祠	西屏镇济川路16号	清中期	坐北朝南，四合院布局，前后厅堂面阔三间。梁架为抬梁穿斗混合结构，前厅五架梁前后单步梁，后厅五架梁前双步后单步梁。木雕艺术构件精细。天井阶沿和台明用条石砌筑，地面被改作混泥土地面。硬山顶覆小青瓦。占地面积292.4平方米
项弄叶氏宗祠	西屏镇项弄村	民国12年（1923）重建	坐北朝南，四合院式，前后厅面阔五间。梁架为抬梁穿斗混合结构，前厅五架梁前后双步梁，后厅五架梁前双步后单步梁。木雕构件精细。天井阶沿和台明用条石砌筑。地面用方砖墁地。前厅庑殿顶，后厅硬山顶，覆小青瓦。占地面积410平方米
活源叶氏宗祠	西屏镇活源村	清代	坐南朝北，四合院式，前后厅堂面阔三间。梁架为抬梁穿斗混合结构，前厅五架梁前单步梁，后厅五架梁前双步后单步梁。木雕构件精细。天井阶沿用条石砌筑，台明用卵石拼花。地面用泥土墁地。硬山顶覆小青瓦。占地面积229平方米

续表 5-7-2-1-1

宗祠名称	坐落地点	建造年代	建筑简况
吴弄叶氏宗祠	望松乡吴弄村	民国 7 年（1918）	坐西朝东，四合院式，前后厅面阔三间。梁架为抬梁穿斗混合结构，前厅和后厅均为五架梁前后双步梁。木雕艺术构件精细。天井阶沿用条石砌筑，台明用卵石拼花。地面改作水泥地。硬山顶覆小青瓦。占地面积 410 平方米
王村叶氏宗祠	望松乡王村	清咸丰十一年（1861）	坐南朝北，四合院式，前后厅面阔五间。梁架为抬梁穿斗混合结构，前后厅均为五架梁前后双步梁。前后厅梢间和厢房向纵深起脊，前后厅明间、次间的脊檩与梢间脊檩垂直相接。木雕艺术构件精细。天井阶沿用条石砌筑，台明用卵石拼花，地面用方砖墁地。硬山顶覆小青瓦。占地面积 398 平方米
王村叶氏家祠	望松乡王村	清嘉庆初年	坐南朝北，四合院式，前后厅面阔三间。梁架为抬梁穿斗混合结构，前厅五架梁前后单步梁。后厅五架梁前双步后单步梁。木雕构件精细。天井阶沿用条石砌筑，台明用卵石拼花。地面用方砖墁地。硬山顶覆小青瓦。占地面积 224.4 平方米
酉田叶氏宗祠	三都乡酉田村	清乾隆四十四年（1779）	坐北朝南，四合院式，前后厅面阔三间。梁架为抬梁穿斗混合结构，前厅五架梁前单步梁，后厅五架梁前双步后单步梁。木雕艺术构件精细。天井阶沿用条石砌筑，台明用卵石拼花。地面用泥土墁地。硬山顶覆小青瓦。占地面积 323.2 平方米
下田叶氏宗祠	三都乡下田村	清乾隆四十六年（1781）	坐东北朝西南，四合院式，前后厅面阔三间。梁架为抬梁穿斗混合结构，前厅三柱五檩，后厅五架梁前后单步梁。用撑栱挑檐。天井阶沿用条石砌筑，台明用小卵石拼花。地面用泥土墁地。硬山顶覆小青瓦。占地面积 160 平方米
松庄叶氏宗祠	三都乡松庄村	清乾隆三十年（1765）	坐西北朝东南。原平面为四合院式，前后厅面阔五间。1970 年代，将宗祠院子、前厅、天井改造为土木结构的会堂，后厅保持原貌。改造后的宗祠融入了现代土木建筑的因子。会堂与后厅组合成新的宗祠平面。会堂用三角形梁架，后厅五架梁前后双步梁。地面用泥土墁地。屋顶覆小青瓦。占地面积 498.5 平方米
西坑叶氏宗祠	四都乡西坑村	清嘉庆元年（1796）	坐西朝东，四合院式，前后厅面阔三间。梁架为抬梁穿斗混合结构。前厅三柱五檩，后厅五架梁前后单步梁。未施牛腿、雀替等木雕艺术构件。天井阶沿和台明用块石砌筑。地面用泥土墁地。硬山顶覆小青瓦。占地面积 176 平方米
大岭头（上祠）叶氏宗祠	竹源乡大岭头村	清道光二十年（1840）	坐西朝东，四合院式，前后厅面阔三间，前后厅之间用亭阁连接，亭阁面阔一间。梁架为抬梁穿斗混合结构，前厅三柱四檩；后厅五架梁前后单步梁；亭阁梁架二柱五檩。出檐用撑栱挑檐。天井阶沿和台明用条石砌筑。地面用泥土墁地。硬山顶覆小青瓦。占地面积 163 平方米
大岭头（下祠）叶氏宗祠	竹源乡大岭头村	清同治七年（1868）	坐西朝东，四合院式，前后厅面阔三间。梁架为抬梁穿斗混合结构，前厅、后厅均为五架梁前后双步梁。木雕艺术构件精细。天井阶沿和台明用条石砌筑。地面用泥土墁地。硬山顶覆小青瓦。占地面积 255.6 平方米

续表 5-7-2-1-2

宗祠名称	坐落地点	建造年代	建筑简况
后畲叶氏宗祠	竹源乡后畲村	清道光四年（1824）	坐西朝东，门座面阔一间，正殿面阔五间。梁架为抬梁穿斗混合结构，门座为三柱五檩，正殿五架梁前双步后单步梁。天井阶沿用条石砌筑，台明小卵石拼花。地面用泥土墁地。硬山顶覆小青瓦。占地面积 214.1 平方米
岱头叶氏宗祠	叶村乡岱头村	清道光二十三年（1843）重建	坐南朝北，四合院式，前后厅面阔三间。梁架为抬梁穿斗混合结构，前厅五架梁前单步梁，后厅五架梁前后单步梁。木雕构件精细。天井阶沿和台明均用块石砌筑。地面用泥土墁地。硬山顶覆小青瓦。占地面积 174.7 平方米
松山叶氏宗祠	叶村乡松山村	清咸丰八年（1858）	坐东北朝西南，四合院式，前厅和厢房倒塌，后厅面阔五间。后厅五架梁前后双步梁。木雕构件精细。天井阶沿用条石砌筑，台明用小卵石拼花。地面用方砖墁地。硬山顶覆小青瓦。占地面积 440.8 平方米
横坑叶氏宗祠	叶村乡横坑村	明末	坐南朝北，四合院式，前后厅面阔三间。梁架为抬梁穿斗混合结构，前厅五架梁前单步梁，后厅五架梁前双步后单步梁。木雕艺术构件精细。天井阶沿用条石砌筑，台明用卵石拼花。地面用泥土墁地。硬山顶覆小青瓦。占地面积 228.6 平方米
卯山叶氏俭公祠	古市镇卯山南麓	清乾隆四十五年（1780）重建	坐北朝南，三合院式，三间二厢房。梁架为抬梁穿斗混合结构，厅堂五架梁前后双步梁。木雕艺术构件精细。天井阶沿用条石砌筑，台明用卵石拼花。地面用方砖墁地。硬山顶覆小青瓦。占地面积 298 平方米
冈头叶氏宗祠	新处乡竹垒村冈头自然村	清光绪十三年（1887）重建	坐北朝南，四合院式，前后厅堂面阔三间。梁架为抬梁穿斗混合结构，前厅五架梁前单步梁，后厅五架梁前后单步梁。木雕艺术构件精细。阶沿用条石砌筑，台明用卵石拼花。地面用泥土墁地。硬山顶覆小青瓦。占地面积 253.7 平方米
塔岭叶氏宗祠	谢村乡塔岭村	清同治年间（1863～1874）	坐西朝东，四合院式，前后厅面阔五间。梁架为穿斗结构，前厅三柱五檩，后厅四柱七檩。未施牛腿挑檐。天井阶沿和台明用块石砌筑。地面用泥土墁地。硬山顶覆小青瓦。占地面积 170.2 平方米
外石塘叶氏宗祠	新处乡外石塘村	清乾隆三十八年（1773）	坐北朝南，四合院式，前后厅面阔三间。梁架为抬梁穿斗混合结构，前厅和后厅均为五架梁前后单步梁。用撑栱挑檐。天井阶沿用条石砌筑，台明用小卵石拼花。地面用泥土墁地。硬山顶覆小青瓦。占地面积 268 平方米
大岭根（内村）叶氏家祠	谢村乡大岭根村	民国 5 年（1916）	坐东朝西，四合院式，前后厅面阔三间。梁架为抬梁穿斗混合结构，前厅五架梁前双步梁，后厅五架梁前后单步梁。木雕构件精细。天井阶沿用条石砌筑，台明用卵石拼花。地面用泥土墁地。硬山顶覆小青瓦。占地面积 230.6 平方米

续表 5-7-2-1-3

宗祠名称	坐落地点	建造年代	建筑简况
大岭根下村叶氏宗祠	谢村乡大岭根村	清光绪十二年（1886）	坐北朝南，前厅、中厅、后厅面阔三间。梁架为抬梁穿斗混合结构，前厅五架梁前双步梁，中厅五架梁前后双步梁；后厅五架梁前双步后单步梁。木雕艺术构件精细。前后天井阶沿均用条石砌筑，台明用卵石拼花。地面用泥土墁地。硬山顶覆小青瓦。占地面积 455 平方米
朱山落梯岭叶氏宗祠	新处乡朱山村落梯岭自然村	清咸丰八年（1858）	坐东朝西，四合院式，前后厅面阔三间。梁架为抬梁穿斗混合结构，前厅五架梁前单步梁，后厅五架梁前双步后单步梁。木雕艺术构件精细。天井和地面均改为混泥土地面。硬山顶覆小青瓦。占地面积 200 平方米
朱山殿后叶氏宗祠	新处乡朱山村殿后自然村	清乾隆五十四年（1789）	坐东朝西，四合院式，前后厅面阔三间。梁架为抬梁穿斗混合结构，前厅五架梁，后厅五架梁前双步后单步梁。木雕艺术构件精细。天井阶沿和台明用卵石砌筑。地面用泥土墁地。硬山顶覆小青瓦。占地面积 162.8 平方米
东北头叶氏宗祠	新处乡东北头村	清同治八年（1869）	坐北朝南，四合院式，前后厅面阔三间。梁架为抬梁穿斗混合结构，前厅和后厅均为五架梁前后单步梁。木雕艺术构件精细。天井阶沿和台明用块石砌筑。地面用泥土墁地。硬山顶覆小青瓦。占地面积 171.5 平方米
张山头叶氏宗祠	新处乡张山头村	清代	坐北朝南，四合院式，前后厅面阔三间。梁架为抬梁穿斗混合结构，前厅五架梁前双步梁，后厅五架梁前后单步梁。木雕艺术构件精细。天井阶沿、台明和地面均改为混泥土铺设。硬山顶覆小青瓦。占地面积 220 平方米
叶川头叶氏宗祠	赤寿乡叶川头村	清乾隆三十四年（1769）重建	坐东南朝西北，四合院式，前后厅面阔五间。梁架为抬梁穿斗混合结构，前厅和后厅均为五架梁前后双步梁。木雕艺术构件精细。天井阶沿用条石砌筑，台明卵石铺设。地面用方砖墁地。硬山顶覆小青瓦。占地面积 587.4 平方米
下仓叶氏宗祠	板桥乡板桥村下仓自然村	民国 8 年（1919）	坐北朝南，四合院式，前后厅面阔三间。梁架为抬梁穿斗混合结构，前厅五架梁前单步后双步梁，后厅五架梁前双步后单步梁。木雕艺术构件精细。天井阶沿和台明用条石砌筑。地面用泥土墁地。硬山顶覆小青瓦。占地面积 324 平方米
玉岩叶氏宗祠	玉岩镇玉岩村	2008 年重建	坐西朝东，四合院式，倒座和厅堂面阔三间。梁架为抬梁穿斗混合结构，倒座三架梁，厅堂五架梁前后双步梁。牛腿、雀替雕刻精细。阶沿和台明均用条石砌筑。地面改作混泥土地面。硬山顶覆小青瓦。占地面积 186 平方米
交塘叶氏宗祠	玉岩镇交塘村	清同治三年（1864）	坐东朝西，四合院式，前后厅面阔三间。梁架为抬梁穿斗混合结构，前厅五架梁前单步梁，后厅五架梁前双步后单步梁。木雕艺术构件精细。天井阶沿和台明用块石砌筑。地面用泥土墁地。硬山顶覆小青瓦。占地面积 232.7 平方米

续表 5-7-2-1-4

宗祠名称	坐落地点	建造年代	建筑简况
乌岩叶氏宗祠	玉岩镇乌岩村	清晚期	坐西北朝东南，四合院式，前后厅面阔三间。梁架为抬梁穿斗混合结构，前厅五架梁前单步梁，后厅五架梁前双步梁。木雕艺术构件精细。天井阶沿用条石砌筑，台明用卵石铺设。地面用泥土墁地。硬山顶覆小青瓦。占地面积 236.8 平方米
大岭脚叶氏宗祠	玉岩镇大岭脚村	清嘉庆十六年（1811）	坐西朝东，四合院式，前后厅面阔三间。梁架为抬梁穿斗混合结构，前厅五架梁前双步梁，后厅五架梁前双步后单步梁。砖雕、木雕艺术构件精细。天井阶沿用条石砌筑，台明用小卵石拼花。地面用泥土墁地。硬山顶覆小青瓦。占地面积 601.5 平方米
程源头叶氏宗祠	玉岩镇程源头村	清嘉庆十二年（1807）	坐北朝南，四合院式，前后厅面阔三间。梁架为抬梁穿斗混合结构，前厅五架梁前双步梁，后厅五架梁前后单步梁。用撑栱挑檐。天井阶沿用条石砌筑，台明用小卵石拼花。地面用泥土墁地。前厅为庑殿顶，后厅为硬山顶，屋顶覆小青瓦。占地面积 161 平方米
召楼叶氏宗祠	玉岩镇召楼村	清末	坐南朝北，厅堂面阔三间。梁架为抬梁穿斗混合结构，厅堂五架梁前后单步梁。木雕构件精细。天井阶沿用块石砌筑，台明用卵石铺设。地面用泥土墁地。硬山顶覆小青瓦。占地面积 138 平方米
道惠口叶氏宗祠	玉岩镇道惠口村	清嘉庆十一年（1806）	坐东朝西，四合院式，前后厅面阔三间。梁架为抬梁穿斗混合结构，前厅五架梁前单步梁，后厅五架梁前双步后单步梁。木雕艺术构件精细。天井阶沿和台明及其地面均改为混泥土地面。硬山顶覆琉璃瓦。占地面积 185.4 平方米
沿坑岭头叶氏茂进公家祠	枫坪乡沿坑岭头村	清光绪七年（1881）	坐西北朝东南，四合院式，前后厅面阔三间。梁架为抬梁穿斗混合结构，前厅三柱五檩，后厅五架梁前后单步梁。木雕构件精细。天井阶沿和台明用块石砌筑。地面用泥土墁地。硬山顶覆小青瓦。占地面积 135.8 平方米
沿坑岭头叶氏士开公家祠	枫坪乡沿坑岭头村	清光绪七年（1881）	坐北朝南，四合院式，前后厅面阔三间。梁架为抬梁穿斗混合结构，前厅三柱五檩，后厅五架梁前后单步梁。木雕构件精细。天井阶沿用条石砌筑，台明用卵石铺设。地面用泥土墁地。硬山顶覆小青瓦。占地面积 187.2 平方米
枫坪叶氏宗祠	枫坪乡枫坪村	清末	坐东朝西，四合院式，前后厅面阔三间。梁架为抬梁穿斗混合结构。前厅三柱五檩，后厅五架梁前后单步梁。木雕艺术构件精细。天井阶沿用条石砌筑，台明用卵石拼花。地面用混泥土墁地。硬山顶覆小青瓦。占地面积 220 平方米
黄南叶氏宗祠	大东坝镇黄南村	清乾隆五十五年（1790）	详见上一目“宗祠选介”
黄南叶氏香火堂	大东坝镇黄南村	清乾隆二十八年（1763）	坐北朝南，平面三合院布局，三间二厢房，梁架为穿斗构架，厅堂为五柱七檩。木雕艺术构件精细。天井阶沿用条石砌筑，台明用小卵石拼花。地面用泥土墁地。硬山顶覆小青瓦

续表 5-7-2-1-5

宗祠名称	坐落地点	建造年代	建筑简况
赤圩香火堂	大东坝镇赤圩村	清末	坐北朝南，三合院式，五间二厢房。梁架为穿斗梁架，正楼梁架三柱五檩。天井阶沿和台明用块石砌筑。地面用泥土墁地。楼屋重檐，硬山顶覆小青瓦。占地面积 144 平方米
人民大街王氏宗祠	西屏镇人民大街173 号	清乾隆年间（1736～1795）	坐北朝南，四合院式，前厅、中厅、后厅面阔均为三间。梁架为抬梁穿斗混合结构，前厅、中厅和后厅均为五架梁前后双步梁。木雕构件精细。天井阶沿和台明用条石砌筑。地面用泥土墁地。硬山顶覆小青瓦。占地面积 357 平方米
清路王氏宗祠	西屏镇清路村	清道光七年（1827）	坐北朝南，四合院式，前厅、中厅、后厅面阔三间。梁架为抬梁穿斗混合结构，前厅和中厅五架梁前后双步梁；后厅五架梁。木雕艺术构件精细，天井阶沿用条石砌筑，台明用小卵石拼花。地面用泥土墁地。硬山顶覆小青瓦。占地面积 439 平方米
王村王氏宗祠	望松乡王村	清乾隆年间（1736～1795）	详见上一目“宗祠选介”
岗后王氏宗祠	望松乡岗后村	清嘉庆（1796～1820）晚期	坐西朝东，四合院式，前后厅面阔三间。梁架为抬梁穿斗混合结构，前厅五架梁前单步后双步梁，后厅五架梁前双步后单步梁。木雕构件精细。天井阶沿用条石砌筑，台明用小卵石拼花。地面用泥土墁地。硬山顶覆小青瓦。占地面积 278 平方米
淡竹村王氏宗祠	三都乡淡竹村	清代	坐西朝东，四合院式，前后厅面阔三间。梁架为抬梁穿斗混合结构，前厅五架梁前双步梁，后厅五架梁前双步后单步梁。木雕艺术构件精细。天井阶沿用条石砌筑，台明用卵石拼花。地面用泥土墁地。硬山顶覆小青瓦。占地面积 232.9 平方米
黄庄（下村）王氏宗祠	竹源乡黄下村	清同治九年（1870）	坐北朝南，四合院式，前后厅面阔三间。梁架为抬梁穿斗混合结构，前后厅均为五架梁前后双步梁。木雕艺术构件精细。天井阶沿用条石砌筑，台明用卵石拼花。地面用泥土墁地。硬山顶覆小青瓦。占地面积 292 平方米
潘坑王氏宗祠	竹源乡潘坑村	清乾隆四十五年（1780）	坐西朝东，四合院式，前后厅面阔三间。梁架为抬梁穿斗混合结构，前厅五架梁前双步后单步梁，后厅五架梁前后双步梁。用撑栱挑檐。天井阶沿和台明用块石砌筑。地面用泥土墁地。硬山顶覆小青瓦。占地面积 240.7 平方米
下坌王氏宗祠	斋坛乡下坌村	清末	坐东朝西，四合院式，前厅、后厅面阔均为三间。梁架为抬梁穿斗混合结构，前厅三架梁，后厅五架梁。木雕构件精细。天井阶沿用条石砌筑，台明用卵石拼花。地面用泥土墁地。硬山顶覆小青瓦。占地面积 70.8 平方米
花田坌王氏宗祠	斋坛乡花田坌村	清道光二十六年（1846）	坐西朝东，四合院式，前后厅面阔三间。梁架为抬梁穿斗混合结构，前厅和后厅均为五架梁前后单步梁。木雕艺术构件精细。天井阶沿和台明用条石砌筑。地面用泥土墁地。硬山顶覆小青瓦。占地面积 290 平方米

续表 5-7-2-1-6

宗祠名称	坐落地点	建造年代	建筑简况
小南坑王氏宗祠	新处乡小南坑村	清同治四年（1865）重建	坐北朝南，四合院式，前后厅面阔三间。梁架为抬梁穿斗混合结构，前厅五架梁前单步梁，后厅五架梁前后单步梁。木雕构件精细。天井阶沿和台明用块石砌筑。地面用泥土墁地。硬山顶覆小红瓦。占地面积 165.6 平方米
小岭头王氏宗祠	新处乡小岭头村	清末	坐北朝南，四合院式，前后厅面阔三间。梁架为抬梁穿斗混合结构，前厅五架梁前单步梁，后厅五架梁后单步梁。用撑栱挑檐。天井阶沿和台明用块石砌筑。地面用泥土墁地。硬山顶覆小青瓦。占地面积 129.1 平方米
毛庄王氏宗祠	樟溪乡东市村毛庄自然村	清道光八年（1828）	坐东北朝西南，四合院式，前后厅面阔三间。梁架为抬梁穿斗混合结构，前厅三柱五檩，后厅五架梁前双步后单步梁。木雕艺术构件精细。天井和地面改为混泥土地面。硬山顶覆小青瓦。占地面积 209.4 平方米
项山头王氏香火堂	象溪镇雅溪口村项山头自然村	清末	坐北朝南，四合院式，倒座和厅堂面阔三间。梁架为穿斗结构，倒座二柱三檩，厅堂五柱五檩。天井阶沿和台明用块石砌筑。地面用泥土墁地。硬山顶覆小青瓦。占地面积 119.5 平方米
根下王氏宗祠	枫坪乡根下村	清道光八年（1828）	坐东朝西，四合院式，前后厅面阔五间。梁架为抬梁穿斗混合结构，前厅五架梁，后厅五架梁前双步后单步梁。木雕艺术构件精细。天井阶沿用条石砌筑，台明用卵石拼花。地面用泥土墁地。硬山顶覆小青瓦。占地面积 507.2 平方米
石仓山头王氏香火堂	大东坝镇山头村上山头自然村 22 号	民国 18 年（1929）	坐西朝东，四合院式，倒座面阔四间，后厅面阔五间。梁架为穿斗结构，倒座三柱五檩，后厅五柱五檩。用撑栱挑檐。天井阶沿和台明用卵石砌筑，地面改为混泥土地面。硬山顶覆小青瓦。占地面积 301.6 平方米
西山上包王氏香火堂	大东坝镇西山村上包自然村	清末	坐东朝西，厅堂面阔三间。梁架为抬梁穿斗混合结构，五架梁前后单步梁。用撑栱挑檐。厅堂阶沿用条石砌筑，院子地面用卵石铺设。硬山顶覆小青瓦。占地面积 120 平方米
百步王氏香火堂	大东坝镇百步村	清代	坐东朝西，四合院式，前厅和后楼面阔三间。后寝面阔一间。梁架为穿斗梁架，前厅采用减柱做法，为二柱五檩；后楼为楼屋重檐，五柱七檩；后寝为神龛，二柱三檩。木雕艺术构件精细。天井阶沿和台明均用卵石砌筑。地面用泥土墁地。硬山顶覆小青瓦。占地面积 229.7 平方米
潘巷潘氏宗祠	西屏镇潘后街弄 15 号	民国 14 年（1925）重建	坐北朝南，前厅、中厅、后厅面阔均为三间，邮亭面阔一间，四厢房面阔各一间。邮亭连结前厅和中厅。梁架抬梁穿斗混合结构，前厅、中厅、后厅均为五架梁前后双步梁。木雕构件精细。天井阶沿和台明用条石砌筑。地面用三合土墁地。硬山顶覆小青瓦。占地面积 361 平方米
城东潘氏宗祠	西屏镇十字路 15 号	清初	坐北朝南，四合院式，前后厅面阔三间。梁架为抬梁穿斗混合结构，前厅、后厅均为五架梁前后双步梁。木雕艺术构件精细。天井阶沿和台明用条石砌筑。地面用三合土墁地。硬山顶覆小青瓦。占地面积 192.5 平方米

续表 5-7-2-1-7

宗祠名称	坐落地点	建造年代	建筑简况
城北潘氏宗祠	西屏镇朝天门南	清初	坐东朝西，四合院式，前后厅面阔三间。前厅三架梁前单步梁，后厅五架梁前后单步梁。用撑栱挑檐。天井和地面被改为混泥土地面。硬山顶覆小青瓦。占地面积 158 平方米
里黄潘氏宗祠	三都乡里黄村	清嘉庆二十四年（1819）	坐西朝东，四合院式，前后厅面阔三间。梁架为抬梁穿斗混合结构，前厅五架梁前双步梁，后厅五架梁前双步后单步梁。木雕构件精细。天井阶沿用条石砌筑，台明用卵石拼花。地面用泥土墁地。硬山顶覆小青瓦。占地面积 218.1 平方米
燕庄潘氏宗祠	竹源乡燕庄村	清代	坐北朝南，四合院式，前后厅面阔三间。梁架为抬梁穿斗混合结构，前厅三架梁前后单步梁，后厅五架梁前后单步梁。木雕构件精细。天井阶沿和台明用块石砌筑。地面用泥土墁地。硬山顶覆小青瓦。占地面积 232.5 平方米
横岗潘氏宗祠	竹源乡横岗村	清嘉庆五年（1800）	坐东朝西，四合院式，前后厅面阔三间。梁架为抬梁穿斗混合结构，前厅五架梁前后单步梁，后厅五架梁前双步后单步梁。木雕构件精细。天井阶沿和台明用块石砌筑。地面用泥土墁地。硬山顶覆小青瓦。占地面积 289.8 平方米
呈田村潘氏宗祠	竹源乡呈田村	民国初年	坐北朝南，四合院式，倒座和厅堂面阔三间。梁架为穿斗式，倒座二柱三檩，厅堂三柱五檩，未施挑檐构件。天井阶沿用条石砌筑，台明用小卵石拼花。地面用泥土墁地。硬山顶覆小青瓦。占地面积 173 平方米
小竹溪村潘氏宗祠	竹源乡小竹溪村	清同治七年（1868）	坐北朝南，四合院式，前后厅面阔三间。梁架为抬梁穿斗混合结构，前厅三架梁，后厅五架梁前后单步梁。木雕构件精细。天井阶沿用条石砌筑，台明用小卵石拼花。地面用泥土墁地。硬山顶覆小青瓦。占地面积 200.6 平方米
上坌潘氏宗祠	斋坛乡上坌村	清道光（1821～1850）初年	坐北朝南，四合院式，前后厅面阔三间。梁架为抬梁穿斗混合结构，前厅五架梁前双步梁，后厅为穿斗梁架，四柱六檩，未施木雕艺术构件。天井和地面均改为混泥土地面，硬山顶覆小青瓦。占地面积 265 平方米
古市下街潘氏宗祠	古市镇下街 101 号	清乾隆年间（1736～1795）	坐东朝西，四合院式，前后厅面阔五间，邮亭面阔一间，厢房面阔三间。邮亭和厢房连接前厅和后厅。梁架为抬梁穿斗混合结构，前厅和后厅均为五架梁前后双步梁。木雕艺术构件精细。天井阶沿用条石砌筑，台明用卵石拼花。地面用方砖墁地。硬山顶覆小青瓦。占地面积 710.2 平方米
烧火坑潘氏宗祠	玉岩镇烧火坑村	民国初年	坐东朝西，四合院式，前后厅面阔三间。梁架为抬梁穿斗混合结构，前厅五架梁前单步梁，后厅五架梁前后单步梁。木雕构件精细。天井阶沿用条石砌筑，台明用卵石铺设。地面用泥土墁地。硬山顶覆小青瓦。占地面积 220.9 平方米
山徐潘氏香火堂	大东坝镇山徐村 57 号	清代	坐东朝西，厅堂面阔五间，前后四厢房面阔各一间。厅堂五柱七檩。牛腿刻莲花纹。天井阶沿和台明用块石砌筑。地面用泥土墁地。硬山顶覆小青瓦。占地面积 208.6 平方米

续表 5-7-2-1-8

宗祠名称	坐落地点	建造年代	建筑简况
双坑口潘氏香火堂	大东坝镇洋坑埠头村双坑口自然村	清晚期	坐北朝南，三合院布局，五间二厢房。厅堂梁架为六柱七檩。用撑栱挑檐。天井阶沿用条石砌筑，台明用小卵石拼花。地面用泥土墁地。硬山顶覆小青瓦。占地面积 223.9 平方米
洋坑埠头潘氏香火堂	大东坝镇洋坑埠头村	清嘉庆年间（1796～1820）	坐东朝西，三合院式，七间二厢房。楼屋重檐。正楼梁架为五柱七檩，木雕构件精细。天井阶沿用条石砌筑，台明用卵石拼钱纹、叶脉纹。地面用泥土墁地。硬山顶覆小青瓦。占地面积 348 平方米
赤圩潘氏香火堂	大东坝镇赤圩村	清末	坐北朝南，三合院式，五间二厢房。楼屋重檐。正楼三柱五檩，用撑栱挑檐。天井阶沿和台面用块石砌筑。地面用泥土墁地。硬山顶覆小青瓦。占地面积 173 平方米
苏马坪潘氏香火堂	安民乡苏马坪村小苏坑自然村	清代	坐北朝南，三合院式，五间二厢房。楼屋重檐。正楼五柱七檩，用撑栱挑檐。天井阶沿和台明用块石铺设。地面用泥土墁地。硬山顶覆小青瓦。占地面积 244.9 平方米
李坑潘氏宗祠	安民乡李坑村	民国 18 年（1929）	坐南朝北，四合院式，前后厅面阔三间。梁架为抬梁穿斗混合结构，前厅三架梁前单步梁，后厅五架梁前后单步梁。木雕构件精细。天井阶沿和台明用块石铺设。地面用泥土墁地。硬山顶覆小青瓦。占地面积 162.2 平方米
城北徐氏宗祠	西屏镇耶稣堂弄 10 号	清乾隆二年（1737）	坐北朝南，四合院式，前后厅面阔五间。梁架为抬梁穿斗混合结构，前后厅均为五架梁前后双步梁。木雕艺术构件精细。天井阶沿和台明用条石砌筑。地面改为混泥土地面。硬山顶覆小青瓦。占地面积 432 平方米
程徐村徐氏宗祠	西屏镇程徐村	清嘉庆年间（1796～1820）	坐东朝西，四合院式，前后厅面阔三间。梁架为抬梁穿斗混合结构，前厅五架梁前后单步梁，后厅五架梁前双步后单步梁。木雕艺术构件精细。天井阶沿用条石砌筑，台明小卵石拼花。地面改为混泥土地面。硬山顶覆小青瓦。占地面积 199 平方米
岩西徐氏家祠	西屏镇岩西村	清同治四年（1865）重建	坐北朝南，四合院式，前后厅面阔三间。梁架为抬梁穿斗混合结构，前厅五架梁前单步后双步梁 ，后厅五架梁前后双步梁。木雕艺术构件精细。石柱上有石刻楹联 9 副。天井阶沿和台明用条石砌筑。地面改为混泥土地面。硬山顶覆小青瓦。占地面积 440 平方米
毛源徐氏宗祠	三都乡毛源村	1955 年重建	坐南朝北，四合院式，前后厅面阔三间。梁架为抬梁穿斗混合结构，前厅五架梁前单步梁，后厅五架梁前后单步梁。用撑栱挑檐。天井阶沿用条石砌筑，台明用小卵石拼花。地面改为混泥土地面。硬山顶覆小青瓦。占地面积 285 平方米
古市柿树弄徐氏宗祠	古市镇柿树弄 24 号	清代	坐南朝北，四合院式，前后厅面阔三间。梁为抬梁穿斗混合结构，前厅五架梁前双步梁，后厅五架梁前双步后单步梁。木雕艺术构件精细。天井阶沿用条石砌筑，台明用小卵石拼花。地面用泥土墁地。硬山顶覆小青瓦。占地面积 154.7 平方米

续表 5-7-2-1-9

宗祠名称	坐落地点	建造年代	建筑简况
山甫徐氏宗祠	新处乡山甫村	清道光十四年（1834）重建	坐西朝东，四合院式，倒座和各进厅堂面阔均为三间。倒座梁架三柱三檩，前厅五架梁前双步后单步梁，后厅梁架三柱五檩。木雕艺术构件精细。天井阶沿用条石砌筑，台明用卵石拼花。地面改为混泥土地面。硬山顶覆小青瓦。占地面积 209.17 平方米
山甫徐氏家祠	新处乡山甫村	清嘉庆初年	坐北朝南，四合院式，前后厅面阔三间。梁架为抬梁穿斗混合结构，前厅五架梁前双步梁，后厅五架梁前双步后单步梁。木雕艺术构件精细。天井阶沿用条石砌筑，台明用卵石拼花。地面用三合土墁地。硬山顶覆小青瓦。占地面积 340.86 平方米
大铺徐氏宗祠	谢村乡大铺村	清嘉庆十三年（1808）重建	坐南朝北，四合院式，前后厅面阔三间。梁架为抬梁穿斗混合结构，前厅三柱五檩，后厅五架梁前双步后单步梁。木雕构件精细。天井阶沿和台明均用块石砌筑。地面用泥土墁地。硬山顶覆小青瓦。占地面积 120 平方米
赤岩徐氏宗祠	新处乡赤岩村	清光绪十八年（1892）重建	坐北朝南，四合院式，前后厅面阔三间。梁架为抬梁穿斗混合结构，前厅五架梁前双步梁，后厅五架梁前双步后单步梁。木雕艺术构件精细。天井阶沿用条石砌筑，台明用卵石拼花。地面用泥土墁地。硬山顶覆小青瓦。占地面积 233.42 平方米
福村徐氏宗祠	樟溪乡福村	清光绪二年（1876）	坐西朝东，四合院式，前后厅面阔三间。梁架为抬梁穿斗混合结构，前厅和后厅均为五架梁前后单步梁。木雕艺术构件精细。天井阶沿和台明用条石砌筑。地面用泥土墁地。硬山顶覆小青瓦。占地面积 294.5 平方米
南州上徐徐氏宗祠	象溪镇南州村	清代	坐东北朝西南，四合院式，前后厅面阔五间。梁架为抬梁穿斗混合结构，前厅五架梁，后厅五架梁前双步后单步梁。木雕艺术构件精细。天井阶沿用条石砌筑，台明用小卵石拼花。地面用泥土墁地。硬山顶覆小青瓦。占地面积 364.2 平方米
雅溪口徐氏宗祠	象溪镇雅溪口村	清初	详见上一目“宗祠选介”
斗潭上徐徐氏宗祠	枫坪乡斗潭村	清嘉庆十九年（1814）重建	坐东朝西，四合院式，前后厅面阔三间。梁架抬梁穿斗混结构，前厅五架梁，后厅五架梁前后单步梁。木雕艺术构件精细。天井阶沿和台明用块石砌筑。地面用泥土墁地。硬山顶覆小青瓦。占地面积 218 平方米
斗潭下徐徐氏宗祠	枫坪乡斗潭村	清康熙年间（1662～1722）重建	坐东南朝西北，四合院式，前厅和厢房倒塌，后厅面阔三间。后厅五架梁前后单步梁。木雕构件雕刻精美大器。天井阶沿和台明用块石砌筑。地面用泥土墁地。硬山顶覆小青瓦。占地面积 205 平方米
黄南徐氏宗祠	大东坝镇黄南村	清嘉庆二十二年（1817）	坐北朝南，四合院式，前后厅面阔三间。梁架为抬梁穿斗混合结构，前厅二柱五檩，后厅五架梁前双步后单步梁。木雕艺术构件精细。天井阶沿用条石砌筑，台明用卵石拼花。地面用泥土墁地。硬山顶覆小青瓦。占地面积 350.9 平方米

续表 5-7-2-1-10

宗祠名称	坐落地点	建造年代	建筑简况
乌弄徐氏宗祠	安民乡乌弄村	清同治九年（1870）	坐北朝南，四合院式，前后厅面阔三间。梁架为抬梁穿斗混合结构，前厅五架梁前后单步梁，后厅五架梁前双步后单步梁。木雕艺术构件精细。天井阶沿和台明用块石砌筑。地面用泥土墁地。硬山顶覆小青瓦。占地面积 280 平方米
后湾吴氏宗祠	三都乡后湾村	清嘉庆十五年（1810）	坐西朝东，四合院式，前后厅面阔三间。梁架为抬梁穿斗混合结构，前厅五架梁前单步梁，后厅五架梁前双步后单步梁。木雕装饰精细。天井阶沿和台明用条石砌筑。地面用泥土墁地。硬山顶覆小青瓦。占地面积 220 平方米
小竹溪吴氏宗祠	竹源乡小竹溪村	清乾隆二十二年（1757）	坐东南朝西北，四合院式，前后厅面阔三间。梁架为抬梁穿斗混合结构，前厅五架梁前后单步梁，后厅五架梁前双步后单步梁。木雕艺术构件精细。天井阶沿用条石砌筑，台明用小卵石拼花。地面用泥土墁地。硬山顶覆小青瓦。占地面积 312 平方米
南岱吴氏宗祠	叶村乡南岱村	清嘉庆五年（1800）	坐北朝南，四合院式，前后厅面阔五间。梁架为抬梁穿斗混合结构，前厅明间为歇山梁架，次间、梢间五柱七檩。后厅五架梁前后双步梁。木雕构件精细。天井阶沿用条石砌筑，台明用卵石拼花。地面用方砖墁地。硬山顶覆小青瓦。占地面积 314 平方米
赤岸吴氏宗祠	赤寿乡赤岸村	清同治六年（1867）	坐东北朝西南，二进四厢房，前后厅面阔五间，四厢房面阔各一间。前厅五架梁前后双步梁；后厅穿斗式梁架，五柱九檩。木雕构件精细。天井阶沿用条石砌筑，台明用卵石拼花。前厅用泥土墁地，后厅用方砖墁地。硬山顶覆小青瓦。占地面积 563.5 平方米
吴山头吴氏宗祠	玉岩镇吴山头村	清嘉庆十二年（1815）	坐北朝南，四合院式，前后厅面阔三间。梁架为抬梁穿斗混合结构，前厅五架梁前双步梁，后厅五架梁前双步后单步梁。木雕艺术构件精细。天井阶沿和台明用块石砌筑。地面用泥土墁地。硬山顶覆小青瓦。占地面积 227.8 平方米
梨步坑吴氏家祠	玉岩镇梨步坑村	清道光二十四年（1844）	坐西朝东，四合院式，前后厅面阔三间。梁架为抬梁穿斗混合结构，前厅五架梁前单步梁。后厅五架梁前后单步梁，木雕艺术构件精细。天井阶沿和台明用条石砌筑。地面用泥土墁地。硬山顶覆小青瓦。占地面积 277 平方米
周安吴氏宗祠	玉岩镇周安村	清道光四年（1824）重建	坐北朝南，四合院式，前后厅面阔三间。梁架为抬梁穿斗混合结构，前厅五架梁前双步梁，后厅五架梁前后单步梁。木雕构件精细。天井阶沿用条石砌筑，台明用卵石拼花。地面用泥土墁地。硬山顶覆小青瓦。占地面积 220 平方米
周安吴氏家祠	玉岩镇周安村	清光绪三十年（1904）	坐西北朝东南，四合院式，前后厅面阔三间。梁架为抬梁穿斗混合结构，前厅五架梁前单步梁，后厅五架梁前后双步梁。木雕装饰精细。天井阶沿和台明用条石砌筑。地面用三合土墁地。硬山顶覆小青瓦。占地面积 231.3 平方米
小吉吴氏宗祠	枫坪乡小吉村	清代	坐北朝南，四合院式，前后厅面阔三间。梁架为抬梁穿斗混合结构，前厅五架梁，后厅五架梁后单步梁。木雕构件精细。天井阶沿和台明用块石砌筑。地面用泥土墁地。硬山顶覆小青瓦。占地面积 110 平方米

续表 5-7-2-1-11

宗祠名称	坐落地点	建造年代	建筑简况
根下吴氏宗祠	枫坪乡根下村	清道光年间（1821～1850）	坐北朝南，四合院式，倒座、厅堂面阔三间。梁架为抬梁穿斗混合结构，倒座为三架梁，后厅为五架梁前单步梁，用撑栱挑檐。天井阶沿和台明用块石砌筑。地面用泥土墁地。硬山顶覆小青瓦。占地面积 119.5 平方米
丁坑吴氏宗祠	枫坪乡丁坑村	清道光年间	坐东朝西，四合院式，前后厅面阔三间。梁架为抬梁穿斗混合结构，前厅五架梁，后厅五架梁前后单步梁。木雕艺术构件精细。天井阶沿和台明用块石砌筑。地面用泥土墁地。硬山顶覆小青瓦。占地面积 190 平方米
军廷后吴氏宗祠	枫坪乡外南坑村由章自然村	民国 20 年（1931）	坐北朝南，四合院式，前后厅面阔三间。梁架为抬梁穿斗混合结构，前厅五架梁前单步梁，后厅五架梁前双步梁后单步梁。木雕构件精细。天井阶沿和台明用块石砌筑。地面用泥土墁地。硬山顶覆小青瓦。占地面积 180 平方米
燕田吴氏宗祠	大东坝镇燕田村	清光绪二十八年（1902）重建	详见上一目“宗祠选介”
尹源李氏宗祠	三都乡尹源村	明永乐年间（1403～1424）	详见上一目“宗祠选介”
里庄李氏宗祠	三都乡里庄村	清道光二十年（1840）	坐西朝东，四合院式，前后厅面阔三间。梁架结构为抬梁穿斗混合结构，前厅五架梁前单步梁，后厅五架梁前双步后单步梁。木雕构件精细。天井与地面改为混泥土地面。硬山顶覆小青瓦
杨梅坪李氏宗祠	三都乡上田村杨梅坪村	清末	坐东朝西，四合院式，前后厅面阔三间。梁架为抬梁穿斗混合结构，前厅五架梁前双步梁，后厅五架梁前双步后单步梁。木雕构件精细。天井阶沿用条石砌筑，台明用卵石拼花。地面用泥土墁地。硬山顶覆小青瓦。占地面积 221.9 平方米
西坑李氏宗祠	谢村乡谢西坑村	清乾隆初年	坐西朝东，四合院式，前后厅面阔三间。梁架为抬梁穿斗混合结构，前厅五架梁，后厅五架梁前后单步梁。用撑栱挑檐。天井阶沿和台明用块石砌筑。地面用泥土墁地。硬山顶覆小青瓦。占地面积 230 平方米
李山头李氏宗祠	谢村乡李山头村	清道光二十四年（1844）	坐北朝南，四合院式，前后厅面阔三间。梁架为抬梁穿斗混合结构，前厅五架梁前双步梁，后厅五架梁前双步后单步梁。木雕构件精细。天井阶沿用条石砌筑，台明用卵石拼花。地面用泥土墁地。硬山顶覆小青瓦。占地面积 335.8 平方米
白沙岗李氏宗祠	玉岩镇白沙岗村	清嘉庆十九年（1814）	坐北朝南，四合院式，前后厅面阔三间。梁架为抬梁穿斗混合结构，前厅五架梁前单步梁，后厅五架梁前双步后单步梁。木雕艺术构件精细。天井阶沿和台明用块石砌筑。地面用泥土墁地。硬山顶覆小青瓦。占地面积 207.9 平方米

续表 5-7-2-1-12

宗祠名称	坐落地点	建造年代	建筑简况
上杭李氏宗祠	玉岩镇周坑村上杭自然村	清乾隆三十四年（1769）重修	坐东南朝西北，三合院式，五间二厢房。楼屋重檐，正楼梁架为穿斗式，三柱五檩。未施木雕艺术构件。天井阶沿用条石砌筑，台明用块石砌筑。地面改为混泥土地面。四坡顶覆小青瓦。占地面积 209 平方米
余叶李氏宗祠	玉岩镇余叶村	清道光八年（1828）重建	坐东朝西，四合院式，前后厅面阔三间。梁架为抬梁穿斗混合结构，前厅五架梁，后厅五架梁前双步后单步梁，木雕装饰精细。天井阶沿用条石砌筑，台明用卵石砌筑。 地面用泥土墁地。硬山顶覆小青瓦。占地面积 215 平方米
根坑李氏宗祠	玉岩镇根坑村	清末	坐南朝北，中轴线上依次为门座、院子和厅堂。厅堂面阔三间。厅堂梁架五架梁前后单步梁，木雕艺术构件精细。厅堂阶沿用块石砌筑。地面用泥土墁地。硬山顶覆小青瓦。占地面积 174 平方米
大畈李氏宗祠	枫坪乡斗潭村大畈自然村	清康熙年间（1662～1722）	坐北朝南，四合院式，前后厅面阔三间。梁架为抬梁穿斗混合结构，前厅五架梁前单步梁，后厅五架梁前后单步梁。木雕艺术构件精细。天井阶沿和台明用卵石砌筑。地面用泥土墁地。硬山顶覆小青瓦。占地面积 264.5 平方米
山乍口李氏宗祠	枫坪乡山乍口村	清末	坐西南朝东北，四合院式，前后厅面阔三间。梁架为抬梁穿斗混合结构，前厅五架梁前单步梁，后厅五架梁前后单步梁。木雕构件精细。天井阶沿用条石砌筑，台明用卵石铺设。地面用泥土墁地。硬山顶覆小青瓦。占地面积 255 平方米
龙虎坳李氏宗祠	枫坪乡龙虎坳村	清末	坐西朝东，四合院式，前后厅面阔三间。梁架为抬梁穿斗混合结构，前厅五架梁，后厅五架梁后单步梁，木雕构件精细。天井阶沿用条石砌筑，台明用卵石拼花。地面用泥土墁地。硬山顶覆小青瓦。占地面积 132.6 平方米
馒头山李氏宗祠	樟溪乡馒头山村	清乾隆五十五年（1790）始建 2007 年重建	坐西朝东，四合院式，前后厅面阔三间。梁架为抬梁穿斗混合结构，木雕艺术构件仅有雀替玉兔一对。硬山顶，水泥地面。占地面积 420 平方米
杨柳街周氏宗祠	西屏镇杨柳街 56 号	明代末期	详见上一目“宗祠选介”
周山头周氏宗祠	三都乡周山头村	清乾隆四十七年（1782）	坐南朝北，四合院式，前后厅面阔三间。梁架为抬梁穿斗混合结构，前厅五架梁前单步梁，后厅五架梁前后双步梁。木雕构件精细。天井阶沿用条石砌筑，台明用卵石拼花。地面用三合土墁地。硬山顶覆小青瓦。占地面积 215.7 平方米
斗米坳周氏宗祠	叶村乡斗米坳村	清末	坐北朝南，四合院式，前后厅面阔三间。前厅梁架为五架梁，后厅为楼屋，梁架穿斗式，五柱七檩。用撑栱挑檐。天井阶沿和台明用块石砌筑。地面用泥土墁地。硬山顶覆小青瓦。占地面积 186.4 平方米

续表 5-7-2-1-13

宗祠名称	坐落地点	建造年代	建筑简况
膳垄周氏宗祠	叶村乡膳垄村	清嘉庆七年（1802）重建	坐东南朝西北，四合院式，前后厅面阔三间。梁架为抬梁穿斗混合结构，前厅五架梁前单步梁，后厅五架梁前双步后单步梁。木雕艺术构件精细。天井阶沿和台明用块石砌筑。地面用泥土墁地。硬山顶覆小青瓦。占地面积 222.5 平方米
庄后周氏宗祠	新处乡庄后村	清道光二年（1822）	坐东北朝西南，四合院式，前后厅面阔三间。梁架为抬梁穿斗混合结构，前厅五架梁前单步梁，后厅五架梁前双步后单步梁。木雕构件精细。天井阶沿用条石砌筑，台明用卵石拼花。地面用泥土墁地。硬山顶覆小青瓦。占地面积 274.9 平方米
平卿周氏宗祠	谢村乡平卿村	清代	坐北朝南，四合院式，前后厅面阔三间。梁架为抬梁穿斗混合结构，前厅五架梁前单步梁，后厅五架梁前双步梁。木雕艺术构件精细。天井阶沿用条石砌筑，台明用卵石铺设。地面用泥土墁地。硬山顶覆小青瓦。占地面积 268.5 平方米
大树后周氏宗祠	玉岩镇大树后村	清末	坐东朝西，厅堂面阔三间。梁架为五架梁前单步梁。厅堂阶沿用块石砌筑，地面用泥土墁地。悬山顶覆小青瓦。占地面积 195.7 平方米
清净磁周氏宗祠	枫坪乡丁坑村清净磁自然村	清咸丰十一年（1861）	坐北朝南，四合院式，前后厅面阔三间。梁架为抬梁穿斗混合结构，前厅五架梁前单步梁，后厅五架梁前双步后单步梁。木雕艺术构件精细。天井阶沿和台明用块石砌筑。地面用泥土墁地。硬山顶覆小青瓦。占地面积 210 平方米
高亭周氏宗祠	枫坪乡高亭村	清光绪九年（1883）重建	坐东朝西，四合院式，前后厅面阔三间。梁架为抬梁穿斗混合结构，前厅五架梁前后单步梁，后厅五架梁前双步后单步梁。木雕构件精细。天井阶沿用条石砌筑，台明用卵石拼花。地面用泥土墁地。硬山顶覆小青瓦。占地面积 314.6 平方米
金竹周氏宗祠	枫坪乡金竹村	清道光二十三年（1844）	坐北朝南，四合院式，前后厅面阔三间。梁架为抬梁穿斗混合结构，前厅五架梁前双步梁，后厅五架梁前后单步梁。木雕构件精细。天井阶沿用条石砌筑，台明用小卵石拼花。地面用泥土墁地。硬山顶覆小青瓦。占地面积 223.8 平方米
李坑周氏宗祠	安民乡李坑村	清末	坐北朝南，四合院式，前后厅面阔三间。梁架为抬梁穿斗混合结构。前厅明间为歇山梁架，次间二柱五檩；后厅五架梁前后单步梁。木雕构件精细。天井阶沿和台明用块石砌筑。地面用泥土墁地。硬山顶覆小青瓦。占地面积 242.5 平方米
乌弄周氏宗祠	安民乡乌弄村	清同治九年（1870）	坐北朝南，四合院式，前后厅面阔三间。梁架为抬梁穿斗混合结构，前厅五架梁前后双步梁，后厅五架梁前双步后单步梁。木雕构件精细。天井阶沿和台明用块石砌筑。地面用泥土墁地，硬山顶覆小青瓦。占地面积 269.6 平方米
城东明德路陈氏宗祠	西屏镇明德路	清乾隆五十八年（1793）	坐西朝东，门座面阔一间，厅堂面阔三间带双侧廊。门座三柱五檩，厅堂五架梁前双步后单步梁。未施木雕艺术构件。天井阶沿用条石砌筑。天井台明和地面改为混泥土地面。门座悬山顶，厅堂硬山顶，屋顶覆小青瓦。占地面积 160 平方米

续表 5-7-2-1-14

宗祠名称	坐落地点	建造年代	建筑简况
后畲陈氏宗祠	三都乡水竹村后畲自然村	清光绪二十三年（1897）重建	坐北朝南，四合院式，前后厅面阔三间。梁架为抬梁穿斗混合结构，前厅五架梁，后厅五架梁前后单步梁。木雕艺术构件精细。天井阶沿和台明用块石砌筑。地面改为混泥土地面。悬山顶覆小青瓦。占地面积 214.5 平方米
黄岭根陈氏宗祠	三都乡黄岭根村	清道光九年（1829）	坐北朝南，四合院式，前后厅面阔三间。梁架为抬梁穿斗混合结构，前厅五架梁前单步梁，后厅五架梁前双步梁后单步梁。木雕艺术构件精细。天井阶沿用条石砌筑，台明用卵石铺设。地面用泥土墁地。硬山顶覆小青瓦。占地面积 245.8 平方米
柘坑陈氏宗祠	四都乡柘坑村	清嘉庆十一年（1806）	坐南朝北，四合院式，前后厅面阔三间。梁架为抬梁穿斗混合结构，前厅五架梁前单步梁，后厅五架梁前后单步梁。木雕艺术构件精细。天井阶沿和台明用块石砌筑。地面用泥土墁地，硬山顶覆小青瓦。占地面积 310 平方米
塘后陈氏宗祠	四都乡塘后村	清嘉庆二十四年（1819）	坐北朝南，四合院式，前后厅面阔三间。梁架为抬梁穿斗混合结构，前厅五架梁前单步梁，后厅五架梁前后单步梁。木雕艺术构件精细。天井阶沿和台明用块石砌筑。地面用泥土墁地。硬山顶覆小青瓦。占地面积 250 平方米
榔树陈氏宗祠	四都乡榔树村	清道光年间（1821～1850）	坐北朝南，四合院式，倒座、厅堂面阔三间。梁架为抬梁穿斗混合结构，倒座梁架三柱五檩，厅堂五架梁前后单步梁。木雕构件精细。天井阶沿和台明用块石砌筑。地面改为混泥土地面。硬山顶覆小青瓦。占地面积 156 平方米
官岭陈氏宗祠	新处乡官岭村	明万历年间（1573～1620）	详见上一目“宗祠选介”
龙湾陈氏宗祠	象溪镇龙湾村	清同治七年（1868）重建	坐西朝东，四合院式，前后厅面阔三间。梁架为抬梁穿斗混合结构，前厅五架梁前单步梁，后厅五架梁前后单步梁。未施木雕艺术构件。天井阶沿用条石砌筑，台明用卵石拼花。地面用泥土墁地。硬山顶覆小青瓦。占地面积 171 平方米
坑里陈氏宗祠	象溪镇坑里村内坑里自然村	清末	坐西北朝东南，四合院式，前后厅面阔三间。梁架为抬梁穿斗混合结构，前厅和后厅均为五架梁前后单步梁。木雕构件精细。天井阶沿和台明均用卵石砌筑。地面用泥土墁地。硬山顶覆小青瓦。占地面积 228 平方米
周坑陈氏宗祠	玉岩镇周坑村	清嘉庆二十三年（1818）重建	坐东北朝西南，四合院式，前后厅面阔三间。梁架为抬梁穿斗混合结构，前厅五架梁前双步梁，后厅五架梁前双步后单步梁。用撑栱挑檐。天井阶沿和台明用块石砌筑。地面改混泥土地面。硬山顶覆小青瓦。占地面积 264 平方米
安岱后陈氏宗祠	安民乡安岱后村	清光绪三十四年（1908）	详见上一目“宗祠选介”

续表 5-7-2-1-15

宗祠名称	坐落地点	建造年代	建筑简况
下包上河何氏宗祠	四都乡下包村上河自然村	清光绪二十二年（1896）	坐北朝南，四合院式，倒座、厅堂面阔三间。梁架为抬梁穿斗混合结构，倒座穿斗梁架三柱五檩，厅堂为五架梁前后单步梁。未施木雕构件。天井阶沿用条石砌筑，台明用小卵石拼花。地面用泥土墁地。硬山顶覆小青瓦。占地面积 192 平方米
东坑何氏宗祠	四都乡下包村东坑自然村	清同治十三年（1874）重建	坐北朝南，四合院式，倒座、厅堂面阔三间。梁架为抬梁穿斗混合结构，倒座三柱五檩，厅堂五架梁前后单步梁，未施牛腿挑檐。天井阶沿和台明以及地面改为混泥土地面。硬山顶覆小青瓦。占地面积 184 平方米
正岗山何氏宗祠	叶村乡斗米坳村正岗山自然村	清嘉庆年间（1796～1820）	坐北朝南，四合院式，倒座、厅堂面阔三间。梁架为抬梁穿斗混合结构。倒座三柱五檩。厅堂五架梁前双步后单步梁。未施牛腿挑檐，天井阶沿用条石砌筑，台明用卵石拼花。地面用泥土墁地。硬山顶覆小青瓦。占地面积 180.4 平方米
项坑何氏宗祠	叶村乡斗米坳村项坑自然村	清末	坐北朝南，厅堂面阔三间。梁架五架梁前后单步梁。未施木雕艺术构件。地面用泥土墁地。硬山顶覆小青瓦。占地面积 70 平方米
吊砿何氏宗祠	斋坛乡吊砿村	清道光八年（1828）	坐西朝东，四合院式，前后厅面阔三间。梁架为抬梁穿斗混合结构，前厅五架梁前双步梁，后厅五架梁前双步后单步梁。木雕构件精细。天井阶沿和台明用块石砌筑。地面用泥土墁地。硬山顶覆小青瓦。占地面积 157.6 平方米
上河何氏宗祠	古市镇上河村	清康熙年间（1662～1722）	坐北朝南，四合院式，前后厅面阔三间。梁架为抬梁穿斗混合结构，前厅五架梁前单步梁，后厅五架梁前后单步梁。木雕艺术构件精细。天井阶沿和台明用条石砌筑。地面用泥土墁地。硬山顶覆小青瓦。占地面积 285 平方米
支木何氏宗祠	玉岩镇支木村	清代初期	坐西朝东，四合院式，前后厅面阔三间。前厅明间为歇山梁架，次间为穿斗梁架，四柱七檩；后厅五架梁前双步后单步梁。木雕艺术构件精细。天井阶沿用条石砌筑，台明用块石砌筑。地面用泥土墁地。硬山顶覆小青瓦。占地面积 273.3 平方米
何山头何氏宗祠	玉岩镇何山头村	清咸丰年间（1851～1861）	坐南朝北，四合院式，倒座、厅堂面阔三间。梁架为抬梁穿斗混合结构，倒座三架梁，厅堂五架梁前双步后单步梁。木雕构件精细。天井阶沿和台明用条石砌筑。地面用泥土墁地。硬山顶覆小青瓦。占地面积 205 平方米
源坑何氏香火堂	玉岩镇何山头村源坑自然村	民国初年	坐西朝东，面阔一间。梁架穿斗式，三柱七檩。未施挑檐构件。天井阶沿和台明用块石砌筑。地面用泥土墁地。硬山顶覆小青瓦。占地面积 405 平方米
排居口何氏宗祠	玉岩镇排居口村	清道光十二年（1832）	坐西朝东，三合院式，三间二厢房。厅堂面阔三间。厅堂五架梁前后单步梁。砖雕、木雕艺术构件精细。天井阶沿用条石砌筑，台明用卵石拼花。地面用泥土墁地。硬山顶覆小青瓦。占地面积 179.2 平方米

续表 5-7-2-1-16

宗祠名称	坐落地点	建造年代	建筑简况
古市镇城头张氏宗祠	古市镇城门楼外17号	清末	坐东北朝西南，原为四合院式，前厅和厢房已拆毁，后厅面阔三间。梁架五架梁前双步后单步梁。木雕构件精细。后厅阶沿用条石砌筑，地面用方砖墁地。硬山顶覆小青瓦
山下阳张氏宗祠	古市镇山下阳村	清道光七年（1827）	坐北朝南，四合院式。前厅和中厅面阔七间；后厅面阔三间，后厅左右设耳房三间；四厢房均面阔三间；中厅与后厅由亭阁连接，亭阁面阔一间。梁架结构为抬梁穿斗混合结构，前厅五架梁前单步后双步梁，中厅和后厅五架梁前后双步梁。木雕构件精细。天井阶沿和台明用条石砌筑。地面用三合土墁地。硬山顶覆小青瓦。占地面积 1102 平方米
平卿张氏宗祠	谢村乡平卿村	清道光五年（1825）	坐东北朝西南，四合院式，前后厅面阔三间。梁架为抬梁穿斗混合结构，前厅五架梁前双步梁，后厅五架梁前双步后单步梁。木雕艺术构件精细。天井阶沿用条石砌筑，台明用卵石铺设。硬山顶覆小青瓦。占地面积 238.2 平方米
界首张氏宗祠	赤寿乡界首村	清同治十一年（1872）	坐北朝南，四合院式，前后厅面阔三间。梁架为抬梁穿斗混合结构，前后厅均为五架梁前后单步梁。木雕艺术构件精细。天井阶沿用条石砌筑，台明用卵石砌筑。硬山顶覆小青瓦。占地面积 337 平方米
梨树下张氏宗祠	枫坪乡梨树下村	清光绪八年（1882）	坐东朝西，四合院式，前后厅面阔三间。梁架为抬梁穿斗混合结构，前后厅均为五架梁前后单步梁。木雕、石雕、砖雕艺术构件精细。天井阶沿用条石铺设，台明用卵石拼花。地面用泥土墁地。硬山顶覆小青瓦。占地面积 109.5 平方米
金钟山张氏宗祠	大东坝镇山头村金钟山自然村	清末	坐西朝东，四合院式，前后厅面阔三间。梁架为抬梁穿斗混合结构，前厅五架梁前单步梁，后厅五架梁前双步后单步梁。木雕艺术构件精细。天井阶沿用条石砌筑，台明用卵石拼花。地面用泥土墁地。硬山顶覆小青瓦。占地面积 196.6 平方米
横樟张氏香火堂	大东坝镇横樟村	始建于明末，清乾隆四十三年（1778）迁建	坐东朝西，厅堂面阔五间，厅堂前后设天井和厢房，四厢房面阔各一间。厅堂梁架为六柱六檩，厢房为三柱三檩。未施木雕艺术构件。天井阶沿和台明用块石砌筑。地面用泥土墁地。硬山顶覆小青瓦。占地面积 273.7 平方米
乌形山刘氏宗祠	西屏镇乌形山村	清同治年间（1862～1874）	坐北朝南，四合院式，前后厅面阔三间。梁架为抬梁穿斗混合结构，前厅和后厅均为五架梁前后双步梁。木雕装饰简单，牛腿素面。天井阶沿用条石砌筑，台明用小卵石拼花。地面改为混泥土地面。硬山顶覆小青瓦。占地面积 230 平方米
里庄刘氏宗祠	三都乡里庄村	清光绪年间（1875～1908）	坐西朝东，四合院式，前后厅面阔三间。梁架为抬梁穿斗混合结构，前厅五架梁前单步梁，后厅五架梁前双步梁后单步梁。木雕艺术构件精细。天井与地面改为混泥土地面。硬山顶覆小青瓦。占地面积 224.8 平方米

续表 5-7-2-1-17

宗祠名称	坐落地点	建造年代	建筑简况
下五木刘氏宗祠	古市镇下五木村	清末	坐北朝南，四合院式，前后厅面阔三间。梁架为抬梁穿斗混合结构。前厅四柱七檩。后厅五架梁前双步后单步梁。天井阶沿用条石砌筑，台明用小卵石拼花。地面用泥土墁地。硬山顶覆小青瓦。占地面积 422.6 平方米
上安刘氏宗祠	新兴乡上安村	清同治年间（1862～1874）	坐北朝南，原为三进四厢房。1970 年代，将后厅和后厢房及天井改造为大会堂。现在平面布局由前厅、中厅及改造后的后厅组成。前厅和中厅面阔三间。前厅为三柱五檩；中厅五架梁前后单步梁；后厅为三角形梁架。天井阶沿和台明用石板铺设，地面改为混泥土地面。硬山顶覆小青瓦。占地面积 532 平方米
界首刘氏宗祠	赤寿乡界首村	清嘉庆（1796～1820）晚期重建	坐东朝西。中轴线上依次有前厅、邮亭和后厅。前后厅面阔五间，厢房面阔三间。邮亭面阔一间，邮亭和后厅相连。梁架为抬梁穿斗混合结构，前厅和后厅五架梁前后双步梁，邮亭为歇山梁架。木雕构件精细。天井阶沿用条石砌筑，台明用小卵石拱花，地面用方砖墁地。硬山顶覆小青瓦。占地面积 590 平方米
大川刘氏宗祠	赤寿乡大川村	清雍正十三年（1735）	坐西朝东，四合院式，前后厅面阔五间。梁架为抬梁穿斗混合结构，前厅五架梁前双步梁，后厅五架梁前双步后单步梁。木雕装饰精细。天井阶沿用条石砌筑，台明用小卵石拼花。地面用泥土墁地。庑殿顶覆小青瓦。占地面积 400 平方米
水竹包氏宗祠	三都乡水竹村	清乾隆十一年（1752）	坐北朝南，四合院式，前后厅面阔三间。梁架为抬梁穿斗混合结构，前厅五架梁前后单步梁，后厅五架梁前双步后单步梁。木雕构件精细。天井阶沿用条石砌筑，台明用卵石砌筑。地面改为混泥土地面。泥墙改为砖墙，屋面改为琉璃瓦。占地面积 286.43 平方米
里庄包氏宗祠	三都乡里庄村	1998 年重建	坐西朝东，三合院式，三间二厢房。厅堂梁架为五架梁前后单步梁。未施木雕艺术构件。天井阶沿、台明和地面用混泥土墁地。硬山顶覆小青瓦。占地面积 189 平方米
下包村包氏宗祠	四都乡下包村	清同治三年（1864）重建	坐北朝南，四合院式，倒座、厅堂面阔三间。倒座梁架为三柱五檩，厅堂五架梁前后单步梁。未施木雕艺术构件。宗祠地面和天井台明改为混泥土地面。硬山顶覆小青瓦。占地面积 218 平方米
后周包村包氏宗祠	新兴乡后周包村	清雍正年间（1723～1735）	坐北朝南，四合院式，前后厅面阔五间。梁架为抬梁穿斗混合结构，前厅五架梁前后单步梁，后厅五架梁前双步后单步梁。木雕构件精细。天井阶沿条石砌筑，台明用卵石拼花。地面用泥土墁地。硬山顶覆小青瓦。占地面积 370 平方米
横樟包氏宗祠	大东坝镇横樟村	清乾隆三十四年（1778）	详见上一目“宗祠选介”

续表 5-7-2-1-18

宗祠名称	坐落地点	建造年代	建筑简况
麻阳塔杨氏宗祠	望松乡麻阳塔村	清光绪二十三年（1897）	坐北朝南，四合院式，前后厅面阔五间。梁架为抬梁穿斗混合结构，前厅五架梁前单步后双步梁，后厅五架梁前双步后单步梁。木雕艺术构件精细。天井阶沿用条石砌筑，台明用小卵石拼花。地面用泥土墁地。硬山顶覆小青瓦。占地面积 716.32 平方米
山仁下杨氏香火堂	望松乡山仁下村	清末	坐东朝西，四合院式，前后厅面阔三间。梁架为抬梁穿斗混合结构，前厅五架梁前单步后双步梁，后厅五架梁前双步后单步梁。木雕构件精细。天井阶沿用条石砌筑，台明用小卵石拼花。地面用泥土墁地。硬山顶覆小青瓦。占地面积 241 平方米
高里杨氏家祠	樟溪乡高里村	民国 24 年（1935）	坐南朝北，三合院式，三间二厢房。厅堂梁架为五架梁前后单步梁。木雕构件精细。天井阶沿和台明用条石砌筑。地面用泥土墁地。硬山顶覆小青瓦。占地面积 96 平方米
玉岩杨氏宗祠	玉岩镇玉岩村	清乾隆二十三年（1758）	坐东朝西，四合院式，前后厅面阔三间。梁架为抬梁穿斗混合结构，前厅三架梁前单步梁，后厅五架梁前后单步梁。木雕艺术构件精细。天井阶沿、台明，以及地面改作混泥土铺设。硬山顶覆小青瓦。占地面积 196.9 平方米
大潘坑杨氏宗祠	安民乡大潘坑村	清嘉庆五年（1800）	坐西北朝东南，四合院式，前后厅面阔三间。梁架为抬梁穿斗混合结构，前厅五架梁前双步梁，后厅五架梁前双步后单步梁。木雕艺术构件精细。天井阶沿和台明用块石砌筑。地面用泥土墁地。硬山顶覆小青瓦。占地面积 259.38 平方米
呈回宋氏宗祠	三都乡呈回村	清代	坐北朝南，三合院式，三间二厢房。厅堂为五架梁前双步梁后单步梁。木雕构件精细。天井阶沿和台明用块石砌筑。地面用三合土墁地。硬山顶覆小青瓦。占地面积 135 平方米
杨家堂宋氏宗祠	三都乡杨家堂村	清代	坐东朝西，四合院式，前后厅面阔三间。梁架为抬梁穿斗混合结构，前厅五架梁前双步梁，后厅五架梁前双步后单步梁。木雕构件精细。天井阶沿和台明用条石砌筑。地面用泥土墁地。硬山顶覆小青瓦。占地面积 272.9 平方米
凉连宋氏宗祠	三都乡松庄村凉连自然村	清嘉庆年间（1796～1820）	坐西北朝东南，厅堂面阔三间。厅堂五架梁后单步梁。木雕艺术构件精细。院子阶沿用条石砌筑，地面用卵石铺设。宗祠地面用泥土墁地。硬山顶覆小青瓦。占地面积 70 平方米
朱竹宋氏宗祠	三都乡下田村朱竹自然村	清道光二十年（1840）重建	坐南朝北，四合院式，前后厅面阔三间。梁架为抬梁穿斗混合结构，前厅五架梁后双步梁，后厅五架梁前双步后单步梁。木雕构件精细。天井阶沿和台明用块石铺设。地面用泥土墁地。硬山顶覆小青瓦。占地面积 309.8 平方米
后湾宋氏宗祠	三都乡后湾村	清嘉庆二十年（1815）	坐西南朝东北，四合院式，倒座、厅堂面阔三间。倒座梁架三柱五檩，厅堂五架梁前后单步梁。木雕艺术构件精细。天井阶沿用条石砌筑，台明用卵石拼花。地面用方砖墁地。硬山顶覆小青瓦。占地面积 300 平方米

续表 5-7-2-1-19

宗祠名称	坐落地点	建造年代	建筑简况
竹客口金氏宗祠	西屏镇竹客口村	清代	坐西朝东，三进四厢房，各进厅堂面阔三间，四厢房面阔各一间。邮亭连接中厅与后厅，邮亭面阔一间。梁架为抬梁穿斗混合结构，前厅五架梁前后单步梁，中厅五架梁前后双步梁，后厅五架梁前双步后单步梁，邮亭为五架梁。木雕构件精细。天井阶沿用条石砌筑，台明用卵石拼花。地面用泥土墁地。硬山顶覆小青瓦。占地面积 284 平方米
王村金氏宗祠	望松乡王村西路	清同治四年（1865）重建	坐北朝南，四合院式，前后厅面阔五间。梁架为抬梁穿斗混合结构，前后厅均为五架梁前后双步梁。木雕艺术构件精细。天井阶沿用条石砌筑，台明用卵石拼花。地面用泥土墁地。硬山顶覆小青瓦。占地面积 308 平方米
西沿坑金氏宗祠	玉岩镇西沿头村西沿坑自然村	清光绪元年（1875）	坐北朝南，四合院式，前后厅面阔三间。梁架为抬梁穿斗混合结构，前厅五架梁前双步梁，后厅五架梁前双步后单步梁。木雕构件精细。天井阶沿和台明用块石砌筑。地面用泥土墁地。硬山顶覆小青瓦。占地面积 220 平方米
大丘下金氏家祠	玉岩镇大丘下村	民国 4 年（1915）	坐北朝南，四合院式，前后厅面阔三间。梁架为抬梁穿斗混合结构，前厅五架梁前单步梁，后厅五架梁前后单步梁。木雕艺术构件精细。天井阶沿用条石砌筑，台明用卵石拼花。地面用泥土墁地。硬山顶覆小青瓦。占地面积 206.3 平方米
洋坑金氏宗祠	玉岩镇洋坑村	清代	坐东朝西，四合院式，前后厅面阔三间。梁架为抬梁穿斗混合结构，前厅五架梁前双步梁，后厅五架梁前双步后单步梁。木雕艺术构件精细。天井阶沿和台明用块石砌筑。地面用泥土墁地。硬山顶覆小青瓦。占地面积 245.9 平方米
桥亭项氏宗祠	西屏镇桥亭街 20 号	清乾隆六十年（1795）重建	坐南朝北，四合院式，前后厅面阔三间。梁架为抬梁穿斗混合结构。前厅穿斗梁架三柱五檩；后厅五架梁前后单步梁。用撑栱挑檐。天井阶沿、台明和地面均改作混泥土地面。硬山顶覆小青瓦。占地面积 200 平方米
林村项氏宗祠	西屏镇桐溪村林村自然村	清乾隆三十二年（1767）	坐南朝北，四合院式，前后厅面阔三间双侧廊。梁架为抬梁穿斗混合结构，前厅五架梁前单步梁，后厅五架梁前后单步梁。木雕构件精细。天井阶沿用条石砌筑，台明用卵石拼花。地面用泥土墁地。硬山顶覆小青瓦。占地面积 358.4 平方米
六都项氏宗祠	望松乡六都村	清嘉庆十八年（1813）	坐西南朝东北，四合院式，前后厅面阔五间。梁架为抬梁穿斗混合结构，前厅五架梁前单步后双步梁，后厅五架梁前后双步梁。木雕艺术构件精细。天井阶沿用条石砌筑，台明用小卵石拼花。地面用三合土墁地。硬山顶覆小青瓦。占地面积 629 平方米
可重旺项氏宗祠	竹源乡可重旺村	1998 年重建	坐东北朝西南，四合院式，前后厅面阔三间。梁架抬梁穿斗混合结构，前厅五架梁前单步梁，后厅五架梁前后单步梁。用撑栱挑檐。天井阶沿、台明和地面均改为混泥土地面。硬山顶覆小青瓦。占地面积 234.6 平方米

续表 5-7-2-1-20

宗祠名称	坐落地点	建造年代	建筑简况
岗下项氏宗祠	古市镇岗下村内村	清嘉庆十八年重建	坐北朝南，四合院式，前后厅面阔三间。梁架为抬梁穿斗混合结构，前厅五架梁前双步后单步梁，后厅五架梁前后单步梁。木雕艺术构件精细。宗祠天井阶沿和台明用条石砌筑，地面改作混泥土地面，硬山顶覆小青瓦。占地面积 317 平方米
里黄毛氏宗祠	三都乡上源村里黄自然村	清光绪三十年（1904）	坐北朝南，四合院式，前后厅面阔三间。梁架为抬梁穿斗混合结构，前厅五架梁前单步梁，后厅五架梁前双步后单步梁。木雕构件精细。天井阶沿用块石砌筑，台明用小卵石拼花。地面用泥土墁地。硬山顶覆小青瓦。占地面积 286 平方米
上庄毛氏宗祠	三都乡上庄村	清末	坐北朝南，四合院式，前后厅面阔三间。梁架为抬梁穿斗混合结构，前厅五架梁前单步后双步梁，后厅五架梁前双步后单步梁。未施牛腿挑檐。天井阶沿用条石砌筑，台明用卵石拼花。地面用泥土墁地。硬山顶覆小青瓦。占地面积 250 平方米
毛村毛氏宗祠	斋坛乡大路村	清嘉庆五年（1800）重建	坐北朝南，四合院式，前后厅面阔五间双侧廊。梁架为抬梁穿斗混合结构，前厅五架梁前后双步梁，后厅五架梁前双步后单步梁。木雕艺术构件精细。天井阶沿和台明用条石铺设。地面用泥土墁地。硬山顶覆小青瓦。占地面积 602 平方米
上五木村毛氏宗祠	古市镇上五木村	清末	坐南朝北，四合院式，倒座、厅堂面阔三间。梁架为穿斗结构，倒座二柱五檩，厅堂五柱七檩。木雕构件精细。天井阶沿和台明用条石砌筑。地面用泥土墁地。硬山顶覆小青瓦。占地面积 164.7 平方米
徐郑郑氏宗祠	新兴乡徐郑村	清同治八年（1869）重建	坐北朝南，前后厅面阔三间，二进四厢房，四厢房面阔各一间。梁架为抬梁穿斗混合结构，前厅五架梁前单步梁，后厅五架梁前后单步梁。用撑栱挑檐。天井阶沿用条石砌筑，台明用小卵石拼花。硬山顶覆小青瓦。占地面积 283 平方米
竹坌郑氏宗祠	新处乡竹囮村	清嘉庆十九年（1814）	坐东朝西，四合院式，前后厅面阔三间。梁架为抬梁穿斗混合结构，前厅五架梁前双步梁，后厅五架梁前后单步梁。用撑栱挑檐。天井阶沿用条石砌筑，台明用卵石拼花。地面用泥土墁地。硬山顶覆小青瓦。占地面积 308.6 平方米
西源郑氏宗祠	樟溪乡西源村	清光绪十一年（1885）	坐东北朝西南，四合院式，倒座、厅堂面阔三间。梁架为抬梁穿斗混合结构，倒座二柱五檩，厅堂五架梁前双步后单步梁。木雕构件精细。天井阶沿和台明用块石砌筑。地面用泥土墁地。硬山顶覆小青瓦。占地面积 173.7 平方米
程岭根郑氏宗祠	玉岩镇程岭根村	民国 16 年（1927）重建	坐北朝南，四合院式，前后厅面阔三间。梁架为抬梁穿斗混合结构，前厅五架梁前单步梁，后厅五架梁前后单步梁。未施牛腿挑檐。天井阶沿用块石砌筑，台明用小卵石拼花。地面用泥土墁地。硬山顶覆小青瓦。占地面积 188 平方米
城东桥亭街蔡氏宗祠	西屏镇桥亭街（东阁街）	清乾隆十一年（1794）	坐北朝南，原为二进三开间四厢房。前厅和前厢房被拆除。现存邮亭面阔一间，后厅面阔三间。邮亭为歇山梁架，后厅五架梁前后双步梁。木雕构件精细。天井和地面均改为混泥土地面。邮亭为歇山顶，后厅为硬山顶。屋顶覆小青瓦。占地面积 308 平方米

续表 5-7-2-1-21

宗祠名称	坐落地点	建造年代	建筑简况
思步蔡氏宗祠	三都乡下田村思步自然村	清康熙年间（1662～1722）	坐西朝东，四合院式，前后厅面阔五间。梁架抬梁穿斗混合结构，前厅五架梁前单步梁，厅堂五架梁前后单步梁。木雕构件精细。天井阶沿条石砌筑，台明卵石铺设。地面用泥土墁地。硬山顶覆小青瓦。占地面积 473.5 平方米
上源蔡氏宗祠	三都乡上源村	清嘉庆十二年（1807）	坐北朝南，四合院式，倒座、厅堂面阔三间。倒座三柱五檩，厅堂五架梁前后单步梁。木雕艺术构件精细。天井阶沿和台明用卵石铺设。地面用泥土墁地。硬山顶覆小青瓦。占地面积 276 平方米
板桥半岭蔡氏宗祠	板桥乡东坑村半岭自然村	民国元年（1912）	坐西朝东，四合院式，前后厅面阔三间。梁架台梁穿斗混合结构，前厅五架梁前单步后双步梁，后厅五架梁前后单步梁。木雕构件精细。天井阶沿和台明用块石砌筑。地面用泥土墁地。前厅屋顶用庑殿顶做法，后厅屋顶硬山顶。屋顶覆小青瓦。占地面积 137 平方米
项山头林氏家祠	象溪镇雅溪口村项山头自然村	清道光十二年（1832）	坐东朝西，门座面阔一间，厅堂面阔三间。梁架为穿斗式，门座二柱三檩，厅堂五柱七檩。门座挑檐牛腿雕刻精细。厅堂用撑栱挑檐。天井阶沿和台明用块石砌筑。地面用泥土墁地。硬山顶覆小青瓦。占地面积 90.8 平方米
牛角圩林氏宗祠	大东坝镇牛角圩村	清宣统二年（1910）	坐东朝西，四合院式，前后厅面阔三间。梁架为抬梁穿斗混合结构，前厅、后厅均为五架梁前后单步梁。木雕构件精细。天井阶沿和台明用卵石砌筑，地面改为混泥土地面。硬山顶覆小青瓦。占地面积 250.3 平方米
牛角圩林氏家祠	大东坝镇牛角圩村	清末	坐南朝北，四合院式，前后厅面阔五间。梁架为穿斗式，前厅三柱五檩，后厅七柱七檩。未施木雕艺术构件。天井阶沿用条石砌筑，台明小用卵石拼钱纹。地面用泥土墁地。悬山顶覆小青瓦。占地面积 403.4 平方米
山头村林氏家祠	大东坝镇山头村下山头自然村	清末	坐西朝东，四合院式，倒座和厅堂面阔三间。梁架为抬梁穿斗混合结构，倒座二柱四檩，厅堂五架梁前后单步梁。用撑栱挑檐。天井阶沿、台明和地面均改为混泥土铺设。硬山顶覆小青瓦。占地面积 128.7 平方米
十五里谢氏宗祠	古市镇十五里村谢家自然村	清嘉庆（1796～1820）初期	坐东朝西，四合院式，前后厅面阔三间。梁架为抬梁穿斗混合结构，前厅五架梁前后单步梁，后厅五架梁前双步后单步梁。木雕构件精细。天井阶沿用条石砌筑，台明用卵石拼花。地面用泥土墁地。硬山顶覆小青瓦。占地面积 339 平方米
道惠谢氏宗祠	玉岩镇道惠村	清嘉庆二年（1797）	坐北朝南，四合院式，前后厅面阔三间。梁架为抬梁穿斗混合结构，前厅五架梁，后厅五架梁前双步后单步梁。未施木雕艺术构件。天井阶沿和台明用块石砌筑。地面用泥土墁地。硬山顶覆小青瓦。占地面积 209 平方米
西山谢氏香火堂	大东坝镇西山村	清咸丰年间（1851～1861）	为祖庙与民居合一的建筑。坐西朝东，倒座和前楼、后楼面阔七间，四厢房面阔一间。四厢房均设后天井，整座房屋共设六个天井。梁架为穿斗式，倒座三柱五檩，前楼和后楼五柱七檩。木雕艺术构件精细。天井阶沿用条石砌筑，台明用卵石拼花。楼屋重檐，硬山顶覆小青瓦。占地面积 797.3 平方米

续表 5-7-2-1-22

宗祠名称	坐落地点	建造年代	建筑简况
排居口傅氏宗祠	玉岩镇排居口村	清末	坐西朝东，厅堂面阔三间。厅堂梁架五架梁前后单步梁。木雕构件精细。厅堂阶沿用块石砌筑，院子地面用小卵石铺设。地面用泥土墁地。硬山顶覆小青瓦。占地面积 140 平方米
召楼傅氏宗祠	玉岩镇召楼村	清嘉庆（1796～1820）初年	坐东朝西，厅堂面阔三间。梁架为五架梁前后单步梁。木雕构件精细。厅堂阶沿用块石砌筑。院子地面用卵石铺设。厅堂地面用泥土墁地。硬山顶覆小青瓦。占地面积 118.8 平方米
坳里傅氏香火堂	大东坝镇洋坑埠头村坳里自然村	清末	坐北朝南，三合院式，三间二厢房。梁架为穿斗结构，门罩单坡二柱二檩，厅堂五柱五檩。未施木雕构件。天井阶沿和台明用块石砌筑，地面用泥土墁地。硬山顶覆小青瓦。占地面积 103 平方米
城东下马街程氏宗祠	西屏镇下马街	清代	坐北朝南，中轴线上依次有前厅、邮亭、后厅，邮亭两侧设厢房，后厅两侧设耳房。前厅面阔五间，后厅面阔三间，厢房面阔三间，邮亭面阔一间，耳房面阔一间，邮亭与后厅相连接。前厅为穿斗梁架，五柱七檩，后厅五架梁前后双步梁，邮亭为歇山梁架。木雕艺术构件精细。天井阶沿用条石砌筑，台明用小卵石拼花。前厅用泥土墁地，后厅和邮亭用方砖墁地。硬山顶覆小青瓦。占地面积 450.7 平方米
白沙程氏宗祠	西屏镇白沙村	清代	坐东朝西，四合院式，前后厅面阔三间。梁架为抬梁穿斗混合结构，前厅五架梁前后单步梁，后厅五架梁前双步后单步梁。木雕艺术构件精细。天井阶沿用条石砌筑，台明用小卵石拼花。地面用泥土墁地。硬山顶覆小青瓦。占地面积 287 平方米
朱山程氏宗祠	新处乡朱山村	清代	坐北朝南，四合院式，前后厅面阔三间。梁架为抬梁穿斗混合结构，前厅五架梁前单步梁，后厅五架梁前双步后单步梁。木雕艺术构件精细。天井阶沿和台明用块石砌筑。地面改作混泥土地面。硬山顶履小红瓦。占地面积 233.5 平方米
平田江氏宗祠	四都乡平田村	清末	坐北朝南，四合院式，倒座、厅堂面阔三间。倒座梁架三柱五檩，厅堂五架梁前后单步梁。未施牛腿挑檐。天井阶沿和台明用块石砌筑。地面用泥土墁地。硬山顶覆小青瓦。占地面积 179 平方米
榔树江氏宗祠	四都乡榔树村	清嘉庆十二年（1807）	坐西朝东，四合院式，前后厅面阔三间。梁架为抬梁穿斗混合结构。前厅五架梁前后单步梁，后厅五架梁前双步后单步梁。木雕艺术构件精细。天井阶沿和台明用块石砌筑。地面用泥土墁地。硬山顶覆小青瓦。占地面积 199 平方米
西屏二村许氏宗祠	西屏镇耶稣弄堂	清代	坐北朝南，中轴线上依次有倒座、前厅和后厅。倒座和前厅、后厅面阔七间，后厅明间歇山布局。倒座梁架三柱五檩，前厅五架梁前后双步梁，后厅明间为歇山梁架，次间、梢间为五架梁结构。木雕艺术构件精细。天井阶沿和台明用条石砌筑，地面改为混泥土地面。硬山顶覆小青瓦。占地面积 309.2 平方米

续表 5-7-2-1-23

宗祠名称	坐落地点	建造年代	建筑简况
凤弄源许氏宗祠	裕溪乡凤弄源村	清光绪七年（1881）	坐南朝北，四合院式，前后厅面阔三间。梁架为抬梁穿斗混合结构，前厅五架梁前双步梁，后厅五架梁前双步后单步梁。木雕艺术构件精细。天井阶沿用条石砌筑，台明用小卵石拼花。地面用泥土墁地。硬山顶覆小青瓦。占地面积 224 平方米
古市城头洪氏宗祠	古市镇城头街120号	清嘉庆十二年（1807）	坐东朝西，四合院式，前后厅面阔三间。梁架为抬梁穿斗混合结构，前厅五架梁前后双步梁，后厅五架梁前双步后单步梁。木雕构件精细。天井阶沿用条石砌筑，台明用卵石拼花。地面用三合土墁地。硬山顶覆小青瓦。占地面积 328 平方米
潘山头洪氏宗祠	玉岩镇潘山头村	后厅建于明万历年间（1573～1620），前厅于民国 25 年（1936）重建	详见上一目“宗祠选介”
大岭脚钟氏宗祠	玉岩镇大岭脚村	清咸丰十一年（1861）	坐西北朝东南，四合院式，前后厅面阔三间。梁架为抬梁穿斗混合结构，前厅五架梁前双步梁，后厅五架梁前双步后单步梁。木雕艺术构件精细。天井阶沿用条石砌筑，台明用卵石拼花。地面用泥土墁地。硬山顶覆小青瓦。占地面积 195.2 平方米
白麻山钟氏宗祠	玉岩镇白麻山村	清咸丰年间（1851～1861）	坐西朝东，前后厅面阔三间。天井一字形，未设厢房。梁架为抬梁穿斗混合结构，前厅五架梁前单步梁，后厅五架梁前双步后单步梁。木雕艺术构件精细。天井阶沿用条石砌筑，台明用小卵石拼花。地面用泥土墁地。硬山顶覆小青瓦。占地面积 160 平方米
北山郭氏宗祠	西屏镇北山村	清光绪二十二年（1896）	坐西朝东，四合院式，前后厅面阔三间。梁架为抬梁穿斗混合结构，前厅和后厅均为五架梁前后单步梁。木雕艺术构件精细。天井阶沿用条石砌筑，台明用小卵石拼花。地面用泥土墁地。硬山顶覆小青瓦。占地面积 235 平方米
赵圩坝郭氏香火堂	大东坝镇西山村赵圩坝自然村	清末	坐东朝西，四合院式，倒座和正楼面阔五间。梁架为穿斗梁架，倒座三柱五檩，正楼五柱七檩。用撑栱挑檐。天井阶沿和台明用卵石砌筑。地面用泥土墁地。硬山顶覆小青瓦。占地面积 400.4 平方米
梧桐口翁氏宗祠	赤寿乡梧桐口村	清光绪三年（1877）重建	坐北朝南，四合院式，前后厅面阔五间。梁架抬梁穿斗混合结构，前厅五架梁前双步梁，后厅五架梁前双步后单步梁。木雕构件精细。天井阶沿用条石铺设，台明用小卵石拼花。地面用泥土墁地。硬山顶覆小青瓦。占地面积 593.5 平方米
小吉翁氏宗祠	枫坪乡小吉村	清道光二年（1822）	坐北朝南，四合院式，前后厅面阔三间。梁架为抬梁穿斗混合结构，前厅五架梁，后厅五架梁后单步梁，木雕构件精细。天井阶沿和台明用块石砌筑。地面用泥土墁地。硬山顶覆小青瓦。占地面积 206 平方米

续表 5-7-2-1-24

宗祠名称	坐落地点	建造年代	建筑简况
尹源曾氏宗祠	三都乡尹源村	清乾隆四十二年（1759）	坐南朝北，四合院式，倒座、厅堂面阔三间。倒座三柱四檩，厅堂五架梁前双步后单步梁。未施牛腿挑檐。天井阶沿用条石砌筑，台明用卵石拼花。地面用泥土墁地。硬山顶覆小青瓦。占地面积 146.6 平方米
午岭曾氏宗祠	四都乡午岭村	民国 9 年（1920）重建	坐东朝西，四合院式，前后厅面阔三间。梁架为抬梁穿斗混合结构，前厅五架梁前后单步梁，后厅五架梁前双步后单步梁。木雕艺术构件精细。天井阶沿和台明用块石砌筑，地面用泥土墁地。硬山顶覆小青瓦。占地面积 284 平方米
东角垄赖氏宗祠	古市镇东角垄村	清雍正九年（1731）至乾隆二十七年（1762）	详见上一目“宗祠选介”
赵圩坝赖氏香火堂	大东坝镇西山村赵圩坝自然村	清乾隆年间（1736～1795）	坐东南朝西北，四合院式，倒座和厅堂面阔三间。倒座单坡二柱二檩；厅堂梁架五柱九檩。用撑栱挑檐。天井与地面改为混泥土地面。硬山顶覆小青瓦。占地面积 121.2 平方米
源底雷氏宗祠	裕溪乡源底村	民国初期	坐北朝南，四合院式，前后厅面阔三间。梁架为抬梁穿斗混合结构，前厅五架梁，后厅五架梁前后单步梁。用撑栱挑檐。天井阶沿、台明和地面改作混泥土铺设。硬山顶覆小青瓦。占地面积 140 平方米
上包雷氏宗祠	大东坝镇西山村上包自然村	清末	坐东朝西，四合院式，倒座和正楼面阔三间。梁架为穿斗式，倒座二柱四檩，正楼五柱七檩。木雕构件精细。天井阶沿用条石砌筑，台明用卵石拼花。地面用泥土墁地。硬山顶覆小青瓦。占地面积 195 平方米
石仓阙氏家祠	大东坝镇上茶排村	清道光元年（1821）	坐北朝南，三合院式，五间二厢房。梁架为穿斗构架，厅堂为五柱七檩。木雕构件精细。天井阶沿用条石砌筑，台明用卵石拼花。地面用泥土墁地。硬山顶覆小青瓦。占地面积 674.6 平方米
黄山头苏氏宗祠	赤寿乡黄山头村	清道光二十六年（1846）	坐西南朝东北，四合院式，前后厅面阔三间。梁架为抬梁穿斗混合结构，前厅与后厅均为五架梁前双步后单步梁。木雕艺术构件精细。天井阶沿和台明用块石砌筑，前厅地面用泥土墁地，后厅地面用方砖墁地。硬山顶覆小青瓦。占地面积 270 平方米
陈家铺鲍氏宗祠	四都乡陈家铺村	清嘉庆四年（1799）	坐南朝北，四合院式，倒座、后厅面阔均为三间。倒座三柱五檩，后厅五架梁前后单步梁。未施牛腿挑檐。天井阶沿和台明用块石砌筑。地面用泥土墁地。硬山顶覆小青瓦。占地面积 130 平方米
鲁西夏氏宗祠	象溪镇鲁西村	清道光十六年（1836）	坐东北朝西南，四合院式，前后厅面阔三间。前厅五架梁前单步梁，后厅五架梁前后单步梁。木雕构件精细。天井阶沿用条石砌筑，台明用小卵石拼花。地面用泥土墁地。硬山顶覆小青瓦。占地面积 290 平方米

续表 5-7-2-1-25

宗祠名称	坐落地点	建造年代	建筑简况
神坛季氏宗祠	玉岩镇交塘村神坛自然村	明代末期	详见上一目“宗祠选介”
斗潭卢氏宗祠	枫坪乡斗潭村	民国元年（1912）	坐东朝西，四合院式，前后厅面阔三间。梁架为抬梁穿斗混合结构，前厅五架梁前单步梁，后厅五架梁前双步后单步梁。木雕构件精细。天井阶沿和台明均用条石砌筑。地面用泥土墁地。硬山顶覆小青瓦。占地面积 217.2 平方米
召楼俞氏宗祠	玉岩镇召楼村	清末	坐南朝北，厅堂面阔三间。厅堂梁架五架梁前后双步梁。天井阶沿用块石砌筑，台明用卵石铺设。地面用混泥土墁地。硬山顶覆小青瓦。占地面积 199.2 平方米
象溪高氏宗祠	象溪镇象溪一村	清咸丰十一年（1861）重建	坐北朝南，四合院式，前后厅面阔五间。梁架为抬梁穿斗混合结构，前厅、后厅均为五架梁前后双步梁。木雕艺术构件精细。有石刻楹联和髹漆抱柱楹联七副。天井阶沿用条石砌筑，台明用卵石拼花。地面用泥土墁地。硬山顶覆小青瓦。占地面积 604 平方米
南州罗氏宗祠	象溪镇南州村	清嘉庆十七年（1812）	坐西南朝东北，四合院式，前后厅面阔三间。梁架为抬梁穿斗混合结构，前厅五架梁前后单步梁，后厅五架梁前后双步梁。木雕艺术构件精细。天井阶沿和台明用条石砌筑。地面用泥土墁地。硬山顶覆小青瓦。占地面积 555.8 平方米
石马铺祝氏宗祠	象溪镇石马铺村	清同治六年（1867）重建	坐西南朝东北，四合院式，前后厅面阔三间，梁架为抬梁穿斗混合结构，前厅、后厅均为五架梁前后单步梁。天井阶沿和台明均用条石铺设。地面用泥土墁地。硬山顶覆小青瓦。占地面积 289 平方米
内孟孟氏宗祠	新兴乡内孟村	清乾隆三十三年（1768）	坐东南朝西北，四合院式，前后厅面阔五间。梁架为抬梁穿斗混合结构，前厅五架梁前双步梁，后厅五架梁前后双步梁。木雕构件简易，牛腿素面。天井阶沿和台明用条石砌筑，地面用泥土墁地。硬山顶覆小青瓦。占地面积 443 平方米
西坑丁氏宗祠	四都乡西坑村	清末	坐南朝北，四合院式，倒座、厅堂面为三间。倒座三架梁前单步梁，厅堂五架梁前后单步梁。未施木雕构件。天井阶沿用条石砌筑，台明用卵石铺设。地面用泥土墁地。硬山顶覆小青瓦。占地面积 138 平方米
桥亭詹氏宗祠	西屏镇要津路	清道光九年（1829）重建	坐北朝南，四合院式，原建筑前厅、后厅面阔五间双侧廊。前厅西首次间、梢间、侧廊和西厢房被拆除。现在平面似梯形状。梁架抬梁穿斗混合结构，前厅和后厅均为五架梁前后双步梁。木雕构件精细。天井阶沿和台明用条石砌筑。地面改为花岗岩墁地。硬山顶覆小青瓦。占地面积 421.8 平方米
呈回汤氏宗祠	三都乡呈回村	清乾隆十八年（1753）	坐北朝南，四合院式，前后厅面阔三间。梁架为抬梁穿斗混合结构，前厅五架梁前单步梁，后厅五架梁前双步梁后单步梁。未施牛腿挑檐。天井阶沿用条石砌筑，台明用卵石镶嵌拼花。地面用三合土墁地。硬山顶覆小青瓦。占地面积 507.37 平方米

续表 5-7-2-1-26

宗祠名称	坐落地点	建造年代	建筑简况
山背邵氏宗祠	板桥乡高山村下山背自然村	民国 21 年（1932）	坐东朝西，四合院式，前后厅面阔三间。梁架为抬梁穿斗混合结构，前厅五架梁前双步梁，后厅五架梁前后单步梁。用撑拱挑檐。天井阶沿和台明用块石砌筑。地面用泥土墁地。硬山顶覆小青瓦。占地面积 234 平方米
丁岱萧氏宗祠	玉岩镇周坑村丁岱自然村	清道光十九年（1839）重建	坐南朝北，四合院式，前后厅面阔三间。梁架抬梁穿斗混合结构，前厅五架梁前单步梁，后厅五架梁前双步后单步梁。木雕构件精细。天井阶沿和台明用块石砌筑。地面用泥土墁地。硬山顶覆小青瓦。占地面积 172.9 平方米
杭坑钱氏宗祠	玉岩镇周坑村杭坑自然村	清道光十九年重建	坐西北朝东南，四合院式，前后厅面阔三间。梁架为抬梁穿斗混合结构，前厅五架梁前双步量，后厅五架梁前双步后单步梁。天井和地面改作混泥土地面。硬山顶覆小青瓦。占地面积 185.4 平方米
石仓曹氏香火堂	大东坝镇灯塔村后门山自然村	清乾隆年间（1736～1795）	坐东北朝西南，三合院式，三间二厢房。梁架为穿斗梁架，正楼五柱五檩。未施木雕构件。天井阶沿和台明用块石砌筑。地面用泥土墁地。硬山顶覆小青瓦。占地面积 132 平方米
百鸟朝凰邓氏香火堂	大东坝镇内大阴村百鸟朝凰自然村	清末	坐东朝西，三合院式，面阔三间双侧廊，梁架为穿斗梁架，厅堂五柱七檩。用撑拱挑檐。天井阶沿和台明用块石砌筑。地面用泥土墁地。硬山顶覆小青瓦。占地面积 148.8 平方米
枫坪符氏宗祠	枫坪乡枫坪村	清道光七年（1827）	坐西北朝东南，门座和厅堂面阔三间，未置厢房。梁架抬梁穿斗混合结构，门座三架梁，正厅五架梁前双步后单步梁。木雕构件精细。天井阶沿和台明用块石砌筑。地面用泥土墁地。硬山顶覆小青瓦。占地面积 150 平方米
十五里纪氏房祠	古市镇十五里村	清康熙年间（1662～1722）	坐北朝南，四合院式，前后厅面阔三间。梁架抬梁穿斗混合结构，前厅五架梁前双步梁，后厅五架梁前双步后单步梁。木雕构件精细。天井阶沿用条石砌筑，台明用卵石拼花。地面用泥土墁地。硬山顶覆小青瓦。占地面积 342 平方米
徐山陶氏宗祠	裕溪乡徐山村	清嘉庆十年（1805）	坐北朝南，四合院式，前后厅面阔三间。梁架为抬梁穿斗混合结构，前厅五架梁前单步梁，后厅五架梁前后单步梁。木雕构件精细。天井阶沿和台明用块石砌筑。地面用泥土墁地。硬山顶覆小青瓦。占地面积 328.4 平方米
兰家蓝氏宗祠	樟溪乡兰家村	清咸丰十年（1860）重建	坐西南朝东北，四合院式，前后厅面阔五间。前厅五架梁前后单步梁，后厅五架梁前双步后单步梁。木雕构件精细。有髹漆抱柱楹联 4 副。天井阶沿和台明用块石砌筑。地面改作混泥土地面。硬山顶覆小青瓦。占地面积 292.3 平方米
黄圩黄氏宗祠	古市镇黄圩村	清末	坐北朝南，四合院式，前后厅面阔五间。梁架为抬梁穿斗混合结构，前厅五架梁前双步后单步梁，后厅为穿斗梁架，五柱八檩。木雕构件精细。天井阶沿和台明用块石砌筑。地面改作混泥土地面。硬山顶覆小青瓦。占地面积 365 平方米

附：旧志载松阳公祠

旧志载松阳公祠一览表

表 5-7-2-2

公祠名称	坐落地点	建造年代	奉祀神位
文庙	西屏镇大井路2号	清代重建	大成殿正位奉祀至圣先师孔子神位。大成殿四配神位：复圣颜子，宗圣曾子，述圣子思子，亚圣孟子。东哲先贤6位，西哲先贤6位，东庑先贤40位，西庑先贤39位，东庑先儒39位，西庑先儒38位，共祀圣人及先贤、先儒173位
崇圣祠	文庙大成殿后	清代重建	崇圣祠正殿中神位：祀孔子五代。中祀孔子五世祖肇圣王木金父公。左祀孔子高祖裕圣王祈父公。右祀孔子曾祖诒圣王防叔公。次左祀孔子祖昌圣王伯夏公。次右祀孔子父启圣王叔梁公。东配三神位，西配二神位，东庑三神位，西庑二神位，共祀圣人、先贤、先儒15位
名宦祠	文庙学宫戟门东	清代重建	祀：宋·县令陈俊卿。元·县令赤盏显忠、县令买住、县令方明安、县令孙德润。明·知县石骥、知县刘琬、知县唐恩、知县魏良弼、知县张贺、知县万鹏、知县张继桂，教谕林汉恭、教谕邓义、教谕欧阳烈、教谕袁埴，训导陆鳌。清·知县张景留，巡抚范承谟、巡抚朱昌祚，提督塞里白，总督李子芳、总督郭世隆、总督王骘，按察使杨宗仁
昌文祠（即土地祠）	文庙学宫戟门东名宦祠前	清代重建	祀韩文公
乡贤祠	文庙学宫戟门西	清代重建	祀：宋·沈晦、项安世、王光祖、程榆、程樟、王唐珪、萧必强。元·王文焕、练鲁。明·王景、叶希贤、项明彝、卢玑、詹雨、毛仲、包麟、毛文邦、王诏
景贤祠	文庙学宫戟门西乡贤祠前	清代重建	祀本府通判署知县许有襄、知县杨应华、本府通判署知县葛永振
叶雪庵公祠	西屏镇钟楼路8号	明万历二十二年（1594）	祀明监察御史叶希贤，号雪庵。明建文帝难，叶雪庵随驾赴云南、四川遁迹隐居
魏公祠	县北望松岭上	始建于明代，久废	祀明县令、后升太常寺少卿魏公良弼。后废祠，移木主于景贤祠。民国8年（1919）奉魏公木主至城东旧明善书院
贞文祠	县城官塘门外	清代重建，今废	祀贞女张玉娘。宋时，有张氏若琼者，沈家未婚之妇，知书礼，工诗文，著有《兰雪集》。闻夫讣，自尽。其侍女与鹦鹉亦同时殉焉，封其墓曰鹦鹉冢
三公祠	县治西南官塘铺外关帝庙后	清雍正五年（1727）久废	祀关帝三代。曾祖光昭王，祖裕昌王，父成忠王。清雍正五年，奉文追封公爵。咸丰年间（1851～1861），晋封王爵
忠义祠	县城北天后宫左	清雍正年间（1723～1735）今废	祀忠义之神位
节孝祠	县城北天后宫右	清雍正年间今废	祀贞节孝妇之神位

续表 5-7-2-2

公祠名称	坐落地点	建造年代	奉祀神位
詹公祠	县南旧学基侧	明崇祯十五年（1642）久废	祀明赠国子助教詹公嘉言，向由儒学主祭
张公祠	赤寿乡界首村	清咸丰九年（1859）	祀殉难知县张士超
昭忠祠	县东叶公祠右	清咸丰九年	祀知县张士超、李作幹；教谕徐清翰；邑绅叶维藩及殉难诸男女
忠烈祠	城西东琳宫内	民国元年（1912）今废	中奉辛亥烈士潘灏木主及抗战阵亡将士
土地祠	旧县公署仪门左	清同治十二年（1872）久废	祀本县土地之神，春秋致祭，朔望行礼
朱子祠	县明善书院西	清乾隆五十九年（1794）今废	中奉朱子（朱熹），左右列理学叶梦得等11位以配享之

第三节　族规家训

家训是中国传统文化遗产的一个组成部分，对于传播精神文明建设、引导青少年立志成才有借鉴价值。松阳以项安世《项氏家说》、饶庆霖《戒子孙书》、高焕然《家训八要歌》、蔡寿昌《诫孙韵语》等为代表的著述，留下道德教育的精神财富。

类别

孝父母　在松阳百姓的族规家训里，孝是叙述最多的一条，无一例外地都有涉及且多被列为首位，足见其地位之重。松阳百姓的孝道观，通常被称之为“父子之训”。

和兄弟（妯娌）　松阳百姓的族规家训中的“悌”或“兄弟之训”，大多仅次于讲述孝道的“父子之训”。强调族中子弟知晓“手足之情”，主张“兄友弟恭”式的友爱为主体，清楚地划分兄弟的责任，并以此对族中子弟的道德行为作规范。

信朋友（乡邻）　松阳百姓的族规家训中关于朋友的内容，主要分为两个部分。一为如何正确选择朋友的交友之道，所谓“预知其人，先观其友”，结交朋友是一门学问，而交友标准的确立，则会直接成为交友的最终结果。二则是讲述朋友之间应该如何友好相处的处友之道。

厚婚姻　松阳的族规家训所涉及的条款大致以男性为主体，而以女性为主体的条款主要集中于婚姻、夫妻、别男女、妇人这几个篇章中。婚姻之训讲述的是在婚嫁之前选择结婚对象所需要注意的相关事项；夫妻之训主要是在结婚后夫妻之间的相处之道及作为妻子的职责；别男女是指因男女有别而规划的以“男外女内”为主的角色分工；而所谓妇人之训，则是依据礼教对妇女行为的规范和约束。这几项条款既构成族规家训中以女性（特别是已婚妇女）为主体的内容，作为妇女日常各

方面的的行为准则，也成为在封建时代对妇女德行要求的基本规范。

崇祖宗　松阳各宗族无不彰显不忘本源、重视传统、崇敬祖先之精神，又颇具松阳地方崇祖文化特色。从祠堂、祖茔、族产、祭祀、继嗣等方面，阐述敬宗崇祖的要义。

诲子弟　松阳众多族规家训多有将其单列予以具体规范。如中弄张氏、城东蔡氏和水南何氏的族规家训等都专述“训诲子弟”。族规家训本身就是教导家族子孙后代立身处世、持家治业的各项道德规范，并且具有一定的强制性。进而言之，族规家训当中单独谈训诲，则主要在于教诲子孙，故而亦多见条目有“训子孙”“教子孙”“训儿曹”“训儿孙”，等等。《尹源李氏家训》就专列一节“训子弟”，洋洋洒洒数百言，颇为详尽，亦较为通俗。

敦雍睦　松阳百姓族规家训中，宗族之训强调最多的便是要求族中子弟能够“敦亲睦族”，与同宗同源的族人得以团结一致和睦共处。并且在宗人困难的时候能得以“救患恤宗”，以维护宗族的团结和谐。同宗同源的族人，形成宗族，并构成的居住聚落或村落。

乐职业　松阳百姓的族规家训中，以“务本”为核心，至于其他行业的选择，无一例外地要求子弟做到勤勉俭约，不能游手好闲。

安时命　松阳百姓的族规家训中，关于“安时命”主要表现在克己、知足、积德、输课、止忿、息讼等方面。

规善恶　家族宣传，惩恶扬善、宣讲学教礼法，扬善隐恶。如《中弄张氏族规》第十八条分支系规定有：“盖自始祖，事皆据实，隐恶扬善。”

族规家训选录

《王元公遗训》　平冈王氏《元公遗训》。作者王元（943～1038），字至仁，松阳王氏一世祖。

予为栝苍刺史。时年七十六矣。忆自少学，长成进士，宰延平，使辽北，备历勤劳，始擢斯职。今老矣，退居林下，不忘家政。于是，作为箴言，以训后人。

礼神明，勿事亵渎而少诚敬。奉祖先，勿滋怠忽而略祭祀。尽忠孝，勿负君亲而亏恩义。友兄弟，勿因细事而乖骨肉。亲宗族，勿吝馀赀而忘周恤。睦亲邻，勿挟征嫌而致疏远。尊师长，勿恃矫情而衰礼貌。勤诵读，勿荒岁时而悮功名。务耕作，勿废人力而贪天功。治家事，勿求安逸而滋废驰。教子弟，勿存姑息而驰约束。端人品，勿违正道而从匪僻。慎交游，勿远正士而亲小人。安境遇，勿图非分而逞机心。谨言词，勿□雌黄而肆讪诮。节衣食，勿适口体而事奢华。惩争殴，勿缘小忿而酿大祸。省词讼，勿寻衅隙而结仇雠。戒色欲，勿见美艳而起淫心。禁赌博，勿溺贪痴而倾家产。

《石林家训》　桐川叶氏《石林家训》。作者叶梦得（1077～1148），字少蕴，五代十国时期吴越国名臣松阳叶逵之后。

吾久欲取平日训导汝曹之言，及论说祖先遗德，所以成吾家法，兴古今言行，可师可警之事略为疏记，使汝曹常得视翫践行。频年多故，匆匆不果，今五十五年矣。去年，自浙东归，发尽白，志意衰谢，复度世间何所觊望！兵革风警日传，既忝重禄，又有此族属，外则岂敢忘王室之忧，内亦以家室为务，危坐终日，百念关心何曾少释？顾犹有所可幸，以为喜者，惟汝曹修身立行，艺业增进，时有一事一言，慰满吾意，庶几可稍舒目。前，栋、程既已长立，模、楫、橹亦长矣。汝五人志行皆不甚卑，但自少即享安逸，狃于因循，未知归乡。今夏，山中营治居室，开辟径道，麤办泉石，松竹成荫。奉荣国太夫人与汝曹仗策来往，登览燕间，自颇多暇日。家庭会集，初无杂语，皆是昔所常言，往往或重复至再，今择其可志者录之，使汝曹人人录一篇，置之几案，朝夕展味，心慕力行。但能尽此所载，髣髴无愧，方为不虚生一世。在家、在国必略，各有可观，使汝曹至是。虽吾身享万钟之禄，目睹四方之安，退剧百年之寿，何以易此？汝曹虽有三牲八鼎之养，亦何足言？然古有父兄之教，汝曹等自有成以此传道，何虑不能同至于善？缮、绘、绶、絺、绰，亦稍能成立，汝等各诵之、思之、蹈之、守之，毋忽此。既有劝、有戒，间及他人家事，姑欲汝曹知畏耳。吾平生不欲言人过失，家庭之私，故无所隐不可以传于外，诸院兄弟，有知好者，则出示之。岂徒成吾宗，亦以成吾族也！

修身要略以戒诸子。君子贫穷而志广，隆仁也；富贵而体恭，杀势也；安燕而气血不惰，循理也；劳倦而容貌不枯，好交也；怒不过夺，喜不过与，法胜私也。此数者，修身之切要也。汝曹以吾言书诸绅而铭之心以修身焉。虽非至善，而亦不失于不善，汝曹其无怠诸。

性善说喻子弟。夫性之于人也，可得而知之，不可得而言也。遇物而后形，应物而后动，方其无物也。性也，及其有物也，则物之报也。惟其与物相遇而物不能夺，则行其所安而废其所不安，则谓之善。若夫与物相遇而物夺之，则置其所可而从其所不可，则谓之恶，皆非性也。汝等以孟氏性善之说，及吾言心体而力行，勿外之可也。

不贰过说喻诸子。夫圣人，抱诚明之正性，根中庸之至德。苟发诸中、形诸外者，不惟思虑，莫匪规矩，不善之心，无自入焉；可择之行，无自加焉。故惟圣人无过，所谓过者，非为发于行、彰于言，人皆为之过，而后为过也。生于其心，则为遇矣，故颜子之过此类也。不贰者，盖能者止之于始萌，绝之于未形，不贰之于言行也。汝曹当以不贰为鉴，而心颜子之心，学颜子之学，足吾之素望矣。汝曹勗之哉，勉之哉！

尽忠实录以遗子孙。天下尽忠，淳化行也。君子尽忠，则尽其心；小人尽忠，则尽其力。尽力者则止其身，尽心者则洪于远。故明王之治也，务在任贤臣尽忠，则君德广矣。政教以之而美，刑罚以之而清，而惠以之而布。四海之内有太平，音嘉祥既成，告於上下。是故，播於雅颂，传於无穷，吾叨第进士，自卑职即能抗言直议，以励劲节，屡历清要，而两入翰林。叶注《忠经要义》一册，修纂《名贤崇德论》一册，修《陈匡君十要策》十道，纂《陈忠义录》十卷，《劝民务本论》二卷。转职户部，专司国课，而天下无田不税，无农不耕，遂请削陈恕、置营田，而贡敛有则，费出有经，上下宁有不足者乎。於是转职吏部，专司铨选，或以言扬，或以事举，庆德擢任，量才授职，进退人才，合三科之法，虞书之训。绝无散主不一，更革不常，沽名求进，报冤市恩者，而於是铨选之法定矣。法者一定，而不可易者也。神而明之，存乎其人焉耳。故又得加爵左丞，遂引例致仕。自初任逮致仕，兢兢以尽忠自持。凡吾宗族昆弟子孙，穷经出仕者，当以尽忠报国，而冀名纪於史，以彰昭昭於无穷也。

戒诸子侄以保孝行。夫孝者，天之经也，地之义也。故孝必贵於忠，忠苟不存，所率皆非其道。是以忠不及而失其守，非惟危身而辱必及其亲也。故吾君子行其孝，必先以忠，竭其忠则禄，禄至矣故得尽爱敬之心，以养其亲，施及於人。《诗》云：孝子不匮，永锡尔类。汝等读书，独不观圣人之言浑是，教人一个孝悌忠信。且只是一个孝字，无处不到。故曰：求忠臣，必於孝子之门。汝等能孝於亲，然后能忠於君。忠孝不失，庶克臣子之职矣！

因仲子程、模出仕，以忠谏之义喻其行。甚哉，臣之事君也，莫先於谏，下能言之，上能听之，则王道光矣！谏於未形者，上也；谏於已彰者，次也；谏於既行者，下也；违而不谏，则非忠矣！夫谏，始於顺辞，中於抗议，终於死节，以成君休，以安社稷。《书》云：木从绳则正，后从谏则圣。今吾子勿以出仕为悦，而以谏君为悦；勿以谏君为悦，而以忠谏为悦，庶免食焉怠事之殃。且程也，径情直行而病於委曲；模也，有劲节而无要略。汝曹各宜勉励，毋忘临行告诫之训。

勉幼子檆力学解。盖人之资性，得之天也。学问得之人也，资性由内出者也，学问由外入者也，自诚明性也，自明诚学也。颜子不迁怒、不贰过者，皆情也，非性也。不至於性命不足，以谓之好学。若夫自满者，则止也。故禹不自满假，所以为圣吾。观汝天性岐嶷，而不加恒懋时敏之功，先有干禄之念。噫！学而优则仕，仕而优则学。将见有时而仕，无时而不学，虽仲尼天纵而韦编三绝，周公上圣而日读百篇，汝当常若不足，不可临深以为高也。更不观汝兄学至而始仕，汝何不笃志以希贤圣自期，负而置功名於度外？自今而后，当以吾言修省而造就大成，以慰吾之望乎。

避难缙云以乐自况。大哉，君子之修行也。其未得位也，则乐其意；既得之，又乐其治。是以有终身之乐，无一日之忧。小人则不然，其未得也，患弗得之；既得之，犹恐失之，是以有终身之忧，无一朝之乐也。予虽不敢以君子自居，而亦不以小人之忧为忧也。自读书至仕，心与道同，道与行偕，而无悖之忧。蒙皇上赐圭田三百亩，敕山八百亩，永蠲赋税，优养老身，而泽及子孙。何期金兵自平江至太湖，焚掠湖城而避难至此，日与祖家伯叔昆弟子侄，诗酒之乐。虽吾嫡子孙各散处他方，而亦无织芥之忧介於心胸。在厄而无忧，处困而必享，敢自以为有终身之乐，偶笔以自况耳。

《十勉》　松阳毛氏《十勉》。作者卢玑（1436～？），字舜用，号品森，天顺八年（1464）进士。由毛氏引以为训。

自谨：人生全节要矜持，改过虽勤亦自欺。细行不修非美玉，良心一坏即残棋。雨前补屋休云早，病后求医却是迟。四十九年非尽觉，争如无觉许多非。

自戒：乾坤生物心为根，切莫乖方别认门。错用聪明皆拙智，伪行礼义总虚文。思前恐惧羞宗祖，虑后隄防累子孙。若要得全无悔吝，始终牢把此心存。

自规：功名富贵总由他，惟有彝伦属自家。忠孝本为心上事，文章都是眼前花。因时进退从来好，与世浮沉到老差。万物穷通皆有命，切休枉己作生涯。

自勉：上天付托意非轻，珍重光阴保此生。一日无功惭食粟，三更有契即燃灯。初心不失方为寿，正理能通始是明。道止强求还属利，一毫遗缺未归贞。

自责：诚能动物语非迂，尽得忠心效有馀。爱物未亲仁尚寡，礼人不答敬还虚。四求言行遵尼父，三省工夫习子舆。更忆孟轲三自反，便逢横逆也无虞。

自期：贤人希圣士希贤，进学阶梯步步前。礼习三千期后圣，年逢五十要知天。仁如尧舜心方足，学到伊周责始全。王道途中无实迹，文章事业总虚传。

自奋：俯仰乾坤感慨多，壮心不忍自蹉跎。斋前运甓思经略，塞外班师恨讲和。天未欲成须勉进，时难再得莫闲过。焚香铸就龙泉剑，誓与人间斩睡魔。

自嘱：英雄自古不虚生，上帝叮咛有至情。喜怒莫同儿女态，行藏须合圣贤经。肩担宇宙纲常重，脚踏风云富贵轻。着紧向前休退后，苍生洗眼望休祯。

自任：任重功劳果属谁，西铭文字是吾题。禹思溺者由身溺，稷念饥氓自我饥。寒暑未调须燮理，柱维不兢要撑持。壮哉伊尹真男子，尧舜君民志不违。

自乐：明时深喜不虚逢，自庆酬生略有功。一管毛锥闲补缺，两提神剑侍除凶。凤鸣可作周官瑞，麟获何妨孔氏穷。此道一从天定夺，从容随地咏春风。

《劝行孝歌》　赤岩徐氏《劝行孝歌》。作者邱学敏，字至山，鄞县人，乾隆二十一年（1756）举人，嘉庆年间松阳训导。

世有忤逆子，浮生空碌碌。不识父母恩，殆似生枯木。百骸未成人，母身如在狱。父为母含悲，妻对夫啼哭。惟恐生产时，身为鬼眷属。一旦见儿面，母命喜再续。一种诚求心，日夜勤抚鞠。母卧湿箄席，儿眠乾被褥。儿睡正安稳，母不敢伸缩。全身在臭秽，不暇思沐浴。乳哺经三年，汗血及入斛。辛苦千万端，儿至十五六。性气渐刚强，行止难拘束。日暮不归来，倚门悬望速。儿行十里程，母心千里逐。一娶得好妻，鱼水性和睦。看母面似土，视妻颜如玉。母若责一言，含嗔怒视目。妻即骂百句，倍笑不为辱。母披旧裙衫，妻着新罗縠。父母或鳏寡，长夜守孤独。健不供甘旨，病不调汤粥。弃置在空房，犹如客寓宿。将为泉下鬼，命若风前烛。一旦至无常，孤坟殡山谷。慈亲骨未寒，兄弟分财帛。不念贻产恩，惟言我之福。人不孝其亲，不如禽与畜。慈乌尚反哺，羔羊犹跪足。劝尔为人子，孝亲须勤读。王祥卧寒冰，孟宗哭枯竹。郭巨欲埋儿，斑衣悦亲目。如何今世人，不效古风俗。为尔作长歌，尔心当明白。勿以不孝头，枉顶高堂屋。勿以不孝身，枉着绫罗服。勿以不孝口，枉食白粱粟。天地虽广大，难容忤逆族。早早悔前非，莫待天诛戮。百善孝为先，信奉添福禄。

《骥湖丁氏家训》　骥湖丁氏《家训》。作者丁濬（1775～1840），字哲人，道光三年（1823）贡生。

训孝悌宜敦。孝者何？爱敬是也。爱敬者何？父母而在，事事尽道无贻以忧，父母而殁，时时检身无贻以辱，固不第定省温凊之节，哭泣擗踊之文也。悌者何？友恭是也。友恭者何？兄弟而皆良联之以和气；兄弟而不良感之以诚心，又不仅隅坐随行之仪，奉几授杖之体也。古来历山之慕，金滕之书，或善继述、或吹埙篪，其孝悌诚不可及。若老莱子之班衣娱亲，司马公之奉兄如父，无不可学而至也。孔子曰：“孝悌之至，通於神明，光於四海，志有之至孝近乎王，至悌近乎霸。”皆非虚语也。是所望於为人子、为人弟者。

训宗族宜睦。人道亲亲，亲亲仁也。尝考太宰系民，必曰宗以族得民。司徒教民六行，曰孝友睦姻任恤，而且以乡八刑纠万民。二曰不睦之刑，盖宗族宜睦也久矣。何以睦之？昔王晋先生云，睦宗族之要有三：一曰尊尊、二曰老老、三曰贤贤。又云睦宗族更有四：一曰矜幼弱、二曰恤幼孤、三曰周窘急、四曰解忿竞，此皆吾人分内事也。范文正公亦尝言曰："宗族於吾，固有亲疏，而自祖宗视之，则均是子孙，无亲疏也。"味乎其言，吾宗人须念葛藟尚庇其本根，草木不差其臭味，各以祖宗之心为则幸甚。

训节俭宜崇。婚姻戚故，不无洽此之情，闾里族党，难免投赠之雅，礼也。至日用饮食，则必常存爱养樽节之意，每怀物力耗竭之虞。昔唐翼修先生云："俭之一字，其益有三，安分於己，无求於人，可心养廉；减我藐躬之奉，赒彼极苦之人，可以广德；忍不足於目前，留有馀於他日，可以福后。"就此言思之，足见俭为共德矣。然俭之云者，只以财宜散而亦宜聚，非以财宜聚而竟不散也。世之守钱奴，大率借节俭为题，而残忍刻薄，几使贫苦望门裹足，甚至急难相求而不一赈贷，殊为可悯可笑。我族人中，惟於己则务约，於人则从丰庶。一俭而三益收焉。

训蒙养宜预。年少子弟，天真未漓，易於为善；人欲渐开，亦易於为恶。欲卜他日之成败，端视今日之教诲。昔倪文节公云：君子为子孙计，久利其道有八种德：一也家传清白；二也使之从学而知义；三也援以资身之术，才高者命之习举业取科名，才卑者命之事工贾养父母；四也家法整齐，上下和睦；五也为择良师友；六也为娶淑妇；七也常存俭风；八也为父兄者，于其童蒙时，诚能以义方是勗，盗淫是戒。则子弟虽幼，而久利之计已基于此矣。《易》曰："蒙以养正，圣功也。"我宗人幸各佩服斯言。

诫修己不严。人身一小天地，岂徒负此七尺之躯，硕然块然，肖形而已哉。古之君子，其责己也重，以周此其所以饬己，於廉隅澡雪愈生其风雅束躬，於圭璧砥砺益见其辉光也。我族中贤愚不等，皆宜以修己为急务。修之奈何？大约五伦之外无奇节，六经之中皆明训，存心则光明正大，淑世则温厚和平。苟或骄奢淫佚，玷辱家风，致使天地精英之气，父母育教之恩，付之落花流水，真可为长太息者也。尼山之训曰："修己以敬。"又曰："行己有耻。"子舆氏亦云："人不可以无耻。"此三言者，先圣后圣。其於修己之要，不尝谆谆告人乎，尚其各自书绅毋忽。

诫待人不厚。《书》曰："惟民生厚，吾人生而已具者也。"我与人共生斯世，虽各本於父母，而实原於天地，则天地，其大父大母矣。每见世之人过分畛域，待人之际：刻薄施之，暗昧欺之，残忍害之，恃强凌之，倚势虐之，挟众暴之。甚而较短论长而不从公道，夺彼予此而弗恤人言，面誉背毁而求敬合于人，口是心非而绝不容于物，外貌慈祥徒巧言而美语，中情多忿恨好潜贼而阴谋，是皆惟知有己而已。余谓己固己也，以己视人，人亦己也。我纵不能量同天地，使万物各得其所，而饱知人饥，温知人寒，强恕而行，要可自勉，我族人务去浇革薄，不失一"厚"字，足矣。

诫职业不勤。勤则有功，惰则失业。然吾所谓勤者，非徒忘餐忘寝之谓也。第於职业中，殚精竭虑，以求之而又必动无越畔也。无越畔奈何？如士则先德行而后文艺；农则力耕耘而守端朴；工则庀五材而不逞淫巧；商则平买卖而不事诈伪，习而精之，专而求之，不为他歧之惑，此吾所谓勤也。至若纵欲纵度，甘心冒法，而喜为非礼非仁，直情径行而弗顾；好博奕而自丧其神；耽酒食而乃败於德；甚而不择乎友而交不义之朋；不和其室而淫非己之色。舍己田而耘人田，失云多矣；作无益而害有益，损孰甚焉？此皆由不勤职业，故得以分驰於非为。若使职业克勤，何暇致力於此。我族中尚各知自爱，毋为邪僻以贻祖宗羞。

诫闺门不肃。夫闺门，何以肃？端在修身以正之身，正则男已正位乎外，女自正位乎内。凡操井臼、勤绩纺，以业其事；洁修髓、养舅姑，以尽其孝；与夫和妯娌、抚幼孤，将无所不尽夫，岂但言不出捆也哉。至於馌耕采桑，亦不失其清白之家风。即不幸而有孀居之，幼妇亦能丹心铁石，白首冰霜以作之肃者有其型也。近时妇女或相聚念佛，或入寺烧香，或日往邻家谈笑弄舌，甚而春节看春，灯节看灯，且更有听枕席之谗言，致使乖戾叠生，一家仇雠者，我族自来无此丑类。第未雨绸缪，不可不虑，凡我宗人，宜一切严禁之，以杜他患。

《黉源孟氏家训》 黉源孟氏《家训》。作者孟居仁（1786～1845），字以观，庠生，工诗文，善画山水，名振江浙。

先亚圣公著书，以教万世后之学者，读其书处处皆宜，身体力行，而其最深切著明，徹上徹下，无可须臾离者。其在一身，莫如四端；其在身之所接，莫如五伦。亚圣公举是以垂示天下后世，子若孙弗慎守，焉可乎？爰谨述亚圣公立言之旨，作家训九条，由利此上之可进乎圣贤，下之亦不失为无过之士。不由乎此，即为名教之罪人，大有愧于亚圣公者也，愿吾后人共勉之。

恻隐之心：生人之始，天地之心，求之匪遥，窥之甚深。厥赋维均，无分彼此，万善之元，曰惟仁理。仁之为道，有体有用，体存宥密，用存畜众。德诣其纯，弥纶无外，一端之发，恻隐为最。扩而充之，厥修乃大，无念不精，无事不诚，无时不贞。庶几哉道积诸身，而为天地完人。

羞恶之心：胡然而羞，胡然而怒？悉然汗下，瞿然却顾，是义之端，自然流露。义之为道，充类至尽，一介千驷，凛之莘尹，尔汝不受，穿窬不为，言餂不屑，立义之基。义欲行之，尚乎精之，功勤以集，理戒乎袭，比之和之，化裁乃出。宜羞弗羞，宜恶弗恶，是大愧於行。己之有耻，而自外乎义之路。

辞让之心：人与而辞，我有而让，礼在则然，古人所尚。未有其事，仅有其心，礼之端也。理可推寻，充乎其瑞，心身交饬，本有常惺。动不过则，无防患水，无礼患乱，相彼下民，习於倨慢，《茅鸱》《相鼠》，风诗载叹。逊让之节，象月成魄，忠信中存，仪文外泽。夫是以上通於政，下达於民，皆致虑於体，不备不可以成人。

是非之心：虚灵之府，以思为官，辨是与非，为智之端。是疑於非，非疑於是，屏息以求，进探其理。非中有是，是中有非，参互以镜，细判尘微。彼昏不知，留焉罔觉，是与非混，漫无研推。因心之明，扩以谙练，静而虚涵，动而观变。不惑於理，不迷於事，详审机宜，从容位置其新，为天下之大智。

子父有亲：成周父子，千秋称盛，下至齐民，殊遇同性。父慈子孝，合之曰亲。放勋命契，首示斯伦，鸮解恩勤，乌能反哺，物尚有然。人曾弗悟，式以义方，承以肯堂，梨樝共味，为邦家光。有穀载诒，析薪宜荷，无惭负螟，无忘翼卵。言父知祖，言子该孙，垂裕兴宗，厥道应敦。维槐在庭，维兰在陔，重光济美，庆衍方来。聚顺承欢，隆吾色养，凡我后人，天真以昶。

君臣有义：天尊地卑，君臣定位，联上下交，裁之以义。书赞都俞，吁咈载赓，风规切直，不废嘤丁。维堂有廉，亦复有陛，礼制森严，各存大体。人有十等，以次而推，舆儓圉皂，义亦不遗，即如主仆。无君臣名，有君臣道，义为权衡，相临相保。况在朝廷，尤以义合，勿喜阿谀，勿事噂沓。义贯以敬，复研以精，林烝之则，去就之程，君群臣牵，相与有成，协於克一，世以升平。

夫妇有别：相彼雎鸠，挚而有别，男女居室，渎伦乃亵。俪皮奠雁，礼重亲迎，夫扶妇服，家道以成。厘降观型，千秋垂宪，万福之原，式为定论。夫敬其妇，答拜明虔，妇重其夫，举案而前。维彼懦夫，乾纲不振，捉跽悚惶，司晨以牝。亦有贤媛，遇人不淑，谑浪悼心，洸溃凌辱。更有下流，儌倖富贵，忘泣牛衣，糟糠是弃。是惟无别，故至於斯，如宾之敬，尚其效之。

长幼有序：长幼之节，莫如兄弟，本天性亲，手足一体。长长幼幼，古训重申，厥有序在，毋失其伦。尺布犹缝，葛藟犹庇，胡为参商，致歌不饮。草蔓思图，萁然豆泣，天显弗修，乃乖《既翕》。雁行秩秩，拊背随肩，华也有鄂，弓也无翩。莫以同父，较及锱铢，莫以析箸，私厥膏腴。莫听妇言，而疏骨肉。莫比朋从，而忘敦睦。怡怡绰绰，玉季金昆，家肥载庆，大兴吾门。

朋友有信：松誓申盟，兰心共臭，梅驿缄春，荆餐道旧。君子之交，奖之以信，丽泽盍簪，心心相印。至诚契合，金石为开，惟道惟义，耦俱无猜。翳彼儉人，群焉比匪，若醴之甘，古所不韪。萧朱隙末，张陈凶终，翻云覆雨，蹑冰於冬。朝槿虚花，种不择地，芳桂贞姿，必求其类。朱蓝之染，胶漆之坚，神形不隔，车笠不愆。凤举鸿轩，久要是企，信克常存，有如白水。

《戒子孙书》　城北饶氏《戒子孙书》。作者饶庆霖（1797～1876），字若汀，道光十四年（1834）举人。

余曾率笔叠韵，示戒子孙云：流俗以利争，儒者以义衡。富贵厚吾生，贫贱玉汝成。积财损令名，积德振家声。他务勿妄营，本业读与耕。盖余贫家子，向无祖业，自先大父由福建长汀迁松，以勤俭起家，忠厚之遗。生伯父兄弟八，惟二、五两房无后，馀皆有子。然长房与六、七两房有子不嗣，三、四、八房子孙相继。余幼苦读，年十九入庠，已冠，食廪饩。自嘉庆戊寅至道光壬辰，六应南闱，两试北闱，屡荐弗售，迨甲午科叨侧贤书。前此居乡课徒十载，从游颇盛，己丑之冬进京，庚寅辛卯肄业成均，三载都门，至壬辰冬旋南。邑宰汤竹筠师延入署训课子侄兼书记，前后四年。道光丁酉，掌教邑之明善书院，阅三十馀载矣。藉馆谷以养家，生平未取非义之财。忆前岁丙戌，以家中误于用人，竟遭中落，亏至数千馀金。负累既重，酧应又广，且仰事府畜，食指繁多，兼以连年公车北上，入不敷出。甲辰大挑之期，以丁艰，不能赴挑。咸丰癸丑大挑，行至常州，又以金陵失守，前途梗塞，不得进而退归。因以行囊馀资，修造屋宇，为子孙筹栖身之所。噫！礼闱四荐弗售，大挑两误其期，仕进无由，命也！然安知出山之后，其果如居乡之乐否耶？出处固由前定，无足介意。今老矣，维奉选有期，亦未能远出。兹将家中微业，开载于后，尔子孙均已成立，勿以区区分给，稍涉计较。以余艰苦备尝，生平不谙理财，究亦未尝窘于财，知足不辱，则可稍损名节。汝辈当体此意，务作乡党公正之人，勿囿习俗，致滋物仪，贻余以不能教训之名，则幸甚。

余少年利心甚淡，弱冠后城西就馆授徒，修金颇厚，然随收随用，略无馀积。十年后游学京师，馆谷亦足敷用，特酧应外，亦无馀存。四载回籍，就县署西席。次年邀乡荐，自此七上长安，归为邑山长。而家用浩大，更无馀储。癸丑赴大挑，行至江南常州，以前途梗塞，不前退归。遂将资斧建造房屋，兼置家祠，且暂有告贷，以补不足。诸子之能成立者，亦因无家财而自筹衣食，故不至奢华而自误也。伏思人生无百年，苟非吾之所有？虽一毫而勿取清白之贻，较之积财为子孙损其智益其过者，相去不已远哉。余无积财以害子孙，尔子孙即当勤俭自持，以体此意。天下有惰侈而自丧其身者，断无有勤俭而不能养生者。余以勤俭二字作尔辈之家财，尔其扩所见而细思之。

富贵仕宦，流俗以为荣。然富而骄吝则多怨，贵而傲慢则多忌。怨且忌，祸所伏也。其得也，人争艳之；其失也，人共笑之。何在？富不能施济，人急望其败；贵不徇请托，人亟待其亡。此富贵之可危，亦怨忌之所积也。故富贵实浮云耳，聚散无常。其终身富贵者，怨忌愈积，积而及其子孙，是以祸贻子孙。处富贵之难，较之处贫贱，则如哉。人非不欲子孙富贵，但得富贵，须知：天生富人以为贫也，天生贵人以为贱也。与其不能作富贵中人，犹不如处贫贱之宴如也。余阅历多年，交游颇广，觉镜花水月，不啻云烟过眼。余生成傲骨，不肯求人，而所交皆正人，其富而败、贵而亡者，良可慨叹。是以不愿富贵而甘贫贱，汝辈当悟此理，随遇而安，切勿妄求，富贵之来听之，不来听之，未能有富贵之才，而徒有富贵之心，正恐招怨招祸，尤不若贫贱之可自守也。

《家训八要歌》　象溪高氏《家训八要歌》。作者高焕然（1861～1934），字昕斋，光绪二十四年（1898）进士。

一要孝，孝啊孝！父克慈，子克肖。父母言要听，儿女言勿暴。少时不听讲，大来即难教。作事须禀命，出门必入告。食必请亲先，唤必应声到。父母若康强，事事须则效。父母若衰迈，时时须照料。妇是人家女，更要儿先导。翁姑即父母，切不可慢傲。衣裳为之洗，面水为之倒。三厨饭要兜，房间地要扫。儿媳同和顺，堂上自含笑。儿媳稍忤逆，外人必贻诮。此是家常礼，人人勿干冒。若还不孝顺，天理必有报。若是能孝顺，定然卜冠诰。孝啊孝！人生第一件事，就是孝。

二要悌，悌啊悌！兄要恭，长要事。在家对兄嫂，语言要客气。出门见尊长，礼仪不可废。若还有叔伯，更宜存敬意。几杖要奉承，行坐要随侍。乡人或饮酒，须让长者醉。燕毛或序齿，勿争长者位。敬听老人言，凛凛勿忘记。乡人敬斯须，在兄情尤挚。无夺兄之食，无紾兄之臂。倘或分财产，多寡勿深计。倘逢着力事，辛劳勿诿退。弟原要恭顺，兄亦宜友爱。同胞莫伤残，手足须捍卫。御侮勿阋墙，三复诗棠棣。人人知亲长，治平称盛世。悌啊悌！人生第二件事，便是悌。

三要忠，忠啊忠！事上敬，待人公。忠厚留馀地，忠义是英雄。忠诚格上下，忠直贯始终。若是做伙计，事事为主东。若是做工人，日日要尽衷。若是为人谋，实心与人同。若是受人托，面从心亦从。一点真实心，刻刻在当中。倘使能出仕，更要善持躬。事上要忠慎，同寅要协恭。实心待百姓。勋业自崇隆。忠臣千古重，食鼎与铭钟。出处无二致，家国实相通。圣贤忠恕学，其味最无穷。人若不忠厚，刻薄坏家风。人若能忠厚，积德即阴功。忠啊忠！人生第三件事，即是忠。

四要信，信啊信！言要实，心要正。有约不可负，出言要中听。《易经》曰无妄，《诗经》曰尔慎。《曲礼》曰信仁，《论语》曰信谨。雄鸡且报晓，桐叶亦知闰。车行重輗軏，官府凭钤印。何况为人者，而可忘天性？若是许人物，虽贵亦勿吝。若是欠人债，虽久亦要认。做得诚实人，远近皆相敬。在家教儿孙，勿欺为教训。出外治百姓，勿诈为命令。若我先欺人。人必欺以应。取影如对月，取形如对镜。现在西国人，最重是信证。我族贤子孙，欺妄须严禁。信啊信！人生第四件事，还是信。

五要礼，礼啊礼！说伦常，讲道理。在家敬父母，朝夕勤问视。入校敬先生，行坐毋跛倚。居乡对宾朋，情文须亹亹。立朝对君相，冠裳自济济。傲慢是小人，谦恭知大体。尊人人自尊，鄙人人自鄙。走路让人先，同食让人起。称呼论辈份，劳力讲年纪。新年要拜年，尊卑分我你。相遇立道旁，长幼不可比。凡人皆穿衣，种田皆食米。人不知礼仪，反不如相鼠。学礼犹学诗，孔子教孔鲤。况我等乡人，更远不如彼。若不早学礼，野蛮蛮到底。礼啊礼！人间第五件事，惟在礼。

六要义，义啊义！但论情，不论势。朋友要通财，兄弟勿争利。人有情待我，我必还真意。人无情待我，我亦不相弃。孰为事之宜，孰为心之制。羞恶本天良，团体结同类。义勇冠古今，义气塞天地。忠义炳千秋，节义称万世。义在人弗忘，甘棠歌蔽芾。义亡利勿取，弗顾何千驷。义仆亦有传，义犬亦有记。知义是麟凤，昧义同鹰鸷。义举不可辞，义捐不可避。见义能勇为，自受天之赐。苏州范文正，义田真可贵。九世尚同居，又有张公艺。义啊义！人间第六件事，重在义。

七要廉，廉啊廉！用度省，取舍严。人有人的物，我有我的钱。若还我贫穷，亏空莫怨天。若还我殷富，来往莫太悭。义在所当取，不论亿万千。义在不当取，一介不可拈。兄弟分财产，切勿择肥田。合伙做生意，经手勿黏牵。若使做公事，银钱勿侵吞。若出为宰官，更莫受夤缘。倘取非义财，聚散一蓬烟。枉得赃污物，贻害及儿孙。足用在乎俭，守己贵乎谦。清洁留名誉，史册久相传。有等不肖子，偷窃辱祖先。家法有常规，斥革杖堂前。廉啊廉！世间第七件事，莫若廉。

八要耻，耻啊耻！莫咎人，只怨己。莫做不端事，莫行不正理。一不犯忤逆，愧怍何由起。二不犯淫乱，羞忿差可已。三不犯偷盗，谁说我不是。四不犯诈谝，耻辱自远矣。五不尚浮夸，不求亦不忮。六不说虚谎，谁誉又谁毁。一片坦白心，周行平如砥。屋漏尚不愧，尔室常如此。题桥有司马，锥股有季子。皆缘有耻心，扶摇上万里。盗跖何其贪，原壤何其鄙。亦由无耻心，恶名传遐迩。人若能知耻，扬名显考妣。人若不知耻，遗臭同虮虱。耻啊耻！世间第八件事，莫如耻。

八要歌词，仿朱晦庵格言联语，及骥湖潘祠大书“孝悌忠信，礼义廉耻”八字之意。我族子弟苟能熟读此歌，身体而力行之，不但可为克家之令子，而且可为名教之完人矣。再此歌已于辛酉端阳，命子侄自卑自省辈分录於宗祠堂壁，以冀昭示后人。今恐日久剥蚀，终必遗忘，特为附入宗谱，俾垂久远，庶不负余醇醇告诫之意也夫。

《诫孙韵语》　城东蔡氏《诫孙韵语》。作者蔡寿昌（1865～1936），字文轩，光绪三十年（1904）贡生。

予告汝言，汝当三复。孝亲敬长，内和外睦。既勤既俭，载耕载读。衣冠瞻视，整齐严肃。汝祖年迈，向道悦服。得未曾有，心虚若竹。汝父聪明，学辟王陆。总发端委，人尽刮目。一堂授受，数年教育。立雪凌霜，淡然如菊。汝能济美，方称贤淑。勿作不肖，令我羞缩。汝勿妄念，中原逐鹿。富不可求，贵不可卜。汝勿弃学，不肯习熟。致父名誉，一旦倾覆。讷言谨行，自求多福。守身如玉，庶免辱戮。设不自慎，陷入深谷。小则杀身，大则灭族。志在圣贤，何忧鱼肉。歌吟自乐，数椽茅屋。矧遭时危，敢不隐伏。予告汝言，切记心腹。

卯峰叶氏《续增家训》　作者佚名。

第一曰孝。孝首百行，顺亲为先。夫孝者，畜也。天经地义，礼之始也。尽则尊亲扬名，微亦先意承志，克家为干父之蛊，耕野极穷人之思。大哉舜乎，终身不弛孺慕；伤哉贫也，菽水亦足承欢。《诗》曰："欲报之德，昊天罔极。"苟訾苟笑，即是辱亲；用力用劳，未足为孝。出言跬步，如履薄临深；行道立身，凛奉盈执玉。自天子至于庶人，其义一也。从来圣主治天下，以孝著大顺之体。凡厥庶民须继志述事，用以创业守成；为善盖愆，庶几光前裕后。门庭之内，和乐且耽，永锡尔类，父母其顺，斯谓孝。

第二曰悌。弟敬而顺，兄爱而友。顺兄弟即顺父母。天下无不是底父母，世间最难得者兄弟。夫弟者，悌也。敬事兄，顺移长也。诗歌绰绰，圣训怡怡，能重天伦，即是家肥。须思分形同气，手足一体；当凛棣华连枝，羽翼同胞。诚能不听妇言，自无牝晨致祸。荆枝荣茂，挚爱笃于同居；花萼相辉，真情见于共被。倘或第弗念天显以恭厥兄，兄不念鞠子哀以亲于弟，将何以为难兄难弟乎？所以书美友于礼垂敬长，其详于《少仪》《曲礼》，叙于《内则》《弟子职》者。可不讲乎哉？故教民礼顺，莫善于弟。

第三曰忠。忠为尽已，忠为不欺。夫忠者，中也。至公无私，内外倡和，一其心之谓矣。故为孝者，必贵于忠，而为善亦莫大于忠。忠苟不行，所率必非其道。后之人，将历指其名，而议之曰：某也忠，某也诈，某也直，某也曲，匪惟危身，辱及亲也，可不惧哉！君子曰："忠为令德，大亨贞也。"盖忠，兴于身、著于家、成于国，其行一焉。身一，则百禄至。家一，则六亲和。国一，则万人理。《书》云："惟精惟一，允执厥中。"自古帝王明目达聪，建极绥猷。士苟学古人，官必当夙夜匪懈，以事一人。故圣君为国，必先辨忠。

第四曰信。信不食言，仁义礼智，非信不成。夫信者，实也。所谓从忠而发，率义而行也。《左氏》曰："信不由中，质无益也。"有子曰："信近于义，言可复也。"世之鸡鸣成言，风雨忽改，牲书犹存，口血难凭者，曷足贵乎？盖民无信不立，《大易》受中孚。《春秋》善胥命。无他，将信为本而已。夫履信、惇信、讲信、体信、质信之义。宿信、结信、陈信、周信、底信之盟。何非示信通鬼神，格豚鱼哉？《诗》曰："淑慎尔止，无载尔伪。"信其可不急讲乎！设言而不信，何以为言？信而不道，何以为信？故君子寡言以成信，固忠以明信。

第五曰仁。仁为善长，人爵焉能敌天爵之崇；仁为广居，宅身恒不逮宅心之坦。夫仁者，人也。仁者，右也。统四端，该万善。乾曰大生，坤曰广生。理为爱，心为德。考仲虺之诰，始言仁；观君子之德，首体仁。礼详重远，易著显藏。程子曰良贵，韩文曰博爱。《孟子》仁义并举，《论语》知仁齐标。问同答异，言兼体用，功分生熟，实一仁而已。圣天子爱民如子，体乾元资始之功，跻天下仁寿之域。故求仁者，实为学之首务而切要尤在强恕，庶得为仁之方。将欲仁而仁斯至，则以达德行达道，修道以仁。

第六曰义。义与利反，义胜而肥。夫义者，宜也，心之制事之干也。《大学》垂训于末简，《孟子》告戒在首章。《左氏》读书为府，《论语》富贵如云。圣人有精义之神，吾儒贵充义之尽，是以辨义达义之旨，其谁不当？顾名思义哉。如言渐仁必摩义，戴仁必抱义，居仁必由义，求仁必好义。

而且秉礼和义，进礼退义，修礼陈义，修仁行义，则义固为人路，人所共遵而共由者也。欣逢圣主大义昭明，涵濡艺林，诚能义以方外？义胜无欲则浩然之气生，安可自外于义正之功也哉？故治人七情者，修十义。

第七曰廉。廉以立志，凛辞让不贪之心；廉以临财，毋苟得求多之计。砥砺廉隅，取予行廉，法公廉、贞廉、鸡廉之衷；惕藩身、焚身、已身之惧。虽无欲实难，切不可唯利是视。世之伤廉、寡廉、小廉、不廉者，可不戒哉。观逃富贺贫，反锦反璧，皆足表清白之吏，其廉节正直，一道同风，岂不伟欤！幸生盛世，郅隆勤、恤民隐，察吏兴廉。慎迪官方，稽治法于天官，备详六计；考真操于礼运，端重小臣。学者可不争自濯磨，仰体重廉能之治也哉？故杨公却金以养廉，侃母封鲊以训廉，若仲子恶能廉。

第八曰耻。耻乃羞恶之心，关系终身节概；耻能改行从善，实为百行堤防。夫耻辱者，勇之决也，国之四维也。观君子有五耻，原宪尝问耻，《哀公篇》有物耻、国耻之箴，无非教人砥行立名守正以远耻、免耻耳。盖远耻莫先近礼，免耻莫如为仁。是以嗜慾攻取，非耻不制；身名行检，非耻不立；忠孝廉节，非耻不奋；道德仁义，非耻不成。浴德澡身，皆赖知耻近勇之力；希圣轶贤，孰非行己有耻之功。存之则进于圣贤，失之则入于禽兽。耻之于人，大矣哉。此念一释，何所不至，故人不可以无耻。

第九曰勤。勤劳稼穑，勤则不匮。人情莫不欲逸，往往以安乐为顺境，以勤事为俗流。岂知好逸未必得逸，无逸者庶得逸也。呜呼！晏安诚为鸩毒，逸豫必致亡身。考《周书》无逸之箴，读《鲁语》劳逸之论。豳风男耕妇织，鉴史沐雨栉风。大禹寸阴是惜，文王日昃不遑，王丹载酒训农，柳母熊丸教子，皆勤有功而业精勤者也。我皇上一日万机，所其无逸，训世以清，慎勤之德化。凡吾愚人，恶得以自暇逸乎！宜惜分阴，克勤小物，务于勤、戒不勤。愚拙由勤而贤智，贫贱由勤而富贵。故民生在勤。

第十曰俭。俭，贵中礼；俭，近于仁。俭者，节制也。《书》曰："克俭于家，不自满假。慎乃俭德，惟怀永图。"耕九馀三，庶几免呼庚癸；用一缓二，何至壮士无颜？忍不足于目前，防卖新丝新谷之悲；留有馀于他日，谨守俭安福后之德。观粢粢不致凿，以昭其俭；服衣不重裘，以示其朴。皆守圣人宁固宁俭之论，而凛示礼示俭之戒者也。设或败度败礼，岂能持廉保家？是以贤师吾俭，系萧公之美谈；奢易俭难，乃张公之良箴。《易》曰："甘节之吉，居位中也。"故魏征谏十思，戒者以俭。《王制》通三十，不奢不俭。

十一曰恭。恭以远耻，恭则不侮。夫恭，庄敬也。致恭，存位也。考威仪三千目，观丹书十七铭，主恭而已。君子恭敬撙节，自卑尊人，贵人贱己，检身若不及，退则如不胜。尚矣哉！是以恭敬之人，根心生色，遂徵为可畏可象之观；盛气扬休，守恭者荣，自极夫文炳文蔚之盛。此谦谦君子之卦，所以有卑牧之吉；温温恭人之诗，所以为德之基也。苟三命益恭之铭不讲，允恭、温恭、懿恭之仪不修，何以昭容、肃容？恭之盛哉。故樊迟问仁者三，夫子首答居处恭；君子思诚有九，孔子又示貌思恭。

十二曰恕。恕思明德，行以明恕，恕以行忠也。忠因恕见，恕由忠出。忠如水源，恕如水流。

忠在圣人是诚，恕在圣人是仁。程子以忠恕有微，显内外动静之功。先儒以仁恕分体，用生熟难易之境。故求仁莫近于强恕，一贯亦归于忠恕。强恕可以絜矩，忠恕违道不远。绎夫中心为忠、共心为恭、千心为忎、如心为恕之义，无非念大同、明存诚、作顺事、求恕施也。虽恕前有忠，而忠即在恕之内；虽恕后有仁，而仁不过恕之尽。是仁即自然之恕，恕即勉强之仁。夫子所谓终身可行者，其恕。

十三曰礼。礼以节人而主敬，礼以行义而求宜。夫礼，理也。经国家、定社稷、序民人、利后嗣，不可斯须去也。五典五惇，悉本天秩天叙；三千三百，必协人纪人纲。嘉会以合，非礼勿履。体不备不成，履以泰后安。忠信为器，卑让为宗。贵多贵少，凛中规而中矩；贵高贵下，切有本而有文。苟不以礼，又何怪赋相鼠而诵茅鸱乎！是知礼也者，定命之符也。措正施行，如竹箭有筠；释回增美，如松柏有心。失之者亡，得之者生。司徒修六礼以明七教，执礼明礼，能防未然，庶为君子。所以云，立于礼。

十四曰乐。乐以发和而安德，防佚以仪节。夫乐者，乐也、节也。弦诵鼓歌，所谓淑其身而知其声，善其形而调其性者也。自先王制乐以崇德，太平作乐以防淫。书垂直温宽简之音，礼称广大清明之化。虞以典乐教胄子，殷以瞽宗司大学。单父鸣琴而治，武城弦歌而化。乐之荡涤邪秽，消螎渣滓，何如乎！我皇上金声玉振，天地同和。鸣球击戛，厘定雅乐。礼陶乐淑，燦美咸韶。观夫一弹再鼓，昭盛世之元音；雅管风琴，著圣朝之大化。猗欤，休哉！乐之入人也，深矣。移风易俗，莫大于乐。

十五曰诗。诗以言志，诗以达意。四始六义皆含六情五际之理，一言三百无非百事万牧之宗。夫诗之为教，贤圣发愤所作。入人也深，感人也速。大而达诸郊庙朝廷，小不遗于闺门里巷。温柔敦厚诗之体，正直和平诗之用，须本二南以求端，参列国以尽变。正二雅以大其规，和三颂以要其止。凡有修齐治平之责者，安可不为周南召南乎？其可以兴观群怨、端人伦、明庶物者，岂少也哉？苟能不贻墙面之讥，自可通经足用？昔夫子训伯鱼于过庭，教小子以当学，故雅言首在于诗。

十六曰书。书以导事帝王心法。夫书者，如也，修齐治平之要也。言性言中，曰仁曰诚，言虽殊而理则一，无非宅心而格其非心耳。求心复初，舍书其何以哉！今圣主道括天人，一中建极，学究德心，同条共贯。宗古今之事理，宣优裕之谋猷，唐哉皇哉！人能念在兹于六体，收放心于十例。玩人玩物，惕伊训三风十愆；卜吉卜凶，凛洪范五福六极。常戒不迩不殖，深虑起羞起戎。是训是行，自招福善，庶免祝淫，尔其戒哉。善败由己，何不释然悟、翻然悔。曰不学则面墙，予自恨不十年读书。

十七曰公。公则无私，公则生明。夫公者，古今共由之道，人己并行之轨也。天地至公，故覆载无偏。日月至公，故照临无遗。四海至公，故川渎悉归而皆受。且唐虞至公，故择人而禅天下。其他公正、公直、公平、公道，何莫非此大公无我之心乎！《舜典》曰："同律度量衡。"诸葛武侯曰："吾心如秤，赏罚必公。"《曲礼》曰："父母在，没有私财，一钱尺帛，不入私房。"双梨煮汁，举室共尝，此则古人之逸事，足为后世之楷模。在昔江州陈褒之家，十世同居，百犬共牢，此其人物之胥劝，莫非齐家之至公。

十八曰忍。忍是容德，处世良图。夫忍者，耐也。心上加刃，使非有至耐之心，曷克受难堪之忍。小不忍则乱大谋，鲁论之垂训甚切；动于心而忍于性，孟氏之炯戒非遥。古之大智、大勇、大圣、大贤，克建殊勋任大事，当其小辱之加小愤之临，莫不坦然受之，而绝不形于声色。此其襟胸之宏，怀抱之旷，有非小丈夫所可等量齐观也。惟其忍也，傅说版筑，夷吾囹圄，淮阴袴下，师德唾面。绝不睚于当时，咸能隐忍于异日？而况居家之极轨，尤以忍耐为急需。张公九世同居，惟此心之忍。

十九曰和。和气致祥，乖气取戾。夫和者，内治性情，外应人事也。天地惟其和也，故能生成百物；国家惟其和也，故能罗集祉祥。懿夫乡云纠缦，严日光华，山出器车，河出荣光，大同大顺，和之至也。如其夫妻反目，兄弟阋墙，易诗之戒，讵不照然。凡今之人，开展惠之风，立顽夫之志。毋偏毋颇，以濬其源；不同不党，以节其流。以施于家，兄弟妻子乐且耽；措于邦，九族四海睦而恤。是则中为天下之大本，和为天下之达道。致中和，天地位万物育矣。圣人之赞化育而参天地也，惟在和。

二十曰让。让之为德，与争相反。凡人不让，志在于得。而能让者，不妨于失。不畏失者，转有得；期于得者，不免失。虽当仁不让，亦较射必争，以不让为让也。且夫家庭兄弟间，尤当以让为主。唐虞、泰伯以天下让，夷叔、吴札以国让。洒泪息争，推田相让；兄肥弟瘦，让枣推梨；中分财产，宁取荒芜；共聚厅堂，务同寝息，则以家让。终身让路不枉百步，终身让畔不失一段，是无时无处无人不当让也。子曰："能以礼让，为国乎何有！"列子曰："让一得百，争十失九。"一家让，一国兴让。是为人，惟在让。

第六编　城乡建设

松阳置县虽早，但地处山区，交通梗阻，农耕生活，建设甚少。志书史料中少有规划设计记载。

民国18年（1929），松阳县建设委员会成立，拟具《松阳县三年（19年度至21年度）建设计划书》，分交通、水利、农矿、工商四大纲维，可视为中华人民共和国成立前松阳县最为宏伟的建设规划。

1949年中华人民共和国成立初期，主要是解决温饱问题。之后，利用集体力量办一些事，但主要还是农田、水利、交通方面的建设。

1982年初，恢复松阳县建置，成立县城规划领导小组，开始规划县城建设。先后改造新建新华路、要津路、长虹路、紫荆路、太平坊路、长松路及东端延伸段、江滨一期道路等城市主干道，形成“五纵五横一环”路网框架，陆续建成一批住宅小区。

2006年，松阳县编制乡镇规划，以“千村示范，万村整治”工程为载体，实施“万人下山移民”，推进农村危旧房改造。新建一批集镇公园及绿化居住小区，城乡面貌焕然一新。

2010年末，县城建成区面积扩至8.3平方千米。日供水能力4万吨的自来水厂和日处理能力5000吨的污水处理厂投入使用，西屏山公园、江滨公园、市政广场、城防工程等民生工程完成。县城区环境噪声平均值53.94分贝，绿化覆盖面积107公顷，人均公园绿地8.32平方米，城镇绿化率40.5%。

第一章　建设规划

中华人民共和国成立前，松阳土地所有权私有，城市、农村建设均没有规划。中华人民共和国成立后，特别是改革开放后，松阳开始重视城乡建设规划。松阳的建设规划有县域总体规划、县城总体规划、建制镇及农村规划和有关的专项规划等。从总体来看，规划往往落后于现实，因此需修编规划。

第一节　规划管理机构

民国11年（1922），县署设实业科，兼管建设事业。民国17年3月，改称建设科。民国33年，设立市政工程处。

民国 18 年（1929），县长罗天宝遵章召集会议，推举热心地方人士 5 人，由县政府聘任为委员，于是年 11 月组织成立松阳县建设委员会。

1949 年 5 月，松阳县人民政府设立建设科，掌管地方建设事业，兼管交通。1958 年 11 月，松阳并入遂昌。1982 年 1 月 30 日，国务院批准恢复松阳县，县治仍设西屏镇。3 月，组建松阳县城建设规划领导小组；4 月，设置松阳县基本建设局；7 月，成立松阳县城镇规划领导小组。1983 年，县规划委员会正式成立，县长兼任主任，分管建设的副县长（或经委主任、建设局长）兼任副主任，各有关部门领导为委员，具体工作由建设局组织实施。1984 年 6 月，更名为县城乡建设（环境保护）局。在规划委员会的统一领导下，建设局组织专业人员或委托专业机构编制县域总体规划、建制镇总体规划、村镇建设规划和各项专业建设规划等。

2008 年 6 月，设立松阳县城乡规划分局，归属县建设（环境保护）局管理。2010 年 10 月，单设县建设局，规划分局归属建设局管理。

第二节　松阳县域总体规划

2005 年，松阳县政府根据相关法律、法规、标准，结合松阳实际，聘请浙江省城乡规划设计研究院编制《松阳县域总体规划》（2006～2020）。

《松阳县域总体规划》主要包括规划层次、规划范围、规划期限、区域定位、城市用地发展方向、居住用地布局、城市道路交通规划、历史文化名城保护以及县域城乡体系规划等内容。

规划层次包括县域空间总体布局规划和中心城区规划两个层次及县域城乡体系规划。

规划范围：松阳县域范围 1406 平方千米；中心城区：北至半岭村，南至双童积雪风景旅游区，西至东坞水库水源保护区，东至桐溪村；规划总面积约 99 平方千米。

规划期限：基年 2005 年，近期 2006～2010 年，远期 2011～2020 年；远景展望到未来 20～50 年。

区域定位，浙西南特色制造业重要基地，历史文化底蕴深厚的山水田园地区。松古盆地发展定位为丽水市重要的产业基地和人口集聚平台、县域生态与旅游整合发展的示范区。

城市用地发展方向为以向南北方向发展为主，适度向东西方向拓展。空间发展策略是“南跨、北拓、中优、西控、东延”。

居住用地布局为老城区居住用地由居住街坊和居住区构成，用地面积 312.31 公顷，约居住 9 万人；水南新区由 2 个居住区组成，用地 158.67 公顷，约居住 6 万人。

城市道路交通规划：县城路网主干道骨架为“五纵五横一环”。“五纵”分别为高速路连接线、环城西路、新华路、上松线和要津路。“五横”分别为 50 省道城区段、长虹路、太平坊路、长松路和独山大道。“一环”为环城路。

历史文化名城保护规划

2000 年 2 月，省政府公布松阳县为省级历史文化名城。2007 年，制定《松阳历史文化名城保护规划》，确定保护范围重点在长虹中路以南、新华路以东、长松路以北、要津路以西的区域。保护区范围用地约 70 公顷，核心保护区占地面积 10.57 公顷。松阳历史文化名城的风貌特色是以街巷为骨架，以古店铺、古民居、祠堂、庙宇、会馆、遗址为载体，具有地域农业集散特色的浙南山水型文化名城。古城布局概括为“环山傍溪，美字格局”。规划确定 3 个历史地段：北直街历史地段，汤兰公所—文庙历史地段和南直街历史地段。在保护区域加强文物单位和历史建筑的保护。文物保护贯彻“保护为主，抢救第一，合理利用，加强管理”的方针，以保护文物为重点，保护现存文物的历史真实性原则，不改变原状。对文物古迹修缮要坚持“最低干预，可逆性和可识别性原则”，对不可移动文物所进行的修缮、保养等工作必须遵守不改变文物原状的原则。保护整治的目的是体现历史文化名城的传统风貌，改善当地居民的生活条件。

2005 年松阳县城历史地段范围界定一览表

表 6-1-2-1

历史地段名称		北直街历史地段	汤兰公所—文庙历史地段	南直街历史地段
保护区	范围	主要包括耶稣堂弄两侧区域	主要包括申亭弄两侧、大井路北侧、钟楼路西的区域	主要包括人民大街、官塘路、猪行路、横街、十字路、塔头街两侧区域
	面积	1.00 公顷	3.50 公顷	6.07 公顷
建设控制地带	范围	由潘后街头弄、北直街、仁寿坊弄围合的区域	位于太平坊路以北、新华路以东、钟楼路以西、潘后街头弄以南的区域	位于太平坊路以南、要津路以西、长松路以北、新华路以东所包围的区域内，但不包括沿街部分用地
	面积	1.97 公顷	6.91 公顷	10.56 公顷
主要保护建（构）筑物		城门楼、耶稣教堂、徐氏宗祠、金家古民居、叶家砖雕门楼等沿街历史建筑	天主教堂、汤兰公所、文庙、城隍庙、药王庙、节孝坊	徐家古民居、徐家洋楼、叶氏古民居、丁氏古民居、王氏宗祠、叶氏宗祠、潘氏古民居等沿街历史建筑
文物古迹和历史建筑用地占建筑总用地比例		69%	60%	60%
地段主要特点		以教堂、宗祠、传统民居为主要特征	以商会建筑、庙宇、教堂、传统民居为主要特征	该地段是保存最为完好的古店铺、古民居群，拥有最具代表性的街巷格局，以街巷、传统民居、宗祠为主要特征

县域城乡体系规划

城镇体系规划　远期形成中心城区（西屏镇）—中心镇（古市镇）——一般镇（大东坝镇、玉岩镇和象溪镇）。

农村居民点体系规划　分四个层次：乡集镇。保留现状 15 个乡集镇，以乡政府驻地为中心设有基本的生活服务设施和部分公共设施，发展以服务“三农”的服务业，适当发展一些加工业。一些乡驻地的中心村范围规划加以扩大，如四都乡的下包村含上河、东坑，竹源乡的小竹溪村含创古基，赤寿乡的赤岸村含赤三、赤四、章家，新兴乡的横溪村含渡市，樟溪乡的樟村村含大徐、陆家、兰家、福村，新处乡的新处村含杭坑桥，板桥乡的板桥村含下仓，裕溪乡的裕溪村含金村圩、裕溪上、路亭下，安民乡的大潘坑村含荷田、双坑口等。中心村。规划设置16个中心村：西屏镇的大竹溪（含竹溪、新溪、市口），古市镇的岗下，玉岩镇的根坑（含松树坑、八担），大东坝镇的蛤湖、下宅街（含六村、七村、山边），象溪镇的靖居包、雅溪口（含黄田铺），斋坛乡的花田垄（含苦马塘、西岭根），叶村乡的叶村源口（含麻寮），竹源乡的潘坑，赤寿乡的楼塘（含楼石头、潘坑源、塘东、谷旺、杨梅树山），新兴乡的后周包（含杨家），樟溪乡的力溪（含上溪滩），裕溪乡的凤弄源（含陈村、源口、大坑、小黄岭头），安民乡的苏马坪（含筱铺、小苏坑、乌弄口），枫坪乡的高亭。基层村。规划期内以基层村作为农村居民点的基本单位，共315个。基层村主要承担农林业生产和生活居住功能，应有简易公路和电力电信线相通，公共设施较少。随着城市化水平的提高，基层村将逐步迁并，人口规模逐步减少。缩并自然村。规划期内全县缩并自然村330个。规划至2010年将有近50%的小自然村人口迁居各级城镇及中心村，有1/3的自然村消亡；至2020年大部分自然村被缩并，余少数自然村在远景期继续缩并。缩并的自然村及时复垦，以补偿城镇及中心村发展用地的需要。

城乡居民点建设用地标准与总量控制　城乡居民点的人均建设用地标准为：中心城区和中心镇100～120平方米，其他镇90～110平方米。按标准推算，规划期内城乡居民点建设用地需求量为：2010年3202公顷，2020年3165公顷。其中，城镇建设用地2010年为1455.6公顷，2020年为2175公顷；农村居民点用地2010年为1746.4公顷，2020年为990公顷。

第三节　县城总体规划

1949年中华人民共和国成立前，县城道路大多是3～5米的步行街，房屋多为泥木结构，沿街建筑大多前店后作坊，建成区面积0.64平方千米。20世纪50～80年代，县城面貌虽有所改善，但变化不大。自朝天门经北直街、人民大街、南直街、溪滩路至松阴溪边，南北向主街道全长2090米。除太平坊至桶盖亭一段条石路面外，余均采用街心条石、两边卵石砌成。1982年，复置松阳县后，县城建设发展迅速。新建紫荆街、新华路、府前街3条主要街道，总长2933米，宽度均为21米；对旧城区70%的街巷进行改造，浇筑混凝土路面；建成一批文化生活设施，新建房屋大多为4层以上砖混结构。1982年3月，开始编制县城建设总体规划。1986年，丽水地区行署批准《松阳县城建设总体规划》。但规划赶不上实际的发展。至2004年，松阳县进行四轮县城总体规划。

第一轮规划

1982年3月，成立松阳县县城建设规划领导小组。抽调和聘用10多名专业人员，对县城西屏镇进行勘察、测量和规划，是年5月23日，草拟《松阳县县城建设近期规划和远期设想及几点工作意见》，规划新建一条南北向的新大街。1983年10月，编制成《松阳县西屏镇总体规划（1982～2000）》。

该规划近期1982～1990年，远期1991～2000年。

1982年末，西屏镇总人口17953人。规划近期人口1990年2万，远期人口2000年为2.5万。

1982 年末，建成区总面积为 0.93 平方千米，平均每人 54.70 平方米。规划近期 1990 年平均每人用地 70 平方米，建成区面积为 1.40 平方千米；远期 2000 年平均每人用地 72.63 平方米，建成区面积为 1.82 平方千米。

1983 年松阳县西屏镇用地平衡规划一览表

表 6-1-3-1

用地分类	现状			规划			
	总用地（公顷）	占比（%）	平方米/人	近期（1990 年）		远期（2000 年）	
				总用地	平方米/人	总用地	平方米/人
一、工业	19.44	20.9	11.43	25.96	12.98	37.5	15
二、仓库	7.12	7.60	4.19	9.53	4.76	16.07	6.43
三、对外交通	2.66	2.90	1.56	5.55	2.72	7.5	3
四、生活居住	57.34	21.60	33.71	81.01	40.50	100	40
1. 居住	42.07	45.20	24.74	48.15	24.07	52.5	21
2. 公建	8.61	9.20	5.06	17.60	8.8	22.5	9
3. 道路广场	4.25	4.60	2.50	9.02	4.51	15	6
4. 公共绿地	—	—	—	3.24	1.62	6.25	2.5
5. 其他	2.41	2.60	1.41	3	1.5	3.75	1.5
五、非镇属机构	1.68	1.80	0.99	7.03	3.51	7.5	3
六、大中专科研	2.91	3.1	1.71	3.81	1.91	4	1.6
七、公用事业	1.90	2.0	1.12	3.72	1.86	5	2
八、特殊用地	—	—	—	3.90	1.95	4	1.6
合计	93.05	100	54.71	140.51	70.19	181.58	72.63

第二轮规划

1990 年，县城人口 2.4 万，建成区面积 1.63 平方千米，突破第一轮近期规划的控制规模。其他方面也突显出第一轮规划有缺陷或滞后等不适应状况。1992 年，县规划委员会委托浙江省城乡规划设计研究院依据松阳县城经济发展要求，按照县级市建设标准修编县城总体规划，使县城切实成为全县政治、经济、文化、科技、信息中心，成为城乡结合的中心纽带和具有辐射力的区域成长中心。

规划期限为近期 1991～1995 年，远期 1996～2010 年。县城规划区范围为西北到望松石角村，东南到青蒙村，西至延庆寺塔，南到横山，东到下乌形山，总面积 35 平方千米。

松阳县域城镇除西屏镇外，还有古市、玉岩、大东坝、象溪 4 个建制镇，对 4 个建制镇作出等级规模结构规划。

1991年和2010年松阳县城镇等级规模结构规划一览表

表6-1-3-2

位次	等级	城镇名称	人口规模（人）	
			1991年	2010年
一级	县城	西屏镇	27421	60000
二级	重要城镇	古市镇	9535	18000
三级	建制镇	玉岩镇	1616	3000
		象溪镇	741	4000
		大东坝镇	979	3000

规划设想通过县域交通系统的改进从而促进城镇空间分布上的合理协调发展。规划将龙丽公路松阳段的省级公路提高到二级标准，沿线形成县域城镇发展主轴。以西屏、古市、象溪为各区域中心，带动望松、叶村、斋坛、新兴、赤寿、樟溪和裕溪一线，尤其是西屏至古市段，要体现“沿路搞市场，乡镇办企业”的政策，形成工贸长廊的格局。同时加强大东坝至玉岩、古市至玉岩的公路建设，形成县域城镇发展的次轴，以大东坝、玉岩为区域中心，带动安民、枫坪、谢村、新处等乡。加快大东坝到云和、玉岩到龙泉、西屏至武义的公路建设，形成多窗口对外体系。

同时，对西屏镇、古市镇、玉岩镇、大东坝镇、象溪镇等城镇的性质作出规划。

1992年松阳县域城镇性质规划一览表

表6-1-3-3

城镇名称	城镇性质
西屏镇	县域中心城镇
古市镇	北部中心、工贸型城镇
象溪镇	东部中心、工贸、土特产加工城镇
玉岩镇	西部中心、工矿、油料加工城镇
大东坝镇	南部中心、工矿、竹木加工城镇

县城用地规模为1991年建设用地1.94平方千米；近期1995年2.45平方千米，远期2010年5.40平方千米。

县城结构规划为依托旧城，组织合理的道路网骨架，形成“一个中心，三块用地”的“T”字型县城结构格局。一个中心，即老城区的行政、居住、商业服务、文化娱乐中心，主要指由新华路、紫荆街、人民大街、太平坊路组成的“口”字形的商业服务、金融、文化娱乐中心。三块用地，即西北一、二类工业用地工业区；东南二、三类工业的工业区；西部风景游览区。

第三轮规划

1992年修编的第二轮松阳县城总体规划，1995年由省人民政府批准，经实施，对指导松阳县城建设起到积极作用。但随着经济的不断发展，到1999年，此规划已严重滞后。为适应社会经济健康有序发展，根据浙江省九届人大三次会议提出的加快编制县城城镇体系规划的要求，松阳县政府委托浙江省城乡规划设计研究院编制第三轮县城总体规划。

此次规划期限为1999～2020年。其中近期1999～2005年，中期2006～2010年，远期2011～2020年，远景展望至21世纪中叶。

规划第一层次为县域行政区范围，面积1406平方千米为县域城镇体系规划范围。第二层次为城市规划范围，即南至横山，西抵东坞水库，北至十五里及龙丽公路外侧约200米，东达青蒙山；总用地面积57平方千米。第三层次为城市总体规划用地范围，即南到独山、水南，东至白沙，北抵龙丽一级公路，西界城西绕城公路；总用地面积15.8平方千米。

县城发展性质确定为松阳县政治、经济、文化中心，省级历史文化名城，工贸型综合性小城市。

第三轮松阳县城人口与用地规模规划一览表

表6-1-3-4

时间	人口规模（万人）	人均建设用地（平方米）	县城建设总用地（平方千米）
近期（2005年）	4.5	103.1	4.64
中期（2010年）	5.5	99.5	5.473
远期（2020年）	8.0	99.4	7.95
远景（21世纪中叶）	10	—	—

第四轮规划修编

第三轮总体规划于2000年编制完成，规划近期（2005年）人口规模4.5万人，建设用地4.64平方千米，到2004年末，建成区人口为4.67万，建设用地为6.08平方千米，超过规划中期（2010年）的5.473平方千米的指标。2005年，县政府委托相关单位进行第四轮县城规划修编。

此次规划期限为2004～2020年。其中，近期2004～2010年，中期2011～2015年，远期2016～2020年。

规划层次为县域、城市规划区、城市总体规划用地范围。确定西屏镇为松阳县政治、经济、文化中心，省级历史文化名城。城市人口预测到2010年为8万、2015年为11万、2020年为15万。根据国家标准，规划人均建设用地指标在90.1～120.0平方米之间，而松阳县城2004年人均建设用地130.24平方米。必须从严控制，到本规划末期，城市人口以15万计，人均建设用地控制在100平方米以内，建设用地控制在15平方千米以内。

规划城市布局结构为以松阴溪为轴心，城南、城西滚动开发，城市框架形成“两心、两轴、三点、四片”的城市总体结构。两心：一主一次两个公共活动中心。主中心为老城区的公共服务和公共活动中心；次中心为沿松阴溪临独山公园建设城市公共活动次中心。两轴：沿环城西路、新华路建设南北向城市公共设施生长轴，并延伸到松阴溪南侧，沟通城市主次公共活动中心；以松阴溪为轴心的生态景观绿轴，是县城独特的景观区域。三点：分别以独山、西屏山和蛤蟆垄水库为中心，建设 3 个城市级公园，改善城市生态环境。四片：老城区、水南片、工业片、景区片。

第四节　建制镇规划

古市镇城镇总体规划（2006～2020）

古市镇地处松古盆地腹地北部，距县城 11 千米，是松阳县最早的县治所在地，也是浙江省小城镇综合改革试点镇。20 世纪 80 年代和 90 年代，古市曾 2 次编制过总体规划，但很快就不适应形势的发展要求。2006 年，古市镇人民政府委托浙江省城乡规划设计研究院编制完成《松阳县古市镇总体规划》。

此次规划期限为近期 2006～2010 年，远期 2011～2020 年。规划分三个层次。镇域村镇体系规划，范围为古市镇时行政区划，面积 47 平方千米；古市镇规划区范围，面积 16.62 平方千米；城镇总体规划用地范围，面积 6.5 平方千米（包括河流水系）。

村镇体系规划，镇域常住总人口为 2010 年 4.5 万、2020 年 5.9 万；城镇人口，2010 年 3 万、2020 年 5 万。全镇形成“一个中心镇、5 个中心村、15 个基层村”三个层次的村镇体系。“一个中心镇”含城头村、筏铺村、古市一至八村及城头、横街、前街、后街、筏铺 5 个居委会；“5 个中心村”为岗下、黄圩、十五里、山下阳、东角垄；“15 个基层村”为上方、刘边、湖溪、源口、白角外、庄门、上五木、下五木、下黄圩、上河、谢树寮、黄埠头、下社、寺口、塘头。

把古市定位为以发展工贸和生态旅游为特色的城镇；松阳县经济发展副中心。近期城镇用地规模 3.75 平方千米，远期 5.88 平方千米。

规划形成“两心、一轴、二带、三片、五组团”的总体结构框架：两心即古市公共活动中心和商业中心；一轴即建设公共设施生长轴；二带即重点建设两条生态休闲景观带；三片即逐步形成溪东、溪西和潘连三片区；五组团即形成老镇区、潘连、溪西三个生活组团和溪东、溪西两个工业组团。

规划城市用地布局为居住建筑用地，面积 224.71 公顷，居住人口 5 万人。公共建筑用地，面积 60.43 公顷，包含行政管理用地、教育机构用地、文化科技用地、医疗保健用地、商业金融用地、集贸设施用地。生产建筑用地，工业用地集中向南发展，依托公路，形成溪东和溪西两个工业区块，期末用地总面积 154.69 公顷。绿地，包含公共绿地、生产防护绿地；规划期末镇区绿地率达 30%，绿化覆盖率达 40%以上，人均公共绿地 9.43 平方米。城镇道路，规划道路分一级路、二级路、三级路三个等级路网进行设计，路宽分别为 30～32 米、18～21 米、14 米。广场用地，规划在镇政府南面、府前路北侧建一广场，集观光、休闲、集散等功能为一体，占地 0.81 公顷。规划古镇的保护与改造范围为东至松州路、西至江滨路、南至广场路、北至 4 个街区范围，占地 25 公顷。

玉岩镇城镇总体规划（2007～2020）

玉岩地处松阳西南，唐宋时期就有先民居住，后来形成松阳、遂昌、龙泉交界山区的中心地。1995年编制总体规划（1995～2010），但很快便不适应。2006年，玉岩镇人民政府委托松阳县村镇规划建筑设计室和浙江师范大学城乡规划设计研究室编制《松阳县玉岩镇总体规划》。

此次规划期限为2007～2020年。近期2007～2010年，远期2011～2020年。把玉岩镇定性为镇域政治、经济、文化中心，农贸型小城镇，松阳县特色农产品集散市场。

规划城镇人口规模，现状（2005年）1826人，近期（2010年）3200人，远期（2020年）4731人；用地规模，现状（2005年）20.92公顷，近期（2010年）31.36公顷，远期（2020年）46.84公顷。

规划全镇形成“1个一般镇，1个中心村，30个基层村”三个层次的体系结构。“1个镇区”包括玉岩村和溪口村。“1个中心村”为根坑村（原交塘乡政府所在地）。“30个基层村”指排居口、交塘、新岗、大树后、大丘下、白沙岗、坳头、沙丘、余叶、乌岩、梨步坑、洋坑、西沿头、潘山头、何庄、大岭脚、周安、何山头、支木、周坑、步新、召楼、吴山头、白麻山、程源头、烧火坑、程路、道惠、道惠口和程岭根村。

规划完全迁移的自然村有麻田、对坑坳、王山头、大岗头、殿山坳、内湾、吴树坞、四格下、山后、四方格和水坛丘村11个村庄，合并或迁移到基层村、中心村或镇区。

规划镇区建设用地为现居住用地面积10.89公顷，规划远期居住建筑用地面积19.51公顷。公共建筑用地规划，包括行政管理、教育机构、医疗卫生、文化科技、商业金融、集贸设施等用地共9.10公顷。规划生产建设用地3.8公顷，其中工业生产用地1.74公顷，农业生产用地2.06公顷。绿地与水系方面，规划沿溪道路建线型绿化带；新建翠屏广场和滨河绿化带，占地0.78公顷。还有对供排水等的规划。

大东坝镇城镇总体规划（2007～2020）

1985年，港（口）玉（岩）公路开通后，大东坝成为县城到西南山区的中点站，1992年为建制镇后，各类建设发展较快。1994年，曾委托县城乡建设环境保护局编制过一个总体规划。由于受当时条件限制，部分专业规划已不适应。2008年，大东坝镇人民政府委托丽水市规划建筑设计院修编《松阳县大东坝镇总体规划（2007～2020）》。

此次规划分三个层次：镇域镇村体系规划范围，包括30个行政村、119个自然村，辖区面积212.2平方千米。城镇规划区范围，用地面积101.17公顷。城镇总体规划建设用地范围，面积31.08公顷，包括大东坝村和白峰村的部分用地，其中建设用地25.28公顷、人均用地96平方米。规划期限为2007～2020年。其中，近期2007～2012年，远期2013～2020年。对镇域人口进行预测，近期2012年总人口为16010人，远期2020年总人口为15819人；镇区人口规模，近期为1917人，远期为2633人。

规划把大东坝镇定性为县城南部山区的政治、经济、文化中心，发展生态、旅游经济，以传统的香菇、香榧为主导的综合型城镇。

规划全镇形成“1个一般镇，2个中心村，23个基层村”的镇村等级层次结构。一般镇：大东坝。中心村：蛤湖、下宅街。基层村：牛角圩、蔡宅、后宅、洋坑埠头、五部、黄南、二滩坝、外大阴、百步、树稍、内大阴、横樟、上寮山、山徐、大樟源口、明源、燕田、灯塔、梨树岗、山头、赤圩、西山、小后畲。规划对地处山区、交通不便的47个村庄进行撤并：竹蓬头、弓桥坑、白麻山、赤圩坑、东头、坑口、外内坑、岗头、平岗岭脚、横樟源口、松树圩、后岱山、平岗、下垄、大古坳下、小山头、双港、丁子里、山粉寮、大北山、虎山坝、老虎坑、葫芦井、大桥头、潘山头、高坑、坞林栋、小明源、顶头炉、周弄源、培朱口、大垄坑、樟树下、天鹅孵蛋、大垒、石盆下、南山下、包处坑、仓源头、茶铺、莨山、大寮、上铜坑、上香菇寮、下香菇寮、石头丘、大湾。

另外，对建设用地、供排水等进行规划。

象溪镇城镇总体规划（2006～2020）

2006年，象溪镇人民政府委托浙江省城乡规划设计研究院编制《松阳县象溪镇城镇总体规划（2006～2020）》。

规划期限为2006～2020年。其中，近期2006～2010年，远期2011～2020年，远景2020年以后。规划把象溪镇定性为镇域的政治、经济、文化中心，松阳县工业型小城镇。

规划分三个层次：镇域村镇体系规划范围，与象溪镇现行的行政区域相一致，总面积124平方千米。象溪镇规划区范围，包括象溪一村、二村、南州和石马铺4个行政村，面积1.5平方千米。城镇建设规模约1.16平方千米。城镇总体规划用地范围，指具体进行城镇用地布局以及城镇建设用地平衡的范围界线。预测2010年全镇户籍人口为14620人，2020年达到14770人，加上移入人口和镇外就业人口，将达到19920人。镇区人口规模，2010年约5500人，2020年7800人，规划期末城镇化水平可达39%。

规划全镇形成“1个一般镇，6个中心村，24个基层村”三个层次的体系结构。镇区范围包括象溪一村、二村、南州、石马铺4个村。6个中心村即雅溪口、南坑源、靖居、靖居口、鲁丰和黄店村。24个基层村即南坑口、吕潭、东田、金钟、大塔、坑里、上梅、石牌门、陈家里、鲁西、程路后、龙湾、石鼓、潘弄、石马源、下坑源、小佛儿、下寮儿、吴村、塔背、高岭、毛弄、村头和塘里源村。

规划居住建筑用地，远期37.01公顷，人均居住用地47.45平方米。公共建筑用地，规划面积50.80公顷，包括行政办公、教育机构、文化科技、医疗卫生、商业金融、集贸设施等用地。生产建筑用地，规划工业生产总占地42.76公顷。公共绿化规划，总面积5.43公顷，其中公共绿地5.21公顷，小型住区绿地0.22公顷。

另外，有道路供排水等规划。

第五节 松阳县村庄布点规划

1983年前，松阳村庄布点都是民间行为。1983年，松阳县乡村启动第一轮规划，到1985年末，全县400个行政村有370个完成规划编制工作。1994～1997年，多数乡镇对第一轮规划进行修编。

根据县政府的要求，县建设局于 2004 年 7 月编制完成《松阳县村庄布点规划（2004～2020）》。

此次规划的重点是中心村和基层村。规划范围为松阳县行政区域，面积 1406 平方千米，但县城城市规划区及古市镇、玉岩镇、大东坝镇、象溪镇规划区内的村庄除外。

西屏镇在县城规划区范围的村庄有 25 个。划入县城规划区范围的村庄还有望松乡的乌井、王村、草塔（大塔头）、五都阳（马桥后）和叶村乡的叶村（河头栏、小叶村）、河头（大蓬）、寺岭下（叶墙头）。

古市镇规划区范围内的村庄有 9 个。玉岩镇、大东坝镇和象溪镇规划区范围内的村庄分别是 2 个。

规划按照一定的要求和布局，规划中心村 22 个。基层村的人均规划用地按 80 平方米计算。对 320 个人口规模不足 100 人的小自然村规划予以缩并，对 19 个行政村予以撤并。

松阳县域 20 个乡镇，400 个行政村，1052 个自然村，需要编制村庄建设规划的村 351 个。2006 年 4 月，松阳县人民政府下发《关于做好新一轮村镇规划编制工作的通知》，要求在两年内完成村镇规划编制工作。

2004 年松阳县各乡镇规划中的中心村、基层村和撤并村一览表

表 6-1-5-1

乡镇名	村名	
西屏镇	规划中心村	大竹溪（竹溪、新溪、市口）
	规划基层村	铺门（塘村、村弯儿）、水车、桐溪（林村）、活源（武旺）、东坑（央坛头）、官溪（梅树寮）、大路口（金安山）、源内、孙源、项桥头（金钟垄、上田垄）、丁山头、邵山、竹客口、潘村、岩西、桥头（上黄、坑口塔）、郑弄口、南山（大陂头）、踏埠头、东岗寮、岩下、横山、西垄（西岗背）、清路（清源垄、路里、路里树山、砖坛）
	规划撤并村	留苦岱、寺后山、坛下、石板路、河村、王家、定照院、花山、大厅山、匣头、管山处、宅沿头、占大山、山岗顶、三十担
古市镇	规划中心村	岗下
	规划基层村	黄圩（上角大坛、四家头、下角）、东角垄、上五木（塨头背）、下五木、上河、白角外（大湖溪）、湖溪、上方、庄门、源口（坳头）、刘边（圳头）、塘头、谢树寮（大路上、许家、林家）、下社、寺口、黄埠头、十五里（谢家、谷垄塔、纪家、苦村山、坑沿岗山、公路边）、山下阳、下黄圩
	规划撤并村	樟树下、红梨寮、大垄口
玉岩镇	规划中心村	根坑（松树坑、八担）
	规划基层村	周坑（杭坑、丁岱、上杭）、交塘（神坛）、大丘下（叶寮）、白沙岗、道惠口、程岭根、程路、道惠、烧火坑、西沿头（西沿坑）、大树后（济上）、潘山头、周安、大岭脚、白麻山、梨步坑（吴往）、支木、何山头（源坑）、乌岩（文里后）、何庄、吴山头、余叶（王山头）、沙丘（黄坛、范山头）、步新（兆坑湾口）、召楼（召楼圩）、洋坑、排居口（早田垄）、坳头、程源头
	规划撤并村	麻田、对坑坳、王山头、大岗头、殿山坳、水坛丘、内湾、吴树坞、四格下、山后、四方格

续表 6-1-5-1-1

乡镇名	村 名	
象溪镇	规划中心村	靖居包、雅溪口（黄田铺）
	规划基层村	鲁峰、坑里（外坑里、内坑里、东源）、黄店（吴司、家安）、南坑口（西山脚、外埠头）、靖居口（金钟湾）、南坑源（林家、下麻厂、樟村源、西坑121、陈落山口、下中央坑）、程路后、上梅（双坑）、陈家里（小西、坑口）、小佛儿（楼底）、鲁西、龙湾（白麻寮）、石鼓、石牌门（内大垦、外大垦）、东田、石马源、潘弄、吴村（西边）、金钟、大塔（对山）、吕潭、石马铺、毛弄（下毛弄）、下坑源（黄庵）、高岭、塘里源、村头、下寮儿、南州
	规划撤并村	和尚坛、朱家田、山庄、紫坑垮、磨石弄、岭脚、黄岩、温家、洞坑口、风打坳、西垮、岗沿、白鹿山头、牛铺、盖坛、牛家坪、垄背、白碧桥、大坞蓬、下东山、高书、外东源、小步塘、松树墩、西山、知院坛、双坑口、风门坳、山头塘、西塘、朱章、大坑、陈下、岩弄、自然坑、项山头、坛土、下山寮、上弄源、罗坑、塔背、坑头源、上毛弄、岗子背、兰蓬、馒头山、小茶坞、上坪山、陈落山、大岗、田铺、凉亭湾、对门山、弯角、鄢家、岗子头、石竹岗、叶庄下、白鹤殿脚、大王庙、金山头
大东坝镇	规划中心村	蛤湖、下宅街（包括六村、七村、山边）
	规划基层村	牛角圩（湾内、百步栏、山脚下）、蔡宅（三节桥、牛栏湾、横路下）、后宅（岗背坵）、洋坑埠头（青石坝、双坑口、坳里）、五部（弓桥、石角）、黄南（卷绳）、二滩坝（梅村、麻厂）、外大阴（石角里、麻园）、百步（上百步、下百步）、树稍、内大阴（苦株树下、百鸟朝凰）、横樟、上寮山、山徐、大樟源口（上滩）、明源（洋坑源、叶明山）、燕田、灯塔（马蹄垮、后门山、大岭口）、梨树岗（南岭）、山头（山坑子、金钟山）、赤圩、小后畲、西山（上包、赵圩坝、港口、包岭脚）
	规划撤并村	竹蓬头、弓桥坑、白麻山、赤圩坑、东头、坑口、外内坑、岗头、平岗岭脚、横樟源口、松树圩、后岱山、平岗、下垄、大古坳下、小山头、双港、丁子里、山粉寮、大北山、虎山坝、老虎坑、葫芦井、大桥头、潘山头、高坑、坞林栋、小明源、顶头炉、周弄源、培朱口、大垄坑、樟树下、天鹅孵蛋、大坌、石盆下、南山下、包处坑、仓源头、茶铺、莨山、大寮、上铜坑、上香菇寮、下香菇寮、石头丘、大垮
斋坛乡	规划中心村	斋坛村
	规划基层村	桐村（上桐村、下桐村、道堂口）、东圩蓬、金梁（浮桥头、湾口）、东关（坑西）、大路（毛村）、桐楼（过坑）、堪头（山岗、泉下坌）、上坌、下坌（东关源口）、石门圩（中央溪滩、小堰、下桃堂）、花田坌（苦马塘、西岭根）、小石（大花地）
	规划撤并村	狼衣山、下东圩、下圩、东圳儿、渡头、仙坑源、吊坛、坑沿、光头山
望松乡	规划中心村	山仁下
	规划基层村	乌石下（周家、乌叉路）、石门（石角、大徐）、麻阳塔、仪桥、郑家、六都、吴弄、山头背（吴村岗）、山仁下（茶村、对门、郎下）、岗后（西岗岭）、榔阳、六都源口、翁村（李家、黄岗头、馒头石后）、西河（西河口、田坌）、新半岭脚
	规划撤并村	山脚、大处坛、祠堂边、半岭脚、外灰铺、坑沿、李家（原属山仁下村）、保处根、汤家、金村、墓塔、半岭（乌坌堰）、砌坛

续表 6-1-5-1-2

乡镇名	村名	
叶村乡	规划中心村	叶村源口（包括麻寮）
	规划基层村	官田（黄犬山、下场、乌石垄）、包安山、黄公渡（棚里、树塔）、寺山、叶家、松山（大荒田、平山、瓦窑山）、东坞
	规划撤并村	杨柳洞、朱口、下叶、膳垄、斗米坳（项坑、正岗山）、南岱（上南岱、下南岱）、岱头、横坑
竹源乡	规划中心村	小竹溪（创古基）
	规划基层村	后畲（大路弯）、大岭头（石井）、横岗（下坑）、呈田、可重旺、燕庄、黄上、黄下（龙坑）、周岭根、潘坑
	规划撤并村	下竹山、紫坞、大路下、香礁、蒲弄
四都乡	规划中心村	下包（上河、东坑）
	规划基层村	榔树、平田、庄河（河垒）、西坑、陈家铺、塘后
	规划撤并村	汤城、午岭、章田、柘坑（凹后）
三都乡	规划中心村	里庄
	规划基层村	上田（杨梅坪、山苍殿、半岭）、下田（思步、朱竹）、毛源、呈回、酉田、紫草（碗寮）、松庄（凉连）、岭上、水竹（后畲）、杨家堂（泉址）、后湾、上庄、尹源、淡竹、上源（里黄）
	规划撤并村	洞军、下连坑、坞山、五尺坑、周山头、黄岭根、麻坛、黄客田
新兴乡	规划中心村	横溪（包括渡市）
	规划基层村	大石（上溪滩、牛栏弄、陈家）、徐郑、上安、杨村头（西山下、白塔垄、下溪滩）、泉庄、进贤、外孟、高丰（下高丰）、上源口、后刘（宋坦、道堂塔、坎头沿、下沿）、端口、贤溪、大畈（合湖）、潘连（广因寺脚、潘连新村）、下源口（项宅）、后周包（杨家）、内孟（叶庄店、溪房）
	规划撤并村	内里源、内寮、外寮、管山寮、油麻山、凤凰山脚、小上安、金坞
赤寿乡	规划中心村	赤岸（赤三、赤四、章家）
	规划基层村	龙下、叶川头、卯山后（太平山）、垟里、半古月（林家旧处、朱坑、卢家）、狮子山（赤溪源口、大猫源）、梧桐口（后安垄）、择子山（杨家、大处、林家、余家）、黄坑口（大塔、桥头）、朝阳、红连（缸窑、高金垒）、楼塘（楼石头、半坑源、塘东、谷旺、杨梅树山）、界首（上坞源）、大川、黄山头
	规划撤并村	水库脚、徐山儿、田岗、仙岩脚、下定、对面山、八岗头

续表 6-1-5-1-3

乡镇名	村 名	
樟溪乡	规划中心村	樟溪（大徐、陆家、兰家、福村）
	规划基层村	力溪（上溪滩）、馒头山（高里村）、东市（楼家、横岗山、坑徐、毛庄）、岗头儿、谷山垄、樟村、徐山（下徐山、上徐山、荒田、新安寮）、兴村、包村、下马坑（竹蓬头）、高岸（高岸坛）、西源、杨岭脚、球坑、溪下（塘头、马家）、富兴、肖周（周弄口、上周弄口、后肖、马头山、上后肖）
	规划撤并村	周家、高岸岗、泉塘口、上店、黄田、赤山头、阙家、下阙家
新处乡	规划中心村	新处（杭坑桥）
	规划基层村	赤岩、官岭、山甫、东北头、外石塘（内石塘）、朱山（朱岱、殿后、落梯岭）、张山头（石板岭）、小南坑、小岭头、竹囮（靛青寮、岗头）、庄后、坳后新村
	规划撤并村	坳后旧村
谢村乡	规划中心村	大岭根
	规划基层村	大岭里、谢村（北坑下）、谢西坑、南坑、塔岭、孟坑（坳后）、平卿、上仓、大铺、李山头
	规划撤并村	半山、淡竹
枫坪乡	规划中心村	枫坪、高亭
	规划基层村	朱岱、黄埠坞（净水岭头、盆坑口、石柱）、沿坑岭头、根下、金竹、钱余（全畈、大根）、洋庄源、小吉（苦竹下）、南胜（外南坑、内南坑、军廷后、粗砻、坳下）、龙虎坳、高寮（岩坑）、丁坑（清净坛、大坌头、金山头、老鸦坑、山赤坑）、梨树下、山乍口（塘鱼岗、田忠寮、百坛沿）、斗潭（大畈、水店）
	规划撤并村	旧处、宝钱源、后齐、洋庄、珠坞、书洞口、坳头、大山、大栗塆、内寮、堰古兰、中央渡、山坑、由章、白肖、直坑源、大破、真武桥
板桥乡	规划中心村	板桥（下仓）
	规划基层村	大毛科（对村、岭头、箬上、马架垵、坑上源、下寮）、金村（安成畈、石马下）、后塘（靛青弄）、潘八（万岭脚、屋下坑、插葱）、高山（上山背、下山背）、张山、东坑（枫岭根、半岭）、桐榔（钟楼源、麻家、月光山脚）
	规划撤并村	上黄碧垵、下黄碧垵、楼山、大凸、西源畈、苦枝树坳、黄碧岗、大水残、上湾、潘家弄、雷山头、下内塆、角边、树枝坳、东坑岭、大方车、沙岸坑、下岩、上内湾、樟王殿坳、坑上、塘弄、岗丘、毛大弄

续表 6-1-5-1-4

乡镇名	村名	
裕溪乡	规划中心村	裕溪（金村圩、裕溪上村、路亭下）
	规划基层村	黄岭头（黄家田）、潘水（仰天河、楼山、乌奴）、叶西后（双坑口、楼山脚、青田圩）、徐山、章山（章山岭脚、赤路圩）、合溪（王田圩、新渡、田寮）、木岱坑、源底（东溪沿、外章山脚、水垟后）、内陈（五里坟）、凤弄源（陈村、源口、大坑、小黄岭头）、小槎（小槎埠头）
	规划撤并村	施家地、隔溪山、双隔丘、水尾口、基山头、茶坑、上垟、黄地、横路下、山头、杨梅坪、西焦、山荷寮、石坑口、寨头、新渡坑口、下圩、石坑、半岭脚、关坑、务公庄、上龙潭背、田塘、半岭、曾家、上牛塘、斗谷埠、下牛塘、西坑、茶子坪、旱坞、黄种坑
安民乡	规划中心村	大潘坑（荷田、双坑口）
	规划基层村	安岱后、大横坑、李坑、曹竹、台坑、乌弄、苏马坪（筏铺、小苏坑、乌弄口）
	规划撤并村	李坑口、下马山、吴宅、分水坳、大古坳、银岭垮口、上银岭塆、鲤鱼山、小源儿、高背、鲤鱼圩、台坑口、大圩、马鞍丘、金山头、上坳、大石岩、社殿门、苦竹塆、对门、下垒、上寮、内源

说明：丁旺山规划为三都乡下山脱贫的安置点

第六节　专项规划

松阳县域给水专项规划

20世纪80年代以前，松阳城乡居民向以饮用溪水、井水为主。1982年松阳恢复县置后，县城人口集聚，居民饮水矛盾突出。1982年8月，筹建松阳水厂。1983年8月，松阳建成吴家山水厂，日供水400吨。水源先取松阴溪边大口井，后取竹溪源水。因供水紧张，1994～1998年，再建白露岭水厂，日供水2万吨，水源取自东坞水库一级电站发电尾水。2004年，兴建和平山水厂，规模为8万吨/日。2006年，建成投产，水源直取东坞水库。吴家山水厂停用，白露岭水厂停产备用。同年，松阳县建设局委托浙江省城乡规划设计研究院对全县给水工程进行规划，是年12月，完成《松阳县域给水专项规划》。主要内容有松古盆地一体化供水系统和县域其他乡镇的供水系统。

松古盆地一体化供水规划系统　该系统使县城、古市镇、斋坛、叶村、望松、新兴、赤寿、樟溪8乡镇可饮用和平山水厂的自来水，水质水量有保证。经过3年建设，松古盆地一体化通水系统一期工程于2009年12月15日建成，2010年2月18日举行通水典礼仪式。

2006年松古盆地联合供水水量规划情况表

表6-1-6-1　　单位：万吨/日

城镇	近期（2010年）	远期（2020年）
县城	2.50	5.50
叶村乡	0.09	0.18
望松乡	0.11	0.23
斋坛乡	0.10	0.21
古市镇	0.34	1.12
樟溪乡	0.11	0.23
新兴乡	0.10	0.38
赤寿乡	0.13	0.41
共计	3.48	8.26
供水规模	4.00	9.00

乡镇供水系统规划　松古盆地以外的县域其他12个乡镇的供水系统，依靠就近找水源建水厂解决饮水问题。

2006年松阳县12个乡镇供水规划情况表

表6-1-6-2　　单位：万吨/日

乡　镇	近期（2010年）用水量	远期（2020年）用水量	水　源	远期水厂供水规模	年用水厂供水规模（万吨）
象溪镇	0.14	0.35	雅溪坑水库、毛弄水库	0.50	100
玉岩镇	0.05	0.12	直坑源水库	0.20	35
大东坝镇	0.03	0.08	石仓源、小港源	0.15	30
竹源乡	0.015	0.02	竹溪源潘坑水库	0.05	6
四都乡	0.02	0.03	下包拦水堰坝	0.05	10
三都乡	0.02	0.03	里庄水库	0.05	12
新处乡	0.02	0.03	十二都源西源水库	0.05	12
谢村乡	0.02	0.03	谢村源水库	0.05	10
枫坪乡	0.04	0.08	枫坪水库	0.10	25
板桥乡	0.03	0.07	余庄源水库	0.10	22
裕溪乡	0.02	0.04	拟建上家堂水库	0.05	15
安民乡	0.01	0.04	安民溪拦水堰坝	0.05	12

松阳县城乡环境卫生专项规划

2005年，松阳县编制完成《松阳县城乡环境卫生专项规划》。规划近期2005～2010年，远期2011～2020年。规划范围为松阳县所辖行政区域，面积1406平方千米。规划建成科学合理的垃圾清运处理体系，配备先进的工程设施和技术装备，实现环卫事业现代化；废弃物收集、运输、处理及综合利用达到文明、科学的水平，实现减量化、无害化和资源化。

2010年和2020年松阳县城乡生活垃圾、粪便产生量预测表

表6-1-6-3

期限 / 城乡 / 数量 / 项别	2010年				2020年			
	中心城区	镇区（含集镇）	农村	合计	中心城区	镇区（含集镇）	农村	合计
垃圾产生量（吨/日）	124.50	45.57	44.40	214.47	240.00	64.58	18.27	322.85
垃圾清运量（吨/日）	112.05	55.14		167.19	211.20	71.69		282.89
粪便产生量（吨/日）	135.00	61.70	153.93	350.63	232.65	78.93	54.80	366.38

说明：按人均产生量方法测得近、远期生活垃圾、粪便产生量

粪便、垃圾的处理规划　粪便处理，在县城，完善城市污水管网，粪便垃圾通过污水处理厂处理后排放。在乡镇，近期，粪便作农用或输入沼气池，有条件的乡镇可建造化粪池；远期，古市镇建污水处理厂。

生活垃圾处理，近期以卫生填埋为主要处理方法，结合垃圾焚烧；远期实现材料回收、堆肥、焚烧和卫生填埋等综合处理。

垃圾填埋场布局，县城内建卫生填埋场2个、垃圾焚烧厂14个。

其他垃圾的处理规划　饭店餐厨垃圾由环卫部门统一处理后作饲料或肥料出售。医疗卫生垃圾由卫生行政管理部门指定的专业人员，用密闭车辆收集送丽水市统一处理。建筑垃圾采用分类收集和分类处理。工业垃圾分为可回收工业垃圾、不可回收工业垃圾和有毒有害工业垃圾3类；普通工业垃圾采取材料回收和卫生填埋相结合的方式处理；有毒有害工业垃圾在清运前进行厂区内部无害化处理，县环保局负监督管理责任。

环境卫生设施规划　县城现有公厕11座，规划近期公厕47座，远期80座；乡镇公厕近期为25座，远期再增4座。在城区的主次干道两侧和公共场地定点设置分类收集废物箱，逐步设置到支路和小区；乡镇近期设置18个垃圾收集站，收集后送至各自片区的垃圾处理场。垃圾转运站（中转站）只在县城和古市镇内设置。

县城和古市设环卫处，镇区设环卫所。工作场所按标准规划场地。县城环卫清扫面积2010年为100.8公顷，2020年为157.5公顷。日清运垃圾2010年后为106.89吨，2020年后为200.75吨。规划按标准配备道路清扫车、垃圾压缩车、道路洒水车、高压冲洗车、吸粪车、推土机、压实机、

挖掘机、装载机和有关化验分析仪器及监测设备等。

环卫专业队伍发展规划 2010 年，西屏镇环卫职工定员 180 人，其中生产工人 137 人，管理、技术人员和其他人员 43 人。2020 年分别是 310 人、236 人和 74 人。其他乡镇环卫工人数按人口的 2‰左右配置，各村以 500 人标准设置 2 名保洁人员，负责辖区垃圾收集与保洁。

松阳县燃气专项规划

2010 年 3 月，县建设局委托浙江省城乡规划设计研究院，编制完成《松阳县燃气专项规划》，规划期限为 2009～2020 年。

气源规划 将来实施燃气管道化供应，只能供应中心城区（西屏镇）、古市镇、象溪镇及周边乡镇，山区乡镇仍只能使用液化石油气。规划推荐松阳县近期过渡气源采用 LNG 供应站的方式，同时使用液化石油气。

2015 年和 2020 年松阳县域各乡镇气源及供气方式规划情况表

表 6-1-6-4

城镇名称	近期（2015 年）	远期（2020 年）
中心城区（西屏镇）	瓶装液化石油气+LNG（液化天然气）	瓶装液化石油气+长输管线天然气
古市镇	瓶装液化石油气	瓶装液化石油气+长输管线天然气
象溪镇	瓶装液化石油气	瓶装液化石油气+LNG
玉岩镇、大东坝镇等其余地区	瓶装液化石油气	瓶装液化石油气

说明：远期松古盆地其他乡镇（望松乡、斋坛乡、叶村乡、樟溪乡、赤寿乡、新兴乡）可由中心城区或古市镇管道供应天然气

天然气输配系统规划 天然气供应，远期规划，松阳应拟定采用高压输气管线与液化天然气供气相并举，以利储气调峰。松阳设城市天然气接收门站 1 座，用于接收长输管线设在松阳阀室的天然气；为方便管理，同址建设应急气源 LNG。

门站规划选择在王村工业园区西北角，站区红线范围内面积约 2.2 公顷。燃气输配系统压力级制采用中压一级，门站后各级管道设计压力确定为：中压 A 级管线设计压力为 0.4MPa；低压管线设计压力为 5KPa。

LNG 站建设总规模为 600 立方米，总储气规模为 36 万立方米。

液化石油气供应规划 松阳已建有 3 座液化石油气储配站，设计规模为 600 立方米，实际规模为 300 立方米。根据需要适时扩建而不必新增液化石油气储配站。瓶装供应站（点），城区控制在 5000～10000 户为宜，各乡镇一般在政府驻地和中心村设供应站（点）。

管道燃气工程投资匡算和资金筹措 松阳县天然气静态总投资估算约需 16580 万元。资金来源暂按自筹资金和银行贷款两个渠道。自筹资金占 35%，银行贷款占 65%。

松阳县住房建设规划

《松阳县住房建设规划（2008～2012 年）》，经县人民政府文件批复实施。规划在 2008～2012 年 5 年内，松阳县城建设各类住房 13350 套，总面积 120.7 万平方米。其中，商品住房 13000 套，建筑面积 118.75 平方米；城市低收入家庭保障性用房 350 套，建筑面积 1.95 万平方米。保障性用房中经济适用房 250 套，建筑面积 1.5 万平方米，廉租住房 100 套，建筑面积 0.45 万平方米。

古市筏铺下山移民新村建设规划

根据松阳县下山移民工作目标，2005 年 9 月，编制《松阳县下山移民筏铺安置点建设规划》。安置点位于古市筏铺村。重点安置对象为谢村、新处两乡的下山移民。规划新村用地总面积 66793.16 平方米，可安排 336 户，其中住宅 197 户，沿街商住楼 139 间，居住人口 1000 人左右，人均居住建筑用地 32.5 平方米。

新村规划采用联建式住宅，朝向为南偏东；户型分大、中、小三类，占地面积分别为 95 平方米、85 平方米、75 平方米。建筑占地面积为 23338.84 平方米，总建筑面积 89732.61 平方米，绿地面积 15164.92 平方米。

历史文化保护规划

石仓历史文化保护区保护规划　2000 年 2 月，石仓古民居被浙江省人民政府公布为第二批省级历史文化保护区。2005 年，编制完成《松阳县石仓历史文化保护区保护规划》。规划期限为 2004～2020 年。规划总目标是通过对历史建筑、历史地段和山水自然环境的保护，展现石仓传统文化精粹，实现现代化村镇建设与历史文化环境的融合。

保护重点为石仓古民居群与自然山水的整体格局；重点历史建筑物，包括古民居和宗教民俗建筑，区内古驿道、古遗址和古水系、古树木等；传统生产生活方式、器具、传统手工艺作坊、建筑艺术和建筑技术工艺、民间习俗、传统产物和传统饮食文化等传统风貌。保护区范围：石仓历史文化保护区主要指分布于后宅、下宅街、山边、上茶排和下茶排 5 个村的清代古民居群，总面积约为 105 公顷。

界首省级历史文化村镇保护规划　界首村位于松阳县西北端，该村历史悠久，文物古迹集中，遗存丰富，保存较好。2006 年，被浙江省人民政府公布为第三批省级历史文化街区村镇。是年，编制完成《松阳界首省级历史文化村镇保护规划》。规划期限为 2007～2020 年。规划目标是实现对文物古迹和历史建筑物的保护，维护界首村的整体风貌特色与格局，保护和延续界首村的文化特色，改善居住环境，实现村镇发展与历史文化环境的融合。规划范围包括重点保护区和传统风貌协调区，总面积为 25.3 公顷。

风景区规划

独山风景区规划　规划期限 2008～2013 年。规划将景区划分为独山山林景观区、历史文化娱乐区、田园风光区、生态湖休闲区、宗教文化区以及滨江观光带等功能区。景区总面积为 40 公顷，分生态休闲用地和文化娱乐用地两大块。其中，生态休闲用地面积为 33.5 公顷，包括独山山林景观区、宗教文化区、生态湖休闲区和田园风光区。文化娱乐用地面积为 6.5 公顷，位于独山两侧，由文体

中心、文化广场和文化公园三大部分组成。景区中各项用地：建筑占地 1.6 公顷，水体面积 2.6 公顷，道路面积 1.8 公顷，广场面积 1.2 公顷，绿化面积 32.2 公顷，停车场 0.6 公顷。绿化率为 80.6%。

云岩山公园景区规划 规划地块位于县城北面，古青公路以北，工业园区以南，万寿小区以西，总用地面积 59.57 公顷。规划近期为 2009～2012 年，远期为 2013～2018 年。景区定位为以自然山水为依托、以植物花卉景观为特色、融山水景观和人文景观为一体的生态型市级综合性公园。规划 5 个功能区，即主题公园区、特色商业区、文化休闲区、植物观赏区和生态游览区。主要工程有建筑物 3 万平方米、公路 1.36 公顷、水系 1.4 公顷、绿化 24.55 公顷，廊桥 12 座、景观亭 10 个、停车场 3500 平方米等。

龙湖公园景区规划 景区位于松阳县城东面，总面积为 17.69 公顷。规划主体结构为“一带”“五轴”“七区”。一带：沿规划道路商业带，彰显地理区域优势。五轴：景观大道轴，沿景区主道，看景观变化；都市立体空间景观轴，将住区、景区和城市空间在立体空间上结合在一起；住区入口景观轴 2 条；休闲娱乐轴。七区：西侧山峰景区、蛤蟆垄水库景区、高档排屋区、综合会所区、高层区、多层区、还建区（为当地拆迁户统一还建住房，不作为商业出售）。

在规划用地中，居住区用地 11.94 公顷，公园规划用地为 5.75 公顷。总建筑面积为 14.33 万平方米（不包括地下部分）。

松阳卯山森林公园总体规划 卯山森林公园位于古市镇北部，由湖溪林场的卯山、七都、八都、万寿山 4 个林区组成，总面积为 904.8 公顷。规划年限为 2001～2010 年。公园性质为以良好的自然生态环境和独特的自然景观、人文景观为特色，以避暑、度假、休闲、会议为主体，集观光游泳、健身娱乐、科研教育、民族文化于一体的生态型森林公园。规划把公园划分为森林旅游区、管理服务中心、生产经营区三大功能区。森林旅游区下设卯山、万寿山、七都 3 个景区和八都生态保护区。

（此部分内容与第四编“生态县建设”第二章“生态产业”第二节“生态林业”之目“森林城市规划”互为补充）

第二章 县城建设

2010年始，松阳县城乡建设围绕“打造西屏镇、古市镇城乡一体化发展核心区，打造松古平原城乡一体化发展先行区”的“两区”战略，推进新建项目、续建项目、改造工程建设。至2010年，生态项目建设已完成垃圾收集系统及环卫综合基地项目、松古平原供水工程、工业经济集中区管道燃气项目建设。随着建设城市绿化美化精品工程和松古平原乡村供水管网建设的推进，城区居民居住环境大为改善。

第一节 道 路

城区道路

松阳县治，初设旌义乡之旧市（今古市），后因屡遭水患，唐贞元年间（785～805），郡刺史张增经请于朝廷，恩准移县治于古紫荆村（即今之西屏）。

旧城古市街道，已难详底里，而今沿称旧时街名的几条主要街道，诸如城头街、城头等，都是古城之遗踪。

县城西屏镇，自设县至今，已越千百余年，历经沧海桑田，框架格局仍无大殊。自北而南有条主要商业街道，靠北的一段称北大街，后称北直街；始自太平坊，直达南门的称南大街，后称为南直街；居中的一段，长千米左右，街面宽3～4米。其路面，除太平坊至桶盖亭一段为条石横向砌成，余为街心条石直向衔接，两侧以卵石或近似卵形的块石铺砌，虽无图纹，却规制有序、美观。

旧时城区，自东而西的街道，有横街、官塘路、猪行路等，皆属商业街道，两旁店铺林立。东阁街、下马街、杨柳街、大坛路等路面皆为石板卵石砌成。

1982年松阳恢复县置后，县中心城区面积随之向四方扩延，城区主干道建设发展迅速。 至2010年，城区主要道路有环城西路、新华路、新华北路、人民大街、要津路、长虹路、长松路、太平坊路、紫荆街等。

图6-1 人民大街南段（叶祖青 摄于1998年）

人民大街 南北向。北段，北接紫荆街，南至人民大街72号，长480.4米，宽9米。改建于1968～1969年，水泥路面。南段，长230米，宽3～4米，路基路线循旧，仅改卵石路面为水泥路面。

府前街　东西向，西起县政府机关大门前，东与新华路相交，出太平坊路。长168米，宽28米，中为绿色隔离带，20世纪80年代中期即全线水泥砼化。

新华路　南北向，北起于长虹路，南至南门新大桥，长1672.5米，宽21.0米，1986年全线完成水泥砼化。

太平坊路　东西向，东接长虹路环形安全岛（俗称大转盘）西侧，西至新华路。全长1036.5米，人民大街以东宽28米，以西宽18.5米，20世纪90年代中后期全程竣工。

紫荆街　东西向，西接环城西路，东接长虹路。长779.2米，宽24米，20世纪90年代初筑就。

环城西路　南北向，北起长虹路，南抵独山新大桥，长1779.8米，宽25米，20世纪90年代初开始水泥砼化。

长松路　东西向，西起环城西路，东至长虹路，长1676.8米，宽40米，1999年动土，2002年竣工。

新华北路　南北向，南与新华路接，北与龙丽公路过境路段相衔，长1258.8米，宽36米，中为绿色隔离带。2003年竣工。

环城南路　由西南而东北走向，西南起于高速公路松阳收费站，东北向止于松州大桥，长2500米，宽40米。全线通车于2008年12月。

图6-2　环城南路（叶光铭 摄于2008年）

要津路　南北向，北起太平坊路，南抵松州大桥，长843.9米，宽32米。于2009年全线贯通。

长虹路　东西向，西起环城西路口，东至原青蒙造纸厂，长4830.8米，宽40米。系原龙丽公路过城段改建扩建而成，早期沙石路，20世纪80年代陆续砼化。从人民法院新建审判厅东大门始，至原造纸厂与新龙丽路相交处，系2009年扩建更新的路段，按现代化城市公路设计改造而成。街灯及道路绿化按城市型设计。

南直街　南北向，北起市墈头，与人民大街相接，穿过长松路，直达白龙堰渠道止。全长830米，该街道路基、线路循旧，仅路面浇筑成水泥砼路。

育英路　东西向，西与长虹路环形安全岛东侧相衔，东过松阳一中大门，至与过境公路接轨，长1134.5米。东西段宽窄不一。

白露岭路　长1450米，宽16米。东西向，东与环城西路接轨，西与大马公路相交，并由此进入高速公路。

县城过境道路

龙（游）丽（水）公路松阳段　东西向，龙丽公路旧称龙南线，自龙游县城，达莲都区碧湖南山。20世纪50年代中期，延伸到丽水县城汽车站，始称龙丽路，或称龙丽线；1990年，编称50省道。2001年，重新编序为S222。

龙丽公路松阳段，源起于境内界首村头松遂交界处，至境内裕溪乡王田圩南1千米处出境，境内全长57.47千米。

龙丽公路松遂段，始筑于民国22年（1933）12月，民国23年8月告竣，9月始通单车。龙丽公路松（阳）碧（碧湖南山）段，始筑于民国24年12月，民国25年10月竣工。至民国28年9月，单车道可通车。延至民国29年5月，才拓为双车道，至年末，龙南线全线贯通。其时，路面为沙石质地，桥为木石构筑。日军南侵浙西南时期，直至中华人民共和国成立时，因长期失养，公路路基破损不堪，路面坎坷不平。

中华人民共和国成立后，县政府组织修复龙南线松阳段。自此之始，政府屡年拨款，投资修建危桥、急弯改直、狭道拓宽。20世纪80年代以后，有过数次大改大修，拓宽路面，改泥结碎石为水泥、沥青路面等。

20世纪90年代，龙丽线境内段从青蒙至赤寿乡三里亭，全面更新路况，改直路线，路面增建中间绿化隔离带。全长20.7千米，按二级公路标准加宽，改建路基18米，路面宽7.5米×2，混泥土路基厚22厘米。

龙丽高速公路松阳段　龙丽高速公路松阳段，东西向，过遂昌境入松阳界始，至莲都区与松阳相枕处止，全长50.5千米，有隧道5条，即青蒙隧道、章坑岭隧道、夹坑隧道、东田隧道、靖居口隧道，共长6000余米，阔10～12米，中有桥梁7座、栈桥2处。

该高速公路，原拟建一级公路。2003年经批准改建高速公路。2003年3月开工，历3年零9个月，于2007年1月1日全线贯通，与全省高速接轨，交通畅便。

松武公路松阳段　松武公路，曾称上松线，南北向。始自龙丽线89.7千米处的松阳汽车站东北侧，北至武义县上茭道离境，与330国道相衔。松阳境内长26.7千米。初建时的路面为泥结沙石层面。路面宽3～5米。

古时，松阳到武义、金华，原为卵石古道，史称寨头古道，须翻越海拔800多米的寨头岭，古道路面概为泥土、卵石混合筑成，山道上下均顺山势，盘山迂曲，岭峻坡陡弯多，甚是险峻。

20世纪80年代改为盘山公路，路顺山势，坡道多坡度大，弯道亦众，路面为泥沙结石。1996年，投资千万元，实行改线，历3年，始凿通寨头岭隧道。隧道全长2343米，行车道宽9米，两侧人行道各为0.75米，隧道净高5米。全线路基层面拓宽为7米。21世纪初，松武线松阳段，路基加宽加厚，路面全线水泥砼化。

第二节　排水防洪

排水

老城区排水　20世纪80年代前，建成区面积0.68平方千米，县城原有纵横河道流经城东、城北、城南街区，可容城区街道雨污排水；且城区街道有排水小阴沟，居民生活用水极少，是故即使遇大雨，城区街道少有积水。民国35年（1946）8月，县市政工程处组织疏通下水道364米，其中明沟200米、暗沟164米，明沟加盖560米。

中华人民共和国成立至20世纪80年代初，排水设施不善。1956年，疏通申亭至白龙堰街道阴沟1650米。70年代，结合修建道路，共疏通街道排污沟24条、巷弄暗沟6条，总长4102米。但大部分污水仍自流排放或靠地面渗透。排水排污问题未能解决。1982年，松阳恢复县置之后，在老城区先后修建30余条下水道，为雨污合流制。

雨污合流制的前期建成区　1982～2000年，因财政、技术等因素，县城拓宽改造的街道和拆迁安置小区排水尚采用雨污合流制。时建设的区域有新华路、太平坊路、环城西路、紫荆街、长虹路、育英路、及白云小区、惠民小区、醴泉小区、凌霄小区、永晖小区、荷塘垄小区、古安亭新村、紫荆新村等街道小区。面积约3.31平方千米。

雨污分流的建成区　2000年始，松阳县城建设基本上按城市规范的要求设计，排污设施与建筑同步进行。建设的街区有长松路、新华北路、要津路和改建后的长虹路中、东段及近十年安置的江滨小区、古湖小区、新华小区等，都采用雨污分流，排污设施基本齐全。区域面积（包括工业园区）3.41平方千米。

2005年，县政府编制《松阳县城污水处理工程专项规划》，对老城区排污管网进行改造，健全下水道管网，实施雨污分流；在工业园区不锈钢生产区域建废水集中处理站；建设松阳县污水处理厂。但遇暴雨等极端天气，县城排水不畅。

附：污水处理厂

2002年12月，松阳县建设局向县发改局提交要求建县城污水处理厂项目建议书的报告。2003年，因龙丽高速公路在县城内建设走向与原污水处理厂的选址产生冲突，故未能及时立项。

2005年初，高速公路走向确定，县建设局组织技术人员对污水处理厂建设地址进行重新论证。工程于2005年5月正式启动。12月，通过项目环评会审和可行性研究报告会审。2006年3月，初审批复。7月，完成土地征用工作。8月，正式进场开工。

松阳县污水处理厂工程属省政府“811”工程，列入省市重点工程。项目选址在县城东南方，龙丽高速公路与长虹路交接点南侧，西屏镇白沙村东面，松阴溪北岸。用地面积4.37公顷，其中污水处理厂3.516公顷。项目设计规模一期1万立方米/日，中期2万立方米/日，远期4万立方米/日。服务范围为县城建成区内的城市污水和工业废水的处理。

项目历经13个月的实施，完成集水池、污水处理主池、提升泵房、生化池、二沉池、综合楼及设备安装等主体工程建设。2007年9月14日，成功通过单机和联动调试，运行情况符合设计要求。10月9日，开始试运行处理污水，监控系统与省局联网。2008年5月，通过环保验收。

2010年，污水处理厂日平均处理污水0.5万吨，其中生活污水4560吨，占91.2%；工业废水440吨，占8.8%。日产生污泥1.76吨（含水率约80%）。排出水质达到《城镇污水处理厂污染物排放标准》（GB18918—2002）一级B标准。污泥由环卫所运往垃圾填埋场填埋处理。

整个污水处理厂一期工程投资5953万元。

防洪

西屏、古市为境内主要城镇，松阴溪自西北向东南沿两镇穿过。两镇地势三面高，中间低，为松阴溪水患之重点。清康熙二十年（1681），力溪村右侧大堤（防洪堤）多处被洪水冲圮。当年集资修复。道光十五年（1835），知县汤景和为首劝捐，在城南济川门外筑护城堤防数百丈。光绪初，赤岸村沿溪一带筑造堤防数百丈，堤外栽柳树，旨在护堤。民国元年（1912）和1955年，分别发生百年一遇和50年一遇洪水，洪峰流量分别为5200立方米每秒和4250立方米每秒，给两镇人民带来严重的洪害。中华人民共和国成立后，松阳陆续建成中小水库38座，利于灌溉、发电，益于防汛抗洪。

1976年始的治理松阴溪，是县内规模最大、历时最长、全民参与的河道综合治理工程。从资口至踏步头为松阴溪中游河段，贯穿整个松古盆地，全长34.1千米。治溪工程分期进行：第1期，从遂昌资口到水南的踏步头，将34.1千米的旧河弯道取直为26.9千米；第2期工程向下延伸至王田圩河段。通过治理提高安全防洪系数，保障沿溪两岸2个镇6个乡10多万人民生命财产的安全，提高7300余万公顷农田的抗旱防洪能力。截弯取直后，溪滩还田，可增加耕地1600多公顷。两岸砌筑防洪堤59.84千米，疏通河道29.92千米，整修堰坝10条，修筑控制闸20处、涵洞60处，工程量1057万立方米，投工770多万工，造价1178多万元。主体工程防洪堤设计标准为10年一遇，防汛堤平均高6米，顶宽6米，边坡1∶0.5至1∶0.8，堤体干砌块石，临水、背水护坡沟为块石干砌，堤体内充填卵石和一定比例的砾石。是集抗洪防旱、开垦农田、发展交通于一体的大型水利工程。

图6-3　竹篓卵石筑坝引水工程（罗仕武 摄于1980年）

1977年9月15日，全县（今松阳、遂昌）各地的开岩工、泥工等3300多人组成的专业队伍，和松阳、古市2个区的5000名民工，在黄圩至石门圩5.3千米试点河段开始施工。当年秋收冬种后，松、古两区各社队每天有1.5万人上工地。1989年，沿溪乡镇群众集资投劳，在各自村前河段兴修、加固堤防。至1992年末，累计投工5.7万工，共投资近10万元。加固防洪堤1.5千米，累计完成土石方8.3万立方米。治理松阴溪工程，为松阳历史上规模最大的防洪治河工程。

至2010年，已修建县城松阴溪南北两岸大堤标准防洪堤长8.65千米。松阴溪古市镇河段自观口堰至上方，新造堤防0.66千米，疏浚河道4.7千米。

（此目与本章第四节“城市河道”之目“河道整治”部分内容互为补充）

第三节 供 水

松阳县城的生活用水经历漫长的饮用井水、溪水时期和快速发展自来水阶段。

饮用井水、溪水

县城居民生活用水向赖井水和河水，历史上以凿井汲水为主，临溪或傍水道的住户，直接取河水、溪水。其他生活用水，大多从过城小河道中取水，权作补充。松阳历史上的船家或渔民，船到哪，饮用到哪。

清光绪《松阳县志》载，县城有井19口。民国《松阳县志》录名井25口。大井路中有上、下2口水井，俗称上大井、下大井，井圈外径1.40米，清光绪三年修；1981年，街道浇筑混凝土路面时，被截成半月形。1993年，太平坊路改造中，上大井被填埋。

图6-4 官塘井（县建设局提供 摄于2009年）

民国《松阳县志》载，县城名水井有月霭井（又名叶巷井），在城东，泉深而甘，大旱不竭，为邑中第一泉，太平坊路拓宽工程中被毁；官塘井，在官塘路，泉甘而清，为第二泉；陈巷井，在济川社巷内，泉深芳洁，为第三泉。名水井还有瑞阳井，在瑞阳门侧，大旱不竭；上官井，在节孝祠后（无存）；狮口井（四口井），在学署后门，左右二井；永安井，在城北毛祠上；铜锣井，在旧明善书院后，汲水有锣声故名；朱山井，在朱山下，大旱不竭，可灌田十余亩（无存）；大井，在大井路，上下两井（上井在太平坊路拓宽工程中被毁）；状元井，在大井头弄内（无存）；四方井，一在五福社巷内（无存），一在万寿宫下；兰雪井，在城南鹦鹉冢旁，泉白如雪，其嗅如兰；万寿井（又名明伦井），在宫墙右，耐性桥街西；杨柳井，在县北杨柳街；金钟井，在城东古学宫前（无存）；光华井，在光华门内，程氏宗祠前；甘露井，在甘露堂前（无存）；净水井，在净梵寺（无存）。居民生活用水靠手提肩挑。暑热天气，常出现夜半井边排队争水的现象。

民国19年（1930）县政府《年刊》载：“查松邑食水悉取诸井，一般市民对于井之清洁尚知注意，每井经过一二年后，必将井水汲干，将井底垢秽除去，另用清水冲洗，一面洒少许石灰消秽毒，曰换井。”

民国28年（1939）6月，国民政府调查水源，消毒井水，指导民众用水滤桶，安装井水公约牌10块，对水井周围地面加铺水泥，以防污水入井。

20世纪70年代中后期开始，城乡部分居民开始使用手摇压井。用水量较多的工厂、机关、学校和单位，自建水塔并安装电动深井水泵，铺设短途水管安装水笼头，解决本单位的生活用水。

1982年，复置松阳县后，对县城水井情况进行普查，县城有水井337口，月霭井、官塘井、狮口井（四口井）水质最佳，89口已变色，74口化验结果不符合国家饮用水标准，大部分有致病物质，严重影响居民的身体健康。另一生活水源松阴溪水也受到严重污染。

图6-5　摇泵，俗称压井（县水利局提供）

饮用自来水

1982年5月，松阳县政府组建自来水厂筹备领导小组。8月，正式开始筹划，水厂设计规模为日供水2500吨，选定水源为竹溪源水库，取水口为离县城6千米的寺口。采用口径为400毫米管道。水泵房建在松阴溪北岸南门大堤内溪滩地上。

1983年8月，在西屏山上打井、建水塔，水塔容积400立方米。安装水管1039.1米，临时配水管约600米，建成日供水800吨的临时水井，在县城中心太平坊路口和仁寿坊路口设临时供水点。10月，建成供水。1984年元旦，竹溪源口引水2500吨工程以及临时泵房建成通水，当年春节，县城主要单位和居民区都用上自来水，县城多数居家的生活用水靠手提肩挑的困境成为历史。

吴家山脚水厂　位于县城西吴家山脚，松阳中药厂北面，占地面积5000平方米，水源为竹溪源水库。1985年，投资88万元，按标准化要求，当年建成吴家山脚供水车间，包括400吨清水池一座，300吨和100吨的高位水池各1座，Φ250的输水管道5391米，城镇供水管网4379米，正式形成2500吨/日供水规模。

随着县城经济发展，人口增加，自来水供不应求。1989年9月，万吨水厂扩建工程正式启动，东坞水库成为新水源。第一期工程包括2500吨清水池1座，Φ400的输水管道6.81千米，配水干管1.4千米，并对城镇部分配水管的管径进行扩大调整，扩展配水管网，城镇管网总长17.12千米。1990年1月建成并投入使用，形成8500吨/日供水规模，是原供水规模的3.4倍。城区居民生活用水和除松阳造纸厂外的城区工业企业的生产用水都能得到供应。出厂水质达到国家规定的饮用水水质标准。

白露岭水厂　1994年，县政府根据《松阳县城总体规划》，决定在城西白露岭北侧山地上新建水厂，作为松阳万吨水厂扩建二期工程。1995年5月开工，1997年7月投入试运行。1998年经验收合格后正式投产，日供水1万吨/日。水源为东坞水库；服务松阳县城4.2万人。

图6-6　和平山水厂（县建设局提供　摄于2008年）

白露岭水厂取水方式为重力流取水。其净水工艺流程为：源水—水力循环澄清池—虹吸滤池—清水池—送水泵房—供水管网。

和平山水厂　随着松阳县城建成区的不断扩大，工业园区开发加快，教育领域的集聚发展，供水需求急剧增加，县城白露岭水厂1万吨/日的供水规模已不能满足用水需要，且无扩建发展用地。为改善松阳县城供水环境，新建松阳供水工程迫在眉睫。

松阳县供水工程是省、市、县重点建设工程，属2003年、2004年、2005年国债项目。核准项目概算总投资7553万元。

新建松阳县供水工程按照此次规划，分期建设原则组织实施，一期工程供水规模为4万吨/日。主要建设内容包括引水工程、输水管道（DN800）6.5千米、净水厂、供配水管网和辅助设施等工程。供水范围为松阳县城，含工业园区、旅游区、邻近周边乡村，配水管网总长19千米，水质合格率大于98%。水源取自东坞水库。东坞水库平均年来水量1700万立方米。为保证枯水期有足够水源，从竹源乡可重旺村上游约200米处筑拦水坝，经2.26千米引水隧洞（洞径1.5米）引竹源溪水汇入东坞水库，可增加年来水量1690万立方米。

净水厂坐落于城西和平山，总共用山地面积6.57公顷，厂区实际用地2.3公顷（其中包括预留另一组4万吨/日供水用地）。本期厂区总建筑面积为6756.9平方米。

净水厂工艺采用管式静态混合器+折板反应池+平流式沉淀池+四阀滤池，并预留深度处理净水厂用地。

整个供水工程于2003年12月开工，2005年12月竣工，2006年3月投产试运行，各项指标均符合工程设计要求。2008年7月，正式交付使用。

古市水厂　始建于1984年5月，水源为十三都源水系，设计规模为1500吨/日，属于直供水，是古市镇和周边新兴、赤寿、樟溪3乡的唯一供水单位。水厂坐落于古市镇筏铺村。

由于十三都源水源不足，不能维持正常供水。1986年，在十二都源（谢村源）的新兴乡上源口村村头取水建造水厂，设计供水能力为4000吨/日。供水设施为抽水泵房1座，渗水渠道40米，大口井（深6米）1口，过滤池（240吨/时无阀滤池）1座，500吨清水池1座。泵房总面积1100平方米，其中一级泵房500平方米，高位水池600平方米。取水点海拔150米。

水质处理工艺流程是：原水通过渗水渠道—深水水井—加漂白粉至水井—水泵抽到过滤池—自流至清水池—主输水管—市政管网。

松古盆地一体化供水工程

松古盆地是松阳县的核心区域，居住着全县2/3人口，供水普及率低，2个镇6个乡中有近5万村民的饮用水仍是溪水、井水或接引的山泉。生态环境受损，水污染日益严重，农村饮水难问题日益突出。

2007年，松古盆地一体化供水工程完成工程立项、地质勘探、施工图设计等前期工作，被列入省、市、县重点建设工程。

工程建设总规模日供水为9万吨，分江南和江北2条供水线。工程内容主要为管道安装。一期先行实施江南线，以县城和平山水厂为起点，经塔寺下村跨松阴溪至叶村沿江南公路北上铺设DN700球墨铸铁管至樟溪乡东市村，长约10.5千米，在东市村建加压泵站1座（1.35万吨/日）和1000立方米高位水池2座。泵站前为重力自流供水，泵站后铺设DN600球墨铸铁管进入古市城区，长约

4.6 千米。沿线每个供水点预设三通接水口。在斋坛至望松间安装江南线与江北古青线的跨松阴溪连接管道，全长约 3.2 千米。

供水工程以东坞水库为主水源，庄门源水库、六都源水库为备用和补充水源。2008 年 12 月，为提高供水安全性和水质，县政府决定利用东坞水库放空加固的时机，实施东坞水库分层取水工程，纳入松古盆地供水工程内容之中。

松古盆地供水一体化一期工程于 2008 年 8 月正式开工建设，2009 年末总体工程基本结束。2010 年 1 月 18 日，在樟溪东市泵站举行松古盆地供水工程试通水仪式，提前 6 个月向规划区域居民和工厂提供优质自来水。

北线工程（二期）2009 年完成前期工作，2010 年 1 月开工，规划 2011 年末竣工交付使用。届时，可向西屏、古市、叶村、斋坛、樟溪、新兴、赤寿、望松 8 个乡镇 130 个行政村、4 处下山脱贫点、2 个工业孵化基地全年正常供水，受益人口 9 万，从根本上解决松古盆地城乡民众饮用水的供给难题。

第四节　城市河道

古代城市河流

1982 年松阳恢复县置前，松阳县城有 5 条小河道呈“四纵一横”状穿过城中，为城区群众提供生活用水之便，兼消防之备，也为沿渠数座城内的水碓提供动力。

“四纵”为城门头坑、马头坑、钟楼坑、古湖坑，均由北向南，穿越城区后，或汇入白龙堰，或直接注入松阴溪。

图 6-7　白龙堰进水口（叶光铭 摄于 2009 年）

城西有城门（凤臻门）头坑和马头坑 2 条沟渠（俗称坑）。城门（凤臻门）头坑北引朴子堰水，经白塔亭（现为新华北路西首工业园区），沿新华北路西首，过长虹西路（原望松岭脚凤臻门边），过醴泉小区、玉峰小区，又过紫荆路，至凌霄小区到公园路西路口（即西屏山麓），折向东南，经县实验幼儿园至下大坛建设银行上首，与上大坛水碓坑汇合，经永丰桥（建设银行门口偏东 40 米处太平坊路）下，过官塘门水碓坑（供电大楼边），南下与白龙堰渠水交汇。马头坑北引梓溪堰水，经松树墩东首（新华北路与过境公路相交处），过新华北路以东工业园区，穿过新华小区、长虹中路，经毛祠、农机厂大门向东，注入杨柳街坑，斜出周祠后，经水碓坑，南下上大坛水碓坑，与白龙堰渠水相汇。

城区东部有钟楼坑（又名瑞阳坑）和古湖坑 2 条沟渠。钟楼坑北引四都源水，从竹客口下分水处至铁炉头水碓坑，尔后，一路朝东南方向至破樟树山西边，再到观音阁亭（松阳大厦西首对面）；另一路朝西南方向至老车站（县交警队）对面，沿钟楼路南下，折东至观音阁与钟楼坑水汇合，流经前第二小学西（松阳大厦南首门口）再南下，沿詹祠路、要津路、古湖小区汇入白龙堰。古湖坑北接四都源西岗坌（乌叉坑）之水，经邵山山麓、西坌、后泽源至双坑口。另一路则从项桥下乌阳坑之水顺流而下，过双坑口村西，与前坑水汇合，至松阳一中西北首，与铺门南下、经占村的小坑汇合，再沿松阳一中西首，绕经一中大门内，过锦江饭店北侧，穿入杉溪桥进入古湖小区，出松阴溪。

横向水系为城南白龙堰。从航船头白龙堰渠口进水，经县水文站、丽水市中等专业学校、江滨公园，穿过新华路，沿溪滩路折天后宫前，越要津路，进入古湖小区南面，以十字涵形式从古湖坑下，东出项弄、白沙，最后注入松阴溪。

河道整治

防洪工程　松阴溪及小港为松阳县主要河道。古时，河道由县主要行政官员负责掌管，皆未设专门管理机构，其堤防修建、维护经费均由县财政支出，或征调民工义务兴修。民国时期，政府设建设科，河道一般归建设科管理。

宋元祐七年（1092），松阳县曾对松阴溪河道的浅滩、险滩进行整治，以利泄洪，并改善航运条件。此后，历代地方官员也曾几度征调民工义务疏浚松阴溪部分河段。民国初年，松阴溪航道多礁石，常有触船伤人事故。象溪人高良仁多次出资雇工凿去松阳至丽水段的礁石。民国8年（1919），国民政府赠“急公好义”匾额。1977～1984年的松阴溪治理工程，疏浚河道长24.3千米，清理沙丘400余万立方米。此乃松阴溪河道有史以来最大的清障工程。1990年，县水行政主管部门依法查处在河道内滩地违章建房、违章开辟桑园案件。2001年，在开展“河畅、水清”专项执法中，清理河道内阻水障碍物5.2万立方米。2003年，县政府发出《关于加强河道管理，加快河道整治建设的意见》，为确保防洪安全，加强临河、涉河建设项目管理。5～6月，组织水利部门集中开展县境内河道专项执法行动，突击检查21次，出动检查人员168人次，清理河道内障碍5处，清除河道内堆碴23.15万立方米。2004年，根据浙江省万里清水河道工程要求，开展河道整治工作，疏浚河道3千米，投资2660万元。颁布《松阳县河道采砂管理暂行办法》，完成《松阳县河道采砂规划》编制工作。

内河疏浚　1990年12月，茅溪坑下游河道治理工程竣工。2003年8月，古湖坑河道拐弯处至出口段改造工程动工，于年末完工，共疏浚河道6.49千米，建防洪堤5.58千米。2004年12月，县整治白龙堰协调会召开，讨论并提出疏浚、改造同时进行的整治方案。

城防工程　民国3年（1914），古市城头、下街筑造保安堤数百丈。民国37年，水南村边被洪水侵蚀，县长祝更生发起修筑防洪堤数百丈。

1949年始，人民政府重视兴建水利、疏浚河道及防洪工作。1952～1956年，省、地先后6次拨款，累计1.66万元，拨大米1万千克，资助松阳修建、加固堤防。1976年，开始治理松阴溪、疏通河道，清除水利工程隐患。两年间，共建防洪堤43.86千米，对西屏、古市的防洪起到重要作用。从1999年开始，将城防体系建设作为实施城市化战略的一项重大举措。2003年，兴建防洪堤2.6千米，疏浚河道1.5千米，建水力自动翻板坝1座，形成47万立方米的人工“生态湖”，结合古樟树保护，建成5000平方米的“在河舟”岛、3万多平方米的“生态滩”，完成投资1600万元。工程于2004年5月竣工，项目质量等级优良。城防工程的建设使57.3公顷的溪滩地得到利用，直接经济效益1.43亿元。

（此子目与第二节“排水防洪”之目“防洪”部分内容互为补充）

第五节　旧城区改造

旧时，县城拆迁鲜有记载。

老城镇的改造离不开旧房的拆迁与安置，且与拆迁当事人权益息息相关。1982年6月，松阳县基建局向县政府呈递《关于要求预拨新建大街的房屋、土地征用费的报告》，后经县政府研究同意由县财税局预拨房屋拆迁、土地征用费10万元。

1983年10月，因新建新华路之需，拆迁户安置于吴家山脚，该地原无交通道路，从中药厂门口至自来水厂新建房屋后，至新建民房区域需开辟一条路，需征用西屏镇三大队第十二生产队农田0.07公顷，作为新建道路之用。1984年8月，因开辟新大街被安排在白露岭建立新村的15户拆迁住民，由于白露岭地势高用水困难，经与拆迁户协商采取民办公助的办法，由政府援助615元购置水管，安装及挖管道费用由拆迁户承担。1985年，完成0.44千米长的太平坊路拓宽任务，拆迁民房54户，计面积4000余平方米。1986年，完成房屋拆迁23户，占地1743.07平方米，建筑面积2422.54平方米。征地涉及25户，面积3222.93平方米，开拓松阳县综合市场第一期拆迁工程，征用面积5050平方米。

1987年7月，制定《县城旧屋拆建管理办法》。12月，县政府设立拆迁安置办公室，为拆迁户提供房屋拆迁安置的管理服务，实施拆迁安置、补偿、安置政策兑现和纠纷的协调处理工作。城镇房屋拆迁实行年度计划审批备案制度。县政府根据经济社会发展的实际情况，依据城镇总体规划、近期建设规划和控制性详细规划，编制拆迁年度计划，报省人民政府建设（房地产）行政主管部门会同发展改革（计划）部门审批。每次拆迁前，就拆迁计划、拆迁方案和拆迁补偿安置资金落实情况召开听证会，听取拆迁当事人意见，并将有关事项予以公布。

2003年9月，县政府办公室公布《松阳县2003年房屋拆迁货币补偿基准价及附属物等补偿标准》共13项。10月，县政府公布《松阳县2003年旧城拆迁改造若干政策规定》。分别就安置房建设、房屋容积率、农民迁建安置规定、产权调换、水电通讯设施的处理、货币补偿、空地菜地的补贴、对因城市建设造成2次以上（含2次）拆迁人的补偿办法、拆迁奖励、付款方法等共16个问题作出具体规定。

2005年12月，制订《松阳县城市规划区集体所有土地上农民房屋拆迁补偿标准》。2008年3月，《松阳县人民政府关于印发县城工业园区四期及上松线道路拓宽改造集体土地房屋征迁安置实施办法的通知》分5章22条，对建筑物补偿单价从之前的13个等级细化到34个级别。

2003年和2005年松阳县城市规划区集体所有土地上农民房屋拆迁补偿标准一览表

表 6-2-5-1

分项内容/等级		结构	楼地面	墙面装饰	门窗	设备	按建筑面积（元/平方米）	
							2003年	2005年
砖混	特	框架结构、砼柱基、一砖墙围护和填充、有隔热层、砼楼地面、装饰吊顶	客厅、卧室、块料水磨石或硬木拼花地面、部分水泥地面；厨房间、卫生间马赛克地面	外墙面砖马赛克、内墙混合砂浆、石灰面涂料；卫生间、厨房瓷砖墙裙、墙面局部喷涂	外墙钢门或部分铝合金门窗、内墙标准带纱木门窗、户门防盗门、全部油漆	水电、卫生设施齐全（有蹲坑、浴缸、瓷面洗脸盆的淋浴）	326	400
砖混	一	砼基础、局部框架、砼楼地面、一砖墙承重或局部填充、有隔热层	同特混	同特混	内外均标准带纱木门窗、局部钢窗或铝合金、有防盗门、全部油漆	同特混	284	347
砖混	二	砼或部分浆砌块石基础、砼楼地面、内外一砖墙承重、有隔热层	普通水泥地面、局部贴块料、卫生间马赛克	外墙马赛克、干粘石、内墙混合砂浆、石灰涂料、卫生间瓷砖墙裙	标准带纱木门窗、局部钢窗、有防盗门	同特混	261	319
砖混	三	浆砌或部分干砌块石基础、一砖墙承重、部分多孔板楼地面、有隔热层或瓦标准屋面	普通水泥地面	外墙混合砂浆、内墙普通石灰粉刷、厨房水泥地墙裙	标准木门窗、部分带纱	水电独立、有淋浴龙头	237	291
砖木	一	块石基础、一砖墙或上等木柱承重、木屋架、一砖或杉木板壁间隔、杉檩、小青瓦屋面	上等木楼栅、企口楼板、普通吊天棚、底层木地板或水泥地	外墙干粉面、混合砂浆、内墙普通石灰面涂料、厨房水泥地墙裙	标准带纱木门窗	水电卫生设施齐全	189	225
砖木	二	块石基础、杉木柱屋架承重、外墙一砖空斗、内杉木板壁、杉檩、椽、瓦屋面	杉木楼栅、楼板杉松板混合用、普通水泥地	内外墙局部装饰、墙普通石灰砂浆粉刷、厨房水泥地墙裙	标准木门窗、部分带纱	水电设施齐全	170	201
砖木	三	块石基础、杉木柱屋架（部分松杂木）、空斗、一砖墙、杉松檩、椽、瓦屋面	同砖木二	外墙无涂料、内墙普通石灰粉刷	一般木门窗	水电独立	155	190

续表 6-2-5-1

内容 \ 分项 等级		结构	楼地面	墙面装饰	门窗	设备	按建筑面积（元/平方米）	
							2003 年	2005 年
泥木	一	块石基础、泥墙、杉木柱屋架、杉板壁、杉檩、椽、瓦屋面、复杂牛腿	杉木楼栅、楼板、杉板、普通水泥地	外墙混合砂浆、内墙普通石灰粉刷、厨房水泥地、墙裙	较好木门窗	水电独立	153	182
	二	块石墙基、泥墙、杉木柱屋架、杉松或半砖隔墙、杉板檩、椽、瓦屋面、普通牛腿	杉木楼栅、楼板、杉松板混用、普通水泥地	外墙混合砂浆、内墙普通石灰粉刷、面积达70%以上	一般木门窗	水电独立	137	167
	三	块石墙基、内外泥墙承重、杉板檩、椽、瓦屋面、泥墙	不规格杉木楼栅、楼板、普通水泥地面、部分泥地面	外墙粉刷、内墙普通石灰粉刷40%～70%	较差木门窗	水电到户	120	152
	四	块石墙基、内外泥墙、不规格杉板檩、椽、瓦屋面	无楼栅、楼板、泥地面	内外墙无粉刷	很差木门窗	—	92	127
简易	一	简易竹木绑扎屋架、横条、石棉瓦油毡屋面、有基础、泥地面、部分泥墙或部分什砖	—	—	—	—	66	75
	二	简单竹木绑扎屋架、石棉瓦、油毡屋面、无基础、简陋	—	—	—	—	33	40

说明：1. 以上各类房屋等级之间，可根据结构、楼地面、墙面装饰、门窗、设备等的不同适当上下浮动 3%以内

2. 房屋净值（元/平方米）=房屋重置完全价×房屋成新折旧率

2008年松阳县城区房屋拆迁重置价格一览表

表 6-2-5-2

房屋类别	等级	主要条件	重置价格（元/平方米）	
			营业、住宅、办公用房	工业厂房
钢筋混泥土框架结构	一	钢筋混泥土框架结构，一砖实砌护墙，现浇砼楼板，带防水层砼屋面，外墙面较高级面砖或涂料，铝合金或塑钢门窗，水、电、卫齐全	778	622
	二	钢筋混泥土框架结构，一砖护墙，现浇砼楼板，带防水层砼屋面，外墙粉刷，普通涂料，铝合金或塑钢门窗，水、电、卫齐全	765	610
	三	钢筋混泥土框架结构，一砖或局部半砖护墙，现浇砼或预制多孔板楼板，外墙粉刷较好，钢木门窗带油漆，水、电、卫齐全	743	594
砖混结构	一	砖混或半框架结构，一砖实砌墙体，砼楼板，带防水层砼屋面，外墙面较高级面砖或涂料，铝合金或塑钢门窗，水、电、卫齐全	707	567
	二	砖混结构，一砖承重及围护，砼楼板、屋面，外墙粉刷较好，铝合金或塑钢门窗或带油漆钢门窗，水、电、卫齐全	685	540
	三	砖混结构，砖墙围护，砼楼板，小青瓦屋面，外墙普通粉刷，钢木门窗，有水、电、卫设施	653	508
砖木结构	一	上等材料屋架，木柱或一砖墙承重及围护，小青瓦屋面，企口木楼板，水泥地面，内外墙粉刷较好，标准门窗，水、电、卫齐全	472	381
	二	较好材料屋架，木柱或空斗砖墙承重及围护，小青瓦屋面，隔墙空斗或半砖分隔，企口木楼板，水泥地面，普通内外墙粉，标准木门窗带油漆，有水、电、卫设施	451	365
	三	正规木屋架，木柱或空斗墙及半砖承重，小青瓦屋面，较差木楼板，内外墙粉刷较差，木门、窗较差，水、电齐全	438	340
泥木结构	一	上等木梁柱承重，泥墙围护，木板壁或砖分隔，企口木楼板，普通内外粉刷，一般木门、窗，有水、电、水泥地面	370	324
	二	较好木梁柱承重，泥墙围护，木板壁或1/4砖分隔，小青瓦屋面，一般木楼板、木门、窗，有水、电、水泥地面	355	310
	三	较差木梁柱承重，泥墙围护，较差木板壁分隔，小青瓦屋面，旧式木门、窗，有水、电、水泥地面	330	295
简易结构	一	较好坡层（棚屋）杂乱砖或泥墙承重，小青瓦屋面，较差门窗，有水、电	185	150
	二	较差坡屋（棚屋）杂乱砖或其他杂乱建材围护，石棉瓦屋面或玻璃钢瓦屋面毛竹木横条，水泥地面，较差杂乱门窗	155	130

说明：1.以上重置价已含室内楼地面水泥砂浆面层和内外墙普通粉刷

2.工业厂房房屋沿口高度超过6米，其每超高10厘米，补偿增加8元/平方米

1988～2010年松阳县城镇拆迁建筑面积情况表

表 6-2-5-3　　　　单位：平方米

年份	拆迁范围地段	面积
1988	紫荆街	14271.80
1990	府前街与新华路交叉口（建行）	1906.44
1992	古市镇松州路下段	约 48000
1994	太平坊路至西屏镇中心小学路段	33994.45
1997	上松线	1273.15
1999	长松路、防洪一期	185334.82
2000	要津路、玉岩溪边路、古市综合市场、筏铺、防洪二期、环城西路绿化	73531.00
2001	新华北路、实验小学、官塘路、中医院、工商大厦、新华路南端、防洪南岸	32797.00
2002	零星拆迁	2745.96
2003	府前街、吴家山、长虹东路	16782.00
2005	实验小学门口	189.05
2006	古市松州路上段	7448.07
2007	长虹路污水处理一期、剑峰水泥厂	8447.69
2008	江滨一期、官塘路低洼处、白露岭、工业园区四期	15814.19
2009	县文化中心、科技局	2510.86
2010	实验小学毓秀校区运动场扩建、长虹路拓宽等	2984.02
合计	—	约 448030.50

第三章 村镇建设

民国19年（1930），实行乡镇制。县城4里改设东、南、西、北4个镇，设古市镇。民国23年，县城4个镇合为城镇，古市、玉岩、靖居、竹溪4个区分设古市镇、玉岩镇、南州镇及竹溪镇。民国29年，县城西屏镇曾分设南镇和北镇。南镇办公驻地借十字路旁民宅，北镇则设在耶稣堂北侧弄叶家宅。嗣后，建制屡有变更，行政区划的名称及对象有更易。

1984年，松阳县实行镇管村体制。除西屏镇和古市镇外，1985年5月增建玉岩镇，1992年6月，设大东坝镇和象溪镇。县城西屏镇的建设详见本编第二章“县城建设”。

松阳县在农村建设中探索能够代表新农村要求的新模式。实行“宅基地换养老”，以解决农村老人住房难问题；大东坝镇上寮山村采取住房改造新模式，兴建农民公寓。建设古市筏铺下山脱贫安置小区、四都乡西坌小区。把农村住房改造工作与“农村困难群众住房救助”工程相结合。规范简化农民建房的报批手续和办事流程，联合相关部门到各村推行一站式服务、一次性办结的“联合一站式”审批服务。

2006年，松阳县西屏镇北山村开展旧村改造试点工作。松阳县旧村改造办公室、督查室成立。到2010年12月，全县旧村改造146个村，拆除11442户，面积90.5万平方米。（详见“专记”中《松阳县旧村改造》）

第一节 集镇建设

古市镇

古市，古称旧市，原属旌义乡。古市位于县西北部松古盆地之腹，距县城11.5千米。2010年，全镇地域面积47平方千米。千年古道穿镇而过，水陆交通便捷。唐贞元元年（785）前，古市为松阳县治，乃一县政治经济之中心。

古镇区街道呈“A”字形，城头街、下街等是古镇的文化象征。

2007年，全镇实现工农业总产值4.33亿元，农民人均收入4106元，实现财政税收677万元。2010年，全镇有耕地1822公顷，辖30个行政村、5个居委会，2.1万人。

1996年，古市镇被定为省小城镇综合改革试点镇。小城镇综合改革试点方案实施以后，从观口堰至上方村段，新筑堤防0.66千米，疏浚河道4.7千米。

20世纪30年代，古市镇的交通运输业主要仰仗水运，运输工具多为木帆船，人货兼载。也有串竹或削木为筏，专运或搭载他物。其时，水上运输发达，船来筏往，一片繁忙景象。与古市镇水弄头相对峙的筏铺村埠头，每夜泊船甚众，商贾上岸留宿客栈，船工就船安身。20世纪40年代后期，公路运输逐渐取代水运。至80年代，水运事业由清淡而告歇。龙丽公路擦境而过，高速公路在古市设有进出口道。

图6-8　古市下街（叶祖青 摄于1983年）

中华人民共和国成立前，古市老街道短而窄，路面皆以卵石、石板、泥石铺砌，近似巷道。仅有横街、前街、下街、城头街，街道两侧店铺栉比。至今尚存数间古老的店铺。1982年以后，尤其是被定为省小城镇综合改革试点以后，通过规划改造的古镇道路有横街、横街西路、松州路、城隍路、广场路、江滨路、万寿路、古新路、望江路、中学路、新铺路，新筑的街道有前街、后街、城头街等，两侧皆是四五层楼房，水泥砼路面。

20世纪70年代初，古市双曲拱钢混大桥建成，松阴溪两岸间凭木桥木渡来往终成历史。改革开放以后，古市镇辖区松阴溪上陆续建成7座桥梁。

2000年后，千年古镇抓住“兴产业，聚人口”的发展战略，加速基础设施建设，公共设施渐臻完善。筏铺下乡脱贫小区等新居民住宅区逐一建成，投入使用。其房屋结构新颖、气派，供排水设施齐全。古市镇区居民的饮水与松阳城区统一，水源充沛，水质优良。

1949年松阳解放前，古市镇的集镇管理不受重视，环境卫生、市容市貌无人管理。中华人民共和国成立后，逢节假日，学校、机关单位发动群众打扫。20世纪60年代初，古市镇的保洁工作划归公社（镇政府）管委会负责管理。1978年，古市镇环境卫生管理所成立，县财政每年补助经费1500元。

1983年4月，古市镇环卫所成立。1999年12月始，实行环卫体制改革。至2000年9月，建立政府投入与社会参与相结合的多元化投资体系和管干分离、市场运作的环卫作业模式，以实现环卫管理法制化、企业化、市场化。是年，环卫市容管理所复名古市镇环卫所，具体执掌市容及环卫管理。

（与第一编“政区”第四章“乡镇”第二节“古市镇”互为补充）

玉岩镇

玉岩镇俗称白岩。民国23年（1934），设立为镇。民国29年撤。1949年中华人民共和国成立后，曾设过区乡、公社等。1985年，复建镇。1992年，撤销交塘乡，并入玉岩镇，改为建制镇。辖32个行政村、1个居民区。

玉岩镇位于县西南部边境，距县城61千米。镇域面积134平方千米，辖区内有耕地556.67公顷，林地11629公顷，林木蓄量丰富，其中毛竹林就有814.9公顷，竹的产业居全县第3位。镇域内地势，中部低，四周高；有海拔千米以上山峰29座，属深山区。黄（黄坛口）—玉（岩）（交塘）和港（口）玉（岩）公路过镇人民政府驻地。政府驻地原有的坎坷卵石和碎石路，均改为水泥砼路，有的已加宽，交通便捷。主要街道、里弄有10条，将居民聚居点切割成不规则的块状结构，属旧式农村集镇型；逢农历每旬一、五为集市日，为辖境内四周农民提供商贸机会和场地，丰富经济生活。全镇有新旧桥梁8座，有石拱桥、钢混桥，也有经改造加宽加固的。民间交通尚称便捷。

（与第一编“政区”第四章“乡镇”第四节“玉岩镇”互为补充）

大东坝镇

大东坝镇前身为县直属公社，名石仓公社。1983 年，石仓公社分设蛤湖乡、大东坝乡、石仓乡。1992 年，实行撤区扩镇并乡，三乡合并为大东坝镇。

大东坝镇位于松阳县南部，辖区面积 206 平方千米。2010 年，在册人口 16678 人；有耕地 749.7 公顷、山林 17655.80 公顷。为松阳面积最大的乡镇，镇政府驻大东坝村。

源于枫坪乡龙虎坳、至港口汇入松阴溪的最大支流小港溪，横贯大东坝境内。小港溪源于大山深处，于高山峡谷中穿行，源头深，流程长，大小支流多，放运竹木称便，开发小水电的潜力大。镇辖区内，有海拔千米以上的山峰 50 多座，林木蓄积量丰饶。

港（口）玉（岩）公路、龙（泉）松（阳）公路过境段，原为泥结碎石路，已改筑成水泥砼路面，又截弯取直，交通顺畅；建成区内的村一、二老路及横一、二、三、四路，原为坎坷的泥巴块、碎石、石路，已悉为水泥砼路面，交通条件有较大改善。

1992 年建镇以后，随着二三产业的发展，集镇人口集聚，工农业生产用水及居民的生活用水，由原来的向水井、大溪取水，改为自来水厂供水。

镇辖区内的公共建筑面积新增 2000 多平方米，新扩建的居民住宅多为钢混结构楼房。石仓古民居群保护良好。

（与第一编“政区”第四章“乡镇”第五节“大东坝镇”互为补充）

象溪镇

象溪镇位于县城东南隅，镇人民政府驻地象溪二村，距县城 21 千米。为畲汉两族混居区。象溪镇辖区面积为 124 平方千米，建成区面积为 0.42 平方千米。全镇辖 35 个行政村，人口 14928 人。全镇有耕地 604.13 公顷，山林面积 9069.6 公顷。辖区内盛产竹木，尤以油茶素负盛名。

镇所在地象溪圩，是农副产品内销外运的集散地。每逢农历五、十为集市日，方便当地居民交流物资。

1992 年，原靖居乡和雅溪乡合并，置象溪建制镇。象溪镇对外交通一向比较方便，龙丽公路、靖（居口）外（桥）公路过境段纵横于境内。此两路原为泥结碎石路，置建制镇以后，改为水泥砼路面。象溪镇所在地设有高速公路进出口。2008 年始建的象溪二村至原岭下村等多条土路，均已浇成水泥砼路，可通中巴车。居民往还便捷，机动车悉能进村。

象溪镇所在地原为半荒芜的溪滩地，后建成三五层高的临街民宅；镇政府办公大楼建筑面积 450 平方米，高 3 层。交警中队、高速交警队办公楼、派出所办公楼、财税大楼等共 18290 平方米的多层建筑物相继拔地而起。镇农贸市场宽敞，为集市交易提供足够的场地。镇所在地的供排水设施已构成网络。

1989 年 4 月，象溪镇象溪大桥建成，松阴溪象溪段的南北交通更为便捷。2010 年，松阴溪象溪镇段陆续建成 5 座永久性桥梁。

（与第一编“政区”第四章“乡镇”第三节“象溪镇”互为补充）

第二节　乡村建设

村容村貌整治

2003 年，中共浙江省委省人民政府作出“千村示范万村整治”工作部署，松阳农村建设围绕环境的脏、乱、差整治重点，开展以畜禽粪便污染整治、生活污水整治、垃圾固废整治、化肥农药污染整治、河沟疏浚整治和提高农村绿化水平为主要内容的“五整治一提高”活动。

2005 年，全县启动 3 个示范村和 27 个县级整治村建设，完成省级示范村内孟村和市级示范村赤寿乡界首村、古市镇筏铺村的创建，27 个整治村全部通过县级验收。其中，内孟村、横溪村、坳后村被市委市政府命名为“新农村示范村”。年末，全县累计创建整治村 43 个，其中省级示范村 1 个（新兴乡内孟村）、市级示范村 2 个（赤寿乡界首村、古市镇筏铺村）。2006 年，以“三沿”村庄为重点，实施“农村环境五整治一提高工程”。投入资金 5040 万元，建成市级示范村 1 个，基本完成建设任务的整治村 27 个。累计启动整治村 112 个、示范村 12 个，完成建设任务的整治村 68 个、示范村 6 个。新建设 10 个乡镇垃圾中转站（处置设施），全县垃圾集中收集率按行政村口径统计为 52.4%。

2007 年，投资 3418 多万元，完成省级环境整治村 23 个，市级“新农村示范村” 2 个（象溪镇一村和新兴乡大石村），省级“全面小康建设示范村”1 个（赤寿乡界首村）。全县累计创建省级环境整治村 127 个、市级“新农村示范村”8 个、省级“全面小康建设示范村”2 个。推进农村垃圾集中收集处理，新建乡镇垃圾焚烧炉（中转站）9 个，垃圾箱 1029 个；241 个村配备垃圾箱，全县垃圾集中收集率按行政村口径统计为 60.1%。2008 年，实施新一轮“千村示范万村整治”工程，大幅度提高资金补助标准，投入资金 1889 万元，完成 40 个整治村和 12 个污水治理提升村治理项目，通过省、市验收。2009 年，以道路硬化、垃圾处理、污水治理、卫生改厕、村庄绿化为主要内容，投入资金 1979.5 万元，完成 40 个整治村、12 个生活污水治理提升村建设，并通过省、市验收，全县累计创建省级整治村 175 个。同时结合旧村改造，在 18 个旧村改造村实施村庄整治，促进新村的道路、供水、排污、绿化等公用设施建设。

至 2010 年末，全县已累计完成整治村 215 个，其中省级示范村 2 个、市级示范村 8 个。

新农村建设

2006 年 8 月，松阳县制定《关于扎实推进社会主义新农村建设的若干意见》，按照“生产发展、生活宽裕、乡风文明、村容整洁、管理民主”的要求，全面推进新农村建设。截至 2010 年末，全县实现农业总产值 13.96 亿元，农民人均纯收入 6064 元。2009 年、2010 年连续两年被评为省级社会主义新农村建设优秀单位。

形成主导产业　以茶产业为主导的特色农业已成为农民增收的重要途径，“松阳银猴”系全国百强农产品区域公用品牌，品牌价值提升到 10.49 亿元，位居全省前列。“浙江生态绿茶第一县”“中

国绿茶集散地”的品牌效应显现。2010 年，浙南茶叶市场交易额 17.8 亿元，保持浙江首位。发展特色养殖鹊山鸡 20.6 万羽，年向市场供应优质鸡蛋近 1100 吨。累计发展香榧基地 1333.33 公顷，油茶基地 0.09 公顷。农家乐休闲旅游业发展，累计发展农家乐经营户（点）65 个，其中星级农家乐经营户（点）52 个。全县农民人均纯收入由 2005 年的 3154 元增加到 2010 年的 6064 元，年均增长 11.3%，城乡收入比由 3.7∶1 缩小到 3.2∶1。

改善人居环境　至 2010 年 12 月，累计改造 146 个村，拆除破旧房 11442 户面积 90.5 万平方米，批建新房 6341 户面积 62.2 万平方米，22647 名农民告别破旧房，农村人居环境改善。旧村改造成为全国、全省新农村建设典型，“农村宅基地换养老”创新做法获第五届中国地方政府创新奖。全县 401 个行政村实现村村通等级公路，基本建成“全县 1 小时、松古平原 20 分钟”交通圈；实施松古平原供水一体化工程和农民饮用水工程，解决 12.4 万农民饮用水问题；累计完成村庄整治 215 个村，污水治理提升村 24 个，农村垃圾集中收集处理率 85.8%。

提高乡风文明　实施城乡居民社会养老保险制度，符合条件的 60 周岁以上老人均按月领到 60 元的基础养老金；新农村医保人均筹资标准提高到每人 185 元，参保率 95%，低保标准 150%以内的农村低收入家庭全部纳入医疗救助保障范围。加大农村教育投入，农村义务教育阶段学生住宿费免除率、农村家庭经济困难学生就读中等职业学校和涉农专业学费免除率 100%。连续 3 年举办“农民文化节”活动，创建小康体育村 40 个，城乡文体事业蓬勃发展。在 56 个村实施“春泥计划”活动，推进公民思想道德建设和群众性文明创建活动，文明村建成率 15%。

图 6-9　乡村舞龙大赛（县农办提供 摄于 2007 年）

提升民主管理水平　建立健全农村集体“三资”（即资金、资产、资源）管理制度，实现农村“三资”保值增值。村务公开和民主管理规范化建设达标率 96.9%。落实村党支部书记和村委会主任的基本报酬。创新推进基层社会服务和管理，结合“网格化管理、组团式服务”，完善民情地图服务载体，形成《村情民情图》《产业发展图》《组织体系图》《重点人员图》《结对帮扶图》《防灾避险图》6 张“民情地图”。

附：内孟小康村

1998 年，松阳县开展小康示范创建活动。2000 年，出台《关于农村奔小康工作的实施意见》，制定小康乡镇、小康村创建规划。2005 年，全县 20 个乡镇有 9 个基本实现小康乡镇，401 个行政村有 242 个基本实现总体小康。2006 年 2 月，通过市级小康县验收。

内孟村位于新兴乡西北部，由内孟、叶庄店、溪房 3 个自然村组成。2010 年，全村 152 户，508 人；耕地 18.73 公顷，山地 312 公顷。

内孟村依托名优茶之乡的区域优势，在发展绿色经济的同时，加强村庄建设规划，实施“千村示范、万村整治”工程，开展生态示范建设，相继投资 280 万元，完成诸多工程：实施旧房改造 4000

平方米，统一粉刷全村土坯外墙；浇筑通村公路，改造4条村内主干道；修建820米长的防洪堤，在河道上修建翻板坝，形成水面2万平方米的人工湖；构筑湖心岛并铺上草坪，安装健身器材；组建秧歌队、舞龙队；购置电视机、音响设备，设置图书室、棋牌室，丰富村民业余文化生活；建立体育活动中心，建有篮球场，购置乒乓球桌，为群众体育活动提供条件；实施生活污水沼气净化处理，推广使用沼气、太阳能、生物质气化炉等节能减排设备，促进生态环境的绿化、净化和美化。2006年，被评为省级文明示范村。

第四章 房地产开发

20世纪80年代后，松阳县房地产业日益兴旺。松阳县把土地开发、房屋的建设管理作为重要工作，1984年7月，提出商品房归县房管所经营管理。1985年11月，松阳县房地产开发公司成立，隶属县城乡建设局。组织开展房地产评估、商品房销售、房地产宏观调控等工作的检查，促进房地产业持续稳定发展，为市民改善居住条件，提高生活质量。

第一节 县城住房

传统民居结构

松阳老城区住房的独特风格是泥墙瓦屋，门窗窄小，外形封闭，讲究质朴耐用。建筑结构继承江南民居传统的以“间”为单位，由三、五、七、九奇数组成的三合院或四合院。夯土为墙，稳重固实，屋顶两坡青瓦，美观大方，马头墙错落有致，一般坐北朝南，天井晨沐朝阳，夜观星斗。较好的民居讲究装饰，木雕、砖雕、石刻、壁画精美，尤以柱梁上的牛腿雀替和门窗上木构雕刻，技巧精细，题材丰富，寓意吉祥。人民大街102号的蔡家宅院，占地360平方米，一进五开间两厢，门厅天井宽敞，石板铺设。明间抬梁式，次、梢间穿斗式，方砖墁地。砖砌门楼贴影壁拱，两端马头墙覆以青瓦，犄角相应。整座建筑屋檐高敞，柱梁椽交界处用斗拱等加以美化，檐瓦配置勾头、滴水，有时代建筑特征。十字路34号的徐家洋楼，建于民国，是中西合璧建筑。该楼占地面积500平方米，坐北朝南，由庭院、宅楼和东西花园组成。南向门墙正中置砖雕圆窗，中部镶嵌“福”字，左右开对称正门。宅楼面阔五间二层，硬山顶，水门汀地墁。楼房装饰高雅，方形檐柱成拱卷形檐廊，门窗和檐廊的顶部装饰西式浮雕，厅堂地面中间彩绘双凤戏牡丹图案，中西合璧，十分雅观。县城有名的古民居还有徐家古民宅、丁家古民居、潘家古民居、吴家古民居、金家古宅、叶家古宅等，室内多有雕梁画栋，装饰典雅，木雕、砖雕技艺精湛，多以梅、兰、竹、菊、松、虫草、花鸟、狮、凤、鹿、蝠、鹤、猴和人物故事等吉祥图案为题材，祈祐主人福禄寿喜，吉祥如意。

图6-10 县城荷田岭下潘氏古民居（叶坚红 摄于2006年）

县城民居多以直通三间加厨房的一层房舍和三间两客轩两层的泥墙木屋为主，屋宇鳞次栉比，巷道阡陌。

人均居住面积

1949 年，松阳城区各类房屋总建筑面积为 36.4 万平方米，其中住宅面积 21.35 万平方米，人均居住面积 12.61 平方米，房屋以一至二层旧式泥木结构为主，多为清代和民国时期的建筑。

1982 年，西屏镇居住用地 42.07 公顷，人均居住用地 24.75 平方米，其中非农业户口居民人均居住用地面积只有 13.5 平方米，人均居住建筑面积仅有 7.66 平方米。

改革开放后，特别是恢复县建置后，加快县城住房建设。1991 年，西屏镇居住用地 77.33 公顷，是 1982 年的 1.84 倍，住房建筑面积 68.72 万平方米，是 1949 年的 3.22 倍，住房建筑面积中单位自营房 10.89 万平方米，占 15.8%；私房 56.77 万平方米，占 82.6%；公房 1.06 万平方米，占 1.6%。人均住房面积为 13.67 平方米，是 1982 年的 1.78 倍。

图 6-11　居民自建房（叶光铭 摄于 2009 年）

2008 年初，松阳县房管处对县城居民住房情况进行调查，数据显示：2007 年末，县城西屏镇常住人口为 5.1 万，住房总面积为 219.3 万平方米，人均住房建筑面积 43 平方米，是 1991 年的 3.15 倍。此次调查采用抽样调查和现场走访的方式，对县城 6 个社区具有常住户籍及非常住户籍的 500 户 1639 人居民家庭的住房状况进行详细调查走访。被调查的 500 户住房建筑面积为 8.28 万平方米，户均 165.7 平方米，人均 50.52 平方米。调查数据还显示，县城的房屋原有私房占 33.4%；集体土地上新建住宅占 22.2%；商品住房占 12.8%；已购公房占 11.4%；公有住房占 4.2%；其他占 16%。县城房屋以多层建筑为主，占 71.2%；平房占 20.4%；独立式住房占 8.4%；宾馆、酒家除外无 8 层及 8 层以上的住宅。县城大部分住户的房屋都自有产权，占 84.4%；有 5.8%是家庭租用，0.8%是合伙租住，6.6%是借住，2.4%住集体宿舍。

第二节　县城住房建设

民国时期，松阳县城住房可分两类：一是北直街、人民大街、南直街、横街等主要街道两侧的商住房，或是前店面后住房，或是下层店面上层居住。二是居住用房，多为泥木结构、木板楼，一楼住人，二楼作仓库和堆放杂物。

1958 年 11 月至 1982 年 1 月，松阳县并入遂昌县，西屏镇除机关、工厂和学校有些建设外，城镇居民和农户建设甚少。

1982 年复置松阳县后，县城住房建设同其他各项建设一样发展迅速，但每个时期有不同的建设方式。

公有住房建设

1982～1987 年新建的新华路，北接龙南公路，南抵松阴溪，长 1672.5 米，大街东西两侧为县属单位的建设用地。所建房屋多是临街为4～5层的办公楼，后为3～4层的干部职工宿舍楼。至2010年，驻设新华路的单位（包括部分以后调整迁入和新建的），从南至北有农业局、中国人民银行、供电局、环保局、交通局、旅游局、卫生局、教育局、总工会、劳动人事局、电信局、邮政局、建设银行、体委、文化广播新闻出版局、审计局、国有资产投资有限公司、工商联、残疾人联合会、电视台、工商银行、农业银行、水利局、经贸局、发改局、团委、妇联、供销社、烟草局、计生局、人寿保险公司等30多个单位。单位宿舍在住房制度改革中作了处理，出售给职工。

1992年前，除拆迁安置户外，私人建房极少。因为全民职工的生活用房全由单位分配租赁。国家对党政机关、部队、教育、卫生、厂矿等单位建设用地，基本实行政府无偿划拨，用地单位免缴土地出让金、土地补偿费和安置补偿费，只需依法缴纳土地管理费、耕地开垦费、附着物补偿费、青苗补偿费和土地登记发证费等，用地成本较低。

私有住房建设

1992年，国家提出土地使用制度改革，规定除对国家投资的非经营性用地继续采用划拨方式供地外，对其他新增建设用地采用有偿有限的管理制度，出现国有土地使用权出让和转让，国有土地作为商品进入市场。1992年7月，县人民政府出台《松阳县国有土地使用权出让和转让实施细则》。8月，举办首次出让国有土地使用权公开拍卖工作，开启单位或个人购买国有土地建房的先河。1993年10月，县政府有计划地征用集体土地，开发转化为国有土地，再转让给建房人。20世纪80年代末至21世纪初新建的紫荆街、太平坊路、育英路、长松路、要津路和新华北路，总长6200余米的街道两旁，多出让给私人建商住房。由城建部门统一规划设计楼高层次和立面，建房者购得国有土地使用权后，室内结构可自主设计再雇工施建。楼层为5～6层，一层二层为营业场所（松阳县城人少店面多，多数仅用一层），余为居住用房。

私人建商住房的同时，县城开发出21个居民小区，除教师新村外，多是私人向政府购地自建独幢或连体小楼房，多数有小园地。在古湖小区有每户用地300～400平方米的别墅区。

2010年松阳县西屏镇各社区住宅小区情况表

表6-4-2-1　　单位：户、人

社区名	其中住宅小区	户数	人口数
城东社区	慧明小区、瑞阳小区、金山小区、青云小区、金山垄小区	998	2243
城南社区	古湖小区、江滨小区	1385	3775
城西社区	教师新村、凌霄小区、永晖小区	2660	5467
城北社区	醴泉小区、玉峰小区、新华小区、白云小区、古老院小区、大马塔小区、望松岭小区、金田小区	1990	5009
城中社区	长运小区	1497	4379
古城社区	玉泉小区、进士小区	2026	4759
合计	21	10556	25632

2002年9月18日，松阳县创办国土资源交易市场，当天拍卖原南菜场总面积1225平方米，净用地980平方米，用途为商住楼，使用年限50年，起拍价为258万元，有8家房地产开发公司竞拍，结果天元房地产开发公司以421万元成交，每平方米地价为4295.92元。县城住房开发土地使用权整体拍卖，由房地产公司竞买土地使用权，建成商住楼和商品住宅后进入市场，县城住房供应全面进入商品化。至2010年，主要商品住宅有官塘路商住楼、松阳商厦、青蒙花苑、万寿家园、广达·阳光城、天元·现代广场、御景园、江南豪园、创宇·时代中心商住楼、府前街商住楼、白云小区商住楼、新华路天元商住楼、要津路商住楼、长松路商住楼、长虹路商住楼、金松商住楼、茶叶市场生活区天元公寓、桃花源商住楼等。

图6-12　万寿家园小区（钟土军 摄于2009年）

第三节　住房制度改革

20世纪50年代至80年代末，境域内干部职工的生活用房由单位无偿配给。90年代后，国家实行住房制度改革，全民职工住房以单位配给向购买商品房过渡，对原有成套公房实施出售，以筹集住房建设基金，加速实现住房商品化。

1993年7月，松阳县成立住房制度改革领导小组。8月，县人民政府推出《松阳县公有住房出售实施细则》《松阳县公有住房提租补贴实施细则》。11月，出台《松阳县住房公积金实施细则》《松阳县住房基金筹集、使用、管理实施细则》，以及由县住房制度改革领导小组制定的《关于重新确定县城住房制度改革区域范围的通知》和《松阳县公有住房出售实施细则补充规定》等配套文件。先后举办3期共300余人参加的房改培训班，为各部门单位培养房改骨干。年末，共审批88个产权单位的申请报告，有132幢1793套住房，建筑面积7170.67平方米，实施公有住房出售，产权归属私人所有。

附：《松阳县公有住房出售实施细则》

一、公有住房出售范围

包括直管公房和单位自管公房（除本条规定不宜出售的情况外），均可向干部、职工、居民出售。在房改起步阶段，主要是出售有卧室、客厅、独立厨房和卫生间的成套公房，对基本成套、可统一改装的公房也可以出售。

县教育部门所属的中小学和职业学校校园内的住房，如单独的可以出售，凡与教学楼、实验楼等单位建筑相连的，一律不能出售。今后购房户要出售住房只限于卖给原产权单位，城市改造或学校发展可采取调房办法解决。

二、公有住房出售对象

在房改范围内有常住户口的干部、职工、居民家庭，以及属于正常的工作调动离开原单位的现住户，经所在单位和公有房屋产权单位同意，或经县住房制度改革领导小组批准的特殊对象，均可按住房面积控制标准购买公有住房。

离退休干部已领取修建私房补贴的，军队转业干部已领取住房补助费的不得购买优惠价公有住房；在房改范围内干部、职工、居民家庭有私房，其私房建筑面积已达到国务院规定标准或人均超过1 5平方米（含15平方米），不得购买标准价、综合价公有住房。私房建筑面积未达到规定标准的，可以购买公有住房，其私房建筑面积和公有住房建筑面积相加，超过标准部分按市场价计价；新建公有住房和腾空旧公有住房应优先出售给无房户、住房困难户和危房户。

三、公有住房出售价格

分标准价、综合价和市场价三种，干部、职工、居民购买时，可任意选择，按标准价或综合价购房，每户可享受一次，限购一套。标准价，新建公有住房的标准价，包括住房本身的建筑造价和征地拆迁补偿费。出售的新建砖混结构二等成套房每平方米建筑面积的标准价基价为180元。综合价，新建公有住房的综合价，包括征地拆迁补偿费，勘察设计及前期工程费，住宅建筑安装费、小区内基础设施建设费、小区级非营业性配套公共建筑建设费、管理费、投资利息。新建砖混结构二等成套房每平方米建筑面积综合价基价为265元。市场价，新建公有住房市场价按上一年年末平均市场价计价。1993年市场价定为400元。

旧公有住房的标准价、综合价和市场价，可按新房基价的九五折作为重置价，乘以成新折扣计价。

标准价、综合价、市场价出售的新旧公有住房都应按所在地段、结构、楼层、朝向、设施等因素将基价增减后计价。1980年以前的旧公有住房成新折扣系数由县房地产管理部门按有关规定进行评估。1980年（含1980年）以后建造的旧房，每年按2.5%折旧率折旧，折旧年限按竣工之日至估价日止计算。

旧房和新房的界线是，1991年12月31日以前投入使用的公有住房为旧房；1992年1月1日以后建成的公有住房为新房。

售房价格计算公式：新房售房价格（元/平方米）=基价×（1±楼层增减率±朝向增减率±地段增减率—工龄补贴）

旧房售房价格（元/平方米）=重置价×〔1—（折旧年限×年折旧率）±楼层增减率±朝向增减率±地段增减率—工龄补贴〕

四、公有住房出售面积

按标准价购房的建筑面积控制为：一般干部职工不得超过50平方米；县级机关科、局级干部和相当于这一级的干部以及具有中级专业技术职务的技术人员不得超过60平方米；县、处级干部和相当于这一级的干部以及具有高级专业技术职务的技术人员不得超过70平方米；人口多的家庭也可按人均建筑面积12平方米计算。按综合价购买公有住房，可在上述住房面积控制标准基础上增加10平方米。

出售公有住房按建筑面积计算。

独生子女按两人计算，已婚夫妇无子女的，按有独生子女户计算面积标准。

夫妻双方在异地工作，居住两处公房住房的，限购一处。

五、购买公有住房产权比例的确定

按标准价购买的公有住房，购买者拥有部分产权，产权比例按标准价与综合价的比例核定。拥有占有权、使用权，可以继承，其处分权、收益权受法律限制。付清房款并住满五年后，可依国家有关规定进入市场出售或出租，原公有住房产权单位有优先购买权和租用权。出售或出租房屋的收入，扣除有关税费后所得部分，按国家、单位、个人的产权比例进行分配，属于国家、单位应得部分，由原公有住房产权单位核收，分别纳入城市和单位住房基金。

以标准价购买的住房，对属于公有部分的房屋，按当年公布的综合价标准付清房款，可以转换为全部产权。

按综合价购买的公有住房，购买者拥有全部产权，付清购房款后住满二年，可按国家有关规定进入市场出售或出租，原公有住房产权单位有优先购买权和租用权。出售或出租房屋的收入，扣除有关税费后所得收益，全部归产权人所有。

按市场价购买的公有住房，购买者拥有全部产权，付清购房款后，可按国家有关规定进入市场出售或出租，出售或出租房屋的收入，扣除有关税费后所得收益，全部归产权人所有。

六、公有住房出售的审批及产权办理程序

产权单位的产权确认—个人申报—领导审批—办理手续—登记发证。

七、公有住房出售后的管理

标准价公有住房出售后，自用部分维修由购房人负责，费用自理。公用部分售后维修由同幢房屋产权所有人共同负责，由产权单位负责组织，所需费用由产权单位和相关产权人按产权比例共同负担。凡属人为损坏的，均由损坏人修复或赔偿。

综合价、市场价公有住房出售后，公共设施，按原管理体制的职责权限负责维修、养护外，其他的维修与管理由购房者负责，费用自理。

干部、职工、居民购买住房后，对住房修理、装潢时必须征得原产权单位和设计部门同意，不得擅自改变结构。

八、出售公有住房回收资金使用

各单位的售房款收入，一律存入县住房资金管理中心委托代办的县房地产信贷部，作为城市和产权单位的住房基金，专款专用，不得挪作他用。

行政事业单位公有住房出售收入40%必须纳入城市住房基金，55%纳入单位住房基金，5%用作住房共用部位、共用设备和公共设施的维修基金。

企业公有住房出售收入，10%必须纳入城市住房基金，5%用作住房共用部位、共用设备和公共设施的维修基金，85%纳入单位住房基金。

九、税收优惠政策

在房改期间，干部、职工、居民第一次购买公有住房，按国家有关规定给予免缴契税优惠。产权单位按标准价、综合价出售公有住房收入，免缴营业税；免征房产税和土地使用税，免交土地转让金和交易费。

1993年松阳县各类结构公有住房价格表

表6-4-3-1　　单位：元/平方米（建筑面积）

房屋等级 / 房价类别	一	二	三	四	五	六	七
	钢砼	砖混一等	砖混二等	砖混三等	砖木一等	砖木二等	砖木三等
标准价	200	190	180	170	170	150	130
综合价	290	280	265	250	250	220	200
市场价	440	420	400	380	380	330	300

1993年松阳县公有住房出售楼层增减情况表

表6-4-3-2　　单位：%

楼层增减率 / 总层次 / 层次	一层	二层	三层	四层	五层	六层	七层
底层	0	-1	-2	-3	-4	-5	-5
二层	—	+1	+2	+2	+2	+1	0
三层	—	—	0	+3	+4	+4	+4
四层	—	—	—	-2	+2	+4	+5
五层	—	—	—	—	-4	0	+3
六层	—	—	—	—	—	-4	-2
七层	—	—	—	—	—	—	-5

说明：住宅楼有架空层的，按一层计算，其上为二层，以此类推

第四节　住房公积金制度

住房公积金制度是住房制度改革中建立的一种强制性储蓄制度。根据“个人储蓄，单位资助，统一管理，专项使用”的原则建立。公积金由企事业单位和职工分别按职工月工资的一定比例提取缴存，款项交给指定的金融机构。这部分资金统称住房公积金或个人住宅基金，归职工个人所有，并比照银行同期活期存款利率计算利息。职工购房时，可以动用自己名下的这部分储蓄。职工退休时，住房公积金本息归还职工本人。

松阳县住房制度改革领导小组于1993年11月出台《松阳县公积金实施细则》。1995年10月，

制定《松阳县住房公积金制度管理暂行办法》。

附:《松阳县住房公积金制度管理暂行办法》的主要内容

一、实行住房公积金的范围和对象

凡在松阳县范围内的所有党政机关、群众团体、事业单位和企业（包括全民、集体、股份制、私营、外商投资企业和部队企业化工厂以及外地驻松阳的省、部、地属）单位及其在职的干部、职工、合同制工人、计划内临时工、经劳动部门批准招用的农民合同制工人（以下简称职工），均实行住房公积金制度。离退休干部、职工、计划外临时工、外商投资企业中的外籍职工以及各种原因停发工资期间的在职职工，不实行住房公积金制度。

二、住房公积金的缴存基数

单位职工个人住房公积金的缴交率各按上年6月职工月工资基数的5%，外商投资企业及其中方职工的缴交率各按职工月工资的7%执行，逐月上缴。

三、住房公积金的来源

职工个人承担部分，由职工所在单位在每月发工资时代扣代缴。单位为职工缴存的部分：行政事业单位先立足于原有住房资金的划转，不足部分，全额预算单位由财政预算拨付，差额预算的事业单位按差额比例由财政预算拨付和在单位自有资金中解决。财政负担的经费按隶属关系和财政体制，由各级财政分别负担；企业单位从企业提取的住房折旧和其他划转资金中解决，不足部分经财政部门核定，在成本、费用中列支；自收自支事业单位比照企业开支渠道列支。

四、亏损企业亦应建立住房公积金制度缴存住房公积金。对特困单位，由法人代表提交职代会讨论同意，主管部门签署意见后，报县房改领导小组批准后，可暂缓建立住房公积金制度。

五、住房公积金的管理

县成立住房资金管理中心（以下简称“中心”），具体负责住房公积金的归集、支付、核算和编制使用计划等管理工作，督促各单位按月汇缴住房公积金，编制住房公积金的年度使用计划，审核住房公积金使用单位（或个人）的使用申请；检查监督受委托的房地产信贷部按协议办理住房公积金存贷款业务；进行住房公积金的核算；负责住房公积金的保值增值。

六、住房公积金的支付

职工家庭购买、建造自住房及自住房的翻建和大修（修复和拆换主体部分破损的房屋）时，才可使用本户成员的住房公积金，若要动用直系亲属中积累的住房公积金，必须经其本人同意，提供书面证明，并由管理中心确认；住房的内部装修、日常养护等其它费用不得动用住房公积金支付。职工离退休、离职或出国出境定居时，可由本人提取住房公积金本息余额。在职期间去世的职工由其合法继承人或由受赠人根据《中华人民共和国继承法》的有关规定办理提取手续方可领取住房公积金本息余额。住房公积金支取，由职工个人提出申请，单位审查，“中心”审批，单位统一代办。

七、住房公积金的利率、结息、对账和查询

利率按中国人民银行的规定执行。职工住房公积金收入免征（缴）个人所得税。每年6月30日中心对职工的住房公积金进行结息，利息计入本金；对中途销户支取的职工，则随时结算利息，利随本清。“中心”在结息两个月内，打印住房公积金个人对账单，委托单位同职工个人所持的《职工住房公积金手册》进行对账，“中心”按季同单位对账。

1997 年 6 月 28 日，浙江省第八届人民代表大会常务委员会第三十七次会议通过《浙江省住房公积金条例》。2001 年 11 月 2 日，浙江省第九届人民代表大会常务委员会第二十九次会议又通过《关于修改〈浙江省住房公积金条例〉的决定》。此后，全省各级住房公积金管理中心均以省修正后的条例为管理准则。松阳县对住房公积金交存比例作出调整，为职工上一年度月平均工资的 12%（单位同时为职工缴存 12%），最低不少于 5%。1995 年至 2009 年末，全县累计 368 个单位 8264 个职工缴存住房公积金，累计归集 3.57 亿元人民币，提取 1.31 亿元。1999～2010 年，向县住房公积金管理中心贷款的有 4648 户，贷款金额 4.30 亿元。

1994～2010 年松阳县住房公积金归集缴存情况表

表 6-4-4-1　　单位：元

年份	住房公积金				
	收入	支出	余额	年末正常实缴人数	实缴比率
1994	372785.71	—	372785.71	3460	单位和个人各 5 元
1995	1230063.28	30230.23	1572618.76	4733	单位和个人各 5%
1996	2589485.17	271879.40	3890224.53	5565	单位和个人各 5%
1997	2715142.92	728755.63	5876611.82	6294	单位和个人各 5%
1998	4281088.60	1063109.46	9094590.96	6420	单位和个人各 6%
1999	6166636.00	1322972.56	13938254.40	7900	单位和个人各 7%
2000	10416700.76	3093014.91	21261940.25	7300	单位和个人各 8%
2001	12384135.58	5544675.87	28101399.96	7600	单位和个人各 8%
2002	15974171.78	7696553.69	36379018.05	7600	单位和个人各 9%
2003	19620762.38	7874868.76	48124911.67	8000	单位和个人各 9%
2004	25433726.94	12020116.26	61538522.35	8381	单位和个人各 9%
2005	32428634.22	10988423.47	82978733.10	8432	单位和个人各 10%
2006	37586307.22	12109056.87	108455983.45	7874	单位和个人各 10%
2007	50147481.65	14203154.61	144400310.49	8102	单位和个人各 12%
2008	64449024.96	11489010.05	197360325.40	8368	单位和个人各 12%
2009	71483754.14	42742280.81	226101798.73	8264	单位和个人各 12%
2010	84360148.00	47781904.28	262680042.45	8636	单位和个人各 12%
合计	441640049.31	178960006.86	—	—	—

1999～2010年松阳县个人住房公积金贷款一览表

表6-4-4-2　　单位：元

年份	放贷金额	发放户数（户）	收回本金	收回户数（户）	年末余额	年末户数（户）
1999	5850000.00	135	281182.33	2	5568817.67	133
2000	10889500.00	283	3945222.40	70	12513095.27	346
2001	17690000.00	428	6016922.92	75	24186172.35	699
2002	18612000.00	441	12351217.78	201	30446954.57	939
2003	26606000.00	579	16414013.48	283	40638941.09	1235
2004	29751000.00	628	19916357.47	310	50473583.62	1553
2005	46757000.00	616	25047075.52	473	72183508.10	1696
2006	53917000.00	518	33162479.27	656	92938028.83	1558
2007	61660000.00	499	27683382.01	409	126914646.82	1648
2008	37263000.00	170	22989815.18	239	141187831.64	1579
2009	50063000.00	159	34928282.91	417	156322548.73	1321
2010	71899000.00	192	30765351.70	239	197456197.03	1274
合计	430957500	4648	233501302.97	3374	950830325.72	13981

1999～2010年松阳县住房公积金业务收入情况表

表6-4-4-3　　单位：元

年份	公积金利息收入	贷款利息收入	其他利息收入	合计
1999	1168818.52	—	—	1168818.52
2000	220768.53	406608.54	632.96	628010.03
2001	206845.40	650070.18	18058.75	874974.33
2002	175702.10	1001785.32	—	1177487.42
2003	213422.85	1139244.13	—	1352666.98
2004	286028.61	1531438.92	—	1817467.53
2005	196196.51	2229442.45	—	2425638.96
2006	381670.84	3281303.12	—	3662973.96
2007	606257.81	4478005.89	—	5084263.70
2008	1476161.03	6426548.65	—	7902709.68
2009	1228989.18	5651562.20	—	6880551.38
2010	1180511.40	6375089.37	—	7571342.23
合计	7341372.78	33171098.77	18691.71	40546904.72

1999～2010年松阳县住房公积金业务支出情况表

表6-4-4-4 单位：元

年份	公积金利息支出	归集手续费支出	贷款手续费支出	合计
1999	544287.59	—	—	544287.59
2000	253072.33	3166.00	12777.12	269015.45
2001	350841.12	1054.00	14698.26	366593.38
2002	386393.51	1101.50	23261.97	410756.98
2003	511284.24	962.00	24305.44	536551.68
2004	669239.39	1186.50	12520.08	682945.97
2005	1429546.96	1006.80	11127.89	1441681.65
2006	2052202.36	2443.00	15072.96	2069718.32
2007	2984599.10	1269.60	9987.45	2995856.15
2008	4833737.40	1088.50	33883.45	4868709.35
2009	3412888.14	1967.50	15000.00	3429855.64
2010	3444824.10	1711.00	21865.24	3468400.34
合计	20872916.24	16956.4	194499.86	21084372.5

1999～2010年松阳县住房公积金增值收益分配情况表

表6-4-4-5 单位：元

年份	提取风险准备金	提取公积金管理费用	廉租房补充资金	增值收益合计
1999	624530.93	—	—	624530.93
2000	125130.95	233863.63	—	358994.58
2001	241861.72	266519.23	—	508380.95
2002	304469.55	462260.89	—	766730.44
2003	406389.41	409725.89	—	816115.30
2004	504735.84	629785.72	—	1134521.56
2005	721835.08	262122.23	—	983957.31
2006	929380.29	663875.35	—	1593255.64
2007	1268146.47	819216.08	—	2088407.55
2008	1820400.20	1143100.00	70500.13	3034000.33
2009	2070417.44	1241700.00	13857.30	3450695.74
2010	2461765.13	1161300.00	479876.76	4102941.89
合计	11479063.01	7293469.02	564234.19	19462532.22

说明：财政局年终部门决算数

第五节　集资合作建房

20世纪90年代，松阳县政府取消公有住房无偿分配制度，一些单位为解决无房职工的居住困难，采取个人投资为主，单位适当负担，政府优惠税费，集资统建联建住房，解决无购买商品房能力的中低收入的无房户、住房困难户及危旧房改造区的居民户住房问题。

1995年，全县集资合作建房11个单位，建筑面积7341.5平方米。1996年，审批集资建房单位4个，计建筑面积8640平方米。

2003年2月，松阳县政府出台《关于单位集资合作建房产权问题的处理意见》，主要内容为职工拥有全部产权，必须达到下列规定：干部职工参加集资合作建房，在规定面积标准内的，个人出资额达到或超过竣工当年房改综合价或成本价；房改开始（1993年）前建成的集资房，个人出资额达到或超过1993年房改综合价的，经单位同意可确认个人拥有全部产权；职工原出资额达不到当年价格的，补足房款后，亦可确认个人全部产权。

干部职工原出资额达不到规定额度，不愿补足房款的，按个人实际出资额占应出资额的比例核定个人拥有的产权份额，具体产权确定方案由单位确定，但个人出资额不得低于70%。

集资房附属的不独立杂物间（或车库），15平方米以内的，按竣工当年成本价的一半计价，超过15平方米以上部分，按2001年市场价的一半计价，但此项面积不计入集资合作建房面积。超过标准面积的按2001年的市场价扣除折旧后的价格执行，折旧率为每年2%。超面积部分的税费按商品房计收。

砖混二等结构各年的成本价及市场价：

1993年、1994年综合价为每平方米265.00元；1995年、1996年成本价为每平方米496.00元；1 997年、1998年成本价为每平方米521.00元；1999年后成本价为每平方米531.00元；2001年市场价为每平方米730.00元。

集资面积标准按原批准面积或按松政发文件规定的面积标准（房改购房面积标准）执行。

集资房产权核定时间截至2003年12月31日。

2003年12月，县政府发出《关于单位集资合作建房产权问题补充意见的通知》，主要内容有：个人全额投资（含土地价）集资合作建房，经单位同意，在规定面积标准以内的，个人拥有全部产权；超过标准面积的，超过部分按竣工当年房改房市场价补足后确定拥有全部产权；不愿补足的按当时投资比例核定产权。

以个人投资为主，单位部分出资（含土地价）的集资房，在规定面积标准以内，经单位同意，个人补足单位出资部分为全额投资的，个人拥有全部产权；不愿补足的按当时投资比例核定产权；超过面积标准部分，按竣工当年房改房市场价补足后确定拥有全部产权，不愿补足的按投资比例核定产权。

砖混二等结构各年市场价为：1995～1996 年为每平方米 625 元，1997～1998 年为 660 元，1999 年后为 685 元。

集资房产权核定截止的时间延至 2004 年 3 月 31 日，逾期不予办理。

第六节　经济适用房、廉租房和限价商品房

经济适用住房

经济适用住房是政府提供优惠条件（如土地由政府划拨、低利润），限定建设标准、供应对象和销售价格，具有保障性质的政策性商品住房。

松阳县人民政府于 2005 年 12 月印发《松阳县经济适用住房管理办法（试行）》，主要内容为：

县建设局负责本县行政区域内经济适用房的建设和管理；发展和改革局、国土资源局、房改办、金融机构等负责本县行政区划内经济适用住房的其他有关工作。

县发展和改革局应会同县建设局、国土资源局、房改办等部门根据县城经济、人口、住房、市场、建设用地等具体情况编制经济适用住房发展规划和年度建设计划，并纳入社会经济发展计划。经济适用房建设用地实行行政划拨供应；经济适用住房开发企业应当向购买人出具住宅质量保证书和使用说明书，并按合同约定承担保修责任。经济适用房建筑面积分 90 平方米和 60 平方米两种套型。经济适用房建设和经营中的行政事业性收费减半收取。

购买松阳县经济适用房必须具有城镇非农居民户口并符合下列条件之一的家庭可以申请购买一套经济适用房：未参加房改购房、集资建房、未购买过经济适用房的（离退休干部、现役军官和军转干部优先）；现住房面积低于 65 平方米的（无房产、少于 36 平方米的住房困难户优先）。

申请人应先在本单位或社区公示后再向县建设局提出申请，并提交规定的相关证明材料。县建设局进行初审，符合规定条件的，予以受理并详细审查，再到户籍地及居住地社区予以公示 10 天。对无投诉举报或对投诉举报经查不属实的，应予同意。

经济适用房销售价格，在面积控制标准内的，按规定的价格购买，超出面积标准的部分按同地段商品房的平均价格水平予以核定。

一般干部职工（包括城镇非农居民）面积控制 65 平方米，科级干部（中级职称）75 平方米，县处级干部（副教授级职称）85 平方米，厅级干部（正教授级职称）110 平方米。

经济适用房销售供不应求时，采取轮候式确定。申请者凭准购证购买，无准购证者不得购买经济适用房。

经济适用房价格因素：建设用的征地和拆迁补偿、安置费；勘察设计和前期工程费；建设工程费；住宅小区基础设施建设费（含小区非营业性配套公建费）；以上 4 项之和为基础的 1～3%的管理费；贷款利息；税金；3%以下利润。

经济适用住房在取得房屋使用权证和土地使用证三年后，方可按市场价格上市出售，并须按一

定比例向政府交纳土地出让金等收益且不得再申请购买经济适用住房。

松阳县经济适用房位于县城长松路以南，古湖坑以东，安置房南面。总用地面积 4975.2 平方米，建筑占地面积 1256.88 平方米，总建筑面积 6832.38 平方米（其中，底层贮藏室、车库 1256.88×1/2=628.44 平方米，二至六层住宅 6203.94 平方米），为二幢六层建筑，共 70 套住宅，每户住宅建筑面积为 88.63 平方米，坐北朝南，底层贮藏室、车库高 2.18 米，二至六层住宅高 3 米，三室一厅一卫。

松阳县经济适用房于 2006 年 9 月 29 日开工，2007 年 5 月 23 日竣工验收。

该项目由松阳县建筑设计所设计，松阳县万寿房地产开发有限公司中标建造，松阳县工程建设监理有限公司承担工程建设监理。

廉租住房的建设管理

2006 年 4 月，松阳县政府出台《松阳县城镇廉租住房管理办法》。是年，开始向城镇居民低保无房户或住房面积低于最低保障标准的 39 户发放廉租房租金补贴 2.8 万元。

2010 年 8 月，松阳县人民政府发布《松阳县廉租住房保障办法》（以下简称《保障办法》），同时废止 2006 年的《松阳县城镇廉租住房管理办法》。

《保障办法》就保障方式、保障资金及房屋来源、申请与核准、监督与管理、法律责任等诸方面作出具体规定。

廉租住房保障实行货币补贴和实物配租两种。货币补贴是指县人民政府向申请廉租住房保障的规划区低收入住房困难家庭发放租赁住房补贴，由其自行承租住房的一种方式；实物配租是县人民政府向申请廉租住房保障的规划区内低收入住房困难家庭提供住房，并按规定标准收取租金的一种保障方式。县政府每年 3 月底前确定并公布当年廉租住房保障面积标准、每平方米租赁住房补贴标准，廉租住房保障家庭收入标准等。

廉租住房保障资金来源包括年度财政预算安排的廉租住房保障资金；提取贷款风险准备金和管理费用后的住房公积金增值收益余额；土地出让金收入总额的 2%作为廉租住房保障资金；政府的廉租住房租金收入；社会捐赠及其他方式筹集的资金。实物配租住房来源包括：政府新建、收购的住房；腾退的公有住房；社会捐赠的住房；其他渠道筹集的住房。

申请廉租住房保障的家庭，应同时符合下列条件：户口条件，家庭成员具有规划区常住非农户口且实际居住，并至少有 1 人在规划区住 5 年以上。住房条件，家庭现有住房面积低于县政府当年公布的廉租住房保障面积标准，但申请人其父母或子女拥有两套或两套以上住房的，暂不列入保障范围。经济条件，年收入低于县政府公布的廉租住房保障家庭收入标准；家庭成员男 18～60 周岁、女性 18～55 周岁（不含全日制在校学生），具有劳动能力的，均以县规划区最低工资收入标准计入人均月收入。其他，上述条件符合，私有房产面积低于可享受保障面积的，可按规定发给住房货币补贴；每月住房货币补贴不足 100 元的，按 100 元计发；对已经享受实物配租、租金核减的廉租房家庭，不再重复享受住房货币补贴。

每年 4 月为县政府统一集中受理廉租住房保障的申请时间。申请人在规定时间内持规定材料向户口所在地的社区办领取《廉租住房保障申请表》，如实填写，社区办收到申请后，对申请人是否符合规定条件进行审核，提出初审意见，并在申请人居住地张榜公示7天后，报镇人民政府，经镇人民政府审核后报送县民政局审查，提出审查意见，在申请人户口所在地及新闻媒体予以公示后转送县建设局审核，县建设局在15日内，完成对申请人的住房情况及其他申请材料的审核，并在申请人户口所在地及新闻媒体予以公示，期限15天。经公示无异议或异议不成立的，县建设局在公示期满后对符合条件的家庭予以登记，书面通知申请人，并向社会公开登记结果。

对已登记的孤老、残疾人、老党员、老游击队员、老交通员、烈士、因公牺牲军人、病故军人、复员军人、带病回乡退伍军人等特殊家庭、最低生活保障家庭及其他急需救助的家庭，在同等条件下优先安排廉租住房或者发放租赁住房补贴。

已登记的家庭，应当与建设局签订租赁住房补贴协议或廉租住房租赁合同。

松阳县廉租房坐落于县城北部，浙南茶叶市场以北，16米路以东，用地面积1506平方米，建筑用地面积610.76平方米，建筑面积2606.44平方米。建筑设计，一层为店面及摩托车库，2～5层为廉租住房。分A、B两种户型，套型面积分别为53.66平方米和50.26平方米。底层高4.38米，2～5层为3.1米。一层外墙为暖色小面砖，二层以上灰白色外墙涂料，屋面为瓷质灰黑色瓦。该工程2009年开工建设，2010年建成。可解决36户住房困难家庭的廉租居住问题。

2006～2010年松阳县廉租住房实施情况表

表6-4-6-1

年份	实际享受廉租住房户数（户）	累计享受廉租住房总户数（户）	实施发放金额（元）	累计发放金额（元）	其中	
					租金补贴户数（户）	租金核减户数（户）
2006	39	39	28146.60	28146.60	33	6
2007上	45	46	16524.90	44671.50	39	6
2007下	48	52	17936.10	62607.60	42	6
2008上	60	67	36705.78	99313.38	55	5
2008下	78	85	47306.70	146620.08	71	7
2009上	86	98	51800.58	198420.66	78	8
2009下	120	133	7296.02	271216.68	109	11
2010	152	172	287322.60	558539.28	141	11

说明：廉租房租金补贴由县财政预算拔入

限价商品房

限价商品房是政府提供一定政策优惠，限定建设标准、供应对象和销售价格的商品住房。

2008年1月，松阳县政府颁布的《松阳县离休干部住房分配实施办法》（以下简称《实施办法》），对具有松阳县非农居民户口，本人和配偶均未参加房改购房、集资建房，未购买过经济适用房的在松阳县办理离休手续的干部供应限价商品房。

住房分配面积（指建筑面积，下同）标准：科局级离休干部（中级职称、含副科）80 平方米，县处级（副教授职称，含副处级）离休干部 90 平方米，地厅级（正高级职称，含副厅）离休干部 120 平方米。原没有职级的离休干部按科局级标准分配。

《实施办法》规定，在规定面积标准内每平方米平均售价 2280 元，超标准部分每平方米平均售价 2900 元，车库平均每平方米售价 2280 元，附属杂物间每平方米售价 1140 元。2008 年 11 月，县人民政府办公室发文作出调整，在规定享受面积标准内每平方米平均售价为 2080 元，超出面积每平方米平均售价为 2400 元。

第七节　住房管理机构及职责

机构沿革

民国以前，松阳县无房地产管理常设机构。民国 11 年（1922），松阳县政府设置实业科；民国 17 年，设建设科；民国 20 年，设建设委员会；民国 27 年，设财建科；民国 29 年，成立浙江省建设厅松阳办事处；民国 32 年，成立市政工程处，兼管房地产事务。国民政府县署、县党部、警察局、县自卫大队等主要单位部门用房由建设科兼管；寺庙、祠堂和学校等单位用房由单位自理；私人建房，购置民地或住宅，经买卖双方签立契约，买方凭契向政府交纳契税后，权属便成合法。

1951 年 1～4 月，松阳县开展土地改革，人民政府征收、没收地主、富农、官僚资本家多余土地房屋，暂管无主房产、部分祠堂、庙宇、道馆、尼庵等房舍，分给无房和少房的贫农、下中农和城镇无房平民，所分房屋归私人所有，为私房；划拨给党政机关和企事业单位的办公用房和生产生活用房，由政府管理的为公房（分单位公房和直属公房）。县政府设房地产管理所管理直属公房，具体负责直属公房的维修、租赁、收费等。

1951 年 8 月，松阳县房地产管理机构归属财税部门。1963 年 6 月，私人建房用地实行审批制度，业务由行政科办理。1969 年，房管所归属县革命委员会生产指挥组。1980 年，归属县财税局，继后划归县计划委员会所属。

1982 年 9 月 20 日，松阳县人民政府发文，将县计划委员会所属的房地产管理所划归县基本建设局。规定房地产管理所的职责是公房管理、房屋登记发证、房地产交易管理等。

1989 年，房地产管理所更名为松阳县房地产管理处，仍归属县城乡建设（环境保护）局。

公房管理

1951 年，西屏、古市 2 镇共有直属（又叫直管）公房 27277 平方米。2004 年 8 月，有直管公房 24005 平方米，其中住宅 16303 平方米，有 128 户低收入家庭、76 户退休人员、5 户教师和 11 户因市政拆迁临时租住户，共 220 户租住，年租金 5 万元；非住宅 7702 平方米，主要是坐落西屏、古市两镇老街的店面房，余为办公用房和仓库用房，被63户经营者租用，租金采取拍租或协议方式订租赁合同，年收入为25万元。

1993年，修缮公房面积5414平方米。1995年，对直管公房重新签订租赁合同，收取租金18.12万元，其中营业用房16.44万元；推行租赁保证金制度，改革县城房改范围的直管公房和单位自管公房的低租金制度，月基本租金从每平方米0.1元至0.2元调整到0.55元。1996年7月1日，公房租金调整到1元/平方米，公房得到保值增值。改造危旧公房31处，建筑面积2700平方米。

1994年始，国有直管公房面积锐减，主要原因有，1994年县政府决定将成套（水、电已配套）的住宅以房改价格出售给承租人，有70套建筑面积5000余平方米的直管公房被承租人购买，产权归购房者所有。汤兰公所及附屋、工商联（万寿宫）等由政府无偿划拨给有关单位所属。落实房产政策，耶稣堂归还耶稣教会管理使用。一些私人房产，按政策归还给原房主。1994年8月至2002年2月，直管公房被拆迁建筑面积2157.68平方米，占地面积1368.19平方米。还有企业改制、自然消失等因素。

直管公房租金每年按收入总额上缴财政预算外资金20%，房产税12%、营业税5.5%等税收计19%以上。

房地产证发放

1988年4～6月，县房地产管理所工作重点在开展房地产证的发放工作，完成县城15%的房产证发放任务，为财政补收房产交易税10774元。

1993年房产登记发证539件，核发房产证2872本。基本完成大东坝镇所在地房产所有权的申报、收件、初审和部分复审工作。1995年房产登记809份，发放产权证1191本，计建筑面积21.25万平方米；为政府代收税金22.42万元，代收土地收益金9.96万元，收交易管理费5.36万元；抵押签订及登记510起，计建筑面积15万平方米。1996年，发放产权证669起，计建筑面积11.35万平方米；办理房地产交易43件，建筑面积0.55万平方米；办理房地产抵押898起。

2006年8月，建成房屋发证信息登记系统，到2010年，西屏镇、古市镇、玉岩镇、大东坝镇、象溪镇和全县15个乡的产权档案资料均已录入完毕。

2007年，落实廉租房保障制度，对住房困难的城镇低保家庭实现廉租房“应保尽保”，全年分二期共发放廉租住房租金补贴3.45万元，惠及93户城镇低收入家庭。2008年，一二季度合同申请备案有148宗；房管窗口共发放房屋所有权证1047本，计建筑面积45.09万平方米；办理二手房转证360宗，计建筑面积12.11万平方米，成交额2.15亿元；办理房地产抵押登记1515件，面积79.56万平方米，贷款额11.41亿元；房地产评估1142件，面积77.34万平方米，评估额18.56亿元；测绘1435件，面积72.34万平方米。在金融危机中，是年11月10日，县政府出台房产新政《关于促进房地产市场持续稳定发展的若干意见》。至2009年9月30日废止，全县共登记备案商品房508户，符合享受商品房补贴的购房户328户，其中已发放住房补贴258户，补贴面积35380.27平方米，补贴金额10628653元。

2010年，全县20个乡镇全面开展农房登记工作，对符合登记条件的5853户的农户进行登记，累计完成登记发证 10183 户。县政府行政审批中心分设房产发证、房产评估、房产抵押和房产测绘 4 个服务窗口，是进入行政中心人数最多的单位。

物业管理

2004 年，万寿物业管理有限公司和天元物业管理有限公司先后成立。县发展和改革局、财政局、建设局联合下发《关于转发〈浙江省住宅区物业维修专项资金管理暂行办法〉的通知》，从 2004 年 6 月 1 日开始代收物业维修专项资金。

2008 年 4 月，松阳县规定松阳县普通住宅小区前期物业服务收费等级分为甲、乙、丙、丁四个等级。考评分在 90 分以上的，收费等级为甲、乙、丙级；70～90 分的，收费等级为丁级；考评分在 70 分以下的，不得收费。普通住宅装饰垃圾清运处理费由业主自愿委托，按套收取，建筑面积 100 平方米以下每套 100 元，建筑面积 100～150 平方米（含 100 平方米）每套 150 元，建筑面积 150 平方米以上（含 150 平方米）每套 200 元，允许上浮 20%，下浮不限；地下或半地下配套车库（位）物业服务费每个每月 15～25 元，杂物间减半收取；地上底层车库、杂物间不再另行收取物业服务费。物业服务收费实行明码标价制度，物业企业应按规定在经营场所醒目位置公布收费项目、收费标准、服务内容等事项，接受社会的监督。

第八节　白蚁防治

白蚁是群栖性昆虫，生活于隐藏的巢居中，以木材、菌类为食，是危害房屋、桥梁、堤防等建筑物和各种树木的大害虫。

1982 年，松阳县开始对所有公共建筑项目进行白蚁防治工作。1984 年 9 月，松阳县白蚁防治站成立，承担松阳县域规划区内单位和个人的新建、改建、翻建、扩建房屋建筑项目的白蚁预防处理和已建房屋建筑的白蚁灭治工作。

1988 年 1 月，松阳县城乡建设环境保护局和中国人民建设银行松阳县支行联合发出《关于加强新建房屋白蚁防治工作的通知》，规定松阳县白蚁防治站承担县内新建房屋的白蚁防治工作；凡新建项目，建设单位必须按规定进行防蚁处理，费用列入基本建设费中；防治单位严格按技术规程操作，确保房屋至少 20 年内不受白蚁危害；防治费（人工、药物费），按建筑总面积每平方米 1.5 元计，在工程开工前一次性付给防治单位；不按规定采取白蚁防治措施的，防治单位按每平方米 2 元向建设单位收取费用，由建设银行在工程结算时扣除。

1995 年开始，对县城太平坊路、长松路、要津路和古市镇路段的拆迁户（私人建房）亦实施白蚁预防。

1998 年 7 月 1 日开始，对西屏镇、古市镇、大东坝镇、玉岩镇和象溪镇私人新建房屋进行白蚁防治，具体实施办法是，申办建房开工证，必须凭借白蚁防治合同和建房审批表，向所在地镇城建土管办公室办理申请事项；对未采取白蚁防治措施的正在建设中或竣工尚未交付使用的房屋，应在规定时间内补签白蚁防治合同，进行补防，逾期不办的，房主自行负责；新建房屋竣工验收申领房产权证时，必须提交白蚁防治站填写的白蚁防治单。否则，不予验收和颁发产权证；白蚁防治站则应按合同规程执行，确保防治质量，若新建房仍有蚁害，防治单位负责无偿灭治。

2006年，松阳县委、县政府在《关于加强工业经济发展的决定》附则中规定，工业园区的白蚁防治减半收费，即每平方米1元。

松阳县老房屋多为泥木结构，地面潮湿，是蚁害重灾区。松阳白蚁防治站对县域遗存古建筑城隍庙、文庙、天师殿、延庆寺塔、卯山山庄等文物古迹和望松黄家大院进行了全面的白蚁灭治处理。白蚁防治站还为西屏山公园、江滨公园、市政广场、全城街道绿化植物均进行白蚁灭治和预防。对受蚁害严重的中国移动松阳分公司、松阳县工商银行、建设银行、交警大队等单位进现场观察检查及时采取灭治方案，成效显著。

县白蚁防治站从建站到2010年末，为新建房屋作白蚁预防总面积约为400万平方米，白蚁灭治面积约为15万平方米。

第五章　建筑业

旧时，松阳没有专业建筑企业，也没有成规模的建筑个体或群体。百姓建房，除雇请泥匠、木匠外，其他多为“人情工”帮衬。

随着社会经济的发展，建筑产业规模扩大。建筑产品的使用期限和工程质量的好坏，直接关系到国民经济全局，关系到人民生活和企业信誉。县相关单位对建筑业实行科学管理，提高施工质量，制订扶持松阳县建筑企业健康稳定发展政策，核发施工许可证、进行开工安全条件审查，核发建筑起重机械备案证，签订监理合同。对全县在建房屋建筑和市政工程项目不定期进行安全质量检查。对施工工艺、操作、材料、成品的检查、试验、技术组织措施和工程技术实行档案管理。

第一节　建筑组织与事业单位

同业公会

松阳县建筑行业向无行会。过去都是师傅带徒弟学习泥水、大小木，泥工、木匠分散县内各地营生。民国 26 年（1937），西屏成立木匠业公会；靖居区成立木、篾匠公会，会员 10 余人；6 月，西屏成立泥水业同业公会。民国 33 年 8 月，成立木匠业职业公会，会员 211 人。民国 34 年 6 月，泥水业职业公会成立，会员 68 人。1950 年，县城泥木公会改组，称松阳建筑公会。1952 年春，西屏建筑社成立，承接、承包施工业务，实行独立经济核算。其时，有工人 248 人。

建筑企业

1956 年，松阳县手工业合作联社成立，下辖包括建筑社在内的多个手工业合作组织。1960 年，松阳县建筑社与木器社合并，更名松阳建筑木器社。1961 年，建筑社与木器社又一分为二，各自营业。1979 年，再次合并更名为松阳建筑公司。1983 年，松阳建筑公司更名为松阳县建筑工程公司。1984 年，新兴、古市、赤寿等 3 个工程队组成松阳第二建筑公司。21 世纪初，松阳第二建筑公司解体。

2010 年，松阳登记注册房地产开发有限公司 3 家，建筑工程有限公司 6 家。有职员、工人等 3000 余人。其中，具有中高级职称专业技术人员 300 多人。

2010年松阳县登记注册房地产开发有限公司一览表

表 6-5-1-1

企业	成立时间	办公地点	资质	中级技术人员（人）	初级技术人员（人）
松阳县天元房地产开发有限公司	2002.04.23	县城长虹东路183号	二级	14	7
浙江万寿房地产开发有限公司	2002.11.14	县城长松路18号	二级	11	11
浙江创宇房地产有限公司	2005.04.06	县城长虹东路187号	三级	6	7

2010年松阳县登记注册建筑工程有限公司一览表

表 6-5-1-2

企业	成立时间	办公地点	资质	技术人员	代表性建筑
浙江万寿建筑工程有限公司	2002.03	县城长松路18号	二级	高级10人 中级80人 初级220人	松阳一中实验楼
浙江富宇建设有限公司	2002.03	县城长虹路18号	施工总承包三级	156人	松阳县民族中学综合楼
浙江中邦建设工程有限公司	2002.04	县城长虹路19号	施工总承包二级	高中级51人 初级291人	江西中邦·银都小区
浙江顺丰钢结构有限公司	2006.03	古市镇黄岗坑6号	钢结构二级	中级18人 初级20人	浙江博洲有限公司1号厂房
松阳县兴宇建设工程有限公司	2008.09	县城北山路35号	三级	中级6人 初级84人	浙江科马摩擦材料有限公司研发楼
松阳县鸿鑫建设工程有限公司	2009.06	县城长虹东路195号	施工总承包三级	中级20人 初级40人	古市镇中心学校迁建工程行政楼

在旧城改造过程中，大型或较大型的建筑业施工队伍应运而生，主要有浙江万寿建筑工程有限公司、浙江中邦建设工程有限公司、浙江富宇建设有限公司、浙江顺丰钢结构有限公司、松阳县鸿鑫建设工程有限公司、松阳县兴宇建设工程有限公司。

建筑业管理事业单位

至2010年，松阳县建筑业管理事业单位有市政工程管理处、房地产管理处、环境卫生管理处、园林管理处、安全生产监督管理办公室（施工管理处）、建设工程质量监督站（建筑材料试验室）、白蚁防治站、设计所、村镇建设管理处（村政规划设计室）及建设局西屏、古市、玉岩、大东坝、象溪村镇建设管理所。

2010年松阳县建筑业管理事业单位一览表

表6-5-1-3　　单位：人

科室名称	设立时间	性质（企事业）	人员
建筑设计室	1982.02	事业	3
白蚁防治站	1984.09	事业	3
建设工程质量监督站	1985.05	事业	6
松阳县建筑材料实验室	1985.07	事业	4
园林管理处	1985.12	事业	8
环境卫生管理处	1987	事业	26
房地产管理处	1990.02	事业	15
市政工程管理处	1991.01	事业	4
西屏镇村镇建设管理所	1992.07	事业	5
安全生产监督管理办公室	2003	事业	4
村镇建设管理处	2003	事业	5
古市镇村镇建设管理所	2003.10	事业	6
玉岩镇村镇建设管理所	2003.10	事业	2
大东坝镇村镇建设管理所	2003.10	事业	2
象溪镇村镇建设管理所	2003.10	事业	2

2000年4月，根据城市建设事业发展的实际需要，设置松阳县城市建设发展有限公司。2008年6月，增设松阳县城乡规划分局，以适应城乡建设之需。

第二节　建筑设计

设计单位

中华人民共和国成立前，县内无建筑设计专业机构。20世纪60～70年代，松阳县工业建筑和要求较高的公用建筑由上级设计部门设计，一般民用建筑由能工巧匠绘制简易图即进行施工。1982年，县建筑设计室成立，承担工业与民用建筑的设计任务，为丙级设计室，有专业设计人员12人，其中高级工程师1人、工程师3人、助理工程师8人，业余设计人员7人。历年设计面积累计45万平方米，650余项，其中县人民银行综合楼、县中医院门诊楼、县工业局交通局综合楼获丽水地区优秀设计佳作奖，岗寺初中教学楼1990年获省教委、省建设厅优秀设计奖。

1992年12月，松阳县第二建筑设计室成立，技术等级为丁级，有技术人员8人。1993～2002

年，松阳县第二建筑设计室设计项目 160 个，设计项目面积 50 万余平方米；2003～2010 年的设计项目 173 个，设计项目面积 100 万余平方米。

至 2010 年，县建筑设计所内有建筑设计师 14 人，其中高级工程师 2 人、工程师 6 人、助理工程师 6 人。

设计管理

1982 年 10 月，松阳县建筑设计所成立，隶属县城乡建设（环境保护）局。

1985 年，《松阳县建筑设计管理暂行办法》规定，除招、投标项目外，凡主管部门下达的建设项目，必先到建设局登记，再到县设计室办理委托设计手续；外县设计的建筑图纸，必委托持有浙江省建设厅颁发的勘察设计许可证的设计单位和人员设计的图纸，须经审定后始生效。

凡兼职或业余设计员，不得擅自承接设计业务。设计业务须由设计室统一安排。凡具有设计能力的人员，须持有设计资格执业证，并经县设计室聘为兼职或业余设计员，经审核，方可执业，未持有上述手续证者，不得承接设计业务。

至 2010 年，县设计所从初始的手工操作，升级到电脑绘图、电脑设计。

第三节　建筑施工管理

工程质量监督管理

建筑工程质量监督站　1985 年 5 月，松阳县建筑工程质量监督站成立，设建材试验室。松阳县建筑工程质量监督站对房屋建筑工程和市政基础设施工程建设进程中的建设质量，实行监督管理。

20 世纪 90 年代，松阳县建筑工程监督站要求全县三级施工资质的建筑企业建立质量管理网络，从公司到班组，都有质量监管小组或兼、专职人员，具体负责监督施工质量、工地施工安全等。

1985 年至 1999 年，县工程质量监督站前后参与大小千余工程的质量监管，直接有助于地方建筑质量的提升。县质监站所监管的工程，有 15 项取得省或市级荣誉。

松阳县工程建设监理有限公司　2000 年 1 月，松阳县工程建设监理有限公司成立，为丙级建设监理企业。企业内有注册监理工程师 11 人，省级监理工程师 4 人，监理员 12 人。至 2010 年，完成松阳一中公寓及餐厅、县人民医院放射楼等 20 多所大型楼舍的监理任务，其中 5 项工程被市建设局评为“九龙杯”工程（优质工程）。

2010 年，县工程建设监理有限公司有注册监理工程师 10 余人；注册资本增加到 50 余万元。公司的资质等级已从房屋建筑工程监理丙级，升至市政公用工程监理丙级。公司人员注册已达到房屋建筑工程监理乙级标准。10 月，房屋建筑工程及市政公用工程资质等级均已晋升为乙级。

施工安全管理

20 世纪 60 年代，建筑业尚无机械设备，施工沿用手工作业。80 年代建筑施工现场普遍使用安全帽、安全网、安全带、张挂各种醒目的安全标志，以保证操作安全。1985 年，设建材试验室，对建设工程使用的各种建筑材料进行检验，以保证工程质量。同年，工程质量监督站成立，对县内在建工程实施质量监督。竣工后，经验收评审，合格工程以上，方可交付使用。

1982年至1992年，施工企业共发生各类工程安全事故24起，伤36人，死亡7人。

20世纪90年代，各种建设工程施工进入高峰期。为加强施工安全管理，2003年10月，县建筑安全生产监督管理办公室（简称安监办）成立，要求各乡镇、部门对重大建设工程项目要重视安全管理，必须建立相应的安全领导机构，加强对重大建没工程安全生产工作的领导，完善安全生产管理机构，落实安全生产领导人员，进一步落实、健全安全生产责任制，明确安全生产职责，加强安全工作领导，并开展不定期的安全隐患排查治理活动。

县建设局设立松阳县建设系统安全生产工作管理领导小组和专项安全生产工作指导组，各司其职，以加强工程安全生产的领导，进行不定期地安全生产大检查，对工程施工中的专项隐患，适时开展排查整治工作。

1998～2003年，严格实施工程施工许可、工程建设报建、竣工验收备案、建设工程不良行为和“黑名单”制度等各项制度。县建筑工程无重大安全事故发生。至2007年，建筑施工领域连续5年未发生重伤及死亡事故。2010年，与各相关单位企业签订安全生产责任书224份，组织安全生产大检查13次，无重大安全事故发生。

建筑材料管理

1985年，松阳县建筑工程质量监督站成立，同时设立工程质量咨询服务部和建筑材料试验室（简称试验室）。试验室是依法设置的法定产品质量监督机构。主要承接县域内建筑工程的材料试验和工程测试。

试验室成立初始，有WE-60A液压式万能试验机、震动台1平方米两台设备及标准养护室1间。承接试验的项目有砼抗压、砂浆抗压、钢筋拉伸及弯曲试验、钢筋焊接及冷变试验、预应力现场静载分级加荷试验等。20世纪90年代中期，试验设备增添NYL-2000D压力试验机、砼回弹仪、砂浆回弹仪等。

1997年，单设县建材试验室。2007年，引入建筑材料检测管理系统（WEB）软件。2008年，为适应市政建设和房建的强制性标准的要求，开始承接土路基的压实度、无侧限抗压、路面砼抗折、钻芯抗劈裂、沥青的针入度、延度、沥青含量（离心分离法）等项目的试验，为域内建设工程提供质量保障。并引进门窗物理性能检测设备，开展门窗抗风压检测及气密性、水密性、建筑锚栓拉拔性能的检测，扩大检测领域，拓展检测项目。至年末，通过省专家评审组现场评审已认证的76个建材参数认定。2007年和2008年，连续2年参加浙江省质量技术监督局组织的试验检测机构热轧光圆钢筋室温拉伸试验、水泥检测能力验证活动，均获通过。

建筑设备管理

简易机械　20世纪60年代前，建筑业尚无机械设备，施工沿用手工作业。1970年，松阳建筑社购进第一台锯板机。1976年后，普遍使用搅拌机。部分施工单位开始使用推土机、磨石子机、电钻、电刨、卷扬机等施工机械工具。80年代，建筑施工现场普遍使用各种机械施工，推广各类钢筋

混凝土构件。1992 年，全县有施工机械设备 500 多台。主要机械设备有拌和机、卷扬机、震动器、锯板机、钢筋切断机、空气压缩机、打压机、井字架等。

复杂机械　1993 年后，工地开始使用 200L 自落式混泥土搅拌机和强制式砂浆土搅拌机。1995 年，职业中专教学楼工程使用钢管式井架。1999 年，建筑工地有井架式物料提升机。2006 年开始，在高层建筑施工中使用塔吊。

第四节　县城建筑选介

松阳大厦（亿都国际大酒店）

松阳大厦位于县城中心，建于 2002 年，投资 8000 万元。楼高 15 层，建筑面积 1.2 万平方米。因故未能及时完工验收投入使用。

2009 年，亿都国际大酒店开始装修；2010 年 1 月，开始营业，是一家集娱乐会所、餐饮、足浴、会议为一体的高档、多功能的商务旅游休闲场所。

图 6-13　亿都国际大酒店（钟土军 摄于 2010 年）

天元国际酒店

天元国际酒店位于县城长虹路与长松路交叉口东南向，建于 2006 年，是一家按国际四星级标准建造的商务型大酒店。投资 1.2 亿元。主楼高 14 层，建筑面积 1.8 万余平方米；附楼会议中心高 6 层。2008 年，开始营业。

酒店由主、附两幢大楼组成，建筑新颖独特。有各类豪华客房 138 间（套）。店内设有 30 多个风格各异的餐饮包厢，宴会大厅可同时容纳 500 人就餐。附楼会议中心有 6 个大小不等、功能各异的会议厅和 VIP 接待室，可接待 15～500 人各种不同类型和规格的会议、培训和商务洽谈。

兴城·御景园

御景园位于松阳县城市政广场西侧，用地面积 7622.6 平方米，建筑面积 25494 平方米，其中地下建筑面积 4268 平方米，地下车位 76 个。地上 4 幢 11 层小高楼，建筑面积 20934 平方米，住宅 127 套，面积 17270.2 平方米；营业用房 33 间，面积 3729.82 平方米。总投资 6406 万元，由浙江兴城房地产开发公司开发。2006 年 10 月开工建设，2007 年 1 月开始预售，2008 年 7 月建成投入使用。

图 6-14　兴城御景园（叶光铭 摄于 2008 年）

天元·现代广场

松阳天元·现代广场位于县城长松路与要津路交叉口东南角，北枕长松路，西邻要津路，东、南皆为住宅区，建于 2006 年。总用地面积 3868.4 平方米，建筑总面积 21428.67 平方米（其中住宅 112 套，面积 15730.47 平方米，商场面积 5698.20 平方米）。项目投资 3500 万元，由松阳县天元房地产开发有限公司开发建设。

图 6-15 天元·现代广场（钟土军 摄于 2009 年）

青蒙花苑

松阳县卧龙湾·青蒙花苑位于西屏镇青蒙村东南向，为高档住宅小区，用地面积 10.92 万平方米，建筑面积 60612 平方米，建有 172 幢单体、联体别墅，有 1065 平方米的幼儿园，600 平方米物业用房等。可入住 168 户（其中单体别墅 100 户，联体别墅 68 户）。围墙内绿地 45540 平方米，围墙外绿地 15000 平方米，小区绿化率 42%，建筑密度 22.6%，容积率 0.555。工程总投资 8740 万元，是一个功能齐全，并实行 24 小时智能化物业管理的纯别墅住宅小区。2006 年 3 月奠基，2009 年基本建成。2007 年被丽水市建设局评定为丽水市十大精品楼盘之一。

图 6-16 青蒙花苑（叶光铭 摄于 2008 年）

第六章　市容环卫

城市环境卫生质量关系到城市生存与发展，和城市居民息息相关，也是城市文明程度的重要标志。1995 年 12 月，松阳县禁止拖拉机等车辆进城、禁止车辆乱停乱放、禁止机动车鸣喇叭、禁止乱丢乱倒垃圾、禁止放养家禽家畜。2001 年 3 月，松阳县建设局出台《关于加强县城市容和环境卫生管理的通告》，要求城区单位和个人自觉遵守。推进街道环保作业市场化管理，制订“五定一组合”的具体作业方案，使辖区市容市貌和人居环境得到改善，整体卫生水平提高。

第一节　管理机构

民国时期县城卫生管理

民国 19 年（1930），松阳县《年刊》载，民国时期，国民政府规定各市县每年 5 月 15 日、12 月 15 日，应举行卫生运动大会，大扫除 1 次，松阳均按期实施。

民国 19 年（1930）4 月，松阳县卫生委员会成立，委员 21 人，整顿城市公共卫生。城市街道清洁，向由公安局负责。是年春，县公安局在县城建砖砌垃圾桶多处，仍不够用，县卫生委员会议决从公安局征收之广告收入中捐数十元，作增设垃圾木桶之用。

由于街市地区阔，公安局清道夫难负清洁全责，卫生委员会于是拟具办法，作为提案，供县政府组织实施。提案指出，土地房屋所有者及使用者均有保持该地域清洁之义务。户外道路沟渠应由该地住户按周扫除一次，由邻长负责监督之，其他公共场地之清洁由清道夫负责施行，扫除时间定每星期日清晨进行。污物尘埃应倾倒于垃圾桶内，俾便清道夫挑出城外。如任意投弃污物土石于公共沟渠者，依部颁污物扫除条例施行细则第十条由公安局科以三元以下之罚金或三日以下拘留。

第一条之义务者不能保持该地域之清洁，经卫生警或卫生稽查员或其他人员（如闾邻长等）之发觉报由公安局或卫生委员会以书面警告限期扫除仍不履行，依部颁污物扫除条例施行细则第九条由公安局科以三元以下之罚金。

各住户如至当日午后尚未履行第二条之义务时，应由该邻长随时警告，不听即报由公安局，科以三元以下之罚金或三日以下之拘留。前项邻长如不报告时，一经发觉科以同等处罚。

以上罚金以三成给报告人，二成给执行机关，其余均充作卫生经费。其罚金收据由县卫生委员会制定，公安局填给。各住户如对于清洁义务能实力奉行为户模范者得由该邻长报由卫生委员会考核给奖以资鼓励。

县卫生委员会提议禁止在街上及沿河屠宰、街道禁晒污秽物品；松阳市街湫隘，对商店、摊贩错出街中亟应加以取缔，以免阻塞交通。

民国35年（1946），县卫生院设卫生监督员1人、清道夫3人，负责清扫街道。县城有简易公共厕所。

中华人民共和国成立后卫生管理机构

1949年5月，松阳解放，县城环境卫生管理仍沿袭民国时期的体制，由县公安局管理。1951年，清扫班成立，有职工8人，分东门、南门、西门、北门各2人负责清扫街道。1958年，县卫生防疫站下设清洁班，负责县城主街道的清扫保洁工作。

1978年，遂昌县卫生局、财政局联合发文《关于成立城关、西屏、古市3镇环境卫生管理所的通知》，规定3个镇新成立环境卫生管理所，为所在镇的集体所有制单位，人员由镇革委会安排解决，但工资补助和必要的器具、药品，由县财政局下拨给镇革委会，其中西屏镇2500元/年，古市镇1500元/年。1982年1月，松阳恢复县置。8月，西屏镇、古市镇清洁班更名为镇环卫所。1983年4月，古市镇环卫所成立。

1987年12月，松阳县人民政府同意环卫机构与所属镇政府脱钩归口到县城乡建设局，成立松阳县环境卫生管理所和古市环境卫生管理所。

1990年，西屏、古市两镇的保洁工作划归镇人民政府管理。1992年，有环卫职工43人，其中西屏环卫所29人，古市环卫所14人。配有洒水车1辆，大小机动车4辆，手拉车14辆。对城镇街道实行分组包干责任制，日清扫2次，每日清运垃圾20多吨，部分垃圾作农用肥料低价出售，城区环境卫生明显改观。县环卫所在城区西郊建成垃圾处理场1座，占地面积4100平方米。县城有环卫所管理的公共厕所5处。

1999年，松阳县实施“管干分离”的环卫体制改革。2000年9月，出台《松阳县环卫所管理体制改革方案》（讨论稿）。通过体制改革建立政府投入与社会参与相结合的多元化投资体系和管干分离、市场化运作的环卫作业模式，最终实现环卫管理的法制化、环卫作业的企业化、市场化，促进环卫作业的良性运作。

2001年8月，为完善古市镇政府的管理职能和服务功能，为推进古市镇作为浙江省综合改革试点镇的改革，县政府决定将古市镇环境卫生管理所和古市镇城建监察中队，由现行的县建设局管理为主改为归属古市镇人民政府管理，业务上接受建设局指导。

2003年8月始，县环境卫生管理所更名为松阳县环境卫生管理处，其主要职责是从事县城街道清扫保洁，生活、建筑垃圾的清运、中转、处置和收费管理等工作。内设办公室、财务室、监察中队、监察科、收费科和综合科。延续至2010年。

第二节 市容管理

县城环卫管理

1983年12月，西屏镇人民政府和县建设局颁布《关于加强西屏镇范围内废土、废碎石、垃圾、污水等妥善处理的联合通告》，规定凡本镇范围内的单位对多余的废土、废碎石必须倒在指定地点（下溪滩），不准倒堆在新大街建设范围和工地上，不准在城镇周围和大街小巷、坑道、水沟内随意乱倒。对新建宿舍等设有抽水马桶和淋洗厕所的废水，必须遵照有关规定，向基建局申请批准，按规定位置和技术要求接入排水管网，未经沉淀处理的污水不得接入排水管网或直接排入农田与河流。垃圾必须倒入垃圾箱（桶），由环卫所处理，严禁在道路、窨井、桥下、河道、坑道及绿化带等处随意倾倒。

1995年12月，县政府颁发《关于禁止拖拉机等车辆进城、禁止车辆乱停乱放、禁止机动车鸣喇叭、禁止乱丢乱倒垃圾、禁止放养家禽家畜的通告》（简称“五禁”）。对有违反规定的单位和人，由公安、建设、农业等部门及西屏镇人民政府分别依法作出行政处罚。

2000年1月，县建设（环保）局出台《关于在县城主要街道实行垃圾袋装的通告》，要求单位和个人都要将生活垃圾用袋装好投入垃圾箱，违者应受处罚。3月，县建设局出台《关于加强县城市容和环境卫生管理的通告》，对在大街上便溺、乱扔果皮、纸屑和烟头的；在县城城区内主要街道的建筑物、构筑物、设施以及树上涂写、刻画或者未经批准张挂、张贴宣传品等的；不按规定地点、方式倾倒垃圾、粪便、污水、乱扔动物尸体、随意燃烧树叶、垃圾的；施工场地的泥浆、污水外流，影响市容环境的；临街工地不设护栏或护栏不符要求，停工场地不及时整理或者竣工后不及时清理和平整场地的；未经批准，擅自在街道两侧和公共场地摆设摊点，影响市容的；未经批准或经批准后不按有关规定堆放物料、渣土，搭建建筑物、构筑物及设施，影响市容的；损坏各类环境卫生设施及其附属设施的；侮辱、殴打环境卫生工作人员和市容环卫监察人员或者阻挠其履行公务的行为作出处罚。

图6-17 垃圾收集（钟土军 摄于2010年）

2006年7月，县政府印发《松阳县县城市容和环境卫生管理办法》（简称《办法》），规定市容和环境卫生管理实行县政府、镇政府、社区等3级管理和谁主管谁负责的原则；县市容和环境卫生主管部门负责市容和环境卫生的监督管理工作；县环境卫生管理机构负责环境卫生日常管理工作；西屏镇人民政府、县工业园区应各自按照职能分工，负责所辖区域内市容和环境卫生管理工作；县市容环卫行政主管部门依法对违反市容环境卫生管理法律、法规、规章的行为实施行政处罚。《办法》

对县城各部门、单位和市民个人在市容和环境卫生方面提出具体要求。

2007 年 9 月，市容环境卫生监察中队成立，以增强市容和环境卫生监督力度。

古市镇环卫管理

中华人民共和国成立之初，卫生管理沿袭民国体制，由县公安局管理。1958 年，县卫生防疫站下设清洁班。1978 年，古市镇环境卫生管理所成立，为镇集体所有制单位，人员由镇革委会安排解决，工资补助和必要的器具、药品，由县财政局下拨，1500 元/年。镇卫生管理所职责是发动和开展群众性爱国卫生运动；做好本镇范围内的环境卫生和污物垃圾处理；管好本镇范围圈猪、积肥及“四害”孳生地处理；每天把垃圾、污物、粪便运往农村生产队。

1987 年 12 月，古市镇环卫所与镇政府脱钩，归口县城乡建设环境保护局。1990 年，古市镇保洁工作重新划归镇政府管理。1993 年 9 月 27 日，古市镇就垃圾处理、牲畜关养、损坏环卫设施和侮辱环卫工人等作出 5 项违规违纪的处罚规定。

2001 年 8 月，为完善古市镇政府的管理和服务功能，推进古市镇作为浙江省综合改革试点镇的改革工作，县政府决定将古市镇卫生管理所由现行的县建设局管理为主改为归属古市镇人民政府管理，业务上接受建设局指导。

2006 年，松阳县开展“百村千户文化示范工程”（双万结对共建文明）结对共建活动。古市镇各村设保洁员，镇建垃圾中转站，服务全镇 30 个行政村、20807 人口，日处理垃圾量 20 吨。

2010 年，古市镇加快城镇基础设施建设，完成垃圾处理、路面硬化等基础设施建设，规范横街、松洲路中心街区、万寿路的商贸经营秩序和行车停车秩序，有效改变城镇“脏、乱、堵”现象。完成省道沿线、松阴溪沿岸等 22 个村庄的连片整治和 7 次环境卫生大整治。实施新一轮村庄整治、康庄工程、农民饮用水、农村清洁能源等民生工程，全面完成下五木、下社、塘头等 3 个行政村村庄整治，共硬化道路 6.5 千米，完成生活污水集中处理 758 户，铺设污水管网 4055 米，建净化池 85 座容积 628 立方米，农户改厕 792 户，新建公共厕所 3 座，建设小型户用沼气项目 26 座。

第三节　卫生保洁

城区保洁

民国时期，松阳县城有清道夫数人，负责主要街道的清扫清运，经费由店铺住户摊派捐助为主，政府财政也有少量拨款。1949～1981 年，县城环卫主管部门先后由县公安局、县防疫站和西屏镇人民政府负责，都存在经费少、人员不足的现象。1981 年后，西屏镇清洁班有员工 8 人，负责北直街、人民大街、南直街、横街等主要街道的清扫清运工作，小街小巷由住户自行清扫保洁。

1982 年，松阳县置恢复后，城区面积扩展，环卫工人增加。1998 年，环卫所已有正式职工 50 人、临时工若干，仍不能满足保洁需要。

1999 年，松阳县委、县政府提出“管干分离”的环卫体制改革思路。2001 年，尝试将县城部分小街小巷6万多平方米路面的清扫保洁权推向市场，公开招投标。2002年、2003年，公开招标环卫清扫保洁作业范围扩大到主要街道，每天保洁时间为8小时。2006年，环卫招标对象从自然人向公司法人模式转变。每天保洁时间，主街道为16小时，次街道为12小时。2007年，县城街道保洁工作向社会公开招标，环卫清扫保洁总面积达63.2万平方米，社会参与作业人员125人。2008年，县城12条主要街道、85条小街小巷、公共通道和工业园区1至3期，共100万平方米的保洁面积和11座公厕通过竞争性谈判，最终以下浮3%的采购价由松阳县文兴保洁有限公司、松阳县龙兴保洁有限公司、丽水市中环涂装保洁服务有限公司获得清扫、保洁、清运权。街道清扫保洁时间主街道为18小时、次街道为12小时，社会作业人员150人。2009年，城区街道环卫作业面积为129.5万平方米，社会参与作业人员180人。2010年，城区保洁面积为140万平方米，社会参与保洁人员210人。

图6-18 环卫工人清扫街道（叶光铭 摄于2008年）

2003～2010年松阳县城区环卫保洁市场运作情况表

表6-6-3-1

年度	保洁面积（万平方米）	保洁员（人）	垃圾清运量（万吨）	保洁费用（万元）
2003	56.4	62	2.89	32.15
2004	56.4	62	2.97	
2005	56.4	62	3.18	
2006	56.4	129	2.91	89.25
2007	63.2	135	3.16	118.5
2008	100	150	3.49	192.65
2009	129.5	180	3.60	289
2010	140	210	4.10	350

说明：2003～2005年一包三年

环保作业市场化，保洁公司制订“五定一组合”（即定人员、定岗位、定时间、定路段、定标准和优化配置组合人员）的具体作业方案。作业人员作业时，必须穿戴统一的环卫着装，路面达到“四无三净”。清运垃圾的驾驶人员必须持法定驾驶证，垃圾清运车必须经保险公司保险的车辆，且外观整洁、运输密封，垃圾清运做到日产日清，按指定地点倾倒垃圾。

城区环卫作业外包干后，县环卫处的主要职责转向加强环卫队伍的业务培训和法制教育，建立和完善监督管理制度。2007年9月，松阳县市容环卫监察中队成立后，分别对城区街道清扫、垃圾清运、公厕清洗、绿化带清理等进行日18小时监督巡查，按招标条文和《环卫作业考核细则》进行考评。并邀请社会各界人士对县城环卫质量满意度不定期进行民主评定，对承包的保洁公司的评议一年不少于4次。对影响环卫形象及信誉的，环卫处可提前终止承包合同。

图6-19 机械清扫 （叶光铭 摄于2008年）

2009年9月，环卫处利用松阳县城建监察大队“数字城管”建设的装备，在环卫处一楼设立数字化城市管理协同平台，对环卫作业车辆、街道卫生进行定位监控，确保在最短时间内发现并处理问题。

2010年松阳县城区环卫作业外包干情况表

表6-6-3-2

保洁公司名	清扫保洁面积（平方米）						岗位定员数（人）	作业工具				招标金额（万元/年）
	主干道		小街小巷		清扫保洁总面积	垃圾箱数（只）		垃圾车（辆）	拖拉机（台）	扫帚（把/年）	畚斗（只/年）	
	街道名	面积	条数	面积								
松阳县文兴保洁有限公司	新华路、新华北路、紫荆街、人民大街、环城西路、工业园区一、二、三期	587107	58	126698	713805	173	102	15	2	4896	408	212
松阳县龙兴保洁有限公司	太平坊路、新华南路、要津路、长松路、长虹路东段、环城南路	553403	42	132792	686195	142	93	—	—	4608	384	119
丽水市中环涂装保洁服务有限公司	县城公厕	13座	—	—	—	—	13	—	—	—	—	19
合计	—	1140510	100	259490	1400000	315	210	15	2	9504	792	350

说明：其中新华路、新华北路、紫荆路、人民大街、环城西路及工业园区一、二、三期段的招标金额212万元/年包括清运费101.82万元

垃圾清理与填埋

1982年前，松阳城区主街道的生活垃圾多为住户家中的残余菜叶、菜根和地上尘土等，一般由清洁工收集后用手拉车运到城郊农村，发酵后，供农民用作肥料。1982年后，随着县城建设快速发展和人们生活水平的提高，城区垃圾的年产量和清运量以15%的速度递增，且垃圾中废铁、玻璃、塑料、煤渣和建筑垃圾大量增加，垃圾不能再作农肥使用。20世纪80年代末至90年代初，一度出现垃圾乱倒乱放状态，城郊路边、河滩、山脚常有垃圾乱堆放现象。1993年，在城北草场圩建立一个垃圾堆放场，占地4000平方米，暂时解决垃圾堆放的场地问题，但不能作垃圾无害化处理，污水漫流，蚊蝇滋生，污染空气、地表水和地下水，邻近村民反映强烈。1998年7月，县计划委员会同意县城垃圾处理场项目列入1998年度预算安排计划。项目建设规划垃圾发酵池20只，机械化筛选设备2套、垃圾车1辆、综合仓库400平方米，工程总投资355万元。是年9月，县城南垃圾中转站动工建设，占地300平方米，建成投入使用后，因周围居民反响强烈而改为江滨公园公厕及他用。

1999年，规划建设松阳县垃圾填埋场，该工程位于松阳县城东南，西屏镇外青蒙东侧的大坑儿山谷，距城中心5.5千米。山谷三面环山，南面紧临龙丽公路，公路南侧即为松阴溪。该项目工程概算投资780.3万元，工程用地9.4公顷，填埋库容90万立方米，垃圾中转站日转运垃圾70吨，设计使用年限25年。垃圾处理采用卫生填埋方式，污水处理采用生化—物理处理工艺。工程于2000年5月完成招标，由松阳县第二市政工程公司承担工程施工任务。整个工程于当年5月底开工建设。2000年末，一期工程完成交付使用。

图6-20　县城垃圾填埋场填埋区(县建设局提供 摄于2008年)

垃圾填埋按功能分为3个区，即填埋区、污水处理区、管理区。填埋区的主要工程内容包括垃圾坝、截污坝、库底场地处理工程、渗沥液收集系统、气体导排系统、排洪及雨水系统、入库道路运输系统。污水处理区的工程内容包括渗沥液调节池、污水处理系统、处理水排放系统。管理区包括填埋场综合管理（含环境监测）用房及仓库、车库等。另有地下水监测井、大气监测点、防火隔离带等。

2002年3月，永丰垃圾中转站建成，地点在长虹路中段永丰粮站对面，建筑面积259平方米，垃圾转运量70吨/日。2003年3月，建成县茶叶市场上首垃圾中转站，建筑面积103.74平方米，中转量30吨/日。2003年6月，启动县城垃圾填埋场渗沥液处理工程，2005年4月完工并开始试运行，设计能力为1500立方米/日，处理后出水水质达到《污水综合排放标准》(GB8979—1996）一级标准。

2006年，建设截污沟、管理用房，购置垃圾处理运输机械等，设立建筑垃圾填埋场所。原建筑垃圾与生活垃圾混装混卸，增加垃圾运行成本，也影响青蒙垃圾填埋场使用年限。2009年11月，在龙丽公路边原草场圩垃圾堆放场完成城区垃圾收集系统和环卫综合基地建设，建筑面积110平方米，垃圾转运量70吨/日。

粪便处理　人粪是优质农家肥，长期以来，城郊农民进城挑粪作肥料。20世纪50～70年代，农村社队进城与机关单位签订人粪买卖清运合同，也有农民挑着大粪桶走家串户收购粪便，每担（150至200市斤）价值2至3市斤米的价格。

20世纪80年代始，县城新建住宅一般都设有抽水马桶的卫生间，粪便经化粪池沉淀后排入城市排水排污管道，再排到松阴溪。2007年10月后，县城部分粪便污水可进入县污水处理厂处理，达标后再排入松阴溪。2009年5～6月，县城市发展有限公司委托县环卫处对县城22个公共化粪池进行彻底清理，确保化粪池畅通和正常卫生使用。添置吸粪机对各化粪池进行定期清理，以解决化粪池的溢漫现象。

公共厕所保洁　20世纪80年代前，县城主街道附近无公共厕所，上街内急如厕难。一些农户为积肥在小巷小弄僻角处用稻草或破草席遮拦，摆放一便桶（或一缸），算简易厕所。

20世纪80年代，主街道新华路形成，新电影院南侧和总工会北侧各建1座砖混结构公共厕所。90年代新建的公厕设计新颖，外形与周围环境相协调，墙体瓷砖贴面，内设洗手盆、顶灯等设施。2007年建成的儿童公园公厕和2009年建成的江滨景观区公厕，设置残疾人如厕间，整体清洁耐用，利于冲洗保洁。2010年，城区有公共厕所13座，昼夜开放。配有专职保洁员。

固体废弃物处理利用　2006年6月，在古市镇十五里村设立弃渣场，按照“谁产生，谁承担处置责任”的原则，由业主单位或委托环卫部门将建筑垃圾运至弃渣场填埋，实现建筑垃圾资源化回填处理。

乡镇垃圾处理

2006年，在优化县城环境的同时，农村以改善人居环境卫生为突破口，开展“百村千户文化示范工程”（双万结对共建文明）结对共建活动，全县有省、市、县级共131个文明单位与103个行政村（社区）结对，推动农村卫生事业发展。2006年，农村改厕1226个，改造牛羊猪圈825个，村设保洁员，乡镇建起垃圾焚烧炉。

2006～2007年松阳县乡镇垃圾处理设施建设工程情况表

表6-6-3-3

工程名称	服务区域（行政村）（个）	服务人口（人）	日处理垃圾量（吨）	建成时间
古市镇垃圾中转站	30	20807	20.0	2006年
象溪镇生活垃圾焚烧炉	35	14731	5.0	2006年
玉岩镇生活垃圾焚烧炉	32	12911	4.0	2006年
大东坝镇生活垃圾焚烧炉	30	16098	8.0	2006年
赤寿乡生活垃圾焚烧炉	18	10200	3.5	2006年
新兴乡生活垃圾焚烧炉	20	9650	1.5	2006年

续表 6-6-3-3

工程名称	服务区域（行政村）（个）	服务人口（人）	日处理垃圾量（吨）	建成时间
樟溪乡生活垃圾焚烧炉	22	10098	4.0	2006 年
叶村乡生活垃圾焚烧炉	10	6000	3.5	2006 年
望松乡生活垃圾焚烧炉	19 及乡工业区	13000	3.0	2006 年
斋坦乡生活垃圾焚烧炉	11	7910	2.5	2006 年
四都乡生活垃圾焚烧炉	11	3500	3.0	2006 年
谢村乡生活垃圾焚烧炉	11	4900	2.5	2007 年
新处乡生活垃圾焚烧炉	13	6800	2.0	2007 年
竹源乡生活垃圾焚烧炉	11	6560	1.5	2007 年
三都乡生活垃圾焚烧炉	18	8290	1.5	2007 年
安民乡生活垃圾焚烧炉	8	4000	1.5	2007 年
枫坪乡生活垃圾焚烧炉	17	8000	2.0	2007 年
裕溪乡生活垃圾焚烧炉	12	3300	2.0	2007 年
板桥乡生活垃圾焚烧炉	9	4000	2.0	2007 年
西屏镇垃圾中转站	8	35000	30.0	2007 年
合计	345 及工业区	205755	103	

环卫设施设备

沿街环卫设施　民国 19 年（1930）4 月 29 日，松阳县卫生委员会成立，开始整顿城市公共卫生。1949 年松阳解放后，仍沿袭旧做法。

1976 年，西屏镇有砖砌垃圾箱 20 只，镇清洁班有 1 名兼职驾驶员，用小翻斗车将垃圾清运到城郊给农民当农家肥。

图 6-21　县城道路洒水（钟土军 摄于 2009 年）

1982 年后，随着城区面积逐年扩展，生活垃圾越来越多，沿街环卫设施数量逐年增加。20 世纪 90 年代前，垃圾箱是砖砌、无门无盖的垃圾池，90 年代后，代之以设计美观大方、水泥制成的垃圾房。2010 年，在主街道放置便于封闭式垃圾清运车装载的活动塑料垃圾箱。沿街果壳箱，从木板箱到陶瓷动物型果壳箱再改换铁制果壳箱；是年，县城主要街道全改用不锈钢果皮箱，精致实用美观。

2010 年，松阳县城有垃圾箱 250 只，果皮箱 450 只。

保洁工具设备　1949 年前，松阳县城清道夫扫地用扫帚和畚斗，清运用烟篮挑。1949 年后，县城清扫主要工具还是扫帚，清运工具去旧换新。20世纪50～60年代，用手拉垃圾车。1976年，改用翻斗车。1982年，使用容量较大的农用拖拉机。2007年，购买2辆封闭式不锈钢垃圾清运专用车。2010年，县环卫处有工具车4辆、洒水车1辆、蒯车1辆、吸粪车1辆、垃圾清扫车1辆、垃圾清运车2辆、垃圾收集车2辆、拖拉机2台。

卫生县城创建

2003年，中共松阳县委制定《松阳县创建市级文明县城工作实施意见》，相继出台《县城垃圾袋装收运实施办法》《长虹东路清障拆违工作方案》等。规定新华路、紫荆路、人民大街三条干道从2003年8月1日起拆除固定垃圾箱，实施垃圾袋装收运。拆除违章建筑3500余平方米，修补街道磁损路面1600余平方米，捕杀150余只违章放养犬，整顿车辆乱停乱放等突出问题。2004年，围绕建设“山水历史文化名城”，争创“省级创建文明城市之先进县”为目标、开展“城市环境综合整治”，着重开展环境卫生整治。2005年，为创建省级卫生县城、深化环卫体制改革，在主街道推行环卫作业市场化运作的基础上，将群众要求小街小巷实行清扫保洁的呼声和愿望提上议事日程，实行“一把扫帚扫到底”模式，实现全城保洁的目标，解决卫生死角。

2006年4月，召开“创省级卫生县城”动员大会，成立创建领导小组及其办公室，下设7个专项工作组，具体领导和协调“创省卫”的相关工作，掀起“创省卫”工作高潮。共出动执法人员1600余人次，整治1万余起流动推贩和其他违章经营现象，拆除违法违章建筑4702.56平方米，清理城市“牛皮癣”3万多平方米，新一轮县城街道、公厕保洁权全面推向社会，公开招标，完善招标机制，提高保洁质量。县城环境卫生、市容市貌的管理逐步规范化和经常化。全面整治县城各入城口、城乡结合部和内河的脏、乱、差现象。对主要街道和小街小巷分别实行16小时和12小时的巡回保洁，垃圾日产日清，加强对市民放养家禽家畜的管理和整治。县城环境实现“洁、畅、绿、美”的目标。是年，松阳县城通过省爱卫会的考核验收，被命名为“省级卫生县城”。西屏镇北山村和谢村乡坳后村被命名为市级卫生村，新兴乡内孟村和赤寿乡界首村被命名为省级卫生村。

2008年、2009年，松阳县城在创建省级文明县城中，加大资金投入，完善基础设施；健全长效机制，优化县城环境；丰富创建活动载体，开展文明活动。

2010年初，中共松阳县委提出用3年（2010～2012）时间，力争实现国家级卫生县城的创建目标。在调查研究的基础上，制定实施方案，成立以县主要领导为组长的创建工作领导小组，通过充分筹备，于4月9日举行创建国家卫生县城启动仪式。

在松阳农村，创建生态文明村的活动有序推进。县委成立相应领导机构，编制《松阳县2010～2012年生态文明村创建规划》，规划到2012年，松阳县将力争实现市级生态文明村290个，其中2010年65个、2011年132个、2012年93个。

第七章 园林绿化

民国时期，松阳县城仅有少数分散绿地。民国版《松阳县志》载，县城内，除公共用房，诸如县署、孔庙、城隍殿内外，有古树数株；民居中，除大户人家的庭院中，植有观赏树木，一般民户鲜有此举。曾有兴建附郭公园、西屏山公园之议，但屡议屡废，未能实施。民国 33 年（1944），省农改所雇工在农改所大门外、白龙堰水渠北侧路旁，植法国梧桐数十株。嗣在城北瑞阳门汽车站站房前后，植法国梧桐数十株，属境内最早人工栽培行道树。

中华人民共和国成立后，县人民政府发动群众植树。每年一度，组织群众上山造林，并为绿化公路栽培行道树。由于植后管理工作未跟上，成荫率不理想。1956 年，松阳公路段 103 道班负责营造的 103 路段的行道树，成活成荫较多。遇有被损坏的，即派人补植，道旁始有绿树成荫。1966 年，县城人民大街栽种行道树，至 1992 年末，县城街道有行道树 689 棵。

第一节 苗 圃

民国 10 年（1921），城北望松禅院东隅，曾设苗圃。是年，山下阳村设农林试验场，兼种植供地方绿化用的各种苗木，其中多为油桐、油茶一类经济林树苗。仅繁少量法国梧桐，供公私建设绿化事业之用。据称，鲜有成效。

民国 27 年（1938），浙江省农业改进所在山下阳村创设农业实验场，繁殖、推广桑苗、油茶、柏子等经济实用林苗木及刺柏、香樟、法国梧桐一类苗木。松阳境内始有人工育苗。

1958 年，境内重建苗圃，位于西屏镇五村破樟树。育有柏树、樟树、苦栎、桉树、法国梧桐等苗木，至 1966 年“文化大革命”时，破樟树苗圃散场。

1984 年，松阳县园林管理所成立，是城镇绿色事业的专业机构。1985 年，县园林所在单位宿舍的四楼平顶上，人工造就一个百余平方米的屋顶“苗圃”，力图培育树苗，供县城绿化之需。

1987 年，建成园林苗圃，占地 1.5 公顷。园林所从外地引进花卉、苗木的时新品种，通过苗圃自己繁殖，培育各种林苗和花卉。数年间，共育林苗、花苗等 300 多个品种，初步满足各园林景点及街道绿化之需。建有供花卉、林木、幼苗越冬用的温室 1 处。

随着松阳旧城改造、街道扩展、县城建成区的延展，用于绿化的苗木、花卉种苗数量成倍增长，为适应绿色建设之需，园林所在离城 20 里外的樟溪乡馒头山村，租赁山地 3.9 公顷，建馒头山苗圃，育红豆杉、四季金橘、香樟等珍贵树种，供境内绿化。

第二节　公　园

民国初，县内曾有兴建附廓公园之议。民国28年（1939），浙江省农业改进所曾规划园林绿化之事。不久，日军窜犯江浙，建设公园之议及规划又成奢谈。

西屏山公园

西屏山公园位于城西路西侧，面积19.23公顷，其山壁立如屏障，故名。山顶平旷，旧时有白鹤殿，已圮。北侧山体崖壁上有古人题刻“凌霄台”三字，楷书，阴文竖刻，旁署“缙云胡子文书”（胡子文，宋，缙云人，工书）。下端有崖刻“醴泉”二字，无落款。“凌霄岚翠”，为旧松阳十景之一。

1985年，西屏镇政府经与山旁土地使用权所有单位（生产大队、队、户）协商，通过征用补偿办法，收归为西屏镇政府所有。1985年4月，建西屏山公园。经县园林所负责绿化、管理后，林木参天，灌木遍布，郁郁葱葱，成为天然氧吧。

图6-22　西屏山公园（叶祖青 摄于1985年）

在西屏山麓东北隅有一块平地，占地面积0.08公顷。其中，绿化带、草地约0.04公顷，有香樟、金桂各几十棵。剩余平地安置有部分体育、健身器材，为儿童、成人活动场地。

江滨公园

江滨公园位于县城南松阴溪北岸，长松路、新华路、环城西路之间。1999年6月着手设计，2001年建成投入使用。

江滨公园面积7.02公顷（含江堤面积3175平方米）。其中绿草植被面积约占70%。江滨公园基本上以植物造景为主，花卉为次，配以唐宋时松阳名人的雕塑，复加横贯公园西东的水渠，流水汩汩，上覆路桥，四周饰有镌以龙凤吉祥、荷花等图案的青石栏杆。在绿地上，建有石质六角形小亭，供游人憩息、观赏。整个公园凸显出松阳历史文化名城的人文地方特色，传统和时尚美融合于一处，为人们提供一方优雅的休闲处所。

至2010年，尚有市政广场及城北、城东等7处绿化区块，面积大小不一。园林城市、绿色小城镇初具雏形。

第三节 城区绿地建设

街头绿地

城市街头绿化，为城市建设和国土绿化的组成部分。县城街头绿地建设的科技含量及艺术水平，近年均有相应提高。

府前街街头绿地，设在街中心地带。花坛中按一定距离，栽着法国梧桐。长虹路东段、长松路的街头绿地，分别设在街道两旁。街道两旁的行道树，有樟木、桂花，绿荫浓浓。新华北路及紫荆街的街心绿地，花坛内种着金桂、紫荆花等。

新建的街道左右两旁，行道树自成一景，形成一条条绿化带。

附属小块绿地

附属小块绿地，又称防护绿化带，旨在绿化人居环境，提高人居环境质量。1992 年后，新落成的住宅区群落，墙体外均剩有宽度 50～80 厘米的呈带状延伸，直至边界为止的条状绿地，供栽植林木或花卉之用，形成篱笆状，故称绿篱或宅旁绿地，也称零星绿化块。县委、县政府办公大楼门前两旁的小块花坛，坛内轮植着四季色彩各异、花期不同的草花。

绿篱，多为法国冬青，别称珊瑚树，其干修长，其叶革质，属四季不落叶的常青树。在居民新区的各色房屋墙体外侧，大多植有法国冬青，形成绿色天然屏障，护围着民居。

旧城区和新住宅区的阳台、窗台及外墙体的垂直绿化，兼及户内的庭院绿化，构成一层层绿色世界，形成城区绿网，提高全城的绿视率。

附属绿地因地制宜，从实际出发，属于层次丰富的绿地系统。

单位专用绿地

建成区绿化，初创期当以公共绿化建设为重点。公共绿化囊括城市公园、附属绿地等为大块绿色。20 世纪 80 年代后，建成区内各机关、学校、医院、部队及工业园区内各厂家、各单位的专用绿地，与地方公共绿地组成绿色网络，益于提高城市的绿视率，改善城市的生态环境，造福居民。

丽水市中等专业学校（原松阳师范）校区内，有绿地面积 3.18 公顷，其中，老校区的香樟、松杉及各种杂木，干高树冠大，绿色成荫。此处，系全面抗战期间，内迁松阳的浙江省农业改进所工作人员植下的垂柳、苍松、红茶花，有 70 余年树龄，依然枝繁叶茂。新增绿地面积 2.63 公顷，上植竹、木、花卉、草皮。中有水杉，高二三十米，胸围粗实。

图 6-23 松阳一中校园绿化（松阳一中提供 2010 年）

县中药厂（改制后称浙江康恩贝中药有限公司）的厂区绿地面积有 6500 多平方米。县职业中等专业学校，校区内绿化地有 14000 多平方米（约 1.4 公顷），中有花、木、草皮、水池。池中有太湖石假山，旁有花卉盆景，供人观赏，又美化校园，提升单位绿化品位。县第一中学校区、县民族中学校区、县实验幼儿园园区内的绿地，其品位不凡，质量堪称上乘。

2008年，松阳县城区公共绿地有45处，合计有25.39公顷。单位专用绿地、附属小块绿地、堤防绿化面积等，计 11.3公顷，街道各种行道树5700余株（建制镇绿地未列入统计）。

松阳县建成区内的单位绿化面积已由20世纪80年代的1.8公顷，增加到2010年的14.78公顷，增长7.2倍。

至2002年末，县城绿地面积92.5公顷，绿化覆盖面积96.4公顷；2003年，县城新增绿地面积3.75公顷，按县城建成区面积3.25平方千米计算，县城绿化覆盖率为31.3%，至2010年，县城绿地面积增加60公顷。

堤防绿化带

21世纪，松阳县城建设注重建设绿色家园，提高城市的绿色生态品位。滨临松阴溪城边南北段的堤防及古湖坑两岸护堤上，木本植物均已绿化成荫，草地成茵。

城南松阴溪段　从古堰白龙堰坝进水口至独山桥北桥堍的1220米长的堤防上，对乔、灌木的成年树采取带土移植，乔木干高数米，灌木成丛，草地成茵。既美化堤防及周边环境，又有益于提升邻近居民的健康文明的生活水平，兼有固堤作用。

从南门大桥往东延伸，直至古湖坑出口与松阴溪交汇处，堤防长1320米，堤上以园林植物为主，有各种常绿、落叶乔灌木及竹类，地面兼有大面积麦冬草绿地，红枫、金桂一类乔木，干高数米，树冠亦已成荫。灌木紫荆、迎春一类，虽无明显主干，却也亭亭若盖。早已成茵的草坪，其绿色一直延伸到堤防斜坡式护岸的尽头。

古湖坑下游两侧　从南门大桥到古湖坑段堤防，辟有江滨景观1处，有绿地面积26000平方米（约2.6公顷）。中有乔、灌类木本植物相互错落。乔木树冠下，配置石凳。游人憩息于树冠下，可远眺河滩及溪中游船。堤防长1330米，东西两堤防及斜坡式护岸长2660米。堤防上都已绿草成茵，乔、灌木本植物混种于一堤，状似绿色长廊。

图6-24　江滨绿化带景观（钟土军 摄于2009年）

附：省级园林城市创建

创建浙江省园林城市是贯彻落实科学发展观，加快城市基础设施和生态环境建设，提高城市建设管理水平，提升居民生活质量和城市形象品位的重要载体，是促进松阳经济发展和社会进步，推进城市化进程和可持续发展的重要举措。松阳县委、县政府研究，决定用3年时间争创浙江省园林城市。

2010年3月12日，松阳县举行以“创建浙江省园林城市，建生态田园新松阳”为主题的启动仪式，县四大班子领导、各机关团体代表和部分市民参加。8月1日，印发《松阳县创建省级园林城市工作方案》(下称“方案”),就完善城市绿地规划、加快城市绿化建设、加大建设管理力度、加快市政基础设施建设进度、加快城市生态建设、加大人居环境的建设力度、加大社会保障力度等7个方面提出具体任务,就工作程序和时间安排作出部署。

“方案”中,对照省级园林城市标准和松阳实际,制定出工作目标和主要任务。

工作目标　在松阳已成功创建省级卫生县城、省级文明县城以及固有自然生态资源的基础上,根据浙江省园林城市标准,加强园林绿化组织管理,制定高标准的城区城市绿地系统规划,在巩固和发展城市基础设施建设成果的基础上,加快城市生态建设,加强城市景观保护和文物保护,提高园林绿化建设和养护管理水平,力争在2012年实现创建浙江省园林城市。

主要任务　规划的编制要高起点、高档次、高水平,立足大环境、大绿化、大发展的要求,站在可持续发展的高度,考虑整个县城绿化的布局,城区内各公共绿地和城区近郊都要纳入规划范畴,统筹安排,合理布局,明确城市建设中的各项绿化指标,形成完整的城市园林绿地系统。健全绿线管理、园林绿化工程管理、养护管理、公示制度及控制大树移栽、防止外来物种入侵、义务植树等各项管理制度。建立城市园林绿化数字化信息库、信息发布与社会服务信息共享平台,城市园林绿化建设和管理实施动态监管,保障公众参与和社会监督,力争公众对城市园林绿化的满意率≥70%。

力争通过3年的努力,新增绿地面积在10万平方米以上,确保建成区绿化三项指标达到浙江省园林城市标准(即人均公园绿地面积7.5平方米,绿地率30.5%,绿化覆盖率35.5%以上);在绿化建设中通过新建和改造,使建成区绿化覆盖面积中乔、灌木所占比率≥60%;公园绿地服务半径覆盖率≥60%,万人拥有综合公园指数≥0.05;城市道路绿化普及率、达标率达到85%和80%以上;城市新建、改造居住区绿地达标率≥80%;城市公共设施绿地达标率≥85%;城市防护绿地实施率≥70%;生产绿地总用地面积占建成区面积的2%以上;建设1个40公顷以上的植物园;林荫停车场推广率≥60%;河道绿化普及率≥80%;受损弃置地生态与景观恢复率≥80%。同时,在绿化建没过程中认真执行行业标准,高标准设计、高水平施工、严要求管理,形成特色鲜明、建设精心、维护良好并与周围环境协调美观的园林景观效果。

加大建设管控力度,确保城市园林绿化综合评价值≥7.00,城市公园绿地功能性评价值≥7.00,城市公园绿地景观性评价值≥7.00,城市公园绿地文化性评价值≥7.00,城市道路绿化评价值≥7.00,公园管理规范化率≥85%,古树名木保护率≥95%,节约型绿地建设率≥60%,制定立体绿化推广的鼓励政策、技术措施和实施方案,积极推广建筑物屋顶、墙面等立体绿化。依据《城市绿地系统规划》要求,建立城乡一体的绿地系统,城市郊野风景林地、城市绿化隔离带等“其他绿地”得到有效保护和合理利用;生物防治推广率≥50%,公园绿地应急避险场所实施率≥70%,水体岸线自然化率≥80%。

在现有基础上,进一步加强市政基础设施建设,使城市容貌评价值≥7.00;城市管网水检验项目合格率≥99%;城市污水处理率≥80%(且不低于申报年全省城市平均值);城市生活垃圾无害化处理率≥90%(且不低于申报年全省城市平均值);城市道路完好率≥95%,城市主干道平峰期平均车速≥35.00千米/时;城市市政基础设施安全运行,城市地下管网、道路桥梁等市政基础设施档案健全，运行管理制度完善，监管到位，城市安全运行得到保护。

大力推进城市大环境绿化，通过县城外围生态林的建设，形成城乡一体化的优良环境，形成城市独特的自然、文化风貌。按照城市卫生、安全、防灾、环保等要求建设防护绿地，落实维护管理措施，以缓解城市热岛效应，使城市热岛效应强度≤4.0℃；提高环境效益，使城市大气污染指数小于100的天数达240天以上，地表水Ⅳ类及以上水体比率≥40%，区域环境噪声平均值≤60.00db(a)；完成城市规划区内的湿地资源普查，制定城市湿地资源保护规划和实施措施，使小叶村等湿地资源得到有效保护；完成不小于城市市域范围的生物物种资源普查，制定《城市生物多样性保护规划》和实施措施，本地木本植物指数≥0.70。居住区林荫路推广率≥65%，节能建筑比例≥30%，使民居环境得到有效改善。

“方案”中附有《松阳县创建省级园林城市责任分工表》，将有关工作分解为72项目标任务及其工作要求，分责任单位和配合单位，分配给县委办、县府办、文明办、县建设局、林业局、环保局、水利局、财政局、西屏镇、工业园区管委会等12个单位。72项目标任务中，建设局负主责的有34项，负配合责任的有14项。县建设局肩负创建省级园林城市的重任。

第八章　城乡环境保护

千百年来，松阳人民日出而作、日落而息，与大自然和谐相处，遵循天人合一理念。1958 年，松阳违背经济、自然规律“大办钢铁”，环境遭到一定程度的破坏；改革开放初期，经济发展中一度忽视环境保护。21 世纪，人们在发展经济数量的同时，更注重经济质量；在人居环境上，更注重居住环境。

第一节　大气污染治理

松阳百姓向以柴禾为燃料，大气少有污染。20 世纪 90 年代，松阳兴工业园区成立，入园企业排出废气，大气污染加剧。松阳县加大大气污染防治力度，制定《大气污染防治年度实施计划》《清洁空气行动方案》以及《大气复合污染防治实施方案》等，环境空气质量逐年改善。21 世纪初，松阳县全面启动油气回收治理工作，完成县域内中石油、石化公司共计 7 座加油站、21 把加油枪改造工作并通过验收。2004 年，开展烟控区创建工作，在原有烟控区划分基础上，扩大烟控区范围，制定创建烟尘控制区的工作方案，制定烟控区长效管理，确保无烟囱冒黑烟现象。推进工业大气污染综合防治。开展煤改气工程，在全市率先建成液化天然气集中供应站，铺设管网 30 多千米，实施煤改气工程 7 家企业。完成不锈钢熔炼烟气治理工程 3 家，烟尘捕集率 90%以上。完成浙江科马摩擦材料股份有限公司、3 家化工行业 VOC 综合治理。开展建筑工地扬尘防治规范化建设，重点开展天元名都酒店、幸福家园、南城屏安路等重点工程扬尘治理。建立城乡一体的道路路面保洁机制，提高城镇道路机械化清扫率。

第二节　水土污染防治

污染源

改革开放后，松阳县工业快速发展，固体废弃物无序堆放和倾倒，生产废水不规范排放，导致水体、土壤污染。农药、化肥的大量使用，造成土壤有机质含量下降、土壤板结，部分农药残留土壤中，也是土壤污染的来源之一。

松阳县存在的主要土壤污染类型有：生活污水和工业废水排放对土壤产生一定程度的污染；工业废气和汽车尾气排放对土壤产生一定程度的污染；化肥的过度和不当使用对土壤造成污染；农药的不当使用造成土壤污染；工业固废和城市垃圾造成土壤的固体污染。

松阳县的主要水污染类型有：生活污水和工业废水排放对水体产生严重污染；化肥和农药的过

度和不当使用对水体造成污染；工业固废和城市垃圾也对水体产生一定影响。

污染防治

1972年开始，松阳县禁止在茶叶上使用六六六、DDT等高毒高残农药。1984年，松阳全面停止使用高毒高残农药。2005年开始，为控制农业面源污染，开展测土配方施肥工作，采集检测土样近4000个。2007年，开展水稻等农作物病虫害统防统治工作；2010年，推广6.5万亩次。

2000年，松阳县垃圾填埋场建成投入使用。2006年7月，松阳新星不锈钢污水处理厂投入使用，集中处理不锈钢拉管行业废水。2008年，松阳县规范不锈钢相关企业的污染防治设施的建设和管理使用。同年4月，县城污水处理厂一期工程建成投入使用。2009年7月，松阳绿洁不锈钢污水处理厂建成投入使用。到2010年，地表污染源得到有效控制。

松阳县的水污染防治工作和土壤污染防治一并进行，采用大致相同的措施。至2010年，城区开始实行雨污分流；工业园区生产废水经无害化处理，基本达排放标准。

第三节　工业固体废物和放射性污染治理

工业固体废物治理

21世纪初，松阳县的主要工业固废污染类型有不锈钢拉管企业的退火炉产生的氧化皮和炼钢炉渣；各企业燃煤过程中产生的煤渣；不锈钢拉管企业酸洗工艺中产生的酸渣、合成革企业DMF回收过程中产生的釜残等工业危险废物；城市垃圾、废弃家用电器及电子产品。全县产生的医疗废弃物；城市污水处理厂、不锈钢污水处理厂产生的污泥。大部分工业固体废物都由有资质的单位合理处置或由垃圾填埋场填埋，但仍有小部分的工业固体废物进入外环境，对土壤和水体造成一定程度的污染。

2000年，垃圾填埋场建成投入使用，城市污水处理厂产生的污泥和一般城市垃圾等工业固废由垃圾填埋场统一填埋。不锈钢拉管企业酸洗工艺中产生的酸渣、不锈钢污水处理厂产生的污泥由松阳县中奇环境有限公司统一处置。合成革企业DMF回收过程中产生的釜残自行减量化无害化处理；医疗废弃物由丽水民康公司统一收集处理。

放射性污染源治理

21世纪以后，松阳县未发生放射源、射线装置以及熔炼单位辐射污染事故。2005年成立松阳县环保局辐射安全检查工作领导小组，开展全县范围内大检查工作，确保医疗机构、熔炼企业等单位按规范落实防范措施。按照“先预审，后立项，先环评，后建设”的原则，严把环境准入关，杜绝违规审批、越级审批、未批先建等环境违法行为。对全县内电磁射线利用单位、输电线路及变电站进行专项调查，按季按月进行定期监察，详细掌握各涉及单位的相关信息，按照程序记录辐射环境现场，检查记录。对在检查过程中存在问题的单位提出整改要求。组织辐射单位操作人员参加省、市相关部门举办的辐射安全与防护培训班。通过培训提高辐射工作单位人员的辐射安全防护知识理论水平，增强辐射安全与防护的意识，持证上岗率100%。

第七编　邮政 电信

自古以来，松阳民间通信主要靠书信往来或带口信。有文字记载的通信机构为明成化年间的铺舍。清末，设有邮政代办所。20世纪20年代初，松阳始有电话、电报业。

1949年中华人民共和国成立后，松阳邮政、邮电合合分分。改革开放后，通信技术突飞猛进，移动通信进入寻常百姓生活中。

第一章　邮政机构

明成化年间（1465～1487），松阳设有铺舍。清光绪二十九年（1903），设大清松阳邮政代办所。民国仍为邮局。

中华人民共和国成立后，松阳县邮局与电信合并，组建松阳邮电局。后随松阳县置撤并、恢复而撤并、恢复。1998年9月，松阳县邮电局实行邮政和电信分开经营，成立松阳县邮政局和松阳县电信局。

第一节　中华人民共和国成立前邮政机构

明成化年间，松阳设铺舍11处，总铺设县西门。旧志载，“由东门达丽水者有六：青蒙（东十里），宏口（东二十里），石马铺（东三十里），靖居（东四十里，有公馆一所），郑店（东五十里），堰头（东六十五里）至丽水县界。由西门达遂昌者有三：十五里（西十五里），城头（西三十里），赤溪（西四十五里）至遂昌县界（西六十里）。由北门达宣平者有一：陈家铺（北十五里）至宣平县界（北三十里）”。“冲要七铺为县前铺、青蒙铺、宏口铺、石马铺、靖居铺、郑店铺、堰头铺，各置司兵五名；偏僻四铺为十五里铺、城头铺、赤溪铺、陈家铺，各置司兵三名；各铺舍建有烟墩”。

清光绪二十九年（1903）五月十五日，松阳设邮政代办所，由太平坊仁和洋货店徐云飞承办；各铺舍烟墩废。光绪三十年（1904）五月十五日，改设大清松阳邮政局。同月，开办邮政业务，收寄公众信件和邮寄包裹业务。宣统元年（1909），古市设邮政代办所，所址古市三角坛徐履厚店。松阳邮政开办之初，邮件由丽水经转，每4天1次派差夫前往丽水交接，后改2天1次。

民国3年（1914），建立松阳邮局，5月，改升为三等乙级邮局，局址在县前街怀保亭（人民大街物资局门市部址），员工6人。民国5年，松阳邮局辖古市、宣平邮政代办所、县城太平坊邮政信柜和靖居、玉岩2乡村信柜。民国6年，开设邮汇。民国28年，古市邮政代办所升为邮政局；11月，开办储金存薄储金业务。民国29年，松阳局改升为三等甲级邮局；设靖居三等局（民国36年，降为代办所）。民国31年8月2日，日军占领县城，邮局迁杨家堂。8月30日，迁回县城，原局房屋烧毁，改租府前街申亭弄口民房复兴。9月8日，浙江邮政管理局丽水办事处从龙泉迁至松阳古市，邮政业务相应发展。民国32年9月，松阳局升为二等乙级邮局，员工7人。民国31～32年，为抗阻日军进犯，奉令破坏公路，邮件仍由差夫挑运。民国33年3月，松阳局升为二等甲级局，员工15人；5月，古市定为三等乙级局，员工3人（36年9月降为代办所）。民国35年2月，松阳局降为三等甲级邮局，员工6人；所辖邮政代办所有南大街、城西、大竹溪、外溪滩、堰头、靖居口、雅溪口、五都阳、王村、赤岸、古市、玉岩、善应堂13处；邮政信柜有水南、叶村、界头、葛山头、石马铺、上河、高亭、源口、大潘坑、南岱、斗潭、横樟12处；邮票代售处2处、邮站7处。

民国时期，邮政局、代办所收寄信函、书籍、印刷品、贸易契、商务传单、读者文件、货样等，分普通邮件、挂号邮件和快递邮件。

第二节　中华人民共和国成立后邮政机构

1949年5月9日，松阳县城解放，邮局由县军管会军代表接管。1951年9月，邮局与电信合并，设松阳邮电局。1955年2月，靖居、玉岩设邮电营业处。1956年8月，设大东坝邮电所。1957年，全县有古市邮电支局，靖居、玉岩、大东坝3处邮电所，五都阳、下宅街、大竹溪等12处邮政代办所。

1958年11月，松阳县撤销，松阳邮电局并入遂昌县邮电局。1972年4月，设立枫坪邮电所。1978年，松阳境内有邮电所6处，即西屏、靖居、玉岩、古市支局，大东坝、枫坪邮电所；其他代办所全部撤销。

1982年5月1日，松阳恢复县置后设立县邮电局。1984年10月，大东坝邮电所升为邮电支局。1993年1月1日，松阳县靖居邮电支局更名为松阳县象溪邮电支局。

1997年12月11日，县邮电局开办邮政特快专递业务。

1998年9月2日，松阳县邮政局和松阳县电信局分别成立。分营后，松阳县邮政局内部机构设综合办公室、运营部、财务部及非管理岗位农村邮政检查员。11月，成立松阳县邮政局企业管理委员会。1999年5月，松阳县邮政局实行局长负责制。6月，松阳邮政局在全区邮政系统率先推出首问责任制。

图7-1　邮电局旧址（叶光铭 摄于2008年）

第二章 邮件运递

近代，松阳邮政邮件运递，以方便老百姓为前提。改革开放后，松阳邮政讲究效益，撤并服务网点若干。

随着交通条件的改善，松阳邮路不断扩大，通邮时间不断缩短。民国初年出现邮差。21 世纪，松阳县邮件物流运递更为畅达。

第一节 服务网点及邮路

网点

1997 年，松阳县有邮电支局（所）8 个，其中设在农村的 7 个。计算机 52 台，其中邮政生产所用 21 台。自有房屋面积 18224 平方米，其中邮政生产用房 1426 平方米。1998 年 9 月，与电信分开营业。2003 年 12 月，城东邮政支局开业。2004 年 2 月，古市支局邮储网点迁至新址对外营业。2 月，枫坪邮政所降为邮政代办所。

图 7-2 邮政营业大厅（县邮政局提供 摄于 2002 年）

2004～2009 年，县邮政局下设邮政支局（所）9 个，设在农村 6 个，分别设在古市、象溪、大东坝、玉岩、枫坪、安民，县城有新华路、城东、城南 3 个营业网点。2007 年开始，新兴乡横溪村设有网点 1 个。

2004 年开始，邮政从业人员 150 人。2009 年，邮政从业人员 111 人，其中管理人员、专业技术人员各 20 人。

2007 年 4 月，松阳大东坝邮政储蓄所迁址至新兴并更名为新兴邮政储蓄所。2008 年 5 月，中国邮政储蓄银行浙江省松阳县支行成立，松阳县（新华路）、古市邮政储蓄所划归县支行经营。2010 年 6 月，速递业务从邮政剥离，成立浙江省邮政速递物流有限公司松阳县营业部，其前身为松阳县邮政局速递公司。

分拣封发

邮件分拣封发向由县城投递人员兼办。1958 年，对外直封有杭州、金华、龙游、丽水、遂昌等县市。1982 年，对外直封有上海、杭州、金华、衢州、龙游、温州、丽水、遂昌等地；县内有古市、靖居、玉岩、大东坝、枫坪。5 月后，配备分拣、封发各 1 人，分别负责分拣平信和挂号登单封发。1983～1985 年，增加三都、竹源 2 处直封地，后因客车班期不定，2 乡直封分别于 1984 年、1990 年撤销。

1986 年，松阳邮件北发金华局经转，南发衢州局经转。杭州、温州、丽水、遂昌等地仍然直封。为加快邮件传递速度，同年与缙云、龙泉、云和、青田等局建立直封关系。

邮件接发转运

民国时期，由差夫接送县内邮政代办所及邮政信柜邮件。1951 年 6 月，同时开办松阳至古市、靖居 2 条汽车委办邮路。1982 年，开办松阳至大东坝和松阳经遂昌至枫坪、玉岩汽车委办邮路。1983 年，开办松阳至竹源汽车委办邮路。1985 年，设松阳经大东坝至玉岩、枫坪汽车委办邮路，中止经遂昌至玉岩邮运。1985 年，开办松阳至三都汽车委办邮路。因客车营运不正常，竹源邮路于 1984 年撤销，三都邮路于 1990 年 7 月撤销；两者均列入乡村投递网。

1992 年，县内邮运路线单程长度 152 千米，其中自行车邮路 1 千米。到 2003 年，全县共有邮路 38 条，邮路总长 1305 千米，城区投递道段 8 条。到 2010 年，基本保持此规模。

邮路

松阳邮政开办之初，邮件由丽水经转，每 4 天 1 次派差夫前往丽水邮局交接邮件；后改 2 天 1 次。

民国初期，松阳邮路有 3 条，均由差夫挑运。一条到遂昌，30 千米，每天 1 次，由遂昌转达龙游至省城，上可通京；一条至碧湖，40 千米，隔日 1 次，经丽水达永嘉，下游可出海；另一条至宣平，30 千米。民国 26 年（1937），始有汽车邮路。松阳至丽水、龙游邮件委托省公路局客车带运。民国 34 年，松阳至丽水邮件送碧湖邮件中转站经转，发龙游邮件由邮差送龙游境内渡头，与龙游邮差交接。民国 36 年 7 月后，改用自行车邮路。

中华人民共和国成立初期，邮件分别由龙游、丽水经转，以步行挑运或自行车带运。1951 年 6 月，改为委办汽车邮路。1977 年 3 月 1 日，丽水地区邮运站开通丽水至龙游往返自办汽车邮路，并带运靖居、古市邮件。邮件传递速度明显加快。西屏镇、古市镇、靖居区驻地可看到当日《浙江日报》。1988 年 5 月 15 日，丽水至龙游邮路调整为丽水至遂昌，当日往返，松阳进出口邮件全部由丽水经转。

2004～2010 年，全县有邮路 38 条，邮路总长（单程）1305 千米，城区投递路段 8 条。

第二节　投　递

市内投递

初设邮政代办所时，邮件无专人投递，邮件交捎带或存柜认领。挂号信在小木板上书写认领。民国 3 年（1914），始设邮差，按址步行投递。民国 20 年，有信差 1 人，邮差 4 人。

1950 年 3 月，邮局接办报刊发行业务，业务量增多。1951 年，县城投递分设甲、乙两段。甲段投递范围为：北至汽车站，南到市墈头，西至人民大街，东至朱山头；乙段投递范围为，北至太保殿，南至外溪滩，东至人民大街以西，西至西门外。各种邮件及报刊均步行投递到户。20 世纪 60 年代后，城镇开始骑自行车投递。1982 年 5 月，增设丙段，投递范围为，北至草场圩、南至市墈头，东至大井路，西至申亭弄；甲段减少人民大街，东面由朱山头延伸到一中、金山垄。乙段投递范围基本不变。1987 年，增设丁段。甲段、丙段投递范围基本不变；乙段北面延伸到太保殿上耐火器材厂，南到县邮电局，东至人民大街以西，西至紫荆村；丁段投递范围为，北从县邮电局起，南至外溪滩，东至荷田岭下，西至凉亭儿。1992 年，城镇投递为 4 个投递段，行程 73 千米，日平均投递量邮件 7671 件、报刊 3669 份。

2003 年，城区投递道段增加至 8 条，城区投递范围扩大到 4.3 平方千米，解决城乡接合部的投递问题。

乡村投递

民国时期，乡村无专人投递，由邮政代办所、邮政信柜捎转或邮运员沿途带运。1954 年末，全县各乡配邮递员 1 人。1959 年春，实现社社通邮，村村隔日通邮。20 世纪 60 年代初，裁减公社邮递员，投递路线相应缩短，班期相应减少。1964 年，投递范围扩大。“文化大革命”期间，交通运输经常阻断，影响邮件运输，部分投递路线班期不正常，邮件常有积压，信件报刊投递量下降。1971 年后，逐步推行农村投递委办制度。

图 7-3　投递员投送邮件（县邮政局提供 摄于 2003 年）

1982 年 5 月，乡邮投递开始恢复“排单”管理制度。1985 年 1 月，对投递邮路实行经济责任承包制。

1992 年末，乡村投递路线 40 条，单程投递路线长度 1024 千米，其中自办投递邮路 4 条 107 千米，委办投递邮路 36 条 917 千米；自行车邮路 30 条 587 千米；步班投递邮路 10 条 437 千米。乡镇每日投递 1 次，400 个行政村中逐日投递 267 个，隔日投递 89 个，周二投递 20 个，周一投递 14 个，捎转 10 个。

21 世纪，通信条件改善，乡村投递在“信息”方面的功能减弱，主要转为“物质”传递。

第三章　邮政业务

松阳县邮政业务主要是函件（包括信件、明信片、新闻纸、印刷物、贸易契、书籍、货样等）、包件（主要是国内包裹）、汇兑（包括票汇、电汇）、邮政储蓄、报刊发行、机要通信和集邮。

第一节　函件 包件

函件

清代函件按性质分为信件、明信片、新闻纸、印刷物、贸易契、书籍、货样共 7 类。

民国时期，邮件种类按性质分为信函、明信片、新闻纸类、印刷物、商务传单、贸易契类、货样、小包邮件共 8 类。按手续分为普通邮件、特种邮件（含挂号、快递、保价邮件）、航空邮件、存证信函。

民国 16～18 年（1927～1929）松阳县邮政业务统计表

表 7-3-1-1

年份	出入境	挂号邮件	快递邮件	普通邮件	就地投递	包裹件数	包裹重量（千克）
民国 16 年	寄出	2436	25	15280	31	39	42900
	递入	2496	—	14000	31	228	—
民国 17 年	寄出	2820	32	1608	15080	23090	18200
	递入	2856	—	15080	38	235	—
民国 18 年	寄出	4015	69	23090	43	85	9780
	递入	3380	—	18200	43	374	—

1949 年 12 月，国内函件分为八大类，即信函和明信片、新闻稿件、新闻纸类（分第一类普通、第二类立券、第三类总包）、印刷品、贸易契、商务传单、瞽者文件及货样。之后几经调整归并，至 1973 年，函件分为信函、明信片、印刷品和盲人读物 4 种。

1950 年，相继开办与已解放的全国各地邮电局（所）互寄信函和印刷品业务。1951 年，开办国内航空信函；是年，实行收件兑付邮资，规定凡报矿或向报刊、广播电台等投寄新闻稿件，可以不贴邮票，由投递局按月向收件单位收取资费。1953 年，开办保价信函业务。1960 年 10 月，开办特种挂号函件业务。

1957年，县邮电局接办党政机关自行办理的机要通信。是年实行《军人免费寄信办法》，凡军人交寄平信，可免费收寄，1969年4月停办。1984年10月1日，恢复义务兵免费邮件业务。

1987年，开办有声信函业务。1989年4月1日，县城恢复办理快件信函业务；后相继在古市、靖居支局开办快件业务。1990年7月31日始，提高国内邮政资费，平信每件由人民币0.08元提高到0.2元。1996年，提高到0.5元。至2006年，平信资费上调为1.2元，此标准沿用至2010年。

2007年5月8日，县邮政局与县供电局签约电力账单业务投送业务协议，初期投送范围为松阳县农村用电户。2009年8月11日，与商户合作开发“家电下乡”商函业务。

包裹

大清邮政于光绪二十三年（1897）开办，初办时只有国内包裹（后改为普通包裹）一种。清光绪二十六年七月，丽水办理寄递普通包裹业务。松阳县设立邮局后开办包裹寄递业务。民国时期，松阳邮局继续办理国内包裹寄递业务，对业务规定略有修订。

中华人民共和国成立后，执行邮电部统一规定，邮政包裹尺寸、重量限制和禁寄、限寄物品，随着国民经济发展屡有变动。当时，包裹按内容性质分为包裹、小包邮件、图书小包。1950年4月1日，恢复代收货价包裹；4月18日，恢复航空包裹。1953年7月，因图书小包与印刷品性质相仿，取消图书小包业务。8月7日，邮电部重新修订包裹分类，包裹按重量分为包裹和小包2类，重量在15千克以上最高不超过50千克的，统称包裹。重量不超过15千克的，统称小包，并把原规定的小包邮件名称取消。

图7-4 邮政营业员收寄邮件（县档案馆提供 摄于1998年）

1958年前，使用三联复写包裹单。1962年，改用单页包裹单；并在县局使用“国内包裹邮资已付”戳记，简化处理手续。1977年，执行包裹逾期保管费制度。

1986年7月1日，包件分为民用包裹和商业包裹，增办大件包裹业务。1987年，各类包裹一般物品每件限重15千克，脆弱易碎或流质易溶的物品每件限重10千克。

2006年，发展特色包裹。玉岩镇是中国有名的香菇之乡，每年干香菇的货运量较大。县邮政局建立大客户档案，上门推介邮政包裹业务，香菇特色包裹业务量不断上升，成为松阳邮政局业务发展的亮点。

2007年、2009年，开发“教师节”大礼包业务。

改革开放后，港澳台包裹逐年增加。1999年，开办寄往日本的空运、水、陆路包裹业务。资费按水、陆路包裹资费每千克加收8元人民币。国际间包裹投递增多。

第二节　汇兑与储蓄

民国 6 年（1917），开设邮汇。初期，甲类局汇票每张限寄 100 元，乙类局每张限寄 50 元。民国 15 年，松阳以银圆 100 元为限。民国 16 年，汇银 17434.81 元，兑银 12686.18 元。民国 17 年，汇银、兑银分别为 19376.41 元和 15815.63 元。民国 18 年，汇银、兑银分别为 22244.43 元和 13868.10 元。民国 20 年 7 月，《邮政国内汇总法》规定，汇票分为普通、电报、小款 3 种。

民国 34 年（1945）7 月，《修正汇兑办事细则》规定，汇票为普通、高额、定额 3 种。普通和定额汇票各局均可办理。普通汇票每张最高限额法币 500 元，金额以汇兑印纸表示；定额汇票面额为 5 元、10 元、15 元、20 元、50 元、100 元 6 种。

1949 年 6 月 5 日，普通汇兑业务改用人民币汇兑。1953 年，银行与邮局实行汇兑分工，工商企业、机关单位的汇款由银行办理，个人汇款由邮局办理。普通汇票每张不少于 1 元，最高限额为 300 元。1954 年 12 月，邮电部重新规定汇票种类为票汇、电汇，票汇包括普通汇票和定额汇票。1955 年 3 月 1 日，废止旧式三联汇票，改用按汇款金额剪格竖写两联汇票。1955 年 9 月，停办定额汇票。1958 年，改用两联复写式普通汇票。1965 年 4 月 1 日，取消专用汇套，汇款通知单改为信封式，汇票装入汇款通知单内寄往兑付局，兑付局抽出汇票将通知单投送收款人，凭证到邮电局取款。

1980 年，银行、邮局汇兑分工办法调整，银行可办理个人高额汇款。1981 年 8 月，汇款限额每张汇票由 300 元提高到 5000 元。1989 年 4 月，开办快件汇票业务，每件加收快件费 0.5 元。

1999 年 2 月 14 日，开办国内邮政入账汇款业务。2 月 26 日，开办邮政礼仪汇款业务。8 月 1 日，开办电报入账汇款业务。

2000 年 1 月 20 日，开办与上海、福建 2 省市邮政特快汇款业务。6 月，丽水、松阳、缙云等局先后开展“双单”（送邮政汇款单、邮政储蓄单到户）业务。

2002年1月，国家邮政局取消电报汇款。2003年4月28日，试办邮政汇兑回音卡业务。2004年4月8日，全省范围内开办邮政汇款短信回执业务。

储蓄的内容详见第十六编“金融”第一章“金融及监管机构”第二节“银行及监管机构”之目“国有商业银行”。

第三节　报刊发行与机要通信

报刊发行

民国时期，县内报刊发行和投递工作由商号兼理。1950 年 3 月，县邮电局开始办理报刊发行业务。1956 年 10 月 1 日《松阳报》创刊，松阳县邮电局既是订销局，又是投递局；1958 年 10 月 25 日，停发。

1953 年 1 月始，松阳邮电局执行报刊计划发行和预订制度，预收报刊费，废止报刊随时起订、随时止订办法。1954 年 8 月，邮电部又补充规定，凡订户错过预订期者，报纸可破月起订，杂志可破季起订。各邮电局配备专职报刊发行员，负责报刊发行的宣传推广收订和汇总要数。一些机关团体、学校、工厂相继建立报刊发行站，协助邮电局做好本部门的报刊收订和分送工作。

图 7-5　报刊杂志分拣（县邮政局提供 摄于 2002 年）

1966～1976 年“文化大革命”期间，很多报刊停刊，发行业务量随之下降。1980 年，报刊发行量增加。1985 年，松阳县邮电局设立报刊零售亭，办理报刊零售业务。

自 1950 年实行“邮发合一”开始至 1984 年，报刊基本上由邮电系统单一发行。

1979 年后，随着改革开放的深入、新闻出版事业的蓬勃发展，渐渐出现由其他部门组建的发行渠道，形成多渠道发行，由报刊社择优选择；有的报刊社开始尝试自办发行。报刊发行出现多元化经营的局面。

1982～1987 年，报刊发行量逐年上升，松阳邮电局连续 6 年获全省报刊发行收订进度第一名。1983 年 1 月，设报刊零售点 1 处。是年，订阅报刊期发行数 31769 份，累计 291.25 万份，流转额 14.6 万元。1992 年，累计 423.15 万份，流转额 68.9 万元。

机要通信

1957 年 4 月 1 日，实行党、政、军、企事业单位的机密文件交由邮电局办理，丽水局办理机要邮件业务；是年 7 月 1 日，《机要通信业务制度暂行规定》试行。为保证机要通信的保密、安全，松阳局从收寄、分拣、封发、押运到投递，均实行专人、专门场所办理。1958 年 11 月，收寄投递范围扩大到区、社。是年，寄发机要邮件 0.72 万件。1960 年 9 月，执行《机要通信工作十大纪律》。1975 年 5 月 1 日，实行机要干线双人押运、双人投递、双人接站制度。1984 年 6 月，县以下机要邮件业务停办。

第四节　集邮 明信片发行

集邮服务

1985 年 5 月 1 日，松阳县邮电局集邮门市部开业。

1992 年始，经国务院同意，将中国邮票上的“中国人民邮政”铭记改为“中国邮政”并增加英文国名“CHINA”。1998 年邮电分营后，“中国邮政”成为国家邮政局的企业标识。

1997 年 7 月 1 日零时，《香港回归祖国》纪念邮票发行。2002 年 5 月 10 日，国家邮政局正式开办邮票个性化服务业务；是年，开办“形象宣传年册业务”。

2004 年 11 月 1 日，全市集邮部门开始使用邮资票品管理系统，并办理 2005 年新邮预订工作。

松阳县集邮协会于 1987 年 9 月 17 日成立，会员 105 人，集邮爱好者 1000 余人。至 1992 年，举办县级邮展 2 次，发行各种纪念封 1 万余枚。2010 年 11 月，集邮协会理事会进行换届选举。

明信片制作发行

2005 年 8 月 6 日，松阳局制作的《松阳风光》邮资明信片本票正式对外发行。该明信片采用本票形式，1 套 12 枚，共发行 6 万枚，内容有延庆寺塔、竹源峡景、石仓民居、松古农耕、四都云雾、三都民俗、双童积雪、黄家大院、谢村生态源等景色。11 月，县邮政局为松阳县实验小学百年校庆开发制作的《钟灵毓秀 100 年——松阳县实验小学建校 100 周年》个性化邮折 4000 本，正式交付使用。该邮折由 16 枚 1 版的个性化邮票组成，以县实验小学的秀美校园风光和丰富人文景观为主题，充分表现学校的历史、文化、成就。

2006 年 9 月 28 日，由县邮政局制作的《松阳县十大历史名人》邮资明信片对外发行。该明信片以本票形式，每套 10 张，汇集松阳自建县 1800 多年来在政治、宗教、文献、医学等方面有着杰出成就的十大历史名人的生平介绍，具有较高的艺术价值和收藏价值。明信片发行 1 万套共 10 万张。

第四章 固定电话与电报

民国17年（1928），县政府成立收音报话室，置无线电收音机1台，为松阳县电话局的前身。民国19年11月，松阳县长途电话支局成立，置县府内，属省电话局管辖。民国20年7月，古市电话代办所设立，所址集通源钱庄；12月，遂昌长途电话支局降为代办所，划归松阳长途电话支局管辖；同年，宣平长途电话代办所划归松阳电话局管辖。民国25年，丽水为电话分局，松阳为电话支局。民国26年6月，松阳县建设乡村电话委员会成立，负责县内乡村电话建设。民国30年6月，电话局建交换室，配10门交换机1台。

电报通信包括有线电报和无线电报。国内公众电报根据不同服务对象和业务性质分为普通电报、天气电报、水情电报、公益电报、礼仪电报、鲜花礼仪电报等。20世纪90年代初期，电报种类分气象、水情、公益、政务、新闻、普通、汇款、公电（邮电公务）8类。在传递速度方面分特急、加急、普通、邮送电报。电报业务的传递方式为收发报局根据用户提交的电文，译成明码发往接收局，接收局再译成汉字由电报投递员送给收报人。

民国21年（1932）6月，松阳设电报收发处，址县府内。民国27年7月，升为电报局，有员工5人，莫尔斯发报机1台，辖遂昌、宣平电报收发处。民国29年，日军南侵，杭州沦陷，松阳为三等电报局。民国31年1月，设古市电报代办处。

第一节 长途电话

长途电信线路

民国19年（1930），省电话局架设龙游至温州长途电话电路干线；11月，从龙游经遂昌、松阳至丽水段架通。民国20年2月，松阳至丽水、松阳至杭州长话开通，松阳至杭州每天9：00～10：30和20：00～20：30定时通话。7月，开通松阳至龙泉长途电话，线路长105千米。同年，遂昌至松阳双铜话线架通，全长33千米。民国31年，松阳至宣平线路开通，开办长话业务。民国32年，开通松阳玉岩—遂昌王村口—龙泉住溪—八都—龙泉县城联县话线。民国37年1月，通龙泉长话电路有松阳经玉岩至龙泉和松阳至龙泉安仁线路。民国38年，有松阳至丽水、至遂昌、至宣平、至龙游长途线路各1条，至龙泉2条。

1949年，长途电话拨出1100张；1950年，拨出1200张。1958年10月，松阳撤县并入遂昌，原松阳长途线路改为农话线路。1982年5月，恢复长话业务，有长途磁石交换机1部30门，12路终端载波机1部，实占容量8路（松阳—丽水3路，松阳—遂昌5路），松阳至遂昌实线1路。是年，长途拨出3.76万张。1984年，开通松阳至金华直达载波电路。1985年，松阳至碧湖段木杆改驻水泥杆45.02杆千米，架挂松阳至丽水7/1.8毫米径钢芯铝绞线64.3对千米。2月10日，开通松阳至杭州载波电路。是年，共有长途电话14路，长途电话拨出8.1万张。

1988年6月30日，安装DD14长途半自动对端设备，增加松阳至龙游直达电路。1989年12月20日，增设DD16长途自动设备。1990年1月1日，长途电话并入全国长话网。1990年，有供电长途交换机容量40门，磁石长途交换机容量80门。长途电话电路有松阳至杭州、金华、龙游各1路，松阳至遂昌2路，丽水至松阳出租电路2条，长途电话拨出12.41万张，长途直拨有权电话55部。1992年，长途电话电路有松阳至金华、龙游各1路，松阳至遂昌9路，松阳至丽水24路。其中全自动电话8路、半自动4路、出租3路。松阳至杭州长途电话由丽水长途台中转。全年长途电话拨出21.2万张。1998年6月，SDH（光传输设备）工程竣工；11月，长途明线全部拆除。

2000年6月，埋设光缆竣工；9月，丽水市电信分公司和丽水军分区合作建设的丽水地区国防通信光缆工程竣工，全长256.18千米，经过丽水、松阳、遂昌等县市，使丽水市的中继光纤网形成由丽水至各县（市）直埋光缆第一路由、以农话架空光缆为第二路由的网状网传输系统初步建成。

长途电路、设备与业务

民国17年（1928）3月，浙江省长途电话筹备处成立，随着长途线路的架通，丽水长途电话电路可直达青田、松阳。民国26年12月，杭州沦陷，丽水至杭州长途电路阻断。1958年6月25日，松阳县邮电局并入遂昌县邮电局，松阳长话电路改为农话电路。1982年5月，恢复松阳县邮电局，丽水至松阳开通长话电路。

民国36年（1947），松阳有20门交换机1台。1986年以后，县局安装使用DD14长途半自动和DD16全自动对端设备。1993年以后，全部由数字程控所取代，长途电话进入全国自动网，区号为05887。1995年1月15日，丽水地区C3网开通，全区长途区号统一使用0578，取消各县长途区号，电话号码升为7位。1997年7月开始，全区模拟载波设备和电路全部从C3传输网中退出。

民国22年（1933）6月，交通部公布长途电话业务通则，长途电话分为普通电话、加急电话、传呼电话、预告电话4种。通话时间单位可以分为3分钟一次和5分钟一次2种。第二年，松阳县开办长途电话业务。民国32年5月，长途电话种类分为防空电话、特约电话、定时电话、加急电话、紧急公务、紧急业务、寻常电话、寻常公务、寻常业务、夜间电话。民国35年，开放特快电话业务，限时接通军政电话；新闻电话、加急电话限1个小时内接通。民国36年3月，对加急电话守候1小时以上，寻常电话2小时以上仍未通话者，做免费退号办理。是年，交通部重订长途电话限时接通办法，A级军话限5分钟、B级军话限10分钟、特快电话限10分钟、C级军话限40分钟、直达加急商务电话限2小时、直达寻常电话限3小时。

1949年10月，执行电信总局暂行规定的业务种类，连续顺序分为10类，并规定接通时限要求。1950年4月，长途电话业务种类修正，增加加急公营企业电话、寻常公营企业电话。接通时限普遍缩短1小时。1958年5月1日，邮电部颁发新规定，新增设军政专线电话、特种电话、特急业务电话，取消紧急防空电话、防空公务电话和特快电话。1986年8月，松阳开放长途电话立即接通业务

（173）；11 月，开放长途电话直拨有权用户业务，发展直拨有权用户。

国际、港澳台电话

1977 年 11 月开始，松阳境内办理国际长途电话业务。1979 年 3 月，可受理挂发台湾省长途电话，只开放普通叫号、叫人和传呼电话，其他业务暂不开放。1985 年，受理国际和港澳电话业务，出口拨话 18 张；1986 年，5 张；1987 年，12 张；1988 年，80 张；1990 年，105 张；1992 年，89 张。1989 年，开始受理台湾普通私务电话，通过上海国际台经转，全年拨话 23 张。

1993 年，程控电话开通，电话用户可申请办理国际及港澳台直拨电话。1996 年，139（全球通）数字移动电话开通，移动电话用户可申请移动话机全球漫游。至 2010 年，国际电信通信受区域限制，业务量不多。

第二节　市内电话

市内电话即县城区域范围内的电话，包括机关单位的电话、私人住宅电话、各种公用电话等。

民国 19 年（1930）11 月，始有市内电话。民国 30 年 6 月，置 10 门交换机 1 台。民国 33 年，县城内有电话机 4 部（县政府、地方银行、农改所、防空哨），线路长 2.13 千米。民国 38 年，有 10 门交换机 1 台，木壳式电话机 8 部。

20 世纪 50～80 年代初期，市内电话建设发展缓慢，市话容量从 1949 年 20 门增至 1957 年 50 门，市内电话总数从 6 部增至 17 部，市内杆线长度从 2 杆千米延至 3 杆千米。

1982 年 5 月，有 500 门磁石交换机 1 部，实占容量 315 门，接入邮电局交换机的话机 243 部，县内始有私人住宅电话；用户交换机容量 10 门，实占 8 门；杆线长度 8 杆千米（其中水泥杆路 3.9 千米），明线线条长 106 对千米，电缆长 6 皮长千米。1986 年，有 700 门磁石交换机 1 部，实占 474 门，用户交换机容量 80 门，用户交换机中继线 6 对，用户线对数 860 对，实占 475 对，电话机总数 502 部（其中私人住宅电话 33 部），杆路长度 24 千米，电缆长度 324 皮长千米，实际使用长话市话中继线 10 对，平均每百人市内电话拥有量 0.22 部。1987 年 9 月 26 日，市内 2000 门纵横自动电话开通，市内电话 634 部，县城装设公共电话。1989 年 11 月 26 日，市话实行微机复式计费。市话专线用户供电局 6 条、公安局 7 条。1990 年，市话总容量 2000 门，实占 1781 门，用户交换中继线 2 对，用户线对数 2600 对，实占 1814 对，电话机总数 1814 部（其中私人电话 525 部），每百人市内电话 0.85 部。杆路长度 35 杆千米，电缆长度 35.4 皮长千米，实际使用的长话市话中继线 106 对（其中接续用 96 对），有环路载波机 6 部。

1991 年 9 月，新扩容 HJ921 纵横制市话交换机 2000 门。1992 年，市话总容量 4000 门，市内电话机总数 2833 部（其中私人住宅电话 1404 户），市话专线对数 16 对，用户传真户数 3 户，无线寻呼（BB 机）户数 25 户，市内公共电话 5 部。

2002 年 3 月，本地网新特服号码 1000 号投入运行。该系统集中原各专业特服单位（112、114、

189、170 等）于一体，把各功能进行整合、归并，纳入客户服务中心进行统一管理。2003 年 9 月 1 日，1000 号客户热线升级为 10000 号。2010 年，光纤到户建设成为市话网络建设的重点。

第三节　农村电话

农话线路

农村电话原称乡村电话，也称县内电话。1960 年，改称农村电话，是在县境以内、以县城为中心（市话用户除外），连通县至乡（镇）广大农村用户的电话。

民国 20 年（1931），松阳至古市搭挂遂昌至丽水长途杆线 1 对，长 12 千米。民国 26 年，架设松阳经南岱、大岭脚至玉岩铁线，全长 31.5 千米，为松阳第一条农话线路。

农村电话的经营方式有邮电局经营、乡村经营和私人经营等。区镇以上一般由邮电局经营，人、财、物纳入省管，为地方国营；乡村办电话交换为集体所有，归乡村管理，自负亏盈，业务上受邮电局指导。

1951 年 2 月，为配合土地改革，省局派工程队到丽水协助架设乡村电话线路，1953 年，松阳至石仓架通。1955 年，为配合农业合作化高潮，做到乡乡通电话，规划架设覆盖全县的农话网。

1982 年以后，成立乡村电话联络站，其性质为自负亏盈、独立核算的集体所有制企业，接受县邮电局和区、社（乡）双重领导。

农村电话交换设备

1951 年 10 月 1 日，古市邮电营业处设 10 门磁石交换机 1 台，用户 3 个。1953 年 6 月，有 20 门携带式总机 1 台，用户 3 个。农村杆路有松阳至玉岩 31.5 千米，松阳至古市 12.1 千米，松阳至石仓 14.9 千米，全年农话拨话 1900 张。1956 年末，实现乡乡通电话。1957 年，邮电局在机房装置广播电话双刀双端倒换闸刀，在广播时间内关闭电话功能供广播使用。是年，有交换机 4 台，总容量 60 门，农话用户 21 个，农话线路 6 条，计 100.6 千米，全年通话 12000 张。1958 年，部分公社开始设交换机，开办乡村电话交换所。是年，县至乡可召开电话会议。1960 年 9 月，开通松阳至遂昌单线载波电话电路。

1980 年 12 月，通话分为代号电话、特种电话、紧急调度电话、首长电话、军政电话、普通电话 6 类。1982 年 5 月，全县有农村交换点 6 处，总容量 250 门，实占 162 门，农话电话机 170 部；社办总机 1 处，容量 20 门，实占 10 门；已装载波电话终端机的公社 4 个，55 个大队通电话；县城至公社直达电路总数 18 路（其中载波电路 6 路），杆路总长 202 千米。1986 年，有农话交换点 15 处，75 个行政村通电话；农村电话中继线电路总数 30 路，其中县至乡的有直达中继电路 8 路、载波电路 13 路；电话机总数 326 部，接入邮电局交换机的电话机 255 部；全年农话拨话 27.38 万张。

1990 年，有农话交换机 19 处，71 个行政村通电话，占总数 17.75%；农村电话中继电路 45 路，县至乡镇直达中继电路 30 路，其中载波电路 24 路。杆路总长 260 千米，明线线条总长 669 对千米，电缆总长34.2皮长千米，拥有载波电话终端机16部，电话机总数693部(其中私人住宅电话20部)。全年农话拨话65.36万张。1992年，全县农话交换机容量1800门，实占713门，载波电话终端机14部，电话机总数693部（其中私人住宅电话160户)。杆路总长257杆千米，明线线条总长669对千米，电缆长度41.6皮长千米，全年通话65.4万张。1993年程控电话开通后，全部采用数字传输，载波设备关闭。

1994年，古市支局采用远端模块技术开通程控电话。1995年，象溪支局开通程控电话。农村电话以前仅靠实线传输，1995年以后逐步采用单路、多路载波设备传输。

1992年松阳县农村自动电话交换机情况表

表7-4-3-1　　单位：个

乡镇名称	开通时间	总机门数	实占门数
古市	1991年7月	800	382
玉岩	1992年7月	100	66
枫坪	1992年7月	30	18
象溪	1992年10月	100	47

1992年松阳县邮电服务水平一览表

表7-4-3-2

项目	合计	每百人平均	项目	合计
寄发函件	85.01万件	377件	乡镇通邮面	100%
订阅报刊	423.15万份	1876.9份	乡镇通话面	100%
拍发电报	3.06万份	13.5份	行政村通邮面	100%
挂发长话	21.23万张	97.1张	行政村通话面	26%
电话机	3526部	1.56部	单程投递路线	1102千米

第四节　电　报

有线电报

民国11年（1922)，经办丽水电报局邮转电报。民国16年，寄出邮转电报58份，递入39份；民国17年，分别为44份和41份；民国18年，为53份和402份。民国21年，松阳县设电报收发处，开办电报收发业务。民国22年12月，开通丽水至松阳电报电路。民国27年7月，与遂昌、宣平直通话传电报；10月，龙泉至松阳架设电报线路。民国31年1月，古市开办电报代办业务。民国32年3月，各县电话局与电报局合并为电信局；5月，开通松阳至龙泉安仁电报线路；10月，架设松阳至龙泉电报线路。民国35年，有丽水至松阳有线电报电路；使用音响机作业，直至1958年。

1949年，松阳局去报约1000份；1957年为1700份。1982年，县委机要科传真机开通。1982年12月，开通电传电报电路。

1983年，松阳至丽水有载波和无线电路各1条。1985年1月，开办国际电报业务。1987年3月，接入杭州256路自动转报网，全年去报2.2万份。1989年2月1日，开办礼仪电报业务。1990年10月1日，开办公众传真电报业务。1990年，设有专用电报电路1路、载波电报电路2路、4路插报机1部、55型电传打字机5部、电报传真机1部、电子电传机2部、双机头发报机64-4B型3部、64-4C型2部。1991年10月，BHC83Ⅱ汉字电传机开通使用，县局报房结束人工译码。1992年，全年去报3.06万份，平均每百人拍发电报13.57份。

1990～1995年，电报业务量逐年递减。2000年后，光缆开通，各种电路增加，不再单独设置公众电报电路。

无线电报

民国17年（1928），省建设厅设立浙江广播无线电台，县政府报话播音室内装置收音机，配专职收音员，收听各项重要消息，传达政情。民国31年9月7日，因战事日紧，原设松阳25瓦电台移设丽水，10月25日移设永嘉。

1949年5月松阳解放，县无线电台停止使用。1966年2月26日，执行邮电部规定，凡通有线电路的地方，无线电路一律暂停开放业务。1982年，装设无线电台1部，配有15瓦短波发信机2部，与丽水定时联系，作应急备用。民用无线电报一般只用于应急及气象水文等，不作为公众通信工具使用。1993年以后，无线电台除按规定保持定期、定时联络外，基本退出电信经营业务。

传真

1952年，县委机要科传真机开通。20世纪90年代初期，真迹传真机在电报通信中投入使用，用于电报通信，结束长期以来农村支局（所）与县局电报通信话传的历史。用户传真机接入市话电话网，需向邮电局提出书面申请，利用长途直播电话与对方传真机连接后，即可送达。至1992年，全县有传真机单位5个，拥有传真机6台。

20世纪90年代中后期，传真通讯代替原电报通信方式。原载报机、电传打字机、发报机、译码机不再使用。

第五章 电信设施

无线传输网络经历无线广播（收音机）、无线电台、无线报话机、波分阶段。有线传输网络经历铁线、载波（3、12、60路）、DD14、DD16、PDH、SDH、波分复用阶段。电信工程包括线路、设备、土建等工程。

民国17年（1928），松阳开始使用无线电台，用于收听各项重要消息，传达政情。1993年以后，无线电台除按规定保持定期、定时联络外，基本退出电信经营业务。

第一节 无线传输网络

无线寻呼

1995年，松阳邮电局成立寻呼台，开始办理寻呼业务。当年新建立寻呼基站3个，分别为县城、大东坝、玉岩，用户100余户。后在象溪和古市进行补点，至1999年，全县共建寻呼基站5个，用户8000余户。

1998年，松阳邮电局无线寻呼从原松阳邮电局分离，成立浙江国信通信有限公司松阳分公司。1998年11月完成工商注册。主要经营无线寻呼、电话信息服务、计算机信息服务及相关的技术开发、工程咨询与建设、通信产品销售。

2000年8月，丽水联通与浙江国信通信丽水分公司融合。2001年2月16日，丽水联通把原县级分公司更名为县级经营部。

2004年，移动电话普及，寻呼业务退网。

移动电话

1992年，移动电话建设启动。1993年12月，松阳县邮电局开通移动电话。1998年，松阳移动业务及从事移动业务的工作人员全部从邮电局剥离，划归移动通信部门领导和管理。2008年9月，中国电信并购中国联通CDMA网的移动业务，电信部门重新经营移动业务。2009年4月，电信移动天翼3G正式运行。

图7-6 布放农村电话电缆（县档案馆提供 摄于1998年）

“小灵通”（无线市话）

“小灵通”正式名称为“个人手持电话系统

PHS”，是固定电话网络的补充和延伸，也称无线市话。1998 年 1 月，浙江正式受理业务；2002 年 8 月，小灵通在全国通用。2001 年 4 月，丽水电信投资 718 万美元引进 PHS 系统，覆盖县市区的城区及部分乡镇，5 月安装开通。松阳县于 2002 年 7 月正式开通。至 2003 年，建有 112 个小灵通基站。2004 年，新增基站 23 个，有小灵通用户 9022 户。2005 年，有用户 11918 户；2007 年，新增 814 户；2008 年，发展 1911 户，净增 996 户。

（此节内容与本编第六章“通信与网络建设”第一节“通信”互为补充）

第二节　有线传输网络

有线电话

民国 19 年（1930）11 月，松阳始设电话分局，电话线路质量差，多是铁线甚至单线，大多采用加装转电线圈的幻象线和实线传输。1951 年，丽水有载波电话增音机 1 部，开放金华—丽水—温州长话电路。1979 年以后，松阳区域开始使用载波机增加长途电话电路。1990 年以后，长途传输基本上都以载波设备为主。1993 年，光纤电缆网建成，技术相对落后的模拟载波设备和电路逐步停开。1997 年 7 月始，松阳县模拟载波设备和电路全部改用光端机传输。至 2010 年，三网（电视、电话、宽带）合一，采用光纤到户 FTTH（Fiber To The Home）。

宽带

有线宽带最早使用的是 56k 的拨号上网方式。20 世纪 90 年代末，国内开始发展综合业务数字网 ISDN（Integrated Service Digital Network），提供 128kbps 的速率。21 世纪，出现非对称数字用户环路 ADSL（Asymmetric Digital Subscriber Line），到 2010 年，出现甚高速数字用户环路 VDSL（Very-high-bit-rate Digital Subscriber Loop），短距离内的最大下传速率 55Mbps（独享），上传速率 19.2Mbps。同时期使用的还有对称数字用户线路 SDSL（Symmetric Digital Subscriber Line）。

宽带接入方式也转变为光纤，有光纤到楼 FTTB（Fiber To The Building）利用数字宽带技术；光纤直接到小区，再通过双绞线（超五类双绞线或 4 对非屏蔽双绞线）到各个用户。FTTB 采用专线接入，无需拨号，安装简便，且提供最高上下行速率 10Mbps。

2010 年，宽带接入方式发展为 FTTH（Fiber To The Home），将光纤直接接至用户家，其带宽、波长和传输技术种类无限制。光纤到户建设成为市话网络建设的重点。在三网融合的背景下，公司迅速扩大 FTTH 光纤到户在城市的网络覆盖。

第三节 电信工程

松阳电话工程主要有线路、设备、土建等工程。线路有铁线、铜轴、电缆、光缆、管道工程；设备有电报设备、传输设备、交换设备、数据设备、无线设备（小灵通、大灵通、CDMA移动设备）、电力设备等；土建有管道工程、机楼工程、局站网点建设等。

2005年，松阳电信完成的各项工程建设主要有：交换投资48.12万元，新增960交换端口、更新644交换端口，使用软交换技术；ADSL投资53.76万元，新增1792端口、新建13处宽带接入点，46个网点中有33个具有宽带接入能力；传输城西新增C3中兴2500+设备1套、4个交换点传输PDH更新为SDH、新增2处SDH传输设备；投资110万元，新增象溪、樟溪小灵通CSC设备各1套，共新建小灵通基站27座；投资153万元，优化C4环路光纤物理网及工业园区、县城新区钢缆铺设；投资18万元，用于城西综合机房安装空调，保障网络运行质量；投资113万元，用于机房搬迁、线路迁改、电视电话会议改造等。

2009年，松阳电信完成网络卫士29家，完成率107.4%。全球眼、视频监控类完成8个，完成各类ICT项目35个。宽带新增2000多端口、固话800线，新建EPON设备17套。2010年，松阳电信主要完成的工程有C网土建10个点，土建投资约181万元。新建C网基站15个，更换、升级3G基站29个，共投资245.3万元。新投光纤1269.534千米，计69.9万元。

第六章 通信与网络建设

20 世纪 90 年代初期，松阳邮电局开通移动电话。1997 年，浙江移动通信有限责任公司松阳分公司从邮电企业剥离开始独立运营。后出现无线寻呼机（俗称“BB”机）、联通公司的移动电话、电信公司的小灵通和移动电话等。

2000～2010 年，松阳县通讯工具、网络建设发展迅速。

第一节 通 信

移动通信

1992 年，松阳县启动移动电话建设。1993 年 12 月，松阳县邮电局开通移动电话，时称“大哥大”。建有 900 蜂窝基站 1 个，容量 151 户。建设初期移动成本高，个人手持机费用昂贵。1993 年，首批用户不到 30 户。

1997 年 10 月 1 日开始，松阳县移动公司与邮电局在财务上彻底分离，实行独立核算。全区邮电系统不再经营移动业务。

21 世纪，松阳县移动通信占领通信市场份额越来越大。2003 年，县移动公司拥有“全球通”“神州行”“动感地带”三大品牌下的签约用户 2.5 万户；拥有自办营业厅 1 家、合作营业厅 2 家、城镇合作代办点 12 家、农村代理点 25 家，年末营业收入 1500 多万元。2005 年后，以经营固定电话为主业的电信企业，固话用户和通信量逐年下降，所占的通信市场份额越来越少，出现全行业发展危机。工业和信息化部采取并合机构、调整经营结构措施，把全国 5 家通信企业中的网通并入移动、铁通并入联通；同时，决定把中国联通经营的 2 个移动通信网中的 CDMA（简称 C 网）移动电话网给中国电信并购。让中国电信、移动、联通 3 家经营商均有固定电话、移动电话、互联网等通信业务的经营权，实行公平竞争。

2008 年 9 月，中国电信并购中国联通 CDMA 网的移动业务，电信部门重新经营移动业务。2009 年 4 月，电信移动天翼 3G 正式运行。

2010 年，全县有基站 97 个，容量 21005 户，实有用户 9808 户。

小灵通（含大灵通）

小灵通正式名称为“个人手持电话系统 PHS”，是固定电话网络的补充和延伸，也称无线市话。随着移动电话的强势冲击，电信固定电话初显颓势，而国家规定电信无移动电话经营权，为了改变这种不利局面，经信息产业部同意，电信引进小灵通这种界于移动与固定电话之间的通信方式。

丽水电信在2001年4月引进PHS系统，覆盖县市区的城区及部分乡镇，5月17日，安装开通试用。松阳首批覆盖县城及古市镇所在地，号码与固话同为7位。小灵通以其方便、可靠、低辐射、低资费得到迅速发展。2008年覆盖最广，主要为松古平原、龙丽S50沿线、大东坝和玉岩镇所在地。全县有基站206个，容量20845户，实占用户8988户。

大灵通是450M频段CDMA技术，主要用于解决偏远山区话音通信。2006年11月9日，在松阳大仲山电视塔开通首个基站，大灵通可在丽水地区内联网漫游，次年开通象溪后庄、玉岩后山尖、大东坝燕田3个基站，基本实现全县覆盖，到2010年末，网络尚可用。

无线寻呼

20世纪90年代初，电信通信开办无线寻呼新业务。它以广大的程控电话网为依托，采用单向无线呼叫方式将主叫用户的信息传递给持机用户。无线寻呼机分数字机和中文机。在移动电话使用后逐步淘汰。

由于无线寻呼初期投资相对较少，而收益却较为可观，一些有能力的社会机构如公安、安全等部门也涉及寻呼业务，开始出现激烈竞争局面。1998年2月25日，县邮电局正式收购县公安局“金盾”无线寻呼台。

1998年7月，成立无线寻呼丽水分公司松阳营业部，从县邮电局分离员工5人，资产200多万元，实行独立核算。

（此节内容与本编第五章“电信设施”第一节“无线网络传输”互为补充）

第二节 网络建设

1995年6月28日，丽水Chinanet（中国公众计算机互联网）业务开通。1997年5月，开通Interent（国际互联网），建成163网、169网接入点，用户可直接拨打163/169特服号访问Interent和Chinanet多媒体信息网，同时向公众开放宽带和窄带业务。1999年，电信宽带ADSL（Asymmetric Digital Subscriber Line——非对称数字用户环路）正式商用。之后，互联网以其强大的技术优势得到迅速发展。

因特网与宽带

经历ISDN，163、169拨号上网，VDSL，SDSL，FTTN光纤到小区村，FTTB光纤到大楼、FTTH光纤到户。

局域网等

局域网即在一定区域范围内的计算机互联网络。其范围、数量大小不一，逐年发展，数量不断增多。主要有政府网、公安局内部网、教育网、财税专网、卫生专网、各金融专网等；其他有电话会议网、视频会议网（包括新视通、电视电话会议）、视频监控网（也称“全球眼”）。

第七章　邮电企业

中华人民共和国成立前，松阳县邮政局和电信局分设。中华人民共和国成立后，两家合并为邮电局。1997 年，松阳县邮电局把移动通信业务剥离出去。12 月，县邮电局开办邮政特快专递业务。1998 年 7 月，无线寻呼业务从松阳邮电局整体剥离。9 月，县邮电局分为松阳县邮政局和松阳县电信局。（有关邮政内容详见本编第一章“邮政机构”）

第一节　电信管理机构

民国时期电信局

民国 32 年（1943）2 月 19 日，松阳电报局和松阳长途电话局合并为松阳县电信局，辖古市报话代办处和宣平、遂昌电报电话收发处。民国 33 年 4 月，松阳为三等局，辖宣平、遂昌报话营业处、古市报话代办处和玉岩、大柘、石练、王村口长话代办所。民国 34 年后，松阳电信业务渐趋萧条。民国 35 年 7 月，核定为五等局。民国 37 年，升为四等局。民国 38 年，松阳电信局有 10 门交换机 1 台，员工 23 人，局址西屏镇南直街 143 号。

中华人民共和国成立后邮电局

1949 年 5 月 9 日，松阳全境解放，邮局由县军管会军代表接管。1951 年 9 月，邮局与电信合并，设松阳邮电局。1952 年 1 月，丽水专区撤销，松阳邮电局划归衢州专区邮电中心局领导。1955 年 2 月，衢州专区撤销，松阳县邮电局划归金华专区邮电中心局领导。是月，靖居、玉岩设邮电营业处。是年，通过整顿，大部分代办所转由供销社代办。1956 年 8 月，设大东坝邮电所。1957 年，全县有古市邮电支局，靖居、玉岩、大东坝邮电所；五都阳、下宅街、大竹溪等 12 个邮政代办所，6 个集体性质的公社办邮电机构。是年，县邮电局有职工 32 人，农业社投递员 13 人。

1958 年 10 月 1 日，松阳县撤销，原松阳所在地邮电局改为西屏邮电支局。1959 年 1 月，邮电管理体制由省级垂直领导改为由驻地县委、县人委和省局双重领导，以地方领导为主。县以下农村邮电支局、所下放到人民公社。1963 年 5 月，丽水专区复设，成立丽水专区邮电所，遂昌（含松阳）划归丽水专区管辖。1969 年 4 月，设立枫坪邮政所，11 月，撤销丽水专区邮电所，县电信局成立，归人武部领导。1973 年，撤销丽水地区内各县的电信局、邮局，成立县邮电局。1978 年，松阳境内有邮电所 6 个，代办所全部被撤销。

1982 年 5 月 1 日，复设松阳县邮电局，置县局于人民街 8 号原西屏邮电支局址。

1985 年 5 月，大东坝邮电所升为邮电支局。1986 年 10 月，在新华街新建综合邮电大楼 2890 平方米，附属用房 523 平方米，占地面积 3770 平方米；10 月 29 日，开办邮政储蓄业务。

1990 年，松阳县有古市、玉岩、靖居、大东坝 4 个邮电支局和枫坪邮电所。县局下设话务、报务、载波、邮政、机线、邮储、长机、自动机、投递、综合10个班组和办公室，实行二级管理。全局职工156人。

1991年7月26日，县政府发出通知，“八五”期间，松阳安装程控电话，并架设丽水至松阳光缆通信线路。为解决建设基金，规定长途电话去话每张收取0.20元附加费、农村电话每张去话收取0.10元附加费，从1991年8月1日起执行，时间5年。

1997年6月1日，移动通信业务从邮电局剥离出去。松阳移动通信经营部成立，共剥离固定资产原值370.27万元，人员9人。1998年2月25日，县邮电局正式收购县公安局“金盾”无线寻呼台，共有300多个“金盾”寻呼用户入户邮电寻呼。3月，松阳板桥畲族乡9个行政村实现村村通程控，在56个自然村中有37个村通电话。6月，市内电话用户10057户。7月，无线寻呼业务与200多万元资产及5名从事寻呼工作的职工从松阳邮电局整体剥离出去。

1990～1998年松阳县邮电局基本情况一览表

表7-7-1-1

年份	邮电局（所）		职工人数（个）	邮电业务收入（万元）	收支差额（万元）	固定资产（万元）	城乡每百人拥有电话（部）
	总数（个）	其中代办所（个）					
1990	6	0	156	131.89	-13.47	479.58	1.00
1991	6	0	154	179.41	26.15	565.01	1.10
1992	6	0	162	231.50	-47.23	558.19	1.60
1993	7	1	171	295.20	144.36	2231.10	2.06
1994	7	1	173	524.43	-526.94	2301.86	2.65
1995	7	1	175	820.55	-567.41	3797.03	5.64
1996	8	2	175	1104.60	-594.42	5509.86	6.59
1997	8	2	173	2247.00	-606.00	8828.00	7.67
1998	8/8	2/2	69/97	1209.00	-620.00	1965/8701	7.02

说明：1.1993年始，连年亏损，因贯彻国家加快邮电发展和超前建设，允许负债经营政策所致

2.1998年，业务收入下降，因移动、无线寻呼从邮电局分离出去

1998年后电信局

1998年9月2日，松阳县邮政局和松阳县电信局分别成立。

分营后，松阳县电信局内部机构设综合办公室、运行维护部、市场部、财务部、非管理岗位服务质量检查监督中心、市场营销。

1998年松阳县邮政、电信分营情况一览表

表7-7-1-2

分营前		分营后	
		邮政	电信
县局总资产	8658万元	2098万元	6560万元
所有者权益	2801万元	1509万元	1292万元

续表 7-7-1-2

分营前		分营后	
		邮政	电信
总负债	5854 万元	586 万元	5268 万元
在职职工人数	168 人	68 人	100 人
离退休人员	33 人	17 人	16 人
房屋总面积	20990 平方米	13220 平方米	7770 平方米
其中：生产用房	11236 平方米	8142 平方米	3094 平方米
非生产用房	1062 平方米	383 平方米	679 平方米
未房职工宿舍	2309 平方米	1958 平方米	351 平方米
支局所生产用房	6383 平方米	2737 平方米	3646 平方米

电信公司

2000 年 7 月，县电信局变更为浙江省电信公司松阳县电信局，县电信局的工作重点是在省公司和市分公司的授权下，进行市场营销、运行维护、综合服务。

2001 年 1 月开始，实行分公司县（市）财务一体化管理，县局采用收支两条线的财务管理模式，丽水分公司根据 C3 当地网整体需要，对全区建设资金的筹集和使用实行统一管理。3 月 29 日，松阳电信实业公司成立。3 月 31 日，松阳电信分公司设“两部一室”（综合办、财务部、运营部）。

2002 年 3 月，结合新特服号码 10000 的投入使用，原有各专业特服生产单位（112 受理、114、189、170 等）进行整合、归并，纳入客户服务中心统一管理。自 5 月 1 日开始，调整和取消部分电信业务资费标准。6 月，丽水电信分公司薪酬制度改革启动；9 月，实施县局报账制。2002 年 10 月，全省电信机构再次更名，县电信局更名为浙江省电信有限公司松阳县分公司。

2003 年 3 月，松阳电信分公司新的 112 障碍自动受理台开通试运行。5 月，松阳县市电信分公司内设综合办公室、市场营销部、区域维护站。各部室主任一律竞争上岗。7 月，省公司公布丽水市电信营业厅名单并办理工商营业登记。松阳县电信分公司有松阳、古市、玉岩、枫坪、大东坝、象溪 6 个营业厅。9 月，松阳城南机房迁移至自建局房，固话扩充至 1000 门，ADSL 宽带扩容至 64 端口。11 月，松阳“箬寮原始林”200/IP 电话卡发行仪式在松阳箬寮举行。

2004 年 8 月，松阳 5 个村纳入浙江省电信“村村通电话”项目工程丽水市初步设计（第一期）方案。2005 年 1 月，接应丽水分公司全面铺开“百万亲子绿色上网行动”。8 月，宽带用户数据制作割接到宽带自动工单系统，实现宽带用户数据制作的自动化、标准化。11 月，丽水当地网如期完成“村通工程”，全市 257 个村，其中松阳 5 个村。2006 年 11 月，松阳县赤寿乡界首村电信业务代办点开业，为松阳首个正式村级电信业务代办点。

2008 年 4 月，中国电信股份有限公司以吸收合并方式注销浙江省电信有限公司，新设中国电信股份有限公司浙江分公司，分公司更名为中国电信股份有限公司松阳分公司，简称中国电信松阳分公司。至 2010 年，未改变。

1999～2002年松阳县电信企业情况一览表

表 7-7-1-3

指标名称／年份	中央国有业务总量（万元）					国内业务总量（万元）	国际业务总量（万元）	地方国有业务总量（万元）	城市电话用户数（户）		乡村电话用户数（户）		IP网注册用户（户）		通信业务收入（万元）		通信企业收支差额（万元）		固定资产原值		职工年末总人数（人）		全年工资总额（万元）	
	合计	长途电信	本地电话	数据通信	电报				合计	住宅电话	合计	住宅电话	拨号用户	专线用户	中央国有	地方国有	中央国有	地方国有	中央国有	地方国有	中央国有	地方国有	中央国有	地方国有
1999	1199.93	444.18	712.34	39.95	3.46	1185.44	14.5	550.86	11601	8976	8459	8285	266	0	1065.65	586.73	-599.21	-186.86	6139.84	4300.43	58	40	51.43	94.7
2000	1308.97	455.17	768.79	81.82	3.19	1866.7	24.11	581.83	13433	10866	12280	10870	872	3	1201.43	638.59	-503.96	-186.44	8073.96	4956.54	53	40	53.66	106.06
2001	1509.41	365.53	1030.44	111.78	1.67	—	—	—	12371		14767		1758	5	2005.81	-1033.69	-1033.69		14244.87		68		208	
2002	1647.62	370.75	1093.8	181.86	1.2	—	—	—	12943		17965		2094	0	2209.87	-382.69	-382.69		12785.81		66		240	

2003～2010年松阳县电信企业情况一览表

表 7-7-1-4

指标名称／年份	电信业务总量（万元）	国内长途总通话费（万元）	国际长途总通话费（万元）	本地电话用户收入（万元）	政企电话用户数（户）	城市住宅电话用户数（户）	乡村住宅电话用户数（户）	公用电话（部）	PHS用户数（户）	互联网窄带接入用户（户）	互联网宽带接入用户（户）	主线普及率（线/百人）	小灵通电话普及率（户/百人）	职工年末总人数（人）	全年工资总额（万元）
2003	2646	326.87	3.76	1618.72	3947	13942	19372	1221	7818	2772	2912	19.93	—	90	334.74
2004	2585.87	211.53	4658	7264.44	4494	11834	19960	2500	9022	3254	2998	—	—	88	340.89
2005	2618.31	218.68	4610	8226.76	4952	10225	20414	3019	10618	2884	3540	—	—	85	374.78
2006	2519.88	190.74	3055	5420.08	4634	10090	20497	3187	12704	2535	4307	—	—	79	393.3
2007	2078	201.24	4969	4427.53	4512	9937	19443	2952	9015	954	5751	19.56	2.66	79	389.23
2008	2014	207.7	4918	3740.11	5244	6918	20961	2544	6882	935	7205	17.89	3.22	78	412.93
2009	3324	172.72	2883	2939.34	6893	8737	16063	2424	4302	767	10032	16.22	—	79	451.78
2010	4338	622.94	9666	2606.53	7088	8923	13952	2406	3360	723	12889	15.06	—	78	463.08

2003～2010年松阳县电信企业通信能力一览表

表 7-7-1-5

序号	指标名称	单位	2003年	2004年	2005年	2006年	2007年	2008年	2009年	2010年
1	本地交换设备容量	门	59917	65875	65646	71867	67793	62821	63397	69425
2	本地交换设备实占容量	门	46300	47810	49228	51112	45859	44584	40443	36571
3	无线接入容量	线	—	15415	17374	20199	21005	20845	20845	20845
4	无线实占容量	线	—	9022	10618	13176	9808	8988	6477	4114
5	ADSL 端口容量	个	2132	4148	4740	5044	8259	10487	12919	16910
6	ADSL 实占端口容量	个	1902	2755	3346	4165	5565	6769	8442	10539
7	VDSL 端口容量	个	128	120	96	—	—	—	—	—
8	VDSL 实占端口容量	个	80	79	64	—	—	—	—	—
9	LAN 端口容量	个	72	192	448	448	408	239	194	385
10	LAN 实占端口容量	个	62	164	130	142	123	226	226	335
11	接入网五类线信息点个数	个	—	64	372	372	372	372	372	372
12	DDN 节点机端口容量	个	168	168	168	168	0	99	86	86
13	DDN 节点机实占端口用户容量	个	104	104	11	11	0	10	10	10
14	主干电缆长度	皮长千米	537	537	672	788	765	729	777	875.914
15	主干电缆对千米	对	51413	51413	45110	96758	99362	95936	95981	94368.4
16	主干电缆线对数	对	—	—	—	77760	80680	80600	81120	87575
17	已用主干电缆线对数	对	—	—	—	39040	—	—	33326	31889
18	主干电缆实占线对数	对	—	—	—	—	37214	34914	—	—
19	出局用户线对数	对	—	65950	67400	—	—	—	—	—
20	出局用户实占线对数	对	—	39127	40726	—	—	—	—	—
21	CDMA 机站个数	个	—	—	—	—	—	51	66	97
22	PHS 基站个数	个	112	160	178	189	205	206	208	208
23	PHS 信道个数	个	628	922	1036	1077	1091	1086	1092	1092
24	接入网光缆线路长度	千米	70	90	115	90	2615	3554	4396	6029.08
25	接入网光缆长度	皮长千米	70	90	115	109	277	366	422	529.391
26	IP 网中继端口等效 155M 端口数	个	—	—	—	—	0	1298	1147	2236
27	互联网拨号服务器 /VPDN 端口数	个	—	256	256	256	—	—	—	—
28	本地传输网标准速率端口总数	个	—	—	—	—	0	0	0	1342

续表 7-7-1-5

序号	指标名称	单位	2003 年	2004 年	2005 年	2006 年	2007 年	2008 年	2009 年	2010 年
29	本地传输网标准速率端口实占数	个	—	—	—	—	0	0	0	473
30	本地 2Mbps 传输端口总数	个	703	1009	1679	0	—	—	—	—
31	本地 2Mbps 传输端口实占数	个	639	460	754	0	—	—	—	—
32	本地中继光缆纤芯长度	芯千米	—	—	—	—	2889	2988	5205	7544.81
33	本地中继光缆线路长度	千米	254	266	281	196	—	—	—	—
34	本地中继光缆长度	皮长千米	267	279	294	373	396	387	500	675.875
35	本地管道长度	千米	12	12	14	34	42	46	52	54.5393
36	本地管道孔长度	孔千米	72	72	77	105	118	125	142	132.886

第二节 移动公司

公司概况

浙江移动通信有限责任公司松阳分公司于 1997 年从邮电企业剥离，开始独立运营。2000 年 4 月，随浙江移动通信有限责任公司成为港商独资上市公司的内地运营子公司。移动公司内设综合办、财务部、市场部、运建部 4 个职能科室，其中市场部下辖集团客户部、销售部、营业部和古市、玉岩、象溪、大东坝 4 个区域营业中心。至 2003 年末，公司有“全球通”“神州行”“动感地带”三大品牌下的签约用户 2.5 万户；有自办营业厅 1 家、合作营业厅 2 家、城镇合作代办点 12 家、农村代理点 25 家，年末业务收入 1500 多万元；在县域境内建立大小基站近 50 个，实现 97%以上的乡镇网络覆盖率。2004 年，松阳移动公司全年累计实现运营收入 1600 万元，公司三大品牌用户数突破 3.5 万户；9 月，位于县城新华路 55 号繁华地段 250 余平方米的阳光手机大卖场开业；10 月，位于新华路的第二营业厅和位于环城西路的动感地带专营厅同时开业；11 月，公司整体购买松阳县医药公司位于新华路南端的办公大楼、仓库及内置空地等作为公司新营业办公场所。

图 7-7 松阳移动电话公司大楼（县档案馆提供 摄于 1998 年）

2005 年末，公司有 4 家县城自办营业厅、4 个区域营业厅、4 家手机大卖场、15 家特约代理点和 45 家农村二级代理点、38 家农村“放心店”（市工商局获准的农村代销店），业务遍及全县各乡镇及大的行政村。公司在全县范围内建有移动基站 83 座、直放站13座。至2005年末，公司有员工44人。至2006年末，松阳移动实现运营收入2404万元。公司在县城有4家自办营业厅、4家区域营业厅、4家大卖场，19家特约代办点。与工商合作开展放心店VIP改造工作，至年末，签约放心店188家，改造完成188家，开展业务80余家，农村二级代理点50余家，方便客户办理移动业务。公司员工增加到53人；直销团队从年初的30余人增加到80余人。

2007年，实现运营收入3000万元，新业务收入685万元，新增用户3500户。2009年6月，协助市公安局、传输局开展全市国防通信光缆护线安全活动。2010年，开展“便捷服务 满意100”活动。

网络建设

1998年，公司完成GSM网络五期工程主设备的投资。至年末，开通移动大楼、一中、十五里、新兴、枫坪、安民、裕溪7个基站，加上已有的古市等4个基站，基站总数11个；确保县城、古市、大东坝、象溪、玉岩五大乡镇及龙丽公路沿线村镇的网络覆盖，实现与国内31个省市自治区308个（地）市和1856个县（市）间联网和自动漫游，并开通与30多个国家和地区的自动漫游。1999年，139“全球通”数字移动电话（GSM）网第4期扩容工程完成投入使用，新增城南、电影公司2个基站。2000年，开通北山、下宅街、雅溪口3个基站。2001年，再建开通合溪、章山、蛤湖、港口、界首、筏铺、谢村、鲁丰、四都9个基站。实现与联通互联互通，降低网间结算费用，节约成本支出。2月，公司开展模拟转网工作，以信函、电访、上门等形式与客户沟通取得合作，及时为转网用户提供呼转服务，模拟网按时关闭。2002年，开通环县城周边区域的金山、叶村、望松、青蒙、百步、三都、大竹溪、红连、毛弄9个基站。2003年，开通板桥、高亭、东田、桥头、新处、黄南、交塘7个新基站。至2003年末，公司共建成开通基站48个、直放站7个，同时建成开通县城老城区、城南至电影公司的城域网，县域的通信覆盖率98%以上。2004年，全年基站开工建设14个、建成开通12个，开通直放站6个，发展农村代理店26个，基本实现有信号的地方就有移动代理点。

2005年，公司建设开通基站27个、直放站4个，室内分布系统4个，并提前完成枫坪乡小吉村等10个基站的建设任务。至年末，公司的GSM网络基本实现全县各个乡镇和国道的全覆盖。2006年，全年新建基站27个、直放站8个，全县建设110个基站、25个直放站，331千米传输杆路，管道26千米/孔。2007年，全年新建基站32个、直放站3个，全年召开重大工程座谈会3次。

2008年初，遭遇特大雪灾，克服种种困难险阻，完成通信保障及抢修任务。2009年，完成G16期17个基站、4个室分、17个直放站建设；完成3个TD宏站，8个TD室分建设；完成7个WLAN建设；14个小区宽带预接任务。进行城区专项优化，掉话率从0.18%下降到0.12%；做好日常网络优化工作，扩减容200多次，完成县内重大节庆活动。

2010年，加快对G17基站和TD四期宏站的建设，推动小区宽带覆盖建设，有17个小区安装移动宽带。

业务拓展

1999年，公司有“全球通”“本地通”“大众通”三大品牌，并形成差异性的品牌体系，全球通在高消费者中占主导地位，“本地通”“大众通”满足中低消费者的需求，公司根据用户话费确立大客户标准并建立相应档案，加强服务。

2000年2月，“神州行”品牌上市并在县城范围内销售。2001年，以信息化建设为战略制高点，率先推出虚拟网组合捆绑业务，促进集团组网，增强用户黏性；开发工行实时计费系统，用户缴费可在工行办理。主推全球通自由呼、全球通亲情号码、全球通虚拟网业务。

2002年2月初，县政府发文要求全县各部门领导全部加入县虚拟网，此举有力地促进公司业务的迅速开展。2003年2月18日，公司为县工业园区首家入园企业上门办理PBX安装及入网手续。5月17日，开展电信日“预存话费送手机”大型营销活动。9月10日教师节，开展全县教师入网免月租一年等优惠活动。2004年，公司网络建设的重点是覆盖县级沿线的公路、800人口以上的村、偏远山区主要集镇、村。2005年，公司业务从单一的语音通话发展到短消息业务、手机上网等，先后推出“全球通”充值卡业务、虚拟网业务、主叫付费业务、一卡双号业务等，推出10元、20元、30元的小面额现金充值业务，解决群众反映强烈的“神州行”品牌充值金额过期的问题；9月，陆续在古市、玉岩、象溪、大东坝4个重点镇开设区域营业厅。

2007年，重点关注和拓展农村市场和工业园区市场、家庭市场及社会渠道建设。2008年，公司推广手机报、手机炒股、飞信、集团彩铃、定位等新颖业务。由松阳分公司提供与协作的数字城管通项目业务通过县城管大队在县城得到广泛应用。

2010年，通过开展“畅想移动新生活”和新春入网“贺岁五重礼”等活动，提高公众参与率；年末，在全县开展老客户优惠送油活动；在中小企业、农村市场开展各项新业务推广。

质量管理

2000年7月，公司成立QC质量管理小组，开展ISO质量管理内审工作，以ISO9000质量管理体系指导日常管理工作，并于11月通过省公司ISO9000：2000质量管理体系认证审查。2001年5月，通过香港品质保证局ISO9000：2000质量认证复审。2003年7月，公司通过香港品质保证局ISO9000复审。

第三节　联通公司

公司概况

中国联通松阳分公司成立于2000年，为香港独资上市公司的内地运营子公司。到2003年末，公司有GSM、CDMA两大网络下的签约用户1.5万户，有合作营业厅1家、城镇代办点10家、农村服务中心20家，业务收入1070多万元。2004年末，有GSM用户14000多户、CDMA用户4000多户，业务收入1074.40万元。无线电话、165、商务电话有较大的突破。至2005年，松阳联通分公司下设综合部、市场部、客户发展与服务部。有员工22人，96%员工大专以上文化程度。

2006年，新发展、升级合作营业厅3家。公司发展G网用户1.85万户、C网0.47万户、无线上网用户215户，业务收入1380万元。至2007年末，发展G网用户15800户、C网4785户、G网ARPU值在8元以上净增出账用户5988户、C网ARPU值在8元以上净增出账用户1870户（其中C网同比年初出账用户数增长20%），全年收入1450.56万元。新增集团单位20家。2007年，公司有二渠道发展人员 25 人，发展 G 网 5385 户、C 网 2598 户。

2008 年 11 月 30 日，原松阳联通和原松阳网通正式合并。至年末，发展 G 网用户 18500 户、宽带用户 890 户、G 网 ARPU 值在 8 元以上净增出账用户 2500 户（同比年初出账用户数增长 20%），全年收入 1450.56 万元。2009 年末，发展 G 网用户 1900 余户、3G 用户 2000 余户、宽带用户 2000 余户、G 网 ARPU 值在 8 元以上净增出账用户 3000 余户（同比年初出账用户数增长 15%）。全年收入 1500 万元。

2010 年末，发展 G 网用户 20000 余户、3G 用户 2000 余户、宽带用户 2000 余户，G 网 ARPU 值在 8 元以上净增出账用户 2500 余户（同比年初出账用户数增长 12%），全年收入 1800 万元。

网络建设

2001 年，公司完成 GSM 网络第七期工程主设备的投资，共建裕溪、港口、雅溪口、大东坝、玉岩等 14 个基站，年末基站总数 19 个，确保五大镇、龙丽公路全线覆盖，实现与国内所有省市自治区的联网和自动漫游。2002 年，在继续建设枫坪、箬寮等 6 个基站的情况下，联通 CDMA 网络工程陆续启动，至 2003 年末，CDMA 基站数 40 个。全县乡镇 100%开通联通移动通信。

2004 年，完成 GSM 基站 12 个、CDMA 基站 10 个的建设。至 2005 年末，共建 CDMA、GSM 基站 96 个，网络覆盖主要公路沿线、乡镇、行政村及重要旅游风景区。推出 G、C 二网的“世界风”双模式系统业务；一机双网，支持一部手机在 CDMA 和 GSM 二网之间自由切换。

2006 年，完成 G13 期工程和高速公路线路迁改工作，共开通 26 个 GA 网基站。发展语音专线 35 户、个人宽带 48 户，无线公话呈上升趋势，全年数据业务收入 150 万元。2007 年，更换 BSTS22C 设备，提前完成 G15 期工程，G15、G16 期工程共为松阳增加 36 个 G 网基站。2008 年，新建一批 G 网基站、新增传输光缆线路。根据总部 GPRS 发展规划，全面建设 GPRS 网络，为用户提供相应的移动数据业务。提前完成 G18 期工程，为松阳增加 17 个 G 网基站。

2009 年，新建一批 G 网基站、新增传输光缆线路及一批 3G 设备；完成 G19 期工程，为松阳增加 10 个 G 网基站。2010 年，完成 G20 期工程，在松阳玉岩区域新增加 14 个 G 网基站。

服务提升

2005 年，以追求领先通信技术和客户需求为核心，创建联通“新时空”“世界风”“如意通”“UP 新势力”等业务品牌系列；推出特色优势业务，为客户提供优质、便利、多元化服务。2006 年 4 月，公司营业前台从五联回收自营，秉承“客户至上”的服务理念，推出“如意通”“世界风”“新势力”“新时空”系列套餐，还有虚拟网、掌中宽带、集团炫铃、198 秘书台、VIP 联通俱乐部等多元化业务。2007 年，公司在县城新建有一定规模的核心渠道 3 家，在古市镇中心路口新建 1 家核心渠道。重视 G、C 二网专业化经营工作。通过改变经营方式，试推“店铺+直销”模式，其中玉岩代理点 7～8 月发展 G 网用户 500 多户。在 2008 年初抗冰雪保通信中，开展“风雪无情，联通有义，免费打电话报平安”活动。

2010 年，公司推出“世界风”“如意通”“新势力”“沃”等特色品牌产品，推广话费周报等增值业务。公司落实“八项服务承诺”，在媒体公布相关信息，接受用户监督，开展以主动服务、主动营销为主要内容的“多说一句话”活动。

第八编　电　力

松阳县发电、用电历史始于20世纪20年代中期，时为火力发电。民国31年（1942），日军入侵松阳后火力发电厂停业。中华人民共和国成立后，始有水力发电。改革开放后，尤其20世纪90年代开始，松阳县供电量呈逐年上升态势。

2010年，松阳县水力资源理论蕴藏量13.6万千瓦，占瓯江流域水力资源理论蕴藏量的5.27%。松阴溪干流及其28条主要支流中，有101处可开发小水电，总装机容量10.8万千瓦（占理论蕴藏量的79.4%），年发电量2.9亿千瓦时，全县人均占有水力资源量0.47千瓦，高于全省人均0.15千瓦的水力资源量。

第一章　发　电

民国14年（1925），松阳县城开始有火力发电；20世纪30年代初期，古市有火力发电。到20世纪40年代初，日军侵入松阳，西屏、古市2家电厂遭破坏。至松阳解放，境内无电厂。

中华人民共和国成立后，电厂逐步恢复。从单一的火力发电到水力发电、自用的柴油发电，再到后来的高压电配送。

第一节　火力发电

民国14年（1925），西屏镇人叶虎臣等投资6000银元，在西屏镇钟楼脚创办华阳电灯公司，松阳出现火力发电。民国22年，古市镇电米厂建成发电。两地共装机容量13.5千瓦，居民用户实行包灯包费制。

华阳电灯公司几经易手，到民国28年（1939），变更为浙东电力厂松阳分厂。用户实行装表计量，当年有用户98户，接用表灯609盏，县城街道路灯20盏。民国30年，用户增至222户，路灯40盏。

民国31年（1942），日军入侵松阳，致2家发电厂停业，从此松阳8年无电。

1950年，丽水籍叶焕章等人在西屏镇创办松阳力民电厂。第二年，洪青年等人在古市镇创办工学电米厂。2家电厂装机各为7.5千瓦，公私合营时期，名称数易，装机容量逐步扩大。1957年初，

2厂合二为一。1958年7月，松阳县第一座水电站赤岸水电站建成投产。1959年，电厂发电量6.8万千瓦时。

1967年3月，公私合营松阳发电厂改称地方国营松阳电厂。1969年，新建青蒙发电车间。发电量增至45.36万千瓦时。1970年，松阳造纸厂发电设备并入，发电量大增。1971年，遂昌长濂至青蒙10千伏电力线路投产，火力发电渐趋淘汰。1981年，青蒙发电车间报废。

20世纪60～70年代，在一些农村，由农村生产大队购置小型发电机，以手扶拖拉机的动力柴油机发电，供本村夜间几小时的照明和碾米磨面等粮食粗加工用电。

第二节　水力发电

中华人民共和国成立前，松阳境内尚无水力发电站。1958年7月，赤岸村建成旋浆式水轮机小水电站，引松阴溪水发电，为松阳小水电建设之始。1959年10月，谢村小水电站建成发电。60年代，相继建成枫坪、召楼、大潘坑、大东坝、下宅街等17座小水电站，总装机容量250千瓦。

20世纪70年代，随着东坞、梧桐源等中小型水库的兴建，先后建成东坞、梧桐源等一批装机100千瓦以上的小水电站。期间，在玉岩、枫坪、石仓等山区相继建成一批装机75千瓦以上的引水式水电站。10年间，全县共兴建小水电站128座，总装机容量5887千瓦，年发电量超过1300万千瓦时。水电站已遍布境内山村，百余大队社员用上水电照明、碾米、磨粉、榨油等。

20世纪80年代，松阳小水电有较大发展，小水电站规模亦随之扩大，青石坝、大石汇等一批装机500千瓦以上的小水电站建成并发电。1987年始，推广微型水轮机发电，全县共推广微型水轮发电机14台，建成自发自供的微型电站14处，总装机20.65千瓦，为山区14个自然村、108户、456人解决生活用电困难。1992年11月，坳头水电站并网发电，装机容量1300千瓦，位居当年松阳小水电站之首。至1992年末，全县有水电站37座，装机59台，总装机容量7897千瓦。

1991年1月24日，省重点工程、县农业水利化和农村电气化关键工程的谢村源水库大坝奠基，谢村源流域综合治理和水电梯级开发开始实施。3月，松阳县被列入全国第二批农村电气化试点县和部、省级微型水电示范县。1993年10月，谢村源流域水电开发公司正式成立。1995年8月，松阳县通过农村水电初级电气化达标验收，松阳跨入全国第二批农村水电初级电气化县行列。1996年4月18日，谢村源二级电站并网发电，装机容量1.6万千瓦，当年发电1800万千瓦时，创产值800多万元。谢村源三级电站、黄坳电站、雅溪坑一级电站、大坑源一级和二级电站等一批装机容量500千瓦以上的水电站相继建成。期间，全县有159座装机容量

图8-1　青石坝电站（县档案馆提供 摄于1992年）

小、管理不善、设备老化、运行性能差、效益不好的小水电站先后被淘汰（其中 75 千瓦以上的小水电站 4 座、75 千瓦以下的小水电站 155 座，总装机 2586 千瓦）。

2001 年，松阳县被水利部列入“‘十五’建设 400 个农村水电电气化县”，被省水利厅列入“浙江省水电资源开发有偿转让试点县”。

2004 年 8 月，松阳县梧桐源水库除险加固工程项目立项。12 月，工程设计方案获批准。是年，安民一级和二级、洋坑源二级等 6 座电站建成发电，新增装机 22300 千瓦，创历史最高纪录。2005 年 3 月，梧桐源水库除险加固工程正式开工。5 月 16 日，梧桐源水库坝后电站、二级电站、东电站和西电站 4 座电站进行报废，总装机 950 千瓦。是年，余叶口、西山、洋坑源一级等 5 座电站发电，新增装机 6830 千瓦。全年上网电量 1.87 亿千瓦时，比上年增长 56%，上缴各类税费 1200 万元。

2006 年，松阳县被列入全国“十一五”农村水电电气化建设县。5 月 24 日，谢村源水库及梯级电站自动化改造工程竣工验收，总投资 840 万元。是年，枫坪水库电站和洋坑源一级电站建成并网发电。7 月 28 日，省水利厅要求对 1990 年前投产的所有电站的压力钢管、机电设备、电气设备等在内的设施设备进行一次全面检测，掌握设施设备运行状况，加大对老电站的更新改造力度。据此要求，松阳县更新老电站 5 座（总装机 3320 千瓦），新增装机 685 千瓦。其中，南源电站增容 400 千瓦，东坞一级电站未增容，大石汇电站增容 160 千瓦，六都一级电站未增容，高亭电站增容 125 千瓦。2007 年，界首水电站、三里亭水电站先后建成发电，年发电量计 842 万千瓦时，总投资 2500 万元。至此，松阴溪干流界首—古市段水电开发规划全部完成。2008 年 5 月，黄南水电站建成发电。6 月，安岱后、合溪、丰水源水电站竣工，全年新增发电量 1962 万千瓦时。2009 年，裕溪、石马铺水电站建成并网发电。

2010 年 9 月 26 日，松阳县“十一五”农村水电电气化县建设通过验收。2010 年，年发电量 2.35 亿千瓦时，年产值 9500 多万元，年上缴各项税费 1500 多万元。至年末，全县共有小水电站 66 座，装机 107 台，总装机容量 97295 千瓦（占全县水能可开发量的 90.1%）。

2010 年松阳县 1000 千瓦以上水电站一览表

表 8-1-2-1

站名	站址	开发方式	集水面积（平方千米）	设计水头（米）	设计流量（立方米/秒）	装机		年发电量（万千瓦时）	总投资（万元）	投产年月
						机组（台）	容量（千瓦）			
谢村源二级	蛤湖	引水	74.6	220	8.64	2	16000	3450	7764	1996.04
安民一级	筏铺村	引水	53.7	182	8.07	2	12600	2450	10820	2004.04
谢村源三级	上源口	引水	97.04	48.6	9.82	2	4000	816	2297	1999.04
安民二级	青石坝	引水	320.76	36.7	13.9	2	4000	1578	3610	2004.09
二滩坝	大东坝	引水	396	24.38	13.64	4	2520	1067	2010	2002.01
象溪	象溪	引水	1845	6	13.08	4	2520	1124	2279	2004.02

续表 8-1-2-1

站名	站址	开发方式	集水面积（平方千米）	设计水头（米）	设计流量（立方米/秒）	装机		年发电量（万千瓦时）	总投资（万元）	投产年月
						机组（台）	容量（千瓦）			
谢村源一级	谢村	引水	24.9	123.78	2.44	2	2500	563	2449	2002.04
洋坑源二级	青石坝	引水	23.2	120.05	2.64	3	2400	509	1176	2004.10
金旺	港口	引水	1236	6.5	10.7	3	1500	580	1550	2001.05
坳头	坳头	引水	191.4	26	6.25	4	1300	420	221	1992.11
道惠口	道惠口	引水	11.1	123.55	0.73	2	1000	178	346	2001.11
黄岭根一级	黄岭根	引水	13	155.22	0.83	2	1000	266	451	2003.05
洋坑源一级	洋坑源	引水	13.6	131.5	1.1	2	1260	253	860	2006.03
黄南	黄南村	引水	200	14	19.0	4	2000	538	1890	2008.05
安岱后	安岱后村	引水	6.57	295.6	0.56	2	1260	299	1180	2008.06
三里亭	三里亭村	引水	650	4.7	46.0	4	1600	450	1380	2007.01
界首	界首村	引水	605	4.8	36.0	4	1280	392	1120	2007.07
枫坪水库	直坑源	引水	55	50	5.0	3	1890	510	2350	2006.02
梧桐源二级	梧桐源	坝后	53.2	54.9	3.68	2	1600	360	2010	2007.02
合溪	合溪村	河床	1964	5.77	108.0	4	5000	1567	4380	2008.06
裕溪	金村圩	河床	1904	7.4	100.0	4	6400	1997	5390	2009.02
石马铺	王田铺	河床	1739	4.5	92.0	3	3300	960	3260	2009.07
西山	西山	引水	465	16.5	19.84	4	2520	885	2720	2005.06
余叶口	余叶口	引水	175	16.5	10.5	3	1200	320	646	2005.05
合计 24 座						71	81650	21532	62159	

2010 年松阳县 500～1000 千瓦水电站一览表

表 8-1-2-2

站名	站址	开发方式	集水面积（平方千米）	设计水头（米）	设计流量（立方米/秒）	装机		年发电量（万千瓦时）	总投资（万元）	投产年月
						机组（台）	容量（千瓦）			
青叶坝	蛤湖	引水	355	13.5	9.38	4	945	410	108	1988.01
黄坳	排居口	引水	96.8	25.9	3.2	3	840	270	478	1999.05
东坞一级	源口	坝后	52	24	4.5	3	820	157	468	1978.07
南源	斗米坳	引水	9.88	205.27	0.54	3	1200	370	580	2001.11

续表 8-1-2-2

站名	站址	开发方式	集水面积（平方千米）	设计水头（米）	设计流量（立方米/秒）	装机		年发电量（万千瓦时）	总投资（万元）	投产年月
						机组（台）	容量（千瓦）			
里黄	里黄	引水	10	132.5	0.31	2	800	163	294	2003.04
港口	港口	引水	491	8.98	9.5	3	720	300	72	1974.07
雅溪坑一级	东田	坝后	25.4	36	2.05	2	640	204	390	1999.06
大石汇	大石汇	引水	87	38.5	2.2	2	800	310	335	1989.12
山乍口	山乍口	引水	20.3	38	2.47	2	640	120	240	2000.11
大坑源二级	大坑源	引水	16	144.8	0.5	2	640	220	350	1998.06
黄岭根二级	黄岭根	引水	15.6	93.33	0.98	2	640	176	300.29	2004.02
大东坝	大东坝	引水	31	31	2.45	2	520	110	248.5	2003.05
大坑源一级	大坑源	引水	12	140	0.48	2	500	190	252	1998.06
木岱坑	木岱坑	引水	8.75	133.5	0.5	2	500	104	272.7	2002.03
东源四级	下阳	引水	29	23	2.8	2	500	81	165	2002.03
上源口	上源口	引水	97.04	48.84	1.37	1	500	102	57	2000.04
合计 16 座						36	10645	3180	4273	

2010 年松阳县 500 千瓦以下水电站一览表

表 8-1-2-3

站名	站址	开发方式	集水面积（平方千米）	设计水头（米）	设计流量（立方米/秒）	装机		年发电量（万千瓦时）	总投资（万元）	投产年月
						机组（台）	容量（千瓦）			
东坞源二级	源　口	引水	52.00	14.9	3.40	3	480	68.72	138	2002.03
汶　水	汶　水	引水	25.00	22.4	2.23	2	410	96.5	186	2002.12
十三都	下源口	引水	51.60	48.0	1.22	2	400	110	51	1980.01
南坑口	南坑口	引水	27.35	18.6	2.29	2	320	70	100	2001.06
雅溪坑二级	东　田	引水	25.40	17.9	2.10	2	320	50	183	2000.11
竹溪源二级	寺　口	引水	20.00	30.0	0.92	2	250	70	70	1981.04
六都一级	源　口	引水	10.50	27.5	1.20	1	250	40	35	1985.04
七宝坑	七宝坑	引水	3.30	180.0	0.20	1	250	60	85	1999.05
四　都	新凉亭	引水	11.90	18.0	1.40	2	225	41	64	1987.12
东坞源三级	十三步头	引水	52.00	7.5	3.00	2	150	25.32	88	2002.03

续表 8-1-2-3

站名	站址	开发方式	集水面积（平方千米）	设计水头（米）	设计流量（立方米/秒）	装机		年发电量（万千瓦时）	总投资（万元）	投产年月
						机组（台）	容量（千瓦）			
南坑源	南坑源	引水	4.50	95.0	0.20	2	150	38	12	1986.06
新　兴	新　兴	引水	609.56	6.6	2.48	1	125	54	81	2001.09
玉　岩	塔下岭	引水	15.60	17.6	0.60	1	125	35	47	1997.04
高　亭	坑　口	引水	13.30	27.0	0.70	1	250	42	78	1997.04
杨家堂	杨家堂	引水	3.30	60.0	0.20	1	125	28	40	1999.05
板　桥	板　桥	引水	4.00	94.0	0.10	1	125	24	36	2002.05
龙　亭	龙　亭	引水	4.50	75.0	0.23	1	125	35	61	1999.03
竹溪源一级	蔡家基	引水	38.00	13.3	1.10	2	110	55	11	1986.05
六都二级	源　口	引水	10.50	13.0	0.80	1	100	18.36	26	2001.04
苏马坪	苏马坪	引水	62.00	17.0	0.60	1	75	30	13	1992.01
石　仓	下宅街	引水	16.00	30.0	0.40	1	75	30	10	1990.03
大潘坑	大潘坑	引水	26.00	18.0	0.50	1	75	25	11.5	1991.05
召　楼	召　楼	引水	168.00	4.2	2.80	1	75	30	43	1998.05
梧桐源一级	梧桐源	坝后	53.2	22.6	1.2	1	200	30	180	2007.02
潘殿源	小竹溪	引水	7.2	54	0.6	1	250	51	103	2004.02
丰水源	沙岸坑	引水	-	185	0.30	1	400	96	260	2008.06
合计 26 座						37	5440	1252.9	2012.5	

第二章 电 网

民国 15 年（1926），华阳电灯公司以 220 伏低压线路向西屏镇部分地段供电。民国 22 年，古市建成 220 伏低压直流配电网。两电网供电至民国 31 年，被日军所毁。

1950 年，松阳县城重新开始架设低压配电网络；1951 年，古市镇亦重新架设。1953 年，全县有低压供电线路 5 千米，以二线一地制供电。1957 年后，发电设备增加，电网扩展至整个县城，改“二线制”为“三相四线”制供电，并逐步向城郊延伸。

1968 年，建成松阳电厂至青蒙发电车间的 10 千伏高压线路。1971 年，遂昌长濂发电厂至青蒙发电车间的 10 千伏输电线路（长青线）建成投运，结束松阳电力自发自供的局面。其间，松阳农村先后有 123 座水电站投运，各自形成独立的低压小电网，向电站周围村庄供电。1974 年，长青线延伸至港口电站和靖居煤矿。后通过 115.4 千米的支线，10 千伏供电网络延伸至大东坝的 3 个乡 29 个行政村。

1981 年 7 月，首条 12 千米长的 35 千伏的古（市）松（阳）线建成；松阳电网与浙江大网接通。1986～1987 年，建成 35 千伏松（阳）靖（居）线和古（市）玉（岩）线。至 1990 年，全县有 35 千伏线路 55 千米，35 千伏变电所 3 座，变电总容量 12150 千伏安；10 千伏线路 583.5 千米，配电变压器 517 台，合计容量 22930 千伏；低压线路 938 千米。全县 27 个镇乡全部通电，397 个行政村通电 360 个，占 90.79%，全县基本形成统一的供电网络。

2010 年，松阳共有 220 千伏线路 1 条 35 千米，110 千伏线路 3 条 27.7 千米，35 千伏线路 16 条 114 千米，10 千伏线路 78 条 1024 千米。公变、农综变 1577 台，总容量 269427 千伏安，开闭所 12 座。

第一节 配电网络

西屏配电网

始建于民国 15 年（1926），在西屏镇范围内不足 2 千米，低压直供，至民国 31 年止。

1950 年，松阳力民电厂建厂初期，亦以低压直供方式供镇内照明用电。1959 年，自钟楼脚发电车间往北门架设 1 条约 500 米的直供动力线路，专供松阳农具厂动力用电。1968 年，架设 10 千伏线路 4 千米至青蒙发电车间，为松阳第一条 10 千伏线路。

1971 年，架设遂昌长濂至松阳电厂青蒙车间 10 千伏线路 32 千米，导线型号为 LGJ-35 二线一地制。西屏电网从此并入县网（时为遂昌县）。20 世纪 70 年代末，建成以青蒙发电车间为中心的 10

千伏西屏配电网。此网东至靖居，南至大东坝，惠及周边叶村、望松、斋坦等地。

1981年11月，35千伏松阳变电所投运，青蒙发电车间退役，西屏配电网的中心移至松阳变电所。随着青石坝等7处（座）水电站先后并网运行，及松古线等5回10千伏出线对该片电网供电，松阳变电所已成为区域内的负荷中心。

1990年，松阳供电所有职工16人，管辖10千伏线路共227千米。

古市配电网

古市配电网始建于民国22年（1933），时古市镇内有不足2千米的低压直供线路，至民国31年止。

20世纪50年代初，古市工学电米厂建立，低压直供古市镇部分用户照明。到20世纪70年代长青线架设后，古市电网开始增加动力用户。此后，古市片电网逐渐扩展至赤寿、新兴、樟溪、岗寺等地。1975年始，梧桐源水电站等先后并网运行。

1981年，110千伏古市变电所投运。1982年2月，古市供电所成立，所址古市镇筱铺，供电量居全县第二位。1990年，古市供电所有职工12人，管辖10千伏线路193.36千米。2005年11月8日，古市供电所位于古市镇溪边路1号的新所破土动工，2006年4月竣工。辖区内有变电站3座，其中110千伏1座，35千伏2座。2010年，全所有10千伏线路19条，全长305千米，0.4千伏线路全长456千米。配变共412台，总容量137450千伏安，其中公用配变356台，总容量10078千伏安；专变95台，容量35174千伏安。辖区共有用户2.3万户。古市供电所辖区内有茶园7.2万亩，农村人口从事茶叶行业人员2.5万人；全县70%的茶叶加工落户于此。

古市供电所扎根茶乡，用心为茶农服务，全面提升管理效能，被中华全国总工会、国家安全监督管理总局联合授予全国“安康杯”劳动竞赛优胜班组。

靖居配电网

靖居配电网始建于1973年，港口电站投入运行时，发电供雅溪口村、上包和港口村照明用电。次年，长青线延伸至靖居煤矿，电网缓慢向靖居区扩展。1986年，新建35千伏靖居变电所。1990年，靖居配电网所在的靖居区4个乡54个行政村通电，通电率为96.4%。靖居供电所有职工5人，管辖10千伏线路105.68千米。

玉岩配电网

1986年，10千伏线路延伸至玉岩乡，供玉岩乡政府驻地照明和少量动力用电。1989年，新建35千伏玉岩变电所，时玉岩区2个乡30个行政村通电。玉岩供电所有职工3人，管辖10千伏线路57.48千米。该片电网通过道惠104线，经谢村电站与松阳变电所松古14线联通。1990年，交塘10千伏线路（即后交塘141线）竣工验收并联网运行，1991年末，交塘片大部分村级小水电发电站停止发电，与交塘141线并网。1991年，枫坪142线主线及部分支线竣工验收。1995年12月，全县最后一个无电行政村玉岩镇大丘下村通上网电，松阳县行政村实现村村通电。1996年末，撤大丘下村级小水电发电站，与原道惠144线并网，供玉岩1镇（玉岩镇）1乡（枫坪乡）49个行政村通电，通电率100%。1998年初，建立玉岩农电联站。2003年，玉南146线线长18.8千米竣工验收，与大东坝湖玉J272线联网。2008年，道惠144线因冰灾全线瘫痪，2009年初重建恢复运行。时玉岩供电所有职工 12 人，管辖 10 千伏线 5 条，总长 155.9374 千米。

电网改造

2000 年以前，电网以建设为主，少有改造。

2000～2002 年，投资 6180 万元，对农村电网进行改造，使城乡居民用电同网同价。2004 年，共完成电网改造投资资金 707 万余元。

2006 年，完成龙丽高速松阳段永久性用电设施投资 547.46 万元。完成城网建设和改造工程项目共计总投资 3568.34 万元。2007 年，电网建设和改造投资 5656 万元。

2009 年，完成新农村电网项目建设总投资 4751 万元。其中，35 千伏项目 1775 万元，10 千伏项目 1418 万元，低压项目 1558 万元。完成 6 个村的农村电气化改造工作，新兴乡成为松阳首个新农村电气化乡。

2010 年，完成配电网建设投资 3328 万元。其中，35 千伏项目 1012 万元，10 千伏项目 390 万元，低压项目 1926 万元。

第二节　输电线路

35 千伏线路

1981 年，建成 35 千伏古松线。该线起自 110 千伏古市变电所，途经松古平原至 35 千伏松阳变电所，全长 12 千米。该线成为时松阳电网与浙江大电网联接的唯一通道，是松阳县首条 35 千伏输电线路。

1986 年，建成松靖线。该线起自松阳变电所，至靖居变电所，投资 42.43 万元，全长 18 千米。该回线路运行不久，因主变停运而改为 10 千伏运行。1989 年，建成古玉线。该线起自 110 千伏古市变电所，至玉岩变电所，全长 25 千米，投资 56.42 万元。2005 年 10 月 20 日，110 千伏西屏变 35 千伏线路西松 3322 线完成启动工作，正式投入运行。

110 千伏线路

1981 年，建成衢（州）遂（昌）紧（水滩）线。该线是丽水地区第一条 110 千伏输电线路，起点在衢州沙埠变电所，以古市变电所为中心，终于云和变电所，全长 128.29 千米，产权属丽水电业局。此线路保证松阳电力的输出和送入的通道畅通。

2001 年，建成 110 千伏西（屏）古（市）输电线路，长 17.50 千米；110 千伏紧（水滩）西（屏）输电线路，长 27.29 千米，同时投运。这是松阳县境内第二个 110 千伏输变电工程，为松阳县的供电增强可靠性。

第三节 变电所

35 千伏变电所

1981 年，建成松阳变电所；1986 年，建成靖居变电所；1989 年，建成玉岩变电所；1993 年，建成大东坝变电所；1999 年，建成望松变电所。至 2000 年，建成 5 座 35 千伏变电所。

2000 年松阳县 35 千伏变电所情况表

表 8-2-3-1

项目名称	建设时间	所在地	总投资（万元）	主变压器容量（千伏安）	35 千伏进线（回）	10 千伏出线（回）
松阳变电所	1981 年	西屏镇东	50. 4	3150	1	5
靖居变电所	1986 年	石牌门村	49. 95	2000	1	2
玉岩变电所	1989 年	玉岩镇	222. 95	2000	1	3
大东坝变电所	1993 年	大东坝	156	2000	1	2
望松变电所	1999 年	望松	180	2000	1	3

说明：1988 年，松阳变电所投资 12 万元，增加 5000 千伏安主变压器 1 台。1993 年，松阳变电所将 3150 主变压器调换为 6300 千伏安的变压器

2005 年，完成 35 千伏松阳变电所、望松变电所增容改造。新建 35 千伏江南变电所。2006 年，完成 35 千伏松阳变电所 1 号主变改换，完成 35 千伏大东坝变电所综合自动化改造和 35 千伏开关无油化改造，新增 2 号主变一台，容量为 5000 千伏安；完成 35 千伏玉岩变电所综合自动化改造。2007 年，投资 841. 57 万元，新建 35 千伏新兴输变电工程。2009 年，投资 1300 万元，建成 35 千伏叶村输变电工程。

图 8-2 松阳变电所户外变电设备一角（县档案馆提供 摄于 1992 年）

到 2010 年，共有松阳、靖居、玉岩、大东坝、望松、江南、新兴、叶村 8 座 35 千伏变电所。

110 千伏变电所

1980 年，在古市镇木圩头新建成 110 千伏古市变电所；1981 年投入运营。古市变电所占地 9713. 8 平方米，主变压器容量 2 万千伏安。该变电所主要担负遂昌、松阳 2 地的供电任务，并在丰水期把两地多余的小水电电能送给大网。2005 年 7 月 6 日，丽水电业局投资 1268. 66 万元对 110 千伏古市变电所进行增容及综合自动化改造。改造的主要内容包括 1 号主变由 20000 千伏安更换成 40000 千

伏安，110千伏、35千伏、10千伏母线及所有间隔的综合自动化改造和陈旧设备更新，更换所有110千伏系统、35千伏系统的开关及闸刀，更换所有35千伏线路进线及配套设施。之后，为加强西屏供电区域的供电可靠性，增加与紧水滩电源的联络，开工建设110千伏西屏输变电工程。2001年12月3日，110千伏松阳西屏变电所建成投运，主变压器容量3.15万千伏安。110千伏西（屏）古（市）输电线路长17.50千米；110千伏紧（水滩）西（屏）输电线路长27.29千米，同时投运。这是松阳县境内第二个110千伏输变电工程，为松阳县的供电增强可靠性。2006年12月29日，投资4506万元的110千伏延庆变电所破土动工，2007年建成。到2010年，共有古市、西屏、延庆3座110千伏变电所。

220千伏变电所

2007年5月15日，省电力公司在松阳县主持召开松阳220千伏北山输变电工程所址及线路路径方案审查会议，通过220千伏北山输变电工程。这是松阳县第一个220千伏输变电工程。2010年，建成220千伏北山输变电工程一期工程，主变规模1×18万千伏安。

至2010年末，松阳县内有220千伏变电站1座，110千伏变电所3座，35千伏变电所8座。主变17台，总容量411.85兆伏安，电容器容量45.4兆伏安，35千伏开关30台，10千伏开关81台。

第三章　供　电

民国15年（1926），西屏镇开始供电。民国22年，古市镇开始供电。西屏、古市2个镇少部分居民得享照明用电。民国31年，被日军破坏，后松阳8年无电。

1950年后，县城逐步恢复供电。1951年，古市恢复供电。至20世纪50年代末，各地逐步兴建小水电站，局部地区始能供电。

第一节　供电范围

1950年，松阳力民电厂以低压恢复向县城供电。1951年，古市工学电米厂在古市镇恢复供电。20世纪50年代末，2个发电厂的供电范围仅限于西屏、古市2个镇，主要为照明供电，供电负荷20千瓦左右。

1958年7月，松阳首座小型水电站在赤岸村投运，后来逐渐形成以小水电站为中心，分散、独立的供电区域，有以梧桐源电站、大东坝电站、板桥电站等为中心的供电区域。

1962年，松阳电厂至望松石角电灌站6.6千伏线路投运。这是松阳第一条高压线路，松阳电厂供电范围延伸至城郊。至20世纪70年代末，属松阳电厂供电的10千伏线路有80余千米，供电负荷一般在2500千瓦左右，最高3000千瓦。

20世纪80年代，松阳电网开始加快发展。1981年，35千伏输变电工程和35千伏松阳变电所投运，为松阳电网提供外来电源。1982年，全县以松阳变电所为中心，相继新建靖居和玉岩2座变电所，10千伏供电范围扩展至边远山区。1989年，全县实现乡乡通电。

1990年，全县397个行政村中360个通电，通电率90.7%，供电量3512.19万千瓦时，供电最高负荷7700千瓦。1993年，供电量5280.24万千瓦时。1995年12月，全县行政村实现村村通电。1996年，供电量6738.61万千瓦时。

2006年，“户户通电”共完成38项工程，总投资224.17万元，38个无电自然村142户470人告别无电历史。

2010年，供电营业区域20个乡镇、401个行政村，电力用户9.16万户。全社会用电量2.9亿千瓦时。全县用电最高负荷6.74万千瓦，最高日用电量118.82万千瓦时。

第二节 供电管理

运行管理

20世纪50年代末，公私合营松阳发电厂配备线路工3人，其中古市分厂1人。1969年，青蒙发电车间投运，线路工增至4人。70年代初，长（濂）青（蒙）线投运，线路工增加到10余人。雷雨季节，断线、短路现象时有发生，电厂开始重视线路运行管理，每年安排一定时间，组织力量突击巡视运行中的电力线路。1981年，35千伏松阳变电所投运，运行工8人。1982年，县供电局成立后，设立生产技术科（简称生技科），变电运行的管理工作由生技科负责。

图8-3 松阳变电所控制室值班员在记录运行情况（县档案馆提供 摄于1992年）

1984年，线路运行管理工作规定线路队每年春季对高压线旁的树木进行修枝，定期擦洗瓷瓶，定期测量35千伏接地和线路绝缘电阻等。1986年，靖居变电所投运，运行工5人。1988年，建设35千伏玉岩变电所，运行工5人。

随着供电线路越来越长，开始分片管理。1988年，县供电局设立生产技术安全监督科，对县电网10千伏及以上线路的电杆进行编号，登记造册，对两条投运不久的35千伏线路进行定级，完好率为100%。

1990年，全县共有线路运行工15人，线路运行管理队伍基本稳定。松阳变电所有运行工8人，靖居变电所因故暂停运行，玉岩变电所运行人员5人。

2000年后，松阳供电局开展所有变电站的综合自动化改造。2006年12月20日，随着35千伏象溪变电所最后1名值班员撤出，松阳县望松、象溪、松阳、大东坝4座35千伏变电所实现无人值班。同时，设立变电工区集中监控操作，降低运维人工成本。

2002年11月，丽水电业局首条光纤通信线路开通，路径为丽水电业局—碧湖—西屏—松阳局和丽水电业局—岩泉变电所，全线24芯光缆架设。松阳县供电局因此架通调度室至象溪供电营业所和35千伏象溪变电所的光缆，局大楼组成局域网，并安装宽带网。2003年末，开通办公自动化OA系统。

2004年11月3日，松阳县供电局完成农电体制改革试点工作。择优录取30名农电工、20名专职村电工、74名兼职村电工，通过劳动部门签订人事代理合同。原西屏供电所机构调整，35千伏及城区10千伏高压运维由成立的线路工区负责；低压部分及业务报装部分由成立的客户服务中心负责。松阳供电公司形成以变电、修试、线路三大工区为业务支撑的输变电设备运行维护体系。

2007年7月17日，35千伏松阳变电所微机五防安装工程正式投入使用。

检修管理

20 世纪 50 年代，松阳县的供电范围有西屏、古市 2 镇，供电线路均是 220 伏的低压线路，线路人员 3 人，其中西屏 2 人、古市 1 人。遇电灯不亮等情况，随时予以修理。线路检修工作主要是木杆防腐、调换、加绑木以及处理风雨后断杆接线等工作。1969 年，松阳电厂线路工增至 4 人，线路工轮流值班维修，外线检修均为停电检修。20 世纪 70 年代，木电杆全部换成水泥杆。至 70 年代末，松阳电厂线路检修仍无专门组织和检修规章制度，线路工多数为初级工。

20 世纪 80 年代初期，由于电网设备陈旧，城镇电网大多数是 20 世纪 50～60 年代架设，不能担负 80 年代大负荷的供电任务。1981 年始，对城镇电网进行有计划的改造和检修。1981 年，古市镇的 10 千伏线路全部进行改造和检修。次年，对西屏镇的 10 千伏线路逐步改造和计划检修。

1982 年，成立古市供电所，配备线路工 5 人，负责古市区域的架线和线路检修任务。1983 年，建立调试室，进行 10 千伏以下电压等级设备检修工作。1984 年，供电局就检修工作制订《设备检修管理制度》，根据定期或不定期的线路巡视情况，对问题线路进行检修。1986 年起，先后设立松阳供电所检修班、古市供电所检修班和靖居、玉岩供电所检修班，担负全县线路检修工作。1987 年，增置一些调试设备，从事 35 千伏变电所的二次回路设备和仪表维护、校验、检修等的调试工作。

至 1990 年，经检修过的变电设备主要有 3150 千伏安主变压器保护定值更改；5000 千伏安主变压器吊芯试验，高压试验；35 千伏、10 千伏油开关检修，10 千伏仪表保护检修、试验、瓦斯继电器校验，35 千伏母线电压表维修，过流保护定值等。35 千伏变电所的设备按计划检修，独立完成 35 千伏及以下电气设备的试验、检修和安装任务。

1990 年，线路检修配备专用自行车、摩托车、抢险工程汽车等交通工具。1990 年后，随着行业内真空断路器、六氟化硫充气式断路器的发展及应用，松阳供电局开始对变电站的多油断路器、少油断路器进行升级改造，改造后的断路器熄弧能力更好，断路器的故障检修周期增长，供电可靠性提高。2009 年，松阳供电局输变电设备运行检修由传统的预防性试验检修向状态检修过渡，输变电设备可靠性的提升使检修设备周期增长。

2010 年，松阳供电局带电作业班筹建成立，带电作业成为配电网检修的新方式。

线损管理

1982 年，松阳县供电局设立用电管理机构。1983 年始，线损率计算有统一公式，即线损率=（供电量－售电量）÷供电量×100%。

丽水电业局向各县电力部门下达年度线损指标，松阳供电局则根据上级的指标，与供电所签订经济责任制承包协议，实行奖罚考核。

1984 年开始，对农村用户安装低压计量箱，对居民用户的表计加封印扣，以防止窃电。1985 年，供电局与用电管理所签订线损承包合同，线损率从原来的 14.88%降为 12.11%。1987 年，供电局再次与各供电所签订降损承包协议，线损率降为 9.9%。是年始，对西屏、古市、玉岩 3 个镇的居民用户安装总表箱，对 80 千伏安以上的用户均安装低压计量箱。

为减少线损，对全县的动力用户实行全年峰谷电量考核，实施全年调荷节电方案，给予定量用电负荷。1989 年，成立供电局线损领导小组，由分管副局长任组长。1990 年，线损率降为 8.75%，创历史最好水平。

2004 年，综合线损率 8.53%，比上年同期下降 0.24 个百分点。农综变供电综合线损率 12.49%，比全年计划指标高 2.49 个百分点。至 2010 年，线损率下降至 3.45%。

1983～2010 年松阳县线损率和农网综合供电电压合格率概况表

表 8-3-2-1

年份	线损率（%）	合格率（%）	年份	线损率（%）	合格率（%）
1983	—	—	1997	—	—
1984	14.88	—	1998	—	—
1985	12.11	—	1999	8.60	—
1986	—	—	2000	10.85	—
1987	9.9	—	2001	8.30	—
1988	—	—	2002	8.99	—
1989	—	—	2003	8.77	—
1990	8.75	—	2004	6.10	—
1991	—	—	2005	11	—
1992	—	—	2006	9.2	94.84
1993	—	—	2007	8.68	—
1994	—	—	2008	6.05	—
1995	—	—	2009	5.46	—
1996	—	—	2010	3.45	—

第三节　电力调度与供电质量

电力调度

1971 年，长（濂）青（蒙）10 千伏高压线路投运，松阳电厂在青蒙发电车间设立电力调度室，配调度值班员 2 人。电力调度室用房只有 8 平方米。调度松阳片并网水电站和青蒙火力发电车间机组的顶峰发电，以及开展调荷节电工作。1973 年，松阳电厂办公楼竣工，调度室从青蒙迁至厂部。调度室用房增至 12 平方米。通讯设备有向邮电局租用的 1 台手摇磁石电话机，一直使用到 1981 年。

1981 年下半年，35 千伏松阳变电所投运，调度人员增至 4 人，购置 1 台 DT-20L 调度电话总机，并配有 321 型单录机 1 台。调度范围为松阳变电所及并网水电站的发供电，通过调度力求水电发电量就地平衡。1982 年 7 月，松阳县供电局成立，设立松阳县调度室，人员增到 5 人。1983 年，第一对调度室与110千伏古市变电所ZS3H电子管电力载波机开通。1984年下半年，安装调度室与东坞电站、港口电站、竹溪二级电站、松阳变电所点4对直通有线电话。是年，调度室自制成第一块长2米、宽1米调度模拟图板，新置台式单卡收录两用机1台。1984年，实施《松阳县电力系统调度管理规程》。1987年，调度室迁入供电局大楼三楼。调度用房增至60平方米，DT-20L调度电话总机淘汰，换装2台DT40L电话总机。同时，购置2台手提式高档收录两用机，新制一块长4米，宽2米的松阳县电网主结线模拟图板。

图8-4 1996年松阳县电网调度自动化通过省地电力部门验收（县档案馆提供 摄于1996年）

1990年，调度室人员增至12人。设正、副主任各1人，调度员8人，专职载波维护人员2人。调度室与松阳区范围的各并网电站均装有直通电话，并配备1台GJS-85型气象警报接收机和20千米距离对讲机。1997年4月，投资70万元的电网调度自动化系统工程投产运行。

2009年，投资200万元，调度室搬迁至供电局大楼5楼，调度用房增至100平方米，新购置67寸2×10块大屏幕显示系统，接收松阳局调度SCADA系统、管理网、视频系统、配网GIS、MIS等系统的信息，主要用于显示电网接线图、变电站、电气主接线图、配网地理信息图、重要的数据报表和一些动态视频图像信号等。2010年，调度室人员增至14人。设正、副主任各1人，调度员8人，自动化专职1人，运方专职1人，继保专职1人，信通专职1人。

运行方式

1926～1970年，各镇乡独立电网运行阶段。这一时期的供电方式是由小火电、小水电自发自供。

1971～1981年，通过10千伏长青线并入县网运行，东坞、梧桐源、十三都、竹溪、叶村、毛弄、港口、四都8座农村小水电站先后并入电网运行，由遂昌县电力调度室统一调度。

1981年，110千伏古市变电所和35千伏松阳变电所投运。古松334线处于运行状态，与松阳变电所联网运行。110千伏古市变电所对古市区域供电的10千伏出线，赤寿102线、西屏105线、杨岭脚104线均处于运行状态。35千伏松阳变电所对松阳方向的10千伏出线，松古15线、港口13线、造纸11线均处于运行状态。

1982年8月，松阳电网开始由松阳县供电局电力调度室统一调度。1986年12月，35千伏靖居变电所投运，松阳变电所增加靖居间隔。因靖居区用电量少，负荷轻，松靖337线处于冷备用状态，靖居区供电仍以10千伏线路与大网相联。向靖居区供电的靖松104线、板桥101线均处于运行状态。1989年，35千伏玉岩变电所投运，古市变电所增加玉岩间隔，古玉333线、交塘101线、枫坪102线、道惠104线均处于运行状态。

1990年，全县电网35千伏古松334线和古玉333线处于运行状态，松靖337线改为10千伏运行。各变电所10千伏出线共15回处于运行状态。有东坞、梧桐源等19座水电站并入县电网运行。

1992年12月，35千伏大东坝变电所投运。2000年11月，110千伏西屏变电所和35千伏象溪变电所投运。2005年11月，35千伏望松变电所投运。2006年6月，35千伏江南变电所投运。2007年11月，110千伏延庆变电所和35千伏新兴变电所投运。2009年7月，35千伏叶村变电所投运。

2010年10月，220千伏松阳变电站投运。至2010年末，松阳电网规模为：全县电网220千伏变电所1座，主变容量18万千伏安；110千伏变电所3座，主变4台，总容量为15.3万千伏安；35千伏变电所13座，主变总容量11.058万千伏安。其中，局属35千伏变电所8座，主变12台，总容量为7.885万千伏安；用户变5座，主变10台，总容量为3.173万千伏安。35千伏线路16条，长度共115.27千米。10千伏线路79条，长度共997.398千米。属松阳县调度共60座电站（包括4座35千伏并网的电站）并入县电网运行，装机容量62755千瓦。

供电质量

民国15年（1926），华阳电灯公司时期，供电频率由公司自行调整。民国28年，浙东电力厂松阳分厂，供电方式为交流50赫兹单相或三相四线。

1950年，松阳力民电厂以直流方式供电，频率为60赫兹，由于设备陈旧，发电机经常出故障，供电质量不能保证。1957年始，松阳发电厂改发交流电，频率有50赫兹和60赫兹两套机组，自发自供，频率不稳，影响电能质量。电压不稳时常采取减少频率提高电压。机组开启后，发电工人需时刻严密观察机组运行情况，随时做好抢修准备。从松阳造纸厂调拨的二套煤汽机组，其发电机频率为60赫兹，开启后，须先调整转速，使其频率降为50赫兹左右，才能并车发电。

20世纪70年代，长青线投运后，松阳电网的电压趋于稳定，电能质量有所提高，农村装机容量75千瓦及以上的水电站得以顺利并网。80年代，110千伏古市变电所投运，35千伏松阳变电所建成，松阳电网的供电可靠性大为增强，电压、频率稳定。在与各并网水电站结算电费时，均以功率因数0.8为标准，凡功率因数低于0.8/千瓦时增加0.01元，凡功率因数高于0.8/千瓦时减少0.01元，使水电站多带无功负荷，提高端电压，提高电能质量。

2010年，220千伏松阳变电所和110千伏延庆变电所以及35千伏大东坝、象溪、望松、江南、新兴、叶村变电所投运，供电可靠性得到进一步的提高，同时10千伏供电半径进一步缩短，供电质量得到进一步的提升。

第四节　技术监督与安全生产

技术监督

技术监督包括绝缘、油务和仪表监督等。20世纪80年代以前，松阳电厂无专人负责绝缘监督。监督仪器仅有兆欧表、万用表、电压表等普通仪表。20世纪80年代初，松阳变电所安装完毕后，全部项目请遂昌电力总厂试验。仪表的校验、修理均需送外地。松阳变电所投运后，其指示仪表由各值班人员配合监督。

1981年，松阳分厂购置压力式滤油机1台，对松阳变电所变压器油进行过滤，请遂昌电力总厂调试室打耐压。1983年，松阳县供电局成立调试室，配备2人，开展校验电度表、测试避雷器和变压器等的绝缘电阻项目。仪表的校验、修理均由供电局调试室、校表室校验和修理。1984年，松阳县供电局购买试验变压器1台。从此，变压器油试验由局调试室负责，油务监督工作由调试室担任。1986年，调试室配备专职试验人员2人，可做直流电阻测量和交流耐压试验。1989年，成立修试队，配备专职人员4人，可做直流耐压试验、介损试验、泄漏试验，能完成35千伏变电所的常规试验项目。1989年，新购置100千伏安和50千伏安试验变电器各1台。35千伏玉岩变电所安装完毕后，修试队首次完成玉岩变电所全部试验项目。油务监督工作转由修试队担任。

1990年，新增微机化变比电桥测试仪1台，可测变比和接线组别。通过绝缘监督、常规试验，及时发现松阳变电所和玉岩变电所的避雷器缺陷，得以及时更换，保证变电所设备的安全运行。1996年，修试队新购置1台滤油机，操作比老滤油机简单高效，每年对35千伏断路器、主变压器进行滤油。1997年，修试队购置1台额定电压100千伏试验变压器，对35千伏母线可以耐压试验至80千伏。

自2000年开始，新增回路电阻测试仪、微电脑直流高压发生器、智能型数字兆欧表、全自动油介电强度测试仪等精密仪器，淘汰部分老旧设备，新设备操作简单，试验精度高。2005年，修试队改名检修工区，承接松阳变电站设备绝缘、油务和仪表监督。同年，购置1台继电保护测试仪，运用于新兴变电所、象溪变电所等微机继电保护的试验。2006年，购置绝缘油耐压测试仪，自动检测绝缘油耐压电压，从此油耐压不再使用试验变压器。2008年，成立华阳公司电气班，松阳供电公司变电站技改、大修工程外包华阳电气班，技术监督检测、修造也由华阳电力公司电气班承担。

继电保护

1969年，青蒙发电车间开始使用电压和电流继电保护装置，保护柴油机组的安全运行。

1981年，35千伏松阳变电所投运时，对1号主变压器使用重瓦斯、差动过电流、过负荷的跳闸保护装置和轻瓦斯，温度过高的信号装置。10千伏两回出线，松古15线和港口13线及电容器12线均使用电流速断和过电流跳闸装置，直流系统采用过电流和低电压的信号装置。此后，根据运行情况，对松阳变电所的继电保护分别在1984年和1987年进行过2次整定值计算和调整。其中，1987年，增加对2号主变压器和35千伏古松334线和松靖337线的保护，对35千伏线路的保护使用方向速断和方向过流跳闸装置。

对其后建的靖居、玉岩2个变电所全部安装继电保护。玉岩变电所的继电保护对电容器增加另流平衡，低电压跳闸保护直流系统采用控制电源低电压、蓄电池低电压、蓄电池自动切换、充电电源低电压、充电电源过电压、蓄电池充电终止过电压的信号保护装置。1990年5月，对玉岩变电所进行2次整定值计算和更改，10千伏出线增加重合闸、后加速的合闸和跳闸保护装置。

1990年，除靖居变电所和松靖337线因故停止运行外，松阳、玉岩2个变电所的继电保护处于正常运行状态。

2010年，城关（松阳）、玉岩、大东坝、象溪、望松、江南、新兴、叶村变电所经过20年的不段升级改造，实现微机保护和无人值班变电所。

安全生产

20世纪50年代，公私合营松阳发电厂为保证发供电的安全，曾实施相应的安全生产制度。1978年始，松阳电厂每年进行一次安全制度学习考试。

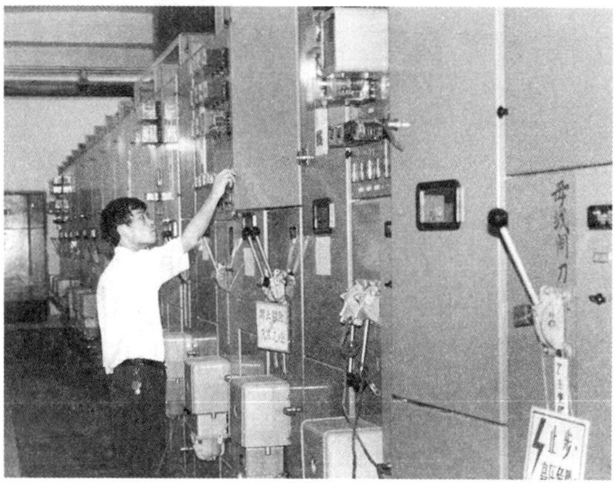

图8-5 电力职工在检查电力设备(县档案馆提供 摄于1998年)

1982年，松阳县供电局安全委员会（简称安委会）成立。1983年，供电局将生产技术科改为生产技术安全监督科，设专职安全员1人，具体负责日常安全生产工作。1984年，实行工作票、操作票、交接班、设备巡徊检查等有关安全生产制度。1990年，在各班组、科室设立兼职安全员，全局有专兼职安全员20人，形成安全网络。1990年始，供电局从奖金总额中提取一部分作为安全奖，由专职安全员考核、分配。

2008年，开展用电检查4073余户次，查处窃电和违章用电34起，补收电量5.15万千瓦时，追缴电费1.81万元，违约金2.81万元。

2010年，开展用电检查2713余户次，查处窃电和违章用电33起，补收电量0.17万千瓦时，追缴电费4.2万元，违约金8.29万元。全年共稽查生产作业、基建施工现场等1381次。开展“安全生产月”“三个不发生”等活动。至2010年末，松阳供电局累计安全日2823天。

第四章　用　电

民国 15 年（1926），松阳县城西屏镇开始用电。民国 19 年，西屏镇共有照明灯头约 300 盏，年用电量近 1 万千瓦时。民国 22 年，古市镇开始用电。民国 28 年，西屏镇装置路灯 20 盏，有表计用户 98 户。民国 30 年，用户发展至 222 户，路灯 40 盏。民国 31 年 8 月，侵华日军窜犯松阳，2 家发电厂被迫停业。此后 8 年松阳无电。

松阳解放至改革开放，用电量增幅不大，且以工业用电为主。改革开放后，松阳用电量迅猛增长。

第一节　用电概况

20 世纪 50 年代初，西屏、古市两镇电厂先后恢复发电。1954 年，全县用电量 2.47 万千瓦时。人均用电 0.2 千瓦时，全部为照明用电。1959 年，松阳农机厂开始动力用电。1960 年，松阳用电量增至 12.27 万千瓦时。此后 5 年，用电量增长缓慢，人均用电在 0.6 千瓦时左右。1966 年，用电量 22.7 万千瓦时，人均用电量达 1.5 千瓦时。1968 年，由于“文化大革命”影响，用电量降至 6.5 万千瓦时；人均用电 0.4 千瓦时。

1969 年，恢复正常用电秩序，青蒙发电车间投入运行。年用电量上升至 37.24 万千瓦时，其中动力用电 27.1 万千瓦时，占总用电量的 73%。20 世纪 70 年代，农村用电逐年增长。

1979 年，用电量 627 万千瓦时，人均用电 30.5 千瓦时，其中排灌用电 58.5 万千瓦时，占 9.3%。工业用电居首位。

图 8-6　1997 年县供电局建成用电管理 NOVELL 微机信息系统（县档案馆提供 摄于 1997 年）

20 世纪 80 年代，随着经济社会的发展，松阳县电力供需矛盾日益严重。1983 年，全县用电量突破 1000 万千瓦时，负荷缺口 54%。此后，每年用电量平均以 16.52%速度递增。

1990 年，全县用电设备 2.65 万千瓦，用电量 3512.19 万千瓦时，人均用电量为 156.3 千瓦时。2000 年，全县工业用电量比上年增长 12.5%；2001 年，增长 34%；2002 年，增长 9%；2003 年，全县用电量突破亿千瓦时，增长 21.15%。

2004 年，共受理用电申请 1338 户，新增容量 40978 千瓦。7 月，开通 95598 电力客户呼叫中心服务。

2005 年，全社会用电量 15369.70 万千瓦时，增长 21.17%。工业用电量 9826.87 万千瓦时，城乡居民生活用电量 3619.79 万千瓦时。县小水电上网电量 9665.11 万千瓦时。县网向大网输出电量 3038.69 万千瓦时，大网输入电量 8737.28 万千瓦时。上缴税收 1200 多万元。是年，在城镇使用智能型抄表器。

2006 年，全社会用电量 16815.07 万千瓦时，比上年增长 9.38%。国有资产保值增值率 102.78%。全年电费回收率 100%，线损率 9.2%。2007 年，全社会用电量 19473.5 万千瓦时，比上年增长 15.8%。全员劳动生产率 25.47 万元/人年。2008 年，新增用户 5973 户，新增容量 36742 千伏安，全县用电总户数 86030 户。全社会用电量总计 22124.11 万千瓦时。居民生活用电 5185.48 万千瓦时、商业等用电 865.78 万千瓦时、其他 4361.48 万千瓦时。2009 年，全社会用电量 2.54 亿千瓦时。

2010 年，供电营业区域为 20 个乡镇，401 个行政村。全县新增用户 4217 户，新增容量 49054 千伏安，用电总户数 9.16 万户。年末资产总额 1.61 亿元。全年全社会用电量 2.9 亿千瓦时，比上年增长 13.89%。居民生活用电 6606.73 万千瓦时、商业用电 1250.12 万千瓦时、其他用电 2942.7 万千瓦时。线损率 3.45%，电费收缴率 100%。全县用电最高负荷 6.74 万千瓦，最高日用电量 118.82 万千瓦时。

1954～2010 年若干年份松阳县全社会总用电量及人均用电量情况表

表 8-4-1-1

项目 年份	总用电量（万千瓦时）	人均用电量（千瓦时）	项目 年份	总用电量（万千瓦时）	人均用电量（千瓦时）
1954	2.47	0.2	1988	2804.98	126.1
1965	8.91	0.6	1990	3512.19	156.3
1966	22.70	1.5	1993	5280.24	229.6
1969	37.24	2.2	1996	6738.61	293.0
1970	143.00	8.4	2000	6695.22	291.1
1971	190.00	10.8	2001	8051.55	350.1
1977	421.00	21.4	2003	11053.01	480.6
1979	627.00	30.5	2005	15369.70	668.2
1982	886.00	42.0	2007	19473.50	811.4
1985	1403.37	65.2	2008	22124.11	921.8
1987	2231.50	96.9	2010	29000.00	1208.3

第二节 用电结构

工业用电

1959年，松阳农具厂开始使用动力电。当年用电量6934千瓦时，占社会总用电量的11.5%。

20世纪60年代初，煤矿、化工厂、食品厂、烟丝厂、古市火柴盒片厂开始使用动力电生产。其电力均由自备发电机提供。

随着发电厂发电机组的增大，企业用电逐步改由电厂供电，动力用户逐年增多。1966年，动力用电量为13.7万千瓦时，占社会总用电量22.7万千瓦时的60%。

1979年，工业用电量增至427.8万千瓦时，占社会总用电量的64.9%。80年代，工业用户迅速增加。到1990年，全县工业（包括乡镇工业）用电量2011.24万千瓦时，占全县总用电量的63%。其中，造纸工业用电量672.1万千瓦时，占工业用电量的33%；食品业用电532.01万千瓦时，占27%；矿业用电81.65万千瓦时，占4%。

2010年，全县工业用电量1.81亿千瓦时。

1991～2010年松阳县工业用电量情况表

表8-4-2-1

项目 年份	工业用电量（亿千瓦时）	占全县总用电量（%）	项目 年份	工业用电量（亿千瓦时）	占全县总用电量（%）
1991	0.20	51.48	2001	0.49	48.65
1992	0.26	56.00	2002	0.54	58.56
1993	0.29	54.72	2003	0.65	59.84
1994	0.29	50.88	2004	0.76	63.9
1995	0.35	52.24	2005	0.98	58.93
1996	0.40	59.70	2006	0.99	61.54
1997	0.38	58.24	2007	1.21	62.0
1998	0.35	50.00	2008	1.37	62.6
1999	0.33	33.34	2009	1.59	62.4
2000	0.37	44.15	2010	1.81	62.4

生活用电

民国15年（1926），松阳开始有电力，首先是作为居民生活用电。中华人民共和国成立后，松阳县力民电厂开办发电，恢复县城生活用电，全镇有25盏15瓦灯泡。1954年，用电量2.47万千瓦时，生活用电供每晚照明之用。

1969年，青蒙发电车间建成投运后，实行全日24小时供电。当年生活用电量升至20万千瓦时。

此后，西屏、古市2镇居民照明用电基本普及，电影院等文化娱乐场所在白天也可供电。1979年，生活用电量118万千瓦时。

20世纪80年代始，主要街道路灯改为高压汞灯。随着电视机等各种家用电器的逐步普及，生活用电增长迅速。1985年，生活用电量192.83万千瓦时，比1980年增长1倍多。此后5年，生活用电量年均以21.63%的速度递增。

1990年，生活用电量599.12万千瓦时，占社会总用电量17%；人均用电164.6千瓦时。

2010年，全县生活用电量6606.73万千瓦时。

1991～2010年松阳县生活用电量情况表

表8-4-2-2

项目 年份	生活用电量（万千瓦时）	占全县总用电量（%）	项目 年份	生活用电量（万千瓦时）	占全县总用电量（%）
1991	1269.58	32.21	2001	2193.49	27.16
1992	1402.54	29.40	2002	2389.40	25.01
1993	1475.38	28.30	2003	2907.11	26.13
1994	1624.42	28.07	2004	3353.14	26.77
1995	1827.46	26.87	2005	3619.79	23.55
1996	1913.04	28.34	2006	3970.92	23.81
1997	1921.25	29.23	2007	4455.84	23.08
1998	1934.58	31.15	2008	5185.48	23.44
1999	1910.26	28.88	2009	5748.8	22.44
2000	2062.46	30.80	2010	6606.73	22.76

商业及其他用电

20世纪60年代，松阳首先开始出现农业用电，但占全社会用电量的比例不大。1962年，兴建望松石角电力排灌站，取松阴溪水灌溉石门等8个大队1350亩农田。当年抽水用电0.5万千瓦时。1964年，古市农技站开始利用测螟灯进行农田病虫预测预报，古市农技站是全县唯一的病虫预测预报点。

20世纪70年代，继续发展电力排灌，先后有下马坑等24座电灌站建成投运，装机63台，容量973千瓦。70年代末，开始在桑园、橘园、茶园等实施电力喷灌。1980年，农业用电11万千瓦时，占用电量的1.6%。到1990年，全县有108座电灌站，装机193台，容量2816千瓦。全年农业用电94.58万千瓦时，占社会用电量的2.7%。

20世纪90年代后，商业、邮电通信及其他行业等的用电量开始迅速增加，其所占比例逐渐攀升，农林等产业的用电量所占比例逐渐减少。除工业、居民生活、商业外，其他行业等的用电都一并归类为“其他用电”。

2010年，全县商业及其他用电量4192.82万千瓦时。

1991～2010年松阳县商业及其他用电情况表

表 8-4-2-3　　单位：万千瓦时

年份＼项目	商业用电量	占全社会用电比例（%）	其他用电量	占全社会用电比例（%）
1991	75.25	2.04	326.87	8.88
1992	68.96	2.02	358.9	9.02
1993	131.40	2.48	722.28	13.67
1994	218.00	3.85	936.87	16.53
1995	242.72	3.62	1157.94	17.30
1996	207.11	3.07	638.96	9.50
1997	216.14	3.31	617.25	9.46
1998	238.59	4.13	625.06	10.30
1999	195.23	2.97	613.39	9.32
2000	357.28	5.37	604.39	8.95
2001	310.07	3.83	630.86	7.78
2002	369.51	4.20	662.90	7.54
2003	389.36	3.51	842.32	7.57
2004	483.92	3.78	1247.31	9.49
2005	552.43	3.57	1397.48	9.09
2006	553.52	2.82	2390.63	14.29
2007	673.79	3.99	2343.88	11.79
2008	865.78	3.91	2372.83	10.41
2009	1097.70	4.32	2546.13	9.94
2010	1250.12	4.31	2942.70	10.15

说明：表中“其他用电”占比较大，是由于包含其中的邮电通信、建筑业等行业用电量增长较快，而农林牧渔业的用电量则相对增长缓慢

第三节　电力平衡

计划用电

20世纪70年代以前，松阳电厂在城镇范围供电，根据发电能力发展用户，电力供需基本平衡。1971年开始，工业用电、农副产品加工用电等不断增长，发电量不能满足用电需求。每年干旱季节，电力供应不足。为保证农灌抽水用电，对城镇生活、工业用电进行限制。

80年代开始，由于工农业生产迅速发展，特别是乡镇企业的发展，电力供需矛盾异常突出，需

按计划用电解决。1982 年，供电局设立用电管理科，负责计划用电工作。1983 年始，每年“双夏”（夏收、夏种）季节，供电局制订调荷节电的用电方案，采取削峰填谷、轮流用电、限制负荷用电等措施，优先安排农业生产抗旱用电。1985 年，松阳县人民政府三电办公室（计划用电、节约用电、安全用电）成立，负责全县的计划用电管理。1990 年，全县平均负荷率 72.05%。是年，全社会共节约电量 138.38 万千瓦时。

1993 年，开始对企业用电时间进行优化，对企业用户设备安装时英钟控制用电时长，并使用分时电价电能表。1995 年，开始对配电变台设备进行改造，安装配电计量箱及关口表计。

2003 年，松阳电网供电量达 1.1 亿千瓦时。是年，对全县并网水电站安装监控系统设备，把全县 41 个并网电站的信息全部送至调度，实现全面监控和信息管理，松阳小水电实时监控系统的信息采集率 100%。

2006 年，推出电费回收银行批扣制度，首先以四都乡作为试点，与多家银行签定批扣合同，抄表员逐户上门帮助用户签订电费预缴手续，采取坐收和银行批扣相结合的制度。是年，松阳县“户户通电”工程共完成 38 项，总投资 224.17 万元。松阳县 38 个无电自然村的 142 户 470 人彻底告别无电的历史。

2007 年，松阳县供电局与县农业银行、工商银行、建设银行、中国银行、农村信用社举行客户信用等级评价协议书的签订仪式，为浙江省首次。

2008 年 7 月，为当年第一个用电高峰。最高用电负荷 4.4 万千瓦，日用电量约 80 万千瓦时。创下松阳历史上最高用电负荷、最大日用电量、夏季历史新高到来最快三项记录。

2010 年，松阳县第一批 188 家工业企业开始实行有序限电。9 月，松阳县第一个电动汽车充电桩在紫荆街供电营业厅门口建成并投入使用。

集资办电

1985 年，松阳县先后参与集资办电。

1986 年 1 月 1 日始，松阳县开始征收主要用于大中型电力建设项目的电力建设资金。电价征收人民币 0.02 元/千瓦时。是年，松阳征收电力建设资金 7.37 万元，其中上缴丽水电业局 6.55 万元。

1987 年，松阳县为镇海电厂三期工程集资 10 股（每股 10 万元），共 100 万元。同年，县供电局为县内各企业代购省电力局发行的电力建设债券 20 万元。次年，分得国家定价电量 20 万千瓦时。

第四节 营 业

营业机构

松阳县自民国 15 年（1926）开始供电，因供电区域小，无专门营业机构，配 2 名电费回收员兼职负责营业工作。20 世纪 50～70 年代末，西屏镇和古市镇各有 1 人负责收电费和受理口头业务。

1982 年初，成立西屏、古市 2 个供电所，此后，陆续设立靖居、玉岩 2 个区级供电所。1990 年，全县 4 个供电所，共有职工 35 人，营业管理工作纳入用电管理科负责。

1993 年，松阳县电力实业公司正式挂牌营业，下设承装公司、物资供销公司。

2009 年，成立集体企业松阳县电力实业公司，下设丽水华阳电力有限公司、松阳县华阳物业管理有限公司、松阳县华阳电力广告有限公司。成立民营企业松阳县金旺电力有限公司。

2010 年，松阳县华阳汽车租赁有限公司成立。主要业务为汽车租赁，2010 年 11 月，松阳县公安局驻松阳县供电局联络室正式授牌成立。是年 12 月，松阳县供电局调控一体化正式启用试运行。

图 8-7　供电营业厅（县档案馆提供 摄于 1998 年）

电价

民国 15 年（1926）华阳电灯公司营业时期，照明电价以“定额测电价”计算，即“包灯制”。每盏月收费 1.2 元。民国 28 年，浙东电力厂松阳分厂实行计量用电，电价根据发电成本测算。电厂开办初期，电价 0.20/千瓦时元国币。是年 9 月始，上调为 0.35 元/千瓦时，临时灯 0.42 元/千瓦时。至民国 30 年 12 月，电价已增至国币 2.00 元/千瓦时。

1950 年，松阳力民电厂以“包灯制”供县城照明，居民用户 25 瓦灯泡，每盏每月电费 2500 元旧人民币，折成新人民币为 0.25 元。1963 年，县政府有关部门规定，每盏 15 瓦电灯月收费 1.10 元，计量照明电价 0.40 元/千瓦时，动力电价 0.25 元/千瓦时。1973 年，分别调整为 0.60 元、0.25 元、0.15 元。1981 年 10 月，执行浙江电网统一电价。

1990 年，全县执行的电价有照明电价、非工业电价、普通工业电价、大宗工业电价、农业生产电价、趸售电价、议价电价、峰谷电价、小水电电价等。

1993 年开始，对城镇居民生活用电征收城镇电网建设附加费，征收范围为城镇居民生活用电，征收标准为 0.03 元/千瓦时，其中 30%上交省电力开发公司，70%用于县城镇电网建设和改造。

1996 年，调整三峡工程建设基金征收标准，从原来的 0.004 元/千瓦时提高到 0.007 元/千瓦时，对居民用电征收从 4 月 1 日开始执行。同年 8 月，继续征收电力建设基金，征收时间自 4 月 1 日开始至 2000 年 12 月 31 日止。征收范围除农业排灌、抗旱救灾及磷、钾、复合肥生产等用电外的全社会用电量，征收 0.02 元/千瓦时。

1997 年，实施农村居民照明电价，0.84 元/千瓦时。

1997 年，取消省水利附加金、省电网建设基金、农村低压电网维修费、各地计入综合加价的电网建设费、电源费及各地自行出台随电费收取的各类加价。

2001 年，松阳县第一批完成电网改造的 62 个村 8734 户农村居民用户，生活用电价格下降 0.05 元/千瓦时。

2002 年，对已完成农村电网改造的村实行“同网同价”，统一执行居民用电到户价 0.53 元/千瓦时。

第五章 农 电

1958年，赤岸水电站投运，自发自供，松阳水力发电起步。1959年，谢村水电站投运。1962年，望松石角电灌站投运，农村电力排灌起步。20世纪70年代末，农村各地形成较多的独立供电网络，主要用于照明、碾米，这些电网大多数不能保证常年供电。随着县网电源增大，农村各独立电网逐步得到改造，县网延伸至乡村。改革开放后，农村用电量快速增长。

第一节 农电发展

20世纪80年代初，县网供电半径已达极限，为此，县供电局在靖居和玉岩各建造1座35千伏变电所。

1987年开始，在叶村、大东坝、裕溪等乡相续建立乡农电站，规范管理延伸到农村的电网。到1990年，全县27个乡镇全部建立农电站，县电网在农村覆盖面为90.7%。

1993年，35千伏大东坝输变电工程竣工。1998年，35千伏望松变电所启动。2000年，35千伏象溪变电所启动投运。

2001年，小水电监控系统投入试运行。110千伏西屏变电所建成投产，110千伏西（屏）古（市）输电线路和紧（水滩）西（屏）输电线路同时投运。这是松阳县境内第二个110千伏输变电工程，松阳县供电可靠性得以增强。2002年，松阳县第一期农村电网改造工程建成投运，总投资3237.5万元。

2005年10月，110千伏西屏变35千伏线路西松3322线完成启动工作，正式投入运行。

2006年，松阳县望松、象溪、松阳、大东坝4座35千伏变电所实现无人值班，实行自动化远方遥控、遥调、遥测、遥讯。2007年1月，总投资720万元的松阳县35千伏江南输变电一期工程正式启动投产。江南变位于松阳县城工业园区，占地面积2467平方米，采用全户内式无人值班综合自动化系统。2007年8月，35千伏强达输电线路完工，为工业园区首条35千伏专线。由业主和工业园区共同投资110万元，工程架空线路长0.7千米，进线电缆铺设0.4千米，杆塔7基。12月，县供电局投资899.90万元的35千伏新兴变电所启动投入运行，解决新兴、樟溪2个乡的茶叶生产加工用电矛盾。同年，110千伏延庆变电所正式投产，为丽水市当年重点建设工程，被列入浙江省电力公司2007年里程碑工程。该变电所一期建设110千伏进线1回，主变容量5万千伏安，35千伏出线4回，10千伏出线12回。110千伏延庆变电所建成投产后，松阳电网形成以110千伏变电所为支撑点、35千伏变电所为辅助的供电模式。

2008年初，松阳县遭遇50年一遇的大面积冰冻灾害，电网遭受重创，县域内大面积断电。松阳县供电部门启动《松阳电网“黑启动”方案》，谢村电站等水电站启动发电，及时恢复西屏镇、古市镇、大东坝镇、玉岩镇和其他部分乡镇的供电。

2009年，35千伏赤寿输变电工程和220千伏北山输变电工程（2010年一期工程建成）开工建设。是年7月，35千伏叶村输变电工程正式投产运行。2010年，松阳县首台80千伏安单相变压器在工业园区四期的路灯工程中启动运行。10月，松阳县首座220千伏松阳变启动。

第二节　农电机构

县农村电力管理总站

1989年5月，松阳县农村电力管理总站成立，属集体企业，负责管理农村用电。按月从农村用电的各类电价（排灌除外）加收10%，作为农电维修管理费。

乡（镇）农村电力管理站

1987年，谢村、大东坝等9个乡（镇）成立集体所有制的农电站，各站配备专职农电员1人，站长均由其所在乡（镇）政府的领导兼任。乡农电站行政上隶属乡（镇）政府领导，财务、业务、技术归县农电总站领导。

乡（镇）农电站主要监督执行县“三电办”下达的用电计划，完成抄表、收电费任务，向各村收取10%的电费总额作为维修管理费，交县农电总站。

1990年，全县乡镇成立农村电力管理站，共有28名农电员，其中3名被评聘为助理技术员、1名被评聘为技术员。

至2010年，全县20个乡镇均成立农村电力管理站。

村管电小组

村管电小组建于20世纪70年代，组长一般由大队干部兼任，配备1～2名村电工。1982年，农村实行家庭联产承包责任制后，村管电小组基本解体。村电工多为碾米、发供电的承包经营者。至1990年，全县共有村电工300余名。全县仅阳溪乡白沙村建有标准化管电小组。

2006年，改为农电编制，松阳县供电局共有农电编制100余人。

第三节　农村用电

排灌用电

农业生产用电主要为排灌用电。1962年，松阳第一座电力排灌站望松石角电灌站建成，设置3个机埠，灌溉农田1350亩。是年，该站抽水用电0.5万千瓦时。

1971年7月，长（濂）青（蒙）线投运后，农村电力排灌开始稳步发展。是年，新建白沙、项弄、周垒、航埠头、十五里、岗下、西屏七大队7座电灌站，共8个机埠。排灌用电9732千瓦时。

农村实行承包责任制后，经济作物种植发展迅速，开始发展桑园、橘园、茶园的电力喷灌。1979年末，全县共建电灌站22座。20世纪80年代，继续新建或增容电力排灌、喷灌站。

1990年，全县共有108座电灌站，装机193台，总容量2816千瓦。排灌用电量39.66万千瓦时。2010年，全县排灌用电量21.75万千瓦时。

农副产品加工用电

1951年，古市工学电米厂在古市镇开始兼营碾米业务，电力用于农副产品加工。此后几十年间，电力碾米逐步取代人工或水力夯舂。

1979年，农村商品经济开始快速发展，农副产品加工用电逐渐扩大到磨粉、榨油、轧面条、炒茶、饲料粉碎等。1981年，农副产品加工用电量30.3万千瓦时，占农村用电量的50%。1986年始，上述用电量作为乡镇工业用电量统计。1990年，全县农副产品加工用电量为45.89万千瓦时，占农村全部用电量的4.5%。2010年，全县农副产品加工用电量230.61千瓦时。

乡村工业用电

1979年，全县乡村工业仅有赤寿红砖厂和叶村农机厂，全年用电量7148千瓦时。乡村工业发展迅速，建材、机械加工、竹木加工、纺织、食品、皮革、化工、造纸等行业先后在农村出现。1981年，乡村工业用电设备4800千瓦，用电量增至10万千瓦时。

1990年，乡村工业用电量355.76万千瓦时，占农村用电量的34.6%，居第二位。乡村工业总产值1746万元，占全县工业总产值9490万元的18.3%。之后，根据销售电价分类，不再统计农村工业用电相关数据。

农村生活照明用电

松阳县农村生活照明用电始于民国22年（1933），是年，古市镇创办碾米发电厂，供该镇的照明用电。

1951年，古市镇工学电米厂创办，古市镇恢复照明用电。1958年，开始兴修水利，建设小水电站。电站周围村庄首先有生活用电。

1972年，松阳电厂向四都水库建设工地供电的同时，以220伏低压向附近邵山、竹客口、北山3个大队供电，这是3个最早得到松阳电厂向农村供电的村庄。是年，3个大队的总用电量为8085千瓦时。

1981年，农村生活照明用电12万千瓦时，占全年农村总用电量60.5万千瓦时的20%。

1990年，全县农村生活照明用电量587.74万千瓦时，占全年农村总用电量1029.05万千瓦时的57.1%。1992年，全县农村生活照明用电量占全年总用电量的14.70%。

2002年，实行峰谷电价，促进低谷电力消费，首批400只峰谷电能表在城镇居民中开始试用，然后逐步推广。2010年，乡村居民用电3687.23万千瓦时。

第四节　农村电网整改

低压电网整改

20世纪60年代形成的农村独立小电网，均由各生产队自己采购材料建成，大多不符合标准。70年代开始，县网向农村延伸，同时对原有的小电网进行改造，但进度缓慢。至1990年末，共62个行政村实施以防窃电为目的消除三类线路、消除不安全因素的整改，累计整改线路84千米。岗寺乡山下阳村整改前年亏损电费金额1.3万元。1990年，整改后年结余电费720余元。

2000～2003年，共完成两期6180余万元农村电网改造任务，全县农村居民生活用电平均价格从0.775元/千瓦时下降到0.53元/千瓦时，且2003年农村居民生活用电量大幅增长20%。

2005年，陆续遭受“海棠”“麦莎”“泰利”强台风袭击，电力设施严重受损，经济损失200余万元。电网建设总投资3283万元，完成31个“康庄工程”高低压线路改造项目，完成部分10千伏及以下县城电网改造工程。2006年，投资109.54万元，完成滩坑电站5个移民安置点的电力基础设施建设。投资1642万元，解决全县农村茶叶加工用电瓶颈问题，300多家茶叶加工厂和3500多户农户直接受益。2007年，新农村电网建设投资2095万元，完成工程项目47个，横溪、上安和北山3个村成为松阳县首批新农村电气化村。

2008年，新农村电网建设总投资2249.52万元。其中，投资154.71万元，完成小槎、潘连和丁山头点3个村庄的电气化村的建设工程。

高压电网整改

1971年，对1962年建成的石角电灌站6.6千伏线路进行整改。以木杆代替水泥杆，LJ-35裸铝线代替8号铁丝，100千伏安的新变压器代替60千伏安的自制变压器，使其成为10千伏标准电压的农灌线路。1973年，耗资约2.3万元，把二线一地制的10千伏长青线整改成为三相四线制。

1981年10月，松阳电厂接管古市镇范围的供电，对全镇高压线路予以整改。原来的木杆调换为水泥杆，铝线、铜线统一换为LGJ-35、50、70的钢芯铝铰线。设置2台公用变压器，总容量480千伏安。至1990年末，共整改高压线路30千米。

触电保安器推广

1984年，开始推广触电保安器。谢村锯板厂和后周包村各安装一台三相触电保安器，对裕溪村的4台电动打稻机，各安装1台单相保安器进行试点。

1988年，对未装设触电保安器的农村用户，全部安装低压计量箱，并配置三相总保。全县安装触电保安器的乡村，触电事故明显减少。至1990年末，全县累计安装触电保安器12886台。

1998年始，陆续在各镇成立农电联站，农村居民用电实行三公开（电量、电价、电费）、四到户（销售、抄表、收费、服务）、五统一（电价、发票、抄表、核算、考核）。

之后，触电安保器属于表后设备，产权归属用户，不属供电公司管辖。为保障可靠用电，公司延伸服务广度深度，在业扩新装及故障抢修等情况下，为用户免费提供新增、更换触电安保器。

第五节 农村水电电气化建设

松阳县农村水电电气化建设分三个阶段实施。第一阶段为“八五”农村水电初级电气化建设（1991～1995）；第二阶段为“十五”农村水电电气化建设（2001～2005）；第三阶段为“十一五”农村水电电气化建设（2006～2010）。

初级电气化建设

1991 年，经国务院批准，松阳县被列入全国第二批农村水电初级电气化试点县。此后 4 年间，全县农村水电建设累计投入资金 3088.98 万元，其中国家拨改贷资金 310 万元、县自筹资金 1878.98 万元、银行贷款 900 万元，新建和扩建一批电源工程和输变电工程。至 1994 年末，松阳县农村水电初级电气化各项指标基本达到要求。

电源建设累计投资 2577 万元，新增装机 1506 千瓦。1994 年末，全县自有电量 3571 万千瓦时，占全县供电量 67.5%。全县 15 座 100 千瓦以上水电站设备完好率 97.4%，达到农村水电初级电气化县标准。

电网建设累计投放资金 511.98 万元，建成 35 千伏大东坝变电所，主变容量 2000 千伏安；完成松阳变电所增容 3150 千伏安；新建松阳至大东坝 35 千伏输电线路 15 千米；架设安民、枫坪等山区乡 32 个村 10 千伏线路 37 千米、0.4 千伏线路 159 千米；增加 10 千伏配电变压器 191 台，增容 8756 千伏安；对 240 个村实施低压线路改造，全县 80%的农村达到用电合格村标准；电网主设备完好率达 100%，年事故率为零，电网线损率 7.9%，指标达部颁验收标准。用电水平达农村水电初级电气化县标准。

1995 年 8 月，松阳县完成农村水电初级电气化建设任务。

“十五”农村水电电气化建设

2001 年，松阳县被列为全国 400 个“十五”农村水电电气化建设县之一。在“十五”农村水电电气化建设期间，完成谢村源、安民溪流域水电开发，建成谢村一级、安民一二级等水电站 22 座，增容技改水电站 7 座，新增容量 39035 千瓦，新增年发电量 1 亿千瓦时。至 2004 年末，全县完成并网电站 55 处，总装机 67400 千瓦，年设计发电量 1.7 亿千瓦时。尚在建电站装机 12790 千瓦，年设计发电量 3564 万千瓦时。

电网建设，新建扩容 110 千伏变电所 2 座，主变增容 48000 千伏安；新建改造 35 千伏变电所 5 座，主变增容 13150 千伏安；新增 10 千伏配变 280 台 57893 千伏安，更换高损耗配变 194 台 36580 千伏安。新架设 35 千伏线路 10 千米、10 千伏线路 105 千米，改造 10 伏线路 280 千米；新建和改造低压线路 350 千米，安装更换 72793 只户表。

“十五”农村水电电气化建设期间，全县投入资金 40806 万元，其中电源建设投资 28134 万元、电网建设投资 12672 万元。电气化建设各项指标均符合部颁标准。

2005年8月，松阳县完成农村水电电气化建设任务。

“十一五”农村水电电气化建设

2006年，经国家发改委、水利部批准，松阳县被列为全国“十一五”农村水电电气化建设县。

“十一五”期间，全县共投入电气化建设资金5.35亿元。其中，电源建设投资24920万元，新建洋坑源一级、安岱后、梧桐源等水电站12座，总装机26190千瓦；更新改造水电站5座，新增装机685千瓦，报废水电站4座，950千瓦；合计新增装机25925千瓦，新增库容1380万立方米，新增年发电量7500万千瓦时。电网建设投资28550万元。全县新建和改造110千伏延庆变、古市变电所，合计增容70000千伏安；新建35千伏变电所3座，改造35千伏变电所3座，合计增容38600千伏安；新建及改造110千伏输电线路，新增9.5千米；新建及改造35千伏输电线路30.7千米；新建和改造10千伏线路，新增153千米；新增和改造0.4千伏线路530千米。新农村电气化建设，完成达标验收16村，投资1230万元。农村电网建设，新增配变容量93694千伏安。

2009年，完成新农村电网项建设总投资4751万元。其中，35千伏项目1775万元，10千伏项目1418万元，低压项目1558万元。完成6个村的农村电气化改造工作，新兴乡成为松阳首个新农村电气化乡。

2010年，完成8个村的农村电气化改造工作，累计完成20个村的电气化村建设，电气化各项指标均达部颁标准。松阳县完成农村水电电气化建设任务。

第六章 电力管理

民国15年（1926） 松阳县出现电力生产企业。企业由私人经营，政府把其视为一般的生产企业加以管理。中华人民共和国成立初期依然如此。

1982年7月，松阳县供电局成立，隶属松阳县人民政府和丽水电业局双重领导，人、财、物由省电力联营委员会委托丽水电业局代管。下设办公室、电力调度室、生产技术科、计划财务科、用电管理科、松阳供电所、古市供电所。1984年，增设物资供应科。1987年，增设靖居区供电所和玉岩区供电所。1990年，全局共有职工163人。其中，离退休职工11人，全民所有制固定职工112人，合同制职工23人，集体所有制职工17人。

2010年末，全局有职工365人，其中全民制职工193人、各类代理制职工172人。职工中高级职称3人，中级职称28人，初级职称86人。本科以上学历79人，专科109人。局内设办公室、发展基建部、人力资源部、财务资产部、安全监察部、生产技术部、营销部、思想政治工作部、工会办公室9个部室。下设电网调度控制中心等11个二级机构。

第一节 经营管理

规划

1986年4月，松阳县供电部门编制第一份电力发展规划《老少边山贫地区“七五”电力发展规划》。规划在全县布局4座35千伏变电所，形成较完善的电网。至1990年末，全县建成3座35千伏变电所。第4座35千伏变电所大东坝变电所于1989年经省计经委、财政厅批准兴建，并予拨款55万元，1990年末开始做准备工作。1997年，新增1座35千伏变电所望松变。1998年，新增1座35千伏变电所。2000年末，松阳35千伏变电所6座。

2000～2010年，随着社会经济的不断发展，供电需求逐年增长，其间对5座35千伏变电所增容改造，新增3座35千伏变电所，即2005年江南变电所、2007年新兴变电所、2009年叶村变电所。2010年末，松阳县35千伏变电所8座。

计划

1982年7月，县供电局成立，设立计划财务科，年度生产计划由计划财务科会同局领导商量编制，生产计划管理开始逐步走向轨道。1985年始，建立每月一次的生产计划会议制度。每月初召开一次由中层干部参加的局务会议，总结上月工作情况，制定本月生产工作计划。1988年开始，在编制年度计划时，增加基建、扩建、改造、更新等各项费用计划。1989年，召开首届职工代表大会，年度资金预算经职代会通过后实施。

2002 年，松阳县第一期农村电网改造工程通过省政府组织的验收，共投资 3237.5 万元。

2005 年，松阳县 35 千伏江南变电所主体设备安装完毕。至此，该县总投资 2043 万元的 35 千伏变电所改造工程基本结束。2007 年，总投资 720 万元的松阳县 35 千伏江南输变电一期工程正式启动投产。35 千伏强达输电线路完工，这条线路是工业园区首条 35 千伏专线，该线路由业主和工业园区共同投资 110 万元，工程架空线路长 0.7 千米，进线电缆铺设 0.4 千米，杆塔 7 基。35 千伏新兴变电所启动投入运行，县供电局投资 899.90 万元，于年初开始兴建 35 千伏新兴输变电工程。2008 年，总投资 1198 万元的松阳县 35 千伏叶村输变电工程开始土建工程。2009 年，完成新农村项目总投资 4751 万元（其中 35 千伏项目 1775 万元；10 千伏项目 1418 万元；低压项目 1558 万元），是投资新农村电网建设幅度最大的一年。

统计

20 世纪 50 年代，松阳发电厂设统计 1 人，兼做后勤工作，属厂部管理人员。主要统计分析年、季、月的生产成本、消耗原材料、劳动生产率等。60 年代，统计工作由会计兼职。70 年代末始，松阳电厂设专职统计员 1 人。

1982 年，松阳县供电局成立后，统计人员属计划财务科编制，主要统计月、季、年度的供电、售电、线损、生产成本、利润以及用电分类统计等。1984 年，统计人员划属用电管理科编制，专职统计人员具助理统计师职称。

2010 年，供电局设统计专职 1 人。

第二节 财务管理

管理机构及人员

1950 年，松阳力民电厂有财务人员 1 人，会计兼做出纳和统计工作。50 年代末，增统计人员 1 人，兼做后勤工作。1973 年，增加出纳 1 人，兼收单位用户电费。1981 年，松阳电厂有财务人员 3 人，会计、出纳、统计各 1 人。

1982 年，计划财务科设立，设会计、出纳、统计各 1 人。古市供电所配备兼职出纳 1 人，内线安装队配备兼职会计、出纳各 1 人。1985 年，靖居供电所配备出纳 1 人，兼松靖 35 千伏输变电工程出纳。电气服务公司配备会计、出纳各 1 人。1987 年，财务科增加出纳 1 人；次年，增会计 1 人。玉岩供电所配备兼职出纳 1 人。

至 1990 年末，全局共有财务人员 11 人。

1991 年，设置财务供应科，共有人员 8 人。1992 年，财务供应科共有人员 12 人。1995 年，全局财务科共有财务人员 4 人。2000～2010 年，全局财务科财务人员均有 5 人。

固定资产

1953年，公私合营松阳发电厂有固定资产原值2423.84元。1959年末，固定资产原值增至4.36万元。

1966年，投资1.39万元，架设电厂至松阳造纸厂6.6千伏专线一回。次年，县财政拨款16万元，建造青蒙发电车间。1969年末，固定资产原值增至18.03万元，净值14.96万元。

20世纪70年代，接收松阳造纸厂自备发电车间，包括厂房、两套煤气机组等设备。新架设二线一地长青线一回32千米和新建松阳电厂办公楼1幢。70年代末，固定资产原值增至68.87万元，净值49.12万元。

20世纪80年代，投资50.4万元的古松35千伏输变电工程投运；投资99万元的松靖35千伏输变电工程竣工；投资51万元的供电综合大楼交付使用；投资146万元的古玉35千伏输变电工程竣工。购买汽车、摩托车共16辆。无偿划出原青蒙车间固定资产31.84万元。到1990年末，供电局有实际固定资产454.9万元。

1991年末，供电局固定资产566.71万元。1992年末，供电局固定资产609.33万元；新建玉岩所大楼一座52.88万元。1994年，建成大东坝所主控室及值班用房34.34万元。到1995年末，供电局固定资产1370.41万元；投资松二期（古阳）线路89.30万元，新增望松岭脚龙丽公路边土地一块64.12万元。2000年末，供电局固定资产1481.32万元；投资古市133线314.62万元。2001年，投资玉岩145线70.32万元，新增原松建橡胶厂土地、厂房、设备等111.08万元，投资叶村182线199.44万元，城南184线283.70万元，接收农网资产配电设备121.25万元。2002年，投资筱铺212线39.98万元，六都130线78.35万元，东坞248线48.90万元，章家262线12.67万元，阳屏3324线225.23万元，阳坝3327线118.78万元，阳溪3331线836.17万元，黄溪3311线717.18万元，黄玉3312线1784.30万元，1号主变110.96万元，2号主变207.16万元，接收农网资产配电线路2058.40万元，接收农网资产配电设备121.11万元，。

2003年，新增华为PCM接入设备72.73万元，投资竹源181线199.01万元，禾洲米业公司城东接入工程128.75万元，耐火118线91.65万元。2004年，新购1号主变后备保护装置41.18万元。

2005年末，供电局固定资产1893.79万元。投资玉南146线27.45万元，2号主变269.06万元，35千伏望松变监控系统55.61万元。

2006年，新增变电站监控系统66.01万元，调度数据网建设项目118.62万元，1号主变770.04万元，2号主变241.63万元，配电线路119.73万元，配电设备61.56万元，35千伏城关变监控系统67.19万元，35千伏大东坝变监控系统70.70万元，购汽车3辆。2007年，接收农网资产配电线路278.22万元，购汽车1辆、16吨吊车1辆，新建生活休息楼169.43万元，投资阳云3333线146.60万元，阳多3335线236.44万元，西关3323线197.51万元，延东3340线22.47万元，庆园225线78.45万元。

2008年，投资樟溪216线76.95万元，凤凰230线59.21万元，延关3345线77.09万元，古新3303线71.81万元，古隆3304线34.39万元，新玉3351线71.81万元，园甲227线52.27万元，庆区232线60.34万元，象靖173线264.81万元，谢村214线312.45万元，大港155线382.04万元，港口180线43.31万元，新处215线874.82万元，联屏223线145.17万元，联西234线65.45万元，王村240线176.47万元，江滨183线141.52万元，寺山247线91.00万元，独山250线214.16万元，山岗241线946.91万元，下扬245线167.03万元，象港172线500.81万元，交塘141线134.56万元，象东175线263.06万元，杨岭脚134线117.94万元，西屏135线280.96万元，象裕171线1813.71万元，联络186线95.38万元，红莲260线293.66万元，叶西249线186.85万元；新购直流馈电屏48.73万元，红外热成像仪47.57万元，华为Metro3000传输设备30.45万元，调度屏124.66万元；接收新农村资产通信线路73.52万元，购汽车4辆，新建办公楼509.30万元，接收土地使用权153.74万元。

2009年，新建生活休息楼53.30万元；投资高压电缆48.96万元，新兴213线141.38万元，十五里231线120.39万元，1号主变104.99万元，白沙113线224.44万元；接收新农村资产配电线路932.70万元、配电设备347.67万元。2010年末，供电局固定资产10945.32万元。投资1号主变82.47万元，古关3301线36.18万元，西城3322线56.90万元，延古3341线376.24万元，古寿3353线346.75万元，延叶3343线196.15万元，叶园244开关间隔199.50万元；新建办公楼356.51万元；新购处白沙村的基建用地104.45万元。

流动资金

建厂初期，松阳力民电厂资金紧缺，无流动资金。电厂实行公私合营后，1957年，松阳发电厂自有流动资金5100元，其中公股股份基金3700元、私股股份基金1400元。1961年，由县政府进行清产核资后，核定国拨定额流动资金为4510元；是年，实际执行结果为5830元。1963年，国拨定额流动资金4700元，实际执行结果为7000元。

1972年，县清产核资领导小组核定，松阳电厂流动资金定额为3万元。1976年，流动资金实际占用突破10万元。1978年，县财政局给予增拨流动资金2万元。

1982年始，定额流动资金为5万元，而实际占用为29.6万元。1985年，电气服务公司开始对外营业，供电局拨给流动资金4万元。1990年，全部流动资金平均余额224.17万元。周转天数77天，比上年减少138天。每百元产值占用定额流动资金8元，每百元销售占用定额流动资金3元。1991年末，定额流动资金34.81万元。1992年末，定额流动资金40.30万元。1995年末，流动资产873.80万元。2000年末，流动资产2045.23万元。2005年末，流动资产2872.40万元。2010年末，流动资产4267.40万元。

成本核算

1950年，松阳力民电厂开办时期，由于营业量小，并无利润且入不敷出。唯白天兼营碾米，收取一定数量的米或谷作为碾米工资，维持职工的生活。7月开始营业至11月底，共收电费1091.82元，碾米收入工资米6521.5千克、稻谷939.52千克、现金6.62元，未做成本核算。

电厂实行公私合营后，开始做成本核算。按收入情况核算成本，尽量压缩开支。1953年，利润4653.45元；1955年，利润突破1万元。此后，均保持在1万元以上2万元以下。1962～1963年，发电厂发电单位成本为314.88元/千千瓦时，比上年增加17.44元/千千瓦时。同时，利润降到6024

元和8102元。1964年开始回升。1968～1969年，单位成本从上年的260.44元/千千瓦时猛增至477.47元/千千瓦时，松阳电厂因此连续2年亏损，共亏损1.06万元。1970年开始回升。1971年，长青线接通购入遂昌网电、减少火力发电量，降低成本，利润增至3.23万元。此后利润逐年上升，单位成本从1971年起逐年下降。至1977年，单位成本已下降为100元/千千瓦时以下。1983年，单位成本为75.66元/千千瓦时，创历史最好水平。

1990～2010年若干年份松阳县电力成本核算一览表

表8-6-2-1

年度	总成本（万元）	单位成本（元/千千瓦时）	利润（万元）
1990	311.7	87.11	47.50
1991	369.07	89.13	10.80
1992	421.3	84.87	14.86
1995	1442.42	217.60	-200.36
2000	2103.88	314.24	-251.67
2005	8246.32	202.23	218.99
2010	16665.09	263.61	950.57

专用基金

1957年，公私合营松阳发电厂未形成专用基金，所得的净利润按“四马分肥”的原则分配。“四马”即当地政府公股、本企业职工福利、公积金和私股。公积金主要用于发展生产，福利部分用于职工的奖励和医药费等开支。公股和私股按股份分红。1957年，废止“四马分肥”的分配方式，开始形成专用基金。

专用基金主要有四大块，即生产发展基金（包括更新改造基金、大修理基金、业扩基金和专项拨款）、职工福利基金、职工奖励基金和后备基金。

专用基金来源于上级的专项拨款、费用提取和实现利润。职工福利基金来源于工资总额的11%的提成和利润分成，用于职工的医药费、职工生活困难补助以及其他福利设施等的支出。1982年开始，由于保健条件提高，药品加价及其他因素，医药费用逐年剧增，医药费用一项就接近提成数，其他福利开支便从利润分成中提取。

1982年，松阳县供电局成立，省电力局对松阳等县实行电力扶持政策。规定每年除交县财政的基数利润外，应上缴丽水电业局的利润全部返回使用，用于电力建设。自1987年始，应上缴的全部利润免缴。

1988年，按实现利润额的55%上缴县财政，实现第二步利改税。是年，共有专用基金65.83万元，是1982年的13倍。除上缴利润的55%，另外要缴纳能源基金等，企业实际所留不足35%，各项基金均比第二步利改税前减少。

1991年末，专用基金116.03万元，其中更新改造资金72.79万元、大修基金42.29万元、业务扩充资金-3.64万元。1992年末，专用基金84.01万元，其中更新改造资金63.97万元、大修基金-2.71万元、业务扩充资金32.81万元。

1993年开始，执行新制度，无专用基金。

第三节 物资管理

采购 供应

1950年，松阳力民电厂开始供电时，因松阳县无电料商店，发电厂从丽水购进少量皮线、花线、灯泡、灯头、开关等内线材料。西屏第一批用户25盏15瓦电灯的材料，均由电厂供给并为之安装，竣工后一并向用户结算。电厂自身维修材料均由厂长到外地采购。发电厂公私合营后，物资采购只为电厂自己需要而备，用户所需的材料由用户自备。遇发电设备大修，所需配件由发电车间维修人员统一采购，不留库存，实报实销。

1982年县供电局成立后，全局所用物资，包括办公用品、用具、生产工具、劳保用品及其他材料，都由办公室负责采购。1984年，设立物资供应科，设专职采购员1人。

松阳县供电局是参与省电力工业联营的网外企业，省电力局没有给予分配计划物资，所需物资均向市场采购，生产设备则直接和厂家订购。1984年，进行企业整顿，制订一套物资供应的管理制度。供应科对物资的采购原则上按局属各单位编报的计划，经分管局长审核后，再进行采购、供应。对一类物资的采购严格控制，在需要时，突击采购，直接供应，不留库存。对二三类物资的采购，随用随购，减少库存，加速资金周转。

自20世纪80年代开始，农村用户对电力需求日益迫切，而安装工程中必须用的电力金具在本地基本采购不到，电力部门又一直不为用户备料，因此，农村用户往往派出专人拿着电力部门给予开具的材料单，到南京线路器材厂采购电力金具，浪费劳力和财力。1984年9月，松阳县供电部门开办电气服务公司，配备专职采购员1人，统一外出采购。

1985年1月，电气服务公司与局线路队挂钩，向供电局签订承包经营合同，由局划拨物资4万元，作为服务公司垫底资金，由线路队对用户进行勘测后，开出估料单，交服务公司配料。用户先向公司交纳预付款，安装期间材料不够，可随时向服务公司领取；安装完毕有多余材料，可向公司退料；竣工后，一并结算。既方便用户，服务公司也取得较好的经济效益。

1987年，撤销电气服务公司，合并到物资供应科统一管理、经营。对内照常供应，对外照常营业。1989年6月，供电局借拨垫底物资和资金23.5万元，开办劳动服务部，经营各种电气材料，对外经营业务。当年创利2.39万元。

2010年，供电局仓库面积3000平方米，库房面积1800平方米，仓库管理人员4人，库存金额428万元。

保管

公私合营松阳发电厂设有小仓库，库内的材料均是发电设备的易损配件及废旧配件，仓库钥匙由车间负责人保管，未曾建立入出库手续。

1971 年，青蒙发电车间设有备品仓库。电厂厂部设有线路器材和劳保用品仓库各 1 间，仓库钥匙分别由出纳、线路班长、车间主任保管，均无出入库手续及账目。

1979 年，设专职仓库保管员 1 人，除青蒙车间的备品仓库外，均归入厂部仓库统一保管，建入库、出库手续和物资账目，青蒙备品仓库于 1981 年随车间停役而撤销，库存备品及废旧物资统一划归厂部仓库统一保管，并建账目。1979 年，仓库面积 225 平方米。

1984 年企业整顿，对物资仓库进行全面清理，把库存物资按照自然属性分成 6 大类，分类编号入账、入库，做到账、卡、物相符。修订验收、发放、保管等制度，配备专职仓库保管员 2 人，1990 年末，有物资仓库 2 处、库房 8 间，约 200 平方米，库存物资 300 个品种。

第四节　多种经营

内线安装队

1979 年，遂昌县电力总厂开办松阳电器修理分厂，属集体所有制性质。年末，在西屏招工 10 人，其中松阳分厂职工子女 4 人。次年 1 月，电器修理分厂独立核算，行政和业务由总厂管理。1980 年，招收松阳分厂职工家属 2 人。1981 年，招收松阳分厂职工子女 1 人。

1982 年，松阳分厂划归松阳县供电局管理，改称松阳供电所集体安装班。安装班独立核算，自负盈亏，有 12 名职工。1988 年 8 月，改称松阳县供电局内线安装队，属供电局下属单位。

1985 年，内线安装队投资 3.5 万元，收购水南镀锌厂全部设备，改名为松阳县镀锌厂。1988 年，更名为松阳县供电局内线安装队镀锌厂。1989 年，内线安装队开办胶沫粉厂。1990 年，内线安装队有固定资产和流动资金共 4 万元。1997 年，内线安装队撤销。

劳动服务部

1984 年 9 月，创办供电局电气服务公司，公司自负盈亏，属集体性质。1987 年，服务公司与供电局供应科合并，以供应科的名义继续营业。

1989 年 6 月，重新申请开办供电局劳动服务部，对外经营电气材料、电气工程测量、安装等业务。当年销售额为 34.6 万元，创利润 2.39 万元。1990 年，共有职工 18 人，多为职工子女和家属，销售额 71.95 万元，上缴税收 2.32 万元，交供电局 11 万元，利润 0.54 万元。

1998 年，劳动服务部撤销。

2003 年，丽水华阳电力有限公司成立。主要经营电力行业（变电工程、送电工程），承装（修、试）电力设施、供配电服务等业务。

联营企业

1989年上半年，县供电局、省冶金研究所、叶村农机厂联办松阳县第一家股份制企业浙江省冶金研究所松阳县铸钢厂。三方共投资23万元，其中供电局投资15.59万元，省冶金研究所投资3.29万元，叶村农机厂投资4.15万元。松阳县铸钢厂主要生产阀门，当年产值18.48万元。是年6月，供电局与个体户联办天然工艺厂。供电局投资10万元，个体户投资2.5万元。选用硬木山枣树为原料，生产工艺木碗、木茶杯、木茶筒、首饰盒等，产品主要销往国外。

图8-8　天然工艺厂生产的艺术碗(县档案馆提供 摄于1996年)

1990年，松阳铸钢厂和天然工艺厂产值分别为49.61万元和29.3万元，上缴税收分别为0.57万元和2.6万元；天然工艺厂为国家创外汇4.9万美元。次年，天然工艺厂产值突破100万元，税收5.95万元，创外汇18.6万美元。

2010年，联营企业撤销。

第九编 交通运输

千百年来，松阳县水路交通主要依靠松阴溪，陆路交通依靠翻山越岭肩挑背驮。交通设施有渡口、埠头和卵石道路、桥梁、路亭等。

民国23年（1934），松阳至遂昌公路修成，境内始有砂石公路22.5千米。至1958年，松阳境内公路有省道龙（游）南（山）线界首至堰头段58.00千米。此后30年，松阳县多次开展交通基础设施建设，但非上等级公路。至1990年，县境内有省道公路2条，境内长79.72千米；县道公路8条，长137.86千米；乡道公路15条，长105.78千米；专用公路11条，长31.81千米；全县公路总里程355.57千米。

21世纪，松阳县先后实施省道改造、改建，县道乡道路面硬化，“康庄工程”通村公路建设，一级公路、高速公路建设。至2010年，松阳县有龙丽高速公路，境内长52.79千米；省道2条，境内长69.54千米；县道18条，长236.48千米；乡道16条，长93.54千米；通村公路248条，长808.82千米；专用公路4条，15.06千米。全县公路总里程1272.23千米，公路通村率100%。

1985年，松阴溪水运停歇，水上运输存松阴溪及谢村水库渡运；同时开展建桥撤渡工程，松阴溪原有渡口改建现代梁桥19处。至2010年，尚在使用的有松阴溪、谢村源水库渡口各1处。

随着交通工程建设的快速发展，松阳县“地僻一隅”且“崇山鸟道”“商贾鲜通”的闭塞局面，真正成为历史。昔日修筑的官道、大路，成为人们旅游探险的山路。“路成网，车成流”成为21世纪松阳交通现状。

第一章 水 路

民国23年（1934），龙（游）南（山）公路开通之前，松阳对外交通、货物运输皆以水运为主。松阳唯一的航道就是松阴溪及其支流。

第一节 松阴溪航道

松阳县主航道

民国23年（1934），松阳至遂昌公路修通。民国24年，松阳县始有公路运输。此前，松阳县大宗货物进出以水运为主。

松阴溪为松阳对外通航的唯一航道。木帆船可通丽水、青田，直达温州。

图 9-1　松阴溪航道（叶祖青 摄于 1972 年）

松阴溪为瓯江主要支流，发源于遂昌县垵口乡北园岙村东，干流全长 115 千米，流经松阳县境内河道长 60.5 千米。于赤寿乡界首村入境后，西北至东南斜贯全境，至裕溪乡靄溪村出县境入莲都区。界首至青蒙段流经松（阳）古（市）盆地，河床宽阔，水流平稳。青蒙以下至靄溪穿流于群山之中，此段河道虽不及上游河面宽阔，但河窄水深，落差不大，水势仍然平稳，故流经县境内松阴溪河道均可通航。

县城以下航道常年可通 2 吨木帆船。县城以上航道因河宽水浅，枯水期需以竹筏转载上达古市，继可至界首及遂昌县金岸、渡船头。古市镇筏铺村的地名来历，因旧时多有货运排筏停泊宿夜而得名的。

松阴溪支流航道

松阴溪有支流 19 条，能通航的仅小港。

小港发源于枫坪乡龙虎坳东南，由西向东流经玉岩、大东坝等乡镇，至港口汇入松阴溪。港口至横樟源口段可通小木船，横樟源口至排居口段河道仅可通竹筏。排居口村因旧时多有排户居住，故名。小港流至汶水口汇石仓源水，溪面渐宽，可通小船。1955 年，为抢运山区物资，开港疏浚，船筏曾一度可到内大阴、黄南。1958 年，松阳一中实行教育改革，学校搬迁到大东坝，课桌椅及部分教学设备用木船水运至大东坝。

其余支流皆源短流急，逢雨则山洪暴涨，遇旱则细流涓涓，多有“蓑衣坑”之称。唯遇大雨河水暴涨，山民利用大水放流木竹排，以减轻肩扛背负之苦。有谚云：“金坞的炭，内孟的柴，合湖大畈放枕（树）排。”这是昔日十二都源（谢村源）自然经济状况的真实写照。金坞、内孟、合湖、大畈皆十二都源沿岸村庄。

航道疏浚

松阴溪航运畅通时，视航道阻堵具体情况，不定期对航道进行除礁疏浚。民国初年，象溪人高良仁（1850～1937），热心公益，带领民众填补疏浚松阴溪航道（松阳至丽水河段）不畅，雇工凿平礁石，甚至抱病不歇。1919 年，总统徐世昌奖匾“急公好义”并给紫绶银章，知事赠匾“功怀利济”，被世人称道。1963 年 7～11 月时，先后 5 次疏浚航道。1961～1983 年，为疏浚航道共计投入 12502 个养护工日，养护费用 22674 元。1967～1978 年，先后修筑顺坝 18 条总长 2975 米。1966～1973 年先后清障炸礁 34 处，工程量 1110 立方米。1985 年，除渡口外，水路运输停歇，松阴溪航道遂不再疏浚。

航运规划

2000年后，松阴溪实行水电建设梯级开发，河道通航功能完全丧失。

据《丽水市城市总体规划（2004～2020）》，内河航运规划重点建设“一干、二支、两港”，松阴溪西屏至大港头段航道为其中一支，航道技术等级为Ⅶ级，总里程41千米，待条件成熟后开发。

第二节 码头 渡口

码头

原松阴溪水运码头在县城南门大桥下游一侧。

松阳水运以青田籍船民为主。民国时期，水运码头以船主原籍地而分温溪码头、沙埠码头、青田码头和松阳码头。名为码头，实为沿岸简陋的泊位而已，仅供各籍船只分别集中停泊。装卸货物，或则埠夫直接背负，或则架踏板以利搬运。

图9-2 松阳南门码头(叶祖青 摄于1972年)

1955年，在码头原址修建简易码头，有构筑装卸点2处。1966年，码头扩建，装卸点增至5处。至1977年，先后5次对码头进行维修，累计建成挡土墙90米；混凝土埠头2处，分别为7级161.6米、11级51.25米；钢筋护栏13.3米；活动拦水坝长90米和拦水闸59.4米，总投资7354元。

1985年，航运停歇后，松阴溪码头仅作居民洗汏埠头之用。2003年，松阴溪县城河段防洪工程建成，原航运码头旧址无存。

1997年，投资7000元建东坞水库码头。后废。

2004～2010年，松阳县港航管理所在丽水市港航管理处的支持下，先后投入70余万元，修建谢村水库渡口大岭里主渡埠和两岸候渡亭，以保障库区群众渡运安全。

渡口

自古以来，松阴溪两岸往来交通除木桥外，沿溪设渡口，来往行人可摆渡船过河，境内有40多个渡口分布于松阴溪、小港等溪河两岸。渡口、渡船以民间筹资拨田设置为多，少有官渡。

松阴溪界首以下河段河宽水浅，多在渡口上下游架木桥，遇水涨桥折，则摆渡过河。界首、赤寿、古市、石门圩、叶村、县城西屏等处均桥渡并存。

图9-3 靖居口渡（叶坚红 摄于2010年）

青蒙以下河段及小港，民众往来两岸，多赖渡船。河面稍宽且水深礁多之渡口，有渡工摆渡；河窄水浅的渡口，则行人以竹篙或纤索自渡过河。

1990年，全县尚有渡口27处，渡船29艘，渡工32人。2002年，《丽水市渡口安全管理办法》颁布实施后，松阳县交通局对全县渡口进行整治，依据全省“水上康庄工程”的有关政策，实施撤渡建桥。2010年末，全县仅存谢村水库及松阴溪渡口共2处，渡船2艘，渡工4人。沿松阴溪1处渡口已做好撤渡建桥前期规划，“十二五”期间完成撤渡建桥。

附1：已撤销的渡口

松阴溪渡口20处：

界首渡又名佳溪渡。位于赤寿乡界首村，1999年8月，界首大桥建成，渡口撤销。

大石渡，又名赤口渡、赤鹿渡。位于新兴乡大石村，1994年5月，大石大桥建成，渡口撤销。

汰源渡，又名金梁渡。位于斋坛乡小石村，2007年，石门圩大桥建成，渡口撤销。

叶村渡，位于叶村乡叶村村。2010年末，叶村大桥建成，渡口撤销。

港口渡，位于大东坝镇西山村港口自然村。1978年，港口大桥建成，船渡撤销。

陈下渡，位于象溪镇吕潭村陈下自然村。2006年，陈下大桥建成通车，渡口撤销。

吕潭渡，位于象溪镇吕潭村。2004年，吕潭大桥建成通车，渡口撤销。

南坑口渡，又名五尺溪渡、新兴渡。位于象溪镇南坑口村，有手车渡船1艘，每次可渡手车2辆。另有木船2艘，木板搭拼船面，专渡手扶拖拉机。2008年11月，南坑口大桥建成，渡口撤销。1983年，电影《蓝天鸽哨》曾在南坑口渡口拍摄外景。

南州渡，位于象溪镇南州村。有上、下2处渡口，上渡又名南岩渡，洪水湍急，历史上常有翻船事故。1992年7月，南州大桥建成后，上、下2处渡口均撤销。

岭下渡，位于象溪镇岭下村。2006年12月，岭下大桥建成，渡口撤销。

象溪渡，位于象溪镇象溪村。有上、下2处渡口，1989年，象溪大桥建成后渡口均撤销。

石坑口渡，位于裕溪乡小槎村石坑口自然村。2006年，大桥建成后渡口撤销。

小槎渡，位于裕溪乡小槎村。1990年，小槎大桥建成，渡口撤销。

裕溪渡，位于裕溪乡裕溪村。2006年12月，裕溪大桥建成，渡口撤销。

陈村渡，位于裕溪乡陈村。2005年，大桥建成后渡口撤销。

凤弄源渡，位于裕溪乡凤弄源渡。1999年，凤弄源大桥建成后渡口撤销。

斗角埠渡，位于裕溪乡斗角埠村。1999年，大桥建成后渡口撤销。

靄溪渡，位于裕溪乡靄溪村下圩渡口。2006年12月，靄溪大桥建成后渡口撤销。

新渡，又名义福渡。位于裕溪乡新渡口。2006年12月，大桥建成后渡口撤销。

王田圩渡，位于裕溪乡靄溪村上圩渡口。2006年12月，大桥建成后渡口撤销。

小港渡口5处：

上包渡，旧志载有西山渡，位于西山村，后移至大东坝镇上包村。1998年，水面桥建成后，船渡撤销。

牛角圩渡，位于大东坝镇牛角圩村。1992年，大桥建成后船渡撤销。

大东坝渡，位于大东坝镇大东坝村。2002年，大桥建成后船渡撤销。

树稍渡，位于大东坝镇树稍村。2006年，水面桥建成后船渡撤销。

二滩坝渡，位于大东坝镇二滩坝渡口。2005年，悬索桥建成后船渡撤销。

水库渡口2处：

东坞水库渡，位于东坞水库大坝北首，为交通渡，渡程2千米。1983年，县航运公司职工在水库自置12马力机动船一艘。嗣后新增私人经营机动船3艘。1999年12月，水库北侧沿山公路建成通车，渡口撤销。

梧桐源水库渡，位于赤寿乡田岗村，为交通渡，渡程120米。2006年，库区面积扩大，村民搬迁，船渡遂撤销。

附2：尚在营运的渡口

松阴溪靖居口渡，又名南山渡、普济渡，位于象溪镇靖居口村。已纳入撤渡建桥规划，尚在营运中。

谢村水库渡，主渡埠位于谢村乡谢村水库大岭里村。主渡埠有渡船至谢西坑、南坑、上仓、大铺、北坑下等村，渡程3千米。1996年，有12马力的木质机动船4艘从事收费渡运。2002年，木质机动船停运。谢村乡政府集资8万余元，置20马力的钢质机动船舶，定载人数30人，常年免费为沿库区学生、村民交通和农事渡运。

附3：民国时期松阳渡口

民国《松阳县志》记载的船渡情况表

表9-1-2-1

序号	名称	坐落地点	序号	名称	坐落地点
1	界首渡	在赤寿乡界首村	13	港口渡	在大东坝镇西山村港口
2	金梁渡	在斋坛乡小石村	14	西山渡	在大东坝镇西山村
3	南岩渡	在水南乡南山村	15	蟾湖渡	在大东坝镇蛤湖村
4	乌石渡	在望松乡乌石下村	16	横樟口渡	在大东坝镇横樟村口
5	观口渡	在古市镇观口潭	17	义和渡	在玉岩镇坳头村
6	赤口渡	—	18	吕潭渡	在象溪镇吕潭村
7	西溪义渡	在古市镇西溪	19	南坑口渡	在象溪镇南坑口村
8	创济渡	在古市镇下黄圩	20	南州上渡	在象溪镇南州上村
9	黄公渡	叶村乡黄公渡	21	南州下渡	在象溪镇南州下村
10	白龙津渡	在城南白龙堰边	22	象溪上渡	在象溪镇象溪上村
11	学行义渡	在县城南门大垯下	23	象溪下渡	在象溪镇象溪下村
12	峡头义渡	在峡头村	24	南山渡	在象溪镇靖居口村

续表 9-1-2-1

序号	名 称	坐 落 地 点	序号	名 称	坐 落 地 点
25	小槎渡	在裕溪乡小槎村	28	杨山渡	在莲都区堰后村（1958 年前属松阳县辖）
26	凤弄源渡	在裕溪乡凤弄源村	29	堰首渡	在莲都区堰头村（1958 年前属松阳县辖）
27	霭溪渡	在裕溪乡霭溪村			

撤渡建桥

松阴溪水经常暴涨，群众出行不便且存在渡运安全隐患，20 世纪 90 年代后，凡涉及渡口的乡镇、村委会多方筹措资金，实施撤渡建桥工程。2007 年 9 月，县交通局成立撤渡建桥工程建设管理办公室，负责全县的撤渡建桥工程管理。

1978～2010 年松阳县撤渡建桥情况表

表 9-1-2-2

序号	所属乡镇	渡口名称	桥梁名称	建造年份	资金来源
1	斋坛乡	汏源	十五里大桥	2009	部补
2	大东坝镇	港口	港口大桥	1978	省补（“省交通厅补助”下同）
3	大东坝镇	百步	百步悬索桥	1991	民间集资
4	大东坝镇	上包	上包过水路面桥	1998	民间集资
5	大东坝镇	大东坝	大东坝大桥	2002	省补
6	大东坝镇	二滩坝	梅村悬索桥	2005	省补
7	大东坝镇	树稍	树稍过水路面桥	2006	省补
8	象溪镇	吕潭	吕潭大桥	2004	省补
9	象溪镇	南坑口	南坑口大桥	2009	部补（“交通部补助”下同）
10	象溪镇	南州	南州大桥	1992	民间集资
11	象溪镇	岭下	岭下大桥	2006	省补
12	象溪镇	象溪	象溪大桥	1989	民间集资
13	象溪镇	靖居口	靖居口大桥	1966	部补
14	裕溪乡	小槎	小槎大桥	1990	民间集资
15	裕溪乡	裕溪	裕溪上村大桥	2006	省补
16	裕溪乡	新渡	新渡大桥	2006	省补
17	裕溪乡	凤弄源	凤弄源大桥	1990	民间集资
18	裕溪乡	霭溪	霭溪大桥	2006	省补

第二章 古 道

松阳县四面环山，松阴溪自西北向东南斜贯而过，中部赤岸至青蒙沿溪两岸为河谷盆地，称松（阳）古（市）盆地。

松阳县始建于东汉建安四年（199）。自古以来，松阳县对外交通，水路得松阴溪之利，有舟楫之便；陆路则全赖人力。为方便城镇乡村、县境内外之间沟通，松阳人民不避险阻，铺桥砌路，世代相承。逢山涧则依山傍水砌筑道路，遇高山则筑岭翻山，跨溪流则架设渡桥。城乡道路可谓纵横交错，网络四布；铺舍桥亭，设施完备。县治达府、达邻县且中途置递铺的为官道，县治通乡村或乡村间互通的称大路。此类道路多卵石或块石砌成，少数路段也有卵石铺就中砌条石，官道也有全用条石铺成路段。

明成化时，松阳县有到丽水、龙泉、云和、宣平、遂昌等县城的县际大道8条，县境内有递铺10处。

随着交通基础设施日益完善，到20世纪90年代，县际通道已少有利用，逐渐被公路交通所替代。

第一节 县际古道

古时递铺

明成化二十二年（1486）《处州府志·松阳县志》载，“东到丽水县一百二十里，西到龙泉县二百四十里，南到云和县一百三十里，北到宣平县六十里，东南到丽水县一百三十里，西南到龙泉县一百五十里，西北到遂昌县七十里，东北到宣平县一百一十里”。

县际通道上设递铺，递铺内驻设司兵。清顺治十一年（1654）《松阳县志》载，“冲要七铺司兵三十五名，县前铺、清溪（青蒙）铺、宏口（港口）铺、石马铺、净居（靖居）铺、郑店（王店）铺、堰后铺各五名。偏僻四铺司兵一十二名，十五里铺、城头铺、赤溪（赤岸）铺、陈寮（陈家）铺各三名”。

图9-4 钓鱼岭古道（吴钟锋 摄于2005年）

县际古道

松阳至丽水　东出光华门，过甘露堂、项弄、白沙、青蒙、水车，越石佛岭至王田铺，港口过渡至陈下，至南州过渡至石马铺、靖居口，经裕溪、王田圩抵堰头（1963年划入丽水县）入丽水境，继至处州府。全程120里，卵石路面、缘溪而行；沿途设递铺6处，为青蒙铺、宏中（港口）铺、石马铺、净居（靖居）铺、郑店铺、堰后铺。东出光华门，至葛山头、林村，越朱武岭，经东田、石鼓、龙湾、牛铺，越板桥岭至板桥、桐榔，入丽水境畎岸（今属莲都区）。

松阳至宣平　北出朝天门，经竹客口、邵山脚、陈家铺、平田，越寨头岭（又名竹客岭）入宣平县境，继至柳城镇，全程60里，设递铺1处，为陈家铺。

另，出古市下街，经湖溪、入湖溪源、越百步岭，至风水亭入宣平境，继至柳城镇，全程60里。两条大道均卵石路面。由宣平继可达武义、金华。

松阳至遂昌　西北出凤臻门，越望松岭过姥桥（今称马桥），经王村、十五里，过和仁桥经上河、岗下、五木至古市，出古市城头跨通京桥（正念寺桥）至赤岸、狮子口、界首，过万寿桥入遂昌资口，继至遂昌城，全程60里。有递铺3处，为十五里铺、（古市）城头铺、赤溪（赤岸）铺。出遂昌继可达龙游、兰溪。

松阳至云和　跨松阴溪经水南、横山，越钓鱼岭，经港口、西山，涉小港水至百步、五合圩（即牛角圩），越梦岭至石仓，过茶排、蔡宅，越方山岭入云和界，继至云和城，全程140里，多为石径，间有泥路。

又过松阴溪至水南转至南山、清路，越白峰尖，至白峰逆小港水上行至梦岭脚，与前述线路并会，继至云和城。

松阳至龙泉　西出金屏门，由航船头涉松阴溪水往河头、松山、东坞，经三步峦、斗米坳，至南岱、岱头，越白麻山至玉岩，出龙虎坳入龙泉境，继至龙泉城。南跨松阴溪，经大竹溪至大岭头，越横樟岭至横樟、蛤湖、苏马坪，翻曹竹岭过大潘坑、安岱后入龙泉境。

出古市过筏铺，至下源口经西源、外石塘、杭坑桥，至山甫、西沿头，越神坛岭至玉岩，继越龙虎坳入龙泉境。均块石、卵石路面。

第二节　境内古道 路亭

古道

1954年，龙（游）南（山）公路松阳县境段设有停靠站24处，也即全县除西屏、古市及靖居口以外，通汽车的行政村仅24个，城乡交通仍赖民间道路。1958年，港（口）玉（岩）公路港口至大东坝段开通；1963年，遂昌经桂洋至玉岩公路开通，县境内通机动车的行政村逐渐增多。

至1990年，全县尚有129个行政村未能通行机动车，乡村交通仍多利用原有人行道路。时，全县有民间人行道路159条，总里程1076.50千米。

1990年以后，乡村道路建设进程加快，现存乡村民间道路的通行功能渐行消退，部分路面状况尚好的乡村卵石道路其旅游观赏功能渐趋显现。

松阳县境内尚能通行的民间道路108条，总里程约713.00千米。依循传统乡俗，民间道路所在乡村村民每年“白露”日前后，都自发开展养路护路，携柴刀、锄头、畚箕等，刈除路旁杂草，疏通路边水沟，填筑路面缺陷，以利通行。

2010年松阳县民间人行道路一览表

表9-2-2-1

通达乡镇	起讫村名	里程（千米）	途经村庄
西屏、板桥	西屏至桐榔	30	乌形山、葛山头、林村、活源水口、七里峦、东田、石鼓、龙湾、大坞蓬、楼底、靖居包、鲁峰、板桥下仓
西屏、三都	林村至淡竹	8	米缸坛、石里、泉址、坞山、山苍殿、苏华亭、淡竹
西屏、四都	源内至四都	10	十里沿背
西屏、三都	古里至后湾	9	杨家堂、后湾
西屏、三都	活源至里庄	5	武旺、后湾、下田、朱竹、里庄
望松	六都至砌坛	4	砌坛可通武义李村
望松、四都	半岭至陈家铺	5	半岭山、大种山
四都	上河至章田	5	凹后、柘坑、章田，可通武义廖过
四都、西屏	榔树至邵山	5	邵岭岗
四都、西屏	十里沿背至源内	5	留富岱
四都	下包至塘后	4	塘后可通武义东社、竹客、石牛山
四都、三都	上河至周山头	10	榔树、柘坑、章田
三都、象溪	水竹至鲁峰	10	尹源、黄花址、骑马岗、石坑
三都、象溪	后湾至东田	8	凉连、松庄、雅溪坑
三都、象溪	后湾至活源	2	武旺
三都	黄岭根至周山头	2	周山头，可通丽水赤圩、武义廖过
三都、四都	淡竹至榔树	10	鸡冠山
三都、象溪	松庄至金山头	5	程路后
斋坛、叶村	下垒至横坑	8	吊坛
斋坛、樟溪	上垒至谷山垄	10	银口头山、上旺山
斋坛、樟溪	上垒至球坑	10	小岭头
叶村、庄后	横坑至新处	5	南岭、坳后
叶村、庄后	横坑至官岭	5	石竹湾、庄后
叶村、竹源	南岱至黄庄	8	—

续表 9-2-2-1-1

通达乡镇	起讫村名	里程（千米）	途经村庄
西屏、大东坝	横山至港口	5	钓鱼岭
西屏、大东坝	清路至大东坝	15	砖坛、公地源、白峰、大东坝
西屏、大东坝	郑弄口至弓桥坑	6	—
西屏、大东坝	坑口塔至大东坝	10	石寺源、白峰
西屏、叶村	市口至松山	2.5	包安山
西屏、竹源	市口至呈田	3	树叶垄
西屏、大东坝	大岭头至上寮山	2	—
西屏、大东坝	大岭头至大东坝	5	赤圩、赤圩坑
竹源、大东坝	后畲至大东坝	3	—
竹源、叶村	大路下至包安山	10	—
竹源、玉岩	横岗至坳头	24	冷水坳、糖梨树圩、箬箕坞、虾夹岭
竹源、叶村	黄庄至岱头	6	—
古市、望松	山下阳至六都	1	—
古市、四都	源口至汤城	10	百步岭脚、午岭、汤城，可通武义竹客
樟溪、庄后	周弄口至南岭	9	黄田、球坑
樟溪、新兴	周弄口至上源口	4	马头山、新安寮、下源口、凤凰山脚
樟溪、庄后	杨岭脚至南岭	7	—
新兴、赤寿	上坞源至界首	1	—
谢村、庄后	大岭根至外石塘	15	李山头、塔岭
谢村、玉岩	平卿至交塘丁岱	20	北坑下、南坑口、南坑、淡竹
谢村、玉岩	谢西坑至道惠口	5	—
谢村	谢村至石洞	5	谢西坑、石洞，可通遂昌阴岱
谢村	大岭根至坳后	4	孟坑、坳后，可通遂昌黄坛源
谢村	大铺至任午岱	2	任午岱，可通遂昌麻洋
庄后、叶村	杭坑桥至斗米坳	8	竹垄、岗头、庄后、赤岩、斗米坳
庄后、樟溪	庄后至球坑	5	小南坑、小岭头
庄后、樟溪	南岭至西源	5	杨岭脚
庄后、玉岩	杭坑桥至大岭脚	12	竹囮、官岭
庄后、玉岩	杭坑桥至杭坑	10	—

续表 9-2-2-1-2

通达乡镇	起讫村名	里程（千米）	途经村庄
庄后、谢村	外石塘至塔岭	2.5	内石塘
庄后、象溪	石牌门至风门坳	3	高书
象溪、板桥	鲁峰至东坑	4	大毛科
象溪	金钟至风门坳	5	—
象溪、裕溪	靖居至仰天河	4	坑里、小步塘、黄岭头、仰天河，可通丽水碧湖
象溪、三都	牛铺至毛源	4	麻坛
板桥、裕溪	大毛科至黄岭头	4	树枝坳、坛头凸、半岭
板桥、象溪	板桥至村头	4	樟王殿坳、枫岭根、半岭
板桥、象溪	东坑至鲁西	4	塘里源
板桥	桐榔至楼山	1	楼山，可通丽水白岸口
板桥	板桥至黄碧垵	2	下黄碧垵，可通丽水佘庄
板桥	板桥至畎岸	3	上可通宣平，下可达丽水
板桥、裕溪	高山至仰天河	4	仰天河，可通丽水碧湖
板桥	高山至高山坳	1	高山坳，可通丽水横岚
板桥、裕溪	高山至黄岭头	7.5	毛大弄
象溪、裕溪	南坑源至木岱坑	5	陈落山口、岗子背、兰蓬、陈落山
象溪	南坑源至青源坳	5	白鹤殿脚、馒头山、中央坑、田铺、青源坳，可通云和金村
象溪、石仓	西山脚至蛤蟆落井	15	罗坑
象溪、大东坝	吕潭至百步栏	5	吕潭岭
裕溪	木岱坑至黄种坑	1	黄种坑，可通云和石水缸
裕溪	小槎至上牛塘	4	五里坟、上牛塘，可通丽水、石桥头、下要
裕溪	凤弄源至小黄岭头	5	大坑、小黄岭头，可通丽水张山
裕溪	裕溪至乌奴	3	乌奴，可通丽水杜林
大东坝	树桃至下茶排	7.5	天堂坑
大东坝	牛角圩至茶排	3	—
大东坝	内大阴至下宅街	10	香菇寮、上山头
大东坝	上茶排至界源坑	3	下包、界源坑，可通云和百花洞
大东坝	下宅街至上香菇寮	7.5	蔡宅、仓源头
大东坝	蔡宅至南岭	3	南岭，可通云和徐湖

续表 9-2-2-1-3

通达乡镇	起讫村名	里程（千米）	途经村庄
大东坝	潘山头至百步	5	—
大东坝、象溪	潘山头至罗坑	7.5	—
大东坝	后宅至鹅孵蛋	5	天鹅孵蛋，可通云和金村
大东坝	下茶排至梦山头	3	—
大东坝	天堂坑至树稍	7	山粉寮
大东坝	洋坑源至石头丘	5	石头丘，可通云和汉金坑
大东坝、安民	燕田至苏马坪	7.5	可通龙泉大苏
安民	大潘坑至大寮	2.5	大寮，可通龙泉双格夏安
安民	大潘坑至乌弄	7.5	乌弄，可通龙泉流地
安民、枫坪	安岱后至梨树下	10	—
安民、枫坪	安岱后至丁坑	7.5	—
安民、枫坪	李坑至枫坪	10	—
安民、玉岩	李坑至排居口	15	—
玉岩、枫坪	玉岩至枫坪	7	净水岭
玉岩、枫坪	乌岩至斗潭	7.5	吴树坞
玉岩	洋坑至大树后	5	周安
玉岩、新处	玉岩至杭坑桥	18	支木、西沿头、山甫、杭坑桥
玉岩、安民	玉岩至大潘坑	17	排居口、吴大山、李坑
玉岩	玉岩至潘山头	6	—
玉岩、庄后	大岭脚至新处	7.5	朱山、竹囮
玉岩、谢村	根坑至大岭根	20	丁岱、淡竹、南坑、南坑口、大岭里
玉岩	潘山头至周安	2.5	—
枫坪、安民	枫坪至安岱后	7.5	丁坑
枫坪	高亭至钱余	4	岩坑、坳头、珠坞、黄谷岱、高山岗、大根、钱余，可通遂昌安坑
枫坪	大根至宝钱源	4	宝钱源，可通遂昌根竹口
枫坪、玉岩	根下至玉岩	5	—

路亭

古道上有路亭，松阳人通常称“凉亭”。清乾隆《松阳县志》载，松阳县有亭22座。志载钓鱼亭、松树亭始建于明嘉靖年间。民国《松阳县志》载，全县有亭26座。1993年《松阳县交通志》载，全县有亭200座，尚属完好的149座。民国初，松阳县城有36个半社，逢社必有亭，乡村亦然。松阳有廊桥10多座，桥上建有桥亭。其中始建于清雍正年间的板桥村3座廊桥，皆有桥亭。

图 9-5 钓鱼岭古道上的如钓台遗址（吴钟锋 摄于2005年）

凉亭多民间人士捐建。有一人倡捐，众人合力捐建；有殷实富户一人独力捐建。捐助者除捐款建造凉亭外，拨有田亩归亭会所有，以田租收入供凉亭施茶及修缮所费。

凉亭多泥木结构，廊桥桥亭则为木结构。村镇街市的社亭多倚房屋临街而建；傍山而建的凉亭多三面泥墙，朝路一面敞开，靠墙面有长条木凳供行人歇脚。平原地区凉亭多跨道路而建，靠墙两面有长木凳供行人歇坐。

松阳县城近郊曾有凉亭多处。出朝天门往北2里许，有松树亭，内有善福寺，民间习惯称“松树墩亭”；过松阴溪往南5里许，有安宁亭，建筑精致，圆顶石拱门，门拱中镌“安宁亭”三字；涉松阴溪，上溯5里许，寺岭下村三济桥边有路亭；出城东约5里许乌形山村，有洞阳亭；东出光华门，约2里许有甘露堂亭；西北出凤臻门过望松岭，约5里许，有姥桥（即平济桥，今称马桥），桥屋为亭；出瑞阳门往东北约2里许，有孤魂亭，今称“古安亭”。洞阳亭、安宁亭、甘露堂亭皆有寺庙相连。县城近郊诸凉亭多废弃不用，历数十年风雨剥蚀，俱已失修废圮。

随着公路汽车运输发展，凉亭作为陆路人力运输重要设施的实用功能已逐渐淡出。而作为见证松阳交通发展的历史遗存，彰显出它的存史和旅游功能。

第三章　公　路

民国23年（1934），松阳至遂昌公路修成，为松阳县现代交通的开始。松遂公路全长31千米，其中松阳县境内长22.5千米。

随着社会的发展、科学技术的进步，尤其是21世纪后，松阳县的公路建设突飞猛进。公路等级逐年提高，高速公路贯穿全境，省道、县道、乡道实现路面硬化，“康庄工程”稳步推进。

第一节　高速公路

概况

斜贯境内的龙（游）丽（水）高速公路是浙江省高速公路网络工程的主要干线之一，是松阳县有史以来最大的基础建设工程。它横贯浙江西南部，是沟通丽水与衢州两市的干线公路。龙丽高速公路起于龙游吕塘角枢纽互通，与杭金衢高速公路相接，经龙游、遂昌、松阳，终于丽水市莲都区北埠枢纽互通，与丽（水）龙（泉）高速公路相接，全长119.8千米。松阳段起于松阳县与遂昌县交界处的界首村，止于松阳县与莲都区交界处的合溪村，途经赤寿、新兴、古市、樟溪、斋坛、叶村、西屏、象溪、裕溪9个乡镇，线路长52.78千米，项目总投资26.05亿元，共征用土地530.6246公顷，拆迁建筑物56163.09平方米。工程分改建段和新建段两部分，其中改建段长25.921千米，新建段长26.86千米。松阳县境内设互通收费站3处，服务区1处。

图9-6　龙丽高速公路松阳段（叶光铭 摄于2007年）

龙丽高速公路松阳段原规划实施一级公路。2003年11月，龙丽、丽龙一级公路改建段提升为高速公路。2005年3月，龙丽高速公路松阳改建段开工建设。松阳新建段于2005年7月开工建设。

龙丽高速公路松阳段于2006年12月27日通过竣工验收。

2010年7月，高速公路更名，该项目作为龙丽高速路段，合并杭新景高速（龙游支线），龙丽高速更名龙游—丽水—温州高速公路（简称龙丽温高速），为省级高速公路，编号为S33。

技术标准龙丽高速松阳段采用交通部颁发的《公路工程技术标准》（JTGB01—2003）中规定的双向四车道高速公路标准。

路况

新建段设计速度为 80 千米/小时，桥涵设计荷载等级为公路-I 级，路面标准轴载为 BZZ-100kN，路基设计洪水频率为百年一遇，大中小桥及其他结构物设计洪水频率为百年一遇，互通式立交连接线设计洪水频率为五十年一遇。采用整体式路基，路基宽度为 24.5 米，其中行车道宽度 2×7.5 米，中央分隔带 2.0 米，左侧路缘带 2×0.5 米，硬路肩 2×2.5 米，土路肩 2×0.75 米 ；桥梁（桥面净）宽度为 2×10.75 米，涵洞与路基同宽。

改建段设计速度为 80 千米/小时，桥涵设计荷载为汽车-超 20 级、挂车-120，路面标准轴载为双轮组单轴 100 千米，路基设计洪水频率百年一遇，大中小桥及其他结构物设计洪水频率为百年一遇，互通式立交连接线设计洪水频率为五十年一遇。整体式路基宽度为 23.0 米，其中行车道宽度 2×7.0 米，中央分隔带 1.5 米，左侧路缘带 2×0.5 米，硬路肩 2×2.5 米，土路肩 2×0.75 米；分离式路基宽度为 11.75 米。桥梁（桥面净）宽度为 2×10.5 米，涵洞与路基同宽。隧道均采用双洞单向行车双车道，单洞总宽 9.25 米，其中行车道 2×3.5 米，路缘带 2×0.5 米，侧向余宽 2×0.25 米，右侧检修道 0.75 米。

图 9-7 龙丽高速松阳段通车仪式（叶高兴 摄于 2006 年）

全线各收费站岗亭及西屏互通连接线采用水泥砼路面，其余采用沥青砼路面。

龙丽高速公路松阳新建段批复概算 11.075 亿元，调整后概算 11.668 亿元。设计桩号 K63+740～K90+600，主线长 26.86 千米，设古市、松阳 2 处互通收费站和 1 处服务区。有 4 座大桥计 2181 米、中桥 16 座计 910.5 米、小桥 42 座计 1031 米。工程路基土石方 645.45 万立方米，沥青砼路面 590.59 千平方米，水泥砼路面 6.12 千平方米。

龙丽高速公路松阳改建段批复概算 11.317 亿元，调整后概算 14.382 亿元。主线设计桩号 K84+224～K110+160，主线长 25.92 千米，设有象溪互通收费站 1 处；9 座大桥计（包括栈桥折合成全幅）1998.5 米/9 座，有中桥 353 米/7 座，小桥 85 米/4 座；设有东田长隧道 1 座长 1220 米，章坑岭、夹坑及靖居口等中隧道 3 座计长 1910 米，右幅青蒙短隧道 1 座 300 米，左幅青蒙明洞 1 座 102 米。路基土石方 681.612 万立方米，沥青砼路面 643.66 千平方米。

其他设施

沿线还设有通信、收费、监控、照明系统及标志标线、护栏、隔离栅、轮廓标、防眩板、突起路标、声屏障等交通安全设施和绿化环保系统。新建段设有报警电话 54 个，改建段设有 52 个。

2010年龙丽高速公路松阳段大桥、隧道、立体交叉、服务区设置情况表

表 9-3-1-1

序号	结构物名称	桩　号（施工桩号）	长度（米）	备注
1	徐郑大桥	K106+732～K107+008	277	9*30 米
2	古市互通	K109+970	1100	—
3	服务区	—	—	—
4	西屏互通	K121+855	1150	—
5	水南分离桥	K125+008～k125+473	465	23*20
6	西屏大桥	K125+720～k126+705	985	13*20+16*35+8*20 米
7	过境分离桥	K127+082～k127+532	454	7*20 米
8	青蒙隧道	K128+872～K129+172（右）	300	—
		K129+027～K129+129（左）	102	明洞
9	章坑岭隧道	K129+219～K130+025（右）	806	—
		K129+303.5～K129+742.5（左）	439	—
10	夹坑隧道	K130+708.5～K131+421.5（右）	713	—
		K130+832.5～K131+435.5（左）	603	—
11	东田隧道	K131+481.5～K132+728.5（右）	1247	—
		K131+495.5～K132+688.5（左）	1247	—
12	石马铺大桥	K136+779～k137+209（右）	430	1*20+10*40 米
		K136+801～k137+211（左）	410	10*40 米
13	K137+450 大桥	K137+450	124.04	6*20 米
14	象溪互通	K140+342	810	主线上跨
15	象溪互通 A 匝道	AK0+164	285	14*20 米
16	K141+521 栈桥	K141+521（左）	284.04	14*20 米
17	靖居口隧道	K141+707.8～K142+371.8（右）	664	—
		K141+742～K142+337（左）	595	—
18	K142+679 大桥	K142+679（左）	396.04	19*20 米
19	小槎大桥	K144+937～k145+137	203	9*20 米
20	柴头 1 号大桥	K149+905～k150+164	259	11*20 米
21	柴头 2 号大桥	K150+306～k150+782	476	5*20+9*40 米
22	K108+266 栈桥	K151+621～k151+851	230	11*20 米
23	K110+000 栈桥	K153+408～k153+532	124	—
24	古市大桥	FK1+236	225	—
25	寺岭下大桥	FK2+917	272	—

第二节 省道公路

至2010年，松阳县境内有省道公路2条，县境内总里程69.538千米，其中S222龙丽线57.468千米、S220上松线12.07千米。

龙丽线

龙丽线，龙游至丽水公路，编号S222（原称50省道）。原称碧（湖）龙（游）路，又称龙（游）南（山）线。民国35年（1946），改为国道，由南山延伸至温洲，编列为206永（嘉）龙（游）线。1949年后，复称龙南线。1982年7月，编为619省道龙南线。1990年5月，改编为S250，简称50省道龙丽线。2001年，全国公路普查改编为S222。习惯称“50省道龙丽线”。

龙丽线原起点为龙游老汽车站，经遂昌县境，由界首入松阳县境，至堰头（1963年划归丽水县）出县境，过碧湖轮渡与丽（水）浦（福建浦城）线K20+380处相接，全长144.46千米，松阳县境内主线长58千米。第一期为遂昌至松阳段，于民国22年（1933）12月25日动工，次年8月19日竣工。县境内长22.5千米。第二期为碧湖至松阳段，于民国24年12月开工，次年10月4日完成。县境内长37.5千米。民国28年9月，全线单车道通车。次年5月，拓宽为双车道通车。此为松阳最早一条过境干线公路。原松遂公路太保殿至南门码头称“南门支线”。

图9-8 龙丽公路上方一界首段水泥路面(县档案馆提供 1995年)

嗣后十余年中，公路屡遭战乱破坏和洪水毁损，行车受阻。1951年3月，省交通厅公路局将龙南线修复列为重点工程项目。4月1日，恢复通车。松阳县境内段为四级公路技术标准，全线砂石路面。

1980年，对境内K78+000～K106+000路段按照部颁二级公路技术标准进行拓宽改建。1982年11月，对西屏镇过境路段（K98+300～K100+300）进行路面改造，首次浇筑水泥砼路面。至1990年末，西屏至古市上方段水泥砼路面14千米、西屏至青蒙沥青路面（表处）4.87千米改造完成。

1991年11月，龙丽公路改建工程开工。此次改建工程是龙丽公路修成后松阳县境段规模最大的一次改建，最多时有42个施工队1000余人投入施工。1993年11月5日，改建工程通过丽水地区交通局组织的竣工验收。1994年7月1日，界首至上方段水泥砼路面改造工程开工。1995年11月26日竣工。至此，龙丽线松阳县境段告别砂石路面，全部达到高级、次高级标准。

1997年7月13日，龙丽线K75+900上方桥0号桥台被洪水冲毁，交通中断。15日，由50多名民工和20名武警官兵组成联合抢险队，搭拼战备钢桥，同日5时，公路恢复通车。水毁导致龙丽线交通中断60小时。是年10月，上方桥改建工程开工。工程在松阳县建桥史上第一次采用钻孔灌注桩基础和预应力空心板梁桥结构，1998年4月30日竣工，投资276万元。

1998年，为解决城镇路段公路街道化问题，决定筹建“四自”工程西屏至古市过境公路。12月，被浙江省人民政府列为重点工程建设项目。1999年7月开工。工程起点赤寿（三里亭），终点原松阳造纸厂门口，全长20.81千米。2001年7月，通过竣工验收。

过境公路工程由松阳县国有资产管理局、丽水市东方农业发展公司、丽水市水电发展有限公司共同出资，组建松阳龙丽公路经营有限责任公司，负责项目的建设、经营和管理。2003年，过境公路经营权由松阳县政府收购。

为确保干线公路畅通，对龙丽线实行大修。第一期沥青路面大修工程于2002年7月开工，11月竣工。第二期沥青路面大修工程于2003年8月开工，10月竣工。

图9-9　龙丽线路面整治工程（叶光铭 摄于2006年）

根据省交通厅“畅通工程”建设的要求，龙丽线（松阳段）畅通工程于2004年9月开工，路面改造总长度为20.3千米，工程于2005年10月竣工，总投资2676万元。2006年7月，实施龙丽线（松阳境）路面整治工程开工，路面整治计划长17.95千米，工程于2007年12月竣工。

进入21世纪，松阳县经济快速发展，而龙丽公路松阳段道路等级较低，已不能适应经济社会发展和交通量增长的需要。松阳县政府决定对50省道三里亭至雅溪口段进行改建。S222（原50省道）松阳三里亭至雅溪口段改建工程主线长26.5千米（其中拓宽段20.6千米，新建段5.9千米）。主线起点为50省道赤寿西北的三里亭，路线沿老路拓宽，拓宽路段经赤寿、古市、望松至西屏青蒙止，然后走新线跨松阴溪，至横山村东北与江南公路连接，跨黄坑源，至钓鱼岭脚建隧道穿钓鱼岭，经港口与原线路拓宽相接，终点为雅溪口王田铺村。同步建设50省道至江南公路连接线，长约2.4千米。批复概算总投资5.8627亿元，建设工期为30个月。主线按一级公路技术标准设计，设计速度80千米/小时，路线长26.5千米，整体式路基宽24.5米(赤寿村路段保持原路基宽度24米不变,工业园区段加宽至28米),分离式路基宽12.25米。其中大桥7座1240米，中小桥12座470米，涵洞171道，隧道1座1005米。同步建设50省道至江南公路连接线长2.4千米，按二级公路技术标准设计，设计速度60千米/小时，路基宽40米，其中大桥1座185米，涵洞7道。项目拆迁安置政策处理工作涉及沿线赤寿、古市、樟溪、望松、西屏、大东坝、象溪7个乡镇的40多个行政村，征地面积约46.9公顷，安置用地约1.2公顷。

2010年12月27日，工程开工。

上松线

上松线，武义至松阳公路，编号S220（原称44省道）。原称615省道，1990年改编为S244，简称44省道上松线。2001年，全国公路普查改编为S220。起点为武义县上茭道，与330国道相接，经武义县城、柳城镇（原宣平县城），跨越海拔800米的寨头岭至松阳，与龙丽线相接，全长98.05千米，松阳境内原长 21.72 千米，四级公路技术标准。

民国 18 年（1929），松阳至武义公路列入浙江省公路线网计划，称为武宣松路，全程 110 千米。历经 50 年，由于战事影响及县置撤并等因素，公路建设未能付诸实施。1978 年，组织人员重新测设，是年 10 月开工；1984 年 9 月竣工，称松（阳）武（义）公路。松阳至金华的里程比原经龙游缩短 49 千米。然越岭段公路坡陡、路窄、弯多且急，存在严重的安全隐患。遇恶劣天气，车辆通行时有受阻。

图 9-10　松武公路寨头段（叶祖青 摄于 1984 年）

1996 年，松阳县启动上松线改建工程。建设里程全长 12.07 千米。项目控制工程寨头岭隧道工程开工。隧道宽度净 9+2×0.5，净高 5.0 米，长 2343 米。1999 年 11 月完工；2000 年 12 月通过竣工验收。上松线松阳段里程由改造前的 21.72 千米缩短至 12.07 千米，降低高差 283 米，减少弯道 200 多处，全线达到二级公路技术标准。

由于 K82+200～K83+700 地段连续陡坡，2009 年，上松线避险车道工程项目列入省年度计划，成为丽水市第一条省道公路避险车道。是年 5 月开工，10 月完工。避险车道总长 85 米，宽 5.0 米，制动车道长度 70 米，坡度 13%，坡床路面为 110 厘米厚 4 厘米砾石+10 厘米厚砂砾垫层。

2007 年，上松线松阳境内路段被评为浙江省“文明公路”。2008 年通过复评。

2010 年，S220 上松线总长 86.35 千米，松阳县境段长 12.07 千米，其中寨头岭隧道长 2343 米，达到二级山岭重丘技术标准，其中起点 K75+880～K83+700 为沥青砼路面，路面宽 7.0 米，K83+700～K87+950 为水泥砼路面，路面宽 9.0 米。

第三节　县乡道公路

县道公路

松阳县县道公路建设始于 1956 年。至 2010 年末，全县境内有县道公路 18 条，共计里程 236.48 千米，其中连接县境外 4 条。

港口至排居口公路　简称港排线，原称港玉线，起于龙丽线 K94+850（港口），过港口大桥沿小港经西山、大东坝、蛤湖、弓桥、五部、排居口至玉岩镇，全长 50.98 千米，达到部颁四级公路技术标准。1988 年 3 月，编入丽水地区松阳第一条县道。2001 年，全国公路普查改为港排线，起点不变，终点与玉（岩）黄（砝口）线 K4+780 相接于排居口村，全线长 46.77 千米。

港排公路分三期建成，先后历时 30 年。第一期工程 1956 年 8 月开工，先建成港口至西山段，长 4.7 千米。1958 年，续建西山至大东坝段，长 7.6 千米。港口至大东坝段全长 12.3 千米，设港口人力汽车渡口 1 处，西山建过水路面。共投资 24.6 万元，其中国家补助 16.6 万元。

1958年10月，松（阳）遂（昌）并县，工程搁置。

第二期工程大东坝至弓桥段，1972年开工，1974年12月，工程通过竣工验收，全长15.58千米，1975年1月1日通车。

第三期工程弓桥至排居口段17.3千米。1982年复置松阳县后，1984年4月动工，其中弓桥至坳头段由交通局负责施工，坳头至排居口段由县林业局负责施工。1985年5月竣工验收。港排线全线贯通。

港排线的贯通使松阳县城西屏镇到玉岩的公路里程和原经遂昌沿玉黄线行驶相比，缩短50.81千米。

1978年，港口大桥建成，人力汽车渡撤销。

1991年10月，西山大桥工程开工。1992年12月，工程竣工。1992年和1993年，丽水地区公路管理处分别对弓桥坑岭和百步岭地段危险地段进行改建。

1994年，港玉公路实施改建，港口至大东坝段12.3千米按三级公路山岭重丘技术标准进行改建，路基宽8.5米，路面宽7.0米。工程分二期完成，第一期为港口至汶水口段路基拓宽改造，1994年5月动工，至1995年7月完工。第二期为狮子山隧道工程和大东坝镇段改道工程，1994年11月开工，1996年隧道贯通。狮子山隧道是松阳县第一条县道公路隧道，长132米，宽7+2×0.75米，由松阳交通设计所设计，云和交通工程有限公司施工，1997年末完成路面沥青表处。汶水口至大东坝公路成为乡道公路。

2000年，港排线大东坝至五部段路面改造。2002年，港排线五部至玉岩段路面改造。2005年，对牛角圩至大东坝段计4千米进行路面大修。2010年，对港口至牛角圩段6.3千米沥青路面进行大修。

附：龙（龙泉安福）松（松阳大东坝）公路

2007年6月，松阳县成立龙松公路改建工程指挥部。第一期港排线老路基实施拓宽改造工程于2008年4月开工。工程起点为弓桥，经大樟源口、蛤湖、二滩坝、树稍，终点白峰桥头。设计速度60千米/小时， 2010年9月工程完工。2011年1月，省重点工程龙松公路（松阳段）一期工程通过交工验收。

龙松公路建成，港大公路成为S220上松线的延伸线。

石塘至汶水口公路　云和县石塘至松阳县大东坝汶水口公路简称石汶线，路线起点与53省道丽（水）浦（城）线K35+850相接。2006年，配合龙丽高速公路建设，起点稍作调整连接桩号改为K38+350，经过石塘、金村、下宅街至汶水口与港排线K10+870相连接。

石汶公路原称汶下公路，即汶水口至下宅街。1957年，由当地群众集资投工建成手车路，1958年改建为公路。受松阳县制撤并影响，改建工程至1973年5月1日始得竣工。汶下公路全长5.12千米，泥结碎石路面，路基宽4.5～6.5米，路面宽2.5～3米，工程投资5.12万元。1987年，松阳县决定将汶下公路延伸至云和县金村，下宅街至云和县金村公路全长15千米，松阳境内11.69千米。按四级公路山岭重丘技术标准执行，路基宽6.5米，路面宽3.5米，结构为泥结碎石路面。1988年，下金公路建设工程开工。1991年，列入浙江省第一批世界银行贷款项目。1993年3月竣工，投资 386.8 万元。2005 年，进行路面改造，全线改为沥青砼路面，路面宽 5.0 米；全线临崖临水、高边坡地段设置护栏墩。2009 年，全线实施安保工程，安装钢质护栏。

2001 年，全国公路普查定为石汶线，里程全长 36.59 千米，松阳县境内长 17.04 千米。2006 年，浙江省农村公路通达情况调查，石汶线里程全长为 39.23 千米，松阳县境内长 17.64 千米。

外堰至靖居口公路 缙云县外堰至松阳县靖居口公路简称外靖线，路线起点缙云县外堰，松阳县境内经过板桥、靖居包、靖居口，与 50 省道龙丽线 K107+700 相接。公路分三期兴建。第一期为靖居口至靖居包段，长 5.40 千米，1961 年 11 月开工，1962 年 2 月完工，1964 年 5 月正式通车。第二期为靖居包至板桥段，长 8.8 千米，1971 年 12 月中旬动工，1972 年 11 月建成。第三期板桥至丽水县外桥段长 4.35 千米，1986 年 9 月开工，是年 12 月底竣工。至此，松阳、丽水两县间第二条通道贯通。公路路基宽 6.5 米，路面宽 4.5 米，泥结碎石路面，达到四级公路山岭重丘技术标准，简称外靖线。

1988 年，对外靖公路靖居包至岭头段（K5+400～K10+400）路基进行拓宽改建。1989 年 3 月竣工。2005 年，对全线进行路面改造，路面结构为 20 厘米厚水泥稳定碎石基层，4 厘米厚沥青砼路面，路面宽度 5.0 米，越岭陡坡地段和靖居包村过境段为水泥砼路面。2009 年，全线实施安保工程，安装钢质护栏和钢筋砼连续防撞护墙。

2001 年，全国公路普查改称外靖线，路线代码为 X702，里程全长 90.36 千米，松阳县境内长 18.67 千米。2006 年，浙江省农村公路通达情况调查，里程全长 88.834 千米，松阳县境内长 18.863 千米。

玉岩至黄硄口公路 玉岩至遂昌县黄硄口公路，简称玉黄线，起点为松阳玉岩镇，经排居口、枫坪、斗潭、高亭、黄峰洞，至遂昌县黄硄口与 51 省道遂龙线 K45+900 相接。1985 年 5 月前，玉黄公路为松阳县城乘汽车抵玉岩的唯一通道。公路按林区公路乙类三级标准测设施工。第一期高亭至黄硄口段为越岭线，1963 年开工，长 15.42 千米，原松阳县境内 7.25 千米；第二期为高亭至枫坪长 10.5 千米；第三期为枫坪至玉岩段长 11 千米，第二三期为沿溪线，路基宽 4.5 米，路面宽 3.5 米，泥结碎石路面。1963 年 12 月竣工。1964 年元旦全线通车，公路称玉黄线。1985 年，将排居口至玉岩的 6 千米划入港玉线，改称黄排线。

历经沙改油工程、路面硬化工程、农村公路大中修工程，全线达到四级公路山岭重丘技术标准，路面宽度 5.0 米，为高等级路面。2009 年，全线实施安保工程，安装钢质护栏。

2001 年，全国公路普查为玉黄线，里程全长为 39 千米，松阳县境内为 29 千米。2006 年，浙江省农村公路通达情况调查，线路里程全长 39.03 千米，松阳县境内长 29.70 千米。

古市至大岭根公路 公路起点位于古市汽车站，与原 50 省道老龙丽公路相接，经筏铺、潘连、横溪、泉庄、上源口、内孟、大畈，至谢村乡政府所在地大岭根村，全长 15.96 千米，按四级公路技术标准设计，初为乡道公路，简称古谢线。

全线分二期完成。第一期古市至横溪段长 4.1 千米，1971 年末开工，1974 年竣工。第二期横溪至大岭根段长 11.86 千米，1975 年 5 月动工，1978 年 11 月竣工。总造价 32.8 万元。

2003年，对全线进行路面砂改油。2008年，对潘连至横溪段路面浇筑水泥砼路面。2010年，全线实施安保工程，安装钢质护栏。

2001年，全国公路普查时升为县道公路，简称古大线，里程为15.85千米。2006年，浙江省农村公路通达情况调查，里程为16.67千米。

弓桥至大潘坑公路 弓桥至大潘坑公路起点为港排线K27+480弓桥，经石角、苏马坪、曹竹，至安民乡政府所在地大潘坑村。原从港口至安民大潘坑，称港安线，港口至弓桥改为县道港玉公路后，易名为弓大线。第一期为弓桥至苏马坪段4.42千米，1972年动工，1974年竣工。第二期，苏马坪至大潘坑长10.16千米，1974年4月动工，1975年10月竣工。2001年路面改造，为沥青表处，路面宽度5米。2002年，因安民电站建设需要，K10+500～K14+500地段路基重新改道，原沿溪线改为越岭线，在双坑口与原公路相接。2007年，对沿库区路段增设钢护栏，确保行车安全。

2001年，全国公路普查，称为弓大线，里程全长15.07千米。2006年，浙江省农村公路通达情况调查，里程全长为16.67千米。

西屏至大石公路 西屏至大石公路是松阳县的重要县道公路，纵贯松阴溪南岸6个乡镇，又称江南公路。起点为县城北太保殿古青线K12+000处，跨独山大桥，过叶村、斋坛、樟溪、新兴等4个乡，终点为新兴乡大石村，连接50省道龙丽线，称西大线。原线路利用老龙南公路南门支线，跨南门大桥至瓦窑头，长2千米。独山大桥建成后南门支线改称环城西路，线路改为过独山大桥接原瓦东线（瓦窑头至东坞水库公路，为东坞水库专用道）。1997年，对独山至叶村段进行拓宽改建。1998年，进行路面沥青表处。

1999年，规划为“江南公路”。一期工程起点叶村原乡政府所在地K3+000，终点樟溪乡大徐村东，与筏（铺）周（弄口）线相接，全长8.22千米，2000年1月开工建设，为泥结碎石路面。2002年4月完工。2004年，对江南一期改建段进行路面改造，为沥青砼路面，宽7.0米。二期工程于2005年7月开工。接江南一期终点，经包村、金村、溪下、雁泉啤酒厂，于横溪村跨松阴溪新兴大桥与50省道龙丽线K69+450相接，全长5.55千米，按二级公路平原微丘标准设计与建设。2006年12月完工。

原勘定线路横溪至大石段尚属村道公路。江南公路三期及斋坛连接线工程原设计全长12.74千米，其中江南公路三期起点接江南公路一期K13+600（叶村村头）至龙丽高速公路出松阳入口环形岛，经水南、横山，终点接改建后的50省道龙丽线K89+145，全长9.63千米，路基宽12米。斋坛连接线起点接50省道龙丽线K79+900，与古青公路相交，跨松阴溪石门圩大桥，过斋坛村至终点接江南公路K11+100处，路线全长3.10千米，路基宽15米。

斋坛连接线工程于2008年2月正式开工。2010年10月建成通车。2010年3月，江南公路三期原定二级公路设计改为一级公路，与相衔接的环城南路配套；因50省道龙丽线改建工程线路走向改为青蒙建大桥跨松阴溪至横山，建隧道至港口，路基由12米改为34米，水南至高速公路西屏大桥段长762米按城市道路标准增设路灯，2010年6月复工，2011年12月建成通车。

2006年，浙江省农村公路通达情况调查，调整为西大线，里程全长18.94千米。

葫芦井至蜂桶岩公路　葫芦井至蜂桶岩公路起点为（港排线）K18+460处，全长11.64千米，原为松阳高岭土矿专用道路，简称葫蜂线。1984年12月初，按部颁四级公路技术标准进行测设。采用边测量边施工的方法，分组分段进行，经费分组包干使用。全线路基宽4.5～6.5米，路面宽为3.5～4米，泥结碎石路面，全线于1986年1月竣工。2005年，进行路面改造，为沥青砼路面，路面宽5米，采用全幅施工方式。

2003年，葫芦井大桥被确认四类危桥，桥两头设限载标志。2006年，对危桥进行局部改造，清除病害隐患，仍能正常使用。2009年，实施安保工程，全线安装钢质护栏，提高矿山车辆运输安全。

2001年，全国公路普查定为县道葫蜂线，里程全长11.64千米。2006年，浙江省农村公路通达情况调查，全线里程为12.79千米。

西屏至延庆寺塔公路　西屏至延庆寺塔公路简称为西延线，是西屏镇通往延庆寺塔景区的主要干道。延庆寺塔建于北宋咸平初年（999～1002），属全国重点文物保护单位。公路起点位于西大线K1+100处，全长2.7千米。1986年10月，按部颁四级公路技术标准设计。1986年12月动工，1987年4月通车。路基宽6.5米，路面宽3.5米，泥结碎石路面。1999年进行路面改造，为水泥砼路面，宽5米。2005年，对白露岭段进行拓宽改建。2008年，对白露岭至龙丽高速公路西屏连接线（大马公路）段进行拓宽改建。水泥砼路面，路面宽16米。

2001年，全国公路普查为西延线，里程为2.76千米。2006年，浙江省农村公路通达情况调查，全线里程为2.74千米。

附：西屏至叶村公路改建工程

西屏至叶村公路改建工程于2010年12月26日开工。路线起点位于西大公路府前街路口，沿白露岭与龙丽高速西屏连接线相交，经塔寺下村北与原西延公路相接，过小叶村，建桥跨松阴溪至叶村，与瓦东公路相交后至叶村，与江南公路三期工程相接，路线全长约4.2千米，批复概算总投资5097.49万元。项目正在建设中。

邵山至寨下坑公路　邵山至寨下坑公路原来为44省道上松线老线路，1998年寨头岭隧道建成通车，该路段降为县道。起点为上松线K80+225处，经下包、庄河、平田，终点为上松线K77+630处，简称邵寨线。2004年，进行路面改造，采取沥青表处。由于公路地处高山，冰冻严重，沥青表处后未能达到预期效果。2007年，再次进行路面改造，改为水泥砼路面，路面宽5米。

2001年，全国公路普查为县道邵寨线，路线代码为X708，里程为12.00千米。2006年，浙江省农村公路通达调查，里程为12.17千米。

古市至青蒙公路　古市至青蒙公路，系原50省道龙丽线路段，古市至青蒙段过境公路建成后降为县道公路，简称古青线，路线代码X709，起点为古市（松阳二中），终点为古青线与过境公路汇合处原松阳造纸厂，全长18.66千米，水泥砼路面，路面宽度9米。

由于城市建设发展，古青线县城城西路口至古青线终点（原松阳造纸厂门口）段长4838米已为县城道路。2008年改称长虹路，环城西路口至太平坊路口环形岛为长虹中路，太平坊路口至古青线终点段为长虹东路。

三里亭至庄山公路　三里亭至遂昌县庄山公路，系50省道龙丽线遂昌与松阳交界地段一级公路改道后留存的原路段，简称三庄线，原为水泥砼路面，路面宽度为9.0米，路线代码X713，全长6.16千米，松阳县境内长度4.43千米。2005年，龙丽线（松阳段）路面畅通工程实施时，松阳境内段改为沥青砼路面。

乡道公路

松阳县乡道公路建设始于1958年，由手车道改建而成。2001年公路普查，全县共有乡道公路16条，总计95.452千米。

马桥至乌井公路　简称马乌线，公路原起点马桥即老龙南公路K96+750处，经草塔至望松乡政府驻地乌井村，全长1.62千米。因大办钢铁急需运送木炭，1958年8月初动工，限期1个月修通，突击25天完工通车，造价0.83万元，为泥结碎石路面，等外公路。

1996年，起点至大塔头段进行拓宽改造，路基宽18.5米，路面为水泥砼路面，宽14米。2006年，大塔头至乌井段改为水泥砼路面，宽6米。

2001年，全国公路普查为马乌线，接古青线K10+500处，路线代码Y715，里程为1.6千米。2006年，浙江省农村公路通达情况调查全长为1.39千米。

西屏至三都里庄公路　简称西里线，公路原起点为原龙南公路K99+900处，终点为三都乡政府驻地里庄村，全长15.58千米，简称松三线。工程分两期完成。第一期西屏至坳头亭段长6.2千米，1958年8月1日动工，10月14日，先通车至丁旺山；10天后通车至坳头亭；1971年，延伸至泉址。第二期为坳头亭至里庄段，长8.28千米，1975年1月19日开工，全线均为手车道基础上改建而成，泥结碎石路面，路基宽6.0米，路面宽3.5米。是年11月5日竣工。

随着城市建设发展，K0+000～K0+420已成县城街道，称育英路。2002年，对K0+000～K15+813地段路面进行沥青表处改造，路面宽度5米，越岭纵坡较大地段采用沥青碎石类型结构。

2001年，全国公路普查更名为西里线，路线代码为Y701，全长为15.58千米。2006年，浙江省农村公路通达情况调查，全长为15.81千米。

毛弄至煤矿公路　简称毛煤线，起点为50省道龙丽线K109+250处，至毛弄原松阳煤矿矿区，全长2.9千米，为等外公路，其中1.4千米为专业养护，系矿区专用道，称毛弄支线。1959年动工，路基宽5.5米，路面宽4.5米，为泥结碎石路面。1964年竣工。2006年，改造为水泥砼路面，路面宽3.5米。

2001年，全国公路普查为毛煤线，属乡道，路线代码为Y714，全长为1.4千米。2006年，浙江省农村公路通达情况调查，全长为1.47千米。

泉址至三都煤矿公路　简称泉三线，公路起点为西里线K7+216处，终点为碗寮原三都煤矿，称煤矿线，全长6.12千米。1971年8月动工，路基宽4.5米，路面宽3.5米，泥结碎石路面。1972年3月完工，年末通车。2006年，进行路面改造，为水泥混凝土路面，宽3.5米。

2001年，全国公路普查为泉三线，路线代码为Y702，全长6.1千米。2006年，浙江省农村公路通达情况调查，全长6.22千米。

王村至斋坛公路 简称王斋线，公路起点为老龙南线K95+770处王村，过石门圩大桥至斋坛乡政府驻地斋坛村，全长3.18千米。

分两期测设施工。第一期石门圩大桥，1972年10月开工，1974年6月完工。第二期道路修筑，1974年8月测设，10月开工；至1976年4月竣工。

1997年至1998年，望松乡政府对大桥东岸辖区路段进行路基拓宽改建，改建后路基宽10米。1999年，进行路面改造，沥青表处，宽7米。2004年，斋坛桥建成，王斋公路与江南公路实现连接。

石门圩大桥原设计为汽-10、挂50，双曲拱桥。2001年，公路普查时定为四类危桥，限载通行。2007年列入危桥改造计划。在原桥上游500米处重新选址建设石门圩大桥。工程于2007年末开工，2010年末通车。

2001年，全国公路普查为王斋线，全长3.18千米。2006年，浙江省农村公路通达情况调查，全长为3.27千米。

2010年12月，新石门圩大桥建成通车，王村至斋坛公路改为石角至斋坛公路（即斋坛连接线），为县道公路，全长2.79千米，二级公路。原王斋公路，王村至石门圩仍为乡道公路，全长1.36千米，为四级公路。

黄坛至根坑公路 简称黄根线，公路起点玉岩镇黄坛村，与玉黄线3K+139处相连接，经何庄至根杭村（原交塘乡政府驻地），1973年10月开工。全长2.78千米。路基宽6.5米，路面4.0米，泥结碎石路面。1974年4月竣工，5月1日通车。

2001年，全国公路普查为黄根线，全长2.78千米。2005年，黄根公路列入县康庄工程建设项目，浇筑水泥砼路面，宽3.5米，线路延至交塘。

2006年，浙江省农村公路通达情况调查，全长为5.19千米。

筱铺至周弄口公路 简称筱周线，公路起点为古市镇筱铺，接古大线K0+985处，经高岸至樟溪乡政府驻地周弄口村，1973年4月工程开工。全长3.42千米，泥结碎石路面。由机耕路改建而成，称筱樟线。1974年12月竣工。1998年，改建后路基宽10米。1999年，进行沥青表处路面改造，改造后路面宽7米。2006年，路面改造为水泥砼路面，路面宽5.0米。

2001年，全国公路普查为筱周线，全长3.4千米。2006年，浙江省农村公路通达情况调查，全长3.43千米。

瓦窑头至水南公路 简称瓦水线，公路起点瓦窑头村，至水南乡政府驻地水南村，全长740米，称瓦水线。1976年动工，路基宽4.5米，路面宽3.0米，泥结碎石路面。1977年12月竣工；1979年6月26日验收，7月1日正式通车。

1999年，对公路进行改造，改造后路基宽6.0米，水泥砼路面宽5.0米。

2001年，全国公路普查为瓦水线，起点为瓦小线K0+430处，全长1.1千米。2006年，浙江省农村公路通达情况调查，全长为1.0千米。

瓦窑头至小竹溪公路 简称瓦小线，公路起点为县城西北太保殿接原龙南公路，跨南门大桥，经大竹溪至竹源乡政府驻地小竹溪，称西小线，全长11.39千米，其中利用原龙南公路南门支线2

千米，新建9.39千米。1978年11月开工，按四级公路标准设计。1979年6月竣工验收。

1990年，独山大桥建成，西小线改为瓦小线，起点为独山大桥南端。1998年，进行路基拓宽改造。改造后瓦窑头至大竹溪段路基宽10米，路面宽7米。1999年，对路面进行沥青表处。2006年，路面改造为水泥砼路面，宽度为3.5～7米。2009年，实施安保工程，安装钢质护栏，成为松阳县第一条有柔性安全防护设施的乡道公路。

2001年，全国公路普查为瓦小线，全长9.39千米。2006年，浙江省农村公路通达情况调查全长为10.21千米。

潘连至杭坑桥公路　简称潘杭线。公路起点古市镇潘连桥头，经贤溪、下源口、西源、外石塘、新处，至终点杭坑桥。在原有手车道上改建，路基宽6.5米，路面宽4米，泥结碎石路面。全长10.8千米，四级公路技术标准。1981年9月2日开工，1982年12月竣工。至此，全县乡乡通公路。2006年，路面改造为水泥砼路面，路面宽为5米。

2001年，全国公路普查为潘杭线，全长10.8千米。2006年，浙江省农村公路通达情况调查，全长为10.87千米。

外大阴至内大阴公路　简称外内线，起点大东坝镇外大阴村港排线17K+430处，至内大阴村，全长5.62千米。1985年4月开工，泥结碎石路面，路基宽4.5米，路面宽3.5米，按部颁四级公路技术标准。由两村组成公路建设委员会，县林业局公路开发公司测设施工，工程投资23.4万元，群众自筹23万元，国家补助0.4万元。是年12月竣工。2006年，对公路进行路面改造，全线改为水泥砼路面，宽3.5米。

2001年，全国公路普查为外内线，全长5.62千米。2006年，浙江省农村公路通达情况调查全长为6.09千米。

双坑口至安岱后公路　简称双安线。公路起点位于弓大线14K+578处安民乡政府驻地外的双坑口村，终点为安岱后村，全长9.97千米。1985年9月开工。路基宽6.5米，路面宽4米，泥结碎石路面，四级公路技术标准。1986年8月竣工，10月1日通车。

2005年4月，对双安线的路基局部地段改善和全线路面硬化。6月底，路面工程全部结束。修复后路面宽5米，路面结构为泥灰结稳定基层，沥青砼面层。

2001年，全国公路普查为双安线，全长为9.97千米。2006年，浙江省农村公路通达情况调查，全长为10.99千米。

下马坑至李坑公路　简称下李线，1984年，全体村民自筹资金26.96万元，用于公路建设。公路起点安民乡下马坑，接弓大线13K+770处，终点为李坑村，全长4.5千米。1986年4月开工，路基宽4.5米，路面宽3.5米，泥结碎石路面，部颁四级公路技术标准。1986年12月竣工，1987年1月1日通车。

2001年3月，进行路基整修，路面沥青表处，过村地段浇筑水泥砼路面，路面宽5米。2007年，对临水临崖地段增设护栏墩。

2001年，全国公路普查为下李线，全长4.5千米。2006年，浙江省农村公路通达情况调查，全长 4.52 千米。

大竹溪至潘村公路　简称苗圃公路，公路起点西屏镇大竹溪村，与瓦小线 5K+870 相连接，终点为潘村，全长 1.08 千米。1987 年 9 月开工，四级公路技术标准，路基宽 6.5 米，路面 3.0 米，泥结碎石路面。是年 10 月完工。为松阳公路段潘村苗圃专用公路。

2005 年末，水南环片公路建设完成后并入环片公路。路面结构为水泥砼路面，宽 6 米。

2006 年，浙江省农村公路通达情况调查列入乡道，全长 1.06 千米。

真武桥至坳下公路　简称真坳线，原称高吉线，为枫坪乡高亭至小吉公路，由枫坪乡组织高吉公路建设委员会，发动当地群众集资 79.49 万元，县政府补助 5 万元建成。全长 11.54 千米，1986 年 3 月，第一期真武桥至凉亭坳段开工，全长 7.7 千米，1987 年 2 月竣工，12 月 5 日正式通车。1988 年 3 月，第二期凉亭坳至小吉村段开工，全长 3.84 千米，次年 11 月竣工，四级公路技术标准。

2006 年，进行路面硬化，为水泥砼路面。真武桥至凉亭坳段路面宽 5 米，凉亭坳至小吉段路面宽 3.5 米。

2001 年，全国公路普查为真坳线，起点位于玉黄线 21K+832 处，过南胜至坳下村，全长 7.7 千米。2006 年，浙江省农村公路通达情况调查，终点由坳下延至小吉村，线路全长为 12.79 千米。

汶水口至大东坝公路　简称汶大线，汶水口至大东坝公路为县道港排线原穿越大东坝镇集镇地段。1997 年 12 月，狮子山隧道修成，港排线不再穿越大东坝镇街道，改道后原路段为乡道，起点为县道石汶线 K36+300，终点位于港排线 12K+210 处，简称汶大线，全长 1.17 千米。2007 年，实施水泥砼路面改造，宽 5 米。

2006 年，浙江省农村公路通达情况调查，全长为 1.14 千米。

第四节　专用公路

松阳县专用公路建设始于 1959 年，当时为建设毛弄煤矿，配套建设毛弄煤矿公路，为煤矿运输专用。至 1990 年，有厂矿、仓库、林场、水库等专用道路，共计 11 条，总里程 31.81 千米。

1990 年松阳县专用公路情况表

表 9-3-4-1

公路名称	里程（千米）	建设年月		造价（万元）		用途
		开工日期	竣工日期	合计	国家补助	
毛弄煤矿公路	2.9	1959	1964	7.5	5	毛弄煤矿专用
枫坪煤矿公路	0.37	1970.11	1970.12	4	4	枫坪煤矿专用
上（方）梧（桐）源公路	4.6	1959	1963	7.5	6	梧桐源水库专用

续表 9-3-4-1

公路名称	里程（千米）	建设年月		造价（万元）		用途
		开工日期	竣工日期	合计	国家补助	
瓦（窑头）东（坞）公路	8.22	1972.12	1974.05	12	4	东坞水库专用
谢村源水库公路	4.8	1988.04	1989.06	51	51	谢村源水库专用
六都源水库公路	3.7	1971	1972	2	0.5	六都源水库专用
古（市）湖（溪）公路	4.71	1959	1960	—	—	湖溪林场专用
大（竹溪）潘（村）公路	1.08	1987.09	1987.10	4.5	4.5	潘村苗圃专用
马（桥）灰（弄）公路	0.53	1985.11	1987.03	1.34	1.34	物资仓库专用
粮库公路	0.50	1980	1984	—	—	粮食仓库专用
白露岭和平山公路	0.40	1983.09	1984.04	—	—	木材厂专用

随着社会经济的发展和交通网络的不断完善，原有的专用公路有的被提升为乡道，有的并入联网公路，有的列入城市道路，还有的已废弃不用。至2010年，全县公路普查中统计的专用公路尚有4条，共计15.06千米。

松阳县境内主要风景点（区）都有公路通达。1999年5月，建西屏至延庆寺塔公路。2005年、2008年两次改建，全长2.74千米，工程投资60万元，为松阳县首条旅游专用公路，编入县道公路序列。

2010年松阳县省、县、乡道及专用公路总里程一览表

表 9-3-4-2

序号	路线代码	行政等级	路线简称	技术等级		起点桩号	终点桩号	里程（千米）	路面结构			桥梁（米/座）
									水泥砼（千米）	沥青砼（千米）	沥青表处（千米）	
1	S220	省道	上松线	二级	12.07	75.88	87.95	12.07	4.25	7.82	—	110.4/6
2	S222	省道	龙丽线	一级	4.362	63.7	121.168	57.468	23.2	34.268	—	992.6/29
	—	—	龙丽线	二级	53.106	—	—	—	—	—	—	—
3	X301	县道	石塘-汶水口	四级	17.644	21.582	39.226	17.644	-	17.644	—	30/1
4	X502	县道	外堰—靖居口	四级	18.863	70.738	89.601	18.863	4.054	14.809	—	54.3/3
5	X701	县道	港口—排居口	二级	9.25	0	46.793	46.793	1.2	45.571	—	531.3/15
	—	—	—	三级	11.869	—	—	—	—	—	—	—
	—	—	—	四级	25.647	—	—	—	—	—	—	—

续表 9-3-4-2-1

序号	路线代码	行政等级	路线简称	技术等级		起点桩号	终点桩号	里程（千米）	路面结构			桥梁（米/座）
									水泥砼（千米）	沥青砼（千米）	沥青表处（千米）	
6	X702	县道	古市—大岭根	四级	16.671	0	16.671	16.671	1	15.671	—	400.8/4
7	X703	县道	葫芦井—峰桶岩	四级	12.786	0	12.786	12.786	—	12.768	—	60/1
8	X704	县道	弓桥—大潘坑	四级	16.686	0	16.686	16.686	—	—	16.686	98.5/4
9	X705	县道	西屏—延庆寺塔	四级	2.742	0	2.742	2.742	2.742	—	—	17/1
10	X706	县道	西屏—大石	二级	7.714	0	18.94	18.94	4	14.94	—	771/8
	—	—	—	三级	8.026	—	—	—	—	—	—	—
	—	—	—	四级	3.2	—	—	—	—	—	—	—
11	x707	县道	玉岩—黄砝口	四级	29.697	0	29.697	29.697	12	17.697	—	176.8/11
12	X708	县道	邵山—寨下坑	四级	12.167	0	12.167	12.167	12.167	—	—	26/2
13	X709	县道	松阳二中—青蒙	二级	18.664	0	18.664	18.664	18.664	—	—	146.9/8
14	X710	县道	上五木—古市收费站	二级	2.922	0	2.922	2.922	—	2.922	—	245/2
15	X711	县道	马桥—西屏收费站	二级	4.95	0	4.95	4.95	4.95	—	—	362/5
16	X712	县道	象溪—象溪收费站	二级	0.168	0	0.168	0.168	—	0.168	—	—
17	X713	县道	三里亭—庄山	二级	4.429	0	4.429	4.429	4.429	—	—	—
18	x714	县道	大东坝—弓桥	二级	4.364	0	4.364	4.364	—	4.364	—	—
19	x715	县道	官田—横山	二级	5.208	0	5.208	5.208	—	5.208	—	182/2
20	x716	县道	石角—斋坛	二级	2.786	0.31	3.096	2.786	—	2.786	—	320/3
21	Y701	乡道	西屏—里庄	四级	15.813	0	15.813	15.813	—	—	15.813	49.4/4
22	Y702	乡道	泉址—三都煤矿	四级	6.215	0	6.215	6.215	6.215	—	—	—
23	Y703	乡道	瓦窑头—小竹溪	四级	10.214	0	10.214	10.214	—	—	10.214	10/1
24	Y704	乡道	外大阴—内大阴	四级	6.097	0	6.097	6.097	6.097	—	—	33.8/2
25	Y705	乡道	双坑口—安岱后	四级	10.985	0	10.985	10.985	—	10.985	—	54.8/4
26	Y706	乡道	下马坑—李坑	四级	4.515	0	4.515	4.515	—	—	4.515	46.9/2
27	Y707	乡道	黄坛—根坑	四级	5.193	0	5.193	5.193	5.193	—	—	32.9/2
28	Y708	乡道	真武桥—坳下	四级	12.789	0	12.789	12.789	12.789	—	—	—
29	Y709	乡道	王村—斋坛	四级	1.36	0	1.36	1.36	—	—	1.36	299/3

续表 9-3-4-2-2

序号	路线代码	行政等级	路线简称	技术等级		起点桩号	终点桩号	里程（千米）	路面结构			桥梁（米/座）
									水泥砼（千米）	沥青砼（千米）	沥青表处（千米）	
30	Y710	乡道	潘连—杭坑桥	四级	10.869	0	10.869	10.869	10.869	—	—	—
31	Y711	乡道	筏铺—周弄口	四级	3.432	0	3.432	3.432	3.432	—	—	—
32	Y712	乡道	瓦窑头—水南	四级	1.003	0	1.003	1.003	1.003	—	—	—
33	Y713	乡道	汶水口—大东坝	四级	1.138	0	1.138	1.138	1.138	—	—	—
34	Y714	乡道	毛弄—煤矿	四级	1.466	0	1.466	1.466	1.466	—	—	—
35	Y715	乡道	马桥—乌井	四级	1.39	0	1.39	1.39	1.39	—	—	—
36	Y716	乡道	大竹溪—潘村	四级	1.059	0	1.059	1.059	1.059	—	—	—
37	Z701	专用道	古市—湖溪	四级	3.662	0	3.662	3.662	3.662	—	—	30/1
38	Z702	专用道	叶村—东坞水库	四级	3.011	0	3.011	3.011	3.011	—	—	—
39	Z703	专用道	上方—梧桐源水库	四级	4.667	0	4.667	4.667	4.667	—	—	24/1
40	Z704	专用道	和仁桥—六都水库	四级	3.72	0	3.72	3.72	3.72	—	—	22/1
合计								414.616	—			

说明：省道 69.538 千米、县道 236.48 千米、乡道 93.538 千米、专用道 15.06；总里程 414.616 千米

第五节　通村公路

通村公路建设又称“康庄工程建设”，经历“手车道—机耕路—简易公路—通村公路”的发展过程。2010 年，全县有村道公路 831.10 千米。

手车道

松阳县通村公路建设可上溯至 20 世纪 30 年代末。民国 26～28 年（1937～1939），遵照浙江省政府“增辟手车道”的战时交通战略，民国松阳县政府先后征集民工修筑古市至安溪（今新兴乡）、瓦窑头至大竹溪等手车道。

1949 年 10 月后，松阳县人民政府为发展农村和山区经济，发动群众掀起修路热潮，各乡镇普遍开始新建或修复手车道。至 20 世纪 70 年代，全县平原地区基本形成手车道网络，手拉车运输逐渐取代肩挑背驮。

机耕路

1968 年，松阳境内始有手扶拖拉机。1982 年，全县有拖拉机 738 台。拖拉机田间作业之余，大

量参与道路运输。为适应拖拉机田间作业及道路运输的需要，各公社、生产大队（乡镇、行政村）自发开展机耕路（或称拖拉机路）建设。原有手车道被拓宽改造成机耕路，许多机耕路与县道、乡道公路相衔接。几经改造，机耕路已具乡村公路雏形。至1990年，全县有机耕路132条，总里程304千米，全县未能通拖拉机的行政村129个。

至1994年，全县乡村群众自发筹集资金1078.39万元，用于机耕路、民间桥梁的修筑。全县机耕路总里程437.01千米。

简易公路

随着农用运输车在松阳农村逐步取代手扶拖拉机，成为道路运输的主要工具，原有的乡村机耕路已不适应道路运输的要求，松阳县交通部门按简易公路技术标准改造农村机耕路，编制完成《1997～2000年简易公路建设计划》。1997年，县交通部门完成测设简易公路13条159千米，在建简易公路36条215千米，总投资1700万元；建成或基本建成28条152千米，完成工程投资1376.4万元。1998年，因资金筹集、政策处理方面出现困难，简易公路建设一度受阻。为保证建设计划的实施，完成修通20个行政村100千米简易公路的建设任务，成立松阳县简易公路建设办公室，县政府与14个部门、乡镇签订协议，限期完成简易公路建设任务。至1998年末，全县完成通20个行政村103.4千米的简易公路建设任务。

图9-11 通村简易公路（叶光铭 摄于2009年）

1997～2001年松阳县简易公路建设情况表

表9-3-5-1

年份	竣工里程（千米）	通村数（个）	工程投资（万元）
1997	152	23	1372.4
1998	103.4	20	—
1999	109	18	—
2000	153	23	1828
2001	58	11	—

2001年，全县开展第一次公路普查。时，全县有村道公路203.56千米，其中等级公路19.67千米、等外公路183.89千米；全县401个行政村，有340个行政村通公路，通村率84.8%，其中通等级公路131个、占32.7%，尚未通公路行政村61个、占15.2%。

康庄公路

2003年12月7日，松阳县乡村康庄工程建设领导小组成立，领导小组下设办公室（简称“康庄办”）。县康庄办负责全县通行政村公路工程项目的审查、审批，编制工程建设计划，工程实施过程中重大业务及技术指导、工程质量督查、施工验收、财务管理（补助资金管理）等工作。各乡镇政府作为康庄工程的业主单位，成立康庄工程建设领导小组，以保证康庄工程在本乡镇顺利实施。12 月 8 日，印发《松阳县乡村康庄工程建设实施意见》（简称《实施意见》）。《实施意见》规定松阳县所有通村公路路基最窄不得少于 4.5 米，路面不得少于 3.5 米（设置错车道段的的路基不得少于 6 米，有效长度不得少于 20 米）；所有通村公路最大纵坡不得超过 10%，所有通村公路平曲线最小半径不得小于 10 米。2010 年，松阳县平原地区通村公路路面宽 4.5～5 米，达准四级公路标准。

图 9-12　康庄路（县交通局提供 2007 年）

康庄工程建设资金由国债资金、省补助资金、地方配套资金三部分组成。康庄工程实施以后，县康庄办每年年初编制当年康庄工程建设计划，用以指导全县各乡镇康庄工程建设。2006 年，制发乡村康庄工程结合“下山脱贫、整村搬迁”新村公路基础设施建设项目具体实施意见。到 2010 年末，全县共有 8 个行政村和 5 个少数民族自然村享受这一政策，实行整体搬迁。2007 年，省交通厅对距等级公路 500 米范围内行政村给予优惠政策，推出“零距离”建设项目。松阳县共有 81 个行政村实施“零距离”项目，共计建设里程 43.2 千米。

农村公路联网

配合康庄工程建设，2007 年，松阳县交通部门着手修订编制松阳县农村公路联网规划，规划期限为 2008～2015 年。2008 年，开展联网公路工程试点工作，确定望松乡麻阳塔—吴弄—古市镇山下阳—庄门联网公路为平原项目；新处乡山甫—玉岩镇西沿头联网公路为山区项目。

2008～2010 年，松阳县农村公路联网建设累计完成总里程 70.90 千米，总投资 3500 多万元。

至 2010 年末，全县累计建设通村等级（准四级）公路 877.6 千米，农村联网公路 35.4 千米。通过康庄工程和县乡道砂改油工程的实施，新增通等级公路行政村 270 个（含下山脱贫行政村），实现等级公路通村率和硬化率双百目标。全县农村基本实现“路成网、车到村”。

2010 年松阳县通村公路一览表

表 9-3-5-2

所在乡镇	序号	公路名称	里程（千米）	工程造价（万元）	竣工年份	通达硬化行政村
西屏镇	1	水南环片路	9	447	2004	南山、清路、桥头、岩西、潘村
	2	西里线—源内	2.2	99	2004	大路口、源内
	3	过境公路—竹客口	1.3	45.5	2005	竹客口
	4	上松线—邵山脚	1.1	38.5	2005	邵山脚
	5	水南环片公路—青龙、水南、郑弄口	1.5	17.5	2005	青龙、水南、郑弄口

续表 9-3-5-2-1

所在乡镇	序号	公路名称	里程（千米）	工程造价（万元）	竣工年份	通达硬化行政村
西屏镇	6	水南环片路—岩下	2	70.0	2005	岩下
	7	西小线—东岗寮	0.7	24.5	2005	东岗寮
	8	水南—程徐	2.1	73.5	2006	程徐
	9	程徐—横山	3.0	105.0	2006	横山
	10	西里线—桐溪	5.4	189.0	2006	官溪、桐溪
	11	过境公路—东坑	1.3	45.5	2006	东坑
	12	上松线—丁山头	3.3	115.5	2006	丁山头
	13	铺门—西垄	2.3	80.5	2006	铺门、西垄
	14	过境公路—项桥下	4.1	184.5	2007	项桥下
	15	横山—踏埠头	1.1	49.5	2007	踏埠头
	16	马桥—上连头	2.8	126.0	2007	上连头
	17	西小线—安乐山	1.2	54.0	2007	安乐山
	18	古青线—乌形山	2.1	115.5	2008	乌形山
	19	龙丽线—活源	7.4	338.5	2009	活源
	20	桐溪—周垄	4.5	135.0	2010	周垄
古市镇	21	古湖线—白角外、塘头	1	40	2004	白角外、塘头
	22	湖溪—源口	0.5	20	2004	源口
	23	古市—庄门	3.1	126	2004	庄门
	24	黄埠头—山下阳	3	117	2004	下社、山下阳
	25	岗下—下黄圩	1.1	38.5	2005	下黄圩
	26	龙丽线—上五木	1.9	66.5	2005	上五木
	27	上五木—黄圩	3	105.0	2005	黄圩
	28	岗下—谢树寮	2.3	80.5	2006	谢村寮
	29	古湖线—刘边	1.3	45.5	2006	刘边
	30	古市—东角垄	3.1	139.5	2007	东角垄
	31	龙丽线—城头	1.5	82.5	2008	城头
玉岩镇	32	根坑—交塘	3.3	126.0	2005	交塘
	33	玉岩—谢村	30.0	825.0	2007	洋坑、程岭根、烧火坑、新岗、道惠口
	34	程路—程源头	2.5	112.5	2007	程源头
	35	道惠口—程路	3.1	139.5	2007	程路

续表 9-3-5-2-2

所在乡镇	序号	公路名称	里程（千米）	工程造价（万元）	竣工年份	通达硬化行政村
玉岩镇	36	道惠口—道惠	2.5	112.5	2007	道惠
	37	周安口—周安	4.1	184.5	2007	周安
	38	周安—潘山头	5.6	252.0	2007	潘山头
	39	溪口—大丘下	7.8	429.0	2008	大丘下
	40	谢玉线—梨步坑	3.1	129.0	2008	梨步坑
	41	玉黄线—沙丘	2.4	132.0	2008	沙丘
	42	玉岩—乌岩	4.8	264	2008	乌岩
	43	玉岩—支木	5.1	280.5	2008	支木
	44	交塘—大树后	7.2	318.6	2009	大树后
	45	黄根线—何庄	3.1	161.2	2009	何庄
	46	余叶口—何山头	11.4	478.8	2009	余叶、何山头
	47	交塘—白麻山	3.3	138.6	2009	白麻山
	48	山甫—西沿头	3.6	145.2	2009	西沿头
	49	南坑—周坑	15.6	951.6	2010	周坑
	50	玉乌线—吴山头	4.1	256.5	2010	吴山头
象溪镇	51	龙丽线—南坑源	7.3	328.5	2004	南坑口、南坑源
	52	龙丽线—石马源	1.9	86	2004	石马源
	53	黄店—塘里源	9.5	332.5	2006	鲁西、村头、坑里、塘里源
	54	金钟—大塔	5.3	212.0	2006	大塔
	55	外靖线—上梅	1.7	59.5	2006	上梅
	56	雅溪口—潘弄	1.7	59.5	2006	潘弄
	57	白坑—陈家里	1.3	58.5	2007	陈家里
	58	陈家里—下寮儿	3.0	135.0	2007	下寮儿
	59	象溪—高岭	1.0	45.0	2007	高岭
	60	象溪—下坑源	2.0	90.0	2007	下坑源
	61	应上—吕潭	2.0	90.0	2007	吕潭
	62	靖板线—石牌门	2.8	154.0	2008	石牌门
	63	龙丽线—南州	1.6	92.0	2008	南州
	64	龙丽线—塔背	1.2	66.0	2008	塔背
	65	龙丽线—象溪二村	1.5	82.5	2008	象溪二村

续表 9-3-5-2-3

所在乡镇	序号	公路名称	里程（千米）	工程造价（万元）	竣工年份	通达硬化行政村
象溪镇	66	雅石线—吴村	1.0	55.0	2008	吴村
	67	雅溪口—程路后	8.7	478.5	2008	东田、石鼓、龙湾、程路后
	68	龙湾—金山头	3.5	138.0	2009	金山头
	69	外靖线—小佛儿	3.2	184.2	2009	小佛儿
大东坝镇	70	石纹线—蔡宅、后宅	1.9	38	2004	蔡宅、后宅
	71	石汶线—山头	4.4	198	2004	山头
	72	大岭头—上寮山	4.7	188.0	2006	上寮山
	73	港玉线—牛角圩	2.4	36.0	2006	牛角圩
	74	港玉线—小后畲	6.6	264.0	2008	小后畲
	75	小后畲—燕田	2.3	92.0	2008	燕田
	76	蔡宅—梨树岗	1.9	85.5	2007	梨树岗
	77	大岭头—赤圩	3.5	157.5	2008	赤圩
	78	葫芦井—横樟	2.6	104.0	2007	横樟
	79	港排线—白峰	1	55.0	2008	白峰
	80	洋坑埠头—明源	11.4	614.8	2010	明源
斋坛乡	81	斋坛—大路、花田坌	4.5	202.5	2004	大路、花田坌
	82	斋坛—东圩蓬	1.0	35.0	2005	东圩蓬
	83	斋坛—小石	1.9	66.5	2005	小石
	84	王斋线—石门圩	3.1	108.5	2006	石门圩
	85	东关—桐楼	2.0	70.0	2006	桐楼
	86	王斋线—金梁	1.4	49.0	2006	金梁
	87	斋坛—东关	2.1	73.5	2006	东关
	88	江南公路—壛头	1.0	45.0	2007	壛头
	89	江南公路—桐村	0.7	31.5	2007	桐村
	90	寺口塔—下坌	6.5	290.5	2008	下坌
	91	下坌—上坌	4.6	195.0	2008	上坌
	92	花田坌—吊坛	10.2	581.4	2010	吊坛
望松乡	93	过境公路—麻阳塔	2.8	126.0	2004	西河、麻阳塔
	94	过境公路—山头背	1	45.0	2004	山头背
	95	过境公路—乌石下	2.3	104.0	2004	五都阳、乌石下

续表 9-3-5-2-4

所在乡镇	序号	公路名称	里程（千米）	工程造价（万元）	竣工年份	通达硬化行政村
望松乡	96	上松线—榔阳	1.5	52.5	2005	榔阳
	97	乌井—仪桥	2.6	91.0	2005	仪桥
	98	仪桥—郑家	1.0	35.0	2005	郑家
	99	过境公路—草塔	1.5	52.5	2006	草塔
	100	乌井—吴弄	4.8	168.0	2006	岗后、山仁下、吴弄
	101	乌井—翁村	2.0	70.0	2006	翁村
	102	郑家—六都	1.1	38.5	2006	六都
	103	古青线—石门	1.6	88.0	2008	石门
	104	古青线—王村	0.9	49.5	2008	王村
叶村乡	105	叶村—叶家	1.3	58.5	2004	叶家
	106	瓦东线—包安山	1.7	85	2004	包安山
	107	叶村—寺山	1.5	28.0	2005	寺山
	108	叶村—松山	1.7	59.5	2005	松山
	109	东坞源口-东坞	0.6	21.0	2006	东坞
	110	东坞—膳垄	4.9	171.5	2006	膳垄
	111	膳垄—斗米坳	4.7	133.0	2006	斗米坳
	112	斗米坳—南岱	3.4	131.0	2006	南岱
	113	南岱—岱头	6.2	248.0	2007	岱头
	114	江南公路—官田	1.4	63.0	2007	官田
	115	江南公路—寺岭下	1.2	54.0	2007	寺岭下
	116	延庆寺塔—黄公渡	2.0	90.0	2007	黄公渡
	117	膳垄—横坑	6.3	283.5	2008	横坑
竹源乡	118	尧桥—周岭根	10.5	210	2004	可重旺、潘坑、燕庄、黄下、周岭根
	119	创古基—后畲	10.1	404	2004	大岭头、后畲
	120	尧桥—横岗	3.2	122.5	2006	横岗
	121	尧桥—呈田	3.3	148.5	2007	呈田
	122	黄下—黄上	1.1	85.5	2009	黄上
四都乡	123	河垒—西坑	1.2	38.5	2005	西坑
	124	平田—塘后	4.0	140.0	2005	塘后
	125	邵寨线—庄河	0.6	21.0	2005	庄河
	126	寨头岙—陈家铺	1.7	59.5	2006	陈家铺

续表 9-3-5-2-5

所在乡镇	序号	公路名称	里程（千米）	工程造价（万元）	竣工年份	通达硬化行政村
四都乡	127	上河—榔树	2.5	112.5	2007	榔树
	128	上松线—汤城	3.2	193.8	2009	汤城
	129	汤城坑口—午岭	5.6	336.3	2009	午岭
三都乡	130	里庄—上源	12.8	294	2004	水竹、上源
	131	酉田—尹源	12.5	502	2005	后湾、松庄、毛源、尹源
	132	岙头亭—杨家堂	2	70.0	2005	杨家堂
	133	三都煤矿—淡竹	4	160.0	2007	岭上、淡竹
	134	半岭—上田	3.9	175.5	2007	上田
	135	麻田—黄岭根	2.7	148.5	2008	黄岭根
	136	上源—周山头	8.8	396.0	2008	周山头
	137	西里线—上庄	1.4	77.0	2008	上庄
	138	西里线—下田	1.6	88.0	2008	下田
	139	西里线—紫草	3.9	214.5	2008	紫草
	140	紫草—呈回	7.9	434.5	2008	呈回
新兴乡	141	横溪—大石	4.4	245	2004	杨村头、后周包、大石
	142	徐郑—外孟	1.8	81	2004	徐郑、进贤、外孟
	143	古大线—内孟	1.0	35.0	2005	内孟
	144	古大线—后刘	1.0	35.0	2006	后刘
	145	横溪—贤溪	3.5	125.5	2006	贤溪
赤寿乡	146	赤岸—大川	6.8	340	2004	红连、朝阳、半古月、墙里、龙下、大川
	147	黄坑口—黄山头	7.5	309	2005	黄山头
	148	龙丽公路—界首	1.6	56.0	2005	界首
	149	赤岸—楼塘	4.2	147.0	2006	楼塘
	150	东角垄—卯山后	3.7	129.5	2006	卯山后
	151	庄门—黄坑口	4.2	147.0	2006	黄坑口
	152	半古月—梧桐口	3.7	166.5	2007	梧桐口
	153	龙丽公路—狮子口	2.0	90.0	2007	狮子口
	154	龙丽线—择子山	1.6	68.4	2009	择子山
樟溪乡	155	江南公路—岗头尼	0.8	36	2004	岗头尼
	156	樟村—谷山垄	1.0	35	2004	谷山垄
	157	筏铺—富兴	6.3	220.5	2005	力溪、富兴

续表 9-3-5-2-6

所在乡镇	序号	公路名称	里程（千米）	工程造价（万元）	竣工年份	通达硬化行政村
樟溪乡	158	大徐—兴村	2.0	80.0	2006	兴村
	159	筏樟公路—高岸	1.4	49.0	2006	高岸
	160	筏樟公路—上徐山	2.0	70.0	2006	上徐山
	161	筏樟公路—溪下	2.7	94.5	2006	溪下
	162	江南公路—馒头山	2.7	92.0	2006	馒头山
	163	六节桥—杨岭脚	2.8	98.0	2006	杨岭脚
	164	兴村—下马坑	2.3	80.5	2006	下马坑
	165	江南公路—东市	1.8	81.0	2007	东市
	166	江南公路—樟村	1.3	58.5	2007	樟村
	167	陆家—兰家	1.0	45.0	2007	兰家
	168	六节桥—球坑	4.8	190.5	2008	球坑
新处乡	169	杭坑桥—官岭	6.6	217.8	2005	竹圈、官岭
	170	杭官线—庄后	6.3	220.5	2006	庄后
	171	杭坑桥—东北头	1.3	64.0	2006	东北头
	172	潘杭线—外石塘	1.9	85.5	2007	外石塘
	173	竹圈—张山头、朱山	8.3	375.5	2007	张山头、朱山
	174	六节桥—小南坑	1.1	49.5	2008	小南坑
	175	杨岭脚—小岭头	8.7	391.5	2008	小岭头
	176	庄后—赤岩	2.5	108.5	2008	赤岩
	177	杭坑桥—山甫	6.8	253.8	2009	山甫
谢村乡	178	大岭根—谢西坑	10.6	418	2004	大岭里、谢西坑
	179	谢玉线—李山头	1.3	42.9	2005	李山头
	180	南坑口—南坑	1.7	59.5	2006	南坑
	181	谢西坑—大铺	5.3	185.5	2006	上仓、大铺
	182	大畈—塔岭	7.5	419.7	2007	塔岭
	183	谢玉线—谢村	3.7	166.5	2007	谢村
	184	大岭根—平卿	8	427.5	2009	孟坑、平卿
枫坪乡	185	柴头桥—洋庄源	3.6	126.0	2005	洋庄源
	186	斗潭—根下	4.7	164.5	2005	根下
	187	枫坪—丁坑	3.4	119.0	2005	丁坑
	188	枫坪—黄埠坞	2.0	90.0	2007	黄埠坞

续表 9-3-5-2-7

所在乡镇	序号	公路名称	里程（千米）	工程造价（万元）	竣工年份	通达硬化行政村
枫坪乡	189	李坑—梨树下	15.8	790.0	2007	梨树下
	190	根下—金竹	2.9	159.5	2008	金竹
	191	根下—钱余	11.0	605	2008	钱余
	192	枫坪—沿坑岭头	4.9	273.5	2009	沿坑岭头
	193	玉黄线—高寮	4.9	211.3	2009	高寮
	194	直坑源—龙虎坳	3.5	163.6	2009	龙虎坳
板桥乡	195	板桥—高山	9.6	444	2004	东坑、高山
	196	板桥—金村	1.2	73.5	2004	金村
	197	外靖线—后塘	2.7	108	2006	后塘
	198	外靖线—潘八	2.4	84	2006	潘八
	199	外靖线—大毛科	3.3	181.5	2008	大毛科
	200	万岭脚—张山	9.6	547.2	2010	张山
裕溪乡	201	叶西后—潘山	5.3	185.5	2005	潘山
	202	赤路圩—凤弄源	4.5	154.5	2006	凤弄源
	203	叶西后—黄岭头	6.2	217.0	2006	黄岭头
	204	龙丽线—源底	2.4	108.0	2007	合溪、源底
	205	龙丽公路—章山	4.1	184.5	2007	章山
	206	龙丽公路—内陈	6.3	283.5	2007	小槎、内陈、木岱坑
	207	裕溪—叶西后	4.2	205.0	2007	叶西后
	208	龙丽线—徐山	4.0	220.0	2008	徐山
安民乡	209	乌弄口—乌弄	2.8	126	2004	乌弄
	210	台坑口—台坑	3.5	140	2005	台坑
	211	鹞岩口—大横坑	4	140	2006	大横坑
合计			807.5	34554.2		

第六节　桥梁隧道

民间桥梁

松阳民间桥梁众多，明成化二十一年《处州府志·松阳县志》载，松阳县有桥21座。清乾隆三十四年《松阳县志》载，有桥41座。民国《松阳县志》载，全县有桥梁160座。1990年，全县有民间桥梁567座，其中，1949年以后新建的247座。2010年，全县有民间桥梁606座，建于1949年前的有76座，其中廊桥24座，1990年以后新建的有530座。

民间桥梁类型丰富，依其构筑材质，可分为木桥、石桥、钢筋水泥桥等；依其建筑结构，有碇步桥、石梁桥、石拱桥、石拱廊屋桥、石墩木梁廊屋桥、铁索桥等。其中，位于县城东阁街东端的杉溪桥（又名散溪桥）建于元延祐六年（1319），是尚存最古老的民间古桥梁。建于明正德年间（1506～1521）的玉岩普济桥，是保存最好的古廊桥，为省级文物保护单位。

昔时，松阴溪、小港河床宽阔，交通往来赖于分节木板桥，每节桥长丈余，节与节间以索链扣结，遇水涨桥折，水退后方便架设，界首、赤寿、古市、石门圩、叶村、西屏等地的排柱式木桥长度都在一二百米。随着社会的发展，境内此类木桥已无存，均被安全牢固的永久性水泥桥所替代。

山村田畴间，遇沟壑较宽，行人难以跨越，则以原木拼扎或以石条搁枕沟壑两边，以利通行，为最简易的桥，此类桥多不胜数，乃随处可见。溪流窄水浅，则河床间置整齐的石块或石磴，供人跨步过河，称碇步桥，山区或旅游景区仍可见。

廊桥集实用性、艺术性、观赏性为一体，有石拱廊屋桥、石墩平梁廊屋桥等，大多坐落在山区村庄的水口路上，具有避雨、纳凉、休闲、交易之功能，有的廊屋明间设神龛，供奉观音、关羽、平水大王神像，保一方平安。山区溪流稍宽处有构筑八字桥，保存至今的有裕溪乡凤弄源村的八仙桥等。石梁桥是以石柱、石梁、石桥构建而成，有位于县城东门的杉溪桥、望松乡五都阳的利济桥等。石拱桥用天然石料作为主要建筑材料，形式优美，结构坚固，村庄水口或民间道路跨越溪流处，多筑石拱桥，位于叶村乡寺岭下村的三济桥全长70.80米，宽4.2米，是邑内最长的石拱桥。

铺桥砌路，造福行人，松阳民间向被视为善举。昔时民间桥梁有一人倡捐多人乐捐建成，亦有殷实富户一人独力捐资建成的，旧志赞为“独力、合力建筑石桥者，恒贵千万金不惜”。

图9-13　普济桥（周兆金 摄于2006年）

普济桥　位于玉岩镇玉岩村口。桥名含“普济众生”之意。为古时松阳通龙泉、庆元之要道。明正德年间（1506～1521）由玉岩村叶姓人筹资建。

普济桥横跨玉溪，东西走向。系二孔石墩平梁廊屋桥，造型端正，风格古朴。全长27米，宽7

米。东、西两端桥台和桥墩用条石垒砌，中部船形桥墩的迎水面呈锐角形分水雁翅，桥台和桥墩上用五层原木纵横交叠伸臂承桥梁，桥面木板铺设。桥上覆廊屋七间，中间通道，走廊两旁置木凳供行人小憩。廊屋抬梁式结构，明间楼阁式重檐歇山顶，四边形藻井以“卍”字形斗拱承托天花，层层出跳，构造复杂，完整地保留明代建筑原貌。2005 年，被公布为省级文物保护单位。

板桥廊屋桥 位于板桥畲族乡板桥村。有上、中、下 3 座木结构平梁廊屋桥，并列横跨于周川，分别建于清康熙至乾隆年间（1662～1795）。村中民房分布在周川两岸，故以“板桥”取村名。

图 9-14 板桥廊屋桥（周兆金 摄于 2006 年）

廊桥南北走向，各相距 30 米左右。廊桥建筑结构基本相同，两端桥台块石砌筑，上架 9 根大原木作梁，桥面木板铺设。桥上建宽敞的廊屋 3 间，抬梁穿斗混合结构，梁枋上雕花草图案，并书有建桥和历次修葺的纪年，屋面两坡硬山顶。上桥长 9 米，桥宽 8.1 米，清道光五年（1825）重建。中桥长 6.6 米，宽 5.3 米。下桥长 7.7 米，宽 8 米，1952 年毁于洪水，1955 年重修。中桥明间设神龛，供奉三官。廊屋中间是往来通道，廊柱间设“回”字形廊凳，临水两侧置坐凳美人靠，供行人休息纳凉和娱乐，具有独特的地域风格。2003 年，被公布为县级文物保护单位。

南山桥 位于水南乡南山村，始建于元代，民国 25 年（1936）重建。该桥是通往白云山、八仙坛等胜景的必经之地，系二孔木结构平梁式廊屋桥。东西走向，全长 18.9 米，宽 4.7 米，桥上建廊屋 6 间，可供行人休息、纳凉，桥两侧设护廊板。廊桥上下游植古樟、百年桂花、松树等近 10 棵，环境优美。2003 年，被列为县文物保护点。

仁安桥 位于玉岩镇周安村口，建于清康熙年间（1662～1722）。为单孔木梁式廊屋桥，东西走向，桥长 15 米，宽 5 米，孔跨 11 米。两端桥台块石垒砌，木梁 9 根，桥面木板铺设，桥上覆廊屋 5 间，廊屋硬山顶，明间重檐歇山顶。面阔 5 间，明间南首设神龛，供奉观音，桥两侧设护廊板。2003 年，被列为县文物保护点。

红军桥 原名善继桥，位于安民乡安岱后村口，建于清光绪年间（1875～1908）。为单孔木梁式廊屋桥，桥长 27.8 米，宽 5.4 米，桥台块石砌筑，桥面覆廊屋 9 间，明间重檐。牛腿雕刻精细，明间南首设神龛。北首牛腿圆雕“风、调、雨、顺”佛像，其余牛腿雕“S”形曲带纹及松柏、盆景、花卉。檐柱外侧有裙板护栏。1935 年，红军挺进师进驻安岱后村，此桥是守护村子的前哨阵地，南墙留有两个红军哨洞。1997 年 3 月，萧克将军题写“红军桥”

图 9-15 红军桥（原名善继桥，叶坚红 摄于 2007 年）

的桥碑立于桥头西侧。2003 年，被公布为县级文物保护单位。

横岗桥　位于竹源乡横岗村。建于清光绪二十二年（1896）。为木构平梁式廊屋桥。东西走向。桥长 18.05 米，宽 4.88 米。桥两端块石砌筑，桥台架大原木，桥面木板铺设。上覆廊屋 5 间，明、次间为上下重檐。明间设神龛，外柱间设护廊板。2003 年，被列为县文物保护点。

永庆桥　位于枫坪乡小吉村，建于清咸丰七年（1857）。为单孔廊屋桥，南北走向。桥长 17.8 米，宽 3.8 米。桥孔块石拱砌，桥面覆廊屋 7 间，明间设有神龛，供奉观音。廊柱间置廊凳供行人憩息、纳凉，两侧设护廊板。2003 年，被列为县文物保护点。

图 9-16　永庆桥（叶坚红 摄于 2007 年）

黄庄廊桥　位于竹源乡黄庄。建于清光绪二十三年（1897）。为木构平梁式廊屋桥。桥长 19.2 米，宽 4 米。桥两端用大卵石砌筑作墩，桥台架大原木作梁，桥面卵石铺设。上覆廊屋 7 间，抬梁结构，上下重檐，硬山顶。各廊柱间置廊凳，供行人休闲、纳凉。两侧外柱设护廊板，西首桥头置神龛以祈求平安。2003 年，被列为县文物保护点。

道惠廊桥　位于玉岩镇道惠村。建于清道光十九年（1839）。单孔木梁廊屋桥。桥长 24 米，宽 5 米，孔跨 11 米。桥两端块石砌筑，桥台架大原木 9 根，桥面木板铺设。上覆廊屋 7 间，硬山顶。明间东道置观音菩萨，神龛两侧有髹漆楹联一副“紫竹林中观自在，白莲台上现如来。”2003 年，被列为县文物保护点。

济德桥　位于枫坪乡丁坑村口。建于民国 18 年（1929）。单孔木梁廊屋桥，南北走向。桥长 16 米，宽 4.5 米。廊屋 7 间，两坡顶，明间重檐，置神龛，供奉观音。有柱联二副“济接横山钟灵毓秀，德流丁川水静波平”“济巨川无须舟楫，德为政远胜乘舆”。被列为县文物保护点。

观音桥　位于安民乡台坑村。建于清同治年间（1862～1874）。单孔木梁廊屋桥。南北走向。桥长 15.5 米，宽 6.4 米，孔跨 6 米。廊屋 5 间，硬山顶，两侧外檐施裙板护廊。明间西首置神龛，雕刻精美。2003 年，被列为县文物保护点。

八仙桥　位于裕溪乡凤弄源村口，建于民国 26 年（1937）。桥长 10.4 米，宽 3.55 米，高 4.65 米，为单孔八字形伸臂木拱桥。桥面木板铺设，上覆廊屋 3 间，廊柱间置廊凳供行人憩息、避雨，明间悬“八仙桥志”匾。2003 年，被列为县文物保护点。

香乳山桥　位于玉岩镇玉岩村北。建于清代。单孔木梁廊屋桥，桥长 15 米，宽 4 米。被列为县文物保护点。

南岱观音桥　位于叶村乡南岱村水口。建于清代。单孔木梁廊桥，桥长 12 米，宽 4.6 米。2003 年，被列为县文物保护点。

岱头廊桥　位于叶村乡岱头村东水口。建于清代。单孔木梁廊桥，桥长 21.5 米，宽 5 米。被列为县文物保护点。

赤岩廊桥　位于新处乡赤岩村水口。建于清代。单孔石拱廊屋桥。被列为县文物保护点。

安福桥　位于玉岩镇潘山头村。建于清代。单孔木梁廊屋桥。被列为县文物保护点。

慈航桥　位于板桥乡桐榔村。建于清代。单孔石拱廊屋桥。桥拱刻“慈航桥”三字。桥长18.3米，宽3.9米。廊屋明间设神龛，供奉观音。2003年，被列为县文物保护点。

万安桥　位于板桥乡桐榔村。清光绪六年（1880）建。单孔石拱廊屋桥。桥拱刻篆书“万安桥”三字。桥长15米，宽1.2米。2003年，被列为县文物保护点。

三济桥　位于叶村乡寺岭下村，民国初年，里人潘文衡独资兴建。三墩四孔石拱桥，为县境最长的石拱桥。桥长70.8米，宽4.2米，拱跨9.5米，拱高4.4米，船形桥墩的迎水面呈锐角形分水雁翅，顶部雕龟首。两端桥堍条石砌成，桥面条石卵石相间铺就。1981年，被公布为县级文物保护单位。2007年6月25日，遭水毁。

图9-17　东济桥（周兆金 摄于2006年）

东济桥　位于象溪镇东田村口，民国初年里人苏光丕独资兴建。为单孔石拱桥，全长17.1米，宽3米，拱宽9米，桥孔块石拱砌，拱券顶部刻有“东济桥”题记。被列为县文物保护点。

南明桥　位于县城南门，横跨内河，建于清同治十二年（1873）。为双孔石拱桥，桥长22米，宽4.2米，矢高5.5米。拱券条石横联错缝砌筑，桥面两侧用条石垒砌护栏，金刚墙上首镌“南明桥”，下首刻“普济群生”4字。2003年，被列为县文物保护点。

光裕桥　位于板桥畲族乡桐榔村东。建于清光绪年间（1875～1908）。单孔石拱桥，桥长15米，宽4.2米，拱券顶部刻“光裕桥”题记。被列为县文物保护点。

万春桥　位于大东坝镇树稍村口。建于清代。单孔石拱桥。被列为县文物保护点。

寿喜桥　位于玉岩镇玉岩村东。建于民国25年（1936）。单孔石拱桥，桥长22.7米，宽3米。被列为县文物保护点。

彩虹桥　位于玉岩镇溪口村。建于清同治年间。单孔石拱桥，桥长14米，宽4.05米。被列为县文物保护点。

双孔石拱桥　位于三都乡黄岭根村。建于清代。双孔石拱桥。被列为县文物保护点。

陆兴桥　位于枫坪通往玉岩的古道上。建于清代。单孔石拱桥。被列为县文物保护点。

应星桥　位于西屏镇桐溪村。清道光二十五年（1845）建。单孔石拱桥。被列为县文物保护点。

麒子桥　位于枫坪乡梨树下村口。建于民国初年。单孔石拱桥。桥拱刻“麒子桥”三字。被列为县文物保护点。

降福桥　位于水南乡岩西村。建于清代。单孔石拱桥，桥梁刻“降福桥”三字。被列为县文物保护点。

杉溪桥　又名散溪桥。位于县城东阁街东端。跨古湖坑，建于元延祐六年（1319）。东西走向。

桥长 19.5 米，宽 2.1 米。为七孔六墩石板桥，每孔桥墩立方形石柱 3 根，上置卯梁石，桥面平铺石板 5 条，全桥略呈弓形。西桥头立有建桥石刻“延祐六年□月□日吉建 钟一新恩宅舍财独资鼎造”。被列为县文物保护点。

图 9-18　杉溪桥（叶坚红 摄于 2007 年）

利济桥　位于望松乡五都阳村口。建于清嘉庆十八年（1813），民国 14 年（1925）遭水毁后重修。为 15 孔石板桥，全长 50 米，宽 1.2 米。1990 年遭水毁，南端 6 孔重修。南岸建有桥亭。被列为县文物保护点。

郑陂桥　位于水南乡岩西村口。建于清代。三节石梁桥。被列为县文物保护点。

老鹰桥　位于水南乡南山村至清路村的右道上。建于清代，桥墩迎水面呈鹰嘴状。桥长 18 米，宽 3.2 米。被列为县文物保护点。

下马桥　位于水南乡南山村至清路村的右道上。建于清代，三节伸臂石梁桥。被列为县文物保护点。

同济桥　位于象溪镇南州村古道上。建于清代。跨石马源。单孔石梁桥。被列为县文物保护点。

忠生桥　位于象溪镇程路后村头。建于清代。单孔石梁桥。被列为县文物保护点。

迴龙桥　位于西屏镇白沙村东。建于明弘治七年（1494）。三墩四孔石梁桥。南侧石梁刻繁体“迴龍橋”三字。被列为县文物保护点。

图 9-19　后宅石梁桥（周凌飞 摄于 2010 年）

后宅石梁桥　位于大东坝镇后宅村。建于清代。有 4 座石梁桥横跨石仓溪，桥台条石砌筑，桥体由 5 根条石斜插伸臂起拱，石梁为桥面，简朴稳固。被列为县文物保护点。

上中桥　位于玉岩镇梨步坑村口。建于清代。为伸臂式石梁桥，桥台条石砌筑，伸臂梁纵横交叠五层依次向中间递伸，帽梁石上架石梁做桥面。被列为县文物保护点。

2010年松阳县民间桥梁选录表

表 9-3-6-1

乡镇	桥名	桥址	桥长（米）	桥宽（米）	桥高（米）	孔数	净跨（米）	结构	建成年月	备注
西屏镇	济人桥	塔寺下村	9.3	1.45	2.5	1		石拱	清光绪三十三年（1907）	—
	白沙桥	白沙村	15	3	6	1	10	条石	明弘治七年（1494）	又称迴龙桥
	葛山头桥	周垈村	11	1.5	2.1	2	4.5	石拱	古桥梁	—
	乌形山下桥	乌形山下村	10	3.4	3.5	1	6	石拱	古桥梁	又称玉衡桥
	洞阳桥	乌形山上村	9	3	3	1	7	石拱	清光绪年间建	—
	彩虹桥	铺门村	11	4	4	1	6	石拱	古桥梁	—
	黄垒桥	铺门村	11	2.3	4	1	—	石拱	古桥梁	—
	大路口桥	大路口村	20	3.5	5	1	—	石拱	古桥梁	—
	源内殿桥	源内村	20	4.5	4	1	8	廊屋	1986.11 重建	—
古市镇	条石拱桥	湖溪源百步岭脚	5	1	2	1	5	石拱	古桥梁	—
	石拱桥	湖溪源满龙潭	10.6	3.5	5	1	—	石拱	古桥梁	—
玉岩镇	寿善桥	玉岩村文昌阁	22.7	3	8	1	15	石拱	民国25年（1936）	县文物保护点
	下马桥	何庄	5	3	10	1	3	条石	清代	—
	下村木桥	程路村	11	1	5	1	9	木柱	2008年重修	—
	中村木桥	程路村	9	1	5	1	7	木柱	2006年重修	—
	上村木桥	程路村	9	1	5	1	7	木柱	古桥梁	2008年水毁
	村头下桥	道惠村	5	0.8	3	1	3.6	石板	清末民初	—
象溪镇	西弄桥	鲁峰村	6	4	10	1	3	石拱	民国初	—
	石拱桥	鲁西大丘	5	5	5	—	5	石拱	古桥梁	—
	步桥头桥	鲁西碇步头	6	3.5	3.5	—	5	石板	古桥梁	—
	樟坑源桥	吕潭樟坑源	6	1.5	3	1	4	木板	古桥梁	—
	金钟桥	金钟村	12	5	6	1	7	木石	民国初	—
大东坝镇	石板桥	横樟岭脚	9	5	3	1	—	石拱	古桥梁	五家头孙晚妹捐建
	大岭口松树岗桥	灯塔村	5	2	3	1	—	石拱	古桥梁	—
	蔡宅水口桥	蔡宅村	8	3.8	2.5	1	—	石拱	古桥梁	—
	蔡宅水口桥	蔡宅村	12	4.5	4.5	1	—	廊屋	古桥梁	—
	大岭口村头桥	灯塔村	5	2	2.5	2	2	条石	古桥梁	—
叶村乡	膳垄大桥	膳垄村水口	18.5	2.35	3.6	3	14.5	廊屋	清代	—
	横坑大桥	横坑村	16.8	4.5	14	1	14	廊屋	古桥梁	—
	斗米坳拱桥	斗米坳村	9.4	2.1	4	1	7.1	石拱	古桥梁	—

续表 9-3-6-1

乡镇	桥名	桥址	桥长（米）	桥宽（米）	桥高（米）	孔数	净跨（米）	结构	建成年月	备注
望松乡	碇步头桥	仪桥村	6	2	3	1	4	石拱	民国 34 年（1945）	—
三都乡	村中一桥	里庄村	5	2	4	1	—	石拱	古桥梁	—
	石拱桥	松庄村	8	4	6	1	6	石拱	古桥梁	—
	大门涵桥	毛源村	5	4	5	1	5	石拱	古桥梁	—
	桥厝	尹源村口	42	3.5	6	7	42	廊桥	清光绪年间	1990 年重建
	佛堂桥	呈回村	15	3	6	1	10	石拱	古桥梁	—
	永裕桥	下坑圩	20	4	15	1	15	石拱	清嘉庆年间	—
	水口桥	黄岭根村口	12	3	4.7	—	9.5	石拱	民国年间	—
	后湾村头桥	后湾村口	6.5	4	4	2	5	石拱	古桥梁	—
四都乡	西坛岭脚桥	椰树村	7	3	4.5	1	—	石拱	清代	又名兴隆桥
	下包水口桥	下包村水口	10	1.5	3	2	4	石拱	古桥梁	洞君桥
	安民桥	汤城村	6	2	3	1	—	石拱	古桥梁	—
赤寿乡	赤岸金明弄口桥	赤岸村	8	4.5	2.5	2	4	砼平板	新建	—
新处乡	官岭廊桥	官岭村口	12.8	5.5	6	1	10	水泥、木	2008 年重修	—
	内处石桥	官岭村	5	1.8	3	1	—	八字石梁	古桥梁	—
	车站边石桥	官岭村	5	1.8	—	—	—	八字石梁	古桥梁	—
谢村乡	寨下廊桥	南坑村	16	8	6	1	8	土木廊桥	民国 14 年（1925）	—
枫坪乡	丁坑大桥	丁坑村	18	3.5	3.8	1	—	廊桥	古桥梁	—
板桥畲族乡	下九石洋桥	板桥村	7	6	3	1	5	石头水泥	1971 年重修	—
	湖坑石板桥	高山村	5	3	3.5	1	3	水泥板	民国 27 年（1938）	—
	潘八插葱桥	潘八村插葱自然村	3.5	3.5	4	1	3	石拱桥	民国 30 年（1941）	—
	石岭脚二桥	潘八村石岭脚	5	3.5	4	1	3	石板桥	民国 34 年（1945）	—
裕溪乡	南坑桥	麦垵岭脚	5	2.5	4	1	6.5	石拱桥	民国 9 年（1920）	—

民国《松阳县志》所列古桥梁情况表

表 9-3-6-2

序号	名称	坐落地点	至2010年状况
1	南明桥	县城南门	县文物保护点
2	太平桥	县城南门白龙堰	无存
3	赤塔桥	县城南门外赤塔溪	无存
4	双济桥	县城南赤埠天后宫下	无存
5	万年双济桥	城南	无存
6	乐善桥	城南	无存
7	新济桥	县城南门外大埬头	无存
8	光华桥	县城东二里	无存
9	杉溪桥	县城东阁街东端	又名散溪桥，被公布为县文物保护点
10	白虹桥	县东五里	—
11	青蒙桥	县城东七里	—
12	夫人殿桥	县城东一里	又名仁寿桥
13	净居桥	象溪镇靖居村	有上、中、下3座，架木为之，后改建水泥桥
14	裕溪桥	裕溪乡裕溪村	后改建为公路桥
15	安乐桥	县东四十里	—
16	通济桥	县东六十里	—
17	水车桥	县东十五里水车村	后改建为公路桥
18	通洲桥	县城南三里内湖	—
19	龙衣桥	县南十里	—
20	众济桥	水南乡市口村	后改建为公路桥
21	鸟桥	县南二十五里鸡笼山	—
22	苍古桥	县南二十五里离鸟桥里许	—
23	独山桥	县西南三里	—
24	平济桥	县西三里	—
25	五木桥	古市镇五木村	上有廊屋数间，后改为水泥桥
26	松江桥	县西十六里	—
27	五福桥	县西十七里	—
28	梧桐桥	县西十五里	—
29	奖乐桥	县西十里	—

续表 9-3-6-2-1

序号	名称	坐落地点	至 2010 年状况
30	响石桥	县西三十里	—
31	仁济桥	县西十五里	—
32	仁安桥	玉岩镇周安村	旧名周安桥，县文物保护点
33	支木桥	玉岩镇支木村	—
34	玉岩桥	玉岩镇玉岩村	即普济桥，2005 年被公布为省级文物保护单位
35	和仁桥	古市镇十五里村上首	后改为公路桥
36	姥桥	县城长虹西路西段	今称马桥，旧名平济桥，后改为公路桥
37	万寿桥	赤寿乡界首万寿山下	后改为公路桥
38	体仁桥	三都乡周山头村	尚存
39	天济桥	象溪镇靖居口村	后改为公路桥
40	雅溪桥	象溪镇雅溪口村	后改为公路桥
41	仑溪桥	望松乡吴弄村	后改为公路桥
42	中仙桥	县北五里	—
43	竹客桥	县北五里竹客口村	后改为公路桥
44	洞阳桥	西屏镇乌阴山村	—
45	龙石桥	九芝山下	—
46	回龙桥	西屏镇白沙村	尚存
47	仙人桥	—	—
48	通京桥	古市镇上方村正念寺西	后改为公路桥
49	观口桥	古市镇旧永宁观前	后改为公路桥
50	钓鱼桥	莲华山下	—
51	大沙桥	望松乡王村前	后改为公路桥
52	中央桥	望松乡王村前	后改为公路桥
53	利济桥	望松乡五都阳村	县文物保护点
54	母殿桥	县北五里	—
55	岗背桥	县北十五里	—
56	玉衡桥	西屏镇乌阴山村	尚存
57	西岗岭下桥	县北六里	—
58	石岩寺桥	县北五里馒头石石岩寺前	—
59	黄岗头桥	县北黄岗头村下	—
60	梓溪桥	县北五里	—

续表 9-3-6-2-2

序号	名称	坐落地点	至 2010 年状况
61	高峰石桥	县北高峰村前	—
62	水阁桥	县北五里	—
63	大路桥	县北五里	—
64	高堰十六桥	四都源口	—
65	双溪桥	县北五都	—
66	龙殿桥	县北四都源	—
67	洞阳桥	县东洞阳山下	—
68	广济桥	斋坛乡石门圩村	后改为公路桥
69	下包水口桥	四都乡下包村	—
70	就安桥	赤寿乡赤岸村	后改为公路桥
71	芳溪桥	新兴乡下源口村	后改为公路桥
72	船山桥	新兴乡大石村	后改为公路桥
73	双溪桥	谢村乡谢村村	—
74	悟真桥	新兴乡徐郑村	后改为公路桥
75	徐郑桥	新兴乡徐郑村	后改为公路桥
76	内孟桥	新兴乡内孟村	后改为公路桥
77	塔岭坑口桥	新兴乡大畈村	后改为公路桥
78	大岭根桥	谢村乡大岭根村	—
79	同善桥	谢村乡南坑村	—
80	永济桥	古市镇三角坛	无存
81	福兴桥	古市镇观口下桥	无存
82	横溪桥	新兴乡横溪村	—
83	同庆石桥	十三都大连坑口神堂下	—
84	寅口桥	板桥乡桐榔村	又名慈航桥，被公布为县文物保护点
85	横水口内外桥	板桥乡桐榔村	有内外 2 座桥，即万安桥、光裕桥，均为县文物保护点
86	板桥廊屋桥	板桥畲族乡板桥村	有上、中、下 3 座廊桥，中桥设三官庙，明间设神龛。2003 年，被公布为县级文物保护单位
87	普惠桥	板桥乡板桥村水口	—
88	夫人桥	象溪镇鲁西村	尚存
89	万年桥	坑下岭脚	—
90	东源桥	象溪镇坑里村东源	—
91	金钟桥	象溪镇金钟村	—

续表 9-3-6-2-3

序号	名称	坐落地点	至 2010 年状况
92	白碧桥	象溪镇靖居村水口	—
93	望蔼桥	裕溪乡蔼溪村	—
94	双坑桥	裕溪乡源底村	—
95	东济桥	象溪镇东田村	尚存，被公布为县文物保护点
96	呈岭桥	县东三十里	—
97	南山桥	县东三十里	—
98	义济桥	县东十里	—
99	下石桥	县东十里	—
100	下田桥	三都乡下田村	—
101	锣壶桥	县东十五里	—
102	延寿桥	县东二十里	—
103	泉济桥	县东十五里	—
104	济人桥	县东二十里	—
105	彩虹桥	县东五里彩湾村	—
106	惠济桥	西屏镇铺门村	—
107	封门桥	叶村乡松山村	—
108	松山桥	叶村乡松山村	—
109	普济桥	水南乡程徐村	—
110	双坑口桥	水南乡南山村外	—
111	南山桥	水南乡南山村	尚存，被公布为县文物保护点
112	小木桥	水南乡南山村外	—
113	后村桥	水南乡大竹溪村	—
114	后圩桥	水南乡大竹溪村	—
115	降幅桥	水南乡岩西村上	尚存，被公布为县文物保护点
116	郑陂桥	水南乡岩西村下	尚存，被公布为县文物保护点
117	安宁桥	水南乡南岩寺脚	—
118	桐青桥	叶村乡东坞村口	—
119	圭山桥	斋坛乡桐村	—
120	布袋桥	斋坛乡桐村	—
121	湖堰桥	叶村乡官田村	—
122	官山湖桥	叶村乡官田村	—

续表 9-3-6-2-4

序号	名称	坐落地点	至2010年状况
123	杨里洞桥	县西十里杨里洞	—
124	下阳桥	县西十里	—
125	大圩桥	斋坛乡斋坛村善应寺边	—
126	横塘桥	斋坛乡斋坛村	—
127	后溪桥	斋坛乡斋坛村	—
128	角后桥	斋坛乡斋坛村	—
129	水碓岭桥	斋坛乡斋坛村	—
130	仙坑桥	斋坛乡花田坌村	—
131	前坑桥	斋坛乡花田坌村	—
132	河头桥	叶村乡河头村	—
133	三济桥	叶村乡寺岭下村	1981年公布县级文物保护单位，2007年6月25日遭水毁
134	小竹溪桥	竹源乡小竹溪村	后改为公路桥
135	横岗桥	竹源乡横岗村	尚存，被公布为县文物保护点
136	善庆桥	水南乡南山村大陂头	—
137	益庆桥	大东坝镇石仓源	—
138	土地桥	大东坝镇石仓源夫人庙前	—
139	耸井桥	县南二十五里	—
140	万春桥	县南四十五里	—
141	膳垄桥	叶村乡膳垄村	—
142	横坑桥	叶村乡横坑村	—
143	吊磁桥	斋坛乡吊磁村	—
144	南岱桥	叶村乡南岱村	又名祝寿桥，被公布为县文物保护点
145	岱头廊桥	叶村乡岱头村	尚存，被公布为县文物保护点
146	斗米坳石桥	叶村乡斗米坳村	—
147	赤岩桥	新处乡赤岩村	—
148	小有桥	斋坛乡上坌村	—
149	西坑桥	斋坛乡下坌村	—
150	如来桥	斋坛乡下坌村	—
151	永济桥	斋坛乡东关源口	—
152	根坑口桥	玉岩镇根坑村	又名同德桥
153	神壇桥	玉岩镇交塘村神壇	又名双溪长弓桥

续表 9-3-6-2-5

序号	名称	坐落地点	至 2010 年状况
154	直坑桥	玉岩镇直坑	-
155	麟子桥	枫坪乡梨树下村	尚存，被公布为县文物保护点
156	香乳山桥	玉岩镇玉岩村头	尚存，被公布为县文物保护点
157	枫坪桥	枫坪乡枫坪村	—
158	济川桥	枫坪乡高亭村	尚存
159	真武桥	枫坪乡高亭村	尚存
160	石马源口桥	象溪镇南州村	后改为公路桥

城市桥梁

松阳县城区内原有石板桥、石拱桥、屋桥多座。1982 年前，县城西有西寺下桥，旧城改造时被拆除，旧址在今新华路太平坊路口。官塘桥，旧城改造时被拆除，旧址在新华路官塘路口。城东古湖坑上有松阳一中校门外的屏东桥，原名夫人殿桥又名仁寿桥，几经修建，尚存。杉溪桥下游 300 米下马街东端旧光华门外有光华桥，因坐落甘露堂边民间又称之为甘露堂桥，此桥明成化《松阳县志》有载，旧城改造时拆除。城南南直街跨白龙堰有白龙堰桥旧名太平桥，跨太平桥过白龙堰路即为南明桥，两桥仅一街之隔。南明桥，建于清同治十二年（1873），是县城内规模最大的石拱桥。（内容详见本节“民间桥梁”）

流经县城的河堰与街道并行。白龙堰枕水人家多置有廊凳于水边，门口架石板桥与街道通连。沿钟楼路往南经原明德路、要津左路、要津右路、詹祠路，自北而南有明德社亭、观音阁亭、桥亭、街亭均建于河道之上，兼具桥、亭的双重功能。桥亭街东端北侧有房屋建于河上，可谓真正的水上人家。沿河而下，河道窄处，民居连接街道的为石板桥；河道宽处，为二节八字桥，用于支撑桥面桥的石板较厚。钟楼路沿河道往南直到詹祠路南端，此类石桥不下 30 处。杨柳街沿马头坑顺流而下亦然。

1982 年以后，县城建成区不断扩展。旧城区内南北向河道除古湖坑外，先后填埋，枕河小桥也随之拆除。2010 年，白龙堰得以疏浚通水。城区桥梁得以保留的尚有南明桥、白龙堰桥、杉溪桥、屏东桥。原先属公路桥梁的南门大桥、独山大桥、松州大桥等 3 座跨松阴溪大桥以及龙丽公路上的回龙桥、西塔公路上的派观桥等先后划归为城市桥梁。城东古湖坑杉溪桥下游至汇入松阴溪长约 500 米河道上，先后建成 5 座桥梁。为保障学生安全通行，城南小学校园外河道建廊桥 1 座。

公路桥梁

民国 23 年（1934），松阳至遂昌公路建成，2 年后，松阳至碧湖公路建成并相继通车。沿线公路桥梁或原桥加固利用，或建石台木排架式、木梁式大桥，以利通车。1962 年，对龙南线松阳段全线木桥实行改造，改建为钢筋混凝土桥梁或砌石拱桥，桥梁的抗洪能力和承载能力得以提高。

上松线桥梁建于 20 世纪 80 年代，全线桥梁均为石拱桥。

20 世纪 60 年代后期至 80 年代，松阳桥梁建设采用钢筋混凝土双曲拱桥的结构形式，桥梁跨径加大。90 年代后期，开始采用预应力钢筋混凝土梁桥、钻孔灌注桩基础、轻型墩台等新的结构形式。2009 年，松阳县松州大桥建成，为县境内第一座新型结构预应力钢筋混凝土钢管系杆拱桥。

至 1990 年底，松阳县共有公路桥梁 97 座，计 3044.85 延米，其中大桥 6 座、中桥 13 座、小桥 78 座。

2000 年末，松阳县共有公路桥梁 163 座，计 4717.6 延米，其中大桥 7 座、中桥 23 座、小桥 133 座。

2010 年末，全县有龙丽高速公路松阳段高速公路桥梁 96 座；省道、县道、乡道、专用道公路桥梁 124 座，其中大桥 9 座、中桥 22 座、小桥 93 座；通村公路有桥梁 176 座，其中大桥 10 座、中桥 9 座、小桥 157 座。

图 9-20　高速公路桥梁（周兆金 摄于 2006 年）

附：大桥选介

单孔跨径 40～150 米或多孔跨径 100～1000 米的公路桥梁为大桥。2010 年末，松阳县公路桥梁中有大桥 22 座，其中塔背大桥、岭下大桥、凤弄源大桥、合溪大桥，为高速汽通桥。

南门大桥　位于县城南门原松阴溪码头旧址上游，跨越松阴溪，是松阳县境内第一座跨越松阴溪，连接南北两岸的永久性公路桥梁。大桥分两期建成：北段，防洪堤至中央溪滩，跨松阴溪主河道。1967 年 9 月动工，为浆砌块石墩台、有肋钢筋混凝土双曲拱桥，长 120 米，宽 4.1 米，7 孔，每孔净跨 15 米。1969 年 2 月完工，国家补助经费 11 万元，有关乡镇（原人民公社）投工 2.6 万工。每遇洪水，至大桥南端仍需摆渡过溪。1970 年，衔接原大桥续建南段，续建工程 1971 年夏季动工，为浆砌块石墩台无肋混凝土双曲拱桥，长 150 米，7 孔，每孔净跨 17 米，桥面宽 4.3 米，与北端连接的第一孔为错车道宽 7.6 米。1972 年建成通车，投资 8 万元。大桥全长 272 米，设计荷载汽-8、挂-30。2001 年，南门大桥改造工程开工，2002 年 5 月通过竣工验收，南门大桥成为具有通行功能的景观大桥。

独山大桥　位于西大线 2K+000 处，即南门大桥上游 300 米处，北接环城西路，跨越松阴溪直通独山风景点。独山大桥工程于 1989 年 9 月开工。大桥为 9 孔不等跨双曲拱桥，每孔净跨为 2×25 米、2×27 米、2×29 米、2×31 米和 33 米对称排列，全桥长 300 米，桥面净宽 7+2×1.5 米，设计荷载汽-20、挂-100。主体工程 1991 年 5 月完工。1993 年 10 月，通过竣工验收。2003 年 6 月 18 日，对局部损坏的水泥砼桥面进行修复。2005 年末，将水泥砼桥面改成沥青砼桥面，对两端桥头“跳车”病害进行处理，以利车辆通行。

港口大桥　位于 50 省道 K94+850 右侧，县道港排线 k0+060 处，跨越松阴溪为县道港排线起点。原有人力汽车渡，大桥建成后汽车渡撤。港口大桥工程于 1976 年 12 月动工，为双孔大跨度石拱桥，每孔净跨 45.17 米，矢高 7.56 米，矢跨比 1∶6，桥面净宽 7.0 米，两侧安全带宽 0.6 米，全桥长 170 米，上部空腹式拱结构，下部为明挖埋石砼基础浆砌杂石墩台，设计荷载汽-10，挂-50。1977

年12月主体工程完工，1978年1月正式通车。

图9-21 石门圩大桥（周兆金 摄于2006年）

石门圩大桥 中心位于王（村）斋（坦）公路k0+972处，跨越松阴溪。工程于1972年开工，为无筋无肋混凝土双曲拱桥。全桥长263米，桥面净宽4.1米，桥中一孔宽7米为回车道。设计荷载汽-10，挂-50。1974年6月竣工，大桥建成后木桥、渡船皆撤。2004年，对桥面进行沥青砼修复，在两头设立水泥砼护礅，禁止大型车辆进入。

石门圩新大桥 为保障交通安全，决定在原石门圩大桥上游500米处兴建新石门圩大桥。新石门圩大桥工程纳入江南公路三期工程项目。2007年12月工程开工，桥梁总长272米，宽13.5+2×0.5米，设计荷载公路-II级。2010年12月完工。

古市大桥 位于古市镇水弄头，古大线0K+849米处，跨越松阴溪抵筏铺。始建于1970年初，不等跨双曲拱桥，拱跨为2×14.8米、2×18米、2×21.6米、3×23.6米，全长193.2米，桥面宽4.64米，大开挖基础，重力式墩台。1983年10月，决定对大桥进行加宽改造，大桥加宽工程11月开工，加宽宽度3.16米，改造后桥面净宽6+2×1.04米，设计标准汽-10，挂-50，结构未变。1984年6月竣工。2005年，对桥面进行改造，采用沥青砼铺筑，暂时维持大桥的使用。

葫芦井大桥 位于大东坝镇蛤湖村东北葫芦井，港排线K18+460右则，跨越小港溪流，是松阳最大的高岭土矿与港排线的唯一连接。1984年11月工程开工，桥长59.84米，桥面宽4.5米，桥拱净跨40米，设计荷载汽-10、挂-50。1985年7月建成通车。2005年，列入危桥改造工程，改造工程2005年9月开工，2006年2月完工。

古市二桥 古市二桥位于古市镇，古青线K0+200西侧，跨越松阴溪，在新兴乡上安村与古大线2K+200处相接。2003年9月工程开工，大桥长188米，包括大桥两端连接线全长1.5千米。2004年11月完工。

大石大桥 位于龙丽线K65+276处，跨越松阴溪，与原龙丽一级改高速后的余留部分路段相接，为50省道改道工程。2003年开工，桥长178米，宽21.5米。设计荷载公路-II级。2006年11月底建成。

新兴大桥 位于西大线K18+528处，新兴乡横溪村北，跨越松阴溪，在赤寿三里亭与龙丽线相连接。2005年7月开工。桥梁总长194米，净宽9+2×1.5米人行道，设计荷载公路-II级。2006年12月完工。

寺岭下大桥 位于大马公路（龙丽线马桥至龙丽高速西屏收费站连接线）K2+917处，叶村乡寺岭下村东，跨越松阴溪。2004年1月工程开工，桥梁总长272米，宽17+2×1.5米。设计荷载公路-II级。2005年8月完工；2006年12月底通车。

黄圩大桥 位于龙丽高速古市收费站与50省道连接线上，中心位置距50省道1.236千米，建设期称古市大桥。2005年5月工程开工，跨越松阴溪，桥梁总长225米，净宽10.5+2×0.75米，设计荷载公路-II级。2006年12月底通车。2006年12月，龙丽高速公路验收时一并通过验收。

大石桥　位于新兴乡大石村东北，泉大线K4+320处，跨越松阴溪连接老50省道龙丽线K65+100（三庄线K1+500）。1993年，大石村群众自发筹集资金30万元用于建桥。县交通局支持群众要求，省交通厅补助大桥建设资金35万元，不足部分由县交通局投资。

1993年8月开工建设，大桥为4孔25米石拱桥，全长116米，宽8米，净宽7.0米，1994年9月竣工，共投资116万元。2005年，改造为沥青砼桥面。2011年，大石村筹集资金将大石桥改造为廊桥，桥面有廊屋18间。

吕潭大桥　位于象溪镇吕潭村，龙丽线K98+770处，跨越松阴溪，接吕潭村通村公路。原设渡口，大桥建成后渡口撤销。2003年9月开工，桥长128米，桥宽5+2×0.25米。设计荷载汽-15、挂-80，大桥为6孔20米预应力空心板梁桥，原设计为挖孔灌注桩基础，因松阴溪河道水深，流速大，下部构造无法施工，变更为钻孔灌注桩基础，单立柱墩，重力式U型桥台。2004年9月完工。

南坑口大桥　位于象溪镇雅溪口村，龙丽线K100+450，跨越松阴溪接南坑源通村公路。原设渡口，为象溪镇南坑口和南坑源2村25个自然村1600余人与外界联系的必经之路。2003年，修建过水路面。大桥建设列入松阳县撤渡建桥工程建设计划。2007年9月开工，桥长192米，桥宽5.5+2×0.3米，设计荷载公路-II级。2008年11月完工，是松阳县第一座由交通部拨款补助的撤渡建桥项目。

南州大桥　位于龙丽线K102+270右侧，跨越松阴溪，连接象溪镇南州村通村公路。建于1992年7月，由松阳县民工队施工，工程造价32万元人民币。桥长134.5米，宽6+2×0.25米。2009年，对桥面重新修复。

小槎大桥　位于龙丽线K110+900右侧，跨越松阴溪，连接裕溪乡小槎村通村公路。建于1987年，松阳县民工队施工。全长177.6米，宽4.5+2×0.25米。2007年3月，被评定为五类桥梁。2010年，被列入浙江省公路局危桥改造项目。新址位于龙丽线K110+980，原桥下游80米处，跨越松阴溪，与小槎村通村公路相连接。2009年10月开工，桥长184米，宽6+2×0.5米，设计荷载公路-II级。2010年10月竣工。

松州大桥　松州大桥是松阳县城的重要基础设施，是县城标志性建筑，大桥南接环城南路，跨松阴溪后与江滨大道平交，向北延伸与县城要津路相接。大桥于2007年9月开工建设，工程总长度578.6米，其中主体桥梁长264.8米，桥宽30米，双向四车道，设计时速为60千米/小时。2009年4月底完工，7月通过验收。

附：中桥选介

单孔跨径20～40米或多孔总跨径30～100米的为中桥。至2010年末，全县共有中桥32座。

上方桥　原名正念寺桥，以近有正念寺得名。位于古市镇上方村西北，50省道龙丽线K70+360处，跨越梧桐源水流，民国23年（1934），建设松遂公路时将原通京桥（1829年建）改建，为砌石桥台木排架半永久性公路桥，称正念寺桥。1952年4月遭水毁。1954年，将木排架桥改为石墩木梁、石灰三合土桥面。1970年，改建为钢筋砼空心板梁桥，改称上方桥。桥长71.3米，宽6米，造价

5.04万元，设计荷载-15、挂-16。1997年7月，0号墩台遭洪水冲毁，造成龙丽线松阳段交通中断60小时。同年10月，上方桥改建工程开工，上部结构为预应力钢筋砼空心板梁桥，下部结构为双立柱钻孔灌注桩基础。桥长为84米，净宽12米，两边为钢筋砼防撞护栏，净跨5×16米，设计荷载-20、挂-100。1998年4月竣工。1999年，原桥桥宽增加半幅，桥全宽23米，净宽21米，为双幅四车道。2000年底建成通车。

和仁桥　位于古市镇航埠头村东南古青线K6+870处，跨六都源水流。和仁桥旧称仁济桥，原架条石为桥，始建于明隆庆年间（1567～1572），屡毁于水。民国12年（1923）重建，桥长38.4米，宽3.5米，为3孔石拱桥。民国23年修建松遂公路时，原桥利用。1980年6月，改建为石拱桥，桥长47.54米，宽9米，2孔，每孔净跨15米，设计荷载汽-15、挂-80；1980年12月竣工通车。由于重吨位车辆频繁通行，桥面严重沉陷并破裂。2006年，桥面改造，为水泥砼桥面。2008年，桥梁栏杆改造为防撞钢筋砼护栏。

图9-22　和仁桥（周兆金 摄于2006年）

雅溪口桥　位于象溪镇雅溪口村，50省道龙丽线K100+410处，跨越雅溪坑水流。民国25年（1936），修建碧（湖）松（阳）公路时，建石台木排架木梁木桥面，后改为石灰三合土桥面。1969年5月，修建永久性桥梁，为钢筋砼双曲拱桥，桥长75米，宽6米，5孔，每孔净跨12米，设计荷载汽-13、挂-60；1969年8月竣工。1998年，被列入危桥改造计划，改造工程于1998年10月开工，1999年5月竣工。新建桥梁为钻孔灌注桩基础、双立柱4孔、每孔净跨16米的预应力空心板梁桥，桥长74米，宽12米。

靖居口桥　位于象溪镇靖居口村，50省道龙丽线K107 +720处，跨蓉川（靖居源）水流。清光绪二年（1876）建造，石墩5座，上架石梁。民国25年（1936），修建碧松公路时利用原石墩改木梁木桥，1955年毁于洪水。1963年，采用悬砌混凝土（无钢筋）预制块拱桥的新工艺改造，桥长60米，宽7米，3孔，每孔净跨15米，矢跨比1∶5，设计荷载汽-13、挂-60。1966年4月30日竣工通车。靖居口桥改建工程是浙江省首次使用悬砌新工艺。2005年，靖居口桥被列入危桥改造计划。2006年4月开始施工，采用原桥上游拼宽3米的施工方案，并对两侧砌石栏杆实行改造，砌筑钢筋砼防撞护栏；同年7月完工。

裕溪一桥　位于裕溪乡裕溪村头，龙丽线K113+250处，跨越裕溪水流，原为木梁木桥。1965年1月，改建为2孔梁桥，每孔净跨为9.85米，现浇钢筋混凝土平板梁桥，桥长为27.1米，桥宽为7米。1992年，对裕溪一桥进行移址新建，为一孔净跨23.5米的石拱桥，重力式U型桥台，桥宽12.8米，净宽12.0米，设计荷载汽-20、挂-100。

西山桥　位于大东坝镇西山村东南约500米，县道港排线K4+71处，跨越小港源水流。1958年，港口至大东坝公路修建时为过水路面，1991年8月，省、地、县联合投资建造西山桥。工程于10

月正式开工，西山桥为钢筋混凝土双曲拱桥，桥长115米，3孔，每孔净跨30米，桥宽7.5米，设计荷载汽-15、挂-80。1992年12月竣工。

弓桥　位于大东坝镇五部村东南，港排线K27+500，跨越安民坑水流，为港玉公路要津。1984年，原港安公路弓桥处分线建造弓桥，并修建弓桥至排居口公路，使松阳县城—港口—排居口—玉岩全线贯通。弓桥桥长35米，宽7.2米，净宽6.6米，高16.5米，单孔净跨20米，设计荷载汽-10、履-50。1984年4月开工，1985年建成。

潘连桥　位于古大线K1+100处，连接古市镇筏铺村和新兴乡潘连村，跨十三都源水流。1971年9月开工，桥长29.4米，宽4.7米，净宽4.1米，3孔，每孔净跨20米，设计荷载汽-10、履-50。1973年建成。2006年，列入浙江省公路局危桥改造计划，改造工程于2006年9月开工，2007年5月通过验收，改造后为4孔，每孔净跨16.5米的预应力空心板梁桥，桥长79.4米，桥宽12米，净宽11米，设计荷载汽-20、挂-100。

泉庄桥　位于新兴乡泉庄村南，古大线K4+410，跨十二都源水流，桥长100.3米，桥宽7.7米，净宽7.0米，高8米，4孔，每孔净跨20米，设计荷载汽-10，履-50。1978年12月建成通车。2002年，对泉庄桥进行改造，2002年3月开工，同年5月完工。改造后泉庄桥桥长98.3米，桥宽7.7米，净宽7.0米。

附：小桥概况

单孔跨度在5～20米或多孔跨径在8～30米为小桥。至2010年末，松阳县公路桥梁中共有小桥93座。单孔跨径小于5米的称之为涵洞。

2010年松阳县省、县、乡道公路及专用道公路桥梁统计表

表9-3-6-3

线路		桥梁		桥梁跨径分类			上部结构		下部结构		基础结构	
		座	延米	大	中	小	梁桥	拱桥	轻墩台	重力式墩台	扩大基础	桩基础
省道	龙丽线	29	984.6	178/1	415.5/7	391.1/21	842.1/24	142.5/5	336/3	648.6/26	648.6/26	336/3
	上松线	6	110.4	—	—	110.4/6	45.8/2	64.6/4	—	110.4/6	110.4/6	—
	小计	35	1095	178/1	415.5/7	501.5/27	887.9/26	207.1/9	336/3	759/32	759/32	336/3
县道	石塘—汶水口	1	30	—	—	30/1	—	30/1	—	30/1	30/1	—
	外堰—靖居口	3	54.3	—	—	54.3/3	24.7/1	29.6/2	—	54.3/3	54.3/3	—
	港口—排居口	15	540.3	120/1	276.2/5	144.1/9	68.6/4	471.7/11	—	540.3/15	540.3/15	—
	古市—大岭根	4	400.8	205/1	177.7/2	18.1/1	79.4/1	321.4/3	79.4/1	321.4/3	321.4/3	79.4/1
	葫芦井—蜂桶岩	1	60	60/1	—	—	—	60/1	—	60/1	60/1	—

续表 9-3-6-3

线路		桥梁		桥梁跨径分类			上部结构		下部结构		基础结构	
		座	延米	大	中	小	梁桥	拱桥	轻墩台	重力式墩台	扩大基础	桩基础
县道	弓桥—大潘坑	5	130.5	—	20/1	110.5/4	40.5/2	90/3	—	130.5/5	130.5/5	—
	西屏—延庆寺塔	1	17	—	—	17/1	17/1	—	—	17/1	17/1	—
	西屏—大石	9	771.4	494/2	206/3	73.4/4	357.4/6	414/3	450/6	321.4/3	771.4/9	—
	玉岩—黄坛口	11	181.8	—	—	181.8/11	144.4/8	37.4/3	—	181.8/11	181.8/11	—
	邵山—寨下坑	2	26	—	—	26/2	—	26/2	—	26/2	26/2	—
	松阳二中—青蒙	8	146.9	—	49.5/1	97.4/7	68/6	78.9/2	—	146.9/8	146.9/8	—
	上五木—古市收费站	2	245	225/1	—	20/1	245/2	—	225/1	20/1	245/2	—
	马桥—西屏收费站	5	362	272/1	30/1	60/3	362/5	—	272/1	90/4	362/5	—
	小　计	67	2966	1376/7	759.4/13	830.6/47	1407/36	1559/31	1026.4/9	1939.6/58	2886.6/66	79.4/1
乡道	西屏—里庄	4	49.4	—	—	49.4/4	9/1	40.4/3	—	49.4/4	49.4/4	—
	瓦窑头—小竹溪	1	18	—	—	18/1	18/1	—	—	18/1	18/1	—
	外大阴—内大阴	2	33.8	—	—	33.8/2	13.8/1	20/1	—	33.8/2	33.8/2	—
	双坑口—安岱后	5	63.9	—	—	63.9/5	—	63.9/5	—	63.9/5	63.9/5	—
	下马坑—李坑	2	46.9	—	31/1	15.9/1	—	46.9/2	—	46.9/2	46.9/2	—
	黄坛—根坑	2	32.9	—	—	32.9/2	—	32.9/2	—	32.9/2	32.9/2	—
	王村—斋坛	3	320	272/1	30/1	18/1	320/3	—	272/1	48/2	320/3	—
	小计	19	564.9	272/1	61/2	231.9/16	360.8/6	204.1/13	272/1	292.9/18	564.9/19	—
专用道	古市—湖溪	1	30	—	—	30/1	—	30/1	—	30/1	30/1	—
	上方—梧桐源	1	24	—	—	24/1	—	24/1	—	24/1	24/1	—
	和仁桥—六都	1	22	—	—	22/1	—	22/1	—	22/1	22/1	—
	小计	3	76	—	—	76/3	—	76/3	—	76/3	76/3	—
合计		124	4701.9	1828/9	1335.9/22	1640/93	2775.7/71	1927.2/53	1634.4/13	3067.5/111	4286.5/120	415.4/4

公路隧道

港排线改造工程二期设计修建港排线狮子山隧道，全长 132 米，宽 7+2×0.75 米，净高 4.5 米。1994 年 11 月工程开工，1996 年竣工。此为松阳县有公路隧道之始。时因资金困难，无二次衬砌和防水层，隧道渗水严重。

图 9-23 狮子山隧道（县档案馆提供 1996 年）

1997 年 3 月，省道上松线改造工程控制性工程寨头岭隧道开工。隧道全长 2343.0 米，宽 9+2×0.5 米，净高 5.0 米。1999 年 11 月竣工。

2008 年 4 月，龙松公路一期改建工程开工，先后有青石坝隧道、蛤湖隧道和虎山坝隧道、狮子山隧道工程开工建设。2010 年 6 月底完工。

2006 年 12 月，龙丽高速公路建成试运行，龙丽高速新建段无公路隧道，改建段有隧道 5 座。东田隧道采用射流通风方式，其他隧道均采用自然通风方式。

2010 年松阳县境内省道、县道公路隧道一览表

表 9-3-6-4

公路名称	公路级别	隧道名称	中心桩号	长度（米）	设计速度（千米/小时）	建筑界限（米）	洞内设施	地质情况	管理设施	建设年月
龙松公路	县道	狮子山隧道	K49+477.5	135	—	—	—	—	—	1994.11
上松线	省道	寨头岭隧道	K79+000	2343	60	行车道 2*4.5 人行道 2*0.5	有照明， 无消防、通风、紧急停车带	—	有独立管理站房	1999.11
龙松公路	县道	青石坝隧道	K41+306	132	60	行车道 2*3.5 侧向宽 2*0.5 人行道 2*1.0 净高 5.0 人行道净高 2.5	有照明、消防，无通风、紧急停车带	侏罗系上统大爽组晶屑凝灰岩	无独立管理站房	2011.1
龙松公路	县道	蛤湖隧道	K41+607	300	60					
龙松公路	县道	虎山坝隧道	K43+812.5	215	60					

2010 年龙丽高速公路松阳段隧道工程一览表

表 9-3-6-5

序号	名称	起讫桩号	长度（米）	净高（米）	净宽（米）	洞门形式	衬砌类型	通风方式
1	青蒙隧道（右线）	K85+383～K85+700	317	5	2×4.25	端墙式	复合式	自然通风
2	章坑岭隧道（右线）	K85+753～K86+315	495	5	2×4.25	端墙式	复合式	自然通风

续表 9-3-6-5

序号	名称	起讫桩号	长度（米）	净高（米）	净宽（米）	洞门形式	衬砌类型	通风方式
3	夹坑隧道（左线）	K87+367～K87+955	588	5	2×4.25	端墙式	复合式	自然通风
	夹坑隧道（右线）	K87+235～K87＋940	705	5	2×4.25	端墙式	复合式	自然通风
4	东田隧道（左线）	K88+015～K89+260	1245	5	2×4.25	端墙式	复合式	射流式通风
	东田隧道（右线）	K88+015～K89+255	1240	5	2×4.25	端墙式	复合式	射流式通风
5	靖居口隧道（左线）	K98+280～K98+880	600	5	2×4.25	端墙式	复合式	自然通风
	靖居口隧道（右线）	K98+245～K98+872	627	5	2×4.25	端墙式	复合式	自然通风

第四章 客货运输

民国23年（1934），龙（游）南（山）公路建成以前，松阳县大宗货物进出口一向依赖松阴溪水运。

民国24年（1935）5月，浙江省公路局拨美产20座“雪佛莱”汽车1辆，自丽水大港头水运至松阳南门码头上岸，经营松阳至遂昌间公路客运，掀开松阳县公路汽车运输史的第一页。

至2010年，松阳公路运输的运输工具、运输方式都有巨大进步，运输量大幅度增长，运输目的地不断拓展，运输半径不断扩大，人员、物资流通便捷顺畅。松阳县“商贾鲜通，百货难备”的封闭局面从根本上得以改变，繁累的人力运输终成历史。

第一节 水上运输

松阳水运向以木帆船、竹筏和束木为排搭载货物、旅客。1983年始有小型机动船舶。1985年后，由于公路交通的发展，逐渐弃舟从陆，航道不再疏浚，水上运输由松阴溪货运为主转为渡口客运为主。

水运工具

竹筏　用毛竹云竹青作干燥处理后，若干支拼扎而成，多作货运。

木帆船　又名舴艋船，木质，多松木制成，纺锥型，中宽1.9米，长11米，自重0.75吨，载重2.5吨。船身以能移动的半圆形篾篷覆盖，用木桨和竹篙撑划前行，船首有桅杆，张帆以应风力。

机动船　木渡船加装柴油机动力，配以螺旋桨，并加尾舵即成。1983年，全县首艘木质机动船在东坞水库从事渡运。后增至4艘。至2002年，木质机动船被钢质机动船替代。

钢质船　2002年，松阳县实行“木改钢”渡船改造工程。船舶均由正规造船厂用优质钢材制造，安全性能较木渡船更佳。2002年，谢村乡政府购置20马力钢质机动船常年免费从事谢村源水库库区渡运。

水上客货运输

松阴溪水运最为繁忙的阶段当属20世纪30～40年代。时值全面抗日战争，浙江省政府及驻杭机关团体、公司行号纷纷内迁松阳；加之浙赣铁路中断，县内所需物资均需水运抵松阳，致松阴溪的客货运输骤增。民国26年（1937），浙江省筏运管理处管理松阴溪筏运业务，松阳县登记在册竹筏由200条增至500余条。木帆船达千余艘，其中松阳籍船占1/4。民国29年，有松阳快船事务所经营松阳至丽水间快船客运，公司有5仓帆船5艘，每船载客10～12人。民国36年，浙江省公路运输联营处与温州快船公司合办车船旅客联运。旅客从松阳乘车到丽水可换票乘船到温州，或从温州乘船至丽水可换票乘车到松阳。抗日战争胜利后，各省级机关纷纷复员迁回杭州，又浙赣铁路恢复通车，客货运输流向发生明显变化，松阴溪水运量逐年减少。

1949年后，人民政府重视发展公路运输，尤以推行改革开放政策以后，公路运输发展迅速，加之松阴溪航道萎缩，水上运输已无优势。1985年，松阴溪干流航运停歇。松阳县水上运输以渡口为主。

渡口运输

松阳县境内渡口为乡镇义渡，一般不收费，所需费用由义渡田租收入支付。1950年后，渡口不再拥有义渡田，由渡口所在村支付渡工工资。2004年5月，县交通部门制定《渡工考核奖励补助办法》，全县每个渡口在确保安全渡运的基础上，年终每个正常渡运渡口均可得相应的奖励。

1995年，全县有渡口23处，渡船33艘，其中木质非机动26艘，木质机动7艘，无钢质渡船，渡工34人，年渡运量91.7万人次。

1995年以后，实施撤渡建桥规划。2000年，全县有渡口20处，渡船27艘，其中木质非机动23艘，木质机动4艘，无钢质渡船，渡工28人，年渡运量72万人次。

2005年，全县有渡口11处，渡船11艘，其中木质非机动3艘，钢质非机动7艘，钢质机动渡船1艘，渡工12人，年渡运量47万人次。

2010年，全县有渡口4处，渡船4艘，其中钢质非机动3艘，钢质机动1艘，渡工4人，年渡运量16.6万人次。

水运交通安全管理

松阳县港航（交通海事）管理机构负责县境内船舶的检验、渡工的考核发证和通航水域的交通安全管理。

1958年12月，松阳航管组成立，开始对渡口实行安全管理。1961年6月，实行交通主管部门和乡镇共同管理。1987年11月，松阳县渡口安全管理办公室成立。

所有参加水上运输的船舶须经船舶检验部门检验，松阳县港航管理所负责船舶的检验、登记、上牌工作，依法取得船舶检验证书、船舶登记证书。未经检验合格、登记、发证、上牌的船舶，不得投入水上运输。

1961年6月，松阳县航运管理站成立。2004年6月，更名为松阳县港航管理所，与松阳县地方海事处、松阳县航道管理所合并，三块牌子一套人马，是负责全县水上交通安全监督、水路运政、航道规划建设等水上交通综合性行政执法单位。渡口管理签订“三级”渡口安全责任书，明确渡口安全工作责任；建立安全告示牌，设立举报电话，将渡口安全工作置于群众监督之下；改造渡埠，确保船舶适靠；撤渡建桥，彻底消除渡口安全隐患，渡口数从42个减至2010年的4个。

第二节 陆路人力运输

有公路运输之前，除水运外，松阳县内外交通运输全赖人力。千百年来，松阳的先民们翻山越岭，蹚河涉水，凭两脚和双肩，长年累月进行着生存与发展必需的物资运输。与之同时，产生与人力运输相适应的道路设施和运输工具。

人工担运

扁担，松阳民间最常见的人力运输工具。木（竹）制成，长条状，长约5尺许，宽约3寸，厚约半寸，截面成弓形，贴肩面平；为稳定担运物件，扁担两端各钉两枚菇状铁钉，相距2寸许。以其材质不同，有毛竹扁担、杉木扁担、硬木扁担。毛竹扁担承担力差，一般担运较轻物件；木质扁担能承担重物，而以硬木扁担为最，多栎木做成。大户人家屋内使用的杉木扁担着红漆，轻巧细致。

为减轻担负重物对肩头的压力，松阳人在担负重物或长途担运时都使用途抵（又叫棒抵、抵棒、棒戳）。担运时一手扶扁担以求平衡，另一手持途抵从另一肩将其伸至扁担下，使与扁担相交，继用手下压途抵，形成扛杆作用，产生分力，以减轻负重一肩的压力。途抵长短齐肩，顶端成“7”型，可扣住扁担，称“判官头”。若途抵底端箍一铁圈的称铁锥途抵，使用时无需用力按压，只需轻扶即可减负。长途担运时使用途抵可以换肩、歇脚 ，还可支撑担子成天平状停靠路边山沿，人可抽身停歇，十分称便。山区农民背负竹木，可随地取材，以树梢、竹梢临时制成途抵。

用以装载货物常见的工具有箩筐、畚箕、布袋等。箩筐、布袋多用于装盛谷物等，畚箕多用于田间或建筑工地装盛沙石、泥土、肥料等。平原地区多用箩筐；山区则因地势高陡，为便于担运，有使用布袋，令担子高离地面。布袋以土制麻布（松阳人称“摇苎布”）缝制，有原色和靛青蓝两种，结实耐用。

一些特殊物品的担运，需有特殊的运输工具。田间担运稻草，上山刈割柴草，因其蓬松，需用长可八尺的扁梢收摘或担运，烟叶则需用烟篮；担运液态物体，用杉木板箍成的各类木桶盛载。

轿是旧时主要的代步工具。民国前，县衙备有官轿，知县出行代步所用。清顺治《松阳县志》载，《钦定经费录》规定“本县知县，轿、伞、扇夫七名，每年银五十两，每名岁支七两二钱”。民国后，官轿废，地方官员往来雇用民轿。

民间有殷富大户自备大轿，四人扛抬，雕花油漆，外饰精美。另多为二人小轿，稍事装饰也可用于婚嫁迎娶；老弱妇孺出行乘此类小轿，延师聘医也以轿代步以示敬重。此种小轿除轿行有供租用外，乡镇小康人家也有自备，乡邻间亦可借用。

1993年《松阳县交通志》载，松阳曾有轿行4家，叶有德轿行位于申亭，叶水亮轿行位于太平坊，丁奶轿行位于大墩亭，刘三弟轿行位于官塘门。

旧时，松阳大宗货物出入县境，温处方向可采用水运，余均需长途担运。出境多为烟叶、茶叶、笋干、木炭等土特产，入境货物以布匹、百货、药材、食盐、京广食品为多。供需双方凭信札往来商定，即可发货上路。

货物的长途担运虽无专门机构，但依担运线路或行业商号，各有帮伙。每一帮伙各有包头与两地商家联络，负责发货、交货，统一支付伙友（挑脚）途中茶水等零星开支。为包头者须身高力大且办事公道，在地方中有较高威信，具有一定的应变能力，能保障货物和脚夫安全。包头得众伙友公认，故众伙友概能拥戴服从。包头在每人发脚钿中抽取一定比例，以应开支。担运工资俗称“发脚”或“发脚钿”。

松阳担运帮伙大致分两个方向。出县境至金华、兰溪方向的称“金华担”或“金兰担”。担脚以四都人为多数，因地近武义、宣平，言语、乡俗相近，途中多有方便。境内县城至玉岩、石仓方向的称“白岩担”（玉岩又称白岩），“白岩担”担脚则玉岩周邻山村、古市镇和县城四门都有从业者。为行路安全，每趟须有十人左右方可上路。担运工具除扁担、途抵外，有麻袋、袋络、竹篓，或径将货物捆扎担运。

20世纪40年代后，龙丽公路手拉车、机动车运输兴起，“金华担”渐趋消匿。70年代，县道公路通车里程增加，“白岩担”遂告停歇。

搬运装卸

松阳县成批货物、大件物品进出向来以水运为主要途径，是故搬运装卸业务多集中于松阴溪码头。粮食、烟叶、茶叶等装船外运，食盐、百货、水产等卸载上岸。松阳人称此项作业为扛埠，从事扛埠的人为埠夫。工具唯扁担、箩筐、扛棒、网络等，极其简陋。陆路上从事此类作业的称挑夫。民国时期，有经营者承揽搬运装卸业务，开设转运行。民国32年（1943），松阳县有运输业同业公会，由县城5家转运行组成。

图 9-24　松阴溪上货物装卸（叶祖青提供　摄于1972年）

20世纪30年代末，松阳县始有公路汽车运输，搬运装卸业务由人工完成。至70年代，装卸起重设备仅起重葫芦等，依然简陋。

松阳山区尚有利用滑索从高处往低处运送竹木。作业者从高处斜拉粗麻绳至山下低处；竹木捆扎后，以铁勾挂扣于绳索上，任其溜滑至山下，方便搬运。20世纪80年代以后，多采用电动或机动钢丝索道，安全性能、运送效率均大有提高。

1952年，西屏镇、古市镇先后成立搬运服务站，专业从事人力搬运装卸。粮食、建材、农资等大宗物资有专业仓库供集中定点存放，统一调运，宜于有组织的专业搬运装卸作业。时县境内有西屏、古市2个专业搬运站，松阳汽车站有专业装卸队，各区粮食管理所亦组织有家属装卸队。

1978年后，商品流通领域逐渐开放，粮食、建材、农资等原先国家专控物资先后放开，允许民营企业经营。此类企业的商品仓储及进出管理灵活自主，搬运装卸业务各自分散安排，是故，人工专业搬运装卸业务急剧萎缩。1982年，松阳、古市2搬运站分别改制为松阳县运输公司、松阳县第二运输公司，专业从事汽车运输。随之，有进城务工人员自行组织成松散型装卸队。有装卸业务时，业主单位通知某召集人，再由其分别通知装卸工，按时赶至指定地点作业；装卸完毕，工资由业主支付，现场领取后各自离去。工资依业务旺淡、作业易难，双方面议。

20 世纪 90 年代后，吊车、起重机、叉车、转送带等专业起重装卸设备在各企业普遍使用。

松阳向无畜力运输。20 世纪 50～60 年代，有 103 道班以役牛牵引铺沙车，用于公路养护。进入 21 世纪，有西南地区云、贵、川等地民工携骡马到松阳，在山地或尚无公路通达的地段从事建筑材料、施工器材等粗重物品搬运。

人力车运输

自行车　自行车是松阳民间最为普遍的人力驱动的交通工具。20 世纪 20 年代，县境内始有自行车。至 1949 年，县境内有自行车 30 余辆。县城金义盛车行拥有 10 辆，供民众租用。50 年代，松阳市场每年有 5～10 辆由县五金公司统一销售，配售县机关和县属企事业单位。

1953 年，有自行车销售记录，全年售出 6 辆。20 世纪 70 年代，自行车实行凭证供应，由县五金公司、各区供销社统一销售，自行车渐成城乡群众的家庭消费。1978 年，自行车登记、发放牌照等管理事项，原由税务机关办理改由公安机关办理。

20 世纪 80 年代开始，自行车敞开供应，沪产名牌自行车市场上仍难买到。90 年代初，自行车在松阳城乡普及。平原乡镇的农民下田作业以 28 寸加重自行车载运化肥、农药，收工时以自行车搭载谷物、果蔬回家。

1991 年，全县自行车销售量 4066 辆；1992 年，全县自行车销售 4339 辆，达到高峰；之后自行车销售量逐年减少，到 1997 年，为 960 辆。1998 年开始，自行车销售量、保有量不再列入统计项目。1999 年，全县有自行车 10500 余辆。

21 世纪后，松阳城乡已很少见到 28 寸加重自行车。中老年人以 24 寸或 26 寸轻便型自行车代步健身。随处可见的山地车、变速车成为中小学生代步工具和玩具。2005 年以后，折叠式小轮自行车在松阳流行，价格 3000～5000 元的中高档自行车成为时尚骑友的骑行工具。

手拉车　民国 23 年（1934），松阳至遂昌公路开通。松阳县城商民阙桐斋自温州购进双轮胶皮手拉车 12 辆，经营松阳至遂昌的货运业务。龙（游）南（山）公路开通后，手拉车运输北上延至龙游、兰溪、衢州，南下伸至碧湖，过渡而至丽水直下青田。民国 28 年 5 月，松阳县人力车公会成立，管理手拉车运输。

图 9-25　手拉车（包朝龙 摄）

1949 年，松阳全县有手拉车 120 余辆，西屏、古市、界首、赤岸均有商户从事手拉车运输。1951 年，西屏、古市先后成立手拉车公会，管理专业手拉车运输。

除专业手拉车运输，也有家庭自备，但为数尚少。1978 年后，农户多有购置手拉车用于物资运输。部分农村劳动力在完成责任田的耕种后，以手拉车运输为主要副业。

1982年，全县有手拉车10773辆。1989年增至16356辆。1990年起，手拉车不再列入统计项目。

1990年以后，乡村道路状况得到改善，手扶拖拉机、小四轮拖拉机、农用车数量逐年增加，手拉车运输很快被更为便捷的机动车运输替代。至2010年，境内道路上已极少见到手拉车运输。

人力三轮车 人力三轮车即脚踏三轮车，有载客、货运两种。货运三轮车多用于城区内货物搬运，数量不多且无统计。载客人力三轮车因其载人的车厢、车蓬状似旧时人力挽拉的二轮黄包车，故松阳人多直呼其为“黄包车”。

民国时期，松阳县西屏、古市两地有二轮黄包车40辆。1949年后，黄包车退出运输市场。

随着民众生活水平的提高，消费观念逐渐改变，人力三轮车客流量大大增加，三轮车运输很快在县城得以发展。至1992年，县城西屏镇已有人力三轮车30辆。1990年10月，古市镇始有人力三轮车投入营运。

1995年8月10日，县公安局交警部门制定《松阳县人力三轮车管理规定》。2002年始，人力三轮车由松阳县城镇建设监察大队管理。

1999年，全县有营运人力三轮车980辆，从业人员近2000人。2010年，全县有营运人力三轮车907辆，其中县城西屏镇826辆、古市镇81辆。人力三轮车营运为部分农村富余劳动力及城镇失业下岗人员提供就业机会。

1993年10月，有旅台松阳同乡会赠送县残疾人联合会手摇三轮车22辆，分赠残疾人使用。至2004年，全县有海内外社团机构赠与及县内居民自费购置的残疾人专用三轮车（轮椅）140辆。2010年，全县约有残障人士专用三轮车（轮椅）近千辆。

第三节 公路机动车运输

民国23年（1934），松阳至遂昌公路通车。次年，松（阳）遂（昌）间公路客运开通。至1949年，松阳县境内公路客运时通时断，极不正常；无专营货运车辆，以客车顺便带货。民国36年后，龙游车商偶有行驶经古市、松阳搭载零星货物。

1949年5月后，松阳县人民政府关注民生，重视交通建设，公路汽车客货运输得以逐年发展。1949～1953年，松阳县公路客运年客运量在万人以内，年货运量在万吨以内；1954～1957年，年客运量在10万人以内，年货运量在10万吨以内。

进入20世纪80年代，改革开放政策的推行，个体运输专业户快速发展，与国营、集体企业一道，形成“三驾马车”的新格局。

至2010年，松阳县公路客货运输进入空前繁荣时期，全县公路旅客运输量为272万人，旅客周转量为12461万人千米；年货运量为445万吨，货运周转量为80978万吨千米。

运输工具

民国23年（1934），松阳至遂昌公路修成。民国24年5月，由松阴溪水运零部件至松阳组装而成的第一辆汽车行驶于松遂公路。至2010年，松阳县各类汽车保有量14244辆，其中私人汽车12358辆。

汽车　1982年恢复松阳县置时，县委、县政府机关配有公务用北京吉普1辆、丰田面包车1辆；松阳县公安局有北京吉普1辆。2010年，全县有公务用车441辆，其中一般公务用车265辆，公务执法用车176辆。根据国家有关公务用车配置标准规定，县内行政事业单位公务用小轿车均为2.0升排量以下车型。

1990年，松阳县有营运客车27辆。20世纪90年代中期，企业经改制、转制、破产、拍卖等，自备车辆亦告停驶。至2000年，全县有营运客车128辆、2322座位，营运货车294辆、1553吨位。松阳造纸厂、松阳煤矿等厂矿企业有自备货车近50辆。2010年，全县有营运客车132辆、2882座位，其中营运出租汽车21辆、城市公共汽车10辆；营运货车1146辆、14100吨位，其中危险货物运输车25辆。

改革开放后，全县私人汽车拥有量增加。2000年后，松阳县私人汽车拥有量逐年快速增长。尤以2005年为最，全年新增轿车412辆。2006年，松阳县始有私人汽车拥有量统计。2006年，全县私人汽车拥有量2220辆；2007年，全县有私人汽车2807辆。之后逐年增加，到2010年末，松阳县私人汽车拥有量7701辆。

附：特种车辆情况

1975年5月，松阳县人民医院（时称遂昌县第二人民医院）配置救护车1辆。1983年，中国人民武装警察松阳县消防中队配置解放牌消防车1辆。至1992年，松阳县有救护车、消防车、洒水车、高空作业车及各种警用车辆等特种车辆25辆。

1993年3月，武警松阳县消防大队购置东风140加长水罐消防车1辆；2004年4月，购置东风141水罐泡沫消防车1辆；2008年，购置斯太尔举高喷射消防车1辆。

2003年，古市区医院，购置救护车1辆。松阳县县级医疗机构均配置救护车，其中松阳县人民医院3辆，松阳县中医院2辆，古市医院1辆。2007年，民营吴苏君伤科医院购置救护车1辆；2010年，吴苏君医院有救护车2辆。

松阳县供电局（国家电网）有特种车辆5辆，其中16吨吊车1辆，叉车、高空作业车各2辆。

西屏环卫所自1991年购置洒水车后，逐年添置环卫作业车辆。先后购置吸污（粪）车、垃圾压缩车。2008年4月，购置垃圾清扫车1辆，2010年，配置医疗废物收集车。2006年，古市环卫所购置洒水车1辆。2004年，松阳县园林管理所配置园林绿化用洒水车。

浙江同心集团丽水混凝土有限公司2003年在松阳投资。2008年，公司有罐装水泥车2辆，混凝土搅拌车8辆，水泥泵车2辆。

2007年1月，龙（游）丽（水）高速公路投入营运。龙丽高速公路管理处有洒水车2辆、高空作业车、25吨吊车、20吨清障车各1辆，视道路运行需要，可随时上路作业。

20世纪70年代初，古市道班将手扶拖拉机改装后用于公路养护。此后，在全县各道班推广使用手扶拖拉机从事养护工作。90年代，各道班均使用改装后的小型方向盘拖拉机养护作业。2001年，松阳县公路段购置自动洒水车；2002年，购置沥青路面养护车。此后，陆续购置微型自卸汽车用于公路养护。

20世纪90年代，县公安局配备刑侦勘察车1辆。松阳县交警大队先后配置交通事故勘察车、公路巡逻车、公路清障车、15吨吊车等警用车辆。警用车辆的车身、牌照均有警用标志。

摩托车　1949年前，县城天主教堂外国神父有摩托车1辆，1949年后，上缴丽水专员公署通讯班使用。20世纪80年代初，松阳境内始有私人摩托车，多为“嘉陵”“轻骑”等轻便型品牌。1982年末，全县有各种型号摩托车22辆，多为公务用车。至1990年末，全县有摩托车224辆，其中私人拥有111辆，另有三轮货运摩托车7辆。

20世纪90年代，松阳县城乡摩托车拥有量逐年增加。至1996年，全县摩托车拥有量为1647辆。1997年以后，每年都以千数增长。尤以1997年为最，全县摩托车拥有量4568辆，比上年增加2921辆。2006年以后，有挂外地牌照厢式三轮摩托车（又称“三轮汽车”）在松阳境内道路行驶。2010年，全县摩托车拥有量30000多辆。有残疾人专用机动车20余辆。

图9-26　手扶拖拉机（包朝龙 摄）

拖拉机　1968年，原遂昌县良种场（今松阳县农场）始有手扶拖拉机。1982年后，拖拉机拥有量逐年增加。到1990年，全县拥有拖拉机967台，其中大中型拖拉机6台、小型方向盘拖拉机34台、手扶拖拉机927台。之后十年，小型方向盘拖拉机（变型拖拉机）、大中型拖拉机（变型拖拉机）数量逐渐增多。

21世纪，随着农村道路交通迅速发展，大中型拖拉机（变型拖拉机）发展较快，手扶拖拉机只剩少量且主要从事田间作业，多从事公路货运。2004年，全县有拖拉机1147台，其中大中型拖拉机546台、小型方向盘拖拉机和手扶拖拉机共601台。2005年前后，挂外省籍牌照的拖拉机不断增多，挂本地牌照的拖拉机逐年减少。2010年末，全县拥有拖拉机360台，其中大中型拖拉机305台、小型方向盘拖拉机和手扶拖拉机共55台；松阳县境内拥有外省籍牌照拖拉机200余台。

1991～2010年松阳县机动车保有量一览表

表9-4-3-1　　单位：辆

年份	大客车	小客车	大小货车	简易机动车	手扶拖拉机	方向盘拖拉机	摩托车	轻便摩托车
1991	29	130	264	239	1117	46	298	46
1992	30	148	317	357	1120	36	348	59
1994	43	207	481	528	1120	30	1412	120

续表 9-4-3-1

年份	大客车	小客车	大小货车	简易机动车	手扶拖拉机	方向盘拖拉机	摩托车	轻便摩托车
1995	36	221	498	153	1149	28	1516	65
1996	34	221	775	231	1473	3	1647	88
1997	35	229	775	402	1190	3	4568	132
1998	34	379	552	398	808	314	6467	271
1999	36	412	601	233	660	652	9375	643
2000	100	271	317	—	663	673	5483	—
2001	137	323	453	—	1329	276	9305	—
2002	177	399	606	—	1177	435	12909	—
2003	190	585	802	74	964	539	17889	377
2004	197	817	987	80	601	546	23440	968
2005	203	1229	1186	97	465	501	27242	1481
2006	193	1836	1276	115	257	439	18799	1734
2007	238	2601	1578	119	215	441	33766	1958
2008	212	3367	1805	138	78	326	36014	2067
2009	214	4888	2138	136	73	344	38432	2136
2010	190	6489	2284	141	55	305	28009	2169

电动自行车 1997 年，松阳县始有充电蓄电池为动力的电动自行车行驶。此种车以电力驱动，电力不足时仍可人力踩踏。20 世纪 90 年代末，松阳县城已有电动自行车销售。21 世纪，各种品牌电动自行车相继进入松阳市场。2000 年末，全县电动自行车拥有量已愈百辆。电动自行车多为电动脚踏两用，最大时速约 20 千米，一次充电可以行驶约 30～40 千米。

电动车无须驾驶培训，能骑自行车者即可自如驾驶，无须缴纳养路费；对路况要求不高，田间地头均可驶入。康庄工程的实施，更为电动自行车在农村流行提供最可靠的通行保证，2008 年末，松阳城乡电动车拥有量超过 4 万辆。

2008 年 12 月，松阳县社会治安综合治理委员会办公室会同县公安、交通、建设、质监等部门及各乡镇，决定对全县电动车实行备案登记，成立松阳县电动车管理协会，以加强管理。2009 年 1 月 1 日，开始办理电动车登记上牌。至 2009 年 6 月 31 日，全县有 6593 辆电动车登记在册，其中三轮电动车 390 辆。2010 年 1 月，依据丽水市公安局《电动车防盗备案登记实施意见》，有关部门加大宣传力度，设立 21 个登记站上牌点。电动车牌照为白底红字“松阳·电动×××××”。至 12 月 25 日，已登记在册电动车 49500 辆。2010 年 11 月 25 日始，使用全市统一的牌照“丽水 J·XXXX”，白底红字，“J”代表松阳。

汽车客运

图 9-27 大客车到松阳(叶祖青提供 摄于1957年)

民国23年(1934),松阳至遂昌公路修成。民国24年5月,开通松阳至遂昌汽车客运,全程31.5千米,行程1.1小时,每日对开1班,由浙江省公路局经营。民国25年10月,松阳至碧湖公路修成。年末,遂昌—松阳—碧湖间汽车客运开通。因路窄弯多,为安全起见,以专线电话联系行车。民国31年3月,碧湖南山设汽车渡口,班线延至丽水。松阳至碧湖公路系"赶筑完成",又道路养护质量差,且历遭洪水毁损、战乱破坏,至民国38年,龙丽线松阳段汽车客运时断时续,行车不正常。

1951年,龙丽线全线修复。1953年4月,松阳至龙游客运班线恢复营运。1954年,全线客运渐趋正常。时,松阳汽车站下设古市、靖居口2个自设站,龙丽线松阳县境内自界首—堰头沿线设24个停靠站。

20世纪70年代,县道公路港大线、靖板线修成;乡道公路西屏至三都、至小竹溪,古市至谢村、至樟溪、至新处等相继修成,松阳县乡村公路网络初步形成,境内公路客运相继开通。1990年末,松阳客运站有营运客车24辆,始发班车38个班次,县际班线有松阳至杭州、金华、龙游、丽水、义乌、云和、龙泉、遂昌等,县内班线有县城西屏至玉岩、大潘坑(安民)、古市、板桥、下宅街(石仓)、三都(里庄)等。1990年,全县公路客运量129.86万人次,旅客周转量4594.20万人千米。

21世纪,"浙江快客"开通,龙丽高速公路建成,地处浙西南山区的松阳县融入以杭州为中心的浙江省三小时交通圈。至2010年,松阳县有始发上海、杭州、宁波、温州、丽水的直达快客,发往金华、衢州、龙游、义乌、柯桥、乐清、永康、云和、龙泉、遂昌等县市的长途班车;县内实现乡乡通客车,客车通村率87.8%。

2010年,全县公路客运企业2家,有营运客车122辆2482座,其中40辆为中高档空调客车;开通客运班线31条,其中省际班线1条,省内县市际班线16班,县内班线14条,日发班车294班,日发送旅客0.745万人次,全年运送旅客272万人,旅客周转量12461万人千米。

营运班线 1982年12月,古市至杭坑桥(庄后)客运班线开通。至此,时公社管理委员会(即今乡人民政府)驻地均有客运班车到达,松阳县实现乡乡通客车。

后因县内公路客运班车客源不足,加之燃油价格上涨,营运成本大幅提高,致使不少短途班线营运客车出现亏损。有西屏至斋坛、至小竹溪、至高亭,古市至樟溪、至谢村、至杭坑桥短途客运班线停驶;西屏至三都、至玉岩、至下宅街3条班线减少发车班数。

代之而起的是大批充作临时代客车的简易农用三轮车,投入县内公路短途客运市场。县城西屏镇老汽车站货运场、南门大桥北端、环城西路紫荆路口,古市镇老车站边广场、筱铺桥头等处,先后为农用代客车停车候车处。此类三轮车多"天目山"牌,故乘客都直呼为"天目山"。时按规定,载客"天目山"三轮车限载6人,车速不得超过每小时40千米。车主为招揽乘客,提高营运效益,多将车辆改造，车速提至最高可达每小时60千米，松阳县人民政府决定简易农用代客三轮车退出县内客运市场，先行开通西屏至古市城乡公交班线。

20世纪90年代，先后开通县城至岩西、至六都客运班线。后因客源不足，先后于2003年、2004年停驶。

1999年7月1日，简易农用代客三轮车全部退出松阳公路客运市场，松古线城乡公交开通。

西屏至古市城乡公交行车时间为6:00至20:00，每15分钟一班，双向对开，基本满足往返两地旅客的需求。初始为方便旅客，车内可带自行车。为保障乘客拥有安全舒适的乘车环境，2003年后，车内禁带自行车。

1999年，西屏至三都、至小竹溪、至高亭，古市至谢村、至庄后客运班线相继恢复营运。同年12月，开通西屏至东田源农村客运班车；2003年，停驶；2009年6月，恢复通车，班线由西屏至程路后村。1999年10月，竹源班线延伸至黄庄；2001年10月，延伸至后畲、大岭头；2009年，延伸至周岭根。2001年10月，三都班线延伸至毛源、呈回；2004年12月，延伸至尹源。

1999年2月24日，开通板桥至丽水客运班车，由松阳县长运有限公司和丽水市汽车运输集团有限公司分别投入1辆中巴营运，日发两班，松阳始发点为板桥车站。丽水始发初为丽水市老车站；2003年6月28日，迁至丽水汽车西站。

2000年9月5日，古市至赤寿乡大川农村客运班车开通。

2002年9月，江南公路松阳至古市筏铺客运班线试运行。10月10日，正式开通松阳至筏铺客运班线。次年，江南公路客运全线贯通。江南公路连通西屏、叶村、斋坛、樟溪、古市、新兴等6乡镇，终点为新兴乡大石村。

2003年6月1日，松阳至玉岩开通“绿谷巴士”直达快车，日发10班，全程54千米，行驶时间约为1.5小时，营运车辆全部为全封闭宇通牌中型客车。

至2007年，松阳至丽水、至遂昌、至玉岩班线均已实行公车公营。至安民班线延伸至安岱后、李坑，游客可直抵箬寮景区。

2005年7月1日，新增一辆松阳至碧湖班车，开始试运行。为保证车辆安全运行，班车每天须在松阳客运中心站参加例检。日发4班，早上第一班从松阳始发，下午末班从碧湖发往松阳过夜，其余班次均在象溪至碧湖区间运行。

2004年，实施“康庄工程”。2006年，松阳县长运公司在谢村乡开通全县第一辆“康庄小巴”，经营大岭根—谢村—南坑间的乡村客运。营运线路为道惠口—排居口沿线。初，班线定时发车开行，后因客源不足，改由电话联系临时发车。“康庄小巴”营运范围为本乡镇康庄公路所及村庄。松阳县401个行政村有352个村开通客运班车，农村客运班车通达率87.8%。

2009年11月4日，松阳县第三运输有限公司在裕溪乡开通康庄小巴，营运范围为裕溪乡境内康庄公路所及村庄。2009年11月19日，松阳县长运有限公司在望松乡开通康庄小巴，营运线路为县客运站始发经工业园、草塔村、吴弄村、六都村、六都源口村。至2010年末，全县原有的6辆康庄小巴有5辆退出客运市场，松阳县第三运输有限公司裕溪康庄小巴尚在运行。

2010年松阳县汽车客运班线一览表

表 9-4-3-2

班线	里程（千米）	日发班数（班）	座位数（个）	全程标票价（元）	开通年月	营运公司
松阳—上海	544	1	36	178	1992.06	松阳长运有限公司
松阳—宁波	440	1	36	130	1994.05	松阳长运有限公司
松阳—大荆	251	2	40	68	1994.08	松阳长运有限公司
松阳—杭州	293	6	234	110	1988.03	松阳长运有限公司
松阳—柯桥	314	2	60	87	1994.06	松阳长运有限公司
松阳—温州	199	6	234	78	1982	松阳长运有限公司
松阳—义乌	188	3	90	47	1982.12	松阳长运有限公司
松阳—龙泉	151	2	47	50	1982.12	松阳长运有限公司
松阳—金华	126	2	66	34	1985.01	松阳长运有限公司
松阳—永康	108	2	55	39	1998.11	松阳长运有限公司
松阳—衢州	128	4	40	42	1994.08	松阳长运有限公司
松阳—龙游	98	8	136	25	1953.04	松阳长运有限公司
松阳—遂昌	32	43	731	9.5	20世纪60年代初	松阳长运有限公司
松阳—云和	85	2	38	23	1982.12	松阳长运有限公司
松阳—丽水	72	24	936	25	1942	松阳长运有限公司
松阳—高亭	74	5	90	18	1982	松阳长运有限公司
松阳—玉岩	61	10	250	15	1982	松阳长运有限公司
松阳—安民	54	5	90	14	1982	松阳长运有限公司
板桥—丽水	45	2	380	12	1999.02	松阳长运有限公司
松阳（象溪）—碧湖	25	4	72	13	2005.07	松阳长运有限公司
松阳—大石	25	20	340	5.5	1982	松阳长运有限公司
古市—谢村	17	6	76	6	1998.02	松阳长运有限公司
松阳—四都	15	4	114	5	1982	松阳长运有限公司
古市—新处	13	6	76	5	1998.02	松阳长运有限公司
松阳—古市	12	63	1323	3.5	20世纪50年代	松阳长运有限公司
松阳—板桥	39	27	459	10	2003.06.01	松阳三运公司
松阳—下宅街	28	10	170	7	2003.06.01	松阳三运公司
松阳—三都	17	10	68	5.5	1999.06.01	松阳三运公司
松阳—竹源	19	10	38	3.5	1998.06.01	松阳三运公司

续表 9-4-3-2

班线	里程（千米）	日发班数（班）	座位数（个）	全程标票价（元）	开通年月	营运公司
古市—大川	13	7	13	3	2003.06.01	松阳三运公司
松阳—程路后	23	2	34	6	1999	松阳三运公司

说明：1.松阳—安民班线延伸至安岱后、李坑

2.松阳—程路后班线 2003 年停运，2009 年恢复通车，延伸至程路后

客运出租汽车　1994 年 10 月，有私人筹资 8 万元，新购 2 厢式 5 座夏利轿车 1 辆，挂靠松阳县长途汽车运输总公司，经营客运出租汽车业务，进行试营运。11 月 1 日，正式投入营运。至 1995 年 6 月，松阳县客运出租车增至 3 辆，均挂靠松阳县长运公司。时，出租汽车运价为县城内 5 元起步，县城外以往返 1.5 元/千米计价。多停靠汽车站站前广场，定点发车。2006 年 11 月，原车站路 13 号老汽车站站房拆除，改造为出租汽车候客停车场。

1996 年，有建德市某个体经营者引进 10 辆昌河牌小型面包车，挂靠松阳县长途汽车运输（集团）有限公司，拟开通松阳县城区公共交通。此 10 辆昌河牌面包车车身通体黄色，市民都直呼其为“黄面的”。2001 年，“黄面的”全部退出松阳县客运市场。

至 2001 年，全县有营运出租汽车 21 辆，组建为松阳县长运公司出租车队。2005 年 4 月，出租车队改组为松阳县长运公司出租车分公司，分公司有客运出租汽车 21 辆，货运出租汽车 12 辆。

中小学生周末班车　20 世纪 90 年代，松阳县教育行政部门对全县中小学布局进行调整，先后撤并山区乡镇中学，学生分别转入大东坝、玉岩、古市和县城西屏等地中学入学。为保证学生安全及时回家、返校，1999 年 10 月 25 日，县公路运输管理所、松阳长运公司率先与城南中学签订周末学生接送安全协议。10 月 29 日，首班学生接送班车正式开通。

2000 年 8 月，就古市、城南、大东坝等 3 所联办中学周末学生班车实施方案，校方与县运管部门、运输企业达成一致。城南中学有至小竹溪、黄庄、大岭头方向班线，古市中学有至谢村、新处方向班线，大东坝中学有至安民、下宅街方向班线。

2003 年 8 月，松阳县民族中学成立，学生周末接送班车同时开通，有至大东坝、裕溪、板桥、三都、四都方向班线。2003 年，城南中学先后增开至叶村、斋坛、水南环片方向班线。2008 年，古市中学增开至樟溪、赤寿方向班车。

2006 年 9 月，正式开通小学生周末接送班车。由县教育局分别与县长运公司、县第三运输公司签订合同，保证安全接送学生。

2010 年，全县有学生周末接送班车 62 辆、1242 座。由松阳县长运有限公司客运分公司和松阳县第三运输有限公司承担周末接送班车的任务。

旅游交通客运　松阳县为丽水市建置最早的县份，自然景色秀美，文化积淀深厚，旅游资源丰富。县境内有全国重点文物保护单位 1 处、省级文保单位 4 处、县级 16 处，国家 AAAA 级旅游风景区 1 处，省级历史文化名城 1 处，省级历史文化保护区 1 处、省级历史文化名村 2 处。县城有客运

班车直达或途经各旅游景区（点）。自驾车旅游者通过县境内的公路网，均可驾车抵达。西屏至延庆寺塔公路即西延线为县境内唯一的旅游专用线路，长 2.7 千米。

2010 年松阳县主要旅游景点交通线路表

表 9-4-3-3

旅游景区（点）	县城出发行车线路	有无班车抵达
延庆寺塔	西延线（县城—抵达）	无
双童山（双童积雪）	西水线　水南环片公路（县城—水南—南山）	有
黄家大院	古青线　马乌线（县城—马桥—抵达）	无
卯山国家级农业观光园	①古青线　通村公路（县城—古市—抵达） ②龙丽线　通村公路（县城—古市—抵达）	无
内孟省级历史文化名村	①古青线　古谢线（县城—古市—内孟） ②江南公路　古谢线（县城—泉庄—内孟）	有
界首省级历史文化名村	龙丽线（县城—界首）	有
箬寮原始林景区	龙丽线　港排线　安弓线　下马线 （县城—港口—弓桥—下马坑—李坑，抵达景区）	有
安岱后省级红色旅游经典景点	龙丽线　港排线　弓安线　双安线 （县城—港口—弓桥—双坑口—安岱后）	有
石仓省级历史文化保护区	龙丽线　港排线　汶石线（县城—港口—汶水口—抵达）	有
板桥畲乡风情	龙丽线　靖板线（县城—靖居口—板桥）	有
竹溪上元祭祀风情	西小线（县城—大竹溪—小竹溪）	有

说明：1. 界首省级历史文化名村有至遂昌客运班车经过

2. 石仓省级历史文化保护区有至云和客运班车经过

公路货运

一般货物运输　民国 23 年（1934），松遂公路修成，即有松阳县城阙桐斋购置胶轮手拉车 12 辆，从事松阳—遂昌间公路货运。次年，汽车客运开通，有载客汽车搭载货物。民国 36 年，始有龙游车商货运汽车偶经古市、松阳等地搭载零星货物。

1950 年，浙江省交通公司调派客货两用汽车 4 辆，行驶龙游—遂昌—松阳—丽水之间，以客运为主，有多余运力则兼办货运。货运调度由龙游管理站安排执行，实行“统一货源、统一调配、统一运价”。

20 世纪 50 年代末，松阳县公路货运仍以手拉车运输为主，但汽车货运量逐年增加。

1950～1959年松阳县手拉车、汽车货运量比较表

表 9-4-3-4 单位：万吨

年份	手拉车货运	汽车货运	年份	手拉车货运	汽车货运
1950	0.085	0.02	1955	2.55	1.08
1954	4.08	0.04	1956	2.57	1.48
1952	4.08	0.047	1957	3.44	2.79
1953	3.66	0.71	1958	5.65	2.77
1954	2.21	0.91	1959	4.65	3.33

1990年，全县有个体货运汽车37辆，挂车24辆。是年，松阳县汽车货运量24.40万吨，货运周转量3281.37万吨千米，总运输量中个体运输户运输量约占30%。

20世纪90年代前后，松阳农村千余辆手扶拖拉机在农闲时从事公路短途运输，一度成为松阳县短途运输的主要工具，1982年，全县手扶拖拉机从事经营性运输的占63%，1987年占87.14%，1989年达97.7%。

20世纪90年代，松阳县私人资本投资从事公路汽车运输的渐多。21世纪，松阳县第三运输公司、松阳县天虹汽车运输公司相继成立。

2010年，全县汽车货运完成货运量423万吨，货运周转量80310万吨千米。

1991～2010年松阳县客货运输一览表

表 9-4-3-5

年份	客运量（万人）	旅客周转量（万人千米）	货运量（万吨）	货物周转量（万吨千米）
1991	130.7	5066.6	38.27	4379.2
1992	124.3	6105	33.9	4138
1993	78.0	3895	31.4	3446
1994	175	8697	122	8087
1995	145	10053	133	12063
1996	166	12060	149	13630
1997	156	10390	146	13947
1998	145.54	10188	198.44	12668
1999	297	12815	143	10695
2000	363	13082	180	12665
2001	295	13526	271	14050
2002	303	14226	187	12155

续表 9-4-3-5

年份	客运量（万人）	旅客周转量（万人千米）	货运量（万吨）	货物周转量（万吨千米）
2003	195	8700	184	11593
2004	267	10179	226	14471
2005	275	13254	226	14471
2006	160	11269	360	42531
2007	463	19107	285	20894
2008	235	10980	718	84126
2009	266	11683	769	91236
2010	271	12015	423	80310

危险品运输　松阳县公路运输的危险物品主要有汽油、柴油、液化石油气、医用或工业用氧气、烟花爆竹及民用爆破物品等。

1984 年，松阳县石油公司购置油罐车专事汽油、柴油等燃料油运输。1990 年，公司有油罐车 5 辆，年运输燃料油 3800 吨，满足县内市场需求。

2000 年，松阳县民用爆破器材专营有限公司配置民爆用品专用运输车 1 辆。2002 年 6 月，县民爆专营公司设立配送科，负责县境内民用爆破物品配送。2003 年，公司购进危险物品配送车 6 辆。

2001 年 2 月，松阳县长运有限公司控股的鸿运液化石油气公司成立。公司有危险品运输车 2 辆，专事液化石油气配送。2003 年 5 月，公司成立危险货物运输车队，有危险货物运输车 13 辆。2010 年 4 月，公司车队有危险物运输车 39 辆、175.85 吨，其中罐式车 10 辆，厢式车 13 辆，其他车辆 16 辆。

中石化松阳石油分公司有油罐车 1 辆，专事松阳县境内公司所属加油站燃料油配送。中石油金华分公司丽水片区负责松阳境内中石油所属加油站油品配送。

松阳县从事危险品爆破品运输的企业需持有危险品运输资质的许可证。从业人员根据不同工作岗位作业要求，定期参加公安交警、消防、安全监督、运输管理等部门组织的相关培训，取得相应岗位的上岗证书，始得上岗作业。所有从事危险货物民爆物品运输的车辆每年按时通过公安交警、运管等部门验审，车况良好始得上路营运。危险品运输车辆上须有“危险品”字样的明显标识，配有随车押运员。

各危险品运输单位严格遵循安全操作规范，至 2010 年，松阳县未发生危险品运输车辆交通安全事故及其他安全责任事故。

2010 年，松阳县工业园区建成大型贮气基地，布设输气管道，向园区内企业集中统一供气。

第四节 物流与仓储

物流

松阳县自有公路客运以来，乘客可凭有效车票随车托运不超出规定重量、大小的行包。无客票托运小件物品，也由车站行包房办理，运价比凭票托运稍高。目的地仅龙游、丽水、遂昌及松阳县内古市、靖居等地。

20世纪80年代，汽车运输企业（专业户）开始承接去往邻县（市）的定向货物托运。个体车主和个体工商经营户会在路边置放简易广告牌，标明有载重若干吨货车可发往何地或有若干吨何种货物欲发往何地。货主车主双方接洽后，议定相关托运事宜，签单后即可成行。

1994年，松阳县城新建小商品市场开放，义乌、永康、柯桥方向不定期包车托运增多。松阳长运公司重新开通一度停歇的行包托运小件快运业务，2009年7月，建立小件快运网络，实行全省联网。

21世纪初，有个体运输户转而申办零担托运业务，从事县内外货物托运。规模小车辆少的托运站则往来货物经丽水中转，规模较大的企业则直接承揽省内各地及苏、沪等地直达托运。至2010年，县内多家托运企业可办理直达全国各地货物托运。

2007年，松阳县境内始有以化肥农药和农村放心店食品配送为主的物流配送。是年，松阳县公路运输管理所登记许可的物流网络配载服务部8家。2008年，登记注册9家。服务部从事小件快运、干线运输、货物信息发布等。

2008年，成立物流发展领导小组，确定由县运管所培育指导物流龙头企业，建立乡镇物流网络服务站，建设“配送＋寄递”的双向互动的现代物流新格局。

2008年10月，松阳县政府制定《县级以上物流基地和物流龙头企业做大做强的扶持方案》，松阳县工业园区物流中心被丽水市交通局确定为丽水市重点扶持交通物流基地，松阳县长运公司货运分公司为市级培育物流龙头企业，松阳县天虹汽车运输有限公司为市级重点联系物流企业。

自2010年以后，实行全县物流配送资源整合，建立县、乡、村一体化的城乡物流风络，以路路发物流有限公司和松阳永兴商贸有限公司、松阳友谊商贸配送中心3家联合构建“配送+货运”的双向互动的现代化农村物流新机制，对3家企业的车辆统一登记造册建档，统一管理、统一调度，以西屏、古市、玉岩、象溪、大东坝五镇，板桥、裕溪两乡为整合区域，将原有网点整合成16个站点。

2010年7月，浙江省道路运输管理局与松阳县人民政府决定共建城乡物流配送项目。浙江省道路运输管理局将松阳县城乡物流配送作为省农村物流配送示范试点项目，负责指导性、政策性和技术性工作，在项目建设上给予工作指导、服务咨询、政策扶持、资金补助，对项目建设进行督查。松阳县负责项目的具体建设和运营管理工作，做好项目的规划设计站点建设、设备投入、网站建设等相关工作。整合社会各类物流资源，逐步形成“管理信息化、服务专业化、合作多元化”的物流服务模式。

2010年9月，松阳县天虹物流服务有限公司经国家物流与采购联合会审核评定，被授予国家AAA级物流企业称号。是年，松阳县有交通物流企业18家（其中8家公司有汽车10辆以上），建成农村物流网络服务站73处。至年末，全县有物流配送企业24家，累计建成农村物流网络站124个，实现全县乡镇全覆盖。

2010年松阳县物流配送企业一览表

表9-4-4-1

企业名称	企业地址	开业时间
松阳县神州货运托运部	松阳县西屏镇	2004年11月
浙江路路发物流有限公司	松阳县西屏镇长虹中路	2006年8月
浙江天虹物流有限公司	松阳县车站路27号西首	2006年7月
松阳县安亮园区货物配载服务部	松阳县西屏镇新华路118号	2007年3月
松阳县飞翔快递服务站	松阳县新华北路58号	2007年4月
松阳县兄弟快运	松阳县西屏镇紫荆街152号	2007年4月
松阳县畅通物资运输经营部	松阳县茶叶市场2区	2007年4月
浙南茶叶市场有限公司物流集散中心	松阳县西屏镇长虹中路155号	2007年4月
松阳县圆通速递经营服务部	松阳县西屏镇新华北路36号	2007年6月
松阳县伟业货物运输服务部	松阳县西屏镇北山路12号	2007年10月
松阳县韵达速递经营部	松阳县西屏镇新华北路108号	2008年3月
松阳县诚言托运部	松阳县大马公路古青路	2008年7月
松阳县先锋货物配载服务部	松阳县小商品市场边18-19号	2008年8月
松阳县利民货物配载服务部	松阳县小商品市场18号	2008年9月
浙南茶叶市场有限公司物流集散中心	松阳县西屏镇长虹中路155号	2008年9月
松阳县伟军货物配载部	松阳县叶村寺岭下综合楼	2008年10月
松阳永兴商贸有限公司货运站	松阳县西屏镇长虹东路77号	2008年11月
松阳县大地农资有限公司配送中心	松阳县古青公路边（原陶瓷厂）	2008年11月
项雪芬货物配载部	松阳县长虹西路87号	2008年11月
松阳县汇通货物配载中心	松阳县西屏镇新华北路107号	2009年4月
松阳县园区兄弟货物配载中心	松阳县望松乡马桥下油站对面	2009年5月

仓储

计划经济年代，松阳县的粮食、商贸、物资、供销等部门各自建有仓储用房（仓库）。随着经济体制改革的逐步深入，商贸流通领域全面开放，国营集体商业企业经营模式更趋灵活，原有专储库房利用率降低。商业体制改革后，原有仓储用房大多改作他用。2003 年，由松阳县长运有限公司投资兴建浙南茶叶市场，始有物流仓储用房建设。

松阳县长运有限公司物流中心（浙南茶叶市场）分两期建成。

一期工程：2003 年 1 月征地，2004 年 10 月竣工验收并投入使用。建筑面积 1.2 万平方米，交易仓储用房 102 间。

二期工程：2008 年 8 月竣工验收，建筑面积 1.8 万平方米，交易仓储用房 96 间。

2009 年 10 月，开工建设物流仓储和金融服务中心。建筑面积 4825 平方米，物流 12 间、仓储 13 间、金融服务中心 5 间。

浙江天虹物流有限公司、松阳县永兴商贸有限公司和松阳县友谊配送中心的物流仓储用房正在规划中。

第五章 公路养护管理

民国23年（1934），松阳县始设道班，属浙江省公路第四区管理处（丽水）管辖。民国25年，改属丽水工务段丽浦工务办事处（龙泉）管辖。民国27年2月，改由丽温工务办事处代管。民国28年，碧（湖）龙（游）全线贯通，在遂昌金岸设碧游工务段，道班改属碧游工务段管辖。民国35年，设松阳工务段，属浙江省公路局管辖。民国36年，遂昌金岸至丽水南山改属龙泉工务段，松阳设监工所，有领工员、道工。民国37年，实行民众养路。

1950年4月，松阳县人民政府建设科组织临时道工养护松阳至金岸段公路。是年9月，龙松公路办事处监工所，编为第四道班。1951年，设古市领工区；12月，改称松阳领工区。次年5月，改为松阳工区。1957年1月，改称第四工区。1958年，实行运养合一，松阳工区第六道班改称103道班。

1982年1月，松阳县恢复县置。7月，设松阳公路段，属丽水地区公路总段管辖。1984年，设松阳县县乡公路管理所；1999年，松阳公路段改称松阳县公路管理段。

2000年，松阳县公路管理段下设公路养护站，养护站站长由公路段任命。是年5月，推行以养护站为单位公开招标，中标者为养护站站长；养护工作实行四包，即包工、包料、包经费、包完成好路率指标，承包期2年。

2003年1月，县乡公路管理所和县公路管理段合并、公路管理和路政管理合并。

公路养护从公路管理中分离后，设立松阳县三鑫公路工程有限公司，承担省道、县道的专业养护及大中修工程。公司所属养护站实行内部招标承包，承包期3年。2008年，三鑫公司撤销边远山区养护站，公路养护转而由有养护经验的当地农工承包。

第一节 公路分级养护

专业养护

专业养护向由松阳公路段承担。至1990年末，松阳公路段下设道班11个，养护里程132.5千米，其中省道79.3千米、县道46.7千米、乡道6.5千米。

2003年，公路管理体制实行改革，县乡公路管理所并入松阳县公路管理段，另成立松阳县三鑫工程有限公司，负责公路大中修等养护工程实施。全县设立养护站10个。养护里程为271.408千米，其中省道69.538千米、县道197.7千米、乡道4.17千米。

另有隧道养护站，管养省道上松线K75+880～K84+000，县道召寨线K0+000～K12+167，共计20.28千米。

县乡养护

1984年，设松阳县县乡公路管理所，下设道班22个，管养县乡公路。

至1990年末，松阳县县乡公路管理所养护里程为175.69千米，其中县道52.95千米、乡道122.74千米。

22个道班全部采用以班组承包为主的承包方式，对所承包公路路段实施养护。

按照《中华人民共和国公路管理条例》规定，1993年7月1日始，乡道的养护管理落实到乡镇人民政府，县乡公路管理所负责部分县道养护管理工作。

乡镇养护

2003年末，松阳县康庄工程建设全面铺开。2005年，松阳县政府制定《松阳县康庄公路养护管理办法》（简称《办法》）。《办法》规定，各乡镇人民政府为乡道公路、康庄公路管理养护的责任主体，县级人民政府、交通主管部门、公路管理部门，按照检查考核办法对其养护工作进行检查、监督、指导、考核，按考核结果下拨补助养护经费。2008年，各乡镇相继成立农村公路养护管理站，聘请路政协管员，协管员由各乡镇分管交通的领导担任。至2010年，全县有乡镇公路养护人员100余人。

2009年12月，松阳县人民政府制定《松阳县农村公路养护管理办法》，明确规定乡镇人民政府承担农村公路养护管理的具体职责和义务。

2010年，松阳县公路管理段提出开展“白露节·养路日”活动。松阳县委、县人民政府，决定将每年白露节气定为全民义务养路活动日。9月8日（白露节）上午，召开松阳县农村公路“白露节·养路日”活动启动仪式。

第二节　公路养护管理业务

路面养护

松（阳）遂（昌）公路修通，沿线设监工员管理道工养护公路，10名道工组设一个道班，人均养护1.83千米。道工以人力从事简单养护。1949年10月，金岸工务段，负责龙（游）南（山）线养护。1955年，松阳县布置民工义务建勤采运路料，试用“道群共养”模式。1956年，松阳工区第六道班被评为全国交通系统先进生产单位。

1958年，103道班（原第六道班）开始以畜力（牛）代替人力匀砂、回砂。103道班被评为全国先进道班。1970年12月，古市道班首次使用175型手扶拖拉机从事养护作业。至1994年，全县专业养护道班都配上手扶拖拉机，公路养护开始逐步走向机械化作业。至2008年，全县专业养护站全部实现机械化养护。

2005年末，真（真武桥）小（小吉）线水泥砼路面工程完工，松阳县乡道公路路面等级全部达到高级、次高级标准。

随着公路建设事业发展，公路养护技术不断进步，已从单纯的路面养护，发展为包括交通量调查、公路路况登记（包括路线、桥梁、隧道、涵洞等）工程检验与验收、公路定期检查的公路养护技术管理。

交通量调查

1959 年，103（古市）道班开始进行交通量临时调查。1979 年，境内设古市、港口两个观测点，对龙南公路进行定期定点间隙性行车密度观测。1986 年，古市观测点迁西屏，港口观测点撤销，在省道松武公路邵山设置观测点。

西屏观测点位于金山脚 3 号西屏道班内，有观测室 8.8 平方米，每月 15 日晨 6 时至次日晨 6 时，24 小时连续观测登记，内容为汽车和混合车辆，代表龙南公路西屏观测点交通流量。

1993 年，车辆观测点移至青蒙村，位于龙丽线 89K+000 左侧。1993 年，改人工观测为 TAM-JB 型交通流量收集仪间隙式自动观测。2009 年 11 月，西屏观测点移至西屏路政中队即龙丽线 89K+700 处，安装全自动连续式交通流量信息识别系统。

邵山观测点位于上松线邵山道班内。2001 年，召山观测点移至寨头岭隧道管理站即上松线 81K+200 处右侧站房内，采用间隙式自动观测。2009 年 11 月，观测点移隧道管理站新站房内，改为自动连续观测。

省道观测每月 2 次，时间为每月的 5 日和 20 日，24 小时观测数据。县乡道为每季一次，时间为 2 月 5 日、5 月 10 日、9 月 5 日、11 月 5 日。1982 年，县乡公路段在大东坝道班设观测点。1987 年以后，养护里程 5 千米以上设公路交通量观测点。1990 年末，县乡公路有交通量观测点 10 个。之后，县道、乡道交通量数据仍由人工采集。

1990～2010 年松阳县境内省道公路交通量一览表

表 9-5-2-1

年份	观测点名称及编号		年份	观测点名称及编号	
	寨头岭、邵山观测点 S220J206331124	青蒙（西屏） S222J206331124		寨头岭、邵山观测点 S220J206331124	青蒙（西屏） S222J206331124
1990	255	1450	2001	331	3175
1991	228	1411	2002	498	5050
1992	272	1589	2003	672	6450
1993	331	1998	2004	542	4669
1994	232	2733	2005	449	4549
1995	408	2591	2006	872	8987
1996	245	2755	2007	938	9557
1997	230	2701	2008	890	6661
1998	254	2654	2009	1086	6024
1999	162	3438	2010	1330	6824
2000	440	2930	—	—	—

1990～2010年松阳县县乡道公路交通量一览表

表 9-5-2-2

观测点编号	桩号	代表里程	1990年	2000年	2003年	2004年	2005年	2006年	2007年	2008年	2009年	2010年
汶水口 X301J010331124	K33+000	17.644	299	—	568	339	567	811	1035	947	486	918
靖居口 X502J010331124	K89+359	18.863	296	304	382	540	768	1256	1386	1369	1296	1408
二滩坝 X701J010331124	K16+000	46.793	565	564	742	962	1244	1351	1413	2156	1090	1730
新 兴 X702J010331124	K4+300	16.671	674	—	746	1122	2098	2865	3205	3155	3452	3572
山 徐 X703J010331124	K6+000	12.786	306	—	69	137	243	574	649	441	215	463
石 角 X704J010331124	K1+000	16.686	267	—	380	428	613	973	711	811	184	190
叶 村 X706J010331124	K5+300	18.94	—	—	1388	1702	3953	4394	4385	4162	3856	4347
排居口 X707J010331124	K4+800	29.37	—	383	504	505	902	1060	924	960	356	468
下 包 X708J010331124	K2+000	12.167	—	—	102	105	224	172	278	267	420	226
王 村 X709J010331124	K10+000	18	—	—	1864	2455	3818	4422	4153	4553	3429	2233
丁旺山 X701	K5+000	15.813	664	—	485	476	405	467	482	467	420	414
象溪 Y702	K1+000	6.125	399	—	57	42	38	—	84	82	85	93
瓦窑头 Y703	K2+000	10.214	525	—	734	587	755	809	2697	2274	2185	2073
外大阴 Y704	K1+000	6.097	—	—	108	78	98	112	519	383	336	318
双坑口 Y705	K1+000	10.985	—	—	113	96	154	126	523	455	205	209
真武桥 Y708	K1+000	12.789	—	—	45	32	41	72	124	120	113	112
潘连 Y710	K1+000	10.869	764	—	255	296	347	399	1797	1733	1655	1736

OD 调查

OD 调查形式为现场访问式，即停车调查，询问司机及同车人员汽车出发地、目的地、货运量情况。

2004 年，松阳县公路管理段分别对 OD 调查和交通量调查人员进行培训。11 月 3 日，在指定地点 50 省道 90K+300 青蒙收费站处开始调查。交通量调查时间为当日上午 8 点至次日上午 8 点，共 24 小时；OD 调查时间为上午 8:00 点至 20:00。调查数据及时整理上报。

2010 年 11 月 30 日 7 时开始，松阳县公路车辆起讫点情况（OD）及交通量调查工作全面开展。松阳县境内设 8 个调查点，分别是龙丽高速公路古市、松阳、象溪收费站，50 省道乌井、双坑口，44 省道上松线寨头岭隧道口，县道港（口）排（居口）线大东坝、乡道弓（桥）大（潘坑）线安民。调查时间为 11 月 30 日上午 7 时至次日上午 7 时，OD 调查采取 12 小时连续式调查，交通量调查采取 24 小时连续式调查。调查方式为人工调查。

公路调查

公路调查又称公路路况登记。

1991年，开展全省县乡公路专项调查。松阳县县乡道专项调查自1991年8月开始，10月底结束。调查县道8条，原长142.59千米，实长142.96千米，长链370米。乡道14条，原长86.6千米，实长86.62千米，长链20米。

第二次全国公路普查自2001年6月开始，10月结束。调查总里程340.818千米，其中省道公路两条为龙丽线和上松线，路线长度69.538米，桥梁29座，隧道1座。县道10条，路线长度172.07米，桥梁44座，隧道1座。乡道15条，路线长度84.29千米，桥梁18座。专用公路4条，路线长度14.92千米，桥梁1座。村道55条，203.559千米。

公路绿化

民国24年（1935），松遂公路开始绿化，由道班负责种植和管理，地方政府负责保护。1953年3月，松阳县人民政府制定植树计划，开展群众性栽植公路行道树。1956年，公路绿化交由沿线农业生产合作社管理。1964年，改为道班管理和群众管理相结合；1979年，实行国造国有。1981年，设置兼职绿化管理员，实行绿化专管。1988年末，专业养护公路除改建路段外，各线路宜林地段全部绿化。县乡道公路多山区越岭地段，采取就地留养或零星种植，至1990年，已绿化26千米。

1982和1986年，松阳公路段连续获“浙江省绿化先进单位”的称号。

县乡公路绿化由县乡公路管理所负责种植和管理。1995年，县乡公路管理所对县道港排线实行公路绿化。1996年，从石（仓）汶（水口）线开始，实行县乡所提供苗木，乡镇负责种植，逐年增植、补植。

至2010年，县境内省道、县道公路已按公路绿化标准，实现公路绿化全覆盖。乡道公路部分路段完成绿化，残缺较多。通村公路由所在村负责实施，有少数路段完成较好，尤以水南环片公路为最。

苗圃

1957年12月，松阳工区（第四工区）在西屏车站东北200米处当地名为破樟树的地方建立苗圃，占地11亩，职工3人，属西屏道班管辖。当时曾办征地手续，“文化大革命”期间相关征地资料无处查找。1972年，苗圃用地被当地生产队收回。

1976年12月，潘村苗圃在水南公社潘村大队瓦窑山上建立，占地50亩。1980年开始供苗。1982年，省公路局在潘村苗圃召开全省绿化育苗工作现场会。1986年，潘村苗圃被评为浙江省公路绿化先进集体。

1987年10月，松阳县县乡公路管理所筹建丁旺山苗圃；1990年始，陆续向全县县乡公路供应苗木。

公路生态保护技术研究

2004年康庄工程实施以后，一度存在对生态环境注意不够，甚至忽视对当地生态环境保护等现象。为达到既保证康庄工程的建设质量，又能最大限度地保护项目地的生态环境。松阳县交通勘察设计所和浙江省地质矿产研究所、松阳县应用科技研究所合作，于2006年开展“山区康庄工程建设中的生态保护技术研究”。设计所投入80多万元资金购进相关的实验设备、材料、交通工具，组织技术人员调查第一手技术资料，提供研发资金，用于康庄工程的生态环保设计，浙江省地质矿产研究所研究开发在不增加造价的前提下，提供生态、环保的废渣处理方案；提供高边坡地段减少塌方，增加稳定性的设计、施工方案。

《山区康庄工程生态保护技术研究》主要内容包括边坡处理和废渣处理两个方面。对边坡处理：推行机械化施工，减少采用爆破对地层的扰动。选用种植适合当地条件、自然环境、价格低廉的边坡绿化及加固植物，如爬山虎，扶风藤、香草根等。加强现场地质勘察，选择以工程量最少、投资最经济的线路方案。对沿线开山石料丰富的地形，高边坡处的路基边可设置小矮墙，以确保路基的稳定性。下边坡防护加固采用竹签结合贴草皮的方法，以确保下边坡稳定。对废渣处理：根据地形条件及自然环境，就近指定集中堆放废渣的地点；对废渣堆放过的边坡进行处理，对返回恢复部分农田或山地及时进行绿化。对开山石料，采用相对的路面结构形式，就近取料利用，减少石方废渣的弃堆；在施工时，纵向开挖，减少放炮，尽量避免石方向下边坡滚落，造成植被破坏。

此项技术的推广应用，使松阳县康庄工程建设对沿线生态的破坏降低到最小限度，提高工程质量、降低工程造价，取得良好的社会和经济效益。

《山区康庄工程生态保护技术研究》获2007年松阳县人民政府科技进步二等奖。

路政管理

民国时期，松阳县未设专门路政机构，由公路沿线乡村就近照顾，发生破坏事件由警察部门处理。

1949年后，松阳县人民政府经常组织群众护路护桥。1961年，境内各区设立交通管理站，路政管理列为职责范围，然尚无切实有效措施。20世纪60年代末至70年代初，成立临时统一指挥机构，颁布加强交通管理的通告。

1987年4月，松阳公路段设立专职公路公安民警1人，与遂昌段联合办公。1990年11月，成立松阳路政管理队，由公路段副段长任队长，县乡所副所长任副队长，路政队有队员5人。1999年8月，松阳路政队更名为松阳公路路政管理大队，大队长由公路段段长兼任，设路政专职副大队长，公路段专职路政队员4人，县乡公路管理所3人。2003年1月，松阳县公路路政管理大队内设路政科、路政办事窗口、西屏路政中队、象溪路政中队、玉岩路政中队，共有路政人员12人。2004年1月，玉岩路政中队撤销。同年设治超中队。

1993年，在松阳县人民法院的支持下，设立法院驻松阳公路段值勤室，一年后撤销。

2000年7月10日，在龙丽线K67+500即50省道上方路段设立临时治超点，检测超限车辆。2004年，经浙江省人民政府批准，在龙丽线北山大转盘边设立50省道松阳联合治超检查点。

2007年10月26日，经松阳县法制办公室、县机构编制委员会办公室审核，松阳县公路段具有实施行政许可主体资格。

2009年8月，松阳县公路路政管理大队迁址至西屏五村双坑口38号。

第六章　道路运输管理

民国前，松阳县向无专司道路交通管理的署衙和员吏。然道路交通并非全无规矩可循，民间多有约定俗成，自成规矩。“大路朝天，各走半边”即是最基本的道路交通规则。改革开放后，公路等级逐年提高，高等级公路有隔离带将公路分为双向车道，来往车辆各行其道，互不相扰；又据车速不同分为快车道、慢车道。

松阳民间还有许多不成文的一定之规，究其实质，也属道路交通管理的范畴。山区农民进山作业，上山的让下山的；无论平地、高山，道路上空手让挑担，轻担的让重担的。红白喜事，出行时燃放鞭炮、鸣号奏乐，除表示喜庆或哀悼外，也含有“请让通行”的提醒。官员出巡，开锣摆道，令行人“肃静”“迴避”，则完全是古代版的“交通管制”。每年农历“白露”日，松阳县各乡村民众自发开路、修路，则是最草根的“道路养护管理规则”，尤以山区民众最为认真坚守、履行义务。

民国 23 年（1934），松阳县境内始有公路交通，现代意义的交通管理随之同步出现。随着交通事业的日益发展进步，与之相适应的职能完备、分工明确的现代交通管理体制逐步形成并渐趋完善。尤其是改革开放 30 多年来，松阳县公路养护、运管稽征、港航监督、交通安全等部门各司其职，共同保障水陆交通安全畅通。

第一节　机动车辆营运及运价管理

机动车营运管理

1987 年前，松阳县境内机动车辆由松阳县交通监理所实施管理，交通监理所隶属松阳县交通局。1987 年 10 月，交通管理体制改革，设松阳县公安局交通警察队（后改称交通警察大队），管理松阳县境内有权管辖的机动车辆的登记注册、安全检验和驾驶人员的培训考试。客货运输车辆的道路运输许可由松阳县公路运输管理（稽征）所负责。1988 年，手扶拖拉机的管理由松阳县农业局农机管理站负责。

松阳县境内从事公路客货运输的车辆所有单位和个人，需向松阳县公路运输管理所提出申请，县运管所对申请材料进行审查，确认齐全有效后，由县运管所核发道路运输证，车辆始得上路营运。运输车辆停止营运，需向县运管所申请报停，县运管所及时收存报停车辆牌照及道路运输证。

车辆安全技术等级检测由松阳县交警大队车管所实施，道路运输证年度审验由市、县公路运输管理稽征所办理。县运管稽征所按有关规定，向在道路上行驶的机动车辆征收各种规费。

松阳县公路运输管理所负责县境内公路旅客运输、货物运输管理。

1993年，浙江省交通厅决定取消货车、客车跨省运输的有关限制，运输市场全面开放，境内道路货运由原来的运力审批、额度管理，转而为由运输市场自身调节。

20世纪90年代中期，县内客运市场一度出现运力大于运量的现象。1997年，松阳县制定《松阳县道路旅客运输市场秩序整顿意见》。1998年，制定《松阳县营运客车管理规定》，严格把好营运客车的报废、更新、新增程序，加快农用代客车退出客运市场的进度；制定《松阳县短途客运班线改造方案》。是年，县公路运输管理所在松阳县客运中心设运管站，驻站工作人员对客运中心实行现场监管。

2000年后，县运管部门加强运政管理，规范客运班线（班车）、出租汽车的经营行为。2002年，联合公安、工商、城建等部门，整顿县内客运市场非法经营行为。查处无证无照营运或伪造营运证件的小客车、小货车、客货两用车及驻点经营的异地出租车等有非法经营行为的车辆。

2003年，“绿谷巴士”客运开通后，按《丽水市道路客运“绿谷巴士”品牌管理办法》规定，所有营运客车“四统一”，即统一车辆标识、统一司乘人员服装、统一挂牌上岗、统一服务质量。每年2次对“绿谷巴士”班线进行考核。2003～2010年，松阳县尚无被责令退出“绿谷巴士”的客运班线（车辆）。

1991～2010年松阳县营运车辆一览表

表9-6-1-1

年份	载客车辆				载货车辆			
	汽车		其他机动车		汽车		其他机动车	
	辆	客位	辆	客位	辆	吨位	辆	吨位
1991	32	—	128	—	216	—	20	—
1992	30	—	165	—	260	—	23	—
1993	61	1548	34	334	315	2021	123	87
1994	74	1406	115	853	320	1818	21	32
1995	90	1662	112	858	344	2011	30	45
1996	108	1805	87	339	291	1944	7	16
1997	96	1828	58	520	303	1838	56	39
1998	109	2044	76	739	334	1863	75	58
1999	116	2115	85	852	301	1537	72	53
2000	128	2322	73	753	294	1553	22	23
2001	167	2708	21	230	319	1803	32	30
2002	159	2566	—	—	253	2043	43	43
2003	163	2566	—	—	378	1636	65	89

续表 9-6-1-1

年份	载客车辆				载货车辆			
	汽车		其他机动车		汽车		其他机动车	
	辆	客位	辆	客位	辆	吨位	辆	吨位
2004	155	2720	—	—	404	1988	70	77
2005	153	2660	—	—	454	2606	80	87
2006	149	2421	—	—	940	5525	377	405
2007	149	2717	—	—	1195	6015	378	491
2008	146	2402	—	—	1061	6648	54	75
2009	138	2592	—	—	1144	9477	43	58
2010	130	2338	—	—	1228	12737	39	40

机动车销售　松阳县机动车销售向由松阳县物资局机电设备公司经营。

20 世纪 90 年代初，松阳县中意摩托销售店开业。此后，遂摩松阳分公司、嘉陵、钱江、五羊、豪爵、五强等摩托车行先后开业。1996 年 5 月，浙江雷克工业公司在松阳开工投产，生产雷克系列踏板型摩托车，部分产品在松阳本地市场销售。

随着改革开放政策的推进，运输服务全面放开，国家不再对汽车销售实行专控，汽车销售从计划走向市场；经济的快速发展，城乡居民可支配收入增加，使小型乘用车（即通常所称小轿车）从单纯的公务消费逐步转而成为大众消费。21 世纪，松阳社会对小轿车的需求日增，购车者到上海、杭州等地购买。2003 年 5 月，浙江凯通汽车贸易有限公司松阳分公司开业，分公司经公司特许获准销售小轿车。此后，杭州、丽水等地多家汽车贸易公司在松阳开设分公司。2009 年，国家推行“汽车下乡”政策，对农民购买汽车实行补贴。纳入“汽车下乡”政策销售的汽车品牌有五菱、长安等。

2010 年，松阳县有 5 家汽车贸易公司获准许可经营汽车销售。高端大排量轿车、大型豪华客车、大吨位货车及各种特种车辆仍需到生产厂商或沪、杭等大城市购买。

2010 年松阳县汽车销售企业一览表

表 9-6-1-2

企业名称	经营地址	成立时间	备注
松阳县机电设备有限公司	西屏镇新华路 30 号	1999.05.14	不含九座以下乘用车
浙江天虹物流有限公司	西屏镇长虹中路 116 号	2003.04.04	五菱品牌汽车销售
浙江凯通汽车贸易有限公司松阳分公司	西屏镇长虹东路 2 号	2003.05.16	长安品牌汽车销售
松阳县金丰汽车销售有限公司	西屏镇长虹东路 143 号	2009.12.07	长安品牌汽车销售
松阳县万通汽车销售服务有限公司	西屏镇长虹中路	2010.04.30	东风风行品牌汽车销售

汽车租赁　汽车租赁原由道路运政管理机构管理，因《汽车租赁管理暂行规定》所定的经营许可条件严格，至2005年，松阳县尚无申请人办理汽车租赁经营许可。至2010年末，松阳县经工商行政管理部门审批办理营业执照的汽车租赁业户有6家。

2010年松阳县汽车租赁企业一览表

表 9-6-1-3

企业名称	经营地址	成立时间
浙江天虹物流有限公司	西屏镇长虹中路116号	2003.04.04
松阳县电力实业公司	西屏镇长虹东路31号	2009.06.26
松阳县鹏飞物流有限公司	西屏镇长虹中路313号	2009.08.12
松阳县金丰汽车销售有限公司	西屏镇长虹东路143号	2009.12.07
松阳县万通汽车销售服务有限公司	西屏镇长虹中路	2010.04.30
松阳县华阳汽车租赁有限公司	西屏镇水南村	2010.08.24

运价管理

松阳县货运价格、搬运装卸价格基本实行市场调节价。客运运价，遵照省、市物价和交通部门规定的基本运价，由县交通部门计算每条班线的票价，报县物价部门审定后颁布执行。

1992年12月25日始，执行省定汽车客货运运价。

1995年3月22日，为规范公路客运运价及相关收费管理，丽水地区物价局、交通局制定全地区公路客运运价费率。

其中基本运价为最高标准，可以下浮，不能突破；车辆通行费按甲类每客0.25元，二三类每客0.15元；票价全额加总后一次进整（保留0.5元，即二舍八入，三七改作五）；票价计算公式=[（基本运价+油贴+公建金）×计费里程]+地方站建金+通行费+夜班加成。

2003年1月1日，松阳县规定，春运期间，跨县（市、区）境的客运始发班车（不含县境内短途班车）的运价可以适当上浮，下浮幅度原则上不低于运输成本。

2009年5月1日，《浙江省道路班车客运价格管理暂行办法》（简称《办法》）规定，所有跨省、市道路客运班车票价全面下调，同时停止收取跨省、市道路客运班车公路建设基金、燃油附加费。松阳县20条跨县、市客运班线中13条线路票价下降，降幅在4%左右；有7条线路持平。《办法》对儿童半票范围作出调整，原“身高1.1米至1.4米的儿童需要购买半票”调整为“身高1.1米至1.5米的儿童需要购买半票”。2009年11月，调整儿童免票标准，身高1.2米以下不占座位的免票。

1995年5月9日，丽水地区物价局、交通局制定和规范丽水地区出租汽车收费标准，松阳县出租汽车也照此执行。其中，单程行驶超出10千米的，可加收30%返程空驶费，随车往返不收空驶费。夜间0时至凌晨5时，可加收20%的夜班加成。

2006年12月25日，出租车运价标准规定：起步价5元，起步里程2.5千米；起步里程后基本运价2元/千米；单程运驶超过8千米以上（不包含8千米）的，超过部分可按每千米运价加收50%的返程空驶费，随车往返不得加收返程空驶费，经双方协商可实行议价；夜间0时至凌晨5时营运，可按基本运价加收20%的夜班加成；在营运过程中因旅客原因要求车主等候的，可以免费等候5分钟，超过5分钟的，每5分钟折合1千米计费。

2010年松阳县客运出租汽车收费标准表

表9-6-1-4

类　型	基础里程	起步价	起步价后每千米
豪华型	4千米	8元	1.5元
普通型	4千米	6元	1.2元
面包车	4千米	5元	1元

第二节　站场管理

公路规费管理

公路规费包括公路养路费、公路运输管理费、公路建设专用基金等。1991年至2008年，松阳县还先后开征站场建设基金、车辆购置附加费、地方交通建设基金、高等级公路建设基金、公路客货运输附加费、教育附加费等公路规费。公路养路费是国家按照“以路养路、专款专用”的原则，向有车单位和个人征收的用于公路养护、修理、技术改造、改善和管理的专项事业费。

2009年1月1日开始，全国统一停止征收公路养路费，采用征收燃油附加税的方法募集公路养护经费。

1988年7月1日，松阳县开征公路养路费附加费；8月10日，开征客货运输附加费。征收标准均照省、市（地）标准执行。

1993年8月1日始，停止收取手扶拖拉机的养路费附加费。

1997年起，各地征收的客货运输附加费部分，专项用于山区县公路和机耕路建设。

2009年1月1日，实行税费改革，停征公路建设基金。原有征收公路建设基金的用途，统一由征收的燃油税中支出。

1985年4月2日，国务院决定设置车辆购置附加费作为公路建设专用资金来源之一。

道路管理体制改革前，车辆购置附加费由交通监理部门管理与征收。1987年车购费由县运管稽征所负责管理与征收。1997年5月，松阳县车辆购置附加费征收管理办公室设立，与运管稽征所合署办公。2000年，车辆购置附加费改为车辆购置税由松阳县国税局征收。

2009年1月20日至12月30日，对1.6升以下排量乘用车的车辆购置税实行减半收取，即从原来的10%降至5%。2010年1月1日始，在全县范围内实施由保险机构代缴摩托车车船购置税。

松阳县公路运管稽征所对汽车、拖拉机、摩托车的养路费及其他规费采取按全年、半年、季度、月征收，征收方式有车主上门缴纳及电话、短信、邮寄催缴单等。

1991～2008年松阳县公路规费征收情况表

表 9-6-2-1 单位：万元

项目/年份	合计	汽车养路费				公路建设基金			运管费	车购费	手拖、摩托养路费		
		小计	公路养路费	高等级基金	康庄基金	小计	客运	货运			小计	手拖	摩托
1991	199.91	127.70	106.50	21.20	—	27.80	4.10	23.70	15.61	3.90	24.90	23.70	1.20
1992	260.64	171.40	142.50	28.90	—	32.10	8.60	23.50	19.94	7.50	29.70	27.80	1.90
1993	543.59	321.00	274.40	46.60	—	121.70	47.50	74.20	42.29	24.70	33.90	30.90	3.00
1994	702.30	369.60	318.40	51.20	—	158.90	74.70	84.20	62.20	67.20	44.40	39.10	5.30
1995	768.26	407.85	348.92	58.93	—	180.03	84.02	96.01	68.83	60.24	51.31	45.46	5.85
1996	764.07	393.47	343.20	50.27	—	198.02	112.66	85.36	67.18	48.17	57.23	49.58	7.65
1997	817.44	361.21	317.05	44.16	—	250.92	153.65	97.27	53.21	92.88	59.22	48.15	11.07
1998	897.84	372.19	327.29	44.90	—	264.72	173.97	90.75	53.83	141.32	65.78	51.15	14.63
1999	852.35	386.27	340.51	45.76	—	272.34	181.47	90.87	46.51	78.59	68.64	52.74	15.90
2000	976.81	386.34	344.09	42.25	—	279.00	202.88	76.12	45.54	168.12	97.81	62.58	35.23
2001	1085.61	420.39	371.68	48.71	—	291.08	202.34	88.74	48.28	203.22	122.64	69.30	53.34
2002	1232.84	501.68	439.77	61.91	—	303.08	182.33	120.75	62.36	179.03	186.69	86.75	99.94
2003	1291.13	516.27	449.68	66.59	—	264.35	146.42	117.93	62.35	228.58	219.58	89.81	129.77
2004	1551.95	727.95	537.76	79.25	110.94	305.92	182.25	123.67	63.47	226.29	228.32	75.54	152.78
2005	1444.25	823.90	597.90	94.17	131.83	252.00	132.91	119.09	74.76	—	293.59	74.38	219.21
2006	1860.44	1149.21	826.10	134.63	188.48	274.47	122.55	151.92	121.49	—	315.27	76.88	238.39
2007	2556.32	1694.01	1208.44	202.32	283.25	333.02	123.98	209.04	161.74	—	367.55	79.51	288.04
2008	3135.46	2204.92	1568.63	265.12	371.17	377.81	120.98	256.83	197.30	—	355.43	73.35	282.08
合计	20941.21	11335.36	8862.82	1386.87	1085.67	4187.26	2257.31	1929.95	1266.89	1529.74	2621.96	1056.68	1565.28

客货运站场管理

松阳县客运中心　民国24年（1935）5月，始设松阳汽车站，站址位于松遂公路起点松阴溪边。次年迁城东瑞阳门，原车站称松阳汽车南站，隶属浙江省公路局。抗日战争期间改隶浙江省交通管理处，抗战胜利后由江山办事处管理。1949年后，松阳站先后隶属江山运输段、丽水运输段、金华运输段、龙游运输段。1971年，由龙游运输段划归丽水运输段，松阳站作为遂昌站下属的辅导站。

1982年复置松阳县。次年1月1日，复设松阳站，隶属浙江省汽车运输公司。1988年，松阳站改属浙江丽水地区汽车运输公司松阳分公司。1992年，分公司下放为县属企业，称松阳县长途汽车运输总公司（简称长运总公司），松阳汽车站属松阳县长运总公司。至1992年，省道龙丽线松阳县境段有古市、靖居口等2个自设站，县道港玉线有自设站玉岩站，均属松阳县长运总公司。

图9-28　松阳客运站（叶光铭 摄于2008年）

1998年11月，客运中心改称松阳县长运有限公司客运分公司，继续实行封闭式管理。下属古市站客货运业务正常，靖居口站、玉岩站房产已对外转让。

乡镇农村客运站　2007年，松阳县农村货运站、乡镇运输管理站和农村客运站组合，提高客运站的土地使用效益。已投入营运的各乡镇客运站均发售松阳中心客运站所有始发班线的客票。

图9-29　新处乡车站（叶光铭 摄于2006年）

至2009年，松阳县投入资金1000余万元，建成农村准四级客运站17个、货运站5个、农村运管站5个。运管站配备专职或兼职运管员，履行农村客货运站管理职责。

2009年10月28日，已投入营运的象溪农村客运站和松阳客运中心站实行计算机联网，至2010年，已投入营运的各乡镇客运站均发售松阳中心客运站所有始发班线的客票。

2010年松阳县农村客运站一览表

表9-6-2-2

项目编号	项目名称	占地面积（平方米）	建筑面积（平方米）	能力（人次/日）	站点等级	计划建设年限		批复概算（万元）	实际完成投资（万元）	已完工项目完工年份	组织实施单位
						开工年	完工年				
1	安民客运站	2000	200	300	准四级站	2005	2005	60	60	2005	安民乡政府
2	三都客运站	1800	151	200	准四级站	2005	2005	50	50	2005	三都乡政府
3	新处客运站	2334	200	200	准四级站	2005	2005	64.4	65	2005	新处乡政府
4	裕溪客运站	2000	240	300	准四级站	2005	2006	60	65	2006	裕溪乡政府
5	赤寿客运站	1400	240	300	准四级站	2005	2006	65	65	2006	赤寿乡政府
6	枫坪客运站	1200	399	200	准四级站	2006	2006	100	100	2007	枫坪乡政府

续表 9-6-2-2

项目编号	项目名称	占地面积（平方米）	建筑面积（平方米）	能力（人次/日）	站点等级	计划建设年限		批复概算（万元）	实际完成投资（万元）	已完工项目完工年份	组织实施单位
						开工年	完工年				
7	板桥客运站	1750	677.2	300	准四级站	2006	2006	70	83	2008	板桥乡政府
8	竹源客运站	2000	400	200	准四级站	2007	2007	83	83	2007	竹源乡政府
9	谢村客运站	1200	257.19	200	准四级站	2007	2007	75	75	2007	谢村乡政府
10	斋坛客运站	2599	1401.3	300	准四级站	2008	2008	200	160	2009	斋坛乡政府
11	四都客运站	1200	459.18	200	准四级站	2008	2008	65	75	2009	四都乡政府
12	樟溪客运站	2050	240	300	准四级站	2007	2008	108	108	2008	樟溪乡政府
13	新兴客运站	1350	457.58	300	准四级站	2007	2008	109	109	2008	新兴乡政府
14	大东坝客运站	800	471.45	500	准四级站	2007	2008	145	145	2009	大东坝镇政府
15	象溪客运站	759.4	935.8	500	准四级站	2008	2008	99	85.04	2009	松阳县长运公司
16	叶村客运站	1400	2356	300	准四级站	2008	2009	220.65	173	2009	叶村乡政府
17	水南客运站	2000	2356	300	准四级站	2009	2010	300	300	—	松阳运管所
18	望松车站	2000	300	300	准四级站	2009	2010	150	150	—	松阳运管所
港湾式停靠站		186				—	—	456.5	458.5	—	—
1	港湾式停靠站	80				2006	2008	148	150	—	松阳运管所
2	港湾式停靠站	33				2009	2009	70	70	—	松阳运管所
3	回头站	10				2009	2009	90	90	—	松阳运管所
4	港湾式停靠站	33				2010	2010	66	66	—	松阳运管所
5	回头站	5				2010	2010	45	45	—	松阳运管所

2010年松阳县农村货运站一览表

表 9-6-2-3

项目编号	项目名称	占地面积（平方米）	建筑面积（平方米）	批复概算（万元）	实际完成投资		项目建设时 间	项目完工时间
					合计（万元）	省补（万元）		
1	新处乡农村货运站	609	210	52	52	20	2009.02	2009.07
2	斋坛乡农村货运站	1250	500	109	109	20	2009.02	2009.07
3	板桥乡农村货运站	1750	677	85	85	20	2008.12	2009.05
4	新兴乡农村货运站	700	459	130	135.5	20	2009.01	2009.05

续表 9-6-2-3

项目编号	项目名称	占地面积（平方米）	建筑面积（平方米）	批复概算（万元）	实际完成投资		项目建设时　间	项目完工时间
					合计（万元）	省补（万元）		
5	象溪镇农村货运站	1500	800	118	130.23	20	2008.06	2009.06
6	大东坝镇农村货运站	2000	190	75	130.3	20	2009.01	2009.06
7	天虹农村货运站	3000	600	150	150	20	2008.12	2009.05
8	安民乡农村货运站	520	120	56	56	20	2009.08	2010.05
9	四都乡农村货运站	650	259	65	65	20	2009.11	2010.01
10	叶村乡农村货运站	1200	100	42.4	42.4	20	2009.12	2010.06
11	枫坪乡农村货运站	700	127	80	80	20	2010.01	2010.12
12	筏铺农村货运站	800	320	85	85	20	2010.01	2010.11
13	水南客货运一体站	2000	2356	85	85	20	2009.04	2009.12
14	玉岩客货运一体站	1484	1900	353	260	20	2010.03	2011.12
15	望松乡农村货运站	850	300	90	90	—	2010.03	2010.12

停靠站　1954 年 10 月，省道龙南线（222 省道龙丽线）松阳县境段设置停靠站 24 个，分别为界首、狮子口、赤岸、上方、五木、岗下、上河、十五里、王村、马桥、青蒙、水车、港口、王田铺、雅溪口、石马铺、象溪、毛弄、小槎、裕溪、樟山岭脚、王田圩、堰后、堰头。1963 年，堰后、堰头两村划归丽水县（今莲都区），境内增设大石桥头、和仁桥 2 个停靠站。

图 9-30　客运停靠站（叶光铭 摄于 2009 年）

222 省道上松线县境段有停靠站 8 个，分别是北山、西岗背、邵山脚、龙殿、下包、榔树、河垈、平田。1998 年，寨头岭隧道开通、龙殿、下包、榔树、河垈、平田为乡道邵（山脚）寨（头）线停靠站。

县道公路港玉线有停靠站 18 个；靖板线有停靠站 10 个；西屏至三都乡里庄村简称西里线，有停靠站 6 个；古市至谢村乡大岭根简称古谢线，有停靠站 7 个；西屏至竹源乡小竹溪村简称西小线，有停靠站 6 个；潘连至新处乡杭坑桥村简称潘杭线，有停靠站 6 个；弓桥至安民乡大潘坑村简称弓大线，有停靠站 8 个；1990 年，松阳县境内有公路汽车停靠站 91 个。2005 年 12 月，第一批港湾式停靠站建成。

至 2010 年，全县 106 个客运停靠站，全部建成港湾式停靠站。港湾式停靠站风格各异，每个停靠站都竖立有站名标牌，设置玻璃钢雨棚和铁质座椅，浇砌面积大小不等的水泥站台，方便旅客候车。

加油站

1978年，松阳境内始建燃料油库，旧址位于原西小公路起点西侧，主供油品为柴油、汽油、润滑油和建筑用油，有金属油罐10个，总容积500立方米，管道自流供油。

2010年，松阳县境内有加油站（点）21个，中石油松阳支公司所属4个，主供油品为0＃柴油，90＃、93＃、97＃汽油。中石化松阳石油支公司所属7个，其中龙丽高速公路松阳服务区加油站2个，主供油品为0＃柴油，90＃、93＃、97＃汽油；主供油品为0＃柴油、93＃汽油。私人经营加油站（点）10个，主供油品为0＃柴油、90＃汽油、93＃汽油。县内加油站油品分别由中石油、中石化两大公司供应。

成品燃料油经营体制放开后，松阳县有私人投资经营加油站。2010年，全县有私人经营加油站（点）10家，其中4家加油点只经营柴油销售。

加油站设置需报经县发改、经贸、安监、消防等部门审批，持有效经营许可证。加油站（点）负责人、管理人员及其他从业人员，须经安监、消防等部门根据不同岗位设置的安全生产和消防技能的培训，取得相应岗位工作证书，始得上岗作业。县安监、消防等部门每年定期或不定期对全县加油站（点）的消防设施、安全生产管理工作进行检查，有不符合安全生产和消防安全要求的，限令整改。

1995～2010年，松阳县境内加油站（点）未发生重大安全生产责任事故。

停车场

1981年6月，西屏镇停车场建成，位于原车站路4号（今长虹中路北山路口），可停放汽车20辆，手扶拖拉机10辆，收费停车。1986年6月，改称迎宾旅馆停车场，由松阳县客运公司租用作站房及停车场。20世纪90年代初停办。

新街停车场，20世纪80年代初由西屏镇二大队建，位于新华路北端，收费停车。1988年末停办。

1987年，各运输企业先后建有停车场供本公司货运车辆停放。

21世纪后，松阳县私人轿车拥有量逐年增加。为使车辆有序停放，保证县城道路畅通，松阳县交通、建设、交警、运管等部门协调行动，在县城新华路、府前街、环城西路、要津路、长虹路、长松路等主要街道车行道两侧适当位置，划出若干临时停车位，供小型车辆停放。2008年，拆除新华路、紫荆路口西南角部分临时构建物，辟出1400平方米，建成免费停车场，供进出县城小型车辆停放。停车场日常管理和维护维修由松阳县城管大队负责。

2004年12月，松阳县长运有限公司全资子公司浙南茶叶市场新交易区落成。交易区前广场2.5万平方米，为物流停车场，供往来市场从事茶叶交易客商停放车辆。

2006年，县城环城西路市政广场落成，广场建有地下停车场。2010年6月10日，广场地下停车场交付使用，有小型车停车位88个，收费停车。停车场由松阳县城管大队管理。

2010年12月，在县城环城西路西屏山公园大门口至县委党校路口一侧，建成免费停车场，供小型车辆停放，有泊车位65个。

机动车驾驶员培训

机动车驾驶人需持有效机动车驾驶证始可驾车上路。

民国21年（1932），县城叶祖扬、潘宗山、何戎等3人考入浙江缙丽汽车驾驶人员养成所，学习汽车驾驶。不久“养成所”停办，叶祖扬又到上海建业汽车学校学习。此为松阳县有据可查最早学习汽车驾驶的人员，然3人学成后均未能成为专业汽车驾驶员。

20世纪50年代初，为培养松阳籍驾驶人员，采用以师带徒、随车学技的方法，经考试合格，发给临时驾驶执照，即时称实习证。50年代末，招录部队复员的驾驶员。1974年，浙江汽车驾驶技工学校丽水分校成立。此后，定期有汽车驾驶学校的松阳籍毕业生充实驾驶员队伍。

1985年，松阳县车辆监理站开始举办汽车驾驶员培训班。至1995年，全县共举办过17期培训班，经考试合格取得执照的汽车驾驶人员364人。

2004年10月，松阳县首家民营培训机构松阳县长林汽车驾驶员培训学校成立。至2010年，松阳县有长林驾校、丽水汽校松阳分校2家汽车驾驶员培训学校。

1983年，松阳县首次举办摩托车驾驶员培训班。2005年9月至2010年12月，经培训考试合格学员13000多人。

1988年以后，拖拉机驾驶员培训、证照管理、车辆验审等由县农机管理部门管理。松阳县农业局在古市建有农机化技术培训学校。培训时间为30～45天。考试合格，核发驾驶证。

农用机动车驾驶员培训由县交警部门实施。

1991～2000年松阳县机动车驾驶人一览表

表9-6-2-4　　单位：人

年份	客车	大小货车	简易机动车	摩托车	轻便摩托车	手扶拖拉机	方向盘拖拉机	合计
1991	60	496	229	551	4	1301	41	2682
1992	93	613	250	881	6	1415	48	3306
1993	96	520	560	2880	19	1620	38	5733
1994	106	887	561	2077	29	1388	38	5086
1995	110	1277	267	2929	21	1716	38	5348
1996	115	1677	166	3817	15	1538	14	7342
1997	122	1833	1074	5128	67	1301	13	9538
1998	134	1898	1147	6284	70	1296	327	11156
1999	145	1997	272	6542	48	1284	671	10959
2000	162	2004	321	2254	228	1108	693	6770

2001～2010年松阳县机动车驾驶人一览表

表9-6-2-5　　单位：人

年份	准驾车型													合计		备注（吊销驾照人数）
	A1类	A2类	A3类	B1类	B2类	C1类	C2类	C3类	C4类	D类	E类	F类	M类	人数	其中持汽车驾驶证	
2001	304	2010	1	638	127	5003	70	295	1002	3333	10505	171	18	23477	9136	4
2002	308	2156	2	699	181	5834	88	327	1107	3609	13346	252	18	27928	10384	—
2003	310	2294	2	774	232	6771	108	345	1244	3934	16878	346	18	33256	11759	2
2004	310	2294	2	774	232	6771	108	345	12945	3934	16878	346	18	33256	11759	2
2005	310	2308	3	819	437	9224	158	329	1367	4835	25158	846	16	45810	14633	588
2006	299	2179	3	795	535	10600	171	298	1284	5212	27465	1003	14	49858	15853	915
2007	298	2167	3	784	610	11643	178	285	1208	5664	29058	1057	13	52968	16866	855
2008	297	2158	3	779	673	12758	186	260	1157	6113	29598	1076	11	55069	17962	1083
2009	297	2148	3	769	743	13907	217	236	1110	6533	29624	1087	11	56685	19121	1316
2010	297	2138	4	753	795	15349	294	225	1049	6847	29539	1060	11	58360	20593	1250

机动车维修

1985年，松阳汽车站设保养车间，按二级保养标准配置工具设备。

1986年12月，交通部《汽车维修行业管理暂行办法》规定，汽车维修行业纳入公路运输管理范畴。

1988年，对全县汽车修理行业开展整顿，实行培训。1990年，丽水汽车运输公司松阳分公司保养车间有保养技工38人，车、钳、电、金、焊、铆各工种配备齐全，能承接客货运汽车二级保养；保养车间对外营业。松阳运输公司汽修车间有技工30人，能承接汽车二级保养。

以农机维修为主，兼营其他零星修理的，由县农机管理站负责管理；以汽车维修为主，兼营拖拉机修理、其他零星修理的，由县公路运输管理所管理。

1992年印制的营运证中，已含车辆技术状况和二级维护记录。对不按期维护的，可不予核发营运证。

松阳县公路运输管理所对机动车维修企业进行专门监管。

21世纪后，全县机动车数量骤增，专业运输企业以外的机动车修理行业得以迅速发展；机械加工制造业的发达，各种汽车零部件及系统总成得以大量生产投放市场，传统的汽车修理工艺渐被更换零部件或系统总成所替代。汽车美容装饰从一般的清洗、打蜡、贴膜等，转而为可体现有车一族时尚化、个性化的装饰美容。

2010年，全县共有一类维修业户1家、二类维修业户6家、三类维修业户78家、摩托车维修业户51家。

第三节　道路交通安全管理

管理机构

交通管理体制改革前，道路交通安全、公路规费征收、车辆证照稽查均由交通监理部门负责。1987年10月，设松阳县公安局交通警察队，管理县域内道路交通安全。1991年8月，改称松阳县公安局交通巡逻警察大队，为县公安局下属的单列机构，大队内设办公室、宣教科、车辆管理所、安全中队（前称“事故中队”），下辖公路巡逻中队、城区中队、古市中队、象溪中队、玉岩中队、大东坝中队、江南中队。

2004年7月6日，“松阳县公安局交通巡逻警察大队”更名“松阳县公安局交通警察大队”，简称“松阳县交警大队”。

松阳县交警大队负责对全县有管辖权的机动车、非机动车和驾驶人的管理，道路通行条件的监管，维护道路交通秩序，处理道路交通事故，道路交通安全法律法规的宣传。

松阳县交警大队负责对有管辖权的机动车、非机动车的注册登记、安全检验和驾驶人的培训考试；交通信号的设置维护、道路安全条件的监管、道路及安全设施损毁的应急处置、道路施工、停车场、停车泊位、过街设施的监管；维护道路交通秩序，查处交通违法行为，确保道路交通安全、有序、畅通；处理道路交通事故，有效开展道路交通安全法律法规的宣传。县交警大队按照《机动车登记规定》《浙江省非机动车登记工作规定》和《机动车驾驶证申领和使用规定》，遵循公开、公正、便民的原则，依法受理、办理机动车、非机动车登记和机动车驾驶证的申领、换证、补证、注销、记分和审验；

县交警大队会同交通、建设管理部门，依据各自职责，依照道路交通法律法规和国家标准，设置、调换、更新交通信号和其它交通安全设施，依法对道路施工现场、停车场、停车泊位、过街设施等实施监督管理。

按照《道路交通事故处理程序规定》和《道路交通事故处理工作规范》，遵循公正、公开、便民、效率的原则，受理、处理道路交通事故，保护当事人的合法权益。

路面安全管理

为创造有序、安全、畅通、和谐的交通环境，交通警察对县境内省道、县道公路和城区道路实行定期、不定期巡逻。县城主要街道每天布置警力执勤，以保证县城交通顺畅。1995年在县城街道十字路口处新建交通民警指挥岗亭和安全岛，在交通高峰时指挥车辆和行人有序通行。1996年春，设车站路岗亭，岗亭于龙丽线与县城紫荆路相交处，岗亭四面设窗，利于指挥。是年，新华路与紫荆路十字路口西北侧，建“绿房子”岗亭；新华路与府前街十字路口的西南侧，建府前街岗亭，并设置街心安全岛，供民警立岛指挥。各交通岗亭内，备有扳手、钢丝钳、打气筒等小工具，为过往群众提供方便。

1998年5月，松阳县城新华路府前路口安装第一座交通指挥红绿灯。之后，城区道路十字路口陆续安装交通信号灯。经过不断的交通安全教育和民警现场指挥，车辆行人逐渐习惯于服从红绿灯的信号指挥。2005年6月，撤除交通岗亭。交通高峰期或重大节庆活动，县城街道主要十字路口有交通警察值勤，指挥交通。

高速公路路面安全管理由高速公路交通警察实施。

交通安全设施

交通安全设施古已有之，如廊桥的桥屋，石拱桥两边的护栏，多节木桥的铁索链。四都乡下包村前洞君桥的路、桥连接处曾有石质护栏，尚存石桩3根。公路安全设施包括交通标志标线、护墩、护栏、避险车道等。

道路交通标志和标线　20世纪50～60年代，道路交通标志、标线种类不多，龙丽公路设有“鸣号”“减速”“弯道”等少数几种。至80年代，松阳交通事业快速发展，道路行驶车辆大量增加，省道、县道上的交通标识种类、数量也随之逐年增加。

1998年7月1日始，公路标志、标线设置管理由公安交警移交同级公路管理机构。2007年开始实施农村公路标志、标线工程。2010年，松阳县成为浙江省农村公路标志、标线工程试点县，开始实施县道、乡道标志标线工程。

20世纪90年代以后，城市交通快速发展，城市道路交通标识渐趋完备。2003年，实施“康庄工程”，全县乡道公路及通村公路陆续设置各种交通标志。

2010年，开始实施松阳县乡村道路命名与路标设置试点工程，县公路管理局设标志标线专管员，确定西大线、港排线、瓦小线和潘大线重点实施，涉及西屏、古市、玉岩、叶村、樟溪、斋坛等乡镇，试点实施总里程65.3千米，放置指路标志118套，设置其他各类标志203套，完成全县35条336.4千米县乡道路指路体系图纸设置并登记建档。其中，港排线、西大线共安装指路牌52套，警示标志109块，道口桩柱40根，减速带66米，漆划边线中心线1910.8平方米。

县城城区道路交通标志、标线，由县城市发展公司视县城道路交通实际情况，提出设置方案，报县交警大队核准后设置；省道、县道公路交通标志标线由松阳县公路管理局设置管理；乡道和通村公路交通标志标线由乡（镇）人民政府设置管理。

高速公路的交通标志、标线，由高速公路管理处设置。

红绿灯、电子眼　1998年5月，松阳县城府前街新华路路口安装首组红绿灯。2005年5月，紫荆路新华路路口等3处安装红绿灯；府前街新华路路口增添电子眼；紫荆路古青线路口、新华路长松路路口、新华路北路长虹中路路口安装红绿灯及电子眼。2007年上半年，在要津路长松路路口安装红绿灯及电子眼。2008年上半年，在太平坊路要津路路口安装红绿灯及电子眼。2008年5月，在S222省道上方路段、象溪路段、S220省道四都检查站路段安装省际卡口电子眼，凡进入松阳县的车辆全部进行实时监控，为维护社会治安、道路交通秩序提供技术支持。2009年上半年，在大马公路白露岭路路口、环城南路西小线路口、环城南路水南村交叉路口、要津路滨江大道路口等4处安装红绿灯及电子眼。为加强学校交通安全工作，2008年先后在县实验小学绿洲分校、松阳三中等学校门前设置移动式红绿灯，在学生进出学校高峰时段指挥交通。

2010年松阳县城区红绿灯电子警察安装情况表

表 9-6-3-1

序号	路口名称	安装时间	序号	路口名称	安装时间
1	新华路—大平坊路路口	1998 年 5 月	8	要津路—江滨大道	2009 年 5 月
2	新华路—长虹中路路口	2005 年 5 月	9	要津路—水南路口	2009 年 5 月
3	新华路—长松路路口	2005 年 5 月	10	环城南路—竹源路口	2009 年 5 月
4	长虹中路—紫荆路路口	2005 年 5 月	11	延庆大道—白露岭路路口	2009 年 5 月
5	要津路—三桥公园路口	2005 年 5 月	12	延庆大道—长虹北路路口	2010 年 5 月
6	长松路—要津路路口	2007 年 4 月	13	延庆大道—江南路路口	2010 年 5 月
7	城南小学门口	2009 年 5 月			

交通防护设施　松阳县城城区内道路防护设施由交警大队会同建设部门组织实施；省道以下各等级公路由县公路管理局组织实施；龙丽高速公路防护设施由龙丽高速管理处组织实施。

1995 年上半年，在原龙丽线（即长虹东路）与太平坊路的十字交叉口建松阳首座环形安全岛，面积 4000 多平方米，俗称“大转盘”。2003 年，在 222 省道龙丽线过境公路与 220 省道上松线北山村路口相交处，建北山环形岛，面积 7854 平方米。2009 年，龙丽高速公路连接线与 711 县道大马公路交叉处建成环形安全岛，面积约 4500 平方米。

公路防护栏　为防范事故，做到人行道与车行道分离，1997 年下半年，在长虹中路太平坊路口首次安装护栏 350 余米。2007 年上半年，县城新华北路路口安装钢质护栏，车辆分道行驶。2008 年上半年，县城要津路长松路路口、新华路长松路路口、要津路太平坊路口分别安装钢质护栏，确保行人车辆安全。

2004 年开始，松阳县公路部门对龙丽线 K113+400、上松线 K82+600 两处计 4200 平方米边坡进行喷锚防护，投资 58 万元。2005 年，对龙丽线 K108+150、K113+180 两处计 4680 平方米边坡进行喷锚防护，投资 62.4 万元。2007 年，对龙丽线 K99+550、K108+400 两处，计 6000 平方米石质边坡进行柔性网防护，投资 95.5 万元。

2008 年，对上松线 K75+950、K76+350、K76+550、K80+300、K80+450、K80+740、K81+160、K81+800、K82+300、K83+050 计 10 处边坡进行综合治理，投资 478.1 万元。对上松线 K82+500 地段边坡计 3300 平方米进行柔性防护，对县道古大线 K14+700 地段边坡 1300 平方米进行喷锚防护，投资 120 万元。

临水临崖安全防护钢质护栏工程 2008 年开始实施。2008 年，完成省道龙丽线 K102+600～K107+300 计 3.5 千米，上松线 K76+280～K83+560 计 3.819 千米（其中钢筋砼连续护栏 122 米），县道召寨线 K2+770～K12+134 计 7.999 千米（其中钢筋砼连续护栏 32 米）。

2009 年，完成县乡道防护栏建设计 59.91 千米，古青线 K8+200～K8+500 计 0.3 千米，石汶线 K28+750～K36+000 计 8.58 千米（其中钢筋砼连续护栏 420 米），外靖线 K72+100～K90+300 计 7.01

千米（其中钢筋砼连续护栏 330 米），港排线 K27+550～K44+700 计 10.46 千米，古大线 K14+200～K15+600 计 0.37 千米，葫蜂线 K0+000～K11+640 计 11.64 千米，弓大线 K0+100～K15+150 计 3.7 千米，西大线 K0+300～K4+500 计 1.19 千米（其中钢筋砼连续护栏 190 米），玉黄线 K0+950～K28+100 计 16.41 千米，乡道瓦小线 K7+560～K10+060 计 2.5 千米，玉谢线 K28+250～K32+200 计 2.64 千米。

为保证高速公路行车安全，龙丽高速公路松阳段沿线 425 个点位处的上行线、中分带、下行线，按公路不同级别设置多种规格护栏。其中，普通路段的设置普通型波纹护栏，中分带、中大型桥梁设置二波加强型护栏，三波加强型护栏，二波加二波加强型波型护栏。龙丽高速公路松阳段上行线设置护栏波型护 41917 米，中分带设置护栏 52022 米，下行线设置护栏 50637 米，沿线护栏总长度为 144.577 千米。

避险车道　S220（44 省道）上松线避险车道，位于上松线松阳县境段 K77＋550 处。工程于 2009 年 6 月 10 日开工，2010 年 1 月 16 日完工，总投资 340 万元。

避险车道长，85 米，其中坡床长 66.3 米，宽 5.0 米，坡床纵坡 13%。制动坡床路面采用 110 厘米厚粗砾石＋10 厘米厚砂砾垫层，方路基采用 C20 片石砼重力式挡土墙。工程完成挖方 25949 立方米，填方 2349 立方米，C20 片石砼重力式挡土墙 3033 立方米，C20 砼边沟 236 立方米，C25 砼基础 247 立方米，钢筋 8.737 吨。完成水泥稳定碎石基层 2599 平方米，5 厘米厚中粒式沥青混凝土面层 2599 平方米。2010 年 1 月，通过丽水市交通工程质量监督站鉴定，评为合格工程。

2010 年 1 月 25 日、26 日、27 日连续 3 天有车辆避险成功。27 日，江苏金陵交运集团 1 辆厢式货车发生险情进入避险车道，避险成功，车上 4 人有惊无险。避险车道在试运行期间为 13 辆失控车成功避险，挽救 30 多人的生命，直接挽回经济损失 700 多万元，取得良好的社会效益。

2010 年 10 月 20 日，通过验收，交由松阳县公路管理段管养。

交通安全宣传

松阳县交通警察大队重视交通安全宣传工作，交通安全宣传内容根据各个时期相关法律、法规交通安全常识和各种专项行动等，每年具体拟定。宣传方式有在全县中小学校开展交通安全教育，利用班课讲交通安全；宣教民警到学校、车辆单位宣传交通安全；违章驾驶人到处理中心接受处罚宣传；驾驶人满分学习培训宣传；路面违章直接处罚面对面宣传；乡镇、单位、企业召开会议宣传；公路沿线村庄设点宣传。

20 世纪 90 年代，松阳县交警大队陆续创办交通安全简报、春运简报、公安交通简讯、松阳交警等，登载车辆管理动态、交管信息、事故看台、交通安全知识等。开设《松阳交警之窗》宣传栏，刊登新交通法规、交通违法车辆曝光、驾驶员安全驾驶常识等。每年的交通管理重大活动，印发宣传资料分发市民。县交警大队曾自制“如何骑车、走路、乘车”等交通安全常识及事故现场照片等为题材的大型图片 10 余幅，在城镇及龙丽线沿线村庄巡回展出。1994 年，由宣教科民警创作的电视剧《没有硝烟的战场》，在县内巡回播放。1995 年秋，创制的宣传图片 2 套 28 幅，图文并茂，通俗易懂，在公路沿线村庄及学校展出。松阳交警大队将交通安全宣传融入文艺节目中，拓展宣传面，着力提高公众的交通安全意识，达到预防事故之目的。2010 年 8 月，县交警大队投资 15 万元，购置汽车电影放映设备，不定期到各学校、行政村放映宣传交通安全影片。

2004年，上报事故220起、死亡48人、受伤210人，直接经济损失86.06万元。2005年以后，松阳县道路事故上报起数、死亡人数、受伤数和直接经济损失，均呈明显下降态势。2009年，分别下降至上报事故40起、死亡28人、受伤37人，直接经济损失5.013万元。

道路交通事故处理

交通事故发生后，公安机关交通管理部门根据当事人的行为对发生道路交通事故所起的作用以及过错的严重程度，确定当事人的责任。

自现场调查之日起十日内，制作道路交通事故认定书。交通肇事逃逸案件，在查获交通肇事车辆和驾驶人后十日内，制作道路交通事故认定书。对需要进行检验、鉴定的，应当在检验、鉴定结论确定之日起五日内制作道路交通事故认定书。

对驾驶人逃逸的无主车辆或者经通知当事人三十日后仍不领取的车辆，经公告三个月仍不来接受处理的，对扣留的车辆依法处理。

交通事故分类及处理　1992年1月1日始，执行公安部《关于修订道路交通事故等级划分标准的通知》。交通事故分轻微事故（指一次造成轻伤1～2人，或者财产损失机动车事故不足1000元，非机动车事故不足200元的事故。2003年开始，轻微事故不再统计上报）、一般事故（指一次造成重伤1～2人，或者轻伤3人以上，或者财产损失不足3万元的事故）、重大事故（指一次造成死亡1至2人，或者重伤3人以上10人以下，或者财产损失3万元以上不足6万元的事故）、特大事故（指一次造成死亡3人以上，或者重伤11人以上；或者死亡1人，同时重伤8人以上，或者死亡2人，同时重伤5人以上；或者财产损失6万以上的事故）。

为严厉整治酒后驾驶，2009年8月，松阳县交警大队成立查处酒驾小分队，每天错时上班，在重点时间、重点路段查处酒后驾驶。醉酒驾驶一律拘留15日，罚款2000元，暂扣驾驶证6个月，记分12分的处罚；酒后驾驶一律罚款500元，暂扣驾驶证3个月，记分6分的处罚。

高速公路上发生的事故和违章案件，由高速交警处置。

1991～2010年松阳县道路交通事故一览表

表9-6-3-2

年　份	轻微事故（起）	上报事故（起）	死亡人数（人）	受伤人数（人）	直接经济损失（万元）
1991	134	38	18	32	76800
1992	104	36	21	77	161950
1993	167	37	23	35	46540
1994	295	30	22	22	112830
1995	343	32	32	23	5790
1996	398	41	51	14	210000

续表 9-6-3-2

年 份	轻微事故（起）	上报事故（起）	死亡人数（人）	受伤人数（人）	直接经济损失（万元）
1997	471	74	29	32	675300
1998	312	49	27	23	331200
1999	228	211	56	150	1832854
2000	238	168	38	288	968035
2001	271	159	35	436	909963
2002	341	265	53	590	1810159
2003	—	209	60	199	1501880
2004	—	220	48	210	860800
2005	—	163	36	211	382500
2006	—	117	33	148	325550
2007	—	115	37	145	324780
2008	—	64	28	69	100950
2009	—	40	27	37	50130
2010	—	44	25	41	10640

县境内公路交通事故案例　案例 1：1996 年 6 月 20 日（端午节），松阳县三都乡下田村朱竹自然村驾驶员宋某，驾方向盘式农用三轮运输车，严重超载，搭客 19 人（含驾驶员），从松阳县城驶往三都里庄。14 时许，车辆行驶至西（屏）里（庄）线 K7＋810 处七宝坑地段，车辆突然向右拐冲出路面，坠入垂直高度 30 米许的深谷。17 人当场丧生，重伤 2 人，车辆报废。

案例 2 ：1999 年 3 月 24 日 10 时 30 分许，龙游县詹家村驾驶员李某驾全挂车从丽水返龙游。华中理工大学软件公司驾驶员邓某，驾小客车（8 座面包车），载客 4 人，从常山驶往温州。是日 10 时 30 分左右，双方在龙丽线 K98+295 松阳水车村边路上交会，发生碰撞，全挂车拖着小车向左抬离路面，双双坠落在离路面垂直高度约 12 米深的松阴溪，造成小客车上 3 人当场死亡，1 人受伤；驾驶员李某受伤，车辆严重损坏。

案例 3：2007 年 12 月 6 日 5 时 33 分许，快客搭载 13 名乘客从遂昌开往丽水，在 50 省道松阳县象溪镇王田铺路段弯道处，与对面正在超越货车的挂车发生 3 车碰撞，造成 4 人当场死亡，10 名客车乘客受伤；在伤员送往医院抢救当中，有 2 名受伤乘客死亡。

案例 4：2008 年 6 月 21 日 6 时 8 分许，西屏镇孙源村新村叶某驾驶两轮摩托车从西屏至遂昌，途经龙丽线 K66+681 狮子口村路口时，遇赤寿乡赤岸村钟某驾驶的拖拉机，从狮子口村返回赤岸村左转弯驶入龙丽线时发生刮擦，造成叶某驾驶的摩托车翻车，叶某头部与拖拉机左侧车厢板相撞当场死亡的重大交通事故。

机动车驾驶人钟某驾驶机动车未按规定让行且驾驶的车辆未定期参加安全技术检验，所驾驶车辆车况不良，是造成事故的主要原因。机动车驾驶人叶某驾驶普通二轮摩托车，通过有警告标志的路口未降低行驶速度，且穿拖鞋驾车影响操作，是造成事故的次要原因。

案例5：2009年4月8日18时40分许，松阳县樟溪乡大徐村蔡某驾驶半挂车从松阳往遂昌方向行驶，途经50省道K76+750路段，遇前方象溪镇南州村王某驾驶二轮摩托车（后乘坐其妹），由山下阳村往古市方向从慢车道左转弯驶向航埠头村，两车发生碰撞，造成王某及其妹当场死亡、两车损坏的重大交通事故。

机动车驾驶人蔡某驾驶安全技术性能不符合技术标准的车辆在容易发生危险的路段未降低行驶速度，是造成事故的主要原因。机动车驾驶人王某驾驶二轮摩托车左转弯时未提前进入左侧车道，是造成事故的次要原因。

第七章 交通管理服务机构

松阳县交通行政管理最初由交通直属部门管理，后转向交通全行业公共行政管理。1982年，设立松阳县交通局，为主管全县公路水路等交通运输行业的政府工作部门。至2010年，建立和完善道路运政管理部门、公路路政管理部门、港航管理部门等交通局所属的有执法职权的事业单位。

第一节 行政管理机构

松阳县交通局

1982年1月，松阳恢复县置；5月，复设松阳县交通局。交通局机关内设人事秘书股、交通运输股、交通工程股，共有干部、职工等11人。1987年9月，交通运输股更名企业管理股，增设财务室、交通志编纂办公室。1989年，增设监察室。

1990年，松阳县交通局内设人事秘书股、县乡道路股（与县乡公路段合署办公）、企业管理股、财务室、监察室和交通志编纂办公室。1992年6月，局人事秘书股更名为办公室，县乡道路股更名为工程股，财务室更名为财务股。1992年9月，交通局设立安全管理办公室，与县渡口安全管理办公室合署办公。1993年5月，第一轮《松阳县交通志》正式出版，交通志编纂办公室完成使命。1993年6月，企业管理股重新更名为运输股。2002年8月，松阳县交通局设办公室（计财科）、工程科、运输科（交通战备办公室）。2008年5月，设松阳县交通志编纂办公室。

松阳县交通局是负责全县公路和水路交通行业管理的县政府工作部门，下辖公路管理局、公路运管稽征所、港航管理所、交通勘察设计所、路桥养护工程公司等6个企事业单位。县交通局主要职能是组织编制全县公路和水路交通行业发展规划，制定固定资产投资、运输、交通科技的中长期规划和年度计划并组织实施；负责全县公路和水路交通基础设施及其配套项目建设、维护工作；负责路政、运政、航政、港政管理工作；对国家重点物资运输和紧急客货运输进行必要的调控；负责全县陆上交通运输安全的行业管理和县管通航领域的水上安全监督；负责交通战备日常工作。

2001年10月前，设中共松阳县交通局党委；之后，改设党组。1992年4月，局党委内设纪律检查委员会。2001年10月，不再设置局党委纪检委员，改设县纪委派驻交通局纪检组。

松阳县运管稽征所（松阳县公路稽征所）

与松阳县公路稽征所同时成立于1987年10月，隶属松阳县交通局，受丽水地区（今丽水市）运管稽征处和松阳县交通局双重领导。2所合署办公，各设所长1人；内设征费室、运输管理股、汽车维修管理股和路检队。

松阳县公路运管稽征所主要职责是对县境内道路旅客运输业、道路货物运输业、道路危险货物运输业及与道路运输相关业务经营，包括站场经营，机动车维修经营、机动车驾驶员培训经营等行业实施经营许可及监督管理。松阳县公路稽征所主要负责县境内包括公路养路费、运输管理费、客货运输附加费、车辆购置附加费等各项公路规费的征收；为税务、工商等部门代征相关规费等工作。

1991年2月，2所合设所长1人，对内称松阳县公路运输管理稽征所。业务需要，对外仍分称松阳县公路运输管理所和松阳县公路稽征所（简称“运管所”和“稽征所”）。

2010年，松阳县运管稽征所部分调整内设机构，撤销法制科、稽征一中队和二中队，设法制稽查科（稽查大队）。至此，松阳县运管稽征所内设办公室、办事中心、行业管理科、法制稽查科。

松阳县公路管理局

原名松阳公路段，1982年7月1日成立，属丽水地区公路总段管理。

1996年10月，松阳公路段设行政股、机科股、生产股、统计股、财务股、路政办公室。

1999年，公路管理体制改革，松阳公路段下放地方管理，隶属松阳县交通局，改名为松阳县公路管理段，有在职职工88人，退休职工41人。

2002年末，松阳县县乡公路管理所并入松阳县公路管理段，合并后的松阳县公路管理段设行政办公室、养护科、工程科、财务科、农村公路管理科、路政科。

松阳县路政管理大队和松阳县公路管理段合署办公，设路政科、办事中心、西屏路政中队、象溪路政中队。

2010年12月末，松阳县公路管理段更名为松阳县公路管理局。松阳县公路管理局内设办公室、养护管理科、工程管理科、农村公路管理科、计划财务科、路政管理科、桥隧安全科。

松阳县公路管理局主要工作职责是负责全县公路的养护计划编制，小修保养、大中修工程、安保工程、水毁工程、站房建设、标志标线工程的招投标工作，工程项目的合同管理、计量支付、质量监督和技术指导和管理工作，工程项目预决算的编制和上报工作；负责全县公路养护材料、设备的计划编制和采购招投标工作，公路信息采集和上报工作；负责全县公路安全生产的动态管理工作；负责全县公路的路政管理工作，许可涉及公路的申请事项，制止和查处破坏、损坏或非法占用公路及违法超限运输的行为；控制公路两侧建筑红线，维护公路产路权，保障公路安全畅通，提高公路交通环境水平；负责全县公路标志标线的规范改置维护工作等等。

松阳县县乡公路段成立于1984年6月，隶属松阳县交通局管理，设统计、财务、大中修等科室，有管理人员11人，与松阳县交通局合署办公。1990年4月，更名为松阳县县乡公路管理所，下设养护道班22个，实行民工建勤，道工63人，全部为农工，以村、班组个人承包等形式进行养护，经费由县乡所统一管理。2003年1月，并入松阳县公路管理段。

松阳县港航管理所

松阳县港航管理所原名松阳县航运管理站，1961年9月成立，时称遂昌县西屏航运管理站。1982年10月，改称松阳县航运管理站。

2004年6月，更名为松阳县港航管理所，与松阳县地方海事处、松阳县航道管理所合署办公，三块牌子一套人马。松阳县港航管理所负责全县水上交通安全监管和水上规费稽征。松阳县地方海事处行使松阳县辖区内水上交通行政执法和行政许可等事项，是松阳县水上交通安全管理行政执法部门。松阳县航道管理所行使松阴溪西屏—大港头七级航道上临、跨（栏）航道建筑物行政许可和航道疏浚、开发规划等工作。

2004 年始，县交通局分管副局长兼任所长。港航管理所行政关系隶属县交通运输局，业务接受丽水市港航管理局指导。

第二节　龙丽高速公路管理处

龙丽高速公路管理处（简称“管理处”）成立于 2006 年 12 月 31 日，隶属于浙江龙丽丽龙高速公路有限公司。管理处主要负责高速公路龙丽段车辆通行费收取、路产养护、营运管理、设备维护等任务。所辖龙丽线（S33），起点位于龙游吕塘角枢纽互通立交，连接杭金衢、杭新景高速公路龙游支线，经龙游县、遂昌县、松阳县、莲都区，终点交于丽龙线的莲都区北埠枢纽，全长 119.8 千米。

人力资源配置

管理处机关内设办公室、营运管理科（监控分中心）、路产养护科、设备维护科。管理处设处长 1 人，副处长 2 人；各科室负责人 1 人。下辖龙游南、遂昌、松阳 3 个中心管理所。沿线设龙游南、灵溪、北界、新路湾、遂昌、遂昌东、古市、松阳、象溪等 9 个收费所，溪田、青云岭、东田等 3 个隧道所，灵溪、松阳 2 个服务区和遂昌停车区。

各县中心管理所分别担负境内其他站所的管理任务。全线设 3 个中心所，9 个收费站。管理处设监控分中心，各中心所设监控室。

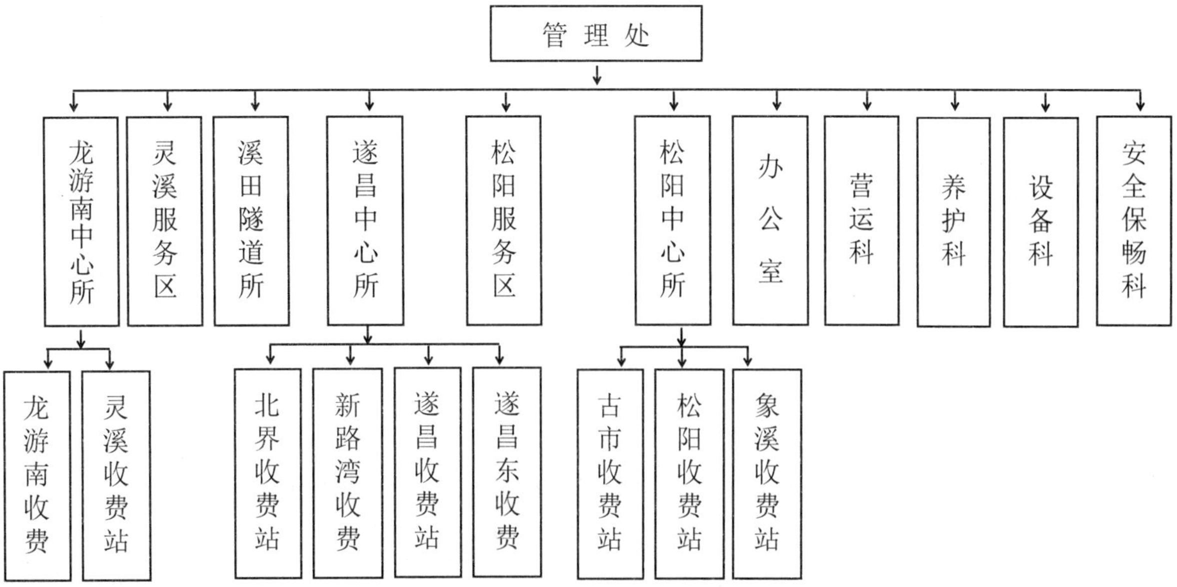

龙丽高速公路龙丽管理处建制网络图

收费服务

收费系统采用全封闭收费制式，收费方式采用人工收费、车辆检测器校核、计算机管理、摄像机监视的方式。2008 年，龙丽高速公路收费站已与全省其他高速公路实行联网收费。2010 年 4 月，实行计重收费模式。

2007～2010 年松阳县高速公路营运绩效表

表 9-7-2-1

年份	车流量（辆）	通行费（元）	上交税收（元）
2007	2290038	59688365	3780450
2008	2133130	71025515	4210864
2009	2210000	72438000	4242540
2010	2585684	97310500	6899177

养护管理

管理处养护科负责对养护公司日常养护工作的监管和指导，日常保养等由浙江交工高等级公路养护有限公司负责。

龙丽段共有机电设备固定资产 1.2 亿元，6700 余个设备，分为监控、收费、通信、隧道、供配电照明五大系统。管理处配有专业技术队伍，负责长期技术保障工作。

管理处单设安全保畅科，负责全线安全管理、道路保畅、施救管理工作。

高速公路清障施救由专业公司实施。

第三节　交通企业

松阳县交通发展有限公司

2001 年 12 月 28 日，松阳县人民政府决定成立松阳县交通发展公司，隶属松阳县人民政府，归口松阳县交通局管理。

2006 年 8 月，松阳县交通发展公司改制为松阳县交通发展有限公司。

松阳三鑫工程有限公司

2003 年 1 月，成立松阳三鑫工程有限公司，承担省道、县道的专业养护及大中修工程项目，隶属松阳县交通局。公司具公路养护工程施工二类（甲级）企业资质，注册资金 108 万元。

三鑫公司设行政办公室、养护科、工程科、经营科、机料科、安全科、财务科、工程试验室、象溪沥青拌和场，下辖公路养护站 10 个，正式职工 44 人，其中管理人员 11 人，养护工 33 人，养护工中合同制工人 16 人。管理人员中具有二级项目经理资格的 5 人，三级项目经理资格 3 人，具有工程师职称3人。

2008年末，改属松阳县公路管理段管理。

50省道松阳收费站

2001年7月26日，成立50省道（S222）松阳公路收费站，承担50省道松阳段“四自”工程的车辆通行费征收工作。50省道松阳收费站为松阳县交通局下属集体经济所有制单位，有职工38人，设站长1人、副站长2人，内设办公室、财务、票证、稽查、监控、收费等科室（班组），收费班16人，分4班24小时值班。

松阳收费站座落于50省道K96+500处，即松阳青蒙塔山下。建有综合大楼一幢，框架三层结构，建筑面积1034平方米，一楼二楼为办公用房，三楼为职工宿舍。收费区域设双向6车道6个收费岗亭。

2001年9月11日，正式开始征费，使用手撕票，实行电子监控。

根据《国务院关于实施成品油价格和税费改革的通知》《国务院办公厅转发发展改革委交通运输部财政部逐步取消政府还贷二级公路收费实施方案的通知》精神。2010年2月28日23时58分，50省道松阳公路收费站及时停止收费。

附：衢宁（衢丽）铁路松阳段

规划建设的衢宁铁路位于浙西南和闽东北地区，项目北起浙江省衢州市，经过丽水市遂昌、松阳、龙泉、庆元四县（市）进入福建松溪、政和、屏南、周宁，终于福建省宁德市。衢宁铁路北接沪昆、九景衢铁路，中连衢丽、浦梅铁路，南连沿海铁路通道，是海峡西岸宁德港及临港工业后方重要集疏运通道和福建省进出省通道的重要组成部分，也是浙江省衢州、丽水经济欠发达地区接轨海西、融入海峡西岸经济区的一条交通大动脉。铁路全长351.37千米，投资预估算375亿元，其中浙江省境内212千米，松阳段全长约43千米。另有作为衢宁铁路松阳至丽水联络线的衢丽铁路，长约60千米，投资预估算30亿元，其中松阳段约29.5千米。衢宁铁路功能定位以货为主、客货兼顾。

2008年10月，国家发改委批复的中长期铁路网规划（2008年调整）将衢宁铁路列入规划建设项目；2011年3月，国务院批复的《海峡西岸经济区发展规划》提出：规划建设宁德至衢州、衢州至丽水铁路。福建省、浙江省政府“十二五”综合交通发展规划分别把衢州至宁德铁路列入，《浙江省铁路网规划（2011～2030）》将衢宁铁路（含衢丽铁路连接线）列入“十二五”重点新开工建设项目，计划2014年开工建设。

2008年3月，铁道部、福建省《关于推进海峡西岸经济区新一轮铁路建设的会议纪要》中提出建设衢宁铁路，其间，铁道部和福建省、浙江省分别就推进海峡西岸铁路、浙江铁路建设进行了多轮会谈，在衢宁铁路项目启动、加快推进、出资方式、争取立项审批、线路走向方案等事宜形成共识。2010年11月，铁道部副部长陆东福带领铁道部有关司（局）、上海铁路局、铁四院等单位负责人现场调研衢宁铁路线位及站址选点情况，到松阳县叶村乡进行实地踏勘。11月中旬，浙江省铁办领导带领发改委交通处一行人到松阳县考察铁路站场选址方案。2011年1月，铁道部发展计划司在北京组织召开衢州至宁德铁路预可审查会，会议原则同意设计单位推荐的中线方案（即从遂昌经过松阳到龙泉）和接入方案，并提出将衢丽铁路单独列出，同步建成。后因多种因素，项目一度被搁置。2012年，随着国家宏观形势的变化，经铁道部、福建省、浙江省的共同努力，衢宁铁路项目前期重新启动，已完成航拍，进入项目立项及可行性研究编制阶段。

为加强组织领导，成立以县委常委、常务副县长为组长的松阳县铁路建设领导小组，领导小组下设办公室，为日常的办事机构，县铁路建设领导小组办公室为公益一类事业单位，核编5人，于2011年3月正式挂牌成立。

根据衢宁（衢丽）铁路的总体走向，松阳县火车站场拟选址斋坛乡花田垄—叶村乡包安山村一带。2012 年 8 月底，县政府第七次常务会议明确火车站场选址大方向为花田垄至东坞一带。

（2013 年 11 月 20 日，国家发展和改革委员会正式下发《国家发展和改革委员会关于新建衢州至宁德铁路项目建议书的批复》，同意新建衢州至宁德铁路）。

松阳县志

五

松阳县地方志编纂委员会　编

方志出版社

目 录

第四十一编 风 俗

第四十二编 方 言

第四十三编　人　物

专 记

附 录

索 引

第四十一编 风 俗

松阳县建县于1800余年前，是三国吴政权时代建立的浙西南最早，且由中央政权直辖的县级行政机构，是当时浙西南地区政治、经济、文化的中心。历史上，松阳曾有4次大的移民潮。西晋永嘉之乱，大举移民，中原世族南迁，开始形成松阳勤读传世遗风。唐安史之乱掀动的人口南迁大潮的余波，持续到唐末和五代十国时期。其中，有一波人迁徙到松阳，极其偏远的山区也接纳了不少移民。两宋间的靖康之难，中原士民，扶携南渡，提高了松阳的文化普及率。清初削藩前后和收归台湾引起的人口大迁移，也带来了移民文化，从而优化了松阳文化结构，使本土文化融入了中原、福建、江西等地的文化精华。几次大规模的移民带来各种不同的习俗，使得原先松阳风俗有所影响，有所发展，也形成与松阳土著原先的风俗有所区别的畲族风俗、客家风俗。

松阳风俗是松阳区域历代人民在长期生产生活实践中逐步形成，历代相沿、积久而成的风尚、习俗，是中华民族风俗文化的组成部分。境内各姓先民薪火相传，世守故土，开荒辟地，精耕细作，治山治水，创业发家，不仅造就比较典型的农耕社会，成就“松阳熟，处州足”的农业辉煌，还形成良好的社会风气。《处州府志》载：“松邑人崇信义，家置祭田，建造祠宇，兢兢乎有报本追远之思焉。”松阳县旧志载：“男女尽力于耕织，安土重迁，儒雅以俭啬自持。”又载“家多置塾延师，勤教力学”。民国《松阳县志》，瓯海道尹张宗祥作《松阳县志序》，赞“松阳小邑，多平原，富米谷，风俗淳厚，士大夫以文名者踵相接。”该县志载：松阳“虽钟灵毓秀，代有英奇，而操觚咸率性真，夸多斗靡非所尚也。耕田而食，凿井而饮，悠然有熙熙皞皞之风。”1996年《松阳县志》载：“松阳民风质朴，自古尚节俭，不事华侈，以赋落人后为耻，尊师重教。好健讼。安土重迁。”纵观古今，松阳先人的道德风尚，可概括为：安于故土，不喜迁动；农耕为上，不容抛荒；勤劳俭朴，不慕奢侈；忠诚厚道，不尚虚荣；坚毅刚强，不畏困苦；尊师重教，不敬白丁；思祖报本，不违孝道；皇粮国税，不落人后。这些社会普遍认同的人文理念不断弘扬，必然形成良好的社会风尚环境，并成为松阳风俗形成发展的必要条件。

“俗随时变”，具有时代特色，某些当时流行的时尚、习俗，久而久之的变迁，原有风俗中的不适宜部分，随着历史条件的变化而改变，所谓“移风易俗”正是这一含义。风俗，由于一种历史形成，它对社会成员有强烈的行为制约作用，是社会道德与法律的基础和相辅部分。

第一章 生产习俗

松阳县“八山一水一分田”，县域中部松古平原是浙西南最大的山间盆地，主要河流松阴溪由西北向东南贯穿全境汇入瓯江。松阴溪为山城松阳开辟了出海口，唐代时，成为浙西南重要的水陆商道。在航运最发达的清中期至民国初期，松阳一地拥有千艘帆船，数量冠绝瓯江沿岸各县，商贸发达可见一斑。千百年来，松阳先民以农业经济为主，经营农林牧副渔业，成为处州粮仓，生产中形成种种习俗，春耕、夏作、秋收、冬藏，日出而作，日落而息。

第一节 农业生产

预测年景

旧时，缺少科学文化，农民对来年的生产收成不是依靠气象预测年景，而是通过社会生活或自然现象中的种种迹象来预测来年生产的丰歉。例如，每年炊的糖糕，过些时日其表面会长出色彩斑斓的霉菌，俗称白毛。人们根据糖糕白毛上各种颜色的多寡来预测年景，绿色多就主雨水多，红色多就主干旱。

又例如，一些农谚把节气日子的天气好坏与当年农事收成相连。如“雨打立春节，惊蛰落勿歇”“立夏响雷无六月”“烂冬油菜旱冬麦”“八月十五云遮月，正月十五雨打灯”，等等。

随着全球气候变暖等原因，依靠气象预测年景，把节气日子的天气好坏与当年农事收成相连的做法越来越不准确，这种习俗几乎过时。

两头阴

农民一般遵循日出而作、日落而息的传统习惯。勤快之家，一年四季黎明即起，谚云“三个天光（早晨），抵上一工”“只要勤，不愁贫”。一年四季，春、夏、秋三季劳作，冬为“冬闲”。农忙时节，更是早出晚归，见光出田，天黑回家，披星戴月，俗称两头阴（暗），从不懒作。一年的生产活动一般过了元宵节就开始。20世纪90年代后期，松阳农村产业结构调整，茶叶生产大发展。于是，农事提前，甚至到霜降以后，还是采茶忙。采茶季节起早摸黑，两头阴仍是常事。

送春牛

春牛，是象征农事、占卜年成的土牛。旧时风俗，立春前一日，以人扮“勾芒神”，鞭打土牛，谓“打春牛”，寓劝农励农之意。春牛既可占岁，又是早春的吉祥物，受到民间欢迎。“打春牛”从打土牛开始，过了许多年，土牛又换成纸牛，一个纸糊的牛里面装上五谷，被当作“春牛”，在迎春会上让“勾芒神”举鞭狠打，牛被打倒，纸被打烂，里面的五谷流出来，象征打出一年的五谷丰登。

松阳民间春牛制作朴拙，四脚胸腹连成一块平板，眼、鼻、蹄、尾，均用笔勾绘，照历书所示涂上占岁颜色。

送春牛，一人为吹鼓手，一人挑食箩装春牛。到城乡人家时，一进门，吹起唢呐，把春牛摆在堂桌上，不到三五个乐句，就嘎然而止，抓起红包就走，没有红包，临时给几个钱也行。

立春前一日，人们到先农坛奉祀，然后，用彩鞭鞭打，把“春牛”赶回县府，在大堂设酒果供奉。男女老少牵“牛”扶“犁”，唱栽秧歌，祈求丰年。解放初期，出现“打春牛”的耕作戏，一人系犁，一人掌犁，边耕边舞，或游于乡间，或演出于舞台。

旧时，松阳地方官在先农殿岗先农坛举行迎春仪式，祭春、鞭春、开春，与民同耕，仪式很隆重。至清末民初，迎春仪式已不多见。民国7年（1918），县知事修复先农坛，扶犁试耕播种，举行“农耕礼”。农民把起春开犁春耕视为重要的事情，择吉日举行祭耕仪式。是时，耕牛的角上和赶牛鞭上挂红系彩，并把牛牵到田边，烧香敬神，按东南西北方向作揖或跪拜，然后，赶牛下田，驾上犁，翻地几圈，以求是年五谷丰登、吉祥如意。

社日驯牛

“牛耕田，马吃谷”，农村养牛多为耕田之用，松阳许多农家自养或合养耕牛。牛犊稍长，要用绳子（牛跟）穿鼻，一般要雇请牛贩来为牛穿鼻。牛长到一岁后，视稚牛健壮情况，经过三四个社日（春社、秋社）后，开始驯牛。水牛比黄牛可以早一个社驯牛。驯牛时，前面的人牵着牛走，掌犁师傅在牛身后，牛头须牵高一点。第二次“教”牛时，不管天晴下雨，掌犁的人要头戴斗篷、身穿蓑衣。“教”牛从开始到“教”熟，不换人，还要一次比一次延长时间。一般经过十天半个月，才能把牛驯好。农耕社会在社日驯牛，无论是春社还是秋社，都是为备耕。随着农业机械化的实现和产业结构的调整，松阳大地耕牛渐少，社日驯牛习俗已淡化。

调工夫

民间种田、盖房，乐于相互助工，俗称调工夫。自己无需他人还工夫的，一般也不收工钱，俗称人情工。互助换工，有以人力换牛工的，一般都在农忙季节。有帮助孤寡老人的，伙食自己负责，不需报酬。雇工有长工、短工之分。雇长工者（长年客儿），议定五年报酬，雇主包伙食，外加衫裤一套、鞋履一双。短工则因季节需要，有多余劳力者，便带扁担镰刀，到市场等候受雇。进入21世纪，松阳茶产业兴起，农户大多是雇工采摘茶叶，甚至有许多外省百姓像候鸟般定期到松阳，长期在一固定农户居住，采摘茶叶。

插青

农田播种后，插上青树枝、竹枝为标，让人知道此地已经耕种，禁止人畜践踏及鸡鸭入食，古人谓之“插青示禁”，体现古人重农、护农观念。树干上缚草标，以示此树已被人占用，他人就不便争执。在庄稼成长的某个关键时刻，一禁牲口入内，二禁过水，以免肥料耗失。村规民约中，多有违反插青示禁的处罚细则。

标榜

标榜，本意吹嘘、夸耀。此处的标榜，指农人把田里又长又粗的稻穗，用桶移栽到社公殿边去，夸耀自己会种田，出稻穗早。中华人民共和国成立后，社公殿大多名存实亡，此俗逐渐消亡。

落脚沃

松阳人把放水灌田称为“沃田”。无论山区还是平原，农田有高有低。为确保离山塘水库较远的农田得到灌溉，农民约定俗成，一般按照由低到高逐块灌田，俗称“落脚沃”。高处的田主允许己田过水，不得筑水缺截水。有时需要按照由高到低的次序逐块灌田，则称“高脚沃”。

烧寮灰、满田灰

旧时，种田靠土杂肥，其中的草木灰是当家肥料。冬天，农民把稻草、蓢衣、带土草皮等运到自家寮铺内，一层层相间码堆，点火烧灰，草皮土块烧得透熟。这种积肥方法俗称“烧寮灰”。耕作前，农民常把田里田塍上的杂草带土铲除，晒干、堆积、烧灰。由于在田里多处堆集烧灰，故称“满田灰”。刮风下雨不受影响。

求雨

中华人民共和国成立前，逢久旱不雨，抬菩萨、立神坛，烧香跪拜、敲锣打鼓，昼夜不停，称讨雨。此项求雨活动，一村或数村联合，或由宗族房头组织，请道士建醮祈雨。特大旱灾，由知县率士绅和农民，披麻戴青，脚穿草鞋或蒲鞋，三步一跪，呼天喊地，哀告苍天降雨。求雨时，道士头缚神额、手执龙角、脚穿草鞋，到神庙或碧潭、泉壑处，摆香案，燃烛供祭礼神。仪式结束，求雨民众沿路紧锣密鼓，齐声吆喝，奔跑而回，似乎大雨将至。境内三都地处山区，常受干旱，求雨尤为重视。约期聚集乡村丁壮，各执器械，以粗毛竹一对为旋叉，所经村庄或神庙，道士缘叉而上。传说后晋天福四年（939），松阳县令祷雨，见独山顶白龙现，大雨随至，遂上奏吴越王。后奉旨把独山脚的太婆庙易名为瑞现夫人庙。中华人民共和国成立初，松阳县城还闹过求雨，因求不到雨，在破除迷信政策教育后，未再出现此俗。

育秧

农民先在某块田中培育秧苗，此田被称为“秧田”。水稻育秧是把浸好的谷种撒到秧田里培植幼苗，为种水稻的第一道农活，农家极为重视，有“秧好半年禾”之说。大年三十，在敬奉家神、土地之后，不少农户还要到秧田边敬奉田神，祈求丰收。秧田选择背风向阳、土质肥沃、照料方便的田块，常年固定，谓之“新鲜饭，老秧田。”农家对禾种极为珍惜，有“宁可饿断肠，不可吃种粮”之说。育秧播种后，往往在秧田边插两个草人，草人“手”上系一块红布，借以恫吓鸟兽。有的地方习惯在秧垄上插上枫树枝，取“枫”“丰”谐音，预祝丰收。在撒下稻种后，农人多半会在土上洒一层稻壳灰，好的稻苗是稻作成功的关键。在秧苗长高约八公分时，就可以进行插秧了。

开秧门、插田饭

“小人儿望过年，大人望插田”。因秧、殃同音，松阳人把插秧叫做插田。每年第一次插田拔秧，谓之开秧门，一般在凌晨，由主家拔头手秧。农户插田往往都要找几个插田老司（师傅）来帮工，以使秧苗成活期保持一致。改革开放前，松阳农村插田时候，由一人捧着土肥灰头紧跟插田老司插灰。开秧门，一般择喜日，休息、吃饭，由插田人安排，忌喊吃饭。

农户以丰盛菜肴宴请插田工、耖田工、插灰工及牧童等人，俗称插田饭。尚多食，谓“吃一碗，添一担”，若有邻里路过，俱招呼入席。松阳插田，每枝6丛秧苗，直列不许出现“桃枯”。也就是说，直列株数不得任意增减。

插田嬉闹

开插时，在田中距离最长处插第一手秧苗，称为开枝。余人跟着下田，沿开枝行距，照样插下去。插田时，不分长幼，可以互相嬉闹。有对插田速度慢者边插边围，用秧苗将其围在中间，谓之装口袋；被围者须将口袋里的秧田插完才能出田。也有被超过身边的人用烂泥巴糊个满头满脸，被糊者只好笑哈哈地任他们嬉闹。但是，忌把秧苗甩在别人身上；如有不慎甩中，甩秧者必须高喊讨彩话以赔礼。

落田福

田多的农户往往要插田好几天，插秧结束之时，称为关秧门，当日需早收工。收工回家，主人或插田老司要从秧田带回一把秧苗至家，抛到屋顶，表示吉利。在主家只剩最后一块田时，大家凑兴帮忙，人多田少，有的下田，有的站在田边逗趣。栽完后，主家备酒肉宴请帮工师傅，俗称落田福。请落田福时，牧童坐上横头（首席），以示对耕牛的敬重。第二天，儿媳妇回娘家，有谚语“插好黄秧，望望爷娘”。

开镰

在收割过程中，一些工序采用表示吉祥如意、和气生财的特定代用名词。如割第一块田的头一把谷，谓之“开镰”。稻谷晒干，扬净入仓后，无论木板仓、砖仓，均贴上用红纸书写“五谷丰登”的条幅或斗方。

秋收季节，收割前农家先要抽回几株稻穗，插在神龛上，祭祀祖先。割谷开镰时，富裕农户讲究吃喝，席面丰盛。

踏油麻

油麻，即芝麻。油麻节节高，巴不得油麻能结得多些、结得低些。整地作畦后，要把油麻籽撒播或条播入土，再略施土肥，覆盖油麻籽。为使种子均匀疏散、覆土浅、出苗快，在撒播或条播油麻籽时，往往把裤脚放得很低，再站在上面踩踏。俗谓这样做可让油麻从底部始，就节节开花、节节结荚，提高产量。因此，播种油麻称为踏油麻。

搭烟寮

烟寮，即烟棚。立冬前，农户择地作畦播烟，苗床用稻草或茅草结棚御寒，俗称搭烟寮。烟棚多为面南背北，斜向临地，屏御北风，保苗越冬。松阳民谚“种田不种烟，胜似活神仙”，说明种烟比种田辛苦。松阳民谚“脚叶好换盐，大烟好买田”，则说种烟的经济价值远胜种田。在传统农业时代，松阳三张叶中，烟叶经济价值位居桑叶、茶叶之前。

放香蕈

香蕈，也称香菇。松阳境内山区树木茂密，野生香菇不少，生产历史悠久。其香菇人工栽培技术史称砍花栽培法。入冬前在山上森林茂密阴湿处，砍取除了松树、杉树、樟树以外的阔叶杂木，作为放蕈木材，然后用尖锐的利器斑驳木皮上，再把香蕈菌种放入小洞培植香蕈，候淹湿。待到来年春天，杂木段腐烂，香蕈菌种吸收杂木段里的营养，每经立春后，地气发泄，雷雨震动，则香蕈交出木上。

如今，有许多农户专门以放香蕈为业，他们在农田里结棚用木糠（或把木柴粉碎成木屑）袋装栽培香蕈，此种香菇称“袋菇”。

第二节　林业生产

插苗还山

旧时，山主租给农民山地，耕山植树，套种杂粮，待杉树长大后把山林退还，称为插苗还山。租借山地开垦种植前，要订立契约。契约期内，山地收获的粮食按四六或三七分成，租者得大头，也有采用交纳租金的。一般以一个轮伐期为期限，期满依据契约插苗还山。各姓宗祠多有山场，允许族人种作插苗，二八分息。

植树护林

大山伐木，在山上搭寮居住，搭棚前，开山卜吉凶。由有经验的人选准树，看好山形，一斧便把树砍倒，树梢倒向山顶为吉兆。开寮要祭山神，每月初一、十五日，敬祀山神后，聚餐打牙祭。砍下第一棵树后，才可开口说话。在山上讲话禁忌很多，忌讳说肉，吃肉叫吃猪菜。也忌把筷子架在饭碗上或交叉叠放。杉木采伐时间在春秋两季，叫清明桩和寒露桩（又叫八月白）。毛竹采伐季节，多在立秋后至第二年清明前。

在山上砍柴伐木，忌喊同伴名字。在大森林，壁岩阻挡，峡谷回音，大声喊叫，对方会误判方向，以致失去联系。用木棍儿敲击树干，通过地表传音，方向能辨别准确。

护林护果，各村有不同例俗，有的林区允拾树叶与掉落地上的干枝，不允采伐青枝，违例重罚。果子物各有主，不准采摘。有些地方路边杂果，路人拾而沾喉，不怪不罚，但不许带走。此俗即有食无帕，带走属偷，要按村中规例重罚。

禁山饼

为保护森林资源，常需封山育林，俗称禁山，即禁止进山砍伐、放牧。禁山时，山主召集全村男丁到祠堂聚餐，宣布封山事项，即成文的禁林令。禁林令简述为什么禁林、封山禁林的地界和禁令的时限。然后，指派或推选公正无私的监督员，监管禁林的执行。山主向地界邻近的村庄农户按人口分送小糕饼，也有按每户分送一块猪肉，以示通告禁山。之后，如有偷禁山林者，按照此规矩罚饼罚肉。境内有些地方在禁山时，通过演戏宣布封山事项，因此，称这类戏为禁山戏。解放以后，直至改革开放后，林木权属分明，依然封山育林，仍有此俗。

溜树

山上砍倒的树木，斩掉树表，斫掉树枝，多选取较顺滑的山凹或山冈，滑木至山脚，俗称溜树。起溜点称为上坝、溜头，下至点称为溜脚。溜树时，溜树的人须向山下大声吆喝打招呼，得到在下面的人应声后，才能溜树。多为一次性溜毕。此为防止发生安全事故，故至今保留此俗。

充铺

从树木砍伐点到木材堆集存放（转运）点，视路途远近设若干铺位，每铺安排一人。背树木者从一个铺位（接力点）背树到下个铺位，把树交给第二个人，如此往返接力背树的方法，称为充铺。

子孙树

山区农户生孩子，便在房前屋后种上几十颗杉苗。待孩子长大成人，树苗已成材，这些树木便成为儿女娶亲嫁女的财产。因此，人们把这种树叫作子孙树，又叫儿女杉。

养老树

林区人家喜欢把树与富联系在一起，“要想富，多栽树”“家有千棵棕，养老又送终”。所以，屋前屋后无不栽种果木等树，称这些树为养老树。

“风水树”

凡村尾水口，都有“风水树”，也叫水口树。按照风水学的要求，“风水树”多椭圆形或圆形叶种。这些树种寿命长、不落叶、质地好、易生长，挺拔高大，枝茂叶盛，显示一种气派，象征着一个村的兴盛。乡村中村民视“风水树”为神树加以保护，崇拜至极，毁“风水树”如同毁人祖坟。封建社会战争年代，有的大树纷纷被砍，可是“风水树”却很少破坏。松阳县有许多古村落，村村都有保存完整的“风水树”。

烧炭

烧木炭有白炭、黑炭之别，烧制方法略有不同。白炭以硬阔叶材中的壳斗科、榆科树木为原料，由于树种不同又可分为：乌冈白炭（原料为乌冈栎）、青冈白炭（原料为青冈栎）、白炭（原料为其他栎木、榉树等不成材林）。黑炭以软阔叶薪炭材为主，有价格昂贵的茶道炭、枝炭、竹炭和其他廉价民用黑炭。山区烧木炭者，有在炭窑旁供奉山神土地神位的习俗，逢初一、十五，备酒菜给山神打牙祭。一座山木炭烧好后，易地前，一定要备酒菜谢山神，并邀山主（山林所有者）会餐一顿。

松脂采集

开割松树树干，收集泌出松脂的全部作业，简称采脂，松阳俗称放松香。松阳早前就有松脂生产，1996 年《松阳县志》载，横山村 1979 年出土南宋庆元年间（1195～1200 年）古墓 1 座，墓内棺柩四周充填松香，棺底整齐排列四条松香结晶块。境内特别是竹源乡，有许多人常年从事松脂生产。竹源乡申报传统松香采集和加工技艺为市级非物质文化遗产。每年元宵节后，大批受雇民工随松香客出外采割松脂，开松香路、削竹钉、挂袋，到天气转热，树体流出含油树脂时，携割刀轮流在每一棵树身上划条沟，开始正常采割。霜降后，树体不再流出含油树脂，采工们把采集的松脂交松香客加工。

第三节　牧业生产

猎物分配

旧时，山区围猎野兽需要结伴合作，用火铳远射。获取猎物时，打头铳者可分得猎物开爿一半的前腿部分，第二铳者可得猎物颈圈部分；其余猎物，由参加围猎者平分，连猎犬也分得一份。山区围猎野兽，见者有份，只要在野兽四肢没有捆扎前赶到现场的人，都可分得一份，皆大欢喜。1988年10月，《中华人民共和国野生动物保护法》公布后，这些野兽禁止捕杀，此俗已成历史。

杀猪分肉

米泔水（洗米水）是喂猪的好饲料，民俗猪主在把猪喂大、宰猪上市时，先切下一小部分猪肉，贴上红纸，分送给泔水主人当作酬金。分送猪肉时，由于猪肉不多，往往还送些猪血。

出栏习俗

猪、羊长到屠宰重量，可以宰杀的时候，叫出栏。旧时，正月、五月、九月，禁止牲畜出栏宰杀，也不能清理猪舍牛栏的粪肥。中华人民共和国成立后，猪宰场终年宰杀，此俗不再盛行。

第四节　副业生产

作坊生产

松阳自给自足的自然经济，决定了手工作坊的生产方式。作坊也称作场，有官府作坊、民间作坊。每一行业作坊都由有技术专长的师傅操持生产，并雇佣若干辅助工帮理。

油坊　油茶是低山区最重要的食用油料树种，松阳的象溪、大东坝、裕溪、板桥4个乡镇许多村庄有种植，有许多榨油坊。油茶籽从晒、滤、磨、蒸、包，到榨油，有20余个环节。把筛选好的油茶籽晒干、磨粉、蒸熟、包箍好，再用石锤撞击，清亮的茶油便顺着木油槽滴出，俗称榨油。有的油坊利用水碓水力转动榨油。榨干以后，油茶籽被压成圆饼状渣滓，称为茶枯。茶枯可以用作肥料。大豆、油菜籽也可用这种方法来榨油，榨制成豆油、菜籽油。松阳山区特别是靖居一带多产茶油，松古平原多产菜籽油。在榨油的日子，一般人都会焖一锅不放水全用油的油焖饭。

图41-1　榨油（叶光铭 摄于2006年）

石仓客家居住的山上种有大量茶籽树，用茶籽榨油。石仓的每一个村落里都有榨油的油车。打油的方法，同于松阳其他地方的榨油。

桐籽、柏籽也用此法榨制成桐油、梓油（柏籽油）。柏籽是乌桕树的果实，可以做蜡烛和肥皂，里面的籽仁可以榨油。民间称乌桕树为陈梓树，柏籽榨制成的油为陈油，在没有煤油时，用来点灯照明。电气化后，不再用来照明。

图 41-2 烧制白酒（叶高兴 摄于 2010 年）

酒坊 松阳民间酒坊一般是前店后坊，边生产边经营。松阳人喜欢酿酒，尤其在农历十月更是忙着酿十月缸酒。但是，农户酿酒再多，贮存不便，毕竟一年喝不到头，还是要买酒润喉。市场酒肆常年沽酒，靠酒坊生产。松阳的酒坊都是开酒肆的老板经营的，自产自销。生产的是红粬黄酒，俗谓老酒，用红色的红粬作为酶药酿制而成。民间的红粬用大米炊熟，拌入老红粬通过发霉，晒干而成。用红粬酿制红粬，俗称“红粬不离娘”。白酒，松阳人叫作烧酒，用酿造老酒的酒糟，拌入砻糠，再经过蒸馏而成优质烧酒。旧时，松阳酒坊也生产烧酒。20 世纪 60 年代，有用薯类等富含淀粉的作物为原料、经过发酵蒸馏而成的烧酒，俗称番薯烧、高粱烧、金刚刺烧等。

客家人说的白老酒，其实不是烧酒，而是一种用白药拌入蒸熟摊凉的糯米饭酿制而成的酒。颜色呈乳白色，故名白酒、白老酒。

酱坊 酱或酱油是用发酵后的豆、麦等做成的一种调味品。松阳农村有晒豆瓣酱、甜面酱的习惯，但仅为少量，平日调味品都到酱园购买酱油。民间，“五月酱黄六月酱”，五月，农村许多人盦酱黄。俗谓“盐放酱里在”“酱里虫儿酱里死”。前者指一斤酱黄用一两盐，多一点无非咸一点，喻学成本领有朝一日可派用场；后者说酱里虫儿必定死在酱里，喻善有善报、恶有恶报。为使酱油有鲜味，旧时，没有味精之类调味品，以甘草煎入调味。

染坊 境内染坊以染零星杂色布料及旧衣为主，多为前店后坊，有的带有后院。如遇大批染件，在坊内染好后用竹篙挑至溪滩等空旷的地方搭架或铺地晾晒。染后稍干的小件衣物，有的挂在店前晾架上待取，有的叠好放在多层的大木橱内，布条签扣上有店内暗记，避免冒领、骗取等现象发生。“文化大革命”期间，许多色彩艳丽的有机染色布、丝织被面、床单等，为避“封、资、修”之嫌，大量被群众送入染坊。改革开放后，各种花色品种的丝绸、棉布、纱线和毛织物应有尽有，加上人民群众生活水平提高，境内染坊均已关张。

糖坊 “有糖无糖，立冬绞糖”，境内农民种植糖蔗（甘蔗），多用来熬制砂糖（红糖）。砂糖，是民间坐月子必备。农村榨糖用牛车拉动两根硬木轴，利用机械传送原理工作，榨糖机就吱呀吱呀地开始工作。老司把十数根甘蔗一次性塞进齿缝里倾轧，榨出糖汁。随后，糖汁倒进大锅，通过高温蒸发，慢慢地变成糖稀。这时，煎糖老司不断搅拌，糖水浓度逐渐变稠，再把高浓度的糖水倒进

木制的糖槽，放入小苏打，使糖稀在空气里降温冷却固化，成为松松散散的砂糖。这种榨糖的场所叫作榨寮，美其名曰糖坊。松阳种植糖蔗历史悠久，当年收成当年开榨，榨寮开榨时，夜以继日，分外繁忙。改革开放后，机械榨糖的糖厂应运而生，糖坊成为历史。

纸坊　纸在最初发明的时候多是用草做原料的，故称草纸，松阳沿用此称呼至今。草纸是用竹木、稻草等为原料制成的纸，质地粗糙。毛边纸是一种竹纸，纸质细腻，薄而松软，呈淡黄色，没有抗水性能，托墨吸水性能好，既适于写字，又可用于印制古籍。松阳竹木资源丰富，民间用之生产毛边纸和草纸。毛边纸用嫩竹木浸泡后打成纸浆，制纸时，手执网眼极密的筛箩，插入纸浆池，拖上纸浆，抖匀、捞起，然后翻扣到放在池旁木案上的木制托板上，成为一张纸。一张接一张捞纸，叠到厚厚一摞时，搬出去晾晒。晒纸讲究手上功夫，需先把初步榨去水分的纸一张张分开，力大容易破，力小了就没效率。现时，松阳一些盛产毛竹的山区仍有纸坊造纸，为数不多。

瓦窑　松阳民房多为泥木结构，泥墙木柱，遮以瓦片。瓦窑是烧制砖瓦的大灶，一般建筑成扇形窑洞形状。窑顶呈倒锅状，用特制的窑顶砖，一层层收拢，最后封闭结顶。窑洞后面窑壁留有三五条烟囱。制砖较易，在硬木板制成的模具内用力甩压、填满泥巴，用一条绷紧的钢丝顺着沿口抹平，松开木板，一块砖坯就做成了。制瓦要把大约1厘米厚、80厘米长的土坯捧起围到一只由活动木板拼接而成的状如小木桶样的瓦桶上，经过敲打匀实，剔去尺寸之外的多余部分，再把小木桶连着湿瓦衣布放到地面，取出瓦衣布，使瓦坯直立在地上晾晒。当干到适当程度，再把每一桶瓦坯分成4片瓦，整齐地叠放到瓦岭脚继续晾干。

图41-3　瓦窑头村砖厂（叶祖青 摄于2004年）

砖瓦土坯装窑，俗称入窑。入窑前，要祭拜窑神以求庇佑。老师傅的真手艺本领是把握火候、泼水，要烧到什么程度闭火，是老师傅凭经验估计的。闭火一段时间，让其缓慢冷却，砖瓦成为红色。松阳民间喜青砖青瓦，因此，要在窑顶泼水，让其迅速冷却。泼水过多造成砖瓦水松，泼水不足又会不青不红，五颜六色。

县城松阴溪南面瓦窑头村，以烧瓦出名成村。瓦窑头的瓦窑只烧瓦，很少烧砖头。瓦窑头还有1个烧泥茶壶（宜兴罐）的窑。据说，当初泥茶壶凹形壶底以小孩子的头做模型，故烧开水后的泥茶壶忌经过孩子头顶。

砻房　在机械碾米未实现以前，农家磨谷用土砻，舂米用石碓臼，磨粉用石磨。土砻，以泥、木、竹为主要材料制成。主体由黏性强的红泥土压灌制作而成，外缘则是用竹条交织编成加以稳固。它由上下两个圆墩组成，直径约70厘米，高约80厘米，上墩有砻耳两个，砻斗一个，下墩有砻轴和砻脚、砻槽，上下墩之间磨合处则铺设一排排竹片制成的砻齿。砻齿呈逆时针旋涡形放射状，竹片需经热铁锅加沙子不停翻炒至淡黄色才具有所需硬度。上墩砻齿分八组，下墩砻齿分十二组，砻齿与砻齿之间用沙土填实并留下条条竹筷粗细浅沟，此外，还配有一支砻臂和一条吊绳。在下墩上部的外围还有一圈装盛糙米用的米槽，槽有一缺口，砻米时，磨好的糙米就是从这缺口处流到箩筐中。上墩接近米槽处，装有一竹片曰土砻拨，当槽中糙米将满时，土砻拨就把米拨落。用土砻碾米时，先把一准备盛米的空箩筐放在木槽缺口下方，再把稻谷倒进砻斗并把砻臂的铁钩套进砻耳，然后单人或双人用手推动砻臂，这样，土砻的上墩就转动起来。这时，稻谷通过砻槽流进上下墩之间磨合处，再经上墩转动碾压，稻谷便脱壳变成大米从砻齿沟流到米槽中，经土砻拨拨动，流落到箩筐中。

把谷糠糙米用风柜吹去谷壳，再把糙米去臼舂就可以得到白米。风柜一般木质，用来把晒干的谷子进行精选的农用工具。它通过手摇鼓风把晒干稻谷中的土尘、杂物、秕壳、空壳从出风口吹出，结实的谷粒经斜漏嘴落入下方的口袋或箩筐中，半结实的瘪谷粒出了出风口即落下到摆放的簸箕上，可作鸡鸭饲料。整台风柜均以杉木板制成，分为鼓叶（四片互为直角的手摇风叶与摇把固定）、板组、仰斗（装入待选干谷）、斜漏嘴（精选谷粒出口）及出风口，以四根木柱支撑。

有了水碓，一般不会到砻房舂米，不过如果遇上干旱，水碓月轮不转，砻房还有用武之地。开设砻房的人，往往兼作贩粜，做大米生意。

缸窑　松阳境内出土的陶器文物，有上千年历史，出土过新石器时代的石镞、石环及商代的印纹陶器。制陶的泥土全凭人力或牛力踩炼，捣炼成细泥团。小件陶坯通过轮制法旋转拉伸成型，器型规整，厚薄均匀。大件陶器采用泥条盘筑法制作。先把泥料制成泥条，然后圈起来一层一层地叠上去，再里外抹平，制成所需陶器的雏形。晾干的陶坯，一般还要上釉，再叠放到缸窑里，称为入窑。缸窑呈长蛇形的一长溜，上部有许多烟囱，陶坯是一段段被烧熟的，烧熟一段闭一些烟囱。旧时，松阳人用来烹茶的茶壶（宜兴罐）、铜镬盖，制作方法同小件陶坯，烧制方法同砖瓦。

图 41-4　斋坛乡花田垄村缸窑（叶高兴摄于 2002 年）

水碓　是脚踏碓机械化的结果，用水力把粮食皮壳去掉的机械叫水碓。水碓的动力机械是一个大的立式水轮，轮上装有若干板叶，转轴上装有一些彼此错开的拨板，拨板是用来拨动碓杆的。每个碓用柱子架起一根木杆，杆的一端装一块圆锥形石头。下面的石臼里放上准备加工的稻谷。流水冲击水轮使它转动，轴上的拨板臼拨动碓杆的梢，使碓头一起一落地进行舂米。在溪流江河的岸边都可以设置水碓，还可根据水势大小设置多个水碓。建水碓的位置多选择在河畔，为防止所碓之物不受日晒雨淋，方便使用，各地的水碓都建有水碓房，建房资金多由村民集资。为避免拥挤，村民按一定的顺序轮流使用水碓，有的地方还收些租金作为维修之用。水碓声音较大，但由于水碓多设在村外，因而并不会影响村人的休息。松阳地处山区、丘陵，即使在松古盆地，溪流江河都有较大落差，因此在 20 世纪 60 年代以前，到处都有水碓。

匠作习俗

除农事耕作之外，做木、箍桶、打铁、泥水、修篾、裁缝、打石、剃头、磨刀、补鞋等，总称为手艺，从事这些传统手工业的叫手艺人。松阳的手艺人大多出身农民，甚至就是农民身份，亦工亦农。谚语说，“三十六行，行行出状元”“不怕有人请，只怕艺不精”。有好手艺，就是乡下的能人了。手艺人师徒承传，形成一整套习俗。

学艺　请求传艺，称学手艺。学徒从师必择吉日行拜师礼，请拜师酒，由学徒家长备酒席，请中人和亲友、族长等作陪，举行收徒仪式的叩拜礼，并签订师徒合同。请过拜师酒后，方确定师徒关系。学艺多以3年为期，第一年，徒弟要帮师父做家务，做粗工；第二年，徒弟作为小工使用，工余还要做家务；第三年，师父认真指点学徒学技术，但还要为师父家挑水做家务。师父外出做工时帮挑工具和行李。在此期间，一般由师父管吃、管住，第一年学徒无工资，第二年给以少量零用钱，第三年给以较多零用钱。出师后，随师父做工，给全工资。学艺期满出师时，徒弟摆出师酒，请师父坐上座，感谢传艺。同时，师父给徒弟一副全新的工具。如遇师父活路多，学徒随时要听从师父调唤。松阳习俗每逢年节，出师的学徒向师父送礼。

起居饮食　不管做什么手艺的手艺人，早饭以后，立即赶到主人家，干活卖力，干到天摸黑才歇工。他们在主人家吃饭，始终不把筷子伸向好菜，只吃居中的青菜、豆腐或咸菜汤。到完工了，才用筷子头去夹一点鱼肉荤菜。松阳习俗在下午二三点钟，尤其夏月日长时候，主人家往往都招待手艺人面食点心，俗称午晡。

业神崇拜　各种各样的匠作，都有各自的业神崇拜。木、瓦、石匠尊鲁班为始祖爷，每年五月初七聚会纪念，掌尺的把头酹酒率众叩拜，然后，各人把一件工具放在神主牌前，焚化黄裱纸，俗信纸灰落在谁的工具上，就是祖师爷向谁赐巧。裁逢、纺织、刺绣业以黄帝、嫘祖为开山始祖，每年农历九月十六黄帝生日时，设供品、焚香纸祭奠，每人拿出一件得意作品赛艺。金、银、铁、铜、锡匠，皆以李耳为老祖，农历二月十五日老君生辰举行纪念仪式，此日大家集资欢饮必至尽欢。鞋匠奉孙膑为始祖，十月初一祭祀，这天必有徒弟向师傅献鞋的仪式。染坊奉梅福、葛洪为染布缸神，九月九日祭祀。纸坊工匠尊蔡伦为祖师，每年农历三月十七日蔡伦生日、十月初十蔡伦忌日，纸工们全部停业，杀猪宰羊祭祀。

行会　行会是一种手工业的同业团体，由同一行业的工人组成，订有行规，调解会内纠纷，对外交涉。各行会在祖师诞辰期举行祭祀活动，由会首负责操办，祭祀的一切活动费用全由入会者分摊。各行会一般都有常设会址，由总管经办日常事务。会首由会员选举产生，负责制订本行行规和祭祀礼仪程序，并监督入会者自觉遵守。

剃包头　剃头业大致有两种经营方式：设有铺面，坐店经营；挑担下乡，走街串巷。这后一种出门，随身挑一个担子，一头是洗头铜盆，下面有个圆桶，内装炭火小炉；另一头是坐凳，凳侧有抽屉，内盛理发用具，所以有俗语“剃头担子一头热”。农村剃头一般都是一年到头，由一个老司剃，一个月剃1～2次，包全年多少钱谷，俗称剃包头。也可不包全年，每次给多少钱，那叫剃散头。一个剃头老司承包若干个村庄，常年轮流转动，挨家挨户定期上门服务。一般年前议价，年终结算，一次性收工钱谷。老司从剃头篮里拿出一条长方形的剃刀布，挂在墙壁的钉子上。把剃刀在剃刀布上连荡几下，让剃刀快（锋利）点。剃头老司的剃刀布因为荡刀的次数多了，油光闪亮。

打铁 打铁是一种原始的锻造工艺，松阳的铁匠炉是一间小小的房子，房子正中放个大火炉，炉边架一风箱，风箱一拉，风进火炉，炉膛内火苗直蹿。要锻打的铁器先在火炉中烧红，然后移到大铁墩上，由师傅右手握小锤、左手握铁钳掌锤，下手握大锤，进行锻打。铁器成品有与传统生产方式相配套的农具，如锄头、镰刀等，也有生活用品，如菜刀、锅铲、刨刀、剪刀等，此外，还有如门环、铁钉、插销等。质量最差的铁是打铁钉的，所以，民间有“好铁不打钉”的说法。打铁业有打小铁和打大铁之分。打小铁，主要打造铁钉、门环之类小件铁器，一般由一个铁匠锻打。改革开放后，打铁店部分工序用机械操作。

图 41-5 老街打铁店（郑忠民 摄于 2010 年）

补铜壶 是旧时流行的一门职业，工匠挑一副桶担，一边是工具箱，一边是炭炉风箱，走街串巷给人修面盂、修锅镬、补铜壶，做些修修补补铁器或其他金属物件的小生意。通过修补师傅的巧手，把损坏的家用品变废为宝，是人们勤俭生活的共识。

磨绞剪，铲薄刀 磨绞剪、铲薄刀（菜刀）的工匠几乎都是外地人。他们嘴边唱着“磨剪刀喔，铲菜刀”，抖着十多块铜片或铁片发出锵锵声，走街串巷给人家磨刀。如果哪家有刀要磨，经过讨价还价，就会请进屋，安排劳作。用钢铲子把刀口厚薄不均铲平后，在青条石上用布条刷子边蘸水边把刀来回地磨，不时地用大拇指在刀口上试刀锋。觉得可以了，就削木棍给主人看，以示锋利。

钉碗补缸 农村家家户户都有几口缸，即使非农业户，也少不了水缸、米缸。破缸扔了可惜，买新的又浪费，因此，补缸这个行业应运而生。别看补缸不难，可是细活，稍不留意，就可能功亏一篑。钉碗用金刚钻。一个破成两半的瓷碗，沿裂缝钻几组半眼，然后打上锔碗钉，再在裂缝间抹上盐酸调制的腻子，原本破碎的碗竟滴水不漏。俗话说“笑破不笑补”，松阳百姓向来崇尚俭朴，破的修修补补还可再用。随着生活水平提高，补碗匠几乎绝迹。

修篾 许多农具和生活用具都离不开篾器，如篾席、簟箩、畚箕、畚斗、筲箕、竹簟、竹篮等等。修篾工具不复杂，篾刀、小锯、小凿子等，还有一件特殊的工具就是篾添（度篾齿），这件工具不大，用铁打成像小刀一样，一面有一道特制的小槽，它的独特作用是插在一个地方，能把柔软结实的篾条从小槽中穿过去。篾匠手艺是一门细致活，修篾老司干的是辛苦活，一天到晚都要蹲着，所以乡间有一句顺口溜叫“打铁先学扭，修篾先学

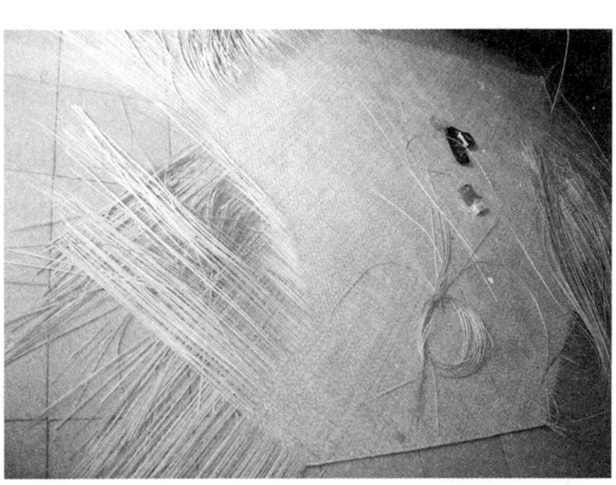

图 41-6 编篾席（县文广新局提供 2008 年）

纠（蹲）”。中华人民共和国成立后，西屏、古市2镇成立篾器社，集中篾匠，统一安排。改革开放后，篾匠后继无人。

裁缝　旧时，裁缝老司在乡村比较多，全靠手工裁剪缝纫。女子出嫁前，要做很多新衣服，要把裁缝老司请到自家做。一般的嫁妆要做一个星期左右。完工后，除工钱，要给裁缝老司包个红包。做裁缝赚钱不多，于是，有的裁缝老司在裁衣服时，把裁下来的布头偷偷地拿回去。因此，乡间又有“打铁学扭，修篾学纠（蹲），做裁缝学偷”的说法。其实，裁缝老司会偷的毕竟是极少数。改革开放后，成衣花色品种应有尽有，县城裁缝店已寥寥无几，下乡入户的裁缝老司自然淘汰。

串蓑衣　蓑衣是农户下地干活、遮雨挡风的随身雨具。松阳有很多串蓑衣的老司兼弹棉，冬天弹棉，热天串蓑衣。因此，好多人就同时学两种手艺。串蓑衣是纯手工的工艺。首先从棕树上割下棕榈片，用铁刷刷洗棕尾，使棕毛平顺，并清理干净附着的碎物，去掉杂质，做防腐处理，晒干后，用手搓揉棕丝，制成缝合线。然后，把所有棕片整理梳顺，一片接一片平铺在桌上，用竹制大领针固定，再用起领针把棕绳、棕榈片制成蓑衣领。接着，用细棕针一针一线密密麻麻地缝制成连衣裙状的上截和下截。蓑衣外表针脚细密，内里针脚略微粗长，里外至少缝数千针甚至更多。领口与衣襟用薄嫩棕榈片包边细缝。最后，缀上系带和扣子。改革开放后，蓑衣被轻便的雨衣替代，棕板床却被普遍应用，许多串蓑衣老司改串棕板床。

阉猪阉鸡　阉猪阉鸡，松阳俗称结猪结鸡，指对猪、鸡进行阉割。阉者把小刀、小剪、小钳、镊子等大小工具吊在裤头，走南串北。阉猪时，在猪的小腹切一小口，用一把小弓张开切口，利索地用一根线把睾丸或卵巢切断取出，手术完成，不用缝合，据说，此乃得自当年华陀真传。当年农村的母猪，春天发情期较集中，阉猪师傅常常忙不过来，一阵忙碌过后，便稀稀落落了，故有“一日割九猪，九日无猪割”的俗语。今天还常用这句话来形容生意的冷热不匀。

第五节　商业习俗

松阳的大米一向自给有余，多调剂给处州、温州各地。因此，与农副产品有关的交易繁荣，并形成相关的风俗习惯。松阳历史上的商业经营，大致上可以分为集市、行商和坐商3类。

行日

集市物物交换，是一种最古老、最原始的交换方式。旧时，人们把集市贸易日称为行日，赶集称为过行、赶行。旧县志载，邑非津要，商贾鲜通，百货难备。市井间，自布帛菽粟而外，别无异物。每月，城中以一、六日为市期；旧市以四、九日为市期。至期，四民咸集，交易而退，犹古者日中为市之遗意。可见过行的人群全以本县的乡民为主，手提肩挑，把自家男耕女织生产出来的零星土特产搬进县城进行集市交易。松阳有句土话叫“松阳‘行’，五日一；无钞票，米亦得（读音di）”。这里的米起到交换中一般等价物的作用。相邻城镇的集市日错开，以免冲突，即使是邻县的遂昌县妙高镇、丽水县碧湖镇的行期都毫无例外。行日，也是人们的休息日，大家称之为五日一，借过行名义，达到休息之目的。抗战时期，政府曾下令停止行日的集市贸易，但是有禁而不止。“文化大革命”时期，禁止集市或改变各地集市日期，结果仍改变不了过行的习俗。节气前的行日，市场更是拥堵得水泄不通。县城西屏行日交易，货物盈道，熙熙攘攘，午后方散。古市镇行日交易，散行稍早，也没有那么热闹。松阳集市的行，有行业之意，可细分为米行、花生行、仔猪行、鸡行、牛行、烟行、竹木行、柴炭行等，有固定的场所。设有油、蛋、农具、草席等行，甚至还有设朝天门外茅栗行。一般无行的杂货，都摆放在大街或横街的店门口，卖者席地而坐。

逢农历三、八日为象溪圩（象溪镇）行日，是由民间自发或约定俗成的，有固定地点，但非每日开放，而是以定期而集的形式，或3天一行，或5天一行，行日之隔，多者也有7天、10天、半个月的，成为乡间初级市场的主要形式。随着松阳境内茶叶生产的迅速发展，一些茶叶市场应运而生。每天接近中午时分，茶农们纷纷从远近乡村送来茶叶，长达里许，市场人头攒动，人声喧哗，饮食摊点比比皆是。至茶叶销售完毕，人始散尽，市场方恢复宁静。

庙市

庙会也是一种特殊的综合性集市。除求神拜佛、烧香叩头者之外，还有许多看热闹的、游玩的和其他目的的人，齐集而往。众多游人为饮食服务提供了对象，敬神礼佛又为香烛黄纸买卖创造了市场，而附近的居民便借机出售自己的农副产品，远近的商贾也携货而来进行交易，形成庙市。旧时的松阳城隍庙、太保庙的庙会，同时也是一年一度的大规模集市。中华人民共和国成立后，不再举办庙市。

牙郎

牙郎，居于买卖双方之间，从中撮合，以获取佣金。牙郎，旧名互郎，后雅称中介、经纪人。西屏、古市都设有专卖行，烟、米、牛、猪、鸡、炭等货物都在专卖行买卖成交。有行就有牙郎，有烟、米、牛、猪、鸡、炭等牙郎。牙郎或立于市，或行于乡，代买卖双方评价、过秤，以见证贸易行为。古时，牙郎没有专管机构，各做各的生意，故有“牙郎相打客造化”之说。民国时期，政府对牙郎任职资格进行审核，发给经营执照，定出酬金在交易价款的2%左右。牙郎定出当行（当天）的指导价格，对买卖客商进行司秤计量、计算价款及代收代付货款等。旧时的行业牙郎职责：米牙郎负责粮食买卖交易的全过程，议价、司秤、结算等；猪牙郎还代摧价款、上买主家检验仔猪；牛牙郎还有举行试耕的任务。“豆米麦，出在忠臣白”（方姓牙郎，名字不详），可见松阳当年牙郎对市场的影响。

烟牙郎

松阳盛产烟叶。烟行设在县城太平坊下巷弄之内，属零星交易的场所，一般为自产自销的小户买卖。大宗交易则是烟商自设的栈行，如临天栈烟行、郭隆兴烟行、徐裕昌烟行、金达三烟行、方锡沛烟行及古市的罗锵烟行等。各烟行收购烟叶一般有两种方式：一是烟农送货上门，随到随收；另一是栈行委托烟牙郎下乡寻找货源，上门收购。烟牙郎受雇于烟行，为烟行向烟农收购烟叶的经纪人。烟牙郎至乡间谈妥烟价后，评称重量，结算总值，开单交给烟农收执，不盖图章。烟农至烟行出售烟叶，凭单收取烟款。旧时，烟行收烟一律使用老秤，老秤呆笨不灵，过秤时，数量短少，且烟款剔除零数。烟叶卖给烟行后，一般要隔十多天或个把月才付款。外地烟商到松阳采购烟叶，不得直接进入产地，须通过当地商人开设之烟行向农民购买。

秉中

秉中，亦称凭中，是一种专为房地产交易服务的职业，须办理执照。旧时，松阳俗谓“男要败，盖厝（屋）卖；女要败，养鸡卖”。足以证明当年卖房、养鸡均为蚀本生意。如若出卖旧房，找秉中介绍，秉中的酬金比例较高。旧时，以田产多寡来衡量家庭的富裕程度，人们只要一有余钱就会用到买田之上。田产的交易比房产的交易多，不管田价交易贵贱，其契据的书写均离不开秉中的见证。

贩粜

曾有“处州大米出松阳”之说，每年松阳有大量的粮食外调他县，这些出口粮食大宗交易全归俗称贩粜的人员掌握。贩粜就是中间商。这些人大多农忙时务农，农闲时赶行，穿梭于西屏、古市、遂昌、宣平、碧湖等地，把某个地方的特产便宜买进，拿到其他地方高价卖出，赚取差价。全县大小贩粜非常多，光县城北门就有五六个，整年到乡间收购稻谷，然后砻成糙米，装袋运往南门船埠头与外地商人交易。

市声叫卖

市声叫卖是最原始的商业宣传习俗。市声有两种，一是叫卖声，一是代声（敲击声）。西屏、古市 2 镇清晨有走街串巷叫卖天萝絮（油条）、缸饼、豆腐娘者，晴雨不歇，也称为喊担。乡村也有豆腐担、青菜担、金瓜糖担、小百货担等叫卖。昔时，夜深人静，还有敲梆为号的面食担，供人宵夜。改革开放后，有些送货下乡者用录音话筒叫卖不绝。

打牙祭

每月初二和十六日，各店家都要做“土地公生（生日）”，以祈求土地公保佑发财平安。是晚即加菜或略备薄酒，以酬劳职工，俗称做牙、打牙祭。其中，二月初二为是年首次“土地公生”，称头牙。十二月十六为是年末次“土地公生”，称尾牙，而以尾牙为隆重。做尾牙时，店主设宴招待全体职工学徒。席间，凡鱼（鸡）头指向谁，意味此人来年要被辞退；若全部留用，店主则让鱼头指向自己。店主于请尾牙散席后，给大家结算工资并分红利。

分岁酒

除夕夜，商店都要在财神堂上吊串纸元宝，意为财神送宝。钱柜上则贴财神菩萨图像，贴上一本万利等吉利红纸。秤尾扎红线，秤钩吊纸元宝。各商家店铺都有摆分岁酒的风俗，亦叫吃岁饭，宴请店内掌柜、管账、跑街、店员等。管账必须随带当年帐目清单，俗称红单，向老板汇报。席间，老板执壶为一年辛苦的职工斟酒。如果辞退职工，就在筵席间有所暗示，那位职工一见自明，当晚即卷铺盖，黯然离店。

争接龙灯

商家重视元宵节，上灯前，商店铺肆在门前张灯结彩。元宵节期间，商家有争接龙灯的风俗。各路龙灯飞舞，纷纷到大街小巷、富商巨贾家去舞龙灯、开利市。温州龙的舞龙者高举龙头，在招牌上兜一圈，然后，绕厅堂店铺盘旋飞舞一番。松阳板龙到商店铺肆门前，把龙头朝向店门拱动，稍事停顿，舞龙者吟吉利词，待店家鸣鞭炮，捧出红包和蜡烛等物，才欣然离去。由于各路龙灯纷至沓来，富商巨贾往往应接不暇。

青龙招牌

又称青龙匾，为民间传统的商业广告形式。旧时的商店在临街一面柜台的里端，竖着一块青龙招牌，黑底金字，有说商品的道地正宗，有说所经营商品的历史渊源。酒店多题太白遗风、杜康佳酿；米行多题食为民天；水果店多题南北果品、四时鲜果；酱园店题调和鼎鼐；锡箔庄题洪武遗风。有的青龙招牌上题有童叟无欺、戒欺等，以标明商店的道德规范。中华人民共和国成立后，少有此俗。

摸指议价

牛行经营大牲畜，双方买卖议价，一方把手插进另一方长褂前的腰窝处，摸指议价。伸拇指为一，伸无名指和中指为二，伸小指、无名指和中指为三，伸小指四，五指全伸为五，伸小指与拇指为六，拇指、食指与中指合拢为七，伸拇指与食指为八，出食指作勾状为九，出一拳为十。采用此种议价方式，可对第三方保密，买卖双方即使不能成交，对其他人仍可高价卖或低价买。此俗今已不用。牙郎赤字是牛贩开价还价的一种市场暗语。100 元称一炮，200 元称老北，300 元称老八，400 元称宽，500 元称老飞，600 元称虎，700 元称曹四，800 元称老霍，900 元称大狗，1000 元称一劈；从 110 元至 990 元，每十元都有其特定的赤字。

卖青苗

稻谷收割前，贫困农户眼看丰收在望，苦于家中断炊，只得把未成熟的稻谷卖出，谓之卖青苗，其价格极为低廉。若遇粮商、富户趁机压价，一担青苗往往低于市价一半，超过高利贷者的盘剥。还有一种类似的借生谷，青黄不接季节向地主借生谷，借一担（八桶）谷，秋收最少还十桶，多的要还十二桶，甚至于双倍，谷利高达 200%。中华人民共和国成立后，此俗废除。

放脚银

旧时，农民在春耕生产时购置农具或接济生活，往往向放贷者借贷资金，待收成以后用农作物按照当时市价收购还贷，俗称“放脚银”。

种烟（烟叶）为松阳农村主要轮作物之一，稻田经轮作后，有利于稻谷和烟叶的丰收。种烟需施以豆枯（豆饼）作为基肥，豆饼来自温州，致成本较大。烟农如非殷实者，颇感筹措资金不易，遂有放烟脚银的习俗。

放脚银与卖青苗类似，以放烟脚银为例，初由烟农与烟商事前洽定，就烟农所需豆饼肥料等，先借贷现金，以为下种资本。烟商收利一年内，不管时间长短，均以一年计算。计息方法为清明前借贷，月息二分，甚者借一还二；清明后借贷，月息一分，甚者借二还三；等烟叶收成时，由烟商以当时市价收购。扣除贷款之本息外，多退少补。

业动归亲

农家在灾荒或突遭变故、需典当或出卖园田产业时，应循业动归亲之俗。故在契约中，都写明先问至亲不就，才托中招向某人承买（当）。如有族人至亲承买（当），当予优先，价格给予优惠。

牛跟钱

松阳人把串牛鼻子的绳叫作牛跟。民间卖牛在买卖成交后，卖方牧童可向买牛者索讨牛绳钱，俗称牛跟钱。如买牛者不懂礼数不肯给钱，牧童会把牛跟解下，让买牛者难以把牛牵走。一经说明，买牛者通常都会乐意给牧童牛跟钱，乐得皆大欢喜。

租耕

中华人民共和国成立前，无地农民向田主租耕，形成主佃关系。租耕有契约制、口约制、粪质制三种。订契约通常写明租耕期，年租额多少，上门收租或佃户送租谷到田主家等内容，个别还加定租押金。如不履行契约，田主则可随时另行招耕（俗称调佃），或把押金抵租等。口约制，佃户只需凭中介人介绍，向田主要求佃耕，谈明条款，不立契据，表示凭中互守信用。粪质制是一种较特殊的租约制，初多属公产或劣质贫瘠园田，地租低微，它是经佃户努力经营，变为良田者，因而耕者有永租权，业主之权叫质权，佃户之权为粪权，佃耕可传子及孙，甚至可转卖粪权。

商业隐语

商业隐语是商家出于保守商业秘密，回避外界人员知晓业内底细而使用的一种暗语。常见的有：商务中双方讨价还价叫斟盘；商家黯于行情而被别人按先前价格来买光店内正在涨价的商品，叫作被钤盘。买卖赚钱说作钵满；买卖亏空，店主负债外逃则说作蹀更或走更。经济实力雄厚称大把水头或水头足；手头缺钱称水头紧；找人借钱称去扑水。一般店铺结束生意（歇业）叫执笠；茶楼酒馆倒闭叫修整炉灶，等等。

商家禁忌

商家禁忌大体有两个方面，一是反映心态上避凶趋吉的，凡是谐地方音忌讳凶与蚀的，往往给以更名；二是出于行为上的免嫌防损的，这带有极大的行业功利性。旧时，商家同行不过铺（串门），过铺莫揭簿（翻账本），同行之间即使关系亲密，有事相商皆另择他所，决不轻易到对方店铺；非到不可时，对方正在做账也如视而不见，更不宜加以翻揭。另外，商店刚开门最忌顾客赊账，有商家贴过拒赊诗，连一些饮食摊店也曾贴出过诫赊语。其他还有一些禁忌，如店员在店堂门口不可打呵欠、伸懒腰、手托门枋等；店员站柜台，背不可朝外；扫店堂，只能往里扫，不可往外扫。

学生意

商店学徒，俗称学生意。旧时，商店学徒由介绍人举荐后，一般以 3 年为期，在店内听从店主使唤做杂工，店东只供伙食及零用钱。学徒期满，如店东继续留用，则安排站柜台或采购等一般事务。除供伙食外，由老板根据生意盛衰以及学徒能力、表现，议定当年佣金。一年一定，按月发给。每年十二月中旬（十六至二十日），办尾牙酒请学徒，对店内学徒去留，当面通知。

第二章 生活习俗

衣食住行是人类赖以生存的重要物质条件，民以食为天，衣食足而后礼义兴，衣是人的脸，行要好伴，住要好邻，居不幽者智不广，形不愁者思不远，从这些俗谚中足见百姓对衣食住行的重视，也正因为此，衣食住行传统习俗能以相对稳定的形式，一代代地传承下来。俗随时变，风俗无不带上时代特征。政治改革和移风易俗结合，改革发饰、服饰习俗，作为推翻清王朝的组成部分。戊戌变法维新，提出戒缠足、兴女学的进步口号；新文化运动提倡的民主科学新思潮，为民国风俗的变迁提供思想基础。随着来中国的外国人与日俱增，重视营养的饮食思想冲击着中国传统以味为主、以饱为足的饮食观念。随着第一批建筑师从海外学成归国并逐渐成熟，水泥、玻璃、机制砖瓦等近代建筑材料的生产能力有了初步发展。一些城市的民宅开始从平房向空中发展，中西合璧，环境幽静。出行习俗与交通工具紧密联系。近代交通发展迅速，随着松（阳）遂（昌）公路通车，男女杂坐不以为嫌，传统的交往方式发生较大变化。

第一节 衣饰习俗

民国《松阳县志》称，松俗向崇俭朴，又鲜蚕桑。无论缙绅大家、豪富子弟，均着布衣、布履、布帽。暑天，则皆御短衣，鲜有穿长衫者。民国时期，人们多按行业着装。文人、商贾，皆穿长袍、马褂；服饰颜色以蓝为主，黑色为忌。

衣衫

清代和民国时期，男女服装有大襟式和对襟式 2 种。大襟式有长短之别，单、夹、棉之分，圆领，搭襻纽扣，束腰带。夏天穿对襟短衫，多为蓝、白粗布或夏布，布纽为扣。男人冬天穿大襟棉长袍，外罩长衫，劳动时穿短褂；知识阶层穿长衫，庄重场合外罩马褂，头戴瓜皮帽。富人儒士冬穿长袍马褂，衣料多绫罗绸缎，内衬皮毛，夏穿长衫短衫，非绸即纱，质优色艳，裤子都是肥腰、长裆，裤脚肥大而短。县人还喜欢以白色布料作内衣，衬之蓝黑外衫，袖领分明。民国初，妇女兴穿齐膝汉式右侧开襟外衣，窄袖，中裤、围褶裙，夏穿单衫，春秋穿夹衣，内衣穿套衫或双襟。民国 20 年（1931）后，服装渐变，时有西装、中山装、旗袍和罗裙出现。改革开放后，无论男女老幼，衣衫紧跟时装而式样翻新。

便衣

民间农户男子早期着横襟便衣，民国后期着直襟便衣；青色或灰色、蓝色为主，即使有花色，也不过是条子或格子。直襟便衣也是工匠、商人、僧侣道士的主要服装。民间农户女子都着横襟便衣，蓝色为主。先敬衣衫后敬人，外出作客时，讲究衣衫整齐，女人尤其注意着装打扮。

帽子

明代，男子二十而冠，多束发加网，儒士戴方巾，庶民戴圆帽，童生未入泮学者虽年过而不冠，谓戴帽。清代，冬戴暖帽，夏戴凉帽，贵贱一体。民国时期，兴戴礼帽，士绅戴瓜皮帽，劳动者戴猢狲帽，夏天戴麦秆编制的草帽，雨天戴竹篾编制的笠帽。老年人戴大披帽，中年妇女多以素色绉纱缠头，称包头纱；老年妇女也有戴帽（大披帽）。儿童戴各种麒麟帽、狮子帽、狗头帽，春秋两季戴帽圈。

鞋袜

清末民初，城乡男女大多穿自制布鞋。鞋底用旧布垫纳苎麻密缉而成，妇女鞋面爱绣花，称绣花鞋。冬季有布棉鞋，称暖鞋。雨天，富人穿钉鞋，贫者穿木屐，即用半寸厚的木板锯成两截鞋底，上钉布鞋。劳动时穿草鞋，走长路有的穿棉丝草鞋。冬天用白色粗布做成长筒袜子穿在脚上，外边再套上草鞋。幼儿穿虎头鞋。旧时的袜用布缝制，袜底多层，纱线密缉，耐磨保温。女缠足，用脚纱布包扎。

佩饰

旧时，新生婴儿满七天，长辈用红线穿上银质小铃铛，系在婴儿手腕上，用以避邪。满百廿日后，初次到外婆家去，要佩银或铜制的小宝剑和历书。外婆还要为其办银质小手镯和脚镯。儿童胸前常挂银（铜）钱，称长命线。亦有挂锁形银器，称长命锁。还有戴银项圈的，乡间有的成年后仍戴银项圈。男人旧时亦腰挂玉佩，手戴戒指；妇女戴手镯。

男子修饰

清代，男子均剃发垂辫。辛亥革命后，剪去长辫。民国以后，老少大都剃平顶，称平头。年轻人多剪西发，头路或偏分或对分。老年人也有剃光头的，称和尚头；少数老人把发剪成短刷。小孩多剃桃发，在前脑门留一撮有如桃形的头发，其余全剃去。旧时，服丧期内守孝者不理发修容，其他无分老幼均一个月左右理发一次。

古时，成年男子多蓄胡须；但有“父母在，不留须”之俗。待到五六十岁儿孙满堂，大多数男子会蓄长须。松阳习俗老年蓄须称之为留尊长，蓄须要择吉日。

女子修饰

民国前，松阳女子重头饰多裹足（缠足），辛亥革命后废止。畲族女子不裹足，与男子一样上山下地参加生产。一般女子头上梳发髻，旧时，以长发为美。平时，不理发刮面；临出嫁时，请人先在脸上扑上香粉，再用双股麻绳、苎线或彩色丝线绞面，绞除面部汗毛及鬓边颈项间乱发，然后梳头挽髻，称上头。鬟髻称头髻，形式多样，有盘龙、垂髻、坠马等等。髻上插簪，使之平贴牢固。

褡裢

褡裢是一种装东西的口袋，大的可以搭在肩上，小的可以挂在腰带上，松阳俗称马捎袋，装钱放物均方便。通常用结实的家机布制成，长方形，中间开口。商人或账房先生外出时，总是把它搭在肩上，一半在胸膛前，一半在背脊后，空出两手行动方便。

汤布

农耕社会的松阳以传统农业为主，男子下田劳作，腰部束一条长一丈宽一尺的白色细洋布，俗称汤布。汤布可当擦汗巾，又可当浴巾；休息时，汤布铺开可仰卧在树荫下，也可当垫子坐。寒冬，汤布可作包头布，又可当围巾，实在方便。遇上久旱，井桶索不够长可接上汤布取水，解燃眉之急。外出没带袋，如欲购买货物，可把汤布扎成袋，装物带回。遇上意外，汤布还可权作绷带。

拦腰布

拦腰布是劳动者于劳作时围于腰间向下垂的布。妇女习惯在身前系拦腰布，劳动时可免污物脏衣，妇女入厨所系者称拦腰、饭拦。山民、工匠、长工及小贩也习惯系扎拦腰布，劳作时以免衣裤磨损。有的人系双开叠式腰巾为防护布，形如小裙，便于蹲伏、步行，称围裙。拦腰布的作用和上述的汤布差不多，仅限于男子缚汤布。

第二节　饮食习俗

民国《松阳县志》载：年节时食，各有成规。过去，一者，物产不是很丰富，储藏条件也差；再者，什么时节吃什么食品有规定，不像现在，想吃什么就吃什么，乱了时序。松阳民俗为一日三餐，早餐干稀兼食，中晚多以干饭为主。农忙时节，早出晚归，一日三餐外加点心，一般在午后加餐，称为午晡。夏秋时节，对聘入家中工匠，主家加午晡餐招待，多为面食点心。俗以过了端午咥午晡，八月十五除午晡。

年节时食

过年饮食　主要是年前准备的米粿、年糕、山粉丸、豆腐、泡豆腐、腊肉、（卤、盐水、酱油）鸡鸭鹅、八宝菜，鱼冻、肉冻，爆米花、爆玉米花，米糖、冻米糖、芝麻糖，瓜子、花生；购买的带鱼、墨鱼、海蜇头、香菇、木耳；上一年农历八月、十月家酿红酒，还有三十夜的蓝饭、初一的羹。

米粿。过去，松阳片及下乡做黄米粿，古市片做白粿。白粿即年糕。把糯米、粳米、籼米按比例用水浸透，炊熟，然后放在石臼里用棒槌敲击，到饭粒至糊，再放在模具里，做成一条条印有花纹的年糕，其颜色是白的。

图 41-7　白米粿（杨益达 摄）

黄米粿需要柴汁，把带有碱性的青柴（常绿小灌木）烧成灰，然后，把锅里的水烧开，再把柴灰倒到锅里煎，等灰汁煎出来后，把灰渣虑净淀清等用。米是选用上等的粳米（土话“酒米”），浸透、淘净，用大的饭蒸（能蒸 100 斤米）蒸（也叫炊大饭），等全部“上气”后，抬下饭蒸。再把等用的柴灰水放锅里烧开，然后瀛在大的饭蒸的粳米饭上。等灰汁水沥干，把大饭蒸的饭倒到大的“达马桶”里，再用小的饭蒸（也叫炊小饭，一蒸大的分6个小的）炊，也到上气时，拨到石臼里用“米粿棍”戳，一般7根棍，大家错开戳，七八分钟后，相对的两个人，用棍子给米粿翻个身，再打六七分钟，全细了，由3个人把它挑到面板上，然而，根据各人的喜欢，把它揉成二三斤一个的扁圆的或圆柱形的黄米粿。上等的黄米粿的颜色是青黄的，煞是好看。又有一股淡淡的清香，十分诱人。

糖糕。有糖糕、青糕、发糕等。糖糕有红糖拌入糯米、籼米、粳米粉，和水至糊状，舀入蒸笼蒸熟即可。过去有习惯，糖糕只能一年比一年高（多），因此，常常吃到清明。困难时期，用荞麦、玉米粉等替代米粉，“糖精”代替红糖。青糕用白糖、米粉加入捣碎的棉草（鼠齿菊）用水和至糊状，然后像糖糕一样蒸熟。发糕用面粉与酒渎发酵、蒸熟。

豆腐。大豆浸泡至涨，磨碎，沥浆。把豆浆烧滚，舀入“达马桶”，然后冲入盐卤，结块后再舀入豆腐架上用豆腐布包裹，压上装满水的水桶，至水基本沥干，切块即成。泡豆腐的，就是冲盐卤的幅度大一些即可，然后用食油炸制，宜于贮藏。

山粉丸。芋艿煮熟，去皮，捣烂。拌入山粉（番薯、蕨、葛等淀粉），用烫鸡鸭鹅的汤和；再加入红萝卜、冬笋丝、肉末，做成条状、圆形或不规则形，煮熟或蒸熟即成。

米糖。用番薯、南瓜和麦芽煎制糖油，再把熟糯米或爆或炒或炸，拌入糖油压块切成片、条状。用爆米花制的，称膨米糖；用霜米炒、炸制的，称霜米糖、炒米糖、冻米糖。制作精良者还掺以炸粉丝和花生仁等，香甜松脆。也有以熟米、豆粉加少量姜粉制成生姜糖，麻辣可口，性暖适胃。

篮饭。除夕日，煮饭备过年食用，称捞年饭。捞饭用筲箕盛放，插上几双新筷子，置放一橘子，摆于中堂八仙桌上，称篮饭。俗谓年节日男人烧饭，食篮饭便利。也谓逾年有余之意。

羹。松阳片有正月初一早饭吃羹的食俗。水烧开，加入米饭、碎面及卅夜剩下的米粿、糖糕、山粉丸，各种肉末、汤；烧熟后，再加入青菜细段、佐料，最后用淀粉勾芡。意为不要忘记祖先创业之艰辛。

八宝菜。用鲜萝卜、咸萝卜、胡萝卜、咸白菜、冬笋、海带、豆腐干、泡豆腐、豆芽菜等素菜丝，加上墨鱼丝、生姜丝等，分别用素油炒熟，再拌合而成，开胃去腻，可食用多日。

元宵节吃汤团　“七日粉”（秋冬时，糯米渗七日，水磨晾干，装藏。民家常备食品，多用以做汤圆、糯米饼、汤团等）和水，裹以鲜肉、葱、冬笋末及蔬菜等，烧熟即可。后来有用饺子、汤圆代替的。

二月二搨米粿煎糕　乡俗二月二这天，要煎年糕，搨（煎）米粿，香味会把蜈蚣、蚂蚁等吸引到锅灶里烧死，一年到头就没有蜈蚣、蚂蚁等害虫来犯。而东北乡三都，有吃猪尾巴的风俗。腊月宰猪的时候，把猪尾巴和大肠腌制烟熏，二月二烧吃。

清明做青馃　也称清明馃。清明节时采棉草（鼠齿菊）芽焯水，捣细，掺入粳米粉内搋匀，裹入甜、咸馅，制成椭圆形状，下垫箬、青栎叶，蒸熟食用。

图41-8　清明馃（叶高兴 摄）

县人喜用以赠亲馈友、祭祀。有把青馃坯做成饼状，晒干，收藏，食用时，再用以制作青馃、青馃饼、青糕、“米鸡娘”等。

四月初八烧乌饭　取南烛的嫩枝叶，放在石臼中捣碎，用水浸泡；然后，沥去杂质；再把糯米淘净，浸入南烛水中，个把时辰后，可以炊、蒸、焖、煮饭。

端午节釉薄饼包粽　薄饼。面粉和水至糊状，放在加热的熬盘上釉成直径30厘米圆形的薄饼，包以肉丝、墨鱼丝、大蒜、洋葱、土豆丝、苋菜、黄瓜、春风豆、鸭蛋丝、辣椒等；其中少不了田螺丝，乡俗端午吃田螺明目。

米粽。箬叶包扎糯米或粳米，以角粽为主、个小为尚。山乡人喜做灰汁粽，易久存。内包腌菜肉、豆沙为最普遍。

端午日，还有饮雄黄酒之俗。

七月半咥灰汁粿　时早稻收割，碾米磨粉。用开水瀛稻草灰，取汁澄清，拌入米粉，揉成小皮球形，炊熟即可。

中秋擂沙擂　沙擂，俗也称沙累、麻团。以水磨糯米粉和水揉制，煮熟，外滚粘芝麻粉或豆粉、砂糖，称麻团。内包馅或不包馅，煮熟伴汤吃，称汤圆儿、汤丸儿。中秋节日食品，后娶媳妇、盖厝请客时也烧制。

月光佛儿　先取上好糯米磨粉，拌入白糖和少许薄荷精，揉透，蒸熟，然后用模具压成二三分厚、直径一尺上下大小不等的米粉饼，洁白浑圆，宛如一轮明月。晾干后，背面贴一张红纸，正面贴绘上戏曲神话人物像画纸。松阳人称人物画像为“佛儿”，因此，这种米粉饼，就称为“月光佛儿”。中秋节有小孩子的家家户户，都会购买月光佛儿，它是中秋节人们来往最好的礼物。许多小孩子在祭拜过月光娘娘后，用小刀精雕细刻，剜去没有着色的白米粉饼，悬挂起来欣赏几天，才依依不舍地吃光“月光佛儿”，

现时，“月光佛儿”不再由手工在米粉饼上面描绘人物画像，而是用一张印刷好的彩画粘贴上去，近年甚至有的连彩画都不粘贴，只有一个画有“嫦娥奔月”“貂蝉拜月”等画像的盒子，虽然还叫做“月光佛儿”，但是远远不如旧时的“月光佛儿”那样引人注目。

重九炊灰汁糕　也叫千层糕。籼米粉用灰碱水加丝瓜叶汁调制糊状蒸制。用蒸笼炊熟一层薄浇一层，至笼盈满止，一层层，分明可揭，称千层糕。

冬至馃　用荞麦面和水擀皮，裹以萝卜丝，炊熟。

打蓬尘咥面条　腊月廿上，挑一晴天又属水的日子“打蓬尘”。要烧一碗面条或豆腐酒犒劳。

主食

白米饭　无论哪种米，淘净，煮熟，捞起，蒸或炊。或直接焖。

图41-9　冬至馃（三都乡提供）

白米粥　米煮熟，捞后留下饭粒再煮。米加多水直接熬粥也可。

番薯丝饭　番薯刨丝，晒干。煮饭时与米一起下锅，米花开后捞起蒸或炊。

番薯粥　生番薯切成一寸见方、六七厘米长，与少量米一起熬粥。

菜头丝粥　生白萝卜刨丝，与少量米一起熬粥。

手擀面　面粉和水，揉至不粘手，再“醒面”，用面杖擀面至薄，折叠，切成长条形，煮熟。

麸麦面　荞麦碾粉，用开水和之，再擀面。用萝卜丝煮熟。因荞麦无筋道，煮熟基本上只有泥鳅长短，故又称泥鳅面。

洋芋饭　洋芋去皮与米一起焖饭。

麦豆饭　豌豆（麦豆）与一定比例的糯米、粳米、籼米（先浸泡）及笋丁，用腊肉、鲜肉拌炒，焖饭。

苞萝糊　玉米（苞萝）磨粉。烧开水，慢慢加入玉米粉，搅拌至糊状，烧熟。

苞萝饼　玉米（苞萝）磨粉。用水和至不散，做成直径15厘米圆形饼状，揚熟。

主菜

豆腐娘　松阳豆腐娘色泽奶黄，味道鲜美，主料价廉物美，制作简单，在民间流传久远。山区人民好客，靖居、石仓一带常以此待客表示重情。不论平时是否来往，只要到了山村，进门便是客，主人都会热情接待。除山蔬野菜外，豆腐娘请客，是传统美食。

焐盐鸡　焐盐鸡是松阳传统名菜，是民间流行的去湿食疗方法，也是待客的主菜之一。民俗焐过盐鸡的食盐不能给吃盐鸡的人食用。

熬肉块　猪肉切成2厘米左右见方，先炒，加入墨鱼丝，然后熬至熟。松阳俗语，请客几块肉，指的是这种肉。

猪头肉（内脏）炒蔬菜　猪头肉、耳朵、舌头、肠、肚、肝、腰、心、肺以及猪血等炒（煮）蔬菜。

家禽家畜　除了狗肉不上桌，以及前面讲过的猪以外。其他家禽家畜大多可以作为主菜。

有鳞的淡水鱼类　以草鱼、鲤鱼和鲢鱼为主。

海产品　鱼、蟹、虾、带鱼、墨鱼、海蜇头等为主，还有各种海鲞。

铜镬烤　也称热锅、暖锅。冬天，菜肴用小铜镬（铁锅）放置小风鐣上边烧边吃。

松阳小吃

光饼　饮食店制作的早点。以面裹葱花和肉丁成饼，表面粘芝麻，炭炉烤制。外韧内润，味香可口。吃时，饼内多衔一根油条，称一副。俗语，咥了光饼天萝絮，要不出世。

松饼　也称酥饼。揉面抹植物食油多次，裹以腌菜干和肥肉丁为馅，表粘芝麻，贴于炭炉壁文火烤制。有三次复烤者，松脆可口，油而不腻。

薄脆　把明矾、精盐、碱面与温水一起用木槌研化，随即倒入面粉和温水，和成面团，然后摊平，横竖各叠三折，再放入盆中，盖上湿布饧6小时，面团饧好后，按成八分厚的大面块，刷上一层花生油，用小炸刀切成面剂。花生油用旺火烧至八成热，把面剂按成一尺长、六寸宽的长方形面皮，用刀尖在面皮上任意划许多小口，双手提起面皮，先放入热油中蘸两下，以利于成形，再放入油中，炸至两面焦黄捞出即成。

糯米饼 七日粉和水，做成3厘米左右小饼，油炸或煎熟，再加入糖。

满镬饼 和面揉展，抹食油、撒少许食盐、葱花，裹搋后制成烙锅大小，烤熟。民间有裹馅大饼，也称大饼。

葱肉饼 面粉和水至面团，裹以葱肉末，油炸或煎熟。

菜干饼 面粉和水至面团，裹以菜干（或加肉或加糖），搨熟。

南瓜饼 南瓜刨丝拌入米粉，搨饼。

图 41-10 灯盏盘（县文广新局提供）

灯盏盘（油筒儿） 米粉和水成稠状，舀入制匙中过热，倒出余羹，添入馅料，羹封口，没入油锅炸。形如旧时点灯油盏而得名，大街小巷多有卖者。模型像酒提的称筒油儿。

面鸡娘 即面疙瘩。面粉加少许盐，和水调成稠羹状，用筷子、篾签或手指一块块撇或撮入沸水煮熟，掺入汤及佐料食用。制作简单方便，是农户家常面食。

天萝絮（耕绳儿） 面粉加入一定比例的食盐、明矾，放食用油炸，大的为天萝絮，小的为耕绳儿（油索儿）。

素蛙蟆 用紫苏、菊花菜、观音苋等蘸面糊，油炸。

兰花根（油枣儿） 面粉加入一定比例的糖、明矾，用水和至团状，索成线条，切成二三厘米长，油炸。

番薯（洋芋）片 番薯（洋芋）刨片，过开水煮至七分熟，晒干。油炸或拌粗沙炒熟。

面刮儿 面粉加食盐、明矾，和水至团状，用面杖擀薄，切成一两寸长方形、三角形，油炸。

米粿片 黄米粿、白米粿，刨片，晒干，油炸或用油炒制。

糕刮儿 糖糕刨片，晒干，油炸或用油炒制。

米豆腐 籼米磨粉，开水加入石灰水，拌搅成糊，烧熟。

火腿（糖霜）卵鳖 荷包蛋（卵果儿）加入火腿肉（山区）或荷包蛋（卵果儿）直接加糖（霜）。

苋菜馃 馅为苋菜的饺子。

络师（茄子）面食（馄饨） 用茄子包的馄饨。

蒲儿包子 用蒲瓜丝包的包子。

金瓜糖 松阳把南瓜称为金瓜，这里所说的金瓜糖与金瓜毫无瓜葛。金瓜糖是一种麦芽糖，没有固定的形状，也没有规定的大小。卖金瓜糖，叫敲金瓜糖。叫“敲”的原因是金瓜糖事先并未分块，只等有人要时，卖者才拿厚铁片和小锤，一点一点地敲下来，只有现敲下来，才又香又脆。卖金瓜糖往往和收购废品联系在一起。

石仓小吃　春节期间，客家零食大多是自家做的。石仓春节最为常见的小零食就是蛤蟆夹子和油柱子。这两种小零食都是用面粉拌和再经过油炸。蛤蟆夹子香脆可口，带有咸味；而油柱子为甜食。

野生代食品类

山膏药豆腐　以山膏药树叶制作而成。山膏药又名山麻糍，学名豆腐柴。先把山膏药叶揉搓成糊状液汁去杂质，加入澄清的柴灰水，静置后凝结成绿色豆腐状固体。

仙草豆腐　以仙草干制成。仙草学名凉粉草。先把仙草全草入锅加水、小苏打一起熬煮，待深褐色液汁溶出后，再去渣和以淀粉。

胖颇豆腐　胖颇学名薜荔。剥去外皮，留下果肉晒干。烧制时，取胖颇干若干与几小片莼菜根茎包入纱布内，再浸入冷水盆内用力搓揉纱布包，至冷水呈微黄色糊状后，再取出纱布包让其静置数十分钟，盆内胖颇液就会凝结成形，最后拌上蜜糖水即可食用。

苦重豆腐　苦重学名苦槠。制作时，剥去果实外壳，再把果仁浸泡水中达数昼夜，并常换水。然后磨浆并配以少量澄清的草木灰水，放在锅中搅拌烧熟。

泽子豆腐　泽子又叫泽栎。其制作方法与苦重豆腐相同。

腌制类食品

腌肉　腊月宰猪后，把肉用食盐抹上，腌十来天，把盐洗掉，阴干，存放。

腌菜　古市片人称生菜。蔬菜洗净晾干，拌盐搓揉，压入罐坛，一定时间起出。其中菜头龙需要好刀工。

卤制品　肉类加入各种调料，基本烧干汤，至肉熟。

霉制品　新鲜萝卜切段，加入佐料、红粬，装坛发霉。豆腐切块（2厘米见方），一层稻草一层豆腐发霉，略晒，外粘上辣椒粉等佐料，装瓶。腌菜晒干，炊熟，循环多次，成菜干，也叫霉干菜。

图 41-11　晒捞汤菜（刘土伟 摄）

熏制品　主要是火腿、腊肠、猪头等，挂在镬穹头，烟火熏制。

捞汤菜　白菜、油冬菜抽芯前，用开水焯过，晒干贮藏。

晒制品　各种瓜豆、茄子，用开水焯过，晒干贮藏。

白片儿　白片儿为本地特产，由松阳高山萝卜经传统工艺精制晒干而成，鲜味爽口，风味独特。食时用开水浸泡后，可用于烧锅、煮汤、做馅等，尤其是和松阳本地土鸡炖烧，有补脾胃、御风寒之功效，且味道鲜美、纯真，食之难以忘却。

泡菜　开水凉后加入盐、香料、辣椒、姜、蒜、冰糖，放进瓜果、蔬菜，倒入白酒，封坛，个把月启封食用。

炸制品　各种豆类、花生、各种晒片，用食用油炸制。

酱制品　一般是酱黄瓜、萝卜、什锦。

咸制品　萝卜、芋头、芋艿用腌菜汤或泡菜汤煮熟，放加倍的盐，又酸又咸。

第三节　居住习俗

松阳民居向多土木结构，以坐北朝南为佳，以直头三间和三间二客轩为多。改革开放后，大兴土木已改变了“土木”的意义，水泥洋房，高楼大厦，遍及乡间。

破土起基

动土兴建房屋时，民间讲究焚香设供，举行破土仪式。在宅基地里面向预定的神位方向摆香烛祭礼，祷告神灵，然后，挥锄挖地，钉上用朱砂写就符咒的定土牌，俗称破土。破土时，有许多忌讳，如见到蛇，应立即停止动土，待蛇游走后才可以继续，百姓认为蛇是土神化身，不可伤害。

大小面

民间居住讲究大小面，左大右小，连砌个犬穿（穿读 qùn，犬出入的洞穴）也要砌在大门左边。建造房屋，正中一间的横梁必须根头在左边，这里的左右以后墙为准。左右两边房间的横梁必须根头朝内，表头在外。三间两客轩的门厂上面的横梁却相反，必须根头在右，表头在左。上栊木也有规矩，以栋柱为中心，栊木的根头总指向栋柱。旧时，大门门板多用小杉木拼接，所用杉木要取单数，表头在上，根头在下。房屋造好还要踏楼坪、隔板壁，所用木板也有上下左右之别，隔板壁所有木头要表头在上，根头在下，决不正倒拼接。有“一木颠倒，百木不安”之说。

镬灶

厨房里面少不了的设施是镬灶。镬，形如大盆,用以煮食物的铁器。松阳话接近瓯语（温州话），称大锅为镬，音“wo”，灶台称“镬灶”。镬灶用砖块或石块砌成，上面安放二三个大小不一的铁镬，有的用来煮饭，有的用来烧菜，还有的专门用来烧猪咥的泔水。旧时，灶台上立有“东厨司命宫”，供奉灶君。

由于镬灶占地面积广、柴禾用量大、环保性能差等多种因素，这种传统镬灶已经被视为落后的代名词，并以极快的速度在城市乃至乡间的生活圈内悄无声息地谢幕。镬灶的消逝，也让青瓦屋顶袅袅升起的炊烟只能成为文学作品或影视屏幕上的描述。

逐渐退出生活圈的镬灶，同时让一些手艺的传承受到影响，打铁匠的手艺活里少了一个打制火钳的内容。柴草的弃用，砍柴刀也会在不久的将来成为民俗馆里的一种展品。旧时所见的补锅匠，一头挑着工具箱，一头挑着火炉，走街串巷拉长声调吆喝“鉎缸补镬”。如果接到活儿，就放下担子，拉起风箱把火炉烧旺，然后，把铜块投入炉内熔化成黄灿灿的铜水，一边把有破洞的镬进行打磨。待时机成熟，就把铜水倒在铺有稻草灰的一块厚毛料布上，像一颗珍珠似的，然后补锅匠拿着黑毛料布熟练准确地对着锅上的破洞用力一贴，大功告成。

迁居风俗

迁居新屋前，须择吉日掸尘、打扫，有的需刷白或糊墙纸。迁居之时，首先搬迁之物为发篮、梯子、节节高、万年青、吉祥草和柴米等。松阳民间忌在正月、五月、九月迁居新屋。租住他人房屋，不在这三个月搬房子；此时，房东不会强人所难逼迫搬迁。

屋搭

屋搭是一种借宿的契约，相当于租搭。常有出门在外靠手艺赚钱的人，夫妻俩同往，他们往往寄宿在主人家里。石仓一带常有这样的人来讨生活，客家人认为陌生男女共处一室会破坏主人家的风水。所以，要让借宿的夫妻立屋搭这种契约，才允许借宿男女同房。屋搭的内容包括男女方的名字和住宿的房间，遵守客家人在寄宿方面的一些要求。

第四节　交通习俗

递铺

递铺，即驿站，以达四方文书之往来。县内递铺分设于各条古道。陈家铺，是松（阳）宣（平）之间的唯一递铺。丽水古道沿途设青蒙铺、黄田铺、石马铺、靖居铺、郑田铺、堰后铺。遂昌古道设十五里铺、旧市城头铺、赤溪铺。一些递铺成为地名村名，如四都乡陈家铺村入选中国传统村落名录。

码头

松阴溪曾为松阳县重要的交通要道，县城南明桥为旧时主要水运码头。旧志载：南明桥在城南大街下白龙堰沿，桥上架木板，水涨即漂。同治十二年（1873），……筑以石桥二洞。桥面铺长方形石材，两边用石条垒砌成护栏，护栏西侧镌刻“南明桥”、东侧刻“普济群生”。出口的稻米、烟叶、山货，均从此桥下船发运；而外来洋货、南货、海鲜，亦在此卸货上岸。埠夫云集，人声喧杂，为当年松阳的交通枢纽、货物的集散中心。

舴艋船

舴艋船，即木帆船，是松阳主要的水上运输工具。舴艋船两头尖尖，小巧玲珑，长度短（大约十米多点），宽度窄（最宽处不足两米），因船肚下平底而吃水浅，只有前后有些翘梢，边侧带圆，好像鱼鳅一样滑溜灵活，一般平缓些、大一点的支流和内河都可以随意穿行。一艘舴艋船一次只能载客十多人或重物一二吨，撑船人吃住都在自己船上，带着饭碗铺盖游走，舴艋船成为了撑船人出门旅行赚钱的随身馆舍和工具。撑船是人力通过撑篙操控船只方向和船前进或后退最基本的一种船上技术。瓯江中上游的河底，基本上都是鹅卵石的硬底地，河道浅水多，深浅变化频繁，水潭和浅滩紧密相连。舴艋船除落差较大的急流需要人下水在岸边浅水推拉着前进，或偶尔凑上顺风相送外，在向上游行船过程中基本都是靠撑篙一篙一篙地把船撑到目的地。

栅门宵禁

民国时期，在县城西屏所有外出路口构筑木栅门。栅门采用整根原木相拼而成，非常结实，配以大铁锁，每晚实行戒严宵禁，由更夫将所有栅门锁上，与城外断绝一切交通往来。直至次日凌晨，才开门销禁。

敲更

旧时，松阳民间有敲更习俗。敲更的更夫平时住钟楼，从冬至日始，至第二年正月十五，每夜二更、三更，敲2次更。敲更时，更夫吆喝“小心火烛”“小心盗贼”之类警句。敲更持续到中华人民共和国成立初期。

兰溪担

旧时，松阳交通不便，一些货物车船难载，行贩、商户往往雇用挑夫长途肩挑销出山货，贩入百货，经龙游，往来兰溪、金华县之间，长途贩运。这种长途肩挑的担运帮伙，视目的地不同，称为“兰溪担”“金华担”“龙游担”“白岩担”等。

凉亭

凉亭是常建在路边的开敞的纳凉亭榭或亭子，供行路人避雨或休息的亭子，常由柱子支承屋顶建造。松阳境内乡村的村与村之间道路几乎都是鹅卵石铺就，有的还在道路中间铺石板，人们俗称这样的道路为“大路”。无论平原还是山区，在大路旁边往往会建造一些凉亭，供行路人避雨或休息。

第三章　礼仪习俗

仓廪实而知礼节，衣食足而知荣辱。礼仪是人立身处世的根本，不学礼，无以立，已成为人们的共识。此章的礼仪习俗指生辰、婚丧、寿诞、祭祀、交往等各种场合的礼节习俗。在交往中，松阳土著惯用松阳腔土话方言，一些地方杂有丽水腔、汀州腔、福州腔和畲客腔。松阳方言，实多唐虞三代之遗音，有许多如今已很少听到的上古时代的发音。礼仪是一种社会历史发展的产物，具有鲜明的时代特点。现代礼仪指人们在社会交往活动过程中形成的应共同遵守的行为规范和准则，具体表现为礼节、礼貌、仪式、仪表等。研讨礼仪习俗，有助于净化社会风气，推进社会主义精神文明建设。

第一节　生育习俗

祈子

旧时，“不孝有三，无后为大”观念浓厚，已婚妇女若久未怀孕或未能生育男孩，轻则受公婆歧视、丈夫虐待，重则被休弃。由此产生各种各样祈子的习俗，寄托对繁衍生育的殷切期望。祈求得子俗，贯穿于整个传统婚礼过程。例如，婚礼前夜，新郎家都要请一个小男孩在新媛娃（新娘）床上睡一宵，俗称压床，又叫坐床喜；在嫁妆中，娘家要准备一只新马桶，马桶里面放一只新的小马桶（小孩用的），俗称子孙桶；在子孙桶里，要放上枣子、花生、核桃、莲子、瓜子，以求五子登科；在婚宴上都有用红枣、花生、桂圆、莲子做就早生贵子的一道菜。婚后，最普通的祈子方式是敬神礼佛，尤其是久婚不育或虽有生育而无男孩人家，烧香、许愿、拴娃娃，有的向古柏、古樟祈子，有的服松籽祈育，有的婆母在除夕煮蛋给儿媳，以为这些可助有孕。松阳民间俗信的生育之神为送子观音、陈靖姑夫人，日后孕妇生产，家人须择吉日再到寺庙庵堂还愿，敬香奉烛，或向庙庵捐钱舍物，以谢圣恩。

送金瓜儿

亲邻希望新婚夫妇早得贵子，松阳旧俗有送“金瓜儿”玩意。在金瓜（或槔）上插上金花香烛，另用桶盘装花生、瓜子、红枣等吉祥物，吹吹闹闹送到新媛娃床上，说“金瓜圆一圆，生个男儿中状元……”之类的吉祥话，笑语戏谑，尽欢而散。

偷秤砣

旧时，婚后多年未育，有偷秤砣习俗。未育女子到邻居或朋友家，把秤砣偷偷地塞进怀里拿回来，放进被窝里。据说这样，女子很快会怀上孩子。

催生

孕妇临产前一月或前几日，娘家要送鸡蛋、桂圆、红糖、生姜等食品，送催生茶、催生酒，且预祝胎儿按时出世、顺利生产，俗称催生。催生礼由小舅子送，鸡蛋数目得成双，往往送十二个。农村多用担挑，故称送催生担。有的是送煮熟的鸡肉、桂圆，也称送催生罐。

接生

旧时，生母间不许闲人进出，尤其是男人进出，就是自己的丈夫、公婆也只能在门口看望，不敢冲犯胎气。民间有"借死不借生"之说，即使孕妇住在娘家，实在来不及回到婆家临盆，也要到娘家附近的祠堂社庙、灰寮牛栏分娩。习俗认为婴儿出生后的胞衣（胎盘）与婴儿的命运相连，不许别人拿去配药吃掉，也不能随便丢弃。因此，家人一般会把胞衣装入小坛，悄悄埋在不易为人看见的地方。

报生

产后，由丈夫到岳母家报生，若生男孩要提一只公鸡，生女孩提一只母鸡或一块板头肉。外婆家要回赠成双染红鸡蛋，表示贺喜。报喜时，鸡脚上系一根红线；外婆家回礼时，系一根蓝线，蓝与拦同音，讨个口彩拦牢，使小孩健康成长。生男生女礼仪有别，贺生之礼主要集中于男婴的出生。产女婴家，喜庆气氛远逊男婴，如果接二连三生产女婴，家人非但不以为喜，反而转喜为忧，甚至加以遗弃或溺婴。除外婆家外，亲朋好友一家分一个红蛋报生，以使其准备送生母礼。

送生母

孩子出生以后，娘家首先要来送礼，称为送生母。旧时，娘家用食盒送礼，送红糖、鸡蛋等食物，还有小孩子穿戴的衣物。送鸡蛋的数量，男送双，女送单。仔细的人还讲究鸡蛋在食盒里的摆放方法。生母娘三饭四点心，吃得最多的食品是鸡蛋，红糖、鸡蛋是最常见的送生母礼物。食盒里礼物取出来，必须回礼。生的是男孩，婆家用面做成书本的形状，放在食盒最上层，以表示让孩子读书，将来做官；是女孩，就擀些面条放在食盒最上层，以示长寿。娘家的亲戚朋友一般会三三两两结伴而来送生母，婆家煮鸡蛋、烧点心招待。为省却婆家的麻烦，往往选择一个好日子，聚集一起前往送生母，俗称做会亲。

三朝

产后三天，称斋三朝。在产房床前放一张春凳或方凳，供上香烛、酒饭等物，再放上两杯开水插上一双筷，俗称插水筷，让产妇奶水充足。在斋三朝时，大人抱着婴儿拜一拜，口中念着"拜拜大、拜拜长，又长又大有福相"；然后，给婴儿把屎，口中念着"抖抖尿头长，一觉睏到大天亮"；喂一口糖饭做形式，表示甜甜蜜蜜。旧时，斋三朝要摆三朝酒，宴请亲戚朋友，也有待到满月摆酒，称三朝、满月一朝齐。前往吃三朝酒的亲戚朋友均要送礼，俗称拿糖或拿蛋汤。

出生第三日，家长让新生婴儿从别人胯下象征性地钻过。所请之人多为鳏寡孤独、穷困潦倒者，往往被新生婴儿认作亲娘、亲爷。

满月

小孩满一个月要摆酒，俗称满月酒。要剃满月头，请剃头老司吃满月酒。娘家要送满月礼品，一般是帽子、绒线、衣服、手镯、糕点等。请来吃满月酒的亲友也会给小孩一点礼物或利是红包。婴儿剃满月头后，打扮一新，通常是穿戴外婆家送的衣帽和金属饰物。婴儿过了满月，通常都带回娘家走一趟。松阳民间还有在婴儿满月时，用葱、松明等物浸汤沐浴的习俗，据说是为让孩子日后聪明些。

满月头

婴儿出生一个月，叫满月，延续至今最普遍的庆贺满月仪式和活动是剃满月头，又称落胎毛。婴儿满月，无论男女，都请剃头老司上门剃满月头。主家在剃头汤内放入松枝、柏枝、万年青，还放入熟鸡蛋。剃头老司在理发时，用松枝、柏枝、万年青轻轻刷摸婴儿头颅，口念“松柏常青，长命百岁”等吉利话，再为婴儿理发。松阳习俗，胎毛不能剃光，还将剃下的胎毛郑重保管，诸如裹以红布送进神庙、搓成一团悬挂床钩及缝入小儿棉袄背心等。理毕满月头，剥鸡蛋，分送在场及邻居的儿童，以喻婴儿出壳成形。事前，请剃头老司吃鸡蛋；事后，留饭招待，并另送红包给剃头老司。改革开放后，走村串巷的剃头老司不多了，到理发店剃满月头的多无此俗了，但讲究的家长仍然会给老司送上红包。

断乳

婴儿断奶要拣日子。具体时日的选择，考虑母子身心健康情况及奶水分泌量、婴儿对其他食物适应程度；也考虑季节气候变化，避开过冷过热的天气。旧俗给孩子断奶多在秋后或年末，或选在二月二、四月八、七月七。到时候，备供品孝敬床母，告知将于是日断奶。

起名

婴儿出生不久，就得为其命名，或称起名。婴儿起名是指依据一定的民俗传统，由家族长辈赐给名字。在一些地方有乳名、小名之说，而正式定名则一般称之为官名或大名。封建时代，男子长到20岁为冠礼之年，已成年了再叫乳名有失大雅，因此，在冠礼仪式上为孩子取字。民国后，冠礼渐废，取字在上学前，因此叫学名。小名是父母给孩子起的带有外号和昵称性质的口头称呼，多有难登大雅之堂的，寓以贱取吉之意。普遍的大名命名原则有以世序、五行、厌胜、托庇、时地、寄意等。

换齿

儿童到了一定时候要换水牙（乳牙），孩子取立正姿势站好，由大人帮助把松动欲掉的乳牙拔下。拔下的牙齿要让孩子自己去扔，若为上牙就扔到卧床底下，如是下牙则往屋顶上抛，不得随意丢弃。抛扔牙齿时，小孩子要平齐地站立。

过关

关煞是旧时星象家所称的命里注定的灾难，多特指小儿关煞，即未出童关之前所遇到的神煞，尤其要提防十岁前对小儿行年关煞。旧俗会在家中为小孩举行过“关”仪式，请道士设坛作法。中华人民共和国成立后，此俗渐废。

收养过继

旧俗凡无子（不包括女儿）者，则以亲兄弟之子为后。亲兄弟无子，则以从兄弟之子为后，或其他族人之子为后。不许乞养异姓及随生带孕之子，以乱其宗。如有阴谋抱养者，生则摈之不许入祠，死则显绝之，书明族谱。过继时，有仪式，须取得宗长的认可。然后，家中所有财产就归继子所有。

第二节　生诞习俗

松阳生诞习俗，以虚岁计算年龄。

秩幼

婴儿出生满一年，父母要举行庆贺生日，俗称秩幼，也叫周岁。在客人到来之前，先请祖宗，斋佛敬神，焚香点烛，把外婆家拿来的衣服、鞋子、寿面、脚镯等放在桌面上，在鞭炮声中，由母亲抱着小孩拜神佛，俗称斋周。礼拜后，有的人桌面上放好算盘、纸、笔、尺、书、钱币、玩具、竹刀等，让小孩用手自己抓取其中之物，寓意小孩长大后的个性喜爱，故称抓周。

寿礼

祝寿时，首先要布置寿堂，摆寿烛、挂寿幛，张灯结彩。寿堂设在堂屋，两边置寿联，女婿是一定要送寿联的。庆寿这天，做寿之人被称为寿星，穿戴一新，端坐在寿堂正中的上座，接受儿孙小辈家人的贺拜。儿孙等家人要依辈分次序叩头行礼。然后，亲朋好友陆续随来随拜。宴席上，烧的第一道菜就是煮寿面，面条不可以揪断，取长寿之意。主人家备寿桃、寿面回馈亲友。寿桃一般都是用面粉或米粉做的，下圆上尖，酷如桃形。寿桃的颜色大都为红色，桃嘴上还要点上一个红点。

过九不过十

民间流传过九不过十的习俗，认为“十”意味着“满”，意味着完结；认为九与久字音相谐，寓意天长地久；也有认为逢“九”这年是人生的一道关，有些老人寿诞提前到逢九之年做，叫做过九。

男不做三，女不做四

十岁和二十岁虽然没有寿庆的资格，但也符合中国人遇“十”举行纪念和庆祝活动的传统，民间叫做生日。旧时，松阳有“男不做三，女不做四”俗规。除有不三不四口彩忌讳外，一个重要原因是男人三十将立未立，女人四十将老未老，是一个人生命当中“不三不四”的生活状态，做生日意义不大。

成年冠礼

冠（笄）之礼是中国汉民族传统的成人仪礼。松阳冠礼，在宗谱中有记载，“古者冠礼，筮日筮宾，故冠于阼，以著代醮，于客位三加弥尊，已冠而字之。将责成人之礼者，将责为人子，为人臣，为人少者，孝悌忠顺之行立，而后可以为人，其礼可不重欤”。松阳民间有16岁成人礼俗，要杀一斤重（16两）的鸡给16岁的孩子吃。过了16岁，不必再到夫人殿“上茶”，不必再去樟树娘、硋头娘、丐儿公公之类的亲爷、亲娘前烧香还愿、孝敬送礼。

第三节　婚姻习俗

松阳结婚礼仪，大致相沿成习，承父母之命、媒妁之言以成婚。古礼婚姻程序为纳彩、问名、纳吉、纳征、请期和亲迎。

议婚

议婚双方看重对方长辈的德行，有宗谱族规明书：无家教之族，窃不可与为婚姻。娶妇固不可，嫁女亦不可。此虽吾惩往失痛心之言，然正理古今不异。还说凤凰生而有仁义之意，狼虎生而有暴戾之心，两者不等，各以其母。呜呼！慎戒哉！

说媒

民间婚姻讲究明媒正娶，门当户对，全由媒人说合，父母作主。媒人可主动揽活，为双方牵线搭桥，也可受人之托，忠人之事。在撮合成功后，媒人可得到一些钱财，称之为谢媒礼。谢媒礼一般由男方支付，如果是男到女家，则由女方支付，在成亲的前一天，连同送媒人的鸡、鸭、肘子、鞋袜、布料一起送到媒人家。媒人第二天引导接亲，称之为圆媒。

相亲

男方在媒人带领下到女方家里作初次访问，称之为相亲，俗称看亲。男方要带一些礼物，礼不在多，表心意而已。松阳俗语，“破柴望绺，讨亲望舅”。旧时，男女双方难以谋面，往往从兄妹间的侧面去了解对方的性情、人品。

过礼

女家答应议婚后，男家备礼前去求婚。这种在相亲之后履行一定的结婚程序，俗称过礼。此时，男家请媒人问女方的名字、岁数，俗称问名。媒人把男方的生辰八字送到女方，把女方的生辰八字送到男方。请人推算双方八字，合则婚事继续，不合就婚事免谈。女家若同意联姻，便会决定批书（订婚）日期。

订婚

媒人先取男方鞋样（足横大小）送交女方，以备制作新郎鞋，为行聘时之一种回聘礼物，俗称送鞋样。届期，男方备礼，厚薄视家庭经济情况而定。唯礼单和红帖礼书，由媒人率伕力抬送女方。此为古礼中的纳吉、纳征。定聘时，定金忌单数，定礼须成双成对；忌说重、再字，以避重婚再嫁之嫌。女方收聘后，须回敬礼物，如新郎鞋帽衣料之类，以及红帖礼书（允婚书词）。然后，备办嫁妆，嫁妆总价值超过男方聘金价值；所以，俗称女儿为赔钱货。贫家嫁女，可以收聘金不办嫁妆，出嫁时只带随身衣物。但须由媒人事前说清楚，得男方谅解，不伤和气。

搬嫁妆

婚前一二日，媒人率伕力到女方搬运嫁妆，并略送食品礼物，俗称送轿下。嫁妆可分家具摆饰类和衣箱铺盖类，但贫家不办嫁妆者，则省略此仪式。女方把嫁妆陈列在庭院中，让人观赏。发妆前，男方要送一笔礼金给女方父母。发妆开始，先马桶，再被褥，先后有序。搬妆人搬嫁妆时，每人只能够进出一次大门。搬妆队伍以鞭炮送行，富裕之家搬妆队伍绵延一里多长，以显阔气。嫁妆进入男方大门前，要放鞭炮迎接。

送担

婚礼前一天，男方送礼去女方，称为送担。礼品一律以抬为主，所用扁担、箩筐、麻袋等物，都要披红挂彩，还有千年润、万年青各一束。媒人手提篾菜篮儿，内放肉、面条，领队前往。红纸扁柏，表示红红火火、白头偕老之意。

闹开门

迎亲者来到女方门口时，以鞭炮报信，但女家故意把院门紧闭，或想法拦住不开，称为拦门。女方只以鞭炮回应，表示知道送礼人群已到。门外再点鞭炮相催，门内以鞭炮回应，双方有一番礼仪性的对答。如此玩闹一番，门才露出一条门缝，待迎亲送担人把事前备好的一个个“开门包”递入，方始开门延客。

称彩礼、闹迎亲

礼品送到时，女方近亲要核对礼单、验收彩礼，有的还背来大秤，衡称分量，美其名曰称彩礼。称毕，不管分量足否，都提出再补若干，名为补子孙。如有送礼不周，还把媒人关进牛栏，由其他人赶路回家再取些礼物后，方放媒人出来。其实，凡此种种都为取乐，并非主人故意为难。

出娘门

新娘向祖先神位和长辈辞行后，出门前，新娘一般要哭嫁，以示对父母家人的依恋，人们把此过程称为哭嫁。旧时，婚姻是包办的，出嫁时节真哭真骂的也不会少，松阳高腔传统戏曲《夫人戏》中，就有哭嫁唱段。哭嫁歌的内容一般是诉说父母养育之恩、兄弟姐妹深厚情谊和离别之苦，或者是表达自己对未来生活的一种担心等。松阳旧俗是大哥抱上轿，二哥掀轿帘，三哥送绵鞋，弟弟舀水泼轿顶。新娘脱去旧鞋换上新鞋，双脚不得沾地，以不让沾走娘家的“风水”。再由兄弟或堂表兄弟背驮或抱出家门百步之外，伴娘搀新娘上花轿。新娘出门，不可回头张望。此时，女方父亲坐在正堂、母亲坐在床沿，双脚紧踏地面，以防“风水”流走。

接亲

娶亲的归途，如遇庙、祠、井、坟、大石、大树等，都要把花轿遮起来，为的是避邪。接亲途中，忌“喜冲喜”和“凶冲喜”。如路遇另一家娶亲的花轿，轿夫们要比技较艺，尽量使轿子抬得平稳一些，有的地区新郎双方要换胸花。如果遇见出殡的，娶、送亲人员都要说：“今天吉祥，遇上宝财啦!”为免遇见出殡，往往白天送礼担、搬嫁妆，半夜再接亲，次日再设酒席宴请亲友。

新郎头

结婚当日，请剃头老司剃新郎头。剃头时，让童男童女点上一对红烛站立其侧，要给剃头老司红包。剃头完毕，新郎不得出门。吃喜酒时，剃头老司被请至老司桌入席。改革开放后，到理发店剃新郎头的多无此俗。

拜堂

举行拜天地仪式时，忌小孩子、戴孝的人和结婚多年无子女的人进入厅堂。新婚夫妇入洞房要吃点心，俗称吃三碗，分别是面条、剥壳蛋茶、芝麻沙擂。新房的布置讲究，堂屋门前对联一副加横批，堂屋中间香案上一对硕大红烛，新房墙壁挂姐妹夫送的“百子图”，没有嫡亲姐妹就以叔伯、姑表姐妹夫署名。

闹洞房

闹洞房时，新郎要领着新娘作揖认亲。凡是男家尊长，在傧相的赞礼声中，一个个进来接受新郎新娘拜见。民间时兴童子在洞房内撒尿，多撒尿于尿盆，抢先者得盆内红包，称为童子尿盆，希望早生贵子。老者长辈（多为女性）翻箱倒柜，实为看嫁妆，却美其名曰拌（翻）子孙。新娘泡茶佐（娘家自制的蜜饯，以兰花、嫩豇豆、桂花等酿制）款待。

送镜

镜子为女子梳妆用具，是古代陪嫁品中必备之物。松阳女子出嫁时节不得带镜子，在女子出嫁后第二日，由女方同辈兄弟把新娘子平时穿戴的衣物及镜子送来，俗称送镜。妻舅送镜，还有一层探望姐妹新婚夫妻感情是否融洽的深意。

回门

回门又称归宁，俗称回娘家。女家要隆重地摆回门酒，新女婿是贵宾，坐上席，女方其他亲戚作陪。席间，引新郎拜见本家亲友。新娘回门要穿青色衣裳，意谓婆娘两头亲，或谓清清吉吉。旧俗新婚一个月内不空婚房，回门当天，女方不留宿，新娘与新郎务须相偕返回夫家。如果路途遥远，不能当日返回者，多免其回门礼节。

招亲

招亲有招婿和招夫二种形式。有女无子，招婿为子，俗称养老女婿。招亲之时，要立劄给女方，写明入赘人的义务与权利，所生育的儿子随女姓入宗。畲族喜招婿入赘，不叫招亲，称为上门，女婿多改为女姓。女子丧夫或遗有子女，或翁姑在堂而家道贫寒，招夫入门，俗称招夫养子。旧时，男到女家成亲落户常被人耻笑为倒插门。中华人民共和国成立后，此俗渐废。

第四节　丧葬习俗

民国《松阳县志》载，“松阳丧事，延僧道，用鼓乐，饮酒食肉，最为恶习”。治丧均在家中举行，仗亲人之人力支援。有的宗谱在家训中明确要求如何丧葬。1998 年殡葬改革后，丧事从简，丧葬习俗尚难改变。2002 年 12 月 30 日，松阳县火化殡仪馆正式投入使用，除交通不便划定暂缓火化区外，县政府规定实行遗体火化。坐落古市镇十五里村的县火化殡仪馆旁，建有静安园骨灰公墓。除城镇外的行政村，几乎都建成公益性骨灰公墓。松阳丧葬习俗随之有所改变，但绝大多数习俗因循守旧，变化不大。厚重的木质棺材被取代，骨灰统一安葬公墓，无须择地做坟。

丧事准备

父母年高或患重病，即着手准备后事。预先做好的棺材，称为寿材，松阳人称为寿厝。寿材有时候亦泛指一般的棺材。旧俗年过五六十岁，会择吉请木匠做好寿厝，以备后用。一般选在闰月做寿材。完工之日，由出嫁女儿摆落山酒，邀请亲邻举行上寿活动。松阳习俗，未成年人夭折不能用棺材，更不可以用寿材。只有出了“童关”，即满15岁的人才可用棺材成殓。民俗不用白身棺材盛放尸体，再无钱也要把棺材涂黑。家穷或暴病而死，临时赶制棺材不举行仪式，工资双倍。

到50岁或60岁时，子女便为父母制作寿衣。通常选择有闰月的年头做寿衣，以棉、麻布为主料，忌用绸、缎和皮类，不能留有口袋，不用纽扣，只用小条布带缝制飘带。内中须有棉衣，表示缅怀之意。老年女性还要准备披风布裥。也有逝者临死或死后临时赶制的。寿鞋必须是布底。

送终

逝者瞑目后，亲属放声痛哭，焚烧黄纸冥钱，谓之送终。旧时，草纸论斤买卖。逝者绝气时，焚烧的黄纸冥钱须象征性地称量一下，口中轻念“六斤四两”才开始焚烧，俗称“烧六斤四”，旧称一斤是十六两，六斤四两取足百完美之意。松阳民间购物称量，忌六斤四两重。

沐浴

濯发曰沐，澡身曰浴。尸体未僵硬前，子女须为父母洗浴，也有请人代为沐浴。水要特意从井里或溪里打来，由长子用伞遮盖，持燃香冥纸，到溪坑塘井处“买水”。插上三炷香，焚烧一帖冥纸，再丢下一枚铜钿，以为水资，舀水回家路上，不能与任何人讲话。用买来的水把毛巾蘸湿绞半干，在逝者胸口擦三把，再在后背擦四把，用湿布为逝者净身，这前三后四谓之为逝者沐浴，据传乃舜时生沐死浴的遗风。

穿寿衣

逝者在沐浴之后，脱下旧衣，更换寿衣，松阳山区民俗须亲人更换寿衣，不让他人为逝者穿衣。寿衣（裤）总件数必须逢单，数量不等。穿衣前，寿衣由子孙试穿，一件件套筒，用红线扎住袖口、裤脚。除穿寿衣，还要穿上寿鞋，戴上寿帽；寿帽上面有一粒珍珠玛瑙。逝者如若为老年女性，还必须披上披风、布裥，肩挎一个甘露水袋，内放甘露水（棕榈树结的果）。

拔荐

荐，系草席。逝者穿戴整齐后，撤去草席、垫草，移在灵床硬板之上，以五片瓦片为枕头，俗称拔荐。此时，把逝者生前所盖的棉被挂在家门口竹木楼梯上。接着，在逝者床榻前放香灯、香碗及三牲祭礼，以让逝者受用，称眠床祭。逝者不管男女，鞋外须套一双草鞋，床边插上挑着一串粽子的细竹竿。逝者穿草鞋攀登泰山，用粽子去喂看山之恶狗，以便使魂魄顺利见东岳大帝。

报丧

人死后，派子孙或亲属去亲友家送信，称为报丧。讣告不得疏漏，更不得匿丧不报，否则视为失礼，将受到处罚。旧时，报丧的孝男孝女须头裹白布、手拿雨伞，来去匆匆，不进人家大门。有的父母亡故，出嫁之女不及送终，接到哀报，必须一路哀哭赶回娘家。

吊唁哭丧

吊唁是丧葬礼俗中比较重要的内容。亲戚朋友、前邻后居知悉死讯后，持冥纸香烛祭礼前往吊唁。丧祭之仪，丰约各随其分。松阳山区习俗，子女不孝，怕娘舅奔丧时为难，往往长跪不起，直到娘舅允许，才能起立。松阳民间的哭丧属于散哭形式。其特点是想到什么就哭什么，搭着什么就唱什么，没有限制。

接棺

棺材抬入丧家正厅时，孝女眷们身穿孝服，拖着一长串冥纸，哭着到门外数十步外迎接，称为接棺。棺材抬入丧家，安放在孝堂中间，要不偏不倚，工匠往往会用绳子反复丈量。相传是为顾全兄弟大小房之间的利害关系，不能有失偏颇。

大殓

大殓又称落殓，装裹尸体放入棺木，俗谓落材，又叫成殓。“离地三尺即成神”，松阳一般采用高殓形式，把棺材放在和棺材一起做好的两条棺材凳上成殓。盖棺前，孝子等亲属环绕棺柩痛哭流涕，瞻谒遗容，称看头面。是时，亲人眼泪不得掉入棺内。如有重要亲人尚待见面，则不能钉死棺盖，以候奔丧。暴逝者，恐有异议，虽可入殓，不能随便封棺。女性逝者，须有娘家人在场参加入殓。对于女性意外死亡，尤其是投水上吊、吞金服毒、自杀身亡者，必得娘家认可方可成殓。一些急病、车祸、溺水等不在家中死于非命的，旧俗称为外路殇亡，尸体只能在事故当地或本村郊外临时搭棚停尸。停尸、停棺，均须遮盖。

成服

大殓之后，逝者亲属成服，俗称穿孝服。逝者嫡系子孙披麻戴孝，旁系子孙戴孝不披麻。逝者如有曾孙，谓之白喜，曾孙戴孝，鞋帽上系红布条。丧后除灵，改穿素服。父母双亡，其鞋为全白，只亡其一，其鞋面大部分蒙白布。

磕孝头

亲友灵前吊丧，孝子磕孝头，意为老人死亡，晚辈有罪，以磕头来向亲友谢罪。如遇长辈吊丧，多有行跪礼的。丧事完毕，还有向抬棺工匠行跪习俗。

灵堂

灵堂也称为孝堂。大殓后，置灵堂，张挂白布帷于堂上，帷内停柩。帷外摆供桌置香案，设逝者木牌神位。朝夕供清酒茶饭，上香燃烛哭祭。灵堂里棺材头前也有竖一片篾笠，以篾笠代替孝帷，笠上贴一大“奠”字，两边挂着挽联。葬前，俗有早哭和晚哭，早哭是给逝者报天光（亮）；晚哭后，不再啼哭，女眷休息。

择地营葬

坟墓是埋葬死人的穴和上面的坟头，常特指祖坟。松阳的坟墓形状，有如清明粿，俗称青粿坟。圹洞仰天用坟砖砌筑，圹外用块石或砖块垒叠，有单洞和双洞（称单圹、双圹），夫妻合墓用双圹。与松阳盆地的仰天圹不同，山区因陋就简更多采用挖穴成墓，称为洞圹、观音圹。民国后期，曾实行殡葬改革，在城西太保庙塔、红墙儿山和城东北操场圩、中央山等处设官产坟地。乡村也有公共坟地。

灵堂摆祭

大殓之后，丧家在棺柩旁边设香烛祭礼，称为材头祭。出殡前夕，逝者子女亲属以三牲祭礼在灵堂正中摆几张方桌供祭。祭礼放前摆后有一套规矩，子孙祭礼放最前面，再按长幼内外辈分为序一一排列。女性逝者须有娘家祭，凡孝子有妻子的，还要有媳妇祭，由媳妇娘家备三牲祭礼到灵堂摆祭。出殡前收祭礼，收一副祭礼，烧一叠冥纸，放一串鞭炮。旧时，用僧道在收祭前念经劝祭。道士在劝祭时，念“三摄请”的经文，三次摄请亡魂前来享受人间的祭礼。

出殡

出殡又称出丧，指抬出棺柩的礼仪。出葬之日，亲友多先期毕至，参加送葬。出殡时间多在晨间或上午，一众孝子持桃枝、燃香和燃烧着的油纸篾，绕棺柩顺转三圈、反转三圈，号啕大哭，称为围材。行棺时，棺材背缚只活鸡，称领魂鸡。出殡时，以抬魂幡、放鞭炮为前导，另有人分路纸走在最前头，沿途撒纸钱，烧冥纸；也有用两面铛镀铜锣代替金童玉女，在前鸣锣开道。女婿抬魂幡、挑火甑和子孙糕，走在灵柩之前，火甑不得落地，所燃香烛不得熄灭。棺柩出行，须先走一段顺水，再逆水而行一段路；然后，人抬车运奔赴坟地。

送葬路上，抬棺者停柩休息片刻时，孝子们须顶一把半张半收的纸伞下跪致孝，直到重新抬起止。路途遥远的墓地，妇女们一般送葬至郊外，待孝子转身跪谢后，先回孝堂。亲友邻人除去白帽，换上红布，返回丧家，接受素食招待，俗称吃长命饭。丧家给送葬人泡一杯糖茶，僧道洒净水。长命饭，也称炊饭，多素食，有一碗长命豆，一桌不限人数，随吃随散，可以露天就餐。逝者年高，邻居老老少少常会去讨吃炊饭。

复山

复山也称为暖坟。出殡后第三天，子孙们披麻戴孝、手提蓝字灯笼、含着伞去新坟设供，烧化冥纸，谓之复山。暖坟时，孝子们拖着燃烧的稻草环绕坟墓左转三圈、右转三圈，意在为亡灵构筑围墙并送火种给亡灵。暖坟时，把逝者生前衣物置于坟前焚化，以让亡灵收执受用。暖坟以后，

一些旁系亲属除孝，丧事到此便告结束。

除灵

葬后致祭，即除灵。每七天一次祭奠，直到七七期满，称为祭“七”。“三七”祭奠规模较大，“四七”为女儿祭奠。祭“七”前夕，要泡“七”茶，在家中多处摆放，以便亡魂回家随处可喝。丧后第二年，春节只能贴绿纸素对，元宵不接狮子龙灯，清明新坟不踏青，要提前上坟。死后一周年、二周年，儿女持纸帛、供品到坟前祭奠，谓之“攸（周）年”和“三年”。

居丧

居丧又称守孝。孝子们在亲人去世后的一段时间内节制其生活的许多方面，以示对亡人的哀悼、思念。居丧观念是儒家传统孝道在丧葬中的反映，按照礼制有许多规定要遵守。庶民谢绝应酬事务，官员解除职务；禁止婚娶、饮宴等喜庆之事；禁止参加科举考试等等。中华人民共和国成立后，不兴此俗。

行棺归葬

客死他乡者，只要环境条件许可，其家属多于逝者入殓后，把灵柩运回故乡安葬，称为行棺归葬。也可几年后再捡骨归葬。谓子孙不忍先人埋骨异乡，取叶落归根之意。行棺所经过之桥梁村庄，须鸣鞭炮、散纸钱，为逝者通行费，名为“借路”。

孝头

养发蓄须，以松阳俗谓孝子孝孙在亲人去世50日内，不得剃头。故在亲人亡故后，特别是热天，就得急忙去剃孝子头，后再成服。此俗在近代不再讲究，但依然保留。

第五节　称呼交往习俗

称呼习俗

称谓，俗称称呼，一般遵循尊人抑己的称谓原则。松阳曾有宗谱族规记，“凡亲属称谓，自有一定名分，名不正则言不顺”。

祠堂名　旧时讲究血统，宗亲讲究世系排行，按照祠堂排行取祠堂名，上族谱，上墓碑。不过，许多人的祠堂名只是上族谱用，所以也叫作“谱名”，明血统，防乱宗。望族世家实行名字排行制（古称“昭穆”），俗称“排辈分”。收养子，若无族长和六亲认可，不可上谱排字辈。俗名方便今人，谱名方便后人，用谱名，对后人的寻根归族有利。中华人民共和国成立后，打破族权，许多宗祠名存实亡，少有人取谱名了。

认亲爷亲娘　有拜认鳏寡孤独的男女老人为亲爷亲娘的习俗，逢年过节也会前去走亲；有拜认诸如樟树、岩石之类为亲娘的，谓之“樟树娘”“硋头娘”；有拜认关老爷、夫人娘娘等神佛为亲爷亲娘的。拜认时，把孩子的姓名、出生年庚书写于红纸，贴于树、石、塑菩萨佛像处，插香顶礼膜拜。逢年过节、祭祀期日设供祭拜。许多孩子取名时，在姓名中带“樟”“硋”“关”“陈”等字样，以示姓名为所认的亲爷亲娘代取。

旧时，有专为孩童成长而拜神许愿的习俗，俗称“讨饭愿”。一家人就像真正的乞丐一样，走街串巷、挨家挨户地乞求施舍大米。到还愿那一天，把乞讨来的“百家米”烧成饭，给孩子并随意邀约村里几个无关紧要的人饱吃一顿，再把剩余的那些“百家米”磨粉做米粿，制作成人物模样的米塑供品，去求拜过的灰寮还神愿。

内亲称谓　松阳人称呼祖父为公公，祖母为嬷嬷。称呼父亲为爸爸，称呼母亲为姆妈。称呼继父为驮叔、叔叔，继母为赖娘、婶婶。称呼外祖父为外公，称呼外祖母为外婆。称呼父亲的兄弟为伯伯、叔叔，称呼伯伯、叔叔的妻子为娘娘、婶婶。称呼父亲的姐妹为娘娘，姑父为姑父儿。称呼母亲的兄弟为娘舅，称呼娘舅的妻子为娘妗。称呼母亲的姐妹为娘姨，姨父为娘姨夫儿。称呼丈夫为老公、男子客，称呼妻子为老婆、媛娃客。称呼妻子的父亲为丈人，妻子的母亲为丈母（丈母娘）。称呼妻子的兄弟为舅儿，舅儿的妻子为妗儿。称呼妻子的姐妹为大、小姨儿，其丈夫为大、小姨夫。

称呼女儿为囡儿，女婿为囡儿婿。称呼孙子为孙儿，孙女为囡儿孙。称呼姐妹的儿女为外甥、外甥囡儿，称呼女儿的儿女也为外甥、外甥囡儿，其实应为外孙、外孙女。

姻亲称谓 松阳人母亲之祖父称太公，妻子之祖父也称太公；母亲之祖母称太婆，妻子之祖母也称太婆。母亲之伯父、叔父称伯公、叔公，妻子之伯父、叔父也称伯公、叔公。此类称呼不胜枚举，都是婿家自谦之意。女方嫁入，也要低称一辈，称呼男方的兄弟为大伯儿、小叔儿，称呼男方的姐妹为姑娘儿。男方同辈称呼女方的兄弟为舅儿、称呼女方兄弟的妻子为妗儿，双方称呼对方的父母亲为亲家公、亲家母（亲家婆）。丈人、丈母是不能乱叫的，亲家公、亲家母（亲家婆），舅儿、妗儿，大伯儿、小叔儿之类是亲房、邻里，全村人都可以称呼的。这类低称一辈的叫法，也适用于双方的长辈。比如，男方父母称呼媳妇的姨妈为姨婆，媳妇的外公为太公。

交往习俗

宴请礼仪 宴请是公关交往中常见的交际活动形式之一，恰到好处的宴请会为双方的友谊增添许多色彩。松阳民间极重宴席排位，不同场合有不同的排位规则。有的以舅家为主席，有的以娘家为主席，建屋竖梁以泥水工匠为主席，丧葬人家以扛棺工匠为主席。

座次 古时在公共场合，座次尊卑有别，讲究昭穆。官高为尊居上位，官低为卑处下位。古人尚右，以右为尊，左迁即表示贬官。古代建筑通常是堂室结构，前堂后室。在堂上是南向为尊。皇帝聚会群臣，他的座位坐北向南的，而“北面称臣”。如果厅堂东西长南北窄，那么最尊的座次是坐西向东，其次是坐北向南，再次是坐南面北，最卑是坐东面西。松阳民间极重视大小面，因此也特别讲究尊卑有别。

石仓客家人重视辈分的排行，讲究座次安排。八仙桌对门为上座，两边为偏座。请客时，年长者、主宾或地位高的人坐上座，男女主人或陪客者坐下座，其余客人按顺序坐偏座。客家人以左为尊，以右为次；以上为尊，以下为次；以中为尊，以偏为次。主人家可以指定客人的座位，座位的不同，暗示客人的重要程度。

结交 不宜歃血结盟。有族规记，拈香拜把，例禁甚严，官府不时访拿。世人皆知畏法，偏行此犯法之事。若谓结盟胜如兄弟，独不闻古语云：有酒有肉多兄弟，急难何曾见一人。自己同胞兄弟不能和好，反结异姓之人以为兄弟，何其愚也，父兄当痛惩之。可见松阳人虽重情重义，却鲜闻歃血结盟之事。

拜年礼 过年是石仓客家人最为重视的节日，拜年的对象有已故的先辈和健在的长辈。向健在的长辈拜年时，视长辈的性别而有所不同，或右手抚于胸前、左手后摆，或者左手抚于胸前、右手后摆。在下拜时，要致上祝福语。向已故先辈拜年时，不看性别，点香后，送上三拜。这三拜，每一拜略有不同，三拜三拔，意为步步高升。

除夕吃点心 石仓客家人吃点心没有许多的禁忌。客家人会邀请亲友在除夕夜到家中一起吃饭，烧上糯米酒，大家相互祝贺，觥筹交错。而这样的串门，经常持续好几家。在年终的时候，回味过去，憧憬未来，喝到高兴、聊到尽兴，才互相道别，回家等开门。

契约 石仓契约种类有多种，大至数千亩之山场、十几亩的水田，小至一个棚屋、几棵树；在进行权利转移时，无论是否有血缘关系，当事者都会订立契约。契约，包括卖、找、退、当、租、拨、分、借、抵等多种类型。以数量最多的卖田契为例，契约构成包括买卖双方姓名、卖地原因、田地坐落地点、价格、产权申明、双方的权利和义务、订契时间、在见人和中人等。通过买卖契约、账本、家谱、书信、收据、分家文书等资料，可还原传统乡村社会中普通民众的历史记忆。

蝴蝶禁忌 客家人在特殊的时间段里和地域里，禁止大人小孩去触碰、伤害蝴蝶。比如，人去世的时候，附近出现蝴蝶，客家人认为那蝴蝶就是去世的人变化的，禁止去触碰伤害它。

第六节 祭祀习俗

祭祀是人们对祖先、神明等崇拜对象所行的礼仪，“事死如事生，事亡如事存”。祭祀有官祭和民祭2类；民祭分家祭、群祭和乡祭。

官祭

官祭是指有地方官员主持的祭奠仪式。根据民国版《松阳县志》记载，官祭有下列几例，现时皆废。昔时，松阳有先农坛、社稷坛、山川坛和厉坛四祭坛。此外，还祭孔圣、关帝，祀典由地方官按例举行，由绅士参与，极为隆重。

先农坛 先农坛在县城东北郊外，坛祀先农厉山氏、左祀炎帝神农氏、右祀后稷氏。每年三月上亥日为祭祀日。当日午时行“犁耕礼”，由本邑知县扶犁致意。由执事在前牵牛，知县亲手扶犁，以示躬耕力行。清光绪年间有刘姓邑人刘景辰出资在坛址神农殿岗独资建造了神农殿，遂改坛祭为庙祭。民国开元，祭祀废止。

民国6年（1917），县知事钱世昌捐资重修，恢复祀事，仍为庙祭，每年仍以三月亥日为祀日。抗战期间，祭祀废止，庙宇一直保存至解放以后。

社稷坛 社稷坛在县治西北三里许，孩儿塔北首。坛祀县社之神（土神）、县稷之神（五谷神）。设主北向，右社左稷。岁以春秋二仲（二月、八月）上戊日，陈主而祭。民国改元，祭祀渐疏，20世纪20年代，坛废祭停。

风云雷雨山川坛 风云雷雨山川坛，简称山川坛，在县治西南二里，今老县人民医院范围内。坛祀风云雷雨之神，左祀山川之神，右祀城隍之神。岁以春秋二仲（二月、八月）上丁第三日，陈主而祭，祈祷上苍风调雨顺，国泰民安。民国年代，祭祀废止。

厉坛 厉坛，俗称“祭孤坛”，在县治北门外三里，坛约二平方丈有余，筑于稻田正中，为乱石所砌，高出田土二尺有余。坛祀鬼神，祭期为每岁清明、中元、十月朔日（初一）。先期二日，由知县以告于城隍；至期，导城隍于坛旁，无祀，鬼神列于坛下受祭，以飨冥间孤魂野鬼。松阳县城建有孤魂亭、孤魂庙，供祭死于非命、孤独无依的魂灵。

20世纪30年代后，祭祀略行简化，由每年的三祭改为一祭，具体日期也不固定，改为迎太保的下午进行（迎太保日期以二月二至清明前的良辰吉日为上选），祭孤礼仪至1951年废止。

祭孔圣　文庙又称为孔庙，建在县治东南百步，正中为大成殿，祀至圣先师孔子。孔子名丘，字仲尼，春秋时期鲁国人，古代伟大的思想家和教育家，儒家学派的创始人。中国古代从国家到各级地方政府都设立文庙，起到崇德、报本、教化作用。在祭祀至圣先师孔子的同时，还附祭复圣颜子、宗圣曾子、述圣子思子、亚圣孟子四配。文庙祭祀仪式十分隆重，民国5年（1916）每县特设孔庙奉祀官一员。松阳县议会公举清末进士高焕然为松阳孔庙奉祀官，专司其职。据民国版《松阳县志》载，“祀典之举，每岁用春秋仲月上丁日行释奠礼。前期一日，行省牲礼”，正礼日承祭、分献、陪祭各官起止，俱行三跪九叩首礼。崇圣祠正殿中位供奉孔子的五世祖（肇圣王）、高祖（裕圣王）、曾祖（诒圣王）、祖父（昌圣王）、父亲（启圣王），同文庙致祭。

祭关帝　武庙建在县治西南官塘铺之外，祀忠义神武灵佑仁勇威显护国保民关圣大帝。清咸丰八年被毁，后改在武庙西的关帝庙祭祀。岁以春秋仲月取吉日及五月十三日三期，修其祀事，礼同文庙。又在关帝庙后的三公祠祀关帝三代，清咸丰年间晋封关帝曾祖父、祖父、父亲三代王爵。岁以春秋二仲取吉日及五月十三日，同前殿致祭。关帝，名关羽，字云长，三国时期蜀汉大将。关云长单刀护嫂，过五关、斩六将，脍炙人口，无人不知，世人尊称为“关公”“关老爷”。关公去世后，其形象逐渐被后人神化，一直是历来民间祭祀的重要对象。松阳县城内东南西北四门都有关公庙宇，还有把关公当作武曲星与文昌公一起的“文武庙”，关公神像随处可见。县城中弄汤兰公所的主体是关圣宫，主祀关公。还有太保庙、善应堂，都供有关公神像。民间有五月十三日为“关老爷磨刀日”的说法，常有磨刀水下落成雨。

祭关岳　民国8年（1919），在县城原武庙旧址重建“关岳庙”，关羽与南宋抗金名将岳飞合祀。岁以春分、秋分节气后第一戊日，由次于知县的文武官员敬祭。县治南门“天后宫”之左也有“关岳庙”。

民祭

家祭　家祭是家庭进行的祭祀活动，属百姓家户的祭祀形式。祭祀祖先的礼俗，按祭祀地点分，有墓祭、祠祭和家祭3种；按祭祀时间分，又有忌日祭、春节祭、上元节祭、清明节祭、中元节祭、十月朔日祭、下元节祭等。家庭祭祖一般设龛或香炉于厅堂，岁时节日（辞年八节）延续不断奉祀。正月初一、清明节、中元节、冬至日，举行时祭。凡是世家望族，均立宗祠，奉祀始迁祖及以下祖先，置有祠田祠产，专人管理“忌辰田”，以田租收入供祭祀及管理修缮费用。家庭中则供奉高祖以下之祖先神主于正堂之神龛内；高祖以上之祖先神主，则奉祀于宗祠内。宗祠祭祀，于正月十五日（俗称上元）及冬至日隆重致祭，集合全族子孙，参加祭拜。上元节散祭时，每人分红蛋或馒头。冬至节散祭后，全宗祠聚餐，吃“祀神饭”，或分“丁肉”（给族内每名男丁的肉）。对取得功名的人备加优待，祠堂分发“丁肉”时，凡考中秀才、廪生、贡生、举人等功名的，都递加增发以示奖励，也奖励忠孝、廉节、百岁长寿者。

群祭　群祭对象一般是设于户外庙宇中的神明，如观音菩萨、天后圣母、夫人娘娘、平水禹王、胡公大帝、玄天上帝、唐葛周三元帅等。松阳县治有城隍庙、太保殿、东岳宫、天后宫等庙宇，乡村也有祀忠义正直神明之庙宇以及福德土地祠等，为民众敬拜求福处所。上元节，正月十三日至十六日止，供祭四天。尤其晚间，各庙宇灯火辉煌，祭品丰盛。居民舞龙舞狮，竞制花灯，鼓乐喧天，到神前献舞。民国《松阳县志》载，“俗多信鬼崇神”“松俗好神，故于神庙寺观向多施舍”，以致境内神庙寺观随处可见。凡敬神，俗礼多备三牲供祭，至于素食之神仅供香烛饼果。民众有疑难，求神问卜，则往寺庙焚香烧纸，虔诚叩拜。民国《松阳县志》载，南州村头南岩殿，即准提庵，又称佛儿殿，“香火极盛，灵应非常。每逢朔望，进香如市，舟舆塞道”。群祭也是一种行业的集体祭祀活动。药业界建药皇宫祀药王，道士建广济堂祀真武祖师，兰溪、汤溪的布业、药业商人建造关圣宫（汤兰公所）祀关圣帝君。

乡祭　一般指乡里合境集中举行的祭祀礼俗，有社祭和迎神赛会。社祭，社，即土地之神，每社立社神，设社宫，为每月朔望和逢年过节醮祭土神的场所。境内大的村庄皆立社神，建社宫。县城有三十六个半社宫。北门永衢坊永平社处凤臻门与朝天门之间，人烟稀少，自立一社，没有四相公殿及土地公庙，称之“半社儿”。农耕时代，对土地崇拜，祭礼社神的日子叫“社日”。一年2次，春社祈谷，秋社报神。“社日到，社猪叫”，祭祀完毕后，把食物分给大家享用。土地公又称伯爷公，百姓所到创基立业之处，必先建“伯爷宫”奉祀，以祈基业兴隆。乃至人们建房造屋，也要先设“伯爷炉”，日日供奉。伯爷宫一般都建得简陋低矮，人们概为纪念远古创建的房屋皆属简陋的缘故。祭拜时，焚香五支，焚化纸锭五份，意奉东、西、南、北、中五土伯爷也。大多庙宇内另设土地公神像或神位。在祭拜神佛时，也有一份供品摆在土地公座前，称为“土地供”。这份供品一般人家不拿回去，而给看管庙宇之人。每年六月卯日，枫坪乡高亭、小吉等地举办迎神赛会。明末清初，开始在松阳大竹溪、小竹溪2村流传元宵排祭习俗。

第四章　岁时习俗

岁时节令，是人们社会生活中约定俗成的一种集体性习俗活动。民国《松阳县志》载，年节时食，各有成规，城乡皆然，古今一致。各种岁时风俗活动的产生，显示祖先对自然运动规律的认识与把握，探究其根源，是人们祈望五谷丰登、人畜两旺、岁岁平安。时移世易，许多习俗已有变更。岁时习俗具有浓郁的地方特色，是相对稳定的一类习俗，即使在近数十年剧烈的社会变革时期，仍然较多保留了传统习俗。其中，部分有迷信色彩的习俗，随着社会的进步而减少，而欢庆娱乐的色彩增强。

第一节　二十四节气

二十四节气，是指农历（汉历）中表示季节变迁的二十四个特定节令，每一个节气分别相应于地球在绕太阳公转轨道上每运转 15° 所到达的一定位置。二十四节气由来已久。在夏商时期，只有春分、秋分、夏至、冬至四个节气；到了周朝及春秋时期，增加立春、立夏、立秋、立冬；到秦汉年间，二十四节气全部确立。

立春

立春，第一个节气，在 2 月 3～5 日。立春与立夏、立秋、立冬一样，都是反映四季更替的节气。立春，又叫交春；是百籽落泥的开始，俗以为立春宜晴不宜阴。南宋大儒项安世诗《母氏立春日庆七十》有“土牛门外打春鞭”之句，说的是立春日鞭春活动；明初举人沈国栋诗《立春遇雪》有“东郊初迎青帝回”之句，说的是立春日迎春活动。乾隆《松阳县志》载：立春前一天，迎春于东郊，祭芒神，鞭春牛，民乃兴土功，士庶出观以受生气。据父辈流传，清代迎春活动非常昌盛，整个活动连演两天，普天同庆、官民共欢。鞭春仪式在先农坛举行。民国 6 年（1917），新上任的县知事钱世昌见坛倾祀废，当年，以己之钱置备祭品，在神农殿内恢复祭祀。至全面抗战爆发，祭祀才正式终止。民间有咬春习俗，在立春日吃春卷、吃春盘、春饼及咬生萝卜等。

雨水

雨水，第二个节气，2 月 18～20 日。雨水与谷雨、小雪、大雪一样，都是反映降水现象的节气。雨水节气的含义是气温回暖，雨量渐多。此前，天气相对来说比较寒冷，此后，人们则明显感到春回大地、春暖花开和春满人间。农业结构大调整之前，松古大地开始忙于春耕备耕，有许多春种作物可以种植；农业结构大调整后，大范围种植茶叶，许多早茶开始采摘。但这个时候，北方冷空气还常常南下，带来大风降温，时不时会出现寒冷天气，更需做好防冻工作。松阳民间雨水节气的习俗不多。

惊蛰

惊蛰，第三个节气，在3月5～6日。春雷动，百虫出。民间说法是惊蛰蛇出洞，霜降蛇归洞；到了惊蛰节，锄头不能歇。传统农业社会，春耕生产开始了。过去，惊蛰雷鸣最引人注意。如“未过惊蛰先打雷，四十九天云不开”，连续阴雨绵绵。21世纪初，松阳农业结构大调整，惊蛰节前后看到的是忙碌的采茶及茶青交易景象。惊蛰这天，天庭有雷神击天鼓，人间利用这个时机来蒙鼓皮。松阳也有人自己做鼓，用牛皮蒙鼓。

春分

春分，第四个节气，在3月20～21日，春分、秋分日昳平分。传统农业时期，春分时节，松阳真正进入春天了。春季降雨量要占全年的三分之一强。春分后，松阴溪桃花汛来临，河水带着桃花，可以看见成群结队的桃花鲫（花骨鱼）逆水而上，不时露出水面争食桃花，渔民争相捕鱼。春分有送春牛图、粘雀子嘴的习俗。民间活动上，有踏青拾翠、放风筝、簪花喝酒、挑野菜、开田等等。南宋女词人张玉娘《游春》“侍儿传野约，趣伴出邻姬”、清贡生蔡志修《纸鸢》“乘便东风去瞥然，自矜咫尺上青天”、宋大儒项安世《香海棠下会饮》“闲有工夫随酒去，病无心力为花吟”，都有这些活动的记载。

清明

清明，第五个节气，在4月4～5日。气温变暖，俗语“清明断雪，谷雨断霜”，降雨增多，正是春耕春种的大好时节。松阳过清明节或多或少保留着寒食节的痕迹。清明节的前一二天为寒食节，寒食、清明，从节日民俗来说，基本是一回事。寒食日要禁火，民间皆于清明节前做青馃，以便清明日食用，以示禁火。山区地方至今还有在门框上插杨柳条、枝表花（杜鹃花）的，那也是过寒食节留下的痕迹。清明节是重要的祭祀节日，清《处州府志》载，松俗清明门户插柳枝，扫墓挂纸。清明节的祭祀活动可放在上午，其他祭祀在下午或晚上举行。祭品必备清明馃（新坟除外）和毛笋。清明馃用甜馅，且是赤豆沙，不能用芝麻。当年的新坟要在清明前三天祭祀（这是松阳人上坟前三后四的由来），且祭品不能有清明馃，用麦面包子代替。也有的说成“新坟不踏青”，意谓亲人刚去世不久，为寄托哀思，不到野外采摘蓬、青蒿而踏青嬉戏。清明节最主要的饮食是吃清明馃。清明节是过“天光”（早饭）的。北方人有斗花的习俗，松阳人叫夻清明夻儿，也是斗花。清明之日，正是人们春游（古代叫踏青）的好时候。因此，清明节，又叫踏青节。民国24年（1935），民国政府明定4月5日为国定假日清明节，也叫民族扫墓节。2006年5月20日，经国务院批准，把清明节列入第一批国家级非物质文化遗产名录。2008年始，列入国家法定节假日。

谷雨

谷雨，第六个节气，在4月19～21日。《群芳谱》载，谷雨，谷得雨而生也。农谚“谷雨阴沉沉，立夏雨淋淋”，这样的气候有利农作物生长。在农耕文明时期，松阳农谚有“谷雨下秧，大致无妨”。除种植水稻外，还有“谷雨前，好种棉”“谷雨天，忙种烟”“谷雨前后，种瓜点豆”“清明芋头谷雨姜”“苞萝下种谷雨天”等农谚，谷雨前后，这些瓜豆可以播种了。谷雨与松阳人生产、生活最密切相关的习俗莫过于谷雨茶了。过去一般是野生的老茶树，没有什么明前茶；而雨前茶因春末温度适中，雨量充沛，春梢芽叶肥硕，色泽翠绿，叶质柔软，因此，雨前茶是一年中的佳品。传说谷雨这天的茶喝了能清火、辟邪、明目，南方茶区习俗人们都会去茶地摘一些新茶回来直接泡饮。

立夏

立夏，第七个节气，在5月6日前后。此时，松阳区域更多的是暮春景象，昼夜温差大。松阳农谚 “立夏晴，蓑衣箬帽上蓬尘；立夏雨，蓑衣箬帽挂肉柱”。农谚“大麦不过夏，小麦不过满”，大麦须在立夏前收割。农业产业大调整前，松阳一般是春花一中稻制。立夏后到夏至，刚好是春花作物收获、中稻插秧的时候。松阳有立夏称人的习俗，一般称的是小孩。或放在菜篮或蹲坐在箩筐里，无论小秤还是“量”（大秤），都要两个人抬着称，秤砣从里往外移，寓意日长夜大。在立夏节要贴“立夏贴”。松古平原老百姓房屋多为泥木结构，立夏后，雨水增多，瓦椽潮湿，烧饭用的是麦秆、油菜杂，浓烟滚滚，很快在瓦椽间生出许多毛毛虫，松阳人叫毛刺虫或毛刺剌，一碰触，焦裂痛。老百姓用毛笔在草纸写上“今日是立夏，毛虫逃无路，逃到青山去，永世不回家”，再画一道符，称为“立夏贴”，贴在房柱子、板壁上。食俗方面，立夏这天，松阳百姓会烧立夏羹饮食。

小满

小满，第八个节气，在5月20～22日，是二十四节气中反映物候现象的四个节气之一（还有惊蛰、清明、芒种）。农谚有“小满大满江河满”，意为小满过后，雨天增多、雨量增大，小坑大溪河水满。松阳俗语有“小满满，谷仓满；小满晴，谷仓贫”，说的都是同样的道理，小满节宜雨，忌晴日。有“小满动三车”之说。三车为油车、水车、丝车。小满前，油菜、小麦收割。在小满节前后，就开始忙碌着榨油。小满节气假如“不满”，晒裂田坎。那段时间正好早稻灌浆、中稻插秧季节，需要很大的用水量，农家只能动用水车车水。松阳早先是种植草桑养蚕，辛亥革命前后，界首村刘德怀倡导种植湖（州）桑，提高养蚕效益，养蚕农户增多。小满时节，因而丝车动。同时，在小满节气与三车相关的又形成一些祭祀活动。20世纪50年代后，推广双季稻。小满节气时，松阳进入双夏季节，百姓忙于夏收夏种，无时间过节烧哐，亦无精力请班演戏。至今，松阳已无甚小满节的痕迹。

芒种

芒种，第九个节气，在6月6日前后。芒种后，松阳所在的长江中下游地区快进入梅雨季节。传统农业时期，芒种是“芒种忙种，苞萝大豆得种”，是忙里偷闲，可以喘口气的时候。产业结构大调整后，松古平原春茶下山，夏茶待抽蘖发芽，茶农亦稍有空闲。故而芒种不忙。芒种延续下来的习俗不多。21世纪后，各地都在恢复传统节日，复活农事节庆活动，挖掘整理传统文化，演化、固定芒种节的某些活动，成为新的习俗。

夏至

夏至，第十个节气，在6月21日或22日。夏至是二十四节气中最早被确定的一个节气，松阳俗语“日长长到夏至，日短短到冬至”。夏至日，是一年当中白天时间最长、夜晚时间最短的日子。松阳人夏至食俗主要是吃面、犬、鲤鱼。松阳人吃的是手擀面，“夏至面”谐音“和气面”。松阳土话

“夏至犬无处钻”，有犬肉“交春不吃夏天吃”的习惯。松阳还有冬鲫夏鲤之说，并非说夏至日一定要吃鲤鱼，而是夏季适合吃鲤鱼。

小暑

小暑，第十一个节气，在7月7日或8日。松阳土话“小暑小煮”，好像在蒸笼肚里一样，暑天到了。松阳有“热在大小暑，冷在大小寒”之说。松阳气象部门统计：1961～2010年（之前没有记录），松阳年平均气温为17.9℃，而7月平均气温为28.6℃，是全年最高温的月份。小暑的标志是出梅和入伏。小暑后，进入梅雨后期，以高温干燥为主。这个时期，松阳在农业产业结构大调整前，是“双抢”季节，即“抢收抢种”，有“六月无破箩、十二月无太婆”之说。假如到小暑还是不热，松阳俗语有说“六月三伏天弗热，田里五谷都弗结”。松阳人在小暑时节有尝新米的习俗，民间有小暑吃黍、大暑吃谷之说。

大暑

大暑，第十二个节气，表示炎热至极，在7月22～24日。这个时期的雨主要是雷阵雨（对流雨），表现出来的是“六月雷雨隔田埂”，常常是这边下雨那边晴。松阳是20世纪50年代中期开始逐步推行水稻双季稻的。大暑前后是一年中最紧张、最艰苦、顶烈日战高温的“双抢”季节。农村承包责任制前，“双抢”期间也采取按劳取酬的分配方式。生产队分组作业，按组承包计酬，不仅仅“六月无破箩”，亦无“太婆”，人人参与。大暑节气的习俗主要体现在饮食和民俗活动两个方面。松阳人过大暑，饮食方面做山膏药豆腐、仙草豆腐，烧童子鸡、蜷鳖以及咥姜、伏犬、伏羊，喝“伏茶”（歇力茶或端午茶）。枫坪乡高亭村在大暑前后举行迎神赛会活动。

立秋

立秋，第十三个节气，在8月7日或8日。立秋，是秋天的开始，松阳人常说“争秋夺伏”，虽然早晚凉爽，但白天气温高，人们形容之为“秋老虎”。要到10月初，秋风吹至，松阳才真正进入秋天。传统农业社会，松阳以种植水稻为主。20世纪50年代后，逐步推行水稻双熟制；70年代末，推广晚稻杂交水稻，立秋是晚稻种植的最后期限。立秋前后一般会有一场大雨，松阳人常讲“雨打秋头无稿饲牛，雨打秋日无水磨墨”。秋后下一次雨，气温下降一次，有“一洒雨一场凉”的说法，“立了秋，把扇丢”。产业结构调整后，种植茶叶，立秋也是夏茶与秋茶的分界线，也是影响“秋露白”产量、质量的节点。过了立秋，松阳人认为作物是再“抽”的，有“毒”性，比如秋落苏、蒲瓜等，都要去头掐尾，用开水焯过，再烧制。谢村乡平卿村有做立秋福的习俗，立秋日，宰猪祭祀神灵，祈求风调雨顺、五谷丰登，然后把生、熟肉平分给村内18～59岁男丁，意为有福同享。枫坪乡小吉村举行刹痢瘟活动。立秋这天下午，由道士打清醮；半夜，上百支两米多长的火把组成火龙，巡游田垄，把各类虫子吸引过来烧死。

处暑

处暑，第十四个节气，在8月23日前后，告诉大家“暑”已去。传统农业社会，处暑是许多农事活动的节点。农作物开始成熟，春华秋实，到收获的季节了。处暑后，白天气温还是居高不下，人们称之“争秋夺暑”，酷似“秋老虎”，还会连续干旱，并且形成夏秋连旱。因此，松阳俗语有

“七月秋风起（才起），八月秋风（才会）寒”。没有推广水稻双季稻前，处暑前后是单季稻收割的农忙季节，许多地方有上午割稻、下午“点豆”（种豆）的习惯，这种豆称“处暑豆”，生长期短。同时，其产量又与处暑当天的天气相关。《松阳县志·田家岁时杂占》认为，处暑这天“宜晴忌阴”。松阳土话“处暑属金（晴），豆腐当点心（大豆丰收）；处暑属木（阴），豆腐当壮肉（大豆歉收）”。处暑节的风俗习惯，主要是过“七月节”。在“七月节”，吃米豆腐、灰汁粿。松阳民谣“八月菱角动刀枪”，在处暑节菱角亦成熟了，小孩坐在大浴盆里漂到水塘中央采摘菱角的场景处处可见。

白露

白露，第十五个节气，在9月7～9日，表征天气已经转凉，“白露秋风夜，一夜凉一夜”。在传统农业时期，有农谚“白露花麦寒露菜”。花麦，即荞麦，白露种下的花麦，冬至前可以收割，乡俗冬至夜做冬至粿，民谣“花麦粿，菜头馅，卖不去，自当饭”。产业结构调整后，白露之后正是茶叶生长的最佳时期，白露茶比春茶味俨，比夏茶清淡，有一股甘醇味道。所以，喝茶的人都更欢喜“秋露白”。松阳民间一直有白露“白路”之说，“白路”即开路养路，在白露日前后，民间群众会自发对道路进行修筑、护养。2010年，县政府明文规定白露节为“全民养路日”，把松阳群众世代传承的修桥铺路习俗提升到政府行为。松阳人会在白露日品尝新收获的芋艿。白露吃芋，相传食后健胃，以后再咥芋不生气、不胀气。农家还有“开芋门”之说，会在白露掘一棵芋，查看芋艿生长情况。相传“芋门”开后，芋艿生长快些。

秋分

秋分，第十六个节气，在9月22日或23日。秋分过后，松阳基本进入秋天。传统农业时期，秋分也是“三秋”农忙开始的节气。松阳在秋分过后的十天半个月内，还会出现晴热高温天气，特别是昼夜温差大，所以，松阳有俗语“八月乱穿衣”。虽然平常日降水量不大，可到了农历八月会出现“漾木樨”，连日濛濛细雨；偶尔会有台风影响，带来大的雨水；因此，也有“大旱不过八月半”之说。秋分流传下来的风俗习惯不多，且古今迥异，南北不同。松阳秋分日无特别的习俗。

寒露

寒露，第十七个节气，在10月8日或9日，太阳高度继续降低，由凉爽向寒冷过渡，“寒露寒露，遍地冷露”，气温逐渐下降，松阳才真正进入秋天。寒露前3天至寒露后4天所采之茶，谓之“正秋茶”，秋茶中以正秋茶为最佳。松阳农业产业大结构调整后，有十几万亩的茶园，有越来越多的老百姓喜欢上“秋露白”以及寒露前后的“正秋茶”。寒露是九月节，松阳无特别的习俗。

霜降

霜降，第十八个节气，在10月23日左右，是二十四节气中最重要的节气之一。霜降节气含有天气渐冷、开始降霜的意思，“霜降始霜”。1996版《松阳县志》1961～1980年气象资料统计：松古平原初霜日平均日期为11月14日，终霜日为3月22日，无霜期为236天。山区初霜提早，终霜推迟。松阳传统农业时期，霜降还是大忙季节，晚稻、大豆、番薯、苞萝、棉花都要收割，小麦、油菜还在播种，冬收作物需要加紧管理。农业结构调整种植茶叶后，茶农抓住初霜来临之前，采摘最后的秋茶。人们之所以关注初霜，是因为许多作物要赶在落霜前收获。无论是端午前种植的夏薯还是立秋后种植的秋番薯，都要在撒霜前挖掘、储藏；甘蔗要在撒霜前收割，否则不仅影响出糖率，还会影响种蔗的品种。大面积种植茶叶后，茶农关注初霜，也关注终霜。秋茶也好、春茶也好，茶芽见霜燋。对于松阳象溪、裕溪、板桥及西南产茶油的山区来说，在霜降的前 3 天开始采摘茶子。摘茶子时，刚好野生陈梨（猕猴桃）成熟，可以一同摘些回来。松阳人霜降节日留下的习俗不多，不如古时重视。松阳有霜降吃柿子的习俗，明成化《松阳县志》就有松阳出产柿子的记载。清代汪灏在所著《广群芳谱》中提到“柿尤以处州松阳为奇品”，这里的柿是玉柿，鲜食为主；还有一种是水柿，籽多，一般用来晒柿饼。另外，还有一种是金枣柿，又称串柿、柿枣，主要产于枫坪乡沿坑岭头，是当地传统的柿果加工品种，相传曾经是贡品。

立冬

立冬，第十九个节气，在 11 月 7 日或 8 日，是秋冬之交的换季节气，此时江南正好“小阳春”，1996 年《松阳县志》载，松阳冬季平均始于 11 月 26 日，终于第二年 3 月 18 日，季长 113 天。这是 1961～1980 年的数据，最近全球气温升高，冬季长度有所缩短，始冬往后推移，终冬提前。立冬时节，松阳农谚有“寒露油菜，立冬麦”。在大集体时期，主要是收晒储藏晚稻，烧灰种植油菜小麦。“立冬晴一冬晴、立冬雨一冬雨”，以及“烂冬油菜旱冬麦”；立冬这天的天气，晴为旱冬，雨为烂冬。石仓客家有谚语“立冬打雷公，十个牛栏九个空”，牛都要冻死了。立冬时节，各地有办冬学的习俗。冬夜较长，又是农闲时节，适合办学。主要办“识字班”，招收成年男女，进行扫盲教育。冬学校址多择庙宇或公房。抗战时期，湘湖师范师生在古市乡村办冬学、夜校，边教字边唤醒民众抗日。中华人民共和国成立初期，一些乡村教师白天教小学生，晚上点着煤油灯教“大”学生识字。立冬这天，人们也要给生活在阴间的祖先准备衣裳，即送寒衣。现在松阳乡俗中很少涉及立冬了，只能从老百姓日常生活中归纳一二。立冬摘橖。“橖”，学名柚子，过去农村在房前屋后或菜园旮旯种有橖树。松阳人在立冬过后也会采摘桑叶，主要用于祛伤风、咽喉炎、小孩咳嗽等。过去，松古平原到立冬（十月）开始酿酒，所酿的酒称“十月缸”，与“八月缸”统称“家酿酒”。在松阳西南山区，立冬日有打麻糍、做豆腐祭祀土地神的习俗。

小雪

小雪，第二十个节气，在 11 月 22 日或 23 日，有霜有雪才叫清（冷），对松阳来说，“小雪”才进入冬天。在小雪节，松阳一般情况见不到雪。松阳十二月水果歌谣“十月柑橘枝头挂”。柑橘在松阳种植的历史悠久，松阳最早的县志元至大《松阳志略》记载当时松古大地种植大众化水果就有柑橘。到十月时，是柑橘成熟的季节，果农忙于采摘水果。改革开放后，松阳第一次农业产业结构调整，在低山缓坡、沙丘地上引进种植许多柑橘类新品种脐橙、胡柚、天草等，大多要立冬后、近小雪时节采摘。

大雪

大雪，第二十一个节气，在 12 月 7 日或 8 日。此时的天气比小雪更清，下雪的可能性比小雪时更大了，但是，大雪封境的景象已不多见，特别是全球气温变暖以后。大雪节的习俗人们已淡忘。过去中医讲究夏病冬治，冬天进补。大雪是“进补”的好时节，素有“冬天进补，开春打虎”的说法。

冬至

冬至，既是二十四节气之第二十二个节气，亦是中华民族重要的传统节日，在12月22日左右。松阳人讲“日长长到夏至，�长长到冬至”。古人认为：阴极之至，阳气始生，日南至，日短之至，日影长之至，故曰冬至，所以昼最短，夜最长。松阳民间有谚语“净洁冬至邋遢年，邋遢冬至净洁年”“冬至乌，过年疏；冬至疏，过年乌”，意为冬至天晴，那么过年霊雨雪；反之，过年时天晴。同时，有“冬至在月头，卖了被买牛；冬至在月尾，卖了牛买被”和“冬至在月中，十个牛栏九个空”。还有的说法是“冬至出日头，过年冷死牛”。把冬至作为节日来过源于汉代，盛于唐宋，相沿至今。松阳人重视冬至节，视之为“小年暝”，称之为“鬼节”（祭祀祖先的日子）。松阳人过冬至，是过冬至前一暝（夜），称“冬至暝”，许多仪式也都在冬至暝进行。民国《松阳县志》载，“冬至前一夜，各家祀神祭祖，鼓乐喧闹”。有祠堂的在祠堂祭祖，有坟墓的上坟祭祀。祭品中必有“冬至馃”。旧时，如属大宗望族者，还于是日开宗庙祠堂大门，举行祭祖仪式，与清明节的那次祭祖合称春冬二祭。民俗以为冬至是“鬼节”，撮骨迁坟，百无禁忌。凡暂厝在外的棺柩，于此日下葬，不必择选吉日。松阳各庙会、社团的财产和宗祠的祭产（俗称忌辰田），都以冬至日为终结期；是日，除算账，还要商定第二年的重大活动事项。松阳民间还以“冬至”为界，无论小孩大人过了“冬至”就认为过年，长（老）了一岁。

小寒

小寒，第二十三个节气，在1月5～7日。小寒与大寒、小暑、大暑及处暑一样，都是表示气温冷暖变化的节气。松阳人说“三九寒天”，表示天气很清；但近些年没有出现大雪封境、河塘封冰的极端天气，加上农业产业结构调整，多忽略小大寒节气，也没有形成特定的习俗。

大寒

大寒，二十四节气中的最后一个节气，在1月20日前后，农谚“小寒大寒，杀猪过年”“过了大寒，又是一年”。从民间流传的说法及史料记载来看，大寒宜冷不宜暖。改革开放前，到了大寒是一年中的农闲时节，松阳谚语有“有铀无铀过年边”“有柴无柴霊雪天”，年关临近，百姓忙着备过年烧的柴火，想方设法筹措过年的“铜铀”。农业产业结构大调整后，老百姓茶园“封园”，就等着过大年，成为农闲时节。

第二节　传统节日及其他节令

松阳传统节日中，清明、冬至与二十四节气相同，其内容见本章第一节。

春节

春节，旧时称为元日，为一年之始。相传，为商王祖乙定节名春节，春为岁首。松阳民间把除夕夜叫三十暝，正月初一喊新年，统称为过年。一般从腊月开始置办年货，到二月二龙抬头春耕备耕，“年”才算结束。

到了腊月，松古盆地百姓就为过年、正月的柴火准备，割草、砍柴、筢松毛。过了腊月二十，开始打黄米粿或打白粿；炊青糕、糖糕或炊发糕；做豆腐、泡豆腐；煎糖、做糕饼；炒花生、番薯片。农村一般家家户户杀年猪，大人小孩添置新衣服、鞋袜。腊月初八喝腊八粥，二十三祭镬灶老爷升天。二十四左右打蓬尘，洗桌凳，擦洗碗筷铁镬。男子剃过年头、女子洗头，年三十前沐浴。

除夕，指农历（汉历）一年最后一天的晚上，为月穷岁尽之日，不管是十二月二十九日还是三十日，都俗称三十夜。古人惧怕疫疠和恶鬼，在年终到来时，一面欢度佳节，一面驱疫疠，除恶鬼，约定成俗，把这一夜叫除夕。除夕之际，削桃木梗制成神荼、郁垒形象，立于门上，民间称之为门神。贴春联，凡是有神、有门的都贴，凡是犁耙耕耖等农具都要贴红纸条。年前许下的愿，要还愿。不满 18 岁又认过亲娘亲爷的，要祭祀。过年前三天，请年神。请年神之来历有多种传说，但都为祈求来年风调雨顺，五谷丰登。大年三十清早，社宫值勤人员把松、竹、梅的树枝点缀于社宫周围，把四相公殿的香炉接至社宫，以享受本社黎民祭拜。中华人民共和国成立后，多在自家门前或天井摆上三牲祭品，烧香纸，放鞭炮，叩拜天地，祈求来年风调雨顺，五谷丰登，交上好运，俗称请年神。也有午后到社宫请年神，以三牲祭礼祭拜社公、四相公老爷。除夕日中午，祠堂祭祖，在家中悬挂先祖画像，朝夕供奉。除夕日，要请灶君回家。

除夕夜，全家人吃团圆饭。除夕晚餐，俗称吃年睇。离家在外的游子，会不远千里赶回家吃年夜饭；家人会为在外不能回家的亲人留出空座。年糕因为谐音年高，成为家家必备的过年应景食品。松阳年糕，叫糖糕。糖糕是农耕时代的产物，可以放很长时间，便于储藏，也便于携带，上山种地或砍柴常带上一块当干粮。祭祀、娶亲要用糖糕，不能用青糕。在贴春联的同时，农村谷仓、猪栏、鸡舍、牛栏，都会贴红纸或书写五谷丰登、六畜兴旺等吉祥字样。除夕之夜，有置、送压岁钱之习俗。年夜饭后，长辈给年幼者压岁钱，俗称分岁包，数角至数十百元不等，也有把压岁钱放置小孩鞋内或枕头下。

家庭主人最后打扫卫生，在火落塘焐大猪，在疙里疙瘩的墙角边饲老鼠。正月初一不动刀、不烧饭，故在除夕须煮许多米饭，称“捞年饭”。厅堂和房间床沿放火笼、炭盆，人人把脚洗干净（寓可交好运），年轻人守岁到深夜。母亲把新衣、裤、帽、鞋、袜放在小孩枕头旁，待大年初一晨起穿戴整齐。松阳民间不许出嫁女儿在娘家过年，即使在娘家吃了年夜饭，也要回家过新年。若不回婆家过年，须坐上娘家鸡窝过夜，最起码也得象征性地在鸡窝静坐片刻。民间还有给家畜、家禽“分岁”的习俗，年夜饭后喂以肉块、年糕、米粿等食物，表示这些家畜、家禽也长大一岁。除夕有很多的禁忌。如忌言鬼、死、杀等不吉字眼，忌打碎碗碟，忌恶声谩语，忌随地便溺，忌泼污水、灯油于地等。在年夜饭进餐时，忌讳别人来串门。除夕还有封门之俗，放鞭炮，关大门，如无重大事情，不得再开启大门，故称为封门。在交初一子时之前，拦门，燃放鞭炮。

除夕夜，有守岁的习俗，表示从上年的最后一天守到来年的第一天，因此，称之为过年，即从上一年过渡到下一年，俗名“熬年”。过去视过年为关口来煞，称作“年关”，并且想出一整套过年关的办法，“一夜连双岁，五更分二年”。点起蜡烛或油灯，通宵守夜，象征着把一切邪瘟病疫照跑驱走，期待着新的一年吉祥如意。这种风俗被人们流传至今。

正月初一称元日、元辰、元正、元朔、元旦等，俗称年初一；松阳人习惯称新年，官方一般称春节。正月初五俗称破五，民俗之前诸多禁忌过此日皆可破。还有送穷，迎财神，开市贸易。每户人家把除夕摆在中堂上的祖先画像及各种珍品字画等物收拢藏放，俗称收珍。收珍时，家中人要祭拜，下辈外亲也有去祭拜的。

春节期间，许多乡村的大户人家厅堂里面陈设铛镀铜锣、大鼓，早晚一阵撞铛镀铜锣、打新年鼓。民间还有点岁灯的习俗，从初一至初五，每夜在厅堂中燃灯，直到天明，名为“岁灯”。正月初，读书人用大红纸书写吉利词语，叫“新春开笔”。写好后，贴在板壁上。会赋诗的人，则触景生情，做几首自勉的新诗。

另外，相传正月初八是五谷神（也称谷子）的生日，为表示对五谷神的尊敬，祈求五谷神在新的一年里保佑石仓人民能稻谷丰收，客家人不煮饭。是日，客家人还在自家粮仓前祭拜五谷神。

元宵节

正月十五为元宵节，又称上元节、灯节。乾隆《松阳县志》载，上元，各街市架棚悬灯，神祠家庙结灯彩设祭，鼓吹喧阗，爆竹竞响。自十四夜起，至十六夜而止。由此可见，虽然元宵节只有三天，但是灯火璀璨，灯也更加精致奇幻。元宵节，官民同乐，金吾不禁，许多禁锢在深闺里的青年妇女、官宦家眷都被破例允许出来观灯。到了现代，从正月十四至十六，增加了舞龙、舞狮、跑旱船、踩高跷、扭秧歌等百戏内容。之外，松阳还有文武彩灯、山边马灯、桂花亭彩灯等。过去，松阳土话“上灯酉，散灯戌”，说的是灯节各种活动在下午 5 点到 9 点之间。灯节期间，还有送儿灯，简称送灯，也称送花灯。在元宵节前，娘家送花灯给新嫁女儿家，或一般亲友送给新婚未育之家，以求添丁吉兆。

正月十五有许多祭祀活动。县城有三十六个半社，乡村亦各有社坦，正月十五前后，各社坦择吉日摆祭，谢诸神庇护，祈求当年风调雨顺、全社老小安康。现在，大竹溪、小竹溪一带的摆祭，是这种祭祀活动的延续。这是社会祭祀，还有家族在祠堂祭祀祖宗、一房在香火堂祭祀祖先、一家在自家祭祀先祖的。

松阳正月十五的食俗是吃“汤团”，用年前十月的“七日粉”（糯米粉），包裹新鲜精肉、冬笋、香菇、葱根等，做成馃形，咸味。“汤团”意为团团圆圆。

正月里，龙灯走家串户给石仓客家人带去新年的喜气。至正月十五，石仓客家人怀着对龙神的敬意，将龙灯请回龙神庙。是日，龙灯先往山边夫人庙参加灯会，其中以山头村的老龙灯最为古老。灯会结束，山头老龙灯要最后一个走。在各村龙神庙的路上，都会有回龙这个环节，就是在回去的一段路上，要再来回舞一下，称之为“回龙”。等进了龙神庙，村民们将龙灯的“胡须”拔去，之后，家家户户分发龙须。拔掉胡须后，龙灯就上架了，等待来年村民们再来请灯。

二月二

二月二，农历（汉历）二月初二。初二晚上，苍龙星宿开始从东方露头，先是龙角、龙的咽喉升至地平线以上，接近子夜时分，龙爪也出现了，故称“龙抬头”。民俗在二月初二日剃头，谓之“剃龙头”。还有“二月二，吃春饼”之说，煎年糕这一古老传统习俗直至今天，还在农村许多地方流传。

二月初二日为土神诞日，城中庙宇各有专祠，牲乐以酬。乡村土谷神祠，农民亦具壶浆以祝。社公不食宿水，故社日必有雨，称社公雨。醵钱作会，称社钱。叠鼓祈年，称社鼓。饮酒治聋，称社酒。以肉杂调和饭，称社饭。……田事将兴，特祀社以祈农祥。松阳东北乡的三都，二月二这天把猪尾巴、大肠洗干净，开水焯后拿去供土地，然后烧制。而西南乡玉岩等地山区，却在“二月二”这天洗晒腌肉。

松阳习惯，孩童上半年断乳选择在二月二；下半年，会选择在中秋节或重九节。乡俗认为“二月二”“中秋”“重九”是个好日子，有利婴儿断乳。

社日

社，是古代的土地象征，社日是古代农民祭祀土地神的节日。分春、秋两社。春社在立春过后第五个戊日，秋社是立秋后第五个戊日。春祈秋报。春社祈求土地神保佑农业丰收（许愿），秋社则以收获报答感谢神明（还愿）。明朝时，每百户为一社。后来，有村就有社，有社就有会。社日，便是祭社神的日子。

松阳人有社日教牛、祭祀，吃炒豆、煮蛋等习俗，祭祀土地和聚社会饮，借敬神、娱神而娱人。官社祭祀为国家各级官府主持祀典，在社稷坛举行；民社祭祀由民间自由组织以社为单位祭祀社神，在村里社厝举行。松阳山区乡村做“福”，都还有社饭。在社日有击鼓祭神、演社戏之俗，民国《松阳县志》载，松阳好演戏……各社亭，又年例必演之，不愆期不减短。现今秋社开演社戏的遗俗依然兴盛，开演社戏的时间不一定是在社日。民间以炊蒸社糕、酿造社酒来相互赉送，走亲宴请。

四月八

松阳俗谓四月初八是牛的生日。传说是天牛星君偷偷下凡吃掉地上的草，才让人间种上庄稼，得到收成。为感谢天牛的恩义，民间在四月初八把乌饭送到牛栏喂牛。是日，牛不耕作，或一大早赶上山放牧，俗称“吃馒头”。

松阳有四月初八吃乌饭的习俗。山区比较注重这一食俗，沿袭至今。松阳吃乌饭习俗与目连救母、乌稔充饥和黑黍祀佛说都有渊源。新处乡竹囦村流传一则类似目连救母的故事，说的是古时该村有一女子为营救被打入县衙大牢的父亲，用叶汁煮的乌饭瞒过狱卒，使饿昏了的父亲因喂食乌饭而苏醒复活。后人遂把四月初八日立为“孝顺节”，用吃乌饭方式来纪念这位孝女，以弘扬孝道。竹囦村的“孝顺节”已入选松阳县非物质文化遗产，村民年年吃乌饭，重温孝道，教育子孙。松阳片关于吃乌饭还流传着另外一种说法。《松阳县故事·歌谣·谚语》之“风俗传说”说：很早以前，一个松阳人在朝廷做大官，看见昏君贪婪、百姓困苦，得知派钦差到处州一带征粮催款时，暗修密函，要松阳百姓家家户户烧制乌饭，骗过钦差，最后免去了松阳的钱粮。

端午节

五月初五为端午节。“端”的意思和“初”相同，称端五也就如称初五。端午节起源说法不一，以纪念楚国三闾大夫屈原抱石投汨罗江之说影响最广。松阳普遍的说法，唐朝末年黄巢领兵起义，五月初五，军队进入城里，只见家家户户门上都按照其约定暗号，挂着菖蒲、艾叶、蒜头。为遵守对那个宁可丢掉自己的儿子、也得为大伯家留下一支根苗的逃命妇人的承诺，黄巢领兵离去，全城得以幸免于难。为纪念这件事，每到端午节，松阳百姓会在门上插菖蒲、艾叶和蒜头，此俗一直流传到今天。不过，松阳人现今一般只挂艾叶和菖蒲。

松阳民俗中，端午节还有赛龙舟、吃粽子、佩香囊。县城河段有民船竞渡比赛，船上擂鼓，争先恐后，观者人山人海，热闹非凡。松阳粽子为四角箬叶粽，形如狗头。境内西北靠近遂昌一带的粽子比较长，形如猪蹄。松阳人喜欢吃山区的“灰汁粽”。松阳人佩香囊，有用五色丝线缠成的，有用碎布缝成的，内装香料，佩在胸前，香气扑鼻。旧时，县城中药店在端午节前常把许多药末香料分赠顾客，以制香囊。有樟脑丸后，香囊袋里面装进樟脑丸，又香又方便。端午节还有洒雄黄水、饮雄黄酒习俗，激浊除腐，杀菌防病。松阳还有送午羹、剃端午头等风俗。

端午采药，是最古老的端午节俗之一。松阳民间于五月初一至初五午时前采十来种草药，洗净晾干切碎，称为端午茶，常年备饮。旧时，端午节无论大人小孩，午时都要喝上几口生水，据说，入夏不会生痱子，外出不会被蛇咬；用午时水泡饮午时茶可防治百病；用午时水加酒和雄黄喷洒庭院居室，还有辟邪禳瘟之效。端午节有赠香扇、罗绮、巾帕的习俗。境内麦秆扇流传已久，扇子是一件既实用又精致的民间艺术品。乡俗，新嫁女儿的娘家端午节担着食品礼物去看望女儿，以示父母的爱女之心，其中的主要礼物就是麦秆扇。

松阳在端午节前有回娘家送礼贺节的习俗，也有学生给先生、学徒给师父送端午的习俗。端午节还要“孝敬”砥头娘、樟树娘、观音娘、关老爷等等。

松古平原一带端午节以食薄饼为主，薄饼为松阳特色小吃。明嘉靖三十一年（1552），倭贼大扰浙东。为抗倭，松阳知县罗拱辰命令伙夫烙饼卷以各种蔬菜，行军时充饥。刚好，罗拱辰率部抗倭是端午节前后。据说，为纪念他，松阳百姓每年的端午吃薄饼。

端午期间多雨水，会涨大水，民间谓之“端午水”。松古平原一带过端午节，一般在五月初五过中午，少数村庄有提前一天过端午节之俗。据说，有年端午发大水，项弄等沿溪村庄受到洪水冲击而过不成节，故此这些村庄提前过端午节成俗。

2006 年 5 月，该节日列入第一批国家级非物质文化遗产名录；2009 年 9 月，联合国教科文组织把中国端午节列入世界人类非物质文化遗产名录。

五月十三

五月十三是关公磨刀日（或诞辰），是日，各地举行关帝庙会祭祀关公。此日，通常处于夏至、芒种季节前后，正常的气候都有下雨的过程。而民间称此日若下雨，便是关公在磨刀，磨刀水降下凡间；下雨便是吉兆，雨越大越好，预示当年的年景必将风调雨顺。

民国《松阳县志》载，关帝庙在县治西南官塘铺之外、武庙西，祀忠义神武灵佑仁勇威显护国保民关圣大帝。岁以春秋仲月取吉及五月十三日三期，修其祀事，礼同文庙。民间所供奉的关帝，有的当作武神，如南天后宫之左关岳庙，供奉关帝与岳飞；有的当作武财神，如汤兰公所供奉的关公；但更多的是作为老百姓的保护神。松阳农村有许多关帝庙，民国《松阳县志》载，力溪庄、小槎村头、县东二十里、水南、松山、叶村、洞阳观等地有关帝庙。

分龙节

夏至后第一个辰日为“分龙”。传说分龙节是龙分开到各地去行雨的日子，分龙节是夏至后的第几天，就有几条龙耕云播雨。松俗分到多条龙，亦多龙多旱；只有分到一条龙，且施雨，则意为风调雨顺。分龙日宜雨，晴则兆旱。据说是日晴，分懒龙，主旱；雨，分健龙，主水；无雨而有雷，谓之锁龙门。昔以敲击栲栳、盆盂充锣声，祈龙至而雨。分龙日禁挑尿桶及禽畜栏污，禁洗晒衣服，违者罚。有些地方于分龙前一日有更夫鸣锣，四门巡游相告，严禁百姓在分龙日洗衣担粪施肥，以免玷污龙神招致旱灾。民国8年（1919），县城北门一毛姓农民于分龙日挑粪下地。到了六月初六，毛某被强迫搨青石板，受烈日暴晒致死。

分龙诸多禁忌，今多不拘。古时，此日一般上山砍割柴禾，备越冬柴薪。民国时期，有分龙日疏堰的乡规民约。在北门畈耕种者，是日每户抽一个劳力参加兴修水利的义务劳动。如若有无故不到者，则免去他当年的灌溉权利。俗以分龙日为消防用水龙节，在此日演习救火。

六月初一

石仓人认为牛头山有神仙居住，六月初一都会去拜祭。牛头山坐落在大东坝镇灯塔村大岭口自然村，流传着烂柯山传说一类的神话故事，樵夫及摔死的弟弟成仙了。后来，常有人到这里找神仙，且逐渐演变为到牛头山祭拜神仙。

六月六

松阳民谚“六月六，鸡卵也搨熟”，此时，气温升高，热气逼人。民国《松阳县志》载，六月初六原为晒书之期。而无知妇女则沿以为晒经之日。旧志载，松阳到清代，禅院、庵堂共计152座。每当六月六，如逢晴天，各地大小寺庙、庵堂的和尚、尼姑会整洁衣冠、焚香秉烛，把所存的经书搬出去晾晒，以防经书潮湿、虫蛀鼠咬，故也有“晾经节”之称。有“六月六，家家晒红绿”的俗谚。“红绿”指五颜六色的各样衣服。城乡百姓晒衣服、被褥，民谚有云“六月六，人晒衣裳龙晒袍”，翻箱倒柜，拿出衣物、鞋帽、被褥晾晒，俗称“晒伏”。

松阳民谚“五月酱黄六月酱”，六月初六，老百姓把盐水浇入晒干的酱黄，盐的比例一定要大，这样，既不容易生虫，也符合古语“盐放酱里永远在”。有的地方农民还把六月六称为“虫王节”，要在农田、庭院里焚香祭祀，祈求上天保佑。安民乡、枫坪乡等山区地方，夏天的迎神赛会也有祛瘟灭虫、祈求各路神灵保平安之意。

伏天

伏是阴阳五行家对季节的另类安排。伏，又称长夏，介于夏秋之间。依照干支纪日排列，夏至后第三个庚日为初伏，时间十天；第四个庚日起为中伏；立秋起第一个庚日为末伏的首日，末伏十天。头伏与末伏都是确定的十天；但庚日是甲子记日，和夏至等节气的时差不定，这就会出现中伏时间十天和二十天的差别，就有三十天的伏和四十天的伏。三伏天是一年中最热的时候。松阳人有“三伏天，热得喊皇天”之说。它在小暑与处暑之间，过去，皇宫避暑，学校放假，热工歇伏。倘若在每个伏的第一天霊雨，松阳人称漏伏，那么，所漏的那个伏就基本上天天会霊雨，天气比较凉爽。另有俗语“头伏雨，伏伏雨”，有土话“种田靠漏伏，种地靠漏秋”，会给农民带来好处。

到了伏天，老百姓就开始“晒伏”。在三伏天内，各地讲究饮食清淡和冬病夏治，如松阳土话“冬咥菜头夏咥姜，永远弗要背药箱”。松阳流行“头伏鸡、二伏蜷、三伏犬”之说法。石蛙，松古平原人称石鱼，山区人叫蜷。石蛙，是古代皇宫御筵中的名贵山珍，松阳山区百姓家常捕捉自食。

七夕节

七月初七是民间传统的七夕节，俗称“七月七”，又称“乞巧节”或“少女节”“女儿节”，“上茶节”。关于“七夕”的来源，众说纷纭，总的来说是与天上的星宿祭祀及对重数的偏爱有关。

松阳人过“七夕”，除民国《松阳县志》载“七夕，女子间有备蔬果香烛乞巧者”外，主要是上茶、祭祀、洗头沐浴。

上茶。“七姑星”被视作小孩的保护神，初七的黎明，“七姑星”在天空正中位置，大人小孩在天井或家门口设供桌，祭拜七姑娘娘。然后，去夫人殿祭拜夫人娘娘。在祭祀的时候都以茶代酒，是以，“七夕节”亦称“上茶节”。

求子祈福。传说此日为陈靖姑义妹林氏夫人圣诞，求子者于是日半夜至夫人庙拈香；已有子女者也多有携带孩童到夫人庙祈求夫人保佑孩子平安成长。旧时，县城东门夫人庙（东福禅寺）和南门独山脚瑞现夫人庙是日的香火尤其鼎盛，彻宵达旦，妇女拥挤不堪。

契子。认为“八字”有缺陷的孩子，让七姑娘娘作契子，祈求神明保佑平安成长。所以，每逢七月初七清晨，设花果茶品祭拜七姑娘娘，直到 16 岁“出花园”为止。

洗头。松阳乡俗在七夕，女子到大溪（松阴溪）沐浴洗发。

2006 年 5 月，“七夕”被国务院列入第一批国家非物质文化遗产名录。

中元节

七月十五，道教称“中元节”，民间俗称“鬼节”“七月半”“施孤”，与清明、冬至、除夕构成四个最大的传统祭祀节日。佛教称“七月半”为“盂兰盆会”，主要与佛教故事“目连救母”有关。

旧时，中元节地方官府还命令和尚道士设孤魂道场，以祭奠阵亡的军士。道教宫观照例举办祈福吉祥道场，放河（水）灯。是日，民间在祠堂或寺庙建醮做道场，诵经超度，祈祷冥福。是晚，松阳店铺关门，街道正中，每百步摆一张香案，上供新鲜瓜果和一种“鬼包子”祭鬼；家家户户还要在自家门口焚灶香，把香插在地上，俗称“烧三十六香”。县城祠堂都延请道士做道场，俗称“念七月半”。道士们应接不暇，以至于有“七月半，烂道士”之说。在写有收者和送者的名字以及相应称呼犹如包袱的纸封中装入钱纸，在祭祀时焚烧，称“烧包”“烧斛”。这是过去“烧寒衣”习俗的变迁，作为对祖先的缅怀和纪念。现时，七月十五“烧斛”不见了，仍有上坟扫墓，祭祀祖先。

金钟庙度孤会。相传旧时县城像美女形，东门、南门街如美女左右下肢，金钟庙恰处女阴，地钟灵、神显圣，故称“圣殿”。中元节圣殿度孤会办得有声有色。度孤会的“孤”，指孤魂野鬼。度孤会上，道士众多，执事差役众多，物质丰富，除道场铺张外，“放水灯”轰动一时。水灯以油纸做成方斗状，底部粘松香等易燃油脂。水灯点燃后，放在水上任其顺水漂流，至急流河曲处消失。放水灯的目的据说是人鬼同赏，共庆升平。

佛教徒在此日举行盛大的盂兰盆会，也叫盂兰盆斋、盂兰盆供。玉岩叶姓也有盂兰盆会，每年七月十五轮到兰盆会忌辰田的人要做大小馒头几大箩筐；还需备其他各式祭品和五色纸、草纸等，请道士在白云观设坛，做水陆道场。

七月原是小秋，有若干农作物成熟，松阳民间按例祀祖时，用新米制品祭供，向祖先报告秋成，并且请老祖宗尝新。民间炊灰汁糕过七月半。

中秋节

中秋节，八月十五，俗称八月半，与春节、清明、端午，并称为汉族四大传统节日。据史籍记载，古代帝王祭月的节期为八月十五，恰逢三秋之半，故名“中秋节”，亦称“团圆节”“女儿节”。松阳人过“八月十五”主要活动就是“拜月光”，吃“团圆饭”。中秋祭月，即祭拜月神。民间在天井或家门口设供桌，摆祭品，妇女拜月，祈求月神福佑全家团圆吉祥。少年儿童于米筛或坦箕上摆月饼、月光佛儿、薄脆、橰（文旦）等，米斗插香，燃烛祭拜“月光娘娘”。文人赏月源于祭月，严肃的祭祀变成轻松的欢娱。松阳人吃月饼传说甚多，一说元末起义领袖朱元璋利用中秋民众互赠圆饼之际，在饼中夹带“八月十五夜杀鞑子”的字条，民众如约于这天夜里一起手刃无恶不作的“鞑子（元兵）”，过后，称中秋节的圆饼为月饼。在后来很长历史时期，甚至在20世纪末，许多月饼上还贴有一方小纸片。松阳的“月光佛儿”是用糯米粉加白糖、薄荷精加工而成，一面绘有月神图案的圆饼。早期纯道教色彩的以嫦娥为主的月宫图景，人们供奉绘有月光菩萨的佛儿，嫦娥也成为菩萨了。薄脆用白面加饴糖、芝麻加工而成，酥脆香甜、入口即化，传说是清朝时松阳的贡品。

松阳人注重中秋夜的团圆饭。八月十五晚餐颇为丰盛，除猪肉、鸡鸭、时令蔬菜外，还有2个固定食品，即沙擂、山粉丸。松阳山区民间多有中秋节打麻糍。

2006年5月，中秋节被国务院列入首批国家级非物质文化遗产名录。2007年11月，中秋节和清明节、端午节被增设为国家法定节假日。

重阳节

九月初九，二九相重，称为“重九”。又因为在中国古代《易经》中，六为阴数，九是阳数，九月九日，日月并阳，因此，重九又叫“重阳”。民间在该日有登高、佩茱萸、饮菊花酒的风俗，所以重阳节又称“登高节”“茱萸节”“菊花节”等。

炊灰汁糕。松阳人炊的灰汁糕也叫千层糕。或炒或放汤或蘸酱油醋，美味可口，绿色清香。民国《松阳县志》载，重阳则炊千层糕，城乡皆然，古今一致。

做灰汁粿。籼米磨粉，拌入灰汁水，搓成直径七八厘米的皮球形状，然后炊熟，再烧制。这个比较方便，人民公社后期，大家在生产队做“工分”，没有时间炊灰汁糕，而以灰汁粿代之。

还“丐儿”愿。民国县志载，重阳节，民家又多于是日炊糕酬愿，名为丐儿愿，村野少年伺而夺食之，以为禳解之吉。有的喜得男丁，为祈平安，会取乳名为丐儿、讨饭人之类，以其不为重视而更显得珍重。还有一说，许愿者到同村左邻右舍讨得一把米，然后集乞讨而来的百家米煮饭，供过社公、土地神后，再把所有米饭分送周邻有小孩的人家食之。意喻孩子如同乞丐是吃百家米长大的，神明保佑无病无灾，日长夜大。

款待伙友。过去沿街建筑多为前店后作坊，店主都雇有若干帮工（伙友）。重阳过后，白天时间一天天短去，在重阳节这天晚上，店主要排排场场招待帮工，因为从此后，帮工要在晚上加班了。

由于九月初九“九九”谐音“久久”，有长久之意，所以常在此日推行敬老活动。1989年始，九月九日为中国老人节，倡导全社会树立尊老、敬老、爱老、助老的风气。

寒衣节

十月初一是寒衣节，中国古代传统的鬼节、祭祀的日子。宋人祭祀祖先用棉球楮衣，后世称之为“寒衣”，寒衣节由此而来。这一天，过去特别注重祭奠先人，谓之“送寒衣”。民国《松阳县志》载：厉坛，在北门外三里。每岁清明、中元、十月朔，先期二日，县以告于城隍。至期，导城隍于坛榜，无祀；鬼神列于坛下。每祭用羊二、豕二、蔬果各四、饭各数石、酒亦如之。“十月朔”，即十月初一日，各家各户还有私祭，祭祀各自祖先；形式若同中元节的烧斛，所不同的是加上一些纸衣。

松阳寒衣节，在抗战时期中断了。1950年2月，举行最后一次祭孤礼仪；之后，废太保、拆厉坛，十月初一寒衣节或送衣节彻底淡出松阳人的视线。

酿酒节

十月初十为酿酒节，或称酒仙节，松阳人酿酒叫搭酒。民间有个关于酿酒节的传说。从前，有位人人称颂的好媳妇给乞丐盛了一大碗糯米饭。老乞丐吃完糯米饭说：“嫂嫂真好，这是做酒的吧？你蚀饭不蚀酒”，说罢化一阵清风而去。事后，这位媳妇酿酒，出酒多，酒味浓，那天正是十月初十。人们相互传说乞丐是天上酒仙下凡。从此以后，人们酿酒都要选这个日子，渐成习俗，把十月初十定为“酿酒节”。《田园松阳》系列丛书《松阳故事·歌谣·谚语卷》也讲了一个神话故事，“糯饭吃了酒还在”，井水变酒水，与前面的酿酒节来源传说如出一辙。

松阳素有处州粮仓之称，享有松阳熟、处州足美誉，百姓有搭（酿）十月缸（酒）的习俗。《太平广记》、项安世《原酒》、张玉娘《石榴亭诸妇夜酌》，是较早写酒的文献资料，说明唐宋时期，松阳搭酒、饮酒盛行。松阳人搭酒，习惯于八月稻米新出时搭八月缸，更多的是在十月搭十月缸。十月搭酒时，水体清洌，气温低，可有效抑制杂菌繁育，确保发酵顺利进行，又能使酒在低温长时间发酵过程中形成良好的风味。同时，在传统农业社会，松阳进入农闲时期，老百姓有时间有精力把酒酿好。

松阳人搭酒全过程，忌讳人家说“酸”字。在搭酒时，酒缸旁边不能有樟树板做的家具，不能摆放鸡爪梨，否则，酒搭不好。另外，会在酒缸盖（覃衣之类）上插一把菜刀，这是习俗，怕鬼怪捣乱偷喝老酒，把酒搞酸了。菜刀是铁器，鬼怪不敢近身。

下元节

道教把全年的盛会分三次，合称为“三元”。“三元”是天官大帝、地官大帝、水官大帝的别称，正月十五、七月十五、十月十五分别是三位大帝诞辰，分别称为“上元节”“中元节”“下元节”。下元节是为有过失的人解除厄运；与清明节一样，食寒食，纪念贤人。松古大地只要有溪流或山坑的，大多设平水大王庙。其庙或大或小，其祭亦或早或迟。平水庙主奉大禹王，松阳人崇拜大禹，因而立庙祭祀，是松阳民间信仰的一个特色。大禹，就是水官，十月十五是禹王的诞辰日。

民国之前，在下元节举行系列祭祀活动，道观做道场，民间祭祀亡灵，并祈求下元水官排忧解难。玉岩等地老百姓做麻糍、豆腐等食物，赠送亲友，祭祀祖先。各地平水大王庙等大禹纪念场所也要举行祭祀活动，说水官大帝下降凡间巡查人间善恶，为人们解除灾难。家家户户张灯三夜，正厅上挂一对提灯，灯下供奉鱼肉水果祭品，用鱼祭祀水官、龙王。晚上，民间折红绿纸为仙衣，折锡箔为银锭，装入斛中，叩拜后焚化。民国以后，此俗的祭亡、烧库箱、烧斛等仪式提前在七月十五中元节举行。

食俗方面，松阳民间在下元节这天，早上吃麻糍；晚上祭祀结束后，一家人聚一起吃丰盛的菜肴，其中，鱼肉祭品成为餐桌上必不可少的节日美食。

腊月初八

十二月初八是民间祭祖祀神的蜡祭之日，随着佛教的传入，这一天又成“成道节”“佛成道日”。中华人民共和国成立前，各地佛寺此日作浴佛会，举行诵经，并效仿释迦牟尼成道前牧女献乳糜的传说故事，用香谷、果实等煮粥供佛，称“腊八粥”，并把粥分赠门徒及善男信女，穷人把它叫作“佛粥”。

古时，腊八粥用红小豆、糯米煮成，后来，材料逐渐增多。吃腊八粥的活动逐渐演变成民间庆贺五谷丰登的习俗，并以此驱鬼神、逐瘟疫、庆丰年、讨吉利。中华人民共和国成立前，松阳保留腊八驱疫禳灾的打清醮习俗。《松阳非物质文化遗产集萃》说，打清醮是松阳民间驱邪避邪的一种祭祀活动。

腊月二十三

十二月二十三是祭祀灶神的日子，松阳人称锅灶为镬灶，俗称送镬灶老爷上天。秦汉以后，灶神被赋予居人间、司察小过、作谴告者的职权，负责监督一家老小的善恶功过，定期上报天庭。镬灶老爷在小年到大年这几天时间以外，都与这家人共同生活，看尽这家人善恶功过。松阳人对这位居家之神，平日里态度虔诚，祭祀频繁。每月初一、十五都要叠（盛）饭盏、点三支香、烧三帖纸，祭祀镬灶老爷；同时，也给左右门神各一支香、一帖纸。用酒盏所叠的饭要蒚得又高又尖，尅鼻头。从早饭开始祭祀过的那盏饭，晚饭时家人分着享用，不能饲鸡。

二十三日晚上，松阳人送镬灶老爷上天庭（辞灶）。一般的祭祀活动都要用供桌，而祭祀灶神却可把祭品放在镬盖上。供品中还要摆上几个鸡蛋，是给狐狸、黄鼠狼之类的零食。据说它们都是灶君的部下，不能不打点一下。特别要为灶君坐骑撒马料豆，要从灶台前一直撒到厨房门外。祭灶时，酒过三巡，撤祭。然后，把纸马、秣草与揭下来的旧联对、灶爷像位一同火化，然后放鞭炮，送镬灶老爷升天。在男权社会，“男子不拜月，女子不拜灶”，祭灶由男子主持。松阳送灶时，在桌子旁的地下放一盆水，主祭人边祭祀边吩咐镬灶老爷“好事奏天庭，坏事丢海边”，边说边用手从嘴边（把恶事）甩进盆子（喻海边）里，然后把水倒掉。另外，大年三十的晚上，还得有接灶神的仪式，换上新的联对和灶神像位，叠上饭盏、点香燃纸。所以，俗语有镬灶老爷“二十三（二十四日子时）去，三十夜（初一五更）来”说法。

第三节 新兴节日

民国，推翻帝制。1949年10月1日，中华人民共和国成立，中华大地衍生出许多新兴节日，松阳皆同。

元旦

元旦又称新年。中国历代元旦日期不一，夏代是正月初一，商代为十二月初一，周代为十一月初一，秦以后以十月初一为元旦。汉武帝时，恢复夏历，以正月初一为元旦。之后，一直沿袭未改。

民国元年（1912）1月1日，孙中山就任中华民国临时大总统。次日，通电全国，为顺农时、便统计，定农历正月初一为春节，以公历（俗称阳历）1月1日为元旦。1949年9月27日，中国人民政治协商会议第一届全体会议决定采用公元纪年，农历正月初一为春节，公历1月1日为元旦，法定假日一天。从此，松阳党政军机关、群众团体、企事业单位、学校等于元旦前一天以联欢会、座谈会、新年晚会等形式祝贺新年。

妇女节

3月8日为国际妇女节，是全世界劳动妇女的节日。中国妇女第一次举行“三八”节纪念活动是在民国13年（1924）3月8日上午，在中国共产党领导下，广州劳动妇女举行纪念会和游行。1949年12月，中央人民政府政务院规定3月8日为妇女节，劳动妇女自此有了自己的法定节日。每年节前或节日，松阳各企事业单位、机关、学校通过座谈会、表彰会、电影晚会、舞会等形式，或妇女自己组织做实事做好事来进行庆祝。是日，部分女职工放假半天。

植树节

民国4年（1915）8月，中华民国大总统袁世凯下令，规定清明节为植树节。民国17年4月7日，国民政府把植树节改为3月12日，即孙中山先生逝世纪念日，规定是日造林植树；但并未认真实施。

中华人民共和国成立后，党和国家重视绿化建设，20世纪50年代中期，毛泽东号召“绿化祖国”“实行大地园林化”。1956年，中国开始第一个“12年绿化运动”。1979年2月23日，根据国务院提议，为动员全国各族人民植树造林，加快绿化祖国，规定3月12日为植树节。从此，植树造林、绿化祖国、造福后代逐渐成为全国性的群众活动。此日，松阳县政府都组织机关干部、企事业单位职工进行植树绿化活动。21世纪后，松阳于春节后上班第一天开展植树活动。

劳动节

5月1日为五一国际劳动节，是全世界劳动人民的节日。民国9年（1920），中国工人阶级第一次大规模举行活动纪念五一国际劳动节。1949年12月，中央人民政府政务院规定5月1日为劳动节，法定假日一天。自此，5月1日成为中国劳动人民法定的节日。20世纪50～60年代初期，每到节日，都要举行盛大集会庆祝；60年代中期以后，改以文娱晚会或电影晚会等形式进行庆祝。节日期间，县政府每年对先进集体和劳动模范进行表彰。1999 年 9 月后，假日改为 3 天，连前后 2 个双休日为 7 天长假，不少人外出旅游，商贸市场异常活跃，被称为“黄金周”。2007 年 12 月 14 日，国务院决定把五一劳动节假日调整为 1 天。2008～2010 年，五一期间取消“黄金周”，实行 3 天小长假。松阳县各级工会慰问劳模，走访贫困职工。

青年节

5 月 4 日为五四青年节，是中国青年的法定节日。民国时期，在国民党统治区为纪念黄花岗 72 烈士，规定 3 月 9 日为青年节。民国 8 年（1919），五四反帝爱国运动在北京爆发。民国 28 年，陕甘宁边区青年救国联合会为纪念和发扬五四运动的革命传统，规定 5 月 4 日为中国青年节。1949 年 12 月，中央人民政府政务院规定 5 月 4 日为中国青年节。是日，松阳县各级共青团组织组织团员、青年开展丰富多彩的纪念活动，举行新团员入团仪式，举办报告会，对团员青年进行爱国主义和革命传统教育。学校举行“成人礼”。

儿童节

6 月 1 日亦称六一国际儿童节，是全世界儿童的节日。1949 年 11 月，国际民主妇女联合会莫斯科会议为保障全世界儿童权利，规定每年 6 月 1 日为国际儿童节。1949 年 12 月，中央人民政府政务院正式规定 6 月 1 日为儿童节。届时，松阳县各级妇联、团委、教育局和各小学、幼儿园，组织少年儿童集会举行纪念和文体活动，以校为单位举行少先队入队仪式。

建党纪念日

7 月 1 日为中国共产党建党纪念日。此日，松阳县各级党组织举行庆祝活动、表彰先进、举行新党员入党仪式等活动。

建军节

8 月 1 日为中国人民解放军建军纪念日。民国 16 年（1927）8 月 1 日，中国共产党在南昌举行武装起义，建立了中国人民的革命军队。中华人民共和国成立后，每逢节日前后，辖区驻军在驻地举行集会、举办文体活动。松阳县委、县政府慰问驻地部队官兵，开展拥军优属和拥政爱民活动，举行军民联欢会、军烈属和退伍军人座谈会等。

教师节

民国时期，以孔子诞生纪念日 8 月 27 日为教师节。1985 年 1 月 21 日，第六届全国人大常务委员会通过决议，把 9 月 10 日定为教师节。第一个教师节期间，松阳县政府为全县教师送纪念品。之后，县政府每年教师节都大力开展尊师重教活动，对优秀教师进行表彰，县党政、人大、政协领导到学校对教师进行慰问。20 世纪 90 年代后，商业、邮电等部门每遇教师节都要为教师供应一些优惠价的商品并提供一些优惠服务。

国庆节

民国元年（1912）9 月，中华民国临时参议会议决定，以辛亥革命武昌起义爆发之日 10 月 10 日为国庆节，又称“双十节”，为光复纪念日。1949 年 10 月 1 日，中华人民共和国宣告成立。从此，10 月 1 日成为国庆日，成为全国各族人民共同节日，法定假日 2 天。20 世纪 50～60 年代初期，每逢国庆节日，松阳举行集会庆祝，建筑物上挂彩旗、横额，街上贴满红绿标语。1959 年国庆十周年，举行盛大庆祝集会。会后，进行声势浩大游行活动。80 年代后，改为前一天举行文娱、电影晚会等活动庆祝。节日期间，党政机关、人民团体、企事业单位以及居民院落大门口，都挂国旗、贴对联、挂灯笼，呈现一片庄严喜庆景象。

1995 年 5 月 1 日始，实行每周五天工作制（双休日制）。因为国庆节和中秋节相差不远，各地物资交流会和市区物资交流会也多在此间举办，加上气候宜人，秋果上市，所以，国庆节前后是市场最繁荣的时候。1999 年后，法定假日为 3 天，加之前后两个双休日，职工休息一周。不少职工利用长假外出旅游、探亲访友，商家也趁机出台促销措施，推进节日消费，繁荣经济，故此，国庆长假黄金周名副其实。

其他新兴节日

改革开放后，除上述新兴节日外，时兴其他一些新兴洋节日。随着中国与国际的日益接轨，这些外国人的节日逐渐进入松阳民间。

圣诞节　12 月 25 日为圣诞节。圣诞节本是基督教节日，庆祝基督耶稣的诞辰。是日，世界上大多数基督教会举行特别的礼拜仪式；许多节庆活动都与耶稣诞辰有关。

情人节　2 月 14 日为情人节。届时，送礼以鲜花最为时尚。是日，西屏、古市镇各地鲜花店人来人往，生意兴隆，络绎不绝。

母亲节　每年 5 月的第二个星期日为母亲节。

父亲节　每年 6 月的第三个星期日为父亲节。

护士节　每年 5 月 12 日为护士节。

第四十二编　方　言

松阳县境内使用的语言有10多种，除普通话外，主要有6种：

松阳话。它是松阳县最主要的交际语言，说的人数最多，范围最广。它属于吴方言，是吴方言区丽衢片的一个地方方言。它以县城西屏镇的松阳话为典型代表，以西屏镇中老年居民的口音为准，是松阳地方文化的载体。

丽水话。通行范围在象溪镇、板桥畲族乡、裕溪乡。也是吴方言区丽衢片的一个地方方言，又称“下乡话”“靖居话”。

汀州话。通行范围集中在大东坝镇。他们的祖先大约在明清之间由福建西部迁入。松阳人都说他们的语言是汀州话（闽方言）。但正确的说法应该是客家方言。

畲客话。它是少数民族畲族内部使用的交际语言。使用范围分布在板桥、裕溪、象溪、大东坝等数10个村庄。

淳安话。属于徽语系统。是新安江水库移民内部使用的交际语言。使用范围分布于1962年后迁到赤寿、新兴、樟溪、叶村等乡的10个行政村。

遂昌话。属于吴语，使用人口不太多，主要为并县工作人员和湖山移民。

其他有绍兴话，温州话，缙云话，景宁话，宣平话，龙泉话，云和话，云（南）贵（州）话等，使用人数比较少。

本志介绍的松阳话，它属于吴语区丽（水）衢（州）片的一个地方方言。松阳话是松阳地方文化的载体，是松阳县内主要通用的交际语言。目前说松阳话的人口将近20万，绝大部分人都会双方言或多方言。松阳话内部略有分歧，有西屏腔、古市腔、玉岩腔等。规律是离县城西屏镇越远，“腔谈”变化越大，但基本不影响交流。

本志记述以县城西屏镇为典型代表的松阳话，其他方言或语言从略。以西屏镇中老年居民的口音为准，记音符号采用国际音标。

第一章　语　音

松阳话的声、韵、调数量都要比普通话多，普通话声母21个，韵母35个，基本声调4个；松阳话声母32个（不包括2个零声母），韵母54个（不包括自成音节的m̩n̩ ŋ3个零韵母），基本声调8个（不包括变调）。松阳话保留了绝大部分古入声，没有翘舌音，in、ing不分，u、uo互读，儿尾自成音节，连读变调明显，存在文白异读现象等。

第一节 声 母

松阳话声母 32 个，不包括两个零声母。

p 爸宝杯班　p′派漂潘骗　b 棒辩盆病　m 买猫毛梦　f 佛发风分　v 坟缝饭浮

t 带刀堆鸟　t′太退套偷　d 抬条题堂　n 奶脑努打　l 雷老刘梨　ts 走紫盏莽

ts′菜粗产仓　dz 赚骑骤扯　s 尿三桑松　z 暂愁藏时　tʃ 鸡祭制　tʃ′ 溪契砌

dʒ 滞纸箸　ʃ 西洗细　ʒ 齐脐誓　tɕ 周追娇珠　tɕ′ 抽吹区　dʑ 绸跪桥除

ȵ 浓如严软　ɕ 水小写书　ʑ 受绍蛇徐　k 更讲关减　k′ 坑糠款苦　g 衔求厚

ŋ 外牛牙硬　x 好海荒喊

零声母（冤案歪鸦，号侯何项）

音值说明

① tʃ 组声母发音部位介于舌尖和舌面之间，可视为 tɕ组声母的变体，只跟[ɿiɛ]韵母相拼。如“鸡制妻溪西”等字。

② tɕ组声母的发音部位较前，靠近舌尖后的部位。

③ 鼻音 m n ȵ ŋ和边音 l 声母可读成紧喉音，出现于阴调字，字数不多。

音韵特点

① 有一套与中古音音相对应的浊音声母，但其“音质”比浙北和浙中吴语的浊音轻弱，并有清化现象。

② 没有北方方言中的舌尖后音声母。舌面前音声母的发音部位要比北方方言靠前得多。

③ 有一套不像舌尖前也不像舌面前的塞擦音和擦音声母，即“鸡妻洗”等字的声母。

④“非飞匪肺妃”等字的声母读双唇清塞音 p′，保存古“滂”母的读法。

⑤“吠腹沸”等字的声母读双唇浊塞音 b，保存古“并”母的读法。

⑥“无巫武舞”等字的声母读双唇鼻音 m，保存古“明”母的读法。

⑦“桌置帐账”等字的声母读舌尖中清塞音 t，保存古“端”母的读法。

⑧“长澄吃穿”等字的声母读舌尖中浊塞音 d，保存古“定”母的读法。

⑨ 有一些字出现声母零化现象。如“嫁 yʌ，肫 yẽ，春 iəŋ”。

第二节 韵 母

松阳话韵母 54 个，不包括自成音节的m̩ n̩ ŋ

a 挨拜排败	æ哀袋灾开	e 欧背煤灰	ɔ坳包抄交	ʌ袄保高刀	ə资初私市
i 医比地李	u 倭多火做	y 为贵炊季	iɛ低移废体	ɿiɛ鸡世计婿	iɔ妖苗挑刁
iɤ优手油州	iɷ靴唆	ua 歪怪快坏	uɔ⿰马奥	uæ ⿰口歪	uʌ鸦补坝普
ue 威回鬼块	yɛ余句徐许女	yʌ夜借车社	æn 恩本满村	iæn 烟变面欠	uæn 安肝汗温
yæn 冤川全县	en 门问笋粉	in 寻紧赢姓	uen 滚捆困	yen 云准春顺	ɔn 咸板胆难
uɔn 弯官换还	aŋ杏争生撑	iaŋ 央阳章香	uaŋ 横衡梗	əŋ 翁东农空	iəŋ 熊中虫充
oŋ 汪帮方汤	ioŋ 枉龙壮霜	aʔ轭百白麦	iaʔ约脚削弱	uaʔ划括刮	yaʔ曰穴越
æʔ盒北日忒	iɛʔ叶灭铁裂	uæʔ或割渴	yɛʔ雪十月	oʔ恶剥托	ioʔ浴绿桌粥肉郁
ɤʔ屋木六谷	uɤʔ趏兀	ɔʔ鸭八袜	uɔʔ活阔滑	eʔ脱拾撮	iʔ益笔踢实

音值说明

① 韵母ɿiɛ，其中的ɿi 表示这个韵母的起音既有点像舌尖元音ɿ，又有点像舌面元音 i，严氏标音可记作ɿiɛ，此韵母可作为 iɛ韵的变体，它只跟 tʃ tʃ' dʒ ʃ ʒ 等声母相拼。如：“鸡妻西”等字。

② a 韵的舌位偏后，所有的塞音尾韵母里的 a 也均偏后。

③ ɤ韵和 u 韵都略有动程。

④ iɛ韵里的ɛ偏高近 E。yʌ韵里的ʌ略圆近ɔ。

⑤ 所有的鼻化音韵母，收音时都有个轻松的ŋ。

音韵特点

① 没有舌尖元音韵母，“资此私词”等字的韵母都是ə。

② 没有北方方言那样的 ai ei au ou 等复合元音韵母。只有一个鼻音韵尾—ŋ。

③“宗棕（əŋ）、中终（i ə ŋ）、钟踵（ioŋ）”，韵母各不相同，保存古韵“冬、东、锺”之分。

④“保宝报袍（ʌ）”和“包饱豹鲍（ɔ）”，韵母不同，保存古韵“豪、肴”之分。

⑤“伦轮”读 lin(lien)，“论仑”读 læn，韵母不同，保存古韵“魂、谆”之分。

⑥“维唯帷韦遗位”等字读为 y，别地吴语方言罕见。

⑦ 鼻音m̩ n̩ ŋ自成音节的字比较多，有 40 多字。

⑧ 一般普通话读 oŋ韵的字，如“东通同宗匆松公空哄送”，松阳话读成əŋ韵；一般普通话读 aŋ韵的字，如“帮旁方房仓桑当汤堂刚康”，松阳话读成 oŋ韵。

⑨ 许多韵母的发音与普通话有对应关系。如普通话念 uo 韵的字（果罗火蓑拖做多过…），松阳话都读成 u 韵；而普通话 140 多个 u 韵字（补腐壶猪兔五妇夫富午……），松阳话一律读成 uo 韵。

第三节 声 调

松阳话基本声调 8 个，不包括变调。有入声，没有轻声。

① 阴平 53 东胎丹方仓金音　　② 阳平 31 同台谈条房龙阳

③ 阴上 312 董腿胆纺粉苦草　　④ 阳上 22 动待淡杜理友在

⑤ 阴去 24 冻退旦放镇套印　　⑥ 阳去 13 洞代但定共饭用

⑦ 阴入 5 督德搭吉杀曲益　　⑧ 阳入 2 毒夺达服药敌叶

说明：

①松阳话的 4 个阴调和 4 个阳调，与古音“平上去入”四声，有比较整齐的对应关系。

古平声清声母字今阴平，古平声浊声母字今阳平。

古上声清声母字今阴上，古上声浊声母字今阳上。

古去声清声母字今阴去，古去声浊声母字今阳去。

古入声清声母字今阴入，古入声浊声母字今阳入。

②只有少数有出入，如有古上声清声母字归入阳去或阴平的，有古上声浊声母字归入阳去的等等。

③松阳话没有轻声，但完整地保留了所有古入声。

④松阳话连读时，会出现一个相当于普通话阴平调——音值为 55 的声调，不妨可以称之为松阳话第九调。

第四节 连续变调

词语变调情况

1. 双念变调

鬼 kue^{312}—鬼头鬼脑 kue^{55} te^{55} kue^{55}nʌ^{22}

好 xe^{312}—好吃 xe^{55}tiɛ^{ʔ5}

车 tɕ′yʌ^{53}—车站 tɕ′yʌ^{24}dzɔn^{13}　　车轮 tɕ′yʌ^{55}lin^{31}　　拖车儿 t′a^{24} tɕ′yʌ^{22}n̩^{24}

火 fu^{312}—火气 fu^{55} tɕ′i^{24}　　火柴棚 fu^{24} za^{22} baŋ^{31}　　火调 vu^{31}diɔ^{13}

班 pɔn^{53}—班级 pɔn^{24} tɕi^{ʔ5}

尿 si^{53}—尿桶 si^{24}dəŋ^{22}

2. 前后位置变调

基建 tsi^{55} tɕiæn^{24}—建设 tɕiæn^{55}ɕiɛ^{ʔ5}　　理论 li^{22} læn^{13}—论文 læn^{22} men^{31}

刮风 kua^{ʔ5}fəŋ^{53}—风柜 fəŋ^{24}dʑy^{13}　　洗面ʒ iɛ^{31}miæn^{13}—面桶 miæn^{22}təŋ^{22}

无人教 muʌ^{24} nəŋ^{55}kɔ^{24}—教书 kɔ^{55}ɕyɛ^{53}　　跳高 t′iɔ^{55}kʌ^{53}—高兴 kʌ^{55}ɕin^{24}

3. 重叠变调

贵 tɕy^{24}—贵贵的 tɕy^{55}tɕy^{24}gæ^{ʔ2}　　慢 mɔn^{13}—慢慢儿 mɔn^{24}mɔn^{22}n̩^{24}

好 xe^{312}—好好儿 xe^{55} xe^{55}n̩^{24}　　轻 tɕ′in^{53}—轻轻儿 tɕ′in^{24} tɕ′in^{22}n̩^{24}

4. 词性不同变调

背书 be^{22}ɕyɛ^{53}—背包 pe^{55}pɔ^{53}　　坐车 zu^{22} tɕ′yʌ^{53}——坐车儿 zu^{22}tɕ′yʌ^{22}n̩^{24}

5. 词义不同变调

明朝（明天）min^{55} tɕiɔ^{53}—明朝（朝代）min^{31} dʑiɔ^{31}

背书（用嘴）be^{22}ɕyɛ^{53}—背书（用肩）pe^{55}ɕyɛ^{53}

变调读音规律

1. 松阳话典型变调，发普通话第一声。

松 səŋ^{53}——松阳 səŋ^{55}iaŋ^{31}　　车 tɕ′yʌ^{53}——车钻 tɕ′yʌ^{55}tsæn^{24}

黄 oŋ^{31}——黄金 oŋ^{55}tɕin^{53}　　火 fu^{312}——火钳 fu^{55}dʑiæn^{31}

菜 ts′e^{24}——菜票 ts′e^{55}p′iɔ^{24}　　酱 tɕiaŋ^{24}——酱油 tɕiaŋ^{55}iɤ^{31}

2. 松阳话词语变调多发第二声：

①阴去，24 中升，如：冻、退、旦、放、镇、套、印……

②阳去，13 低升，如：洞、代、但、定、共、饭、用……

连读变调举例

班主任（pɔn^{24}dʑyɛ^{31}n^{13}）　　年初一（n̥iæn^{55}ts′ə^{24}i^{ʔ5}）

火穹头（fu^{24} tɕ′yen^{55}de^{31}）　　中央山儿（təŋ^{55}iaŋ^{24}sɔn^{312}n̩^{24}）

小侬儿（ɕiɔ^{24}nəŋ^{22}n̩^{24}）　　浮桥头（fuʌ^{24}dʑiɔ^{22}de^{31}）

菜篮妹（ts′e^{55}lɔn^{24}mæ^{312}）　　广播操（koŋ^{55}pu^{24}ts′ʌ^{53}）

内山路 næ^{22}sɔn^{24}luʌ^{13}　　乡下侬ɕiaŋ^{24}uʌ^{22}nəŋ^{31}

盲眼侬 maŋ^{24}ŋɔn^{22}nəŋ^{31}　　癫侬儿 tiæn^{24}nəŋ^{22}n̩^{24}

新客儿ɕin^{24}k′a^{ʔ5}n̩^{24}　　聋耳蛮 ləŋ^{24}n̩^{22}mɔn^{31}

蚊虫丝儿 min^{55}tɕiəŋ^{55}zə^{22}n̩^{24}　　手巴掌ɕiɤ^{55}puʌ^{24}tɕiaŋ^{312}

手腕掼ɕiɤ^{55}uɔn^{24}guɔn^{13}　　艾艾ŋa^{24}ŋa^{22}

凶险ɕioŋ^{24}ɕiæn^{312}　　灯火 tæn^{24}fu^{312}

葱梗 ts′əŋ^{24}kuaŋ^{312}　　香式ɕiaŋ^{24}ɕi^{ʔ5}

山魈儿 sɔnn̩^{24}ʑiɔ^{22}n̩^{24}　　臭夹儿 tɕ′iɤ^{24}kɔ^{ʔ5}n̩^{24}

空腹菜 k′əŋ^{24}po^{ʔ5}ts′e^{24}　　枝表花 tʃ iɛ^{24}piɔ^{55}fuʌ^{24}

袖衫分ɕiɤ^{55}sɔn^{24}fen^{312}　　八仙桌 pɔ^{ʔ5}ɕiæn^{24}tio^{ʔ5}

拖车儿 t′a^{24}tɕ′yʌ^{22}n̩^{24}　　耕绳儿 kaŋ^{24}dʑin^{22}n̩^{24}

汤圆儿 t′oŋ^{24}yæn^{22}n̩^{24}　　水牵面ɕy^{55}tɕ′iæn^{24}miæn^{13}

灰汁糕 fe^{24}tɕi^{ʔ5}kʌ^{53}

端午茶 tæn^{24}ŋuʌ^{22}dzuʌ^{31}

月光佛儿ȵyɛ^{ʔ2}koŋ^{24}fɤ^{22}n̩^{24}

揎面刮ɕyæn^{24}miæn^{22}kua^{ʔ5}

炊饭 tɕ′y^{24}vɔn^{13}

担身忌 tɔn^{55}ɕin^{24}tsi^{312}

家私 kuʌ^{24}sə^{53}

傔侬 tɕiæn^{24}nəŋ^{55}

正倒头 tin^{24}tʌ^{55}de^{31}

焦苦蹄 tɕiɔ^{24}k′uʌ^{55}diɛ^{24}

焦鳖 tɕiɔ^{24}piɛ^{ʔ5}

砧板 tin^{24}pɔn^{312}

樟树娘 tɕiaŋ^{24}dʑiɤ^{22}ȵiaŋ^{31}

臭龙儿 tɕ′iɤ^{24}lioŋ^{22}n̩^{24}

灯盏盘 tæn^{24}tsɔn^{55}bæn^{31}

苞罗糊 pɔ^{55}lu^{24}uʌ^{13}

煨蕃茄 ue^{24}fɔn^{55}dʒʅiɛ^{31}

阴洞天 in^{24}dəŋ^{22}t′iæn^{53}

鸡眼盲 tʃʅiɛ^{24}ŋɔn^{22}maŋ^{31}

做生母 tsu^{55}saŋ^{24}m̩^{22}

报你 pʌ^{24}n̩^{22}

私己话 sə^{24}dzi^{31}u^{13}

瓦窑头ŋuʌ^{24}iɔ^{22}de^{31}

歪来撇冲 ua^{24}li^{55}p′iɛ^{ʔ2}tɕ′iəŋ^{24}

盖了 kæ^{24}lə^{22}

管三揽四 kuɔn^{55}sɔn^{24}lɔn^{312}si^{24}

相打儿ɕiaŋ^{24}naŋ^{55}n̩^{24}

第二章　词　汇

本章收入的松阳方言词汇侧重于实词。分方言日常用语和网络词语两部分。前面为松阳话词汇，后面是对应普通话词汇或注释。日常用语全部用国际音标注音，方言词注音能在很大程度上保留方言词本身应有的价值。

第一节　日常用语

气象与时令

日头 ȵiɛ^{ʔ2} de^{31}　太阳

月光 ȵyɛ^{ʔ2}koŋ^{53}　月亮

天晴 t′iæn^{53}ʑin^{31}　晴天

霊雨 den^{22}yɛ^{22}　下雨

阴洞天 in^{24}dəŋ^{22}t′iæn^{53}　阴天

起风 ts′i^{55}fəŋ^{53}　刮风

响天雷ɕiaŋ^{55}tiæn^{55}læ^{31}　响雷

曤闪 xo^{ʔ5}ɕiæn^{24}　闪电

碎毛雨儿 se^{55}mʌ^{24}yɛ^{22}n̩^{31}　小雨，毛毛雨

晴起 ʑin^{31}tɕ′i^{ʔ2}　转晴

霊雪 den^{22}ɕyɛ^{ʔ5}　下雪

霊雪霰 den^{22}ɕyɛ^{ʔ5}sa^{ʔ5}　下雪米

霊龙雹 den^{22}lioŋ^{31}bo^{ʔ2}　下冰雹

雪簪 ɕyɛ^{ʔ5}tsæn^{53}　悬挂屋檐的冰柱

起霜濡 ts′i^{55}ɕioŋ^{55}tɕiɔ^{24}　开始有霜

雾纱 muʌ^{22}suʌ^{53}　雾

鲎 xe^{24}　彩虹

做大水 tsu^{55}du^{22}ɕy^{312}　发洪水，山洪暴发

晒去了 sa^{24}k′e^{ʔ2}　旱灾

今年儿 kæn^{55} ȵiæn^{22}n̩^{24}　今年，现年

去年儿 tɕ′yɛ^{55}ȵiæn^{22}n̩^{24}　去年，上一年

上半年 dʑiaŋ^{22} pæn^{24}ȵiæn^{31} 1～6 月

明年 maŋ^{31} ȵiæn^{13} 下一年

徐年 ʑyɛ^{31}ȵiæn^{13} 前年

大徐年 du^{13}ʑyɛ^{31}ȵiæn^{13} 大前年

前两年 ʑiæn^{31}næn^{55}ȵiæn^{31} 往年，前几年

上个月日 dʑiaŋ^{22}ki^{ʔ5}ȵyɛ^{ʔ2}næ^{ʔ2} 上月

下个月日 yʌ^{22}ki^{ʔ5}ȵyɛ^{ʔ2}næ^{ʔ2} 下月，第二个月

正月间 tɕin^{24}ȵyɛ^{ʔ2}kɔn^{55} 正月，农历一月

三十暝 sɔn^{24}ʑyɛ^{ʔ2}maŋ^{13} 除夕夜，指农历大年三十夜里。有的年份没有三十，就把十二月二十九日当作三十夜。

年初一 ȵiæn^{55}ts'ə^{24}i^{ʔ5} 正月初一

正月半 tɕin^{55}ȵyɛ^{ʔ2}pæn^{24} 农历一月十五

端午 tæn^{24}ŋuʌ^{22} 节气名，农历五月初五

六月六 lɤ^{ʔ2}ȵyɛ^{ʔ2} lɤ^{ʔ2} 六月初六

七月半 tɕ'i^{ʔ5}ȵyɛ^{ʔ2}pæn^{24} 七月十五

八月十五 pɔ^{ʔ5}ȵyɛ^{ʔ2}ʑyɛ^{ʔ2}ŋuʌ^{22} 中秋

皇历 oŋ^{31}li^{ʔ2} 古历书

时节 si^{55} tɕiɛ^{ʔ5} 时间，时候

今日 kæn^{24}næ^{ʔ2} 今天

明朝 min^{55} tɕiɔ^{53} 明天

后日 u^{22} næ^{ʔ2} 后天

大后日 du^{13}u^{22} næ^{ʔ2} 大后天

昨暝 za^{ʔ2}maŋ^{13} 昨天

徐日 ʑyɛ^{31}næ^{ʔ2} 前天

大徐日 du^{13}ʑyɛ^{31}næ^{ʔ2} 大前天

天光 t'iæn^{24} koŋ^{53} ①早晨，上午。②早饭。

日午 næn^{22} ŋuʌ^{22} ①中午。②午饭

乌阴 ue^{55}in^{24} ①傍晚，晚上。②晚餐。

半日 pæn^{24}næ^{ʔ2} 半天

天光早 t'iæn^{55} koŋ^{24}tsʌ^{312} 大清早，清晨

半日午 pæn^{24}næn^{22} ŋuʌ^{22} 晌午

午晡 ŋuʌ^{22}buʌ^{22} ①午后与傍晚之间的一段时间；②也指在这段时间吃的点心

早乌阴 tsʌ^{55}ue^{55}in^{24} 傍晚

正日午 tɕin^{24}næn^{22}ŋuʌ^{22} 正午，中午

日间 næ^{ʔ2}kɔn^{24} 白天

暝间 maŋ^{22}kɔn^{24} 夜间，夜里

半暝三更 pæn^{24}maŋ^{22} sɔn^{24}kaŋ^{53} 深夜，半夜三更

整日 dʑin^{31}næ^{ʔ2} 整天，一天到晚

整暝 dʑin^{31}maŋ^{13} 整夜，一夜到天明

整年 tɕin^{55}ȵiæn^{31} 一年到头，全年

个把月 ki^{24}bu^{31}ȵyæ^{ʔ2} 一个来月

几月 ki^{312}ȵyæ^{ʔ2} 哪月

几个月 ki^{312}ki^{55}ȵyæ^{ʔ2} 多少个月

几年 ki^{312}ȵiæn^{31} 多少年

几时 ki^{312}sə^{55} 何时，什么时候

房舍与屋品

厝 tɕʻyɛ^{24} 家，屋，房子

厝瓦 tɕʻyɛ^{55} ŋuʌ^{22} 屋瓦，瓦片

大门 du^{22}men^{31} 土木结构的老式房屋，一般都是坐北朝南的，朝南的门最大，称大门、正门，是出入的主要通道。

上间 dʑiaŋ^{22}kɔn^{53} 中堂。松阳老式坐北朝南的土木结构房屋，如果地基比较宽阔，一般都是朝南的北房三间或五间，东西厢房各一间或两间，中间一间正对大门，即上间。

楼坪 le^{22}bin^{31} 土木结构房屋一二楼之间用木板铺就的地面

客轩间 kʻa^{ʔ5}ɕiæn^{24}kɔn^{53} 客房，厢房

尿桶间 si^{24}dɔŋ^{22}kɔn^{53} 厕所，茅厕。一般人家就放两只专用木桶在上间后壁楼梯下，比较方便，但房屋味道太重；其次就是把桶放在柴寮间、杂物间，远离生活区；还有很多更讲究的并且有条件的人家就在屋前屋后单独建一间小矮房，里面设一口大陶缸或大木桶，上面有木制的“坐马”，可以坐着大便。

猪栏 tuʌ^{55}lɔn^{31} 猪圈

牛栏 ŋe^{22}lɔn^{31} 牛棚

灰寮 fe^{55}liɔ^{31} 灰铺。田间供烧灰、临时存放农具或农作物等用场的小房子

楼梯 le^{55}tʻæ^{53} 通二楼的固定木梯，一般安置在大厅后面靠墙位置或大厅两边

桌影 tio^{ʔ5}in^{312} 桌子

八仙桌 pɔ^{ʔ5}ɕiæn^{24}tio^{ʔ5} 能坐八人的四方桌

吃饭桌 tiɛ^{ʔ5}vɔn^{22}tio^{ʔ5} 饭桌

柜桌格 dʑy^{22}tio^{ʔ5}ka^{ʔ5} 抽屉

倒椅 dʌ^{22}y^{312} 可仰可靠的躺椅

骨牌凳 kuæ^{ʔ5}pa^{55}tæn^{24} 方凳。凳面状似骨牌，故名

吃饭凳 tiɛ^{ʔ5}vɔn^{22}tæn^{24} 长凳，条凳

镬灶 o^{ʔ2} tsʌ^{24} 锅台，灶台，炉灶。一般指烧柴火的锅灶

铜镬 dəŋ^{31}o^{ʔ2} 烧菜的平底小铁锅，不是铜制的，而是铁铸的菜锅

鏊盆 ŋɔ^{22}bæn^{31} 炸盆，平底铁锅，便于摄饼

镬铲 o^{ʔ2}ts´ɔn^{312} 锅铲

饭甑 vɔn^{22}tsæn^{53} 盛饭的陶器，底部多有孔格的称淖甑，置于锅内蒸煮，如同现代的蒸锅

竹筅 tio^{ʔ5}ɕiæn^{312} 用竹子做成的锅刷

薄刀 bo^{ʔ2}tʌ^{53} 菜刀

砧板 tin^{24}pɔn^{312} 用于切肉、切菜的案板

箸 dʒʅiɛ^{13} 筷子

饭碗 vɔn^{22}uɔn^{312} 吃饭用的碗，还可以用来喝酒、泡茶、祭祀等

调羹 tiɔ^{55}kaŋ^{53} 汤匙

饭桬 vɔn^{22} dʒ iɛ^{31} 竹制或木制饭板

粥瓢儿 tɕio^{ʔ5}biɔ^{22}n̩^{24} 舀粥的工具，粥勺

爪篱 tsɔ^{55}liɛ^{31} 捞饭竹篱

蓑衣 su^{24}i^{53} 棕衣，用棕线编制的雨衣

箬帽 n̥ia^{ʔ2}mʌ^{13} 斗笠

拗料（桄）儿ɔ^{55}de^{55}n̩^{24} 单边有提把的水桶

水槽 ɕy^{55}zʌ^{31}

水桶 ɕy^{55}dəŋ^{22} 挑水用的木桶

面桶 miæn^{22}təŋ^{22} 脸盆

擂桶 læ^{22}dəŋ^{22} 打谷木桶

尿桶 si^{24}dəŋ^{22} 专门装粪便的木桶，两边有固定穿孔提耳，便于挑到田间地头

坢桶 pæn^{55}dəŋ^{22} 贮存粪肥的大木桶

隑桶 gæ^{22}dəŋ^{22} 旧时供刚会走路的小孩站立的木桶

浴桶 io^{ʔ2}dəŋ^{22} 洗澡用木桶

三司桶 sɔn^{24}sə^{22}dəŋ^{22} 尿桶、脚桶、浴桶的合称

脚盆儿 tɕia^{ʔ5}bæn^{22}n̩^{24} 洗脚盆

秧盆儿 æn^{24}bæn^{22}n̩^{24} 插秧用盆

风撑 fəŋ^{24}ts´aŋ^{53} 火炉，专门用来烧菜的小灶台。下面一般用来垒鸡窝

小风撑儿 ɕiɔ^{55}fəŋ^{24}ts´aŋ^{22}n̩^{24} 陶制小火炉，上下两层，上层放炭，下层进风、出灰

火钳 fu^{55}dʑiæn^{31} 过去专指厨房用来夹炭火的钳子。现在火钳也用来夹其他东西

火调 vu^{31}diɔ^{13} 铲炉灰的火铲

火筒 fu^{55}dəŋ^{31} 吹火竹棍。烧柴草年代的厨房用具，吹火用的一米左右的中空竹筒

火叉 fu^{55}ts´uʌ^{53}

火笼 fu^{55}ləŋ^{31} 取暖用的手炉。高级的铜做的，普通的里面是一个陶钵，外面是竹编的，上面有一个铁片做的盖子

火盆 fu^{55}bæn^{31} 取暖用的脚炉

柴刀 sa^{55}tʌ^{53} 砍柴用的刀，钩很短

把刀 pu^{24}tʌ^{53} 割草刀

把刀鞘儿 pu^{55}tʌ^{24} k´ɔ^{ʔ5} n̩^{24} 刀鞘，插刀用具

刀插儿 tʌ^{24}ts´ɔ^{ʔ5}n̩^{24} 义同“刀缉”

锄头 zuʌ^{22}de^{31} 除草、刨土的铁农具

阔板 k´uɔ^{ʔ5}pɔn^{312} 宽锄具

狭锄儿 ɔ^{ʔ2}zuʌ^{22}n̩^{24} 用于深挖的窄面锄头

锥锄 tɕy^{24}zuʌ^{13} 用来深挖的窄锄头

茅羽 mɔ^{55}yɛ^{312} 用芒干扎制的扫把

筅羽 ɕiæn^{55}yɛ^{312} 用竹枝扎制的扫把

竹符（筅）tio^{ʔ5}oŋ^{13} 晾晒衣物的竹竿

刈儿 iɛ^{ʔ5}n̩^{24} 镰刀

刨儿 bɔ^{22}n̩^{24} 刨子

凿儿 zo^{ʔ2}n̩^{24} 凿子

锥儿 tse^{55}n̩^{24} 锥子

补针 puʌ^{55} tɕin^{53} 缝补衣物的针

簟箕 tɔn^{55}i^{53} 用来晾晒农产品的扁圆形竹篾制品

簟 diæn^{22} 晾晒粮食等用的竹编长方形席子

风柜 fəŋ^{24}dʑy^{13} 扬谷机具，专指能扇去秕谷、杂物或米糠的风车，木质，手摇

箩懿（箕） la^{55}iɛ^{24} 箩筐，用来装挑稻谷的大竹筐。（小尔雅及楚辞注。懿、深也。诗七月传曰。懿、深筐也）

畚箕 pæn^{55}i^{53} 竹编的一边开口的装物工具

扁担 piæn^{55}tɔn^{24}

途柱（拄） tuʌ^{55}tyɛ^{24} 助力棒，与肩膀同高，与扁担等配套使用，挑担时分摊重量，歇脚时支撑扁担及重物

枪楤（冲） tɕ´iaŋ^{55} tɕiəŋ^{24} 两头尖的圆扁担

坐车儿 zu^{22}tɕ´yʌ^{22}n̩^{24} 一种竹制或木制的老式童椅，是专门给学会走路前的小孩坐的类似车子的椅子

拖车儿 t´a^{24} tɕ´yʌ^{22}n̩^{24} 手拉车

尿挈儿 si^{55} tɕ´iɛ^{ʔ2}n̩^{24} 有单柄提梁的小型尿桶，可以方便用来浇菜园

尿壶 si^{55}uʌ^{31} 夜壶

铰剪 kɔ^{24} tɕiæn^{312} 剪刀

头梳 te^{55}suʌ^{53} 梳子

拦腰布 lɔn^{55}iɔ^{55}puʌ^{24} 围裙

面巾布 miæn^{22}tɕin^{55}puʌ^{24} 洗脸毛巾

手巾包 ɕiɤ^{55}tɕin^{24}pɔ^{53} 手帕

洗碗布 ʃ iɛ^{55}uɔn^{55} puʌ^{24} 洗碗专用抹布

撨桌布 tɕiɔ^{55}tio^{ʔ5}puʌ^{24} 抹布

撨脚布 tɕiɔ^{55} tɕia^{ʔ5}puʌ^{24} 擦脚布

酱扁 tɕiaŋ^{24}piæn^{312} 晒酱用甑

浪筛 loŋ^{22}sə^{53} 有孔竹筛

米筛 miɛ^{22}sə^{53} 有小孔的筛子

筲箕 sɔ^{24}i^{53} 细圆竹篾编制的鼓状淘米滤水工具

饭盂 vɔn^{22}yɛ^{31} 木质洗碗盂

痰盂 dɔn^{22}yɛ^{31} 唾盂

水碓 ɕy^{55}te^{24} 利用水流力量转动一个大木轮子，带动石磨，用来磨面等，同时带动一排好几个石杵，此起彼落地舂石臼中的砻糙米。这是没有引进碾米机前最省力、效率最高的舂米方法

踏碓 dɔ^{ʔ2}te^{24} 人工舂米设备。把石头做的舂臼埋在地下，和地面差不多平；石杵装在一根粗长木杠的一端，中间是一个支点，人在另一端用脚踩，利用杠杆原理把杵举起来，以减轻体力，一下一下地舂石臼中的砻糙米，直到舂白为止。这种操作，最好需要两个人或两人以上

脚踏车 tɕia^{ʔ5}dɔ^{ʔ2}tɕ´yʌ^{53} 自行车

犁 liɛ^{31} 耕田工具

耙 bu^{13} 耙地用的铁齿耙

耖 ts´ɔ^{24} 平整水田的农具

鸡毛刷儿 tʃʅiɛ^{55}mʌ^{55} ɕyɛ^{ʔ5}n̩^{24} 鸡毛掸

夹钳儿 kɔ^{ʔ5}dʑiæn^{22}n̩^{24} 夹具，夹东西的钳子

练槌 liæn^{22}dʑy^{31} 捣衣棒。洗衣服时敲打衣裳的木槌

紖 dʑin^{31} 绳子

动物

牲畜 saŋ^{55}duʌ^{31} 畜牲

犬牯 tɕ´iæn^{55}kuʌ^{312} 公狗，雄狗

犬娘 tɕ´iæn^{55}n̩iaŋ^{31} 母狗

小犬儿 ɕiɔ^{55}tɕ′iæn^{55}n̩^{24} 小狗

瘋犬 tiæn^{24} tɕ′i æn^{312} 疯狗

黄牛 oŋ^{22}ŋe^{31}

水牛 ɕy^{55}ŋe^{31}

牛牯 ŋe^{55}kuʌ^{312} 公牛

牛娘 ŋe^{22}ȵiaŋ^{31} 母牛

小牨儿 ɕiɔ^{55}ŋe^{22}n̩^{24} 小牛

公猪 kəŋ^{24}tuʌ^{53} 雄猪

猪母 tuʌ^{24}m̩^{22} 母猪

小猪儿 ɕiɔ^{24}duʌ^{22}n̩^{24} 小猪

荒鸡 xoŋ^{24} tʃʅiɛ^{24} 公鸡

山荒鸡 sɔn^{55}xoŋ^{24} tʃʅiɛ^{24} 山鸡，雉鸡

鸡娘 tʃʅiɛ^{55}ȵiaŋ^{31} 母鸡

孵鸡娘 buʌ^{13}tʃʅiɛ^{55}ȵiaŋ^{31} 抱窝母鸡

小鸡儿 ɕiɔ^{24} dʒʅiɛ^{22}n̩^{24} 小鸡

鸭儿 ɔ^{ʔ5}n̩^{24} 鸭子

水鸭儿 ɕy^{55}ɔ^{ʔ5}n̩^{24} 水鸭，野鸭

鸭牯 ɔ^{ʔ5}kuʌ^{312} 公鸭

鸭娘 ɔ^{ʔ5}ȵiaŋ^{31} 母鸭

猫儿 mɔ^{22}n̩^{24} 家猫

猫牯 mɔ^{55}kuʌ^{312} 公猫

猫娘 mɔ^{22} ȵiaŋ^{31} 母猫

小猫儿 ɕiɔ^{24}mɔ^{22}n̩^{24} 小猫

兔儿 t′uʌ^{55}n̩^{24} 兔子

小兔儿 ɕiɔ^{55}t′uʌ^{55}n̩^{24} 小兔子

鹅儿 ŋ^{22}n̩^{24} 鹅

大猫 du^{22}mɔ^{31} 老虎

大猫蜂 du^{22}mɔ^{55}fəŋ^{53} 马蜂

蚕儿 zæn^{22}n̩^{24} 蚕

猢狲儿 u^{24}zæn^{22}n̩^{24} 猴子

驴儿 lyɛ^{22}n̩^{24} 毛驴

掰脚嬉嬉 p′a^{ʔ5}tɕia^{ʔ5}si^{24}zi^{13} 蜘蛛

鸽儿 kæ^{ʔ5}n̩^{24} 鸽子

雕儿 tiɔ^{55}n̩^{24} 泛指鸟类

唧唧儿 tɕi^{ʔ5} tɕi^{ʔ5}n̩^{24} 麻雀

鸪鸪儿 gu^{22}gu^{22}n̩^{24} 布谷鸟

八八儿 pɔ^{ʔ5} pɔ^{ʔ5}n̩^{24} 八哥

刈刈儿 iɛ^{ʔ5}iɛ^{ʔ5}n̩^{24} 燕子

猫啄鹞 mɔ^{55}de^{31}iɔ^{13} 猫头鹰

老乌 lʌ^{22}uʌ^{53} 乌鸦

蚁蚁 ŋa^{24} ŋa^{22} 蚂蚁

哎（艾）啼 ŋa^{22} ŋa^{22}ti^{24} 知了

灯火 tæn^{24}fu^{312} 萤火虫

风翱 fəŋ^{55}ŋɔ^{24} 蜻蜓

龙罕 lioŋ^{55}fæn^{312} 蚯蚓

老鼠朴翼 lʌ^{22}tʃ′ iɛ^{55} bu^{22}iɛ^{ʔ2} 蝙蝠

蚊虫丝儿 min^{55}tɕiəŋ^{55}zə^{22}n̩^{24} 小蚊子

蚊虫 min^{22} dʑiəŋ^{31} 蚊子

火烫儿 fu^{55}t′oŋ^{55}n̩^{24} 洋辣子，褐边绿刺蛾。一种全身长满毒刺的虫，常躲在叶下，人不小心碰触到它，皮肤会立即被其刺扎伤，感觉就像被火灼伤一样，而且迅速出现肿块

地蚕 di^{22}zæn^{31} 学名蛴螬，蝼蛄、象鼻虫、独角仙等的幼虫。常危害马铃薯、番薯

蜂仔 fəŋ^{24}tsə^{312} 幼蜂

山魈儿 sɔnn̩^{24}ʑiɔ^{22}n̩^{24} 山鬼，人熊。学名：Mandrillus sphinx，又称鬼狒狒，是世界上最大的猴。头大而长，鼻骨两侧各有 1 块骨质突起，其上有纵向排列的脊状突起，其间为沟，外被绿色皮肤，脊间鲜红色。雄性每侧约有 6 条主要的沟，其红色部分伸延到鼻骨和吻部周围，这种色彩鲜艳的特殊图案形似鬼怪，因而人称山魈。

野猪 yʌ^{22}tuʌ^{53}

跳鹿儿 t′iɔ^{55}tsi^{55}n̩^{24} 鹿，分黄、黑两种

山兔儿 sɔn^{55}t′uʌ^{55}n̩^{24} 野兔

野猫儿 yʌ^{22}mɔ^{22}n̩^{24} 野猫

豺犬 sa^{55} tɕ′iæn^{312} 豺狗，狼

犬熊 tɕ′iæn^{55}iəŋ^{31}

乌獐 uʌ^{24} tɕiaŋ^{53} 黑獐，似小牛大小

臭龙儿 tɕ′iɤ^{24}lioŋ^{22}n̩^{24} 黄鼠狼

绵茧 miæn^{55} dʑiæn^{22} 蜥蜴

鱼儿 ŋə^{22}n̩^{24} 泛指鱼类

明鲋 min^{55}fuʌ^{312} 墨鱼

虾儿 fu^{312}n̩^{24} 虾米

鲫鱼儿 tɕi^{ʔ5}ŋə^{22}n̩^{24} 鲫鱼

蟹 xa^{312} 螃蟹

大溪鱼儿 du^{22}tʃʻʅiɛ^{24}ŋə^{22}n̩^{24} 溪鱼

乌勒脱 uʌ^{24}le^{ʔ2}tʻe^{ʔ5} 乌鳢，黑鱼

青条 tɕʻin^{55}diɔ^{31} 柳条鱼

大头茸 tu^{24}de^{22}səŋ^{31} 鳙鱼，即“胖头鱼”

石斑鱼儿 ʑi^{ʔ2}pɔn^{55}ŋə^{22}n̩^{24} 石斑鱼

鱼鳅 ŋə^{24} tɕʻiɤ^{53} 泥鳅

乌面鳅 uʌ^{24}miæn^{22}tɕʻiɤ^{53} 多用于形容脸面很脏的孩童

沙鳅 sa^{24} tɕʻiɤ^{53} 比泥鳅颜色亮黄、鱼骨更硬，长在清水中的鱼鳅

蛙蟆 uʌ^{22}muʌ^{31} 青蛙

葱梗 tsʻəŋ^{24}kuaŋ^{312} 绿青蛙

蛙蟆臀儿 uʌ^{55} muʌ^{24}dæn^{22}n̩^{24} 蝌蚪

上树蛙蟆 tɕiaŋ^{24}dʑiɤ^{22}uʌ^{22}muʌ^{31} 毒蛙

鲥鱼 zə^{22} ŋə^{31} 山溪蛙, 石蛙

娃娃鱼 ua^{24} ua^{55}ŋə^{31} 大鲵, 蝾螈

蚶壳儿 xæn^{24}kʻo^{ʔ5}n̩^{24} 贝壳、蚌类的总称

鳖 piɛ^{ʔ5} 甲鱼

蛀蛘 tɕyɛ^{55}iaŋ^{31} 食物蛀虫

蟑虫 tɕiaŋ^{55} dʑiəŋ^{31} 蟑螂

苍蝇 tsʻoŋ^{55}ɕin^{24}

爬墙虎 puʌ^{55}ɕiaŋ^{55}fuʌ^{312} 爬山虎。又名爬岩虎、地锦。叶薄，边缘有粗锯齿。浆果蓝黑色。根、茎藤和粘液质均可入药，治关节炎、偏头痛、半身不遂等

壁虎

坢缸虫儿 pæn^{55}koŋ^{24}dʑiəŋ^{22}n̩^{24} 粪蛆，蛆虫中药店的叫法是“五谷虫”

水犬 ɕy^{55}tɕʻiæn^{312} 水田蝼蛄

擂污虫 læ^{22}u^{55}dʑiəŋ^{31} 蜣螂，屎壳螂

百脚虫 a^{ʔ5}tɕia^{ʔ5}dʑiəŋ^{31} 学名马陆。一种出没树林草丛的栗色多足爬虫，体型比蜈蚣大，有毒

虱 ɕi^{ʔ5} 虱子

跳子 tʻiɔ^{55} tsə^{312} 跳蚤

植物

谷 kɤ^{ʔ5} 稻谷

五谷 ŋuʌ^{22}kɤ^{ʔ5} 多指稻、麦、粟、玉米、大豆

有谷 xɔn^{55}kɤ^{ʔ5} 秕谷

咥谷 tiɛ^{ʔ5}kɤ^{ʔ5} 籼稻，食用米

粳谷 dʑiɤ^{22}kɤ^{ʔ5}

糯谷 nəŋ^{22}kɤ^{ʔ5}

大麦 du^{22}ma^{ʔ2} 外壳带长芒的一种麦子，麦粒细长，面粉韧性较差

小麦 ʑiɔ^{31}ma^{ʔ2} 无芒或麦芒较短的麦子，麦粒短而圆，面粉韧性较好

花麦 fuʌ^{24}ma^{ʔ2} 荞麦

麦头 ma^{ʔ2}de^{31} 麦穗

高粱粟儿 kʌ^{55}liaŋ^{55}sɤ^{ʔ5}n̩^{24} 高粱，粟

苞罗 pɔ^{55}lu^{31} 玉米

油麻 iɤ^{22}m̩^{31} 芝麻

田岸豆 tiæn^{55}uæn^{22}de^{13} 种在田埂上的大豆

豇豆 koŋ^{24}de^{13} 长豆

春分豆 tɕ'yen^{55}fəŋ^{24}de^{31} 四季豆

刀豆 tʌ^{24}de^{13}

扁豆 biæn^{31}de^{13}

绿豆 lio^{ʔ2}de^{13}

佛豆 vɤ^{ʔ2}de^{13} 蚕豆

麦豆 ma^{ʔ2}de^{13} 豌豆

饭豆 vɔn^{22}de^{13} 小赤豆

赤豆 tɕ'i^{ʔ5}de^{13}

洋芋 iaŋ^{31}yɛ^{13} 土豆

番茄 fɔn^{55} dʒʅiɛ^{31} 番薯

落苏 lo^{ʔ2}sə^{53} 茄子

莲子 liæn^{55} tsə^{312} 莲子仁，莲果

藕 ŋe^{22} 莲藕

金瓜 tɕin^{24}kuʌ^{53} 南瓜

冬瓜 təŋ^{24}kuʌ^{53}

西瓜 ʃʅiɛ^{24}kuʌ^{53}

甜瓜 tiæn^{55}kuʌ^{53} 香瓜

天萝 t'iæn^{55}lu^{31} 丝瓜

蒲儿 buʌ^{22}n̩^{24} 蒲瓜

菜头 ts'e^{55}de^{31} 萝卜

红菜头 ŋ^{55}ts'e^{55}de^{31} 胡萝卜

空腹菜 k´əŋ^{24}po^{ʔ5}ts´e^{24} 空心菜

苋菜 xɔn^{55}ts´e^{24}

酸苋 se^{55}xɔn^{24} 马齿苋

马蹄菜 muʌ^{22}tiɛ^{55}ts´e^{24} 葵菜，滑菜

茭笋 kɔ^{24}sen^{312} 茭白

毛笋 mɔ^{55}sen^{312} 毛竹笋

金笋儿 tɕin^{24}sen^{55}n̩^{24} 品质和口感最好的一种春笋

石笋 ʑi^{ʔ2}sen^{312}

雷笋 læ^{55}sen^{312}

马鞭笋 muʌ^{22}piæn^{24}sen^{312}

苦叶菜 k´uʌ^{24}iɛ^{ʔ2}ts´e^{24} 苦菜，一种野菜，味苦

苦麻菜 k´uʌ^{55}muʌ^{22}ts´e^{24} 莴笋的一种，家栽的叶白色，更宽大，一般只吃叶不吃杆

香荠 ɕiaŋ^{24} dʒ iɛ^{13} 荠菜

葱 ts´əŋ^{53}

洋葱 iaŋ^{55}ts´əŋ^{53}

大蒜 da^{22}sæn^{24}

韭菜 ke^{55}ts´e^{24}

芹菜 dʑin^{22}ts´e^{24}

水芹菜 ɕy^{55}tɕin^{312}ts´e^{24} 野芹菜，多生长在水沟里。嫩茎叶可食

芋 yɛ^{13}

水芋 ʑy^{31}yɛ^{13}

绵茧菜 miæn^{55} dʑiæn^{22}ts´e^{24} 蜥蜴菜，一种野菜，吃叶和嫩茎

白菜 ba^{ʔ2}ts´e^{24}

芥菜 ka^{55}ts´e^{24}

洋柿 iaŋ^{55}zə^{22} 西红柿

洋姜 iaŋ^{55} tɕiaŋ^{53} 野生姜，可食，块根可以腌制咸菜

生姜 saŋ^{24}tɕiaŋ^{53}

辣胡椒 lɔ^{ʔ2}uʌ^{24} tɕiɔ^{53} 辣椒

麻棱菜 m̩^{55}lin^{55}ts´e^{24} 菠菜

包心菜 pɔ^{24}ɕin^{55}ts´e^{24} 球菜，卷心菜

包白菜 pɔ^{24}ba^{ʔ2}ts´e^{24}

油冬菜 iɤ^{55}təŋ^{55}ts´e^{24} 青白菜

油菜 iɤ^{55}ts´e^{24}

莴苣笋 uʌ^{55}tɕy^{24}sen^{312} 莴笋

连荽菜 liæn^{24}ɕyɛ^{55}ts´e^{24} 芫荽菜，香菜

香蕈 ɕiaŋ^{24}ʑin^{22} 香菇

刮丝 kua^{ʔ5}ʃʅiɛ^{53} 蕨萁，草本蕨类植物，嫩芽可做菜，根可擦淀粉，茎叶埋入水田可做绿肥

桃儿 dʌ^{22}n̩^{24} 桃子

李儿 li^{22}n̩^{24} 李子

梨儿 li^{22}n̩^{24} 梨子

枣儿 tsʌ^{55}n̩^{24} 红枣

桔儿 tɕi^{ʔ5}n̩^{24} 柑橘

梅儿 me^{22}n̩^{24} 梅子

杨梅 iaŋ^{22}me^{31}

杏梅 aŋ^{22}me^{31} 杏子

枇杷 bi^{22}bɔ^{31}

柿 zə^{22} 柿子

奤 p´ʌ^{53} 柚子

麻车子 m̩^{55} tɕ´yʌ^{24} tsə^{312} 山楂

绳梨 dʑin^{22}li^{31} 猕猴桃

大栗 du^{22}li^{ʔ2} 板栗

吊瓜 tiɔ^{55}kuʌ^{53}

日头花 ȵiɛ^{ʔ2}de^{22}fuʌ^{24} 向日葵

糖蔗 toŋ^{55}tɕyʌ^{24} 甘蔗

鸡爪梨 tʃʅiɛ^{24}tsɔ^{55}liɛ^{31} 枳椇，学名拐枣。又名金钩梨、金钩子、南枳椇。一种形似鸡爪的水果，经霜后富含蔗糖、葡萄糖和果糖，特别甜。果实酿酒可治风湿症

山落苏儿 sɔn^{24}lo^{ʔ2}suʌ^{22}n̩^{24} 学名地稔

公公纽 kəŋ^{55}kəŋ^{24}ȵiɤ^{13} 泛指刺莓

支柁 tʃʅiɛ^{55}du^{31} 蔷薇果

桑籽 soŋ^{24}tsə^{312} 桑葚

臭夹儿 tɕ´iɤ^{55}kɔ^{ʔ5}n̩^{24} 鱼腥草

蛙蟆衣 uʌ^{55} muʌ^{55}i^{53} 车前子

毛道士 mʌ^{55}dʌ^{22}zə^{22} 学名白英，全草具有清热利湿，解毒消肿，抗癌之功效，根可用于风湿性关节炎

菖蒲 tɕ´iaŋ^{55}buʌ^{31} 荪草

无明旺 muʌ^{24} min^{31} oŋ^{13} 多花勾儿茶，牯岭勾儿茶，小叶勾儿茶。嫩叶可代茶，根入药，有祛风除湿、散瘀消肿、止痛之功效。松阳民间集力茶的一味主药

小烹婆儿 ɕiɔ^{55}p´aŋ^{24}bu^{22}n̩^{24} 矮小天仙果、牛乳榕。集力茶里面一种主要的草药，分大小叶，一般大叶只用其根部，小叶稀少，全株入药。根治风湿性关节炎、皮肤瘙痒、跌打损伤、劳倦乏力等

铁钉锤 t′iɛ^{ʔ5}tin^{55}dʑy^{31} 一种草药，根很硬，去水湿

乌根儿 uʌ^{24}gæn^{22}n̩^{24} 学名海金沙的根。集力茶的一种。又叫细乌根

牛舌草 ŋe^{55}dʑiɛ^{ʔ2}ts′ʌ^{312} 又叫“猫舌草”

山苍柴 sɔn^{24} tɕ′iaŋ^{55}za^{31} 山鸡椒

坚七柴 tɕiæn^{24} tɕ′i^{ʔ5}za^{31} 檵木

山木通 sɔn^{24} mɤ^{ʔ2} t′əŋ^{53}

食凉撑 ʑi^{ʔ2}liaŋ^{55}ts′aŋ^{53} 山腊梅，亮叶腊梅。可以消食

大发散 du^{22}fuʌ^{55}sɔn^{24} 一种草药，散风

马蓼晓 muʌ^{22}liɔ^{22}ɕiɔ^{312} 胡枝子，花紫红色；美丽胡枝子，花白色。根、枝叶可入药，清热解毒

插田纽 ts′ɔ^{ʔ5}diæn^{31}ȵiɤ^{13} 茅莓，又名红莓消。一种野草莓，长藤贴地蔓延，春夏之交插秧时节成熟

黄栀根 oŋ^{55}tʃʅiɛ^{55}kæn^{53} 栀子根

地风蓬 di^{22}f əŋ^{55}bəŋ^{31} 夏枯草

麦冬 ma^{ʔ2}təŋ^{53}

蛙蟆草 uʌ^{55} muʌ^{55}ts′ʌ^{312} 白茅草

竹儿 tio^{ʔ5}n̩^{24} 竹子

杉树 sɔn^{24} dʑiɤ^{13} 杉木

松树 zæn^{31}dʑiɤ^{13}

茶叶树 tsuʌ^{55} iɛ^{ʔ2}dʑiɤ^{13}

茶籽树 tsuʌ^{55} dzə^{31}dʑiɤ^{13} 油茶树

米粿柴 miɛ^{22}ku^{55}za^{31} 一种柴，烧后的灰可以给米粿着上黄颜色

乌饭柴 uʌ^{24}vɔn^{22}za^{31} 南烛柴

樟树 tɕiaŋ^{24} dʑiɤ^{13} 香樟

檀树 dɔn^{31}dʑiɤ^{13} 檀木

木樨 mɤ^{ʔ2}ʃʅiɛ^{53} 桂花，桂花树

杨柳 iaŋ^{55}le^{22} 垂柳，柳树

柏树 pa^{ʔ5}dʑiɤ^{13} 翠柏

茅桐树 mʌ^{55}dəŋ^{31}dʑiɤ^{13}

桐子树 təŋ^{55}dzə^{31} dʑiɤ^{13}

枫树 fəŋ^{24}dʑiɤ^{13} 红枫、枫香树的统称

苦槠树 k′uʌ^{55}dʑioŋ^{22}dʑiɤ^{13} 一种野生乔木，冬天不落叶，所结果实像榛子，可食

炒榧树 ts′ɔ^{55}p′i^{312}dʑiɤ^{13} 榧树

棕榈树 tsəŋ^{55}liɛ^{31}dʑiɤ^{13} 棕树

南烛 næn^{22}tɕio^{ʔ5} 学名江南越橘。果可食，味酸甜

莲花 liæn^{22}fuʌ^{24} 荷花

薸 biɔ^{31} 浮萍

葫芦 uʌ^{22}luʌ^{31}

称呼

妈 mæ^{24} 母亲

娘 ȵiaŋ$^{31-24}$ 母亲

爸爸 pa^{ʔ5}pa^{ʔ5} 父亲

大大（爹爹） ta^{55} ta^{24}/ ta^{24} ta^{55} 父亲

大叔 du^{22} ɕio^{ʔ5} 继父

赖娘 la^{22}ȵiaŋ^{31} 后妈

公公 kəŋ^{55}kəŋ^{24} 爷爷，祖父

嬷嬷 muʌ^{55} muʌ^{24} 奶奶，祖母

外公 ŋa^{22}kəŋ^{24} 姥爷，外祖父

外婆 ŋa^{22}pu^{24} 姥姥，外祖母

娘舅 ȵiaŋ^{55}ke^{312} 舅舅

娘妗 ȵiaŋ^{55}dʑiæn^{22} 舅妈

娘姨 ȵiaŋ^{22}i^{24} 阿姨

娘姨夫儿 ȵiaŋ^{55}i^{55}vuʌ^{22}n̩^{24} 阿姨夫

叔叔 ɕio^{ʔ5}ɕio^{ʔ5} ①爸爸的弟弟。②继父

婶婶 ɕin^{24} ɕin^{312} 叔叔的妻子

伯伯 pa^{ʔ5}pa^{ʔ5} 伯父

娘娘 ȵiaŋ^{24}ȵiaŋ^{55} 伯母

嬢嬢 ȵiaŋ^{55}ȵiaŋ^{24} 姑姑

姑父儿 kuʌ^{24}vuʌ^{22}n̩^{24} 姑父

叔公 ɕio^{ʔ5}kəŋ^{24} 叔祖父，祖父、外祖父的弟弟

叔婆 ɕio^{ʔ5}pu^{24} 叔祖母，叔公的妻子

舅公 ge^{22}kəŋ^{24} 父（母）亲的舅舅

妗婆 dʑiæn^{22}pu^{24} 舅公的妻子

舅儿 ge^{22}n̩^{31} 妻兄（弟）

妗儿 dʑiæn^{22}n̩^{31} 舅儿的妻子

大小姨儿 du^{22} ɕiɔ^{55} i^{22}n̩^{24} 妻姐妹

大小姨夫 du^{22} ɕiɔ^{55} i^{55}fuʌ^{53} 连襟（兄弟）

娘儿两个 ȵiaŋ^{55}ȵiɛ^{55}næn^{22}ki^{55} 母子俩

爷儿两个 io^{55}ȵiɛ^{55}næn^{22}ki^{55} 父子俩

男子家 næn^{55} tsə^{55}kuʌ^{24} 男人

媛娃家 yæn^{22} tɕyɛ^{55}kuʌ^{24} 妇女

小娃儿 ɕiɔ^{55}tɕyɛ^{55}n̩^{24} 小姑娘

后生儿 u^{22}saŋ^{55}n̩^{24} 男青年，小伙子

男儿 næn^{22}n̩^{24} 男子

女眷 ȵyɛ^{22}tɕyæn^{24} 古市片称呼成年女人，也用来旁称自己或别人的老婆

老公 lʌ^{22}kəŋ^{53} 丈夫

老婆 lʌ^{22}bu^{31} 妻子

厝里侬 tɕʻyɛ^{24}le^{ʔ2}nəŋ^{55} 家里人，夫妻互称

小侬儿 ɕiɔ^{24}nəŋ^{22}n̩^{24} 小孩

老实侬 lʌ^{22}ʑi^{ʔ2}nəŋ^{31} ①老实人。②老年人

新媛娃 ɕin^{24}yæn^{22}tɕyɛ^{312} 新娘

新郎官 ɕin^{55}loŋ^{55}kuɔn^{53} 新郎

新皇老倌 ɕin^{55}oŋ^{55}lʌ^{22}kuɔn^{53} 新郎

丈人 dʑiaŋ^{22}n̩^{31} 岳父

丈母 dʑiaŋ^{22}m̩^{22} 岳母

丈母娘 dʑiaŋ^{22}m̩^{22}ȵiaŋ^{31} 岳母

生母娘 saŋ^{24}m̩^{22}ȵiaŋ^{31} 产妇

嫩尼儿 næn^{22} ȵiɛ^{22}n̩^{24} 新生儿

双生儿 ɕioŋ^{24}saŋ^{22}n̩^{24} 双胞胎

外甥 ŋa^{22}saŋ^{53} 姐妹的儿子

外甥夫 ŋa^{22} saŋ^{24}fuʌ^{53} 姐妹女儿的丈夫

侄儿 dʑi^{ʔ2} ȵiɛ^{31} 侄子，兄弟的儿子

侄女 dʑi^{ʔ2} ȵyɛ^{22} 兄弟的女儿

叔伯哥弟姊妹 ɕio^{ʔ5} pa^{ʔ5} ku^{24} diɛ^{22}dzi^{31}mæ^{13} 堂兄弟姐妹

姑表哥弟姊妹 kuʌ^{55}piɔ^{55}ku^{24}diɛ^{22}dzi^{31}mæ^{13} 表兄弟姐妹

新客儿 ɕin^{24}kʻa^{ʔ5}n̩^{24} 新娘方亲戚称新婚夫妇中的男方。松阳乡俗，新婚后第一个春节，男方必须到女方亲戚家中拜访。男方一定要带礼物，女方亲戚热情招待后，都会回赠一个价值不低于礼物的红包

亲家公 tɕʻin^{55}kuʌ^{24}kəŋ^{53} 儿女配偶的父亲

亲家婆 tɕʻin^{24}kuʌ^{55}bu^{31} 儿女配偶的母亲

太公 tʻa^{24}kəŋ^{55} ①曾祖父。②tʻa^{55}kəŋ^{24} 指祖宗——上几代的祖先

太婆 tʻa^{24}pu^{55} 曾祖母

姨公 i^{24}kəŋ^{55} 父母亲的姨夫

姨婆 i^{24}pu^{55} 父母亲的姨妈

姑公 kuʌ^{24}kəŋ^{55} 父母亲的姑父

姑婆 kuʌ^{24}pu^{55} 父母亲的姑妈

尼 ȵiɛ^{31} 儿子

老大 lʌ^{22}du^{13} 大儿子

老二段 lʌ^{22}ṇ^{22}den^{13} 二儿子

老小儿 lʌ^{22}ɕiɔ^{55}ṇ^{24} 小儿子

第三个 diɛ^{22}sɔn^{55}ki^{24} 第三个子女

奶尼 na^{22} ȵiɛ^{31} 女儿

奶妮姑儿 na^{22} ȵiɛ^{55} kuʌ^{55}ṇ^{24} 姑娘，少女，未婚女子

奶尼婿 na^{22}ȵiɛ^{55}ʃʅiɛ^{24} 女婿

孙儿 zæn^{22}ṇ^{24} 孙子

大姑儿 da^{22}guʌ^{22}ṇ^{24} 婚后女方亲友称呼男方母亲

大官儿 da^{22}guɔn^{22}ṇ^{24} 婚后女方亲友称呼男方父亲

新妇 ɕin^{24}vuʌ^{22} 儿媳妇

小新妇儿 ɕiɔ^{55}ɕin^{24}vuʌ^{22}ṇ^{31} 童养媳

自嘅侬 zi^{13}ge^{ʔ2} nəŋ^{31} 自己人

别侬 biɛ^{ʔ2}nəŋ^{31} 人家，他人

外路侬 ŋa^{22} luʌ^{22}nəŋ^{31} 外地人

乡下侬 ɕiaŋ^{24}uʌ^{22}nəŋ^{31} 乡村人

下乡侬 yʌ^{22}ɕiaŋ^{55}nəŋ^{31} 松阳话特指居住原靖居片的居民

阳里侬 iaŋ^{31}le^{ʔ5}nəŋ^{31} 住在松古盆地的平原地方人

内山路侬 næ^{22} sɔn^{24}luʌ^{13}nəŋ^{31} 山区人

医师 i^{24}sə^{53} 医生

做木老司 tsu^{55} mɤ^{ʔ2} lʌ^{22}sə^{24} 木匠

泥水老司 ȵiɛ^{55}ɕy^{55} lʌ^{22}sə^{24} 泥水匠

箍桶老司 k′uʌ^{55}dəŋ^{22}lʌ^{22}sə^{24} 小木匠

剃头老司 t′iɛ^{55}te^{55} lʌ^{22}sə^{24} 理发师

打铁老司 naŋ^{55}t′iɛ^{ʔ5} lʌ^{22}sə^{24} 铁匠

修篾老司 ɕiɤ^{24}miɛ^{ʔ2}lʌ^{22}sə^{24} 篾匠

杀猪老司 sɔ^{ʔ5}tuʌ^{24} lʌ^{22}sə^{24} 屠户

衣裳老司 i^{55} ɕiaŋ^{55}lʌ^{22}sə^{24} 裁缝师傅

算命先生 sæn^{55}min^{22}ɕiæn^{55}saŋ^{24} 占卦、预测未来的人

风水先生 fəŋ^{24}ɕy^{312}ɕiæn^{55}saŋ^{24} 看风水的人

道士先生 dʌ^{22}zə^{22}ɕiæn^{55}saŋ^{24}

贼骨头 zæ^{ʔ2}kuʌ^{ʔ5}de^{31} 贼，小偷

讨饭丐儿 t′uʌ^{55}vɔn^{22}k′æ^{ʔ2}n̩^{24} 乞丐

聋耳蛮 ləŋ^{24}n̩^{22}mɔn^{31} 聋子

盲眼侬 maŋ^{24}ŋɔn^{22}nəŋ^{31} 瞎子

翘脚碓 tɕ′iɔ^{55} tɕia^{ʔ5}te^{24} 瘸子

哑嘴儿 u^{55}tse^{55}n̩^{24} 哑巴

菜接儿 ts′e^{55} tɕiɛ^{ʔ5}n̩^{24} 专职收购蔬菜再售卖的菜贩，即中间商

牛贩 ŋe^{55}fɔn^{24} 贩牛人

驼背 tu^{55}pe^{24}

光头擂 koŋ^{55}te^{24}læ^{13} 秃头

独只眼 dɤ^{ʔ2} tɕi^{ʔ5}ŋɔn^{22} 一只眼睛

四只眼 si^{55} dʑi^{ʔ2} ŋɔn^{22} 近视眼

三瓣缺 sɔn^{55}bɔn^{31}tɕ′yæ^{ʔ5} 兔唇

脱壳 t′e^{ʔ5} k′o^{ʔ5} 傻瓜

行为

做媒 tsu^{55}me^{31} 说亲

订婚 din^{22}fæn^{53} 定亲

讨老婆 t′uʌ^{55}lʌ^{22}bu^{31} 娶亲

嫁老公 yʌ^{55}lʌ^{22}kəŋ^{53} 出嫁

拜堂 pa^{55}doŋ^{31} 拜天地

担身忌 tɔn^{55}ɕin^{24}tsi^{312} 怀孕在身

有了 uʌ^{22}lɔ^{22} 有喜了

小产 ɕiɔ^{55}ts′ɔn^{312} 流产

做生母 tsu^{55}saŋ^{24}m̩^{22} 坐月子

惊生当 kuaŋ^{24}saŋ^{55}toŋ^{24} 怕陌生

面红 miæn^{13}ŋ^{31} 脸红，不好意思

做生日 tsu^{55}saŋ^{24}næ^{ʔ2} 祝寿

老了 lʌ^{22}lə^{2} 死了

去了 k′ə^{24}lə^{2}k′ə^{24}lə^{2} 去世了

揄山去了 yɛ^{55}sɔn^{53}k′e^{ʔ2}lə^{2} 死了

过辈了 ku^{55}pe^{24}lə^{2} 死了

出丧 tɕ′yæ^{ʔ5}soŋ^{53} 出殡

撮骨 ts´e^{ʔ5}kuæ^{ʔ5} 人死土葬若干年后，打开坟墓，开棺把死者骨头捡出来放进一个坛罐里，再重新安葬别处

撮茶 ts´e^{ʔ5}dzuʌ^{31} 抓中药

算命 zæn^{31}min^{13} 占卜，卜卦寿命

望相 moŋ^{22}ɕiaŋ^{24} 看相

咥教 tiɛ^{ʔ5}kɔ^{24} 信（基督、天主）教

咥背后 tiɛ^{ʔ5}be^{22}u^{22} 贿赂

坐班房 zu^{22}pɔn^{55}voŋ^{31} 坐牢

坐牢监 zu^{22}lʌ^{55}kɔn^{53} 坐牢

写字据 ɕyʌ^{55}zə^{22}tɕyɛ^{24} 订协议，订合同

捺手指头印 nɔ^{ʔ2}ɕiɤ^{55}dʑi^{ʔ2}te^{55}in^{24} 按手印

打鼾 naŋ^{55}fæn^{53} 打呼噜

仰天睏 n̥iaŋ^{22}t´iæn^{53}k´uæn^{24} 仰面睡

扑落鳖睏 p´ɤ^{ʔ5}lo^{ʔ2}piɛ^{ʔ5}k´uæn^{24} 俯睡

打瞌铳 naŋ^{55}k´æ^{ʔ5} tɕiəŋ^{24} 打盹

倒落去 tʌ^{312}lo^{ʔ2}k´e^{ʔ2} 躺下

晒日头 sa^{55} n̥iɛ^{ʔ2}de^{31} 晒太阳

拉尿 lu^{55}si^{53} 小便

拉屎 lu^{55}u^{24} 大便

假痴模癫 kuʌ^{55}ts´i^{24}muʌ^{22}tiæn^{53} 装傻

摆胚 pa^{55}p´e^{53} 摆架子

闯事 tɕ´ioŋ^{31}zə^{13} 惹祸

寻事 ʑin^{31}zə^{13} 故意制造事端

喝光 xɔ^{ʔ5}koŋ^{53} 干杯

喝燥 xɔ^{ʔ5}sʌ^{24} 见底

做好事 tsu^{55}xe^{31}zə^{13} 宴请宾客，摆酒席

送东西（儿） səŋ^{55}nəŋ^{24}ʒʅiɛ^{22}n̩^{24} 送礼

慢慢儿走 mɔn^{24}mɔn^{22}n̩^{24} tse^{312} 不送了

你覅走来 n̩^{22}ŋa^{ʔ5}dze^{31}le^{22} 请留步

过夜 gu^{31}maŋ^{13} 住宿

醒暝 ʑin^{31}maŋ^{13} 熬夜

讲睏话 koŋ^{55}k´uæn^{31}u^{13} 说梦话，乱说

洗浴 ʒʅiɛ^{31}iɷ^{ʔ2} 洗澡

叭烟 pɔ^{ʔ5}iæn^{53} 吸烟

穿衣裳 tæ^{ʔ5}i^{55}ʑiaŋ^{31} 穿衣服

洗面 ʒʅiɛ^{31}miæn^{13} 洗脸

汏窟咀 da^{22}k′uʌ^{ʔ2}tse^{312} 漱口

洗牙齿 ʃʅiɛ^{55}ŋuʌ^{55}ts′ə^{312} 刷牙

梳头 suʌ^{55}de^{31} 梳理头发

刮胡丝 kua^{ʔ5}uʌ^{55}sə^{31} 刮胡子

摎耳朵屎 le^{24}n̩^{22}tu^{55}u^{24} 掏耳屎

归家 kue^{24}kuʌ^{53} 回家

搞 kɔ^{312} 玩

嬉 si^{53} 玩，做客

咥饭 tiɛ^{ʔ5}vɔn^{13} 吃饭

咥天光 tiɛ^{ʔ5}t′iæn^{24}koŋ^{53} 吃早饭

咥日午 tiɛ^{ʔ5}næn^{22}ŋuʌ^{22} 吃中饭

咥乌阴 tiɛ^{ʔ5}ue^{55} n̩^{24} 吃晚饭

咥午晡 tiɛ^{ʔ5}ŋuʌ^{22}buʌ^{22} 吃点心

咥消闲 tiɛ^{ʔ5} ɕiɔ^{55}ɔn^{31} 吃零食

置饭 diɛ^{31}vɔn^{13} 盛饭

炃（焚）饭 pæn^{24}vɔn^{13} 做饭

煠饭 iɛ^{31}vɔn^{13} 做饭

炃菜 pæn^{55}ts′e^{24} 烧菜

烧镬穹 ɕiɔ^{24}o^{ʔ2} tɕ′yen^{53} 烧火

炊饭 tɕ′y^{24}vɔn^{13} 蒸饭

炃卵鳖 pæn^{55}len^{22}piɛ^{ʔ5} 烧荷包蛋

泡灯盏盘 p′ɔ^{55}tæn^{24}tsɔn^{55}bæn^{31}

泡天罗絮 p′ɔ^{55}t′iæn^{55}lu^{55}ʃʅiɛ^{24} 炸油条

泡耕纫儿 p′ɔ^{55}kaŋ^{24}dʑin^{22}n̩^{24} 炸油索

煠（熝）柴根卵 iɛ^{55}（ʌ^{55}）sa^{55}kæn^{24}len^{22} 把鸡蛋与祛湿的草药同煮。

煎湿力茶 tɕiæn^{55}ʑi^{ʔ2}li^{ʔ2}dzuʌ^{31}

擂沙擂 læ^{22}suʌ^{24}læ^{13}

釉胖婆糖 iɤ^{22}p′oŋ^{24}bu^{22}doŋ^{31} 制作胖米糖

熬猪脂油 ŋɔ^{55}tuʌ^{24}tsə^{55}iɤ^{31} 加温使猪油熔化

搨饼 t′ɔ^{ʔ5}pin^{312}

晒番茄片 sa^{55}fɔn^{55} tʃ iɛ^{55}p′iæn^{24} 晒制番薯片

晒菜干 sa^{55}ts′e^{55}kuæn^{53}

摊衣裳 t´ɔn^{24}i^{55}ʑiaŋ^{31} 晾晒衣服

撨桌影 tɕiɔ^{55}tio^{ʔ5}in^{312} 擦桌子

撨屁股 tɕiɔ^{55}p´i^{55}kuʌ^{312} 擦屁股

身体与疾病

身子 ɕin^{24}tsə^{312} 身体

头庞 de^{22}baŋ^{31} 头颅

头脑后 te^{55}nʌ^{22}u^{22} 后脑勺

眼睛珠 ŋaŋ^{22}tɕin^{53} tɕyɛ^{53} 眼珠

眼睛屎 ŋaŋ^{22}tɕin^{53}u^{24} 眼屎

眼睛毛 ŋaŋ^{22}tɕin^{55}mʌ^{31} 睫毛

眼睛脬 ŋaŋ^{22}tɕin^{55}p´ɔ^{24} 眼皮

双层眼 ɕioŋ^{55}sæn^{55}ŋɔn^{22} 双眼皮

眼泪水 ŋɔn^{22}le^{22}koŋ^{53} 眼泪

耳朵田 n̩^{22}tu^{55}diæn^{31} 耳垂

面瓣 miæn^{22}bɔn^{31} 脸颊

酒墩 tɕiɤ^{55}ten^{53} 酒窝

鼻头 bɤ^{ʔ2}de^{31} 鼻子

鼻头穹 bɤ^{ʔ2}te^{55}tɕ´yen^{53} 鼻孔

鼻唾浠 bɤ^{ʔ2}t´e^{24}zi^{22} 鼻涕

窟咀 k´uʌ^{ʔ5} tse^{312} 嘴巴

双顶牙 ɕioŋ^{24}din^{22}ŋuʌ^{31} 重牙，叠出的牙齿

胡丝 uʌ^{55}sə^{53} 胡须

双顶 ɕioŋ^{24}tin^{312} 头顶有两个头发旋

项颈 oŋ^{22}tɕin^{312} 脖子

肩胛头 iæn^{24} kɔ^{ʔ5}de^{31} 肩膀

心头 ɕin^{55}de^{31} 胸口

心头下 ɕin^{55}te^{55}yʌ^{22} 胃

心头窟儿 ɕin^{55}te^{55}k´uæ^{ʔ5}n̩^{24} 心口，胸口

肋力骨 ʑi^{ʔ2}li^{ʔ2}kuʌ^{ʔ5} 肋骨

奶奶 na^{24} na^{22} ①乳汁。②乳房

腹桶 po^{ʔ5}dəŋ^{22} 肚子

小腹儿 ɕiɔ^{55}po^{ʔ5}n̩^{24} 小肚子

肚脐穹 duʌ^{22}ʃ iɛ^{55}tɕ´yen^{53} 肚脐眼

腰部骨 iɔ^{24}bu^{22}kuæ^{ʔ5} 腰椎骨

壁脊龙骨 pi^{ʔ5} tɕi^{ʔ5}lioŋ^{22}kuæ^{ʔ5} 脊梁骨

顺手 ʑyen^{22}ɕiɤ^{312} 右手

支手 tʃʅiɛ^{55} ɕiɤ^{312} 左手

手指头 ɕiɤ^{55}dʑi^{ʔ2}de^{31} 手指，指头

大手指头 du^{22} ɕiɤ^{55}dʑi^{ʔ2} de^{31} 大拇指

小指头儿 ɕiɔ^{55} tɕi^{ʔ5}de^{22}n̩^{24} 小指，小拇指

腡（雷） læ^{31} 斗纹，手指上的圆形腡纹

手膊袋 ɕiɤ^{55}bo^{ʔ2}dæ^{13} 手臂，胳膊

脚膊袋 tɕia^{ʔ5}bo^{ʔ2}dæ^{13} 小腿肚

手板背 ɕiɤ^{55}pɔn^{55}pe^{24} 手背

手巴掌 ɕiɤ^{55}puʌ^{24}tɕiaŋ^{312} 手掌，手心

手轧下 ɕiɤ^{55}kɔ^{ʔ2}yʌ^{22} 腋下，腋窝

额骨头 ŋaŋ^{22}guʌ^{ʔ2}de^{31} 额头

脚骨头 tɕia^{ʔ5} kuʌ^{ʔ5}de^{31} 膝盖

颔庞头 xæn^{24}baŋ^{22}de^{31} 胸口

脚轧下 tɕia^{ʔ5}gɔ^{ʔ2}yʌ^{22} 胯下

脚前头 tɕia^{ʔ5}ʑiæn^{22}de^{31} 前脚掌，脚前面，跟前

脚趾头 tɕia^{ʔ5} dʑi^{ʔ2}de^{31} 足趾

脚鞋底 tɕia^{ʔ5}a^{22}tiɛ^{312} 脚底，脚心

脚板背 tɕia^{ʔ5}pɔn^{55}pe^{24} 脚背

脚眼睛 ɕia^{ʔ5} ŋaŋ^{22} tɕin^{53} 脚踝

脚后跟 tɕia^{ʔ5}u^{22}kæn^{53} 足跟

流喉 le^{22}e^{31}（u^{24}） 喉咙

大腿轧 du^{22}t′æ^{31} gɔ^{ʔ2} 两腿间缝隙，阴部

手腕掼 ɕiɤ^{55}uɔn^{24}guɔn^{13} 臂弯，胳膊肘

朊脬 lyæn^{22}p′ɔ^{24} 阴囊

儿袋 n̩iɛ^{31}dæ^{13} 子宫

胞衣 pɔ^{24}i^{53} 胎盘

屁股穹 p′i^{55} kuʌ^{55} tɕ′yen^{53} 肛门

水奶 ɕy^{24}na^{22} 阴茎

水屌 ɕy^{55}tiɔ^{24} 阴茎

毴（屄）儿 p′i^{ʔ5}n̩^{24} 女阴

夹夹儿 kɔ^{ʔ5} kɔ^{ʔ5}n̩^{24} 俗称女阴

不舒服 fɤ^{ʔ5} ɕyɛ^{24}vɤ^{ʔ2} 生病

不爽快 fɤ^{ʔ5}soŋ^{55}k´ua^{24} 生病

侬懒得 nəŋ^{31}lɔn^{22}ti^{ʔ5} 生病

腹泻 po^{ʔ5}ɕyʌ^{24} 拉肚子

腹痛 po^{ʔ5}t´əŋ^{24} 肚子疼

腹饥 po^{ʔ5}kæ^{53} 肚子饿，饥饿

身体热 ɕin^{24}t´iɛ^{312}ȵiɛ^{ʔ2} 发烧

惊清 kuaŋ^{55}ts´en^{24} 怕冷

有两句嗽 uɤ^{22}næn^{55}tɕyɛ^{55}se^{24} 咳嗽

痧作去 suʌ^{53}tso^{ʔ5}k´e^{ʔ2} 中暑

头庞懵 de^{22}baŋ^{31}məŋ^{22} 头晕

头殟（晃） de^{31} oŋ^{312} 头晕

生水痘 saŋ^{24}ʑy^{31}de^{13} 患痘疹

堵吊 tuʌ^{55}tiɔ^{24} 抽风，发癫痫

生疠儿 saŋ^{24}læ^{ʔ2}n̩^{24} 患疹子、长疣或瘊子等小疙瘩

发痱 fɔ^{ʔ5}pe^{312} 长痱子

生乌疔 saŋ^{55}uʌ^{24}tin^{53} 长疔疮

生唧唧斑 saŋ^{55}tɕi^{ʔ5} tɕi^{ʔ5}pɔn^{53} 长雀斑

生老鼠奶 saŋ^{55}lʌ^{22}tʃ´ʅiɛ^{55}na^{22} 长疣

坌油麻 pen^{55}iɤ^{22}m̩^{31} 患麻疹

第二节 网络词语

用数字表达

9494：就是就是

1414：意思意思

3H 学生：三好学生

3q：Thank you 谢谢你

4242：是啊是啊

555：wuwu 呜呜呜（哭）

7456：气死我了

748：去死吧

987：就不去，就不去

8147：不要生气

84：不是

848：不是吧

886：拜拜喽！

88 ：bye bye，白白，拜拜，再见

8错：不错

用字母表达

Av：毛片

Kick：统一：刷墙，扫楼的同义词。也就是整个版面都是你的回复，一种被谴责的行为。

xx的说：一种动词后置，比如吃饭的说

xxing：xx进行中，正在xx。比如上网ing

mm：妹妹

gg：哥哥

dd：弟弟

jj：姐姐

plmm：漂亮美眉

xdjm：兄弟姐妹

pf：佩服

pp：照片

sl：色狼

bl：玻璃，不是指一种易碎品，而是同性恋

bc：白痴

bd：笨蛋

lm：流氓

pg：屁股

gf：girl friend，女友

bf：boy friend，男友

kao，靠，拷：粗口，慎用

md：妈的，粗口，特别慎用！

tmd：他妈的，粗口，特别慎用！

tnnd：他奶奶的，粗口，特别慎用！

JJWW：唧唧歪歪，指人说话的样子

sjb：神经病

pmp：拍马屁

mpj：马屁精

kh：葵花，就是练葵花宝典的高手，人皆不呼其名，而直呼 kh

js：奸商

pk：player kill，砍人，攻击，也可解释为先批后 k

ps：photoshop（一种电脑修图软件）

bb：宝贝，情人，孩子，byebye，看具体使用

BT：变态。例句：挂着鼻涕上网也很 BT 的哦

cool：酷

cool 毙：酷毙。有时也用："裤""“库"都来自于"Cool"

xxx：儿童不宜的东西

Gx：恭喜

Hoho：爽朗的笑声

JJBB：结结巴巴

High：兴奋

L 公（或 LG）：老公

L 婆（或 LP）：指老婆

NB：牛逼。还有：NBHH，牛逼烘烘，牛人，大牛

P：否定用语。例句：你放 P！

Papa：怕怕。例：papaya(怕怕呀)

PK：Person—killing，单挑

Ppmm：婆婆妈妈

Pp：屁股

+U：加油

VIP：有钱佬

用汉字表达

萌：可爱

囧：郁闷、悲伤、无奈、无语等等，指处境困迫，喻尴尬，为难

呼呼：睡觉

稀饭：喜欢

果酱：过奖

走召弓虽：超强

偶：我

小 P 孩：年轻人

小强：蟑螂

虾米：什么

表：不要。如表太好：不要太好

酱紫：这样子

强：好

弓虽：强

杀人：纸牌游戏

把 MM：追女孩

鉴定：看 MM

养眼：好看

至 high：特兴奋

腐败：吃喝

反腐败：请客

晕：看不懂

靠：不满

聚会：见面

拍砖：提意见

顶：支持

狂顶：强烈支持

外遇：不忠

泡妞：追女孩

流口水：羡慕

蹦的：跳舞

东东：东西

饭局：请吃饭

有料：有本事

衰：倒霉

钻石王老五：有钱单身男人

恐龙：丑女

青蛙：丑男

大虾：高手

菜鸟：低手，新手，初级水平的新人

瞧瞧：去看帖

猪你快乐：祝你快乐

咔嚓：砍了

片片：照片

照骗：照片

斑竹，板猪：版主，论坛版块的管理人员，把水版比作个小店，他们就是店小二。

潜水员：就是那些喜欢看别人灌水自己不灌水的家伙

抓狂：受不了刺激而行为失常

包子：某人长得难看或者笨就说他包子

粉：很，非常

粉丝：追星族，对某人或物狂热的爱好者

老鸟，大虾：高手

木油：没有

爱老虎油：I love u，我爱你

倒：晕倒，厥倒。

咣当：晕倒发出的声音

爆头：游戏中引来的词汇，把某人打得脑袋开花

厚厚，吼吼，咔咔，嘻嘻：语气助词

第三章　语　法

松阳话有一些自己独特的语法现象，如人称代词在分单数和复数，还分Ⅰ式和Ⅱ式；松阳话指示代词数量上与普通话指示代词基本一致，只是语音上有区别；松阳话还有许多的特色量词；松阳话中的儿后缀词与北方方言的儿化词在发音上有很大的区别：北方方言儿化词的儿已经弱化，不再成为一个音节，少数成音节的则念轻声；松阳话儿后缀词的儿不弱化，自成音节，更不念轻声，发音为鼻音 n，95%以上发阴去调（24 中升），相当于普通话阳平（35）。

第一节　代　词

人称代词

松阳话人称代词的单数和复数都有两种叫法，单数一种是双音节的，另一种是单音节的；复数一种是四音节的，另一种是三音节的，不妨把它称之为Ⅰ式和Ⅱ式。请看下表：

松阳话人称代词

表 42-3-1-1

人称代词	单数		复数	
	Ⅰ式	Ⅱ式	Ⅰ式	Ⅱ式
第一人称	从倍（从吾）	吾	从吾些侬	吾些侬
第二人称	是尔（是你）	尔	是尔些侬	尔些侬
第三人称	是佢（是其）	佢	是佢些侬	佢些侬

人称代词分Ⅰ式和Ⅱ式是松阳话的一个特点，虽然吴方言区还有好几个地方也分Ⅰ式和Ⅱ式，如海盐、桐乡等，但是松阳话人称代词的发音有明显不同。

第一人称“从倍”（我）发“$ʑioŋ^{31}$ $ŋ^{22}$”，读若普通话“兄嗯”；第二人称“是尔”（你）发“$ʑiʔ^{2}n^{22}$”，读若普通话“习拟”；第三人称“是佢”（他、她）发“$ʑiʔ^{2}$ ge^{22}”，读若普通话“习给”；复数后缀“些侬”（这或那些人）发“$sæʔ^{5}$ nə $ŋ^{31}$”，读若普通话“塞能”。

无论是Ⅰ式还是Ⅱ式，无论是单数还是复数，都可以独立运用。但是大致用法有以下几种情况。

A、在动词前，在句子开头大多用Ⅰ式。如：

1. 从倍猜弗到。（我不知道。）

2. 是佢退休得有二十年了。（他退休都有 20 年了。）

3. 是佢这套道路都做得出，上真死余的。（他竟做出这种事真是死有余辜。）

B、在动词、介词后则Ⅱ式用得更多些。如：

1. 从倍给佢打了。（我被他打了。）

2. 是佢帮吾打了。（他把我打了。）

3. 是佢打吾先。（他先打我。）

C、表示强调所属，在疑问句里，大多使用Ⅰ式。如：

1. 是尔去还是从倍去？（你去还是我去？）

2. 是尔弗去喊哪侬去？（你不去叫谁去？）

3. 是尔嘅秤弗准嘅。（你的秤不标准的。）

Ⅰ式和Ⅱ式的区分对松阳当地人来说是不自觉的，总的情况是老年人和文化水平较低的人用Ⅰ式的概率多些，年轻人和文化水平较高的人在许多该用Ⅰ式的地方往往都改用了Ⅱ式，因为Ⅱ式与普通话更一致或更接近。

指示代词

松阳话表示近指的“这”一律发入声iʔ⁵（阴入，调值为 5）。普通话“这一”合念为 zhei，实际运用时，书面语和口语均省去后面的“一”字和 i 音，而松阳话则正好相反，省去前面的 zhe（这）音，仅保留 i（一）音。松阳话表示远指的“那”一律发入声 aʔ⁵（阴入，调值为 5），省去了前面的声母 n音，仅保留韵母 a音。

松阳话指示代词数量上与普通话指示代词基本一致，只是语音上有区别，如：

这个，那个　　这些，那些　　这时，那时　　这头，那头、那个年头

这丘田，那条河　　这句话，那本书　　这个月，那双手　　这段时间，那四个人

这埭，那埭（这里，那里；这儿，那儿）　　这面，那面（这边，那边）

这生，那生（这样，那样；这么，那么）　　这下，那下（这会儿，那会儿）

这堂厝，那所学堂（这座房子，那所学校）　　这下先，那下先（这时候，那时侯）

普通话指示代词“这、那”可以单独运用作主语或宾语，而松阳话指示代词“这、那”则不能单独使用，无论是表示指代处所或方位，还是表示指代时间，以及表示指代状态或情况，都只能跟别的字词连用才能作主语或宾语。如下列句子松阳话都必须加上量词才能使用。

1. 这个侬是哪侬？（这是谁？）

2. 这个喊哪事？（这叫什么？）

3. 那个地方吾弗曾去过。（那地方我没有去过。）

疑问代词

1. 岂侬、岂个侬（谁）

2. 岂哒、岂儿、岂地方、岂个地方、哪侬地方（哪里、哪儿）

3. 岂些（哪些）岂些侬（哪些人）

4. 岂时间（什么时候）

5. 哪侬（谁）哪侬人事（什么东西）

6. 哪事（什么）

7. 几（多少）几时（何时）

8. 咋（怎么）咋好、咋咋儿好（怎么办）

第二节　量　词

笼统量词“个”

一个人　一个猪　一个鸡　一个狗　一个牛　一个梦　一个星期　一个工夫

一个苹果　一个桔儿　一个西瓜　一个鸡卵　一个面包　一个馒头　一个天雷　一个大栗

一个猫儿　一个鸭儿　一个面聒　一个房间　一个钟头　一个饭碗　一个饭甑　一个面桶

一个头杠　一个脑后　一个好心　一个月光　一个热头　一个日子　一个灯盏盘

特色量词

一幢（堂）厝　一厨饭　一餐（口）饭　一岗山　一粒鱼儿　一作豆腐　一托踏步　一屁股债

一蓬草　一具坟　一头柴　一坛酒　一刀肉　一丝日头　一夹苞萝　一担箱笼　一班人

一库水　一捺（捏）米　一瓢粥　一眼店　一眼炮　一柱墙　一泡尿　一支花　一支凳

一帖茶　一块钞票　一沓钞票　一支西瓜（桔儿、毛线）

第三节　其他词

得

相当于介词“同，跟，和”，如：

1. 我得你去。（我和你去。）

2. 我得佢共班三年。（我和他同班三年。）

3. 我得你无冤无仇。（我和你无冤无仇。）

4. 你得我过弗去。（你和我过不去。）

5. 我得你弗客气。（我跟你不客气。）

相当于介词“比（你、我、他）”。如：

1. 你得更蹩脚。（你比我更差。）

2. 我得更小碗。（我比你更小碗。）

3. 佢得更大杯。（他比我更大杯。）

4. 佢得走更慢。（他比我走得更慢。）

嘅

结构助词，相当于普通话的“的”。如：

1. 我嘅山（我的山）

2. 你嘅田（你的田）

3. [衣裳]男嘅乌嘅，女嘅红嘅（男的黑色的，女的红色的）

4. 小嘅比大嘅好（小的比大的好）

5. 犬肉我是弗咥嘅（狗肉我是不吃的）

6. 佢是坐飞机去嘅（他是坐飞机去的）

嘞

相当于“埭”，近似于普通话的“……上”、“……里”。

天嘞（天上） 桌嘞（桌上） 树嘞（树上） 地嘞（地里） 厝嘞（家里） 箱嘞（箱子里）

镬嘞（锅里） 学堂嘞（学校里） 教室嘞（教室里） 被窠嘞（被窝里）

第四节 附加语素

头后缀（多用于名词）

1. 身体部位

心头 鼻头 额角头 颔庞头 手指头 脚趾头 脚前头 脚骨头 拳头 肩夹头

2. 方位

上底 下底 内头 外头 前头 后头 火鋻头 厨头 风撑头 上横头 田头 坟头

水井头 地头 路头 角落头 桥头 山头 水头 埠头 村头 墙头

3. 地名

瓦窑头 踏埠头 洋坑埠头 航埠头 河头 界首（头） 岱头 小岭头 大岭头 黄岭头

净水岭头 叶川头 上连头 坳头 勘头 西沿头 周山头

4. 时间

天光头 乌阴头 暝（夜）间头 两午头

5. 钱币

一角头 五角头 一块头 两块头 五块头 十块头 一百块头

6. 其他

锄头 针头 枕头 行头 贼骨头 辣骨头 花头 顺头 正倒头 硬骨头 热头 大头 小头

搭头 甜头 猪头 榫头 平头 菜头 噱头 苦头谷头 麦头 起头 石头 零头 开头

“添”后缀

相当于“再”，也可以与“再”同用。

吃碗添，再吃碗添；睡会添，再睡会添；买点添，再买点添；做做添，走走添，坐坐添，嫁嫁添弗如先。

动补词“牢”

动补词“牢”，相当于普通话的动补词“住”，否定式在“牢”字前加“弗”。

松阳话“牢”与普通话“住”的对比表

表 42-3-4-1

普通话	松阳话	普通话	松阳话	普通话	松阳话	普通话	松阳话
记住	记牢	记不住	记弗牢	捆住	绑牢	捆不住	绑弗牢
咬住	咬牢	咬不住	咬弗牢	守住	守牢	守不住	守弗牢
站住	站牢	站不住	站弗牢	看住	望牢	看不住	望弗牢
坐住	坐牢	坐不住	坐弗牢	抱住	抱牢	抱不住	抱弗牢

说明：

1. “记牢”与“牢记”结构不同，意思接近
2. “坐牢”的“牢”作动补词时，是坐稳的意思；作名词时，是坐班房（进监狱）的意思
3. “对不住”松阳话是对不起的意思；“对不牢”松阳话是对不正的意思

伭后缀

“伭”，松阳话音同“显”，普通话念 xuǎn。副词，表示程度，相当于普通话的“很…”或“…得很”。

松阳话“伭”的使用频率相当高，松阳话表示程度“很”时都用“伭”字表示。例如：刁伭　鬼伭　脱伭　憨伭　顽伭　奇特伭　花头伭　讨厌伭　无用伭　罪过伭　乖的伭　佑未伭　做大伭　难为情伭　上台盘伭……

“伭”的位置都在短语和句子的末尾，都用在所修饰的形容词或形容词短语的后面作补语，也有称作状语后置的，也说得通，但不能用在形容词前作状语，与普通话“很”的位置刚好相反。例如：

好伭——很好（好得很）　　多伭——很多（多得很）

密伭——很密（密得很）　　聪明伭——很聪明（聪明得很）

净洁伭——很干净（干净得很）　　邋遢伭——很肮脏（肮脏得很）

1. 松阳话“伭”字句的第一种结构是：名词或动词+形容词+伭

（1）名词+形容词+伭

米白伭（米很白）　　油条老伭（油条很老）

钞票多伭（钱很多）　　腹疼伭（肚子很痛）

（2）动词+形容词+佗

走快佗（走得很快）　　走好佗（走得很好）

生好佗（长得很漂亮）　　咥摸佗（吃得很慢）

2.松阳话“佗”字句的第二种结构是：名词或动词+表示大小细的形容词+量词+佗

（1）名词+表示大小细的形容词+量词+佗

这种米细粒佗（这种米很小颗）　　鱼儿大粒佗（鱼很大尾）

天萝絮小根佗（油条很小根）　　钞票大张佗（钞票面额很大）

（2）动词+表示大小细的形容词+量词+佗

生小络佗（身材长得很小巧）　　背大头佗（背得很大捆）

田大丘佗（田的单位面积很大）　　走大步佗（走的步伐很大）

“佗”后缀，语气比较重，含义变化多，真正含义要在具体语境中才能领会，如“评价、赞美、嫌弃、不屑、反话、不耐烦”等。

很多两字的“佗”字短语可以转换成“＊＊儿”，例如：

香佗——香香儿　　饱佗——饱饱儿

但是，有一部分两字的“佗”字短语和全部两字以上的“佗”字短语不能转换，例如：

深佗　重佗　会佗　脱佗

有的转化后意思会发生变化，例如：

“好佗”一般针对性格、态度、为人和评价方面，而“好好儿”一般指完好无损或没有病。

特殊情况如：“得佗了”“死得佗了”　“喋得佗了”　“滚得佗了”　“葬得佗了”语气较重，有不耐烦或责骂之意，须尽量少说或不说。

儿字词（儿尾词　儿后缀）

1.名词后缀

（1）动物

唧唧儿（麻雀）　八八儿（八哥）　刈刈儿（燕子）　咕咕儿　鸽儿（鸽子）　鸭儿（鸭子）

兔儿（兔子）　鹅儿（鹅）　蚕儿（蚕宝宝）　虾儿（虾）　鱼儿（鱼）　猫儿（猫）

（2）植物

竹儿（竹子）　桃儿（桃子）　李儿（李子）　梨儿（梨子）　枣儿（枣）　桔儿（橘子）

梅儿（梅子）　蒲儿（蒲瓜）　臭夹儿（鱼腥草）　嫩菜儿（萝卜菜苗）

（3）物品

瓶儿　夹儿　皮夹儿　刈儿（镰刀）　凿儿　刨儿　锥儿　黑板擦儿　酒盏儿　哨儿　粥瓢儿

木勺儿　鞋刷儿　珠儿　锡钿儿（小面额硬币）　拖车儿（手拉车）　钵斗儿

八八笼儿（喻牢房）　狭锄儿　汤圆儿　瘦肉儿（精肉）　壮肉儿（肥肉）

（4）称谓

大姨儿　小姨儿　姑夫儿（姑父）　孙儿（孙子）　双生儿（双胞胎）　后生儿　小伙儿

男儿　新客儿　小叔儿　大伯儿　人事儿（东西）　苦茶儿　角落头儿　小犬儿　小鸡儿　小鸭儿　小猪儿　小轭儿（牛犊）　小番茄儿（小番薯）

（5）人名

火土儿　火旺儿　根水儿　西安儿　树儿

（6）地名

小坑儿　坳头儿　下寮儿　小佛儿　内南坑儿

（7）时间

四月八儿　去年儿　今年儿　明年儿　乌阴边儿

2.动词后缀

（1）相争儿　相打儿　游水儿（游泳）　钻水底儿　假做儿　假死儿
遮躲猫儿（捉迷藏）　烧吃儿

（2）望望儿　搞搞儿　走走儿　讲讲儿　坐坐儿　嬉嬉儿

3.重叠形容词后缀

慢慢儿　光光儿　松松儿　好好儿　轻轻儿　瘪瘪儿　冻冻儿　尖尖儿　新新儿　凉凉儿　硬硬儿　油油儿　乌乌儿　烂烂儿　花花儿　壮壮儿　瘦瘦儿　矮矮儿　咸咸儿　淡淡儿

①松阳话中的儿后缀词与北方方言的儿化词在发音上有很大的区别：北方方言儿化词的儿已经弱化，不再成为一个音节，少数成音节的则念轻声；松阳话儿后缀词的儿不弱化，自成音节，更不念轻声。

②松阳话儿后缀词儿的发音为鼻音ŋ̩，不念轻声，95%以上发阴去调（24 中升），相当于普通话阳平（35）；重叠动词儿后缀发阴平调，相当于普通话阴平（55）；如走走儿、动动儿、摸摸儿……极少数发阳平（31 低降），相当于普通话去声。如缚袋儿、小洋芋儿、赖学儿、静静儿、近近儿、暖暖儿……

③松阳话中的“**儿”和“**儿的”，前者是对主语的描述，后者是对主语状况的强调，一般有下文。如车“空空儿”表示车上无人就座的状态，车“空空儿的”则强调车上座位很空，别挤，大家都有的坐。

④部分词加“儿”与不加“儿”，意思不同，但一般有关联。如耕绳儿、坐车儿、拖车儿、火烫儿、哑嘴儿、刈儿、刨儿、锥儿、凿儿……

第五节　句法特点

帮字句

松阳话的“帮字句”相当于普通话的“把字句”，用介词“帮”提引受事宾语，构成“介宾短语”做谓语动词的状语。例如：

（1）佢帮那个人打了。（他把那个人打了。）

（2）帮这首诗歌背嘞再咥饭。（把这首诗歌背了才可以吃饭。）

给字句（1996版写作“客字句”）

松阳话的“给字句”相当于普通话的“被字句”，用介词“给”引出施事宾语构成“介宾短语”做谓语动词的状语。例如：

（1）吾给佢打伤了。（我被他打伤了。）

（2）佢给癫犬啮嘞好两餐。（他被疯狗咬了好几下。）

“给字句”与“被字句”在结构上稍有差异，“给字句”必须出现施事宾语，“被字句”可以不出现。如，“被字句”可以说“你被骗了”，但“给字句”不可以说“你给骗了”，应该说“你给佢骗了”。

第四章　字　音

本章字汇收入松阳方言的单音字，共4800余字。字汇按韵母、声母、声调的顺序排列。零声母分别用θ和ɦ来区别清浊音。写不出本字的音节用“口”表示，举例时用“～”代替本字，字下加-表示白读音，加=表示文读。

a

P　[53]爸　[312]摆　[24]拜

p´　[24]派破剖振

b　[31]排徘牌　[13]败

m　[53]埋妈　[22]买　[13]卖迈

t　[24]带戴爹

t´　[24]太汰泰

d　[22]汏　[13]大

n　[31] 呐　[22]奶乳艿　[13]耐奈

l　[31]箩 [22]拉　[13]赖癞

ts　[53]斋 [312]咋　[24]债

ts´　[53]钗差　[312]舔　[24]蔡

s　[53]沙纱鲨衰　[312]傻耍洒　[24]晒率帅

z　[31]柴豺　[13]寨

k　[53]街皆届阶　[312]解疥锯嘎　[24]界介芥戒诫

k´　[53]揩　[312]楷卡咔　[24]咖

g　[22]懈

ŋ　[22]蚜　[13]外艾饿

x　[312]蟹

ɦ　[31]鞋谐　[13]害械碍

θ　[53]挨涯　[312]矮蔼霭　[24]隘

æ

m　[24]妈

t´　[53]梯煺胎苔台　[312]腿　[24]态退褪蜕

d　[31]台抬苔　[22]待殆怠歹　[13]代贷袋岱

n　[22]乃　[13]内

l [31]雷擂镭来 [13]辗

ts [53]灾栽 [312]宰 [24]再

ts´ [53]猜崔催摧 [312]采睬彩踩

s [53]腮鳃

z [31]才材财裁 [22]罪

k [53]该 [312]改 [24]概溉丐钙盖

k´ [53]开 [312]凯铠 [24]慨

g [31]嘅 [22]亍隑 [13]隑

ŋ [31]呆 [13]碍

x [312]海 [24]嗨

ɦ [31]孩唉 [22]亥 [13]害

θ [53]哀埃嗳 [24]爱艾

e

p [53]杯悲卑碑 [312]沸痱 [24]贝狈辈背褙

p´ [53]丕坯胚辔呸 [312]剖 [24]沛配

b [31]培陪赔裴 [13]倍焙背佩

m [31]煤媒枚玫梅霉楣媚 [22]某每美魅 [13]妹寐昧

f [53]挥辉晖灰诙麾徽 [312]悔贿毁否翡 [24]恢烩晦

v [31]浮

t [53]堆兜篼 [312]斗抖陡 [24]对斗碓

t´ [53]偷推 [312]鼓 [24]透唾涕

d [31]头投蔸 [22]短钭 [13]豆逗痘队兑窦

n [24]呐

l [53]溜挖 [312]磊垒蕊芮 [31]刘楼硫流琉留榴馏镏熘浏 [22]篓柳搂娄 [13]类泪漏陋累锐

ts [53]锥椎纣邹 [312]咀喙嘴走肘 [24]最载缀赘奏揍宙昼皱醉

ts´ [312]璀 [24]菜翠脆凑萃瘁刌

dz [22]骤

s [53]酸搜馊艘衰 [312]叟碎 [24]赛嗽瘦坩

z [31]愁仇酬囚泅锐 [13]粹睡

k [53]勾沟钩鸠究纠阄拘 [312]九久灸疚韭苟狗 [24]救够构购垢勾

k´ [53]丘邱抠 [312]口 [24]扣叩寇

g [31]求球逑仇裘 [22]臼舅咎佢其渠 [13]旧柩

ŋ [31]牛 [22]藕 [13]偶

x [312]好吼 [24]耗鲎虹

ɦ [31]侯喉猴 [22]后厚候 [13]候

θ [53]呕沤 [24]欧瓯殴哎

ɔ

p [53]包胞 [312]饱鸨 24]豹爆

p′ [53]抛跑 [24]炮泡炰脬

b [31]刨 [13]鲍苞抱龅

m [31]茅猫 [22]卯铆 [13]貌

n [13]闹 [24]呶

l [53]捞

ts [53]笊搔 [312]找爪 [24]罩

ts′ [53]抄钞 [312]吵炒 [24]耖

s [53]捎稍梢 [24]翘筲

z [31]巢 [13]潲

k [53]交郊胶跤 [24]教茭 [312]玩搞矫绞狡较校调

k′ [53]敲 [312]巧窍

x [53]酵 [312]郝呵 [24]孝

ŋ [31]嗷螯鳌 [13]要

ɦ [31]肴淆 [13]效校

θ [53]坳呑凹 [24]拗奥澳

ʌ

p [53]褒 [312]保堡煲宝爆 [24]报孢

p′ [53]柚奤

b [31]袍 [22]暴

m [31]毛矛茅蟊髦 [13]冒帽贸貌牡

t [53]刀叨 [312]岛捣祷倒 [24]到倒

t′ [53]滔掏 [312]讨 [24]套

d [31]逃桃陶萄啕涛 [22]稻蹈道淘 [13]盗导

n [53]挠 [22]恼脑瑙 [13]闹

l [31]牢劳痨 [22]老佬 [24]唠佬

ts [53]遭糟 [312]早枣蚤澡藻 [24]灶躁

ts′ [53]操 [312]草 [24]糙

s [53]臊骚 [312]扫嫂噪 [24]燥瘦

z [31]曹槽漕 [22]皂造

k [53]高膏篙羔糕睾薹 [312]槁稿 [24]告

k´ [53]蒿 [312]考烤拷 [24]靠铐

ŋ [31]熬 [13]傲翱鳌

ɦ [31]豪毫壕 [22]浩昊 [13]号皓

θ [53]熝脜 [312]袄懊 [24]奥懊澳

ə

ts [53]资姿咨瓷兹滋梓租锱 [312]子籽仔紫祖

ts´ [53]初粗雌疵 [312]此齿扯 [24]次醋

dz [31]扯

s [53]私偲司思丝斯师筛狮 [312]死史驶使 [24]肆试诉扫赐酥

z [31]词祠饲矢辞慈糍 [22]市柿巳祀士仕似寺 [13]事侍字牸自

k [24]锯 [13]嗝

k´ [24]去

x [31]许

ŋ [31-22]鱼

i

p [53]卑 [312]匕比彼鄙箅 [24]庇毙闭啤蔽蔽毖

p´ [53]披丕飞非菲妃斐匪肥绯 [312]痞嚭榧栖 [24]屁砒

b [31]皮脾痹琵枇肥蓖埤 [22]被陛疲 [13]备吠避弊婢箅

m [31]眉楣弥微 [22]味 [13]味未媚 [53]眯溮 [312]尾

v [31]肥

t [24]置知吱

d [13]地

l [31]来璃梨狸厘黎履 [22]李里理鲤礼 [13]利吏痢莉俐

ts [53]基机饥讥肌之芝姬裁几 [312]旨指脂己止址几纪忌吱麂济嫉祉

[24]寄致至志痣冀记既纪醉剂姐姊智继室

ts´ [53]嗤撕眵 [24]器弃气汽 [312]企耻齿起杞岂启

dz [31]奇骑畸其棋期旗迟池驰歧稚祁祈 [22]妓技痔炙 [13]治忌

s [53]尸尿嬉做客熙希稀 [312]喜始豕徙玺视 [24]戏四肆试诗牺

z [31]时鲥奇新～ [22]是恃 [13]视示饲自

k [312]几 [24]个

ɦ [31]夷饴沂奚 [22]以已 [13]椅倚肄

θ [53]医伊衣依箕挔侬 [24]意忆亿胰颐异怡姨

u

P [53]波菠玻坡播疤 [312]簸

p′ [24]破颇

b [31]婆菩 [22]部 [13]耙

f [53]岈 [312]火伙虾 [24]货

t [53]多 [312]朵躲 [24]剁

t′ [53]拖 [312]妥椭 [24]唾

d [31]驼驮陀柁 [22]舵惰堕 [13]大

n [31]奴努 [13]怒

l [31]罗锣箩萝逻螺腡屙拉 [22]裸倮捞 [13]摞

ts [312]左佐 [24]做

ts′ [53]搓 [24]错措锉挫

s [53]梭蓑嗦唆 [312]锁琐

z [31]矬 [22]坐 [13]座

k [53]哥歌戈锅跕 [312]果裹馃 [24]过个

k′ [53]科窠棵颗苛柯 [312]可 [24]课

g [22]厚咕鸪

ɦ [31]禾和河何荷 [22]祸后 [13]贺话

θ [53]倭窝 [312]哑唔呜 [24]屎污猢沃斡

y

tɕ [53]龟规追归 [312]癸 [24]季贵锥

tɕ′ [53]吹炊欺

dʑ [31]捶搥槌锤逵葵馗 [22]跪 [13]柜坠

ɕ [53]虽绥 [312]水遂隧瑞睿毁

ʑ [31]讳隋垂随

ɦ [31]为维惟帷遗违 [22]伟苇唯 [13]纬伪为位胃谓卫佑

θ [53]威萎竖 [312]委 [24]喂畏慰

iɛ

p [312]篦

p′ [53]批 [24]废肺费

b [13]币弊鐾

m [53]咩搣 [31]迷谜靡糜弥 [22]米

T [53]低堤 [312]底抵 [24]帝蒂滴渧

t′ [53]梯 [312]体 [24]替涕剃屉

d [31]提题啼蹄 [22]弟娣 [13]第递

ȵ [31]泥倪伲儿尼 [13]艺毅

l [31]离篱犁黎榈 [22]礼荔醴 [13]丽例隶厉励利莉滤摅

ɦ [31]遗移兮耶胰馌 [13]易冀

θ [312]倚冶 [24]系懿箕

ʅiɛ

tʃ [53]鸡肢知栀支滋 [312]纸 [24]祭际制济汁继枝稽

tʃ´[53]妻凄溪 [312]鼠启 [24]砌契刺赐

dʒ [31]茄薑 [22]滞 [13]箸

ʃ [53]夕西茜施犀樨熙稀 [312]洗髓 [24]细婿世势牺栖絮

ʒ [31]齐脐 [22]荠 [13]誓逝视

iɔ

P [53]膘标彪镖飚猋 [312]表婊裱

p´ [53]飘缥漂 [312]漂 [24]票漂

b [31]嫖瓢 [22]鳔

m [31]苗描瞄喵 [22]秒渺缈淼藐 [13]庙妙谬缪

t [53]刁叼貂雕凋 [312]鸟悼 [24]钓碉吊屌

t´ [53]挑 [312]挑 [24]跳眺粜

d [31]条窕调 [22]调悼 [13]掉调

l [31]燎潦撩镣僚缭寮疗辽聊 [22]嘹了 [13]料廖 [53]撂寥

tɕ [53]昭招骄娇浇椒钊焦蕉嫶燋 [312]缴撬剿侥沼矫鲍幧樵 [24]照饺叫

tɕ´ [53]超跷缲 [312]悄 [24]俏笑翘峭窍

dʑ [31]乔侨桥荞朝潮 [22]赵兆召卲 [13]轿

ȵ [31]尧饶挠娆 [22]扰鸟 [13]绕尿

ɕ [53]消硝霄宵魈逍销萧箫啸孝烧 [312]小少晓淆筱 [24]肖嚣笑属

ʑ [31]韶 [22]绍肇 [13]邵

ɦ [31]摇谣瑶窑遥姚肴窕垚尧 [22]杳舀 [13]耀跃鹞

θ [53]妖邀要腰夭吆幺嫂 [312]咬 [24]要嚎

iɣ

p´ [53]吥

t [53]丢

n [53]拧 [24]扭忸

l [13]溜 [22]柳

tɕ [53]周舟州洲 [312]酒帚肘 [24]咒

tɕ´ [53]抽秋鳅啾 [312]丑揆 [24]臭

dʑ [31]绸稠筹 [22]纣 [13]树售宙

ȵ [13]杻

ɕ [53]休收修羞 [312]手首守宿 [24]秀绣锈嗅兽袖羞宿

ʑ [22]受授就 [13]就袖宙寿筹

ɦ [31]尤忧犹由油邮游 [22]有友酉莠诱 [13]又右釉佑

ɵ [53]优幽忧 [24]幼

iω

tɕ [24]啁㓷

tɕ′ [31]啾

ȵ [312]揉挼

ɕ [53]靴唆

ɦ [31]爷

ua

k [53]乖 [312]拐褂 [24]怪

k′ [24]快筷

x [13]哗

ɦ [31]怀槐淮徊 [22]夥 [13]坏哇

ɵ [53]歪洼娃蛙

uɔ

ɦ [31]礇

uæ

ɦ [31]喎

uʌ

p [53]巴吧芭疤叭 [312]补靶把晡 [24]布怖坝霸

p′ [53]铺潽 [312]普浦谱甫圃脯 [24]怕铺

b [31]爬琶杷蒲脯 [22]簿罢葡埠阜莩 [13]步捕稗孵踣齙

m [31]无巫诬蟆摹模麽嬷 [22]马码蚂玛武鹉侮舞 [13]务雾墓幕暮慕募

f [53]夫肤敷麸花呼乎耘 [312]虎琥府俯腑斧抚附侮傅鳆脯 [24]化花付赋讣富副赴洑摠庳

v [31]符扶芙俘浮 [22]父妇负甫哺 [13]附腐辅

t [53]都猪 [312]肚赌堵 [24]妒

t′ [53]他拖 [312]土吐过 [24]吐兔

d [31]图途徒屠涂 [22]杜肚 [13]度渡镀毒

n [31]奴拿挪 [22]糯

l [53]拉 [31]卢芦炉庐驴骡颅 [22]鲁橹虏掳喇卤 [13]路露鹭

ts [53]楂渣吒 [312]阻组祖蛆 [24]诈

ts´ [53]叉杈钗扠差刹 [312]楚础 [24]岔措

dz [31]茶查

s [53]苏梳疏蔬裟沙纱砂痧抄 [312]所数 [24]塑诉素

z [31]锄 [13]助

k [53]加袈嘉瓜孤家稼姑佳 [312]假股鼓剐贾寡汩古估牯 [24]架驾枷固锢故卦挂褂顾雇价

k´ [53]枯垮夸箍 [312]苦 [24]库裤挝抓

ŋ [31]牙芽梧衙吴蜈 [22]五伍吾午互瓦雅卧 [13]误悟互砑

ɦ [31]华桦铧胡瑚糊湖狐弧壶霞瑕暇斛 [22]户沪葫胡涯崖瓦 [13]夏厦下护画糊蝴

θ [53]乌钨坞丫鸦蛙邬蜗污挝 [312]有垭壑凹 [24]亚恶诬莴焐

ue

k [53]归龟规圭闺硅 [312]鬼轨诡 [24]皈瑰贵

k´ [53]奎盔魁窥亏 [312]傀 [24]块愧馈溃

g [31]逵葵 [13]刽桂会鳜

ɦ [31]回茴蛔危桅违围伪 [22]伟苇委纬维 [13]胃谓魏汇会惠贿秽卉为卫愢

θ [53]威萎喂 [24]慧蔚煨痿猬慰畏

yɛ

t [53]柱 [24]拄

l [31]驴 [22]吕侣铝旅屡缕履 [13]虑滤

tɕ [53]朱珠诛蛛株居诸猪拘车 [312]举矩煮主姓 [24]注蛀拄句著据铸柱

tɕ´ [53]区驱躯趋趣 [312]处取娶杵 [24]去处厝

dʑ [31]除厨渠瞿储 [22]巨拒柱距储 [13]住具俱惧驻

ȵ [31]如鱼虞渔儒愚娱 [22]语女 [13]御遇

ɕ [53]书舒虚须需输 [312]许暑署蜀黍褚储 [24]岁税絮恕庶虽穗戍

ʑ [31]徐殊 [22]序叙聚竖绪乳汝荽 [13]树

ɦ [31]余馀于盂俞渝榆愈瑜逾愉畦虞 [22]预雨宇禹羽揄 [13]誉芋喻裕卫与豫驭

θ [53]迂淤圩地名用词

yʌ

tɕ [53]遮 [24]借蔗挤榨

tɕ´ [53]车 [312]且 [24]笪

dʑ [31]瘸叫

ȵ [22]惹

ɕ [53]赊奢 [312]写 [24]舍泻卸泄屑赦

ʑ [31]斜邪蛇佘 [22]社 [13]射谢塮畲麝

ɦ [31]爷 [22]下 [13]夜野

θ [53]耶 [24]嫁

æn

p [53]奔搬崩 [312]本 [24]半绊拌粪

p´ [53]潘泮 [312] 坌胖 [24]判

b [31]盘盆朋般 [22]伴拌畚

m [31]瞒鳗 [22]满馒 [13]漫

f [53]昏婚荤鼾 [312]罕 [24]汉

t [53]灯登瞪端蹲敦墩礅 [312]等短 [24]吨顿凳断

t´ [53]吞贪汆 [24]探湍□弹

d [31]团长屯饨潭谭臀豚砻腾滕疼 [22]盾囤锻断 [13]邓遁段缎钝

n [31]男南能 [22]两团 [13]嫩

l [31]鸾量仑论 [13]乱冉伦论

ts [53]曾增憎甑甄尊遵樽簪罾 [24]纂钻攒

ts´ [53]掺村 [312]惨忖 [24]寸窜参

s [53]孙狲僧酸 [312]损蚕 [24]算蒜逊

z [31]存层曾枞 [22]錾 [13]赠

k [53]甘柑泔跟根 [312]感敢 [24]亘哏艮今

k´ [53]堪龛 [312]肯 [24]勘墈

g [22]近 [13]劲

x [53]蚶酣憨 [24]熯

ɦ [31]含函涵痕恒 [13]恨憾

θ [53]恩庵秧鹌 [312]揞阖 [24]暗

iæn

p [53]鞭编边笾 [312]贬扁匾褊揍 [24]变遍

p´ [53]篇偏翩 [24]骗片

b [22]辨辩辫便 [13]卞汴苄骈便

m [31]棉绵眠 [22]免勉娩缅腼 [13]面

t [53]颠滇癫 [312]点典碘 [24]店惦踮掂

t´ [53]添天 [312]舔 [24]掭

d [31]田钿甜填 [22]簟 [13]电垫殿奠玷

l [31]连莲鲢帘怜联廉镰 [22]脸敛舔 [13]练炼恋楝殓

tɕ [53]占沾詹瞻毡尖煎兼搛坚肩 [312]俭检展茧剪翦柬碾 [24]见舰剑箭战建荐溅毽谏牮煎

tɕ´ [53]牵迁笺签钎扦纤铅骞深 [312]犬狗浅遣谴 [24]欠千歉谦茜倩

dʑ [31]钳钱乾虔缠 [22]件践键渐妗 [13]健贱

ȵ [31]年严然言燃研倪 [22]染碾 [13]念验廿呓砚谚

ɕ [53]仙鲜先掀轩 [312]闪陕险显潜霰筅佐 [24]扇煽搧线献宪萱

ʑ [31]前潜赡蝉禅 [22]善鳝擅缮讪 [13]羡贱单膳婵

ɦ [31]沿铅盐延蜒筵贤弦嫌炎檐 [22]演阎 [13]现腌焰艳

ɵ [53]烟淹蔫 [312]掩厣 [24]厌燕宴鄢胭嫣堰彦揠

uæn

k [53]干肝 [312]竿杆秆赶 [24]干

k´ [53]刊昆坤琨 [24]困悃睏

ɦ [31]寒韩魂馄浑 [22]旱混 [13]汗焊岸捍翰瀚

ɵ [53]安鞍温瘟氨胺 [312]稳 [24]晚案按晏桉

yæn

t [312] 转

l [22] 脔

tɕ [53]专砖捐鹃抟 [312]转卷 [24]卷眷镌娟涓绢

tɕ´ [53]川圈穿 [312]喘 [24]劝券窜篡

dʑ [31]传椽拳权颧畎 [22]篆膳 [13]缠传倦撰舛

ȵ [31]元原源 [22]软阮汆 [13]愿

ɕ [53]闩宣喧揎栓搧 [312]选 [24]炫楦

ʑ [31]船全泉痊 [13]旋漩

ɦ [31]员圆园援袁缘丸猿玄悬 [22]远 [13]县院媛眩

ɵ [53]冤渊 [24]怨鸳圳

en

t [53]炖 [312]盹趸并 [24]跺墩杵撴

t´ [53]吞 [24]挩

d [22]霌遏

n [22]暖

l [31]圆囵 [22]卵蛋 [13]乱

b [13]笨

p´ [53]喷 [24]翻

m [31]门文纹闻蚊 [22]忘 [13]问闷扪焖

f [53]分芬纷吩 [312]粉伪 [24]奋坌分坋饙

v [31]坟焚 [22]忿刎 [13]份氛

ts [53]榛臻

ts´ [53]参惨 [312]諺 [24]参清

s [53]森参 [312]笋榫 [24]抖

k [53]关 [312]盖

k´ [312]垦恳 [24]掯

x [312]擤 [53]揌 [24]嗯饐

in

p [53]兵槟宾滨鬓冰彬斌 [312]饼丙秉禀摒 [24]殡柄炳嫔

p´ [53]姘拼乒榀 [312]品 [24]聘拼偘

b [31]贫平坪评苹萍瓶屏恁凭频 [13]病并

m [31]名民明盟铭酩瞑茗冥鸣 [22]闵悯敏皿泯抿闽 [13]命

t [53]丁叮盯钉疔玎 [312]顶鼎 [24]澄订砧

t´ [53]厅汀听 [312]挺艇 [24]听

d [31]亭停廷庭蜓婷沉 [22]锭 [13]定腚

l [31]零灵伶玲铃龄邻棂翎陵凌绫轮伦林琳淋霖临吝鳞磷嶙粼蔆

[22]领岭 [13]令另拎赁蔺躏

tɕ [53]巾针珍诊筋蒸惊茎兢精睛贞侦金今斟正痉征真臻京津经晶靳

[312]井紧景整颈警锦丞竞境径疹拯枕 [24]进正浸竟斤晋缙振震证症镜政禁荆镇敬圳

tɕ´ [53]亲轻青钦称卿清氢蜻 [312]请逞寝侵茼 [24]庆称秤馨揿沁揿溵

dʑ [31]陈程勤尘芹惩呈鲸琴绳纫擒禽擎涔沉扰 [22]近谨 [13]郑仅竞

ȵ [31]银迎宁凝仍扔壬人宜疑莹滢呢尼泞咛狞仁 [22]忍你耳饵而拧议任拟尔

[13]二贰认韧纫任艺义谊润

ɕ [53]心新芯星猩锌鑫升昇馨申伸绅身欣深生 [312]醒婶沈省 [24]兴姓性胜信行圣辛衅蝇

ʑ [31]情晴寻神辰晨臣承成诚城塍秦佾 [22]肾尽靖腥静 [13]剩盛乘肾悍净甚慎

ɦ [31]嬴形型刑淫盈寅邢荥营茔萤 [22]引蚓

ɵ [53]音因姻英瑛茵荫婴鹦缨莺樱鹰 [312]影饮颖隐瘾洇 [24]印应映尹胤阴窨

uen

k [312]滚 [24]炆焜（烟）

k´ [312]捆 [24]困

ɦ [31]浑溷浑浊

yen

tɕ [53]均钧军君津骏竣浚菌 [312]准卷槛 [24]俊

tɕ´ [53]春椿穹穿 [312]蠢顷倾 [24]串

dʑ [31]裙珺琼捃（踆） [13]郡阵群

ɕ [53]薰醺勋荀旬 [24]训殉询峋徇汛

ʑ [31]巡唇纯醇鹑循淳 [13]顺讯迅舜瞬

ɦ [31]云芸匀 [22]允尹永咏陨俑 [13]运孕韵晕闰润酝蕴熨

θ [53]肫

ɔn

p [53]班颁斑钣瘢扳 [312]板版叛 [24]扮

p´ [53]攀 [24]盼襻

B [31]爿跰庞姅 [13]办瓣

m [31]蛮顽 [22]晚挽蔓 [13]万慢漫馒

f [53]欢番翻藩 [312]反返缓 [24]贩畈坂瘓

v [31]烦矾帆凡繁 [22]犯范泛 [13]饭樊

t [53]担旦丹砃单 [312]胆掸诞坦 [24]担耽石

t´ [53]滩摊瘫 [312]毯坦袒 [24]叹炭碳

d [31]谈昙檀坛炟 [22]淡殚箪氮疸砝（石）笪 [13]但弹蛋绽

n [31]难 [13]难

l [31]蓝篮兰拦栏峦鸾岚婪 [22]览榄揽缆懒兰 [13]滥烂

ts [53]斩 [312]盏斩崭站 [24]蘸赞

ts´ [53]餐搀 [312]产铲阐 [24]灿忏孱

dz [22]赚暂 [13]站栈绽湛

S [53]三叁衫杉珊删姗 [312]伞散 [24]散

z [31]惭残 [22]暂

k [53]间奸监艰 [312]减简拣捡 [24]鉴间谏柬

k´ [53]嵌顑铅 [312]坎砍 [24]看

g [31]衔拃

ŋ [31]岩颜癌 [22]眼 [13]雁爿

x [312]喊秕 [24]唤焕苋

ɦ [31]咸闲 [22]限 [13]陷馅

uɔn

k [53]官棺倌关冠观 [312]馆管 [24]贯惯灌罐

k´ [53]宽髋 [312]款

g [22]掼 [13]掼弗

x [24]唤焕

ɦ [31]还环顽桓 [22]缓皖玩 [13]换患宦

θ [53]弯湾塆 [312]碗惋宛挽 [24]腕豌蜿

aŋ

p [53]绷 [24]拔柄

p´ [53]乓烹

b [31]棚嘭砰庞拍 [13]彭膨蚌

m [31]明盲萌虻 [22]猛孟 [13]夜瞑

t [53]档

t´ [53]瞠

d [31]当

n [312]打

l [22]冷

ts [53]争筝 [312]怎咋 [24]胀挣

ts´ [53]撑 [24]撑动词掌斜柱

s [53]生牲甥笙 [312]省 [24]生

k [53]更羹庚赓耕粳埂 [312]耿哽 [24]更亘

k´ [53]坑吭铿

ŋ [13]硬

x [53]亨夯 [24]行听

ɦ [31]行 [22]杏幸

θ [24]鹦嗯吖啈

iaŋ

p´ [53]乓

b [31]嘭

t [13]帐帐胀

n [53]娘 [24]孃

l [31]凉晾良粮量梁粱 [22]两辆 [13]亮谅量

tɕ [53]姜张章樟彰璋疆僵缰将浆蟑 [312]蒋长涨奖桨掌 [24]将酱障漳瘴仗犟

tɕ´ [53]枪腔羌昌娼猖 [312]厂抢敞强 [24]唱倡畅呛

dʑ [31]强肠场昶尚 [22]杖上像 [13]丈

ȵ [31]娘 [22]仰壤嚷攘 [13]让酿

ɕ [53]乡香伤商镶箱相厢湘襄 [312]想赏响享饷鲞 [24]向相

ʑ [31]墙常裳尝偿详祥嫦翔苍蔷垟 [22]象像橡上 [13]尚匠上

ɦ [31]羊洋烊阳扬杨炀熔化蛘 [22]养佯痒氧 [13]样恙漾

θ [53]央秧殃鞅鸯泱块

uaŋ

k [53]惊 [312]梗

g [31]狂哐 [13]掼

ɦ [31]横衡恒

əŋ

p′ [53]闻砰抨椪 [312]捧 [24]碰鬔

b [31]篷蓬棚硼嘣绷 [22]湓

m [53]闻嗅蒙 [31]盟 [22]懵 [13]梦

f [53]风蜂峰锋枫疯封唪 [312]讽 [24]俸烽丰

v [31]缝冯逢 [22]奉 [13]凤缝

t [53]东栋冬 [312]董懂咚 [24]冻垌

t′ [53]通 [312]统捅 [24]疼痛捝

d [31]同筒铜桐童瞳潼彤 [22]动桶 [13]洞霘

n [31]人侬农哝 [13]脓浓

l [31]笼聋隆垅垄珑 [22]拢陇茸冗 [13]弄睖 [24]窿弄

ts [53]宗棕踪鬃 [312]总 [24]粽综纵

ts′ [53]葱囱匆聪

s [53]松嵩 [312]怂 [24]送宋颂讼诵

z [31]丛崇耸凇

k [53]公工宫蚣攻功弓躬恭 [312]巩拱供 [24]贡汞

k′ [53]空 [312]孔恐 [24]空控掷

g [22]龚共 [13]供

x [53]烘哼 [312]哄吼 [24]轰蕻

ɦ [31]宏弘洪嗯鸿红

θ [53]翁嗡嗯瓮 [312]蓊

iəŋ

t [312]懂堵 [24]堵

tɕ [53]中忠盅衷终 [24]众

tɕ′ [53]冲充 [24]铳憧楤蹱

dʑ [31]虫穷 [22]重窘仲

ɕ [53]烘

ɦ [31]熊雄融荣戎绒镕溶

θ [53]舂擁搑 [312]臃肿种 [24]种壅

oŋ

p [53]帮邦浜泵 [312]绑榜磅 [24]谤迸埲

p′ [53]龙 [312]膀髈彷 [24]胖

b [31]旁滂螃傍梆 [22]棒蚌

m [31]亡忙氓芒茫妄盲 [22]网莽蟒惘 [13]望看往

f [53]方芳坊 [312]纺访仿舫 [24]放

v [31]房防妨肪

t [53]当 [312]党挡 [24]当裆档铛

t´ [53]汤嗵 [312]倘躺耥淌 [24]烫趟

d [31]堂棠螳膛唐糖塘幢氹凼搪 [22]荡 [13]逛宕荡盪

n [31]囊馕 [22]曩囡婼

l [31]狼郎廊榔 [22]朗 [13]浪朗

ts [53]赃脏 [312]抖 [24]葬臧

ts´ [53]仓苍疮舱 [24]创

s [53]丧桑 [312]爽磉嗓

z [31]藏 [13]脏藏

k [53]光咣江扛肛缸刚纲钢 [312]讲广港犷 [24]降杠冈岗豇

k´ [53]康糠匡筐眶框哐亢邝 [24]慷抗炕矿旷园

g [31]狂

ŋ [31]昂

x [53]荒慌 [312]谎恍晃

ɦ [31]黄簧潢磺皇凰隍蝗煌惶杭航行 [22]项晕 [13]旺巷笐

θ [53]汪肮

ioŋ

t [53]桩椿庄 [24]庄

t´ [24]跳

l [31]龙藤 [22]楞

tɕ [53]钟肏装妆庄 [312]种肿炅炯 [24]种壮供

tɕ´ [53]窗 [312]闯宠 [24]创

dʑ [22]重共龚 [13]撞

ȵ [31]浓 [13]让

ɕ [53]双霜孀凶汹兄匈胸 [312]爽 [24]况

ʑ [31]床从卬 [22]痒 [13]状讼颂

ɦ [31]容蓉庸王榕融 [22]甬勇涌往泳 [13]用

θ [53]痈雍镛蛹慵 [312]枉踊咏佣 [24]拥

ŋ̍ [53]翁瓮唔 [312]蓊 [24]嗯儿 [31]红洪鸿虹蛾鹅宏弘娥 [22]我吾 [13]嗯

m̩ [31]麻磨靡蘑摩魔茂戊 [22]亩牡母拇 [13]磨

n̩ [31]银仁疑宜义迎吟莹荧宁呢尼妮儿苡 [22]耳忍艺忆你纫仍仪议 [13]二贰认任韧毅

aʔ

p [5]百伯柏珀泊箔

p´ [5]魄拍帕迫舶掰

b [2]白帛

m [2]麦脉陌嘛

t [5]叼耷搭

t´ [5]拓缝坼

n [2]捺纳衲呐掮

l [2]啦喇咧

ts [5]眨栅责摘其炸

ts´ [5]拆册策岂

dz [2]泽择宅拃簎

s [5]栅萨霰

z [2]塞咋

k [5]格隔革骼

k´ [5]客喀

ŋ [5]轭厄嫑勚 [2]额核折扼

x [5]吓骇赫嚇

θ [5]扼愕阿那嫑

iaʔ

P [2]揊啪

p´ [5]啪

l [2]略掠

tɕ [5]脚爵酌

tɕ´ [5]湿恰洽鹊雀绰却掐

dʑ [2]着芍蚱挟

ȵ [2]弱若箬虐疟捏搦

ɕ [5]削鹊呷

ʑ [2]勺芍嚼杓

ɦ [2]药钥

θ [5]约拿扚

uaʔ

k [5]括刮掴聒呱圿栝跳

k´ [5]喀咔炌

g [2]呱

ɦ [2]划获

yaʔ

ɦ [2]悦阅穴越粤曰钺跃

æʔ

p [5]北钵拨不北畚

p′ [5]泼

b [2]勃钹厶便

m [2]墨末默殁没沫抹物茉

v [2]佛

t [5]德得端穿着掇

t′ [5]忒太

d [2]夺特突忑凸

n [2]日

l [5]粒 [2]捋劣肋勒

ts [5]则侧仄

ts′ [5]撮测厕

s [5]色塞啬涩瑟穑

z [2]贼杂些

k [5]鸽合蛤胳痉搁骼扢合

k′ [5]克刻咳瞌嗑磕硌

g [2]搁掮

ŋ [2]核

x [5]黑

ɦ [2]合盒

θ [5]褐搕盦

iɛʔ

P [5]鳖憋瘪

p′ [5]撇辟劈瞥匹僻霹

b [2]别蹩

m [2]灭蔑篾

t [5]吃咥跌痴

t′ [5]铁贴帖

d [2]叠蝶蹀牒谍堞碟笛迭

l [2]列烈裂洌咧劣猎挒拶

tɕ [5]接浙节结洁折哲劫摺阉揭诘仄蜇

tɕ′ [5]妾怯切彻窃缉辑挈锲愜撤辙澈箧

dʑ [2]杰竭舌捷睫

ȵ [2]热孽业聂镊蹑嗫慑镍捏

ɕ [5]歇摄胁设蝎楔泄

ʑ [2]涉袭捷折截

ɦ [2]叶页协液腋译洽拽挟侠

θ [5]噎割燕刈靥

uæʔ

k [5]国骨割葛帼蝈馗囫

k′ [5]渴窟

g [2]掘

ŋ [2]核

ɦ [2]或惑

yɛʔ

tɕ [5]决诀抉拙厥撅拧噘倔

tɕ′ [2]出缺屈绌黜阙阕

dʑ [2]掘橛逐劂

ȵ [2]月玉逆

ɕ [5]血雪说刷薛戌恤蟀旭扫烁铄朔硕率

ʑ [2]拾十绝术述属趄噱

ɦ [2]域役疫乐

oʔ

p [5]驳博搏膊剥卜腹

p′ [5]扑仆朴濮璞蹼泊

b [2]薄缚瀑雹

m [5]摸 [2]膜漠茉抹

f [5]勿忽惚弗佛

t [5]置

t′ [5]托

d [2]咄铎踱度

n [2]诺喏

l [5]络 [2]落骆酪洛铬乐录

ts [5]作

s [5]索

z [2]凿

k [5]各阁搁郭觉角

k´ [5]扩壳确廓酷窟

ŋ [2]鹤岳乐

x [5]霍郝熇

ɦ [2]镬锅学

θ [5]恶

ioʔ（iωʔ）

t [5]桌啄卓筑竹竺

l [2]录绿

tɕ [5]捉烛逐足祝粥掬鞠吮嘬

tɕ´ [5]触戳曲辍龊屈蛐菊杵畜蓄

dʑ [2]浊镯局剧浞轴术焗屈琢酌

ȵ [2]玉肉揉

ɕ [5]束朔宿缩甩叔淑畜

ʑ [2]续赎俗属熟塾

ɦ [2]欲浴狱育毓

θ [5]削砍斯郁

ɔʔ

p [5]八叭捌

b [2]拔

m [2]袜

f [5]发法砝珐

v [2]罚伐乏筏阀浟

t [5]答塔搭褡

t´ [5]塌塔榻遢挞獭沓

d [2]踏跶达蹋大

n [2]按捺

l [2]腊蜡辣邋烙酪瘌

ts [5]扎札炸窄砸匝榨诈

ts´ [5]插察擦

s [5]杀煞撒萨飒霎塞

z [2]闸铡刹煤

k [5]夹甲钾胛眨峡挟荚

k´ [5]嚓沓掐恰擦

g [2]硖轧嘎

x [5]瞎喝孭

ɦ [2]狭匣辖

θ [5]鸭押压揷

uɔʔ

k´ [5]阔

ŋ [2]咬龇啮

x [5]豁

ɦ [2]活滑猾

θ [5]挖

ɤʔ

m [2]木目牧莫模沐睦穆钼

f [5]弗丕佛勿福幅复箙

v [2]服伏茯袱覆馥辐复腹佛

t [5]笃督啄

t´ [5]秃

d [2]读独毒犊渎黩夺突

l [2]六陆鹿禄碌漉麓勒赂捋

ts [5]卒搓

ts´ [5]促猝簇蹙蹴撮

s [5]速肃粟夙簌

z [2]族

k [5]谷

k´ [5]哭酷

θ [5]屋握沃龌

uɤʔ

θ [5]卧趏兀

eʔ

m [5]没

t´ [5]脱忒

l [2]勒

ts [5]皱卒簇

ts´ [5]拾捡猝撮厕

s [5]疳

k [5]剋

ŋ [5]怄

iʔ

p [5]必逼毕壁璧臂辟碧哔愎笔滗

p´ [5]僻劈匹屄毽

b [2]鼻弼秘吡

m [2]密蜜觅宓秘

t [5]滴嫡嘀的涤

t´ [5]剔踢惕

d [2]敌籴笛迪狄荻逖秩

l [2]立笠力栗傈律历沥雳砾溧率

tɕ [5]急级汁执质吉即只织职积脊击激迹唧缉辑亟鲫帜稷给拮稽积

tɕ´ [5]泣七膝漆讫乞饬赤尺斥戚喫吃叱迄缉

dʑ [2]及侄炙秩极殖直值植疾棘瘠剧屐寂戟

ȵ [2]入日匿逆溺腻扒図

ɕ [5]吸失室息媳识式饰惜昔适释熄悉锡析淅晰湿虱阋䁯

ʑ [2]习实食蚀席夕籍石藉袭集隙檄拭弑蜥

ɦ [2]逸亦译易液腋驿邑绎翼

θ [5]一乙揖抑益溢屹蜴轶这只

第五章 谚 语

本章内容包括松阳地方俗语、地方谚语（气象、农业、生活、做人、养生、婚嫁、做事）和地方歇后语、地方谜语四大块。松阳方言谚语作为非物质文化遗产的一部分，蕴藏着丰富的文化信息，凝聚了松阳人民群众的生活智慧、劳动经验、社会习俗和情感体验，具有极大的研究价值。

第一节 地方地名俗语选录

1. 松阳谣，无天条。
2. 三都乡，卖了大蒜卖生姜。
3. 项弄侬儿弗景气，端午过初四。
4. 一带头，二做媒，三嫁市墈头。
5. 处州十县靠松阳，松阳田畈白洋洋。
6. 金山头无祠堂，生尼都生奶尼王。
7. 四都菜头三都姜，五都六都落花生。
8. 荒鸡赶鸡娘，赶到山下阳；鸡娘赶荒鸡，赶到大竹溪。
9. 后畲奶尼赤圩笋，横樟男儿擦镬盖。
10. 马鞍高又高，满山都是宝。
11. 大岭头邋遢真邋遢，脚骨掰起打烟夹。
12. 呈回村，无水汏饭甑。

第二节 地方谚语选录

气象谚语

1. 七晴弗过九。
2. 蚁蚁搬厝霊大雨。
3. 出门望天色，早望东南，晚望西北。
4. 初三晴，初六雪。
5. 处暑漏一漏，添得十月豆。

6. 咥嘞端午粽，棉衣伆伆（远远）送。

7. 春风雨祖宗，夏风燥松松。

8. 春寒多雨水，夏寒断水流。

9. 春无三日晴，上树穿蓑衣。

10. 春南夏北，弗霊也黑。

11. 春霜弗露白，露白要赤脚。

12. 春头小儿面，一日变三变。

13. 到了芒种边，走路要人牵。

14. 地下暖一暖，天上孵雪卵。

15. 东鲎（虹）热头西鲎雨。

16. 冬卯雾露晃，夏卯弄堂光。

17. 冬南秋北，热头常出。

18. 冬至月头，卖嘞被买牛；冬至月尾，卖嘞牛买被。

19. 冬至月中，十个牛栏九个空。

20. 豆腐云，天要晴。

21. 净洁冬至邋遢年，邋遢冬至净洁年。

22. 久晴大雾雨，久雨大雾晴。

23. 雷响冬，十个牛栏九个空。

24. 立夏晴，担秧插荒坪。

25. 立夏晴，蓑衣箬帽上蓬尘；立夏雨，蓑衣箬帽挂肉柱。

26. 立夏热，五谷山头叠；立夏凉，谷儿落平洋。

27. 霊雨起泡，大水就到。

28. 六月霊雨隔根纼（绳），半面霊雨半面晴。

29. 六月霊雨隔田岸，七月霊雨趁山沿。

30. 六月六，鸡卵要晒熟。

31. 六月夜雨如粪（垟）浇，七月夜雨如火烧。

32. 廿二三，月上对半担；廿五六，月上饭烧熟；廿七八，月上光赤嗒。

33. 七死八火九大晴。

34. 前冬黑热，后冬霊雪。

35. 清明断雪，谷雨断霜。

36. 清明晴一晴，谷儿两头平。

37. 热头打洞，大水满巷弄。

38. 热头点灯，雨打脚后跟。

39. 日长长到夏至，日短短到冬至。

40. 日落西山弗发光，明朝起大风。
41. 日晕弗过周，月晕晒九州。
42. 日晕雨，月晕风。
43. 三九晴，乞儿喊太平。
44. 山头戴帽，大雨就到。
45. 十月廿四晴，乞儿喊太平。
46. 十月小阳春，种田人儿穿紧身。注：紧身，即内衣。
47. 疏疏星，密密雨；密密星，无点雨。
48. 水缸得裙，大雨淋。
49. 四季东风都有雨，六月东风无点雨。
50. 天出扫帚星，地下弗太平。
51. 天光阴凉，两午晒墙。
52. 天光阴阴，两午晒经。
53. 天光云起花，大水满桠杈；乌阴云起花，晒死野老鸦。
54. 天雷只唱歌，有雨也弗多。
55. 天上鲤鱼斑，明朝晒谷弗要翻。
56. 天上落火秧，地下出火场。
57. 天上炮台云，弗过三日雨淋淋。
58. 天有馒头云，久雨转天晴。
59. 晚间漫天星，明朝照样晴。
60. 乌阴上云半夜散，半夜上云无日间。
61. 乌云拦东，无雨是风。
62. 五月弗热，五谷弗结。
63. 五月旱，仓仓满。
64. 午时响雷弗过刻。
65. 夏至夹分龙，眼睛要晒黄。
66. 夏至霉儿无好去，弗是欺人嘅田，就是欺人嘅厝。
67. 先雪后霜，一个麦头两个人扛。
68. 雪弗炀（烊），候雪娘。
69. 盐罐起潮，阴雨难逃。
70. 一日雾纱三日雨，三日雾纱无点雨。
71. 有雨山头戴白帽，无雨云居半山腰。
72. 雨打秋头，无藁饲牛；雨打秋日，无水磨墨。
73. 雨打天光饭，蓑衣箬帽拿去掼。

74. 雨打天光头，日间大热头。

75. 雨打中，两头空。

76. 月光生毛，雨坐牢。

77. 云往东，烂田好栽葱；云往南，大水满龙潭；云往西，大水满大溪；云往北，田地要晒黑。

78. 早望启明星，晚望七姑星。

79. 早西风，晚东风，热得像火笼。

80. 正月动雷，雷催雷；二月动雷，雨弗歇。

81. 猪衔草，寒潮到。

农谚

1. 颇种子，种半死。

2. 八成熟，十成收；十成熟，八成收。

3. 八月大，无菜卖；八月小，菜当草。

4. 七月种芥，尿桶要浇破；八月种芥，弗种自会大。

5. 白菜菜头经霜霶，味道甘甜呱呱叫。

6. 白插白种（不施基肥，不加追肥），仓里浪荡（又说“吭朊”）空。

7. 白露花麦寒露菜。

8. 半夜鱼浮头，明朝用篮收。

9. 苞萝去嘞头，力气大如牛。

10. 坐车栽桔，戳棒栽桃。

11. 插田插夏至，刈谷刈个屁。

12. 咥嘞清明馃，屁股赶出火。

13. 尺麦吓寸水，寸麦弗吓水。

14. 初六无雪，年内年外霊弗歇。

15. 处暑属金，豆腐当点心；处暑属木，豆腐当壮肉。

16. 春间己卯风，塘底鱼儿空；夏天己卯风，树头果儿空；秋天己卯风，田中五谷空；冬间己卯风，栏中六畜空。

17. 春三二月，抽蕻拔叶。

18. 春社晴，塘下秧；秋社晴，塘下菜。

19. 打赌要摆头，种田要养牛。

20. 大麦弗过夏，小麦弗过满。

21. 冬水出溪，无麦饲鸡。

22. 读书惊赶考，种田惊担蘽。

23. 儿多无福，田多无谷。

24. 儿要奶足，田要水足。

25. 二月二天晴，百草抽三轮；二月二天暖，冻死百鸟卵。

26. 二月清明满山青，三月清明弗见青。

27. 二月清明蓬当草，三月清明蓬当宝。

28. 孵鸡弗盖，盖鸡弗孵。

29. 弗惊伙弗着，就惊栽弗着。

30. 高山有好水，云雾有好茶。

31. 谷儿黄黄，吹角打癀（送瘟神）。

32. 谷儿齐齐，廿日孤凄。

33. 谷黄一时，麦黄一日。

34. 谷雨前后，栽瓜种豆。

35. 好儿要好娘，好田要好秧。

36. 禾如葱，要防虫。

37. 盦得好酱黄，一年好羹汤。

38. 花麦三瓣糠，接熟弗接荒。

39. 黄田起雨，赶死男女。

40. 会种种一石，不会种种一畈。

41. 会种种一丘，不会种种千丘。

42. 鸡娘生卵赶过年，鸭娘生卵好插田。

43. 鸡生卵过年，鸭出卵落田。

44. 家备两套种，弗吓老天哄。

45. 家要穷，日日睏到热头晒床杠。

46. 甲寅乙卯晴，晴到明年大清明；甲寅乙卯落，七七四十九日烂鼻渎（泥土稀烂如鼻涕）。

47. 脚叶儿好买盐，秋烟儿好买棉。

48. 惊蛰轰一轰，样样添一桶。

49. 九月三九晴，明年好年成。

50. 九月三九晴，雨雪到清明。

51. 柏子叶下白，无面（面粉）也有麦。

52. 空田搭（浅栽），麦田插（深栽）。

53. 烂冬油菜旱冬麦。

54. 犁得灌（深），种得坦（浅），谷头碰面庞。

55. 犁田无样，田岸做样；搓鞋无样，箬壳做样。

56. 立春雨淋淋，阴阴洽洽（湿湿）到清明。

57. 立冬晴，一冬晴。

58. 立秋无雨送秋旱，送秋无雨一冬旱。

59. 雷一弗雷二，初三雷雨望十四；十四嗒一嗒，雷到廿七八。

60. 六月初一，雷大雨发大虫，雷小雨发小虫。

61. 六月轭儿好煎冻。

62. 六月无庚中，七月无秋淋。

63. 六月弗热，五谷弗结。

64. 六月水满塘，八月谷满仓。

65. 六月做满大（多雨），家家办沙箩。

66. 龙庚弗雨，犬庚弗晴。

67. 落苏栽花，豇豆栽芽。

68. 马无夜草弗肥，牛无淡盐弗壮。

69. 麦锄七遍无裥，谷戽七遍无冇（秕谷）。

70. 麦咥四季水，总惊清明头夜雨。

71. 麦倒如草，谷倒如宝。

72. 麦是小满籽，弗刈自会死。

73. 麦吓倒，谷吓瘟。

74. 麦吓四月风，风来一场空。

75. 满箱金，满箱银。弗如一双脚手勤。

76. 芒种火烧溪，大水十八遍。

77. 芒种芒种，样样要种。

78. 芒种无霉（梅雨）空种田。

79. 没有上肥田，只有上肥人。

80. 男落田，女落田，有酒有肉好过年。

81. 年前浇麦点点着，年后浇麦弗惊你大大勺。

82. 娘亲爷亲，弗如自嘅脚手亲。

83. 牛拖田，马咥谷，爸爸做官（又说“种田”）儿享福。

84. 七葱八蒜，九月种罗汉。

85. 七月挖金，八月掘银。

86. 热头天嘞过，道路手嘞过。

87. 人讹地一时，地讹人一年。

88. 人弗欺地皮，地弗欺肚皮。

89. 人吓老来苦，田吓秋来旱。

90. 日头搭岗，大猫起跳。

91. 山大好做园，水大好撑船。

92. 施肥施麦针，抵过咥人参。
93. 桃花落地，芥菜无味。
94. 桃三李四橄榄七。
95. 天光早，田头无根草；乌阴早，省油省灯草。
96. 桐子开花，鲤鱼上坝。
97. 五月油麻六月粟。
98. 夏至才种粟，种种一重壳。
99. 夏至响雷无六月。
100. 小麦拜（培养管理）清，大麦拜社（春社）。
101. 小满属金，豆腐当参。
102. 小雪阴到大雪，明年种田作水缺。
103. 小猪要游，大猪要囚。
104. 孝心大人自有福，孝心田头自有谷。
105. 鸭老无肉，秧老无谷。
106. 烟田三次白，无枯有烟扼。
107. 养猪弗赚钿，回头望望田。
108. 有面无面正月廿。
109. 有双手儿摸摸动动，弗要娘家七箱八笼。
110. 雨打春甲子，百草冻死；雨打夏甲子，黄瘴蚕死；雨打秋甲子，稻谷生草；雨打冬甲子，牛羊冻死。
111. 雨打谷花，好比抄家。
112. 雨打立春节，惊蛰雷弗歇。
113. 早稻吓隔夜秧，晚稻吓隔夜田。
114. 正月竹，二月树。
115. 只有懒人无懒地。
116. 种得千莵棕，子孙当相公。
117. 种得一亩烟树田，值得一爿（间）南货店。
118. 种麦上下月，刈麦上下日。
119. 种麦十月半，弗早又弗晏。
120. 种田无技巧，勤人种稻，懒人种草。
121. 种田无着，担柴掮箬。
122. 种田要令，发财要命。
123. 种田最吓大腹晒。
124. 种小麦，冬至边；种大麦，在年前。

125. 种烟无技巧，日日有个天光早。

126. 种芋要好土，咥芋要好肚。

127. 种种一畈，收收一罐。

生活谚语

1. 前客让后客。

2. 八字无一撇。

3. 百货中百客。

4. 半天（天空）挂楞锤（大秤砣）。

5. 帮人白索朊。

6. 蹈倒（摔倒）播（抓）捺（量词，相当于“把”）沙。

7. 菜头往下大。

8. 长病无孝子。

9. 长客无好菜。

10. 大猫修作佛。

11. 倒霉弗惊多

12. 豆腐扳（翻）转搨。

13. 恶人先做大。

14. 放屁弗闪腰。

15. 弗筛弗断谷。

16. 腹桶（肚子）搭壁脊。

17. 割朊弗出血

18. 共脚穿布裤。

19. 好货弗留种。

20. 好人两头做。

21. 好望弗好咥。

22. 好竹出好笋。

23. 荒鸡（雄鸡，公鸡）逼出卵（蛋）。

24. 蝗蚂听水声。

25. 活人生活计。

26. 活人揄死尸。

27. 货到地头死。

28. 僭（懒）人担死担。

29. 讲话卵配粥。

30. 口动弗损腰。

31. 口渴喝盐卤。

32. 拉尿无工夫。

33. 拉污溜着朊。

34. 蜡烛油敷疥。

35. 懒人尿污多。

36. 懒人贪重担。

37. 老牛难过冬。

38. 老实会偷咥。

39. 两好合一好。

40. 临老学坐车。

41. 路生窟嘴嘞。

42. 路伆（远）无轻担。

43. 芒种无老牛。

44. 盲眼摸溪滩。

45. 猫儿搞老鼠。

46. 无盐夹淡争。

47. 木勺补板壁。

48. 破鼓好救月。

49. 破鼓统天打。

50. 棋输木头在

51. 千年打一更。

52. 欠账没屁股。

53. 请客两头穷。

54. 人长当得梯。

55. 人穷骨头硬。

56. 人生面弗熟。

57. 人熟礼弗熟。

58. 人死人情绝。

59. 人心隔肚皮。

60. 忍气咥饱饭。

61. 忍一忍，咥弗尽。

62. 软地好打桩。

63. 三岁记到老。

64. 上门弗杀客。

65. 上天弗搭梯。

66. 十人好帮一。

67. 石板会转侧。

68. 手膀骨向外。

69. 水鬼儿拖伴。

70. 死人候功德。

71. 死人捏灰粽。

72. 算盘背臂脊。

73. 贪多嚼弗烂。

74. 讨饭弗带碗。

75. 天火夹人命。

76. 铁猫儿揄门。

77. 铜钿气归心。

78. 头翘尾丢（尾巴）动。

79. 乌猪笑白猪。

80. 咥嘞虱样空

81. 笑破弗笑补。

82. 心肝大小叶（页）。

83. 心肝会认人。

84. 心头开莲花（比喻心花怒放）。

85. 性急生奶妮。

86. 鸭儿听天雷。

87. 盐放酱嘞在。

88. 阎王扳过页。

89. 阎王帮鬼忙。

90. 阎王怕当面。

91. 阎王怕穷鬼

92. 眼泪夹鼻涕。

93. 养犬啮脚腹。

94. 一筒（袋）烟工夫。

95. 一日到乌阴

96. 有嚎无眼泪。

97. 有自无别人。

98. 占凳烂屁股。

99. 重弗起嘅骨。

100. 着力弗讨好。

101. 自塌自嘅包。

102. 钻火坛腹睏。

103. 做娘咥白米。

104. 衣裳角荡死人。

105. 败子弗惊财多。

106. 臂脊后无眼睛。

107. 剥了皮都是胆。

108. 蹅一塌，得一法。

109. 咥人饭，受人管。

110. 捧人碗，服人管。

111. 咥酒跟（又说成“望”）隔壁桌。

112. 吹箫要人捺孔。

113. 对心拳，打死人。

114. 多问弗会咥亏。

115. 翻石头磕脚背。

116. 弗是亲，弗挂心。

117. 弗吓官，只吓管。

118. 弗惊折，只惊歇。

119. 棺材板背臂脊。

120. 好死弗如赖活。

121. 好心着天雷敲。

122. 荒鸡逼弗出卵。

123. 唧唧儿撩荒鸡。

124. 脚板背泥镬灶。

125. 口咥饭腹思量。

126. 拉污撮（捡）到炒豆。

127. 邋遢咥邋遢壮。

128. 瘌痢脱帽现见。

129. 郎弗郎，兽弗兽。

130. 寮有犬，贼难掩。

131. 当紧身卖布裤。

132. 门扇后候天光。

133. 脑撮疙，疙死人。

134. 年关铟，六月雪。

135. 娘自死，儿自大。

136. 穷柴仓，富米缸。

137. 犬改弗嘞咥污。

138. 犬弗咥，猪弗嚼。

139. 犬骨头改弗了。

140. 三十夜养大猪。

141. 山荒鸡霸地界。

142. 上灯酉，落灯戌。

143. 上弗上，落弗落。

144. 舌头下，压死人。

145. 蛇吞蜷，蜷吞蛇。

146. 生白话，害百家。

147. 圣旨口，判官笔。

148. 贪便宜，买老牛。

149. 贪小头，去大头。

150. 糖霜嘴，尖刀心。

151. 天师印敲嘞嘅。

152. 天越阴，星越光。

153. 偷得常，有日偿。

154. 望人家，打火叉。

155. 咥酒弗惊面红。

156. 㱿柴头，嚼生米。

157. 心弗煞，家弗发。

158. 心头子弗拎清。

159. 徐对徐。扛大橱。

160. 要得宝，就起早。

161. 一锄头掘到䂯（脚、根、底）。

162. 一锄头一畚箕。

163. 有跟有，无跟无。

164. 鱼望鳞，树望轮。

165. 种田铟，万万年。

166. 自揎（打，扇）自嘅面掴（耳光）。
167. 死犬避弗嘞热汤。
168. 菜篮也有担水运。
169. 撑排搭酒无老手。
170. 赤膊鸡儿争空气。
171. 咥嘞上厨无下厨。
172. 床头无把杀儿刀。
173. 大水汰嘞砧埠在。
174. 担水寻弗着埠头。
175. 灯盏照前不照后。
176. 弗苦弗难弗成人。
177. 弗曾学走先学飞。
178. 斧头弗落金漆桌。
179. 光棍难存隔夜粮。
180. 跪倒弗在乎一拜。
181. 旱地蝗蚂抽死血。
182. 好记性弗如烂笔头。
183. 黄泥埋到心头下。
184. 火烧乌龟腹内痛。
185. 酱嘞虫儿酱嘞死。
186. 今天望弗到明朝。
187. 救嘞蛙螟饿死蛇。
188. 窟嘴钢丝啮得断。
189. 拉污（屎）要人揩屁股。
190. 烂脚碰着破缸瓣。
191. 灵山拣起嘅日子。
192. 买胖响给别人放。
193. 馒头大弗过蒸笼。
194. 猫儿做起假死胚。
195. 面庞无肉少接触。
196. 尿嘞弗出屙嘞出。
197. 乞儿讲自嘅米白。
198. 千金难买亲生子。
199. 千人做官为张嘴。

200. 前生世弗曾咥过。
201. 钱财养人油养发。
202. 亲眷朋友弗惊多。
203. 拳头弗打笑面人。
204. 犬无生日猪无年。
205. 三脚香炉鼎缸碓。
206. 三日新鲜四日厌。
207. 三岁儿童记到老。
208. 上笐（筕）燥了下笐穿。
209. 上丘（坵）教牛下丘听。
210. 烧作灰得认到你。
211. 生当鸡儿大细啄。
212. 生当鸡儿弗合群。
213. 十句俗话九句真。
214. 十字街头听白话。
215. 死尸弗怨怨大烂。
216. 死猪弗惊开水泡。
217. 饲犬弗如饲大猫。
218. 讨嘞新妇卖嘞儿。
219. 天师名下出大鬼。
220. 偷咥儿弗揕窟咀。
221. 头光面光屁股烂。
222. 驼背两头弗搭席。
223. 乌龟卵摆大青盆。
224. 五谷咥嘞想六谷。
225. 苋菜籽衔起弗哺。
226. 蟹小弗惊石头大。
227. 心直口快招人怪。
228. 绣花枕头稻草芯。
229. 袖衫分下养大猫。
230. 一代做官三代绝。
231. 一个天雷到处响。
232. 一根草一粒露水。
233. 一千弗如八百现。

234. 硬柴也有硬虫蛀。
235. 有的撮也要起早。
236. 有的做便有的咥。
237. 有好晒才有好收。
238. 有米熼（煐）饭弗惊晏（迟）。
239. 只有买错无卖错。
240. 猪杀倒嘞再讲价。
241. 猜弗到自有几根犬骨。
242. 菜头拔嘞窟窿尚在。
243. 成人弗自在，自在弗成人。
244. 搭猪厨碰到猪腹泻。
245. 大路朝天，各人一边。
246. 大石头要小石头垫底。
247 调皮合算，老实咥亏。
248. 儿要亲生，田要灌耕。
249. 弗骇县官，只骇现管。
250. 关起嘅鸡娘弗生卵。
251. 官有禁条，民有私约。
252. 光棍弗需要多，三升米会唱歌。
253. 好女弗落嬉场，好男弗落赌场。
254. 好心好到底，送佛送上殿。
255. 和尚一派经，道士一派咒。
256. 荒鸡弗嚎天照样会光。
257. 会颇颇八月，弗会颇颇六月。
258. 活人弗生计，白白陪人过生世。
259. 借来嘅酒瓶赊来嘅酒。
260. 酒无气，咥弗醉；人无气，做个屁。
261. 老实人嘴孽，小人儿手孽。
262. 老鼠牙利，坏人心毒。
263. 霊雨霊雪傍年边，无柴无米喊皇天。
264. 龙头咋甩，龙尾咋摆。
265. 无钿做弗得事成，无理讲弗得话成。
266. 无树索竹，无饭咥粥。
267. 眉毛先出弗如胡须长。

268. 哪侬嘅小侬儿哪侬抱。

269 牛望齿，犬望须，人望心。

270. 牛尾丢遮弗得牛屁股。

271. 七个人咥饭，八个人当家。

272. 乞儿咒弗得社庙倒

273. 亲帮亲，邻帮邻，黄犬帮主人。

274. 穷人当保正，讲话无人信。

275. 穷在债里，清在风里。

276. 人倒运嘞盐得会生虫。

277. 人靠心好，树靠根好。

278. 人穷志短，马瘦毛长。

279. 人争一口气，树争一层皮。

280. 人争一口气，佛争一炷香。

281. 三厨无食，父子无义。

282. 三个早天光，抵得一个工。

283. 三句好话弗抵一个脑撮疙。

284. 三牛难揄，五口难供。

285. 三十年前唱山歌，三十年后事头多。

286. 三十年前做冤家，三十年后做亲家。

287. 生处骇水，熟处骇鬼。

288. 生尼生名气，生奶妮生福气。

289. 生死嘅性，钉死嘅秤。

290. 十个手指头往内搭（勾）。

291. 树树有鸟，蓬蓬有蛇。

292. 水清无鱼，性急无计。

293. 损人是祸，饶人是福。

294. 天上无云弗会霝雨。

295. 拖破鞋，做世界；烂婊子，当太太。

296. 外底光光，内底砻糠。

297. 望菜咥饭，依书请客。

298. 望人讲话，望菜咥饭。

299. 先来先占碓，后来撮米碎。

300. 小犬儿咥弗嘞大泡屙

301. 小水塘养弗牢大鱼儿。

302. 心高如天，命薄如纸。

303. 修身弗如修口，修口弗如修心。

304. 鸭肉烂嘞嘴甲尚硬。

305. 盐放在酱嘞，肉烂在汤嘞。

306. 阎王鬼做，豆腐水做。

307. 一场大水一场鱼儿。

308. 一人园（放）藏，千人难寻。

309. 一样饭米咥千样人。

310. 衣裳新嘅好，朋友旧嘅好。

311. 这只耳朵归，那只耳朵出。

312. 硬竹篙撑弗动，软麻绳系死人。

313. 有工夫拉屙无工夫揲屁股。

314. 有眼天堂，无眼地狱。

315. 伆处烧香，弗如近处修福。

316. 运气来嘞磨都积弗牢。

317. 可以咥朋友嘅鸡，不可欺朋友嘅妻。

318. 住要好邻，坐要好伴。

319. 赚钿弗着力，着力弗赚钿。

320. 自咥落坪缸，客咥传十方。

321. 走三家弗如坐一家。

322. 做官骇风险，讨饭骇凶犬。

323. 做鬼弗惊无羹饭咥。

324. 做犬猜弗到自嘅犬骨贱。

325. 做人做名，做佛做神。

326. 做死做活，为嘞大腿浃。

327. 做戏少弗嘞敲锣鼓嘅。

328. 做贼弗犯案，比做官好一半。

做人

1. 八月无破箩，十二月无太婆。

2. 变好一根龙，变差一根蛇。

3. 别人咥肉你喝汤，别人犯错你担当。

4. 长客无长礼，人熟弗拘礼。

5. 出头嘅椽先烂，露头嘅唧唧儿先咥子弹。

6. 咥弗穷，穿弗穷，弗会打算一世穷。

7. 咥嘞人嘅麻糍封嘞自嘅嘴。

8. 床头有箩谷，死嘞有人哭；床头有箩糠，死嘞有人扛。

9. 聪明嘅人做媒人，脱壳嘅人做保人。

10. 打虎要打头，杀鸡有杀喉。

11. 灯笼大大弗上斤，秤锤小小压千斤。

12. 东坐西坐添累堆，东刷西刷添撮灰。

13. 多龙多旱，一根龙儿圈圈转。

14. 儿大弗由娘，鸡大飞过墙。

15. 儿弗嫌娘丑，犬弗嫌家贫。

16. 凡事让三分，一世都安心。

17. 饭可以乱咥，话不可乱讲。

18. 弗忖大大堆，只要日日归。

19. 弗惊别人望弗起，只惊自己弗争气。

20. 弗曾活到八十八，弗要笑人脚跷眼瞎。

21. 弗曾活到九十九，弗要笑人跷脚驼背。

22. 好人弗受三托，恶人弗受三戳。

23. 好字弗出头，好事难到头。

24. 后生贪色，老人贪得。

25. 会做弗会算，弗抵人一半。

26. 会做弗会算，弗惊你死人憨。

27. 会做弗如会算，会算弗如会钻。

28. 脚长弗过地，嘴强弗过理。

29. 君子摸气（报复）三五年，小人摸气在眼前。

30. 懒人弗愁无凳坐，勤人弗愁无事做。

31. 老鼠会打洞，坏人会钻孔。

32. 炉灰筑弗起墙，奶尼供弗嘞娘。

33. 妈有爸有，弗如自嘅怀里有。

34. 无用猫儿好吓鼠，无用老公好做主。

35. 面薄无情，颈长无义。

36. 你做初一，我做十五。

37. 宁可添一斗，弗可添一口。

38. 平时肯帮人，急时有人帮。

39. 破草鞋弗要扳，别人闲事弗要管。

40. 破柴望纹理，做人讲道理。

41. 破扇无风，老人无气。

42. 欺人覅欺尽，烂柴生菇蕈。

43. 气上打死人，气下认抵命。

44. 牵牛要牵牛鼻头，打蛇要打三寸头。

45. 前面留根线，后面好相见。

46. 穷人覅探亲，探亲咥人精。

47. 求神弗如求人，求人弗如求自。

48. 人变一时，天变一刻。

49. 人咥米，猪咥糠；人欠账，猪抵桩。

50. 人弗立志，白活一世。

51. 人活面，树活皮。

52. 人心高过天，当嘞皇帝还想做神仙。

53. 人要心好，田要砟好。

54. 认理弗认人，帮理弗帮亲。

55. 日间弗讲人，夜间弗讲鬼。

56. 杀弗完嘅老牛，骗弗完嘅老莳头（草包）。

57. 山歌弗唱冷清清，锣鼓弗敲上铜青。

58. 上半夜想自己，下半夜想别人。

59. 上嘞赌场，弗认亲娘。

60. 蛇溜过脚背，过后空后悔。

61. 十里衣着五里人，无嘞衣着弗算人。

62. 松树要砍弗惊大屁股，黄獐要打弗惊大水牯。

63. 送佛送到西，好人做到底。

64. 糖蔗咥根弗咥梢，做人欺老莫欺小。

65. 蛙蟆草骇拔，有些侬骇罚。

66. 望人咥饭流喉管痒，望人拉屙窟臀穹痒。

67. 响水弗沸，沸水弗响。

68. 心直口快，弗惊人怪。

69. 学忙要三年，学懒在眼前。

70. 要同别人比种田，弗同别人比过年。

71. 一个馒头一镬汤，一笼馒头一镬汤。

72. 一个碗儿撞弗响，两个碗儿叮当响。

73. 一有百有，一无百无。

74. 刈儿上板壁，肚皮搭壁脊。

75. 有话当面讲，有花当面插。

76. 有嘞九十九，还想凑一百。

77. 有事请如山，无事拉尿照青坛。

78. 有心做事有心当，做嘞木勺弗吓百沸汤。

79. 有样望样，无样望世上。

80. 竹山穷，出烟筒；人家穷，出厌人。

81. 自嘅尼儿打上怀，别人嘅尼儿打上街。

82. 作恶仓仓满，修福无根朊。

83. 做木老司无凳坐，算命先生卦路死。

84. 做犬要人呼，做客要人请。

85. 做人覅惊死，惊死覅做人。

86. 做人想得破，冤家对头少得做。

养生

1. 寒露弗露脚。

2. 百病百药医，骨轻无药医。

3. 百草都是药，就骇认弗着。

4. 咥饭拉污睏，三件大事干。

5. 冬咥萝卜夏咥姜，永得弗要背药箱。

6. 读书无着，算命医药（或“担柴掮箸”）。

7. 弗骇水，弗骇风，总骇给人弄松。

8. 好愁弗愁，愁六月无热头。

9. 好汉弗赚六月钿。

10. 男顺情落薄，女顺情大腹。

11. 尿多有病，屙（屎）多要命。

12. 气气恼恼成病，嘻嘻哈哈活命。

13. 欠债弗欠粮，打人弗打娘。

14. 青菜豆腐汤，咥嘞保健康。

15. 鸭肫难剥，人心难托。

16. 人越坐越懒，咀越咥越淡。

17. 忍得一时气，免得百日忧。

18. 伤寒夹痢疾，阎王两隔壁。

19. 少咥多滋味，多咥烂肚皮。

20. 生意学得全，布裤要无褊。

21. 乌阴白睐皮，天光棉床头。

22. 五味自调，日子自过。

23. 蜒蚰不咥自然壮。

24. 要打当面鼓，弗敲背后锣。

25. 一年算得三次命，无病也吓去半条命。

26. 一日咥得三片姜，永得弗要背药箱。

27. 一日舞几舞，命长九十五。

28. 有力长发，无力长甲。

29. 只可赌力，弗可赌食。

30. 白白咥，生白肉。

31. 咥饭先喝汤，胜过开药方。

32. 咥光用光，身体健康。

33. 咥要咥壮肉，打要打好汉。

34. 冬至夜，有的咥咥一夜，无的咥冻一夜。

35. 多咥伤胃，多讲伤心。

36. 饿死伙头，撑死伙头。

37. 弗干弗净，咥嘞无病。

38. 缸饼天罗絮，咥嘞弗出世。

39. 过头饭多咥碗，过头话少讲句。

40. 烂洋芋灰汁香，烂番薯满大坑

41. 老忖咥，小忖咥，后生忖咥讲弗出。

42. 清汤清饭好咥，冷言冷语难受。

43. 桃儿起病，梨儿送命，杨梅救命。

44. 闲事覅管，白饭咥三碗。

45. 有路覅坐船，有菜覅咥菇。

46. 做道路人越多越好，咥人事人越少越好。

婚嫁家庭

1. 嫁一嫁，咥腹泻。

2. 八十婆婆离弗嘞娘家地。

3. 白头侄，乌头叔。

4. 一个鸡儿莫养，一个尼儿莫宠

5. 别人嘅龙窠弗如自嘅犬窠。

6. 别人嘅老婆，自嘅尼。

7. 别人嘅老婆过弗嘞夜。

8. 柴米夫妻，酒肉朋友。

9. 成不成，酒三瓶。

10. 咥芥菜心，嫁解放军。

11. 咥菜干糖，嫁头婚郎。带尼有日子，带孙带到死。

12. 带外甥，敲脚档。

13. 多子多冤家，无子坐莲花。

14. 饭是饭，菜是菜，各人夫妻自家对。

15. 弗要太标致，只要腹争气。

16. 盖厝容易讨亲难。

17. 公弗离婆，秤弗离砣。

18. 公婆相吵平常事，别人相劝管闲事。

19. 光棍要上吊，寡妇有米粜。

20. 好娘对好郎，金鸡对凤凰。

21. 好人弗招亲，好铁弗打钉。

22. 花对花，柳对柳，破草鞋撮撮就。

23. 会挑挑儿郎，弗会挑挑家俬。

24. 家无隔夜粮，奶尼弗认娘。

25. 家要穷，夫妻三更吵死侬。

26. 嫁嫁添，弗如先。

27. 嫁人要嫁种田人，日共饭炉夜共床。

28. 军师坐弗嘞堂，奸夫上弗嘞床。

29. 苦娘生苦儿，苦竹出苦笋。

30. 睏破三领席，心事弗晓哲。

31. 老公老婆，炒田螺。

32. 六十六，咥酒肉。

33. 龙生龙，凤生凤，老鼠生儿会钻地洞。

34. 无菜卤也好，无饭粥也好，无儿囡也好。

35. 无儿一时苦，有儿一世苦。

36. 奶尼归娘家，脚步步步疏；奶尼归娘家，破布抓一叉。

37. 男儿三十一枝花，女人三十豆腐渣。

38. 男儿三十正后生，女人三十老木档。

39. 男儿像锄头，女人像畚箕；锄头吓脱棒，畚箕吓通底。

40. 难理大姑早归间，难理丈夫早归山。

41. 难为先生好学生，难为大姑好新妇。

42. 女大三，抱金山。

43. 女眷要咥做生母，男儿要咥忖丈母。

44. 朋友面前莫讲假，公婆面前莫说真。

45. 七拣八拣，拣个破饭碗。

46. 七捡八捡，捡个破灯盏。

47. 亲眷亲眷走走亲。

48. 亲嘅割弗断，赖嘅接弗起。

43. 三瓣嫁驼背，自家无得悔。

50. 三个奶尼做神仙，三个尼儿喊皇天。

51. 三个亲生子，弗如一个赖丈夫。

52. 三虎必有一豹，三子必有一孝。

53. 三年嫖客掼箩空，三年婊子做相公。

54. 上床夫妻落床客。

55. 少年无靠弗算苦，年老无靠真正苦。

56. 生呆子弗如生败子。

57. 生得你嘅身，保弗得你嘅世。

58. 树大分叉，儿大分家。

59. 讨得着，一木勺；讨弗着，咥错药。

60. 讨个好妻房，一世好风光。

61. 破柴要望绺，讨妻要望舅。

62. 驼背配三瓣，瘌痢配小旦。

63. 外甥奶尼嫁娘舅。

64. 小靠父母老靠子。

65. 孝顺奶尼没路嚎，忤逆新妇守孝堂。

66. 新妇虽小，拜堂一样。

67. 兴家女人，败家女人。

68. 养小日日鲜，供老日日厌。

69. 药要单方，人要凑双。

70. 要儿要亲生，要鱼自爬坑。

71. 一代大新妇，三代大儿孙。

72. 一代大新妇，三代大人种。

73. 一口供三口，供嘞戛戛抖。

74. 一张床睏弗嘞两样人。

75. 有柴有米是夫妻，无柴无米各东西。

76. 有儿有子，偷到死。

77. 有烂菜无烂干，有烂新妇无烂孙。

78. 有娘做娘势，无娘弗抵落苏蒂。

79. 有铟亲生子，无铟断儿子。

80. 只好给女嘅摁一拳，无牢给女嘅大一岁。

81. 做媒弗能包生儿。

82. 皇帝也有讨饭亲。

事理

1. 敲板壁，震地佛（伏）。

2. 黄金白金，弗如乌金。

3. 近处油麻伆处香。

4. 帮嘞别人反扼嘞自嘅脚骨。

5. 包子有肉弗生皮嘞，人有学问弗挂嘴嘞。

6. 笨嘅人动嘴，刁嘅人动脑。

7. 扁担敲断，蛇弗曾打死。

8. 兵坏坏一个，将坏坏一窝。

9. 财主养弗得大儿，穷人养弗得大猪。

10. 柴棒出孝子，箸头出忤逆。

11. 常聚（共用，公用）大门无人关，常聚粪缸刮连筋。

12. 槽头不讲马，奶头不讲儿。

13. 咥嘞三年烂饭臓，买得一头大水牯。

14. 出门望天色，归门望面色。

15. 大路朝天，各走半边；有力抢先，无力退边。

16. 大忖小，路样长；小忖大，箸样长。

17. 大丈夫弗可一日无权，小丈夫弗可一日无钱。

18. 当官嘅爸爸弗如讨饭嘅妈。

19. 灯弗拨弗光，话弗讲弗明。

20. 独木弗成林，独将打弗赢。

21. 发家一世，败家三日。

22. 翻漏趁天晴，读书傍年轻。

23. 凡事让三分，一世都安心。

24. 弗骇弗识货，只骇货比货。
25. 弗惊贞洁妇，就骇吵（或“嚎”）死鬼。
26. 弗要上代上肥田，只要下代子孙贤。
27. 隔壁出官府，弗如隔壁出水牯。
28. 各处各乡风，各人歌句弗相同。
29. 关门打铁，响声在外。
30. 光面石头掼死人，笑面大猫会咥人。
31. 好事弗瞒人，瞒人无好事。
32. 好言解人紧腰带，恶言戳人屙肚破。
33. 鸡多污多，人多话多。
34. 家弗和，着村欺；村弗和，着贼欺。
35. 奸细当忠臣，天下弗太平；忠臣作奸细，百姓无好厝。
36. 讲出嘴嘅话，就是别人嘅。
37. 交个朋友三五年，失个朋友在眼前。
38. 脚大弗给别人嘅犬啮。
39. 教会徒弟，饿死师傅。
40. 借钞票是朋友，摸钞票变冤家。
41. 借米好落镬，摸米难落镬。
42. 金窠银窠，弗如自嘅犬窠。
43. 酒肉朋友千个有，落难之时无一人。
44. 烂簟难上秤，恶人难相併。
45. 浪荡人儿浪荡福。
46. 力是压大嘅，胆是吓大嘅。
47. 良田万顷，弗如薄技在身。
48. 两杯茶弗咥，要咥一杯茶。
49. 寮出无尾龙，弗穷也要穷。
50. 邻舍碗对（兑）碗，亲眷篮换篮。
51. 路弗平大细铲，事弗平大细管。
52. 卖菜咥黄叶，卖柴烧柴皮。
53. 猫儿抄食箩犬造化，伢郎相打客造化。
54. 无筛弗断谷，无礼弗拜堂，无饵弗上钓。
55. 牛无力拖横耙，人无理讲横（蛮）话。
56. 女眷弗惊生，做木弗惊档。
57. 平路掼好汉，顺水翻大船。

58.破柴弗破档，弗惊正后生。

59.前咥黄连，后咥甘草。

60.翘脚喜欢走路，舌搭喜欢讲话。

61.亲眷朋友一把锯，你拖来我拖去。

62.勤人汗多，懒人唾多。

63.请人带咥会少去，请人传话会多起。

64.穷弗到底，富弗到头。

65.穷人无大猪，富人无大儿。

66.人穷力出，山穷石出。

67.人惊笑，树惊摇，字惊吊。

68.人有一技之长，弗愁厝搭无米粮。

69.日长乌阴慌，年长三十夜慌。

70.三分人貌七分扮，扮一扮像小旦。

71.三分手艺，七分行头。

72.两好合一好，一好难到头。

73.杀头嘅道路有人做，折本嘅生意无人做。

74.山头读书，弗如街坊听古典。

75.扇风弗如吹风凉，好伺大姑弗如娘。

76.烧咥要油盐，体面要铜钿。

77.生地好赚钿，熟地好安家。

78.虱多弗痒，债多弗愁。

79.十二月嘅铜钿，六月雪。

80.石斑鱼儿自小斑，石斑鱼儿掼溪滩。

81.石头欺弗过欺豆腐，炊饭弗成炊粥。

82.收人宿房，准人吹角打癀（簧）。

83.树老半身空，人老百事通。

84.坛口封得牢，窟咀糊弗牢。

85.逃得嘞初一，逃弗得十五；逃得嘞今日，逃弗得明朝。

86.田弗耕弗阔，心弗煞弗发。

87.填弗满嘅衙门口，入弗满嘅镬穹口。

88.听过弗如望过，望过弗如做过。

89.头道上嘞当，二道心弗慌。

90.未穷先穷家弗穷，未富先富家弗富。

91.相争无好言，相打无好拳。

92. 小侬儿讲话乱念白嚼，老实侬讲话可以当药。

93. 小时弗教，大来弗孝。

94. 小时弗肯学，大来无着落。

95. 小时弗学会，大来讨饭胚。

96. 小时偷针，大来偷金。

97. 小水长流，坐咥山空。

98. 学得来一日，学得精三年。

99. 学好百日弗够，学差三日有余。

100. 鸭娘扮成凤凰，窟咀尚扁嘅。

101. 伢郎要做鬼，生铁化作水。

102. 夜间想嘞无百样，日间做嘞无一样。

103. 一个人杀猪，八个人捺猪脚。

104. 一粒老鼠屙坏嘞一锅粥，一塘鱼儿坏在一粒乌勒脱。

105. 这山望嘞那山高，到嘞那山无柴烧。

106. 油麻粒粒撮，酱油整罐扑。

107. 有本事嘅弗声弗响，无本事嘅半天放胖响。

108. 有福嘅人人服伺，无福嘅人服伺人。

109. 有几力气，担几重担。

110. 有箩思箩，无箩独自拖。

111. 有牛弗要嫌弃慢，有饭弗要嫌弃烂。

112. 斩草弗除根，以后生祸端。

113. 站起嘅佛一根香，坐起嘅佛三根香。

114. 针无两头尖，蔗无两头甜。

115. 只好怪自嘅绹短，弗要怪人嘅井濯（深）。

116. 可以望人咥酒肉，不可望人破（剖）柴木。

117. 只要人勤力，弗吓没得咥。

118. 种田骇筛灰，做官骇累（垒）堆。

119. 竹篾拼绷得密，犬都钻弗入。

120. 自嘅粥弗曾吹凉帮别人吹汤圆。

121. 做人做得差，新妇学大家（婆婆）。

第三节　地方歇后语选录

1. 半夜尿壶——用得着就用。

2. 大水汰走破草席——凭在渠。

3. 观音菩萨年年十八——永得年轻。

4. 和尚死嘞有道士——弗惊无人接班。

5. 猴狲儿扮小生——弗像。

6. 猴狲儿摘桃儿——边摘边甩。

7. 黄鼠狼儿借小鸡儿——有借无还。

8. 火烧乌龟——腹内痛。

9. 韭菜命——一长就割。

10. 老鼠钻牛角——越走越无路。

11. 老鸭娘钻水儿——屁股翘上天。

12. 霊雨天担藁头——越担越重。

13. 锣敲锣，鼓打鼓——自做自一套。

14. 无鼻头嘅扁担——两头滑（溜）。

15. 无屁股嘅人——坐弗牢。

16. 七除二——弗三弗四。

17. 丐儿唱山歌——穷开心。

18. 舌头无骨——由人自忽。

19. 神仙放屁——不同凡响。

20. 手骨无雷——搭弗牢。

21. 水哒嘅月光画起嘅饼——望得到拿弗着。

22. 剃头老司嘅头——要别人剃。

23. 小鬼儿撩大王——假胆大。

24. 唧唧儿撩荒鸡——假胆大。

25. 小和尚念经——有嘴无心。

26. 小牛儿弗曾串牛磙——难管。

27. 用别人的肮划火——不心疼。

28. 贼骨头走嘞再拄门——太晏了。

29. 猪八戒照镜——内外都弗是人。

30. 装桐油嘅罐永得装桐油——无改窍。

31. 一盘虾儿——都是头。
32. 做梦讨新妇——空欢喜。

第四节 松阳话谜语选录

1. 臂脊斑斑，牙齿弯弯。朊袋荡荡，大细望望。[打一生活用品] （谜底：秤）
2. 高高山头两瓶酒，哥哥咥嘞弟弟馌（索取）。[打一身体部位] （谜底：乳房）
3. 高高山头一个水牛娘，有心肝，无肚肠。[打一生产用具] （谜底：风柜）
4. 高高山头一蓬草，草嘅下底两粒宝，宝嘅下底一具坟，坟嘅下底开大门。[打一身体部位] （谜底：头芃）
5. 高高山头一蓬草，捏得落，算弗到。[打一身上之物] （谜底：头发）
6. 高老师嘅头，李老师嘅脚，陈老师嘅耳朵两面削。[打一字] （谜底：郭）
7. 两点一脚踢，丈人骑丈母壁脊。[打一字] （谜底：海）
8. 妈蓬头，爸蓬头，生个儿儿尖尖头。[打相关两植物] （谜底：竹子和笋）
9. 娘移破碎碎，儿移黄缎衣。娘开口，儿落地。[打一水果植物] （谜底：板栗）
10. 奇怪奇怪真奇怪，两头头儿缚腰带。腰带断，腹桶破。[打一庆典物品] （谜底：鞭炮）
11. 三头六脚四眼睛，手搭马鞭口念经。[打一农活] （谜底：犁田）
12. 十个手指头绷布袋，五个脚指头钻弗逮。[打一生活物品] （谜底：袜子）
13. 四角四榀墙，解带脱衣裳，赤腹归肚肠。[打一食物] （谜底：粽子）
14. 头戴珍珠后带尺，走交（走遍）天下无脚迹。[打一动物] （谜底：蜻蜓）
15. 头角头平墙，中央白洋洋。[打一食物] （谜底：豆腐）
16. 头芃一个搭，腹桶都是垢，兀来请请一桌客。[打一家庭用具] （谜底：糠饭槽）
17. 王姑娘，白姑娘，一起坐在石头上。[打一字] （谜底：碧）
18. 小时尖尖扎扎，大嘞披头散发。[打一植物] （谜底：笋）
19. 一点一横长，一撇到松阳。[打一字] （谜底：广）
20. 一点一划，两个小猪儿居那哒（在那里）嚼麦。[打一字] （谜底：六）
21. 一点一撇，一个谷篚盖起一个鳖。[打一字] （谜底：为）
22. 一个日本人，背嘞一把刀，杀嘞一口人，流落四滴血。[打一字] （谜底：照）
23. 一群白鸭儿，沉嘅沉，浮嘅浮。[打一食物] （谜底：汤圆儿）
24. 一根巷弄直直通，六个小猪儿居那哒闻。[打一字] （谜底：非）
25. 一直一个搭，两个小猪儿拖爸爸。[打一字] （谜底：小）
26. 左一片，右一片，隔着山头面弗见。[打一身体部位] （谜底：耳朵）

附：民国《松阳县志》之方言

松阳腔口，大略有五种：一松阳腔，西自界首龙虎坳，北至平田，东至南州等处语之。其近遂昌，村方杂遂昌语；近龙泉，村方杂龙泉语；近宣平，村方杂宣平语。然皆平声读去声，去声读平声，虞韵读歌韵，歌韵读虞韵者也。二丽水腔，上自象溪，下至堰头，东北至桐榔等处语之。三汀州腔，石仓源小港一带及清源坌等处语之。四福州腔，丁山头、砭下、谢家等处语之。五畲客腔，东南乡山间寄居之畲民语之。其发音有似粤语者，有似满语者。五种腔口，惟松阳语、丽水语近似，其他则毫不相通。兹所述者为松阳土语，仅孰所知者记之，遗漏尚多，聊以备考而已。方今中外交通，凡欧西各国语言且必绎而习之，况国内方言可弗穷心欤？因特补纪方言一编，以便官斯土者及商旅远人得资所取证焉。入乡问俗，此亦问俗者所必要也。爰将松阳土语分俗字、俗名、俗呼、俗话四部，述之如下。

俗字部

𣡕　音蓬，去声，小丛林也。

𡇼　音纷，园也。

坌　音奔，去声，畈也，田畴也。

墶　音答，又作塔，草圩也，又此处、彼处，曰乙墶、阿墶。

井　音遁，上声，窪地也。

裒　音善，五裒村名。

氺　音张，氺塘，地名有氺塘桥。

岗　石仓区曰崀，山之分水也。

塢　东乡曰垵，山之合水也。

岘　又作岙，音现，山巅之平沿也。

畲　音蛇，畲客也，苗人遗种。

壟　音隆，又作陇，两山间之田畴。

坳　音拗，两山巅中凹处。

墈　音勘，矮墙也。

坔　音閑，同涛，深滑泥也。

埧　同壩，又作壩，叠石引水灌溉田禾，曰壩。

澳　音奥，壩上归水处，曰澳。

圳　同堰。

𡵓　音啣，去声，水流石成，凹处也。

坟 同墳。
坛 同坛。
畹 音怨，田园分锄低处曰畹，高处曰疄。
疄 音吝。田垄；菜畦。
屖 音春，穴也。
檟 又作𪔂，音耿，蓋也。
棹 同桌。
橙 同凳。
簶 音列，篾制晒具也，篾籮，亦曰篾簶。
楞 音勒，恨切，大秤也。
稱 音磬，秤也。
戥 音灯，上声，秤分釐者也。
簰 筏也。
櫜 音抛，又作橑，大柚也。
帑 音儻，月形大刀也，公帑，公欵也。
鍖 音丹，入声，钩也。
骸 音衮，圆筒式物，如气骸、火骸类。
毪 音铺，凡桐茶子、莲子之托皮，皆曰毪。
礙 音得，小洒罎也。
鏟 音产，平声，风鏟，风炉也。
楞 音责，梁上横梁庋楼板者，曰楼楞。
畚 音披，旺切，胖也，涨也。
匵 同匾。
甩 音贯，篮柄也，抛弃也。
甪 音退，入声，脱也，神不清也。
找 音爪，补不足也。
竖 音改，起立也。
扚 音约，拿也。
掇 音端，入声，提取也。
啜 音辍，喫也。
拚 音判，买卖山木也。
箾 音翠，斫也。
賻 音短，估值贩卖也。
盦 音曷，闭物，使发酵也。

閅　音萧，门横关也。

閅　音槓，扛去声，门直关也。

㼌　音派，劈开也。

担　同擔。

跫　音铳，失足前仆之状。

踫　音彭，跨也。

扳　音板，翻转也。

儑　音酣，癡也，浮肿也。

猎　音触，刺也。

㪺　音敖，板类干燥，不平之状，曰㪺。

㪺　音趬，板棒类，其端仰竖之状，曰㪺。

冇　又作㲉，音喊，无仁，曰冇。

有　又作㲉，音弹，有仁，曰有。

㮌　音各，旺切，架起也，㮌几、香几、桌也。

蔢　音乍，障也，镜蔢，障镜布也。

盅　音盅，拗盅，揭水木器也。

銱　音调，去声，铁制拨火器。

蓩　音蓩，草草屋也。应为茅草屋。

檏　音薄，户枢闩閅所承处，曰门檏。

櫋　音绵，瓦下缘头之聊木，曰櫋里。

㓡　同快。

圂　又作圂，音迥，去声，制板壁也。

闏　音聘，平声。又作㨋，合也，一闏，一排也。

篓　音切，谷篓，竹制拨斗也。

篹　同簸，细箩也。

林　音鄙，鉋斧削下木屑，曰树林。

夯　同扛。

赚　音盏，贸易得利，曰赚。

奅　音豹，奅满，充实也，凡物突出，亦曰奅。

揮　音庠，上声，敷种也。

趨　音掩，躲，隐也。

䌇　音祭，麻线也，搣线，搓制麻线之谓。

㹫　音厄，㹫儿，犊也。

妗　音俭，舅母，又内兄弟妻，一作妗。

嬷 音马，平声，祖母也。

媸 音芊，姝。平声，母也。

燶 音奥，平声，猛大，久煮也。

焖 音问，渐火闭，盖煮也。

熑 音饯，油煎食物，曰熑。

爓 音蹋，义同上熑，带水之物，曰爓。

燗 音闸，清水煮物，曰燗。

門 音故贯，闭门声也。

彳亍 音剃泰，步声也。

躐遢 音蠟塌，齷齪也。

水卜 音滴铎，水滴声也。

舀 音邀，拨水也，挹彼注此也。

搣 音灭，两指搓线，曰搣线。

扒 音杷，搔取也。

跁 音把，跌也，跌倒，曰跑倒。

兰 同蓝。

俗名部

大猫 音驮毛，虎也。

侬熊 狒狒也，猩猩也。

犬熊 音浅庸，狼也。

马熊 罷也。

荒鸡 雄鸡也。

草鸡 女鸡也。

山荒鸡 雉也。

山凤凰 白雉也。

水鸭 鹜也。

野猫 音夜毛，狸也。

雨鸦 夜鹤也。

螟蜅 墨鱼也。

乍鱼 海蜇也。

蜘蛛干 屏鱼也。

大猫鱼 鳜也。

捕翼 蝙蝠也。

火鱼　金鱼也。

纸鹞　风筝也。

酒鲞　莎鸡也。

银鱼儿　蠹鱼也。

凄虫　孑孓也。

八脚蟢　大蛛蛛也。

八八儿　鸲鸲（八哥）也。

吉吉儿　麻雀也。

乌鲈　　七星鱼也。

跳子　蚤也。

大猫苍蝇　蝇虎也。

菽儿　又曰芦穄，高粱也。

菜头　莱菔也。

蒲儿　瓠也，胡芦瓜也。

弰瓜　白瓜也。

蒌　　薄荷也。

菊花菜　又曰　菜，金菊菜也。

马蹄菜　东苋菜也。

麦豆　豌豆也。

佛豆　又曰罗汉豆，蚕豆也。

麻车　又曰山底红，山查子也。

　藠　薤也。

花麦　荞麦也。

日头花　葵花也。

死复活　复音拔，石松也。

烟酒　烟草也。

魁圆　龙眼也。

薸　浮萍也。

七姑星　北斗也。

长间　中堂也。

八尺后　中堂后也。

厨头　又曰下间，厨房也。

伙厢　屋外厨房也。

衖堂　廊下也。

包风 搽头下垂之附板也。

东司 毛厕也。

东央 中心点也。

狭袖 长衫也。

紧身 小衫也。

布裤 袴也。

背褡儿 背身也。

煖肚 肚兜也。

襦袴 妇女足胫用围襪也。

紥包 围带也。

麵食 馄饨也。

天罗细 油炸桧也，油条也。

耕绳儿 油绳也，杭语曰麻花。

馒头 包子也。

麻餈 糯米粿也。

米粿 水晶糕也。

稠谷 晚谷也。

香藎 香菰也。

布襴 裙也。

铰剪 剪刀也。

薄刀 菜刀也

水滚 圆筒，水杓也。

筅羽 竹帚也。

鸟羽 掃帚也。

口镬 音可涸，大锅也。

铜镬 音堂涸，有柄小锅也。

风鐣 竈炉也。

饭匙 饭瓢也。匙音其。

畚箕 音半衣，盛土篾器也。

酒榾 酒壶也。

手照 烛台也。

小娃儿 小女也。

小侬儿 少孩也。

嫒娃客 妇人也。

后生　青年也。

奶儿　东乡曰媸，女儿也。

抛鬼　流氓也。

老奶　婢女也。

新媛妵　新嫁娘也。

滥撩　无赖也。

婟嫪　寿头也。

香式　阔老也。

不棒　不的馀切棒，音绑，挑物用助器。

半开门　私娼也。

售子　妻前夫子也。售音就。

驮叔　随母嫁父也。驮音徒，去声。

俗呼部

太阳　曰热头。

虹　曰耗。吼去声。

彗星　曰鸟羽星。

霰　曰雪雜。雜，音责。

落雨　曰遁雨。

電　曰霍闪。

火　曰虎。

水　曰聚。

冰　曰照。

石　曰硋头。

尘埃　曰锡索。

人　曰侬。

何人　曰那侬。那，音难。

老人　曰老头侬。

我　曰俶我。

尔　曰锡尔。

他　曰彼。音而改切。

父　曰老爷。音若揄，又曰相。

翁　曰大官。又曰相公。

姑　曰大家。又曰妹。

富　曰财生。

穷　曰倒灶。

落魄　曰啜鼓，又曰倒霉。

儿戏　曰较。

恶戏　曰蛮。

美貌　曰像样。像音丈。

醜陋　曰死形。

腹　曰卜。

肚饥　曰卜该。

膝曰　脚胭头。

食指　曰枪指头，双曰天指头。

屁股　曰窟臀。

胫　曰脚卜袋。

阳具　曰水奶，又曰卵，音乱，上声。

阴物　曰匹儿，又曰巴，音拜，平声。

交合，曰钟。

尿　曰稀。

屎　曰污。

解手　曰罗污。

欠伸　曰打空快。

喷嚏　曰打阿翠。

笑　曰趭。

哭　曰吽。音要。

痒　曰怂，音讼，上声。

立　曰�，音改。

行　曰迢。

来　曰鳌

去　曰忔。而次切。

有　曰隝。

无　曰麻。

长　曰滕。

短　曰怼，上声。

深　曰千。

浅　曰坦。

近　曰感。

远　曰愦。

厚　曰估。

粗　曰雌。

圆　曰仑。

湿　曰却。

旧　曰钩。去声。

涨　曰灯。去声。

晚　曰案。

陷入　曰吞。音脱恩切。

溢出　曰罢去。

好　曰吼。

歹　曰渗。衬，上声。

寒　曰趁。

喜甚　曰爽显。

怒甚　曰躁显。

惧甚　曰吓显。

恨　曰怨心。

乐　曰捎脾。

享福　曰养显。

得意　曰超宗。

可怜　曰罪过霉。

奢华　曰排场。

俭啬　曰不堪。

慌张　曰凶险。

小儿驯善　曰呱的，曰偿债。

小儿周岁　曰秩幼。

骂詈　曰鳌侬。

猜谜　曰猜任。

睡　曰昆。坤音声。

睡下　曰倒落。

扒起　曰挖起。

怎么　曰斩，又曰斩三。

何处　曰察儿。

何物 曰难侬西。

何说 曰难侬讲。

何时 曰察时节。

何事 曰难道路。

不要 曰哦敖。

与 曰喀尔。

取 曰约鳌。

二 曰煖。读若南，上声。

三 曰山，读若桑。

四 曰世。

五 曰瓦。

七 曰赤。

九 曰狗。

今日 曰根纳。

昨日 曰贼慢。贼山，入声。

前日 曰全纳。

后日 曰鴟纳。

吃 曰啜。

吃早饭 曰啜天光。

吃中饭 曰啜煖。

吃晚饭 曰啜乌荫。

首席 曰坐上横。

白吃 曰打破锣。

奉承 曰捧卵抛。

不遇 曰见卵鬼。

有服娶妻 曰诳亲。诳，音霍。

牛 曰耦。平声。

犬 曰浅。

猪 曰都。东乡曰低，汀州腔曰兹。

鱼 曰呆。

坐鱼 曰蜷。又曰时鱼。

暇 曰火儿。

鸟 曰刁儿。

莺 曰黄头刁。

杜鹃　曰搁工鸟。

班鸠　曰鼓姑儿。

準　曰茄鹞儿。

巢　曰科。

蝇　曰苍星。

蚯蚓　曰龙罕。

蚁　曰厓艾。

蝉　曰硬硬仾。曰硬仾仾。

蜻蜓　曰花咬。音敖，平声。

蜥蜴　曰绵剪。又曰蜿蝙。

促织　曰徐羊（隋炀）（即蟋蟀）。

水蛭　曰蚂蝗。

气蛙　曰蛤。

树　曰旧。

松枝　曰層柯。

罗浮　曰金弹。

蓬　曰着克。

谷秧　曰暗。

菜秧　曰菜基。

莠　曰罷。

纺纱　曰捧线。

布线　曰奇奢。

俗语部

甪瞉、十三点、六钱八、夹铜、轻分、福净、二百五、癡大病（音欺度付），均心神不清之谓。

轻骨头、辣骨头、讨饭胚、敖面皮、面皮古（厚也）、福算侬、福职世务，均不知自爱之谓。

假斯文、乡式僴、菜头皮，均虚有其表之谓。

空卜饼，虚诬也。

双夹饼，夹忙也。

畚箕揭，骂人少年亡也。

敲竹槓，诈财也。

闲卵搭，搭山头也。

炒猪肚，争风也，夫妇口角也。

白头打根搭，喻无中生有也。

雨打鼻头孔，喻凑巧也。

口喝啜盐滷，喻势不获已也。

驼背弗搭席，喻两不讨好也。

喝嘴啜苦瓜，喻有苦莫诉也。

和尚拜丈母，喻未曾做过也。

水涨船高，喻彼此相长也。

船多碍港，喻人多害事也。

跑倒播捺沙，喻太贪也。

偷鸡弗着蚀撮米，喻求得反失也。

眼睛生在额角上，喻骄傲也。

猫抄食箩犬造化，喻为人作嫁也。

烂脚碰着瓬缸爿，喻雪上加霜也。

到处可镬仰天烧，喻莫妄想也。

屁股门夹得芥菜子，喻悭吝也。

一字弗识火腿满壁，喻庸人多厚福也。

翻砼头磕脚背，喻自害自也。

上水爱财落水爱命，喻人之无良也。

卜痛埋怨镬灶佛，喻错怪也。

好心着天雷打，喻行善不得善报也。

和尚头摆西瓜，喻不稳也。

担水不知埠头，喻莽撞也。

水奶跑啦无钱丑，喻穷极也。

熬一熬出得一身毛，喻俭则有益也。

作恶仓仓满，修行无根卵，喻为富不仁，为仁不富也。

面皮厚一厚，值得三箩谷，喻厚颜多得也。

呆侬有（音隝）呆福，六月插田也有谷，喻人亏天不亏也。

直算横算，算得窟臀如角鑽，喻弄巧反拙也。

鸡卵壳内做事也有侬晓的，喻终必败露也。

附：叶梦麟之《松阳方言考》

《松阳方言考·自序》

山川修阻，语有方俗之殊；一物多名，言有古今之异；此《尔雅》之所由作也。迄汉扬雄，复著方言，自时厥后，代有述者。松阳僻处浙南万山中，语言殊异，百里外即不可通。人或疑其为南蛮鴃舌之言，然细考之，实多唐虞三代以来遗音。爰于案牍余闲，疏举一二，为《古音佐证》，以质方家。非敢希《尔雅》之前矩，步子云之后尘也。甲申（1944）九月浙江松阳叶梦麟序于重庆。

一、古音

节录松阳方言考——古音第一

“九”松俗读“给 gěi”；“今日”言“gan，ne”（入声符号作），读“今”为“gan”；“几时”为“gǐ，ch”；“教”为“gáo”；“觉”为“go”。凡见母字，多读“g”，不读“c”，古音也。姜亮夫云“守温三十六母中，见疑晓诸字，但列开合一组。国音则分出齐撮一组者，盖就世俗通用而增耳。”见疑晓三母之开合组，即“g、n、h”。齐撮组，即“j、h、x”也。见母字古音，皆如松俗读“g”。今读“九”为“jiǔ”，读“今”为“jin”，读“教”为“jiào”，读“觉”为“jiao”，或国音“jué”和“jiào”。凡见母字，多读“j”，世俗通用所增，非古音也。（以下见溪疑母，古读刚声 g，k，n）。（注一）

僧守温以“见溪疑三母，旧名浅喉”。古读“见”声为“g”，读“溪”声为“k”，读“疑”声为“n”，声由舌根上抵软腭而发，与喉相近，故名浅喉。若如今读为“j、q、h”，则为舌上声，非浅喉也！江谦声母刚柔表：“见之吉阁，溪之乞壳，疑之热岳，上字柔声，下字刚声。”何仲英谓：“福建人读刚声，尚存古音之旧。”可见松俗读“见”母字为“巜m”声，读“溪”母字为“k”声，读“疑”母字为“n”声，读刚声者，古音也。盖“阁 ge、壳 ke、岳 ne”以“g、k、n”为声母者也。今人读“见”母字为“j”声，读“溪”母字为“q”，读“疑”母字为 “厂y”声，读柔声者，非古音也。盖“吉 ji、乞 qi、热厂丨せ nie”以“j、q、厂 n”为声母者也。（注二）

“他”松俗言“其 ge”，“去”为“ké”。陈第则云：“去音库”。今读“其”为“qi”，非但变刚声为柔声，且由见纽变为溪纽。今读“去”为“qù”，纽虽未变，而声韵已非古。（注三）

国音“t”母字，如“田 tián、庭 tíng、腾 téng”等字，松阳多读“d”母，为“田 dian、庭 ding、腾 deng”。国音“p”母字，如“平 píng、贫 pín、傍 bàng”，福州亦然。国音“q”母字，如“骑 qí、群 qún、琴 qín”，松阳多读“j”母，为“骑 ji、群 jun、琴 jin”。其他的不胜枚举。徐昂之声纽通转说，所谓：“见纽可转溪纽，溪纽可转见纽。有类转，隔转，交转，递转，对转。证以松俗读音，信而有征。姜亮夫亦谓：“唇舌舒张进退自如之物，稍前稍后，而五音变矣。”（此节声纽通转）

松阳读“渔”为“hǘ”，读“银”为“hin”，读“尧”为“hiao”，唐以后音也。唐以前疑母读“n”不读“h”，亦无“ü”音。“渔、银、尧”均属“疑”音。今读“渔”为“yú”，读“银”为“yín”，读“尧”为“yáo”，与“喻”母混矣！江永曰：“疑出牙，喻出喉，相去率远。而今人以深喉呼“疑”为“怡”，凡疑母字，皆以喻母呼之。如呼“渔”如“余”，呼“银”如“寅”，呼“尧”如“遥”，习焉不察，反谓疑喻为重出。松俗读音，正可证明江说之谬。恍公绍所载三十六母，妄分疑母之鱼渔等字，与喻母之韦云等字相混，别为鱼母。故钱大昕斥为妄生分别也。（以下二节，疑喻二母非重出）。（注四）

南人读国音，苦于读“zh、ch、sh、r”。因南方无此音，多读为“z、c、s、h”。松阳则读为“j、q、x、h”。北人苦于读“h”。因北方无此音，疑母字，多混入喻目也。

“竹”松俗读“diü”，古音也。钱大昕谓：“古无舌头舌上之分。知澈澄母，与端透定母无异。古音读“竹”“为“diü”，今读“竹”为“zhú”，又由舌上音“j”，改读舌叶音“zh”，古音所无也。（以下端透定泥四纽之嬗变。）（注五）

“猪”松俗读“多 duo”。钱大昕谓：“《书禹贡》：‘大野即猪。’猪，《史记》作都。”今读“猪”为“zhu”，古音所无也。（注六）

“秩”松俗读“豑 di”。钱大昕谓：“古读秩如豑，书《平秩东作》。《说文》引作豑。”今读“秩”为“zhì”，古音所无也。福州人读“竹”为“dòu”，读“猪”为“dü”，读“秩”为“die”。声纽与松读如出一辙。（注七）

《易·说卦》：“震一索而得男，故谓之长男。坎再索而得男，故谓之中男。”韩康伯注：“长，丁长反（tlun），下同。中，丁仲反（tiōng），下同。”“长中”二字声母皆与舌头音“丁 ding”同。松俗言校长之“长”为“jiǎng”。长短之“长”为“dan”。言“中央”为“东央”，与韩注读舌头音者正合。松俗读“置”为“di”。言蚊帐之“帐”为“diang”，亦舌头音。今“长”展两反（chang）。“中”，陟仲反（chong）。“置”，知意反（ch）。“帐”，知亮反（chang）。皆读舌叶音“zh”，非古音也。（注八）

《易·师卦》：“终来有它舍。”王弼注：“它，敕多反”（thoh）。它敕同纽，则“敕”当读舌音“ti”，非舌上音“qi”，或舌叶音“ch”。它多同韵，则“它”当读合口音“to”，不读张口音“ta”。而读“敕”为舌上音或舌叶音，读“它”为张口音者，非古。

江永《音学辨微》：“舌上音，舌上抵腭。”黄侃《音略》，为之是正。谓：“此当云舌头弯曲如弓形，向里，非舌上抵腭也。‘知’是也。‘澈澄’稍加送气而分清浊。‘娘’就此部位，而收以鼻之力。”按松俗读“知、澈、澄、娘”，为“j、q、j 浊、h”，正是江说所谓舌上抵腭，且四纽发音、形式相同。黄谓弯曲如弓形，向里，即今北音之舌叶音“zh、ch、zh 浊”。但“zh、ch”二音，洵弯曲如弓，向里矣。而“h”音，则并不弯曲如弓形向里。与“zh、ch”二音，发音形式，绝不相同。唐守温三十六字母分组，发音形式，无不自成条理，以类相从，不应舌上音独异。证以松俗读音，江说似并无误。黄氏盖不知古舌端音，变为今舌叶音，中间尚有舌上音之一阶段也。

黄侃谓：“古音‘知与‘端’同，‘澈’与‘透’同，‘澄’与‘定’同”是古人读“知澈澄”

三纽，为“d、t、d浊”、而“zh、ch、zh浊”之确证。（注九）

黄侃定古音十九纽，以“舌上、半齿、正齿、轻唇为变声。凡变声，古皆读从正声。如‘知照’归‘端’，‘澈穿审’归‘透’，‘澄禅’归‘定’，‘床’归‘从’。”今北音读“知澈澄”等舌上音，及“照穿审禅”等正齿音，为“zh、ch、sh”者，证以黄说，皆古音所无也。

松俗言“无”读若“模mú”，古语古音也。吾国各地亦读南无阿弥陀佛之“无”字为“模mú”。南无二字译音，其义为归命、敬礼、归礼、救我、度我之意。又译作南牟、南谟、那谟、纳慕、娜母、南忙、那摸、曩莫等音。可见南无之“无”字，与牟、谟、慕、母、忙、莫等重唇声字同音。《法华经》方便品曰：“一称南无佛，皆以成佛道。”《法华经》为姚秦罗什所译。是姚秦时，无字读音、正与今松读无异。童振华据王荣宝就外国语古来传述之中国语及中国古时音译之外国语，研究发音。谓：“‘书眉深浅入时无’之无字，应读‘mo’，犹今言‘么’。”亦因后人不知“无”字古音，另用“么、吗”等字。唐诗：“能饮一杯无”“寒到君边衣到无”，无皆同么。钱大昕谓：“古无轻唇音。”故轻唇音之“武fu”，松俗读重唇为“mǔ”，轻唇音之“望fang”，松俗读重唇音“mong”。其例不一而足。如《书经》“孟猪”，《周礼》作“望诸”。孟望音同，可证明望字，古人读重唇“m”，不读轻唇“f”。今南音读“无、武、望”为轻唇，非古音。国音读“无、武”为“wú”，读“望”为“wàng”之喉音者，去古尤达。（此节古无轻唇非、敷、奉、微四纽。）（注十）

章炳麟谓：“古无‘日’纽，闽东人亦不能作纽‘日’，古音。日娘二纽归泥。”松俗读音亦然。“如日、入、任、然、而、尔、耳、弱、人、冉、攘”等日纽字，及“尼、昵、女”等娘纽字，松俗均读“泥ní”纽。（此节古无日娘二纽）

“来”松俗读若“梨li”，古音也。《毛石·终风》：“终风且霾，惠然肯来。”郑笺：“来，协韵多音梨。他放此。”盖与下文“莫往莫来，悠口我思”之思字韵。《太公兵法》黄帝语“日中不慧，是谓失时”，时、期等字，与来字韵，来亦读梨。（以下古今字、韵母或不相同）。

“下”松俗读若“户”，古音也。《毛诗·采苹》：“于以奠之，宗室牖下。”郑笺：“下，协韵则音户，后皆放此。”盖与下文“谁其尸之，有齐季女”之女字韵。女，古音奴。若读“下”为“xià”，则不协矣！《易·乾象》：“潜龙勿用，阳在下也。见龙在田，德施普也。”下与普韵。大过象：“柔在下也，过以相与也。”下与韵。咸象：“亦不处也，所执下也。”下与处韵，“下”均读“户”。

松人读花为敷，古音也。诗：“何彼秾矣，唐棣之华。”华字，与王姬之车，车字韵。《毛传》：“车又音居。古读花为敷，与居为韵。”长沙人谭秘书叔隆云：“小时一老师授诗，读《桃夭》‘灼灼其华’之华为‘huo’。‘宜其室家’之家为‘guo’。谓是古音。今人读华为‘hua’，读家为‘jia’者，皆误。”陶潜古诗：“灼灼叶中华”。华与“和、歌、多、何”韵。（以下古麻歌同韵，麻为歌之变）。

松俗读“麻má”为“磨mó”，读“沙sha”为“娑so”，读“差cha”为“磋cuo”。读六麻多与五歌同韵，读“o”不读“a”。顾炎武古音表，歌戈麻列为一部。江永以下，言古韵者，莫不皆然。是六麻五歌，古本同音，惟松读则归麻于歌。而《东方杂志》所载五十六声势辨，歌韵读“a”，即国音之“a”，则归歌于麻，与松读适得其反。章炳麟云：“自麻变为张口。”则麻韵读张口“a”音，乃后世之变音，声势辨之说非是。

“他”松俗读“to”，不读“ta”。韩愈《八月十五夜诗》：“人生由命非由他。”他字与“歌、科、多、何”韵亦当韵“to”，托词切“tho”，歌韵。今读他为“ta”张口音，则歌变为麻矣！

“牙”松俗读“ngu”，不读“ya”，古音也。《诗祈父》：“予王之爪牙，靡所止居。”牙与居韵。潮州人“居”读“gu”。韩愈《毛颖传》：“不角不牙，衣褐之徒。缺口而长须，八窍而趺居。”牙与徙、须、居韵。皆牙字古读“ngu”，不读“yá”之确证。读“牙”为张口音“yá”者，后世之变音也。

陶潜《命子诗》：“实欲其可。”可字与“斯情无假”，假字韵。则晋人读假字，当如松人读合口音“guo”，不读张口音“jiǎ”矣。

“大”松俗读“驮 duo”，上海亦然。箇韵大字，唐佐切“toa”，音驮。西域“大夏国”，多数学者，以为即“吐火罗”之异译。则汉时大读吐。今人大字张口读“dà”者，非古音也。王荣宝研究发音，谓：“唐宋以上，凡歌韵字，皆读‘a’音，不读‘o’音（注十一）。魏晋以上，凡鱼虞模韵字，皆读‘a’音，不读‘u’音，或‘y’音。”童振华以此推测：“古人‘父’应读‘ba’，‘母’应读‘ma’，唯我与尔有是夫之‘夫’字，应读‘ba’。不必另造爸、妈、哈、吧等字。”二君之所发明，极为新颖可喜，与五十六声势辨之说合。唯与章炳麟所说，适得其反。章说是也。段玉裁《六书音均表》，七歌，八戈，九麻，同为十七部。言“麻者歌戈之变也。”亦以麻韵张口，为后世之变音。

松阳每字有平、上、去、入四声，每声均分清浊。如“央 yang、鞅 yǎng、快 yàng、约 yó”，为平、上、去、入四清声。即有“阳 yang、养 yǎng、漾 yàng、药 yó”，平、上、去、入四浊声。（国音无浊母，后四字借用）。故每字可念八声。江永辨五音清浊，谓：“溪为群之清，群为溪之浊。如钦为琴清，琴为钦浊。透为定之清，定为透之浊。如汀为庭清，庭为汀浊”云云，亦每字八声。较之北方唯有阴平、阳平、上、去四声，西南唯有阴平、阳平、上、去、入五声，及江苏之七声（浊上、浊去、相紊）。广东之九声（有三人，即上阴入、中阴入，阳入）或过之或不及者，为适得其中。（此节四声清浊）

浙江、福建、广东为古百粤之地。中原读音已变，而流入此等处之古音，犹相沿未变，保存至今。故音韵学家谓：“秦汉古音，往往存于闽越之间。隋唐古音，亦多遗于江浙之地。”胡以鲁亦谓：“福建、广东方言，诘屈敖牙。然中原古音，犹有坐化石而保存者。”不知者以浙闽粤等语言殊异，遂以南蛮鴃舌之言目之，未之考耳。（以下总论）

“卬”五郎切（gong），音昂。疑母。松俗读“ngong”，古音也。今读“ang”，则于郎切，混入喻母矣！北方人自称为“卬 ang”。《毛诗匏有苦叶》：“招招舟子，人涉卬否。”郑笺：“卬，我也。”后人不知此字，妄造“俺”字以代之。“哪一个人？”北方言“谁？”苏州台湾人“他”均言“伊”。苏州人语尾多带“哉”字。绍兴人亦带哉字。卬、谁、伊、哉，皆古语也。章炳麟谓：

“古音‘女’本为‘奴’。今武昌言‘女’如‘奴’，乃古音也。”若此类者，不胜枚举。是古语古音，犹散布各处，非但闽越有之，而松阳所保存者独多耳。

总观以上各节，可得一结论。即古时牙音“见溪群疑”四纽，读刚声“g、k、g 浊、ng”。而读柔声“j、q、j 浊、广”舌上音者，为后起。舌上音“知澈澄娘”四纽，古时归舌头音“端透定泥”四纽，读“d、t、d 浊、n”。及唐守温时，始分出舌上音“知澈澄娘”四纽，读“j、q、j 浊、广”。迄金元以后，又改读“zh、ch、zh 浊、广”。盖是时中国北方黄河流域语音，多受北京音影响，而北京音，复受满语影响。满洲人，古女真族，在宋时为金。“zh、ch”等音，盖流传嬗变于金元入关之时。《二十二史札记》补遗：“金语与今国语多吻合。”王世贞《艺苑卮》言：“自北曲兴后，大江南北，渐染胡语，时时采入。而沈约四声，遂阙其一。”此为胡语入关之确证。四声阙一，即今北平语五入声。杨秀清《奉天讨胡檄》云：“中国有中国之语言。今满洲造为京腔，更中国之音，是以胡语，惑中国也。”亦以京腔为满语。元周德清《中原音韵序》：“声分平仄者，谓无入声。字别阴阳者，阴阳字，平声有之，上去俱无，上去各止一声。”周氏完全以实际之北音度曲。故中原音韵，以入声配隶三声，与今北音无异。明洪武正韵，及清五方元音，均本于中原音韵，则断今之北音，多羼杂金元时音，殊无疑问。而“sh、r”二母，与“zh、ch”二母，发音方式同类，皆为塞缩笼口而拳舌之寒地语音，当亦为同时传入无疑。至古无轻唇，无舌上，无娘日二纽。六麻古与五歌同韵，呼不张口。古疑母，后世混读喻母。声纽通转，四声清浊，古今字韵母或不相同诸说，皆可与松俗方言中，得其佐证。于此又可知古音简单，后乃转趋复杂。唐虞三代以来遗音，迄今犹有存者。昔顾炎武与友人读“天明”为“汀茫”，传为佳话。岂知蕞尔松阳，满街佳话。

注解：

注一：此段所说各字，闽南语读音亦如松阳音。即见 Kian、疑 gi、觉 kak、晓 uaih、教 kau、今 kim 皆是也。

注二：此段“见、溪”kian khee，即一为有气声，一为无气声（aspiration），台语亦如松阳语。

注三：“其、去”两字，闽南语亦读刚声“gi、ki”。

注四：“渔、银、尧”闽南语读 gu、gun、giau，皆属疑母。

注五：“竹、笃”闽南语中尚有读 tek、tok，均是端母。

注六：“猪”闽南语中尚有读 tu，即另一读音 ti，均属古音，绝不读“zhu”。

注七：“秩”闽南语读 tiat。

注八：“长”闽南语读音因其义不同而有异。长短之长，读 tng，长官之长，读 tiu，而意指得到利益、好处者，则读 tiong。又“置、帐”两字即读 ti、tiong，皆不读舌叶音“zh”。

注九：“知、澈、澄”三字，闽南语读 ti、thait、teng，与本文所言相同。

注十：“无”字，闽南语读 bu 言 bo，此为读音，若读 mu，即系吴音，而佛经中之“南无阿弥陀佛”之无，吴音也。此系南北朝以前之音，例如曹孟德《短歌行》：月明星稀，乌鹊南飞，绕树三匝，无枝可依……此无字应读 mu（参照大鸟正健著《读音、吴音之研究》第一八六页）

又“武、望”，闽南语读 bu、bong，而望字言 bang，可知均不读轻唇音。又“虞、模、无”读

音与“韵镜”相合，韩国音略义同（参照同书第八六页）

注十一：依据“唐韵”，“多、探、歌、戈、倭”各韵均为 a，“韵镜”为〇（参照大鸟正健《汉音、吴音之研究》第一〇七页）

人名注：

江永，清，婺源人，字慎修。康熙时诸生，博通古今，专心十三经注，而于礼之功尤深。乾隆中年，著作甚多，其中有《古韵标准》《四声切韵表》《音学辨微》等书。

钱大昕，清，王炯孙。字晓薇，号辛楣，又号竹汀。乾隆进士，累官少詹事，督学广东。丁艰归，不复出。著作甚多，对中西历算亦精通。遗作中有《经典文字考异》《声类、二十二史考异》《通鉴注辨正》等书。卒年七十七。

章炳麟，公元一八六九年生，初名学乘，字枚叔，后更名炳麟，慕昆山顾宁之风概，又改名为绛，别号太炎，余杭人。精通小学文字音韵之学，对西洋之学，亦渊博贯通。清末留日，在东京主办革命党机关报《民报》，参加孙总理之革命大事。闻武昌起义，立协同志归。南京政府成立，任枢密顾问。平生著作等身，道行、思想亦极超越。卒于一九三六年。

黄侃，清人，字季刚，湖北人。

王荣宝，童振华，均系近代人。

陆法言，隋朝人，爽子，官承奉郎。仁寿初撰《切韵》五卷，其书已佚。宋陈彭年等重修《广韵》，犹题曰《法言撰》，盖仍陆氏之旧也。

吴棫，宋建安人，字才老。著《韵补》五卷，明以来言古音者宗之。

三版负责人蔡懋棠志于斯坦福大学主办美国各大学中国语文联合研习所（在台大七号馆）农历66.1.26。

二、古音鳞爪

（一）松阳方言为古音渊薮。惜平、去二声字，读音多与通常相反。如“芝”平声字，读音与通常去声寄字同。“妄”去声字，读音与通常平声忙字同。《松阳县志》卷六，方言：“松阳腔，皆平声读去声，去声读平声。”但有少数字如“之、诗、花”读音，却与通常无异；而松阳人反疑其为误读去声。此殆因古四声不分之顾欤？芝，从草之声。松阳“芝、之”二字，读音不同，成为一去一平，“芝”变而“之”未变也。《县志》又云：“松阳腔，虞韵读歌韵，歌韵读余韵。”盖余韵今多收音于促口音“ü”，古收音于合口音“u”。歌韵今多收音于“e”，古收音于“o”。而“u、o”二韵母，读若“乌、喔”，音极相近；故明郑痒古音六部，合歌、虞二韵为鱼部。

（二）顾炎武曰：“荼荈之荼，与荼苦之荼，本是一字。古时未分麻韵，荼荈字亦只读为徒。东汉以下，乃音宅加反，而加字音居何反，犹读在歌韵。梁以下，始有今音，又妄灭一尽为茶字。”言茶字由虞韵之徒，一变而读歌韵，再变而读今音麻韵。其时代则为东汉以前读虞韵，以后读歌韵。梁以后读麻韵。茶字读音凡三变，郑痒之鱼部，包虞、歌、麻三韵，其来有自。松阳方言，虞韵读歌韵，乃东汉以后，梁以前古音。（详见《古音蠡测》887 页，茶字例证）

（三）松阳通济堰俗称官圳，圳字，由く字而来。《说文》：“く，小水流也。《周礼》匠人为沟洫……广尺深尺谓之〈。古文〈，从田从川。畎，篆文〈，从田犬声。”〈，田巛，畎，由简而繁，同为一字，读犬。《六书》故：“甽今作圳。“圳同田巛，《字汇补》：“圳市流切，音酬。”《觚胜》：“圳，音浸，通水之道。”音酬、音浸，皆后世之变音。松阳圳，言怨 ü àn，与今畎音音犬 qu ǎ n，音极相近。仅失去声母 q，上声改读去声为异耳。今松阳川读圈 quan。圳，从土川声。则与田巛、甽之从田川者同，声母 q 亦未失去。于此可知，许慎《说文》：“古文〈，从田从川。”从、川二字，似应改为“川声”。

第四十三编　人　物

松阳人文悠久，贤哲挺生，俊杰辈出。五代十国之前，代远年湮，难以考稽；五代十国之后，得以渐次翔实。凡是入志人物，古今兼收和本客籍兼收，且兼收各个行业、各个阶层的典型人物。以有建树及起到“存史”“教化”的作用为原则，只要在松阳历史进程中做出过显著成绩，教化作用明显，不论是“官”还是民，都应让其入传。注重实绩，既写大人物，也写小人物。

全编设人物传略、人物简介、人物名录。传略所载人物，卒年在2010年前，分文教、武功、品行、技艺、女士、客籍六类。简介所载人物，2010年在世，一般在当地正高职称或正处职务、寓外正高职称或正地（市、厅、师）职务以上人物；对少数有重大影响、有突出贡献、有代表性的人物，不受前项条件限制。人物名录所载人物，为松阳籍抗战阵亡将士、国务院/国家部（委）/省人民政府授予先进集体和个人名录、松阳县副高专业技术人员名录等。

第一章　人物传略

所选取的历史人物，来源于《浙江通志》《处州府志》《栝苍汇纪》、历修《松阳县志》、各姓宗谱，又兼以松阳政协《松阳文史资料》以及相关笔记文集，于浩繁卷帙之中去伪存真，征集采信。以人物所处时代先后为序。

设“文教”一节。对心性伦理、性理之学、成德之教等方面的有研究者，载入“显学”；避世隐逸且有文品影响教化者，载入“隐学”；立言著书声望当时者，载入“文学”；传道授业风化世人者，载入“教育”。

设“武功”一节。凡保卫家国舍生取义者，载入“英烈”；大智大勇雄毅有为者，载入“武略”；武官职务或者身登武科者，载入“武职”。

设“品行”一节。入孝出悌，为居家品行，载入“孝友”；勤勉廉正，为当政品行，载入“勤廉”；乐善公益，扶弱济贫，载入“好义”；明礼修身，厚德笃行，载入“笃行”。

设“技艺”一节。选录精通某一学科或某项技艺的专门人才。凡有土木之功，载入“工功”；有经商贸易成就，载入“商贸”；善医术、精药理者，载入“医药”；善断案、精法律者，载入“刑名”；有声望的道士僧人，载入“道释”；精通书法、绘画、文章者，载入“墨妙”；精堪舆数术者，载入“星卜”。

设“女士”一节。在古代，女性艰苦自守而得到公众肯定。她们或孝节或贞烈或仁义或才淑或慈善，在当时予以记载表彰。《史记》有列女传，各版县志亦有列女志。历代因之沿袭，至民国《松阳县志》，专设列女志，计列女近 500 人。此次修志，几经删减，略予增补，只录冰山一角。分为才学、贤淑、慈善、贞烈 4 部分编排。

设“客籍”一节。选录客籍松阳的名宦能吏和流寓松阳人士，其中，分为游宦（含主政者、县丞、主簿、典史，附汛弁）、教授（含教谕、训导，附明善书院掌教），流寓三部分编排。

第一节　文　教

显　学

叶梦得（1077～1148），字少蕴。祖籍松阳。绍圣四年（1097）登进士第，历任翰林学士、户部尚书、江东安抚大使等职。是词人、藏书家，晚年隐居湖州石林，号石林居士，著有《石林燕语》《石林词》《石林诗话》等。逝后追赠检校少保。叶梦得生平在《宋史》《宋朝事实》《宋名臣言行录》等有记载。

潘好古（1101～1170），字敏修。喜读书，好与名士游。著有《诗春秋语孟中庸说》51 卷。后世周权为其作有《题潘好古诗卷》一诗。其子潘景珪，右文殿修撰；其子潘景良，衡州太守。以子潘景珪贵封朝散郎。

潘好谦（1117～1175），字伯益，号矫斋。系潘宗说之子、北宋太学生陈东（1086～1127）之婿。性嗜文史，尤尚理学，与吕祖谦友善。初官丽水县尉，官至通判绍兴府。笃于教子，徙家至金华。潘好谦逝世后，吕祖谦为其撰《潘朝散墓志铭》。长子潘景连，迪功郎，监行在户部赡军激赏酒库；次子潘景夔，盐官知县。

潘景宪（1134～1190），字叔度。神童，南宋名流、藏书家。隆兴元年（1163 年），登进士第。官至太平教授。与当时名士王十朋、吕祖谦、朱熹、陈亮等友善。今说潘景宪为金华人，而检阅竹溪、横岗、小后畲、潘巷、白沙岗等地《潘氏宗谱》以及明清《松阳县志》，则潘景宪为松阳人。民国《松阳县志》按语“姑照旧志录存，以俟知者”，因之。

高宗商，字应朝。乾道八年（1172）进士。与杨简（1141～1226）、舒璘（1136～1198）相交深厚。淳熙年间，任邕川（今属南宁）教授，朱熹称赞高宗商“发明深切，远方学者，得所未悉，必有感动而兴起者。”又在给詹体仁（1143～1206）的书信《与詹元善书》写道：“高教授所留意学校甚善，渠从子静（陆九渊）学，有意为己，必能开导其后。”

叶南叔，字叔昭。曾从吕祖谦学于武义明招寺。绍熙四年（1193）登进士第。授朝散郎、迪功郎、复州州学教授。因之，项安世与其答诗，敬称“叶教授”。如《梅开次韵答叶教授》《酬答复州叶教授》。庆元元年（1195），书写《宋故居士程公府君墓志铭》。墓志铭今藏于松阳县博物馆。

项安世（？～1208），字平甫，淳熙二年（1175）进士。分教山阴、成都等地。绍熙四年，入朝，为秘书省正字。先后上疏光宗反对姜特立赴阙、上疏宁宗“量地赋用”以及“复留朱熹”。庆元党禁后，谪居江陵，闭门研究经易。开禧二年（1206），知鄂州。开禧三年，任湖广总领，遣兵解围德安。著有《周易玩辞》《项氏家说》《平庵悔稿》等遗世。入祀乡贤。项安世长子项宜孙，司理；次子项寅孙，郡守监司；三子项容孙，浙东宪使；四子项康孙与五子项庠孙，俱有才学。

林思聪，淳熙二年（1175），与项安世同登乙未科进士。绍定元年（1228），应叶士琳之请，作《存耕堂记》，文章有“方寸心也。心所具者善存其心，是存其善也。存善，则所为无不善矣。”之言。

叶　时，字秀发，号竹埜愚叟。淳熙十一年(1184)进士，授奉国军节度推官，历官户部尚书。理宗初，以显谟阁学士出知建宁府，后以宝文阁学士提举崇福宫。卒谥“文康”。其立朝无大功过，上奏“侂胄专政无君，罔上不道，乞枭首置之淮甸，积尸丛冢之间，以谢天下”。著有《礼经会元》4卷、《对制谈经》15卷及《竹埜诗集》。

王光祖，字文季，南宋时期松阳人。精通理学。淳熙九年（1182），浙东提举朱熹在福安僧舍（今址南州村）讲学，阐述《集注》《集传》。王光祖提出《集注》中的“不使滋长于隐微之中”一句应当加上“潜暗”二字，为“不使滋长于潜暗隐微之中”，朱熹深以为然。此后，王光祖官至大理评事，两人常有诗文往来。朱熹后来在给孙应时的书信中，还评价王光祖是“栝苍士友第一人”。

项　复，字吉甫，南宋时期松阳人。师从慈湖杨简（1141～1226）先生。一日，杨简问：“学而时习，作如何说？”项复仓促之间，不能对答，于是说：“不谈，口生荆棘。”杨简拍案惊叹道：“正是此说!”项复心生惭愧，以此为警悟，学业日益长进。虽然没有获得科考功名，但是大器晚成，晚年得到朝廷荐用，授职校书郎。项复隐居不仕，自号“耕乐”。

刘　炎，字子宣，南宋时期松阳人。少小时跟从父亲遁斋先生学习程朱理学。后因庆元党籍，师从真德秀，隐居不仕。著有《刘子迩言》12卷，书中阐述“中天地而立与天地参者，人也。天命，以人不物之矣。天不物之而自待以物始也，人终去禽犊不远矣。然则人之性，天地之性也。”其言醇正笃实，切于人情。该书收入《四库全书》子部一·儒家类。

王　佐，又名王公辅。南宋时期松阳人。武学博士，以不宜兵衅金国策对。宰相韩侂胄欲伐金国，故而指使御史胡纮弹劾王佐。王佐被贬到潼川转运司，行善政，作《利州学记》有“圣人之道，以修己治人为要而世方以道为伪，以穷理明经为儒而时方以儒为党”之语。四川安抚使程松籍此上奏王佐诋毁朝政。王佐被贬为鸿禧观祠官，卸任的行李只有衣物书籍。

王道深，南宋时期松阳人。隐居，致力研究理学，探讨万物天赋和禀受的哲理。朱熹（1130～1200）与王道深交流后，很是欢喜。王道深同乡之人叶符叔也嗜习理学，对王道深更是敬重，将请求朱熹书写的《敬斋箴》赠给王道深。

薛　南，南宋时期松阳人。系薛溶之曾祖父。通《春秋》学，非常崇信古代留传下来的经书，但又不迷惑于解释经籍的文字。著述有《春秋发微》（《松阳县志》艺文有录），谓《春秋》正名之书，序言云：“诸儒以一字为褒贬者，皆非也。”阅读讨论者，皆以为然。

项得一（1185～1272），字从乾，号南坡。嘉泰二年（1202），登进士第。官信州通判，后仕秘书司业。以亲老，奏乞归养。之后，退隐三十余年，究心理学，道宗孔孟，学术程朱。所著有《理学微言》及《闲束集》。曾侄孙项汝明，为宝祐元年（1253）进士。

王文焕，又名子敬，字叔恭，号西山。从小继承家学，有高尚的操守，不屑在元朝为官。研极孔孟诸儒的精深微妙，著有《道学发明》《大学发明》《中庸孟子解》《心镜图治心铭》诸作。谨慎入微，用心为明镜，用心作省察，用心下工夫。因此巍然负有“泰山北斗”之名望，世人称之为“西山先生”。《浙江通志》《栝苍汇纪》《两浙著述考》均见传记。

毛　仲，字时正。学有原委，好辟异端，尤其精通河图洛书之学。以徐积《节孝集》之句“言其所善、行其所善、思其所善，如此而不为君子，未之有也”为砥砺，笃志孝友。后以宾贡，授山东海阳县令，仗忠信、敦教化，吏民不忍欺。但由于素性耿介，与当道不合，辞归。所著有《常道异端论》及《理数启钥》。

包仕登，字文举，号两庵，松阳靖居人。师从王文焕学习性命道德之学。应贤人君子，聘为国子助教。一日，明太祖召入武英殿，赐坐。包仕登讲论“二帝三王”之道，符合上意。之后时常召包仕登讲匡正社稷之论。包仕登升齐府长史，深得潭王（1369～1390）尊重。名声甚至远播到高丽国。著有《两庵集》《和陶集》《璧水集》《海岱集》等。

潘　静，字绍安，松阳城南人。敏资绝伦，博览群书，具有“倚马万言”的文才。明永乐二十一年（1423）癸卯科乡荐。清操自守，构置小阁楼，关窗闭户专心读书。著有《五经疏》《二十一史定论》《续性理奥旨》，但都未及行世。

卢　玑（1436～？），字舜用，号品森。天顺八年（1464），登第二甲第五名进士。上疏《请正宫闱名分及阉寺引浮图煽惑事》，言词切中时弊，然而疏入不报。不久，因抵触权贵，被谪戍江西铜鼓县，忤触宦官汪直。此后，励志理学，辩古论今，作《辟元刘谧三教平心论》，与韩愈的《佛骨表》并称；著《贞字补遗》十目，深得圣贤之旨。明孝宗即位（1487）下诏，未赴。逝后，入祀乡贤。

刘　鉴（1465～1529），字子明，号洞源。系刘纲长子，松阳古市三角坛人。克承先人志向，勤奋好学，孜孜不倦。刘鉴的文章不仅用词精练，而且合乎礼法，气势恢弘。深受松阳士子景仰。刘鉴精于易理，尽一生心血，著有《易经傍解》《赏心集》《闭窗稿》。

徐梦易（1507～1569），字征伯，号龙阳，别号留明山人，明嘉靖十四年（1535）贡生，入国学。应礼部尚书费寀（1483～1548）举荐，为西苑草制。后任京卫武学教授，疏建大阅场、筑外城，皆切时务。为排斥方士，著《大易参同契解》。回乡隐居留名山“爱日堂”，著有《征伯集》《读书》《四子遗诠》《五经臆说》《李杜诗评》《皇明律说》等。

程必进，字以序，号景云。松阳太平坊人。崇祯八年（1635）拔贡，性笃学，精通易学，著《续河图衍义》《大易讲参》，各地学子慕名拜师。又性至孝，侍奉父母，无微不至。又性至忠，由赣州训导擢升建安知县，遭遇清兵围城，程必进与子程矩守城，城破，父子俱死，后入忠义祠。雍正《浙江通志·忠臣》见传。其女徐程氏，城西徐履祥（1603～？）之妻，以“为夫继则生贤于死”自励，贤惠声著，族里共称“贤节”。

叶永华（1601～1640），字玉果，号含素，松阳邑城耐性桥人。早年慧博，多才多艺。崇祯九年（1636），北榜乡试对智勇策近万言，被主试官黄景昉（1596～1662）预测为“名士”，果然中式举人。后被尚书倪鸿宝（1594～1644）延入宾师之位，论治国大事。著有《藕孔集》《读书日记》等。

叶永华与当世名士揭重熙、王宗熙，合称“海内三奇”。

刘迈英（1685～1740），字卓侯，号凌云。邑廪生。松阳上安人。赋性聪颖，崇尚孝悌。治家严肃，退朝而处，没有惰容。读书手不释卷，博涉经籍。精于易学，著有《易经解义》十二卷。善作文章，诗文雄健有奇气，知县刘瑄（1733～1735 在任）非常敬重他，举荐为孝廉，并赠诗：“宝盖崚嶒气象新，霏溪一水静无尘。五龙巷里凌云馆，羡尔名山大雅人。”

饶庆霖（1797～1876），字若汀，松阳城北人。父饶士芹，字忍斋，曾为知县佐吏，出纳持正，乐行善事。饶庆霖于道光元年（1821）取为贡生，后在北京授业，并劝捐修理京城处州会馆。道光十四年中举人，咸丰六年（1856）拣选知县。之后，筹办团勇、复建县署、修整祀庙、兴造学舍、纂修邑乘、议建昭忠祠等。生平究心经史，掌教明善书院近四十年，进士叶维藩出其门下。著有《五经经义附注》《纪事吟草》《消夏录》。

叶佐辰（1823～1890），字瑞荪，号肖松，改名叶景适，字滇夫。古市塘岸人。系蔡懋昂之婿。八岁能文，世称“神童”。咸丰二年（1852）壬子科举人。之后多次应考失利。叶佐辰工书法，著有《十三经题解》《平声仄声千字文》。旧志称其“学问文章，为吾松数百年唯一之人物”。叶佐辰文章与品行俱佳，沈家本、李汝霖、魏乃骧、叶枝玉、姚希善等，都曾从其学。

刘可培（1861～1922），又名刘德进，字笃斋，号闇然。松阳乌形山人。幼年丧父，孝事母亲。清末岁贡生。喜好钻研佛道，后追崇夏灵峰（1854～1930），精思明辨宋明理学的“心性”“理气”。簪发古服，竭力提倡冠昏丧祭四礼。获瓯海道尹黄庆澜（1875～1961）赠匾“敦品力学”。遗有《刘子遗书》《问道录》。逝后，夏灵峰为之作《刘笃斋墓志铭》。

蔡克猷（1884～1920），又名蔡储璋，字壮哉，号钟栽。松阳城东人。清邑庠生。浙江蚕学馆毕业，历任松阳县师范传习所所长、浙江蚕桑学校教师、松阳县教育科科长、海宁县第三科科长。辞职后，师从夏灵峰（1854～1930），笄发古服，隐居散溪，日则躬耕，夜则训徒。中年逝世。遗有《散溪遗书》，是松阳县现存书籍唯一被《汉语大字典》收录的引用书目。

叶梦麟（1894～1987），字芝生。松阳南门人。省立第十一师范毕业，潜心研究孔孟朱程，后师从富阳夏灵峰。返乡创办积诚草舍，教授学生。全面抗战爆发后，应同学陈诚之邀，历任武汉卫戍总司令部中校秘书、军政部监印室上校主任、国防部副官局少将处长。民国 37 年（1948）秋，随陈诚到台湾，任“行政院”院长办公室主任。叶梦麟尤精考据训诂，对松阳方言考证颇丰，所著多编入《积诚丛书》。

隐　学

程　汜（1079～1132），字克溢，松阳城东人。程汜资禀纯粹，志气超群。元祐七年（1092），14 岁游泮庠。因喜爱东门之地，迁居东门，号“东门子”。程汜好为诗文，著有《东门集》藏于家。以时不遇，屡试不第，例入太学，以疾辞归。

叶　震，隐居教授。淳熙九年（1182），朱熹提举浙东常平，至松阳，与叶震交流默契。二人同为讲论，朱熹为此停留十来天时间。后即以叶震的家塾拓充为“明善书院”，用作乡人肄业之所。

项宜中，又名贤，字谊甫。南宋时期松阳人。激愤于世间变故，作《窗蠹赋》针砭时弊。宗族有耍赖的人侵夺了项宜中的田产，项宜中却不在乎地说："在彼犹在此。"嘉熙年间（1237～1240），歉收闹饥荒，知府马光祖劝民出粟赈灾，项宜中响应，捐输二千石粟。后来，项宜中隐居山涧，专攻学术，尤其喜好佛教经典。世人称之为佛。

周　权（1275～1343），字衡之，号此山，松阳板桥人。通经史，诗文善长乐府、歌行、大篇、小章、古律、近制。游历京都，受到袁桷等人赏识并欲引荐馆职。周权以母老推辞，归故里植莲种菊，构筑"清远堂"，著书立说。赵子昂赠匾"此山学士"。著有《此山集》行世，《四库全书》有录。子周文珂（1303～1378），字仲瑜，号草窗。事亲孝谨，深得家传，辞藻有田园风格。深得张翥、欧阳玄、揭徯斯等人器重，以中书省行走，征辟授婺州路稼轩书院山长，改授徽州路紫阳书院山长。入明，州县数荐起任，隐逸不仕。

叶庸四，松阳人。至元十九年（1282），由乡里选拔人才。元代"儒林四杰"之一义乌黄溍（1277～1357）赞道："貌癯而清，性栗而凝。烈虽未著于大廷，功已翊赞夫朱程。拜下风而兴起，仰高山而景行。"

程世亨（1322～1393），字良通，城东人。平生反对豪华奢侈，好文善诗。庐室外有数株古松，程世亨经常悠闲地在树下游乐，自号友松处士，室名"友松斋"。著有诗集《友松集》。喜好交际与谈论，行必正直，不趋显宦，因而受到人们敬仰。

周邦坦（1324～1372），字履常，系周权长孙，松阳板桥人。营建清逸轩，隐居种菊，自号菊隐，吟诗自乐。长子周宗纶（1346～？），字庭言，号纳斋，永乐间以儒举任四川顺庆府通判，六年考满致仕还乡，著有《纳诚集》；次子周宗绍（1351～1407），字克传，号愚斋，佐翰林学士王景修书文渊阁，卒于京，著有《和樵集》；从侄周宗綵（1375～1455），字廷郁，号纯元，隐居种荷，著有《嘉莲诗集》。

吴志宁，字淑身。松阳赤岸人。好读书，曾师从番阳朱先生（广东学正朱仲潜）。读书旨在明理，不务仕途经济。练鲁与之相友善，将其比作东汉初年隐士严光和三国时期隐士管宁。吴志宁曾在赤岸村东建有高楼，练鲁为楼命名"延景楼"并作《延景楼记》。

练　鲁，字希曾，号倥侗子。父练进，博学入翰林，历任登仕郎、大司农、丰润县署丞。练鲁因往京师省亲，于元至正乙酉（1345）登进士第。之后南还事亲。母亲逝世，服丧期间，极度悲伤，居住庐墓守护坟墓。明太祖有诏征辟，练鲁力辞。著《辞病诗》九律，声调悲壮，思志哀郁。闭门谢客，隐居养亲，以写作校勘自虞。当时松阳才彦，如王景、项民彝、王继行、包公贵，皆出其门。著有《倥侗集》。

萧子登，又名萧遇富，松阳五木人。举人。入元后，为松阳教谕、书院掌教。后由乡举仕承务郎，隐而不仕。至元间，重建明善书院，率松阳贤达，谈讲道德。撰有《明善书院志》。

陈德询，号少微山人，松阳邑城陈巷人。博通经史，雅志高尚，独立不群，结识的人都认为他有道骨仙风。陈德询尤其好山水，游玩遇到佳胜之处，则久立遐想，思入风云。题咏务求精绝，因此其才学也受当时名士推重。陈德询被任命而不出任，潜心著有《少微集》藏于家。光绪《处州府志·隐逸》见传。

包公庆，号九芝山人，松阳靖居人。能诗文、善书札，为世人所敬重。当时的掌权者每欲推举包公庆，包公庆就以病疾为由予以推辞。

叶春和，号南塘。国学生。祖籍系大楼叶氏，迁居大井（松阳县城），为大井支派房祖。其秉性慷慨，喜爱游古名胜。曾因羡慕苏州繁盛，挟资出游，兴尽而返。好饮酒，床头多有酿造，遇到良辰，则颓放不羁，不醉不休。

叶寿山（1520～1592），字静夫，号梅竹。松阳玉岩人。廪生，治学《礼记》。事亲尽孝，好施与。中年抛弃名利，隐居于故里艺梅种竹，留心于诗赋，自号“梅竹主人”。于明万历四年（1576），建造“归亭”。并投身于当地公益。劝子守义方、戒骄奢，诸子皆卓有成立。生平志在阐扬先德，晚年愈加勤奋好学，作《自废论》激励自己，以诗书自娱。

叶希召，号梧溪，松阳桐溪人。万历年间贡生。博览群书，训子有则，不令留心世俗的事务，正月就令其子在校学习，至腊月才令其归家。叶希召隐居自乐。

詹世教（1536～1607），字敦化，号对梅。松阳桥亭街人。万历年间，由岁贡任龙游县训导，因失聪而告归。詹世教天资明敏，学问渊博。退而隐逸，修性养德，甘于淡泊而不屑于竞争。著有《对梅集》。长子詹希尧（1555～1611），字一中。廪生。经史广博，书画并美，才高有文名。与知县周宗邠操行相同，声气相投。孙詹嘉言，忠义殉国。

毛　度，号西坡。自幼习儒，富有才学，令先辈所期重。然而屡遭时运所困，所以避世隐居，淡泊自乐。生平至诚至朴，德行有守有则。教育诸子以义方，子孙相继入学。寿逾七旬，屡举乡饮。

丁日昌（1582～1652），字庆辰，号寝明。系丁芬长子，松阳城南人。清顺治二年（1645）乙酉科贡生。敦厚豪爽，博览群书。与人交际，真诚周到，彬彬有礼。竭力修建文庙、尊经阁，不辞辛劳。世人劝丁日昌入仕，丁日昌回道：“五斗米岂易我岭上白云耶？”晚年艺圃植花，延老友酣饮歌吟，悠然其乐。次子丁道立（1612～1661），字尔成，号敦修，工诗赋，遗诗《五方山》《卯山》见艺文。

许万青，字颖选，松阳城西人。乾隆年间贡生。平生嗜学，性喜清雅，在城西构筑绿水园，与王玉生等诸文人在园中饮酒赋诗，唱和成集，辑为《绿水园诗钞》。除植花栽竹之外，不干外事，世人都羡慕其雅量高致。

刘公全（1813～1889），又名刘亦庆，字宝善，号云轩，系刘德怀祖父，松阳界首人。温和耿直，嗜好宋代理学。但秉性淡泊隐逸，不意科举。事亲至孝，生则赡养取悦，病则谨慎服侍，殁则事死如生。且慷慨轻财，乐周人急，又通医理，为人疗病，乡人称之善士。著有《老日修示孙帖》，实业家汤寿潜（1856～1917）为之作《松阳刘云轩隐君传》。

文　学

刘澹然，字安道，南宋时期松阳人。才气俊逸，在衢州曾以《风云龙虎之赋》受到郡守史相的款待。后于嘉泰二年（1202），登进士第。历官大理寺丞、太平州通判、信州知府、秘书省著作郎。同乡项安世徙居江陵，其子项容孙回松阳祭扫祖墓，刘澹然赠辞：“立春绣于霄汉之上，孰不慕公子之威名。耀画锦于井落之间，我但羡长卿之风度。”著《午溪集》存世。时人将刘澹然、程樟、项得一、叶琫、何琮，合称“五贤公”。

叶　晔（1260～1306），字日华，号潜心。仕学录，平生守先人之业，读圣人之书，处世优游，乐仁好义。著有《曲肱集》三卷。郡县举荐于朝，不禄而逝。

周邦均，字正则，号中成，元代松阳板桥人。从业儒学，教授乡里，著有《中成诗集》。长子周敬明，字希善，入明，仕云南丽江府同知，著有《冲霄集》。

王　景（1336～1408），字景彰。明初，中乡试举人，授安徽怀远县教谕。应诏入朝，定《朝享乐章》《藩王入朝觐仪》。又作《京城钟鼓楼记》，饮誉朝野。转任开州知府、山西右参政，以粮挠法而谪云南。明惠宗时，张紞（？～1403）荐任礼部侍郎兼翰林侍讲，修《太祖实录》。明成祖即位，擢为翰林学士，总裁《太祖高皇帝实录》《永乐大典》。

周　焕，字景辰，号东蒙生。永乐中，学士王景荐入文渊阁，纂修国史。试以“鸳鸯菊”为题，周焕作诗立就，曰：“汉宫瓦冷夜来霜，佳菊凌寒独弄芳。”周焕曾作《上元应制诗》，练鲁诵之称赞说：“此诗直压倒文渊阁矣。”文渊阁国史纂修完竣后，擢知福建连城、松溪二县知县，深受民众爱戴。著有《东蒙集》。

王　诏，号龙溪，松阳南门人，邑诸生。系詹一鹗（1513～1573）岳父。王诏孝道著闻。读书喜立论，每次看见古人高尚的节操品行，则随笔载抄下来。在治平寺的经藏顶上发现一帙抄本，记载靖难时诸臣的事迹，于是各赞数语，题名《忠贤奇秘录》刊行。又于明嘉靖十三年（1534），撰《张玉娘传》。万历年间，王诏得到浙江提学佥事苏浚（1542～1599）推崇。

周　翱（1478～1532），字凤翱，号岳山。松阳城东人。系相国张璁（1475～1539）襟兄。周翱少小迟钝，一天背诵不了一行文字。探望游学温州的兄长时，智窍顿开，昼夜攻读，竟然能记大半，且行文落落不羁，一时被称“奇童”。在温州成家。深受师长、东嘉知县、道府知府的青睐。之后，登浙榜贤书（举人）。张璁曾向朝廷举荐周翱，可惜周翱不久逝世。

刘　金，字汝励，号西涧。松阳城北人。嘉靖年间贡生，历教职18年，平素的操守清廉耿介，居住简陋，名利冷淡。迁湖北汉阳县教授，以母亲年事已高，辞职还乡奉养母亲。

詹朝宣（1507～1544），字公辅，号竹简道人，松阳桥亭街人。禀性孝友，乐于接受父亲的教诲。父亲去世后，居丧守礼，守护坟墓。明敏博学，有“饱学先生”之誉，著有《梧岗集》。弟詹光宣（1508～1570），字公焕，号白觉。对父母孝顺，对兄弟友爱。嘉靖四十一年（1562）贡生，授新昌县（今江西省宜丰县）训导。巡按王公敬重其才能，令署县事，仅7个月，治断廉明，政教具举，赢得士民感戴敬仰。转升石城县教谕，赴任之际，接到家书称三弟詹宠宣病逝，詹光宣竟哀恸而逝。

程　鹏，字升南，又字叔南，号云衢。松阳城东人。勤学敦孝，14岁游学入泮庠，18岁领乡荐。博学，治《易经》。明隆庆年间，纂修《松阳县志》，多出其手笔。平时不涉足公庭，聚徒讲肄，益励操修，学生多有知名。其行谊文学为知县杨维新所奖赏器重。然而屡试不第，后于万历二十四年（1596）取为宾贡，例授致仕郎训导。

潘伯广，字子居。松阳城南人。为人断决有谋，才干过众。原先的学宫坍塌，潘伯广主持商议修葺学宫。隆庆年间，纂修《松阳县志》，传记多由潘伯广裁定。后于万历二十一年（1593）举为乡贡，授福建政和县训导。在任期间逝世。

詹一鹗（1513～1573），字朝荐，号绿野。廪生。系詹雨之孙，松阳桥亭街人。侍奉父亲，孝道著闻，敦厚品行，学识渊博，推为乡饮宾。隆庆年间，参与纂修《松阳县志》。詹一鹗家教端严，长子詹世教，任龙游县训导，廉取乐施，恪守家风。胞姐徐詹氏（1511～1545），变卖首饰支持丈夫科举事业，丈夫亡故后侍奉婆婆惟孝惟谨。

丁松之，字长茂。嘉靖至万历年间松阳城南人。性情忠厚，好善乐施，在南门外旧址捐资独创广济堂。丁松之为人俭约，处世谦逊，尤其善于发现他人长处。享寿八十余岁。丁松之长孙丁涵，字冰甫，庠生，与胡世定相与唱和，有五律《龙华山》一首存世，见艺文。

徐万松（1526～1598），字茂承，号午山。松阳儒行坊人。自幼丧父，事母以孝。师从詹朝宣，师生之谊深厚。为浙江提学副使薛应旂所器重。万历七年（1579）贡生，任槜李（今嘉兴桐乡）训导，以诚朴课士。万历十四年，转福建寿宁县教谕，劝民振作向学。万历十七年，转授福建南安县教谕。著有《吴中草》《剑南稿》《岭北草》。次子徐学礼（1552～1601），字仲立，秉性奇敏，师从何镗，作文章常在传注之外衍生特解，万历二十五年（1597）选贡。

徐鸣时，字德际，号绍溪。松阳徐村人。徐鸣时慷慨爽朗，喜爱学习，居乡训士有法有则，一时间俊士和选士多出在他的门下。万历年间贡生，未仕而逝。

叶瑞春，号芳寰。松阳桐溪人。平生专心好学，通今博古，沉默寡言。万历年间，以明经授德清县训导，闭户读书。转任分水县（今属桐庐）教谕，雅意作人，将所余的俸资用于修建学宫、赈济贫士之举。离任之日，为叶瑞春饯行的士子遮道相送，不忍离别。后于天启年间，任南城县（今属江西抚州下辖）知县，德彰政坛。

詹希谏（1551～1638），字汝忠，又字君信，号西野。系詹雨玄孙。其祖父詹一环于正德年间自桥亭街移家至古市城头。敢于以端正言辞严厉责备邻里的不正之徒。詹希谏有古长者风，晚年仍然勤学。被推为乡饮宾。

包应元（1552～1615），字伯仁，号乐山。松阳蟾湖（蛤湖）人。村前有溪阔数十丈，往来行人徒涉艰难。包应元拔租五十石，设置渡船，便利行人。当时附近有圹场，已被奉旨封塞，顽民掠夺且嫁祸乡人。包应元激愤不已，赶赴道府代民雪冤。乡人钦羡为义士。包应元育有二子，长子包继鼐徙城西，次子包继昱徙横樟，虽各自成族而家风相继。

毛　复（1556～1609），号心庵，系毛文邦之嫡长孙，松阳城北人。聪明机敏，学识渊博，品行端正，但是厌恶科举仕途。乐与鄞县进士傅光前先生来往，阐发太极的奥义和要旨。毛复致力于呈请兴建雪庵祠、修复学宫旧址，倡议为卢玑遗墓树碣碑。所著有《避色录》《耦耕集》。今遗有诗文《咏叶雪庵》《叶雪庵祠记》《凌霄台置田碑》等。

王思卿，字调元，松阳城南陈巷人。襟怀旷朗，落笔雄宕。曾召集当时松阳博学鸿儒，辩论六经四子业。王思卿每逢领会旨趣时，自谓“直悟圣贤心胸”。天启年间，以明经（贡生）授西安县（今属衢州）训导，调任富阳县教谕。邑中人士多视王思卿为典型。季弟王思才，字辅元，从小勤敏好学，善作文章，虽未能科考登第，淡然自乐。

潘继成，字乐之。秉性孝友，忠厚刚正而且坦诚直率。常以饮酒自娱，与家人亲密无间。潘继成轻生产，恪守旧业，注重教育，且教子有方，成誉于胶庠。寿六十余。

刘明经，号绍亭。少年颖异过人，研究《春秋》，才冠郡庠群英。县建学宫，与叶以章共董其事。尚义清高，在松阳竹溪筑造屋舍，自娱自乐。受到知县敬重。

刘学成（1583～1655），字希士，号望峰。松阳古市人。赋性孝顺恭谨，以卑自牧，以厚待人。平生无一字涉及公庭。得获知县举为乡饮宾，年至古稀，精神矍铄，被时人以“仁者果寿”称道。家教义方，其子刘世俊（1604～1666），字彦升，承家学。

詹加新（1588～1640），字象鼎、尚鼎，桥亭《詹氏宗谱》又作“詹嘉新”。幼称“神童”，年少之时，即取为廪生，览群经史诸书。胸襟磊落，不循守人事上的交际应酬。不惜财力去帮助他人排解纷争困难。詹加新因赴贡而逝，里人痛惜。

毛元淳，字还朴，一字婴中，自号率性居士。受家学影响，喜读周敦颐、王阳明、陈继儒等大儒的文集，在乎圣贤之志而不在乎科考之名。明崇祯六年（1633）辑《寻乐编》，同年取为贡生，授新城（今属富阳）训导。不久，任会稽（今属绍兴）教谕，著《日新录》，受到理学家刘宗周（1578～1645）器重。秩满回乡，以德望推乡宾，寿七十三。侄子毛化龙，明礼廉干有名望，协助管理县学义田和祭祀事宜，遗作见艺文。

毛维圣，字时甫。系毛汝节之子，松阳城北人。自幼丧父，家境贫寒。母毛周氏朝夕纺织，训子成名，获知县张建高赠匾褒奖。毛维圣长成后，事母亲孝顺，对兄弟友爱。并且勤敏干练，善于撰写文章。年方弱冠，取为廪生，为浙江温处道粮漕参政李叔元（1568～？）所器重。崇祯年间，取为贡生，赴考科举，在京邸逝世。

叶芳萼，字伯开。从小很好学，以孝友治家而著闻乡里。早年取为廪生，以醇厚谨慎要求自身，对经史一类书籍深通广晓，著有《西昆集》。其德行多次被官方举荐赞扬，门下学生众多。

周文志，号见溪。自幼习儒。因困于时运，又为家庭生计所累，出任为省掾（中枢各省的佐治官员）。周文志兢兢业业，奉公守法，从未有过失，因而获得上司器重。晚年植竹艺花，常与老友一起，优游于风辰月夕，大有古代隐者的风雅。

包旭玄（1599～1671），字世卿，号东鲜，松阳城西人。好诗酒，喜读书。吏部侍郎陈名夏（1601～1654）客居栝苍，曾与包旭玄同游三岩山，结交为友，并赠诗：“空谷人来可定交，相从载酒付僧巢，目前穷达皆儿戏，天下山林少客嘲。屡汲流泉松火怒，漫登小阁竹风敲。君毋自愧非儒业，谁识干旄在浚郊。”后由郡掾捐选经历。

詹仰佐（1601～1679），字国政，号简都，松阳桥亭街人。崇祯年间，贡生。授义乌县训导，加国子助教。御史东阳人张国维（1595～1646）与詹仰佐有交谊，曾赠四语：“学探渊源，义起著绩，志脱尘凡，名声千古”。然而詹仰佐只有公事才入公门。后蒙上司的委派征粮济急有功，加升婺州监军通判，不久辞官。回乡后深受知县张建高钦重，遗有五律《净梵寺》。

詹嘉卿（1602～1656），字六长，号南陆。松阳城东人。明天启年间，知县傅时勉后因夏旱而欲停征赋，却奉上级檄文追征往年旧欠，傅时勉为民哀怜，恳请缓征，由此获罪贬职。离别之际，松阳举县罢市巷哭。詹嘉卿著有《送傅邑侯还濡须序》相赠。明末由廪生取为贡生。

丁正乾（1630～1706），字健卿，号澹园。松阳城南人。康熙年间府学贡生。喜读书，好藏书。壮年筋肉萎缩，不能举动，卧床十年。即使如此，也坚持展卷诵读，万卷在胸，令士林学子敬仰。生平力敦气节，动中规矩，以“慎言行、端好恶”六字持身，以“恭俭严肃”四字传家。晚益好礼，于清康熙四十年（1701），响应公捐重修儒学明伦堂。

叶　正，字书升。清康熙年间贡生。淡泊恬静，自得其乐。爱好学习，修养道德，清白高洁。为士林中之雅淡者。查阅《耐性桥叶氏宗谱》，有叶祯，清康熙年间贡生，葬五都。或为同一人，因避胤禛之讳由祯改正，姑且存疑记载于此以便查证。

叶　鳌（1668～1736），字魁英，号苍岩。松阳王村人。清康熙年间，岁贡生，候选训导。博学多才，以诗酒自娱。所教授的学生，多为邑中杰出之士。

吴国玟（1701～1781），字文石，号逸山。松阳周安人。清乾隆十五年（1750）恩贡，掌教明善书院十余年，门下造就很多人才。吴国玟虽贫寒而操守清廉耿介，深受历任知县敬重。有人私下贿赂为其案件说情，被吴国玟断然拒绝。乾隆三十九年，吴国玟选授武义县学教谕。终身笃志好学，手不释卷。有乡试卷《樊迟请学至老圃》以及诗70余首存世。

丁　植（1732～1770），字韬光，号抱亭。松阳城南人。颖异早慧，14岁即受督学窦光鼐（1720～1795）叹赏。因才学品行纯正而被知县曹立身举为优贡生。不料乡试之际壮年病逝。巡抚阮元（1764～1849）闻知丁植所著《抱亭诗草》佳句隽爽，让儒学呈送全集，可惜人亡稿失，最终阮元仅获丁植《山庄闺词二首》入选《两浙輶轩录》。此外，有诗《独山》《旧城乔木》，见艺文。

杨开甲（1742～1819），字黄年，号月郕。松阳玉岩人，人品方雅，学业充裕。清乾隆五十九年（1794）甲寅科副榜举人。授修职郎，儒学教谕。知县成履咸曾延请为其子主讲。清嘉庆十六年（1811），成履咸撰赋祝贺杨开甲七十寿辰，文中赞其“信隆乡里，一诺无虚；行砥居恒，四维并饬”。遗有《金钟山》《集善堂》《济川桥》《朱子祠记》《玉岩云峰祠志》等诗文。

周大宾（1749～？），又名周承功，字作梅。松阳高亭人。邑庠生，性耽诗书，为文不事雕琢。学行精纯，为人瞻仰。以家贫亲老，无意进取，设帐授徒，善于栽培学生。乾隆年间，著有《反正字眼》三十二章，可见学术功底。抄本遍传松阳、遂昌、龙泉城乡各地，影响颇广。

王玉汝，字小厞。与城东蔡士梁（1758～1806）同学，又与城北徐学敏（1772～1827）、叶文蔚（1779～1854）友善。家贫力学，廪生。著有《墨竹山房诗草》。光绪《处州府志·卷二十一文苑》见传。《两浙輶轩续录·卷四八》收录有《上滩行》诗。

蔡士烈（1774～1837），字又英，号周利。松阳思步人。家计艰辛，幼务农业，十九岁才习诗书，刻苦自励，补为邑增生。品学兼隆，设帐授徒，从游者甚众。每与诸生讲学，秉性和雅，制行端方，兼通艺事。知府雷学海赠匾“教思宽厚”。蔡士烈好行阴骘，为无主者葬骨，为无后者修坟，捐墓碑数十块。晚年，崇德报功之心愈加深切。

叶从蕙（1777～1820），又名叶怀楷，字配苍，又字君瑞。廪生。博通经史，气度谦和而又严厉刚毅。教授闾里二十余年，循循善诱。教术之善，为松阳之冠。门下高足有登巍科者，如饶庆霖从其学八年。中年而逝，葬官溪大坪山。饶庆霖称之乃“廪堂宿儒”并致赞辞：“栝苍之东，钟毓儒宗。道以神超，品由德崇。缅厥芳规，俨如立雪而坐风。”

杨孙华（1778～1813），字承文，松阳玉岩人。10岁应考童试，博得知府李公青睐，并以笔墨袍褂作奖赏。窦光鼐任浙江学政时，赞言其“真慧才”。清嘉庆六年（1801）拔贡，候选直州判，励节砥行，隐居不仕。次弟杨孙兰（1789～1861），字薰斋，道光五年（1825）拔贡，道光十一年辛卯科举人，选授寿昌儒学训导，孝友重义为学者所尊崇。三弟杨孙芝（1783～1841），字瑞庭，嘉庆十八年（1813）拔贡，道光二年（1822）壬午科举人，诗文书法，名重京师，历署吴江县、奉贤县知县，政绩丕著。嘉庆十七年，江南乡试同考官，户部尚书董醇（1807～1892）出其门。一门三拔贡，浙江学政杜堮（1764～1859）赠匾“三凤齐飞”。

蔡懋建（1782～1862），字用中，号午山。松阳城东人。清道光八年（1828）岁贡生。学有远识，从师受业者甚众。入则笃行，出则友贤。上追先哲，下迪后昆。其婿岁贡生潘秀润（1822～1871），又名潘益蕙，字漱芳，号琴六，松阳城南人，工于书法，长于诗赋，为饶庆霖、徐葆清等人推重。

姜文佑（1785～1832），又名姜宗璠，字叶熊，号桐庄。松阳靖居口人。虽然遭遇小人辛螯加害，蒙受苦难，甚至被黜功名，但事后复平，参加乡试，于清嘉庆二十三年（1818）中举。其精神为后学模范。道光六年（1826）礼部拣选一等，移送吏部分发，即补知县。后由于父母接连去世，未能赴任，在乡教学。

包日生（1786～1861），字长成，号旸谷。松阳横樟人。生平最喜读书，酷嗜古文唐诗。设帐教学，门生多卓荦超群之士。持身立教讷言敏行，待人接物和颜悦色，表率一方。知县汤景和赠匾“盛世夔龙”。清道光二十二年（1842），壬寅科岁贡生，候选儒学。至年老犹好学不怠，自称“读来世之书”，竟不避太平军兵乱。著有《双溪草堂诗稿》，惜后世无传。

丁汝为（1793～1879），又名丁岩庚，号仙邨；又字宣侯，号判春使者。贡生。松阳城南人，系陈其福表叔。丁汝为文章卓越，曾以“春秋二百四十年”对“毛螽三百六十属”，一时称绝。出笔设想奇异，笔触神似庄子，诸如史钞、碑版、楹联等，传诵甚多。可惜遗稿遭遇兵燹，被付之一炬。嗣后，《两浙輶轩录》遍搜全浙遗老所作，其孙辈倾尽箱箧，仅存《说地》一篇，《描诗拙草》一帙。

叶灵芝（1795～1867），字圣瑞，又名叶锡芝，字献瑞，号藕孔居士。松阳城邑人。与饶庆霖同门友。邑庠生，府试第六名。好学不倦，性严毅，不徇流俗。深得知县江思浚器重，相契甚密。道光六年（1826），江思浚升署余杭，邀其为余杭训导，以弟丧亲迈之由而推辞。在城西设教数十年，不计较薪金厚薄，训课专勤。且处世公正令人信服，在乡党之中有威望。

毛飞渚（1803～1884），又名毛开潮，字少洲，号颉云。松阳南山人，系武举人叶廷芳、叶廷芬之甥。清咸丰六年（1856）恩贡生。生平造就后学，桃李满门。光绪十年（1884），援例就职，委署永嘉儒学教谕，时年已82岁，不久逝世。

潘步贤（1807～1857），字南珊，城南骥湖人。少小丧父，侍奉母亲黄氏，孝道闻名。才思磅礴，涵养诗书，清道光十九年（1839）己亥科副榜举人，候选教谕。在京师道义自守，受翰林院编修许乃普（1787～1866）敬重。由于科举不得志，开馆教学，贡生陈其福出其门下。后应知县许文藻之请，掌教义学。其居家极勤俭自给，有隐者风范。后以子潘益士贵赠修职郎。

潘承如（1810～1846），字受谦。松阳城南人。邑庠生。世承家学，学问渊深，所作文章有奇气。然而人事多磨，未能得志，时人将其比作唐代刘蕡。在家设教，成就了较多学子。可惜英年早逝。所著有《自怡斋诗草》。

王昌期（1810～1887），又名王国璋，字恭寿，号壬生。松阳城南人。廪贡生。才能见识与学问修养都很优异。性情廉洁耿介，自甘淡泊，恪守寒素家风。屡试秋闱，数次落第。以教书为业，曾设教于詹岩的“瑞石山房”十余年。一时师从王昌期做学问的知名人士，可谓满门桃李，堪称盛况。

杨光卿（1811～1860），字君恩，松阳玉岩人。附贡生。兄弟八人，皆仁慈冲和，洵洵儒雅，不为私利，踊跃倡率地方公益事务。五弟杨光举（1838～1915），字鹗荐，岁贡生，设教卯山十余年，门下多知名士，民国时期当选玉岩区议会议长。六弟杨光垚（1840～1876），字巍然，岁贡生，行文尚王尤体。七弟杨光淦（1845～1922），字丽生，廪生，著有《寒瘦斋诗集》，知事钱世昌赠匾“学醇行粹”，道尹黄庆澜赠匾“矜式乡闾”。高焕然誉称“名教完人”。八弟杨光格（1853～1924），字楙荞，廪生，民国时期县议员、参议员。

高大璋（1812～1864），字永长，又字待聘，号儒珍。松阳象溪人。家贫好学，仿效李密“牧佣挂角”读书，为增广生。笔耕设帐，门下从游者甚众。其子高培舟，字方之，家学相承，为廪生，也广授生徒，门下有登科甲者。并能乐善好施，在象溪船埠头山下创设义渡。

蔡大来（1814～1862），字交泰；一名蔡石通，字交际。松阳思步人。学有根底，岁贡生，为明善书院主讲，诚心教导，英才崛起。屡赴棘闱，荐而未售。晚年愈加笃志好学，手不释卷。

叶联庆（1827～1889），一字星垣，一字升元，号萼楼。松阳邑城人。天性笃信好古，虽然家境贫寒，仍能研究经史，尤喜揣摩古文。其诗咏豪放，文章锋利。清咸丰七年（1857），以第一名补廪膳生。又情怀恬淡，即使屡试不售，而绝不以得失萦怀。清同治三年（1864），甲子科岁贡生，候选儒学教谕。受时任县学训导倪植推崇，离任时获赠诗二首。

潘益涛（1830～1908），字之江。松阳城南人。岁贡生，补授训导。品端学粹，精文艺，工诗赋，下笔千言，倚马可待。开“天香讲院”，造就后学五十余年，门下数百人，如进士高焕然、举人高斐然、拔贡许作舟等。晚年双目失明，而从游者依旧很多。著有《天香诗稿》。何修将潘益涛与朴学大师俞樾（1821～1907）相提并论，包芝洲撰有《益涛潘老先生传》。

徐建猷（1834～1900），字承杰，号徽斋。松阳城东人。邑庠生，以寒素儒生为历任学官所器重。设帐授徒，学生众多，甚至有邻县丽水、宣平的学生。平生尤能急公好义，如整顿保婴局、修理文昌宫、重修孔庙、刊送善书等义举。并将微薄收入慷慨捐助，可谓寒士中之表率。

周圣教，字式昭。松阳城北人。道光初年，被知县江思浚聘为明善书院掌教。生平孝顺友恭，不违庭训；诗赋文辞，克承家学。一心效法如圣人般渊深的胸怀，立誓如凌云般高尚的志向。可惜五次乡试落第。清同治九年（1870）庚午科，省宪核检落卷（即在考官未推荐的试卷中再查阅核检），选入杭州敷文书院肄业。选为恩贡生，就职教谕。

叶廷琛（1835～1903），字献其；又名叶荫鱼，字登龙，号少山。松阳玉岩人。廪贡生。家境贫寒，事母至孝。且为人淡泊明志有王猛（325～375）遗风。性格淳厚质朴，文思敏捷，颖悟好学，终身手不释卷。在古市朱文公祠设馆教学，从游者众多，当时很多知名人士出其师门。叶廷琛每课批改作业从不隔宿，不遗余力，讲解娓娓，深受学生感激。

曾友颜（1840～1889），字纪煇，号晓鲁。系曾师孔长子，松阳午岭人。清光绪八年（1882）壬午科恩贡生，授直隶州州判。建言普及松阳乡间育婴堂，并结社联名育婴堂革弊鼎新，成效显著，受到知县皮树棠器重。又于太平军兵燹后，投身于建享祠、立义冢等义举。平生好吟咏，著有《启后集》《苦劳人抒情草》。其子曾春沂（1859～1926），字丽清，号廉泉。自幼读书，得承家学，光绪八年（1882）壬午科举人。光绪二十六年，署理海盐县训导，未赴任。

叶秀庭，字槐三。松阳城西人。恩贡生。天资聪颖，文笔清超。从其门者很多，一时知名之士，半出其门。且秉性慈善，乡党中有善举，无不踊跃参加。如整顿保婴局，叶秀庭出力尤多。光绪年间，知县刘靖赠匾“功存保赤”。

吴春泽（1849～1917），字沛然。松阳赤岸人。少失父母而家贫，幸得叔父栽培成立。以“读书所以明理，穷经所以致用”之旨教学二十年。清光绪三十年（1903），派往日本考察。清光绪三十一年，岁贡生，筹办毓秀高校并任教员，继而任温处学务调查员、县劝学所总董。民国纪元，任参事。不久辞职潜心治学，著有《勤补拙斋集文》及《诗存》。以子吴朝冕贵赠文林郎。

包庭芝（1851～1915），又名包立敦，字商山，号鹤瑞。松阳横樟人。岁贡生，文笔雄健简古。因科举考试屡受挫折，在石仓一带隐居，教授生徒。清光绪三十一年（1905）科举废除，被聘为毓秀高等小学校教员。清宣统二年（1910），在包氏宗祠后构筑“丹阳家塾”，浙江提督学政支公赠匾“贡树分香”。民国 2 年（1913），当选孔教分会副会长。

周肇洛（1861～1923），字敬休，号菘甫。松阳高亭人。清光绪三十四年（1908）恩贡生，候选直州判。朴实勤恳，道德冠于当时，有古时候大儒风范。家境贫寒，贫苦力学，仿效范仲淹“断齑画粥”。对于古代经典，甚为博览。民国以后，尊崇孔教儒学，信道尤其笃深。每逢孔子诞辰祭典，必参与，至死方休。

毛斐然（1863～1933），字云章，号西河野老。松阳西河人。清光绪四年（1878）庠生。颖达倜傥，才华横溢，闻于乡里。民国时期为松阳县五都区议员。热心公益事业，创立“西河学堂”。首倡捐资修建高圳，引四都源水灌溉西河、麻阳塔农田数千亩。著有《西河诗文集》《西河诗文集续编》，文章参见艺文。按：另有庠生毛斐然，松阳斗潭人，遗有《小吉村境诗》七律一首，见艺文。

蔡寿昌（1865～1936），又名蔡毓榕，字文轩。松阳城东人。清光绪三十年（1904）贡生。科举废后，陆续受聘于平阳、桐庐知县胡黻生和江苏提学使樊介轩。先后四次师谒夏灵峰，曾被留为“灵峰精舍”斋长。并与淄博班贞雯（1869～1928）等友善。晚年著有《晚修庐存稿》十卷，明晰心性理气之辨，正学异学之分。其第三子蔡克宽，为第一届学务委员，入民国选举。

叶景春（1866～1919），字镜堂。系叶章兴次子，松阳吴弄人。清光绪十五年（1889）副榜举人。揣摩时势，虽只得教谕、差委等职，然慷慨有大志，一生廉洁耿介，安于清苦。民国初，被国务总理汪大燮保荐为知事，未任而逝。所著有《压线集》《庸奩杂吟》等。三弟叶景高（1872～1934），字秀甫，纵情山水，精于绘画，工于八分体、飞白技法，历任五都区区议会议员、学务委员等地方各自治职，以应潮流，成绩斐然。四弟叶景夔（1878～1921），字秋田，急公好义，热忱于地方公益事业，倡办鹫松小学并任校长 7 年，殚精竭诚，成效昭然。

许作舟（1866～1935），又名许瀛士，字巽峰。松阳城北人。其父许为芬（1841～1907），字春圃，至孝性成，好行阴德，义方教子。许作舟以光绪二十三年（1897）丁酉拔贡署任嘉兴县学训导。光绪二十九年（1904），选派赴日本考察学务。次年，归国创办官立毓秀两等小学堂，为首任堂长。并参与筹办尼宗小学、成淑女学。清宣统二年（1910），赴任嘉兴县学教谕。入民国，任省立第十一中学兼省立第十一师范教员，达十年。民国 14 年（1925），参与编纂《松阳县志》，任第一分志编辑。

刘德元（1867～1958），又名刘厚道，字涵三，又字含三，号霭山。松阳界首人。师从吴春泽。光绪十八年（1892）壬辰科贡生。民国时期，为松阳毓秀小学、震东小学教师，佳溪小学校长。声望溢洋全县。民国 14 年（1925），编纂县志，请其主持，逊谢未就。而凡人邀其书写请讲，则能欣然相助。家中藏书丰富，每天朗读古文。著有《赤溪存草》《栝苍名胜留题录》。

曾春撰（1871～1898），字异三；又名曾凌斗，字志修。系曾友颜之季子，松阳午岭人。自幼聪颖，五岁能文，资敏学博，胆识高超。弱冠后，肄业紫阳书院及诂经精舍，文名籍甚，深为学政徐致祥（1838～1899）所器重。清光绪二十二年（1896），举贡士。次年，参加丁酉科选拔朝考，录取一等第二，铨叙擢用，授直隶州州判。染疾卒于京邸，英年早逝。

程　棨（1873～1942），又名程原芳，字馨斋。松阳城西上大井人。其高祖父程光辉身为缝工，敬惜字纸，每当看见有字的包布纸，就剪下蓄藏。受家教影响，程棨从儒，通医术，为郡庠生。作为松阳最后一位训蒙先生，程棨授馆数十年，勤勉为学，诲人不倦，人称“桂宝先生”。入民国，除了教书外兼任县自治委员。民国 31 年（1942），被日军杀害。

吴朝鼎（1873～？），又名吴伯宣，字彝卿，号逍遥子。松阳赤岸人。清光绪二十九年（1903）留学日本，入速成医科，数月而回。松阳县众议院议员。建“求志草堂”，推崇诸葛亮、金圣叹、梁启超三先生，在《五十自述》中彰显爱国爱民之志，自述道：“通澈中外之学识，深悉各国富强之本源，以调济其先而振兴于后。”著有《赤郫震一偶钞》。

吴朝冕（1879～？），又名吴叔慈，字冠甫，号憨禅。系吴春泽之子，松阳赤岸人。幼承庭训，学识卓越。清光绪三十年（1904），留学日本。宣统元年（1909）拔贡生。民国时期，先后署理香河（今属河北廊坊）、安乡（今属湖南常德）两县知事，政绩卓越，奖金质棠荫章。后任浙江上虞县长、外交部秘书。著有《松荫庐诗文集》。晚年定居杭州。今西湖苏堤“锁澜桥”“映波桥”为其手书。

潘　溁（1881～1923），又名潘学敬，字曲泉。松阳城南人。国学生，师从潘益涛。读书重义理，学识渊博。清末，曾任县教育名誉员，思想卓异。民国初，即投身国民党，宣传党义，罗致同志，为松阳县最早的国民党党员之一。协筹修筑南门大栋，不遗余力。其著述立意，适合潮流，如《论缠足之害》及《普及教育》等。后在官塘构筑“韬光别墅”，退省潜修。

何绍文（1881～？），又名何长盛，字郁哉，号白泽山人。松阳水南人。清邑庠生。与蔡梦芬友善，诵诗读书，讲学论道，为至交。履谦集益，竭智广思，治学危微精一。年近六十之际，著辑《中国帝王历史论略全编》一部，计十卷，约千万言，上起盘古，下逮清代，提纲挈领，鉴古阐今。足见功深稽古，学殚史书。

刘绍宽（1883～？），又名刘土荣，字厚斋；又单名刘亮，字镜世。松阳城北人。英年力学，为清附生。从当地践行教育革命，辟宗祠办“开明夜学社”。清光绪三十二年（1906），创办“尼宗完全小学”，为松阳私立学校之先导。之后，任县署教育科长、劝学所长。入民国，任县参事会参事、教育局长、绍兴卷烟特税局庶务、庆元县府秘书等职。

徐思襄（1905～？），字琴轩，号愚园。松阳程徐人，后居西屏山脚。任县商会常务委员、县政府财务委员、第五区教育委员等职务，供职地方，服务社会，热心尽力。兼杭州《新浙江报》访员、《温州新报》通讯员、处区《国民月报》编辑。能古文，爱吟诗，诗宗袁枚，文宗伯父徐文清。著有《愚园笔记》《愚园吟草》《愚园诗话》《桃村杂录》。

教　育

程　胪（1110～1188），字鸿鸣。系程汜之子、程大雅程大器之父。应贤良科，绍兴年间（1131～1161）登进士第，举擢任总干，以孙程樟贵赠大中大夫。每遇歉岁，捐廪赈饥。狱讼不平，辩雪曲直。深得民众信赖。程胪有二子十三孙，其中孙程榆、程樟、程林、程机，陆续于绍熙四年（1193）、嘉泰二年（1202）、嘉定元年（1208）、淳祐元年（1241）高中进士。

程　枢（1206～1272），字德璿。松阳城东人。淳祐年间进士。任广州路儒学教授。程枢秉性冲澹，厚重简默，不事浮华。读书过目不忘，好为诗文，著有《东门览胜集》藏于家。程枢施教有方，协心推荐县学中的人才。

詹　源（1448～1531），字朝宗，号南园。明弘治年间贡生，任湖广楚王府教授。初见楚王朱均鈋，没有礼物奉送，以“二帝三王”之道相禀，受到楚王赞赏。之后，任簿正之职，因才学渊博、品行正直，更加受楚王礼遇，三年后，辞职归家，建造房屋，宅心宽厚，让从事儒业的子侄居住却从不订立书契。知县出于敬仰之情欲为詹源修建居所，被拒。

周　楫（1515～1588），字汝济，号北岩。系周孟序玄孙，松阳城东人。虽早年丧失父母，然而能够好学，颇具德量气度。明万历年间，贡生，任永嘉训导。秩满后，升蕲水王府教授。回乡后，任明善书院掌教。

周光贤（1689～1770），字辉德，号寄亭。松阳城东人。读书敦品，崇尚俭约。教授生徒，多所造就。清乾隆十一年（1746），岁贡生。任天台县儒学训导，倡议复兴义学，士人交相称颂。八十岁，致仕而归。夫妇齐眉。

叶成章，字达材。恩贡生，松阳竹源后畲人。师从表叔包日生。赋性孝友，居家淡泊。兄弟八人，和睦相处。叶成章虽然以教书为生，却能独自承担奉养尊亲之任，不连累诸弟，并能以薪金收入给予周济。在石仓源设帐授课多年，循循善诱，栽培了较多士子。从其学而入泮者，有一百余位。徐大宗师给赠匾“劝励有方”。

周汝明（1815～1866），又名周方炯，字镜心，号鉴堂。松阳高亭人，与叶维藩友善。师从徐步云、杨光恩，经术湛深，诗有唐风，字无俗气。清咸丰六年（1856），以秀士报捐入贡。曾受龙泉上田毛凤诏之聘，在“象山书室”授课教书。因太平天国运动，兵乱频繁，返乡。战乱之后，又为地方倡先筹建善后，修复家园。知县何仁杰嘉其懿行，赠匾“品行端方”。

张重康（1839～1920），字吉人，号卧如。松阳山下阳人。幼承家学，10岁能文，19岁庠生，21岁廪生。继而遭遇兵燹与疫病，物力维艰，于是在赤岸、古市等地教书授徒。后于清同治七年（1868）贡生，授职儒学训导。注重教育，曾置买学田充为仑西学校校款，又令次子张礼由留学日本，归国任劝学所所长。入民国，公举为五都区区议员，曾题楹联“时势虽然全局变，圣道不可须臾离”。

宋企祁（1842～1914），又名宋君恩，字杏庵，号云亭。松阳杨家堂人。县学附生。秉性仁厚。因母病而学习医药，给人治病不受报酬，若无法推辞，则充作善举经费，声望极高。曾联合东乡数十村庄倡办民团，抵御太平军，由此获授五品军功。尤其注重养民与教民，创办社仓和义田，设立“迪德初等小学校”。知县张纲赠匾“化启文明”。清末，选为区议长，对于公益不遗余力。

项联芳，松阳大石人。生平慷慨，清光绪三十一至三十三年间（1904～1906），助办教育，为震东学校捐田十二亩八分。时任浙江巡抚张曾敭（1852～1920）赠匾“雅意培才”。项联芳英年早逝，其妻林氏，上孝公爹婆母，下抚儿子女儿，操劳过度而逝。

黄　铉（1865～？），又名黄永鋐，字鼎臣，号希之。松阳黄圩人。清光绪二十六年（1900），因办团练，授五品衔，宣统二年（1910），任景宁县文牍。民国肇始，任教于松阳高等小学，被公举为松阳县古市区自治委员。遗有《黄淤村景》《黄淤村图志》《黄淤项圩地名辨》等诗文。

夏雨金（1866～1915），字祝三，号乐天。松阳鲁西人。邑庠生，县乡教授，业余则研究宋儒理学，兼攻医书。侠骨佛心，医不索酬。民国元年（1912），地方拨面桶尖及延庆堂二庙寺租，创办鲁西延庆初等小学。夏雨金主持该校，教人首重品行，课余则讲历史上忠孝节义事迹，成绩卓著。公选为靖居区议会议员，对于地方公益事，无不极力提倡。

汤汝华（1871～1945），字有光，号巨川。清国学生。系叶廷兰之婿。科举废除，于清宣统二年（1910）创建呈回庄启明国民学校。自治研究所毕业后，继承父志弃儒就商。为地方兴利除弊，公选为厦田区议事会议员。继而为浙江省实业厅咨议。民国6年（1917），筹款重修县城太保庙。其胞兄汤汝斐，字有文，清国学生，公举为县议会第一届议员，任事公直无偏。

詹　杰（1871～？），字俊斋。清庠生。松阳古市人。民国元年（1912），当选县参议会参议员。之后，又任古市区自治委员，获浙江巡按使屈映光（1881～1973）赠匾“勤功尽职”和奖凭。又任古市区教育会会长等职务。

麻　冕（1872～1920），字崇礼，号弁士。松阳桐榔人。禁烟禁种罂粟及戒除鸦片，获浙江巡按使屈映光奖章。兴办学校，获知事余生球奖匾“热心教育”。麻冕祖母李氏与母亲李氏，两代节妇，深明大义，独力费款以修建横水三孔石桥；减价平粜以救济荒歉；捐田以为桐榔校舍基址，获总统徐世昌奖匾“志洁行芳”“节励松筠”。麻冕四子麻秀人，字文杰，毕业于上海英语专修学校，历任松阳民众教育馆馆长、教育局县督学、松阳毓秀小学教员、桐川乡乡长、桐川乡中心小学校长、县参议员等职。

刘德怀（1873～1930），字钟玉。松阳界首人。日本明治大学留学期间，参加同盟会。回国后，提倡实业，兴办教育，倡议女子天足。光绪三十一年（1905），以私宅充作校舍，创办震东女子两等小学堂，开处州女子教育之先河。并参与筹划发动浙东起义。民国时期，历任处州军政分府民政局长，县视学、县学务委员等职。长子刘福穰（1897～1970），字饶栽，浙江省甲种农业学校毕业，主持“积成草舍”，后在绍兴、杭州、长沙及松阳任教。次子刘福简（1913～？），字仲硕，毕业于成都陆军军官学校、空军防空学校、陆军指挥参谋大学，抗战期间，参加浙、赣、湘的防空作战。

叶有麟（1875～？），字昂青，号逸晓。松阳古市人，与赖汝贤友善。清廪生，光绪三十一年（1905）考入浙江高等学堂，次年转入浙江理科讲习所。民国时期，任县议会第一届议员、县参事会参事、通俗讲演所所长、县教育会会长、古市区议员等职。民国15年（1926），参与纂修《松阳县志》，被推为分编辑。

徐履中（1876～1938），字立能。松阳城东人。其父廪生徐承德（1849～1890），字维馨，与界首刘公全、山下阳张重坊齐名于当地。徐履中15岁丧父。从事烟商，仍不弃儒。30岁筹资赴日留学。初入早稻田大学预科，因经济所迫，改入小石川区实科学校理化科。光绪三十三年（1907）归国，辗转南京、松阳、杭州等地。入民国，任县教育所所长、浙江第四区禁烟监督处禁烟委员、县立小学教员讲习所所长、县教育会会长等职。

叶祥麟（1878～1918），又名叶亨滋，字瑞青。松阳古市人。系叶应龙之子，孝道敦厚。其妻洪氏（1875～1915），挑灯伴读，激激劝学。府试以第一取为邑庠生。时逢“欧化东渐”，叶祥麟从事办学，任古市贯一高等小学校长，管教兼施，宽严互用，经省、道、县历届视学视察，传谕嘉奖，迭至七次。学生毕业，留丽水、杭州不下数十人。积劳致疾，英年去世。

叶庆锡（1878～1924），松阳城北人。光绪附生。光绪二十五年（1899），留学日本东京实业专科学校理化专修科，光绪二十九年回国，在处州十一中学任教，后接任毓秀小学校长14年。民国12年任县劝学所所长。后，任松阳县教育局长，积劳成疾，死于任内。

吴文君，字岐山。松阳古市人。例贡生。热忱教育。捐入古市区第一国民学校膏腴田（即良田）八亩。光绪三十年（1904），知县鞠文熙赠匾“急公好义”。又捐入古市区第一国民学校银圆一百八十元。民国8年（1919），省长齐耀珊（1865～1946）奖给六等褒状。享寿75岁。

赖长祥（1880～1912），字高哲，号发斋。松阳东角垄人。为人刚直成性，识见宏远，不束缚于章句。光绪三十二年（1906），偕同刘思禹留学日本东京，笃志好学。次年，体育特科毕业，归国承知事叶昭敦照会，创设地方学校，尽心尽责。且热心公益，仗义疏财，捐洋助学。

周士登，字进阶，松阳泉庄人。急公好义，凡地方公益事宜，莫不量力为之。愤慨专制政体弊端，劝人求学救国。于光绪三十二年（1906），遣送胞弟周鲲、助资吴朝冕吴朝鼎留学日本。乐善好施，独捐资财在赤岸创办“坤元女学校”，为全县首倡。弟周鲲，又名周士元，字赞唐，民国时期任浙江省长公署咨议、省自治法代表，县公署参事代理县知事、县议会第二届副议长、自治委员、县农会会长等职。

潘起芹（1881～？），字采之，又名潘梦周，字复生。清附生。中学堂师范毕业，又自治研究所最优等毕业。任城区区议员、大竹溪区第二国民学校校长。民国 15 年（1926），纂修《松阳县志》，为采访员。次子潘学谨，江苏省立警官学校正科毕业，曾任无锡警官。

刘德滋（1882～1931），字润玉。松阳界首人。国学生，师从刘德元、吴春泽、叶葆彝等。少年依兄刘德怀长成，兄弟友爱。清光绪二十九年（1903），开始治理家政，并筹措其兄日本留学费用。之后，又协助刘德怀创办震东高等小学，教授算术。民国 12 年（1923）后，曾两度谒访夏灵峰（1854～1930）习古学。因时立论，如论“敬与静”，论“救民”等，见地颇深。

潘文波（1882～？），字春臣，号永清；又名潘从周，字用之。松阳城南人。清庠生，自治研究所毕业生，工书法。能随机应变，按时立言，入民国，创办“育英学堂”兼任堂长。又办理水灾善后事宜，被选为区议员，复选为松阳县第二届县议员。次子潘学浦，浙江省立第十一师范学校毕业，浙江省战时政治人员训练团结业，任奉化县政府乡镇督导员。

詹梦熊（1884～1943），字渭父，号运虎。松阳城东桥亭街人。光绪三十四年（1908）毕业于浙江西湖蚕学馆（浙江甲种蚕桑学校）。经浙江巡抚题奏奖给拔贡。清末，任县第一届学务委员、庆元县视学员、县劝学所所长等职务。民国 11 年（1922），任省立第十一中学校长；民国 13 年，任县教育局局长。

李廷芳（1885～1944），字光福，号春景。松阳后肖人。师从王维馨，光绪二十六年（1900）举秀才。民国 2 年（1913），松阳县第四小学樟村学堂创办，出任校长兼国文教师。历任县立初级中学及松阳女师国文教师、民国松阳县教育科长、救济院院长、财务会主任等职。其子李伦（1920～2005），毕业于湘湖师范学校，追随陶行知、金海观、俞子夷等教育家，开拓乡村教育，编有全国小学使用课本《小学算术》。孙李昕、李中、李戎、李丹、李珂文、李益文，曾孙李征宇、李征宙、李征寰、李想，玄孙李肃，均从事教育事业。

高自卑（1887～？），字一飞。系高焕然次子，松阳象溪人。清末附生。先后毕业于广东武备学堂、日本东京高等工业机械科预科学校。民国时期，担任县议会第二届议员、教育局董事会董事、通俗讲演所所长、县教育会会长、学务委员等职务。又任宣平警察所长、江苏省民政厅干事等公职。高氏宗祠头门石柱楹联“门对离峰攒秀气；祠居坎位发文昌”系其拟书。

潘起东（1887～？），字福如，系潘爱桃之次子，松阳城东人。光绪三十二年（1906）毕业于处州师范，次年毕业于松阳自治研究所。致力教育，倡办城东育英两级小学，任校长；改任城五小学、靖八小学校长，调升城区学务委员，改为教育委员。又致力自治，民国 22 年（1933）任南镇镇长，多次受到县里嘉奖。尤其是消防事业，创办“南镇水龙会”，任松阳防护团第二消防队队长。

刘世儒（1889～1973），字致通，又名刘福保，字子安，系刘德元长子，松阳界首人。浙江省两等师范学校毕业，师从沈钧儒、李叔同等名儒，后任教于浙江省蚕业学校、台州中学、处州中学、湘湖师范和松阳中学，抗战后任松阳中学教导主任、校长多年，为浙西南名师。诗《万寿山》：“寿山尘影息，爱静此禅居，树色环山碧，松风入户虚，忘形天地外，养晦患忧除，何以消长夏，庄周一卷书”。

张开甲（1889～1918），字芹传。松阳邑城中弄人。浙江两级师范学校优等毕业生，充任松阳高等小学教职。与城东蔡克猷、杨家堂宋微封、界首刘福保等人友善。民国6年，受知事钱世昌器重，荐任劝学所所长。任事后，竭力整顿，学风丕振，惜劳力过甚，精神渐疲，英年早逝。学界中人士痛惜，纷纷作联悼挽。钱世昌为之作《祭劝学所所长张开甲文》。

赖汝贤（1889～1925），又名赖长民，字高辅，号德斋。松阳东角垄人。清贡生。浙江理科师范毕业后，为地方谋教育，创办本村私立崇正初等小学校，首捐大洋四十元为开办费，并捐良田十亩，计燥租十五担，估价八百元有余。又为义务校长七年，前后垫入校用洋八十元。因捐资兴学，士绅援例详请，省长齐耀珊（1865～1946）奖给二等银色嘉祥章。

宋微封（1892～1937），字商邱。松阳杨家堂村人。13岁举秀才。科举废后，就读于浙江两级师范。毕业后任教于县立毓秀小学、县立松阳初级中学。曾两度出任县立初中校长，任内扩充校舍，改善办学，并在本校招收女生入学。“九一八”事变前后，组织学生上街宣传抗日，号召抵制日货。民国26年（1937）7月，带领应届毕业生到丽水参加会考，因积劳成疾而逝世。

周化南（1892～1958），字荫棠。松阳赤岸人。擅长诗词楹联。民国时期，任县立初中校长、毓秀小学校长、县第一届参议会议长等职。抗战时期，创作校歌《满江红》，募捐建造礼堂、教室及寝室，为来自沦陷区的学子提供就学环境。抗战胜利后，发动“校友一桶谷”募捐运动，重建被日本侵略军烧毁的县立初中。1951年，作为特邀代表出席松阳县第三次各界人民代表会议。

叶　锐（1900～1927），又名叶逢雩，字精臣。祖籍酉田，松阳筏铺人。北京大学毕业。深受“五四运动”思潮影响，崇尚俄国无政府主义运动最高精神领袖克鲁泡特金（1842～1921）的《互助论》。民国15年（1926），受松阳县长陈惟俭之请，任县立初级中学校长，率师生毁庙宇神像。民国16年，组织古市民众罢市和参与反对杨德基替任陈惟俭事件。是年，身染肺病在上海逝世。

钟　龄（1904～1981），系钟松胞弟，松阳福村人。上海大学毕业后赴法国里昂大学攻读化学工程，获硕士学位。时正值国家遭受日本侵略，钟龄毅然弃学返国，参加抗战，在贵州遵义42兵工厂任工程师，制作防毒面具。抗战胜利后，先后在西北大学、英士大学、中正大学任教授。1949年新中国成立后，在湖南大学、华南工学院任教授。晚年定居杭州。

潘寿年（1905～1950），又名潘思曾，字若彝。系潘文衡之孙，松阳城南人。毕业于上海法政大学。家境富有，慷慨乐施。于民国26年（1937），由许廷佐（1893～1949）等人发起创办私立寿年小学，潘寿年响应跋田三百余亩，并捐资一万余元购置地皮建造校舍。培育英才，经四年经营，规模毕备。此举在当时为全省仅见。省教育界派员莅校视察核实，呈请中央给奖。按：许廷佐，字子襄，松阳城北人，浙江省立甲种农业学校毕业，毓秀第一高小学校、私立寿年小学教员。

潘成义（1906～1985），字仲宜，号笠翁。松阳西屏人。北京大学教育系毕业后，曾任北京孔德学校小学部主任、中央干部训练团机要秘书、浙江省干部训练团人事科长、江苏省立医院总务处长、三青团松阳县分团部干事长、国民党松阳县党部副书记长、党团统一委员等职。到台湾后，任台北师范大学教授兼图书馆主任、台北高级商业职校校长。

叶　芳（1909～1998），松阳古市镇人。毕业于浙江省第十一师范、湘湖师范，曾在毓秀小学、湘师附小，衢州师范等校任教。任湘湖师范推广教育部主任兼古市民教馆主任。民国 31 年（1942）开始，竭力为创办俭公中学（地址在卯山广福观）奔走联络筹款，为第四任校长，治校严谨，治学有方。1952 年，俭公中学更名松阳县第二初级中学，叶芳调任衢州师范任教。

潘如澍（1910～1963），字嘉甫，号资生。松阳桥头人。毕业于清华大学，先后任职上海申报馆、南京航空署、国民党中央军委会及川康兴业公司等。后留学美国芝加哥大学，1950 年获社会学博士学位。在哥伦比亚大学、爱伦大学执教。著有《美国老人问题》《婚姻与家庭》等。美国波士顿建有“如澍大厦”及“如澍公园”。

刘贤传（1914～？），字善继；又单名刘福，字召梅，号八蝠草堂主人。松阳上安人，系叶绍麟之婿。民国 29 年（1940），任贯一小学校长。埋头苦干，整顿校务，办学成绩卓著，受到县长蒋剑农传令嘉奖。担任校长五年，日本侵略军窜境，学校损毁，仍旧致力于教育事业。民国 34 年，当选安石乡教育会常务理事，主编《安教周讯》，为松阳教界刊物先声。

王宝钧（1923～1988），松阳古市镇人。英士大学法律系毕业。历任县立初中教员、训育主任、校务委员、副校长等职，一生献身人民教育事业。1984 年，任浙江省政协委员。

叶志豪（1924～2007），松阳吴弄人。抗战时期曾为国民党县党部《松阳民报》主笔。1945 年加入中国共产党。1946 年，以国民党松阳县党部工作人员的身份开展中共地下党松阳支部的建立和发展。退休前为庆元中学高级教师，入选《浙江省名人录·教育卷》。胞弟叶志杰（1927～2005），1945 年加入中国共产党。1947 年 6 月，组织处州农校罢课运动的负责人之一。

李养达（1928～1990），松阳馒头山人。副师级。1951 年在复旦大学政治系就读时参加中国人民海军，任海军学校文化教员、海军机械学院政治教研室助教，继后在海军工程学院任职，多次评为政治部优秀教员和海军先进工作者，立三等功。著有《新学员入伍入学政治教育材料》《军队政治工作概要》《在思想政治工作中运用心理学浅见》《中国工程技术教育现状与发展趋势》等。

第二节 武 功

英 烈

叶一源（？～649），字九江。幼有志操，通诗书，善骑射。大业十三年（617），李渊起兵反隋，攻打长安。此时，叶一源领精兵一千余人，近抄小路，直趋太原。唐高祖即位，委任叶一源以机要之职。贞观二十三年（649），跟从唐太宗征高句丽，英勇非常，所向先登，斩敌二十余级首。单骑陷阵，被乱箭袭中，阵亡。唐太宗赐谥号“武义”。

王将军，失其名。民国《松阳县志》载：“宋将军王远宜与元兵战死，遂葬此（王将军墓在县西望松岭头）”。查光绪《松阳县志》并无名字记载，只载：“王将军墓在县西三里。”叶仲谌政和八年（1118）《逍遥观记》载：“时观基之西，昔有王将军庙在焉，不知为何代人也。”可知王将军为在北宋之前人物。

刘原熊（？～1449），松阳程徐人。捐资倡筑独山百仞堰，建永安桥，置澄川渡，名闻遐迩。正统十四年（1449），宣平人陶得义等起兵。兵燹延及松阳，松阳人多在横山寨避难。守寨人素闻刘原熊刚毅，于是奉送财物恳求庇护。刘原熊拒绝接受财物，召集乡人，奋勇相助。他冲锋前战，连战二日，斩杀了四名贼魁，阵亡。乡人哀悼，立社祀奉。

詹嘉言（1574～1637），字心声，号成一。天启年间宾荐，授象山县训导。任内，奉请钱唐（1314～1394）从祀孔庙，又屡出奇计平定海寇，著《墨守书》《海外篇》。转任四川苍溪县教谕，荐撰《蜀节孝录》。后代理四川梓潼县知县。遭敌军攻城，詹嘉言守城不屈，忠义殉国。入祀梓潼县名宦祠，受朝廷封赠国子助教。归葬松阳，立有詹公祠。

潘学元（1792～1858），字志鳌，号善长。松阳城南人。性纯孝，以侍亲疾弃举业。多行善举，郡学派捐修理，担任捐银二百余两，获知府赠匾“急公好义”。咸丰八年（1858），随同知县张士超倡捐募勇，防御太平军，在界首阵亡。加赠知州衔，建坊入祠。其子若孙，多有建树。长子潘思煌（1812～1901），字霞川，布政使司理问衔兼袭世职云骑尉。孙潘肇桂，报捐光禄寺署正。曾孙十数人，皆聪敏过人。

叶绍文（1793～1858），字启隆。松阳后畲人。虽名不隶兵籍，身未受封爵，而堪称义勇。咸丰八年（1858）三月，太平军攻陷松阳，叶绍文率领子侄村民数十人，奋不顾身，与太平军作战。三月廿六日，叶绍文与子叶瑞蓁等殉难。后与知县张士超、李作干等，入祀昭忠祠。

周廷珪（1803～1858），字敏庵，号桐封。松阳赤岸人。其弟周廷琜（1812～1858），字焕彩，号价山。兄弟俩平生孝弟为先，勤俭为务，慷慨好义，乐善好施。咸丰八年（1858），太平军经遂昌直捣松阳。兄弟齐心协助知县张士超，募民兵抵御，战于界首，冲锋陷阵以期保卫家乡。因众寡不敌而殉难，配享昭忠祠，知县牟温典分别为之撰墓志铭与尽节传。朝廷敕赠兄周廷珪监运司知司衔，弟周廷琜奉直大夫。

李祥明（1823～1858），松阳雅溪口人，咸丰二年（1852）壬子科武举人。咸丰八年（1858），寇乱屯扎南州。李祥明兄弟六人捐资招募团勇，营扎南坑口，保障地方。是年六月十一，率领乡勇数千人在南坑口激战，阵亡，朝廷嘉其忠义，例赠武德骑尉，准入昭忠祠致祭。饶庆霖《昭忠祠序》及刘士铨《寇陷处州纪事》均有记载。

叶维藩（1805～1861），字价人，号辰生。松阳塔寺下人。道光二十七年（1847）进士。任黔阳（今湖南怀化）知县时，敢于担当，饥荒之际果断开仓赈荒。因丁父忧回乡，适逢太平军攻陷松阳。叶维藩连夜赶到杭州请兵援助，处州遂于咸丰八年（1858）六月克复。咸丰十一年，太平军再次攻打松阳，叶维藩随知府李希郊率领兵勇抵御，遇害。祀入昭忠祠。其孙叶高枝（1865～1930），字桂香，号仲翘，以祖父殉难荫袭云骑尉，分发衢州府中营候补守备，民国时期任城区区议会名誉董事。

高攀枝（1793～1862），字天香，又名高培豪。松阳象溪人。道光廿八年（1848），戊申科廪贡生。宗师赵公赠匾“望重儒林”。同治元年（1862）三月二十日殉难。同治六年，浙江巡抚马新贻（1821～1870）督办采访忠义，当道奏请给予世袭云骑尉。

曾文垦（1812～1862），字石林。松阳章田人。为人慷慨，和睦乡邻。素习鸟铳，百发百中，乡里推为“第一铳手”。同治元年（1862）四月，奋然纠聚义勇乡民，随同宣平知县郭光仪在领脚坑隘口竭力抵御太平军，一直打到宣平城北郑回。后，曾文垦陨命战场，众子夺尸归葬。准入宣平县义勇祠享祀。

刘恩第（1826～1862），又名刘永魁，字锡甫，号慎盦，松阳黄坑口人。附贡生。学从叶佐辰并深受其器重。太平军入松阳，刘恩第奋力抵御，军中十战九胜，时称健将。同治元年（1862）殉难，诰封奉直大夫一等军功云骑尉。刘恩第善书法，笔致流转，从容练达。

叶　敬，又名叶起蕃，字春松。系举人即选知县叶文田次子，松阳邑城耐性桥人。叶文田以忠孝处世、义方教子，声名籍籍。为抵御太平军而殉难，其母张氏、妻胡氏同赴难，皆入祀昭忠祠。

潘　灏（1887～1911），原名潘庆澜，字鹏飞，号吉斋。松阳城南官塘铺人。天资聪睿，五岁能诗。及长，读《阳明传习录》治“心学”。重交游，关切国事。与青年爱国之士往来奔走，以图政变。光绪三十四年（1908）祖父潘益涛逝世后，潘灏赴杭任富阳警务。后投充黎元洪都督部下，辛亥武昌起义，以上尉率先士卒，战死沙场。逝后，奉谕入祀忠烈祠，并在东琳宫内建有烈士纪念馆。

刘　靖（？～1926），原名刘凯，字章同，松阳徐郑人。浙江法政学校肄业，后入黄埔军校二期步科。任排连长，参加国民革命军东征北伐。任粤闽湘军诏抚使独立第一梯团司令部军法官。后任第二师第四团上尉连长，于民国15年（1926）9月15日，率部围攻武昌城，身先士卒，捐躯。政府为褒扬忠烈，将其神位入祀中央忠烈祠。

陈丹山（1873～1935），松阳安岱后人。曾在龙泉、松阳山村私塾执教多年。民国17年（1928），与陈凤生等人组织农民“二五减租”运动。民国18年，发动贫苦农民打土豪分田地。之后，组成农军打出红军旗号，转战松（阳）、宣（平）、遂（昌）三县边界。民国24年，加入共产党，创办红军伤病员医疗所，并任浙西南军分区征募主任、玉岩区苏维埃政府副主席，同年被捕遇害。

卢子敬（1884～1935），松阳斗潭人。曾留学日本，回国后创办启秀学校。民国17年（1928），与陈凤生等人组织农民“二五减租”运动。民国18年，发动贫苦农民打土豪分田地。民国19年后，组成农军打出红军旗号，转战松（阳）、宣（平）、遂（昌）三县边界。民国24年，加入共产党，并任松（阳）遂（昌）龙（泉）游击总队副总指挥、中共玉岩区委副书记兼组织委员等职务，同年被捕遇害。

包立德（1885～1935），松阳横樟人。民国19年（1930），成立了横樟农军小队，配合玉岩农军活动。民国24年，红军挺进师到松阳后，包立德先后在玉岩、安民、五部、横樟、石仓、大竹溪等乡进行广泛的革命活动，不久被批准入党。次年11月，被国民党押解到西门外枪杀。

余良根（1899～1935），松阳外大阴人。民国18年（1929），参加松（阳）遂（昌）龙（泉）三县边境地区“青帮”组织，成为主要骨干。民国24年5月，加入共产党，任浙西南地方工作团成员、虎山坝联络站负责人、松（阳）云（和）边和竹溪区农民游击队领导人之一。7月，任中共竹溪区委组织部长。10月，被国民党九十四师枪杀于草场圩刑场。

陈凤生（1902～1935），松阳安岱后人。从小务农，曾做过木材生意。民国17年（1928），与卢子敬等人组织农民“二五减租”运动。民国18年，发动贫苦农民打土豪分田地。之后，组成农军打出红军旗号，转战松（阳）、宣（平）、遂（昌）三县边界。又到福建、江西等地寻找红军。民国24年，加入共产党，并任松（阳）遂（昌）龙（泉）游击队总指挥、中共玉岩区委书记等职，同年被捕遇害。

叶　义（1902～1935），原名叶翊义，松阳玉岩人。民国18年（1929）12月，参与组建松（阳）遂（昌）龙（泉）三县边境地区“青帮”组织，随后又在“青帮”的基础上组建了农军。民国24年，加入共产党。土地革命时期，担任松阳县玉岩农民武装暴动领导人之一、玉岩区苏维埃政府主席。是年11月，在县郊草场圩英勇就义。

潘昌利（1907～1935），松阳曹竹人。土地革命时期，参加农军和挺进师的革命活动，任红军地方工作团分队长，农民武装游击队长，竹溪区苏维埃政府主席、区委代理书记。民国24年（1935）10月，在龙泉县信花桥头壮烈牺牲。

潘华来（1911～1935），松阳山徐人。土地革命战争时期，参加红军挺进师革命活动，任山徐村农民武装游击队长，后参加挺进师第五纵队。族弟潘华火（1912～1935），参加农民武装游击队，后任山徐村苏维埃政府主席，红五纵队战士。民国24年（1935）年，双双被国民党逮捕牺牲。

高自元（1912～1935），字志飞。系高焕然第五子，松阳象溪人。中国第一代飞行员，民国24年（1935）毕业于中央航空学校，任飞机试飞员。是年九月初三，其驾驶从意大利进口的战斗机高空试飞，飞机气缸爆炸，机毁人亡，遗体安葬于南京航空烈士公墓。

叶堂星（1910～1936），松阳蛤湖人。民国24年（1935），加入共产党。曾任中共竹溪区委委员、少共（即共青团）竹溪区委书记。协助中国工农红军挺进师开辟浙西南游击根据地，建立各级苏维埃政权，发动青年参加红军。次年4月，被国民党枪杀在松阳县城东郊朱山脚。

叶泽夏（1905～1937），又名叶朝荣，字飞雄。松阳五木人。少有大志，浙江省立第一师范学校肄业。适时局动荡，于是投笔从戎，充任浙江保安队少尉之职。中央陆军军官学校训练毕业。之后保安队改编为陆军，升任第87师521团机二连上尉连长。在淞沪战场大场之役中为国捐躯。国民政府军事委员会追认少校衔，松阳县政府赠匾“公忠殉国”。

潘　蕨（1899～1938），又名潘起树，字绍薇。松阳古市人。早岁丧父，母钟氏教养兼任。省立第十一师范学校毕业后，任县立毓秀学校教员、松阳县教育指导员。“七七事变”后，应表兄钟松邀请，投笔入营，任军需之职，奋力抗战。民国27年（1938），因劳瘁致疾，卒于军营。同志挽联：“未歼倭寇身先殒，得死沙场志已遂。”

高威廉（1915～1938），系高焕然之孙，松阳象溪人。民国23年（1934），投考中央航空学校学习轰炸机驾驶。民国26年，毕业留校任教官，继而编入空军第一大队第二中队。七七事变后，执行空战任务，屡有战功，晋升中尉飞行员。民国27年7月19日，奉命从武汉出发轰炸日军战舰，完成任务返航途中，遇日军飞机拦截，油箱中弹着火，飞机坠入汉阳张公堤西湖内，牺牲。

程绍芬（1898～1942），字笃哉。省立第十一师范学校毕业，历任县救济院副院长、县立民众教育馆馆长、县立第一小学校长、教育局课长、私立寿年小学校长。民国31年（1942），程绍芬转移重要校具，不屈于日本侵略军逼迫，被削耳、剜舌、割喉，惨烈遇害。1944年，国民政府军事委员会将其忠勇事迹编入《抗战特殊忠勇军民题名录》，并函教育部刊登各种教育书刊以志褒扬。

陈鑫魁（1913～1942），松阳塘后人。处州省立第十一中学初中部毕业，在宣平县任小学教员。七七事变后，投入浙江战时政治训练团受训，次年入军队任排长。之后重返宣平，在阳和中心小学任教，宣传抗日。民国31年（1942）8月19日，日本侵略军劫掠到塘后村。陈鑫魁发现两名日军追捕村民江某，奋力营救，将一名日军摔于桥下，被另一名日军用刺刀连戳，遇害。

刘贤仕（1917～1942），字耀宗，又字则一。松阳上安人。孝亲睦兄，和乡友邻。且有果勇刚毅之精神，为国尽忠之志趣。1937年，日军侵华，刘贤仕毅然从戎，勇往抗敌，为时数载，历建功绩。31年，投身丽水南阳战役，因敌众我寡，以血肉换正义，中弹阵亡。为抗战烈士。

周年侬（1900～1949），又名周承丰，松阳项弄人。1947年，与中共党员王桂五、周开章取得联系，1948年6月参加中国共产党。1949年8月，不顾个人安危，向党组织递送国民党土匪企图血洗县城的重要情报。为解放松阳作出重大贡献。8月8日，遭土匪杀害。1986年1月31日，浙江省人民政府授予周年侬革命烈士称号。

蓝祥儿（1919～1949），原名徐体祥，原籍松阳靖居徐家，后因入赘畲族村头，改名蓝祥儿。解放战争时期，历任靖居区武工队员、班长，松阳县大队靖居区中队班长，从事靖居区建立游击队的地下网络、壮大地下工作队伍工作。并再次改名徐秀。后在丽水畎岸剿匪斗争中英勇牺牲。

刘　进（1926～1949），又名刘志、刘邦进，松阳五木人。民国38年（1949）3月13日，祝更生率部起义，刘进即投入松宣遂人民游击支队教导队工作。后，随游击支队第二大队到松阳、龙泉边境开辟新区。4月2日，在高亭战斗中被俘。11日，在松阳城南门外溪滩殉难。

林忠明（1923～1950），1949年5月，松阳全境解放，林忠明被保送到松阳县粮政干部训练班学习，成为一名粮政干部。意志坚定，工作刻苦。后成为第三区联溪乡乡干部。1950年2月17日，土匪包围乡政府并杀害了林忠明。

周警悟（1923～1950），原名周关火，松阳项桥下人。民国33年（1944）秋，考入金华师范简师科。在校期间，参与各项倾向革命的活动。毕业后任教南州小学。松阳解放后，作为第一批参军者，被选派到第二野战军三兵团十一军三十二师九十六团一营机炮连担任文化干事。周警悟参加了白马山、南充郊外等战斗，成绩卓著。1950年3月3日，周警悟随同机炮连的一个排剿匪，在大竹县清河场牺牲。

陈樟树根（1926～1951），松阳柘坑人。1949年5月，松阳解放。24岁的陈樟树根参加了村里的民兵组织，并担任村民兵队长，发动当地群众斗地主、分土地、围剿土匪。1951年2月11日，陈樟树根和民兵们在宣平境内的天师尖发现匪情，火速赶赴驻在水竹村的乡政府报告后，立即会同乡干部和乡民兵队，于当夜出发，围剿土匪。战斗中，陈樟树根中弹牺牲。

王景霖（1927～1951），原名王明发，松阳王村人。民国35年（1946），考入金华师范学校。期间，在金萧支队做外围事务。民国38年5月，随刘邓大军属部解放松阳，并受命在松阳古市区中队工作。6月，返回原部队担任三十四师一〇一团作战参谋。后又随大军解放四川。1950年，王景霖响应号召，抗美援朝，时任见习参谋。1951年3月，曾护送一批援朝战士伤员回国；是年7月，在上甘岭第五次战役中牺牲。

叶明达（1929～1951），松阳大塔头人。民国37年（1948）年，入伍国民党上海陆军炮兵连。次年5月，上海解放，叶明达所在部队被改编为中国人民解放军。1950年，被提升为副排长。是年，赴朝鲜作战，属二六〇部队七十八师二三四团炮营，任排长。1951年冬，叶明达所在师奉命坚守川犬山48高地前面的龙岩山阵地。美军出动大批飞机进行轰炸，叶明达在内的大部分战士牺牲。

阙邦型（1921～1953），松阳后宅人。民国时期，松阳国强中学教研组长。1953年7月3日，带领学生到松阴溪游泳时，为营救溺水学生而献身。1989年11月，被追认为烈士。

陈香兰（1926～1958），松阳古市人。中共党员，第一届县人民代表大会代表，红光公社勤丰生产队出纳员。1958年10月22日，接到公社党委紧急通知，连夜在卯山砍树烧炭。为救护社员，被大松树压死。是年12月20日《浙江日报》发表长篇通讯《卯山顶上的苍松》称陈香兰为“钢铁烈士”。1991年6月22日，经浙江省人民政府批准为革命烈士。

程杰君（1964～1975），松阳白沙人，阳溪乡中心学校五年级学生。1975年7月18日，放牛路过松阴溪边，见溪中人落水。程杰君跳水救人溺亡。1991年6月22日，浙江省人民政府授予程杰君革命烈士称号。

叶永祥（1940～1983），松阳项弄人。贫农出身，历任村党支部书记、公社党委委员、治保副主任。1983年11月16 日，批评村民叶某偷窃自行车行为。叶某公然点燃炸药包泄愤，叶永祥因帮助在场的多名儿童脱离险境，被炸身亡。1984年1月17日，浙江省人民政府批准其为革命烈士。其子叶伟胜（1970～1992），1990年参军，为中国人民武装警察浙江总队二支队警通中队下士。1992年7月4日，投身抗洪抢险任务，在抢救落水群众时牺牲。7月11日，中国人民武警部队政治部批准授予革命烈士称号，武警浙江总队给其追记二等功。

何水土（1949～1993），原籍遂昌，后入籍松阳包村。1968年4月，加入了中国人民解放军。1970年1月，退伍到浙江生产建设兵团工作。1973年6月，回乡务农。1976年，投身治理松阴溪。1984年，扑灭包村小学兼会计室火灾。1992年，身任生产队队长，协助粮食仓库征地顺利完成。1993年7月11日，村中心的余家大院起火，8户居民受困。正在田里劳作的何水土，第一个赶到火灾现场，扑火时牺牲。哀恸者甚众。

高贵洪（1972～1994），松阳象溪村人。高焕然之曾侄孙。自幼勤奋好学，尊老爱幼，助人为乐。1994年6月17日，象溪村遭特大洪水，为抢救村民的生命财产被坍塌的泥墙压入水中牺牲。7月1日，浙江省人民政府批准授予高贵洪革命烈士称号。

王金锋（1983～1995），松阳古市七村人。古市镇中心小学学生。自幼立志成为“四有”新人，是一名品学兼优的少先队员。1995年7月，小学毕业。同年8月17日，为抢救落水同伴而牺牲。

刘朝春（1938～1996），松阳裕溪人，生前曾任该村第二生产队长、村民组长、护林组长。1996年7月3日，村内一幢清代建造的吕家大屋起火。正在隔溪地里劳作的刘朝春，赶到火灾现场，冲进火海救出88岁的老妪，又往返五次抢出财产。刘朝春因伤势过重，抢救无效而牺牲。上千名群众自发戴孝为其送行。

武 略

王鸣凤（1228～1283），字朝阳，号万竹。李庭芝督两淮，王鸣凤则任两淮提干。当时元兵侵扰，民不聊生，王鸣凤赈恤贫穷，深为忧虑，起草《安边策》，主张“以内郡之兵，尽出江干以实外御，互相应援，以为联络。”因宋朝国势衰败，主张未果。王鸣凤认为时运至此，虽有忠臣力撑，何奈奸权当国，终究难以实现志向。于是避世隐居。

周　明（1336～1377），字思诚。松阳城东人。性至孝，勇敢好义，骁勇超群，沉毅有奇略。元末，山寇作乱，周明率乡人剿捕，全部擒拿。虽然周明居家不仕，然而邑中百姓都称之为“周千户”。后，听说元朝灭亡的消息，恸哭而逝。长孙周孟序（1382～1421），字同伦，永乐十八年（1420）乡荐举人。

孟继宗，字彦隆，号普三。明初松阳外孟人。博学卓识，擅长武艺。元末遭受兵火战乱破坏后，平濂山（今址外孟）中出现巨蟒，成为一方祸害。孟继宗为民除害，射杀巨蟒。此后在平濂定居，广行拯世济民之道。逝后，后人称孟继宗为“孟太公”，改造其故居为“丰庆庵”，并在外孟建有“普三祠”怀念孟继宗。

吴　亨，品性倜傥，崇尚节义。曾以浙东副元帅石抹宜孙（？～1359）之命，出资财筑处州左渠城五十丈。洪武十四年（1381），县西横源山民倡乱，县帖下，吴亨率乡民逐捕其党，乡民得以安泰无事。继而又在金梁、乌石二渡出资造船，以济行人。其尚义之举，为乡人称颂。

周凤鸣（1497～1562），字九皋，号东田，松阳板桥人。嘉靖二十四年（1545），乙巳科由宾贡授安仁（今江西余江县）训导。时值多股贼匪在余江、玉山一带流窜肇事，南昌知府胡公廉委任周凤鸣掌兵助战。周凤鸣挥师鄱阳，平息贼匪。胡公廉奏报朝廷，擢升国子学正。安仁县士民学宫为周凤鸣立碑以表感怀。文武兼备，著有《东田集》。

周徽音（1803～1866），字立德，号西园；一名周国洛，字在都。松阳周山头人。天性纯笃，不慕浮华。培植子侄，多有造就。其子周士芳（1823～1862），字佩清，号桂岩，道光二十九年（1849）己酉科拔贡，咸丰八年（1858）候选直隶州州判，咸丰九年授寿昌县学教谕。时逢太平天国运动，周徽音与饶庆霖等在乡保障乡民，周士芳则与寿昌知县多方防御。父子荣膺，分别获授军功七品和军功五品衔。

杨光恩（1804～1873），字晋轩。其弟杨光宠，字少峙。均系杨孙华之子，松阳玉岩人。杨光恩曾在江苏奉贤县署中承学于叔父杨孙芝、杨孙兰。后于咸丰六年（1856）选为恩贡生，候选直州判。杨光宠姿性聪绝绮，岁廪生。兄弟继美。时逢太平天国运动，兄弟俩与叶佐清共筹招募，设计“防剿”太平军。抚宪上闻，奖给军功，以旌其义。

徐旭初（1807～1887），又名徐景朝，字杲东。松阳南州人。自幼丧父，继而母亲又早逝。勤俭丕振，对于宗族乡党慷慨好施。咸丰十一年（1861），太平军攻陷松阳，暗中查明徐旭初财产富裕，便设计以伪命招抚，如若不顺从，则将屠杀南州乡民。徐旭初着眼地方大局，假装前往投靠，到达福建境，才脱身逃归乡里，最终免于难。后为例贡生。

王兆鳌（1811～1884），字立功。松阳岗后人。幼习诗书，长通武艺，于道光九年（1829）入县学为庠生。咸丰八年（1858），率民团会合官兵抵御太平军，因军功赏给五品衔。之后，承办军饷御敌、佐理善后局务以及安顿流民，诸事得力。同治三年（1864），署理宣平汛协。后准入处标右营候补守府。其长子廪膳生王作栋，为国殉身，入祀昭忠祠。

何大鹏（1814～1862），又名何心田，字云路，号南溟。松阳吊坛人。系樟村李光南之外孙。道光二十年（1840），庚子恩科武举四十七名。道光廿四年会试，挑取候选督运分府（即听候依法选用治理漕运）。道光廿七年，与兄弟等众，创建孝思堂。

包登辰（1814～？），又名包震亨，字龙溪，号苍莨。松阳净居人。擅长武功，咸丰八年（1858）六月初九，太平军石达开部至净居，强征包登辰为军将，包登辰为保障净居百姓，屈身随从太平军而去。之后，终身未归。其家人迁居大塔村避祸。而原净居村民族众为追思包登辰恩德，改“净居村”为“靖居村”，并撰联“靖以献毋忘靖境；居之安自愧居仁”。

徐培桂（1815～1902），又名徐金土，字君泽。松阳程徐人。秉性敦朴，生平好义。咸丰年间，太平军扰乱，徐培桂扶救乡人于危难之中。又能孝奉双亲，友爱兄弟。胞弟徐培林夫妇相继逝世，留下遗孤徐奉璋，年方三岁。徐培桂代为抚养，视侄子如己子。督教徐奉璋读书，入县学，为庠生。长子徐瑞璋（1856～1920），字秀元，号献廷，课习武艺，光绪十五年（1889）己丑恩科中式第八十三名武举人。因之，徐培桂获例赠武略骑尉。

周邦贤（1848～1920），字作人，又名周祥连。松阳城东人。同治十三年（1874），考取武庠生。遇地方善举，捐赀乐助。入民国，选举为城区自治议员。二子八孙。长孙周绍金，中将司令；次孙周铭忱，参谋长；四孙周绍麟，上尉；六孙周绍奎，上校。七孙周开正，少校。

潘如时（1848～1937），又名潘益澍，字雨化。松阳古市人。14岁丧父，弃文习武。光绪十一年（1885），中武举。次年会试，挑选兵部差官。“衢州教案”爆发后，举办民团，出任教练，平靖人心。民国后，举为县议会议员、古市乡农会农会长。第三子潘腾蛟（1891～1940），又名潘起泽，字凌云。历任松阳县北伐队（民团局）教练长、瓯海道第一届检定小学正教员、援闽浙军总司令部书记官等职。古市镇镇长叶薪遇害后，全镇秩序紊乱，潘腾蛟毅然继任镇长，在任三年，守法安贫。

阙进璋（1849～1921），字国珍，又名阙玉熊，松阳石仓源人。光绪元年（1875）乙亥科武举人。浙江巡抚杨昌浚（1825～1897）赠匾“武魁”，尚存。光绪二年，考选兵部差官候补守备。松阳典史黄廷炜曾赞其“力能举鼎，智足冠场”。平生慷慨疏财，谦恭礼下。入民国，公举为石仓议员，堪称善士。儿女姻亲项宗邦（1845～1903），又名项宗创，字为之，松阳岗下人。武举人，大挑二等兵部差官，任福建龙岩、漳州守备。

詹巨龙（1863～1914），又名詹宏魁，字乘时。家境贫寒，初务农，后习射，为武庠生，武艺授徒。清末，被举为议员，处事刚直，而又极为严谨。民国初年，为响应烟禁令，倡设“戒烟局”，倾尽积蓄以接济贫乏烟民，慨然不顾惜。之后，任城自治总董，为公务鞠躬尽瘁，却一直不受俸禄，把应得的补贴全部置办田产，且拨归社仓，用于赈济贫民。

蔡延周（1869～？），又名蔡如圭，字东封，松阳思步人。留学日本回乡办理国民教育，当选县参议员。扫除积习，检举贪污，不避权贵。育四子。长子蔡祖训，省法政转陆军译学专修馆毕业，三都自治委员；次子蔡明煜，上尉连长；三子蔡唐，浙保三团一营三连中尉排长，为国阵亡；四子蔡伟，陆军74军58师172团一营代少校营长，青年模范军官。

黄昌芳（1877～1926），字梦兰，号桂芬。松阳黄圩人。早年倜傥有大志，弃文习武。光绪二十六年（1900），因输饷功，得授五品顶戴。继而留学日本武备学校，东京体育毕业。归国后，受聘于东瓯中学校体操教员。适逢松阳体育讲习所成立，辞瓯归里，担任教科，讲演尚武精神与种族思想。武昌起义后，以抱病未能为国效劳为憾，隐居乡里。

叶庆崇（1880～1944），字宗山。松阳城北人。光绪二十八年（1902），留学日本早稻田大学。在日本参加同盟会。回国参加反清斗争，任兴中会浙江干事。民国初年，任处州军政分府民政处长。张勋复辟后，一度避居上海。北伐时，蒋介石派竺鸣涛邀赴“二次革命”，以“父老待养”婉拒。先后在处州省立十一中学、省立十一师范任教。后任十一师范校长。1923年后任浙江省议会议员多年。

王虎臣（1883～？），又名王立兴，字矫强。松阳清源垒人。具有革命思想，痛恨满清政府腐败。于光绪二十九年（1903）置身行伍，升入陆军步科机枪队教练所毕业。后复升为志愿军助教员，得有勋章，并获赠“为国干城”匾额。联络各方革命同志，参加辛亥革命，获浙江都督兼省民政长朱瑞（1883～1916）赠匾“有勇知方”。

洪献讲（1884～？），字志成，又名陈鉴，早年投笔从戎，参加辛亥革命，推翻帝制。继承孙中山遗志，参加北伐，转战大江南北，浙江地方新政府褒奖以“有勇知方”匾额。

潘学庠（1888～1928），原名潘寿樟。清国学生，系例贡生徐旭初外孙、恩贡生叶葆桂之婿。县立师范讲习所毕业生，曾任五都区第一第四区国民学校校长。民国15年（1926），参与纂修《松阳县志》，负责书记工作。育有三子，其中，长子潘思鼎，陆军六一师上尉军需；三子潘思宗，陆军六一师准尉司书。

宋思琅（1894～？），又名宋石玉，字善瑜，号佛苹。松阳杨家堂人。早年丧父，由母朱林娟培养成人。毕业于浙江省立第十一师范学校。任松阳县视学、劝学所所长，和善有长者风。又任松阳县立第一小学校长、浙江第十一师范附小教员等职，在松阳教育界享有盛誉。后任钟松将军秘书。抗日战争期间，携子宋昌亮投笔从戎，客死四川，归葬松阳。

汤凤彪（1900～？），又名汤朝宝，字灿然。松阳呈回人。先后毕业于浙江省第十一师范、陆军大学，任军官学校第七分校上校教官。堂弟汤淳（1906～1957），又名汤凤梧，字苍栖。松阳呈回人。先后毕业于浙江省立十一师范、黄埔军校五期，历任国民革命军少校营长、中央军校七分校军官总队中校队长、军委会参谋主任。

吴远平（1901～1972），又名吴惟平。松阳赤岸人。中国大学法学系毕业。民国时期，支持联俄抗日，历任第26军政治部总务科长、国民政府军事委员会咨议等职。杭州解放前夕，成功保护杭州航空雷达通讯设备，阻止中央银行杭州分行黄金私运出境。中华人民共和国成立后，当选为民革浙江省常委，任浙江省政协委员。1957年被错划为右派。1978年后改正。著有《吴惟平先生抗日言论集》。

戴　贤（1910～1995），字思齐。松阳古市人。早年任教于古市贯一小学。后投笔从戎，毕业于黄埔军校第十八期通讯科。全面抗战期间，先后参加“八一三”淞沪会战、武汉保卫战、徐州保卫战、黄河守备战等大小战役，获授“抗战胜利纪念章”。民国37年（1948），随军到台湾，此后数十年间，一直致力于两岸交流工作。发起筹建台北松阳同乡会，任理监事。

武　职

叶仲询，嘉祐六年（1061），登进士第。授右奉议郎，权通判郴州军州事兼管内劝农事。武骑尉，赐绯鱼袋。熙宁十年至元丰二年（1077～1079）任澧州（今属湖南常德）知州。元祐九年（1094），书写《宋故居士项君墓铭》，藏于松阳县博物馆。又《浙江通志》载：“叶仲询，松阳人。嘉祐六年辛丑王俊民榜，知澧州。”

叶再遇，年轻时在江淮从军，累立战功，由淮东安抚使任殿前步帅。淳熙九年（1182），朱熹为浙东常平使者，行部至旧市（今松阳古市）讲道。咸淳间，叶再遇请建书院（又称第一明善书院），建成后在书院内奉祀朱熹。

周德闾（1319～1372），字汉杰，松阳城东人。精通文韬武略。值元朝兵乱，多次率领子弟保障家乡。明朝军队攻克栝苍，征辟周德闾守御处州。之后周德闾合兵数万，东取瓯城，累建奇功，据传封“三省总管”之职，但是周德闾未有接受赴任，而是退守居家。捐资筑白龙圳，灌东乡田数百顷。民众享利，为其立祠，白龙圳“石柱殿”即祠址。

陈　滋，以有功升为义兵千户，后为防御镇抚。龙游柯山之乱，所过郡县遭其杀戮剽掠，东南震动，势逼松阳县。松阳民众逃奔，县治几为所据。陈滋莅统所部兵出击，继而官兵汇合，合力并战，剿平了龙游柯山之乱。

徐志道，字伯正。少怀奇气，在任训术（明代县级地方阴阳学官）时，布政使和按察使的重臣认可徐志道的才略。正德四年（1509），赣北王浩八起事，占据江西姚源洞。明武宗命御史俞谏（？～1524）平乱，俞谏推举徐志道为卒帅。徐志道训练士兵很有秩序，战无不捷，援助诸多州县，纪功第一。当时军功滥弛，仅授徐志道为处州卫百户。

詹守之（1478～1550），字长卿，号竹坡，系詹雨长子。松阳桥亭街人。因痛念祖父遗迹，独任家事，延名师课弟定之、宗之，皆有成就。詹守之文韬武略，智勇过人，以当政者推荐，授处州卫指挥使。明弘治年间，詹守之在五赤源建有五赤桥。

叶寿德（1513～1584），字仁夫，号西莲。系叶恭长子、叶寿山之兄，松阳玉岩人。幼治儒业，邑庠生。科举失利，屈为掾吏。不久，因建言得罪上司，拟议谪戍蒲中。当时正值倭寇窜入福建，叶寿德遂被选拔为戍伍使。直驱宁波、绍兴一带沿海倭寇。因杀敌平倭有功，授千总。之后又在南京三战，皆捷。叶寿德并未乘时立功名，而是归隐故里，修持禅诵。

程文安，字思尧，号省吾。松阳城东人。智勇过人，熟习韬略。勤勉谨慎，公务不干以私。武举人。万历三十二年（1604），授任广东琼州府（今属海南琼山）万州仓大使，后任琼州府经历。勤于武职，保障百姓，深得民心。以老致仕还乡，教子有声。

吴炳南（1755～1823），字有文，小竹溪人。乾隆四十年（1775）入县学，为庠生。嘉庆六年（1801），知县陈河图赠匾“圭璋特达”。嘉庆十九年，儒学教谕胡宗瑗旌匾“克昌厥后”。嘉庆廿四年，时值嘉庆皇帝六旬万寿，吴炳南获例赠登仕郎即加职卫千总（清朝从六品武职外官，其职责是管理搬运漕粮）。

潘志昌（1811～1880），又名潘承森，字步云。松阳城南人。原本习文，邑庠生。又娴习武艺，咸丰八年（1858），倡首团练保障民生有功，加五品衔。太平天国运动期间，拨补千总。同治三年（1864），署古治（古市）汛，获民众匾赠“将有儒风”。后，调署中营郡城汛、右营遂昌汛。生平仗义好仁，曾倡禁宰耕牛之举，得知县储家藻、朱庆镛雅重。

叶廷芳（1812～1872），字舒华。松阳项弄人。道光二十六年（1846）己酉科武举人。授卫千总，未赴任，开设武馆授徒。其弟叶廷芬（1824～1889），字联芳，道光二十九年（1849）丙午科武举人，历任丽水、松阳各汛，连掌兵权；咸丰八年（1858）补处州标右营千总，后加守备衔署本标守备。弟叶廷兰（1837～1908），字馨香，同治九年（1870）武举人，授把总；光绪四年（1878）特授浙江金华协武义汛千总，后升任义乌守备；甲午中日战争，奉命带兵镇海。时人称廷芳、廷芬、廷兰三兄弟“门排三戟，星聚一堂”。

徐应龙（1827～1887），字云生，又名徐金基。系庠生徐之淮长子，松阳程徐人。文则通儒，以庠生曾受学宪赵光（1792～1865）器重。武则知兵，臂力过人。能开二百石力强弓，持两石磴作旋风舞。质性抗直，有捍卫疆场之志。同治间，时逢太平军运动，徐应龙慨然弃文就武，以武生入营署云和汛，爱养士卒，严督操差。在职三年，解组回乡。

徐建中（1837～1918），字以正，号立庵。松阳城东人。武举人，补授闽浙枫岭营仙霞汛千总（武职）署理本营游击，赏加五品顶戴。解组后，从事商业，经营积资，家境小康。自光绪二十四年（1898）以后，捐修申亭、朝亭，修砌市塴头一带街道及源口通衢，至于建筑桥梁等义举，无不捐助。其弟徐建藩（1850～1919），字翰臣，号镜水。光绪二十六年（1900）“衢州教案”办团出力有功，保举五品顶戴。著有《地理管见》《山窗诗草》。兄弟平生好行善事，同为一乡善士。

程致云（1856～1904），又名程宗和，字冲霄，号翼之。松阳白沙人。光绪十四年（1888），戊子科武举人。署处州本标碧湖镇千总，汤溪县把总。升龙泉分府千总，加守备衔。遗有戊子科《程致云硃卷》存世。

何登熊（1862～？），原名何登荣，字建勋，号汉卿。松阳高岸人。师从黄圩武师黄维鳌（1844～1894）。光绪十一年（1885）乙酉科武举人。兵部带领引见，奉旨以卫备用，后归兵部差官。光绪十五年，进京会试，登武进士。兵部差官。光绪二十二年，钦加三品顶戴，督标杭协城守营。光绪二十七年，任事浙闽全省塘务守府。

朱尊武（1874～1922），又名朱大成，字警斋。松阳路里人。清末南京武备学堂毕业生。充江南炮兵第一营中队队官，升督队官，江苏督练公所兵备处兵器科科员，四川炮队营督队官，江西炮队营管带，处州讨虏队督队官、统部执事官，代理警备队哨官。

何知章（1875～1923），又名何荣昌，字虎筹。松阳水南人。清邑庠生，少孤而好学，肄业于栝苍莲城书院、江南陆师大学堂、将校学堂。入民国，历任浙江都督府顾问官、处州右翼巡防统领、骑兵中校、将军署顾问官、黑龙江督军署顾问官、浙江督军署咨议官。民国6年（1917），充讨逆司令部副官加骑兵上校衔。民国 7 年，充援闽浙军司令部副官。驰驱国事，所至有声。

李　秀（？～1948），松阳樟村人。黄埔军校第二期毕业。北伐成功后，跟随浙江省政府保安处处长宣铁吾（1896～1964），任保安团长，率部驻防丽水一带。抗日战起，浙江省大半陷敌，保安部队改编为第十军。民国 31 年（1942），出任浙东前线诸暨县长。虽属文职，仍发挥军事专长，御敌保境。抗战胜利，跟从好友钟松将军，任第三十六军少将参谋长。1950 年在温州病故。

叶　震 叶庆崇长子，毕业上海法科大学，初任军职上尉会计，升少校课长。对日抗战后，派赴上海陷区，筹组苏浙地下军事组织，主办会计。后往华北陷区，襄助布置潜伏工作，及筹组游击队，任冀鲁晋察绥五省陷区总会计兼稽核。嗣后去沪，处理财务。后赴渝筹组缉私处、货运处。赴豫皖，运用华北华东两地伪币，与敌进行经济战：一作本身工作经费，一以抢购抢运敌伪物资，转供国用。抗战胜利，至沪接掌启明公司，后返局任设计委员。1966 年以少将退役。

何　桥（1880～1918），字海帆。松阳水南人。浙江弁目学堂毕业后，追从蒋尊簋（1882～1931）。光绪三十四年（1908），应何知章之召，充任四川陆军步队第六十五标队官，测绘学堂三角科科长。入民国，蒋尊簋时任浙江都督，授何桥为都督府人事科科员兼任浙江陆军第一师步兵第三团第一营副官。参与讨袁护国，加陆军步兵少校尉。后病殁于上海，归葬松阳。

赖汝嘉（1882～1921），字陈谟，号莲溪。松阳东角垄人。幼习儒书，颖悟经史，文理精通。先后毕业于日本警务学校、浙江警务研究所。宣统二年（1910），任景宁巡官。宣统三年，任龙泉县警官。入民国，历任松阳南州巡官、崇正校长等职。早逝，终葬杭州。

叶庆就（1883～？），字京尤，号正甫。系叶成圭之子、叶庆崇胞弟，松阳城北人。毕业于黑龙江将弁学堂步科，保送南洋陆军三十四标见习士官。光绪三十三年（1907），与何桥同赴四川，参与抗战，历任排长、督队官、队官。入民国，回浙江，历任浙江四十九旅司令部少校副官、援闽浙军驻粤总司令部少校副官、驻闽浙军营长、浙江警备哨官等职。

徐图远（1884～1950），字孟明。松阳西屏人。北京模范团毕业。早年投身参加光复革命。由南军营长拔补校简，充军政部第一等科员兼滇军第七师指挥，特任粤闽湘三省招抚使第一梯团司令官，升陆军少将。历任国民革命军第一师司令部上校参谋长、团长，西安警备师副师长，甘肃省天水县长，浙东游击纵队少将司令，福建省军区参谋长。在香港病故。

叶高标（1887～？），又名叶冠群，毕业于黑龙江将弁学堂。历任四川陆军小学排长，浙江都督府自卫队排长，黑龙江军第一师、边防军第三师、直军廿三师连长，胶济路护路队中队长，国民革命军总司令部及第十一师少校副官，国防部第六厅特种电器修理所及海南岛被服厂军荐二阶组员，附员。1950 年到台湾，由陈诚介绍，供职高雄检验局，以迄退休。

徐邦良（1891～？），字允武，号圣徒。松阳樟溪人。讲求新政，毫无懈力。光绪三十三年（1907），于杭州赤城公学师范科毕业。再入高等警察长期班（浙江高等巡警学校），时届民国元年毕业，充浙江省第三区见习。出其所学，以为国用，任海清东乡派出所警官，调湖南安乡县警佐，升任宁波黄古林警佐。

陈　器（1892～1968），又名陈士龙，字玉华，号苏剑。松阳塘后人。保定陆军军官学校第三期毕业。北伐时期，在孙传芳部下任浙师第一师第三团第四连连长。黄埔军校创建后，历任该校少校教官、中校教官、上校教官。1935 年 5 月被国民政府签任为陆军步兵上校。至中央军政部少将参事。1946 年，退役回乡。晚景凄苦。

周绍金（1892～？），又名周铭勋，松阳西屏人。先后毕业于南京陆军学堂、北京陆军大学第七期。历任浙江步兵第八团第五连连长、浙闽苏皖赣第五联军少校参谋、中校参谋等职，获军事部珍珠银质京泰蓝徽章和军刀奖励。委充南京中央军事政治学校编译委员会上校委员、常州参谋处长、福闽师管区中将司令。胞弟周绍增（1894～？），又名周铭忱，先后毕业于处州师范学校、北京陆军部军事学校。民国 13 年（1924），授陆军步兵中校级，加四等文虎章。后参加陆军部军事深造班，历任广东军第一师司令部参谋长、国民革命军第八路军别动队司令部参谋长等职。

丁　华（1892～？），字仲英，号时麟。瓯海道联合县立师范（浙江第十一联合县立师范讲习所）毕业生。曾任县参事会参事、古市中心小学校长、第二届学务委员、第二师十二团团部上尉书记第六十一师司令部少校秘书等职务。

吴　察（1895～1965），又名吴邦任，字明远。系吴朝冕长子，松阳赤岸人。先后毕业于浙江省立十一中学、浙江法政学校。民国时期，历任浙江省会警察厅书记员，杭县西镇、衢县上方、诸暨牌头、吴兴织里、嘉兴新篁头汇等警佐，及司法界推事，诉讼严明。中华人民共和国成立后，租住在钟楼脚民宅直至去世。

夏以松（1897～？），字鹤亭，号栖迟。松阳鲁西人。前后毕业于丽水植基高等小学、江苏水陆公安教导团、江苏省警官学校本科第一期。民国 15 年（1926），纂修《松阳县志》，为采访员。历任上海县公安局司法科长、常熟县公安局行政科长、梅李警察分局长禁烟局长、苏州市公安局督察长、浙江省抗敌自卫总团第四支队司令部副官、松阳县警察局司法科长等职。

叶淦莲（1898～？）字涤尘。叶祥麟之子，松阳古市人。幼承家学熏陶，于国学颇具根基。复就学杭州法政专门学校。曾任县巡回指导员、第二届学务委员。后至钟松将军幕下供职，历任书记、军法官，及南郑师管区中校军法处长。抗战胜利后，调陆军第九十军军法处上校处长，驻守洛阳。民国 35 年调南京国防部军法局上校检察官，次年调上海国防部军法执行监部上校处长。1949 年冬，偕眷返回，病故原籍。

刘邦南　字以德，为刘可培季子，与其兄以道、侄长荫等，皆受业于叶梦麟。昼则相与讲孔孟程朱之学，夜则或习礼舞剑于庭前，或低吟奏笛于林间。对日抗战军兴，入军需学校，兼修德艺，以救祖国。渐由尉级升为上校军需。因忠于职守，得七星宝星及陆军景风奖章。后又以任陆军财务上校，获忠勤奖章。

孟　卿（1900～1940），又名孟佐庭，字瑞香。松阳古市人。黄埔军校第三期毕业。任广东援闽浙军步兵司务长、粤闽湘军诏抚使独立第一梯团司令部副官。曾组建以孟卿为团长、吴玠为政务处长、叶友梅为军务处长、徐介为参谋长等近百人的特种工作团第一团第六分团。在松阳建有二千余人的抗日武装组织。后受中共组织指派，赴福建保安新四旅任参谋长。

潘起鑫（1900～？），字宏远。改名潘锦春，字丽生，号笑山。先后毕业于黄埔陆军军官学校第三期宪科、中央军校驻赣特别训练班、庐山军官团第三期。投身北伐、抗日战争。历任连长、中队长、中校大队长、营长、参谋主任等职。

孟理宗（1901～？），字绍武；又名孟文梓，字选材。系蔡克猷妹夫。先后毕业于省立十一中学、浙江公立政法专门学校政治经济科。浙江省选职员，历任国民革命军第一军第二师准尉特务长、中尉副官、中上尉书记，又任龙泉县政府视察员兼公安局第一科长等职。又曾投学黄浦军校，参加北伐战争，任中华民国军事委员会委员长行营少校科员。

吴　玠（1899～1953），字武晋，松阳县城人。1925年，毕业于黄埔陆军军官学校二期炮科，同年入党。历任少校股长、中校股长、上校副科长。“四一二”政变前夕，参与营救被第二十六军扣押的周恩来脱险。抗战期间，任中央军校西安第七分校校部机要科长。抗战胜利后，任国防部少将部员、转业军官训练班少将副主任等职。1952年以“匪嫌”入狱。1989年平反昭雪。

钟　松（1900～1995），字常青。松阳福村人。黄埔军校第二期炮科毕业后，一生献身军旅。因参加革命军北伐有功，升任第二十一师第六旅第十二团上校团长。淞沪会战时，任独立二十旅旅长，保卫上海。抗战期间，任第九军副军长，率部进攻云南，因歼敌有功，获受青天白日勋章，并升任第三十六军中将军长。1949年随军到台湾，1955年退役，之后侨居荷兰。

叶世景（1906～1988），字仰贤，又名叶亨宪。松阳古市人。在县立毓秀小学执教多年，以施教经验，编研四角号码字典检字口诀（录入台湾《四角号码字典》扉页），便捷检阅。民国时期，历任中尉书记、上尉军需、少校参谋、少校军需、中校军需主任。1949年到台湾。退役经商，热心公益。1978年，在台北倡建松阳县同乡会，当选为首届总干事。

韩树声（1906～？），字枕石，城西官塘人。毕业于杭州中学、军校教导总队、军校第六期及中央军校高教班。曾参加国民革命两次东征及北伐诸战役。历充陆军第四师步兵营长，南京警察厅特务大队队长，考试院警卫队队长。1947年，调任浙江寿昌县长。

阙鹏飞，早岁投笔从戎，毕业于国民革命军第二十六军军官团、陆军大学西南参谋班。连续参加北伐、抗战诸役，历任排、连、营、团长，参谋、科长、副处长、处长等职，迭著功勋。抗战胜利，调任扬州团管区司令，公正廉洁，免责尽职，获地方父老由衷赞誉。到台湾后，任少将副师长。公余之暇，精研神学，颇有进境。

叶世芳（？～1956），字修梅，叶葆彝长子。浙江公立法政专校肄业。因随父去北方，遂辍学，在天津国民商业储蓄银行习会计。任南通捐税局、南京卷烟特税局会计；在家乡创办信达利银号，调剂农村经济。在军中历充国民革命军第廿一师书记，六十一师军需军事委员会、武汉卫戍司令部、第九战区司令部各政治部二等军需正，并参加抗日长沙各次会战及长衡会战。1946年起任海军总部第五署军简三阶科长、海军第二补给总站课长，财务室主任，海军第四造船所稽核室主任。

叶　修（1907～？），字伯器，号伯溪。松阳石门人，民国将军。黄埔军校第六期第一总队炮科毕业。1944年任第四十九军第九十七师参谋长。1946年入陆军大学将官班学习，毕业后任陆军总司令部少将处长。1949年到台湾。

温　麟（1908～1995），字子瑞。松阳横溪人。系陈果夫之婿。毕业于中央政治大学，历任中央党部总干事秘书、国民代表、军委会处长。抗战期间，任至军事委员会少将处长。抗战胜利前夕，任教育部秘书、“大刚报社”社长等要职，并被派赴欧美考察教育。1949 年到台湾后，曾任台南北门中学和宜兰中学校长、政治大学教授、军官学校教官。著有《欧美政教论》《瀛海观风录》等。

钟雍栽（1908～？），字震良，松阳福村人。随舅父徐邦良到宁波，在传华医科师从杨传华研习医学，深受杨传华器重。民国 15 年（1926）毕业，为黄埔中央军事政治学校军医处军医官，出师北伐。改任为第三团卫生队上尉军医官，入赣浙大小数十战，救治受伤兵民。民国 17 年，为该团卫生队队长，旋改编为军医主任。后到台湾。弟钟霆（1915～？），少将，台湾“三军总医院”副院长。

阙鹏飞（1914～1974），字淦海。松阳西屏人。考入国民革命军第二十六军军官团受训，继入陆军大学西南参谋班深造。抗战期间，历任排长、连长、营长、团长。抗战胜利后，调任泰州团管区司令。1949 年，随军到台湾。之后调入“国防部”，任少将副处长、副师长。

刘　简（1914～2003），字仲硕，界首村人。幼承家训，读四书，学礼仪，13 岁外出求学后到东北经营垦荒，“九一八”事变后回故里，从军报国。民国 26 年（1937）考入防空学校高射炮团，历任连长、营长、团长等职，参加京、杭、赣、湘等地防空作战，民国 31 年在衡阳机场曾二次击落日军飞机 2 架，毙日军飞行员 6 人。

吴振猷（1916～1995），字启杰，号壮如。松阳西屏人。投考笕桥空军军官学校毕业。之后，先后被选送空军参谋大学、“三军大学”及“国防研究院”深造。在国民党空军志航大队服务。在对日空战中，担任保卫领空任务，首创闻名中外的“八一四”空战（民国 26 年即 1937 年，中国空军抗击日军飞机空袭杭州笕桥的作战，也称笕桥空战）胜利。曾任国民党空军中队长、大队长、联队长、参谋长、司令官等职。以空军少将衔退役。

第三节　品　行

孝　友

徐　锽，字振亮。北宋人。以孝义廉节而闻名。双亲在世时，闭门谢客，侍奉双亲。双亲辞世后，徐锽冒着大雪去深山寻找窝暖之处，作为安葬双亲的坟茔地。之后，从容远游。徐锽通晓六艺，曾经入僧房，看见宝藏视而不见。逝世时，贫穷无财，官方以“清儒”二字题刻墓碑上。事迹上报，朝廷用大夫之礼仪旌表徐锽，并树牌坊“儒行坊”。

叶洵仁（1088～1168），字行忠。北宋末年，携父亲逃避兵乱，途中遇到贼匪，奋力投身翼护父亲，身被刺伤数刀犹不退却。贼匪认为叶洵仁是孝子，因此收起刀刃，放了其父子。及长，科考不第，又因父逝后家道中落，叶洵仁不忍心母亲忧劳，于是以耕稼为业奉养母亲。叶洵仁之孙叶重开，师从吕祖谦，登淳熙十一年（1184）甲辰科进士。

萧必强，字公甫，南宋时松阳竹溪人。有行孝，不辞劳苦，曾向天祷告愿意用自己的生命替换父（母）亲。居丧期间，常常恸哭哀绝。乡人称其为“萧孝子”。舅父无子，将田产五十亩遗赠萧必强。萧必强置办舅父的丧葬后，为舅父立了嗣子，将田产归还。景定（1260～1264）初，举孝廉，未果。咸淳元年（1265），登进士第。逝后，祀乡贤。

薛　溶（1283～1345），字平川，系薛南曾孙。薛溶有孝行，顺承性格冷酷的继母项氏，无微不至。每年项氏寿期，薛溶率领妻儿拜寿。久而久之，项氏被感化，于是喜见颜面。薛溶治家有法，晚年自号桂轩。逝世后，太史宋濂为其作墓志铭，并称赞薛溶之孝行，足与古人王延相提并论。薛溶长子薛益，至正十九年（1359）为松阳明善书院山长。

叶继华，其父押送漕粮。明洪武初年，运粮的政令很急很严，违限者就要被处死。父亲临行，四个哥哥都与父亲哭别。当时叶继华16岁，独坐不哭，决意代替父亲冒险。父亲震惊，阻止不住。后来运粮期限果真延误了，叶继华被押赴刑场。司刑官哀悯之，于是向朝廷上书直言。朝廷下旨，过失违期，罪不及死。因此押运漕粮的人员全部得以释放。

徐　良，字茂善。明正统时期人。原籍松阳徐村。侍奉父亲极为孝顺。其父患病，徐良侍汤药，衣不解带。其父病逝，葬于岩西村乌山，守墓三年。后因不忍远离父坟，自徐村迁居岩西。可谓“孺慕之诚，终身不改。”《诗》曰“孝思不匮”，足以当之。今岩西徐氏，即徐良后裔。

潘　巩（1428～1491），字斋政，松阳城南人。成化间，由乡贡擢鸿胪序班，迁江苏吴江县丞。在这之前，城南潘氏旧族还没有宗祠，岁时只有家祭而没有祠祭。潘巩捐资赎旧址建祠，受到举族敬仰。潘巩天性孝友，侍候父亲病疾，容色忧愁，心思谨慎，不离左右。与兄弟四人同居四十年，和谐融洽。

詹　春（1430～1504），字应元，号慎斋。松阳桥亭街人。《桥亭詹氏宗谱》作“詹瑃”。状貌魁伟庄重，耿介严肃。明成化七年（1471）辛卯科贡生，授江西崇仁县训导。成化十四年，丁父忧，于是无心仕途，捐俸修学。扶养孀母何氏，孝声丕振。居家三十余年，举止合乎礼法，恻隐出于本心，接济贫乏者，教育读书人。原有作述，可惜遭遇兵燹没有遗存。

周　玘（1445～1511），字惟蕴。松阳城东人。孝顺友爱。继母在父亲面前诽谤谗害周玘，周玘反而愈加恭谨地侍奉。继母染病，周玘顷刻不离，昼夜焚香，祈祷默佑。居家，端肃好施与。每次遇到病疫流行，周玘都把药物给百姓服疗。曾孙周大绩（1524～1603），字伯庸，号东郭，万历年间贡生，授任汤溪县学训导，升任江苏睢宁县教谕。

詹　明（1452～1517），字德显，号志斋。俊伟倜傥，抚育庶弟很是友爱，奉养双亲很是孝敬。弘治间，为贡生，授应天句容县学训导。时句容县荒灾，户部委任詹明赈贷兼董粮储，民众得以安宁。升福建武平县教谕，改新武平文庙与学校，振兴教育。后来辞退还乡，途中染疾，到家后不久病故。詹明平生手不释卷，所作诗文甚多，可惜未见遗世。

周　辂（1463～1531），字宗商，号质庵。松阳城东人。家境贫寒，性孝，出赘外家。母亲逝世，父亲欲以火葬。周辂年方十岁，大声哭喊，制止了火葬。弘治八年（1495），登乙卯科乡荐，授江苏安东县知县。安东出现旱灾蝗灾，周辂积诚御灾，最终没有造成大灾害。升福建布政司经历，退官后，闲居在家，正襟危坐，神情奕奕，深受宗族乡党景仰。曾孙周九经（1539～1606），字之一，号竹窗，万历年间贡生。

潘　敦，字子厚，松阳城南人。原先，其父潘瑜年老无嗣，于是立侄子为继子，后来才生了潘敦。潘敦品性孝顺而且友爱，与继兄均分家业，以膳田供祀，同与世守。乐于行善，倾慕仁义。被乡党推举为耆宾，享寿96岁。其子潘伯冕、潘伯韶，都继承了潘敦的忠厚家风。

叶　恭（1472～1553），字则顺，号石溪居士。松阳玉岩人。自幼丧父，事母极孝。平生不循旧俗，不作寿诞。遇到饥荒之年，戚然忧形于色。积善公益，倡筑双溪桥（即普济桥）。叶恭不慕声誉显扬，一生笃实自守。重言诺、笃孝义，教化乡里。多次被举荐为乡饮宾，推辞不肯接受。享寿82岁，危坐而逝。县学教谕刘天孚为之撰墓志铭。

刘　顺，字子谦。性至孝，父亲逝世后，侍奉母亲竭尽心力，倾尽家产资以请医，甚至废寝忘食。母亲病危，刘顺刲股进疗，焚香祷告上天，愿以身代。后来母亲的病治愈，刘顺戒荤戒酒，为母庆寿，孝道感动乡党。知县魏良弼（1492～1575）知晓后，旌表匾额曰“孝子刘顺”。

叶　传，字南岳，邑庠生。少拘束，多豪举。其兄叶伸因未顺从县令之意而受到处置。当时正值叶传游学于省，他自负年轻有实力，甘愿替代兄长承受处置。之后，叶伸任扬州经历。叶传施惠于人从不张扬，也从未显露德色，受惠人甚至不识其面。其子叶选功，教育子孙不惜变卖财产，颇有叶传的风范。

周继梁，号西屏。侍奉母亲，有孝行。帮助诸弟成家立业，兄弟同居数十年和睦友爱。为人公正忠诚，能使众人心服。同里但凡有纠纷，经周继梁处置后就能够平息。县里建学宫、文昌阁、尊经阁等，周继梁亦能董工忘劳，安排出入度支公允合理。

王之祥（1530～1614），号怀轩，松阳城南人。天性孝友，事亲尽孝，闻名于乡党之间。万历年间，为贡生，授平阳县训导，旋授温州。性情向来清静安逸，不追逐功名利禄。只喜欢与诸生讲学课艺，在文章与德行方面相互勉励。辞官归家后，隐居乡野。其女潘王氏，25岁寡居，以“妇不二夫乃大义”自励，抚育三子游庠。

周九道（1560～？），字禹开，号小亭。松阳城东人。其父周凤楼（1539～1605），字于登，号仰亭，选补南京国子监太学生，生平多义举，如赈贫、焚券（烧掉债券放弃债权），买山建置义冢等。受家风传承，周九道孝道著闻。父母病重，向天祷告，割股疗养。初授湖北兴山县尉，谨慎勤勉，政誉有声。转任湖南桂东县巡幕，体察继母年老，不便迎接到桂东赡养，于是辞官回家。效仿老莱子作斑衣娱亲，想办法讨继母欢心。周九道先后三次名载宪纲，并获院台赠匾“孝达皇都”。

徐学韶，字景舜，松阳城西儒行坊人。年少时就读于县学。生平孝友好施，捐创宗祠，设田供祭，建桥埋骨，岁荒出粟平粜，因种种义举而深受乡人爱敬。徐学韶壮年失偶，不再娶，享寿83岁。其子徐新化，字心纯。为人诚恳真挚，宽容大度。父亲徐学韶患病很久，徐新化奔走求医问药；且徐新化之妻毛氏尤极尽孝，奉翁疾衣不解带，甚至割股吁天。夫妻服侍40多年，孝道家风，著誉乡党。知县赞扬道“立佳传以待国史采风，旌表不日可冀”，并以“纯孝格天”匾额褒奖徐新化与妻徐毛氏。

叶德佐，字廷辅。幼年丧父，家中贫穷，但侍奉母亲很孝顺。恭谨宽厚，不轻易允诺。乐善好施，移缓济急，不求回报。内心修行尤其谨慎，不取非义之财，不视奸邪之色，每日课子诵读，用忠孝廉节之根本勉励儿子。其子叶元芳，任江西崇义县知县，负有较高的声望。可谓得益于叶德佐庭训之功。

徐鼎臣（1577～1604），字忠孺，松阳儒行坊人。庠生，天性至孝。万历十六年（1588），母亲病危，刲股进疗。因对长辈的尊重和爱慕，孝道闻于乡党。后得到州府各级旌表，补弟子员。万历二十九年，其父徐学礼在南京去世，由嘉兴平湖人赵维寰治丧。徐鼎臣自京邸扶送父亲棺椁回乡。三年后，劳瘁而卒。乡人称其葬地为“徐孝子墓”，并在望松岭上为徐鼎臣立孝子坊。

毛汝智（1580～？），字乐卿。松阳城北人。天启年间，贡生。毛汝智敦崇友爱，尤其是摄受慈悲，接纳宽厚。兄弟离产析居，听任兄长安排。毛汝智不仅道德修养纯美，而且功名科考也优异。然而他身体衰弱，难当大任，世人为之惋惜。逝后，准入忠义节孝祠祀享。

毛炳文，号桂林。性孝友。父亲病重，毛炳文割股祈祷，愿意以自身替代父身。父亲逝世后，母亲因家境贫困，令毛炳文改变从事儒学的志向。毛炳文一边孝养母亲，一边仍然刻苦攻读，最终获取廪生功名。凡是亲戚贫穷的，毛炳文无不接济。教育三个儿子成名，为当时所推重。

叶　俨，其父叶大全，万历年间随军出征三年不返。此时正值大饥荒，水稻灌浆未结实。叶俨收割水稻制作米浆，冒险赶赴至省（官署名称），以喂养羸兵之机寻找父亲。最终与父团聚并得以回归故里。叶俨七十岁，依从古制杖于乡，列名旌善亭。长子叶选礼，精通历史，擅长立论。叶俨与子相互规过劝学，亲疏无间，正所谓“子乐其父严而父爱其子直”。

叶经试，字适南。其母亲病疾，叶经试不嫌肮脏，不使唤婢仆照料，而是必亲历而为。叶经试从事儒业，但未能在科举上进，平时以诗酒为乐。延请四方名师教育五个儿子，俱考中秀才成了县学生员。

徐兆佐，字鲁卿，邑庠生。虽然家境贫寒，但徐兆佐极有孝心。一次，为求父亲安泰而足不履鞋、心怀虔诚地前往永康方岩祈祷。徐兆佐不仅有孝道，而且有仁心。一次过石牛渡，碰见翻船事件，立马见义勇为。有人问：“船中是否有你亲戚？”徐兆佐说：“人溺犹己，何必是亲戚才去施救！”

詹　瑗（1607～1670），又名詹显玠，字介玉，号碧云。系詹嘉言之子，松阳桥亭街人。父詹嘉言代理四川梓潼县知县时，詹瑗随任。遭遇流寇进犯，詹瑗不得已奉了保全官印的命令，怀藏官印抄偏僻路径潜出城。流寇稍退，詹瑗回营收父尸。抱疾扶送棺柩归葬。朝廷藩臬两台赞许詹瑗有孝且有功，奏请朝廷加以体恤。有《节录》传世。

刘士望（1619～1698），字公瑜，号景行，松阳上安人。幼年丧母，青年丧父。支撑家业，力助后母抚育三弟，且能乐善好施，周济邻里。虽然备尝艰苦，但稍有闲暇即勤攻读。后取为岁贡生。其侄刘符升（1641～1708），字季肃，号敬庵，少小父母亡故。刘士望视侄如子，督课家塾，伯侄感情深厚。刘符升病，刘士望亲调汤药，月余不解衣寝。康熙十三年（1674），耿精忠兵陷松阳，虏走刘士望。刘符升以自身赎回伯父，被拷打得体无完肤，耿军兵败后才得以释放。

孟淑思（1661～1743），又名孟家骕，字子孺。松阳金坞人。邑庠生。非常孝顺，父亲病重之时，寝不解衣照料备至。尤其慷慨好施，接济他人于急难，有范纯仁之风。孟淑思自幼学习儒家经籍，晚年更加洞彻，在深入了解前人研究之外，对儒家经籍进行补充订正，剖析考证，可惜未能刊印面世。遗有词《行香子·金坞村景》一阕。

刘建英（1665～1737），字鼎侯，松阳上安人。与弟刘迪英（1672～1745 字惠侯）秉性至孝，封股疗亲。父母病逝，则在坟侧筑庐墓守孝。除去丧礼之服后，兄弟俩依然作《哭亲》诗词，意境酸楚，催人泪下。兄弟友爱互作师友，作文体裁格调醇正，俱有《上安十景》存世，见艺文。刘建英于康熙六十年（1721）恩贡候选教谕，刘迪英于雍正十二年（1734）岁贡候选训导，均未官而卒。

洪士升（1668～1740），字尔登，古市城头人。幼年丧母，为人孝顺恭谨。祖父洪嘉猷（城头洪氏始迁祖）客死温州，洪士升时年 16 岁，替父移归祖父棺椁。侍奉父亲和继母，亦极孝。继母下葬，墓上有一双丹鹤飞鸣，世称“孝思感召”。乾隆元年（1736），奉旨建坊旌表。晚年，知县黄槐又亲题匾“纯孝”褒奖。洪士升生有四子，以长子洪玙贵赠修职郎。洪玙（1693～1762），字次璠，号七峰。雍正二年（1724）甲辰科拔贡生，入京考取内庭教习，历任开化、乐清、浦江等县儒学教谕。

潘尚节，字尧章。松阳城东人。性孝友，事继母极尽子道。父亲亡故之际，继母所生三子年纪尚幼。于是，潘尚节尽心竭力治理家业，帮助抚育三个弟弟，并延请老师教学。后来，三个弟弟均入县学。兄弟成家立室析分家产，潘尚节自己取其贫瘠，将丰腴田产划归诸弟。并且虽然分家，一如既往地关爱三个弟弟。知县陈公闻知事迹，赠匾“孝友良模”。

程奇峰（1671～1760），又名程贞生，字干侯。松阳城北人。幼年丧父，家境贫寒，其母徐氏躬勤纺织，供程奇峰读书。程奇峰弱冠廪生，至乾隆十三年（1748），程奇峰荐为岁贡。他一生遵循儒生风范，身虽贫寒而尽心孝养孀母，备尽孝道。授徒家塾，先器识而后文艺。当时松阳的名士，多半出在程奇峰门下。

潘继相（1701～1777），字廷侯。松阳城南人。监生。朴实忠诚，恭顺谨慎。事亲以孝，事长以悌，勤俭起家，和睦乡党宗族。乾隆十年（1745），处州知府刘公赠匾“孝友可风”。七十余岁，轮为族长，修整宗祠，重纂谱系，敬老尊贤，合族遵率。每逢祠祭，则恳切地以“孝悌忠信”劝勉族人，子侄得其教益者众多。天台训导周光贤为之撰《继相公传》。

汤永梧（1704～1761），字培芝。松阳呈回人。侍奉父母至孝。父亲患病，汤永梧吁天刲股以代汤药。父亲病逝，汤永梧哀毁骨立。乡人皆称之汤永梧“纯孝”。族弟汤永魁（1756～1813），字光明。少年丧父，孝奉母亲。母亲患病，亲奉汤药，刲股以进。在他精心照料之下，母亲病愈。乡人以为是汤永魁孝心感动之故。后来，汤永魁由松阳呈回迁居宣平黄山头（今属丽水莲都区）。

潘继涛（1710～1768），字宗海。松阳古市人。邑庠生。孝友性成。17 岁，父兄相继逝世，居丧尽礼。侍奉母亲刘氏，极为孝顺；抚育幼弟与长侄，至于成家立室。又读书能苦攻，为儒林推重，学宪顾公招其随任，以母老弟幼相辞。后因家务冗繁之故，弃儒从商，家道振兴后，慷慨济贫周急。乾隆二十七年（1762），见潘氏宗祠倾圮，独任修建并捐置祭田。

徐之海（1749～1840），字乘桴。松阳大竹溪人。弱冠丧父，孝事孀母，友于兄弟，内外无间言。捐资不吝，凡有义举，无不慷慨乐助。其孙徐学潼（1827～1903），字梓材，号全仁。天性孝友，事母孝顺，勤俭兴家。时际太平天国运动，房屋烧成灰烬。转业从商，从此构屋置田，家境渐起。徐学潼视兄弟一体相亲，待他人也见厚道，凡在乡里缓急相济，有无相通，遇到他人有疑难之事，都尽力排难解纷。因此受乡邻敬重。

张良瑚（1786～1853），字汝器，号彝庵。松阳山下阳人。善处家庭，孝事父母，友爱兄弟。喜读书，为庠生，矢志上进。后因长次二兄与父亲相继去世，母亲患病，不得已弃儒业。日夜侍奉母亲，侍药兼览医书，三年如一日。之后，母亲与六七季弟相继去世，仍旧与三兄、五弟合理家务，持振家声。并不惜重资，为孀嫂吴氏（1778～1858）建坊。长女洪张氏（1810～1862），松阳古市人，淑贤有声。

张鼎铭（1812～1870），原名张秉均，字孔箴，号麓门。松阳山下阳人。咸丰六年（1856）丙辰科岁贡生，授职训导。孝事母亲，友爱二弟，训子有方，课侄成名，孝友可称。妻横山吴氏（1811～1881），家传淑贤。副室港口曹氏（1848～1926）、次媳张刘氏（1839～1910）、均有志守节，俱载入民国《松阳县志》列女。

徐学元（1826～1912），字亨甫。15岁丧母，有三弟。继母蔡氏，复生三子。徐学元忍受蔡氏母子虐待，却能致力农业，勤俭兴家。父亲去世后，能不计前嫌，独自赡养蔡氏。后由徐村迁居城西从商，悉心辅助诸弟诸侄成家立业。且乐于助人，善行义举。训导徐士骈赠匾“硕德耆年”。其子徐文清（1864～1936），字子泉，岁贡生，候选训导。民国时期，任区议会名誉董事、《松阳县志》分编辑等职。乐善好施有父风。徐文清嗣子徐思聪（1890～？），字作哲，自治讲习所毕业，松阳县商学会董，振兴实业。

许国荣（1829～1888），又名许宽仁。松阳凤弄源人。国学生。孝友成性。其父早逝，事母至孝。兄弟三人，许国荣排行居中，事兄敬，事弟恭。同治元年（1862），其兄亡故，许国荣视兄子如己子，督令读书习武。更加关爱其弟、孝顺其母。同治十一年，其母以76岁高龄逝世，许国荣守孝三年不茹荤。

丁绍清（1838～1886），字子廉，号杏村。松阳城南人。其父丁凤章（1802～1875），字云冈，以孝闻于乡党，曾鼎修孔庙、尊经阁、明伦堂、奎星阁，经管义仓和文公祠附属义田运筹有方，为知县许文藻所称赞。丁绍清事亲至孝，父亲去世，因悲伤而食不下咽，形销骨立。及葬后，守孝三年，杜门不出，朝夕奉养母亲，不问世事。同治十二年（1873），拔贡。知县范祖义闻知丁绍清的贤名，敦请掌教小义学，不就职。再一次聘为西宾（家塾教师或幕友），亦不就。

叶维周，字郁文。松阳庄门人。原本习儒，庠生。亲母亡故后，居家侍奉父亲至孝。叶维周有四弟，皆为继母张氏生。二弟叶樟棋，性情放荡，令张氏怒责，叶维周即长跪为弟代罪，最终使其感化归正。三弟叶封唐，光绪十八年（1892）府试第一，受知府赵亮熙延聘，后入杭城法政学校毕业，及赴都考试知事等事项，所需用度，均由叶维周筹助。世人称赞他孝友兼尽。

阙玉镳（1841～1924），又名阙辉扬，字鹿鸣。松阳石仓人。附生。幼年丧父，侍奉后母以孝称闻。生平看重诚信，好为正义与公益之举。凡亲亲睦族、追宗尊祖等事宜，于细微处也能备加周到。光绪二十二年（1896）倡修《阙氏宗谱》，并作《增修族谱序》。三十二年，宗族商议回福建修祖庙，阙玉镳年老志壮，奋力前往。陈教授赠匾“孝思不匮”。

吴人德（1846～1908），又名吴开水。松阳横山人。秉性至孝。十岁丧父，无弟无兄，家境艰难，与母徐氏相依为命。孝顺母亲，昏定晨省。光绪九年（1883），其母享寿七十六岁而逝，吴人德恸哭哀伤，以至于气绝复苏。殡葬尽礼，庐墓守孝三年。民国后，当时议举孝廉，以敦民俗，于是知事钱世昌呈报吴人德孝行，总统冯国璋赠匾"孝阙流芳"。

叶宅成（1849～1912），松阳城东人，徙居石笋脚。秉性天成。父亲早逝，与兄长叶宅树（1844～？），二人兄友弟恭，一起致力农业生产。叶宅成擅长捕鱼出卖，然后采购美味带回给叶宅树。此外，叶宅成还早出晚归，种植蔬菜瓜果，每次都让叶宅树先尝鲜。从小到老，友爱无间。民国6年（1917），知事钱世昌在秀峰观为叶宅成立碑，碑名《悌弟碑》。

阙起章（1850～1902），字五云，号超然。邑庠生。松阳茶排人。早年丧父，侍奉母亲有孝道。抚育四个弟弟，兄弟友爱同居数十年。且教导诸弟勤学上进，获取廪生功名。阙起章慷慨好义，如焚券（烧掉债券放弃债权）、还遗（掩埋暴露的尸骨）、恤寡、助葬等等义举，不能枚举。

潘文泉（1853～1905），字有本，号栖岩。系贡生潘秀润之子，松阳城南人。其母蔡氏，眼生白翳，医治三年不效，双目失明。有人告诉他用舌舐之法可以医治。于是潘文泉侍奉之余，每日晨起以舌头舔舐母亲眼睛，坚持半年多，蔡氏复明。世人交相称道。不久，潘文泉补升为廪生。叶高崧从其学。

叶庆澜（1869～1897），字观涛。贡生叶文蔚之长玄孙，松阳城北人。年二十入县学，为庠生。家境贫寒，发奋苦读。父庠生叶敦伦病势沉重，叶庆澜仿效古人割股作羹给父亲进食。被其母发觉，责询后才知叶庆澜已经割股多次。天不假年，叶庆澜咳血病故。叶庆澜岳母黄张氏（1835～1905）、母亲叶徐氏（1841～1897）、妻叶黄氏（1870～？）均以节烈载入民国《松阳县志》。

刘炳基，松阳城东朱山头人。家境贫寒，但秉性至孝。每餐必以美食供养母亲。若遇荒年以致于不能保障生计，则乞讨充饥。乞讨所得之食，必先奉母亲，后留自己。知晓其事迹之人，都会因嘉许其孝心而多给予食物。刘炳基平时还将邻里动态讲述给母亲作乐子，如是数十年如一日。后来其母寿高而终时，刘炳基也是老年，念及行乞是辱没先人之举，竟然甘愿饿死。

高沛然（1871～1895），字雨轩。松阳象溪人。幼年读书，以师礼相待高斐然、高焕然二兄。书法擅长颜体柳体。父亲逝世，恪守丧礼，朝夕跪灵前。父亲坟墓被墓，棺木毁，骸骨露。高沛然奔赴墓地，恸哭痛绝，呕血而逝。其妻周玉翠（1868～？），系宣平水头岁贡生周国钱女，孀居抚养幼子高杲，培育高杲出洋游学日本，成业立名。

潘樟林，松阳西河人。母死父老，家道赤贫。虽未读书，但具孝行。平日以卖柴为生，供养父亲。父亲常年多病，潘樟林即使自己断粮也确保不让父亲断药。一日，潘樟林砍柴回家，发现父亲病发，忍耐饥饿立马奔往城肆购药。每餐必等父亲先食，定省温清，顺意小心，数十年如一日，人称为"潘孝子"。其父高寿而终，丧葬殡祭，尽哀尽礼。

蔡储鸿（1873～1905），又名储本。松阳城东多宝社人。光绪二年（1876），其父出外在他乡作幕僚，蔡储鸿时年四岁，依靠母亲抚养成人。蔡储鸿刻苦自立，奉母抚弟，承欢膝下。光绪二十一年，父亲逝世。不久，母亲也逝世。之后，蔡储鸿给弟弟操办婚姻，有的人问他为何不自娶，蔡储鸿说："予无力两娶，弟有后，父不绝祀，吾愿足矣！"。

潘学敬，字子一。虽然家境贫寒，但是勤奋好学，品学兼修，举止循礼。其父逝世，守礼尽哀。既葬，亟欲庐墓守孝，遭其母制止，每天早晨到其父亲坟前拜哭。如是三年，虽严寒烈日、疾风暴雨从未间断。三年服阕后，兄长令其分家析居，潘学敬婉诤不纳，于是自取陋室窳器归已，躬耕自乐。26 岁因积劳成疾去世，乡党惜之。

吴肇德（1874～1905），字让三。祖籍松阳横山，大竹溪人（归葬祖地横山）。增广生。光绪二十四年（1898），与兄吴肇庆（1867～1913）同应府试，知府赵亮熙对吴肇德说："此次案元，本拟取生。惟弟不先兄，让兄何如？"见吴肇德吴肇庆彼此再三推让，兄弟和睦，赠匾"友爱可风"。次年，赵亮熙又赠联"凤藻高翔，龙门初跃；凫葵乐采，犀粟行攀。"

汤廷丰（1877～？），又名汤廷赞。松阳靖居人。家境很是贫困，侍奉父母以孝道著闻。年适弱冠时，父亲患病，汤廷丰寝不解衣，吁天割股，愿以已身代父身。之后父亲逝世，汤廷丰哀毁骨立，母亲劝说让他自立则可以慰告父亲之灵。汤廷丰于是遵照母亲的教训，勤俭成家，受得乡里称赞。

温培淦（1846～1919），字丽生。松阳横溪人。丧父后，母亲刘氏病痛痹疾，卧床十六年，手足不能动。温培淦服侍汤药，晨昏侍奉，从不间断。扶养四个年幼的弟弟成人，并帮助成家。居家有庭训，其子温汝玉（1875～1930），字成斋，光绪三十年（1904）补增广生。继而科举废，入学浙江中等蚕桑学堂。学成归里，设立机厂，创办小学，热心公益。

潘湛然（1867～1916），又名潘肇源，字若虚。松阳城南人。年方二岁丧父，家境贫寒，所赖母亲吴氏以女红培养成人。潘湛然师从潘益涛，刻志奋励，24 岁补博士弟子员，开设"愤悱书院"授徒，赡养母亲。清末，被举为地方自治议员。入民国，受知事潘任，委为禁烟总董。逝后，与异母兄潘肇江（1863～1905），由包芝洲同撰《肇江肇源兄弟列传》。

蔡翊周（1877～？），又名蔡永济，字光卿，号东尹。松阳蔡宅人。少丧母，事继母如亲生，孝思十数年犹一日。师从高焕然，有学行修养，18 岁取为邑庠生。平生敦行律身。入民国，转而习医，精于诊察。公选为石仓区议员。

温亦臻（1885～1938），又名温兰水，字专卫。松阳横溪人。幼年丧母。年方七岁，父亲陷于牢狱之灾，温亦臻即能负米入监，服侍父亲。长大成人后，侍奉父亲，饮食必有酒肉，居行冬温夏清，从未有过疏忽。凡是父亲所嗜之物，虽值雨雪昏夜，必入市购备。家境赤贫，拮据自己而丰足父亲之需，以至于常常砍柴卖薪购置肉食，二十余年，没有懈怠。

高自牧（1909～1925），字卯生。系高焕然第三子，松阳象溪人。聪颖纯孝，十余岁即有"孝童"之称。16 岁考入浙江省立第十一中学学习。其间生母以暴病卒，闻讣驰归，搥胸哀号。从此不肯再入校，甘愿在家侍奉父亲协理家务，孝奉父亲与嫡母。因过度悲忧患咯血病，次年春，病逝。校师暨诸同学咸为立传，称"高孝子"。遗文《中元甲子元旦立春记》存世。

王林基，虽然家中没有恒定收入，然而兄弟六人和睦友爱，农事相互照应，并且推逸任劳。其兄弟相处同居 56 年，一家 46 口，弟兄友爱之家风，一时间被乡人传为佳话。

连明照，字居仁。松阳城南人。非常有孝行，家境贫寒，母亲患病，连明照亲侍汤药，衣不解带，甚至吁天割股，愿以身代。无微不至照料之下，母亲得以痊愈。而由于勤俭，家境小康。民国

8年（1919），总统徐世昌褒以“孝阙流芳”四字。寿高72岁。有二子，长子连步青，次子连步丹，均学成有名。

勤 廉

叶 逵（907～978），字谦泗，号玉筠。自松阳迁居湖州。官赠刑部侍郎。叶逵重视教育，其后，代有闻人。其子叶元参、叶元辅（叶梦得之高祖父）、叶元颖，其孙叶清臣，陆续登进士，均为北宋名臣。

潘宗回，字几仲，系潘好古之父。政和二年（1112），登进士第。由秘书郎出宰延津县，通判杭州、邵州、洪州三郡，知福州。兄弟聚居30年，敦睦无间，为乡人所称道。其弟潘宗说，国子内舍生，因进颂而得官，为婺州士曹，任严州寿昌县丞。潘宗回之孙潘景珪，官右文殿修撰；玄孙潘凤，登宝祐元年（1253）进士。

项宋嘉，字廷瑞。官嘉陵宰。松阳桥亭《项氏宗谱》作“项宋嚞，立朝忠直，受宋之封。”绍兴二十七（1157），登进士第，由考功郎转将仕郎。历漕运至兵部侍郎。居官仁爱、慈善，立朝清正、耿直，多有建树，常常获赐朝廷的褒奖。所著有《震谷集》13卷。

刘 鹗，字飞卿，南宋时期松阳人。淳熙十四年（1187），登进士第，历官至承议郎。致仕后回乡，很留意振励后进学者和读书人，专项拨田租一千五百石，作为郡学养士的费用。直到清代，处州郡学的学田，全都是刘鹗置办遗留的。此外，刘鹗还捐修了玉泉寺（址在青蒙山，已废），并置寺田五亩。顺治《松阳县志》载：“松邑仕宦，飞卿最称好义。”

程 樟（1166～1230），字乔仲，系程榆之兄。孝顺继母，笃爱诸弟。嗜好文史，嘉泰二年（1202）登进士第。授连州司理，程樟审问查究了龚陆，平反了因龚陆邪门旁道而被涉案的人数百名。之后改任侯官知县，新修学宫，振兴教育。又任廉州太守，置办平粜仓，政治宽简。擢广南西路宪使，提拔不市恩，黜责不避怨，以拳拳之意激励后进。逝后，入祀乡贤。

程 榆（1171～1238），字森之。绍熙四年（1193）登进士第。嘉定六年（1213）玉山知县，真德秀称其“蔼然有古循吏风。”嘉定十六年任庆元府通判，清介昭著，拒绝依附史弥远。宝庆二年（1226）任广东提刑，又遭史弥远排斥依然不易其志，广东政化大行。朝廷诏封“松阳开国男”，御书旌表门额（下马门）。逝后赠中奉大夫，谥号“安节”。

何 琮，字宗玉，南宋时期松阳人。开禧元年（1205）登进士第。任吉州安福主簿时，将“俸薄俭自足，官廉贫亦安”书写门屏自勉。后入朝，历任左正言、殿中侍御史、起居舍人。此时宰相史弥远操纵台谏，示意何琮驳去陈埙授官诏令。何琮向来排斥贪佞，果断拒绝。最终被降职为福建转运副使。但他恪尽职守，廉洁勤政。史弥远死后，何琮任户部侍郎。

沈 旼（1190～1263），字仲和。系状元沈晦玄孙。宝祐四年（1256），登进士第，先授龙游知县，后任吉安（今属江西）知府。其墓在五都塔寺下。沈旼之孙沈佺（1250～1271），又名沈杰，字超凡，登咸淳七年（1271）辛未科榜眼，早逝，葬于枫林（即今址鹦鹉冢）。

程 洙（1197～1264），字自芳，成化版《处州府志》作“程沐”。系程榆之子，松阳城东人。

绍定四年（1231）承父荫，初授信州牧。后知南阳，在任秩满，政绩昭著。举进士，累迁浙东提举，吏部郎官，试尚书事。任官35年，致仕归乡，修葺祖父程大雅所创“杉溪小楼”，悬匾“望烟楼”。逝，获赠嘉议大夫。

程　沈（1198～1264），字源广，系程樟次子，松阳城东人。由邑庠承父荫，于端平元年（1234），授建康江宁县（今属南京）县尉，廉能理政。后以病疾乞归，田园生活，优游乐道，延师教子。睦宗族，和乡里，经常接济孤苦贫困者，在宗族乡里间树有威信。又通经能文，好为诗歌，著有《雪窗集》。

潘大临，字舜举。系潘景夔之孙，以祖荫补朝议郎。以两浙运司主管文字，官摄温州。期间，抓获海寇50人，详审其实，释放一半无辜者。之后，以太府寺丞出任真州茶盐。潘大临清正廉洁，与宰相丁大全不和。丁大全遂指使亲信污蔑他，并顶替了他的官职。之后，潘大临知广德军。

项　强，字自立，号雪松。宋上舍释褐，官至御史。著有《难说集》。以耿直不阿权贵，被谗谤蒙难。

王仁孙（1239～1300），字汝善，王唐珪第三子，以辟征召入国学。咸淳十年（1274），权相贾似道丧母，应召任职。王仁孙毅然率同学诸生，启请博士陈著，一起上书痛斥贾似道的罪恶。被贾似道听说，怒欲驱逐王仁孙等众。于是，王仁孙托疾归家。不久，宋朝灭亡，王仁孙恸哭震天，从此至死杜门不出。儒士程复深，赞誉王仁孙是忠义之士。

程　基（1268～1333），字耕甫，城东人。幼承家学，通读《诗》《书》二经。至元年间征辟。程基向朝廷献策，授同安主簿，廉能理政。台宪认可程基的才能，提拔为府判。历任期年，政声洋溢。不久，迁翰林院侍讲学士，秩满，乞归还乡。赠奉政大夫。

包彦龄，洪武年间举博学宏词。授给事中，官至工部左侍郎。清俭自持，不阿谀奉承。当时土木工程随着明朝国力兴起而兴起，包彦龄协助大司空，勤敏干练，每年为国库节省的数额以万计，受到明太祖嘉奖。

程罕鼎（1324～1395），字廷器，松阳城东人。宽厚仁慈，通《易经》。洪武年间（1368～1398），程罕鼎辟举，出宰雄县，廉明声振，兴学育才。试士，得刘观（明代雄县人），惊奇感慨道：“此真昂昂千里之产，异兴日必为国大用。”洪武十八年（1385），刘观后果登进士，官至都御史。刘观后来巡视栝苍时，还曾作祭文拜程罕鼎墓。

王文龙（1329～1375），字仲夔，城南陈巷人。通经史、善作文，由乡举入元朝。洪武四年（1371），王文龙登进士第六，擢至贵池县主簿，辅助县令疏积导滞，治法严肃，勤慎厥职。在任上逝世。练鲁曾为其作《贵池倡和诗序》。

王继行，字同伦。松阳王村人。自幼敏而好学。建文元年（1399）己卯科乡试，中举人。授任广西道监察御史，因治理有方，考核最优，升任江西佥事。寒苦而有操守，秩满疏归，僚属多幡帐送之。王继行幡留其竿，帐裂其文，其余全都推却。其廉政故事，如《踏粽坵》至今流传。

叶希贤（？～1453），字用忠，号雪庵，松阳怀德里（今古市、赤寿一带）人。由贤良为南台监察御史，寒苦而有操守。建文四年（1402）六月，靖难兵起，家人惊溃相失，以为叶希贤已死，衣冠发丧而葬。之后又闻说叶希贤随从建文帝抵蜀，隐姓埋名，祝发为僧，法号雪庵。逾百岁而逝，遗有《易本义》及《百将传》一帙。《明史》见传，谓之“孤忠大节”。万历二十二年（1594），邑人建雪庵公祠。

刘性同，潼川人。因入府庠，侨居丽水，永乐四年（1406），登丙戌科进士。初宰福建同安（今厦门），补知湖北广济（今武穴），行取贵州道监察御史，终河南参政。历官二十年，所得只取俸金，清正耿直。其子刘铎，天顺三年（1459）已卯科乡荐，任福建长泰县知县。廉介有父风。

徐伯基，松阳南州人，由举人授翰林院侍读。因与乡人何应新同于永乐十五年（1417）丁酉科中举，遂于永乐十九年，在南州为徐伯基和何应新树功名坊，名为“联桂坊”。坊高三米，通面宽一米四。仿木青石结构，二柱三楼，硬山顶。该坊在2001年被村民行车撞毁，不存。

程仲坚（1367～1423），字希朴，松阳城东人。永乐年间，举贤良科，授北平道巡省监察御史。勤勉政事，严于吏治，明成祖手敕：“朕惟明德慎罚，以康兆民。刑期无刑，则朕嘉汝。”程仲坚痛绝贿赂而激扬有法，明成祖亲题御屏“清白御史程仲坚”，并敕御杆，授权程仲坚杖打贪官污吏，自由裁量一百。

项民彝（？～1423），字善恒，状貌修长伟岸，以明经授广西监察御史。明成祖欲传位给皇太孙，项民彝上疏谏言：“父子相传，古今常道，陛下独不闻春秋时代卫辄之典故乎？”明成祖怒而罢朝。当时天降大雪，项民彝俯伏雪中。明成祖入宫复读奏折，感悟，命召。四肢已僵的项民彝被宦官在雪消陷处找到，不久以疾终。明成祖感叹良久。

周　华，字斯荣。以贤良方正，任河北武安县知县。正值朝廷命令核实厘定税赋，周华与主簿商议，一致认为武安县土地贫瘠，赋税过重会伤民众的生计，于是悉情上报。执政认为周华与主簿一起变乱成法，要将他俩治罪。周华坦言与主簿无涉，自己担当罪名。武安直卫士百余人，拜伏于宫阙下向皇帝上书请愿。

包公贵，字搢圭，号介庵，松阳靖居人。由贡入太学，授湖南岳州判。勤敏廉慎，升礼部郎中，以外艰归，起补工部。当时正值国家缮造宫殿，在西川征纳木材。前几任工部官员都因为延误了期限而犯法获罪，包公贵领事后，在事前做好谋划，行事则雷厉风行，不拖泥带水，令人刮目相看。竣事告归，加四品秩。家居，躬耕清苦，廉洁风范。

王　成（1375～1436），又名王文成，字允功，松阳城南人。由贡入太学，谒选授北京监察御史。一次，偕同工部为勋戚刘大秀等树碑。王成见碑的排列位次不合礼法，上疏道：“刘汪二氏虽勋戚，乃臣子耳，不可与高皇帝碑并立，必远数十仞，庶君臣之分明而报功之典尽矣。”后来，王成又负责考核官吏效能，令京师官场肃然。皇上称赞“王成好御史”。

毛　辉，字彦明，《处州府志》作毛煇，《浙江通志》将其与叶廷敏相混淆。毛辉曾受总制孙炎（1323～1362）举推，然而屡辟不起。之后归隐山中，自号“介夫”并效仿陶潜栽种菊花，又以“检身、理家、修德、承祀”为读书学问“全归”之义，著有《留耕集》《全归文翰》。曾在独山下辟潜斋书院，士友称之“潜斋先生”。入明后，任松阳教谕。

叶廷敏，字逊学。永乐中为太学生。明成祖巡幸学校，命叶廷敏讲《康诰》中“克明德”一章和《中庸》中“天命之谓性”一章。明成祖听讲后大悦，任叶廷敏为两淮巡盐佥书。当时，两淮岁额很重，叶廷敏奏请减免盐税数千贯，既受到两淮民众爱戴，又得到皇帝的认可。叶廷敏在职奉敕守法，完成任务后回到故里，教书授徒，著《留耕集》。

徐仕坚，明永乐间，由府学拔贡入太学，任南京应天府通判。理学精深，博大昌明，忠诚正直，孝心纯笃。逝世三年后，朝廷得知，奉敕封为朝靖大夫，以嘉奖徐仕坚忠孝之行。清雍正二年(1724)，敕建忠义祠，奉旨准入享祀。

詹景威（1386～1463），字叶庵。由庠生中明永乐九年（1411）辛卯科乡举第二十九名，授福建晋江县训导。忤权奸，左迁河南夏邑县府幕，安置流亡邑民。后补山东诸城县，地久旱蝗，设法捕蝗，民尽复业。升任江西安福县主簿，深受县令敬重。乞归故里后，御史交互向朝廷上书奏事推荐詹景威。后以其子詹雨，赠敕赠兵部主事。

潘荣孙，字廷华。永乐年间，由茂才辟试，擢任福建监察御史。廉洁公允，刚正不阿，排斥一切以私情干预公权的不良风气。因此，治下的官吏如立冰渊。潘荣孙也因而享有“铁面神君”之誉。

包　麟，字天祥，松阳靖居人。弘治间贡生，授福建罗源县训导。包麟先礼教而后文学，这种崇高的信义为世人所敬仰。在罗源任职期间，有贼抢劫库银，知县乘夜出逃。包麟入主银库，将其余库存，封缄并加标记，没收入官。虽无避嫌，但人人相信他。离任回乡后，很是清贫。一日，起身沐浴，与亲友族人言辞，寿终正寝。逝后，入祀乡贤祠。

詹　雨（1438～1508），字天泽，号素履，松阳桥亭街人。成化二年（1466），登进士第。初授兵部主事，升员外郎，守建昌，任江西建昌府，知韶州，擢广东布政司左参政。在任期间，兴利除弊，政绩茂著。弘治末期，谢事家居，教化乡里。逝后，葬于官溪，入祀乡贤。著《素履堂集》，佚。有牌坊遗存。

詹　宝（1446～1518），字天球，系詹雨之胞弟，松阳桥亭街人。成年后才受举业，成化十六年（1480）举人。弘治九年（1496）进士，朝廷旌表敕建进士牌坊（在城东下马街）。授新昌县（今江西省宜丰县）令，当时山贼邓迟八恣意抢劫，詹宝暗中调出精锐部队歼灭了他，于是能声大振。朝廷将召见，然而詹宝本性热爱山水诗酒，辞官隐居，乐天怡性，著有《静斋集》。

项华兴，字原善，号蟾山。松阳桥亭街人，读书时与缙云人周南（1448～1529）、虞瑶（1437～1499）同窗，情谊友善。成化间，项华兴由选贡入太学，任锦衣卫经历，此时周南任监察御史。一次，项华兴为船只指挥者开脱了过失之罪。周南认为项华兴受贿所为，却竟发现二人从未有过交际。虞瑶任都御史，看见项华兴冠带破损，握手感叹居官清廉。

包　杰，字德先，号香斋。松阳大竹溪人。弘治八年（1495）乙卯科举人，仕福建古田知县。弘治九年，在寺口村立“乡进士坊”，犹存。匾文“世显”，款文“巡按监察使吴瀚、知府傅希说、同知杨昊、推官李雄、按察司副事吴伯通、佥事王化、儒学教谕卓文渴、训导陈瑞曹昶、布政司参议车明司、知县李润、县丞李崇、主簿熊儒”等字。著有《痛亲录》。

徐　瓒，又名徐洪瓒，字朝珍。松阳城东人。正德间，贡生。仕徐州训导，出华崇实，振作徐州士风。徐州人将其比作胡瑗（993～1059），雅称之为“安定先生”。其孙徐谏，字鸣盛，号一川，嘉靖年间优贡生，任安州（今属四川绵阳）学正。

周　雷（1486～1563），字时敬，号蟾峰。松阳城东人。嘉靖年间贡生，陕西延安府通判。之后，出镇陕西神木县，督管仓库，对财赋的统计和支调非常严谨，崇学兴教，恩威并行。神木县地接北方边疆，屡遭侵掠。于是，周雷因地制宜，筑堡防御。又因神木县缺乏饮用水，周雷引导凿井。离任之际，民众遮道泣饯不忍离别。族弟周应德（1500～？），字义甫，号淇泉，同为嘉靖年间贡生，授任新乐县儒学训导，升柘城县儒学教谕，又升河南周府、义阳王府教授。

毛文邦（1505～1560），字希同，号春野，松阳城北人。嘉靖七年（1528），乡荐举人。嘉靖二十九年，登进士第，观吏部政。后授刑部主事，时方竞进，毛文邦独恬退远势要，疏乞改南，官至刑部郎中，谳狱多平反。廉节益励，自乡举立仕三十余年，产业如旧。卒于官，几不能殡，世高其行，称曰“清德先生”，入祀乡贤。著《春野集》佚，《谯楼记》存世。堂兄弟毛文崇，嘉靖年间贡生。

刘　诰，字天章。嘉靖十四年（1535）贡生，初授河北河间县博士，后任嘉祥教谕。遵循“默坐澄心，体认天理”之条。检点自身，兢兢业业，在仕途二十年从不逾越规矩。归家，惟闭户读书，空暇则灌园种菜，曾说：“吾惟知修吾性命之学而已，更何为焉？”

刘惟机（1521～1601）　字安山，乾隆志又作刘惟玑或刘应机。松阳上安人。贡生，官任琼州府澄迈县知县。严谨实行“一条鞭法”，简化税制。澄迈县有珠池，采珠者按惯例奉送一定份额归官私获，刘应机一概拒收。且清正廉洁，离任时行李简陋。知府黄公赠匾“琴鹤遗风”。左史颜廷渠（1519～？）称其贤。江西参议詹仰庇（1534～1604）为之撰《澄迈尹安山刘侯膺抚台礼奖序》。

周大夏（1522～1598），字师禹，号云亭。松阳城东人。周大夏三岁丧父，家贫。其母周叶氏（1496～1578），青年守寡，屏簪珥，勤纺织，培育周大夏和其弟周大韶，备尝艰辛。周大夏不负母望，厚重典雅，廉洁耿直，隆庆间，由明经为直隶长洲县（今属苏州）县丞。力以“四知”自誓。秩满后归家，行李只有书画文具。汤显祖（1550～1616）任遂昌知县之时，很敬重周大夏，途经松阳必定造访周宅亲切交谈。

叶应荣，字思勄，号石崖。松阳塔寺下人。万历十三年（1585）由明经授监（贡生）。万历二十二年，任江西清江县知县。宽仁平恕，兴利除弊，与民休养生息。他生活清苦，俸金外毫无尘染。在任十五月，得重病，清江县父老纷纷向天祈祷。病故，士民跪悼设祭，甚至还有人扶着棺柩一直送到衢州界。胞弟叶应麟（1537～1616），字履仁，号宾川。万历年间，由乡贡授昌化训导，讲学端本澄源，被推为“文宗”。时值当任知县苛政，百姓仇愤，举县庠生将到州府控告知县，被叶应麟劝谕而止。知县听说后感化，登门谢过，行政作风由此改变。嗣后升迁任分水（今杭州桐庐）教谕。

包茂樌（1536～1597），字邦才，号狮岩。松阳后周包人。万历年间，恩贡。任苏州府嘉定县知县二尹，传升王府奉祀正。于万历二十四年（1596）城内建造城隍殿，第二名董事，勒碑题名。在后周包村遗有故居。

詹世厚（1538～1596），字敦仁，号怀素，隆庆间恩贡，受南大司成所器重，任福建永春县知县。詹世厚体察百姓因累欠的赋税过多而不堪重负，因此废除了荒额，以实际田亩征税。之后詹世厚守禄劝州（今属昆明），当地有崇武厌文的习气。詹世厚到任后，振兴教育，树立教化。政绩斐然的詹世厚深受永春和劝州两地百姓爱戴，都为之建祠。

叶元芳，字邃府。系叶德佐之子。叶元芳性情孝友。医治患病的母亲，尽人子的孝道；友爱诸位弟弟，显兄长的气度。学成，周游四方，与翰林院编修王衡（1562～1609）盛名于当世。万历年间，叶元芳为贡生。然而之后时运不济，其师沈莪山为之很是深惜。后为广东高要县丞，有“广海青天”之号。擢升江西崇义县知县，因丁内艰未赴任。

程汉璧，字光垣，松阳白沙人。由三考吏（明代吏员三年一考绩，六年再考，九年考满，再经吏部考试，合格者可以授官）给由（官制名），为吏部效劳。之后考取律科（举人）第三，授河南巩县典史。敏慎勤劳，督理河道有功。万历年间，受河南监察御史俞价器重，程汉璧升为广东揭阳县主簿。后来，请求致仕返回故里。

詹仰华（1562～1642），字国镇，号邻斋。禀性循谨，处事醇厚。授广东琼州府临高县（今属海南）盐课司大使，守廉自任，执法公道，深得百姓信任与感戴，甚至感化很多“黎盗”（当地不法之徒）。任期届满，转升广西太平府（今崇左市）库官，因弟殁而解归未任。詹仰华五旬断弦未再娶续，晚年热心于乡党公益，以其盛德，五世同堂。

詹立敬（1568～1637），字启恭，号怀野，又号西野。初任福建松溪县典史，任内，买义塚以埋枯骨，建桥梁以除病涉，凿义井以济民渴，劝教化以抚贼匪。士民感戴，为之建祠。转升南京宜兴县钟溪司巡检，令寇盗遁迹，商旅盈途，与内阁首辅周延儒（1593～1643 宜兴人）结交深厚。后托病辞归，回报乡里，如筑青云岭路、资独山桥等。

刘　爟（1581～1640），字宪卿，又字显卿。松阳上安人。天启年间恩选，授泉州府通判，多行惠政。后代理福建南安县、同安县知县，革弊布新，于崇祯三年（1630）海防歼灭海盗钟斌（明史作钟凌秀）。辞官退休时，太史蒋德璟（1593～1646）、司铨林胤昌（1595～1657）等为之著《甘棠集》。居乡尚义，助建学宫，置学田，遇荒赈饥，造桥修路。

丁日懋（1585～？），字进明。系丁芬次子，松阳城南人。自幼奇颖，笃志以儒学为业，世人都以为丁日懋有奇才，能大任。但丁日懋历试不就后，弃儒为吏。崇祯年间，任广西天河县尉，在征收赋税、抵御敌寇上，事迹卓越。院道赞赏推荐，转任广西柳州目，掌管文书。在任期间逝世。

毛汝科（1588～？），字孟甲。松阳城北人。自幼才能出众，志向远大。万历年间明经（贡生）。天启三年（1623），任淳安县训导，将品行道义重于学识文章之上。继任湖南会同县知县，在任期间政治宽简清明。后任广东惠州教授，卒于官。其弟毛汝芳，字春寰。天性孝友，兄弟和睦相处，无微不至。岳父年老无嗣，有意将钱财继承给毛汝芳。毛汝芳见利思义，返还岳父。时人称颂。

王汝劝，号绍桥。质朴简约，宽厚谦和，乐于扶助有危难的人，救济困苦的人。当他还是县学的诸生时，其道德品行就已屡次被推荐。崇祯年间，取为贡生。授奉化县训导，士子感激其亲切诚恳，以他作为修身的典型。后任武康县（今德清县）教谕。回归故里后，屡荐为乡饮宾，享寿 73 岁。

毛有翎，号苍梧。系毛仲之侄，松阳城北人。才器和风度都超绝出众。授任贵州尉，令盗贼平息，民众平安。贵州旧俗同姓婚姻，毛有翎严禁并予以革除。之后，转任湖北应城，修黉宫，建先贤祠。后至丁内艰，去任之际，应城县父老遮道挽留，立“去思碑”于县学。归乡居家，捐资修祠，享寿 83 岁。

郑德皎，为人风骨嶙峋，在士大夫面前并不是很谦恭，知道他的人预言说："此人他日为谏官，能正色直辞者。"不久，郑德皎奉了诏旨，擢为兵科给事中。郑德皎侃侃疏章谏言，果然如同预言所料定的一样。之后，郑德皎上书检举弹劾，因为上奏事情违背了上心意，所以受了廷杖的责惩，归隐于城邑十里外。然而，依旧临流赋诗以乐其志。

刘日勤，字如始。学识高深，品行纯粹，生平以谨慎笃厚而自坚其操守。顺治年间，由贡生授广西上思州（今上思县）知州。当时还没到达广西，赴任途中，贫乏憔悴，忧愁劳疲，加之不避风雨，在浔州平阳县（今属广西来宾市）病逝。因损命于朝廷差遣，当道府院为之哀怜。

王汝棐（？～1674），字驾甫。松阳城南陈巷人。顺治十二年（1655），登进士第，授为行人。不久，管理"天下第一仓"临清仓，革陋规，厘贪婪，仓储丰裕。擢升福建延建邵道（延建邵道领延平府、建宁府、邵武府），辑兵惠民，风厉僚属，育士爱民。福建安溪县李光地（1642～1718），即其门生。后遭耿精忠兵乱，逼授总藩，悲愤成疾而逝。遗有七律《净梵寺》一首。

徐振泰（1612～1689），字赓明。松阳城东人。明崇祯二年（1629），备弟子员。清顺治八年（1651），辛卯科拨贡生。与莱阳沙澄（？～1696）、松阳王汝棐相友善。康熙五年（1666），选授山东无棣州州判。后又代署青城知县，居官五载，兢兢业业。获礼部侍郎李之芳（1622～1694）赠诗。后因丁艰，解组归里。服阕补选任职，未赴。构建"还璞斋"，诗酒自娱。

叶　灿，字含华。松阳城西人。幼承庭训，嗜学不倦。不屑于章句文字，留心于经世济民。康熙年间，由岁贡任昌化县（今属临安）儒学训导。以端品读书为教率，以勤学立品为勉励。勤于讲课，敦于士习，训斥轻薄放荡，训诫阿上钻营。德化诸生，恂恂有儒者风度，令众人景仰。在昌化县任职数年，士风一改以往陋习。后以老疾辞归故里，饮酒赋诗自乐。

陈　湛，字燕侯。松阳城南市堪头人。外祖父是进士王汝棐。陈湛在青年即有声名，娶妻孟氏，乃外孟孟毛氏之女。康熙二十六年（1689），孟毛氏获处州知府窦日严奖赠匾额"贤节攸隆"。陈湛由岁贡选鄞县（属宁波鄞州）训导，自守廉介，从不接受私馈。离任，徒步回乡。兄弟四人，和睦友爱，读书切磋，俱有文名。二弟陈元飚，以拔贡任泰顺教谕，竭力振兴文教，士风于是大丕，84岁致仕归乡；三弟陈瀚，廪生；四弟陈元飏，恩贡生。

何承美，字在中。松阳城东人。敦诚古朴，从学者众多。与诸生讲义论道，必正席端坐。康熙年间，由岁贡任天台训导，造就士子学业有成就。屡次请辞归里，都被诸生挽留。后来在任上逝世，享年83岁。

萧元伟，字修宏。松阳城西人。天资聪颖，为文雄壮俊丽。雍正间，由选贡入国子监肄业，学问更加精深。深受司业（国子监一种官衔）器重，官授巴州通判。未任而逝。

孟修彩（1681～1761），字素先，号澹园，松阳古市人。雍正间贡生，好古博雅。其文章行谊，为乡里士子所宗，为知县吴卓所重。乾隆二年（1737），入国子监肄业。乾隆六年后，相继出任绍兴县、上虞县儒学训导，黜华务实，深受士林爱戴。乾隆十九年，以年高致仕，上虞士民赠"讴吟伞"，立"去思碑"。回乡后以诗酒自娱。遗有《栝苍山赋》《卯山赋》等。

蔡懋昂（1790～1850），字浩然，号东川。松阳城东人。好读书，善持筹，由贡监入仕直隶大名、承德、河间府等经历，清慎廉平，勤于所职。受直隶州知州林靖光倚重，先后署理河间、任丘、阜城等县事，治绩卓著。升授固安县，卒于任所。子婿皆有名声。长子蔡志俊（1823～1875），咸丰八年（1858）劝办团练获赏蓝翎五品衔，光绪二年（1876）选授江苏布政使司理问。次子蔡志修（1835～1879），同治四年（1865）应顺天乡试，援筹饷例归部诠选，补授永平府乐亭县知县；八年，调署保定府高阳县知县，旋复再度摄篆乐亭，卒于任，著有《乐亭诗草》。

叶佐清（1830～1892），字向日，号葵生，古市塘岸人。同治二年（1863）代理永康知县，解任时，士民赠饯行诗数百首，由浙江学政吴存义（1802～1868）题跋辑成《潘江赠行集》。继任於潜（今属临安）教谕，振兴兵乱过后的文教和生产，并刊《蚕桑说略》。光绪年间，任丹徒（今属镇江）主簿，政绩斐然，百姓赠匾“民之父母”。著有《蜥蜴八卦祈雨法图说》刊行。

高斐然（1854～1910），字成章，号少梅。系高焕然之兄，松阳象溪人。光绪十一年（1885）举人，历署瑞安、西安（今属衢州）、泰顺、绍兴、象山县学教谕，升杭州府学训导。当时士大夫习气浮夸，高斐然以忠孝友悌讲学劝勉，平日身先士卒，因此改善了习气。高斐然每到一任，两袖清风，从不接受私馈，被人誉以“廉俭”。著有《地理摘要》《知裁集录》。

高焕然（1861～1934），字昕斋。光绪二十四年（1898）登进士第，即用知县赴广东上任，清理各县积案，因触忤权贵而被劾。以“官可不做，人不可不为”自勉。后以佐理边防之功复职，代署长宁、灵山知县。长宁士民赠匾“恺悌君子”，灵山士民称颂“数十年来无此好官”，张人骏（1846～1927）赞誉为“当今循吏”。进而于宣统三年（1911）报署钦州知府。入民国，由民团护送回乡，归居象溪。竭力兴学，主编《松阳县志》。

叶葆彝（1876～？），字孝先，一字晓仙，号怡园。松阳古市人。师从刘德元。宣统元年（1909），己酉科拔贡，就职直隶州州判，分发江西。旋而应京师第一次法官考试，奉旨以正七品推检任用掣签江苏。三年，署江宁第二初级审判厅推事。民国元年（1912），署扬州地方审判庭推事、江浦县承审员。7年，荐任职分发江苏省任用。其姊周叶氏，松阳五都人，自缢殉夫，旌表节烈。

潘尚文（1876～？），字成周。松阳城南（故居在南直街）人。清庠生。入民国，任教育局董事会董事、城区区议会议员、县议会第二届议员、民国《松阳县志》分编辑等职。热心地方公益，如椐筑雅溪口道路石桥，建造寨下坑凉亭驿舍。长子潘沂（1895～1950），字雩士，民国时期，任县参事、团防团总、县教育款产会常务委员暨县卫生委员会委员、县政府设计委员、县粮食管理处业务股股长等职。长孙潘洄，毕业于复旦大学及中央政治学校地政学院，任职于浙江省民政厅。

叶桐知，系节妇叶张氏（1845～？）遗腹子，松阳大塔头人。张氏与婆母两代孀居，知书识字，晚景丰隆，获知府赵亮熙赠匾“心澂冰雪”和国民政府银章白绶。叶桐知任省议会议员、县参议会议员、县自治委员、五都区议员等公职。长子叶秀松，任县参事会参事，并任县出纳员；次子叶秀桂，字馥斋，任浙江省长公署咨议，县议会第二届正议长等职；三子叶仙芝（？～1950），字让三，任平民习艺所所长、五都区议员、区自治委员、区农会会长。

徐一青（1886～1953），又名徐履云，字登青。徐潘氏（1868～1930）遗腹子，松阳城西人，系潘学霖外孙、何文龙三婿。浙江法政学校毕业。曾任松阳县厘捐局长、县保卫团团长，奉知事余生球详准民政厅因整顿团防异常出力应准记大功二次。又任浙江省第三届省议员，历届浙江省长金鉴、张载阳、夏超，聘请为省政府咨议官。又任浙江省卷烟特税局第五区分局局长。母徐潘氏获知事钱世昌奖匾“节励松筠”，并请准授银质徽章。

徐　谦（1886～？），又名徐昌保，字虚哉。清附生。浙江监狱学校毕业生。清末民初，任县自治委员、平民习艺所所长、县农会会长、县议会自治委员、县政府财务委员会主任委员、县商会常务委员及国民革命军上尉军需等职务，深受知事及士绅推许。民国15年（1926），参与纂修《松阳县志》，负责庶务工作。

叶庆华（1889～？），又名叶日莹，字璧如，别字秀哉。松阳城北人。与温绍真系儿女姻家。县师范毕业。任县教育局事务员、教育委员、县议会书记、城区教育会副会长。又任萧山县政府民治科科员。回乡后，任松阳县党部监察委员、县参事。民国15年（1926），参与纂修《松阳县志》，负责会计工作。

阙　廷（1889～？），又名阙梧封，字桐斋。浙江省立十一中学毕业生。民国时期，任劝学所所员、县议会第二届议员、省警务处咨议员、县中学董事兼教务主任、商团团长、县民团团总等职务。民国16年（1927），任南京第一军第一师司令部经理处股员。

徐　佐（1896～？），字仲才；原名徐樟海，字嵩涛。系徐建中次子，许作舟之婿，松阳城东人。清国学生。讲习所师范讲习所毕业生。民国时期，当选为县参事会参事，曾协修民国版《松阳县志》；又任第四届县款产委员会委员、修复城南大埭董事会总务股主任等职务。其子徐瑞元，曾任军政部第十三补充兵训练处队长。

张益三（1897～？），字挽汉。系张大猷之弟，松阳山下阳人。毕业于省立第一师范、南京高等师范。国立东南大学农学士。及游学于法兰西，获得法国巴黎大学博士学位。在长沙做抗战建国工作。民国时期，任全国经济委员会委员、河南省棉产改进所所长、湖南省农林厅技正等职。其弟张省三，任陆军通信兵第二团中校副官主任。

林葆桂，字馨之。安定中学毕业生。任县参事会参事、古市区自治委员、县民众教育馆馆长等职。抗日战争爆发后，投身抗日。民国27年（1938），浙江省政府搬迁永康方岩办公，林葆桂在此期间任职于省政府。

张景星（1899～1953），字拱之，号耀仙。松阳山下阳人。北京大学政治经济系肄业。历充河南省棉产改进所、河南省第四区农林局、洛阳区植棉指导所主任等公职。时军阀阋墙，列强环伺，国势不振，民受其苦，于是心向三民主义，为国民党员。热心公益，直言无忌。历任党部委员、宣传组长、学校教员。行宪后，为县议员、第一届县参议会代参议长及第二届县议会议长。

何联奎（1902～1977），字子星。松阳叶村人。北京大学毕业后，游学巴黎、伦敦，深造民族学、社会学、文化人类学，仰高钻坚，深有所得。归国后，历任北京大学教授、国立中央大学社会学系教授与法学院院长、国民党中央执行委员会常务委员兼政治委员会委员等职务。民国37年（1948），当选为第一届国民大会代表。1949年到台湾。1951年任“行政院”副秘书长、台湾故宫博物院副院长。遗著有《民族文化研究》《中国礼俗研究》《台湾风土志》《台湾省礼俗篇》《蔡元培民族学论著》

《何联奎文集》等。

吴力生（1905～1992），又名吴谦，松阳西屏镇人。1926年从上海大学结业，历任广东警备部队政治部科长、国民革命军第26军（驻沪）党代表办公厅主任、第20军政治部处长等职。民国19年至31年（1930～1942），回乡发展教育和经济。之后，寓居上海从事翻译。中华人民共和国成立后，曾任华东军政委员会文化部秘书。1978年后，任中国国民党革命委员会上海市委祖国统一委员会委员。著有《中国佛教史》。

朱有德（1906～1980），字达三。松阳太平坊人。毕业于浙江省立第十一中学。诸校以其学行兼优，纷请为教师。历任县立毓秀及震东高级班导师，荷田、北山、西坌、竹溪小学校长，教育局第一股事务员，浙江地方银行（烟农）借贷所股长，第一支队中尉军需，浙江英士大学农业特产专科科员等职务。抗战期间，充当二十一师全体兵站会计。抗战胜利后，任县府事务员。

刘为桢（1910～1937），字树基。松阳界首人，系徐图远内弟。先后毕业于杭州中医专门学校、中央参谋本部边务语文研究所。任外交部详报股翻译主任，青年有为。民国25年（1936）曾拟派驻土耳其大使馆，适遇“西安事变”搁浅。改任甘肃省政府咨议。英年早逝，葬在兰州市公墓。

宋昌飏（1912～？），字易风。浙江测量学校毕业后，历署浙江省民政厅测量队、福建省政府训练团地政训练班以及地政局测量队。抗战期间，任财政部福建省水吉、建阳、浦城等县田赋粮食管理处科长。到台湾后，任署台湾长官公署财政处、台湾银行，至67岁退休。其子宋国立，佛吉尼亚大学生化系硕士，哥伦比亚大学医学院生理系博士。1980年任美国加州大学生物工程研究院院长、教授。

徐昌达（1912～？），又名徐世良，字子忠。系徐一青长子，松阳城西人。上海法政学院法律系毕业，授予法学学士学位。又中央训练团第一期毕业。历任上海中国救济会管理组副主任、湖北教育厅视察、浙江省第八区青年营政治教官、省抗敌自卫团总司令部政工人员训练班指导员、三民主义青年团永嘉分团干事兼组织股股长、省地方行政干部训练团干事等职。解放前夕赴台。

叶　楚（1917～？），又名叶绍珍，松阳古市人。毕业于省立杭州师范学校，历任各级军需、台湾财务署上校秘书、“财政部”国有资产局荐任一级秘书。退休后倡议编纂《松阳县志续编》，日以继夜，笔不停挥，删繁就简，精益求精。

好　义

杨大同，南宋时期松阳人。经商往来杭州。一次住在客栈，隔壁房间传来哭声，一询问，是王尉与女儿在泣别。原来王尉犯了失职罪，不得已卖女为奴赎罪。杨大同出资，使王尉免于卖女。后来，杨大同逝世。王尉做了鄂州太守，发觉鄂州监酒郑克宽语调很像杨大同。一交谈，得知郑克宽是杨大同的女婿。于是，礼待杨妻如母亲，并向上级推荐郑克宽。

程大雅（1133～1199），字正之，系程榆之父。平生尚义。荒年开仓，救助乡邻度过歉收之灾；雪天送米，资助乡邻度过饥寒之岁；拨出田产30亩，充补当时松阳二都的民役；施舍金钱布帛，周济卖儿鬻女的难民。有一个受过他恩惠的人，用一块荒山作为报答，程大雅用这块地安葬双亲。其子孙名登显要，以子程榆贵赠通奉大夫。世人认为是积善行德所致。

王　灌，南宋时期松阳人。由于赋役繁重，乾道五年（1169），王灌首创义役。以一乡或一都为单位，由应役户出田或买田若干作“助役田”，所收田租充应役费用。出田多少，贫富不等。义役行之有效，推行了三十年，官府没有接到诉讼。《宋史·食货志上六》有载：“乾道五年，处州松阳县倡为义役，众出田谷，助役户轮充。”

周　铿（1279～1315），字希声，松阳鲁峰人。自少力学，能诗，通书数。家有积财，乐善好施。事父母尽孝，接宾客尽礼，乡党称之为“周处士”。其妻王氏，守孝节，至正十七年（1357），郡县两级以父老所请，旌表王氏孝节。周铿长子周继祖，仕元为南昌同知，署丰城知县。周继祖之孙周景霁为刘基之孙婿。后裔举族迁居松阳周山头。

何宗玺（约1284～约1391），又名何珽玺，字廷信。急公好义，乐善好施。捐田租建赤塔桥渡（后世又有何智于嘉靖年间跋田看守），在赤塔溪南岸助建中洲堂，以济行人憩息。何宗玺享寿一百余岁，七世同堂。子孙大排筵会，官民到家庆贺，冠带荣身，奉旨建坊，坊名“耆德门”（遗址在水南），额字“高年耆德”。

杨秉彝，号平舒。明正统年间，纳谷一千二百石，奉敕授七品服俸，建祠祀祖。其敕旨及像，在民国时期尚存。

高庆童（1398～1467），又名高璟标，字克玉。松阳象溪人。正统年间，有一年大饥荒，高庆童慷慨捐出稻谷二千二百石，用以救济灾民。有司以闻，奉旨特赐承事郎，并奖谕“劳以羊酒，旌为义士，仍免本户杂汛差役永世，尚允蹈忠厚，表励乡俗，用副朝廷褒嘉之意。钦哉故敕”等语。早年间，其父高惟信，也曾在荒年捐出粮食五百斛，可谓子继父志。

叶　福，景泰年间，举人。家贫，教授俸廪很低，往往青黄不接而需要预先提取馆金。年底仅余一金，回家的路上，遇到饿死的人。叶福心中悲悯，于是有心为之殡葬，但没有财力请工帮助。叶福之妻把通过纺织积攒下来的钱拿出来给叶福，才得帮助安葬了遗骸。第二年，即景泰元年(1450)，叶福高中庚午科乡试举人。世人认为阴德回报叶福。

潘尚英（1485～1559），字思义，号习善斋。松阳竹溪人。不竞浮华，好善尚义。建造竹溪门、九芝亭、南畴西畈亭，又捐资修独山桥义渡，拔田四十亩以充其费。县西南三里有白龙津，原先有浮桥，浮桥废后，续有二渡。其中一渡为嘉靖年间邑人潘尚英建。又恤孤周贫，被举为乡饮大宾。

潘伯槐，号平川，松阳城南人。孝义性成，倜傥不流于世俗，乐营美事。知县杨维新修筑五尺桥（今名雅溪桥），由潘伯槐捐资，杨维新赠匾“尚义建桥”。又捐金一百二十两，倡建其族祠堂；并且拨田五亩租三十六石，供祀。当世工部尚书潘季驯（1521～1595）赞潘伯槐“家富而仁义附”。

潘元宝（1523～1615），字天球，松阳城南人。慷慨好义，有人卖田产葬亲，潘元宝在没有查验核对的情况下就付了款项。后来得知对方是因贫无措，虚造田产凭据，潘元宝不与对方理论，而是烧了契券。此外，潘元宝还施舍粮食赈济县里无依无靠的老百姓，深受贫苦民众的感激。

周体明，乐善好施，凤臻门（松阳县城北门）外修路五里，助建桥梁。因行谊敦厚而著于族党之间。享寿96岁，与发妻偕老。其子周一芳，于万历初年，施粥济饥一个月；又于万历十五年(1587)，独建东岳宫，王一中《东岳行宫碑记》有记述。可谓周体明家风得以传承。

周继宗（1497～1577），字德轩。松阳城东人。少小失孤，笃志孝行，周继宗雅慕古人，天资风范雅量。县里两次修葺县学，董事唯勤。且建桥梁，焚借券（烧掉债券放弃债权），掩骼还遗（掩埋暴露的尸骨），煮粥起殍（施粥给饥民），种种善行，列诸“旌善亭”。

徐贞亨，又名徐毓秀，字振屏。父徐大载早逝，母徐叶氏时年 19 岁，不久生下遗腹子徐贞亨。叶氏拭泪自勉，努力抚育幼孩，孝养公婆，节孝获得院道奖赏。徐贞亨长大后，很孝顺母亲，且能种德尚义，修路、施棺、急公、建学，乐人为善，被县学举为宾介。徐贞亨享寿九旬，院道旌奖。而其子徐云蛟，亦善继先志，捐资助学，身董其工，不辞劳瘁。

刘应雷，号少塘，松阳古市人。慷慨好义，乐于为人排难解纷。倡造古市三角坛大桥，受到乡民称颂。知县林大佳建造青蒙塔，刘应雷一力独任上乡劝募。年过古稀，推举为乡饮宾。其孙侄女毛刘氏，夫亡，恸哭道：“死同穴，夫妇之义。”刘应雷阻止刘氏殉节，激励道：“义莫大乎存孤，死何如乎砺节。”在他的劝导教谕下，毛刘氏振作守节，抚育二子成人。府县闻知，交相旌表。

毛凤宝（1548～1604），为人慷慨好施。万历三十一年（1603）松阳县学复迁故址（从城邑郊外复迁至原址县治东南），毛凤宝捐资力助。除此之外，更有施粥、焚券种种义举，难以殚述。其子毛汝达（1581～？），克承父志，亦助建学，好施不倦。

丁　芬（1551～1614），字思源，号新吾。松阳骥湖《丁氏宗谱》作“丁汾”，邑庠生，松阳城南人。生活不富裕，但热心公益。殚心竭虑，致力营助倡造了赤塔桥，改建了文庙。遇到他人有困难尽快帮助，排难解纷。又帮助贫困的人办丧，被称为有“葬骨之仁”。丁芬有二子。长子丁日昌，次子丁日懋，都是贡生。人们都说这是丁芬阴骘所致。

孟师曾，又名孟日茂，字德宗，号省吾，邑庠生。松阳黉源（今内孟）人。乐善好义，救人急难，解人纷争，里人称之为“福星”。孟师曾捐资修路，在石佛岭（由县至府通衢经此）上建造茶亭。又拨田五亩，利用五亩田租，每年在石佛岭上施茶三月，便利往来行人解乏止渴，行人称诵其德。孟师曾屡次被举为乡饮宾，并获知府赠匾“盛世耆硕”。

毛有常（1558～？），字维德。松阳城北人。幼年丧父，侍奉母亲很孝敬，抚育诸位第弟也很友爱，兄弟同居和睦。虽然身无私蓄，但乐善好施，不但捐资董事学宫、独任修祠，而且济悯贫苦，有焚券（烧掉债券放弃债权）、还遗（掩埋暴露的尸骨）、助葬种种善迹，为乡民所称赞。

潘国荐，号冲寰，松阳城南人。以儒学为业，落榜。有丽水贡生在京病故而无法归葬，潘国荐出资作屋舍停放灵柩以待迁葬。又有同乡王贡生因病用尽了盘缠，潘国荐帮助调理，但王贡生还是病故了，潘国荐代置棺衾并携柩而归。乡党赞誉其尚义之举。之后，授广西恭城县尉，因平息盗贼有功，转升陕西白水县巡司。辞官回乡，享寿 73 岁。

王幼学，号怀兹。年方弱冠，就读县学。居丧守孝，以孝著闻于乡党之间。家境虽然富裕，但是如寒士一般节俭律己。遇到凶岁，主动降低谷价去帮助乡民，乡民由此感激王幼学。王幼学八十余岁，被推举为“乡饮宾”。他的子孙，都能学业有成，均获士子认同。

叶以章，字振凡。平生孝友慷慨。万历二十一年（1593）选贡，任山东东平州同知，升卫府审理。后回乡隐逸，倡议修建学宫、救济饥民、埋葬无主遗骸。知府郑奎光造访其庐，延举为乡饮宾。叶以章享寿86岁，有诗文行世。经儒学士子呈请，于崇祯六年（1633）建成三贤祠，奉祀知县杨应华、知县许有寰、邑人叶以章，春秋致祭。

吴以朗，号碧阳。慷慨尚义，置买正念寺（今址松阳第二中学）寺田，跋入学宫作修缮之用。举荐其为乡饮宾。

徐子祥，号仰屏。松阳南州人。尚义好施，有孝行，表率乡闾。徐子祥在南洲隔河处建有一座草屋，每年炎热的季节，汲水煮茶，给往来行人解渴解乏。徐子祥晚年还常留心宗族事务，作《徐氏家谱》。很高寿，被举荐为乡饮宾。

潘延洙（1609～1646），字圣源。庠生，读书不问世事。隆武二年（1646）六月，有溃兵数万至松阳，致使民众纷纷匿藏。六月十四，妻毛氏（城北毛驮寅之女）遭遇难产，潘延洙趁夜背负毛氏躲避，至河村，毛氏卒逝，潘延洙大哭。次日，溃兵捕获潘延洙，指使其带路进山到民众躲避处。潘延洙不从，引刀自杀，避难民众得以保全性命，为潘延洙就义而感怀。

项振基，明代人。松阳可重旺人。心怀慈善，平生济苦救贫，内和宗族，外睦乡邻。见通往县城的路衢时常被山洪阻隔，行人往来不便。于是，将80岁庆寿之资，独建“筜井桥”（筜井是地名，筜井桥为垮弓石桥，民国县志有载）。光绪十四年（1888），筜井桥倒塌，仍经其后裔修复。

叶增初（1626～1696），字德卿。系叶应麟曾孙，松阳塔寺下人。为人恭顺谨慎，足迹不履公庭。每年，核算全年收入，除去日常支出，将剩余部分用于周济亲邻贫乏。有人劝其置办产业，则说：“积金不如积德。”康熙二十五年（1686），荐为饮宾，并获知府窦日严手书匾额“作宾王国”。长子叶上正（1651～1736），字端节，平生谦和恂谨，晚年弥自敛抑，闭户不出。恪守父训，以《孝经》《内则》《弟子职》严诲子弟。康熙五十一年（1712），叶上正被举荐报为乡饮宾，知县赠匾“齿高德劭”。

金以谅，清初人。在桥亭詹家为仆。康熙十三年（1674），耿精忠攻陷处州，清廷发兵镇压。松阳百姓蒙受兵燹之难，死伤、逃亡或被交战双方掳去。詹敏光（1662～1748）时年九岁，被清廷满营掳走。金以谅心怀赤忱，为之觅寻四年，获悉詹敏光由知府郭公携带在知府衙署，即到知府衙门涕泣乞告。詹敏光因此得归故里，后为儒学教谕詹雯所雅重。

詹儒熊（1645～1707），字渭兆，松阳城东人，庠生。康熙二十四年（1685）松阳饥荒，米价贵至每斗四百文。詹儒熊捐米二百石，设厂煮粥。又，获知族邻要溺杀幼女，急忙让家仆抱归家中，将幼女当作自己的女儿抚养成人，并备妆奁为之出嫁。此外，詹儒熊敦厚谦让，不追究无力偿还的债务，而是烧毁券证，舍弃债权。因此类义举，而名声盛大。

徐鼎世（1653～？），字国铉。松阳城北人。热忱义举，如修葺东岳宫，筑砌西屏山道路、八都通衢。又扶危拯困，不惮辛劳。康熙四十三年（1704）荒歉，一边捐出蓄粮施粥，一边募筹资金救民，获知县武方蔚奖匾“捐募济众”。康熙五十年，帮衬兴利除弊，深得云和知县兼篆松阳县事高光宗称赞。雍正六年（1728），诏授江南宁国府经厅，因年老而辞。

刘时信（1666～1756），字希贤，号揽芝。松阳小槎人。约束修养，珍惜名誉，富而好施。捐造桥梁、修砌路道、掩埋遗骼，义声籍籍。受到处州知府黄公，知县连青、黄鸿章、孙翼等人的多次优奖。乾隆五年（1740），以信义称著，举为乡饮宾。当道赠匾“德邵一乡”，并赠诗有“西括伊谁齿德优？大宾伟望小槎刘”之句。

刘廷英（1669～1729），字殿侯，号高飞。松阳上安人。生平乐善好施。康熙五十二年（1713），刘廷英在古市见一对夫妻悲痛哭别，询问获知江进源因负债鬻妻后，代偿聘金。康熙六十年，又为坳后徐正利因贫鬻妻而代偿赠金。两家夫妇因此对刘廷英感恩戴德。此外，为寒饥者接济衣食，为贫乏者施舍棺木等等，义声著于乡里。雍正年间，刘廷英援为例贡。

丁　瑗（1678～1750），字圣友，号缉园。松阳城南人。为人慷慨好爽，与己则敦厚品行道义，与人则注重许诺诚信。热心于替人排解纷争，发现从中营私舞弊的人，会加以严肃责备。又热衷于公益，雍正九年（1731）协修文昌阁，为诸生士林推重。乾隆元年（1736），荐为岁贡，选授汤溪县（今属兰溪）训导，未赴任而逝。其子丁嗣任（1713～1783），字又尹，号莘野，根据父亲笔记，曾考订纂修《松阳县志》，获知县曹立身评价“乐道无间，不出户庭，为尤切耳”。

吴万选，松阳古市人。13岁丧父，侍奉母亲潘氏，很是孝顺。之后，补博士弟子员。乐济人急。如于康熙五十七年（1718），荒年大饥，捐米数百石，在永宁观设厂煮粥赈饥，救济了很多民众。又于康熙六十一年饥荒之际，捐赈依旧。雍正初，知县杨国琦任命吴万选监督赈务。吴万选承办处理，有法有则。事毕，上级赠匾旌表。享寿72岁。生有四子，俱登儒学。

詹显儒（1682～1759），字握玉，号怀瑾，松阳城东人，由邑掾考授从九品。天性孝友，事父母克尽诚敬。兄弟友爱，虽分家而不分产。每年除夕，都会给贫乏的乡民赠送米肉。收债从不索取利息，当债务人无力偿还，就焚烧证券放弃债权。乾隆十九年（1754），县城东南失火，周围房屋都烧毁，唯独詹显儒房屋安然无恙，世人感慨詹显儒“积善之报”。

詹廷韶（1696～1745），字又善。松阳城东人。庠生。兄弟七人，詹廷韶作为幼弟，非常友爱六个兄长。生平疏财仗义，多义举。二十都有程某因贫鬻妻，詹廷韶赠送钱财，使程某夫妇破镜重圆。雍正二年（1724）春，有十余个乞丐在旧学基傍神庙中因疫而死，詹廷韶为他们准备棺木，料理后事。乡里竞相称颂詹廷韶的义举。

萧启潜，字云际。松阳城南人。康熙六十年（1721），松阳荒灾，导致粮食歉收。萧启潜捐米一百六十石，煮粥接济饥民。又于雍正八年（1730），耗资数百金，建造十八都观山廊桥，使得往来民众不再苦于涉水渡川，并且如果旅途乏累可以在桥中憩息。萧启潜之义举善举，获得知县孙翼荐饮宾筵，赠匾“视民不佻”。享年71岁。

潘延杲，字旭光。松阳县城善观社人。善属文，弱冠补弟子员。素性刚方慷慨，乐于施济，捐义粟、造桥梁，振贫扶困，惠周乡里。雍正十二年（1734），督学师以优行咨部，升入太学，援例捐贡。享年66岁。

叶又英，字联芳。系叶灿之孙，松阳城西人。邑庠生。天性孝友，其五兄二弟，兄弟八人。叶又英总揽家务，治家和睦。生平温和，不涉讼，尤其乐善好施。于雍正十年（1732），捐修五木庄桥楼及沿溪大路。其子叶芝汉，克承父风，于乾隆二十六年（1761），提请知县景洪亮募筑捍堤十四都力溪庄五十余丈，并独任劝输董理，世人称赞叶芝汉“雅有父风”。

叶公恺，字元友。祖居卯山后，古市人。植品端重，处世谦和。遇修寺院桥路，无不首先捐助。乾隆十五年（1750），松阳设置社仓，叶公恺倡捐社谷三十石。邑令吴公给匾以示旌表。

叶逢澳（1703～1771），字卫川，好迥秀。松阳王村人。监生。居家孝友力行，爱敬尚义。每年布施丸散（中药的丸剂粉剂之属），救济病人。修造石角渡船，又在渡口建造屋给司渡者居住，方便往来行人。乾隆二十三年（1758），捐出社谷一百石，获布政使明公赠匾褒奖。知县曹立身题赠“誉流乡曲，重望成均。家声大振，远近咸钦”等赞语。

周继开（1705～1772），字隆盛，松阳高亭人。乐于助人，尚义急公。邻里间，接济贫苦；乡党间，倡建祖祠，造济川桥。县里议修学宫、辑县志，以及修理神庙、整顿道途，周继开都能慷慨出捐。乾隆二十三年（1758），知县吴凤章倡建社仓，周继开踊跃响应，捐输社谷三百石，给顶戴荣身。抚宪庄有恭书匾“善足型方”旌表。周继开子孙克承其志，有儒家风规。

徐有朋，字三友。松阳山甫人。为人豪爽好义，资助修葺学宫、修砌桥路，虽多耗费而不吝啬。凡遇见贫乏者，则怜恤之，有的贫民借款无力偿还，即焚券（烧掉债券放弃债权）。乾隆二十三年（1758），捐出社谷一百二十石，布政使赠匾“惠施枌榆”。年至50岁，已经有儿子6人、孙子13人。长子庠生徐成章，读书嗜学，世人都以为是基于积善之报。

叶　奇（1711～1773），又名叶荣奇，字克干，邑庠生。为人沉默，仪度修整。与人交往，和蔼而又耿直。家产虽然微薄，但能好为义举。见遗骸，则能够施舍钱财给予收葬。捐社谷，垦义田。乾隆二十四年（1759），浙江巡抚庄有恭（1713～1767）为表彰善举，赠匾“与人为善”。

杨元阳，字承日。松阳大竹溪人。乾隆二十四年（1759），处州荒年歉收。杨元阳慷慨乐捐，救济贫民。郡宪赠匾“推解余风”，以示嘉许。

徐之熹（1712～1777），字忠侯。候选吏目。松阳城西人，坟在力溪天师殿脚。性格豪迈谅直。乾隆二十三年（1758），县署建设社仓，慷慨捐谷五十石。又捐资复建倒塌的西门樵楼、坍坏的育婴堂。至于筑桥造渡，皆能竭力以劝助成。生平好义行善，绰有长者风范，常常受到嘉奖。其长子徐丝纶（1740～1781），又名徐元珪，字王言，乾隆间贡生，克继父风，世人称赞“乔梓继美”。其孙徐灿（1764～1796），字炳若，号晦圃，于乾隆五十四年（1789）拔贡，五十九年仕象山教谕。

宋永起（1735～1822），字增堂。松阳杨家堂人。国学生。以勤俭起家，后为板业巨商。家境富裕后，不饰繁华。不庆寿诞，以用作做寿的钱财为全村代缴钱粮税役，每次计费数百金。其他犹如筑桥、砌路、造亭、作渡等公益，均乐助善缘。57岁，生子宋德焕，能够继承其尚义之志。后裔孙曾，亦纯谨有礼。道光十九年（1839），知县汤景和为之传。

林福元（1739～1821），字元日，松阳牛角圩人。生平好义乐施，在钓鱼岭两旁种植松木，护荫行人。嘉庆六年（1801），又独置港口渡，捐助渡田四十五坵共计十一余亩，用作渡夫工资。五代同堂。奉旨旌表，钦赐顶服、缎匹、银两，给匾“七叶衍祥”。

张文学（1744～1785），字步商，松阳山下阳人，系今山下阳张氏安房支祖。张文学八岁丧父，所幸祖母王氏淑贤，得以抚育成人。为人沈静，无暇求名，后振家业，仅捐纳为监生。其注重教育子侄，延师督课，一族之文武增附廪贡，俱由张文学肇起。又乐于为义，虽重金而不吝啬。捐社谷一百石，复助修学宫及县志。在乡里，周济贫乏，深受里人称道。

李起增，字大亨。松阳余叶人。言笑不苟，邻里有争执纠纷，李起增上前劝解，就能使得双方退让。居家很是俭约，好为义举。每年有余积，则用于修道路桥梁，从不聚敛财货。且尊师重教，延请先生教育二子读书，二子皆得早岁成名。李起增笃行终身，享寿93岁。

叶文鍘，字在坚。松阳望松大塔头人。监生。乐善好施，高年硕德。嘉庆四年（1799）夏，浙江布政使司谢启昆（1737～1802）赠匾“星标上阙”。享寿91岁。

阙天开（1759～1837），又名阙懋官，字和利，松阳石仓源人。国学生。为人慷慨好施，凡修造桥路、殿宇，莫不首出多金。续修望松禅院，慷慨捐钱三百金。道光四年（1824），修复社仓，捐谷五十石。知县江思浚赠送匾额“视履考祥”。先世由福建迁居松阳，未置祖庙，阙天开倡议建祠，慷慨捐出巨资，又拔祭田。知县刘公赠匾“光前裕后”。

钟玉坤（1759～1851），又名钟叶海。原籍松阳大岭脚，迁居白麻山。虽务农兼商，而能尊祖敬宗，曾不辞跋涉之苦，往汀州故里订出草谱。温厚勤俭，乐善好施，嘉庆二十三年（1818），捐银五十两助建松阳朱子祠，道光四年（1824），捐义谷一百十石。又能重视教育，课子训孙，其子国学生，孙廪生。钟玉坤享寿近百龄，后裔为之在白麻山建有“百岁祠”。

汤日跻（1764～1841），又名汤永辉，字西昭。松阳呈回人。附生。读书不求闻达，行义不惜身家。嘉庆二十二年（1817），创建“亦政家塾”，聘师训诲本村子弟。捐田十余亩入祠，捐银三百两在杭建板商会馆。又独造南山桥、专修呈岭桥、修理道途庙宇不能尽述。道光四年，捐谷一百五十担填充义社社仓，获知府萧元桂赠匾“胞与为心”。

周方品（1768～1836），又名周永清，字方宗。松阳高亭人。监生。修身行义，乐善好施。凡村众公事，造道堂、塑佛像、建桥梁，各捐重缘，以成美举。道光十三年（1833），饥荒，将谷米捐出，周济贫民，知县汤景和赠匾“诗书夙好”。

叶缵林（1769～1831），字又森，号挺秀。松阳桐溪人。附贡生。热心公益，修缮督理城隍、太保、丽阳、东岳诸宫以及朱子祠、善应堂、凌霄台名胜，由此美誉远播。道光四年（1824），处州试院分派各县捐资改建，叶缵林独任分造二堂之责，建筑落成，名冠十邑。又独资修砌云岩山路，竖“云岩胜境”牌坊。此外，急公好义，济困拯贫，每年捐租谷。

蔡懋昭（1770～1837），字东璧，号省非。松阳城东人。事父母孝顺，刲臂奉养亲病；对兄弟友爱，因诸弟年幼而弃学抚养诸弟成名。生平慷慨有大志，每遇地方公事如修桥梁、建庙宇、立义仓，必出物出资出力。相继获得官方“仁施利济”“为善最乐”“邑有澹台”等赠匾。厥后，又慨捐二千余金，勗勷知县汤景和筑城南河堤。后以侄子蔡志修显贵，赠封文林郎。

叶学诗（1770～1843），字圣诰，号玉田。玉岩人。国学生。侍奉双亲在堂，双亲偕老享寿80余岁。又能勤俭好施。如董建祖祠，拨田五亩为享祀资；又如重建岱头“时思亭”，以便往来行人饮茶休憩。更于道光二年（1822），慨捐社谷二百担，知县江思浚赠匾“君子有谷”。

阙鲁授（1771～1832），又名阙永寿，字占辰，号静山。松阳茶排人。监生。乾隆五十六年（1791），阙鲁授遵从父命回上杭，扫祀先茔，与宗亲面商欢洽。嘉庆间，在县南钓鱼岭古道上建造茶亭，名曰“钓台”，拨田施茶，为行人提供方便。知县陈河图赠匾“壮志凌云”。

汤日暹（1778～1842），又名汤永爝，字东升。藏书家。15岁即随父在杭州经商，经理账务。因松宣会馆倾圮，协助其父，合集众商，在江干花仙桥置地建造松川公所。三十岁，加捐直隶州同知。嘉庆二十年（1815），获处州知府赠匾“望重屏星”。乐行义举，如捐田六亩五分助建朱文公祠。

周元佐（1778～1853），又名周瑞麟，字良臣。松阳雅溪人。持已以恭，接人以礼。为当时东乡巨富，尤好善乐施。响应知县江思浚所倡社仓，踊跃捐助，以备荒年。

叶文蔚（1779～1854），字焕庭，号豹岩。祖籍桐溪，松阳城北人。附贡生。孝友笃行，富而好礼，乐善义举。如捐社谷，捐朱子祠义田，修堰，筑路（石佛岭傍山路、竹客口村顶路、十五里庄路、四都源路），建桥（石角庄助桥板石柱、葛山头庄筑石桥）等等。道光二十二年（1842），独资建造明伦堂，浙江学政罗公赠匾“宣义膠庠”。知县汤景和撰有《赠豹岩明经序》。

叶有容（约1780～？），字发兴，号忍斋。松阳大岭脚人。继承祖先遗志，光大家业。且能富而无骄，亲睦之情可挹；思徵不匮，敬祖之念常殷。周急济贫，惠遍乡邻。尊师重道，很多受助过的贫寒儒士尤其感念他。叶有容光前又能裕后，其三子叶凤翔、叶凤翱、叶凤翊，均入学，其孙食廪饩，世济其美。孙女徐叶氏（1836～1918），孀居抚孤徐定远，有“断机画荻”之风，同载民国县志。

蔡文熊（1781～1836），字耀秋，号东侯。松阳城东人。例贡生。因连年荒歉，于道光元年（1821）倡捐社谷二百石，知县江思浚赠匾“惠济桑梓”，抚宪程公赠匾“善行维风”。又因学宫前西流水淤塞，于道光十二年独捐赀疏通，儒学教谕邹鹏赠匾“从善如流”。此外，还捐助朱文公祠、寺院、桥路，以至于施舍棺椁、周恤孤贫。次子蔡懋烈（1809～1871），字丕承，号松樵，例贡生，工诗嗜古，著有《培兰山房诗草》；独建县学尊经阁，捐造靖居口天济桥、城东洞阳观，颇有父风。其女潘蔡氏（1814～1884），载入光绪《松阳县志》列女志。

阙拱垣（1796～1883），又名阙德琏，字香荷。松阳石仓源人。九品衔。生平急公好义，家境虽略有积蓄，但不屑于聚敛财货，因此时常慷慨捐助。倡造益庆桥（在石仓源），并捐助田亩修理。享寿八十八岁，五代同堂。其宅堂号“乐善堂”，占地二亩半，在今石仓源茶排。宅内悬“义方教子”“丕振家声”匾额。

吴邦瑞（1797～1856），字允辑，号玉圃，别号璞斋。松阳横山人。系姜文佑内堂弟。咸丰二年（1852），选为壬子科恩贡生。有精干聪明的学识，顽强坚忍的气概。生平处事不苟，见义勇为。道光三十年（1850），特授浙江严州府正堂汪大守赠匾“好义不倦”。

许景铭，字瑞莲。松阳城西人。与城北叶赞辉为儿女姻家。兄弟五人，许景铭居为兄长，友爱过人。乐善不倦，凡地方善举，如筑桥梁、建寺庙、济贫寒、恤亲族，无不尽力为之，口碑俱在。有子若孙，蜚声庠序，世人以为忠厚之报。

叶芳棽，字景昂，号蔚如。松阳古市人，系丁汝为妹丈。国学生。言必行，行必果。为人守信，性情刚直。慷慨仗义，乐于为善。如助田修桥，便人利涉；每遇荒年，减价平粜；时逢岁旱，多方赈济；以及施送棺椁，每年花费数百缗。又修砌古市全市街道，铺设石板作为街心，费一千余金在所不惜。诸如此类公益，非常热诚，仁声益著。

叶以成（1801～1851），字绎如，号乐山。松阳城北人。庠生，望重品端，富而好礼。疏财仗义，周急怜贫。每逢岁旱，则发粟赈济。有宏量而识大体。如道光十五年（1835），独建学宫，购料鸠工独用银一万一千余两；又如咸丰四年（1854），独捐筑建和仁石桥（在城北十里）。得膺四品职衔，例赠中宪大夫，晋封中议大夫。育有八子，垂裕后昆。

叶茂财（1810～1888），又名叶开懋，字广源。祖籍何山头，松阳沿坑岭头人。修身俭朴，家境逐渐丰裕，气量更加宽宏。广行义举，恤孤怜贫，救难济急。乐善好施，修道路、建桥梁并凉亭三座；捐田为下川庄修路资；兴造祖祠，捐田四亩为享祀费。遇邻里乡党有贫困者，尽量周恤。积善余庆，寿高无疾而终。其子叶大斌，亦高寿，曾为保婴局跋田租二担一箩。

周　风（1815～1884），又名周家训，字邠人，号淳斋。松阳赤岸人。附贡生，捐田取名“文德田”，用于岁科两试全县童生试卷之费。知县徐葆清雅重其为人，手书“古道照人”四字相赠。其子周大勋（1845～1908），字殊猷，号春圃。国学生。科举停止后，将文德田尽数拨为赤岸、古市两处小学资产。知县叶昭敦为其先人请奖立石建坊。

张文煜（1816～1891），又名张宗彩，字子明，号华亭。松阳中弄人。祖母张毛氏（1767～1850），治家勤俭，孝长抚幼，贤德为当时城乡所推崇。道光末年，五代同堂。张文煜为附贡生，蜚声庠序，且生平尚义，素性刚直。咸丰年间，督率乡团抵御太平军，受知县徐葆清保举以训导用。奉谕劝办城仓积谷、修建县署及儒学正副二斋、重修县志，并筹办晋豫赈捐等诸多事宜，尽心竭力。至于地方公益要务，无不踊跃向前。处州知府潘绍诒赠匾“指困共济”。

叶瑞萱（1820～1867），字荣阶，松阳玉岩人。好读书，因身体病弱放弃儒学。居家兄友弟恭，处世乐善好施，竭力捐助寺院建修与路桥铺筑。其子叶永滋（1857～？），字德润，早年佐理家事。清末，由国学例授理问衔，创设启秀小学，修造文昌宫、香乳山寺，募建石陂木圳、东坞道路、同德石桥、和义石桥等。急公好义，矜式乡闾，获知县刘登瀛赠匾“南阳襟冕”。入民国，任松阳玉岩区自治委员。

潘世霖（1824～？），又名潘思奎，字雨亭。松阳城南人。布政使司经历（与都事分掌文移之出纳）。知县朱庆镛兴办城仓积谷，潘世霖为倡首。古市十五里大路被水冲塌，县署原拟募捐修复，潘世霖慨然独任其事，知县皮树棠赠匾“人乐康衢”。光绪十九年（1893），翰林院编修樊恭煦（？～1914）为其作寿序。其长子潘锡璋（1868～1931），字特达，号琛斋，由国学报授贡生，任水灾事务所所长，民国时期任县自治委员，城区区议员。

何方有，松阳支木人。性格朴实，不善言辞。自幼为人佣工，生吃俭用，积攒工赀。虽然没有婚娶，但到了晚年，置办田地 17 亩。将 3 亩田捐入祠，作为祠堂产业；其余 14 亩田拨入玉岩保婴局，作为设立保婴局基础。之后，有绅董徐应龙、杨光扬、叶秀淦等，于光绪年间（1875～1908），先后禀请知县范祖义、刘靖立案开办。乡邻感恩何方有，每年春秋祭祀。

杨光扬（1826～1902），字绳武，号赓堂。松阳玉岩人。国学生。同治元年（1862），辗转跋涉，请兵防堵太平军入松，因调度有方，袁总管褒奖“谊高千古”。知县何仁杰赠匾“急公好义”。起先，支木人何方有为玉岩保婴局拔田 14 亩。何方有逝世后，族人何某觊觎并争执田产。杨光扬挺身剖诉，何某黔驴技穷，保婴局才得以成立，叶佐清因之称赞杨光扬“实大声宏”。

叶佐邦，字作屏。系叶佐清堂弟，古市塘岸人。郡庠生。太平运动后，全县景象萧条，而死于兵乱之人抛散四野，目不忍睹。叶佐邦协助其兄采办瓯米，设厂施粥，致力救济百姓，并协同集资，捡拾无主遗骸，择下街营防下处为瘗埋所。晚年，提倡开筑通泽堰（上接遂昌溪，讫于梧桐溪），灌溉良田不下千余亩农田水利，民众称便。享寿 82 岁。

徐应龙（1834～1894），字在田；一名徐学敬，字乾六，号少潭氏。系贡生徐步云次子，松阳斗潭人。敦诗说礼，博古通今。同治五年（1866）丙寅科恩贡，候选教谕。平生情欢山水田园，而尤倜傥好义。重建宗祠，倡修庙桥，刊刻《达生篇》以救产母，倡设保婴局以拯溺孩。又劝募善举，排难解纷，怜负拔困，医国救人。种种善行，深受乡人感戴。

叶章兴（1835～1915），又名叶起仁，字厚生。松阳吴弄人。早岁家境贫寒，又遇动乱。太平运动之后以商业起家，中年致富。生平好义乐助。如独资建家庙、捐资修乡贤祠、拨田维护梧垄桥、拨田五都区国民学校。省长沈金鉴赠匾“泽被枌榆”。叶章兴教育四子读书，次第成名。

宋企庠（1836～1901），又名宋君楣，字莒封，号景山。附贡生，光绪年间，慨捐巨款兴办迪德学堂，并主事学堂有成，又将祖遗学租提拨赞助办学。知县张纲先后赠匾“流泽桑梓”。儒学训导舒桂芳作有《企庠公行略》。次子宋绍文（1865～？），字蔚然，号锦兰，松阳迪德小学校长、松阳县厦田区乡佐。

叶维恭（1836～1908），字兰艳。松阳板桥高山人。生平好善。先是，高山坳至横岚五里许，道路狭小崎岖，行人来往难行。叶维恭出资独任修砌，铺成坦途，由是行人便利。本患无嗣，后生四子二女，世人咸谓修德之报。其次女嫁与进士高焕然次子高自卑为妻。

何家璋（1836～？），原名何家樟，字坤山，号逢源。松阳七都上河人。国学生。自幼读书，为乡前辈所器重。长大成人后，经理族务，井井有条；培养子侄，均臻成立。平生为人排纷解难，处事非常公正。并与侄儿何登庸、何登昌一道置买良田，充当村中育婴经费。受到乡里倚赖。寿逾古稀，齿德可风。以侄子何登熊显贵，赐封封昭武都尉。

叶秀岩，字品三。松阳庄门人，例贡生。生平好义。光绪十年（1884），修官路城北至黄埠头段，捐助二百五十元。十三年，知县范祖义因公短欠巨款，将被议撤。叶秀岩出资五百金，联合古市叶永荫等筹集三千金，补欠巨款，使得范祖义复任。此外，创设古市保婴局，建造庄门永莲堂、关帝庙等。其子孙联翩入庠，后先竞秀，咸谓德报所致。

蔡士冠（1837～1917），又名蔡海南，字如莒。松阳思步人。清国学生，民国厦田区区议员。与毛斐然为女儿姻家。白手成家，经营致富；赤心报本，施济抚危，义恤怀仁。光绪二十四年（1898），出现荒年，蔡士冠平价出售积粟，使乡民不至于饥荒。二十八年，慨然以千金赎回被掳走的人质。

夏兴芝（1838～1902），又名夏金槐，字培植。松阳鲁西人。其母亲先故，侍奉父亲以孝闻。与兄长分居后，承担提携二弟成家立业之任，因此又以悌闻。虽然家境小康，却仍然勤劳俭朴，而且乐于行善。光绪年间，倡捐建筑鲁西村万年桥，并修理道路。其子夏士蓉，有父风，宣统三年（1911），倡造东源桥。凡有善举，则慷慨输捐，被世人称道为“父子济美”。

杨余庆（1838～1902），又名杨志昴。松阳玉岩人。从九品职衔。曾在普济桥捡到一包银圆，于是在桥等候失主。见有人踉跄奔喘，循途寻觅。杨余庆上前询问，得知此人贩布所得一包银圆丢失，连本带利共计四十洋元，杨余庆核实后把拾到的银圆如数交还给失主。失主由此失而复得，债务得以偿还，生计得以经营。

苏　渡（1838～1912），字汉相。松阳市口人。好读书、识大义。咸丰十一年（1861），太平军攻打松阳，邻居之子被掳走，归咎其兄苏汉管。苏渡见兄长遭责，于是轻身重义，替兄长前往太平军营地去赎回邻人之子，险些被害。所幸被扣留数月后，得归故里。之后居家，更是尚义，如修桥补路、赠杖扶危、救难济急、恤孤怜贫，并拨田予慈恩寺，不肯标名。

叶肄三，字宵雅，自号康泉野人。附贡生。正直俭朴，好为义举。咸丰十一年（1861），太平军攻打松阳，叶肄三避难回家，见白骨暴露，心生哀悯，于是购罐置骨，并葬于黄泉头。因念及没有保冢恒产，遂于光绪十九年（1893），倡议组织孤魂会，捐拨田亩，作为每年中元节超度孤魂、添加坟土之费用。晚年，精神益健，子孙振振。享寿 75 岁。

潘锦江（1840～1901），又名潘学海，字春帆。松阳城南人。生平见义勇为，有胆识，有才略。光绪廿二年（1896）贡生。凡地方公益，常常独自负担，慷慨乐善。如倡造冈背桥、兴筑塔溪墩、收废字、埋野骸、砌街道、疏衢沟、施医济困、排难解纷，为世人所乐道。其弟潘锦澜，又名潘学云，字子安，廪贡生，慈祥慷慨，和蔼性成，有“难兄难弟”之称。

包世清（1841～1902），又名包人昌，字蕴山，号逢辰。松阳横樟人。恩贡生。乐育为怀，好行善事，如倡修文昌宫，推广育婴局，刊送《敬灶全集》《慈航普渡》诸善书。逢人劝善，孜孜不倦。虽然自己家道贫寒，仅以教书养家糊口，但是碰见贫困者，总能倾囊相助，甚至解衣赠送，却不顾及自家饥寒。时人常常说他“迂腐”，而包世清则泰然处之，意气自若。

叶葆忠（1841～1918），字耿夫，别号小亭。松阳古市人，其父叶茹荃为古市巨贾。咸同间，太平军入松阳，千方百计保持家室安泰。乱平后，入邑庠补增广生。因父亲年高而弃举业，替父亲分劳商务。以时定省，孝养无亏。富而好仁，隐行慈善。凡立社仓、办学堂、设局保婴、泛舟乞籴、兴造桥梁之举，任事绰有余力。民国纪元，公举为古市区议长。

叶必升（1842～1919），字杏村。松阳枫坪人。清末玉岩区正议长。捐田予玉岩保婴局三亩；独力修砌要隘山路数千余丈；捐助修砌同德、雅溪、和仁各石桥。捐助贫民习艺所五百洋元，获知事余生球赠匾“义淑可风”。捐助顺直（京津冀）水灾，获知事钱世昌赠匾“为善最乐”，瓯海道尹黄庆澜赠匾“好行其德”。第三子叶逢荫（1897～？），字槐卿，号憩南。秉性谦和，疏财仗义。民国时期，修县志，慨然捐修志经费五十元，知事陈惟俭赠匾“好行义举”。后为教育部奖给二等银质嘉祥章。中国红十字会正会员。

吴宗美（1843～1916），字里仁，又字兼善。松阳周安人。国学生。幼年丧母，待父兄以孝友称闻。父兄亡故后，抚养四个侄儿女，直至婚娶才分家。吴宗美乐善好施，重建仁安桥，造祖祠。穷人向他借粮，则多给三五斤。且公正耿直，深得邻里信赖。家训极其严厉，其子吴家齐，克绍父风。

民国时期修县志，吴家齐慷慨捐助五十大洋。知事陈训舒奖匾“天伦怡乐”。

刘承瓛（1844～1878），字秀章，号美若，国学生。系刘公全侄子，松阳界首人。其为人俭约，薄身厚志，侠义自任有胆识。受到刘公全的倚重信任。光绪四年（1878）五月，刘承瓛为堂伯之事赴丽水，途径宣平三港口，适逢山水暴发，溺水而死。嗣后，族里为之在界首张公祠右侧建“感义亭”（又称慰魂亭）以寄哀思。其妻叶氏，即叶应龙堂姐，谨守苦节。

高永炤（1844～1905），幼年为人雇用，自象溪迁徙靖居。适逢寇乱，高永炤背负东家的妙龄女避居深山，匿藏数日，坐怀不乱，世人因此将他比作“鲁男子”颜叔子。之后，以勤俭起家，置办了肥田十余亩。虽然中年生有一子，但高永炤不溺爱。把田产都拨入宗祠，使得禋祀得以存续。

蔡建邦（1846～1912）又名蔡渭贤，其兄蔡建侯（1843～1883）又名蔡坛贤，其弟蔡英贤（1851～1915）。松阳蔡宅人。非常有孝悌。生平慷慨好施，如修桥、置渡、施棺、建庙、劝善、育婴，此外，又捐义仓、修梦岭及石仓通衢、董理光绪版《松阳县志》。光绪三十一年（1905），改明善书院为学校，蔡氏兄弟将父亲蔡桐封遗留的仓屋三间两厢以及附屋四间，扩充校基。

王起楦（1846～1923），又名王吴坤。松阳根下人。勤俭致富，乐于周济贫寒者。于宣统二年（1910）当选乡区议员，民国时期连任乡区议员。凡遇地方公益尤其修桥铺路，则概然出资。获知事赵祖寿奖匾“作善流芳”，知事陈训舒奖匾“好行义举”。其子王圣遴（1867～1939），字得贤。幼年丧母，善承父志。捐拨开办乡中学校，董建根坑口同德石桥，独修大畈庄大路二百余丈、黄皮岭大路数十丈，修整李坑岭二百余丈，捐修民国《松阳县志》五十元。获知事查锦枞奖匾“乐善好施”，县长蒋剑农手书“康惠”二字题赠。

潘爱桃（1848～1912），又名潘益澄，字种夫。系潘益涛堂弟，松阳城南人。邑庠生，半耕半读，备尝艰辛。性格刚直尚义。经管范公（范祖义）宾兴义田，因该田数量不足供给，与张福隆、许士周呈请知县刘靖将石门圩充公垦田，以 30 亩为刘公宾兴义田，合为范刘宾兴；其余田十亩为该村桥渡经费。此举获得世人称道。民国初，举为城区议员，力排旧政。按：许士周，字复斋，清附生，民国时期历任县自治委员、城区区议会名誉董事兼农会会长。

黄绍桂，字望生。上院庄（今松阳乌井）人。性聪善文，增贡生。历署严州（今属建德）府学训导、淳安县学教谕。宽厚待人，乐善好施，蜚声乡里。光绪二十四年（1898）夏，郡城饥荒严重，处州知府赵亮熙开仓平粜，黄绍桂出谷襄助赈灾，共计一千六百石。赵亮熙赠匾“泽周仁粟”，该匾悬挂在黄家大院百寿厅。黄绍桂治家严谨，亦耕亦读，以子黄炎贵赠文林郎。

高良仁（1850～1937），又名高良杼。松阳象溪人。虽然家无恒产，目不识丁，然而热心公益。稍有积余，即以修筑桥路、建设茶亭。马路坍塌，则亲自填补维护；航道（松阳至丽水河段）不畅，则雇工凿平礁石。甚至抱病不歇，孜孜不倦。民国 9 年（1920），总统徐世昌奖匾“急公好义”并给紫绥银章，又奉查知事赠匾“功怀利济”，世人称道。

周远宠（1852～1910），字仲绥，号安臣。松阳高亭人。七岁丧父，侍奉母亲孝顺，与兄周远普情谊深厚。监生，好行慈善，曾被选为账捐董事，受知县刘公赠匾“濂溪绍美”。光绪二十五年（1899），岁饥米贵，独资于百里外转运粮米，按人口分售，不计亏损。粮米不够，继以运麦补充。育六子，人称“乔梓继美”。长子周绍濂，仗义疏财有父风；长女叶周氏（1872～？），松阳枫坪人，孀居侍奉公婆，抚育幼女，守节终身，称誉乡邻。

潘文衡（1854～1926），字子评，号道生。松阳城南人。经商起家，而有儒风。认助或赞助修葺城门头、寺岭下三济桥（独资建）、仙车峡口等处道路及独山脚、五木、雅溪口等处桥梁。民国7年（1918），邀集松阳乡绅，抵御疫情蔓延，不惮劳瘁。知县钱世昌赠匾“惠及行人”；总统徐世昌特颁褒辞“急公好义”。儿媳王淑圆（1879～1893），获官府旌表“节烈可风”。

蔡毓芳（1861～？），字湘三。松阳古市人。邑庠生。智略过人，经验宏富，赋性镇定，见义勇为。生平如筹办古市平粜仓、建设观口桥梁、办理团练防务，襄办县立毓秀、私立贯一，创办古市初校、贞静女校，以及古市乡教育会、商业会、农会、保婴局等事宜，都能尽心思虑，全力经营整顿，井井有条。可惜天不假年，未及中寿而卒，令时人痛感惋惜。

何文龙（1864～1921），字云亭。清时，鼎力兴办学堂，组设商务分会。之后理署奉化县学训导。入民国，任县议会副议长、财政科长，革除政弊。旋举为第二届省议员，提议壬子水灾案而豁免灾田粮赋，石仓士民赠匾“援之以道”。此外，建塔溪桥、筑钓鱼岭路、疏桐江等。浙江都督屈映光（1881～1973）延请为顾问，推辞。之后组织观畋林业公会，提倡蚕桑实业。

许绍荣，字仁斋。邑庠生，系叶景春同窗。品尝纯正，深得士林敬仰。生平临财不苟，见义必为。如周济贫穷、施舍棺木、修葺古墓、修缮桥梁等等，善事不一而足。许绍荣设帐授课数十年，从学者众多。其行谊，蔚为可风。之后，以子许士芬贵赠修职郎。

叶五伦（1867～1933），又名叶逢春，字向荣。松阳张山人。自少读书，弃读就耕，从事制作靛青业，家产日渐丰裕。乐善公益，如修筑万岭、清塘岭，修建下庄桥、龙潭桥等，踊跃倡助。民国3年（1914），禁烟卓有成效，获浙江巡按使屈映光奖给三等银质奖章。其子叶蓁（1888～？），又名叶渭进，号听泉，丽水植基高等小学毕业生。创办桐川金粟学校，任教三年，兼任宣平梁村开智学校、丽水坛峡聚英学校教员。知事胡耀南赠匾“热诚兴学”。历任靖居区学务委员、修志局劝募员、第三区教育委员、参议会第一届参议员之职，热忱地方公益。

黄德文（1874～1931），又名黄德魁，字冠生。松阳黄圩人。清庠生。民国元年（1912），当选古市区议员。提议并会同议长呈请知事胡耀南转请给领赈灾补助洋二百圆，修复完竣黄圩埬堤。

张礼钊（1875～1930），又名张礼昭。系张重康幼子，松阳山下阳人。民国初五都区议会议长，举发地方当局隐匿部准蠲免民国元年被灾粮额粮漕；继而任县自治委员，集款运米救济灾民。又能倒贴私产保护古迹，立约禁赌净化乡风。长子张若乾，毕业于省立工业专校，掌教毓秀县校、县立中学，民国33年（1944）松阳简师创始人之一；次子张若曾，毕业于省立自治专修学校，历充区长、县政府各要职，有政声；三子张若龄，毕业于省立高级工科土木工程科，供职于浙赣路司令部。

郑　衡，字廷侯。庠生。好读书，不干外事。为人廉明，处世公正，因此乡里有争执纠纷，经郑衡排劝则化解。平时尤好施与，古市宋某无力婚娶，郑衡捐助资金成全宋某完婚。教子督训义方，五子咸入黉序得以成名。享年60岁。

谢世贡，松阳南溪人。庠生。幼年丧父，侍奉寡母很是孝顺。生平慷慨好施，遇到荒年歉收，则捐出粮食接济乡邻。凡修道路、造桥梁，诸多有利于人之义举，谢世贡都踊跃捐助。时人都因其好义而交相称道。

何伯仕，号泰岳。年仅四岁，父亲亡故。在母亲叶氏誓死抚育下才得成家立业。生平好善乐施，诸如助学、建桥等义举。遇到歉收荒岁，则慷慨捐出贮粮，赈济乡邻之困，知县闻知褒奖，举荐为乡饮宾，何伯仕却坚决推辞。享寿 75 岁。

许作栋（1876～？），又名许树德，字湛霖，号柱臣。松阳邑城人。清末佾生。平生以抑强扶弱为己任。民国 5 年（1916），任县政府设立钱粮监算处监算员，一扫数浮收积弊，丝毫不取薪金，受知事余生球奖匾“热心公益”。同年，农会会长毛仲蒙受指控，许作栋挺身臂助，仗义作证。19 年，检验员林秀刑案贿弊，许作栋抱打不平，奋攻撤职。按：毛仲，松阳城北人，清增生，民国时期历任第一届一区四区学务委员、县农会会长、县议会自治委员等职务。

李廷机（1877～1948），字长隆，松阳馒头山人。民国时期，被公举为乡长，任劳任怨，奉公守法，推重乡里。能挥金不吝，极力提倡公益慈善事宜。长子李起佣，擅长说书宣化，人称“白话先生”。

叶绍芝（1878～？），又名叶经华，字挺斋，号荣盛。松阳玉岩人。其父叶文鉴（1835～1884），务农，节俭自守，宽恕待人。叶绍芝克承父业，家境逐渐小康，好行善举。倡助巨资，修造普济桥，并募捐建筑同德桥、和义桥两座石桥。又独力修砌大源大路百余丈。民国时期，修县志，又慨然捐修志经费鹰洋五十元。获知事陈惟俭赠匾“好行义举”。

沈有斐（1879～？），又名沈肇沣，字锦晴。本为松阳城西人。因家资微薄，在南州教书，于是安家于南州。时设立议会，被公举为靖居区议员，后为乡董。竭力兴革，克尽其职，又推举为靖居区自治委员。民国 2 年（1913）大洪荒，沈友斐妥善支配赈款粮米，使埂堤道路得以修复，灾荒贫穷得以救济。其间又振兴森林，修造渡船。后推为南州乡长。

蔡志成（1883～1935），又名蔡永周，字绍文，别号甘莲。松阳蔡宅人。与阙应麟同窗。品端学粹，深明大义，科举停考以后，无志仕途。虽然家境萧条，又值社会经济困难之际，仍不忘初心，好行义举。如砌道路、筑桥梁，竭力捐赀。民国时期，任浙江政务处咨议。又广誉众望，当选松阳第二届县议会议员。

陈锡周（1884～？），又名陈华生。松阳官岭人。清附生，通经史，工诗文。胸襟慷慨，性情豪侠，乐于捐济乡邻。于党国事尤具热忱，如襄办学校，任县立第十二初级小学校长。后参加国民党，历任玉岩区团总、靖居区区长等职。在政则努力要政，在党则认真党务。又任县党部执委。实行二五减租，不遗余力，全县农民莫不额手相庆。民国 36 年（1947），任县参议会秘书。

吴　宝（1900～？），又名吴宝铭、吴章宝，字珍之。松阳樟村人。民国 16 年（1927），实行地方自治，县府聘请为街村制筹备员，组织村里制度，并令指导各村里应新应革要务。又任地方校长，教授管训有方；兼任全县农会执委，劝农友努力生产，劝土豪撤除陋规；并任本区党部主席，办烟酒税政，督促后方建设支持抗日。地方公益，捐赀修造通衢要道，倡办古市义渡。

笃 行

潘　干（1010～1105），字子直。朴直刚介，动则以义，然而晦德不仕。训子“善不积者，庆不长；资不厚者，施不博。”又诫孙“籯金不足羡，必业儒术以大吾门。”于礼甚笃，乐善不倦。康宁自适，享寿96岁，五子十二孙。逝后，葬九芝乡竹溪源（今松阳大竹溪），其墓志铭由龙泉进士鲍贻庆撰并书，收藏在松阳县博物馆。

王允卿（1169～1257），字信之，号老圃。食不重味，夜不甘寝，居家勤俭积财而能尚义好施，给贫寒者以衣物，给饥荒者以食物。因此，松阳人敬重王允卿，犹如成都人敬重善士黄兼济。宝祐二年（1254）岁饥，山民煽乱，但他们因不忍惊扰王允卿而未流窜到县城，使得县城秋毫无犯。王允卿以次子王唐珪，获朝廷封赠承奉郎。

王　珍（1311～1377），字公瑾，城南陈巷人。3岁母丧，11岁父亡；又因元朝衣冠道消，摧落不振。王珍感慨不能尽子道臣道，自励立身立德，为子孙悠久之计。于是修葺圮废的田庐，增饰颓弊的祠宇，令王氏世守。王珍不好俚俗华靡之习，贤士大夫慕而愿交，邑人皆服其行义。

包洪侃（1544～1626），字以谦，号益斋，松阳靖居包人。年少时与缙云李鋕（1534～1624）同学，意气相投，激昂互励。李鋕登进士第，官尚书，提携包洪侃未果，但交谊依旧。松阳知县林大佳在执法断案方面的欠缺致使李鋕厌恶。包洪侃不避李鋕所恶，直言林大佳政绩，为之释嫌。而包洪侃与林大佳之交，也从不干以私扰公，令林大佳敬重。

刘德传，字克继。松阳上安人。以子刘燿（1581～1640）贵赠通判，封承德郎。天性孝友，尚义恤贫，乡邻有矛盾，但凡刘德传说合，矛盾便得以释然消融。有时甚至诉讼至公庭的纠纷，经刘德传调解，也能平和化解。历任知县周宗邠、张继桂等，都尤加礼敬尊重刘德传。

潘国器，字汝贤，松阳城南人。旷达磊落，与人和善敦厚，经常积善行德。两院旌表潘国器崇尚正义，注重义气，赠匾额“尚义”“敦善”。享寿88岁。其长子潘继统，庠生，克承父业，贤声播闻；次子潘继绩，亦能承父志。人们都认为是潘国器的笃行招致。

潘继亨（1570～1626），号新阳，松阳城南人。笃志经史，学问渊博。中年考取廪生。直到晚年，依旧壮心不衰。潘继亨为人敦厚朴实，立行正直真诚，致力于劝导美事、纠正过错、平息纠纷、周济困窘等等善举，端行儒士中的佼佼者。

项应盛（1586～？），字尔德，号公度，松阳邑城人。邑庠生。不期富贵，淡然自适。县学颓败，项应盛与庠生毛日省、周伯棠等，请于代理知县葛永振划拨数十亩废寺田，以永供修理县学。顺治十二年（1655），项应盛70岁，训导孟称舜作《贺尔德项老先生七袠序》，称之乃“当世之有道君子。”

萧懋禧，字凤占。系萧元侯长子，松阳城西人。读书善属文，廪生。孝事父母。举动合乎规矩，恪守本分，足迹不履公庭。知县孙翼、刘瑄，分别于雍正十年（1732）与乾隆元年（1736）给匾褒奖。二弟萧懋学，字敏来，乾隆间廪贡生，刻苦自励，且振贫济乏，义举交著。三弟萧懋爵，字公言，乾隆间增贡生，性乐急公，与人无争，深受乡里钦重。

潘延铭，字惟新。松阳城南骥湖人。邑庠生。少年丧父，尽心竭力孝事母亲。教诸子以义方，家规非常严厉。为人真率，遇到贫而好学者，即予以周济。育有六子，其五子潘景滋，监生，乾隆三十二年（1767）修学宫并改建赤塔桥，乾隆三十三年修县志，皆董助其事，不惮劳瘁。

何应训（1678～1754），字子授，号雅轩。松阳支木人。为人敦朴，处世谨慎。有儒者风范，与杨友桐、周继开相友善。居乡和蔼，善于调解纠纷，深受乡民称服钦羡。其妻吴氏（1694～？），系吴国玟之姊，贞静淑德，闺范足式。其子何继瓒（1718～1799），字春玉，号趣园，雍正十三年（1735）廪生，参与建社仓、葺黉序、修县志，为历任知县及教谕所器重。

王天耀，虽然家境贫寒，但是很孝敬双亲。为奉养双亲，辗转福建经商。其妻萧氏，很有淑德，居家侍奉公婆，从无怠容，深受公婆嘉许。王天耀为人确守法度，和睦邻里，一生不履公庭。乾隆五年（1740），知县吴卓举荐其为乡饮宾。后来，王天耀夫妇寿高80余岁，齐眉偕老。

叶龙光（1689～1754），又名叶毓义，字继先，号明文。祖居松阳桐溪，自幼父母亡故，孤苦零丁。叶龙光有怀振兴之志，致力儒学，为邑庠生。迁居城北，由于其品行敦厚，乐善好施，因此名重乡里。晚年，以栽花种竹为事。长子叶仰舜，监生；次子叶仰禹，庠生。恪守并传承家风，多行义举，董修县学学宫及县志。

刘朝贤（1706～1770），字君辅，又字贤玉，号超凡。国学生。松阳界首人。致力耕读，从不过问世事。且为人真诚，笃行于修筑桥梁，接济贫乏，持躬接物毫不虚假。品谊有古人遗风。于是刘朝贤被世人所敬重。知县吴凤章、曹立身先后赠送匾额“望重州闾”“六堂伟望”。

詹起仁（1741～1838），字性生，松阳城东人。仁厚诚笃，品行端方。时值朝廷覃恩（广施恩泽），知县汤景和，遇以优礼，且赠楹联云：“幸生天下太平日，又见世间长命人”。之后，又有知县赵公赠以“百岁余”匾额。仁者必寿，名副其实，可谓“人瑞”。

叶缵辉（1790～1837），字含玉，号蕴山。松阳城北人。虽然家境富裕，但是品性俭约。凡有公益之举，即慷慨捐资。得议叙（清制由保举而任用之官）同知衔，诰授奉直大夫。其恤贫振匮，为乡党邻里所感激颂扬。子叶国良（1830～1878），字元善，号少玉，庠生，遵筹饷例授光禄寺署正归部议叙。孙叶成圭（1854～1923），字封之，号友璋，公举为县议会第二届议员，陪董。

徐旭暄（1809～1872），又名徐景稚，字廷辉。松阳南州人。附贡生。五岁丧父，事母能孝，事兄能恭。处世谨言谨行，恭俭义让，淡泊明志；持身公正自矢，不畏强、不凌弱，不与流俗为伍。又能矜孤恤寡，敬老怜贫。同治年间，受到知县徐葆清推崇。徐葆清将徐旭暄比作东汉南昌高士徐稺（97～168），赠匾“义尚可风”，并为之撰《旭暄公序传》。

潘文杰（1810～1862），字蜚声，松阳城东人。廪生，通经史，工诗赋。孝友性成，品学可法。嗜酒，洪量十斗。遇公益事，慷慨轮捐。无争无党，超然拔俗。育三子，皆有建树。长子潘学霖，岁贡生，任金华府学教谕。协助整顿保婴局、建筑贞文祠。教谕樊芝生赠匾“有守有为”。光绪二十六年（1900），“衢州教案”谣言四起，潘学霖在松阳举办乡团，平靖人心。次子潘学综、三子潘学化，兄弟友爱，俱有孝行，时人以“难兄难弟”称之，光绪四年（1878）奉旨允奖旌匾“孝友可风”。

叶有海，松阳竹源大岭头人。富而好礼，遣送其子师从训导张芝寿（张祖陆）。当时，太平军攻陷松阳。叶有海担心县城失陷，于是迎张祖陆到家中避乱。等到太平军退兵后，又捐粮救济民众，张祖陆赠匾“敦厚”并为之跋。尊师重道，义方是训，子孙奉为矜式。其子叶炳章，邑庠生，存心仁厚，乡邻借粮，叶炳章即予多给。其孙叶作钱、叶楚卿，亦为儒生。

叶茂润（1814～1911），松阳玉岩梨步坑人。赋性朴实淳厚，待人接物温文尔雅。然而严于律己，更严于教子。训子义方，一门顺聚，四代同堂。享寿98岁。其子叶瑞财（1844～？），亦得享高寿，民国15年（1926），时年83岁，尤精神矍铄。

祝时元，字善长。松阳石马铺人。例贡生。为人秉性朴厚，待物真诚。悉心恳切提倡地方善举，以扶危济困为己任，在民众中有很高声望。夫妇齐眉，同堂五代。光绪十九年（1893），陈宗师赠匾“奇龄遐福”。育有四子，长祝永清，岁贡生；次祝永封、三祝永熙，国学生；四祝永升，武生；孙祝阶平，邑庠生。济济绳绳，一乡称盛。享寿97岁。

周大林（1835～1899），松阳金竹人。同治六年（1867），丁卯科附贡生。秉性和蔼可亲，热忱于为乡邻排解纷争。又仁厚宽恕，被人犯扰甚至脸上被人吐痰，也不发怒相抗。里中子弟，有不勤职业、不敬亲长者，周大林必定殷殷苦劝。闻其言者，多为动容。如此宣扬教化之人，足之无愧。

杨志简（1839～1891），字居敬，号南轩。松阳玉岩人。好读书，习诗书辄能记忆，见题目下笔成文。又习医术，通医理。后于光绪十三年（1887）丁亥科试郡廪生。杨志简性格醇谨。日常与乡人相处，行为淳厚，纯正踏实。自拟一联“是非窝里，人用口我用耳；闹热场中，人向前我落后”以自励。周肇洛称赞其“以读书绍先业，以善德启后人”。

高凌云（1840～1888），又名高培址，字立本，号梅庐。松阳象溪人。其父高永绣76岁晚年生子。高凌云7岁丧父，由侄儿高作谟（时年26岁）竭力提携成长，稍长又逢太平天国运动，不得已而弃学。勤俭持家，乐善不倦，有尚义之风。待人极谦和，但课子极严肃，其子高斐然、高焕然、高沛然、高炳然，科名鼎盛，相继中举人、登进士，出为名宦，处为硕儒。以子贵诰封正议大夫，后又赠中宪大夫。

刘世鉴，松阳千义坑（今属遂昌县辖）人。幼年双亲亡故。为人尊敬长老，正直可风。县学儒学李公赠匾“达尊有二”。其弟刘世镒，乐善好施，儒学李公赠匾“年高有德”。刘世鉴兄弟齐年，俱寿高八十余岁。子孙振振，一乡称盛。

阙联辉（1840～1920），又名阙玉仓，字蕴山。松阳石仓人。邑庠生，天性孝友，处世谦和。年逾八旬，五代同堂。1920年，奉大总统徐世昌，褒题“乡里矜式”匾额，并给红绶银质褒章。

徐树芳（1841～1916），字以道，号朴斋。师从舅父叶维藩及陈其福。有七子：长习商，次习工、三习布业、四五分学一艺、六七随其习儒。光绪二十九年（1903）纳贡。入民国，被举为商务分会总理。公允慈悯，乐善好施，独修养济院，知事钱世昌作《重修养济院碑记》，瓯海道尹黄庆澜赠匾“穷黎得所”。总统赠匾“老成典型”，赠其妻匾“乡里矜式”，并给内务部证书褒彰。

沈宗海（1857～1922），字潮卿，号克刚。松阳城西人。自幼丧父，五岁时家产遭遇太平军兵燹，因此家道彫零。所赖母亲抚养，勤学苦读，于光绪七年（1881）为邑庠生。生平事母以孝，交友以信，语言正直。公举为城区区议员，任劳任怨。

王世昌（1863～1931），字希文，又名王明谦、王邦圣。松阳黄下人。本习举业，不得志。改习医业，惠洽邻里。民国元年（1912），行选公举为县议会议员。兴利除害，克尽厥职，赈济里党，造桥修路，尤能乐善好礼。十年满职后，依然能够孝友睦恤，化育家乡子弟，可谓一乡善士。

叶　铨（1888～1949），字金全，号文衡。系叶廷兰第三子、贡生许士芬长婿。松阳项弄支邑城北门人。少年时代意志强毅，清附生。入民国，曾任县农会会长、国民党松阳县党部秘书。继而辞职务农，出资收购小赤壁黄公渡之间荒田，整治废圳。平居不修边幅，嗜酒而不乱。民国31年（1942），被日本侵略军掳至武义，击于路旁，死里逃生。归家仍居于小赤壁之下，纵谈天下事。

叶克修 又名叶应五，古市下街人，清末诸生。尝负笈杭州两级师范，旋返里继承父业，经营烟叶。性好美酒，鉴市上少佳酿，自设酒肆，以供同好。不计利润，惟饮限量，不愿见酗酒闹事。远近嗜酒者，咸知克修名。嗣致力稼穑，尝谓此为持家根本，有益社会。为人正直，热心公益，敬老恤贫，人恒敬之。子孙蔚起，多能奋发，服务社会。

第四节　技　艺

工　功

毛　翊，字汉举。通音乐善于鼓琴。年方弱冠，就能衡量石材，主持筑造和仁桥。一次，毛翊的木材被人盗窃并匿藏在水南港，毛翊得知后，没有当众揭穿，而是派人暗地让盗窃者将木材送回，为盗窃者蔽丑。每年春耕，毛翊都赠送种苗给无力播种的乡民。他的五个儿子较出色，第四子毛凤喈（毛凤楷）端方静雅为一邑典型，可惜未展所学而卒。

王启美（1855～？），字实甫。松阳百步人。国学生。天性孝友，侍奉继母以孝道著闻。曾主修百步《王氏宗谱》并撰序。民国元年（1912），项车圩堜堤被冲，部赈修复，众人都惧怕艰难，王启美独自承担。及竣工，温处（辖温州、处州两府）工赈督办陈公，给予“劝工尽职”匾式，褒奖王启美“工程坚实，办事认真”。

李芳森（1857～1921），又名李有季，字秀珊，号拙斋。松阳靖居人。邑庠生，曾被浙江学政瞿鸿玑（1850～1918）赞许为“国器之赏”。光绪十八年（1892），靖居水口建文昌阁，推举为收支总理。光绪二十九年，靖居口筑造石桥，修理路桥，受知县叶公昭敦委为银钱总董。民国元年（1912），洪荒，劝捐并赈灾兴修靖居一带堤栋，呈奉省长奖匾“劝工成职”。

包芝洲（1873～1929），字岛笙，又名包志周，字道生，号留名山子。松阳横樟人。系包立俊次子、潘益涛内侄兼女婿。光绪二十二年（1896），肄业处州莲城书院。曾任清军一营、三营军需长。入民国，为浙江军政府临时立法会议员、处州军政府参谋长、浙江省第一届省议会议员。民国初年，办理地方水灾善后事务，修复各处被灾桥路以及南门护城大堜三百七十五丈。

潘　淮（1872～1929），又名潘清逸，字雅轩。松阳城南人。邑庠生。民国初，选为城区议员，兴利除弊，急公仗义，不遗余力。又继包芝洲完成城南大堤修复工程，浙江巡按使屈映光（1881～1973）赠匾“勤宣公益”。民国5年（1916），为自治委员，经管社仓，办理平粜，设立戒烟局所主任及禁烟总董。因功绩显著，省长张载阳（1873～1945）赠匾“嘉惠灾黎”。

蔡世澄（1875～？），又名蔡清河。松阳城东人。其父蔡津（1837～1877），字问源，清同治十一年（1872）恩贡生。才华外见，豪放似刘伶。母汤氏（1847～1926），青年孀守，抚养蔡世澄并延师课读。早期游学于两湖肄业陆军，受湖南巡抚赵尔巽（1844～1927）派赴日本入东京手工专门造币科。毕业后，正值清廷拟创办印刷局，偕财政总长陈锦涛（1870～1939）赴美国调查印刷事宜。留美二年，赴欧洲各国调查一年。归国后，开办印刷局，为哈尔滨造币厂创建者之一。

吴如筠（1877～？），又名吴绍筠、吴必苞，字竹如，号竹斋。松阳周安人。清末郡庠生，爱好历朝史事，乐于接受声光电化科学，为知县刘靖嘉许。宣统元年（1909），在杭州游学，任浙江警备队第五区司令部咨议。入民国，又于两级师范毕业，任第一届县议员。

黄庆慈（1891～1942），字在慈。松阳乌井人。天津北洋大学土木工程学院毕业。初任浙江省公路工程局丽水各路联合办事处副主任，至任交通部公路总局西北公路管理局总工程师，主持汉宁公路、汉白公路建设工程和西兰公路改造工程，以及川康公路建设，在交通界享有很高声誉。民国31年（1942）8月，奉派踏勘中印公路，在云南省曲靖县因车祸殉职。

叶忠莲，又名叶仙，与温麟交谊称笃。古市贯一高小毕业后，入无锡荣氏新申纱厂，为保全部主任，主管机械装配及维护。从事纺织，实启松阳先河。一时有志青年，竞相从之。抗战起，工厂部分内迁，留厂开展反对敌伪活动。战后，工厂复原，仍回任主任。惜患伤寒，中年逝世。

叶　霆，叶庆崇次子，毕业于国立重庆大学土木工程系。抗战后期，主持修建重庆及独山飞机场，对于军需民运，颇多贡献。抗战胜利后，赴加拿大，入多朗多大学工学院研究所研究，得工程硕士学位。旋任职于加国伊托毕喀克市政府工程师。韩战结束后，仍回加国任总工程师。四弟叶雹，国立中央大学肄业，加拿大多朗多大学学士、硕士，美国宾州大学电机工程博士。现任美国辛克希特公司总工程师。

吴　寅（1903～1999），又名邦牧，字敬楼，建筑专家，松阳赤岸人。上海南洋路矿学校土木建筑毕业。抗战时期，主持设计了龙庆公路、衢州机场等项目，获抗日胜利勋章。抗战胜利后任杭州市工务局副局长等职，从事杭州市政建设。新中国成立后，历任杭州市建设局总工程师、建筑设计院副院长。负责设计杭州保淑塔和灵隐寺修复、苏堤拓宽、圣塘闸改建、杭州电厂冷却水利等重大工程。首届西湖博览会的设计者之一。曾任杭州市第一届人大常务委员、省人大常委会委员。

包　超（1907～1985），字叔谦。松阳铺门人。浙江甲种蚕桑学校毕业，后赴日本留学。回国后任浙江省建设厅油茶棉丝管理处丝科科长。致力于发展浙江桑蚕事业。新中国成立后，任浙江省蚕业改进所、浙江省农业厅特产局农技师，当选为浙江省蚕桑学会学术委员会委员、学会理事。1971年退休定居松阳。1983年被聘为浙江蚕桑学会理事会顾问。

宋起黄（1909～？），字克强。松阳杨家堂人。毕业于杭州大陆高级测量学校，长期从事地形测量工作，在福建地政局任测量高级技术员，为长江流域的国土测绘和规划工作多年并取得成绩。退休后，为松阳的地形测量和基层技术人员的培训作出贡献。

黄宗元（1914～1990），西屏镇人。高级工程师，温州市第四届政协常委。民国26年（1937）毕业于北京燕京大学，时为陕西汉中地区公路局工程师，曾参加汉中至重庆公路勘测，福州经古田至建瓯公路勘测。新中国成立后，任浙江省交通厅公路局工程师，参加浦城段临江大桥等多处桥梁修复，获二等功臣称号。负责建水吉180米长多孔拱桥、孝丰大桥、宁波庄桥机场跑道建设，主持温州汽车渡运码头踏勘规划和龙泉至庆元公路改建工程。

宋昌几（1922～1956），松阳杨家堂人。浙江大学化学工程研究所硕士毕业生。任铁道部铁路科学院水质处理研究室主任，领导研究固体软水剂和机车锅炉消沫剂，改良铁路用水水质。1956年10月，赴苏联考察。在苏期间，为尽快掌握在环行道上蒸汽机车牵引热工性能试验的技术，不畏严寒，坚持室外操作。因过度疲劳致使癌症急剧恶化去世。

黄宗巘（1924～2002），松阳乌井人。研究员级高工。毕业于南京中央大学工学院机械系，历任秦皇岛电厂技术员、厂长、唐山发电厂汽机车间主任，退休前为唐山发电总厂副厂长、总工程师、企业受理协会会长等职。1984年被授予唐山市劳动模范。

叶　青（1933～1986），原名叶永椿，松阳西屏镇人。1949年参加中国人民解放军，入军政大学学习，参加解放大西南和四川剿匪斗争。1950年入党。历任团政治处干事、西南工业设备安装公司党委办公室主任、国家建委第四工程局安装公司党委副书记、中国建筑工程总公司第四工程局局党委副书记等职。对贵州赤水天然气化肥厂、厦门感光材料厂等工程建设中贡献卓越。

何耀文（1941～1988），西屏镇人。毕业于天津大学，先后任化工热力学教研室副主任、化工系副主任。1984年担任北京化工学院副院长，当选为北京市第七届人民代表大会代表。先后担任国家教委化工工程专业顾问等职。是中国最早从事化工过程热力分析的科学工作者之一，在化工热力学分析研究，促进化工热力学的国际交流方面做了大量倡导性工作。

商　贸

潘　珂（1040～1120），字仲温。系潘干之子、潘宗回之父。以贸易发家，富甲一方而有仁义。输粟拜爵，官任象州武仙（今属广西象州）县尉、康州泷水县（今属广东罗定）主簿、宣州泾县（今属安徽宣城）主簿。朝廷恩章，以子潘宗回贵赠朝议大夫。潘珂喜文学，交游贤贵，与丞相何执中（1044～1118）友善。其墓志铭由状元莫俦（1089～1164）撰，松阳县博物馆收藏。

何　让（1488～1577），字德美。松阳水南人。善于理财，乐成善事，与二弟何志，均享寿九十余岁。子孙蕃昌，为世人称颂。曾孙何宝，号松坡，为人刚直有气节，好善嫉恶，以济人利物为己任。何宝为嘉靖年间贡生，任广西浔州经历，转升推官，多善政。又有嘉靖训导河南固始人何宝，无传，应为同一时期的同名人。

阙永琳（1718～1791），字裕轩，松阳石仓后宅人。由商贸转营铁业，炉冶而风火无虑，并将生铁坯子销往苏杭乍浦，无不获厚利，增产业以万计。时任知县陈朝栋赠联“器重苏黄飞玉屑；才高嵇阮掷金声”。

宋国礼（1786～1844），又名宋朝梁，字邦彦。松阳杨家堂人。从事师儒，兼事板商。多博经史，精制艺，道光十六年（1836），补丙申科岁贡。时年51岁，因患喘症而无意功名。虽未登仕籍，然而开杨家堂书香之先河。生平和平乐易，缔交笃信义。对于举善，竭力乐施，参与。晚年在书斋悬挂“不染尘”匾额，抚弦独酌，俨然有居士风雅。

王成章（1798～1874），字文俊，松阳竹源黄下人。弟兄八人，行第居长。农忙务田，农闲则过南岱挑竹纸到县城交易。半耕半读，道光二十五年（1845），为生员。咸丰元年（1851），通货膨胀，王成章知难而进，改行到杭州经营板商。因买卖公允，家境渐裕。又能体让窘困，为乡党所称道。晚年重视教育，同治八年（1869），派送孙子王邦庆、王邦庠师从陈其福。

汤世璠（1811～1861），本籍松阳呈回，迁居靖居。通商于苏州杭州，经营莲子、烟叶和靛青生意。克家创业，田产家业日渐丰隆。又能乐善好施，凡一切寺院、桥道，莫不捐助建修。如建二十四都东山尖寺院，又独砌南州对门通郡道路三十余里。每当有乡邻急需，必能慷慨赈济。

汤世序（1829～1898），又作汤世膺，字用宾，号德斋。系汤日跻次子，松阳呈回人。少小父母相继亡故，日耕夜读，为庠生。20岁弃儒从商，宁海贩布，苏杭鬻板。咸丰八年（1858），太平军攻陷松阳，率众民捍御，使三都不致受害。十一年，太平军捣毁处州府学。兵燹过后，捐助数百金，并亲自督修处州试院。工竣后，知府吴泽赠匾“锄经种德”。

蔡世隆（1847～1902），字兴斋。松阳思步人。世代为板商。生平友爱兄弟，分家析产之时，好的让给兄弟，劣的留给自己。遇到荒灾歉收之年，赈济乡邻。凡是地方善举，则捐助。其子孙，也能够克承先志。

潘作霖（1847～1930），字雨人，又名潘肇旸。松阳城南桥头人。师从潘益涛，光绪四年（1878）附贡生。任县商会会长，慷慨多义举，捐赀建造新济桥，倡捐建造天济桥，发起筹款开辟通郡大道，捐田添设峡头义渡等。其子潘宗训（1880～？），字子衡，处州速成师范学校毕业，任县参事会参事、大竹溪区议长等职；其婿蔡封（1869～1915），字周卿，松阳城东人，遇事善断，亦能急公尚义，历充松阳禁烟局总董、警察局总董、自治研究所总办、参事会参事、民政科长。

叶　镄，又名叶家长，古市人。在徐学创设牲牲养鸡场，建新式鸡埘，引进上海来克亨、洛桃红等各种洋鸡繁殖。为邑人首新法，县知事欲予奖赏，拒不接受。又与弟叶镮、叶镠等，利用郊山旷野，广植松苗造林，以增山色风光，兼保持水土，减轻山洪水患。对日抗战期中，偕邑之爱国人士，遍历古市区各乡，从事抗敌宣传工作，以唤起民众，敌忾同仇。复因古市区各乡村密布，人口众多，劝募创建俭公中学。

黄　炎（1866～1929），又名黄石增，字秋光。松阳乌井人（黄家大院为其故宅）。清贡生。经商考察日本结识孙中山并加入同盟会。回国联络陶成章策应黄兴长沙起义。入民国，以原咨议员身份参加浙江省第一次临时参议会。并任平民习艺所所长、县商会会长等职。曾被处州军政分府派捐巨款五万五千银圆。培植六子，于北京大学、复旦大学、北洋大学等名校毕业，在商界、法律界、工程界有建树。

罗锡祺（1871～1949），松阳古市镇人。宣统二年（1910），复创其父罗鸿槐创办于咸丰年间的罗萃泰烟行，号“罗萃泰（生记）”烟行。因注重质量，使松阳晒红烟日趋畅销。民国4年（1915），选送烟叶在巴拿马万国博览会获奖。29年，选送的烟叶在西湖博览会获优等奖。罗锡祺乐善好施，一生数度出资财建造凉亭修桥铺路，而施棺给予赤贫者近千具。

徐儒林（1878～1922），字佐治。松阳城东人。清增生。民国3年（1914），任城区自治委员，平息了被温溪人阻挠瓯米筹运之风波。之后，创设松阳米局，又首倡修复并亲督城南大埭工事。民国6年，被举为第二届县商会会长，远销松阳烟茶莪梨及瓶制冬笋。修养济院，瓯海道尹黄庆澜赠匾“穷黎得所”，知事钱世昌为之镌石立碑。省长张载阳赠联“知白守黑；和光同尘”。妻徐包氏（1880～1922），赋性贞烈，相夫尽义，国民政府赠匾“靡笄心苦”

孟人贤（1883～1930），字思齐，号迁三。系孟理宗之父。清国学生。因家境窘迫，弃学从商，将松阳烟叶贩卖到温州、上海等地，获利丰厚，却自咎说：“商仅通财，不能富村。”于是在金坞大兴垦殖，遍种杉、桧、松、桐等树，采用新法培植，十年成材。乡民仿效致富。

阙宗清（1891～1932），字光华。松阳茶排人。自小喜好算学，长而从商。光绪三十四年（1908），筹资在南坑口创办炼铁厂，获利甚巨。民国时期，兼营木炭购销，在温州开办阙仁美炭行，与日本三井洋行温州分行交易洋装白炭。“九一八”事变后，毅然停止与日贸易，在松阳县城南门创建正大电灯公司，兼营碾米，开松阳机械加工粮食之先。

叶虎臣（1894～1972），字文炳，又名嘉炳。祖籍松阳项弄，居西屏。省立第十一中学师范部毕业后，就职警界。民国7年（1918），筹资创办京剧戏班“易俗舞台”，活跃于丽水、金华及赣东地区，名噪一时。后转为实业，曾于民国14年筹资创办“华阳电灯公司”，开松阳近代工业之先河。中华人民共和国成立后，仍热心戏曲事业，扶持新人，不计报酬。

程登盛（1899～？），又名程林福，本籍松阳朱山，迁居周坑。早年丧父，于是弃读从耕，兼营商业。时值推行地方自治与保甲制度，因贸易公平而有信誉，被公举为杭岭乡第四保保长，清廉自守，热心公正。又能好施乐善，见义勇为。抗战期间，自愿出资，研究开采土硝，以助军火，预备抵御日本侵略军。县长蒋剑农得知，以“关怀国事，诚可嘉许”等语褒奖。

丁日新（1915～1968），又名土根、长达，县城南门人。曾任尼宗小学教员、文进小学校长。后弃教经商，开设“大来”棉布店。中华人民共和国成立后，推进抗美援朝捐献飞机大炮运动。曾任县工商联筹委会主任、工商联主任委员、县百货公司副经理，当选为第一、第二届县人民委员会委员。1958年被错划为右派分子。“文化大革命”期间，遭迫害而死。1983年8月平反。

医 药

周汉卿，松阳城东人（派下子孙迁居裕溪金村圩）。医术精湛，善用针灸治病。《明史》卷二百九十九《列传第一百八十七·方伎》记载其治愈疑难杂症共计十例。因治病有捷效，时人视为“神医”。医道大行两浙，而金华一带尤为著名。后定居金华，宋濂撰文《赠医师周汉卿序》。

毛 梓（1370～1446），一作毛梓孙，字守庸。医术精湛，曾受业于顾希武。当时御史吴叔润病瘠，群医环视，不能下诊。毛梓开方用药数剂后，将吴叔润治愈。程恩与患了恶寒病将死，家人准备后事。毛梓让程恩与家人将其躺卧在新挖的坑阱上，盖上大被，用釜煮药熏蒸，得活。毛梓治病奇验，受世人尊称神医。

潘元榆，字养性，松阳城南人。为人慷慨尚义，家规家训严肃。继父志，精岐黄之术，存饥溺之心。以府庠，仕隆庆年间太医院正宗。万历年间，松阳县大荒，民众多病疫。潘元榆不仅煮粥施舍饥民，而且为他们买药延医，以疗沉疴。

孟大纪，字子政，号东泉。明末松阳内孟人。勤而好学，有慈爱济人之心。但凡有患者问药，则不吝给予，因此世人称颂孟大纪“董仙栽杏”。精研医药秘方，著有《医意经验集》，惜未刊印流传。例授修职郎。

毛登第（1575～？），松阳城北人。擅长医术，尤其善于医治起毙之症。他坐堂开设药店。若是路途较远的病人请他去看病，毛登第则会调治药饵等病人好转之后才回家。毛登第虽然清寒，但不受谢。邑令听说后很是嘉奖，刺史察考毛登第的事迹之后，给冠带以作表彰。

潘国爵，号少泉。自幼以儒学为业，经历坎坷，潦倒失意。当时有个不寻常的僧人，拥有针灸神术。一次，僧人向一个跛脚很久的商人索要了一顿斋饭，饱腹后为他针灸，商人的脚立马就不跛了。看到这一场景，潘国爵觉得针灸术很是神奇，恳求僧人传授。潘国爵学成后，医术也有不寻常的效验，游医于公卿之间，因此深受公卿名流敬重与厚待。

徐自新（1583～1652），字元白，徐贞教长孙，松阳城西人。性情洒脱，居家淡泊。与人交往不计较贫富，凡有委托人委托则视作自己的事情去办理。多才多艺，善于针灸、医药、堪舆等术，所著医案《神针论补》。永历六年（1652）冬，延庆寺僧人雪如和尚病势沉重，求诊。当时正值大风雪，僧人经过医治得愈，徐自新却因冒了风寒而病逝。

高永绣（1765～1846），字笃棐，松阳象溪人。精医理，施医赠药，能慷慨周济贫乏者，节省用度以行善举。道光二十五年（1845），凶年荒灾，高永绣赈济饥民，获知县汤景和赠匾“以永终誉”。其子高肯构（1797～1862），字桢国，继承衣钵，又到黄山研求易数之学，著有《卜筮断验》二卷、《草药金丹》二卷，未及付梓而毁于兵燹。其孙高作谟（1815～1862），字贤策，少孤，由高永绣抚育并授业，医术甚精。其曾孙高绍芬，郡庠生，世承家学，亦精医理。

张光棣（1785～1855），字秀山。松阳邑城中弄人。少习儒业，监生。继学医，用药如神。且能天性孝友，乐善好施。知县江思浚赠匾“医道近仁”。其子张文煌（1824～1862，妻节妇张项氏1822～1905）、张文藻（1832～1883），于太平天国动荡时期，开启“仁寿堂”“张三余”世家中医，志在济世。三世张福辰、张福钦，承父业扶理店事。四世张道南，以医药世其业。

宋德焕（1791～1851），字培厚，号兆麟。松阳杨家堂人。贡生，通医术，知药理。道光十四年（1834），全县疫痢流行，宋德焕四方施药，取效甚著。子孙继承家学。二世宋凤飞（1814～1862），字齐五，常周济贫困者，贫者如有疾病，则兼为医治，施以药剂。三世宋君楣、宋君恩，四世宋起钰、宋起鑫，五世宋世钦，六世宋昌雄、宋昌耀、宋昌存、宋昌礼等，行医施药世代相传。七世则有医学博士宋明义、宋康等。

叶起鸿（1810～1868），字秀亭，号如松，三都酉田人，世称“酉田先生”。因医德高尚，医术精湛，外县求医者络绎不绝。宣平知县汪荣赠匾“术继天士”，松阳知县徐葆清赠匾“和缓同仁”。所著《妇科切要》传世。长子叶济生（1835～1928），治病调和中气，处方灵敏。孙叶耀光（1871～1918）、叶美璧（1875～1948），曾孙叶秋元（1909～1976）、叶梦熊（1900～1989），皆为当时松阳名医。五世叶益丰，善于总结临床实践经验，获松阳县人民政府科技进步荣誉奖。六世叶濂、叶学进，主治中医师。

李光泉（1814～1897），松阳大阴人。性格仁慈，好善乐施。经常早起周视邻里炊烟，每当看见没有炊烟的人家，则立马遣送粮食接济他人生计。而且李光泉精于医术，凡有延请者，即赶赴就诊，一概不接受谢金。李光泉夫妇寿高齐眉，都享寿80余岁，世人认为得益于仁慈之报。

刘士浚（1824～1895），又名刘吉梓，字楚材。松阳小槎人，系高斐然岳父。邑庠生。无志进取，喜好钻研方技，凡医药、卜卦、星占、相面之术，无不精究。尤其精通祛治“鬼神附体”，能炼丹汞，神效卓著。

张麟书（1827～1898），又名张惟锦，字锡瑞，号镜斋。松阳平卿人。光绪十年（1884）甲申科岁贡生，候选儒学正堂。博学多能，专精医术，名噪一时。有小孩手足经络痹阻，寸步不能移。张麟书对症开方，嘱咐服用一百剂。结果家属在小孩服药五十剂后请求改方，张麟书说：“定须百剂。”之后果然服用一百药后病愈。世人皆称之为“明医”。著有《经验医方》。

温玉泉（1834～1904），字积厚，松阳横溪人。精医术，治伤寒一症尤称妙手。声名播于松阳、遂昌两县。光绪十四年（1888）春，训导徐士骈之子病情严重，请治许多大夫没有奏效，后来延请温玉泉医治，数剂而愈。徐士骈赠匾“慧心仁术”。按：民国时期，又有横溪人温玉泉（1900～1943），字春潮，亦精医术，对伤寒一科尤为专长，因诊治积劳成疾而逝。

吴春翰（1834～1912），字沂源，号涌如。又名吴荣著，字西垣。松阳横山人。其父吴邦安，邑庠生，于道光二十年（1840）年外出游学失踪，吴春翰在家事母恪尽子职。先业儒，为国学生，咸丰九年（1859）己未恩科入闱。之后，以救济为心，以“不为良相当为良医”自励。深究精通内外医科，医术高明有验。光绪年间，知县皮树棠赠匾“岐黄济世”。

孟人梁（1836～1896），字作柱。精习西医，尤通牛痘之法，济贫不计酬。当时城乡天花盛行，知县范祖义邀其为其子预种牛痘，赠匾“著手成春”，并为之改名孟存德，字厚斋，褒奖其为人忠厚且医业精湛，并延请之在县署推广牛痘预防之法。

詹兆霖（1838～1899），又名詹起潮，字沛如。松阳古市人。赋性聪敏，邑庠生。因迭遭兵燹，父母、长兄、三兄相继而逝，祖屋付诸兵火，田地荒芜，詹兆霖只得弃学从农。后又改学医业，医术较为精湛。行医数十年，很多人受其救治。

何秀棣（1838～1902），字敬之，号南田，松阳水南人。早年从儒，擅长行书。后从医，得其父何文澜（1792～1872）医学家传，通医典，内外科皆精。又存心济世，以医活人，不为利动，但凡各处有病者延请，即前往医治。其子亦得家传医学。

周远普（1840～1902），字春晖，一字其仁，号友圃，别号博斋。松阳高亭人。国学生，赋性孝友。十九岁丧父，母徐氏训曰：“不为良相，当为良医。业而精之，可以养生，亦可以济世也。”凛尊母训，即究心医理。之后精于医术，求治者接踵而至。家境小康，能够秉心慷慨，以义施惠，活人无算，噪名一时。济人利物，捐资周恤贫乏疾苦者，从无德色流露。

季志友（1849～1913），原名季甲印，字有文，号恒庭。松阳县城神坛人。赋性谦抑，博览群书，师从杨志简、杨光垚、杨光举。光绪三十三年（1907）岁贡生。科举废后，专研医学。医术造诣精深，诚如古人“三折肱”之说。很多病人经其诊治医救而痊愈。

包志圆（1854～1919），字宝錞，松阳县城人。擅长医治跌打损伤，创办“包一钱”商号。子包明奎（1875～1942），精研医理，善制药材，所制中药材桔梗于民国18年（1929）获西湖博览会优秀奖。孙包绍周（1900～1956），继承家学，保持信誉，对医药精益求精。四世包家范，中药师、丽水市药学会会员，开发各种药材的生产采集和炮制加工。五世有从业药师包学明、包丽红、叶春艳，执业药师包丽霞等人。

包昌平（1858～1911），又名包立舟，字济川，号白云主人。松阳横樟人。既精于教徒授课，又旁通医药病理，擅长伤寒证治，从不索取酬谢。生平节俭为善，以教书收入帮扶困苦、解救饥荒、周济育婴、举行义祭。慷慨捐献积蓄，拨田亩助石仓渡，又拨租田十四在城南赤塔倡立“学行义渡”。学生王承烈（1871～1917），字成周，号镐京，松阳清源垄人，擅长书法，通晓医理，癖嗜堪舆，清庠生，入民国选任大竹溪区议员。

叶文献，号近泉。少小从事儒业，科举不就，改从医业。存心仁厚，贫者无钱看病，叶文献不仅不收取卖药的钱，还返回接济贫者。对病人尽心调理，从来不显现倦容。

叶　瑛，善于医药，在门前开设药铺，方便病人所需，则施药。若病人路途较远，则留其家中，为其治病制药，待病人痊愈后再回。时值荒灾凶年，民有饿死。其子叶浚，将家中仓储粮食三百石捐出赈荒。仅凭此事，叶瑛自知家风得以传承，深感欣慰，并继续勉励叶浚。而世人赞誉其父子有范仲淹范纯仁父子助人风范。处州知府经考察，举其父子同为郡饮宾。

麻儒琛（1859～1941），又名麻书谟，字显声。松阳桐榔人。清国学生，从医业。爱亲敬长，望重乡闾。民国肇兴，公举县议会第一届议员、靖居区自治委员等职务。其孙麻焕忠（1924～？），又名麻哲飞，随军到台湾，少校军医任职十二年。1994年，麻焕忠出资五万元在桐榔建造“儒琛小学”校舍，用以纪念祖父麻儒琛。

何倚衡（1860～1924），字子训，号东山。松阳水南人。清末廪贡生。入民国，被推选为城区区议会议员、名誉董事。卓有学识与德望。晚年，阅读夏灵峰《人道大义录》感叹道：“西戎平等自由之说行天下，三纲扫地久矣，今安得有是言，殆天之未欲丧文也。”其长子何汪洋（1882～1944），字海潮，邑庠生，毕业于南京中医大学，民国时期名医，名贯浙江，著有《一梦轩医案》。其孙何佳，系鲁迅学生。

王维馨（1867～？），又名王纲华，字挺兰，号芝庭。松阳王村人。清增广生，游庠后，设帐授徒，课余仍攻读经史。又通医学，治病不索酬谢，遇贫者反而赠予药剂。在家则治家有方，居乡则热忱公益。如捐资倡办玉林小学，修复平济桥屋，筑砌通衢道途，重建龙母殿宇等。宣统三年（1911），选为五都阳乡区议员，民国元年（1912），当选为松阳县议员。

叶仙桂（1871～1934），字鹤溪，松阳大塔头人。清末秀才，为县内一代名医。年轻时，参加同盟会。辛亥革命后，在处州军政分府任职。辞职返归故里，行医济世。偏僻山区有患者求医，不辞劳苦，徒步前往，遇贫苦患者，送医赠药。邻县皆有患者慕名而来。门外贴有自撰联“家无长物三间短屋，悬壶济世一片冰心。”致晚年双目失明仍口述处方诊脉治病。

叶葆元（1873～1922），字善甫。清庠生。光绪三十二年（1906），在上海组织“竞业会”创办《旬报》提倡民权。后遭盘查压抑，被迫返乡。居家后，筹费设“公益社”，开荒造林。虽无实效，但开松阳自治机关之先。入民国，被举为县议会议长，在抗议处州军政分府续收北伐捐、主张实行地方自治等事宜上，殚精竭虑。叶葆元专于医道，著有《医案遗稿》。

叶冠春（1883～1963），字秀芳，号雨培，松阳北直街人。业儒，中年顽疾缠身，遂立志习医。潜心奋发，求学于上海恽铁樵（1878～1935）开办的中医函授学校。擅长诊治妇科儿科及伤寒诸症，屡起沉疴痼疾。著有《医案集》。

叶学济（1888～1953），松阳县城人。幼业儒，改医，师从杭州裘吉生（1873～1947）。善于钻研，临床治验独特。医方精而药味少，多宗经方。

蔡　琴（1894～1961），字焦桐，号师古。松阳城东人。幼年师从名医何汪洋（1882～？），后肄业于中央国医馆特训班和浙江湖州大麻中医专门学校，为校长金子久（1870～1921）高足。精内科、妇科、杂病，医名远播。民国时期，被县长黄人玮聘为松阳县救济院院长。又任松中校医、监狱狱医、县教育款产委员会主席、县国医支馆馆长。潜心济物，著有《焦桐医业集》。

宋思瑄（1894～1979），又名宋思暄，字仲敏。松阳杨家堂人。先后毕业于省立第十一师范、浙江医专医科。历任医师、少校军医、中校视察、后方医院院长等职。其间，先后三次回松阳开设松阳医院、仲敏诊所、思暄诊所，又任县教育局董事会董事、厦田区教育会会长。中华人民共和国成立后，参加组建西屏镇中西医联合诊所。当选为县卫生工作者协会副主任委员。

徐仁民（1895～1937），字颂驺。松阳塔头街人。省立医药专门学校药科毕业，杭州传染病院药剂师。民国9年（1920）回乡，开设松阳药局。后任省立卫生实验所主任，发表《拟设浙江省卫生制药厂建议》，协助创办杭州卫生制药厂（杭州民生药厂前身）。并成功研制检毒箱，对防御毒气有实战价值。民国26年9月，任陆军61师军医处上校处长，参加淞沪战役。11月在江苏阵亡，入祀松阳忠烈祠。

王肇熙（1895～1950），号时杲先生。板商王成章（1798～1874）曾孙，松阳黄下人。学医于浙江大麻中医专门学校，师从金子久（1870～1921）。擅长诊治妇科儿科及内科，屡起沉疴痼疾。性高傲，不求名利，不畏权势。富者请诊，诊金高十倍；贫者求诊，则施医赠药。

周锡光（1897～1940），又名周笃甫，字友生。系周化南堂弟，松阳赤岸人。民国17年（1928），毕业于浙江省医专。民国19年，在东琳宫左转弯处开设“锡光医院”。民国20年，松阳县成立临时防疫所，周锡光担任所长。

吴　宣（1897～1994），字扬薰；又名吴邦韶，字云庵。系吴朝冕次子，松阳赤岸人。杭州广济医学专门学校毕业后，在校属医院任医师，后任助理教授。历任浙江第一师军医官援闽副司令部前敌野战病院军医官，旋改浙江第一师师附军医及杭州大英广济医院医士兼私立广济医学专门学校教授。对日抗战时，曾充军医署驻黔办事处少将处长，军医署副署长，联动陆军军医处长，蜚声军医界。

徐振民（1898～1981），又名徐昌基，松阳西屏镇人。民国13年（1924）毕业于浙江公立医药专门学校医科。20年后，历任黄埔军校军医股长、南京警卫司令部少校军医、南昌行营中校军医科员。太原、武汉卫戍司令部上校军医处长。28年，回松阳开设振民诊所。中华人民共和国成立后，先后任处州医院副院长、浙江第二康复医院医师。

陈荣兴（1903～1973），又名陈沸，松阳狮子口人。伤科世家，随父业医。擅长接骨及骨骱复位。因其手法精准，疗效显著，求诊者众多。后裔继其学，操其业。

叶耐寒（1905～1981），松阳西屏人。毕业于天津中国国医函授学院和中央国医馆第二期特训班。历职松阳县救济院施医所、县中医诊疗所、县国医支馆。民国21年（1932），在西屏开设“耐寒诊所”。1949年后，参加西屏中西医联合诊所，当选为松阳县卫生工作者协会副主任委员。临床研究复方黄荆叶煎治疗细菌性腹泻、快熟蒸煎中药法、黄柏液代替雷佛奴尔应用外科疾患等课题。

廖承根（1906～1960），又名廖容，松阳古市人。随父学医，20岁开始行医。擅长诊治妇科儿科及内科。1949年以后，先后在联合诊所、岗寺乡医院、古市区医院工作。谦诚仁慈，医德为怀。在处方用药上为患者经济着想，且能对患者主动探望回访。

蔡储锵（1907～？），又名蔡文吉。松阳西屏镇人。毕业于兰溪中医学堂、中央国医馆。历充松阳县国医馆主任、松阳县救济院院长等职。为松阳县著名中医师，一生悬壶济世，深得民望。

蔡观淮（1908～1972），字俭清，晚号六三子，松阳城西人。自幼随父学医，为生计，在乡任教，暇时批阅诸家医籍。在任教间为人治病数起沉疴，医名大噪，求诊者踵接，于是弃教行医。擅长儿科麻痘。诊务之余，手不释卷。著有《六三子医业》八卷、《六三子医话》《麻痘大法》《临证治验录》《林原招秘》《松阳民间草药》《松阳中草药标本集锦》等书。

林　成（1911～1970），字良材，松阳古市人。毕业于兰溪中医专门学校、杭州中医专科学校、中央国医馆特训班。民国26年（1937）5月，任松阳县国医支馆馆长。博学多闻，擅长妇科儿科及内科，尤精眼科。

宋刚辅（1911～？），松阳杨家堂人。历任军政部第七临时医院主任药师、中国红十字会总会救护总部供应组长、贵阳中国红十字会总队部指导员等职。著有《本草沿革》《茵陈治疗肝炎》《丰城鸡血藤原植物鉴定及有效成分的提取》等。其妻方雪贞（1913～1978），先后在国民党166后方医院、贵阳省立医院、军政部总医院工作，1949年后在江西医药学校、景德镇市人民医院工作，论著有《一百例陶瓷矽肺并结核临床分析》等。

叶倩仕（1912～1992），又名叶正时。松阳人。毕业于浙江省立医药专科学校，长期从事医药研究工作，曾任浙江省医学科学院药物研究所副研究员。主持若干科研课题获国家级与部级奖，1980年培养药物分析研究生2名。著有《药物鉴定教材》《简明分析化学》《药物分析化学》。

徐肇璋（1914～1970），字达夫，号松兰半医。松阳城西人。医学专精，毕业于兰溪中医专门学校，浙江省政府注册中医师，行医十余年，致力研究温病学，精于医治妇科儿科疑难危症。

徐　岩（1914～1985），字寄谷，松阳西屏镇人。先后毕业于浙江大学附属高级农业职业学校、陆军军医学校大学部药科。历任国防部监察局一等正监察军医、军医署药品种植场研究员。1949年参军入伍，历任西南军医学院、上海第二军医大学任药物学教授。长期从事中药、草药的应用研究。

是中国人民解放军中药物学创始人之一，离休后享受副军级待遇。

郭钟锴（1915～1988），西屏镇人。毕业于贵州安顺军医学校大学部，历任解放军21兵团医院医务科长、中南军区工程医院第二休养所医疗所所长、长江航运总医院外科主任等职，为长江航运的卫生事业作出贡献。1982年离休，享受副厅级待遇。

刘为经（1917～1996），系刘德元之孙，松阳界首人。民国28年（1939），毕业于浙江医药专科学校（浙医大前身）。从事食品卫生教学和研究工作，为浙江医学科学院研究员、教授。发表论文《肠原性青紫疫病因学研究》《粮食中有机汞的调查测定及毒性研究》《水产品及食品中氟》等多篇，其研究成果获全国科技（协作）奖和省、部级科技奖多项，为国家制订食品卫生标准及预防健康应采取措施提供重要的科学依据。

宋昌耀（1918～1979），又名官昌，松阳杨家堂人。毕业于国防医学院，曾参加中国人民志愿军任军医，到过“三八线”，抗美援朝有贡献。部队复员后，相应国家号召屯垦戍边，任黑龙江海伦农场医院主任医师，颇有声誉。

刘肇清（1918～1986），松阳西屏人。毕业于国防医学院药学系，留校任助教、讲师。后入伍，历任汉口绥靖公署军医处少校科员、卫生器材库中校库长。1949年后，分配在江西医学院化学系任副教授。

刘为纹（1918～2003），系刘德元之孙，松阳界首人。民国32年（1943），毕业于国立中正医学院。重庆第三军医大学教授，博士生导师，兼任中华消化学会常务委员，顾问等职。对胃、肝癌诊断和治疗造诣深，发表论文300多篇，参编《中国医学百科全书》等14部专著。获国家科技进步二等奖1项，军队科技进步二等奖4项、三等奖5项。立二等功1次、三等功2次。载入《中国当代名人录》，被美国传记研究所提名收录《世界名人录》。

包绍林（1919～2007），西屏镇人。主任医师。毕业于上海国防医学院。历任诸暨省立人民医院内科医师、浙江省医科大学附属儿童医院放射科住院医师、主治医师、副主任医师、主任医师。主攻小儿放射线诊断，著有《小儿X线诊断学》。发表主要论著20 余篇，参与编写《最新英汉医学、药学、微生物学辞典》。

吴振庚（1920～1992），西屏镇人。教授。民国37年（1948），毕业于上海国防医学院，1953年在第一军医大学任教，退休前任长春白求恩医科大学教授，《老年学杂志》主编。主要著作《睡眠治疗法》《英汉医药学缩略语词汇》《衰老的探索》《老年生物学》《内科综合症》《内科常见疾病疑难专辑》等，其中《睡眠治疗法》获中国人民解放军卫生部一等功。

方良金（1923～1977）松阳城区人。以第一名毕业于国防医学院医科。复赴美国深造，毕业于TRIPLER U.S.ARMYHOSPITAL。历任“三军总医院”耳鼻喉科上校主任及台湾多所医学院校教授。世界十九国亚太大会学术演讲，获赠“医理渊博”锦旗。一生为三军服务，全活无数。为人谦恭廉洁，刚毅有守。退役后，设耳鼻喉科诊所。凡亲故及军人贫民求诊，多不取值。积劳病故，吊者众多。

洪伟杰（1925～2003），古市镇人，毕业于国立英士大学医学系，任丽水市中心医院院长、主任医师，兼任中华医学会浙江分会理事、丽水市医学会理事长，丽水市医疗事故鉴定委员会主任。获全国“老有所为”精英奖。著有多篇论文在省、全国医学杂志上发表。其《医德铭》有“德亏乃庸医，行医害人身。良医必修德，德高术又精”之语。

宋昌存（1925～2010），松阳杨家堂人。教授。毕业于浙江省立医学院，长期从事人体寄山虫教学和科研工作。浙江医学科学院寄生虫病毒研究所所长、硕士生导师，兼任世界卫生组织蠕虫病研究中心主任，卫生部寄生虫病专家咨询委员会副主委，其科研项目获部、省级科技成果二等奖 1 项，三等奖 3 项。有专著《肺吸虫病》《中国人体寄生虫文献提要》《人体寄生虫病毒免疫学及免疫诊断》等，发表论文百余篇，享受国务院特殊津贴。

蔡瑞良（1934～2005），松阳西屏人。主任医师。毕业于浙江医学院，任兰州市第一人民医院呼吸科主任。科研项目“简易脑膜活检穿刺针及临床应用”，发表专业论文 20 多篇。1991 年获甘肃省省科技进步奖。

刑　名

潘景夔，字和叔，南宋时期松阳人。少时，与弟潘景尹越数百里，从学吕祖谦。初为德清县尉，德清县有富民被盗，破案捕获二十人。按惯例应予以提拔，同僚预祝他。潘景夔却神色严肃，表示自己追求案件没有贻误，不忍心为企求恩赏而陷人于罪。开禧二年（1206），任盐官知县，著有《海昌图经》十卷、《续胡兟盐官图经》，撰修方志体例完备。嘉定十七年（1224），由通判温州任放罢。

毛　兰（1204～1268），字君玉。淳祐四年（1244），登进士第。对父母有孝行，对孤寡有恩义，世人将他比作汉儒刘向。历仕义兴主簿、静江府司理、福州左司理，政绩卓越。赵汝禖（史弥远女婿）的党朋林冕下狱，使人趁夜行贿，毛兰富贵不移；转而使人施威恐吓，毛兰威武不屈。最终，毛兰将林冕绳之以法。事后，就连赵汝禖也感慨其气节。

王唐珪（1208～1282），字廷玉。淳祐元年（1241）登进士第，授严州建德县主簿，亲老归养。宝祐五年（1257），进绍兴府司法参军。景定三年（1262），知嘉兴府崇德县。咸淳二年（1266），授绍兴法曹。咸淳五年，摄监察御史廉察事，因谏讽权相贾似道奸邪罔上而被罢官为建昌军仙都观祠官。晚年还乡，自号爱山，著有《爱山杂咏》。三婿叶埜，咸淳元年（1265）进士，饶州司马。

潘自中，字时乂，南宋时期松阳人。任江州司理。有个案件，吴门盐商有牵连。上级示意潘自中给盐商冠罪并没收其财产。潘自中不忍心以强加他人的罪名去迎合上级，依法审案后，为盐商昭雪。还有个案件，江州两个部将因军赋抵触获罪入狱。统帅对二部将有宿怨，借机自己提审并要定二人死罪。潘自中公正无私，二人才因此免于死。

孟孔袞（1446～1509），松阳内孟人。乡饮宾。足智多谋，擅长排解争端。弘治初年，知县陈时拜访咨政，革弊兴利。弘治十四年（1501），知县周季邦延聘孟孔袞为县佐，处理宣平竹客陈宅和白墓下曾姓地界积案，享誉乡里。弘治十七年，稽考校正松阳黄源孟氏宗谱，后世孟氏世系赖其继承详明。

詹应霆（1538～1615），又名詹加霆，字震甫，又字体震，号宾行。善于属文，曾在府署担任僚属。一次，府尹欲以死刑判决涉案人。詹应霆发现该人无辜受冤而为之极力辩护，涉案人因此免于死。那时候，詹应霆还没有子嗣，梦见神明赐予前程和子嗣，作为嘉奖詹应霆救人积德之举。后来，任职雷乡（广东龙川县）。

徐一卿（1541～1611），字贵之，号丰桥。幼习儒业，由府经历司椽郡狱。恪守有位，励节清修。不以卑官自卑，不以升斗自薄。历有政绩，官至江西南昌府进贤县巡司。还乡后，居家和睦，训子义方。三子皆有名望，其少子徐学韶（1572～1639），字景舜，创建宗祠，捐租供祭。入清后，知县佟庆年，敬慕其徐门世代均有美德懿行，赠匾“千秋俎豆”。

叶绍芳（1565～约 1644），字世卿。松阳玉岩人。初任山西平遥县尉，勤劳任事。擢升广东惠来县尉，靖盗除奸，修筑惠来县城墙。升任江西袁州司狱。六弟叶承芳（1571～1647），字任卿。以知府授应天府六合县瓜埠巡司，通商便民，督理税务，后掌任棠邑驿兼理伍事。清廉尽职，俸禄所余，解还府库。七弟叶同芳（1575～？），字理卿。初任广陵参军，后授扬州卫经历。叶绍芳兄弟们陆续秩满回乡后，一起勉励行善，如设置“敦睦仓”，修葺桥梁道路，捐资重修多福寺和白云观等。

张增荣（1873～？），又名张礼明，字耀哉。松阳山下阳人。庠生，深受知县叶昭敦器重。先后毕业于浙江高等师范、浙江法政学校。科举废，即力拨学田创设仓西小学。入民国，任民团长，维持全县秩序。擅长研究法律，开设“法律研究社”，以法学为经，以经史为纬。替人主持公理，伸张沈冤积狱，为当时松阳著名律师。孙张辅（1921～1996），字佐治，陆军指挥参谋大学毕业后在军队任职，转任文职副教授，著有《经济战略论》。

温绍真（1888～？），字耀卿，号曜青；又名温亦枝，字桂林。松阳横溪人。系曾春撰内侄。先后毕业于省立十一中学、浙江法政专门学校。法学士、律师，公选为县议会第二届议员。后以刑法之学，任南田、遂昌、宁海等县承审员。解组回乡，宋微封以朋友赠处之义，撰《赠温曜青序》敬赠。在乡又任松阳县党部常务委员等职务。生三子，均有成就。

宋思璟（1891～1936），字佐唐，号虚生。松阳杨家堂人。私立浙江法政专门学校毕业。担任浙江律师，浙江省长公署咨议，松阳县参事会参事、教育局董事会董事，浙江省会警察厅雇员兼代二区五分驻所警佐，松阳县劝学所所员兼代所长、松阳县参议会参议员，后任龙泉、缙云、义乌、余杭等县承审员职务。因积劳成疾，卒于杭州松阳会馆。

蔡以仁（1891～？），字乐山；又名蔡储寿，又字寿之。松阳城东人。浙江高等警监学校转入监狱专门学校毕业。浙江第一监狱第一科名籍股、指纹股兼统计股股员，从事监务，劳绩卓越，记功一次。后代理宣平、金华等县监狱员。奉母至孝，隐居于仁龙山（今松阳山苍殿），建观音寺，设造林场。

黄庆符，字时弼。松阳乌井人。前后毕业于宗文中学、上海复旦大学法学院。律师。松阳档案馆存有《黄庆符律师事务所档案》。

道 释

戴火仙，秦汉时期人，在松阳留名山修炼。乡人不知其姓名，见其头顶阳精出没在留名山中，因名“戴火仙”。事见民国《松阳县志·卷九》。

叶国重，精明道术，号称有道先生。其子叶慧明，得玄真之秘妙，赠银青光禄大夫，行歙州刺史。孙叶法善，唐玄宗时受金紫光禄大夫，鸿胪卿，越国公，且敕封灵虚见素真人。李邕撰有《唐故叶有道先生神道碑并序》《大唐赠歙州刺史叶慧明碑并序》二碑。

叶法善（616～720），字道元，世代道家。唐高宗欲广征诸方道士炼丹，叶法善上疏炼丹徒费财物，有亏政理，高宗应允。此后，武则天、中宗、睿宗多次召见问道。先天二年（713），拜鸿胪卿，封越国公，在京师景龙观为道士。传说曾带领唐玄宗飞腾幻化，元宵西凉府观灯、中秋广寒宫聆乐。仙逝，唐玄宗下诏褒悼，赠越州都督。

叶藏质，字含象，唐代人。师从道教灵宝籍师冯惟良。咸通五年（864），叶藏质在天台山玉霄峰创建道斋，斋号“石门山居”。咸通十三年，扩建钟楼、经楼各一座，奏请唐懿宗赐名，优诏改为“玉霄宫”。数年后，叶藏质整理编纂道经千余卷，题“上清三洞弟子叶藏质为妣刘氏四娘造，永镇玉霄藏中”。对中国道教发展做出了巨大贡献。

毛云龙，唐代进士，科分待考。登第不仕，归隐山林修炼，成名道士。曾在上方山炼丹泉侧支炉炼丹。又曾在留名山修炼，传说曾偶遇戴火仙。

释延沼（896～973），又称风穴延沼，俗姓刘。在护国禅寺出家，依本州开元寺智恭披削受具，习天台修止观定慧。北游襄州至华严禅师处，结识南院慧颙的弟子守廓，于临济三玄三要之旨，具传心印。住河南风穴寺7年。以后，开堂说法，大振临济宗风。汝州太师宋候，舍宅为寺，请师住持。周太祖赐广慧寺额，住山22年。

行达禅师，是载入中国宗教史册的著名高僧，与唐僧玄奘齐名。太平兴国四年（979），行达禅师奉诏西行，至印度研究佛学十年之久。归国，带回佛经与舍利，获朝廷赐予紫方袍缁素。行达发愿建二塔以藏舍利（另一塔在永嘉县）。经多方筹募，于咸平二年（999）动工，到咸平五年（1002）建成。

刘应真，字从道，北宋人。从小就有超脱世俗的气度。长大后师从吴若容，再师从龙虎山张虚白学习符箓。宋元祐年间（1086～1093），刘应真被召至汴京住持皇家道观上清储祥宫。有《道德经解意》行世。宋哲宗推崇刘应真，钦赐紫衣，并赐号“灵宝虚应师”。苏轼在《上清储祥宫碑》载有“召道士刘应真嗣行太初之法”。

释慈辩（1035～1109），俗姓毛，即从谏大师，台宗十九祖。初拜辩才为师，复依南屏梵臻学法。后迁至净慈寺住持。元丰（1078～1085）初，处州建寿圣寺，迎接从谏居住三年。之后，为杭州南屏兴教寺代住持。元祐五年（1090）受杭州知府蒲宗孟延请，任临安上天竺法喜寺住持，并奏请宋哲宗赐号“慈辩”，故又称从谏慈辩讲师。

释守常，自号翠峰。云游四方，走遍名山，参访禅宗。最终，守常悟性通达，并作《偈颂》，义理的渊薮达到精深的境地。正坐合掌念佛而化生。

释道行（1089～1151），俗姓叶，又称雪堂禅师、雪堂道行禅师。父进士叶仲谌，字思文，著有《六经图》七卷。释道行因礼普照王塔而出家，参指源润、佛眼二禅师，勤苦专注，得到径山大慧禅师的寄偈褒赞，成为南宋一代高僧。晚年居善因寺，继而主持治平寺、法海寺。兵乱猖獗，世人奔走逃窜，释道行岿然不动，从容不迫。有《雪堂拾遗录》存世。释明河为之撰有《雪堂行传》。顺治、乾隆、光绪、民国《松阳县志》皆误分作“雪堂和尚”和“道行”。

徐泰定，字虚寂，南宋紫虚观道士。松阳万山（今属碧湖）有尚书梁汝嘉墓，近有观行庵。开禧（1205～1207）初，徐泰定在此修行。一个自称李同名的道人，吹着双笛到庵中，授《丹诀》给徐泰定，并赠一支笔让徐泰定作水墨山水图。徐泰定不会绘画，但执笔却游刃有余。十年后，道人又邀徐泰定远游，徐泰定回绝了。八十多岁，端坐而逝。

程　垲（1270～1345），字鹤皋，系程榆曾孙。十五岁即通《易经》。任海门县主簿期间，慷慨激烈，赞政有声。宋亡，伤感世受国恩，弃职归家，以亡国之臣自悯，戴冠为道士。与兄程填（1266～1336）扩增玉清景福观（在洞阳观山）旧观，左右建“报本祠”和“授受祠”，并建“太极阳明道院”居住于此。程垲自称神阳先生，程填自称绿松道人。

潘自然（1325～？），松阳潘巷人。逍遥观道士，号真人。擅长符咒、烧炼之术，能够号召风雷。居住在云岩山中，每夜有神灯张挂于门，出入没有行踪。一年大旱，百姓请求潘自然祷天祈雨。潘自然让出行的百姓各自准备好雨具，众人不以为意。当天，果真大雨如澍。时人称赞潘自然“三日登坛三日雨，一声号令一声雷”。

郑仙姑，女道士，松阳球坑人。隐居于松阳灵鹫山。民间多遗见传说。

释性满，明代松阳高僧。广济堂旧祀真武，兼奉诸佛像。性满善经典，亦颇能诗，诗《游白云值雪》：天花和石点头时，人鸟相看不忍离。黄叶竹炉幽响动，麈头飞屑绕疏篱。诗《上云岩》：石似云堆遂以名，数楹精舍傍岩成。一泓水注金鹅乳，几树风翻贝叶声。剩有仙踪共异赏，还留佛偈伴经行。此中若肯容吾老，了悟还从静里生。

僧南昆，道光间，募建重修城南善应堂、广因禅寺。又为武庙捐基，前武庙旧址原为贞文祠，仍复其旧为鹦鹉庙。

僧崇儒，自号“贯一和尚”。主持松阳古市永宁观、广因寺。静修参乘，深悟禅机，谨守偈戒，不染尘氛。进士高焕然曾以“静参”二字额其堂。光绪末年，慨然拨寺田80余亩，抵价值三千八百余金，创办古市贯一高等小学校，在松阳文人知识界享有盛誉。总统徐世昌奖给“敬教劝学”匾额。年逾古稀，无疾坐化，佛界内外人士都交口称道。

墨　妙

叶　萃，松阳古市人。绍圣元年（1094）甲戌科进士。授宣教郎孝宗博士，仕简州知州。其长子叶梓，字子材，政和间贡生，作有《风木图》。沈晦为叶梓撰《风木图记》，艺文有载。

叶士琳（1267～？），字良璧。松阳古市人。精工绝句，遗有《卯山挂月》《璜岭横云》《太平仙府》《三桥通济》《雾亭晚唱》等歌咏卯山名胜的五言律诗。风格清丽，如《卯山挂月》：“翠微成独立，绝顶露金波。质受阳光满，魄涵凉气多。运机旋昼夜，倒影缀山河。笑仰传虚语，广寒有素娥。”

叶　登，授修职郎，建昌军新城县尉。精工书法，绍定元年（1228），书写《宋叶德佐墓铭》。该墓志铭今藏松阳县博物馆。

叶梦周，善因寺叶若叟之孙。宋末松阳人。工诗词，遗有七律《雾亭晚唱》一首：“日落云亭弄晚晴，纷然樵牧傍郊行。烟拖树色梢头翠，风入篱檐花气清。先后唱酬歌曲乱，短长飘逸笛声轻。利名两字无拘束，共贺丰年乐太平。”

陈德颜，工丹青。《书画谱》：“松阳人，善画真。”宋濂《赠传神陈德颜序》：“京都之间，天下艺为之所萃。至如德颜者，什佰之中仅一见焉。”雍正《浙江统志·卷一九七·人物·方技》有载。

王　遂，字仕庸，松阳城南人。12岁，入邑庠。建文二年（1400），乡试下第。回乡的前夜，梦见云梯倚天，蹑足登梯，欲堕而稳，攀登望见天阙。次日，有旨选士，召擅长书法者入中书（文官职），王遂于是前往应试。结果中选者有27人，王遂居第二。因此，王遂为特赐进士出身，授中书舍人。凡一时诏制，多由王遂书写。明惠宗欣喜，御赐清风团扇。

叶秉恭（1472～1553），字则顺，号石溪居士，松阳玉岩人。五岁丧父，竭力以事母。乐善好施，主持兴建报德祠和双溪桥（即普济桥）。精工诗画文章，诗《香乳山》载入艺文。

詹世用（1483～1543），又名詹邦赞，字行甫。才识卓越，礼度严肃，行事以纲常为重。不仅受督学赞赏为“经济士”，而且让后生所仿效。嘉靖十九年（1540）贡生。嘉靖二十二年，铨授山东汶上县，未赴任而逝。詹世用孝父母、悌兄弟、笃友人。生平文不留稿，侄子詹朝宣希望他留下文稿，詹世用答道：“覆瓿不足，徒贻笑耳。”谦虚至此。

徐贞明，字之象，松阳城西儒行坊人。邑庠生。容貌端庄，品行纯粹，学问渊博，尤其擅长书法。隆庆年间，参与纂修《松阳县志》，公正谨慎。

詹世宧，字敦忠，号思竹。邑廪生。松阳桥亭街人。才学渊博，书法擅长草书和隶书，遇得自己满意的作品，则会馈赠他人。隆庆年间，参与纂修《松阳县志》。

詹希宠（1527～1603），字思诚，号阳山。松阳桥亭人。邑庠生。虽屡困于科举，然而学问渊博，书法临摹钟繇、王羲之，诗文闻名于当时，获“文宗诗伯”之美誉。万历七年（1579），被举荐编修《栝苍汇纪》，受处州知府熊子臣器重。晚年避席山居，赋诗悠扬，却不留文稿，遗示子孙一联“生前不作欺天事，死后何须念佛经”。

徐贞教（1542～1610），字之化，号旸谷，别号虚白云人。系徐梦易次子，城西儒行坊人。邑庠生，后改习道家、农家、行家之学。常在金屏山（今西屏山）下，或与农夫估雨量晴，或与文人吟句下棋。徐贞教书法功底深厚，当时县里碑碣牌匾的书法，大多出自其手。晚年所集有《篆韵》一部，考订详悉，视许氏《说文》为最真，未付梓。

谢一廉，号岳阳。事亲有孝道。少年时，游庠食饩（廪生），为当时士子所推重。又逢迁建学宫，谢一廉独任经营。之后儒业受挫，淡泊名利，嗜好丹青书画。曾去福建，闽人得到他的书画作品，无不珍藏。晚年乐爱山水，每到一处景致，则图画记诗，以抒发襟怀之豁达。享寿七十六岁。

王用贤（？～1644），字任卿。崇祯年间贡生。才气卓越，博涉群书。且善于书法，作文章可倚马千言。他的朋友以屡困文坛为耻，王用贤认为文坛夺帜固然重要，然而松阳本是人才聚集之地，不可以几次失败而挫了志气。后入仕途，授任台州教授。因明朝覆亡而归故里，不久逝世。

丁正中（1639～1724），字上卿，号素园，松阳城南人。朴诚谦雅，文名声誉著闻。康熙年间，拨助田亩予赤塔溪桥渡、叶雪庵公祠，响应捐资修文昌阁、明伦堂。雍正间，廪贡，入监肄业，考授山东峄县（今属山东枣庄）县丞，以年老而辞不赴任。所居有素园，种竹植花，与诸文士诗酒游乐其中。丁正中擅长文章，尤其工于诗，著有《素园诗集》。

蔡增政（1690～？），学名璿玑，字玉齐。邑庠生。松阳思步人。天资颖异，工于诗词和书法，有倚马万言之文才。浙江学政马豫（1720～1722在任）曾赠匾“笃厚超群”给蔡增政。

杨友桐（1716～1763），字凤栖，号沁亭。松阳玉岩人。天资聪颖，幼即能文，十四岁入邑庠，试辄高等。文章矫健，尤其工于诗，所至多题咏。诗稿写成后反复修改，甚至依原韵重作。他日又复然如此，于是诗作越来越工整。乾隆二十五年（1760），岁贡。例选训导，未赴任而逝。有子六人，设家塾自课，五子均游庠，克绍家学。以子杨开甲显贵，封赠修职郎。

孟廷玮（1726～1783），字苍佩，号璞斋。古市人。贡生，候选县丞。喜读书，善属文，精于草隶书法。遇事勇为，阅历多而才能谋略通达。修古市文昌阁，与潘某等捐田给寺，朔望收拾字纸。又建造育婴堂，重修文庙，董修《松阳县志》。尤其乐善好施，邻人因贫鬻妻，孟廷玮赠送钱财使得邻人保全家庭。义声彰显。其诗《带水环襟》《登万寿山》见艺文。

刘　杰（1709～1772），又名刘复瑞，字起秀，号长城。古市人。邑庠生，为西席。工于书法，精于医学。孝思纯笃，于乾隆十年（1745），考订主修古市《刘氏宗谱》。遗有诗作七律“古市八景”之三《卯峰屏翠》、七绝“卯峰八景”之八《锦阪春耕》。

刘　杰（1727～1779），又名刘邦杰，字汉元，号拙亭。界首人。邑廪生。好读书，精于制艺，工于诗赋。一生贫介自守，足迹不入公门。折节广交，世人称之有东汉孔融之风。教谕胡云昂荐为优行第一，督学李廉褒赠“学优品重”。又为知县于序昭延请为西宾。晚年以饮酒吟诗自乐。著《吾庐文稿》《拙亭诗抄》，可惜全稿散失。

丁光阳（1753～1815），字临川，又字岸舟，号石帆，松阳城南人，岁贡生。朱珪（1731～1807）评其文云：“浓淡相称，疏密相间，饶有古趣。”其为文益雄壮恣肆，咏牡丹诗如“为谢东风吹烂漫，上林春色几时窥。”县学教谕方协华称其书法有徐浩（703～782）、杨凝式（873～954）之风致。遗有真迹行书中堂曾几七律《探梅》传世。

丁　寅（1755～1848），字宾日，号虎侯。松阳城南人。幼承家学，弱冠庠生，工于诗文书法。孝友性浓，父母兄弟俱无间言。身秉家政，四代同居，热心族务，于道光十四年（1834）重修《丁氏房谱》。是一个老成典型之人物，饶庆霖为之撰《丁虎侯先生传》中有载：“余观先生品行事业，有曾子之至性，有微生之谅直，有石奋之醉谨，有卓公之宽和。”

蔡士梁（1758～1806），字宇肩，号东桥。松阳城东人。奋志读书，品端学粹。揣摩名帖，工书法、音韵、声律，获巡抚阮元赞赏。蔡士梁常赈恤家世寒微的士友，如海宁明经卢两海、浦江选贡陈雪严等，皆受其助。嘉庆三年（1798）考充恩贡生。九年，受知县傅秀漳延请为掌教明善书院，深受士林敬重。长子蔡懋功（1778～1818），字时乃，号敏斋。博学，精通经史，书画聚工，阖邑推为硕儒。

丁　浚（1775～1840），字永源，又字哲人，号获川，别号南湖居士。松阳城南人。精于经史，尤嗜好古书画。开设“敩学半”山房，授课以穷理尽性为主，八股之外兼讲韵学书法。嘉庆间，儒学教谕陈于光称其诗文骨重神寒而微嫌横辣。道光三年（1823），为癸未科岁贡生。所著咏史、拟古、述怀及代制、序记、铭赞等作，被竞相传钞。晚年工于绘画写意。

詹　岩（1782～1848），又名詹廷望，字天民，号严山。松阳城东人。幼具慧才，字法精妙，瘦硬通神，书法被誉为“吾松所仅见”。在桥亭街置买闲室，改造成“瑞石山房”作私塾。道光十四年（1834）岁贡生。晚年钻研医术，性癖琴书，有道家气概。因雅爱山水，钟情石笋山古迹，于是劝捐在此建造秀峰观，塑吕洞宾、韩愈、钟馗神像供奉，改号“锄云”。

叶旸畅（1786～1825），字梅坞；又名叶长时，字有斐，号梅岑。松阳塔寺下人。邑廪生。能文，擅长隶书，工于诗赋。载入光绪版《松阳县志》文学。其妻叶丁氏（1789～1833），系石门圩乡饮宾丁启相之女，奉宪旌表节孝，载入光绪版《松阳县志》列女，并入节孝祠春秋享祀。

孟居仁（1786～1845），又名孟振台，字以观，号春原。松阳内孟人。增广生，世称“松川才子”。与邑中儒士杨孙芝、詹伟、潘鼎、蔡懋烈等友善。诗文极工，如“寒光逼四隅，一舸泛长湖。烟磴披青霭，楼台半紫虚。杂英垂锦绣，空翠朴肌肤。余是乘槎客，同舟道岂殊。”又善画山水，声名远振。黎世序（1772～1824）评价“如君墨戏亦清才，远势能凭尺幅开”。

蔡懋中（1786～1861），又名蔡腾甲，字桂林，号东阁。系蔡懋昭之弟。松阳城东人。品行孝友，性情谨慎。文品兼优，诗文并妙。道光十四年（1834）荐为岁贡生。书法得古趣，工绝一时。长洲（今属苏州）人蒋鎏赠诗“健笔直追米海岳，新诗准拟鲍参军”。遗有《东阁述怀》七言诗二十一韵。其名收录《中国美术家人名大辞典》。

沈　昌（1795～1823），又名沈兆昌，字亦农，一字燕天，号研农。松阳城东人。早慧，邑廪生。文思敏捷，工诗古，著有《墨香草堂诗稿》（艺文载录五律二首、七绝二首）。孝思极笃，友爱性成，谊重缔交，情深伉俪。年未三十而亡。其女蔡沈氏（1813～1875），载入民国《松阳县志》列女。

叶方暄（1789～1856），又名叶开阳，字升瀛，号岳松。松阳古市人。少年丧父，孝事母亲。工楷书，书法瘦劲苍秀。通经史，文章阐发正意，著有《四书单字解》六卷。设帐教学，门下从学者有数百人。以子叶佐辰叶佐清显贵，赠奉直大夫。其孙叶应龙（1858～？），字翼臣，又名叶丰谷，号注东。幼承家学，雅好金石古帖，研究古鉢、石鼓、铜盘、泥封、瓦甓、镜匋、碑碣等类书法。深明篆章，精工印学，辑有《崇实堂印谱》一册。

詹　伟（1805～1866），字作哲，号栖霞。松阳城东人。岁贡生。自幼读书聪颖，笃孝友，慎交游，为人静穆，处世谦和。书法真草隶篆各臻其妙，最善于“王仲八分书”；文章吟咏，风格类似于“袁枚随园派”；金石印谱，尤精于图章。著有《世恩堂诗集》八卷、《倚松吟诗集》四卷，又著《轩轩轩印谱》四卷。书斋号曰“绿野草堂”，图书满案，花柳盈阶。

陈其福，字东生，号养晦山人。松阳城南人。祖母陈刘氏，勤孝完贞；父亲陈文潮，增生。陈其福性情耿介，学问渊深，书法挺秀，有卓然不群之概，获宗师潘步贤赠匾“品端学邃”。生平著作颇多，咸丰十一年（1861）撰有《黄南庄赋》；同治十三年（1874）著有《金刚经浅说》。设帐教授数十年，丁绍清、潘学综、徐树芳等从其学。岁贡生，候选训导。

郑芳兰（1822～1893），字王香，号饶谷。松阳城西人，系叶灵芝之婿。其父郑文光（1798～1840），字惠卿，号爱古，嗜习制艺，训课生徒，教授有方。郑芳兰得传家学，多才多艺，精于篆隶、雕刻，擅长塑像、绘画，非常精妙传神。平生衣食住行简朴，与人交往讲究诚信，又能急公好义，处州知府潘绍诒赠匾“泽慰鸿嗷”。因谙于谕训，由宣讲生加职巡政厅诰授奉直大夫。在堂壁手书“宝善为家”四字以为家传，兄弟、子孙多有才艺者。

宋　斤（1823～1884），字中锋，松阳杨家堂人。工书法，尤其精于行楷，遗有誊抄《程子四箴》题于杨家堂宋氏宅壁，教育子弟。于同治三年（1864），共襄任理处州考棚。

叶大芳（1823～？），字席兰。松阳城西人。廪贡生。品学兼优，尤工书法。历任临安、嘉兴、石门县（今属湖南常德）训导，每到一任，皆有声誉。道光间，捐造昭忠祠庭前纸炉。同治三年（1864），为周士芳撰《怀周先生桂岩文》称“生同岁、谋同道、名同文”。其第三婿吴肇庆（1867～1913），系光绪二十四年（1898）戊戌科府试案元，亦载录于县志。

叶炳文（1828～1903），字日光。松阳大岭头人。乃松阳十八都文儒。师从舅父包日生。颖悟特达，学有远识，尤工楷书。光绪十六年（1890），庚寅科乡试，岁贡生。著有《大岭头村庄图志》，辞赋绝美，有“无地起子昂之楼台，全凭人力；近山题谢公之诗句，足畅天怀”之句。

潘锡畴（1833～1870），字寿田，号范九。松阳城南人。秉性沉静，淡然蔼和。工于律诗古体，咸丰六年（1856），入县学生员。与潘益涛在南溪（黄南）避兵乱，时逢训导张祖陆也在南溪，于是相与作诗唱和，其著作刊入《南溪诗集》。兵乱后，岁科试入贡，选用诸暨县学教谕，振作文风为。在任未及一年，染病。告假归家，英年早逝。

张重坊（1834～1905），字春臣，号笠夫，别号艺园山人。系民国儒士刘德元舅父，松阳山下阳人。同治九年（1870）贡生，授职儒学训导。教人以清真雅正为主，尤其注重品行而后文艺。平日为人规整，治家严肃，处世循礼，因此深得乡民信赖。张重坊心学称奉神祇乃“先王神道设教之意”。其书法类似赵孟頫，晚年弥见苍劲，为邑中名书法家。

叶凤梧（1835～1895），字扆臣，又字碧栖。松阳玉岩人。因早年丧父而家境贫寒，仍能尽心孝养孀母，友爱兄弟。善于写作，工于书法，究心经籍。奉养母亲不忍远离，未入乡试，后于光绪二十年（1894）岁贡生。平生为人性善气和，和乡睦族，为宗亲族戚所敬仰。

蔡　铣（1835～1896），又名蔡毓骏，字荆三，号泮林。系蔡懋昭之孙，松阳城东人。光绪十六年（1890）恩贡生，直隶州州判。蔡铣工楷书，善诲人。从不以私扰公，受人敬重。叶友麟曾以“曼倩诙谐元亮酒，庄周旷达少陵诗”之句赞扬之。蔡铣之子蔡梦兰、蔡梦芝、蔡梦芬、蔡梦芳，均游庠。三子蔡梦芬（1874～？），字桂清，号馨山，工诗文，善交际，擅长作赠诗，诗作散落各处。民国 23 年（1934），受省长派充松阳振务监察委员。

蔡育贤（1837～1892），又名蔡毓庠，字思齐。松阳城东人，光绪二年（1876）岁贡生。秉性和蔼，不修边幅。好读书，善书法，钦慕陆游为人。即使是酒肆茶园向他索要墨宝，蔡育贤也爽快应承。从游者甚众。蔡梦芝为之悼诗：“万卷诗书众妙该，门墙济济荷栽培。挥毫不让笼鹅笔，吟句多称倚马才。恍覩菁葱飘玉树，徒留缥缈入云台。文章经史堪矜式，后辈钦瞻翰墨材。”

阙进阶（1838～1861），又名阙玉阶，字希圣，号蓂生，别号升吉。松阳茶排人。邑庠生，与同窗叶炳文一起师从包日生。幼即能文，亦能琴棋，善长诗赋，尤工书画。童年入试，屡列前茅。因其品行端正，学识拔萃，而深得士林器重。在太平军兵乱中去世。

蔡　镛（1840～1898），又名蔡毓镜，字序东，号兆蓉。松阳城东人，光绪十五年（1889）恩贡生。与玉岩杨光垚友善，常以文章诗赋相切磋。工于诗文，善于书法，获得松阳人士钦仰。逝后，蔡梦芝为之悼诗："才高学富乐林泉，愿弃冷官效隐贤。讲道论文存手泽，敦诗说礼仰心传。饬躬久著成家法，教子尚遗负郭田。花甲未週身已逝，秋风秋水憾绵绵。"

潘益恭，字谦谷。庠生。工于诗画，离乡外游，在江西作幕宾，声名远播。

叶桂堂 字日胜，清末秀才。为人谦恭有礼，精书法，所书楹联，悬家中大厅："忠厚留有余地步，和平养无限天机。"字迹挺拔隽逸，观者赞赏。晚年嗜园艺，家园百花齐备；石榴花树，在全县尤首出一指。每年三春，满园花开，艳红骄紫，芬芳扑鼻。厅前八盆建兰，清香满屋。晚年吃素念经，年六十逝世。

叶葆初，字复夫，号小岑。松阳古市人。文章卓越，清真雅正；书法雄劲，尤工楷书。因此闻名于当时，与青田叶枝玉、章楷、杜师甫，丽水孙寿芝、许承礼等友善。光绪四年（1878），应戊寅科岁贡生，例授训导。中年精究医著，虽妙手回春，然而非至亲密友不肯轻试医术。五十八岁逝世，遗有《嫩石山房诗稿》，其堂弟叶葆彝为之校勘付梓。

徐　埙（1856～？），又名徐超伦，字友篪，号和庭。松阳城西人，系张重坊之长婿。幼承家学，工于书法，善于文章。光绪二十二年（1896），补为增广生。平生热忱公益事务，自谓"为地方生一事，不如为地方少一事；为地方兴一利，不如为地方除一害。"言行一致。入民国，公举为城区区议会董事。徐埙与其妻张氏，均享寿七十有余。一堂聚四世，三代无重婚。

叶士龙（1864～？），字萃伊，又名叶丰桓，号璧人，松阳塘岸人。例贡生。民国时期，历任古市贞静女学教员、东角垄养正国民学校校长。选举为松阳县平民习艺所所长。工书善画，尤精于工笔花鸟、篆隶及行书。

叶高崧（1870～1922），字翀鹤，号麓樵。松阳城西人。天资秀异，工书法，远近闻名。光绪三十年（1904）叶昭敦创办学堂，选送留学日本宏文学院，毕业回国后，在毓秀学校与叶葆彝、叶有麟诸先生为主任教员。宣统元年（1909），拔贡生。光复后，应袁世凯族弟袁世传（？～1929）之聘，教读数年，兼秘书校对。保举山西绥远县知事，未赴任。在扬州病逝。

连步青（1874～1945），字竹轩，号种竹山人。松阳城南人。善诗文，工书画。光绪二十五年（1899）拔贡，曾任养正高等学堂代理学监。善诗文，工书画，光绪年间创办松江书画院。一生教书为业，热心公益和风景名胜建设，负责管理救济院、官产会工作，不遗余力建造秀峰观，并赠写门匾及石柱楹联。

周绍濂（1877～1948），字霁光，号莲仙。系周远宠长子，松阳高亭人。仗义疏财，民国 7 年（1918）募建同德桥。工书善诗，尤精行书，其书名满乡邑，为时所重。遗有行书七言联"挺身任事为奇士；息心观化乃达人"。

杨志齐（1881～1915），字敏斋。松阳玉岩人，系周远普之婿。光绪十七年（1891），时年十一岁，参加县试，获得知县刘靖以笔砚作为嘉奖。之后，府试考取廪生。入民国，任玉岩区乡佐。受叶庆锡延请，任教于高等小学堂，精通文理，擅长楷书。英年早逝，令学堂师生交相恸哭。

何　修（1885～1927），庠名渊文，字若泉。松阳城南人。清庠生。入民国，任松阳县教育会长、富阳县教育科长、浙江省道局咨议、浙江省公署咨议等职。致力于端士习而振薄俗，曾变卖祖业筹资兴办尼宗小学；又曾办报社新学社。何修精通书法绘画，又擅长札记公牍以及诗赋联语。著有《玉泉山房诗文集》《小玉雪堂联话》等。被沪上商务印书馆录入名人籍。

何　岳（1887～1947），字萃峰，又名何仁寿。邑佾生，通音律，精书法，尤其擅长于石印（根据石材吸墨及油水不相容的原理创制的一种平版印刷）。松阳自治研究所毕业生。民国15年（1926），参与纂修《松阳县志》，负责缮写工作。

詹　渭（1887～？），字廉泉。松阳石门圩人。与何修（字若泉）、潘湶（字曲泉）为密友，相与探讨理学，号为“三泉”。工书法，善属文，精研哲理，兼通音律。处州师范毕业，又浙江大学县视学暑期讲习会毕业。历任民国学校教职员、松阳县视学、县教育委员会委员等职。20世纪60年代初，卒于广东。长婿潘涯（1907～？），松阳城西人，毕业于中央政治大学，历任全国抗日救国委员会委员、国民党中央党部组织部总干事兼理南京市党部事务等职。

江永田（1895～？），字子丰。松阳潘山人。有书癖，工于诗词、善于歌赋，常手不释卷，苦读不辍，因此往往以书盖腹而眠。毕业于省立十一中学。历任裕溪国民学校校长、潘楼乡乡长等职，兼躬耕务农。教育子侄严厉，其长子江崧权，毕业于高级测量学校。

杨士堪（1898～1973），字仲甫，号伴梅山人。松阳玉岩人。文质彬彬，且又善书法，挺拔有神，风度端正。投笔从戎，在军中手不释卷。民国时期，先后任玉岩区自治委员以及县长郑琴隐、祝更生（1907～1993）的秘书。两袖清风，如若在野。后祝更生起义从事革命运动，杨士堪以年老体衰为由，转而任教于毓秀学校、玉岩学校。以玉岩学校校长退休。

丁　光（1898～1996），字永明。松阳城南人。擅长美术，早年曾获艺术家姜丹书赏识。北伐期间，在缪斌部下任艺术股长，升上校宣传员。“四一二”事件后，回乡组织农民协会、县工会及“二五减租”宣传工作。民国15年（1926），负责《松阳县志》画图工作。热心教育，先后创办文进小学、私立国强中学、南强夜校。1956年，任杭州旭光工艺社技师，定居杭州。

阙家辉（1902～1969），字云松。原籍松阳石仓后宅，因系高焕然之孙婿，定居象溪。民国时期，历任石仓区初等小学校校长、民国革命军第二十六军政治部科员、吴淞要塞司令部参谋、独立第一师司令部副官、十七军第二师司令部副官。工书善画，书法在当时远近闻名，遗存颇多。后习医，精研《方药集录》《辨症奇闻》医籍。

詹开钱（1902～1974），字东之，松阳县城东门人。擅长绘画，尤精牡丹花鸟。民国16年（1927），上海中华艺术大学毕业。此后，毕生任教于县立初中并参与筹款建校。1959年被评为浙江省文教战线社会主义建设分子。曾当选为县第二届、第三届人民代表。詹开钱一生热爱教育事业，慷慨资助许多学生完成学业。其作品多次参加省美术作品展。

江天蔚（1905～2003），原名江德奎。民国 14 年（1925），加入中国共产党。先后毕业于原中国大学、法国博尔都大学。民国时期，任教于南京临时大学、中央大学附中。中华人民共和国成立后，在杭州高级中学任教。曾任浙江省民革顾问、杭州市民革名誉副主委。作为历史学家，编写了《匈奴史初探》《两汉与匈奴关系》《隋唐与突厥关系》等著作。作为书法家，创设了杭州钱塘书画研究社。

连逸卿（1917～2002），又名连超，自号江南浪子。松阳城南人。毕业于国立杭州艺术专科学校，从事美术教育和创作。曾在松阳创办战时中学（国强中学前身）。历任上海戏剧学院副教授、上海粉画学会会长、《上海美术志》编委。为抢救濒临灭绝的粉画艺术做出贡献。发表石板画、素描、粉画 130 多幅，其作品多次参加全国画展，其中一部分被国内外美术馆收藏。

谷子林（1934～2009），又名谷善。松阳古市人。画家。创作多反映松阳本土乡风。其代表作《千年古镇古市旧貌》图。

星　卜

柳　荣，东吴至东晋时期松阳人。天纪四年（280），柳荣随从东吴丞相张悌（236～280）去扬州，在船中死而复生，告诉众人说在北斗门下看见有人捆绑张悌。当时正值西晋伐吴，张悌渡江迎战晋军，以身殉国。事见《太平御览·卷八百八十七》引《搜神记·卷十五》。

詹国芳（1345～1430），又名詹国方。好堪舆术，性情孝友。元朝兵乱，亲不获葬。寇至，见詹国芳抱棺号泣，认为詹国芳是孝子而不忍心加害。服丧期间，詹国芳依旧悲痛伤感，居住在墓旁的庐屋守护坟墓。久雨导致庐屋倒塌，但没有伤到詹国芳，世人认为因其积德行义之故。

张梦庚，通易学，推算天文历法毫无差错。元末，被召为将幕。之后，在市坊卖卜。有个很多妻妾却没有子嗣的叶姓人找他占卜。张梦庚算卦后，改唐诗“自是桃花贪结子，错教人恨五更风”化为“不是桃花贪结子，却教人恨五更蜂。”叶姓人认为张梦庚“风”“蜂”二字混用，必定不识易理。不曾想，冒雨收蜂，群蜂云集，叶姓人被蜂蜇死。

曾师孔（1804～1874），字得一，号鲁庵。松阳午岭人。精通音韵字，咸丰十年（1860）恩贡。太平天国运动期间，避乱青田，师承端木国瑚（1773～1837），温州道府宪曾遣使商议军务。平生弹琴舞剑，讲求天文兵法，著有《星象指掌》《济世将略》《十三经补遗》等书。以其星日等学，授徒李良志（1833～1910）。晚年自号悯世老人，倡明正学。

包立俊（1849～1899），字英六，号秀三。松阳横樟人。邑庠生。幼年丧父，由其母潘氏抚育成立。包立俊性情孝顺，善体亲心。同治七年（1868），入庠。在杭州精研地理风水学，名声噪起。处事公正，为乡人所信服。著有《感应篇注释》《到随草》。现存《书室吟》《雨后晚眺》《良友》《思潘之江》《自责》《莲花寺归咏》等诗及《地理说》文。

李友梅（1841～1920），又名李如日，字之升。松阳里庄人。有才干，理乡党事，刚正廉洁。民国初，公举为厦田区议员。与蔡延周等众志一心，群情共洽，兴利除弊，为百姓赞赏。业外，又研究堪舆，誉享松阳、宣平两县。

徐葆原，字初生。松阳古市人。郡庠生。淡泊名利，精通堪舆。为人秉性和蔼，慎重寡言，但极负责任心，勇于任事。曾任古市区议长。凡地方兴革事宜，悉心经营，如清厘积谷、修筑安保大埭等。在古市声望极高。

张大猷（1876～？），字壮生，号仑村。松阳山下阳人。生平守正不阿，见义勇为。光绪三十年（1904），留学日本高等警务学校。入民国，获知事胡耀南授为玉岩区警官。谋划禁绝烟赌，增加农民生产；又劝玉岩各村互相友助，改善人民生活。后因抱负难展，退隐故乡，研习堪舆画卦。晚年嗜爱饮酒，热忱慈善，致力于规划山下阳村庄。

第五节 女 士

才 学

张玉娘（1250～1276），字若琼，号一贞居士。松阳城邑人。才情俱佳，身世却逢国恨家仇。家愁在于未婚夫沈佺宦游京师染病而亡，国恨在于宋朝遭遇元朝入侵几近覆灭。玉娘为情守节，为国愤慨。因此病从忧起，青春殒命。与沈佺合葬枫林（今址鹦鹉冢）。元人张献将其遗稿辑为《兰雪集》，明人王诏为其作有《张玉娘传》，清人孟称舜为其倡建贞文祠。

郑淑英，明代人。松阳竹囤郑师之女，沈庄王朱幼埲（？～1516）之庶妻，定陶王朱诠鑨（？～1552）之母，避讳尊称“郑太妃”。嘉靖二十九年（1550）六月，沈藩定陶王令谕藩府亲戚郑清等有印谕一道及《太妃神像图》一幅，并钦锡诰命御祭文一轴，令准立祠享祀，永远收藏。竹囤村后世奉之为神明。

潘景铣妻（1781～1862），黄圩黄国瑞之女，松阳城南人。知书识字。青年丧偶，当时婆母年老，四子年幼。黄氏善事婆母以孝且敬，教养四子以慈兼严。官府旌表，奉旨钦褒并赠匾“孝慈可风”。其孙潘益涛，品端学粹，精文艺，工诗赋。

杨振简女。杨振简，清代松阳桐楼人，清代贡生。培育三女，皆有才情淑德。长女叶杨氏（1805～1876），桐溪庠生叶题桐之妻，载入光绪《松阳县志》列女志；次女叶杨氏（1813～1834），酉田国学生叶景琛之妻；三女宋杨氏（1822～1896），杨家堂庠生宋凤翔之妻，载入民国《松阳县志》列女志。

叶门双节，松阳古市人。叶罗氏（1815～1889），系南州罗赠顺次女，国学生叶荐芗继室。生育三子二女，抚养前室之子叶玉堂视如己出。丈夫亡故后，守节33年，培育叶玉堂与诸子入学成名。光绪六年（1880），浙江学政张公赠匾“节励冰清”，并奉旨旌表节孝建坊。叶程氏（1832～1903），系古市大井头国学生程立朝长女，庠生叶玉堂之妻。27岁，丈夫亡故，仅遗留一子，坚志守节，一意抚育孤子。光绪初，知县储家藻赠匾“永矢柏舟”。又不幸孤子夭折，过继侄子叶亨敏为嗣，教养成立。奉旨旌表节孝建坊。

程贞女，其父亲程立朝，母亲徐氏，家住古市。未婚夫汪应巩亡故，程氏以悲情终身。同治十二年（1873），饶庆霖为之撰《程贞女歌》七言十五韵，并称程贞女“乃宋张若琼（张玉娘）之后仅见”。光绪年间奉旨建坊，该牌坊在古市下后塘角囤。

刘增嵩妻（1835～1906），东阁街季忠林长女，松阳乌形山人。识文字，擅长珠算、绘图之学。夫死子幼，念在“死节易而抚孤难”，孝奉公婆，培育儿子。其子刘可培（1861～1922），岁贡生，为邑名士。光绪四年（1884）奉旨旌表建坊。

汪涛妻，周士元胞妹，松阳古市人。读书明理，曾在女子界倡导“放足”。出嫁后，体爱丈夫，孝顺公婆。清末，汪涛于陆军大学毕业追随革命而被捕下狱。入民国，汪涛得以释放出监，然而不及两月又外出为国效力。周氏抑制夫妻离多聚少之苦，力挺丈夫之志。之后，居家以妇职兼修子仪。里人赠联“白发高堂无间晨昏问寝，青春流水不悔夫婿封侯”。

包宝玉，姜子全之妻，松阳北街人。贤惠淑德，知书达理。民国初年，先后任职于松阳成淑女校、松阳女子中学。包宝玉对学生宅心仁慈，排难解纷，人称“姜师母”；对子女悉心栽培，注重品学。其子姜涛，曾任国民某军炮兵司令，后投诚解放军任南京区炮兵教练。其婿叶梦麟，曾任国防部副官局少将处长。邑人尤为惊奇，誉之为“巾帼藻鉴”。

叶旭闺，叶成圭长孙女，松阳杨家堂人。处州女子师范学校毕业，载于民国《松阳县志》列女·女士。丈夫蔡世琅，省立十一中学毕业生，民国时期，任第二届学务委员，古市区教育会会长等职。

蔡旭姬（1902～1970），蔡世澄第三女，处州女子师范学校毕业，载于民国《松阳县志》列女·女士。丈夫叶霖（1902～1962），原名叶有霖，字颂卿，号友麟，系叶成圭之孙，松阳城北人，毕业于国立北京法政大学，历任浙江牌头公安分局长、江苏嘉定公安支局长。

叶月翟（1903～？），又名叶帏华，字烨煖，叶庆崇长女。民国12年（1923），毕业于处州女子师范学校完全科。任县立女子成淑两等小学校校长多年。夫黄湛（1898～？），先后毕业于北京私立畿辅大学校铁路管理预科、上海大夏大学教育科行政系本科。

刘采苹（1907～1993），系吴春泽外孙女、界首刘福求次女，徐图远之妻。松阳西屏人。先后毕业于省立女子蚕业学校、上海大厦大学。又曾在苏州函授针灸，因此精通针灸。是松阳第一个女子大学生。

吴温娥，吴朝冕三妹，赤岸人。姐妹四人，以书香门第，均能诗擅文。温娥适同村周家，家境富裕。念村中妇女不识字之苦，创办坤元女塾以启民智。以家中大厅为教室，购备桌椅，免费供应笔墨纸砚，赴全村及龄女生家中劝之入学。自兼教职与保姆，不辞辛劳。其妹肃娥，适古市周家，任古市贞静女子小学校长多年。

叶霞翟（1914～1981），松阳人。美国威斯康星大学研究院博士学位。民国33年（1944），回国任成都光华大学、金陵大学教授。民国36年，与胡宗南（1896～1962）结婚。1949年到台湾后，历任“中央妇女工作指导会”议执事委员、“中央青年工作会”兼任委员、“中国文化学院”副院长、台湾省立台北师范专科学校校长、文化大学家政研究所所长等职。国民党第十届、第十一届中央委员，第十二届中央评议委员。著有《家政学》等。

叶锦翟，叶庆崇幼女，上海法学院新闻系毕业，曾任上海美晚报记者、香港工商日报特约记者及台港公司顾问。后在美从商。夫阮维新（1910～？），南京中央军校第十期毕业生，后任台湾国民革命军第三军少将副军长。

宋若琼（1920～？），松阳杨家堂人。毕业于江苏省镇江师范学校。时值抗日，毅然投考中央军校第十六期政治科受训。之后，在第三战区三民主义青年团支团部、第九战区特别党部工作。抗战胜利，服务江苏省政府民政厅。1949年到台湾，执教基隆市立国民小学至退休。

宋淑持（1920～2010），松阳杨家堂人。毕业于浙江大学教育系，曾任上海市教育局小学数学科教研员、普教视导员；上海教育出版社编辑、副编审。参加编写、编辑上海小学数学课本教材和数学教学参考书，提倡用系统论思想指导教改工作。著有《松子评课》《小学数学练习设计》《小学数学应用题教学研究与实践》等。

贤 淑

毛彦清妻，元代人。长子三岁，次子在孕，婆母年迈。而毛彦清出游荆襄，因时值元代兵乱，杳无音信。叶氏居家侍奉婆母，抚育幼子，无微不至。经常以隋朝田真、田广、田庆三兄弟“荆花荣茂”的典故教育两个儿子，并反复告诫“兄弟和则家道昌”。后来，二子孝事叶氏，能够使得家室和睦，经过五世，依旧友爱同居。

杨进佳妻，姓刘。27岁丧夫，无子。刘母怜悯其年少寡居，欲令其改嫁。刘氏不从，引刀自刎，幸被家人及时阻止得救。嗣后，将血衣呈奉给刘母，以示誓无他志。享寿84岁。明嘉靖《浙江通志》见传。

潘经妻，姓包。25岁，丈夫亡故。当时家道贫困，二子俱幼，包氏誓志守节，教子有成。嘉靖间，事迹闻于当朝。朝廷表其门曰“贞节”，为包氏在城南官塘桥上立旌节坊。

毛凤华妻，明代人。24岁丧夫，子毛汝荣、毛汝章尚在襁褓。刘氏晨夕勤纺，抚育成人。及毛汝荣在外经商，毛汝章则在家奉菽水甚得欢心，族党尤以孝著。万历年间，获知县程子谏旌表曰“孝慈一家”。

徐扬辉妻（1495～1571），南山毛温之女。青年丧夫，训子徐万松（1526～1598）有“断机画荻”之风。徐万松以明经出仕，历任槜李训导、寿宁教谕、南安教谕，诚朴课士，劝民向学。

潘继恩妻（1587～1642），徐文魁之女。丧偶后，勤守家业，严训二子，十七年如一日。长子潘嘉满，增广生；次子潘嘉渶，贡生。病危对二子遗言：“唯望汝兄弟克振家声，式相友恭。”

王嘉富女，祖籍新安，徙居松阳。父患病，孝女侍药不离左右，不解衣带，无微不至。知县王天倪为之作《孝女诗》称赞“至孝从来称固有，独堪当世待褒旌。”

包逢第妻（1681～1764），姓梁，松阳净居人。侍翁疾而不倦，相夫子以惟勤。24岁丧夫，抚养儿子、继立侄子相继早逝。复继侄孙为嗣，置立祀田，躬勤纺绩，不惜劳瘁，更捐社谷三百石。乾隆二十四年（1759），邻族请报，知县吴凤章具详抚宪庄有恭（1713～1767）准请旌表。事迹载入乾隆《大清一统志》。

刘希敞妻（1706～1773），叶川头叶元袍之女，上安人。22岁丧夫，遗有二子年幼。家境非常贫困，叶氏冰霜自励，辛苦数十余年，家道逐渐兴起。而且刘希敞旧时出售田产，均被叶氏赎回。晚年仍勤于纺织。世人称其有古代贤母“敬姜”之风范。

叶闻锦妻（1722～1812），城北王作周次女。连遭，丈夫与前三子相继亡故，坚韧不拔，含辛茹苦培育四子叶如薏（1759～1815）为廪生。得享高寿，孙曾济济。

叶绍周妻，姓包，清代松阳石仓人。20岁丧夫，包氏理家教子，贤惠有如“敬姜欧母”之风范。得受总督李公、巡抚杨公、学政胡公赠匾褒扬。享寿70余岁。

叶成发妻，姓梁。其夫叶成发，多有修缮桥梁道路之举。乾隆十五年（1750）松阳设置社仓，叶成发踊跃捐社谷，知县吴公给匾以示旌表。嘉庆三年（1798），知府修仁以叶成发之妻梁氏“念姑老而疾，忍死相依；怜子幼而多，含哀守制。实为孝义兼顾，洵属厄穷可悯”等语具请详报。奉旨题赠，建坊旌表。

徐元河妻（1760～1827），白沙程登斑之女，松阳寺岭下人。12岁时父母相继亡故，主持亲丧，抚养幼弟，有“孝女”之誉。21岁丧夫，伺堂上双亲，抚怀中孤幼，始终如一，又有“孝媳如孝子”之誉。嗣后，亲族合祠请旌在寺岭下建坊，该牌坊于2003年被公布为县级文物保护单位。

徐清姓，山甫徐氏女，杨鼎甲之妻，松阳玉岩人。上孝公婆，下抚孤子，克尽孝慈之道。嘉庆二十四年（1819），获知县刘国龄以“节孝”二字旌表，道光二十五年（1845），又获知县汤景和赠句“郝钟遗范拟珩璜”，举人杨孙芝赠句“贞心皎洁映瑶池”。

徐宗儒妻，清代松阳大竹溪人。素姿幽静，秉性温柔，又能曲体公爹婆母之心，很有孝道。其婆母染病，千方百计医治不见疗效。王氏照料婆母，悉心调制汤药。婆母竟然得以痊愈。世人以“孝妇”称道王氏。

蔡廷光妻，云和庠生吴周裔之女，松阳蔡宅人。贞静柔顺。青年寡居，抚育四岁的儿子蔡桐封（1822～1870），恩勤备至，母而兼师，督课极严。且能动循礼法，深明大义，加惠乡邻。时人称赞其有“女丈夫”之风范。蔡桐封在其培养下，生性慷慨，见义勇为，不吝捐助公举、周恤贫人，世人称赞之“富而好礼”。蔡桐封候选按察司照磨。

程凤苞妻（1797～1862），姓徐。徐氏丧偶后抚育幼子，扶养尊长，克孝克慈，躬理家政，纺绩维勤，数十年如一日。体恤亲邻、和睦族党，受到世人赞颂。其子程友濂（1826～1884），恃母教成立，以监生考充山东圣宫府咨部，拔补六品赍奏厅。

叶盛燧继室（1814～1882），系黄圩寮登仕郎黄朝鉴之女，松阳五木人。28岁，丈夫亡故。育一男一女，并抚前室孤儿如同己出，孝事公婆，和睦妯娌，善待伯叔。持躬勤俭，守义贞顺。励节30余年。同治十一年（1872），恩诏举州县节孝，邻里耆绅公举具详，奉钦旌坊表。亲见四代，慈惠得报。

叶永芬妻（1820～1876），系外孟国学生孟学思次女，松阳古市人。29岁，丈夫亡故，未育子嗣。孟氏五内俱焚，誓殉夫死。公婆劝慰之下，重新生活，过继侄子叶葆铭为嗣。孟氏教养兼施，培育叶葆铭成为邑中名士。光绪四年（1878），知县朱庆镛赠匾“永矢柏舟”，并为之详报奉旨建节孝坊。

王学仁妻（1822～1905），松阳岗后人。城北邱亮荣之女。丈夫亡故后，家无余赀，全赖女工谋持生计，抚养孤儿长成。邱氏守志苦节可风，于光绪三年（1877），奉旨钦褒节孝建坊。知县赵联元赠匾“彤管流芳”，儒学徐公以“贞松并寿”褒奖。

毛羽询妻，姓潘，清代松阳毛庄人。29 岁丧夫，子毛振鹭年方 8 岁。潘氏守苦节，教养毛振鹭成立。知府王公赠匾“义方嗣徽”。

包人斗妻（1822～1892），松阳横樟人。横岗潘王荣次女。培育子女，皆有成就。其子包立俊，庠生，著有《感应篇注释》《到随草》。其婿潘益涛，岁贡生补授训导，著有《天香诗稿》。浙江学政徐致祥赠匾“义方教子”。

黄绍模妻（1827～1911），五都阳翁金财之女，松阳乌井人。民国 11 年（1922），总统褒语“传书画荻，欧母之慈训极严；行义旌闾，桓寡之恩光叠被”。

张廷梧妻（1829～1908），岗后王宣猷长女，松阳山下阳人。丈夫与夫兄夫嫂相继亡故，留下一子两侄俱幼。王氏含辛茹苦，尽心抚育子侄，等到侄子成家立室之后，才各分家。浙江采访局查报浙江巡抚部院，赠匾“彤管扬辉”以示褒奖。

刘如定（1830～1900），刘荣泰（1804～1900）之女，松阳小槎人。天性纯孝，自忖因母亲早逝而父亲年老无依，于是凭借女红谋求生计，为父亲供奉甘旨。光绪二十五年（1899），刘荣泰 96 岁，孝女也年届古稀，知府赵亮熙赐以鸠杖，并赠匾“期颐笃祜”。

刘德诚妻（1835～1914），城北毛懋南之女，松阳古市人。家徒四壁，古井青灯。抚育子女，皆有成就。其子刘光祖（1867～？），又名刘庆云，字子高，粤闽湘军诏抚使独立第一梯团司令部顾问官；其长女，出嫁项桥下武举人叶嘉雄为媳。

叶成楚妻（1845～？），姓张，松阳大塔头人。知书识字，举止端庄。于归叶门 4 年后丈夫亡故。婆媳二人，两代孀居，形影相吊。张氏孝事婆母，慈养遗腹子叶桐知。光绪中叶，奉旨准予建坊，并入节孝祠。知府赵亮熙赠匾“心澂冰雪”。民国 6 年（1917），获受银章白绶，褒题“节励松筠”。其子桐知为省议会议员，长孙秀松为县出纳员兼县参事会参事，次孙秀桂为浙江省长公署咨议县议会第二届议长，三孙秀芝为习艺所所长。晚景丰隆，得享高寿。

汤上姝（1847～1911），六都寺口附贡生汤懋昭（1818～1886）之女，松阳山下阳人。庠生张廷尉（1833～1879）因讼累冤死，汤氏痛不欲生，致力于为丈夫昭雪大冤。浙江采访局查报浙江巡抚部院，奖匾“彤管扬耀”。

陈步云妻，松阳古市人。生育五子二女。青年丧偶，家贫子幼。王氏辛勤教养，五子从事儒业商业，都有所成就。乡人齐赞王氏训子有方。

陈承魁妻，30 岁丧夫，三子俱幼，家境贫困，断炊乏食，屡次濒临绝境。有人劝其改嫁，刘氏不从。其父刘石照，80 岁经历丧子之痛，无依无靠。刘氏将其迎接到家中赡养，丧葬皆以身担当。道光间，教授李遇孙赠匾“勤孝完贞”。其子陈文潮，增生；陈文源，岁贡生。

潘嘉澍妻，姓叶。21 岁丧夫，上有公爹婆母，年老七旬；下有一子，年方周岁。为生计谋划，勉留存于世。后遭耿精忠攻入松阳，叶氏偕同婶氏避乱于山中，婶氏死，侄子被兵掳去。罄尽所蓄赎归侄子，并课训子侄读书，皆得游庠。

吴廷珠妻，姓钟，松阳城东下马街人。其婆母患病，钟氏在侧侍奉汤药，夜不解衣，整整三个月。在其悉心调护之下，婆母病愈。孝道闻著于乡党。民国7年（1918），知事钱世昌赠匾“孝思不匮”。

叶起淦妻（1863～？），姓吴，松阳大岭脚人。24岁丧夫，长子叶如松6岁，次子叶如兰3岁。吴氏励孝事公婆，抚养儿子。嗣后，叶如松于国语传习所毕业，任玉岩区议员、高亭初级小学校长。

叶克进妻（1863～？），系泉庄孟邻德长女，松阳古市塘岸人。27岁丧夫，矢志抚育一子一女，教养兼施。其子叶梦周（1887～1911）毕业于省立十一中学，染病亡故，遗下一孙仅满四个月，继而儿媳亡故，雪上加霜。孟氏抚育孤孙，孀守一生。民国11年（1922），知事吕耀钤详请，大总统题褒“节励松筠”并给白绶质褒章。

刘德刚妻（1872～1928），双坑口高贤进长女，松阳小槎人。婆母年老多病，食不下咽。高氏悉心养护，用乳汁喂养婆母。婆母病愈，得以享寿77岁。高氏训子有方，治家严谨。而且性尤慈善，凡有善举，必予以捐助。

周春芳妻，姓林，松阳包村人。侍奉婆母很是体贴入微，服侍四十余年如一日。婆母年过八十之后，智力与视力均患疾。林氏为之倾尽所蓄调治7年，白天怀抱婆母出房间洗漱梳理，夜里察看婆母在床上是否安睡，时常还敬奉茗醴果饵等美食。种种孝行，使得乡党里人称赞其孝道。

慈　善

丁朝议妻（1164～1256），松阳城南人。侍郎王松年之女。自幼学习《内训》，孝顺公婆，和睦妯娌，乡人都钦佩其淑德。淳熙十五年（1188），夫卒。无子，立侄为嗣。孀居冰节，有诏旌表。丁王氏捐田改东山庵作净严寺，筑石长桥、甃石板官路一千余丈，极富口碑。光绪《处州府志·卷二十二》见传。

周复妻（1519～1593），松阳城东人。城西义官毛文森之女。周复（1520～1567）平生慷慨仗义，曾出资倡建松阳城池，例充外府知事，未授官而卒。周氏孀寡，足不出户，一言一行合乎礼教。艰难苦志，抚育庶子周完（1562～1647）成家立业。周完克肖孝义，敦本务实，年逾八旬，仍能不辍吟咏，慷慨惠施。金华府判瞿公大加赏识周完，奖匾赠联。

周宠妻（1514～？），松阳板桥人。靖居包广亨之女。丈夫亡故之后，勤纺织，理家事，布衣素食，孝奉婆母。婆母感激道：“此生何以报之？”家中稍有盈余，则令其子周瀚办置祭田、修建祠宇、周贫恤孤。邻里族亲因之感怀详报官府，知县张勃赠匾“冰蘖”。

徐应凤妻，姓周，明代松阳人。秉性乐善好施。孀居苦操，时无间言。寿至百余岁，奉旨建坊旌表。其子二次举乡饮，袭冠带。知县林公登门拜访，以礼谒见，立碑亭以示表扬。

萧门婆媳，松阳城西人。婆母蔡氏，23岁丧夫，抚养年仅周岁的儿子萧元侯长大成人。娶媳许氏，善于相夫教子，令萧元侯安心在外经商，自己则闭户纺织，培养三子萧懋禧、萧懋学、萧懋爵，一廪二贡。在婆媳共同支助下，萧元侯经商有成，乐行义举。雍正七年（1729）饥荒，煮粥赈民。又因黄公渡屡屡有人溺水，造船以济。婆媳关系融洽，时人称道。蔡氏享寿94岁，许氏享寿85岁。

叶荣春妻（1800～1875），松阳葛山头人。横山庠生吴殿杰之女。青年丧偶，一女二男俱幼。吴氏刻苦自励，矢志孀守，率身示教。教谕周士芳赞曰：“宜其良贤内助，所贵桂兰传芳。”又能自持节俭，救灾恤患，从不吝惜。深受族党戚属称道。同治二年（1863），由县详准旌表。

林芳香（1807～1862），古市林石信之女，国学生周廷瑞之妻，松阳赤岸人。壮年丧夫，中年丧子。林芳香勤俭自力，周恤贫苦。咸丰四年（1854）独捐七百担田租重建松阳平济桥（后改为姥桥、马桥），咸丰十年立血嘱“拨桥拨渡捐助朱子祠”，并拨田113亩作“文德田”为全县童生县试卷费。嗣后，知县叶昭敦赠匾“彤管扬辉”，并奉旨准建坊，坊名“乐善好施”。

潘玉成妻（1828～？），姓李，松阳玉岩根坑人。李氏生有三子，丈夫与仲子、季子相继亡故，李氏含辛茹苦，与长子潘翁寿夫妇、寡媳仲子妻、季子妻同甘共苦，支撑家业。民国15年（1926），李氏时年99岁，一子三媳均年逾古稀，孙曾绕膝，五代同堂。命长子潘翁寿捐洋一百元资修县志，道尹沈公赠匾“急公好义”。深受时人敬重。

包登瀛妻（1834～1878），姓高，松阳靖居人。21岁丧夫无子。次年，公爹婆母相继逝世，遗下小姑子、小叔子，均年幼。高氏长嫂为母，教养成人，为之置办婚嫁。并能勤俭治家，所增田产，悉叔归于小叔子所有，毫不自私。亲戚宗族均称誉高氏大义。

吴连万妻（1837～1920），洋坑金遂茂之女，松阳周安人。金氏慈善为怀，力行善事，遣送儿子就读于卯峰书院。民国9年（1920），瓯海道尹黄庆澜赠匾“壶仪足式”。民国11年，大总统褒以“汲泉登鲤，姜妇腾广汉令名；课子熊丸，柳母创河东家法。”等词，并题“慈孝延庥”以表旌表。其子吴家骏（1855～1927），字声扬，廪生，善承母训，力行善事，如修造周安大桥、设立民立团、筹办小学、捐拔玉岩保婴田、捐赀修志等善举。光绪二十四年（1898）与民国7年（1918）两度饥荒，吴家骏母子设局平粜，救济灾民。民国15年，获知事陈惟俭赠匾“乐善不倦”。

叶蓂阶妻（1838～1912），松阳城北人。六都贡生周开岐三女。25岁丧夫，入继侄子为嗣。好行善事，如筑桥修路、修造寺院等等善举。同治七年（1868），独力捐建和仁石樵费款千余金，知县徐葆清赠匾“女中丈夫”。光绪九年（1883），知县皮树棠赠匾“节操松筠”。

李廷勋妻（1839～1913），东角垄国学生赖家时之女，松阳馒头山人。武庠生李廷勋（1840～1862）早逝，时年赖氏年24岁，育独子李起敬，以医药自娱，拾药治病，不取药资，活人无算。

叶门婆媳，松阳大岭脚人。婆媳相互依持，且乐善好施。婆母叶徐氏，于光绪九年（1883）慷慨捐出田租十担，拨归贞文祠，获知县皮树棠详请抚道赠匾褒奖。儿媳叶杨氏（1856～？），于民国8年（1919）捐助玉岩保婴局田租三担，获知事钱世昌赠匾褒奖。

张信寿妻，姓邱，松阳梨树下人。邱氏慈惠贤淑，远近交称。培育儿子张美松（1877～1958）习武应武试。科举废后，张美松专营中药厚朴贸易，并精心炮制成松阳特有的“盘香朴”，站稳药材市场。母子二人热心公益，邱氏80岁时，令张美松将寿宴经费用于修路建亭（杨光淦题跋亭名曰“祝嘏亭”）。后，张美松又独资创办梨树下小学、捐田为玉岩保婴局经费、捐资为神坛岭脚筑桥、捐资修县志等。民国15年（1926），县长陈惟俭赠匾“乐善不倦”。

陈家荣妻，姓包，松阳黄岭根人。青年丧偶，遗留一子9岁，延请老师教读，得以入县学为庠生。包氏乐善好施，曾在荒年有数十名饥民上门乞讨，包氏大度救济，令乡人所称道。得享高寿。

麻门双李，麻德芳妻，麻儒瓒妻，皆姓李，同为松阳桐榔人。秉性宽宏，深明大义，且能乐善好施，乡里得惠。麻德芳妻独力修建横水三孔石桥，并架构桥屋，费款千金；麻儒瓒妻慷慨捐田作为桐榔校舍基址。民国8年（1919），大总统分别赠匾褒奖。

潘学综妻，姓叶，松阳城东人。夫潘学综（1846～1876）遭遇家国动乱后，弃儒从商。夫妻二人，齐心鼎力，家境渐富。不料青年丧偶，始终不渝。民国8年（1919），奉大总统褒辞“课狄传《泷冈阡表》，有子成名；捐金造‘洛阳桥工’，在民遗爱。如此行谊，宜予褒扬”。并题赠“坤贞无吝”四字以示嘉奖。

程廷玙妻（1873～？），姓吴，松阳古市人。吴氏原本育有二女，丈夫、女儿相继去世。勤俭治家，除衣食费用外，家有余资则悉数用于慈善、桥梁等事业。民国15年（1926）捐洋一百元助修县志，道尹沈公赠匾“急公好义”。

刘凤云（1875～1933），松阳福村人。娘家黄坑口刘氏注重教育，刘凤云知书达理，贤良淑惠。虽家境优裕，一生布衣素食。又信佛经、通医理，以编草鞋积蓄周济乡邻，创办公益。因教育有方，二子俱有成就：其长子钟松，为将军；次子钟龄，为教授。刘凤云还用二子寄款，为樟村、后肖两所学校置办学田，并在家创设妇女识字班，其次媳丁琼章任教。

刘红梅（1920～2002），出生于松阳徐郑。初就读于古市小学，后到南京读书直至大学毕业。抗战胜利后，任职于浙闽考铨处。1949年到台湾，任教于台北市士林中学三十余年，获得全台湾“优秀教师”称号。又获全台湾“好人好事奖”和“现代孝行楷模”荣誉。曾任中国台北残疾人协会会长。1989年，念及故乡医疗落后，在古市镇开办“红梅医院”。

贞　烈

柳　朱，东吴松阳人。守节不肯再嫁，终身不改，身死不顾。太平二年（257），时任会稽太守濮阳兴（？～264），垂询郡门下书佐朱育可知当世贤人。朱育向濮阳兴评论了当朝十四位人物，其中两位女性人物。一为松阳人柳朱，“一醮守节，丧身不顾”；二为永宁人翟素，“遭寇劫贼，死不亏行”。濮阳兴听后，称道“海内之英”。事迹载入《会稽典录》。

周毛氏（1327～1355），元代松阳人。至正十五年（1355），跟随丈夫避乱麻鹭山中，被贼擒获。贼胁迫周毛氏，从其意，则施之金钱；不从其意，则取之性命。周毛氏说：“宁剖我心，不愿汝金。”贼于是用刀在周毛氏身上比试，再次恐吓。周毛氏誓死不渝，骂道：“碎冎贼，汝碎则臭，我碎则香。”被贼刳肠而死。事迹载入《元史》。

吴质妻，明代松阳横山人。系骥湖潘永祥之女。正统十四年（1449），宣平寇起，松阳百姓避难于横山寨。因十九都何志福勾结贼寇，横山寨被贼兵攻破。潘氏受贼兵威力恐吓，坚持不从，从容朝家一拜，抱子投崖而死。州府为之立旌节坊。事迹载入康熙《浙江通志》。

吴荣妻，姓项，有姿色。项氏在楼绩麻。鸥童上楼偷窥并调戏项氏。项氏随即叱怒，坠楼而死。邻族哀之，向官府控告。官府将鸥童入刑，将项氏以礼安葬，并旌表为烈妇。事迹载入康熙《浙江通志》。

叶三妻，明代松阳人。叶三以卖柴为生，蔡氏谨慎处事。叶三久病，蔡氏织作布帛买药供养叶三。叶三病情危重之时，生怕死后妻子受苦，手执蔡氏留言说："我死之后，你就改嫁，不必为我服丧。"蔡氏听后，梳洗更衣走到叶三面前，从袖口拿出刀说："我先嫁了。"刎颈而死。叶三惊叹随之而死。事迹载入康熙《浙江通志》。

周廷辉女（1432～1449），明代松阳人。正统十四年（1449），宣平寇起，周氏避难于横山寨中。周氏时年仅十八，有姿色。贼兵至，欲迫使周氏去，周氏不从。贼兵即用刀抵住其颈部，周氏毫不畏惧地言道："宁杀，决不汝污！"遂被害，乡人哀而葬之。事迹载入康熙《浙江通志》。

徐日华妻（1629～1646），姓叶，明代末年松阳人。顺治三年（1646）夏，兵入南州。叶氏避乱于山谷间，遇贼逼迫，坚贞不从，坠岩而死。事迹载入康熙《浙江通志》。

高攀桂妻（？～1646），姓徐，松阳象溪人。早年丧夫。隆武二年（1646）夏，清贝勒博洛和浙江总督张存仁率兵连陷温州、金华，入境劫掠。高徐氏面临强夺而不屈，自尽。

毛杰妻，姓刘。康熙十三年（1674），耿精忠兵陷松阳。刘氏为避兵燹躲入山中，被寇所获。惧寇玷污，行至崖壁下临深涧处，投涧而死。时人尽哀之。

项继彝妻（？～1674），姓叶。康熙十三年（1674），耿精忠兵陷松阳。耿兵看见叶氏颇有美貌，顿起色心，欲行玷污。叶氏骂不绝口，誓死不从，被耿兵剖腹而死。

魏文瑞妻，姓周，松阳力溪人。家道贫寒，周氏勤于家务，以女工辅助丈夫。乾隆二十四年（1759）春，魏文瑞表兄夏显趁魏文瑞外出四下无人，调戏周氏。周氏声色俱厉，被夏显持刀强逼。周氏依然不从，竭力号呼反抗，被夏显杀害，死不瞑目。魏文瑞回家见状后报官。官府惊叹周氏节烈，题请建坊旌表，并将周氏入祀节烈祠。

潘门三节，潘叶氏（1744～1835），叶川头庠生叶振之女，潘元森之妻；潘萧氏（1748～1822），古市萧如琰之女，潘元联之妻；潘洪氏（1755～1822），古市庠生洪浦之女，潘元铨之妻。俱为古市下街人。三氏年少孀守，称"一门三节"。嘉庆二十四年（1819），奉旨钦褒节孝，仝立三节坊。

汤永鳌妻（1751～1834），桐榔叶绍盛之女，松阳呈回人。26岁，丈夫病殁，亲老子幼，茹苦含辛，以妇道孝养公婆，以母慈教育孤幼。奉旨在呈回建坊旌表，节孝坊虽已倾圮，但现存"节孝"牌匾。上款：兵部侍郎巡抚浙江等处地方提督军务帅承瀛；下款：为国学生汤永鳌妻叶氏立，同治十二年岁次癸酉孟秋之吉。

徐成龙妻（1753～1837），系珠岱程德满次女，松阳山甫人。23岁，丈夫亡故，育一子未满2岁。程氏孝公婆、抚孤儿，仿效欧母"画荻教子"，有玉岩佾生叶延华赠联"心严冰雪在瑶池，夜分灯红为课儿"。嘉庆二十四年（1819），其子庠生徐邦光为母请旨，得获旌奖建坊。道光二年（1822），节孝坊在山甫建成。仿木青石三间四柱三楼硬山顶。

洪溥侧室（1757～1832），松阳古市人。27岁，丈夫亡故，守节四十八年而卒。嘉庆二十四年（1819），钦褒节孝建坊，晋封孺人。道光六年（1826）建坊于古市城头洪氏宗祠右侧。牌坊犹存古市城头街，坊高7.5米，通面宽5.3米。仿木青石结构，三间四柱五楼，硬山顶。正楼石匾竖刻"钦褒"，明间额枋刻"古井无波"四字。

黄门三节，黄叶氏（1757～1834），儒童黄元渊之妻；黄叶氏（1761～1817），贡生黄元楷之妻；黄潘氏（1767～1809），监生黄元淳之妻潘氏。松阳叶村人。黄氏胞兄弟三人，相继早逝。三妯娌相互扶持，抚育子侄，恪守贞节。奉旨于道光元年（1821）在叶村仝立三节坊。该牌坊三间四柱，无脊顶，仿木青石结构，石雕工艺精湛。2004年，因石质分化而倒塌。

潘光武妻（1765～1838），旧市观口徐天佑长女，松阳城东人。28岁，丈夫亡故。遗有一子，年方3岁。徐氏守节46年。知县刘国龄以徐氏青年守志，白首完贞，据实上报，奉准入祀节孝祠，并于道光十六年（1836）立节孝坊。此坊存于明德社街（今址县城十字路）潘氏家祠前。仿木青石三间四柱五楼硬山顶。

叶万挺妻（1766～1827），系古市下街潘元森次女，松阳古市人。25岁，丈夫亡故，恸不欲生，投井殉夫。幸被营救，在公爹婆母涕泣劝慰下，以抚育孤子为重，矢志守节。孀居近40年，孝慈兼尽，人无间言。光绪五年（1897），奉旨建节孝坊，题刻“比国忠良”四字。牌坊在古市塘岸叶氏宗祠门左。

刘邦诏侧室（1767～1825），系界首陶永福之女。23岁，丈夫亡故，守节36年。旌表在界首赐建节孝坊，犹存。嘉庆二十五年（1820）牌坊建成，坊高6.5米，通面宽4.8米。仿木青石结构，三间四柱三楼，硬山顶。正楼石匾竖刻“钦褒”，明间额枋横书阴刻“节孝”。

刘昌桔妻（1770～1858），系百步王万章之女，松阳乌形山人。16岁于归刘门，生育二子。23岁，丈夫亡故，矢志守节，勤俭教养，备尝艰辛。府县得知其事，详请表扬，奉旨钦褒节孝，准予建坊。

张履泰妻（1778～1858），系古市吴大勋之女，松阳山下阳人。产一男一女，俱早殇。含泪不敢哭泣，恐伤公婆心。21岁，丈夫亡故。矢志守节，孝事公婆。抚侄为子，视如己出，延师督课，家政井然。道光十年（1830），奉旨建坊，并赐“松贞柏操；玉洁冰清”八字。节孝坊在山下阳张姓祠前，精巧异常，为松阳坊表之冠。

吴起敬妻（1783～1855），系四都河村刘廷扬次女，松阳大竹溪人。青年孀居，家计穷困以至于生活难以为继。然而刘氏矢志坚贞，勤事纺绩，抚养儿子成立。道光二十八年（1848），由县详报，旌表坚贞，准予建坊。

徐希霸妻（1790～1846），系城北国学生郑廷玠之女，儒行国学生（1791～1811）之妻。松阳城西人。22岁，丈夫亡故。之后，为夫立继，守节36年，逝后与夫合墓。奉旨在城西儒行坊街立有节孝坊。

吴邦中妻（1790～1879），系石仓源后宅例贡生阙廷对次女，松阳大竹溪人。22岁，丈夫亡故。矢志守节，义方训子，慈严兼备。子孙得以游庠食饩，女儿配嫁山下阳贡生张鼎铭。道光二十五年（1845），详报奉旨旌表建坊。晚景丰隆，得享高寿，无疾而终。光绪六年（1880），入祀节孝祠受享春秋二祭。

徐怀义妻（1799～1858），系城东程彩亮之女，松阳寺岭下人。生而婉娩，幼即矜庄。事舅姑而有礼，相夫子以无违。勤于纺绩，篝灯佐读。丈夫亡故后，抚育一子一女，教养兼顾。其贞节为邻里推重，具结请报，于咸丰三年（1853）钦准建坊。因遭遇太平军兵乱，牌坊未能建成。光绪十七年（1891），贡生潘益涛作《程孺人传赞》。

孟起钰妻（1812～1858），大石叶上林之女，松阳外孟人。咸丰八年（1858）三月，太平军攻陷松阳。叶氏被兵劫持威逼劫色，视死如归，声色俱厉道：“人生百年总有一死，与其被污而生，不如守节而死！”遇害。

程福秀（1815～1896），系下马街程兰发长女，何其钊之妻。松阳城东人。因遭遇兵燹之灾，丈夫亡故，时年五子年幼。程氏忍耐饥寒之困苦，勤俭操持作业，抚养幼子长大成人。光绪十年（1884），蒙岁贡生包世清等乡绅禀请详报，府台刘公赠匾“节凛冰霜”，学政祁公赠匾“彤管流芬”，并奉旨旌表准建牌坊。

詹汝楫妻（1816～1858），姓刘，松阳城东人。青年而寡，操持家事，孝事婆婆，训教二子。遭遇太平军兵乱，骂贼身亡。

张文煌妻（1822～1905），系六都监生项起淳之女，松阳城西人。张文煌亡故后，项氏以柏舟矢志，刻苦自励，勤作纺织，教养二子。守节四十余年。学宪张嘉亨奏准，钦表节孝，建坊，并赠匾“彤管流芳”以示褒奖；知府赵公赠节孝对一双；知县刘公赠八旬荣寿《寿》字一轴。

张门双烈，张东铭妻（1822～1862），姓郑，遂昌长濂监生郑宝桂长女，庠生张东铭（1822～1862）之妻；张重润妻（1831～1862），姓祝，石马铺庠生祝时雍之女，张重润（1832～1858）之妻。松阳山下阳人。太平军攻陷松阳，郑氏祝氏被掳，大节不可夺，临难不苟且，为保全村人性命，视死如归。同治元年（1862），由县详准，旌表“节烈”。

张家运妻（1822～1908），遂昌长濂郑伯林三女，松阳界首人。性孝顺，婆母年老病卧在床，郑氏亲侍汤药不稍离。咸丰八年（1858），太平军拥入张家，搜索钱财，因一无所获而震怒。郑氏哀求，太平军将其婆母拉倒在地，并举刀砍杀。郑氏挺身而出，为婆母遮挡，被砍得遍身血流，痛极而晕。最终，郑氏获救而婆母遇害，晚年仍自我归咎。

赖廷球妻（1827～1893），系岗后王绍圭之女。松阳东角垄人。赖廷球，字宝珊，号莹圃，咸丰七年（1857）贡生，37岁英年亡故。又时值国家动乱，屡遭兵燹。王氏自严闺范，青年守节，抚养子女成人。光绪十八年，详报以“节孝”，奉旨建坊，并准入节孝祠。

陈珠珠（1837～1858），女，大石陈兴科之女，许字遂昌城内李雷孙为媳，未过门。咸丰八年（1858），太平军攻陷松阳，陈珠珠被掳去逼奸，誓死不从，殉难。

叶春庭妻，姓吴，松阳城西人。23岁，丈夫亡故。吴氏立志守节，含辛茹苦，守志30年，抚育二子至于成立。其长子叶知时、次子叶知润，皆青年入泮。光绪五年（1879），学政黄公，会同督抚，题请旌表，奉旨准予建坊。

刘国垓妻（1837～？），系叶川头叶宗东长女，松阳上安人。24岁守寡，苦节40余年。光绪二十六年（1900），由县详报，闽浙总督许公、浙江巡抚余公、学政文公会奏，旌表建坊，钦褒“节孝”。

潘益忠妻（1844～1905），系大塔头廪生叶琼林次女，松阳城西人。自幼学承父训，知书达礼。16岁于归潘门，婚后4年丈夫病逝。叶氏守节，抚育孤子长大成人。其子潘芳兰，能够克承先志，孝事母亲，为乡人称著。光绪二十六年（1900），援例请旌，奉旨建坊入祠。知府赵亮熙赠匾“松贞柏节”。

许为枋妻，姓刘，松阳城西人。许为枋常年抱病。刘氏 19 岁于归许门后，悉心侍奉汤药。无奈半年后许为枋病逝。刘氏痛不欲生，义不忍死，立志守节，抚育嗣子。62 岁而卒。获知府赵亮熙赠匾“彤管清芬”，继而又奉大部准予建坊。

潘学智妻，姓吴，松阳大竹溪人。21 岁，丈夫亡故。吴氏心同冰雪，操比柏舟。却不幸遭遇儿子夭折，决计自尽，被亲戚劝阻。嗣后，吴氏抱养义孙，并继侄孙，共同教养成人。知府赵亮熙闻知吴氏贤节，赠匾“贞松介石”。继而又奉旨褒奖准予建坊。

蔡莲书（1925～1942），名医蔡观淮长女，松阳城西人。尼宗小学毕业，居家助理家政，知书达礼。民国 31 年（1942），日本侵略军侵陷松阳，飞机袭击县城之后进山搜查。蔡观淮一家避往松山村，蔡莲书为救护家人而被日本侵略军掳掠。日军欲加凌辱，蔡莲书矢死不从，以一弱质不为威屈，洁身相抗，遇害。儒士刘德元赋五言长诗《挽蔡烈女》凭吊。

叶元玠妻，毛氏。奉旨立节孝坊，坊在县东下马街，已倾圮。

阙凤诏妻，叶氏。奉旨立节孝坊，坊在市堪头横街，已倾圮。

沈继莱妻，叶氏。奉旨立节孝坊，坊在县北毛祠前，已倾圮。

叶永绳妻，纪氏。奉旨立节孝坊，坊在北乡王村，已倾圮。

第六节　客　籍

游　宦

丁　蕃（？～203），东吴人，松阳长。建安八年（203），因拒受将令，被东吴名将贺齐（？～227 年）斩杀。事见《三国志·卷六十》。

孔松阳，东晋人。只知姓孔，不知名甚，籍贯山东曲阜。在任松阳县令之时，性度雍容，莅政清平。当世玄言名流孙绰（314～371），作《孔松阳赞》：“德器纯固，基宇高邃。荆玉不足论其温，南金未能方其砺。……于穆我侯，含和体纯。行范乃祖，德冠缙绅。降迹垂化，泽侔三春。超然遐举，遗爱在民。”松阳黎民感念，为其立像建祠。

钮　滔，东晋人。籍贯吴兴，举孝廉，仕松阳令。著有《钮滔集》五卷。其母亦著有《孙琼集》二卷。据《隋书·志第三十·经籍四》著录。

宇文弁才（538～615），据《随故永嘉郡松阳县令宇文府君墓志铭》记载，墓主宇文弁才，“大业四年（608），改授永嘉郡松阳县令。刚柔迭用，宽猛并施。训□（缺字）礼义之方，汲引忠信之道。弦歌表德，□（缺字）颂称仁。庶当永享遐龄，用尊三寿；岂谓奄从朝露，长幽九泉。以大业十一年八月四日，暴终于位，春秋七十八。”

桥岳珍（581～638），据《大唐故陈州宛丘县丞桥公墓志铭并序》记载，墓主“讳岳珍，字岳珍，京兆万年人。少以名家子补清庙台斋郎，执心谦恭，有逾同位。准考放选，拜颍州参军，迁松阳尉。震树名迹，声满闾阎。又转舞阳主簿，复改宛丘丞。性奢费，谓禄以代耕。素无积产”。

孟景仁（646～720），据《大唐故衢州龙丘县令孟府君墓志铭》记载，墓主“君讳景仁，字景仁。识用潇洒，进止郁若断山。秀才擢第，解褐绛州翼城尉、河南府济源尉，拜蒲州司法参军事，贬授栝州松阳令，又拜泾县、龙丘二县令。”其为政“德化大行，谣颂盖口（缺字）矣”。其治家则“以孝友着四海”。

赵全壁（？～722），据《大唐故朝议上护军缙云郡司仓参军赵府君墓志》记载，墓主“讳全壁，字昇，河南洛阳人，景云年授缙云郡司仓参军。公敦睦斯道，沮劝有方。加以每岁有年，人皆赖之。寻加检校本郡松阳县令，褒其能也。秩满归休，养高不仕”。

李　邕（678～747），字泰和，江夏人。唐开元四年任松阳令（据刘建华《李邕年表》及朱关田《李邕年谱》）。为叶法善撰书《唐故叶有道先生神道碑》，后人所传李邕因梦觉，至丁字下数点而止，故此碑又称“丁丁碑”；还因传叶法善夜追其魂而书之，俗谓“追魂碑”。其说系神话，且所署官衔年月与史实不合，故不足据。原碑无考，今之所见为明人仿照重刻本（见本志典籍文著·文选·碑志）。欧阳棐《集古录目》、陈思《宝刻丛编》俱作：“松阳令李邕撰并书”。

陈　时，松阳县令。天福四年（939），松阳遭受严重大旱。陈时作为县令，到百仞山（独山）下龙母庙，为民祈祷降雨。祈祷过后，只见有白龙显现，大雨随至如注。于是陈时将此祥瑞上报朝廷，朝廷改“长松县”（后梁开平四年至后晋天福四年即910～939松阳县名）为“白龙县”，并敕龙母庙为白龙瑞现夫人庙。夫人庙存续至今。

王祖道（1039～1108），字若惠，闽县（福州）人。治平三年（1066）进士，出任韩城尉，知松阳、白马两县。出知汀州、泉州。元符元年(1098)，入京为官，历任户部员外郎、吏部员外郎、兵部尚书、端明殿学士、刑部尚书等职。

梅　溶（？～1121），浦江人。初任单州助教。70多岁，改任松阳县丞。当时正值青溪方腊起义，连续攻下杭州、歙州等六州五十二县（浙江省全境及安徽、江苏南部、江西东北部的广大地区），东南震动。松阳县丞梅溶因势不能敌而战死。侄子梅执礼（1079～1127）启奏朝廷，朝廷荫封了梅溶两个儿子梅敦时、梅敦成。梅敦时后为遂安令。

黄　衮（1107～1183），字季章，永嘉人。登宋绍兴二年（1132）壬子进士。任松阳知县，以贤明称著。其裔孙黄应发（1283～1325），字子舒，号乐庵，元至大年间（1308～1311）任松阳县儒学教谕，明洪熙（1425）赠少保大学士。

陈俊卿（1113～1186），莆田人。曾任松阳知县，爱民革弊，不徇势利。登绍兴八年（1138）戊午科榜眼，授泉州观察推官。后擢入朝，屡上直言，申辩张浚被诬，力攻秦桧误国。乾道五年（1169）官至右相，后因与左相虞允文不和，出知福州。淳熙九年（1182），致仕。逝世后，谥号“正献”。《全宋诗》选录其诗九首。又：元至大年间任县尉陈俊卿，永康籍。

陈　戒，乾道二年（1166）任松阳知县。在任期间，严于律己，清白廉洁。劝民义役（南宋应役户互助的一种方式），从而平息因争论而引起的诉讼。陈戒在为官任上逝世。为陈戒披麻戴孝的百姓多达数百人。

蔡　任，字子重，南宋永嘉人。庆元二年（1196）赐进士出身。嘉定十年（1217），任松阳知县。当时浙江以东阳、平阳、松阳三县，号为“三阳”，普遍认为较难治理。新任知县蔡任在衙门拟联“我与斯民同一性，孰云此地号三阳？”并躬身于明农劝学。在其宽仁的政教感化下，松阳百姓不檄而令行，不朴而事治，不征呼而赋集，境内大治。

王　圭，南宋吴郡人。绍定间（1228～1233）为丽水主簿。秩满，代理松阳政事。惠政在民，百姓安居乐业，知府上报王圭的政绩事迹，朝廷下诏由代理转为正式职务。任职松阳知县期间，正疆界，并刊定了经界版籍。

高　彭，南宋绍兴名儒。淳祐间（1241～1252）任松阳知县，修饰文庙，留心教育。淳祐七年（1247），叶茂宏登进士第，闾里荣之。高彭于是邀请处州知州马光祖作文记载松阳科举荣耀。淳祐八年，身为松阳外甥的马光祖，怀抱拳拳赤心，题撰《进士题名碑记》。

黄镇周（1212～1274），字则有，平阳人。绍定二年（1229）进士，淳祐间任松阳知县，心羡陶渊明，能自省政事，遗有古诗《种秋亭》《信美堂》。后以功升婺州府通判，累阶至朝奉大夫。

赤盏显忠，字遂良。初由廉访迁为松阳令，元贞二年（1296），在县治增建遗爱堂，并建学立师，撤旧更新儒学。岁旱，赤盏显忠去神祠躬祷求雨，与神明约誓，三日内下雨则修祠，不下雨则毁祠。等到他乘车返还时，雨随之而来。离任，士民立石刻《去思碑》，学士张伯淳为之记。

伯颜海牙，大德（1297～1307）初，为松阳令。首捐己俸，经理县治。新修儒学、公署，广受士民称赞。

买　住，字从道，家世唐兀氏，居河北广平。元统元年（1333），登进士第。任保定路安州同知，转松阳达鲁花赤（蒙古语，原意为“掌印者”，成吉思汗在各城设置“达鲁花赤”即督官）。莅官，政德彰著，百姓为买住立有四块碑：《善政碑》《新筑宣公堤碑》《遗爱碑》《去思碑》。松阳县谕季仁寿为之记。

方明安，字泳道，会稽人。元元统年间（1333～1335），由金銮侍直出任松阳宰。廉明并蓄，宽猛兼济，整顿逻卒邮兵，安顿百姓生产。尤其留心学校，每逢月历初一和十五开课讲习。公务之余则偕同僚属乡绅赴学赋诗弹琴，引导他们舍利趋义。至正四年（1344），方明安已逝世十年，但松阳百姓仍然怀念他，勒石“去思碑”歌颂其功德。

孙德润，字以诚，元代钱塘人。以江浙行省掾史来松阳主政，鉴于籍田不切实际，劳役没有章法，于是，契合郡符下颁的时机，孙德润力行“计亩均役令”。躬身指导，完成田亩的丈量，区分土壤贫瘠与肥沃的等次，徭役开始均衡有凭。之后，又鉴于役敛，劳役、租税众多纷杂，孙德润只是按照核实的征收。百姓悦服，录平役事迹刻碑记之。

石　骥，字天骥，河南濮阳人。洪武时期松阳知县。明敏果断，吏民不欺。当时军饷繁多杂乱，石骥与幕僚杨椿力行“计亩法”，经过三年，各项事情安排妥当，赋役公平课税。百姓为石骥政绩立有《邑令石公平赋役碑记》。逝后，入祀松阳名宦祠。

王　公，知其姓王，失其名，籍贯山东。明洪武间任松阳县主簿。当时正值用兵之际，衙署公文催促征收各种军需供应，民众被逼迫得不堪负担。王公日夜奔走，废寝忘食，设法措置，以身当民。有时被奸猾之吏斥责，也只是顺从地接受，绝不把斥责之辱转嫁给百姓。到他离任的时候，百姓非常惋惜，大儒练鲁特地赠文送别。

何彦信，广东宝昌人。监生，建文三年（1401）松阳知县。勤于政事，对百姓的安抚体恤有方。升工部郎中。

马　骥，山东肥城人。景泰年间，由监生任松阳知县。正大严谨，历任九载，无少玷。

刘　琬，字德资，江西宜春人。成化十四年（1478）戊戌科进士。任松阳知县。清慎公明，抑强扶弱，在任2年，政绩卓越。开辟青云衢，新修观德圃，建造独山桥，修造城隍庙。以内艰去，行李萧然。调上海县，修整学宫，政绩卓著，升任南京御史，出知松江府。官至副都御史。邑人爱而思之，后入祀松阳名宦祠。

吴　泰，字昌期，江浦县人。明成化八年（1472）进士，成化十年（1474）松阳知县。疏通明敏，公勤廉干，在任3年，擢南京浙江道河南道监察御史。历任抚州知府、福建盐运使左参政、广东右布政使。所到之处皆卓有政绩。

王文钦，字宗尧，号笔峰。保昌（今广东南雄）人。明弘治二年（1489）举人，六赴会试不第。授浙江松阳知县，詹宝《送松阳邑侯王君朝觐图序》赠之。后以忤上官罢归。家居三十余年，以诗文自娱。年九十卒。

唐　恩，嘉定（属上海）人，正德年间松阳知县。唐恩操行廉洁，自身日常生活的供养极其微薄，穿戴甚至还靠家人的纺织。然而，唐恩在任期间，保百姓如婴儿，不仅风调雨顺，而且有惠政。不久，唐恩任中去世，所遗留的财产仅够办理丧事。举县民众，闻而悲之。之后，入祀名宦祠。

陈嘉谋，字仲询，福建长乐人，民国版《松阳县志》作“陈嘉谟”。正德十二年（1517）进士，授松阳县知县。兴学校，劝耕桑。以信誉行政，节用爱民，利兴弊革。以廉洁立身，严于驭吏，尤其痛恨弄虚作假的乡吏。因之，松阳风俗大变，政治清明，离任后百姓依然思恋。之后，陈嘉谋历官韶州同知、应天治中肇庆知府、广东按察司兵备副使。

江应昴，字文冬，号一洲，湖南攸县人。嘉靖年间，郡丞。才干明敏，遇事敢为。任松阳县知县，政清讼决，百废俱兴；丈量田亩，高度得法。因此，深受松阳百姓爱戴。邑人徐梦易修志成而未刻板印刷，江应昴捐资促成。

魏良弼（1492～1575），字师说，号水洲，江西新建（属南昌）人。师从王阳明。嘉靖二年（1523）进士，授松阳知县。兴学立教，修葺尊经阁，开辟棱星门前路。朔望，引导诸生讲“明德新民”之学。春秋，劝农耕植。审案，不假刑，一讯而决。满秩，升刑科给事中。后官至太常少卿。逝后，谥号忠简。松阳士民奉其入祀名宦祠，并立有去思碑。

张　贺，福建龙溪人。嘉靖年间松阳知县。行政崇尚宽简，对酷吏则给以呵斥，待百姓则如同家人。公务之余，诣学讲艺。张贺作风节俭，慎用公费，将节省下来的俸金用于文庙重修。对下不敛财，对上不奉承。凡有公务从不破格接待。当得知前任知县多取了俸金后，暗地里用自己的俸金补上。后来离任，松阳士民奉其入祀名宦祠，并立有遗爱碑。

林　璧（1503～1568），字茂东，号云溪，福建侯官人。嘉靖八年（1529），登进士第，授松阳知县，审案剖决如流，令百姓诚服。嘉靖十五年改维阳（扬州）郡博。之后，官至建昌同知、广东岭南兵备佥事。嘉靖三十四年，林璧辞官归里，自此不入公门，居家日课子侄学业。著有《云溪集》十卷，后多被晚明藏书家曹学佺编入《历代诗选》。

胡　云（1486～1545），字雨之，别号霁斋，江苏无锡人。嘉靖七年（1528）戊子科举人，仕松阳知县。在任期间，胡云秉性刚方，不畏强御，勤政励行，礼遇文士。甚至乐于作月老，帮助穷人娶妻。胡云在职期间正值采冶的事务繁重，使者的车马频至，王内监、魏千兵，都以朝廷任命使者的身份，驻守在松阳督促。胡云不为权势屈服，民赖以安。

罗拱宸，柳州马平人。光绪《处州府志》作"罗拱辰"。嘉靖年间，由举人任松阳知县。嘉靖三十二年（1553），倭寇入犯江浙，滨海数千里同时告警。罗拱辰率兵民抗御，朝廷称为"能以孤军当劲敌"，破格升任浙江按察司佥事。著有《战守二议》，论及固城防守、击御倭寇的方法及公正赏罚、精于教练等内容，辑入胡宪宗编纂的《筹海图编》中。

万　鹏（？～1557），字汝南，武进（属常州）人。嘉靖三十二年（1553）进士，仕松阳知县。立心正大，凡案牍必亲力亲为。尤其留心学校，朔望讲解，孜孜不倦。均徭厘弊，善于教化刁民。他规划城墙，并在东北城门着手筑造。就在此时，改任新昌知县（筑成新昌县城墙）。离任时，公布在职财政，廉洁无染。松阳士民奉其入祀名宦祠。

张　勃，号仰川，贵州人。嘉靖年间松阳知县。居心温和平易，节约用度，爱护百姓。对待乡野平民、豪门大族，都一视同仁。3年后，院司认可张勃在推行政务上务真求实、不务粉饰的作风，改任龙泉知县。百姓立石碑歌颂他的功德。

杨维新，号惺泉，江苏丹徒人。进士，隆庆六年（1572）任松阳知县。丈量出羡田（不纳租赋的隐匿田）二百亩，知府陈烈下令将羡田归郡庠所有，在杨维新据理恳请下才保留给松阳作为学田。之后，又改建县学，完善教学制度，松阳士人之志大振。在任期间，还修筑湖溪和仁桥、五赤源五尺桥、乌石潭回龙桥。后升迁会稽，士民勒石感念。

周宗邠，字肇迁，号洪庵，江苏武进人。精通琴理，与汤显祖友善。周宗邠性爽朗超逸，任松阳知县期间，修废振颓，尤其关注县学士子。万历二十四年（1596），重建城隍庙与叶雪庵祠。又亲自勘定堰基，迁址重建百仞堰。二十五年，屠隆作《百仞堰记》。民众感恩戴德，立"周侯治水德碑"。周宗邠著有《南华集古》《薜萝轩诗集》等。

张继桂，字衢所，福建同安（厦门）人。万历二十三年（1595）进士，初任甘肃华亭县知县，后调松阳县任知县。在任期间，张继桂心存和乐平易，政绩卓越。他均徭清田有法，完粮息讼有歌，政教风化斯举有方。卒于任上，百姓称颂善政，为之堕泪立碑，并崇祀于名宦祠。

林大佳，字颖凡，广西隆安人。万历年间，授松阳知县。林大佳轻装上任。初上任，面对胥吏与衙役还会脸红。他忠诚真率，不轻易饶恕和差遣下属，政事都能独自秉断。公务空闲之际，则与县学诸生探讨。在任期间，林大佳慷慨捐出薪俸百金，倡导建成青蒙山青云塔。以内艰离任，民众在塔侧建祠奉祀林大佳。雍正《浙江通志·名宦》见传。

文似韩，江西高安人。举人，通判。文似韩既有学识，又有操节，外表和内心都具有古人的风度。万历年间，任松阳知县，爱民和善，律己有高洁的节操。外出防守灾害，为了不干扰百姓，都自身携带所需。值得世人尊敬。

袁遇春，江西分宜人。举人。推官。慈爱祥和，明信宽厚，审问案情不轻入人罪。任松阳知县期间，严格管束衙役，激发勉励士风，廉以自守，较为体谅百姓。

林刚中，福建莆田人。乡试经魁。任遂昌知县五年，受士民爱戴。万历年间，任松阳知县，处理公务明达有决断，整治坏人坏事，革新社会弊端。尤其重视士人，以文事为重，非常富有洞察人的品行才能的眼力。令百姓追慕不忘。

孙鹏举，字何知，湖北江夏人。万历年间，任松阳知县。淳厚谨慎，朴质恳切，爱民礼士，动循古则，持己严，居心正。孙鹏举居江夏，向来与贺逢圣（1587～1643）、熊廷弼（1569～1625）两先生齐名。居官始终如一，无改前修。著述有诗集，可惜未载录艺文。

康　晋，重庆合州人。明经，任遂昌知县之时，清风峻节，甚得民心。万历年间，任松阳知县，一如既往地深得民心。其父康新民，进士出身，曾观察温州、处州。康晋作为门第高贵并且世代相沿续的人家子弟，能够体恤民众的痛苦，甚是难得。

舒自志，湖南溆浦人。举人，同知。治理政事聪敏仔细，管控下属使人感到敬畏。万历年间，任松阳知县期间，整顿纪律，使政务办理倍加有条理。较士（应考的读书人）参加童子试，舒自志主持鉴定平衡，没有人敢以私干扰，所有人对其公平之举表示认可。之后，以母亲年老之由陈情离职，令百姓深感怀念。

王在镐，号耿庵，山东登州人。万历年间，由宣平县知县调任松阳知县。经办公务聪慧而有卓识，对待奸邪不徇私情。心不设防而以宽大仁恕，即使不发怒也很令人望而生畏。王在镐公务之余爱好披阅古代文编，喜欢与诸生文字往来，以“知人得士”为自任。后来，筑修松阳竹客岭官道，以便往来行人交通。于是，百姓在竹客岭上为其建祠纪念。

方廷兰（1572～1629），字华畹，广东惠来人。万历二十七年（1599）贡士。万历三十一年，方廷兰任处州府通判。他正直坚韧，致使他人不敢以私干公，更详情周至。审案不轻入人罪，确保案情真切才下判决，世人多称其“廉平”。代理松阳知县之际，恰遇凶年。为此，方廷兰到实地核实，严禁冒领重领赈贷。在其妥当布置下，人民安居复业。

瞿鸣岐，垫江（属重庆）人。授婺州倅，代理松阳知县之际，催收赋税是急务，瞿鸣岐没有使用刑罚，半月而征粮过万。举办童子试，当堂亲自审阅，称得士人之心。离任之时，送行者填塞不通，并远送过界。曾作一联：趁半文便不值半文低钱，百凡饬簠簋，头上青天监有赫；站一日但学做一日好事，六月息篴卢，眼前赤子信无伤。

范　锟，号初庐，四川富顺人。万历四十六年（1618）举人，任松阳知县。家世尊贵，兄弟科甲相望，然而绝无傲态。抚治百姓宽厚仁慈，日常与诸生讲经书大义，贤达的声望蔚然而起。天启元年（1621），范锟主建东岳行宫。后擢守云南石屏县，离任之际，忽发病亡。范锟在职清廉，遗产唯有几册书本和一点散钱，其丧葬费用由僚友们集资而成。

甘文斐，江西丰城人。万历年间，由监生任松阳主簿。甘文斐有才气和思致，不苟同于俗流，但品行具备谦虚忍让，为当时舆论所称赞。

刘　轮，清光绪《处州府志》作刘翰，湖北麻城人。万历年间，任松阳典史。擅长行草书法，兴致浓郁的时候墨汁淋漓，狂呼自喜。时常以地位低下而自感惭愧，一时文翰之士都好与之交。

宿梦鲤，字龙吉，号仁寰，无锡人，为人耿介高洁，居官有清誉。宿梦鲤与东林交往甚密，尤其与东林领袖高攀龙（1562～1626）交往最久。天启党祸兴起，宿梦鲤遭受牵连。当时他出仕任职松阳知县，又险被劣生陷害，于是断然告归。归隐后杜门不出，著有《易纂全书》《五经百家类纂》《古今类书》等，享寿81岁。

王元科，合肥人，明经。天启年间，任松阳主簿。为人质朴，从政淳厚。督修学宫，劳心瘁力。

傅时勉，安徽无为县人，由举人授四川宜宾县知县，因不合流俗而谪迁湖北襄阳县府幕。后任松阳知县，矢志“吾宁获罪上官必不敢怨小民”，律己更有操守，抚民更为真挚。极有耐心地审理可调息之案，不用刑罚。后因夏旱而欲停征赋，却奉上级檄文追征往年旧欠，傅时勉为民哀怜，恳请缓征，由此获罪贬职。离别之际，松阳举县罢市巷哭。

许有寰，字汝镇，号凤石，广东揭阳人。万历二十二年（1594）举人。通判处州期间，曾五度代理知县，司粮盐，革陋规，秋毫不染。署松阳知县时，将前任存留银三百两，附加己资百两，捐资修学，鼎建文庙。又寄薪俸十金为祭王石门先生。后擢升守滇中（属云南），士民思之，建三贤祠以奉祀。其孙许国佐（1603～1646），登崇祯四年进士。

杨应华，字实甫，号若木，安徽宁国人。崇祯年间，由举人任松阳知县。审理多协舆情，请平田均役，政多大体。公务之余，与训导吴胤昌在云岩山开设讲论。崇祯二年（1629）重修县学。五年建造启圣祠、文昌阁。秩满，召入朝觐。以丁内艰而离职。士民思之，于崇祯六年建三贤祠以奉祀。杨应华曾在万岁山德馨阁题写匾额，今遗有《慈云庵碑记》。

魏元翼（1589～1672），字尚博，号澄庵。泉州人。天启四年（1623）甲子科举人。崇祯二年（1629），奉召就任松阳知县。在任期间，清白为官，政绩显著，得廉吏名。八年丁父忧；后又丁母忧。十六年，服阕，补安徽石埭知县。后累官至工部主事、屯田司员外郎，奉直大夫。

张建高，辽东人。崇祯年间，岁贡。前任丽水训导，有才干，兼具善于武略，历署处州各邑。以督修通济堰（在今莲都区碧湖镇）并讨平黄村口（在今遂昌县王村口镇）山寇有功，抚巡交荐，实授松阳县知县，有善政。又曾于崇祯十六年（1643）重建城隍庙，十七年重建儒学尊经阁。

刘日镒，字宛怀，南昌人。崇祯十六年（1643）任遂昌知县，心慈政简，休养生息。调任松阳知县后，致力于改革弊端，百姓得以安居乐业。隆武二年（1646）六月，清贝勒博洛率兵连陷温州、金华。明朝溃兵数万，南下松阳。刘日镒倾尽自身所有财物，为民长跪，舍命乞求部队勿扰百姓，最终保全全县百姓。后因劳瘁而逝，竟无资归葬。百姓在下马坑为其营造墓地。

李汝藻，南昌人。太学生。崇祯年间，任松阳主簿。有谋略，能吏治。崇祯六年（1633），平田均役。受知县杨应华全权委托，李汝藻既不枉曲法度，也未违背情理。深受当时民众爱戴。

周九皋，福建侯官（福州）人。崇祯年间，任松阳典史。虽位居卑秩，但不苟且营私，一以安静，颇称得体。注：区别于松阳板桥周九皋，即周凤鸣（1497～1562），字九皋。

林嘉桂，民国《松阳县志》作林嘉经，江苏兴化人。崇祯年间，任松阳典史。品性天赋卓绝，居官通情达理，颇明大义。当时正值政权变更，林嘉桂不随波逐流，获得当时之人敬重。

王天倪，号墨山，山西运城人，由举人任顺治初松阳知县。秉性淳朴，气质懿明，度量宽厚。催收租税有方，安抚人民有道，多有惠政。

葛永振，号长城，湖南宁远人。秉性浑厚坦率，处世真诚恳切，居官清介自守。任处州郡佐，此前代理宣平知县，有惠政。顺治七年（1650）代理松阳知县，莅事六月，即为百姓称颂。次年春，应松阳士民之请，丽水教谕徐开熙撰《邑令葛永振德政碑记》。之后不久，葛永振在丽水逝世，松阳士民闻而痛哭，奉葛永振入祀三贤祠，并改三贤祠为四贤祠。

佟庆年，号辅萱，满洲人。自幼有才胆，擅长射击，干略练达。顺治五年（1648），贡生。顺治八年，任松阳知县，正值王应举聚众焚掠游击，佟庆年开诚招抚，全县因此获得安宁。尔后，修整县署并在县署后堂建悬鱼轩，开始休养生息之政。巩固政权，肃清贪赃枉法的胥吏与差役，转变士子的风气，改善群众的民生。十一年，主撰《松阳县志》并序。

田起龙，襄城人。顺治九年（1652）进士，顺治十三年任松阳知县时，以垂垂暮年，励精图治，使境内秩序井然，文教政治为浙江之最。河南省图书馆出版社教类专题系列片《走遍襄城》专题讲述《垂暮之年惠治地方的田起龙》。

张景留，号汉豫，奉天人。监生，康熙十五年（1676）任松阳知县，正值松阳遭受耿精忠争战平息，张景留招抚流民，设立义学，捐俸重修县学，主持重建叶雪庵公祠。又逢荒年，为民弥补积欠之税，力请免除该年之赋。勤勉有政声。于康熙二十四年升山东沂州知州。遗有《卯山》《西屏山》七律各一首。四十九年，松阳士民奉张景留入祀名宦祠。

武方蔚，襄平（辽宁辽阳）人，满族镶蓝旗。监生，康熙三十二年（1693），任松阳知县。宽厚慈祥，爱民如子。地方利弊，知无不为，为无不力。尤其是致力于振兴文教，四十年，携教谕朱锡吉、训导高重、邑人丁正乾、丁正中、丁振世、刘符升、丁兆先、叶金枝等，捐俸重修学宫及明伦堂。因为官有循良之声，于康熙五十年升任山东滨州知州。

罗生锦，山西祁县人。举人，康熙五十一年（1712），任松阳知县。勤慎廉介，莅事精敏。一到任，就访问乡党耆老，广泛征询利弊，切实用力地去落实。卒于任，深受百姓爱戴和怀念。

连　青，福建建宁人。副榜举人，康熙五十一年（1712），任松阳知县。谋略敏捷，才能干练。于康熙五十四年，重建东岳行宫。连青持己廉洁，奉公守法。案无尘牍，讼无留滞。使得衙吏畏惧、民众感怀，堪称一代循吏。

黄鸿章，程乡（广东梅县）人。监生，康熙五十九年（1720），任松阳知县。敏练有声，操守廉洁。对待百姓，安抚体恤，最为用心；对待士子，非常和善；对待道德品行优异者，则亲自嘉奖鼓励。六十一年，卒于任，士民咸惜之。

杨国琦，沈阳人。监生，雍正元年（1723），任松阳知县。在任7年，廉明整肃，治政有能声。莅事勤敏，审理案件，推究曲直；教育士子，孜孜不怠。在任期间，在尊经阁后重修儒学崇圣祠，在县治西南建关帝庙，在县西天后宫之左右分别建忠义祠与节孝祠。雍正七年，以年老致仕还乡，百姓深切感德。

孙　翼，山东登州蓬莱人。由生员荐举贤良，雍正七年（1729），任松阳知县。勤能廉干，案牍不积，依法催税，不扰百姓。凡有益举，全力而为。七年，增建常平仓。八年，重建钟楼，捐俸重建丽阳行宫。九年，捐建县署东西廊，倡捐重建金钟庙，又与教谕许惟权倡捐主修文昌阁。十年，建射圃之南省牲所。在任五年，著有能声。十一年，调任萧山。

郭日槐，字柏养。广东三水人。雍正十年（1732）解元（举人第一名），翌年，登进士第。乾隆七年（1742），任松阳知县。著有《绍文堂文稿》。

薛　楷，福建侯官人。举人。乾隆十一年（1746），任松阳知县。心明才敏，政简法肃。吏服其威，民怀其德。造就人才，兴黜利弊。旋以忧去，口碑载道。

陈朝栋，福建福州人。举人。乾隆十二年（1747），任松阳知县。在任期间，慈爱百姓。勤敏果断，抑强扶弱。凡有益于地方的事宜，全力而为。乾隆十五年，因旧有明善书院久废，陈朝栋慨然捐俸为倡，购买詹姓房屋改建书院（称第二明善书院），将原存学田及废寺田详准拨入书院，自撰有《创建义学碑》，并建立义学。为全县士林感诵。后调任慈溪县。

黄　槐，上海人。才学俱佳，进士。乾隆十六年（1751），任松阳知县。综理一切，恬静不烦，且奉公廉洁。办案精敏，讼无一滞。尤勤于振作人才，修葺书院，清理义学田租。复念贫民童子无力读书，遂捐俸建小义学，于义学田租内拨修脯，延师训课，童蒙至今人感其惠。十九年，携教谕王玉生、训导陈集英倡捐重修县学。并在旧明善书院之西俸建朱子祠，为童业义学。勤干有声。二十年，调任平阳县。

李国才，号栋堂。南海（属广东佛山）人。乾隆十二年（1747），举人。乾隆二十年（1755），任松阳知县。二十一年，倡捐修建城隍庙，合邑士民潘景潆等立石《李侯修建城隍庙碑记》在庙。

吴凤章，潮阳（属广东汕头）人。和厚敏练，才能优异，登进士。乾隆二十二（1757），任松阳知县。葺云岩胜境，修衙署，建训导宅；创立义田，劝捐社谷伍仟二拾三石二斗，以救济贫苦；建立社仓（东乡净居庄、西乡白云观各三间），作《社仓记》。吴凤章息讼宁民，劝农礼士，对百姓很是实诚，百姓也实诚待之，以至于赋税都不用催缴。政声口碑载道。

曹立身，字显堂。榆关（山西平定）人。雍正十三年（1735）举人。乾隆二十九年（1764），任松阳知县。催科不扰，折狱平情。任内，筹捐修葺学宫及县署大堂、育婴堂、钟楼、玉岩义仓，自为记载《重建县治大堂记》《重建育婴堂记》等文。又捐俸修砌赤塔桥、石佛岭道路，以便行人。并捐资增辑纂修《松阳县志》，尤为卓卓表见。艺文载录其诗20余首。

成履咸（？～1812），字文溪，山西文水人。乾隆五十九年（1794），任松阳知县。嘉庆元年（1796），调任嘉兴府石门县。遗有行书楹联七言名联“琴含六气妙于润；凤翔千仞极其游。”又遗有七律二首《悼丁泽》。

傅秀漳（1761～？），字文川。四川金堂人。举人。嘉庆元年（1796），任松阳知县。才识明敏，谨饬安详。嘉庆二年正月丁父忧回籍，嘉庆十年复任，任内，劝捐重建城隍庙。嘉庆十三年秩满调补镇海县。今横山村遗有傅秀漳《放生碑》《禁赌碑》。

王洪序，四川人。嘉庆（1796～1820）初年，任松阳知县，卒于任。墓在城北望松禅院之西。

钱东垣，字既勤。系清代大儒钱大昭（1744～1813）之子，嘉定人。自幼承家学，笃好著述，通晓经史金石，嘉庆三年（1798）举人。嘉庆二十年，任松阳知县，以艰归。服阕，调补上虞县。不妄立议论以乱经，不空谈义理以媚世。著有《孟子解谊》《小尔雅校证》《补经义考》《历代建元表》《稽古录辨讹》《崇文总目辑释》《青华阁贴考异》《勤有堂文集》等。

江思浚，号明洲。重庆人。由拔贡生分发浙江。道光元年（1821），署任松阳知县。明辨是非，公正决断。多有才干，且勤于政。兴利除弊，大洽舆情。五年，劝捐城乡社谷五千余石，办置粮仓存储，以备荒灾歉收之年，松阳地方尤沾惠泽。遗有手书楹联郑元祐（1292～1364）诗“赋成犹梦横江鹤；书罢应笼泛渚鹅”。3年后，调任余杭县。

汤景和，号竹筠，云南邓州人。嘉庆十六年（1811），登辛未科进士。道光六年（1826），授松阳知县。在任期间，宽厚爱民。重建学宫，课士训俗，亲撰《重建松阳文庙记》《重建明伦堂碑记》。又在济川门兴筑城南河堤，得免水患，百姓为记颂汤景和而称城南河堤为“汤公堤”。此外，还劝农惠商，政绩卓越。道光二十四年，致仕，在任松阳知县共计十九年。

晏贻玖，字子佩，湖北人。道光八年（1828）戊子举人，以知县挑发浙江。当时受外国人滋扰，濒海多被蹂躏，民不胜苦。朝廷知晏贻玖有才能，檄权乐清、松阳、平阳、丽水等县，甚至有一个月代摄三个县。晏贻玖抚循备至，政声益著。二十七年，署任松阳知县。

许文藻，云南石屏人。道光五年（1825）乙酉科优贡生，道光八年戊子科顺天乡试举人。咸丰三年（1853），任松阳知县。是年，太平天国攻打南京，定都天京。难民在横樟村破坏庙门，污损神像。地保包士富（1783～？）告之官府。许文藻出告示禁止污损神像，保护民众信仰。

张士超（？～1858），字越泉。山东彰德人。以举人补知县，咸丰七年（1857）八月到任。内宽外严，惠政甚多。劝捐办兵勇团，心力交瘁。八年三月二十三日，太平军攻入松阳。张士超率领兵勇至界首堵御，屹立大呼：“我官也。贼杀我，毋伤百姓。”兵败，与子张鸿翮同殉难。十多天后，百姓为之成殓。后奉旨旌恤，在县东建昭忠祠，在界首建张公祠。

牟温典，山东栖霞人。道光二十年（1840）举人，咸丰十年（1860），任松阳知县。因县衙于咸丰八年三月被太平军捣毁，牟温典到任后，劝捐重建了自大堂井前后左右各房舍，并撰有《重建松阳县署记》。又建昭忠祠，作《昭忠祠记》。后升任海宁知州。

李作干（？～1861），字立峰。江宁（南京）人。由监生保知县。咸丰十一年（1861），任松阳知县。当时，太平军刚退兵松阳，李作干筹办防堵、善后，各事宜都显现出其才略。之后，十一年十一月十四日，李作干亲往古市，驻扎巡查。太平军回攻，以致遇害。其子李焘，意气豪壮且勇敢，立马擒获贼匪，将贼匪剖杀以祭奠父亲。

何仁杰（？～1862），字仲明。江西人。同治元年（1862），署松阳知县。多有彰扬善行义举，嘉奖懿行，如为玉岩杨光扬奖匾“急公好义”、为高亭周汝明奖匾“品行端方”、为下田夏丙应奖匾“节励冰霜”。是年，卒于任。墓在南坑源内。

徐葆清，字励庵。旗籍汉军人。同治三年（1864），任松阳知县。时值太平军退去，兵燹之后，百废待举。于是建衙署，筹仓谷，购书院，改建关帝庙。治理简而能要，严而不苟，以德化民。在任六年，有“讼庭花落”之称。因公下乡则携带《孝经》《文昌阴骘文》等书，让村童阅读，并以纸笔或食物奖赏能背诵者。离任之日，行囊如洗，清介之誉为父老称道。

支恒椿，字寿伯，号畴梅主人，江苏丹徒人。附贡生。同治十年（1871），任松阳知县。同年，筹款重修文昌宫；十一年，复建县署退思堂，建复教谕署；十二年，复建训导署。十三年，主修《松阳县志》（光绪版）。作《重建县署花厅记》《善应堂砖塔记》等文。士民为彰其德，立有《邑令支寿伯德政碑》。

皮树棠（1829～1889），字鹤泉。湖南善化（属长沙市）人。同治元年（1862）壬戌恩科举人，历任湖南宜章和华容县学训导、辰州府学教授、浙江宣平知县，光绪八年（1882），署任松阳知县，有善政。十一年，因病解职。其子皮锡瑞（1850～1908），字麓门，晚清一代经学大师，也是近代中国一位教育名家，后人尊称“师伏先生”。

朱庆镛，字友笙，江苏太仓人。同治十年（1871），登进士。光绪二年（1876），任松阳知县。政尚严明，尊礼贤士。做文章讲究理法，推崇先儒路德（1784～1851）《仁在堂全集》。课训士子极其公正明察事理。与士子评论试艺，亲自批改，如师生一般恳切教导。莅松数年，提拔赏识了诸如曾春沂、高焕然等知名士。任满，调任鄞县（属宁波鄞州区）。

叶昭敦，字咏霓。江苏吴中人。光绪三十年（1904）任知县。到任即以兴学育才为要务，创设县立第一小学校。政事亲历而为，治无苛政，案无留牍。仅一年，使百姓教化普沾，政治清明太平，有惠声。叶昭敦为叶梦得后裔，与松阳桐溪叶氏实同一派，雅与联宗，祭祠恤族，不避嫌疑。然而对于地方公事，则丝毫不干以私。胆识过人，才堪经世，被誉为“贤吏”。

陈飞鳌，字锦泉，丽水人。由行伍出身，精骑射，善技击。受到浙江巡抚屡次褒奖。光绪二年（1876），任古市外委。募集乡团，设置保甲，训练防备江山红头匪乱，使得人心安宁。后逢“双龙会”，陈飞鳌一边速递檄文请援，一边派遣侦探备御，因此松阳没有出现大动乱。到宣统三年（1911）解组，陈飞鳌令松阳平靖近 40 年。百姓称颂。

刘耀东（1877～1951），字祝群，号疚庼居士，又号启后亭长。刘基第二十世裔孙，青田人。清廪贡生，近代著名藏书家、书法家，浙南宿儒。以其文学成就，被誉为“栝苍四皓”之一。民国元年（1912）任松阳知事。著有《疚庼日记》。

潘　任（1885～1927），字于铨，号憨夫。新昌人。民国元年（1912）署松阳知事，时年 28 岁，关心赋税，革新图强。遗藏《FIRST YEAR LATIN》《通商进口税则》等书。

习艮枢，字位思。江苏南通人。光绪年间举人，与状元张謇交好。民国 3 年（1914）八月任县知事。到任，编印《劝戒赌文》《劝戒淫文》《劝戒斗文》等通俗小册子，发至全县村户，以整饬社会风气。习艮枢治学兼采新旧之长，谋划本地教育、文化事业，并开设松阳邮电局。习艮枢雅好“文字饮”，曾与金泽荣等南通文人在适然亭文会，任松阳知事时又与高焕然、杨光淦、潘文斐等文人在松阳文庙举办赏菊文会。

钱世昌，字正卿，新昌人。清拔贡生。民国5年（1916），任松阳县知事。倡捐修孔庙、祀神农、恤孤贫、广学校、辟农林，又精通医学，平息疫病。每日升堂，随问随结。且重士礼贤，不耻下问。于是，不到三年，政教大行，松阳呈现百废俱兴的气象。之后因丁内艰离任，百姓遮道相送。绅商各界公举代表为其立“去思碑”，歌颂其勤政爱民。

蒋剑农（1892～1952），字鹤麓，嘉兴人。民国26年（1937）1月，任松阳县县长。民国29年12月连任，任职近4年。在任期间值抗日时期，成立松阳县各界抗敌后援会、松阳县抗敌自卫委员会，并自兼任主任，领导全县抗日救亡和自卫工作。时省级机关、学校、团体及难民纷纷迁入松阳，皆得以有效安置。蒋剑农遗存《松阳县政府三年来工作概况》一卷。

陈成仁，字纯人，嘉善人。曾任浙江省立第一师范学校（杭州师范大学前身）代校长、杭州市教育局长等职。民国29年12月，任松阳县县长。在任期间值抗日时期，战乱不忘教育，为县立初级中学题词“精神团结”现藏松阳县档案馆。在任期间，特约教育家俞子夷（1886～1970）在松阳进行国民教育实验。因劳累过度，于民国31年5月卒于任。由阮毅成（1904～1988）料理善后事宜。

徐雄飞，江苏江阴人。毕业于清华大学，曾任省训团教官。民国31年（1942）5月至35年1月任县长。任内，松阳遭遇日本侵略军屠杀，徐雄飞写下《卅一年日本侵略军烧杀松阳纪实》，做好善后事宜，治理松阳环境卫生。又根据当时形势，正确发布“扩种冬种作物限种烟叶和糯稻”的命令。当时松阳战争移民的涌入和省府机关团体的内迁，致力维护秩序。后调任杭州市府秘书长，被中共物色为国民党市府的内联人员，相机起义解放杭州。

郑琴隐（1906～1998），别号郎斋，开化人。毕业于兰溪中医专门学校，继而师从裘吉生，中医造诣颇深。民国18年（1929），投身反对废止中医中药斗争。家境殷实，曾出巨资支援抗日。民国35年2月，出任松阳县长。在任期间，兴办县立简易师范学校。通晓方言，平易近人，执谦秉公。每逢周日，上午为民诊治，下午为民审判。民国37年5月，调任东阳县长。解放后在杭州定居行医，德医双馨，为一代名医。

祝更生（1907～1993），河南卢氏县人。在诸暨担任县长时组织起义失败。民国37年（1948），调任松阳县长，掌控松阳县的军、警、粮大权，并请求中共四明山浙东临时工委支援。1949年3月12日午夜，祝更生率起义人员到城郊迎接共产党队伍进驻县城。后，祝更生任松阳县民主政府县长。逝后按其遗愿，骨灰撒入松阴溪。

王桂五（1924～1949），又名朱丁，丽水碧湖人。民国36年（1947），参加丽（水）青（田）松（阳）武工队，袭击丽水县碧湖警察所、松阳县靖居区警察所。民国38年3月，配合中共浙东临时工委，接应民国松阳县长祝更生起义，任松阳县民主政府副县长、松（阳）宣（平）遂（昌）人民游击支队政治部主任。率部抵御国民党第十一师和浙江保安团的围剿，在高亭战斗中被俘。同年4月21日，在碧湖海潮村就义。

薛家鼐（1917～2003），民国38年（1949）2月，华东南下干部纵队队员。1952年，任中共松阳县古市区委书记兼区长。1954年，任县长。1956年，任中共松阳县委副书记。1982年，任中共松阳县委顾问。2003年在松阳去世。

教　授

齐志冲，新安人，至正四年（1344）甲申科乡贡进士，元统间（1333～1335）任松阳县儒学教谕，至正十三年（1353）任明善书院掌教。撰有《邑令石公平赋役碑记》《云山庵记》遗世。

季仁寿（1302～1362），字山甫，龙泉人。至元（1335～1340）初任慈溪县教谕，后迁松阳县教谕，放情山水，自号“春谷处士”。治学造诣益精，号为“四经师”。与刘基自少相友善，刘基对其学问才识非常敬佩。官升饶州双溪书院山长，转婺州教授。

陈　晟，奉化人。元至大间（1308～1311）松阳教谕，遗有七律《卯山》记文《普济院记》等。至大四年与浦江吴莱编撰有《松阳志略》十卷。全志分为城郭、疆境、山川、土产、赋税、学校、寺观、祠庙、令长、贤隽十卷。

林汉恭，字则敬，福建长乐人。举人，景泰年间任松阳儒学教谕。以身立教，士多造就。清雍正《处州府志》、民国《松阳县志》皆作“林恭汉”，此据明成化《处州府志》、清乾隆《福州府志》改。

邓　义，天顺年间，由举人任松阳教谕。立心正大，施教有方，从来不谋划自身私利。邓义遇到县学当中经济贫乏的学生，则用自己的俸廪予以资助。赢得了士子们的仰慕。逝后，列入松阳名宦祠奉祀。

林　深，字文渊，福建罗源人。明弘治年间，任松阳儒学教谕。有政绩，詹雨为之作《赠松庠文渊林公摄县序》，详见艺文。

林　遂，字元成，号石壁，福建福宁（霞浦）人。正德八年（1513）松阳儒学教谕。率性简易，不立约束，待县学师生诚恳信任，视诸生若子弟。九年，登进士。历官南京大理寺评事、左寺副、左寺正、湖广提刑按察使司佥事等。

欧阳烈，号格斋，江西泰和（属吉安）人。嘉靖年间，任松阳教谕。教授县学诸生，以“穷理力行”为要。每次课艺，先在学堂粘上“默坐澄心，体认天理”八字，教人先收放心而后读书作文。主持祭祀，必虔诚用心；在祭祀或典礼前，必先一日斋戒独宿；准备祭器祭品，必亲自查阅。父病，十数日不就寝侍奉父亲左右，世人都称其“廉孝”。

袁　埴，江西丰城人。嘉靖元年（1522）壬午乡试举人。嘉靖年间，任松阳教谕。诚心布施教化，以“节义”自我勉励。遇到县学中贫穷的学生，免其馈礼。后来，袁埴升任芜湖尹，离任时未征报酬，遗之弗问。松阳士民奉其入祀名宦祠。

丁衍仁，福建晋江人。孝廉。万历十六年（1588）举人。万历年间，任松阳教谕。丁衍仁品性淳和，训教生员士子有法有则，令士民钦佩。后任增城（属广州市）知县。

陆　官，崇德（桐乡）人。明经。万历年间，任松阳教谕。洒脱不群，耻与俗套为伍。能诗，每有作，就赠送给志趣相同的人。

周思宸，南京六合人。明经。万历年间，任松阳教谕。训教生员士子有礼有仪，讲席风生，气氛活跃。士民称道不忘。

王可大，遂安（淳安）人。天启年间，任松阳教谕。立心正大，待人接物有开阔的胸襟。科考和岁考，一律不接受贫穷学生的馈礼。并且，用薪金帮助不能贫困学生办婚。虽然王可大对别人恩德有加，但他从未神色流露。不久，升任府学教授，终日览胜题咏。著有《论语抉微》行世。

鲍应选，长兴人。天启年间，任松阳教谕。丰丽博敞，方正严肃，先行谊而后文学。鲍应选令其诸子与县学诸生一起课艺于明伦堂，当面传授，一视同仁。知县对其很是敬重敬畏。之后，以赡养老人之请辞职回乡，其子即在科考中相继登榜。

翁日襄，会稽人。乡试，被浙江提学副使樊良枢评为“本房首卷”。崇祯年间，任松阳教谕，公正把握评文评卷的尺度。受翁日襄之助，当时县学士子均得培育练就。后来，翁日襄擢升无为州（属安徽，一说广德州）知州后，依然令所有士民思怀。

温忠训，乌程（属湖州）人。系内阁首辅温体仁（1573～1639）仲弟。崇祯年间，任松阳教谕。因之，温体仁于崇祯五年作《松阳县新建庙学记》。

唐良锐（?～1642），全州(属广西)人。以春秋魁荐。崇祯年间任松阳教谕，后任安徽灵璧知县。李自成陷城，不屈死。入《钦定胜朝殉节诸臣录》。

蒋大捷，安徽太平（黄山）人。崇祯年间，由宾荐任松阳教谕。仪表风度含蓄不露，从不评论人物好坏，很像东汉隐士郭泰。蒋大捷与训导洪希懋开诚布公，二人交谊深厚，以至于陶然有忘形之乐。对待县学诸生，则绝不诋毁指责一切公礼，受到诸生敬爱。蒋大捷离任临行之际，县学诸生连接地设酒食送行，哭泣不忍别。

姚任贤，字心一，秀水（属嘉兴）人。顺治二年（1645）乡试经魁，授任松阳县学教谕。虽体力衰弱以至于话音很轻，然而县学中书声洋洋。每月授课诸生，并开童子试，以“丕变文风”为己任。受知县王天倪敬重，为其在尊经阁西侧建造谕舍，方便其居住。姚任贤秉公持衡，后因抱病批阅试卷，心力交竭之故，疟疾发作而逝，诸生支助许多钱财治丧。

凌元鼎，字二铉。绍兴人。由举人任松阳县学教谕。为人洒脱豪放，不拘束。志概开朗直爽，气量大度。教授学子，从无疲倦的脸色流露。闲暇时间，则登高揽胜，觞咏自适。诸生因其乐易可亲，所以大多挈带酒壶从游，每到兴致，乐而忘返，有古贤士之风范。

朱锡吉，萧山人。康熙年间贡生，任松阳儒学教谕。为人温厚和雅，不务纷华。与诸生讲论，详晰开导，从无倦色。不接受馈遗，却时常接济贫乏者，德施尤多。不惜劳悴，勤能任事。于康熙四十年（1701），与知县武方蔚等重修明伦堂。五十四年，与训导范邦逵等重修文庙。升金华府教授。

许　穗，嘉兴人。拔贡，康熙年间，任松阳县学教谕。才学与素养都非常高尚，举止必以正道。教人则以立行为先，先品行然后文艺，谆谆启迪，孜孜不倦。许穗为人师表，为人德范，其造诣被士林学界所乐道。

王玉生，台州黄岩人，由拔贡任松阳儒学教谕。学问渊博，善于教诲开导。教诸生务敦实学，抛弃虚浮不实，师范有秩有序。乾隆十九年（1755），倡捐重修学宫，竭尽心力。二十年，又以邑人杨友宗等捐金于明伦堂西号舍内基地建宅七间，作教谕宅。各得其宜，深得士人之心。遗有《游城西许氏绿水园》七律一首。

胡云昂，字翘青，天台人。乾隆九年（1744），甲子科举人。之后，任松阳县学教谕。博雅和厚，学问优长。莅任后，见学宫亟需修葺，与知县曹立身捐资重修，不避劳瘁，力董其事。并对文庙、学中各祠宇、儒学明伦堂等，都一一修整，规划有方，不到半年全部竣工。教授诸生，出于至诚；支持明善书院讲席，训课必严。朝夕讲论不辍，从无倦容显露，深得士林敬重。

盛　珽，慈溪人。举人，嘉庆二十年（1815）正月署任松阳教谕。其女盛氏（1797～？），为城东廪生沈昌（1795～1823）继室，亦孝亦慈，经理家业合乎礼法。外孙沈宗敏（1820～1884），邑庠生，有儒行；外孙媳叶氏，殉难于太平军，入祀昭忠祠。

陶恩培（1801～1855），字益之，号问云，绍兴山阴人。举人，道光十四年（1834），任松阳教谕。课士有方，留心吏治。唯以忠孝大节自励并劝勉他人。十五年，登进士第。咸丰五年（1855）二月二十七日，太平军第三次攻占武昌，陶恩培时任湖北巡抚，兵败殉难。谥号“文节”，祀昭忠祠。后在湖北与吴文镕合建一祠。其勋业俱载国史。

李遇孙，民国《松阳县志》载：“李遇孙，清道光十八年三月任训导，温州籍举人。”而考云岩山下龛右侧巨岩上题刻“道光丁酉孟冬嘉兴李遇孙丽水王尚赓同游”。则可校为嘉兴籍。经考，李遇孙（1765～？），字庆伯。道光间任松阳训导，继任处州府训导。博学嗜古，淹贯经史，尤精金石之学，著有《金石学录》《栝苍金石志》等。

徐清翰（？～1858），字鹤振，号秋皋。兰溪人。拔贡生。道光十八年（1838），任松阳县学教谕。倡议重建学宫明伦堂、尊经阁。在任五年之久，后以母亲年高，告归奉养。于咸丰六年（1856），复任。八年三月，太平军由遂昌县窜入松阳。徐清翰巡行街衢，催解军火，接济知县张士超带领在界首防堵的团勇。左臂被砍，伤重而逝。其全家殉节投河而死。

汪庆云，字薇垣，汤溪（属金华）人。举人。光绪十年（1884），任松阳儒学教谕。工书法，擅长人物花卉及浅绛瓷画。

陈　镒，字伯铢，丽水鲍村（属武义县柳城）人。系周权之婿。与黄溍、张翥、孙炎、孔旸、刘基等人友善。至正十七年（1357）任青田主簿，十八年官松阳教授。后筑室午溪，著有《午溪集》十卷，此书收入《四库全书》中。对于陈镒诗词，刘基称“体制皆佳”，孔旸称“篇篇合律而中吕，字字铿金而锵玉”。

刘　演，字浩卿，丽水人。有文学，美容仪，与族弟刘基同拜处州录事江西玉山名儒郑原善为师，受业《春秋经》，并都“善得其传”。至正（1341～1370）初，起为义乌县教谕，后掌教明善书院（址在松阳）。其子刘彬，字宗文，与宋濂交好，隐居不仕，入明，仕工部员外郎。

丘云霄，字凌汉，号止山，福建崇安人。嘉靖年间（1522～1566）松阳训导，升宣平知县。著有《南行集》四卷、《东游集》四卷、《北观集》四卷、《中山集》十卷。

陆　鳌，号南湖，安徽滁州人。国子生。嘉靖年间，任松阳训导。温文尔雅，善于育人。不为势态利益所干扰，但推重与同僚的恩义，恪守对继母的孝道。时常用自己的俸金借贷给县学中生计困窘的学生，不计较偿还与否。后来，陆鳌在任上逝世。松阳士民很是悲痛，奉其入祀名宦祠。

张　佃，广东东莞人。嘉靖年间，任松阳训导。张佃赋性正直，持身廉介，不奉承上司权贵，不接受县学中贫穷学生的馈礼。并常以义利之道严训诸生，以过失之弊规劝同僚。他负责主持新造堂斋，所有参与者都一毫不染。时任知县在任上为自己立功德碑，同僚拉张佃前往祝贺。张佃认为知县缺乏品行，因此正色不从。风度神采的张佃，令人钦佩。

黄　通，寿昌（属建德）人。万历年间，由明经任松阳训导。学舍毁坏，黄通与士子一起侨借民房教授。他襟怀弘大，令在座之人受到熏陶。凡是民间庆吊，黄通常能参与，筵席必饮酒，酒醉必以礼喻人。又凡有民事纠纷，黄通常能剖析息讼，使人推诚信服。黄通从不自负，深得民众认同。离任之日，百姓跟随相送数里，纷纷洒泪不忍黄通离去。

谢国裕，於潜（属临安）人。万历年间，由明经任松阳训导。谢国裕温文尔雅，注重交谊，但凡言行都出至极真诚。士子有善行，谢国裕则殷勤激励。在职期间，从不提及馈礼，更不接受贫穷学子的馈礼。谢国裕离职之际，行李极其简陋，甚至濒临借债的地步．其廉洁之行在百姓口碑中传颂。

蒋泽随，字立卿，号思斋。仙居人。万历三十三年（1605）贡生，就任松阳训导。蒋泽随品行端庄，注重大体，谈论学道，能令在座之人感受熏陶。他坚持正义，刚直不阿，经常以气节畅所欲言，教育诸生。四十二年，松阳饥荒，蒋泽随将所有俸禄接济诸生而不取其息。士民绘《绛帐春融图》赠蒋泽随，借喻东汉传播儒术的马融。

李元韶，字世虞，瑞安人，万历年间，任松阳训导。李元韶讲道论文有见地，阐述《诗经》不一味沿袭原有的诠释。他最先倡建“尊经阁”，不吝惜费用。邻县贼寇流劫松阳，李元韶将祭器遁藏到深山之中从而得以保存。生平怡情于诗酒，温和乐观，所著有《弋飞草》《平舒录》。遗有《石佛岭》诗一首。

吴胤昌，号印南，清稿作吴允昌，秀水（嘉兴）人。崇祯年间，任松阳训导。鸿才硕学，积行端方，登堂讲业，务明大略。吴胤昌训课，先注重器量与见识，而后启发文学和艺术。学中士子，都遵守他的训示。吴胤昌曾为广济堂作有《广济堂记》，所著有《四书得一》行世。

孟称舜（约1599～1684），字子塞，绍兴人，顺治六年（1649）贡生。后，授松阳训导。学富才敏，品行廉正，不与俗为伍，不曲意庇护。以“励风俗、兴教化”为己任。朔望讲道，课士严整，尤其是阐明濂派和闽派心学。更致力于恢复官祭、缮葺学宫、置办学田、修建尊经阁等文教事业，可谓“有功圣门”。著有剧作《张玉娘闺房三清鹦鹉墓贞文记》。

高　重，嘉善人。康熙年间，任松阳训导。勤于训迪诸生，有质疑者辨论不倦，谆谆以先德行后文艺为教。性甘淡泊，有馈遗，则委婉拒谢不接受。与教谕朱锡吉倡捐，重修学宫，和衷襄事，劳逸惟均。深受士林称诵。

朱　篆，嘉兴海盐人。乾隆十七年（1752）壬申科举人。乾隆三十三年，任松阳儒学训导。与知县曹立身等倡捐改建外堂于旧宅后，修整完好，增筑垣廊，改旧南出门从号舍西出。朱篆恬静自守，淡泊自甘。文才浑厚，学有根底。训士则纯朴真诚，闲暇则怡情诗酒。对人和蔼可亲，受士民爱戴。

邱学敏，字至山，号铁香，又号东河。乾隆二十一年（1756）举人。任松阳儒学训导。性情风雅，酷爱收藏，尤其好藏古墨，辑有《百十二家墨录》。工书法，擅长楷书，在松阳遗有行书楹联韩丕（？～1009）诗“绮谈雅似闻天乐；琼液香胜饮露盘”。

徐士骈，字蕖生，德清人。举人。貌古神清，率意任情。光绪十三年（1887），任松阳儒学训导。

喜为诗，唯适性情，不规于风格。工书法，擅长楷书，为酉田叶绍琚题写匾额“秘囊传家”、为徐村徐学元题写匾额“硕德耆年”、为横溪温玉泉题写匾额“慧心仁术”。

金海观（1897～1971），字晓晚，诸暨人。浙江湘湖师范学校校长。注重学校教育与社会活动相结合，实行工学合一。抗日战争，社会动荡，金海观率领全校师生于民国27年（1938）1月5日抵达松阳。1月10日，以古市阴岗山广因寺为本部复课，同时克服困难，开始发行《当日新闻》，深刻影响松阳近代文化教育。

流　寓

叶　望，字世贤，东汉人。祖籍南阳。仕汉桓帝朝太中大夫。熹平元年（172），辞官归隐青州。黄巾起义波及中原，叶望遂于建安二年（197）举家南渡避乱，侨居丹阳句容。时孙吴为统一江东连年征伐山越，叶望携家徙迁于松阳卯山右。建安年间卒，墓地在今松阳东角垄村。后裔遍布海内外，叶望因之被尊为江南叶姓始祖。

赖　光（？～305），西晋人。永兴元年（304），仕宦于浙东。永兴二年，阵亡，葬于浙东。其孙赖庄，因祖父赖光葬浙东，因此定居松阳。赖庄之子赖遇，文学驰名，以父居松阳为由，于隆安二年（398）上书奏请以松阳为郡。晋安帝亲书 “松阳郡”三字赐赖遇，并颁布松阳郡为赖氏郡望，自此始有松阳赖氏之谓。致仕后，著有《忠告集》五卷。

叶　俭（296～361），字仲廉，西晋人，仕晋为折冲将军。其父叶琚卒葬卯山南麓，于是叶俭于建武元年（317）卜居于卯山之阳。逝后，叶俭葬卯山。后世为纪念叶俭，在卯山建有俭公祠。俭公祠为江南叶姓寻根问祖之地。

程　旷，字元始，原籍鄱阳。少年聪明笃学不倦，以明经擢进士第。于乾符三年（876）授文林郎，仕宦松阳，深得松阳百姓爱戴。当时正值黄巢起事，兵荒马乱，程旷保障了一方百姓安居乐业。因爱青蒙山水，与妻子定居青蒙。

酆去奢，晚唐时期衢州人。自幼入道，游学道术。30余岁，居松阳安和观（在酉山）修炼。又与道士们在卯山建造堂殿，祀奉李老君、张天师、叶静能的真影画像。中和（881～885）荒乱之后，丽水县人华造起事，把酆去奢囚入密室数月。之后酆去奢仍居卯山十多年。民国版《松阳县志》误将“酆去奢”作“丰去奢”，“唐人”作“元人”。

刘　辉（1070～1149），字一先，汴梁人。喜读黄石公《素书》、孙武《孙子兵法》、吴起《吴子兵法》诸书，以技勇著。绍圣四年（1097），登丁丑科武进士。建炎元年（1127），从宋高宗南渡，官封镇国武上将军。绍兴十二年（1142）致仕，隐居松阳朱岱。其长子刘勋（1095～1162），于绍兴二十三年自朱岱迁居古市，子孙蕃昌。宋代刘定言、明代刘应雷、刘学成、刘鉴，皆其后裔。

沈　晦（1082～1149），字元用。宣和六年（1124）状元，宋徽宗御制赐宴诗（刻于县学）。建炎三年（1129）任处州知州，因爱山水而寓居松阳。之后，经历宦海沉浮，于绍兴十五年（1145）致仕，返回松阳，居袭魁坊（状元坊）。寄情山水，遗有《环碧亭诗集》。绍兴十九年逝世，葬于状元山（上方山），祀乡贤。其诗“惟此桃花源，四塞无他虞”至今传颂。

郑克宽（1160～1235），字伯厚。居遂昌，后隶籍松阳，在松阳县学就读，又师从项安世。其著作浑然天成，于庆元元年（1195）乡试魁。开禧元年（1205）乙丑科榜眼，授严陵郡博士。历任绍兴府三江盐官、澧阳县丞、义乌知县、通判枣阳军政，通判均州司、知房州军事等职，官至朝议大夫。逝世后，太常少卿高梦月为之撰写墓志铭。

郑仲龙（1171～1230），字云从。祖籍浦江芳溪。庆元二年（1196），登进士第。官除福州府学教授。今松阳城西文华坊郑氏之祖。

赵初旸（1293～1352），系礼部尚书赵顺孙（1215～1277）之孙，缙云人。有茅山术，能号召风雨，曾在松阳独山顶祭太乙。寓居松阳，悬挂“蓄卖风雷”的招牌，被松阳人称为“赵卖雷”。

董　琇，字星如，扬州兴化人。学识渊博，品行端正，为人淳厚谦逊。业从儒学，但因时运不佳，科考未能登第。由贡监为丽水二尹，不久，庶母丧亡，董琇因服丧而辞去官职。此后，得异人传授诊治眼科的医术，治愈多人。董琇因为喜爱松阳有仙隐之风，所以卜居山中。后不知所终。

戴日康，字国泰。本籍金华，迁居松阳城北。有胆识。顺治四年（1647），洪舜进犯松阳，知县逃匿于洞阳观。游府陈公发兵捕剿，洪舜退而屯居玉岩，日夜劫掠，于是陈公怀疑有间谍从中作梗，而百姓人心也动荡不安。戴日康潜入县署搜得县篆印信，一边贴出安民告示，一边秘密派人从后衙迎回知县，让知县出堂见游府，剖析确无间谍，最终平定洪舜，松阳恢复安宁。

许元麒，字光振。本籍福建晋江。康熙初，自平阳县迁徙而来。为人孝友，雅笃兄弟之谊。兄长亡故之后，许元麒为之丧葬，之后待侄如子，并抚育侄子成人，置办婚娶。邻里有贫乏者，许元麒则周恤之。乾隆四年（1739），受知县吴卓雅重，荐饮宾宴。

余士元，福建仙游人。康熙二十四年（1685），因寻找父亲之故，在松阳城西定居安家。康熙四十五年，松阳大灾，导致米价昂贵，余士元减价平粜。邻里之中，遇到贫而鬻妻卖儿者，则给予周济让他们合家团聚；遇到死而无以归葬者，亦施舍钱财助其办丧。于是，受助者都对其感恩戴德。

刘元瑞，字应麟。松阳城北人。系明崇祯松阳知县崇祀景贤祠刘日镒之孙。其祖父刘日镒，居官清廉，因劳瘁而逝，竟无资归葬。其父刘一经，定居松阳。刘元瑞家计萧条，但以“清白吏”子孙自我砥励。事父母非常孝顺，其母王氏病危，延医无效，却在刘元瑞精心照料下痊愈。及后居丧，悲哀呕血，甚至三次气绝。世人称道其敦品孝思。享寿72岁。

叶　乾，字尔健。松阳张山人。祖籍丽水，系明洪武谥南阳侯叶琛（1314～1362）十三世孙。天姿英敏。14岁游学邑庠，工于文辞。平素注重砥砺品德，乐善好施。乾隆十三年（1748），荒年，叶乾捐谷二百四十石，用以周济贫乏之民。邑令陈朝栋赠匾示奖，以彰惠济之美。

郭仲鲍，字恒宇。福建省仙游县人，入籍松阳定居。秉性慷慨，多义举。捐舍棺木，掩埋无主骸骨尸首，此项每年需要耗费数十余金。乾隆十五年（1750），松阳设置社仓，郭仲鲍捐粟五十石，世人钦佩其有德义。

朱旭升，新安人，携妻儿居住松阳古市，早逝。其妻厉氏，15岁于归朱门，育有三子一女。丈夫亡故，厉氏时年27岁，无依无靠，抚养子女并竭力为子女操办婚嫁。孀居45年而卒。

段如海，家世不详。衣履阑珊，行走一颠一跛。光绪十一年（1885）春，以瓦器当作砚台，在松阳古市卖画。学中士林曾以“旧市”二字为题，让段如海作文。段如海援笔立就，洋洋洒洒，俊丽风华，惊动古市。众留教读师事之。后访杨光举不遇，即在院壁题五律一首《游卯山访杨鹗荐》，音节绝佳。居古市年余，所作诗文甚多，后一去杳无踪绪。

黄凤鸣，不知何许人。光绪年间，由遂昌来到松阳，寓居在象溪慈恩寺。早上与晚间诵经，白天则出寺收拾字纸（敬惜字纸是古代文化中的良好美德）和募捐化援。凡所募化，用来设天灯、造纸炉、修道路。闲暇时刻则宣讲因果，劝人为善，孜孜不倦。民国元年（1912）七月，慈恩寺被大水漂没。

王金宝（1878～1904），原籍青田，光绪末年定居松阳。自幼随父王玉明习武。因外国传教士专横跋扈，王金宝于光绪二十九年（1903）在松阳组织秘密会党“双龙会”，提出“洋教为匪当尽灭”。发展会众二万余，遍及处州。光绪三十年，王金宝结识陶成章、魏兰等革命党人，协约十月初十与长沙同时起义反清。不料起义事败，而后王金宝被捕就义。

张有光，字赞汤，号济川。江西人。离乡客游当幕友。光绪年间，沿瓯江水路返江西，途经松阳，行李盘缠被偷窃，因此不得归家，便定居在松阳。张有光通晓堪舆，深入研究“卦例”“玄空”之术，造诣很深。眼法最高，声价甚重，名声著于福建、龙游、浦江等地，世人尊称为“地仙”。

邹文运，字琨山，福建人。光绪年间，由把总（军职）任松阳驻防，调任湖州、景宁驻防。因为爱松阳民情敦厚、风俗纯朴，所以卜居城北仁寿里。其子邹鼎，字璧如，省立师范毕业生。历任澧岭、分水浦岭头、东皋、印渚埠、泽国、穗丰、五村等镇警佐，升任淳安县警佐。民国时期，由城北迁居南乡大竹溪。

包再富（1896～1971），祖籍青田船寮洪府前村。为民国时期松阳县航运业重要组织人，在松阳县城南门创办水路转运行，经营航运交通业务。创办“永源烟行”，制作“永源”名牌烟叶，将松阳烟叶运销国内外，在松阳交通史、烟叶史上颇有业绩。

王　琅（1907～1979），又名王绍伦，松阳古市人。祖籍兰溪，继承父业，在古市经营“王大源”国药号，坐堂行医。因医术高超、药剂道地、医德厚实，深得时人敬重。抗战期间，任古市救济院院长。中华人民共和国成立后，投身社会主义改造，历任古市镇联合诊所所长、县工商业者联合会副主委。当选为县第一、二、三届人民代表、县人民委员会委员。

蓝益生（1916～？）又名蓝和。有儒学根柢，曾自许：“孝养之义，无可逃于天地；寄生之念，不应存于方寸。”原籍云和县，家境颇饶资财。徙居松阳，独创新局。25岁膺任裕溪乡乡长。时值抗战时期，督率所属，发动民力，支援军需，毫不以劳怨为苦。嗣后裕溪、堰后两乡合并，代表新成立之裕后乡为县参议员。议事以制，论政以度。后到台湾，供职于税务机构。

第二章 人物简介

本章收录正高级专业技术职称、行政职务副厅级以上以及有特殊贡献人员，人物简介按姓氏拼音顺序排列。人物毕业学校及职称无法核实的，按原始资料录之；人物出生年份统一用公元纪年。

第一节 域内人员

蔡宗美，女，1952 年生，西屏镇人。主任医师。毕业于温州医学院医疗系。在松阳县疾控中心从事卫生防疫、流行病学调查、传染病防治、预防接种等工作。在《中华流行病》《中国地方病学》等医学杂志发表论文 10 余篇。

郭兴化，男，1967 年生，西屏镇北山人。主任医师。毕业于浙江中医药大学，松阳县中医院副院长。擅长内科常见病、急危重症和疑难疾病的中西医结合诊治，在省级以上医学刊物发表专业论文 15 篇。

何为松，男，1933 年生。丽水师范学校毕业后在龙泉从事数学、化学教学工作，特别是推进了解放初龙泉县扫盲、招留生工作。退休后，深入“抗损”调查，并致力于民国时期的松阳社会研究。著有《民国松阳往事》《民国松阳记忆》等。

蒋振仁，男，1937 年生，苏州人。主任医师。1960 年毕业于浙江医科大学，曾任松阳县人民医院内儿科主任。专儿科临床，擅长中西结合诊治疾病。获最佳医务人员、先进工作者等称号，曾任数届县政协委员。在医学杂志发表论文多篇。

李云飞，女，1953 年生，西屏镇人。主任中医师。浙江省自学考试首届中医专业本科毕业，曾多次到浙江中医药大学及上级医院进修学习。任松阳县中医院内科住院部主任、急诊科主任。在省级以上医学刊物发表论文 20 多篇。

李丽香，女，1965 年生，古市镇人。主任护师。毕业于温州医学院护理专业。任松阳县中医院护理部主任，丽水市护理学会理事，主持护理科研“去腐生肌散”外用治理压疮的临床研究获丽水市科技进步奖。在省级以上医学刊物发表专业论文 10 多篇。

楼高杰，男，1965 年生，西屏镇人。主任医师。毕业于浙江医科大学临床医学专业，任松阳县人民医院副院长，兼浙江省康复医学会四肢功能重建专业委员会委员、丽水市医学会骨科委员分会委员。专骨科，擅长关节、脊柱骨病诊治。为浙江省“151 人才”，入选丽水市“新世纪 138 人才工程”。

林发旺，男，1967 年生，西屏镇人。主任医师。毕业于浙江医科大学临床医学专业，任松阳县人民医院副院长。专内科常见病、多发病、呼吸系统疾病和各种危重疑难疾病诊治。在国家、省级医学杂志发表论文10余篇。

陆宝良，男，1946年生，樟溪乡陆家村人，籍贯淳安。历任县委办公室副主任、县委党校常务副校长、县档案局（馆）长。退休后参与研究地方文化，参加松阳“抗损”调研。撰写的《松阳大惨案》入选《日军侵略中国罪行惨案集》，《古镇涂炭》《残忍的人体细菌试验》《松阳石仓源惨案》入选《日军侵略浙江罪行惨案集》，《日军细菌战祸害松阳城乡》入选《日军在浙江细菌战专题研究》。

毛培林，男，1932年生，江山县人。毕业于衢州师范学校，从事中学教育工作，退休后笔耕不辍，参与编写《松阳县志》（1996年版）、《松阳县党史通讯》等，主编《松阳县烟草志》《松阳县畲族志》《松阳县水利志》《松阳县建设志》等多部门志书。

潘春凤，女，1963年生，西屏镇人。主任护师。任松阳县人民医院分科室护士长和感染管理科科长等职务。被评为浙江省“先进护士”、丽水市“天使之星”，在省级以上医学刊物发表护理论文10多篇。

汤光新，男，1945年生。父汤凤锵（1896～1970），字仲和，毕业于浙江省第十一中学，历任板桥小学、靖居小学、育英小学校长，擅长楹联，酷爱典籍。汤光新克承父志，广采博收历代书籍，涉猎史籍文献、方志谱牒及音乐戏曲，所学甚厚而为人甚醇。家藏图书颇丰，且长年潜心于松阳方志和文史资料的抢救、发掘和整理工作，著述以松阳本土文化和名人专集为多。

汤兆成，男，1937年生，致力于松阳本土植物分类学研究。成功选育深山含笑、马褂木、单性木兰等多种优良乡土树种。代表著作有《情系崇山绿林》，代表论文有《浙江省西南部山地阔叶树种资源的研究》《浙江红花油茶》。主持编写出版的《松阳树木彩色图鉴》，堪称松阳“树木字典”。

吴　金，男，1922年生，赤寿乡赤岸村人。中学高级教师。湘湖师范学校毕业后一生从事教育工作，曾任松阳县实验小学校长。1950年，任松阳县人民政府委员会委员、松阳县一至四届人大代表、首届松阳县政协副主席。1983年，获浙江省“五讲四美”优秀教师称号。其子女7人有5人从教，祖孙三代有18人从事教育工作，被誉为“教育世家”。

吴定斌，男，1944年生，赤寿乡赤岸村人。主任医师。毕业于温州医学院医疗系，曾任松阳县人民医院副院长。专普外临床，擅长诊治泌尿外科疾病。2001年，被评为丽水市首批名医，兼丽水市医疗事故鉴定专家组成员等职。在国家、省级医学杂志发表论文15篇。

吴迈青，女，1957年生，西屏镇人。中医主任医师。毕业于浙江中医学院，曾任松阳县人民医院中医科主任。能熟练诊治中医内科、妇科、儿科的常见病多发病，对一些疑难杂症颇有研究和心得，在国家、省级医学杂志发表论文10多篇。

吴瑞华，男，1950年生，西屏镇人。主任中医师。毕业于浙江中医药大学，曾任松阳县中医院副院长，兼丽水市中医学会理事，松阳县中医学会理事长。擅长治疗肝病、肾病、咳喘病、脾胃病等疑难杂症。在省级以上医学刊物发表论文30多篇。

王三德，男，1944年生，金华人。主任医师。毕业于浙江医科大学医学系，曾任松阳县人民医院副院长。专神经内科临床，擅长诊治脑血管病和神经肌肉疾病。被评为丽水市级名医、丽水市白求恩式医务工作者。

熊菊芽，女，1959 年生，遂昌县云峰乡人。主任护师。毕业于浙江大学护理专科，松阳县中医院护理部主任。在省级以上医学刊物发表专业论文 30 多篇。曾获“丽水市首批名护士”称号。

叶关毅，男，1967 年生，玉岩镇交塘村人。主任医师。毕业于浙江中医学院，任松阳县中医医院副院长。专外科，为丽水市中西医结合外科学科带头人，入选丽水市“新世纪 138 人才工程”。

叶永萱，男，1944 年生，西屏镇人。先前从事教育工作，退休前任松阳县史志办副主任。主编《松阳县志》（1996 年版）、《松阳记事》《松阳县人民代表大会志》《松阳县交通志》等多部志书，著有《闲聊松阳》等散文集。

诸丽萍，女，1964 年生，西屏镇人。主任护师。毕业于浙江中医药大学，曾任县人民医院副院长，从事临床护理及护理管理工作 36 年, 主持科研项目“对住院病人实施关怀护理的临床研究”获县、市科技进步奖。在省级以上医学刊物发表多篇论文。

第二节 寓外人员

包朝赞，男，1938 年生，新兴乡后周包村人。国家一级编剧。杭州市艺术创作中心专业戏剧创作，兼杭州市戏剧家协会主席。成名作《春江月》。剧本《桐江雨》《月亮湖》《胭脂河》《梨花情》《黄山情》等，作品脍炙人口，其中越剧《梨花情》获中国戏剧节优秀编剧奖等 4 大奖，入围首届杭州市文化人物。

包家立，男，1961 年生，西屏镇人。毕业于哈尔滨工业大学精密仪器系，浙江大学生命科学院生物医学工程博士。浙江大学医学院电磁学重点实验室教授，兼中国计量测试学会理事，浙江省医学工程分会常委、浙江省生物工程学会理事。

包绍丰，男，1937 年生，西屏镇人。毕业于上海同济大学，任能源部华东电力设计院高级工程师。负责设计福建永安火电厂三期工程。

蔡法兴，男，1937 年生，西屏镇人。主任医师。毕业于浙江医科大学医疗系，任青田县人民医院儿科主任，主要论著有《原发性水疸性肺炎一例》《新生儿肺炎因妇产科因素的分析与探讨》等。

蔡　晖，女，1968 年生，西屏镇人。中医主任医师。毕业于浙江中医药大学，在丽水市人民医院从事中医临床，擅长医治急慢性牙周病、口腔黏膜病、颞颌关节疾病。浙江省中医药学会中医经典与传承研究分会委员、睡眠与情志病专业委员会委员。在省内外医学杂志发表论文 20 余篇。

蔡建庭，男，1962 年生，西屏镇人。主任医师，医学博士。任浙江大学医学院附属第二医院消化内科主任、内科学教授、博士生导师。擅长消化系统疾病的内镜诊断与治疗，中华医学会消化病学会胰腺学组委员、浙江省消化病学术中心副秘书长等职。

蔡六瑜，男，1919 年生，西屏镇人。教授。毕业于北洋大学机电系，任武汉邮电科学研究院研究生部主任，兼邮电部学位委员会委员，是中国邮电高校电路信号分析学术领域的带头人，著有《电路基础及量计》《信号与线性系统》等，为中国邮电科技有突出贡献的专家。

蔡茂军，男，1972 年生，叶村乡寺岭下村人。毕业于复旦大学化学系，中科院博士。在中科院药物所重点实验室任项目组负责人，主持NMU-R2 受体、3CL受体、新型免疫抑制剂等课题研究工作，2003 年作为非典攻关项目组成员，参与完成了西维来司纳的工作。

蔡茂生，男，1964 年生，叶村乡寺岭下村人。毕业于浙江大学机械系，到意大利留学，获博士学位，定居意大利米兰。1992 年，创办米兰CHIMES SRL有限公司，从事工业领域国际贸易。致力为海外侨胞服务，任意大利浙江大学校友会会长。

蔡　璐，男，1954 年生，西屏镇人。高级工程师。毕业于浙江工业大学化学系，任丽水市环境保护局总工程师。10 项环保课题研究获国家、省、市科技进步奖。被评为全国环保系统先进个人和全国劳动模范。

蔡淑香，女，1967 年生，叶村乡寺岭下村人。主任医师，毕业于浙江医科大学，任浙江医院妇产科医师，擅长妇科疾病的诊治和手术。为浙江省医学会妇产科学会分会委员、浙江省医学会妇科肿瘤分会委员、浙江省抗癌协会妇科分会委员、浙江省围绝经质控中心成员。

蔡文浩，男，1962 年生，西屏镇人。教授。毕业于兰州大学数学系，中国人民大学经济学博士。任兰州商学院副院长、硕士研究生导师，为中国商业经济学会常务理事、副秘书长，中国国际贸易学会理事等职。著有《商业制度创新论》《管理经济学》等。

蔡宣松，男，1956 年生，松阳县人。主任医师。毕业于浙江医学院，在上海铁路医院工作。

蔡　珣，男，1943 年生，西屏镇人。教授。毕业于哈尔滨工业大学，从事高等材料科学教学和研究，任上海交通大学热处理和表面工程研究所所长、博士生导师。获国家一等奖 2 项、二等奖 1 项、三等奖 2 项，著有《微特电机常用弹性、磁性材料手册》等，译作《显微硬度》等。被人事部授予有突出贡献的中青年专家。

蔡　璋，女，1940 年生，西屏镇人。毕业于北京矿业学院综合利用系，任中国矿业大学教授。编写出版教材《浮游选煤与选矿》《选矿工程专业英语》等，在国内外杂志发表论文 20 多篇，其中煤泥选择性絮凝、选择性絮凝脱硫、煤泥浮选动力学模型等方面研究系国内首创。

陈礼平，男，1969 年生，松阳县人。主任医师。毕业于浙江医科大学，任丽水市中医院副院长，兼浙江中医药大学、温州医学院教授、中华中医药学会心血管病分会委员、浙江省中西医结合学会心血管专业委员会常委、丽水市医学会心电生理与起搏分会副主任委员等职。

陈马康，男，1937 年生，西屏镇人。教授。毕业于上海水产学院，任上海水产大学渔业学院院长。科研项目“大水面（河道）青放流示范试验”获上海市科技兴农奖，著有《湖泊水库鱼养殖与增殖》《钱塘江鱼类资源》《内陆水域鱼类增养殖》等。

陈胜宏，男，1957 年生，西屏镇人。教授，博士生导师。毕业于武汉水利大学，博士学位。从事水工结构工程和岩土工程专业的教学与研究工作，主持完成国家重点科研项目及国家重点水电工程建设的科研项目 80 余项，发表论文 100 余篇，出版专著 3 部。获水利部、教育部优秀教师称号。

陈云生，男，1928 年生，斋坛乡东圩蓬村人。毕业于四川大学数学系，长期从事国防科技事业，任国防科工委某委正师级专职委员、高级工程师。主持国家“7482 工程《汉语主题词表》”科研项目获1985年国家科技进步二等奖。

陈立明，男，1946年生，四都乡塘后村人。文职副师级。1964年，参加中国人民解放军，历任中共宁波军分区党委委员、宁波军分区军队离职干部休养所所长等职。立三等功一次，先后7次获省军区先进个人称号。

陈伟钢，男，1958生，望松乡草塔村人。副师级。毕业于西安空军工程学院机械系，研究生学历。历任空军航空兵部政治指导员、空军政治部组织处处长、解放军驻香港部队航空兵团副政委。2006年，转业到国务院银监会，任信息中心综合处处长。

程东源，男，1938年生，西屏镇人。主任医师。毕业于浙江医科大学，中国人民解放军总医院脑外科主任，兼北京军医进修学院教授，多项科研项目获国家及军队进步奖。“颅脑损伤治疗研究”“颅脑肿瘤外科治疗研究”分别获国家科技进步二三等奖，“颈椎手术器械”获国家专利，国务院授予其“突出贡献医务工作者”称号。

程继伍，男，1961年生，西屏镇人。中学特级教师。毕业于丽水师专。曾任松阳一中教师、副校长，调杭州后任浙江大学附属中学教研室主任、民盟浙江省教育委员会委员、浙师大特聘教学实践导师。获浙江省劳动模范、全国优秀教师等称号，在各级刊物发表论文70多篇。

单宗长，男，1941年生，西屏镇人。高级工程师。毕业于浙江大学光学仪器工程系，历任上海第二光学仪器厂和上海光学四八厂厂长，上海徕卡显微镜有限公司副总经理。其科研项目《经纬仪实验方法》《水准仪系列及其基本参数》《电镀自动生产线》等获机械工业部科技成果奖。

高　健，男，1961年生，古市镇人。教授。毕业于华东水利学院，浙江水利水电学院任教，获首届高校优秀教师、全国水利职教名师、全国优秀力学教师等称号。著有《工程力学》《工程力学实验指导》《建筑力学》等；发表论文20多篇，其中3篇获浙江省自然科学优秀论文二等奖。

郭润明，男，1934年生，西屏镇人。主任医师。毕业于贵阳医学院外科系，任贵州省人民医院脑外科主任。

何春淮，男，1936年生，西屏镇人。大校军衔。参军后多次立功受奖，曾任丽水军分区政委、党委书记，浙江省军区党委委员、丽水地区地委委员等职。

何建清，男，1957年生，樟溪乡高岸村人。研究员。毕业于浙江农业大学农学专业。任丽水市农业局农作物站站长、农业技术推广研究员。曾获省农业科技成果转化推广奖、全国农业技术推广先进工作者等奖项。主编出版《丽水稻作》《丽水粮食生产60年》等，由中国农业出版社出版。

何登伟，男，1971年生，西屏镇上连头人。主任医师。毕业于浙江医科大学，任丽水市中心医院院长助理，脊柱外科主任，兼任浙江大学、温州医科大学硕士生导师。主持卫生部、省自然科学基金、省科技厅等9项科研项目，参与国家自然科学基金3项。入选浙江省新世纪151人才工程第二层次、浙江省医药卫生创新人才。

何建胜，男，1965年生，西屏镇。主任医师。毕业于浙江医科大学临床医学系，任丽水市中医院外科主任。擅长肿瘤外科、胸外科、外科危重病等业务，兼中华中医药学会外科分会委员、浙江省中医药外科学会常委、丽水市医学会医学鉴定专家。

何曙阳，男，1971年生，西屏镇人。毕业于厦门大学海洋生物系，美国马里兰大学博士学位，留校任高级研究员。从事胚胎干细胞研究，担任《世界繁殖生物学》杂志和世界水产学会杂志编辑、评委。多次参加在美国、日本、加拿大、丹麦召开的国际性学术会议，发表论文多篇。

何一琴，女，1942年生，西屏镇人。高级工程师。毕业于浙江大学化机系，任铁道部通号研究设计院驼峰机械设计研究室主任。重点项目《石家庄铁道自动化半自动化机械》《郑北铁路编组站机械》设计负责人。著有《驼峰机械》《铁路驼峰气动系统技术条件》等。

洪碧海，男，1967年生，西屏镇人。教授。毕业于北京大学物理系，博士学位。在丽水学院物理系从事教学和研究工作，在国内外刊物发表天体物理和粒子物理专业论文10余篇。

洪　波，又名洪樟土，男，1941年生，西屏镇人。毕业于浙江大学机械系，任铁道部大连内燃机车研究所高级工程师。研制的《45GP1301高压比增压器》获铁道部科技成果奖，《45GP1301B型高压比增压器》获铁道部“七五科技成果一等奖”。在国内外杂志发表论著多篇。

洪郁芝，女，松阳县人。浙江中医药大学教授，杭州市中医院内分泌代谢科主任医师。擅长糖尿病的治疗，浙江省中西医结合糖尿病学会副主委，发表《糖尿病与胰岛素抵抗》《糖尿病肾病蛋白尿发生机制研究进展》等论文多篇。

胡水金，男，1934年生，西屏镇人。高级经济师。毕业于上海财经大学统计系，从事轻工业管理工作，任安徽省轻工业厅副厅长，1958年被授予安徽省劳动模范。著有《安徽省经济社会发展战略纲要》，1991年获省科技进步二等奖。

黄国强，男，1927年生，古市镇人。毕业于国立社会教育学院电化教育系，任西安电影制片厂洗印分厂总工程师、高级工程师。科研项目《微生物在彩色正片冲洗工艺中的影响及防治》，获陕西省文化厅科技进步二等奖，广电部科技进步四等奖。

黄宗干，男，1928年生，西屏镇人，教授。毕业于上海第一医学院医疗系，在重庆医科大学附属第一医院从事医学教育和研究工作。曾参加《临床症状鉴别诊断》《中国现代医学》的编写，公开发表学术论文40余篇。

黄宗灏，男，1926年生，望松乡乌井村人。教授级高级工程师。毕业于南京中央大学化工系，长期从事化工生产和科研工作。任抚顺石油化学公司三厂研究所副所长。科研项目《7762系列加氢裂化催化剂》获部科进步奖，《加氢脱蜡催化剂及工艺研究》获国家专利。被授予“全国先进生产工作者”。

黄宗洲，男，1934年生，望松乡乌井村人。北京农业大学畜牧兽医专业毕业后，赴宁夏从事畜牧兽医科研工作，获得自治区重大科研成果奖。1986年调至北京农学院，其间主持兽医病理学教学与科研项目，获农业部科技进步奖。1988年被评为“北京市有突出贡献的专家”。2003年法兰西共和国授予其“农业勋位骑士勋章”。著有《黄宗洲教授科技论文集》。

江　吟，男，1963年生，松阳人，祖籍淳安。编审、国家一级美术师。1983年毕业于杭州师范学院中文系。任西泠印社出版社社长、中国书法家协会会员，西泠印社理事。著有《中师书法教程》《写字基础》《历代传统碑帖临习指导》等。

金炳亮，男，1965年生，西屏镇竹客口村人。毕业于中山大学历史系，广东人民出版社总编辑，社长。在《孙中山研究论丛》《中国编辑》等多种专业期刊发表中国近现代史、出版史、出版科学等论文30多篇，发表评论、随笔等20余万字，著有《文化奇人王云五》等。

金永东，男，1971年生，樟溪乡力溪人。毕业于浙江工业大学化工系，理学博士。在以色列魏兹曼科学研究所基于细菌视紫红质的生物分子电子学研究工作。发表论文21篇，申请并获权4项中国发明专利，2002年获中国科学院刘永玲博士奖学金一等奖，2003年获中科院院长优秀奖学金。

蓝晓光，男，畲族，1957生，古市镇人。浙江省林业厅总工程师。毕业于浙江农林大学林学系，清华大学工商管理硕士。历任浙江省林业厅处长、副巡视员。浙江省政协第九、十届委员会委员。

李　昂，男，1931年生，樟溪乡人。教授。毕业于西安军事电机工程学院无线电工程系，在部队从事教育与无线电研究，任南京通讯工程学院无线电系教授。《SRL-89B型单2入口设备》《师（旅）野战移动通讯系统》分别获军队科技进步二三等奖，主要著作有《无线电通讯系统》《通信系统》等。

李　可，男，1946年生，樟溪乡馒头山人。主任医师。毕业于浙江医科大学，任浙大附属二院眼科中心主任，兼中华医学会杭州眼科分会副主任委员。在国内外学术会上交流或国内各级杂志发表论文30余篇。

李水福，男，1957年生，古市镇人。主任中医师。毕业于浙江医科大学，丽水市食品、药品检验所所长。被评为丽水市杰出人才，发表论文多篇。

李　欣，男，1963年生，赤寿乡半古月村人。教授。毕业于浙江师范大学物理系。任浙江师范大学教师教育学院教授、硕士生导师、浙江师范大学视觉传达研究中心主任。兼全国计算机辅助教育（CBE）学会理事，浙江省非物质文化遗产研究重点基地浙江师范大学团队核心成员。

连　放，男，1957年生，松阳人。教授。毕业于浙江美术学院工艺系，任中国美院教务处副主任、视觉传达设计系副主任。出版专著《CIS的包装设计》，发表《论平面设计基础教学的本质》《包装设计教学方法论初探》等论文多篇。

林云飞，男，1919年生，西屏镇人。教授。毕业于浙江大学工学院化工系，在武汉大学从事高等教育和科研工作，兼任中国硅酸盐学会玻璃纤维专业委员，科研项目《玻璃的EXAFS》填补中国在该领域的空白，在国内外发表论文50余篇。

刘为纶，男，1935年生。赤寿乡界首村人。毕业于南京大学气象系，从事气象研究和高等教育，任浙江大学地理系教授。《黄河流域旱涝变化与预测》的研究课题，获河南省科技进步三等奖。主要论作有《中国气候蓝皮书》等。

刘学锴，男，1933年生，裕溪乡小槎村人。教授。毕业于北京大学中文系，任安徽省政协常委、安徽师范大学中文系古籍整理研究所所长、中国唐代文学学会理事、中国李商隐研究会会长等职。出版专著多部，发表有关古典文学和李商隐研究论文10余篇，其中《李商隐诗歌集解》一书获全国首届古籍整理图书奖，1989年评为全国教育系统劳动模范。

刘永芳，男，1933年生，西屏镇人。毕业于丽水林校，任四川省林木种子公司总工程师、高级工程师。1960年参加援越中国林业专家组工作，获越南民主共和国勋章一枚。科研项目《毛叶山桐子生物特性及油脂卫生安全性研究》，1986年获四川省人民政府颁发的科技进步三等奖。

刘岳琛，男，1929年生，西屏镇人。教授。毕业于浙江大学土木工程系，在浙江大学土木工程系从事教育与科研工作。科研项目为钢筋混凝土结构基本理论及设计方法，主要科研成果有《预应力混凝土连续结构》《钢筋混凝土深梁》《钢筋混凝土软化及其应用》等。

刘中一，男，1942年生，斋坛乡小石村人。毕业于国防科委南京820雷达电讯职业大学，从事无线电科研工作，任电子工业部第14研究院高级工程师，兼任江苏省计量测试学会时间频率专业委员会委员。科研项目《频稳自动测试装置》获电子工业部科技成果二等奖。主要论著有《频稳测试的自动化系统介绍》《频率稳定自动测试系统》等。

刘红忠，男，1965年生，樟溪乡溪下村人。复旦大学经济学院教授、国际金融系主任、金融研究院副院长。主持完成国家自然科学基金项目等多项课题。出版《中国对外直接投资的实证研究及国际比较》等多部专著和教材，主持翻译《高级国际金融学教程》等著作，发表论文多篇。

刘　闯，男，曾用名刘善诗，1958年生，赤寿乡界首村人。美国匹兹堡大学科学史与科学哲学系博士，任美国佛罗里达大学哲学系教授、复旦大学哲学学院特聘教授。从事物理哲学研究，在英美科学哲学主要学术刊物发表论文多篇，获美国国家自然科学基金(NSF)和社会科学基金(NEH)奖励。

柳　扬，男，1961年生，西屏镇人。毕业于西南大学，英国伦敦大学博士学位。任澳大利亚悉尼国家艺术博物馆中国部主任，从事东方古典艺术研究。发表论著多篇，为推进中国与世界各国文化交流做了大量工作。

卢春中，男，1961年生，古市镇半古月村人。毕业于中央广播电视大学，浙江大学管理工程硕士学位。历任中共松阳县宣传部部长、丽水市文化局局长、青田县委书记、永嘉县委书记，浙江省环保厅副厅长等职。

卢寿福，男，1968年生，西屏镇人。毕业于浙江师范大学化学系，有机化学研究博士，曾任美国爱康医药科技有限公司首席执行官，研究成果《三氟甲醛甾体化合物制备及用途》获国家专利。发表论文20余篇。2008年，被授予“浙江省留学英才奖”。

陆水明，男，1956年生，西屏镇人。毕业于吉林大学历史系，国防大学中共党史专业研究生。任中国人民解放军南京政治学院中共党史教研室教授，技术四级，正师级。论文《重评大革命时期的陈独秀》《评过渡时期总路线》《盛世与忧患》及专著《春潮涌动》《论忧患》等在学术界有一定的影响。

罗启彩，男，1929年生，象溪镇南州人。旅居台湾。热心公益，情系故乡。1989年回乡探亲，见南州船渡时有险情，决心“改渡为桥”，他带头出资11000美元，并发动旅台乡友捐助600美元，为建桥基金，余款再由村民筹资，建成南州大桥。

雷永良，男，畲族，1963年生，裕溪乡源底村人。主任检验师。任丽水市疾病预防中心副主任。从事放射免疫检测肿瘤标志物项目研究，研究成果《狂犬病毒新宿主及其病毒分子特征研究》获省、市科技进步奖。

廖思红，女，1960年生，樟溪乡馒头山人。省委党校区域经济专业毕业，研究生学历。历任中共遂昌县委组织部副部长，缙云县组织部部长、县委副书记，丽水市委老干部局局长、市委组织部常务副部长，云和县委书记、县人大常委会主任，丽水市副市长。

毛高喜，男，1937 年生，西屏镇人。研究员。毕业于南京林学院，在南京林业大学竹研究所从事科研工作。其科研项目“毛竹林丰产结构理论和技术研究”，获国家科技进步二等奖。

毛永辉，男，1938 年生，西屏镇人。高级工程师。毕业于江西地质学院地质系，任江西有色地质 4 队主任工程师。1986 年，参加《赣东北浙东南金银矿床类型及成矿预测》的研究工作，获国家地质矿产部科研成果一等奖。1992 年，担任国家“八五”攻关项目《江西德兴斑岩铜矿田地质经济综合评价》课题组长。

潘必兴，男，1941 年生，古市镇人。毕业于浙江大学化工系，从事经济管理，任国家烟草专卖局副局长，高级工程师。

潘　福，男，1925 年生，西屏镇南门人。毕业于上海国防医学院。1949 年随校迁往台湾。1954 年与同校高护班叶仙凤（1930 年生）结婚。潘福任台湾“国防”医学院和“行政院国防科学委员会”教授，是国际知名生化学家。夫妻俩先后 20 次为家乡的文化教育事业捐款 237 万元，并设立“潘叶奖学金”。1998 年，松阳县人民政府授予“爱乡楷模”称号。

潘根生，男，1935 年生，西屏镇人。教授。毕业于浙江农业大学茶叶系，任浙江农业大学茶叶系副主任、茶叶研究所所长。首次从茶叶中分离检出生长素（IAA），多项研究获省优秀科技进步成果奖。著有《茶树栽培生理》《茶树生物学》《茶业大全》等，参与撰写《茶树栽培学》《中国农业百科全书•茶叶卷》等多部著作。

潘家玮，男，1958 年生，西屏镇人。中共浙江省委副秘书长、省委办公厅主任，研究员。曾任浙江省人民政府发展研究中心主任、省委政策研究室。主编《海洋：浙江的未来》《深化体制改革 加快制度创新》《跳出浙江 发展浙江》等著作，研究成果曾获省政府科技进步二等奖。

潘水樟，男，1950 年生，竹源人。主任医师。毕业于温州医学院医疗系，退休前任丽水市中心医院骨科主任，兼任中华医学会浙江省骨科分会委员、丽水分会主任委员等职务。1993 年获全国先进工作者。发表《低位腹动主脉临时阻断技术的临床应用》《胸壁肿瘤切除后缺损的联合挂料修复》等论文 10 余篇。

潘文龙，男，1965 年生，古市镇人。毕业于浙江师范大学，博士学位。任广东工业大学轻工化工学院研究员，有机研究室副主任，硕士生导师。在国内外发表论文 30 多篇，发明专利 3 项，主持省部级科研项目 5 项。

潘贤娣，女，1933 年生，西屏镇人。毕业于武汉大学水利学院，水利部黄河水利委员会水利科学研究院高级工程师，水利专家。《多河河流水库下游河道演变及估算方法》等多项科研项目获全国科技奖。1986 年河南省总工会授予“治理黄河女能人”称号。第七届全国人大代表。

潘杏然，又名潘思德，男，1930 年生，古市镇人。毕业于国防医学院放射科专业，在部队从事医务工作。任第二军医大学附属长征医院副主任医师（副师级），兼任中华医学会放射技术学会委员等职。参加西藏平叛部队医疗队，立集体三等功。

潘一平，男，1923年生，西屏镇人。编审。任浙江人民出版社编辑室主任，中国地方志协会副会长，中国古都协会理事。

潘佐棣，男，1931年生，西屏镇人。毕业于华东师范大学物理系，任华东师范大学物理系副教授。发表有关激光谱方面的研究论著20余篇。编写《原子光谱导论》《分子光谱学导论》等教材，以及《青年自学丛书》物理基础部分共2册。

阙秉珍，男，1926年生，古市镇人。主任医师。毕业于台湾“国防”医学院，2次赴美国研读，返台后任海军医院外科主任至退休。1996年，松阳一中七十周年校庆捐款1000美元。

阙更生，男，1928年生，西屏镇人。毕业于沈阳农学院农学系，任中国农业科学院作物育种栽培研究所研究员。其研究出优质、高产、抗病强的水稻新品种有中百4号、中系5号、中系23号、中系8121、中系237；超高产新品系列有中系8404、中系8409、中作8957、中作8959、中系8720等。研究的“水稻白叶枯病的抗性和遗传研究及应用效果”，1989年获农业部科技进步三等奖。

阙维民，男，1957年生，大东坝镇后宅村人。教授。毕业于北京大学城市学院，从事世界文化遗产、城市文化遗产保护以及历史地理方面的研究。兼任北京大学世界文化研究中心主任、世界工业遗产联合会中国代表。

宋昌黎，男，1922年生，三都乡杨家堂村人。1948年毕业于中央大学工学院机械系。中华人民共和国成立后，参加东北工业建设，后调入航空115厂任总工程师、研究院级高级工程师。参加直5、轰5、直9、运11、运12等多种飞机的制造，攻克许多技术难关，为发展中国航空事业作出贡献，曾任黑龙江省政协两届常委。

宋昌中，男，1930年生，三都乡杨家堂村人。教授。毕业于北京大学俄文系，任吉林大学外语系教授，共培养38名当代苏联文学硕士研究生。著有《库普林》《贝科夫》等，翻译19世纪俄国文学史及小说计100万字，发表学术论文数十篇。曾多次到苏联访问、参与洽谈商务。妻郑秀雅，吉林省气象局正研级高级工程师，获国务院“突出贡献表彰”。

宋昌礼，男，1939年生，西屏镇人。主任医师。毕业于温州医学院，福州军区总医院胸外科主任医师。获军队科技进步奖15项，在国家级、省级发表医学论文近60篇。

宋　康，男，1951年生，三都乡杨家堂村人。主任医师、中医学博士生导师。毕业于浙江医科大学，任浙江省中医院和浙江东方医院院长。中医药理论及现代医学造诣深，尤其在哮喘、慢阻肺、呼吸衰竭、纤维气管镜技术，肺功能方面有独到研究。出版专著2部，发表论文40多篇，主持省、部级科研项目多项，获科研进步二等奖2项，三等奖2项。

宋世战，男，1939年生，三都乡杨家堂村人。毕业于清华大学工程物理系，任兰州大学现代物理系教授。从事高等教育和科学研究工作，获多项集体科技成果奖。在巴黎奥赛核物理研究所和日内瓦西欧核子中心从事原子核反映实验研究，首次发现温度很高的原子核及其他新现象，为国际高温领域研究获得开创性成果。

宋　松，又名宋丽娥，女，1935年生，三都乡杨家堂村人。高级工程师。毕业于云南大学物理系，在核工业部北京核仪器厂第二研究室从事光电倍增管的研制工作。对真空科学技术研究有较深的造诣，多项科研项目获国防科委重大科技进步奖，发表专业论文多篇。

苏金元，男，1941 年生，水南村人。毕业于杭州大学中文系，从事高等教学和文学研究工作，任杭州大学外语系副教授。出版著作有《20 世纪中国文学》《现代名家散文艺术》等。发表论文 60 余篇。对南宋女词人张玉娘研究较深发表多篇研究论文。参加编写《20 世纪中华文学辞典》《论据辞典》等。

汤壁辉，男，1930 年生，西屏镇人。研究员。任《中小学音乐教育》常务副主编，兼任中国音乐家协会会员、中国音乐文学会会员、浙江音协副主席。创办《花港》词刊，主编《音乐教案集锦》等多部著作，词作颇丰。入选《世界华人文学艺术界名人录》。

汤林友，男，1964 年生，三都乡呈回村人。人类学博士、美国哈佛大学访问学者、中央民族大学教授、博士生导师。主要研究社会人类学、族群理论等领域，著有《人类学通论》。发表《义序与中国宗族研究范式》《论族群与族群论同理论》等多篇论文。

汪俏梅，女，1966 年生，西屏镇人。教授，浙江大学农业生物科技学院博士生导师。毕业于浙江大学生物科技系博士学位，留校任教，浙江大学女教授联谊会理事。2001 年在美国加州大学当访问学者时获霍英东基金，入选新世纪优秀人才支持计划。先后主持 14 项国家和省级科研，在国内外刊物发表论文 50 余篇。

王昌桂，男，1957 年生，望松乡石门人。主任医师。毕业于温州医学院，任丽水市人民医院医务处长、党办和院办主任等职，兼任浙江省医学会常委、丽水市医学会秘书长，在医学杂志发表论文 10 余篇。

王昌荣，男，1962 年生，望松乡石门村人。毕业于金华市卫生学校，省委党校研究生学历。历任中共丽水市委常委、秘书长，中共温州市委常委、组织部部长、市委党校校长等职。

王发明，男，1938 年生，古市镇人。主任医师。毕业于青岛医学院医疗系，退休前在山东省栖霞市第一人民医院从事医务工作，任市政协副主席。主要论著有《小剂量石碳酸窄平面阻断对肿瘤 65 例疗效分析》等。

王关然，男，1932 年生，斋坛乡下坌人，教授。毕业于武汉测绘科技大学航空摄影测量系，从事教学和农业测量工作，任新疆石河子农学院从事高等教育和农业测绘教研室主任。主要论著有《农业工程测量学》《测量学习题集》《测量实验与实习》等。

王　浩，男，1980 年生，古市镇人。1999 年，获全国跆拳道锦标赛男子 67 公斤级冠军。2001 年，获日本大阪东亚运动会跆拳道 68 公斤级冠军。2005 年，获全国跆拳道锦标赛冠军、全场最佳技术奖。2006 年，获伊朗世界跆拳道 72 公斤级季军、全国跆拳道锦标赛暨第十五届亚运会选拔赛冠军。获国家跆拳道管理中心授予最佳运动员称号。

王明祺，男，1929 年生，望松乡人。省立杭州高级中学毕业后到英国学习海军，并随重庆号回国。1948 年，他与重庆号一起起义。参加中国人民海军后，到大连军舰学院指挥系深造，历任军舰舰长、南海舰队海军训练基地司令（正师级）等职。

王深亮，男，1938 年生，西屏镇人。毕业于东北工学院自动控制系，从事高等教育和印刷科学技术研究工作，任中国印刷科学技术研究所高级工程师，兼任全国印刷机械标准化技术委员会委员。有5项科研项目获省、部级科技进步奖，

王所进，男，1959年生，西屏镇人。毕业于杭州大学数学系，博士学位，任美国德克萨斯州农工大学终身教授。对数学领域中的概率和统计学科有较深造诣，先后有20多篇论文在美、英、日、德、加、澳等国杂志上发表，是世界数学统计研究会会员。

王永隆，男，1935年生，古市镇人。毕业于浙江农业大学农学系，任永康市种子管理站站长、高级农艺师。科研项目“20亩杂交稻制种亩产超300公斤”1984年获省粮食丰收三等奖。“汕优桂33籼型杂交稻引种及推广”，1988年获省科技进步四等奖。1992年被农业部授予先进工作者。

王林琛，男，1937年生，水南乡清路村人。毕业于西北工业大学，长期在部队从事军事科研工作，任中国人民解放军第二炮兵工程学院战术室教授（大校）。立二等功2次，所率部队获集体二等功一次，受中央军委通令嘉奖。创作军事电影剧本获全军科技进步奖。《锰精矿脱水新技术开发》等获省科技成果奖。

王利火，男，1934年生，新处乡小南坑村人。研究员。毕业于复旦大学生物系，从事军事医学微生物领域科学研究。1987年、1990年两次获国家科技进步一等奖。转业到浙江微生物研究所后，从事民用生物技术研究和推广。1992年，获全国“五一劳动奖章”、省劳动模范称号。

吴春晓，女，1944年生，樟溪乡力溪人。主任医师。毕业于浙江医科大学临床专业，退休前任丽水中心医院外科副主任。擅长普外科、乳腺专科、肛肠疾病等临床医学，兼任温州医学院外科副教授、浙江省中西医学会肛肠病专业委员会委员等职。

吴定凯，男，1926年生，赤寿乡赤岸村人。教授。毕业于浙江医科大学外科系，长期从事医学教育工作，任浙江医科大学教授，兼任中国抗癌协会浙江分会肺癌组顾问、食管癌组委员等职。发表论文10余篇，参加编写老年大学医学教材。

吴定玮，男，1935年生，赤寿乡赤岸村人。高级工程师。毕业于同济大学建筑系，任杭州市城建设计研究院总建筑师，顾问总建筑师，高级特许一级注册建筑师，浙江大学建筑学院兼职教授。负责主持多项重大建筑工程设计，并多次获全国、省、市设计奖，杭州市第七、八届人大常委会副主任。

吴定璋，男，1931年生，赤寿乡赤岸村人。高级工程师。毕业于清华大学机电系，在水电部所属设计院从事水力发电与大型风力发电的电气科研、非电量测试等工作。研制光电扫描机曾获贵州省科技奖，水电部八局甲等科技奖等。

吴定宗，男，1928年生，赤寿乡赤岸村人。教授。毕业于上海医科大学，任上海中医学院教研室主任、博士研究生导师，兼任上海生理科学会、神经科学会理事。在针刺镇痛、针刺对膀胱机能影响及治疗癫痫作用等方面研究取得成果，获1979年全国科技大会奖，上海市先进科技工作者。

吴晓东，男，1975年生，西屏镇人。教授。毕业于清华大学材料系，博士学位，任清华大学材料系研究员。从事环境净化材料和稀土催化材料的研究与应用，完成国家和国际合作项目10余项，发表学术论文50余篇，著译7本，申请发明专刊5项。获2003年中国环保科技成果三等奖等奖励。

吴新跃，男，1962年生，古市镇人。毕业于海军工程大学，工学博士学位。任海军工程大学船舶与动力学院机械工程系教授、博士生导师、军队院校图学与机械课程教学协作联席会秘书长。曾立三等功四次，获军队科技进步二等奖2项，三等奖4项，发表论文100余篇。

吴雪萍，女，1964年生，古市镇人，浙江大学教授、博士生导师。毕业于浙江大学教育学系、教育学博士。任浙江大学教育学院教育学系主任。主持国家级、省部级课题20余项，出版专著5部，在核心期刊发表论文100余篇，多项研究成果获省部级奖。

吴增芳，男，1934年生，西屏镇人。教授。毕业于山东大学农业系，历任中国人民大学软科学研究所主任、区域与城市管理研究所、德国哥廷根大学、中华研修大学、美国普莱顿大学教授博士生导师，中国老教授协会社会科学专业委员会副主任。

吴志伟，又名吴邦兴，男，1922年生，赤岸村人。抗战胜利后入伍，曾参加孟良崮、淮海、渡江等战役，任军医。1988年离休前任海军411医院主任医师，兼任东海舰队医学专家组成员，海军上海基地卫生专业技术职称评委等职，立三等功8次。

吴周琦，男，1936年生，古市镇人。毕业于南京林业大学，长期从事高等教育，江西农业大学农业工程系教授。主要著作有《金属工艺学》《机械设备常见故障分析与排除方法》等。

吴子俊，字君杰，男，1924年生，松阳人。毕业于国立政治大学政治系，曾任国民党军报社长、总政治部编审，政工主任，陆军少将。退役后受聘国军政战史稿主编，台湾中正理工学院教授。为松阳旅台同乡会两届会长，继任名誉会长，发动旅台乡友为家乡残疾人捐赠轮椅78辆，并为在台亡故官兵的多位台属申领战士授田补偿金，申领遗产及运送骨灰返乡安葬等事宜。

吴金美，女，1963年生，古市人。研究员。毕业于浙江农业大学蚕桑专业，博士学位。在江苏科技大学从事生物化学与分子生物学教学和家蚕天然免疫、阿尔茨海默病生物标志物研究。任江苏省生物化学与分子生物学学会常务理事，主持国家自然科学基金项目多项，在国内外刊物发表学术论文数10篇。

项成林，男，1938年生，古市镇人。高级工程师。毕业于同济大学环境工程系，历任上海吴泾化工总厂、太平洋化工集团公司技术中心副总工程师，兼任国家科技委员会鉴定专家、中国水处理学会理事、上海净水技术协会副理事长等职。科研项目“甲醇残液处理新工艺”等获国家科技进步奖，1993年获国务院突出贡献奖。

项管森，又名项云，男，1930年生，西屏镇人。1945年就读湘湖师范学校音师班，中华人民共和国成立后，毕业于上海音乐学院音乐教育专修班，在上海越剧院从事作曲专业。编辑出版《18位著名越剧演员唱腔选》《越剧十姐妹唱腔集锦》等，创作整理《梁祝》《祥林嫂》《碧玉簪》等51部上演剧目。

项天瑜，男，1937年生，古市镇岗下村人。1958年，入哈尔滨军事工程学院无线电专业学习。毕业后，一直从事国防建设。高级工程师。曾任电子工业部第三十六研究所副所长（副厅级）、海南电子集团公司总经理。

谢力群，男，1956年生，象溪镇吕潭村人。毕业于浙江农业大学，中央党校在职研究生。曾任庆元县长、县委书记、县人大主任，中共丽水市委副书记、市长，浙江省农业厅副厅长、浙江省审计厅厅长、浙江省经济和信息化委员会主任，中共第十一届浙江省委委员、第十届全国人大代表。

谢良琦，男，1937 年生，象溪镇陈家里村人。毕业于华南大学后在军部任职，到台湾后曾任“国防部”总政战部上校科长、第五处少将处长等职。退役后任台北“英雄馆”主任。

谢云飞，男，1933 年生，象溪镇人。毕业于浙江省立师范、台湾师范大学国文系，获国文研究硕士学位，新加坡南洋大学研究院院士。任台湾“国立”政治大学中国文学系教授。著有《经典释文异音声类考》《中国文字学通论》《中国声韵学大纲》《语言学大纲》《韩非子析论》《中国工具书指引》等。

徐昌俊，男，1957 年生，西屏镇人。教授。毕业于上海音乐学院作曲指挥系，中央音乐学院研究生，任天津音乐学院院长。1986 年民族乐器重奏《寂》获首届“中国唱片奖”，作曲三等奖。1988 年柳琴独奏《剑器》获第六届全国音乐作品二等奖第一名（一等奖缺）。1989 年创作歌曲《黄土情 黄河魂》被评为全国优秀广播歌曲。

徐进科，男，1957 年 9 月出生，西屏人，研究生，副研究员。金华市委政策研究室（农办）常务副主任、正县级调研员。系中国诗歌学会会员、浙江省作家协会会员。在全国、省市级发表文学作品百余篇，并多有获奖。

徐龙伟，男，1970 年生，西屏镇铺门村人。主任医师。毕业于浙江大学医学系，任丽水市人民医院任运动医学与关节镜诊治中心主任，骨关节外科病区副主任，赣南医学院兼职教授。

徐申二，男，1939 年生，古市镇人。高级工程师。毕业于南京大学化工系，任南京摩擦材料总厂研究所副所长，科研项目“东方红-75 拖拉机 7618 主离合器片”获农机部科技成果三等奖；“7913 全干法离合器片”和“小型盘式无石棉制动片”获南京市科技进步三等奖。

徐寿凯，男，1927 年生，西屏镇人，研究员。任安徽省社会科学院文学研究所副所长，对戏剧和文艺理论有较深的造诣，从事古籍整理与研究。专著有《中国文艺思想史》《古代文艺思想漫话》等，发表论文数百篇。

徐寿雄，男，1930 年生，西屏镇人。毕业于上海交通大学机械系，任航天部中国航空技术进出口公司研究员级高级工程师，中美合资公司中方代表、副总经理。

徐淑桢，女，1935 年生，松阳人。毕业于北京水利水电学院建筑系，华东水电设计院高级工程师。曾参加和主持 16 座大型水电站工程设计，为中国水电站工程新技术的开发及解决多项技术疑难题作出巨大贡献。多次参加国际性和国家级书画大赛，作品被中国国家博物馆等多家权威机构收藏。

徐秀琥，男，1933 年生，西屏镇人。教授。毕业于同济大学，从事生物工程教学和研究。曾任武汉医学专科学校、武汉中医学院教授和广东欧华应用科学技术有限公司、亚欧科技开发公司总经理。

徐炎章，男，1949 年生，古市镇人。教授。毕业于东北师范大学，任浙江工商大学中国管理科学院浙江分院副院长、浙江省自然辩证法研究会副理事长等职。主持国家、省部级科研项目 12 项，出版专著 16 部，发表论文 70 多篇，获国家和省部级等奖项 10 余次。

徐樟永，男，1938 年生，西屏镇人。主任医师。毕业于浙江医科大学，中国人民解放军杭州疗养院科主任（师级）。主要论著有《疗养学讲义》《疗养学手册》等。中药金匮胃气丸加减“抗衰合剂”的科研项目，获南京军区科技进步三等奖。

杨家贤，男，1933 年生，西屏镇丁山头人。曾任陕西省计划生育委员会主任（正厅级）。

杨建伟，男，1957 年生，古市镇人。教授。毕业于安徽师范大学。历任丽水学院艺术学院院长、丽水市中小学艺术教育专业委员会会长等职。1997 年，获全国师范学校“曾宪梓优秀教师”奖，浙江省特级教师。著有《红歌永不落》《我的名字叫丽水》《天籁山哈》《乡韵畲歌》等。发表学术论文 30 余篇，获省级以上音乐作品奖 20 余部。

杨天畅，男，1933 年生，玉岩人。毕业于浙江农业大学植保系，留校从事农作物科研和科学普及工作，任浙江农业科学院副研究员。著有《浙江省农业热量鉴定》《浙江省农业气候分布》等，发表论文及科普文章近 300 篇。“陆地棉新品种‘协作 8 号’选育与推广”，获省科技成果二等奖。

杨益平，男，1965 年生，古市镇人。研究员。毕业于杭州大学化学系，中国科学院上海药物研究所有机化学理学博士。在中国科学院上海药物研究所从事天然有机化学研究，参与及主持国家自然科学基金、上海市自然科学基金、973 项目、863 项目多项，发表论文 60 余篇，参与《天然产物化学》《中华海洋本草（海洋药源微生物卷）》等专著的编写。

叶爱君，女，1971 年生，古市镇人。毕业于同济大学，博士学位。留校任教授、博士生导师。从事桥梁抗震研究和桥梁工程方面教学，主持 2 个国家自然科学基金项目、3 个省部级研究项目。著有《大跨度桥梁抗震设计》及高校教材《桥梁抗震》，发表学术论文 50 余篇，获国家科技进步一等奖 1 项、省部级科技进步一等奖 3 项。

叶　雹，男，1927 年生，西屏镇人。总工程师，教授。毕业于加拿大多伦多大学，机电博士学位。美国尖端系统研究所首席科学家，兼美国加州旅美华人科学家工程师协会主席，美国机电工程协会资深会员及多种协会成员，鉴于叶雹博士在学术上的成就和国际威望，北京航空大学授予他名誉教授称号。

叶彬青，男，1932 年生，西屏镇人。高级工程师。毕业于南京航空学院，长期从事飞机研制工作，退休前为沈阳市科协部长。曾参加歼击 5、6、7、8 号研究与制造，解决飞机平尾抖动、减速伞匣互相协调等重大技术问题，为发展中国航空事业作出贡献。后任《沈阳科技报》总编辑，沈阳市科协总工程师。主要论著有《飞机工艺演进》《论米格十九飞机平尾抖动》等。

叶传庆，男，1939 年生，西屏镇人。毕业于浙江大学地质系，长期在部队从事黄金勘探和科研工作，任廊坊武警黄金地质研究所副师级主任工程师、高级工程师。负责组织“河南松马金矿的富集规律”等多项科研项目，多次受到上级嘉奖。著有论文多篇，是“简明实用黄金工作手册”编者之一。

叶德俊，男，1924 年生，西屏镇人。主任医师。毕业于浙江医学院医学系，退休前任湖南省衡阳市核工业 415 医院妇产科主任，擅长妇科各类腹部手术和中西医结合治疗妇科各类疾病。主要论著有《绒毛膜上皮癌》《异位妊娠》等。

叶　峰，男，1947 年生，新处乡人。主任医师。毕业于浙江医科大学，退休前任丽水市中医院心脑血管病区主任兼急救中心主任。为中华医学会会员、浙江省心电学会会员、丽水市民盟医卫主委。在各医药刊物发表论文20余篇，1997年入选《中国当代中西名医大辞典》。

叶金花，女，1963年生，西屏镇人。毕业于浙江大学地质系，日本东京大学理学博士。就职于日本环境材料与再生能源研究中心从事尖端学科博士论文的研究，曾在世界各专业刊物发表学术论文多篇。

叶景梅，男，1941年生，赤寿乡叶川头村人。教授。毕业于山东大学数学系，在浙江教育学院数学系任教。1987年担任中国数学奥林匹克集训队暨中国代表队教练组副组长，被国家教委等5部委授予"青少年优秀科技辅导员"称号。为浙江省第八、九届政协委员，出版、发表数论、数学奥林匹克等方面著作多部。

叶梅珂，女，1942年生，西屏镇人。毕业于南开大学中文系，从事文学编辑工作，任中国工人出版社编审，中国作家协会会员。在全国各报刊发表小说、报告文学、评论百余篇。代表作有《相逢在中秋》《观普陀》《提花使者》等，主编《神州儿女》《严文井童话选》等。

叶培红，女，1958年生，望松乡吴弄村人。高级记者。毕业于复旦大学中文系，从事新闻出版工作。任《消费日报》理论部主任、"公共经济研究会中国乡村文明研究中心"常务副主任。出版专著《美国式消费VS中国式制造》，发表通讯报道、评论等有关文章百余万字，多次获全国新闻奖。

叶荣亮，男，1940年生，斋坛乡桐村人。任国家海洋局杭州水处理技术开发中心党总支书记。1984年参加中国首次执行南大洋、南极洲考察任务，成绩显著，被国家南极考察委员会授予三等功。

叶绍良，男，1928年生，西屏镇人，叶梦麟次子。毕业于台湾成功大学工学院机械系，任私立志明工业专科学校副教授，兼台湾地区"行政院"核能研究所顾问，获核能研究所奖状及经济部金鹰奖。曾奉派到泰国、沙乌地阿拉伯、马来西亚解决工程难题，并协助工作。

叶士龙，男，1931年生，西屏镇人。教授。长沙大学纺织工程系毕业后，一直从事高等教育，历任长沙大学纺织工程系主任、高级工程师。

叶琇锦，女，1962年生，西屏镇人。主任医师。毕业于浙江医科大学。在浙江大学医学院附属第一医院血液科，从事血液系统恶性疾病临床研究和基础研究，尤其对白血病、淋巴癌、多发性骨髓瘤、再生障碍性贫血有丰富临床经验，在国内外刊物发表论文20余篇。

叶赞平，男，1967年生，玉岩镇人。毕业于杭州大学新闻系，美国肯恩大学管理学院公共管理硕士，浙江大学法学院博士。历任松阳县副县长、丽水市中级人民法院副院长、丽水市政协副主席、山东省高级人民法院副院长等职。

叶长寿，男，1933年生，西屏镇人。毕业于浙江农业大学植保系，从事农业技术推广和科研工作，任桐庐县植保站高级农艺师。1982年被省人民政府授予农业科技先进工作者，次年，被农牧渔业部表彰。1985年参加"全国稻瘟病菌生理小种及抗稻瘟病抗源筛选"，获国家科技进步三等奖。

叶绍松，男，1937年生，古市镇人。教授级高级工程师。毕业于华东水利学院河川系水力动力装置专业。曾任富春江水电厂厂长、安吉天荒坪抽水蓄能电站天建公司副总经理，全国水电建设管理委员会委员等职。被聘请中信公司缅甸项目部项目顾问和中国水电建设集团国际工程有限公司缅甸耶涯水电项目部顾问。

尹忠杰，男，1937 年生，古市镇人。毕业于浙江大学无线电系，任中国矿业大学北京研究生部高级工程师。1965 年设计成功中国第一支“静电聚焦速调管的静电聚焦系统”，获电子工业部科技成果特等奖、国防科技成果二等奖。

詹宏毅，男，1972 年生，古市镇人。教授。毕业于南京航空航天大学，中国人民大学博士学位。在中国人民大学教育学院任职，主要论著有《全球经济的非对称存在》《首都高校毕业生有何特点》《当代中国杰出大学校长素质特征》《探索建立中央财政地方高校的常态转移支付机制》。

詹丽瑚，女，1938 年生，西屏镇人。毕业于北京艺术学院音乐系理论作曲专业，从事音乐教学和研究工作，任中国音乐学院副研究员。发表论著有《音乐学术专题文献索引》《第四届民族音乐会“华夏之声”木卡姆音乐研究会纪要》《张肖虎音乐活动年表》等。

张邦福，男，1937 年生，古市镇山下阳人。毕业于西北工业大学飞机设计专业，从事飞机制造和研究工作，任上海航天局第 809 研究所高级工程师。其科研项目“DL-1-1 型载荷试验机”，1988 年获航天工业部科技进步三等奖。

张周莱，男，1935 年生，古市镇人。教授。毕业于南京农业大学农经系，任南京农业大学经济贸易学院院长、硕士研究生导师。主要论著《农业经济管理》《农业现代化》《农业计划学》等。

郑朝宗，男，1934 年生，古市镇人。教授。毕业于浙江师范学院生物系，任杭州大学生物系植物教研室主任、硕士生导师，兼任中国植物学会理事、国际保护同盟维护物种生存委员会中国专家组成员。编写《种子植物分类学》《植物分类学拉丁语选编》等高校教材，发表论文 40 余篇，1989 年获全国优秀教师称号。

钟雪琪，女，松阳人。主任医师。1952 年浙江医学院毕业后，在北京市朝阳医院从事医务工作。专中西医结合治疗肝胆疾病。

钟雪友，男，1935 年生，樟溪乡人。教授。毕业于北京钢铁学院，任北京科技大学铸造教研室教授，兼任北京北京市人民政府顾问。其承担的 18 项国家科研项目中有 13 项获国家、部、省级科技进步奖，为北京市劳动模范、冶金部高校科研先进工作者。

周怀梧，男，1937 年生，西屏镇项弄村人。教授。毕业于杭州大学数学系，任浙江医科大学生物医学工程系主任，兼中国工业与应用数学学会医药数学专业委员会主任委员等职。《生物数学报》《现代应用药学》杂志编委。研究项目《抗癫药痫垒苯妥英纳个体化给药方案方法研究》获浙江省科技进步奖，主编《医用生物数学》《医用高等数学》等，发表论文多篇。

周克希，男，1942 年生，赤岸村人。毕业于复旦大学数学系，任华东师范大学副教授，后调任上海译文出版社工作。翻译外国文学作品有《基督山伯爵》《四十五卫士》《追忆似水年华•女囚》等多部，译介《微积分概念史》《数学探奇》等 7 部数学著作。

周显德，男，1935 年生，西屏镇人。教授级高级工程师。毕业于上海交通大学起重运输机械系，长期从事工业科研工作，任中国迅达电梯公司市场部部长。主编的《机械工程手册》《起重机设计规范》《起重机名称术语》分别获国家科技进步一、二、三等奖；著有《机械工程手册》《工业生产安全知识手册》等。

周笑浪，男，1957 年生，西屏镇人。高级记者。毕业于杭州大学中文系，南开大学硕士学位。历任中宣部新闻局局长助理，人民日报《时代潮》杂志总编辑，人民日报报刊管理部副主任，专著有新闻通讯评论《灵魂的纬度》等，发表通讯、评论，散文数百篇。

周晓明，男，1970 年生，西屏镇人。毕业于华东师范大学生物系。为该校硕博连读研究生，从事神经科学研究。1998 年，赴美国密苏里大学博士后研究工作。来回美国与上海，带领研究生、博士生从事脑科学科研与教学，在国家学术刊物上发表论文 50 余篇。

周张燮，男，1933 年生，赤寿乡人。正厅级。曾就读于省立湘师附小、私立俭公中学。退休前为浙江省商业厅厅长，为浙江省商业的发展作出突出贡献。

周震武，男，1941 年生，古市镇人。高级工程师。毕业于华东水利学院，长期从事经济管理工作，曾任浙江省计经委副主任，省政协委员。为松阳谢村源水库及配套水电站立项作出重大贡献。

周佐泉，男，1921 年生，赤寿乡人。主任医师。毕业于英士大学医学院，任杭州铁路中心医院主任医师。兼任中华医学会浙江省分会理事、浙江省防痨协会理事、浙江省中西医结合研究会浙江分会常务理事，对中西医结合，特别是中草药抗炎研究造诣较深，发表论文 10 多篇。

朱昌永，男，1949 年生，西屏镇人。正厅级。毕业于南京大学中文系，历任广东省文联专业创作员、广东省人民政府秘书处处长、机要处处长等职。退休前为中共广东省委保密系统一把手。著有长篇小说《深山里边》《山村女教师》。

朱　莹，女，松阳县人。浙江大学医学博士，德国吕贝克大学医学临床医学博士。任浙江大学附属二院心血管内科主任医师。擅长冠心病、高血脂、成人先天性心脏病等方面的诊断与治疗，动脉球囊支加植入术，先天性心脏病非开胸封堵手术。

周永庆，男，1959 生，赤寿乡半古月村人。中国人民解放军副师（大校军衔）。1978 年应征入伍。1980 年始从事飞行工作，较好地完成人工降雨、抢险救灾、边界测绘等任务。2001 年调入试飞部队，完成多个重点新型机首飞及后续科研试飞工作。共计安全飞行 7000 余小时，先后立三等功 6 次、二等功 2 次。

郑泗军，男，1963 年生，望松乡郑家村人。荷兰瓦赫宁根大学博士。在浙江大学、荷兰瓦赫宁根大学从事植物生物遗传育种、基因工程和分子生态教学研究。2006 年被授予“浙江省海外留学英才奖”。在国内外刊物发表论文 50 多篇，其中《洋葱的转基因研究及其抗虫性展望》2001 年获德国鲁道夫海曼斯科学奖。

第三章 人物名录

人物名录分选举名录、抗战阵亡将士名录、革命烈士英名录、先进集体和个人名录、副高专业技术人员名录以及公祠祀奉名录。与前第一章人物传略有重叠者，加注“见传”以便于检阅。

第一节 科举名录

【唐进士】 毛云龙 见传

【宋进士】

嘉祐辛丑王俊民榜 叶 伸

叶仲询 见传

熙宁癸丑余中榜 叶景文

熙宁丙辰徐铎榜 叶 谔

元丰壬戌黄裳榜 叶 承 兵部郎中

叶 珪

元丰乙丑焦蹈榜 叶仲谌 衢州太守

绍圣甲戌毕渐榜 叶 萃

绍圣丁丑何昌言榜 叶梦得 见传

绍圣丁丑武进士 刘 辉 见传

崇宁丙戌蔡嶷榜 叶循祖 国子学录泰州司法参军

政和壬辰莫俦榜 潘宗回 见传

重和戊戌王昂榜 杨 跻 国子监助教

叶询武

宣和甲辰沈晦榜 沈 晦 见传

绍兴戊午黄公度榜 叶 寔

绍兴壬戌陈诚之榜 叶 黯

绍兴甲戌张孝祥榜 徐朝弼 瑞安县丞

高 翥 提刑

绍兴丁丑王十朋榜 项宋嘉 见传

陈 夔

隆兴癸未木待问榜	潘景宪 见传
乾道丙戌萧国梁榜	张如晦 左承奉郎
	潘克和
	张如砥
乾道壬辰黄定榜	高宗商 见传
淳熙乙未詹骙榜	项安世 见传
	林思聪 见传
淳熙戊戌姚颖榜	项　谌
淳熙辛丑王繇榜	叶作民 高凉郡文学
	张再兴 朝散郎
淳熙甲辰卫泾榜	叶重开
	叶　峻
	郑　瓒
	何清卿
	叶　时 见传
	郑师尹
淳熙丁未王容榜	林公遇
	刘　鹗 见传
绍熙庚戌余复榜	宋叔曦 提官
	毛子甲 县丞
	潘自厚
	郑　洙
淳熙癸丑陈亮榜	程　榆 见传
	叶南叔 见传
	项延英 朝散郎
庆元丙辰邹应龙榜	郑仲龙
	潘自牧 郡守
嘉泰壬戌傅行简榜	程　樟 见传
	项得一 见传
	刘澹然 见传
	叶　琇
开禧乙丑毛自知榜	郑克宽 见传
	林　观
	何　琮 见传

	潘昌尹 澧州太守
	叶诚卿
	包　绍
嘉定戊辰郑自诚榜	项安礼
	程　林
嘉定辛未赵建大榜	项　庚
嘉定甲戌袁甫榜	项容孙
嘉定丁丑吴潜榜	杨　遂 大理寺左评事
	项　寔
嘉定庚辰刘渭榜	林嘉会
淳祐辛丑徐俨夫榜	王唐珪 见传
	程　机 学士
淳祐甲辰留梦炎榜	毛　兰 见传
淳祐丁未张渊微榜	叶茂洪 玉山尉
	叶隆礼
宝祐癸丑姚勉榜	项汝明
	潘　凤
宝祐丙辰文天祥榜	沈　旼 见传
景定壬戌方山京榜	潘梦午 丽州司法
	潘仕林
咸淳乙丑阮登柄榜	赵必瞻
	叶　埜 饶州司马
	萧必强 见传
咸淳辛未张镇孙榜	沈　佺 榜眼
	叶霆发 温州北院
	叶桂锡 玉山丞
宋科分无考	刘成象
	李　瑛

【宋特奏名】 萧　震 广丰教授
叶　传 通直郎
王执谊 古田丞
王公翰 宣抚司干官
毛　玑 长洲丞
潘师鲁 古田丞

毛文会 海盐主簿
叶　桀 上虞主学
潘　源 桐庐知县
项　瑜 宜兴主学
项应角 常熟主学
毛一飞 盐官主学
叶立里 兰溪主学
王执礼 刑部主学
王　亮 处州通判
王奕大 提干
王　珪 宣议郎

【宋乡贡】 毛嗣龙
王　佐 见传
程　槐
周　诠
程　梓
郑　溱
叶　近
包　俊 省元
王良御
程　清 承直郎
程　潾
王鸣凤 见传
程　基 侍讲学士
徐　泉 南阳通判
徐　堪
叶仲祥
程　奎
周　炤
周　梓
刘成象
叶世远 湖广主簿
刘观象
叶继祖 元教谕

【宋上舍释褐】 潘景愈 童科
项　强
潘景昌
【宋辟举】 叶嘉材 承奉郎
程　滨 承奉郎
程　鎮 殿奏
叶忠昭 大理评事
程　铎 太学学录
程　烟 河渠提举
叶　强 将乐簿
薛　南 见传
程　塘 编修
王世祖 大理寺评事
徐　慹 巴陵令
程　泽 评事
程　津 太学学录
程　熠 蕲州教谕
潘诚叔 政和主簿
程　汜 见传
王仁孙 见传
王宗儒 祭酒
程　钟 福建副使
潘日严 江淮营田副提举
王光祖 见传
王利政 高州助教
叶长朝 修职郎
叶长仁 县丞
包　寿 朝政大夫
包佑之 掌处州银铁冶场事
叶　长
包　忠
薛殊行 沿江制置公办事
包　恕
杨梦霆 神童

王惟良 衢州助教
王叔高 从政郎
王 轼 保义郎
【宋封荫】 刘自牧 以助饷有功赠朝议大夫
程大雅 以子榆赠通奉大夫
潘 珂 以子宗回赠朝议大夫
程 胪 见传
潘宗说 以子好谦赠朝散郎
潘好古 见传
叶若谷 以子仲询赠宣德郎
王允卿 以子唐珪赠宣议郎
毛必节 以子兰赠朝奉郎
毛 传 以子子申赠承事郎
刘希载 以子澹然赠中顺大夫
刘待聘 以子鹗赠承议郎
潘好谦 见传
潘景珪 以祖宗回恩补右文殿修撰
潘景良 以兄景珪荫补衡州太守
潘景运 以父好谦补太守
潘景夔 以父好谦荫补通判
潘自中 以父荫补韶州倅
潘自显 以父荫补太守
潘大临 以祖景夔补朝议郎
潘景丑 以父昌尹补太守
潘 材 以祖荫补相州宰
项宜孙 以父安世补司理
项寅孙 以父安世补郡守监司 见传
何 杰 以父琮补知县
黄仲回 以祖申补经历
程 浤 以父樟补江宁尉
程 沭 以父榆补铅山尉
刘 靖 以父澹然荫辰溪尉
王同孙 以父唐珪荫登仕郎检阅

【元进士】	练　鲁	见传
至正乙酉科	周　梓	
【元乡举】	刘回翁	侍御史
	程　堂	山东副使
	刘　英	松阳教谕
	程　举	长书
	萧子登	见传
	包　琬	以上俱庚子科以下科分无考
	潘日升	
	叶晋照	开化教谕
	叶维则	
	潘　枋	
	刘梦五	
	项　采	
	叶　柏	山长
	叶梦松	
【元明经儒士】	张　明	黄泉县丞
	项斗南	扬州学录
	叶相杰	安仁教谕
	詹泰昌	
	叶传孙	常山教谕
	周汉留	金坛教谕
	叶天祺	庆元教谕
	项世登	教谕
	毛凭翁	洛阳主簿
	程　灼	巨野教谕
	王因孙	遂昌教谕
【元辟举】	毛　南	瑞州知府
	张　方	迪功郎
	毛信道	浮梁知县
	萧宗大	从政郎
	程彦和	广东提举
	包德明	乌程尉
	包　琚	教谕

练　进 见传
包佛容 教谕
包佛德 按察司副使
包仁和 宣使
姜　埴
潘宗礼

【明进士】

洪武辛亥吴伯宗榜	王文龙 校官中式
洪武乙丑丁显榜	周孔焕 灵宝丞
建文庚辰胡广榜	王　遂 见传
永乐丙戌林环榜	刘性同 见传
天顺甲申彭教榜	卢　玑 见传
成化丙戌罗伦榜	詹　雨 见传
弘治丙辰朱希周榜	詹　宝 见传
嘉靖庚戌唐汝楫榜	毛文邦 见传

【明乡举】

洪武庚戌	王　景 见传
洪武甲子	周孔焕
洪武庚午	徐　荣
建文己卯	王继行 见传
	王　遂 见传
永乐癸未	叶光祖 以府庠中
永乐乙酉	刘性同 见传
永乐辛卯	詹景威 见传
永乐甲午	刘原寿 广德州同知
	徐贵英 知县
永乐丁	何应新
	徐伯基 见传
永乐庚子	王宗弘 彰德教授
	周同伦
	程　观 顺天中式
永乐癸卯	叶　炎 高阳知县
	潘　静 见传
	王　贯

宣德壬子 王 璚 泉州府通判
景泰庚午 叶 福
景泰癸酉 叶楚华 阳山教谕
天顺己卯 刘 铎 长泰知县
天顺壬午 卢 玑 见传
成化乙酉 詹 雨 见传
成化庚子 詹 宝 见传
弘治乙卯 包 杰
周 辂 见传
包 祥 顺天中式
弘治甲子 周 翱 见传
嘉靖戊子 毛文邦 见传
嘉靖乙酉 叶 润 府志补
崇祯丙子 叶永华 见传
【明贤良】 王文龙 校官中选
包彦龄 见传
包彦刚 武安主簿
包仕登 见传
程罕鼎 见传
周 华 见传
潘子俊 县丞
包原亨 序班
王仲玄
叶希贤 见传
董牧民
徐孔彰 石城知县
王原安 安福知县
程仲坚 见传
徐叔昂 知县
周贵卿 知县
【明明经】 刘信德 衢州知府
程志方 教谕
包廷玉 松阳训导
郑德皎 见传

刘式瞻 通经秀才应天府上元县丞
项民彝 见传
周　焕 见传

【明茂才】 刘定言 归德州同知
董敬民 江西玉山县丞
叶子保 江西广信知府
刘宣言 县丞
潘执礼 任辽东定远前卫经历官至工部主事
杨　海 河南长葛知县
潘德源 泰州同知
刘廷名 县丞
潘荣孙 见传
刘彦中 宁州长史

【明老人】 周廷言 四川顺庆府通判有殊政
吴邦达 福建松溪知县
包仕铭 县丞
刘仲名 江西瑞州知府

【明辟举】 包天容 巡简
包廷武 齐府纪善
包廷素
王景东 繁昌知县
王原善 济南教授
王文昌 巩昌教授
项　祯 凤阳通判
项思中 古田县丞
周恢访 沅州判
王　生 应天教授
周思盛 山东佥事
毛友文 监生直隶常熟县丞
叶廷彦 南京留守经历知事
高惟忠 湖广武陵县知县
高惟信 发粟赈荒敕授承事郎
潘怀义 礼部主事
潘彦忠 内阁中书

【明贡士】

洪武 刘行老 新阳典史
徐　玉 吉安通判
叶秉渊 府学贡
潘　圭 荆州卫经历
叶子辰 知府
叶应祥 政和知县
项　存 泉州府经历
包公贵 见传
周　霆 工部主事
王　焕 留守司经历

永乐 王　成 见传
包文新 知县
项子爱
程　观
叶文琚
叶荣祖
刘　淳 会同知县
潘　华
叶　玉
叶敬文
毛焕文
叶友敬
刘　信 磁州通判
包守固 襄阳经历
叶廷敏 见传
刘　敏 莱州训导
徐仕坚 见传
刘守辰
项秉中 御史
叶绍德
包志松 襄阳经历
叶　升 瑞峪经历

宣德 潘　泉 新化知县

刘　文
叶　年
潘庆凤 广信通判
金时晏 监生武学教授
毛尹贤
叶　禄 弋阳知县
叶　瑄
正统　潘　贤 柘城知县
叶愈盛 安宁吏目
叶汝兴
刘　奎 盐山县丞
毛　仲 见传
项　斌 新城县丞
景泰　叶　昌
金敬信 留守卫经历
何　武 沁州吏目
刘　庆 泰宁训导
天顺　程　禧 晋江县丞
刘　泰 临淮县丞
刘　璇 泉州知事
叶　贵 丽江军民府推官
包　辉 庠贡赣州判府
成化　周　源 汶上知县
叶　炯
项华兴 锦衣卫经历
王　鉴
潘　玑 见传
詹　春 见传
叶　毓
周　钟
包　宥
包　正 廉州推官
王孟坚 泉州知事
包　麟 见传

宏治　叶隆熹　建宁训导
项　翊
刘　津
潘　琏　湖广断事
孙　俊
吴　辉
詹　源　见传
詹　明　见传
詹　哲　延津教谕
吴　侃　吏目
正德　洪　显
刘　骥　训导
刘　徵　东阿训导
包　恭
包　光　怀集教谕
周　相
徐　瓒　徐州训导
刘　聪　光泽训导
杨　礼
叶　愚　永安吏目
潘　琬　滕县丞
周　鼎　高淳县丞
嘉靖　叶　珀
季　元　教授
周　湛　永安训导
周　雷
刘惟机　见传
毛　瓒
叶　培　登州通判
叶　和　清流教谕
何　宝　浔州经历
毛文荣　苍梧县丞
徐梦易　见传
刘　诰　见传

吴　锦 上犹教谕
詹世用 训导
王　宪 教授
包一龙 江浦教谕
毛　麟
包一夔 教授
徐　谏 安州学正
周应德 王府教授
詹世儒 柳城训导
叶良贵 王府教授
包洪倴
毛文崇
周凤鸣 见传
刘　金 见传
詹光宣 见传
叶文忠 善化训导
包洪波 崇宁教谕
李　升 山阳主簿
隆庆 詹世厚 见传
叶　伸 扬州经历
周大夏 见传
程公爱
万历 王一桂 同安训导
包茂檟 恩贡
徐万松 见传
周　楫 见传
刘舜智 杭州训导
叶希召 见传
潘伯广 见传
叶应荣 见传
周大绩 睢宁教谕
陈　涵
詹世教 见传
叶以章 见传

程　鹏 见传
徐学礼 见传
刘伯渭
叶应麟 见传
王之祥 见传
徐鸣时 见传
周九经
周　召
徐应徵
潘国俊
叶瑞春 见传
刘应魁 龙游教谕
毛汝科 见传
叶元芳 见传
泰昌　王汝述
天启　刘　燿 见传
毛有威
王思卿 见传
毛汝智 见传
詹嘉言 见传
崇祯　叶永华 见传
叶光祚
王汝劝 见传
王用贤 见传
毛元淳 见传
程必进 见传
詹仰佐 见传
毛维圣 见传
潘继选
詹仰科
陈所聘
詹嘉卿 以上俱由明经

【明武职】　周德间 见传
季子雯 以捕温州寇有功升进义校尉温州路永嘉县丞

王　宪　由武举授承节郎监庐州巢湖兼烟火事
叶进仲　由义兵任处州卫百户　子叶文升江淮卫指挥佥事
陈　滋　见传
周　悦　由义兵任江南宣武卫镇抚
季才冠　由校尉任大宁前卫千户
叶崇安　由校尉任大宁前卫千户
吴子永　由校尉任大宁前卫千户
周宗缤　由典仗任大宁前卫千户
刘巨孙　由校尉任大宁前卫千户
徐　仲　由义勇任山西平阳卫镇抚
包　臻　由义兵任羽林卫所镇抚
叶　富　由水军任百户升陕西平凉卫中所副千户
赵仲善　任南阳卫前所千户
陈兰芳　由校尉任大同卫百户
项　礼　由义兵任大同卫百户
刘仲真　任广东碣石卫百户
周子春　由校尉任晋府仪卫司典仗
李叔良　由校尉任晋府仪卫司典仗
潘克蕴　由校尉任靖江府仪卫司典仗
徐志道　见传
詹守之　见传

【明封荫】　周思恭　以子霆封主事
王　恭　以子成封御史
包拱辰　以子公贵封郎中
詹景威　以子雨封主事
王万全　以子继行赠御史
叶彦新　以子升赠经历
徐　铭　以子志道赠昭信校尉
毛　泰　以子文邦赠主事
刘德传　以子燿赠通判
叶继芳　以子以章贵赠奉直大夫
孟　浩　以子修彩贵赠修职郎

【清进士】

顺治乙未史大成榜　王汝棐　见传

道光丁未张之万榜　叶维藩　见传
光绪己丑武进士　何登熊　见传
光绪戊戌夏同龢榜　高焕然　见传

【清乡举】

顺治八年辛卯　王汝棐　见传
顺治十四年丁酉　叶天彩
乾隆十八年癸酉　徐　纬　武举
嘉庆九年甲子　叶文豹　武举
嘉庆二十三年戊寅　姜文佑　选寿昌训导
乾隆五十九年甲寅　杨开甲　副榜
道光二年壬午　杨孙芝　见传
道光十一年辛卯　杨孙兰　任寿昌训导
道光十二年壬辰　叶维藩　见传
道光十四年甲午　饶庆霖　见传
道光十九年己亥　潘步贤　副榜
道光二十年庚子　何大鹏　武举见传
道光二十六年丙午　叶廷芳　武举
道光二十九年己酉　叶廷芬　武举见传
同治六年丁卯　廖登高　武举
同治九年庚午　叶廷兰　武举武义把总
咸丰元年辛亥　叶文田　武举
咸丰二年壬子　叶佐辰　武举见传
咸丰二年壬子　李祥明　武举见传
光绪元年乙亥　阙进璋　武举见传
光绪十一年乙酉　高斐然　见传
光绪十一年乙酉　何登熊　武举见传
光绪十一年乙酉　潘如时　武举见传
光绪十四年戊子　程致云　武举见传
光绪十五年己丑　叶景春　副榜见传
光绪十五年己丑　徐瑞璋　恩科武举
光绪二十三年丁酉　高焕然　见传
清末科分无考　何大旂　武举
吴之俊　武举
王作铭　武举

叶嘉雄 武举
何登鳌 武举
叶嘉麟 武举
王作邦 武举
项宗邦 武举见传
刘德骥 武举
林之熊 武举
许　田 武举
徐建中 武举见传
叶嘉谋 武举挑选兵部差官候选守备
潘倬标 武举
方　刚 武举
杨祖彪 武举
徐邦佐 武举挑选兵部差官遇缺补用守备
程步蟾 武举
程称骥 武举
叶梓林 武举

【清贡生】

顺治二年乙酉　高可汲 拔贡福建延平府通判
顺治二年乙酉　丁日昌 见传
顺治八年辛卯　徐振泰 监贡州判
顺治十六年己亥　潘嘉潆
顺治分科无考　刘日勤 见传
叶时谏 永福知县
王汝棐 见传
叶愈奇 监贡通判
蔡邦奇 监贡县丞
潘应期
潘嘉桂
李茂实
何　继
王幼重 拔贡州判
王尚贤
刘士晋

叶　茂

康熙分科无考　徐圣习

潘　澄

叶　灿 见传

詹显玫 拔贡

叶培昌

詹几正

刘　著

詹嘉谋

周飞熊 浦江训导

叶　正 见传

陈元飚 见传

叶如铎

王　甲

杨　荦

何继佐 府学

叶　澳

詹　屿

徐鹤翔

丁正乾 府学

刘符升 岁贡

叶　淇

丁振世

叶金枝

潘延爵 恩贡

丁兆先 府学

徐鸣珂

陈　湛 见传

包国佐

叶　菶 拔贡

叶　鳌 见传

周士夜

沈学曾

詹宏佐 府学

	刘建英 见传
	詹昌荣
	何承美 见传
	项敬祥 优贡
雍正四年丙午	潘景禧
雍正六年戊申	詹毓光
雍正八年庚戌	丁 栉
雍正十二年甲寅	刘迪英 岁贡
雍正分科无考	洪 屿 见传
	萧元伟 见传
	萧懋礼 拔贡
	刘士望
	刘启僔
	王幼龙
	孟修彩 见传
	刘廷英 见传
	吴万和 例贡考授州同
	丁正中 见传
乾隆元年丙辰	陈元飏 恩贡
乾隆元年丙辰	丁 瑗 见传
乾隆三年戊午	丁 玉
乾隆五年庚辰	何登岸
乾隆七年壬戌	周光耀
乾隆九年甲子	叶增振
乾隆十一年丙寅	周光贤 见传
乾隆十三年戊辰	程奇峰 岁贡
乾隆十五年庚午	吴国玟 见传
乾隆十五年庚午	王廷基
乾隆十七年壬辰	王人瑞 恩贡
乾隆十七年壬辰	萧元杰
乾隆十九年甲戌	詹宏祚
乾隆二十一年丙子	丁景亿
乾隆二十三年戊寅	毛天禄
乾隆二十五年庚辰	杨友桐 见传

乾隆二十七年壬午	萧懋禶
乾隆二十七年壬午	包涵芝
乾隆二十九年甲申	刘　玠
乾隆三十一年丙戌	周陈璋 嘉兴府教授
乾隆三十三年戊子	周显谟
乾隆四十二年丁酉	王起选 拔贡任直隶通判
乾隆五十四年己酉	徐　灿 拔贡任象山教谕
乾隆分科无考	孟修彬 附监乾隆二年入监肄业考授县丞
	叶　封 附贡
	徐蕃玫 例贡
	孟廷玮 增贡
	洪　润 廪贡
	洪　济 增贡
	许万青 见传
	萧懋爵 见传
	潘延杲 见传
	萧懋学 廪贡
	刘启琯 廪贡
	刘　琮 附贡
	蔡启英 附贡
	毛　烜 附贡
	吴超英 附贡
	徐丝纶 见传
	丁　植 见传
	杨振甲 以下恩岁贡生
	叶长龄
	徐　璜
	叶文正
	叶恒滋
	潘延璇
	王玉汝 见传
	潘益斌
	王　佐
	刘晋书

	何元熙	选寿昌训导
	周光治	
	潘益泰	
	何元勋	
	刘秉远	
	杨　丰	
	叶文杰	
	丁应鳌	
	潘承炤	
	丁惟仪	
	周景文	
	丁光阳	
嘉庆三年戊午	蔡士梁	见传
嘉庆六年辛酉	杨孙华	拔贡
嘉庆十八年癸酉	杨孙芝	见传
嘉庆二十五年庚辰	纪绍榆	岁贡
嘉庆二十五年庚辰	吴兆桂	岁贡选寿昌训导
道光三年癸未	丁　浚	岁贡
道光四年甲申	李成蹊	岁贡
道光五年乙酉	杨孙兰	府学拔贡
道光八年戊子	蔡懋建	见传
道光十四年甲午	詹　岩	见传
道光十四年甲午	蔡懋中	见传
道光十六年丙申	宋国礼	岁贡
道光十七年丁酉	叶文田	拔贡
道光二十二年壬寅	包日生	见传
道光二十八年戊申	高攀枝	见传
道光二十九年己酉	周士芳	拔贡
咸丰二年壬子	吴邦瑞	见传
咸丰六年丙辰	毛飞渚	见传
咸丰六年丙辰	杨光恩	见传
咸丰六年丙辰	张鼎铭	见传
咸丰七年丁巳	赖廷球	
咸丰十年庚申	曾师孔	恩贡

咸丰十年庚申	项巨洤 恩贡
咸丰十一年辛酉	詹芳躅 拔贡
同治元年壬戌	潘秀润 岁贡
同治元年壬戌	李祥松 岁贡
同治三年甲子	叶联庆 见传
同治五年丙寅	徐应龙 见传
同治七年戊辰	张重康 见传
同治九年庚午	张重坊 见传
同治十一年壬申	蔡　津 见传
同治十二年癸酉	丁绍清 见传
光绪四年戊寅	叶葆初 见传
光绪八年壬午	曾友颜 见传
光绪八年壬午	陈其昌
光绪十年甲申	包麟书 岁贡
光绪十一年乙酉	高焕然 见传
光绪十五年己丑	蔡　镛 见传
光绪十六年庚寅	蔡　铣 见传
光绪十六年庚寅	叶炳文 见传
光绪十八年壬辰	刘德元 见传
光绪二十年甲午	叶凤梧 见传
光绪二十三年丁酉	许作舟 见传
光绪三十一年乙巳	吴春泽 见传
光绪三十二年丙午	杨光举
光绪三十三年丁未	徐文清 岁贡
光绪三十三年丁未	季志友 见传
光绪三十四年戊申	周肇洛 恩贡
宣统元年己酉	叶高崧 见传
宣统元年己酉	吴朝冕 见传
宣统元年己酉	叶葆彝 见传
清末科分无考	郑思侨 拔贡
	叶　楚 以下恩岁贡生
	刘士毅
	张清才
	潘承林

周圣教 见传

徐治华

刘裕远

叶　裕

蔡　苹

叶昌临

周　莲

叶以芳

蔡懋勋

周光觐

丁汝为 见传

徐步云

丁作谟

陈文源

吴廷瑜

陈其福

叶成章 见传

潘益涛 见传

潘益沣

蔡毓贤

徐绍桢

包世清 见传

叶　楷

叶秀庭 见传

汤懋昭

徐致祥

祝永清

陈其福 见传

包庭芝 见传

丁景贤

潘益士

毛成翰

张重梁

刘可培 见传

叶永荫 府学
潘学霖 金华府学教谕
吴江涛
叶圭卿
叶葆桂
杨光垚
潘朝宗
包志洲
黄　炎 见传
朱益新
许士芬
叶廷琛 见传
黄绍桂 见传
黄绍庭 以上恩岁贡生因科举停罢科分无考

【清职监】 徐鼎世 见传
周贤举
毛可贡
周祥鳌
叶荣桂
郑世芳
徐之熹 见传
詹显儒 见传
徐蕃璋
叶逢兆
周圣瑞
叶儒林
王如祖
纪正佐 以上俱职员考授从九品
王志成
孟廷瑜
萧元侯
潘景滋
吴必裕
刘朝琏 考授吏目

何大猷

李培因

叶逢澳 见传

卢维祥

孟廷栋

王丰吉

何守泽

詹汝兰

叶仰舜

孟廷珊

叶盛高

徐延禧

赖朝楠

吴　瑄

卢仲美

周永台

章邦遇

叶兰芳

刘永炉

詹汝成

郑元燊

蔡安国

徐　瑄

叶国山

黄　琳

徐成财

叶益芹

叶茂松

包绍豪

姜仁达

蔡恒茂

赖肇基

杨元銮

何守中

詹朝尧
叶　桐
叶长舒
叶元皋
叶元文
曹鸿璟
刘　绍
曹　纶
项廷槐
徐　超
张文学 见传
徐慈忠
周承章
刘　筐
周永通
周元銚
徐　宗
符有发
王世浩
郭仲鲍
潘继相 见传 以上俱乾隆间监生
蔡懋昂 见传
蔡志修 贡监任直隶乐亭县
蔡维垣 贡监江苏县丞升用县
叶佐清 见传
叶大芳 见传
潘锡畴 贡监署诸暨教谕以上俱由贡监
高嵩龄 贡监任广东府经历加五品顶戴
何文龙 见传
潘思谦 贡监任江苏候补知县加同知衔
谢保康 贡监任县丞职衔
张廷誉 贡监监知事职衔

【清武职】 叶茂青 见传
王兆鳌 见传

杨志和 以军功保授把总署宣平云和等汛
詹思修 以军功保授守备赏戴花翎署处标右营守备
徐应龙 见传
丁荣庚 以军功保授游击赏戴花翎
丁延明 以军功保授游击赏戴花翎
高云峰 以行伍授广东钦州边防拔补把总充廉钦新练军书记加五品顶戴
周廷璋 以行伍授广东钦州边防拔补把总充廉钦军械局帮办加五品顶戴
刘友仁 以行伍授广东水师提标外委记名把总加五品衔充廉钦新练军中营哨官
吴凤邦 五品军功

【清封荫】

王继孙 以子汝棐贵赠奉政大夫
叶士元 以子天彩贵赠文林郎
姜开阳 以子文佑贵赠文林郎
杨先甲 以子孙华孙芝孙兰贵赠文林郎
叶秀发 以子维藩贵赠奉政大夫
饶士芹 以子庆霖贵赠文林郎
叶大椿 以子文田贵赠文林郎
叶方暄 以子佐辰佐清贵赠奉直大夫
蔡士梓 以子懋昂贵赠文林郎
蔡懋昭 以侄志修贵赠文林郎
蔡懋昂 以子志俊志修贵赠奉政大夫
杨友桐 以子开甲贵赠修职郎
潘景仑 以子步贤贵修职郎
徐丝纶 以子灿贵赠修职郎
王廷桂 以子超选贵赠修职郎
郑旺岐 以子思侨贵赠修职郎
周徽音 以子士芳贵赠修职郎
詹志姚 以子芳躅贵赠修职郎
丁凤章 以子绍清贵赠修职郎
叶永菁 以孙延芬贵赠武德骑尉
叶向阳 以子廷芬贵赠武略骑尉
项开炳 以孙宗邦贵赠武德佐骑尉
项巨臣 以子宗邦贵赠宣武都尉
项巨才 以侄宗邦贵赠宣武都尉
潘　煌 以父学元难荫袭云骑尉

叶振绅 以父维藩难荫袭云骑尉
詹佩锵 以父沂难荫袭云骑尉
周士英 以父廷珪难荫袭云骑尉
叶品三 以父廷梁难荫袭云骑尉
刘祖培 以父万恩难荫袭云骑尉
潘学仕 以父维清难荫袭云骑尉
潘学镙 以父尚清难荫袭云骑尉
李廷玉 以父祥明难荫袭云骑尉
潘鸿飞 以父沄难荫袭云骑尉
王炳高 以祖永起难荫袭云骑尉
吴春章 以祖有勋难荫袭云骑尉
王殿林 以父作栋难荫袭云骑尉
詹芳蔚 以父以谦难荫袭云骑尉
余宗虎 以父绍安难荫袭云骑尉
刘青暻 以父德馨难荫袭云骑尉
张重诰 以父瑞图难荫县主簿
叶高枝 以祖维藩难荫云骑尉候补守备分发衢州
高启铭 以曾孙斐然焕然贵赠中宪大夫
高永绣 以孙斐然焕然贵赠中宪大夫
高凌云 以子斐然焕然贵赠中宪大夫
何国洪 以孙登熊贵封宣武都尉
何家柩 以子登熊贵封宣武都尉晋封昭武都尉
何家璋 以侄登熊贵封昭武都尉
何登勋 以弟登熊贵赠昭武都尉
潘承钊 以子为时贵封昭武都尉
黄致堂 以子绍桂贵赠修职郎
潘文杰 以子学霖贵赠修职郎
叶樟兴 以子景春贵赠文林郎
许为芬 以子作周贵赠修职郎
叶为源 以子高崧贵赠修职郎
叶永燊 以子葆彝贵赠文林郎
吴春泽 以子朝冕贵赠文林郎
何国雨 以子文龙贵赠修职郎
徐应麟 以子邦佐贵赠武德骑尉

徐培桂 以子瑞璋贵赠武略骑尉
徐靖邦 以子建中贵赠武德骑尉
徐之淮 以子应龙贵赠宣武骑尉
陈文潮 以子其福贵赠修职郎
潘步贤 以子益士贵赠修职郎
潘承元 以子益涛贵赠修职郎
徐学元 以子文清贵赠修职郎
许绍荣 以子士芬贵赠修职郎
叶凌汉 以子楷贵赠修职郎
黄绍贵 以子炎贵赠文林郎
阙仰山 以孙进璋贵赠宣武都尉
阙朝恩 以子进璋贵宣武都尉
阙翰恩 以侄进璋贵宣武都尉

第二节 抗战阵亡将士名录

本节系全面抗战时期阵亡将士名录，全面抗战期间即民国 26 年（1937）7 月 7 日至民国 34 年（1945）9 月 3 日。本名录摘自民国 36 年（1947）12 月联合勤务总司令部抚恤处所编辑的《松阳县抗战时期阵亡战士名录》。忠烈将士级职系以原报为准，至身后追赠官位或提高阶级给恤者均从略。各栏均以原报请恤案为准，间有缺略错误拟继续清查，俟续编时附带校正之。附录抗战时期松阳民众死亡情况，列表 1170 人，另有无名无姓死亡人员 502 人未列入。阵亡时间统一用公元纪年。

1937～1945 年松阳抗战阵亡将士一览表

表 43-3-2-1

姓名	部队番号	年龄	级职	阵亡时间	阵亡地点
潘　仁	防空学校测二队	20	一等兵	1937.08	南　京
叶关松	六七师三九七团一连	22	二等兵	1937.08	江　苏
舒德华	六七师三九八团八连	22	二等兵	1937.08	江　苏
潘筱万	六七师三九七团四连	24	一等兵	1937.08	江　苏
关祥云	六七师三九八团六连	25	一等兵	1937.08	江　苏
毛根荣	六七师三九七团四连	28	上等兵	1937.08	上　海
周岳之	一一师六六团三连	30	中　士	1937.08	上　海

续表 43-3-2-1-1

姓名	部队番号	年龄	级职	阵亡时间	阵亡地点
刘信高	六七师三九八团五连	32	一等兵	1937.08	江 苏
周春雨	六七师四〇一团六连	不详	一等兵	1937.08	上 海
叶金生	六七师四〇一团三连	不详	二等兵	1937.08	上 海
金存秀	一一师六五团七连	20	一等兵	1937.09	上 海
叶德生	五七师一七一团五连	20	一等兵	1937.09	湖 南
周士贵	五七师一七一团机一连	20	一等兵	1937.09	湖 南
叶关成	六七师三九七团五连	23	二等兵	1937.09	上 海
朱关清	六七师三九八团二连	23	二等兵	1937.09	江 苏
叶根树	六七师三九八团九连	24	二等兵	1937.09	上 海
吴学明	六七师三九七团五连	24	二等兵	1937.09	上 海
项延林	五七师一六九团四连	26	一等兵	1937.09	湖 南
阙祥树	六七师三九八团三连	28	上等兵	1937.09	上 海
吴关根	一四师八三团通信连	34	上等兵	1937.09	江 苏
胡得标	六师三六团一连	34	上等兵	1937.09	江 苏
陈德铭	六七师三九八团四连	41	一等兵	1937.09	江 苏
吴瑞森	一四五师四三三团迫连	不详	上等兵	1937.09	湖 南
麻延余	八七师五三团机连	不详	二等兵	1937.09	江 苏
何宗明	一一师六二团机三团	22	一等兵	1937.10	上 海
郑配奶	六七师三九七团一连	22	二等兵	1937.10	江 苏
叶 忠	八七师三六一团七连	26	中 士	1937.10	上 海
何国明	一一师六二团四连	27	一等兵	1937.10	江 苏
叶飞雄	四七师五二一团机二连	30	上 尉	1937.10	上 海
叶 强	暂一三旅一团九连	18	二等兵	1937.11	浙 江
孟文泰	六七师三九七团四连	22	一等兵	1937.11	上 海
季国良	四六师二七一团五连	26	上等兵	1937.11	上 海
周正龄	六师三六团八连	26	一等兵	1937.11	江 西
程志远	一九军司令部	27	上 士	1937.11	安 徽
郑 璞	一一师六二团四连	28	一等兵	1937.11	江 苏
吴朝康	五八师三四四团六连	36	上 士	1937.11	上 海
徐仁民	六一师师部	45	军医主任	1937.11	江 苏
叶高明	保警独立分队	不详	下 士	1937.11	浙 江
李金传	六一师辎营一连	30	下 士	1937.12	河 南

续表 43-3-2-1-2

姓名	部队番号	年龄	级职	阵亡时间	阵亡地点
王兴昌	六师三三团四连	36	一等兵	1937.12	安　徽
周立钊	六七师四〇一团五连	25	二等兵	1938.05	安　徽
何宗满	六七师三九七团二连	27	一等兵	1938.05	安　徽
朱邦基	六一师特务连	29	上　士	1938.05	河　南
秦瑞保	三五师二团六连	30	二等兵	1938.05	河　南
潘　蕨	六一师司令部	42	二等军需佐	1938.05	河　南
高威廉	空军一大队二中队	25	中　尉	1938.07	汉　口
刘德标	保安二团八中队	不详	一等兵	1938.08	浙　江
叶火财	保二团一中队	不详	二等兵	1938.08	浙　江
吴先福	六师三一团	26	一等兵	1938.10	湖　北
张凤翔	一四师八〇团机三连	不详	少　尉	1938.10	江　西
周全运	一九〇师五六八团机三连	不详	二等兵	1938.10	江　西
张永余	六师三一团四连	19	二等兵	1938.11	湖　北
孟关松	六七师四〇一团一连	22	二等兵	1938.11	安　徽
王成昌	六七师四〇二团三连	25	一等兵	1938.11	安　徽
陈星俊	六七师四〇一团七连	28	一等兵	1938.11	安　徽
潘益元	自卫团二大队五中队	不详	一等兵	1939.02	浙　江
庞树之	一三师三团五连	31	二等兵	1939.03	江　西
华陈祥	师管区补充第九团三连	20	二等兵	1939.04	浙　江
王四弟	预一〇师二八团一连	25	一等兵	1939.04	江　西
黄旭金	预一〇师二八团一连	25	一等兵	1939.04	江　西
陈金良	预一〇师二八团二连	26	一等兵	1939.04	江　西
陈德功	预一〇师二八团一连	27	上等兵	1939.04	江　西
夏水发	五八师三四四团二连	27	一等兵	1939.04	江　西
黄长存	预一〇师二八团四连	29	二等兵	1939.04	江　西
李关保	预一〇师二八团一连	31	上等兵	1939.04	江　西
涂家法	预一〇师二八团一连	24	一等兵	1939.05	江　西
袁火财	预一〇师二八团二连	26	一等兵	1939.05	江　西
王志熊	预一〇师三九团一连	27	二等兵	1939.05	江　西
陈德铭	预一〇师三九团一连	41	下　士	1939.05	江　西
徐　来	六七师四〇二团八连	20	一等兵	1939.06	江　苏
张关水	六七师三九八团三连	30	一等兵	1939.06	河　南

续表 43-3-2-1-3

姓名	部队番号	年龄	级职	阵亡时间	阵亡地点
李客奶	一八四师五五一团三连	21	二等兵	1939.07	江 西
叶林根	一八四师五五一团三连	22	二等兵	1939.07	江 西
王志生	一八四师五五一团三连	24	二等兵	1939.07	江 西
徐世恒	一八三师五四九团四连	25	二等兵	1939.07	江 西
谢良德	六〇师通信二连	27	上等兵	1939.07	江 西
徐仁万	一八四师五五一团三连	28	二等兵	1939.07	江 西
叶其明	一八三师五四九团四连	30	二等兵	1939.07	江 西
林招水	二六师七八团七连	30	二等兵	1939.07	江 西
徐 杰	六一师补团三连	31	准 尉	1939.07	河 南
黄炫贵	一〇二师三〇六团八连	32	一等兵	1939.07	江 西
刘根德	一八四师五五二团机三连	21	二等兵	1939.08	江 西
温亦有	六一师一八二团通信连	36	上等兵	1939.08	陕 西
吴日根	一八三师卫生队	20	二等兵	1939.09	江 西
吴厚琴	一八三师卫生队	27	二等兵	1939.09	江 西
周明星	一八二师卫生队	30	二等兵	1939.09	江 西
周孙富	一八三师卫生队	32	二等兵	1939.09	江 西
洪陈福	一一六师七六团三连	30	二等兵	1939.10	江 西
叶樟淇	一一六师七六团三连	42	二等兵	1939.10	江 西
宋思琅	六一师师部	48	少 校	1939.10	陕 西
樊宝山	六七师一九九团九连	24	二等兵	1939.11	安 徽
佐叶思	六一师卫生二连	42	二等军需佐	1939.11	江 苏
廖 林	保二纵六团卫生队	不详	一等兵	1939.11	浙 江
王德生	二六师七六团团三连	19	一等兵	1939.12	江 西
项少李	二六师四六团七连	19	一等兵	1939.12	安 徽
刘遇文	预一〇师三〇团六连	19	二等兵	1939.12	安 徽
陈德位	五八师一七四团三连	20	一等兵	1939.12	江 西
高善法	一一六师四六团五连	20	一等兵	1939.12	安 徽
孟传信	一一六师四六团机一连	20	二等兵	1939.12	安 徽
王银峯	预四师一一团四连	21	一等兵	1939.12	湖 北
周来胜	荣一师三团五连	21	一等兵	1939.12	广 西
邓培良	九二理由二七五团三连	21	二等兵	1939.12	广 西
叶细儿	一六师四六团机连	22	一等兵	1939.12	安 徽

续表 43-3-2-1-4

姓名	部队番号	年龄	级职	阵亡时间	阵亡地点
王　信	一一六师四六团五连	23	上等兵	1939.12	安　徽
包火法	一一六师四六团五连	23	一等兵	1939.12	安　徽
邹宗邦	预一〇师二八团八连	23	一等兵	1939.12	安　徽
徐樟元	预一〇师三〇团四连	23	一等兵	1939.12	安　徽
苏法宝	一一六师四六团五连	25	一等兵	1939.12	安　徽
江炳炎	一一六师四六团五连	26	一等兵	1939.12	安　徽
郑宗森	一一六师四六团五连	27	一等兵	1939.12	安　徽
刘官川	预一〇师二八团一连	28	中　士	1939.12	安　徽
曾鹤鸿	预四师一一团四连	28	下　士	1939.12	湖　北
陈利坤	一一六师四六团九连	28	少　尉	1939.12	安　徽
周四栋	预一〇师六团一连	28	上等兵	1939.12	安　徽
邹林水	一〇师三〇团五连	28	二等兵	1939.12	湖　北
叶春崇	九二理由二七五团一连	30	上等兵	1939.12	广　西
丁昌兴	一一六师四六团五连	30	二等兵	1939.12	安　徽
叶景松	一一六师四六团五连	31	一等兵	1939.12	安　徽
林福明	一一六师四六团四连	31	一等兵	1939.12	安　徽
周高川	预二〇师六团二连	34	上等兵	1939.12	安　徽
刘有依	预一〇师三〇团四连	34	二等兵	1939.12	安　徽
杨　林	一一六师四六团五连	35	下　士	1939.12	安　徽
李关福	九二理由二七五团二连	36	一等兵	1939.12	广　西
叶德明	六师一八团一连	37	少　尉	1939.12	湖　北
王樟德	一〇师三〇团四连	39	二等兵	1939.12	安　徽
杨章炎	一六师五六团迫连	40	二等兵	1939.12	安　徽
徐永福	二六师七六团六连	不详	二等兵	1939.12	江　西
詹益金	一一〇师三三〇团八连	18	一等兵	1940.01	湖　北
李荣标	一〇军索队	25	一等兵	1940.01	安　徽
刘嘉仁	二六师四六团五连	29	上等兵	1940.01	安　徽
江金华	一九〇师补充团七连	不详	少　尉	1940.02	安　徽
程关法	九二师二七五团二连	20	二等兵	1940.04	湖　北
汪春生	一七师九七团五连	23	二等兵	1940.04	山　西
章舍金	九二师二七五团二连	30	一等兵	1940.04	湖　北
金臣达	五七师一六九团四连	20	一等兵	1940.05	江　西

续表 43-3-2-1-5

姓名	部队番号	年龄	级职	阵亡时间	阵亡地点
叶思法	五七师一六九团机三连	20	二等兵	1940.05	江　西
杨潘海	五七师一六九团机八连	24	一等兵	1940.05	江　西
周开顺	五七师一六九团八连	33	二等兵	1940.05	江　西
李章法	五七师二九图团四连	19	一等兵	1940.06	江　西
郑希成	八三师四九团团部	20	准　尉	1940.06	江　西
卢关樟	五七师一七〇团三连	21	一等兵	1940.06	江　西
潘卓和	二六师七六团一连	23	一等兵	1940.06	江　西
吴必其	一一六师七六团五连	23	二等兵	1940.06	江　西
包子青	五八师一七四团机二连	25	二等兵	1940.06	江　西
蔡金山	一一六师七六团七连	25	二等兵	1940.06	江　西
杨樟林	五七师一七团〇团八连	27	一等兵	1940.06	江　西
李光顺	五七师一六九团七连	27	二等兵	1940.06	江　西
张关之	五七师一七团〇团八连	28	一等兵	1940.06	江　西
蒋可党	五七师一六九团五连	28	一等兵	1940.06	江　西
叶章海	一三师三八团三连	28	二等兵	1940.06	江　西
王树根	二六师七六团三连	29	一等兵	1940.06	江　西
纪宣桓	五七师一七团〇团机二连	29	二等兵	1940.06	江　西
王人院	二六师七六团一连	31	一等兵	1940.06	江　西
陈学高	五七师一七〇团五连	31	一等兵	1940.06	江　西
周光顾	一一六师七六团三连	31	一等兵	1940.06	江　西
王树林	二六师七六团三连	32	一等兵	1940.06	江　西
毛包兴	一一六师七六团三连	32	一等兵	1940.06	江　西
徐　仁	五七师一七一团九连	32	一等兵	1940.06	江　西
邓回生	五七师一七〇团五连	34	一等兵	1940.06	江　西
刘金占	一一六师七六团三连	35	一等兵	1940.06	江　西
叶易根	二六师补团五连	40	二等兵	1940.06	陕　西
周克林	一一六师七六团五连	41	一等兵	1940.06	江　西
郑凡岂	一一六师七六团五连	41	二等兵	1940.06	江　西
王永贵	五七师一七〇团二连	20	一等兵	1940.07	江　西
周长义	预四师一一团九连	29	一等兵	1940.07	湖　北
叶火金	二六师七七团二连	29	二等兵	1940.07	江　西
叶高升	保二团二中队	20	二等兵	1940.08	浙　江

续表 43-3-2-1-6

姓名	部队番号	年龄	级职	阵亡时间	阵亡地点
王献有	五一师一五三团六连	不详	一等兵	1940.09	湖南长沙
蓝家和	五一师一五三团六连	不详	一等兵	1940.09	湖南长沙
刘关春	一六师四八团五连	20	一等兵	1940.10	浙　江
李根通	七九师二三七团五连	20	一等兵	1940.10	浙　江
尉仁根	五一师一五团二连	21	一等兵	1940.12	江　西
徐樟金	一六师四八团六连	22	一等兵	1940.10	浙　江
王金水	一六师四六团七连	23	一等兵	1940.10	浙　江
叶长年	一六师四八团八连	23	一等兵	1940.10	浙　江
蔡仙灵	一六师四八团四连	24	一等兵	1940.10	浙　江
马笔松	六七师二〇一团二连	25	二等兵	1940.10	浙　江
叶根基	一六师四八团四连	27	一等兵	1940.10	浙　江
杨兰清	一六师四八团五连	27	一等兵	1940.10	浙　江
高求礼	一六师四六团机二连	28	二等兵	1940.10	浙　江
阙邦庆	一六师四八团四连	28	一等兵	1940.10	浙　江
王金生	一六师四八团六连	32	一等兵	1940.10	浙　江
宋士发	一六师四八团六连	32	一等兵	1940.10	浙　江
吴朝回	一六师四八团三连	37	一等兵	1940.10	浙　江
阙关贤	一六师四八团六连	38	一等兵	1940.10	浙　江
谢根树	六七师二〇〇团七连	40	一等兵	1940.10	浙　江
丁兆民	暂三五师三团五连	45	二等兵	1940.10	浙　江
雷发明	五一师一五团二连	26	二等兵	1940.12	江　西
王柏岐	五八师一七二团机一连	17	二等兵	1941.03	江　西
王日林	五八师一七四团通信排	20	上等兵	1941.03	江　西
季关高	二六师七六团三连	21	上等兵	1941.03	江　西
毛高增	五七师一七〇团七连	24	上等兵	1941.03	江　苏
郑芝根	五一师一五三团二连	26	二等兵	1941.03	江　西
江洲亮	二六师七六团机三连	28	一等兵	1941.03	江　西
毛品富	五八师一七三团八连	29	一等兵	1941.03	江　西
夏兴周	五八师一七三团七连	29	一等兵	1941.03	江　西
蓝金魁	二六师七八团九连	30	一等兵	1941.03	江　西
李云保	二六师七六团六连	32	一等兵	1941.03	江　西
蓝利选	一六师四六团卫生队	21	上等兵	1941.04	浙　江

续表 43-3-2-1-7

姓名	部队番号	年龄	级职	阵亡时间	阵亡地点
黄同兴	七九师二三五团八连	27	上等兵	1941.04	浙　江
王长庚	七九师二三五团八连	28	上等兵	1941.04	浙　江
李子信	保安六大队	30	上　尉	1941.04	浙　江
毛　乾	七九师二三六团六连	23	一等兵	1941.05	浙　江
梁海金	七九师二三五团八连	25	上等兵	1941.05	浙　江
叶火根	一六师四七团八连	35	二等兵	1941.05	浙　江
黄树兰	暂三五师三团八连	不详	中　士	1941.05	浙　江
蓝光金	二六师七六团机一连	22	上等兵	1941.06	浙　江
蓝金标	预四师一一团三连	24	上等兵	1941.08	浙　江
王　林	九五师二八三团卫生队	33	上等兵	1941.09	湖　南
蓝宝同	五九师一七六团机二连	不详	上等兵	1941.09	湖　南
叶　奋	辎汽车二团五连	28	上　士	1941.10	云　南
邱祥林	预四师一二团四连	31	一等兵	1941.10	湖　北
周永春	一四五师四三三团迫连	不详	上等兵	1941.10	湖　南
罗士根	二六师七六团机连	不详	一等兵	1941.11	浙　江
萧长发	暂三五师司令部	23	下　士	1941.11	浙　江
陈一棠	四〇师一一九团九连	31	上等兵	1941.12	江　西
林德荣	四〇师一一九团八连	31	一等兵	1941.12	江　西
钟　连	忠义救国二团六连	18	一等兵	1942.01	江　苏
刘陈德	预一〇师三〇团五连	38	上等兵	1942.01	湖　南
何万林	一六师四六团五连	24	二等兵	1942.03	安　徽
方振泽	一九师五七团搜索连	22	上等兵	1942.06	江　西
包明顺	一〇五师三一五团二连	22	一等兵	1942.06	浙　江
林云龙	一六师四六团迫连	22	一等兵	1942.06	浙　江
潘士寿	一六师四六团防毒连	22	上等兵	1942.06	浙　江
蓝　星	六七师一九九团	23	上等兵	1942.06	浙　江
叶光维	八六师二一团	25	一等兵	1942.06	浙　江
刘根水	一六师四六力一连	29	一等兵	1942.06	浙　江
钱业钧	一六师四六团五连	31	一等兵	1942.06	浙　江
周徐发	一六师四六团	37	一等兵	1942.06	浙　江
王　昌	暂三三师一团一连	21	上等兵	1942.07	浙　江
吴邦恩	三三师一团三连	22	中　士	1942.07	浙　江

续表 43-3-2-1-8

姓名	部队番号	年龄	级职	阵亡时间	阵亡地点
潘得标	暂三三师一团八连	22	上等兵	1942.07	浙　江
王永其	三三师一团三连	23	下　士	1942.07	浙　江
陈松发	暂三三师一团机二连	23	上等兵	1942.07	浙　江
竺革功	暂三三师一团六连	23	一等兵	1942.07	浙　江
夏关德	暂三三师一团五连	23	中　士	1942.07	浙　江
郑水根	暂三三师一团七连	24	下　士	1942.07	浙　江
王昇生	暂三三师一团一连	25	中　士	1942.07	浙　江
叶　昌	暂三三师一团四连	25	中　士	1942.07	浙　江
叶保国	暂三三师一团一连	25	上等兵	1942.07	浙　江
叶泽坤	暂三三师一团一连	26	上等兵	1942.07	浙　江
刘耀宗	保安三团七中队	26	二等兵	1942.07	浙　江
应火土	暂三三师一团一连	26	下　士	1942.07	浙　江
宋增兴	三三师一团一连	27	上等兵	1942.07	浙　江
叶　云	暂三三师一团一连	28	中　士	1942.07	浙　江
刘　胜	暂三三师一团一连	28	中　士	1942.07	浙　江
徐陈生	三三师一团一连	28	上等兵	1942.07	浙　江
黄　兴	暂三三师一团八连	29	上等兵	1942.07	浙　江
叶关大	三三师一团一连	30	上等兵	1942.07	浙　江
叶官高	三三师一团四连	31	一等兵	1942.07	浙　江
吴高陞	三三师一团三连	31	中　士	1942.07	浙　江
陈　高	三三师一团三连	31	上　士	1942.07	浙　江
叶蓝水	暂三三师一团五连	33	上等兵	1942.07	浙　江
李陈恩	三三师一团二连	37	下　士	1942.07	浙　江
支秋安	自卫大队二中队	42	上　尉	1942.07	浙　江
何子阳	暂三三师一团一连	44	上　士	1942.07	浙　江
王大章	暂三三师一团四连	不详	上等兵	1942.07	浙　江
叶玉连	暂三三师一团一连	不详	中　士	1942.07	浙　江
何国万	暂三三师一团五连	不详	上等兵	1942.07	浙　江
黄文富	三三师一团二连	22	下　士	1942.08	浙　江
刘加高	暂三三师一团三连	23	上等兵	1942.08	浙　江
汤火才	暂三三师一团七连	23	上等兵	1942.08	浙　江
叶祖火	暂三三师一团三连	24	下　士	1942.08	浙　江

续表 43-3-2-1-9

姓名	部队番号	年龄	级职	阵亡时间	阵亡地点
杨小发	六七师特务连	25	上等兵	1942.08	浙 江
金石增	三三师一团九连	26	一等兵	1942.08	浙 江
吴永标	暂三三师一团一连	27	下 士	1942.08	浙 江
陈 标	暂三三师一团七连	32	一等兵	1942.08	浙 江
潘上吉	暂三三师一团六连	31	下 士	1942	浙 江
蓝火旺	四三师一二八团机一连	28	一等兵	1943.05	湖 北
蔡连生	暂三四师二团七连	39	一等兵	1943.05	湖 北
冯德标	五七师一七〇团迫连	26	上等兵	1943.11	湖 南
周长贵	一九七师五八九三连	26	一等兵	1943.11	浙 江
金少卿	七七师二三一团机连	29	上等兵	1943.11	湖 南
蔡 唐	浙江保安二团三连	28	准 尉	1943.12	江 西
蓝坤玉	预一〇师三〇团八连	31	上等兵	1943.12	湖 南
傅兆美	预一〇师六团六连	35	少 尉	1943.11	湖 南
潘华土	一九二师特务连	35	上等兵	1943	浙 江
李关太	四〇师一一八团输送连	29	上等兵	1944.02	江 西
温亦福	四〇师一一八团输送连	20	上等兵	1944.02	江 西
王仲素	空军一大队	不详	上等兵	1944.02	不详
潘水华	新二二师六五团五连	32	中 士	1944.04	缅 甸
陈礼明	七九师二三六团迫一排	18	一等兵	1944.06	浙 江
潘世坤	二六师七八团三营部	20	一等兵	1944.06	浙 江
叶 福	七九师三三五团九连	22	上等兵	1944.06	浙 江
吴邦松	一四五师四三五团八连	22	一等兵	1944.06	浙 江
林云龙	二突击七营三连	22	一等兵	1944.06	浙 江
林云龙	突击一纵队二队三连	22	一等兵	1944.06	浙 江
邱德长	七九师二三六团二营	23	上等兵	1944.06	浙 江
杨文惠	七九师二三九团二连	24	一等兵	1944.06	浙 江
叶 青	二六师七八团八连	26	下 士	1944.06	浙 江
王炳全	二六师七连八团	27	下 士	1944.06	浙 江
周永享	四四师一三〇团三连	34	一等兵	1944.06	江 西
毛士德	五一师一二一团四连	21	一等兵	1944.07	广 西
蔡开丰	暂二一师六三团八连	27	下 士	1944.08	浙 江
罗陈发	四〇师通信连	28	上等兵	1944.08	江 西

续表 43-3-2-1-10

姓名	部队番号	年龄	级职	阵亡时间	阵亡地点
吴振香	暂三三师一团八连	21	下　士	1944.09	浙　江
蔡得根	暂三三师一团二连	24	上等兵	1944.09	浙　江
翁士旺	保四团二中队	30	一等兵	1944.09	浙　江
吴振树	暂三三师一团八连	31	上等兵	1944.09	浙　江
王天山	新二一师六一团迫连	33	一等兵	1944.09	浙　江
雷马根	四〇师一一九团五连	28	二等兵	1944.10	江　西
潘天有	九八师工兵连	22	少　尉	1944.11	广　西
周樟水	暂三三师一团五连	24	中　士	1944.11	浙　江
周　林	暂三三师一团七连	30	下　士	1944.11	浙　江
徐昭旺	暂三三师一团六连	30	上等兵	1944.11	浙　江
周兴德	暂三三师一团二连	26	中　士	1944	浙　江
项金山	二一师六二团特务连	25	二等兵	1944	浙　江
吕信发	四〇师一一九团五连	28	上等兵	1945.01	江　西
徐火旺	九九师二九七团八连	32	上等兵	1945.01	湖　南
李裕金	四〇师一一九团五连	34	一等兵	1945.01	江　西
王恩明	一八〇师三二三团机二连	22	二等兵	1945.02	江　西
叶宗显	一八〇师三二三团四连	23	一等兵	1945.02	江　西
江汇发	四〇师一一九团二连	23	一等兵	1945.02	江　西
郑尚林	一八〇师三二三团六连	24	二等兵	1945.02	江　西
王永岳	一八〇师三二三团机二连	31	二等兵	1945.02	江　西
周志献	一八〇师三二三团六连	34	二等兵	1945.02	江　西
程银有	一八〇师三二三团六连	37	二等兵	1945.02	江　西
雷章先	一八〇师三二三团四连	37	一等兵	1945.02	江　西
雷蓝旺	一八〇师三二三团五连	39	二等兵	1945.02	江　西
叶根旺	五二师一五六团迫排	22	上等兵	1945.03	浙　江
白火桂	五一师一五三团机二连	31	二等兵	1945.03	江　西
詹金根	四〇师一一八团输送连	45	二等兵	1945.03	江　西
童祥林	一〇八师三二四团九连	20	一等兵	1945.04	江　西
何学信	一〇八师三二三团八连	25	一等兵	1945.04	江　西
叶根明	五一师一五三团六连	28	二等兵	1945.04	江　西
蓝利兴	一〇八师三二二团	29	二等兵	1945.04	江　西
叶树连	一〇八师三二三团迫一排	32	二等兵	1945.04	江　西

续表 43-3-2-1-11

姓名	部队番号	年龄	级职	阵亡时间	阵亡地点
叶金财	一〇八师三二三团二连	33	一等兵	1945.04	江　西
叶华寿	一〇八师三二三团团机一连	35	二等兵	1945.04	江　西
王有龙	一〇八师三二三团迫一排	41	一等兵	1945.04	江　西
包振起	一五师六五团八连	26	一等兵	1945.05	湖　南
叶振和	五七师一七〇团输连	32	一等兵	1945.05	湖　南
王振模	二五师三二团和机二连	34	二等兵	1945.05	江　西
程庆荣	突击一纵队三连	20	二等兵	1945.06	浙　江
丁长嗣	突击一纵队四连	21	下　士	1945.06	浙　江
刘鸿南	七九师二三六团五连	21	上等兵	1945.06	浙　江
汤志忠	突击一纵队四连	21	二等兵	1945.06	浙　江
潘传富	暂三三师一团四连	21	上等兵	1945.06	浙　江
吴定权	保五团三机八中队	22	一等兵	1945.06	浙　江
姜汉宝	突击一纵队机连	24	二等兵	1945.06	浙　江
毛水望	突击一纵队五营四连	25	上　士	1945.06	浙　江
王　云	暂三三师一团三连	27	中　士	1945.06	浙　江
吴振宾	暂三三师一团六连	27	下　士	1945.06	浙　江
王金庭	保五团三机中队	28	上　士	1945.06	浙　江
高官林	突击一纵队二特队司令部	28	上等兵	1945.06	浙　江
叶　新	暂三三师一团五连	30	中　士	1945.06	浙　江
潘宗华	暂三三师一团四连	不详	下　士	不详	浙江永嘉
祝远良	一〇八师三二三团八连	24	二等兵	1945.08	江　西

附录：抗战时期松阳民众死亡情况表

表 43-3-2-2

序号	被害人姓名	性别	年龄	遭受伤害地点	出处(松阳县史志办党史档案)
1	潘爱云	女	60	斋坛乡花田坌	120-3
2	程小增	男	71	西屏家里	120-28
3	朱根和	男	34	西屏家里	120-12
4	朱志元	男	18	西屏家里	120-12
5	毛高坤妻子	女	40	西屏家里	120-24
6	洪明石	男	25	西屏镇耐性桥	120-36
7	×福南	男	26	西屏镇耐性桥	120-36
8	沙晨寿	男	58	白龙圳	120-33

续表 43-3-2-2-1

序号	被害人姓名	性别	年龄	遭受伤害地点	出处(松阳县史志办党史档案)
9	余炳松	男	40	西屏镇大砝路	120-44
10	丁起发	男	35	西屏镇踏埠头	120-46
11	×益岩	男	50	西屏镇南死刑场	120-25
12	林某	男	60	西屏镇瓦窑头	120-47
13	丁万基祖母	女	71	西屏镇潘祠	120-48
14	周某	女	3	丁山头邵山	120-51
15	阙樟犬	男	62	叶村乡松山	120-200
16	洪鹏飞	男	40	西屏塘寮	120-188
17	张家献	男	成人	石仓六村	120-80
18	何某	男	婴儿	西屏岩下山岗	120-69
19	蔡五奶	男	61	金山脚	120-84
20	徐某	男	50	塔头街	120-108
21	潘某	男	70	西屏五村	120-109
22	王章火	男	30	呈回山上	120-97
23	何葱妹	女	30	西屏	120-97
24	火秀	女	60	外溪滩	120-90
25	叶某	男	62	西屏	120-121
26	高老福	男	40	西屏徐村	120-134
27	洪连生	男	35	西屏申亭弄	126-20
28	毛仙清	男	15	叶村朱口	120-137
29	潘如心	女	45	叶村寺岭下	120-137
30	金和	男	40	太平坊丝线店	120-137
31	吴朱氏	女	34	山上	120-136
32	王关友母亲	女	40	西屏安乐山	120-139
33	周某	男	64	西屏桥亭街家里	120-140
34	吴徐驹	男	婴儿	山上	120-181
35	潘仕文祖母	女	62	西屏独山脚大溪	120-178
36	丁国奶	男	成人	西屏荷田路	120-178
37	杨端清	男	22	叶村乡河头	120-146
38	耿宝娟太婆	女	80	屋中厅堂	120-150
39	丁兆星母亲	女	70	西屏安乐山	120-150
40	叶三弟	男	20	叶村田坌	120-151
41	叶先章	男	56	叶家弄	120-159
42	毛尚斌	男	60	家里	120-161
43	应文弟	男	57	叶村乡官田	120-166

续表 43-3-2-2-2

序号	被害人姓名	性别	年龄	遭受伤害地点	出处(松阳县史志办党史档案)
44	何某	男	52	西屏金山脚	120-182
45	叶某	男	61	从靖居回西屏途中	120-199
46	陈树发	男	36	西屏下马街	120-194
47	程臣宗	男	63	望松乡山仁下	120-214
48	徐礼和	男	62	西屏南门城外	120-211
49	李弟弟	女	43	叶村乡寺岭下	120-189
50	潘启南	男	87	斋坛乡大路村	120-189
51	潘弦秀	女	63	西屏乌形山	120-209
52	蔡某	女	1	葛山头路上	120-209
53	方爱敏	女	70	家里	120-212
54	包家让	男	4	叶村乡黄公渡	120-212
55	包家华	男	2	叶村乡黄公渡	120-212
56	朱某	男	2	黄公渡稻田里	120-212
57	苗乾龙	男	53	阳溪上田垄	120-190
58	廖龙德	男	40	三都里庄	122-14
59	毛荣宝	男	23	西屏仁寿坊	121-7
60	李樟财	男	31	家里	127-9
61	程昌德	男	80	西屏南门大溪	121-1
62	何氏	女	76	西屏南门大溪	121-48
63	叶氏	女	60	西屏内花园塘	121-49
64	叶仙章	男	40	望松乡半岭	121-49
65	方连秀	女	60	西屏田垄	121-46
66	徐金琼	女	3	西屏南门大溪	121-46
67	程某	男	55	家里	121-40
68	程子和	男	80	望松乡山仁下村	121-66
69	叶仙水	男	50	西屏太平坊	121-104
70	方陈龙	男	30	竹源桥头	121-90
71	阿斌	男	50	西屏东死刑场	121-77
72	王根永	男	40	望松草塔儿	121-102
73	林火松	男	25	西屏三溪桥	121-102
74	周金根	男	25	西屏双坑口	121-102
75	林清佃	男	61	家里	121-119
76	吴群秀	女	45	下马街灰寮	121-140
77	潘某	男	1	山上	121-138
78	徐理和	男	76	西屏二小隔壁菜园	121-169

续表 43-3-2-2-3

序号	被害人姓名	性别	年龄	遭受伤害地点	出处(松阳县史志办党史档案)
79	何天理	男	70	西屏镇邵山脚	121-172
80	潘冬至	男	31	西屏镇青蒙	121-185
81	沙成寿	男	40	西屏西垄	121-196
82	王关水	男	65	西屏后坑垄头	121-204
83	詹芳绪	男	22	西屏官溪	121-206
84	詹宝宝	男	2	西屏安乐山	121-206
85	郑关钗	女	65	三都乡泉址祠堂	121-200
86	卢某	女	77	家里	121-203
87	潘樟水	男	50	四都乡寨头	121-218
88	叶仙樟	男	60	县城外田垄	121-220
89	林林	男	39	西屏坑埠头	121-218
90	杨八凤	女	40	稻草堆下	121-216
91	叶氏	女	75	房屋边水塘	121-234
92	金弟	女	30	房屋边水塘	121-234
93	黄某	男	70	房屋边水塘	121-234
94	高程土	男	40	叶村乡松山	121-232
95	高氏	女	38	叶村乡松山	121-232
96	纪群弟	女	45	西屏安乐山田里	121-229
97	潘金爱	女	60	西屏青田码道	121-228
98	林云飞	男	2	山上	121-226
99	黄秀女	女	70	西屏后坑弄头	121-239
100	王关土	男	71	西屏白龙圳沿	121-239
101	丁起发	男	22	高磴沿丐儿寮	121-239
102	潘关定	女	52	西屏蔡承树池塘	121-236
103	王香妹	女	31	西屏安乐山	121-236
104	潘关德	男	53	西屏南死刑场	121-236
105	潘牢理	男	50	西屏南死刑场	121-236
106	王宝弟	女	34	西屏安乐山	121-305
107	刘关明	男	43	西屏南山村	121-333
108	王春武	男	52	家门口路上	122-25
109	洪某某	男	64	寺岭下	124-25
110	叶育芳	男	40	后湾村	124-110
111	徐寿明	男	30	家里	120-37
112	徐正理	男	成人	留富岱的岭上	121-286
113	徐氏	女	成人	留富岱的岭上	121-286

续表 43-3-2-2-4

序号	被害人姓名	性别	年龄	遭受伤害地点	出处(松阳县史志办党史档案)
114	郑清水	男	40	西屏镇硋下山上	121-290
115	程小辉	男	30	山仁下村	127-63
116	小妹叔婆	女	成人	西屏天后宫	120-32
117	森叔婆	女	成人	西屏天后宫	120-32
118	冬至奶	男	35	岩下	120-42
119	程淑弟小叔	男	成人	詹氏祠堂	120-28
120	程淑弟姻翁	男	成人	詹氏祠堂	120-28
121	小马	男	婴儿	山上	126-12
122	沈火秀外公	男	55	西屏外溪滩	120-70
123	王某	男	22	竹源尧桥	120-70
124	“平阳侬”	男	55	新兴乡徐郑村	120-71
125	吴柏森娘姨	女	36	县内	120-98
126	吴柏森表弟	男	4	县内	120-98
127	关章妻	女	50	水南	120-90
128	叶兰香太婆	女	60	叶家弄	120-159
129	松娇外公	男	70	桥亭街	121-39
130	老鳖叔	男	60	上田垄村	121-102
131	小名“杂杂”	男	48	寺岭下	121-120
132	“杂杂”妻	女	45	家里	121-120
133	奴才婶	女	40	樟树下水井	121-132
134	群法叔婆	女	50	石牌坊下面硋里	121-132
135	珠秀外婆	女	59	南门大溪	121-193
136	起水叔婆	女	60	花田垄乌石垄	121-218
137	小脚女人	女	70	房屋边水塘	121-234
138	犬儿叔婆	女	83	法院弄	121-238
139	徐某	女	67	夫人殿	121-242
140	何有仁徒弟	男	20	新处乡小南坑村	128-5
141	曾德秀	男	40	去金华的途中	126-33
142	蔡某	男	成人	西屏	120-19
143	叶日贵	男	35	途中	120-137
144	包一钱	男	成人	途中	120-154
145	金关根	男	70	会馆	120-209
146	程巨宝	男	60	途中	121-36
147	蔡仙弟二叔	男	60	西屏	120-19
148	丁万基妻子	女	71	西屏南门	120-48

续表 43-3-2-2-5

序号	被害人姓名	性别	年龄	遭受伤害地点	出处(松阳县史志办党史档案)
149	樟松祖父	男	-	西屏金山	120-182
150	程绍芬	男	成人	寿年小学	120-73
151	毛某	男	2	西屏	120-85
152	程子和祖父	男	成人	西屏	121-33
153	陈玉钗	女	44	西屏	120-148
154	丁某某	女	76	十一村水塘	120-151
155	吴尚通	男	21	西屏横街	120-168
156	王显林	男	70	水塘中	120-171
157	刘金葱	男	69	西屏	120-173
158	××梅	男	50	太平坊糕饼店	120-173
159	刘彩金	男	34	市口山上	120-174
160	陈德桂	男	49	大竹溪	121-80
161	蔡振兴姑母	女	成人	西屏	121-37
162	蔡振兴伯父	男	成人	西屏	121-37
163	振兴外太公	男	老人	西屏	121-37
164	蔡振兴妹妹	女	青年	西屏	121-37
165	何连凤祖母	女	老人	西屏	121-28
166	程庚	男	成人	叶村包安山	124-31
167	王氏	女	成人	西屏	124-48
168	陈桂宝	男	61	荷田岭下	120-236
169	仙章	男	51	四都下包村	124-127
170	朱何氏	女	37	家里	121-19
171	毛氏	女	68	西一村	126-32
172	毛嘉庚	男	49	三都	126-31
173	加云母亲	女	69	西屏	121-20
174	潘樟仁	男	48	到宣平途中	121-20
175	徐小妹	女	18	家里	126-36
176	蔡妹儿	女	儿童	西屏	126-36
177	叶水弟	女	42	家里	126-36
178	王氏	女	52	家里	121-38
179	毛氏	女	34	家里	121-26
180	寿宣伯公	男	80	西屏	126-36
181	许金明外婆	女	80	南门大溪	121-31
182	麦果娘	女	70	南门大溪	121-24
183	王林根嫂嫂	女	20	行走路上	120-20

续表 43-3-2-2-6

序号	被害人姓名	性别	年龄	遭受伤害地点	出处(松阳县史志办党史档案)
184	徐某	男	35	西屏太平坊弄	121-54
185	方某	男	32	赤寿	121-55
186	叶氏	女	25	西屏	126-41
187	方某	女	30	西屏	121-55
188	徐林林公公	男	80	家里	121-40
189	蔡莲书	女	18	叶村乡松山	120-91
190	徐某	男	婴儿	西屏	127-155
191	老四叔公	男	60	行走路上	120-20
192	何凤珠	女	31	西屏西寺下	121-245
193	周世根	男	61	西屏圩地	121-43
194	鲍红尧	男	32	西屏	126-45
195	林樟兴	男	45	三都	121-69
196	宋氏	女	81	四村	121-68
197	章维寿	男	35	叶村乡寺岭下	121-68
198	林某	男	婴	逃难山上	121-68
199	全炳法妻子	女	28	西屏荷塘垄	121-68
200	全炳法长子	男	2	西屏荷塘垄	121-68
201	全炳法次子	男	1	西屏荷塘垄	121-68
202	翁某	女	1	翁村莲花山	121-61
203	鲍桂发	男	15	西都乡西坑村头	121-62
204	全氏	女	45	四都乡平田	121-64
205	程火根	男	41	七村灰铺	121-59
206	程子怀	男	成人	四村	121-2
207	叶飞	男	50	原朱子庙小学	120-11
208	毛某	男	68	五村	121-105
209	毛光火	男	3	五村	121-105
210	蔡某	男	73	家里	121-107
211	王氏	女	56	家里	121-107
212	周某	男	68	家里	121-107
213	王某	女	1	白岸尖山上	121-90
214	金逢春	女	71	西屏	121-105
215	蔡树荣	男	62	土地堂弄家	121-71
216	蔡五奶	男	50	东死刑场	121-14
217	毛双松	男	80	黄塘坑头亭	121-99
218	徐汉佐	男	50	徐登清家	121-87

续表 43-3-2-2-7

序号	被害人姓名	性别	年龄	遭受伤害地点	出处(松阳县史志办党史档案)
219	徐吉祥	男	60	家中	121-87
220	刘加喜	男	40	五村	121-74
221	林樟兴	男	26	五村	121-38
222	蔡某	男	37	东死刑场	121-76
223	王秀年	男	35	石仓水口	121-84
224	丁某	女	2	小叶村呢	132-56
225	李某	男	76	西屏	120-97
226	风柜老司	男	50	上田垒村	121-102
227	韩富亮	男	35	西屏	121-129
228	王显林	男	38	硋毛河	121-129
229	丁小梅	女	5	小叶村呢	132-56
230	陈德环	男	60	毛河硋塘里	121-116
231	詹某	男	15	朱马岭	121-117
232	何氏	女	70	猪行亭边	121-119
233	宋某	女	50	西屏下马街	121-118
234	詹方伟	男	55	西屏下马街	121-118
235	詹宏富	男	20	西屏	121-118
236	梅梅娘	女	56	桥亭街	120-11
237	风柜师傅	男	35	阳溪上田垒	126-56
238	风柜师傅	女	30	阳溪上田垒	126-56
239	陈爱弟难友之子	男	婴儿	三都乡下田	121-121
240	林仕发岳母	女	70	望松乡砌硋下	121-116
241	金火宝外婆	女	70	下马街水井	121-109
242	叶华光	男	45	西屏	121-154
243	程火根	男	52	西屏	121-154
244	周云祥女儿	女	2	西屏	121-156
245	程关友	男	38	西屏	121-158
246	程樟明	男	40	菜园	121-158
247	程某	男	45	菜园	121-158
248	周某	女	婴儿	西屏	121-160
249	周林氏	女	72	西屏	121-160
250	程金水祖父	男	80	七村	121-141
251	黄群爱	女	40	家里	121-138
252	詹刮妹	女	30	自家对面灰寮里	121-132
253	毛樟爱	女	66	自家对面灰寮里	121-132

续表 43-3-2-2-8

序号	被害人姓名	性别	年龄	遭受伤害地点	出处(松阳县史志办党史档案)
254	陈绍兰	女	50	七村石牌坊	121-132
255	蔡芳蓬嫂母	女	60	家里	120-75
256	火明呢岳母等7人	-	成人	七村上硋灰寮	126-35
257	“亲爷”之子	男	30	七村水塘	121-148
258	秀汝母	女	成人	下马街灰寮	121-140
259	秀汝女儿	女	成人	下马街灰寮	121-140
260	“德环呢”	男	60	一中后水塘里	121-135
261	×关娣	女	68	吴洪贵家的水塘	121-132
262	老四伯	男	51	自家厨房	121-132
263	“小贼”	男	60	七村	121-198
264	陈州周	男	40	去武义途中	121-157
265	陈某	男	60	耐性桥	121-161
266	何某	女	60	潘氏祠堂里	126-67
267	潘有根	男	40	逃回途中	120-178
268	潘关仁	男	60	西屏外溪滩	120-178
269	何雷担	男	29	西屏镇白龙圳	121-188
270	翁氏	女	50	西屏镇安乐山	121-192
271	叶贤炳	男	30	西屏镇新田坌	121-192
272	葱美	女	32	西屏镇安乐山	121-191
273	潘某	男	2	西屏镇安乐山	121-191
274	潘海珠	女	70	樟溪乡竹蓬头	121-194
275	丁氏	女	成人	西屏新田坌	121-194
276	潘木森	男	9	家里	121-194
277	丁阳	男	44	西屏青蒙溪滩	121-196
278	学堂父亲	男	60	家里	121-188
279	子华婆婆	女	70	新田坌	121-194
280	潘仕文舅母	女	71	南门水塘	126-74
281	樟才	男	50	西屏潘祠	120-182
282	丁氏	女	55	西屏	121-219
283	林增法	男	50	家中	121-282
284	叶赞弟	女	22	横坑路上	120-112
285	陈某	男	70	王金土屋内	121-235
286	王金弟	女	56	十一村土地堂后	121-227
287	林某	男	60	西屏瓦窑头	126-81
288	某坯	男	68	西屏航船头	121-225

续表 43-3-2-2-9

序号	被害人姓名	性别	年龄	遭受伤害地点	出处(松阳县史志办党史档案)
289	潘某	女	2	西屏石笋脚	121-243
290	潘樟木	男	21	西屏石笋脚田野	121-249
291	周某	女	2	塔寺下旁大溪	121-249
292	王某	男	17	西屏塔寺下下寮	121-249
293	余兰兔	男	36	逃难途中	121-256
294	何金爱	女	60	家里	121-257
295	何某	女	婴儿	田塝	121-253
296	黄连庆	男	61	田间	121-252
297	饶永根	男	27	上连头	121-251
298	叶金泉	男	55	上连头	121-251
299	郭延昌	男	36	北山	121-265
300	郭增侬	男	成人	四都乡寨头	120-94
301	周关生	男	41	项弄	121-266
302	周小怀	男	44	项弄	121-266
303	叶樟东	男	25	村外溪滩	121-266
304	“山东人”	男	62	项弄	121-266
305	叶祖福	男	25	西屏青蒙山上	121-266
306	周某	男	4	逃难途中	121-266
307	周永富	男	6	逃难途中	121-266
308	潘树龙	男	60	樟溪乡竹蓬头	121-266
309	程宗金	男	66	西屏镇	121-268
310	程火信	男	71	“倒椅圈”(山名)	121-268
311	程春侬	男	26	西屏镇	121-268
312	×东奶	女	55	西屏周坌山顶	121-268
313	包氏	女	72	白沙	121-268
314	程氏	女	65	白沙	121-268
315	程关土	男	56	青蒙山上	121-270
316	郑章荣	男	30	水车村外	121-271
317	郑氏	女	28	水车	121-271
318	金土兴	男	49	水车	121-271
319	陈邦勋	男	51	桐溪村外樟树下	121-273
320	潘金火	男	21	家里	121-273
321	叶关宝	男	30	叶村乡东坞源口	121-273
322	叶斑犬	男	54	桐溪	121-273
323	项美云	女	53	桐溪	121-273

续表 43-3-2-2-10

序号	被害人姓名	性别	年龄	遭受伤害地点	出处(松阳县史志办党史档案)
324	项德宝	男	61	桐溪	121-273
325	陈延庆	男	43	桐溪	121-273
326	潘某	女	60	桐溪	121-273
327	陈三奶	男	26	活源村外田中	121-276
328	林起旺	男	15	周垒	121-278
329	周氏	女	50	周垒灰寮里	121-278
330	吴三瓣	男	70	周垒灰寮里	121-278
331	“哑巴”	男	46	西屏	121-278
332	陈火才	男	51	当挑夫途中	121-278
333	李永兴	男	37	西屏夫人殿附近	121-280
334	刘春秀	女	45	乌形山	121-280
335	宋小昌	男	88	东坑	121-282
336	李夏娇	女	43	东坑	121-282
337	林畲客	男	62	东坑	121-282
338	詹正川	男	61	东坑	121-282
339	李明炎	男	50	官溪田中	121-283
340	叶火财	男	72	官溪	121-283
341	徐火树	男	60	官溪	121-283
342	王氏	女	70	官溪	121-283
343	叶氏	女	62	家里	121-284
344	叶延兴	男	45	田里	121-284
345	潘开金	男	31	西屏下天后宫	121-285
346	陈昌荣	男	55	源内外石桥头	121-286
347	周金根	男	27	项桥下	121-288
348	林火松	男	28	三溪桥	121-288
349	王根永	男	32	项桥下	121-288
350	林某	男	40	项桥下	121-288
351	杨关寿	男	29	项桥下	126-119
352	吴章和	男	50	西垒	121-289
353	吴氏	女	70	西垒	121-289
354	吴根旺	男	44	山头背大横路	121-289
355	吴小旺	男	43	犁头山尖半山	121-289
356	吴小和	男	46	西垒	121-289
357	吴关勋	男	49	西垒	121-289
358	新宾叔婆	女	60	西垒	121-289

续表 43-3-2-2-11

序号	被害人姓名	性别	年龄	遭受伤害地点	出处(松阳县史志办党史档案)
359	×玉英	女	55	丁山头	121-290
360	杨延林外婆	女	60	逃难途中	121-290
361	杨砼元	男	46	田里	121-291
362	金加根	男	40	西屏朱山头	121-292
363	苏氏	女	45	水南	121-294
364	何樟义	男	53	水南	121-295
365	何氏	女	43	水南	121-293
366	毛珺秀	女	43	水南	121-295
367	苏冬至	男	45	马蹄泉	121-295
368	何白平	男	50	水南	121-295
369	群秀儿子	男	婴儿	水南	121-295
370	何美珠小弟	男	婴儿	西屏岩下	120-69
371	何美珠弟弟	男	4	岩下山上	120-69
372	付樟秀	女	40	程村	121-296
373	毛奶儿	男	50	程村	121-296
374	邓老福	男	59	徐村	121-296
375	徐根林	男	38	徐村	121-297
376	徐永南	男	30	徐村	121-297
377	徐陈根	男	46	徐村	121-297
378	徐关金	男	48	徐村	121-297
379	何仕忠女儿	女	婴儿	桥头水田	121-296
380	叶四奶妻子	女	65	桥头水田	121-296
381	吴荣松	男	80	横山	126-134
382	吴金发	男	26	青蒙	121-298
383	吴春伯	男	65	横山	121-298
384	蓝坤友	男	41	坑口塔	121-298
385	吴瑞营	男	6	横山	121-298
386	吴某	女	1	横山	121-298
387	吴陈贤	男	15	坑口塔	121-298
388	周某	女	1	踏埠头	121-300
389	陈林发	男	30	踏埠头匣头山上	121-208
390	张土发	男	36	塘寮四家头	121-302
391	潘唐弟	女	42	竹源乡后畲东岭	121-305
392	潘唐弟儿子	男	婴儿	竹源乡后畲东岭	121-305
393	周玉玉	女	54	瓦窑头	121-305

续表 43-3-2-2-12

序号	被害人姓名	性别	年龄	遭受伤害地点	出处(松阳县史志办党史档案)
394	丁根财	男	51	瓦窑头	121-306
395	阙巧芝	女	66	瓦窑头	121-306
396	陈培荣	男	77	瓦窑头	121-306
397	陈占氏	女	74	瓦窑头	121-306
398	叶樟娣	女	15	瓦窑头	121-306
399	周婷婷	女	24	瓦窑头	121-306
400	王宝弟	女	成人	安乐山	121-305
401	王宝弟孩子	–	婴儿	瓦窑头	121-305
402	“眼镜妈”	女	41	老大桥桥头	121-305
403	刘樟福	男	26	乌泥坌	121-308
404	潘火宝	男	3	安乐山	121-308
405	潘氏	女	50	家里	126-140
406	何仕元	男	60	安乐山	121-309
407	潘继棠母亲	女	61	安乐山	121-309
408	潘大兴祖母	女	60	安乐山	121-308
409	潘土秀母亲	女	61	安乐山	121-309
410	潘樟樟妻子	女	53	安乐山	121-309
411	潘尚庆	男	37	青蒙	121-313
412	叶日成	男	46	新溪	126-144
413	廖国奶	男	24	寺岭下	126-144
414	周世根	男	56	竹溪	121-314
415	林春华	男	28	竹溪	121-316
416	周世玉母亲	女	63	竹溪	121-316
417	徐樟富	男	70	竹溪	121-316
418	肖关兴祖母	女	65	竹溪	121-316
419	肖利华母亲	女	30	寺岭下	121-316
420	肖利华姐姐	女	9	寺岭下	121-316
421	潘森贤母亲	女	38	寺岭下	121-316
422	潘森贤妻子	女	17	寺岭下	121-316
423	黄增基	男	40	市口	126-145
424	叶兴德	男	36	竹溪	121-316
425	黄白朴	男	36	竹溪	121-315
426	肖友水妻子	女	36	寺岭下	127-3
427	肖友水儿子	男	20	寺岭下	127-3
428	潘水妻子	女	43	寺岭下	127-3

续表 43-3-2-2-13

序号	被害人姓名	性别	年龄	遭受伤害地点	出处(松阳县史志办党史档案)
429	潘水儿子	男	9	寺岭下	127-3
430	潘水女儿	女	6	寺岭下	127-3
431	肖林庆儿子	男	5	寺岭下	127-3
432	肖林庆妻子	女	40	寺岭下	127-3
433	叶小弟	男	37	市口后山	121-317
434	刘陈胜	男	35	市口后山	121-317
435	刘德福	男	36	市口	121-317
436	黄长利	男	42	市口	121-318
437	耿志法	男	66	潘村	121-321
438	叶雄弟	男	43	黄坑源	121-323
439	包小帝	男	77	桥头	121-324
440	潘樟根	男	60	桥头	121-325
441	包小应	男	30	桥头	126-151
442	王樟德	男	40	清源坌	121-326
443	王永霞	男	80	清源坌	121-326
444	黄永弟	女	50	清源坌	121-326
445	吴永康	男	49	清源坌	121-326
446	王大耐	男	31	港口钓鱼岭背	121-329
447	王小耐	男	28	港口钓鱼岭背	121-329
448	朱根和	男	26	郑弄口屋后山上	121-329
449	朱冬木	男	21	郑弄口屋后山上	121-329
450	王乃武	男	65	郑弄口	121-330
451	王安	男	64	郑弄口	121-330
452	王某	女	15	郑弄口	121-330
453	方樟妹	女	1	郑弄口	126-154
454	杨某	男	中年	南山	126-156
455	邓金钗	女	64	南山	121-335
456	詹火宝	男	21	南山	121-335
457	王长根	男	72	南山	121-331
458	毛根茂妻子	女	73	南山	121-331
459	毛樟兴	男	32	南山冷水坑	121-331
460	毛树林	男	35	南山	121-332
461	毛某	女	40	西屏潘村	121-215
462	郑大发	男	38	西屏丁山头	126-156
463	毛四弟	男	66	南山	121-332

续表 43-3-2-2-14

序号	被害人姓名	性别	年龄	遭受伤害地点	出处(松阳县史志办党史档案)
464	叶银妹	女	65	南山	126-157
465	徐带弟	女	9	寺岭下	124-11
466	×银娟	女	35	寺岭下	127-7
467	洪某	女	64	寺岭下	127-4
468	洪连德	男	32	寺岭下	126-20
469	杨火材	男	40	稻丛中	124-14
470	叶火根	男	44	家里	124-15
471	谢周定	女	27	家里	124-15
472	叶庆来	男	7	家里	124-15
473	叶庆高	男	5	家里	124-15
474	蔡林	男	20	西屏路上	124-16
475	徐小妹	女	40	家里	127-1
476	徐法佣	男	18	寺岭下	124-24
477	潘某	男	3	寺岭下	124-24
478	许宝仙	女	59	寺岭下	124-24
479	李金生	男	27	寺岭下	127-2
480	潘连喜	男	27	寺岭下	127-2
481	杨某	男	7	寺岭下	124-25
482	许小弟	男	35	寺岭下	124-6
483	×宝翠	女	30	寺岭下	124-6
484	徐氏	男	55	家里	127-3
485	丁龙翠女儿	女	2	寺岭下	124-26
486	杨小妹	女	49	寺岭下	124-25
487	许寿凤	女	13	寺岭下	124-25
488	叶李氏	女	63	寺岭下	124-17
489	王林	男	37	寺岭下	127-5
490	潘如章	女	67	寺岭下	127-5
491	徐允珠	女	6	寺岭下	127-5
492	王小根	男	50	寺岭下叶墙头村	124-18
493	王洪氏	女	77	寺岭下叶墙头村	124-18
494	陈某某	女	69	寺岭下叶墙头村	124-19
495	夏江氏	女	70	寺岭下叶墙头村	124-19
496	徐益章	男	41	寺岭下叶墙头村	124-20
497	潘绍仁	男	45	寺岭下叶墙头村	124-20
498	蔡金修	男	25	寺岭下菜地	127-7

续表 43-3-2-2-15

序号	被害人姓名	性别	年龄	遭受伤害地点	出处(松阳县史志办党史档案)
499	许立樟	男	35	寺岭下溪沿	127-7
500	王玉明	女	70	寺岭下	124-14
501	许妹妹长女	女	11	寺岭下	127-7
502	许妹妹次女	女	9	寺岭下	127-7
503	许妹妹儿子	男	5	寺岭下	127-7
504	林关桂	女	40	寺岭下	127-7
505	毛爱珠	女	63	寺岭下	124-1
506	陈土奶	女	41	寺岭下	127-8
507	陈氏	女	57	寺岭下	124-2
508	水弟	女	29	寺岭下	124-2
509	潘土海	男	2	寺岭下	124-3
510	徐某某	女	25	寺岭下	127-9
511	蔡某	男	12	寺岭下	127-9
512	宝翠长子	男	6	寺岭下	124-6
513	宝翠次子	男	4	寺岭下	124-6
514	宝秀长女	女	9	寺岭下	127-9
515	宝秀次女	女	6	寺岭下	127-9
516	叶氏	女	29	寺岭下	127-9
517	李增根丈母	女	48	寺岭下	124-17
518	汤美英	女	48	寺岭下村路边	121-11
519	叶陈美祖婆	女	老人	寺岭下	124-10
520	叶陈美童媳	女	儿童	寺岭下	124-10
521	江爱娣	女	成人	西屏	124-21
522	潘某	男	儿童	寺岭下	124-24
523	丁龙翠	女	成人	寺岭下	124-26
524	杨岩浆	男	69	河头村	124-28
525	叶宝来	男	3	河头	124-28
526	徐火弟	男	婴儿	河头	124-28
527	杨某	男	41	松山景龙后	127-10
528	詹火奶	男	41	松山景龙后	124-29
529	陈关养	男	23	松山景龙后	124-46
530	美玉夫	男	20	松山景龙后	124-48
531	“木驴头”	男	27	松山景龙后	124-46
532	徐群坤	男	20	松山景龙后	124-28
533	杨某	男	21	包安山	124-31

续表 43-3-2-2-16

序号	被害人姓名	性别	年龄	遭受伤害地点	出处(松阳县史志办党史档案)
534	宗兴太婆	女	67	包安山	124-33
535	麻俊	男	32	家里	120-4
536	吴连妹	女	39	叶村	124-35
537	黄荣寿	男	38	叶村	124-35
538	陈包春	男	63	小港	124-36
539	黄陈生	男	5	叶村	124-35
540	潘银钏	女	55	叶村	124-35
541	潘振豪	男	40	松山	124-35
542	邱荣基	男	19	叶村	127-13
543	周华根	男	33	叶村	127-13
544	叶金水	男	43	杨柳洞	127-13
545	叶某	男	59	叶村	127-14
546	周樟春	男	30	叶村田里	120-151
547	潘连川	男	13	黄公渡	124-40
548	程关兴	男	24	白路岭子山垅	120-222
549	谢翠娣	女	48	黄公渡	120-222
550	邱德贵	男	42	西屏	124-37
551	叶木发	男	39	官田	124-43
552	叶某	男	36	官田	124-43
553	肖小妹	女	33	松山	124-49
554	叶锡金	女	44	松山	124-49
555	叶娟娟	女	3	松山	124-50
556	王方氏	女	78	松山	124-48
557	王益坤妻	女	55	松山	124-50
558	叶五弟	男	38	松山景龙后	124-43
559	高陈土	男	29	松山景龙后	127-19
560	高某	男	2	松山景龙后	127-19
561	王清泉	男	21	松山景龙后	127-19
562	周樟林	男	33	松山景龙后	127-19
563	叶某	男	28	松山景龙后	127-19
564	汤氏	女	31	松山景龙后	127-19
565	叶弦林	男	46	松山景龙后	124-46
566	潘芳娣	女	36	松山景龙后	124-48
567	叶兰兰	女	12	松山景龙后	127-20
568	潘连娣	女	32	松山景龙后	124-48

续表 43-3-2-2-17

序号	被害人姓名	性别	年龄	遭受伤害地点	出处(松阳县史志办党史档案)
569	李子云	男	14	松山景龙后	127-20
570	叶氏	女	43	松山景龙后	124-45
571	永权女儿	女	7	松山景龙后	127-19
572	潘芬娣儿子	男	2	松山村	124-48
573	邓万能	男	34	麻寮山	124-51
574	叶金水	男	37	麻寮山	124-51
575	邓陈氏	女	59	麻寮山	124-52
576	邓勉夏	男	29	麻寮山	124-52
577	叶益发	男	35	麻寮山	124-51
578	邓林芝	男	35	麻寮山	124-52
579	徐何氏	女	43	麻寮山	124-51
580	邓林福母亲	女	44	麻寮山	124-52
581	邓某	女	婴儿	麻寮山	124-52
582	吴礼太	男	47	源口	124-54
583	徐小弟	男	55	源口	124-53
584	徐利根	男	52	源口	124-53
585	徐定松	男	50	源口	124-53
586	徐根水	男	19	源口	127-25
587	吴氏	女	45	源口	124-53
588	王樟兴	男	43	源口	124-53
589	阙氏	女	69	源口	124-54
590	阙金根	男	45	源口	124-54
591	阙氏	女	43	外村	124-54
592	夏关明	男	60	源口	124-54
593	夏水保	男	27	源口	124-54
594	叶陶氏	女	72	源口	124-53
595	叶聪莲	女	5	源口	124-53
596	叶某	男	1	源口	124-53
597	徐火坤	男	48	源口	124-53
598	洪关元	男	40	源口三家塘	122-8
599	水土母	女	65	源口三家塘	122-8
600	吴土德	男	22	松山	124-48
601	吴品庚	男	42	麻寮溪边	124-55
602	徐根余	男	31	小南坑	127-31
603	叶大河	男	32	小南坑	124-58

续表 43-3-2-2-18

序号	被害人姓名	性别	年龄	遭受伤害地点	出处(松阳县史志办党史档案)
604	徐根余	男	40	小南坑	125-124
605	何龙福	男	成人	小南坑路上	124-59
606	何王福	男	21	至小南坑路上	124-60
607	×玉爱	女	43	石门村外	124-62
608	叶雄能	男	31	石门田野	124-62
609	金氏	女	54	石门	124-62
610	王某	男	幼儿	逃难路上	124-62
611	金某	女	幼儿	逃难路上	124-62
612	陈某	女	2	石门	127-37
613	金德盛	男	64	石门	124-62
614	叶火用	男	38	鹰嘴潭	124-62
615	周宗林	男	39	到宣平途中	121-160
616	陈火秀儿子	男	1	石门	120-58
617	黄金根	男	27	五都阳	127-41
618	程树德	男	31	五都阳	124-63
619	许氏	女	65	四都源村	124-63
620	钟树荣	男	60	马桥背山	124-63
621	刘世兴	男	61	马桥背山	124-63
622	翁光坤	男	40	五都阳	124-64
623	邱树元	男	40	草塔	124-65
624	陈树德	男	31	草塔	124-65
625	金塘德	男	47	草塔	124-65
626	黄某	女	2	本乡山路	124-67
627	郑家寿	男	56	郑家	124-68
628	曹贤文	男	55	郑家	124-68
629	洪寿寿	男	30	西屏镇	124-69
630	毛爱英儿子	男	4	翁村	127-50
631	林松彩	男	62	项桥下路上	124-70
632	叶洪松	男	44	家里	124-70
633	曾某	女	2	家里	124-70
634	祝关仁	男	60	西屏竹客口	124-70
635	高小弟	男	35	西河	124-70
636	毛金彩	男	50	西屏上大井	121-27
637	叶仁树	男	41	王村	120-113
638	王递连	男	40	松山地带	124-71

续表 43-3-2-2-19

序号	被害人姓名	性别	年龄	遭受伤害地点	出处(松阳县史志办党史档案)
639	王传传	男	55	仙坑源	124-71
640	王土雄	男	33	白凉亭	124-71
641	杨氏	女	52	望松仪桥	124-71
642	温某	男	70	王村溪坑	127-57
643	李某	男	76	王村	120-97
644	叶氏	女	65	松山景龙后	127-57
645	叶贤宗	男	36	王村村	124-71
646	金关豪	男	33	半岭脚	124-71
647	王金钗	女	76	王村村	124-71
648	李重富	男	65	寨下坑	124-71
649	王兰	男	25	竹客村	124-71
650	烟老司	男	51	望松半岭	127-57
651	王某	男	40	叶村乡洞珠殿	120-98
652	王权权	男	成人	叶村包安山	124-32
653	蔡树荣	男	62	王村	124-71
654	黄某	女	婴儿	乌石下山边	124-74
655	王潘诚	男	30	岗后田中	124-75
656	杨某	男	1	山仁下	127-63
657	杨葱云	女	9	麻洋塔村外深沟	127-65
658	郑文田	男	45	半岭	126-36
659	郑关利	男	57	半岭	124-79
660	周小奶	男	60	六都	124-80
661	翁光信	男	38	乌龙殿	124-81
662	杨坚峰	男	70	仪桥	124-81
663	杨氏	女	52	仪桥	120-127
664	叶仙宝	男	23	吴弄自家门口	121-31
665	曾美珺邻居	男	34	吴弄	127-69
666	王关兴	男	62	西屏镇塘里	124-83
667	王关彩	男	40	岗后	124-83
668	王天军	男	56	岗后村野外	124-83
669	吴良森	男	34	竹客口	124-84
670	叶氏	女	35	斋坛乡坎头	124-92
671	项金基	男	63	桐楼	124-88
672	王国舅	男	60	桐楼	124-88
673	三妹娘之母	女	65	西屏大溪	124-88

续表 43-3-2-2-20

序号	被害人姓名	性别	年龄	遭受伤害地点	出处(松阳县史志办党史档案)
674	王树生	男	30	花田垒	124-89
675	王长贵	男	23	花田垒	124-89
676	吴王氏	女	56	花田垒	124-90
677	王炳相	男	60	花田垒	124-90
678	“括级”	男	25	花田垒	121-49
679	周土根	男	55	小石	124-95
680	叶森坤	男	80	小石	124-95
681	杨显英	男	72	小石	124-95
682	潘昌元祖母	女	73	小石	124-95
683	吴樟尖	男	26	京梁	124-96
684	周德侬	男	60	京梁	124-96
685	周王氏	女	58	京梁	124-96
686	叶樟山	男	25	京梁	124-96
687	周关永	男	47	京梁	124-96
688	潘聪玉	女	45	京梁	124-96
689	陈关养	男	30	望松	124-97
690	李根法	男	21	稻田中	124-98
691	林世安儿子	男	婴儿	斋坛	124-98
692	根发	男	23	田里	120-72
693	“四奶儿”伴	男	成人	桐村	120-72
694	李培桂	男	40	里庄	124-102
695	毛福寿	男	50	村边山上	124-105
696	宋林德	男	36	四都榔树	124-109
697	宝善父亲	男	30	下田	124-109
698	叶桂生	男	34	思步	124-108
699	老大娘	女	老人	家里	120-153
700	宋家丰	男	61	葛山头	124-107
701	林章兴	男	70	泉址	124-111
702	宋小奶	女	29	杨家堂	121-79
703	宋小奶	男	47	杨家堂	124-112
704	李金发	男	20	西屏金山	124-119
705	李春发	男	22	西屏金山	124-119
706	包李森	男	55	西屏夫人殿前	124-122
707	陈桂遥	男	53	西屏夫人殿前	124-122
708	包春成	男	16	西屏夫人殿前	124-122

续表 43-3-2-2-21

序号	被害人姓名	性别	年龄	遭受伤害地点	出处(松阳县史志办党史档案)
709	陈金根	男	36	西屏夫人殿后	124-125
710	陈枫树	男	38	西屏夫人殿后	124-125
711	陈畲客	男	35	西屏夫人殿后	124-125
712	陈某	男	34	西屏夫人殿后	124-125
713	周仁为	男	26	西屏夫人殿后	124-126
714	周仁川	男	22	西屏夫人殿后	124-126
715	包绍书	男	52	下包村外	124-127
716	包老叶	男	62	下包村外	124-127
717	江敌侬	男	30	西屏镇水南	120-7
718	江配侬	男	61	下岭脚	124-128
719	陈礼俊	男	21	邵山脚	124-128
720	江配侬妻	女	52	椰树	124-128
721	陈鑫魁	男	27	塘后村石桥边	124-132
722	江炳昌	男	61	平田山寮内	124-133
723	江炳昌嫂嫂	女	68	平田山路上	124-133
724	江梅梅	男	8	平田山路上	124-133
725	江巨章	男	66	平田村外田里	124-133
726	江昌明	男	66	平田村外田里	124-133
727	江章红	男	63	平田村外	124-133
728	江成龙	男	48	四都庄后路上	124-133
729	毛木增女儿	女	2	平田	124-133
730	鲍葱连	女	54	平田	124-133
731	江炳心	男	68	平田山上	124-133
732	江柱章	男	56	平田	121-111
733	江华南	男	2	平田	121-111
734	陈成贵	男	20	塘后	121-10
735	鲍国富	男	24	庄河	124-135
736	鲍成猫	男	43	庄河	124-135
737	丁樟华	男	45	庄河	124-135
738	丁木松	男	53	庄河	124-135
739	丁葱珠	女	70	庄河	124-135
740	丁烦荣	男	29	半山亭岭脚	124-138
741	鲍根荣	男	25	邵山脚	124-140
742	丁周利	男	26	邵山脚	124-140
743	鲍树发	男	31	陈家铺村外路上	124-140

续表 43-3-2-2-22

序号	被害人姓名	性别	年龄	遭受伤害地点	出处(松阳县史志办党史档案)
744	鲍景大妹妹	女	3	陈家铺	124-140
745	鲍景义妹妹	女	3	陈家铺	124-140
746	江小弟	男	51	午岭	124-142
747	陈永兴	男	60	叶村乡东坞	124-143
748	何文弟	男	38	大路口村外	124-127
749	陈思奎	男	38	西屏潘村	121-321
750	叶绍岩	男	71	后畲	124-144
751	叶日满妻子	女	44	叶村寺岭下	124-144
752	叶日满女儿	女	18	叶村寺岭下	124-144
753	叶堂弟	男	61	后畲	124-144
754	叶荣桐	男	60	大岭头	124-146
755	叶海根	男	20	西屏市口村	124-146
756	吴祥聚	男	32	小竹溪	127-145
757	潘雯文	男	25	小竹溪	124-148
758	吴天褒	男	25	叶村河头	124-148
759	吴某	男	16	小竹溪	121-252
760	潘关林	男	47	横岗	124-149
761	潘土尧	男	16	横岗	124-149
762	潘振祥	男	22	呈田	124-150
763	潘吴氏	女	40	呈田	124-150
764	王根宝	男	23	市口莲花山	127-150
765	项小勇	男	30	松山	124-151
766	王根保	男	成人	大竹溪市口村	124-152
767	王晨侬	男	40	尧桥	124-154
768	王绍东	男	18	尧桥	124-154
769	王桂福	男	41	尧桥	124-154
770	王登佣	男	50	自家屋后山	124-154
771	徐珠弟	女	婴儿	黄庄	127-154
772	刘荣据	男	70	岙头水土斗	122-148
773	汤忠和	男	51	新处乡坳后	122-221
774	毛群红	女	16	古市横街	122-3
775	李关火	男	28	古市	122-156
776	金达成	男	50	下街家中	122-213
777	卓某	男	51	湖溪源口山脚	122-2
778	吴筠	男	30	新处乡小南坑	122-26

续表 43-3-2-2-23

序号	被害人姓名	性别	年龄	遭受伤害地点	出处(松阳县史志办党史档案)
779	何登佳	男	50	古市城头街	122-28
780	周养生	男	68	新兴乡上源口	128-8
781	王高土	男	60	卯山后	128-8
782	陈氏	女	60	古市筏铺	128-10
783	程氏	女	70	黄岗坑溪边	122-166
784	程会禄	男	18	古市	122-73
785	朱某	男	50	古市	122-20
786	董宝昌	男	50	古市	122-22
787	周关生	男	49	古市	122-88
788	郭氏	女	76	筏铺	122-63
789	叶美川	男	71	樟溪乡溪下村	122-66
790	叶晓奶	男	70	古市五亩田头	128-22
791	何木森	男	30	家中	122-77
792	何友仁	男	30	谢村乡平卿	122-63
793	谷莲溪	男	48	古市	122-79
794	陈春能	男	59	古市	122-81
795	张侬侬	男	55	张家弄	122-124
796	吴葱柱	女	60	黄岗坑溪边	122-172
797	缪某	男	1	樟溪球坑	122-172
798	叶成桂	男	56	古市卯山后祠堂	122-188
799	刘清源	男	55	家里	122-194
800	潘根富	男	71	下樟水碓下	122-201
801	何木森	男	65	家里	122-201
802	潘关森母亲	女	70	后街	122-178
803	叶绍荣祖母	女	71	古市溪圩头	122-209
804	叶天宫祖母	女	70	古市溪圩头	122-209
805	蔡有生	男	42	古市九里横栏	122-141
806	何某	男	32	坳头	128-102
807	×吾荣	男	31	新处乡小南坑村	125-106
808	叶仁寿	男	70	古市	125-112
809	叶火德	男	52	小南坑山上	125-124
810	“短脚军师”	男	20	古市溪滩	122-75
811	邹友材	男	35	当劳工途中	122-79
812	叶森森	男	41	当劳工途中	122-79
813	孟根土	男	15	古市下街	122-147

续表 43-3-2-2-24

序号	被害人姓名	性别	年龄	遭受伤害地点	出处(松阳县史志办党史档案)
814	叶家焕	男	40	家门口	122-183
815	洪根生	男	成人	新处乡小南坑村	122-128
816	何有仁	男	24	新处乡小南坑村	122-31
817	徐某	男	50	古市小马塔水碓	122-32
818	洪邦能	男	成人	新处乡小南坑村	122-28
819	程氏	女	70	古市黄岗坑	122-47
820	叶樟元	男	50	上方村外老公路	122-95
821	徐某	男	50	城头小马塔水碓	128-5
822	郭氏	女	70	古市下街溪边	122-13
823	郭氏	女	72	古市下街桃寮	128-9
824	洪邦南	男	50	新处乡小南坑村	122-99
825	徐樟法	男	50	城头外茶叶地	122-102
826	叶火德	男	50	小南坑山坑	128-27
827	郭樟明祖母	女	65	溪滩	122-107
828	项某	男	成人	城头	122-101
829	张桂娣	女	29	黄枝连	122-106
830	吴关通	男	62	古市二村	122-114
831	丘永明	男	32	古市	122-116
832	李益翠	女	62	古市	122-112
833	项关忠	男	50	泉庄	122-138
834	程顺伊	女	31	山上	122-133
835	华某	男	68	古市	122-153
836	潘火章	男	38	古市	122-150
837	周吴氏	女	68	古市	122-152
838	王赞	男	54	古市	122-157
839	徐石宝	男	60	古市	122-155
840	缪周根	男	1	小南坑村后山	122-163
841	何文蔚	男	50	去坳头路上	122-161
842	叶仁寿	男	70	高原	122-151
843	潘德时	男	42	社公亭	128-51
844	李秀宝	男	32	古市三角坛田中	122-183
845	卓老三	男	61	下塘岸家中	122-185
846	×大河	男	20	塘岸	122-121
847	潘良土	男	30	溪滩	122-158
848	叶家欢	男	30	古市镇下街	122-158

续表 43-3-2-2-25

序号	被害人姓名	性别	年龄	遭受伤害地点	出处(松阳县史志办党史档案)
849	刘尚土	男	50	古市镇刘边村	122-254
850	廖某	女	15	大帝殿横路	122-231
851	蔡某	男	2	黄连山村山上	122-220
852	郑某	男	2	新兴乡徐郑村	122-218
853	王关周	男	72	筏铺观口桥	122-225
854	徐樟树	男	12	樟溪乡西源	122-226
855	徐金林	男	13	樟溪乡西源	122-226
856	廖某	男	4	赤寿乡田岗下村	122-227
857	叶关珺儿子	男	婴儿	逃难途中	122-53
858	廖观桂	男	70	挑担路上	122-217
859	徐关照	男	70	挑担路上	122-217
860	潘氏	女	75	家里	122-238
861	叶火林	男	65	家中柴棚里	122-239
862	杨某	女	婴儿	古市塘头	122-248
863	徐樟德	男	50	家里	122-250
864	程卫樟	男	45	山脚田角	122-250
865	叶某	男	81	石门圩	122-253
866	叶开基	男	40	坳头	122-7
867	陈亭岳	男	40	葡萄架旁	122-254
868	徐樟德	男	69	家中	122-254
869	刘金宝	男	50	村边桥头	122-254
870	董庆堂	男	28	家里	122-255
871	卓老五	男	50	村边山上	122-256
872	徐厚德	男	50	灰铺	122-256
873	叶关森	男	18	古市	122-256
874	刘樟林	男	成人	五木	120-62
875	刘和奶	男	30	古市岗背塔田间	122-268
876	刘帮寿	男	28	岗下村外田里	122-138
877	黄德章	男	70	黄德邦老屋	122-270
878	周子川	男	50	鹁梨寮	122-123
879	刘法法	男	60	家门口	122-273
880	黄元基	男	67	黄圩寮	121-72
881	廖某	男	7	家门口	122-225
882	项炳调	男	50	岗下	122-138
883	吴关法	男	30	水碓	122-274

续表 43-3-2-2-26

序号	被害人姓名	性别	年龄	遭受伤害地点	出处(松阳县史志办党史档案)
884	陈樊	男	50	水碓	122-274
885	刘和奶	男	30	水碓	122-274
886	项炳雕	男	60	半岗突头	122-274
887	项金川	男	50	家里	122-274
888	项关忠	男	60	新兴乡泉庄	122-275
889	项炳仁	男	47	家里	122-274
890	黄关忠	男	75	新兴乡泉庄	122-212
891	何氏	女	50	四家头弄堂	122-277
892	何氏	女	70	五木至黄圩路上	122-277
893	何文娄	男	40	圳头灰铺边	122-277
894	王金汝	男	70	叶家	122-277
895	何宗土妻子	女	62	古市镇五木	121-248
896	毛日荣	男	32	上河村	122-211
897	周美美	女	20	新兴杨村头	125-37
898	何文维	男	38	刘边村圳头	122-276
899	何金林妻子	女	56	四家头	122-276
900	宗土叔婆	女	66	上五木桥头	122-276
901	刘德宝	男	27	斋坛乡花田坌村	122-276
902	叶正楷	男	79	家里	122-280
903	颜某	女	74	村边水稻田	122-280
904	叶某	男	17	望松乡和尚寮	122-289
905	杨显后外甥	男	20	望松乡山仁下村	127-63
906	刘新彩	男	60	西屏大井头	122-291
907	刘新宝	男	61	西屏大井头	122-291
908	刘关根	男	50	西屏大井头	122-291
909	张土兴	男	58	西屏大井头	122-292
910	佛香师傅	男	70	西屏	122-292
911	林才宝	男	50	村田畈	122-294
912	黄发盛	男	60	村边	122-296
913	黄二奶	男	3	村边	122-299
914	何氏	女	30	村边	122-297
915	张某	女	11	山下阳	128-103
916	王某	男	65	山下阳	122-253
917	同庆伯婆	女	75	晒谷砝	122-298
918	仙岩婶母亲	女	62	家里	122-299

续表 43-3-2-2-27

序号	被害人姓名	性别	年龄	遭受伤害地点	出处(松阳县史志办党史档案)
919	何氏	女	成人	山下阳	122-298
920	陈兴宝	男	60	大湾曹山上	125-3
921	刘宝根	男	60	下源口村水碓	125-2
922	刘淑琼	女	成人	下源口	125-2
923	李景水	男	20	后刘	125-9
924	徐银娣	女	40	后刘宋坦	125-7
925	蔡某	男	50	后刘宋坦	125-7
926	温樟法	男	57	块坑山脚	125-15
927	温亦禄	男	40	寨头岭背	125-15
928	温樟生	男	40	寨头岭背	125-15
929	樟樟老司	男	58	杨村头田里	125-15
930	刘彩德母亲	女	70	徐郑	120-71
931	詹利珠	女	80	徐郑	125-16
932	毛高金	男	70	徐郑	125-16
933	毛平阳	男	40	徐郑	125-17
934	吴永和	男	40	溪滩	125-17
935	徐起元小姨	女	幼儿	赤寿乡后安垄	125-171
936	谢包	男	成人	徐郑	125-16
937	周氏	女	60	松树坌	125-20
938	周国仁	男	60	松树坌	125-20
939	温小珠	女	60	社公门口	125-20
940	叶关信	男	60	内孟	125-23
941	潘丕丕	男	20	村外	125-27
942	吴　兆	男	60	赤岸村头溪滩	125-37
943	周关宝	男	60	庄门村	125-34
944	周公明	男	60	赤岸溪滩	125-36
945	“看房人”	男	60	杨村头房东屋里	125-33
946	乌饭奶妻子	女	70	家里	125-37
947	包宋信	男	56	杨村头	122-36
948	胡关登	男	22	望松乡马桥	125-38
949	杨小侬	男	55	小桥下	125-38
950	杨小侬	男	75	后周包	120-122
951	陈顺灿	男	80	家里	125-40
952	陈福田	男	40	赤寿乡赤岸	125-42
953	孟尽尽	男	62	白塔龙山	125-34

续表 43-3-2-2-28

序号	被害人姓名	性别	年龄	遭受伤害地点	出处(松阳县史志办党史档案)
954	程关明	男	30	挑盐路上	127-181
955	程秀菊	女	2	白岭山脚	127-181
956	周帮良儿子	男	1	择子山水塘	125-181
957	吴根才	男	70	古市镇岗下	127-256
958	孟人发	男	30	家里	125-47
959	邓水旺	男	30	徐山村坑里	125-48
960	詹仁章	男	25	七山头	125-45
961	周日良	男	23	七山头	125-48
962	饶关永妻子	女	50	村边水田	125-48
963	陈德桂	男	60	力溪	127-183
964	周学正	男	24	七山头	125-45
965	陈土根	男	19	下马坑	125-53
966	杨景山	男	26	水稻田	125-57
967	黄樟文	男	40	村边枫村下	125-60
968	周喜荣	男	69	家里	125-61
969	傅某	男	50	西山垄田里	125-62
970	余炳章	男	40	烟田边沿	125-62
971	傅启章	男	50	兴村	125-62
972	傅人干	男	70	徐山村山上	122-206
973	“老姜牙呢”	男	31	本村	127-187
974	徐养根	男	30	徐氏宗祠	125-69
975	钟老政	男	50	小学校	125-68
976	徐存金	男	40	村边水塘	125-71
977	蓝昌荣	男	20	家里	125-73
978	蓝猴子	男	40	择子山	125-72
979	蓝关清	男	16	山东湾山上	125-182
980	纪根富岳父	男	70	兰家村边	125-74
981	包关水	男	70	下岗山	125-75
982	周樟海	男	58	黄泥岗山上	125-83
983	李光田	男	48	樟溪乡钟家	125-83
984	周强	男	40	田里	122-143
985	织布人	男	30	樟村	125-83
986	叶某	男	婴儿	谷山垄	125-89
987	李启忠母亲	女	40	谷山垄	125-90
988	李增明妻子	女	20	樟溪乡上徐山	127-200

续表 43-3-2-2-29

序号	被害人姓名	性别	年龄	遭受伤害地点	出处(松阳县史志办党史档案)
989	洪六妹	女	21	古市	122-104
990	后肖人	男	25	樟溪乡黄田村	120-62
991	徐樟坤	男	40	新兴乡下源口	125-101
992	刘元发	男	20	新兴乡下源口	125-102
993	马天基	男	49	新兴乡下源口	125-102
994	李益翠	女	62	西源	127-204
995	蔡富	男	40	西源村凉亭	125-104
996	章有清	男	55	高岸	125-111
997	廖永长	男	50	高岸	125-112
998	杨金水	男	20	东坞村	125-75
999	叶老鸦	男	21	凤凰山脚	125-115
1000	叶仁火	男	34	大东湾	125-115
1001	叶奶宝	女	53	木桥上	125-116
1002	叶章森	男	33	西源祠堂	125-116
1003	叶樟林	男	30	西源祠堂	125-118
1004	洪根生	男	35	小南坑村	127-214
1005	王光奶	男	30	村后山上	125-128
1006	江武	男	40	小南坑	125-124
1007	程树根	男	40	古市	125-132
1008	徐某	男	50	樟溪乡溪下	127-221
1009	山甫人	男	50	樟溪乡溪下	125-102
1010	叶樟木	男	40	西源村道堂	125-120
1011	吴仁养	男	50	坑边	125-120
1012	吴仁贵	男	50	山坑	125-120
1013	陈荣富	男	40	西源道堂	125-120
1014	叶樟富	男	50	西源村水珠湾	125-104
1015	叶新奶	男	50	界首	125-141
1016	骆仁俊	男	50	家里	125-141
1017	骆翠娥	女	15	家里	125-141
1018	骆仁俊妻子	女	50	家里	125-141
1019	俞友武外婆	女	60	巷子里	125-31
1020	吴朝头	男	50	吴樟义房子后面	125-145
1021	吴益青	男	70	岗背塔	125-145
1022	吴根才	男	22	岗背塔	125-146
1023	李叶树	男	47	泉庄	125-147

续表 43-3-2-2-30

序号	被害人姓名	性别	年龄	遭受伤害地点	出处(松阳县史志办党史档案)
1024	周邦启	男	57	赤岸途中	125-151
1025	卢银凤	女	60	半古月	125-152
1026	林春清	男	50	门前水塘	125-153
1027	卢木弟外公	男	60	半古月	125-155
1028	周邦启	男	40	朱坑的田里	122-162
1029	张某	男	15	大岭脚	125-158
1030	徐四犬	男	20	大岭脚	125-159
1031	叶成明	男	32	龙下	125-161
1032	刘春秀	女	45	西屏乌形山	125-166
1033	刘关明	男	50	王家小湾儿上槽山	125-164
1034	刘连连	男	50	大碗槽	125-163
1035	白龙仁	男	20	赤岸溪滩	125-170
1036	苏树荣	男	成人	梧桐口	137-93
1037	白虎义	男	成人	梧桐口	137-93
1038	王氏	女	成人	梧桐口	137-93
1039	刘樟根	男	72	梧桐口	125-176
1040	刘关棋	男	39	黄坑口	122-182
1041	杨志芳	男	55	新兴杨村头	125-183
1042	徐寿明	男	40	对面山	125-188
1043	叶某	男	32	对面山	125-188
1044	金某	男	3	逃难途中	125-198
1045	陈某	男	20	楼塘	125-199
1046	程秀菊	女	2	山上	125-200
1047	叶关火	男	40	龙鞍山田里	125-201
1048	叶关和	男	38	叶川头	125-201
1049	叶关信	男	40	大岭脚	125-159
1050	周土章	男	70	古寨殿塔	125-213
1051	刘连连	男	50	大岭脚	125-161
1052	王周氏	女	60	大川村	125-165
1053	潘光虎	男	50	赤岸村边	125-178
1054	白剑飞太婆	女	65	楼塘村	125-193
1055	李昌兴	男	32	西屏	125-219
1056	李孝珠	女	4	家中	125-219
1057	李叶水	男	60	大岭里	125-220
1058	谢松犬	男	37	外村	125-229

续表 43-3-2-2-31

序号	被害人姓名	性别	年龄	遭受伤害地点	出处(松阳县史志办党史档案)
1059	×开喜	男	56	象溪	120-60
1060	开喜妻子	女	51	象溪	120-60
1061	张华仙	男	24	下麻自然村	123-2
1062	何根水	男	60	南坑口	123-5
1063	苏志君	女	50	东田	123-14
1064	苏兰才	男	65	东田	123-14
1065	雷某	男	70	吴村	123-16
1066	徐官源	男	25	桥头	123-19
1067	×玲林	男	19	路上	123-24
1068	叶子燕外婆	女	70	家里	120-14
1069	钟细英	女	52	金钟	123-37
1070	蓝炳生	男	16	丽水苏步	123-53
1071	陈利春	男	32	裕溪对岸	125-313
1072	刘新田	男	38	裕溪	125-312
1073	姚伯娥姻亲	男	70	家里	120-30
1074	高林旺外公	男	70	裕溪	120-30
1075	蓝樟其	男	42	黄田圩	125-318
1076	雷氏	女	31	大毛科	125-289
1077	阙关翠	女	2	石岩下	128-208
1078	王金贵	男	36	山粉寮	123-103
1079	阙起香	男	67	七木天堂坑	123-160
1080	阙氏	女	19	水南	128-211
1081	邓发	男	30	牛角圩	128-215
1082	陈金水	男	60	港口	120-60
1083	阙能章	男	27	下宅街水碓下	123-94
1084	王阿丁	男	31	下宅街水碓下	123-94
1085	丁万德	男	50	梨树岗	128-200
1086	邓生发	男	24	西屏	128-200
1087	应有善	男	50	蔡宅桥头	123-110
1088	李起有	男	34	靖居口	128-202
1089	叶某	男	16	山头	120-80
1090	叶兰金	男	20	叶家	123-112
1091	叶金根	男	30	古市十五里	128-204
1092	曹祥珠	女	29	家里	128-204
1093	张家昱页	男	30	下包后金口	128-205

续表 43-3-2-2-32

序号	被害人姓名	性别	年龄	遭受伤害地点	出处(松阳县史志办党史档案)
1094	王招凤	女	3	培周口	123-137
1095	严思秀	女	31	下宅街	128-206
1096	王正利	男	成人	下宅街	123-130
1097	阙报求	男	61	东尖山上	123-135
1098	阙连求	男	18	望松乡王村	123-130
1099	张王求	男	40	东尖下	123-136
1100	王阿炳	男	40	下宅街	120-125
1101	阙能章	男	40	下宅街水碓下	123-152
1102	阙起源	男	48	山头龙灯庙	123-130
1103	阙关贤	男	43	楼口	123-130
1104	阙吉仓	男	40	古市	128-207
1105	王寿年	男	46	四坞栋	123-146
1106	阙明志	男	57	上茶排	120-125
1107	罗发贵	男	30	包山脚	128-198
1108	曾明庆	男	成人	钓鱼山凉亭	120-163
1109	阙某	女	63	上包	120-49
1110	王寿彦	男	38	山边村安太岗	123-167
1111	王仁寿	男	33	华岭岗	123-165
1112	林砿柄	男	16	象溪石马源	128-219
1113	华振林	男	40	途中	128-219
1114	梅兴通	男	50	外大阴桥	128-221
1115	李明森	男	50	家中楼上	123-175
1116	梅先忠	男	37	二滩坝	123-175
1117	林樟文	男	40	村后山上	128-221
1118	梅金统	男	38	外大阴	123-176
1119	余良庭	男	64	田野	123-176
1120	刘银翠	女	45	内大阴	123-182
1121	李坤长	男	13	内大阴	128-224
1122	李马林	男	40	内大阴	123-182
1123	李庭亮	男	30	大竹溪村	123-182
1124	李林娣	女	5	内大阴	128-224
1125	张妹	女	65	内大阴	123-182
1126	×梅英	女	67	内大阴	128-224
1127	银子婆	女	70	内大阴	128-224
1128	李水香	女	3	内大阴	128-224

续表 43-3-2-2-33

序号	被害人姓名	性别	年龄	遭受伤害地点	出处(松阳县史志办党史档案)
1129	包三三	男	37	赤寿大樟树下	123-186
1130	包老四	男	45	上寮山水碓	123-187
1131	邱畲客	男	72	桐子坪	123-189
1132	梅某	男	45	蛤湖大阴	121-293
1133	阙祖园	男	12	五村桥头	123-145
1134	潘源洪	女	4	洋坑埠头	123-191
1135	潘宝莲	女	50	洋坑埠头	123-191
1136	叶群昌	男	28	赤圩	128-218
1137	陈某	男	55	西屏	120-104
1138	潘连水	男	36	西屏瓦窑头	123-60
1139	叶丁恩	男	65	西屏	123-60
1140	叶永达	男	18	新兴乡后楼	123-64
1141	叶关庆	男	50	叶村乡东坞	123-69
1142	金李森	男	26	古市	123-75
1143	李芝祥	男	43	樟溪乡樟村	123-90
1144	周元树	男	51	新兴乡徐郑村	123-92
1145	周福兴	男	28	西屏	125-284
1146	周光正	男	60	赤寿周氏宗祠前	125-144
1147	×宗法	男	17	水南	121-295
1148	黄某	男	50	西屏塘寮	120-188
1149	赵明友	男	63	古市	122-82
1150	温裕大	男	38	市口	121-317
1151	王某	男	40	南山白云庵	121-334
1152	“无脚”	男	45	瓦窑头	121-305
1153	陈某	男	55	斋坛乡墈头	124-92
1154	叶某	男	50	水南文昌殿门口	126-130
1155	青田侬	女	32	松山景龙后	127-19
1156	何南	男	24	西屏塘寮	120-188
1157	邮局局长	男	40	西屏岩西村	121-322
1158	湘师学生	男	成人	广因寺湘师校内	128-1
1159	宋鸿飞	男	18	广因寺湘师校内	128-1
1160	吴雪衡	男	18	广因寺湘师校内	128-1
1161	李家琳	女	17	广因寺湘师校内	128-1
1162	农改所职员	男	成人	竹源乡小竹溪	127-145
1163	湘师工友	男	成人	广因寺湘师校内	120-241

续表 43-3-2-2-34

序号	被害人姓名	性别	年龄	遭受伤害地点	出处(松阳县史志办党史档案)
1164	水泥匠学徒	男	31	望松乡砌碹村	124-75
1165	留坑人	男	30	红连村对面山	125-188
1166	徐小艾	男	40	女儿坑	125-163
1167	龙游人	男	48	新兴乡横溪坎边	125-15
1168	“松香客”	男	60	瓦窑头	121-306
1169	叶庚庚	男	30	瓦窑头	121-305
1170	包天福	男	43	瓦窑头	121-305

第三节 革命烈士英名录

本节收录在土地革命战争、抗日战争、解放战争、抗美援朝战争以及在社会主义革命和建设、改革开放时期（1935～2010），为国家和人民献身的松阳籍革命烈士，按烈士牺牲时间顺序排列。牺牲时间统一用公元纪年。

1935～2010年松阳籍革命烈士一览表

表 43-3-3-1

姓　名	生年	籍贯住址	牺牲时间	牺牲地	牺牲时所在单位及职务
徐关宝	1918	枫坪乡南胜村	1935.06	西屏镇朱山头	松遂龙游击队战士
邱永福	1914	枫坪乡南胜村	1935.06	西屏镇朱山头	松遂龙游击队通讯员
叶富德	1901	枫坪乡沿坑岭头村	1935.07.15	西屏镇东门外	松遂龙游击队战士
刘樟树	1904	安民乡大横坑村	1935.07.20	龙泉市	大横坑村分田委员会主席
刘茂贵	1911	安民乡大横坑村	1935.07	龙泉市监狱	松遂龙游击队战士
叶富保	1904	枫坪乡沿坑岭头村	1935.07	金华市大刘村	松遂龙游击队战士
毛关炳	1906	枫坪乡山乍口村	1935.07	龙泉市上东乡	松遂龙游击队战士
吴贵根	1911	大东坝镇燕田村	1935.07	大东坝镇燕田村	松遂龙游击队战士
叶昌兴	1917	枫坪乡沿坑岭头村	1935.07	龙泉市八都乡	松遂龙游击队班长
叶昌岳	1915	枫坪乡沿坑岭头村	1935.07	龙泉市住溪村	松遂龙游击队战士
张光发	1913	枫坪乡山乍口村	1935.07	龙泉市上东乡	松遂龙游击队战士
吴孟庭	1905	大东坝镇燕田村	1935.07	大东坝镇燕田村	松遂龙游击队战士
张秉章	1912	枫坪乡梨树下村	1935.08.24	不详	松遂龙游击队战士
刘昌通	1913	安民乡大横坑村	1935.08	龙泉市吴岱村	松遂龙游击队战士
叶小章	1895	枫坪乡丁坑村	1935.08	西屏街道南门	松遂龙游击队战士

续表 43-3-3-1-1

姓　名	生年	籍贯住址	牺牲时间	牺牲地	牺牲时所在单位及职务
王信满	1894	枫坪乡根下村	1935.08	西屏镇朱山头	松遂龙游击队战士
周关汉	1904	枫坪乡高亭村	1935.08	枫坪乡高亭村	松遂龙游击队战士
叶昌贵	1885	玉岩镇余叶村	1935.08	西屏镇外溪滩	松遂龙游击队战士
吴水荣	1905	枫坪乡小吉村	1935.09.15	枫坪乡高亭村	松遂龙游击队小组长
潘华来	1911	大东坝镇山徐村	1935.09	大东坝镇山徐村	松遂龙游击队战士
潘樟宝	1899	大东坝镇洋坑埠头村	1935.09	大东坝镇洋坑埠头村	松遂龙游击队战士
刘三妹	1914	安民乡大横坑村	1935.09	龙泉市吴岱村	松遂龙游击队战士
李永富	1904	枫坪乡山乍口村	1935.09	西屏镇朱山头	松遂龙游击队战士
李关水	1897	玉岩镇余叶村	1935.09	玉岩镇余叶村	松遂龙游击队战士
吴仲邦	1895	大东坝镇燕田村	1935.09	西屏镇南门外	松遂龙游击队战士
刘砭宝	1913	安民乡大横坑村	1935.09	龙泉市	松遂龙游击队战士
刘昌宝	1901	安民乡大横坑村	1935.09	龙泉市吴岱村	松遂龙游击队战士
刘硬妹	1913	安民乡大横坑村	19350.09	龙泉市吴岱村	松遂龙游击队战士
刘福德	1896	安民乡大横坑村	1935.09	龙泉市监狱	松遂龙游击队战士
周运尧	1915	安民乡苏马坪村	1935.09	叶村乡岱头村	松遂龙游击队战士
潘华火	1912	大东坝镇山徐村	1935.09	大东坝镇燕田村	松遂龙游击队战士
潘应田	1917	安民乡苏马坪村	1935.09	叶村乡岱头村	松遂龙游击队战士
叶昌和	1883	大东坝镇黄南村	1935.09	大东坝镇黄南村	松遂龙游击队战士
吴仲隆	1904	大东坝镇燕田村	1935.09	大东坝镇山徐村	松遂龙游击队战士
郑关宝	1913	玉岩镇程路村	1935.10.02	古市镇三角坛	红军游击队战士
李德丰	1906	大东坝镇明源村	1935.10.04	龙泉市王庄村	松遂龙游击队战士
余良根	1899	大东坝镇外大阴村	1935.10.11	西屏镇东门外	松遂龙游击队小队长
周关文	1912	枫坪乡高亭村	1935.10.22	遂昌县垵口村	红军游击队战士
李陈良	1898	玉岩镇余叶村	1935.10.22	西屏镇东门	松遂龙游击队小队长
卢子敬	1884	枫坪乡斗潭村	1935.10.22	玉岩镇玉岩村	松遂龙游击队副总指挥
陈宗儒	1888	安民乡大潘坑村	1935.10.28	玉岩镇玉岩村	安民乡安岱后村农会主席
周水儿	1911	枫坪乡高亭村	1935.10	枫坪乡高亭村	松遂龙游击队战士
谢叶坤	1902	玉岩镇道惠口村	1935.10	不详	红军游击队队长
叶　义	1902	玉岩镇玉岩村	1935.10	西屏镇	玉岩区苏维埃政府主席
刘昌应	1901	安民乡大横坑村	1935.10	龙泉市吴岱村	松遂龙游击队战士
吴群树	1910	安民乡苏马坪村	1935.10	龙泉市下安村	松遂龙游击队战士
潘昌利	1895	安民乡曹竹村	1935.10	安民乡曹竹村	竹溪区苏维埃政府主席
毛荣珠	1910	枫坪乡斗潭村	1935.10	枫坪乡枫坪村	松遂龙游击队战士

续表 43-3-3-1-2

姓　名	生年	籍贯住址	牺牲时间	牺牲地	牺牲时所在单位及职务
周光邦	1904	枫坪乡高亭村	1935.10	枫坪乡高亭村	高亭乡苏维埃政府书记员
周载熊	1896	枫坪乡高亭村	1935.10	枫坪乡洋庄源村	松遂龙游击队通讯员
吴连根	1912	枫坪乡南胜村	1935.10	枫坪乡洋庄源村	松遂龙游击队战士
李德芳	1901	大东坝镇燕田村	1935.10	大东坝镇燕田村	松遂龙游击队战士
叶光芝	1904	玉岩镇交塘村	1935.10	玉岩镇玉岩村	松遂龙游击队战士
陈丹山	1873	安民乡安岱后村	1935.11.14	西屏镇草场圩	玉岩区苏维埃政府副主席
陈凤生	1902	安民乡安岱后村	1935.11.22	龙泉市城郊	玉岩区苏维埃政府主席
包立德	1885	大东坝镇横樟村	1935.11	西屏镇东门外	红军游击队队长
刘昌进	1879	安民乡大横坑村	1936.02.15	龙泉市源口村	松遂龙游击队炊事员
陈德义	1916	安民乡安岱后村	1936.02	西屏镇朱山头	松遂龙游击队战士
陈德文	1915	安民乡安岱后村	1936.02	龙泉市	松遂龙游击队战士
吴达森	1890	枫坪乡根下村	1936.03	西屏镇朱山头	松遂龙游击队战士
叶堂星	1910	大东坝镇蛤湖村	1936.04	西屏镇朱山头	松遂龙游击队战士
王圣淦	不详	枫坪乡钱余村	1937.04.14	西屏镇朱山头	松遂龙游击队文书
翁光道	1902	枫坪乡小吉村	1937	龙泉市监狱	松遂龙游击队战士
程绍芬	1898	西屏镇太平坊	1942.08.04	松阳县望松	松阳县寿年小学校长
支关章	1901	西屏镇七村	1942	诸暨市	诸暨县自卫大队小队长
叶清松	1923	古市镇上方村	1948.11.12	安徽省宿县	华野第 3 纵队 9 师 25 团班长
王寿生	不详	竹源乡黄庄村	1949.01	淮海战役	华野第 11 纵队 9 旅战士
丁兆松	1920	西屏镇十一村	1949.04.02	枫坪乡高亭村	松宣遂游击队班长
刘　志	1926	古市镇下五木村	1949.04.02	西屏镇南门	松宣遂游击队战士
张惠明	不详	玉岩镇玉岩村	1949.04.02	枫坪乡高亭村	松宣遂游击队战士
徐福全	不详	玉岩镇排居口村	1949.04.02	枫坪乡高亭村	松宣遂游击队班长
叶　忠	1925	西屏镇城西社区	1949.04.23	安徽省贵池县	陆军第 11 军 31 师 91 团班长
叶仁德	1914	板桥畲族乡板桥村	1949.04	枫坪乡高亭村	松宣遂游击队战士
金叶明	不详	玉岩镇大垭下村	1949.06	不详	松阳县玉岩区中队战士
周年侬	1900	西屏镇项弄村	1949.08.08	阳溪车路外	松阳县西屏镇白沙村地下党员
叶昌棋	1915	三都乡松庄村	1949.09.12	三都乡松庄村	松阳县城关区中队中队长
蓝大德	1926	象溪镇石牌门村	1949.10	板桥乡潘八村	靖居区公所干部
蓝祥儿（又名蓝徐秀）	1922	象溪镇村头村	1949.10.21	莲都区畎岸村	松阳县靖居区游击中队班长
罗金亮	1925	叶村乡松山村	1949.11.15	大东坝镇百步村	横樟乡人民政府干部
鲍　林	1930	三都乡尹源村	1949.11.25	四川省鱼洞镇	陆军第 11 军 31 师 91 团战士
叶德成	不详	西屏镇济川路	1949	三都乡	三都乡上源小学工作人员

续表 43-3-3-1-3

姓　名	生年	籍贯住址	牺牲时间	牺牲地	牺牲时所在单位及职务
夏如霖	1927	斋坛乡小石村	1949	枫坪乡高亭村	松宣遂游击队战士
温绍龙	1918	新兴乡横溪村	1949	大东坝镇五部村	靖居区公所工作人员
雷文昌	1921	象溪镇小佛儿村	1949	不详	陆军第 20 军 58 师 172 团班长
毛光清	不详	松阳县	不详	不详	陆军第 20 军 60 师 179 团战士
雷树生	1925	裕溪乡章山村	1949	青田县前山村	青田县大队战士
林忠明	1923	望松乡大塔头村	1950. 02. 20	裕溪乡裕溪村	裕溪乡人民政府干部
叶德金	不详	西屏镇北直街	1950. 02	上海市浦东	原系陆军第 30 军战士
李国芳	1912	象溪镇金山头村	1950. 02	象溪镇龙湾村	雅溪乡龙湾村农会会长
陈木火	1931	樟溪乡溪下村	1950. 02	裕溪乡	松阳县财粮工作队干部
周警梧	1929	西屏镇五村双坑口	1950. 03. 07	四川省大竹县	陆军第 11 军 32 师 96 团文化干事
陈　焯	1927	古市镇湖溪村	1950. 03. 31	四川省江津县	陆军第 12 军筹粮工作队队员
叶山山	不详	西屏镇北直街	1950. 04. 29	不详	解放军战士
刘克昌	1928	西屏镇北直街	1950. 04	余姚市	第 7 兵团兼浙江军区卫生部医生
金永连	1925	西屏镇源内村	1950. 06	叶村乡南岱村	松阳县大队战士
雷水才	不详	大东坝镇西山村	1950	象溪镇靖居口	松阳县大队战士
潘思齐	1926	西屏镇朱山路	1950. 11. 29	朝鲜长津湖	志愿军 20 军 60 师 178 团卫生员
毛德法	1926	水南乡南山村	1950. 11. 30	朝鲜	志愿军第 38 军战士
包绍斌	不详	大东坝镇横樟村	1950. 11	朝鲜社仓里	志愿军第 20 军战士
叶　清	1927	水南乡横山村	1950. 12. 03	朝鲜下阳禺里	志愿军战士
叶志中	1931	西屏镇仙娘殿弄	1950. 12	朝鲜	志愿军宣传员
陈樟树根	1927	四都乡柘坑村	1951. 02	四都乡塘后村	四都乡柘坑村民兵队班长
叶明达	1929	望松乡大塔头村	1951. 03	朝鲜京畿道议政府	志愿军 26 军 78 师 234 团炮营战士
叶宝堂	不详	古市镇六村	1951. 05. 06	朝鲜华川	志愿军第 20 军班长
徐少森	1925	古市镇六村	1951. 05. 07	朝鲜	志愿军 20 军 60 师 180 团 3 营给养员
刘明荣	1926	四都乡午岭村	1951. 05	朝鲜	志愿军第 27 军 81 师 242 团班长
潘传富	1925	古市镇四村	1951. 06. 01	朝鲜名胜洞	志愿军第 20 军 60 师 178 团排长
林昌富	1926	水南乡岩下村	1951. 06. 14	朝鲜承岩里	志愿军第 20 军 59 师 176 团战士
潘金福	1925	象溪镇黄店村	1951. 09. 01	朝鲜	志愿军 27 军 79 师 235 团战士
何金生	1930	四都乡下包村	1951. 09	青田县	浙江军区警备第 7 团 2 营战士
傅寿林	1927	枫坪乡山乍口村	1951. 11	朝鲜	志愿军第 26 军特务团 5 连战士
苏　忠	不详	松阳县	1951. 12. 16	不详	金华军分区招待所不详
周最根	不详	新兴乡上源口村	1951	广西省藤县源利乡	陆军第 49 军 145 师 434 团战士
叶官生	1927	象溪镇吕潭村	1952. 05	不详	解放军战士

续表 43-3-3-1-4

姓 名	生年	籍贯住址	牺牲时间	牺牲地	牺牲时所在单位及职务
何明叶	1929	西屏镇塔寺下村	1952.08.01	朝鲜	志愿军第39军116师战士
叶景林	1924	赤寿乡叶川头村	1952.08.29	朝鲜	志愿军炮兵第7师21团副班长
叶关太	1927	谢村乡谢村村	1952.11.13	朝鲜上甘岭	志愿军第12军31师战士
叶 斌	1930	西屏镇一村	1953.11.14	西藏昌都市	西南军区汽车第16团枕工
肖毓钱	1929	西屏镇	1952.12.07	朝鲜	志愿军23军69师205团班长
叶光信	1926	新处乡外石塘村	1952	四川省重庆市	解放军战士
王景霖	1926	望松乡王村村	1952	朝鲜	志愿军见习参谋
杨富本	1929	裕溪乡凤弄源村	1953.02.14	朝鲜	志愿军第23军73师炮团战士
叶根和	1925	西屏镇项弄村	1953.06.12	朝鲜	志愿军第24军74师221团战士
陈明亮	1926	三都乡黄岭根村	1953.06.13	朝鲜上甘岭	志愿军第24军70师208团战士
阙邦型	1921	西屏镇上天后宫弄	1953.07.05	松阴溪西屏镇段	松阳国强中学教师
阙关贵	1928	象溪镇南坑口村	1953.07	朝鲜	志愿军第23军73师219团班长
詹一心	1927	西屏镇六村	1953.08	朝鲜	志愿军战士
叶子宝	1928	谢村乡大岭里村	不详	朝鲜	志愿军战士
叶凤鸣	1931	古市镇前街	1954.07	桐庐县	桐庐县人武部参谋
潘志民	1931	水南乡安乐山村	1954.12.13	洞头县霓屿	公安军第17师机关学校文化教员
阙金土	不详	大东坝镇茶排村	1956.09.03	福建省南平市	解放军8510部队4支队战士
宋利旺	1934	三都乡上田村	1956.11.29	江苏省苏州市	解放军0099部队2支队副班长
林 忠	1922	赤寿乡半古月村	1957.09.14	赤寿乡半古月村	江西省公安总队排长
李鸿龙	1932	古市镇上方村	1958.08.13	福建省霞浦余山岛	解放军4229部队准尉船长
陈香兰（女）	1926	古市镇卯山村	1958.10.22	古市镇卯山村	红光公社勤丰生产队出纳
张元寿	1939	西屏镇十村	1959.08.08	福建省南平市	解放军0168部队高炮营战士
王昌德	1933	西屏镇三村	1960.05.05	青海省昂欠县	陆军某军某师181团排长
潘根富	不详	竹源乡燕庄村	1960.09.10	青海省昂欠县	解放军青字801部队排长
赵德梓	1940	赤寿乡赤岸村	1961.03.08	舟山市定海区	解放军9252部队1分队战士
徐炳炳	1951	新处乡外石塘村	1970.11.08	不详	解放军6287部队战士
周景亮	1953	西屏镇九村	1973.06.03	台州市	台州军分区运输连战士
聂智富	1948	赤寿乡黄坑口村	1974.01.12	江苏省南通县	解放军6419部队34分队副班长
张益旺	1951	古市镇城头村	1974.04.25	不详	陆军某军某师540团战士
程杰君（女）	1964	西屏镇白沙村	1975.07.18	松阴溪西屏镇段	阳溪小学学生
叶苏忠	1956	西屏镇八村	1975.08.31	叶村乡	西屏镇建筑工程队工人
翁高茂	1953	枫坪乡小吉村	1976.04.07	江苏省无锡县	南京军区炮兵某团后勤处农场班长
王吉周	1954	竹源乡潘坑村	1977.04.28	河北省隆化县	解放军89208部队11中队战士

续表 43-3-3-1-5

姓　名	生年	籍贯住址	牺牲时间	牺牲地	牺牲时所在单位及职务
刘成基	1961	古市镇岗下村	1980.09	甘肃省兰州市	解放军空军某团某营8连战士
李德胜	1962	望松乡半岭村	1982.07.01	江苏省沭阳县	解放军83106部队战士
叶永祥	1940	西屏镇项弄村	1983.11.16	西屏镇项弄村	阳溪乡项弄大队党支部书记
杨水信	1954	西屏镇源内村	1986.12	无锡陆军101医院	南京军区某师某团正连级助理员
高贵洪	1971	象溪镇象溪村	1990.05	松阴溪象溪村段	象溪镇象溪村村民
叶伟胜	1970	西屏镇项弄村	1992.07.04	龙游县姜家村	武警浙江总队战士
何水土	1949	樟溪乡包村村	1993.07.11	樟溪乡包村村	樟溪乡包村村队长
周叶兰（女）	1963	玉岩镇步新村	1995.05.24	玉岩镇步新村	玉岩镇步新村村民
王金锋	1983	古市镇七村	1995.08.17	古市镇黄岗坑	古市镇中心小学学生
刘朝春	1938	裕溪乡裕溪村	1996.07.03	裕溪乡裕溪村	裕溪乡裕溪村村民
徐永平	1958	西屏镇城西社区	2004.03.06	水南乡清路村	松阳县西屏镇清路村干部
曹振飞	1960	大东坝镇蔡宅村	2004.03.06	水南乡清路村	松阳县林业局营林科干部

第四节　先进集体和个人名录

本节收录国务院、国家部（委）、省人民政府授予先进集体名录（下称先进集体名录）和国家部（委）、省人民政府授予劳动模范（先进工作者）名录（下称先进个人名录）。先进集体名录排序不分先后，先进个人按照姓氏笔画排列。

1952～2010年松阳县先进集体名录表

表 43-3-4-1

单位名称	授予时间	荣誉称号	授予机关
新兴乡廖达富互助组	1953	浙江省劳动模范先进单位	浙江省人民政府
松阳县木材收购站	1955	全国林业先进单位	国家林业局
松阳县三都第一农林牧高级社	1956	浙江省劳动模范	浙江省人民委员会
古市镇水利会	1956	浙江省水利先进集体	浙江省人民委员会
松阳林村林场（时称遂昌县第二林场）	1958	农业社会主义建设先进单位	国务院
斋坛公社革命委员会	1978	浙江省计划生育工作先进单位	浙江省革命委员会
松阳煤矿采掘一队	1982	浙江省劳动模范集体	浙江省人民政府
松阳县林业科学研究所	1984	浙江省林业科技先进集体	浙江省人民政府

续表 43-3-4-1-1

单位名称	授予时间	荣誉称号	授予机关
松阳县人民政府	1989、1991	全国水利建设先进县	水利部
	1990	农村水利建设先进县	浙江省人民政府
	1991	浙江省水利建设先进县	浙江省人民政府
	2001	大禹杯河道整治小流域治理单项先进	浙江省人民政府
	2006	浙江省“渔业杯”先进县	浙江省人民政府
	2009	全国农村水电及电气化建设先进集体	水利部
松阳县自来水厂	1992～2001 2008	浙江省文明单位	中共浙江省委、浙江省人民政府
	2004	全国优秀县镇供水企业	中国城镇供水协会
谢村源水库电站	2001	浙江省文明单位	中共浙江省委、浙江省人民政府
松阳县运管稽征所	1996、2009	浙江省文明单位	中共浙江省委、浙江省人民政府
松阳县公路管理所	2001、2006 2008	浙江省文明单位	中共浙江省委、浙江省人民政府
松阳县长运有限公司客运中心	2007	浙江省“五一”劳动奖状先进单位	浙江省人民政府
松阳县长运有限公司	2010	全国交通运输系统先进集体	人力资源和社会保障部、交通运输部
松阳县国土资源局	1995	土管系统先进集体	浙江省人事厅、浙江省国土局
	1997	保护耕地和改地造田工作先进集体	浙江省人民政府
	2002	全国地籍管理工作先进集体	国土资源部
	2003	全国土地调查先进单位	国土资源部
	2002	浙江省标准农田建设先进集体	浙江省人民政府
松阳县民政局	1999	全国民政信访工作先进集体	民政部
	2003	冬季退役士兵安置工作先进单位	浙江省人民政府、浙江省军分区
	2010	全国婚姻登记规范化单位	民政部
松阳县农业局	1986	浙江省粮食生产先进县	浙江省人民政府
	1991	全国粮食生产先进县	国务院
	1997	全国食用菌行业先进县	中国食用菌协会
	2000	浙江省“三五”普法先进单位	中共浙江省委、浙江省人民政府
	2002	“松阳银猴”获金奖	中国精品名茶博览会
	2003	百乡扶贫攻坚先进单位	中共浙江省委、浙江省人民政府
	2003	农村工作先进单位	中共浙江省委、浙江省人民政府
	2008	浙江省茶叶产业强县 浙江省食用菌产业强县	浙江省人民政府
	2010	农村指导员工作先进单位	中共浙江省委、浙江省人民政府

续表 43-3-4-1-2

单位名称	授予时间	荣誉称号	授予机关
松阳县林业局	1990	全国林业系统群众体育工作先进基层单位	中国农林协会、中国林业体育协会
	1994	全国经济林建设先进县 国家第一期油茶低产林改造先进县	林业部
	2001	社会林业工程项目研究与实施一等奖	林业部
	2000	全国造林绿化百佳县	全国绿化委员会
松阳县湖溪林场	1994	先进国营林场	浙江省人民政府
	2010	卯山牌脐橙获“第三届中国义乌国际森林产品博览会”金奖	第三届中国义乌国际森林产品博览会组委会
玉岩林业站	2001	全国先进林业站	林业部
松阳县粮食局	1990	省级文明单位	中共浙江省委、浙江省人民政府
	1996	全国粮食收购先进单位	国家粮食储备局
松阳县公安局	2010	全国公安机关集中整治网络赌博违法犯罪活动专项行动成绩突出	公安部
松阳县检察院	2003	全国检察机关“两房”建设先进集体	最高人民检察院
松阳县司法局	2010	全国法治县（市、区）创建活动先进单位	全国普及法律常识办公室
松阳县卫生局	2002、2009	无偿献血工作先进县	浙江省人民政府
松阳县人民医院外科	2010	浙江省五一劳动奖状（班组）	浙江省人民政府
松阳县计划生育指导站	1999、2001	先进单位	中央宣传部、国家计生委
松阳县计生委	2001	浙江省“九五”计划生育工作先进集体	浙江省人事厅、浙江省计生委
松阳县财政局	2001、2005	浙江省法制宣传教育先进集体	中共浙江省委、浙江省人民政府
	2005、2008	浙江省文明单位	中共浙江省委、浙江省人民政府
	2010	浙江省民族团结进步模范集体	浙江省人民政府
	2009	浙江省财政系统先进集体	浙江省人力资源社会保障厅、浙江省财政厅
松阳县国税局办税服务厅	2003	全国巾帼文明岗	全国妇女联合会
	2009	浙江省文明单位	中共浙江省委、浙江省人民政府
松阳县科技局	1997～1998 2001～2008	全国科技工作先进县	科学技术部
	2009	第五批省科技特派员工作先进单位	中共浙江省委
松阳县	2009	浙江省信访工作目标考核优秀县 浙江省新农村建设优秀单位	中共浙江省委、浙江省人民政府
岗寺乡广播站	1991	全国广播电影电视系统先进集体	国家广播电影电视部
松阳县文物管理委员会	1991	浙江省文化工作先进集体	浙江省文化厅、浙江省人事厅
松阳县文化局	1991	浙江省路线教育先进单位	中共浙江省委宣传部、浙江省文化厅
松阳县文体广电局	2003	全国五四红旗团支部	共青团中央
松阳县沼气协会	2008	全国科普惠农兴村先进单位	中国科学技术协会
松阳县工商业联合会	2008	全国工商联系统先进单位	全国工商联合会

续表 43-3-4-1-3

单位名称	授予时间	荣誉称号	授予机关
松阳县工商局	2005、2008	全国工商行政管理系统“红盾护农”先进单位	国家工商总局
工商银行松阳县支行	1993、2003、2008	浙江省文明单位	中共浙江省委、浙江省人民政府
中国人民银行松阳县支行	1999、2008	浙江省文明单位	中共浙江省委、浙江省人民政府
中国银行松阳县支行营业部	2009	全国巾帼文明岗	全国妇女联合会
松阳县邮电局	1996、2008	浙江省文明单位	中共浙江省委、浙江省人民政府
中国电信股份有限公司松阳公司	2008	浙江省文明单位	中共浙江省委、浙江省人民政府
松阳县移动公司	2009	全国“三八”红旗集体	全国妇女联合会
松阳县供电局	2006、2008	浙江省文明单位	中共浙江省委、浙江省人民政府
松阳县烟草专卖局	2009	浙江省文明单位	中共浙江省委、浙江省人民政府
松阳师范学校	1993	浙江省文明单位	中共浙江省委、浙江省人民政府
松阳县第二毛纺织厂	1994	浙江省文明单位	中共浙江省委、浙江省人民政府
叶村乡中心学校	1996	中华扫盲奖	财政部、国家教育委员会
枫坪乡中心学校	1997	中华扫盲奖	财政部、国家教育委员会
西屏镇中心小学	1999	浙江省文明单位	中共浙江省委、浙江省人民政府
古市镇学校	2002	“九运会”全国群众体育先进单位	国家体育委员会
西屏中心成人文化技术学校	2008	全国农村成人教育先进单位	中国成人教育协会
西屏镇人民政府	1983	浙江省计划生育工作先进单位	浙江省人民政府
	2008、2009	浙江省文明村镇	中共浙江省委、浙江省人民政府
	2009	全国第二次经济普查先进集体	国务院第二次全国经济普查领导小组
板桥畲族乡人民政府	1985	浙江省计划生育工作先进单位	浙江省人民政府
	1986	全国计划生育工作先进集体	国家计划生育委员会
西屏镇水车村	1994	全国造林绿化“四佳”单位	林业部
枫坪乡斗潭村	1995	全国造林绿化千佳村	全国绿化委员会
西屏镇三村	1996	优秀基层党组织	中共浙江省委
	1999、2008	浙江省文明单位	中共浙江省委、浙江省人民政府
西屏镇竹客口村	2007	全国计划生育工作先进村	全国计生协会
西屏镇乌形山村	2010	全国妇联基层组织建设示范村	全国妇女联合会
西屏镇丁山头村	2009	浙江省文明村镇	中共浙江省委、浙江省人民政府
叶村乡寺岭下村	2010	全国妇联基层组织建设示范村	全国妇女联合会
古市镇人民政府	2003	全国文明村镇	中央精神文明建设指导委员会办公室
	2005	全国婚育新风进万家活动先进集体	中央宣传部、国家计生委
	2007	第二次全国农业普查先进集体	国务院第二次全国农业普查领导小组办公室、国家统计局
	2009	农村基层组织先锋工程建设五好乡镇党委	中共浙江省委

续表 43-3-4-1-4

单位名称	授予时间	荣誉称号	授予机关
古市镇三村	2003、2008	浙江省文明单位	中共浙江省委、浙江省人民政府
古市镇八村	2010	全国妇联基层组织建设示范村	全国妇女联合会
赤寿乡界首村	2008	全国民主法治示范村	司法部、民政部
赤寿乡叶村头村	1987	浙江省文明单位	中共浙江省委、浙江省人民政府
赤寿乡界首村	2008	先进基层党组织	中共浙江省委
新兴乡人民政府	1983	浙江省计划生育工作先进单位	浙江省人民政府
	1995	全国土地管理（三无）乡镇活动模范乡镇	国家土地管理局
	2001	先进基层党组织	中共浙江省委
	2007	第六批全国环境优美乡镇	国家环境保护总局
新兴乡内孟村	2005	浙江省文明村	中共浙江省委 浙江省人民政府
	2008	全面建设小康示范村	中共浙江省委 浙江省人民政府
	2009	全国创建文明村镇先进村	中央精神文明建设指导委员会办公室
谢村乡谢西坑村	1990	浙江省文明单位	中共浙江省委、浙江省人民政府
谢村源水电站	2008	浙江省文明单位	中共浙江省委、浙江省人民政府
交塘乡人民政府	1991	浙江省计划生育工作先进单位	浙江省人民政府
樟溪乡人民政府	1991	浙江省计划生育工作先进单位	浙江省人民政府
	2010	全国环境优美乡镇	国家环境保护总局
三都乡后湾村	1999	浙江省劳动模范集体	浙江省人民政府
象溪镇人民政府	1999、2001	全国婚育新风进万家活动先进集体	中央宣传部、国家计生委
	2004、2005	社会治安综合治理先进单位	中共浙江省委、浙江省人民政府
玉岩镇坳头村	2005	浙江省文明单位	中共浙江省委、浙江省人民政府
大东坝镇人民政府	2009	浙江省文明村镇	中共浙江省委、浙江省人民政府

1952～2010年松阳县先进个人名录表

表 43-3-4-2

姓名	性别	授予荣誉称号	授予机关	授予荣誉时间
马慰大	男	全国煤炭工业劳动模范	煤炭工业部	1985
王志松	男	浙江省先进生产（工作）者	浙江省人民委员会	1963
王花英	女	浙江省计划生育先进工作者	浙江省人事厅、浙江省计生委	1999
王金球	女	浙江省计划生育先进工作者	浙江省人事厅、浙江省计生委	1991
卢良根	男	浙江省农业科技先进工作者	浙江省人民政府	2006
		浙江省优秀共产党员	中共浙江省委	2006
		浙江省“五一劳动奖章”	浙江省人民政府	2010
卢昌隆	男	浙江省劳动模范	浙江省人民政府	1953

续表 43-3-4-2-1

姓名	性别	授予荣誉称号	授予机关	授予荣誉时间
叶 新	男	浙江省先进生产（工作）者	浙江省人民委员会	1958
叶万妍	女	浙江省计划生育先进个人	浙江省人民政府	1978、1982
叶子福	男	浙江省劳动模范	浙江省人民政府	1987
叶东明	男	浙江省先进生产（工作）者	浙江省人民委员会	1963
叶因元	男	浙江省先进生产（工作）者	浙江省人民委员会	1958、1963
叶华南	男	全国第二批农村水电初级电气化县建设先进工作者	水利部、国家计委、中国水利电力工会	1996
叶关爱	女	全国“三八”红旗手	全国妇女联合会	1996
叶坚红	女	全国文物安全保卫先进工作者	国家文物局	1995
		浙江省文物工作先进个人	浙江省人事厅、浙江省文化厅、浙江省文物局	2003
叶秀华	男	浙江省物价系统先进工作者	浙江省人事厅、浙江省物价局	2004
叶建仁	男	全国税务系统先进工作者	国家税务总局	1997
叶承伟	男	全国安全生产监督管理工作先进个人	国家安监总局	2007
叶绍兴	男	浙江省优秀共产党员	中共浙江省委	1985
		浙江省水利先进工作者	浙江省人民政府	1989～1991
		全国农村水利水电先进个人	水利部	1991
叶群丰	男	浙江省劳动模范	浙江省人民政府	1954
吕 乐	男	全国优秀教育工作者	国家教委	1989
吕福祥	男	浙江省先进生产（工作）者	浙江省人民委员会	1956
刘 鸣	男	浙江省先进工作者	浙江省人民委员会	1956
刘元元	男	浙江省先进生产（工作）者	浙江省人民委员会	1958、1959
刘奕新	男	浙江省计划生育先进工作者	浙江省人事厅、浙江省计生委	1991
刘晓高	男	浙江省劳动模范	浙江省人民政府	2004
刘乾兴	男	浙江省先进生产（工作）者	浙江省人民委员会	1958
许如梅	女	全国计划生育工作先进个人	国家计划生育委员会	1986
李伟平	男	浙江省优秀农业科技工作者	浙江省人事厅、浙江省农业厅	1994
杨土松	男	浙江省先进生产（工作）者	浙江省人民委员会	1963
杨堂金	男	全国教育系统劳动模范	国家教委、人事部	1991
吴谷禾	男	全国优秀乡村医生	卫生部	2005
吴定根	男	全国优秀工会积极分子	全国总工会	1983
吴颜森	男	浙江省先进生产（工作）者	浙江省人民政府 浙江省人民委员会	1959
何火亮	男	浙江省先进生产（工作）者	浙江省人民委员会	1958

续表 43-3-4-2-2

姓名	性别	授予荣誉称号	授予机关	授予荣誉时间
应早德	男	浙江省纪检监察系统先进工作者	浙江省纪委、监察厅、人事厅	1998
宋火星	男	全国交通系统劳动模范	人事部、交通部	2001
宋宪华	男	浙江省劳动模范	浙江省人民政府	1985
张玉娃	女	浙江省先进生产（工作）者	浙江省人民委员会	1959
张玉梅	女	全国“三八”红旗手	全国妇女联合会	1960
张发其	男	浙江省先进生产（工作）者	浙江省人民政府	1979
张华荣	男	浙江省先进生产（工作）者	浙江省人民委员会	1958
陈华生	男	全国优秀工会工作者	全国总工会	2008
陈全潘	男	浙江省劳动模范	浙江省人民政府	2004
陈金声	男	浙江省先进工作者	浙江省人民委员会	1956
陈樟寿	男	浙江省劳动模范	浙江省人民委员会	1955
邵文斌	男	浙江省先进生产（工作）者	浙江省人民委员会	1959
范金娇	女	浙江省先进生产（工作）者	浙江省人民委员会	1959
林土荣	男	全国绿化造林劳动模范	林业部	1991
林日香	女	全国“三八”红旗手	全国妇女联合会	1979
林发生	男	浙江省劳动模范	浙江省人民政府	2009
林步翰	男	浙江省先进生产（工作）者	浙江省人民委员会	1956
林裕来	男	全国新长征突击手	共青团中央	1979
金关潭	男	浙江省先进生产（工作）者	浙江省人民委员会	1956
金彩霞	女	全国优秀教育工作者	国家教委	1989
周日信	男	全国第二批农村水电初级电气化县建设先进工作者	水利部、国家计委、中国水利电力工会	1996
周炎生	男	全国农技推广先进工作者	农业部	1999
周美莲	女	浙江省水利先进工作者	浙江省人民委员会	1957
郑若男	女	全国“三八”红旗手	全国妇女联合会	1983
郑潮鸿	男	浙江省先进生产（工作）者	浙江省人民委员会	1959
房来兴	男	浙江省先进生产（工作）者	浙江省人民委员会	1958
项土章	男	卫生系统先进工作者	浙江省卫生厅、浙江省人事厅	2000
项荣松	男	全国优秀卫生监督员	卫生部	1995
项德大	男	浙江省优秀人民调解员	浙江省人民政府	1997
洪伟昌	男	全国优秀卫生监督员	卫生部	1991

续表 43-3-4-2-3

姓名	性别	授予荣誉称号	授予机关	授予荣誉时间
洪关旺	男	党史系统先进工作者	中共浙江省委党史研究室、浙江省人事厅	2001～2006
		全国方志系统先进工作者	中国地方志指导小组	2010
夏宗云	男	浙江省优秀共产党员	中共浙江省委	2008
		浙江省劳动模范	浙江省人民政府	2009
夏苏华	女	浙江省计划生育先进工作者	浙江省人事厅、浙江省计生委	1991
徐发庆	男	浙江省优秀共产党员	中共浙江省委	1996
徐年发	男	浙江省劳动模范	浙江省人民政府	1982
徐爱卿	女	浙江省计划生育先进工作者	浙江省人事厅、浙江省计生委	1991
唐土林	男	浙江省优秀共产党员	中共浙江省委	1996
涂玉长	男	浙江省先进生产（工作）者	浙江省人民委员会	1958
黄光寿	男	全国征兵工作先进个人	国防部	2005
黄显达	男	浙江省科技先进工作者	中共浙江省委	1979
		浙江省优秀农民技术员	浙江省人民政府	1982
		浙江省优秀共产党员	中共浙江省委	1985
程凤娣	女	浙江省劳动模范	浙江省人民政府	1979
程肖华	女	浙江省计划生育先进工作者	浙江省人事厅、浙江省计生委	1991
程继伍	男	全国优秀教育工作者	国家教委	1989
		浙江省劳动模范	浙江省人民政府	1999
郑聪球	女	全国“三八”红旗手	全国妇女联合会	1979、1983
傅春霞	女	浙江省优秀共产党员	中共浙江省委	2008
傅玲娣	女	全国卫生系统先进工作者	卫生部	1991
曾玉亮	男	浙江省劳动模范	浙江省人民政府	1982
虞柳明	男	优秀职业教育先进工作者	浙江省人民政府	2006
阙祖德	男	浙江省先进生产（工作）者	浙江省人民委员会	1959
阙琳珠	女	浙江省先进生产（工作）者	浙江省人民委员会	1956、1958
啇茂和	男	浙江省先进生产（工作）者	浙江省人民委员会	1956
蔡子培	男	浙江省水利先进工作者	浙江省人民委员会	1956
廖达富	男	浙江省劳动模范	浙江省人民政府	1952
潘五弟	男	浙江省先进生产（工作）者	浙江省人民委员会	1961
潘长旺	男	全国“五一劳动奖章”	全国总工会	1994
		浙江省劳动模范	浙江省人民政府	
潘关海	男	浙江省先进生产（工作）者	浙江省人民委员会	1956

续表 43-3-4-2-4

姓名	性别	授予荣誉称号	授予机关	授予荣誉时间
潘陈根	男	浙江省劳动模范	浙江省人民政府	1995
潘官信	男	浙江省先进工作者	浙江省人民委员会	1962
潘朝晖	男	浙江省财政系统先进工作者	浙江省人事厅、财政厅	2006

第五节　松阳县副高专业技术人员名录

本节收录松阳县域内副高级专业技术职称名录和松阳籍域外副高级专业技术人员名录。排序不分先后，按照姓氏笔画排列。出生年月统一用公元纪年。

1988～2010年松阳县域内副高级专业技术职称名录表

表 43-3-5-1

姓名	性别	专业技术资格职务名称	工作单位	出生年月	获得职称时间
丁国民	男	中学高级教师	县教育局	1963.09	2002.11
丁荣美	女	中学高级教师	松阳一中	1969.03	2008.12
丁家亮	男	高级农艺师	县农业局	1945.10	1996.11
丁锡仲	男	中学高级教师	松阳一中	1935	1988.06
丁薇平	女	高级工程师	县电视台	1965.03	2008.11
马大东	男	中学高级教师	松阳二中	1964.12	1999.10
马志舜	男	副主任中药师	古市医院	1962.12	2005.12
王　涛	女	中学高级教师	松阳一中	1971.10	2010.11
王　颖	女	副主任医师	县人民医院	1971.10	2009.12
王　璟	男	副主任医师	县人民医院	1973.09	2009.12
王　巍	女	高级农艺师	县农业局	1957.02	1997.11
王一敏	女	副主任医师	县人民医院	1956.05	1998.12
王人勤	男	副研究员	县党史办	1936.09	1995.09
王心敏	女	中学高级教师	松阳一中	1963.11	2004.11
王芝芬	女	副主任护师	县人民医院	1971.02	2009.12
王有才	男	中学高级教师	松阳二中	1961.07	1998.11
王刘亮	男	中学高级教师	松阳一中	1960.12	2000.11
王孝女	女	副主任护师	县人民医院	1967.06	2007.11
王尚德	男	中学高级教师	松阳二中	1970.06	2003.11
王国熙	男	副主任医师	县人民医院	1945.06	1994.12
王所菁	女	中学高级教师	松阳一中	1955.08	2001.12

续表 43-3-5-1-1

姓名	性别	专业技术资格 职务名称	工作单位	出生 年月	获得职称时间
王绍春	男	副主任医师	县中医院	1966.04	2008.11
王珮琅	男	高级会计师	神州会计事务所	1960.03	2003.12
王振槐	男	中学高级教师	松阳一中	1937	1988.06
王晓玲	女	中学高级教师	松阳职业中专	1966.01	2006.12
王爱芬	女	中学高级教师	松阳一中	1971.08	2010.11
王爱英	女	中学高级教师	松阳三中	1971.01	2010.11
王益明	男	中学高级教师	松阳一中	1953.07	2002.11
王家香	女	中学高级教师	松阳一中	1965.09	2005.11
王家胜	男	副主任医师	县人民医院	1945.06	1993.11
王智平	男	高级工程师	县供电局	1964.10	2010.12
王献德	男	中学高级教师	松阳民族中学	1964.07	2005.11
王锦君	女	高级工程师	县建设局	1967.04	2009.12
毛永明	男	高级会计师	县财政局	1966.11	2008.04
毛美秋	女	高级农艺师	县农业局	1952.08	1997.11
毛益民	男	中学高级教师	松阳职业中专	1954.04	2001.12
毛菊华	女	副研究员	县教师进修学校	1956.07	2007.12
毛献龙	男	中学高级教师	松阳民族中学	1955.01	2004.11
毛蔡英	女	中学高级教师	松阳一中	1968.09	2007.12
方　宾	男	副主任中医师	古市医院	1971.10	2007.11
方友德	男	高级工程师	县建设局设计室	1934.06	1988.11
方永敢	男	高级讲师	丽水中等专业学校松阳校区	1966.09	2004.12
方金良	男	中学高级教师	松阳一中	1966.11	2009.11
方建英	女	群文副研究馆员	县文化馆	1963.06	2010.12
尹伟华	女	中学高级教师	县教师进修学校	1959.05	2002.11
邓关善	男	高级工程师	县建设局	1962.09	2008.12
邓福龙	男	高级会计师	县财政局	1964.05	2008.04
邓慧素	女	副主任护师	县人民医院	1967.08	2007.11
卢丁时	男	高级讲师	丽水中等专业学校松阳校区	1950.09	2000.11
卢良根	男	高级农艺师	县农业局	1951.09	1994.11
叶　洲	男	副教授	丽水中等专业学校松阳校区	1943.11	2001.11
叶小友	男	中学高级教师	松阳民族中学	1959.10	2004.11
叶日新	男	中学高级教师	县教育局	1942	1988.06
叶文明	男	中学高级教师	松阳二中	1967.12	2007.12
叶文德	男	中学高级教师	县教研室	1965.01	2002.11
叶方德	男	中学高级教师	松阳二中	1962.11	2007.12
叶火香	女	高级农艺师	县农业局	1970.10	2010.12

续表 43-3-5-1-2

姓名	性别	专业技术资格职务名称	工作单位	出生年月	获得职称时间
叶世根	男	中学高级教师	松阳一中	1949. 11	1996. 12
叶发跃	男	中学高级教师	松阳民族中学	1963. 08	2009. 11
叶竹梅	女	副主任医师	县人民医院	1971. 04	2008. 11
叶宇明	男	高级工程师	万寿建筑公司	1963. 01	2010. 12
叶坛亮	男	中学高级教师	松阳职业中专	1965. 07	2004. 11
叶志根	男	中学高级教师	松阳二中	1965. 08	2004. 11
叶苏旺	男	高级工程师	县建设局设计室	1969. 02	2010. 12
叶丽红	女	副主任护师	县中医院	1975. 03	2009. 12
叶丽娣	女	副主任护师	县中医院	1965. 12	2007. 11
叶坚红	女	文博副研究馆员	县博物馆	1951. 05	2001. 12
叶伯成	男	中学高级教师	松阳古市中学	1958. 09	2001. 12
叶松明	男	中学高级教师	松阳职业中学	1965. 03	2009. 11
叶卓强	男	高级会计师	县财政局	1963. 10	2005. 04
叶昇华	女	中学高级教师	松阳一中	1962. 06	2002. 11
叶金伟	男	中学高级教师	松阳一中	1972. 09	2010. 11
叶周娟	女	高级经济师	县供电局	1977. 11	2009. 12
叶绍龙	男	中学高级教师	松阳二中	1967. 06	2008. 12
叶绍金	男	中学高级教师	松阳二中	1948. 07	1997. 11
叶绍滋	男	中学高级教师	松阳二中	1927	1987. 01
叶春喜	男	高级工程师	县林业局	1966. 03	2009. 12
叶星亮	男	高级讲师	县党校	1961. 04	2006. 12
叶秋发	男	中学高级教师	松阳三中	1973. 08	2010. 11
叶俊福	男	中学高级教师	松阳一中	1970. 02	2006. 12
叶美书	女	副主任医师	县妇幼保健所	1944. 01	1995. 11
叶泰荣	男	高级工程师	县农业局	1957. 08	2008. 11
叶素云	女	中学高级教师	松阳一中	1968. 12	2005. 11
叶素芬	女	副主任医师	县人民医院	1965. 06	2007. 11
叶夏良	男	副主任医师	县疾控中心	1970. 01	2008. 11
叶夏英	女	高级经济师	县农业局	1966. 08	2008. 12
叶爱华	女	中学高级教师	松阳三中	1957. 08	2008. 12
叶爱军	男	中学高级教师	松阳一中	1970. 09	2010. 11
叶高进	男	中学高级教师	松阳一中	1961. 11	1998. 11
叶益岳	男	中学高级教师	松阳一中	1938	1991. 11
叶菊芬	女	中学高级教师	松阳三中	1971. 09	2007. 12
叶菊莉	女	高级工程师	县建设局	1973. 10	2009. 12
叶彩华	女	副主任医师	县计生指导站	1963. 04	2009. 12

续表 43-3-5-1-3

姓名	性别	专业技术资格职务名称	工作单位	出生年月	获得职称时间
叶淑萍	女	高级工程师	万寿建筑公司	1961.07	2007.12
叶维定	女	副主任医师	县人民医院	1945.10	1994.12
叶遗星	男	副主任医师	县人民医院	1940.12	1994.12
叶智强	男	高级会计师	县财政局	1965.07	2004.05
叶群英	女	中学高级教师	松阳城南中学	1971.07	2000.11
叶蔚荫	男	中学高级教师	县教育局	1928	1988.02
叶毓兰	女	高级工程师	松阳建筑公司	1938.12	1991.09
叶慧玲	女	中学高级教师	松阳一中	1963.02	2006.12
叶慧敏	女	中学高级教师	松阳一中	1960.04	2005.11
叶增富	男	高级会计师	神州会计事务所	1965.03	2005.04
叶樟达	男	中学高级教师	松阳一中	1947.11	1995.11
包和平	男	中学高级教师	松阳职业中专	1969.08	2006.12
包闻书	男	高级农艺师	县农业局	1937.06	1989.12
包朝孝	男	中学高级教师	松阳二中	1937.11	1994.10
包聪妹	女	社区副主任医师	古市医院	1971.09	2010.11
冯土菊	女	中学高级教师	县教育局	1963.09	2002.11
冯陆龙	男	副主任医师	县人民医院	1941.04	1994.12
宁建美	女	高级农艺师	县农业局	1969.12	2010.12
吕　芸	女	中学高级教师	松阳一中	1963.05	2004.11
吕干森	男	中学高级教师	松阳职业中专	1960.12	2004.11
吕小卫	男	中学高级教师	松阳一中	1962.11	1999.10
吕迎雪	女	中学高级教师	松阳三中	1968.05	2009.11
吕松浩	男	副主任医师	县人民医院	1973.10	2008.11
吕家荣	男	中学高级教师	松阳一中	1936	1988.06
朱小玲	女	中学高级教师	松阳城南中学	1963.08	2001.12
朱正星	男	中学高级教师	松阳三中	1974.10	2010.11
朱伟君	女	中学高级教师	松阳三中	1973.03	2010.11
朱美君	女	中学高级教师	松阳一中	1971.09	2006.12
伊晓军	女	高级教师	丽水中等专业学校松阳校区	1968.02	2007.12
刘　玢	女	高级会计师	县供电局	1966.04	2007.04
刘土友	男	高级畜牧师	县农业局	1943.10	1993.10
刘中南	男	中学高级教师	县教师进修学校	1931	1988.02
刘长喜	男	副主任药师	县疾控中心	1949	1996.12
刘文怀	男	中学高级教师	松阳一中	1964.10	2007.12
刘文海	男	中学高级教师	松阳一中	1965.12	2003.11
刘玉峰	女	副主任医师	县人民医院	1967.03	2006.12

续表 43-3-5-1-4

姓名	性别	专业技术资格 职务名称	工作单位	出生 年月	获得职称时间
刘永健	男	高级工程师	县交通公路管理局	1965.06	2008.12
刘芝莲	女	中学高级教师	松阳一中	1967.06	2004.11
刘有富	男	中学高级教师	松阳二中	1934.12	1994.10
刘志平	男	高级讲师	丽水中等专业学校松阳校区	1964.01	2006.12
刘李法	男	高级讲师	丽水中等专业学校松阳校区	1968.02	2003.11
刘丽君	女	高级会计师	县财政局	1966.08	2006.04
刘迎春	女	高级工程师	县建设局	1967.03	2009.12
刘林敏	男	高级农艺师	县农业局	1969.02	2009.12
刘卓英	女	中学高级教师	松阳一中	1970.07	2010.11
刘建平	男	中学高级教师	松阳三中	1961.02	1998.11
刘建超	男	群文副研究馆员	县总工会	1949.07	2000.12
刘春华	女	中学高级教师	松阳一中	1966.12	2006.12
刘菊连	女	中学高级教师	松阳一中	1957.09	2001.12
刘彩旗	男	高级工程师	县交通公路管理局	1956.01	2009.12
刘淑珍	女	中学高级教师	松阳职业中专	1966.04	2005.11
刘智来	男	中学高级教师	松阳三中	1969.02	2008.12
刘韶秀	女	副主任护师	县人民医院	1966.10	2010.11
刘韶梅	女	中学高级教师	松阳古市中学	1954.11	2006.12
刘德宽	男	中学高级教师	松阳二中	1936	1988.06
齐晓华	男	中学高级教师	县教育局	1961.02	1995.11
江　敏	女	副研究员	县教师进修学校	1967.06	2007.12
江云鹤	男	中学高级教师	松阳一中	1938	1988.06
江如钢	男	中学高级教师	松阳三中	1955.08	2006.12
江松贵	男	中学高级教师	松阳一中	1972.10	2007.12
江剑武	男	高级会计师	县财政局	1970.01	2008.04
江锡奎	男	中学高级教师	松阳一中	1955.08	2000.11
汤光舜	男	副教授	丽水中等专业学校松阳校区	1961	2001.11
汤雪琴	女	副主任护师	县人民医院	1966.01	2010.11
许　华	男	中学高级教师	县实验小学	1958.11	2004.12
许士田	男	副主任医师	县人民医院	1965.12	2002.10
许士发	男	高级农艺师	县交通公路管理局	1967.01	2004.12
许文寿	男	副研究员	县教育局	1954.03	2006.12
许文献	男	中学高级教师	松阳一中	1965.03	2010.11
许永义	男	中学高级教师	松阳职业中专	1949.05	1998.11
许关富	男	副主任医师	县人民医院	1970.08	2007.11
许美爱	女	副主任医师	县中医院	1954.11	1996.12

续表 43-3-5-1-5

姓名	性别	专业技术资格职务名称	工作单位	出生年月	获得职称时间
许爱萍	女	中学高级教师	松阳三中	1966.09	2010.11
许海英	女	中学高级教师	松阳一中	1966.07	2004.11
许跃女	女	中学高级教师	松阳职业中学	1967.10	2009.11
许增寿	男	中学高级教师	松阳职业中专	1955.07	1999.10
孙 芝	男	中学高级教师	县教师进修学校	1926	1988.06
孙 伟	男	高级工程师	县能源办	1960.06	2009.12
孙思青	女	中学高级教师	县教育局	1976.01	2006.12
纪素娥	女	中学高级教师	松阳职业中专	1954.12	2003.11
严德华	男	中学高级教师	松阳三中	1959.01	2005.11
苏水长	男	中学高级教师	松阳一中	1969.04	2003.11
苏菊珺	女	中学高级教师	松阳职业中专	1968.06	2007.12
杜方崧	男	中学高级教师	松阳二中	1935	1988.06
李 丹	男	副教授	丽水中等专业学校松阳校区	1942	2001.11
李小荣	男	中学高级教师	松阳一中	1954.01	2003.11
李云波	男	高级农艺师	县农业局	1966.06	2001.11
李仁杰	男	中学高级教师	松阳二中	1964.04	2002.11
李文贤	男	中学高级教师	松阳二中	1955.01	2004.11
李文标	男	中学高级教师	松阳一中	1966.03	1998.11
李文贵	男	中学高级教师	松阳职业中专	1956.11	2005.11
李硋献	男	副主任中医师	古市医院	1967.01	2004.12
李良珍	女	中学高级教师	松阳一中	1962.05	2000.11
李良标	男	副主任医师	县人民医院	1950.03	1996.12
李坤水	男	中学高级教师	松阳民族中学	1966.06	2008.12
李枝伟	男	高级会计师	县财政局	1964.03	2006.04
李征宇	男	中学高级教师	松阳二中	1961.04	1999.10
李征宙	男	副教授	丽水中等专业学校松阳校区	1965.01	2003.11
李星美	女	群文副研究馆员	县文化馆	1953.12	1997.11
李香珠	女	高级讲师	丽水中等专业学校松阳校区	不详	2002.11
李爱民	男	中学高级教师	县教育局	1956.10	1997.11
李培青	女	高级讲师	丽水中等专业学校松阳校区	1960.05	2001.11
李梅香	女	高级讲师	县党校	1956.03	2000.11
李章秀	女	中学高级教师	松阳三中	1944.08	1995.11
李超英	女	高级经济师	县交通局	1958.07	2004.12
李照明	男	中学高级教师	县教育局	1947.01	1995.11
李潮胜	男	高级工程师	县水利局	1966.12	2001.12
杨 英	女	副教授	丽水中等专业学校松阳校区	1966	2003.12

续表 43-3-5-1-6

姓名	性别	专业技术资格 职务名称	工作单位	出生 年月	获得职称时间
杨士美	女	中学高级教师	松阳一中	1957.10	2004.11
杨文增	男	中学高级教师	县教育局	1948.12	2000.11
杨向明	男	中学高级教师	松阳三中	1956.01	2006.12
杨旭琴	女	中学高级教师	松阳一中	1975.08	2010.11
杨关娥	女	中学高级教师	松阳职业中专	1960.05	2005.12
杨军霞	女	中学高级教师	松阳职业中专	1970.11	2010.11
杨红卫	男	中学高级教师	松阳民族中学	1966.01	2010.11
杨君红	女	副主任医师	县人民医院	1974.05	2010.11
杨君清	男	中学高级教师	松阳一中	1968.09	2010.11
杨海平	男	中学高级教师	松阳一中	1959.12	1996.12
杨堂金	男	中学高级教师	县实验小学	1936	1996.12
杨超琴	女	副主任护师	县人民医院	1959.10	2006.12
杨慧莲	女	副研究员	县教育局	1970.08	2010.11
肖春香	女	副主任医师	县中医院	1963.02	2009.12
吴　杰	男	副研究员	松阳职业中专	1969.11	1999.11
吴一新	男	高级经济师	县农村信用社	1958.11	2001.11
吴土松	男	中学高级教师	松阳一中	1940	1988.06
吴月美	女	中学高级教师	县教育局	1967.07	2010.12
吴叶青	女	高级统计师	县统计局	1962.06	2006.12
吴芝仙	女	副主任护师	县中医院	1964.02	2005.12
吴伟松	男	高级讲师	丽水中等专业学校松阳校区	1970.01	2006.12
吴延德	男	副教授	丽水中等专业学校松阳校区	1955.01	2001.11
吴希平	男	中学高级教师	县电教馆	1960.02	1995.11
吴昌义	男	中学高级教师	县教育局	1951.02	1996.12
吴忠民	男	中学高级教师	县教育局	1965.05	2004.11
吴金云	男	中学高级教师	松阳三中	1968.06	2009.11
吴金英	女	中学高级教师	松阳城南中学	1966.11	2007.12
吴定平	男	高级工程师	县交通公路管理局	1960.09	2010.12
吴定战	男	中学高级教师	松阳一中	1969.10	2005.11
吴建军	女	中学高级教师	松阳一中	1963.08	2004.11
吴建军	男	中学高级教师	松阳二中	1970.06	2009.11
吴钟锋	男	群文副研究员	县文化馆	1965.12	2002.12
吴美爱	女	副主任护师	县人民医院	1963.12	2010.11
吴素贞	女	中学高级教师	松阳城南中学	1968.04	2008.12
吴烈民	男	副主任医师	县人民医院	1933.07	1987.12
吴凌云	男	副主任医师	县中医院	1969.11	2010.11

续表 43-3-5-1-7

姓名	性别	专业技术资格职务名称	工作单位	出生年月	获得职称时间
吴琼英	女	中学高级教师	松阳城南中学	1954.10	2008.12
吴熙明	男	中学高级教师	松阳三中	1960.01	2005.11
邱德臻	男	副主任医师	县人民医院	1972.06	2009.12
何小娥	女	高级工程师	县建筑局设计室	1975.05	2010.12
何火珺	女	中学高级教师	松阳三中	1964.11	2009.11
何玉红	女	中学高级教师	松阳一中	1977.02	2010.11
何冬梅	女	中学高级教师	松阳民族中学	1973.02	2009.11
何伟香	女	中学高级教师	松阳职业中专	1971.02	2008.12
何军华	男	中学高级教师	松阳一中	1971.01	2010.11
何丽萍	女	中学高级教师	松阳一中	1963.09	2004.11
何松岳	男	副主任医师	县人民医院	1967.06	2005.12
何金梁	男	高级会计师	神州会计事务所	1964.11	2005.04
何家娣	女	中学高级教师	松阳三中	1969.11	2010.11
何菊美	女	中学高级教师	松阳职业中专	1966.01	2004.11
何群荣	男	副研究员	县教育局	1971.10	2008.11
何聪妹	女	中学高级教师	松阳一中	1953.04	1997.11
余培昌	男	中学高级教师	松阳三中	1951.12	2005.11
余耀华	男	中学高级教师	县教育局	1945.03	1994.10
谷兆康	男	高级讲师	丽水中等专业学校松阳校区	1939	1988.04
应业化	男	中学高级教师	松阳一中	1946.03	1994.10
应成飞	男	中学高级教师	县教研室	1962.01	2002.11
汪春大	男	中学高级教师	松阳一中	1935	1988.6
汪海鸥	女	中学高级教师	松阳职业中专	1956.11	2003.11
汪碧珍	女	图书副研究馆员	县图书馆	1951.10	1998.12
沈火美	女	中学高级教师	松阳一中	1968.11	2005.11
沈伟平	男	中学高级教师	松阳三中	1974.01	2010.11
沈庆堡	男	高级工程师	县建设局设计室	1936.04	1993.12
沈慧中	女	副主任医师	县人民医院	1943.11	1993.11
宋木兰	女	中学高级教师	松阳城南中学	1967.01	2007.12
宋火星	男	高级经济师	县长运公司	1960.12	2005.12
宋华勇	男	高级实验师	丽水中等专业学校松阳校区	1966.09	2004.12
宋昌达	男	高级工程师	县电视台	1972.10	2010.12
宋昌伟	男	中学高级教师	县教师进修学校	1929	1988.02
张　文	男	高级会计师	县财政局	1964.06	2006.04
张　屏	男	高级工程师	县建设局	1972.05	2004.12
张土金	男	中学高级教师	县教育局	1932	1988.06

续表 43-3-5-1-8

姓名	性别	专业技术资格职务名称	工作单位	出生年月	获得职称时间
张云娥	女	中学高级教师	松阳一中	1940	1992.12
张松岳	男	中学高级教师	松阳一中	1966.02	2007.12
张国英	女	中学高级教师	松阳一中	1964.02	2000.11
张明琅	男	高级农艺师	县农业局	1964.01	2003.12
张增明	男	中学高级教师	松阳一中	1963.10	2003.11
张燕玲	女	副主任医师	县人民医院	1976.12	2010.11
陆秀云	女	中学高级教师	松阳二中	1967.09	2007.12
陈支章	男	副教授	丽水中等专业学校松阳校区	1955.08	2002.12
陈水珠	女	中学高级教师	松阳一中	1970.10	2008.12
陈月梅	女	中学高级教师	松阳三中	1956.11	2004.11
陈文秀	男	中学高级教师	松阳古市中学	1963.11	2010.11
陈火美	女	副主任护师	县人民医院	1963.07	2007.11
陈世英	女	中学高级教师	松阳一中	1951.02	1997.11
陈立强	男	中学高级教师	松阳民族中学	1960.08	2006.12
陈伟兰	女	中学高级教师	松阳一中	1970.09	2008.12
陈丽华	女	高级会计师	县建设局	1964.12	2006.04
陈利平	男	中学高级教师	松阳三中	1962.04	2003.11
陈雨来	男	中学高级教师	松阳三中	1965.10	2010.11
陈昌法	男	中学高级教师	松阳民族中学	1970.05	2010.11
陈建成	男	高级经济师	县人事局	1963.08	2007.12
陈孟义	男	副教授	丽水中等专业学校松阳校区	1951.02	2001.11
陈春娥	女	中学高级教师	松阳电大	1970.02	2005.11
陈胜生	男	高级工程师	县水利局	1964.05	2000.12
陈美莲	女	中学高级教师	松阳三中	1952.11	1996.12
陈宣良	男	中学高级教师	松阳二中	1966.07	2004.11
陈根强	男	中学高级教师	松阳一中	1966.12	2010.11
陈海华	男	中学高级教师	松阳二中	1961.10	2006.12
陈海莉	女	副主任医师	古市医院	1974.10	2008.08
陈菊花	女	副主任医师	县妇幼保健所	1966.03	2008.11
陈银方	男	高级农艺师	县农业局	1965.03	2003.12
陈清娣	女	中学高级教师	松阳二中	1962.11	1998.11
陈新法	男	高级工程师	县林业局	1964.12	2005.12
林　兵	男	副主任中医师	县中医院	1966.09	2009.12
林叶明	男	副教授	丽水中等专业学校松阳校区	1944.11	2001.11
林伟军	男	中学高级教师	松阳三中	1969.08	2008.12
林斌松	男	中学高级教师	县教育局	1952.08	1996.12

续表 43-3-5-1-9

姓名	性别	专业技术资格职务名称	工作单位	出生年月	获得职称时间
易 雄	男	高级会计师	县财政局	1968.05	2004.05
罗云峰	男	副主任医师	县人民医院	1964.06	2002.10
罗丽香	女	中学高级教师	松阳三中	1967.08	2010.11
季丽萍	女	中学高级教师	松阳民族中学	1969.05	2007.12
金 龙	男	中学高级教师	松阳一中	1957.08	2000.11
金汉台	男	高级工程师	康恩贝制药厂	1965.11	2000.9
金永忠	男	中学高级教师	松阳三中	1970.1	2010.11
金黎艳	女	高级工程师	县建设局	1968.3	2010.12
周 方	男	副主任医师	县人民医院	1971.09	2006.12
周 武	男	中学高级教师	松阳职业中专	1963.11	2007.12
周 博	男	副教授	丽水中等专业学校松阳校区	不详	2003.11
周才用	男	高级工程师	县建设局	1964.07	1999.11
周火金	男	高级讲师	丽水中等专业学校松阳校区	1938	1987.12
周巧慧	女	中学高级教师	松阳一中	1973.01	2009.11
周仙花	女	副主任医师	县人民医院	1973.09	2010.11
周仙萍	女	中学高级教师	松阳三中	1971.10	2009.11
周立仁	男	高级讲师	丽水中等专业学校松阳校区	1926	1987.12
周永年	男	中学高级教师	松阳一中	1922	1988.04
周伟英	女	高级讲师	丽水中等专业学校松阳校区	1970.11	2008.11
周旭红	女	中学高级教师	松阳一中	1970.04	2008.12
周旭英	女	中学高级教师	松阳职业中专	1971.09	2008.12
周志尧	男	中学高级教师	松阳民族中学	1937.12	1995.11
周苏娥	女	高级讲师	丽水中等专业学校松阳校区	1966.03	2005.12
周丽华	女	中学高级教师	松阳民族中学	1971.06	2009.11
周丽琴	女	副主任医师	县计生指导站	1966.08	2002.10
周金女	女	副主任医师	县人民医院	1954.08	1998.12
周金荣	男	高级讲师	县党校	1958.01	2000.11
周炎生	男	高级农艺师	县农业局	1952.08	1994.11
周建平	男	中学高级教师	县教师进修学校	1956.11	2002.12
周建胜	男	中学高级教师	松阳一中	1969.10	2007.12
周建勤	男	中学高级教师	松阳一中	1964.09	2000.11
周春娇	女	高级会计师	县教育局	1970.03	2007.04
周柽尊	男	中学高级教师	松阳二中	1936.09	1994.10
周厚华	男	中学高级教师	松阳城南中学	1966.10	2008.12
周显伟	男	中学高级教师	松阳一中	1954.07	2000.11
周祚云	男	中学高级教师	松阳职业中专	1944.11	2002.11

续表 43-3-5-1-10

姓名	性别	专业技术资格职务名称	工作单位	出生年月	获得职称时间
周章佳	男	中学高级教师	松阳一中	1957.11	2002.11
周淋龙	男	高级农艺师	县农业局	1969.06	2002.10
周黎明	男	中学高级教师	松阳一中	1963.05	2006.12
周曙华	女	副主任医师	县中医院	1970.01	2008.11
郑文君	男	主任编辑	县电视台	1961.06	2010.12
郑火珺	女	副主任药师	县人民医院	1965.11	2007.11
郑为鸽	男	中学高级教师	松阳二中	1958.05	2004.11
郑龙岳	男	中学高级教师	松阳二中	1963.06	2001.12
郑华兰	女	中学高级教师	松阳一中	1967.06	2007.12
郑芳根	男	中学高级教师	县电教馆	1960.07	2003.11
郑金福	男	高级工程师	县林业局	1955.04	2006.12
郑海岚	女	副主任药师	县人民医院	1964.09	2006.12
郑朝鸿	男	中学高级教师	松阳二中	1935	1988.06
郑智军	男	中学高级教师	松阳一中	1971.09	2009.11
单世贞	男	中学高级教师	县教育局	1931	1988.11
孟　英	女	中学高级教师	松阳三中	1963.10	2006.12
孟岩清	男	中学高级教师	松阳二中	1959.07	2000.11
孟爱然	女	副主任医师	县人民医院	1963.04	2008.11
孟菊美	女	高级统计师	县统计局	1964.10	2004.10
项土章	男	副主任医师	县人民医院	1951.11	1996.12
胡妙法	男	中学高级教师	松阳一中	1933	1987.12
胡振辉	男	副主任医师	县中医院	1961.10	2001.12
胡鸿章	男	中学高级教师	松阳二中	1948.07	2003.11
胡锡良	男	中学高级教师	松阳职业中专	1940.08	1994.10
钟叶斌	男	高级讲师	丽水中等专业学校松阳校区	1974.10	2008.11
修志强	男	中学高级教师	县教育局	1966.01	2004.11
施建英	女	副主任护师	县人民医院	1956.10	1998.12
洪　华	女	高级工程师	松阳建设工程监理	1967.01	2009.12
洪伟森	男	中学高级教师	松阳职业中专	1948.01	1996.12
洪丽春	女	中学高级教师	松阳二中	1964.03	2007.12
洪丽瑛	女	中学高级教师	松阳一中	1933	1988.05
洪明秀	男	中学高级教师	松阳一中	1966.04	2008.12
祝明龙	男	中学高级教师	松阳职业中专	1965.06	2007.12
祝葆昶	男	中学高级教师	松阳二中	1964.11	2006.12
骆守春	男	副主任医师	县中医院	1943.02	1993.11
夏　兰	女	高级会计师	县财政局	1967.09	2007.04

续表 43-3-5-1-11

姓名	性别	专业技术资格职务名称	工作单位	出生年月	获得职称时间
柴珠林	男	图书副研究馆员	县图书馆	1960.04	2009.12
徐　平	男	中学高级教师	松阳职业中专	1961.06	2004.11
徐　霞	女	中学高级教师	松阳职业中专	1962.10	2002.11
徐土明	男	中学高级教师	县实验小学	1961.07	2001.12
徐火明	男	中学高级教师	县总工会	1940	1988.06
徐火忠	男	高级农艺师	县农业局	1968.12	2009.12
徐永龙	男	副主任医师	县人民医院	1966.05	2010.11
徐永健	男	高级农艺师	县农业局	1969.01	2005.09
徐加增	男	中学高级教师	县教育局	1938.10	1995.11
徐发庆	男	中学高级教师	松阳一中	1948.02	1994.10
徐发余	男	高级农艺师	县农业局	1968.11	2009.12
徐发林	男	高级工程师	县供电局	1966.05	2002.12
徐伟民	男	高级工程师	县土管局	1974.09	2010.12
徐华香	女	中学高级教师	松阳二中	1966.12	2010.11
徐关根	男	高级会计师	县财政局	1965.07	2004.05
徐周献	男	高级会计师	县财政局	1965.08	2004.05
徐建农	男	高级会计师	县财政局	1962.09	2004.05
徐星亮	男	中学高级教师	松阳民族中学	1969.03	2007.12
徐晓平	男	高级审计师	县审计局	1955.11	1998.12
徐笑芸	女	中学高级教师	松阳一中	1970.06	2010.11
徐继泰	男	中学高级教师	县教师进修学校	1937.04	1994.10
徐惠敏	女	高级工程师	县环保局	1962.08	2010.12
徐然虎	男	中学高级教师	松阳电大	1963.04	2002.11
徐碧林	男	副主任中医师	县中医院	1971.03	2008.11
翁凤英	女	中学高级教师	松阳三中	1959.03	2003.11
翁成威	男	中学高级教师	县教育局	1961.02	2002.11
翁炎生	男	高级工程师	县农业局	1957.01	2000.12
翁家根	男	中学高级教师	松阳一中	1963.10	1999.10
翁菊仙	女	副主任医师	县中医院	1962.12	2005.12
凌加靖	男	中学高级教师	松阳职业中专	1961.03	2000.11
高云香	女	中学高级教师	松阳城南中学	1972.04	2008.12
高樟贵	男	高级工程师	县林业局	1966.10	2007.12
郭　维	男	中学高级教师	松阳三中	1928	1988.03
郭志晨	男	副主任医师	县人民医院	1972.03	2006.12
郭跃屏	男	中学高级教师	松阳三中	1959.12	1998.11
郭维新	男	副主任医师	县人民医院	1936.02	1991.06

续表 43-3-5-1-12

姓名	性别	专业技术资格职务名称	工作单位	出生年月	获得职称时间
涂玉长	男	中学高级教师	松阳二中	1937	1988.06
诸葛志	男	中学高级教师	松阳一中	1937	1988.06
黄　屏	女	中学高级教师	松阳职业中专	1965.03	2001.12
黄　莹	女	高级讲师	丽水中等专业学校松阳校区	1967.11	2005.12
黄小伟	男	副主任医师	县妇幼保健所	1972.11	2009.12
黄文树	男	中学高级教师	松阳二中	1934	1988.05
黄文信	男	中学高级教师	松阳三中	1968.04	2005.08
黄火明	男	高级农艺师	县农业局	1951.10	2001.11
黄龙森	男	高级工程师	康恩贝制药厂	1952.09	1996.12
黄存凤	女	中学高级教师	松阳一中	1968.08	2005.11
黄竹兰	女	中学高级教师	松阳一中	1951.03	1997.11
黄如梅	女	中学高级教师	松阳三中	1951.12	1997.11
黄克斌	男	中学高级教师	松阳三中	1960.11	2004.11
黄京福	男	副主任中医师	古市医院	1942.11	1995.11
黄宗春	男	中学高级教师	松阳一中	1919	1987.12
黄玲慧	女	中学高级教师	松阳一中	1969.07	2009.11
曹　骏	男	中学高级教师	松阳一中	1969.02	2005.11
曹伟勤	男	高级农艺师	县农业局	1956.11	2003.12
章云松	男	副研究员	县实验小学	1959.07	2007.12
章云香	女	高级实验师	丽水中等专业学校松阳校区	1958.09	2005.12
章志桂	女	中学高级教师	松阳二中	1963.08	2006.12
章珠云	女	副主任医师	县疾控中心	1971.10	2009.12
梁洪文	男	中学高级教师	县教师进修学校	1954.07	1999.10
董宏霞	女	中学高级教师	松阳城南中学	1963.03	2006.12
蒋正大	男	中学高级教师	松阳三中	1967.11	2009.11
蒋思根	男	高级审计师	县审计局	1950	1999.08
蒋焕彩	男	中学高级教师	松阳一中	1934	1987.12
蒋超英	女	高级会计师	县建设局房管所	1959.12	2008.04
韩克熙	男	中学高级教师	松阳一中	1929	1987.12
韩顺炳	男	副主任医师	县人民医院	1937.09	1992.12
韩雪莲	女	高级会计师	县国税局	1968.12	2007.04
程月仙	女	副主任中医师	县中医院	1944.07	1994.12
程月兰	女	群文副研究馆员	县文化馆	1954.05	2008.12
程凤娣	女	副主任医师	县妇幼保健所	1934	1993.11
程火豪	男	中学高级教师	松阳一中	1965.08	2004.11
程志远	男	中学高级教师	松阳一中	1963.09	2000.11

续表 43-3-5-1-13

姓名	性别	专业技术资格职务名称	工作单位	出生年月	获得职称时间
程林贵	男	副主任医师	县人民医院	1974.07	2010.11
程国伟	男	中学高级教师	松阳二中	1940	1988.06
程法旺	男	中学高级教师	松阳一中	1973.03	2010.11
程定火	男	副教授	丽水中等专业学校松阳校区	1954.01	2001.11
程建平	男	副教授	丽水中等专业学校松阳校区	1958	2004.11
程荣亮	男	高级工程师	县林业局	1964.09	2006.12
程清美	女	中学高级教师	松阳一中	1963.01	2005.11
程聪华	女	中学高级教师	松阳城南中学	1963.10	2006.12
程樟娣	女	中学高级教师	松阳民族中学	1971.08	2007.12
傅国勇	男	高级工程师	县林业局	1946.10	2005.12
曾木连	男	中学高级教师	松阳职业中学	1968.05	2009.11
曾金根	男	副研究员	县教育局	1962.08	2005.12
曾法松	男	中学高级教师	县教育局	1956.12	1998.11
温砙鲁	男	中学高级教师	松阳三中	1939.11	1995.11
温伟民	男	副研究员	松阳三中	1963.01	2007.12
温新娟	女	中学高级教师	松阳一中	1968.04	2007.12
游隆信	男	中学高级教师	松阳一中	1975.10	2010.11
谢龙生	男	高级讲师	县党校	1963.08	2006.12
谢作林	男	高级会计师	县国税局	1967.07	2004.5
谢承标	男	中学高级教师	县教育局	1940.12	1999.11
谢香兰	女	中学高级教师	松阳一中	1970.03	2008.12
谢炳富	男	中学高级教师	松阳民族中学	1971.02	2010.11
谢根福	男	中学高级教师	松阳一中	1963.02	2002.11
鄢金凤	女	高级兽医师	县农业局	1946.02	1998.09
蓝火林	男	中学高级教师	县教育局	1951.02	1995.11
蓝连平	女	中学高级教师	松阳一中	1972.07	2009.11
蓝建军	男	高级农艺师	县农业局	1970.06	2009.12
蓝柳生	男	高级工程师	县建设局	1963.03	2000.12
蓝雄华	男	社区副主任医师	古市医院	1968.07	2009.12
蓝新人	男	中学高级教师	松阳二中	1931	1988.6
楼维明	男	中学高级教师	松阳职业中专	1939.02	1995.11
楼喜军	男	高级畜牧师	县农业局	1941.09	1996.11
楼翠香	女	中学高级教师	松阳三中	1957.06	2009.11
赖拔萃	男	高级讲师	丽水中等专业学校松阳校区	1929	1987.12
赖松平	男	中学高级教师	松阳民族中学	1970.11	2008.12
赖国华	男	中学高级教师	松阳三中	1958.03	2003.11

续表 43-3-5-1-14

姓名	性别	专业技术资格 职务名称	工作单位	出生 年月	获得职称时间
雷咏梅	女	中学高级教师	松阳职业中专	1966.12	2010.11
虞月球	女	中学高级教师	松阳三中	1963.01	2005.11
虞柳明	男	中学高级教师	松阳职业中专	1963.05	2000.11
詹开文	男	高级经济师	县农业局	1956.11	2010.12
詹龙根	男	副研究员	县教育局	1966.03	2005.12
詹关生	男	中学高级教师	松阳职业中专	1928	1988.2
詹龙新	男	乡村副主任医师	古市医院	1963.12	2006.12
詹金荣	男	高级兽医师	县农业局	1951.04	2001.11
詹宪玲	女	中学高级教师	松阳三中	1964.04	2009.11
詹强运	男	中学高级教师	松阳一中	1973.05	2010.11
詹新兰	女	中学高级教师	松阳二中	1954.03	1995.11
詹燕萍	女	中学高级教师	松阳一中	1963.09	2001.12
阙火明	男	中学高级教师	松阳一中	1968.08	2010.11
阙永根	男	中学高级教师	松阳三中	1968.04	2009.11
阙良庆	男	中学高级教师	松阳一中	1940.10	1988.06
阙柳顺	男	中学高级教师	松阳三中	1973.10	2009.11
蔡　欣	女	社区副主任医师	水南卫生院	1954.09	2008.11
蔡中朝	男	中学高级教师	松阳职业中专	1957.04	1995.11
蔡苏红	女	中学高级教师	松阳职业中专	1970.11	2008.12
蔡李法	男	中学高级教师	松阳一中	1957.10	1999.10
蔡金土	男	副研究员	松阳二中	1963.04	2006.12
蔡炳美	女	中学高级教师	松阳二中	1952.01	1996.12
蔡凌云	女	副主任医师	县人民医院	1976.08	2010.11
蔡家良	男	中学高级教师	松阳一中	1971.03	2010.11
蔡敏华	女	副教授	丽水中等专业学校松阳校区	1957.03	2002.12
廖为俊	男	中学高级教师	松阳一中	1939	1988.06
廖向东	男	高级工程师	县交通勘察设计所	1970.07	2008.12
廖军土	男	中学高级教师	松阳民族中学	1971.01	2008.12
樊德法	男	中学高级教师	松阳职业中专	1944.06	1996.12
潘　雄	男	中学高级教师	松阳一中	1968.01	2002.11
潘人发	男	中学高级教师	松阳二中	1968.03	2002.11
潘子根	男	中学高级教师	松阳一中	1939	1988.06
潘云飞	男	中学高级教师	松阳一中	1943.05	1997.11
潘长旺	男	高级经济师	松阳县通用机械厂	1950.10	1993.04
潘文山	男	中学高级教师	松阳一中	1935	1988.06
潘为焕	男	中学高级教师	松阳一中	1949.12	1997.11

续表 43-3-5-1-15

姓名	性别	专业技术资格职务名称	工作单位	出生年月	获得职称时间
潘龙美	女	中学高级教师	松阳三中	1967.10	2007.12
潘成望	男	中学高级教师	西屏镇中心学校	1941.05	1997.11
潘伟龄	男	中学高级教师	松阳一中	1965.08	2005.11
潘秀春	女	中学高级教师	松阳一中	1976.03	2010.11
潘英辉	男	副主任医师	县人民医院	1975.10	2010.11
潘贤达	男	文博副研究馆员	县博物馆	1950.03	2006.11
潘国洪	男	高级工程师	县土管局	1974.04	2010.12
潘周发	男	中学高级教师	松阳三中	1950.08	1999.10
潘建业	男	高级工程师	县交通局	1970.08	2010.12
潘树丰	男	文博副研究馆员	县博物馆	1949.12	2008.11
潘姿女	女	副主任医师	县人民医院	1963.04	2009.12
潘隆昌	男	副教授	丽水中等专业学校松阳校区	1957.08	2002.12
潘朝晖	男	高级会计师	县财政局	1971.10	2007.04
潘惠华	男	高级会计师	县国税局	1960.08	2004.05
潘裕元	男	高级讲师	县党校	1944.05	2001.11
潘肇序	男	中学高级教师	松阳一中	1930	1987.1
潘肇亮	男	中学高级教师	松阳三中	1967.12	2009.11
潘肇斌	男	高级讲师	丽水中等专业学校松阳校区	1968.05	2006.12
潘樟福	男	副主任医师	县人民医院	1957.01	2005.12
戴世生	男	中学高级教师	松阳一中	1964.02	2001.12
魏静芬	女	副主任技师	县妇幼保健所	1971.03	2010.11

至2010年松阳籍域外副高级专业技术人员名录表

表 43-3-5-2

姓名	性别	专业技术资格职务名称	工作单位	出生年月	籍贯
丁关娇	女	副教授	南京林业大学	1937	古市镇
丁家宜	男	高级工程师	浙江煤炭设计院	不详	古市镇
王　京	男	副教授	新疆石河子大学水利建筑工程学院	1966.01	下坌村
王　翔	男	高级经济师	宁波广厦住房股份有限公司	不详	松阳县
王云亮	男	高级讲师	丽水商校	1931	望松乡
王发旺	男	副主任医师	山东省栖霞县第一人民医院	不详	古市镇
王杰伟	男	副主任医师	丽水市卫生局	1940	古市镇
王秉姿	女	高级工程师	河北省石油化工规划设计院	不详	古市镇
王定福	男	高级工程师	遂昌林化厂	1939	西屏镇

续表 43-3-5-2-1

姓名	性别	专业技术资格职务名称	工作单位	出生年月	籍贯
王彩萍	女	副教授	中共丽水市委党校	1964.08	石门村
王紫球	女	高级工程师	中南水利水电勘察设计院	1935.12	下坌村
毛　鸿	男	副教授	杭州师范大学	1976.12	西河村
毛飞明	男	中学高级教师	建德市严州中学	1927	松阳县
毛月廷	男	中学高级教师	遂昌县育才中学	1952	斗潭村
毛根生	男	副教授	浙江大学	1942	西屏镇
毛高善	男	高级讲师	安徽马鞍山师范高等专科学校	不详	古市镇
毛樟梓	男	高级讲师	马鞍山市师范学校	1948	古市镇
尹世松	男	副教授	上海机械学院	1940	古市镇
尹金钗	女	中学高级教师	贵州平坝广播电视大学	1928	古市镇
尹荣达	男	副主任医师	金华市中心医院	不详	古市镇
卢小根	男	高级工程师	舟山市林科所	1930	靖居口村
卢建军	男	副教授	浙江农业大学	1971	斗潭村
叶　楚	男	高级工程师	中国航舶总公司第七研究所	1936	松阳县
叶土福	男	高级工程师	新疆林业勘察设计院	1936	西屏镇
叶日新	男	高级工程师	中国环球工程公司	1957.04	玉岩村
叶凤皋	男	副教授	上海工业大学	1940	古市镇
叶邦勋	男	中学高级教师	上海市第一中学	1931	西屏镇
叶成义	男	中学高级教师	遂昌县教育局	1945	西屏镇
叶向阳	男	副教授	北京外国语大学海外汉学研究中心	1967	吴弄村
叶关敏	男	高级工程师	青海第二机床厂	不详	古市镇
叶志孟	男	高级工程师	中国华东船舶工业公司	1933	吴弄村
叶连章	男	高级工程师	全国商品养护技术情报中心站	1934	西屏镇
叶秀球	女	高级讲师	丽水农校	1953	西屏镇
叶林生	男	高级工程师	萧山经济开发区东岱珠宝有限公司	1974	斗潭村
叶国友	男	高级经济师	丽水市建设银行投资研究室	1935	古市镇
叶凯庆	男	高级工程师	衢化集团公司规划设计院	1938	西屏镇
叶宗来	男	高级讲师	临海市教师进修学校	1929	松阳县
叶绍骅	男	高教统计师	上海市统计局	1928	古市镇
叶俊富	男	高级工程师	江西九江城市规划设计院	不详	古市镇
叶晓平	男	副教授	丽水学院工学院	1965.09	西屏镇
叶晓莉	女	副教授	丽水学院	1968	西屏镇
叶菊女	女	高级工程师	贵州贵阳发电厂	1938	西屏镇
叶银琴	女	副主任医师	新疆焉耆县人民医院	1935	吴弄村
叶葆鹤	男	高级工程师	丽水市交通局	1930	西屏镇

续表 43-3-5-2-2

姓名	性别	专业技术资格职务名称	工作单位	出生年月	籍贯
叶蕴蓉	女	高级工程师	美国北卡罗兰那州研究机构	1973	西屏镇
叶黎军	男	副主任医师	遂昌县人民医院内科	1971.12	力溪村
叶履平	男	高级农艺师	丽水市植物检疫站	1934	古市镇
包丽雯	女	高级工程师	衢州市环卫处	1969	后周包村
包高兴	男	副主任医师	杭州市第一人民医院	1945	下包村
包益民	男	高级工程师	金华市交通设计院	1964	上连头村
冯群虎	男	副教授	嘉兴市教育发展投资有限公司	1974	靖居包村
蓝荣钗	男	中学高级教师	丽水处州中学	1969	下寮儿村
蓝德生	男	中学高级教师	温州市苍南桥墩高级中学	1973	石牌门村
朱昌福	男	中学高级教师	绍兴市一中	1931	西屏镇
朱景清	男	副教授	丽水市党校	1937	西屏镇
华昌庭	男	高级工程师	丽水市勘察设计室	不详	松阳县
伊宝根	男	高级工程师	上海市环境保护科学研究院	1939	西屏镇
刘凤美	女	高级工程师	江西九江市赣西北地质队	不详	松阳县
刘为邦	男	中学高级教师	遂昌中学	1957	界首村
刘为宣	男	高级工程师	陕西铜川市工业局	1935	界首村
刘为通	男	高级工程师	杭州木材厂	1935	界首村
刘为熙	男	副主任医师	遂昌县中医院	1941	界首村
刘永安	男	高级工程师	遂昌金矿	不详	西屏镇
刘永芳	女	高级工程师	四川省林木种子公司	1933	西屏镇
刘伟红	女	副主任医师	丽水市中心医院	1971.08	溪下村
刘克能	男	高级讲师	龙泉师范学校	1936	松阳县
刘克勤	男	副教授	丽水职业技术学院	1969.03	上安村
刘丽玲	女	副主任医师	南昌柴油机有限责任公司职工医院	1963.08	西屏镇
刘迪生	男	中学高级教师	丽水市教育局	1937	松阳县
刘宗鹤	男	副研究员	遂昌县志办	1936.09	西屏镇
刘显昌	男	副教授	大连大学	1929	西屏镇
刘显泽	男	高级经济师	江西省地质局	1937.08	西屏镇
刘晓华	女	中学高级教师	丽水中学	1938	松阳县
刘菊鲜	女	高级工程师	江西省地矿局环境地质研究所	不详	西屏镇
刘跃钧	男	高级工程师	丽水市林科院	1966.07	界首村
刘绳孝	男	高级讲师	江西省林业学校	1938	西屏镇
刘善清	男	高级工程师	重庆市沙区	1928	界首村
刘福女	女	副主任医师	金华市中心医院	不详	乌形山村
刘群旺	男	高级政工师	华东电力管理局	不详	裕溪乡小槎
汤光银	男	中学高级教师	武义县第二中学	1937	呈回村

续表 43-3-5-2-3

姓名	性别	专业技术资格职务名称	工作单位	出生年月	籍贯
沈群美	女	主任编辑	浙江日报社	1946	西屏镇
孙宝连	南	高级工程师	四川宜宾 799 厂 107 分厂	1940	古市镇
纪春福	男	高级工程师	金华市森林防治检疫站	1934	十五里村
苏振元	男	副教授	杭州大学外语系	1941	水南村
李　民	男	高级讲师	丽水广播电视大学	1942.02	肖周村
李月婵	女	副主任医师	绍兴人民医院	1937	新兴乡
李龙才	男	高级工程师	江苏冶金设计院	1941	樟溪乡
李成淮	男	中学高级教师	杭州艮山中学	1939	古市镇
李延生	男	副教授	河海大学	1937	古市镇
李华美	女	副主任医师	浙江儿童医院	1975.02	玉岩村
李旭东	男	副教授	浙江财政大学	1978	靖居包村
李关显	男	高级经济师	安徽省医药管理局	1938	古市镇
李君士	男	副教授	江西九江师范学校	不详	西屏镇
李陈云	男	高级经济师	中国农业银行青海省分行	1937	古市镇
李周凤	女	中学高级教师	绍兴钱清中学	1976.09	力溪村
李荣松	男	高级工程师	杭州农药厂	1935	望松乡
李跃亮	男	副教授	丽水职业技术学校	1966.01	上方村
李紫莲	男	高级工程师	国网丽水供电公司	1971	黄下村
李增宝	男	高级工程师	杭州齿轮箱厂	1937	三都乡
杨三贤	男	高级工程师	遂昌县广播电视局	1939	三都乡
杨天畅	男	高级农艺师	浙江农科所	1933.07	玉岩村
杨松尧	男	高级工程师	江西省乐平市矿务局	1933	樟溪乡
杨金来	男	副教授	浙江省广播电视大学高职学院	1964	丁山头村
杨烈任	男	中学高级教师	杭州第十中学	1926	丁山头村
连官成	男	中学高级讲师	萧山区长河中学	1928	松阳县
肖长明	男	高级工程师	南京师范大学	1934	樟溪乡
吴　强	男	副总编辑	《红旗文稿》杂志社	1972	西屏镇
吴力彤	女	高级工程师	轻工业部西安设计院	1944	西屏镇
吴小红	女	副教授	丽水学院	1969.06	南岱村
吴剑梅	女	副教授	丽水职业技术学校	1969.01	西屏镇
吴樟友	男	高级政工师	南昌市电子科学技术研究所	1930	西屏镇
何光海	男	主任编辑	北京新华社	1968.12	项桥下村
何伟莉	女	副主任医师	丽水市中心医院	1971	西屏镇
何松明	男	副教授	宁波大学	1965	塔寺下村
何国法	男	高级讲师	丽水工业学校	1936	西屏镇
何昌乎	男	高级农艺师	甘肃省土地学会	1930	西屏镇

续表 43-3-5-2-4

姓名	性别	专业技术资格职务名称	工作单位	出生年月	籍贯
何昌浩	男	高级工程师	上海建设委员会	不详	松阳县
何昌培	男	高级经济师	马鞍山有色第四冶金建设公司	1927	西屏镇
何春源	男	高级经济师	工商银行乌鲁木齐支行	1931	西屏镇
汪连云	男	高级工程师	浙江省测绘大队	1914	古市镇
汪美琴	女	中学高级教师	温州师范学校	1933	古市镇
宋可兼	男	国家一级演员	贵州话剧团	1934	杨家堂村
宋寿朝	男	中学高级教师	杭州市教育局教研室	1926	杨家堂村
宋鸣人	男	副主任医师	江西婺源县人民医院	1945	杨家堂村
宋鸣筑	女	高级畜牧师	新疆维吾尔自治区草原总站	1942	西屏镇
宋群芳	女	中学高级教师	福建南平剑津中学	1966	杨家堂村
张　骑	男	副教授	丽水学院	1967.09	西屏镇
张秉祥	男	高级农艺师	开化县农科所	1933.05	玉岩村
张宣铭	男	高级会计师	中央党校行政管理局	1933	古市镇
张珮贞	女	中学高级教师	上海靖南中学	1926	古市镇
张培土	男	高级工程师	浙江省通信电缆厂	1937	樟溪乡
陈元生	男	高级工程师	国防科工委引工地科技委员会	不详	东圩蓬村
陈尖武	男	高级经济师 注册评估师	M&AInternational lnc.	1971	大东坝镇
陈伟星	男	副教授	丽水学院	1964.08	草塔村
陈孟仁	男	高级工程师	江苏镇江市高等专科学校	1945	西屏镇
陈素君	女	高级工程师	水电部杭州机械研究所	1935	西屏镇
陈聪美	女	高级工程师	浙江省科协技术协会	不详	西屏镇
林关娇	女	副教授	南京林业大学	1937	古市镇
林宝福	男	副主任医师	遂昌县中医院	1940	西屏镇
金仁樟	男	高级经济师	丽水市农业银行	1968	王村
金津松	男	高级统计师	浙江省兴合集团公司	1952	竹客口村
周永兴	男	高级工程师	水利部十二局	不详	项弄村
周永秋	女	副教授	浙江大学化学系	1939	赤寿乡
周昌德	男	高级工程师	上海迅达电梯有限公司	不详	西屏镇
周显文	男	副主任医师	遂昌县人民医院	1923	西屏镇
周显岳	男	高级经济师	新疆进出口商品检验局	1928	西屏镇
周菊芸	女	中学高级讲师	上海市北中学	1937	西屏镇
郑秀雅	女	高级工程师	吉林省气象局	1934	松阳县
孟景时	男	高级计量工程师	丽水市标准计量局	1940	古市镇
项　俊	男	高级讲师	浙江艺术职业学校	1971.01	西屏镇
项远法	男	高级工程师	西安煤炭研究所研究员	1938	力溪村

续表 43-3-5-2-5

姓名	性别	专业技术资格职务名称	工作单位	出生年月	籍贯
项序庠	男	副研究员	丽水市农业科学研究所	1941	古市镇
项定基	男	中学高级教师	贵州省贵阳市第十八中学	1941.08	岗下村
胡水根	男	高级工程师	安徽省轻工业厅	不详	西屏镇
钟　源	女	副教授	浙江旅游职业学院	1966	瓦窑头村
钟定琪	男	高级农艺师	宁夏化工研究所	1933	樟溪乡
施　莲	女	副研究员	浙江省地质局矿产处	1935	古市镇
姜进明	男	副教授	南京师范学院数学系	1935	裕溪乡
祝迎春	女	高级工程师	丽水职业技术学院信息与设备处	1972.03	西河村
骆松梅	女	副主任药师	丽水市中心医院	1975.06	西屏镇
夏伯琴	男	高级工程师	余杭水利局	1928	靖居
徐　芳	男	高级工程师	浙江省医药药材公司	1941	西屏镇
徐玉秀	女	副主任医师	南京大学医院	1935	南州村
徐永敏	男	副书记	中共温州市纪委	1959	力溪村
徐发俊	男	高级工程师	高级物资部机电设备公司	1937	西屏镇 ·
徐光宗	男	中学高级教师	杭州市第三中学	1927	西屏镇
徐寿皋	男	高级工程师	长江航道重庆管理局	不详	西屏镇
徐秀侃	男	高级工程师	遵义铁合金厂	1937	西屏镇
徐松发	男	中学高级教师	临安中学	1928	松阳县
徐金裕	男	副教授	交通大学社会科学及工程系	1930	西屏镇
徐定祖	男	高级讲师	杭州外国语学校	1940	西屏镇
徐建新	男	中学高级教师	遂昌中学	1958	斗潭村
徐起发	男	副教授	上海铁道学院	1938	乌形山村
徐惠琴	女	中学高级教师	丽水中学	1934	松阳县
徐善发	男	高级工程师	台湾屏东试验所	1922	西屏镇
徐翔龙	男	高级工程师	国家电网丽水供电公司	1964.05	西屏镇
徐满新	男	高级工程师	物资部机电设备公司	1936	大竹溪村
徐肇杰	男	高级工程师	遂昌县供电局	1941	水南乡
殷光恒	男	中学高级教师	杭州清河中学	1974	斗潭村
郭　捷	男	副研究员	中国科学院贵阳地球化学研究所	不详	西屏镇
郭玉英	女	中学高级教师	宁夏石嘴山钢铁中学校长	1936	西屏镇
郭光辉	男	高级会计师	冶金部第二十冶金建设公司	1927	西屏镇
郭光强	男	高级工程师	陕西汉中地区水利局	不详	西屏镇
郭香美	女	副教授	青海大学农学系	1938	古市镇
郭润志	男	副主任医师	苏州第五人民医院	1935	西屏镇
郭润忠	男	高级工程师	浙江省医药管理局研究所	1938	西屏镇

续表 43-3-5-2-6

姓名	性别	专业技术资格职务名称	工作单位	出生年月	籍贯
黄 盈	男	副研究员	厦门闽台农业高新技术园区	1933	古市镇黄圩
黄李苏	男	中学高级教师	丽水中学	1938	松阳县
黄佐彦	男	高级工程师	煤炭工业部杭州设计院	1935	西屏镇
黄宗濒	男	高级工程师	辽宁抚顺石化公司石化三厂研究所	不详	西屏镇
黄桂香	女	副教授	江西九江师范专科学校	1935	西屏镇
萧长明	男	高级工程师	南京师范大学物理系	1934	樟溪乡
麻威武	男	高级实验师	丽水学院	1968.09	桐榔村
程长金	男	高级工程师	浙江省工程勘察设计院	1964	西屏镇
程文亮	男	研究员	丽水市农业科学研究院	1968	西屏镇
程科花	女	中学高级教师	青田县腊口铁资中学	1978	西屏镇
程顺利	男	高级工程师	浙江省工程勘察院	1964	西屏七村
程素娟	女	高级工程师	北京化工研究院	1940	古市镇
傅兆珠	女	副研究员	国家地震局地震研究所	1937	西屏镇
游章铭	男	高级工程师	航天部贵州管理局	1936	叶村乡
谢旭强	男	高级工程师	浙江省交通厅工程质量监督局	1973.09	铺门村
蓝若天	男	副教授	台湾交通大学	不详	裕溪乡
雷月明	男	中学高级教师	遂昌中学	1937	石马源村
詹士基	男	中学高级教师	山东省泰安市教育局教研室	1925	松阳县
詹芝媛	女	高级工程师	宁夏石嘴山市武口洗煤厂	1936	古市镇
詹芳惠	男	中学高级教师	遂昌县职业技术学校	1941	石门圩
阙邦定	男	高级工程师	安徽省 327 地质队	1933	后宅村
阙邦荣	男	高级工程师	哈尔滨铁路局电子计算技术中心	1940	后宅村
阙邦闻	男	中学高级教师	曾任《浙江日报》编辑	1925	后宅村
阙邦媛	女	高级实验师	广州商业学校	1945	后宅村
阙邦骝	男	副教授	广东韶关大学化学系	1949	后宅村
阙邦豪	男	高级工程师	山西土木工程学院	不详	后宅村
阙求梓	男	高级政工师	浙江省第一建筑工程公司	1933	力溪村
阙建伟	男	副主任医师	遂昌县中医院	1967	蔡宅村
阙建华	男	副教授	中国地质大学	1969	蔡宅村
阙桂生	男	高级农艺师	辽宁省本溪市马铃薯研究所	1930	西屏镇
阙菊仙	女	副主任医师	湖北省武汉市商业职工医院	不详	大东坝镇
阙跃君	女	副主任医师	杭州红十字医院妇产科	1965	力溪村
阙维杭	男	高级记者	《浙江教育报》编辑部	1949	后宅村
蔡学礼	男	副主任医师	丽水市中心医院	1975	西屏镇
蔡美莲	女	中学高级教师	丽水市教育局	1956	蔡宅村

续表 43-3-5-2-7

姓名	性别	专业技术资格 职务名称	工作单位	出生 年月	籍贯
廖亭长	男	高级工程师	江西省地矿局 920 探矿工程队	1938	古市镇
廖彩霞	女	副主任药师	丽水市中心医院	1966.06	大徐村
廖维智	男	高级工程师	新疆哈密桥梁厂	1924	西屏镇
潘　姬	女	副教授	天津大学	不详	古市镇
潘一民	男	高级工程师	浙江省煤炭设计院	不详	西屏镇
潘大赉	男	高级会计师	中国水电总公司十三局	不详	西屏镇
潘心禾	男	高级工程师	丽水市林业科学研究院	1973	黄公渡村
潘冬娥	女	副研究员	安徽省农科院蚕桑研究所	1933	西屏镇
潘成日	男	副主任医师	江西医药管理局	不详	西屏镇
潘庆湘	男	高级工程师	山东气象局	1924	西屏镇
潘安平	男	副教授	温州大学建筑工程学院	1971	横岗村
潘宗鹿	男	中学高级教师	衢州市第三中学	1925	西屏镇
潘树翠	女	中学高级教师	四川省万县市一中	1941	西屏镇
潘思光	男	高级实验师	太原工业大学教务处	不详	西屏镇
潘思运	男	高级工程师	林业部哈尔滨林业设计院	1924	西屏镇
潘振淳	男	中学高级教师	丽水中学	不详	西屏镇
潘哲华	男	中学高级教师	嘉兴市新睦中学	1930	松阳县
潘高荣	男	高级工程师	上海政法学院	1969.05	大横坑村
潘菊弟	女	副主任医师	江西地质矿产局医院	1936	西屏镇
潘渺然	男	高级农艺师	浙江省劳改局	1934	西屏镇
潘福姬	女	副主任医师	杭州铁路医院	1921	松阳县
潘肇夏	男	高级工程师	江西省庐山水泥厂	1942.04	西屏镇

第六节　公祠祀奉名录

公祠	祠址	祀奉人物			
名宦祠	在文庙戟门东	陈俊卿 孙德润 魏良弼 林汉恭 陆　鳌 塞理白 杨宗仁	赤盏显忠 石　骥 张　贺 邓　义 张景留 李之芳	买　住 刘　琬 万　鹏 欧阳烈 范承谟 郭世隆	方明安 唐　恩 张继桂 袁　埴 朱昌祚 王　鹭
乡贤祠	在文庙戟门西	沈　晦 程　樟 练　鲁 卢　玑 毛文邦	项安世 王唐珪 王　景 詹　雨 王　诏	王光祖 萧必强 叶希贤 毛　仲	程　榆 王文焕 项民彝 包　麟

公祠	祠址	祀奉人物
景贤祠	在文庙戟门西乡贤祠南	许有寰 杨应华 葛永振 叶以章 魏良弼 刘日镒
忠义祠	在药王庙东	王仁孙 程 垲 周 明 叶希贤 项民彝 徐仕坚 卢 玑 詹嘉言 程必进 程 矩（名录未尽完全）
节孝祠	在药王庙北	毛汝智（名录未尽完全）
贞文祠	在官塘路西鹦鹉冢北	张玉娘 （汪程氏 叶周氏 阙叶氏 叶徐氏 潘何氏等女士配祀）
昭忠祠	在钟楼街叶公祠右	（详见附录昭忠祠祀奉人物）
忠烈祠	原东琳宫，汤兰公所西	潘 灏 刘 靖 （其余忠烈祠祀奉人物详见本章第三节抗战时期阵亡将士名录）
孔公祠	佚	孔松阳
叶公祠	在钟楼街，又名雪庵公祠	叶希贤
詹公祠	在县南旧学基侧，又入祀梓潼县名宦祠	詹嘉言
魏公祠	在望松岭，又名遗爱祠	魏良弼
林公祠	在青云塔旁	林大佳
王公祠	在竹客岭	王在镐
张公祠	在殉难地界首村	张士超
戴火仙祠	在留名山	戴火仙
有道观	在西山	叶国重
天师祠	一在卯山，一在洞阳山	叶法善
石柱殿	在白龙圳引水口处	周德闾
丰庆庵	在外孟村	孟继宗

附：民国《松阳县志》昭忠祠祀奉人物

丁土根母陈氏　丁大超妻陈氏　丁万均　丁万君　丁云仙　丁有起
丁光纬妻刘氏　丁汝龙（武生）　丁汝华　丁陈氏　丁茂庚妻王氏　丁岩烈
丁岩培（生员）　丁岩森　丁家庞妻潘氏　丁新发妻金氏　丁懋贤　马长松
马仙贵妻阙氏　马良才母包氏　马荣宗　王 标　王丁元　王土荣
王士明　王士禄　王大泉　王万儿妻朱氏　王小奶　王山东
王川基　王飞森　王开永妻潘氏　王开冰　王天发　王天权
王天林　王元永　王元瑞长女　王五农　王日大　王日贯妻苏氏
王日科　王日福　王水坤　王水根母徐氏　王水森　王水增

王毛氏	王长林	王长荣妻钟氏	王长森	王文楚	王火根
王允乾	王玉乾	王玉满	王石良	王石培	王石清
王东根祖母蓝氏	王叶氏	王仙亨	王包老	王永儿	王永林
王永起（军功）	王永乾	王奴才	王加龄	王邦杰妻叶氏	王邦杰女
王老大	王老五	王权奇	王先福	王华光	王兆锦
王庆宗	王关寿母叶氏	王兴才	王兴发	王兴炎	王安升
王如川	王志良	王芳儿	王严芳	王连海	王吴氏
王作圣	王作栋（廪生）	王作铭（武举）	王怀孝（廪生）	王怀旺	王怀新
王陈氏	王茂芝	王松基	王贤祖妻纪氏	王国义	王明亮
王金水	王金有	王金相	王周土	王炎松	王宗保
王胡氏	王树增	王贵财	王秋义	王炳汇	王起富
王根富母徐氏	王恩溥	王留玉	王唐勋	王海元	王海魁
王家培母叶氏	王继海	王继韬	王得光	王隆发	王隆廷
王隆标	王隆标	王隆斐	王提云	王提照	王森运
王遇明妻杨氏	王遇明女	王禄妻阙氏	王登运	王登基	王瑞玉
王槐清	王锡鸿	王詹氏	王新化	王新裕	王福亨
王煌坤祖母毛氏	王殿才	王殿宝	王噌鉴	王德基	王德清
王礓光	王礓根	尤友成	尤金槐	毛小奶	毛小明妻曾氏
毛子贤	毛开仁	毛云连	毛仁奶	毛仁奶	毛成灿
毛成禄	毛羽川	毛羽彩	毛松林	毛金荣	毛荣铨妻蔡氏
毛树明	毛炳建	毛通诚	毛遇起	毛遇起	毛嘉仁
毛增高	毛增高	毛潘氏	毛懋兰	毛懋南	毛懋森
方开清	方石高	方汤成	方显伦	方显伦妻徐氏	方徐氏
方海达	孔万清	邓小奶	邓仁飞	邓老八	邓显泰
邓炳想	邓家鳌	邓家鳌母潘氏	邓家鳌妻张氏	卢刘氏	卢来旺
卢春光母黄氏	卢海仁	卢海林	卢海遇	卢焕豪	叶　贝
叶　氏	叶　氏	叶　氏	叶　氏	叶　氏	叶　维（军功）
叶　敬（见传）	叶敬母张氏	叶敬妻胡氏	叶丁氏	叶人用	叶又新妻孟氏
叶文星妻刘氏	叶土清	叶士宗	叶士宗	叶士贵	叶士贵
叶大海妻蓝氏	叶万全母方氏	叶万德	叶小大	叶小奴	叶小臣
叶小妹	叶子远	叶王氏	叶开成	叶开成	叶开全
叶开朝	叶元方	叶五魁	叶日培	叶水根	叶长兴
叶长旺妻潘氏	叶长宝妻项氏	叶长春妻何氏	叶长星	叶长泰妻朱氏	叶长根
叶仁旺	叶月坤	叶文时	叶文炳	叶文焕	叶文藻
叶火云	叶火泉	叶火亮	叶为发	叶以寿	叶本芝
叶石大	叶石旺	叶石海	叶石堂	叶石清	叶石增

叶仙球（监生）	叶永发	叶永财	叶永贵	叶永高妻周氏	叶永海
叶永清	叶奶儿	叶奴才	叶奴才	叶发彬	叶发彬
叶老奶	叶老奶	叶老斧	叶成声	叶因培	叶因培
叶光烈	叶朱儿	叶廷海妻梅氏	叶廷梁（贡生）	叶延敏母高氏	叶刘槐
叶州云	叶兴万	叶如金	叶如珠妻陈氏	叶志良	叶克林
叶李氏	叶李贵妻洪氏	叶李通	叶吴氏	叶吴旺	叶秀林
叶秀章	叶何氏	叶何氏	叶何氏	叶何氏	叶启乾妻何氏
叶张奇	叶陈兴	叶陈荣	叶陈根母李氏	叶坤成	叶茂云
叶茂兰	叶茂兰	叶茂畅妻张氏	叶松方	叶松杞	叶昆玉
叶明良	叶金友	叶金兰	叶金发	叶金发	叶金松
叶金荣	叶金养	叶金根	叶金根	叶金钱	叶金铭
叶金瑞	叶金聚	叶周氏	叶周坤	叶周坤	叶周鉴
叶郑氏媳张氏	叶郑华	叶炎炳妻潘氏	叶学诚	叶学诚妻包氏	叶宝贝
叶春申	叶春华	叶荣莲	叶荣滋妻项氏	叶荣聚（监生）	叶南坑
叶相林	叶顺泰（监生）	叶炳林	叶炳贵	叶炳贵妻郑氏	叶炳高
叶洪氏	叶振兰	叶振芗	叶振镛	叶起甲女	叶起发
叶起福妻杨氏	叶根发	叶根金	叶根基	叶徐氏	叶徐旺
叶逢春之女	叶高大	叶高发	叶高松	叶高松	叶高宗
叶高雯妻游氏	叶唐明	叶海宝	叶海养	叶家培妻高氏	叶通理
叶常理	叶维显	叶维藩（见传）	叶提封妻丁氏	叶遇芝	叶瑞儿
叶瑞蓁	叶蓝文	叶蓬头	叶槐基	叶槐期	叶嘉兴
叶嘉楠妻高氏	叶嘉馥妻项氏	叶嘉馨妻余氏	叶慖哩	叶肇贵	叶德科
叶潘氏	叶礌元	叶礌龙	叶礌会	叶礌满	叶礌乾妻鲍氏
包士彦	包子华	包元青妻陈氏	包元清	包长兴母姜氏	包石元
包叶氏	包发林	包老四	包成倍	包廷基	包别锥
包启鸿	包茂芝	包松松	包金才母林氏	包金钗	包祖田
包振恩（监生）	包根发	包益全	包礌保	冯金荣	冯金荣
吕玉田	吕阿三	吕春冬	吕根发	朱士宏	朱士宏
朱士梁	朱小毛	朱马连	朱长书	朱长书	朱文利
朱文和	朱兴有	朱和上妻周氏	朱贵法	朱新增	全阿森
华北海	华有元	华寿年	华甫恩	华浑达	华彩蕃
刘士伟（生员）	刘士敏（生员）	刘士毅（贡生）	刘万恩（监生）	刘小儿	刘之洙
刘马仁	刘王荣	刘元基妻郑氏	刘水发	刘长财	刘文田
刘文华	刘文华	刘文喜	刘玉容	刘东宾妻叶氏	刘四妹
刘兰法	刘永金妻林氏	刘永洪	刘永洪	刘永洪	刘奴才
刘发水	刘圣元	刘吉文	刘吉年	刘吉星	刘吉席

刘光华	刘先进	刘先恩	刘廷泰	刘延顺	刘汗温
刘汝玉妻梅氏	刘兴贤	刘兴旺	刘兴养	刘观登	刘声佑
刘连基	刘利锋（生员）	刘应杰	刘陈林	刘林芝	刘昌文
刘昌和	刘昌城妻汤氏	刘昌南	刘秉功	刘金才	刘全良
刘金通	刘金梁	刘承武妻郑氏	刘细嫱	刘春芝	刘荣宗
刘显魁	刘信通	刘炳坤	刘炳洪	刘炳洪	刘桂芝
刘桂枝	刘根土	刘根和	刘恩第（见传）	刘徐氏	刘海儿
刘理祥	刘隆治	刘瑞芝	刘雷雨	刘福斌	刘增汪
刘德成	刘德纯	刘薪有	刘翰翰	刘礓上妻骆氏	刘礓坤
江开洪	江明全	江明朝	江显华	江炳炳	江洪长
江洪进	江家根	汤　荣	汤大来	汤金开	汤荣系
许马俊	许毛氏	许正士	许石开	许石开	许石根
许叶薪	许志槐妻魏氏	许来养	许邱林妻魏氏	许国胡	许国浩
许蓝成	许潘泉	阮光金	阮财兴	阮容儿	纪一升
纪心补	纪得万	纪得万妻刘氏	纪曾财	严玉子	严阮宗妻吴氏
严远宗妻钟氏	严连富	严朝中	严朝启	严朝清	严朝斌
严新明妻陈氏	苏得寿	李　氏	李土林母纪氏	李土根	李大经
李小奶	李小匡	李义阳妻项氏	李开顺	李日星	李日星
李日照	李日照	李月中	李正光	李正高	李石述
李叶氏	李议泰	李永和	李永美	李奴才	李老二
李老四	李老五	李老五	李廷荃祖母纪氏	李兴茂	李如玉
李观富	李秀贤	李何泰	李作干（见传）	李良兴	李林寿
李松芳	李尚贤	李昌清	李金全	李金松	李金宝
李金亮妻徐氏	李金魁	李炎荃妻纪氏	李细有	李细嫱	李春西
李春荣（武生）	李钟掩母陈氏	李俊培	李珠林	李徐氏	李祥明（见传）
李梅氏	李得材	李章有	李越贤	李温州	李詹氏
李嫱儿	李嫱儿	李礓洙	杨土发	杨大发	杨大庵
杨开阳妻周氏	杨火基	杨付广妻林氏	杨汉朗	杨发旺	杨发基
杨华树（生员）	杨兴旺	杨志大	杨连科	杨国坤	杨国乾
杨金财	杨荣蔚（生员）	杨振登长女	杨朝光妻林氏	杨畲客	杨新昌
杨增荣	杨樟宝	杨樟宝	吴　升	吴小奴才妻刘氏	吴万福
吴王氏	吴王氏	吴开柳	吴开新	吴天才母徐氏	吴天生
吴天赐妻叶氏	吴太然	吴长芝	吴长寿	吴长荣	吴长基
吴凤楷妻叶氏	吴方才	吴方俊妻陈氏	吴允光	吴允连	吴双碧
吴玉书	吴正唐母徐氏	吴石富	吴石富	吴叶氏	吴叶氏
吴叶氏	吴永万	吴奶奶	吴发林	吴邦万	吴老六

吴老奶妻萧氏	吴老奶妻萧氏	吴有发	吴有勋（生员）	吴先福妻林氏	吴廷璋妻蔡氏
吴华儿	吴兆梓	吴汝芬（廪生）	吴汝逊（监生）	吴安澜（监生）	吴观旂
吴志贤	吴志贤	吴严儿	吴克富	吴李根	吴连俊母王氏
吴君铨	吴君隆母周氏	吴招德	吴其林	吴尚功	吴国佑
吴明发母叶氏	吴明达	吴金贤母王氏	吴郑氏	吴官鹤	吴承泽
吴承泽	吴荣丁	吴荣连	吴荣侯	吴荣俊	吴荣恩
吴荣恩	吴荣鼎	吴南昌	吴南南妻梅氏	吴南基	吴起万妻叶氏
吴起松	吴根基	吴徐氏	吴家贞	吴家茂	吴家妻连氏
吴培荃妻林氏	吴培相	吴培泉	吴培桂	吴培桐	吴培萱
吴培福妻王氏	吴朝峰妻苏氏	吴森荣	吴蓝氏	吴照财妻谢氏	吴锦清
吴煜照	吴增元母叶氏	吴德年	吴德兴	吴德言	吴潘氏
吴礓坤妻叶氏	邱兆富	邱连彩	邱吴氏	邱钗儿	何三妹
何土发	何士林	何大纲	何大宗	何大宾	何万长
何万荣	何小妹	何小温州妻杨氏	何开万	何开发	何开法
何天奇	何天祺	何长方	何长全妻蔡氏	何长荣	何世祺
何东清	何叶氏	何叶贵	何必遇	何加义	何老五
何老四	何老四	何老四	何老徐	何兆林	何兆林
何廷发	何孙兰	何李坤	何吴海	何吴海	何金田
何金全	何金魁	何绍基	何炳祺	何根儿	何根儿
何根荃母叶氏	何根高	何夏昌	何夏昌	何培全	何银良
何绳如妻丁氏	何惠良	何福福	何增贵	何德远	余土贵
余犬儿	余礼宾妻杨氏	余金州	余绍安（生员）	余首德	余起寿妻柳氏
余家荣	余新华	余耀彩	邹万荣	邹天茂妻张氏	邹天喜
邹文禄	邹有发	邹有来	邹有来	邹庆土	邹庆连
邹庆厚	邹张氏	邹礓顺	应石茂	沈　昂（监生）	沈开康
沈观成	沈昂之妻詹氏	沈宗敏妻叶氏	沈增羽	沈增清	沈颜芝
沈懋镛妻何氏	宋士信	宋上华	宋上松	宋子根	宋开祥
宋中豪母李氏	宋正时	宋正坤	宋正昌	宋正锦	宋石君母叶氏
宋石增	宋叶定母叶氏	宋四妹	宋永登	宋老五	宋成发
宋进宝	宋君诚	宋金坤	宋细亮	宋炳基母李氏	宋恒寮
宋培金	宋斌芝妻夏氏	宋增华	宋增旺	张　氏	张丁发
张丁法妻詹氏	张三狗	张土儿	张士超（见传）	张大弟	张凤书妻李氏
张文祥	张文植（廪生）	张石章	张郑氏（见传）	张祝氏（见传）	张叶氏
张兰海	张兰海	张礼经祖母周氏	张成林	张光林	张光荣
张廷师	张廷芳	张廷淮妻徐氏	张廷魁	张廷誉（庠生）	张兴基
张观恩妻潘氏	张杨氏	张良池	张良樨（监生）	张金田	张金培妻詹氏

张郑氏	张宗政妻周氏	张荣连	张贵田母徐氏	张炳荣	张根儿
张根宝母刘氏	张峰山（吏员）	张琴妻洪氏	张朝荣	张朝觐	张瑞图（生员）
陆土松	陈三金	陈三金	陈土旺	陈土富	陈土富
陈士清	陈大宗	陈大炳	陈小宗	陈开明妻钟氏	陈升科长女
陈长富	陈乌犬	陈凤林	陈心田	陈甘氏	陈石林
陈生三妻孙氏	陈永发	陈永富	陈奴才	陈老五	陈汝荣
陈如兰	陈君朝	陈张氏	陈林棕母李氏	陈国鉴	陈秉礼
陈秉松	陈金兰	陈金发	陈金泉	陈学林母邹氏	陈学林媳蓝氏
陈春生	陈莲芝	陈烈女	陈留选	陈益金	陈益树
陈益斌	陈家如	陈家祺母叶氏	陈培喜	陈得金	陈章兰
陈章寿	陈章临	陈焕裕	陈朝才	陈朝朝	陈蓝氏
陈雷三妻叶氏	陈新乾	陈增汉	陈增荣	陈增基	陈德财
陈赞金	陈礑元	陈礑坤	邵　三	范金华	范畲客妻叶氏
林小老	林老奶	林茂清	林炎炎	林孟儿	林显昌
林起财妻魏氏	林海寿	林得财	林朝铭	林魏氏	卓长发
罗土根	罗大经	罗仁根	罗文儿妻杨氏	罗坤基	罗金宝
罗春林	罗得元	罗樟元	季石林妻蒋氏	季有森	金　开
金大母叶氏	金小奶	金子瑶	金开林	金开显妻詹氏	金开祥
金木原	金犬儿	金友友	金少森	金日万妻潘氏	金水金
金水基	金水源	金仁根	金文申	金文林	金方旺
金正财	金世秀妻童氏	金世卷妻董氏	金世宗妻萧氏	金世起妻叶氏	金石槐
金石槐妻何氏	金龙虎	金叶氏	金老二	金老五	金老五
金关护	金如云母项氏	金观清	金吴氏	金择发	金林川
金尚华	金国坤	金明穡	金泽礼妻王氏	金泽新	金项氏
金项福	金树林	金显水	金显水妻叶氏	金贵有	金炳坤
金高儿	金高元	金高火	金高贞妻叶氏	金高贞男泽功	金高贞女秀凤
金高朋妻毛氏	金高照	金培基	金培源	金嘉锦	金徽州
周三兰	周土海	周士芬（廪生）	周士贵	周士满	周小克妻杨氏
周王氏	周开睿	周天明母吴氏	周日清	周长华	周长明
周公节	周公谏	周公魁	周文荣	周方有	周方高
周方龄	周双儿	周玉林	周玉麟	周石其	周叶氏
周叶氏	周汉汉	周汉汉	周永年妻江氏	周永年媳黄氏	周永年孙庭锵
周永相	周永相	周奶奶	周奴才	周邦光妻李氏	周老奶
周老刚	周成基	周廷干	周廷珪（见传）	周廷起	周廷琜（见传）
周廷衡	周廷鳌（武生）	周兆元	周兆产妻叶氏	周兆坤	周兆盛妻吕氏
周兴鑫	周农农	周农农母潘氏	周吴氏	周何氏	周良海妻潘氏

周良海媳陈氏	周陈氏	周茂贵	周英开	周英锟	周林根母叶氏
周国昌	周金元祖母叶氏	周金寿	周金海	周金煌	周宗财
周宗奇	周荣林	周亮儿	周亮维	周炳发妻杨氏	周炳旺
周振高	周振槐	周起喜	周根葱	周裕魁	周裕魁妻潘氏
周徐氏	周登云	周登城	周福寿	周蔡氏	周增良妻叶氏
周德茂	周德荣母何氏	周潘起	周鹤保	周礓荣	周礓贵
郑大有	郑万锦	郑马贵	郑文昌	郑文明	郑文理妻周氏
郑文乾母潘氏	郑文德	郑方明	郑方楠	郑世汉	郑四奶
郑仙根	郑奴才	郑光恩妻张氏	郑廷州	郑汝身妻王氏	郑兴贤
郑克儿	郑连参	郑谷明	郑应全	郑良清	郑良豪
郑招才妻李氏	郑招才媳刘氏	郑国定妻程氏	郑金坤	郑金荣	郑金根
郑显高	郑炳灿	郑增太	郎唐儿	孟才才妻叶氏	孟奴才
孟廷恩妻陈氏	孟启明妻吴氏	孟起喜妻何氏	孟海仁	项大枝	项大培
项小妹	项子森	项巨献妻程氏	项石芝	项如基	项寿福
项坤芝	项明森	项金水	项金培	项起盛	项高照
项家金	项清儿	项增旺	赵昌元	胡小奶	胡进清
胡其发	钟土松	钟子男	钟太禄	钟兴坤	钟何氏
钟昌喜	钟秉清	钟振兴	钟登龙	钟蓝氏	钟福唐
钟福海	钟礓运	修维智	俞光云	俞起发	饶三妹
饶畲客	施老大妻詹氏	施应扬	施怀松	施倍俊	施培基
施培盛	施增才妻罗氏	施增槐	姜干儿祖母张氏	姜小奴才	姜叨儿
姜兰进母周氏	姜奶儿	姜许彩	姜许彩母饶氏	姜苟苟	姜金华
姜金莲	姜周云	姜炳海	姜嫱儿	洪贤泉	洪诰妻叶氏
洪徐氏	洪登明	洪登铨	洪燊妻朱氏	祝水全	祝章林
骆云魁	夏长松	夏官金	夏细嫱	晏四奶	晏老文
钱孔川	徐　坤	徐三弟	徐大全妻何氏	徐万茂	徐万茂
徐万全	徐小犬	徐小奶妻梅氏	徐开明	徐犬儿	徐水根妻何氏
徐长松	徐长森	徐玉怀	徐石有	徐石培	徐叨儿
徐立年	徐永光	徐永财	徐奴才	徐老四	徐有全
徐百亮	徐光运	徐兴利	徐兴利	徐希云	徐陈松
徐松林	徐尚文	徐国中	徐国全	徐国植	徐金加母王氏
徐金财	徐金财	徐金高	徐金培	徐金培	徐金章
徐周氏	徐狗儿	徐学恩	徐宝惠（生员）	徐宝惠	徐思发
徐洪土	徐洪炳	徐洪斌	徐起伦	徐根林	徐章海妻蔡氏
徐清翰（见传）	徐清翰妻叶氏	徐清翰侧室王氏	徐焕培	徐畲客	徐新有妻毛氏
徐镇昌妻潘氏	徐礓兴妻刘氏	翁光大	翁光发	留增云	高　元

高　盛	高三山	高土芝	高小基	高开鉴	高凤芝
高文豹	高汉清	高永启	高廷魁	高何启	高林元母陈氏
高罗发	高官泽	高彩儿	高瑞芝	高蓝开	高蓝顺
高锡旌（生员）	高新儿	高攀枝（见传）	郭石华	郭仓祥	郭苍祥
郭发魁妻何氏	涂小宝	陶文元	陶文宇	陶有云	陶林儿
陶和斌（武生）	陶炳玉	陶炳乾	陶道方	黄士周	黄中荣
黄石清	黄龙龙	黄永清妻胡氏	黄发林	黄发林	黄兆贵
黄坤弟	黄明海	黄妹孀	黄春松妻刘氏	黄春松媳阙氏	黄顺友
黄养池	黄炳书妻陈氏	黄恒训	黄起寿	黄高富	黄得荣
黄瑞麟	黄路客	萧仁海	萧双涟妻刘氏	萧立根	萧吴坤
梅培培	梅培培	曹山东妻王氏	曹炳奎	龚雷明母詹氏	盛留开（军功）
崔蓝贤	麻开松	麻金元	章兰元	章成林	章成林
章高华	梁石森	梁沛沛	彭柏龄	葛万林	蒋凤昭
程日浩	程水寿	程火松	程叶氏	程兰发妻陈氏	程有成
程有盛	程有福	程岳达妻周氏	程学义	程建功（武生）	程培坤
傅章永	傅缪氏	童箴匠	曾王氏	曾仁和	曾光瑞
曾贤臣妻阙氏	曾国楷	曾金水	曾省三	温钦泰妻余氏	游华华
游章寿妻潘氏	谢日财	谢日乾	谢老三	谢芝松	谢来芝
谢国相	谢金培	谢礓林	谢礓林	蓝日孙	蓝丹棠妻叶氏
蓝石贵	蓝若明	蓝茂林	蓝根基	蓝隆基	蓝锡子
蓝福旺	榆从九（军功）	赖四妹	赖成材	赖廷琇妻刘氏	赖茂子
赖通盘	赖照寿妻吴氏	雷千进	雷开华	雷元兴	雷立贵
雷林得	雷明喜	雷鸣喜妻钟氏	雷蓝有	雷蓝孙	简奴才
詹　沂（贡生）	詹　梧（生员）	詹万全	詹小农	詹小蒂	詹文焕
詹文豪	詹文墨妻刘氏	詹文墨媳阙氏	詹以谦（生员）	詹石旺	詹永玉
詹发土妻王氏	詹林林	詹承镙	詹亮儿	詹起训	詹根孀
詹根孀母李氏	詹益诚	詹善优	詹樟椿	詹默思妻刘氏	鲍小二
鲍启淋	鲍宗培	鲍礓全	阙水贤	阙明通	蔡土厚
蔡士丰	蔡士仙	蔡士增	蔡大立母吴氏	蔡大旺	蔡大魁母冯氏
蔡小培	蔡天亮	蔡木水	蔡水培	蔡长春妻吴氏	蔡玉明
蔡世森母叶氏	蔡东山（贡生）	蔡发言	蔡发君母汤氏	蔡发宗	蔡发家母毛氏
蔡有全母许氏	蔡松青	蔡旺母梅氏	蔡柏元	蔡起裕	蔡继长（监生）
蔡锡金	蔡福青母吴氏	蔡德宝	僧专荣	僧传荣	僧如海
管春有	廖友光	廖毛古	廖文元	廖文玉	廖发政
廖攸海	廖金财	熊奴才	熊建昌	熊福知妻包氏	熊增福妻包氏
熊礓海	缪细儿	缪礓芝	颜云海	潘　沄（军功）	潘　枋（监生）

潘大中（监生）	潘小奶	潘太龙	潘水德	潘水德	潘乌犬
潘凤阳	潘凤阳	潘六明	潘文谷	潘甘清	潘世瑞
潘叶氏	潘奶奶	潘奶奶	潘地帼	潘有贵	潘光基
潘光辉妻毛氏	潘如朝妻杨氏	潘进喜	潘进喜	潘秀江妻何氏	潘秀淮妻周氏
潘秀漳妻项氏	潘余氏	潘应彩	潘怀德	潘灵峰	潘坤玉
潘尚清（生员）	潘佳丰	潘金财	潘金泉	潘学义	潘学元（见传）
潘学淦	潘学愚	潘宗儿	潘承川（监生）	潘承泽妻丁氏	潘承宗（生员）
潘承洲妻吴氏	潘承荷	潘承鸿	潘承魁	潘绍元	潘南荣
潘相相	潘树梓	潘显芝母吕氏	潘秋阳	潘秋阳	潘保儿
潘信友	潘炳炳	潘炳森	潘起龙（武生）	潘起旺	潘起绍
潘起洙	潘起桂	潘起唐妻宋氏	潘起斌	潘起裕	潘起澜妻叶氏
潘根土	潘钱生	潘益灿	潘益林妻纪氏	潘益浩妻魏氏	潘益韬
潘益聪妻曹氏	潘益聪妹阙氏	潘彩玉	潘章才	潘维清（增生）	潘彭氏
潘雄观	潘毓材妻周氏	潘毓铭	潘肇元	潘肇有	潘德海
潘德海	潘德瑞妻陆氏	戴 氏	魏 氏	魏刘氏	

专　记

丽水地区肇始之县

一、关于松阳建县时间，史料记载不一

一般采用建安四年（199）说。清《嘉庆重修一统志》《读史方舆纪要》、民国《重修浙江通志稿》等书，持此说。《读史方舆纪要》（第九十四卷 3928 页）载：“松阳县，本汉章安县南乡地，建安四年孙氏析置松阳县，属会稽郡。”民国《重修浙江通志稿·沿革表》载：“东汉献帝建安四年，孙吴置。”

另外，还有三国吴立、东汉建安八年、兴平二年、建安元年前建县之说。

《宋书·州郡志》载，“松阳令，吴立”。北宋《舆地广记》也载，“松阳县吴置”。“吴”并非单指三国时的吴国，也可以理解为泛指“孙吴”。如雍正《浙江通志·建置表》载，“吴于建安中分章安县地置松阳县”。雍正《处州府志》、光绪《处州府志》、光绪《松阳县志》、民国《松阳县志》及《补三国疆域志》等，认为是建安八年建县。此说最早见于宋《太平寰宇记》“白龙县，本章安县之南乡，汉献帝八年吴立为县”，并无“建安八年”的记载。献帝即位于公元 189 年，在位时曾六易年号，献帝八年为公元 196 年，亦即建安元年。

兴平二年之说，见于嘉靖《浙江通志》、康熙《浙江通志》、光绪《黄岩县志》、民国《台州府志》等书。《台州府志》载：“献帝兴平二年，章安县析松阳县。”宋嘉泰《会稽志》载：“兴平二年，分章安县之南乡为松阳县。”而据《王国维遗书》第十四册《乾隆〈浙江通志〉考异残稿》对《三国志·吴书·贺齐传》的考证，认为“松阳县的建立，应在汉建安元年前。”

二、松阳在浙江建县的次序

汉武帝元封五年（前 106），浙江隶扬州刺史部，分属会稽、丹阳二郡，共 20 个县。属会稽者有乌伤（义乌）、余暨（萧山）、诸暨、山阴（绍兴）、余姚、上虞、海盐、剡（宁波）、由拳（嘉兴南）、太末（龙游）、乌程（湖州南）、句章（慈溪市南）、余杭、鄞、钱唐、鄮（宁波江东区等）、富春、回浦；属丹阳郡的有於潜（并入临安）、故鄣（吉安）。时，松阳属于回浦地。

之后郡县撤并，至顺帝永建四年（129），浙江（钱塘江）以西为吴郡，以东为会稽郡。其时，浙江境内属于吴郡的有乌程、海盐、余杭、由拳、富春等 5 个县；属于会稽的有山阴、鄮、乌伤、诸暨、余暨、太末、上虞、剡、余姚、句章、鄞、章安、永宁等 13 个县。全省共 18 个县，松阳属于章安县。

灵帝中平二年（185），故鄣县南立安吉县，又分立原乡县（安吉县东北、长兴县南）。时，浙江20个县。献帝初平三年（192），分乌伤县南乡置长山县（治金华金东区）；分太末县立新安县（衢州）。此时，全省22个县。公元195年，分诸暨立吴宁县（东阳）。

公元199年，分章安置松阳 。松阳为浙江第24个建县的县。时，丽水地区惟松阳建县。

三、建县时的四邻

建县时，在松阳的西首是“太末”县（衢州市区、龙游、遂昌一带），南面是“永宁”县（温州市区、永嘉一带），北方为“长山”县（金华市区、东阳一带），东边是章安县（台州椒江一带）。四至为：东到缙云的缙云山（仙都）大阳（洋）；北至永康、长松山；西与龙游（太末）为邻；南伸温州。包括现在丽水市的大部分，金华、温州的部分地区。

四、从松阳析出（或部分从松阳析出）的州县

（1）遂昌县。东汉献帝建安二十三年（218）孙权分太末县南部、松阳县西部地始置平昌县；其地约含今遂昌县和龙泉、庆元县大部，金华县（原汤溪县）部分地；后改为遂昌。

隋开皇九年（589）至大业元年（605）撤县，属东扬州栝州和东扬州永嘉郡。光绪《浙江通志》卷四载，“唐武德时复置寻省入松阳”。《旧唐书》载，“唐武德八年（625）撤县入松阳”。遂昌自隋开皇九年至唐武德年间的三十多年，据《大明一统志》《读史方舆纪要》，皆谓属处州。唐景云二年（711）遂昌县复置。

1958年10月，松阳县并入遂昌县。1982年1月，恢复松阳县，同属丽水地区（丽水市）。

（2）莲都区。隋开皇九年（589），分松阳东乡置栝苍县，置处州，治设栝苍。十二年（592），改处州为栝州。大业三年（607），栝州改为永嘉郡（隋代栝苍县境包括今莲都区、云和县、景宁县、青田县大部，文成县、缙云县及武义县南部）。唐武德四年（621），复为栝州，栝苍、丽水2县属栝州。大历十四年（779），避德宗讳，改栝州为处州，改栝苍县为丽水县。

1958年7月、1960年2月，云和、景宁2县先后并入。1961年6月1日，县府迁驻云和镇。1962年4月分县。1986年，国务院批准撤丽水县置丽水市，仍属丽水地区。2000年5月，撤丽水地区设市，原丽水市（县级）改为莲都区。

（3）缙云县。唐武德四年（621），李子通改东阳郡为婺州，分永康为丽州、缙州。八年，废丽州及缙州，仍属永康县。万岁登封元年（696），分栝州栝苍县东北界及婺州永康县南界再置缙云县，因境内缙云山而名，属栝州。

（4）青田县。唐睿宗景云二年（711），刺史孔琮奏请分栝苍县建立青田县，隶属栝州。

明景泰三年（1452），巡抚孙原贞以青田地广为由，奏请分该县鸣鹤乡和柔远乡的仙上里、仙下里等地，建立景宁县。民国37年（1948）7月，南田区的南田、西境、三阳、黄坛、呑里5个乡和万源乡一部分划给新建立的文成县。1961年10月，西呑、上横2个公社划给永嘉。

（5）龙泉市。乾元二年（759），分松阳县龙泉乡和遂昌县部分地置龙泉县，治黄鹤镇（今龙渊镇），属栝州。

（6）庆元县。南宋（1127～1279）宁宗庆元三年（1197），析龙泉县松源乡益以延庆乡之半（今

龙泉市小梅、查田、茶丰、青溪、四源及庆元县三济、黄真、黄田等地）置县，以宁宗年号“庆元”称名——为庆元县建制之始——属两浙东路处州。县治濛洲（今庆元县城松源镇）。

（7）云和县。明景泰三年（1452），分丽水县之浮云、元和乡之半建县，取名云和县。

（8）景宁县。明景泰三年（1452），巡抚孙原贞以“山谷险远，矿徒啸聚”为由始置景宁县，属处州府。

（9）宣平县。明景泰三年（1452），析松阳东北、丽水西北地建宣平县。1958年，大部分并入金华市武义县。

（县史志办供稿）

松阳建县时间考辨

前 引

历史文献记载松阳建县时间说法诸多，自南朝梁以降，先后有“吴说”“汉说”“献帝八年说”“兴平四年说”“兴平二年说”“初平四年说”“建安八年说”和“建安四年说”8种说法。浙南开发史上松阳县的设置，是历史重大事件，有考辨的必要。

考辨一 吴说

南朝梁时沈约《宋书》卷三十五《志第二十五·州郡一·扬州》（中华书局点校本第1037页）载：“松阳令，吴立。”又有北宋欧阳忞《舆地广记》卷第二十三《两浙路下》载：“松阳县，吴置，属临海郡。”

此说在文献记载所见最早，由南朝梁时史学家沈约（441～513）在《宋书》提出。《宋书》是距离松阳县建县时间最近的一部史书，而且沈约曾任东阳郡太守。这说明沈约撰写《宋书》时，就其所搜集到史料，没有松阳县确切建县的年份，在《宋书·州郡志》只能写“吴立”二字。然而，西晋史学家陈寿（233～297）于此前两百年《三国志》虽然没有提及松阳建置时间，但提及了松阳行政长官“松阳长”。《三国志》卷六十《吴书》十五《贺全吕周钟离传第十五》（中华书局点校本第1378页）：贺齐“侯官既平，而建安、汉兴、南平复乱，齐进兵建安，立都尉府，是岁八年也。郡发属县五千兵，各使本县长将之，皆受齐节度。……齐以为贼众兵少，深入无继，恐为所断，令松阳长丁蕃留备余汗。”是岁八年即建安八年，会稽郡南部建安、汉兴、南平等地的强族首领起兵反对孙权，孙权命南部都尉贺齐往讨，传命各县出兵五千兵卒，由县令、县长率领，统归贺齐指挥。贺齐认为，山越人兵多，自己兵少，在部队到达余汗与山越军对峙之时，便不再前进，怕深入进军后被山越人断了退路。于是命令松阳县长丁蕃率所部留置余汗。由此可见，松阳置县时间应早于建安八年（203），“吴说”可以排除。

考辨二 汉说

南朝陈时，顾野王《舆地志》载：“松阳县，本章安南乡，汉末立为县。”唐代，李吉甫《元和郡县图志》卷第二十六《江南道二·浙东观察使·处州》（中华书局点校本第624页）“丽水县”下载：“本后汉松阳县地。”又“松阳县”下载：“本汉回浦县之地，属会稽，后汉分立此县。”五代后晋，《旧唐书》卷四十《志第二十·地理三·江南道·江南东道》（中华书局点校本第1597页）载：“松阳，后汉分章安之南乡置松阳县，县东南大阳及松树为名。”北宋，太平兴国《太平御览》卷一百七十一《州郡部十七·江南道下·处州》载：“《舆地志》曰：松阳县，本章安南乡，汉末立为县。《吴地记》曰：县东南临大溪有松阳树，大八十一围，腹中空可容三十人坐，故取此为名。王右军尝往看之。”明代，天顺《大明一统志》卷之四十四《处州府·建置沿革·松阳县》载：“本东汉会稽郡章安县南乡，建安中立为松阳县。”清代，雍正《浙江通志·建置表》载：“吴于建安中分章安地置松阳县。”

分析“汉说”，又可以分“后汉说”“汉末说”“建安中说”三种，说法相对笼统。乱世之中，松阳建县年份没有及时载入文书是正常的现象，以致后来撰国史者无所依据。后世“兴平二年”“初平四年”“建安八年”和“建安四年”等说法都是汉献帝在位时期，称“汉末”“后汉”立并没有错。因此，松阳建县于东汉末年献帝时期，这在史志上已经没有异议。

考辨三　献帝八年说

献帝八年（196）说最早见于北宋太平兴国年间《太平寰宇记》卷九十九《江南东道十一·处州·白龙县》（中华书局点校本第1984页）：“白龙县，本章安县之南乡，汉献帝八年，吴立为县。《吴录》云：‘取松阳木为名。’按《吴地记》云：‘县东南临大溪，有松阳树，大八十一围，腹中空，可容三十人坐，故取此为名。’”雍正《处州府志》、光绪《处州府志》、光绪《松阳县志》、民国《松阳县志》及《补三国疆域志》等，皆随此说。

在此不探讨此说引用《吴地记》所载内容的真伪。汉献帝在位时六易年号，汉献帝八年即建安元年（196）或建安二年（197）。但是，直至建安二十五年（220）孙权才封为“吴王”，黄龙元年（229）孙权称帝才以“吴”为国号。因此，“汉献帝八年，吴立为县”的说法不妥当。且“献帝八年”又影响了后世“献帝建安八年”说法的出现。

考辨四　兴平四年说

兴平四年（197）说始见于南宋嘉泰《会稽志》卷第一《历代属州》：“兴平四年，策（孙策）乃分章安、永宁之地置松杨县。”南宋嘉定《赤城志》卷第一《地里门一》：“兴平四年，析章安、永宁置松阳、始平县。”明《永乐大典》卷七千九百六十三《绍兴府·建置沿革·历代属州》：“兴平四年，策乃分章安、永宁之地置松杨县。”明弘治《赤城新志》卷之二《州邑沿革谱》：“献帝兴平四年，析章安、永宁置松阳、始平县。”

“兴平四年”不见经传。根据文献记载，“兴平”是汉献帝第四个年号，这个年号只使用两年。合理解释是，因区域独立性和闭塞性，有可能还不知道年号已换，继续使用“兴平”年号，则兴平四年推算即为建安二年（197）。虽然可以将兴平四年合理解释成建安二年，但仍旧难能摆脱这一说法的不严谨性。清代著名校勘学家李慈铭在《乾隆绍兴府志校记》中指出嘉泰《会稽志》“记载舛驳之处颇多”，并在《越缦堂日记》中指出嘉泰《会稽志》有四病，其中有就“记载无法，去取失当，考核多疏”。当代著名历史地理学家陈桥驿在《会稽二志》一文中沿用李慈铭的话指出嘉泰《会稽志》的缺点，其一是“析指沿革，等于胥抄，莫从考核”（见《绍兴师专学报》1985第2期）。

“兴平四年说”也直接导致后世出现“初平四年说”与“兴平二年说”。

考辨五　初平四年说

初平四年（193）说独见于万历《绍兴府志》卷之一《疆域志·领县》：“初平三年，分大末置新安，分乌伤南乡置长山。”“四年，又分章安、永宁之地为松阳。”

此说因南宋嘉泰《会稽志》载“兴平四年，策乃分章安、永宁之地置松杨县。”至明万历《绍兴府志》修志，发现兴平年号至二年止，无四年，于是改“兴平四年”为“初平四年”。显然，这一改动欠缺依据，不够严谨。

考辨六　建安八年说

建安八年（203）说始见于明成化《处州府志》卷第九《松阳县志·沿革·松阳县建置沿革》载：“松阳县，本东汉会稽郡章安县之西北境，建安八年置县。”《栝苍汇纪》卷之二《沿制纪》：“松阳县，本西汉洄浦县地，隶会稽。东汉章安县南乡地，献帝建安八年立为县。”

前述，此说“献帝建安八年”是受了“献帝八年”的影响。受其影响，甚至出现“献帝章安八年”，如清顺治《松阳县志》卷之一《舆地志·沿革》载：“至东汉，为章安郡，为松阳郡。献帝章安八年置为县。”此后，清雍正《浙江通志》《处州府志》、清光绪《处州府志》、清光绪《松阳县志》、民国《松阳县志》卷一《舆地志二·沿革》皆沿用，执“献帝建安八年分置松阳县”之说。

然而，建安八年说是明确不能成立的。原因在第一部分已经详细说明，松阳建县时间明确是早于建安八年的。

考辨七　建安四年说

建安四年（199）说始见于清代初年顾祖禹（1631～1692）《读史方舆纪要》卷九十四《浙江六·处州府·松阳县》（中华书局点校本第4326页）载：“松阳县，本汉章安县南乡地，建安四年，孙氏析置松阳县，属会稽郡。”清康熙《大清一统志》卷一百八十六《处州府表·松阳县》载：“汉回浦县地，后汉为章安县地，建安四年孙氏析置松阳县，属会稽郡。”又《处州府·建置沿革·松阳县》载：“汉回浦县地，后汉为章安县地，建安四年析置松阳县，属会稽郡。”此后乾隆《大清一统志》与嘉庆《大清一统志》皆原文沿用。1996年版《松阳县志》采用此说，在《大事记》头条记载：“建安四年，析章安南乡地置松阳县。”

此说形成时间最晚，观点最为流行。然而，近代著名学者王国维（1877～1927）通过考证，认为“松阳县的建立，应在汉建安元年前”。（《王国维遗书》第十四册《乾隆〈浙江通志〉考异残稿》）

考辨八　兴平二年说

兴平二年（195）说始见于明嘉靖《浙江通志》卷一《地里志第一之一》载：“兴平二年，太守许贡奏分乌程置永安县（据《汉书》注入此）。析诸暨大门村置汉宁县，析章安乡置松阳县。”清康熙《浙江通志》卷之一《沿革·处州府属县沿革》“处州府”下载：“兴平二年，析章安南乡置松阳县。”又“松阳县”下载：“汉析章安置松阳县，属会稽郡。”

王国维所执“松阳县的建立，应在汉建安元年前”的观点为当代《浙江通史》所采信。而浙江省社科院省地方志编纂室副主任王志邦同样认为松阳建县时间至迟在建安元年，“兴平二年”说可能是最接近历史真相的年份。《三国志》卷六〇记载，建安八年，贺齐进兵建安时，松阳县长丁蕃因“本与齐邻城，耻见部伍”，不服从贺齐让他留备余汗的命令。“与齐邻城”，当指丁蕃为松阳长、贺齐为太末长。太末、松阳两县毗邻，故曰邻城。贺齐任太末长是在建安元年前。建安元年，孙策以贺齐为永宁长。由此推知，松阳建县时间至迟在建安元年。（王志邦在《浙江通史·秦汉六朝卷》第195页载）

根据《三国志》记载的孙策、孙权进据江东，开拓疆土的进程看，上述诸建县年份说，孙策兴平二年渡过长江进据江东后，根据《宋书》卷三十五《志第二十五·州郡一》记载，汉献帝兴平二年在会稽郡分诸暨立吴宁县、丰安县。当时，会稽郡治山阴县及其会稽郡东部沿海诸县仍在汉置会稽太守王朗控制之下，直到建安元年孙策渡浙江，才被孙策占据。显而易见，孙策是要从会稽郡西部切断王朗退路。因此，明嘉靖《浙江通志》卷一《地里志第一之一》说松阳县建于兴平二年是完全有可能的。

可见，贺齐任太末长在建安元年之前，为汉朝廷所任命，非孙策所委任。任永宁长在建安元年孙策至会稽郡治之后。据《三国志》卷四十六《孙破虏讨逆传》载：孙策渡浙江，据会稽，更置县长及属吏，自领会稽太守。贺齐当在孙策更置县长时出任永宁长。丁蕃为何“耻见部伍”，原因很可能是他被孙策委任一县之长早于贺齐。如果松阳建县迟于建安元年，丁蕃“耻见部伍”于理似乎说不通。松阳与太末、永宁虽都毗邻，但使丁蕃“耻见部伍”的“邻城”，当为太末县，指的是贺齐为太末长。因此，“兴平二年”说可能是最接近历史真相的年份。

结束语

纵观历史，汉武帝平定东越，瓯江中上游地区皆隶属会稽郡。当时朝廷认为这一区域“得其地而不可郡县”，长期未设政区予以有效统治。又因东汉朝廷衰微，直到汉兴平年间（194～195）孙策进据江东，此时江东尤其是瓯江中上游地区，诸县界限模糊，行政建置空白。则孙策占据会稽并更换原有长吏正是松阳建县的因由，且这一年份成了至关重要节点。据《三国志·卷四十六·吴书一》，兴平二年（195）冬，孙策已据有会稽，并自领会稽太守，与分诸暨而立吴宁县（东阳）之年份契合。是故采信明嘉靖《浙江通志》、清康熙《浙江通志》和当代《浙江通史》之松阳建县为兴平二年（195）说。

编者按：本志目前采纳“考辩七 建安四年说”。

（李伟春根据王志邦的《松阳县建县考略》整理）

松阳人性格形成环境及表现

（一）环境

特殊的环境生成松阳人特有的性格特征

1. 海陆交替的地理位置生成松阳人的特有的品格。松阳县地处浙江西南部，从全国范围来看，整个浙江省属于东南沿海发达地区，松阳县东段距离东海直线距离最近的不足 100 千米，海洋文化对松阳影响较大。同时，松阳又属浙西南山区，处于瓯江流域上游中低山、丘陵地带。陆、水路，到海洋最近点温州港也有 200 千米，内陆文化特色明显。

生态结构界把中华文化大体分为“山文化”与“水文化”两大类。水文化，阴柔、善变、奔放、兼容，灵动如幼鹿之机敏。山文化，则粗犷、刚毅、朴厚、深沉，稳健如泰山之不移。松阳地处即非沿海又非内陆，既是沿海又是内陆的沿海与内陆交界处，水的文化与山的文化在这里交融。

2. 非山区非平原的特殊的地形孕育了松阳田园风光。松阳境内的中部为松古盆地，在松古盆地四周分布着群峰叠嶂、切割纵横、峡谷颇多的中低山地。整个地势以松古盆地为轴，呈两边高中间低、西南高东部低的趋势；地貌层次明显，类型多样。地形素有“八山一水一分田”之称。

图专 1　松阳田园风光（吴钟锋 摄于 2007 年）

松古盆地位于西北向中部延伸地带，呈狭长形，为浙西南地区面积最大（180 平方千米）、封闭性能最好的盆地；盆地内沃野阡陌，水网密布。千百年来，松阳先民在此精耕细作、兴修水利，繁衍生息。肥沃的水稻土壤和良好的自流灌溉设施使松古盆地很早就实行粮食自足有余。俗语“松古平原狭长长，处州吃粮靠松阳”“松古熟，处州足”“松邑产米独盛，是以闾阎常无籴贵之患”“粟米羡余，每资他邑”。松古盆地成为浙西南农耕社会的样板，是田园风光的典范。形成平原地区的松阳人“恋土重迁”“崇神自信”“耕读传世”山区的松阳人“淳朴刚毅”“思变进取”“樵药持家”。

3. 亚热带季风气候滋润着松阳大地的万物。松阳属于中亚热带季风气候，冬季不冷，1 月平均温普遍在 6℃以上；夏季较热，7 月、8 月平均温度一般为 28℃左右，冬夏风向有明显变化。春季温暖，秋季凉爽，四季分明。年降水量一般在 1700 毫米以上，主要集中在夏季，冬季较少。

亚热带季风气候，冬暖夏热，全年日照充足，无霜期长，降雨充沛，十分适宜人类居住。同时，春秋昼夜温差大，有利作物光合作用，亚热带季风气候又十分适宜植物的生长。这种气候滋润着万物。这种不甚寒暑的天气形成松阳人既热情也不缺理智的性格品性。

以上地理位置、地形形态及气候特征形成松阳人外柔内刚、既原则又灵活、既纯朴又浪漫、既包容又有主见的性格特征。

（二）处州府志中关于松阳人习尚的记载

1. 率真。古栝宿联牛女，次分少微，星应处士，而松川实附之。虽钟灵毓秀，代有英奇，而操觚咸率性真，夸多斗靡非所尚也。耕田而食，凿井而饮，悠然有熙熙皞皞之风。

2. 俭朴。府志载：唐魏之风，俭啬而褊急，圣人删《诗》犹有取焉。处郡十邑，男鲜罗纨，妇少盛饰，崇节俭而务朴诚，风最近古。比闾之间，秀者廉隅自饬，朴者栖身农亩。即其间，不无游民，而巨奸大憝罕有闻者。

松俗向崇俭朴，又鲜蚕桑。无论缙绅大家、豪富子弟，均着布衣、布履、布帽。暑天，则皆御短衣，鲜有穿长衫者。今自民国纪元，日尚奢华，上中社会竞衣裘帛，夏则纱纺长衫，冬则羔裘豹饰，皮革缎履，习以为常，亦风气之一变也。

松俗宴客，向亦俭约，每席不过一二元而已。今则夸多斗靡，日新月盛，鱼翅烧烤，视为常品，动辄十金八金，一下箸而费万钱，不觉其为侈也。松阳士俗，毒辣端勤修举业，确守卧碑，从不干预外事、出入公门。民国以伸民权、开民智为务，机关林立，士习日渐嚣张，学堂标榜文化，日形退步，亦时势使然也。

3. 刚毅。府志载：古称山国之民，其气刚以劲。处介万山，人尚气节，盖亦禀山川之气而然者。无论城邑，即僻壤编氓，饥寒切肤，断不肯鬻子女。即有啖以厚利，令其肩舆执盖，亦不屑从。充其羞恶，可以端所好矣。

4. 崇信。府志称：松邑人崇信义，家置祭田，建造祠宇，兢兢乎有报本追源之思焉。

5. 重迁。旧志谓：男女尽力于耕织，安土重迁，儒雅以俭啬自持。

旧志载：邑无他业，一意力本。硗确之区，蓄拽后时。年遂不登。斋用纷华，漏户难实，洵足虑也。尚朴何讥焉。

6. 力学。家多置塾延师，勤教力学。曩者，宦业相望。今虽少逊前徽，然人文蔚起，是在加意以振刷之耳。

松阳学校既多，竞言科学。自蔡克猷、刘可培染濡富阳夏灵峰之教，使民知有正等不可谓非中流之砥柱也。其衣冠独从汉制，束发大袖，犹有古人之遗风焉。

松阳妇女，向多缠足，不识字。自女校设，读书、识字、天足遂多，不似从前粥粥无能矣！惟智识开，则约束难，是在父师之严为防范尔。

国家功令与学校，废私塾，然于私塾改良则不禁，法良而意尤善也。方今我松学堂林立，几乎无

图专 2　杨家堂村迪德学堂（三都乡提供）

村不有。而改良之私塾，则仍家传户诵，出重聘延塾师，诵习经书，讲明字义，使子弟学有基础，然后再入学堂，是以各学生于中文国粹较有师承。盖由乡僻愚夫，沐浴孔教涵濡已久，无论男女老幼，人人脑筋中皆有孔子在，以为非读经书不能为学，非但不能为学，即不能做人，一若有性命系之者，故送子弟入学堂，虽不要费，宁可自费请先生教读也。此又不开通中之一样好处也。然犹幸贤有司，俯顺民情，不严为封闭，听其信教自由，而私塾既云改良，则于功令仍不背尔。

7. 祟神。俗多信鬼祟神，疾病则医为后图，祷为先务，甚至鸣锣击鼓，喧嚷竟夕，云招病者之魂可以勿药而愈。相沿成习，诚可怪也。

松俗好神，故于神庙、寺观向多施舍，其余善举付之阙如。近年慈善之风大开，独力、合力建筑石桥者，恒费千万金不惜。至如设义渡、造凉亭等事，尤时有所闻。踊跃输将大异畴昔悭吝之风，亦风气所关也。

松邑半多山田，易致旱干。逢夏旱，农民辄喜求雨，名曰抽龙，三都尤甚。约期会合，三十六乡村，丁壮齐集，各执器械，多用道士，俗名法师。每村备带龙选义一对，以大毛竹为之。每过一村或神庙，则法师缘义而上，呼天号吁，锣声震天，势甚汹汹，动辄滋事，亦陋习也。

深信神佛，浙人皆然，不独我松也。惟松则无论城乡，多设神会，如城隍、太保、关帝、文昌、土穀、社主、观音、夫人。凡有一方之神，必有一方之会。其始组织，或八人，或十六人，或二十四人不等，皆以桌数计之，便散祭也。各出资财，出放生息，置产轮流办祭。散胙，每逢神诞，邀集会友，设祭参拜，且有演戏酬神者，以城隍、太保两庙为最盛。会产数十亩，下此则三五亩、十余亩，世世相守，永远弗替，较之一家私产，尤耐久也。

8. 薄养厚嫁（葬）。松俗嫁女，奁资素裕，动费千金、数千金，而于教子则不甚认真。昔年，知县徐葆清曾有言曰：“松阳人嫁女千金恒不惜，教子数百绝无闻。是以发达者鲜囿于地实困于财也。”今则男儿悉知自强，父兄亦乐培植，肄业于省垣、京师者，比比皆是，均不惜巨资，不惮远行，苟能争自濯磨。实事求是，数年之后，造就人才，当不可限量矣！惟嫁女厚奁之风仍然。亦有对父母生前不甚赡养，死后则厚葬者。

（县史志办供稿）

“处州粮仓”兴替沧桑

史称，东汉建安四年（199），析会稽郡章安县南乡地置松阳县。隋开皇九年（589），析松阳县东乡地置栝苍县，同时置“处州”。由此看来，松阳县作为“处州粮仓”，是“处州”建制且其作为属县以后的事。唐乾元二年（759），析松阳县南乡地置龙泉县，其版图基本定型。从此，松阳先民在约占处州境域十分之一、宛若金瓯玉盘的松古盆地上，创造“处州粮仓”的农业辉煌。然世事多变，而今“处州粮仓”成为“中国茶乡”之一，实乃“沧海桑田”之变。兴替之故，发人深思。

农业生产力历史积淀　预备“处州粮仓”先期基础

古会稽郡章安县南乡地域广大，其中长松山之南坐落一块硕大平原，故名“松阳”。一条大溪西东向贯穿平原，为与“松阳”相对应而名的“松阴溪”。平原四周群山环绕，犹如一只硕大盘子，又有重镇古市，故称“松古盆地”或“松古平原”。这里春天暖和夏季炎热，秋天凉爽冬季不太寒冷，全年降水量1700毫米以上，自然环境优越，十万亩平川土地肥沃，动植物资源丰饶，极有利于人类生息、生活、生产。

早在原始社会后期，松阳先民就在这片土地上从事农耕活动。松阳文物部门曾在筏铺村阴岗山、瓦窑头村营盘背山、河头村占安山等遗址出土大量文物，其中柳叶形石镞、圆柱形石锥、锄头状石斧、石钺等，形制类似于河姆渡遗址出土的石锄、石镢，功能可用于开挖、劈地、松土、平地等，属于新石器时期的农耕工具，表明先人开始开发、利用土地资源，农耕活动以产粮谋食为主。

商周时期青铜制农具铲、镢、锸、犁等传入，秦汉时期铁制农具耒、锸、铧、锄、镢、耧、耱等传入，松阳地域生产工具发生革命性变革。先民们因地制宜，借鉴改进，仿制革新，逐步形成犁、耙、耖、板锄、窄锄、锥锄、田刨、谷镰、镰刀、稻桶、连枷、风柜（风车）、水车、戽水斗、箩筐、谷箕、篾簟等数10种农具，功能各异，形成系列。其中，宽达半尺的板锄、可晒二三担谷的大篾簟、可耘田可铲草的田刨、铁板谷镰、圆孤底秧盆、圆孤底掼桶（稻桶）及桶梯、桶簟等农具为本地独有，形制美观，操作方便，使用效率明显高于外地同类农具。久而久之，农具基本配套定型，大体有垦耕、整地、繁育、施肥、灌浇、收割、晾晒、运载、仓储9类，作为物质生产力，促进粮食生产。

图专3　水南大竹溪村耖田（叶高兴 摄于2003年）

由于历次战乱、灾荒造成中原一带大批移民向南迁徙，不断带来先进农业科学文化，促使松阳地域粮食生产制度日趋健全完善。主要体现在三个方面：其一，形成了以农历二十四节气为指南的粮食作物播种制度，例如农谚“立春时值六九头，春播备耕早动手”“清明时节草青青，种瓜点豆好时机”“清明寒食当思种，水稻育秧选好种”“谷雨雪断霜未断，杂粮播种莫迟延”“白露夜寒白天热，播种冬麦好时节”等，告知稻麦、杂粮、瓜豆作物的播种时机；其二，形成了以各种粮食作物生长规律为遵循的农事制度，如农谚“春打六九头，备耕早动手”“雨水一过，春耕忙乎”“谷雨育秧，大致无妨”“立夏之前插秧毕，返青三日当锄田，小满前后施追肥”“夏至水稻将抽穗，除草除虫莫等闲”“稻到大暑黄，农人抢收忙”等，告知水稻作物各个生长阶段的农事活动，很有指导意义；其三，形成了以粮为主、兼顾其他的多熟耕作制度，如松古平原小麦或大麦—水稻—马料豆等三熟制，周边山区麦或其它作物—水稻二熟制。以水稻为主、杂粮搭配的一年多熟制，成为松阳农业生产的显著特色。到东汉末期，健全完善、基本定型的农业耕作制度，作为科技生产力，指导粮食生产。

以农具为主的物质生产力和以耕作制度为主的科技生产力的发展有赖于具有决定作用的人口生产力的增长优化。到东汉建安四年（199），章安县南乡地已有近万户人家、约三万人口，粮食基本自给，其中长松山之南松古平原农业生产力积淀最丰厚，人口最稠密，经济最繁荣。按《汉书》“满万户者令，不满则长”，东汉朝廷析章安县东乡地置松阳县，丁蕃为长。

松阳置县至处州置州期间，松阳县可以凭借行政力量调配生产力诸要素，以繁荣经济，发展粮食生产，为日后“处州粮仓”积累基石。

大兴农田水利事业　成就“处州粮仓”突兀崛起

松古平原盆状地貌有利有弊，一方面聚光聚热聚水，有利于农作物生长，如果风调雨顺，则五谷丰登，“一年能产三年粮”；一方面易发洪水，如果风不调雨不顺，或则“十日之雨则病水”，洪涝倾泻，冲毁农作物；或则“一月不雨则病旱”，无水浇灌，枯死农作物，都会造成歉收甚至无收，辛劳一年，白劳一场。

由于旱涝灾害频繁，且无抗御能力，松阳县在建置后的相当长时期处于务农“靠天作美”，农民“靠天吃饭”的被动状况，以丰补歉、自保自足尚属不错，当无余粮调剂他邑。

事实昭示：“有收无收在于水”“水害则歉，水利则丰”。

所谓“水害”，主要表现为洪涝灾害，直接危及人类生命财产。《处州府志》载：“唐显庆元年（656），括州大风雨，松阳亦然，溪水平两岸，淹没大片农田。”《松阳县志》载：“唐贞元间（785～804），因‘屡值水患’，松阳县治由旌义乡迁至紫荆村。”

有病患就得医治，有水患就得防治。那场逼迁县治的的水患过后，松阳士民开始治理松阴溪。宋元祐七年（1092），县署征调民工，整治浅滩、暗礁，疏浚河道，以利泄洪。明万历二十年（1592）五月大雨，洪水冲垮十四都力溪段河岸，毁田近百亩，民宅尽圮。六月，县署按田亩派工，督修防洪堤90余丈。清道光十五年（1835），知县汤景和为首劝捐，在县城济川门外构筑护城堤数百丈，史称“汤公堤”。民国3年（1914），古市城头、下街市民沿溪筑堤数百丈……千百年来，松阳治水壮举不断，屡毁屡修，不辞劳苦。

所谓“水利”，主要是利用水力资源，以灌溉农田。

早在南北朝萧梁天监年间（502～519），詹、南二司马就在松阳县东乡碧湖平原西端松阴溪截流筑 80 余丈拱弧大坝，配套开挖干渠总长约 6 万 7 千余丈、48 条支渠、321 条毛渠、72 座概闸等，引水灌溉农田 2 千顷，史称“通济堰”，为中国古代大型水利工程之一，也是古邑松阳第一篇大手笔书写农田水利建设的精彩华章。

唐宋之际，松阳首次以民间力量在独山之麓筑坝障水，开挖百仞堰，引水灌溉九芝乡（叶村乡）以下至横山万亩粮田。北宋庆历年间（1041～1048）水毁，从此屡毁屡修。

百仞堰之后，松阳士民义捐义役蔚然成风，官助民办大型水利工程代有项目。元至元六年（1340），达鲁花赤买住倡率乡民在松阴溪大花地段疏导“金梁堰”（号“宣公堤”），引水灌溉农田 4000 余亩。

元至正十年（1350）冬，士民在航船头筑坝拦松阴溪水，开挖 8 里白龙堰，灌溉农田 2000 亩。元末，里人周汉杰鸠工重修。乡人立祠以表其德。崇祯九年（1636），为水冲坏，故址重修未果。清乾隆六年（1741），里人程圣鼎、程发寿等捐资立会，率众筑成。

元末明初，士民在十三都下源口筑坝拦源水，开挖 5 里芳溪堰，灌溉 2 乡 5 村农田近 8000 亩。自明嘉靖九年（1530）至清光绪九年（1883）的 350 余年间，16 位知县 19 次主持芳溪堰的修复和分水，传为佳话。

灌溉面积千亩以上的还有响石堰、十二都堰、梁下堰、下泽堰、众济堰、神坛堰、砂石堰等，均对各自所在地粮食生产具有决定性意义，被视为“生命线”。

千百年来，松邑乡民自力更生修建的灌溉千亩以下的小型堰渠近千条，其中灌溉百亩至千亩农田的堰渠 85 条，不仅松古平原堰渠密布犹如阡陌纵横，即便山区小流域也是小渠逶迤，流水潺潺。

由于水利设施基本保障农田灌溉，松阳一般年景旱涝无虞，粮食生产稳定，产量越来越高，官仓农家储粮越来越多，不仅自给有余，而且向外输出。尚存处州府最早的成化府志卷九记载：松阳县“堰”44 条，为处州十县之冠。还记载：（处州）本府 1 处官仓，所属丽水、青田、缙云，龙泉、遂昌、景宁、庆元、云和、宣平 9 县各 1 处官仓，松阳县有 5 处官仓：“一在县东惠洽乡二十四都，一在县南九芝乡十八都，一在县西布和下乡十五都，一在县北旌义乡八都，一在县东移风一都。”官仓多象征粮食多。这五大“官仓”标志着松阳县早在明成化（1465～1487）以前乃至很可能在元、宋以前就成为“处州粮仓”。而《处州府志》所云“松邑产米独盛”“处州大米出松阳”“松阳熟，处州足”“粟米羡余，每资他邑”同样证明松阳县作为“处州粮仓”名符其实，绝非虚言。

明代以后，农田水利建设更加高涨。清顺治十一年（1654），堰坝增加到 44 条。民国 15 年（1926），堰坝增加到 122 条、山塘 12 处。民国 27～36 年（1938～1947），新建小水利工程 40 处，受益面积 3.5 万亩。松阳作为“处州粮仓”的地位愈加巩固、提高。

纵观古邑松阳农业发展史、粮食生产史，在很大程度上就是一部史实丰富详实、气势恢宏壮观的水利建设史。大批水利设施投入使用，大大增强了灌溉能力，提高了旱涝保收的概率。这种具有改善农业生产条件意义的水利建设成就，标志着古邑松阳农业生产力大解放、大进步，犹如“水能载舟”一般托举“处州粮仓”在松古大地上赫然崛起。

实施战时农业改进　抬举“处州粮仓”更上一层

光阴荏苒，风云突变。1937 年 7 月 7 日，日本军队蓄意制造“卢沟桥事件”，发起全面侵华战争。中华民族开始全面抗战。

当年11月5日，日军第十军在杭州湾北岸平湖登陆，战火迅速烧遍浙北平原，省会杭州危急！浙江省国民政府决定60多个党、政、军部门、团体迁往松阳县，其中省立稻麦改良场等10多个涉农事业单位裁撤归并，组成浙江省农业改进所（简称省农改所）。先到松阳，在稻麦繁育专家、所长莫定森领导下，统一管理、指导全省农业技术改进和推广工作。

次年初，省农改所立足初定，就在吴家山脚下松阴溪畔购置农田百亩，约一半辟为稻麦良种繁育基地，一半筑为房舍，内设农艺、推广、肥料、水利等科室、实验室，创办、发行《浙江农业》《农业推广》，外设九战区十三县“农业推广委员会”。鉴于浙江人多地少，一般年份缺粮千万担，日军占领平原产粮区，敌后山区粮油紧缺，严重影响抗战，省农改所双管齐下增产粮食：一是发动农民开垦荒地，扩大粮食种植面积；二是大力推广稻麦良种，这是农业改进的关键。1938年一开春，采取技术培训、现场指导、操作示范等多种形式，紧急推广早稻302号、中稻10号种、晚籼3号、晚粳129号、双季早晚稻、纯系高产粳稻等17个水稻新品种及栽培技术。一入秋，就推广纯系9号、17号、杂交、显性杂交4个小麦新品种及栽培技术，减少冬闲地，多种小麦、大麦、番薯、土豆、蚕豆、豌豆等。当年全省敌后地区种植纯系水稻面积32.7万亩，双季稻16.97万亩，糯改籼稻82.12万亩，纯系小麦38.24万亩，扩种冬季作物1085.25万亩，增产粮食约1558多万担。3年累计增产粮食7000多万担，有效缓解敌后粮油供应紧张局面压力。

近水楼台先得月。作为省农改所驻在地，松阳县得农业改进之先机。省农改所对松阳农业技术改进事业格外眷顾，在项弄村、黄圩村开办直属的稻麦繁殖场，试种两季连作稻，作为示范。1938年，松阳县政府在古市设立县中心农场，试验田30余亩，试种早籼503号，浙农早籼6505号、5557号，中籼浙农1号、10号、2777号，晚籼9号等水稻新品种；试种小麦17号，浙农改良麦9号、17号等小麦新品种。经过对比，选定推广稻种为浙农早籼6505号、5557号，浙农中籼1号、10号、2777号纯系水稻，选定推广麦种为浙农改良麦9号、17号等纯系小麦。1939年，推广纯系水稻190.26亩，还推广本地培育经过鉴定的“老鼠牙”“千棒锤”“龙凤尖”等水稻良种；推广纯系小麦596.6亩。针对烂秧问题，示范推广畦宽4尺的合式秧田。3年农业改进，逐步推广良种，松阳粮食连年增产。另一方面，动员减少冬闲田，多种麦子。1938年冬，全县种麦5.38万亩，次年收获637万斤，比上年增长12.7%。到1942年初，松阳官仓盈实，仅河头、南岱、弓岸、塔下4仓存粮46000担。

正当松阳农业改进顺风顺水向前推进，1942年8月，日军发动松阳作战。省农改所奉令撤离。日军占领一月，烧杀抢掠，无恶不作，松阳人口、财产损失巨大，农业生产受到严重破坏。

1945年10月，在抗日战争胜利的欢庆声中，省农改所迁回松阳后，改进方法，以县、乡、保三级实体性“农产改良会”的组织机制、公司式经营管理制度，推进全省农业改进事业，并把松阳列为试验县。如果说省农改所撤出松阳前是省农改所用动员、宣传、指导、培训、示范等措施千方百计要使松阳人民被动接受新品种新技术，那么，省农改所迁回松阳后则是松阳人民自愿申请、主动接受新品种新技术。1946～1947年，松古平原各乡、保农会以符合条件的农户签名盖章为凭据，经过申请、批复，成立50个农产会，制订以“五定”（定员额、定经费、定场地、定任务、定责任）

为主要内容的格式化章程。农产会实行依章管理、违章必究、风险同担、利益共享，大大提高农业改进的进度和效益。1947年度，全县推广繁殖纯系6506、5575早籼13亩，收成稻种4220斤；推广纯系稻种7360斤，种植面积1460亩，平均每亩增产20%，共计增产116800斤，其中收购纯系稻种300担；推广纯系17号小麦741斤，扩种面积748亩，平均每亩增产18%，共计增产29090斤，其中收购纯系麦种150担。累计推广改良稻1.25万亩、改良麦2200亩。

在省农改所支持下，松阳县不仅粮食生产方面获得重大改进，在林业、畜禽养殖业也取得长足发展。烟叶、桑叶、茶叶形成产业，遂有“三张叶”之说。建起坝高6米、库容量6.8万立方米、灌溉300多亩农田的仙岩蓄水库，开松阳人工蓄水工程之先河。

1949年1月，省农改所奉令迁回杭州。松阳人民依依不舍，惜惜相别，王村、石门、河头、水南、瓦窑头、安乐山6个农产会还赠锦旗致谢。断续10年间，省农改所“立足松阳，面向全省”改进农业技术，把一大批优新粮食种子首先播撒在松阳大地上，也把“科学种田”的“种子”第一次播洒在松阳人民的心田上。这场“农业改进”的时间虽然不算长，但是意义深长，实属松阳传统农业的一次大变革，农业生产力的一次大解放，在农业科技上为“处州粮仓”提质加层。

贯彻农业“八字宪法”　终使“处州粮仓”登峰造极

1949年10月1日，中华人民共和国成立。松阳县作为“处州粮仓”，翻开了崭新一页。

在中国共产党坚强领导下，松阳农村开展土地改革，废除封建土地关系，实现“耕者有其田”，农民翻身作主人。从此开始逐步地进行农业社会主义改造：成立互助组，开展生产合作；加入初级社、实行土地入股、统一经营；加入高级社，实行土地集体所有制、统一经营。在农村社会变革过程中，先后贯彻粮食“统购统销”政策——在评定粮食产量的基础上，实行粮食统销统销，即核定统购粮，国家计划调拨和县内计划供应；1955年，开展粮食“三定”工作——定产、定购、定销，一定3年不变，由于用史无前例的力度抓粮食生产，全县粮食总产量从1948年23150吨增加到1957年39340吨，净增16190吨，增长近70%，为“处州粮仓”锦上添花。

1958年，全国农村成立人民公社，实行政社合一。不久，党中央提出“以粮为纲，全面发展”的农业生产方针。是年，毛泽东提出农业“八字宪法”。此后二三十年，松阳县农村不断调整所有制结构与核算单位，搞“一平二调”刮“共产风”，开展“四清”“农业学大寨”“文化大革命”“揭批查”，取消人民公社、恢复乡村建制、实行家庭联产承包责任制等，运动不可谓不多，变革不可谓不大，然而不变的是始终不渝、坚决贯彻落实“以粮为纲”，用行政手段确保最大粮田面积，全面贯彻执行农业“八字宪法”，引导农民科学种田，以利提高粮食亩产、增加粮食总量。

农业“八字宪法”的内涵是：“土”，即深耕、改良土壤、土壤普查和土地规划；“肥”，即合理施肥；“水”，即兴修水利、合理用水；“种”，即培育、推广良种；“密”即合理密植；“保”，即植物保护、防治病虫害；“管”，即田间管理；“工”，即工具改革。

松阳县贯彻执行农业“八字宪法”，秉持坚决认真的政治态度和因地制宜、实事求是的科学精神，采取具体措施，确保逐字落实到位，切实组织农民科学种田。

关于“土”字。土地是万物之母。农业“八字宪法”颁行后，松阳土壤普查工作立即展开，很快摸清5大类土壤基本情况：海拔800米以上山地为红壤，PH值5.0～5.5；海拔800米以下山地为黄壤，PH值4.5～5.8；松古盆地周边零星低丘为岩壤，仅占全县土壤面积的0.42%；溪流两岸冲击物为潮土，仅占全县土壤面积的1.0%；松古盆地海拔100～800米农田为水稻土，仅占全县土壤面积的17.14%，从而为选择种植粮食作物提供依据。大力扶持开田造地，1968～1992年，垦田3785亩。1976年9月，开始彻底根治松阴溪干流遂昌资口至松阳踏步头34.10千米河段，疏通河道，截弯取直，沿溪筑堤，溪滩还田。到1992年，累计疏通河道近30公里，建成干、支流防洪堤158.47千米，从根本上提高了防洪抗灾能力，有效保护松古平原10万亩农田，溪滩还田2.4万亩。1980～1992年，先后投资224万元，改造古市后塘畈、西屏水南畈、斋坛湖畈、新兴畈等处低产田共计10200亩。1990年起，划定农田保护面积164741亩，改良土壤，深耕细作，荣获“浙江省土地利用优秀成果”三等奖。

关于“水”字。水利是农业的命脉。20世纪50年代松阳水利工作，前期仍以挖塘修堰、引水灌溉为主，中期转为兴修山塘、水库为主，相继建成大小蓄水工程494处。60年代，转为“以蓄水灌溉为主、蓄、引、提相结合”。到1969年冬，共建成蓄、引水灌溉工程854处，其中江南渠道工程最大，渠长17.5千米里，累计投资102万元、投工15.38万个，灌溉面积1.5万亩。70年代，结合治山治水兴建小水电。80年代，东坞、梧桐源、六都、官溪等一批骨干水库电站竣工。20年间，累计总投资9007.62万元、总投工5383万工、总完成土石方4392万立方米，建成大小蓄水工程共计1085座，总蓄水量4053万立方米，建成大小堰坝3105条，总长236千米，总引水量4415.80万立方米，有效灌溉面积15.53万亩，占全县农田面积的96%。1960～1992年，大办提水灌溉，建成机灌站79处、电灌站188处、喷灌机86台，总计灌溉面积3.3万亩。1989～1991年，连续三年荣获“浙江省水利建设先进县”称号。1989年、1991年两次荣获“全国水利建设先进县”称号。

关于“肥”字。如果说“有收无收在于水”，那么“收多收少在于肥”，正所谓“庄稼一枝花，全靠肥当家”。松阳县贯彻合理施肥，把握“三大原则”“四种方法”。“三大原则”，即“以有机肥为主，无机化肥为辅；以多元素复合肥为主，单元素肥料为辅；以施基肥为主，追肥为辅”。“四种方法”，即：根据土壤特性选施合适肥料，根据农作物营养特性选施合适肥料，根据农作物生长阶段选施合适肥料，有机肥料与化肥搭配使用。县农业部门设土肥站，大力鼓励使用绿肥、粪肥、饼肥、灰肥、堆肥，精心指导使用氮、磷、钾化肥、复合肥料、微量元素肥料、微生物肥料等，既促进农作物长，确保粮食增产，又有利于保护环境，促进农业可持续发展。20世纪50年代前期，水稻以农家肥为主兼施石灰；后期推广硫酸铵、钙镁磷、硫酸钾等化肥。60年代，以绿肥为早稻基肥。70年代，提倡氮、磷、钾肥配合施用。80年代，以化肥为主，绿肥田早稻在插秧后25日内、麦田早

图专4　焐灰（叶高兴 摄于2003年）

稻在插秧后15日、杂交稻在8月15日前后、晚粳稻在8月25日前，耘好田、施好肥、发足苗、搁好田。1986年，推广“以土定产，以产定氮，因缺补缺，高产栽培”的配方施肥法，移栽后“浅水插秧，寸水护苗，搁田控苗，浅水孕穗，湿润灌溉”，达到“三高一稳”即高成穗率、高实粒数、高经济系数、稳定高产。1988年，引进菌肥，次年施用于2万亩稻田麦地，增产5～10%。到1990年，全县配方施肥面积达到10万亩。

关于“种”字。《史记·货殖列传》载，“长石斗，取上种”。其意是，要想粮食增产就得选用良种。深受“农业改进”的影响，松阳在20世纪50年代初期就高度重视培育、推广良种，实行“就地选种、就地繁育、就地推广”的方针。1953～1957年，扩大双季稻连作面积，累计推广种植水稻良种75.63万亩，占水稻总面积的67.7%；小麦品种以浙农17号为主，大麦以六棱麦为主，累计推广种植小麦良种8.07万亩，占小麦总面积的67.7%。番薯、玉米良种覆盖率分别为69.2%和22.5%。1958～1981年，县、社、队三级普遍建立种子田和种子专业队，还曾组织人员到海南岛制种，大力推广杂交水稻。其中，60年代，早稻品种以矮脚南特、广陆矮4号为主，中晚稻以太湖青、农垦58号、珍珠矮为主，基本实现水稻品种矮脚化；小麦品种以浙农17号为主，大麦以六棱麦为主。1965年后基本实现水稻品种矮脚化。70年代，乡乡有农科站推广优新粮食品种，早稻品种以珍汕97号、珍龙13号为主。1978年后，中晚稻以杂交汕优、汕优四号为主，杂交水稻大面积推广；小麦以扬麦1号、浙麦1号为主，大麦以早熟3号为主。80年代，早稻品种以竹科2号、浙福802号、广陆矮4号为主，中晚稻以杂交汕优、汕优四号当家，新兴乡农科站从浙麦2号麦田选取异株，培育成“新科80”新麦种，逐步推广，比浙麦2号增16.1%。1984年后，早稻以春秋1号、二九丰为主。1982年，县种子公司成立，10年累计供应稻麦良种1433.18吨，其中杂交稻种子999.4吨，促进了粮食增产。1990年，全县制（繁）种户近千，二九丰、浙福9号等6种早稻良种覆盖率达到95%以上，汕优64、协优10号等7种中、晚良种覆盖率达到78.6%以上。

图专5　插秧（叶高兴 摄于2003年）

关于“密”字。旧时松阳水稻栽插密度1尺见方以上。20世纪50年代初期，水稻栽插密度先为8～10寸见方，后为7～8寸见方。1959年，推行“合理密植”，水稻插秧密度为5×4寸或6×4寸，丛插5～7株。80年代前期，常规早稻移栽密度为6×4寸，杂交双季晚稻移栽密度为6×5寸，每亩落田秧苗10万株上下。50年代，小麦大穴点播和阔条稀播，每亩播种分别为4公斤和5公斤。1974年，推广撒播麦。80年代中期，推广免耕稻坂麦，采用撒播、条播、密点播，亩播种量6～10公斤。1987年，实施“浙麦2号亩产250公斤模式栽培技术”，先全田放子，后分畦开沟覆土，施足基肥，看苗补肥，三年累计推广13.6万亩，增收3366.8吨。1990年，荣获“浙江省人民政府农业丰收计划三等奖”。

关于“保”字。农作物病虫害是农业生产的天敌。从1950年起，县政府倡行冬季治螟，铲除田岸杂草，实行“三光”。到1955年，稻瘟病、稻螟虫、稻飞虱、麦类黑穗病等主要病虫害发生面积从原来的12.36万亩减少到4.18万亩。此后，推广有机氯农药（666粉）、223乳剂（DDT）。1965年，在赤寿公社赤岸大队设县病虫害测报站，开展病虫害预报，并在公社（镇）、大队、生产队配备植保员，推广有机磷新农药乐果、敌百虫、敌敌畏等，当年销量达到161.3吨。1983年，推广低溶量防治病虫喷雾技术，减少污染，提高治效。1984年，停用有机氯农药，转而推广高效、低毒、低残留的药剂。1990年，全县农药用量330吨，其中，甲胺磷等8种杀螨虫农药占60.0%、稻瘟净等6种杀菌农药剂占25.7%。引进扑虱灵，应用面积2.21万亩，效果佳。与此同时，先后大力推广人力喷务器和机动喷雾器，实现农作物病虫害防治半机械化和机械化。

图专6　稻田病虫防治（叶光铭 摄于2007年）

关于“管”字。松阳素有农业“三分种、七分管”之说。农业“八字宪法”颁布以后，更加重视农作物田间管理，并积累不少经验。水稻田间管理术：一是要在4月下旬至5月上旬秧龄35～40天适时移栽，合理密植；二是插秧后不要漫灌，水层深度以苗高一半为宜；三是稻苗返青时要放掉一些水，保持浅水层，深度控制在3～5厘米左右；四是秧苗返青后采取间歇方式灌溉，一次灌水3～5厘米浅水，然后任其自然落干，待田面无水再灌水，如此循环；五是水稻进入快速生长期，要耘田除草，施分蘖肥，以氮肥为主，亩施尿素15公斤为宜；六是水稻分蘖后及时撤水晒田5～7天，控制无效分蘖，然后灌水，晒肥力高的田应早晒、重晒，但不可过度；七是水稻开花时应施促花保花肥，以亩施尿素5～10公斤、硫酸钾3公斤、三元复混肥20公斤为宜。小麦田间管理术：遵循“促弱控旺、稳穗增粒、抗逆保丰”的技术路径，一是开春及时查苗，施用拔节肥，可亩施尿素5～8公斤和三元高效复合肥；二是春后及时清沟理墒、以防水渍防旱；三是中后期灌好孕穗水；四是苗期重锄草、重防冻，拔节后禾旺要重镇，防疯长，防倒伏。

关于“工”字。锄头、铁耙等传统农具对于松阳构筑“处州粮仓”作出了历史性贡献，然而毕竟使用费力、工效不高。20世纪50年代中期，松阳县购进双轮双铧犁139部、水田犁166部，前者因笨重不便使用而被淘汰，后者相对轻便得以推广。1958年7月，成立地方国营松阳县农具机械修造厂（1978年，改名为松阳农机厂），先后生产犁头、犁壁、牛链、铁犁、打稻机等。1959年以后，陆续引进各种功能的农业机具，以提高农业生产效率。当年秋，推广人力打稻机。12月，西屏、古市、靖居等公社购置6台抽水机，用于灌溉或排水。60年代，推广人力喷雾（粉）器、胶轮手拉车、以“工农—12型”为主的手扶拖拉机等。70年代，成立农机厂推广机（电）动打稻机，推广机动喷雾（粉）器，推广中、小型拖拉机。1982年2月，成立县农机培训站，每年举办2期农村手扶拖拉机驾驶员，10年共培训各型拖拉机驾驶员和农业机械修理工近千名。与此同时，先后推广农用汽车、小麦开沟机。到1992年，全县共有手扶拖拉机1631台、大中小型拖拉机1637辆，机耕面积3.3万亩，占耕地面积的19.88%；有排灌动力机械355台、农用水泵636台、喷灌机械219套，机电灌溉面积2.64万亩，占耕地总面积的15.86%。有稻麦脱粒机械946台，机械脱粒面积9.40万亩；喷雾器28178部；有农用汽车66辆、机动船4艘，基本实现农田耕作、排灌、稻麦脱粒、农作物病虫害防治、农用运输机械化和半机械化。

松阳县经久不懈、因地制宜地全面贯彻农业“八字宪法”，是中国现代农业科学理论和本地传统农业实践经验的完美结合，从总体上综合改善了农业生产条件，增强了农业生产能力，从而使粮食生产频频欢奏“步步高”。

20世纪50年代，全县平均亩产201.5公斤；60年代，全县平均亩产249公斤；1974年，全县平均亩产428.5公斤；1979年，全县平均亩产545.5公斤；1983年，全县实行家庭联产承包责任制，当年粮食总产量突破10万吨；1984年，全县粮食总产量124880吨，创历史最高纪录。

1990年，松阳县首次试验、推广“吨粮田”工程3万亩，每亩平均产量达到734.5公斤，创历史最高纪录，平均每个劳动力提供商品粮272公斤，被评为“全国粮食生产先进县”，标志着“处州粮仓”登峰造极。

市场调节农业结构，导致“处州粮仓”华丽转身

松阳虽然号称“处州粮仓”，但其他种植作物也很多。其中种茶、制茶历史悠久，源远流长。有关文献记载，早在唐代，叶天师法善曾在古市卯山种植茶叶；南宋大家闺秀张玉娘煮“凤团”解醉消愁；明代朝廷把松阳青茶列为“贡茶”；民国18年（1929），松阳青茶荣获“首届西湖国际博览会一等奖”；民国27～36年（1938～1947），浙江省农业技术改进所成立横山茶叶实验场，垦植茶叶50亩计3万株，创办茶厂，仿制龙井茶，指导、推动松阳茶叶大发展，成为“松阳三张叶”（烟叶、茶叶、桑叶）之一。

中华人民共和国成立以后，尽管偏重粮食生产，茶叶还是得以缓慢恢复，20世纪50年代末，全县茶园面积6100亩，茶叶总产量150吨。

1960～1963年，由于三年自然灾害，片面强调“以粮为纲”，压缩茶园。1964年，赤寿公社红连大队以“多种经营、全面发展”为由，连片开垦荒坡地，一举开辟茶园78亩，成为一块“示范榜”。由此开启一段十分艰难困苦的茶叶基地建设的历程。不少社队干部群众不顾“文化大革命”干扰，不怕“割资本主义尾巴”，抓革命，促生产，用误工摊派的方法解决投劳问题，基地建成后实行专业管理。1970年，开辟新茶园9000多亩，全县茶园总面积达到12120亩。1979年，全县茶园总面积达到19087亩，茶园遍布5个区29个乡镇400个村2个国营林场，茶叶总产量达到440.5吨，比1970年94.7吨增长4.65倍。

在改革开放大潮的推动下，又由于市场需求变化莫测，20世纪80年代，全县茶叶总体上呈现波浪起伏式的发展状况，然而经营与管理、技术与服务都逐步配套起来。改革茶业经营管理体制机制，对一定规模的茶园或实行联产计酬或实行大包干责任制，对小面积茶园实行分户承包制，打破“大锅饭”，充分调动了茶农积极性。县政府加大鼓励、奖励、扶持力度，对茶叶收购超基数部分实行减税加价、返利、奖励化肥；对发展良种茶园30亩以上的单位或个人，给予每亩贴息贷款300元、贴息4年；对老茶园改造30亩以上的单位或个人，给予每亩贴息贷款70元、贴息3年。由于

经营机制搞活，优惠政策到位，茶产业朝着名优良种方向发展。1980年以后，相继培育“银猴”“玉峰”“万寿”“小凤凰”“山兰”5种名茶，其中“银猴”茶被评为“浙江省一类优质名茶”。先后建成茶叶加工厂68家，拥有制床机345台，基本实现制茶机械化。

到1990年，松古平原周边低山坡地基本开发成茶园果园，其中以茶园为主，松古平原10多万亩农田则基本上种植以水稻为主的粮食作物。在稻禾成熟季节，松古盆地周边低山坡地一色翠绿，那行行茶丛顺着山势坡形自然延伸，或横或弯层层叠加而上，煞是好看，大有“跃上葱茏四百旋”之壮观；平原万顷农田一色金黄，稻浪翻滚，此起彼伏，又有“喜看稻菽千重浪”之壮美！

1992年春，中国改革开放的总设师邓小平南方谈话发表以后，社会主义市场经济思想犹如浩荡东风吹遍大江南北，温暖亿万人心。不久，取消“以粮为纲”“统购统销”政策，取消粮食征购任务，取消粮票及定额供应制度，允许放开搞活粮食市场。县委、县政府顺应大势，针对“粮多县穷民贫”的实际情景，提出“进一步解放思想”“换脑筋”“转思路”“以效益为标准调整农业结构”，鼓励和支持农民“市场需要什么就种什么，种什么效益好就种什么”，并且确定茶叶为农业的主导产业之一。

于是，松古盆地平原种植业结构逐步发生变化，农田种粮和种茶此消彼长。新兴乡首先利用平原山垄田种茶尝到甜头，又开利用平原田种茶的先河。到2010年，松古平原10万亩粮田十之八九改种茶叶，所剩粮田显得零星，不能连片。松古盆地周边山地种植业结构也发生巨大变化，水果种植面积与茶叶种植面积亦此消彼长。到2010年，山地茶园面积超过各种果林面积的总和。在稻禾成熟季节，松古盆地周边与平原一色翠绿，宛若一只绿边绿底的大玉盘，别是一种壮美景象！

于是，松阳茶叶品种不断更新优化。1992年开始，先后引进推广龙井43、乌牛早、安吉白茶等。2000年起，良种茶面积以每年7500亩以上的幅度增加。到2005年，全县茶园总面积84730.7亩，其中良种茶面积76000.5亩，占89.7%，被评为“浙江省茶树良种化先进县”，被授予“浙江省良种茶之乡”称号。2008年，荣膺“首届中国名茶之乡”称号。

于是，松阳茶业加工向规模化标准化发展。随着食品质量安全日益为人们所关注，2004年起，针对全县500多家茶厂普遍存在的散、小、乱、旧、脏的问题，先作出优化改造规划，再制定《茶叶生产加工管理办法》《茶厂优化改造验收标准》，然后淘汰一批、改造一批、发展一批，达标茶厂向园区集聚。到2010年，优化改造、新建茶厂共计120多家，其中19家茶厂取得QS认证，13家茶厂成为省、市级农业龙头企业。由于茶叶企业茶叶加工的组织化程度和生产水平显著提高，茶叶产品质量显著提升，从而一头联系千家万户茶农，一头联系广大市场，形成完整的茶产业链。松阳县四度被评为“浙江省茶厂优化改造先进县”。

于是，松阳茶叶品牌不断提档升级。2002～2006年，相继举办“吃在松阳”名茶品评会、“松阳银猴”品尝会、杭州“松阳银猴”敬老茶会、“松阳银猴”茶文化研究会，赋予松阳茶以地方文化内涵；对众多茶品牌进行整合，确定“银猴”为主导品牌，银猴山兰、银猴龙剑、银猴白茶、银猴香茶为系列产品。每年投资上百万元，先后组织银猴系列产品参加在杭州、济南、上海、香港、北京、泰国举行博览会，扩大松阳茶叶的知名度、美誉度。“银猴”商标被评为“浙江省著名商标”，

“银猴”系列茶先后被认定为“浙江省名牌产品”“浙江省十大名茶”，品牌价值达10.49亿元。

于是，松阳茶叶市场不断拓宽优化。原先，全县只有新街口简易茶叶交易市场，平原乡镇共建10多个路边茶青交易市场。1998年，长运公司组建松阳县茶叶市场，可容纳本县茶商300余人，却引来外地茶商500余人。随着茶叶交易量不断增加，2001年，浙江省工商行政管理局批准松阳县茶叶市场更名为浙南茶叶市场。松阳县于2005～2008年分2期共建成占地2.83万平方米、200间营业房、10000个摊位的交易区和占地2.6万平方米，集停车、冷库、宾馆、茶栈、餐饮、娱乐于一体的物流中心，被列为“农业部定点市场”“浙江省三星级文明规范市场”，成为“浙江三大茶市场”之一，被命名为“中国绿茶集散地”，吸引相邻县市茶农茶商，辐射上海、江苏等10多个省市。从2008年起，县委、县政府每年春举办“中国茶商大会暨松阳银猴茶叶节”，邀来国内外茶界精英，参观茶园风光，欣赏茶道表演，探讨兴茶大计，推介松阳名茶，拓展茶叶销路。2010年，全县茶叶交易量5.12万吨，交易额17.8亿元，居全省首位。

松阳茶产业从农村种植各业中异军突起到问鼎至尊，极大地改变了全县农业内部结构和农民生产方式。1990年与2010年相比，全县茶叶产量由1059吨增加到8725吨，产值由0.53亿元提高到3.35亿元，茶叶产值在农业总产值（含农、林、牧、副、渔5业）中的占比由2.7%提高到30%，呈现农业产值三分之一来自茶叶、农民收入三分之一来自茶叶、全县人口三分之一从事茶叶的大格局。2010年，全县茶叶产值约占种植业总产值80%以上。松古平原那种男女老少热火朝天抢收早稻、抢种晚稻的“双抢”大忙景象已经一去不复返，代之而来的是茶农上年冬季养护茶园，来年春、夏、秋3季采茶芽、卖茶青，稳赚钱的农业生产新景象。茶园取代粮田，成为农民的主要生产资料或称固定资本。茶叶取代粮食，成为松阳农业的第一产业也成为最大宗输出农产品，而粮油则成为最大宗输入农产品，从而出现农民吃粮吃菜到超市、菜场购买的生活新景象。2010年，松阳县荣获“处州第一茶乡”“中国绿茶集散地”“全国重点产茶县”“全国十大特色产茶县”“中国茶乡”等新称号，标志着“处州粮仓”成为历史。

“处州粮仓”兴替沧桑，令人感慨万分！其所兴也，历时千年，可谓“路漫漫兮修其远”，岂能不发古之幽思，油然而生无比敬仰、感恩古邑先人之情。其被“茶乡”所替也，往长说历时不过半世纪，往短说历时一二十年，在历史长河中都只是短暂一瞬间。昔时荣光尚且记忆犹新，难免感到不舍。新的辉煌接踵而来，又感到不必恋旧挽留。这是因为，在社会主义计划经济向社会主义市场经济过渡中，松阳一方面作为“处州粮仓”默默退场，载入史册；一方面作为“中国茶乡”之一闪亮登场，这种替代与被替代，不涉及何是何非、孰优孰劣、谁赢谁输的问题，而只有先后之分，都属美好事物，是“金色”农业文明向“绿色”农业文明转换，是经济发展、社会进步的表现，恰如一位佳丽在舞台上娴熟表演一个华丽转身，分别呈现转身前后两种优美姿态。

（李德贵　陆宝良）

松阳晒红烟

松阳县位于浙江西南。东汉建安四年（199）置县，迄今已有1800多年。全县总面积1406平方千米，其中可耕土地253859亩。县域境内包围在万山丛叠之中，其内部拥有广袤的盆地。全县气候温和，土壤肥沃，气候、土壤均适宜种植晒红烟。

松阳晒红烟历史悠久。据载："明代万历年间（1573～1619），福建人经商菲律宾吕宋岛，携带烟草种子，于福建永定各地，广为种植。"据民间传说，明朝末年吴三桂引清兵入关，南下攻闽，福建人不堪凌扰，乃携眷入浙，迁居松阳，由此即传入烟叶种植。因松阳土壤略带砂质，土层深厚，深土亦黏，颇适于烟叶的生长，乃逐渐广种，在其推广的过程，经历了相当的辛酸，才致全县普遍栽培。

松阳晒红烟叶片厚大，富有弹性，色泽红亮，气香味浓，油分充足，燃后烟灰洁白，颇受国内外用户的欢迎。曾远销苏联、德国、法国、瑞典、匈牙利、奥地利、比利时、捷克等欧洲国家，马里、索马里、埃及、贝宁、几内亚等非洲国家，及菲律宾、科威特、日本等亚洲国家，共计27个国家和地区，外销量每年达3000担至4000担左右。每吨晒烟可换回1500美元至1800美元。1981～1987年，全县出口烟叶3.3万担，7年中创利1750万元。福建、安徽、江苏、辽宁、广东诸省及浙江的一些县市，素喜用松阳烟叶。松阳亦因此而名声远播。民国4年（1915），松阳烟叶获巴拿马万国博览会金奖。民国18年，在浙江杭州西湖博览会上获优等奖。20世纪80年代，全省烟丝加工企业唯松阳烟丝厂独存，足以证明松阳晒红烟质量之优。

图专7　大徐村烟田（叶祖青 摄于1985年）

松阳烟叶生产的盛衰起伏，素与境内农民生活休戚相关，与整个农村金融的关系也非一般。清康熙年间，就有"兼事烟商，家业渐振"者，因参与烟叶贸易而"称富乡里"者不乏其例。清道光二十五年（1845），赤寿乡半古月村立的一块《禁赌碑》上刻道："如有和行赌博或交诱为非者，一经查出，每人分佈庄内每烟壹觔，决不轻恕。"碑文以罚烟的办法禁赌，足以证明当时每家每户都种植烟叶，说明生产烟叶范围之广泛，烟叶与百姓生活关系之密切。《浙江省分县简志》载："清末，年产量三四万担，价值二三十万银圆。"民国《浙江经济·松阳县之烟叶》记述："全县烟叶产户五六千户，与全县户口三万余户相较，约为一六之比"，"每户直接从事与工作之人口均为三至五人，男女老少均有参加。故烟叶之生产虽不及谷米之重要，就其有关松阳之民生亦至艰巨"。1986年3月，松阳被中国烟草总公司列为全国7个名晒烟出口生产基地县之一。1988年，樟溪乡大徐村有田301亩，105户387人，历来以种烟著称县内，全村种烟54.22亩，亩产225公斤，总产298担，产值3万余元，占该村总收入的35%，烟叶一项人均78元。

中华人民共和国成立前，县内虽曾设过烟酒公卖局、烟酒公会、烟叶运销公司、烟叶股份有限公司，大抵为厘捐或纯商业机构，鲜问烟农之事。1932年，全县种烟面积约7500亩，亩产200斤左右，总产达15000担。1938年，浙江省农业改进所在松阳成立，曾致力于烟草品种、栽培技术及防治病虫害诸方面的研究，同时试制手卷雪茄烟，虽收效不大，但良苦用心，为后人所称道。1948年，种烟面积扩大到12173亩，总产达22033担。

中华人民共和国成立后，颁布一系列关于烟草专卖的政策条例。1983年9月，国务院颁布《烟草专卖条例》，以法规形式正式确立我国的烟草专卖制度。1986年9月，县烟草公司成立，开始对县内的烟草生产、业务实行统一领导和全面经营管理。1988年3月，又建立县烟草专卖局，依法对烟草实行专卖管理，在上级烟草主管部门和县委、县政府的领导和支持下，烟叶生产、流通、卷烟销售和烟草专卖管理等方面，均有长足进步，烟叶生产得到新的发展。

1951年，全县土特产工作会议上，县政府要求有关职能部门，支持烟叶生产，开政府关心烟叶生产之先河。同年，县政府又想方设法从外地调购饼肥，扶持烟叶生产。传统品种和古老的种植方式遂得更新，亩产量亦从200余斤增长至500余斤。1952年，种植面积12170亩，总产增到22904担，列为省重点产烟县。从1953～1991年的39年间，种烟面积最多的是1956年，达7926亩，总产14594担；总产数量最高的是1986年，种烟面积7468亩，总产29500担。此39年间，平均每年种烟面积5579亩，平均每年总产12793担。1990年，全县种烟3119亩，为1949年以来面积最少的年份，烟叶因质量原因中断出口。1991年，种烟面积4317亩，总产达17788担。

1983～1988年，年创税利均达100万元左右，为维护烟农和消费者利益，增加国家财政收入起到重要作用。

20世纪90年代，由于不断创新的茶叶生产加工技术，松阳县茶产业在机械化的参与和密切融合中，松阳打造成为在全国享有较高知名度的全国十大特色产茶县之一。在21世纪，茶叶成为松阳农业第一位的支柱产业，茶叶给松阳人民带来实惠。从此，松阳烟叶逐步走向衰落，烟叶逐渐被茶叶所替代。2007～2010年，烟草公司采取合同制，扶持烟农，4年间，烟叶合同种植平均面积为480亩左右，平均收购烟叶2200余担。进入21世纪，提倡不吸烟、不敬烟、不送烟、吸烟者尽早戒烟。原因种种，故种烟面积逐步萎缩，烟叶生产不再是松阳的一项产业。

松阳烟草从引种至今已有400余年，其间虽历经坎坷，但驰名世界。其原因除松古平原自然条件优越外，烟农在长期实践中对各个环节积累一套比较完整的经验，记载生产、流通、销售等各个阶段的兴衰情况。大致包括以下几个方面。

品种和分布

松阳烟叶初种时期的品种为尖刀叶、小叶烟。后来，在长期种植中，经过反复选种、引种、杂交、单培体育种等试验，已培育出蒲扇叶、牛舌尖、小叶烟、松选3号等品种。民国28年（1939），省农改所引进新昌烟和萧山烟。1952年，全县种植面积高达12000余亩。20世纪60年代，改革用肥结构。70～80年代，由于科技介入烟叶生产，1975年，培育出“松选3号”。1987年，县农科所培育出“松杂87”。这些新品种问世，并开始推广“二段育苗”“模式栽培”等新的栽培技术，产量不断提高，尤其是“松杂87”产量高、品质好、早熟、耐病。1991年，“松杂87”通过省烟草品种审评会的审评确定可以示范推广。松阳人对烟叶的选种和育苗有一套经验。对种子，松阳有“烟籽不归家”的谚语。当年选的种子，立即着手播种。这样容易选好种，保证烟苗生长时间充足；对育苗，因烟草种子细小，有喜温特点。根据松阳气候特点，必须认真建好苗床，进行育苗。苗床要选择背风向阳、土质疏松的地方，畦要高，基肥要足，畦背北边需盖一斜坡形草棚。既防止风寒侵蚀，又达到通风目的。

松阳烟叶的生产分布情况，由于松阳土壤适宜于种植烟叶，全县各地均有栽培，种植区域分布在松阴溪及其小流域，海拔高度在140～170米之间。据民国28年（1939）农业改进所调查报告：“全县栽培面积为七千三百三十一市亩，而以古市区为最多，其栽培面积为四千一百八十七市亩，占全县面积57%；城区次之，计一千八百六十二亩，占全县面积25%；竹溪区为一千二百廿亩，占全县面积17%；靖居、玉岩二区约六十余亩，仅占全县面积1%。”民国时期种烟面积最大的樟溪乡，到1952年，其种植面积却位于第四；原万寿乡（赤寿乡）民国时期的面积仅属第三，1986年升到第一位，成为千亩以上乡；老产区樟溪乡，民国时期其烟叶质量上乘，面积也为全县之最，至20世纪80年代，面积退居第二。从上面看来，我们知道松阳的烟叶，大半都栽培于古市一带。松阳烟叶每亩的产量，须视土壤肥料等而不同，普通亩产125公斤左右。

栽培和管理

松阳烟叶质量和产量与种植、管理关系极大。晒红烟采用打顶栽培，养分输送具有明显的顶端先着优势，成熟顺序循生物学原理从顶端至下端。叶片熟度的提高，内部化学物质和组织结构的变化，相应地在外观上呈现，易于鉴别。

图专8　烟苗移栽（吴弄村提供 2010年）

烟苗的栽培种植，首先烟田必须施足基肥，基肥种类很多，必须以豆饼、茶饼及猪粪牛粪的堆肥为最好。烟田要求畦高排水灌溉条件好。秧苗移栽后，必须采取有效措施保证全苗，防止“地老虎”，蝼蛄等虫害造成大量缺株。移栽时要适当密植，既要考虑到烟叶的产量，又要保证烟叶的质量。

管理期间，施肥得当，灌溉适时，勤松土，清除草，培土要高。畦间平坦，严防雨涝积水，看苗达顶，及时抹杈。严防病虫害。烟叶尚未成熟，靠近地面，脚叶会发生枯黄，此时要抢收脚叶，施足追肥。

采收和调制

烟叶成熟特征因叶片部位不同而存差异，成熟有先后，以腰叶质量最好。按部位采摘，分批采收，先采下部脚叶，当叶色呈黄绿或叶片前半部稍黄时采摘，让养分集中供应中上部叶片，以提高中上部叶片之质量，同时益于增强株间的通风透气，减少病害，上中部叶片亦视其成熟度即行采摘。

采摘时间，宜在下午或傍晚进行，忌凌晨采“露水叶”，以提高叶片质量。采摘的原则是从上端往下采。每次采 2～3 片，5～6 天采一次，熟一片采一片，不漏熟不采生。

烟叶调制全赖阳光，去其水分，令其变色。主要特点是，通过阳光令烟叶变黄变深变红，随着叶体内水分的消失，叶片色泽渐呈猩红，色匀，兼有亮度。

调制程序是先上夹，后晒制。

图专 9　烟叶晒制（叶祖青 摄于 1985 年）

上夹是用条状、片状竹篾编制而成的烟夹，将两片烟夹组成一副，叠烟叶于其间，采下的烟叶平铺在竹制的烟夹上，再用 4 根小竹竿将两夹串牢。烟叶上夹时间，皮脚叶采后立即上夹，上中部叶片采摘后，须放在阴凉的房屋内，叶柄朝下，竖放地面，经 5～6 小时，主脉变软后上夹，以免叶片破碎，叶筋折断，按叶片大小、好坏不同分类上夹。上夹时，叶背朝上，叶面向下。上完第一层再上第二层。第二层叶压在一层叶的二分之一处。每夹装烟数量以叶片大小而异，每副烟夹一般约铺 20～30 张烟叶，不易重叠过多。

晒制时，将已上夹的烟叶叶背朝外，两烟夹互相搭靠成 30 度角的“人”字形，避免阳光直射，任其日晒夜露 2～3 天，再增大至 60 度角的“人”字形，逐步扩大暴晒面，保证烟叶及早干燥，直至叶片呈虎斑色时，再将烟夹翻转，使叶面朝下，叶背朝里又晒制 2～3 天，直至叶脉晒干，卸下烟叶，堆于室内架上，让其充分转色。整个过程因天气而异，一般需 7～10 天。晒烟严防被雨打湿烟夹，遇水烟叶质量即大受影响，晒好后，再分类捆把打包。

收购和销售

清代，县内烟客将本地烟叶贩卖到上海等地，日本三井洋行持瓯海关核准的“出口三联单”，前来松阳古市一带收购烟叶 6000 担。清光绪后期，担烟可售得 10 多块银圆。宣统三年（1911），担烟价格 7～8 元。

至民国，烟叶价格常受丰歉及销路畅滞所左右，升降无定。民国 18 年（1929），担烟值银 15 元；民国 21 年，30～33 元；民国 23 年，14～19 元；民国 24 年，10～12 元。至民国 36 年，因法币不断贬值，朝夕悬殊，担烟最高价 80 万元，最低 50 万元，均价 65 万元。民国初期，烟叶价格也是随行作价，一般均为买卖双方酌议，缺统制机构。至 20 世纪 20～30 年代，县内始出现“烟叶公会运销公司”“烟酒公会”一类民间管理机构，专董烟（酒）贸易及价格。

浙江省于民国时期成立供销社批发部古市收烟处，民国 27 年（1938），省政府介入烟叶市场调整，销路遂有转机，烟价好转。兼因各乡合作机构成立，与浙江省合作社批发部相辅办理运销，烟价遂渐高涨，担烟价格 35～36 元。自民国 28 年起至 29 年止，收购烟叶 3490.88 市担，总值 10829562 元，获净利 1008567 元。

20 世纪 30～40 年代，松阳烟草的市场价格，常受政治、战事及销路等因素所左右，涨落无常。

民国26年（1937）“七七”事变后，销路呆滞，烟价惨跌，每市担仅6元左右，致烟农亏损血本甚大，挫伤生产积极性。1948年初，因法币急剧贬值，群众视之为粪土，有时一担烟叶早晨售得万元，傍晚仅能购得馄饨一碗，烟农怨声四起。

1950年，县人民政府着手对烟叶市场加强管理，并由县供销社牵头，吸收商界代表参加，组织“松阳县烟叶联购委员会”，负责协调烟叶购销比例，统一等级及价格，打击哄抬和压价，维护产销各方的合法利益。是年秋，中国土产公司松阳县收购组成立。1951年7月，又建立烟叶交易所，一改有史以来的分散交易为集中收购，并逐步纳入计划价格、计划收购轨道。

1954年，人民政府对烟叶收购价格又进行调整，据是年浙江省合作联合社1072号文件称：“由于今年饼肥上涨，农业成本提高，为照顾烟农利益，烟叶价格调整，其中松阳红烟一级担42.42元，较1953年提高5.32%。”1957年6月17日始，松阳晒红烟收购价格又上调5.12%。销价不变。

1977年，浙江省计划委员会落实以粮为纲、全面发展的方针，又一次调整晒烟价格，一二三级烟叶价格平均提高12.44%。

县烟草公司成立后，于1986年给烟农落实优惠政策，每亩烟田奖售供应一定数量的平价化肥。凡投售一担烟叶，发给烟叶生产扶持费20元。

自1950～1993年，松阳晒红烟之收购价格曾多次调整。

20世纪50年代中期，始有统一的购销价格，且执行省内外一道价。内销烟叶调拨供应，均在当地仓库交货。

20世纪60年代始，县内再度引种烤烟，数量不多，一直内销于松阳烟丝厂及当地市场。

松阳烟叶除留少量自吸外，绝大部分均销市场。销路分内销与外销两种。内销系指销售于本省各地的，如金、衢、严、湖、温、台各属县市，销售数额约占总数三分之一，均为制造烟丝之用；外销指销售于省外国外而言，如上海、厦门、广州、潮汕，以及南洋群岛之新加坡等，销量以总数三分之二，用之于鼻烟嘴嚼烟及制造卷烟。

图专10　松阳烟叶打包出口（叶祖青 摄于1985年）

烟叶销售流向。清嘉庆年间，松阳烟叶曾销至上海、松江等地；咸丰时，又远达南洋一带；同治间，销向兰溪、衢州等地；清朝末叶，经瓯海关出口国外的，年达2万余担；宣统元年（1909），日本三井洋行还派员到松社栈采购，销往日本。至民国，经营烟叶的烟行有19家之多，其中经营额在千担以上的行号在西屏镇有郭隆兴、金达三、荣华；在古市镇有罗萃泰、李德太、兰裕记、同兴等。流向遍及广州、厦门、汕头、温州、台州、兰溪、金华、衢县等地。中华人民共和国成立后，松阳烟叶调供省内的有杭州、宁波、三门、桐乡、兰溪、临海、温州、仙居、龙游及当地烟丝厂。

1983年后，主要调供桐乡雪茄烟厂和县内烟丝厂。调供省外的有福建泉州、广东恩平、安徽蒙城、辽宁营口等地厂家。

烟叶购销。中华人民共和国成立起由国营商业单位经营，均获利润。地方财政收入也因烟得以增加，1950 年得烟税 6.6 万元，1951 年 25.17 万元，1952 年 37.38 万元。

1980 年烟叶销售净利润 57111 元，至 1990 年上升到 259545 元，足见烟叶在全县财税中占一定地位。

制丝和卷制

首先，制丝。晒红烟的烟丝是刨出来的。新鲜烟叶经过暴晒后，会呈现出亮红的颜色，并有浓郁的烟香。刨烟丝时，把几十张烟叶卷压在一起，用烟片夹子夹住，紧紧固定在呈斜面的刨床上。刨刀的外观与木匠用的刨子类似，但刨肚要大得多，以容纳刨下来的烟丝。刨刀长 60～70 厘米，宽 30 多厘米，像一条微型的船。刨时为了润滑，往往要上油，同时也使得烟丝油亮润泽，外观上好看得多。

图专 11　刨烟丝（叶祖青 摄于 2004 年）

制作土烟丝，松阳县内一些山村吸烟老农，有一种用手将烟叶捏碎代替烟丝，装入烟盏（俗称“烟筒盏”）点燃抽烟的习惯；也有用柴刀切成丝状的自制烟丝，其制作烟丝方法是除去烟叶的粗烟脉，喷上茶油（或菜籽油），若烟叶过燥，复加微量清水，尔后将烟叶展平叠齐，再将两边向内微卷成条，用重物压成饼状，然后取两片条状木板相夹，手握锋利柴刀，切丝即成，俗称“把刀切”。数百年间，直至仿照木工刨而成的烟丝刨问世之前，民间多取此法制作烟丝。

20 世纪 60 年代初，松阳烟丝厂引进电动切丝机，遂开机切之先河，但农村自吸的烟丝，仍因循旧法。

随着烟叶种植业的发展和吸烟者的增多，制作烟叶的工具、工艺随之革新。清朝中期，已出现仿木工刨式样的烟丝刨，所制烟丝细长、均匀，优于“把刀切”。继而，城镇出现烟丝加工工场、作坊及烟丝厂。

制丝要经过配料、打绞等过程制成“烟饼”。把烟饼平放在条凳上，用脚踏住，使用柴刀上下移动，烟丝纷出。若用烟刨，则烟饼需厚些，刨烟师傅手握大刨，来回均匀重推，即成烟丝。所刨烟丝粗细，取决于刀片外露多寡及锋利程度，日出丝 20～25 公斤。

20 世纪 60 年代初，县内引进电动切丝机。所制烟丝，粗细均匀，烟末少，产量高。

其次，卷制。即取拌以香料及药料之各种烟叶，一起填卷而成雪茄。民国 27 年（1938），浙江省农业改进所在松阳引种美国烟草（烤烟），收获之后，即率先研制手卷雪茄烟，经微量试制试销，销路顺畅，于民国 29 年建浙东雪茄烟厂。时从业人员 80 余，产品“明牌”。一时间，群起效法，雪茄烟厂踵继诞生。

民国 29 年（1940）12 月，应“热点”之需，浙江省建设厅委托湘湖师范学校举办雪茄烟技工训练班，学员结业后，即介绍到各烟厂服务。是年冬，湘湖师范亦在古市办成黄圩雪茄烟厂。

所卷烟支大小，视习尚而定，一般分大、中、小3种。大号每支重8克，长11厘米；中号支重5克，长10厘米；小号支重3克，长9～9.5厘米；直径均不一。烟叶叠卷方法有两种：层叠卷制为上等烟支之制法，烟蕊细密，形态整一，卷制不适，易至燃吸不畅，非熟练之工人不可制。撒叠法卷制为普通烟支之制法，烟蕊粗疏，形态不整，却容易燃吸，此品生手亦能胜任。

卷制完成之烟支形色不一，应加整理和压制，以增加烟支之美观。小号雪茄只整理不压制，大中号应整理压制，成方形或圆筒状。

图专12　松阳生产的雪茄烟商标（叶祖青提供 1940年）

流通和效益

卷烟流通于松阳市场，约在民国初年。最先出现经营卷烟的是西屏镇太平坊路46号朱德泰酱店。随后许多商店竞相兼营卷烟。

民国21年（1932）春，上海英美烟公司的卷烟广告传至松阳，翠鸟、哈德门、天桥、老刀、仙岛、红印等牌卷烟陆续输入，民国19年《松阳县政府年刊》载：是年，全县卷烟贸易额达6万元。

20世纪40年代初，四川烟商杨某、浙江汤溪商贩袁某、温州商人胡某等，把卷烟贩至松阳，转手卖给各店零售，卷烟由私商经营。

1951年8月，中国专卖公司松阳办事处设立，卷烟始纳入专卖轨道。县供销合作社仍单独向外地生产厂家进货，形成多头进货、批零局面。直至1952年，除与杭州卷烟厂建立产销挂钩的赊销关系，余为省级国营商业统一按计划拨县，县国营商业单位又逐级按计划下拨基层商业单位经销、零售。1953年秋，供销社停止单独进货。

20世纪60年代初，全县卷烟进货、批发业务，概由烟糖公司统一经营、统一价格、统一管理。城乡零售单位按国营单位的牌价经营，供销社不再自行组织货源。

1986年9月，县烟草公司成立，卷烟进货、批发业务，全面纳入专卖轨道。

货源组织。民国6年（1917）前后，西屏、古市、玉岩率先出现卷烟，货源概为各地商人引进。

中华人民共和国成立之初，卷烟货源组织仍为私商进行。1951年8月，中国专卖事业公司成立后，遂统一组织货源，然未统揽，县供销社也向外地厂家组织货源，实为交叉经营。

20世纪50年代中期后，国家的集中计划管理渐趋完善，始全面采取“分区划片”的统一调拨，按计划组织调入。

20世纪80年代，实行改革开放政策，参照市场的调节作用，可以自行在省内组织货源，省内系统间可以实行余调剂。县烟草公司成立后，省产的卷烟货源由省烟草公司定期下达供货计划，还可自选品种。

销售网点。民国时期，县内卷烟摊、店，棋布城乡。专营者少、兼营者多，悉为私营。中华人民共和国成立前后，全县有卷烟摊、店70余家。1956年工商业社会主义改造之后，全县除2家店保留私营，余均改为集团合作经济，农村商业网点改造为代销店，兼营卷烟，共220多家。

1986年，全县有2家全民所有制商业单位经营卷烟，一家专营批发，另一家为零售；集体商业单位53家。1987～1989年，卷烟个体零售户大批出现，1989年达958户。

销售方式。1959年前，县内卷烟销售全属自由买卖。1959年后，各种供应方式陆续出现。

经济效益情况。从1964年始，卷烟业务由烟糖公司经营，经济效益一般，年度间也不平衡。1988年建立县烟糖公司后，对卷烟业务实行统一的经营管理，严格按《烟草专卖条例》办事，经营卷烟的经济效益大幅度提高。1987年，经营利润总额19.59万元；1991年，增加到33.12万元。

专卖和机构

烟草专卖机构与专卖行为，始于民国初年。民国《松阳县志》载，民国初年创设县烟酒公卖局，为官办专卖机构，地设城南统捐局之侧。时烟草公卖局徒有机构称谓，并无专卖行为。

民国4年（1915）春，由县商会牵头，成立县烟酒公会，公开参与烟叶购销、评价等事，属行业自治，仍无系统专卖行为。

民国19年（1930），县内组成的烟叶公会运销公司，仅涉足购销，属行会机构。至民国27年，县内设烟叶评价委员会，由县长兼主任。这和随后成立的县烟业股份有限公司，均仅涉及烟叶运销、权衡等级、控制价格等，有类似专卖性质的行为，却非正式专卖机构。

20世纪30年代的战时物产调整处松阳办事处，属政府机构，管理卷烟“舶来品”，也管理烟叶种植及出口转运诸事，签发烟叶出口运销许可证。凡烟叶股份有限公司或烟行，均需持证方得出口。时烟叶种植面积也须核准方可栽培；凡超越计划的，势必受到干预，被罚款或被铲除。

民国时期的烟草专卖，仅有部分专卖行为，却无正规之专卖组织。

民国初，县内成立烟酒公卖局，租设西屏镇南门统捐局址内。民国4年（1915）春，悬牌松阳县烟酒公司和烟酒公会。民国19年，又创设烟叶公会运销公司，旨在疏通销售。

民国26年（1937），县内成立烟叶特产公司。是年4月，又成立烟叶同业公会，址设城南金钟庙，旋改烟业同业公会，均属商业行会组织。是年秋，正式悬牌县烟叶股份有限公司。民国27年9月，县烟叶评价委员会成立，时县长蒋剑农兼主任，副主任孔祥明，性质官办，拟就有《松阳县烟叶评价委员会章程》，侧重左右收购价格。不久，改设浙江省烟叶股份有限公司（实为县级机构），公布有《松阳县烟叶股份有限公司章程》凡30条，作为行业经商准则。不久，奉改“浙江”为“处属”。年余，即改称为松阳县烟叶运销处，集官、商于一体。其主要业务是权衡烟叶价格，力主平衡，兼及烟叶购销、出口事务。

至民国27年（1938），浙江省战时物产调整处松阳办事处已涉足烟叶生产，过问种植面积。

民国30年（1941）秋，县内曾设过战时卷烟管理处，专管卷烟购销。民国36年，公布《松阳县播种烟叶收纳注册费办法》。

1950年，县内成立烟叶联购委员会，性质为民间商业自治，由县工商业联合委员会牵头，县供销合作社出面，并吸收商界代表参加，组成办事机构。是年，县内成立工商业联合会，取代民国时期的县商会及各业公会。1950年6月，成立中国土产公司松阳收购组，次年即改称中国土产公司丽水支公司松阳办事处，增设古市营业组。这年设的土产公司及 1951 年设的中国专卖公司松阳办事处，均兼烟业及其他。其实也无系统的专卖法规。嗣后成立的烟麻公司、农产品采购局，仍属综合性经营管理机构。直至 1986 年成立县烟草公司，1988 年成立县烟草专卖局，始按国家《烟草专卖条例》行事，全面、专一经营管理烟草及其制品。

1951 年 2 月，又设松阳县烟叶交易所，变分散交易为集中交易，并管理烟叶加工业，控偷、逃、漏税，杜绝压价、抬价等事宜。是年 8 月 1 日，县内成立中国专卖公司松阳办事处。不久改称批发部。

1953 年春，组成县烟麻协商小组，取代旧时之烟叶公会。是年 1 月，原土产公司松阳办事处改组成中国烟麻公司松阳办事处，并在宣平境内设松阳烟麻收购组，专营烟麻并辖流通。1954 年 1 月，县烟麻办事处复改为土产公司松阳办事处，年余又撤。

1956 年 1 月，设松阳县农产品采购局。是年 3 月，土产公司松阳办事处奉命撤销，其财产、人员及业务再度划归县农产品采购局。1957 年 1 月，县人民委员会据上级文件精神，撤销该局，其财产、档案及业务，概由县供销社接收。

1957 年 8 月，专卖事业公司县办事处经纪的烟叶购销业务及扶持烟农发展生产等事宜，全转予县供销社土产站经营。是年，县供销社土产站又接收农产品采购局撤销后的烟叶业务。次年，松遂并县，土产站改称土产经理部。1965 年，复更名土产公司。1976 年，改为土特产果菜公司，均属县供销社所辖。1982 年，松遂分治，复设松阳县土特产果菜公司。1984 年 10 月，土特产果菜公司析为土产和特产 2 公司，烟草业务划归特产公司经营，行政从属县供销合作社，实行经理负责制。1986 年 9 月 22 日，县烟草公司成立，原特产公司经营的烟叶业务划归烟草公司专营至今。

图专 13　烟草专卖店（县档案馆提供 1998 年）

1986 年 9 月 22 日与 1988 年 3 月 7 日，浙江省烟草公司松阳县公司、浙江省松阳县烟草专卖局相继成立。松阳县人民政府根据省政府办公厅文件精神决定："原由县烟糖酒菜公司经营的卷烟批发业务和县特产公司经营的烟叶收购、调拨业务，自 1986 年 10 月 1 日起划归县烟草公司统一经营和管理。"

烟俗和烟具

1972 年冬，县内靖居村建小西水库时，于库址北侧山麓，发现清乾隆年间一墓穴，出土一个铁质烟锅。

清乾隆年间，已有用铁质烟锅吸烟，谢世时又以烟具作陪葬品的习俗。至 20 世纪 80 年代，尚有此风俗。至于吸烟、递烟风尚，已从单纯的嗜好升华至公关领域，成为感情投资的纽带。从家庭到社会，覆盖面甚广。凡吸烟者，家有客至，或遇熟人，或遇需要打交道者，多数先敬以烟，以示友善。20 世纪 70 年代以来，嫁娶均得分喜烟。

城镇居民或青年人中，吸烟卷者多于吸土烟丝；农村或老年人中，则以吸土烟丝为多。老年人多吸中、低档烟，而青年人则多吸较高档次的卷烟。

图专 14　晒红烟博物馆展出的烟具（吴弄村提供）

随着吸烟与健康关系的理论探讨，吸烟有损健康的观点由朦胧而明朗。渐次出现悬牌禁烟的情况。县医院住院部、客车车厢内、县城影剧院、会议室等场合，先后悬出“严禁吸烟”“请勿吸烟”等语牌。为预防火灾发生，汽车加油站、部分工厂的车间、仓库明文严禁吸烟。有些机关、企事业单位办公室亦出现“谢绝敬烟”的标牌。出于健康原因，许多人自发戒烟。其中有青年人，也有数十年烟龄的老者。

吸旱烟始于清康熙年间，而吸卷烟则始于民国初年。吸旱烟所用的烟具，有旱烟筒（袋）、水烟筒、烟斗、火刀、火石、火柴、纸媒等；吸卷烟仅有烟嘴。

（李德贵）

松阳茶叶

中华人民共和国成立前茶史

早在远古时代，松阳先民在创造灿烂农耕文化的同时，也孕育了源远流长的茶文化。

据考证，山茶目植物起源时间大约距今六千万至七千万年的始新世和古新世，山茶属植物可能始于四千万年前的渐新世。中国是茶的发祥地。自从神农尝百草发现、始用茶叶至今约有五千年的历史了。松阳茶业究竟始于何时，由于古籍文献记载阙如，现已很难追溯其确切的年代。

三国时期，随着中华文化的广泛传播和人们饮茶习俗的日渐盛行，中国茶业重心开始东移。置县于东汉建安四年（199）的松阳，由于地理条件良好，是当时浙西南的政治、经济和文化中心。相传这一时期松阳开始种植茶叶。

史料记载，唐时浙江有 10 个州 55 个县产茶。松阳属处州一县，物产丰饶，可能松阳属于产茶县之一。

宋代，松阳饮茶之风日甚，茶道盛行，张玉娘的诗词提到“小凤团”茶。

明时，松阳茶业有进一步发展，《处州府志·松阳县志》载：“明成化二十二年，松阳贡茶芽三斤”，“茶课等钞九千一十八锭一贯六百一十文铜钱九万一百八十一文”。此时，在制茶技术上发生变革，由炒青茶逐步替代原来的蒸青茶，且一直流传下来，为松阳现代制茶技术的发展奠定基础。

民国 18 年（1929），松阳茶叶获得首届西湖博览会一等奖。民国“26～28 年三年工作概况”载：“本县植茶较多之区域，首推靖居区之小港及石仓源一带，茶叶品质优良者，当以云峰乡之横山茶，古市镇之卯山茶及下街茶为最，全县每年产茶千余担。抗战期间，产茶区域颇多沦陷，为维持茶叶原有国际市场，28 年，始建于松阳的浙江省农业改进所，在横山村设立省茶叶调整实验场，费工千余垦殖茶园五十亩，栽植茶苗三万余株，并在横山创办制茶厂。同年春还租赁茶园开展了仿制龙井茶，经市场试行推销，颇受社会欢迎”。示范场的设立，对当时浙南乃至全省茶叶生产起到良好的示范作用。后来因受日军入侵封锁，加上常遇洪水灾害、茶价下跌等因素的影响，全县茶园大多荒芜，面积减少 1/3。到民国 36 年，茶叶生产有所恢复，全县茶园面积恢复到 117.3 公顷（其中山地 96 公顷、平地 21.3 公顷），占全县耕地面积的 0.08%；种茶户 3870 户，占全县总户数的 12.5%，全年茶叶总产量上升到 105 吨。1949 年，全县茶叶面积再度回落到 42.9 公顷，总产量 10.15 吨。面对这一状况，政府采取申请工赈复兴茶园、推广改良制茶技术、改进箱茶精制及包装、查报茶叶动态等办法，以求尽快恢复茶叶生产。

中华人民共和国成立后茶史

中华人民共和国成立以来，松阳茶业发生翻天覆地的变化，经历六个主要发展时期。

恢复发展期

新中国成立之后，松阳的农业生产得到较快的发展，茶叶生产出现新的转机。20世纪50年代初，县政府号召："立即恢复、培植原有荒芜茶园，改进技术，提高品质，逐渐扩大。"首先对水南、竹源、谢村、象溪、安民、枫坪等主要产茶乡，种植在山脚、圩地、园地、塝边的茶园进行垦复改造，以恢复生产。除此之外，在江南、古市2区发展少量的新茶园。到1956年，茶叶生产初见成效，面积扩大到356.8公顷，产量上升到101.6吨，平均每公顷产量达到375公斤。50年代末，松阳茶叶保持稳定上升，全县茶园总面积达到406.7公顷，总产量达到150吨。

基地建设期

20世纪60年代初，受严重自然灾害等因素影响，松阳茶园面积、产量有一定程度的下降。但是，通过贯彻落实"调整、巩固、充实、提高"八字方针，松阳茶业重新稳步发展起来。1964年，赤寿公社红连大队利用荒坡地首次开辟5.2公顷集中连片的常规茶园，为松阳县茶叶生产规范建园、科学管理树立榜样。

70年代初，在红连村成功经验的启发之下，县内各地干部群众积极利用当地适宜的山地资源和优越的生态环境，掀起一场开辟茶园的群众运动，以赤寿、竹源、阳溪、石仓、新兴等公社为重点，逐步向全县覆盖。开发基地以大队（村）为主，公社、大队、生产队相结合，以误工摊派方式解决集体茶园开发投劳问题。基地建立后，通过组织茶叶专业队，实行专业管理。在基地建设过程中，为确保基地建设质量，除农业局专业技术干部前往直接指导外，还从外地聘请一批有经验的茶叶师傅蹲点辅导。邀请在大柘公社蹲点的中国农业科学院茶叶研究所王立、杨锁森等多位专家指导，使松阳境域内茶叶大规模发展得以顺利进行。1970年，开辟茶园600多公顷，茶园总面积达808公顷。这是松阳茶叶发展史上的一个新的里程碑。此后，整个70年代，茶叶基地面积持续扩大。到1979年，茶园面积达1590.6公顷，比1970年增加近一倍。此时松阳常规茶园建设处于历史顶峰。茶园遍布境内5个区29个公社（镇）400个生产大队及2个国营林场。茶叶总产量达到440.5吨，比1970年的94.7吨增加3.6倍。

1983～1985年，茶叶严重滞销积压，出现"卖茶难"现象，茶农种茶积极性受到挫伤，致使大批茶园失管抛荒，松阳县茶园面积有所下降。1984年区划调查，全县茶园总面积1187.5公顷，分布在海拔500米以下的有956.8公顷，占80.6%；500～800米之间的150.7公顷，占12.7%；800米以上的79.6公顷，占6.7%。全县有梯级茶园223.5公顷，占18.8%；平地茶园254公顷，占21.4%；缓坡地茶园710公顷，占59.8%。茶园面积66.7公顷以上的有赤寿、新兴、竹源、水南、阳溪5个乡；3.3公顷以上的村68个，6.7公顷以上的村26个，13.3公顷以上的村6个。

随着茶叶生产的不断发展，20世纪70年代中期，境内开始陆续引进茶叶初制机械，机制茶逐步得到推广，1982年松阳县恢复县制，全县已建成茶叶初制厂68座，共有初制机械345台，重点产茶单位基本实现茶叶加工机械化。

名优茶创新期

20世纪80年代是农村经济体制改革时期，中共十一届三中全会召开以后，全党工作重心转移到经济建设上来，农村经济体制发生深刻的变化，家庭联产承包责任制在广大农村迅速推行。从1982年开始，松阳县茶叶生产采取三种形式落实茶园承包责任制。对公社、大队级具有一定规模的茶园采用联产计酬或大包干责任制，对生产队小面积茶园实行分户承包。生产责任制的推行，彻底打破吃“大锅饭”的局面，有力地调动茶农生产积极性和学科学、用科学的主动性，加上在这一阶段，茶叶收购方面出台对超基数部分实行减税加价、返利、化肥奖励等优惠政策，使茶叶生产出现快速增长的良好势头。1982年，全县茶叶生产创历史新高，总产量达到751.3吨，收购量达500吨。茶叶的发展，为国家增加税收。通过实行茶园估产、定税到人的办法，20世纪80年代，全县每年可收茶叶农林特产税上百万元。其中1983年达到140万元，高产茶园每公顷税收可达6000元。

20世纪80年代初，茶叶技术人员指导赤寿公社半古月大队茶场，利用福云池边三号无性系茶树品种繁育银猴茶获成功。在1980年、1982年、1984年连续三届名茶评比会上，松阳银猴茶均被评为省一类优质名茶，于1984年获浙江省名茶证书。为提高群体品种茶园的经济效益，全县进一步开展名优茶研制开发工作，松阳玉峰、万寿茶、小凤凰、山兰等名茶相继问世。名茶的创新开发，为松阳茶类结构调整、丰富品种、扩展消费空间开辟新途径。

随着名茶的开发，优质茶生产也得到迅速发展。1997年，新兴乡茶农创新试制香茶并获得成功。此后不断摸索、改进香茶加工工艺，终于使松阳香茶成为一种加工工艺独特、品质优良、对内销市场大宗消费极具吸引力的优质绿茶。松阳香茶以其条索细紧、色泽翠润、香高持久、滋味浓爽、汤色清亮、叶底绿明的独特风格，深受消费者喜爱，畅销全国20多个省、市。2006年，松阳香茶产量占全县茶叶产量80%以上，产值超过50%，达到1亿元。

2009年夏茶起，松阳县赤寿乡楼塘村、新兴乡上安村茶农采用鸠坑有性群体种、福云3号、龙井43等品种鲜叶原料，研制而成松阳红茶。松阳红茶迅速成长为近年松阳茶叶发展的新秀。

良种发展期

20世纪80年代末，松阳名茶商品量仍然很有限，无性系良种茶园面积少是一个主要的原因。1988年10月，县政府提出利用现有的自然资源和劳力资源，因地制宜，大力开发无性系良种茶园，发展名茶生产，提倡规模开发和千家万户开发相结合；并且出台相应的扶持政策。对发展良种茶园2公顷以上的单位和个人，给予每公顷贴息贷款4500元，贴息期为4年；老茶园改造2公顷以上者，给予每公顷贴息贷款1050元，贴息期为3年。由于政策到位，措施得力，调动了农民发展茶叶生产的积极性。到90年代初，全县发展以银猴品种为主的无性系良种密植茶园267公顷。

图专15　松阳茶园（叶光铭 摄于2007年）

随着农业产业结构调整的开展，从1990年初开始，在新兴乡首次利用山垄田、大田发展良种密植茶园，对松阳加快良种茶发展产生深刻的影响。古市农技站茶叶专业技术人员于1992年、1994年、1999年开始引进推广龙井43、乌牛早、安吉白茶等茶树良种，在21世纪初期成为松阳茶产业的主栽品种。2008年，龙井43、乌牛早、安吉白茶3个品种面积达4466.7公顷，占松阳县茶园总面积63.8%。2000年以来，每年以500公顷以上的速度递增，到2005年止，全县共有茶园面积5648.7公顷，其中无性系良种茶园5066.7公顷（其中大田3000公顷），良种覆盖率达89.7%，绝对量居全省首位。2001年，松阳县荣获“浙江省良种茶之乡”的称号，2001年度、2004年度、2007年度、2010年度松阳县连续被评为浙江省茶树良种化先进县。良种茶园的快速扩展，促进名优茶生产大幅度增长。2005年，全县茶叶总产量达5195吨，总产值达到1.7亿元，其中名优茶产量4805吨，总产值1.66亿元，分别占总产量和总产值的92.5%和97.8%，全面实现茶叶名优化生产。当时全县从事茶业人员达8万人之多，茶产业已成为松阳农业经济的支柱产业和特色优势产业。

品牌建设期

在松阳茶叶生产取得长足发展的同时，茶文化宣传、品牌建设提上县委、县政府的议事日程。1993年，首次举办“吃在松阳”名茶品评会以后，在充分调研的基础上，于2001年下半年开始对全县众多茶叶品牌进行整合，把具有一定市场影响的“银猴”品牌作为松阳茶叶的主导品牌，并确定银猴山兰、银猴龙剑、银猴白茶、银猴香茶等为银猴系列产品。每年投入资金上百万元，大手笔、全方位打造“银猴”品牌。先后组织参加2002年中国杭州精品名茶博览会、2002年济南国际茶博会、2003年上海国际茶文化节、2004年香港美食节、2005济南国际茶博会、2006北京马连道第六届茶业节暨浙江绿茶博览会和泰国亚洲食品博览会。并于2004年举办“松阳银猴”系列名茶品尝会、2004杭州“松阳银猴”系列名茶敬老茶会。为打响“松阳银猴”品牌、打造“浙江生态绿茶第一县”和“中国绿茶集散地”，2007年11月，在松阳县举办“松阳银猴”国际茶文化研讨会，并形成《松阳共识》。2008年始，每年在松阳举办中国茶商大会·松阳银猴茶叶节，使国内外茶界精英会聚松阳。通过茶博会、茶商大会等平台，举行松阳银猴茶道表演、万人品茶、名茶推介会、产销对接等茶文化系列活动，通过中央、省、市各级电视报刊等新闻媒体刊登广告和发布信息，提高松阳茶叶的知名度和美誉度。

经过近十年的努力，银猴品牌知名度不断提高，茶叶市场空间不断拓展，品牌效应日益凸显。2003年，“银猴”商标被评为省著名商标；2006年，银猴系列茶被认定为浙江省名牌产品；2004年、2009年松阳银猴茶连续被评为浙江省十大名茶。2010年，中国农产品（茶叶）区域公用品牌价值评估，松阳银猴品牌价值10.49亿元。

近年来，随着食品安全被人们广泛关注，对茶叶质量安全也提出更严格的要求。为此，松阳县委、县政府在大力宣传茶叶品牌的同时，重视和加强茶叶初制厂优化改造工作，把茶厂优化改造作为提升品牌、做大产业的重要措施来抓。2004年，对全县500多家茶叶初制厂进行全面普查登记，根据初制茶厂存在的散、小、乱及厂房简陋，加工设备陈旧、环境卫生条件差等问题，作出优化改造规划，提出用工业理念发展茶叶加工业，采取发展一批、改造一批、淘汰一批，增大茶叶加工企业向园区集聚等办法，促进松阳茶叶加工向规模化、标准化方向发展。为了使茶厂优化改造工作顺利地开展，专门制定《茶叶生产加工管理办法》《茶厂优化改造验收标准》；出台相应的优惠政策，规定对入驻工业园区的茶叶企业，享受工业用地政策；新建或改造的茶厂，经验收达到标准的，给予3～6万元奖励。近7年全县新建和优化改造的茶厂达120多家。浙江碧云天茶业公司、越玉兰茶叶公司、松阳县绿色食品厂等19家企业取得QS认证。并在茶叶企业中培育13家省、市农业龙头企业，使松阳茶叶加工组织化程度和生产水平上一个新台阶。2004年度、2006年度、2008年度松阳县连续被评为浙江省茶厂优化改造先进县。

市场推动期

1992年底，松阳茶厂在县城新华路新街头开设简易茶叶交易市场，为全县广大茶农提供了名优茶交易场所。

1998年3月，松阳县长运公司组建成立松阳县茶叶市场。随着市场的建立和完善，松阳茶叶流通发生根本变化。当时全县从事茶叶流通人数达到300余人，同时还吸引大批外地客商。在茶叶交易旺季，来自全国各地的茶商多达500余人，形成一支庞大的茶叶经销队伍，使长期存在的产销矛盾有效地得到解决。茶叶市场集茶叶交易、物流受理、信息配载、仓储配送、货物中转等于一体，形成综合服务体系，使茶叶流通更现代化。茶叶市场建立以来，适合内销的名优茶不断增加。至1999年，全县茶叶总产量1960吨，其中名优茶达915吨，占总产量的近50%。香茶的快速推广，加上松阳茶厂的停办，使原来的炒青绿茶明显减少。2005年，全县茶叶总产量5195吨，其中名优茶4805吨，占总产量的92.5%。松阳茶叶绝大部分依靠内销市场流通，茶叶销往上海、山东、北京、江苏、山西、甘肃等20多个省市。

随着茶叶交易量的不断扩大，松阳茶叶市场曾三易其址。2001年，经省工商行政管理部门批准正式更名为“浙江浙南茶叶市场”。2005年初，占地面积1.45万平方米的交易区一期工程和占地2.6万平方米的物流中心投入使用。当时市场拥有营业房100间，占地面积1.45万平方米，交易摊位5000多个；停车场、冷库、物流、宾馆、茶楼、餐饮、娱乐等配套设施一应俱全。由于市场功能更加完善，交易的茶叶品种丰富，吸引上海、江苏、安徽、山东、北京、甘肃、黑龙江、内蒙古等10多个省市的茶商前来交易。2005年，入市茶叶交易量达1.68万吨，交易额4.86亿元，分别列全省第一、二位。浙南茶叶市场二期工程占地1.38万平方米，营业房100间，交易摊位5000多个，于2008年初投入使用。2010年，浙南茶叶市场茶叶交易量达5.12万吨，交易额17.8亿元，交易量连续8年、交易额连续5年位居全省之首。浙南茶叶市场先后被列为“省重点农副产品批发市场”“省骨干农业龙头企业”“省三星级文明规范市场”“农业部定点市场”。

图专16　浙南茶叶市场（叶光铭 摄于2006年）

茶叶市场是维系茶叶产业链的关键环节，茶叶市场的兴衰直接影响松阳县整个茶产业的发展。浙南茶叶市场联结松阳当地茶园10万余亩，联结周边县市遂昌、武义、云和、莲都茶园20万余亩，惠及茶农15万余户。松阳名优茶通过该市场除销往国内上海、江苏、山东、广东、陕西、甘肃等

20多个省、市、自治区外，还远销港澳、欧美、东南亚各地。茶叶上市旺季，日客流量达6000人之多，在高峰期日交易额达900多万元。浙南茶叶市场的健康持续发展，促进松阳及周边县市的效益农业和农村经济的发展，对实现当地茶叶产业化经营发挥巨大的作用。

20世纪90年代中期，新兴乡茶农率先在上安村的公路边建立茶农自由交易的初具规模的茶青市场，吸引县内外茶农、茶叶加工企业在此交易。这样在松阳就出现全国各大茶叶产区中绝无仅有的茶青市场。后来，由于各级政府的积极引导，形成现在的茶青市场体系。

松阳县以新兴乡茶青市场为龙头建设茶青市场体系。该市场发展曾经3度搬迁，20世纪90年代中期至1998年在上安村的公路边。为解决当时有市无场的情况，县委、县政府及新兴乡党委、政府投资8万元在横溪村公路边一片空地上建立1000余平方米的露天市场；2002年初，又投资66.8万元，在横溪建立占地3328平方米、设有摊位1000个的棚架茶青市场。2002年，日交易额高的达30余万元，全年茶青交易额达2200余万元。2003年上半年，茶青交易达3500吨，交易额达2800万元，高峰期每日交易人员达2500余人，市场呈现繁荣兴旺景象。

新兴茶青市场的发展带动赤寿、斋坛、板桥、樟溪、西屏等乡镇区域茶青市场的发展。赤寿乡在章家村建立占地2000平方米、摊位上百个的茶青市场；斋坛乡在大路村公路边形成路边茶青交易市场，每天交易人员多的可达200多人，日交易量高的可达四五吨，交易额达800万元；西屏镇项桥下村茶青市场每天交易人员达100多人，年交易额达450万元。2003年，全县名茶茶青交易总量达12000吨、交易额达8000余万元，占全县茶叶总产值的75%。一个分区域的茶青市场体系已基本形成。

当时，全县各产茶乡镇建立十多个专门交易茶叶青叶的茶青市场，解决茶农茶青卖得了、企业加工有货源的问题。2005年，茶青市场交易量超1.5万吨，交易额1.6亿元，形成完整的产业链，产业链各环节既有专业分工，又紧密相连，把千家万户的茶叶种植户与加工企业连接起来，推进茶叶专业化和集约化经营。

茶产业成为松阳农业第一主导产业

1990年，松阳县茶园总面积1373.4公顷，茶叶产量1059吨，茶叶产值530万元，仅占当年松阳农业总产值19566万元的2.7%。2000年，松阳县茶园总面积2129.4公顷，茶叶产量2532吨，茶叶产值6025万元，产值在当年松阳农业中居第5位。

2006年，松阳县茶园总面积5980.5公顷，茶叶产量5688吨，茶叶产值19740万元，占当年松阳农业总产值101394万元的19.5%，产值跃居松阳农业第1位，成为松阳农业第一支柱产业。2010年，松阳县茶园总面积7344.1公顷，茶叶产量9049.5吨，茶叶产值42238万元，占当年松阳农业总产值139617万元的30.3%，产值连续5年稳居松阳农业第1位，且以倍数的距离遥遥领先于其他产业。

经过20年的努力，茶业成为松阳农业的主导产业、松阳农民的民生产业，在松阳农业中具有举足轻重的地位。松阳茶业在省内外也享有一定的知名度，茶产业已形成全产业链生产模式。至2010年末，全县茶园面积达7344.1公顷，茶叶产量9049.5吨，产值达4.22亿元；浙南茶叶市场2010

年年交易量5.12万吨，交易额17.8亿元。茶叶市场交易量从2003年起连续8年居全省首位，交易额从2006年起连续5年居全省首位；松阳银猴2009年被评为中国农产品区域公用品牌百强，2010年品牌价值达10.49亿元，居中国茶叶区域公用品牌价值榜第16位。茶产业在松阳县呈现3个1/3的生产格局：全县农业产值1/3来自茶叶，农民收入1/3来自茶叶，全县人口1/3从事茶叶。松阳县已确立浙江茶乡、中国茶叶主要集散中心的地位，先后被命名为“中国绿茶集散地”“中国名茶之乡”“全国重点产茶县”“全国十大特色产茶县”和“浙江省茶叶强县”；“松阳茶”成为国家地理标志保护产品；浙南茶叶市场成为全国最大的绿茶产地市场，并成为丽水市唯一一家农业部定点市场。

图专17 “中国绿茶集散地”授牌（叶光铭摄于2009年）

松阳茶产业发展特点

近十年来，松阳县紧紧围绕产业结构调整、强化基础建设、整合提升品牌、培育拓展市场等重点，有力地推进茶产业快速发展，成效显著。

茶叶的生产基地形成规模。从21世纪开始，松阳茶叶生产基地面积平均每年以500公顷以上的速度递增，到2010年末，茶叶面积已达7344.1公顷，是1999年（1474.4公顷）的5倍。松阳县茶园总面积居全省第7位、丽水市第1位。

茶树良种化建设全面推进。随着农业产业结构调整的进一步深化，松阳县根据发展生态效益农业的决策要求，充分利用当地丰富的资源优势，大力推进无性系茶树良种发展，先后扩建浙西南茶树良种繁育科技示范场，建立茶树良种苗圃基地，为良种茶的规模发展奠定基础。通过统一规划、合理布局、实行高标准建园等措施，到2010年底，全县茶园面积扩大到7344.1公顷，茶树无性系良种覆盖率达93.8%，基本实现茶树良种化。被评为浙江省茶树良种化先进县，同时被授予浙江省良种茶之乡的称号。

茶叶的种植效益增长明显。茶树良种茶园的迅速发展，以及多茶类组合生产技术的全面推广，茶叶经济效益大幅度增长。2010年，全县茶叶总产量达9049.5吨，总产值达4.22亿元，比2000年的2532吨、6025万元分别增长2.6倍和6.00倍，投产良种茶园平均产值12万元/公顷，茶叶比较效益在松阳县充分得到体现。

茶叶的初制加工基础扎实。（1）初制茶厂优化改造成效显著。从2004年实施茶厂优化改造技术以来，松阳县连续3次被评为全省茶厂优化改造先进县，4家茶厂被列入全省优化改造示范茶厂（全省初制茶厂优化改造是5年规划，2004～2009年，5年中全省评100家示范茶厂，松阳县示范茶厂的数量在丽水市排第1位）。（2）茶叶加工技术水平显著提高。松阳县加工生产各类名茶、香茶和红茶等多茶类，加工的产品品质优，尤其是松阳香茶加工水平高，很受欢迎。

茶叶综合利用初步发展。目前松阳县有振通宏茶业、茗阳科技、诚天和食品、箬寮食品4家茶叶综合利用企业，生产速溶茶粉、茶食品、茶保健品。

品牌整合提升初见成效。为进一步提升松阳茶叶品牌知名度，在充分调查分析的基础上，县委、县政府对当时众多的茶叶品牌进行有效整合，确定“松阳银猴”为全县茶叶公用品牌，并加大投入，在全国各大城市举办联办茶博会，在松阳当地连年举办中国茶商大会，通过电视、报纸、杂志、网络进行大手笔打造“松阳银猴”品牌。2006年，银猴系列茶被认定为浙江省名牌产品，“松阳银猴”荣膺首届和第二届浙江省十大名茶。“松阳银猴”品牌在全国茶叶区域公用品牌百强中排第16位，品牌价值达10.49亿元。

市场体系建设日臻完善。浙南茶叶市场通过加大基础投入、异地新建、增强设施功能建设，集聚功能明显，已成为浙江三大茶叶市场之一。2010年，浙南茶叶市场交易量5.12万吨，交易额17.8亿元，市场辐射浙江、福建、湖北、江西、安徽等省茶叶基地100多万亩，被列为“农业部定点市场”“浙江省重点市场”“浙江省骨干农业龙头企业”“浙江省三星级文明规范市场”。与外地市场建立稳定的销售网络和信息交流平台，进一步加强松阳银猴、松阳香茶与全国大市场的对接，构建比较完备的市场体系，不断拓展松阳茶叶的营销市场空间。同时，根据松阳县茶叶生产特点，在重点产茶乡镇建立10个茶青市场，全县95%以上的茶叶鲜叶通过茶青市场流通，实现茶叶种植、加工专业分工，彻底改变以往千家万户种茶又制茶、小而散的落后状况，有效地促进茶叶产业化发展。

质量安全生产依法推进。产品质量是产业的生命，多年来，思想上积极致力于改变农民观念，增强从业人员的质量安全意识，树立可持续发展的理念。技术上积极致力于生态绿色防控技术推广，从根源消除茶叶质量安全隐患。措施上积极致力于茶叶质量安全整治，工商、质监、农业等多部门配合，开展茶叶质量安全整治工作，乡镇实行干部分片包村、分头负责，加强对茶叶生产者的管理。制度上积极致力于质量追溯体系建设。2005年，建立县农产品质量检测中心，对生产、加工、销售各个环节实施定期监控和抽检。

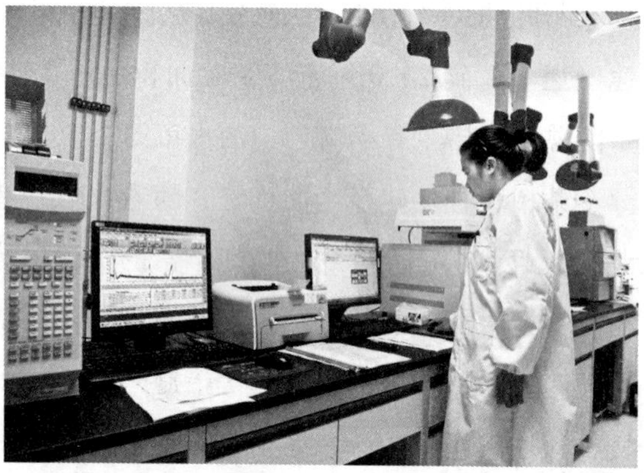

图专18　电脑检测茶品质（叶光铭 摄于2012年）

松阳茶产业和松阳银猴茶品牌荣誉

1929年，松阳茶叶荣获首届西湖博览会一等奖。

21世纪以来，松阳茶产业获得的主要荣誉：

2001年，被省林业厅评为浙江省良种茶之乡；

2002年，获中国济南第二届国际茶博会茶艺茶道表演特等奖；

2001年度、2004年度、2007年度、2010年度，被浙江省农业厅授予浙江省茶树良种化先进县（次年评定、授奖）；

2004年度、2006年度、2008年度，被浙江省农业厅授予浙江省初制茶厂优化改造先进县（次年评定、授奖）；

2007年，被浙江省人民政府授予浙江省茶叶强县，新兴乡被授予茶叶强乡，浙南茶叶市场被命名为“浙江省重点市场”，浙江碧云天茶业有限公司获“2007中国茶业行业百强”称号；

2008年，松阳县被中国茶叶学会命名为“首届中国名茶之乡”，松阳茶被国家质量监督检验检疫总局批准为地理标志保护产品，浙南茶叶市场被列为“农业部定点市场”，松阳县被授予“丽水市生态绿茶专业商标品牌基地”；

2009年，松阳县被中国茶叶流通协会授予中国绿茶集散地、全国十大特色产茶县、全国重点产茶县，被授予“浙江省绿茶专业商标品牌基地”，浙江振通宏茶业有限公司获“2009中国茶业行业百强”称号；

2010年，松阳县被农业部列为茶叶标准园创建示范县，被中国茶叶流通协会评为全国重点产茶县，中国农事节庆影响力评估松阳银猴茶叶节影响力指数为53.8。

松阳银猴茶创制于1981年。自创制以来，松阳银猴茶获得诸多的荣誉，主要有：

1984年，被浙江省农业厅认定为浙江省名茶；

1991年，经中华人民共和国国家旅游局、浙江省人民政府认定为中国文化名茶；

1998年，松阳银猴商标经丽水地区工商行政管理局认定为丽水地区知名商标；

2001年，获“会稽杯”浙江省精品名茶展示会金奖，中国浙江国际农业博览会金奖；

2002年，被认定为无公害名特优茶，丽水市著名商标，获中国精品名茶博览会金奖；

2003年，获上海国际茶文化节中国精品名茶博览会金奖，同年被认定为浙江名牌产品；

2004年、2009年，连续两届被浙江省农业厅评为浙江省十大名茶；

2009年，被评为华东十大名茶，被评为中国农产品区域公用品牌百强，品牌价值8.4亿元；

2010年，中国农产品（茶叶）区域公用品牌价值评估，松阳银猴品牌价值为10.49亿元，居中国茶叶区域公用品牌价值榜第16位。

（县农业局）

松阳松香

自改革开放后，以竹源乡为首的一批松阳人，一直以来非常努力地在做着一件事。他们钻山沟、打地铺，以松为伴，靠松吃饭，足迹遍布大江南北，创业半生辛苦忙碌。他们革新采脂法，改进割脂刀，创新经营模式，成果被业界冠以“松阳采脂法”“松阳刀”和“松阳模式”，加以推广，促进了全国松香生产大发展，同时也带出一支松阳松香大军，最终形成全国松香生产三分天下松阳有其一的大格局。盘点松阳松香创业史，可以说是中国松香生产兴衰起落的一个缩影，足以成为松阳人特别是松阳松香业者的一份殊荣。

松香业是古老行当，旧称“采脂炼香”，松阳土话谓“放松香”。从传统到现代历经千余年，都是松阳经济发展的一大产业，都是松阳人引以为豪的一大经济收入来源。

松阳松香历史

纵观松阳松香历史，最早可追溯至唐代前期，即1300年前就有采脂炼香活动。时松阳高道叶法善奉诏入京为宫廷外道士，得其师承之一韦善俊传药王孙思邈的《千金方》，记述有采脂炼香方法和松脂贴药方。在孙思邈之前的《神农本草经》中，松脂还被列为上品药，作为治病疗伤疗毒良方。叶法善得之，并作为医药济世、养生的道医方剂，也是他曾经烧炼黄白之物的金丹方术之一。孙思邈又在《千金翼方》记有烧炼黄白之物时曾引起过爆炸起火（极大可能是松香添加物）。这也成为叶法善后来回乡采脂炼香活动时指导家乡脂民学会了趋避之法。

图专19　横山村出土的南宋庆元年间松香

1979年，松阳横山出土南宋庆元年间（1195～1200）程大雅墓，棺底有整齐排列的4条松香结晶块，棺周则填充散松香，计125斤，虽埋地下800余年，但鉴定其色泽、纯度、折光率均佳，软化点79℃。可证当时的松阳松香生产已具相当水准，与现代松香成色简直无异。另在县城西郭枫林地的张玉娘墓（鹦鹉冢），“文化大革命”时也曾出现过随葬松香。墓葬松香主要用作防腐干燥剂，起隔水防潮作用。旧时松阳大户人家之墓葬多用此物，足以说明松香在松阳民间应用范围之广。

明成化《处州府志》载，朝廷把松阳松香列为贡品，“岁贡松香47斤12两”，年年如此。官府及民间在活字印刷制版用的松香粘胶剂、制作火药用的引燃松香料、制药和配制香精都少不了的松节油、松香，用途相当广泛。只不过宋代沈括在《梦溪笔谈》卷十八《技艺》中，把这种松香制品统称“松脂蜡”或“药”，名称不同而已。

千年古县松阳以松立名。有“县东南临大溪有大松树而得名”“此地多松、杨二木而作松杨（阳）”“在长松山之南，故名”诸说。因此松阳的历史传统及民间百姓都和松树结下不解之缘，对松树之认识与开发利用也较早。

从松树树干割取的松脂可提取（凝炼）松香和松节油。古时用作制“松脂贴”医药及道士烧炼黄白之物用。自北宋毕昇发明泥活字印刷将松香用作粘胶剂后，松阳及邻县的一些刊印书局即开始应用此法。另，民间的火铳（猎枪）、山炮填充药及造纸业也用松香作添加剂，松阳遂成为松香来源供给地之一。只是到了当代，松香系列产品主要供应工业和医药用，民间倒反使用不多。另外，松阳人早就认识到：松树的种籽富含蛋白质和油脂，有的还可入药，名“海松子”。树皮、种皮富含单宁，可浸水提取栲胶。松针叶含较丰富的胡萝卜素、维生素、脂肪、蛋白质等，可加工成饲料添加剂，用来饲养家禽家畜。利用松枝松根可制得松烟，制造黑色涂料。松枝与松根还是培育名贵中药材“茯苓”的原料。对于这些，松阳先民在生产活动中早就看到松树之宝贵价值并予以开发利用。

从国家松香生产发展历史看，其实源远流长。只是到了近代约 18 世纪即清中叶，随着欧洲近代工业文明兴起，中国的松香生产发展受到一定冲击，落后的手工业，土法炼香跟不上西方工业文明的生产效率，从此落伍了。但从松阳松香历史看，此时期的冲击并不大，民间放松香老行当一直未曾停歇。而在中华人民共和国成立头二三十年，由于大量砍伐山林，松树面积存量缩减，因而有些脂民就外出放松香。又由于“合作化”客观上束缚了人们的手脚，外出成为“单干”对象不被允许，更加无人从事此业。直到改革开放初，农村实行家庭联产承包责任制，才掀起“放松香”热潮。

采脂炼香过程

松香产自崇山峻岭中的松树身上，是自然界万物化育结果。传统松香生产从采脂开始，采得松脂经蒸馏（提取）得松香与松节油。

采脂。开割松树树体后，渗出的胶状物即为含油树脂，其成分由松香和松节油组成，称松脂。刚流出的树脂是无色透明的，暴露空气中后随着萜烃化合物逐渐挥发而变稠，脂工每日奔波千山万壑中，收集这种黏糊糊的乳状液体，最后固态成为白色或黄色物质——松脂，即是提炼松香、松节油的原料。

采脂工一般农历正月过后就要前往采脂地做准备，在采脂作业区（俗称“松香路”或“手工一条路”）开山辟路、搭建山棚以作生活歇息之所。次月中下旬开始，用松香刀在松树立木上割流脂勾，绑上承接脂液的竹筒或塑料袋。手工一条路（作业区）一般负责 800～1000 株松树。较分散的采脂作业区采工，翻山越岭，每天跑一遍有四五十里路；品相好、松树林集中的作业区，采工跑路工夫少得多，但每天跑一圈至少也要穿越一二十里地。因此，采工起得比鸡早、跳得比犬快，风雨无阻，割刀翻飞。时人比喻采脂工像蜜蜂采花蜜一样辛苦忙碌，日复一日。整个采脂期长达七八个月，到秋后霜降才能停歇，松阳松香人称其为“松香落山了”。

20世纪90年代初，在全国各地放松香的松阳人，不断改进采脂法和割刀，最终形成独有的“松阳采脂法”和“松阳刀”，广泛影响松香业界，并被列入教材推广全国。“松阳采脂法”的要旨是：一般在松树胸径达20厘米以上的才开始采脂。按割期长短分为长期采脂（10年以上）、中期采脂（6～9年）、短期采脂（3～5年）3种；按采割特征分，有常规法、化学法和强度法3种，中国各地大多沿用常规法。化学法等为西方发达国家如美国、俄罗斯常用。常规法又分2种：一种是下降式采脂，这种采脂法现已大为减少；一种是上升式采脂（与下降式相反），由松阳脂民改进定形，现各地普遍采用此法。至于说到“松阳刀”，是一种特别钩形松脂割刀，比老式割刀弯弧度大些，钩头更尖、锋利，大大减轻脂工采脂割面的劳动强度，有效地保护树体不受更大刀伤，延长松树寿命。采用松阳刀割脂，产出松脂多，且不易散失，因此很快得到推广普及。

过去，采脂工吃住都在山上，每天与蛇虫为伍，采脂路上荆棘丛生，一入深山便是半年多，脂民生活苦不堪言。到出脂季节，每天要把收集的松脂挑运到指定松香厂（加工作坊）贮存，翻山越岭、肩挑背驮，条件恶劣，劳动强度强。现在各地交通条件改善，有的山上开出竹林道、小马路，搬运松脂肩挑背驮现象大为减少，摩托、拖拉机、农用车成为交通运输工具。但采脂工在山上采割、收集时所走的崎岖山路和手工操作仍是老样子，这也是常规采脂法加工出优质松香的唯一途径，目前尚无别法。至于采脂工的日常生活，仍然非常清苦。饭食简单，采脂忙时有一顿没一顿的；累了席地而坐；渴了，掬一捧山泉水解渴；饿了，咬一口随身带的干粮；困了，树底下山石边就是他们的床。从来没有人统计过他们究竟翻过几座山，走过多少路，只是由于他们一次次、无数次地走多了，这便成了“松香的路”。

图专20　采脂作业区现场采脂

松脂的贮运有讲究。脂民在长期的生产实践中摸索出经验，为防止脂液中的松节油在贮运过程中大量挥发流失和氧化变质，最好勿与铁器接触，要用木桶装运，贮脂地点则严禁烟火。

松脂挑（运）到加工厂（作坊）后，要进行加工提炼，以提取松香及松节油。通常加工方法有2种，一是蒸汽法，二是直接火法。直接火法是老式加工技术，蒸汽法为现代松香加工新法。

蒸汽法。先将松脂与适量松节油混合加热溶解成含油量达38%左右的脂液，同时加水去除有色物质。如脂液颜色深，需加少量草酸脱色，经过滤、澄清去除杂质和水分。最后进行间歇式或连续式水蒸气蒸馏，馏出的挥发成分冷凝后成为松节油，馏余物（即松香）趁热放出装桶。此法生产的松香质量好，生产安全，且松节油产量高，适于大中型工厂规模生产，现普遍采用此法。

直接火法。是将松脂装入蒸馏锅内，直接用火加热至一定温度后，滴入适量清水，水受热成蒸气将松节油馏出，最后将松香趁热放出，滤除杂质即成品。此法简易，为传统加工办法，优点是适于就地（采脂作业区山场）小型加工，但产品质量不易控制，生产不太安全，且松节油流失量大，效率不高，目前基本被淘汰。

松香按原材料来源不同，可分 3 种：一是脂松香，从松树立木上采得松脂后经蒸馏加工而得，包括蒸气法和直接火法蒸馏提取，松香品质最佳；二是木松香，或称浸提松香，木材（明子）用汽油或其他溶剂经浸提而得；三是浮油松香，以松木加硫酸盐制浆所得的浮油加工而成。这 3 种方法制得的松香都为天然松香。中国松香工业目前仍以生产脂松香为主，后 2 种则为世界其他国家大多所用的松香制作方法。20 世纪前，脂松香生产几乎是世界各国松香生产的统一标配。但因劳动消耗大、成本高，1910 年始，美国人不干了，开始生产木松香，质量不如脂松香，但成本低，生产效率高。浮油松香生产是在 20 世纪 50 年代开始的，其产品在某些部门（特别是造纸业）可替代脂松香与木松香，但是现在许多用途又被其他化工替代品替代，因此前途不大。

图专 21　松香

松香的用途，目前主要用于油漆、肥皂、造纸、橡胶等工业制品的添加材料。其松节油是一种极具挥发性的油品，无色或至深棕色液体，有特殊气味，是油漆工业溶剂和医药产品中的重要添加剂。

据史料记载，松阳松香自明成化年间被列为贡品，松阳脂民岁岁纳贡。民国期间，每年可出境松脂 300 担。1949 年，政府收购 35 吨；1952 年，645 吨；1962 年，35 吨。1978 年，建松脂基地。1980 年，收购松脂 715 吨。1949～1992 年，全县共收购松脂 7525 吨，年均 175 吨。

民国 34～37 年（1945～1948），省建设厅在城郊航船头、古市五木村建松香厂。1950 年，收购松香 98 吨、松节油 5.8 吨。1982～1992 年，全县共生产松香 1257.80 吨、松节油 51.40 吨；其中 1992 年产松香 174 吨。

1958 年，大办林产化工，土法上马生产松香木焦油、松焦油、活性炭、栲胶和各类芳香油等。1960 年，全县生产栲胶 5.5 吨，各类芳香油 3.40 吨，松焦油 1.60 吨。1961～1984 年，山农投售芳香油 47.40 吨。

松阳松香人的创业经历

改革开放后，松阳成为名副其实的松香县，号称“三分天下有其一”。20 世纪 80 年代初，农村首先开始变革，实行家庭联产承包责任制，长期束缚“三农”经济发展的“紧箍咒”没了，给农民松了绑、放开了手脚。作为松阳传统的松香业，立呈喷发之势。这一势头先从小竹溪发出。小竹溪人或为生计，或出外赚钱回来盖房子，或为了讨房媳妇，当然也有人曾经是为了“逃计生”，最后走上放松香这条路的。就这样一带十、十带百，整个竹源乡不论有没有采脂经历的，差不多一半人出去了，成为名副其实的脂民和松香乡。同时，也把各乡镇有采工技艺者带出去，松香之路越走越远，也越走越阔。

“放松香去！”是20世纪80年代松阳老百姓口中一句时髦话，许多是多次与家人商量后，才下定决心走上这条路的。其实这条“松香之路”在当初可说是征途漫漫、前景未卜。他们抱着梦想，扛着简单的行囊，有的仅是一只大蛇皮袋，有的还拖家带口，三三两两结队而行，向着他们心中的目的地——有着大片松林的地方进发，去结识当地人，打通关系，去开发松香路，去实现自己的理想。当然也不全是毫无目的地乱跑，有的是经松阳松香界前辈开拓者介绍的。出去后不管顺利曲折，首先多是做采工，至于办松香厂当老板，那是经过优胜劣汰后坚持下来的佼佼者，其中不乏后起之秀。

这些外出从事松香开发生产的“松香人”，几十年来前前后后几乎跑遍大半个中国，计达18省109个县（市）之多。尤以江西、云南、广东、广西、福建、安徽、湖南、湖北和本省浙江居多，有的跑到东三省，甚至有的到西藏，多数扎下根打开创业局面；但有的则是铩羽而归，比较悲惨。这是20世纪80年代的基本情况。随着改革开放深入，到90年代，整个投资环境尤其是外出到西部边远地区开发的境况逐步顺利起来。

松阳松香业者发挥自己的聪明才智，采取承包、租赁、并购等方式经营的盛况出现在21世纪初，2007年达到顶峰。以竹源乡为主干的松阳松香大军在全国各地创办230多家松香企业（大大小小松香厂前后累计则达500余家），松阳的从业人员曾达3.6万多人。仅竹源乡就有3000余人，占全乡总人口的50%左右出外从事松脂采集与加工，全乡村村有松香老板。松阳松香业者所做松香产量由此前多年维持在10～20万吨之间，到这一年实现30万吨之多，其中松香产量26.5万吨、松节油3.5万吨，产值达40多亿元。占据当年全国松香、松节油年产量76万吨的近半壁江山，被国家林产业协会命名为全国松香孵化基地。

图专22　蒸汽法加工松香（现代化松香厂）

松阳松香业者中的绝大多数都是外出创业。他们天南地北地闯荡开辟，付出的辛勤与汗水是巨大的。其间的甜酸苦辣可以说是五味俱全，其曲折与起落有的是常人难以想象的。但是他们闯出来了，许多人成功了。

凡成功者不外乎内因和外因两大要素。作为一名做松香产业的人，尤其是在一些人生地不熟的外省外县开辟创业，从取得山场开采权到采脂、加工再到销售，一大摊子不容易。其中人员、资金、场地、技术、设备及销售渠道、信息、社交等头绪多，组织管理和经营核算等量齐观，可想而知。就拿顶峰期的2007年在全国各地创办的200多家松香厂（公司）来说，起码就有200多个松阳松香老板在外努力地做着这些，而且这些企业约三分之二的都坚持了下来，有的公司规模还在不断扩大，成为其中的佼佼者、领头羊。

从外部因素讲，不排除国家改革开放大好政策的有力支持，加之在外做多了、做大了，市场份额有了，经验不断积累，实力不断增强，也使做松香的老板越做越顺，影响力越来越大。这是客观因素是外因。但能否成功的最大要素则取决于从业者自身之内因，内心强大、能抗压经风雨才是事业发展壮大成功的原动力。这一点，可以从以下几方面加以归纳。

一是从一开始的独自一人单枪匹马外出闯路子到三三两两组合，最后到全村发动成为创业大军，这里面必有领军人物。是他们带领大家一路坚持，“逢山开路、逢水搭桥”不折不挠挺下去，才有今日之面貌。谈起这一点许多松香业界人士感触良多，他们始终十分感激当年那些松香业者的前辈们，称他们为前辈开拓者。

二是这些松香老板尤其是其中的佼佼者，在松香行业（他们的行话叫“香市沉浮”）拼搏多年后，不断思索并运用他们的聪明才智，开启松香业界新的经营管理模式。仅2001～2004年，松阳松香人先后在江西泰和县、峡江县、万安县、永丰县等地收购共50万亩松树，定下16～20年不等的采脂经营权，完成从“游击队”到“阵地战”的战略转变。这种大变革在中国松香业界属首创，其经验多次在中国林产工业协会年会做过介绍并被中林工协称之为“松阳模式”加以宣传推广。

三是松阳松香业者能够较好地融入当地的社会经济发展轨道，赢得当地政府和群众的普遍信任支持和保驾护航。这样，即使这些在外地的松香企业时不时遇到一些风险和问题，多数都能稳定生存并发展壮大。

（刘关洲）

松阴溪综合治理

松阴溪，俗称“大溪”“松川”等，瓯江支流之一，发源于松阳、遂昌、龙泉3县（市）交界的黄蜂洞山麓北坡，水出源头后向南、北分水，又交汇于遂昌成屏，流到资口，水出资口经界首流入松阳境内，流经莲都堰后村后注入瓯江。总长约109.4千米，在遂昌县境内长约44.3千米，在莲都区境内长约4.6千米，在松阳境内长约60.5千米，其中松古平原河段长约34千米。因大溪流经松阳邑城之南而名“松阴溪”。

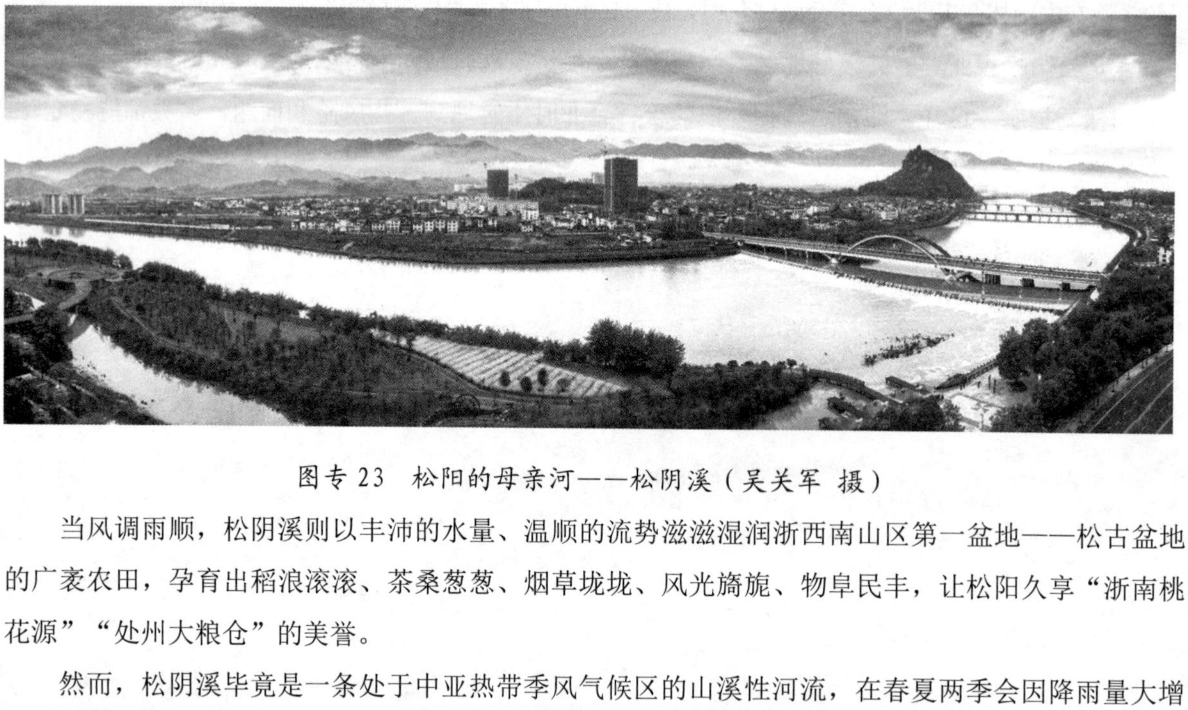

图专23　松阳的母亲河——松阴溪（吴关军 摄）

当风调雨顺，松阴溪则以丰沛的水量、温顺的流势滋滋湿润浙西南山区第一盆地——松古盆地的广袤农田，孕育出稻浪滚滚、茶桑葱葱、烟草垅垅、风光旖旎、物阜民丰，让松阳久享“浙南桃花源”“处州大粮仓”的美誉。

然而，松阴溪毕竟是一条处于中亚热带季风气候区的山溪性河流，在春夏两季会因降雨量大增而径流量陡增。加上四周环山、溪贯平原的盆地地貌，山地坡度高，支流落差大，干流汇水快，易涨也易落，易涝也易旱，正可谓“十日之雨则病水，一月不雨则病旱”。因此，每当气候异常、风雨失调，它就一改平常的温顺之态，像脱缰的野马、受惊的长龙一样桀骜不驯、咆哮奔腾，危害一方，殃及黎民。

唐显庆元年（656），栝州大风雨，松阳亦然，溪水平两岸，淹没大片农田。唐贞元年间（785～804），因“屡值水患”，松阳县治由旌义乡古市迁至紫荆村。

北宋庆历间（1042～1048），大水波冲堰坏，田禾尽槁，一望萧然，荒榛野蔓，民穷租逋，逃徙为墟。南宋建炎二年（1128），大雨成潦，洪水进城。

元至元六年（1340），洪水入城，深丈余。

明成化十五年（1477），大水坏田地、民居。正德间（1506～1520），坏于洪水，溪南一带尽为赤土。万历二十三年（1595），百仞堰又被洪水冲圮。二十六年（1598），大水暴涨，独山渡翻，溺死53人。三十六年（1608），“澍雨暴涨，从中冲决，百仞堰断为二”。

清顺治十七年（1660），大水数日，芳溪一、二堰坝悉圮。康熙二十五年（1686）闰四月，大雨四昼夜，城南大堤浸溃，赤塔埠一带民宅漂没，南门水位七尺，舟可入城，傍溪庐舍俱漂，有人淹死，沿溪坏田数十顷，堰坝桥梁被毁。道光二十四年（1844），连旬大雨，水溢城乡，十五、六都田地、民居冲坏无数。光绪十二年（1886）七月，境内大水，漂没堤岸无数。

民国元年（1912）7月中旬，淫雨连绵，历四昼夜，洪水成灾，境内堤坝过半冲毁。石仓淹死百余人，芥菜源全村覆没。冲毁城南大堤百余丈。

1952年7月上旬暴雨，松阴溪洪水冲塌堤岸2100米，黄圩大堤决口60多米，淹没下游53.3公顷粮田。1953年6月22日，遂昌、松阳2个县普降暴雨，山水狂泻，衢州地委发特大洪水警报。洪水冲毁古市区80%水利设施，淹没农田近670公顷，冲毁稻田27公顷，近溪房屋全部倒塌。

1955年6月18日至21日，3天降雨量197.4毫米，松阳特大洪水。15个平原乡计41个行政村受淹，3378间房屋倒塌、损坏，尤其是县城南门外松阴溪中央溪滩民宅店铺毁于洪水。

1963年9月12日下午，因台风过境突降暴雨，洪水淹没400多公顷农作物，摧毁岸堤合计1800多米、堰坝14条，冲走木材127立方米。1964年6月中旬，全县普降大雨，松阴溪靖居口水位超过警戒水位0.75米。洪水冲毁岸堤、坝堰共20处，冲塌房屋5幢，淹没农田58公顷。

1974年6月中旬，连降大雨数日，松阴溪水上涨。洪水淹没松古平原沿溪农田466.7公顷，大多颗粒无收。

千百年来，松阴溪水灾无以穷计。史书记载的区区50余次洪涝不仅以千钧之力令松阴溪局部河床变迁、河流改道，演绎出一处处沧海变桑田或桑田变沧海的真实传奇，还以汹汹之势一次次冲毁大片农田、大量房屋、堰坝，造成家破人亡、惨重损失，令人生畏。

有病患就有医治，有水患就有防治。为了抵御洪涝灾害，先人治理松阴溪的壮举屡屡不绝。

宋元祐七年（1092），松阳县署征调民工整治浅滩、暗礁，疏浚河道，以利泄洪和航运。

明万历二十年（1592）五月，大雨，松阴溪水勃涨，冲垮十四都力溪段河岸，毁田数十亩，民宅尽圮，老幼惊慌。六月，县令到场踏勘，特示各村按田亩派工本，督修300余米防洪堤。

清道光十五年（1835），知县汤景和为首劝捐，在县城济川门外筑护城堤数百丈，史称“汤公堤”。

民国3年（1914），古市城头、下街村民沿松阴溪岸修筑“保安埭”数百丈。民国37年，县长祝更生到水南村，发动村民修筑防洪堤数百丈。

1950～1952年，省政府拨出专款和大米，支持修建五里亭大埭、南大埭、五亩埭、黄圩大堤等防汛防洪工程。1952～1956年，省政府又6次追加拨款累计1.66万元，拨米1万公斤，资助松阳加固防洪堤。

1960～1974年，松阳区域干部群众在困难和动乱的情况下坚持整治松阴溪。

然而，松阴溪水灾仍旧防不胜防。1975年6月5～6日连降暴雨，平均日降雨量289毫米，洪水冲毁2条灌溉千亩以上的堰渠、43处拦水坝、283处堤塝计4000米，2座水电站，85幢房屋，淹没757公顷粮田，其中33公顷绝收。水毁工程尚未修复，水涝灾难接踵而至。8月13日凌晨，4号台风来袭，降雨量107毫米，溪水暴涨，涌入古市镇深达67厘米。洪水淹死12人，淹没2800公顷农田，冲毁780多处水利设施、34座仓库、280多座桥梁、116幢民房计300多间和牛栏、灰铺、水碓等279间，冲走24万公斤稻谷、1408立方米木材。

一年两次大水灾及其造成的巨大损失令中共遂昌县委“一班人”震惊不已。他们痛定思痛，得到启示：松古平原农耕文明灿烂，不乏先人治水壮举。治理松阴溪，既要借鉴前人经验，又不能像以往那样头痛医头，脚痛医脚，小打小闹，重蹈“毁了修，修了毁”的恶性循环，以致反复劳民伤财，而必须以大担当、大智慧、大气魄、大手笔、大规模地综合治理松阴溪，尤其要筑起两道摧不毁、冲不垮的防洪大堤，从根本上永绝水患。

1976年1月，在克服极“左”思潮干扰、内部统一思想的基础上，中共遂昌县委、县革委会顺应广大人民的迫切要求，作出《关于彻底治理松阴溪的决定》，并成立治理松阴溪工程规划组。

1977年8月，规划组经过历时1年零8个月的调查论证，分段、分片、分畈、分河床绘制百余图纸，完成1:2000的《松阴溪治理地形图》、新河道走向定线，提出治理河道、建设沿溪大堤的初步方案，最终制定《松阴溪治理工程初步设计及说明书》。

按照规划书，松阴溪治理工作分两期实施。第一期工程是将遂昌区域三川公社资口村到松阳区域水南公社踏步头村34.1千米弯曲河道（其中30千米流经松古平原）取直为26.9千米（均在松古平原），疏通河道29.92千米，按10年一遇的设计标准砌筑总长59.84千米、均高6米、顶宽6米、块石干砌、内填卵石砾石的防洪大堤，建控制闸20处、涵洞60眼，整修堰坝10条，总工程量1057万立方米，总造价1178万元，拟投劳770万工。该河段经过治理要求达到的主要目标是：确保松古平原沿溪的西屏镇、古市镇、9个公社共10多万人民的生命财产安全，提高松古平原10多万亩农田抗旱防洪能力；溪滩还田1600多公顷，以外延扩大松古平原农业生产，增产粮食850万公斤；每年节省防洪劳力20万工，节省防洪经费30万元；利用松阴溪水资源新建5座水电站，装机容量300千瓦至500千瓦。第二期工程是向下游延伸治理踏步头至王田圩河段，局部疏通河道，沿溪田畈砌筑防洪堤。

图专24 县委领导现场研究治理松阴溪（叶祖青 摄）

1977年7月，在古市区公所召开“松阴溪治理工程指挥部成立大会”，县委书记、副书记分别兼任正、副总指挥。会议发出“治理松阴溪”战斗令，号召全县干部群众“用治理淮河那样的决心治理好松阴溪”，提出“治好松阴溪，造福子孙后代”“工业投资在县城，农业投资在松古（平原）”等口号，令松阳区域干部社员欢欣鼓舞。

会后，县委抽调24名得力干部组成阵容强大的指挥部，下设政治、施工、后勤3个处和办公室，从农村抽回50多名“农业学大寨”工作队员，全部参加“指挥部”工作。

9月7日，遂昌县革委会发出标为“急件”的《关于抽调常年民工的通知》，要求各社、队营造“一人上工地，全家全村光荣”的政治气氛，挑选“家庭出身好、思想、政治、劳动表现好，身体条件好”的人，像“解放初期动员参军”那样敲锣打鼓放鞭炮，欢送到工地。文件还规定：县给予每人每月12元生活补贴，劳动工分由大队记，参加生产队分配，口粮年均不少于350公斤，以利建立一支治理松阴溪的技术骨干队伍，号称“我县第一支农田基本建设专业队、野战军”。

9月15日，鉴于松阴溪治理的重点工程在松古平原，总指挥部遂迁至古市镇。同日，松阳、古市二区社队选派的5000名民工自带口粮、被铺，迅速集结在试点工地——松阴溪黄圩至石门5.3千米河段两岸溪滩，搭棚安营；指挥部新购的6辆汽车、5台大中型拖拉机，从各单位抽调来的50多辆汽车、80多台拖拉机先后进场待命；来自全县各地的3300多名石工、泥工、木工、篾工、电工、驾驶员、机修员被组织成专业队，参照军队“营、连、排、班”模式，以公社为单位，按百人为连，编为33个连；按33人为排，编为100个排；按11人为班，编为330个班，实行军事化管理。

10月20日，“松阴溪治理工程总指挥部”在古市区小学操场上隆重召开“治理松阴溪誓师大会”。总指挥动员报告一结束，万人高举红旗、标语上工地，其中9个连队分派到25处采石场，24个连队分派到各自负责的工段。顿时，各岩场炮声隆隆，道路上车辆奔忙，溪滩上人拉肩扛，川流不息。一场千年置县史上规模最大、投资投工最多、历时最长、标准最高的松阴溪治理工程拉开序幕。

图专25　松溪阴治理工地现场（县水利局提供）

当年秋收冬种一结束，天气骤然寒冷，而治理松阴溪的工地上热气腾腾。总指挥部采取“人海战术”组织大会战。松阳区域平均每天出工15000多人，最多时每天出工2万多人。各工地红旗招展，喇叭声声，机鸣车跑，人来人往，熙熙攘攘，一派“大干快上”的繁忙景象。

1978年2月6～7日，丁巳除夕、戊午新年，恰逢“汛前完成试点任务”的万人大会战。县委号召“过一个革命化春节”。县委主要领导带领常委、指挥部全体工作人员到松阴溪黄圩工地，发扬“革命加拼命”的精神，与民工一起挥锄挖土，搬石砌垒，并肩挑担，干得灰头土脸，汗流浃背。各部门和各区、社领导干部也到各自分管、联系的工地劳动，鼓舞士气。此后两年，县、区、公社领导干部和指挥部人员都在治理松阴溪的工地上以义务劳动欢度春节。

1978年12月，在中共十一届三中全会精神鼓舞下，尝试改进施工组织方式，一改“大呼隆”“大锅饭”的作业形式，在科学核算定额的基础上，采取“定人员、定任务、定质量、定报酬、定材料成本，超额奖励、节约归己”的“五定一奖”制度，较前而言，达到“多快好省”的目的，加快工程进度。治理松阴溪工程开工仅一年，就砌筑防洪堤 15.5 千米、筑路 58 千米、防洪闸 6 座，整修堰坝 12 条，投工 215 万个，完成工程量 162.26 万立方米。

在 3 年治理松阴溪大会战期间，广大共产党员发挥先锋模范作用。哪里任务繁重艰巨，那里就有共产党员的身影。常务副指挥连续 3 年吃住在工地，不仅与民工同甘共苦，还身先士卒。黄圩堤开工时，正值隆冬腊月，共产党员、第十六连长冒着零下四五度的刺骨寒风，多次潜到水底，清理堤基，为按计划筑堤赢得有利时机。在放炮开岩中，3 位民工献出宝贵生命，可歌可泣。

1980 年，随着农村试行承包责任制，广大民工相继回到生产队，只留下松阳、古市 2 区专业队，编为 2 个营，实行“分段承包管理”，不仅节约成本、提高工效，而且确保工程质量。

1982 年 5 月，松阳恢复县制后，林彬任县委书记兼“治理松阴溪工程指挥部”总指挥。由于复县伊始，百业待举而财力不足，治理松阴溪工程摊子缩小，但重点突出，以砌筑石堤为主和专业队半机械化施工为主。

到 1984 年底，“治理松阴溪”第一期工程告一段落，累计投工 535.38 万个，投资 400 万元，完成工程量 728.25 万立方米，砌筑防洪堤 63 千米，清除小沙渚计 400 余万立方米，疏通河道 24.3 千米，建造防洪闸 5 座，整修堰坝 12 条，修筑施工道路 40 条总计 109 千米。未完成的工程量仍以承包形式继续施工。

1992 年 5 月，在复县 10 周年的喜庆中，治理松阴溪干流第二期工程基本告竣。

治理松阴溪是一项综合性系统工程，不仅需要解决松阴溪干流本身水灾成因问题，还需要解决导致松阴溪支流或助长干流水涝成灾的问题。为此，有计划地开展以松阴溪 28 条主要支流为脉络的小流域治理很有必要。

1977 年 10 月至 1999 年，先后对松阴溪 28 条支流为脉络的小流域进行治理。松阳区域小流域治理的重点主要是庄门源、竹溪源、斋坛湖、梧桐源、溪下、玉岩溪、十二都、六都源、东坞源 9 条源。治理方法主要是：其一，坡岸处砌石加固，无坡岸处砌筑石堤，堤外清除淤积、疏通河道，堤内改滩造田或为绿化带，其中主体工程防洪堤总长 27.43 千米，成为小流域防汛防洪的屏障；其二，在对原有水库进行加固或增高的基础上，大力建造蓄水工程 116 处。谢村源、小港、东坞源、梧桐源、六都源、竹溪源、雅溪坑、吾赤坑 8 条流域还实现梯级开发，松阴溪遂昌流域也兴建起成屏水库等上百处山塘水库群。大大小小松阴溪支流流域的蓄水量 3 亿多立方米蓄水工程，常年有序地调节着松阴溪干流的径流量，确保松古平原雨季不涝，干季不旱。

图专 26　松阳县城防洪堤坝（叶光铭 摄于 2010 年）

进入 21 世纪以后，治理松阴溪向纵深发展，即在坚持修堤筑坝、防洪抗涝的传统模式的基础上，创新发展，朝着风光美丽、生态文明和更高等级防洪能力的远大目标进军。加强城镇防汛体系，投资6100多万元，建成高标准防洪堤9.25千米，使县城防洪能力等级由1991年“十年一遇”提高到“五十年一遇”；又投资兴建高标准防洪堤2.6千米，疏浚河道1.5千米，建成水力自动翻板坝1座、水面47万平方米的人工湖1个、河洲生态公园2个、江滨公园1个，使县城滨江地带成为亮丽风景区。古市滨江地带也是长堤夹溪，湖光潋滟，美不胜收。加强城防以外河段岸堤建设、河道疏浚与管理、小流域标准化治理，使松阴溪水不仅不再泛滥成灾，而且风景如画，荣幸入列“AAAA级风景旅游区”“浙江省10条最美河流”，成为“田园松阳”的一张重要文化名片。

悠悠松阴溪沧桑巨变，变得美不胜收，让人赏心悦目，也引人发古之幽思。想当年，它不仅是灌溉松古平原的水利命脉，而且还是一条下通处州、温州的水路交通命脉，古市、西屏曾经埠头满泊、热闹繁华，松阴溪上曾经船队争流，商旅纵游。如今，松阴溪水患不再，灌溉、生态、观赏等综合效益充分显现，却因河床高溪水浅、坝闸截流而不再适航了。如何恢复松阴溪的航运功能？也许是继续治理松阴溪的一个必要课题，抑或是一道难题，令人期待！

（陆宝良　郑光毅）

中国工农红军挺进师在松阳活动

一

1931年“九一八”事变后，中华民族与日本帝国主义的矛盾上升为主要矛盾。而国民党军队继续对中央苏区发动一次次“围剿”。1934年7月，中共中央组建中国工农红军北上抗日先遣队，先行出征。10月，中共中央机关和中央红军因第五次反“围剿”失利而被迫战略转移，开始二万五千里长征。1935年1月上旬，中国工农红军北上抗日先遣队在赣东北怀玉山区遭到国民党军队围困重创，指战员大部分壮烈牺牲，先头部队和受伤的800余人在政治部主任刘英、参谋长粟裕率领下突出重围，进入赣东北苏区。1月15日，刘英、粟裕根据中共中央苏区分局的指示，以先遣队突围部队为基础组建中国工农红军挺进师，粟裕为师长、刘英为政委，开赴浙江境内，创建苏维埃政权，开辟新的革命根据地，把闽浙赣皖的根据地连成一片，以积极作战的行动配合闽浙赣的斗争，打击、吸引、牵制国民党部队，从战略上配合、支持中央红军长征。

3月23日，进入浙江，转战浙闽边境的龙泉、庆元、景宁及福建寿宁等地。为摆脱国民党部队围追堵截，结束终日迂回奔波的被动局面，4月28日，挺进师在庆元斋郎集中兵力，一举击溃国民党军警和“大刀会”等地主武装近3000人的围堵合击，赢得良机，打开了一条进入浙西南腹地的通道。

根据部署，刘英、粟裕率挺进师一纵、三纵及师政治部、师直政治连和师部机关工作人员跨过龙泉溪北上。5月9日，抵近基本区域东片即松阳、龙泉边境箬寮山麓。

5月10日，红军队伍翻过松阳境内东岱岗，与在这里迎候已久的“青帮”首领陈凤生、陈丹山会晤。当晚，挺进师指战员露宿山中密林。

11日，在陈凤生、陈丹山引领下，刘英、粟裕率部经李坑、梨树下村向枫坪进发。而在斗潭村，卢子敬得悉红军挺进师要到枫坪，连夜唤来女青年，赶制了一些书有“欢迎红军”字样的小彩旗；吩咐男青年傅兆丰、徐大富等人，组织起一支迎接队伍。11日清早，卢子敬牵着白马，率领青壮农民、学生，举着旗子，敲锣打鼓，前往水店村外幕寮处，等候红军的到来。当红军队伍走近时，卢子敬领呼口号，群众不停地敲锣打鼓，场景热烈，令红军将士深受感动。

当日中午，刘英、粟裕在斗潭村永福寺设宴招待“青帮”首领陈凤生、陈丹山、卢子敬等人。卢子敬等表示渴望得到共产党的领导，郑重要求参加红军。刘英、粟裕当场表态，衷心欢迎“青帮”兄弟参加红军。

下午，卢子敬在永福寺主持召开欢迎红军的群众大会。会上，刘英、粟裕发表演说，宣传红军的性质和任务。卢子敬引领大家高呼“青红一句话，永世不分家”的政治口号。

这次迎接红军大会，开成了创建浙西南革命根据地的第一次动员誓师大会。它一方面向老百姓

图专 27　永福寺内景一角（县史志办提供）

展示了红军挺进师的精神风貌；另一方面实现了“青帮”与红军的大联合。在挺进师首长和“青帮”首领共同号召下，许多贫苦农民特别是“青帮”骨干欣喜地聚集到共产党和红军的旗帜下。

几天后，挺进师政治部发布《告青帮兄弟书》，明确提出：“欢迎青帮兄弟和红军联合起来”“欢迎青帮兄弟起来打土豪、分田地”。分散在松遂龙边境广大地区的数千“青帮”成员闻讯，迅速投向红军，革命力量顿然壮大。

在中国革命总体处于低潮、中央红军长征异常艰难的岁月里，在浙西南腹地箬寮山麓的斗潭村，由“青帮”头领导演的欢迎红军的活动，标志着红军挺进师在松阳站稳脚跟。这在军事史上显得十分难能可贵，也使挺进师在此后岁月里和“青帮”联手掀起浙西南革命风暴成为可能。

二

斗潭“迎红”大会后，挺进师主力即将分兵几路打游击。粟裕、刘英率领二纵、一纵部分、师直属队、师直机关人员，由向导引路，开赴遂松边境根竹口村，后在车床、大柘、姚岭、葛程等地迂回游击。5 月中旬，挺进师三纵队袭击遂昌县大拓镇。17 日，红一、红三纵队、师直属队、政治连共 200 多人，向浙西南重镇——古市镇进发。下午 2 时许，红军战士手举红旗，浩浩荡荡地开进古市。上街写标语、贴布告，召开群众大会，宣传共产党、工农红军的方针政策。红军打开土豪劣绅经营的 3 家商店，除将缴获的西药供部队使用外，其他南杂货、面粉、衣物、铜板等分给贫苦群众，并处决了反动伪镇长和土豪劣绅。晚上 8 点钟左右，红军从庄门源进山。18 日，挺进师三纵队奔袭汤溪县城。21 日凌晨，第二次奔袭汤溪县城，9 时后，攻下龙游县溪口镇；下午 3 时后，攻克遂昌县湖山镇。24、25 日，三纵队在遂昌遥岭营造舆论，诱使国民党保安团 11 大队与南京税警团激战一夜，各有伤亡，天明时方如梦初醒。挺进师时而昼伏夜行，时而夜伏昼行，有分有合，出没无常、声东击西，不断攻打国民党统治的重镇。尽管攻而不占，却搞得敌人风声鹤唳、惶惶不安，为建立浙西南根据地创造了有利的舆论环境和群众基础。

挺进师入浙之初，由于人地生疏，语言不通，难以与老百姓沟通。为了充分发动群众，在当地站稳脚跟，挺进师认为组建一支善于做群众工作的政治工作队伍是当务之急。于是，红军决定组建一支以红军人员为骨干、以地方人员为主体的地方工作团，挺进师供给部副部长杨干凡兼任团长。地方政治工作团的基本任务是在红军的保护和配合下，深入农村，广泛宣传和发动群众，开展打土豪、分田地、分青苗、开仓济贫度饥荒活动，在各村组建农民武装游击队，发展党员，建立党组织和苏维埃政权。要求有文化的团员每天至少书写 10 条大幅标语、教唱红军歌曲；没有文化的团员每天至少找10位老百姓谈话，宣传共产党的政策、红军的性质。他们动员不少青年男子参加红军，为扩大红军队伍作出很大贡献。

从5月中旬至6月上旬，挺进师和地方工作团共同努力，通过一边攻打重镇，一边除霸安民、开仓济贫诸项工作，使人民群众看到共产党、红军是为民众谋利益的，从而使松阳西南部群众性的革命运动逐步形成高潮，为创建浙西南根据地奠定群众基础。

经过实践锻炼，地方工作团团员宣传群众、教育群众、动员群众的能力大大增强，多数人拿起枪来能打仗、拿起笔来能书画、动员群众能筹粮，成为以一当十的多面手，各项工作有声有色、卓有成效。其中，陈凤生、卢子敬、陈丹山、潘昌利、叶义、叶堂星、余良根、翁光道、周光邦等一大批团员光荣地加入中国共产党。

6月5～8日，挺进师各部500多人汇集于松阳西南边境小吉村，召开红军挺进师政委会会议——小吉会议，商讨、部署根据地全面建设大计。

师政委会会议由刘英主持，政委会全体成员出席会议，各纵队政治委员、纵队长、师直各部门负责人和松遂龙地方武装负责人列席会议。

会议认为，挺进师自从进入浙西南腹地一个多月来，各纵队在兵员严重缺额、武器装备简陋、环境生疏、条件艰苦的情况下，坚持灵活机动的游击战争，在运动中攻击重镇、除霸安民、开仓济贫，大灭敌人的淫威，大振红军的军威，大长人民的志气，扩大了党在当地人民群众中的声誉和影响，民众参加革命热情高涨，为创建浙西南根据地奠定了基础。同时认为，鉴于基本区域内广大群众已经发动起来，因此，在浙西南创建革命根据地的条件基本成熟。今后应从实际出发，在党的坚强领导下，以建立农村党组织、苏维埃政权、农会组织为前提，以土地革命为中心内容，尽快建成中央苏区式的革命根据地。为此，要更加积极主动地开展游击战争，以有效的武装保卫确保革命根据地建设顺利进行。会上，成立中共浙西南特委，任命宗孟平为特委书记、杨干凡为副书记，黄富武、王蕴瑞、洪家云、方志富、欧阳道等为特委委员。在原有地方工作团的基础上正式成立浙西南地方工作团，浙西南特委副书记杨干凡任团长，柯勤发为副团长。成立浙西南军分区和松（阳）遂（昌）游击大队，由挺进师和浙西南特委双重领导，任命王蕴瑞为军分区司令员，黄富武为军分区政委；任命原农军首领陈凤生为松（阳）遂（昌）游击大队大队长。以师部直属队为基础，以松阳、遂昌、龙泉籍战士为主体，新组建挺进师独立第15支队，任命刘文生为支队长，柯勤发为政委，王金根为特派员，李纯模为供给部长。第15支队将留守松遂龙一带，以武装斗争配合浙西南地方政治工作团，深入各地发动群众，组建红色政权，进行根据地建设。

图专28　小吉村红军标语（县史志办提供）

为保卫革命根据地创建工作，开展大规模的“八一”示威活动，会议决定，黄富武率领浙西南特委和军分区机关留守松阳、龙泉、云和以北、处州（丽水）以西及衢州东南一带进行活动，挺进师各主力部队分兵四路，外线出击。

三

小吉会议之后，挺进师着手在浙西南进行根据地建设，借鉴原中央根据地的做好，在红色武装的保卫下，建立党政军机构；发动群众，组织农会，开展土地革命；建立秘密交通站以及做好后勤保障工作。

为推进各种组织建设，黄富武于6月上旬在安岱后村陈氏宗祠召开有300多人参加的群众大会。刘英、粟裕首先作政治动员，黄富武作政治形势报告。会上，建立安岱后村农会、苏维埃政府、农民游击队、少年先锋队、妇女会、分田委员会等组织，将全体村民按性别、年龄、职业进行分工归口，分别纳入各种组织之中。会议决定，将安岱后村骨干分子派到周边各村去宣传、发动群众，建立革命组织。

会后，挺进师领导人深入群众，亲自考察、选拔陈德畴、陈德文、陈德佐、陈宗灿、吴刘贤、陈德兰、陈可贵、陈德荫等10名骨干分子，经短期学习培训，分派到邻近各村去发动群众、开仓济贫，成立农会、农民武装游击队、青年先锋队、妇女会等群众组织。

在红军干部和地方干部搭配分赴各地的同时，红军部队还组织了小分队分赴各地，以武装保卫配合群众工作。不久，大潘坑、大横坑、燕田、丁坑、斗潭、高亭、小吉、下乾、供村等村相继建立农会。

6月底，挺进师领导人刘英、粟裕、黄富武及地方工作团的领导杨干凡、柯勤发等，在安岱后召开第二次群众大会，再次大发动、大动员。参加大会的人员更多、范围更广，不仅有来自松阳玉岩、竹溪2区100余村的群众代表，还有遂昌、龙泉、云和3县与松阳相邻的众多村庄的群众代表，总人数超过400人。会议宣布：成立安岱后乡苏维埃政府，任命陈宗儒为主席；成立安岱后村分田委员会。会议介绍了安岱后村筹备丈量土地、建立土地清册、分田（青苗）工作的情况。

这次大动员大发动后，各地群众代表分别在各自的村里掀起组织建设的热潮。在松阳范围内，小吉、高亭、枫坪、斗潭、黄南、五部、玉岩、燕田、黄庄、山徐、横樟、丁坑、根下等乡建立党组织、苏维埃政府，100余村庄建立村级党支部、苏维埃政权、分田委员会、农会。其中不少村还建立了农民游击队、妇女会等组织。

7月初，红军挺进师干部杨林等人在松阳安民高砭背村召开党员干部、游击队员和革命群众的代表大会，宣布成立中共竹溪区委，杨林任书记，余良根为副书记兼组织部长，叶陈明为宣传部长。区委隶属浙西南特委。区委设在燕田村吴氏宗祠。下辖燕田乡、黄庄乡、山徐乡、横樟乡、五部乡支部和黄南地方支部以及小后畲、燕田、五部、洋坑埠头、洋坑源、蛤湖等村支部。同时，成立共青团竹溪区委，叶堂星为团委书记。

在成立中共竹溪区委的同时，宣告成立竹溪区苏维埃政府。潘昌利任主席，李日照为副主席，周世政任财政部长，杨陈福任分田委员会主席，潘砬妹任妇女队长。区政府设在燕田村吴氏宗祠内。竹溪区苏维埃政府是浙西南革命根据地的第一个区级以上红色政权，领导着松阳、云和、龙泉边境广阔地域内几百个村庄人民的土地革命斗争。区苏维埃成立后，相继成立燕田、山徐、黄南、横樟、黄庄 5 个乡苏维埃政府和洋坑埠头、洋坑源等几十个村苏维埃政权组织和分田委员会。

7 月 22 日，特委书记黄富武在枫坪外南胜村“宜兴社”主持召开党员会议，宣布成立中共玉岩区委，隶属浙西南特委。区委书记为刘亨云（后由陈凤生继任），副书记兼组织部长为卢子敬，宣传部长为张龙，武装肃反部长为陈德义，土地生产部长为叶义。区委设在丁坑村杨大年宅。下辖小吉乡、高亭乡、斗潭乡、枫坪乡、山岗岭乡、安岱后乡、玉岩乡、坑岭乡 8 个乡总支和安岱后、苏马坪、高砬背、曹竹、台坑、乌弄、银岭湾、大苏坑（龙泉属）、流地（龙泉属）9 个村支部。

图专 29　中共玉岩区委、区苏维埃政府驻地旧址（县史志办提供）

黄富武在外南坑村“宜兴社”宣布成立玉岩区委的同时，宣告玉岩区苏维埃政府成立。陈凤生任主席，8 月以后由叶义接任，张龙、陈丹山为副主席。驻地丁坑村杨大年宅。下辖小吉、高亭、斗潭、枫坪、安岱后 5 个乡苏维埃政府和安岱后、丁坑、斗潭等 32 个村苏维埃政权组织或分田委员会。

在各村苏维埃政权和分田委员会办公场所的墙上，都悬挂三面旗帜：一面上缝有镰刀、斧头，代表苏维埃；一面上缝有犁头和斧头，代表农会；一面上有菜刀和斧头，代表农民游击队。

各区乡村党组织和政权及群众组织纷纷成立，在中共浙西南特委领导下和地方政治工作团具体指导下，广大党员、干部积极投身到土地革命、武装斗争、交通联络、后勤保障等工作，作出了重要贡献。

与此同时，根据地内各村发动群众，开展打土豪、分田地，进行丈量土地、造册、插标分青苗；安岱后、斗潭等先进村庄的老百姓已经领到红纸黑字的土地证。

四

挺进师在国民党统治集团后院燃起的革命烈火——浙西南武装割据斗争，引起国民党当局的恐慌。1935 年 9 月，鉴于浙江省保安团队对付不了红军，蒋介石抽调了以十八军为主力的正规军，对浙西南游击根据地展开了大规模的“清剿”。任命卫立煌和罗卓英为“闽赣浙皖四省边区剿匪总指挥部”的正、副总指挥。总指挥部制定的第一期“清剿”计划，确定这次“清剿”要以“各边区大部对付粟、刘”。当时，闽、赣、浙、皖四省边区受总指挥部调遣的部队有 63 个正规团，由第十八军军长、副总指挥罗卓英前线指挥。

9 月，国民党军“清剿”总指挥部从福建南平移驻浙江江山，根据“大部对付粟、刘”的计划，除罗卓英第十八军外，还调集江西部子举“剿共军”第二纵队、福建五十六师2个旅、浦城第三师2个旅以及浙江保安团和地主武装，约40个团70000兵力，开始“清剿”浙西南革命根据地。

9月5日，第十八军4个师经浙江龙游在金华集结后，第十四师（师长霍揆彰）开向遂昌，第十一师（师长黄维）开向龙泉，第六十七师（师长罗卓英兼）开向云和，九十四师（师长李树森）开向松阳，其军部与特务团（团长宋瑞珂）进驻丽水。接着，十八军与在遂（昌）江（山）边之部子举部以及在龙泉西部之浙江保安团，分头构筑了遂昌、松阳、龙泉、云和、江山、浦城6县间的碉堡封锁线，和一条从遂昌溪圩经东需至龙泉的碉堡封锁线。把整个浙西南革命根据地切成了东、西2块。与此同时，十八军十一师由龙泉向北行动；五十六师的2个旅6个团，从遂昌际下向东南经花桥、举水、荷地直至泰顺构筑第二道封锁线，以切断红军向闽北、闽东的退路，企图彻底摧毁浙西南革命根据地。

此时，红军挺进师虽从进入松阳时519人发展到近千人，加上地方游击队共有3000余人，但只有国民党兵力的二十三分之一，寡众极其悬殊。且18军是蒋介石嫡系部队，美国武装。虽然经过燕田战斗、麻士尖战斗取得一些胜利，但红军将士损失大。

9月19日，红军挺进师政委会在上田村召开会议，分析形势，研究对策，决定采取“敌进我进，你打你的，我打我的”方针开展反“清剿”斗争。其部署是：军分区和浙西南特委率二、五纵队支持地方武装，留守根据地自卫作战。粟裕、刘英率主力第一、三纵队及师直属队跳出包围圈，挺进敌后浙闽边的庆元、景宁、泰顺、寿宁一带活动，调动牵制敌人，并设法与第四纵队取得联系后，再分兵由第一纵北渡瓯江，转入缙云、永康、仙居、东阳、大盘山一带牵制敌人，引国民党主力东调。

9月25日凌晨4时，粟裕、刘英率挺进师主力300余人由松阳大横坑、烂浆湖、龙泉郑庄南下道太以东之洽湖，在国民党六十七师与十一师云（和）龙（泉）封锁线接合部，强渡龙泉溪突围。26日，红军袭击驻安仁镇的浙保三团六连。战斗结束后，三纵队长刘汉南在支坪侦察敌情时中弹牺牲。粟裕、刘英率部向季山头、金蝉湖突围。抵达景宁大仰村时，令红一纵北渡瓯江，挺进浙东，以牵制敌人。师部率三纵，由庆元、景宁直抵浙闽边境。最后在温州平阳落脚。

留守在根据地的浙西南军分区、第五纵队、农民游击队，在黄富武、王蕴瑞率领下，仍在松阳枫坪、安岱后、玉岩、小吉、燕田、黄南等地浴血坚持。经过多次的“清剿”与反“清剿”，最终因敌我力量悬殊，陈凤生、陈丹山、卢子敬、叶义等农民领袖相继被捕英勇就义；黄富武等红军将士壮烈牺牲或被捕就义。至12月，松阳籍有219名红军战士、游击队员和地方干部相继被捕牺牲，201名地方干部、游击队员和群众被捕入狱。其中，大横坑村有12人被杀害、14人被捕坐牢，横樟村有20多人被捕坐牢，安岱后有将近一半的群众被捕。根据地人民付出了沉痛的代价，中共党组织、苏维埃政府、地方游击队等革命组织均被破坏殆尽，幸存者被迫转移他乡，革命走入低谷，浙西南革命根据地暂时丧失。

1936年农历春节后，粟裕率领红军再次进入浙西南，恢复部分党政军组织，一直坚持到七七事变后的国共第二次合作。

（县史志办）

湘湖师范南迁松阳纪略

湘湖师范　浙江晓庄

湘湖师范，百年沧桑，初始曲折。

由于仿照法国在地方试行大学区制度，第三中山大学（浙江大学的前身）履行浙江教育行政管理职能。民国 17 年（1928）2 月 25 日，校长蒋梦麟邀集教育界名流俞子夷、刘大白第 13 人，研究设立“乡村师范筹委会”。萧山籍学者沈定一提议把浙江乡村师范设在“风光比西子”的萧山湘湖，获得通过。会后，筹委会特邀南京“晓庄师范”创始人、著名教育家陶行知莅临指导建校。当年 10 月 1 日，“浙江省立乡村师范学校”（简称“省立乡师”）在湘湖成立，操震球任校长，王琳、程本海任指导员，方与严任生活部主任。他们均为晓庄毕业生，办学方针、教学模式一概仿效晓庄，故有“浙江晓庄”之称。

犹如新生事物发展不可能一帆风顺一样。省立乡师贯彻陶行知“知行合一”“做学教结合”的教育新思想，既有热烈拥护者、积极践行者，又有激烈反对者、竭力阻挠者，那些出生于城市或优渥家庭的人甚至提出“请晓庄来的人自动离校”，要求“履行《高中师范课程》”，矛盾激化一度闹成学潮。如此争论 3 年，更换操震球、方与严、刘澡、汪志青 4 任校长，都未解决问题。民国 20 年（1931）暑假，浙江省教育厅长张道藩邀请旧友南京栖霞山乡村师范原校长黄同义出任第五任校长。黄因负有“整顿责任”，运用专制手段，强力压制民主，一整共产党，二整新教学，断然取消一切引自晓庄的办学措施。少数师生愤然离校，多数师生愤怒抗议，掀起声势浩大的“驱黄风潮”，迫使张道藩、黄同义相继下台。

民国 21 年（1932）2 月 17 日上午，一位中年学者辞别爱妻陈秀如，搭乘小火轮，在萧山闻家堰下船，肩挎行囊，独自步行到湘湖。下午，他召开教职员工会议，宣布“教工全部留用，学生一个不退”，算是走马上任。上任后，他立即兑现诺言，凡是愿意留下的教师全部续聘，业已离校而学生思念的桑送青、江景双等教师尽力请回重用。对于这样一位上任不带“一兵一卒”，用人毫无“门户之见”的新校长，师生们还真的觉得新鲜，抱有无限希望。

他，就是金海观，字晓晚，于清光绪二十三年（1897）“七夕”日在浙江诸暨紫东乡金家站（阮中镇中金村）出生，由母亲钱氏启蒙开智。民国 5 年（1916），他从绍兴觉民小学毕业，即被母校聘为教师。次年，他凭高小学历考入南京高等师范专修科，师从教育家陶行知先生，潜心学研之余，发表多篇教育改革论文和多部译著，并用稿酬付清学费、贴补家用、赎回 4 亩田地。他投身于新文化运动，积极为李大钊《少年社会》写稿，参加恽代英组织的“少年中国学会”，并在改组后当选候补委员。他从南京高师毕业后，为了施展乡村教育之抱负，先后在南京高师附校、河南省立第一师范、南京第四中山大学、国立成都大学等11所学府任教员、助教、主任、教授，因未找到理想的立足点而趁奔母丧返杭赋闲。

“驱黄风潮”后，时称“文胆”的新任教育厅长陈布雷正当苦于一时遴选不到适合湘湖师范校长人选时，意外收到著名教育家、南京高师教授郑晓沧的举荐信，不禁眼前一亮：金海观，遂下达委任书。

作为第六任校长，金海观借鉴前事，把握大局，苦心运筹，首举成立“抗日救国会”，把两派师生在抗日救亡的旗帜下团结起来。民国22年（1933），省立乡师更名为“浙江省立湘湖师范”（简称“湘湖师范”“湘师”），并推出《湘湖师范做学教工学制实验班计划书》，重新激活这所乡村师范的生命力。

外患逼近　迁徙松阳

民国26年（1937）7月7日，日军蓄意制造“卢沟桥”事件，开始全面侵华战争。8月13日，爆发淞沪战争。日军攻陷上海后，往西剑指南京，向南进军浙北、空袭杭州。面临危机，金海观尽管竭谋镇静，却不得不考虑迁校。11月17日，他亲自带领教员吴云程前往义乌联系临时校舍，次日赶赴建德禀报省长，并电告学校暂迁义乌。18日，家在杭州及附近的学生离校，回家等候通知；学校各部门捆扎文件图书，包装设备仪器，充分做好搬运准备。21日下午，湘湖师范搬迁启程，兵分二路：一路由生活指导部工作人员率领学生自带行李徒步前行，长长的队伍途经萧山县城到达杭州，再沿着浙赣铁路南下，穿越诸暨县域，西南向进入义乌县域，直抵江湾镇，历时一周，行程125公里；一路由总务处毛守诚、吕震川负责，少数学生协助，雇用船只，搬运教具，于25日在闻家堰装船起航，长长的船队沿着水路经过杭州、诸暨，抵达义乌江湾镇，校本部设在吴氏祠堂。12月5日动员大会后，学校正式复课，各项工作红红火火开展起来，还诞生两个新生事物：一是步“抗日救国会音乐团”之后尘，改组“湘湖剧社”为“醒民剧团”，突出“唤醒民众投身抗日”的时代主题；二是创刊《当日新闻》，及时告知民众国事政事敌事抗日事。

民国26年（1937）12月13日，日军攻陷南京，血腥屠杀30万余人。24日，杭州沦陷，师生无不庆幸迁校义乌之举。然而，金海观已在酝酿再迁之事。

当时，已经迁驻永康方岩的浙江省政府正忙于安排刚在金华地区落脚不久的省属党政军机关、社会团体、大中院校再次内迁浙西南山区。湘湖师范等校奉命迁往丽水碧湖。金海观召开校务会议，研究迁校事务，一致认为，日军继续南下，形势日趋恶化，再次迁校势在必行，而小镇碧湖难以容纳多座学校，本校不必去凑热闹，拥挤一堂。正当为选址犯难之际，湘湖校友、松阳人叶芳适时来信，建议并欢迎母校迁到松阳县古市镇广因寺。金校长喜出望外，经商同仁，一锤定音，并立即赴永康方岩，禀报省教育厅，获允。29日晨，湘湖师生队伍、运输车队同时出发，中午到达金华。下午，由童子军教练吕震川和8位高年级学生组成的先遣队骑自行车先行，然后兵分二路：运输车队循公路驿道，途经东阳、永康、缙云、丽水，于次年1月3日抵达松阳；师生队伍取山间小路，途经武义、宣平，翻越寨头岭，于次年1月5日抵达松阳，以古市阴岗山广因寺为本部，开始在松阳流亡办学的非常岁月。

艰难困苦　玉汝于成

松阳，千年古县，坐拥松古平原，史称“处州粮仓”，宛如镶嵌在万山丛中的金瓯玉盆。古市，松阳旧治，物产丰饶，街市繁华，俨然一颗装点在金瓯玉盆里的璀璨明珠。广因寺，后唐清泰三年（936）建，位于古市镇西南3里阴岗山，古木葱郁，幽静宜人，自古以来就是修身养性传道授业的好去处。

湘湖师生一到阴岗山，就不约而同登上山顶，一览卯酉二山对峙、松阴碧水如练、广原阡陌纵横、村落炊烟轻扬，无不心旷神怡，又庆幸在战乱中竟能得到如此安宁的读书处。

然而，金海观作为一校之长，身处安宁却心难安宁：万一日寇渡过钱江继续挥师南下，怎么办？万一战时政府拨不出款，怎么办？万一政府不得已下令解散学校，怎么办？……在校务会上，他向同仁和盘托出自己的心事，以求群策群力。大家一致认为：尽管国难当头，不论多么困苦，决不上最后一课，但应有几种预案以应对紧急情况。于是，成立“非常时期行动委员会”。行动委员会向学生家长发函宣告：“无论时局变坏到何种程度，学校决不解散。”并征询意见：“是否让子女听从学校指挥，随同学校一致行动？”凡是回信的家长都表示：完全信赖学校，坚决让子女与学校共进退。

战乱之时、艰难之中，要为学生负起责任，让学校生存下去，谈何容易！当时，湘湖师范主要面临可谓生存危机的两个办学大难题——攸关学校前途的金校长个人政治抉择问题，攸关全校师生命运的吃饭问题，犹如阴影难以摆脱。

金海观是孙中山先生“三民主义”路线的忠诚拥护者、“五四”新文化运动的积极参与者，却对大革命后的国民党从无好感。他任湘湖师范校长后，陈布雷、许绍棣2任教育厅长曾三番五次在全省中等学校校长会议上郑重其事强调：我们要以党治国，中等学校校长是党的干部，就必须是（国民）党员。个别还没有办理入党手续的，应该抓紧办理。与会者人人心知肚明“个别”所指何许人。金海观不苟同校长“必须是党员”，只要厅长不点自己的名字，就装作没听见，一次次混过去，还以“无党无派”自慰。民国28年（1939），许绍棣厅长亲自写信要金海观加入国民党。“不入！”金校长断然拒绝的激愤表情，令在场的江景双、徐德春2位师友震惊不已。民国29年盛夏的一天，林瑞甫受许厅长之嘱，突然来校找金海观密谈，下达最后通牒：“为落实蒋委员长亲定的‘攘外必先安内’国策，不可能再重用一个对党国不信任的人。”并把一份入党申请书推到金海观面前。对于这种强人不欲，金海观厌恶至极，但转念一想，校长不仅是一校之首，而且是一校之魂，如果换了校长，湘师很可能改变办学方向，这有前车可鉴，不可重蹈覆辙。于是，他草草填写交表，唯求继续抱负“乡村师范教育”的宏图梦想，湘师可以按照继定的宗旨和目标办下去，发展起来。不过，他过了这道难关以后，从未履行国民党党员登记手续。

民以食为天。由于抗战军费骤增，浙江省立院校教育经费锐减。民国28年（1939），省拨湘师教育经费只有1150元，缺口很大。松阳虽为“处州粮仓”，但毕竟山多地少，产粮不比平原县份，且自给有余部分尽数调外，加之数十省属单位迁入，人口骤增。诸多因素导致县内粮食供应紧张，县政府只好严格控制单位供粮，规定口粮标准、购粮时间、地点等。湘湖师范青年学生多，胃口大，供应粮不够吃。为了保吃饭、免饥荒，金校长每月初出门求拨款，结果往往不及时不足额，一旦款到，立即派人购粮，生怕涨价。如果拖延拨款，食堂就难免闹“粮荒”。

为了维持学校正常教学和师生正常生活，湘湖师范采取一系列开源增收、省吃节支措施。一是千方百计开源增收。农业生产组租30亩田种粮、开荒种菜；狩猎组出猎禽兽，供食堂改善伙食；畜牧组饲养猪、羊、鸡、鸭、鹅；工业制作组自制咸蛋、皮蛋、酱油、豆腐等，增加生活物资供应。二是实行“廉薪制”。按教职员工月薪多少，按不同数额每月扣钱，作为储备金，积满一万元后，超储部分就按扣除时间先后顺序发还。储金不计利息，由学校调用。教工们宁愿过紧日子，积极参储，帮助学校渡难关。三是“二院”兼办附属小学、幼儿园，适当收取学杂费。四是用做好事的方式，组织社会募捐。五是学校杂事自力自为，以节省雇佣金。六是每当粮食难以为继，古市平原学生回家吃饭，在校生实行“一稀二干”“二稀一干”，且用标准碗供粥饭，以防多少不匀；七是组织有门路的师生到金华、龙游等地购粮。八是推行“瓜菜薯代粮”。由于多举并行，湘湖师范一次次渡过经济危机和饥荒危机，得以顽强地生存下去，发展起来。

流亡办学　业绩空前

民国26年（1937）12月，湘师共有7个班351名学生。由于回家等候通知的萧山及邻近县市学生为战火所阻隔，来到松阳的学生只有134人，原来的班不成班，学校因搬迁开支所剩经费无几，怎么办？

困境考验着决策人的决策力。金海观在校务会上提议：“培养适合乡村社会的师资人才”是本校长期的办学宗旨，不能因为处于战时就可以松懈，而要放眼大局，我们这台生产乡村教师的“母机”开足马力，最大限度地为敌后、敌占区乡村培训、输送、储备师资人才。于是，会议决定一反常规，立即春季招生。

民国27年（1938）2月4日，湘湖师范分别在松阳古市、义乌江湾2地进行招生考试。由于把关严格，淘汰众多，各地纷纷呼吁为大量未被录取和赶不上考试的学子提供上学机会。经呈批，开办1个补习班。然而，求学者还是源源不断。再经呈批，增办一个简师班。不久，杭州师范一批逃难学生要求插班，省教育厅又介绍一批杭州师范音乐、体育专业学生插班，均凭学籍证明如数照收，从而学生增至330人，接近萧山时规模。招生严格，难免会生纠纷。时任县长蒋剑农的侄子考试成绩不及格，未予录取。蒋县长托人说情，被婉言拒绝。此后，湘师一次调拨粮食遇到麻烦，有人认为是报复行为，其实子虚乌有，从而传为佳话。温州寮温姓乡长把一张18位考生名单交给叶芳，说，“转告金校长，这些人要录取”。金校长看罢即将名单扔进纸篓，说：“笑话，一律按成绩录取。”

事后，温乡长听说10人未被录取，大为光火，威胁说："吃松阳饭，不收松阳学子，我要告到教育部去。"次年秋，松阳温州寮人温麟以"五省战地党政军视察员"身份巡浙，顺便回家，由蒋县长陪同前往湘湖师范，趁闲聊起"是否有不收松阳学子的事"？金校长讲了事情原委，并递上去春新生名单，说"录取松阳学子达100多人"。温麟连声说"好，做得对！"民国30年，温州沦陷。湘师接受温州师范逃亡学生，开设2个师资短培班，班级增至19个，学生增至767人，创历史最高纪录。

学生多了，班级多了，校舍成为大问题。广因寺大佛堂及几间破旧僧房夜当宿舍日当教室只能容近百人上课，教职员工只能租民房居住，金海观向距广因寺校部3里多的古市镇下街大陈巷9号叶姓人家租赁大约20平方米的偏房，隔成2间，挤住一家四五口人。为了解决校舍问题，学校决定租屋办学，分院教学。到全面复课时，已形成一校4分院的分布格局：广因寺本部及潘连、项宅2个教学点，合为一分院；古市镇城隍庙毕业班、简师班及附小，为二分院；在6里地外的卯山广福观设分校，为三分院；在7里外的叶川头村祠堂及其毗连的时属遂昌县管辖的梧桐口村祠堂各设分校，合为四分院。这样一来，教师们只好天天分头赶路、长途跋涉去上课，十分辛苦劳累。当时新谚称："湘师学堂不一般，星罗棋布到乡村。湘师老师不一般，上一堂课要半天。湘师学生不一般，吃住农家不觉厌"。

由于校舍大多破旧，生活条件太差，要确保教学质量也是一个大问题。湘师主要采取三项措施破解难题。

适应战争形势，推行弹性教学。由于战时办学不确定因素多且难以预测，湘师不死搬硬套教育部规定的课程标准，从实际出发，改进教学。总体原则是：各科都要突出重点要点，适度精简课程、压缩课时。具体安排是：国文、算术仍按教育部规定的课程标准，但缩短课时；物理与化学、动植物与卫生等自然科学混合教学；公民、历史、时政等社会科学合并教学；教育学科即教育理论、教育实际、教育心理合并教学；劳动与美术合并教学；体育课突出军训教学；音乐教学照旧；取消家政学科，改为军事看护。实行弹性教学，可以有效防避因不测因素延误教学工作，使学生能在学制规定的期限内系统掌握知识，尽快完成学业，必要时准予提前毕业。

适应求知需求，贯彻导师制度。民国27年（1938），教育部颁布《导师纲要》，把"导师制"推广到中等专业学校，实质是在内乱条件下将学生置于导师管制之下，在师生间形成监管与被监管的猫鼠关系，是一种变相的统治法。湘师向来倡行师生平等、教学民主，一反"纲要"之义，以学生为本而行"导师制"。总体原则是：学生按照自己的求知需要选择导师，导师适应学生的求知需要进行课外辅导。具体做法是：新入学的低年级学生因不了解教师队伍情况，则暂由学校指定导师，而后自选导师；中高年级学生由于了解教师队伍情况，则自主选择导师，可以一生一师、多生一师，如许炳奎同学想多学点古文知识，就斗胆选择古文功底扎实的金校长为课余导师；爱唱歌的学生选择桑送青为导师，爱演戏的学生选择江景双为导师。由学生选导师，既彰显学生独立自主的尊严，又彰显老师受到信任的尊严。如此实行"导师制"，师生往往情趣相合、志趣相投，亲密无间——学生以导师为楷模，虚心求教做学问；导师则爱生如子，循循善诱，诲人不倦。这种师生平等互信关系催生出一种自由民主、生动活泼的校风学风，收到了教学相长的效果。

适应乡村教育实际，加强特种技能训练。乡村教育尤其需要教师全面发展，一人多用。为此，湘师不仅教给学生作为未来教师必具的科学文化知识和一整套教育方法，还注重让学生学到特种技能和本领，达到一专多能，成为通才，从而比一般专业教师更加适应、胜任乡村教育。学校成立由老师为指导、名目繁多的课外培训组织，主要有田径、球类、器械、狩猎、戏剧、歌咏、救护、国画、工艺制作、农业生产、新闻演讲、畜牧、标本、科技 14 种组织。每个学生都可以选择一两个组织活动。一般情况下，学生上午在教室里上课，学习书本知识，下午参加课外组织活动，接受特种技能培训。如“喈喈歌咏团”40 人、“醒民剧团”20 人，不仅会表演，多数人还会吹、拉、弹、奏。国画组个个都是绘画善书的特长生。救护组学生经常到医院学习急救知识，参加野外救护演练。新闻演讲组的学生人人能说会写，还出了多名演说高手、文章大家。为了来日可能投笔从戎、参加游击战，湘师还设立一个人人必须参加的共同技能训练项目——爬山。为此，每个学生几乎爬遍古市平原周边山峰，练出了强健体格、铁脚板儿。

反观当时多少学校迫于日军侵略战争而关闭解散，湘师却在战乱、流亡、困苦中坚持办学，而且越办越大、越办越好，不能不说是一个奇迹。

春泥护花，桃李芬芳。湘师崇尚“名师出高徒”之说，即便处于流亡办学的困境，教学物质唯简是从，却对教师唯优是用，只延揽那些“对所教的学科有坚实的知识和技能”“有丰富的教学经验”“有良好的思想品德”“对乡村教育有兴趣”四项标准俱全者，从不偏废。选聘严苛，反而令庸者退避三舍，集能者济济一堂。如俞子夷、王衍康、王印佛、金兆均、李宝书、尹日昌、沈寿金、俞嘉量、赵世盛、周汉、许燕礼、黄明宗、包伯祥、钱希乃等或学有专长，或著作等身，或德高望重，皆小学教育业界名流，从而培养出大批“教学做合一”的优秀人才。据其校友会统计，中华人民共和国成立前 21 年毕业学生 1405 人，其中在松阳毕业和入学的学生有 800 多人。这 800 多人中，耕耘在教育园地者约占一半，参加金萧游击队者约占三分之一，不少人成为各级领导干部、英雄劳模、先进工作者。丽水人王桂五在松阳就读湘师，倾向革命，毕业从教，加入中共组织，以丽水碧湖赵村小学校长身份建立联络点，掩护革命同志，发动群众“三抗”（抗税、抗丁、抗粮），参加武工队，配合浙东六支队接应松阳县国民政府县长祝更生起义，先后任松阳县民主政府副县长、松（阳）宣（平）遂（昌）游击支队政治部主任。在高亭战斗中，他被俘英勇就义。余友渔医学成就显著。李小玉音乐造诣深厚，曾任中国音乐家协会理事、中国电影音乐协会副会长。钱法成曾任浙江省文化厅厅长。湘师学子李伦、廖升、王保森等百余人，多数成为松阳县中小学、简师的教学骨干，叶芳还领衔创办私立俭公中学并曾任校长。《松阳县校史集》称：“湘师在古市不足五年，但对松阳文化教育的影响是巨大的。当年许多知识青年就读于湘师，毕业后成为教育战线上的重要力量。”

责任担当　参与建设

湘师在松阳办学，凭着“学校是社会的一分子，办在那里就应该为那里做点事”的责任担当精神，以主人翁的姿态，倾心地方建设事业，也是业绩辉煌、精彩纷呈。

大办民众学校。湘师注重把“为农民而学，为农民而教”的理念深深植根于师生心田。师范教学刚恢复，推广教育部就组织师生深入古市区域各乡镇，走村串户，宣传动员，开办民众夜校（简称“民校”）。每校设理事会，自筹经费，自理校舍，自备桌凳、灯具、教具等。学生自带纸笔文具。湘师编印供应课本。每个教师兼任一校指导员。中高年级学生人人充任教师。民校开展识字教育、形势教育、文娱教育、健康教育。男女分班，则男教男、女教女。每当夜幕降临，师生们便三五结伴，分头出发，打着松明火把，各奔执教民校。40 里外的上源、下源、后源等乡民校，执教学生则在乡公所搭伙食宿，集中时间日夜上课。民校形式多样，金海观描述精彩：“以言教学之形式，可分三类：一为家庭式民校，借民众厅堂庭院为教室，集合附近之男女成人于一堂，孤灯高悬，环而攻读，妇女们或携小儿入校，有一面摇动摇篮一面听讲者，有任小儿嬉戏于庭者，年高男妇或吸烟旁观，或低声细语，诚所谓‘黄发垂髫，皆怡然自乐’。此类民校，俨如一大家庭，以妇女为多。二为学校式民校，借其他原设学校或公共祠庙为教室，按时集合学生，点名上课，其出入教室及授课形式，和普通学校相似。此类民校，多为成人班或儿童班。三为军训式民校，集民校学生于一处，编队分班，晨起升旗集会，继以学习各课，夜间点名集合就寝，全日受教，每五日或一周休假一日，以便松阳学生回家休息、外地学生料理私务或到古市赶集。此类民校，仅在上、下、后源三乡举办，为时虽短，收效甚宏……”民校办得如何？媒体曾争相报道。民国 28 年（1939）秋，《上海译报》特稿《战时浙江文化界》称：“现在浙江的教育，有一个很好的现象，就是无论大小中学都一律由城市而深入到乡村，除了必要的课程之外，都兼办着民众组织和训练的工作，其中最埋头苦干而著有成绩的要算浙江的晓庄——湘湖师范……”又称：“他们在松阳各乡办了三十多所民众学校，教育着 2000 多个民众，担任教学的便是这师范的学生。他们上午在师范里充实知识，下午接受特种技能训练，夜晚便干着组织民众、训练民众、教育民众的工作。……近来浙东各校效法它的已经很多。我希望它能把这种精神散播到全浙江甚至全中国去。”到民国 31 年（1942）5 月，共办民校 97 座 147 个班计学员 4480 多人，大大提高了广大农民的思想觉悟和文化程度，促进了松阳乡村文化事业发展。充任教师的学生在教育农民中受到教育，提前体验乡村教育，悟出为师之道、管教之法。

承办古市经济建设实验区。为了扭转敌后地区物资紧缺状况，民国 27 年（1938）初，浙江省国民政府责成建设厅在丽水区域试办若干经济建设实验区，探索经验，推广全省敌后地区。建设厅由于人手紧张，对松阳实验区只能派出专家指导，厅长伍廷飏想到了湘师。金海观期望“教经合一”，互利双赢，欣然承办，并确定把经济建设实验区就近在古市区域，由农村经济造诣深厚的孔祥明老师任主任。随后在古市镇三清殿设置“民众教育馆”，培训“农村服务团”成员 60 余人，投入实验区建设事务。“农村服务团”成员深入乡村宣传发动，举办合作人员训练班，古市区和各乡都成立生产合作社、消费合作社。古市镇生产合作社筹集 40 股计 3400 元，建立古市信用社。以合作社和信用社为经济支撑、省农改所和县中心农场为技术支持，农业方面先后办起黄圩示范农场、赤川乡第一保示范农场、大岭脚繁殖场、溪下繁殖场，推广包括美国良种烟草在内的 68 个农林优良品及先进栽培技术；工业方面先后办起古市农商联合社雪茄烟工场、黄圩雪茄烟厂、酱油厂、酒精厂、樟脑油厂、肥皂厂、缝纫厂，生产日用工业品；商业方面集股 5 万多元，成立古市烟叶股份有限公司，经营松阳、遂昌、宣平3县烟叶出口业务。还以民校课堂为阵地，宣传推广猪羊圈养，广积厩肥，清洁环境。时称“湘师乃经济建设实验区办得红红火火的唯一学府”。

承办处属国民教育实验区。国民教育系国家为公民实施的基础教育。民国时期，基础国民教育为小学教育。杭州沦陷前夕，浙江省党政军机关、团体、大部分省立院校迁至浙西南山区，而国民小学仍在原地，或沦为敌占地区，或成为敌后地区。为了全省敌后国民小学按照国民教育大纲正常教学，教育厅把处属10县设为国民教育实验区，国民小学教材先在实验校试教，然后推广施教。民国30年（1941），湘师以“省立师范学校有辅导地方教育”为据，尽力争得省国民教育实验区的承办权，然后设立辅导部（室），先后由黄明宗、周汉任主任。松阳县以城北镇中心学校（县实验小学）、赤川乡小学、湘师“二院”附属小学为实验学校，其他9县择一二座小校为实验学校。著名教育家俞子夷为处属国民教育实验区主任。辅导部（室）工作人员按国民教育大纲编印教材及其辅导资料，长途跋涉到20多座实验学校检查、指导工作，总结经验教训，修改教材教法。实验成功，教材由教育厅推广到全省敌后国民教育学校；辅导资料则由《国教》月刊和《国民教育小文库》登载、发行、推广。湘师承办处属国民教育实验区，为松阳、处属各县乃至浙江全省敌后国民教育事业作出了巨大贡献。

合办古市卫生事务所。当时，松阳县医疗条件极差，生者发病率高，病者死亡率高。千年古镇古市竟然没有医疗卫生机构。湘师即与古市镇联系，合办古市卫生事务所，并派校医兼理事务、坐诊治病、宣传卫生知识，注射疫苗、打姜虫片等，每日接待五六十人。开办卫生班，训练乡村卫生员、接生婆。还组织“救护团”，战时随后方医院抢救伤员，平时接警奔赴乡村抢救危急伤病员。黄庄一位妇女跌倒在天井沿，碰得头破血流、昏迷不醒。有人到湘师报信，家人却忙于向各家讨茶叶水，混合成“脏水”给伤者喝，以去晦气，却不见好转。不久，救护团赶到，紧急施救，清除瘀血。自从那位妇女转危为安，黄庄人不再信“脏水去晦气”的鬼话。

助办俭公中学。湘师在古市办学，就近招生多，上学很方便。叶芳及同宗5贤每想到湘师办学之利，就设想来日抗战胜利湘师迁返萧山，古市中等教育重归于零，禁不住唏嘘叹息，萌生办一私立中学之念。金海观及时予以首肯支持。于是，他们发起筹建，定名“俭公中学”，以便于在全县第一大姓叶氏宗亲中开展劝募。两年后，筹建就绪，尚缺得力领导和骨干教师。金海观忍痛割爱，同意推广教育部主任孔祥明出任俭公中学校长。俭公中学首次招生考试，湘师提供二院附小教室作为考场。除了国文、英语、数学、理化，其他各科均由湘师相应学科教师兼课，从而顺利开学。

湘师以道义为上，甘担社会责任，泽被一方热土。松阳人民感恩戴德，怀恋不尽。

抗战先锋　党建旗帜

侵华日本占领大片国土，炸毁萧山校舍，令湘师师生心生强烈的国耻之恨、校耻之仇，满怀炽热的家国情怀，化为排山倒海般的抗日救亡运动，声震松古大地。

民国26年（1937）7月7日，“卢沟桥事件”拉开日军全面侵华的战幕。为使师生勿忘国耻，抗战雪耻，湘师省吃俭用挤出资金，自己动手在阴岗山顶操场上竖起一尊“纪念‘七七’抗战纪念碑”。次年7月7日，全校师生和从四面八方赶来的民校学生计3000余人汇集操场。在一阵炸雷般的爆竹声中，金校长健步走到纪念碑下，剪断彩带，揭下红绸，慷慨演讲，陈述“卢沟桥”事件和淞沪战争，控诉日军烧杀抢掠奸淫滔天罪行，号召师生同仇敌忾，奋起抗战，努力学习，报效国家。典礼仪式场面壮观，群情激昂，气氛热烈，在雄壮嘹亮的《义勇军进行曲》歌声中结束。经过《东南日报》报道，湘师声名远扬。

国家兴亡，匹夫有责。湘师师生决心“未为抗日武装战士，也当抗日文化战士”。在“抗日救国会”部署下，因人制宜成立各种旨在“抗战教育、抗日救亡”的文化组织，走进社会鼓与呼，以唤起民众。其中以“喈喈歌咏团”“醒民剧团”“新闻演讲组”“国画组”最负盛名，影响尤广。

“喈喈歌咏团”，前身为“湘湖音乐团”，由淞沪战争后开展抗日宣传的音乐老师桑送青及其带领的文艺特长生于民国22年（1933）6月6日组建。迁校松阳后，团员增至40人。赵复旦老师为赋予其唤醒民众之意，取黎明鸟鸣“喈喈”声更名，并作团歌，歌词悲壮，曲调昂扬，尤其“睡狮醒，长夜晓，莫久使天地寂寥，君倡予，我和汝，一声声激江涛”句振聋发聩，催人奋进。每天清晨，团员们在广因寺大樟树下、阴岗山顶操场上练功练声，引吭高歌。先后移植演出延安鲁艺寄来的冼星海大型歌曲《军民进行曲》、向隅歌剧《农村曲》，自编或自排演出《毕业歌》《马塞尔曲》《送别》《祖国等待我们去挽救》《生产大合唱》《送女儿上前线》《从军》《重逢》《古城怒吼》《垦春泥》《胜利进行曲》《黄河颂》《中华颂》《延安颂》等歌舞节目及诸多器乐节目。每周到古市镇、附近村庄甚至跋山涉水到40里外的谢村乡、玉岩区演出。不仅在松阳唱响唱红，还多次应邀到遂昌、云和、丽水、龙游、兰溪、汤溪、金华等地公演，场场爆满，掌声雷动，舆论沸腾。《东南日报》副刊《笔垒》以整版文章盛情赞美。

“醒民剧团”，前身为“湘湖剧社”，于民国26年（1937）12月3日在义乌江湾成立。迁校松阳后，仿效“喈喈”唤起民众抗战之意，易名“醒民”。为了演好抗日剧，20多名团员在经费极度困难的情况下，就地取材，自编自排，自制布景、灯具、道具，自绘油彩，自调灯光，相互导演，互纠唱腔，提高演艺，先后演出独幕剧《布袋队》《放下你的鞭子》《流亡三部曲》《三江好》《反正》、活报剧《生产大合唱》《捉拿大汉奸》《活捉日本鬼》、多幕剧《烟苇港》《周天节》《凤凰城》、苏联独幕剧《人约黄昏后》、波兰话剧《夜未央》以及老戏《碧玉簪》《落帽子》等，声情并茂，扣人心弦，民众喜闻乐见。应邀到遂昌、龙游等县演出，好评如潮。永康籍团员楼朝生、施赛男暑假回家，在街头巷尾、伤兵医院巡回演出30多场次，乡亲们捧若明星。

“新闻演讲组”，由文笔好口才佳的学生组成，不限人数，分组活动。演讲组每周末或在繁华街头或借祠庙舞台专题演讲，讲帝国主义侵华史、近百年国难史、日军侵华史、抗战形势、英雄故事等，号召抗日救亡。新闻组创办《当日新闻》，8开2版，每日1期，每期200份，每份收取1个铜板成本费。他们用自制的矿石收音机收听、记录国内外消息，采访本县抗日大事，然后编辑排版、刻写油印，上街叫卖。由于古市农历逢四、九集市日发行效果较好，便改为《市日新闻》，5日1期，次次抢购一空。当时，它作为县域唯一民办新闻媒体，与县抗敌自卫委主办的每4日1期、每期150份的官方新闻报纸齐名。

“国画组”，又称“美工团”，以画笔作投枪，所作抗日宣传画卷图文并茂，每每在城乡醒目处贴出，立刻引来万众注目赞美。名林等人雕刻的1套18片版画，标题“干城”，意为“攻心为上”，深蕴教育引导投身抗战的主题思想，工艺精致，表现幽默。金海观拍案叫绝而为之作《干城集序》，《东南日报》副刊《笔垒》连篇累牍刊载。

对于湘师之社会作为，时人评说：它不仅是著名的师范教育学府，还是抗战思想的播种队、抗战文化的宣传队、抗日救亡的先锋队。

在湘师这支“抗日救亡先锋队”里，有一批特别能战斗的优秀战士，引起中共浙西南特委的关注。民国28年（1939）2月，中共遂昌中心县委指派遂昌简易师范学校事务员、中共党员蒋明炬重返湘湖师范，一边读书，一边发展党员。经过考察，蒋明炬于当年5月介绍同学吴世春、余友渔、阮国浩、李黛英加入中国共产党，成立“中共湘湖师范支部”（简称“湘师党支部”），蒋明炬任支部书记。5名中共党员分头活动，先后秘密发展王川、陈贤皎、张兆和、是济人、方云楼、朱以文、宋学文、潘经武、蒋宝才为中共党员，并在自制的党旗下庄严宣誓。遂昌县政工队队员、中共党员沈以兴调到湘湖师范任教后，发展体育教师是济人为中共党员。在湘师党支部领导下，15名党员努力学习，积极工作，事事带头，表现突出，严于律己，赢得大家信任。不久，湘师举行学生自治会（简称“学生会”）竞选，蒋明炬当选主席。从此，湘师党支部以学生会为组织依托和活动舞台，遵循中国共产党的政治路线、抗日救国纲领和统一战线政策，团结、支持、配合开明校长金海观工作，组织、开展内容丰富、形式多样、生动活泼的学生运动，生产自救、民众教育、军事训练、特技培训、抗日救亡有声有色，成效显著。10月，鉴于蒋明炬频繁牵头组织进步活动而暴露身份，中共浙西南特委指示其离校隐蔽，任命余友渔为党支部书记、吴士春和阮国浩为支部委员、是济人负责对外联络，实行单线联系，在附近潘连村建立秘密联络站，存放党的文件资料。在新学年学生会竞选中，阮国浩当选为主席。以湘师党支部为政治核心，以中共党员领导的学生会为指挥台的进步力量继续主导着湘湖师范的青年学生运动。中共党员吴士春身兼“喈喈歌舞团”“醒民剧团”2团之长，带领团员在校内校外广泛开展抗日文化教育宣传，名声远播。

然而，随着国民党当局推行“反共”“溶共”“限共”政策，反动势力加紧向湘师渗透。民国29年（1940）4月5日，三青团浙江省支团派遣组织专员余春华到湘师组，频繁邀集学生开会，以“三青团之后顾与前瞻”为题大作报告，蒙蔽、哄骗、拉拢学生入团。国民党松阳县党部直属湘师分部密切配合，为三青团唱赞歌，引导学生政治转向。为使广大学生紧紧团结在中国共产党的旗帜下，湘师党支部隐秘操作，针锋相对，一方面化名撰文，披露三青团丑事，一方面设计“驱余”——授意人画《余春华人妖图》，灭其气焰。结果，他只发展1位神经不正常的女生入团，就一走了事。后来，县党部人员突然窜到湘师图书馆，抄出一批进步书刊，便责难金海观，临行前还扬言“还会来追究到底”。湘师党支部及时上报情况，获得指示：要纾解金校长压力。于是，学生会向金校长赠送一面书有“我们的灯塔”的锦旗。有广大学生作后盾，金海观底气十足地到县党部严正抗议，并更加重视发挥学生会民主自治作用。

民国 30 年（1941）8 月，中共湘师支部的上级组织联系人方炳伦被捕叛变。9 月 20 日，中统特务周朝瑚奉命抓捕中共党员余友渔、阮国浩、陈贤皎及班长边福扎。对于擅自逮捕学生的不法行径，金海观提出强烈抗议。两天后，周朝瑚来到校长室，指名逮捕吴士春、朱以文。当时，朱以文已经离校，吴士春正犯胃痛。金海观从容应对："吴士春已请病假回家疗养。"周朝瑚即到教务处查病假条，主任江景双顺水推舟："他病得急，校长口头特批。"周朝瑚无奈而去。事后，金海观派朱育茂同学护送吴士春走小路回义乌老家。23 日，中共党员是济人被捕。此后月余，金海观四处奔波，求援呼救，终以第一担保人并约教师施谦、学生刘岳琮分别为第二担保人、第三担保人，把余友渔、阮国浩、陈贤皎、是济人、边福扎 5 人保释出来，疏散各地。至此，湘师党支部及其交通站均遭破坏，停止活动。

湘师党支部仅存在年余，却在中国共产党松阳历史上留下一页浓重精彩华章。它的鲜红旗帜永远飘扬在松阳人民心间。

血溅本部　再次南迁

民国 30 年（1941）2 月起，侵浙日军常派飞机到浙西南各地侦察、轰炸。为防空袭，湘师学生会发起"学生捐 1 元，教师自愿乐助"劝募活动，筹得 690 元。金海观从有限的教育经费中挤出 1000 元补足购置费，安装 1 台警报机。4 月 13 日中午 12 日，警报响起，师生就近疏散，第一次见到 27 架日军飞机飞临阴岗山上空。所幸有惊无险，敌机环绕松古盆地周边低旋一圈就飞走了。从此，本部与各分院按战时安全保密要求制定仪器、教具、图书、用品疏散预案，划定各班疏散地段，组织师生就近挖壕沟、掩体，经常举行防空演习。

民国 31 年（1942）春夏之交，日军"浙赣战役"正酣。驻浙第 13 军酝酿"松阳作战"计划，欲借道松阳进攻云和，一举摧毁国民党浙江省政府等党、政、军机关。

5 月 22 日上午 9 时，晴空万里，警报响起。此时此刻，金海关正在本部办公室处理要事，听到警报，一边大喊"疏散"，一边大步跑到大樟树下隐蔽，看见敌机已在头顶上盘旋，炸弹呼啸落下，爆炸声声，火光冲天，不禁惊叹："糟了，糟了……"此时此刻，本部师生刚离教室，正在课间休息，突然看见 3 架飞机以迅雷不及掩耳之势，飞临阴岗山上空，接连投下 22 枚炸弹，在一阵阵剧烈的爆炸声中，抗战纪念碑轰然坍塌，操场上弹坑连连、尸首纵横，广因寺断壁残垣、烟火腾腾……事后查明，炸死 8 人，炸伤 11 人。死者是：楼文明，男，义乌人；骆加球，男，义乌人；童晋，男，龙游人；陈萍，女，诸暨人；李家琳，女，四川人；吴雪蘅，女，义乌人，芳龄 16 岁，"醒民剧团"团员，《农村曲》主角；宋鸿飞，女，嵊县人，血肉纷飞，尸首分离，只有一把长发尚可辨认；梁信兴，男，工友，在附近地里处理麦子时被炸掉半边脸。11 名幸存者个个灰头土脸、遍体鳞伤，有的奄奄一息。校"救护队"先把伤员送到古市卫生所，后经校友潘肇贵、徐光桂联系求援，及时到第 17 伤兵医院救治，转危为安。

当晚，金海观主持召开教职工紧急会议，宣布 8 项应急措施：1. 把伤亡人数、学校财产损失电告教育厅；2.通知死难者家属，掩埋死难者尸体；3.本部教职员暂移“生生堂”（上安村）办公；4.松阳、遂昌、宣平、龙游同学暂回家，看局势再行通知复课；5.毕业班提前办理结业；6.在校学生疏散到附近自学，早出晚归，早、晚餐在校用膳，午餐发膳费自理；7.学校加强防卫工作；8.伤员继续治疗。

5月28日，湘师校务会议决定南迁，在目的地未定之前，暂分6个组疏散到白岩、山甫、大岭根、下源口、上源口、谢村休整。次日晨，金海观带领毛守诚老师肩挎行囊，开始1月之久的寻址之旅。

6月25日，湘师师生告别白岩，踏上第3次途经龙泉、迁抵庆元的300里跋山涉水征程。

光阴荏苒，艰辛难度。直到民国34年（1945）5月8日德国投降，金海观看到抗战胜利的曙光，便把学校返迁提上议程。迁向何方？考虑到萧山湘湖校园已被日本军机炸成一片废墟，所幸广因寺本部虽被炸毁而3个分院校舍尚存，况且现有学生大多籍贯处属各县，他呈文报请迁返古市。7月12日，教育厅批复同意。师生奔走相告，欢呼雀跃。

8月上旬，湘师先后经历了庆元1年多、景宁2年整流亡办学的艰难岁月，重返松阳县古市镇，以城隍庙为本部，以卯山、叶川头（含梧桐源）两处为分院，恢复教学。

民国35年（1946）1月，湘师奉命迁回萧山城厢镇，暂借千年古刹“祇园寺”为临时校舍。于是，湘师别有一番风情——晨钟暮鼓之后传出琅琅书声。

（陆宝良）

浙江省农业改进所在松阳活动纪略

一

浙江省农业改进所，简称“省农改所”，上承农业革新之历史潮流，生逢日寇侵华之烽火狼烟。

清宣统三年（1911）六月，劝业道员董元亮在杭州艮山门外笕桥镇泥桥头南创办“浙江省立农事试验场”，占地24公顷，聘范运枢为场长，分设作物、畜牧、农业化学、蚕桑4科，内设蚕桑实验室、农事讲习所、气候观察站等机构，附设测候所、养成所，开启了浙江农业技术革新进程。

民国4年（1915）始，陆续成立了蚕桑、棉业、昆虫、稻麦、林业、园艺、家畜、土肥等农林改进专业机构。民国19年（1930）始，浙江省建设厅农林局成立“农林总场”，总揽各农林改进部门。民国21年始，农林总场改组“为农业改良总场”。

莫定森，四川广汉县人，从小感受农民穷苦而立志兴农，20岁赴法国勤工俭学，27岁以农学硕士回国。在广西实业研究院技师、南京中央大学农学院农艺系主任、上海劳动大学农学院教授任上，先后用美国白皮小麦与本地当家麦种选育出杂交小麦、用小麦与大麦培育出显性杂交小麦；又在浙江省农业改良总场稻麦场主任、稻麦改良场场长、农林改良场副场长任上，先后培育成功纯系高产粳稻、双季早晚稻等水稻新品种，并在浙东浙中部分地区大面积推广成功。

民国26年（1937）秋，侵华日军入侵浙北，“木更津”航空队轮番轰炸杭州笕桥一带。在杭农林改良机构东迁，而一大批农业专家为避战乱，跟随浙江大学农学院西迁云贵地区。莫定森凭借崇高声望劝导不少同仁留在浙江，坚持敌后抗战，继续农改事业。

民国27年（1938）1月，浙江省国民政府鉴于省会杭州将要沦陷，决定把省立稻麦、林业、茶叶、棉业、蚕桑、园艺等改良场和昆虫、蚕种、水利、家畜繁育等机构裁撤归并迁往“浙西南粮仓”松阳县，在县城北门外太保庙成立“浙江省农业改进所”，隶属于建设厅，任命莫定森为所长、蚕桑专家郭颂铭为副所长，内设农艺、森林、病虫害、畜牧兽医、推广、总务6股，统一管理全省农业改进、农田水利建设等各项涉农事业。森林股趁初春阳暖气湿，在庙边开辟10余亩苗圃，培育松苗、柏苗、柏苗、桐苗等。

二

民国27年（1938）初，省农改所在松阳立足初定，就在县城西南吴家山脚与松阴溪岸的交角地带、白龙堰北购置农田百亩，在其一部分土地上因陋就简营构房舍，设有农业实验室、血清制造室、杀菌制药室、办公室、会议室、宿舍、食堂等共76间。当年10月，基建告竣，恰逢省立抗战大学将迁到松阳。省农改所腾出太保庙，搬到吴家山脚新址，并健全组织。民国 31 年编制的《浙江省农业改进所职员录》（简称“职员录”）载，省农改所松阳本部内设 12 个机构：秘书科（含人事、文书、出纳、事务 4 股），秘书李修；农艺科（含食用作物、特用作物、农艺化学 3 股），科长马骏；森林科（含林业股），科长李守藩；畜牧兽医科（含兽医，畜牧、种畜 2 股），科长王宗祐；病虫防治科（含虫害、病害 2 股），科长王启虞；农田水利科（含农田灌溉、气象水文 2 股），科长许葆珩；油料植物系（含指导、技术 2 股），主任王恺；茶业系（含指导股），主任周开慧；棉业系（含指导、技术 2 股），主任丁汉臣；蚕丝系（含指导股），主任刘忠赞；农业推广委员会（含委员 10 人和调查统计、宣传、指导 3 股及《浙江农业》《农业推广》杂志编辑部），主任郭颂铭（兼）；会计室（含簿记、审核 2 股），主任张脉和。外设若干派出机构：第一农业推广区（含技术、指导 2 股），主任周惠选；第三农业推广区（含技术、指导、总务 3 股），主任吕允福；第四农业推广区（含总务、指导 2 股），主任侯锡寿；第五农业推广区（含总务、技术、指导 3 股），主任杨致福；第七农业推广区（含总务、技术 2 股），主任屠锷；第八农业推广区（含技术、指导 2 股），主任孙树鼎；第九农业推广区，主任李修（兼）。在浙西、浙西南、浙东南地区敌后 13 个县设“农业推广委员会”；在松阳县城东阁街设“农田水利工程处”，主任谢先进；在丽水县碧湖镇设“化学肥料管理处”，主仁张国熊；在天台、青田、丽水、建德、常山 5 个县各设“林业改进区”；在云和县、衢县各建“农场经营指导员办事处”。凡派出机构实行条块结合管理体制，即业务归省农改所领导，行政由当地政府领导，人事任免、调动则由省农改所提出建议，再由当地战区、县政府发文任免或出具调令。

又据“职员录到差日期”记载，省农改所初创时只有职员 68 人，其中所本部 31 人、带薪常驻派出机构 37 人。由于“庙多僧少”，不少机构尤其诸多派出机构或空堂挂牌，或有长无员，处于先搭架子待配人员的状况。

由于实行战时经济制度，省农改所初建伊始就陷入困境。建所资金缺口大，只好就地取材，尽量减少物资成本支出；只好经常发动职员参加义务劳动，尽量节省劳务用工支出。多数职员不定时地领取一份 30～50 元不等的菲薄薪水，难以维系基本生活开支，却夜以继日忘我工作，还要参加挖土整地、搬石垒砌等重体力劳动，个个身心透支，精疲力竭。

如此这般艰难困苦，莫定森却作出一项堪称奢侈的决定：定制一批“浙江省农业改进所证章”——圆形，铜质，镶嵌蓝色珐琅，挂链带别针，标“民国三十年”，十分好看。职员们胸佩精美证章，引来羡慕目光，赢得社会尊重，倍增自豪自信，凝聚人心力量。

时艰不可畏，人和万事兴。在莫定森主持下，省农改所各项事业开局良好，持续向好，尤其三大主业成就辉煌。

其一，面临危难，顾全大局，千方百计增产粮食，有效缓解敌后军民供应紧张状况。浙江人多地少，历来为缺粮省份，其中民国 20～25 年（1931～1936）年均缺粮不下 1000 万担。侵华日军占领广大平原产粮区以后，浙江敌后地区粮油极度紧缺，直接削弱抗战力量。莫定森敏锐地意识到：民以食为天，当务之急要增产粮食。于是颁发 3 项对应之策：一是大力推广原已培育成功的稻麦良种。省农改所责成各战区农业推广区下达推广计划，各县推广委员会认真落实推广任务，并采取现场指导、培训、示范等多种形式，推广早稻302、503、504等，中稻10号，晚籼3号、9号，晚粳129、130、10509，双季稻早生和晚青，莫字1号、105号、191号纯系高产粳稻、双季早晚稻等水稻新品种及栽培技术，推广小麦纯系种9号、17号、933号，杂交和显性杂交等小麦新品种及栽培技术；二是发动各地扩种小麦、大麦、油菜、番薯、土豆、蚕豆、豌豆等冬种作物；三是发动农民开荒种粮。实施当年，全省敌后地区种植纯系水稻面积32.7万亩，双季稻16.97万亩，糯改籼稻82.12万亩，纯系小麦38.24余万亩，扩种冬季作物1085.25万亩，开垦荒地41.2万亩，增产粮食1558万担。如此实行3年，累计增产粮食7000多万担，极大地减轻了敌后军民粮油供应压力，大大增强抗战力量。时任省长黄绍竑以题词“抗日无名英雄”高度嘉勉省农改所。

其二，广建基地，科研攻关，大力培育各类作物新品种。农业改进的中心工作是培育、推广粮食、林木、经济作物的优良品种及其栽培技术。省农改所在白龙堰北营建房舍的同时，把大部分农田平整为一片开阔的稻麦良种培育基地，还把白龙堰南百余亩荒滩淤地改造为一片开阔的桑苗基地。粮种基地划块分垢，各插不同标牌，实行专业分工，专人负责，定时记录，收成比较，择优推广。省农改所除了经营好本部农改基地，另在松阳境内建立直属的“项弄稻麦良种试验场”“横山示范茶场”“界首示范蚕桑场”“大竹溪畜种繁殖场”“林产制造示范场”等基地，逐步形成“立足松阳，面向全省”的农业改进、推广的大格局。除了“立足松阳”开展农改，省农改所还从实际出发，选择优势，因地制宜设置育种场所，有处属各县推广中心农场，丽水县碧湖镇种畜繁殖场、经济农场、有机肥料厂，嵊县三界示范茶场，淳安县十五都示范茶场，武义县候树示范茶场，衢县十里荒山农场，黄岩县柑橘改良场，就地培育、推广良种良法。还建有嵊县、衢县、丽水、淳安、江山、永康、天台、於潜、龙泉测候站；衢县石室、五华圳，兰溪县马鞍徐、黄龙口，青田县南岸村、石溪口，吴埠及江山、永康、嵊县、建德、桐庐县水标站，开展水文气象服务。3年间，本部基地及其各地基地先后培育、推广早籼浙农6505号、5557号，中籼浙农1号、10号、2777号，籼503，晚籼9号，小麦17号等水稻新品种及其栽培技术，鉴定、推广松阳当地“老鼠牙”“千棒槌”“龙凤尖”等水稻良种，培育、推广高产蛋用鸡种、约克夏洋猪与土猪的杂交种猪、盘克夏洋猪与土猪的杂交种猪等，对于增强农改后劲、发展敌后经济作出巨大贡献。

其三，从长计议，发挥优势，倾心创办农学院，为发展农改事业培养人才。民国27年（1938）10月，浙江省国民政府为了收拢失学青年，成立“浙江省立抗战大学”（次年5月改为“英士大学”），吴南轩任校长。作为曾经的农学教授，莫定森为了农改事业后继有人，主动拜访吴校长，建议抗战大学设置农学院，还说本所专家可以任课。吴校长欣然同意，并愿将农学院设在农改所，还请莫定森出任院长。于是，省农改所把“农田水利工程处”搬出去，腾出房间作校舍，办起“浙江省立抗战大学农学院”，确定技正（高级技术官，仅次于技监）李化琼专职负责教务及与校方联系，任明道等多位专家兼任课程。为了快出人才、出好人才，农学院实行“速成教育”方针，采取课堂教学与现场教学相结合，书本知识与实际经验相结合，注重在科学实验、生产实践中消化、巩固、升华知识，提高业务水平和能力，培养出2批政治思想进步、专业功底扎实，既能科研攻关、又能指导推广的复合型实用人才，其中19名优秀学员在读期间就被多个科、系吸收为“练习生”，参与业务工作。到民国31年上半年，全所职员达到300多人（含雇员、练习生），所增人员相当部分来自抗战大学农学院毕业生。

三

正当省农改所各项事业如火如荼蓬勃发展之时，隐蔽其中的先进分子——中共党员在为松阳党的事业秘密奔波。第一次国内革命战争时期，有多位松阳籍中共党员回乡闹革命，颇有声势，却未待建立组织就被国民党追杀而隐匿。民国22年（1933）冬，中共东阳中心县委派中共党员朱金宝到松阳县裕溪一带，建立全县第一个基层党组织——中共松阳霭溪支部，次年底被破坏。民国24年6月，红军挺进师政委会小吉会议后，松阳县内建立2个中共区委、13个中共乡支部、15个中共村支部，共有党员80多人，当年底被国民党军队“围剿”殆尽。为了恢复松阳党的组织，民国27年1月始，松阳境内有2个方面的中共党员在秘密行动。其一，中共浙西南特委派遂昌中心县委组织部长楼国平到松阳古市“古市特约经济实验区”（简称“古市经建区”）工作，千方百计寻找隐匿的中共党员，却始终未能与该经建区3位专家身份的中共党员张锡昌、张启权、陈禹荪接上头，于是又派中共党员、遂昌简师事务员蒋明炬到已迁居松阳古市的湘湖师范开展党建工作。其二，省农改所中共党员詹瑞、胡友水、潘威鉴于所本部6名国民党员监视严密，便尝试向外发展，在松阳城区开展治动，率先介绍松阳县抗日救国委员会政治工作队（简称“县政工队”）副队长吴士鸿、干事长赵秉衡、队员孙大增、徐月池秘密加入党组织，并与楼国平取得联系。民国28年5月的一天，楼国平召集全县14名中共党员开会，鉴于松阳片党员较多，宣布成立“中共松阳城区支部”，楼国平、吴士鸿、詹瑞、胡友水任支部委员，吴士鸿任支部书记并负责松阳片党员发展工作，楼国平则负责古市片党员发展工作。同月，成立中共湘湖师范支部。6月，省农改所詹瑞接任中共松阳城区支部书记，并介绍同事夏宝林入党。由于詹瑞、夏宝林的组织关系在中共松阳城区支部，胡友水、潘威2名中共党员组成“中共浙江省农业改进所小组”。8月，成立“中共松阳县抗日救国委员会政工队支部”（简称“县政工队党支部”），孙大增任支部书记，赵秉衡、徐月池任支部委员。不久，中共党员吴士英从宣平县调入政工队，并介绍郑松年入党。松阳城区支部书记吴士鸿组建“松花剧团”，流动演出抗战节目；政工队支部孙大增、赵秉衡将自画自写的抗战图画、标语等贴遍县城醒目处，陶湄波、方影村编辑《松涛》《抗日三日刊》，发表抗日救国文章，翻印《抗日救国十大纲领》《救国大策十条纲》《怎样做一个共产党员》等，影响很大。同月，楼国平介绍古市经建区金培校、施谷荪、程瑞昆、徐国梁入党，旋即成立“中共古市经建区支部”，金培校任支部书记，赵秉衡、徐月池任支部委员。此后数月，松阳各地中共基层组织犹如雨后春笋破土而出。累计建有党支部15个、党小组1个，共计党200余人。期间，“中共松阳城区支部”在全县党建中起到了先行、核心作用；“中共古市经建区支部”则在本区党建业绩卓著。

鉴于中共松阳城区支部毕竟是一个基层组织，终究难以承担领导全县党建工作、抗日救亡等重大任务，中共处属特委根据中共浙江省关于“加强党对松阳县抗日救亡运动的领导的指示”，多次研究松阳县党的建设问题，指派楼国平具体负责筹建中共松阳县委工作。民国29年（1940）4月下旬，中共处属特委派遣委员陆铭山来到松阳大竹溪村省农改所种畜繁殖场，在该场技术员、中共党员潘威的宿舍里秘密开会，陆铭山、楼国平、金培校、吴士鸿、夏宝林、胡友水、潘威7人出席。陆铭山代表中共处属特委庄严宣布：“中共松阳县工作委员会”（简称“县工委”）正式成立，楼国平任县工委书记，金培校（古市经建区）任组织部长，吴士鸿（县政工队）任宣传部长，夏宝林（省农改所）任青年部长，胡友水（省农改所）任农工部长，潘威（省农改所）任妇女部长（时缺女性党员）。省农改所人员占县工委领导班子成员的一半。由于国民党五届五中全会确立“防共、限共、溶共、反共”方针，破坏国共合作和抗日民族统一战线，县工委根据上级指示，确定“隐蔽精干，保存实力”的工作方针政策和“单线联系、积极工作”的工作方法。当时，国民党当局大搞“一个政党，一个领袖”，实行“一党专政”。县工委通过社会进步人士，发动松阳片、古市片2000多人在请愿书上签字，严词要求南京国民政府“开放党禁，还政于民”，打击国民党顽固势力。10月后，县工委根据中共东南局《对浙江工作的指示》，发出《放手发展抗日力量，抵抗反共顽固派进攻》，要求全县党组织和全体共产党员转入地下活动，开展秘密斗争，共产党员团结和依靠社会进步力量推进抗日救亡运动。省农改所共产党员也转入地下斗争。

民国31年（1942）7月始，侵华日军第13军为了摧毁暂驻云和县内的国民党浙江省政府等党政军机关，谋划“松阳作战”计划。省农改所本部奉命匆忙迁往云和县，农学院则随抗战大学先后迁徙云和、景宁等地。8月初，日军原田旅团攻陷松阳县城，立即取道石仓源进攻云和，却溃败回师，故而大肆烧杀抢掠奸淫，也把省农改所来不及运走的设备仪器捣毁、图书资料化为灰烬。月底，原田旅团撤离松阳。

四

民国33年（1944）7月25日，省农改所设“浙江省农业改进所驻松阳县办事处”，地点仍在所本部原址。

民国34年（1945）10月5日，由于抗日战争的伟大胜利，也由于曾在松阳开展农业改进的良好基础，省农改所迁回松阳，重整旗鼓，再展宏图，从广度、深度的结合上把农业改进事业推向更高水平。

在广度上，全省各县普及多层次实体性农业推广组织，以利大规模转化农业改进成果。抗战期间，省农改所在敌后各县所设的“农业推广委员”均为条块双重管理的派出机构，在农业推广中只能起到计划、供种、培训、示范、检查等行政服务作用。鉴于推广农改成果归根结底要靠农户经济实体，民国35年（1946）10月，省农改所颁文责成各县成立实体性的“农产改良所”（简称“农产所”）；并规定三项标准：第一，人事定额。《浙江省各县农业推广所概况》“人事”序称：“除主任及指导员遴选标准遵照院颁县农推所组织规程及补充要点办理，对于农推所职员人数本省另有规定，即一等县不得少于七人，二等县不得少于六人，三等县不得少于四人，四等县以下不得少于三人，且事务人员不得超过该所职员人数的三分之一”；第二，经费定额。《浙江省各县农业推广所概况》“经费”序称：“本年县农林经费省定标准不得少于各县经建经费的百分之七十”；第三，场地定额。《浙江省各县农业推广所概况》“场地”序称：“各县农推所场地之设置依照省颁规定标准至少须有五十亩，除供举办地方试验与繁殖优良种籽，并视场地之多寡划出五亩至二十亩附设苗圃，培育适合当地所需苗木”。经过半年努力，到民国36年4月，全省74个县普及“农产改良所”。由于战后普遍财政困难，各县农业推广组织除了经费低于省定标准，其他项目基本达标。据《浙江省各县农业推广所人事概况》，全省县级农产改良所编制内职员303人，编外雇员434人，基本适应农推事业需要。据《浙江省各县农业推广所场地房屋概况》，全省县级农产改良所自有和租赁水田共约1858亩、旱地共约1055亩、山地共约396亩、林地共约7231亩、苗圃23处计443亩，总计共约9672亩，各县平均场地面积大大超过省定50亩标准。在普及县级农产改良所的同时，省农改所还要求各县在条件较好且确有必要的乡（区）、保（村）农会成立实体性“农产改良会”（简称“农产会”），并把驻地松阳县作为健全三级农产改良组织的试验县先行一步。松古平原诸多乡（区）、保（村）农会积极申请成立农产会，广大农民主动要求加入农产会。如樟溪乡第10保（下源口村）7人上呈申请书，文称：“为增加生产、改进技术起见，拟发起组农产改良会。俾资集体研究，兹定于六月七日上午七时召开成立会。除分呈钧核准予派员莅临指导！”竹溪乡农会第十四组（安乐山村）与第十五组（瓦窑头村）联名呈文《为请求准予成立农产改良会由》，文称：“素充钧区特约农户，本年接受种植纯系1065号稻种。兹为求业务发展起见，定于七月十六日下午2时召开成立大会，请派员指导升格组织农产改良会，俾便从事改良增产工作，实为德感。”由于基层主动，农民积极，到年底，松阳县三级农产改良会近50个，其中保（村）农产会约40个，足以辐射全县乡、村。由小可以见大。小县松阳尚且如此，全省实体性乡、村农产会该有成千上万，可以为大规模转化农业改进成果奠定坚实的组织基础和群众基础，提供丰富的物力、人力、财力。

在深度上，全面实行章程式科学管理制度，以更规范的运作发展农业改进事业。章程，是组织、社团经特定的程序制定的关于组织规程和办事规则的规范性文书，是一种根本性的规章制度，具有稳定性和约束力。为了确保县、乡（区）、保（村）三级农推组织正常运作，提高优良品种推广效益，省农改所制定、颁发内容统一的《农产改良会章程》范本。民国36年（1947），松阳县农产推广所《工作总报告》，全县推广“繁殖纯系6506、5575早籼13亩，收成稻种4220斤；推广纯系稻种7360斤，种植面积1460亩，平均每亩增产20%，共计增产116800斤，并协助辅导区收购纯系稻种300担；推广纯系17号小麦741斤，扩种面积748亩，平均每亩增产18%，共计增产29090斤，并协助辅导区收购纯系麦种150担；推广钙磷化肥53781斤，施用面积3585亩，每亩增产约100斤，共计增产36375斤；指导农民利用绿草制作‘堆肥’，施用面积2100亩；推广种植美国甘蓝、胡萝卜等10多种菜籽，共计2383亩；推广施用谷仁栗生（音译）农药，其中647亩以防治大小麦腥黑穗，153亩以防治烟草蚜虫；推广燃火诱蛾200亩，以防治晚稻螟虫和浮尘子；推广施用烟液、砒酸铅、砒酸钙共计159亩，以防治蔬菜蚜虫、卷叶虫；引进推广桑苗40000株，种植面积6666亩；

办理二批农业贷歉，共计9000万元。”见微可以知著。由松阳看浙江，全省县、乡（区）、保（村）三级农产改良会都以章程为思想指南，为行动纲领，为业务工作内容，为检查考核标准，实现了组织法人化（经济实体）、管理自主化、运作规范化，从而使大规模推广农改成果实现良好的规模经济效益。

五

常言道，近水楼台先得月。省农改所实行“立足松阳，面向全省”战略，必然使其立足之地松阳先受益、多受益。确实如此，省农改所对松阳人民惠顾频频，垂爱多多，泽霈普施，尤其在指导松阳发展“二粮三叶”（“二粮”指稻、麦，“三叶”指茶叶、桑叶、烟叶）方面，真可谓鼎力相助，可歌可泣。其显赫业绩，已然彪炳史册。

关于稻麦。松阳素为“处州粮仓”，却因沿用陈旧耕作制度而增产潜力几尽。1996年《松阳县志》“粮食生产”载：“民国27年后，省农改所在项弄稻麦繁殖场试种两季连作稻获得成功。……次年，收获5.38万亩，总产万斤，较上年增长1 2.7%。”又载：在省农改所悉心指导下，“民国28年，县中心农场选出浙农早籼6505号、5575号，浙农中籼1号、10号、2777号以及老鼠牙、龙凤尖等，推广种植，直至50年代初。”又载：“民国27年3月，省农业改进所会同县政府在古市设立县中心农场，有农田30余亩。次年2月，设竹溪、大岭脚及界首三处繁殖场，有农田60余亩，从事良种试验及繁殖。……28年，推广纯系水稻191.26亩、纯系9号改良小麦596.6亩。30～37年，累计推广改良稻1.25万亩、改良麦2200亩。”又载：“旧时县内沿用水秧田育秧，易烂种。民国28年，在省农改所帮助下，县中心农场示范推广畦宽4尺的合式秧田。到50年代初，全县合式秧田占80%。”又载：在省农改所帮助下，“民国28年，经县农业推广所试验，以改良小麦浙农9号、浙农17号为当时主要推广品种。到一九四九年，全县改良小麦种植面积4.13万亩”。

关于烟叶。松阳烟叶由清康熙年间闽省安溪、永定、泉州人士为避“三藩之乱”迁徙传入，品种有蒲扇叶、牛舌尖、尖刀叶、小叶烟等，由日晒而呈红棕色，称“晒红烟”。道光年间，松阳晒红烟已作为大宗商品行销金华、宁波、上海等地。如何使烟叶增产提质？省农改所多管齐下：其一，引进良种。《松阳县志》“晒红烟·品种”载：“民国27年，省农业改进所引进萧山烟、新昌烟。”“晒红烟·烟厂”载：“民国27年，浙江省农业改进所在松阳引种美国烟草（烤烟）。”其二，改进栽培。《松阳县志》“晒红烟·田间管理”载：“民国27年，省农业改进所在松阳农场进行‘打顶摘心’试验（使每株保留的16～18片烟叶片厚叶大），其成果沿用至今。”其三，制雪茄烟。《松阳县志》“晒红烟·烟厂”又载：“（民国）29年，（省农改所）建浙东雪茄烟厂，从业人员80余，生产‘明牌’雪茄烟。……另有雪茄烟手卷户10余家”“浙东雪茄烟厂创于民国29年，址西屏镇南门，后移址东阁街15号，经理李白时，盛时有职工200余人。所产雪茄烟有‘龙牌’‘明牌’‘欢喜’牌、加料‘欢喜’牌。型号有大、中、小，品质优良，畅销一时。”省农改所创建浙东雪茄烟厂，带动一批松阳能人相继办起“大中雪茄烟”“松阳（雪茄）烟厂”“松阳供销联合社雪茄烟工场”“黄圩雪茄烟厂”“古市（农商）联合社雪茄烟工场”“胜利雪茄烟制造厂”。后均于民国31年8月因日军侵占松阳而破产倒闭。抗战胜利后，在省农改所支持下，松阳烟厂复业，更名“振东雪茄烟厂”。《松阳县志》“晒红烟·烟厂”载：“振东雪茄烟厂，始于民国35年，其前身为‘松阳烟厂’，址西屏镇北街44号，郭兴隆烟行独资经营，有职工30～40人，所产‘战士’‘松阳”牌雪茄烟行销省内诸县及上海等。一九五〇年歇业。”松阳烟草业及其加工蓬勃发展催生出众多烟叶商行，其中上规模的有“郭兴隆”“金达三”“恒源兴”“罗萃泰”“同心和”“协茂”“徐德记”“李德盛”“刘辅记”“处属烟叶运销处”等。由广大烟农、众多烟厂、烟商组成的烟草行业成为松阳财政的主要来源。《松阳县志》“晒红烟·购销”载：“34年，全县货物税总额4088万元，其中烟叶税2366.5万元，占56.91%；35年，烟叶税额2820万元，占货物税总额的420.78%；37年1～4月，烟叶、烟丝税额7926.75万元，占同期货物税总额的73.76%。”

关于茶叶。旧时，松阳茶叶零星生长于菜园之角、坡地之边，少成片茶园，以下街茶、卯山茶、横山茶为上品。民国25年（1936），全县种植茶叶面积约3500亩，总产1166担。省农改所改出松阳茶叶生产新面貌。《松阳县志》“茶叶”载：“民国28年，省农业改进所在水南乡横山村设示范茶场，垦荒50亩，栽茶3万余株，示范栽培、采制新技术，试制、推‘龙井’‘红茶’等品牌茶叶。29年，茶叶总产达2200担。”省农改所《关于丽水、松阳、遂昌三县茶业调查报告》称：“民国30年，松阳年产茶500余担，约值8000余元。据载，除松阳略有精品茶，当时邻县还鲜有呢。”省农改所在松阳的兴烟之举不仅功在当时，而且利在久远，以至与当今松古大地一片茶绿，号称“全国茶业之乡”“最大茶业集散地”“茶业市场晴雨表”，成为松阳农村独尊独大之主导产业不无缘由。

关于桑叶。松阳平原农民素有在田头地角滩边种植桑树和采桑养蚕缫丝织锦的习惯。桑树主要有湖（州）桑和本地野桑，大多分散自长，少有片植成林，效益低下。这种落后状况，省农改所在松阳期间始有改变。《松阳县志》“蚕桑”载：“28年，省农业改进所在佳石乡界首村建蚕种繁育场，有桑园百余亩，饲养繁育‘华六’‘华七’‘洽种’等蚕种。30年，省农业改进所在古市开垦桑园192亩，植桑苗53200余株。35年，定松阳为‘新蚕区’。36年，县蚕丝试验场筹备处繁殖春用蚕种1514张、秋用蚕种342张。”8年间，省农改所将松阳蚕桑业引向园林化、工厂化的规模经营的新道路，影响深远，以至于1956年设“松阳县蚕桑委员会”，新辟桑苗基地200亩；1960年，桑园面积达6179亩，产茧12.40吨。1982年，蚕桑5536亩亩，养蚕种5930张，收购蚕茧172.35吨。1985年，创办丝厂，最盛时有职工495人，固定资产266.81远，年产丝织品14.54万米、白产丝33.2万米，产值638.73万元；992年，蚕桑9861亩，共养蚕种18508张，蚕茧总产587吨。

除以之外，省农改所为发展松阳林业、畜牧业也是大挥手笔，业绩不凡。《松阳县志》“林业·采育种苗”载：“27年，省农业改进所在城北太保庙边建苗圃10亩，育苗木4.66万株。28年，育苗8.70亩，并从外地调来油桐种子3000斤，发给山农种植。至35年，年均育苗9.82亩，有胡桃、刺槐、侧柏，红豆、乌柏、马尾松、刺杉、桑苗。”《松阳县志》“畜禽生产”载：“民国27年，省农业改进所以大约克猪改良松阳土种猪，杂交出一代猪毛色多白，农民视白猪为不祥。次年3月，用盘克猪改良松阳土种猪，（杂交出一代猪）推广民间饲养。是年，省农业改进所饲养纯种约克猪、盘克猪、抗病育种猪，免费供给特约农户饲养。民国 30 年，生猪饲养 1.23 万头。至 35 年，共推广良种猪 264 头，是年饲养 8691 头。1949 年，生猪饲养 1.69 万头，存栏 1.08 万头。”

六

民国 38 年（1949）1 月，省农改所来不及举行建所十周年庆典，就奉令匆匆忙忙地迁往杭州。松阳人民依依不舍，挽留不住，唯有感激不已。

省农改所水利工程队曾于 1938 年 7 月在赤寿乡楼塘村附近仙岩山脚建成一座坝高 6 米，库容量 6.8 万立方米、灌溉面积 20 多公顷的水库，可解下游 300 多亩农田抗旱用水问题，一开松阳乃至整个瓯江流域人工蓄水工程之先河。为不忘其功，当地人民在仙岩水库大坝上立碑，上书：“仙岩蓄水库 中华民国二十七年夏建 浙江省农业改进所水利工程队建造”。

省农改所专家们曾经足迹遍及松古平原所有乡、保（村）农产会，不吝指教。在省农改所成立十周年之际，王村、石门、河头、水南、瓦窑头、安乐山 6 个农产改良全体会员联合制献锦旗并附文致敬致谢。文称：“本会等自李钧区派员组织成立以来，关于良种良法之推行时承派员指导，对粮食增长禆益良多，农民生活得渐改善。受惠之余，感激莫名。兹特联合敬献锦旗两面，藉志勋迹而申谢忱。又自抗战以后，浙江省农业改进所即在本县成立，在战时环境险恶万分，对农业改进仍能继续推行。本县农民诸承教导，获益尤多。兹逢成立十周年纪念，本会等缅怀恩泽，虽已远迁杭垣，仍感不胜依驰。兹特联合另献锦旗一面，敬请钧区代为转呈，用申贺忱，以表勋劳。”

然而，松阳人民对于省农改所的感恩，更多地表现为内心的无尽的默默思念；对于省农改所的功德，更多的铭刻在心底的巍峨的历史丰碑。

杭州解放前夕，浙江省国民政府建设厅逼令省农改所迁往台湾，并限期把重要设备物资运走。莫定森等人千方百计敷衍了事，明里将次要物资装箱、贴封、起运，暗里将贵重仪器设备、试验材料隐藏起来，在紧急关头秘密避居在灵隐寺附近友人处，静待杭州解放。

1949 年 10 月 1 日，中华人民共和国成立。次月，莫定森调任中央人民政府政务院农业部粮食生产司副司长。

1951 年 1 月，浙江省农业改进所改名为“浙江省农业科学研究所”（简称“省农科所”）。

（陆宝良）

松阳起义

松阳起义，即民国松阳县政府（简称“松阳县国民政府”或“松阳县府”）集体起义。因起义为首者系祝更生县长，时称“祝更生起义”。

祝更生，河南省卢氏县人，因受中共党员、舅父曹靖华的影响，青少年时期思想倾向进步。在开封师范毕业后，却随主流政治踏上仕途，历任诸暨县民政科长、警察局长兼江东区长、枫桥区长、璜山区长、县长等职。在枫桥区长任上，曾接待时任国民党军政委员会政治部副部长、领导人周恩来，深感中共“全民抗战”政策广得人心，国民党“曲线抗战”政策不得人心。1947 年春，他在赴南京参加国民党代表大会途中，经舅父曹靖华和舅母廖梦醒介绍，向中共上海局负责人张执一汇报“诸暨起义”意向。自此，他违心“剿共”。由于“剿共”不力，被撤销诸暨县长职务，改任天台县长，从而“诸暨起义”未遂。省保安司令部告他“通匪嫌疑”，又被撤职。赋闲期间，获悉陈仪接任浙江省府主席，托人疏通关系，于 1948 年秋得以调任松阳县国民政府县长。

松阳县曾为浙江省“模范县”之一，反动势力根深蒂固，中统特务网络如织。祝更生初来乍到，人地生疏，对于中共组织秘密活动更是毫不知情。他只好派遣心腹、县自卫队队长戚荣海到诸暨辗转寻访，与老熟人、中共党员周芝山取得联系，继而先后与四明山中共浙东临时工作委员会张瑞昌、马青等领导和路南地区（以浙赣铁路以南的金华、丽水两地区为路南地区）特派员卜明接上关系。路南地区特派员兼六支队政委卜明、副特派员兼六支队队长应飞以及陶健、张之清等人先后到松阳指导起义。

1949 年 1 月，“淮海战役”结束，中国人民解放军渡江在即。大好形势力催松阳起义加快步伐。

——统领武装力量。鉴于中统特务张景阳把持的县警察局是武装起义的极大阻力，松阳县府呈文省政府，将张景阳调离，由倾向起义的郑金法接管警察局，并将县自卫队由一个中队扩编到两个中队。松阳县府还秘密到诸暨招募兵员，组建起一支 30 多人的短枪队。在县府统领武装力量的基础上，警察局、自卫队加紧整修、购置武器弹药，加强军事训练，提高战斗力，以备随时调用。

——掌握粮财大权。兵马未动，粮草先行。松阳县府适时进行粮食、财政机关人事调整，财政科长确保听令予以留用，田粮管理处长立场反动予以撤换。新任处长黄立本将全县库存粮食分别贮藏在玉岩、望松、河头等乡村，以备随时调用。

——严密监视特务。当时，松阳、宣平、遂昌三县中统特务机关头子蓝琛坐镇松阳，专门监视抓捕中共党员、进步人士。为了排除这一大障碍，松阳县府布置人员秘密开展反监视，还编造一些中共游击队活动的假情报，诱使特务四处奔走，空忙一场。

——秘密反戈教育。由于长期受到国民党欺骗性教育，机关各科（处）职员、军警人员大多对共产党尚存疑虑。松阳县府秘密安排骨干分子开展个对个“攻心”，主要进行形势、前途教育，晓之以理，启发觉悟，争取人心，为起义奠定思想基础。

经过一系列周密安排、隐秘筹备，祝更生县长一时统揽县府各科、处、室行政领导权、财粮调配权和军警指挥权。可谓“万事俱备，只待东风”。

1949年3月10日清晨，政委卜明、队长应飞率领浙东人民游击纵队第六支队从义乌毛店出发，傍晚抵达丽（水）松（阳）宣（平）边区梁村，与林艺圃、张之清会商策应松阳起义，然后派游击队员、松阳人周延清作向导，引领第六支队抵达松阳三都淡竹殿。卜明速传祝更生前来议定起义计划。3月11日夜晚，周延清和第六纵队秘书黄文理各持“特别通行证”，以灯笼为信号，进入松阳县政府。

祝更生连夜前往、汇报起义行动计划，获得批准后，又冒着倾盆大雨连夜赶回县府。

3月12日傍晚，卜明、应飞率领第六支队挺进城东，潜伏在松阳中学附近，伺机进城。

当日，松阳县府卫士队长楼月明带领四名队员诱捕特务头子兰琛，反剪捆绑，立即处决。

当晚，松阳县府派人控制邮电、交通等要害部门，然后召开“县政会议”，当场羁押、监禁反动官员和豪绅20多人，引起“杀鸡儆猴”效应。与会人员受到震慑，个个表示愿随县长起义。

午夜时分，祝更生授权财政科长宣布“松阳起义”，自己则亲自主持召开大会，痛述蒋介石祸国殃民的罪行，号召大家参加起义，弃暗投明。顿时，群情激昂，“打倒蒋介石”“拥护共产党”“参加起义，投身革命”的口号声响彻夜空。

图专30　松阳县府内祝更生秘密筹划起义处（县史志办提供）

会后整顿军警队伍。县警察局和县自卫队除了老弱病伤、家庭拖累重的极少数人领取两个月工资解甲回家，绝大部分人加入起义队伍。

起义部队当夜前往浙东师管区在松阳训练的征兵部队，解除100余官兵名的武装，其中大部分官兵加入起义队伍。

3月13日拂晓前，祝更生率领起义部队到郊外迎接卜明和应飞等领导进城。

当日上午，卜明主持召开群众大会，庄严宣告：松阳起义成功！松阳解放！接着，卜明传达中共浙东临时工作委员会关于“建立浙东第五行政区”的命令，宣布卜明任专员、祝更生任副专员；宣布成立“松阳县民主政府”，祝更生任县长，王桂五任副县长，黄立本为秘书。

会后，关于松阳解放的布告、标语贴遍城乡各地。人们欢声笑语，奔走相告。

松阳解放的当天，起义部队砸开监狱，释放10多名被长期监禁的红军战士；打开粮库，赈济贫民。浙东纵队第六支队指战员列队游行，高唱“三大纪律，八项注意”，步伐整齐，秩序井然，市民交口称赞。

在策划松阳起义过程中，祝更生还联袂丽水、宣平两县起义，并成功动员诸暨人、县长张慕槎举行“丽水起义”。

为了扩大起义影响力，推进人民解放事业，1949年3月15日，祝更生亲自撰文并约张慕槎联名发出《向中共浙东纵队临时工委致敬电》《祝更生、张慕槎为率部起义参加人民解放军通电全国各报馆转全国各界同胞、国民党全体官军暨各县县长公鉴》。“通电”云：

“吾中国人民苦于国民党反动政府之虐政已久矣！日寇投降，满拟得广大群众以休养生息之机会，从事新民主主义之建设。奈蒋贼豺狼成性，勾结美帝，出卖民族，发动空前残酷之内战，横征暴敛、变本加厉，农泛于野、妇号于室，民生凋敝、国势阽危。师出无名、神人共愤。自来得人心者得天下，失人心者失天下。蒋贼今日之众叛亲离，自食其果，盖已其宜。我人民解放军奋其悲天悯人之宏愿，拯焚救溺，济危扶困，民之所好好之，民之所恶恶之，义旗所指，得道多助，大势所趋。新民主主义与社会主义必实现于全国，宏扬于世界，不待智者而辨之矣！

“更生、慕槎出身寒微，来自田间，饱经忧患，忝膺百里，实不忍我松阳、丽水之亲爱同胞憔悴呻吟于暴秦虐政之下，更不忍我两县自卫团队为虎作伥、重苦人民，因此于本月13日毅然相率两县文武同志，联袂起义，参加浙东人民解放军，并积极扩大行动。现松阳已全解放，丽水只剩孤城，浙东南各县闻风响应者正接踵而来。今解放大军，渡江南进，解放全国，迫在眉前矣。所望我旧时军政长官、同寅同学，深切猛省，在彻大悟，一致及时行动，为配合南下大军，加速我浙全省及全国解放之到来，缩短战争时间，为人民多减少一分痛苦，为国家多保留一分元气。于最近一二月来，湘、滇、黔、粤等各省人民游击战争之猛烈发展，迭克名城。我浙省现蒋贼逗留溪口附近的天台，亦二度为浙东人民解放军攻占，三门全县已经解放，分水项县长起义在先，我松阳、丽水两县又顺利完成义举，凡此足见在浙江与南方各省大举起义之时机已完全成熟，胜利在望。时乎不再，千秋功罪，一转念之间耳。凡我长官师友、同寅同学，其聪明才智均在更生、慕槎之上，应必能明于是非、顺逆、邪正之辨，而当机立断，知所抉择者。倘仍犹豫观望，或则顽固不化，执迷不悟，且于我人民解放军有反动或不利之举措，是不仅与松阳、丽水两县人民为敌，且不惜与四万万七千万人民为敌。更生、慕槎志切救民，必存保赤，共张挞伐，唯力是视。敬此奉陈，愿谅明教。”

祝、張兩縣長起義後
通電全國同胞及國民党官兵
號召舊時同寅同學軍政長官迅速起義
並表示今後願為解放全中國而戰

图专31　祝更生、张慕槎为丽水、松阳两县起义通电全国同胞及国民党官兵（县史志办提供）

中共浙东临时工作委员会高度重视、大力褒扬松阳、丽水武装起义，于3月25日向祝更生、张慕槎致电嘉勉：

“祝县长、张县长暨松阳、丽水全体起义同志们：继分水县项县长起义之后，你们又于十三、十四两日先后举行光荣起义。你们的这一行动是深为我全浙人民所欢迎的。尚望继续努力，在中共领导下，克服一切旧军队的残余不良作风，进一步学习人民解放军的优良传统，更好的联系，发扬民主，与当地人民革命武装携手共进，为配合大军彻底解放全国而战。”

松阳起义，打响解放松阳的第一枪，掀开了松阳人民翻身解放、当家做主的历史新篇章。

（陆宝良）

南岭事件

1960年4月，南岭村村民阙长有等人以“入社要自愿，退社可自由”为由，“对抗”合作化运动，在县公安局强制纠正村民的“错误行为”、实施拘留时，阙长有等三人拒捕逃离，造成一死一伤的惨剧。这就是轰动一时的“南岭事件”。

南岭村，属松阳县石仓梨树岗村的一个自然村。1960年4月事件发生时，该村属遂昌县石仓公社石仓管理区后宅生产队。该村地处龙泉、云和县交界的边沿山区，所处山高路陡，环武夷山系，位于石仓岭的半山腰。20世纪30年代，中国工农红军挺进师曾在该村活动。解放前，该村12户农户50余人，仅有自耕田2亩，余者向外村租种耕地60亩，生活十分贫困。解放后，经土改，人均分得田地1.25亩，粮食基本自给，生活逐步好转。

1955年5月，该村阙长有从部队复员回家。此时，正值对农业实行社会主义改造，农村掀起从互助组到合作社的合作化运动高潮。7月31日，中共中央召开全国省、市、自治区党委书记会议，对合作化的速度提出新的要求。10月4日至11日，召开的中共七届六中全会通过《关于农业合作化问题的决议》，要求到1958年春，在全国大多数地方基本上普及初级农业生产合作，实现半社会主义合作化。会后，农业合作化运动急速发展，仅3个月左右的时间就在全国基本实现农业合作化。

当时的石仓区石仓乡梨树岗村南岭自然村，阙长有以“入社要自愿，退社可自由”为由，不支持当地党委、政府对该村互助合作的领导。1956年，全县农村普遍实行高级农业合作化。鉴于形势所迫，阙长有等人为应付上级领导检查，联合8户农户组成所谓的初级农业生产合作社。但是，他们实际上在南岭村仍坚持搞起“单干”，各种各的田、各收各的粮，从未完成国家征购任务。1957年6月至7月间，石仓区、石仓乡党委为了全面实现高级社化，彻底消灭单干，抽调农村积极分子20余人在乡干部带领下，半夜进入该村，包围阙长有、阙长春兄弟住所。两阙等人听到犬吠，手持木棍冲出门外，大喊捉贼。在漆黑无灯的情况下，这些外村来的积极分子撤离，有4人路上跌伤。随后，阙长有、阙长春等人两次召开秘密会议，订立“生死合约”，提出“同心同德，单干到底”的口号。

1958年10月，全县实行了人民公社化，而南岭仍然按兵不动，成了一个“水泼不进，针插不入”的村落。为此，石仓区、石仓乡党委和后来的石仓人民公社党委再三做工作，仍然无济于事。1959年1月，报请县委同意把南岭村当时的18户农户拆散，分别落实到邻近5个大队，近者2公里，远者5公里。但他们依然故我，仍然坚持以户种植，各自谋生。公社党委感到问题严重，无法开展工作，多次报请中共遂昌县委要求采取强硬措施。

1960年4月，石仓公社为改变南岭村落后面貌，选择该村积极分子到公社开会。阙长有等人知悉后，进行开会对抗。后，县委决定对阙长有等人进行拘留。4月17日，遂昌县公安局派两名干警前往该村拘捕阙长有。由于没有合法手续，未带拘留证，阙长有在南岭村口被继父范利清和妻子拦回。4 月 20 日，县公安局派出几个干警身着便衣腰系棕绳到南岭村，对阙长有、阙长春、邓细根执行拘留。邓细根发觉后，出后门，蹚水向山上逃走。公安干警紧追之下，邓细根转身与第一个赶到的公安员扭打起来。第二个公安员赶到时，见到此状，即鸣枪警告，邓细根完全不理，不肯松手。开第二枪时，打伤邓细根右腿下侧，因出血过多导致昏迷，被公安干警送至石仓管理区。阙长有、阙长春早已发觉化妆的公安员进村，立即从屋后山向石仓岭逃避。后，逃到丽水大港头、碧湖等地。4 月 21 日，县委决定动用县武警中队 20 余人，由县公安局率领对南岭村后山进行全面搜山。搜捕时，发现两阙的继父范利清，责令范说出两阙下落。范不予配合，并挥舞锄头威胁，被武警当场击毙。两阙躲藏数日，自知逃跑不了，于 6 月 27 日向政府投案自首。

遂昌县人民法院受理该案后，1960 年 7 月 20 日，以（60）刑字第 161 号刑事判决书结案，为首的阙长有、阙长春、邓细根，被以反革命罪分别判处十五年、十年、十年的有期徒刑；范利清被击毙，不再追究刑事责任。即便如此，南岭村村民由于山高岭陡、田地零碎等原因，此后 20 余年，一直坚持走以户耕作的道路（时称“单干”），直到 1983 年实行家庭联产承包责任制。

中共十一届三中全会后，全国广大农村普遍实行家庭联产承包责任制。阙长有、阙长春、邓细根，作为“南岭事件”中的受害人，都早已刑满释放。虽然，以包产到户为基本特征的家庭联产承包责任制与农业合作化以前的个体农业是有本质区别的，但是，从形式上似乎回复到了农业合作化前的个体经营状态。在新形势下，阙长有、阙长春、邓细根等人不禁怀疑当年法院的处理是否正确。尤其是 1981 年 6 月中共十一届六中全会通过《关于建国以来党的若干历史问题的决议》，对“文化大革命”及其以前的“左”的错误，作出彻底否定的结论，这使一切冤假错案的平反有了可靠的依据。阙长有、阙长春、邓细根等得到极大的鼓舞，于是，阙长有等三人不服原判，以事实不符为由，多次向法院申诉，走上漫长的申诉之路。

松阳县人民法院受理了阙长有、阙长春、邓细根的申诉，组成复查组深入复查。经查明，阙长有于 1946 年被抽壮丁当兵，1949 年 5 月，随所在部队投诚，编入解放军，参加解放四川和抗美援朝战役，曾任班长职务，立过一次三等功。1950 年 12 月，加入中国共产党。1957 年，以不参加合作社和拖欠余粮被开除党籍。农业合作化时期，区乡政府干部对边沿山区未加强政治思想领导，再加上某些干部瞎指挥、强迫命令、态度粗暴，造成群众反感以致对立，把人民内部矛盾扩大为敌我矛盾，导致发生南岭流血事件打死 1 人、打伤 1 人、错捕 3 人的严重后果。根据当时的政策，对阙长有等人作适当的行政处理是可以的，但出动部队武装镇压是错误的，流血事件以至伤害人命的严重后果，在人民之间给党造成一定的政治影响。阙长有等三人在粮食征购时，虽讲过一些过激言辞，属思想认识问题，不构成犯罪。原判以反革命定性，判刑不当。

依照审判监督程序，松阳县人民法院于 1987 年 11 月 10 日作出松法（1987）刑监字第 50 号刑事裁定书，撤销遂昌县人民法院原审（60）刑字第 161 号判决，宣告阙长有、阙长春、邓细根三人无罪。其时，申诉人（原审被告）阙长有已 65 岁，阙长春已 69 岁，邓细根已 60 岁，蒙冤受屈整整 27 年。直到此时，南岭村仍然是一个人口仅 95 人的小村庄。

（潘云飞）

松阳“行日”文化

现在，松阳方言中还流行着“上街捡白米”“卖菜咥黄叶”“看戏夹卖糖”“伢郎相争客造化”等与“行日”相关的俚语。松阳土话的“行日”是指约定商品交易的日期并进行商品交易（其实，其内涵远不止这些，应该是一个“行”市的总和），“行”是商品交易的场所，“过行”是参与商品交易或赶热闹。松阳人把为不错过交易时间而行色匆忙叫做“赶行的样”，这与北方人“赶集”、广东人“赶墟”、陕西人“赶场”差不多。上了一定年纪的松阳人，都有“过行”的经历，对“过行”情有独钟。“行日”是松阳农耕文明的印记，是松阳农贸文化的活标本，是松阳传统农产品、手工业品的博览会；亦是松阳人忘不了、抹不去的乡愁。

一、松阳“行日”的前身——集市的形成

原始社会中后期，随着生产力水平的提高，第一次社会大分工即农业部落与其他部落分离，给社会带来了很大变化，出现了剩余产品。由于各部落的产品不尽相同，从而为经常性交换创造了条件。这样，慢慢地产生了“物物交换”。

大约距今五千～四千年前，随着农业和手工业的进一步发展，一些人开始占有另一些人的劳动成果，出现了贫富现象，私有财产开始萌芽。到父系氏族社会的后期，氏族社会走向瓦解，阶级社会出现。从而推动了又一次大规模的社会劳动分工，即手工业、商业与农牧业的分离。这一时期，手工业门类繁多并且分工精细，诸如石工、玉工、骨工、陶工、木工、织帛等等，故有“百工”之说。一些手工匠人和商人为了便于专门从事手工业生产和商品交换，寻找适当的地点集中居住。他们为了保护私有财产免遭外敌侵占，便产生了筑城（庄）而居的需求。于是以非农业经济活动为主并兼有防卫功能的城镇（庄园）形成了，这为集市的出现奠定了物质基础。

浙江的集市最初出现在绍兴。绍兴在夏禹时代就是一个行政机关的所在地，叫会稽，是浙江境内最早的地方行政建置单位。在古代，这样的建置单位通称为“都”，为非农人口的聚居点，往往筑有城池。与此相对的是城池以外的地方叫做“鄙”，也就是乡下。由于筑有城池，因此“都”也渐渐被称为“城”，作为非农人口的聚居点，交易就自然而然地发生了，交易地点便成为市场。

松阳作为“会稽”都的“鄙”，位于浙西南乡下，受都市交易的影响和辐射，“物物交换”亦在不断扩大。1997 年，考古学家对早期松阳县城（古市）西 32 公里的好川遗址（遂昌建县后属于遂昌）进行发掘，清理墓葬 80 处，出土石器、玉器、陶器、漆器等计 1000 多件。这些墓葬品属于良渚文化晚期，即新石器时代的末期，下限至夏末商初，距今约 4200～3700 年。考古研究表明，这里的许多玉器、漆器不是当地生产，而是经过“物物交换”得来的。同样，在松阳古市镇筏铺村阴岗山坡地、水南街道瓦窑头村营盘背山坡、叶村乡河头村的占安山坡地，出土了大量新石器时代的石镞、石斧、三孔石钺、石环、石刀等生产工具及柳叶形石镞和圆柱形石锥等生活用具，还有大量

席纹、网纹等纹饰的商代印纹陶片；后来，又在水南塘寮村南侧的厝后山、新兴镇大石村西首的小山坡，陆续出土大量商代印纹硬陶罐、壶、盉以及西周时期造型各异的原始瓷豆、罐、尊等文物。出土的许多生产工具和生活用具有些是当地居民生产的，但大多是经过交换得来的。可以推测，到了周朝后期，松阳或周边地区已经出现了固定场地和固定时间的集市。

在由奴隶制向封建制过渡、变革的春秋战国时期，随着生产力的发展、人口的增多、物质产品的丰富，以及人们对精神文化需求的不断增加，集市贸易得到了进一步扩展。而松阳，在春秋战国时期，属于越国，生活在松古盆地的是“百越”土著人，“纹身断发”，操着“鴃语之舌”，面向黄土背朝天，过着“日出而作、日落而息”的刀耕火种的农耕生活；但不时被越王征召北伐西战，后楚汉入侵，致越国灭亡。居住在这里的越族先民，或迁徙或与外族融合。秦始皇统一六国之后，实行“迁虏”政策。把大批的土著人北迁到已经华夏化了的古吴之地，把大量的华夏族居民迁入越地。这样，民族进一步融合了，在人口增多的同时，北方的先进工具和技术促进了松阳的经济发展。

汉武帝时期，松古盆地的百越人民，或北迁或躲避到山区。从此，松阳又成萧条冷落的穷乡僻壤。东汉末年，北方战乱不断、诸侯割据，松阳偏居浙西南山区，相对安稳。中原的大户人家为避战祸，举族南迁，有的连同村民一同迁入松阳。公元 199 年，占据江东的孙氏政权建立了浙西南第一个县级行政机构——松阳县。松阳建县属于浙江省区域范围内第 24 个建置的县份，是丽水地区肇基之县。县治旌义（以卯山为中心的西南首古市片）成为浙西南的政治、经济、文化、军事的中心，自然亦是浙西南最大的集市。但地广人稀，这么大的面积，人口却总共不足万人；所以，集市贸易还是缺乏人气。

松阳的人口集聚、生产力的发展与历史上几次人口大迁徙关系非常密切。两晋间的“五胡乱华”（亦称“衣冠南渡”），使华北地区人口在 8 年之内消减了 90%，真可谓“十室九空”了。中原世族南迁，又将学术文化中心移于江南，改变了当时江南地区的文化面貌和历史进程；南北朝时民族进一步大融合。新迁入松阳的“客家人”不仅给松阳带来了北方的文明、先进的生产技术，更主要的是给当地增加了生产力中最活跃的因素—人口。这样，一些人口较多的村落，慢慢发展成为集市。官府在集市设立乡级机构，后又在乡的基础上另设立县，更有的设立郡或州。隋开皇九年（589），分松阳东面，栝苍山西首置栝苍县，并建立处州，松阳与栝苍两县属之。

唐代官府规定非州县之所不得设市，这样，浙西南地区除松阳外，只有遂昌、处州、缙云、龙泉有集市；但是正式的州县之市又不能满足老百姓交易的需要，于是出现了许多定期集市，时称之为“草市”。“草”者，非正式、非常设、草创未完之义，这样称呼以免触犯官府法令。与官市相对的“草市”自东晋南朝以来的发展大抵表现为两个方面：其一是州县城郊非官方市场的兴起，比如在现在樟溪的东市，就是为便利十二都、十三都百姓交易而设的“草市”；其二是一部分传统的地方市集因交换趋于活跃，交换间隔时间不断固定，而演变为集市，比如当时松古盆地东首的紫荆村（西屏）就是这样的集市。

在唐代以前，除少数出产单一产品的地区或乡村外（如唐玄宗时在北部边界设“马市”），一般是没有销售单一商品的专门集市的。到了唐朝以后，才出现专门商品的集市。而专门性集市一般分为两种，一种是季节性的，一种是非季节性的。季节性的专门集市大多出售的是节令产品，非季节性的专门集市，则大多销售的是生活必需品，如菜市、猪市、米市、茶市、柴市等。松阳县治迁入西屏后，老县城叫旧“市”，这里的“市”并非 “城市”，而是指“集市”所在；而且，老县城叫“旧市”，不叫“旧行”，亦是有原因的。在古代城邑里，“集市”一般被称作“市”，系人们交换产品的场所，从西周时期开始就成为官府控制的市场，到唐朝的几百年里，市的设立或撤销均由官府决定。松阳县治迁移时，旧县城的集市，还是一个综合性市场，商品经济还没有分“行”贸易。

唐代中后期的“安史之乱”“黄巾起义”，造成战乱地区老百姓南迁；两宋间的“靖康之难”，北方广大沦陷区的人民不堪忍受金朝贵族的统治和民族压迫，被迫举族迁移，大批王族、官员、士民涌向江南地区，归于南宋小朝廷。随着北方大量劳动力和先进垦殖技术的迁入，松阳区域经济进一步发展，人口增多。但当时的松阳县包括原来宣平县（明景泰三年即公元 1452 年置，1958 年并入武义）部分区域在内，人口也不足两万人。到了明成化八年（1472），松阳人口才突破两万。据人口专家分析，那时由于洋芋、番薯引进中国，产量高，人口才迅速发展。清代前期的“三藩之乱”以及清政府实行“海禁”“削藩”政策，许多福建难民迁入松阳，又充填了松阳一些人口。经过康雍乾嘉四朝两百余年的发展，松阳的人口也进入到一个飞跃的发展时期。到同治十三年（1870）松阳的人口达到 52938 人。

经过多代松阳先民的辛勤耕耘，松阳正如旧志所载“松邑产米为独盛，是以闾阎常无籴贵之患”“粟米羡余，每资他邑”。明成化年间，赋米年外调温州、乐清等地 8000 余石，故有“松阳熟，处州足”之说。而清光绪版《处州府志》记载丽水的集市情况说：丽水地无珍产，商贾鲜通。每月郡城（丽水）以三七日为市，碧湖以丑辰日为市。所陈诸物，率鸡、豚、米、粟之类。旸雨偶愆，则米价骤腾，质复滥恶，籴升斗者，深以为病。旧志之言如此，今尚未革云。松阳却没有“籴贵之患”，实现了农耕文明的辉煌。这个时候，在浙西南丽水地区，松阳以稻米为主的粮食、农副产品集市，一家独大。

到了明隆庆年间（1567～1572），松阳的集市虽然还是综合集市，但已开始称“行”了。当时《松阳县志》载：“松阳县治西为望松岭，王右军（王羲之）望松于此，故名。下有东皋亭，上有王将军庙。岭上通衢，设市集以一六为期。逢集市，商贾云集设摊，农人成群，赶集买卖交易货物，每每生意兴隆，俗称‘过行’”。这就告诉我们，此时，松阳的集市还是一个设在交通要道上靠近庙宇的综合集市。熟悉“望松岭”的人都知道，那里现在还是“屁股爿”阔的地方，集市的规模可想而知了。不过，那时人们已开始叫“过行”了。

二、松阳“行日”的兴衰

随着生产力的发展，社会剩余产品的不断丰富，交易需求的逐渐细化，以综合性为特征的集市出现专业分工，“行”市应运而生。从清朝中后期开始，松阳“行日”贸易开始长足发展，特别是到了清末民初，每逢西屏、古市“行日”及太保、城隍两大庙会，四方商贾云集县城，集市贸易十分兴旺，松阳人的“过行”才真正开始。此时，在大“行”中又细分专门小“行”。自然形成的专业“行”市有“牛行”“仔猪行”“鸡鸭行”“竹木行”“山货行”“土纸行及烟行”“米行”等

图专 32　农民在集市上卖家养的土鸡（叶高兴摄于 2008 年）

等。外县商贾到松阳经营者有温州、兰溪两帮，台州、永康、福建三伙。他们平时坐商，“行日”赶“行”。无论是西屏的“行日”，还是旧市的“行日”，交易最大宗、最常见、最频繁的是大米。每逢“行日”，粮商、米贩大量收购粮食，运往他处。民国初期，松阳经营粮食者全县多达 187 户，其中西屏 80 户、古市 35 户。两镇沿街前店后坊，部分南杂货店也兼营粮食，粮食交易十分兴盛。这也反映出作为“处州粮仓”的松阳，在农耕社会曾有的繁华。除了大米外，第二多的就是松阳的晒红烟。因经营烟叶获利颇丰，不独本县商人乐此，外地客商也到松阳设栈开“行”收购。县城有“弃儒就贾”“贩运至沪者”，每届烟叶产期，沪杭商贾竞相到松阳收购，境内商人亦纷纷建“行”设店收购。松阳的晒红烟获 1915 年巴拿马世界博览会的金奖，更提高了其知名度，进一步促进了烟叶的交易。民国 19 年（1930），松阳城中有商店 266 户、古市镇 92 户，其中烟纸杂货业户数最多达 59 家，西屏、古市两镇都有“烟行”和“栈行”，有以“烟行路”命名的街道，说明了当时“烟行”的繁荣。

那时，每逢农历一六的早晨，一群群手提肩挑货物的过“行”人群，从东南西北四门涌入县城。他们带来的货物五花八门，大到家具、农具，小至箬笠、草鞋等生活用品，一应俱全。进城后，他们分头各归其位，按自己的产品对号入座各“行”。一般无“行”的杂货就笼统摆放在县城大街上或横街的店门口，人也席地而坐。凡是“过行”的人，都深晓这些规矩，摆放货物自然按类无误。解放前，松阳主要几个“行”的情况如下：

“米行”（包括麦、豆等）：“行”址设在仙娘殿坛（雨天则放在殿内）。在“米行”里，大多是零星的县内交易之粮食，交易量并不大，最多也不过上百斤，少的只有几十斤。“上街捡白米”也就在这里“捡”了。至于大宗的粮食出口，并非在“米行”内进行。它是全归当时一种称“贩粜”的人员掌握。所谓“贩粜”，实际就是现今的“中间商”。当时全县大小贩粜非常多，他们整年到乡间收购稻谷，然后砻成糙米，再装袋运往南门船埠头与外地商贩交易。

“花生行”：“行”址设在申明亭坛。清末民初，松古盆地盛产花生，尤其在五都、六都一带的乡下，因灌溉条件差，种植水稻不能旱涝保收，所以，当地百姓将大量农田改种花生。有句熟语“四都菜头三都姜，五都、六都萉萝、落花生”。其他地区的干旱圩地，亦都普遍种植花生。因此每年的秋收时节，花生就大量上市。每个“行日”交易花生在三五千斤左右，实为松阳繁华之特产“行”。但民国 34 年（1945）后，花生种植过盛，产量猛增，价格低贱，人们不得不榨油处理，结果致使花生油又成了贱货。这样，挫伤了果农生产的积极性，之后，花生产量锐减。

“仔猪行”：“行”址原设于县城东南边隅金钟寺旁。抗战期间该地辟为县体育场，因此“仔猪行”迁至旁边社亭，这个亭也跟着叫“猪行亭”了。1942 年后又西迁至陈巷丁姓宅基（济川亭东首）。次年，又转入济川亭内。仔猪货源有“主家猪”与“客猪”之分。“主家猪”为当地出产之仔猪，可实行隔行付款，有品质的保证；不过价格略高一些。“客猪”货源大多来自龙游、碧湖，尤以“碧湖猪”为多，交易时则实行款货两清的方式；因此价格略低一点。在“仔猪行”交易的，“客猪”的货源略多于“主家猪”，主要是由于当地养母猪的效益抵不上养肉猪的高。

“牛行”：设于凤臻门内毛文邦牌坊边之草塔（今毛祠路）。除水牛、黄牛以外，包括马、羊的交易；不过抗战爆发后，由于马匹被征用，因此马的交易就绝迹了。

“鸡行”：包括鸭、鹅等家禽的交易，“行”址设于钟楼东北的墓坌头草塔（今中医院门诊大楼址）。“鸡行”的货源亦有两个渠道，即当地农家土养的“主家鸡”与龙游、兰溪客商“赶行”的“客鸡”。由于货源有内外互补的作用，因此价格一直比较平稳，鸡价基本保持在十斤米换一斤鸡左右，市场也一直保持兴旺繁华。

图专33　农民买了一头牛仔牵回家（叶高兴 摄于2007年）

“烟行”：松阳盛产烟叶，不过“烟行”与其他商“行”有所区别。它虽设在太平坊下巷弄之内，但那只是零星交易的场所，一般为自产自销的小户交易场所。而真正大宗交易的则是烟商自设的“栈行”，如“临天栈烟行”“郭隆兴烟行”“徐裕昌烟行”“金达三烟行”“方锡沛烟行”及古市的“罗锵烟行”等。各“烟行”收购烟叶一般分两种方式：一种是烟农送货上门的随到随收方式；另一种是“栈行”委托烟“伢郎”下乡寻找货源的上门收购。这样“伢郎”就起到了调节货源的作用。

除以上这些由政府部门规定的营业“行”址及经登记有合格“伢郎”资格的行业之外，西屏还有许多“行”，如：“竹木柴炭行”“草纸行”“草席行”“雏鸡行”“卵（蛋）行”“鱼苗行”“油行”“家具行”“草鞋行”等，不过这些“行”址并非政府统一规定，而是经过多年的自由贸易而形成的习惯性的“行”址，纯属“物以类聚”。当时竹木柴炭类设在官塘路，雏鸡及（卵）蛋类设在大井路，草席交易设在草席亭。横街从西往东分段依次为“油行”“草纸行”“鱼苗行”，申亭、十字路、官塘路都成为当年的“柴行”；而所有的竹木农具都集中于县学坛（今老年大学门前）上交易，“草鞋行”就设于耐性桥亭上首的一段大街，原木、毛竹放在瓦窑头交易。

另外，在朝天门外“北门表”是一段用卵石砌就略带上坡的便道。道路并不宽阔，仅两米光景，两边为低矮的泥墙，墙外均为牛栏、灰铺、菜园等农家建筑物，但这里曾是繁华的“茅栗行”。这里是四都人进城口，每年秋季的“行日”，日头才上山，一群群四都的放脚女人就陆续地赶到这里，她们从容地往墙脚边席地坐下，然后再把捎带的“抽紧”袋打开，将茅栗展示出来。随之，水果小贩即刻围上，开始讨价还价，仅个把小时，交易就结束。散“行”后，她们大多坐在朝天门亭的廊凳上有说有笑，高兴无比，因为她们毕竟和男人一样，走出大山过了把“行”瘾。有的还在旁边的光饼店买来光饼、天罗丝（油条）、耕绳儿（油索儿）之类的食品美美地享受一番。用她们的话说，这就叫做“着力挣钿快活用。”她们比起先辈的小脚女人来说，那当然是幸福的生活了。

以上这些都是当年人人知晓的各货物的“行”址，由于形成了习惯，且一直沿用，很难改变。民国31年（1942）冬，松阳县府曾作如下改造：将申亭上首被日军烧毁的三角地块之民房推平，作为全县集中的永久大商场，进行所有行业集中交易。可是人们不习惯，随着县长徐雄飞的调离，统一集市也随之瓦解，所有交易又均各就各位地返回原“行”址。

松阳的老县城——古市，街道不多，也不算长。当时最主要最长的街叫“前街”，从城头起上段叫“城头街”，靠松阴溪边是“三角坛”“椏叉街”，往东开始叫“前街”直至“大井头”，再往下叫“下街”至出城。从“三角坛”“椏叉街”起另一条斜向往东叫“后街”直至“鲤鱼头”“塘岸”，再往东也可出城。从松阴溪边水弄头横向直至观门口、“三清殿坛”一段称“横街”。最热闹的街区也就是“前街”“后街”“横街”构成的这个三角形区域。

古市是松阳县城迁址前浙西南地区首屈一指的集市。在集市交易的商人主要也有“坐商”和“行商”两种。

“坐商”一般包括闹街区的部分原居民或租赁在闹街区的客商。他们依据街区建筑“前店后作坊”的特点，在“前店”开设店铺。解放前，古市有罗家布店，王家中药店，包家灯笼店，杨家、徐家、周家、谷家、丁家等酒店、豆腐店，叶家石灰店，施家饰品店，刘家、陈家、厉家、林家等南货店；还有杂货店、饮食店、歇店（客栈）、纸作店、雨伞店、打金银店、打铁店、小百货店等等不胜枚举。此外，大宗物品的交易有专门买卖烟叶的“罗家烟行”“阙家烟行”，有“方家山货行”。“后作坊”有糖坊、糕饼作坊、酒坊、酱坊、豆腐坊、染坊以及榨油、碾米的水碓栈房等等。

“行商”也就是“赶行”的客商，有当地的人（其实，大多是自产自销的农民），也有外地的客商。有放在固定“行”址交易的，也有不放在固定地方交易的。放在固定“行”址交易的，如牛、仔猪、鸡（鸭鹅）放在各自“行”弄里交易，粮油放在“三清殿”坛交易，木材、毛竹、竹皮、箬叶、草纸等在筏铺溪滩上交易，大件的筏放在水埠头交易。不放在固定地方交易的主要是各种货摊，他们临时用凳放上木板再摆上货物，或摆桌子和炊具成饮食摊；有的用箩筐等盛器放有货物摆地上或直接把物品放地上，如菜篮等地摊。另外，还有挑着担子边走边叫卖的货郎担；还有手攒篮子装着鸡蛋、鸭蛋的农民和妇女；还有头顶食盘叫卖烧饼、油条、包子、馒头的小伙计等等。

图专34　古市镇大桥上赶集的人们（叶高兴 摄于1985年）

由于古市的街短而集中，所以有些“行”就设在一些弄口或弄内。并且这些弄是互通互联的，有的是与街连在一起的。“前街”与“后街”之间也有许多弄可来往相通，如买卖竹扫把、篾箍的地方叫柿杊弄，与买卖鸡鸭的“鸡行”弄是相通的。柿杊弄口在“横街”上，“鸡行”弄口在“后街”上。而十三塆弄口在“前街”上，并且十三塆可通往柿杊弄、“鸡行”弄、“烟行”弄等等。“烟行”弄宽且长，它是专门买卖烟夹、烟篮（晒烟叶的工具）的地方，而晒好的烟叶是送到“烟行”交易的。

由此可见，相较于综合性的集市，“行”市具有产品的单一性、大宗性及交易的专业性的特点。

民国37年（1948）11月，因蒋经国在上海“打虎”受挫，国民政府公布经济补充方案，放开限价，准许商品自由流通。金圆券（“官金券”）贬值，物价暴涨。所谓“水牛被老鹰叼去”的故事就发生在这段时期。说东乡有个农民，“行日”，牵了头水牛到“牛行”出售。卖了一担的“官金券”，由于物价疯涨，等从“牛行”（毛文邦牌坊边之草塔）担着钞票走到肉店时，一担的“官金券”只能买到一刀猪肉了。回家路上，因内急，把肉挂在乌桕树上去方便。这时，一只老鹰俯冲下来，叼着肉飞走了。他边半拉着裤子，边呼喊着追赶老鹰。人家问他干什么，他说“老鹰把水牛叼去了”，令人不胜唏嘘。

1949年5月后，松阳县新的政府把原有的各种专业“行”市保留了下来。1950年，全县有私营工商业26个行业，462户。1952年6月，在西屏镇举办首次物资交流大会，邀请遂昌、龙游、武义、金华、丽水等客商到松阳交易，成交额2.45万元（折新币）；随后，又在古市、靖居、玉岩、大东坝组织物资交流大会。8月，省财委发出通知，把农产品划分为三类管理：一类棉花、鲜茧为统购物资，由国家统购；二类麻、牛皮、木材、油漆、大米、出口橘子、烟叶、茶叶等，以国家经营为主，允许私商经营一部分；三类为除以上两类和国家另有规定者外，均应鼓励私商经营为主。1953年，政府实现粮食统购统销，取消粮食“行”市贸易，限制农副产品上市。

1956年6月，政府开放农村集市贸易，市场又开始趋于活跃。1957年2月，省人民委员会发出《关于开放国家领导的农村自由市场的指示》，就市场的范围、行政管理、农民贸易、价格管理等问题作了若干规定；8月，粮食市场再度关闭。1958年，主要农副产品和地方手工业品由当地国营商业收购包销，各地商业部门不得直接向产地采购。1959年7月，省委指示在全省范围内迅速建立初级市场，恢复农村集市贸易。松阳的“行日”逐步恢复。1961年，本着“管而不死，活而不乱”的原则，允许和鼓励社会发展家庭副业，开放“行”市贸易。

1964年11月，省委、省人民委员会发出《关于加强市场管理、打击投机倒把活动的指示》，取消粮食的集市贸易，取缔棉花的集市交易，禁止商业性土纺土织的发展，严禁票证买卖，农产品未完成统购派购任务前不许在集市交易，松阳“行日”萎缩。

1965年，靖居口开设集市，定农历每月逢十为市。

1966年，粮油交易由国家企业独家经营。1967年7月，省军管会发出《关于加强市场管理，严厉打击投机倒把活动的通知》，规定除主要农副产品不许上市、严禁票证买卖外，农村人民公社、生产队和社员不要长途贩运，不要弃农经商。1974年12月，省商业局发出《关于严禁机关、团体、部队、企业和事业单位自行到农村采购农副产品的通知》。“文化大革命”的十年中，松阳的“行日”交易萧条。

1977年，时县（1958年11月至1982年1月，松阳并入遂昌）革命委员会废除传统“行日”，全县统一“集市”日，遂昌的妙高、松阳的古市、西屏都改成每月公历1日、15日为市日。因遭群众抵制，次年，恢复传统“行日”，开放粮油市场，“行日”交易日渐兴旺。

对于松阳来说，政府对市场控管最严的是晒红烟，其次是大米。这两者是松阳的特产，也是老百姓经济的主要来源，这两宗物品被管严管死了，老百姓的生活、经济收入都受到很大的影响。

图专35　仔猪市场交易（叶高兴 摄于2007年）

中共十一届三中全会后，农村实行联产承包责任制，解放了生产力，使大批农业劳动力转向第二三产业，农副产品大量上市，西屏、古市等镇的农贸市场得到迅速恢复和发展。1982年后，陆续新建了古市仔猪市场，西屏耕牛市场，西屏、古市竹木市场，大东坝综合市场等。1985年4月，省人民政府发出《关于调整农副产品购销政策的通知》，决定从当年开始，国家不再下达农副产品统派购任务，按照不同情况分别实行合同定购、合同收购和市场收购。5月，省人民政府又发出《关于林业政策的补充规定》，取消木材、毛竹派购，开放木竹交易市场，提倡产销直接见面，允许多渠道经营，允许长途运销，价格由产销双方自行议定，按质论价。

1986年以后，松阳县先后建立玉岩综合市场、松阳仔猪市场、西屏南菜场以及小商品市场。1987年，玉岩开放集市日，农历每旬四、九日为市。1992年，靖居口改为每逢五、十日为市，集市地点移至象溪镇驻地象溪圩。同年，大东坝镇开设集市日，市期同象溪镇。9月省委、省人民政府作出决定，从1994年起开始全面开放粮食购销和价格。这样，松阳的“行日”又热闹起来了。

随着改革开放的深入，经济发展了，商品丰富了，人们思想观念也不断地发生转变，打破了松阳人“五日一”“过行”的习惯。一是通过政府组织，工商部门牵头，个人、单位、企业集资等办法，陆续新建、扩建了一批规模较大、档次较高、辐射面较广、设施较齐备的市场，如松阳综合市场、古市综合市场、县长运集团公司创办的浙南茶叶市场、城北菜场、南菜场、农贸市场等综合市场和专业市场以及各类超市等等，改变了交易场所及时间，人们毋庸等“行日”即可购买所需的商品。二是城市建设突飞猛进。最近二十几年县城新华路的兴建、紫荆街的拆建、太平坊路的扩建、要津路的改建以及长松路的建设，把原来松阳“行日”的各“行”址分割得支离破碎，有的已面目全非或根本不存在了。三是政府通过行政手段多次改变传统的“行”址，一会儿放在人民大街，一会儿放在新华路与紫荆路交界处，一会儿又放在太平坊路与要津路交汇处，最近一段时间主要集中在要津路及其与长松路交界处。同时，即使还是同样的“五日一”“行日”，但交换的商品、交易的参与者、促销手段等等都与以前的“行日”有着本质的区别。只有那人头攒动、成片的草药担、相对集中的鸡鸭鹅“行”以及一定规模的水果摊，依稀有点昔日“行日”的情景。另外，随着农业产业结构的调整，适合松阳气候、土壤种植的反季节农副产品不断增多。每当收获季节，各乡镇政府驻地的中心村，自然形成农副产品集散地，如平原乡春夏之交的蚕豌豆、甜玉米、毛芋及山区乡夏秋之交的高山蔬菜等交易十分繁荣。特别是21世纪以来，松阳不管是平原、盆地还是低山、丘陵都在大规模地发展绿茶种植。2014年，松阳有茶园面积11.73万亩，产值10.65亿元。松阳以浙江省4%的茶园面积，生产出6%的茶叶产量，产出8%的茶叶产值。松阳县40%的人口从事茶产业，农民收入的50%来源于茶产业，农业产值的60%来自茶产业！在龙丽公路、江南大道与通乡通村公路的交叉口，形成了一个个茶叶交易场所。交易的时间从春茶采摘开始，到秋茶采摘结束（下雨天一般除外）。人多了，茶叶交易频繁了，其他商品如蔬菜、肉类以及生活用品也进入交易场所。这样，自然而然地形成了一个个小集市。

三、松阳“行日”烙下农耕文明的印记

（一）松阳的“行”市还有“物物交换”的痕迹

在最早的集市交易中，因为生产力还是不怎么发达，剩余产品有限，人们用来交换的商品不多；加上还没有产生货币，因此最常见的是以物换物的“物物交换”。但随着人们对商品交换的需求不断增加，这种物物交换方式变得很不方便。在交换的实践中，人们逐渐习惯于用某种比较容易为大家接受的商品来充当商品交换的“中间人”，即“一般等价物”的角色，从而导致了货币的产生。货币经历了从实物货币（比如羊、贝壳）到金属货币（比如青铜、合金、金银），再到纸币的演变过程。由于金银比较贵重又便于携带、质地均匀便于分割、化学性质稳定便于保存以及美丽等原因而在货币世界中脱颖而出，长期霸占了货币的宝座。后来，金银货币又逐渐被使用更方便的纸币（比如公元960年北宋建隆元年在四川印刷的“交子”、大清户部官票和宝钞、国民政府法币、金圆券）所代替。纸币最初是作为金银货币的代表出现的，仅仅是一种货币的符号。

然而，松阳经济是典型的自给自足的自然经济，商品交换不发达，人们常常还习惯于物物交换，目的是“互通有无”。在松阳，向有“处州粮仓”“处州咥粮靠松阳”之说。松阳有句土话叫“松阳‘行’，五日一；无钞票，米亦得”。这里“米”就是起到交换中“一般等价物”的作用，亦就是货币的前身。“行日”时四方客人云集“米行”，米是松阳“行日”交易最频繁、数量最大的商品。人们可以先把物品换成米，然后用米换回自己所需的东西。民国26年（1937）抗战前，没有开始使用“法币”，还是使用银圆、“铜角子”，物价比较平稳。一般情况，10块银圆换3担谷，一担谷碾米105斤，糠作碾米工钱。一块银圆换125个“铜角子”。这样换算过来，一斤米约4个“铜角子”，一斤谷约3个“铜角子”，大家交换起来就方便多了。比如，10斤米换一斤鸡；鸡又与鳖同价钱，亦是10斤米换一斤鳖，鸡与鳖每斤都是40个“铜角子”。猪肉相对便宜一点，为一斗（4.5斤）米换一斤（俗称“斗米斤肉”），猪肉相当于18个“铜角子”一斤。

改革开放前，我们国内商品还是十分匮乏，松阳农村老百姓经济不富裕，农村妇女都会养鸡生卵换油盐。改革开放初期，松阳百姓还是习惯于“物物交换”。每到“行日”就用米换粉干、黄米

果，一斤米换一斤半黄米果，或八两粉干。松阳人通常说换粉干是“饭换稀饭”；还有“饭换汤水”的，即一斗谷换一斤白糖（金瓜糖）。即使现在，松阳农村的老人还会采用大豆换豆腐这样古老的交易方法。

（二）自产自销产品是松阳“行日”交易货物的主要来源

光绪《松阳县志》载“邑非津要，商贾鲜通，百货难备，市井间自布帛、菽粟而外，另无异物。每月城中以一六日为市期，旧市（今古市镇）以四九日为市期，至期四民咸集，交易而退，犹古者日中为市之意”。说的是松阳地势以四周高、中间低的盆地为主，对外交通不便，信息不灵，商品经济不发达，是典型的自给自足的自然经济。到松阳做生意的人不多，集市上除了自产的布、粮食及一些日用商品外，别的商品很少。

图专 36　“过行”回家（叶高兴摄于 2006 年）

但历史上松阳是传统的农业县，松古盆地经过历代的改良，土壤肥沃，又处于亚热带季风性气候带，适宜水稻的种植；加上松阳老百姓勤劳，善于精耕细作；因此境内粮食、农副产品丰富。光绪版的《松阳县志》是光绪元年（1875）编纂的，记载前朝的事。到了光绪末年，松阳的人口发生了根本性的变化，人口近 10 万；随着经济的发展和人们对精神文化需求的增加，松阳的“行”市也进一步繁荣。不过，在“行”市交易的商品还是以农耕社会自产自销的产品为主。

松古盆地出产的有：籼米、粳米、糯米、大豆、马料豆、玉米、大小麦、番薯、菽粟等粮食；菜油、桐油、柏籽油等油料；牛、羊、猪崽、鸡鸭鹅及苗与蛋等牲畜及产品；晒红烟叶、烟丝、雪茄和砂糖、“鸡污糖”等烟糖商品；茶叶、水果、淡水鱼类等等。另外还有各个地方的特产：四都菜头三都姜、望松苞萝落花生，余叶的炒榧、沿坑岭头的柿枣儿，南山的桃儿、横山的梨，坛下的箬帽等等。

松古盆地的土壤大多带酸性，适合甘蔗生长，当时种植的品种也多，有紫蔗、松蔗、印度蔗、义乌蔗，后来还有小糖蔗、青蔗、台湾蔗等等，因此，松阳的红糖也是闻名遐迩。特别是叶村寺岭下的紫蔗更有名。改革开放前，除生产队种植外，家家户户自留地也都种植紫蔗。下霜前，甘蔗劈了后，大部分拿去制糖（红糖），小部分埋在蔗地，等正月里起出卖鲜蔗。初五前，只要天晴，天天可以卖，初六后主要是跟“行日”。甘蔗放在特制的甘蔗蓝里，八分、一角分级出售。小孩跟着大人，口渴了捡点表或根嚼嚼，饿了，向大人讨点钱买个包子吃，又像过年一样高兴。紫蔗是寺岭下人的乡愁，也是他们的骄傲。他们认为紫蔗补脑，小孩吃了特别聪明。自 1977 年恢复高考制度以后，该村每年有人考取大专院校。

从山区运出的山货有中药材（厚朴、茯苓）和竹木及其制品。特别是竹木制品种类繁多，广泛运用于生产、生活中。常见的毛竹制品有：竹皮、竹箬、竹壳（做船篷用）、扫把、竹片（做脚架垫板用）、大小竹椅、竹席、筷子、笊篱、竹筅、畚箕、箩筐、竹篮、各种筛及其他晾晒用具。还有用毛竹做的草纸（用嫩竹放入石灰池后制成纸浆再做成纸，是点旱烟、祭祀的用纸，过去用量很大）、竹鞭枝条（了丝，耕田时使用）等等。常见的木制品也很多，如各种扁担、枪铳、棒戳、砧板、锅盖、各类家具、各种用具等等。总体来说，平原地区参与交易的大多是农耕社会自产的粮食、农副产品，而山区参与交易的大多以农耕社会的生产、生活用具为主。平阳与山区交换，互通有无。可以这样说，松阳的“行日” 是松阳农贸文化的活标本，是松阳传统农产品、手工业品的博览会。

从外地来松阳“赶行”的客商多数是邻县的如遂昌、龙游、宣平、武义、兰溪、金华、永康、丽水、云和、龙泉、温州、青田等地，远的也有宁波、杭州、景德镇的，甚至还有来自更远地方的客人。1934 年龙（游）南（山）公路开通前，到温州、丽水方向主要靠松阴溪、瓯江航运。而通往龙泉、兰溪、金华等地则靠人工肩挑背驮，因此，有当地著名的“龙泉担”“兰溪担”“金华担”。外地客商带来的货物有土布、洋布、丝绸、蜡烛、肥皂、草席、小百货等工业品；也有带鱼、明甫、海蜇头、鱼鲞、虾皮、食盐等海货以及红枣、桂园、荔枝、橘饼等南北方干果、食品。另外，还有瓯柑等水果，龙泉、景德镇等地的瓷器等。

（三）形成不同的“行”期

美国人类学家施坚雅在他的《中国农村的市场和社会结构》一书中说，集中在各级城市里的，每天开市的市场称为“中心市场”，是市集系统的最高层；广布于各个村落的零散交易是最基础的“初级市场”；而处于中心市场和初级市场之间的为“中介市场”，也即定期市集。按照他的说法，要支撑一个每天开市的“中心市场”必须有足够的需求，即“门槛需求”。当不足门槛需求时，只能形成间歇开市的“定期市集”。在这个范围内，需求量较大，开市日就较多、较密，反之，则较少、较稀。松阳及周边地区的“中介市场”最初就是从村头交易的“初级市场”发展而来的。

一个有趣的现象是西屏的“行期”是农历每旬一六，而旧市的“行期”是四九，遂昌妙高是二七，丽水城关是三八（现在，丽水“行日”已消失了）。也就是说相邻的“中介市场”的市日是互相错开的。这是因为每一个“中介市场”都有自己的市场覆盖区。其范围，通常为赶集的人步行或乘人、畜驱动的车、船能早出晚归为最大半径。当市日关闭时（一般到下午 3 点前都“散行”了），定期集市上的流动供应商（许多是货郎担）就有机会到相邻的其他“中介市场”上去做生意。所以，这样相邻市场的市日互相错开，是使供、需双方都能满意的安排。西屏、古市、妙高等的“行期”为每旬两天，这是与以这些集市为中心的人口、耕地资源，以及经济发展水平分不开的。集市开市频率是反映其经济发展水平的一个指标。在既定的集市密度下，开市频率越高，市场的实际效率也就越大。明清时期，在集市数量增长的同时，集市开市频率也呈增高趋势。与集市密度相比，集市开市频率的多寡更明显地反映各地区经济发展水平，特别是商品化程度的差异。江南地区商品经济发展水平居全国之首，市场发育早于其他诸省，明代中叶基本上已是每日开市，每旬开市数次的定期市已十分罕见。但浙西南山区，经济发展较沿海地区要慢，商品贸易不发达，保留着自给自足的自然经济。因此，保留了每旬两天的市日的习惯。

这里要说明的是，在松阳及周边地区“行日”的日期，旧市最合理、最有优势。它是每旬四九日为“行日”，都是在节日或节日的前一天。比如，端午节是五月初五，旧市有初四“行”；“行日”就出售与端午节相关的特色商品，如香包、香片、雄黄粉、薄饼皮、棕箬、菖蒲、艾草、端午茶等。元宵、七月半、八月十五，旧市是十四“行”；古市的元宵节是十三至十五共三天三夜，“行日”出售用手工扎制的各种花形、动物形的花灯；同时，还会有舞狮、舞龙，有边唱边舞的桂花亭、武灯儿、打花秆等，因此十四“行日”人也特别多。重九、三十夜，旧市是逢九“行”；都可以在节日的前一天或当天办“节”货。西屏、遂昌妙高、丽水的“行日”都没有旧市的合理。历史上官府曾变更过古市的“行期”，如以二七为期，但很快又变回到“四九”期。原因是古市原来是浙西南最早县城的所在地，集市最早形成，也最繁荣。后来县城虽然迁入西屏，但集市的市日早已被人们接受，成为习惯；因此，集市发展到后来的“行日”，其日期也延续下来了。

（四）产生交易的“中间人”

“行日”的发展，也促使了交易“中间人”的诞生。一个是“伢郎”。民国4年（1915）县城发生了“闹平粜”运动，给民国政府敲了一次警钟，使当局意识到商人囤积居奇的危害及民众觉醒后的威力。政府首先对囤积居奇的商人进行打击，特别是对民生攸关的米价进行了评议，限定其价格销售，称政府平价。其次是在全县划定了各种物资的交易市场并核定主持交易的“伢郎”，使供求双方均能上市交易以达到减少米商的中间环节。随着市场的发展，政府对全县“伢郎”进行了管理。

所谓“伢郎”，实际上就是货物交易的“中介”，具体负责交易中的议价、过秤、结算及收付款项等工作。古时的“伢郎”没有专业的管理机构，因此各自为政，自做自的生意，故有“伢郎相争客造化”之说。但到了民国年间，政府对“伢郎”的任职资格进行了审核整顿。对具备一定组织能力，又能主持公平交易的人员发放其“伢郎”经营执照，确定为合格“伢郎”，对不合格的“伢郎”予以取缔。如此一来，无疑对市场的交易起到了促进作用，交易双方对小小一点“伢郎铀”自然乐意支付。因为这可有效保证交易的公平合理，消除交易双方对短斤缺两的顾虑，所以“伢郎”的行业还是蛮受人尊重的。

民国时期，在松阳“米行”的“伢郎”有王水清等三人，他们负责粮食买卖交易的全过程，其中包括议价、司秤、结算等内容。因“伢郎”对行情、货源等充分了解，所以他们所定的“行”价易被买卖双方所接受，因此对平抑物价也能起到良好的作用，也是交易中不可缺失的一环。松阳“花生行”的“伢郎”有潘金生、何仁昌、吴土林等三人。仔猪“伢郎”有徐文元、鄢成明、鄢茂章等三人。牛“伢郎”有毛官宝、毛高川、潘关火等人，其职责除负责双方的交易外，还有举行试耕的任务。在集市之外，牛“伢郎”常有陪顾客下乡上门找货源的业务。因此该种服务的“伢铀”，自然就另当别论了。在“鸡行”，“伢郎”有潘梓仁、楼标德、毛德根等人。其他还有下乡收购烟叶的烟“伢郎”等等。

这些“伢郎”一般随身带着杆秤、笔墨、算盘、记码用纸条。他们口算（心算）能力很强，刚刚过秤，就复出货款；结账时也会使用算盘，且算盘打得特别的“花”。早先记码不是阿拉伯数码，而是用特别写法的码子记数。如：1、2……9、10、佰等，记为：〡、〢……〩、十、ㄋ 等。另外，“伢郎”间使用“行”话的隐语，外人不知所云。牛“伢郎”一般有相牛的丰富经验，并总结出“远看一张皮，近瞧四个蹄”的说法。买卖双方“伢郎”议价时，一方把手伸入另一方长袖里，摸指议价。暗号为：1 是伸拇指，2 是伸无名指和中指……9 是出食指作勾状，10 是出一拳。采用此种议价方式，可对第三方保密，买卖双方即使不能成交，对其他人仍可高价卖或低价买。

一笔生意做成功，“伢郎”向买家收取一定手续费，政府定出“伢郎”的合法酬金，一般确定在交易价款的 2%左右。

1949 年松阳解放，土改时“伢郎”被定性为“中间剥削”阶级，于 1952 年被取缔。至今，这一名称已成了一个鲜为人知的历史名词，如今的“中介机构”“经纪人”其实就是他们的代名词，与时俱进了。

另外一种中间人是“贩”，是专业“赶行”的人。这些人大多是农民，农忙时务农，农闲时“赶行”。他们穿梭于西屏、古市、遂昌，也会到宣平、碧湖等地，把某个地方的特产便宜买进，拿到其他地方高价卖出，赚取差价。有鸡鸭贩、鹅贩、米贩、烟贩、猪贩、牛贩等等；还有菜贩，亦叫“菜劫儿”。这些人，有句经典的话叫做“五日三，胜金山”，意为五天里三天“赶行”（一般指遂昌、松阳、古市三“行”），比“坐啌山空”要好。

（五）“行日”与庙会、演戏互动

旧时，无论城镇还是乡村，多设庙会，如太保、城隍、文昌、关帝、观音、夫人等庙宇，均有庙会设立。总之，凡有一方神灵，就有一方庙会。凡是庙会，就是“行日”。旧志载：每逢太保、城隍两大庙会，四方商贾云集，集市贸易十分兴旺。

图专 37　“迎太保”庙会（叶祖青提供 1948 年）

西屏的太保会，始建于明熹宗天启元年(1621)，立温琼元帅为本邑太保，庙址设凤臻门外望松岭上，是旧时松阳香火最为旺盛的寺庙。清康熙间，太保会发展为一年一度的迎神接福佛事，也就是民间所说的“迎太保”盛会。民国年间，迎会人员大增，财力亦相对扩展。太保会是在每年的仲春（即农历二月）择日行傩，设醮度孤（超度亡灵），以期驱疫疠，保合邑平安清吉、收获丰稔之目的。因此，“迎太保”一直被老百姓所重视，合邑百姓热情参加。后来固定为东南西北四个班会，各班会自筹固定田产，每年迎会由四班会轮流举办，井然有序。

在迎会的队伍中，首先是两人扛着大铜锣在队伍之前鸣锣开道；后面紧跟着几名皂隶，手举“松阳县正堂”及“肃静”“回避”等木牌；牌后又跟着 18 名威武皂隶，他们手执 18 般兵器銮驾。銮驾后面是一大队的迎灯行列，其灯种丰富多彩，宫灯、珠灯、纱灯、花灯、香灯、宝盖灯等一应俱全。灯队之后，跟着八名佾员，手举乐器吹拉弹奏，发出抑扬清雅的古乐音。后面才是“醮首”的出现，“醮首”（迎会的名誉主持人）站在引领的位次，身穿长袍马褂，头戴瓜皮帽，象征吉祥如意。他引领着两扛八抬大轿，轿内坐的就是木雕的太保老爷与城隍老爷。轿后紧跟的是八人相抬的台阁，一般八扛，有的年份也有六扛的。这是“迎太保”的最大看点，尤其是高扛台阁，扮演各种古装场景惟妙惟肖，把“迎太保”推向了高潮。台阁的后面是迎香队伍，队伍中上百名“犯人”紧紧跟随。所谓“犯人”，都是曾因患病向神灵许愿的人员。他们许下病愈后向神灵谢罪的诺言，因此个个按犯人打扮，人人披头散发，脖子上扛着枷锁，四肢拴着链条镣铐（厚纸所作），双手捧着纸卷燃香跟着游行队伍“赎罪”。最后又是锣鼓压阵。整个队伍浩浩荡荡，县城四个门游行下来足足半天，观看的城乡百姓，竟将县城街道挤得水泄不通，确实称得上为旧时的狂欢节日。1950 年农历二月，太保会经公安机关批准，仍举行了一次迎会，不过那也是最后一次了。

西屏的城隍庙创建于唐贞元年间，由原长松台改建而成。属松阳古庙之一，庙内田产近百亩，亦为本邑之富庙。该庙常年香火鼎盛，庙会组织人员甚众，达数百人，分五个班会。城隍庙会佛事极其频繁，每年除一般神灵的诞日及节日的例祭外，还有六次的大祭，即每年二月的太保迎会、每年春秋二仲上庚日（即二、八两月第一个庚日）对“风云雷雨山川”诸神的祭祀（址在原人民医院旧址），以及每年清明、中元、十月朔日至厉坛（址在原孤老院后）的祭奠，都要抬城隍老爷外出祭祀。因此，城隍会算得上是本邑最繁忙的庙会。

另外，每年的八月，庙会人员向本邑的三十六个行业（实际是手工业、商业等的总称）募集资金在城隍庙戏台公演十七个昼夜的古装戏，俗称“三十六”戏，供市民免费观赏。

古市，因为是老县城，旧时节日、庙会、“行日”也会有剧团演出、民俗表演及其他娱乐活动。剧团演出方面，县内的有玉岩白沙岗的高腔、樟溪傀儡戏演出，小孩子特别喜欢傀儡戏表演；县外的有越剧、婺剧、绍剧、昆剧、京剧等班团演出。演戏地点一般放在太保堂台上或城隍殿戏台上，有句土话说：“买菜水弄头，看戏太保堂。”演出时间一般放在晚上，但“行日头”也会在日间演出的，不过，那些主要是在三角坛等街上临时搭台的马戏、魔术表演，或者是外地来的“西洋镜”观赏活动。另外，古市也有“迎太保”庙会，期间也有“台阁”游行活动。古市旧时的太保会分“六个年头”，即六个区域，各自由群众组织办花灯、舞狮、舞龙、出“台阁”等活动，互相比赛竞争。

庙会是一种城乡都会举办的定期集市。我国庙会的历史悠久，《辞海》“庙市”条，只在特定日期、在寺庙内及其附近举办的集市活动，故称“庙会”。北宋时期，庙会出现一派繁荣景象，到了明清时期盛行。最初，在宗教节日，寺庙及祭祖场所因有许多人云集求神拜佛，一些小生产者、商贩便借此集会兜售烟火、供品等产品。后来，逐渐百货云集，成为比一般集市规模更大、货物更多的大型集市。这种集市是因宗教事件并在宗教场所产生、发展起来的，故又称庙市。松阳俗语“望戏夹卖糖”就是讲在庙会、演戏时做买卖的情形。庙会作为商品交往媒介，对促进商品流通、加强城乡联系等具有重要的经济意义。

（六）“行日”是松阳人的乡愁。

旧时的松阳，几乎全民“过行”。上到县丞，即县长的副手，掌管社会治安和财政，“行日”县丞要巡街的，称“官家人”；原居西屏、古市街区上的，称“县里人”或“街路人”；乡村来的，称“乡下人”；靖居口以下的称“下乡人”；山区来的，称“内山路人”；外县来的，称“外路人”；彼此不认识的一般以“客”相称。

“行日”不仅是交易的地方，亦是松阳人交际的场所。过去，交通不便，亲朋好友相聚不多，因此，常常会在“行日”换上“出客衣”去会客。我们常常听到有人说：到“行”里，碰个哪侬。碰到了一起到饮食店吃饭、吃点心，或到酒店喝碗酒，彼此交谈情况、叙旧。“行日”亦是松阳人寄信的场所。同样由于交通不便、通讯落后，有什么红白喜事，要通知三亲九眷到场的，常常会选择到“行”里托同村或临村的人带封书信或口信。“行日”亦是松阳人获取信息的场所。松阳人常常说“到太平坊听大话”，东村长、西村短，某个地方发生什么事情，都是在“行日”发布。现在我们还说“太平坊”的消息，某某人当什么局长，“松阳谣，无天桥”等等。同时，“行日”也是松阳人看戏、赶热闹的公共娱乐场所。另外，“行日”也是旧时男女相亲的地方。松阳俚语“望戏夹卖糖”的下句，便是“‘过行’连望人”，“望人”就是相亲。为了避免在男女方家中相亲一方不中意产生的尴尬局面，媒人会选择“行日”时，让男女双方相亲。在人来人往中，媒人会指着某人，“望，穿什么衣服的”。双方中意的，继续走程序；不中意的，也就过去了，没有什么伤害。

“行日”是松阳农耕社会慢生活的写照。在农耕社会，松古盆地老百姓除了农忙季节，还有农闲时候（山区老百姓更轻闲），即使是农忙时候，“行日”也是铁定的，老百姓照样“过行”，有句口头禅“皇帝的日子、百姓的工夫”，即借“过行”的名义，达到休息的目的。大家称之为“五日一”，即五日休息一日，就好像现在我们吃公家饭的“双休日”。“行日”是松阳百姓改善生活的日子，要想买点好的，吃点好的，就选这一日子上街。1942 年 8 月，古市、西屏两镇被日军烧毁前，有许多饮食店和酒店。一般酒店柜台上都有一个暖酒的大铜壶，用木炭热水，热水中放着盛了酒的铜壶，专等顾客上门。“酒配”也很丰富，有猪头肉、猪舌头、猪耳朵、牛肉干、五香豆、油泡豆、五香豆腐干、煮或炒的花生、蚕豆、瓜子等小菜，也有糕饼类甜食或烧饼、包子等点心。“行日头”，夫妻、父子、母女，或好友，到饭馆、酒店叫上些许老酒、几碟小菜，浅饮慢嚼，坐上半天，好悠闲。有的“内山路”人将一担柴或有限的“行”货出售，仅能换回一顿午餐的开销，但也是心甘情愿的，这也许就是“过行”的魅力所在。松阳有句谚语“要嫖要赌、东田石鼓，要咥要用、活源马旺”（松阳土话中，“旺”与“用”同音）。那时，东田、石鼓是通往州府的驿道上的驿站，旅店林立，好理解；后半句讲的是，活源、马旺人知道享受，把“过行”的货（一般是一担柴）卖了，要到酒店“咥光”，若有多余，就买“缸饼馅天罗丝”一路“咥着”回去。

图专 38　跟随父母赶集的小孩（叶高兴摄于 2005 年）

“行日”也是松阳小孩子向往和期待的日期。这点，古代北方也一样，曾子杀猪的故事，便是佐证。松阳“行日”不仅有戏“望”，更主要的是有东西“咥”。小孩趁家长卖了货物或去买货物手头有钱，较容易讨些钱来买自己喜欢的零食或点心，或自己喜欢的小玩具之类的东西。西屏、古市的饮食、零食可多了，例如肉包子、菜包子、小笼包子、面食、豆浆、豆腐辣、豆腐花（又叫豆腐脑）、大馒头、小馒头、花卷、烧麦、天罗丝、耕绳儿、烧饼、大饼、葱肉饼、灯盏盆、油筒儿、豆筒儿、糊糖饼、白糖条、葱杆糖、葱糖、米胖糖、生姜糖、芝麻片、冰雪片、火烧饼、蛋卷、饼干、油枣儿、米粿团、糯米饭团、炒米粿、炒或煮的粉干、面条、粽子、青粿、花麦粿（冬至粿）、炒的或煮的花生、蚕豆、瓜子等等。还有许多水果，还有松阳人特制的“水浸梨”和像果冻一样的冷饮叫“仙草”和“胖蒲”豆腐等等。即使不能跟着父母去“赶行”的小孩，在家里也会翘首盼望父母“过行”早点回来。因为，他们知道父母“过行”常会买点糖果、糕点、小吃或者好一点的菜来改善一下生活。

20个世纪50年代，“一化三改造”后，松阳四个布店转营成立了“四联食堂”，“行日头”上那里“咥碗光麵”或更好一点的“三鲜麵”是那个时代“过行”人的向往。

（县史志办）

松阳县旧村改造

松阳县委、县政府抓住省委、省政府实施“全面小康六大行动计划”、大力推进农村土地整治和“强塘固房”工程的重大机遇，把旧村改造作为破解农民建房难、改善农民居住条件、拉动农村内需、促进农民就业、拓展农村发展空间、建设社会主义新农村的“头等工程”，围绕“改造空心村、撤并自然村、建设新农村”的目标，出台《关于加快旧村改造推进社会主义新农村建设若干意见（试行）》，按照“连片拆除破旧房，重新规划建新房，腾出空间促发展”的思路，全面开展旧村改造工作。2008 年以来，全县已累计实施旧村改造项目 86 个，拆除破旧房 4795 户、面积 49.8 万平方米，批建新房 2067 户、面积 18.6 万平方米，新增建设用地 12 万平方米，复垦宅基地 2410 亩，使 15453 位农民告别了破旧房，拉动农村内需 16 亿元，创造了 1.2 万个就业机会。松阳县通过开展旧村改造，有效地应对了世界金融危机、扩大了农村内需、改善了农民居住条件、促进了农民增收，在广大农村走出了一条建设社会主义新农村与集约节约利用土地有机结合的新路子。

一、工作缘起

松阳县大力实施旧村改造，主要基于以下几方面考虑：从农房建设的现状看，旧村改造是破解农民建房难题、拓展农村发展空间的现实需要。由于我县现行的土地利用总体规划没有为农民建房、新农村建设和产业发展、项目建设预留合理空间，农保率高达 93.7%，农民无地建房、产业无地发展、项目无地建设的矛盾日益突出。农民建房问题更是首当其冲，一些农村已经 20 多年没有建过新房，出现了大量破旧房，违章建房屡禁不绝。调查表明，2008 年，全县 401 个行政村，379 个村存在破旧房，总量达 18825 户，占全县农户总数的 27.2%。农民建房难问题已经成为近几年人大代表、政协委员关注最多、农民群众要求最迫切的焦点问题。而另一方面，松阳总人口 23.57 万，其中农民 20.66 万，分散生活在 401 个行政村、1071 个自然村，其中 10 户以下的自然村多达 414 个，村庄布点和人口分布极为分散，造成了农村土地资源的巨大浪费，农民人均建设用地高达 145 平方米。近几年随着工业化、城镇化加快推进，近 20%的农民已通过下山脱贫、异地转移、转移就业、外出创业等方式进入城镇，农村还留下了大量的闲置房，出现了大量的空心村，更加剧了土地资源浪费。要破解这对矛盾，旧村改造势在必行。从当前来看，旧村改造是应对国际金融危机、保增长、扩内需、促就业的重要手段。松阳县最基本的社会形态是农村，最大群体是农民，扩内需的最大潜力在农村。大

图专 39　农村破旧房（叶光铭 摄于 2004 年）

力推进旧村改造，可以极大地拉动农村投资和消费需求，为返乡农民工创造更多的就业机会，使农民获得改善居住条件、就近实现就业、发展农业生产等多方面的收益，实现持续增收，提升消费能力。从长远发展看，旧村改造是推进新农村建设和城乡统筹发展的重要平台。近几年，新农村建设的政策一年比一年好，项目一年比一年多，投入一年比一年大，全县农村已基本实现通电、通水、通路、通广播、通电视、通网络，生产生活设施大幅改善。但由于没有对村庄布局进行重新规划，没有涉及农民建房这个核心，广大农村仍然布局散乱，住房破旧，污水横流，垃圾遍地，设施落后，与新农村建设标准和市委、市政府关于建设生态文明的要求存在巨大反差。老百姓抱怨说："年年建设新农村，年年农村无新貌。"特别是我县提出深化改革开放、推进统筹发展"两区两高三化"（打造"西屏镇、古市镇城乡一体化发展核心区，松古平原城乡一体化发展先行区"，加快形成"产业化水平高、人口集聚度高，基建设施一体化、公共服务均等化、人居环境生态化"城乡发展新格局）战略目标，要求到2015年，松古平原集聚20万人口，城镇化水平达到55%。而2008年，松古平原人口只有12.89万，全县城镇化率只有38.5%。只有通过旧村改造，统筹推进农民建房、农村基础设施和公共服务设施建设，全面提升土地节约集约利用水平，才能更好地促进人口集聚、产业集聚，实现建设新农村和城乡统筹发展目标。

二、主要做法

1.坚持"合理定位，全力推进"。县委、县政府提出，旧村改造是破解农民建房难、改善农民居住条件的民生工程，是拉动农村内需、促进农民增收的关键工程，是拓展农村发展空间、建设社会主义新农村的基础工程，必须摆在头等重要的位置全力推进。为此，成立了县、乡、村三级旧村改造工作领导小组，建立县旧村改造办公室，实行"一站式"办公。建立县级领导、乡镇部门"一把手"联系旧村改造项目制度，全县29位县级领导每人至少联系负责1个旧村改造项目，实行"一个项目、一名领导、一个工作组、一张时间表"的工作推进机制。把旧村改造列为乡镇及有关部门年度综合考核的重点内容，列为干部工作实绩考评的必备内容，列为县委、县政府重点督查内容，列为人大代表、政协委员重点视察内容，建立"县考核乡镇、部门，乡镇考核村"的逐级考核机制，一级抓一级，层层抓落实，全力推进旧村改造。

2.坚持"一户一宅，先拆后建"。农民必须先拆除破旧房、注销权证后，经重新规划，再安排建房用地。严格控制建房用地面积，1～3口之家不超过75平方米，4口之家不超过85平方米，5口之家不超过115平方米，6口及以上的不超过125平方米，并按照新农村建设规划，统一设计、统一户型、统一立面、统一配套基础设施，保证土地集约节约利用，提高新农村建设成效。

图专40　拆除破旧房（叶光铭 摄于2009年）

3.坚持"村当业主，农民自愿"。旧村改造牵涉面广、利益关系复杂，必须明确主体责任，厘清责权利关系。松阳县在开展旧村改造时，确定了

“乡镇主抓、村当业主、农民主体、部门服务”的职责定位，即乡镇党委、政府负责组织指导，总揽而不包揽；村民委员会担任业主，全面负责旧村改造的组织实施；坚持“农民自愿”，尊重农民的主体地位，维护农民合法权益；国土、建设等职能部门做好工作协调、业务指导和监督检查，履行好服务职责。这一主体职责定位的核心就是“村当业主”。实施过程中，严格按照村民自治和责权利统一的原则，依法保障村民委员会在旧村改造中的决策管理权、项目收益权和广大村民的参与监督权，有效激发了村两委班子、农村干部群众开展旧村改造的积极性、主动性和创造性，实现了“要我改造”到“我要改造”的根本转变，改变了以往“政府拆迁、群众设卡，工程上马、信访不断”的现象。

4.坚持“政策引导，重点扶持”。把旧村改造作为新农村建设的总抓手，整合政策、项目、金融资源向旧村改造村重点倾斜，形成鲜明政策导向，激发农民开展旧村改造的内在动力。一是强化专项扶持。县财政每年拿出2000万专项经费，专门用于旧村改造。同时，积极利用新增建设用地复垦指标有偿调剂政策筹措项目资金，重点用于旧村改造。对连片拆除破旧房面积达3000平方米以上或拆除面积经重新规划后能够满足本村15%以上农户建房需求的，每平方米补助村集体50元；连片建新房10幢以上的，按每幢5000元的标准给予基础设施建设资金补助；复垦耕地则每亩补助4万元和1000元地力培育经费，并减免县级管辖范围内的一切项目规费；对整村搬迁农户每人给予3500元补助，低收入农户集中村则在整合省、市补助政策基础上每人给予10100元补助。2008年以来，我县在旧村改造上的投入累计已达2.89亿元。二是强化项目扶持。积极整合“千村示范万村整治”工程、“强塘固房”工程、中心村培育、历史文化名镇名村保护、农村社区建设、农村电气化、农村清洁能源等项目，优先配套旧村改造村，既凸显政策组合优势，又避免重复建设，保证改造一个村，基础设施就配套到位一个村，就能建起一个新农村。三是强化金融扶持。全面推进农村信用体系建设，全县94%的村开展信用等级评价，农户评价面达80%以上。创新农户联保贷款、农房抵押贷款、小额信用贷款、林权质押贷款等信贷形式，出台《松阳县旧村改造联保贷款实施办法》，开展小额贷款公司试点和村级资金互助组织试点，建立扶贫小额信贷制度。今年以来累计发放农民建房贷款1000多户5000多万元，强化了金融支农力度。

图专41　吴弄村退出空房建老人公寓（叶光铭摄于2011年）

5.坚持“因村制宜，分类实施”。农村情况千差万别，有平原村、山区村，有中心村、规划保留村，有近郊村、远郊村，还有低收入农户集中村和非低收入农户集中村，等等。松阳县坚持因村制宜、分类指导，综合采用连片拆除破旧房、重新规划建新房、多余土地搞复垦，以及积极推进整村搬迁、自然村撤并，闲置宅基地复垦耕地等多种途径，统筹推进旧村改造。在实施过程中，大致分四类统筹推进。一是集聚人口型。主要是在中心村和城郊村，通过旧村改造，对全村土地统一规划，优先满足农民建房、生产用房及配套基础设施建设之后，多余土地用于异地转移农民安置建房及配套设施建设。比如，西屏镇城郊的西垄村，利用多余土地规划建设了西垄安置小区；叶村乡麻寮村把多余的7000平方米建设用地用于东坞水库上游5个山区村农民下山脱贫安置，促进了中心村培育和人口集聚。二是发展产业型。主要是在规划保留村，通过旧村改造，多余土地复垦耕地或用于发展二、三产业。比如，新兴乡是名茶之乡，全乡整体推进旧村改造，新增土地统一规划用于发展茶叶种植、加工和茶乡休闲观光游；新兴乡外盂村通过旧村改造，复垦耕地65亩，全部种上了茶叶；上安村则利用多余建设用地规划建设了茶叶加工园区。三是整村搬迁型。主要是在高山远山村、小规模行政村和自然村，通过整村搬迁、自然村撤并开展旧村改造，推动人口向中心镇、中心村和松古平原集聚。比如，望松乡砌坛村、新兴乡金坞村两个高山村通过整村搬迁下山，在松古平原重新规划建立了砌坛新村、金坞新村；象溪镇大塔村有6个自然村，主村拆除所有破旧房进行重新规划建设，6个自然村则整体撤并到主村，迁出地的闲置宅基地全部复垦耕地。四是探索创新型。鼓励农村结合本村实际，探索创新旧村改造的途径、方式。比如：①赤寿乡梧桐口村、古市镇寺口村，动员村里的孤寡老人拆除旧房，按标准给予老人旧房拆除补助，宅基地归村集体所有，村里则建设“老年公寓”免费供老人居住，以“宅基地换养老”的形式开展旧村改造。梧桐口村有17户35位老年人住进老年公寓，多余宅基地复垦了60多亩耕地。②望松乡吴弄村是历史文化村，在旧村改造时坚持保护与改造并重，对村里的13幢古民居进行“修旧如旧”的修缮维护，规划建新房时则坚持“建新如旧”，采用传统徽派风格，突出粉墙黛瓦，马头墙翘首相望，彰显了历史文化村的风貌。③大东坝镇上寮山村，全村103户农户，人均耕地只有0.35亩，通过建农民公寓安置48户农户，解决了无地建房问题，促进了土地集约节约利用。④望松乡麻阳塔村是平原村，三都乡黄岭根村的山区村，两个村联手开展旧村改造，麻阳塔村把多余建设土地用于黄岭根村农民下山脱贫安置建房，黄岭根村的宅基地则复垦耕地，通过联村互动、跨村安置，既推进了旧村改造，又促进了农民下山脱贫、宅基地置换流转和土地节约集约利用。

6.坚持“*统筹建设，全面改造*”。在旧村改造过程中，我县注意处理好几个关系。一是规划先行和有序实施的关系。严格按照新农村建设标准，因村制宜编制布局合理、适度超前、集约用地、切实可行的旧村改造规划。然后本着“试点先行、逐步推进，尽力而为、量力而行”的原则，选择村两委战斗力强，农民建房需求大，闲置房、破旧房多的村进行试点。在总结试点经验基础上，层层发动，有序推进，防止一哄而上、无序改造，造成半拉子工程或低水平建设。二是全面改造与重点保护的关系。按照旧村改造规划，该拆除的拆除、该保护的保护、该撤并的撤并、该集聚的集聚、该建设的建设、该复垦的复垦，做到全面建设、全面改造。具有历史文化价值的古村落、古民居、文化古迹，以及具有生态旅游价值的村庄、古树名木，则进行重点保护、修复、优化，实现旧村改造与历史传承、环境保护、建设生态文明的“多赢”。三是拆除旧房与建设新房的关系。坚持“先拆后建”与“先拆先建”并举，即在严格实行“先拆除旧房、注销权证，后安排建房用地”的同时，实行“谁先拆除旧房，谁先安排建房用地”。允许农民按照“拆多换少”原则，用拆除旧房的面积置换建房用地（一般每2～3平方米置换1平方米），置换后有多余的由村委会回购统一调剂，不足的可以向村委会缴纳成本价后补足。老弱病残户则鼓励建设公寓楼集中安置。四是建设用地和复垦耕地的关系。旧村改造腾出的土地，按照集约节约的原则进行统一规划，优先满足农民建房、生产用房及农村基础设施建设等的用地需要，保证新农村建设规划顺利实施；多余土地复垦为耕地或用于发展二、三产业，不宜复垦的则恢复生态。

三、初步成效

1.缓解了农民建房难题，改善了农民居住条件。一个成功的中国农民，一生要做三件大事：建房、成家、培养子女。建新房是农民一生成功的最重要标志。无论千辛万苦，离家千里打工，回家建房都是农民最大的愿望。2008 年以来，通过旧村改造，在不占用一分耕地的情况下，解决了所有改造农户的建房用地，使 15453 位农民告别了破旧房，并保证了农民生产用房和农村基础设施建设的用地需要，较好地解决了农民群众“房在哪里建”的问题。随着农民建房难的有效缓解，农民违章建房问题和大量的信访问题也迎刃而解，农村社会更加和谐稳定。

2.扩大了农村内需，促进了农民就业。开展旧村改造，是扩大农村内需的一个强有力的启动器，是农民能动性消费的具体体现，具有很强的实践性、创新性、针对性。通过开展旧村改造，政府增加了农村投入，农村增加了项目投入，农民增加了建房投入，还促进了农民就业。以农民建设一幢占地 85 平方米、建筑面积 300 平方米的新房估算，一般土建和装修投入在 20 万元以上，拉动建材、水、电以及装潢材料、家具家电、餐饮服务、交通运输等相关方面的消费需求，还需要泥水工、木工、电工、搬运工以及交通运输、土方开挖等多个工种，仅泥水工、木工就需要 450 多个工时（天），以最低工资每天 80 元计算，工资支出就是 3.6 万元。据统计，2008 年以来，全县旧村改造已拉动农民建房、农村基础设施和公共服务设施建设等方面的投资和消费需求 16 多亿元，创造了 1.2 万个就业机会。

图专 42　西屏镇北山村危旧房改造新村（叶光铭摄于 2009 年）

3.促进了农民增收，拓展了发展空间。旧村改造使大批农民实现了从山区到平原、从自然村到中心村、从农村到城镇的转移，改善了生产生活条件，拓宽了增收门路，较好地解决了农民群众“人往哪里走”的问题。2008 年，松阳实现农民异地转移 1638 户 5767 人，是 2007 年的 3.4 倍；农民人均纯收入增长 17.8%，是改革开放以来农民增收最快的一年。今年 1—6 月份，农民人均现金收入增长 14.7%，居全市第一。旧村改造还有效盘活了农村存量建设用地。2008 年以来，通过旧村改造，新增建设用地 12 万平方米、复垦耕地 2410 亩，为培育产业、建设项目、发展农村事业提供了宝贵空间，较好地解决了农村发展“地从哪里来”的问题。同时，通过向发达地区有偿调剂新增建设用地指标，筹措了 2.5 亿元资金，使旧村改造基本实现了收支平衡，解决了新农村建设“钱从哪里筹”的问题。

4.推进了新农村建设，促进了生态文明建设。过去，建设新农村主要是整治农村环境、改善农村基础设施；现在，以旧村改造为总抓手，基础设施、环境整治等配套跟进，整体推进新农村建设，彻底改变了农村长期存在的破、旧、脏、乱、散的落后面貌。新农村建设从外围向核心、从局部到整体，不断向纵深推进，农村人居环境明显优化，复垦耕地又促进了产业发展，推进了生态文明建设。

今后5年，松阳县委、县政府将继续坚持把旧村改造作为“头等工程”，编制实施《松阳县旧村改造五年规划（2009—2013）》，按照“拆旧房、腾空间，建新房、强配套”的工作要求，用5年时间基本完成全县旧村改造工作，全面推进社会主义新农村建设。

附：松阳县旧村改造大事纪要

2006～2007年

松阳县开始在西屏镇北山村开展旧村改造试点工作。

2006年10月，北山村杨关新、杨水财、杨关理三兄弟率先拆除旧房。

2006年11月，北山村杨裕标第一个开始建新房，2007年3月搬入新房。

2008年

5月27日，丽水市长带队到松阳考察调研新农村建设工作。

5月29日，松阳县政府召开加快旧村改造民主听证会。

6月30日，中共松阳县委、县人民政府出台《关于加快旧村改造推进社会主义新农村建设的若干意见（试行）》。

7月2日，松阳县农民增收六大目标暨旧村改造农民异地转移推进会召开。

7月10日，松阳县旧村改造现场会召开。同日，松阳县旧村改造办公室设立。

7月24日，中共浙江省委常委、常务副省长陈敏尔到松阳调研旧村改造工作。

8月6日，浙江省发展和改革委员会副主任黄勇带领调研组到松阳调研旧村改造、宅基地整理工作。

8月19日，中共宁波市委副书记、市长毛光烈带领党政代表团到松阳考察新农村建设工作。

8月29日，中共松阳县委书记、人大常委会主任林健东等县领导到古市片专题调研旧村改造工作，并召开复垦工作汇报会。

9月2日，浙江省国土资源厅、省农办联合调研组到松阳调研旧村改造、宅基地复垦工作。

9月4日和5日，松阳县委、县政府组织召开西屏片和象溪、大东坝、玉岩片旧村改造、建设用地复垦工作汇报会。

9月19日，丽水市副市长陈建波带领由市农办、市国土资源局等单位负责人组成的调研组到松阳调研旧村改造、宅基地复垦工作。

10月8～9日，松阳县委、县政府旧村改造、宅基地复垦督查组分5个小组对全县20个乡镇的旧村改造、宅基地复垦工作进行了第一次督查。

11月19日，丽水市检查组到松阳调研松阳县旧村改造和宅基地复垦工作。

11月中旬，松阳县委、县政府旧村改造、宅基地复垦督查组对全县20个乡镇的旧村改造、宅基地复垦工作进行第二次督查。

12月10日，县人大常委会视察旧村改造和宅基地复垦工作。

2009年

2月11～12日，丽水市政协副主席陈翠仙到松阳调研旧村改造工作。

2月28日，丽水市莲都区党政考察团到松阳考察旧村改造和茶产业发展工作。

3月4日，中共浙江省委副书记夏宝龙到松阳调研指导平安建设和新农村建设工作。

是日，《松阳县旧村改造五年规划（2009—2013）》出台。

3月6日下午，松阳县农业农村暨旧村改造工作会议召开。会上，县委县政府与各乡镇签订了《2009年度农民增收六大目标暨旧村改造工作责任书》。

3月11日，中共丽水市委副书记、政法委书记虞红鸣，副市长金建新到松阳调研旧村改造工作。

3月17日，龙泉市党政考察团到松阳考察旧村改造工作。

3月18日，丽水市人大常委会主任焦光华到松阳三都乡开展农村危旧房改造工作蹲点调研。

3月20日，云和县党政代表团到松阳考察农村旧村改造工作。

3月25日，浙江省原省长、全国政协原常委沈祖伦到松阳视察旧村改造工作。

是日，浙江省副省长茅临生到松阳调研旧村改造工作。

3月30日，中共丽水市委书记陈荣高带领丽水市各县（市、区）党政主要领导到松阳考察农村危旧房改造工作；是日，丽水市县（市、区）工作汇报会暨农村危旧房改造工作会议在松阳召开。

4月7日，松阳县开展旧村改造县处级领导干部蹲点调研活动，全县副处级领导深入各自联系村，就如何进一步推进旧村改造工作进行调研。

4月7～9日，中共松阳县委书记、县人大常委会主任林健东等县领导到古市镇寺口村、望松乡吴弄村、西屏镇乌形山村、踏步头村开展旧村改造蹲点调研。

4月9日，中共浙江省委深入学习实践科学发展观活动指导检查组在组长方士荣的带领下到松阳考察旧村改造工作。

同日，安吉县党政代表团到松阳考察旧村改造工作。

4月13～14日，中共浙江省委副书记、省长吕祖善在副省长陈加元等陪同下，带领省农办、国土资源、建设、财政等部门主要负责人到松阳调研农村住房改造建设工作，并在松阳召开农村住房改造建设座谈会。

4月15日，浙江省政协常委、省政协农业和农村工作委员会副主任朱德峰带领省政协调研组，到松阳调研旧村改造和农村宅基地整理和使用工作。

4月16日，景宁县党政考察团到松阳考察旧村改造工作。

4月22日上午，丽水市人大代表松阳中心组开展旧村改造考察活动。

4月27～28日，磐安县党政考察团到松阳考察旧村改造工作。

4月29日，松阳县委县政府召开农村危旧房改造工作推进会。

5月5日，浙江省委省政府召开全省经济工作电视电话会议。会上，中共松阳县委书记林健东代表松阳县作题为《改造农村破旧房扩大内需保增长》的典型发言，介绍松阳开展旧村改造工作的成功经验。

5月7～8日，宁海县党政考察团到松阳考察旧村改造工作。

5月7曰，《松阳县建设用地复垦实施办法》出台。

5月11日，永康和建德两市党政代表团前来松阳考察调研旧村改造工作。

5月13日上午，义乌市党政代表团到松阳考察旧村改造工作。

5月13～14日，中共松阳县委书记、县人大常委会主任林健东到西屏镇、古市镇、斋坛乡、叶村乡、新处乡、谢村乡、赤寿乡、樟溪乡调研、督查旧村改造工作。

5月15～16日，松阳县开展保增长保民生保稳定——中央主流媒体走进松阳集中采访活动，新华社、《人民日报》《光明日报》《经济日报》等中央媒体记者深入松阳县集中采访旧村改造工作。

5月18日，定海区、富阳市党政代表团到松阳考察旧村改造工作。

5月19日，丽水市农村危旧房改造工作督查组到松阳督查旧村改造工作。

是日，武义县党政代表团到松阳考察旧村改造工作。

5月21日，中共浙江省委书记、省人大常委会主任赵洪祝在省委常委、秘书长李强，副省长茅临生等陪同下到松阳考察调研农业产业发展和旧村改造工作。

是日，余姚市党政代表团到松阳考察旧村改造工作。

5月22日，金华市党政考察团到松阳考察旧村改造工作。

5月25日，松阳县政府领导到西屏镇乌形山村现场办公，推进旧村改造工作。

5月26日，天台县党政代表团到松阳考察旧村改造工作。

5月27日，仙居县党政代表团到松阳考察旧村改造工作。

5月31日，德清市党政代表团到松阳考察旧村改造工作。

6月1日，三门市党政代表团到松阳考察旧村改造工作。

6月2日，松阳县政府领导到板桥畲族乡高山村调研旧村改造工作。

6月3～4日，中共松阳县委书记、县人大常委会主任林健东深入斋坛、樟溪、新兴等10个乡镇13个行政村调研旧村改造工作。

6月4日，临海市党政代表团到松阳考察旧村改造工作。

6月5日，绍兴县党政代表团到松阳考察旧村改造工作。

6月5在6日，浦江县党政考察团到松阳考察旧村改造工作。

6月9～10日，湖州市南浔区党政考察团到松阳考察旧村改造和农村宅基地复垦工作。

6月16日，浙江省高级人民法院院长齐奇到松阳调研指导旧村改造和法院工作。

6月18日，浙江省发展和改革委员会副主任刘亭到松阳调研旧村改造和农村宅基地置换改革工作。

是日，金华市金东区党政代表团到松阳考察旧村改造工作。苍南县党政代表团到松阳县考察旧村改造工作。

6月26日，萧山区党政考察团到松阳考察旧村改造工作。

6月30日，松阳县重点项目暨旧村改造工作交流会召开。

7月3日，永康市党政考察团到松阳考察旧村改造工作。

7月24日上午，浙江省农办副主任李一飞到松阳县检查指导新农村建设工作。

7月30日，浙江省林业厅造林处廖利成副处长一行到松阳县调研两个国有林场棚户区和旧村改造工作。

8月5日，遂昌县党政代表团到松阳县考察旧村改造工作。

8月12日下午，浙江省建设厅党组成员、纪检组长杨荣伟带领调研组到松阳县调研旧村改造工作。

8月25～26日，浙江省政协港澳台侨委副主任、致公党浙江省委秘书长陈国荣一行到松阳县考察旧村改造工作。

9月3日，洞头县党政代表团到松阳县考察旧村改造工作。

9月15日上午，国土资源部耕保司副司长黄鹤图在省、市国土部门领导的陪同下，到松阳县调研旧村改造和农村土地综合整治工作。

9月18日，中共温州市委书记、市人大常委会主任邵占维和温州市委副书记、市长赵一德率领市党政代表团，到松阳县考察旧村改造工作。

9月25日，永嘉县党政代表团到松阳县考察旧村改造工作。

9月28日，平阳县党政代表团到松阳县考察旧村改造工作。

11月2日，上海市委研究室副局巡视员、上海市决策咨询委员会办公室主任李华欣一行到松阳考察农村旧村改造工作。县人大常委会副主任周廷喜陪同。

11月4日，县领导林健东、翁樟明、周永龙等，到板桥畲族乡调研，并实地察看大毛科油茶低改示范基地、潘八村旧村改造项目以及正在建设的香榧基地。

11月5日，浙江省农村住房改造建设施工现场会在松阳县城召开。全省各县（市、区）共160多人参加现场会。

11月5日，松阳县召开补助农村改厕项目工作会议。

11月6日，《浙江日报》《青年时报》等省级媒体到松阳县，对松阳的乡镇卫生院旧房改造工作进行集中采访活动。

11月12日，浙江省考核组到松阳县检查省村庄整治及中央补助改厕项目。副县长吴善华陪同。

12月3日，丽水电业局到松阳就松阳县电力部门服务旧村改造的情况进行调研，同时对叶村乡麻寮村旧村改造建筑工地进行实地视察。副县长李炀德陪同调研。

12月4日，由泰顺县委副书记、县长张洪国带队的考察团到松阳考察农村旧村改造工作。县委副书记、政法委书记吴筱琳，副县长李炀德陪同考察。

12月6日，丽水市督查组到松阳督查旧村改造工作。截至11月底，全县实施旧村改造项目68

个；实施危旧房改造5266户，完成危旧房改造4637户；拆除旧房283775平方米，新增建设用地21763平方米；批建新房2631户、新建房屋建筑面积261170平方米；发放集体土地使用证807户、发放房屋所有权证71户、低保标准120%以下困难危旧房改造1039户；完成总投资40417万元，其中县级财政投入2415万元，使2918位农民告别了危旧房。

12月29日，丽水市委副秘书长、市农办主任李华带领市新农村建设工作考核组成员到松阳，就松阳新农村建设工作进行考核。县委常委、宣传部长叶郑献陪同。

2010年

3月9日，象山县委副书记黄志明带领党政代表团到松阳考察旧村改造工作。县委常委、纪委书记雷春梅出席两地经济发展情况交流会，副县长李炀德陪同考察。

3月22日～23日，文成县政协考察团到松阳县考察农村旧村改造工作。县政协副主席叶祖武陪同考察。

3月23日，由省发改委副巡视员焦旭祥带领省农房改造考核组，到松阳检查农村住房改造情况。副县长李炀德陪同。

4月16日，县委书记林健东到象溪镇调研旧村改造工作。

4月28日，县委、县政府召开农业农村暨旧村改造工作会议，总结回顾全县2009年农业农村及旧村改造工作，部署2010年工作任务。

5月20日，县委书记林健东到谢村乡调研农村旧村改造工作。

7月6日，县领导林健东等到西屏镇项桥下村，就农村旧村改造、产业发展以及新农村建设等工作开展蹲点调研。

8月10日，省政协副主席徐冠巨率领省政协重点提案调研组到松阳调研农村旧村改造工作。

9月1日，松阳县山区片乡镇农村旧村改造工作推进会在象溪镇召开。

9月29日，县政协主席张增礼到玉岩镇道惠口村调研旧村改造工作。

（中共松阳县委　松阳县人民政府）

松阳古村落

一、松阳古村落的历史、现状

松阳县处于浙江西南山地丘陵地区；位于北纬30度附近的神奇地带，大石悬棺、延庆寺塔佛光、箬寮东方水韭等都是没有破解之谜。早在1800多年前就是当时浙西南地区政治、经济、文化的中心。由于史籍资料的匮乏，考古成果的欠缺，加上千百年来松阳人民过着“日出而作，日落而息”的农耕生活，使这方土地“养在深闺人不识”，更增添了她的神秘感。

松阳县古市镇筏铺村阴岗山坡地、西屏镇瓦窑头村营盘背山坡，曾出土大量新石器时代的生产工具及生活用具；位于叶村乡河头村的占安山坡地，曾出土新石器时代的石镞和商代印纹硬陶的器物碎片。这些都证明新石器时代晚期至商代时期已有先民在此居住。他们主要分布在有溪流经过的丘陵岗地上，由此可清楚地看出，当时的人们在村落的选址上已懂得近水以利用水，而且又能避免水害的道理。

松古盆地海拔相对较高，海侵无法深入，自然条件相对优越。这里拥有丰富的森林和动物资源，山间盆地和河谷地带有平坦的土地资源可供刀耕火种，因此，越部族的原始村落首先就在这里形成。南朝宋的孔令符在《会稽记》中就记载：“越之中叶，在此为都，离宫别馆，遗基尚在。”20世纪80年代，在我县西屏镇塘寮村南侧的屋后山、新兴乡大石村西首的小山坡，相继出土了商代西周时期的文物。可以说，我们松阳等地的村落可能是浙江村落的起源地。

春秋战国时期是中国由奴隶制社会向封建制社会过渡的重要时期。松阳属于越国，松阳的先民被越王征召北伐西战，随越王争雄称霸，有战胜的喜悦，也有战败的屈辱；在楚汉入侵而亡国后，居住在松古盆地的越族先民，或迁移或与外族融合。

秦始皇统一全国后，设置会稽郡，松阳隶属之。为了防止六国贵族依持宗族“死灰复燃”，秦始皇强迫越人迁徙到咸阳，要他们看护皇陵，或者迁徙于西南边远地区，一些平民也同时被迫迁徙，叫做“迁虏”，做开矿、开盐井等苦役。同时，为了控制尚勇习武的越人，秦始皇以武力强行改变越地的民族结构，把大批的土著人北迁到已经华夏化了的古吴之地，把大量的华夏族居民迁入越地。北方的先进工具、技术促进了我们这里的经济发展。

秦始皇统一全国后，推行郡县制。设36郡，72县。县以下设乡，乡下设里，里是最基层的行政单位，也就是后来的村。

秦末，越王勾践裔孙邹摇率越人参与亡秦之战，后摇又辅佐刘邦击溃项羽。汉惠帝三年（公元前192），立摇为东瓯王。汉景帝时（公元前154），吴王刘濞为首的宗室七王起兵反叛，派人结盟闽越、东瓯。汉武帝建元三年（公元前138），闽越又发兵围攻东瓯，东瓯食尽，向武帝求救。汉军发兵，闽越撤兵远去。东瓯王恐闽越再攻，故“请举国徙中国，乃率其四万余人众处江淮之间，处庐江郡”。庐江郡为今安徽省舒城一带。松古盆地的百越人民，有的跟随迁徙大军北迁，有的躲避到山区，成为“山越”； 使原已初具文明的浙西南区域经济和社会遭受严重损失，松古盆地又成萧条冷落的穷乡僻壤。

汉末，占据江东的孙氏政权，出于多方因素，特别是为了后方的稳定和兵员的招募，于公元199年在章安西乡旌义乡建立县级行政机构松阳县。当时的松阳县境东至缙云山“大洋”，北与永康相接，西与“太末”县（龙游）为临，南伸“永宁”（温州）之地；区域之广，覆盖今天的丽水、金华、温州地区。然而，人口却不多，总共不足万户。人口虽不多，但当时的县治旌义却成为浙西南的政治、经济、文化、军事的中心。

历史上，还有三次大的移民对松阳人口的增添、村落的发展起到很大的作用。

一次是两晋之间的“永嘉之难”即“五胡乱华”。许多汉民族从黄河流域大规模迁入长江和珠江流域避难，出现了中国历史上第一次大规模南迁。松阳的廖姓、赖姓、纪姓、项姓都是这个时期从中原辗转南方各地，最后迁到松阳的。他们在松古盆地的樟溪、东角垄、十五里、大路口等地落脚，繁衍生息，发展村落。一次是在两宋间。北宋重文轻武的政策使社会一直潜伏着“积贫积弱”的危机，辽、西夏、金等少数民族政权对中原虎视眈眈。钦宗靖康二年（1127），在金军的强势攻击下，徽、钦二宗被俘，北宋覆亡，这就是“靖康之难”。北方广大沦陷区的人民不堪忍受金朝贵族的统治和民族压迫，被迫举族迁移，大批王族、官员、士民涌向江南地区，归于南宋。这个时期，也是松阳村落大发展时期，无论是松古盆地，还是四周山区，都布有村落。第三次移民是在清初“削藩”前后和收归台湾之后。一是耿精忠袭封福建靖南王后，“以税敛暴于闽”，许多百姓不堪重负，背井离乡，迁往浙江、江西、江苏等地。二是耿精忠发动浙江、衢州之战，耿藩军队多时达10万人，1674年，耿部攻陷松阳县城，至1676年被清军平定。许多藩军或出逃或受降，与当地女子婚配，增加了松阳的人口。另外，1680年代，康熙为收归台湾，采取安抚与军事并用的手段。福建是战争前线，为了防止台湾郑军窜扰大陆，清朝在福建沿海重行“迁界”，强迫居民内迁十里或二十里，遍筑界墙守望，断绝内外交通，对郑军实行全面封锁。部分福建先民逃离本土来到了我们这一带。

图专43　西坑村（吕劲天 摄）

之后，除了温州的漕运人员、商人沿松阴溪两岸埠头落脚，陆续新成立了若干村落，如温州寮（横溪）、靖居口以及1963年新安江移民过来又新形成了10个村落外，松阳村落的发展规模到清初基本定型。

松阳古村落形成、发展后，少有破坏。府志称：“松邑人崇信义，家置祭田，建造祠宇，兢兢乎有报本追远之思焉。”一般祖先的东西尽量保存下来，不到万不得已不会变卖、毁坏。松阳俗语“男儿要败盖厝卖，女人要败养鸡卖”，将祖业变卖，会给人看不起，被当作败家子。因此，解放前的松阳古村落除了天灾、兵燹、暴行外，很少有人为的破坏。

解放后，1950年土改，政府把地主的部分大房子没收分给贫雇农，之后内部格局分化；把宗祠寺庙收归集体所有，大多后来成为粮食加工厂、养殖场，最后没有人维修、管理，被改建或倒塌。1966年红卫兵“破四旧”，精美的雕梁画栋面目全非，寺观庙宇的圣像也难逃一劫。不过对整个村落来说这还只是微观的损伤。

古村落消失得最快是在改革开放后，特别是21世纪头十来年的新农村建设、“旧村改造”项目实施过程中。改革开放使经济发展了，但我们对文化的认识没有跟上，对古村落文化的传承没有准备好。富裕起来的村民有的到县城买房，有的到中心镇建房，有的还是在原居住的村落建房。异地购建房的，其老房屋失去主人，没有了人间烟火，许多老房子很快漏雨、虫蛀、倒塌。在当地建房的，一般原拆原建，土木结构的老房子拆了，砖混结构的高层洋房树起来了，但不协调，很扎眼。从此，古村落步调一致的格局被打破了，古老的村庄变得“五彩斑斓”。

21世纪以来，政府不仅垄断了松古两大城镇的土地一级市场，而且停止了农村建房的审批。这些老百姓有的几代同屋，挤住在狭窄的平房里，居住问题成了生活亟待解决的首要问题。于是，出现遍地开花式地违章建房。为解决老百姓居住困难、扼住违章建房态势以及消灭空心村，更有效地搞好土地综合利用，政府推出了“旧村改造”之举。

2006年，松阳县开始在西屏镇北山村开展旧村改造试点工作，接着部分乡村仿效。之后，政府出台鼓励旧村改造政策，成立旧村改造办公室、督查室，召开一系列的动员会、推进会，把旧村改造作为“头等大事”来抓。到2011年10月，全县旧村改造了195个村，拆除13681户，面积达100余万平方米。

所幸的是，松阳的旧村改造运动虽然轰轰烈烈，但一批较完整的古村落仍得以保留下来。

根据2012年浙江省农办等《关于开展全省历史文化村落普查工作的通知》的精神，古村落分为古建筑村落、自然生态村落、民俗风情村落三种类型。

在古建筑村落中，松阳最为典型的古建筑村落当属石仓历史文化保护区，在整个石仓源，保存着清式古民居四十余座，它们体量硕大，气势恢宏，装饰精美，保存完好。另外，界首村也属古建筑村落的代表，村中仍保留有禹王宫、宗祠、牌坊、拱门、古民居等建筑，还有古井、古驿道、古树墓等等古要素。村内古建筑墙基为卵石砌筑，粉墙黛瓦，整体历史风貌尚存。

在自然生态村落中，松阳两乡（安民、枫坪）两镇（玉岩、大东坝）两都（三都、四都）尤为丰富。安民乡安岱后村位于国家4A级景区箬寮原始林景区，风景得天独厚，且红色资源丰富；黄岭根、后畲、大树后等村有着绵延数百米的古树群；金竹、小吉等村藏于深山，周围茂林修竹环绕，泉水淙淙。这些自然生态村落选址、规划、营造具有典型的地域特色、特定的历史背景，村落与周边环境能明显体现选址所蕴含的深厚的文化或历史背景，有很高的科学、文化、历史和考古价值。

在民俗风情村落中，松阳县民俗风情村落除了小竹溪村以摆祭闻名外，还有高亭村的迎神赛会、山边村的山边马灯、后塘村的畲族山歌、周安村的松阳高腔等等。这些村落活态传承良好，具有传承与非物质文化遗产相关的仪式、传承人、材料、工艺以及其他实践活动等，与村落及其周边环境的依存程度密切。

根据第三次全国不可移动文物普查以及根据省农办等部署的古村落普查的精神，普查结果，松阳现存70个古村落（片）。其中，有石仓、界首、山下阳、横樟、靖居、吴弄、周山头、杨家堂等8个中国传统村落（片）（2014年，又有42个村落录入中国传统村落第三批名录）。有界首、山下阳、横樟、靖居、吴弄等5个省级历史文化名村，有象溪一村、安岱后、杨家堂等3个省级一般历史文化村落，有玉岩、黄岭根、西坑等17个县级历史文化名村；还有山下阳、西坑等2个乡村风情特色村及44个布局独特、环境优美、特色显著的古村落。无论是中国传统村落，还是省级历史文化名村，松阳是丽水市最多的，也是浙江省最多的，在华东地区还是最多的。

二、松阳古村落的历史人文价值

村落是人类的摇篮，是人类文明的根脉，是中华民族民众心底的情怀，是中国农耕文明的精粹，也是松阳田园生活的守望地；千百年来，松阳人民在这个载体中孕育、生存、长大。中国作协副主席冯骥才说，中国最大的物质遗产是万里长城，最大的非物质文化遗产是春节，而最大的物质和非物质文化遗产是古村落；古村落是中华民族最大的文化遗产，其价值不比万里长城低，“万里长城是一条线，古村落遍布中国”。

松阳现在保留下来的村落绝大多数是明清风格；但都能薪火相传，基本上在原来村落的基础上延续下来，继承上代的建筑风格。这些古村落是久经历史风雨得以幸存的传统文化瑰宝，是不可再生的特殊文化资源。松阳70个值得保护的古村落是物质文化遗产与非物质文化遗产，甚至还包括自然遗产的综合集成，精致巧妙地保存了松阳人民悠久的农耕社会中世世代代积累的生存智慧、生活理想与生生不息的生命轨迹。

松阳古村落的历史文化非常丰富，包涵了村落的历史渊源、民居特色、文物古迹、古树木、民俗风情、革命斗争、传闻轶事、自然环境等等，涉及面非常之广，历史人文价值非常之高，反映了松阳农耕社会的本质和人民的哲理观、宗法观、环境观和审美观。

图专44　岱头村（叶鑫垚 摄）

松阳古村落反映了依赖自然、亦农亦居的农耕社会本质。松古盆地内的古村落或接近水源或与生产地有机联系在一起。松阳共1101个村庄，带水、溪、坑、塘、渊、源、湖、泉等取名的有191个，占17.35%；而其他村一般选择背山面水的地方建立村庄，全县村庄中带山、岗、岭、坞、垄等的有167个村，占15.17%。这些村落规模小，有“四家头”“八家头”的；且分布分散，在丘陵地区和山区表现得更为明显，每户为了最大限度地接近自己的耕地而分散建宅，数块农田或山丘紧密结合在一起构成一个村落。千百年来，松阳人民构建了以土地为基础的人生本位，珍惜土地、视土地为生命，以土地为求生载体。府志称松邑人“精耕传家，恋土重迁”，造就了“以农立国”“小农经济为主体”的农耕社会体制。

松阳的古村落反映了以人为本、尊重人性的哲学思想。中国传统文化的人本主义不是脱离自然的人类中心主义，也不是脱离社会群体的个人中心主义，而是儒家“道德的人本主义”与道家“非道德的人本主义”的融合互补，是天人合一、群己和谐的人本主义，表现了突出的以人为本的实用理性精神。

松阳的古村落，周边环境保持良好，与村落和谐共生，村落与周边优美的自然山水环境或传统的田园风光保有和谐共生的关系。这种与周边环境和谐相处的选址理念，蕴含着深厚的文化或历史背景，具有很高的科学、文化、历史和考古价值。同时，松阳的一些古村落，街巷体系完整，传统公共设施利用率高，与生产生活保持密切联系，整体风貌完整协调，格局体系无突兀建筑；地主、殷实人家也好，普通、平民人家也好，其所住民居一般在体量占地面积上有区别，而高度方面则相差无几。这样就使己与群和谐统一。

松阳的古村落反映了以家族为纽带、血统为脉络的宗法社会。血缘关系是影响村落形成的主要因素之一，早在原始礼会，人类就以血缘关系为纽带形成一种聚族而居的村落雏形。一个家族栖息在一块土地上，世世代代地繁衍生长，为求得自身的安全与发展，还必须团结一致以抵御可能来自外族的侵袭。家族内部凝聚力日益增强，聚族而居的规模随之而扩大，形成一个个村落。

图专 45　界首村刘氏宗祠（县博物馆提供）

松阳 1101 个村庄中，以姓命名的村、庄、家等的有 65 个，姓与“田、山、坑、岭”等结合的有 93 个，两者总共 158 个村庄。后来人群过多集中，村落过分庞大，宗族内部不可避免地产生矛盾，致使宗族聚落发展到一定规模便会走向分裂，又产生新的村落，松阳有 5 个林家（村）、5 个李家（庄）。这些古村落以宗祠为核心，凡祭祖、诉讼、喜庆等宗族中的人事活动均在这里进行，宗祠成为村民心目中的政治、文化和精神上的中心。同时，与祠堂相应的宗族社会组织的控制工具还有族谱。据 20 世纪 90 年代普查，全县有 86 个姓尚存族谱。纂修族谱是维系宗族血缘关系、叙述昭穆秩序的一个重要的工具。

松阳的古村落反映了尊重自然、天人合一的和谐环境理念。松阳古村落作为一种传统的人类聚居空间，受东方哲学关于“物我为一”（道家）、“天人合一”（儒家）等思想观念的影响，而表现出独特的充满生机与活力的聚居空间特点。松阳古村落的环境都是依山傍水、靠近水源。究其原因：依山傍水是为了生产生活方便，更重要的是因为松阳是传统的农耕社会，水利是农业生产的命脉，家畜、农作物都要依赖水源才能生存，便利的取水环境是村庄选址必须考虑的。从考古成果上看，松阳的古村落从新石器时期开始，一般都建立在海拔 100-120 米的地方。这个高度与松阴溪海拔息息相关。选择这个海拔建村，既方便取水灌溉，又可以有效避免水涝灾害。同时，我们祖先认为大地是一个有机的自然整体，人必须融于自然，与自然同生同息，大地山河是人类赖以生存的物质空间，并“以山水为血脉,以草木为毛发，以烟云为神采”。 1958 年前，松古盆地上的村落，四周种满枫树、柳树、樟树等等风水树，这些树遮天蔽日。山区的古村落大多是坐北朝南，村后有一座挺拔的“靠山”，左右两边则有高度相对低一点的小山，村前一般都有一条小溪环抱。叫“左青龙（苍龙）、右白虎、前朱雀、后玄武”，这种布局是有其地理上和生产上的意义的。这些位置阴阳交错，藏风纳气。

松阳的古村落反映了特色鲜明、内容丰富的耕读民俗文化。古村落蕴含着深厚的历史文化信息，被誉为经典的民间文化生态“博物馆”、乡村历史文化“活化石”。民俗文化，是一个地方相沿积次成习的文化现象，它普遍存在于人民生活当中，是在长期历史发展过程中所形成的。

我们松阳人，一年到头的岁时节令无一不与农耕相关联。正月初一的早餐，松俗喝羹，讲究节俭；大年卅，小孩入睡了，家长还要撒把谷到厨房的墙脚饲老鼠，让它来年少糟蹋农田的粮食。人从出生到死亡的一生，满月抓阄，或仕或医或耕；死后又入土为安。在村落的村头村尾立有社公、土地，社日、年节时，村民来此祭祀，祈求风调雨顺。无论大小体量的房屋，在大门的上首面（左面）留有犬窨。一方面大儿子住有犬窨的大面，讲究长幼有别的伦理；另一方面，方便禽畜出入，反应鸡犬相闻的田园生活。无论是平原还是山区，只要有溪、坑、涧，就常常建有禹王庙（大王庙）歌颂大禹治水的功德，同时，祈求大禹保一方水土的平安。还有，周安的高腔、竹溪的排祭、道惠的夫人戏、小吉的草狮等等娱乐游戏，各具地方特色。人们说，古村落是“民俗民情的生动符号”“民俗文化的策源地”。

松阳的古村落反映了返璞归真、雅俗共赏的审美情趣。中国古建筑的泰斗梁思成先生认为，中国古建筑中，最显著、最重要、庄重无比、美丽无比的部分是屋顶。按清工部《工程做法则例》规定，普通老百姓的民居只能用青瓦，不能用琉璃瓦。所以，松阳的古村落都是清一色的青瓦。瓦坡的曲面、翼状起伏的檐角，檐前部的“飞椽”和承托出翘的斗拱，构成古建筑无可比拟的特殊风格和姿态。松阳古村落的建筑又是密集的，民居毗连，建筑多用木材，为防火，山墙采用马头墙形式。马头墙随屋顶的坡度梯级变化，既可防火，又能丰富建筑的高低层次感。加上黄墙或白粉，形成独特的风格。它们除实用外，还包含吉祥、镇宅、防火的寓意。一般的民居室内装饰简单、朴实；祠堂、寺庙、大户人家的建筑恢宏，画梁雕柱、巧夺天工。但所雕之物，无非是现实生活中常见的梅兰竹菊、虫鸟禽兽，或者福禄寿喜。另外，不管是平原还是山区，松阳的老百姓或在“天井”或在房前屋后栽有兰花，外人很难理解松阳人对兰花的情结。所有这些都体现出松阳人民返璞归真、崇尚自然、又雅俗共赏的审美情趣；反映了松阳人民“耕可致富，读可荣身”的人生理念。

图专 46　梨树下民居

三、松阳古村落的保护

冯骥才说“中华民族文化的多样性在农村，文化的根在农村”，“传统村落是农耕文明最小的社区单位，也是农耕文明留下的最大遗产”。古村落作为农耕文明演绎变迁的见证，这是祖先馈赠给我们的丰厚遗产，也是中华民族优秀传统文化得以流传的血脉以及给我们留下美好记忆的精神家园。保护古村落,就是保存中国农业社会的文明史,保住中华民族的精神家园。古村落的价值，特别是历史人文价值不言自喻。

同时，由于人们对古村落保护的认识不到位、保护与发展关系没有协调好，以及其他种种原因，致使古村落急剧消亡。据统计中国10年锐减了90万个村落，平均每天消减80到100个村落。而我们松阳，20世纪头11年的新农村建设和旧村改造等项目，仅行政村就改造了195个村，占农村行政村的50%以上。

因此，人们对古村落应该保护，已达成普遍共识；但如何保护，仍然是智者见智仁者见仁。

文物遗存是古村落的重要载体。古民居、古祠堂、古牌坊以及古树名木等等古文物，是古村落的外在形式，是古村落的重要载体。一个地方的文物遗产，都具有地域性、唯一性、不可再生性和不可复制性。一旦消亡，就永久性消亡，并附着的非物质文化遗产一同消亡，花多少钱修出来的都不是古村落。因此，保护古村落，首要的就是保护文物遗产。

同时，众多的传统民居构成了古村落的主要形态，如果这些传统民居都拆除改建为新民居，古村落就没有了古味。现在绝大多数的历史文化村落，仍然或多或少有人在其中居住，这就面临着传统形式如何适应现代生活的问题。少数具有典型历史文化价值的建筑，我们要原真性保存，但不是把所有的传统建筑都维持现状。历史文化村落中多数建筑都是比较普通的民居，它是构成历史文化村落整体风貌的重要元素，必须保护；但是，这并不意味着也要进行原真性的保护。我们可以在保持建筑外部形态的前提下，对内部空间进行适当改造，包括结构、给排水等，改善居住条件，这样方能保证历史文化村落的生命力。改革开放初期阶段，根据松阳的老习惯，除个别村民原地改造祖屋外，多数村民不愿意拆除祖屋，他们到古村落附近的宅基地建新房，建筑材料和建筑结构都与传统民居差别很大。比如，杨家堂的一两栋现代建筑，使之失分。古村落历史建筑既承传中国几千年的农耕社会文化，也要适应和体现现代社会的发展。通过努力，使古村落在处于优越于城镇环境的田园风光中，再加上现代化的生活标准，令越来越多的城镇居民羡慕和向往。

因此，古村落的保护不是去恢复古村，而是要想办法让还存在的东西“延年益寿”。对于文物遗产，要坚持“保护为主，抢救第一，合理利用，加强管理”的原则。尽量做到“最低干预”“先保护，后开发”原则。当我们还没有准备好的时候，尽可能地不要去碰它。

原居民是古村落的主体和灵魂。千百年来，人类在这个载体中孕育、生存、长大。它是人类的精神家园，是人类永远不能忘记的地方，是人类知识和文化的总和，它又是一部生命的大书。同时，原居民是古村落的主体，是古村落构成要件中最活跃的要素。他们不仅生活在古村落里，也在这里生产，并保护着古村落这一历史的遗产。他们是古村落文化发展的动力和源泉。对于历史建筑，一定要有它传承的本体，就是原住民。只有这样，建筑才会鲜活起来，环境也才变得有趣。

但随着现代化和城镇化的进程加快以及农村不断的产业调整和升级，大批古村落的原居民涌入城市或在中心镇、村另建新房；同时，由于多种原因使原来人丁旺盛、鸡犬相闻、生气勃勃的古村落成为“空心”村。我县三都的黄岭根、周山头等许多村庄都存在这种情况。一个古村落，不少房子是空的，没有原居民的生产、生活，就成为一个空壳村，没有了血肉和灵魂，这样的古村落就没有了生命。天津大学教授、中国传统村落保护与发展中心秘书长马知遥指出，“这些美丽的乡村，这些费尽大力保存下来的乡村是给谁准备的？不是给旁观者，不是给过客，而是给实实在在生活在其中的人准备的。当村落中没有了人，当村落中只是那些留守的老人和孩子的时候，村落的灵魂就消失了，她的生命力也将逐渐消失。”

非物质文化是古村落的血液和命脉。如果说原居民是村落的灵魂，那么非物质文化遗产就是古村落的血液。古村落具有其特殊性，既是一种文化遗产型村落，也是村民现实生活的社区，可以说是由古代留传至今的一个活的文化整合系统，在这个系统中每一个文化要素都有其特殊的功能。在古村落这一文化整合系统中，每一项文化遗产都是这个系统中不可缺少的部分，否则原文化系统将遭到破坏；同时也只有在这个系统中，每一个文化因素才能发挥其特有的功能，也才能被“活态”地传承。因此，从根本上来说，保护古村落就是保护我们的“文化之根”、我们的“精神家园”，而不是一个“文化空壳”。

联合国相关规定认为，古村落保护的方向是“活态保护”。中国民协副主席曹保明指出，保护古村落要注意挖掘静态美背后的“活态美”，“活态美”指的是古村落自身的生活情感和生活仪式，比如绝活和手艺等。古村落真正具有生命力的就是它自己的节日，传统节日才能使古村落真正活起来。千百年来，在田园农耕背景下，松阳古村落形成自己的民风民俗，如祭祀神农、大禹，祈福、求雨仪式；有关“青龙、白龙”的民间传说；“月光佛儿”“薄脆”等民间工艺的传承，松阳高腔、月光调、鼓词等民间艺术，以及“半夜出娘门”“跳火”“转布袋”“死人捏灰粽”等婚丧嫁娶习俗，都是非物质文化遗产。这些“非遗”仍然在农村存在着。

可以这样说，理解古村落就可以理解中国文化的民族密码和历史细节，读懂古村落就可以读懂民间文化的百科全书。因此，我们在保护古村落建筑形体时，更要注重古村落人文内涵的挖掘，连同“活态”一起保护。文化是古村落的血液和命脉。

自然实用是古村落的本性。每个古村落是一个自然的社会单元，在当时的客观条件和时代局限下，通过原居民生产、生活等活动，体现出他们的生存智慧和技巧，是物质与文化的综合体，是民族民间文化的重要载体，是不可再生的文化资源。

我们松阳人，把盖一栋房子作为人生一大事业来做。所以，在建造新房子时，都要尽量俭省，少花钱多办事。既要关照和体现一些观念的东西（譬如耕读传家、人生追求以及风水、八卦之类的东西），做得尽可能体面，符合大传统；同时更要讲求实用，量力而行，所以要费很多的脑筋，最基本的办法和原则就是“因地制宜”，根据本地的山势、地形、水流，尊重和采用比较容易获得的技术和材料，如当地的工匠，本地的土、木、石等，这样建成的东西就比较有地方传统和特色。我们的祖先，选择某个地方落脚、繁衍生息，在当时的历史条件下，首先是建房子、挖井泉、种植作物、修桥铺路等等满足生存需求；然后造宗祠祭祀、搭戏台娱乐、建牌坊旌表等等满足精神需求。他们这样做，是再自然不过的。一句话，自然且实用是古村落的本性。

因此，保护古村落，一定要以挖掘本土文化和区域文化为基础，真正的开发保护要使得古村落的发展在自身的形态中展示背后的情感美、仪式美和文化美，而不是装饰它、打造它，更要谨防过度开发。

图专 47　老屋修复（县博物馆提供）

2013 年 12 月，在北京召开的中央城镇化工作会议对城镇化过程提出任务，即要求在城镇建设时体现尊重自然、顺应自然、天人合一的理念，依托现有山水脉络等独特风光，让城市融入大自然，让居民望得见山、看得见水、记得住乡愁；要融入现代元素，更要保护和弘扬传统优秀文化，延续城市历史文脉；在促进城乡一体化发展中，要注意保留村庄原始风貌，慎砍树、不填湖、少拆房，尽可能在原有村庄形态上改善居民生活条件。这也是古村落保护、利用的方向。

（县史志办）

“古典中国”松阳样本

一

在乡土建筑领域，或者说传统村落领域，浙江的松阳无疑是我们这几年里最大的发现。

第一次认识松阳古村，是偶然在《中国国家地理》上读到了一篇文章——《瓯江上游：一片残存的江南田园》。这篇出自松阳本土作家鲁晓敏和摄影师叶高兴之手的文章，洋洋洒洒，足足占据了三十多页的篇幅。《中国国家地理》有不少长文，但是像这么长的还是很少见的，足以反映编辑对松阳的偏心和热爱。这一期的封面，自然也是用了一幅绝美的松阳古村照片。照片上还压了一行富于诗意的文字：最后的江南秘境。

图专 48　横坑村（叶高兴 摄）

江南确实是一个富有诗意的名称。这种诗意，源于她时常呈现的烟雨迷蒙，源于她袅娜多姿的林泉山水，也源于她在经济上的富庶，更源于她在文化上的发达。可不是吗?自中唐以降，中国的文化中心和经济中心就转移到了江南地区。“日出江花红胜火，春来江水绿如蓝”的好日子，一过就是一千多年，一直到今天。

可惜，江南的诗意在最近几十年的城镇化进程中，一多半都消失了。山水不改，烟雨依旧，但是建筑大都变了样。白墙黑瓦，翘角飞椽，纷纷化作平顶或尖顶的瓷砖楼、红砖楼。这些楼房，说土不土，说洋不洋，和诗意两字是半点扯不上干系的。

江南的诗意倒也不是全面沦陷。西湖是还在的，还是那么的美丽，而且进入了世界文化遗产名录。那几个著名的古镇，还有几个保存得比较完整的古村，比如诸葛村、长乐村，也已经成为旅游热点。如果没有松阳，我们也许会认为，江南能留给后人的诗意，大抵就是如此了。大局已定，就这样吧，消失的已经消失，无法找回。那些还留着的，好好关照就是了。然而，当《中国国家地理》把几十个保存完整的、之前从未进入过公众视野的古村，一下子铺陈在我们面前时，我们仿佛被猛地当头棒喝了一声：不，不能就这样，因为还有这么多的精彩，等着我们去发现，去关爱！

这，大概也是《中国国家地理》的编辑们想要表达的内心呼唤吧。最后的江南秘境，既然是最后，就不能再丢掉了。

江南，一千多年的江南，经济中心加上文化中心。一代又一代的才子，诞生于斯，成长于斯，反哺于斯，最后又回归于斯。这里不仅是中国的中心，还曾经是地球的中心，因为中华文明在漫长的前工业化时代里，一度扮演着世界领头羊的角色。

二

在前工业化时代的中国，村落是基本的社会生产和生活单元，大部分生活生产资料在一村之内即可解决，大多数人在这个基本单元里度过他们人生中的大部分时间。少数人——主要是商人和官宦——会在外地较长时期生活，但是他们通过经商或其他途径得来的财富，大多又流回到了家乡，为家乡建设做出巨大贡献。他们在年老退休之后，也都返回故里，成为主导地方建设、掌握地方舆论的乡绅精英。

关于农业社会中的乡村建筑，陈志华先生在《中国乡土建筑的世界意义》里有着非常精辟的论述："中国两千年的农业文明史，主要是农民的文明史，这一部文明史的见证，极重要的是千千万万农民生活在其中的乡土环境，主要是建筑"；"中国农业文明时代的乡土建筑遗产是世界上最丰富的，中国可以凭借它的乡土建筑对世界文化遗产宝库做出重大的贡献，原因在于中国漫长的农业文明时代里社会和文化的独特性"；"宗法制度、科举制度和实用主义的泛神崇拜给中国乡土聚落带来了大量艺术水平很高的建筑，这些建筑就是这些制度和崇拜的最生动的历史见证。正是它们，无论在结构技术上、功能型制上还是艺术风格上，都是中国传统乡土建筑最典型、最高水平的代表作。这三大类辉煌的建筑又是中国所独有而为世界其他国家所无的。"

三大类"辉煌的乡土建筑"，在哪里存在得最多、最集中呢?答案是江南。北方的某些地区，寺庙建筑比较发达，但是宗族力量远远比不上南方，所以北方的祠堂比较少见，建筑规模和等级也要逊色得多。南方除江南之外的一些地方，比如岭南、闽南等，宗族势力不亚于江南，但是在科举和文教事业上就要差一两个档次。可以说，就地区而言，江南是最能代表传统时代的中国的。

要是整个江南地区都完整保留下来，那该是一幅多美好的画卷!面对这个正宗的"古典中国"，什么阿尔卑斯，什么普罗旺斯，统统都被秒杀。当然，这样的春秋大梦在现实当中是无法实现的了，退而求其次，是否存在一个比江南地区小的空间单元，足以当得起"古典中国"之名的呢?

如果有的话，我认为这个空间单元最小也得是县。不能比县再小了，因为两千多年前秦始皇确立下的郡县制一直是中国的基本体制。在传统社会，它以一种低成本的方式实现了一个农业超级大国的统治管理。皇帝派官员分赴全国各地，代表他行使治理之权。这些官员里，通常品级最低的是知县，俗称"七品芝麻官"。知县以下，尽管还有八品和九品，但是权力上就差远了。基本上，知县就是个"土皇帝"，他对县内几乎所有的事务都有裁决权。当然这些权力在很多时候只是名义上的，知县的实际工作压力比不上现在的县长、县委书记们，因为很多事情都已经由宗族或乡绅，又或是按乡规民约，给解决了，根本进不到衙门里头。

在建筑配置上，县城内设有县衙，其地位就相当于都城里的皇宫。县城内或城门外设有集市、街道、商铺，是全县物资进行交易的场所。县城内设有文庙、学宫，是全国最高教育部门——国子监分设到地方的机构。县城内有城隍庙，是掌管阴间的地方"衙门"（城隍的最高长官不在都城，而是在泰山）。县城内或城外附近，还会有鼓楼、关帝庙、真武庙、社稷坛等公共建筑。一般来说，这些大大小小的公共建筑，加起来有几十上百个，它们是传统社会里公共生活的载体和见证。

在县城之外，县域之内还会若干个集镇和几十至几百个村落。村落是人们的基本生活单元，但是有一部分生活生产物资，比如铁制的农具、布匹、盐巴、瓷器等，还是需要到集镇或县城去购买的，农民家里富余的农产品也要拿到集市上去卖。一个县，就是传统社会里一个完整的生产生活的地理空间。在交通方式以步行为主的传统社会，县域范围设多大，村民们一天之内可以到达往往是重要的参考指标。

图专 49　县城南直街打铁店（郑忠民 摄于 2010 年）

所以，“古典中国”至少得是一个县，而且县城要保存得相对完整，县域内要有一定数量的保留相对完整的村落。用这个条件一框，全国范围内符合条件的地方就比较有限了，因为绝大多数县城从文化遗产保护的角度来说都已经“沦陷”，而村落保留数量较多的县份也是不多的。

三

松阳是符合“古典中国”的条件的。

首先，她最大的优势是保存较为完整的传统村落有几十上百个。这些村落大致可以分为两类：平地村和山地村。平地村分布在瓯江上游松阴溪两侧的松古盆地内，如界首、吴弄和山下阳，其建筑质量在浙江省亦属于上乘。松古盆地是浙西南山区最大的盆地，面积约 285 平方公里，地势平坦，农业条件优越，以县域 20%的土地面积出产了全县 90％的水稻。不过，由于交通相对便利，松阳的平地村在过去的一段时间遭到了比较严重的破坏。它们大部分已经消失，只有少数得以幸存。山地村的保存程度要远远好于平地村，松阳入选国家级传统村落名录的村子大部分属于山地村。除了交通相对不便的因素之外，松阳县领导的及时觉悟是最主要原因。山地村的经济水平和建造水平总体上不及平地村，但是它们借助山形地势和溪流林石的复杂多变，形成了多姿多彩的面貌。而且，由于山坡高差所造就的可视性，使得这些村落又呈现出丰富的立体景观。诸如呈回、横坑、官岭、球坑等规模较大的山地村，其层层叠叠如多级瀑布的壮观景象，确实令人叹为观止。

图专 50　后畲村水口（叶高兴 摄于 2006 年）

松阳的传统村落，除了有数量较多的民居之外，一般都会有祠堂和庙宇，还有一个园林式的水口（即村口）。

祠堂、庙宇和水口，堪称松阳村落的“标配”（实际上这也是江南地区村落常有的配置）。祠堂是宗族组织和儒家观念的体现，是连接上层政治的桥梁。庙宇则是地方信仰的载体，对于底层民众来说，它们是不可或缺的精神寄托。松阳所在的瓯江流域，历史上属于百越之地，盛行巫神崇拜。在接受中原传来的儒家观念之后，这里的巫神崇拜在逐渐规范化和正统化的同时，也依然保留了底层信仰的特色，神灵繁多，祭祀庞杂。水口园林，可以说是文人和乡野的结合。几棵参天老树，一条蜿蜒小溪，再配上奇形怪状的大石头，可能再加上一两个规模或大或小的庙宇、祠堂，一切看似浑然天成，实则经过精心布置。如果不是受过长期的古典文化浸淫，同时又对家乡山水有发自内心的喜爱，是不可能“设计”出这些美妙的艺术品的。

其次，松阳有一新一老两个县城。新县城即现在的县城——西屏镇，保存程度相当好。西屏镇的规模不大，也没有城墙，从县城的典型性来说略有缺憾。不过，西屏镇内以南直街为核心的历史街区，面积超过了 1 平方公里。除大片传统民居和商铺之外，街上保留有 12 座宗祠和文庙、武庙（即汤兰公所）、城隍庙、天后宫、药王庙、瑞现夫人庙等建筑。在城外，还有一座建于北宋的延庆寺塔。松阳县的建置始于公元 199 年，西屏镇是唐贞元年间才作为县治所在地的。在此之前，松阳县城位于现在的古市镇。古市至今仍是一处重要的交通枢纽和商贸中心。镇内以横街、三角坛为中心，三百米长的街道上聚集了一百多家店铺，商业规模只比县城稍逊。

再次，松阳的古镇和古村里，不乏装饰水平很高的民居和公共建筑。建筑装饰，主要表现为木雕、砖雕和石雕，是建造工艺水平的体现，也是文化艺术水平和经济发展水平的体现。松阴溪流域与瓯江下游的温州之间，自古就有贸易往来。在 19 世纪中叶五口通商之后，沿海的工业产品和山区的土特产之间形成了更为强烈的经济互补关系。在商业的带动下，松古盆地的村落经济发达，建造水平相当高，与浙中浙西的村落相比也毫不逊色。松阳的山地村，虽然水稻产量不高，但是盛产木材、竹材、蔬菜等物产，有的地方还曾经开采过银矿。这些物资和松古盆地的水稻形成了经济上的互补，同时也是瓯江物流贸易的重要组成部分。

图专 51　震东女子学堂旧址（赤寿乡提供）

第四，松阳的文教事业。在传统时代的中国，判断某个地方的文化教育水平，有一个最直接的指标是科举成绩。在长达 1300 年的科举历史中，松阳一共诞生了 96 名进士，其中包括宋代著名词人叶梦得，和明代“一门双进士”詹雨、詹宝。这份成绩，放在江南地区是不算突出的，远远比不上苏州、杭州这些“状元盛地”，不过就全国来看，它无疑又是比较靠前的。除进士之外，松阳还出过一些在历史上有影响力的文化人，比如唐代被称为“国师”的道家叶法善和宋代四大女词人之一的张玉娘。清末科举取消，松阳又是较早出现留学生的地方之一。比如界首村的刘德怀，于 1903 年留学日本，是松阳第一批留洋学生之一，在日本期间还加入了同盟会。刘德怀 1905 年在家乡倡办震东女子学堂，是丽水地区第一所女子学校。

总的说来，松阳在“古典中国”的代表性上虽然比不上江南核心地区的那些县份，但她的要素和空间都是齐备的。假如时光倒流十几年，“古典中国”的桂冠一定轮不到松阳来戴。但是现在，当江南核心地区的传统村镇大多消失殆尽，松阳反倒成了一号种子选手。

四

除了松阳之外，还有哪些地方有可能称得上“古典中国”的呢?列入名录的中国传统村落，目前总数是 2555 个。以县为单位，前十名里贵州就占了五个——黎平、雷山、台江、从江和剑河。从保存的完整度来看，贵州这几个县很可能是优于松阳的。但是地处西南大山里的村庄，不管它们完整度有多高，民族特色上如何突出，却是难以用来代表“古典中国”的，因为儒家文化并未能完全渗透浸润到这些地方，而较低水平的经济也无法支撑起数量较多且质量较高的建筑。除了民居之外，这里的村落少有祠堂、庙宇、书院之类的公共建筑，说明聚落的发育程度较低。

前十名的县份，云南也占有三席——腾冲、建水和玉龙。应该说，云南这三个县在“古典中国”上的竞争力，比贵州那五个县要强得多。玉龙是个纳西族自治县，她是 2003 年由老的丽江县分出来的，另一半就是现在的古城区。所以，我们应该拿 2003 年之前的丽江县来做样本。丽江县有丽江古城，保存完整，还入选了世界文化遗产；县境之内，也有几十上百个完好的传统村落；历史上，丽江的统治者也早就主动接受汉族文化。不过，丽江毕竟地处边陲，远离中国的文化中心，汉文化的影响终究有限。我们曾经去调研过一个保存极为完整、规模也相当可观的古村，这个过程中让我们最郁闷的一件事就是难以了解到村落的历史——几乎没有任何文字材料，村民们连在这里住了多少代人都记不清楚。

建水和腾冲，都是汉族为主的县。腾冲的国家级传统村落有 57 个，比松阳还多。腾冲在历史上是著名的“玉城”，是缅甸玉进入中国的第一站和主要加工地。依靠着玉器贸易加工以及由此而带来的其他物资交流，腾冲也曾经是较为富庶之地。不过，腾冲的县城在抗日战争期间饱受战火摧残，几近无存，所以在“古典中国”的要素上有较大缺憾。建水靠近“锡都”个旧，历史上有很多靠挖矿而致富的人家，从而造就了为数众多，分布于城市和乡间的优质四合院。建水的国家级传统村落有 23 个，虽不及松阳之半，但两者实为同一量级。建水县城也保存有比较好的老街。建水城的文庙，规模仅次于山东曲阜孔庙和北京孔庙。可以说，建水和松阳是水平最接近的两个县。住建部将它们同时列为第一批传统村落保护发展示范县，是有道理的。

除了贵州和云南，我们能想到的其他地方，还包括河北的蔚县、安徽的黟县和江西的婺源。河北蔚县，距离北京以西约 200 公里，位于内外两道长城之间。因为经常受北方游牧民族侵扰，蔚县的城市和乡村都是以防御性为首要考虑的城堡型聚落，有“八百村堡”之称。县城是大城堡，村落是小城堡。集镇由若干个靠近的城堡组合而成，城堡之间有贸易市场和街道。进入清代之后，游牧民族和农耕民族之间的对抗大大减弱，聚落的防御性让位于生产生活。随着交通贸易的发展，蔚县城乡的公共建筑尤其是庙宇大大增加。蔚县县城保留有一定规模的历史街区和数量不少的历史建筑，城墙的局部也幸存至今。“八百村堡”，尽管大多面临荒废，但并未消失。从历史遗存的独特性和丰富度而言，蔚县不亚于松阳。蔚县的短板在于：一、祠堂太少；二、城市和村落周边的自然环境不够优美。

安徽的黟县和江西的婺源，部是古代徽州的地盘。黟县的国家级传统村落有25个，全国排第八，其中的宏村、西递还是世界文化遗产。徽商是中国第一大商帮，徽州的村子在建设质量上也是全国一流的，在这点上松阳真没法跟黟县、婺源比。不过，黟县和婺源有两个弱点，降低了她在“古典中国”上的代表性。一是两地的县城保留状况都不好。二是徽州的理学力量过于强盛，导致这里的泛神崇拜受到压制，庙宇建筑不发达。

以上关于不同地方的比较，仅限于我个人的主观认识，难免偏颇。古人云，爱屋及乌。由于我两年里对松阳的关注比其他地方多，也势必影响到价值判断。不过，比较法有个好处，就是让不同对象的特殊性得到凸显，从而加深理解。在从“古典中国”的角度梳理了不同地方的文化遗产之后，我本人对松阳的认识也比以前更加清晰了。

五

在《中国国家地理》上读到松阳的几个月之后，我机缘巧合地出差松阳，这一趟可以说是令人终生难忘的。其中的一天，我们顶着摄氏42度的高温，爬上了一个位于山顶上、名叫“项山头”的小村庄。村前的山路极为陡峭，至今没有公路，只能步行登山。村子的规模也极小，只有二十多户人家。然而，就是这么一个交通不便的小山村，居然也有一个像模像样的林姓祠堂，有一个占地几百平方米、信徒分布至周围好几个县的陈十四夫人庙，还有一个木雕精良、保存极为完整的四合院民居。站在陈十四夫人庙前，看着山下湍湍东流的松阴溪，我蓦然间领悟到：文化和经济互动所产生的影响，不只出现在城市，在乡村也同样的深远。

离开松阳之前的一天，我还认识了松阳的王峻县长。王县长大概是我认识的领导干部中对古村保护最痴迷也最富于理性思考的。在我们认识的第一天，他就把我拉去夜游刚完成改造工程的一段老街，讨论一些很专业、很细节的问题。因为这份投缘，我在接下来的两年时间里，又陆陆续续去了松阳二十多次。在这两年，松阳传统村落的保护取得了很大的进展，我本人通过在松阳的观察、实践和讨论，也不断地更新、修正着对乡村遗产保护的认知。

松阳确实是个有文化底蕴的地方。这是我喜欢松阳的一个理由。在文化遗产领域，松阳的笔杆子和摄影家们不但可以在《中国国家地理》上发表长文，还能有条不紊地，一本接一本地写书和出书。光是这种认识和这份干劲，就不得不令人钦佩。这也许是我喜欢松阳的又一个理由。

（罗德胤）

松阳县供销系统改制纪略

一、松阳县供销合作社联合社简介

供销社是合作社的一种，全称是供销合作社。中国供销合作社是以农民社员为主体的集体所有制的合作经济组织。传统意义上的供销合作社属于流通合作社的一种。供销合作社是指购进各种生产资料出售给社员，同时销售社员的产品，以满足其生产上各种需要的合作社，是当前世界上较为流行合作社。合作社有许多类型，如生产合作社、流通合作社、消费合作社、服务合作社等。供销合作社经营方式有两种，一是专营供给业务，二是兼营农产品运销或者日用工业品销售等业务。其主要作用是提高农业生产经营的集约化水平，提高农民进入市场的组织化程度，提高应对市场风险和统一经营的能力水平。

图专 52　松阳县供销社大楼（县档案馆提供 1992 年）

松阳县供销合作社，从 1949 年 11 月成立，发展壮大，有过辉煌的年代，产权制度改革后，供销组织缩小。松阳县供销合作社联合社的主要职责是宣传贯彻县委、县政府有关农村经济工作的方针、政策，研究制定并组织实施供销合作社发展战略和规划，指导供销合作社的改革和发展。参与组织发展农产品行业协会、农民专业合作社和农村综合服务社，构建面向专业合作组织的服务平台。坚持办社宗旨，指导社有企业和基层社开展农业生产资料、农副产品购销、日用品消费经营和再生资源回收利用等现代服务网络建设，参与农业产业化经营和农业综合开发等工作。受县政府及有关部门委托，承担重要农业生产资料、棉花和防迅救灾物资等商品的贮备。维护供销合作社及其社员的合法权益。代表本区域供销合作社参加上级社的活动，组织开展与国内外合作组织之间的交流活动。承办县委、县政府交办的其他事项。

二、松阳县供销合作社联合社发展过程

1949 年 11 月，接收旧合作联合社和合作金库财产，成立松阳县供销商店。1950 年 2 月，改为松阳县供销合作总社。根据“重点实验、稳步前进”的方针，首先在已建立农民协会的地区按乡建社。9 月，松阳县建立第一个基层供销社——赤岸供销合作社。继之，叶村、雅溪、樟村、古市、象溪、溪下等乡镇供销合作社先后成立。

1951 年 6 月，全县有基层供销社 16 个，工人消费社 1 个，入股社员 18496 人，股金总额 14114

元。这个时期的特点是以乡建社，由理、监事会领导，社员群众监督。1952 年 9 月，松阳县供销合作社召开第一届社员代表大会，选举产生理事会、监事会，统一领导全县的基层供销社和消费社。各级基层供销社积极组织农民开展生产自救，帮助农民推销农副产品，供应农业生产资料、生活日用品，并采用贷肥赊销、组织各种物资交流会等方式，以促进农业生产的发展，同时加强供销社的自身建设。

1953 年，县总社下设供应、推销 2 个批发站。11 月，根据国营商业与供销社城乡分工的原则，以原批发站为基础改设农业生产资料日用品、土产副食品 2 个批发站。

1954 年，松阳县供销合作总社改名为松阳县供销合作社。1955 年，按区设置基层供销社 4 个。1958 年，松阳县供销合作社与县商业局合并；10 月，基层供销社改为人民公社供销部；11 月，松阳并入遂昌县。

图专 53　县土产公司工作人员在收购兔毛（县档案馆提供 1992 年）

1982 年 1 月，恢复松阳县制，复置松阳县供销合作社，辖 5 个基层社；建立农业生产资料公司、土特产果菜公司、日用杂品公司、贸易公司。1983 年 6 月，召开松阳县供销合作社第二届社员代表大会，成立松阳县供销合作社联合社，作为连接全县基层供销社的经济实体，承担行政管理的职能。1986 年 10 月，召开松阳县供销合作社第三届社员代表大会，选举产生县理事会、监事会。

1992 年，乡镇“撤、扩、并”，基层供销社进行调整。调整后，松阳县供销合作社下属单位 14 个：农业生产资料公司、土产公司、特产公司、副食品公司、工业品公司、食用菌开发公司、液化气公司、松阳茶厂、松阳丝厂、松阳供销社、古市供销社、靖居供销社、玉岩供销社、大东坝供销社。1996 年，进行松阳县党政机构改革，松阳县供销社不列入县政府工作机构序列。

1998～2006 年，松阳县供销系统进行产权制度改革。2001 年 5 月，县供销社本级以分流机关人员、彻底置换身份的方式进行改制，仅保留 3 名县管领导干部。

2008 年 12 月，“三定”方案规定，松阳县供销合作社联合社受县委、县政府领导，联合社机关参照群团组织机构管理，机构规格相当于正科级，核定事业编制 3 人，其中主任 1 名、副主任 1 名。2009 年 10 月，松阳县供销合作社联合社参照公务员法管理。2010 年 5 月，松阳县供销合作社联合社增加事业编制 1 人，增编后其人员编制 4 名。

三、松阳县供销系统改制

松阳县供销社 1949 年 11 月成立后，在县委、县政府的领导下和上级业务部门的指导下，从传统经营方式向现代流通业态转变，从单纯购销业务向综合经营服务转变，从单一供销合作向多领域全面合作转变，成为经营性服务功能充分发挥、公益性服务作用不断体现的新型农村合作经济组织，成为农业社会化服务的骨干力量、农村现代流通的主导力量、农民专业合作的带动力量。松阳县供销社在发展过程中，经历多次改革，大致分为以下几个阶段：

（一）第一阶段（民国时期）的松阳合作供销社

松阳合作事业起源于民国 21 年（1932），民国松阳县政府根据省政府的有关规定，在建设科配备一名合作事业指导员，开始对民众进行合作事业的宣传。民国 24 年，成立城乡食盐消费合作社，是松阳县第一个合作社。随后水南、王村、湖溪、白角外等肥料供给合作社相继成立。民国 26～31 年，杭州沦陷，省府内迁。松阳成为战时合作重点县，特别是中共地下党员孔祥明在松阳县政府合作事业室取得合法身份和掌握领导权后，松阳的合作事业得到了迅速发展。日本侵略军进犯松阳前夕，松阳县已有联合社 1 所，信用、农业、茶叶、雪茄烟生产消费、肥料供给、烟叶运销、食盐消费、造纸等各种形式的合作社 156 所，社员 20611 人，股金 157640 元，入社户数占区乡总户数的 70%以上；社务、业务活动亦颇为活跃。后因日本侵略军疯狂掳掠烧杀，合作事业遭受严重摧残。1949 年，松阳的合作事业多数倒闭解体。

（二）第二阶段（1949～1958 年）供销合作社与国营商业进行分工调整

中华人民共和国成立后，随着社会主义改造的进展和城乡市场的变化，供销合作社与国营商业进行过三次分工：

1953 年底，第一次按经营对象分工，供销社负责收购和经营粮、油农副产品、手工业品。农业生产资料和农村生活资料，由当时设立的农业生产资料、日用品采购批发站负责。根据按集镇建社的原则，全县 16 个基层供销社并为 9 个。1954 年 7 月，第二次按城乡分工，供销社领导农村市场，掌握公私经营比重，掌握农副产品收购价格和对农村私商的社会主义改造。基层供销社又由 9 个合并为城区、古市、靖居、玉岩 4 个。

1956 年，第三次实行按商品和城乡结合的分工调整，供销社主管除粮油外的农副产品、农业生产资料的采购供应、农村生活资料的批发、零售以及废品收购。

1953～1956 年，供销社发展迅速，事业兴旺。1957 年，松阳县供销合作社已有社员 43298 人，股金 77470 元，全年购销总额 317.15 万元，利润 21.91 万元。供销社成立农村商品流通的主渠道，这个时期成供销社民主管理的好时期。

1958 年 4 月，松阳县供销合作社与县商业局合并，11 月，松阳并入遂昌县。

（三）第三阶段（1959～1981 年）松阳县并入遂昌县期间的供销社

1958 年 12 月，各基层供销社的人员、资金、财产下放人民公社管理使用。基层社改称人民公社供销部，成了基层政权组织的附属部门和国营商业的基层单位。供销社原来民主管理的组织和制度被取消，内部管理制度基本上执行国营商业的制度。

1959 年，基层社的人财物收归商业局领导。1960 年，国民经济调整，重新明确供销社为集体所有制性质。1961 年 10 月，遂昌县供销社与商业局分开，供销社调出的骨干归队，供销社的力量得到加强。1964 年 1 月，遂昌县供销社召开第二次社员代表大会，选举产生理、监事会。设立多种经营机构和扶持农村多种经营的发展，积极开展自营业务，组织工业品，送货下乡，方便农民群众，再次受到农民群众的支持和拥护。这个时期是供销合作社第二个民主办社的好时期。

1966年1月，遂昌县商业局、供销社、工商行政管理局合并办公，实行三块牌子一套人马，统一领导，统一管理。6月，“文化大革命”开始，长达10年时间，供销社受到极大的冲击。

1977年，供销社改为全民所有制性质。1978年，遂昌县供销社再次与商业局分开办公。中共十一届三中全会召开后，供销社通过拨乱反正，逐步把工作重点转移到振兴农村经济服务，发展商品流通，繁荣城乡经济上来。

（四）第四阶段（1982～1997年）松阳县供销社体制进行初步改革

1982年1月，恢复松阳县建制。松阳县供销合作社于5月正式开始办公；11月，浙江省人民政府召开全省商业工作会议，决定开展供销社体制改革。

1983年1月，中发（1983）1号文件《当前农村经济政策的若干问题》下发。提出供销社体制改革的目标：“基层供销合作社应恢复合作商业性质，并扩大经营范围和服务领域，逐步办成供销、加工、贮藏、运输、技术等综合服务中心”。浙江省政府批转省供销社《关于加快供销社体制改革的试点意见》的通知。确定以富阳、嵊县为省的试点县。松阳县供销社根据上级指示精神，在靖居区搞体制改革试点，清理股金，补发红利，增股扩股，发展社员工作，而后在全县推广。6月，松阳县供销合作社召开第二届社员代表大会，选举理事会9人、监事会11人，组建民主管理组织，实现社员民主管理。松阳县供销合作社改为松阳县供销合作社联合社，作为联结全县基层供销社的经济实体，并承担行政管理的责任。1984年，松阳县供销合作社联合社根据《中共中央关于1984农村工作的通知》的精神，供销社体制改革要深入进行，供销社要真正办成农民群众集体所有制合作商业，要同农民结成经济共同体，逐步办成农村的综合服务中心的要求。松阳县供销社取消对农民入股的限制，放手吸收农民入股，并通过集资办企业和投劳带资的形式，建立县社第一个较大的供销社工业企业——康乐食品厂，吸引农民把较多的资金投入供销社，使供销社同农民在经济上更紧密地结合起来。经过1983年和1984年两年的改革，恢复松阳县基层供销社的民办性质。松阳县供销社联合社组织上的群众性、管理上的民主性和经营上的灵活性得到恢复和发扬，服务领域和经营范围进一步扩大。

图专54　松阳县供销社获得省部级的部分奖状和奖杯（县档案馆提供 1992年）

1986年，松阳县供销社普遍落实各种经营责任制，调动企业和职工的积极性。为了把供销社办成农村经济综合服务中心，县社在西屏镇成立贸易中心、靖居区社在温州设立门市部，发展和扩大纵向、横向经济联系。10月，松阳县供销合作社联合社召开第三届社员代表大会，选举产生县联社理事会、监事会。通过改革和自我完善，逐步发展成为一个较为完善的经济。全县供销社干部职工1020人，经营网点遍布城乡，有5个基层供销社、3个工厂、1个车队。流动资金和固定资产共719.22万元，购销总额3002.2万元，利润91.52万元，社员股金40.09万元。1997年9月底，松阳县供销系统有 13 家企业（县属 8 家、基层社 5 家），在册职工 1139 人，离退休人员 146 人，定补 70 人，合计 1355 人。所有者权益-827.29 万元，银行贷款总额 4100 万元。

（五）第五阶段（1998～2006 年）松阳县供销系统进行产权制度改革

1996 年，根据浙江省委〔1995〕9 号文件精神和丽水地委有关机构改革的指示，供销社退出政府行政机构序列。根据实际需要，可以承担政府委托的任务，行使政府授权的某些职能，列席政府的有关会议。政府依照法律和政策，对其进行指导、协调、扶持、监督。中央 5 号文件还要求：“各级政府要重视发挥供销合作社的作用，同时要兼顾它的经济利益。供销合作社应积极承担和保质保量完成国家委托的经营业务和社会服务任务。政府委托的任务应保障提供必要的资金，由此发生的政策性亏损应予补偿。供销合作社承担的重要农产品和农业生产资料国家储备任务，所需资金按国家有关规定办理。”

1998 年 6 月，松阳县政府为了贯彻落实中共十五大精神，进一步加快国有、城镇集体企业产权制度改革步伐，建立和完善现代制度，国有企业、城镇集体企业产权制度改制工作全面开始。

改制的主要形式：1. 实施企业破产。对不能偿还到期债务和资不抵债的松阳丝厂、松阳绸厂、靖居供销社、大东坝供销社、松阳农资公司、松阳茧丝绸总公司 6 家企业依法实施破产。2. 解散。企业竞争性强、经营难的松阳副食品公司、松阳工业品公司，实行先分流职工，后解散终止企业。3. 先破后立。对松阳土特产公司实施破产后重新建立“松阳县红烨烟花爆竹经营有限责任公司”，后被兼并。

1999 年，供销系统改制进入攻坚阶段，以县属单位为重点，采取分块分步办法抓好下属企业改革。由于县供销合作社联合社底子亏、人员多、摊子大、历史遗留问题多、改革缺乏成本、资产变现难，改革阻力较大。采取一企一策办法：对软散班子进行调整，使企业干部职工认识到企业改革的必然性；处置闲置资产，为改制筹集成本；摸清家底，理顺关系，制定目标，积极组织实施。改制工作艰难进行。2000 年 4 月，经过 2 年左右改制，企业人员分流后，松阳县供销系统在册职工 428 名，比 1997 年 9 月减小 711 人。接着对松阳茶厂、松阳供销社、古市供销社、玉岩供销社进行改制。

2001 年 5 月，县供销合作社联合社机关改革，分流 17 人。2003 年起，松阳供销社、古市供销社开始进行改制。2004 年 5 月，古市供销社采取人性化操作，实行先分流人员，后对企业依法实施破产。2006 年，松阳供销社按原制定的企业改制方案，对部分职工进行安置补偿。

2007～2010 年，松阳供销社改制工作基本停顿。

（六）第六阶段（2010 年后）的松阳供销社改制情况

2014 年，在松阳供销社在职工的强烈要求下，又重新启动改制工作。2016 年 9 月，经县改制领导小组批复，按新的改制方案，进行改制，到 9 月底，松阳供销社改制结束。

至此，松阳县供销系统大规模改制工作基本结束。

（张宏生　李永庭）

松阳不锈钢产业

松阳县地处浙西南山区，历史上是一个传统的农业县，经济总量小，工业基础薄弱。2004 年，县委、县政府确立“生态立县、工业强县、开放兴县”的发展战略，积极开展对外招商引资。与此同时，在温州从事不锈钢制造的当地企业，已经在改革开放的浪潮中积累一定的经济基础，也具备一定的创业经验和市场资源。这些企业由于受到当地资源不足、规模扩大空间局限以及环保要求提升等诸多因素的制约，发展瓶颈端现，急需产业转型升级。在此背景下，温州不锈钢制造业纷纷选择落地松阳。松阳县以工业园区、江南中小企业孵化基地为主要平台，后扩展至赤寿区块，吸纳温州不锈钢产业梯度转移投资，谋求发展。

2004 年，龙湾第一家不锈钢企业落户松阳；年底，范长江创办的浙江隆华特钢有限公司在松阳工业园区注册挂牌，并于 2005 年 5 月正式投产，当年实现产值 1.084 亿元。2006 年，范长江又创办浙江金信不锈钢有限公司。同年，已有近 50 家从事不锈钢制造的企业，纷纷在松阳建厂，兴业发展。12 月，在中共松阳县委、县政府的关心支持下，在县工商联（总工会）以及县民政局的指导下，以不锈钢企业为主体的松阳温州商会成立，商会共吸纳温州籍企业 81 家，其中不锈钢会员企业为 41 家，范长江当选为商会会长，项军炎、应乾贵、邵士林、郑永安、郭玉燕当选商会副会长。

商会领导班子致富不忘社会责任，积极回报社会。会长范长江带头为县农村医保捐款 30 万元，并会同常务副会长项军炎长期与象溪镇南坑口村结对扶贫，其他成员何家俊、郑永安、姜方中、朱学明等 10 余人到玉岩镇烧火坑村捐款 5 万元，用于救助修复被山洪冲毁的桥梁。2008 年 7 月，商会发动会员企业为汶川地震捐款 54 万元，向望松职工子弟学校捐资助学。几年来商会捐赠、慈善扶贫帮困等钱物共计 200 多万元。商会成立以来，领导班子成员当选县人大、政协委员有 10 余人次，在松阳县工业 20 强和纳税 20 强评选中，商会会员企业各占半数以上份额，会长范长江多次当选为市人大代表、市优秀企业家、市优秀社会主义事业建设者；2013 年 4 月，被丽水市政府授予丽水市劳动模范称号，并连续 3 届当选松阳温州商会会长。

2006 年 8 月，为不锈钢企业可持续发展，总投资 2000 万元、日处理能力 2800 吨的新星不锈钢废水处理中心建成并投入使用，对不锈钢酸洗废水进行重金属回收及深度达标排放，采取把不锈钢废水集中委托专业第三方管理处置模式，在国内同行业中处于当时领先地位。2007 年，该中心被列为省循环经济“991 行动计划”重点项目。2008 年 5 月，松阳工业园区获得“浙江省发展循环经济示范

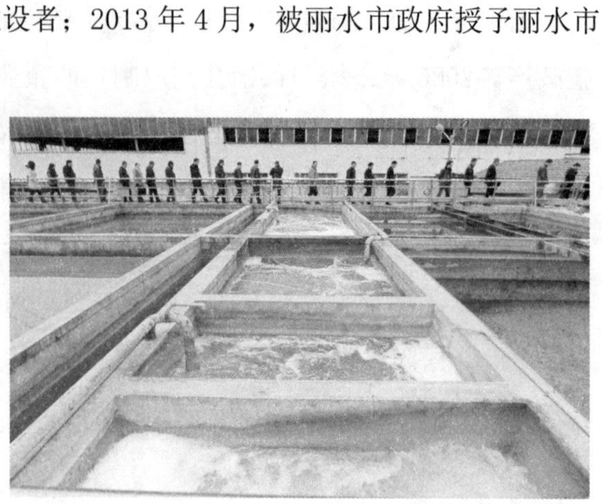

图专 55　不锈钢废水处理中心（叶光铭 摄）

单位（企业）”称号。2009年11月，不锈钢废水减排在线综合治理系统和其他16项技术被列为国家工信部《工业领域节能减排电子应用技术导向目录》（第一批）。

2008年，由于美国次贷危机和投行崩溃逐步演变为全球性金融危机，为此中央政府推出4万亿经济刺激计划拉动内需。由于国内过剩的产能，致使内需市场相对饱和，带来全面价格战。因此，绝大多数不锈钢企业在亏损中挣扎，同时各大银行为规避风险，开始压贷抽贷，企业之间的担保资金链由此断裂，致使许多不锈钢制造企业破产倒闭。中共松阳县委、县政府对此非常重视，号召企业自救的同时，拨出3000万资金，会同商会企业自筹的1480万元，成立“应急转贷基金”，力求帮助企业渡过难关。

2008年6月24日，美国开始对出口钢管反倾销调查，面对严酷的国内外经济环境，不锈钢企业开始寻找新的出路。2009年6月14～22日，商会常务副会长项军炎经有关部门筛选批准，随国家主席胡锦涛率领的代表团出访俄罗斯、克罗地亚等国家，谋求开拓独联体和新的欧洲市场。2010年5月，经省商务厅批准，在市、县经济商务局的关心指导下，松阳温州商会下辖的“丽水市金属管材对外贸易预警点”成立。该预警点的成立，为实时、有效、主动掌握国际市场动态提供有效的判断，同时为企业出口贸易摩擦提供法律支持和保障，促使不锈钢管材行业的健康、稳定、可持续发展。同年2月，松阳工业园区不锈钢生产企业被省经信委命名为“浙江不锈钢管业基地”，产业集群初现规模。5月份，美国国家贸易委员会批准对中国钢管征收至多99.14%的反倾销进口税，中国商务部宣布“截至2010年，中国加入WTO的承诺已全部履行完毕，建立起符合规则要求的经济贸易体制，成为全球最开放的市场之一”。

图专56 不锈钢产业发展论坛（叶光铭 摄于2008年）

商会在省商务厅外贸救济局的关心下，在市、县经商局的指导下，丽水市金属管材预警示范点辖下的出口企业浙江金信、宝丰钢业分别在与印度、俄罗斯“两反一保”国际贸易摩擦案件中取得胜利，保护了企业权益，维护了国家声誉。丽水市金属管材预警点多次被省商务厅评为省级先进外贸预警示范点。

2009～2013年，松阳县从事不锈钢制造的企业，基本稳定在65家左右，产业从业人员约5000人。

松阳不锈钢产业从无到有，经过短短的两三年时间发展、增长，成为松阳工业经济的主导和支柱产业，这是商会不锈钢制造业的温州企业家们的努力拼搏奋斗的结果，也是与松阳县委、县政府大力支持、精心培育以及工业园区等全体涉工部门共同协作密不可分的。在后金融危机时期，国内外经济虽然开始慢慢复苏，但远未摆脱低迷的困境，尤其是工业制造方面，产能严重过剩，产业结构性调整、产品更新换代、工艺技术整体提升改造迫在眉睫。国际上一些国家和地区争先恐后的出台具有针对性的“自保制外”政策，在这种严峻形势下，如何依托“浙江不锈钢管业基地”的产业集群效应，先求生存，再求发展，将成为今后几年松阳所有不锈钢企业不得不面对的难题。

2004～2014年松阳县不锈钢企业及产值、年出口表

专记表 1

年度	不锈钢企业（家）	产值（亿元）	出口企业（家）	出口额（亿美元）	产业工人（人）
2004	26（其中在建 18）	1.9	—	—	—
2005	35（其中在建 23）	2.55	—	—	—
2006	49（其中在建 25）	5.4	—	—	2000
2007	62（其中在建 24）	19.2	—	—	3300
2008	62	29.86	—	—	4500
2009	65	28.16	14	2.515 亿（人民币）	4800
2010	65	29.34	16	0.7498	4800
2011	67	39.54	23	0.9464	5000
2012	67	38.8	30	1.1	5000
2013	47	46.83	35	1.0497	4500
2014	46	67.6	30	1.0537	4500

（松阳不锈钢协会）

松阳复县纪略

分　县

1978年初，松阳造纸厂部分干部职工于遂昌县委召开干部大会期间，在县委门口突然张贴出一张“要求恢复松阳县”的大字报，一时震动了遂昌县城。县委即派县委副书记孙怀远找松阳造纸厂厂长王炉德谈话，指出“有意见可以提，但到现在还公开贴大字报是不对的”，并对他进行严肃批评教育，责成他做好厂里干部职工的工作，收回大字报。同时，召集松阳区域区、社干部开会，要求与会者不要受此影响，保持社会稳定。此后，很快消除影响。

1978年12月中共十一届三中全会以后，松阳一些干部群众要求分县思想重新抬头，在松阳造纸厂潘思馨等部分干部职工的鼓动下，松阳区委书记李陈法、区长刘璟组织召开部分区、公社领导骨干会议，商讨要不要恢复松阳县的问题。形成三条分县共识：一是松阳是一个近一千八百年的老县，又是国民党时期的模范县，有名气；二是遂、松二县地理情况不同，一个以山区为主，一个以平原为主，经济发展重点不一样；三是遂、松并县后，县里领导重遂昌、轻松阳，造成松阳经济社会发展缓慢，城镇建设差，群众办事不方便。会后，他们即以松阳部分区、公社干部名义上书遂昌县委，要求恢复松阳县。并自筹资金6000多元，组织人马多次到省、地委上访。遂、松分县自此拉开帷幕。

恢复松阳县背景

1978年，中共十一届三中全会召开，激发松阳籍干部、群众的进取思想，积极要求恢复松阳县，普遍认为1958年并县是“一大二公”“大跃进”的产物，而且并县后，不利于激发松阳干部、群众革命生产积极性，不利于经济社会发展。松阳区域，尤其是西屏镇（原松阳县机关所在地），1958年并县后，面貌依旧，甚至严重退化，原有建筑破损倒塌，道路破旧，许多名胜古迹遭到损毁，连当时西屏干部群众迫切要求兴建自来水厂，也因西屏镇非县城而不予批建，更加激起松阳干部群众恢复松阳县建制的迫切要求。而且当时，龙泉、庆元县已经分县，云和与景宁也在要求分县中，浙江其他地方也有要求争取或正在讨论分县工作的情况，并积极筹备进展中。在客观上，省、地形势也引发了松阳干部、群众对于复县的愿望。追溯历史，松阳和遂昌并与分，分分合合也已数度，情形都是并的时间短、分的时间长。从建县历史考证，松阳县建县比遂昌早，松阳平原多，县城开阔，发展余地大；遂昌山多，城镇范围小，扩展余地有限。人民群众生产、生活习惯不同，恢复松阳县是历史的必然。

复县理由

1981年下半年，遂昌县委书记林彬在杭州参加省委扩大会议。李丰平省长委托常务副省长吴植椽安排在大华饭店，听取林彬关于请求省委复议遂昌分县问题的详细汇报。林彬着重指出：遂、松两县是1958年在“大跃进”“一大二公”的形势下合并的，并县后二十多年取得很大成绩，总体是好的，但也暴露了不少弊端。一是县域面积过大，不利县委工作领导。全县面积4000平方公里，占全省面积二十五分之一。东至丽水交界，西与福建浦城接壤近二百公里，南和龙泉交界，北同龙游接壤，约一百二十公里。交通条件差，多数社队不通车，领导活动困难，并县后二十多年县里主要领导没有一个全部到过全县51个镇社，严重影响工作指导。二是由于松阳县城改变，不利经济平衡发展，特别是工业经济和城镇建设受到一定影响。西屏、古市两个镇许多群众生产生活需求得不到很好解决，社会矛盾不断扩大。尤其表现为遂、松两片经济发展很不平衡，差距越来越大，遂、松两县人口基本一样，自然条件松阳好于遂昌，但现在松阳经济比重还不到遂昌的五分之四，群众反响强烈。三是松阳原为知名古县，以“处州吃粮靠松阳”著称，并县后有损继承古代文明。松阳建县始于东汉时期，至今有1800多年历史，早于遂昌，曾管辖遂昌、丽水、青田等县，是浙江省建县较早，管辖面积最大的县份之一，是唐朝多代皇帝天师叶法善道士的故乡，并有早于杭州六和塔建成的保存完好的松阳千年延庆寺塔，全国罕见，期待加强保护。四是文化差异大，风俗习惯不同，不利于人文交流。特别是地方语言多，有遂昌话、松阳话、福建话、江山话、天台话，还有客家话等六七种语言，人文交流不顺畅、不和谐。并县后多年，县广播站只得轮流播送遂昌、松阳两种方言，再播一遍普通话，实属少见。五是由于传统地方主义的残余思想影响，并县后一段时间内，松阳有些干部群众时有偏见发生，不利团结奋斗、和睦相处。特别是现在松阳干部群众提出分县的合理要求得不到解决，势必严重影响社会稳定和工作开展。

综上所述，林彬认为，无论从现实需要，还是从历史角度看，恢复松阳县是完全必要而合理的，有利于加快松阳经济发展和社会稳定，有利于更好传承保护松阳古代文明，同时也有利于遂昌经济更好更快地发展。这是符合松阳人民和遂昌人民的根本利益，是一举多得的好事，特请求省委复议，同意遂昌、松阳分县。

遇到的困难

恢复松阳县遇到这样那样问题，困难重重。1958年并到遂昌已20余年，旧的松阳县城西屏镇仅是一般乡镇，一切头绪从零开始。

一是分与不分各级领导思想不统一。起初多数领导不同意分县，省的层面主要是对遂昌与松阳的历史、地域不清楚，地区的少数领导存有偏执，认为松阳少数干部、群众胡闹，不守纪律，要求分县是闹事。当时，地委曾发文件点名通报批评，提出带头闹分县要处分，事实恢复松阳县后，对原松阳区委书记李陈法不给调松阳而留任遂昌农经委就是一例。遂昌县委、县政府班子，当时多数不同意分县，经松阳的干部、群众一年多时间的要求、说理，有的表示同情，有的转而基本同意。遂昌县委书记林彬表示同情理解，并开始帮助向地、省领导反映，最后得到地、省领导同意，并报国务院审批，得以批准恢复松阳县建制。恢复松阳县并不是一件容易的事，并入遂昌 20 多年，松阳籍干部职工到遂昌工作，多在遂昌安家落户，子女也都安排工作，有的不想走，有的表示愿回松阳工作，但工作岗位、居住问题、子女安排问题等都是急待解决的现实问题。

二是办公场所问题。原有松阳县机关单位办公用房不多，老房子大多老旧，20 多年无人居住，大多破败不堪，有的已迁移或迁移后不能用。要造新办公楼，数量不在少数，一年半载造不起。除原本松阳区老区委（即复县后新县委、县政府办公所在地），还像一处办公地点模样，环境适宜，其他大部分县级机关都仅靠租借老百姓用房，勉强维持临时办公之需。

三是干部问题。按当时一个不成文的规定，干部上动、下不动。县机关科局、部委以上机关，愿意去松阳的不作硬性规定。基层、乡镇，企、事业基本不动，愿意去松阳，得由组织安排。当时出现一些问题，有的单位开展工作缺少业务骨干，只得由松阳县委出面向遂昌暂时借用。有县委组织部、计经委、财政局、交通局等十几个机关单位，因缺乏领导骨干，由县委出面，统一向遂昌借调，一年后逐步放行回遂昌。

四是最大的困难资金问题。松遂商议分县，曾发布一条规定，遂昌县政府经费上年结余部分与松阳对半分，松阳分得资金尚不足 100 万元。除分得的部分资金，其余不足都要自己想办法向省各主管部门寻求赞助，实际就是向上级主管部门讨钱。因当时松阳县新公布的各部委局领导干部，对省级部门领导熟识的并不多，“讨钱”难度显得更大。松阳恢复县制各部门的办公用房问题，主要办法是由县里统一规划地段，建设资金由部门自筹解决，各自向省、地主管部门以提出资金赞助方式，解决暂时困难。

艰难历程

从 1978 年初提出分县，到西屏镇群众要求改善饮用水得不到解决，1981 年春节后，事态发展到松阳区、公社干部公开拒绝参加遂昌县委召开的干部大会。

时任遂昌县委书记林彬，随后召集县委常委会，与会人员冷静、实事求是地分析遂、松并县后二十多年来的情况和利弊关系，一致认为：恢复松阳县不仅有利于振兴松阳经济，而且也利于遂昌经济更好更快地发展，是符合三中全会精神的，迟分不如早分。

会后，林彬即向地委作了请示汇报，得到地委书记的赞同，后经地委研究正式上报省委，以待决定。但省委认为：遂、松合并后的遂昌县有山区，有平原，具有粮多、林多、矿多、三线工厂多的特点，有利于备战备荒和自力更生发展县域经济，分县不妥，并于 1981 年 3 月以省委〔1981〕18 号文件下发批复作出“遂昌不宜分县”的决定。

此后，松阳区域关于复县的呼吁一直未停息。其间丽水地委内部少数领导也有分歧，有的人把要求分县的干部群众视为不安分者，将支持分县当成错误行为。当时地委也发文，指名批评松阳籍的干部，甚至提出要处分。

1981年下半年，林彬抓住在杭州参加省委扩大会议的机会，请求省委复议遂昌、松阳分县问题。专门向常务副省长吴植椽作了详细汇报，特请求省委复议。

吴植椽听取一个多小时的汇报后，当场表示同意林彬的看法，决定马上向省长李丰平汇报。最后经省委复议同意遂、松分县，并上报国务院审批。

难忘一天

1982年1月30日，国务院〔1982〕11号文件正式批准恢复松阳县。1982年5月1日，在锣鼓和鞭炮声中，时任松阳县委书记的林彬，带领松阳县新领导班子扛着披红挂花的中共松阳县委、松阳县人民政府大牌，到原松阳区委办公楼大门口举行挂牌仪式，受到数千人民群众的热情欢迎、围观。至此，松阳与遂昌并县24年后重新恢复县制。

图专57　分县后新建的县委、县政府办公大院

中共松阳县委、县人民政府重新宣告成立，开始履行职责使命，实现了松阳人民一直以来期盼已久、恢复松阳县的强烈愿望。

（叶俊彪）

松阳县扶贫纪略

松阳解放后，松阳县人民政府发放低息贷款，以扶持农村贫困户发展家庭副业生产。扶贫工作由县民政部门负责。对困难户，特别是严重困难户，在鼓励他们自产自救的基础上，从生产、生活上进行有组织、有计划地扶持，使他们在一定时期内能达到当地一般群众的生活水平，并逐步富裕起来。当时扶贫与救灾相结合，既帮助灾民克服灾害造成的困难，也巩固提高扶贫的成效。

在松阳区域内，1964 年，发放低息贷款 4.5 万元帮助困难户发展家庭副业，增加收入，解决生活困难。1965 年，继续发放低息贷款扶持困难户。直至 2010 年，扶贫工作从未中断。

一、扶贫与救灾相结合

改革开放初期（1978～1983）

中共十一届三中全会以后，松阳区域实行一系列扶贫政策。1979 年，农业税实行起征点办法，规定按照正常年景，以生产队为单位，每人平均口粮 400 斤以下、社员平均收入在 50 元以下，符合这两个条件的免征农业税。同时对起征点以上和不实行起征点办法的纳税单位，缴纳农业税有困难的，给予社会减免。1979～1982 年，松阳区域农村贫困户共减免农业税（粮食）140 万斤。

1979 年，松阳区域两次遭暴风雨、冰雹袭击，夏秋之间高温少雨，粮食减产，省拨救济款 2.1 万元；1980 年，受两次倒春寒灾害；5 月初，遭冰雹、暴风雨袭击。为帮助灾民修房，渡过夏荒，拨发救济款松阳区 1.7 万元、古市区 1.3 万元；1980 年 6 月，省、县两级民政部门拨扶贫款 14300 元，资助松阳雅溪岭下、塔背等畲村建造扬水站；1982 年 7 月，因台风造成洪灾，损失严重，为解决灾民生活困难，恢复生产，县财政拨发自然救灾款 9500 元、化肥 1.2 万公斤。

其间，县拨款扶持畲族村落发展教育。畲汉合办农村幼儿园 6 个，共有 41 名畲族幼儿入学。

1982 年松阳县恢复县制。年初中共中央《全国农村工作会议纪要》明确指出："包产到户、包干到户都是社会主义集体经济的生产责任制"。中共松阳县委、县政府在全县农村实行包产到户、包干到户生产责任制。至 1983 年，全县农村全面推行家庭联产承包责任制，承包集体耕地农户 43256 户，承包耕地面积 164275 亩。农民从事农业生产有自主经营权，生产积极性全面高涨。

自 1981 年始，在境内山区农村开展山林稳权发证工作（即林业三定：定山林权属、划定社员自由山、确定林业生产责制）。至 1984 年 6 月，全县以林业三定为标志的林业生产责制完成签约发证工作。确定山林权属 154.42 万亩，其中国家所有 2.68 万亩，集体所有 151.35 万亩，填发山林所有权证 5728 张。

实行家庭联产承包责任制后，大大地激发了广大农民的生产积极性。1983 年，全县粮食播种面积 33.70 万亩，比 1977 年增加 1.36 万亩，粮食总产 117560 吨，比 1977 年增 49645 吨。经济作物种植和生猪饲养迅速发展，茶叶、晒红烟、蚕桑、食用菌、油料作物、蔬菜瓜果、甘蔗，水果无论数量还是质量均有大幅的增涨和提升。1983 年，主要经济作物产量与 1977 年产量对比，茶叶产量 678 吨，增 417.75 吨，晒红烟产量 620.9 吨，增 200.5 吨，蚕茧产量 179.65 吨，增 150.95 吨。1983 年，生猪年饲养量 180264 头，比 1977 年增 88165 头；出栏 63044 头，增 34135 头；存栏 117220 头，增 54030 头。

二、扶贫开发工作逐步走向正规

改革开放全面展开时期（1984～1990）

1984 年 10 月，根据省府办《关于认真做好农村扶贫工作的通知》，县民政局与松阳区委组织“扶贫试点工作小组”。10 月 30 日至 11 月 11 日，在四都乡进行扶贫试点工作。扶贫工作小组进行摸底排队，根据经过扶持能在二三年内脱贫的要求和广大干部群众的意见，制定扶持标准。根据扶贫标准，由群众讨论、提名推荐扶贫对象，经乡党委、乡政府审查、核定；最后向 218 户困难户发放扶贫款 3 万元。扶贫款为无息贷款。

是年，为了帮助农村贫困户种好责任田和发展商品粮生产，县政府拨发各区、镇化肥共 56 吨。

1985 年 3 月，对新处乡进行扶贫工作。县民政局以救灾余款 3.2 万元扶持 362 户困难户进行生产，解决温饱问题。

1986 年 4 月，松阳全境各乡政府、各村委会分别建立扶贫小组。并开展对全县农村中最严重困难户的调查。调查结果全县除四都、新处乡外，尚有 11 个贫困乡、4642 户 25211 人需要扶持。是年，发放扶贫无息贷款 5.8 万元、扶贫化肥 550 吨；发放范围 66 户 463 人。

1987 年，对三都、四都、竹源、樟溪、叶村、谢村、新处、裕溪、大东坝石仓、板桥乡共 962 户发放无息贷款 21 万元。还款期分一年期、二年期两种。

1984～1987 年，在扶持贫困乡村、帮助灾民恢复生产工作中，对部分救灾款采取“有偿扶持和无偿扶持”相结合的办法，扶持经济实体 3 个、贫困户 3033 户。至 1987 年，798 户贫困户脱贫（按人均纯收入超过 200 元为标准）。

1988 年，救灾救济款用于扶贫有偿扶持 45 户 6.4 万元，用于福利厂有偿扶持 2 家 4.5 万元；用于扶贫经济实体有偿扶持 1 个 2 万元。回收资金再扶持 15 户 4.6 万元，全县新增脱贫户 200 户。

1989 年始，扶贫工作转为群众性以富带贫、以强带弱，着重扶持村级集体开发性生产。8 月，27 个乡镇先后建立“救灾扶贫基金会”，共筹集基金 18.93 万元，其中民政局拨借 13.48 万元、乡镇自筹 5.45 万元。

1990 年，27 个乡镇救灾扶贫基金会筹集扶贫基金 20 万元；全年直接发放扶贫款 18 万元；是年，新增“双扶户”267 户，新增脱贫户 165 户。

三、扶贫开发工作取得显著成效

创立社会主义市场经济体制时期（1991～2001）

1991年4月，省委、省政府在磐安县召开全省扶贫和老区工作会议。会议传达贯彻中央有关指示精神，总结全省“七五”期间的工作经验，部署“八五”期间的工作任务和目标：到1995年，稳定地解决温饱问题。主要标准是90%以上贫困户稳定地达到人均收入500元，人均口粮250公斤（包括自给和购入），部分农户过上比较富裕的生活。

1. 加强老区扶贫开发工作

按照省委、地委部署，县人民政府继续采取各种措施，支援老区人民建设，在分配扶贫资金、优抚专款以及支援不发达地区专项资金等方面都给予倾斜性扶持。1991年，设立县革命老区工作领导小组办公室。是年，共拨款12万元，其中无偿补助资金7万元，扶持23个项目；有偿贷款5万元，扶持3个项目。

其间，继续重视抓好集体经济薄弱村的扶贫工作，从经济、科技和文化、教育等方面给予必要的支持，帮助它们尽快脱贫致富。1992年，新增扶贫户658户，发放扶贫款6.6万元，新增脱贫户275户；年末，在扶贫困户500户，全县共有救灾扶贫基金92.72万元。

1993年，加强基层组织建设。各乡镇党委坚持“两手抓，抓两头”，一手抓村级组织建设，一手抓农村经济发展；一手抓奔小康村示范，一手抓后进村脱贫。同时，全县开展“亩创双千元村”“人均创双千元村”“人均收入超千元乡”等竞赛活动，激励广大农民尽快脱贫致富，为奔小康打基础。

1993年6月，松阳县被浙江省青年成才基金会列为全省第二批希望工程实施县。自1993～1997年，全县共有1258名贫困小学生受到资助。6月18日，香港爱国同胞沈炳麟先生捐助新建实验小学“庆同教学楼”落成。11月，松阳县被列入省第二期自力更生治水扶持县，为期3年，自1994～1996年，每年获省财政扶持款100万元。

2. 拓宽思路，采取多种形式扶贫

1994年2月，国务院召开全国扶贫工作会议，部署实施“国家‘八七’扶贫攻坚计划”，要求力争到20世纪末最后的七年内基本解决全国8000万贫困人口的温饱问题。4月15日，国务院印发《国家“八七”扶贫攻坚计划》。

3月14日，地委、行署发出《关于加快“下山”脱贫的若干意见》，提出加快山区脱贫步伐的十一条措施。1995年1月，地委、行署印发《关于扶贫攻坚的实施意见》。地委、行署提出，力争1997年基本完成脱贫任务。

根据省委、地委部署，松阳县各级党组织切实加强扶贫工作的领导，统一认识，明确扶贫攻坚的形势和任务；制订规划，确定扶贫攻坚目标；拓宽思路，采取多种形式扶贫，如开发式扶贫、开放式扶贫、科技扶贫、下山脱贫、劳务输出；多方筹资，增加扶贫投入；用足用活政策；建立和完善扶贫的配套机制；进一步动员全社会的力量扶贫。

1994年，按照地委行署提出“优化环境，扩大总量，脱贫致富奔小康”的发展战略，枫坪乡实行下山脱贫政策。钱余村高山岗自然村15户和龙虎坳村21户山民迁至山下新村落户。枫坪乡17个行政村实现村村通高压电。

其间，松阳籍台胞麻哲飞先生捐资5500美元兴建板桥桐榔儒学小学；民革浙江省委妇委会向象溪镇和三都乡的24名失学儿童捐款助学，这是“春蕾计划”在松阳的第一批受助学生；松阳县第一所希望小学在大东坝镇动工，工程总投资50万元，其中宁波市希望工程办公室援助20万元。

1995年，省财政厅对松阳实行欠发达县市“两挂钩、两确保”财政政策，即保财政收支平衡、保中央税收足额上交，与下拨的定额财政补助、定额奖金挂钩。

1996年，湖州市与丽水地区建立对口帮扶关系。其中湖州市菱湖区与松阳县对口帮扶。

1997年，县委下达《关于加强少数民族工作的通知》，规定每年从财政预算收入提取千分之一作为民族补助资金；县扶贫办安排给板桥乡的扶贫资金比照其他乡镇平均数不少于两倍。是年，县邮电局投入扶贫资金280万元，开通新处乡程控电话，全乡8个村通电话。

1993～1997年，松阳县扶贫攻坚取得阶段性成果，筹集百万元扶贫资金，为贫困村和困难户解决一些实际困难。1997年底，80%的行政村达到脱贫标准，共有1.1万人口脱贫，全县实现以乡镇为单位基本脱贫的省定标准。

3.加强山区扶贫开发力度。

1996年2月，省委、省政府下发《关于“九五”期间进一步加强扶贫工作的通知》，提出“九五”期间进一步加强扶贫工作的总体目标是两年脱贫，三年奔小康。12月19日，省委、省政府印发《关于实施扶贫攻坚计划，加快山区经济发展若干政策的通知》。

12月22日至23日，全省山区开发暨扶贫工作会议在丽水召开，讨论《浙江省山区经济发展规划纲要》。首次提出要把山区经济开发放在重要战略位置；继续执行并认真落实现行扶持政策和措施，加大对山区农业综合开发的扶持力度，切实帮助贫困群众解决生活困难和增加收入，进一步明确挂钩扶贫任务，努力增强山区经济自我发展能力。

会议召开对松阳山区发展产生深远影响：其一，调整经济发展思路，用足用活省委、省政府出台的山区政策，打好“生态”牌，搞好山区经济建设。其二，县乡各级政府多方筹措资金发展山区公路，解决出行难的问题。其三，省级部门和发达市（地）与松阳的挂钩结对扶持力度更大，双方协作更加紧密。其四，把人的素质提高作为山区脱贫的根本来抓，义务教育的提升和农民技能培训取得较大成绩。

1998年，中共松阳县委相继出台《关于认真贯彻党的十五大精神，扎实推进创业富民创新强县的决定》和《关于加快农民增收，全面改善民生促进社会和谐的决定》两个文件。文件的贯彻，扎实推进创业富民创新强县，加快农民增收，全面改善民生的各项工作，促进社会和谐稳定，加快山区扶贫开发工作再上新台阶。

其间，按照省委、地委部署，加强山区扶贫帮困力度，提高农民脱贫致富能力。深入实施农民素质培训工程，提高农民就业能力，引导富余劳动力向非农产业和城镇有序转移，有效增加非农产业收入。采取更加灵活有效的政策措施，培育扶持农产品初加工、来料加工等乡村工业，拓展农民增收渠道。深入实施欠发达乡镇奔小康工程，积极开展“一户一策一干部”帮扶工作，切实抓好年人均收入1500元以下相对贫困人口奔小康工作，加大产业扶贫力度，增强农民致富能力。

2000年初，省委、省政府决定实施“百乡扶贫攻坚计划”。松阳县四都乡被列入百乡扶贫攻坚计划实施乡镇，由余姚市委、市政府结对帮扶，并如期完成百乡扶贫攻坚任务。

到2001年底，五年间，松阳县农村扶贫工作取得丰硕成果。农村居民纯收入7255元，年均增长19.6%，8703户（27493人）低收入农户脱贫，基本消除人均纯收入2500元以下低收入农户，城乡收入比从2006年3.8∶1缩小到3.1∶1。松阳县连续三年获得全市“农民增收六大目标”考核一等奖。

四、把扶贫开发工作当作“一把手”工程来抓

全面建设小康社会时期（2002～2010）

1. 扶贫计划

2001年以后，围绕全面建设小康社会的战略目标，以提高低收入农户和低收入农户集中村自我发展能力为主线，以稳定增加低收入农户收入为核心，整合资源，创新机制，扎实推进扶贫开发工作，加快低收入农户增收步伐。

由余姚市委、市政府结对帮扶松阳县四都乡实施的“百乡扶贫攻坚计划”于2002年如期完成。

2002年末，省委、省政府作出决定，从2003年开始实施“欠发达乡镇奔小康工程”。松阳县有省重点扶持“211乡镇”4个（板桥、新处、谢村、四都）、市重点扶持的“361乡镇”2个（三都、裕溪）。县委、县政府出台《关于实施低收入农户增收工程，扎实推进社会主义新农村建设的若干意见》《关于在全县农村贫困户中开展“一户一策一干部”帮扶活动的意见》等文件，推进下山脱贫、乡村道路建设、自来水工程、学校建设、防洪工程建设、农民培训基地建设、开发农业、基础设施等扶贫项目建设，帮助欠发达乡镇农民提高增收能力和收入水平。到2007年，松阳县四都乡、板桥乡、谢村乡、新处乡等4个省重点扶持欠发达乡镇农民人均收入达到4500元，80%以上的欠发达乡镇农民人均收入超过全国平均水平，各项目标任务全面完成。

2008年，全省启动实施“低收入农户奔小康工程”，结对帮扶工作由乡镇层面帮扶向帮扶村、帮扶户层面转移。到2007年底，全县家庭人均收入低于2500元的农户共有22781户56576人，分别占全县农业总户数和总人口的33.9%和27.6%。其中1500元至2500元的农户有16244户、44549人，占低收入人口总数的78.7%；1500元以下的农户有6537户、12027人。低收入农户中有“五保户”270户、291人，低保户2448户、4520人，残疾人2447人。全县有192个村被省政府确定为低收入农户集中村、家庭人均收入低于2500元的低收入农户22781户（56576人）被确定为重点帮扶农户。县委制定《松阳县低收入农户奔小康工程总体规划（2008～2012）》。到2010年底，全县有低收入农户14425户、39701人脱贫。低收入农户中人均收入超过2500元的人口比例达到70.5%，累计36.4%低收入农户家庭人均纯收入超过4000元。

2007年松阳县低收入农户分乡镇情况表

专记表2

乡　　镇	低收入农户数（户）	低收入农户人数（人）
西屏镇	2467	4559
古市镇	1850	3478
玉岩镇	1566	4587
象溪镇	2280	6825
大东坝镇	2020	4931
望松乡	1243	2823
叶村乡	577	1203
斋坛乡	552	1021
赤寿乡	1193	2185
新兴乡	843	1542
安民乡	384	1165
三都乡	1006	3214
四都乡	423	1124
竹源乡	698	1958
樟溪乡	1010	2360
谢村乡	1010	3162
新处乡	909	2655
板桥畲族乡	829	2285
枫坪乡	1135	3559
裕溪乡	786	1940
合　计	22781	56576

2007年松阳县低收入农户集中村一览表

专记表3

序号	乡、镇	村数	村　　名
1	西屏镇	7	活源村　大路口村　岩西村　桥头村　清路村　踏埠头村　岩下村
2	古市镇	5	东角垄村　庄门村　白角外村　寺口村　下社村
3	玉岩镇	16	玉岩村　何山头村　乌岩村　吴山头村　大丘下村　西沿头村　何庄村　交塘村　道惠口村　程路村　程岭根村　烧火坑村　新岗村　洋坑村　大树后村　周坑村

专记续表 3

序号	乡、镇	村数	村　名
4	象溪镇	27	南坑源村　吕潭村　程路后村　龙湾村　石鼓村　东田村　吴村　雅溪口村　潘弄村　石马铺村　塔背村　下坑源村　高岭村　象溪一村　南州村　金钟村　大塔村　石牌门村　靖居村　小佛儿村　上梅村　陈家里村　下寮儿村　村头村　塘里源村　鲁西村　坑里村
5	大东坝镇	16	梨树岗村　山头村　下宅街村　七村　西山村　百步村　牛角圩村　大东坝村　赤圩村　树梢村　二滩坝村　内大阴村　上寮山村　横樟村　燕田村　小后畲村
6	望松乡	8	半岭村　石门村　乌石下村　西河村　麻洋塔村　砌坛村　草塔村　榔阳村
7	叶村乡	2	膳垄村　横坑村
8	斋坛乡	3	上坌村　下坌村　吊坛村
9	赤寿乡	5	红连村　墙里村　楼塘村　叶川头村　黄山头村
10	新兴乡	1	下源口
11	安民乡	5	大横坑村　李坑村　大潘坑村　曹竹村　苏马坪村
12	三都乡	16	杨家堂村　岭上村　后湾村　下田村　松庄村　上庄村　毛源村　里庄村　淡竹村　伊源村　水竹村　呈回村　上源村　黄岭根村　周山头村　紫草村
13	四都乡	11	下包村　章田村　柘坑村　塘后村　平田村　陈家铺村　庄河村　西坑村　午岭村　汤城村　榔树村
14	竹源乡	8	大岭头村　横岗村　呈田村　可重旺村　燕庄村　黄上村　黄下村　周岭根村
15	樟溪乡	7	兰家村　黄田村　肖周村　上徐山村　西源村　杨岭脚村　球坑村
16	谢村乡	11	塔岭村　李山头村　大岭根村　孟坑村　平卿村　大岭里村　南坑村　谢村　谢西坑村　上仓村　大甫村
17	新处乡	13	小南坑村　赤岩村　山甫村　张山头村　外石塘村　新处村　竹囮村　庄后村　东北头村　小岭头村　朱山村　坳后村　关岭村
18	板桥畲族乡	9	板桥村　金村　后塘村　桐榔村　潘八村　张山村　高山村　东坑村　大毛科村
19	枫坪乡	14	小吉村　龙虎坳村　南胜村　枫坪村　高寮村　山乍口村　斗潭村　钱余村　金竹村　沿坑岭头村　丁坑村　黄埠坞村　梨树下村　根下村
20	裕溪乡	8	徐山村　叶西后村　黄岭头村　潘山村　裕溪村　凤弄源村　合溪村　源底村
全县共计 192 个村			

2．扶贫方式

把扶贫工作作为“民生工程”“和谐工程”和“一把手工程”来抓，按照“多少户、为什么（贫）、谁帮扶、怎么办”的要求，因户制宜采取培训技能促增收、下山脱贫促增收、发展产业促增收、结对帮扶促增收等多种方式，加快低收入农户增收步伐。

一是建立组织，加强领导。成立以县委副书记为组长，县委常委、常务副县长、县委常委组织部部长和分管县长为副组长，相关的 18 个部门主要领导为成员的“低收入农户增收”工作领导小组。

二是调查摸底，建档立卡。通过调查摸底，就低收入农户的人口、耕地、山林、家庭收入、致贫原因等基本情况，建立纸质档案和电子文本档案。

三是制定政策，落实措施。根据低收入农户致贫原因，有针对性地采取技能培训、下山脱贫、产业支持、结对帮扶等多种举措促增收。

（1）培训技能促增收。2007 年，全县 56576 个贫困人口中，文盲半文盲的占 32.9%，小学文化占 42.1%、初中文化占 21.4%、高中及以上文化仅占 3.6%。针对低收入农户文化素质低，劳动技能、生产技术缺乏的情况，加大“农民素质培训工程”的实施力度，突出对低收入农户的实用技术和劳动技能培训，要求有劳动力的低收入农户必须有一个以上劳动力参加培训，并给予一定的劳动技能培训经费补助。

（2）下山脱贫促增收。针对山区自然条件恶劣，农户生产生活环境差的情况，加大下山异地脱贫工作力度。2006 年，县政府专门设立下山移民办公室，并将其从原股级单位升格为副科级单位，配备专职工作人员。根据 2005 年编制完成的“松古盆地万人下山脱贫计划”，到 2010 年，松阳建成 4 个县级下山脱贫小区和 11 个乡镇下山脱贫点，整体搬迁 1 个乡、72 个行政村、147 个自然村，下山脱贫 6300 户、21700 人。至 2010 年底，全县累计完成农民异地搬迁投资 4.51 亿元，争取上级补助资金 1.05 亿元，共建立安置小区 6 个、安置点 17 个，实现农民异地搬迁 4431 户 15927 人，其中整体搬迁行政村 8 个、自然村 82 个，整村搬迁农民 5828 人。

（3）发展产业促增收。积极推进农业产业结构调整，大力发展高效生态农业，培育优势产业，围绕打造“浙江生态绿茶第一县”“中国绿茶集散地”工作目标，做大做强做优茶产业。根据产业布局，因地制宜引导平原农户发展名优茶、香榧、油茶、食用菌、蚕豌豆、大棚蔬菜、畜禽养殖等产业，强化茶叶种植、加工、市场的产业化发展，继续扩大无公害茶叶基地，推进茶叶加工区建设，提升浙南茶叶市场服务功能；引导小港流域两镇两乡山区农户发展食用菌、笋竹林、香榧等产业；其他山区半山区乡镇农户发展干水果、高山蔬菜、吊瓜、有机茶、板栗、油茶、鹊山鸡等产业。同时，依托山地和生态优势，强化基地、科技和品牌支撑，充分发挥农民专业合作社的帮带作用，通过“基地（合作社）+基地+农户”的形式，引导低收入农户加入农民专业合作社，充分发挥农业内部增收潜力，带动贫困人口致富。

（4）结对帮扶促增收。开展“一户一策一干部”结对帮扶活动。按照“多少户、为什么、谁帮扶、怎么办”的要求，大力推进低收入农户结对帮扶工作。根据低收入农户变动情况，调整落实好干部的帮扶对象，除部分纳入“五保”和“低保”外，全县 3986 户人均纯收入 2000 元以下的低收入农户，全部由 3932 名机关、事业单位干部结对帮扶 3986 户低收入农户，累计落实村级增收项目 2338 个。同时，开展“百个部门结百村、千名干部联千户”助农增收活动。192 个低收入集中村中，由省级单位结对 75 个村，由 4 位市领导和 16 个市级机关、企事业单位结对 36 个村，其余由全县 83 个县级机关、企事业单位和 28 个县领导组成 20 个县级帮扶集团，结对帮扶 81 个“低收入农户集中村”和 24 个“低收入农户相对集中村”。确保每一个“低收入农户集中村”和“低收入农户相对集中村”都有领导或单位结对帮扶。要求每个县级部门至少结对一个低收入农户集中村，每位干部至少帮扶一个低收入农户，做到“结对村（农户）不脱贫，帮扶部门（干部）不脱钩”。每个乡镇、行政村和农户均制定农民增收计划，建立增收档案，形成“乡乡有增收蓝图、村村有增收项目、户户有增收行动”的喜人局面。

3. 扶贫资金管理

（1）在县财政局设立扶贫资金专户。所有财政扶贫资金纳入专户,结对帮扶资金按所结对的乡镇纳入乡镇扶贫资金专户，实行专户管理，封闭运行，任何部门和单位不得以任何理由设立扶贫资金专户。扶贫资金专户存储所得利息、扶贫项目完成后的资金结余和回收的以前年度开发农业项目财政扶贫有偿资金,全额用于扶贫项目。

（2）扶贫资金实行报账制。扶贫项目实施单位根据项目实施责任书（或项目实施合同书）、项目实施计划和项目施工进度,提出用款计划并附报账凭据,按规定程序县级财政部门审批,并请拨资金的管理制度。

（3）扶贫资金实行项目管理制度,做到资金到项目、管理到项目、核算到项目。县财政局根据扶贫资金报账制规定和项目年度实施责任书（或项目实施合同书）、项目建设进度、项目单位用款计划,及时拨付项目资金。严格监督项目实施过程中的资金使用,促进项目按期保质完成。

4. 扶贫对口项目

（1）资金互助项目。为缓解低收入农户生产发展资金的短缺，提高低收入农户自我积累、自我管理、互助服务和持续发展的能力，2008 年开始启动实施资金互助项目。互助资金主要由四个部分构成，即财政扶贫资金每个试点村 20 万元；社员自愿入股资金，一般一户每股 500 元至 1000 元，同一个村执行统一标准；无附加条件的社会捐赠资金；互助资金有偿使用产生的效益。至 2010 年底，先后实施古市镇白角外村、象溪镇靖居村、枫坪乡枫坪村、竹源乡燕庄村、玉岩镇乌岩村等 5 个低收入集中村的村级资金互助项目，共筹集资金 167.7 万元，争取省补助资金 100 万元，农户共借出资金 120 多万元。

（2）小额扶贫贷款项目。针对低收入农户和带动低收入农户发展的企业、农民合作社、农民大学生创业所设立的贷款贴息项目，给各农户贷款（最高贷款限额 5 万元）贴息基准利率的 60%，给企业、合作社贷款（最高贷款限额 20 万元）贴息基准利率的 40%。

（3）异地搬迁项目。按照“政府引导、农民自愿、统一规划、分步实施”总体要求，采取集中安置和分散安置相结合的方式，开展下山脱贫工作。2005 年，编制《松阳县欠发达地区整体搬迁规划（2005～2010）》；2006 年，完成《松古盆地万人下山脱贫项目初步设计》，并被列入省重点工程项目。该项目拟建立筏铺、西坌、铺门、新溪四个县级下山脱贫小区。2008 年，完成《松阳县农民异地转移工程总体规划（2008～2012）》。先后出台《关于加快农民异地转移促进农民增收的若干意见》《关于印发松阳县农民异地转移资金补助办法（试行）的通知》和《关于界定农民异地转移工程扶持范围对象条件的通知》等文件。截至 2010 年 12 月底，全县累计完成农民异地搬迁投资 4.51 亿元，争取上级补助资金 1.05 亿元，共建立安置小区 6 个、安置点 17 个，整体搬迁行政村 8

个、自然村 82 个，异地搬迁农民 4431 户、15927 人。

（4）低收入农户发展资金项目。按照项目落实到村、扶持受益到户的要求，由乡镇人民政府负责组织实施，县扶贫办负责指导、督促、验收。扶持对象为全县 192 个低收入农户集中村内发展特色种养业及加工流通业的农户、农民专业合作社（扶贫合作社）、村集体经济组织。

（5）来料加工以奖代补项目。对从事来料加工业务经纪活动且符合一定条件的经纪人、来料加工点、行业协会、专业合作社（扶贫合作社）、来料加工专业村等组织和个人（统称“来料加工经纪组织”）给予一定的经济补助。

（县史志办）

附城十景纪略

县城十景厘订于何时，旧志亦无从查考。至民国15年（1926），修志总编高焕然先生才将“松阳十景”纳入县志“卷首图说”之内，并由丁光先生绘之以图。但各景点之命名，却全以清乾隆间松阳县令曹立身咏赞十个景点的律诗诗题来定名。不过当年曹县令却未排过序号，以后十景之序列皆是高焕然先生与众编辑所商定的。这点，后来丁光先生曾有过回忆：

望松夜月：因首揭松阳之名，故众编辑将之列为首位。

云岩石屋：峭壁天成，建筑华美；列为第二景。

石笋仙踪：双峰矗天，仙居雅洁；列为第三景。

凌霄岚翠：山境清幽，层台高峙；列为第四景。

百仞云峰：孤峦独耸，下临清溪；列为第五景。

塔溪绿涨：江天一色，地是景迁；列为第六景。

柳池鱼跃：近在城隅，虽已颓坏，尚饶幽致；列为第七景。

梅墩春色：墩已无存，梅又疏落，仅有延庆寺塔，峙立不移，为可想象；列为第八景。

邮亭远眺：亭已久废，附建之甘露寺亦待修理；列为第九景。

双童积雪：距城较远，又无院宇，点缀其间，层岩相依，横空无际，但宜于远望而已；列为第十景。

以上系旧时十景概况，可惜自高焕然先生修志之后，不觉又将近一个世纪，其中十景的兴废改变，又相差甚远。现不妨将曹立身赞美松阳十景的诗篇及当年十景的位置、兴废、变迁等情况摘录、分述于下。

松阳第一景：望松夜月

松间透出玉蟾蜍，闲步东皋逸兴余。

秋雁几行留字影，摹求可以右军书。

图专58　松阳第一景：望松夜月

望松夜月位于今长虹路新街头公路上首百余米。旧为凤臻门外百余步。相传为王右军（王羲之）望松处。此处曾为两座小山之夹道，为卵石相砌。道口为一陡山坡，有石阶十六级。路虽不大，乃为松阳出入口之关隘，是至古市、遂昌、龙游的主要通衢。相传南宋松阳守将王远宜，为抵御入侵元兵而战死于斯地。嗣后，邑人为纪念这位爱国将士，曾将其遗骸掩埋于岭北屼头高地，而成为当年张玉娘祭拜的“王将军墓”。墓后之平地，又曾兴建过明嘉靖年间松阳县令魏良弼公的“遗爱祠”。祠的上首又建有孤魂庙与太保庙等庙宇群。尤其是太保庙，它实为许多庙宇麇集之禅院，其中包括太保堂、金刚堂、罗汉堂、夫人堂、观音堂、百子庵、十王殿、东岳宫等。俗称望松禅院，每岁仲春，迎赛逐瘟，乡民麇集，欢庆若狂，故该景区实不愧为本邑之第一胜景也。

松阳第二景：云岩石屋

悬崖恰似白云堆，石屋帷宜薜荔栽。

坐久总无尘俗韵，松花时点壁间苔。

图专 59　松阳第二景：云岩石屋

云岩石屋为松阳十景之二。望松禅院上首不足百米便属云岩石屋景区，当年曾建有石牌门一座。其石横梁上，阳面镌刻了“云岩胜景”四个大字，阴面又刻了“别有洞天”四字。可惜牌门于民国 22 年（1933）因松遂公路的兴建而让道拆除。

进入石牌门，沿田垄山道而上，道路逶迤弯曲，风光旖旎，道旁大树古藤，潺潺的流水融成一体，给旷野带来亲切与和谐，诚有“曲径通幽、别有洞天”之感（现今一切不复存在，丛林消失，泉水断流，垄田改建水库，山道亦作了更改）。但约走了三四百步，前面小山横卧，似乎进入了尽头，但其实这才是云岩真景。

原来这小山峭壁巉岩，远观酷似云鬟佛髻。其实云岩石屋就隐藏于该山岩之下。石屋分上下两龛，上龛较小，下龛较大，外观成三层。

登石屋的路径，分南北两道，两道中间夹一山壑。沿南道拾级而上，走到一半，就有三块巨岩相垒，胜似山门，其中横顶的巨石之上，镌刻了“天门”两个篆体大字，确实与永康方岩有些相似。进入天门，前面已无道路，不过有一座木桥横跨山壑之上，原来它可通往北道。由于它和天门紧连，所以人们称它为“天桥”或“仙桥”。

过天桥沿北道而上，石阶不足百级，就到了一个六柱邮亭，亭边即为云岩石屋之边门。一踏进边门，就即刻迎来一股意想不到的清心与凉爽，使人宛若进入了广寒清虚之府。再静观殿堂四周，原来石屋不设正门，仅有进出两个边门。里面更没有三层构建，其实不过是一山崖石窟而已。窟口有石墈砌就，以增其面积，洞顶外沿皆以瓦片粘连，并伪装三层，以增加之美感。右首洞顶，还有丰石隆起下垂，宛若女子乳房，并有长年不竭的清泉从石乳头涌出，故人们将该涌泉誉称为石乳泉，并围成小池来接存。更奇怪的是，聚成的清泉真的呈现了淡淡的乳白颜色。庙祝坤妹老倌会添置几个小木勺，供游客品尝这清心微甘的石乳清泉。

云岩石屋下龛敬奉的神像为胡公大帝，其实也是永康方岩的翻版，故邑人曾有松阳云岩通方岩之说。

上龛是下龛的西面，两龛的间距并不远，仅几十级台阶斜坡而已。两龛中间的岩壁，正好为旧时文人雅士留存崖刻之地，当时确实有许多石刻镌留之上。尤其是光绪间县令皮树棠的那块摩崖岩刻，落款小字虽然有些模糊，但“静观”两个主体大字，却仍然清晰可辨。

上龛是个小洞窟，比起下龛小得多，但龛内因立奉观音的神像，因此引来本邑信女的膜拜，香火十分鼎盛。

20 世纪 50 年代之后，云岩石屋起了翻天覆地的变化。先是敲去了神像，随之邮亭、天桥、屋宇的拆除。接着岩礁石头被撬、山岭台阶石板被搬走，满山的古树被砍尽。后来，绿荫遮盖的青山，遂成为山岩裸露的光头山，而石乳泉亦衰竭干枯。唯一留下的仅是两个颓废的山岩石洞与三块庞大兀立的顽石。然而到了 1967 年，因南门造大桥的需要，天门巨石又被炸开作为了营造桥墩之石材，因此云岩石屋之景点仅给我们留下一段酸酸的记忆。

不过至 80 年代末，由于建寺庙风气的兴起，二村村民再度筹资修建了云岩庙宇，总算恢复了一定的规模。但当年的那种大自然的鬼斧神工气势，却早已一去不复返了。

松阳第三景：石笋仙踪

名题赤壁俯溪流，可有坡仙记旧游。

和曲洞萧人在否，水光山色自悠悠。

石笋仙踪为松阳十景之三。据民国县志载：“在县西五里。削壁层峦，穷极奇峭。双峰对峙，尖耸如笋。中有秀峰观，供奉吕纯阳。仙师扶鸾，题诗每多雅句。文人学士，恒聚于此。峰前镌题‘野鹤归来’四大字，笔致秀雅，惜没之名。”

图专 60　松阳第三景：石笋仙踪

其实石笋仙踪景区，当年还有“小瀛洲”“小桃源”等的相映陪衬，但到 20 世纪中叶，“小桃源”的消失与以后“小瀛洲”山岩的风化，确实给景点逊色不少。后来还有虔诚于佛门的善男信女，竟将“秀峰观”之名，更该成“秀峰寺”，实乃荒唐之举。“小赤壁”位于“梅墩春色”景点，而石笋山只有“小瀛洲”崖刻。可能当年曹立身县令将两景相互混淆了。

松阳第四景：凌霄岚翠

层台高峙碧芙蓉，环绕云山积翠浓。

试问米颠题石处，何如袖里第三峰。

凌霄岚翠为十景之四，位于今西屏山。旧时在该山北麓，曾建有凌霄台一座，全以传统的亭台楼阁规格建成。外观三层，内不建楼，分三间，中堂以“凌霄真景”命名，东曰“龙兴”，西曰“凤楼”。东西两侧各设侧门，后面岩壁还有“凌霄台”及“樵云煮石”之摩崖石刻，相传皆出自宋时丹青大家米芾之手。可惜至民国年间就风化无存。现今“凌霄台”三字镌刻，是后人再行补上。而凌霄台建筑，是在 1942 年 8 月，就被侵华日军烧成白地。

图专 61　松阳第四景：凌霄岚翠

“凌霄岚翠”景区除凌霄台外，山背还有“白鹤殿”，尽在苍松翠柏包围之中，旧时曾是文人读书的好去处。更奇怪的是殿后的“偃月池”，虽坐落于山背，其清泉却全年涌现，大旱不竭。除偃月泉外，在凌霄台西侧的边门外亦有清泉一窟，名曰“醴泉”。也常供登山游客止渴品尝。

西屏山南麓，据旧志载：曾建有“治平古刹”。当年香火鼎盛还刊印佛经散发，实为佛门圣地；西屏山的东南隅，曾建有“孤魂庙”，民国初年并入望松岭之孤魂庙。

凌霄岚翠景点。自古至今，确实是本邑市民麇集的游览胜地。

松阳第五景：百仞云峰

峰高百仞接苍雯，触石还疑涌夏云。

树影参差空际现，岚烟数点散氤氲。

图专 62　松阳第五景：百仞云峰

百仞云峰即今独山，为十景之五。山因孤峰独擎，高逾百仞，相传为古人以量日影而得之，故称为百仞山。又因此峰面南背北形似蟾跃，邑人又称之为蟾峰。

峰巅旧有太乙亭、蟾峰阁皆因久废（蟾峰阁今已补上）。下有大慈寺（已废）、瑞现夫人庙等。此峰景色幽美，还有许多美丽传说，诚为游览观光的胜地也。

松阳第六景：塔溪绿涨

一篙春水碧于油，雨洗遥山黛欲浮。

小艇移来芳草岸，兰桡微动不惊鸥。

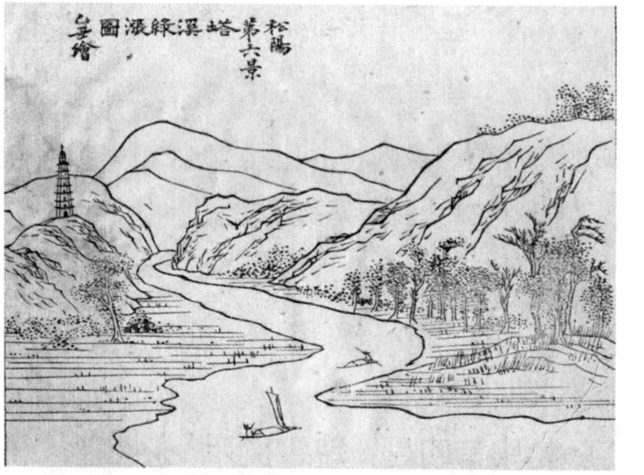

图专 63　松阳第六景：塔溪绿涨

塔溪绿涨为松阳十景之六。旧时原在赤塔埠百仞堰之拦水坝上。由于堰坝的拦截，使溪水水位抬高、口面加阔，每逢春雨水涨，船帆漂浮及赤塔、百仞山的倒影融入其中，确实美不胜收。正如旧志记载：“……春雨初涨，临溪望之，碧色连天，不啻船如天上坐焉。”

可惜由于赤塔久废，百仞堰亦冲塌多年，溪水便大大降落，当年的美景早已荡然无存。所以至民国 15 年高焕然先生修志之时，对这名存实亡的景点，索性作了修改。遂下移了十里，将青云山之青云塔替代当年的赤塔。而那边也正有溪流，“高塔倒影，掩映溪流”仍有一番趣味。因此青云塔便名正言顺地成为赤塔的替身。

松阳第七景：柳池鱼跃

几条弱柳嫩于丝，金缕依依映玉池。

悟到天机活泼处，何妨鱼乐我安知。

柳池鱼跃为松阳十景之七。正如旧志记载：“在城北天后宫西厢。昔年绿荫垂钓，宛若隋堤。乃鱼柳俱亡，已非一日。光绪壬辰（1892），焕（指高焕然）曾读书于此，为补种垂柳数株，畜鲤数尾，暇辄凭栏，风景依然，尝吟‘春暖观鱼跃’之句。后于戊戌（1898）果捷春闱（科举荣登进士），亦先机欤！民国庚申（1920），闽商醵修天后宫，池东添建一亭，而荒芜如故。苟将此地改造喷水池，尤为绝妙胜景也”。

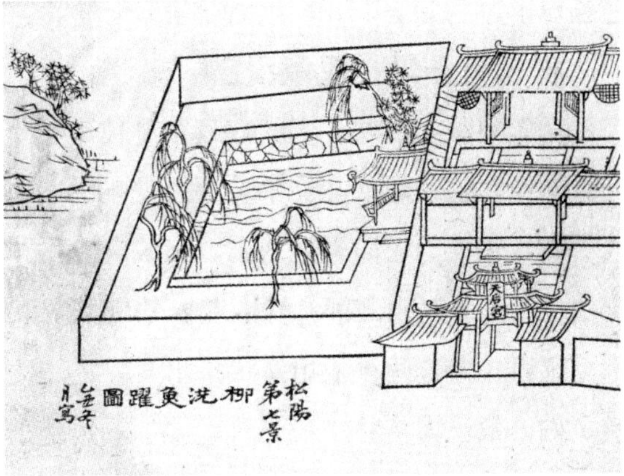

图专 64　松阳第七景：柳池鱼跃

以上文字，已将景点地域及历次修缮情况皆交代得清清楚楚。不过到 20 世纪 80 年代末，由于东邻的“松阳实验小学”扩建改造，遂将相邻的“柳池鱼跃”“天后宫”“忠义祠”“节孝祠”“节孝牌坊”“戏台”“萧祠”“郑祠”及“冷铺下社亭”等九处景点全部拆除作为兴建校舍用地。如今，留给人们的仅是一段深深的记忆。

松阳第八景：梅墩春色

美人香绕罗浮梦，处士吟成疏影诗。

莫道空山多寂寂，春风先透最高枝。

图专 65　松阳第八景：梅墩春色

梅墩春色为松阳十景之八。据旧志载在延庆寺前六七十步处。不过到民国 15 年高焕然修志时，梅墩就已不复存在了。但幸好仍有小赤壁、放生潭、石龟、龙舌岩等景点的相邻与小桃源的接壤及延庆寺塔的巍然相衬。因此仍成为不可多得的游览胜景。

可惜至 20 世纪中叶，小桃源已成物是景非，小赤壁又被开岩而毁，现存的仅留延庆寺塔而已，故使景区逊色不少。

松阳第九景：邮亭远眺

春风匹马到邮亭，花靥含娇柳眼青。

极目郊原无限景，莺啼又过小渔汀。

图专 66　松阳第九景：邮亭远眺

邮亭远眺为松阳十景之九。在县城东门光华门外之甘露堂前，原建为六柱邮亭，名曰绿野亭。该亭因建于城门之口，古人故作接诏迎官之所。所以旧志才有如此的记载：“道通括郡，路踏京华，一望平畴，远风交送，倚亭闲眺，具有扶摇万里之思。昔人创建斯亭，其意亦深远也”。

可惜绿野亭塌废已久，民国年间就不复存在，高焕然先生修志之时，就曾有人提出，欲将凤臻门外的“黄墩亭”取而代之。同时民间亦有将黄墩亭作为邮亭远眺来称（黄墩亭在民国 22 年筑松遂公路时废），不过，经修志参事们的再三考虑，觉得还是留在进城原址好，所以邮亭远眺就成虚名之景点了。

松阳第十景：双童积雪

柳絮梨花一夜吹，寒鸦寂寂宿林枝。

双童兀坐谈经处，笑尔功深雪映帷。

双童积雪为松阳十景之末。在城南十里。它界于白云、南岩两山之间。峰巅双岩并立，游人站在南面远眺，宛若两童子相倚状；北面观之，又似秃僧负妇，故邑人俗称“和尚背老婆”。每值严冬，峰顶积雪，其景更为壮观。故文人雅士将此景点取名为“双童积雪”。又因该山乱石古怪多姿，相互融合，故实为松阳之石群胜景也。

图专 67　松阳第十景：双童积雪

（何为松）

附　录

浙江省人民委员会关于调整部分县级行政区域的通知

（节　录）

……

省人民委员会于1958年9月13日第39次会议议决，并报经国务院1958年11月21日全体会议第82次会议通过，撤销岱山、磐安等23个县的建制。并将有关事项通知如下：

……

4．撤销松阳县建制，将原行政区域全部划归遂昌县。

……

浙江省人民委员会

一九五八年十二月二十三日

浙江省人民政府关于恢复松阳县的通知

（节 录）

……

国务院一九八二年一月三十日批复，同意将遂昌县划分为遂昌、松阳两个县。遂昌县管辖城关、新路弯、王村口、黄沙腰、金竹五个区（二十六个公社）和妙高镇，县人民政府设妙高镇。松阳县管辖松阳、古市、靖居、玉岩四个区（二十三个公社）和古市、西屏两个镇，县人民政府设西屏镇。

浙江省人民政府

一九八二年二月七日

注：国务院批复即国务院〔1982〕国函字11号。

抗日战争时期内迁松阳的机构

浙江省政府　主席黄绍竑。民国30年（1941）5月下旬，由永康县方岩迁松阳。驻省农业改进所（今松阳师范）。8月6日迁回方岩。31年5月18日再迁松阳；6月2日旋迁云和县。

中国国民党浙江省党部　书记长罗霞天。经武义县转宣平县迁松阳，驻县党部，后随省政府迁移。

省政府秘书处　秘书长李立民。随省政府迁移。驻省农改所。

省临时参议会　参议长陈屺怀、朱献文。随省政府迁移。

省民政厅　厅长阮毅成。民国30年（1941）4月迁松阳，驻县政府。31年6月迁云和。

省教育厅　厅长许绍棣。民国30年（1941）4月由永康县经丽水迁松阳，驻县民众教育馆（今县医院大门西侧）。31年7月迁景宁。

省会计处　会计长陈宝麟。民国30年（1941）4月迁松阳，驻山下阳村张氏宗祠。31年7月29日迁景宁县。

省卫生　处长孙序裳。民国30年（1941）5月17日迁松阳，驻县城北街103号。31年6月10日迁云和县。

省财政厅　厅长黄祖培。随省政府迁移。驻乌井村。

省田赋管理处　处长黄祖培兼。民国30年（1941）在松阳成立。8月11日，迁永康县方岩。

省建设厅　厅长伍廷飏。民国30年（1941）4月下旬，由永康县方岩转丽水县迁松阳，驻省农改所。后随省政府迁移。

省无线电台　主任马彩虹。随省政府迁移。驻寺岭下。

省营贸易处　随省财政厅迁移。驻仓溪乡（今望松乡）。

省赈济委员会　民国30年（1941）8月中旬，由永康县经武义县迁松阳。31年6月迁出。

省地方干部训练委员会　主任黄绍竑兼。民国30年（1941）6月10日迁松阳，驻南门天妃宫。31年6月5日，迁云和县。

省农会　民国30年（1941）6月10日迁松阳，驻东门外金钟庙。31年6月后，迁龙泉县。

省妇女会　民国30年（1941）6月迁松阳。后迁庆元县、云和县。

励志会　民国30（1941）4月下旬迁松阳。

全国节约建国运动委员会浙江分会　民国30年（1941）5月迁松阳，驻古市镇张氏宗祠。

省社会事业促进会　民国30年（1941）下旬，由永康县方岩迁松阳，驻金钟庙。后迁丽水县碧湖镇。

省动员委员会　民国30年（1941）下旬，由永康县方岩迁松阳。

省新生活运动委员会　民国30年（1941）6月21日迁松阳，驻县党部。31年10月11日，迁云和县。

省高等法院　院长郑文礼。民国30年（1941）迁松阳，驻县司法处。31年6月14日，迁云和县。

省战时警察训练所　民国30年（1941）4月下旬迁松阳。

第十集团军总指挥部军官团　民国28年（1939），驻西屏镇。

省图书杂志审查委员会　驻县党部。

省警察大队　民国30年（1942）4月下旬迁松阳。

省保安处司令部全省防空司令部　驻西屏镇附近。

省保安处集中营　驻县城北郊草场圩。

遂松督剿总部　民国33年（1944）1月10日迁松阳，驻古市镇。

第三战区兵站分监督部甲种军械堆积所　驻县城北云岩寺。

政治部荣军招待所第七总队第十三大队　民国32年（1943）12月17日迁松阳，驻县城北街90号。

省照料荣誉军人办事处　民国30年（1941）4月25日迁松阳，驻塔溪乡（今西屏镇）乌形山村刘氏宗祠。

中央军校七分校入伍生总队　总队部驻西屏镇附近。除一部分在宣平县竹客等地警戒外，余部协同警察大队维持松阳治安。

第三战区特种工作团第一团第六分团　民国27年（1938）2月1日建组，28年4月12日解散，团长孟卿，副团长吴玠。

第三战区伤兵之友社方岩支社松阳分社　驻松阳。

中国航空建设委员会浙江分会　民国30年（1941）4月26日迁松阳，驻县城太平坊巷30号。31年6月4日迁云和县。

军令部浙江陆地测量事务所　民国29年（1940）迁松阳，驻城北毛氏宗祠。

土地测量总队　驻松阳。

省交通管理处　驻古市镇。

省民船员工会联合会　常务理事曹振。民国30年（1941）年6月27日迁松阳，驻县城金钟庙。32年1月迁云和县。

省盐务管理局松阳分局　驻叶村乡寺岭下村。

储盐秤放处　驻叶村乡河头村。

省邮政管理局办事处　主任何幼村。民国30年（1941）9月8日迁松阳，驻古市镇张氏宗祠。次年12月迁龙泉县。

省战时卷烟管理处　民国30年（1941）6月迁松阳，驻塔寺下舍利庵。

浙江地方银行　设讼阳办事处，驻太平坊下。

浙江旅行社　省地方银行直属。民国30年（1941）6月15日，在松阳设分社。32年停业。

省合作金库　总经理徐渊若。民国30年（1941）迁松阳。

农业改革所　所长莫定森。民国27年（1938）1月1日在松阳成立。民国31年6月迁云和县。

民国33年7月25日在松阳设办事处。民国34年10月5日迁回松阳。35年迁杭州。

省粮食增产督导办事处　民国30年（1941）6月14日由丽水县迁松阳，驻省农改所。

省农业扩大人员养成所　驻省农改所。

省经济建设实验事业办事处　民国29年（1940）5月由湘湖师范代办，驻古市镇。

省合作事业促进会松阳分会　民国28年（1939）驻松阳，会址永庆铺前巷6号许氏宗祠，后迁南门潘祠前巷44号。

财政部贸易委员会复兴商业公司浙江分公司　经理李永振。民国30年（1941）5月7日从永康县迁松阳，驻仑溪乡（今望松乡）吴弄村。8月1日，迁回永康县，后再迁松阳。33年12月14日迁龙泉县。

财政部贸易委员会富华贸易公司浙江分公司　迁松阳县仑溪乡（今望松乡）吴弄村。

财政部贸易委员会浙江办事处　民国30年（1941）5月6日迁松阳仑溪乡（今望松乡）。

省卫生事务所　民国30年（1941）4月下旬迁松阳。后迁云和县。

省卫生处卫生工作站　民国30年（1941）4月设。

省照料荣誉军人办事处第三辅助医院　民国30年（1941）4月驻松阳。

省照料荣誉军人办事处第十七辅助医院　民国30年（1941）4月，驻松阳。

英士大学农学院　民国28年（1939）10月在松阳成立，设农改所内。31年8月迁景宁县。

省立湘湖乡村师范学校　校长金海观。民国27年（1938）1月迁松阳。校部驻古市镇西郊广因寺。分部及附小分驻古市镇及邻近叶川头、梧桐口等村。民国31年5月迁庆元县，后又迁景宁县。民国34年8月23日复迁松阳。民国35年2月24日迁回萧山。

战时儿童保育会浙江分会第二保育院　院长戚铮音。民国30年2月迁松阳，驻赤岸村。民国31年5月迁玉岩。6月迁福建省松溪县。

国民抗敌驻松官兵眷属子弟学校　民国28年（1939）驻松阳，校址永庆铺前巷6号许氏宗祠。

浙东电力厂松阳分厂　厂长赵曾珏兼。民国27年（1938）2月建。民国31年8月，厂房设备被窜犯松阳侵华日军所毁。

浙东纺织厂　又称“浙东纺织公司第二厂”。厂长徐诚三。民国29年（1940）迁松阳。民国32年1月开工，厂址裕溪村刘氏宗祠。民国34年停办。

浙江硫磺矿采炼厂　驻古市。

浙江省化学工厂　驻堰头村（今属丽水市）。

浙江樟脑厂　民国30年（1941）9月，在靖居口村设第三工场，程村设第四工场，雅溪口村设材料工场。

浙东烟厂　厂长李白时。民国29年（1940）创办，厂址县城东阁街。

省赈济会难民印染厂第四发行所　主办李业如，设县城南直街173号。

中共松阳县委　松阳县人民政府
关于加快改革开放加速经济发展的决定

根据中共中央中发（1992）2号文件精神，为了更有效地紧紧抓住当前有利时机，充分调动和发挥全县广大干部群众的积极性和创造性，进一步解放思想，加快改革开放，加速经济发展，特作如下决定：

一、结合实际，确定改革开放战略

——对外开放的总体战略。建设经济长廊（采取两头并进方法，开发西屏至古市工贸长街）；重视内联外引（县内联合，县外引进）；促进中部开花（以西屏车站为中心点，向北山、马桥一带建设工业区，向造纸厂一带沿路建设市场）；发展5个集镇（坐落在龙丽、港玉省、县道上的五镇。主攻工业经济，大力发展第三产业，大干快上，发挥龙头作用）；带动全县各乡。

——调整我县十年规划和“八五”计划提出的经济发展速度。“八五”期间，全县国内生产总值平均每年递增18.8%，到1996年提前1年实现翻两番；“九五”期间，继续保持这一增长势头，2000年达到12亿元左右，相当于1980年的6.4倍多。

二、明确任务，加快改革开放步伐

要从我县实际出发，抓住有利时机，充分发挥本地优势，继续抓好稳定和完善家庭联产承包责任制，发展壮大集体经济，大力调整农村产业结构，推进农业综合开发，积极发展多种经营；加强社会化服务体系的建设，特别要重视产后服务；以工业经济为重点，主攻乡镇企业，当前和今后一个时期的主要任务是：

（一）大力发展企业，壮大经济实力

1.以生产资料的经营、管理、使用方式的改革为突破口，国营企业和乡镇企业的经营机制、管理体制，只要有利于经济发展的可以互用。同时，可采用“三资”企业和个体企业的有效做法，可以实行“一厂多制”。

2.新办的各类工商企业，从建立之日起，按“四自”（自主经营、自负盈亏、自我发展、自我约束）、“三能”（分配能高能低、干部能上能下、职工能进能出）的新体制运行，一步到位。

3.工业企业，特别是乡镇企业要继续贯彻“打基础、上规模，增效益，求发展”的方针，坚持五轮齐转，五路并进，大力筹集资金，狠抓投入，强化和完善灵活、高效的经营机制，依靠科技，加强管理，向大发展方向迈进。

4.简化工商企业审批手续。凡利用资金技术合作开办新厂或乡镇个体私营生产企业，允许报批土地手续后。先办厂、先生产，后办其他审批手续和营业执照，（产品销售前办好有关手续）。

5. 加速技改项目的建设步伐。（1）对县以上计划的技改项目，实行承包责任制（工期、投资、质量和竣工投产），奖金控制在项目总投资额的0.3%～1%之内（奖金在项目经费中开支），完不成任务的按合同罚则办理；（2）对生产经营性的新开或技改项目收费，除土地补偿费外，按最低标准减半征收，某些项目经县分管领导批准可免收；（3）列入县级新产品开发，试制计划，经鉴定的新产品，免征产品税、增值税、所得税一年。所免税款用于还贷款或充实生产发展资金；（4）技改或新上项目正式批准后，各部门应及时办理有关手续，一个部门如超过一周未办理，即视已办该项手续，造成后果由耽误手续办理的部门负责；（5）凡有条件的工业企业，技术开发资金可增提至2%；（6）凡新办企业或技改，新增年产值1000万元以上或年新增税利50万元以上的，专拨农转非计划1名。在建期间，无特殊情况，一般不变动主要负责人。

6. 对折旧执行完毕而尚有使用价值的固定资产，由企业会同有关部门进行评估认定，按重置价提取折旧。

7. 凡兼并“小、穷、亏”企业，兼并方为被兼并方承担的贷款停息一年，其新增效益免征产品税、增值税、所得税两年。

8. 新办工业企业，从投产之日起可免征产品税、增值税一年，所得税三年，免税期满后，纳税仍有困难的，报财税部门批准，可继续给予免税照顾。凡吸引县外资金来我县办联营企业的，其新增效益免征所得税三年，之后两年减半征收。

9. 上级下达到县的支农周转金，拨出一定数量用于扶持发展乡镇企业，并逐年增加比例。

10. “八五”期间，对乡镇企业一次投资30万元以上的新建或技改项目实行税前还贷政策，以自筹资金新办企业或技改，企业可按同期银行利率提取同额资金摊入成本。

11. 村办集体木材加工企业计划内经批准用本村木材作原料的，乡镇集体木材加工企业计划内经批准用本乡镇林场木材作原料的，可不经森工，供销部门作购销处理，按其所用木材平均收购价缴纳育林资金、更改资金、林区管理建设费。

12. 给乡镇企业划出一定数量的原材料供应计划，纳入县级计划渠道。

13. 继续清理积压产品。对企业清理（经有关部门作品种、数量认可的）积压产品，推销后给予减、免产品税优惠。其推销后回笼的资金，允许企业留30%，以作为开发新产品和转产资金。

（二）振兴农村经济，推进农科教结合

14. 各级党委、政府要抓住农村发展、科技进步、人才培养这一主线，统筹安排农村经济、科技、教育的改革与发展任务。科技事业要紧紧围绕经济建设的发展规划和开发项目，开展适用技术研究、攻关和推广，加快科技成果的转化。农村教育事业要围绕农村经济发展需要，培养经济建设人才。

15. 积极扶持、引导各种形式的技术推广体系的建立和发展，逐步形成以县科技培训与推广服务中心为龙头，以乡、村服务基地为网点，上挂大中专院校、科研所和科技单位，下联专业实体的农村科技与推广网络。

16. 贯彻因地制宜、按需施教、灵活多样、注重实效的原则，加强职业技术教育和适用技术培训，推进教育体制改革。继续抓好成人技术教育，办好现有的职业技术学校；逐步扩大职教周转基金；

农村中学要积极引进职业技术教育内容和举办各种形式的职业技术培训班。

17.积极支持和鼓励单位、个人参与规模开发、规模经营，并享受政府规定的优惠政策；（1）县农发基金、支农周转金给荒滩、荒地连片100亩以上，山地500亩以上，大田50亩以上的农业综合开发者重点扶持，并在技术、物资、水利等配套设施上特别优先安排；（2）规模开发、规模经营所需信贷资金，其利率浮动不超过基准（法定）利率的30%；（3）农产品可直接投放市场，工商部门可不受“三有”限制，及时给予办理营业执照。

18.鼓励各种类型的农业社会化服务组织进行产前、产中、产后服务，实行技物结合，健全和发展技术市场。支农周转金、支持贫困村发展生产的贴息贷款，其浮动利率控制在20%以下。

19.开放农产品市场，农民进城办市场或联户经营农副产品，工商部门要及时办理登记、发照，对进城长住户，公安部门要及时办理临时户口，教育部门要及时办理其子女的入托和入学。建立各类农产品市场，在市场内综合办理出口手续。

（三）适应改革开放需要，实行土地使用权出让和转让

20.积极而有秩序地搞好国有土地使用权出让、转让和农村宅基地有偿使用工作，由土管部门组织实施。

21.符合城镇规划的前提下，允许单位和个人（含县内外、国内外的工商户、居民、农民）参与工业区、商业区、住宅区国有土地使用权的竞争经商办企业，并不受住房面积的限制。

22.鼓励外商、允许单位和个人参与房地产开发经营。经政府批准后，允许集体土地投资入股或租赁经商办企业。

23.贯彻“自费开放、自费开发”的方针，建设工业区、商业区、住宅区，（另行制定特殊的税收、用地等优惠政策），以吸引“三资”企业、高新技术企业和县外企业，增强引进的力度。

24.加强对外宣传，积极争取到开放城市或地区创办经济实体，设立对外开放窗口。同时，加快文化、卫生、邮电、交通、饮服等基础建设，不断优化经济建设环境。

（四）大力发展第三产业，进一步搞活商品流通

25.积极发展第三产业。增加第三产业增加值占国民生产总值的比重，重点发展投资少、收效快、效益好，与经济发展和人民生活关系密切的行业、与科技进步相关的新兴行业，农村的产前、产中、产后服务的行业。

26.鼓励各方大力发展有地方特色的市场。除继续完善已建立的小商品市场、粮油批发市场、生猪交易市场外，要建立其他有特色的农产品和工业品批发交易市场，为推销地方产品提供服务。支持企业扩大经营范围，支持乡镇村办市场，农民入股办市场，支持国家、集体、个体联办市场。

27.搞活商品流通。流通企业可打破行业区域界限，实行多层交叉经营，国营商业的零售商店可兼营批发业务。允许挂多种名称，允许生产企业同名优产品生产厂家合作，挂第二厂名和商标。

28.鼓励支持工商企业发展“两头在外”（外地组织商品、外地销售）的经营服务；鼓励发展边界贸易。企业可在税前提取所创利润的10%～30%作为推销业务费（不列入工资总额），用于奖励业务人员。

（五）努力拓宽渠道，多方筹集资金

29.增加信贷计划管理的灵活性。在全县信用社全面推行“以存定贷”的管理办法，其新增存款在交足准备金、留足备付金后可全额发放贷款。争取增设城市信用社。增加专业银行在年度中间使用信贷规模的灵活性。允许信贷指标之间的调剂使用。保险公司要积极争取建立资金运用部，灵活保险资金。

30.拓宽金融市场。用足用好上级出台的宽松的金融政策，放宽对拆借资金期限、利率的限制，实行随行就市。以地方财政或银行为依托，组建债券公司，组织县内资金以支持生产型企业。金融部门要开展选择若干家企业进行向社会发行债券和股份制的试点。

31.对现在停产、亏损企业开展的自救活动，只要产品有市场，有可靠的扭亏和恢复生产措施，银行和有关方面应在资金上给予支持；对“小、穷、亏”企业原来到、逾期贷款，一时归还有困难的，金融部门要给予通融，不加急罚息，不减少新的贷款额度。

32.积极鼓励企业和个人推销本地产品。凡推销滞销产品者，可按推销总额的8%～10%提取推销费；推销平销产品者，可按推销总额的3%提取推销费，所提费用列入销售成本，不计入已核定的经营费用内，主要用于奖励推销人员。

（六）深化财税改革，实行税、利目标管理

33.对有经济实体的部门、单位，县财政逐步与部门或企业实行税、利目标管理制度，确定基数，超额分成，大头留企业，以增强自我发展的能力。

34.规范政府对企业的行为。对放开经营、上缴税利实行目标管理的企业，政府主管部门只管三条：任免厂长（经理）；考核兑现目标管理指标；确定企业工效挂钩基数与比例。凡实行工效挂钩的企业，经审核确属效益增长而引出的工资增长部分，免征工费调节税。乡镇企业的职工人均工资、奖金额度提高1倍。

35.逐步完善乡级财政包干体制，超收留成部分乡镇自主安排，用于发展经济和社会公益事业。

36.加强行政事业性收费管理，严格制止“三乱”现象。确需收费的项目和幅度，由物价部门按减轻企业负担和群众负担的原则审核批准，就低收费。其他业务部门及行政事业单位不得擅自决定调整和审批各类行政事业性收费。凡农产品要代征收教育附加费的，其代征率不得高于毗邻县市。

（七）不拘一格引进人才，充分发挥人才作用

37.允许干部、职工经批准后，留职停薪、辞职从事承包、租赁、创办经济实体。凡由机关、全民集体单位干部职工出去在本县范周内办企业的，本人身份不变，原户粮、职级、职称、住房予以保留。机关事业单位干部职工出去创办经济实体和到亏损企业挂取可保留一年工资和各种补贴，到其他企业挂职的保留半年工资和各种补贴。承包期满，根据本人意愿，可回原单位工作，也可由劳动人事部门重新安排。

38、鼓励机关干部到企业工作。凡组织选派、调派，被企业借用或经双向选择到企业工作的机关干部，企业工作期间，基础工资向上浮动1至2级，在乡镇企业工作，工资上浮2至3级，满三年后将其中一级转为固定工资，继续上浮，不影响正常调资。在三年内，若本人要求仍可调回原单

位。在企业工作期间，其工资、补贴、奖金等由企业发给，奖金不低于机关事业单位额度，上不封顶。

39、允许除担任副科级（厂长、经理）以上领导职务及公安、检察、法院、财税、工商等单位干部外的其他干部职工利用业余时间从事第二职业。允许机关干部从事企业的业务指导、技术咨询、农业综合开发及产品购销等有偿服务。鼓励机关企事业单位干部职工自筹资金合股创办经济实体，入股的红息视为正当收入。

40、鼓励大中专毕业生到乡镇企业工作。凡分配到乡镇企业的大中专毕业生，其行政、户粮关系放在县人才技术服务中心，见习期享受定级工资，并上浮1级；见习期满，经考核合格，明确其全民所有制干部身份，再上浮1～2级工资；工作成绩突出者，企业可在定级工资基础上再晋升一级固定工资，并可上浮2～4级工资。满三年后，其中的一级浮动工资转为固定。其工资、补贴、福利等由企业发给，奖金不低于机关事业单位额度，上不封顶。在企业工作合同终止后，可继续为企业工作，也可经本人申请由县人才技术服务中心另行安排。

41、鼓励党政干部到农村工作。凡组织选派、调动、被村借用或双向选择到行政村挂职工作的县机关事业单位的干部职工，在农村工作期间，基础工资上浮3～6级，月享受下村补贴60元。满三年后，经考核成绩较大的，将其中的一级转为固定，并不影响正常调资。三年内，若本人要求，仍可调回原单位。在村工作期间，工资、补贴、资金等由原单位发放。浮动工资、下村补贴及在村期间的差旅费，由村发给。凡年集体经济收入0.8万元以下的村，由所在乡镇发给。

42、对办企业、到农村发展经济的工作成绩突出者进行奖励：

（1）对老企业的厂长（经理），按税利上缴财政以上年度实际入库数为基数增长20%以上者，奖超过部分的5%。

（2）凡在本县范围内新创办的工业企业，按该企业实现税利情况，经审核，由县政府给创办人二年的奖励。奖励标准：第一年为实现税利的8%，第二年为增加部分的20%。新办企业三年实现税利达60万元以上者（个体私营企业按上缴税收计算），奖现金5万元或奖给在县城内不少于50.2平方米的商品房一套。奖金由得益单位支付。

（3）凡应聘或调派创办、领办、承包企业，使企业连续3年新增税利20万元以上者，由受益单位奖给在县城内不少于50平方米商品房一套。

（4）在村工作三年期满，通过开发农业、创办企业使村集体经济收入增加累计达16万元以上者，按10%比例奖励，超过30万元，另奖给在县城内不少于50平方米的商品房一套，奖金由村发给。

（5）在企业、农村工作的专业技术人员，由于在解决技术难题、新产品开发、新项目开拓等方面成绩显著，使本单位获得较大效益，经县有关部门批准可在原技术职称基础上高聘1至2档，在本县范周内享受高聘后技术职称的相应待遇。

43、外地科技、经济管理人员来本县从事经济、科技活动，享受本县科技、经济管理人员同等待遇，并在以下方面给予优惠：

（1）简化调动手续。凡企业急需外地专业技术骨干和经营管理骨干，经用人单位了解、考察和审报，县劳动、人事部门简化有关手续，直接向对方发出调档、调令函件。如正常调动有困难，本人愿意以辞职或自动离职方式来工作的，承认其原有身份、学历、工龄、技术职称等，档案材料可由县人才交流中心负责调处或予以重新建档。对全民企业急需的外地集体身份的专业技术人才，根据企业及主管部门意愿，可将其变更为全民合同制职工身份调入。凡担任城镇集体企业副厂长（副经理）以上的待业人员的招工，不受年龄限制。

（2）解决住房。凡到松阳工作的科技人员，由接收单位安排一套住房，在松阳安家者，报据学历和专业技术职务，分别由接收单位发给 1000～2000 元安家补助费。

（3）安排家属子女就业。调入松阳工作具有工程类中等职称以上专业技术职务或大学本科以上文化程度的科技人员，有工作的家属子女可随调，未就业者优先安排就业；家属子女系农业户口的，可直接办理“农转非”。

（4）报酬从优。来松阳工作的技术管理人才，其报酬由企业自行决定，也可按单项任务指标、协议规定计发。

（5）对突出贡献者予以重奖。到松阳工作的科技人员，凡招标中标后承包、租赁企业的，享受充分的经营自主权，受益由双方确定；使亏损企业扭亏增盈超标的，提取两年纯利润的 20%～40%给予奖励；连续三年税利持续增长的，提取三年纯利润的 20%给予奖励。对在企业中开发出新产品和创造部优产品，从投产第一年起两年内按纯利润的 10%给予奖励；对携带项目、科技成果到松阳投产、推广后取得经济效益的，从投产第一年起，两年按纯利润的 15%奖励。

44、凡农民进城和来松阳经商办企业的，允许其本人及家属子女在县城、农村或集镇申请办理常住临时户口。持常住临时户口依法经营满三年的，根据生产经营情况，由公安机关审核，可申报办理常住户口，其中工业企业年产值 300 万元、税利 8%以上，第三产业年销售收入达 300 万元、年税连续三年 15 万元以上的贡献者，可解决“农转非”一名。

45、凡本决定规定所获得的奖励者，一律免征个人收入调节税。

（八）转变政府职能，提高办事效率

46、在科学论证、坚持联合办公、现场办公的前提下，简化办事程序，简化投资项目审批手续。凡不是法定必须由其签署审批意见的单位一律免去审批手续。对经过充分论证，效益又好，但一时难以审批的，可变通办理。企业实行技改、扩建，资金全部自筹的，可由企业自行决定上马。同时报企业主管部门备案。

47、政府职能部门突出以服务为主，最大限度地下放管理权限，逐步推开转变职能的改革。县有关部门要先行一步，创办经济实体，逐步由管理为主转变为服务为主，成为集管理、服务、经营为一体的新型组织。其他部门也要从实际出发，可根据产业发展的需要，打破行业界限，实行政、技、物优化组合，组建新型经济实体，为经济建设服务。

48、改革乡镇机构，与农业关系密切的各员组建企事业兼容的经济实体，由乡镇为主管理，乡镇机构按效能重新定编、定人，选聘录用。

49、按照保留牌子，减少行政人员的原则，合并和精减重复设置的机构和虚设机构，组建企事业相兼的经济实体，开展有偿服务。

三、坚持两手抓的方针，加强党对改革开放的领导

50、加强党对改革开放工作的领导，是实行改革开放的根本保证。在加快改革开放步伐，加速经济发展过程中，要始终坚持两手抓，做到两手硬。要一手抓改革开放，一手抓打击各种犯罪活动，搞好社会治安综合治理。为经济建设创造良好的社会环境。

51、各级党政主要领导干部要集中精力，亲自抓改革开放，真抓实干，力戒形式主义，创造性地开展工作。要认真学习政策，研究和掌握政策，提高运用政策的水平；要经常分析改革中出现的新情况、新问题，探索解决问题的新措施、新对策。

52、执纪执法监督部门要鼓励探索者，支持改革者，帮助失误者，处理违法者，追究诬陷者，为改革开放保驾护航。

53、各部门单位要根据上述决定，制定出具体实施办法报县委、县政府批准后实施，使本决定真正落实到位。

54、本决定发文之日起实行，若有与本决定相抵触的，按此决定执行。

1992年7月13日

松阳县第七届人民代表大会第二次会议关于开展依法治县的决议

（1994年4月23日松阳县第七届人民代表大会第二次会议通过）

松阳县第七届人民代表大会第二次会议听取和审议县人民政府关于制订《松阳县依法治县规划》的报告。会议决定批准《松阳县依法治县规划》。

会议认为，依法治国是党和政府管理国家的一项重要主张和战略方针。当前，我国社会主义现代化建设和市场经济体制的建立正处于关键时期。经济越发展，改革越深入，开放越扩大，越要加强法制建设。开展依法治县工作，对于巩固和发展我县安定团结的政治局面，推进建立社会主义市场经济体制，保持国民经济持续、快速、健康地向前发展，促进社会的全面进步，具有重要意义。

会议指出，要继续深化普法教育，增强广大干部群众的法律意识和法制观念，严格实行部门执法责任制，狠抓基层和行业的依法治理工作，建立和健全各项规章制度，认真开展执法检查，强化执法监督机制，提高执法队伍素质，国家机关工作人员尤其是执法人员必须刚正不阿、秉公执法、以身护法，学会依法从事本职工作的本领，养成依法办事的习惯，做到有法必依，执法必严，违法必究。

会议要求，各乡镇人民政府、县政府所属各部门、各单位，要根据县政府依法治县规划，结合自己的实际情况，制定出与之衔接配套、切实可行的本地区、本单位、本部门的依法治理规划；县人民法院、县人民检察院，要根据自己的职责范围，制订出推进依法治县的实施方案；县人大常委会和各乡镇人大主席团，要切实加强监督检查，以保证依法治县规划有条不紊地顺利实施。

松阳县（1997～2000年）社会主义精神文明建设实施意见

（1997年1月6日中共松阳县委五届八次全会扩大会议通过）

为了认真贯彻《中共中央关于加强社会主义精神文明建设若干重要问题的决议》和《浙江省社会主义精神文明建设纲要（1996～2010年）》《丽水地区（1996～2010）社会主义精神文明实施意见》，切实抓好我县的社会主义精神文明建设，特制订本意见。

一、指导思想

以马列主义、毛泽东思想和邓小平建设有中国特色社会主义理论为指导，全面贯彻落实党的基本路线和党的十四届六中全会精神，坚持两手抓两手都要硬和精神文明重在建设的方针，努力把我县的社会主义精神文明建设提高到一个新的水平，为我县的经济发展和社会全面进步提供强大的精神动力、智力支持和思想保证。

二、奋斗目标

适应发展社会主义市场经济和社会全面进步的需要，努力提高全县人民的思想道德素质和科学文化素质，培养有理想、有道德、有文化、有纪律的社会主义公民；提高城乡精神文明建设的整体水平，把我县建设成为经济比较发达、社会安定团结、道德风尚良好、文教科技水平较高、基础设施较完善、环境整洁优美的文明县。到2000年，全县在严格文明村、文明单位标准的前提下，力争创建60%左右的文明村、80%左右的文明单位，在地区创建文明城镇竞赛活动中位居前三名。

三、工作任务

（一）用建设有中国特色社会主义理论教育党员、干部和广大群众。进一步健全县委中心学习组和各乡镇、各部门中心学习组制度，领导干部要率先垂范，带头学好理论，不断提高政治素质。县委党校及各基层党校都要充分发挥各自职能，积极向各级干部进行马列主义、毛泽东思想和邓小平建设有中国特色社会主义理论和党的基本路线、基本理论教育，努力提高干部的思想政治素质。要采取多种形式和有效途径，有针对性地向广大群众进行宣传教育，引导干部群众深化认识，知行结合，说做一致，坚定不移地走有中国特色的社会主义道路。

（二）深入开展爱国主义、集体主义、社会主义教育。紧密联系国际国内形势，向广大群众进行中国历史、特别是近代史、现代史和基本国情的教育。要利用现有爱国主义教育基地，教育干部群众特别是青少年树立民族自尊心、自信心，增强民族的自豪感，进一步激发爱国热情。各单位要严格按照《国旗法》《国徽法》的要求，坚持升挂国旗、奏唱国歌、悬挂国徽。要坚持不懈地在农村进行以坚持社会主义方向、深化农村改革、促进农村经济发展为主题的教育；在企业进行形势和任务教育。要大力宣传我县改革开放和经济建设的成就，进一步激发干部群众爱祖国、爱家乡的热情。

（三）广泛开展新时期创业精神教育，激励全县人民为振兴松阳建功立业。以江泽民同志倡导的64字创业精神（解放思想、实事求是、积极探索、勇于创新、艰苦奋斗、知难而进、学习外国、自强不息、谦虚谨慎、不骄不躁、同心同德、顾全大局、勤俭节约、清正廉明、励精图治、无私奉献）和松阳精神为主要内容，结合深入开展学习孔繁森、陈金水、李素丽活动，激励全县人民同心同德，艰苦奋斗，团结一致，锐意进取，为努力改变松阳的落后面貌，加快脱贫致富奔小康步伐而努力奋斗。

（四）加强思想道德教育，提高全县人民的道德水平。全县各行各业的广大干部职工都要坚持为人民服务思想，牢记对人民负责的宗旨。党政机关干部要廉洁奉公、忠诚积极、艰苦奋斗、全心全意为人民服务。执法监督和行政管理部门要坚持原则、敢抓敢管、依法办事、不徇私情。直接为生产经营和群众生活服务的部门要做到便民利民，坚决反对和纠正行业不正之风。总的要求是：爱岗敬业，忠于职守；精益求精，优质高效；诚实守信，办事公道；艰苦创业，勇于开拓；服务群众，奉献社会。

组织群众认真学习《中国公民手册》，教育群众遵守《市民守则》《村规民约》。大力倡导文明礼貌、助人为乐、见义勇为、爱护公物、讲究卫生、保护环境、遵纪守法的社会公德；大力倡导尊老爱幼、男女平等、互敬互爱、勤俭持家、邻里团结的家庭美德；大力提倡光明磊落、谦虚谨慎、严于律己、坚持真理、热爱祖国、热爱人民的个人思想品德。反对和抵制拜金主义、享乐主义和个人主义，反对损公肥私、损人利己。改变落后、愚昧的生活习俗。

（五）重视青少年思想品德教育，努力培育“四有”新人。全面贯彻党的教育方针，加强学生的思想政治教育。严格校规、校纪，教育学生遵守《中小学生守则》，开展《中小学生行为规范》达标活动。积极组织学生参加生产劳动和社会实践活动。教师、家长要言传身教、以身作则、当好榜样。充分发挥共青团、少先队的作用，深入开展“跨世纪青年文明工程”“希望工程”等活动。发挥“五老”作用，经常组织老同志到青少年中间开展教育活动，努力提高青少年的思想品德。

（六）繁荣社会主义文化事业，活跃群众文化生活。营造氛围，抓好“山花工程”建设。广泛开展群众性文化活动，积极发展社会文化、村镇文化、企业文化、校园文化和家庭文化。继续坚持文化下乡，争取在文化下乡方面形成我县特色。开拓农村电影市场，解决农民看电影难问题。重视图书发行的主渠道作用，扩大图书发行、销售网点。根据“保护为主、挽救第一”的方针，做好文物的抢救、保护工作。坚持不懈地开展扫除黄色书刊和音像出版物、打击不法出版物的斗争；重视加强对游戏机房和录像放映厅的管理，采取有力措施，禁止未成年人进入游戏机房和录像放映厅。要将文化娱乐设施建设纳入城乡建设的总体规则，杜绝随意挤占文化娱乐场所的现象。规划在县府南侧建立文化中心，用地2公顷。中心内设文化馆、图书馆、博物馆、老年活动中心等文化设施。

（七）努力办好广播电视事业，充分发挥传媒作用。加强农村广播电视事业的建设，到2000年，力争广播喇叭入户率达70%，松阳电视台播放时间由现在的4个小时增加到6个小时，松阳新闻节目由现在的每周3档增加到每周5档，并增加自办节目2～4个，新建各级卫星地面站10个，使全县电视覆盖率达到90%：有线电视终端达20000户。建成松阳广播电视台，传送20～25套电视节目和3～5套调频广播节目，逐步开设调频立体声广播节目，形成以县城为中心、覆盖松古平原大部分乡镇的广播电视网络。规划建设广播电视中心。

（八）大力发展医疗卫生事业。广泛开展以讲究卫生、预防疾病为重点的宣传教育活动，增强群众自我保健意识和能力；加快各项医疗保健事业发展步伐，巩固提高初级卫生保健工作达标成果；认真抓好职业道德教育，改善服务态度，提高医务人员的业务水平；采取措施，控制人才外流；逐步增加对卫生事业投入，改善医疗卫生服务条件，提高医疗卫生服务质量，争取到2000年完成乡镇卫生院危房改造任务，建成古市医院门诊大楼和大东坝镇中心卫生院综合用房；全县改水受益率达80%，卫生厕所普及率30%；逐步建立社会医疗保障体系，认真组织实施公费医疗制度改革；加强卫生执法队伍建设，加大卫生监督力度，规范社会卫生行为，保障群众身体健康。

（九）广泛开展群众性体育活动。全面贯彻实施《体育法》和《全民健身计划纲要》。到2000年，经常参加体育锻炼的人数争取达到全县总人口的1/3：逐步建立城镇、乡村各种形式的体育组织；搞好学校体育达标活动，达标面100%，达标率96%以上；办好县体育培训中心，培养一批社会体育指导员，抓好少年儿童的业余训练,为国家培养输送优秀体育人才；建立体育市场管理队伍。做好县体育运动中心的规划工作，力争在2000年建成综合性体育馆。

（十）大力发展教育事业，努力培养后备人才。认真贯彻实施《中国教育改革和发展纲要》，加快教育改革和发展步伐。大力巩固和发展基础教育，以实现高标准“普九”为目标，努力实现“四高两化”。加强松阳一中基础设施建设，争取在“九五”期末达到省二级重点中学的水平。集中力量办好县职技校，力争在1998年建成省级示范性职技校。农村初中要引进职教因素，开展“2+1”和“2.5+0.5”教育。大力提倡企事业、行政村、居委会办幼儿园。各乡镇中心学校要办一个附设幼儿班或学前班，使之成为全乡镇幼儿班的辅导中心。加强师资队伍建设，采取措施，保证教师接受继续教育，提高教师的政治素质和业务水平。关心教师的工作和生活、切实帮助他们解决实际困难，1997年教师节前建成教师新村。

（十一）搞好城乡基本建设，创造良好的工作、生产、生活、环境。加强城乡规划、建设和管理，全县所有集镇、乡所在地的行政村和一些重点行政村要制订建设发展规划，并严格按规划进行建设。坚持统一规划、合理布局、综合开发、配套建设的原则，搞好县城新区开发和旧城区改造。大力完善县城供、排水设施，水厂二期扩建工程力争在21世纪初启动，使县城供水能力达到3万吨／日。建设龙丽线县城段排水工程，完成环城西路和上松线改造工程，着手进行城南路改造工程。对古市、玉岩两镇城镇道路进行拓宽改造。以治理脏乱差为重点，搞好县城的绿化、美化和净化工作。加强环卫工人队伍建设，按国家规定的比例逐步配足环卫工人，建设一个占地10亩的垃圾场，对垃圾进行填埋处理，同时建设一个容积为200立方米的粪便贮存池。加强环保宣传教育工作，努力提高居民的环保意识。敦促企事业对污染源的治理；对新建、扩建、改建的项目实行“三同时”制度，以控制新的污染源产生。对工矿企业实行排污许可证制度。大力加强公共绿化，人均绿化面积达到8.8平方米，绿化覆盖率争取达到40%，绿地率达10%。各机关、企事业的院落绿化面积应占总面积的

20%～30%。做好西屏山、独山、延庆寺塔、松荫溪两岸、青蒙山一线旅游景点的开发规划工作。

（十二）广泛开展法制宣传教育，加强社会主义法制建设。继续加强法制宣传，实施依法治理教育计划，努力完成“三五”普法教育任务。加强村级自我管理，使农村工作逐步纳入依法治理轨道。加强刑事、民事、经济、行政等审判工作，切实保护公民和法人或其他组织的合法权益。进一步加强对人民陪审员和调解人员的业务培训，增强他们调解各种社会矛盾和民间纠纷的能力，发挥他们在综合治理中“第一道防线”的作用。调解率达95%。认真做好“双拥”工作。

（十三）全面推进社会治安综合治理，努力创造安定团结的社会环境。加强党对政法工作的领导，实行社会治安综合治理责任制；强化各项行政管理措施，提高发现、控制、打击违法犯罪的能力。贯彻“谁主管，谁负责”的原则和“一票否决制”，全面落实社会治安综合治理制；加强基层基础工作，开展“创安”活动；发挥各乡镇、村、居委会治保、调解、联防组织的作用，做好群防群治工作；加强社会治安的动态管理，搞好暂住人口、公共场所、特种行业和城镇内道路的管理；加强对违法犯罪人员的管教，特别是对违法青少年的教育、感化、挽救工作和刑满释放人员的教育管理工作，努力消除社会犯罪因素；提高楼院看护率，加强“平安社区”建设。继续筹集“松阳县见义勇为奖励基金”，大力表彰见义勇为和治安积极分子，鼓励广大人民群众同各种违法犯罪分子作斗争。坚决贯彻“严打”方针，对重大犯罪分子依法从重从快予以打击。坚决扫除赌博、卖淫嫖娼、拐卖人口等社会丑恶现象。加强党政首脑机关、重点单位和要害部门安全保卫工作，防止重大恶性治安事件发生。1997年底前开通110指挥中心。

（十四）移风易俗，提倡健康有益的生活方式。反对铺张浪费，提倡婚事新办，丧事简办，严禁聚众赌博；巩固专项治理成果，继续开展反对封建迷信、制止非法建造寺观教堂、滥建坟墓专项治理活动；搞好县公墓山建设和管理，着手建造殡仪馆、火葬场，有条件的村建造村级公墓。充分发挥群众组织在移风易俗中的作用，逐步建立妇女禁赌协会，红白事理事会等群众组织。做好乡镇敬老院的巩固提高工作，1997年底前县福利院投入使用。

（十五）搞好计划生育工作，提高人口素质。加强人口形势、人口观念、人均意识的宣传教育，认真执行计划生育政策和有关法规，提倡晚婚、晚育和一对夫妇只生育一个孩子。加强基层计划生育网络建设，搞好技术服务，落实好各项避孕节育措施。强化“一票否决制”，严格控制人口增长。“九五”期间，人口自然增长率控制在8‰以内，计划生育率达97%以上。搞好妇幼保健工作，倡导优生优育。大力推进新家庭计划活动，积极组织和引导群众创建“少生优生、富裕文明、健康幸福”的新家庭。依靠科技进步和人才培养，促进计划生育事业的发展

（十六）大力发展科技事业，使经济建设上台阶。大力加强“科学技术是第一生产力”和“人力资本”的宣传，强化科技意识，增强依靠科技进步振兴松阳经济的紧迫感和责任感，形成全社会尊重知识、尊重人才的氛围。围绕发展“一优两高”农业和提高工业技术水平，大力加强技术协作和技术开发、引进工作。到2000年，科技进步因素在经济增长中的贡献份额达到35%以上。大力开拓和发展技术市场，促进科技成果向现实生产力转化。进一步实施“星火”“丰收”“燎原”计划，依靠科技发展一批农业龙头企业。充分发挥科协作用，建立和健全城乡群众性科学技术推广网络。

加强乡镇科技工作网络建设，建立乡镇科委（协）；坚持配备科技副乡镇长制度，逐步配齐科技副村民主任，建立村级科技小组。广泛开展多层次多形式的群众科技知识普及和推广活动，开设广播电视科教专题节目。建立健全农技开发、应用和人才培训的配套体系。

（十七）深入开展各种形式的文明创建活动，不断扩大精神文明建设活动的覆盖面。坚持分级组织、逐级拓展的原则，逐步形成“抓县城带集镇，抓集镇带农村，抓‘窗口’带行业”的城乡精神文明建设新格局。继续开展创建文明家庭、文明楼院、文明单位、文明片区、文明村镇、文明行业系列活动，把创建活动深入到社会的各个阶层。持之以恒地开展创建文明城镇活动，力争在1997年创建文明县城评比中名次明显前移。

四、保证措施

（一）提高认识，切实加强对精神文明建设的领导。各级党组织要进一步加深对精神文明建设重大意义的认识，自觉地坚持“两手抓，两手都要硬”的方针，切实抓好精神文明建设。各级党政班子主要领导要亲自抓，分管领导要具体抓，班子成员要合力抓，形成精神文明建设齐抓共管的新格局。要把精神文明建设的各项任务纳入干部任期目标管理责任制，定期检查考核，考核情况作为各级党政领导干部政绩考核的重要依据。县人大、县政协要积极组织人大代表、政协委员观察精神文明建设情况，及时提出意见和建议。各级领导干部要转变作风，深入基层、调查研究，注意掌握和研究精神文明建设工作的新情况、新问题，认真抓好典型经验的总结和推广工作，不断提高领导精神文明建设的水平。各级党组织要按照政治强、业务精、作风正的要求，努力培养造就一支高素质的宣传思想文化队伍。有条件的乡镇要配备一名专职宣传委员。

（二）加强勤政廉政建设，树立良好的党风民风。各级各部门要切实加强反腐败和党风廉政建设的领导，旗帜鲜明地支持执纪办案工作，做执纪执法机关的坚强后盾。要加强对广大党员、干部的教育和管理，引导他们自觉地起先锋模范作用，同各种腐败现象、不正之风和违法乱纪行为作斗争。通过扎实、深入、有效地开展反腐败斗争，以良好的党风、政风促进社会风气的好转。

（三）制订和完善有关经济政策，建立多层次、多渠道、多形式的精神文明建设投入机制。各级政府要保证精神文明建设的资金投入，经费列入地方财政计划，并做到逐年有所增加，与物质文明建设投入的增长保持相应的比例。要采取有效的政策措施，广泛吸引外资和社会各方面的资金投入，逐步形成多层次、多渠道、多形式的精神文明建设投入新格局。认真落实省财政厅〔95〕63号文件精神，逐步增加对文化事业的投入。充分运用提收、贷款、价格等经济手段，完善投入机制，支持文化事业发展。进一步完善文化事业的财税优惠政策，鼓励社会力量资助文化事业。

（四）建立和健全精神文明建设的领导机构和办事机构。调整充实县精神文明建设委员会成员，由县委或县府一把手担任主任。充实加强精神文明建设的办事机构，配足专职人员，保证办公经费，积极支持其开展工作。下属单位较多的主管局要建立文明办（股级），人员为2～3人，从内部调剂，不另增编制。各级文明办要充分发挥宏观指导、综合协调、检查督促的职能，为促进精神文明建设做出贡献。不断探索县城综合管理工作机制，理顺关系，明确专职，建立一支精干、高效的综治管理队伍，努力提高城管水平。

中共松阳县委关于建设“平安松阳”促进社会和谐稳定的决定

中国共产党松阳县第七届委员会第四次全体会议，按照省委十一届六次全会和市委一届十一次全会的总体部署，从维护改革发展稳定的大局以及全面落实科学发展观的要求出发，就建设“平安松阳”、促进社会和谐稳定，作出如下决定：

一、指导思想和目标任务

（一）建设“平安松阳”的重要意义。随着经济社会的转型和利益格局的调整，我县经济社会发展进入了一个关键时期。这个时期既是加快发展的重要战略机遇期，又是各种矛盾冲突的多发期。人民内部矛盾增多、刑事犯罪居高不下、市场经济秩序不够规范、公共安全事故频发等问题日益突出。为适应经济社会发展的新形势，县委作出建设“平安松阳”的重大决策。这是实践“三个代表”重要思想的具体体现，是加强党的执政能力的重大举措，是落实科学发展观的迫切需要，是维护社会稳定的客观要求，也是全面建设小康社会的重要保证。各乡镇、各部门必须站在全局的高度，充分认识建设“平安松阳”，维护社会稳定的重要性，牢固树立“发展是第一要务”和“稳定压倒一切”的思想，以高度的责任感和使命感推进建设“平安松阳”工作。

（二）建设“平安松阳”的指导思想。以邓小平理论和“三个代表”重要思想为指导，全面贯彻党的十六大、十六届三中全会及省委十一届六次全会和市委一届十一次全会精神，牢牢把握重要战略机遇期，牢固树立和认真落实科学发展观，紧紧围绕“生态立县，工业强县”发展战略，坚持以人为本、统筹兼顾、标本兼治、协力推进，扎实开展“平安松阳”建设，促进社会主义物质文明、政治文明、精神文明共同进步，为松阳全面、协调、可持续发展营造和谐稳定的社会环境。

（三）建设“平安松阳”的目标任务。总体目标是，把我县建设成为政治更加稳定、经济更加发展、文化更加繁荣、人民生活更加安康、社会和谐稳定的“平安县”。具体目标是，确保社会政治稳定、确保治安状况良好、确保经济运行稳健、确保安全生产状况稳定好转、确保社会公共安全、确保人民安居乐业。经过3～4年的努力，使全县各乡（镇）达到创建标准，实现“平安县”创建目标。

社会政治稳定。民主法制建设全面加强，依法治县工作全面推进，党风廉政建设和反腐败斗争深入开展，依法行政、公正司法水平进一步提高，干部群众的法制观念明显增强；境内外敌对势力、邪教组织和非法宗教组织的渗透、破坏活动得到有效的防范、控制和打击；矛盾纠纷调处率达到95%以上，成功率达到85%以上；群众重复上访、越级上访、集体上访增长幅度明显下降，不发生阻塞交通、冲击党政机关等重大群体性事件。

治安状况良好。刑事犯罪案件特别是盗窃等侵财型犯罪案件上升势头得到有效遏制，严重刑事犯罪案件的破案率高于全市前三年平均水平；八类严重刑事犯罪案件发案数在全市处于较低水平；

不发生在全市造成重大影响的恶性案件和黑社会性质团伙犯罪案件；黄赌毒等社会丑恶现象得到有效遏制；外来流动人口等犯罪得到有效控制，未成年犯罪人员占全部刑事作案人员的增幅低于全市平均水平，归正人员重新犯罪率低于全市平均水平；单位内部安全保卫工作落实，防范措施到位；治安重点地区和突出治安问题得到及时有效整治；不发生敏感时期、重大活动、重要目标、要害部位的安全保卫重大事故。

经济运行稳健。不发生因决策失误、监测不力、调控失当而严重影响经济运行的重大事件；粮食市场供应平稳，价格合理，不发生恶性哄抬粮价、抢购事件；金融运行安全，不发生挤兑等区域性金融风波；严重破坏、扰乱市场经济秩序的犯罪得到有力打击；不发生在全市造成重大影响的制假制劣、制售有毒有害食品等事件。

安全生产状况稳定好转。安全生产责任制全面落实，重大安全隐患及时排除，安全管理水平不断提高；重大交通、火灾、企业安全生产事故增幅低于上年，造成的人员伤亡和财产损失低于市下达控制指标；不发生特大安全生产事故；不发生剧毒危险化学品被盗、丢失、非法买卖事件。

社会公共安全：社会公共安全的预警系统和应急预案健全，工作机制完善；学校、车站、大型商场等重要部位、公共场所秩序良好；及时消除化解公共突发性事件对社会正常秩序、公共安全的威胁和影响；有效防范传染性疾病、食物中毒等造成重大人员伤亡的公共卫生事件。

人民安居乐业。各类市场主体和广大人民群众的合法权益得到保障；就业服务、社会保障、社会救助得到加强，城乡困难群众救助的长效机制规范运行，农村“五保”老人、城镇“三无”人员及失地农民有基本生活保障，城镇登记失业率控制在4.5%以下；居民人均可支配收入增长率达到全市平均水平；人民群众安全感满意率达到85%以上。

二、工作重点

1.保持经济持续快速协调健康发展。加强和改善宏观调控，正确处理速度与质量、结构、效益的关系，促进经济持续、快速、协调、健康发展。统筹城乡规划布局、城乡基础设施和城乡产业分布，提高城乡资源共享率。努力缓解各种资源和基础设施等瓶颈制约，积极抓好要素资源配置的规划和建设。严格建设用地的审批管理，保障经济发展对土地的合理需求，保障重点建设项目的用地需要，促进土地集约高效配置。落实粮食生产安全责任制，努力完成粮食生产、储备和供应任务，确保粮食市场的稳定。健全统一、开放、竞争、有序的现代市场体系，打破地方保护和部门、行业垄断。继续抓好市场秩序的专项整治，依法惩治制假售假、商业欺诈、非法传销以及虚开增值税发票等违法犯罪行为。重视食品药品安全，积极推进食品药品放心工程建设，扎实开展食品药品安全专项整治工作，严厉打击危害人民群众身体健康和生命安全的非法生产经营活动，切实维护消费者合法权益。加强价格形势分析，建立灵敏的价格监测预警机制，规范市场价格秩序。完善政府统一领导、部门协调配合的市场价格异常上涨应急机制，维护市场价格稳定。规范各种中介服务机构、行业协会和商会组织，健全完善行政执法、行业自律、舆论监督、群众参与相结合的市场监管体系。加强“信用松阳”建设，建立以道德为支撑、产权为基础、法律为保证的社会信用制度。

2.加强基层基础工作。以“三级联创”为抓手，以“先锋工程”建设为主载体，围绕“五好”目标，健全和完善驻村工作指导员制度，扎实推进农村基层党组织建设，切实加强社区党的建设，继续抓好非公有制企业和新社团组织的党建工作。坚持一手抓党建示范点建设，一手抓后进党组织整顿转化，提高基层党组织的凝聚力、战斗力、创造力。加强党员干部的教育培训，把建设“平安松阳”，促进社会和谐稳定列入各级党校党员干部课程培训和党课内容，进行经常性培训。深入开展以“三个代表”重要思想为主要内容的党员先进性教育活动，提高党员干部素质。坚持工作重心下移，加强乡镇综治组织建设，配好配强乡镇综治委、综治办主任，并根据乡镇大小配备一定数量的专职干部，规模大、综治工作任务重的乡镇可配备专职副主任，加强公安派出所、司法所、人民法庭等基层政法组织建设，加强村（社区）治保、调解组织建设，有效整合各方面力量，形成以基层党组织为核心，基层政权组织为基础，基层群众组织为依托，基层政法组织为骨干的维护社会稳定基层工作网络，充分发挥基层组织在维护社会稳定中的“第一道防线”作用。

3.加强矛盾纠纷排查调处工作。运用“四先四早”的新时期“枫桥经验”，抓住企业改制、拆迁安置、重大工程建设、历史遗留问题等方面的热点、难点问题，立足于抓早、抓小、抓苗头，把各类矛盾纠纷解决在基层，解决在单位内部，解决在萌芽状态。建立健全化解重大社会矛盾的领导体制，对重大疑难问题实行领导包案，逐人逐事落实责任领导、责任单位和责任人，限期解决。建立和完善社会联动调解矛盾纠纷工作机制，学习推广三都乡“联村调解中心”化解矛盾纠纷工作制度，积极探索调处人民内部矛盾的新途径、新办法，形成化解矛盾纠纷的综合优势和整体合力。

4.认真做好群众来信来访工作。全面贯彻《信访条例》，依法保护群众正当的信访权利，依法规范信访工作行为，依法规范群众上访行为，积极引导群众逐级、依法、有序、文明上访。坚持和完善领导阅批群众来信、接待群众来访、协调处理重要信访问题、信访接待日制度以及领导干部约访、下访制度。积极探索新形势下信访工作的特点和规律，妥善解决带有政策性、苗头性、群体性特点的信访问题，有效遏制重复上访、越级上访、集体上访上升趋势。重视群众初信初访工作，提高初信初访的一次性办结率。加大对重大信访案件的督查督办力度，提高要信要访按时办结率、当事人息诉罢访率和群众满意率。

5.有效预防和妥善处置群体性事件。深入排查重大群体性事件的苗头和隐患，加强对社情民意的综合分析和预测。完善群体性事件处置工作机制，提高快速处置能力。坚持因人、因地、因事制宜，采取有效措施，防止矛盾激化和事态扩大。一旦发生群体性事件，所在乡镇、部门和单位的负责人必须迅速赶赴现场，敢于负责，靠前指挥，面对面地做好群众工作，及时控制事态，争取绝大多数群众，最大限度地减少其对社会稳定的冲击。

6.保持“严打”高压态势。坚持“严打”方针，完善治安形势分析评估、“严打”工作决策部署、正确运用刑事政策、加强政法部门配合制约等经常性工作机制，改进“严打”的方式方法，坚持集中打击与经常性打击相结合，惩办与宽大相结合，打击犯罪与保障人权相结合，专门机关工作与群众路线相结合，增强打击的针对性和实效性。重点打击杀人、绑架、抢劫等严重刑事犯罪和盗窃等侵财型多发性犯罪，加大破案追逃工作力度，提高刑事案件特别是盗窃案件的破案率。认真研究和准确把握对敌斗争的特点和规律，建立健全情报信息会商制度，加强国家安全人民防线建设，加强反邪教基层基础工作，加强对宗教事务的管理，严密防范和严厉打击境内外敌对势力、暴力恐怖分子、邪教组织的违法犯罪活动。适时开展治安重点整治，有效解决突出治安问题。强化治安管理，坚决打击“黄赌毒”等社会丑恶现象。进一步统一政法部门的执法思想，严把侦查、批捕、起诉、审判等执法环节，提高办案的质量和效率。

7.*加强社会治安防控体系建设*。全面构筑集打击、防范、控制于一体的治安防控体系，加强对公共场所、重点单位、重要设施和重点部位的安全防范，加强对流动人口、归正人员和轻微违法青少年的教育管理。针对社会面、城市社区、农村、单位内部等各个区域、各个部位的治安防控特点，加强分类指导，促进整体协调发展。完善社会面治安防控网络，加强以“110”为核心的快速反应机制建设，突出公路沿线和城镇主要出入口等案件多发地段的巡查和防控，消除治安死角。完善社区治安防控网络，继续实施社区综治警务战略，把社区和单位内部的防范力量以及各种群防群治力量组织起来，划区域、分时段开展巡逻防范和守望看护工作，形成严密的防控网络。学习推广赤寿乡“群防群治站”的做法，完善农村治安防控网络，依靠治保会、调委会等自治组织，增强群众自防自治能力。完善机关、企事业单位内部的治安防控网络，健全治安防范各项制度，提高单位内部的治安管理水平。

8.*加强安全生产工作*。加强安全生产教育，提高各级领导和全社会安全生产的法制意识、责任意识和防范意识。进一步落实生产经营单位安全生产主体责任，完善以行政首长负总责，分管领导具体抓，有关方面各负其责、密切配合、齐抓共管的安全生产责任体系。开展重大危险源普查与重大事故隐患排查工作，加强对事故隐患的综合治理及重大危险源的监督管理，进一步落实重特大事故防范措施。扎实开展道路交通运输、矿山、危险化学品、建筑施工等安全生产专项整治，依法规范安全生产秩序。建立健全县安全生产监管机构，完善乡镇安全生产监管体系。加强对政府、部门及工作人员履行监管职责情况的行政监察。认真执行安全生产行政许可制度，实施安全生产配套法规和各行业安全质量标准。加大对安全生产违法行为的查处力度，对不符合基本安全生产条件或整改无效的生产经营单位，坚决依法予以关闭。

9.*加强公共安全工作*。加强对各类自然灾害的预测和预警，加快构建自然灾害综合防御体系，切实提高对干旱、洪水等气象灾害，泥石流、滑坡等地质灾害和生物灾害的防灾减灾能力。扎实推进公共卫生建设，努力构建疾病预防控制体系、卫生执法监督体系、医疗救治体系、突发公共卫生事件和重大疫情预警、监测、报告信息网络体系、突发公共卫生事件应急指挥体系。切实做好非典、艾滋病等重大传染性疾病的监测、防治和慢性传染性疾病的控制工作。加强动植物检验检疫和防治网络建设，高度重视高致病性禽流感、柑橘黄龙病、松材线虫病等动植物病虫害的防治工作。加大对外来有害生物入侵、疫病疫情、有毒有害物质普查和监督管理力度。坚持“谁主管、谁负责，谁审批、谁监管”的原则，落实节庆活动的安全责任和措施。高度重视生态安全和人口安全，积极创建“生态县”，促进人与自然和谐发展。全面提高信息安全防护能力，从各个层面、各个环节加强信息安全保障工作，重点保障基础信息网络和重要信息系统的安全。

10.*认真解决群众反映强烈的突出问题*。完善征地配套政策和措施，按规划和程序依法征地，及时给予合理补偿。严格城市房屋拆迁管理，进一步完善拆迁公示、公告制度，合理确定房屋拆迁规模和时序，加快拆迁安置房建设，认真做好安置补偿工作。加快解决因工业化、城市建设拆迁造成的城乡居民住房困难问题，努力化解征地拆迁过程中的矛盾。结合调整产权结构，转换职工身份，多形式鼓励民营企业参与改造国有企业，努力做好国有、集体企业下岗职工的安置工作，坚决纠正企业改制和破产中侵害职工合法权益的行为。落实价格阳光工程，完善政府价格决策听证制度。继续推进和完善收费公示制度。继续清理行政事业性收费，从严治理教育收费、医药购销和医疗服务等方面的不正之风。加强对重要商品、服务价格和收费行为的规范管理和监督检查。继续开展对社会关注热点问题的专项治理。严禁一切形式的“政绩工程”“形象工程”。

11.完善就业服务、社会保障和社会救助体系。以下岗失业人员特别是困难群众的就业再就业、城镇新成长劳动力特别是大中专毕业生就业、农村劳动力转移就业特别是失地农民就业为重点，健全再就业援助制度。大力发展劳动密集型产业，加快培育各类市场主体，推进灵活多样的就业方式，鼓励自主创业和自谋职业，扩大就业渠道。扎实推进“百万农民素质培训工程”，努力提高农民就业技能。推进社会养老保险、失业保险、医疗保险，不断扩大覆盖面，提高保险基金支付能力和保障水平，努力构建覆盖城乡的最低生活保障制度。在城镇规划区范围内加快推行被征地农民基本生活保障制度。全面开展农村“五保”和城镇“三无”对象集中供养工作。积极稳妥地推行以大病统筹为主的农村新型合作医疗和医疗救助制度。逐步建立困难家庭子女教育救助制度，加快推行低保家庭子女免费入学制度，切实保障贫困家庭子女入学。成立慈善总会，开展慈善救助活动。加快实施“欠发达乡镇奔小康工程”“乡村康庄工程”“百村示范、千村整治”工程和“千万农民饮用水”工程，不断改善农村的生产生活条件。继续抓好农村税费改革，切实减轻农民负担。深入开展多种形式的扶贫帮困活动，切实保护和关心低收入阶层、困难群众的利益。

12.提高人民群众的思想道德素质和科学文化素质。传播先进文化，塑造美好心灵，倡导科学精神，弘扬社会正气，在全县上下形成团结奋斗的共同理想和精神支柱。注重挖掘和总结具有时代精神的典型事例和先进人物，集中宣传一批体现民族精神、具有松阳特色的精神文明建设先进典型。深入开展“改陋习、树新风”活动和“双建设、双整治”活动。加强文化市场管理，规范经营行为，净化文化环境，抵御封建文化糟粕和外来腐朽文化的影响。广泛开展文明城市、文明行业、文明村镇、文明社区、文明家庭等群众性精神文明创建活动，设计多种活动载体，吸引更多人参与，形成良好的社会新风。

三、实施步骤

一年打基础：深入贯彻落实《中共浙江省委关于建设“平安浙江”促进社会和谐稳定的决定》和《中共丽水市委关于建设“平安丽水”促进社会和谐稳定的决定》，调查摸底，建立组织，制定方案，部署任务，全面动员，在全县营造建设“平安松阳”的舆论氛围和良好态势。在此基础上，开展各种类型的创建工作试点，树立一批基层安全创建工作的先进典型。

两年迈大步：用两年左右的时间，初步建立起良好的经济、社会、治安管理体系，使全县60%以上的乡镇达到创建标准。

三年见成效：用三年左右的时间，使建设“平安松阳”活动达到初步效果，健全经济、社会、治安管理体系，使全县80%以上的乡镇达到创建标准。

四年全面达标：用四年左右的时间，使建设“平安松阳”活动取得明显效果，完善经济、社会、治安管理体系，使全县各乡（镇）达到创建标准，实现建设“平安松阳”的目标。

四、组织领导和保障措施

（一）加强对建设“平安松阳”工作的领导。县委成立建设“平安松阳”领导小组，指导、协调、督促“平安松阳”建设的各项工作。领导小组下设办公室，作为领导小组的日常办事机构。发挥各部门、各单位建设“平安松阳”的职能作用，密切配合，协同作战。各乡（镇）也要按照建设“平安乡（镇）”的要求，加强调查研究，制定实施方案，搞好组织协调，确保创建工作的顺利开展。

（二）完善工作责任制度。按照“属地管理”和“谁主管、谁负责”的原则，建立责任制和督查考核机制，把建设“平安松阳”的成效作为检验各级党政领导班子和领导干部执政能力和执政水平的重要标志，作为衡量政绩的重要指标，列入任期目标和年度述职报告的重要内容，认真加以考核，并把考核结果作为干部政绩评定、晋职晋级和奖励惩处的重要依据。完善重大事项报告制度，努力把建设“平安松阳”的各项工作落到实处。按照统一领导、分级管理，条块结合、以块为主，反应灵敏、运转高效的要求，健全突发性事件的应急工作预案、组织协调机构和工作运行机制。严格实行责任追究制度，对因工作严重失误、失职渎职引发重大群体性事件或造成重大安全责任事故、重大恶性治安案件、严重损害群众利益的恶性事件，要严肃追究主要领导和相关责任人的责任。

（三）形成创建工作合力。广泛开展宣传发动工作，努力营造人人关心、人人支持、人人参与建设“平安松阳”的浓厚氛围，最大限度地调动社会各界和人民群众参与建设“平安松阳”的积极性和创造性，使建设“平安松阳”成为各级组织和广大人民群众的自觉行动。建设“平安松阳”是一项系统工程，各乡镇、各部门要顾全大局，通力合作，做到全县一盘棋，形成强大的工作合力。

（四）健全法制保障体系。加强民主政治建设，建立和完善重大问题集体决策制度、社会公示和社会听证制度以及重大决策专家咨询制度，拓展人民群众参与社会管理和公共事务的有效途径，把群众的知情权、选举权、评判权和监督权落到实处。坚持有法可依、有法必依、执法必严、违法必究，扎实推进依法治县，逐步将建设“平安松阳”的各项工作纳入法治化轨道。认真贯彻落实党内监督条例和纪律处分条例，严格执行“四大纪律八项要求”，规范干部从政行为，深化廉洁自律工作。加强执法队伍尤其是政法队伍建设，增强执法人员的政治意识、大局意识、法治意识和民本意识，提高执法人员的岗位技能和实际工作能力，确保严格执法、文明执法、公正执法。

（五）落实经费保障措施。从本地实际出发，加大对建设“平安松阳”的经费投入，将建设“平安松阳”工作经费列入年度财政预算，并随着财力的增长逐年提高。拓宽群防群治服务领域，多渠道解决群防群治所需经费，探索市场经济条件下群防群治保障机制。进一步加大科技装备投入，不断改善技术防范设施，增强快速反应和攻坚克难能力，着力提高建设“平安松阳”工作的科技含量。

建设“平安松阳”责任重大，任务艰巨。各乡（镇）各部门要牢固树立和全面落实科学发展观，齐心协力、求真务实、开拓进取，大力推进“平安松阳”建设，为促进我县经济社会持续快速协调健康发展作出新的贡献。

2004 年 7 月 9 日

松阳县人大常委会
关于批准《松阳生态县建设规划》的决议

（2004 年 9 月 23 日县第九届人大常委会第 9 次会议通过）

松阳县第九届人大常委会第 9 次会议听取了《松阳县人民政府关于审议〈松阳生态建设规划〉的报告》，对《松阳生态县建设规划》进行了认真审议。会议认为，规划内容较为全面，系统完整，重点突出，体现了可持续发展战略的要求，符合上级关于生态县建设指导意见和县委“生态立县，工业强县”发展战略的要求，提出的重点项目和实施规划的保障措施基本符合松阳经济社会发展的客观实际，具有一定的前瞻性和可操作性。会议决定，批准这个规划。

会议强调，建设生态县是事关松阳社会发展全局的战略任务，是一项顺乎民意的系统工程，县人民政府要认真组织实施，并根据新情况、新问题、新经验，及时进行必要的调整、充实、完善。会议要求，建设生态县要以科学的发展观为指导，遵循自然、经济和社会发展规律，不断增强全社会的生态环境意识，正确处理好加快发展经济与保护生态环境之间的关系，积极稳妥地推进生态县建设，统筹城乡经济社会发展，走生产发展、生活富裕、生态良好的文明发展之路，促进我县经济的可持续发展和社会的全面进步。

中共松阳县委关于加快革命老区经济社会发展的决定

为了深入贯彻落实党的十六大和十六届三中、四中全会精神，更好地调动和发挥革命老区干部群众的积极性和创造性，进一步加大统筹城乡发展力度，促进革命老区经济社会更快更好地发展，加快松阳全面建设小康社会步伐，现就加快革命老区经济社会发展作出如下决定。

一、加快革命老区经济社会发展的重要意义

我县是浙江省革命老根据地县，刘英、粟裕领导的中国工农红军挺进师在松阳建立了浙江省第一个革命根据地、第一个红色政权、第一支人民子弟部队。全县共有16个革命老根据地乡（镇）、218个革命老根据地村，革命老根据地村人口11.2万，老区乡镇、村、人口数分别占全县乡镇、村、人口总数的80%、54%、48%。革命老区是松阳的重要县情，进一步加快革命老区经济社会发展具有十分重要的意义。

1.*加快革命老区发展，是落实科学发展观、统筹城乡发展的本质要求。*党的十六届三中全会提出了科学发展观的重大战略思想和“五个统筹”的重大战略举措，并把“统筹城乡发展”列在“五个统筹”之首。统筹城乡发展，是树立和落实科学发展观的必然要求和应有之义。近年来，县委、县政府高度重视老区开发建设，想方设法帮助老区人民脱贫致富，千方百计解决老区人民实际困难，竭尽全力支持老区建设，着力从基础设施、开发扶贫、义务教育等方面入手，使老区的面貌发生了较大变化，老区乡村经济社会呈现良好的发展态势。但是，由于我县绝大部分老区乡村地处山区，受自然条件的制约，经济社会发展水平总体上还比较低。2004年，全县老区村农民人均纯收入为2843元，比全县农民人均纯收入少213元，农民人均纯收入低于2000元的还有45个村；还有14个村未通路。14个村未通程控电话、85个村未通移动电话、94个村未通闭路电视、139个村未通自来水。如果不统筹考虑城乡经济社会发展，不加快推进老区乡村发展，就会对县域经济健康发展形成制约。加快老区发展，既是深入实践科学发展观的具体行动，也是统筹城乡发展的本质要求。

2.*加快革命老区发展，是实现协调发展、构建和谐松阳的重要举措。*构建社会主义和谐社会，是党中央从全面建设小康社会和推进中国特色社会主义事业的全局高度作出的一项重大战略决策。加快构建和谐松阳，也是我县全面建设小康社会过程中一项全局性、长期性的战略任务，我们必须一手抓加快发展，不断增强社会和谐的物质基础；一手抓加强协调，解决好区域发展不平衡的问题。当前，我县218个老区村经济基础薄弱、基础设施建设落后、“造血”功能较差，经济社会发展低于全县平均水平，仅靠自身努力，要赶上全县发展水平难度较大。老区不加快发展，松阳就难以快速发展，没有老区的小康和现代化，就没有全县的小康和现代化。从松阳当前的实际来看，根据老

区现状，集中一定的人力、物力、财力，出台有关扶持政策，切实帮助老区解决发展中的实际困难和问题，增强老区发展后劲，加快老区发展步伐，对我县全面建设小康社会和构建和谐松阳具有十分重要的意义。

3.加快革命老区发展，是充分发挥优势、促进全县发展的有效途径。老区作为松阳的重要经济区域，具有特殊的政治资源和丰富的自然资源，是我县的主要生态屏障、重要后备资源和发展后劲之所在，在全县经济社会发展中具有重要地位。大部分老区乡村气候适宜、青山绿水、物产丰富，具有独特的资源优势，有茶叶、干水果、食用菌、板栗、高山蔬菜、笋竹林、花卉苗木等优势特色产业，还有十分丰富的矿产、水利和旅游资源。加快老区发展，充分挖掘、开发老区资源，把资源优势转变成产业优势、商品优势和经济优势，有利于我县进一步拓展发展空间，培育新的经济增长点，从而加快全县经济社会发展步伐。

二、加快革命老区发展的指导思想和主要目标

L.指导思想：以邓小平理论和“三个代表”重要思想为指导，认真贯彻党的十六大和十六届三中、四中全会精神，按照县委一系列重要战略部署，全面树立和落实科学发展观，以增加老区人民收入为目标，以改善老区人民的生产条件和生活质量为出发点，按照统筹城乡发展的要求，坚持生态保障、产业优化、人口转移、重点突破的发展战略，创新发展思路，加大政府扶持、社会帮扶和老区自身发展建设的力度，大力推进产业结构调整，完善基础设施建设，发展红色旅游和社会事业，促进老区经济社会持续快速协调发展。

2.主要目标：发挥老区资源优势，加大产业结构调整力度，着力培育发展特色产业，老区乡村经济得到较快发展，2007年前老区乡镇基本实现小康，“十一五”期间老区村农民人均纯收入增长速度力争达到或超过全县平均水平；逐步改善老区交通、饮用水、卫生、通信和广播电视等基础设施条件，基本解决老区人民行路难、饮水难、看病难等问题，2010年基本实现村村通路（规划整体搬迁村除外）、通程控电话，80%以上的老区村通移动电话、闭路电视和清洁饮用水，老区村的广播通响率达到80%以上；大力发展老区科技教育文化卫生事业，基本普及15年基础教育，参加合作医疗人口达80%以上；加快推进下山移民和劳动力转移工作，不断提高老区人民的生活质量。

三、落实科学发展观，推进革命老区经济更快更好发展

L.大力培育发展特色产业。发挥老区独特的资源优势，调整产业结构，用好“季节差、无公害、无疫区”的品牌，进一步优化产业布局和品种布局。着力培育具有比较优势和竞争力的特色产业，重点扶持茶叶、笋竹林、原料林、花卉苗木、高山蔬菜、干水果和优质食用菌及畜禽养殖等，大力发展高效生态农业。县财政每年从支农资金中安排一定比例的资金，实行以奖代补，扶持老区乡村绿色农产品、笋竹林、原料林、花卉苗木、香榧、厚朴等基地建设和农副产品加工业，培育壮大老区特色产业。抓好生态公益林项目建设，充分发挥老区的生态屏障作用。适当提高箬寮自然保护区生态公益林补助标准，在全县统一补助标准的基础上提高30%。

2.加强基础设施建设。基础设施建设事关老区开发建设的全局，从战略高度着眼，按照“老区优先”原则，着力抓好老区乡村道路、清洁饮用水、通讯、广播电视等基础设施建设。充分利用省

委、省政府对欠发达地区的扶持政策，积极推进老区项目建设。加快实施乡村康庄、村庄整治、农民饮用水等工程，在项目和资金安排上向老区乡村倾斜。提高2005年度新开工以及2005年以后开工建设的山区康庄工程项目资金补助标准，其中新开路基项目补助标准从原来的11万元/公里增至12万元/公里，路基路面改造（3.5米以上水泥路面）项目补助标准从原来的22万元/公里提高到24万元/公里。

3.进一步推进下山移民。把下山移民作为今后老区发展的基础性工作来抓，使其成为加快老区发展的根本性、战略性措施。认真实施“松古盆地万人下山移民工程”，按照“搬得下、稳得住、富得起”的目标，建立健全“政府引导、群众自愿、市场主导、梯度转移”的下山移民机制，依托县城、中心镇、中心村，建立下山移民小区和移民点，在县城建成区附近的西坌、丁旺山、水南和古市镇筏铺安排四个移民小区，每个老区乡镇原则上可安排一个移民点，积极引导生活在高山、深山等生存条件恶劣的老区人民自愿下山脱贫，促进老区人口向县城、中心镇、中心村集聚。下山移民建房涉及的有关行政事业性收费，尽可能优惠或予以减免。把下山移民和劳动力统筹就业服务有机结合起来，通过各种途径，努力帮助下山农民解决生产生活问题。

4.加快劳动力转移步伐。深入实施农民素质培训工程，围绕特色产业的发展，加强对农业实用技术和二、三产业就业技能的培训，提高农民的自身素质和致富能力。认真实施“内聚外迁”战略，加快老区乡村劳动力转移步伐。通过区域合作、信息引导、牵线搭桥等手段，鼓励引导老区人民外出务工经商，从事二、三产业。鼓励老区人民离土离乡进城镇落户，在就业、子女入学、社会保障等方面与城镇居民享受同等待遇。

四、充分发挥革命老区优势，不失时机发展红色旅游

1.挖掘红色旅游内涵。以县革命根据地、爱国主义教育基地、先进性教育基地、国防教育基地为主要载体，进一步加强对革命历史文化遗产的有效保护和合理利用，将革命传统教育与旅游开发有机结合，通过政府主导、社会参与、市场运作的方式，挖掘老区红色旅游内涵，加强红色旅游项目建设。重点抓住中共中央、国务院出台《2004～2010全国红色旅游发展规划纲要》，大力发展红色旅游的良好时机，争取把安岱后建成省级红色旅游基地，初步形成红色旅游框架，把红色旅游培育成老区经济新的增长点，推动老区经济更快发展。

2.整合红色旅游资源。我县是浙西南著名的革命老区县，有着众多革命斗争遗迹和丰富的红色旅游资源，要进一步整合资源，着力形成“一个核心”“三个区域”“三条精品线路”的总体布局。“一个核心”指以安岱后为核心的浙西南革命根据地；“三个区域”分别是以安岱后、枫坪、玉岩为中心的红色景区；“三条精品线路”指“安岱后—箬寮岘—石仓”一线的松阳红绿文化旅游线、“丁坑—关山源—小吉”一线的红色之旅旅游线、“玉岩—香乳山”一线的红岩之旅旅游线。

3.加强红色旅游开发。成立县红色旅游工作领导小组，负责红色旅游工作的组织协调。根据我县红色旅游景区的特色，按照突出重点、分步开发的原则，高标准、高品位地做好全县红色旅游规划，尽快完成安岱后红色旅游景区开发规划的编制。逐步加大对红色旅游景区的配套基础设施建设、环境整治的投入。有关部门要突出工作重点，搞好红色旅游景区内的道路、通讯、供电、消防、环

卫等设施建设。鼓励各类企业、组织参与红色旅游景区的建设经营。充分运用广播、电视、报纸、网络等媒体做好“红色之旅”的宣传推介工作。

五、大力发展革命老区各项社会事业，促进革命老区社会全面进步

1.大力发展老区教育事业。办好粟裕学校，加快老区教育事业发展。多渠道筹措教育经费，进一步加大教育投入，改善老区办学条件。优化教育资源配置，集中力量办好乡镇中心学校。要加大财政对老区教育的支持力度，加快寄宿制学校改造，广泛开展爱心营养餐活动，扩大低收入家庭子女入学补助范围，对考上高等院校的贫困生，县、乡（镇）政府都应视情给予一定的资金补助。要采取县城学校与老区学校结对，加强老区教师的继续教育和校长的培训，逐步提高教师待遇，稳定教师队伍等措施，不断提高老区教学质量。

2.加速老区科技进步。各类科技项目和资金，要向老区倾斜。根据老区实际出发，组织实施老区农业先进适用技术的引进和推广，建立农民科技培训长效机制，重点推广动植物品种选育、水资源高效利用、坡地改造与利用、病虫害防治、生态环境保护等方面先进实用技术。老区乡村提出的科技项目，优先重点扶持，同时要积极做好项目前、中、后期的技术服务工作。

3.加快发展卫生事业。加大对老区卫生的投入，完善卫生医疗基础建设，办好老区乡镇卫生院。加快农村公共卫生网络建设，将公共卫生服务的各项措施全面落实到老区乡村，完善以大病统筹为主的新型农村合作医疗制度，切实解决农民因病致贫、返贫问题。建立巡诊制度，组织医务人员不定期到各老区乡村开展义诊活动。

4.加强精神文明建设。重视和支持老区乡村开展文体活动，加强老区精神文明建设。以建设生态文明村为重点，开展党的方针政策、社会公德、家庭美德和法制等教育，引导群众移风易俗，革除陋习。推进老区文明村建设，开展文化下乡活动，丰富老区人民文化生活。

六、切实加强领导，为加快革命老区发展提供保障

1.切实加强对革命老区工作的领导。成立县革命老区开发建设工作领导小组，进一步加强对老区开发建设工作的领导。把老区建设纳入国民经济和社会发展规划及各项专业规划。各单位要把老区发展摆上重要议事日程，把支持老区发展作为义不容辞的职责，经常深入老区开展调查研究，积极参与老区投资开发、人才培养、科技推广、文化教育、旅游开发等促进老区发展的活动，切实为老区建设解决实际问题，多办好事实事。

2.充分发挥县老促会在革命老区工作中的独特作用。老区开发建设促进会是建设老区的特殊群体，在老区的开发建设中发挥着不可替代的作用。各乡镇、各部门要认真听取他们的意见建议，并为他们顺利开展工作创造良好的条件。县老促会要进一步发扬情注老区、无私奉献的精神，切实做好“宣传、调研、促进”等方面工作，多做力所能及的调查研究，多向党政领导和职能部门建言献策，多向社会各界宣传老区，主动为老区的开发建设牵线搭桥，为老区经济社会发展作出贡献。

3.加强革命老区工作队伍建设。健全老区办事机构，落实老区办人员编制，把年富力强、有较强事业心和责任感的干部调整充实到老区工作岗位，进一步加强老区工作力量。关心老区乡镇干部，逐步改善工作环境，提高经济待遇。加大干部交流力度，定期不定期从县级党政机关中选派优秀年

轻干部到老区乡镇挂职锻炼，为老区开发建设提供人力支持。切实加强以党支部为核心的村级组织建设，选好配强老区村两委会干部。

4.加大对革命老区的扶持力度。在政策导向、资金投入、项目安排上要进一步向老区乡村倾斜，县财政每年安排50万元资金，重点用于老区村的村庄道路、清洁饮用水、通讯、广播电视等一些急需的基础设施建设，并扶持红色旅游发展。积极向上争取对革命老区开发建设的支持，进一步落实革命老区新办企业税收减免等各项政策。进一步加大结对帮扶力度，完善县直部门联系乡镇、村户工作，做好老区贫困村的定点帮扶工作。

2005年8月5日

中共松阳县委松阳县人民政府关于扎实推进社会主义新农村建设的若干意见

为贯彻落实党的十六届五中全会精神，按照2010年达到全面建设小康社会的基本要求和2020年与全省同步提前基本实现现代化的战略部署，就“十一五”期间扎实推进社会主义新农村建设提出如下意见。

一、深刻认识全面推进社会主义新农村建设的重大意义

1.全面建设小康社会和推进现代化的重大历史任务。党的十六大以来，县委、县政府坚持以邓小平理论和“三个代表”重要思想为指导，牢固树立和认真落实科学发展观，全面贯彻中央和省、市委关于解决“三农”问题的各项方针政策，紧紧围绕农村小康建设目标，以农民增收、农业增效和农村稳定为主要任务，稳步推进农业结构调整和农业产业化经营，不断加强农业农村基础设施建设，着力提升农业综合生产能力和改善农民生产生活条件，积极探索建立以工促农、以城带乡的长效机制，全县农业和农村经济稳定增长，农村各项事业取得长足发展。同时，我们必须清楚地认识到，当前我县“三农”工作总体上还处于艰难的爬坡阶段，农民持续稳定增收机制尚未形成，制约农业和农村发展的深层次矛盾尚未从根本上消除，农业产业化经营水平不够高，农村社会事业发展和公共服务体系建设水平还较低，农村集体经济比较薄弱，面临的困难还很多。建设社会主义新农村，既是一项长期的工作，也是一项艰巨的任务。

建设社会主义新农村，是党中央统揽全局、着眼长远、与时俱进作出的重大决策，集中体现了广大农民群众的强烈愿望和根本利益。扎实推进社会主义新农村建设，不仅关系到我县“三农”问题的根本解决，而且关系到全面建设小康社会和现代化的实现。我们一定要站在战略和全局的高度，深刻认识重大意义，进一步增强使命感和历史责任感，切实把社会主义新农村建设放在重中之重的位置，使之成为全县上下的共同认识和一致行动。

二、推进我县社会主义新农村建设的指导思想、目标任务和基本原则

2.指导思想。以邓小平理论和“三个代表”重要思想为指导，牢固树立和认真贯彻科学发展观，正确把握“两个趋向转换规律”，按照省委“八八战略”、建设“法治浙江”和市委“三市并举”的战略部署，深入实施“生态立县、工业强县、开放兴县”发展战略，按照“生产发展、生活宽裕、乡风文明、村容整洁、管理民主”的要求，加快培育农村现代产业体系，逐步提高农民整体素质，扎实推进新社区建设，不断完善城乡统筹的公共服务体系，继续加强农村民主政治建设，加快建立统筹城乡发展的长效机制，全面、协调推进农村经济建设、政治建设、文化建设、社会建设和党的建设，力争使我县的社会主义新农村建设工作走在全市前列。

3.目标任务。“十一五”期间，我县社会主义新农村建设的主要内容是“五新一好”：以村镇规划为龙头，建设新村镇；以农民增收为目标，发展新产业；以提高农民素质为根本，培训新农民；以农业产业化为动力，优化新经济组织：以创建文明村镇为先导，塑造新风貌；以“亲民为民富民”为抓手，创建好班子。主要目标任务是达到“四转一化”：

——加快推进传统农业向高效生态农业转变。不断完善农业基础设施，加快科技创新和体制创新，积极推进农业产业化进程，生态优势不断显现，农业面源污染控制能力不断增强。到2010年，农业产业化经营水平和农业综合生产能力不断提高，综合效益和竞争力得到明显增强，全县农业总产值达到13亿元，年均增长6%。

——加快推进以种养业为主的传统农村产业体系向一二三产并举的农村现代产业体系转变。加快发展绿色农产品加工业和来料加工、“农家乐”休闲旅游业等农村二三产业。到2010年，全县农村经济总收入年均增长12.5%以上，总量达到25亿元，其中非农产业收入占70%以上。

——加快推进农村传统村落向能过上现代文明生活的农村新社区转变。加大乡村布局调整力度，稳步推进小型村、空壳村撤并，加快中心镇、中心村建设步伐。鼓励高山远山地区、重点库区、地质灾害频发地区农民向城镇、中心村有序集聚，“十一五”期间实现下山脱贫人口2万人以上。扎实推进村庄整治建设，到2010年，五年新整治75个行政村，累计达到160个行政村，其中示范村10个，使村庄整治建设覆盖全县40%以上行政村。

——加快推进传统农民向有文化、懂技术、会经营、素质全面的新型农民转变。全面完成“农民素质培训”工程。到2010年，五年累计培训农民10万人次，其中获得职业资格证书的达到1万人；转移农村劳动力1.5万人以上，到2010年全县农村劳动力从事一产的比重降到40%左右。

——加快形成城乡互促、共同繁荣的城乡一体化发展新格局。到2010年，全县初升高比例在93%以上，新型农村合作医疗覆盖率90%以上，农村最低生活保障制度比较完善，农村社会养老保险有较快进展。

4.基本原则。根据以上总体要求和目标任务，在推进社会主义新农村建设中要坚持以下五条原则：

——坚持城乡统筹、产业富民的原则。立足全县经济和社会发展全局，正确处理社会主义新农村建设和工业化、城市化建设的关系，建立健全一二三产业互促、城乡经济共荣的联动发展机制。大力发展高效生态农业，以推进茶叶产业为突破口，着力培育富民新产业，不断壮大县域经济，形成以城带乡、以工促农、产业富民、城乡一体的发展格局。

——坚持规划先行、分步实施的原则。立足当前，着眼长远，在制订完善城乡一体化发展规划的基础上，科学制订新农村建设总体规划和分阶段实施方案。加强对规划实施的监督和管理，发挥规划的指导和控制作用，有计划、有步骤地分步推进，确保如期实现各项建设目标。

——坚持因地制宜、分类指导的原则。立足实际，量力而行，从各乡村发展水平、区位条件和资源禀赋出发，注重实效，积极探索符合各自实际的新农村建设模式。在具体工作指导上，做到坚持符合当地社会经济发展水平，不搞超前消费与过度建设；符合当地群众切身利益需求，不搞强迫命令；符合市场经济规律，不搞无效产业；防止把村镇建设等同于新农村建设，防止政府包办，防止急躁冒进。

——坚持党政主导、农民主体的原则。按照“多予、少取、放活”的方针，切实加大公共财政对新农村建设的投入，并逐步建立稳定的投入增长机制。充分发挥各部门优势，共同做好政策指导、督促检查以及各项服务工作。积极动员和组织农村基层干部和农民群众自力更生、艰苦奋斗，发挥农民群众的主体作用，建设美好家园。努力探索建立适合本地实际的市场化运作模式，着力形成党政主导、农民主体、部门协作、企业参与、社会资助、市场运作的投资建设机制。

——坚持经济社会协调发展的原则。在加快农村经济发展的同时，加强和改善党对农村工作的领导，强化农村基层组织、精神文明和民主政治建设，大力发展农村社会各项事业，全面提高农民群众的思想道德素质、法律素质和科学文化素质，为社会主义新农村建设提供强大的精神动力、组织保障和智力支持。

三、推进城乡规划建设，构筑统筹城乡发展新框架

5.完善实施城乡一体化规划。按照《浙江省统筹城乡发展纲要》的要求，在修编土地利用总体规划和完善城市总体规划的基础上，加紧城乡一体化规划的实施。进一步充实完善城乡一体的道路、供排水、环卫、电力、广播电视等基础设施以及生态建设、环境保护、防山洪等专项规划，推进教育、卫生、文化、体育、公共交通、社会保障等公共服务体系向农村覆盖。

6.编制完善村庄布局规划和农民转移规划。在城乡一体化规划的指导下，加快编制完善中心镇总体规划、村庄布局规划和中心村建设规划及农民转移规划。按照“并村扩镇”的思路，积极稳妥地推进乡镇、村行政区划调整，加快建设“中心镇（西屏）——副中心镇（古市）——中心村”有机组合的城乡体系，促进资源和要素集聚。“十一五”期间全面完成村庄规划，其中2006年争取完成100个村、2008年前完成平原和山区公路沿线村庄的规划编制工作。村庄建设规划要以前瞻性、和谐性、包容性、适度超前为原则，按照保留农村文脉，注意传承历史建筑文化；坚持人与自然和谐，坚持不搞千篇一律；不随意推山，不随意填塘，不随意砍树的要求，突出“科学布局、功能配套，和谐发展、环境优美，因地制宜、突出特色，村民参与、群众认可”的特点，提高科学性和可操作性。要加快编制完善农民转移等规划，并做好与城镇体系规划、村庄布局规划的衔接。

7.科学编制城乡协调的产业布局规划。根据《松阳县生产力布局和产业带发展规划》，编制完善城乡协调的产业布局规划，统筹推进城乡产业发展，着力形成城乡分工合理、区域特色鲜明、生产要素和自然资源禀赋优势得到充分发挥的产业空间布局。积极推进高效生态农业的专业化生产、集约化经营和区域化布局。在重点建设好县工业园区的基础上，有选择地发展多个工业功能区块，积极鼓励农产品粗加工型和劳动密集型产业向中心镇、中心村集聚。

四、推进农村现代产业体系建设，实现农民收入新增长

8.进一步优化农业产业布局。以《松阳县优势农产品区域布局规划》为指导，按照“品种优良、布局合理、主次协调、梯度发展”的工作思路，继续推进农业产业结构调整，大力发展高效生态农业，全力打造“浙江生态绿茶第一县”。在产业布局上，松古盆地重点发展名优茶、蚕豌豆、大棚蔬菜、畜禽养殖等产业，同时强化茶叶种植、加工、市场的产业化发展，继续扩大无公害茶叶基地，

推进茶叶加工区建设，完善浙南茶叶市场信息化功能建设；小港流域两镇、两乡重点发展食用菌、笋竹林、香榧等产业；其他山区半山区乡镇重点发展干水果、高山蔬菜、吊瓜、有机茶、板栗、油茶、鹊山鸡等产业。到2010年，全县力争形成茶叶基地10万亩，年产名优茶1万吨；建立以脐橙为主的柑橘基地3万亩，早熟梨基地3万亩，优质梨基地2万亩；食用菌生产稳定在5000万袋，大力提高花菇比重，积极发展杏鲍菇、黑木耳等节木型食用菌；吊瓜种植面积发展到2万亩；鹊山鸡发展到15万羽；一般笋竹林发展到10万亩，其中高效笋竹林2万亩；建立厚朴基地2万亩。

9.提高农业产业化经营水平。积极实施农业产业化经营战略，通过“育新龙、扶大龙、引外龙”等办法，扶持发展具有一定规模、带动能力较强的农业龙头企业和农民合作经济组织，培育农产品产地市场，加强农产品基地和品牌建设，有效地推进农业产业化经营。

——重点推进农业龙头企业的培育。积极鼓励工商资本投资农业，重点支持带动能力强、辐射面广的农业服务型、科技型特别是精深加工型农业龙头企业发展，提高农产品科技含量和附加值。大力推行“公司+基地+农户”“公司+合作社+农户”等经营模式，建立稳定的购销关系和经营机制，引导龙头企业与农户形成生产、加工、销售的利益共同体，增强其对产业的带动能力。十一五期间争取创建农产品加工园区1个，实现入园企业10家以上；新培育产值超1000万元农业龙头企业10家。对从事我县农业主导产业加工、流通，对农民带动能力强的农业龙头企业，由县财政安排专项资金予以扶持。对新获省级以上农业龙头企业称号的，除上级奖励外，当年由县财政每家奖励5万元；市级每家奖励2万元（省、市级奖励不重复）。优先安排县级以上农业龙头企业建设用地指标。对茶叶、干水果等县级以上农业龙头企业实施技改扩建，且固定资产投资贷款50万元以上的技改项目，按贷款总额的1.5%贴息两年。新获得省、市级农业龙头企业称号的，税收县得部分实行“三补三减半”。

——继续规范发展农民专业合作社。提高农民组织化程度，逐步建立以农民专业合作社为主体的农业社会化服务体系，形成纵向相近、横向相连、产加销衔接、农工贸一体的农村合作经济组织网络。2006～2010年争取新发展龙头型示范性农民专业合作社10家。对新获省级以上示范性专业合作社的，除上级奖励外，当年由县财政每家奖励2万元，市级每家奖励1万元（省、市级奖励不重复）。

——切实加强农产品流通体系建设。鼓励创办农产品产地集散市场和批发市场，优先安排市场用地指标。对新创办农产品市场的，根据规模大小给予适当扶持。进一步完善浙南茶叶市场的硬软件建设，加快市场的升级改造，增强信息发布、质量监控等功能，全力打造浙江最大的成品茶集散中心，做大做强浙南茶叶市场，到2010年力争交易额突破6亿元。持续开展“十大农产品流通大户”的评选工作，促进我县农产品的流通。继续由政府组织和扶持，举办和参加各类农产品展销展示活动。

——积极开展绿色农产品基地建设。鼓励业主连片开发绿色农产品基地，对新通过有机茶基地认证的，由县财政给予每亩10元的以奖代补；对早熟梨、脐橙新通过省级以上绿色农产品基地认证的，每亩奖励5元。鼓励个人、企业或其他经济组织投资营造工业原料，对建立基地5000亩以上的，可单独编制森林经营方案，采伐限额指标单列。按规定享受税收返还的竹木加工企业，其退税额的60%以上要用于原料林和笋竹林基地建设。继续鼓励笋竹林示范基地建设，对高效笋竹林基地经林业部门验收合格的，每亩奖励30元。

——大力推进农业标准化建设。进一步完善主要农产品的生产技术标准、产品质量标准和安全卫生标准。县财政对农业企业在标准化建设方面成效显著的给予适当扶持，其中对现有初制茶厂实行标准化改造经农业部门验收合格的，综合考评前10名的给予每家2万～6万元的以奖代补。引导和鼓励农业企业开展质量、环境、安全管理体系认证工作，对通过IS09000质量管理体系、IS014000环境管理体系、IS018000安全管理体系认证的，经相关部门确认，给予1万元奖励；鼓励茶叶加工企业开展QS认证，对通过认证的，经相关部门核准后奖励3万元。继续鼓励企业申报无公害、绿色和有机农产品，对获得省级无公害农产品称号的，每个奖励0.5万元；获得绿色或有机食品称号的，每个奖励1万元。大力支持企业争创名牌，经质监、工商部门审核，对获得市级名牌产品称号的，每个奖励1万元；获得省级名牌产品称号的，每个奖励5万元；获得国家级名牌产品称号的，每个奖励20万元。

10.大力发展农村二、三产业。以西屏镇和古市镇为依托，大力发展特色县域经济，提高城市经济对农村经济的辐射带动作用。针对松阳旅游资源丰富但比较分散的状况，充分挖掘、整合资源，突出“浙西南田园旅游胜地”的特色，大力发展休闲农庄、生态文化村、农家乐等特色旅游产业。推进绿色农产品加工业，依托现有的竹木及茶叶、蔬菜、水干果、食用菌、畜禽等多个领域的优质生产基地和粗加工基地，提升技术含量，完善产业政策，开发深度加工，重点开发茶保健、茶饮料等项目，发展竹木精加工。同时，加快天然食品、速冻食品、方便食品、保健食品和有机食品的发展，使我县成为金衢丽产业带中重要的绿色食品加工贸易区，力争期末形成5亿元销售收入。

11.积极推进农业科技创新。认真贯彻落实省政府《关于改革和加强基层农业技术推广体系的通知》，全面实施农业科技进村入户工程，培育农村科技示范户，完善农业科技推广体系。围绕茶叶、干水果、高山蔬菜、食用菌等传统优势产业，积极推进生产方式转换、农产品加工等方面的创新，提高优势产业竞争力。积极引进、推广农业新品种、新技术，加快资源节约型和清洁生产农业技术的推广应用。深入实施种子种苗工程，加强本地大红袍赤豆、松阳晒红烟等种质资源保护和利用，对在种子种苗工程建设方面成绩突出的，县财政予以适当奖励。加快农业信息化建设，实施“农民信箱”工程，完善以农技“110”为主体的信息网络。

12.加快农业基础设施建设。切实抓好农业综合开发项目，加快农田水利设施建设，着力提高粮食综合生产能力和农业防灾减灾能力。深入实施松阴溪生态河道整治和水土保持治理工程、水库保安及山塘除险工程、标准化水库建设工程、江北和江南灌区节水改造工程、小流域防洪避洪体系建设等项目。认真落实动物防疫防控责任制，完善防疫基础设施，健全农作物重大病虫害监测预警体系，维护农业生产和生态安全。实施沃土工程，大力推广测土配方施肥等肥药减量增效技术，加强耕地质量建设。加强对项目工程实施情况的考核，对项目建设成效突出的单位和人员予以适当奖励。

13.深入实施“欠发达乡镇奔小康”工程。充分发挥四都、板桥、新处、谢村等欠发达乡镇的资源优势和生态优势，认真抓好开发性农业项目的实施。支持欠发达乡镇加快基础设施建设，改善欠发达乡镇农民的生产生活条件。加强山海协作工程，积极拓宽区域协作领域，鼓励农业龙头企业和工商企业到欠发达乡镇进行开发式扶贫。进一步加大对农民人均纯收入1500元以下的相对贫困人口的扶持保障力度。试行“一户一策一干部”的帮扶模式，积极探索结对帮扶新机制，统筹抓好以欠发达乡镇和村为单位、扶贫到户的帮扶工作。

五、推进城乡就业结构调整，加快农民转移新突破

14.扎实推进农民产业转移。鼓励和支持通过读书考出去、培训送出去、创业走出去等途径推动农民转移。大力发展县域经济和民营经济，增强城乡各类企业对农村劳动力的吸纳能力。继续实施“松阳农民异地创业”战略，充分发挥外出创业人员的带动作用，引导更多的松阳农民走出去。继续开展“松阳县十佳异地创业致富带头人”评选活动，提高创业人员的荣誉感和成就感，激发他们的创业热情，培养更多的松阳籍“老板”。加强与发达地区政府和企业的合作，主动对接城乡二、三产业用工需求，建立紧密的劳务协作关系。建立健全城乡统一的劳动就业服务体系，及时了解和发布用工信息，把就业管理服务工作延伸到农村社区。进一步清理、取消阻碍农民进城就业的不合理收费，消除一切限制农民进城的歧视性政策，加强对外出务工人员的服务和援助，切实维护农民工的合法权益。

15.加快农民异地转移步伐。按照自觉自愿、自求平衡、政府引导、政策激励的要求，坚持“转得出、留得下、富得起”的原则，以高山远山、重点库区和地质灾害隐患区农民异地安置为重点，着力实施《松阳县欠发达地区下山移民整体搬迁规划（2005～2010年）》，实现整体搬迁1个四都乡、147个自然村、2万多下山移民的任务。扎实推进松古盆地万人下山脱贫项目，重点建设筱铺、西坌等4个下山脱贫小区，鼓励和引导农民向中心村、中心镇和城区梯度有序转移。对整体搬迁村和规划撤并的村庄，今后在原村庄范围内原则上不再安排宅基地建房，不再安排道路、供电、供排水、通讯、广播、电视、卫生、教育等公共设施建设项目，省下达的“康庄工程”等补助资金全部转用于新村的基础设施建设。除享受省里给予下山脱贫、库区困难群众、地质灾害频发地区农民的各项政策外，县财政每年安排50万元用于下山脱贫工作，将制定进一步的补助政策，用于加快推进整村搬迁和扶持困难群众搬迁。重视解决贫困家庭转移难问题。对列入整村搬迁计划村中确实有困难的家庭，给予三年搬迁过渡期。对特困农民家庭，原则上由政府牵头建设小户型安置房、租赁房或腾空房利用等方式实行搬迁，并引导扶持每户有一个劳动力就业。移民小区建设所涉及的耕地占用税等有关税收地方部分实行即征即返，村镇建设配套费、征地不可预见费、白蚁防治费等有关行政事业性收费一律免收或先收后返，测绘费和建筑设计费等有关中介组织的服务性收费给予酌情减免。农民异地转移集中安置点用地指标予以保证，对地质灾害隐患区紧急避险安置用地可以先使用、后补批。严格执行农村宅基地“一户一宅”政策，加快推进农村宅基地整理和复垦。对转移农民旧房拆除后，按规定进行宅基地整理和复垦并通过验收的，除享受县宅基地整理有关政策外，每亩6000元的省补助资金在村集体提出项目申请后，再拨付给村集体用于本村基础设施建设。统一整理的宅基地，由村集体收回所有，统一经营或统一承包。

16.完善转移农民的培训机制。以“百万农民素质培训工程”为抓手，积极衔接“阳光工程”“扶贫培训工程”等，规划建设“一个成人教育中心、二个农民培训示范基地、三所省内示范性乡镇成

技校”，形成较为健全的培训网络。围绕全县主导产业和利用松香、服装、超市、建筑装潢安装等业已形成的外在创业优势，以技能证书培训、特色培训和培训基地建设等为重点，积极创新培训方式方法，切实提高农民培训的成效。制订和完善对参加培训的困难农民更加优惠的补助政策。

六、推进村庄整治工程，增添农村社区建设新亮点

17.搞好村庄整治规划。按照“环境整治、村貌变化、设施配套、布局合理”的要求，十一五期间对全县75个行政村进行环境整治，并把其中10个行政村建设成物质文明、政治文明、精神文明、生态文明协调发展的新农村社区示范点。新农村社区示范点建设实行“自主申报，动态管理”的原则，示范点的确定，不下硬性指标，不人为指定，通过发调查意见表、村民代表会、全体村民会议等形式，广泛征求意见，由村民集体签名申报，有积极性的先开展，没有积极性的暂缓开展。在整治规划中，重点扶持风景名胜周边、高速公路、省县道沿线、松阴溪两岸等“三沿”村庄及自然资源保护区范围的村庄。同时确立“三个不搞，四个优先，五个支持”的政策，即群众申报率不高的不搞、群众筹资率不够的不搞、村民居住率不高的不搞；人口集聚多的优先、群众支持率高的优先、筹集资金多的优先、自然人文条件有特色的优先；县级财政资金支持、联系单位部门支持、对口项目安排支持、企业投资支持和社会民间资金支持。新农村示范点经自主申报确定后，还要引入竞争机制，纳入动态管理，实行定期调度考核。对依赖性强、群众积极性不高、工作难以推动的，及时进行调整，并补充增加、优先建设真正有积极性的示范点。

18.突出村庄整治重点。坚持以农村环境“脏乱差”治理为重点，开展农村小康环保行动。把“三清四包五改”作为村庄整治的切入点，按照省委、省政府提出的开展“农村环境五整治一提高工程”的要求，全面开展村庄清垃圾、清污泥、清路障，实行农户门前包卫生、包绿化、包秩序、包治安，推进农户家中改水、改厨、改厕、改圈、改风貌，积极探索符合农村实际，成本低、效益好的技术路径。积极推进农村垃圾无害化处理，有条件的乡镇要加快建立“户集、村收、乡（镇）运、县处理”的农村垃圾集中收集处理机制，加强农村畜禽养殖业污染的整治，加强农村安全饮用水建设和水环境治理，因地制宜地开展农村污水处理设施建设的试点示范和推广。进一步实施农村沼气国债项目，合理布局和发展农村养殖业，大力推广沼气等农村新能源。

19.丰富村庄整治内涵。按照“一户一宅、简化程序、疏通渠道”的要求，积极鼓励农民建新房。凡符合用地规划、有关建房条件和村庄规划，审批手续完备的，建设、国土等部门要及时办理审批。努力把挖掘农耕文化特色、发挥生态休闲优势、开发红绿旅游资源、保护传统古民居与村庄整治建设有机结合起来，着力打造一批建设水平较高的示范村、环境良好的整治村、人与自然和谐的生态村、底蕴深厚的文化村和农村二、三产业发达的富裕村，促使我县的村庄整治建设更具特色更有品位。积极推荐一批具备条件的整治村参加“丽水文化名村”评选。

20、健全投资建设和资源整合机制。要充分调动农村基层组织和广大农民群众参与整治的积极性，使村庄整治建设成为农民群众的自觉行动，在全社会形成政府主导、农民主体、干部服务、社会参与、企业捐助的投入机制。资金筹措主要采取“财政拨一点，挂钩单位出一点，涉农支农资金整合一点，群众自筹一点，社会各界赞助一点”的办法，建立多元、集约、稳定的投入机制。县财

政每年安排100万元用于村庄整治，其中对获省级示范村称号的，除省补助外奖励8万元；获市级示范村称号的奖励5万元；对列为整治村的，经验收合格后由县财政给予2万元的奖励。乡村康庄工程、千万农民饮用水、万里清水河道、绿化示范村、农民健康、万村文化阵地以及土地整理、电网改造、广电通讯等工程都要服从服务于示范整治村的规划定点和建设，努力在政策、资金项目等方面形成村庄整治工程建设的整体合力。

21.建立长效管理机制。引导城市社区管理理念和方式向农村社区延伸，建立完善卫生保洁、绿化养护、河道管理等长效管理机制，推动农村传统社区向现代社区转变。要落实规章制度，就村庄规划执行、环境卫生保洁、公共设施管理维护等方面内容，制订一个具体制度，经村民大会表决后形成《村规民约》，并由村民互相监督，共同执行。要落实管理主体，对公共设施的管理和维护，可由村民推选出的理事会负责。理事会应由思想觉悟高，群众威信高，政策水平高，工作经验丰富，深得群众信赖而且有一定空闲时间的老干部、老教师、老党员、老模范、老工人组成，经户主大会或村民代表大会民主推选产生。公共场所的环境卫生可聘请保洁员，实行“理事会监督、保洁员负责”的管理机制，也可实行分户分段包干，定期检查评比。要落实管理和维护资金。对公共设施管理维护以及公共场所保洁中所涉及的资金投入，可采取受益农户凑一点、社会捐一点、集体补一点、奖励资金筹一点的办法解决。

七、推进城乡统筹的公共服务体系建设和配套体制改革，夯实农村社会事业发展新基础

22.加强农村基础设施建设。按照优化生产力和人口布局、提高基础设施建设水平、改善农村生产生活条件的要求，加大农村基础设施建设力度，重点加强农村交通网、饮水网、供电网和信息网等四大基础设施网络建设，进一步改善城乡协调发展的基础设施网络平台。大力实施康庄工程，加快乡村道路建设步伐，有条件的村可以提前规划和启动工程建设，省、县补助资金确保按规定到位。优化康庄工程资源配置，对地处偏远、工程建设难度大或对环境影响大的村，可以结合村庄整体搬迁脱贫，将康庄工程专项资金用于新村建设配套补助。建立健全农村公路养护管理新机制，建立完善的农村交通基础设施建设和管理体系。加强农村供水供电、垃圾及污水收集处理、广播电视、公共交通、信息等公共服务设施建设。争取到2010年形成以县城为核心，以中心镇、中心村为基本连接点，覆盖城乡的公共服务网络体系。注重村庄安全，完善地质灾害、山洪灾害防治体系建设，保护农村居民生命财产安全。

23.积极推进农村社会保障体系建设。建立最低生活保障标准的城乡同比例增长机制，健全农村最低生活保障制度，进一步巩固农村“五保”对象集中供养成果。探索建立农村社会养老保险制度，完善被征地农民基本生活保障制度。逐步提高新型农村合作医疗制度的筹资额度和保障水平，扩大新型合作医疗制度的受益面。建立健全农村困难群众的医疗救助制度。改革社会救助管理体制，整合救助资源，提高城乡救助水平。鼓励福利彩票业和慈善基金向农村公共事业倾斜，重点用于资助农村福利事业和保障事业。

24.大力发展农村社会各项事业。认真落实教育、卫生、文化等新增事业经费主要用于农村的政

策，切实加大财政扶持力度。认真落实十五年教育以县为主的责任制，深入实施农村中小学教育“四项工程”，免收义务教育阶段学生杂费，加快城乡教育均衡化步伐。扎实推进“农民健康工程”。加大农村食品安全监管力度。深入开展“八荣八耻”的社会主义荣辱观教育，深化“双建设、双整治”活动、“双万结对共建文明”工程、“百村千户文化示范”工程和群众性精神文明创建活动，大力支持农村文化事业发展。

25.积极推进深化农村综合改革。积极稳妥地推进乡镇机构改革，明确乡镇职能定位。深化县乡财政管理体制改革，进一步完善县对乡镇财政管理体制，坚持明确责任、分类处理的原则，高度重视并妥善解决乡村债务问题，坚决制止新债，逐步化解旧债。建立村级组织运转保障机制，逐步加大政府支持村级组织的力度，扶持发展村级集体经济，完善“一事一议”制度，引导农民参与农村集体生产公益事业建设。进一步完善征地补偿安置办法，妥善解决好被征地农民的生产就业和生活保障问题。进一步完善林地承包责任制，异地转移农民的原耕地、山林等资产在承包期内保留承包经营权，允许其依法流转。在符合土地利用总体规划和村镇规划的前提下，引导村（组）集体的土地、林地、房产等集体资产按股份量化到户的原则进行股份制改造。积极探索集体非农建设用地出让机制。对列入新农村建设试点的中心镇、中心村，要安排一定数量的集体非农建设用地，在征为国有后通过市场化的方式出让给农民，所得收益用于该试点镇、村基础设施建设和公益事业。

八、推进农村民主政治建设，开创农村和谐社会新局面

26.推进农村民主法制建设。按照巩固党在农村执政基础的要求，认真实施《村民委员会组织法》，完善村民选举程序，健全村级民主选举制度。进一步深化村务公开和民主管理，加强村民代表会议、村务公开监督小组和民主理财小组建设，规范村级组织运行机制，完善民主议事、决策和监督、管理的制度体系，切实保障农民的知情权、参与权、管理权和监督权，不断健全党组织领导的充满活力的村民自治机制。推进普法工作，加强农村法制宣传，深入开展农村普法教育，引导农民牢固树立法制观念，提高依法治村水平。进一步完善农村基层法律服务、法律援助的工作机制，为农村和农民提供及时、快捷的法律服务。继续学习、推广和创新“枫桥经验”，健全农村人民调解组织，加强人民调解工作，及时消除和化解各种不稳定因素，努力创造农村安定祥和、农民安居乐业的社会环境。

27.加强农村基层组织建设。以社会主义新农村建设为主题，深入开展农村保持共产党员先进性教育，继续深化农村党的建设“三级联创”活动，扎实推进“先锋工程”建设，继续实施并完善“分类住村、联心创好”制度，进一步加强农村基层组织建设，不断提高凝聚力和战斗力。推进以党组织为核心的村级组织建设，落实“三真”要求，重视和加强对农村基层干部的教育培训，大力提高基层党员干部的素质，不断增强农村干部执行政策、依法办事、发展经济、维护稳定的能力。关心农村基层干部的生活和工作，为他们开展工作创造良好的条件和氛围。充分发挥农村共青团，妇联组织在新农村建设中的重要作用。

28.完善农村工作指导员和科技特派员制度。在原来农村工作指导员六大职责的基础上，进一步突出新农村建设辅导员的职责。县财政继续安排农村指导员帮扶资金。完善乡镇科技特派员制度，

安排科技特派员专项活动经费，充分发挥科技特派员在新农村建设中科技引导示范作用。

九、切实加强对社会主义新农村建设工作的领导

29. 加强组织领导。建设社会主义新农村是当前和今后一个时期各级党委政府的一项重大历史任务，必须切实加强领导，健全机构，落实人员，明确职责。县级领导每人至少联系一个乡镇的新农村建设，具体帮扶指导抓好一个以上的示范点建设；县直各单位帮扶指导抓好一个以上的示范点建设；各乡镇党政正职要分别抓好一个以上的示范点建设。各乡镇、部门一把手作为新农村建设的第一责任人，要亲自抓，形成党委领导、政府主导、农民主体、部门协作、社会参与的工作机制。各部门要自觉地把各项工作融入新农村建设工作中去，不仅要做好联系乡镇的群众发动、新农村建设的指导参与工作，而且还要为联系的示范点提供一定的帮扶资金和物资。

30. 建立稳定增长的支农机制。按照中央提出的“三个高于”和“三个主要”的要求，将新农村建设涵盖的各项内容列入经常性财政预算，建立健全财政支农资金稳定增长机制。县本级土地出让收益按市委、市政府要求安排一定的比例用于社会主义新农村建设。继续深化农村信用社改革，健全县域内金融对“三农”的服务体系。降低社员资金互助准入条件和门槛，支持农民专业合作社开展社员资金互助合作。鼓励和支持工商资本、民间资本、社会资本投资信贷担保业，积极推进农业政策性保险，加快发展多种形式、多种渠道的农业保险。

31. 建立工作考核体系。县委、县政府将完善新农村建设工作考核体系，重点对农业现代产业体系建设、农村新社区建设、农民转移和农民素质建设、城乡统筹的公共服务体系建设等进行督查考核，并将考核结果作为对各乡镇、有关部门党政领导政绩考核的重要内容。通过考核和督查，确保把社会主义新农村建设的各项工作和要求落到实处。

32. 本《意见》自发文之日起施行，此前印发的其他文件相关条款若与《意见》不符或有抵触，以《意见》为准。本《意见》由县农办负责解释。

2006年7月27日

中共松阳县委
关于加快农民增收全面改善民生
促进社会和谐的决定

（2008 年 8 月 12 日中共松阳县委八届六次全会通过）

一、加快农民增收全面改善民生的总体要求和基本原则

1. 加快农民增收全面改善民生的重大意义。加快农民增收，全面改善民生是深入贯彻落实科学发展观、建设生态文明、推进社会主义新农村建设的内在要求，是构建社会主义和谐社会的关键环节，也是全面建设小康社会的题中之义。近几年来，县委、县政府牢固树立以人为本的发展理念，坚持把增加农民收入，解决民生问题摆在突出位置，全县民生状况得到明显改善。但是，对照上级党委的要求和人民群众的期望，加快农民增收，全面改善民生任务还十分艰巨。党的十七大从坚定不移地走中国特色社会主义道路、深入贯彻落实科学发展观的高度，对加快推进以改善民生为重点的社会建设作出了部署。我们一定要深刻领会党的十七大和省委《关于全面改善民生促进社会和谐的决定》精神，充分认识加快农民增收、全面改善民生的重大意义，扎实推进加快农民增收、全面改善民生的各项工作，促进社会和谐稳定。

2. 当前和今后一个时期加快农民增收全面改善民生的总体要求。高举中国特色社会主义伟大旗帜，以邓小平理论和“三个代表”重要思想为指导，全面贯彻落实科学发展观，按照构建社会主义和谐社会的要求，深入贯彻党的十七大和省、市、县党代会精神，紧紧围绕“创业富民、创新强县”总战略，以实现好、维护好、发展好最广大人民利益为出发点和落脚点。坚持统筹城乡发展，着力推动农业增效，以加快农民增收为主要抓手，确保全县人民学有所教、劳有所得、病有所医、老有所养、住有所居，不断丰富城乡居民物质生活和精神文化生活，使全面建设小康社会的成果惠及全县人民。到 2012 年，力争全县 2500 元以下低收入农户人均纯收入全部达到 2500 元以上或达到当年最低生活保障水平；80%以上的农民人均纯收入达到当年全国农民人均纯收入水平。

3. 加快农民增收全面改善民生工作的基本原则。以人为本，重在民生。坚持把农民增收、改善和保障民生作为经济社会发展的目的，摆在各项工作的优先位置，切实保障人民政治、经济、文化、社会权益。充分发挥人民群众的主体作用和主观能动性，尊重人民群众的意愿，弘扬自力更生精神，坚持政府扶持与人民群众自强自立相结合。

突出重点，协调发展。紧紧抓住人民群众最关心、最直接、最现实的利益问题，着重解决群众反映突出的民生问题，协调好各方面群众的利益关系，把农民增收工作做深做实。

统筹城乡，量力而行。整合财力物力，分清轻重缓急，推动公共资源向以农民增收为重点的民

生等事业倾斜，实现改善农民生活水平和经济社会发展水平相适应。

科学发展，共建共享。坚持以经济建设为中心不动摇，充分调动社会各方面的积极性、主动性和创造性，推动经济社会切实转入科学发展轨道，努力实现又好又快发展，促进农民增收，使经济发展成果更多体现到改善民生上，实现全体人民共建共享改革发展成果。

二、促进农民增收

4. 发展高效生态现代农业。大力发展特色优势产业，全力打造“浙江生态绿茶第一县”和“中国绿茶集散地”品牌，重点培育茶叶、食用菌、干水果、畜禽、笋竹林、香榧、油茶等特色优势产业，培育农业特色块状经济。对低收入农户发展优势特色农业产业予以专项贷款资金扶持，积极探索扶贫资金、项目直接入户的方法与途径。

5. 提高农民组织化程度。积极实施农业产业化经营战略，通过“强龙兴农”工程，培育专业化、规模化、产业化的现代生产经营主体，组建和推进以农民专业合作社为基础、供销合作为依托、农村信用合作社为后盾的“三位一体”服务体系建设，采取多种形式，带动农业增效、农民增收。

6. 发展农副产品加工业。推进绿色农产品加工业发展，积极创办特色农产品加工功能区（点）。鼓励农户因地制宜发展农村家庭工业，着力培育农村来料加工特色区块，通过资金政策扶持，拓展农民增收渠道。

7. 加快农民异地转移。以彻底摆脱贫困、彻底恢复生态、彻底远离危险为目的，以高山远山地区、重点库区和地质灾害隐患区为重点，按照“移得出、安得下、能致富”的要求，加快实施松古盆地万人下山脱贫工程，以生态屏障建设和集聚发展带动山区农户脱贫致富奔小康。

8. 大力推进旧村改造。按照“改造空心村、撤并自然村、建设新农村”的要求，以宅基地整理为重点，充分发挥农民群众的主体作用，简化审批程序，完善政策措施，大力推进旧村改造及整村搬迁和小规模自然村的撤并，提高土地集约利用效益，破解农民建房难，促进农民增收，壮大集体经济。

9. 大力培育旅游产业。完善产业扶持政策和旅游规划，围绕“生态、人文、休闲”主题，挖掘和培育松阳旅游特色文化，加快旅游景点建设，大力培育旅游产业。发挥生态环境优势，落实扶持政策，发展农家乐休闲旅游，带动农村第三产业发展。

10. 完善农民素质培训机制。实施科技兴农工程，以农民素质培训工程为抓手，以市场需求为导向，结合地方优势产业，创新机制体制，制订和完善农民职业技能培训。重点针对当前新成长劳动力特别是大中专毕业生、农村转移劳动力及被征地农民的特点，加强职业技能培训，提高劳动者的就业能力和创业能力。

11. 开展低收入农户奔小康工程。以低收入农户增收为核心，进一步落实扶贫工作责任制，进一步完善领导联系、部门结对、企业参与的帮扶机制，加大产业项目扶持力度，积极推行低收入农户创业贷款政府贴息制度，拓宽帮扶资金筹措渠道。深化“一户一策一干部”制度，开展“一村一计一部门”活动，不断提高农村扶贫开发水平。

12. 落实支农惠农政策。全面落实发展现代农业、提高农业专业化水平、加快发展农村二、三产业、推进林权制度改革、繁荣农村经济、促进农村富余劳动力转移就业等各项支农惠农政策，高度重视发展村级集体经济，落实涉农负担案件责任追究制，确保农民负担继续减轻不反弹。

三、发展农村教育

13.坚持把教育放在优先发展的战略位置。积极开展省级教育强县创建，进一步更新教育观念，加大教育投入，深化教育改革，创新教育模式，大力实施素质教育，全面提高教育现代化水平，努力实现教育公平。到2012年，现代国民教育体系更加完善，全县人民受教育程度和创新人才培养水平明显提高，教育综合实力进一步提升。

14.促进城乡基础教育均衡协调发展。积极推进义务教育均衡发展，加快城市优质教育资源向农村配置，促进城乡教育共同体建设，不断提高办学水平和教育质量。加快农村学校标准化建设，因地制宜地推进农村小规模学校的“并转改”，着力解决农村和欠发达乡镇教育基础薄弱问题，保证所有学龄儿童都能接受较高质量的九年义务教育。高质量普及高中段教育，加强学生创新能力培养，不断提高高中段教育质量。加大对高中段教育的财政投入力度，确保普通高中与职业高中教育协调发展。加强学前教育，努力提高学前教育办学水平。

15.大力发展职业教育和成人教育。继续实施职业教育行动计划，推进“双证制”，加快应用型、技能型人才培养。逐步扩大城乡劳动者接受职业教育的覆盖面，办好面向农村的中等职业学校和成人职业技术学校。提高农村人口受教育年限。大力发展成人教育、社区教育、现代远程教育和职业培训，构建终身教育体系和学习型社会。

16.完善和落实教育保障政策。进一步完善和落实农村义务教育经费保障机制，提高农村中小学爱心营养餐标准，逐步解决好农村留守儿童在校学习生活问题。认真落实对中等职业学校家庭困难学生和农村家庭经济困难寄宿学生的各项资助补助政策，落实残疾学生助学政策，关注特殊教育。多渠道解决进城务工人员子女入学问题，免除符合条件的进城务工人员子女义务教育借读费。认真规范教育收费，严肃查处教育乱收费行为。加强教师队伍特别是农村教师队伍建设，开展送教下乡活动，落实好教师特别是农村教师的待遇政策。

四、完善就业创业机制

17.完善促进农民转移就业机制。完善市场调节、政府推动、城乡统筹、自主择业的就业机制，完善城乡统一的劳动就业政策，统筹城镇就业和农村富余劳动力转移就业，形成城乡劳动者公平就业制度。以优惠政策鼓励工商企业吸纳低收入农户劳动力用工。开发政府公益性岗位，优先安排低收入农户劳动就业。鼓励农户自谋职业和自主创业，落实创业贷款、财政贴息担保制度，促进创业带动就业，努力使社会就业更加充分。

18.做好高校毕业生就业。进一步引导高校毕业生更新就业观念，拓展就业渠道，提高就业能力。深入实施“一村（社区）一名大学生计划”，做好选聘大学生到村任职工作，鼓励高校毕业生到基层工作，完善面向基层就业的激励措施。实施小额免担保贷款、税费减免等优惠政策，鼓励高校毕业生自主创业，促进高校毕业生充分就业。

19.完善就业和创业服务体系。加强公共就业和创业服务，按照“中心城区有市场、主要乡镇有网点、街道社区有窗口”的目标，加快公共就业和创业服务机构网络建设，加强对下岗失业人员再就业、城镇新增劳动力就业、农村富余劳动力转移就业以及高校毕业生、退役军人就业和创业的指导与服务。

20.切实维护劳动者合法权益。认真贯彻落实《中华人民共和国劳动合同法》，大力推进各类企业与劳动者依法签订劳动合同，积极推行企业工资集体协商，维护劳动关系和谐稳定。依法建立健全同工同酬的工资制度，重点解决好农民工工资福利待遇偏低问题，确保农民工工资及时足额发放。进一步规范企业行为，加强劳动执法监督，切实维护劳动者合法权益。

五、完善社会保障体系

21.加快社会保障体系建设。着眼于建立覆盖城乡居民的社会保障体系，重点完善基本养老、基本医疗和最低生活保障制度，加强职工工伤、生育、失业保险工作，建立健全城乡住房保障体系，形成以社会保险、社会救助、社会福利为基础，以慈善事业、商业保险为补充，与经济社会发展相适应的社会保障管理体制和运行机制。积极探索适合农民工特点的养老保险和医疗保险办法，依法将农民工纳入企业职工基本养老保险和医疗保险。实施农民工“平安计划”，依法将所有与用人单位有劳动关系的农民工全部纳入工伤保险。到2012年，覆盖城乡居民的社会保障体系基本建立，人人享有基本生活保障。

22.健全城乡居民养老保障体系。进一步扩大职工基本养老保险覆盖面，稳步探索城乡居民养老保障制度。积极探索符合我县实际的农村养老保障制度，不断完善被征地农民基本生活保障制度。扩大实施农村计划生育家庭奖励制度范围，提高奖励扶助标准。

23.健全城乡居民医疗保障体系。完善职工基本医疗保险制度，不断扩大覆盖面，提高保障水平。进一步完善城镇居民医疗保险和新型农村合作医疗制度，建立长效筹资机制，不断提高参保率和保障水平。继续实行两年一次的农村居民免费体检，不断加大对困难群众的大病救助力度。制定和完善残疾人康复救助办法，重视残疾人康复综合服务设施建设。加强残疾人医疗康复和残疾预防工作，保障残疾人享有康复医疗卫生服务。

24.完善新型社会救助体系。完善应保尽保、应补尽补和应退尽退的最低生活保障机制。完善分层分类社会救助办法，逐步提高农村五保与城镇“三无”对象集中供养以及教育与住房等救助水平，加强流浪乞讨人员和无人监管的精神病患者的救助工作。建立临时社会救助制度，对低保边缘困难群众和其他因突发性灾害或重大疾病造成生活暂时困难的群众，实施临时社会救助。

25.大力发展社会福利事业。以发展老年福利为重点，完善居家养老服务体系，增强社区照顾功能，健全社会化服务机制。切实保障公办福利机构满足“五保三无”对象、困难老人供养和重度残疾人集中托养所需，鼓励支持社会力量兴办养老服务机构和残疾人托养机构。实施“残疾人共享小康工程”，切实保障贫困残疾人的基本生活、基本居住、基本康复和贫困重度残疾人的基本照料。加快发展老龄事业、儿童福利事业和慈善事业，推动社会福利事业逐步从救助型、补缺型向适度普惠型转变。

26.建立多层次住房保障体系。搞好村庄规划，切实帮助解决农村建房困难问题。多渠道解决农民工等其他住房困难群体的居住问题。进一步健全农村政策性住房保险制度，逐步扩大农村困难群众住房救助覆盖面，稳步推进农村危旧房改造。切实加强农房规划建设管理，不断提高农房建设水平和防灾能力。

六、健全健康服务体系

27.建立健全基本医疗卫生制度。着眼于提高全民健康水平，建立覆盖城乡居民的公共卫生服务、医疗服务、医疗保障和药品供应保障体系，完善重大疾病防控体系，构建全民健康服务体系。到2012年，卫生服务的公平性明显提高，人人享有基本医疗卫生服务，深入实施“农民健康工程”，全县人群主要健康指标进一步提高。

28.加强公共卫生体系建设。建立健全覆盖城乡的突发公共卫生事件应急、疾病预防控制、医疗救治、妇幼保健、卫生监督执法、公共卫生预警监测和信息报告体系。形成政府主导、部门合作、社会参与、结构合理、功能完善、机制健全、运行有效的公共卫生体系。加强人口计生工作，提高出生人口素质，建立完善覆盖全县的计划生育公共服务体系。

29.加强医疗服务体系建设。统筹城乡医疗卫生资源配置，加快农村三级卫生服务网络和城镇社区卫生服务体系建设，着力完善县、乡、村三级农村医疗卫生服务网络，切实提高优质医疗卫生服务资源的覆盖率和利用率。加强农村、社区医护队伍建设，满足群众多层次、多样化的医疗服务需求。建立有效的医疗纠纷调处机制，维护医患合法权益。

30.建立医疗和药品供应保障体系。深化医药卫生体制改革，创新和完善公立医院运行机制。探索完善医药购销体制，规范医疗服务行为，严格医疗机构收费管理，有效调控医疗费用，切实解决群众“看病难”和因病返贫问题。

31.大力发展体育事业。建立完善全民健身服务体系，继续加大社区、中心村居健身设施投入，积极推动学校、机关、企事业单位体育设施向社会开放。深入实施全民健身和小康健身工程，不断提高群众健康素质。

七、加强城乡文化建设

32.完善城乡公共文化服务体系。牢固树立文化为民、文化靠民、文化惠民的理念，大力发展社会主义先进文化，建设社会主义核心价值体系，进一步弘扬松阳精神。大力推进文化创新，建立覆盖城乡的公共文化服务体系，切实保障和发展人民群众的文化权益。到2012年，文化综合实力显著增强，公共文化服务体系更加健全，人民基本文化权益得到更好保障，城乡文化生活更加丰富多彩，社会文明程度不断提升，人民群众的精神风貌更加昂扬向上。

33.发展群众文化事业。加大公益性文化事业投入力度，优化布局结构，创新运行机制。深化文化事业单位改革，进一步提高公共文化服务能力，最大限度地发挥社会效益。重视物质文化遗产和非物质文化遗产的发掘、抢救和保护工作。做好博物馆等爱国主义教育示范基地向社会免费开放工作。积极鼓励社会力量参与创办公益文化事业。

34.加快城乡公共文化设施建设。着力完善基层文化设施网络，优先安排关系人民群众切身利益的文化项目。充分运用农村党员远程教育系统、“农民信箱”、农村信息化试点等信息化载体，切实抓好广播“村村响”工程、低收入群众文化保障工程、文化信息资源共享工程、乡镇综合文化站和基层文化阵地建设工程、农村电影放映工程、农家书屋建设工程。加大文化资源整合力度，实现城乡文化基础设施共建共享，提高公文化资源利用率和受益面。

35. 广泛开展群众性文化活动。坚持“三贴近”方针，紧密结合时代特点和人民群众对文化发展的新期待，积极创新载体，创新内容和形式，着力丰富农村、偏远山区、进城务工人员的精神文化生活。继续实施送戏、送电影、送书下乡活动，通过“种文化”和文艺骨干培训、农民文艺会演等方式，提高农村文化自我发展能力。加强农村文艺队伍建设，扶持松阳高腔剧团等民间文艺组织的发展，打造县域精品文化。积极组织社区文化活动，倡导开展全民读书活动，争创学习型社会。加大科学知识普及力度，提高全民科学素质。继续深入开展社会公德、职业道德、家庭美德和个人品德教育，进一步发挥道德模范的榜样作用，广泛开展群众性精神文明创建活动，积极培育文明和谐的道德风尚，着力建设和谐文化。

八、优化城乡人居环境

36. 加强污染治理与环境保护。围绕加快建设生态文明，全面推进生态县建设，着眼于进一步优化人居环境，建立健全以政府为主导、企业为主体、全社会共同推进的污染治理与环境保护工作机制。到 2012 年，我县生态环境质量走在全国前列，环境保护能力得到进一步提高。

37. 着力开展“811”环境保护新三年行动。切实抓好主要污染物减排工作，重点推进生活水污染治理和工业污染防治，切实做好工业园区生态化建设，深入开展城乡环境综合整治。全面实施农村环境“五整治、一提高”工程，做好土壤、矿山、河道等生态修复保护工作，持续开展生态创建活动。通过三年努力，确保实现“十一五”主要污染物减排目标，进一步改善城乡居民生产生活环境。

38. 加快城乡基础设施建设。加强城乡道路、电力、供水、邮政、信息、电信、广电等基础设施建设和养护。加强城乡污水、垃圾处理项目建设和运营管理，提高污水、垃圾集中收集率和无害化处理率。加强农田水利建设和城乡河道整治，提高防洪抗灾能力。完善农村交通基础设施建设和管理体系，建立健全农村公路养护管理新机制，解决人民群众特别是农村群众“出行难”问题。进一步推进村庄整治建设，力争到 2012 年，全县绝大部分村庄的环境得到基本整治。基本解决农村人口饮水安全和饮水困难问题，加快松古平原城乡一体化供水工程建设。以“强塘固房”为重点，进一步加强防灾减灾基础设施和避灾场所建设，提高抵御自然灾害的能力。

39. 完善环境保护政策。建立健全有利于环境保护的价格、财政、税收、贸易、土地、金融和政府采购等政策体系。建立健全污染损害和生态破坏责任赔偿制度，加强生态公益林建设。加大环保执法力度，严格执行各项环境监管制度，依法查处违法排污和破坏生态环境行为。

九、切实维护社会和谐稳定

40. 健全社会管理体系。深化“平安松阳”建设，健全党委领导、政府负责、社会协同、公众参与的社会管理体系，加强城镇社区建设，推进以基本服务均等化为核心的社区公共服务体系建设，加强对社会组织和“虚拟社会”的管理，改善对流动人口的服务和管理。切实加强社会工作人才队伍建设，提高专业化社会服务水平。推进“法治松阳”建设，深化普法教育，依法建立公民权益保障体系，切实维护人民群众的政治、经济、文化和社会权益。到2012年，社会管理体系更加健全社会治安状况更加良好，城乡居民安居乐业的局面更加巩固。

41.*妥善处理人民内部矛盾*。完善基层群众自治制度，建立健全党委、政府主导的维护群众权益机制，积极推广“民主恳谈会”、“民主听证会”、“民情沟通日”、“县委书记大接访”等制度，进一步健全为民办实事长效机制，积极引导群众合理表达利益诉求。创新发展“枫桥经验”，深入推进城镇社区警务建设，建立社会稳定风险评估机制，完善矛盾排查化解长效机制。全面落实信访工作的各项制度，加强人民调解、行政调解和司法调解工作，建立健全群体性事件预防和处置机制，全面落实责任制和责任追究制，有效预防并及时化解人民内部矛盾。

42.*加强公共安全*。完善公共安全应急管理体制，有效应对自然灾害、事故灾难以及公共卫生、社会安全、金融安全、环境安全事件。健全安全生产监管体制，加强道路交通、消防、危险化学品和矿山等安全管理，减少安全生产事故，遏制重特大安全事故。强化以食品药品为重点的产品质量安全监管，建立完善食品药品监管责任体系，努力推进食品药品安全示范县建设。加强社会诚信建设，切实规范市场经济秩序，坚决打击制假售劣行为，进一步改善消费安全环境。建立和完善重要物资和生活必需品储备制度，加强对事关群众日常生活的商品价格监管，保障基本生活品供给，努力保持物价稳定。

43.*加强司法保护*。依法打击在食品药品安全、劳动安全、生态资源、社会保障、征地拆迁、医疗卫生、教育、就业、新农村建设等领域侵害群众利益的各种刑事犯罪，加强对涉及劳动争议、保险纠纷、人身损害赔偿等民事行政案件的审判和法律监督。建立健全行政执法与刑事司法紧密衔接机制，建立涉及民生案件的便捷审查办理机制。加大司法执行力度，完善执行协调配合机制。积极实施司法救助和扩大法律援助的受援面和覆盖面，注意发现和研究涉及民生案件背后的深层次问题，从源头上强化各项预防工作。

44.*加强社会治安综合治理*。扎实抓好以公安派出所、司法所、法庭为重点的基层基础规范化建设，不断深化基层平安创建系列活动，继续推进综治网络向村居、社区、企业延伸。在全县所有乡镇综治工作中心已达到规范化标准的基础上，到2010年，村居、社区综治工作室达到规范化标准。按照服务大局、联网运作、资源共享的要求，有效整合基层技防资源，大力推进以治安动态视频监控系统建设为重点的科技防范工作。依法严厉打击各种刑事犯罪活动，坚决扫除社会丑恶现象，坚决制止非法宗教活动，增强人民群众的安全感。严密防范、严厉打击境内外敌对势力的颠覆破坏活动，全力维护社会政治稳定。

十、加强党的领导，为加快农民增收全面改善民生提供有力保障

45.*加强组织领导*。各级党委、政府要进一步统一思想，把增加农民收入解决民生问题摆在更加突出的位置，加快建设服务型政府，在经济发展的基础上，不断扩大公共服务，逐步形成覆盖城乡、惠及全县人民的基本公共服务体系。建立健全目标责任制，加强督促检查和考核，把解决民生问题的实绩作为考核评价领导班子和领导干部的重要内容，着力抓好民生问题的督办落实。继续开展基

层党组织“先锋工程”创建活动，全面推进基层党建工作，充分发挥基层党组织推动发展、服务群众、凝聚人心、促进和谐的作用。加强工会、共青团、妇联、残联、科协等群团组织建设，发挥其在改善民生、促进社会和谐中的积极作用。进一步加大宣传力度，积极开辟民生专栏，通过各种媒体及时报道典型、总结经验、集思广益，形成全社会关注民生问题、支持和参与解决民生问题的浓厚氛围。

46. 健全财力保障。按照建立健全公共财政体系的要求，进一步调整和优化财政支出结构，加大民生领域的财政投入，重点向低收入人群倾斜、向农村和农民倾斜、向欠发达乡镇和低收入农户集中村倾斜。进一步提高财政资金使用效益，完善财政性资金绩效评价制度，整合专项资金，发挥财政资金的规模效益。建立多元化民生领域建设投融资和运营机制，鼓励单位、个人以及社会各界共同投入解决民生问题。

47. 创新体制机制。建立以民主促民生工作机制，健全公共民生问题决策机制，积极组织和引导群众表达诉求，全面系统收集民意，充分发挥广大群众和社会组织在参与决策、评估落实等方面的积极作用。加强管理体制创新，推进政府职能转变，加大部门管理资源整合力度，促进部门之间在解决民生问题上的协商沟通，形成合力，防止各自为政，政出多门。加快制定或修订有关征地管理、房屋拆迁、劳动就业、医疗卫生、社会保障、环境保护、住房保障、社区建设等热点难点问题的政策制度，推进依法行政，完善依法解决民生问题的长效机制。

48. 转变作风抓落实。加强干部教育培训，教育引导各级领导班子和领导干部树立科学发展观和正确政绩观，不断提高处理和解决民生问题的能力。各级领导干部要把全面改善民生与切实转变工作作风紧密结合起来，坚持为民、务实、清廉，坚决纠正损害群众利益的不正之风，切实增进对人民群众的感情，在联系群众中服务群众，在服务群众中改进作风。进一步强化政府服务意识，推进办事公开，简化办事程序，实施政务便民服务，提高办事效率。大力弘扬求真务实作风，坚决反对形式主义、官僚主义，积极鼓励领导干部下基层开展蹲点调研，走进矛盾、破解难题，真正把加快农民增收全面改善民生的各项工作任务落到实处。

中共松阳县委

2008 年 8 月 25 日

松阳县人民政府关于推进社会保险费五费合征工作的实施意见

各乡镇人民政府，县政府直属各单位：

《松阳县人民政府关于推进社会保险费五费合征工作的实施意见》已经县政府第33次常务会议讨论通过，现印发给你们，请认真组织实施。

松阳县人民政府

二〇一〇年十二月十四日

松阳县人民政府关于推进社会保险费五费合征工作的实施意见

为建立比较完善的城镇社会保险体系，进一步加强社会保险扩面征缴工作，根据《浙江省社会保险费征缴办法》（省政府令188号）、《浙江省人民政府办公厅关于推进社会保险费五费合征工作的意见》（浙政办发〔2006〕111号）等有关规定，现就推进我县基本养老保险费、基本医疗保险费、失业保险费、工伤保险费和生育保险费统一征收（以下简称“五费合征”）工作提出如下实施意见：

一、工作目标

推进“五费合征”的工作目标：全面实行参保登记、征收机构、缴费基数、征缴流程、数据信息和登记场所统一的社会保险费征缴模式，做到企业依法申报缴纳、地税机关依法征收、社保部门依法登记审核、监管部门依法监督，全面推进社会保险费征缴制度化、法制化和规范化，基本实现企业及其职工各项社会保险全覆盖，确保各项社会保险费收入持续稳定增长。

（一）参保登记统一。社会保险经办机构和地税机关办理社会保险登记和缴费登记时，除法律法规未要求有关单位参保的社会保险险种以及分级参保外，要一次性办理5项社会保险的统一登记。地税机关和劳动保障部门要定期核对参保企业的信息数据，对未及时办理社会保险登记和缴费登记的企业，要督促其及时补办登记，实现社会保险的全覆盖。

（二）征收机构统一。按照《浙江省社会保险费征缴办法》的规定，各项社会保险费由地税机关集中、统一征收。

（三）缴费基数统一。企业缴纳各项社会保险费统一以本月企业全部职工工资总额为缴费基数。企业全部职工工资总额以国家统计局规定的口径为准。

（四）征缴流程统一。企业应缴纳的各项社会保险费应直接向主管地税机关申报缴纳。企业职工个人应缴的各项社会保险费报经社会保险经办机构核定后由企业代扣并向主管地税机关申报缴纳。有条件的企业经地税部门和社保部门确认后，可直接向主管地税机关申报缴纳代扣的职工个人应缴的各项社会保险费。

（五）数据信息统一。要统一和规范各项社会保险的基本信息，实现社会保险经办机构之间和劳动保障部门与地税、财政、工商、银行等部门之间的信息联网和数据共享。

二、工作原则

（一）坚持依法征缴。认真执行有关劳动社会保障的法律法规，加强宣传发动，督促企业和职工依法参保；认真履行职责，严格依法征收，积极推进社会保险扩面征缴工作。

（二）坚持负担均衡。在保持各项社会保险基金支付能力稳定提高的前提下，兼顾企业的负担，按照“扩大覆盖，夯实费基，统一费率，规范征管”的工作思路，在充分论证的基础上，按规定程序合理调整确定养老保险等社会保险费费率，积极创造条件实现“双低”办法与统一制度的逐步并轨，使统筹地区内企业总体负担均衡，促进企业公平竞争。

（三）坚持分步实施。根据省政府要求和我县经济发展、经济结构、企业及职工参保意识等实际情况，按照总体规划、分步实施、稳步推进的要求，有计划有步骤地开展社会保险扩面征缴工作，最终实现各项社会保险全覆盖。

（四）坚持分工协作。地税、劳动保障、财政等部门要加强协同配合，既要落实责任、各司其职，又要相互支持、加强协作，确保“五费合征”工作有序推进。

三、工作要求

（一）提高思想认识，明确工作职责。

社会保险扩面征缴工作关系到广大职工切身利益。加强社会保险扩面征缴工作，是落实科学发展观、建设“平安松阳”和构建和谐社会的需要，是筹集社会保险基金、优化政府财力结构、营造企业公平竞争环境和维护劳动者合法权益的重要举措。各乡镇人民政府、县直各单位要以对党和人民高度负责的精神，切实提高对社会保险扩面征缴工作重要性的认识，支持有关部门做好社会保险扩面征缴工作。

各有关部门要各司其职，各负其责，互相协作，认真做好社会保险扩面征缴工作。地方税务机关负责各项社会保险费的征收、管理和检查，负责对用人单位不依法为劳动者缴纳社会保险费行为的查处。劳动保障部门负责用人单位各项社会保险登记、参保审核、参保手续办理和参保人员个人账户的管理，负责对用人单位不依法参加社会保险行为的查处。财政、审计部门负责社会保险费征缴指导、监督。

（二）按比例确定计征依据，分步实施到位。

企业各项社会保险费实行单位缴纳与职工个人缴纳计征依据相分离。缴费单位计算单位缴纳社会保险费的计征依据为单位本月全部职工工资总额，其中基本医疗保险费的计征依据为单位本月全部职工工资总额加退休费总额。缴费单位应代扣代缴职工个人社会保险费的计征依据为本人上年度月平均工资总额。鉴于历史原因和缴费单位的承受能力，计征依据视经济、社会发展状况分步实施按工资总额计征社会保险费，具体由县政府逐年公布县属企业单位缴纳社会保险费工资总额最低申报比例。当年没有规定的，按上年最低申报比例执行。县属企业单位缴纳社会保险费缴费工资基数按不低于企业全部职工工资总额30%计征，但不得低于本单位参保人员缴费工资基数之和。低于的，按参保人员缴费工资基数之和确定单位缴纳部分的缴费工资基数。

全县所有企业都应参加工伤保险，对已参保的企业，全部职工都必须参加工伤保险，计征依据为单位本月全部职工工资总额；参加失业、生育保险的，缴费单位根据实际情况，可选择按以上比例申报计征依据，也可选择按全部职工工资总额为计征依据，实现参加失业、工伤、生育保险人数全覆盖。

如缴费单位申报缴纳的缴费工资总额大于实际参保职工缴费工资基数之和的，允许缴费单位在本年度内向社会保险经办机构增报职工参保名单，并提供劳动合同及有关资料。逾期未报的，超过部分的征缴额划入社会保险统筹基金。

（三）加快信息化建设，实现信息数据共享。

要切实加大对社会保险信息化建设的投入力度，着力抓好地方税务机关与社会保险经办机构相关信息的互联互通，逐步建立统一的社会保险信息管理平台，实现信息数据共享。

（四）加强部门配合，形成征管合力。

缴费单位要认真贯彻实施《浙江省社会保险费征缴办法》，牢固树立社会保险费申报缴纳的主体意识和责任意识，全面落实社会保险费申报缴纳制度。

地方税务机关要切实加强社会保险费征管，加大对缴费单位及其参保人员不缴、少缴社会保险费行为的查处力度。

各有关部门应在税费减免、评优评先、政府补贴、汽车购置、出国考察等方面对未按规定参加社会保险和缴纳社会保险费的单位进行限制，促进缴费单位及时缴纳各项社会保险费。

（五）强化宣传教育，营造工作氛围。

基层地税机关、社会保险经办机构及有关部门的工作人员要加强学习、把握政策，正确理解全面推进社会保险扩面征缴工作的重要意义，积极做好对广大企业主、职工的宣传教育和引导工作，解除企业职工的疑虑和担心，使广大企业职工真正认识到参加各项社会保险的意义和好处。

各新闻媒体要加强社会保险扩面征缴工作的宣传报道工作，通过典型事例的宣传报道，引导广大企业及其职工参加社会保险。

四、本意见自公布之日起实施。

中共松阳县委关于加快建设生活富裕家园秀美人文和谐田园松阳的决定

（2012年7月9日在中国共产党松阳县第九届委员会第三次全体会议通过）

为实现县第九次党代会提出的目标任务，中国共产党松阳县第九届委员会第三次全体会议研究了加快建设生活富裕、家园秀美、人文和谐的田园松阳的若干重大问题，并作出如下决定。

一、打造“田园松阳”的重大意义和原则要求

（一）打造“田园松阳”的重大意义。当前和今后一个时期，是我县统筹城乡发展和建设全面小康的攻坚时期。经过恢复县制30年来的不懈奋斗，我县已经迈进人均GDP4000～8000美元发展阶段和工业化中期，城乡建设进入整体协调阶段，县域发展进入一个崭新时期。打造“田园松阳”，是贯彻落实中央科学发展主题、加快转变经济发展方式主线的必然要求，是贯彻落实省第十三次党代会“建设物质富裕精神富有的现代化浙江”的战略决策和市第三次党代会“绿色崛起、科学跨越”战略总要求的实际行动，也是我县在新的发展时期深入实施“三县并举”发展战略、全面推进“两区”建设、全面建设小康社会的目标追求。打造“田园松阳”契合松阳自然条件和历史文化，契合建设生态文明的时代要求，契合人民群众建设美好家园、过上幸福生活的良好愿望。全县各级党组织和广大党员干部一定要增强使命意识、发展意识和责任意识，切实肩负起打造“田园松阳”的历史重任，把“田园松阳”作为区域发展理念来贯彻，作为区域发展路径来落实，作为区域发展品牌来塑造，探索走出符合松阳实际、具有松阳特色的加速崛起之路。

（二）打造“田园松阳”的总体要求。以邓小平理论和“三个代表”重要思想为指导，深入贯彻落实科学发展观，围绕统筹城乡发展和建设全面小康两大战略目标，按照“加速崛起”总体要求，深入实施“三县并举”发展战略，全面推进“两区”建设，着力发展田园经济、培育田园城市，为建设生活富裕、家园秀美、人文和谐的田园松阳而努力奋斗。

（三）打造“田园松阳”的基本原则。

——生态为先，绿色发展。坚持生态立县，以生态文明建设为导向，充分保护、发掘和提升生态这个最大优势、田园这个最大特色，发展绿色产业，倡导绿色生活，建设绿色家园，打响“田园松阳”区域品牌，走绿色发展、生态富民、科学跨越之路。

——产业为重，跨越发展。坚持产业强县，坚持把加快发展作为第一要务，全力以赴发展生态产业，扩大经济总量，培育新经济增长点，激活发展新动力，争创发展新优势，形成发展加速度，努力实现发展新跨越。

——民生为本，和谐发展。牢固树立为民富民惠民安民意识，把增加群众收入、创造幸福生活作为根本目标，切实保障和改善民生，提升公共服务水平，促进人与人、人与自然、人与社会的和

谐统一，努力使人民群众过上环境更优美、物质更丰裕、精神更充实的生活。

——统筹为纲，融合发展。坚持“三化同步”，深化“两区”建设，把统筹发展作为基本方略，促进平原与山区互动、城乡一体、三产联动、“三生”（生态、生产、生活）融合，增强发展的全面性、协调性和可持续性。

——文化为魂，内涵发展。深入挖掘松阳深厚历史文化底蕴，传承传统优秀文化，培育现代田园文化，促进文化与经济、政治、社会和生态文明建设相协调，走具有松阳区域文化特色的内涵发展之路。

二、发展田园经济

（四）壮大田园工业。围绕打造“浙江特色制造业基地”目标，坚持“三化同步”，突出田园、生态、绿色核心价值，深入实施“3683”工业赶超计划，集中力量推进丽水生态产业集聚区松阳分区建设，精心编制集聚区建设规划，加大推进集聚区一期和赤寿生态工业区块开发力度。完善有利于田园工业集群发展的产业政策和发展目录，制定出台培育总部经济和实施“回流工程”的政策措施，开展产业招商，重点引进符合国家产业政策的大产业大企业大项目，培育绿色生态产业集群。到2016年，集聚区工业增加值占全县工业增加值的比重达到90%以上。严格实施主体功能区和生态环境功能区规划，加强园区生态化改造建设，努力打造园林化的新型生态工业园区。严把项目准入关口，把生态环保、清洁安全摆在更加突出的位置，把环境容量、节能减排、投资强度、产出密度、税收贡献率作为重要标准，着力发展绿色低碳制造业。探索发展森林碳汇、水权交易等资源经济。推进不锈钢、绿色农产品加工等产业改造升级，推进科技型企业和专利示范企业建设，发展低碳技术和清洁生产，鼓励研发环境标志产品、节水节能节材产品，开展中国环境标志认证、国际绿色认证，坚决落实节能减排硬约束指标。

（五）提升田园农业。围绕打造“长三角绿色农产品基地”目标，深入实施农业“258”工程，推进现代农业（林业）综合区、主导产业示范区、特色农业精品园和粮食生产功能区建设，加快建设农产品精深加工园区，打造现代田园农业示范区。到2016年，建成现代农业园区6000公顷。集中力量培育和发展茶叶、香榧、油茶三大特色支柱产业，提升食用菌、高山蔬菜、笋竹林、水果、生态养殖等特色产业水平，培育田园农业特色块状经济。大力推进农业“接二连三进四”，培育休闲观光农业、设施数字农业、生态循环农业、文化创意农业、农产品精深加工业等新型业态。到2016年，建成10个以上观光农园、市民农园（开心农场）、休闲农场。大力提升农产品生产加工水平，提高农产品科技含量和文化含量，打响“名、特、优、新、高”五张牌。深入实施茶产业提升工程，推进茶园病虫害统防统治，发展茶叶清洁生产、精深加工和茶文化休闲游。加强茶叶市场流通体系建设，继续办好中国茶商大会·松阳银猴茶叶节，推进中国（松阳）茶叶城、茶博园等项目建设，打造茶产业总部经济，把“松阳银猴”打造成为中国驰名商标，大力发展农业龙头企业、农民专业合作社，培育现代农业带头人和新型职业农民。实施农产品市场营销战略，推进县农贸市场和农产品专业市场建设，培育网络营销市场。推进“质量强县”建设，发展原生态农业和农业标准化生产，推广生态、安全、先进、高效的农业生产模式，严厉查禁销售、使用违禁农药，完善农产品质量安全监管体系。到2016年，主要农产品中有机、绿色、无公害农产品种植面积的比重达到60%以上。

（六）培育田园休闲养生经济。编制田园休闲养生（养老）经济规划，制定出台专项产业政策，建立健全推进机制，着力培育休闲养生旅游业、休闲养生农业、休闲养生文化业，加快推进卯山道教文化休闲区、茶文化养生区等休闲养生（养老）基地建设，着力构建结构完整、重点突出、特色鲜明的休闲养生（养老）产业体系，打造田园休闲养生（养老）胜地。到2016年，建成10个以上休闲养生（养老）基地，形成具有松阳特色的田园休闲养生经济体系。推进有条件的村落开展村居环境和内部空间整体改造提升，培育集特色旅馆、休闲养生、农耕体验、民俗风情等功能于一体的生态民宿业，探索发展乡村旅馆、青年旅舍、“画家村”及休闲旅游地产。实施《松阳县服务业发展规划（2011—2015）》，推动现代物流、金融服务、电子商务等现代服务业快速发展。

三、培育田园城市

（七）完善城市建设规划。以新型城市化为方向，以田园城市理论为引领，围绕“两区”战略和培育西屏—古市组合城市的目标，把田园作为基本元素融入城市建设，注重“山、水、田、林、城”有机融合，修编完善县域总体规划和中心城区规划，统筹谋划城市规模、城市格局、人口分布和功能分区，构建城在田中、城中有田、城田交融的城市形态，打造城市与乡村和谐相融、城市功能与乡村环境有机结合、历史文化与现代文明交相辉映的新型城乡结合体，培育具有山水之美、田园之美、人文之美的新型生态田园城市。县城中心城区按照“一江双城”城市布局，依托“一溪穿城、两景呼应（延庆寺塔、双童积雪）、三山环抱（独山、西屏山、云岩山）”的自然风貌，拉开城市框架，优化空间布局，科学研究核心区块、溪流沿岸、商贸街区、文化街区、城市入口等重要区块的建设规划，推进各功能区块的分工协作和错位发展。南城区块加快实施“南城战略”，结合火车站场建设，精心编制南城发展规划，打造具有较高品位和鲜明特色的城市门户区、新兴现代服务业集聚区和新型田园人居示范区。老城区块有序推进旧城改造和历史文化街区保护利用。北城区块依托集聚区建设和黄家大院等特色资源，打造先进制造业基地和区域旅游服务节点。实施古市“副城战略”，打造筏铺下山移民示范区，拓展城南生态产业区，建设江滨新城区，提升城中古城区，开发卯山文化区，推进田园休闲养生（养老）基地和旅游度假区建设，打造区域性经济文化中心。支持市级中心镇玉岩以及象溪、大东坝等小集镇发掘生态、产业、人文资源，打造山区风情小镇。

（八）加强城市环境建设。推进“四城联创”工作，稳步推进城市周边山体绿化和林相改造，提升西屏山公园，推进独山公园、云岩山公园建设；有序建设“一溪（松阴溪）、一湖（龙湖公园）、一坑（古湖坑）、两堰（青龙堰、白龙堰）、两源（竹溪源、东坞源）”滨水景观带，创建松阴溪（县城段）国家级水利风景区。加强城市绿地系统建设，促进城市周边山体、滨水岸线、城市公园、街头景观、城市道路绿化带等有机连接。到2016年，城市建成区绿化覆盖率达到40%以上。推进城市路网、供水、排水、垃圾处理、停车场等公用设施建设，完善教育、医疗、文化等公共服务设施，打造更加便民利民的公共服务体系。

（九）保护和利用历史文化街区。按照“修旧如旧、建新如旧”的原则，恢复明清街坊建筑风貌，传承古街传统业态、人文习俗，整理古街民间传说、名人轶事，对濒临消亡的传统行业进行抢救性保护，使明清街坊成为集中展现城市历史风貌和千年历史文化的城市名片。结合三庙（文庙、武庙、城隍庙）保护和利用，逐步把人民大街打造成为传统商贸与传统文化相融的特色街区。加强延庆寺塔、黄家大院、进士牌坊、鹦鹉冢等的保护和利用，延续城市历史文脉，申报和建设国家级历史文化名镇。加强城市建筑风格的研究，按照历史文化来定位城市主色调和建筑色彩，推进田园城市建筑风貌示范线（区）建设，塑造城市个性，提高城市品位。

四、建设田园乡村

（十）开展生态富民行动。深入实施“农村发展六大行动计划”，大力推进特扶项目建设，开展产业富民、创业富民、项目富民、帮扶富民、金融富民、保障富民六大行动，支持和鼓励农民因地制宜发展高效生态农业、“农家乐”休闲旅游业，鼓励有条件的村建设标准厂房、民工公寓，发展来料加工业和村级集体物业经济，壮大村级集体经济。实施农民素质提升工程，加大就业创业政策扶持力度，发展劳务经济，打响“松阳茶师”“松香师傅”“超市能人”等劳务品牌。大力推进乡镇（街道）实事项目和村级增收项目建设。实施低收入农户收入倍增计划，深化“一户一策一干部、一村一计一部门”结对帮扶活动，促进低收入农户增收。推进农村金融综合改革试点工作，建设村镇银行，发展小额信贷公司和资金互助组织，深化茶园抵押贷款、林权抵押贷款等信贷产品创新。完善农村基本医疗、基本养老、低保救助、失地保障等基本社会保障体系，提高社会保障水平。到 2016 年，全县农村居民人均纯收入达到 14100 元，基本消除人均纯收入 4600 元以下的低收入家庭，城乡收入比缩小到 2.5∶1。

（十一）开展美丽村居行动。按照天人合一、城乡融合的理念，把田园作为乡村建设的基本元素，把乡村作为田园中的独特景观，深入开展田园乡村建设，形成田园、山水、村居和谐相融的乡村画卷，构建宜居、宜业、宜游的农村生态人居体系，争创省级美丽乡村创建先进县。完善村庄布点规划和建设规划，科学确定中心村、规划保留村、整体搬迁村，优化城乡空间结构。实施乡村洁化美化工程，推进农村区域性路网、管网、林网、河网、垃圾处理网、污水处理一体化建设，深化以“四清四治四改”为主要内容的“三沿”整治，实施污水净化沼气和“建筑节能推进”工程，建立健全农村环境综合保洁长效管理机制。深入实施“百村绕水”工程，推进水土保持治理、农村水系治理和河道池塘清淤疏浚。实施中心村培育工程，修编完善中心村建设规划，强化中心村基础设施和公共服务配套，把中心村率先建设成为田园乡村示范点。通过村庄整治、经济补偿、异地搬迁等途径，健全农民异地梯度转移引导机制，完善农民异地转移扶持政策和安置方式，推动行政村撤并、自然村落整合和农居点缩减。实施旧村改造提质工程，推进农村土地综合整治、“农村建设节地”工程和农村“两违”处置工作，全面整治农村闲置住宅、废弃住宅、私搭乱建住宅，大力推行建设联立式住宅和多层公寓住宅。实施乡村特色提升工程，打造一批特色产业乡镇、特色产业村、“农家乐”休闲旅游示范村。加快建设民俗风情摄影、江南茶乡、道教养生、红色旅游、畲乡风情五大田园乡村特色区块。到 2016 年，力争农村生活垃圾无害化处理率达到 100%，村庄整洁满意度达 90%，培育 15 个省级中心村，建成 10 个田园乡村风情特色村，异地搬迁农民 1．6 万人。

（十二）开展古村保护行动。按照“保护为主、抢救第一、合理利用、加强管理”的方针，围绕“修复优雅传统建筑、弘扬悠久传统文化、打造优美人居环境、营造悠闲生活方式”目标要求，全面普查我县历史文化村落资源，编制保护利用规划，研究制定保护政策，加大财政投入力度，设立专项保护基金，做到整体推进与重点保护、保护物质遗产与保护非物质遗产、保持历史风貌与改善人居环境、保护优先与合理利用“四个统一”。深入挖掘历史文化村落的历史典故、风土人情和个性特点，突出“一村一品”“一村一景”“一村一韵”和“村村有故事”的建设主题，打响“松阴溪古村落群”品牌。力争到2016年，历史文化村落得到基本修复和保护，彻底改变一些历史文化村落整体风貌损毁、周边环境恶化的状况。

（十三）开展城乡融合行动。推进城乡综合交通、民生水利、绿色能源、现代信息网络建设。加快衢宁、衢丽铁路，上松线扩能改造、松云、靖板畈等公路项目前期工作，推进50省道改建、龙松公路和农村联网公路建设，改造区域县乡公路、通景区公路，完善城乡公交网络，促进区域交通、城乡交通、综合交通一体化。加强电网升级改造，推进农村电气化，构建以500千伏和220千伏为主干、110千伏为支撑的城乡电力供应保障体系。深入实施“强塘固房”工程，加快全国小型农田水利重点县、农村河道综合整治试点县、水电电气化建设县项目建设，推进黄南水库、松古平原水资源配置、江南灌区节水改造、松阴溪干堤加固、松古平原防洪排涝等水利重点项目，加强小流域综合治理和农村饮用水安全提升工程建设。加快农村信息化建设，全面建设“数字松阳”。统筹建设农村社区综合服务中心，发展教育、文化、体育、卫生、通讯等公共服务，促进城乡基本公共服务均等化。

五、保护田园生态

（十四）推进生态保护与修复行动。严格实行基本农田保护责任制，禁止闲置、荒芜基本农田，违法占用基本农田，破坏田园生态。实施生物物种保护利用规划和生物多样性保护战略与行动计划，加强对森林资源、野生动植物、高山湿地等的重点保护和有序开发。推进土壤、水体、自然灾害、矿山、建设工程等的生态修复，加强环境调查、监测和评估，健全环境预警机制。推进松阴溪流域水生态保护修复和河道绿化美化工程，恢复水清、流畅、岸绿、景美的水生态环境，切实保护好我们的母亲河。确保生态环境质量状况指数在全省前10位。

（十五）推进生态文明创建行动。全面实施“811”生态文明建设推进行动方案，开展节能减排、循环经济、绿色城镇、美丽乡村、清洁水源、清洁空气、清洁土壤、森林松阳、防灾减灾、绿色创建等生态文明创建行动，推进“平安林区”建设，深化生态环境教育示范基地、绿色企业、绿色学校、绿色社区、绿色家庭等创建，倡导绿色、低碳、健康的生产生活方式。深入实施“田园松阳”美化工程，以“城边、村边、路边、岸边、景边”为重点，开展“三沿”林相改造和松古平原添绿添彩行动。到2016年，确保80%的乡镇达到国家生态乡镇创建标准、80%的行政村建成市级以上生态村，成功创建国家级生态县。

六、经营田园风光

（十六）建设田园松阳生态大景区。坚持“山区就是景区、田园就是家园”的理念，把田园风光作为战略资源来经营，打造“天蓝、山绿、水清、田美、村洁”的“中国最美田园风光”，倡导徜徉田园、亲近山水、漫步乡村的慢生活、健康行、阳光旅。制定出台生态旅游业跨越发展的政策意见，修编产业发展规划，打造一个千年历史文化名镇、建设一批高等级旅游景区、开发一批田园休闲养生基地、构建一条田园文化体验精品线路、发展一批乡村休闲旅游特色村（点），推进田园松阳生态大景区建设。培育以传统农耕文化和现代田园文化为内核的旅游主题文化，发展以亲近田园山水、游览文化村落、参与农事活动、品尝地方美食、感受农耕文明为主要内容的农耕文化体验游，开发民居民俗、茶乡风情、摄影采风、写生创作、温泉养生、红色旅游等休闲旅游项目，恢复和充实“松阳十景”等人文景观，开发端午茶、青瓷、黑陶、玉石、“松阳十大菜肴”“松阳十大小吃”等地方特色产品。探索“一事一议”“一项一策”的旅游资源开发、市场开拓、跨区域合作的有效途径和运作模式。加快高星级饭店、主题饭店、品质旅行社、旅游购物和通景公路等配套体系建设，打造“长三角田园休闲旅游胜地”。到2016年，力争建成3～4个国家4A级旅游景区，旅游总收入达到10亿元。

（十七）建设视觉艺术创作基地。推进摄影、写生、影视等视觉艺术创作基地建设，谋划推进传统农耕经济保护区和农耕文化展示区项目，启动农耕民俗博物馆建设，集中展示农耕元素、传统工艺、传统美食、传统农事民俗和传统礼仪，还原农耕习俗，建设传统文化传承展示平台。推进浙南桃花源、石仓古民居、竹源瀑布群、寨头摄影休闲园等摄影创作基地建设，加快中国写生学院、吴越农耕民俗文化村等艺术创作基地建设，策划举办民俗风情、农事节庆活动。

（十八）建设田园生态绿色长廊。实施绿色廊道工程，构建松古平原陆上慢行游赏绿道体系，建设环松古平原20公里、50公里、100公里的观光型、健身型、竞技型绿道，开展自行车运动等绿道活动，打造自行车运动基地。加快建设松阴溪流域水上生态绿色长廊，建设滨水绿道，打造亲水平台，开发水上项目，将松阴溪和小港流域打造成为融田园风光、古街古村、民俗风情、水利设施、农耕体验、水上游乐、健身休闲等于一体的绿色景观长廊。

七、弘扬田园文化

（十九）深化社会主义核心价值体系建设。推进中国特色社会主义理论体系的学习宣传和普及，加强理想信念教育和以爱国主义为核心的民族精神教育，倡导以“务实、守信、崇学、向善”为内涵的当代浙江人共同价值观。实施《浙江省公民道德建设纲要》，传承和发扬松阳人民“民多质朴，俗尚节俭”、“俗多质朴，不事华侈”的乡风民俗和耕读传家、诗书济世的优良传统，积极培育当代松阳人民开放包容、务实进取、艰苦奋斗、发奋创业的时代精神，深化“知恩感恩报恩、爱党爱国爱家”感恩教育活动，扩大志愿服务范围，践行公正、包容、责任、诚信的价值取向，提升公民道德素质和社会文明程度。

（二十）发展公共文化事业。坚持文化生活化的方向，挖掘历史文化资源，传承传统农耕文化，培育新型田园文化，创建省级文化先进县，建设人文精神高尚、文化事业繁荣、文化产业发达、文化特色鲜明的文化强县。深入推进“浙江文化强镇”、“浙江体育创强”、“丽水山花工程”和“农村文化设施标准化工程”，新建一批文化基础设施、保护一批文化古迹、利用一批历史文化村落、固化一批“田园松阳”文化元素、创建一批特色文化品牌、打造一批文化精品，推进公共文化服务网络建设，加快文化中心、体育中心、影剧院等城市公共文化设施和乡村文化站室建设，打造“半小时文化服务圈”。深化“文化惠民”工程，开展“送戏下乡”“农民文化节”“乡乡一台戏”“民间艺术展演”“田园大家乐”广场健身等活动，丰富群众文化生活。

（二十一）打造文化品牌。实施文化品牌战略，实施文化普查、文化丛书、文化展陈、文化节庆、文化民生、文化精品六大工程，挖掘茶文化、古建筑文化、民俗文化、宗教文化、姓氏文化、水利文化、玉石文化、红色文化等八大文化，保护农耕文化印迹，展示地方文化产品，创作一批反映时代精神、具有区域文化特色的文化精品，打响“田园松阳”文化品牌。

（二十二）培育特色文化产业。制定文化产业发展规划，理顺文化产业发展思路和体制机制，推进文化与科技、金融、贸易、信息、旅游等产业融合发展。大力发展艺术品和工艺美术经营业，以及摄影、写生、影视、动漫等文化创意产业，谋划和推进一批重大文化产业项目。积极培育推介本土文化产业，加强松阳高腔、叶法善传说（月宫调）、民俗节庆等民间艺术的挖掘和保护，发展特色文化演艺产业。推进文化产品市场建设和要素市场建设，鼓励和引导民间资本进入文化产业，完善现代文化市场体系。

八、强化打造“田园松阳”的工作保障

（二十三）加强组织领导。全县各级党组织要把打造“田园松阳”工作摆上重要位置，切实加强组织领导。支持人大按照法律赋予的职责，加强对打造“田园松阳”的监督。各级政府要认真编制相关规划，制定实施配套政策，加大财政投入，强化行政执法，全面落实各项任务。支持政协积极履行政治协商、民主监督和参政议政职能，团结动员各方面力量为打造“田园松阳”献计出力。各级纪检监察机关要切实加强对打造“田园松阳”各项措施落实情况的监督检查，确保县委决策部署落到实处。广大共产党员要自觉肩负起在打造“田园松阳”的历史重任，充分发挥先锋模范作用。充分发挥工会、共青团、妇联等人民团体和各民主党派、工商联的作用，充分发挥新闻舆论的导向和监督作用，形成全社会关心、支持、参与和监督打造“田园松阳”强大合力。同时，大力加强人才队伍建设，努力为打造“田园松阳”提供充足的人才和智力保证。

（二十四）创新体制机制。推进行政区划调整改革，优化城乡生产力布局。推进扩权强镇改革，增强中心镇统筹协调、自主决策、依法行政和公共服务能力。实施政府机构改革，简化行政审批流程，强化政府的经济调节、市场监管、公共服务和社会管理职能，打造服务型政府。建立健全促进城乡要素资源自由流动的相关机制，促进城乡融合发展。深化财政体制改革和金融体制改革，创新金融平台建设，推进金融产品创新，提高金融服务能力。

（二十五）促进社会和谐。深入推进“幸福民生五大工程”，坚持不懈为群众办实事、谋利益、增福祉，全面提高人民群众的生活品质，提高幸福感和满意度。加强社会管理创新，深化“网格化管理、组团式服务”和“民情地图”促服务工作，深入开展领导干部大接访活动和矛盾纠纷大排查大调解专项行动，推进社会治安防控体系建设，加强道路交通、消防安全、安全生产、食品药品等重点领域管理，构建和谐的人际关系、劳动关系，确保社会大局和谐稳定。

打造“田园松阳”是历史和时代赋予的光荣使命，是一项长期而艰巨的系统工程。全县各级党组织和广大党员干部群众要紧密团结在以胡锦涛同志为总书记的党中央周围，在省委、市委正确领导下，深入贯彻落实科学发展观，解放思想，锐意进取，为建设生活富裕、家园秀美、人文和谐的田园松阳而努力奋斗！

中共松阳县委

2012年7月9日

中共松阳县委文件目录选登

（1956～2010年）

附录表1

文号或时间	文件名称
1957年5月13日	关于改进县委领导方法的决定
1990年5月7日	加强党同人民群众联系的实施意见
1992年7月13日	关于加快改革开放加速经济发展的决定
1997年1月6日	松阳县（1997-2000年）社会主义精神文明建设实施意见
2000年7月21日	县委全委会、常委会和书记办公会的议事规则和程序
2002年1月10日	关于贯彻《中共中央关于加强和改进党的作风建设的决定》的意见
2004年7月9日	关于建设“平安松阳”促进社会和谐稳定的决定
2005年1月10日	关于认真贯彻党的十六届四中全会精神，切实加强党的执政能力建设的意见
2005年8月5日	关于加快革命老区经济社会发展的决定
2005年8月5日	关于集体领导和分工负责的规定
2005年8月5日	关于重要情况通报和报告的规定
2006年7月27日	关于扎实推进社会主义新农村建设的若干意见
2006年7月27日	关于完善经济社会发展重大事项决策机制的规定（试行）
2006年12月	中国共产党松阳县代表大会闭会期间代表活动制度（试行）
2008年2月14日	关于认真贯彻党的十七大精神，扎实推进创业富民创新强县的决定
2008年8月12日	关于加快农民增收全面改善民生促进社会和谐的决定

松阳县人大常委会文件目录选登

（1951 年 7 月～2010 年）

附录表 2

文号或时间	文件名称
1958 年 6 月 1 日	关于深入开展扫盲，基本实现“无盲县”的决议
1982 年 9 月 20 日	松阳县执行《浙江省计划生育条例》（试行草案）的实施细则
1983 年 8 月 22 日	松阳县城镇卫生管理实施细则
1985 年 11 月 28 日	松阳县人大常委会关于加强法制宣传在公民中基本普及法律常识的决议
1986 年 6 月 14 日	松阳县人大常委会关于加强土地管理，坚决制止乱占滥用耕地的决议
1990 年 11 月 23 日	松阳县人大常委会关于加强综合治理搞好社会治安的决议
1992 年 5 月 28 日	松阳县人大常委会关于撤区扩镇并乡的决定
1993 年 8 月 20 日	松阳县人大常委会关于减轻农民负担的决议
1994 年 3 月 26 日	关于县城太平坊路改造工程方案的决定
1994 年 4 月 23 日	关于开展依法治县的决议
1995 年 6 月 6 日	关于加快我县工业经济发展的决议
1996 年 9 月 26 日	关于贯彻实施《中华人民共和国行政处罚法》的决定
1998 年 12 月 18 日	关于松阳县过境公路工程建设的决议
1999 年 12 月 28 日	通过松阳县人大常委会关于讨论决定本行政区域重大事项的决定
2003 年 8 月 19 日	松阳县人大常委会关于县政府提请审议的龙丽一级公路松阳段融资还贷方案的议案
2003 年 8 月 20 日	松阳县人大常委会关于加快推进殡葬改革的决定
2004 年 9 月 23 日	松阳县人大常委会关于批准《松阳生态县建设规划》的决议

松阳县人民政府文件目录选登

（1949 年 5 月～2010 年 12 月）

附录表 3

保管期	档号	顺序号	责任者	题 名	日期	页号
永久	2-01-001	003	县政府	中国人民解放军松阳军事管制委员会令	1949. 05. 26	13
永久	2-01-003	001	—	关于 1949 年收缴匪军失散械弹奖励办法	1949	
永久	2-01-008	006	县政府	人事管理暂行办法	1950. 06. 24	31
永久	2-01-008	007	县政府	抄发华东保护山林水利管理垦荒办法	1950. 12. 20	33
长期	2-01-030	003	县政府	兹抄发中央政务院关于党、政、军、群负责人视察、参观、修养旅行时地方负责	1953. 10. 22	5
长期	2-01-030	007	县政府	为企业年休假暂不实行	1953. 06. 19	14
长期	2-01-030	010	县政府	为转发保险投保范围希参照办理由	1983. 08	19
长期	2-01-030	019	县政府	为转知省府统计局关于统计报表之报送及颁发报表之处理并区统计员之任务等问题	1953. 12. 17	37
长期	2-01-030	021	县政府	兹抄发省委办公厅关于发件机关寄密件的手续的具体规定的通知	1953. 03. 19	42
永久	2-01-038	003	县政府	抗美援朝分会经费分配表	1952. 06. 07	27
永久	2-01-038	004	县政府	民主党及人民团体初助支出经费补助	1952. 06	30
永久	2-02-003	002	县政府	关于加强档案管理工作的通知	1954. 08. 28	2
永久	2-02-003	003	县政府	关于极递区机要文件办法的通知	1954. 08. 29	4
永久	2-02-013	002	县政府	为在你区建立巡回法庭由	1953. 12. 26	8
永久	2-02-013	007	县政府	关于由县府等七个部门组成“松阳县保准电信公路委员”的通知	1954. 10. 24	21
永久	2-02-016	004	县政府	关于处理人民来信和接见人民来访工作修正细则	1954. 03. 15	24
永久	2-02-016	012	县政府	在互助合作及粮食统购统销对富农门争中应该掌握并注意几十个问题	1954. 11. 08	72
永久	2-02-018	001	县政府	关于撤销国家机关工作人员行政处分暂行规定	1954. 04. 14	1
永久	2-02-018	003	县政府	关于处理人民来信和接见人民来访工作修正细则	1954. 03. 15	9
永久	2-02-018	011	县政府	关于转发省府关于国家机关工作人员在粮食统购统销中六项守则的通知	1954. 12. 15	41
永久	2-02-018	019	县政府	为各单位负责教育干部家属不得在群众面前乱说粮食供应等问题，以免造成不良影响	1954. 01. 04	60
永久	2-02-018	020	县政府	为有关粮食供应问题的几个意见，希查照	1954. 01. 08	61

附录续表 3-1

保管期	档号	顺序号	责任者	题　名	日期	页号
永久	2-02-018	023	县政府	为通知自 1 月 1 日起停止使用条子和介绍信购买粮食，乡干部发给购粮证，机关干部下乡给餐票，希遵照	1954.12.29	64
永久	2-03-001	006	县政府	加强对农民学生遵守公路交通安全常识的教育	1955.10.23	18
永久	2-03-001	009	县政府	批准调整行政管理费开支由	1955.02.12	27
长期	2-03-006	004	县政府	关于防空警报和戒严的通知	1955.01.21	58
永久	2-03-007	005	县政府	关于加强国家物资仓库的保管暨规定区护仓护粮组织的指示	1955.02.08	67
永久	2-03-007	006	县政府	关于增产节约贯彻情况的通报	1955.08.02	74
永久	2-03-008	001	县政府	关于换制本县机关衔牌的通知	1955.12.05	1
永久	2-03-008	004	县政府	关于县以下各级人民委员会暨领导人的称谓	1955.10.25	14
永久	2-03-008	006	县政府	建立“松阳县人民检察院机构请校储”	1955.04.06	20
永久	2-03-009	003	县政府	关于制发“松阳县人民政府办公制度”希遵照执行	1955.02.12	5
永久	2-03-009	006	县政府	为加强做好统计资料的保密工作并提出意见	1955.04.15	30
永久	2-03-009	007	县政府	关于各机关、团体、企业、学校等印、铸、刻物品的管理措施	1955.08.20	34
永久	2-03-025	003	县政府	关于女工作人员生产假期问题规定希遵照	1955.05.18	6
永久	2-03-025	005	县政府	关于给志愿军写春节慰问信的通知	1955.01.11	9
永久	2-03-025	017	县府办	对代县府拟制公文的手续体式的规定	1955.08.25	32
永久	2-03-025	024	县府办	关于防空警报和戒严的通知	1955.01.21	51
永久	2-03-025	042	县府办	关于执行国务院关于国家机关工作人员全部实行工资制和改为货币工资制的命令的补充规定	1955.09.28	98
永久	2-03-025	047	县府办	关于农林特产税的征介手续几点意见，希遵照办理	1955.10.14	112
永久	2-03-025	052	县府办	为关于国家工作人员子女参加统筹医疗的规定希知照	1955.12.21	122
永久	2-03-025	060	县府办	为通知抓紧时间结束历史资料整理工作	1955.04.28	139
永久	2-04-019	001	县政府	松阳县的基本情况综合序述	1956.05.25	1
永久	2-04-062	003	县政府	松阳县历年改制情况统计表	1958	16
长期	2-06-037	002	县政府	关于改变公立医疗机构有关几个问题的通知	1958.08.14	4
长期	2-06-037	004	县政府	关于统一调动全县联合医疗机构工作人员成立乡医院的通知	1958.08.09	7
长期	2-06-037	018	县政府	关于批转商业局对实行毛猪菜牛由国家统一收购的报告的通知	1958.09.24	37
永久	2-22-008	002	县政府	关于县公安局关于建立森林派出所报告的批复	1982.05.21	5
永久	2-22-008	003	县政府	关于县公安局《关于建立农村派出所的请示报告》的批复	1982.06.16	8

附录续表 3-2

保管期	档号	顺序号	责任者	题 名	日期	页号
永久	2-22-008	008	县政府	对县基建局《关于建设松阳县城远近初步规划报告》的批复	1982.06.15	25
永久	2-22-008	011	县政府	建立中国建设银行松阳县支行的批复	1982.07.17	42
永久	2-22-008	012	县政府	关于成立松阳县石仓木材检查站的批复	1982.08.07	45
永久	2-22-008	013	县政府	关于成立松阳县建筑设计室的批复	1982.08.26	50
永久	2-22-008	019	县政府	关于成立《浙江广播电视大学松阳工作站》的批复	1982.12.25	71
永久	2-22-010	001	县政府	关于成立松阳县高等学校招生委员会的通知	1982.05.19	1
永久	2-22-010	002	县政府	关于建立松阳县文物管理委员会的通知	1982.06.10	4
永久	2-22-010	003	县政府	关于建立县医疗管理委员会的通知	1952.06.10	7
永久	2-22-010	004	县政府	关于建立松阳县人民武装委员会的通知	1982.06.16	10
永久	2-22-010	006	县政府	关于建立松阳县环境保护办公室的批复	1982.10.06	16
永久	2-22-010	008	县政府	关于建松阳县地名委员会的通知	1982.10.10	20
永久	2-22-010	009	县政府	关于建立县防汛防旱指挥部的通知	1982.06.04	24
永久	2-22-010	011	县政府	关于成立松阳县公证处的通知	1982.07.23	30
永久	2-22-010	014	县政府	关于建立松阳教职工教育管理委员会的通知	1982.08.05	38
永久	2-22-010	015	县政府	关于建立松阳县计划生育委员会的通知	1982.08.05	41
永久	2-22-010	016	县政府	关于建立土地普查办公室的通知	1982.08.07	44
永久	2-22-010	025	县政府	关于建立松阳县水利水电勘察设计室的通知	1982.08.27	71
永久	2-22-010	026	县政府	关于建立能源领导小组的通知	1982.09.03	74
永久	2-22-010	027	县政府	关于建立县征兵办公室的通知	1982.10.03	77
永久	2-22-010	030	县政府	关于建立松阳县复员队伍军人安置工作领导小组的通知	1982.09.20	85
永久	2-22-012	001	县政府	关于原遂昌家畜良种推广站更名为松阳县家畜良种推广站的报告	1982.05.08	1
长期	2-22-017	004	县政府	转发省人民政府转发省劳动局《关于严格制止滥发加班加点工资的补充意见》的通知	1982.09.05	31
长期	2-22-017	010	县政府	关于编纂《松阳县地名志》的通知	1982.12.07	74
长期	2-22-018	006	县政府	批转县工商局等部门《关于加强烟土收购工作和市场管理的报告》的通知	1982.07.07	25
长期	2-22-020	003	县政府	关于认真做好增收节支工作的通知	1982.11.10	54
长期	2-22-020	006	县政府	批转县民政局《关于进一步做好农村烈军属优待工作的几点意见》	1982.07.21	78
长期	2-22-090	003	县政府	关于保护森林资源发展林业生产几个问题的规定	1982.12	28
永久	2-23-001	006	县政府	关于县机关安全保卫责任制暂行规定	1983.04.20	66

附录续表 3-3

保管期	档号	顺序号	责任者	题　名	日期	页号
永久	2-23-002	001	县政府	关于彻底清理收缴散失在社会上的枪支、弹药、爆炸物品及其他凶器的通知	1983.03.14	115
永久	2-23-003	004	县政府	关于建立松阳县城镇规划领导小组的通知	1983.07.04	18
永久	2-23-003	010	县政府	关于《建立中国人民保险公司松阳支公司》的通知	1983.01.22	55
永久	2-23-003	016	县政府	关于同意建立"松阳县森林植物检疫站"的批复	1983.12.26	93
永久	2-23-003	020	县政府	关于建立大东坝区和石仓公社划分为三个乡的通知	1983.10.28	120
永久	2-23-011	002	县政府	关于加强农业税收管理的布告	1983.07.04	7
永久	2-23-012	001	县政府	松阳县西屏镇总体规划说明	1983	1
永久	2-23-014	001	县政府	松阳县城新建街道说明（设计）和方案、对比、设计图纸	1983	1
长期	2-23-018	004	县政府	关于加强事业行政经费使用管理的通知	1983.03.07	67
长期	2-23-020	005	县政府	批转县公安局、粮食局《关于对精减下放干部职工收回户粮人员现要求》	1983.11.10	24
长期	2-23-021	001	县政府	关于加强农业税收管理的布告	1983.07.04	1
长期	2-23-021	004	县政府	关于调整农业税代金价格的报告	1983.06.23	25
长期	2-23-021	005	县政府	批转县财税局、社企局《关于社队企业利润分配和收取管理费的规定》	1983.06.02	30
长期	2-23-021	007	县政府	关于印发《松阳县工商企业发票管理办法》的通知	1983.05.17	65
长期	2-23-022	001	县政府	关于村镇规划工作的意见	1983.05.25	1
长期	2-23-024	003	县政府	关于全面建立公社（乡）一级财务管理制度的意见	1983.12.22	30
长期	2-23-026	004	县政府	对县粮公局《关于西武公路征用农田后，增加定销粮的报告》的批复	1983.06.17	17
长期	2-23-029	001	县政府	关于临时工使用管理的若干暂行规定	1983.01.11	1
长期	2-23-029	002	县政府	关于坚持制止国家机关工作人员和财贸干部职工以家属名义从事商业活动	1983.11.24	9
长期	2-23-090	001	县府办	对县交通局要求建立松阳县公路运输管理站的报告的批复	1983.02.03	1
长期	2-23-108	027	县政府	关于有多种经营项目发展规划	1983.04.28	97
永久	2-24-001	001	县政府	关于遂昌松阳两县行政图边界走向划法的协议书	1984.07.15	1
永久	2-24-003	008	县政府	关于成立"松阳县农业植物检疫站"和"松阳县林业植物检疫站"的通知	1984.06.11	45
永久	2-24-003	009	县政府	关于"松阳县社队企业联合社"改为"松阳县乡镇企业局"的通知	1984.06.29	51
永久	2-24-003	010	县政府	关于成立松阳县、遂昌县三十年统计资料分掰工作领导小组和有关事项的通知	1984.08.03	56
永久	2-24-003	012	县政府	关于建立松阳县渔政管理站的通知	1984.11.06	66

附录续表 3-4

保管期	档号	顺序号	责任者	题　名	日期	页号
永久	2-24-006	005	县政府	对要求建立松阳县物价检查所得的批复	1984.05.23	32
永久	2-24-006	006	县政府	对要求建立松阳县环境监测站报告的批复	1984.05.23	37
永久	2-24-006	007	县政府	对要求成立松阳县交通局、公路勘察设计室报告的批复	1984.05.24	45
永久	2-24-006	009	县政府	对同意“松阳县广播电视站”改为“松阳县广播电视局”的批复	1984.08.16	63
永久	2-24-006	011	县政府	对《关于要求建立白蚁防治机构的报告》的批复	1984.09.06	90
永久	2-24-015	001	县政府	松阳县籍在外地工作的科技人员情况调查表	1984.04.24	1
永久	2-24-016	002	县政府	关于改革国营工商业经营管理问题的几项具体规定	1984.09.11	30
永久	2-24-025	001	县政府	县人民政府关于批转《全县普及初等教育规划（试行草案）》的通知	1984.02.18	1
永久	2-24-025	002	县政府	批转县教体局《关于普及初等教育和少青壮基本无盲单位检查验收的报告》的通知	1984.04.13	32
永久	2-24-025	003	县政府	关于批转县商业局《关于对生猪收购执行价外临时补贴和销售实行平、议价结合报告》的通知	1984.09.24	113
长期	2-24-026	001	县政府	转发县公费医疗管委会《关于加强公费医疗管理工作意见的报告》	1984.02.28	1
长期	2-24-027	001	县政府	关于要求按困难县的标准对封山育林开发性造林进行经济补助和补息贷款的通知	1984.01.10	1
长期	2-24-031	002	县政府	关于造林补息贷款利息来源的通知	1984.02.24	15
长期	2-24-031	003	县政府	关于试行乡镇、二轻企业贷款中财政贴息办法的通知	1984.04.23	21
长期	2-24-031	004	县政府	贯彻执行省财政厅《关于调整农村社队企业和基层供销社缴纳工商所得税率的补充规定》的意见	1984.05.13	28
长期	2-24-031	006	县政府	关于调整茶叶征收农村特产农业税税率问题的通知	1984.04.09	87
长期	2-24-032	003	县政府	关于开办“松阳县中等职业技术学校”的通知	1984.08.24	16
长期	2-24-032	004	县政府	关于开放西屏、古市木材市场的通知	1984.12.05	24
长期	2-24-032	006	县政府	关于认真做好彻底清理收缴散失在社会上的枪支弹药爆炸物品及其他凶器这一工作通知	1984.01.25	42
长期	2-24-032	007	县政府	关于林村林场与阳溪公社乌形山等大队山林纠纷问题的补充意见	1984.01.26	66
长期	2-24-032	010	县政府	关于抽调干部分掰松遂两县国民经济统计资料的通知	1984.07.17	109
长期	2-24-034	001	县政府	对《关于要求落实聘用区、乡村镇规划助理员建制的报告》的批复	1984.07.25	1
长期	2-24-037	005	县政府	关于在松阳县计经委设置人民武装部的决定	1984.12.24	37
永久	2-24-113	007	县府办	关于处州中药厂同时使用浙江处州保健食品厂厂名的批复	1984.10.24	57
长期	2-24-116	006	县政办	关于文书处理工作中几个问题的通知	1984.05.10	45

附录续表 3-5

保管期	档号	顺序号	责任者	题　名	日期	页号
长期	2-24-116	012	县府办	关于制发《离休干部优待证》的通知	1984.07.25	99
长期	2-24-117	002	县府办	关于转发《浙江省人民政府关于二胎生育政策的暂行规定》的通知	1984.10.29	17
长期	2-24-117	003	县府办	转发县农业局《关于进一步落实养牛政策，促进耕牛稳定发展的报告》的通知	1984.02.04	30
长期	2-24-117	011	县府办	转发县人民银行《关于现金管理情况的调查和改进现金、工资资金管理办法的报告》的通知	1984.12.10	180
长期	2-24-118	001	县府办	关于转松阳县卫生局、农牧局、公安局《关于加强狂犬病预防控制养狗的联合通知》的通知	1984.10.11	1
长期	2-24-119	001	县府办	关于制止杂交水稻计划外自发制种繁种的通知	1984.03.07	1
长期	2-24-120	002	县政府	各乡镇农村社会总产值汇总表	1984	13
永久	2-24-157	001	县政府	关于保护饮用水源卫生和安全生产的通告	1984.03.05	1
永久	2-25-002	001	县政府	关于成立县经济技术协作办公室的通知	1985.02.01	1
永久	2-25-002	003	县政府	关于将法律顾问处改名为律师事务所的报告的批复	1985.03.22	11
永久	2-25-002	005	县政府	关于要求建立松阳县农机监理站的报告的批复	1985.04.20	23
永久	2-25-002	006	县政府	关于要求建立四都等处税务检查站的报告的批复	1985.04.30	31
永久	2-25-002	007	县政府	关于要求松阳区林业管理站列入事业建制的报告的批复	1985.07.13	37
永久	2-25-002	008	县政府	关于要求成立县三电办公室的报告的批复	1985.07.13	44
永久	2-25-002	009	县政府	关于改革我县公路管理体制、实行监管合一成立松阳县交通监理所的报告的批复	1985.08.08	50
永久	2-25-003	001	县政府	关于成立松阳县工业普查办公室的通知	1985.01.17	1
永久	2-25-003	010	县政府	关于成立县经济体制改革领导小组的通知	1985.05.19	66
永久	2-25-005	003	县政府	关于《国营小型工业企业改革方案和经济承包合同的报告》批复	1985.07.11	58
永久	2-25-006	002	县政府	关于玉岩乡改为建制镇的通知	1985.06.15	35
永久	2-25-009	005	县政府	关于议价木材部分利润上交财政的通知	1985.04.09	66
永久	2-25-009	008	县政府	批转财税局《关于改进屠宰税征收管理办法》的通知	1985.04.27	88
永久	2-25-009	009	县政府	关于农业税改按粮食“倒三七”比例价征代金的通知	1985.07.01	115
永久	2-25-010	003	县政府	关于林业政策的补充规定	1985.06.10	38
永久	2-25-010	004	县政府	关于农村拖拉机监理业务有关问题的暂行规定	1985.06.07	41
永久	2-25-010	005	县政府	关于转发省政府《关于切实加强土地管理制止乱占滥用耕地的紧急通知》的通知	1985.06.17	70
永久	2-25-010	005	省政府	关于切实加强土地管理制止乱占滥用耕地的紧急通知	1985.05.23	87

附录续表 3-6

保管期	档号	顺序号	责任者	题　名	日期	页号
永久	2-25-011	002	县政府	关于筹措农村学校办学经费和提高教师生活待遇的通知	1985.06.25	41
永久	2-25-067	002	县府办	关于同意建立松阳县建筑工程质量监督站的通知	1985.05.18	12
永久	2-25-069	001	县府办	关于转发省政府《关于进一步扩大企业自主权的若干补充规定》的通知	1985.02.10	1
永久	2-25-069	002	政府办	关于转发省政府《关于乡镇企业经济政策的补充规定》的通知	1985.05.05	10
永久	2-25-069	003	政府办	转发浙江省丽水地区民政局《关于更改联溪、塘后、庄后三个乡的名称的批复》的通知	1985.03.26	27
永久	2-25-070	001	县政府	关于对樟溪乡驻地中心村规划的批复	1985.05.27	1
永久	2-25-070	002	县政府	关于对靖居乡驻地中心村规划的批复	1985.12.21	33
永久	2-25-070	003	县政府	关于对雅溪乡驻地中心村规划的批复	1985.12.21	39
永久	2-25-070	004	县政府	关于对三都乡驻地中心村规划的批复	1985.12.21	45
永久	2-25-070	005	县政府	关于对四都乡驻地中心村规划的批复	1985.12.21	51
永久	2-25-070	006	县政府	关于对斋坛乡驻地中心村规划的批复	1985.12.21	57
永久	2-25-070	007	县政府	关于对谢村乡驻地中心村规划的批复	1985.12.21	66
永久	2-25-074	003	县府办	转发县教育局、城建局《关于农村社员侵占耕地、买卖土地建房情况和处理意见的报告》的通知	1985.05.14	21
永久	2-25-075	004	县府办	关于转发西屏镇人民政府颁发的《西屏镇卫生管理实施细则》的通知	1985.12.04	66
永久	2-25-076	001	县府办	关于发给离休、退休人员生活补贴费的几项具体规定	1985.05.16	1
永久	2-25-076	003	县府办	《关于组建民警值勤室、配驻乡民警的报告》的批复	1985.06.08	21
永久	2-25-087	003	县府办	县总体规划简要说明书	1985.06.29	5
永久	2-26-001	004	县政府	关于建立县外贸工作组的通知	1986.02.02	24
永久	2-26-001	006	县政府	关于建立县志编纂委员会的通知	1986.05.20	35
永久	2-26-001	007	县政府	关于成立县老龄问题委员会的通知	1986.05.22	45
永久	2-26-002	005	县政府	关于成立县家禽家畜防疫检疫站的批复	1986.09.24	35
永久	2-26-002	006	县政府	《关于要求建立松阳县公安局城镇交通管理队的报告》的批复	1986.10.30	40
永久	2-26-002	010	县政府	关于望松农中改名的批复	1986.12.03	72
永久	2-26-003	001	县政府	关于严厉打击盗窃犯罪活动的通告	1986.06.15	1
永久	2-26-004	003	县政府	转发县公安局《关于开展查禁赌博活动报告》的通知	1986.12.18	31
永久	2-26-006	002	县政府	关于执行《浙江省计划生育条例》的补充规定	1986.11.05	21

附录续表 3-7

保管期	档号	顺序号	责任者	题　名	日期	页号
永久	2-26-007	002	县政府	关于贯彻执行国务院改革劳动制度暂行规定和省政府实施细则的补充意见	1986.10.15	21
永久	2-26-007	003	县政府	关于招工有关政策的批复	1986.11.28	46
永久	2-26-007	004	县政府	关于做好义务兵家属优待工作的通知	1986.10.24	59
永久	2-26-008	001	县政府	关于公布第二批县级文物保护单位的通知	1986.07.10	1
永久	2-26-009	001	县政府	关于革命老区、乡镇村的批复	1986.09.16	1
永久	2-26-009	003	县政府	关于转发《松阳县建筑工程质量监督条例实施细则试行的通知》	1986.04.04	32
永久	2-26-009	004	县政府	关于在象溪圩开发集镇建设的报告的批复	1986.08.08	37
永久	2-26-010	001	县政府	关于开采下垒蜡石矿老矿点报告的批复	1986.04.22	1
永久	2-26-010	002	县政府	关于国营工业企业落实和完善经济责任制的十项规定	1986.09.17	11
永久	2-26-010	006	县政府	关于公路建设和公路改造有关政策处理的暂行规定	1986.11.10	63
永久	2-26-011	002	县政府	关于加强小水电站管理若干规定	1986.04.12	43
永久	2-26-011	004	县政府	转发县农业局《关于农村私人造房收取土地管理费的报告》的通知	1986.07.31	84
永久	2-26-014	001	县政府	关于生猪生产、购销政策的措施的通知	1986.03.29	1
永久	2-26-014	002	县政府	关于认真做好茶叶产销工作的通知	1986.03.29	13
永久	2-26-014	003	县政府	关于改进工业消费品价格管理的通知	1986.10.23	25
永久	2-26-014	004	县政府	关于进一步搞活商业企业的若干规定	1986.12.02	53
永久	2-26-014	005	县政府	关于引进外资、侨资的优惠待遇问题的通知	1986.08	70
永久	2-26-015	001	县政府	转发省政府《关于建立乡（镇）财政的暂行规定》的通知	1986.05.07	1
永久	2-26-015	002	县政府	关于建立乡一级财政管理体制的通知	1986.05.15	31
永久	2-26-016	006	县政府	转发县教育局《关于提高民办教师工资待遇报告》的通知	1986.09.15	107
永久	2-26-027	001	县政府	关于要求批准我县为二战时期革命老区县的报告	1986.05.04	1
永久	2-26-063	001	县政办	关于印发《松阳县林政管理实施意见》的通知	1986.01.03	1
永久	2-26-063	006	县政办	关于加强粮食市场管理的通知	1986.08.08	109
永久	2-26-064	003	县政办	转发《关于防止和杜绝弃婴的会议纪要》的通知	1986.07.05	39
永久	2-26-064	005	县政办	转发省府办公厅《关于进一步做好刑满释放和解除劳教人员安置工作的通知》的通知	1986.07.19	80
永久	2-26-064	006	县政办	关于不得随意改户口簿出生月、日的通知	1986.09.06	98
永久	2-26-066	001	县政办	关于加强罚没票据和款项管理的通知	1986.05.22	1
永久	2-26-068	001	县府办	转发《关于加强公费医疗管理工作的意见》的通知	1986.05.28	1

附录续表 3-8

保管期	档号	顺序号	责任者	题　名	日期	页号
永久	2-26-068	002	县府办	关于不得报销自费药品和非治疗性商品的通知	1986.09.10	19
永久	2-26-068	004	县府办	转发《关于收藏文化典籍和地方文献的报告》的通知	1986.10.14	43
永久	2-26-069	006	县府办	《关于国营林场部分职工家属子女户口迁场后要求解决供应粮食的报告》的批复	1986.07.03	59
永久	2-26-069	007	县府办	《关于要求建造高吉公路的报告》的批复	1986.07.19	67
永久	2-26-069	008	县府办	关于《石油、燃料公司财产划分及归属问题的请示的报告》的批复	1986.09.06	74
永久	2-26-070	003	县府办	关于推荐西屏镇、古市镇为历史文化名镇（村）的报告	1986.10.03	18
永久	2-26-071	001	县府办	关于转发县民政局《报告自然灾害发放救灾应注意事宜》的通知	1986.01.17	1
永久	2-26-072	001	县府办	转发县医药公司《关于加强厚朴管理的报告》的通知	1986.07.01	1
永久	2-26-072	003	县府办	批转省政府《关于国营工业企业完善经济责任制有关政策问题的规定》的通知	1986.09.17	28
永久	2-26-072	004	县府办	关于转发《严格控制固定资产投资规模的若干规定的实施意见》的通知	1986.11.03	45
永久	2-26-072	005	县府办	转发省计经委《关于贯彻国务院工业产品质量条例的意见》的通知	1986.12.12	66
永久	2-26-073	011	县府办	关于成立县烟草公司的通知	1986.09.22	55
永久	2-26-073	012	县府办	《关于建立“松阳县职工物价监督总站”的请示报告》的批复	1986.09.24	69
永久	2-26-094	009	县政府	关于民办教师工资改革问题	1986.06.11	73
永久	2-26-094	014	县政府	关于弃婴问题的会议纪要的通知	1986.07.04	102
永久	2-26-094	015	县政府	社会流浪乞讨人员收容遣送安置问题	1986.07.04	106
永久	2-27-001	018	县政府	关于商业局搞承包经营责任制	1987.10.15	92
永久	2-27-008	006	县政府	关于建立县编制委员会的通知	1987.07.22	35
永久	2-27-008	009	县政府	关于建立县食用菌管理站的通知	1987.08.17	52
永久	2-27-008	012	县政府	关于成立县公费医疗管理委员会的通知	1987.09.22	70
永久	2-27-013	001	县政府	关于发布《松阳县县城规划建设管理办法》的通知	1987.09.17	1
永久	2-27-013	002	县政府	关于发布《松阳县县城建设拆迁安置暂行办法》的通知	1987.09.17	27
永久	2-27-013	003	县政府	关于发布《松阳县县城房屋开发暂行办法》的通知	1987.09.17	55
永久	2-27-013	006	县政府	关于颁发松阳县科技成果奖励条例的通知	1987.11.13	91
永久	2-27-021	007	县政府	关于对毛祠旧址及毗连的房屋和宅基地历史遗留问题处理的决定	1987.09.03	31
永久	2-27-022	008	县政府	关于要求建立浙江省松阳县公路稽征所和浙江省松阳县公路运输管理所的报告批复	1987.09.30	38

附录续表 3-9

保管期	档号	顺序号	责任者	题　名	日期	页号
永久	2-27-022	013	县政府	批转县城建局“关于西屏、古市二环卫所实行归口管理有关问题的请示报告”的通知	1987.12.25	55
永久	2-27-023	001	县府办	关于要求建立松阳水利管理站的报告的批复	1987.05.14	1
永久	2-27-023	005	县府办	关于创办靖居区中等职业技术学校的批复	1987.05.22	13
永久	2-27-023	006	县府办	关于承包责任制有关情况的汇报	1987.09.15	19
长期	2-27-031	002	县政府	转发《浙江省查处企业职工伤亡事故的规定》的通知	1987.06.01	17
长期	2-27-031	003	县政府	转发县林业局《关于造林育林经济扶持的实施意见》的通知	1987.06.01	34
长期	2-27-031	005	县政府	批转县计经委、财政局《关于国营工交企业推行承包经营责任制若干问题的暂行规定》的通知	1987.09.16	80
长期	2-27-033	001	县政府	转发《关于全县颁发居民身份证工作实施方案的报告》的通知	1987.09.11	1
长期	2-27-034	002	县政府	批转县公安局《关于加强群众性活动安全保卫工作的规定》的通知	1987.01.15	10
长期	2-27-034	003	县政府	转发县公安局《开展收缴流散社会上的爆炸物品的报告》的通知	1987.02.27	23
长期	2-27-035	003	县府办	转发县供电局《关于加强农村安全用电工作的报告》的通知	1987.07.02	30
长期	2-27-035	004	县府办	关于印发地区林业局《关于切实加强护林防火工作意见的报告》的通知	1987.09.02	40
长期	2-27-037	002	县政府	关于烈士陵园规划的批复	1987.02.20	37
长期	2-27-039	002	县政府	关于颁发《松阳县发票管理实施办法》的通知	1987.04.06	13
长期	2-27-040	003	县政府	关于林业生产的若干政策的规定	1987.09.25	19
长期	2-27-040	005	县政府	关于要求设立竹源创古基、叶村东坞源口两处木材市场报告的批复	1987.10.13	40
长期	2-27-043	002	县政府	关于对事业、行政单位预算外资金实行专户存储的通知	1987.07.14	98
长期	2-27-044	003	县政府	关于乡镇教育经费统筹工作的意见	1987.02.27	39
长期	2-27-044	008	县政府	批转县财税局《关于开征耕地占用税的报告》的通知	1987.09.29	101
长期	2-27-044	009	县政府	转发省政府《关于开征粮食附加税的通知》的通知	1987.12.12	115
长期	2-27-045	004	县府办	转发浙政办《转发财政厅关于从严从紧控制行政支出意见的通知》的通知	1987.07.20	24
长期	2-27-047	004	县政府	关于配备区、乡、镇农村经营管理员的通知	1987.07.17	38
长期	2-27-047	005	县政府	关于印发省政府批转省农村政策研究室省水利厅关于建立农村劳动积累制度意见的通知的通知	1987.12.04	43
长期	2-27-051	001	县府办	关于重新颁布《松阳县人民政府关于保护饮用水源卫生和安全生产的通告》的通知	1987.03.26	1
长期	2-27-051	004	县府办	转发《关于加强公费医疗管理工作意见》的通知	1987.05.03	48

附录续表 3-10

保管期	档号	顺序号	责任者	题 名	日期	页号
长期	2-27-052	007	县府办	关于印发地区林业局、气象局《关于开展森林火险预报工作意见的报告》的通知	1987.11.25	51
长期	2-27-054	005	县府办	关于转发地区物价局《关于加强物价管理的十条意见》的通知	1987.10.05	34
永久	2-27-127	008	县政府	松阳县西屏镇总体规划说明（1982—2000）	1983.10	55
永久	2-27-127	010	县政府	松阳县区域分布图	1983.10	160
永久	2-28-001	003	县政府	批转县审计局《关于建立内部审计机构的报告》的通知	1988.01.13	16
永久	2-28-001	010	县政府	关于建立浙江省松阳县烟草专卖局的通知	1988.03.07	78
永久	2-28-001	013	县政府	关于设立松阳县土地管理局的通知	1988.03.11	96
永久	2-28-001	014	县政府	关于设立松阳县监察局的通知	1988.04.01	107
永久	2-28-001	018	县政府	关于同意成立松阳县二轻企业集团的批复	1988.07.01	137
永久	2-28-001	025	县政府	关于建立县林业发展基金的通知	1988.07.15	194
永久	2-28-002	002	县政府	《关于要求成立松阳县房地产综合开发公司的报告》的批复	1988.05.05	7
永久	2-28-002	005	县政府	对《关于成立“松阳县保安综合服务公司”的报告》的批复	1988.05.31	26
永久	2-28-002	008	县政府	关于同意成立松阳县公安局森林公安分局的批复	1988.08.05	52
永久	2-28-002	012	县政府	关于成立县农业承包合同管理委员会的通知	1988.11.11	89
永久	2-28-002	013	县政府	关于成立县农民技术人员职称评定委员会的通知	1988.11.29	100
永久	2-28-002	016	县政府	关于确定县政府水行政主管部门等意见的通知	1988.10.08	122
永久	2-28-003	003	县政府	关于计量所由科委划归计经委管理的批复	1988.03.09	12
永久	2-28-003	007	县政府	关于对部分学校管理体制进行调整报告的批复	1988.06.03	40
永久	2-28-003	009	县政府	关于同意请居区中等职业技术学校更名为松阳县靖居区民族职业技术学校的批复	1988.12.10	56
永久	2-28-005	002	县政府	印发《松阳县人民政府工作原则（试行）》的通知	1988.03.23	12
永久	2-28-005	004	县政府	批转县监察局关于《关于县政府直属单位行政监察机构设置的意见》的通知	1988.08.05	62
永久	2-28-007	001	县政府	西屏山公园及城镇绿化管理暂行规定	1988.02.26	1
永久	2-28-007	003	县政府	对《关于靖居区象溪圩集镇总体规划》报告的批复	1988.04.11	28
永久	2-28-007	004	县政府	关于《古市镇要求修改部分总体规划》报告的批复	1988.07.20	70
永久	2-28-007	005	县政府	对《关于改变西屏山公园总体规划》报告的批复	1988.07.20	78
永久	2-28-008	009	县政府	关于松阳高岭土矿乡区范围意见书	1988.04.19	84
永久	2-28-009	001	县政府	关于谢村源水库淹没区内停止建房的通知	1988.04.23	1
永久	2-28-011	001	县政府	关于退休干部安置住房困难补助费的暂行规定	1989.06.03	1

附录续表 3-11

保管期	档号	顺序号	责任者	题　名	日期	页号
永久	2-28-013	001	县政府	关于颁发《松阳县乡（镇）教育事业费附加征集试行办法》的通知	1988.03.10	1
永久	2-28-013	002	县政府	批转县财政局《关于开征珠蚌、珍珠、对虾、柑橘、西瓜农林特产税报告》的通知	1988.03.25	31
永久	2-28-013	004	县政府	关于贯彻执行《中华人民共和国印花税暂行条例》的通知	1988.10.13	75
永久	2-28-013	005	县政府	关于转发《浙江省筵席税施行细则》的通知	1988.12.08	99
永久	2-28-014	001	县政府	关于乡镇财政管理体制有关规定的通知	1988.04.07	1
永久	2-28-014	002	县政府	关于发展乡镇企业若干规定的通知	1988.05.24	19
永久	2-28-014	003	县政府	关于加速我县外向型经济发展的九条政策规定（试行）	1988.07.02	41
永久	2-28-015	002	县政府	关于落实粮食定购作物良种生产收购工作的批复	1988.03.07	10
永久	2-28-015	007	县政府	关于整顿和调整木材费用负担的通知	1988.12.31	67
永久	2-28-016	002	县政府	关于林业局《征集森林防火基金的请示》的批复	1988.04.02	18
永久	2-28-016	004	县政府	转发省府《关于坚决制止乱砍滥伐森林的紧急通知》的通知	1988.09.01	41
永久	2-28-017	004	县政府	关于对社会文化市场实施管理的通告	1988.09.10	10
永久	2-28-019	001	县政府	转发省政府《关于坚决制止弃婴、溺婴的通知》的通知	1988.10.27	1
永久	2-28-020	006	县政府	对《关于在革命烈士陵园内竖立“革命烈士”名录的报告》的批复	1988.12.12	96
永久	2-28-021	001	县政府	关于在西屏镇、古市镇、玉岩镇开展土地申报登记发证工作的通知	1988.11.12	1
永久	2-28-021	002	县政府	关于在西屏镇、古市镇、玉岩镇土地申报登记发证的暂行办法	1988.11.11	13
永久	2-28-021	003	县政府	批转县土地管理局《关于清理违法占地遗留问题的请示》的通知	1988.11.26	38
永久	2-28-022	001	县政府	关于清退“文革”中私改房的调查报告的批复	1988.01.11	1
长期	2-28-032	001	县政府	关于转发县公安局《关于整顿我县公共场所的意见报告》的通知	1988.02.01	1
长期	2-28-032	002	县政府	对县公安局《关于改革西屏镇公安派出所工作方案报告》的批复	1988.06.07	18
长期	2-28-032	005	县政府	关于望松农中和麻洋塔有关争议问题的处理	1988.04.27	62
长期	2-28-034	003	县政府	关于建立商品猪基地的通知	1988.03.22	22
长期	2-28-038	001	县政府	关于颁布《松阳县集体所有制企业职工离退休基金统筹（试行）办法》的通知	1988.12.21	1
长期	2-28-038	003	县政府	转发《关于颁布（浙江省女职工劳动保护暂行规定）的通知》	1988.06.14	37
长期	2-28-040	002	县政府	关于颁布《松阳县技术市场管理办法》的通知	1988.06.23	56

附录续表 3-12

保管期	档号	顺序号	责任者	题 名	日期	页号
长期	2-28-041	001	县政府	关于对行政事业单位实行定期审计制度的通知	1988.02.29	1
长期	2-28-041	003	县政府	关于严格控制社会集团购买力压缩开支的紧急通知	1988.03.28	52
长期	2-28-041	004	县政府	关于开展清理行政事业性收费工作的通知	1988.07.18	70
长期	2-28-041	006	县政府	转发《关于暂停审批购买专控商品、坚决压缩社会集团购买力通知》的通知	1988.10.11	119
长期	2-28-041	008	县政府	转发行署《批转地区物价局〈关于丽水地区工业商品价格改革的若干意见的通知〉的通知》	1988.08.15	162
永久	2-28-045	002	县府办	关于建立县苗圃的通知	1988.02.04	7
永久	2-28-045	004	县府办	关于成立乡镇农业承包合同管理委员会的通知	1988.05.11	18
永久	2-28-046	002	县府办	关于破除封建迷信、改革婚嫁、丧葬中陋习的有关规定	1988.01.14	1
永久	2-28-047	001	县府办	关于批转县文化局《关于统一收取农村电影队机器折旧的规定》的通知	1988.01.05	1
永久	2-28-047	004	县府办	转发省财政厅《关于应照征柑橘西瓜特产税的复函》的通知	1988.07.28	19
永久	2-28-047	006	县府办	关于加强公费医疗管理的补充规定	1988.09.12	33
永久	2-28-048	001	县府办	关于宣传贯彻《浙江省农村五保护供养工作暂行规定》的通知	1988.08.27	1
永久	2-28-048	003	县府办	《关于实行合作商店退休统筹请示报告》的批复	1988.08.29	45
长期	2-28-053	001	县府办	关于农转非人口的自留地承包地如何处理的答复	1989.02.27	16
长期	2-28-053	003	县府办	《关于西屏镇新建的街道命名和更名的报告》的批复	1989.04.09	28
长期	2-28-057	001	县府办	转发省政府办公厅《转发省教委、省财政厅关于基础教育实行分级办学、分级管理若干问题意见的通知》的通知	1989.02.13	13
长期	2-28-057	002	县府办	关于认真搞好普通教育规划工作的通知	1989.06.02	48
长期	2-28-059	001	县府办	转发地区统计局《关于搞好社会商业商品流转统计的意见》通知	1989.01.30	6
永久	2-29-001	001	县政府	关于成立松阳县城镇管理监察大队的通知	1989.06.10	1
永久	2-29-001	010	县政府	关于成立松阳县教育委员会的通知	1989.09.02	40
永久	2-29-002	003	县政府	关于《要求成立县农村电力管理总站的申请》的批复	1989.05.16	12
永久	2-29-002	004	县政府	关于同意建立乡（镇）土地管理站的通知	1989.06.26	16
永久	2-29-003	006	县府办	关于建立县农资专营协调小组的通知	1989.04.17	23
永久	2-29-003	016	县府办	关于成立县完善林业生产责任制办公室的通知	1989.11.18	70
永久	2-29-007	004	县政府	关于清理压缩计划外用工和做好就业安置工作的通知	1989.08.17	26

附录续表 3-13

保管期	档号	顺序号	责任者	题　名	日期	页号
永久	2-29-007	007	县政府	关于原乡（镇）规划员改聘问题的通知	1989.02.24	57
永久	2-29-018	004	县府办	转发县颁发居民身份证办公室《关于居民身份证日常管理工作的意见》的通知	1989.08.10	18
永久	2-29-018	005	县府办	关于加强户政管理工作的通知	1989.07.21	36
永久	2-29-019	002	县政府	关于进贯彻执行《浙江省计划生育条例》若干问题的规定	1989.05.01	13
永久	2-29-021	002	县府办	转发《浙江省出口生产企业考核实施办法》的通知	1989.05.05	9
永久	2-29-022	001	县政府	关于推进工业企业技术进步的若干规定	1989.06.26	1
永久	2-29-022	003	县政府	关于发挥三胞优势为经济建设服务的若干优惠规定的通知	1989.10.11	28
永久	2-29-022	004	县政府	关于同意县公安局古市派出所改革方案的批复	1989.05.05	40
永久	2-29-024	002	县政府	批转县交通局《关于要求授予在沿线划定公路用地和留地范围内建造永久性固定建筑物增加审批权限的报告》的通知	1989.04.04	15
永久	2-29-024	004	县政府	批转县土管局《关于严格控制砖瓦窑用地管理的若干规定的报告》的通知	1989.05.19	33
永久	2-29-025	001	县政府	批转《关于城镇房屋产权登记发证工作中对擅自搭建和违章建筑房屋处理意见的报告》的通知	1989.02.23	1
永久	2-29-025	003	县政府	关于确定土地权属的暂行办法	1989.07.14	26
永久	2-29-025	004	县政府	转发《关于私人建房土管费收缴标准的报告》的通知	1989.03.25	71
永久	2-29-030	001	县政府	关于批转县财政局、粮食局《关于改革农业税结算办法的报告》的通知	1989.04.21	1
永久	2-29-030	002	县政府	关于全面征收农林特产税的通知	1989.05.10	11
永久	2-29-030	004	县政府	转发《浙江省城镇土地使用税实施办法》的通知	1989.06.25	35
永久	2-29-030	005	县政府	关于开征粮食补偿金的通知	1989.07.05	57
永久	2-29-032	002	县政府	关于加强粮食市场管理的通告	1989.07	5
永久	2-29-032	003	县政府	关于整顿医药市场的通告	1989.01.27	8
永久	2-29-032	004	县政府	关于全面征收农林特产税的布告	1989.05.16	12
永久	2-29-032	005	县政府	关于公路路政管理的布告	1989.06.18	18
永久	2-29-032	007	县政府	“禁止任何组织或者个人用任何手段侵占或者破坏矿产资源”的通告	1989.08	24
长期	2-29-043	002	县政府	印发《松阳县文化市场管理暂行规定》的通知	1989.06.24	17
长期	2-29-043	003	县政府	关于印发松阳县音像管理工作暂行规定的通知	1989.12.19	33
长期	2-29-043	004	县政府	关于印发松阳县整顿医药市场工作会议纪要的通知	1989.11.04	44

附录续表 3-14

保管期	档号	顺序号	责任者	题　名	日期	页号
长期	2-29-049	003	县府办	关于公费医疗管理办法的通知	1989.03.24	19
长期	2-29-050	003	县府办	转发县教育局关于调整小学班、点试行意见的通知	1989.07.07	20
长期	2-29-051	001	国务院发	批转国家教委等部门关于进一步发展中小学勤工俭学若干问题意见的通知	1989.01.15	1
长期	2-29-053	001	县府办	关于粮食市场管理有关问题的通知	1989.07.23	1
长期	2-29-057	003	县政府	关于重新颁发《松阳县乡（镇）教育事业费附加征集试行办法 》的通知	1989.04.21	26
长期	2-29-057	004	县政府	关于加强行政事业性收费管理的通知	1989.10.07	42
长期	2-29-059	001	县政府	关于征集国家预算调节基金的通知	1989.08.14	1
长期	2-29-059	003	县政府	关于社会劳动保险基金收缴办法的实施意见	1989.06.16	17
长期	2-29-059	006	县政府	关于进一步完善农业发展基金制度的通知	1989.09.15	50
长期	2-29-060	006	县政府	转发关于预算外资金专项检查中违纪问题处理意见的通知	1989.09.21	82
长期	2-29-060	009	县政府	关于进一步做好清理和撤除“小金库”的通知	1989.12.05	126
长期	2-29-065	004	县府办	关于制止滥捕青蛙和蛇类维护生态平衡的通知	1989.06.27	53
长期	2-29-067	002	县政府	关于转发“松阳县重要城镇防御洪水方案”的通知	1989.09.04	119
长期	2-29-067	004	县政府	关于山林纠纷调解处理工作的意见	1989.10.12	144
长期	2-29-067	005	县政府	关于化肥、农药、农膜实行专营有关问题的通知	1989.01.04	2
永久	2-30-002	01	县政府	关于稳定和完善林业生产责任制的若干规定	1990.03.23	1
永久	2-30-004	04	县政府	松阳县初级农村电气化规划	1990.07	26
永久	2-30-005	03	县政府	关于开展划定基本农田保护区工作的通知	1990.10.09	29
永久	2-30-005	04	县政府	关于调整小商品市场用地功能的决定	1990.12.10	46
永久	2-30-005	05	县府办	关于在新兴乡全面开展“农村宅基地有偿使用”试点工作联合报告的批复	1990.11.20	53
永久	2-30-009	13	县府办	关于调整离休干部医疗费报销规定的通知	1990.06.07	90
永久	2-30-009	15	县府办	关于同意增加居委会主任月工资附加费的批复	1990.06.07	103
永久	2-30-010	08	地区行署办	转发地区气象局关于建议建立景宁和松阳气象服务站报告的通知	1990.09.21	84
永久	2-30-016	01	县府办	关于紫荆路命名的批复	1990.02.14	1
永久	2-30-016	03	县政府	关于公布松阳县第一批新地名的通知	1990.02.27	10
长期	2-30-023	10	县府办	关于城镇交警分队有关问题请示的批复	1990.06.29	43
长期	2-30-025	03	县政府	关于开展新一轮企业承包工作的通知	1990.08.03	13

附录续表 3-15

保管期	档号	顺序号	责任者	题　名	日期	页号
长期	2-30-025	05	县政府	批转农业局等四单位关于整顿全县农村机械维修点的通知	1990.05.23	58
长期	2-30-033	01	县府办	关于调整全县政府系统从事机关后勤工作累计年满30年人员情况的通知	1990.05.21	1
长期	2-30-033	03	县府办	重新印发关于公文处理的实施细则的通知	1990.08.07	27
长期	2-30-035	03	县政府	关于建立松阳县医药管理局的通知	1990.06.09	10
长期	2-30-039	05	县政府	关于发布太平坊路与新华路交叉口东北角拆迁工程若干规定的通知	1990.10.29	113
长期	2-30-039	06	县政府	关于太平坊路与新华路交叉口东北角拆迁工程补充规定	1990.11.19	
长期	2-30-039	07	县政府	关于县城乡建设环境保护局与土地管理局有关职能分工的若干具体规定	1990.12.30	171
长期	2-30-041	03	县政府	关于进一步加强厚朴管理的通知	1990.05.30	57
长期	2-30-041	10	县府办	关于加强盐业市场管理的通知	1990.08.23	89
长期	2-30-044	01	县政府	转发关于党政干部违法违章违纪建私房处理问题的通知	1990.01.20	9
长期	2-30-046	01	县政府	关于进一步深入清理检查小金库的通知	1990.03.31	1
长期	2-30-046	06	县府办	关于进一步加强预算外资金管理的通知	1990.09.24	97
长期	2-30-047	02	县政府	关于印发松阳县人民政府工作规则（修订搞）的通知	1990.08.29	13
长期	2-30-047	03	县政府	关于印发松阳县人民政府县长办公会议组织办法（试行）的通知	1990.11.12	41
长期	2-30-048	02	县政府	关于发布《松阳县退伍义务兵安置工作实施办法》的通知	1990.03.27	24
长期	2-30-049	06	县府办	关于推行新一轮承包的若干实施意见	1990.10.30	180
长期	2-30-050	08	县府办	关于松阳县行政区域地址代码批复	1990.03.14	100
长期	2-30-050	09	县府办	关于松阳县国民经济行业分类代码批复	1990.03.30	105
长期	2-30-051	01	县府办	关于职工休养和参加学习培训有关问题的通知	1990.06.07	1
长期	2-30-051	02	县府办	转发县总工会劳动局关于加强企业退休职工管理工作意见的通知	1990.11.17	7
长期	2-30-051	03	县府办	关于转发《关于加强国家机关和全民事业单位退休干部职工管理工作的通知》的通知	1990.08.24	28
长期	2-30-051	05	县政府	转发县劳动局关于当前就业安置工作若干问题处理意见的报告的通知	1990.10.25	42
长期	2-30-052	02	县府办	关于正式使用违反计划生育法规行政处罚决定书等四种法律文书的通知	1990.11.13	29
长期	2-30-052	05	县府办	转发县卫生局关于做好我县核发药品生产企业经营企业医疗单位制剂许可工作报告的通知	1990.05.18	65
长期	2-30-054	03	县政府	关于征用土地要求调减粮食定购任务的批复	1990.08.03	8

附录续表 3-16

保管期	档号	顺序号	责任者	题　名	日期	页号
长期	2-30-054	06	县政府	关于竹柴炭经营问题的通知	1990.03.21	49
长期	2-30-055	01	县政府	关于坚决节减财政支出的通知	1990.08.25	1
长期	2-30-055	03	县政府	关于全面开展乡镇村级财务整顿工作意见	1990.10.11	35
长期	2-30-055	04	县政府	关于乡（镇）财政管理体制有关规定的通知	1990.11.29	66
长期	2-30-056	01	县府办	关于成立松阳县红十字会的通知	1990.12.29	1
长期	2-30-056	03	县府办	关于设立县职业技术办公室的通知	1990.11.15	22
长期	2-30-059	01	县政府	关于贯彻执行省人民政府有关经济政策的补充通知	1990.06.10	1
长期	2-30-064	03	县府办	转发县公安局关于贯彻《浙江省机关团体企业事业单位治安保卫工作条例》实施意见的通知	1990.08.04	17
长期	2-30-067	07	县政府	松阳县机关住房分配等住房管理办法（试行）	1990.12.08	40
长期	2-30-069	02	县政府	转发关于全县在第四次普查前进行户口整顿工作报告的通知	1990.02.17	40
永久	2-31-003	04	县政府	关于成立松阳县农业综合开发公司请示的批复	1991.09.04	23
永久	2-31-010	02	县政府	关于加强退休干部管理工作若干意见	1991.05.06	18
永久	2-31-010	03	县政府	关于完善退休干部安置住房困难补助费的若干规定	1991.06.01	29
永久	2-31-010	05	县政府	关于对部分中小学退休教师发放补助费的通知	1991.07.20	48
永久	2-31-012	02	县府	印发松阳县《关于处理党政干部违法违章违纪、购私房的实施细则》的通知	1991.01.19	38
永久	2-31-013	01	县府办	关于印发人大代表建议政协委员提案办理工作规则的通知	1991.05.27	1
永久	2-31-015	02	县府办	转发县城建局、西屏镇政府、县公安局、交通警察队《关于加强城镇市容管理的意见》《关于城镇道路交通安全管理的意见》的通知	1991.02.06	18
永久	2-31-015	05	县政府	关于停止龙丽公路沿线房产买卖的通知	1991.04.29	60
永久	2-31-015	10	县政府	关于加强保护野生动物资源的通知	1991.02.25	108
永久	2-31-025	02	县政府	关于全县开展土地申报登记发证的暂行办法	1991.01.15	7
永久	2-31-025	04	县政府	关于调整古市镇总体规划局部用地功能布局的决定	1991.10.31	36
永久	2-31-033	04	县政府	关于以劳养武企业的若干规定（暂行）	1991.08.21	99
永久	2-31-037	01	县政府	对将古市区院升格第松阳县古市医院请示的批复	1991.07.11	1
永久	2-31-037	04	县府办	转发县卫生局关于松阳县初级卫生保健工作规划意见报告的通知	1991.05.16	34
永久	2-31-037	08	县府办	关于加强医药管理的通知	1991.03.12	88

附录续表 3-17

保管期	档号	顺序号	责任者	题　名	日期	页号
永久	2-31-037	10	县府办	关于赋予县医药管理局医药行业管理职能和权限的通知	1991.03.26	109
永久	2-31-037	11	县府办	关于打击制造销售假冒劣质商品违法活动的布告	1991.03.15	120
长期	2-31-043	05	县府办	关于实行先培训后就业若干问题的暂行规定	1991.09.14	66
长期	2-31-043	06	县府办	关于制止非法劳务中介活动的通知	1991.10.04	83
长期	2-31-048	01	县府办	县政府办公室关于提高办事效率的规定	1991.09.10	1
长期	2-31-048	02	县府办	县政府办公室关于加强内部财务开支管理的暂行规定	1991.11.14	8
长期	2-31-048	03	县府办	关于改进内部接待工作的暂行规定	1991.12.24	17
长期	2-31-048	07	县府办	关于转发县妇联等单位在全县城镇妇女中开展巾帼建功活动报告的通知	1991.09.02	105
长期	2-31-055	05	县政府	松阳县工业企业技术进步基金管理暂行办法	1991.05.10	64
长期	2-31-055	09	县政府	转发行署关于地区计委下放基本建设项目审批权限简化审批程序手续意见的通知	1991.08.20	117
长期	2-31-055	11	县府办	转发关于扶持乡镇集体企业稳定发展若干政策措施的通知	1991.10.16	154
长期	2-31-056	01	县政府	关于进一步增强工业企业活力的通知	1991.06.29	1
长期	2-31-056	02	县政府	转发《关于进一步推进全民集体工业企业技术进步的若干规定》的通知	1991.04.03	21
长期	2-31-056	03	县政府	关于做好承包企业合同兑现工作的通知	1991.01.31	50
长期	2-31-058	03	县政府	关于印发松阳县科委工作职责的通知	1991.10.22	31
长期	2-31-077	01	县政府	关于加强财政收支管理的通知	1991.03.15	1
长期	2-31-077	02	县政府	关于转发浙江省预算外资金管理办法的通知	1991.06.24	13
长期	2-31-078	01	县政府	关于鼓励发展个体私营企业的通知	1991.05.14	1
长期	2-31-078	02	县政府	关于明确个体、私营工业企业管理职责的通知	1991.05.16	15
长期	2-31-079	02	县政府	关于进一步发挥国营商业主渠道作用促进经济发展的通知	1991.04.26	15
长期	2-31-079	06	县政府	关于加强烟草市场管理的通知	1991.07.10	54
长期	2-31-068	01	县政府	关于基建项目审批手续中收费项目的规定	1991.08.13	1
长期	2-31-068	02	县府办	转发关于公布丽水地区第一批取消收费项目的通知	1991.06.11	22
长期	2-31-068	03	县府办	转发农经委、农业局、物价局关于加强区乡（镇）收费管理减轻农民负担意见的通知	1991.06.18	45
长期	2-31-068	04	县府办	转发县物价局关于建立市场价格调节差价制度请示的通知	1991.05.20	84
长期	2-31-070	02	县政府	关于认真做好文物和风景名胜保护工作的紧急通知	1991.12.29	2

附录续表 3-18

保管期	档号	顺序号	责任者	题　名	日期	页号
长期	2-31-087	03	县政府	关于进一步做好茶叶产销管理的通知	1991.03.22	27
长期	2-31-087	09	县府办	关于落实国家粮食定购任务有关问题处理意见的通知	1991.03.30	67
长期	2-31-089	03	县政府	印发松阳县关于鼓励台湾同胞投资的暂行规定的通知	1991.08.19	33
长期	2-31-091	01	县政府	关于进一步做好我县少数民族工作有关问题的通知	1991	1
长期	2-31-094	01	县政府	关于加强和发展农村经济职业技术教育的规定	1991.05.03	1
长期	2-31-094	02	县政府	关于扶持农村中小学开展勤工俭学活动解决学校劳动基地的意见	1991.06.29	33
长期	2-31-094	03	县政府	关于小学班点布局调整工作的意见	1991.10.15	43
长期	2-31-094	08	县政府	松阳县农村教育事业费附加征收试行办法	1991.02.25	123
长期	2-31-094	09	县府办	关于松阳县农村教育事业费附加征收试行办法的补充通知	1991.05.10	160
长期	2-31-097	02	县政府	松阳县关于外出人口和外来人口计划生育管理的若干规定	1991.04.12	23
长期	2-31-101	05	县府办	关于进一步发展烟叶生产的通知	1991.10.27	84
长期	2-31-101	06	县府办	关于进一步发展烟叶生产的补充通知	1991.12.10	97
长期	2-31-101	09	县府办	关于加强牲畜五号病防范工作的通知	1991.03.23	108
长期	2-31-101	10	县政府	关于加强种子管理的通告	1991.03.10	120
长期	2-31-102	02	县政府	松阳县农业发展基金有偿使用实施办法	1991.07.10	33
长期	2-31-102	03	县政府	关于农业社会化服务体系建设的实施意见	1991.12.19	46
长期	2-31-104	04	县府办	批转县林业局《关于加强森林采伐限额管理的报告》的通知	1991.04.28	53
长期	2-31-104	05	县府办	关于县内生产加速设用商品林购销管理暂行规定	1991.05.16	72
长期	2-31-108	03	县府办	关于切实防止农村水利纠纷的紧急通知	1991.07.24	133
永久	2-32-001	05	县府办	县城发展总体规划纲要	1992.07.11	13
永久	2-32-005	03	县府办	关于同意成立松阳县统计局信息咨询服务中心的批复	1992.09.25	19
永久	2-32-005	10	县府办	关于同意建立松阳县地产开发公司的批复	1992.07.30	76
永久	2-32-006	02	县府办	对要求批准成立松阳县第二房地产开发公司的批复	1992.08.14	9
永久	2 32-008	08	县府办	关于同意建立松阳县人才交流综合服务部的批复	1992.06.29	48
永久	2-32-013	01	县政府	嘉奖令：松阳酒厂生产的“松阳特酿”酒荣获92第三十届世界优质产品金奖 奖给厂长陈建平同志1.5万元 由酒厂奖励基金列支	1992.11.05	1

附录续表 3-19

保管期	档号	顺序号	责任者	题　名	日期	页号
永久	2-32-014	04	县府办	关于松阳县电影公司转换经营机制方案的批复	1992.12.23	48
永久	2-32-018	01	县政府	转发县体改办等部门《关于深化企业劳动用工和分配制度改革试点若干政策的意见》的通知	1992.03.10	1
永久	2-32-019	01	县府令	松阳县国有土地使用权出让和转让实施细则	1992.07.15	1
永久	2-32-019	04	县政府	关于在全县范围内实行农村宅基地有偿使用的通知	1992.07.07	72
永久	2-32-019	09	县府办	关于切实加强乡村土地权属调查确权发证工作的通知	1992.06.02	134
永久	2-32-019	14	县府办	关于开展城镇土地定级估价工作的通知	1992.08.05	163
永久	2-32-020	04	县政府	关于要求建立松阳县箬寮岘自然保护的报告	1992.12.04	60
永久	2-32-021	05	县府办	关于同意恢复城镇非农业户口个人拆建建房审批的批复	1992.08.26	71
永久	2-32-023	01	县政府	关于印发松阳县公有房地产管理办法和松阳县房地产交易管理办法的通知	1992.04.03	1
永久	2-32-023	02	县政府	关于印发松阳县城镇私有房屋管理办法的通知	1992.04.03	63
永久	2-32-023	03	县政府	关于扩大房地产交易对象范围的通知	1992.12.20	99
永久	2-32-025	02	县政府	关于要求将原大东坝、蛤湖、石仓三乡合并改建大东坝镇的请示	1992.05.15	64
永久	2-32-025	03	县政府	关于要求将原雅溪、靖居两乡合并改建象溪镇的请示	1992.05.21	101
永久	2-32-028	02	县政府	关于印发《松阳县军人抚恤优待暂行规定》的通知	1992.06.02	49
永久	2-32-028	05	县府办	关于组建乡镇民政办公室的通知	1992.04.02	100
长期	2-32-048	01	县政府	关于颁发松阳县企业职工基本养老保险金统筹办法的通知	1992.11.19	1
长期	2-32-048	02	县政府	关于完善城镇职工待业保险制度的通知	1992.11.30	37
长期	2-32-048	03	县府办	关于转发深化企业用工工资社会保险制度改革若干问题处理意见的通知	1992.10.04	65
长期	2-32-048	04	县府办	关于转发松阳县劳动输出工作若干规定的通知	1992.08.31	92
长期	2-32-049	01	县政府	批转关于贯彻全民所有制工业企业转换经营机制条例有关动用工等问题处理意见的通知	1992.12.03	1
长期	2-32-051	10	县府办	关于转发丽水地区工业企业技术改造经济责任实施意见的通知	1992.09.16	79
长期	2-32-059	01	县府办	转发关于鼓励举办“嫁接”式中外合资经营企业若干政策的暂行规定的通知	1992.03.21	1
长期	2-32-064	02	县府办	转发行署扶持我区乡镇集体工业企业的发展意见的通知	1992.05.05	25
长期	2-32-075	05	县府办	批转县财税局关于采取紧急措施把我县财政赤字减少到最低限度报告的通知	1992.11.09	26

附录续表 3-20

保管期	档号	顺序号	责任者	题　名	日期	页号
长期	2-32-075	06	县政府	关于加快改革开放发展经济搞活流通的通知	1992.08.20	42
长期	2-32-075	12	县府办	关于免征代料香菇有关税赋的通知	1992.10.15	118
长期	2-32-075	13	县府办	转发省政府办公厅关于停止执行批发扣税的通知	1992.08.18	127
长期	2-32-075	14	县府办	关于降低生猪粮油批发交易市场收取税费标准的通知	1992.04.30	139
长期	2-32-075	15	县府办	批转县财税局、工商局关于开展国有资产权权登记工作请示的通知	1992.09.05	152
长期	2-32-075	16	县府办	关于开展打击制售假冒劣货商品活动的通知	1992.02.27	167
长期	2-32-076	03	县府办	关于认真做好撤区扩镇并乡后财产资金交接工作的通知	1992.05.27	37
长期	2-32-077	06	县政府	关于鼓励发展金融市场的通知	1992.07.07	70
长期	2-32-077	07	县政府	关于加快发展我县保险事业的通知	1992.08.17	79
长期	2-32-077	08	县府办	我县是全国第二批200个农村电气化县之一	1992.11.04	90
长期	2-32-078	01	县府办	批转县财政局、物价局关于加强行政事业性收费管理意见的通知	1992.07.28	1
长期	2-32-087	02	县府办	关于成立松阳县消防联防大队及有关问题的通知	1992.07.02	18
长期	2-32-089	06	县政府	批转县卫生局关于整顿恢复村卫生室的报告的通知	1992.05.04	39
永久	2-32-163	01	县府办	关于松阳县县城总体规划请示意见的通知	1992.05.03	1
长期	2-32-168	04	县政府	古市镇拆街工程减免有关税费协调会	1992.12.18	25
长期	2-32-089	09	县府办	关于机关大院实施《松阳县公费医疗管理办法》的暂行规定	1992.06.15	89
长期	2-32-089	11	县府办	批转县卫生局关于全面推广妇幼保健保偿责任制请示通知	1992.03.19	107
长期	2-32-089	12	县府办	批转县卫生局《关于全面推广儿童计划免疫保偿制的意见》通知	1992.06.22	125
长期	2-32-090	03	县府办	关于同意征收计划生育调节费的批复	1992.12.15	30
长期	2-32-090	04	县府办	转发关于贯彻丽署办〔1992〕12号文件精神进一步在全县开展计划生育系列保险意见的通知	1992.03.25	38
长期	2-32-097	02	县政府	松阳县农村教育事业费附加征收办法	1992.04.27	12
长期	2-32-097	03	县教委	关于同意建立松阳县教育电视台的批复	1992.02.27	33
长期	2-32-102	05	县政府	关于加强食药用菌菌种工作的通知	1992.03.28	32
长期	2-32-102	09	县府办	关于进一步落实好袋料香菇生产的通知	1992.06.08	89
长期	2-32-104	08	县府办	关于同意试行粮食财务管理体制的批复	1992.08.07	70
长期	2-32-105	02	县政府	关于县商业局行使盐业管理职能的通知	1992.03.25	17
长期	2-32-105	03	县府办	关于加强盐业市场管理的通知	1992.05.04	23

附录续表 3-21

保管期	档号	顺序号	责任者	题　名	日期	页号
长期	2-32-105	06	县政府	关于进一步搞活流通的通知	1992.06.06	57
长期	2-32-105	08	县政府	关于同意在国营企业进行“四放开”试点的批复	1992.02.13	84
长期	2-32-106	07	县府办	关于对县供销社系统四放活方案请示的批复	1992.05.23	74
长期	2-32-106	08	县府办	关于统一归口管理合作商店改革方案请示的批复	1992.08.26	95
永久	2-33-003	07	县府办	关于扶持望松乡纺织工业发展的会议纪要	1993.07.07	106
永久	2-33-005	02	县政府	关于同意建立松阳电视台的批复	1993.03.12	7
永久	2-33-005	03	县政府	关于同意建立松阳县有线电视台的批复	1993.06.01	14
永久	2-33-005	11	县府办	关于同意恢复松阳县公安局保安服务公司的批复	1993.03.19	111
永久	2-33-011	10	县政府	关于要求列入生态农业系统工程建设项目的报告	1993.11.22	168
永久	2-33-016	09	县政府	关于同意将独山等风景胜地列为县级风景保护区的批复	1993.12.17	80
永久	2-33-016	11	县府办	关于批转西屏镇对县城规划区内的建设项目收取堆积押金报告的通知	1993.02.16	99
永久	2-33-016	12	县府办	批转县城建局关于加强建筑市场管理若干规定的通知	1993.02.18	111
永久	2-33-017	01	县政府	关于印发松阳县公有住房出售实施细则等三个配套细则的通知	1993.11.08	1
永久	2-33-017	02	县政府	关于印发松阳县城镇住房制度改革实施方案的通知	1993.10.14	55
永久	2-33-017	06	县政府	松阳县公有住房提租和补贴实施办法	1993.05.27	205
永久	2-33-017	07	县政府	松阳县公有住房出售实施办法	1993.05.27	215
永久	2-33-018	03	县政府	关于全面开征超标噪声排污费的通知	1993.11.19	24
永久	2-33-018	04	县政府	转发县城建局关于建立环境保护基金报告的通知	1993.01.07	32
长期	2-33-038	01	县府办	关于同意对县职业技术学校进行布局调整的批复	1993.05.28	1
长期	2-33-038	02	县府办	关于组织实施“两基”评估验收的通知	1993.10.12	8
长期	2-33-038	04	县府办	关于同意建造县示范托儿所的批复	1993.12.27	33
长期	2-33-038	07	县府办	关于加强古建筑材料的和旧木器家具等文物保护工作的通知	1993.05.15	65
长期	2-33-041	01	县政府	关于进一步推进我县工业企业技术进步的若干规定	1993.08.21	1
长期	2-33-041	04	县府办	关于批转县二轻集体企业股份合作制试行办法的通知	1993.08.20	32
长期	2-33-041	05	县府办	转发省政府关于合力推进乡镇企业大发展大提高的通知	1993.02.15	67
长期	2-33-041	06	县府办	关于乡镇企业管理费的收取、解交和管理实施办法的通知	1993.07.20	95

附录续表 3-22

保管期	档号	顺序号	责任者	题 名	日期	页号
长期	2-33-042	03	县府办	转发行署办公室关于乡道公路由乡镇人民政府负责管养的通知	1993.06.16	21
长期	2-33-043	01	县政府	关于建立政府粮食风险基金的通知	1993.06.21	1
长期	2-33-048	03	县府办	关于做好世界银行贷款造林项目工作的通知	1993.10.18	19
长期	2-33-048	04	县府办	关于停止收取有关林业收费的通知	1993.08.28	37
长期	2-33-048	09	县政府	关于同意林业林场执行有关政策的批复	1993.10.20	67
长期	2-33-049	01	县政府	关于进一步发展食用菌生产的通知	1993.04.12	1
长期	2-33-050	01	县政府	关于加快土地使用制度改革的通知	1993.03.01	1
长期	2-33-050	02	县政府	转发县土地管理局关于国有土地使用权出让转让若干问题请示的通知	1993.07.27	12
长期	2-33-050	03	县政府	关于切实加强土地管理规范地产市场若干意见的通知	1993.11.03	21
长期	2-33-050	06	县府办	转发县土地管理局关于开展全县土地利用总体规划请示的通知	1993.07.17	71
长期	2-33-050	07	县府办	转发县土地管理局关于私人建房占用农保区耕地管理办法请示的通知	1993.08.04	83
长期	2-33-050	09	县政府	关于同意建立土著居民地开发建设基金的批复	1993.11.01	112
长期	2-33-050	11	县政府	松阳县人民政府关于切实加强土地管理规范地产市场的通知	1993.11.27	133
长期	2-33-088	04	县府办	关于印发松阳县人民政府办公室公文处理规则的通知	1993.08.07	36
长期	2-33-088	07	县府办	松阳县人民政府办公室督查办法	1993.12.18	65
长期	2-33-089	02	县府办	印发关于邀请县政府领导等同志参加外事内事活动规定的通知	1993.07.27	24
长期	2-33-089	03	县府办	关于县政府各部门向县人大常委会汇报工作有关规定	1993.08.05	35
永久	2-34-006	02	县府办	松阳县地名变动表	1994.03.09	110
永久	2-34-006	04	—	松阳县地名变动表	1993.12.25	112
永久	2-34-008	02	县府办	批转县城建局关于要求执行松阳县城镇建设管理监察实施办法的通知	1994.04.03	16
永久	2-34-009	04	县政府	关于印发《县城太平坊路拓宽改造房屋拆迁实施办法》的通知	1994.08.08	25
永久	2-34-013	01	县政府	关于村镇和工业从现有水库取水有关问题的通知	1994.01.17	1
永久	2-34-013	03	县政府	关于开征水利建设专项资金的通知	1994.04.21	20
永久	2-34-019	03	县府办	关于同意设立松阳县规划设计室的批复	1994.01.14	15
长期	2-34-026	06	县府办	转发县农业局关于开展家畜产地检疫报告的通知	1994.05.06	58

附录续表 3-23

保管期	档号	顺序号	责任者	题　名	日期	页号
长期	2-34-031	02	县府办	关于建立事业单位法人登记制度的通知	1994.11.16	8
长期	2-34-031	04	县政府	关于印发〈松阳县企业职工基本养老金计发试行办法〉的通知	1994.09.20	35
长期	2-34-031	05	县府办	转发县劳动局关于基本养老金计发办法改革工作意见的通知	1994.03.25	63
长期	2-34-031	06	县政府	关于公布〈松阳县劳动市场管理暂行办法〉的通知	1994.04.19	86
长期	2-34-032	07	县政府	关于设立松阳县人民政府行政复议办公室的通知	1994.07.26	31
长期	2-34-032	08	县府办	关于成立浙江省法制事务所松阳分所的通知	1994.03.30	35
长期	2-34-034	01	县政府	印发丽水地区行政公署关于出售国有企业产权实施意见的通知	1994.09.05	1
长期	2-34-036	06	—	关于加快我县国有企业产权制度改革若干意见	1994.06.11	151
长期	2-34-036	07	—	松阳县出售国有企业产权的实施意见	1994.06.11	158
长期	2-34-036	08	—	关于加快发展我县纺织服装业的若干规定	1994.07.14	166
长期	2-34-037	03	县政府	关于加强固定资产投资管理的通知	1994.09.22	39
长期	2-34-040	02	县府办	关于征收地方交通建设基金的补充的通知	1994.01.28	23
长期	2-34-042	03	县府办	关于进一步开展农业综合开发工作的通知	1994.08.24	26
长期	2-34-043	02	县政府	关于加强行政事业性收费专项基金财政专户储存管理的通知	1994.01.01	19
长期	2-34-043	11	县政府	关于茶叶税收继续实行源头征管的通知	1994.04.01	95
长期	2-34-047	04	县府办	关于加强粮食宏观调控稳定粮食市场的通知	1994.07.05	27
长期	2-34-047	05	县府办	关于加强粮食市场管理的通知	1994.06.30	40
长期	2-34-049	02	县府办	关于加强对居民基本生活必需品和服务价格监审的实施意见	1994.01.22	11
长期	2-34-049	04	县府办	转发行署办关于公布取消第二批不合理收费项目的通知	1994.09.23	36
长期	2-34-052	07	县府办	关于调整机关事业单位退休人员活动经费的通知	1994.10.12	61
长期	2-34-055	03	县政府	关于迅速解决拖欠教师工资附加费问题的通知	1994.01.06	31
长期	2-34-056	02	县政府	关于要求将松阳县列入省重点教育扶贫县的请示	1994.10.08	15
长期	2-34-057	01	县政府	关于计划生育工作的补充规定	1994.05.21	1
长期	2-34-057	02	县政府	关于征收计划内二胎生育调节费和计划外生育社会抚养费的通知	1994.08.08	10
长期	2-34-057	03	县府办	转发省政府办公厅关于严禁非法鉴定胎儿性别的通知	1994.04.23	21
长期	2-34-057	04	县府办	关于搞好清理整顿计划外生育费工作的通知	1994.07.06	43

附录续表 3-24

保管期	档号	顺序号	责任者	题　名	日期	页号
长期	2-34-057	05	县府办	批转县计生委关于加强计划生育孕前型管理的意见的通知	1994.10.11	77
长期	2-34-058	01	县政府	关于印发县统一征地实施办法的通知	1994.05.27	1
长期	2-34-066	01	县府办	印发《关于办理县人大代表建议政协委员提案工作规划》的通知	1994.03.10	1
长期	2-34-070	01	县政府	关于印发松阳县人民政府规范性文件备案规定的通知	1994.03.12	1
长期	2-34-070	02	县政府	印发关于制定行政措施工作程序的暂行规定的通知	1994.03.12	13
长期	2-34-070	03	县府办	转发地区外事办关于申办因公出国护照实行押金制度的通知	1994.01.13	28
永久	2-35-007	02	县政府	关于同意建立松阳县调频广播电台的批复	1995.11.25	8
永久	2-35-007	03	县政府	关于同意组建松阳县畜牧技术推广中心的批复	1995.12.12	23
永久	2-35-011	01	县政府	关于同意设立古市镇工业小区的批复	1995.08.11	1
永久	2-35-011	02	县政府	关于同意设立望松乡工业小区的批复	1995.07.21	14
永久	2-35-011	03	县政府	关于同意设立西屏镇工业小区的批复	1995.07.21	25
永久	2-35-012	01	县政府	松阳县技术市场管理办法（试行）	1995.07.05	1
永久	2-35-012	02	县政府	关于加强工业企业技术改造的若干规定	1995.07.05	20
永久	2-35-012	03	县政府	松阳县工业发展基金管理暂行办法	1995.08.22	33
永久	2-35-012	04	县政府	工业小区实施办法	1995.07.17	47
永久	2-35-012	05	县政府	关于工业企业收费问题的通知	1995.09.18	62
永久	2-35-015	01	县政府	关于印发松阳县深化城镇住房制度改革实施方案的通知	1995.07.28	1
永久	2-35-015	02	县政府	关于松阳县深化城镇住房制度改革实施方案的五个配套管理暂行办法的通知	1995.10.18	36
永久	2-35-016	03	县政府	关于对古市、象溪、玉岩三镇要求修编城镇总体规划请示的批复	1995.07.14	19
永久	2-35-016	04	县政府	关于玉岩镇总体规划的批复	1995.11.06	29
永久	2-35-026	01	县政府	关于印发松阳县城镇个体工商户私营企业从业人员社会养老保险试行办法的通知	1995.05.14	1
永久	2-35-026	02	县政府	关于松阳县劳动合同制实施意见的通知	1995.05.10	16
永久	2-35-026	05	县府办	转发省劳动厅关于实施再就业工程意见的通知	1995.12.15	75
长期	2-35-032	01	县府办	关于进一步开展对农民负担问题进行专项治理的通知	1995.06.27	1
长期	2-35-032	02	县府办	关于开展治理公路“三乱”工作的通知	1995.07.17	19
长期	2-35-034	02	县府办	关于印发松阳县县城绿化管理暂行办法的通知	1995.11.18	25

附录续表 3-25

保管期	档号	顺序号	责任者	题　名	日期	页号
长期	2-35-034	03	县府办	关于印发《松阳县县城环境卫生管理暂行办法》的通知	1995.08.15	55
长期	2-35-034	04	县府办	关于印发松阳县县城环境卫生检查办法的通知	1995.11.28	82
长期	2-35-034	05	县府办	批转关于实行环境卫生有偿服务意见的通知	1995.11.18	100
长期	2-35-034	07	县府办	关于解决松阳县城生活垃圾的通知	1995.08.25	133
长期	2-35-035	03	县府办	转发《关于龙丽公路县城段管理暂行办法》的通知	1995.09.29	61
长期	2-35-037	06	县府办	关于香菇税费征收工作的通知	1995.10.30	64
长期	2-35-038	01	县政府	关于进一步加强统计工作工作的通知	1995.04.27	1
长期	2-35-041	01	县政府	关于要求将松阳县列为省级商品猪基地的报告	1995.01.15	1
长期	2-35-041	02	县政府	关于要求列入“九五”全国农村能源综合建设试点县的请示	1995.06.14	9
长期	2-35-043	03	县府办	关于严禁捕杀青蛙的通知	1995.04.12	48
长期	2-35-043	05	县府办	转发县农业局关于松阳县实施“绿色证书工程”意见的通知	1995.08.21	64
长期	2-35-048	02	县府办	转发县土管局关于对违章违法占地处理意见的通知	1995.03.28	18
长期	2-35-051	02	县政府	关于切实加强学校安全工作的通知	1995.03.14	29
长期	2-35-051	03	县府办	批转县妇联、县教委关于开展妇女扫盲工作实施意见的通知	1995.04.04	44
长期	2-35-053	01	县政府	关于公布詹宝兄弟进士牌坊和兰溪会馆保护范围和建设控制地带的通知	1995.10.08	1
长期	2-35-053	02	县府办	关于印发《松阳县有线广播电视管理办法》的通知	1995.07.29	10
长期	2-35-053	03	县府办	转发县体委《关于松阳县贯彻全民健身计划纲要实施意见》的通知	1995.11.26	41
长期	2-35-056	01	县政府	关于推行按比例安置残疾人劳动就业的通知	1995.10.16	1
长期	2-35-056	02	县政府	关于建立农村社会养老保险制度的通知	1995.12.10	17
长期	2-35-057	03	县府办	关于转发公安部《公共场所消防安全管理规定》的通知	1995.03.22	27
永久	2-36-011	01	县政府	关于印发松阳县地名管理规定的通知	1996.11.11	1
永久	2-36-012	02	县政府	关于古市镇总体规划的批复	1996.12.30	4
永久	2-36-012	05	县政府	关于象溪镇总体规划的批复	1996.12.30	98
永久	2-36-013	02	县府办	关于建立松阳县盐务管理局的通知	1996.12.31	14
永久	2-36-013	04	县政府	关于同意成立松阳县私营企业协会的批复	1996.03.05	26
永久	2-36-013	05	县政府	关于同意组建松阳县长运（集团）有限公司的批复	1996.08.07	31

附录续表 3-26

保管期	档号	顺序号	责任者	题 名	日期	页号
永久	2-36-015	11	县政府	关于对松阳造纸厂实行限期停产治理的通知	1996.04.29	66
永久	2-36-015	12	县政府	关于停止松阳造纸厂化学制浆生产的决定	1996.12.18	74
永久	2-36-017	05	县府办	关于城镇干部职工住宅暂行标准的通知	1996.08.20	22
永久	2-36-019	07	县政府	关于上松线松阳段公路改建工程征地拆迁政策处理补偿标准的决定	1996.12.14	50
永久	2-36-023	04	县政府	关于同意集资兴建教师新村的批复	1996.08.16	40
长期	2-36-029	01	县政府	关于印发松阳县国民经济和社会发展“九五”计划和2010年远景发展规划的通知	1996.05.06	1
长期	2-36-029	02	县政府	松阳县国民经济和社会发展“九五”计划和2010年远景发展规划	1996.05.06	84
长期	2-36-030	03	县政府	关于对特困职工实行若干优惠政策的通知	1996.09.26	93
长期	2-36-030	04	县政府	批转县总工会县财政局关于松阳县特困职工救急济难基金管理办法的通知	1996.09.26	103
长期	2-36-032	06	县府办	关于解决拖欠教师工资问题的紧急通知	1996.01.16	52
长期	2-36-033	01	县政府	关于印发松阳县医疗机构设置规划（1996—2000年）的通知	1996.10.05	1
长期	2-36-033	02	县政府	关于印发松阳县公费医疗统筹管理办法的通知	1996.12.18	35
长期	2-36-033	03	县府办	关于印发松阳县公费医疗统筹管理办法实施细则的通知	1996.12.20	52
长期	2-36-035	02	县政府	关于加强机关企事业单位计划生育管理的通知	1996.08.12	44
长期	2-36-039	01	县政府	关于印发松阳县宗教活动场所管理暂行办法的通知	1996.06.12	1
长期	2-36-040	05	县府办	关于进一步加强药品管理工作的通知	1996.06.25	60
长期	2-36-040	06	县府办	关于要求对矿山企业全面征收矿产资源补偿费的通知	1996.12.13	70
长期	2-36-041	02	县府办	关于改善和提高劳动模范待遇意见的通知	1996.12.10	3
长期	2-36-041	03	县政府	关于印发松阳县贯彻《浙江省职工失业保险条例》实施意见的通知	1996.04.15	15
长期	2-36-041	04	县政府	关于印发《松阳县破产国有企业职工安置和救济暂行办法》的通知	1996.05.14	26
长期	2-36-041	05	县府办	关于转发省政府试点国有企业下岗待业人员再就业问题的通知	1996.03.15	54
长期	2-36-042	03	县政府	关于印发松阳县殡葬管理暂行规定的通知	1996.05.21	24
长期	2-36-042	04	县政府	关于加强城镇退伍安置工作的通知	1996.07.02	55
长期	2-36-042	06	县府办	关于转发浙江省婚姻登记管理办法的通知	1996.10.04	65
长期	2-36-043	01	县政府	关于进一步加强农田水利基本建设的决定	1996.03.12	1
长期	2-36-043	03	县府办	关于开展农田水利建设考核评比活动的通知	1996.09.09	75

附录续表 3-27

保管期	档号	顺序号	责任者	题　名	日期	页号
长期	2-36-044	02	县政府	关于进一步加强砖瓦窑用地管理的通知	1996.07.08	3
长期	2-36-044	03	县府办	《关于规范开田造地管理和提高扶持标准的报告》的通知	1996.09.16	32
长期	2-36-046	01	县政府	关于健全农村农民义务工和劳动积累工制度的若干实施意见	1996.01.15	1
长期	2-36-046	06	县府办	松阳县人民政府关于生猪定点屠宰的通知	1996.03.14	54
长期	2-36-048	03	县府办	关于印发松阳县上市生猪定点屠宰集中检疫统一纳税分散经营管理办法的通知	1996.03.12	22
长期	2-36-048	05	丽水地区外贸局	转发外经贸部同意赋予缙云县对外经济贸易公司和松阳县对外贸易公司进出口经营权的批复	1996.02.15	50
长期	2-36-049	03	县府办	加大农业综合开发力度加快农村经济发展步伐	1996.09.10	27
长期	2-36-053	01	县政府	关于进一步完善农业发展基金制度的通知	1996.12.10	1
长期	2-36-053	02	县府办	转发县农村工作办公室农业局水利局财政局《松阳县农业综合开发专项资金项目管理实施办法》的通知	1996.11.25	18
长期	2-36-054	03	县政府	关于同意征收电力建设基金的批复	1996.09.04	35
长期	2-36-056	04	县府办	关于认真做好特困户粮食供应工作的通知	1996.07.31	55
长期	2-36-057	04	县政府	关于印发《松阳县林地管理实施办法》（试行）的通知	1996.12.30	49
长期	2-36-057	06	县政府	关于调整水上木材检查站设置的批复	1996.10.15	123
长期	2-36-057	07	省林业厅	关于补助封山育林板栗基地开发资金的通知	1996.12.31	124
长期	2-36-062	03	县府办	关于印发松阳县国有（集体）资产经营责任制实施意见的通知	1996.04.29	28
长期	2-36-063	01	县府办	关于加快食用菌技术辅导网络建设的实施意见	1996.02.06	1
长期	2-36-063	03	县府办	关于食用菌菌种及原辅材料的管理办法	1996.02.07	23
长期	2-36-063	04	县府办	关于香菇税费征收的工作通知	1996.02.14	32
长期	2-36-063	06	县府办	关于进一步完善香菇流通秩序的通知	1996.12.03	46
长期	2-36-060	01	县政府	关于金融机构筹措资金增加投入奖励办法	1996.08.16	1
长期	2-36-065	03	县府办	关于印发《松阳县工业项目竣工验收办法》的通知	1996.04.23	27
长期	2-36-066	01	县政府	关于收取市政基础设施建设配套费和排水设施使用费的若干规定	1996.12.30	1
长期	2-36-066	02	县政府	关于加强建筑业管理若干意见的通知	1996.12.30	16
长期	2-36-066	03	县府办	关于印发松阳县建设工程项目执法监察实施意见的通知	1996.09.23	26
长期	2-36-067	01	县府办	关于建立重要情况报告制度（试行）的通知	1996.05.25	1
长期	2-36-068	01	县政府	关于印发松阳县城内出租汽车管理办法的通知	1996.10.27	1

附录续表 3-28

保管期	档号	顺序号	责任者	题　名	日期	页号
长期	2-36-070	04	县政府	关于要求建立县乡镇两级自然灾害救济事业费请示的通知	1996.05.13	23
长期	2-36-070	07	县政府	关于印发〈松阳县农村社会养老保险实施办法〉的通知	1996.01.05	59
长期	2-36-070	08	县府办	关于转发浙江省农村五保供养工作实施细则	1996.11.20	78
长期	2-36-072	01	县政府	关于开展制止非法建造寺观教堂滥建坟墓专项治理的通知	1996.04.05	1
长期	2-36-074	05	县府办	关于贯彻执行松阳县消防改革与发展纲要实施意见的通知	1996.12.23	32
长期	2-36-074	07	县政府	关于同意美容美发行业纳入公共场所治安管理的批复	1996.09.17	60
长期	2-37-015	01	县政府	松阳县行政处罚实施主体资格公告	1997.03.31	1
长期	2-37-015	03	县政府	关于废止部分规范性文件的通知	1997.03.31	26
长期	2-37-019	03	县政府	关于同意古市老横街江滨东路上横街东段拓宽改造房屋拆迁工程实施办法的批复	1997.03.16	8
永久	2-37-025	04	县府办	批转县广播电视局关于松阳乡镇有线广播电视网建设工作意见的通知	1997.10.31	61
长期	2-37-031	03	县政府	关于印发《松阳县职工工伤保险行办法》的通知	1997.12.23	31
长期	2-37-031	04	县政府	关于印发《松阳县女职工生育保险暂行办法》的通知	1997.12.23	68
长期	2-37-070	02	县政府	关于禁毒的通告	1997.05.01	2
长期	2-37-070	03	县政府	关于严厉查禁赌博活动的通报	1997.05.01	3
长期	2-37-071	01	县政府	关于开展制止非法建造寺观教堂建坟墓专项治理的通知	1997.04.05	1
长期	2-37-071	02	县府办	关于同意设立专项治理中保留的寺观作为宗教活动所的批复	1997.01.31	2
长期	2-37-077	01	县政府	关于同意建立松阳县公墓的批复	1997.09.05	1
长期	2-37-077	04	县府办	关于在全区县城乡整顿、设置地名标志请示的通知	1997.01.03	21
长期	2-37-077	05	县府办	关于在国道、省道、县道铁路两侧设置地标志的通知	1997.04.18	29
长期	2-37-081	01	县政府	关于工业企业扭亏增盈工作的意见	1997.04.01	1
长期	2-37-082	02	县府办	关于转发松阳县电力专项整治实施意见的通知	1997.09.26	10
长期	2-37-083	01	县政府	关于印发《松阳县乡（镇）公路管养办法（试行）》的通知	1997.04.09	1
长期	2-37-095	02	县府办	转发地区行署关于印发丽水地区建设工程施工招投标管理办法的通知	1997.04.07	26
长期	2-37-100	01	县政府	关于实施乡镇财务财产管理制度有关问题的批复	1997.12.11	1
长期	2-37-100	03	县政府	关于印发松阳县城镇集体企业清产核资试点方案的通知	1997.05.12	17

附录续表 3-29

保管期	档号	顺序号	责任者	题　名	日期	页号
长期	2-37-100	04	县政府	关于印发《松阳县香菇税费征管意见暂行办法》的通知	1997.09.25	34
长期	2-37-102	01	县政府	关于公布取消部分县设置收费项目的通知	1997.11.03	1
长期	2-37-102	03	县府办	关于清理整顿不合理收费项目有关事项的通知	1997.07.31	42
长期	2-37-102	04	县府办	关于取消部分省定涉企收费项目通知	1997.09.19	52
长期	2-37-102	05	县府办	关于取消 38 项涉农不合理收费项目的通知	1997.11.14	60
长期	2-37-118	04	县政府	关于公布首批古树名木并实行挂牌保护工作的通知	1997.07.18	20
长期	2-37-120	01	县政府	关于印发《松阳县耕地保护目标管理责任制考核办法》的通知	1997.01.27	1
长期	2-37-120	04	县政府	关于全面开展非农业建设用地清查工作的通知	1997.06.23	39
长期	2-37-128	01	县政府	关于开展创科技进步先进县活动的决定	1997.01.01	1
长期	2-37-129	02	县政府	关于做好学校安全工作的通知	1997.05.08	8
长期	2-37-129	03	县府办	关于制止向中小学生收取教育附加费和集资款的通知	1997.04.07	16
长期	2-37-129	06	县府办	关于保障教师工资按时发放有关问题的通知	1997.09.16	39
长期	2-37-131	01	县政府	关于实行计划内二孩生育全程管理的通知	1997.04.28	1
永久	2-38-014	02	县政府	关于深化国有城镇集体企业产权制度改革的实施意见	1998.06.30	7
永久	2-38-014	04	县政府	关于国有城镇集体企业改制中有关问题的通知	1998.08.13	56
永久	2-38-014	05	县政府	关于改制企业资金核实有关问题的批复	1998.09.18	67
永久	2-38-015	06	县政府	关于县过境公路工程建设征用土地的决定	1998.12.21	36
永久	2-38-018	01	县政府	关于将双童积雪等风景区域列为县级风景名胜区的通知	1998.12.08	1
永久	2-38-018	06	县府办	关于对全县风景名胜资源进行普查的通知	1998.08.27	102
永久	2-38-019	10	县府办	关于印发《松阳县政府采购管理暂行办法》的通知	1998.12.12	57
永久	2-38-021	03	县政府	关于同意建立榔阳行政村并划入望松乡管理的批复	1998.08.06	37
永久	2-38-022	05	县政府	关于进一步调整中小学布局的通知	1998.11.02	36
永久	2-38-024	05	县政府	关于省级商品粮基地建设松阳项目县申请验收的报告	1998.07.13	53
永久	2-38-027	02	县政府	关于松阳县林地清查工作查处情况的报告	1998.11.30	13
永久	2-38-027	04	县政府	关于贯彻国务院通知《要求立即停止审批建设工程征占用林地的紧急通知》的通知	1998.08.27	51

附录续表 3-30

保管期	档号	顺序号	责任者	题 名	日期	页号
永久	2-38-029	04	县府办	转发《松阳县森林防火指挥部关于森林防火奖罚办法》的通知	1998.12.14	36
永久	2-38-030	03	县府办	关于切实加强农村宅基地管理工作的通知	1998.07.22	17
长期	2-38-037	02	县政府	关于建立统一的企业职工基本养老保障制度的通知	1998.09.29	7
长期	2-38-040	04	县府办	关于印发松阳县人民政府办公室公文处理实施细则的通知	1998.08.15	33
长期	2-38-040	05	县府办	关于印发《松阳县人民政府政务督查工作规则》的通知	1998.08.06	58
长期	2-38-042	01	县政府	关于印发《松阳县人民政府工作规则》的通知	1998.06.14	1
长期	2-38-042	02	县政府	关于在县级行政执法机关实行行政执法责任制的通知	1998.10.14	14
长期	2-38-042	04	县政府	松阳县行政处罚实施主体资格公告	1998.11.23	34
长期	2-38-042	05	县府办	关于明确县政府法制局任务和职责的通知	1998.03.23	39
长期	2-38-058	01	县政府	关于实施“110”社会服务联合行动工作的通知	1998.11.06	1
长期	2-38-058	02	县府办	转发县公安局关于松阳县居民身份证编号清理纠错工作实施意见的通知	1998.01.07	8
长期	2-38-058	04	县府办	关于同意门（楼）牌编制工作移交的批复	1998.05.11	26
长期	2-38-058	05	县府办	转发《松阳县农村户口城市化管理实施意见》的通知	1998.11.24	30
长期	2-38-058	06	县府办	关于转发松阳县农村爆炸物品管理试点工作方案的通知	1998.11.24	46
长期	2-38-064	01	县政府	关于招商引资奖励的暂行规定	1998.06.02	1
长期	2-38-064	02	县政府	关于加强松阳县项目库建设实施意见的通知	1998.06.15	15
长期	2-38-064	03	县府办	转发县技术监督局关于开展消灭无标生产工作实施意见的通知	1998.06.26	29
长期	2-38-064	04	县府办	转发浙江省组织机构代理管理办法的通知	1998.07.03	46
长期	2-38-065	01	县政府	关于印发〈松阳县建设工程施工招标投标管理规定〉（试行）的通知	1998.11.09	1
长期	2-38-065	02	县政府	关于印发《松阳县建设工程施工招标投标管理规定》（试行）的通知	1998.11.09	36
长期	2-38-065	03	县府办	转发地区行署办公室《关于切实加强防雷设施建设和管理的通知》的通知	1998.05.06	99
长期	2-38-066	02	县府办	转发省政府关于进一步加强村镇建设的通知	1998.02.05	6
长期	2-38-068	09	县府办	关于加强烟尘控制区监督管理的通知	1998.12.14	52
长期	2-38-078	02	县府办	关于贯彻浙江省新型墙体材料开发利用管理办法若干意见的通知	1998.05.06	6

附录续表 3-31

保管期	档号	顺序号	责任者	题　名	日期	页号
长期	2-38-078	04	县府办	转发《关于加快发展乡镇企业的通知》的通知	1998.10.28	32
长期	2-38-079	06	县政府	关于加强企业技术改造工作的通知	1998.06.02	19
长期	2-38-080	05	县府办	转发县交通局关于加强我县道路客货运输市场秩序整顿实施意见的通知	1998.06.30	26
长期	2-38-080	06	县府办	关于转发县交通局《松阳县营运客车管理规定》的通知	1998.11.30	37
长期	2-38-088	01	县政府	关于加强乡镇税收征管严肃税收法纪的通知	1998.06.22	1
长期	2-38-088	03	县府办	转发浙江省实施《中华人民共和国契税暂行条例》办法的通知	1998.06.29	12
长期	2-38-088	04	县府办	关于加强香菇税费征管工作的通知	1998.12.01	32
长期	2-38-089	01	县政府	关于发展商品交易市场的实施意见	1998.11.03	1
长期	2-38-091	02	县府办	转发省政府关于公布第二批取消的省定涉企收费项目的通知	1998.01.09	19
长期	2-38-092	01	县政府	关于进一步深化粮食流通体制改革的实施办法	1998.12.04	1
长期	2-38-093	01	县政府	关于建立健全县烟叶生产科技推广网络的通知	1998.05.29	1
长期	2-38-093	05	县府办	关于加强我县卷烟市场管理的通告	1998.12.20	42
长期	2-38-094	02	县府办	关于同意松阳县外贸发展基金使用审批制度的批复	1998.01.12	8
长期	2-38-106	01	县政府	关于开展创建全国科技工作先进县活动的实施意见	1998.08.25	1
长期	2-38-106	06	县府办	关于加快发展我区民营科技机构若干意见（试行）的通知	1998.08.18	41
长期	2-38-109	01	县府办	关于确保教师工资按时足额发放的通知	1998.12.24	1
长期	2-38-109	02	县府办	批转县教委关于推进中小学素质教育实施意见的通知	1998.08.07	12
长期	2-38-111	04	县政府	批转卫生局等单位关于松阳县卫生发展调节资金筹集和使用管理办法的通知	1998.12.30	22
长期	2-38-111	05	县府办	关于印发各有关部门食品卫生管理职责的通知	1998.07.18	38
永久	2-38-193	05	县府办	关于加强招商引资工作的通知	1998.05.22	35
永久	2-38-193	09	县府办	关于大力发展非公有制经济的通知	1998.05.22	55
永久	2-38-193	10	县府办	全县企业产权制度改革实施方案	1998.05.22	60
永久	2-38-195	05	县政府	关于进一步深化粮食流通体制改革的实施办法	1998.07.16	32
永久	2-38-196	07	县政府	关于进一步完善农业发展基金制度的通知	1998.12.10	58
永久	2-38-196	08	县政府	关于调整完善农业发展基金制度的通知	1998.12.10	61
永久	2-38-196	11	县政府	关于切实做好国有企业下岗职工基本生活保障和再就业工作的通知	1998.08.28	76

附录续表 3-32

保管期	档号	顺序号	责任者	题　名	日期	页号
永久	2-38-197	05	县政府	关于改制企业职工股东权益损失负担处理意见的汇报	1998.09.07	22
永久	2-38-199	04	县政府	关于发展商品交易市场的实施意见	1998.10.16	26
永久	2-38-199	05	县政府	松阳县殡葬管理实施细则	1998.10.16	31
永久	2-38-200	04	县政府	松阳县政府采购管理暂行办法	1998.11.27	14
长期	2-38-121	01	县政府	关于印发《松阳县殡葬管理暂行办法》的通知	1998.11.24	1
长期	2-38-123	01	县政府	关于印发《松阳县残疾人优惠政策》的批复	1998.08.31	1
长期	2-38-182	11	国务院办公厅	关于进一步加强公墓管理意见的通知	1998.05.19	80
永久	J002-039-012-002	02	县政府	关于要求批准松阳县叶村乡政府驻地迁址的请示	1999	—
永久	J002-039-013-004	04	县政府	关于收回县良种场国有土地的决定	1999	—
永久	J002-039-015-001	01	县政府	关于同意松阳县松阴溪松古平原水利规划的批复	1999	—
永久	J002-039-017-002	02	县政府	云和县人民政府和松阳县人民政府联合勘定的行政区域界线协议书	1999	—
永久	J002-039-017-003	03	县政府	关于报批《松阳县人民政府和丽水市人民政府联合勘定的行政区域界线协议书》的请示	1999	—
永久	J002-039-017-004	04	县政府	关于报批《松阳县人民政府和龙泉县人民政府联合勘定的行政区域界线协议书》的请示	1999	—
永久	J002-039-020-001	01	县政府	关于加快我县城镇化建设的意见	1999	—
永久	J002-039-020-002	02	县政府	关于同意实施古市镇旧城改造工程的批复	1999	—
永久	J002-039-020-004	04	县政府	关于同意修编古市镇总体规划的批复	1999	—
永久	J002-039-021-006	06	县政府	关于禁止拖拉机等车辆进城、禁止车辆乱停放、禁止机动车鸣喇叭、禁止乱丢乱倒垃圾、禁止放养家禽家畜的通知	1999	—
永久	J002-039-022-002	02	县政府	关于同意松阳县房屋拆迁重置完全价评定暂行标准的批复	1999	—
永久	J002-039-022-003	03	县政府	关于印发《松阳县城南路工程建设房屋拆迁实施办法》的通知	1999	—
永久	J002-039-023-010	10	县府办	关于印发江南公路工程建设实施办法的通知	1999	—
永久	J002-039-025-003	03	县政府	关于同意松阳县西屏镇城市防洪规划的批复	1999	—
永久	J002-039-030-004	04	县政府	关于印发《龙丽线西屏、古市段过境公路改建工程房屋拆迁安置实施办法》的通知	1999	—
长期	J002-039-052-010	10	县府办	关于建立松阳县生态示范区建设办公室的通知	1999	—
长期	J002-039-057-001	01	县政府	关于招商引资奖励的暂行规定	1999	—
长期	J002-039-057-003	03	县府办	关于鼓励扩大外贸出口实施意见的通知	1999	—

附录续表 3-33

保管期	档号	顺序号	责任者	题　名	日期	页号
长期	J002-039-059-006	06	县府办	关于加强“一控双达标”工作的通知	1999	—
长期	J002-039-076-001	01	县政府	关于同意设立延庆寺宗教活动场所的批复	1999	—
长期	J002-039-077-001	01	县政府	关于调整实施特困职工优惠政策的通知	1999	—
长期	J002-039-077-003	03	县政府	关于调整企业下岗职工基本生活费失业职工保险金企业职工最低工资标准的通知	1999	—
长期	J002-039-079-001	01	县政府	关于同意停止审批县城城区内私人拆建新建等零星建设项目的批复	1999	—
长期	J002-039-080-002	02	县府办	关于转发县建设局《关于加强建设工程管理的规定》的通知	1999	—
长期	J002-039-082-001	01	县政府	关于印发《松阳县行政事业单位经常性经费支出包干管理办法（试行）的通知》	1999	—
长期	J002-039-082-004	04	县府办	关于印发《松阳县预算外资金集体统一管理实施办法》的通知	1999	—
长期	J002-039-082-005	05	县府办	《关于施行〈松阳县行政事业单位经常性经费支出包干管理办法〉和〈松阳县预算外资金集中统一管理规定〉的补充通知》的通知	1999	—
长期	J002-039-082-006	06	县府办	关于转发《松阳县政府采购具体操作办法》的通知	1999	—
长期	J002-039-082-007	07	县政府	关于同意组建松阳县国有资产投资经营公司的批复	1999	—
长期	J002-039-083-001	01	县政府	关于同意松阳县晒红烟协会申请注册证明商标“松阳晒红烟”的批复	1999	—
长期	J002-039-083-003	03	县府办	关于印发《松阳县报废汽车回收管理暂行规定》的通知	1999	—
长期	J002-039-084-002	02	县政府	关于《松阳县粮食收储业务与附营业务分离实施方案》的批复	1999	—
长期	J002-039-085-001	01	县政府	关于进一步加强科技工作的决定	1999	—
长期	J002-039-086-002	02	县政府	关于印发《松阳县流动人口计划生育管理办法》的通知	1999	—
长期	J002-039-088-001	01	县政府	关于扩大县城生猪定点屠宰实施范围的通告	1999	—
长期	J002-039-088-002	02	县政府	关于进一步加强生猪定点屠宰管理工作的通知	1999	—
长期	J002-039-088-003	03	县府办	关于印发《松阳县生猪简易屠宰点管理暂行办法》的通知	1999	—
长期	J002-039-089-003	03	县府办	关于统一药品采购渠道的通知	1999	—
长期	J002-039-089-004	04	县府办	关于统一药品采购渠道补充的通知	1999	—
长期	J002-039-089-007	07	县政府	关于培育我县骨干企业的若干政策意见	1999	—
长期	J002-039-091-001	01	县政府	关于同意古市镇户籍制度改革实施方案的批复	1999	—
长期	J002-039-095-004	04	县政府	关于表彰我县优秀运动员王浩的通报	1999	—

附录续表 3-34

保管期	档号	顺序号	责任者	题 名	日期	页号
长期	J002-039-231-039	39	县政府	实施松阳造纸厂政策定补人员和合同制职工分流方案	1999	—
长期	J002-039-233-035	35	县政府	关于外资企业享受优惠政策的通知	1999	—
长期	J002-039-233-039	39	县政府	粮食局离退休人员纳入公费医疗管理	1999	—
永久	J002-040-182	005	县府办	关于实行涉企收费公示制的通知	2000.06.30	44
永久	J002-040-182	004	县府办	松阳县政府审批制度改革实施方案	2000.06.30	36
永久	J002-040-181	006	县府办	松阳县造纸厂改制方案	2000.03.15	47
永久	J002-040-181	005	县府办	松阳县古市镇城镇户籍管理制度改革实施细则	2000.03.15	38
永久	J002-040-181	001	县府办	关于县城环卫体制改革问题	2000.05.16	1
长期	J002-040-179	060	县政府	电影公司改制有关问题落实	2000.03.29	229
长期	J002-040-082	002	县府办	转发财政局关于县级行政事业单位人员工资实行财政统一发放试行办法的通知	2000.07.24	16
长期	J002-040-082	001	县府办	转发财政局关于乡镇人员工资统一代发试行办法的通知	2000.06.23	1
长期	J002-040-081	005	县政府	关于同意对西屏镇居委会（社区）区域界限进行重新调整的批复	2000.08.08	59
长期	J002-040-081	004	县府办	关于印发《松阳县自然灾害救助预案》的通知	2000.01.27	46
长期	J002-040-081	003	县政府	关于印发《松阳县自然灾害救助暂行办法》的通知	2000.01.14	18
长期	J002-040-081	002	县府办	关于印发《松阳县社会救济办法（试行）》的通知	2000.01.27	4
长期	J002-040-081	001	县政府	关于同意丽水地区撤地建设市和行政区划调整方案的通知	2000.02.26	1
长期	J002-040-077	003	县府办	关于印发松阳县人民政府办公室政务督查工作实施办法的通知	2000.07.28	20
长期	J002-040-065	004	县政府	关于委托县环保局对造成环境污染的乡镇、个私企业、个体工商户作出限期治理停业关闭决定的通知	2000.04.07	36
长期	J002-040-059	004	县政府	关于同意县经委处置松阳造纸厂资产的批复	2000.03.28	23
长期	J002-040-059	001	县政府	关于印发松阳县工业发展基金（贴息）管理办法的通知	2000.04.20	1
长期	J002-040-058	001	县政府	转发县政协关于规范统筹集资款收支程序切实减轻农民负担建议的通知	2000.09.04	1
长期	J002-040-057	002	县府办	关于实行涉企收费公示制的通知	2000.06.13	20
长期	J002-040-057	001	县政府	关于印发松阳县清费减负规范收费工作实施意见的通知	2000.08.08	1
长期	J002-040-056	004	县府办	转发县农业局关于加强粮食、饲料、食用菌、水果、中药材、茶叶等植物检疫工作意见的通知	2000.11.27	32

附录续表 3-35

保管期	档号	顺序号	责任者	题　名	日期	页号
长期	J002-040-037	003	县政府	关于印发松阳县人民政府会议制度的通知	2000.07.27	29
长期	J002-040-037	001	县政府	关于印发《松阳县公物处理暂行规定》的通知	2000.01.06	1
永久	J002-040-035	003	县政府	关于印发《松阳县文物和历史文化名城（保护区）保护管理办法》的通知	2000.04.25	33
永久	J002-040-020	010	县府办	关于机关事业单位劳动合同制工人退休后有关福利待遇问题的通知	2000.12.08	54
永久	J002-040-019	003	县府办	关于印发《松阳县谢村乡溪边路工程房屋拆迁实施办法》的通知	2000.07.06	61
永久	J002-040-019	002	县政府	关于印发《松阳县玉岩镇溪边路防洪工程建设房屋拆迁实施办法》的通知	2000.03.09	34
永久	J002-040-019	001	县政府	关于印发《松阳县城城东路、南址街旧城改造工程建设房屋拆迁实施办法》的通知	2000.11.09	1
永久	J002-040-018	005	县政府	关于明确房地产抵押登记部门的通知	2000.06.10	20
永久	J002-040-018	002	县政府	关于同意成立松阳县城市建设发展总公司的批复	2000.03.30	10
永久	J002-040-014	004	县政府	关于同意古市镇财政管理体制改革实施办法的批复	2000.08.25	34
永久	J002-040-013	001	县政府	关于望松农业中学与县职业中等专业学校合并的决定	2000.012.03	1
永久	J002-040-012	001	县政府	关于同意古市镇城镇总体规划的批复	2000.04.25	1
永久	J002-040-009	003	县政府	关于同意《古市镇筏铺街道拓宽改造工程房屋拆迁实施办法》的批复	2000.12.15	44
永久	J002-040-009	002	县政府	关于印发《松阳县古市镇旧城改造实施办法》的通知	2000.03.22	21
永久	J002-040-008	004	县政府	关于印发松阳县人民政府办事中心运行实施意见的通知	2000.09.11	96
永久	J002-040-008	002	县政府	关于公布松阳县政府审批制度改革各单位保留和减少审批等事项的通知	2000.09.27	20
永久	J002-040-008	001	县政府	关于印发《松阳县政府审批制度改革实施方案》的通知	2000.07.20	1
永久	J002-040-005	001	县政府	关于同意松阳县城市燃气专项规划的批复	2000.05.08	1
永久	2-41-013	06	县政府	松阳县矿产资源规划	2001.12.25	59
永久	2-41-014	02	县政府	关于印发《松阳县县城新华北路及旧城改造工程建设房屋拆迁实施办法》的通知	2001.08.22	3
永久	2-41-014	04	县政府	关于松阳县城市防洪南岸工程房屋拆迁实施办法的通知	2001.09.28	60
长期	2-41-019	03	县府办	关于进一步加快我县农村中医事业发展的意见	2001.06.29	13
长期	2-41-027	01	县政府	关于印发《松阳县建设工程施工招标投标管理规定（试行）的通知	2001.05.14	1

附录续表 3-36

保管期	档号	顺序号	责任者	题　名	日期	页号
长期	2-41-027	03	县府办	关于印发《松阳县县城建筑垃圾处置管理办法》的通知	2001.03.26	127
长期	2-41-027	04	县府办	转发县建设局等单位关于《松阳县城镇自来水一户一表计量出户实施办法》的通知	2001.10.29	145
长期	2-41-031	01	县政府	关于同意建立松阳县古市综合市场的批复	2001.10.29	1
长期	2-41-031	04	县政府	关于同意合作建设松阳大厦的批复	2001.12.29	22
长期	2-41-034	04	县政府	关于印发松阳县招商引资奖励暂行规定的通知	2001.04.03	35
长期	2-41-035	01	县政府	关于印发松阳县重点建设项目管理办法的通知	2001.10.10	1
长期	2-41-041	02	县政府	关于印发松阳县人民政府办事中心工作细则的通知	2001.07.17	16
长期	2-41-041	03	县政府	关于印发松阳县人民政府办公室公文处理规则的通知	2001.11.23	52
长期	2-41-041	04	县政府	关于印发《松阳县人民政府政务督查工作规则》和《松阳县人民政府办公室政务督查工作实施办法》的通知公文处理规则的通知	2001.08.13	113
长期	2-41-043	01	县府办	关于同意县城社区命名的批复	2001.01.02	1
长期	2-41-043	15	县政府	关于进一步加强残疾人保障工作的通知	2001.05.17	138
长期	2-41-044	01	县政府	关于国有资产管理体制改革的决定	2001.03.02	1
长期	2-41-044	02	县政府	关于当前国有资产管理有关问题的通知	2001.03.21	17
长期	2-41-044	03	县政府	关于印发《松阳县国有资产管理办法(试行)》的通知	2001.07.24	23
长期	2-41-045	02	县政府	关于印发《松阳县行政事业性收费和罚没收缴票款分离实施办法（暂行规定）》的通知	2001.04.28	5
长期	2-41-065	07	县政府	关于同意松阳县森林分类区划界定工作方案的批复	2001.12.06	62
长期	2-41-098	04	县府办	关于印发《松阳县科技型企业认定办法（试行）》的通知	2001.04.02	39
永久	2-41-160	02	县府办	松阳县土地储备管理办法		25
永久	2-41-160	13	县府办	关于在全县范围内开展公众聚集场所消防安全专项治理工作的通知	2001.07.05	83
永久	2-41-160	19	县政府	松阳县人民政府办事中心工作细则	2001.07.03	117
永久	2-41-162	13	县政府	关于切实做好土地开发工作的通知	2001.05	72
永久	2-2002-1-0001	0001	县政府	松阳县最低生活保障实施办法	2002.07.29	31
永久	2-2002-1-0002	0002	县政府	松阳县国有土地资产管理若干规定	2002.09.06	13
永久	2-2002-1-0003	0003	县政府	松阳县土地使用权交易管理办法	2002.09.06	28
永久	2-2002-1-0004	0004	县政府	松阳县地名管理办法	2002.11.18	22
永久	2-2002-1-0005	0005	县政府	松阳县公共场所预防性卫生监督管理办法	2002.11.18	15

附录续表 3-37

保管期	档号	顺序号	责任者	题　名	日期	页号
永久	2-2002-1-0006	0006	县政府	松阳县采矿权出让管理办法	2002.11.18	25
永久	2-2002-1-0010	0010	县政府	城防北岸二期工程征地补偿标准和安置方案公告	2002.11.03	3
永久	2-2002-1-0028	0028	县政府	关于废止政府部分政策措施的决定	2002.07.08	11
永久	2-2002-1-0030	0030	县政府	关于同意实施东坞源梧桐源小流域治理规划的批复	2002.07.26	10
永久	2-2002-1-0038	0038	县政府	关于同意松阳县公路管理体制改革实施意见的批复	2002.12.17	16
长期	—	0051	—	关于当前城镇职工基本养老保险若干问题的通知	2002.06.12	25
长期	—	0053	—	关于印发松阳县妇女发展规划和松阳县儿童发展规划的通报	2002.06.28	63
长期	2-2002-2-0125	0125	县政府	关于加快建立土地有形市场规范土地使用权交易的通知	2002.06.27	21
长期	2-2002-2-0126	0126	县政府	关于印发松阳县残疾人劳动就业保障金征收办法的通知	2002.07.02	11
长期	2-2002-2-0130	0130	县府办	关于对政府部分政策措施作修改使用的通知	2002.07.08	9
长期	2-2002-2-0131	0131	县府办	关于《松阳县城养犬管理办法》的通知	2002.08.09	12
长期	2-2002-2-0133	0133	县府办	关于加强企事业单位失业保险费征缴工作的通知	2002.08.16	11
长期	2-2002-2-0143	0143	县府办	松阳县人民政府办公室加快落实生态示范区创建责任制内容的通知	2002.09.11	21
长期	2-2002-2-0144	0144	县府办	关于印发《松阳县城区除“四害”工作管理办法》的通知	2002.09.24	18
长期	2-2002-2-0155	0155	县府办	关于印发松阳县地名管理有关部门职责的通知	2002.11.12	15
长期	2-2002-2-0156	0156	县府办	关于印发松阳县结核病防治规划（2001—2010年）的通知	2002.11.11	17
永久	2-2003-1	0002	县政府	关于同意松阳一中校区规划修编方案的批复	2002.01.10	2
永久	2-2003-1	0007	县政府	关于实施松阳县延庆寺旅游区规划的通知	2003.04.28	4
永久	2-2003-1	0008	县政府	关于同意松阳县农村公路建设计划的批复	2003.05.16	28
永久	2-2003-1	0009	县政府	关于同意成立松阳县林业调查规划设计所的批复	2003.05.20	6
永久	2-2003-1	0013	县政府	关于同意将西屏、城郊、城南三所合并为中心所的批复	2003.05.26	6
永久	2-2003-1	0014	县政府	关于同意实施松阳县城市区域环境噪声标准适用区划分方案的批复	2003.06.02	11
永久	2-2003-1	0017	县政府	关于同意成立松阳县劳动办就业培训中心的批复	2003.06.27	6
永久	2-2003-1	0018	县政府	关于同意实施松阳县城镇供水水源规划的批复	2003.07.02	12

附录续表 3-38

保管期	档号	顺序号	责任者	题　名	日期	页号
永久	2-2003-1	0019	县政府	关于同意实施松阳县河道整治规划的批复	2003.07.02	11
永久	2-2003-1	0020	县政府	关于印发松阳县地质灾害防治规划的通知	2003.07.14	7
永久	2-2003-1	0023	县政府	关于批准实施全国环境优美乡建设规划的批复	2003.08.27	4
长期	2-2003-2	0110	县工改办	关于增加离退休费的批复	2003.02.14	4
长期	2-2003-2	0120	县工改办	关于调整精减退职职工生活困难补助费标准的通知	2003.12.31	19
长期	2-2003-2	0122	县府办	关于建立防治艾滋病、性病协调会议制度的通知	2003.01.13	16
长期	2-2003-2	0127	县府办	关于印发《松阳县矿产资源规划实施办法》的通知	2003.03.21	26
长期	2-2003-2	0128	县府办	关于加强拖拉机交通安全管理的通知	2003.03.26	9
长期	2-2003-2	0129	县府办	关于将部分优质园地征划为县基本农田保护的通知	2003.04.03	25
长期	2-2003-2	0131	县府办	关于印发松阳县预防控制传染性非典型肺炎应急预案的通知	2003.04.25	22
长期	2-2003-2	0586	市政府	关于印发丽水市基本建设项目 企业技术改造项目外商投资项目 并联审批暂行办法的通知	2003.10.31	6
长期	2-2003-2	0586	市政府	关于建设特色制造业基地的意见	2003.11.27	12
长期	2-2003-2	0587	市政府	关于滩坑水电站库区非农业人口安置的实施意见	2003.12.09	1
长期	2-2003-2	0588	市政府	关于滩坑水电站库区农村移民养老保险安置的实施意见	2003.12.09	1
长期	2-2003-2	0589	市政府	关于印发丽水市拥军优属实施办法的通知	2003.12.18	4
长期	2-2003-2	0590	市政府	关于印发丽水市征用土地补偿标准暂行规定的通知	2003.12.30	6
长期	2-2003-2	0133	县府办	关于印发松阳县人大代表建议政协委员提案办理工作规则的通知	2003.05.19	10
长期	2-2003-2	0134	县府办	关于印发《松阳县公务员损害经济发展环境行为处理办法（试行）》的通知	2003.05.28	19
长期	2-2003-2	0135	县府办	关于印发松阳县引进工业专业人才奖励办法的通知	2003.06.11	5
长期	2-2003-2	0140	县府办	关于印发松阳县乡镇人民政府财务管理办法的通知	2003.09.03	26
长期	2-2003-2	0145	县府办	关于印发松阳县破坏性地震应急预案的通知	2003.09.11	28
长期	2-2003-2	0147	县府办	关于印发松阳县乡村康庄工程建设实施意见的通知	2003.10.08	18
长期	2-2003-2	0148	县府办	关于推行生态墓区建设深化殡葬改革的通知	2003.10.13	11
长期	2-2003-2	0150	县府办	关于印发松阳县防治污染性非典型肺炎应急预案的通知	2003.11.18	85
长期	2-2003-2	0151	县府办	关于县环境保护局等 20 个事业单位依照国家公务员制度管理的通知	2003.11.17	15

附录续表 3-39

保管期	档号	顺序号	责任者	题　名	日期	页号
长期	2-2003-2	0152	县府办	关于印发松阳县依照国家公务员制度管理单位现有工作人员向国家公务员过渡的实施意见的通知	2003.11.17	23
长期	2-2003-2	0153	县府办	关于印发松阳县企业登记前置审批告知承诺试行办法的通知	2003.11.24	29
长期	2-2003-2	0155	县府办	关于认真做好高标准高质量普及九年制义务教育工作的通知	2003.12.16	16
长期	2-2003-2	0156	县府办	关于单位集资合作建房产权问题补充意见的通知	2003.12.31	7
永久	2-2004-1	0039	县政府	关于印发《松阳县事业单位工作人员养老保险办法（试行）》通知	2004.03.24	32
永久	2-2004-1	0040	县政府	关于同意府前街旧城修建性规划的批复	2004.04.22	6
永久	2-2004-1	0041	县政府	关于印发《松阳县计划生育公益金管理办法（试行）》的通知	2004.04.26	20
永久	2-2004-1	0042	县政府	关于印发《松阳县土地征用综合补偿标准规定（暂行）》的通知	2004.04.22	16
永久	2-2004-1	0045	县政府	关于印发《松阳县滩坑水电站移民安置实施意见》的通知	2004.06.11	15
永久	2-2004-1	0046	县政府	关于下达滩坑水电站移民安置任务的通知	2004.06.21	6
永久	2-2004-1	0047	县政府	关于同意修编松阳县城总体规划的批复	2004.07.13	6
永久	2-2004-1	0049	县政府	关于同意实施松阳县矿山自然生态环境保护与治理实施方案的批复	2004.07.27	7
永久	2-2004-1	0055	县政府	关于开展农村五保对象和城镇“三元”对象集中供养工作的实施意见	2004.10.13	15
永久	2-2004-1	0059	县政府	关于印发《松阳县服预备役退伍军人动员管理办法》（暂行）的通知	2004.11.01	20
永久	2-2004-1	0060	县政府	关于印发《松阳县服预备役退伍军人战时动员征集实施办法》的通知	2004.11.01	16
永久	2-2004-1	0061	县政府	关于批准实施松阴溪干流（松阳县境内）水电开发规划的批复	2004.11.08	8
永久	2-2004-1	0062	县政府	关于印发《松阳县新型农村合作医疗制度实施办法（暂行）》的通知	2004.11.08	25
永久	2-2004-1	0065	县政府	关于印发松阳县科技强县建设纲要的通知	2004.12.30	29
永久	2-2004-1	0066	县政府	关于印发松阳县生态县建设规划的通知	2004.12.28	6
永久	2-2004-1	0067	县政府	松阳县人民政府令：《松阳县森林防火管理规定》第 12 号令	2004.11.08	19
永久	2-2004-1	0107	县府办	松阳县公务人员行政过错责任追究办法	2004.04.13	12
永久	2-2004-1	0127	—	关于完善农村二轮土地承包工作的若干意见	2004.06.02	7
永久	2-2004-1	0130	县府办	松阳县“计卫合作”开展计划生育技术服务工作实施办法	2004.07.01	5
永久	2-2004-1	0131	县府办	松阳县公共卫生体系建设实施方案	2004.07.01	11

附录续表 3-40

保管期	档号	顺序号	责任者	题 名	日期	页号
永久	2-2004-1	0134	县府办	关于行政许可清理结果的汇报	2004.06.28	19
永久	2-2004-1	0137	县府办	关于鼓励土地开发的实施细则（试行）	2004.07.18	3
永久	2-2004-1	0138	县府办	丽水市国土资源局关于印发《关于进一步鼓励土地开发整理的实施细则（试行）》的通知	2004.10.17	7
永久	2-2004-1	0144	县府办	松阳县人民政府关于整顿茶叶市场生产经营秩序促进茶产业健康发展的通知	2004.10.26	5
永久	2-2004-1	0163	县府办	县城建成区 1—11 村农民住房困难户建房实施方案	2004.09.02	5
永久	2-2004-1	0168	县府办	松阳县土地征用综合补偿标准暂行规定	2004.01.09	9
永久	2-2004-1	0172	县府办	关于《松阳县城镇被征地农民基本生活保障试行办法》的报告	2004.01.9	10
永久	2-2004-1	0190	县府办	关于完善提升我县行政审批中心功能的建议方案	2004.11.02	21
永久	2-2004-1	0194	县府办	松阳县森林防火管理规定	2004.12	4
永久	2-2004-1	0199	县府办	松阳县有色金属矿山采矿权有偿出让实施方案	2004.12.16	4
永久	2-2004-1	0200	县府办	关于做好甲类矿产采矿权有偿使用工作的通知	2004.12.16	5
永久	2-2004-1	0204	县府办	松阳县乡镇工业办公室人员分流安置意见	2004.12.15	2
永久	2-2004-1	0205	县府办	关于深化完善我县政府机构改革方案	2004.12.15	1
永久	2-2004-1	0230	县府办	松阳县人民政府办公室关于进一步完善乡镇老年体协组织的通知	2004.03.29	4
永久	2-2004-1	0231	县府办	松阳县人民政府办公室关于印发松阳县滩坑水电站移民建房若干规定的通知	2004.06.23	11
永久	2-2004-1	0232	县编委	关于同意设立县人民防空办公室的批复	2004.12.02	1
长期	2-2004-2	0006	县政府	松阳县人民政府关于同意县建设局依法强制拆除违法建筑的批复	2004.03.02	6
长期	2-2004-2	0014	县政府	松阳县人民政府关于同意批准松阳县高岭土矿采矿权有偿使用工作实施方案的批复	2004.06.01	8
长期	2-2004-2	0015	县政府	松阳县人民政府关于同意实行集中办理婚姻登记工作的批复	2004.06.07	8
长期	2-2004-2	0017	县政府	松阳县人民政府关于公布行政许可清理结果的决定	2004.08.17	37
长期	2-2004-2	0020	县政府	松阳县人民政府关于同意由松阳公路经营公司暂行龙丽高速公路松阳段建设工程业主职责的批复	2004.10.13	5
长期	2-2004-2	0021	县政府	松阳县人民政府关于表彰县劳动模范集体的决定	2004.10.14	8
长期	2-2004-2	0023	县政府	松阳县人民政府关于印发《松阳县县城建成区 1—11 村农民住房困难户建房实施方案（暂行）》的通知	2004.11.01	10

附录续表 3-41

保管期	档号	顺序号	责任者	题　名	日期	页号
长期	2-2004-2	0024	县政府	松阳县人民政府关于贯彻实施《浙江省失业保险条例》有关问题的通知	2004.11.01	16
长期	2-2004-2	0026	县政府	松阳县人民政府关于印发松阳县城乡特困人员医疗救助办法（试行）的通知	2004.11.19	12
长期	2-2004-2	0046	县府办	松阳县人民政府办公室关于印发《松阳县县城环境保护噪声管理办法》的通知	2004.02.24	13
长期	2-2004-2	0057	县府办	松阳县人民政府办公室关于印发松阳县特色优势农产品区域布局规划的通知	2004.04.08	40
长期	2-2004-2	0063	县府办	松阳县人民政府办公室关于印发松阳县重特大事故应急处理预案的通知	2004.04.14	25
长期	2-2004-2	0094	县府办	松阳县人民政府办公室关于印发松阳县突发性地质灾害应急预案（试行）的通知	2004.08.26	19
长期	2-2004-2	0103	县府办	松阳县人民政府办公室关于印发《松阳县军转干部家属安置办法（暂行）》的通知	2004.11.08	10
长期	2-2004-2	0140	县府办	抄告单：《关于松阳县电影公司改制实施方案的批复》	2004.04.19	2
长期	2-2004-2	0145	县府办	抄告单：《关于事业单位工作人员养老保险办法执行时间延期的请示》	2004.05.11	3
长期	2-2004-2	0174	县府办	《关于同意成立松阳县城市建设发展公司的批复》	2004.07.20	2
永久	2-2005-001	0059	县政府	松阳县人民政府关于同意实施松阳县村庄布点规划的批复	2005.01.08	4
永久	2-2005-001	0061	县政府	松阳县人民政府《关于印发〈松阳县茶叶生产加工管理办法〉的通知》	2005.03.29	11
永久	2-2005-001	0062	县政府	松阳县人民政府《关于印发龙丽高速公路松阳段建设工程征地拆迁安置实施办法》的通知	2005.05.11	21
永久	2-2005-001	0063	县政府	松阳县人民政府关于下达 2005 年滩坑水电站移民安置任务的通知	2005.05.17	4
永久	2-2005-001	0064	县政府	松阳县人民政府关于印发松阳县防汛抗洪预案的通知	2005.05.16	46
永久	2-2005-001	0065	县政府	松阳县人民政府关于修改《松阳县城镇被征地农民基本生活保障办法（试行）》的决定	2005.06.28	8
永久	2-2005-001	0066	县政府	松阳县人民政府关于印发《松阳县城镇征地农民基本生活保障办法（试行）》的通知	2005.06.28	16
永久	2-2005-001	0067	县政府	松阳县人民政府关于印发《松阳县县级储备粮油管理实施办法》的通知	2005.06.28	10
永久	2-2005-001	0068	县政府	松阳县人民政府关于印发《松阳县工业园区管理办法》的通知	2005.07.21	10
永久	2-2005-001	0069	县政府	松阳县人民政府关于《同意松阳县欠发达地区下山移民整体搬迁规划（2005—2010 年）》的批复	2005.05.19	6
永久	2-2005-001	0070	县政府	松阳县人民政府关于进一步加快工业经济发展的若干意见	2005.07.26	23
永久	2-2005-001	0071	县政府	松阳县人民政府关于培育和发展农民专业合作社的若干意见	2005.08.18	20

附录续表 3-42

保管期	档号	顺序号	责任者	题　名	日期	页号
永久	2-2005-001	0073	县政府	松阳县人民政府关于贯彻落实全面推进依法行政实施纲要的意见	2005.08.31	22
永久	2-2005-001	0074	县政府	松阳县人民政府关于印发全面推进依法行政五年规划的通知	2005.08.31	16
永久	2-2005-001	0075	县政府	松阳县人民政府关于印发松阳县城乡困难人员医疗救助办法（试行）的通知	2005.09.01	15
永久	2-2005-001	0078	县政府	松阳县人民政府关于同意松阳县旅游发展总体规划的批复	2005.10.10	5
永久	2-2005-001	0079	县政府	松阳县人民政府关于建立松阳县农业企业贷款担保有限公司的通知	2005.10.28	7
永久	2-2005-001	0080	县政府	松阳县人民政府关于印发《松阳县新型农村合作医疗制度实施办法（试行）的通知	2005.11.01	27
永久	2-2005-001	0082	县政府	松阳县人民政府关于印发松阳县城镇职工基本医疗保险暂行规定的通知	2005.11.03	34
永久	2-2005-001	0084	县政府	松阳县人民政府关于同意松阳县“十一五”水产养殖规划的批复	2005.11.22	5
永久	2-2005-001	0086	县政府	松阳县人民政府关于同意松阳县松阴溪采砂规划的批复	2005.11.22	7
永久	2-2005-001	0087	县政府	松阳县人民政府关于实施松阳县旅游发展总体规划（2004—2020）年的通知	2005.11.22	6
永久	2-2005-001	0088	县政府	松阳县人民政府关于加强农村公共卫生工作的实施意见	2005.11.29	20
永久	2-2005-001	0089	县政府	松阳县人民政府关于同意公布松阳县城市规划区集体所有土地上农民房屋拆迁补偿标准的批复	2005.12.05	8
永久	2-2005-001	0090	县政府	松阳县人民政府关于印发〈松阳县贯彻〈浙江省政府投资项目管理办法〉实施细则》的通知	2005.12.01	13
永久	2-2005-001	0092	县政府	松阳县人民政府关于印发松阳县梧桐源水库除险加固工程移民安置实施意见的通知	2005.12.15	28
永久	2-2005-001	0093	县政府	松阳县人民政府关于同意组建武警松阳中队森林消防队的批复	2005.12.26	8
永久	2-2005-001	0095	县政府	松阳县人民政府关于印发《松阳县工业用地改变用途遗留问题的处理意见》的通知	2005.12.31	26
永久	2-2005-001	0096	县政府	松阳县人民政府关于印发《松阳县经济适用住房管理办法（试行）》的通知	2005.12.30	19
永久	2-2005-001	0118	县府办	松阳县人民政府办公室关于印发松阳县山林纠纷处置预案的通知	2005.01.25	15
永久	2-2005-001	0119	县府办	松阳县人民政府办公室关于印发松阳县工业小区建设工程监督管理规定（暂行）的通知	2005.01.25	12
永久	2-2005-001	0134	县府办	松阳县人民政府办公室关于移动通信基础设施工程建设政策处理实施意见	2005.08.01	7
永久	2-2005-001	0140	县府办	松阳县人民政府办公室关于印发松阳县康庄路养护管理办法的通知	2005.12.02	16

附录续表 3-43

保管期	档号	顺序号	责任者	题　名	日期	页号
永久	2-2005-001	0142	县府办	松阳县人民政府办公室关于县就业管理服务处等单位依照国家公务员制度管理的通知	2005.12.30	6
永久	2-2005-001	0158	县府办	松阳县村公路养护管理实施意见	2005.03.15	5
永久	2-2005-001	0163	县府办	松阳县人民政府关于切实加强食品安全工作的实施意见	2005	8
永久	2-2005-001	0164	县府办	松阳县茶叶生产加工管理办法	2005	3
永久	2-2005-001	0172	县府办	中共松阳县委松阳县人民政府关于进一步加快工业经济发展的若干意见	2005.05.08	4
永久	2-2005-001	0173	县府办	松阳县工业园区管理办法	2005.05.08	4
永久	2-2005-001	0176	县府办	关于进一步鼓励土地整理的实施细则	2005.05.08	2
永久	2-2005-001	0181	县府办	松阳县城乡困难人员医疗救助办法（试行）	2005.05.09	3
永久	2-2005-001	0203	县政府	松阳县国土资源局征地补偿标准和安置方案公告	2005.10.13	4
永久	2-2005-001	0219	县政府	松阳县康庄路养护管理办法	2005.12.01	4
永久	2-2005-001	0221	县政府	松阳县城镇廉租住房管理办法	2005.01.16	4
永久	2-2005-001	0223	县政府	松阳县招标投标统一平台建设的实施方案	2005.01.10	4
永久	2-2005-001	0225	县政府	松阳县突发公共事件总体应急预案（讨论稿）	2005.01.10	14
长期	2-2005-002	0031	县政府	松阳县人民政府关于同意收取折抵建设用地指标有偿使用费的批复	2005.11.24	6
长期	2-2005-002	0034	县政府	松阳县人民政府关于同意调减地方财政收入任务的批复	2005.12.14	7
长期	2-2005-002	0035	县政府	松阳县人民政府关于全面整顿和规范矿产资源开发秩序的实施意见	2005.12.10	26
长期	2-2005-002	0041	县府办	松阳县人民政府办公室关于印发松阳县防治高致病性禽流感应急预案的通知	2005.01.26	34
长期	2-2005-002	0042	县府办	松阳县人民政府办公室关于贯彻落实《浙江省食品生产加工环节质量安全监督管理办法（试行）》的实施意见	2005.03.01	13
永久	2-2006-1	0039	县政府	关于加快晋升及十五年基础教育的决定	2006.02.09	16
永久	2-2006-1	0042	县政府	关于公布县级示范性农民专业合作社的通知	2006.05.15	4
永久	2-2006-1	0043	县政府	关于印发松阳县农村部分计划生育家庭奖励扶助制度实施意见的通知	2006.05.30	一本
永久	2-2006-1	0044	县政府	关于认真落实人民防空工作有关政策的通知	2006.06.01	一本
永久	2-2006-1	0045	县政府	关于加强农村公共卫生工作的实施意见	2006.06.05	一本
永久	2-2006-1	0046	县政府	关于印发《松阳县土地开发整理实施办法》的通知	2006.06.02	一本
永久	2-2006-1	0047	县政府	关于同意对古市镇城镇总体规划进行修编的批复	2006.06.14	5

附录续表 3-44

保管期	档号	顺序号	责任者	题　名	日期	页号
永久	2-2006-1	0048	县政府	关于同意修编象溪镇总体规划的批复	2006.06.20	8
永久	2-2006-1	0049	县政府	关于印发松阳县城镇职工基本医疗保险暂行规定的补充通知	2006.07.03	13
永久	2-2006-1	0050	县政府	关于印发《松阳县县城市容和环境卫生管理办法》的通知	2006.07.11	一本
永久	2-2006-1	0051	县政府	关于印发《松阳县招标投标管理办法（试行）》的通知	2006.08.02	25
永久	2-2006-1	0053	县政府	关于同意对枫坪乡岩坑村等三个地质灾害点实施整体搬迁避险的批复	2006.08.10	5
永久	2-2006-1	0054	县政府	关于依法保护野生植物的通告	2006.08.10	9
永久	2-2006-1	0060	县政府	关于同意实施松阳县电镀行业发展规划的批复	2006.10.08	7
永久	2-2006-1	0062	县政府	关于确认松阳县人民防空办公室具备行政执法主体资格的批复	2006.10.06	5
永久	2-2006-1	0066	县政府	关于印发《松阳县开发性金融贷款资金管理暂行办法》的通知	2006.10.15	9
永久	2-2006-1	0067	县政府	关于印发《松阳县乡镇财政“乡财乡用县管”实施办法》的通知	2006.11.24	10
永久	2-2006-1	0068	县政府	关于同意浙江松阳工业园区申报省级山海协作工程师范园区的批复	2006.11.27	6
永久	2-2006-1	0069	县政府	关于做好松阳县松古盆地万人下山移民（脱贫）一期（筏铺安置小区）工程项目有关工作的通知	2006.11.09	4
永久	2-2006-1	0070	县政府	关于印发 2006—2008 年松阳县乡镇财政管理体制的通知	2006.12.19	12
永久	2-2006-1	0071	县政府	关于批准实施安民生态乡建设规划的批复	2006.12.25	7
永久	2-2006-1	0072	县政府	关于批准实施望松生态乡建设规划的批复	2006.12.25	7
永久	2-2006-1	0073	县政府	关于同意松阳县住房建设规划（2006-2010）的批复	2006.12.31	5
永久	2-2006-1	0074	县政府	松阳县人民政府令：《松阳县城镇廉租住房管理办法》	2006.04.29	一本
永久	2-2006-1	0155	县府办	关于印发《松阳县梧桐源水库除险加固工程移民安置实施意见》操作办法的通知	2006.01.09	14
永久	2-2006-1	0158	县府办	关于印发松阳县食用菌生产材料暂行管理办法的通知	2006.03.13	14
永久	2-2006-1	0160	县府办	关于印发《松阳县政府性投资项目资金管理办法（暂行）》的通知	2006.05.10	24
永久	2-2006-1	0177	县府办	关于印发松阳县重大食品安全事故应急预案的通知	2006.07.03	一本
永久	2-2006-1	0178	县府办	关于开展集体农用土地所有权登记发证工作的通知	2006.07.18	一本
永久	2-2006-1	0179	县府办	关于公布松阳县工业园区街道地命名的通知	2006.7.17	10

附录续表 3-45

保管期	档号	顺序号	责任者	题　名	日期	页号
永久	2-2006-1	0180	县府办	关于印发松阳县森林火灾事故应急处置预案的通知	2006.07.31	一本
永久	2-2006-1	0181	县府办	关于印发《松阳县国有土地使用权、矿产资源探矿权、采矿权招标拍卖挂牌出让实施细则（试行）》的通知	2006.08.03	一本
永久	2-2006-1	0182	县府办	关于印发《松阳县国有产权交易实施细则（试行）》的通知	2006.08.03	一本
永久	2-2006-1	0184	县府办	关于印发《松阳县工程建设项目招标投标实施细则（试行）》的通知	2006.08.03	一本
永久	2-2006-1	0185	县府办	关于印发《松阳县政府采购实施细则（试行）》的通知	2006.08.03	一本
永久	2-2006-1	0186	县府办	转发县教育局等部门关于松阳县义务教育中小学生免除学杂费实施意见的通知》	2006.08.24	一本
永久	2-2006-1	0187	县府办	关于落实康庄工程结合下山脱贫工作有关政策的通知	2006.08.23	一本
永久	2-2006-1	0188	县府办	关于印发松阳县农作物生物灾害应急预案的通知	2006.08.21	一本
永久	2-2006-1	0189	县府办	关于印发《松阳县地质灾害防治专项资金管理办法（暂行）》的通知	2006.08.31	10
永久	2-2006-1	0191	县府办	关于印发松阳县“十一五”县域卫生规划的通知	2006.09.20	一本
永久	2-2006-1	0192	县府办	关于印发松阳县突发地质灾害应急预案的通知	2006.10.09	一本
永久	2-2006-1	0193	县府办	关于印发松阳县粮食安全应急预案的通知	2006.10.09	一本
永久	2-2006-1	0197	县府办	关于印发《松阳县大中型水库农村移民后期扶持人口核定登记办法》的通知	2006.10.20	一本
永久	2-2006-1	0201	县府办	关于印发松阳县老龄事业发展“十一五”规划的通知	2006.11.28	一本
永久	2-2006-1	0202	县府办	关于印发松阳县气象灾害应急预案的通知	2006.12.07	一本
永久	2-2006-1	0203	县府办	关于印发松阳县政策性农村住房保险工作实施意见的通知	2006.12.12	一本
永久	2-2006-1	0204	县府办	关于印发松阳县矿山事故应急救助预案的通知	2006.12.13	一本
永久	2-2006-1	0205	县府办	关于印发松阳县建设工程重特大质量安全事故应急预案的通知	2006.12.27	一本
永久	2-2006-1	0206	县府办	关于印发松阳县突发公共卫生事件应急预案的通知	2006.12.27	一本
永久	2-2006-1	0207	县府办	关于印发松阳县大规模群体性事件应急预案的通知	2006.12.27	一本
永久	2-2006-1	0208	县府办	关于印发松阳县涉外突发事件应急处置预案的通知	2006.12.27	一本
永久	2-2006-1	0209	县府办	关于印发松阳县生态破坏与环境污染突发公共事件应急预案的通知	2006.12.25	一本
永久	2-2006-1	0210	县府办	关于印发松阳县网络与信息安全应急预案的通知	2006.12.25	一本

附录续表 3-46

保管期	档号	顺序号	责任者	题　名	日期	页号
永久	2-2006-1	0211	县府办	关于印发松阳县辐射事故应急预案的通知	2006.12.25	一本
永久	2-2006-1	0212	县府办	关于印发松阳县大型群众性文体活动事故应急预案的通知	2006.12.27	一本
永久	2-2006-1	0213	县府办	关于印发松阳县重大道路交通事故应急预案的通知	2006.12.27	一本
长期	2-2006-2	0021	县政府	关于同意建立处理工业用地改变用途遗留问题联审会议制度的批复	2006.01.24	7
长期	2-2006-2	0034	县政府	关于印发《松阳县县属国有企业财务总监委派管理暂行办法》的通知	2006.05.26	11
长期	2-2006-2	0049	县政府	关于印发《松阳县国家开发银行贷款项目监察和审计监督暂行办法》的通知	2006.10.15	13
长期	2-2006-2	0050	县政府	关于同意松阳县出租车运价标准方案的批复	2006.12.18	10
长期	2-2006-2	0062	县府办	关于印发推进“千镇连锁超市、万村放心店”工作实施方案的通知	2006.02.20	一本
长期	2-2006-2	0104	县府办	关于印发《松阳县重大活动档案管理实施办法》的通知	2006.05.10	16
长期	2-2006-2	0112	县府办	关于印发松阳县延长山林承包期工作考核办法的通知	2006.06.02	一本
长期	2-2006-2	0113	县府办	关于印发松阳县延长山林承包期工作实施方案的通知	2006.06.02	一本
长期	2-2006-2	0146	县府办	关于印发松阳县名牌培育质量提升工程实施方案的通知	2006.09.30	16
长期	2-2006-2	0156	县府办	关于印发松阳县茶叶加工企业监管实施意见的通知	2006.11.01	9
长期	2-2006-2	0161	县府办	关于印发松阳县整顿和规范药品医疗器械市场秩序专项行动实施方案的通知	2006.11.13	一本
长期	2-2006-2	0167	县府办	关于印发松阳县生产加工环节食品质量安全制实施方案的通知	2006.12.01	10
长期	2-2006-2	0264	县政府	关于鼓励开展农村土地整理工作的通知	2001.04.28	2
长期	2-2006-2	0283	县政府	关于印发松阳县招标投标统一平台建设实施方案的通知	2006.03.30	6
长期	2-2006-2	0315	县政府	松阳县城镇职工基本医疗保险补充规定	2006.06.29	2
长期	2-2006-2	0316	县政府	松阳县人民政府关于松阳县城镇职工基本医疗保险暂行规定的补充通知	2006.06.29	3
永久	2-2007-001	0001	县政府	松阳县人民政府令：《松阳县行政执法责任追究办法》	2007.12.29	一本
永久	2-2007-001	0023	市政府	关于松阳县矿产资源开发整合实施方案的批复	2007.09.04	1
永久	2-2007-001	0032	省政府	关于松阳县西屏镇土地利用总体规划局部修改方案的批复	2007.10.11	1
永久	2-2007-001	0069	县政府	关于印发松阳县城建成区 1-11 村农民住房困难户建房实施方案补充意见的通知	2007.02.09	12
永久	2-2007-001	0080	县政府	关于同意组建松阳县教育发展有限公司的批复	2007.04.10	8

附录续表 3-47

保管期	档号	顺序号	责任者	题　名	日期	页号
永久	2-2007-001	0082	县政府	关于印发松阳县旅游发展专项资金管理使用办法（暂行）的通知	2007.05.15	10
永久	2-2007-001	0083	县政府	关于印发古市工业区块征收拆迁安置实施办法的通知	2007.05.14	一本
永久	2-2007-001	0085	县政府	关于完善新型农村合作医疗制度的意见	2007.05.25	9
永久	2-2007-001	0086	县政府	关于进一步加强消防工作的意见	2007.05.29	一本
永久	2-2007-001	0087	县政府	关于同意松阴溪干流（松阳县境内）水电开发规划调整的批复	2007.06.19	一本
永久	2-2007-001	0093	县政府	关于印发《松阳县人民政府工作规则》的通知	2007.08.23	一本
永久	2-2007-001	0094	县政府	关于印发松阳县人民政府政务督查办法的通知	2007.08.23	一本
永久	2-2007-001	0095	县政府	关于建立重大动物疫病防控工作责任制度的通知	2007.08.31	13
永久	2-2007-001	0096	县政府	关于同意《松阳县城市人民防控规划（2006—2020）》的批复	2007.09.05	4
永久	2-2007-001	0097	县政府	关于印发松阳县加强社会保险费征缴管理工作实施意见的通知	2007.09.12	13
永久	2-2007-001	0099	县政府	关于同意《古市镇城镇总体规划 》的批复	2007.09.17	7
永久	2-2007-001	0100	县政府	关于同意《象溪镇城镇总体规划》的批复	2007.09.17	6
永久	2-2007-001	0102	县政府	关于印发赤寿工业区快征收实施办法的通知	2007.09.25	10
永久	2-2007-001	0105	县政府	关于批准实施大东坝生态镇建设规划的批复	2007.09.28	一本
永久	2-2007-001	0106	县政府	关于批准实施竹源乡生态湘建设规划的批复	2007.09.29	一本
永久	2-2007-001	0107	县政府	关于撤销箬寮岘自然保护区的通知	2007.09.30	6
永久	2-2007-001	0113	县政府	关于印发松阳县乡镇工业功能区块开发实施办法的通知	2007.10.24	10
永久	2-2007-001	0115	县政府	关于同意调整城镇土地使用税土地等级划分和适用税额标准的批复	2007.10.31	14
永久	2-2007-001	0116	县政府	关于做好松阳县供水工程项目松阳县城污水管道工程项目有关工作的通知	2007.11.07	9
永久	2-2007-001	0117	县政府	关于调整新型农村合作医疗资金筹措标准及统筹补偿方案的通知	2007.11.09	11
永久	2-2007-001	0118	县政府	关于加强基层应急管理工作的意见	2007.11.06	19
永久	2-2007-001	0124	县政府	关于授予浙江省松阳县城污水管道工程项目BT运作管理监督权的通知	2007.11.05	8
永久	2-2007-001	0125	县政府	关于指定县财政局作为浙江省松阳县供水工程项目自来水收费权质押登记的通知	2007.11.05	5
永久	2-2007-001	0132	县政府	关于加强我县被征地农民社会保障工作的建议办理落实情况的通报	2007.12.27	一本
永久	2-2007-001	0221	县府办	关于印发松阳县重点生态公益林建设管理实施意见的通知	2007.02.05	16

附录续表 3-48

保管期	档号	顺序号	责任者	题　名	日期	页号
永久	2-2007-001	0222	县府办	关于启用《中华人民共和国林权证》的通知	2007.02.07	6
永久	2-2007-001	0225	县府办	关于印发松阳县加强品牌建设若干意见的通知	2007.03.14	16
永久	2-2007-001	0227	县府办	关于印发松阳县重大水事纠纷案件应急预案的通知	2007.03.07	一本
永久	2-2007-001	0228	县府办	关于印发松阳县重大药品（医疗器械）安全事故应急预案的通知	2007.03.09	一本
永久	2-2007-001	0229	县府办	关于印发松阳县粮食生产基地建设项目资金管理办法的通知	2007.04.05	7
永久	2-2007-001	0230	县府办	关于印发松阳县粮食生产基地建设项目实施办法的通知	2007.04.05	7
永久	2-2007-001	0233	县府办	关于印发松阳县突发公共事件物资能源应急保障行动方案的通知	2007.04.09	一本
永久	2-2007-001	0236	县府办	关于印发松阳县大中型水库库区和移民安置区基础设施建设和经济发展规划编制工作方案的通知	2007.04.18	一本
永久	2-2007-001	0241	县府办	关于公布松阳县重要水域的通知	2007.04.26	一本
永久	2-2007-001	0247	县府办	转发丽水市人民政府关于建立重大动物疫病防控工作责任制度的通知	2007.05.21	17
永久	2-2007-001	0261	县府办	关于印发松阳县重大火灾事故应急预案的通知	2007.06.19	一本
永久	2-2007-001	0262	县府办	关于印发松阳县突发公共事件人员基本生活应急保障行动方案的通知	2007.06.19	一本
永久	2-2007-001	0263	县府办	关于印发松阳县突发公共事件治安维护应急行动方案的通知	2007.06.25	一本
永久	2-2007-001	0266	县府办	关于印发松阳县处置大规模恐怖袭击事件基本预案的通知	2007.06.25	一本
永久	2-2007-001	0281	县府办	关于印发松阳县城乡困难人员医疗救助办法（试行）的通知	2007.08.20	一本
永久	2-2007-001	0282	县府办	关于印发加强流动人口管理夯实计生基础工作活动实施方案的通知	2007.08.01	一本
永久	2-2007-001	0295	县府办	关于印发松阳县加快农民饮用水工程建设实施意见的通知	2007.09.13	一本
永久	2-2007-001	0298	县府办	关于印发《<中共松阳县委松阳县人民政府关于大力增强科技创新能力促进松阳经济又好又快发展的决定>实施细则》的通知	2007.09.20	13
永久	2-2007-001	0299	县府办	关于印发县城白露岭路拓宽改造工程房屋拆迁若干政策规定的通知	2007.09.24	10
永久	2-2007-001	0322	县府办	关于印发松阳县突发公共事件道路水路运输应急保障行动方案的通知	2007.11.27	一本
永久	2-2007-001	0330	县府办	关于印发松阳县涉台突发公共事件应急预案的通知	2007.12.10	一本
永久	2-2007-001	0331	县府办	关于印发松阳县重大基础设施安全隐患排查工作方案的通知	2007.12.21	10

附录续表 3-49

保管期	档号	顺序号	责任者	题　名	日期	页号
永久	2-2007-001	0332	县府办	关于印发松阳县工程建设项目邀请招标的实施意见的通知	2007.12.29	7
永久	2-2007-001	0333	县府办	关于印发松阳县招投标市场不良行为记录认定和处理办法的通知	2007.12.29	13
永久	2-2007-001	0334	县府办	关于印发松阳县陆生野生动物突发事件应急处置预案的通知	2007.12.29	一本
永久	2-2007-001	0335	县府办	关于印发松阳县突发性重大林业有害生物灾害应急处置预案的通知	2007.12.29	13
30年	2-2007-002	0015	县政府	关于进一步加强产品质量和食品安全工作的通知	2007.12.05	15
30年	2-2007-002	0028	县府办	关于在重点行业和领域开展安全生产隐患排查治理专项行动的通知	2007.06.19	一本
永久	2-2008-1	0006	县政府	关于松阳县矿产资源规划的批复	2008.09.28	2
永久	2-2008-1	0050	县政府	关于执行《浙江省少数民族权益保降条例》审议意见落实情况的报告	2008.10.16	10
永久	2-2008-1	0089	县政府	关于下发松阳县县域规划区外农村村民建房审批管理暂行办法的通知	2008.01.16	一本
永久	2-2008-1	0090	县政府	关于转发松阳县被征地农民基本生活保障暂行办法的通知	2008.01.22	13
永久	2-2008-1	0091	县政府	关于转发松阳县工业园区四期土地占及收实施办法的通知	2008.01.24	13
永久	2-2008-1	0095	县政府	关于启动松阳县气象灾害应急预案的命令	2008.02.01	4
永久	2-2008-1	0096	县政府	关于启动松阳县处置大面积停业事件应急预案的命令	2008.02.02	4
永久	2-2008-1	0097	县政府	关于启动松阳县突发公共事件物资能源应急保障年分行方案的命令	2008.02.02	4
永久	2-2008-1	0099	县政府	关于重新调整新型农村合作医疗资金筹措标准及筹补偿方案的通知	2008.02.13	7
永久	2-2008-1	0106	县政府	关于除松阳县突发公共案件物资能源应急保障行动方案的通知	2008.03.10	3
永久	2-2008-1	0112	县政府	关于转发松阳县城镇居民医疗保险试行办法的通知	2008.03.13	9
永久	2-2008-1	0113	县政府	关于转发松阳县建设领域农民工资支付保证金管理暂行办法的通知	2008.03.13	7
永久	2-2008-1	0114	县政府	关于印发县域工业园区四期及上松线道路拓宽改造集体土地房屋搬迁安置实施办法的通知	2008.03.14	11
永久	2-2008-1	0121	县政府	关于同意《松阳县城乡饮用水安全保障规划》的批复	2008.04.24	3
永久	2-2008-1	0124	县政府	关于印发松阳县王村区块土地征收实施办法的通知	2008.05.16	9
永久	2-2008-1	0127	县政府	关于创建省级人口和计划生育优质服务县的意见	2008.07.10	10
永久	2-2008-1	0129	县政府	关于印发松阳县建设用地复垦实施办法的通知	2008.07.14	9

附录续表 3-50

保管期	档号	顺序号	责任者	题　名	日期	页号
永久	2-2008-1	0130	县政府	关于同意松阳县城市低收入家庭住房保障规划（2008—2010 年）的批复	2008.07.23	4
永久	2-2008-1	0131	县政府	关于同意松阳县水资综合规划的批复	2008.08.07	3
永久	2-2008-1	0132	县政府	关于印发松阳县垦造耕地实施办法的通知	2008.08.19	9
永久	2-2008-1	0133	县政府	关于同意《松阳县住房建设规划(2008—2012)》的批复	2008.08.19	3
永久	2-2008-1	0134	县政府	关于同意《玉岩镇城镇总体规划(2007—2020)》的批复	2008.08.19	3
永久	2-2008-1	0141	县政府	关于同意松阳县生态绿茶申报省市级专业商标集基地的批复	2008.09.26	3
永久	2-2008-1	0149	县政府	关于印发松阳县深经经济体制改革实施意见的通知	2008.11.20	13
永久	2-2008-1	0152	县政府	关于印发松阳县国家公务员医疗补助实施办法的通知	2008.12.24	5
永久	2-2008-1	0153	县政府	关于《松阳县征用集体所有地实施办法》松阳县征用集体所有土地房屋搬迁管理办法的建议	2008.02.15	2
永久	2-2008-1	0202	县政府	关于印发松阳县金融突发公共事件应急预案的通知	2008.01.22	一本
永久	2-2008-1	0203	县政府	关于贯彻执行《国务院办公厅关于严格执行有关农林集体建设用地法律和政策的通知》的基本意见的通知	2008.01.28	6
永久	2-2008-1	0205	县政府	关于印发松阳县通信保障应急预案的通知	2008.01.21	一本
永久	2-2008-1	0207	县政府	关于印发松阳县突发公共事件科学技术应急保障行动方案的通知	2008.02.27	12
永久	2-2008-1	0208	县政府	关于印发松阳县突发公共事件医疗卫生应急行动方案的通知	2008.2.13	一本
永久	2-2008-1	0209	县政府	关于印发松阳县城市供水天然气灾发事故应急预案的通知	2008.01.23	一本
永久	2-2008-1	0225	县政府	关于开展松阳县城镇居民医疗保险工作的通知	2008.05.09	2
永久	2-2008-1	0228	县政府	关于印发政策性农业保险试点工作实施意见的通知	2008.05.21	9
永久	2-2008-1	0236	县政府	关于印发松阳县工业园区生态化改造和建设方案的通知	2008.07.01	7
永久	2-2008-1	0238	县政府	关于印发松阳县农民开地转移资金补助办法（试行）的通知	2008.07.04	5
永久	2-2008-1	0244	县政府	关于印发松阳县农民创业小额贷款财政贴息办法（试行）的通知	2008.07.09	5
永久	2-2008-1	0247	县政府	关于印发松阳县梧桐源水库除险加固工程移民安置界政策专项驻收意见书的通知	2008.07.28	7
永久	2-2008-1	0252	县政府	关于印发松阳县国有土地使用权出让收支管理办法的通知	2008.08.18	13

附录续表 3-51

保管期	档号	顺序号	责任者	题　名	日期	页号
永久	2-2008-1	0255	县政府	关于公布县级非物质文化遗产名录的通知	2008.08.27	7
永久	2-2008-1	0256	县政府	关于印发松阳县工业园区环境整活行动计划方案的通知	2008.09.08	一本
永久	2-2008-1	0260	县政府	关于印发松阳县茶地理标志产品保护管理办法的通知	2008.09.10	9
永久	2-2008-1	0265	县政府	关于批转进一步推进“两创”战略为企业排忧解难30条政策措施的通知	2008.10.06	9
永久	2-2008-1	0266	县政府	关于界空农民异地转移工程扶持范围对象条件的通知	2008.10.07	5
永久	2-2008-1	0267	县政府	关于印发松阳县城镇零就业家庭和农村低保家庭劳动力就业援助实施意见的通知	2008.10.13	8
永久	2-2008-1	0268	县政府	关于实施农村有线广播“村村响”工程的通知	2008.10.24	5
永久	2-2008-1	0269	县政府	关于印发加强茶叶生产加工质量安全和品牌建设工作若干意见的通知	2008.11.06	7
永久	2-2008-1	0270	县政府	关于印发松阳县新型农村合作医疗实施办法的通知	2008.11.12	一本
永久	2-2008-1	0272	县政府	关于印发松阳县水电资源开发使用权出让管理暂行办法的通知	2008.11.20	7
永久	2-2008-1	0274	县政府	关于印发创建省级教育强县工作实施方案的通知	2008.12.29	一本
30年	2-2008-2	0010	县政府	关于印发松阳县离休干部住房的实施办法的通知	2008.01.11	19
30年	2-2008-2	0011	县政府	关于印发松阳县整治违法用地和违法建设事项行动工作方案的通知	2008.01.22	10
30年	2-2008-2	0018	县政府	关于创建省级教育强县工作安排和落实责任的通知	2008.05.27	9
30年	2-2008-2	0020	县政府	关于松阳县工业发展规划的编制情况的通报	2008.09.02	5
30年	2-2008-2	0021	县政府	关于调整城镇居民医疗保险统筹补偿方案的通知	2008.11.12	3
30年	2-2008-2	0022	县政府	关于调整城镇职工基本医疗保险住院起付线标准的通知	2008.12.24	3
30年	2-2008-2	0028	县政府	关于开展安全生产隐患排查治理工作实施方案的通知	2008.03.19	11
30年	2-2008-2	0035	县政府	关于进一步加强药品安全工作的通知	2008.04.10	7
30年	2-2008-2	0038	县政府	关于加强依法行政工作机构和队伍建设的通知	2008.04.29	5
30年	2-2008-2	0039	县政府	关于开展突发公共事件风险隐患排查监管工作的通知	2008.04.29	9
30年	2-2008-2	0043	县政府	关于进一步推进矿产资源开发整合工作的通知	2008.05.08	9
30年	2-2008-2	0045	县政府	关于做好规范性文件评估清理工作的通知	2008.05.28	5
30年	2-2008-2	0050	县政府	关于转发县公安局加强和规范客运货至寄递行业安全监管工作实施意见的通知	2008.06.10	9

附录续表 3-52

保管期	档号	顺序号	责任者	题 名	日期	页号
30 年	2-2008-2	0063	县政府	关于松阳县不锈钢管行汪产品质量整治与提升工作实施方案的通知	2008. 08. 11	9
30 年	2-2008-2	0065	县政府	关于印发松阳县“十小”行业质量安全整治与规范实施意见的通知	2008. 08. 12	11
30 年	2-2008-2	0067	县政府	关于印发松阳县测量标志保护管理试点实施方案的通知	2008. 09. 02	7
30 年	2-2008-2	0077	县政府	关于促进房地产市场持续稳定发展的若干意见	2008. 11. 10	5
30 年	2-2008-2	0078	县政府	关于松阳县离休干部住房分配实施办法的补充通知	2008. 11. 17	2
30 年	2-2008-2	0080	县政府	关于进一步加强流动儿童少年入学管理工作的通知	2008. 12. 29	9
30 年	2-2008-2	0082	县政府	关于切实加快农村沼气项目建设的通知	2008. 12. 30	5
永久	—	0088	县政府	关于同意松阳县水利工程管理体制改革实施方案的批复	2009. 01. 16	6
永久	—	0090	县政府	关于取消暂停降低部分收费项目和标准的通知	2009. 01. 20	38
永久	—	0098	县政府	关于同意松阳县电力设施布局专业规划的批复	2009. 02. 24	7
永久	—	0099	县政府	关于同意《松阳县小型农田水利工程建设规划（2006—2015 年）》的批复	2009. 02. 18	59
永久	—	0100	县政府	关于加强城市生活无着的流浪乞讨人员救助管理工作的意见	2009. 02. 19	17
永久	—	0103	县政府	关于实施残疾人共享小康工程的意见	2009. 03. 05	7
永久	—	0105	县政府	关于同意松阳县 2010-2013 年农村饮水安全工程规划的批复	2009. 03. 17	3
永久	—	0115	县政府	关于印发松阳县古市镇城区旧城改造实施办法的通知	2009. 04. 02	9
永久	—	0117	县政府	关于印发松阳县征收集体土地补偿安置标准暂行规定的通知	2009. 04. 27	34
永久	—	0118	县政府	关于印发松阳县推进农村信用体系建设工作实施方案的通知	2009. 04. 29	11
永久	—	0120	县政府	关于加快我县工业企业分离发展服务业的若干意见	2009. 04. 28	5
永久	—	0124	县政府	关于加快推进人民防空事业发展的实施意见	2009. 05. 12	17
永久	—	0126	县政府	关于印发松阳县建设用地复垦实施办法的通知	2009. 05. 07	8
永久	—	0128	县政府	关于扶持再生资源回收经营企业发展的若干意见	2009. 06. 01	4
永久	—	0129	县政府	关于印发松阳县重大建设项目前期工作管理暂行办法的通知	2009. 06. 01	11
永久	—	0130	县政府	关于进一步加强茶叶生产经营管理工作的通知	2009. 08. 08	8
永久	—	0144	县政府	关于同意公开出让国有建设用地使用权的批复	2009. 06. 25	3

附录续表 3-53

保管期	档号	顺序号	责任者	题　名	日期	页号
永久	—	0148	县政府	关于印发松阳县建设用地复垦地力培育奖励暂行办法的通知	2009.07.09	4
永久	—	0149	县政府	关于实施免费婚前医学检查和免费孕前优生检测的意见	2009.07.14	21
永久	—	0151	县政府	关于同意浙南茶叶市场占用县城总体规划中社会停车场库建设物流仓储中心及调整增加建设面积（容积率）的批复	2009.07.27	3
永久	—	0153	县政府	关于同意《松阳县地质灾害防治规划（2008—2015年）》的批复	2009.08.05	3
永久	—	0162	县政府	关于印发松阳县加强政府性债务管理若干意见的通知	2009.09.02	10
永久	—	0171	县政府	关于同意浙江省松阳县矿产资源规划（2006—2020年）的批复	2009.10.13	3
永久	—	0179	县政府	关于印发松阳县深化经济体制改革实施意见的通知	2009.11.11	11
永久	—	0180	县政府	关于同意松阳县不锈钢产业发展规划的批复	2009.11.13	5
永久	—	0181	县政府	关于落实安全生产监督管理责任的通知	2009.11.03	22
永久	—	0182	县政府	关于建立行政复议机关和行政诉讼机关联系制度的通知	2009.11.27	5
永久	—	0194	县政府	关于印发松阳县农村公路养护与管理办法的通知	2009.12.20	15
永久	—	0195	县政府	关于印发松阳县政府投资项目审计监督管理办法的通知	2009.12.09	17
永久	—	0282	县府办	关于公布松阳县江南工业区一期街道地名命名的通知	2009.04.23	4
永久	—	0286	县府办	关于印发松阳县扶持香榧产业发展意见的通知	2009.05.08	5
永久	—	0287	县府办	关于印发松阳县扶持油茶产业发展意见的通知	2009.05.08	5
永久	—	0291	县府办	关于印发松阳县高速公路突发事件应急预案的通知	2009.05.13	19
永久	—	0295	县府办	关于批转松阳县金融支持农村旧房改造工作的指导意见的通知	2009.05.27	7
永久	—	0296	县府办	关于印发松阳县林权勘界工作实施方案的通知	2009.05.31	10
永久	—	0297	县府办	关于印发松阳县增划界定省级公益林工作实施方案的通知	2009.05.31	23
永久	—	0299	县府办	关于印发松阳县全面推行规范行政处罚自由裁量权工作实施方案的通知	2009.06.08	11
永久	—	0302	县府办	关于加快工业经济发展有关优惠政策的补充意见	2009.06.15	5
永久	—	0303	县府办	关于做好省、市政府下放经济社会管理事项进驻行政服务中心的通知	2009.06.18	19
永久	—	0305	县府办	关于切实加强基本建设工程中地下文物遗存保护工作的通知	2009.06.24	3

附录续表 3-54

保管期	档号	顺序号	责任者	题　名	日期	页号
永久	—	0306	县府办	关于印发松阳县抚恤优待对象医疗保障实施办法的通知	2009.07.01	7
永久	—	0308	县府办	关于落实松阳县“自主创新能力提升行动计划”责任分工的通知	2009.07.08	3
永久	—	0315	县府办	关于印发松阳县低收入农户集中村互助资金试点工作实施意见的通知	2009.07.23	15
永久	—	0316	县府办	关于贯彻农村住房改造建设中有关价格收费政策的若干意见的通知	2009.07.27	11
永久	—	0318	县府办	关于印发松阳县垦造耕地实施办法的通知	2009.08.10	9
永久	—	0321	县府办	关于调整被征地农民基本生活保障金发放标准和缴费标准的通知	2009.08.31	5
永久	—	0322	县府办	关于印发松阳县财政资金审批拨付管理办法的通知	2009.09.03	6
永久	—	0326	县府办	关于取消乡镇政府低保保障资金配套的通知	2009.09.21	4
永久	—	0330	县府办	关于印发松阳县农村房屋登记实施方案的通知	2009.10.13	5
永久	—	0335	县府办	关于印发松阳县消防迁建工程土地征收实施办法的通知	2009.10.29	8
永久	—	0336	县府办	关于印发松阳县医院迁建及长松路延伸等项目土地征收实施办法的通知	2009.10.29	9
永久	—	0339	县府办	关于印发松阳县财政国库管理制度改革试点方案的通知	2009.11.24	11
永久	—	0342	县府办	关于印发松阳县森林采伐管理改革试点方案的通知	2009.12.08	9
永久	—	0345	县府办	关于调整松阳县城镇职工基本医疗保险政策的通知	2009.12.28	3
永久	—	0347	县府办	关于印发松阳县征收社会抚养费自由裁量权指导规则（试行）的通知	2009.12.31	8
永久	—	0348	县府办	关于严格执行异地转移农户“先拆后建”政策的通知	2009.12.26	5
永久	—	0372	县府办	关于松阳县农业政策性保险有关问题的提示	2009.02.17	4
30年	—	0023	县政府	关于落实省级重点公益林扩面补偿资金的承诺函	2009.07.31	3
永久	—	077	县政府	关于箬寮-安岱后风景名胜区总体规划（2009—2025）的批复	2010.02.25	2
永久	—	101	县政府	关于印发《松阳县农村居民异地建房管理暂行办法》的通知	2010.03.03	7
永久	—	116	县政府	关于公布松阳县新一轮基准地价的通知	2010.04.23	7
永久	—	118	县政府	关于调整松阳县建设用地复垦指标收购标准的通知	2010.05.05	3

附录续表 3-55

保管期	档号	顺序号	责任者	题　名	日期	页号
永久	—	119	县政府	关于调整松阳县垦造耕地政策处理费及地力培育费标准的通知	2010.05.05	3
永久	—	123	县政府	关于同意云岩山公园景区修建性详细规划的批复	2010.06.04	5
永久	—	125	县政府	关于同意中心村布局方案的批复	2010.06.09	9
永久	—	137	县政府	关于印发《松阳县廉租住房保障办法》的通知	2010.08.10	27
永久	—	138	县政府	关于印发《松阳县中、低收入住房保障规划（2010—2012）》的通知	2010.08.10	29
永久	—	141	县政府	关于同意成立松阳县兴民新农村建设发展有限公司的批复	2010.09.07	32
永久	—	151	县政府	关于同意龙湖公园景区修建性详细规划的批复	2010.09.14	6
永久	—	152	县政府	关于同意独山风景区修建性详细规划的批复	2010.09.14	6
永久	—	154	县政府	关于同意松阳县王村工业区块产业及配套行业规划的批复	2010.09.25	5
永久	—	155	县政府	关于同意松阳县清费减负政策调整建议的批复	2010.09.29	8
永久	—	156	县政府	关于促进不锈钢产业健康可持续发展的若干意见	2010.09.25	7
永久	—	158	县政府	关于同意松阳县化工行业（工业）安全发展规划的批复	2010.10.09	6
永久	—	163	县政府	关于同意松阳县燃气专项规划的批复	2010.10.27	6
永久	—	168	县政府	关于公布逐步推行火化区的通知	2010.11.22	3
永久	—	169	县政府	关于同意增加特困人员定期补助的批复	2010.11.22	7
永久	—	175	县政府	关于调整新型农村合作医疗资金筹措标准及统筹方案的通知	2010.11.25	5
永久	—	178	县政府	关于同意松阳县水域保护规划的批复	2010.12.09	165
永久	—	179	县政府	关于同意松阳县城镇污水厂污泥处置规划的批复	2010.12.09	5
永久	—	180	县政府	关于进一步完善建设用地复垦、垦造耕地工作机制的通知	2010.12.09	8
永久	—	181	县政府	关于同意松阳县松古平原污水处理一体化规划的批复	2010.12.09	6
永久	—	182	县政府	关于同意松阳县工业园区四期及拓展区控制性详细规划的批复	2010.12.09	6
永久	—	183	县政府	关于落实城东区块建设项目建设资金有关问题的通知	2010.12.3	7
永久	—	185	县政府	关于同意松阳县工业产业集聚平台建设规划的批复	2010.12.24	6
永久	—	186	县政府	关于推进社会保险费五费合征工作的实施意见	2010.12.14	8

附录续表 3-56

保管期	档号	顺序号	责任者	题　名	日期	页号
永久	—	274	县府办	关于印发加强建筑业税收管理的若干意见的通知	2010.02.22	5
永久	—	275	县府办	关于印发鼓励组建集团公司的若干意见（试行）的通知	2010.03.11	5
永久	—	276	县府办	关于松阳县城镇居民医疗保险制度并入新型农村合作医疗制度的通知	2010.03.19	3
永久	—	279	县府办	关于印发松阳县基层防汛防台体系建设实施方案的通知	2010.04.09	19
永久	—	280	县府办	关于印发松阳县城居民社会养老保障实施细则的通知	2010.05.24	21
永久	—	281	县府办	关于印发松阳县艾滋病综合防治示范规划（2009—2013 年）的通知	2010.05.20	31
永久	—	282	县府办	关于印发松阳县异地转移工程扶持对象和条件补充规定的通知	2010.05.20	5
永久	—	283	县府办	关于印发松阳县城乡困难人员医疗救助办法（试行）的通知	2010.05.20	7
永久	—	297	县府办	关于做好就业工作促进社会和谐的实施意见的通知	2010.08.17	14
永久	—	298	县府办	关于印发松阳县加快经济结构调整优化的若干意见的通知	2010.08.30	5
永久	—	305	县府办	关于做好社会养老保险相关工作的通知	2010.10.25	8
永久	—	308	县府办	关于印发松阳县主要污染物减排应急预案的通知	2010.11.12	9
永久	—	313	县府办	关于松阳县深化医药卫生体制改革 2010-2011 年重点工作任务实施计划的通知	2010.12.31	16
永久	—	314	县府办	关于印发松阳县气象灾害应急准备工作认证实施细则（试行）的通知	2010.12.31	15
永久	—	315	县府办	关于印发松阳县基本农田保护补偿资金使用管理试点方案的通知	2010.12.20	5
30 年	—	029	县府办	关于松阳县城乡居民社会养老保险基础养老金申报发放工作有关意见的通知	2010.01.19	3
30 年	—	030	县府办	关于印发松阳县开展居住出租房屋消防安全综合整治工作意见的通知	2010.01.13	13
30 年	—	044	县府办	关于危险化学品建设项目实施安全许可有关问题的通知	2010.04.15	8
30 年	—	051	县府办	关于印发松阳县构筑社会消防安全“防火墙”工程实施方案的通知	2010.05.12	8

附录续表 3-57

保管期	档号	顺序号	责任者	题　名	日期	页号
30 年	—	053	县府办	关于印发松阳县全面推广“林权 IC”工作方案的通知	2010.05.20	9
30 年	—	055	县府办	关于印发松阳县农村土地承包经营权登记制度试点工作方案的通知	2010.05.28	7
30 年	—	057	县府办	关于进一步加强特种设备安全工作意见的通知	2010.06.01	9
30 年	—	068	县府办	关于印发松阳县行政规范性文件备案审查工作实施方案的通知	2010.07.06	11
30 年	—	094	县府办	关于加强地沟油整治和餐厨废弃物管理实施意见的通知	2010.10.27	9
30 年	—	095	县府办	转发县工商局关于松阳县“黑网吧”专项整治行动实施方案的通知	2010.10.25	10
30 年	—	096	县府办	关于切实加强殡葬管理工作的通知	2010.11.05	7
30 年	—	097	县府办	转发县工商局关于新农村服务站规范化创建工作实施方案的通知	2010.11.17	9
30 年	—	098	县府办	关于印发松阳县“十小”行业质量安全监管长效机制建设指导意见的通知	2010.11.29	8

松阳县2010年国民经济和社会发展统计公报

2010年，面对复杂的国内外经济环境，全县上下深入贯彻落实科学发展观，进一步实施“三县并举”发展战略，全面推行“两区”建设，全县经济呈现高开稳走的发展势头。三大产业不断拓展，三大需求协调拉动，三大收入稳步提高，为松阳“十一五”的收官之年画上了圆满的句号。

一、综合

经济保持快速增长，经济总量跨上新台阶。据初步核算，2010年全县生产总值突破40亿元，达47.50亿元，比上年增长13.6%，增速提高2.6个百分点。其中，第一产业增加值9.29亿元，增长4.7%，比上年加快0.9个百分点；第二产业增加值19.67亿元，增长20.5%，加快5.6个百分点；第三产业增加值18.54亿元，增长11.6%，加快0.4个百分点。经济结构实现历史性转型。2010年第二产业增加值比重为41.4%，比上年提高3.2个百分点，超过第三产业2.4个百分点。产业结构由2005年的27.4∶31.8∶40.8调整为2010年的19.6∶41.4∶39.0。三次产业对GDP增长的贡献率分别为7.0%、57.8%、35.2%。经济外向度13.8%，比上年提升6.0个百分点。

图1 2006-2010年生产总值及其增长速度

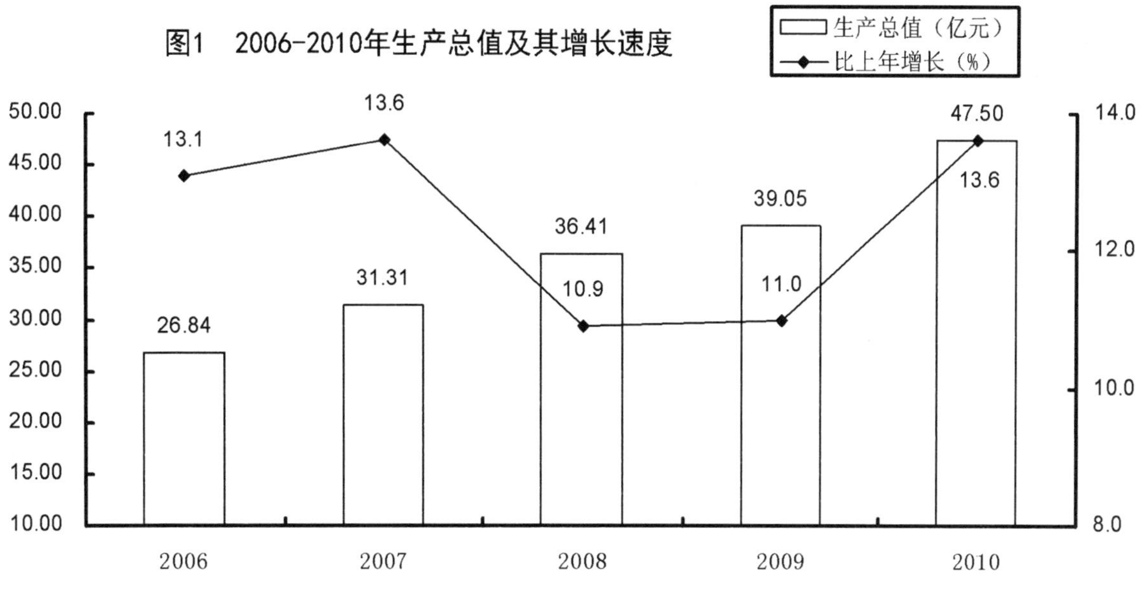

图 2　2005 年和 2010 年全县三次产业结构（%）

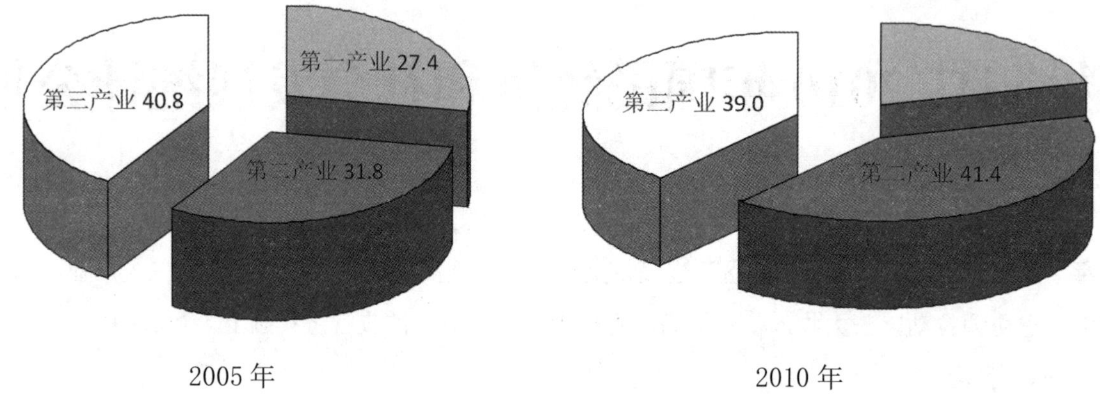

2010 年，财政总收入 4.04 亿元，比上年增长 12.1%，地方财政收入 2.55 亿元，增长 16.1%，增速分别比上年提高 4.2 和 6.7 个百分点。全县税收收入 3.44 亿元，增长 9.0%，加快 7.1 个百分点，其中地方税收收入 1.94 亿元，增长 11.4%，提升 11.1 个百分点。

全年新增城镇就业人数 1251 人，其中 610 名城镇失业人员实现再就业。年末城镇登记失业率为 3.79%，比上年末上升 0.06 个百分点。

二、农业和农村建设

农业生产发展平稳。全年农作物播种面积 18.65 千公顷，减少 5.8%。其中：粮食作物面积 10.62 千公顷，减少 9.9%；油菜籽播种面积 1.55 千公顷，与上年基本持平；蔬菜播种面积 4.56 千公顷，减少 3.7%。茶园采摘面积 7.04 千公顷，增长 5.4%。全年粮食产量 5.21 万吨，下降 7.4%；茶叶产量 0.91 万吨，增长 3.7%；水果产量 4.71 万吨，下降 0.7%；食用菌产值 2.10 亿元，增长 8.2%；蔬菜产量 11.85 万吨，增长 1.9%。全年肉类总产量 1.26 万吨，比上年下降 3.2%。其中，猪肉产量 1.00 万吨，下降 1.0%；禽肉产量 0.24 万吨，减少 10.8%。生猪年末存栏 7.87 万头，下降 1.0%；生猪出栏 12.61 万头，减少 0.6%。全年水产品产量 0.21 万吨，增长 36.8%。

图 3　2006—2010 年茶叶产量及其增长速度

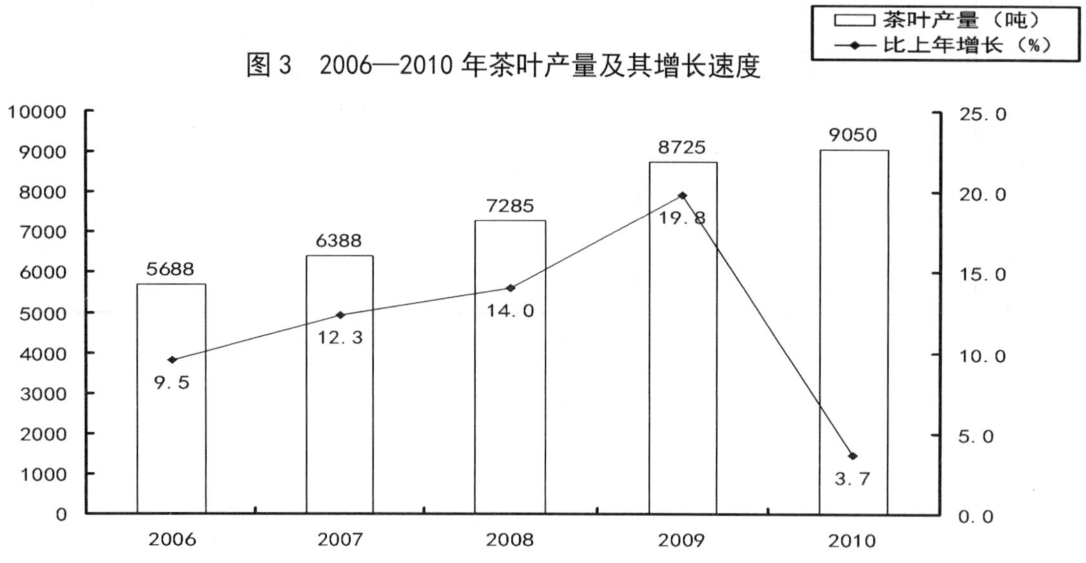

农业基础不断改善，农业产业化步伐加快。全县限额以上农村固定资产投资 6.79 亿元，增长 42.3%。财政农林水事务支出 1.71 亿元，增长 21.5%。新增农田有效灌溉面积 0.05 千公顷，净增节水灌溉面积 0.23 千公顷。农村用电量 6117 万千瓦时，年末农业机械总动力 11.73 万千瓦，增长 14.8%。年末农民专业合作社 307 个，其中省级示范性合作社 13 个，分别比上年增长 67.8%和 30%。市级以上重点农业龙头企业 24 个。

新农村建设稳步推进。康庄工程基本完工，全县等级公路通村率和通村公路硬化率分别达 100%和 99.5%。全县农村垃圾集中收集处理率 85.8%，农村清洁能源利用率 42.6%，农村安全饮水达标人口 16.31 万人。全年各类农村劳动力培训 8789 人，农村危旧房改造投资 3.77 亿元，广播电视“村村响”“村村通”工程完成，通讯 3G 网络工程和数字化电视改造工程全面实施。

三、工业和建筑业

工业发展加快。全县工业总产值跨上百亿元台阶，达 101.56 亿元，比上年增长 49.7%，比上年加快 39.2 个百分点，其中规模以上工业总产值 86.43 亿元，增长 54.6%，提高 44.0 个百分点。全部工业增加值 16.18 亿元，增长 22.7%，加快 7.7 个百分点，对经济增长的贡献率上升到 51.7%。全年规模以上工业出口交货值 6.06 亿元，增长 1.2 倍，比上年提升 163.0 个百分点；出口交货值占销售产值的比重 7.4%，比上年提高 2.2 个百分点。大部分产品产量保持增长。全县规模以上工业统计的 27 种主要工业产品中，产量增长的有 23 种，占产品总数的比重为 85.2%。其中，服装增长 24.1 倍，中成药增长 226.6%，玻璃纤维纱增长 114.6%，精制食用植物油增长 106.1%，塑料制品增长 86.5%，木制家具增长 63.2%，钢材增长 44.9%，发电量增长 31.7%，铜带增长 31.6%，摩托车增长 23.4%。

图4　2006-2010年工业增加值及其增长速度

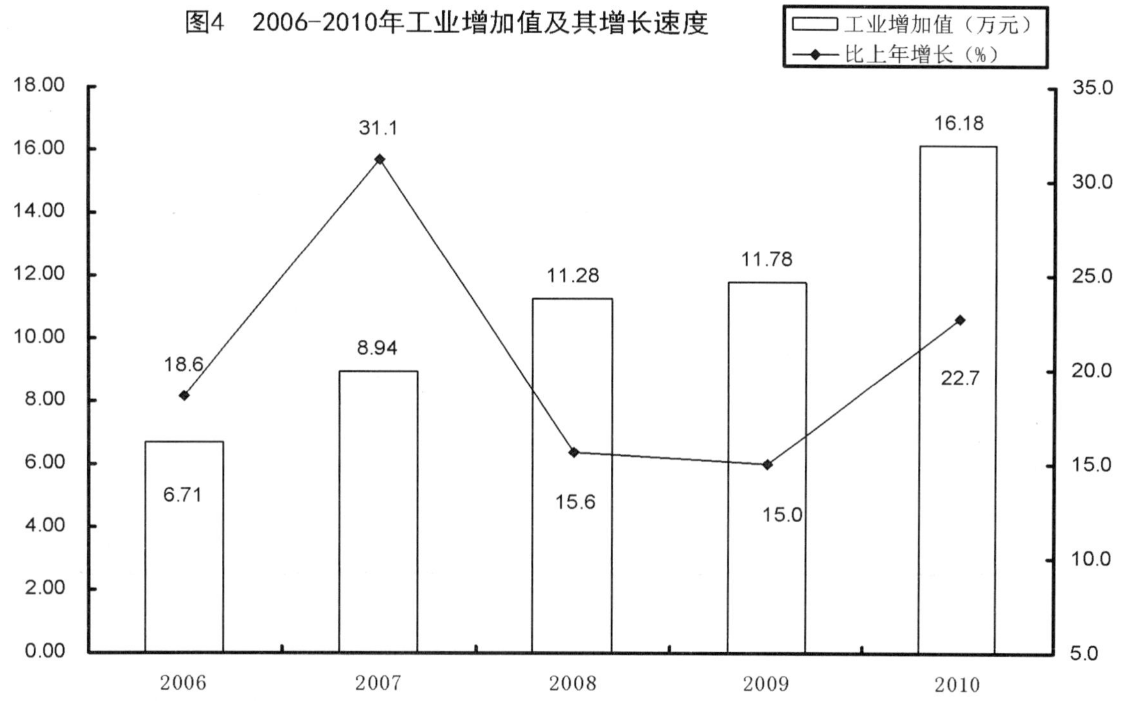

工业结构逐步优化。高新技术产业总产值7.22亿元，占规模以上工业总产值的8.3%。新产品产值率15.9%，上升11.0个百分点。

工业效益显著提升。全年规模以上工业企业主营业务收入81.14亿元，增长53.4%，比上年提高44.3个百分点。产品销售率94.84%，提升0.53个百分点。利税总额5.94亿元，增长61.4%，其中利润总额3.59亿元，增长77.0%，分别比上年提升64.9个和84.1个百分点。企业亏损面10.8%，比上年减少16.8个百分点。

全年建筑业增加值3.49亿元，比上年增长11.2%。资质以上建筑企业利润总额0.32亿元，比上年增长78.5%；税金总额0.31亿元，下降2.1%。房屋建筑施工面积117.53万平方米，增长139.2%；房屋建筑竣工面积71.26万平方米，增长158.0%。

四、固定资产投资和房地产业

投资需求稳中加快。全年全社会固定资产投资24.19亿元，比上年增长19.8%，加快12.4个百分点。其中限额以上投资21.46亿元，增长15.5%。民间投资比重上升。限额以上民间投资15.04亿元，增长33.0%，占全部限额以上投资的70.1%，比上年提高9.2个百分点。农村投资较快增长。农村投资6.79亿元，增长42.3%，高于限额以上投资增幅26.8个百分点。工业投资加快。全年限额以上工业投资额9.93亿元，增长22.7%，比上年加快39.8个百分点。其中工业技术改造投资2.13亿元，增长65.6%。

图5 2006-2010年固定资产投资及其增长速度

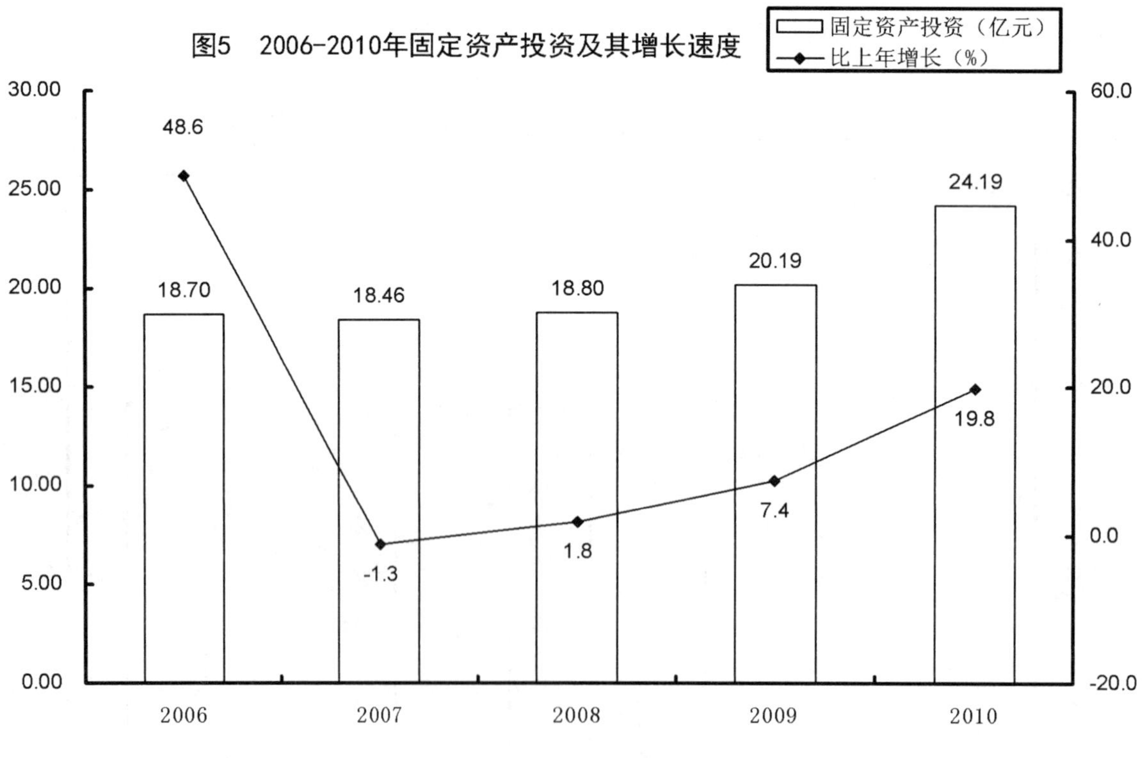

房地产投资力度加大。全年房地产开发投资1.70亿元，增长1.1倍，增幅比上年提升141.2个百分点。商品房销售额和销售面积分别为4.65亿元和10.02万平方米，分别比上年增长53.7%和41.0%。

五、国内贸易和对外经济

消费市场稳中趋旺。全年社会消费品零售总额16.99亿元，增长18.2%，比上年提升3.6个百分点。城乡消费市场协同发展。城镇消费品零售额12.53亿元，增长18.2%；乡村消费品零售额4.46亿元，增长18.3%。家电下乡进展顺利。年末设立“家电下乡”销售网点33个，全年家电下乡产品销售量18346台，销售额4005万元。

外贸出口创历史新高。全年自营出口额9578万美元，比上年增长114.8%。其中，生产企业出口额9260万美元，增长122.9%；纺织服装出口额1261万美元，增长205.4倍；机械产品出口额7937万美元，增长93.5%，机械产品中不锈钢管出口额7524万美元，增长98.8%。

图6 2006—2010年社会消费品零售总额

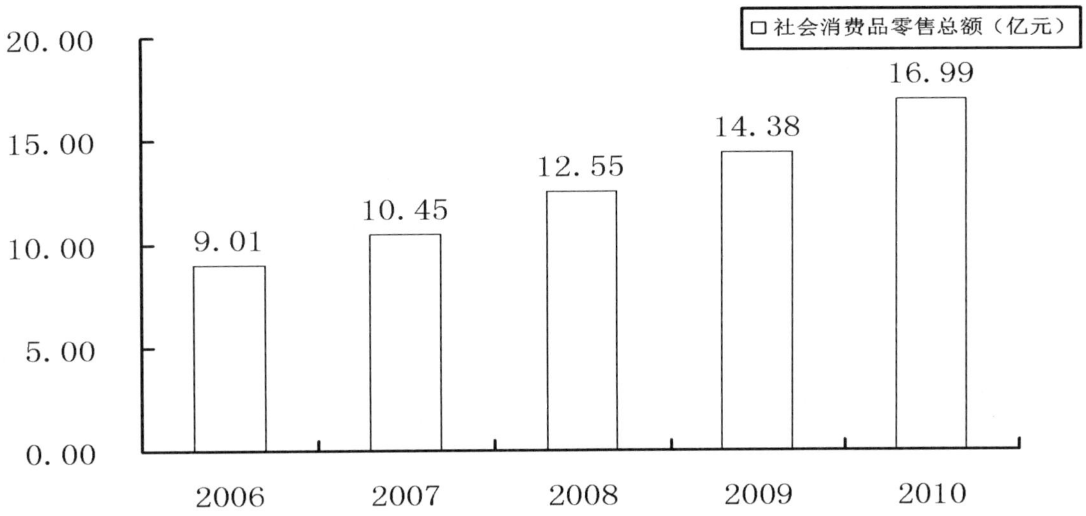

图7 2006—2010年自营出口额

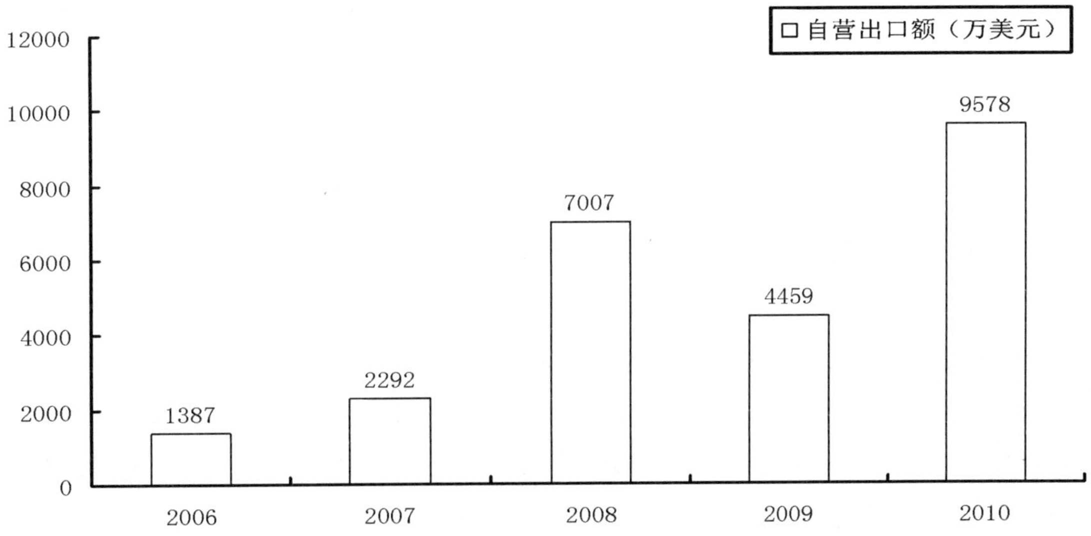

六、交通、邮电和旅游

交通运输业发展加快。全年交通运输、仓储和邮政业增加值 2.10 亿元，比上年增长 9.2%，加快 7.1 个百分点。

全县等级公路里程 1311 公里，比上年增长 3.6%。全年公路货物周转量 10.43 亿吨公里，公路旅客周转量 1.20 亿人公里，分别比上年增长 14.3%和 2.8%。年末全县民用汽车拥有量 9610 辆，比上年末增长 30.4%，其中私人汽车拥有量 7701 辆，增长 37.6%。

全年邮电业务总量 1.22 亿元，比上年增长 14.2%。其中，邮政业务总量 0.08 亿元，下降 35.6%；电信业务总量 1.14 亿元，增长 20.3%。年末固定电话用户（含小灵通）4.51 万户，下降 7.6%。年末移动电话用户 16.92 万户，增长 9.4%。固定电话、移动电话普及率分别为 19.01 线/百人和 71.36 部/百人。全年新增互联网用户（含宽带用户）0.56 万户，年末总量为 1.98 万户。

图8　2006-2010年末电话用户数

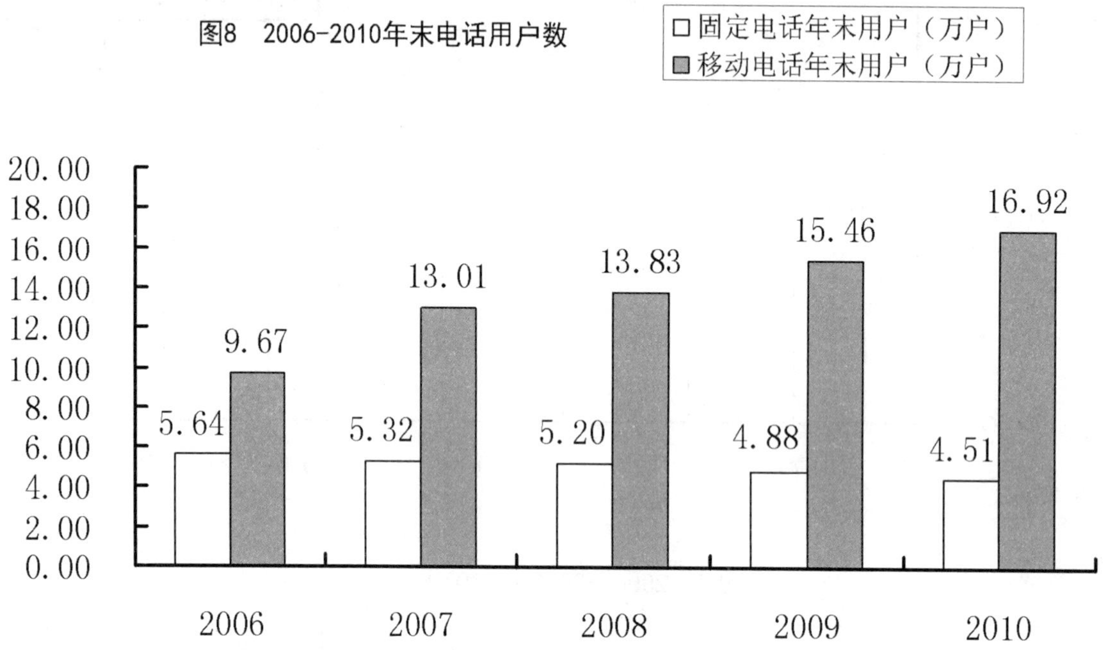

旅游发展势头良好。全年旅游总收入 1.82 亿元，增长 31.6%；接待境内外旅游人数 53.47 万人次，增长 31.0%。其中国内旅游者 53.42 万人次，增长 31.0%；国内旅游收入 1.74 亿元，增长 33.8%。入境旅游者 0.05 万人次，旅游外汇收入 127 万美元，增长 8.5%。

七、金融和保险

金融运行平稳。年末金融机构本外币各项存款余额 61.73 亿元，比年初增加 13.31 亿元其中，其中人民币各项存款余额 61.45 亿元，增加 13.15 亿元。年末城乡居民本外币储蓄存款余额 31.22 亿元，增加 5.29 亿元，其中人民币储蓄存款余额 31.03 亿元，增加 5.23 亿元。金融机构人民币各项贷款余额 47.26 亿元，增加 12.63 亿元。

图9 2006-2010年人民币储蓄存款余额及其增长速度

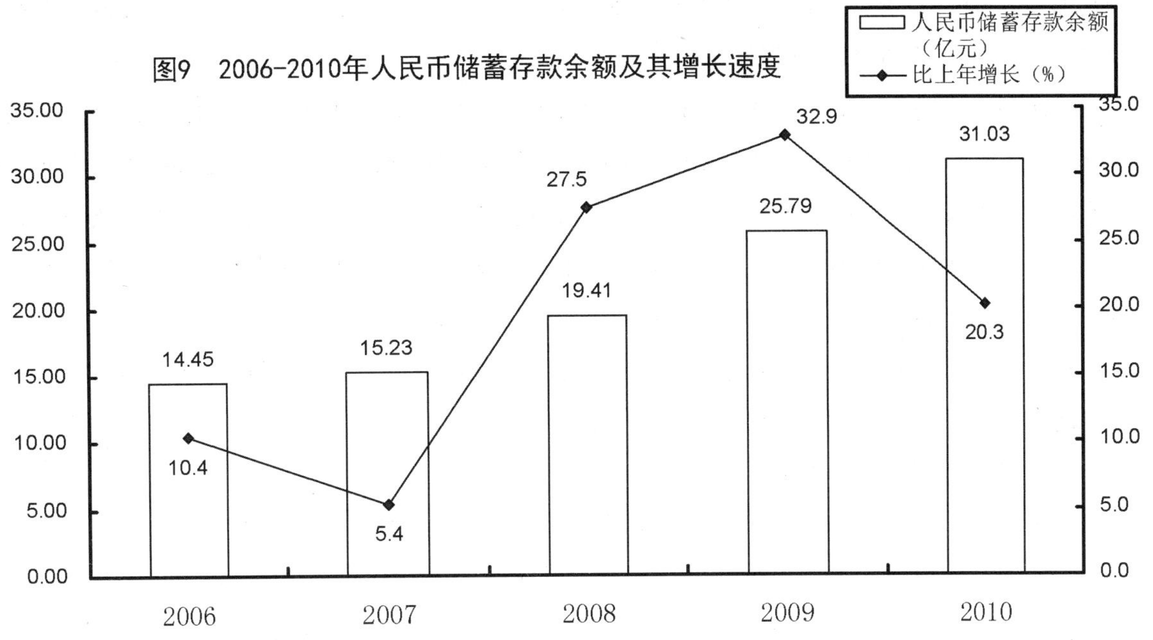

全年保险保费收入 1.48 亿元，比上年增长 18.2%。其中，财产险保费收入 0.55 亿元，增长 24.7%；人身险保费收入 0.93 亿元，增长 14.7%。支付各类赔款及给付 0.37 亿元，比上年增长 2.4%。其中财产险赔付 0.31 亿元，增长 28.3%；人身险赔付 0.06 亿元，下降 48.9%。

八、教育和科学技术

教育事业稳步发展。全县电大在校生 1499 人，全年参加高等教育自学考试 389 人，全县高等教育毛入学率 33.8%。中等职业教育招生 717 人，在校生 1857 人，毕业生 677 人。普通高中招生 1177 人，在校生 3248 人，毕业生 847 人，高中毕业生升学率 88.4%。初中招生 2165 人，在校生 7146 人，毕业生 2401 人，初中毕业升高中段的比例为 97.04%。小学招生 2195 人，在校生 13434 人，毕业生 2213 人；小学毕业生升学比例达 100%，初中入学率、巩固率分别为 99.93%和 99.89%，九年义务教育学龄人口入学率 99.98%。全县拥有幼儿园 115 所，在园幼儿 7170 人。

综合技术服务逐步发展。全年财政科技支出 1710 万元，比上年增长 5.4%，占财政支出的 1.6%。全年专利申请受理量 30 项，专利申请授权量 43 项，发明专利权 7 项。年末企业标准备案 50 项，执行标准登记 172 项，采用国际标准的企业 3 个。被评为省、市级名牌产品个数分别为 4 个和 14 个。已注册农产品商标 168 个。认证有机食品 28 个、绿色食品 4 个、无公害农产品 66 个，QS 取证茶叶企业 21 个。培育认定县级专利示范企业 3 个，农业科技特色基地 7 个。获市级科技进步奖 2 个。

九、文化、卫生和体育

文化事业健康发展。年末有文化站 20 个，公共图书馆 1 个，图书总藏量 140 千册，文博机构 3 个，馆藏文物 1578 件。文物保护区 6 个，县级及以上文物保护单位 25 个，国家级非物质文化遗产名录 1 项，省级名录 8 项。广播电台 1 座、电视发射和转播台 2 座。全县行政村的有线电视联网率达 100%。有线电视用户数 4.80 万户，其中有线数字电视用户 1.20 万户。广播、电视综合人口覆盖率分别为85.7%和97.0%。电影下乡共放映1229场。全县共有综合档案馆1个，已开放各类档案75个全宗，共计1.42万卷、3.19万件。

卫生服务能力提高。年末全县卫生机构（含诊所等）45个，其中医院、卫生院27个。床位数494张。卫生技术人员874人，其中执业医师和执业助理医师383人，注册护士280人。全面建成疾病预防控制体系。社区卫生服务站31个，社区责任医生179人。全年报告甲、乙类传染病发病人数1073例，报告甲乙类传染病发病率455.15/10万，无死亡病例报告。全县孕产妇死亡率为零，5岁以下儿童死亡率11.65‰。

体育事业不断进步。全年运动健儿共取得市级以上奖牌22枚，其中金牌13枚，银牌9枚。农村体育健身环境不断改善，新建31个“小康体育村”。

十、人民生活和社会保障

人民生活水平不断提升。据对城乡住户抽样调查,全年城镇居民人均可支配收入19371元，农村居民人均纯收入6064元，扣除价格因素，分别比上年增长6.9%和10.9%。城乡居民收入差距由上年的3.313∶1缩小为3.194：1。城镇居民人均消费支出12836元，农村居民人均生活消费支出4090元，分别比上年实际增长11.8%和12.4%。城镇居民家庭恩格尔系数37.22%，农村居民家庭恩格尔系数39.87%，分别比上年上升1.38和1.09个百分点。城镇居民人均住房使用面积 52平方米，农村居民人均居住面积53平方米。年末城镇住户每百户拥有家用汽车15辆、家用电脑71台、空调器114、移动电话173部；农村住户平均每百户拥有摩托车45辆，移动电话148部，彩电111台，电冰箱59台。

社会保障体系日益完善。年末全县参加基本养老、基本医疗保险和失业保险的人数分别为2.58万人、1.62万人和1.14万人。农村新型合作医疗保险19.63万人，参保率95.0%。人均筹资标准提高到185元，第三轮农民健康体检率49.2%。全县有敬老院6所，供养五保老人332人。全县享受最低生活保障的城镇居民373人、农村居民6811人，全年支出保障金1078万元。慈善机构募集款163万元，慈善求助支出金额165万元。

十一、资源、环境和社会安全

资源保护进一步加强。全年水资源总量23.13亿立方米，比上年增长76.8%。全年降水量32.45亿立方米，增长43.4%。全年总用水量7613万立方米，比上年下降13.4%。其中，生活用水1300万立方米，增长23.1%；工农业用水5961万立方米，下降10.8%。万元GDP用水量185立方米，比上年下降23.6%。

生态建设取得新成效，成功创建“省级生态县”。全民义务植树21.4万株，全年造林面积1296公顷，森林覆盖率75.2%，木材蓄积量427.73万立方米，区划界定生态公益林62136公顷，比上年增长1.1倍。省级林业观光园1个，市级及以上绿化示范村12个、兴林富民示范村8个。建成区绿化覆盖面积107公顷，城区空气质量达标（API＜100）的天数为336天，主要水系监测断面水质三类以上比例达100%。全年城市环境基础设施建设投资额1.15亿元，比上年增长2.5%；全年污染源治理投资总额0.62亿元，下降34.2%；三废综合利用产品产值5200万元，下降20.6%；工业固体废物综合利用率98.9%，提高23.2个百分点；工业烟尘排放达标率99.9%，提升0.7个百分点。

全年各类自然灾害造成直接经济损失4.57亿元，比上年增长4.6倍。全年农作物受灾面积15763公顷，增长7.5倍。其中，绝收面积829公顷，增长25.7倍。

安全生产形势平稳。全年全县共发生各类事故61起、死亡31人、直接经济损失119万元，分别比上年增长1.7%和下降3.1%、8.3%。其中，道路交通共发生事故44起、死亡25人、直接经济损失11万元，分别比上年增长12.8%、下降3.8%和增长112.3%；消防火灾事故共发生11起、直接经济损失28万元，分别比上年下降26.7%和18.5%，无死亡人数，与上年持平。全年发生森林火灾4起，减少2起。

注：

1.本公报数据为年度统计数。

2.生产总值、各产业增加值绝对数按现价计算，增长速度按可比价计算。

3.经济外向度为进出口总额与生产总值的比值。

4.规模以上工业企业是指年主营业务收入500万元及以上的工业企业；限额以上固定资产投资指计划总投资500万元及以上项目（单位）和全部房地产投资。

5.2006年－2009年社会消费品零售总额数据按照2010年度指标口径调整。

6.万元GDP用水量按2005年不变价格计算。

7.2010年为全国人口普查年份，有关人口及相关数据以人口普查公报公布数据为准。

松阳县统计局

2011年3月25日

民国《松阳县志》之物产

谷类

香稻、白稻、早稻、晚稻、细叶青、大叶青、千榜槌、九黄禾、龙泉稻、金华稻、占成稻、师姑稻、冷凌稻、早糯、晚糯、望秋糯、乌嘴糯、红壳糯、淮南糯、观音糯、珍珠糯、稠谷、芝麻（有黄、白、黑三种）、粟、黍、玉局黍（苞芦）、芦穄（高粱）、黄穑、鸡脚穑、大麦、小麦、米麦、荞麦、乌儿麦、白豆、绿豆、赤豆、蚕豆、碗豆、豇豆、豍豆、鲫鱼豆、茶豆、黑豆（穞豆）、饭豆、刀豆、扁豆、藜豆、青豆、大猫豆（案：豆字，本通作荳，惟查《周礼》九谷及《说苑》辨物篇皆作豆，今从之）。

案：处郡诸邑，介在万山，率多瘠土，而松邑产米为独盛。是以闾阎尝无籴贵之患。旧志称“粟米羡余每资他邑”，诚有然也。（旧志）

货类

绢、绸、麻布、苧布、绵布、棉花、山棉皮、棉纸、草纸（大簾、小簾）、笋干、香菇、蕈蕈、饴糖、蜜、黄蜡、白蜡、茶叶、烟叶、烟丝、黄麻、苧麻、烧酒、老酒、白酒、白药釉、红釉、大麴、醋、酱油、茶油、豆油、菜油、桐油、花生油、芝麻油、皮油（桕子白油）、柿油、桕油、蓖麻油、山羌子油、棉花子油、桕烛、火炮、竹皮、靛青、沥青（一名松香）、杉木、松板、棕、樟脑、鳒、枋板、山粉（蕨粉）、番薯粉、番薯丝、白炭、青炭、牛皮、牛筋、牛骨、鸡毛、桧皮、榆木刨花、黄缴绳、火柴木、铁路木、木砻木、箬、纸蓬、铁砂。

案：松阳出产烟叶为大宗，近年日本公司蚕批购办，价益胜贵，是以种者愈多。昔年曾有集股屯藏、自制卷烟之议，诚以此种烟叶，其色香味与吕宋烟大致相同，苟能仿制出口，获利奚啻倍蓰。今日本专购此烟，或亦制造卷烟之用欤？又西北二乡向以毛竹制纸，惟纸料极粗，是以仅销本郡，不能行远。其余如山棉皮等材料犹多，倘能仿造西纸，利权尤广。

器类

缸、瓶、甕、碗、钵、甑、桶、盂、刀、剪、锅、镬、蜡烛台、酒壶、铜茶壶、纫性壶（瓦壶）、箱、柜、凉床、竹床、竹椅、篾席、草席、龙须席、棕荐、草荐、帘箔、灯笼、火笼、麦秆扇、花车、纺车、线车、布机、油榨、水碓、木砻、石碾、风柜、踏碓、蓑衣、箬笠、雨伞、草鞋、田耙、秧马、榣檮、箩篼、拨揭、半箕、镰刀、桶梯、篾簟、簸箕、犁、锄、锯、鐉、斧、凿、钓、铳、纲、罾、竹筏、篷船。

案：现在所出缸、碗皆极粗劣，必设法改良，亦可流通。

药类

茯苓（土茯苓）、白术、苍术、莪术、厚朴（厚朴花）、天门冬、麦门冬、骨碎补（猢孙姜）、丹参、沙参、苦参、土人参、山茱萸、白芷、黄精、覆盆子（谷公茹）、蒲公英（俗名乳汁草，即黄花地丁）、紫花地丁、荆芥、半夏、五加皮、黄连、黄栀、芍药、前胡、地榆、商陆、青箱子、天南星、蒲荷、紫苏、红花、紫草、威灵仙、石菖蒲、陈皮、枳殼（枳实）、木香、淡竹叶、刘寄奴、枸杞子、甘草、栗殻、青皮、黄蘖、地骨皮（俗名野靛青）、茴香（谷茴）、桔梗、槐角、椒、无名异、薏苡仁、香附子、金银花、车前子（蛙蟆衣）、瓜蒌、天花粉、桑白皮、何首乌、牵牛子、香薷、益母草、苍耳子、夏枯草（地风蓬）、牛膝（俗名果槌草）、吊兰（石斛）、射干、艾、乌药、山楂（俗名麻车子，即唐求子）、钩籐、石韦、茵陈、蝉脱、独活、瞿麦、鬼箭羽（檽檮柴）、紫荆皮、牛蒡子、谷精草、苦丁茶、满地锦、虎耳草、白茅根、侧柏、荜茇、藿香、大蓼、（天蓼，即大风茶）、青蒿、青黛（靛青花）、马蓼、水蓼、半边莲、天竹黄、仙人掌、叶下白、旱莲草、毕澄茄（山羌子）、白芨、龙牙草（马鞭草）、龙胆草、细辛、山慈姑、寄生、金樱子（长芰茶）、铁灯盏、小蓟、大蓟（一名野红花）、白菊花、黄菊花、常山、断肠草、宜男草、独脚仙、瑟独根（赛掌）、鬼馒头、南烛（俗名乌饭傩）、草紫河车（七叶一枝花）、灯芯、萱草、金星草、鱼腥草（秋扎儿）、鲜生地、败酱（苦衣菜）、蓖麻子、落地金钱、马勃、扁柏、辛夷、牛舌草、麦芽、谷芽、桃仁、杏仁、龟甲、金锁匙、一枝香、消食子（黑丑，又名苦株子）、五棓子、大力子、野三七、土红高丽参。

案：松邑山原广袤，多产药材。市中草药坦上奚啻数十百种，莫能尽悉其名，民家取用极效。苟有人识别试验加注草药经以补《纲目》所未备。倘更为之扩充、播种、改良、炮制，其获利尚何限量哉！

蔬类

姜、葱、蒜、韭、薤、蒿、莞荽、香荠、芥（芥菜）、菘（白菜）、冬白、菠稜、苋、马齿苋（酸苋）、菊花菜（一名葯菜）、观音菜（一名活血菜）、莴苣、苦荬、莙达菜、马蹄菜、空心菜、蔓菁（诸葛菜）、茄（落苏）、萝蔔（菜头）、芋、薯蓣（俗名奇）、辣茄（番椒）、马兰头（俗名温州青）、葵菜、芸台（油菜）、苣蒻、百合、香椿、香蕈、烟田蕈、松树蕈、竹蕈、木耳、金针、水芹、红花菜、豆芽菜、豆腐、豆豉、苦瓜、稍瓜（越瓜）、丝瓜（天萝）、刺瓜、黄瓜、冬瓜、南瓜（金瓜）、瓠瓜（胡芦）、毛笋、雷笋、石笋、朱笋、堇笋（金笋）、冬笋、鞭笋、芦笋、茭笋、番薯（甘薯，可作粮食，不可作菜。本当附入谷类，惟查《本草》则列于菜类，今仍之）。

果类

柿（大柿、小柿、牛奶柿）、枣、椑、梅、鹅梨、棠梨、李（麦李、尖头李、猪血李）、桃（毛桃、白桃、五月桃）、杏梅、杨梅、栗、毛栗、珠栗、榧子、石榴、银杏（白果）、枇杷、莲子、藕、菱（小菱、大菱）、樱桃、葡萄、西瓜、瓜子（西瓜子、南瓜子）、甘蔗（青、紫二种）、糖蔗（竹蔗）、林檎（一名花红）、橘（金橘、广橘）、橙、海棠子、梧桐子、芰茶、金豆、甜瓜、柑、橰（又作櫜）、蜜柚、香橼、木瓜、落花生（长生果）、无花果、松子、荸荠、鸡爪梨（枳椇子）、桑椹子、土橄榄、佛手柑、麻车子（山楂，一名山底红）、山落苏、大麦茹、小麦茹、日头花子（葵花子）、老鸦梅、乌枣儿、猢狲氉、京棚。

花类

牡丹、芍药、丹桂、木樨（桂花）、芙蓉、木槿（木杨柳花）、蔷薇（刺牡丹）、山丹（旧志，无考，或是山牡丹）、丁香、鸡冠、瑞香、茉莉、素馨、山兰、建兰、素心兰、木兰、珍珠兰、玉簪、菊（五月菊、九月菊、其色不一）、莺粟、凤仙（一名指甲花）、玫瑰、棠棣、矮桃、紫荆（一名新米花）、剪春萝、夹竹桃、水仙、月月红（月季花）、美人蕉、金盏银台、观音莲、玉绣毬、荷、棕（山棕）、葵、蘐、蕙、金丝蝴蝶、苏、芷、荼蘼、紫薇、睡海棠、腊梅、郁李、枝表花（即杜鹃，红黄白三种）、巨花（一名一丈红）、十姊妹、插田红、水枝花、金钱花、野菊花、金钗花、洋牡丹。

草类

吉祥草、书带草、芭蕉、虞美人（一名老少年）、芝、龙须草、龙舌草、凤尾草、蓍、狗尾草、鸡脚草、鸡污草（一名粪桶草）、藻、天葱、万年青、老鸦草、萍（青、紫二种）、三脚葱、黄瓜草、隔晚草、藓、铁荔支、仙草、蓬蒿、芋荷、鷊鸡草、石荷叶、金屏松、夜合草、木杓草、铁灯盏。

竹类

筀竹（朱竹）、雷竹、石竹、猫竹（毛竹）、慈竹（孝顺竹）、董竹（金竹）、斑竹、紫竹、苦竹、棕竹、水竹、矮竹、方竹、凤尾竹、箬竹、观音竹。

木类

松、杉、柏（扁柏、珠柏、刺柏数种）、榆、楮、樟、桑、柘、杨、桐、柏、柳、柽（西河柳）、枫、冬青、桧、椿、檀、榧、樗、梧、梓、榅杉、槐、苦槠、栗、栉、栎、棘、杞、朴子、择子、黄杨、乌桃、青枥、罗汉松、棕榈、铁树、苦株（俗名苦重树，即消食子树也）。

禽类

鸡、鹅、鸭、番鸭、鸠、白鹇、燕、雉、杜鹃（子规）、苍鹰、画眉、莺（黄头鸟）、鹡鸰、瓦雀、乌（老鸦）、百舌、鸲鹆、鹭、竹鸡、布谷（鸣鸠，一名郭公鸟）、绣眼、鸽、鹳、鹊、竹叶青、白头翁、翡翠、凫（一名水鸭）、鸳鸯、鹞、鸥、啄木鸟、小凤凰（拖蛇鸟）、白面鸟、坑鸟、菜子鸭（一名水胡庐）、红布襕、鹗、鹧鸪、八哥、雁（一名天鹅）、鸬鹚、鹄、鸜鹆、猫头鹞（枭鸟）、黄雀（俗名黄宅儿）、伏翼（蝙蝠）。

案：松产黄雀一种，为别处所无，取之之法，在于冬令。此雀喜食樟树子，弋人每晨伺於樟树之旁，以蚯蚓放钓饵之，得之甚易。其味与禾花雀无异，而大且过之。若制成罐头，亦可销流外地。又如冬笋、香菇，各种食物，可制罐头者尚多。苟能仿制，获利必更厚矣。

兽类

牛、水牛、羊、豕、犬、洋狗、马、骡、猫、野猫、猴、虎、豹、豺、狐、狸、鹿、麞、水獭、獾、果子狸、白面豣、野猪、枪猪（箭猪）、汉猪、刺猬、山羊、木狗、兔、鼠、松鼠（硕鼠）、黄鼠狼（鼬鼠）、鼹鼠。

鳞类

鲤、鳜（一名大猫鱼）、鲫、鲇、鳢、鲭、鰋、鲲、鳡、黄鳝、泥鳅、鳗、鲢、草鱼、鲳鱼、石斑、逆水鱼、黄甲刺、金鱼（一名火鱼）、棉鲐、崇鱼、河豚、勒鱼、乌鱼（一名七星鱼）、鰲、桃花鲫、锡索鱼。

介类

鳖、龟、田螺、蚌、穿山甲、蟹、虾、坑蛳、螺蛳。

虫类

青蚨、螟蛉、蜈蚣、蝘蜓（旧志，无考）、蕲蛇、水蛇、白花蛇、青蛇、乌罩蛇、蚕（蛹）、螳螂、蟋蟀、蚱蜢、虾蟆、坐鱼（一名蜷）、蝉、蜻蜓、蝴蝶、蜂（黄蜂、九里达）、蚯蚓、蝼蛄、桑螵蛸、水蛭、水介狗、斑蝥、蚁、蜘蛛、蝎（白蚁虎）、蛤、蜥蜴、蝇、蝇虎、蚊、蝨、蛾、蛆（粪缸虫）、蟢（壁镜）、守宫（盐蛇）、蚂蝗、地牛、蜗牛、牛蜢、蜒蚰、酱虫（蜣螂，俗名偷油婆）。

矿类

冻石、紫水晶、松花石、青石、铜、铅、银、锡、硝、磺、土硃（一名礬红）、扑粉、水银、煤、铁。

案：矿产，如铁与硝磺，向来销流甚广，惟银矿则久经封闭。现时，五金矿及煤矿，时有出现。无如地处山僻，交通不便，集股为难，货弃于地，深为可惜。

索　引

要目索引

第一编

第二编

第三编

第四编

第五编

第六编

第七编

第八编

第九编

第十编

第十一编

第十二编

第十三编

第十四编

第十五编

第十六编

第十七编

第十八编

第十九编

第二十编

第二十一编

第二十二编

第二十三编

第二十四编

第二十五编

第二十六编

第二十七编

第二十八编

第二十九编

第三十编

第三十一编

第三十二编

第三十三编

第三十四编

第三十五编

第三十六编

第三十七编

第三十八编

第三十九编

第四十编

第四十一编

第四十二编

第四十三编

人名索引

按笔画排序

二画

三画

四画

五画

六画

七画

八画

九画

十画

十一画

十二画

十三画

十四画

十五画

十六画

十七画

十八画

二十画

图照索引

表格索引

自然灾害索引

编后记

十载春秋，数易其稿，新编《松阳县志》终成付梓。

此次修志，是中华人民共和国成立后第二次大规模编修县志活动。中共松阳县委、松阳县人民政府于2009年9月9日正式启动第二轮地方志编纂工作，成立《松阳县志》编纂委员会，确定委员会成员，组建编纂办公室。

按照要求，二轮修志以编修续志为主。虽然一轮《松阳县志》（1996年版）在框架、体例、内容、文字等诸多方面优于兄弟县市的志书、但由于当时的指导思想是“详今略古”，且人们的思想解放程度有限，修志过程中受到种种限制。因此，县委县政府根据松阳实际情况，确定二轮修志为新修《松阳县志》。虽知工程浩繁，亦乐而为之。随后，县志编纂委员会制定出指导思想，明确目标任务、方法步骤和具体要求，拟定编目大纲，征求各承编单位意见，然后再根据实际情况进行修改完善。在办公助手中建立了专门的“二轮县志工作群”，方便交流编写经验和相关信息。为了提高志书质量，避免重要史料遗漏，县编纂委员会通过政府网站向全社会广泛征集《松阳县志》相关资料，包括以松阳县人、事、物为对象的各种书籍、刊物、图表、碟片、松阳县和寓外松阳籍作者独著或合著中第一作者、由出版社正式出版的书目，寓外松阳籍正高级职称、副地厅级和军队副师级职务以上人员等。

2013年10月，召开全县二轮修志推进暨业务培训会。邀请地方志专家为全体参训人员讲座。县委县政府领导讲话，推进松阳二轮修志工作。

县人民政府地方志办公室作为二轮修志的牵头单位，在加强业务指导、推动面上工作的同时，组织、编写《松阳风俗志》《松阳姓氏志》《松阳金石志》《松阳历代书目》《松阳历代文选》《松阳历代诗词》《松阳历代书法》《松阳祠堂志》《松阳历史人物》《松阳百姓源流序集》《松阳百姓族规家训》《松阳方言》等地情资料；整理、标点了从元至大年间到民国15年（1926）十数部松阳旧志。指导承编单位编纂了松阳县中国共产党志、县人大志、县政府志、县政协志、县纪律检查委员会志、县委组织部志、县委宣传部志、县委党校志、县发改志、县经贸志、县财政志、县公安志、县司法志、县军事志、县教育志、县卫生志、县计生志、县人防志、县农业志、县水利志、县建设志、县国土志、县林业志、县交通志、县编制志、县民政志、县畲族志、县工会志等众多部门志和《古市镇志》《板桥畲族乡志》《高亭村志》《吴弄村志》等村镇志。这些志书为新修《松阳县志》积累了丰富的材料。

多年来，松阳方志人努力做好地方志信息资源的整合、拾取，全方位开展“读志”“传志”“用志”，把地方志开发利用提上重要议事日程，作为一项常态化工作，着手历代松阳旧志书、家乘谱牒、民间古文献等地方文献资料的挖掘整理，很好地配合和服务了当地经济社会发展，彰显了地方志工作的重要性，赢得了广大干部群众的赞誉。2018 年，松阳县人民政府地方志办公室因此被省人民政府地方志办公室授予“全省市县方志系统十业十佳用志单位”。也就在此时，完成新修《松阳县志》初稿，共计 400 余万字。全志以“修志为用”为原则，注重资料的有用性。深入挖掘松阳特色，展示松阳独有的人文历史，浓墨重彩地记述松阳自然、经济、政治、文化、社会建设的成就。在这十年中，修志人不断地搜集资料存之待用；同时，又不断地研究方志理论，探索方志的表述方式，逐步形成了自己的方志风格，即不拘泥于传统的方志文体约束，尽可能多地采用各种表述方式，用适合表达内容的体裁来记述。

此次《松阳县志》的编辑人员，广罗精选。除 90 个承编单位编纂人员外，有第一轮县志主编叶永萱、史志办原主任刘关洲、档案局原局长陆宝良、党校原副校长刘永根、叶星亮、文明办原主任徐荣庆、粮食局原副局长张宏生、博物馆原馆长叶坚红、藏书家汤光新，以及老同志李永庭、潘云飞、杨向明、徐彩德、王发来、林斌荣、潘树丰、潘惠民、杨文熙、何为松等，还有术业有专攻的专业志主编及学者；另外，吴炅昊、蔡敏等一批大学生见习生亦参与县志的编辑、核对等工作；叶祖青、叶光铭、叶高兴等提供部分图照。共同成为当前编纂《松阳县志》的松阳方志人。

此次《松阳县志》的初审、复审、终审会议，分别于 2018 年 12 月 6～7 日、2019 年 11 月 27～29 日、2020 年 7 月 29 日组织召开。省方志办主任潘捷军、市县处处长周祝伟、副处长徐鹏，浙江工商大学当代浙江研究所所长王志邦，金华市方志办主任袁朝明、衢州市方志办原主任胡锡明、绍兴市柯桥区方志办主任何鸣雷，以及丽水市方志办主任雷华英、副主任汪羽中，还有兄弟县市的领导专家等均给予悉心指导和支持，在此一并衷心鸣谢！

此次《松阳县志》的通读校对，于 2021 年 2～8 月集中进行。由主编洪关旺、执行副主编郑莉瑛、顾问叶永萱、编辑叶坚红、李伟春、编务詹玉梅 6 人，对全志作最终的审定。

新修县志，其功应归于县委、县政府的重视和正确领导，两届县长，力主其事；其功应归于各乡镇街道、各部门的大力支持；其功应归于全县人民的关心和参与。

新修县志是一项浩繁的文化工程，我们不敢懈怠。十年来，松阳方志人常惴惴于资料之疏漏，文句之不工，选材之不精。唯以虚心求教方家之斧正，或待后学之纠补，则幸甚。

松阳县志编纂委员会办公室

2020 年 8 月

松阳县志

四

松阳县地方志编纂委员会　编

方志出版社

目　录

第三十一编　教　育

第三十二编　体育

第三十三编　科学技术

第三十四编　医疗卫生

第三十五编 文化 旅游

第三十六编　文献著述

第三十七编　文　物

第三十八编　人事劳动和社会保障

第三十九编 民 政

第四十编　畲族 宗教 信仰

第三十一编 教 育

唐武德四年（621），松阳县创立官学。松阳成为丽水地区最先办教育的县，至今已有1400多年的历史。宋咸淳年间（1265～1274），创办明善书院。明代，创办医学、阴阳学和义学。清代，学塾开办遍及城乡。清末，一批松阳籍青年到日本留学，归国后兴办学校。民国时期，学校教育进一步发展，县政府在加强管理和逐步改造私塾的同时，兴办一批学校。

中华人民共和国成立后，松阳县文教科根据“维持现状，训练干部，了解情况，稳定改革”的原则，对原有学校进行整顿改造，并新办一批乡村小学。随着中小学办学条件逐年改善，规模扩大，入学人数增加，学校教育得到稳步快速发展和提高。1958年11月，松阳县并入遂昌县，教育由遂昌县统一管理。“文化大革命”期间，教育受到重大影响。

中共十一届三中全会后，松阳教育事业逐步走向健康发展的轨道。1984年，松阳县成为丽水地区第二个实现基本普及初等教育（小学）和基本无盲县。随后的近30年，松阳教育与时俱进，以“科教兴县、人才强县”为总体发展目标，从实现中小学校基本无危房到实施学校标准化建设，从“两基”评估验收到“两高普九”评估验收，从普及九年义务教育到省教育强县的创建，从中小学布局调整到位到实施教育均衡化发展，从基本普及十五年基础教育到推进教育现代化的建设，走过一路坎坷艰辛的奋斗历程，谱写一首首交织着困惑与成功、拼搏与收获的壮丽篇章，影响着松阳每个家庭的生活和经济社会的建设与长远发展。

第一章 教育机构

唐武德四年（621），松阳创建官学，学址在县治东南百步。唐贞元年间（785～805），松阳县治改设古紫荆村（今西屏镇）。宋宣和三年（1121）后，县学一直延续到清末。

宋咸淳年间（1265～1274），叶再遇等在旧市（今古市镇）创建明善书院。此后书院延续至明代中后期。清代时在县治重设书院，直至光绪三十一年（1905）。

明清时，义学、私塾先后出现。清代光绪三十一年（1905），创办毓秀高等小学校，址设第三明善书院，松阳开始办学堂。民国12年（1923），松阳县设立教育局，至民国29年，全县有初级小学117所，高级小学12所，短期小学36所，公立私立中学3所。

1949年，松阳共有幼儿园、小学、初中144所。此后各类学校数量逐年增加，到1971年，小学数量达到最多，为469所。1977年是初中数量最多的年份，共有65所（其中小学附设61所）。

1980年，小学在校生30705人，是最多的年份。2000年，初中在校生11417人，达到顶峰。由于计划生育、教育改革、经济发展和社会进步等诸多因素的共同作用，学校数量和在校生人数都缓慢下降。小学从1982年开始缩并，到2010年时为24所；初中从1993年开始缩并，到2010年时为4所。

2010年，松阳县有职业中等专业学校1所、初中4所、高中2所、小学24所、幼儿园115所。松阳县各类在校生共32855人，其中职业中学在校生1857人、高中在校生3248人、初中在校生7146人、小学在校生13434人、幼儿园在校生7170人。

1988年，按照中共中央《关于教育体制改革的决议》，全面实行基础教育分级管理、分级办学的制度。其时，松阳县行政机构设有县、区（镇）和乡三级。1992年，松阳撤区扩镇并乡后，县属中小学由县教委直接管理，乡、镇中小学隶属乡镇政府管理。2010年，松阳县管学校包括县职业中等专业学校1所，松阳一中、松阳二中2所高中，松阳三中集团学校、松阳民族中学2所初中，松阳县实验小学1所小学，县实验幼儿园1所幼儿园，其他学校都属乡镇管理。

第一节　教育行政机构沿革

教谕、训导署

松阳官学始自唐代。元代开始，县设教谕、训导署，置教谕掌文庙祭祀、教育生员，置训导协助教谕教授生员。其后，有置教谕未置训导，有置训导未置教谕，有置教谕又置训导。

元至清代松阳县教谕与训导名录表

表31-1-1-1

教谕		训导	
年代	姓名（籍贯）	年代	姓名（籍贯）
元至元	王宗尧（本郡）、程旗（本县）、程奇（本县）、叶宗焘（丽水）、赵友春（福建）、章全（丽水）、叶君锡（本郡）、肖子登、陶泽、赵必奚、俞杰（本郡）、徐洵、叶霆发（本县）、陈鼎（东阳）、叶晋照（本县）、项士荣（本县）	元至元	叶诒孙
元元贞	王有德（本郡）、吴守道（永康）、何南一（本郡）、刘当时（青田）	—	—
元大德	金钺（平阳）、刘瑛（本县）、曹称孙（永嘉）、朱文炳（鄱阳）、陈焕（黄岩）、缪端友（永嘉）	—	—
元至大	陈晟（奉化）、姜圭（本郡）、黄应发（永嘉）、林定老（本郡）、郑汝厚	—	—
元至统	施沚、叶瑄、叶继祖、季仁寿（龙泉）、齐志冲（新安）	—	—

续表 31-1-1-1-1

教谕		训导	
元至正	余申孙、项祖泳、叶诒孙、徐芝孙、何坦	—	—
明洪武	毛辉、赵嗣秦（本郡）、程志方（本县）、解成美	明洪武	郑明进（本县）、叶蒙吉（本县）、郑德华（本县）、毛廷玉（本县）、张畴、陈撰（长乐）
明永乐	朱宗武	—	—
明宣德	陈颢（长乐）	—	—
明正统	钱谧	—	—
明景泰	林恭汉	明景泰	颜春（建安）、黄相
明天顺	邓义	—	—
明成化	张荣、万弼	明成化	张炳（华亭）、许善继、陈元宾（殴宁）、颜煌
明弘治	郭相、黄用植、卓文谒、林深（罗原）	明弘治	会盟（古田）、黄厚谨（莆田）、陈瑞、强千元（南海）
明正德	林遂（福宁）、蔡时（巴县）、匡昂（万载）	明正德	肖臣（内江）、曹昶（太仓）、钟英（江南）、周风（山阳）、陈纪（苏州）、吴练（崇仁）
明嘉靖	张淮、欧阳烈（秦和）、邱荣（晋江）、汪化（贵溪）、袁埴（丰城）、曾宸（太和）、方济（桂林）、张习（东莞）、刘天孚（万安）、童宣（德兴）、徐至仁（金溪）	明嘉靖	裴耀（贵溪）、叶恺（吴县）、陈增（福宁州）、邱云霄（崇安）、肖荣（万安）、徐宪（徐州）、黄公榜（贵溪）、王韶（海门）、陆鳌（滁州）、谢与诚（盐城）、刘寅（建阳）、吴峦（东乡）、朱良性（瑞昌）、张佃（东莞）、袁方（长夏）、何宝（固始）、肖辅尧、宋昱（淳安）、林遇时（福宁）
明隆庆	张彦钦（石首）、肖一本（庐陵）	—	—
明万历	周信天（永丰）、董俊（惠安）、叶孔福（西安）、龙言（武陵）、林维熊（漳浦）、郑王政（嵊县）、吴邦俊（秀水）、丁衍仁（晋江）、陆官、张宏毅（嘉兴）、姚舜宜（平湖）、郑莅（亳州）、周思宸（六合）、周泰（灌阳）	明万历	杨麟（邵武）、吴舜举（南平）、陈焕（平阳）、李学史（广西）、狄炯（兴隆）、丁国宁（天台）、金大周（定海）、朱向春（华亭）、袁宗鲁（象山）、江晖（襄阳）、黄通（奉昌）、陈奇计（湘乡）、杨炯（鄞县）、周胜宗（东昌）、谢国裕（于潜）、华文辅（富阳）、张遭南（贵溪）、蒋泽随（仙居）、王有庆（金华）、柳临汝（建德）、张向仁（辽东）、宋一科（登州）、岳凌云（顺天）、杨伯通（贵溪）、胡光岳（贵池）、吴允昌（秀水）、柴殷（江山）、洪希懋（汤溪）、李元韶
明天启	王可大（遂安）、鲍应选（长兴）	—	—
明崇祯	翁日襄（会稽）、温忠训（乌程）、唐良税（全州）、柳时良（泉州）、黎应桂（贵州）、蒋大捷（太平）、穆贞元（雅州）、孙良佐（贵州）	—	—
清顺治	项极（辽东）、姚任贤（秀水）、李焞（东阳）、凌元鼎（山阴）	清顺治	徐希时（绍兴）、徐自任（于潜）、郑俊声

续表 31-1-1-1-2

教谕		训导	
清康熙	胡日佐（仁和）、王连瓒（金华）、马琏（嘉兴）、周彩（遂安）、朱锡吉（肖山）、许穗（嘉兴）	清康熙	孟称舜（会稽）、叶大琰（宁海）、冯贵舒（慈溪）、李方熹（东阳）、朱家法（仙居）、钱本一（桐乡）、杨光斗（永康）祝秀（兰溪）、高重（嘉兴）、范邦达（龙泉）、王武曹（钱塘）、张星彩（安吉州）、徐呆（新城）、郭亮工（海宁）、张光（天台）
清雍正	许惟权（海宁）	—	—
清乾隆	王亿宽（寿昌）、毛廷梓（江山）、詹雯（常山）、陈炳（海宁）、王玉生（黄岩）、胡云昂（天台）、孙沣、陈琴川、胡秉谦、季庆曾、孙咸宁	清乾隆	陆宝持（湖州）、谢肇澍、周家楹（富阳）、俞洵骀（寿昌）、樊淳（常山）、高宏植、陈集英（仙居）、章德明（定海）、朱篆（海盐）
清嘉庆	陈于光、胡宗瑗、陆火英、程荣、盛瑶（慈溪）、钟风林（长兴）	清嘉庆	邱学敏、吴霄、洪渚、方协华、陈琨
清道光	邹鹏（海宁）、杜锡晋、茹慈、劳宗保（石门）、章黼（仁和）、沈厚（会稽）、沈成书、陶思培（会稽）、徐鹤振（兰溪）、马福椿、赵谦	清道光	胡绍锦、程廷选、宋京（肖山）、张×、李遇孙（温州）、金×、汪均（余姚）
清咸丰	房稼堂（德清）、沈宝乐（桐乡）、徐清翰、印均（临安）	清咸丰	黄王五（肖山）、崔世霖（西安）、张祖陆（嘉善）
清同治	樊芝生（仁和）	清同治	郑荣美（严州）、王梦兰（天台）、周垢（会稽）、倪植（会稽）、周绍旦（奉化）
清光绪	王于漠（宁波）、葛麟（慈溪）、王启忠（鄞县）、富世郑（海盐）、沈瑜宝（秀水）、汪庆云（汤溪）、钮福安（归安）、江爵（嘉兴）、沈树荣（归安）	清光绪	王赓华、张翼（台州）、王运升（衢县）、戚襄（绍兴）、钱鸿业（嘉兴）、应瑞（宁海）、程大廉（西安）、徐士骈（德清）、黄蕃（杭州）、黄文藻（汤溪）、俞钟俊（新昌）
—	—	清宣统	徐风来（武义）、袁彭年（鄞县）

劝学所

清光绪三十二年（1906），清廷令各地撤销教谕、训导署，各县设立劝学所。同年，松阳县设立劝学所，聘请举人高斐然为劝学所长、吴春泽为总董。当时原有训导署未撤，但教育行政事务已由劝学所掌管。清宣统三年（1911），劝学所一度废置。民国元年（1912），县公署设第一、第二科，教育事宜由第一科兼管，其职权为佐理县知事处理有关教育文牍。劝学所由总董吴春泽主管。民国3年，县设学务委员会，劝导兴学。民国5年，县设视学1人，负责视察和指导各学区教育事宜。当时全县划分为8个学区，各区设有学务委员，负责办理各学区内教育事宜。民国6年，劝学所复设。教育行政主要由劝学所管理，并兼有劝导地方人士创办学校、推广教育之责。民国9年，县设教育主任，但教育主任由政务主任兼，一切教育行政事务由劝学所负责。

民国时期松阳县劝学所长和县视学任职情况表

表 31-1-1-2

劝学所长（总董）			县视学		
姓名	籍贯	任职时间	姓名	籍贯	任职时间
高斐然	松阳	1906～	刘德怀	松阳	1916～1919
吴春泽	松阳	1906～1917	叶世廉	松阳	1919～1920
张开甲	松阳	1917～1918	宋思琅	松阳	1920～1922
刘绍宽	松阳	1918～1922	詹梦熊	松阳	1922～1923
宋思琅	松阳	1922～1923	—	—	—

教育局（科）、教委

民国 12 年（1923），松阳县撤销劝学所，设立教育局，有局长 1 人、县视学 1 人、事务员若干人。局长对县知事负责，主持全县教育行政事务，并督促指导各区乡教育事宜。县视学由县知事聘请，报省教育厅委任，与教育局长不相隶属。民国 19 年，《浙江省县政府教育局规程》颁布，规定县教育局下设三课。第一课负责总务及其他事务；第二课负责学校教育；第三课负责民众教育。另设督学负责视察及指导教育，指导员负责推广乡村教育，改进民众教育。同时，设立教育委员会和管理教育款产委员会，负责筹议全县教育行政事务和管理全县教育（钱）款（资）产。民国 25 年，县政府裁局设科，教育事宜由第三科掌管，有科长 1 人、督学 2 人、事务员 2 人。第三科除管理全县教育事宜外，还管理民众教育、公共体育场、公共剧场。民国 26 年，第三科改称教育科。

全面抗战时期，教育科为适应战时需要，把原研究教育的县、区辅导会议改为战时教育座谈会，并负责管理县立图书馆、县立体育场的建设，举办科学讲座，培养民众研究科学之风气等。抗日战争胜利后，县教育科设科长 1 人、指导员 1 人、督学 3 人、科员 2 人。

1949 年 5 月，松阳解放。县军管会接管文教部门，设立县政府文教科，有科长 1 人、副科长 1 人、科员 5 人。文教科负责管理全县科技、文化、教育、体育行政，受县政府、县委宣传部领导。1953 年，松阳中等学校工作委员会成立，由县委宣传部副部长任主任委员，文教科及 3 所中学负责人参加，督促检查教育方针和教育计划的执行。1954 年，县政府另设卫生科，文教科不再管理卫生行政工作。1955 年 2 月，县委文教部建立，文教科同时接受县政府、县委文教部的领导。1958 年 11 月，松阳县并入遂昌县。“文化大革命”期间，文教科处于瘫痪状态。1968 年，县革委会成立后，文教部门由县革委会政工组领导。

1982 年 1 月，松阳恢复县制；4 月，文教局恢复建制。1984 年 3 月，因文化局设立，改称教育体育局。1985 年 3 月，县设立体委，教体局改称教育局。1989 年 9 月，撤教育局，建立教育委员会，由副县长兼任教育委员会主任。1990 年，副县长不再兼任教育委员会主任。1991 年，教育委员会下设办公室、人事科、普教科、成教科、计财科、职教科、勤工俭学办公室、教研室、电教仪器站、督导办公室、招生办公室、电大工作站、自学考试办公室、监察办公室等。

2007年后，根据教育改革和发展工作需要，经县编委批复同意，勤工俭学办公室与电教馆合并，组建教育技术中心，增设校园安全科、教育会计核算中心、教育发展有限公司、校舍建设与资产管理中心和幼儿教育指导中心，在成教科增挂行政许可科牌子。2010年，教育局下设机构有：局（委）办公室、教育督导室、人事科、计财科、普教科、成职教科、幼儿教育指导中心、招考办、信访室、校园安全管理科、教育会计核算中心、教育技术中心、校舍建设与资产管理中心13个科室。

其他行政组织

县学务委员会　民国3年（1914），县第一届学务委员会成立，劝导兴学。委员会由7人组成。全县分8个学区，每个委员代表一定的学区。第二届学务委员会委员人数增加，由19人组成。民国15年，学务委员会改称教育委员会，由8人组成。民国24年，委员会撤销。

董事会　民国12年（1923），松阳县教育局成立时，设立董事会，为教育审议组织。董事会由6人组成，除由县知事选派县视学1人外，由县参事会选定教育著有成绩者2人、从事实业或办理地方公益著有声誉者2人、县参事会参事1人。董事会任期3年，主要职能是审议县教育方针及计划，筹划县教育经费及管理县教育财产，审核教育经费的预决算，议决县教育局长交议事宜，提议有关教育事项。董事会开会时，县教育局长得出席会议，但不加入表决。

管理县教育款产委员会　民国16年（1927），松阳县教育局成立管理县教育款产委员会，其职能为管理全县教育部门的公款公产（组成人不详）。民国20年，委员会改组，由常务干事1人、委员7人、后补委员3人组成。民国22年，委员会由常务委员3人、委员8人组成。民国23年，委员会改组，人数不变。此后，管理教育款产委员会改称财务委员会。民国29年，改称公款公产委员会，其职能不变。

义务教育委员会　民国19年（1930），松阳县建立义务教育委员会，由县长、教育局长、督学及区教育委员等组成。其职责是规划义务教育实施事项。委员会曾制定《松阳义务教育计划书》《短期义务教育实施办法大纲》。全面抗战爆发后，义务教育停止实施。

强迫入学委员会　民国33年（1944），为促进民众教育，松阳县成立强迫入学委员会，由县长督率教育行政人员、各乡镇中心学校、保国民学校教员及警察、自治人员协同办理。委员会制定《管理学龄儿童就学办法及强迫学龄儿童入学办法》，规定学龄儿童和失学民众入学后，如不到校上课或经常缺课，先由当地保长用口头或书面劝告，限期入学，劝告无效者，张榜警告，限令入学。警告后三日仍不到校，由警察会同当地区乡政府处以罚款或以劳役抵充，以督促学龄儿童和失学民众入学。

工农教育委员会　1950年，松阳县建立冬学委员会，由县政府文教科、县委宣传部、团县委、县妇联等单位负责人组成。其职责是依靠农村基层组织，发动社会力量举办冬学、夜校，开展农民识字。1953年，县政府扫除文盲工作委员会成立。下设办公室，有扫盲干部7人。各区设立扫盲中心学校，有校长、教导主任，专职教师。全县70%的乡建立乡扫盲委员会，开展农村的识字教育和扫盲工作。1956年2月，县扫除文盲协会筹委会成立，各乡相应建立扫盲协会（或称文教委员会），其任务是开展扫除文盲工作。1960年，县业余教育委员会成立，由县长任主任委员，县文教科负责工农教育的日常工作。1981年，县工农教育委员会成立，由教育局、团县委、县妇联、农业局、县总工会等有关单位组成委员会。委员会下设办公室，各区、乡（镇）配业余教育辅导员，为业余教育的专职干部。专职干部实行“编制在学校，工作在公社，管理属县，专职专用”的原则。

县招生委员会　1953年8月，县中等学校联合招生委员会成立。次年，全县中等学校实行统一招生，委员会负责中等学校招生的报名、审查、健康检查、考试、录取等工作，同时还负责录取军事干校学生21人。1956年，高中招生由金华地区文教科统一命题，初中仍由县统一办理。

1958年7月，县招生委员会成立，委员会由9人组成，县委副书记任主任，县委宣传部部长任副主任。招生工作坚决贯彻向工农开门的方针。1959年开始，高等学校招生在松阳设立考点，招生期间设立专门的办公室。“文化大革命”期间，招生的正常工作被打乱。1977年，恢复高校招生考试制度。1982年，县高等学校招生委员会成立，由1名副县长任主任，宣传部长任副主任，委员有组织、公安、卫生、教育、劳动、妇联、共青团等部门的人员。下设办公室作为常设机构，配有专职干部1人。每年招生开始，临时抽调人员协助工作。

职工教育管理委员会　县职工教育管理委员会建立于1982年8月，由县委常委任主任。1984年4月，改称职工教育委员会，委员会由县委、县委组织部、农工部、总工会、计划经济委员会、县府办公室、人事局、教育局、劳动局、财税局等单位负责人组成。1989年9月，委员会并入县教委，其职能由教委成人教育科担负。

第二节　县学、书院和义学、私塾

县学

松阳县学创建于唐武德四年（621），是丽水地区最早建置的地方官学。县学学址在县治东南百步。宋宣和三年（1121），学宫被焚。建炎年间（1127～1130），知县徐彭年重修。绍兴年间（1131～1161），知县王淑、茅崇增修。元元贞二年（1295），知县赤盏显忠拆旧新建。明代，教谕钱谧及知县林壁、黄美中、李基等，相继建有奎文阁、启圣祠、博文斋、约礼斋，学额20名。清代，学宫先后6次修缮。有大成殿、名宦祠、昌文祠、乡贤祠、明伦堂、尊经阁、崇圣祠、文昌阁及教谕宅、训导宅等建筑。学额增加，有廪膳生20人、增广生20人、附学生16人、武生12人。

县学设有教官掌教，教官名称各朝代不尽相同。松阳在唐武德四年（621）曾设州，教官称博士、助教。武德八年（625）废州复县，称教授。元代以后称教谕、训导。古代对地方学校教官要求甚严，根据学生科举考试成绩的优劣评定学官，决定升迁。省学官也常到州县巡视，考查州县教官之优劣及学生之勤惰。

县学学习内容以儒家经书为主，所以元代以后又称儒学。唐代学习内容以《九经》为主。宋代，以《大学》《中庸》《论语》《孟子》作为基本用书。绍兴元年（1131），县学设有射圃。明代，设礼、乐、射、御、书、数等科目，分别教授。生员除儒家经书外，还学习《御制大诰》、有关律令、《九章算术》及射事。明清两代科举以八股取士，规定以“四书”“五经”的文句为题，文章格式为八股文，解释须依朱熹《四书集注》。因此，县学实质上已成生员准备科考的机构。

县学注重生员的考试，明代分月考、岁考、科考三类。月考由县学教官主试，岁考、科考由提学官主试。岁考后，生员成绩列为六等，一、二等者有资格参加科考，合格者才有资格参加乡试。清代，县学有岁考和科考两种，岁考每年举行一次，科考隔年举行一次，均由省里派学政主试。岁考成绩决定生员的升降。成绩优等者，附学生升增广生，增广生升廪膳生；成绩劣等者，依次递降。

县学管理严苛，均奉朝廷颁布的学规，明清时期尤甚。明太祖曾颁禁例 8 条，刻勤卧碑，置于县学明伦堂上，令师生遵守。清代沿明代旧制，清顺治九年（1652），松阳县学宫之右竖有碑文，文曰："朝廷建立学校，选取生员，免其丁粮，厚其廪膳，设学院学道学宫以教之，各衙门以礼相待，全要养成贤才，以供朝廷之用，诸生皆当以上报国恩，下立人品。"并勒有生员应遵守的 8 条规定。清康熙三十九年（1700），颁圣谕 16 条，教谕、训导和生员必须"每月朔望"齐集明伦堂，俱听宣讲。清雍正年间（1723～1735），颁《圣谕广训》，作为生员的行为准则。县学除勒碑皇帝圣训外，尚有各朝代所颁御书"万世师表"等匾式，学宫中藏有御赐书籍。

县学的教育经费，主要来自学田学租。松阳明代以前无学田，均由官府支付。明嘉靖三十六年（1557），知县黄美中始置学田。明隆庆六年（1572），知县杨维新置学田 200 亩，"田归学中收租，为两学师饭米及诸生季考月课之资，余给诸生贫乏者"。清光绪年间（1875～1908），学田增至 228 亩。

书院

书院，原为士子修书、收藏历代经史典籍之处。唐宋以后，逐渐演变成聚徒讲学之地，同时又是当时的学术研究机构和教育机构。书院的组织机构比较精干，一般只设山长，总理其事。

宋淳熙九年（1182），朱熹任浙江常平使时，曾到松阳讲学。为纪念朱熹，叶再遇筹划，咸淳年间（1265～1274）在旧市创建明善书院，俗称第一明善书院。元至元二十一年（1284），太学子萧子登掌教书院，由于官府支持，讲学之风兴盛。元统元年（1333），知县方明安"延师儒，仍集学徒，弹琴赋词，日讲月试，凡学政之当举者，莫不备至"。书院相继扩建有御书楼、择礼馆、万寿亭、大成殿等建筑。元末，书院焚毁，惟存大成殿。明代中后期，朝廷加强思想控制，废书院，斥之为邪学，书院一度停办。

清乾隆十五年（1750），知县陈朝栋倡导捐资，在县城东门朱子祠左侧购詹姓房产，重建书院（俗称第二明善书院）。把原有县学田及寺田拨入书院，供书院经营调剂。嘉庆五年（1800），溪流泛滥，书院倾圮。嘉庆二十四年（1819），山长蔡士梁筹划组织董事会，由杨开甲、许景铭等 24 人任董事，竭力劝捐，四乡闻之"或银或田，无不踊跃捐输，约得银 2000 两，得田 560 余亩"。捐款所得，在朱子祠旧址新建书院。咸丰十一年（1861），书院被太平军焚毁。同治六年（1867），知县徐葆清倡导重建书院，山长饶庆霖主持，得捐资 326 千文，购县城北门天后宫街叶姓民房，修缮后重开书院（俗称第三明善书院）。光绪三十一年（1905），揭去明善书院匾额，改立为毓秀高等小学校。

附1：松阳古代部分书院、私塾情况

萧院，创办于南宋时期，址设古市，为第一明善书院前身。

第一明善书院，创办于元大德四年（1300），址设在古市。

朱子祠，创办于清（1672～1826），址设古市，又名第二明善书院，由吴国玟、胡之昂、蔡大来主讲。

第三明善书院，创办于清同治七年（1868），址设县城北天后宫之东，由汤竹筠之子侄主讲。

南州书院，创办于宋淳熙年间（1174～1189），址设南州村，由王光祖主讲。

南州徐公家塾，创办于明永乐十九年（1421），址设南州徐公宅，由徐伯基主讲。

城西书院，址设县城西屏山之侧，由叶八主讲。

叶震明善书院，创办于宋淳熙九年（1182），址设古市。

叶再遇明善书院，创办于宋咸亨间（1265～1274），址设古市。

太极阳明书院，创办于元（1271～1368），址设县邑景福观，由程榆主讲。

蓉川书院，元代创办，址靖居包村。王景曾就读于此。

济川书院，创办于明成化年间（1465～1487），址设城南济川书屋。

云岩书屋，明崇祯年间（1628～1644）吴学博创办，址设城北云岩山。

城东紫阳书院，创办于清嘉庆二十四年（1814），址设城东第二明善书院之西，清光绪三十一年（1905），城东朱子祠及紫阳书院改建为“育英模范小学校”。

象溪紫阳书院，清嘉庆年间（1796～1820）村人高永绣等捐建，址设象溪村头赵元坛庙后，由高大璋主讲。

天香书院，松阳城南人潘益涛在官塘家宅创建书院。

此外，境内还有高亭书院、斗潭书院等。

附2：积诚草舍

图31-1　积诚草舍创办人叶梦麟（叶祖青提供）

民国17年（1928），叶梦麟在自己家里创办积诚草舍，其教育宗旨就是用儒家思想培养人才。草舍对入学者没有年龄、学历的限制。入学后，根据学员水平划分为初级和中级，采用复式教学。教学内容主要是读经，有“四书五经”“夏文夏词”“唐诗宋词”及“朱子家训”等。后来增加历史、地理等科目。草舍学生没有统一的学习年限，也无寒暑假，何时结业，均由叶梦麟本人酌情确定。

草舍特别重视尊孔仪式。每天早晨鸣钟擂鼓。上课前师生齐向孔子像行礼，接着师生之间、学生之间鞠躬行礼，然后上课。平时学生之间称兄道弟。每逢初一、十五日，师生面对孔子像行跪拜礼。每年九月三日孔子诞辰日，都要举行祭孔典礼。这一天，草舍郑重其事，特邀各地名儒参加，仪式庄重肃穆。

革舍专招男生，后来社会风气渐开，也招收一些高小毕业的女生。革舍还曾招过儿童，教读《三字经》。革舍初办时学费每人每年10块银圆，以后略低。由于革舍声誉日高而远近闻名，到革舍求学者络绎不绝。民国29年（1940），叶梦麟削发弃教，投奔国民党高级将领陈诚，革舍停办。革舍共办12年，培养学生200多人。

义学

义学，亦称义塾，有官办和民办两种，经费主要来自田租。明崇祯八年（1635），县设学田，始创义学，有教读1人。清乾隆十九年（1754），知县黄槐捐俸，在城东朱子庙设蒙童义学。光绪间，知县范祖义、刘靖拨田，用于办学。民办义学由个人、或寺庙、或宗祠捐田捐资兴办。明代，杨克尧捐资在西溪创办杨氏义学，毛氏在水南白云庵创办义学。清代，有大竹溪义学、象溪高超士公学等多处。

私塾

松阳私塾兴于清代，有开馆、坐馆、族塾、村塾等类型。各地私塾，学童多寡不一，程度参差不齐，年龄间距大（小的五六岁，大的十三四岁）。私塾没有固定的学习年限，无统一的教学制度。学童入塾一般从识字开始，学会二三千字后才教读书，以《百家姓》《三字经》《五字经》《千字文》等蒙学课本为教材，也有开始就学《大学》《中庸》《论语》《孟子》《诗经》等。写字教学要求甚严，从扶手润字开始，后分描红、影写、仿塾师写、仿拓本写等。读写有一定基础后，再教作文。学规极严，如有违反，常受鞭打手心、站、跪等体罚。教学中，由于塾师各有所长，各地学童也各有所长。石仓乡的私塾，注重毛笔字书写教学，因此当年石仓书法好的不乏其人。

松阳县私塾甚多。清康熙年间（1662～1722），上安办有刘氏家塾。同治十年（1871），山下阳村创办的族塾，首任教师张重坊在塾时，较有名气。光绪年间，赤岸名儒吴春泽在家开馆，学子甚多。光绪三十一年（1905），其女温娥念及村中妇女不识字之苦，创办坤元女塾。村中部分儿童入学，也有儿童仍在私塾就读。

民国初，浙江省教育司曾发布通令，取缔私塾，增设小学。但各地有令未止，继续创办私塾，特别是地处偏僻乡村，因缺乏教师、经费、场所，私塾仍是办学的主要形式。樟溪片的村庄，除办有东市初级小学、樟村初级小学外，其他大徐等10余村仍设私塾。石仓片的诸村，除茶排办有小学校外，其他村庄的儿童在私塾就读。民国28年（1939）后，小学数量及班级数逐增，私塾数量日减。乡村私塾开始采用部定课本，推行新式教学方法，逐步向学校过渡。但该年尚有私塾22所，学童376人。民国29年，减至17所，学童308人，塾师17人。抗日战争胜利后，这17所私塾停办或转为小学，个别乡村私塾延至中华人民共和国成立。

附3：民国28年（1939）松阳县私塾情况

民国28年（1939）松阳县私塾情况表

表31-1-2-1

乡镇	地点	塾师	学生人数（人）	施教情况	距最近学校里程
玉岩镇	支木	张颜贵	21	识字	距玉岩小学10里
根安乡	周安	吴世根	14	识字	距根下初小10里
枫树斗乡	梨树下	叶陈章	19	同小学	距枫坪初小15里
枫树斗乡	梨树上村	张美辰	12	识字	距枫坪初小15里
枫树斗乡	大栗塆	叶长兴	8	识字	距枫坪初小10里
枫树斗乡	朱岱儿	张叶根	9	识字	距枫坪初小10里
松溪乡	瓦窑头	王敦风	26	识字	距官塘初小15里
归正乡	横樟	张大成	26	识字	距小竹溪15里
香雪乡	蛤湖	包志熙	24	识字	距小竹溪20里
化南乡	北山潘	叶少山	16	识字	距竹溪初小15里
化南乡	可重旺	王敬卿	14	识字	距黄庄初小15里
化南乡	陈日潘	黄关福	15	识字	距黄庄初小15里
鲁西乡	双坑口	许敏瑶	12	识字	距鲁西初小10里
桐川乡	半岭四面开	蔡盛德	7	识字	距桐榔初小15里
桐川乡	高山	谢老头	19	识字	距桐榔初小15里
裕溪乡	章山	吕云琦	15	同小学	距裕溪初小10里
圳头乡	大片	叶得珊	27	同小学	距堰头初小10里
南州镇	石马源	施文英	13	识字	距南州初小10里
南州镇	石马铺	沈有斐	21	识字	距南州初小8里
南州镇	下麻厂	施才海	20	识字	距南州初小10里
雅溪乡	樟树下	李万章	21	同小学	距雅溪初小10里
雅溪乡	吕潭	谢谦荣	17	同小学	距雅溪初小5里

第三节　学校管理

清末至民国时期的学校管理

清末，学堂设堂长 1 人主持学堂工作。知县直接任命熟悉学务、明晓教学法的教员充任堂长。

民国初，学堂易名学校，堂长改称校长。校长由县知事任免，总揽学校的一切行政管理权。全县依自治区分为 8 个学区，每学区设学务委员 1 人，管理区内教学事务。民国 5 年（1916），学校董事会负责校长的选聘与解聘和财务监督。学校由校长管理，下设教务、训导和事务三处，各设主任 1 人，分管教务、教育和财务工作。设立校务会，讨论、决定校内重要事项。民国 12 年，全县划为 5 个学区，城区为第一学区，厦田为第二学区，靖居为第三学区，大竹溪为第四学区，古市为第五学区。

民国 15 年（1926）9 月，松阳县立初级中学创办，校务由董事会管理。民国 16 年，县政府委任叶锐为校长，并报请省教育厅批准任命。创办初期，学校规模较小，校长下设教务主任、文牍、会计、庶务、校医。民国 19 年，实施松阳县《教育员服务细则》，各区设教育员 1 人。民国 23 年，松阳县立初级中学校长由县长李裕光兼任，学校行政职务分设教务主任、训育主任、事务主任，职员中有校医、事务员、女师部管理员等。校长主持全校工作。教职员工由校长自行解聘，教职员均秉承校长意旨办事。

民国 25 年（1936），全县重新划分五学区，城区仍为第一学区，撤销厦田学区，并入城区；新设玉岩第三学区，大竹溪学区改为竹溪学区，仍为第四学区；古市、靖居分别改为第二、第五学区。开始实行中心小学辅导制度。各学区设中心小学 1 所，以校长兼任学董。区中心小学为该区各小学的表率，负责该区各小学的辅导。同时，以乡镇为单位，划设 59 个小学区，各设中心小学 1 所，以校长兼任学董，乡镇长兼任助理学董，辅导本乡镇内各小学的教育、教务工作。

民国 26 年（1937）夏，松阳开始实行地方教育辅导制度。每学区各设辅导员 1 人，每学期辅导区内学校教育与社会教育 2 次。县辅导员会议每月召开 1 次。县政府订定《松阳县小学最低限度行政标准》100 条，颁发各小学遵循，并作为各小学成绩考核之标准。制订《视导报告表》《辅导月报表》《辅导员服务细则》《督学工作考核办法》等，加强视导、辅导工作。

民国 28 年（1939），国强战时初中学生补习学校创办，聘请潘浙为校长。民国 29 年，依《国民学校法》的规定，县设国民教育指导员，各区设教育指导员。国民学校设校长 1 人，总理校务。校长下辖教导、总务 2 处，分管教育、教学和财务工作。按县政府要求，各中心小学相继设立社教部，实施国民教育，发挥示范作用。民国 36 年，松阳县开始出现幼儿园。开办的儿童乐园由教育部门管理，教育部门和妇女会共同负担办学经费。

中华人民共和国成立后的学校管理

1949 年下半年始，学校工作由校长负责。县立初级中学自行组织临时行政领导机构校务谈话会。

1950年，县政府批准中学成立校务委员会。委员会由学校各部门负责人及教师代表2人组成，集体管理全校事务。教职工由县政府文教科分配，个别教师由学校自行聘请，报县政府备案。同时，县政府把全县划为城关、古市、靖居、玉岩4个学区。每学区设文教助理员1人，负责本区文教工作。

1951年，松阳实施省文教厅《浙江省公立中等学校实行校长制的暂行规定》。县立初级中学实行校长制，校长下设教导、总务二处。校长、教导主任、总务主任由省或地区行署教育行政部门任命，教师由国家统一调配。私立中学仿照公立中学设置校长、教导主任、总务主任，由县政府任命并报请省教育厅备案。1952年，实施部颁《小学暂行规程（草案）》，小学的设立、变更、停办，由县教育行政部门决定，并统一领导公办和私立小学。小学实行校长责任制，设校长1人（必要时增设副校长），负责领导全校工作。下设教导主任1人（15班以上的学校增设副教导主任1人），协助校长办理教导和行政事宜；班级较多、事务较繁的学校，设事务员1人，在校长领导下办理本校会计、庶务等工作。下半年起，设区、乡中心小学，实行区、乡两级辅导制度。西屏镇第一、第二中心小学和古市完全小学附设的幼稚班由县文教科统一领导，日常行政事务和办学经费由所在学校统一管理。1953年，西屏镇第一中心小学附设幼儿园单独设园，设主任1人，负责园内日常行政事务和教务工作。1953年12月，省政府明确规定中学由省教育厅统一领导，由县政府直接管理。

1955年，由校长、教导主任、总务主任、团总支书记、校内教工工会主席及教师代表组成校务委员会，实行集体领导、分工负责，重大问题由全体教师参加的校务会议讨论决定。同时，中共松阳县委成立文教部，专管全县文教卫生工作。小学的设立、变更、停办均由县人民委员会（人民政府更名）审批，小学校长由县委文教部任免。1956年，撤区并乡后，全县重新划分为8个学区，每学区设中心完全小学1所，负责该学区的辅导工作。1956年后，各种类型的托儿所、幼儿园实行统一领导、分级管理。主办单位各自负责托儿所、幼儿园的管理，教育行政部门统一领导。1957年6月，省教育厅规定一般完全中学行政领导由县管理，业务由省专署及县双重领导。县委撤销文教部，小学校长改由县委宣传部任免，学校实行县委宣传部和县人委文教科双重领导制度。

1958年，在松阳县第一中学、第二中学分别建立党支部，任命党支部书记、党员校长，学校重要行政工作在校党支部领导下集体讨论决定。松阳县第一初级中学是靖居区雅溪乡第一完全小学戴帽子初中，第二初级中学是玉岩区中心完小戴帽子初中，行政上归属于区中心完小领导。1958年，有党支部的小学实行党支部领导下的校长负责制。下设教导、总务2处，教导处管理教学、教育工作，总务处管理经费、财产和后勤工作。11月，松阳并入遂昌。

图31-2 松阳一中教学楼，建于1964年（松阳一中提供）

1963年3月，实施教育部《全日制中学暂行工作条例（草案）》，中学校长是学校行政负责人，在当地党委和教育行政部门领导下负责全校工作，学校重要事务通过校务会议讨论解决，校务会议由校长主持，党支部书记、教导主任、总务主任、学校教育工会主席、共青团书记及教师代表参加。此后，公办的全日制中学实行分级管理，初中由县教育行政部门管理，完全中学由省教育厅委托丽水地区、县教育行政部门管理。

1966年，“文化大革命”开始，学校各级领导处于瘫痪状态。1968年，实施《全日制小学暂行工作条例（草案）》，校长是学校行政负责人，在当地党委和主管的教育行政部门领导下，负责领导全校的工作。学校党支部对学校行政工作负有保证和监督的责任。在这前后，曾有军宣队、工宣队、贫宣队、革宣队进驻学校，负责行政管理。1969年后，贫宣队进驻学校，实行贫下中农管理学校，城镇小学建立工农管理学校委员会，农村小学建立贫下中农管理学校委员会（贫管会）。1970年，完全中学组织革委会，各区社初中由贫管会领导。

1978年，恢复校长制，恢复区、社（镇）中心学校。区中心学校受县教育局委托，辅导和管理所属学区和各公社的学校工作；公社中心学校辅导和管理该公社所属村校的学校工作。实施教育部《全日制小学暂行工作条例（试行草案）》，小学实行党支部领导下的校长分工负责制。党支部统一领导学校各方面的工作，学校的一切重大问题必须经过党支部讨论决定。支部书记、校长、教育工会主席、教导主任、总务主任、团委书记组成领导班子，分工负责学校的行政管理。1979年，实施《浙江省农村中小学领导管理体制》，县政府任免区中心学校校长，县教育局任免公社中心学校正副校长、教导主任。是年，恢复共青团和少先队组织。1981年9月后，改由县委宣传部任免区、公社两级小学的校长和副校长。在这之前的1980年，县妇联设立幼托办公室，协助领导城乡幼托工作。

1982年1月，松阳恢复县制。县教研室配备专职幼儿教研员，负责幼儿教育的研究和辅导工作。县属中学校长由县政府任命，教导主任、政教主任、总务主任、校长办公室主任由县教育行政部门任命，乡级中学校长由教委任命，学校由区中心学校管理。1983年，县文教局先后实施《松阳县中小学校长、教导主任工作条例》《松阳县中小学教师工作条例》《松阳县中小学班主任工作条例》《松阳县中小学总务主任、会计、出纳的职责》《松阳县中小学教职工考勤、考绩和奖惩意见》和《松阳县业余教育干部工作条例》等规章制度，试行岗位责任制。1984年4月，县妇联和教体局联合制订“五好”幼儿园（班）和先进保教工作者评比条件，并组织评比。12月，组织实施《幼儿教育纲要》。

1985年，贯彻中共中央《关于教育体制改革的决定》，试行基础教育分级管理、分级办学。县教育局对小学实行条块领导，并下放人事调动权。学校党支部接受当地党委的直接领导，受县教育局党委的指导，乡镇中心学校由乡镇政府管理，村小学由乡镇、村实行双重领导和管理。乡镇中心学校校长、副校长由县教育局任免，教导主任由乡镇政府任免，报县教育局备案。8月，县属中学实行党支部书记、校长分工负责，党支部书记负责学校政治思想工作，学校行政管理由校长负责。1988年，全面实施分级管理、分级办学。

松阳区中心学校升格为县实验小学，由县政府负责管理。撤销松阳、古市、靖居、玉岩、大东坝5个区中心学校，设立相应的5个区辅导学校，各设校长1人、副校长1人，配备专职会计1人，办公地点设原区校内，负责处理所在区的教育行政管理和教学业务的辅导工作。原古市、玉岩、靖居、大东坝区中心学校改为乡级学校，由所在乡镇政府负责管理。县教育局制订《关于明确和加强区辅导学校职能的试行意见》，明确规定区辅导学校和所在乡中心学校的关系和各自职能。

1989年，县教委制定《松阳县校长目标管理责任制》，对校长试行一年一度的量化考核。执行国家教委《幼儿园管理条例》和《幼儿园工作规程（试行）》，规定幼儿园的管理实行地方负责、分级管理和各有关部门分工负责的原则。农村幼儿园的举办、停办，由所在乡镇政府注册，并报县政府教育行政部门备案。1990年，实施松阳县教委《关于加强幼儿学前班管理的意见》，乡镇、村及村民个人举办和停办学前班，由乡镇政府审批，报县（市、区）教育行政部门审批。

1992年8月，县教委制定《关于撤区扩镇并乡后我县教育管理工作的意见》，规定撤销区辅导学校，实行分级办学，分级管理；县属小学由县教委直接管理，乡镇中小学隶属乡镇政府管理。9月，县教委制定《松阳县农村小学办学纲要 （试行）》，规范农村小学办学行为。11月，县教委根据《浙江省全日制普通中小学学籍管理暂行办法》，制定《关于加强学籍管理，做到依法办学的规定》。1993年，地区教委规定不再允许初中学生留级和变相留级，不得举办初中毕业生升学复习班。按照省教委《浙江省高级中学学生思想品德考核暂行办法》的规定，松阳一中、二中把学生思想品德考核分为“优秀、良好、及格、不及格”四个等级，应届高中毕业生的思想政治品德考核完成后，即作为高考、高中专招生录取工作中德育考核的依据，不再另写毕业鉴定和另填考生思想政治品德考核表。1994年，省教委发出《关于推进普通高中分流教育的意见》。松阳两所普通高中实行分流教育，基本结构为“高一、高二分段，高三分流”，即用两年时间学完普通高中现行教学计划所规定的文化课必修内容，并结束规定科目的会考，高三年级开始实施为期一年的升学预备教育或就业预备教育。县教委印发《松阳县初级中学办学纲要（试行）》，提出初中学校的布局、规模、办学条件、学校管理和办学效益等方面的要求，各项主要指标分为三类，即示范条件、标准条件、基本条件。

1995年，县教委根据初中学校的规模、办学条件和教学设施等不同情况，把初中学校调整为三类。松阳三中为一类初中；古市镇中、岗寺初中、赤寿初中、新兴初中、樟溪初中、阳溪初中、水南初中、叶村初中、望松初中、斋坛初中、玉岩初中、大东坝初中、靖居初中为二类初中；四都初中、新处初中、谢村初中、竹溪初中、三都初中、竹源初中、交塘初中、枫坪初中、板桥初中、裕溪初中、蛤湖初中、石仓初中、安民初中、雅溪初中为三类初中。是年4月，学校施行每周五天工作制。各校严格执行省教委调整后的教学计划。1996年，根据省教委《浙江省中小学校教职工代表大会工作规程（试行）》的规定，松阳两所普通高中召开教职工代表大会。从此，教职工代表大会成为全县各学校民主管理的重要工作。4月，实行国家教委颁布的《小学管理规程》。7月，县教委根据省教委要求，加强学生参加体育、艺术类竞赛活动的管理。1997年，贯彻省教委《关于规范当前义务教育阶段办学行为的意见》，县教委要求各校认真清理并坚决纠正义务教育阶段不规范的办学行为。义务教育阶段公办学校不得举办校中的民办校或校内的民办班，不得招收“择校生”和变相“择校生”，不设重点班、快慢班。5月，县教委印发《关于巩固“普九”成果和加强学籍管理的通知》，对入学、转学（借读）、留级、休学、复学等做出明确规定，强调健全学籍档案，规范办学行为。7月，县教委印发《关于重申西屏镇城区三所小学学区招生范围的通知》，城区三所小学坚持免试就近入学原则，仍按1992年确定的区域划分学区实施招生。全县初中的正副校长按照丽水地区教委《实行中小学校长（含副校长）“持证上岗”制度的实施意见》精神，先后经脱产培训取得培训合格证书，持证上岗。是年，县政府同意县教委的请示，决定在松阳一中实行校长负责制。

1998年，县教委印发《关于推进中小学素质教育的实施意见》，提出初中教育的具体目标:小学毕业生升入初中的比例达99%，适龄少年进初中的比例达97%。6月，县教委制定《关于双休日、寒暑假举办辅导提高班的有关规定》，禁止小学教育阶段办班补课。9月，各校根据要求全面推行校务公开工作。是年，县教委督导室对各乡镇中心小学开展合格学校督导评价工作，推进规范化办学。1999年，根据省地教委关于减轻中小学生过重课业负担的有关规定，松阳县从2000 年秋季起，小学生学业成绩由百分制改为等级制，并辅以激励性评语；严格执行教学计划，不得随意增减课程和课时；小学不搞任何形式的统考、统测和统一命题；严格控制各类竞赛；严格控制小学生在校时间，总量不超过6小时；严格控制课外作业量；严格控制各类复习资料；不得组织小学生集体补课或变相上课等。

2000年3月，县教委在象溪镇雅溪辅导小学召开全县小学管理工作现场会，推进和完善寄宿制学校住校生管理工作。2001年，松阳县各初中学校开展示范初中创建工作；10月，松阳县教育委员会更名为松阳县教育局。2002年，县教育局转发市教育局《丽水市义务教育阶段学生学籍管理实施意见》，规定未授满初中二年义务教育的学生一律不办理退学手续；凡授完初中三年义务教育的学生，均发给浙江省义务教育证书。初中学生的学籍管理以县教育局为主。全县高中执行丽水市教育局颁发的《丽水市普通高中学生学籍管理实施意见（试行）》。普通高中招生由市教育局统一组织招生考试，面向全县招生，高中一年级新生名册于每年9月底前报市教育局备案，取得学籍号。毕业证书由省教育厅监制，市教育行政部门验印，学校颁发。4月，县教育局成立社会力量办学教育机构设置评议小组，执行社会力量办学审批制度，做好社会力量办学的管理工作。10月，根据《丽水市义务教育阶段学生学籍管理实施意见（试行）》，县教育局对小学生的入学、转学、考核、升级、跳级、留级、退学、休学、毕业等都作出规定。小学招生按照“住、户”一致的原则，任何学校不得拒收学区内的适龄儿童入学。12月，县教育局要求各校根据省教育厅《紧急通知》精神，严格做到“三不”（不滥订复习资料、不在节假日大面积补课、不办义务教育阶段重点校、重点班），坚持“三控”（控制周活动总量、控制各学科教学课时、控制考试次数），改变“三重三轻”（重智轻德、重知识传授轻能力培养、重个别轻全体）。2003年7月，县教育局根据省教育厅有关文件精神，明确规定不得利用暑假给学生集体补课或变相补课，任何社会办学机构不得占用公办小学教育资源

图31-3　赤寿乡中心小学校门（赤寿乡中心小学提供 2007年）

开展针对小学生的文化补习，不得以任何借口提前开学上课，不得以个别辅导的名义搞有偿家教。2004年，松阳县高中加入省学籍电子化管理信息系统。县教育局发出《关于加强绿色学校创建活动的通知》。初中各校校园的绿化美化工作和环保知识教育工作有较大改观。5月，县政府制定《松阳县乡镇教育工作考核办法》，进一步落实“分级管理”体制。7月，全县15所乡中心学校更名为乡中心小学，大竹溪小学、半古月小学、湖溪小学、高亭小学分别更名为“某中心小学某校区”。

2005年，县教育局对初中的入学、免学、缓学、班额、休学、复学、转学、借读、退学、评价、升级、跳级、留级、毕业、结业、肄业、奖励、处分及浙江省义务教育证书的发放等都作出具体规定。初中各校对学生学籍管理依规而行，并采用省教育厅监制的电子学籍管理系统进行学籍管理。9月，县实验小学集团学校正式成立，分设毓秀、绿洲、育英3个校区。2006年秋，编制《松阳县实施中小学食宿改造规划》。规划实施后，初中各校学生的食宿条件得到改善。是年，经丽水市政府督导室评估验收组验收，确认松阳县为浙江省高标准高质量普及九年义务教育县。2007年，县教育局转发《浙江省教育厅关于印发普通高中学生综合素质评价实施指导意见的通知》，松阳一中、二中从此开展高中学生综合素质评价工作。是年末，县教育局在古市中学召开中小学“标准化学校”创建工作现场会，推进学校教育管理科学化、规范化、标准化。2008年4月，县教育局在望松乡中心小学召开创建“标准化学校”现场会，总结交流创建工作经验。

图31-4 县实验小学集团学校育英校区(县实验小学提供 2005年)

2009年5月，县教育局制定印发《松阳县义务教育阶段学生学籍管理实施办法》，共有九章四十条。2010年4月，县教育督导室根据《松阳县学校发展性教育督导评估实施方案（试行）》，首次开展学校发展性督导评估，实施学校星级认定。全县有7所学校分别被认定为五星级、四星级和三星级学校。10月，全县中小学全部步入“绿色学校”行列，其中38所学校被评为县级“绿色学校”、13所学校被评为市级“绿色学校”、6所学校被评为省级“绿色学校”。11月，根据《松阳县学校发展性教育督导评估实施方案》有关规定，县教育局组成学校发展性评估组，对全县各初中进行评估。评估结果为：松阳县三中集团学校为义务教育四星级B等、松阳县民族中学为义务教育三星级B等、松阳县古市中学为义务教育三星级B等、松阳县玉岩中学为义务教育三星级C等。

第二章　教育改革

清光绪三十一年（1905），松阳毓秀高等小学校设立，松阳逐步开启近现代教育。新式学堂在松阳的出现，标志着松阳教育开始全面变革。其教育思想、教育制度、教育内容、教育方式、教育手段等都向西方学习，推行“中学为体，西学为用”的宗旨，与之前的教育有根本性的不同。民国19年（1930），松阳政府制订实施《松阳县义务教育计划书》。民国29年，推行国民政府制订的《国民教育实施纲领》，实施国民教育制度。

中华人民共和国成立后，松阳的教育改革一直都伴随着教育实践，从来没有中断过。这些改革包括学制改革、招生制度改革、课程改革、学校管理体制及教育行政机构的改革等。小学学制由四二制改为五年制。1963年后，曾经短暂实行六年制。2002年开始，松阳小学一律招收6周岁的六年制新生。初中、高中的学制也多有变动。1982年开始，松阳高中实行三年制。1987年开始，松阳所有初中实行三年制。此后，中学学制没有变动。

1949～2000年，松阳的小学、初中的招生制度主要按照就近入学、普及基础教育的原则目标来实行。高中则根据招生计划，主要依照学生成绩择优录取。由于松阳优质教育资源有限，不能满足渐趋激烈的升学竞争，小学、初高中的招生制度不断改进。其原则是保证公平，其目的是有利于松阳的教育事业发展。

课程改革、学校管理体制及教育行政机构的改革等，则由国家、省市主管部门主导，松阳各级政府及教育界及时参与，按时完成各项改革任务。

第一节　学制改革

小学学制改革

清末，松阳初等教育分初、高两等，其学制参照清政府颁布的“癸卯学制”之规定，初等小学堂7岁入学，学制五年；高等小学堂学制四年。民国初期，松阳小学执行教育部颁布的“壬子癸丑学制”。小学的学制由九年减为七年，初等小学校学制四年，高等小学校学制三年。民国11年（1922），施行“壬戌学制”，修学年限改为六年，分初、高两级。初级小学6岁入学，学制四年，高级小学学制二年。

中华人民共和国成立后，松阳县小学学制沿袭四二制，春秋分别招生。1951年10月，政务院颁发《小学改革学制的决定》，规定小学修业年限为五年，实行一贯制，取消初、高两级的分段制，入学年龄以7周岁为标准。次年秋，全县开始在部分小学试行新学制。

1953年，因师资、教材等条件尚不具备，暂停施行五年一贯制，沿用四二制，并将春、秋招生始业改为秋季招生始业。1960年，城镇小学及部分公社中心小学实行五年一贯制。1963年9月始，全县小学一律改为六年制。

1978年以后，松阳县仍实行“1969年全县小学统一实行五年制”的规定，使用部编五年制课本。规定学龄儿童7周岁入学。1983年，根据中央《小学学制可以五年制与六年制并存》的原则和省教育厅的试行意见，县教育体育局确定先在西屏、古市2个镇中心小学试行恢复六年制，施行省教育厅颁发的《浙江省全日制六年制小学教学计划（试行草案）》。次年，试行六年制的学校扩大到镇属农村小学，至1985年全县有38个班级试行六年制。随后试行停止，没有推广，全县小学仍全部实行五年制。

2001年1月25日，县政府批转县教委关于《松阳县小学转制工作实施意见》（简称《实施意见》），要求各乡镇政府、县政府直属单位贯彻执行。《实施意见》规定，从2001学年开始实行小学学制由五年制向六年制过渡，采取起始年级过渡办法。2001年秋季，小学招收6周岁和7周岁的新生，其中6周岁儿童为六年制新生，7周岁儿童为五年制新生；2002～2010学年，小学一律招收6周岁的六年制新生。

中学学制改革

民国15年（1926），县立初级中学执行国民政府教育部颁布的新学制，规定修业年限为三年（秋季招生），这个学制一直到中华人民共和国成立。

解放后，沿用初中三年学制，分春、秋季招生。1956年，松阳一中增设高中部，学制为三年。“文化大革命”期间，在“学制要缩短”的口号下，初、高中学制均缩短为二年，学校和教学班把秋季招生改为春季招生。编制也改为连、排、班的军事编制。

1978年，教育部颁发《全日制十年制中小学教学计划执行草案》规定：中学学制为五年（初中三年，高中二年），松阳县完全中学（一中、二中）的初中部新生开始恢复三年制，公社初中仍为二年制。

1980年6月，县文教局决定，为提高升学率，一些区、公社初中把毕业生中成绩较好者留校继续就读，举办初三班（称“过渡班”）。

1982年，松阳一中被确定为省重点中学，高中由二年制恢复三年制。全县两所完全中学的高中恢复三年制。1986年，根据《中华人民共和国义务教育法》，结合松阳县师资、校舍、设备和经费的实际情况，县教育局决定自1987年秋季开始全县统一实行初中三年、小学五年的“五三学制”。

职业学校学制改革

民国35年（1946），处属10个县联合建立高级农工职工学校，校址设丽水。首届招收农艺班学生59人，学制三年。次年迁至松阳县原农业改进所旧址，改校名为浙江省处州农业技术学校，招收新生42人，学制三年。1949年7月，学校与处州师范合并，迁往丽水三岩寺。

1958年，松阳开办一批职业学校，具有一定规模的有松阳县初级农业技术学校，校址设力溪农场，设农、牧、桑3个专业，学制三年；松阳县初级林业学校，校址设古市区湖溪林场，次年迁址林村林场，学制二年。两校均在1961年停办。松阳县初级卫生学校，校址设西屏镇原县人委旧址，招新生2个班98人，一年后停办。

1976～1991年，有松阳县望松农业中学、松阳县中等职业技术学校、松阳县靖居民族职业技术学校，3所职业学校各专业均招收初中毕业生，学制大多为二年。其中，县中等职业技术学校的建筑专业学制为三年，服装专业为三个月。

1992～2010年，各校开设专业多为二年制。随着社会的发展、用工企业对专业人才的要求，学校随之调整并新设专业，特别县职业中等专业学校办学规模不断发展，所开设的专业分为二年制和三年制两种。2001年8月，望松农中并入县职业中等专业学校。

2003年始，县职业中等专业学校（原县中等职业技术学校）实行多样化办学模式，先后与浙江纺织服装职业技术学院、丽水职业技术学院、丽水学院、宁波职业技术学院、杭州职业技术学院、浙江旅游职业学院、嘉兴学院等高校合作，部分专业开始实行五年一贯“3+2”“2+3”培养模式，即学生在本校就读3年（2年）后，再到联办学院就读2年（3年），合格者即可获取高级工证书和成教大专毕业文凭。

第二节　招生、考试制度与改革

小学

自清光绪三十一年（1905），松阳毓秀高等小学校创办以后，学校逐步兴办。民国时期，小学校发展更为普遍。有经济条件的适龄儿童均可入学。各小学对学生语文、算术主课进行考查，学期末考查成绩作为升留级、毕业的依据。小学期满，学业考试合格给予毕业，不合格者肄业。

中华人民共和国成立至1977年，松阳小学校发展为村村都有1所小学。其招生除儿童7周岁入学的条件外，基本不设其他限制条件，动员家长积极送子女入学，不断推进普及初等教育。考试制度沿用旧制，升留级及毕业标准基本未变，但评定学生成绩的方法是重平时、看发展。每学期由任课老师出卷，组织期中、期末语文、算术（后改为数学）的两次考试。“文化大革命”前，考试成绩为升学的依据。“文化大革命”期间，考试只作为学业成绩的评定，不作升学的主要依据，推荐升初中。“文化大革命”后，恢复考试制度，相当一段时间，按考试成绩择优录取初中新生。1986年后，随着九年义务教育的逐步实施，考试只作学业考查，以考试成绩作为升学依据逐渐取消。

1992年开始，小学语文、数学2门主课期末考试一般都由县教研室提供试卷，各小学自行组织考试、阅卷。2000年，小学开设英语课。2001年，松阳县小学开始实施7周岁入学向6周岁入学过渡，即五年制向六年制过渡，义务教育由八年制向九年制过渡。2004年，县教育局规定，任何学校不得以任何理由拒收学区内适龄儿童。进城务工流动人口子女的入学，符合条件的由县教育局安排到附近小学就读，学校必须妥善安排。各乡镇的移民适龄儿童入学，由安置户口所在地按就近入学原则安排就读。2005年，县教育局对三类残疾儿童的入学提出要求，盲童要动员到省盲人学校就读，聋哑儿童要动员到丽水市特殊教育学校就读，智力残疾儿童则留在当地小学就读，入学率要达到95%以上。

2007年开始，三年级与六年级主课（语文、数学、科学）改为全县统一试卷、考试、阅卷。其他年级由县教研室提供试卷，各校自行组织考试、阅卷。

2009年5月，县教育局根据国家义务教育的法律法规和有关文件，制定《松阳县义务教育阶段学生学籍管理实施办法》，规定“义务教育阶段的学生按规定的学区就近入学。小学招生应坚持‘住、户一致’的原则，不一致的，原则上应回父母家庭实际居住地或工作的学区就学。确因父母均在外地工作等特殊原因，长期居住在祖父母或外祖父母家的学龄儿童，在其祖父母或外祖父母居住地所在学区学校学额允许的情况下，可到该学区就读”，“小学新生入学须持户口本报到，各校依据新生户口本上的相关信息填报电子学籍管理档案”。

2010年，县教育局印发《松阳县2010年小学招生实施办法》，重申小学就近免试入学，凡在松阳县有正式户口、年满6周岁的儿童，均须登记入学。招生时不得进行认字、写字、认读汉语拼音、计算等测试。规定县实验小学集团学校和乡镇小学招生的服务区范围、程序和时间安排。全县24所小学（包括5个教学点）安排一年级56个班，其中把阳溪片的项弄村划入县实验小学集团学校招生。

初中

民国15年（1926），松阳县立初级中学正式创立；是年9月，招生80人，分2个班级。至民国17年招生3届，共有学生170人。县立中学创办至全面抗战前，松阳附近各县除处州有府办中学外，尚无中学，临近的遂昌、宣平、云和、龙泉等县，多有学子到松阳就学。民国23年，学校实行男女生兼收，招新生23人（其中女生3人）。次年，105名在校学生中有女生23人，占21.9%。全面抗战时期，随省会南迁，从省会到松阳的青少年骤增。民国23年，私立国强战时初中学生补习学校创办，招收学生4个班。是年，县立初级中学也扩大招生，学生中有来自台湾、河北、湖南、江西、广西及浙江杭嘉湖地区一带的6个省23个县。民国34年8月，抗战胜利后，邻近诸县相继创设初中学校，学生主要来自松阳县。民国33年，私立俭公中学在古市卯山广福观创办，时全县有3所初中。1949年末，全县共有在校初中学生607人。

图31-5 俭公中学首届毕业生合照（叶祖青提供 1944年）

民国时期，初中生在校期间进行学期、学年考试，初中毕业时进行升学考试。民国37年（1948），考试科目为国语、算术、常识（包括社会、自然）。

中华人民共和国成立后，松阳县的3所初中仍面向全县招生。1952年春，全县各中学停止春季招生，一律改为秋季招生。初中招生考试采取由专区“统一命题、统一日期、各校负责阅卷”。1953年2月，松阳一中扩招初中夜读班1个，有学生39人。次年春，续招初中夜读班1个，学生19人。

年末，夜读班停办。1954 年 7 月，县文教科成立招生工作组，实行统一招生，由各校派员参加具体工作。根据考生志愿，各校分别择优录取新生。1955 年，中学招生由地区统一命题，考试科目为语文、算术（1958 年后增加政治、常识）。松阳一中初中招生范围限在古市镇、古市区之外的县内各区。1957 年，初中招生由县里命题，各校自行组织考试。1958 年，靖居、玉岩、石仓（大东坝）区（公社）相继办初中，各自招生区域内学生入学。

1959 年 4 月，县委宣传部重申“普中、农中学生不得超过 18 周岁”，还对当时在校超龄学生作出规定，公社化前入学的一律不动，公社化后入学的学生分别情况处理，但强调开除学生应经县委批准。1961 年，贯彻中共中央对中学教育进行全面整顿，为增加农村的劳动力，学校动员年龄偏大的中小学生和农职校学生 1336 人回到农业战线，参加农业生产劳动，其中松阳一中的学生数比 1960 年减少 223 人。

“文化大革命”开始后，初中 3 年未招新生，高中 5 年未招新生。1969 年 10 月，原有中学开始复课，并采取小学附设初中班、初中附设高中班，方便当地学生入学。因此许多公社中心完小、大队完小相继办起附设初中班，靖居初中、玉岩初中增设高中班。1969～1972 年，松阳一中初中招生限于西屏镇和松阳区，之后因松阳区中学创办，其他公社皆有初中，松阳一中初中招生范围为西屏镇内一部分。1976 年，在“读高中不出社，读初中不出队”的口号下，全县各公社不管客观条件掀起办高中的热潮。“文化大革命”开始至 1977 年，初、高中取消文化考试，实行名额分配的推荐制的招生办法。

1978 年以后，初中仍为秋季招生。恢复初中统一招生考试，由县教育局统一命题，区、乡组织考试，区组织阅卷，考试科目为语文、数学。恢复原来的招生办法，即县属中学面向全县招生，按毕业考试成绩择优录取；然后各公社初中面向本公社按成绩择优录取；最后各小学附设初中在学区内按成绩招收新生。是年，全县有初中 55 所（其中小学附设初中 37 所），班级数 181 个（其中小学附设初中班级 73 个），在校生 8318 人；小学升初中比例约 62%。1978 年，教育部颁发《全日制十年制中小学教学计划执行草案》规定，中学学制为五年（初中三年，高中二年），县完全中学的初中新生开始恢复三年制，区、公社初中仍为二年制。

1980 年 6 月，为提高升学率，县教育局决定，初二学生的学期考试由县统一命题。一些区、公社初中为提高初中中专升学率，把毕业生中成绩较好者留下继续就读，举办初三班（称“过渡班”）。

1981 年，继续贯彻“调整、改革、整顿、提高”的八字方针。是年，境内有初中 23 所，178 个班级，学生 8493 人；小学附设初中班 17 处，32 个班级，学生 1413 人。经过调整后，初中仍为 23 所，172 个班级，学生 8160 人，小学附设初中 13 处，22 个班级，学生 970 人。1982 年比 1981 年小学附设初中班减少 23.5%，班级数减少 31%。

1981～1982 年，初中招生考试由地区统一命题，各县组织考试、评卷。1982 年，复置松阳县。1983 年，初中招生考试由县里命题并组织考试、评卷，考试科目为语文、数学、自然常识 3 科。普通中学继续实行调整，一些小学附设初中班有步骤地改为单独设置的初中。初中从 1982 年的 23 所增加到 25 所，在校学生从 8160 人减少为 7981 人，其中附设初中从 13 处调整到 8 处。是年 7 月，初中招生 3090 人，小学毕业生升初中比例为 62.4%。

1985 年，实施九年制义务教育，取消初中招生考试，小学毕业生免试就近升入初中。但作为学生学业评定、教学质量检测，学期的期中、期末、升学考试从未间断。是年，松阳小学毕业生人数增多，新增民办初中班 5 个，私人办初中 1 所，扩招初中学生 323 人，小学毕业生升学率提高到 64.9%。1986 年，有小学毕业生 5515 人，初中招生 3172 人，小学毕业生升初中的比例为 57.5%。为发展少数民族地区的中等教育，县委统战部委托靖居区中创办民族班，向靖居区全区招收畲族学生 55 人。1988 年，为尽快普及九年制义务教育，县教育局提出“稳定高中，适当发展初中”，确定松阳区中、阳溪初中、枫坪初中等 14 所初中各增招 1 个班，靖居区中少数民族班继续向全区招收畲族学生 52 人。是年，全县有小学应届毕业生 5294 人，初中招 72 个班 3608 人。小学毕业生升初中的比例为 68.9%，比 1986 年提高 11.4%。1989 年，全县小学毕业生 4992 人，初中招生 3458 人，小学毕业生升初中的升学率为 69.2%，初中生巩固率为 97.1%。县教委制订《松阳县实施九年制义务教育的规划及措施》，提出从 1989 年开始，到 1994 年前全面实施九年制义务教育，再用二三年时间扫尾。

1990 年，全县小学毕业生升初中比例为 79.2%，比 1989 年增长 10%，初中生巩固率 97.7%。1991 年，小学毕业生升初中比例为 85.18%，初中学生年巩固率 99.21%。全县有 10 个乡镇陆续实施九年制义务教育，占全县乡（镇）数 37%，覆盖 10 万余人，占全县总人口 45%。县教委针对全县“老、少、边”地区，从人力、物力、财力等具体情况出发，制订“松阳县教育事业十年规划和‘八五’计划”，对部分乡镇的九年制义务教育实施时间作出调整，全面实施时间比原定推迟 3 年。

1992 年，开始推行初中毕业会考和初中生升学考试“二考合一”制度。考生的考分作为毕业和升学的依据，考试科目为初中主要文化课，次年开始加试体育。后又增加地方课程、实验操作、信息技术测试等内容。是年，全县有小学应届毕业生 3157 人，全县 29 所学校，计划初一招生 64 个班，比上学年减少 7 个班，招生 3016 人。小学升初中比率为 95.53%，其中松阳一中、松阳三中除学区外，向全县招 28 人（古市区镇除外）；松阳二中向古市区招 12 人；靖居初中向全区少数民族招 14 人（其中板桥初中 5 人、雅溪初中 3 人、裕溪初中 6 人）。

图 31-6 松阳一中学生做实验（松阳一中提供 1994 年）

1996 年，县教育委员会决定，小学毕业生原则上在户籍所在地初中就近入学，西屏镇、古市镇的小学毕业生仍划片到附近指定的初中入学。考虑到近几年来因父母进城务工而到西屏、古市 2 个镇借读的小学生增多，对划片适当进行调整。全县小学毕业生升初中的入学率 96.5%。1997 年，县教育委员会规定县属初中增加 15 个名额，招少数民族小学毕业生。1998 年，松阳一中初中部停止招生，其原学区的小学毕业生由松阳三中录取。2003 年，松阳二中的初中部停止招生，其原学区的小学毕业生由古市中学录取。2004 年，全县小学毕业生 2208 人全部升入初中就读，100%入学；三类残疾少年的入学率 95%以上。

2007年，县教育局要求初中招三类残疾少年的入学率达到97%以上。2008年，全县各初中开始开展对学生的“综合素质评价”工作。2009年5月，县教育局规定，初中招生原则上遵循以小学毕业学校所属学区划分为主；原在外学区若需回原户籍所在学区就读的学生，须提出申请、办理转学手续，小学毕业学区初中和户籍所在学区初中应予以同意，经双方同意后报教育局普教科备案。公办初中不得招收“择校生”。民办学校的招生不划分学区，可在全县范围内招生。

2010年，县教育局制订《松阳县2010年初中招生实施办法》。根据“校校对口”原则，小学毕业生到毕业学校所属学区的初中学校就读；松阳户籍而非该县小学毕业生回松阳就读，根据其户籍所在地到相应的初中就读，并办理相应的转学手续；该县外学区小学毕业生，若回原户籍所在学区就读初中的，须提出申请、办理转学手续，经双方学校同意后报教育局普教科审批；外来流动人口子女入学的，必须持户籍证、学校毕业证、暂住证、个体工商户的营业执照或劳动合同等有效证件，按其父母租住地根据就近入学的原则到初中就读。同时，县教育局文件规定，全县初中计划招生48个班级。全县各初中可以向该县外学区招收初一新生人数，全县共75人。其中，松阳三中集团学校25人，民族中学20人，古市中学20人，玉岩中学10人。

高中

普通高中　1956年秋，松阳一中增设高中部，由金华专员公署文教科统一命题、统一时间考试、统一阅卷、统一录取、公布录取新生名单，在全县招收新生112人。1957年，县人民委员会决定挑选保送生，免试升入高中和初中。1958年，松阳一中招收高中新生84名，有42人未曾报到。是年，松阳二中也设高中班，在松阳区域招生。1959年，保送到松阳一中就读的新生有高中15人、初中80人。同时，县里保送部分学生到省内重点中学就读。

1966年始，全县中学（初、高中）停止招生。1971年春，高中恢复招生。“文化大革命”开始至1977年，根据县里分配到公社的招生名额，取消文化考试，学生由公社贫管会足额推荐。由于推荐制招生，当时农村大队干部（特别是主要干部）、公社及机关、部门干部（职工）的子女，有优先入学的权利。1971年恢复高中招生之后，在“读小学不出村，读初中不出大队，读高中不出公社”的口号指导下，许多公社初中增设高中班，一度出现高中比初中多的现象，影响到县高中学校生源。1978年，调整高中网点，公社高中撤销。

1977年，恢复高考制度，全县高中仍实行二年制，高中毕业生考上大学的人数不多。1978年，根据“控制压缩普通高中、整顿提高初中、充实加强小学”的原则，全县中学的规模和布局进行调整。同时，完中采取办高中毕业生复习班的办法，以增加上大学人数。1978年，松阳一中、松阳二中、靖居中学均举办1个高复班，共计135人。

1981年，继续贯彻“调整、改革、整顿、提高”的八字方针。是年，境内有完全中学5所，高中22个班级，学生1035人。经过调整后，1982年有完全中学4所，高中18个班级，学生867人；比1981年完全中学所数减少20%，班级数减少12%。是年，县高等教育委员会成立，2所完全中学的高中恢复三年制。松阳恢复县制后，为发挥松阳二中的办学积极性，松阳一中生源基本上局限于西屏镇、松阳区、靖居区、大东坝区、玉岩区，约县内2/3人口区域，古市区及松阳二中的初中毕业生归松阳二中高中部招生。1983年，完全中学从1982年的4所调整为2所，在校学生从867人减少到837人。高中招生410人，初中毕业生升高中比例为19.9%。1984年，因高中学制由二年改为三年，高中无毕业生。为保证在校学生的教学质量，规定全日制中学一律不得举办初中中专复习班和高考复习班，但社会办的复习班仍然存在。1988年，为尽快普及九年制义务教育，县教育局提出“稳定高中，适当发展初中”。初中毕业生2710人，高中招9个班459人，初中毕业生升高中的比例为16.9%。1989年9月，高中实行全省会考制度，高二分文理科改为高三分科。1990年，全县有高中27个班级，学生1396人。1992年，县教委发文同意松阳一中高中招生加试体育。全县初中毕业生“二考合一”成绩前500名报考松阳一中高中，须参加体育考试。次年，县教育局决定初中毕业生一律加试体育。是年，全县有初中毕业生3229人，高中段招生707人，占毕业生21.89%。其中普高404人、占12.51%，职业中专招生303人、占9.38%。

1992～1999年，松阳县高中招生，从单报高中、中专兼报高中、中师兼报高中和中技兼报高中的考生中录取招生计划的70%左右，余下的30%左右作为自费生。县教委划定录取松阳一中的重点高中的分数线，达到此分数线的松阳二中的初中毕业生留在二中读高中；松阳一中招收1个音美体特招班。1999年，按丽水地区行署的意见，松阳县高中招生取消“计划内”“计划外”之分，实行交费上学制度。

2000年，松阳高中招生，先由重点中学松阳一中依据初中毕业生“二考合一”的成绩和报考重点高中的考试成绩，提前录取高中新生。然后由普通高中依据“二考合一”成绩录取新生。为贯彻落实全国和省教育工作会议精神，全面推进素质教育，县教委决定建立招收高中保送生制度。是年，从全县的初三应届毕业生中，松阳一中招收104人、松阳二中招收18名保送生。保送生的条件是德智体全面发展。招收保送生工作由县教委统一组织领导，松阳一中、二中具体实施。为缓解高中办学经费的困难，县政府同意松阳一中、松阳二中招收部分高中捐资生，人数控制在招生计划的20%以内，规定捐资的标准为一中5000～12000元/人、二中3000～10000元/人。

2001年，县教育局规定，任何高中学校不得在录取前对报名学生实施任何形式的考试，要以“二考合一”的成绩为依据录取新生。2003年，县教育局根据省市有关文件精神，经报县发展计划局批准，决定松阳一中招生700人，松阳二中招生550人，重点高中可提前招收分别不超过招生计划10%的品学兼优的保送生和定向生，音、美、体特长生在一定分数线内，按专业（特长）成绩择优录取。升普高的学生须有2003年“二考合一”的分数。

2004年，县教育局制定《高中段招生工作实施细则》，规定松阳一中招生700人，松阳二中招生600人；重点高中（一中）可提前招收分别不超过招生计划10%的品学兼优的保送生和定向生，保送生可不参加中考；音体美特长生在一定分数线内，按专业（特长）成绩择优录取。普通高中招生计划分“正取生”和“择校生”两部分，“正取生”限招本县的初中毕业生；各校招收的保送生、定向生、直升生、特长生经县教育局审核，并报市教育局批准后，可在“正取生”计划内优先录取；“择校生”的收费标准严格按照省物价局、财政厅、教育厅文件执行。具体录取办法及程序分两步进行：第一步是重点高中（一中）提前录取“保送生”“定向生”，然后再按考生第一志愿从高分到低分招足“正取生”，最后按要求招收“择校生”。第二步是职业中专、综合高中、职业高中按考生的第一志愿从高分到低分录取。“细则”对部分考生实行的优惠政策作出规定，符合条件的可分别享受5分、10分、20分、50分的加分。2005年，丽水市发展计划委员会和丽水市教育局联合发文，下达松阳县高中的招生计划，县教育局据此而制定的高中招生政策与2004年基本相同。但高中招生取消地域限制，全县范围由松阳一中首先招生。全县共招生1200人。松阳一中招收700人，其中正取生500人（含保送生200人），择校生200人；松阳二中招生500人，其中正取生400人（含特长生100人，即体育30人、音乐20人、美术50人），择校生100人。

2008年，县教育局根据市教育局的文件精神，制定《松阳一中2008年招录分配生工作方案》。方案规定改保送生制度为招录分配生制度，招录分配生的基本原则是公平、公正、公开，学生自愿、指标到校、择优录取。分配生189人，占正取生比例为30%。以后逐年增加到50%。分配生的招录条件：2008年应届毕业生，从初一到初三均在学籍所在学校就读；综合素质测评等第达到2A2P（两门A、两门及格）及以上。同时规定学业考试语、数、英三科成绩相加，高者优先，初中毕业生综合素质测评等第A多者优先，优秀学生干部、三好学生优先，同类荣誉看级别，同类级别看次数，级别高次数多的优先，班干部任职情况好的优先。2009年，县教育局发文规定，要高度重视高中段民族教育的发展，保障少数民族学生的初升高比例；烈士子女可根据志愿安排到省级重点中学就读；继续实行松阳一中的分配生制度，分配生计划扩大到50%；松阳三中集团学校凌霄校区28人，松阳三中集团学校城南校区42人，凌霄外语实验中学28人，民族中学95人，古市中学67人，玉岩中学30人，合计290人。分配生的具体录取办法与上年相同。2010年，根据市教育局有关文件精神，取消省一级重点中学跨县招收择校生，对有意愿到丽水中学和缙云中学就读的新生由市教育局统一组织实施，以委托培养的方式，学校没有招生录取权。县教育局规定，普通高中招收的高一新生分正取生（含委培生、分配生、普通生和民族生）、县内择校生、特长生三大类六小类。松阳一中分配生的计划仍为50%，计275人。省一级重点高中学校以外的各类高中学校不得向省一级重点高中转学。高中学校间转学必须经县教育局同意报市教育局批准，学籍方可进行变更。县教育局根据《中共松阳县委关于调整我县少数民族考生初升高加分政策的批复》，对少数民族的初中毕业生升高中的加分由35分调整为28分。

20世纪90年代，松阳一中招收部分自费生。对长期支持学校办学的松阳县建筑公司、县供电局等协作单位给予照顾。对在扩大校园面积中给予支持的西屏七村，该校给予降分录取、收费减半、困难学生减免学费等优惠。1997年开始，停招小学毕业生。1998年、1999年，招收2届高中音美特色班。

高中阶段学校招生坚持“全面衡量、综合评价、尊重选择、适者录取”的原则。既依据学生学业考试成绩，又关注学生综合素质；既衡量学生发展现有水平，又参考学生成长过程；既重视学生总体发展，又关注学生某方面的突出才能和表现。21世纪以后，继续实行音体美特长生、少数民族计划单列等招生制度，继续实行省一级重点普通高中分配生制度，省一级重点普通高中的分配生招生指标达到招生计划（不包括三限生）的50%以上。2007年开始，根据省教育厅关于推进实施素质教育的意见和市政府办公室规范和改进高中招生的意见精神，进一步规范和改进高中段的招生行为，合理确定正取生和择校生比例。严格执行公办普通高中招收择校生“三限”（限分数、限人数、限金额）政策，并以学校为计算单位，“三限生”（即择校生）占招生总数（不包括“三限生”）的比例控制在20%以内。2008年，实行分配生制度。2010年始，招生模式为委培生、普通生、分配生、特长生（体育田径、篮球）；其中，分配生占招生总数的1/2。

职业高中（职业中专） 1958年，受“大跃进”影响，松阳县曾开办一批职业学校，具有一定规模的有松阳县初级农业技术学校，设农、牧、桑3个专业，招收高小毕业生3个班级，共有学生118人，学制三年。1961年停办。松阳县初级林业学校，招收3个班计110人，由各公社保送高小毕业生或农民业余高小毕业生入学，学制二年，1961年停办。松阳县初级卫生学校，学生由各公社选送，招生2个班计98人，1959年停办。

1964年，为贯彻实施“两种教育制度，两种劳动制度”，由各社开办一批半工半读的农中（班）。1964年秋创办的有竹源农中、力溪农中。1965年创办的有望松农中、雅溪农中、石仓农中、枫坪农中、西屏农中。这7所农中共有学生284人。

1976年，原望松公社社办农中复办，改称松阳县望松“五七”高中，是年招生145人，3个班级。1977年，未招新生，84人毕业，在校生84人。1978年，复名望松农业中学，招收初中毕业生41人，学制二年。1986年12月，改为县属农业中学，改革招生办法，初中毕业生只要愿意务农，不分应届历届，不分区域，不硬划分数线入学。各专业学制均为二年。1978～1991年，有10届毕业生，共428人。1991年，有4个班级（4个专业），学生144人。2001年8月，望松农中并入松阳县职业中等专业学校。

靖居民族职业技术学校创办于1987年10月。首届招收初中毕业生43人，开设园艺果树专业，学制二年。学生来自靖居区、大东坝区等地。1991年，学校有班级2个，在校学生69人。1993年8月并入县职业中等专业学校。办学以来已招收6批学生，培养109名毕业生。

松阳县职业中等专业学校创办于1984年8月，当年招收畜牧兽医专业1个班，学生48人。1986年，招收园艺、家电、养殖、财经4个专业班。1991年，学校设企业管理、畜牧兽医（在地区内跨县招生）、电子电工等5个专业，7个班级，学生315人。办学7年，开设过7个专业，除建筑学制为三年、服装为三个月，其他专业学制均为二年。6届毕业生，共506人。

1994年4月，县职业中专被认定为丽水地区示范性职业技术学校，可面向全区跨县招生，是年跨县招生50人。1996年，全县有职业技术学校2所，19个班级，在校生753人，招生477人，学生巩固率97%，中等职业教育与普高在校生比例为4:6。

2001年，贯彻落实浙江省政府《关于加快中等职业教育发展的意见》和省教委《关于改进我省中等职业学校招生工作的通知》，全县职教年度招生计划，由县职业中专根据办学条件和社会需求自主确定，在招生过程中可以根据生源情况及时调整招生专业和招生人数。放宽新生入学条件，允许往届初中毕业生及具有同等学历的人员入学。是年，县职业中专招生641人，在校生1572人。2002年，县职业中专分别在县委党校和古市镇成人文化技术学校设立职高教学点，秋季开始招生。

2006年，县职业中专经省评估验收，被认定为省一级重点中等专业学校。是年，县职业中专拓宽联合办学路子，成为杭州职业技术学院的下设教学点，举办三年制成人高职脱产班。来自全省各市地的应用电子技术专业的38名学员和文秘专业的29名学员在县职业中专就读。与嘉兴技师学院联办“数控技术应用2+3”专业班，学生先在县职业中专就读2年，然后去嘉兴技师学院就读3年，合格者即可获取高级工证书和成教大专毕业文凭。与丽水学院联办“学前教育2+3”专业班。2009年，学校与浙江旅游职业学院联办“旅游服务与管理2+3”专业班，与浙江纺织服装职业技术学校联办“服装设计与工艺2+3”专业班。

中等师范学校

民国2年（1913），松阳县成立师范传习所，民国之后改称讲习所。民国16年9月，县立初级中学增设女子师范讲习科，首届招收女子小学毕业生20多人。民国22年停止招生，24年停办，共有6届毕业生计81人（松阳籍80人，青田籍1人）。她们是松阳县培养的第一批女教师。民国33年，松阳县立简易师范创办，至1949年，5届毕业生有159人。

全面抗战期间，湘湖师范南迁古市镇继续办学。湘师在古市不足5年，在松阳培养一批小学教师和民师。民国35年（1946）2月，湘师迁回萧山。初到古市时，全校学生仅200余人，迁回萧山时学生已发展到800多人。

1952年7月，松阳初级师范短期训练班成立，学制一年，招生100人。学校办1年即并入丽水师范。

1978年7月，省革命委员会批准创办浙江省遂昌师范学校。是年秋季招生开学，校址设西屏镇白龙堰北侧。是年，开设中文、数学、物理、化学4个专业。1978～1979年，面向全地区连续招收2届高中毕业生入学。1979年，设中文、物理、化学3个专业，学制二年，共培养初中教师559人，发中师文凭。1980年，面向缙云、丽水（今莲都区）、青田、松阳、遂昌5个县招收具有3年以上教龄的中小学在职民办教师，学制二年，培养小学教师，有199人毕业；同年，学校面向全地区招生应届高中毕业生30人，培养初中英语教师，学制二年，发中师文凭。1981年秋季始，按普师要求，开始招收初中毕业生入学，学制二年，培养目标为小学教师。1982年1月，松阳县恢复县建制，8月，遂昌师范更名浙江省松阳师范学校。是年，松阳师范被列为省重点建设中等师范学校。1984年10月，省教委批准为“中师办学条件标准化”单位。1985年，松阳师范归地区行政公署领导，地区教育行政部门管理。1986年，学校在全省率先试行毕业生质量负责制。1987年，招生计划中首次试招音乐特招生3名。1989年，新增设幼师专业，招生40名。1990年9月，每个音美体特招班入学，执行特招班教学计划。1994年，省教委同意学校与丽水师专联办三二分段制小教专科班，是年招生40名。1995年，

图31-7　松阳师范学校校门（叶祖青 摄于1988年）

除向本地招生外，按省下达计划招收温州、宁波委培生各40名。1996年，学校增设音乐教育、美术教育专业，各招生40名。另增加五年制小教大专招生计划84名。1998年，学校招收1个3+2大专班，6个普师班，2个预科培训班。1999年，学校第一次参加全省中师会考。2000年8月，学校实质性并入丽水师专，更名为丽水师专松阳校区。学校办学目标以培养小学教育、学前教育师资为主，兼办艺术教育、文秘等中专教育。

2001年，学校年招生885人，含五年一贯制初等教育（大专）、3+2初等教育（大专）、3+2学前教育（大专，挂靠杭幼师院）、音乐教育、美术教育专业（中专）、三年制学前教育（中专），在校生达1790人。2002年，共招新生782人，在校生2360人。2003年，丽水师专松阳校区从师专剥离，更名为丽水中等专业学校（丽水艺术学校）。2004年，校址从原西屏镇吴家山2号改为西屏镇环城西路152号。2006年开始，五年制初等教育停止招生。2008年10月，通过首批丽水市艺术教育特色学校认定。2009年，增挂“丽水教师进修学校”牌子，正式成为丽水市基础教育在职师资培训基地。2010年，学前教育专业和实训基地被省教育厅评为省级示范专业和省级示范实训基地。是年，被评为浙江省艺术教育特色联盟学校。

高等学校招生

1952年，统一高考制度正式设立。每个考生必须参加国文、数学、化学、中外史地、物理、政治常识、生物、外国语（俄、英）所有8个科目的考试。1953年8月，松阳县中等学校联合招生委员会成立。次年，全县中等学校实行统一招生，委员会负责中等学校招生的报名、审查、健康检查、考试、录取等工作，同时负责录取军事干校学生21人。1956年，高中招生由金华地区文教科统一命题，初中仍由县统一办理。

1958年7月，松阳县招生委员会成立，委员会由9人组成，县委副书记任主任，县委宣传部长任副主任。招生工作坚决贯彻向工农开门的方针。1959年开始，高等学校招生在松阳设立考点，招生期间设立专门的办公室。“文化大革命”期间，招生的正常工作被打乱。

1966年，“文化大革命”开始至1969年高等学校停止招生。1970年，部分高校实施以“自愿报名，群众推荐，领导批准，学校复审”的方法招收具有两年以上实践经验、初中以上文化程度的工人（工）、农民（农）、解放军（兵）上大学，毕业后称“工农兵”大学生。

1977年，恢复高考。是年12月，举行高考。1978年高考时间为7月20～22日。从1979年开始，高考时间定于7月7～9日，1983年改为7月15～17日，1984年又改回7月7～9日，直至2002年。

1981年，理科增加生物科目。1983年，英语正式列入高考科目。1982年，县高等学校招生委员会成立，副县长任主任，宣传部长任副主任，委员有组织、公安、卫生、教育、劳动、妇联、共青团等部门的人员。下设办公室作为常设机构，配有专职干部1人。每年招生开始，临时抽调人员协助工作。1985年，教育部规定，可以从参加统一高考的考生中招取少数国家计划外的自费生，一向由国家“统包”的招生制度，变成计划内和计划外（收费）招生同时并存的“双轨制”。

1992年，高中毕业生报考高一级学校分高中中专和普通高校两大类。考试时间为7月7～9日。考试地点设松阳一中。是年，全县报考普通高校的考生有 761人，报考高中中专的有554人。1994

年，高考取消生物和地理 2 个科目（1999 年恢复）。是年，理科考试中不再考政治。1995 年，浙江省统一实行“3+2”普通高校招生考试改革。高中中专招生统考科目与普通高校相同。1997 年，全县高考万人上线率连续 4 年保持全地区第二位。1999 年，高考“3+2”科目设置采取“3+综合”形式。

2003 年始，全国的高考时间由往年的 7 月 7～9 日改为 6 月 7～9 日。实行高考新方案：3+文科综合/理科综合（即“3+X”）。“3”指语文、数学、外语，“X”指由学生根据意愿，自主从文科综合和理科综合 2 个综合科目中选择 1 个考试科目。语文 150 分、数学 150 分、外语 150 分，文科综合/理科综合 300 分，总分 750 分。2004 年、2005 年，松阳一中高考上线人数和上重点线的人数在丽水市 9 所重点高中中排名第三，全县高考万人上线率排名第一。2009 年，浙江省实行“3+文科综合/理科综合+自选模块”高考方案。语文 150 分、数学 150 分、外语 150 分、文综或理综 300 分，自选模块 60 分，总分为 810 分。

2010 年，松阳县高考取得恢复高考制度以来最好成绩，普通高中毕业生上第一批（重点大学）录取线人数 133 人，上本科录取线 518 人，第一批上线人数位居丽水市第二。

1959～1991 年若干年份松阳县高校中专技校录取人数情况表

表 31-2-2-1　　　　单位：人

年份	普通高校	高中专	初中专	高技	初技	合计
1959	75	—	—	—	—	75
1960	32	—	—	—	—	32
1961	25	—	—	—	—	25
1962	7	—	—	—	—	7
1963	4	—	—	—	—	4
1964	9	—	—	—	—	9
1965	35	—	—	—	—	35
1973	3	—	—	—	—	3
1974	20	—	—	—	—	20
1975	20	—	—	—	—	20
1976	8	—	—	—	—	8
1977	22	60	—	20	—	102
1978	40	30	43	40	—	162
1979	32	47	58	41	163	341
1980	12	32	68	39	—	151
1981	26	24	54	30	—	134
1982	44	42	80	9	—	175

续表 31-2-2-1

年份	普通高校	高中专	初中专	高技	初技	合计
1983	61	57	91	14	—	223
1984	77	54	78	4	1	214
1985	72	50	107	3	2	234
1986	129	52	102	6	5	294
1987	125	41	117	11	4	298
1988	153	50	109	1	1	314
1989	118	41	109	—	9	277
1990	88	38	118	2	—	246
1991	98	64	106	5	2	275
合计	1340	691	1241	224	187	3688

说明：1.1959～1976 年，中专、技校录取数字不详

2.1966～1972 年，7 年未曾招生

1992～2010 年松阳县高校中专技校录取人数情况表

表 31-2-2-2　　单位：人

年份	普通高校					高中专	高中技校	总计	备注含高职
	总数	文科	理科	艺术	体育				
1992	133	37	86	3	7	64	4	201	—
1993	195	56	124	10	5	62	6	263	—
1994	242	73	158	3	7	76	10	328	—
1995	221	44	155	11	10	76	—	297	—
1996	222	45	143	7	6	46	—	268	—
1997	191	44	137	7	3	35	—	226	—
1998	175	27	132	7	6	29	—	204	3
1999	214	49	156	7	2	3	—	232	15
2000	245	49	174	16	6	—	—	288	43
2001	358	55	273	26	4	—	—	451	93
2002	412	63	267	71	11	—	—	551	139
2003	657	168	397	73	19	—	—	874	217
2004	845	195	509	89	52	—	—	1079	234
2005	833	209	508	82	34	—	—	1054	221

续表 31-2-2-2

年份	普通高校					高中专	高中技校	总计	备注含高职
	总数	文科	理科	艺术	体育				
2006	892	249	520	104	19	—	—	1095	203
2007	850	192	548	79	31	—	—	925	75
2008	806	189	498	89	30	—	—	853	47
2009	859	193	552	98	16	—	—	921	62
2010	895	207	564	74	20	—	—	961	66

第三节　课程改革

小学课程改革

清末，松阳初等教育分初等小学堂和高等小学堂两个学段。参照清政府颁布的“癸卯学制”之规定，初等小学堂课程设修身、经学、国文、算术、历史、地理、格致、体操8种；高等小学堂比初等小学堂增加国画课，课程为9科。课程设置中修身、经学占突出地位，体现“中学为体，西学为用”的办学宗旨。私立益智英算专修学堂开设英文、国文、算术、图画4门课程。

民国初期，松阳小学执行教育部颁布的“壬子癸丑学制”。初等小学校开设修身、国文、算术、手工、国画、唱歌、体操7门课程，女子加授缝纫；高等小学校开设课程除前7门外，增设历史、地理、理科、英语、农业或商业，女子加授缝纫。同时一律废除读经科。

民国8年（1919），以公民科代替修身科，统一试用全国教育联合会编订的教材。民国11年，施行“壬戌学制”，课程作重大修改。初级小学增加社会、自然工科；高级小学的理科分为自然、园艺工科；手工、图画改为工用艺术、形象艺术。

民国18年（1929），松阳按照教育部《小学课程暂行标准》，把小学分为低、中、高三级。课程设置上，改公民为党义，改工用艺术为工作，改形象艺术为美术，把历史、地理、卫生合并为社会，园艺并入自然。各年级开设课程均为党义、国语、社会、自然、算术、工作、美术、体育、音乐9学科。

民国21年（1932），松阳根据教育部《小学课程标准》规定，小学取消党义科，增设公民训练和卫生科，把工作改为劳作。民国22年始，童子军课列为小学必修课，每周一课时。民国25年，根据教育部《小学课程标准》规定：低年级美术、劳作合并为工作科，音乐、体育合并为唱游科。

民国30年（1941），小学课程设置和教学要求更加具体，课外集团活动内容更为明确。其中，团体训练包括训育和卫生训练两部分，每日20分钟（也可并入朝会等集会中）；低、中年级常识科，包括社会、自然和卫生知识；算术科自四年级起加教珠算，每周60分钟；高年级自然科，包括动植矿、人体生理、简易理化和卫生知识。高年级在可能的范围内，应组织童子军，授以童军的课程。民国32年，根据县教育科的要求，全县各中心学校的中、高年级学生均加授童子军课。

民国37年（1948），松阳施行部颁《小学课程第二次修订标准》，初级小学设公民训练、音乐、体育、国语、算术、常识、美术、劳作8科；高级小学增加社会1科，为9项课程。每周另设课外活动2节、兴趣活动2节，组织体育、歌咏、绘画、戏剧、泥木工等活动小组。每周上午一二两节为45分钟/节，其余为30分钟/节，每天下午安排15分钟的写字课，练习毛笔字。

中华人民共和国成立后，松阳县小学学制沿袭“四二制”。课程设置上，废除公民、童子军等课，一二三年级不设常识课，各科内容也进行一些改革。1951年10月，政务院颁发《关于改革学制的决定》，规定小学修学年限为五年一贯制，不分初高级的分段制。次年秋，施行部颁《小学教学计划》，并设语文、算术、自然、历史、地理、体育、图画、音乐8科。语文包括阅读、说话、作文、语法、写字；算术包括珠算；自然包括卫生常识；图画包括剪贴。每周24～28课时，每课时45分钟。1953年，小学学制复为六年一贯制。

1954年，四年级增设珠算课。1955年秋，松阳执行教育部正式颁行的《小学教学计划》和《小学课外活动的规定》，调整各学科的教学时数，每学年上课总周数从38周减为34周。同时，增设手工劳动课，课外活动增添生产劳动内容。1956年秋，小学一年级开始学习汉语拼音，提倡采用普通话教学。1959年，各校增设政治、农业常识2科。

1960年，城镇小学及部分公社中心小学实行五年一贯制。小学课程分为思想政治教育（包括政治课）、文化科学知识教育（包括语文、算术、自然、农业常识、历史、地理、唱歌、图画、体育）和生产劳动3类。松阳县还规定，有条件的小学从二年级开始增设俄语课，农村小学条件不具备的可不开设手工劳动课，各年级每周增设读报课1节，巡回小学可只开设语文、算术和政治（周会）课。

1964年9月始，全县小学一律改为六年制，执行教育部重新拟订的《全日制小学教学计划（草案）》，各年级全年教学时间分别为：一二三年级均为41周，四五年级均为39周；六年级为38周，四年级以上学生生产劳动时间每年半个月，假期、寒暑假每年2.5个月。开设周会（进行道续品质和时事政策教育）、语文（包括讲读、作文和习字）、数学（包括珠算）、历史、地理、自然、农业、常识、体育、音乐、图画、手工12门课程。全县小学实行“两种课程计划”，全日制小学仍执行部颁教学计划，半日制耕读小学执行县文教科制定的教学计划。

1966年“文化大革命”开始后，只设政语（以《毛主席语录》为课本）、算术、革命文艺（以唱“语录歌”和“样板戏”为主）、军事体育等课，历史、地理、美术等课被取消。1969年秋，全县小学统一实行五年制，使用部编五年制课本。1971年，小学实行春季始业。1974年，小学恢复秋季招生始业，春季班毕业生采用“过渡班”形式，仍留在小学过渡半年后毕业，采用过渡教材。

1978年以后，小学课程设思想品德、语文、数学、外语、自然（三至五年级）、地理（四年级）、历史（五年级）、体育、音乐、美术、劳动11科。县里因师资条件不具备，四五年级未开设外语课，其课时加入语文、数学课时。每周教学时间为24～27课时，课外活动每周为7课时；学生每周在校活动总量为31～34课时，全年寒暑假由8周延长为10周，全年教学时间改为36周，复习考试4周，机动 2 周，每节课时间一般为 40 分钟。

1983 年，根据中央《小学学制可以五年制与六年制并存》的原则和省教育厅的试行意见，县文教局确定先在西屏、古市 2 个镇中心学校试行六年制，施行省级教育厅颁发的《浙江省全日制六年制小学教育计划（试行草案）》，一至六年级均开设思想品德、语文、数学、体育、音乐、美术、劳动等课程，四至六年级增设自然课，五年级增设地理课，六年级增开历史课。次年，试行六年制小学扩大到镇属农村小学。至 1985 年，全县有 38 个班级试行六年制。

图 31-8　靖居小学学生课外活动（靖居小学提供 2005 年）

1986 年，根据《中华人民共和国义务教育法》之规定，结合松阳县实际情况，县教育局决定自 1987 年起，全县统一实行小学 5 年，初中 3 年的“五三学制”，小学试行 1981 年部颁《全日制五年制小学教学计划》，使用部编全日制五年制小学教材。1987 年，小学增设卫生课，并在高年级思想品德课中增加法律常识内容。

1992 年 11 月，省教委制定《义务教育试行教学计划》。是年，国家教委把“教学计划”改为“课程计划”。从 1993 年秋季开始，初中、小学均执行浙江省编制的《义务教育试行教学计划》，松阳县按照省编制的《八年过渡制义务教育课程设置表》安排周教学计划。1995 年 5 月，根据国务院关于实行每周 40 小时工作制规定，执行省教委调整中小学教学计划的意见，小学四五年级的体育与保健由每周 3 课时减为 2 课时，小学一至五年级兴趣活动时数分别为 1、1、1、1、2。

2000 年秋，执行《浙江省义务教育试行教学计划》，对“六三”学制的教学计划进行调整。主要内容有小学五六年级增设外语选修课每周 3 课时；小学四至六年级增设信息技术选修课，每周 1 课时，小学三至六年级语文课每周均减少 1 课时；小学常识课五六年级由每周 4 课时减为 3 课时；小学五六年级生活与劳动课不再开设。2002 年，根据省教育厅《关于积极推进我省小学开设英语课程的指导意见》，小学从三年级开始开设英语课。2003 年秋，由市教研室组织编写的地方教材《浙江绿谷》开始使用，每周 1 课时。

图 31-9　课改实践文艺汇演（叶光铭 摄于 2005 年）

2004 年秋，松阳县进入新课程改革实验，主要课程为：品德与社会、语文、数学、英语、体育、音乐、美术、科学、信息技术、综合实践活动（即地方课程和学校课程）等课程。小学三年级开始开设英语、科学、信息技术课程。2007 年秋开始，小学执行《浙江省义务教育阶段课程设置及课时安排》，小学一二年级体育课由每周 3 课时增至 4 课时，地方与学校课程由每周 3 课时减为 2 课时。

初中课程改革

民国 15 年（1926），县立初级中学课程设置依据民国 14 年教育部颁布的《中学课程》开设，并规定采取学分制和选科制。初中必修科有社会科（公民、历史、地理）、语文科（国语、外国语）、算学科、博物科（植物、动物）、艺术科（图画、手工、音乐）、体育科（生理卫生、体育），共计 164 个学分。

民国 16 年（1927），浙江试行大学区制，根据《浙江大学区初级中学科目学分暂行标准》规定初级中学不分科，设必修科目和选修科目两类，学生修满 156 学分以上方能毕业。县立初级中学选修科只开设应用文练习、英语、珠算 3 门，其他选修科目均未开设，必修科目和选修科目的学分数酌情增减。

民国 16 年（1927）浙江大学区（松阳）初级中学必修课科目及学分一览表

表 31-2-3-1　　单位：学分

学科	党义	童子军	国语	数学	历史	地理	植物	动物	矿物	物理	化学	音乐	图画	卫生	体操	合计
学分	10	3	40	27	7	7	3	3	2	6	6	3	3	6	3	129

民国 16 年（1927）浙江大学区（松阳）初级中学选修课科目及学分一览表

表 31-2-3-2　　单位：学分

学科	应用文练习	英语	珠算	商业算术	商业常识	簿记	速记	中文打字	园艺	音乐	图画	手工	缝纫	烹饪	刺绣	合计
学分	4	30	2	2	4	4	2	2	4	2	2	4	2	3	2	69

民国 21 年（1932），再次修订课程，把学分单位制改为时数单位制，取消选修科目，确定英语为三学年课程；自然科分设植物、动物、化学、物理 4 科；改工艺科为劳作科；改党义科为公民科，内容除党义外，增加道德、政法及经济等教材，以完成公民训练。民国 25 年，开设的课程有国文、数学（一年级算术、二年级代数、三年级几何、三角）、公民、英语、物理（三年级）、化学（二年级）、植物（一年级上学期）、动物（一年级下学期）、生理卫生（二年级）、历史、地理、图画、劳作、音乐、体育。

民国 27 年（1938），县立初级中学实行春季、秋季分别招生，3 年后形成 6 个学级。次年，刚创办的私立国强战时初中学生补习学校课程设置与县立初级中学基本相同，但教学时数略有出入。民国 29 年，政府颁布《修正中学课程》，规定初中的科目有公民、国文、数学、英语、历史、地理、博物、生理卫生、化学、物理、劳作、音乐、图画、体育、童子军。其中，英语改为选修。

民国 34 年（1945），教育部把英语改为必修课，每周 6 课时。民国 36 年，国民政府教育部举行修订中小学课程标准会议，决议减少科目和教育时数、简化和调整课程内容。

中华人民共和国成立后，中学即废除公民课、童子军课、军训课，开设政治课。1950年7月，中学执行教育部颁发的《中学暂行教学计划（草案）》。1951年，省政府制定《浙江省各级学校改行新学制的实施方案》，规定初中设置政治、语文、数学、自然、化学、物理、历史、地理、外语、音乐、美术、体育等课程。

1952年，教育部召开第一次全国中等教育会议，明确普通中学的办学宗旨和教育目标，通过《中学暂行规程（草案）》。次年7月，教育部颁发《中学教学计划（修订草案）》，规定初中开设课程为语文、算术、代数、几何、物理、化学、植物、动物、生理卫生、历史、地理、中国革命常识、时事政策、英语、体育、美工、音乐等。初中每周教学时数第一学年30学时，二三学年32学时，总时数3352学时。

1953～1957年，全面向苏联学习。人民教育出版社出版的许多学科教材以苏联的中学课本为蓝本，结合中国实际进行改编。1954年秋，执行教育部制订的教学计划，各初中不设外语课，二三年级原已开设的一律停开（1957年，初中重新开设外语课）。1956年秋，初中语文分为汉语和文学。次年，初中第三学年增设农业基础知识课。20世纪50年代末，初中曾停授英语，改授俄语。

1958年，汉语、文学2个学科合并为语文科。学校为贯彻党的“教育为无产阶级政治服务，教育与生产劳动相结合”的工作方针，增设工农业生产基础知识课。1959年2月，省教育厅下达《全日制普通中学暂行教学计划》，把所授科目分为政治思想教育、文化科学知识教育、生产劳动和体育三大类。9月，省教育厅对现行教学计划中的课程和部分学科的教学时数作出调整，制订三类教学计划，即《浙江省全日制普通中学1959—1960年度教学计划（一）（二）（三）》。三类教学计划之间的区别主要在于初中是否开设外语课。各中学根据师资条件选择执行。

1963年3月，根据《全日制中学暂行工作条例（草案）》和《关于实行全日制中小学新教学计划（草案）的通知》的规定，初级中学设置语文、数学、外语、政治、历史、地理、物理、化学、生物、生产知识、体育、音乐、图画、劳动等课程。9月，初中执行教育部《全日制中小学新教学计划（草案）》，规定中小学保证全年有9个月的教学时间。初中学生每年参加劳动1个月。是年秋，教育部颁布各科教学大纲。

图31-10　学生在农村劳动（叶祖青 摄于1956年）

“文化大革命”期间，初中的课程与教材较乱，考试制度被取消。1969年，初中复课。物理、化学合并为机电；生物改为农业基础；音乐、图画改为革命文艺；体育改为军体。开设课程为毛泽东著作、工业基础知识（机电）、农业知识（农业基础）、数学、革命文艺、军事体育等课程。

1973年1月，初中执行《浙江省中小学教学计划（试行草案）》，课程有政治、语文、数学、外语、物理、化学、农业、卫生、历史、地理、体育、美术、音乐等课程；每学年学习文化课时间为

36周；每年学工、学农、学军时间为6周。1978年，执行教育部《全日制十年制中小学教学计划（试行草案）》。

1981年，各初中陆续开设劳动技术课，每学年2周。1982年，农村初中及部分城镇初中试行省教育厅颁发的第二类全日制中学教学计划，初中不设外语课，各年级安排2节职业技术课，三年级设农业基础知识课。1987年，部分初中实施“初三分流”教学，在初中三年级开设1至数门实用技术课。1988年，在三防（防核武器、化学武器、生物武器）知识教育试点学校初二年级段，增设三防课。1989年秋，初中开设公民课。是年，全县初中劳动技术课开设率50%（1990年68%，1991年72%）。

1992年，国家教委把“教学计划”改为“课程计划”。11月，省教委公布《义务教育试行教学计划》，决定次年秋开始在全省执行浙江省编制的《义务教育试行教学计划》。使用省编义务教育新教材。1993年8月，地区教委批转地区教研室《关于贯彻实施省义务教育试行教学计划的意见的通知》，决定从秋季开始，全区全日制初中和小学均执行浙江省编制的《义务教育试行教学计划》，按照《八年过渡制义务教育课程设置表》安排周教学计划。初中物理、化学、生物3科合并为自然科学，政治、历史、地理3科合并为社会；增设公民课。

1994年3月，贯彻省教委《关于实行新工时制对中小学教学计划进行调整的意见》，自3月1日始，全区各级各类学校一律试行每周5天半工作制，每周星期六下午和星期日休息。1995年5月，根据国务院关于实行每周40小时工作制的规定，实行5天工作制。中小学贯彻省教委《关于实行每周40小时工作制后调整中小学教学计划的意见》，调整内容为：初中一二年级的体育与保健由每周3课时减少为2课时；初中一年级的外语由每周5课时改为4课时，调整后学生周活动总量为33课时。1997年4月，省教委颁发《关于初中公民课改为思想政治课有关事宜的通知》，从是年秋季始，初一年级公民课改为思想政治课，使用省编新版思想政治教材。

2000年10月，全县义务教育阶段学校执行《浙江省义务教育试行教学计划》。对“六三学制”的教学计划进行调整，主要内容有初二三年级外语由选修改为必修，初中三年级下学期的自然科学由选修改为必修；初中一年级的语文由每周6课时减为5课时；初中一二年级增设信息技术选修，每周1课时；初中三年级职业指导不再开设；初二年级家庭生活移至初中一年级。计划还明确：必修课的教学应根据各学科特点和当地实际，留出5～30%的课时用于乡土教材和其他补充教学，教材由各地自编。

图31-11　松阳二中学生机房（松阳二中提供 2007年）

2002年7月，省教育厅关于实施教育部《基础教育课改革纲要（试行）》意见，决定全省在5年内分批完成课程改革的实验与推广。松阳县于2004年秋，从初一年级起，全面开展新课程实验，执行《浙江省省级实验区义务教育阶段新课程设置及课程安排》。新课程实行（国家课程、地方课程、校本课程）三级课程管理。国家课程把思想政治改为思想品德，增设科学，历史与社会2门综合课程和信息技术、综合实践活动等课程。

2007年秋开始，初中执行《浙江省义务教育阶段课程设置及课时安排》，初中开设思想品德、语文、数学、外语、体育与健康、音乐、美术、科学、历史与社会、信息技术、综合实践活动（即地方课程和校本课程）等课程。各年级的综合实践活动、地方课程、学校课程比原课程减少1课时，周活动总量为33课时。

1956～1957年松阳县中学授课时数情况表

表31-2-3-3 单位：课时

科目＼每周课时＼学期＼年级		初中						高中					
		初一		初二		初三		高一		高二		高三	
		上	下	上	下	上	下	上	下	上	下	上	下
汉语		3	3	3	3	2	2	1	1	1	1	1	1
文学		5	5	5	5	5	5	4	4	4	4	4	4
数学	算术	6	6	—	—	—	—	—	—	—	—	—	—
	代数	—	—	4	4	3	3	4	3	2	2	2	2
	几何	—	—	2	2	3	3	2	3	2	2	2	2
	三角	—	—	—	—	—	—	—	—	2	2	2	2
历史	中国历史	3	3	3	3	—	—	—	—	—	—	—	—
	世界历史	—	—	—	—	3	3	—	—	—	—	—	—
	世界近代现代史	—	—	—	—	—	—	3	3	—	—	—	—
政治常识		—	—	—	—	2	2	—	—	—	—	—	—
社会科学常识		—	—	—	—	—	—	—	—	1	1	—	—
中华人民共和国宪法		—	—	—	—	—	—	—	—	—	—	1	1
地理	自然地理	3	3	—	—	—	—	—	—	—	—	—	
	世界地理	—	—	2	—	—	—	—	—	—	—	—	—
	中国地理	—	—	—	—	3	—	—	—	—	—	—	—
	外国经济地理	—	—	—	—	—	—	2	2	—	—	—	—
	中国经济地理	—	—	—	—	—	—	—	—	2	2	—	—
生物	植物	2	2	3	—	—	—	—	—	—	—	—	—
	动物	—	—	—	3	2	2	—	—	—	—	—	—
	人体解剖生理学	—	—	—	—	—	—	2	2	—	—	—	—
	达尔文主义基础	—	—	—	—	—	—	—	—	2	2	—	—

续表 31-2-3-3

科目 \ 每周课时 \ 学期 \ 年级	初中						高中					
	初一		初二		初三		高一		高二		高三	
	上	下	上	下	上	下	上	下	上	下	上	下
卫生常识	1	1	—	—	—	—	—	—	—	—	—	—
物　　理	—	—	3	2	2	2	3	3	3	3	5	4
化　　学	—	—	—	—	2	3	2	2	2	2	3	3
外 国 语	—	—	—	—	—	—	4	4	4	4	4	4
体　　育	2	2	2	2	2	2	2	2	2	2	2	2
音　　乐	1	1	1	1	—	—	—	—	—	—	—	—
制　　图	—	—	—	—	—	—	1	1	1	1	1	1
图　　画	1	1	1	1	1	1	—	—	—	—	—	—
工农业基础知识	—	—	—	—	2	2	—	—	—	—	—	—

高中课程改革

1956 年，松阳一中增设高中部，学制为三年。是年秋，全县 3 所中学都采用新编汉语课本和文学课本。

1982 年 3 月，省教育厅制订《浙江省第二类全日制高中、初中教学计划（试行草案）》，统一使用教育部编的教材。是年，2 所完全中学的高中恢复三年制，均执行《全日制六年制重点中学教学计划（试行草案）》。

1983 年 3 月，教育部印发《关于进一步提高普通中学教育质量的几点意见》，适当调整教学计划和教学内容。高中的数学、物理、化学、生物等学科实行两种教学要求：一种是基本要求，调整或另编教材；一种是较高要求，即现行通用的高中教材，学校可根据学生基础和学校条件选用。从 1984 年起，高考按基本教材命题，重点院校一些专业可附加若干较高教材内容的选作题。

1984 年秋，2 所完全中学根据文科、理科高考科目和内容不尽相同的情况，从高二起实行文、理分班学习，与《全日制六年制重点中学教学计划（试行草案）》略有不同。

1984 年秋松阳一中教学计划与部颁教学计划比较表

表 31-2-3-4　　　　单位：课时

科目 \ 每周时数 \ 年级	部颁教学计划					一中执行的教学计划				
	高一	高二		高三		高一	高二		高三	
		文科	理科	文科	理科		文科	理科	文科	理科
政　　治	2	2	2	2	2	2	2	2	2	2
语　　文	5	7	4	8	4	5	7	5	8	6

续表 31-2-3-4

每周时数 科目 \ 年级	部颁教学计划					一中执行的教学计划				
	高一	高二		高三		高一	高二		高三	
		文科	理科	文科	理科		文科	理科	文科	理科
数学	5	3	6	3	6	5	4	6	6	6
外语	5	5	5	5	4	5	5	5	5	5
物理	4	—	4	—	5	4	—	5	—	5
化学	3	3	4	—	4	3	3	4	—	4
历史	3	—	—	3	—	3	3	—	5	—
地理	—	2	2	3	—	—	4	—	5	—
生物	—	2	—	—	2	—	2	2	—	3
体育	2	2	2	2	2	2	2	2	2	2
每周上课时数	29	26	29	26	29	29	32	31	33	33
劳动技术	4周					4周				

1987年后，全县各中学均执行《全日制六年制重点中学教学计划（试行草案）》，个别科目开设时数略有增减。松阳一中高一增加军训课，每周1节；每年暑假高一学生还进行10天左右军事训练，并进行实弹演习。

1989年后，浙江省实行全省会考制度。会考科目，高一为历史，高二为地理、生物、化学，高三为语文、英语、政治、物理。2所完全中学高二文理分科改为高三分科，不管文理科学生，均参加各科会考。1989年秋，高中开设人口教育课。

图 31-12　松阳二中新生军训(松阳二中提供 2009年)

1990年秋，执行省教委《关于实施国家教委〈现行普通高中教学计划的调整意见〉的通知》，对1981年部颁三年制普通高中教学计划进行调整，调整后高中课程结构由学科课程和活动课程两部分组成，学科课程采取必修加选修，活动课包括课外活动和社会实践活动。必修课开设政治、语文、数学、外语、物理、化学、生物、历史、地理、体育和劳动技术11门学科。选修课分两类，一类是单课性选修课，在高一高二开设；另一类是分科性选修课，分文科、理科、外语、艺术、体育、职业技术6类课程，在高三开设。与原来教学计划相比较，数学、外语、物理、化学等学科必修课课时有所减少，历史、地理和生物的必修课课时略有增加。时事教育每周1课时，可利用选修课或活动课时间集中或分散进行；劳动技术课每学年4周，可以分散或集中进行；人口教育课列入必修课，总课时不得少于16课时。

1991 年 7 月，国家教委对“调整意见”作了补充，主要有：高中思想政治课由每周 2 课时改为 3 课时，其中 1 课时用于时事政策教育；从 1992 年秋季入学的高一年级开始，高一开设世界史，高二开设中国近代史、现代史，每周 2 课时；从 1992 年秋季入学的高一年级开始，人口教育列为必修内容，总授课时数 8～12 课时，在地理课和时事政策教育课时内安排；社会实践中的部分内容可以在劳动技术课的时间内进行。是年秋，普通高中开始执行国家教委《现行普通高中教学计划的调整意见》以及《补充意见》。

1992 年，国家教委把“教学计划”改为“课程计划”。

1995 年，参加普通高中“二一分段，高三分流”教育实验的学校，高一高二的教学计划按照“分流教育普通高中一二年级教学计划”执行《浙江省普通高中“二一分段，高三分流”实验学校课程计划安排示例表》，高三年级分升学预备教育和就业预备教育，教学计划由地区教委和地区教研室指导各县（市）教育行政部门、教研部门统一制定。是年，地区教委要求各级学校执行省教委《关于实行每周 40 小时工作制后调整中小学教学计划的意见》，调整内容为：高中的课外活动课时由每周 5 课时改为 4 课时，调整后学生周活动总量为 34 课时。

2001 年 2 月，省教育厅转发教育部《关于〈全日制普通高级中学课程计划（试验修订稿）〉的实施意见》。是年秋，普通高中执行教育部制订的《全日制普通高级中学课程计划（试验修订稿）》，开设的必修课为思想政治、语文、数学、信息技术、外语、物理、化学、生物、历史、地理、体育与健康、艺术及综合实践活动（包括研究性学习、劳动技术教育、社区服务、社会实践 4 部分）；选修课设数学、信息技术、物理、化学、生物、历史、地理 7 门学科，以及地方和学校根据学生兴趣要求和发展需要所开设的课程。把信息技术和综合实践课列入必修课。实行国家、地方和学校三级课程管理。市教研室、会考办调整会考方案，同时就普通高中研究性学习的实施进行具体安排。

2006 年 2 月，省教育厅下发关于公布《浙江省基础教育课程改革有关组织成员名单》的通知。4 月，省教育厅关于印发《浙江省普通高中新课程实验第一阶段工作方案》的通知，提出：根据教育部的部署，在全省从 9 月起进行普通高中新课程实验。6 月，省教育厅制订《浙江省普通高中新课程实验第一阶段课程设置意见》，普通高中新课程设置分必修课和选修课。必修课为语文、英语、数学、政治、历史、地理、物理、化学、生物、信息技术、通用技术、美术、音乐、体育与健康、综合实践活动（包括研究性学习、社会实践、社区服务 3 部分）；选修课分选修 I（分解为选修 IA、选修 IB、选修 IC3 部分）、选修 II（为地方和学校根据学生兴趣要求及发展需要所开设的课程，即地方课程和校本课程）。学校应当保证综合实践活动的教学时间，其中每学年 1 周的社会实践宜集中安排，研究性学习活动和社区服务宜适当分散安排；艺术学习领域每学期每周安排 1 学时，学校可自主确定音乐或美术课程的开设方式。

2008 年，省政府颁发《浙江省新课改高考方案》，采用在全科会考基础上分类测试、分批选拔、全面考核、择优录取的模式。逐步建立学业水平测试、综合素质评价和统一选拔考试三位一体的多元化招生考试评价体系。2009 年 7 月，省教育厅印发《关于调整普通高中课程设置的通知》，规定：语文、英语、数学、物理等科目各减少一个选修 IA 模块，删减必修、选修 IA 和选修 IB 模块中重复或要求过高的内容，调整教学要求，为学生自主选课留出更大空间，并附《调整后的普通高中课程模块设置表》和《调整后的普通高中教学进度表》。是年，普通高中新课程改革后的首次高考正式实施。

第四节　管理体制改革

1949年5月，松阳解放，县人民民主政府接管松阳原有的公、私立学校，对原有学校调整改造。简易师范并入县立初级中学，私立俭公中学和国强中学转为公办。1950年，全县范围内开展小学民办运动，新增民办小学11所，学校总数162所。1952年9月，全县200多所民办小学全部转为公办。1962年，115所公办初小转为民办或民办公助。全县245所小学中，公办小学42所，占17%，民办小学增加到172所，占83%。

1983年10月，实行“政社分设”后，原公社中心学校统一改称乡中心学校。1985年5月29日，《中共中央关于教育体制改革的决定》正式颁布，明确规定“教育体制改革的根本目的是提高民族素质，多出人才，出好人才”，同时阐明教育体制改革的必要性，把教育改革纳入改革开放和现代化建设的总体设计之中。围绕着办学、管理、投资体制全面进行教育体制改革的探索，调整教育结构，大力发展职业教育，对多元化的办学体制、筹资体制进行探索，分级办学、分级管理、以县为主的基础教育管理体制初步形成。

中小学分级管理体制的调整

1978年中共十一届三中全会以后，教育管理体制改革沿着“加强宏观管理，坚决实行简政放权，扩大学校的办学自主权”的大方向不断前进，主要目标是增加办学活力和促进教育创新。1983年10月，松阳县恢复乡建制后，区、乡均设中心学校，县、区、乡均建立完整的辅导网。1988年，实行分级管理、分级办学，把乡镇的初中和小学由县统一管理改为由县、乡镇分级管理。因此，县教育局对学校管理体制进行调整，设松阳、古市、玉岩、大东坝、靖居5个辅导区学校，各辅导区负责处理所在区中小学的教育行政管理和业务辅导，乡中心小学负责本乡的教育行政管理和教学业务辅导。县教育局的主要职责是制定全县实行九年制义务教育规划和年度指令性招生计划；规划学校的布局；管理和建设教师队伍；任免乡镇初中和中心学校的校长；建立和改革中小学教育的具体管理制度，增加教育投资；制订征收城乡教育附加费的实施方案；指导、检查和督促教育方针、各项业务政策、教育计划和教学大纲等的贯彻执行。乡镇的主要职责是制定本乡镇实行九年制义务教育的具体方案并组织实施；征收教育附加费，筹措教育经费；建设校舍，不断改善办学条件；根据校长的提名，任免乡镇初中和中心小学的中层干部；改善教师的工作条件和生活待遇等。

1985年8月14日，县政府颁发《关于贯彻浙江省教育事业领导管理体制暂行规定的实施意见》，对学校的管理、学校建立和撤并的审批权限、学校干部的任免和教职工的管理、学校基建的投资、学校的计划管理，都作出具体规定。松阳一中、松阳二中、望松农业中学、中等职业技术学校、教师进修学校、松阳三中（1988年升格）、县实验小学（1988年升格）由县政府领导，县教育局管理。各区教育辅导学校，受县教育局的委托，负责全区中小学教学业务的指导，由县教育局和区公所领导管理。各乡镇中小学和公办幼儿园由乡镇政府领导管理。乡与乡联办初中由所在乡牵头，联办乡镇联合领导管理；乡镇办的全日制中学附设面向全区的职业高中班，实行县、乡镇双重领导管理。属企事业单位和社会力量主办的学校，由主办单位领导管理。不属于教育部门直接领导的学校，应接受县教育部门的指导。

1989年1月，县政府发出《松阳县乡镇管理教育若干意见》，对乡镇政府、学校和县教育局都提出基本要求和相应的措施。基本确立地方负责、分级管理、以县为主的基础教育管理体制。县政府统筹管理教育经费，县教育局在调配和管理中小学校长、教师、指导中小学教育教学等方面承担主要责任。

教育经费的来源及管理办法

1986年4月28日，国务院发布《征收教育费附加的暂行规定》，规定自当年7月1日起，增收教育费附加，按产品税、增值税、营业税收取，由税务机关负责征收，转拨教育部门使用。城市教育费附加由教育主管部门掌握使用，农村教育费附加由乡教育委员会掌握使用，主要用于危房改造、添置教学设备，改善办学条件。学校（幼儿园）还向学生（幼儿）收取杂费或学费，用于教师办公、学校水电、房屋维修、设备添置等。

1986年7月，城镇开始征收教育附加费，当年征费计3万元。1988年，农村开展征收教育事业费附加，乡镇教育费附加的预算、征管由乡镇财政负责。由财税部门征得的教育费附加款拨给教育局，由教育局根据办学情况提出分配方案，经县财税局同意后，返还给有关办学单位。在松阳范围内的乡镇企业包括公交企业、商业、服务业，不论是镇办、村办，还是户办、联办，凡是交纳三税的，均按三税额的1%征收教育费附加，由财税部门征收。其余各乡镇企业按照实现利润在税前列支的10%（用于补助社会性开支的费用）中提取5～8%。对于一些无法统计其利润数额的户办企业、个体商贩等，采用基数包干的办法征收，由乡镇政府酌情决定，并负责收取。对农民投售的毛竹、茶叶、木材等大宗农副产品，原则上都要征收教育费附加，计征率一般为销售额的0.2～1%，由收购站、林管站等经销单位或业务主管部门负责征收。

人民教育基金制度的建立

为拓宽教育资金来源、补充教育经费的不足，1989年6月，松阳县人民教育基金会成立，正式实施人民教育基金制度。人民教育基金会设立管理办公室，办公室设在县教委。至1991年末，有51个单位和1251个人捐资金额共计5.9万元。基金会成立以后，用于校舍建设、维修、设备添置的资助。基金会每年对低保家庭、特困职工家庭、少数民族等家庭子女就学实行教学资助。

2010年，全年累计收入620.86万元，其中，捐赠收入620万元、其他收入0.86万元（全部为利息收入）。全年累计支出为387.47万元，至2010年12月31日，银行存款598.95万元。

义务教育均衡发展

2001年，根据《国务院关于基础教育改革与发展的决定》，松阳实现两个重大转变，即把农村义务教育的责任从主要由农民承担转到由政府承担；把政府对农村义务教育的责任以乡镇为主转到以县为主。

2004年秋季始，全县实行九年义务教育阶段“一费制”，即在严格核定杂费、课本费和作业本费标准的基础上，向学生收取费用。根据2006年6月公布的《中华人民共和国义务教育法》，规定义务教育是国家统一实施的所有适龄儿童、少年必须接受的教育，是国家必须予以保障的公益性事业，实施义务教育，不收学费、杂费，决定从2006年秋季开始，松阳县实行义务教育阶段中小学全部免除学杂费。是年，县工业园区职工子弟学校在望松乡中心小学挂牌，采用随班就读和设立民工子弟学校等方式解决好外来民工子弟求学问题。开展帮扶结对、资助困难学生等工作。外来民工子弟享受当地同等待遇，接受九年义务教育。2007年，松阳县政府出台《关于进一步完善义务教育管理体制的实施意见》，健全以县为主的义务教育经费保障机制，义务教育阶段学校学生经费每人增加120元。

图31-13　工业园区职工子弟学校挂牌（叶光铭 摄于2006年）

第三章 基础教育

松阳县幼儿和小学教育都始于20世纪初，但幼儿教育发展缓慢。中华人民共和国成立后，幼儿教育发展较快，“文化大革命”期间中断，1978年后加快发展步伐。2010年，全县幼儿园115所，教职工473人，在校幼儿7170人。

自清末到民国时期，小学教育得到快速发展。民国35年（1946），全县有小学220所，在校学生10066人，教职员工475人。中华人民共和国成立后，县人民政府大力发展教育事业，学校、在校生和教职员工数量全面增长。1980年，在校学生30705人。1984年，松阳成为丽水地区第二个基本普及初等教育县。此后不久，松阳县小学教育开始缩并小学数量、调整学校布局、提升教师学历合格率、创建省级教育强县等工作，由数量的扩张转到质量的提升上。2010年，全县小学24所，小学入学率、巩固率均为100%。

民国15年（1926），松阳县立初级中学创立。后有私立国强中学和俭公中学。中华人民共和国成立后，松阳的中学数增长缓慢。1976年后，全县兴起办初中和高中的热潮。中学短时间内增至81所，许多中学不具备办学条件。此后不断调整学校布局，大力提升专任教师学历合格率，加大教育经费投入。2006年，松阳普及九年制义务教育。到2010年，松阳县初中教育质量多年位居丽水市前列。

民国37年（1948），俭公中学试办高中班，未成。1956年，浙江省松阳中学增设高中。1976年，许多区、公社的初中学校增设高中班，全县包括含高中班级的学校增至25所。1983～2010年，有松阳一中和松阳二中2所普通高中。

自1982年松阳从遂昌分县以后，松阳县政府一贯重视基础教育，发展水平和教育质量一直走在丽水市前列，多项指标常位居第三四名。2006年，县政府制定《关于加快普及十五年基础教育的决定》，加快普及高中阶段教育和学前三年教育，大力发展职业教育。2010年，松阳初步实现普及十五年教育。

第一节　学前教育

发展概况

松阳县幼儿教育始于清末，时称蒙养院。光绪三十三年（1907），松阳县蒙养院创办，在院幼儿47人。民国时期，蒙养院先后改称蒙养园和幼稚园。

全面抗战时期，省立湘湖师范在古市塘岸叶氏家祠开办幼稚园，每年招收整日制混合班1个班。民国27年（1938）4月，该园曾举办家事展览会及婴儿健康比赛。民国30年，县立毓秀中心小学开办附设幼稚园，招收1个班，入园幼儿30人，后因日军入侵而停办。是年，浙江省第二儿童保育院由碧湖迁至古市赤岸，本部设在福庆寺和两幢民房里，分院设在家庵祠。

民国36年（1947），松阳县儿童乐园在城隍庙创办，招收幼儿30人，有保教人员3人。

1952年2月，西屏镇第一、第二中心小学和古市完全小学分别附设幼稚班1个。是年，全县有附设幼稚班3个，教职工6人，入园幼儿95人（女50人）。幼教工作执行教育部颁《幼儿园暂行规程》。次年，合并西屏镇2所中心小学附设的幼稚班，并在城南荷田岭下原私立寿年小学旧址单独设园，称西屏镇第一中心小学附设幼儿园。全园有3个班，入园幼儿150人，教职工4人。1955年，松阳县民办幼儿园发展较快。全县有幼儿园19所，入园幼儿888人，教职工24人。其中，有民办幼儿园17所，入园幼儿651人，教职工17人。是年，开始使用省编《幼儿教育参考教材》。

1958年，全县幼儿园骤增至315所328个班，入园幼儿5931人，教职工338人。是年，西屏镇第一中心小学附设幼儿园迁址西屏镇申亭弄原天主教堂，更名为松阳县西屏镇幼儿园。1958年11月，松阳县并入遂昌县。1961年，调整幼儿园，松阳区域3所幼儿园，计6个班级8名教职工，在园幼儿273人。1966年8月，幼儿园停办。1970年，西屏镇幼儿园恢复招生。次年，新建教学楼，改称松阳区西屏幼儿园。

1978年后，松阳幼教事业开始健康发展。次年，境内有41所幼儿园、76个班，入园幼儿2545人，教职工80人。1981年，试行教育部《幼儿园教育纲要（试行草案）》和部颁《幼儿园教材》。1982年，西屏、古市2所幼儿园定为全县示范性幼儿园。次年，全县幼儿园发展到74所，在园幼儿3160人，约占全县幼儿总数20%以上。1989年，政府鼓励发展民办、个体幼（托）儿园（班），入园率上升至50.6%。是年，执行国家教委颁布的《幼儿园工作规程》。次年，实施《浙江省托儿所、幼儿园卫生保健管理办法》。

1992年，提倡各行业、各单位自办幼儿园。是年，全县有幼儿园120所，入园幼儿5494人，教职工209人。其中，教育部门办的幼儿园3所，集体或民办的幼儿园117所。1994年，西屏幼儿园更名松阳县实验幼儿园，迁入环城西路111号的新园址。1996年，实施卫生部颁发的《托儿所、幼儿园卫生保健制度》。1998年，幼儿教育列入《松阳县教育事业发展五年规划》，古市幼儿园被地区教委认定为地区一级幼儿园。

2000 年，全县有幼儿园 171 所、207 个班，在园幼儿 5370 人，教职工 306 人。其中，教育部门办的幼儿园 19 所，集体办的 24 所，民办 127 所，其他部门办的 1 所。教职工中大专毕业的有 20 人，中师毕业 105 人，职高幼教专业毕业的 11 人，具有合格学历的共有 136 人，占 44.4%。2001 年，实施教育部颁布的《幼儿园教育指导纲要》。

图 31-14 县实验幼儿园教学大楼（县实验幼儿园提供 2005 年）

2006 年，县实验幼儿园承包县妇联所属的蓓蕾幼儿园，设紫荆分园，借用原南门小学校舍创办江滨分园。是年，全县有幼儿园 121 所，在园幼儿 6111 人，教职工 298 人。其中，教育部门办的 7 所，集体办的 2 所，民办 111 所，其他部门办的 1 所。2007 年，古市镇中心小学的古市幼儿园单独设园，并具有独立办学的法人资格。是年，全县学前三年的幼儿入园率为 85.23%，学前一年的幼儿入园率为 99.6%。2008 年 1 月，县政府成立幼教工作领导小组。

1952～1991 年若干年份松阳境内幼儿教育情况表

表 31-3-1-1

年份	园数（所）	在园幼儿数（人）	教职工人数（人）
1952	3	95	6
1955	19	888	24
1958	315	5931	338
1960	3	175	4
1961	3	273	8
1965	3	292	9
1966～1970	幼儿园停办		
1971	2	292	10
1978	2	447	14
1979	41	2545	80
1982	42	2902	115
1983	74	3160	101
1987	134	4442	194
1991	161	5441	228

1992～2010 年松阳县幼儿园发展情况表

表 31-3-1-2

年份	园数（所）			班级（个）	在园（班）人数（人）	教职工数（人）	园舍	
	合计	其中					占地面积（平方米）	建筑面积（平方米）
		教育部门	集体或民办					
1992	120	3	117	162	5494	209	13480	1810
1993	98	3	95	143	4453	184	12314	1733
1994	88	3	85	113	3264	178	9170	4052
1995	78	3	75	111	3366	179	—	—
1996	86	3	83	128	3351	200	—	—
1997	79	9	70	116	3128	191	9570	4956
1998	105	13	92	152	3685	235	9570	4956
1999	151	16	135	177	4157	262	10108	5220
2000	171	19	152	207	5370	306	10108	5321
2001	11	5	6	75	2252	134	10108	5321
2002	12	3	9	104	2944	161	21850	11502
2003	11	4	8	83	2493	114	19953	12605
2004	134	9	125	248	6283	282	47506	28032
2005	133	8	125	246	6429	293	47164	29771
2006	121	7	114	236	6111	298	47553	29671
2007	107	2	105	222	6481	283	43009	28494
2008	121	2	119	237	5913	331	61844	35185
2009	124	27	97	268	6821	371	71362	41092
2010	115	24	91	284	7170	383	72032	39833

说明：2001～2003 年数据只含具有大、中、小班规模的幼儿园

1991年松阳县城镇、农村幼儿园分布情况表

表31-3-1-3

乡（镇）名称		园数（所）	班数（个）		在园幼儿数（人）		教职工数（人）			
			合计	其中：小学附设	合计	其中：小学附设	合计	其中		
								园长	教师	保健员
全县合计		161	186	9	5441	281	228	3	214	11
城镇	西屏镇	21	36	4	1109	115	69	2	57	10
	古市镇	13	18	—	659	—	27	1	25	1
	玉岩镇	4	4	1	110	22	4	—	4	—
农村	三都乡	2	3	—	63	—	3	—	3	—
	四都乡	1	1	—	16	—	1	—	1	—
	竹源乡	5	5	1	128	35	5	—	5	—
	阳溪乡	14	15	—	489	—	15	—	15	—
	望松乡	9	10	—	188	—	10	—	10	—
	斋坛乡	4	4	1	78	27	4	—	4	—
	叶村乡	8	8	—	219	—	8	—	8	—
	水南乡	5	5	—	136	—	5	—	5	—
	岗寺乡	13	13	—	401	—	13	—	13	—
	赤寿乡	8	9	—	292	—	9	—	9	—
	新兴乡	15	15	—	513	—	15	—	15	—
	樟溪乡	7	7	1	186	43	7	—	7	—
	新处乡	1	1	—	27	—	1	—	1	—
	谢村乡	1	1	—	34	—	1	—	1	—
	大东坝乡	2	2	—	48	—	2	—	2	—
	石仓乡	6	6	—	194	—	6	—	6	—
	蛤湖乡	6	6	—	159	—	6	—	6	—
	安民乡	7	7	—	141	—	7	—	7	—
	枫坪乡	4	4	—	83	—	4	—	4	—
	交塘乡	3	3	—	58	—	3	—	3	—
	靖居乡	2	3	1	110	39	3	—	3	—

1991年松阳县幼儿园分部门办概况表

表 31-3-1-4

乡（镇）名称		园数（所）	班数（个）		在园幼儿数（人）		教职工数（人）			
			合计	其中：小学附设	合计	其中：小学附设	合计	其中		
								园长	教师	保健员
全县合计		161	186	9	5441	281	228	3	214	11
教育部门办	西屏幼儿园	1	6	—	259	—	20	1	18	1
	古市幼儿园	1	4	—	171	—	9	1	7	1
	西屏镇校附设	1	2	2	76	76	2	—	2	—
	南门小学附设	1	2	2	39	39	2	—	2	—
其他部门办	西屏镇	7	12	—	365	—	29	1	19	9
	玉岩镇	1	1	—	22	—	1	—	1	—
集体办	西屏镇	11	14	—	370	—	16	—	16	—
	松阳区	48	51	2	1317	62	51	—	51	—
	古市区	57	60	1	1941	43	64	—	64	—
	大东坝区	21	21	—	542	—	21	—	21	—
	玉岩区	10	10	1	229	22	10	—	10	—
	靖居区	2	3	1	110	39	3	—	3	—

1991年松阳县县城厂矿、单位、个体办幼儿园简况表

表 31-3-1-5

园名	班级数（个）	在园幼儿数（人）	师资情况（人）				办园情况				
			人数	学历			教室（平方米）	活动场地（平方米）	桌／椅（张）	床位（铺）	教玩具（件、套）
				幼师	高中	初中					
松阳造纸厂幼儿园	1	20	2	2	—	—	54	200	15/30	10	30
处州制药厂幼儿园	1	24	1	1	—	—	55	150	15/30	7	20
松阳丝厂幼儿园	2	50	4	—	2	2	100	150	27/60	27	15
县汽车站幼儿园	1	16	2	—	1	1	100	20	10/20	16	20
县商业局幼儿园	2	41	4	—	1	3	81	80	16/50	7	100
县工商银行幼儿园	1	17	1	—	—	1	50	300	10/20	—	100
青少年宫幼儿园	2	60	5	—	3	2	50	200	27/107	60	40
西屏镇机关幼儿园（1）	2	78	7	—	1	6	80	20	8/90	26	50

2010年松阳县教育部门办幼儿园情况表

表31-3-1-6

幼儿园名称	班级数（个）	在园幼儿数（人）	教职工数（人）	创办时间
县实验幼儿园	20	718	89	1952.02
古市幼儿园	6	257	25	1952.02
水南中心幼儿园	4	103	67	1999.09
阳溪中心幼儿园	5	112	7	2003.09
望松乡中心幼儿园	2	71	6	2004.09
斋坛乡中心幼儿园	4	112	9	1993.09
叶村乡中心幼儿园	4	101	5	2003.09
竹源乡中心幼儿园	1	15	1	2000.03
三都乡中心幼儿园	1	9	1	1993.09
四都乡中心幼儿园	1	6	1	2006.09
岗寺中心幼儿园	2	33	3	—
赤寿乡中心幼儿园	3	75	5	1995.09
新兴乡中心幼儿园	1	33	4	1997.09
樟溪乡中心幼儿园	3	74	6	1992.09
谢村乡中心幼儿园	2	34	5	2008.09
新处乡中心幼儿园	1	25	2	2009.09
玉岩镇中心幼儿园	3	64	5	1985.09
大东坝镇中心幼儿园	1	19	1	1989.09
安民乡中心幼儿园	1	18	2	1990.09
雅溪中心幼儿园	2	41	2	1993.08
靖居中心幼儿园	2	60	5	2000.09
裕溪乡中心幼儿园	1	22	2	2003.09
板桥畲族乡中心幼儿园	2	41	3	1991.09

2010年松阳县民办幼儿园情况表

表31-3-1-7

幼儿园名称	班级数（个）	在园幼儿数（人）	教职工数（人）
西屏镇欢乐幼儿园	9	344	28
新世纪双语幼儿园	7	163	25
贝贝幼儿园	3	50	5
冰洁幼儿园	3	87	8

续表 31-3-1-7-1

幼儿园名称	班级数（个）	在园幼儿数（人）	教职工数（人）
彩虹乐乐幼儿园	3	93	9
城中幼儿园	5	112	10
大风车幼儿园	4	123	10
杰灵幼儿园	4	85	9
盼盼幼儿园	3	83	6
七彩幼儿园	5	165	16
勤勤幼儿园	3	88	6
三村幼儿园	1	20	2
童乐幼儿园	4	104	12
小精灵幼儿园	5	128	12
新旺幼儿园	4	79	9
星星幼儿园	4	91	9
育苗幼儿园	3	81	7
镇二幼儿园	2	40	5
水南幼儿园	2	30	2
青龙幼儿园	2	32	4
横山幼儿园	1	21	2
桥头幼儿园	2	34	2
金太阳幼儿园	3	52	4
竹溪幼儿园	3	35	3
青蒙苗苗幼儿园	1	13	1
金宝宝幼儿园	3	74	5
白沙幼儿园	1	16	1
古市镇筏铺幼儿园	4	144	12
飞燕幼儿园	3	41	6
金色摇篮幼儿园	3	45	5
启蒙幼儿园	5	161	16
青青幼儿园	1	32	3
山下阳幼儿园	1	19	2
上河村幼儿园	1	12	2
小博士幼儿园	3	72	8

续表 31-3-1-7-2

幼儿园名称	班级数（个）	在园幼儿数（人）	教职工数（人）
小精灵幼儿园	3	62	7
小星星幼儿园	3	72	7
新时代幼儿园	4	111	8
玉岩镇程源头幼儿园	1	14	2
欢欢幼儿园	1	23	2
佳馨幼儿园	2	41	4
开心幼儿园	3	52	5
启蒙幼儿园	3	90	7
幼幼乐幼儿园	3	50	4
大东坝镇蔡宅幼儿园	1	19	1
牛角圩幼儿园	1	14	1
山头幼儿园	1	21	1
西山幼儿园	1	24	2
象溪镇星星幼儿园	2	49	2
育智幼儿园	2	64	2
育英幼儿园	1	26	1
象溪幼儿园	2	41	2
育苗幼儿园	1	10	1
家庵幼儿园	1	18	1
望松乡草塔幼儿园	4	87	9
金果果幼儿园	3	81	7
六都幼儿园	2	25	3
五都幼儿园	2	40	4
西河幼儿园	2	17	2
斋坛乡斋坛幼儿园	2	46	3
叶村乡黄公渡幼儿园	1	10	1
赤寿乡赤四幼儿园	3	43	4
叶川头幼儿园	1	11	1
界首幼儿园	1	13	1
朝阳幼儿园	6	143	8
龙下幼儿园	1	11	1

续表 31-3-1-7-3

幼儿园名称	班级数（个）	在园幼儿数（人）	教职工数（人）
樟溪乡馒头山幼儿园	1	18	1
兴村幼儿园	1	19	1
天天乐幼儿园	1	20	1
溪下小天使幼儿园	1	23	1
溪下娃娃乐幼儿园	1	19	1
力溪幼儿园	1	18	1
新兴乡杨村头幼儿园	1	15	1
大畈幼儿园	1	10	1
端口幼儿园	1	16	1
横溪幼儿园	1	32	1
谢村乡蓝贝幼儿园	1	10	2
新处乡坳后幼儿园	1	26	1
枫坪乡高亭幼儿园	1	15	1
山乍口幼儿园	1	20	1
裕溪乡源口幼儿园	1	16	1
嘟嘟幼儿园	1	29	1

保教工作

晚清和民国初，幼儿教育均无统一课程和教材，一般由教养员自编故事、儿歌，以讲解故事、教唱儿歌、简单绘画、游戏等活动为主，有的也进行一些简易的识字和计算教学。民国 27 年（1938）4 月 4 日儿童节，迁松阳的省立湘湖师范附设的幼稚园，举办家事展览会及婴儿健康比赛。家事展览会分卫生用品、卫生挂图和儿童玩具 3 个陈列室；健康比赛是对在园儿童进行体检，开展评比，体格优良者赠童装、背心、袜子等物，以资鼓励。民国 33 年儿童节时，县举行儿童健康、母教、乒乓球、讲演比赛。

1952 年 3 月，教育部颁发的《幼儿园暂行规程》规定，幼儿园的任务是根据新民主主义教育方针教养幼儿，使他们身心在入小学前获得健全的发展，对幼儿进行初步的全面发展的教养工作。幼儿教育没有统一的大纲和教材，教养内容由教养员根据幼儿教育任务，结合实际情况，选用有关歌曲、故事、游戏和儿童报刊有关内容。教养员还通过召开母亲会、家庭访问、使幼儿的家庭教育和幼儿园教育密切配合。1953 年，西屏、古市 2 个镇的 3 所幼儿园，参照省教育厅颁布的《幼儿园作业表》，开设体育（包括日常生活、卫生习惯、体操、游戏、舞蹈和律动等）、语言（包括谈话、讲故事、歌谣、谜语）、认识环境（包括日常生活环境、社会环境、自然环境）、图画、手工（包括图画、纸工、泥工、其他材料作业等）、音乐（包括唱歌、表情唱歌、听音乐、乐器表演）、计算（包括认识数目、心算、度量衡）等课，自选、自编教材，进行“大单元教学”。1955 年，松阳城镇幼儿园开始使用省编《幼儿教育参考教材》。次年，各幼儿园遵照省教育厅指示，进一步落实全面发展的方针，教养工作加强体育卫生方面的内容，制订合理的作息制度，保证户外游戏活动时间。各园添设卫生设施及运动器具，教师自制教玩具，培养幼儿互助互爱、活泼、勇敢、诚实的品质。

1958 年，由于幼教事业发展过快，致使师资奇缺，园舍拥挤，设备简陋，多数幼儿园只能对幼儿进行一些生活习惯及思想品德方面的初步教养，幼儿园的教养质量下降。次年，全县举办 2 期教养员训练班，以提高教养员水平。第一期 15 天，第二期 20 天，2 期共计培训农村、厂矿幼儿教养员 77 人。1961 年，各幼儿园贯彻省教育厅召开的幼儿教育工作座谈会精神，重视对幼儿教育的目的、任务、特征、方针等问题的研究。1963 年，凡已分大、中、小班的幼儿园按省教育厅重新颁布的《幼儿园作业计划表》开展教养工作，混合班则参照执行。

1963 年松阳县幼儿园作业情况表

表 31-3-1-8

班别 / 节数（节）/ 科目	小班		中班	大班
	第一学期	第二学期		
认识环境与发展语言	2	3	4	5
计算	—	1	1	2
音乐	2	2	2	2
美工	2	2	4	3
体育	—	—	1	1
每周总结数	6	8	12	13

1965 年 6 月 1 日，全县举行首届幼儿运动会，西屏、古市幼儿园分获团体总分第一名、第二名。1975 年 6 月 1 日儿童节，举行县第二届幼儿运动会，设 30 米、60 米、20 米兔子赛跑，立定跳远，手榴弹掷远，小皮球投远，滚铁环，20 米运球，20 米迎面接力，拔河 10 个项目。1977 年儿童节，县第三届幼儿运动会举行，项目与第二届相同。1985 年，县幼儿运动会有 10 所幼儿园、75 名幼儿、30 名妈妈参赛。1986 年的县幼儿运动会有 13 所幼儿园、144 名幼儿、54 名爸爸参赛。

1981 年 10 月后，松阳幼儿园试行教育部制订的《幼儿园教育纲要（试行草案）》，确定幼儿教育的任务是向幼儿进行体、智、德、美全面发展的教育，使其身心健康活泼地成长，为入小学打好基础，为造成一代新人打好基础。幼儿教养内容包括生活习惯、体育活动、思想品德、语言、常识、计算、音乐、美术 8 个方面。各幼儿园还把生活卫生习惯、思想品德方面的教育内容融入各项教养活动中，采取游戏、体育活动、作业、观察、劳动、娱乐等活动形式完成教养任务，防止小学化、成人化。城镇及农村条件较好的幼儿园，采用部编《幼儿教材》，开设体育、语言、常识、计算、音乐、美术等课程，其他幼儿园采用浙江幼儿师范学校编写的农村幼儿园语言、常识、音乐、体育、美术、计算等教科教材。1983 年后，幼儿园陆续使用部编《幼儿园教材》。教养工作要求做到“方法游戏化、教具形象化、语言儿童化”。

1983年松阳县幼儿园科目时间安排情况表

表 31-3-1-9

科目 \ 节数（节） \ 学期 \ 班级	小班		中班		大班	
	上	下	上	下	上	下
体育		1	1	1	1	1
语言	1	1	2	2	2	2
常识	1	1	2	2	2	2
计算	—	1	1	2	2	2
音乐	2	2	2	2	2	2
美术	2	2	2	2	3	3
合计	6	8	10	11	12	12

说明：每周上课时间分别为：小班6～8节，每节10～15分钟；中班10～11节，每节20～25分钟；大班12节，每节25～30分钟

1982年，建立县幼儿中心教研组及各区、乡（校）三级教研网。每年举行2次全县性的教学研究活动，开展观摩教学，进行专题研究，总结办园经验，撰写幼教论文。各幼儿园教研组探讨直观教学、环境教学、科学启蒙教育、创造性游戏活动等课题。发挥县示范性幼儿园作用，共为全县举办观摩教学、公开教学21次，接受听课观摩8000人次。组织教师深入乡村幼儿班辅导50天，受辅导幼师743人次。为农村、厂矿、企事业单位的幼儿园（班）选编、印发幼儿故事33篇、儿歌123首、歌曲132首、游戏材料26份、幼儿体操3套。1980～1988年，教育部门会同县妇联举办6期幼师培训班，提高幼师水平，受训1077人次，内容有幼儿教育学、幼儿心理学、幼儿卫生学、各科教学法、音乐、舞蹈、美术等。全县幼儿园自制故事图片、计算器具、音乐挂图、幻灯片等教玩具1571件（套）。城镇和厂矿幼儿园自筹资金，添置教学设备和活动器材，改善办园条件。

1990年后，贯彻国家教委颁布的《幼儿园工作规程（试行）》，各幼儿园实行保育与教育相结合的原则，对幼儿实施体、智、德、美全面发展的教育。城镇及农村条件较好的幼儿园均按年龄分设小班、中班、大班进行教学，开始使用电化教学手段；部分农村、山区及个人创办的幼儿园（班），因受校舍、场地、经费、设备、师资等限制，都以混合班为主，每班人数有的达40人以上，教学上存在“小学化”“成人化”的倾向。1992年，松阳县继续执行国家教委1989年6月颁布的《幼儿园工作规程》，各幼儿园实行保育与教育相结合的原则，对幼儿实施体、智、德、美全面发展的教育，促进幼儿身体正常发育和心理机能的协调发展，养成良好的生活习惯和卫生习惯。

1993年9月，县卫生局、县教委、县总工会、县妇联根据《浙江省托儿所、幼儿园卫生保健管理办法（试行）》，建立松阳县托儿所、幼儿园卫生保健工作指导组，实施卫生保健合格证和卫生保健工作年报制度，设立托幼园所专（兼）职卫生保健员，开展幼儿入园（所）体检和晨检工作，幼儿入园做到一摸、二看、三问、四查，发现问题及时处理。园（所）工作人员（包括老师、保育员、

炊事员等）需经县妇保所体检后持证上岗。1996 年 6 月 1 日始，全县幼儿园实行国家教委颁布的《幼儿园工作流程》及卫生部颁发的《托儿所、幼儿园卫生保健制度》，合理安排幼儿一日生活作息制度，保证幼儿户外活动时间每天不少于 2 小时，按要求建立幼儿健康检查制度和幼儿健康卡或档案。各幼儿园的教育工作坚持体、智、德、美诸方面全面发展原则。各幼儿园以游戏为基本活动形式，因地制宜创设游戏条件，做到动静交替，保持幼儿的愉快情绪，促进幼儿各种能力和个性的全面发展。1999 年 11 月，县教委要求各幼儿园严格执行《浙江省托儿所、幼儿园卫生保健管理办法》，公办幼儿园要求保健室设备标准、卫生保健合格标准，设立保健室，配备相应的保健人员，建立合理的生活制度、卫生消毒制度、幼儿入园体检制度、体弱儿童管理制度、晨间检查和全日观察制度、营养管理制度、卫生保健登记统计制度，建立儿童健康档案，制定安全措施，做好工作人员健康管理。

图 31-15　幼儿游戏活动（县档案馆提供 1998 年）

2001 年 7 月，教育部颁布《幼儿园教育指导纲要（试行）》。松阳县各幼儿园从实际出发，因地制宜地实施素质教育，以游戏为基本活动，保教并重，关注个体差异，促进每个幼儿富有个性的发展。教育活动内容考虑幼儿的学习特点和认识规律，注重综合性、趣味性、活动性，寓教育于生活游戏中。2004 年 2 月，县教育局、卫生局联合印发《关于进一步加强和完善幼儿园卫生保健管理工作的通知》后，西屏和古市 2 个镇范围的各级各类幼儿园、乡镇学校举办的幼儿园和乡镇所在地的各级各类幼儿园（包括社会力量举办的幼儿园），幼儿入园前必须进行健康检查，建立先体检后入园的卫生保健制度，健全儿童健康档案；幼儿园工作人员必须有县妇幼保健所签发的浙江省托儿所、幼儿园工作人员健康证书后持证上岗。

2006 年 1 月，各幼儿园根据市教育局《关于加快我市幼儿教育事业改革和发展的意见》要求，全面提高保教质量，促进幼儿体、智、德、美诸方面全面和谐发展。县实验幼儿园和古市幼儿园无条件承担该区域内幼儿园的示范辅导工作，定期举行示范性教学观摩和送教下乡活动，帮助各类幼儿园全面提高保教质量。是年，县教育局按原国家教委颁发的《教育督导暂行规定》，建立幼儿教育督导评估制度，制定县实验幼儿园和乡镇中心幼儿园教育评估方案，评估内容包括教学管理、保教工作、其他工作和业绩 4 部分。评估采取量化方法，满分为 100 分。县教育局充分发挥县实验幼儿园和古市幼儿园的示范作用，总结经验，加以推广。

幼教管理

民国 36 年（1947）开办的儿童乐园由教育部门管理，教育部门和妇女会共同负担办学经费。

1952 年，根据部发《幼儿园暂行规程》（草案）的规定，松阳西屏镇第一、第二中心小学和古市完全小学附设的幼稚班由县文教科统一领导，日常行政事务和办学经费由所在学校统一管理。次年，西屏镇第一中心小学附设幼儿园单独设园后，设主任1人，负责园内日常行政事务和教务工作。1956年后，执行内务部、卫生部《关于托儿所、幼儿园几个问题的联合通知》，对各种类型的托儿所、幼儿园实行统一领导、分级管理。幼儿园的经费、人事、房屋设备和日常行政事宜，均由主办单位各自负责管理；有关方针、政策、规章、制度、法令、教育计划、教育内容、教育方法、儿童保健等业务，统一由教育行政部门领导。

1980年，县妇联设立幼托办公室，加强对城乡幼托工作的领导。1982年，县教研室配备幼儿教研员，负责幼儿教育的研究和辅导工作。1984年4月，县妇联和教体局联合制订"五好"幼儿园（班）和先进保教工作者评比条件。"五好"幼儿园（班）的条件是："五讲四美"、园（班）面貌好；建立制度、完成任务好；教养并重、热爱孩子好；尊师爱生、联系家长好；艰苦创业、勤俭办园（班）好。是年，西屏幼儿园等18个单位被评为"五好"幼儿园（班），22名教养员被评为先进保教工作者。12月，县妇联和教体局联合召开全县机关厂矿、农村幼儿教师会议，组织学习部颁《幼儿教育纲要》。1988年，实行分级办园（班），分级管理。西屏幼儿园由县教委直接领导和管理；教育部门办的其他幼儿园（班），由各乡镇政府、中心学校领导和管理；农村办的幼儿园由当地妇联领导和管理；企业办的幼儿园由举办单位负责领导和管理。有关方针、政策、规章制度、教育计划、教学内容、幼儿保健等由教育行政部门统一管理；教学业务由县教研室和县示范幼儿园指导；幼儿保健业务由卫生部门指导。1989年，国家教委先后发布《幼儿园管理条例》和《幼儿园工作规程（试行）》。"条例"规定幼儿园的管理实行地方负责，分级管理和各有关部门分工负责的原则。农村幼儿园的举办、停办，由所在乡、镇政府注册，并报县政府教育行政部门备案。

1990年，贯彻省教委《关于加强幼儿学前班管理的意见》后，乡镇、村及村民个人举办的学前班，由乡镇政府审批后，再报县（市、区）教育行政部门审批。未经审批的各类学前班，都需重新申报；未经批准，任何单位和个人都不得举办学前班。1992年8月，县教委制定的《关于撤区扩镇并乡后教育管理工作的意见》规定，撤扩并后公办幼儿园仍归教育部门管理，社会力量办的幼儿园（班）归妇联管理，业务上受当地公办幼儿园指导。为适应幼儿园入托的需求，乡镇各辅导小学在不增人员编制的前提下和校舍设施许可的范围内，经教委审批可兴办小学附设幼儿班，由辅导小学管理，业务上接受县示范幼儿园指导。

1994年4月，县实验幼儿园幼儿集体食物中毒事故后，制定《松阳县实验幼儿园安全责任制度》等规章制度。饮食安全把好"质量关、数量关、经济关、卫生关"，选用新鲜的、营养好的、易消化的食品，让幼儿吃饱吃好；实行"家长开放日"制度，让家长全程了解幼儿在园一日的活动情况，听取家长对幼儿园管理工作的意见和建议。是年，县教委根据《社会力量办学条例》《幼儿教育管理条例》和《松阳县幼儿教育办学基本要求》，对全县社会力量举办的幼儿园（班）办学条件进行实地核查，有54所幼儿园（班）符合办学条件，准予登记注册，继续办学；6所幼儿园（班）尚不具备办学条件，限期整改，逾期未改善者停止招生，不予登记注册。此后，县教委对社会力量办学的幼儿园（班）每年进行一次核查，亦称年检。1995年，丽水地区教委在《丽水地区幼儿园分级标准（试行）》中规定：幼儿园等级评估工作每年进行一次，凡被命名为地区一二三级幼儿园者，由地区教委授予等级铜牌。次年，县实验幼儿园经省教委评估确认为浙江省示范性幼儿园，被地区教务认定为丽水地区一级幼儿园。1996年3月，县教委要求各幼儿园（班）对幼儿入园和编班、幼儿的卫生保健、幼儿的教育、幼儿园的园舍和设备、幼儿园的经费、幼儿园的管理等严格执行《幼儿园工作规程》。是年，县教委根据《浙江省中小学安全工作细则（试行）》第十七条之规定，要求各幼儿园（班）及学前班严格幼儿接送制度，防止幼儿被人冒领、拐骗。

1997年7月，县教委根据《浙江省学前班管理办法》和地区教委《关于加强学前班管理工作的通知》精神，明确规定：学前班可单独设置，也可附设在小学，但不允许和小学生合班教学；学前班可使用大班教材，坚决克服"小学化"倾向。10月，根据丽水地区行署《关于明确幼儿教育事业管理体制的通知》，松阳县的幼儿教育（3周岁以上学龄前儿童）归口教育行政部门管理；托儿管理工作（3周岁以下幼儿）仍由妇联负责管理。12月，根据省政府《关于进一步明确幼儿教育管理体制的通知》精神，县教委印发《关于明确幼儿园管理职责的通知》，规定乡镇政府所在地举办的幼儿园的办学许可证，由县教委成职科负责审批，普教科和教研室负责教育管理和业务指导；乡镇所在地以下行政村举办幼儿园的办学许可证、业务指导和教育管理，由乡镇中心学校负责。是年，县教委根据国家教委、省教委对社会力量办学管理的有关规定，印发《关于加强和整顿幼儿园管理工作的通知》，要求凡在乡、镇所在地由社会力量办的幼儿园（包括社会团体、集体、个体举办的幼儿园以及中小学校举办的学前班），均须于12月底前办理注册登记，填写《松阳县幼儿园注册登记表》；凡在1998年1月1日后需继续举办的幼儿园，须于12月20日前，向县教委成职教科提出书面核查申请，并提供有关办学许可证，凡无办学许可证的幼儿园，一律以非法办学论处；凡1998年1月1日后新开办的幼儿园，必须先办理办学许可证后招生；凡在各乡、镇所在地以下行政村举办的幼儿园，由乡镇中心学校负责登记、审查、批准。1998年12月，县教委决定在公办幼儿园实行收费登记卡制度。次年，古市幼儿园被区教委认定为地区一级幼儿园。

2001年6月，县教委根据国务院颁发的《民办非企业单位登记管理暂行条例》的规定，给西屏镇欢乐幼儿园等28所幼儿园办理民办非企业单位（个体）登记注册。2002年，根据国务院《社会力量办学条例》和教育部《幼儿园管理条例》，县教育局印发《关于进一步加强社会力量举办幼儿园（班）管理的通知》，重申"分级办学，分级管理"原则，社会力量举办的幼儿园（班）由县教育局审批，幼儿园所在乡镇中心学校负责管理；实施等级考评办法，按实际办园水平高低分县示范性、县一二三级，由乡镇中心学校组成考核评估，报县教育局审查，予以确认、公布并挂牌，其中申报县示范性和县一级幼儿园的县教育局要组织复评；实施年检制度，县教育局委托乡镇中心学校于每年2～3月，按《松阳县社会力量举办的幼儿园（班）等级考核评估细则》，对社会力量举办的幼儿园（班）进行年检，年检结果报县教育局审核公布，达到县三级及以上的幼儿园（班）为年检合格，可继续招生办园，未参加年检的视同要求停办处理，年检不合格的限期整改，直至取消办园资格。2003年，县教育局根据省教育厅《关于开展幼儿园安全大检查的通知》，对不具备办园条件、未经审查批准的幼儿园（班）坚决予以取缔；对园舍设施、饮食安全、幼儿接送车进行全面检查，进一步规范办园（班）行为；加强对幼儿园接送车的管理，不得擅自使用车辆接送幼儿，严禁用三轮摩托、三轮脚踏车接送幼儿，切实保障幼儿在园期间和接送中的人身安全。

2004年8月，县教育局转发省教育厅《关于试行全日制普通中小学学籍管理办法和学前儿童入园管理办法的通知》，要求各乡镇中心学校组织所属幼儿园（班）学习“管理办法”，督促其执行学年报告制度，按时做好“浙江省学前教育登记卡”的填写工作。是年，经实地核查评估，全县有42所幼儿园（班）年检不合格，终止办学，并注销办学许可证。2005年，各幼儿园普遍实施幼儿园、入托预防接种证查验制度，并有专人负责。7月，县教育局举办县一级幼儿园和部分县二级幼儿园园长管理实务培训班，以提高园长的管理水平，增强园长对幼教政策、法规的理解和掌握，促进幼儿园科学化、规范化管理。11月，县教育局印发《关于加强乡镇中心幼儿园建设的通知》，明确乡镇中心幼儿园的建设要求和管理职能：乡镇中心幼儿园实行乡办乡管，要有相对独立的园舍，要有规范的园名，实行园长负责制；要按有关规定招生、编班；平原乡镇中心幼儿园要达到县一级幼儿园标准，山区乡镇幼儿园要达到县二级幼儿园标准。是年，县教育局按照《松阳县社会力量举办的幼儿园（班）等级考核标准及评估细则》的规定，对全县持有办学许可证的社会办幼儿园（班）进行办学水平、办学质量的等级考核，有16所幼儿园（班）被确认为县一级幼儿园（班）、32所为县二级幼儿园（班）、90所为县三级幼儿园（班）、7所为合格幼儿园（班），21所幼儿园（班）注销办学许可证。2006年，县教育局根据丽水市教育局《关于加快我市幼儿教育事业改革和发展的意见》，要求各乡镇政府承担起发展本区域幼儿教育的职责，重点是抓好乡镇中心幼儿园建设。理顺幼儿教育管理体制，进一步明确教育行政部门为幼儿教育的主管部门。城区幼儿园和乡镇幼儿园由县教育行政部门直接管理，乡镇以下幼儿园（班）由当地中心学校管理。

2007年3月，县教育局印发《松阳县幼儿园（班）办园行为规范》，在全县开展规范办园活动，增强全县学前教育工作者依法办园意识，全面提升各级各类幼儿园的办园水平，促进全县幼教事业健康有序发展。办园行为规范包括：规范办园条件、报批程序、收费行为、班级编排、课程设置、教材使用、乡镇中心幼儿园建设等11个方面；规范办园活动时间为3年，每年11月为自查自评，12月县组织人员对公办幼儿园进行考评，对民办幼儿园进行抽查，年底公布结果，进行表彰。7月，县教育局转发市教育局紧急通报，要求各幼儿园坚决避免因管理疏漏和其他不当人为因素而引发幼儿伤害事故。2008年5月，县教育局公布2007年度幼儿园办园行为规范考核评估结果，全县共有45所幼儿园获办园行为规范奖。其中，县实验幼儿园、古市幼儿园、西屏镇欢乐幼儿园等3所幼儿园获规范办园示范奖；叶村乡中心幼儿园等7所幼儿园获规范办学一等奖；板桥乡中心幼儿园等11所幼儿园获规范办园二等奖；玉岩镇中心幼儿园等24所幼儿园获规范办园三等奖。是年，古市幼儿园经市教育局评估组的评估验收，被确认为省二级幼儿园。

2009年，按照《浙江省幼儿园等级评定办法（试行）》的规定，县实验幼儿园经省教育厅综合评估，被确认为省一级幼儿园；叶村乡中心幼儿园、斋坛乡中心幼儿园、新兴乡中心幼儿园、西屏镇欢乐幼儿园、七彩幼儿园、古市启蒙幼儿园、筏铺幼儿园7所幼儿园经县教育局评估组的综合评估与考核，被认定为省三级幼儿园。2010年4月，县教育局首次对幼儿园发展水平进行星级认定，县实验幼儿园被认定为五星级学前教育学校，古市幼儿园为四星级学前教育学校。

幼儿园选介

图 31-16 县实验幼儿园教研活动（县实验幼儿园提供 2008 年）

松阳县实验幼儿园　松阳县实验幼儿园创办于1952年，前身为西屏一小附设幼儿园。1971年，改称西屏幼儿园。1994年，迁入西屏镇环城西路111号新建校园，更名为松阳县实验幼儿园。新建园舍占地面积8370平方米，园舍建筑面积3892平方米。2006年，创办紫荆分园。2006～2010年，曾设立江滨分园。2010年，幼儿园有2个园区（本部和紫荆分园），共有20个班级，幼儿718人，教职工89人（其中专任教师79人），专任教师全部为大专以上学历（其中大学本科学历占97%）。

教职工中获省级以上表彰12人，市级13人，县十佳教师3人，市学科带头人3人，市明星教师7人，市教坛新秀5人，县教学名师3人，县教坛新秀17人。

1995年，被评为省示范性幼儿园；2009年，被评为省一级幼儿园。先后获得中国教育教学研究会课堂教学先进单位、全国幼儿教育行业质量信誉服务消费者满意学校、省B级标准食堂省平安校园等20多项集体称号。

幼儿园发挥示范辐射作用，与县内8所幼儿园帮扶结对，是丽水学院幼儿师范学院、松阳电大和松阳县职业中专的实训基地。

古市幼儿园　古市幼儿园创办于1952年，前身为古市小学附设幼儿园。2007年，改称古市幼儿园。2008年，被确认为省二级幼儿园。2010年，有6个班，幼儿285人，教职工24人。其中，获得市优秀教师称号1人，市教坛新秀1人，市教坛新苗1人，县优秀指导师3人，县教坛新秀2人。

幼儿园先后获得省首届幼儿绘画大赛金苹果奖、市“巾帼文明示范岗”、县教育教学全面先进单位、县先进幼儿园、县科研先进单位等集体荣誉。

第二节　小学教育

发展概况

清光绪三十一年（1905）正月，公立古市初等小学堂（又名文德学堂）创办，为松阳兴办学校之始。是年，许作舟在县城旧明善书院创办官立两等小学堂（又名毓秀两等小学堂），公立育英初等小学堂在县城东朱文公祠创办，玉岩启秀初等小学堂在玉岩白云观创办。光绪三十二年，刘德怀在界首村创办私立震东女子两等小学堂；成淑女子两等小学堂在县城创办；叶应龙劝导名僧崇儒捐出田产，在古市创办僧立贯一初等小学堂。是年，县城、古市等又陆续兴办小学堂。至此，全县有两等小学堂3所、初等小学堂11所，共计14所，学生532人。宣统元年（1909），僧立贯一初等小学堂再捐田亩，改办为高等小学堂。

民国元年（1912），学堂改称学校。小学分为高等小学校和初等小学校两级，高等小学校由县设立，初等小学校由乡镇设立。从此，松阳小学教育进入发展期。是年，小学校增至20所，学生943人。民国9年，小学超100所，学生3515人。民国15年，小学118所，其中有区立震东小学校和县立第一女子小学校等3所女子小学校。民国34年，小学校超过200所，学生8092人。民国36年，学生10238人，达到顶峰。

小学教育的发展，源自于政府和民间的重视。民国4年，县议会劝导兴办学校。民国21年，省教育厅颁订《浙江省各县、市设立乡镇初级小学办法》，规定每乡镇至少设立初级小学1所。民国29年，国民政府开始推行国民教育制度，规定乡镇设中心学校，设保国民学校。民国30年，松阳开始实施国民教育制度，同时开办畲民学校。民国35年，浙江省拟订第二期实施国民教育五年计划。

民国时，小学大多为县、区、乡政府所设。私立小学逐年增加。民国15年（1926），全县有私立小学16所；民国19年，有21所。

随着小学校数的增长，教职员数随之增长。民国9年，有192人；民国19年，有261人；民国29年，有319人；民国35年，有475人。

民国时期若干年份松阳县小学发展概况表

表31-3-2-1

民国纪年	学校数(所)	学生数（人）	教员数人）	民国纪年	学校数所）	学生数（人）	教员数人）
元年（1912）	20	943	—	27	126	6180	279
2	45	2615	—	28	129	8990	278
9	109	3515	192	29	129	10726	319
12	122	4221	—	30	155	9564	353
15	118	—	—	31	162	9427	396
18	—	—	267	32	182	7703	467
19	121	5216	261	33	194	8464	438
23	—	—	250	34	216	8092	467
24	140	6444	271	35	220	10066	475
25	124	5482	272	36	—	10238	467
26	125	5570	273	37	161	7225	348

民国19年（1930）松阳县小学分布情况表

表31-3-2-2

立别＼名称＼学区	第一学区	第二学区	第三学区	第四学区	第五学区	合计
公立完小	县立第一区中心小学	—	竞明小学	玉岩小学	中心小学	8所
	县立第一小学	—	—	—	贞静女子小学	
	县立第一女子小学	—	—	—	震东小学	
私立完小	尼宗小学	—	—	—	贯一小学	2所
公立初小	项弄初小	思步初小	南州初小	东市初小	卯山后初小	92所
	洞阳初小	砌磁初小	桐榔初小	黄南初小	赤岸初小	
	十五里初小	里庄初小	鲁西初小	华隆初小	横溪初小	
	环溪初小	岗后初小	凤陇源初小	崧山初小	徐郑初小	
	王村初小	安世初小	鲁峰初小	周岭根初小	岗下初小	
	舍利初小	杨家堂初小	板桥初小	蛤湖初小	平卿初小	
	石门初小	五都阳初小	象溪初小	斗潭初小	后刘初小	
	太唐初小	吴弄初小	堰头初小	黄庄初小	大石初小	
	北山初小	榔树初小	石鼓初小	毛村初小	黄圩寮初小	
	水南初小	下包初小	裕溪初小	敷田初小	庄门初小	
	荷田初小	西河初小	小槎初小	庄后初小	半古月初小	
	—	西垒初小	东坑初小	开智初小	下马坑初小	
	—	淡竹初小	靖居口初小	根下初小	后肖初小	
	—	酉田初小	茶排初小	横山初小	乌连初小	
	—	水竹初小	后宅初小	大潘坑初小	湖溪初小	
	—	—	下宅街初小	延坑初小	五木初小	
	—	—	雅溪初小	枫坪初小	大岭根初小	
	—	—	岭头初小	竹溪初小	谢村初小	
	—	—	港赵初小	岩西初小	筏铺初小	
	—	—	—	桐村初小	千义坑初小	
	—	—	—	—	樟村初小	
	—	—	—	—	泉庄初小	
	—	—	—	—	金坞初小	
	—	—	—	—	下源口初小	
	—	—	—	—	力溪初小	
	—	—	—	—	溪下初小	
	—	—	—	—	黄山头初小	

续表 31-3-2-2

立别＼名称＼学区	第一学区	第二学区	第三学区	第四学区	第五学区	合计
私立初小	道贞初小	启明初小	庠德初小	启蒙初小	少怀初小	—
	景化初小	仪桥初小	蔡宅初小	承志初小	开明初小	—
	—	梓西初小	—	—	崇正初小	—
	—	德遗初小	—	—	叶川初小	—
	—	仓西初小	—	—	启成初小	—
	—	茂春初小	—	—	光垣初小	—
合计	17 所	21 所	22 所	23 所	38 所	121 所

民国 25～28 年（1936～1939）松阳县初等教育概况表

表 31-3-2-3

民国纪年	学期	学校数（所）					学生数（人）	学级数（个）	教职员数（人）
		县立	区立	乡镇立	私立	合计			
25	二	2	3	93	26	124	5482	183	272
26	一	2	3	93	27	125	5570	180	273
	二	2	3	93	27	125	5507	179	270
27	一	3	3	93	27	126	6180	181	279
	二	4	3	94	26	127	8090	184	274
28	一	4	3	95	27	129	8990	188	278

民国 30～35 年（1941～1946）松阳县国民教育概况表

表 31-3-2-4

民国纪年	乡镇数（个）保数（个）	学校性质	学校数（所）	学生数（人）	毕业生数（人）	学级数（个）	教职员数（人）
30	乡镇数 42 保数 312	总计	155	9563	813	242	353
		中心学校	20	3324	186	77	128
		国民学校	54	2598	254	64	93
		私立小学	23	752	26	22	31
		未改设的小学	58	2889	347	79	101
31	乡镇数 42 保数 312	总计	162	9427	592	252	396
		中心学校	21	2851	243	86	121
		国民学校	69	2614	213	74	114
		私立小学	21	752	—	24	38
		未改设的小学	51	3210	136	68	123

续表 31-3-2-4

民国纪年	乡镇数（个）保数（个）	学校性质	学校数（所）	学生数（人）	毕业生数（人）	学级数（个）	教职员数（人）
32	乡镇数 42 保数 312	总计	182	7703	1184	275	467
		中心学校	27	3442	561	109	161
		国民学校	80	2325	285	88	137
		私立小学	21	93	24	—	34
		未改设的小学	54	1843	314	78	135
33	乡镇数 30 保数 312	总计	194	8464	2204	285	438
		中心学校	25	3442	1122	99	161
		国民学校	164	4709	804	166	245
		私立小学	5	313	278	20	32
		未改设的小学	—	—	—	—	—
34	乡镇数 30 保数 312	总计	216	8092	1466	331	467
		中心学校	32	3824	892	115	184
		国民学校	180	3713	326	198	254
		私立小学	4	555	248	18	29
		未改设的小学	—	—	—	—	—
35	乡镇数 21 保数 255	总计	220	10066	1338	331	475
		中心学校	32	4718	1100	120	188
		国民学校	182	4660	160	196	255
		私立小学	6	688	78	15	32
		未改设的小学	—	—	—	—	—

1949 年 6 月，县人民民主政府接管旧有的公私立小学 144 所（其中公立 7 所、民办 136 所、私立 1 所），并进行整顿、改造。此后，政府和民间大力办学，小学校数及在校小学生数增长较快。1950 年，有 162 所；1951 年，有 233 所（其中公立 12 所、民办 221 所），在校学生 11557 人，教职员 376 人。发展过程中，出现布局不合理、学额不足、教师水平低、超编多等许多问题。

1949～1952 学年松阳县小学概况表

表 31-3-2-5

学年度（年）	学期	学校数（所）		班级数（个）		学生数（人）		教职员数（人）		工友数（人）	
		校数	增减数	班数	增减数	人数	增减数	人数	增减数	人数	增减数
1949	1	144	—	220	—	6638	—	284	—	14	—
	2	162	+18	265	+45	7111	+473	344	+60	15	+1
1950	1	159	-3	242	-23	6989	-122	307	-37	15	未变
	2	185	+26	268	+26	8504	+155	325	+18	16	+1

续表 31-3-2-5

学年度（年）	学期	学校数（所）		班级数（个）		学生数（人）		教职员数（人）		工友数（人）	
		校数	增减数	班数	增减数	人数	增减数	人数	增减数	人数	增减数
1951	1	233	+48	322	+54	11557	+3053	376	+51	20	+4
	2	237	+4	330	+8	11191	−366	391	+15	20	未变
1952	1	239	+2	329	−1	8300	−2891	371	−20	19	−1

1953 年始，在调整中发展。1958 年，有学校 228 所，学生 14097 人。

1958 年 11 月，松阳并入遂昌。1963 年后，贯彻“两条腿走路”的方针，创办简易小学，发展耕读小学。至 1966 年，松阳境内有耕读小学 490 所（班、组），学生 7294 人。

1966 年“文化大革命”开始后，全县大部分小学教师纷纷离校外出串联，学生停课。至 1967 年后，相继复课。1970 年后，在“把学校办到家门口”的口号影响下，小学校数猛增，造成师资匮乏，民办教师大量增加。1971 年，松阳区域小学 469 所，学生 25191 人，教职工 837 人，比 1965 年分别增加 1.47 倍、2.44 倍、1.59 倍和 1.45 倍。

1978 年，中共十一届三中全会后，小学教育逐渐合理发展，学龄儿童入学率开始稳定在 95%以上。这一时期，小学的学校数、班级数和在校学生数都达到顶峰，其峰值年份分别为：1971 年，有学校 469 所；1977 年，有班级 956 个；1980 年，在校学生 30705 人。小学教育初步完成普及任务，基本做到村村有小学、人人有书念。但大量乡村小学办学规模偏小，师资不合格，教学质量不高。1981 年后，小学在校生人数逐年减少。

1982 年，松阳恢复县制，全县开始缩并乡村小学，调整学校布局，持续近 20 年。

1997 年，县委、县政府开始教育强县创建工作。1998 年，枫坪乡获松阳第一个丽水地区级教育强镇（乡）称号。2000 年，古市镇被省政府授予浙江省教育强镇称号。至 2009 年，全县 20 个乡镇全部被授予丽水市教育强镇（乡）称号。2008 年，开始创建省级教育强县工作。

2009 年，松阳县已基本完成小学布局调整任务。小学布局从全县的 400 多座缩减至每乡镇 1 所中心小学（1992 年，松阳县撤区扩镇并乡，全县置 5 个镇 15 个乡）。至此，全县有小学 24 所，另有教学点 4 个，其中农村小学 23 所、城镇小学 1 所。

图 31-17　靖居小学校门（县教育局提供 2005 年）

2010 年，松阳县成为省级教育强县。是年，全县 24 所小学中，6 个班的小学 9 所，7～12 个班的小学 9 所，13～18 个班的小学 4 所，25 个班以上的小学 2 所。小学在校生 13434 人，其中有寄宿生 4893 人，占 36.4%。小学入学率、巩固率均 100%。小学教职工有 891 人。其中专任教师 834 人，专任教师学历合格率为 99.88%；大学本科、专科毕业生 687 人，占 82.37%。

1949～2010年松阳境内小学发展概况表

表31-3-2-6

年份	学校数（所）	班级数（个）	在校学生数（人）	教职工数（人）	年份	学校数（所）	班级数（个）	在校学生数（人）	教职工数（人）
1949	144	220	6638	298	1980	420	916	30705	1131
1950	159	242	6989	322	1981	423	922	30423	1028
1951	233	322	11557	398	1982	402	861	29225	1104
1952	239	329	8300	390	1983	399	857	28260	1116
1953	229	318	9653	380	1984	398	871	28102	1136
1954	223	313	8784	379	1985	399	864	26735	1185
1955	216	307	11866	374	1986	395	361	25266	1183
1956	210	301	9907	367	1987	394	863	22704	1186
1957	208	325	12129	399	1988	393	850	20037	1188
1958	228	305	14097	349	1989	381	814	18341	1175
1959	233	389	15499	419	1990	376	800	17038	958
1960	218	413	11992	481	1991	363	755	15699	977
1961	216	354	11939	482	1992	338	699	15725	975
1962	245	381	11929	483	1993	332	668	16437	969
1963	247	383	12016	505	1994	333	670	17084	964
1964	349	693	20217	600	1995	331	677	17983	970
1965	318	411	15981	578	1996	330	681	18440	882
1966	337	495	18977	644	1997	313	668	17914	1041
1967	337	496	19267	645	1998	241	592	16441	1052
1968	337	494	19360	659	1999	171	514	14504	1067
1969	375	561	18983	659	2000	114	443	13082	1058
1970	370	554	19040	744	2001	91	444	14244	1062
1971	469	776	25191	837	2002	84	438	14087	1039
1972	416	759	27021	868	2003	49	379	14132	1045
1973	440	813	28900	880	2004	39	351	14059	1021
1974	434	891	28235	906	2005	35	339	13706	1009
1975	448	943	30650	1009	2006	35	343	14196	979
1976	443	932	30052	1039	2007	33	337	14020	924
1977	444	956	29335	1048	2008	25	335	13719	884
1978	430	924	29134	1016	2009	24	336	13426	885
1979	423	914	29316	1146	2010	24	337	13340	832

1991年松阳县小学布局和概况表

表 31-3-2-7

<table>
<tr><th>区名</th><th>乡名</th><th>校名</th><th>校址</th><th>班级数（个）</th><th>教职工数（人）</th><th>开办时间</th><th>撤并时间</th></tr>
<tr><td>—</td><td>—</td><td>县实验小学</td><td>县城北</td><td>23</td><td>66</td><td>1905.03</td><td>—</td></tr>
<tr><td>古市镇</td><td>—</td><td>镇中心学校</td><td>古市镇</td><td>20</td><td>61</td><td>1905.01</td><td>—</td></tr>
<tr><td rowspan="4">西屏镇（4）</td><td>—</td><td>镇中心学校</td><td>县城东</td><td>13</td><td>41</td><td>1905.03</td><td>2005.08</td></tr>
<tr><td>—</td><td>南门小学</td><td>县城南</td><td>5</td><td>12</td><td>1936</td><td>2001.08</td></tr>
<tr><td>—</td><td>塔寺下小学</td><td>塔寺下</td><td>3</td><td>4</td><td>1922.09</td><td>2000.08</td></tr>
<tr><td>—</td><td>上连头小学</td><td>上连头</td><td>1</td><td>1</td><td>—</td><td>1999.08</td></tr>
<tr><td rowspan="20">松阳区（125）</td><td rowspan="20">阳溪乡20</td><td>乡中心学校</td><td>白沙</td><td>5</td><td>16</td><td>1913.08</td><td>—</td></tr>
<tr><td>西坌小学（教学点）</td><td>西坌</td><td>6</td><td>10</td><td>1913.08</td><td>—</td></tr>
<tr><td>项弄小学</td><td>项弄</td><td>3</td><td>6</td><td>1913.08</td><td>2001.08</td></tr>
<tr><td>铺门小学</td><td>塘村</td><td>4</td><td>5</td><td>1931</td><td>2001.08</td></tr>
<tr><td>活源小学</td><td>活源</td><td>2</td><td>2</td><td>1947</td><td>1998.08</td></tr>
<tr><td>源内小学</td><td>源内</td><td>3</td><td>3</td><td>1913.01</td><td>2000.08</td></tr>
<tr><td>周坌小学</td><td>坑塔儿</td><td>3</td><td>3</td><td>1949</td><td>2000.08</td></tr>
<tr><td>青蒙小学</td><td>青蒙</td><td>2</td><td>2</td><td>1950.09</td><td>2001.08</td></tr>
<tr><td>桐溪小学</td><td>桐溪</td><td>2</td><td>2</td><td>1915.08</td><td>2001.08</td></tr>
<tr><td>乌形山小学</td><td>乌形山</td><td>2</td><td>2</td><td>1923.01</td><td>1998.08</td></tr>
<tr><td>项桥下小学</td><td>项桥下</td><td>2</td><td>2</td><td>1923.01</td><td>1998.08</td></tr>
<tr><td>竹客口小学</td><td>竹客口</td><td>2</td><td>2</td><td>1917.02</td><td>1999.08</td></tr>
<tr><td>北山小学</td><td>北山</td><td>2</td><td>2</td><td>1915.09</td><td>1999.08</td></tr>
<tr><td>孙源小学</td><td>孙源</td><td>1</td><td>1</td><td>1951.09</td><td>1998.08</td></tr>
<tr><td>大路口小学</td><td>大路口</td><td>1</td><td>1</td><td>1964.09</td><td>1998.08</td></tr>
<tr><td>水车小学</td><td>水车</td><td>1</td><td>1</td><td>1952.03</td><td>2000.08</td></tr>
<tr><td>东坑小学</td><td>东坑</td><td>1</td><td>1</td><td>1960.09</td><td>1993.08</td></tr>
<tr><td>官溪小学</td><td>官溪</td><td>1</td><td>1</td><td>1962.09</td><td>1993.08</td></tr>
<tr><td>丁山头小学</td><td>丁山头</td><td>1</td><td>1</td><td>1948</td><td>1992.08</td></tr>
<tr><td>邵山小学</td><td>邵山</td><td>1</td><td>1</td><td>1962.09</td><td>1992.08</td></tr>
</table>

续表 31-3-2-7-1

区名	乡名	校名	校址	班级数（个）	教职工数（人）	开办时间	撤并时间
松阳区	望松乡（16）	乡中心学校	大塔头	4	15	1913	-
		王村小学	王村	2	3	1912.08	2000.08
		石门小学	石门	3	4	1913.02	2004.08
		山头背小学	山头背	1	1	1963	1999.08
		吴弄小学	吴弄	1	1	1913.02	1999.08
		六都小学	六都	2	2	—	2004.08
		源口小学	源口	1	1	1980.08	1992.08
		山仁下小学	山仁下	3	4	1950.02	2004.08
		仪桥小学	仪桥	2	2	1916.10	2000.08
		砌硋小学	砌硋	1	1	1919.07	1991.08
		半岭小学	半岭	1	1	1964	1991.08
		翁村小学	翁村	3	5	1942	2004.08
		岗后小学	岗后	1	1	1915.09	1998.08
		麻洋塔小学	麻洋塔	1	1	1965	2000.08
		西河小学	西河	3	4	1913.02	2004.08
		乌石下小学	乌石下	2	2	1964	2000.08
	斋坛乡（12）	乡中心学校	斋坛	5	12	1937	—
		石门圩小学	石门圩	4	7	1913.03	2005.08
		小石小学	小石	3	4	1912.08	2000.08
		花田坌小学	花田坌	5	7	1916.09	2000.08
		桐村小学	桐村	3	3	1913.08	1999.08
		东关小学	东关	2	2	1952.08	1999.08
		金梁小学	金梁	2	2	1965.08	1999.08
		东圩蓬小学	东圩蓬	1	1	1951	1998.08
		桐楼小学	桐楼	1	1	1921.03	1998.08
		下坌小学	下坌	2	2	1949.11	1999.08
		上坌小学	上坌	1	1	1950	1999.08
		吊硋小学	吊硋	1	1	1950	1998.08

续表 31-3-2-7-2

区名	乡名	校名	校址	班级数（个）	教职工数（人）	开办时间	撤并时间
松阳区	叶村乡（17）	乡中心学校	叶村	4	13	1926	-
		寺岭下小学	寺岭下	5	8	1941.02	2003.08
		河头小学	河头	4	5	1912.05	2003.08
		黄公渡小学	黄公渡	3	3	1950	2001.08
		松山小学	松山	3	4	1913.08	1999.08
		南岱小学	南岱	3	3	1937	2003.08
		岱头小学	岱头	2	2	1947	2003.08
		叶家小学	叶家	1	1	1970	2001.08
		包安山小学	包安山	1	1	1953	2000.08
		官田小学	官田	2	2	1950	1998.08
		麻寮小学	麻寮	1	1	1963	2001.08
		源口小学	源口	1	1	1950	1999.08
		横坑小学	横坑	2	2	1945	2003.08
		膳垄小学	膳垄	1	1	1955	2000.08
		斗米岙小学	斗米岙	1	1	1964.09	1998.08
		正岗山小学	正岗山	1	1	1969.10	1997.08
		东坞小学	东坞	1	1	1950	2002.08
	水南乡（17）	乡中心学校	水南	7	18	1914.08	—
		竹溪小学	大竹溪	5	8	1912.05	—
		清路小学	清路	5	7	1914.03	2003.08
		横山小学	横山	4	5	1915.09	2003.08
		南山小学	南山	2	2	1931	1999.08
		桥头小学	桥头	1	1	1964	1999.08
		瓦窑头小学	瓦窑头	2	2	1926	2000.08
		潘村小学	潘村	2	2	1964.04	1999.08
		岩西小学	岩西	1	1	1917.10	1999.08
		市口小学	市口	1	1	1970.09	1992.08
		郑弄口小学	郑弄口	1	1	1964	1991.08
		程徐小学	程徐	2	2	1945	1998.08

续表 31-3-2-7-3

区名	乡名	校名	校址	班级数（个）	教职工数（人）	开办时间	撤并时间
松阳区	水南乡（17）	踏步头小学	踏步头	1	1	1963.09	1996.08
		岩下小学	岩下	1	1	1965	1998.08
		塘寮小学	塘寮	1	1	1938	1990.08
		安乐山小学	安乐山	1	1	1966.09	1998.08
		东岗寮小学	东岗寮	1	1	1970.09	1992.08
	竹源乡（10）	乡中心学校	小竹溪	5	11	1925	—
		黄庄小学	黄庄	5	7	1920	2003.08
		后畲小学	后畲	2	3	1950.03	2003.08
		大岭头小学	大岭头	3	3	1950	2003.08
		横岗小学	横岗	2	2	1950.03	2003.08
		呈田小学	呈田	1	1	1950.02	1999.08
		可重小学	可重旺	1	1	1960.03	2003.08
		潘坑小学	潘坑	2	2	1952.02	2003.08
		燕庄上学	燕庄	1	1	1954.03	2003.08
		周岭根小学	周岭根	1	1	1951.03	2003.08
	三都乡（21）	乡中心学校	里庄	4	12	1913.08	—
		下田小学	下田	3	3	1920.10	2003.08
		酉田小学	酉田	3	4	1917.02	2003.08
		松庄小学	松庄	3	3	1950.01	1999.08
		毛源小学	毛源	2	2	1964.07	2000.08
		尹源小学	尹源	2	2	1962.07	2000.08
		上源小学	上源	2	2	1960.01	2003.08
		里黄小学	里黄	2	2	1962.01	2001.08
		呈回小学	呈回	2	2	1910.02	1999.08
		周山头小学	周山头	2	2	1916.09	1998.08
		杨家堂小学	杨家堂	1	1	1907.01	2003.08
		上田小学	上田	1	1	1960.01	2003.08
		朱竹小学	朱竹	1	1	1959.03	1998.08
		后湾小学	后湾	1	1	1957.01	2002.08

续表 31-3-2-7-4

区名	乡名	校名	校址	班级数（个）	教职工数（人）	开办时间	撤并时间
松阳区	三都乡（21）	上庄小学	上庄	1	1	1950.01	1995.08
		后畲小学	后畲	1	1	1958.01	1993.08
		水竹小学	水竹	1	1	1950.05	1999.08
		紫草小学	紫草	1	1	1969.02	2003.08
		淡竹小学	淡竹	1	1	1916.03	2001.08
		岭上小学	岭上	1	1	1968.01	1998.08
		黄岭根小学	黄岭根	1	1	1970.03	1998.08
	四都乡（12）	乡中心学校	庄河	1	8	1959	1997.08
		下包小学（中心）	下包	2	2	1917.02	—
		榔树小学	榔树	2	2	1916.08	1999.08
		柘坑小学	柘坑	1	1	1955	1999.08
		章田小学	章田	1	1	1967	1998.08
		塘后小学	塘后	2	2	1953	1999.08
		平田小学	平田	1	1	1951	1998.08
		汤城小学	汤城	1	1	1963	1998.08
		午岭小学	午岭	1	1	1960	1999.08
		陈家铺小学	陈家铺	2	2	1950	1999.08
		庄河小学	庄河	1	1	1950	1998.08
		西坑小学	西坑	1	1	1950	1998.08
古市区（77）	岗寺乡（9）	乡中心学校	岗背塔	7	19	1913.01	—
		黄圩小学	黄圩	2	3	1915.08	1999.08
		上河小学	上河	1	1	1937	1999.08
		十五里小学	十五里	2	2	1913	1999.08
		寺口小学	寺口	2	2	1941.02	1999.08
		山下阳小学	山下阳	5	9	1908.07	2005.08
		谢树寮小学	谢树寮	1	1	1951.09	1998.08
		湖溪小学	湖溪	5	9	1915.09	2005.08
		庄门小学	庄门	1	1	1915.09	1997.08

续表 31-3-2-7-5

区名	乡名	校名	校址	班级数（个）	教职工数（人）	开办时间	撤并时间
古市区（77）	赤寿乡（14）	乡中心学校	赤寿	6	17	1907.03	—
		界首小学	界首	4	6	1925	2001.08
		叶川头小学	叶川头	6	9	1912.03	2007.08
		半古月小学	半古月	4	6	1914.09	2005.08
		黄坑口小学	黄坑口	3	3	1917.02	2000.08
		楼塘小学	楼塘	3	4	1936	2001.08
		择子山小学	择子山	1	1	1953	1992.08
		红连小学	红连	2	2	1951	1999.08
		大岭脚小学	大岭脚	1	1	1924	1993.08
		卯山后小学	卯山后	1	1	1924	2001.08
		龙下小学	龙下	1	1	1955	2000.08
		狮子口小学	狮子口	1	1	1947	1993.08
		黄山头小学	黄山头	1	1	1950	1997.08
		田岗小学	田岗	1	1	1952	1992.08
	新兴乡（14）	乡中心学校	横溪	6	17	1913	—
		大石小学	大石	3	4	1914.02	2002.08
		后周包小学	后周包	3	4	1913.02	2003.08
		杨村头小学	杨村头	2	2	1941.09	1998.08
		金坞小学	金坞	2	2	1921.01	1999.08
		大畈小学	大畈	2	2	1950.09	2001.08
		内孟小学	内孟	3	4	1913.03	2002.08
		徐郑小学	徐郑	3	3	1913.03	1999.08
		下源口小学	下源口	3	4	1921.03	2003.08
		贤溪小学	贤溪	1	1	1965.09	1995.08
		上安小学	上安	3	3	1913.02	2000.08
		端口小学	端口	1	1	1963.09	1995.08
		后刘小学	后刘	1	1	1913.01	1997.08
		高丰小学	高丰	1	1	1968.09	1997.08

续表 31-3-2-7-6

区名	乡名	校名	校址	班级数（个）	教职工数（人）	开办时间	撤并时间
古市区（77）	樟溪乡（13）	乡中心学校	樟村	8	18	1913.08	—
		溪下小学	溪下	5	9	1926.03	2003.08
		力溪小学	力溪	5	8	1922.09	2003.08
		下马坑小学	下马坑	2	2	1915.09	1993.08
		东市小学	东市	2	2	1912.05	2000.08
		徐山小学	徐山	2	2	1963.08	2000.08
		馒头山小学	馒头山	2	3	1964.08	2000.08
		肖周小学	肖周	1	1	1915.09	1992.08
		包村小学	包村	1	1	1940.08	1996.08
		黄田小学	黄田	1	1	1964.08	1998.08
		杨岭脚小学	杨岭脚	1	1	1964.02	1999.08
		球坑小学	球坑	1	1	1940.02	1999.08
		西源小学	西源	1	1	1952.02	2000.08
	新处乡（14）	乡中心学校	外石塘	4	11	1943	—
		庄后小学	庄后	3	4	1913	2008.08
		赤岩小学	赤岩	1	1	1950	1999.08
		官岭小学	官岭	2	2	1923	1999.08
		岗头小学	岗头	1	1	1950	1999.08
		竹囮小学	竹囮	1	1	1950	1999.08
		张山头小学	张山头	1	1	1951.09	1999.08
		朱山小学	朱山	2	3	1952	1999.08
		山甫小学	山甫	1	1	1951	1999.08
		东北头小学	东北头	1	1	1964.09	1999.08
		新处小学	新处	1	1	1950	1999.08
		坳后小学	坳后	1	1	1951	1999.08
		小南坑小学	小南坑	1	1	1950.09	2001.8
		小岭头小学	小岭头	1	1	1950.02	2001.8

续表 31-3-2-7-7

区名	乡名	校名	校址	班级数（个）	教职工数（人）	开办时间	撤并时间
古市区（77）	谢村乡（13）	乡中心学校	大岭根	3	10	1917	—
		塔岭小学	塔岭	1	1	1953.09	2000.08
		李山头小学	李山头	2	2	1949.09	1999.08
		大岭里小学	大岭里	2	3	1952.09	1999.08
		南坑小学	南坑	1	1	1949.02	1999.08
		北坑下小学	北坑下	1	1	1966.09	1992.08
		谢村小学	谢村	1	1	1917.05	1998.08
		谢西坑小学	谢西坑	1	1	1940.09	2004.08
		上仓小学	上仓	2	2	1953.09	1999.08
		大甫小学	大甫	1	1	1944.09	1999.08
		平卿小学	平卿	2	2	1913.07	2000.08
		岙后小学	岙后	1	1	1957.09	1994.08
		孟坑小学	孟坑	1	1	1923.02	2000.08
玉岩区（60）	玉岩镇（19）	乡中心学校	玉岩镇	7	23	1905	—
		道惠小学	道惠	1	1	1963	2000.08
		道惠口小学	村头	2	2	1965	2004.08
		程路小学	大桥	1	1	1955	1999.08
		程岭根小学	程岭根	1	1	1952	1998.08
		烧火坑小学	烧火坑	1	1	1964	2000.08
		新岗小学	新岗	2	2	1939	2007.08
		程源头小学	程源头	1	1	1972	1998.08
		洋坑小学	洋坑	2	2	1940	2003.08
		周安小学	周安	2	2	1938	2000.08
		梨步坑小学	梨步坑	1	1	1947	1998.08
		乌岩小学	乌岩	1	1	1948	2000.08
		吴山头小学	吴山头	1	1	1951	2000.08
		大垣下小学	大垣下	1	1	1934	2000.08
		溪口小学	溪口	1	1	1970	2000.08
		沙丘小学	黄砿	1	1	1973	2000.08
		排居口小学	排居口	1	1	1952	2000.08
		步斜小学	北坑湾	1	1	1949	1999.08
		召楼小学	召楼	1	1	1963	2000.08

续表 31-3-2-7-8

区名	乡名	校名	校址	班级数（个）	教职工数（人）	开办时间	撤并时间
玉岩区（60）	枫坪乡（23）	乡中心学校	枫坪	4	13	1913.03	—
		高亭小学	高亭	4	8	1922.03	2008.08
		龙虎坳小学	龙虎坳	1	1	1952.02	1993.08
		小吉小学	小吉	1	1	1929.09	2001.08
		苦竹下小学	苦竹下	1	1	1972.09	1993.08
		粗砻小学	粗砻	1	1	1941.09	2001.08
		高寮小学	高寮	1	1	1965.09	1995.08
		洋庄源小学	洋庄源	2	2	1945.09	1999.08
		山乍口小学	山乍口	1	1	1931	1999.08
		田忠寮小学	上村	1	1	1974.09	1993.08
		白磁砚小学	白磁砚	1	1	1972.02	1998.08
		斗潭小学	斗潭	3	4	1913.08	2004.08
		根下小学	根下	1	1	1924.06	2000.08
		钱余小学	钱余	1	1	1962.09	2000.08
		金竹小学	金竹	1	1	1939.09	1999.08
		丁坑小学	丁坑	2	2	1919.06	2001.08
		老虎坑小学	老虎坑	1	1	1972.02	1998.08
		沿坑岭头小学	沿坑岭头	1	1	1935.09	1998.08
		黄埠坞小学	黄埠坞	1	1	1968.02	1993.08
		珠岱儿小学	珠岱儿	1	1	1951.09	1999.08
		大山小学	大山	1	1	1965.09	1994.08
		梨树下小学	梨树下	1	1	1912	1998.08
		南胜小学	南胜	1	1	1951.09	1998.08
	交塘乡（18）	乡中心学校	根坑	3	11	1938	—
		周坑小学	周坑	1	1	1970	2003.08
		杭坑小学	杭坑	1	1	1959	2000.08
		西沿头小学	西沿头	1	1	1953.09	2000.08
		西沿坑小学	西沿坑	1	1	1954	1999.08
		潘山头小学	潘山头	1	1	1938	2000.08

续表 31-3-2-7-9

区名	乡名	校名	校址	班级数（个）	教职工数（人）	开办时间	撤并时间
玉岩区（60）	交塘乡（18）	大树后小学	大树后	2	2	1964	1999.08
		济上小学	济上	1	1	1962.09	1997.08
		交塘小学	交塘	1	1	1938	2000.08
		大岭脚小学	大岭脚	1	1	1938	1998.08
		支木小学	支木	2	2	1945	2000.08
		白客寮小学	白客寮	1	1	1953.02	1997.08
		何山头小学	何山头	1	1	1952	1998.08
		源坑小学	源坑	1	1	1952	1999.08
		王山头小学	王山头	1	1	1956	1998.08
		余叶小学	余叶	2	2	1951	2000.08
		坳头小学	坳头	2	2	1952.03	2000.08
		白麻山小学	白麻山	1	1	1965.02	1999.08
靖居区（47）	靖居乡（12）	乡中心学校	靖居包	6	17	1920	—
		靖居口小学	靖居口	4	6	1913.08	2003.08
		鲁西小学	鲁西	3	4	1913.02	2003.08
		鲁峰小学	鲁峰	3	3	1913.02	2003.08
		坑里小学	外坑里	3	3	1935	2002.08
		毛弄小学	下毛弄	1	1	1968.09	1995.08
		金钟小学	金钟	1	1	1936	1998.08
		大塔小学	大塔	1	1	1959.09	1999.08
		黄店小学	黄店	1	1	1964.09	2002.08
		石牌门小学	石牌门	1	1	1963	1999.08
		下寮儿小学	下寮儿	1	1	1964	1998.08
		村塘小学	塘里源	1	1	1971	1995.08
	雅溪乡（13）	乡中心学校	雅溪口	4	14	1927	—
		南坑源小学	林家	3	4	1949.09	2005.08
		南坑口小学	南坑口	3	3	1958.09	2000.08
		石鼓小学	石鼓	3	4	1915.09	2001.08
		东田小学	东田	1	1	1958.09	1998.08

续表 31-3-2-7-10

区名	乡名	校名	校址	班级数（个）	教职工数（人）	开办时间	撤并时间
靖居区（47）	雅溪乡（13）	龙湾小学	龙湾	1	1	1951.09	1998.08
		程路后小学	程路后	1	1	1946	1998.08
		王田甫小学	王田甫	1	1	1973.09	1992.08
		吕潭小学	吕潭	1	1	1946	2000.08
		象溪小学	象溪	3	5	1913.04	2004.08
		高岭小学	高岭	1	1	1965.09	1998.08
		南州小学	南州	3	4	1909.07	2000.08
		石马铺小学	石马铺	1	1	1953.09	1998.08
	裕溪乡（14）	乡中心学校	上村	4	13	1915.09	—
		潘山小学*	潘山	3	3	1950	1999.08
		黄岭头小学	岭脚	2	2	1946	2000.08
		小槎小学	小槎	2	2	1915.09	2002.08
		内陈小学	内陈	3	3	1951	1999.08
		木岱坑小学	木岱坑	3	3	1938	2001.08
		凤弄源小学*	凤弄源	4	4	1913.02	2001.08
		合溪小学	合溪	2	2	1950.02	2002.08
		叶西后小学	叶西后	1	1	1957.09	2001.08
		徐山小学	徐山	1	1	1939.02	2000.08
		章山岭脚小学	章山岭脚	1	1	1944	2000.08
		源底小学	源底	1	1	1960.09	1999.08
	板桥畲族乡（8）	乡中心学校	板桥	5	12	1913.03	—
		大毛科小学	大毛科	3	3	1927.03	2003.08
		东坑小学	枫岭根	2	2	1918.03	2003.08
		高山小学	高山	1	1	1937.03	1998.08
		山背小学	下山背	1	1	1937.03	1998.08
		张山小学	张山	1	1	1938.03	1998.08
		潘八小学	大方车	1	1	1933.03	1998.08
		桐榔小学	桐榔	1	1	1908.04	2003.08

续表 31-3-2-7-11

区名	乡名	校名	校址	班级数（个）	教职工数（人）	开办时间	撤并时间
大东坝区（48）	大东坝乡（15）	乡中心学校	大东坝	5	18	1938	—
		港口小学	包岭脚	1	1	1963	1998.08
		赵圩坝小学	赵圩坝	1	1	1970	1998.08
		西山小学	西山	2	2	1950	2000.08
		上包小学	上包	1	1	1967	1998.08
		百步小学	百步	2	2	1964	2000.08
		牛角圩小学	牛角圩	3	4	1936	2000.08
		白丰小学	白丰	1	1	1965	1992.08
		赤圩小学	赤圩	1	1	1972	1998.08
		树稍小学	树稍	1	1	1962	1999.08
		二滩坝小学	二滩坝	1	1	1926	2000.08
		梅村小学	梅村	1	1	1971	1998.08
		外大阴小学	外大阴	2	2	1955	2000.08
		内大阴小学	内大阴	2	2	1951	1999.08
		朝阳小学	朝阳	1	1	1970	1998.08
	石仓乡（10）	乡中心学校（教学点）	山边	5	12	1922.03	—
		七村小学	七村	1	1	1912.08	1999.08
		六村小学	六村	1	1	1969.09（复办）	1998.08
		山头小学	山头	3	4	1969	2003.08
		蔡宅小学	蔡宅	4	5	1915.10	2003.08
		横路下小学	横路下	1	1	1976	1998.08
		梨树岗小学	梨树岗	1	1	1962	1998.08
		后宅小学	后宅	2	3	1913.08	2003.08
		灯塔小学	周宅寮	2	2	1962	1998.08
		大岭口小学	大岭口	1	1	1976	1999.08
	蛤湖乡（12）	乡中心学校	洋坑埠头	5	12	1951.09	1999.08
		黄南小学	黄南	2	2	1916.03	2001.08
		五部小学	五部	2	2	1938	2000.08

续表 31-3-2-7-12

区名	乡名	校名	校址	班级数（个）	教职工数（人）	开办时间	撤并时间
大东坝区（48）	蛤湖乡（12）	源口小学	源口	1	1	1951.02	1999.08
		小后畲小学	小后畲	1	1	1966	1993.08
		燕田小学	燕田	2	2	1952	2000.08
		叶明山小学	叶明山	1	1	1967	1998.8
		洋坑源小学	洋坑源	1	1	1963.09	1999.08
		山徐小学	山徐	2	2	1951.09	2001.08
		上寮山小学	上寮山	1	1	1958	1998.08
		横樟小学	横樟	3	4	1937	2000.08
		蛤湖小学（教学点）	蛤湖	1	1	1932	—
	安民乡（11）	乡中心学校	大潘坑	4	9	1925	—
		台坑小学	台坑	1	1	1951	1998.08
		曹竹小学	曹竹	1	1	1951	1997.08
		乌弄小学	乌弄	2	2	1921.05	1999.08
		苏马坪小学	苏马坪	2	2	1951	1999.08
		大姑岙小学	大姑岙	1	1	1964	1996.08
		高弦背小学	高弦背	1	1	1964	1996.08
		李坑小学	李坑	2	1	1942	1999.08
		安岱后小学	安岱后	2	2	1938	1999.08
		大横坑小学	大横坑	1	1	1952	1998.08
		大石岩小学	大石岩	1	1	1973	1998.08

说明：表内信息为各校的班级数、教职工数撤并前的大概情况。

1.1997 年 8 月，四都乡中心学校于庄河村搬迁至下包村新校址，同时撤庄河小学并入乡校

2.2005 年 8 月，交塘中心小学并入玉岩镇中心学校，保留交塘教学点

3.1998 年 8 月，蛤湖（辅导小学）（中心学校）从洋坑埠头搬迁至蛤湖初中小学校址，保留洋坑埠头小学，并于次年撤并至辅导小学。石仓、蛤湖辅导小学（原称乡中心学校）于 2006 年 8 月并入镇中心学校，保留并分别称石仓、蛤湖教学点

4.裕溪乡的潘山小学含潘山、乌奴 2 所学校；凤弄源小学含凤弄源、小黄岭头 2 所学校

1992～2010年松阳县小学撤点并班情况表

表31-3-2-8

年份	撤点（所）	扩点（所）	并班（个）	扩班（个）	年份	撤点（所）	扩点（所）	并班（个）	扩班（个）
1992	25	—	56	—	2002	7	—	6	—
1993	6	—	31	—	2003	35	—	59	—
1994	—	1	—	2	2004	10	—	28	—
1995	2	—	—	7	2005	4	—	12	—
1996	1	—	—	4	2006	—	—	—	4
1997	17	—	13	—	2007	2	—	6	—
1998	72	—	76	—	2008	8	—	2	—
1999	70	—	78	—	2009	1	—	—	1
2000	57	—	71	—	2010	—	—	—	1
2001	23	—	—	1	合计	340	1	438	20

2010年松阳县小学基本情况表

表31-3-2-9

校名	校址	班级数（个）	学生数（人）	入学率（%）	巩固率（%）	教职工数（人）		创办时间
						总数	其中专任教师	
县实验小学集团学校	县城古湖东八区7号	89	4115	100	100	233	217	1905
古市镇中心学校	古市镇望江路	31	1401	100	100	83	77	1905
玉岩镇中心学校	玉岩镇小学路5号	18	717	100	100	37	35	1905
大东坝镇中心学校	大东坝镇大东坝村	14	583	100	100	37	36	1938
象溪镇雅溪中心小学	象溪镇雅溪口村	7	287	100	100	23	19	1927
水南中心小学	水南村丈豪路12号	16	722	100	100	42	41	1914
阳溪中心小学	西屏镇长虹东路227号	12	568	100	100	42	40	1913
望松乡中心小学	望松乡草塔村	14	752	100	100	43	42	1913
斋坛乡中心小学	斋坛乡斋坛村	12	385	100	100	32	22	1937
叶村乡中心小学	叶村乡河头村	12	381	100	100	32	27	1926
竹源乡中心小学	竹源乡小竹溪村31号	6	151	100	100	15	13	1925
三都乡中心小学	三都乡里庄村	6	148	100	100	12	11	1913
四都乡中心小学	四都乡下包村	6	79	100	100	10	9	1959

续表 31-3-2-9

校名	校址	班级数（个）	学生数（人）	入学率（%）	巩固率（%）	教职工数（人）		创办时间
						总数	其中专任教师	
赤寿乡中心小学	赤寿乡赤岸村	12	509	100	100	30	29	1907
新兴乡中心小学	新兴乡横溪村	12	316	100	100	22	16	1913
樟溪乡中心小学	樟溪乡福村	12	402	100	100	27	26	1913
谢村乡中心小学	谢村乡大岭根村	6	270	100	100	10	9	1917
新处乡中心小学	新处乡外石塘村	6	284	100	100	13	12	1943
古市镇岗寺中心小学	古市镇岗下村	6	161	100	100	13	12	1913
枫坪乡中心小学	枫坪乡黄埠坞	9	272	100	100	19	17	1913
安民乡中心小学	安民乡大潘坑村	6	89	100	100	8	7	1925
象溪镇靖居中心小学	象溪镇石牌门村	6	246	100	100	14	12	1920
裕溪乡中心小学	裕溪乡裕溪村	6	149	100	100	13	13	1915
板桥乡中心小学	板桥乡板桥村	6	141	100	100	11	10	1913
西屏镇西坌教学点	西屏镇西坌村	2	37	100	100	4	4	—
玉岩镇交塘教学点	玉岩镇根坑村	1	19	100	100	2	2	1938
大东坝镇蛤湖教学点	大东坝镇蛤湖村	2	52	100	100	2	2	1951
大东坝镇石仓教学点	大东坝镇山边村	2	104	100	100	3	2	1922
合计	—	337	13340	100	100	832	763	—

1949～2009年若干年份松阳县小学生在校数曲线图

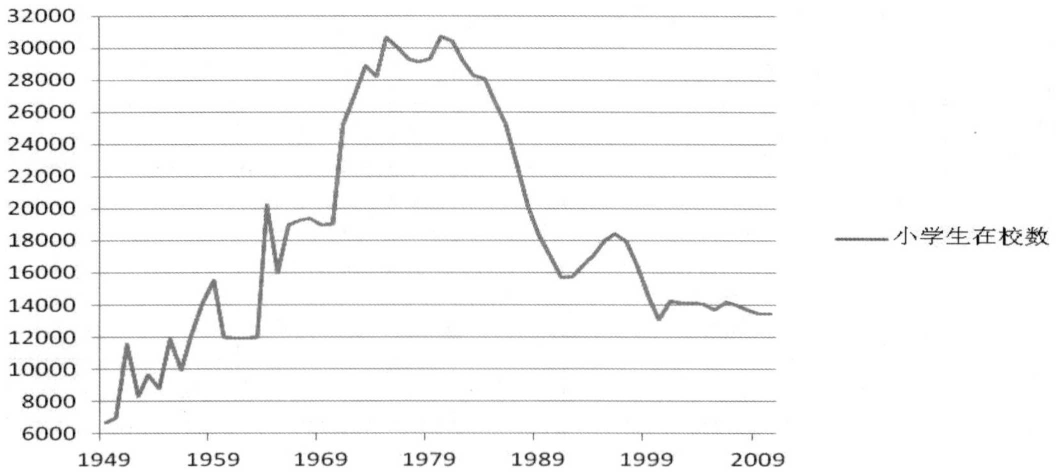

普及初等教育

民国4年（1915），教育部通令各地推行义务教育，松阳县因教育经费困难而未实施。民国13年，全县失学儿童占77%，在校小学生中，女生比例占17%。

民国19年（1930），浙江省义务教育委员会通令各县、市限期成立义务教育委员会，督促推行义务教育。5月，松阳县义务教育委员会成立，针对当时全县学龄儿童入学率为29.24%（儿童数16888人，入学4960人）的现状，制订《松阳县义务教育计划书》，委员会要求各地筹措义务教育经费、调查师资状况、确定学校增设地点。次年，全县学龄儿童总数20454人，入学7808人，入学率38.15%。民国24年，松阳县义务教育由计划进入实施阶段。5年为一期，第一期自民国24～28年，要求各乡镇普遍开办学制为1年的短期小学，进行简易识字教学，以扫除青少年中的文盲；各类小学扩充学额，以达到减少失学儿童的目标。县义务教育经过1年的实施，新设短期小学6所，12个班级，附设短期小学班10个，共计22个班，学生总数958人。松阳县短期小学初办时，校、班同时举办。民国26年，数量增加，全部改为短期小学。因山区村庄分散，学额不足，民国27年始，全数改为短小班，附设于普通小学或与民众教育合办。

民国28年（1939），实施第一期义务教育期满，松阳县5年共计6607人入学，结业学生占40%左右。民国29年，国民政府推行国民教育制度，国民教育期限为5年（民国29～34年）。《国民教育实施纲要》规定，乡镇设中心学校，保设国民学校，原短期小学归并或改为中心学校、国民学校。中心学校和原国民学校均分设以儿童为对象的小学部和以失学民众为对象的民教部。小学部招收6～12周岁儿童接受4～6年的义务教育，民教部招收成人班，接受2～6个月的补习教育。

民国33年，县成立强迫入学委员会，设置2名教育督察，颁布《管理学龄儿童就学办法》和《强迫学龄儿童入学办法》，拟订实施计划，并强迫入学运动。国民教育期满时统计，全县学龄儿童13996人，已入学7875人，入学率为56.3%。入学率虽与国民教育提出的90%的目标差距甚大，但已超过全省46.78%的平均值。

民国35年（1946），松阳县根据教育部公布的《国民教育法》，再次拟订国民教育实施计划，继续推行国民教育制度。由于国民党政府忙于内战，第二期国民教育计划的实施不了了之。为此，学龄儿童入学率下降，青壮年文盲增多。民国37年，对99408人进行调查，其中受过高等教育的127人、受过中等教育的3059人、受过初等教育的18973人，共计22159人，占总数的22.2%，不识字人数为67494人，占77.8%。

中华人民共和国成立后，县政府重视普及初等教育工作，经过1年的整顿、改造，小学教育得到恢复和发展。1950年，全县学龄儿童总数为14995人，已入学8441人，入学率为56.3%。土改胜利完成后，农村经济得到发展，随着农民对文化要求的日益迫切，和小学民办方针的实行，初中教育进一步普及。1951年，在校学生增加4568人，学龄儿童入学率74.6%，比1949年提高33.2%。

1953年，文教科对小学进行整顿，学校数有所减少，学龄儿童入学率有所下降。1955年，贯彻省教育厅“小学在整顿巩固的基础上适当发展，以解决儿童入学问题”的指示，全县小学生比1954年增加3112人，学龄儿童入学率回升到60%。

1956年，中共松阳县委提出在三年内普及小学义务教育，采取增设民办小学和公办小学设民办班的办法，使每个学龄儿童都能入学。是年，学校数和学生数均有较大增加，学龄儿童入学率上升到67%。

1958年，由于小学学校数、在校学生数的增加，学龄儿童入学率提高到77%。1961年，小学教育开始调整，部分农村公办小学转为民办，学校数和学生数相应减少，学龄儿童入学率下降到65.3%。1963年，由于“两条腿走路”方针的贯彻，简易小学和耕读小学的创办，小学普及教育有较大的发展，至1964年，学龄儿童入学率上升到82.9%。

“文化大革命”期间，耕读小学被迫停办，小学普及教育遭受挫折。1971年，国务院要求各地坚持普及小学教育的方针。1975～1977年，松阳学龄儿童入学率分别为97.1%、96.5%、97.7%。

1978年，中共十一届三中全会后，普及初等教育逐步受到全社会的重视。1978～1982年，全县学龄儿童入学率都稳定在96%～98%。

图31-18　小学教室（县教育局提供 2005年）

1983年，根据中共中央、国务院《关于加强和改革农村学校教育若干问题的通知》和省政府《关于改革和发展农村学校的决定（草案）》，县政府作出部署，确定农村以普及初等教育为重点。县文教局重新制订普及初等教育规划，实行“学区包干，任务到校，指标到班，责任到人”的岗位责任制。年末，全县27个乡镇中，西屏、古市2镇和水南等11个乡基本达到省定普及初等教育的要求；12个乡接近省定要求，谢村等4个乡未达到省定要求。1984年11月，省、地验收组对松阳进行检查验收。是年末，松阳县通过验收，成为丽水地区第二个普及初等教育县。

1984年松阳县普及初等教育四率汇总情况表

表31-3-2-10

单位	学龄儿童入学率（%）	在校生年巩固率（%）	毕业班学生毕业率（%）	12～15周岁初等教育普及率（%）
全县合计	98.61	99.3	98.76	94.38
西屏镇	100	100	99.75	98.89
古市镇	99.7	99.09	100	97.64
松阳区	98.73	98.82	98.26	94.23
阳溪	99.25	99.53	99.1	95.6
水南	99.3	100	98	94.79
斋坛	99.4	99.9	99.5	97.35
叶村	97.6	96.9	100	92.39

续表 31-3-2-10

单位	学龄儿童入学率（%）	在校生年巩固率（%）	毕业班学生毕业率（%）	12～15 周岁初等教育普及率（%）
望松	99.30	99.90	99.10	93.70
竹源	98.27	97.52	95.58	90.89
三都	98	98.20	96.37	94.08
塘后	97.31	97.27	94.28	91.64
古市区	97.38	99.16	98.03	91.66
岗寺	99.80	100	100	97.60
赤寿	99.10	99.45	100	96.64
新兴	98.92	100	99.84	95.13
樟溪	99.04	98.76	95.61	95.48
庄后	96.10	99.30	96.57	79.80
谢村	86.32	95.70	93.94	73.57
玉岩区	99.29	99.66	100	94.29
玉岩	99.58	100	100	96.12
枫坪	99.08	99.81	100	94.82

百年老校选介

松阳县实验小学集团学校　学校前身为松阳县官立两等小学堂，清光绪三十一年（1905）创办。民国元年（1912），改称毓秀高等小学。1949 年，更名松阳县立第一完全小学。1982 年，改称松阳区中心学校。1988 年，升格为县属学校，称松阳县实验小学。2005 年，学校与西屏镇中心学校合并，成立松阳县实验小学集团学校，下辖毓秀、绿洲、育英 3 个校区和 1 个校办厂。

图 31-19　毓秀校区百年校庆（县实验小学提供 2005 年）

毓秀校区在县城中心区，校园占地面积 2 万多平方米，校舍建筑面积 8000 多平方米，有 42 个班级，学生 1393 人，教职工 116 人。

2010 年，新建城南校区，绿洲校区迁入。城南校区坐落于松阴溪畔，校园占地面积 29730 平方米，校舍建筑面积近 2 万平方米，有 47 个班级，学生 2176 人，教职工 144 人。

育英校区为原西屏镇中心学校，校址设西屏镇城区中心区域。2005 年，并入实验小学集团学校，改称育英校区。校园占地面积 8780 平方米，校舍建筑面积 2980 平方米，有 18 个班级，学生 849 人，教职工 69 人。

学校先后获浙江省级示范性学校、百年名校等诸多称号。2007 年，学生参加首届香港国际青少年艺术节，多人次荣获乐器演奏金银奖。2010 年，有 5 位学生参加教育部举办的春节晚会现场书法表演。

古市镇中心学校　学校创办于清光绪三十一年（1905）。1950 年，更名为古市镇完全小学。1957 年，称古市区中心小学。1992 年，撤区建镇，复称古市镇中心学校。到 1999 年，除岗寺完小外，镇上其他小学先后并入镇中心学校。

2009 年 12 月，总投资 3800 万元的新校园开工兴建，占地面积 2.7 万平方米，校舍建筑面积 2 万平方米，主要建筑有教学楼、行政楼、学生宿舍、餐厅、风雨操场及 200 米塑胶田径场。计划 2011 年新校舍落成迁入。2010 年，学校有教职工 83 人，28 个班级，在校学生 1424 人。

图 31-20　古市镇中心学校建校 100 周年庆典（古市镇中心学校提供 2005 年）

学校曾被全国总工会授予“模范职工之家”称号。2000 年，获全国群众体育工作先进集体称号等。

玉岩镇中心学校　清光绪三十一年（1905），创办玉岩初等小学。1956 年，改称玉岩区中心小学。1984 年，玉岩建镇，更名玉岩镇中心学校。至 2007 年，除交塘教学点外，其他小学均并入玉岩镇中心学校。校园占地面积 5000 多平方米，校舍建筑面积 4500 多平方米。2010 年，学校有教职工 45 人，21 个班级，学生 765 人。中心幼儿园 2 个班级，在园幼儿 55 人。

1996 年，被评为浙江省珠心算教学特色学校。2009 年，学校被评为市少先队工作先进集体，被授于浙江省红旗大队。

赤寿乡中心学校　学校前身是公立明达初等小学校，创办于清光绪三十三年（1907）。1949 年，改称万寿乡完全小学。1984 年，更名赤寿乡中心学校。2004 年，改称赤寿乡中心小学。2010 年，校园占地面积 10465 平方米，校舍建筑面积 4487 平方米，主要建筑有教学大楼、综合楼。学校有 12 个班级，学生 509 人，附设幼儿园 2 个班，幼儿 47 人，教职工 30 人（其中专任教师 29 人）。

学校先后获市文明单位、省模范希望小学先进单位等称号。

2010 年松阳县百年老校名录表

表 31-3-2-11

学校名称	创办时间	原校址	现校址
县实验小学集团学校	1905.03	县城北	县城北毓秀校区
古市镇中心学校	1905.01	古市镇永宁观	古市镇城头
玉岩镇中心学校	1905	玉岩镇白云观	玉岩镇内
赤寿乡中心小学	1907.03	赤岸村	赤岸村

第三节 初中教育

发展概况

清末民国初，松阳学子上中学须到丽水或杭州，甚至要到上海就读。至民国14年（1925）止，全县累计中学毕业生74人（其中，丽水省立第十一中学毕业62人，其余为上海、杭州的中学毕业生）。

民国15年（1926），松阳县立初级中学创办，校址设西屏镇东门外东福禅寺。9月，招生80人，分2个班级。民国17年，招足3届学生，共有170人。民国23年，学校实行男女生兼收，一年级招新生43人（有女生3人）。次年，有105名在校学生，女生23人，占21.9%。

民国28年（1939），省府曾南迁松阳，从沦陷区到松阳的青少年骤增。设立私立国强战时初中学生补习学校，校址西屏镇城隍庙，招收学生4个班。是年，县立初级中学扩大招生，有浙江、台湾、河北、湖南、江西、广西6个省23个县的学生。

民国31年（1942），日军侵占松阳，2所中学校舍及一切仪器均被毁。后，县立初级中学向百姓募捐，重建平屋数间复课。私立国强战时初中学生补习学校迁至西屏镇南门潘家祠堂复课。当时，2所学校共有学生555人。民国33年，私立俭公中学在古市卯山广福观创立。时全县初中3所，学生667人，教职员66人。民国35年，私立国强战时初中学生补习学校改名私立国强初级中学。民国37年，3所学校学生708人，教职员85人。私立俭公中学增设春季高中班1个班，有学生27人；次年春，因经费困难，高中班停办。

民国15～37年（1926～1948）松阳县公私立中学概况表

表31-3-3-1

民国纪年	学校数（所）			在校学生数（人）			毕业生数（人）			教职员数（人）		
	合计	公立	私立	合计	公立	私立	合计	公立	私立	合计	公立	私立
15	1	1	0	80	80	0	0	0	0	14	14	0
16	1	1	0	174	174	0	0	0	0	0	0	0
17	1	1	0	170	170	0	35	35	0	14	14	0
18	1	1	0	145	145	0	21	21	0	16	16	0
19	1	1	0	145	145	0	34	34	0	18	18	0
20	1	1	0	188	188	0	38	38	0	19	19	0
21	1	1	0	188	188	0	10	10	0	19	19	0
22	1	1	0	133	133	0	16	16	0	19	19	0
23	1	1	0	143	143	0	11	11	0	19	19	0

续表 31-3-3-1

民国纪年	学校数（所）			在校学生数（人）			毕业生数（人）			教职员数（人）		
	合计	公立	私立	合计	公立	私立	合计	公立	私立	合计	公立	私立
24	1	1	0	105	105	0	15	15	0	14	14	0
25	1	1	0	137	137	0	26	26	0	16	16	0
26	1	1	0	206	206	0	39	39	0	20	20	0
27	1	1	0	273	273	0	61	61	0	25	25	0
28	2	1	1	465	265	200	63	63	0	52	25	27
29	2	1	1	652	372	280	29	29	0	49	22	27
30	2	1	1	590	325	265	175	108	67	58	31	27
31	2	1	1	555	330	225	87	42	45	54	30	24
32	2	1	1	565	340	225	124	54	70	57	31	26
33	3	1	2	667	321	349	124	80	44	66	29	37
34	3	1	2	705	375	330	122	75	47	77	30	47
35	3	1	2	694	352	342	171	74	97	82	31	51
36	3	1	2	716	354	362	158	94	64	83	31	52
37	3	1	2	708	381	327	134	99	35	85	31	54

民国 15～37 年（1926～1948）松阳县各中学概况表

表 31-3-3-2　　单位：人

民国纪年	县立初级中学			私立国强中学			私立俭公中学			全县合计		
	学生数	毕业生数	教职员	学生数	毕业生数	教职员	学生数	毕业生数	教职员	学生数	毕业生数	教职员
15	80	—	14	—	—	—	—	—	—	80	—	14
16	174	—	14	—	—	—	—	—	—	174	—	14
17	170	35	—	—	—	—	—	—	—	170	35	—
18	145	21	16	—	—	—	—	—	—	145	21	16
19	145	34	18	—	—	—	—	—	—	145	34	18
20	188	38	19	—	—	—	—	—	—	188	38	19
21	188	10	19	—	—	—	—	—	—	188	10	19
22	133	16	19	—	—	—	—	—	—	133	16	19
23	143	11	19	—	—	—	—	—	—	143	11	19
24	105	15	14	—	—	—	—	—	—	105	15	14
25	137	26	16	—	—	—	—	—	—	137	26	16

续表 31-3-3-2

民国纪年	县立初级中学			私立国强中学			私立俭公中学			全县合计		
	学生数	毕业生数	教职员	学生数	毕业生数	教职员	学生数	毕业生数	教职员	学生数	毕业生数	教职员
26	206	39	20	—	—	—	—	—	—	206	39	20
27	273	61	25	—	—	—	—	—	—	273	61	25
28	265	63	25	200	—	27	—	—	—	465	63	52
29	372	29	22	280	—	27	—	—	—	652	29	49
30	325	108	31	265	67	27	—	—	—	590	175	58
31	330	42	30	225	45	24	—	—	—	555	87	54
32	340	54	31	225	70	26	—	—	—	565	124	57
33	321	80	29	224	44	24	125	—	13	667	124	66
34	375	75	30	198	47	24	132	—	17	705	122	71
35	352	74	31	141	65	21	201	32	20	694	171	72
36	354	94	31	205	45	21	157	19	21	716	158	73
37	381	99	31	136	22	22	191	13	23	708	134	76

1949 年 5 月，松阳县人民民主政府接管县立初级中学。10 月，县立简易师范（1944 年创办）并入县立初级中学。年末，全县共有初中学生 607 人，教职工 64 人，其中专任教师 52 人。1952 年春，全县各中学停止春季招生，一律改为秋季招生。县立初级中学校长改由县长兼任。是年 10 月，私立俭公中学改为公立，校名松阳县第二初级中学。1953 年 2 月，县立初级中学改名浙江省松阳县第一初级中学，同时扩招 1 个初中夜读班，有学生 39 人。次年春，续招一个初中夜读班，有学生 19 人。年末，夜读班停办。

1956 年，私立国强中学改为公立，更名松阳县第三初级中学。秋，松阳县第一初级中学增设高中，招收新生 112 人，学校更名为浙江省松阳中学。松阳县第三初级中学改称松阳县第一初级中学。1958 年 4 月，县第一初级中学并入浙江省松阳中学。5 月，浙江省松阳中学更名为浙江省松阳第一中学。9 月，松阳县第二初级中学附设高中班，招新生 2 个班 77 人，学校改称浙江省松阳县第二中学。是年，靖居区雅溪乡第一完全小学（校址设南州村）附设初中班，招 2 个班，定校名为松阳县第一初级中学。玉岩区中心完小（校址设玉岩村）附设初中班，招收新生 1 个班，定校名为松阳县第二初级中学。时全县中学 4 所，学生 1501 人（高中学生 314 人，初中学生 1187 人）。

1958 年 11 月，松阳并入遂昌。1959 年，县第一初级中学停办，部分学生并入县第一中学。1960 年 9 月，开设民办靖居初中 （靖居乡中心学校），校址靖居包村顺济堂。招收新生 2 个班，95 人。是年，开设民办石仓初中，校址大东坝村汶东小学内。1961 年，全面整顿中学教育。为增加农村的劳动力，学校动员 1336 名年龄偏大（16 周岁以上）的中小学生和农职学校学生回乡务农。5 月，靖居初中、石仓初中由民办转为公办。

1966年“文化大革命”开始后，初中3年未招新生，高中5年未招新生。1969年10月，原有中学开始复课，许多公社中心完全小学、大队完全小学相继附设初中班；靖居初中、玉岩初中增办高中班。1976年，倡导“读高中不出社，读初中不出队”，境内兴起办初中、高中热潮。中学增至81所，56所初中里有52所为小学附设，师资、校舍、经费、设备等陷入困境，教育质量无法保证。1978年，对全境中学布局进行调整。1981年，全境有初中23所，学生8493人；17所小学附设初中班，学生1413人。

1982年1月，松阳恢复县制。是年，小学附设初中减少4处。1983年，一些小学附设的初中班，有步骤地改为单独设置初中。完全中学调整为2所，在校学生837人。初中增加到25所，在校学生7981人，其中附设初中从13处调整到8处。是年，小学毕业生升初中比例为62.4%，初中毕业生升高中比例为19.9%。1984年，各区乡普遍建立教育经费管理委员会，设法筹措“钱、粮、物、地”，改善办学条件。

1986年，全县有小学毕业生5515人，初中招生3172人，小学毕业生升初中的比例为57.5%。靖居区中创办民族班，招收畲族学生55人。1988年，松阳区14所中等初中各增招1个班，加快普及九年制义务教育。是年，小学毕业生升初中的比例68.9%。初中毕业生2710人，高中招459人，初中毕业生升高中的比例为16.9%。1989年，西屏镇、古市镇、枫坪乡基本实现普及八年制（小学五年、初中三年）义务教育，实施《松阳县实施九年制义务教育的规划及措施》。

1992年，全县有完全中学2所，初中27所，教职工789人，在校学生11331人（高中1316人，初中10015人），小学毕业生升初中的比例92.97%。是年，全县10个乡镇宣布实施八年义务教育，占全县乡镇总数的50%，占全县人口的64.84%。全县初中27所，在校学生有10015人。小学应届毕业生3157人，初中招生2915人，升学比例为92.33%，初中在校生巩固率为94.50%。初中专任教师567人，其中大学本科毕业25人、大学专科毕业363人，学历合格率为68.43%。1993年，全县小学应届毕业生2859人，初中招生2737人，升学比例为95.73%，初中在校生巩固率为96.40%。初中专任教师573人，其中大学本科毕业25人、大学专科毕业375人，学历合格率为69.81%。撤并交塘初中，其初一新生到玉岩初中就读。1994年，全县小学应届毕业生3402人，初中招生66个班计3217人。小学应届毕业生比上年增500余人，小学毕业生升初中的比例为94.56%，初中在校生巩固率为97.70%。初中专任教师583人，其中大学本科毕业32人、大学专科毕业373人，学历合格率为69.47%。是年，制定《松阳县初级中学办学纲要（试行）》，就初中学校布局、规模、办学条件、学校管理和办学效益等方面要求做出规定。

1995年，全县小学应届毕业生3183人，初中招生65个班3115人，小学毕业生升初中的比例为97.86%，初中在校生巩固率为98.76%。初中专任教师613人，其中大学本科毕业34人、大学专科毕业425人，学历合格率为74.88%。6月，县教委决定新处乡1995届小学毕业生转到古市镇中学就读。次年7月，古市中学管理委员会成立，新处、谢村初中先后并入古市中学。1996年，全县小学应届毕业生3001人，初中招63个班计2951人，小学毕业生升初中的比例为98.33%，初中在校生巩固率为99.03%。初中专任教师623人，其中大学本科毕业33人、大学专科毕业522人，学历合格率为89.10%。县政府决定由西屏镇和竹源乡联办城南中学，校址设在西屏镇青龙村。

图 31-21　城南中学教学楼（县教育局提供 1999年）

1997年，全县小学毕业生3199人，初中招生66个班3155人，小学毕业生升初中的比例为98.62%，初中在校生巩固率98.7%。初中专任教师629人，其中大学本科毕业29人、大学专科毕业550人，学历合格率为92.05%。4月，县政府决定由安民乡和大东坝镇联办大东坝中学，以原大东坝镇中学为基础，规模16个班。1998年，全县小学毕业生3757人，初一招生73个班计3669人，小学毕业生升初中的比例为97.66%，初中在校生巩固率为99.64%。初中专任教师651人，其中大学本科毕业28人、大学专科毕业584人，学历合格率为94.01%。

1999年，全县小学毕业生3969人，初中招生75个班计3960人，小学毕业生升初中的比例为99.77%，初中在校生巩固率为99.21%。初中专任教师675人，其中大学本科毕业39人、大学专科毕业597人，学历合格率为94.22%。是年，城南中学管理委员会成立。2001年，全县小学毕业生3356人，初中招生67个班计3292人，小学毕业生升初中的比例为98.09%，初中在校生巩固率为99.55%。初中专任教师696人，其中大学本科毕业127人、大学专科毕业536人，学历合格率为95.26%。是年，县教委决定新建民族中学，规模42个班，招收少数民族较集中的2个镇5个乡的全部小学毕业生。校园面积6.67万平方米，校舍建筑面积2.5万平方米，总投资3180万元。2002年，松阳县凌霄外语实验中学设立，学校性质为民办股份制。2002年秋季开始招生，办学规模为各年级4个班，班额40人。

2003年，全县小学毕业生2323人，初一招生53个班计2323人，小学毕业生升初中的比例为100%。初中在校生巩固率为99.64%。初中专任教师615人，其中大学本科毕业191人、大学专科毕业406人，学历合格率为97.07%。是年，松阳县民族中学建成；撤并阳溪初中等6所初中，6所初中的学生并到民族中学就读。新兴初中并到古市中学，撤石仓初中并到大东坝中学，撤叶村初中并到城南中学。至此，全县初中为12所。

2004年，全县小学毕业生2209人，初一招生56个班2209人，小学毕业生升初中的比例为100%，初中在校生巩固率为99.90%。初中专任教师570人，其中大学本科毕业263人、大学专科毕业297人，学历合格率为98.25%。是年，枫坪初中撤并到玉岩初中，玉岩初中改名为玉岩中学，望松初中撤并到民族中学，斋坛初中撤并到城南中学，全县初中学校缩减到9所。2005年，全县小学毕业生2449人，初一招生56个班计2448人，小学毕业生升初中的比例为99.97%，初中在校生巩固率为99.86%。初中专任教师558人，其中大学本科毕业303人、大学专科毕业244人，学历合格率为98.03%。

2007年，全县小学毕业生2407人，初一招生51个班2406人（1人到外县就读），小学毕业生升初中的比例为100%，初中在校生巩固率为99.91%。初中专任教师530人，其中大学本科毕业362人、大学专科毕业160人，学历合格率为98.49%。2008年，全县小学毕业生2624人，初一招生56个班2624人，小学毕业生升初中的比例为100%，初中在校生巩固率为99.87%。初中专任教师540人，其中大学本科毕业388人、大学专科毕业144人，学历合格率为98.52%。是年，松阳三中、城南中学、凌霄外语实验中学组建松阳三中集团学校。赤寿初中并入古市中学。至此，全县初中有4所，即松阳三中集团学校、松阳县民族中学、古市中学、玉岩中学。松阳县初中布局调整全面完成。

至2010年松阳县初中布局调整撤并情况表

表31-3-3-3

年份	被撤并学校	并入学校
1993	交塘初中	玉岩中学
1996	新处初中、谢村初中、岗寺初中	古市中学
1998	安民初中、蛤湖初中	大东坝中学
1998	雅溪初中	靖居初中
1999	竹溪初中、水南初中、竹源初中	城南中学
2003	阳溪初中、三都初中、四都初中、靖居初中、裕溪初中、板桥初中	民族中学
2003	新兴初中	古市中学
2003	石仓初中	大东坝中学
2003	叶村初中	城南中学
2004	枫坪初中	玉岩中学
2004	望松初中	民族中学
2004	斋坛初中	城南中学
2006	樟溪初中	古市中学
2006	大东坝中学	民族中学
2008	松阳三中、城南中学、凌霄外语实验中学	松阳三中集团学校
2008	赤寿初中	古市中学

说明：凌霄外语实验中学于2010年停办

2010年，全县小学毕业生2163人，初一招生48个班计2165人，小学毕业生升初中比例100%，初中在校生巩固率为99.89%。初中学校在校学生7146人，其中女学生3432人、少数民族学生203人。初中专任教师542人，其中大学本科及以上毕业428人、大学专科毕业1110人，学历合格率为99.26%。

1949～2010年松阳县初中基本情况表

表 31-3-3-4

年份	初中（所）		在校学生数（人）	专任教师（人）	年份	初中（所）		在校学生数（人）	专任教师（人）
	合计	其中小学附设				合计	其中小学附设		
1949	3		607	—	1980	50	24	9064	—
1950	3		475	—	1981	40	17	9906	—
1951	3		724	—	1982	23	13	9130	—
1952	3		928	—	1983	25	8	7981	—
1953	3		1077	—	1984	25	8	8070	—
1954	3		935	—	1985	27	5	8698	—
1955	3		863	—	1986	27	5	9018	—
1956	2		935	—	1987	27	4	9577	—
1957	2		940	—	1988	27	4	10057	—
1958	2		1187	—	1989	27	3	10190	—
1959	1		1208	—	1990	27	2	10384	—
1960	3		1282	—	1991	27	2	10485	—
1961	3	0	1248	—	1992	27		10015	567
1962	3		846	—	1993	27		8996	573
1963	3		915	—	1994	27		8702	583
1964	3		1034	—	1995	27		9071	613
1965	3		1217	—	1996	24		9431	623
1966	3		930	—	1997	24		9332	629
1967	3		613	—	1998	21		9820	651
1968	3		94	—	1999	19		10724	675
1969	18		2209	—	2000	19		11417	692
1970	21		2583	—	2001	19	0	11119	696
1971	26		3327	—	2002	20		9923	684
1972	23		3423	—	2003	12		8354	615
1973	22	21	2429	—	2004	9		7225	570
1974	41	35	5254	—	2005	9		6968	58
1975	40	36	5838	—	2006	7		6690	536
1976	56	53	6754	—	2007	6		6941	530
1977	65	61	8130	—	2008	4		7216	540
1978	55	37	8318	—	2009	4		7464	544
1979	56	31	7452	—	2010	4		7146	542

学校选介

松阳三中集团学校　前身为西屏山中学，始建于1970年，校址设西屏山脚。1988年，学校改名松阳县第三中学。1989年，搬迁至白露岭20号。2001年，校园占地面积24829平方米，校舍建筑面积9635平方米。有班级36个，学生1870人，教职工132人（其中专任教师112人）。2002年8月，学校创办1所国有民办的凌霄外语实验中学。2008年，松阳三中、凌霄外语实验中学、城南中学组建成松阳三中集团学校。

图31-22　松阳三中少年拳社团表演（松阳三中提供 2010年）

松阳县古市中学　前身是古市镇民办初中，创办于1974年，校址设古市城头城隍殿塔原粮食仓库。1978年转为公办。1983年，学校迁入古市筏铺新址，更名古市镇中学。1996年前后，撤并岗寺初中、新处初中、谢村初中联办，更名古市中学，成为松阳县第一所联办中学。2003年，新兴初中并入，学校有22个班级，学生1068人，教职工74人。2006年，樟溪初中并入，学校有班级26个，学生1213人，教职工104人。2008年，赤寿初中并入，学校有班级33个，学生1644人，教职工110人。

松阳县民族中学　位于县城慧明东区28号。2003年8月，由靖居初中、裕溪初中、板桥初中、阳溪初中、三都初中、四都初中撤并建校，计有34个班级，1534名学生。2004年7月，望松初中并入，全校36个班级，1616名学生。2006年8月，大东坝中学并入，全校有41个班级，1786名学生。

图31-23　民族中学校园（叶光铭 摄于2007年）

第四节　高中教育

发展概况

1956年，浙江省松阳中学增设高中，招收新生112人。

1958年，县第一初级中学并入浙江省松阳中学，更名为浙江省松阳第一中学。9月，松阳县第二初级中学改称浙江省松阳县第二中学，招高中新生2个班77人。是年，全县高中7个班，学生314人。

“文化大革命”开始后，高中5年未招新生。1969年10月，原有初中开始复课，初中学校附设高中班方便入学，靖居初中、玉岩初中增办高中班。1976年，在“读高中不出社，读初中不出队”的口号下，各公社掀起办高中热潮。在小学教育尚未普及的情况下，中学一哄而起，打乱教育结构和教学秩序。教育质量下降，大量初高中毕业学生“有文凭没有水平”。

1977年高考制度恢复后，松阳高中仍实行二年制，高中毕业生考上大学为数不多。1978年，根据“控制压缩普通高中、整顿提高初中、充实加强小学”的原则，全县中学的规模和布局进行调整。同时，在完全中学举办高中毕业生复习班，增加大学录取人数。

1981年，松阳境内有完全中学5所，高中22个班级，学生1035人。

1982年9月，松阳一中被确定为省重点中学。1983年，完全中学调整为2所，在校学生从867人减少至 837人。是年7月，高中招生410人，初中毕业生升高中比例为19.9%。1984年，因高中学制由二年改为三年，高中无毕业生。为保证在校学生的教学质量，规定全日制中学一律不得举办初中中专复习班和高考复习班，但社会办的复习班仍存在。此后10年间，全县普通高中每年招生基本维持在10个班级规模，学生400人左右，升学比例在10%以上。高中教师学历合格率逐年提高。

图 31-24 1987年建成的松阳一中校门(松阳一中提供 2009年)

1994年，松阳2所普通高中实行分流教育，基本结构为“高一、高二分段，高三分流”，高三年级开始实施为期一年的升学预备教育或就业预备教育。

1995年，松阳一中被认定为合格的省属重点中学，时全校有26个班级，学生1293人（其中高中18个班811人，初中8个班482人），教职工136人（其中专任教师113人）。是年，全县初中毕业生2779人，普通高中招生10个班计484人，初中毕业生升高中的比例为17.42%。普高的专任教师120人，其中大学本科毕业75人，大学专科毕业41人，学历合格率为62.5%。1998年，省教委批准松阳一中为省二级重点中学。是年，松阳二中校园面积增扩2万余平方米。是年，全县初中毕业生3066人，普通高中招生13个班计625人，升学率为20.4%。

图 31-25 1997年建成的松阳一中教学楼(松阳一中提供 2006年)

2001年末，松阳二中被命名为省级综合高中。2003年，松阳一中为实现后勤社会化，吸收社会资金1000万元，新建5500平方米、有1024个铺位的学生公寓和4050平方米的师生食堂，一年后投入使用。2004年，全县初中毕业生3195人，普通高中招生19个班计985人，普通高中升学率30.83%，初中毕业生升高中段的比例为85.76%。高中专任教师学历合格率为96.08%。

2005年，投资1454万元、总建筑面积8890平方米的松阳一中科技实验大楼建成。经多年发展，松阳一中成为丽水市普高中校园面积最大、校园景色秀丽的学校。松阳二中被评定为省二级重点综合高中。2006年初，全县初中毕业生2314人，普通高中招生22个班计1116人，初中毕业生升高中段的比例为91.62%，升普高的比例为48.23%。高中专任教师161人，其中大学本科毕业及以上158人、大学专科毕业3人，学历合格率为98.14%。松阳一中被批准为省一级重点中学。2008年，松阳二中通过多年积极探索，走美术特色学校之路，被评为丽水市“艺术教育特色学校”。

图31-26　松阳二中教学楼（松阳二中提供 2007年）

2010年，全县初中毕业生2401人，普通高中招生24个班1177人，初中毕业生升普高的比例为49.02%，升高中段的比例为97%。全县普高专任教师275人，其中研究生毕业5人、大学本科毕业268人、大学专科毕业2人，学历合格率为99.27%。11月，松阳二中占地1140.06平方米、建筑面积4888.06平方米的综合大楼建成。

学校选介

松阳一中　民国15年（1926）创办松阳县立初级中学，是丽水市最早创办的县级中学。1956年，增办高中班，学校更名为浙江省松阳中学。1958年5月，更名为浙江省松阳县第一中学。11月，松阳并入遂昌，改称遂昌县第一中学。1982年，复称松阳县第一中学。1982年9月，被确定为省级重点中学。1995年，校园占地面积54612平方米，校舍建筑面积19143平方米。1997年开始停招初中生，逐步扩大高中招生。1998年6月，成为省二级重点中学。2006年7月，升为省一级重点中学。2010年，学校有42个班级，学生2077人，教职工212人，校园占地面积1.46万余平方米，校舍建筑面积3.9万余平方米。

松阳一中自创办至2000年，共培养初中毕业生9827人（其中民国时期1224人，中华人民共和国成立后8603人）。1959～2010年，共培养高中毕业生13725人。

图31-27　松阳一中科技实验大楼（松阳一中提供 2006年）

1959～2010若干年份年松阳一中高考录取人数概况表

表 31-3-4-1　　单位：人

年份	高等学校	高中中专	年份	高等学校	高中中专
1959	67	—	1991	88	49
1960	37	—	1992	92	49
1961	10	—	1993	128	35
1962	5	—	1994	167	42
1963	5	—	1995	158	42
1964	9	—	1996	165	—
1965	23	—	1997	136	—
1977	13	45	1998	98	—
1978	20	25	1999	101	—
1979	15	34	2000	174	—
1980	13	23	2001	256	—
1981	11	13	2002	300	—
1982	26	25	2003	423	—
1983	32	29	2004	578	—
1984	69	54	2005	638	—
1985	46	33	2006	586	—
1986	70	53	2007	679	—
1987	93	25	2008	640	—
1988	112	45	2009	668	—
1989	86	28	2010	646	—
1990	71	23	合计	7137	672

松阳二中　民国 33 年（1944）年，创办私立俭公中学。1952 年，更名松阳县第二初级中学。1958 年，称遂昌三中。1982 年，复称松阳县第二中学。2003 年，初中停招，专招高中。2005 年，学校被评为省二级重点综合高中。2010 年，校园占地面积 70755 平方米，校舍建筑面积 20422 平方米，有教学班 26 个，学生 1171 人，教职工 108 人。

图 31-28　松阳二中老行政楼（松阳二中提供 2007 年）

松阳二中自创办至 2005 年，共培养初中毕业生 10036 人（其中民国时期 244 人，中华人民共和国成立后 9792 人）。1958～2010 年，共培养高中毕业生 9495 人。学校美术特色教育成绩出色。

1956～2010年松阳县高中师生情况表

表 31-3-4-2

年份	学校（所）	在校学生数（人）	教职工数（人）	年份	学校（所）	在校学生数（人）	教职工数（人）
1956	1	112	—	1984	2	1252	—
1957	1	143	—	1985	2	1335	—
1958	2	314	—	1986	2	1425	—
1959	2	263	—	1987	2	1526	—
1960	2	292	—	1988	2	1502	—
1961	2	263	—	1989	2	1443	—
1962	1	217	—	1990	2	1396	—
1963	1	178	—	1991	2	1408	—
1964	1	192	—	1992	2	1316	109
1965	1	152	—	1993	2	1238	116
1966	1	101	—	1994	2	1211	111
1967	1	54	—	1995	2	1284	120
1968	1	—	—	1996	2	1313	112
1969	1	—	—	1997	2	1455	116
1970	1	—	—	1998	2	1590	126
1971	2	335	—	1999	2	1899	147
1972	4	599	—	2000	2	2111	176
1973	4	849	—	2001	2	2285	192
1974	5	1083	—	2002	2	2496	131
1975	6	1440	—	2003	2	2839	146
1976	25	3688	—	2004	2	2936	153
1977	19	3713	—	2005	2	3031	147
1978	10	1861	—	2006	2	3074	161
1979	8	1215	—	2007	2	2914	233
1980	6	1195	—	2008	2	2829	230
1981	5	1035	—	2009	2	2604	229
1982	4	867	—	2010	2	3248	275
1983	2	837	—	—	—	—	—

说明：1956～1991年教职工人数不详。

第五节 特殊教育

1983年前，松阳县一直没有特殊教育专门机构，有的家庭经济条件较好的盲、聋、哑儿童家长把子女送到省盲童学校或邻近地区的聋哑学校就读；极少数儿童在各地普通小学随班就读。绝大多数视力残疾、听力残疾、智力残疾（简称“三残”）儿童少年没有受教育的机会。

1984年秋，丽水地区聋哑学校创办。之后，松阳县一些“三残”儿童家长送子女就读。与此同时，全县开展普及初等教育并通过上级的达标验收，“三残”儿童受教育进一步得到重视，更多“三残”儿童有受教育机会。

1986年，根据《中共中央关于教育体制改革的决定》《中华人民共和国义务教育法》和省教委《关于实施残疾儿童义务教育的若干意见》，地区教体局要求各县（市）人民政府都应积极为盲、聋、哑儿童少年筹办特殊教育（教学班）。因此，一些中、轻度智障儿童在当地小学跟班随读。

1992年，松阳县开始在普通小学增设智障儿童随班就读点。1993年，全县有随班就读点39个，有75名轻度智障儿童在普通小学随班就读。是年，县残联创办听力残疾儿童培训班，3名儿童参加培训。

1995年2月，省教委制定《浙江省普及九年义务教育评估验收暂行指标》，把残疾儿童少年入学率列入“普九”验收指标，标志着残疾儿童少年教育正式纳入普及九年义务教育。县教研室有教研员兼管特殊教育的教研工作。是年，7～14周岁“三残”儿童少年入学率80.2%，1997年为92%。

2001年，丽水市教育局下发《关于提高我市义务教育阶段“三残”儿童少年入学率的意见》，要求各县（市、区）教育行政部门把“三残”儿童少年入学就读依法纳入“普九”轨道，切实做好开学初的留生动员工作，建立“三残”儿童少年义务教育学籍管理和义务教育登记卡制度，保证“三残”儿童少年与正常儿童少年同步接受九年义务教育。

2003年，市教育局下发《关于切实抓好“三残”儿童少年入学工作的通知》，要求各县（市、区）教育行政部门加强宣传，强化措施，通过家庭访问等形式，做好“三残”少年儿童调查摸底工作，建立“三残”少年儿童入学动员责任制和扶贫机制，完善“三残”少儿三条入学途径，“视障少儿送省学习无遗漏，听障少儿送市学习有提高，智障少儿随班就读有保障”。

2005年，特殊教育开始向高中段延伸。是年，通过发放“助学券”等形式，逐步解决“三残”儿童少年入学困难，松阳县“三残”儿童少年入学率96.4%。至2010年，全县“三残”儿童少年入学率一直稳定在95%以上。

1990年始，丽水地区聋哑学校实行免费教育。1994年9月始，“三残”儿童少年在校期间，享受每人每月5元的伙食补贴。1995年1月始，补贴标准提高到20元，后又提高到25元，所需经费由市财政拨款。另外，每年的“助残日”、六一儿童节，县残联都会派人到学校看望松阳学生，给他们送钱送物表示关怀与慰问。

第六节　普及九年义务教育

1984年11月，松阳县成为丽水地区第二个基本普及初等教育县。1992年，九年义务教育已在全县10个乡镇实施。次年，扩大到12个乡镇，占全县乡镇的60%，人口覆盖率70.1%，比1992年提高26.86个百分点。全县小学入学率99.69%，初中入学率84.06%；小学巩固率100%，初中巩固率96.4%。县教委于1993年12月至1994年1月，对枫坪乡、斋坛乡、古市镇、西屏镇的普及九年义务教育工作进行复查验收。

1994年，县教委制定《松阳县残疾儿童少年义务教育“八五”规划》。根据《松阳县实施九年义务教育的规划及措施》，开始在全县全面实施九年制义务教育。

1996年10月，松阳县通过省政府评估验收组对松阳县的“基本普及九年义务教育”工作的验收。在省定的22项指标中，松阳县有16项达标、5项基本达标，教学设施设备及电教仪器、图书资料、音美体劳等器材1项没有达标。主要指标达标情况：适龄儿童入学率99.93%，初中入学率93.5%；初等教育完成率99.77%，16周岁初级中等教育完成率83.9%。全县专任教师中，小学教师867人，小学专任教师学历合格率99.08%；初中教师613人，初中专任教师学历合格率92.5%。

全县有小学331所（其中县属1所、乡镇中心小学19所、完全小学53所、村小258所），初中29所（含2所完中的初中部），基本上每乡镇1所；全县小学生均占地12.59平方米，生均校舍面积6.09平方米；全县初中生均占地23.52平方米，生均校舍面积6.97平方米。生均教育经费，小学为433.71元，初中为465.4元；生均公用经费，小学为4.89元，初中为10.9元。

图31-29　阳溪小学学生在操场上跳绳（阳溪小学提供 2009年）

2004年，松阳县在丽水市率先实施基本普及十五年教育。是年，幼儿入园率85.02%，九年义务教育阶段学龄少年儿童普及率99.96%，三类残疾少年儿童入学率95.24%，初升高比例85.76%。

2006年1月25日，丽水市高标准高质量“普九”验收组对松阳县的“普九”工作进行评估验收。验收组对照《浙江省高标准高质量普及九年教育要求及实施办法（试行）》的28项指标要求，松阳县有26项达标，2项基本达标，验收合格。市政府教育督导室、市教育局确认松阳县为浙江省高标准高质量普及九年制义务教育县。2月9日，县政府制定《关于加快普及十五年基础教育的决定》，要求加快普及高中阶段教育和学前三年教育，大力发展职业教育，努力实现让所有孩子念上书、念好书。

2010年，松阳县普及十五年教育中，学前三年幼儿入园率93.25%，十五年教育普及率为93.7%，高中段教育入学率为93.1%，九年义务教育完成率99.97%，三残少年儿童入学率为97.7%。中小学标准化学校数占全县中小学总数的比例为7.14%。

1992～2010年松阳县九年义务教育普及情况表

表31-3-6-1

年份	小学				初中			义务教育学龄人口入学率%
	入学率%	女入学率%	巩固率%	小学升初中比例（%）	入学率%	女入学率%	巩固率%	
1992	99.88	—	100.00	92.97	73.88	—	94.50	92.67
1993	99.69	—	100.00	93.00	84.06	—	96.40	96.27
1994	99.79	—	100.00	96.32	84.74	—	97.70	97.68
1995	99.94	99.96	100.00	100.00	90.57	91.45	98.76	98.78
1996	99.93	99.91	100.00	98.33	93.50	94.15	99.06	99.30
1997	99.98	99.96	100.00	98.62	93.27	93.50	98.76	99.48
1998	99.98	99.97	100.00	98.15	94.03	94.74	99.64	99.64
1999	100.00	100.00	100.00	97.90	94.95	95.40	99.21	99.80
2000	100.00	100.00	100.00	99.29	97.30	97.67	99.38	99.87
2001	100.00	100.00	100.00	98.09	97.49	97.78	99.55	98.75
2002	100.00	100.00	100.00	99.93	97.69	98.11	99.79	98.85
2003	100.00	100.00	100.00	100.00	96.97	97.25	99.64	98.49
2004	100.00	100.00	100.00	100.00	97.32	97.85	99.90	98.66
2005	100.00	100.00	100.00	100.00	97.84	97.99	99.86	98.92
2006	100.00	100.00	100.00	100.00	99.50	99.40	99.91	99.75
2007	100.00	100.00	100.00	100.00	99.54	99.60	99.91	99.77
2008	100.00	100.00	100.00	100.00	99.80	99.58	99.87	99.90
2009	100.00	100.00	100.00	100.00	99.93	99.94	99.97	99.97
2010	100.00	100.00	100.00	100.00	99.93	99.94	99.89	99.97

说明：1992～1994年女童入学率不详。

1949～1992年松阳县中学概况表

表 31-3-6-2

年份	学校数（所）				在校学生数（人）			教职工数（人）	平均每万人口有中学生数（人）
	合计	高中	初中		合计	高中	初中		
			计	其中小学附设					
1949	3	0	3	0	607	0	607	64	45
1950	3	0	3	0	475	0	475	56	39
1951	3	0	3	0	724	0	724	56	66
1952	3	0	3	0	928	0	928	80	89
1953	3	0	3	0	1077	0	1077	87	89
1954	3	0	3	0	935	0	935	77	77
1955	3	0	3	0	863	0	863	75	123
1956	3	1	2	0	1047	112	935	72	83
1957	3	1	2	0	1083	143	940	80	84
1958	4	2	2	0	1501	314	1187	106	113
1959	3	2	1	0	1471	263	1208	98	109
1960	5	2	3	0	1574	292	1282	107	117
1961	5	2	3	0	1511	263	1248	121	112
1962	4	1	3	0	1063	217	846	109	78
1963	4	1	3	0	1093	178	915	101	77
1964	4	1	3	0	1226	192	1034	110	88
1965	4	1	3	0	1369	152	1217	110	62
1966	4	1	3	0	1031	101	930	120	67
1967	4	1	3	0	667	54	613	122	42
1968	4	1	3	0	94	0	94	133	6
1969	19	1	18	0	2209	0	2209	155	133
1970	22	1	21	0	2583	0	2583	151	151
1971	28	2	26	0	3662	335	3327	207	208
1972	27	4	23	0	4022	599	3423	214	225
1973	26	4	22	21	3278	849	2429	190	179
1974	46	5	41	35	6337	1083	5254	268	339
1976	81	25	56	53	10442	3688	6754	455	537

续表 31-3-6-2

年份	学校数（所）				在校学生数（人）			教职工数（人）	平均每万人口有中学生数（人）
	合计	高中	初中		合计	高中	初中		
			计	其中小学附设					
1977	84	19	65	61	11843	3713	8130	543	602
1978	65	10	55	37	10179	1861	8318	518	499
1979	64	8	56	31	8667	1215	7452	513	453
1980	56	6	50	24	10259	1195	9064	562	485
1981	45	5	40	17	10941	1035	9906	490	457
1982	27	4	23	13	9997	867	9130	558	429
1983	27	2	25	8	8818	837	7981	568	416
1984	27	2	25	8	9322	1252	8070	589	440
1985	29	2	27	5	10033	1335	8698	656	466
1986	29	2	27	5	10443	1425	9018	659	484
1987	29	2	27	4	11103	1526	9577	720	505
1988	29	2	27	4	11559	1502	10057	771	520
1989	29	2	27	3	11633	1443	10190	806	429
1990	29	2	27	2	11780	1396	10384	729	466
1991	29	2	27	2	11893	1408	10485	772	520
1992	29	2	27	0	11780	1396	10015	789	503

第七节　希望工程

1991 年，香港同胞沈炳麟捐款 6.4 万元，在裕溪乡中心学校新建庆同教学楼。1993 年，松阳县被列入浙江省第二批“希望工程”实施县，全县有 375 名经济困难的学生得到“希望工程”的资助。10 月，沈炳麟捐款 8.1 万元援建的县实验小学庆同教学楼落成。

图 31-30　裕溪小学庆同教学楼（裕溪小学提供 2008 年）

1994 年，台胞麻哲飞捐资 5500 美元在板桥乡桐榔村兴建儒琛小学。1995 年 1 月，民革浙江省委妇委会向象溪镇和三都乡的失学女童捐款助学，这是“春蕾计划”在松阳的第一批受助学生。

1996年，由省青年成才基金会援建的松阳县第一所“希望小学”在大东坝镇落成。沈炳麟援建松阳县的第三个项目——石门圩小学恩美教学楼竣工。

2001年，澳门贺田工业有限公司总经理贺一诚捐资援建西屏镇阳溪辅导小学贺田教学楼落成。

2002年，宁波市海曙区政府与松阳县政府签订《海曙区与松阳县教育对口支援协议书》。

2006年，上海金源国际经贸发展有限公司及牙买加驻上海名誉领事馆出资55万元援建新兴乡中心小学。8月，浙江省青少年发展基金会开始在望松乡援建1所希望小学，校名定为松阳县望松乡圣雄希望小学。

2009年，巴西侨领尹霄敏捐赠25万元建成裕溪海联希望小学。

1991～2010年松阳县“希望工程”捐资助学情况表

表31-3-7-1

年份	资助方	受助方	资助金额（万元）
1991	香港大业织造有限公司董事长沈炳麟	裕溪乡中心学校	6.4
1993	沈炳麟	实验小学集团学校毓秀校区	8.1
1994	台胞麻哲飞	板桥乡桐榔小学	5500（美元）
1996	省青少年发展基金会	大东坝镇中心学校	20
1996	沈炳麟	斋坛乡石门圩小学	6
1996	旅美侨胞潘福	“潘叶奖学金”松阳一中学生	100
1997	香港同胞闻儒根	四都乡中心小学（闻裕顺教学楼）	12
1997	香港同胞赵安中	大东坝中学	25
1999	旅美侨胞潘福	松阳一中	5万（美元）
2001	旅美侨胞潘福	松阳一中“思定助学金”	100
2001	澳门贺田工业有限公司总经理贺一诚	阳溪小学贺田教学楼	20
2002	邵逸夫	民族中学	80
2002	宁波海曙区人民政府	松阳县教育局	102
2003	省青少年发展基金会	水南小学圣雄教学楼	20
2006	上海金源国际经贸发展有限公司及牙买加驻上海名誉领事馆	新兴乡中心小学	55
2006	省青少年发展基金会	望松乡中心小学	20
2006	县慈善总会等单位	“爱心圆梦大学”127名贫困大学生	55.1

续表 31-3-7-1

年份	资助方	受助方	资助金额（万元）
2009	省青少年发展基金会	三都乡中心小学（教学楼）	30
2009	巴西侨领尹霄敏	裕溪乡中心小学	25
2010	省青少年发展基金会	叶村乡中心小学（综合楼）	30
2010	浙江加利利科技集团公司	阳溪小学（综合楼）	50
2010	巴西侨胞尹楚平、奥地利侨胞周美花、意大利侨胞叶红秋	板桥乡中心小学（师生食堂）	10
2010	浙江大学第 37 期总裁班学员	三都乡中心小学（教学综合楼）	30

第四章　职业教育

民国 2 年（1913），松阳县成立师范传习所，松阳县职业教育就此开始。民国时期的职业教育主要是师范教育，意在培养小学教师。中华人民共和国成立后，仍然是师范教育培养小学教师为主的职业教育。1958 年，松阳曾开办一批职业学校，涉及农业、林业、卫生等专业技术教育。几年间，这批学校陆续停办。1976 年，望松农中复办。1984 年，创办松阳县中等职业技术学校。1987 年，创办靖居中等职业技术学校。至 2001 年秋，望松农中和靖居中等职业技术学校均先后并入县职业中等专业学校（简称县职业中专）。2010 年，全校教职工 132 人，班级数 48 个，在校生 1857 人。是年，县职业中专被认定为国家级重点中等职业学校。

第一节　师范教育

民国 2 年（1913），松阳县成立师范传习所。民国 5 年，传习所改称讲习所。

民国 16 年（1927）9 月，县立初级中学在县城东阁街增设女子师范讲习科，首届招收女子小学毕业生 20 多人。课程与普通中学基本相同，另加授教育心理学、有关培养儿童的专业知识，以及家事、园艺、缝纫等。民国 22 年，停招新生；民国 24 年停办。共有 6 届毕业生（最后一届并入初中上课，毕业仍发女师毕业证书）计 81 人。她们是松阳当地培养的第一批女教师。

民国 19～24 年（1930～1935）松阳县师范讲习所情况表

表 31-4-1-1

毕业时间（民国纪年）	期别	人数（人）	说明
19	第一期	20	全部松阳籍
20	第二期	9	全部松阳籍
21	第三期	10	其中青田籍 1 人
22	第四期	13	全部松阳籍
23	第五期	22	全部松阳籍
24	第六期	7	全部松阳籍

全面抗战期间，湘湖师范南迁古市镇继续办学时，在松阳培养一批小学教师和民师。民国 33 年（1944），松阳县立简易师范创办。至 1949 年，共 5 届毕业生，计 159 人。

1952 年 7 月，开办松阳初级师范短期训练班。学校有专任教师 7 人，职员 2 人。招生 96 人，学制一年。1953 年，96 人毕业，由文教科分配到各小学任教。学校办一年即并入丽水师范。

1970 年，丽水师范迁至西屏镇。次年，浙江师范学院 1/3 的教师及图书仪器设备也迁到西屏镇，与丽水师范协同办学。学校主要任务是培训在职中学教师，共举办教师培训班 3 期，学员计 350 人。1972 年后，丽水师范全部迁回丽水，浙江师范学院教师陆续返回金华。

图 31-31 松阳师范学校校园（松阳师范学校提供 2008 年）

1978 年 7 月，从各中学抽调领导和教师 26 人，创办遂昌中等师范学校，校址设西屏镇白龙堰旁。1978～1979 年，丽水地区初中教师紧缺，连续招收 2 届高中毕业生入学，开设语文、数学、物理、化学、英语 5 个专业，学制二年，共培养初中教师 559 人。1980 年，改招在职民办教师，学制二年，有 199 人毕业。1981 年秋季始，按普师要求，开始招收初中毕业生入学，学制三年。1982 年，改称松阳中等师范学校。1984 年 10 月，省教委批准为中师办学条件标准化的单位。1985 年，松阳师范归属地区行政公署领导，地区教育行政部门管理。2000 年，并入丽水师专，设为丽水师专松阳校区。2003 年，更名为丽水中等专业学校。2010 年，其校址仍在西屏镇，称丽水中等专业学校。

第二节　专业技术教育

民国 35 年（1946），处州所属 10 县联合建立高级农工职业学校，校址设丽水。办学经费由各县拨款，松阳每月分担 4 万元。首届招收农艺班学生 59 人，学制三年。因缺少实习基地，次年迁址至松阳县原农业改进所旧址，并改校名为浙江省处州农业技术学校。招收新生 42 人，学制三年。1949 年 7 月，学校与处州师范合并，校址迁丽水三岩寺。

1958 年，受“大跃进”影响，松阳曾开办一批职业学校。具有一定规模的有：

松阳县初级农业技术学校，校址设力溪农场。招收高小毕业生 3 个班级，共有学生 118 人，学制三年。学校实行半耕半读，边学习边参加农场劳动。1961 年停办。

松阳县初级林业学校，校址设古市区湖溪林场，招生 110 人，教师由林业部门选派。次年，学校迁址林村林场，原林村林场的林业中学并入。学校实行半工半读，由各公社保送高小毕业生或农民业余高小毕业生入学，学制二年。1961 年停办。

松阳县初级卫生学校，校址设西屏镇原县人民委员会旧址，招新生 98 人。县人民医院选派医生到校任教，学生由各公社选送。学校主要任务是为农村培养初级卫生人员。1959 年停办。

1964 年，为贯彻实施“两种教育制度、两种劳动制度”，由各公社开办一批半耕半读的农中（班）。

“文化大革命”开始后停办。

1964～1965年松阳县农业中学情况表

表31-4-2-1

校名	办学日期	劳动基地	学生数（人）	教师数（人）
望松农中	1965.01	田24亩、地10亩	92	4
雅溪农中	1965.09	田2.5亩、地2.5亩	28	1
石仓农中	1965.09	—	37	1
枫坪农中	1965.03	田3亩、山地4416亩	11	1
西屏农中	1965.03	地4亩	42	1
竹溪农中	1964.11	田2亩	22	1
力溪农中	1964.11	田3亩、地5亩	52	2

第三节　中等职业技术教育

1976年，国家开始大力发展职业教育。是年，望松农中复办，改称望松五七高中，校址迁移到麻洋塔村的荷花山。1978年，更名为望松农业中学。

图31-32　望松农中饲养的“野鸭”（县档案馆提供 1992年）

1984年8月，创办松阳县中等职业技术学校，当年借用松阳县教师进修学校塔寺下的校舍设备，招收畜牧兽医专业1个班级，48名学生。1987年，搬迁到西屏镇白露岭28号。

1986年，副省长李德葆到望松农中考察，给予高度评价。学校当年升格为县属农业中学，改名为松阳县望松农业中学。1987年，创办靖居中等职业技术学校，校址设南州村，开设园艺果树专业，首届招收43名学生。1988年，更名为靖居民族职业技术学校，开发生产实习基地（桑园）2.6万多平方米。1989年，校址迁到象溪圩原雅溪乡政府农场。学校有教职工12人。1993年，撤并到松阳县中等职业技术学校。

1992年，松阳3所中等职业学校共有在校生528人，教职工64人。1994年，县职技校走联合办学道路，与用人单位联办纺织与服装、预军与保安、幼儿教师、文化艺术、电器电工、电脑文秘等专业班。1996年，县职技校成立松阳县劳动局职业技能考核所和松阳县职技校职业技能培训考核所，开始实行毕业证书和专业合格证书或专业上岗证的“双证书”制度。1998年6月，松阳县中等职业技术学校改名为松阳县职业中等专业学校。2000年，松阳县望松农业中学并入松阳县职业中等专业学校。学校被评定为浙江省二级重点职业技术学校。

2001 年，县职业中专成立松阳县职业技能培训中心，实施职业技能水平等级证书考试制度。是年，县职业中专开设职业技能中级工证书考试。2002 年，县职业中专分别在县委党校和古市镇成人文化技术学校设立职高教学点，秋季开始招生。县职业中专电子技术应用专业被浙江省教育厅确定为省示范性专业。2003 年，成立松阳县劳动力就业培训中心，办公地点设县职业中专。县职业中专与浙江服装职业技术学院、丽水学院分别联办“机电一体化 3+2”专业班。2004 年，实施省委、省政府“企业百万职工双证制教育培训工程”和“千万农村劳动力素质培训工程”。县职业中专机电技术应用和计算机及应用被确定为首批市级示范专业。是年，县职业中专被确定为首批国家星火计划农民科技培训星火学校。次年，学校被确定为中国科学院心理研究所实验学校。2005 年，开始组织实施农村劳动力转移培训工程、农村实用人才培训工程、成人继续教育和再就业培训工程、国家技能型人才培训工程四大工程。县职业中专按照“订单培养”的方式推进办学模式的改革。是年，县职业中专机电类专业被确定为丽水市首批市级特色制造业技能人才培养培训示范实训基地。2006 年，县职业中专被评定为省一级重点中等职业学校。学校建立杭州职业技术学院的下设教学点，举办三年制成人高职脱产班；与嘉兴技师学院联办“数控技术应用 2+3”专业班；与丽水学院联办“学前教育 2+3”专业班。2007 年，县职业中专被省科技厅评为应用型机械加工高技能人才培养机制和模式创新基地；被丽水市人民政府评为职业教育先进单位、丽水市农村预备劳动力培训基地。8 月，经县教育局批准，县职业中专成立松阳县职业中专就业处。

图 31-33 县职业中专校园（叶光铭 摄于 2004 年）

2008 年，县职业中专的会计专业和种植与加工技术专业被评为丽水市示范性专业。12 月，被省教育厅评为浙江省机电一体化实训示范基地，省财政补助 200 万元，县财政配套补助 200 万元，用于县职业中专实训设备的添置。是年，松阳县劳动力就业培训中心并入县职业中专。2009 年，县职业中专被评定为浙江省现代教育技术实验学校。秋季开始，县职业中专扩大低收入家庭学生免除学费的范围，低收入家庭标准从农村年人均收入 1500 元、城镇年人均收入 3000 元，统一提高到 4000 元。对符合低收入家庭子女条件的学生除免学费每生每年 2000 元，并提供营养餐每生每年 400 元，生活补助费每生每年 750 元，全部经费由省财政支付。是年，学校与浙江旅游职业学院联办“旅游服务与管理 2+3”专业班。与浙江纺织服装职业技术学校联办“服装设计与工艺 2+3”专业班。

2010 年，县职业中专被评定为国家级重点中等职业学校。确定机电技术应用、电子技术应用、茶叶生产与加工为松阳县中等职业教育的主体专业，工业分析与检测（不锈钢无损检测）为新兴专业，茶叶生产与加工为特色专业，财会、文秘、计算机应用、网络、学前教育为改造提升专业。8 月，县职业中专茶叶生产与加工被省教育厅确定为省示范性专业。至 2010 年，学校占地面积 56000 多平方米，建筑面积近 3 万平方米。

1976～2010年松阳县中等职业学校发展概况表

表31-4-3-1

年份	学校（所）	教职工（人）	在校生（人）	班级数（个）	招生数（人）	毕业生数（人）
1976	1	7	145	3	145	—
1977	1	6	84	2	—	84
1978	1	3	41	1	41	—
1979	1	3	4	1	41	—
1980	1	4	29	1	29	41
1981	1	4	61	2	32	—
1982	1	4	62	2	30	29
1983	1	9	82	2	52	32
1984	2	17	150	4	108	30
1985	2	19	340	7	180	—
1986	2	37	378	8	176	99
1987	3	48	365	10	165	148
1988	3	60	320	9	138	11
1989	3	43	380	11	207	112
1990	3	54	463	12	241	133
1991	3	64	528	13	303	211
1992	3	64	528	13	303	211
1993	3	71	532	14	261	226
1994	2	88	582	18	368	246
1995	2	89	652	19	329	214
1996	2	93	585	19	270	293
1997	2	99	733	19	477	315
1998	2	103	771	21	388	207
1999	2	108	976	20	371	102
2000	2	111	1263	33	598	248
2001	1	106	1572	35	641	300
2002	1	214	2457	51	1321	386
2003	1	243	3191	50	1356	531
2004	1	261	3754	61	1354	588
2005	1	252	3358	62	1035	1184
2006	1	251	2949	59	894	1188
2007	1	194	2469	49	837	1127
2008	1	192	2397	45	959	879
2009	1	191	2367	46	854	727
2010	1	132	1857	48	717	677

第五章 民办教育

北宋，各地开设的书院、学塾多为民间热心办学的社会贤达捐资、捐田兴办。清末，《奏定学堂章程》规定，按办学经费来源不同，学堂分三类：凡官府出资兴办的称官立；凡私人出资创办的称私立；由村、族、乡集体创办，经费从庙产、公田、祖祠等公共收入中提取的称公立。私立、公立学堂经费来自私人或民众团体外，办学形式、教学内容及课程设置等均与当时官立学校相同。民办学校，各时代称呼有所不同。民国时期称私立学校；中华人民共和国成立后称民办学校，亦有民办公助，或公办民助；20世纪80年代后，称社会力量办学（利用非国家财政性经费，面向社会举办的学校及其他教育机构）。2002年《中华人民共和国民办教育促进法》颁布后，社会力量办学统称民办教育，社会力量创办的学校统称民办学校。

松阳县民办教育始于明代，当时称义学，旧时的一种免费学校，有官办和民办2种。私塾兴于清代，有开馆、坐馆、族塾、村塾等类型。开馆，即塾师个人创办，招收入塾子弟；坐馆，即由殷富之家出资聘请塾师，在家教育子弟；族塾，即由宗祠或家祠创设，凡该祠所属子弟均可入塾；村塾，即由一个村或几个村合办，凡村内子弟均可入塾。同治十年（1871），松阳县创办的山下阳张氏族塾和光绪年间赤岸名儒吴春泽在家开设的私塾在当地很有影响。本章着重记述解放后的松阳县民办教育概况，并分民办幼儿教育、民办小学教育、民办初中教育3个部分进行记述。民办幼儿园主要指公民个人举办的幼儿园，民办中小学指生产大队、生产队（行政村、自然村）举办的民办公助中小学。

第一节 民办幼儿教育

1955年，根据省教育厅提出的“积极提倡厂矿、企业、机关、团体、群众自办，政府给予协助”的办园方针，松阳采取“两条腿走路”、公办民办并举的办法发展幼儿教育事业，民办幼儿园发展迅速。是年，全县有幼儿园19所，22个班级，入园幼儿888人，教职工24人。其中有民办幼儿园17所、占全县幼儿园的89.5%，17个班级占全县幼儿园的77.3%，在园幼儿651人、占全县幼儿的73.3%，教职工17人、占全县幼儿园教职工的70.8%。

1958年，省教育厅提出在1958～1959年两年内社社村村办农忙季节幼儿班，实现90%幼儿入园的要求，全县幼儿园骤增至315所，328个班级，入园幼儿5931人，教职工338人，大多为民办幼儿园。与1956年相比，分别增加25.25倍、20.9倍、9.4倍和15.9倍。“文化大革命”开始后，幼儿园停办。后逐步恢复。

1980年，召开全县幼托工作会议，贯彻省幼托工作会议精神，促进幼儿教育事业的发展。古市、阳溪、斋坛等社（镇）实现队队有幼儿园。次年，县里成立幼托领导小组，发动厂矿、企事业单位办园（班）。松阳造纸厂等厂矿创办幼儿园。1989年9月后，贯彻地区幼教工作会议精神，采取小学附设学前班，发展民办、个体幼（托）儿园（班）的办法，提高幼儿入园率。是年，全县4～6周岁幼儿总数8747人，在园幼儿4422人，入园率为50.6%。其中，小学附设学前班15个，占总班数的9.4%；学前班在园幼儿506人，占全县在园幼儿的11.4%。

1991年，全县有幼儿园161所，186个班，入园幼儿5441人，教职工228人。其中，教育部门的幼儿园4所，占2.5%；集体办的幼儿园149所，占92.5%；其他部门办的幼儿园8所，占5%。1992年7月，贯彻《全省幼教工作座谈会纪要》，为解决幼儿入园难、入好园难的矛盾，大力提倡各行业、各单位自办幼儿园，凡职工人数在300人以上或女职工人数在100人以上的企事业单位，原则上均应举办幼儿园，农村人均收入在1200元以上的乡镇均应逐步兴办乡镇中心幼儿园。是年，全县有幼儿园120所，162个班，入园幼儿5494人，教职工209人。其中，教育部门办的幼儿园3所，集体或民办的幼儿园117所，占97.5%。

1995年4月，国家教委、国家计委等7部委联合印发《关于企业办幼儿园的若干意见》，坚持依靠社会力量发展幼儿教育事业的方针，推进幼儿教育逐步走向社会化。1996年，松阳县的幼教事业已形成以公办幼儿园为骨干和示范，以民办幼儿园为主体，公办、民办、联办等多种形式并存的格局。为提高办园水平，县教委、县妇联印发《关于要求幼儿园教师达到合格学历的通知》，规定尚未取得合格学历的幼儿教师，需在3～5年内取得中等幼师毕业文凭。是年，县教委委托县职业中专举办全县社会力量办学的学前教育从教人员上岗培训班。

2000年，全县有幼儿园171所，207个班，在园幼儿5370人，教职工306人。其中，教育部门办的幼儿园19所（占11.1%），41个班；其他部门办的1所，7个班；集体办的24所，27个班；民办127所（占74.3%），132个班。为适应幼教事业发展需要，县教委于4～8月先后举办集体与民办幼儿园从教人员岗位培训班，培训内容分专业课与基础课，包括幼儿教育学、幼儿心理学、幼儿卫生教育、计算机基础、舞蹈、美术、音乐、活动设计与指导。经考核合格者，由县教委发给松阳县社会力量办学幼儿园（班）教师岗位培训合格证。

2004年4月，县教育局继续举办幼儿教师岗位培训班，要求各幼儿园（班）不得以任何理由阻止教师参加培训，并把教师培训情况列入幼儿园（班）年检和等级评估内容。是年，全县有幼儿园134所，248个班，在园幼儿6283人，入园率85.02%，提前3年率先在丽水市实现基本普及学前3年幼儿入学指标。

2006年2月，县政府根据市教育局《关于加快我市幼儿教育事业改革和发展的意见》，制订《关于加快普及十五年基础教育的决定》，把加快发展幼儿教育产业纳入基础教育的整体范畴，鼓励支持社会力量举办幼儿园（班）。5月，为提高办园水平，县教育局同意地域相近的部分幼儿园进行挂靠合并。是年，全县幼儿园121所，236个班，在园幼儿6111人，教职工298人。其中，教育部门办的7所，60个班；民办111所，171个班；集体办的2所，4个班；其他部门办的1所，1个班。

2008 年 1 月，县政府成立幼教工作领导小组，进一步加强对幼教工作的领导，确保全县幼教工作达到规定化、法制化。

2010 年，全县有幼儿园（班）115 所，其中教育部门举办的 24 所、集体或民办的 91 所，共有班级 284 个、在园幼儿 7170 人、教职工 383 人。

第二节 民办小学教育

民国 22 年（1933），为统一学校立别标准，松阳县根据各小学经费来源情况，把小学分为县立、区立、乡镇立和私立 4 种。

1949 年 6 月，县民主政府接管旧有的公、私立小学 144 所（其中公立 7 所、民办 136 所、私立 1 所）。根据省文教厅“维持现状，训练干部，了解情况，稳定改革”的要求，对小学进行整顿、改造。1950 年，县人民政府文教科抽调公立学校教员 18 人组成文教工作队，在城关区竹溪乡开展小学民办试点工作，接着在全县范围内开展小学民办运动，新增民办小学 11 所、私立小学 6 所，学校总数增至 162 所。1951 年，土地改革胜利完成，农村办学掀起高潮，全县新增民办小学 59 所、公立小学 5 所，小学校数达到 233 所（其中民办 221 所）。1952 年 9 月，民办小学全部转为公办。

1955 年，县政府发出《为调整小学设置，对本县若干学校予以停办、并校、减办的通知》，停办初小 7 所，撤并 5 所，同时，新设民办小学 5 所。经过调整，尚有小学 216 所（其中民办 7 所）。1956 年，又新增民办小学 8 所，在 6 所公办小学内附设民办班 6 个。

1962 年，撤销竹源等 4 所完小，115 所公办初小转为民办或民办公助。全县 245 所小学中，公办小学 42 所（其中完小 31 所、初小 11 所），占 17%，民办小学增至 172 所，占 83%。1963 年后，贯彻“两条腿走路”的方针，采取多种形式办学，小学教育有较大发展。1964 年 5 月，全县创办简易小学 166 所（班、组），在校学生 2476 人，占同期学生总数的 12.2%。1965 年，发展耕读小学，至 1966 年 3 月，全县耕读小学 490 所（班、组），学生 7294 人。

1970 年后，在“把学校办到家门口”的号召下，出现村村队队办学校的局面，小学校数猛增，造成师资匮乏，民办教师大量增加。1971 年，全县小学 469 所，776 个班级，学生 25191 人，教职工 837 人，比 1965 年分别增加 1.47 倍、2.44 倍、1.59 倍和 1.45 倍。

1982 年松阳恢复建制时，全县 401 个行政村，有小学 402 所，初中 23 所，高中 4 所，有 2 所教育部门办的幼儿园，农中 1 所，在校中小学生 38252 人，中小学教职工 1700 人。其中，民办教师 840 人，代课教师 14 人。民办代课教师占教职工总数的 51.2%，占全体教师 1488 人中的 57.8%。

1989 年上半年，全县中小学、幼儿园教职工 2122 人。其中公办教师 1461 人，在编民办教师 245 人，合同民办及代课教师 397 人。1991 年，全县小学教职工 977 人，其中公办 797 人，民办 180 人。1992 年，全县在职教职工 2276 人，其中公办教师 1775 人，民办教师 177 人，代课教师 300 人。

随着师范学校毕业生的逐年加入和民办教师的不断转为公办教师，民办教师逐年减少。至 1996

年，根据省里的政策文件，浙江把全省的在编民办教师转为公办教师，至此，在教师队伍中没有民办教师。松阳县从1998年开始，开展学校布局调整，学校撤班并点逐年落实到位。至2008年，这一历史时期的民办公助农村小学真正退出历史舞台。

2002年，松阳吸取外地办学经验，积极探索多元化办学体制，依托“名校”办“民校”机制。是年5月8日，县政府批复县教育局同意县实验小学设立松阳县绿洲实验学校，为国有民办学校，各年级4个班，班额为36人，实行小班化教学。2002年秋季，开始初始年级招生。2010年秋，停办。原有班级由实验小学集团学校列入义务教育统一管理。

附：松阳县僧立贯一初等小学堂

清光绪三十二年（1906），经热心教育的清附生叶应龙劝导，松阳县古市永宁禅院兼广因禅院住持僧崇儒（贯一和尚）在永宁禅院内创办贯一初等小学堂。经费由永宁观捐田30亩、广因寺捐田45亩及古市区内其他寺田，共合租谷131担，折洋300元。有校舍18间，教职员5人，学生34人。首任校长叶祥麟。第一届学生7人于光绪三十四年毕业。宣统元年（1909），续捐田亩，添办高等班，实行“四三学制”，更名为贯一高等小学堂。

民国9年（1920），教育部颁发奖状予以表彰。民国11年，总统徐世昌题赠“敬教劝学”匾额，以资鼓励。全面抗战时期，校友温麟（任教育部秘书）回乡探亲，携回教育部长陈立夫亲书“一贯之道”横匾，以示表彰。1951年，贯一小学并入公立古市完全小学，时有6个班级，18名教职工。

贯一小学办学45年，培育子弟，成才甚多。在民国时期成名的毕业生有钟松（中将军长）、刘耀（国大代表）、温麟（制宪国民大会代表、大学教授）、李秀（少将参谋长）、钟龄（留法博士、大学教授）、钟霆（“台湾三军总医院”少将副院长）、廖斐（国民党内政部简任秘书）、王和（上校参谋长）、周麟（上校处长）、叶楚（财政部国有财产局一级秘书）等。历任校长有叶祥麟、叶鲁卿、刘福、詹雅、詹封、蔡玉良、叶书、李伦等。

第三节　民办初中教育

全面抗战爆发后，从沦陷区到松阳的青少年骤增。民国28年（1939），松阳县抗敌动员委员会社会服务处为招收沦陷区的失学青少年，筹办私立国强战时初中学生补习学校，招收学生4个班。民国33年，在叶梦麟、叶芳等人倡导和筹措下，私立俭公中学在古市卯山广福观创立。民国35年，私立国强战时初中学生补习学校改名私立国强初级中学。

中华人民共和国成立初，私立中学在经费上遇到困难，为把学校坚持办下去，松阳县2所私立中学均开展勤工俭学，以艰苦奋斗的精神坚持办学。1950年下半年，省教育厅给私立中学发放补助经费，配给一批图书仪器。1952年10月，私立俭公中学改为公立，定校名为松阳县第二初级中学。1956年，私立国强中学改为公立，更名为松阳县第三初级中学。

1960年，民办靖居初中、民办石仓初中创办。1961年5月，经地区批准，靖居初中、石仓初中由民办转为公办。

“文化大革命”开始后，初中3年未招生，高中5年未招生。1969年10月，原有中学开始恢复并开课。此后的10余年间，采取小学附设初中班、初中附设高中班，方便学生入学。同时提高入学率。许多公社中心完小、大队完小相继办起附设初中班。大队完小的初中班属于公助民办。中学一哄而起，教师紧缺，大量招收民办教师补充。1978年统计，当时有大队完小附设初中班37所之多。1977年，达到顶峰，全县有小学附设初中61处。

中共十一届三中全会之后，贯彻“调整、改革、整顿、提高”的方针，根据“控制压缩普通高中，整顿提高初中，充实加强小学”的原则，对全县中学的规模和布局进行调整。1981年，松阳境内初中23所，178个班级，学生8493人，小学附设初中班17处，32个班级，学生1413人。1982年，小学附设初中13处，32个班级，学生970人。1983年，小学附设初中班从13处调整为8处。1985年，小学毕业生人数多，新增民办初中班5个，私人办初中1所（水南乡民进初级中学），扩招学生共323人，使小学毕业生升学率提高。至1991年，有小学附设初中2处，民办初中教育基本结束。

2002年，松阳吸取外地办学经验，积极探索多元化办学体制，依托“名校”办“民校”机制。是年5月8日，县政府批复县教育局同意松阳三中设立松阳县凌霄外国语实验中学，学校性质为民办股份制，办学规模为各年级4个班，班额为40人，实行小班化教学。于2002年秋季开始初始年级招生。由于与上级民办教育的文件精神有些不符，于2010年秋停办，原有班级由松阳三中集团学校列入义务教育统一管理。

第六章　素质教育

自唐武德四年（621）松阳县创办官学以后直到民国初年，学校素质教育无不遵从儒家思想。1919年“五四”运动后，根据《浙江省中等学校训育暂行标准》，确定训育目标为德性训练、智能训练、美感陶冶等8个方面。抗日战争全面爆发后，学校突出抗日救国思想教育。

中华人民共和国成立后，特别是改革开放以后，教育事业的改革与发展取得令人瞩目的巨大成就。面对新的形势，由于主观和客观等方面的原因，教育观念、教育体制、教育结构、人才培养模式、教育内容和教育方法相对滞后，影响青少年的全面发展，不能适应提高国民素质的需要。

1999年6月13日，中共中央国务院作出《关于深化教育改革 全面推进素质教育的决定》，提出全面推进素质教育，培养适应21世纪现代化建设需要的社会主义新人：深化教育改革，为实施素质教育创造条件；优化结构，建设全面推进素质教育的高质量的教师队伍；加强领导，全党、全社会共同努力，开创素质教育的新局面。因此，全县中小学由“应试教育”转向全面提高学生素质，着力推进素质教育。2009年，松阳县被列为“浙江省第三批中小学生课外文体活动工程试点区”。

第一节　德育教育

清末，松阳所创建的小学堂，遵照学部提出“忠君、尊孔、尚公、尚武、尚贤”的教育宗旨，开设修身、读经课。

民国初，继续推行孔孟之道，但教师中有部分从日本等归国的留学生，他们在教学中掺入科学救国方面的内容。1919年五四运动爆发后，省立第十一中学（址丽水）松阳籍回乡同学与毓秀小学教师联合社会各界，成立“爱国会”，抵制日货。师生在西屏镇南门埠头焚毁禁运的日货，到各商店登记日货，限期处理。

民国16年（1927），国民党政府提出“党化”教育，确立三民主义为宗旨。全县中小学规定以“忠孝仁爱，信义和平，礼义廉耻”为训育总纲，普遍设党义课。民国21年，学校复设公民课，实施公民训练。同时，把童军课列为必修课，开展童子军训练。此后，根据《浙江省中等学校训育暂行标准》，确定训育目标为德性训练、智能训练、美感陶冶等8个方面。

抗日战争全面爆发后，学校突出抗日救国思想教育。全县师生组织童子军战时服务团，投入到轰轰烈烈的抗日救亡运动中。抗战胜利后，进步师生掀起“反饥饿”“反内战”“反迫害”的斗争。

中华人民共和国成立后，思想政治教育坚持以马列主义、毛泽东思想为指导，紧紧围绕中共中央的中心任务，对学生进行爱国主义和国际主义的教育，不断提高社会主义觉悟。

1950年，学校配合土地改革和抗美援朝运动，组织宣传队深入农村，排演话剧、出壁报、画漫画等进行宣传。是年，有30多位在校初中生投笔从戎，参加抗美援朝志愿军。1952年，各校加强对学生进行“五爱”教育（爱祖国、爱人民、爱劳动、爱科学、爱护公共财物）。各中小学结合团队活动、主题班会，培养学生“五爱”情操。

1954年，政务院《关于改进和发展中学教育的提示》，规定中学政治思想教育的任务、途径和方法，明确提出思想政治教育的任务是树立社会主义的政治方向。次年，教育部公布《中学生守则》和《小学生守则》。1956年，学校掀起学习、宣传社会主义过渡时期总路线的高潮。城镇学校的宣传队利用集市日上街宣传，乡村学校配合当地乡政府逐家逐户宣讲。

1958年，各校停课投入“大办钢铁”，参加洗砂、烧炭、炼铁炼钢的劳动。1960～1962年，国家遭受自然灾害处于困难时期，学校开展自力更生、艰苦奋斗的教育。中共八届十中全会后，学校思想政治教育以阶级斗争为纲，把学生的一些思想认识问题提高到阶级斗争的层面上来认识，学校还请老工人、老贫农作忆苦思甜的报告，以示不忘阶级苦。

1963年，毛泽东提出“向雷锋同志学习”，全县中小学开展“学雷锋，创三好”活动。1965年，学校以毛泽东提出的“身体好、学习好、工作好”和“好好学习，天天向上”作为教育学生的准则，并广泛开展学习英雄模范人物的事迹。

1978年，学校开始对学生进行革命理想和共产主义品德教育。1979年，学校根据全国中小学思想政治工作座谈会精神，对学生进行四项基本原则教育。1980年，根据邓小平题词，教育学生做“四有”新人。1981年，教育部颁布《中学生守则》《小学生守则》。各校在贯彻执行的同时，把文明礼貌列为教育的重要内容，开展“五讲四美三热爱”活动。1983年，加强国旗、国歌、祖国版图教育，建立升国旗制度。

图31-34 升旗仪式（裕溪小学提供 2009年）

1986年，县教育局和县团委联合召开少代会，建立少年儿童工作委员会，组织少先队员开展“人人争戴小红花”“绿化祖国、美化校园”等活动。1988年，国家教委颁发《中学德育大纲》《小学德育纲要》。是年，全日制普通中学纠正片面追求升学率的倾向，各小学努力减轻小学生课业负担过重的现象，以保证中小学生在德、智、体、美、劳诸方面得到全面发展。1989年，学校贯彻中共中央《关于加强和完善中小学德育工作的通知》，加强对学生思想情操、品德风貌、行为规范、法制观念方面的教育。同时，要求学生自觉地坚持四项基本原则，组织学习《人民日报》发表的《必须旗帜鲜明地反对动乱》《维护大局、维护安定》等社论，观看《血与火》的录像。是年，中共松阳县委派德育工作组到松阳一中蹲点，总结出“自爱、自尊、自强”的教育经验，向各中学推广。1989年后，各中学继续开展“五讲四美三热爱”和“创文明班级”活动。参照《浙江省高级中学学生思想政治品德考核暂行办法》（试行），制订具体考核内容和标准，经常对学生的思想政治品德进行考核。各小学继续开展“学雷锋，学赖宁”活动，重视国情教育，使少年儿童从小树立做共产主义事业接班人的远大理想。

图 31-35 入团宣誓（古市中学提供 2005 年）

1992 年，县教委贯彻国务院《中国儿童发展规划纲要》，落实德育在学校工作中的首要地位，建立中小学校长负责德育工作的体制。1994 年，各中小学普遍开展校园精神文明建设系列活动。1995 年，国家教委正式颁发《中学德育大纲》。县政府发文公布西屏山革命烈士陵园等首批松阳县爱国主义教育基地。1996 年，松阳县教委建立“三五”普法教育依法治理领导小组，全县中小学教职工开展以“四法一条例”为主要内容的法律知识学习。1999 年，松阳一中被评为省级首批文明学校。省教委授予松阳县实验小学浙江省文明学校称号。

2002 年，各校开展创建“安全文明校园”和“绿色学校”活动。2003 年，在抗击“非典”时期，开展“五勤十不”教育活动。2004 年，各中小学建立心理健康辅导室，专兼职心理健康辅导教师实行持证上岗制度。2005 年，实施《浙江省公民道德规范》，开展校园文明礼仪宣传教育实践活动。同年，在全县中小学教职工和学生中，开展以“崇尚科学、关爱家庭、珍惜生命、反对邪教”为主题的反邪教警示教育活动。2006 年，制定《松阳县中小学“德育导师制”实施意见》。2008 年，全县启动“为了明天——预防青少年违法犯罪工程”，宣传普及《未成年人保护法》《预防未成年人犯罪法》。2010 年，县委宣传部、县教育局、县妇联、县新华书店联合举办全县中小学生“读好书、做好人”读书系列活动。

第二节 体育教育

光绪三十一年（1905），松阳官立两等小学堂、公立古市初等小学堂把体操列入课程，但对学生的体育锻炼限制甚多，直至宣统元年（1909），浙江提学司还通饬各府，“每周已有体操课钟点，远足过劳，殊与卫生有害”。

民国初，学校开始重视体育，小学设体操课。民国 7 年（1918），县立毓秀高等小学校召开运动会，为松阳县首次召开运动会。不久后，召开全县首次小学联合运动会、古市区国民学校联合运动会等。

民国 12 年（1923），学校改体操课为体育课，每周 2 课时。次年，根据省教育厅“学生每日须有一小时以上之课余活动”的规定，城镇及各学区中心小学校均开展课外体育活动。民国 15 年，县立初级中学把体育课列入必修课，但尚无完整的体育教学计划。受限于教学条件，体育课教学内容简单。课外活动亦无统一要求，学生自由活动。当时体育课确定为 12 学分，民国 18 年改为 9 学分。

民国 20 年（1931），全县小学举行运动会。县立初中开设童子军课程后（小学稍迟），体育教师兼任童子军教练，体育课常与童子军训练相结合，开展各项活动。当时体育课仍无统一要求，仅以篮球、游戏为主，很少对学生讲授体育基本知识和进行基本技能、技巧的训练。民国 27 年，古市区在湘湖师范的支持下召开民众体育运动大会，各民校师生均参加比赛。项目有军操、跳远、50 米和 200 米赛跑、接力赛跑等 14 项。民国 29 年，各校施行部颁中小学体育实施方案，开展适合青少年身体的课外体育活动。民国 30 年秋，县举行秋季运动会，分学生及民众 2 组。民国 32 年，在新建的猪行草塔体育场召开县第二届体育运动大会，各中学和各区小学均组队参加。民国 33 年，县立初级中学建成田径场、篮球场、排球场，添置体育器材，成立田径队、篮球队和排球队，每天早晨和课余各训练 1 小时，并利用课外活动时间组织越野赛跑，开展级际比赛。

民国 37 年（1948），施行部颁《小学课程第二次修订标准》，低年级设唱游课，每周授课时间 180 分钟，课外活动 120 分钟；三至六年级设体育课，每周授课时间 120～150 分钟，课外活动 180 分钟。3 所初级中学各年级体育课均为每周 2 课时。

中华人民共和国成立后，学校体育工作得到重视和加强。根据教育部先后颁发的《中学暂行教学计划（草案）》《中小学暂行规程（草案）》，中小学均把体育课列为必修课，每周 2 课时。1951 年 8 月，政务院《关于改善各级学校学生健康状况的决定》颁布后，中学和城镇小学除加强体育课教学外，还开展晨操、课间活动和组织学生普遍参加课外体育运动。年末，各校开始推广第一套广播操。

1953 年 6 月，城区 3 所初中举行联合运动会。10 月，县政府举行全县第一届人民体育运动会，各学校派代表队参加。1954 年，确认体育是德智体美全面教育的重要组成部分，各校指定专人负责。秋，全县 7 所小学、3 所中学计 238 名运动员参加县第二届人民体育运动大会。次年，全县 3 所中学开始试行《劳动卫国体育制度》。

1956 年 5 月，县体育运动委员会成立。城镇小学和各区中心小学均配备专职体育教师，其他学校也尽量安排教师兼任体育课。体育课试行《中小学体育教学大纲》。是年，3 所中学掀起“劳卫制”锻炼热潮。松阳一中经过测验，有 47 人分别达到少年一级、二级标准，占全校学生总数的 7%。

图 31-36　国强中学获男女篮球冠军合影（叶祖青 摄于 1953 年）

1960 年 6 月，县水上运动会在县一中旁水库举行，选拔运动员参加金华地区水上运动会。1962 年，县体育中心教研组成立，制订《体育教学考核标准》和《体育教学基础知识、技能教材的分布》。次年，各校全面开展“两课、两操、两活动”（每周 2 节体育课；每天做广播操和眼保健操；开展晨间活动和课外活动）。

“文化大革命”期间，曾一度把体育课改为军体课，使用省编《军事体育》教材，以队列训练为主要内容，有的学校曾开展拉练等军事野营活动；有的学校把体育课变成劳动课。

1978 年，贯彻教育部、卫生部、国家体委《关于加强学校体育、卫生工作的通知》，各公社以上学校均有领导分管体育，配备专（兼）职体育教师。1982 年，施行《国家体育锻炼标准》，乡以上中小学全面开展体育“达标”活动。1983 年 9 月，普查全县学校体育场地。全县中小学有 200 米小田径场 7 处（中学 5 处、小学 2 处），篮球场 41 个，排球场 7 个。1984 年，建立县少体校。1985 年 4、 5 月间，县教体局等 4 单位联合举办“体育活动月”活动。

图 31-37　课间活动（古市镇中心小学提供）

1987 年，贯彻国家教委《全日制中小学体育教学大纲》，各校按“大纲”规定的教学内容、教学时数分配表进行教学。5 月，丽水地区中小学田径运动会在松阳新建的 400 米标准田径场举行。1989 年，全县中小学推行第五套少年广播韵律操和第七套儿童广播体操。次年，按省教委要求，全县中学自 3 月 1 日起实施《中学生体育合格标准》。

1991 年，全县有体育教师 72 人，10 名教师被授予首届松阳县十佳优秀体育工作者称号。全县中小学生达标率为 92.8%。是年，被省教委、省体委评为开展《国家体育锻炼标准》先进县。自 1982 年以来，全县初高中毕业生被体育大专院校及中专录取人数计大学本科 10 人、专科 19 人、中师体育特招 7 人。1992 年 5 月，丽水地区中小学生田径运动会在松阳举行，松阳代表团获团体总分第三名。6 月，松阳三中被地区教委、地区体育运动委员会命名为丽水地区体育传统学校（田径）。8 月，开始实施国家教委颁发的《小学生体育合格标准实施办法》。1993 年开始执行省编义务教育教学计划，小学一至五年级每周开设体育课 2 课时、初中 3 课时。

图 31-38　丽水地区中小学生运动会在松阳举行（县档案馆提供 1992 年）

1994 年 5 月，在丽水地区学生田径运动会上，松阳县代表队获甲乙丙三组团体总分第二名，取得恢复县制后的最好成绩。其中，松阳一中叶世燕夺得女子甲组 100 米（12＂1）、200 米（25＂3）2 项冠军，被选入北京市体工大队，并在北京市田径比赛中夺得 100 米金牌。6 月，松阳一中吴国强参加省运会，以 51.70 米的成绩夺得男子甲组标枪第一名，8 月代表省队参加全国田径锦标赛。是年，全县中小学《国家体育锻炼标准》实施面 100%，达标率为 97.7%，被评为省体育达标先进县，松阳一中被评为省群众体育先进单位。1995 年 5 月，《中华人民共和国体育法》正式颁布。体育被列为学生学业成绩考核科目。11 月，实施县体委制定的《松阳县贯彻〈全民健身计划纲要〉的实施意见》。1996 年 4 月，普查学校体育场地。全县中小学有篮球场 30 个，有小运动场 7 个，占地面积 58309 平方米，场地面积 47890 平方米，建筑面积 819 平方米。截至是年，松阳县中小学体育达标工作连续 7 年被评为省先进县。1999 年 4 月，确定松阳三中为田径、跆拳道训练基地，古市小学为田径训练基地。5 月，开展“99 全民健身体育节”系列活动。

2002年《国家体育锻炼标准》停止施行，转而试行《学生体质健康标准》。2004年11月，县政府办公室成立教体结合领导小组。县教育局、体育局在全面总结推广全运会冠军王浩的成长历程后，决定建立教体结合机制，加强后备人才培养。2005年，县教育局、体育局重新认定体育基地学校：古市小学、县实验小学为田径、乒乓球训练基地；县民族中学为田径、篮球训练基地；松阳三中为田径、篮球、跆拳道训练基地。重新聘任19名基地教练。

2006年11月，县民族中学畲族运动员组队代表丽水市参加省第三届少数民族传统运动会的陀螺比赛，取得女子团体第三名、男子团体第四名的好成绩。2007年，实施《国家学生体质健康标准》。学生体质健康标准成绩每学年评定一次，按评定等级记入《国家学生体质健康标准登记卡》。2008年2月，县实验小学集团学校被省教育厅、体育局命名为首批省体育特色学校和阳光体育后备人才基地，特色项目为跆拳道、乒乓球和田径。古市中学建立皮划艇训练基地。年末，引进原浙江省皮艇队队员任专职教练。次年7月，古市中学皮艇队首次参加省青少年皮艇锦标赛，夺得1个第四、3个第五、3个第七、2个第八的成绩。

2010年1月，市教育局组织督查组对实施《国家学生体质健康标准》工作进行专项督查，并对重点中学进行抽查。松阳一中被抽查2036人中，优秀人数占7.32%（仅次于青田中学）、良好人数占64.83%、及格人数占22.89%、不及格人数占4.96%。望松乡中心小学662人参加测试，全部合格。

（此节与第三十二编“体育”第二章“大众体育”第二节“学校体育”互为补充）

第三节 艺术教育

音乐教育

清光绪二十九年（1903），清政府规定，学校的音乐教材有《学校唱歌集》或《新学制唱歌教科书》。光绪三十三年，学部颁发《奏定女子小学堂章程》，规定女子初、高等小学堂音乐均为随意课。清末，学堂的音乐教学内容很单一，基本上是教唱一些欧美、日本等国的小曲作填词配唱的歌曲，统称学堂乐歌。“五四”运动后，始有创作活动，出现多种多样的学堂乐歌，教学内容相对丰富，仍是以唱歌为主。

民国元年（1912），初等小学校设唱歌科，中学设乐歌科，禁用清学部颁发的教科书，改用教育部审定课本。各中学大都选用中华书局、开明书局、商务印书馆出版的课本为教材。民国7年，省教育厅通令各小学一律使用教育部统一编写的共和国教科书。

民国12年（1923），教育部颁发《课程设置纲要》，把乐歌课更名为音乐课，规定小学六年、初中三年均设音乐课。实行新学制后，音乐为初级中学必修课，每周授课2小时，授满一学期为1学分（民国21年，初级中学取消学分制）。民国18年，乐歌使用《新学制唱歌教科书》。小学低年级音乐课每周120分钟（4课时），中、高年级每周音乐课90分钟（3课时）；初中音乐课每周2课时。民国25年，教育部制定《修正小学课程标准》，小学低年级音乐、体育合并为唱游课。全面抗战时期，许多学校增补许多抗日救国内容的音乐教材。

中华人民共和国成立后，初级小学一二年级合并音乐、体育为唱游。1951年，省政府制定《浙江省各级学校改行新学制的实施方案》，中学设置音乐、美术课。各学校陆续采用人民教育出版社新编和修订的十二年中小学教科书。1955年，教育部颁发《小学（四二制）教学计划（草案）》，规定1～3年级唱歌课每周2课时，4～6年级每周1课时。

1959年，执行《浙江省全日制普通中小学暂行教学计划》，规定：初中音乐一二年级每周1课时，初三、高中不开音乐课，高中开设艺术课，每周1课时。1963年，中小学执行教育部颁发的《全日制中小学新教学计划（草案）》，小学中低年级音乐课每周2课时，高年级每周1课时；初中一二年级音乐课每周1课时，初三年级和高中不设音乐课。1966年“文化大革命”开始，学校停课。1967年后，学校陆续复课。音乐课停开，改设革命文艺课，教唱毛主席语录歌，排演革命样板戏等。

1973年，省革命委员会政工组教育局下发《浙江省中小学教学计划（试行草案）》，把革命文艺课改为音乐课，各中小学按规定开设音乐课，统一使用省编试用教材。1974年4月，教育部颁发《全日制十年制中小学音乐教学大纲（试行草案）》，各中小学按大纲要求，组织教学。

1978年，执行教育部颁发的《全日制中小学教学计划（试行草案）》，初中一年级音乐课每周1课时，初二、初三及高中不开音乐课。1979年4月，教育部公布《全日制十年制学校中小学音乐教学大纲（试行草案）》，中小学教学内容拓展为唱歌、欣赏、乐理知识等。

1985年，全县各中小学统一使用部编音乐教材。1989年，根据国家教委颁发的《九年义务教育中小学音乐教学大纲（初审稿）》，把唱歌课列为小学低段必修的音乐教学内容。小学各年级音乐每周2课时，初中各年级音乐每周1课时，高一、高二年级每学年共开34课时音乐鉴赏课。20世纪50～80年代，中小学音乐课教学内容主要为唱歌。

图 31-39　赤寿小学音乐课（赤寿小学提供 2010年）

1990～1992年，音乐课堂教学主要探索音乐教学规律，研讨农村学校如何落实音乐教学计划、提高课堂教学质量的问题。这期间，各中小学音乐课堂从单一的教唱发展为包括唱歌、音乐理论知识和音乐欣赏等内容的综合教学。1993年，继续实施《全国学校艺术教育总体规划（1989—2000年）》，正式实行《浙江省义务教育全日制学校教学计划》，小学一至五年级音乐每周2课时，兴趣活动每周2课时；初中音乐各年级每周1课时。

1995年，实行每周40小时工作制，小学音乐课一年级调整为每周3课时，二至五年级仍为2课时。1997年5月，县教委举行以“迎香港回归”为主题的全县中小学文艺会演。次年10月，在丽水地区中小学艺术节文化调演中，县实验小学舞蹈《月亮船》和松阳三中独唱《长城谣》获奖。

2004年，全县各校执行《浙江省实验区义务教育阶段课程计划》，小学音乐课一至六年级每周1课时，初中每周1课时，高中每周开设艺术教育课1课时。2005年12月，县教育局举办全县中小学艺术节。

2008年10月，在丽水市首届中小学生舞蹈展演中，古市镇中心学校的《京韵花翎》获舞台集体舞一等奖，县实验小学集团学校的《中华一家亲》获二等奖。2010年，松阳三中“小蜗牛合唱团”获丽水市中小学合唱节现场比赛一等奖；全县有16人次在省市音乐类比赛中获奖。

图31-40 教育系统庆元旦师生文艺演出（叶光铭 摄于2005年）

美术教育

清光绪二十九年（1903），清政府规定，图画、手工为初等小学堂的随意课，高等小学堂图画为必修课，手工为随意课。中学堂设图画课。光绪三十三年，学部颁发《奏定女子小学堂章程》，规定女子初等小学堂图画为随意课，女子高等小学堂设图画课。

民国元年（1912），初等、高等小学校均设图画科，中学设图画科。禁用清学部颁发的教科书，改用教育部审定课本。各中学大多选用中华书局、开明书局、商务印书馆出版的课本为教材。民国12年，执行全国教育会联合会公布的《中小学课程标准纲要》，改手工、图画为工用艺术、形象艺术，为小学的必修课。采用学分制和选科制，图画每周授课2小时，授完一个学期为1学分（图画、音乐、手工共计12分。民国21年，初级中学取消学分制）。民国16年，形象艺术课使用《新学制初中图画教科书》（刘海粟编）。民国18年，小学改工用艺术为工作科、形象艺术为美术科。

民国18年（1929）松阳县中小学开设美术课程情况表

表31-6-3-1　　单位：课时／周

小学	美术	初中	图画
低段一、二年级	2	一年级	2
中段三、四年级	3	二年级	2
高段五、六年级	3	三年级	2

民国25年（1936），教育部制定《修正小学课程标准》，小学低年级美术、劳作合并为工作科。初中设音乐、图画、劳作（女生为家事）科。民国31年，《浙江省小学教学科目及每周教学实践总表》颁布，松阳县小学开设图画课，每周60分钟（2课时）。全面抗战时期，许多学校增补许多抗日救国的美术教材。

1951年，省政府制定《浙江省各级学校改行新学制的实施方案》，中学设美术课。各学校陆续采用人民教育出版社新编和修订的十二年制中小学教科书。1952年3月，教育部颁发的《小学暂行规程（草案）》规定，初级高级小学均设美工课。《中学暂行规程（草案）》规定，中学设音乐、美术科。1955年，教育部颁发《小学（四二制）教学计划（草案）》规定，小学一年级至六年级图画课每周1课时。

1959年，执行《浙江省全日制普通中学暂行教学计划》。初中一、二年级图画课每周1课时；初中三年级和高中不设图画课。1966年“文化大革命”开始，学校停课闹革命。1967年，小学陆续复课，1969年，初中复课，图画课停开。

1973年，按省革委会政工组教育局下发《浙江省中小学教学计划（试行草案）》规定，各中小学重新开设图画课。1978年，执行教育部颁发的《全日制十年制中小学教学计划（试行草案）》，初一年级美术课每周1课时，初二、初三及高中不开美术课。1984年始，全县各中小学使用丽水地区教研室编写的美术乡土教材。1989年，全县小学美术每周安排2课时。

1992年，国家教委颁布经修改的《义务教育全日制小学、初级中学美术教学大纲》。大纲规定中小学美术教育教学内容包括欣赏、绘画、工艺等课业。小学各课业的大体比例：绘画占45～50%，工艺占40～45%，欣赏占10%。初中各课业的大体比例：绘画约占40～45%，工艺约占35～40%，欣赏占15%。小学和初中的绘画和工艺课的比例都有5%的弹性，体现大纲的灵活性。另外，小学和初中的大纲都规定有10～20%的课时作为补充乡土教材，以反映当时社会与经济发展的实际。全区各中小学贯彻执行教学大纲的规定。12月，县教委举办松阳县教师肖像画展。

1993年，执行《浙江省义务教育试行教学计划》，美术课每周开设为小学一至三年级2课时，四至五年级1课时，初一年级1课时。1994年，松阳一中学生一学生的书法作品在“黄河杯”中国书画大赛中获铜奖。

1999年3月，松阳一小学生的行书在日本奈良举行的《中日青少年西湖杯书法交流展》上获奖。松阳一中有9名学生在全国金秋绘画大赛上获奖，作品被刊印在“小画家纪念台历”上。

2002年10月，县教育局在江滨公园举办以“喜迎党的十六大”为主题的美术书画作品展。全县有33所学校、千余名学生的1500多幅作品参展，作品类别有中国画、版画等10余种。2003年2月，县教研室、文化馆联合举办“新世纪第三届大学生美展”，有25名在校大学生的150件作品参展。“大学生春节美展”在松阳已多次举办，成为春节期间县城一项颇有影响的文化活动。

2008年2月，举办“松阳县第八届美术院校松阳学子作品展”，50余名美院在校大学生的66件作品参展。

第四节　卫生教育

民国7年（1918）入秋后，松阳瘟疫流行，师生染病，部分学校“临时闭校，以避传染”。次年，县劝学所派员周历各校，检查卫生状况。民国11年，小学开设卫生课。民国16年，卫生列入县初级中学必修科（后改为生理卫生）。民国17年，规定卫生课为小学教授科目之一。民国19年，在县体育场举行卫生运动会。民国27年，贯彻省教育厅《学校卫生实施方案》，松阳县府制订《小学整洁办法》，要求各校务须做到清洁整齐，适合新生活标准，为社会倡导。次年，与浙江第十七辅助医院合作，对中小学生种痘，注射霍乱、伤寒疫苗。民国30年，执行部颁《小学课程标准总纲》，各小学在低中年级常识科、高年级自然科中对学生传授卫生知识。

全面抗战期间，各校建立环境卫生检查、个人卫生检查制度，对学生进行不定期的体格检查。民国 32 年（1943），县教育科要求推行卫生教育。县立初级中学对全校 319 名学生进行体检，有 302 人次患有各种疾病。民国 38 年，县府统一为全县各中心国民学校配发简易药箱 1 只，各校自备常用药，以方便学生及时用药。

中华人民共和国建立初期，各校贯彻毛泽东提出的“健康第一”的方针。施行政务院颁发的《关于改善各级学校健康状况的决定》。县立初级中学设立医务室，聘请兼职校医 1 名。此后，私立国强、俭公中学也相继建立医务室。1951 年，全县开展夏令卫生运动，组织中小学生利用暑假下乡开展宣传活动。1952 年，各校结合“反细菌战”，开展“除四害”活动。1953 年，各校投入全县“爱国卫生宣传月”活动。

1954 年秋，初中一年级开始设卫生常识课。次年，实施松阳县《学校卫生实施方案》。1957 年 4 月，流行性感冒在全县大范围流行，松阳中学被迫停课 5 天。1958 年后，中学取消卫生课，至 1973 年恢复开设生理卫生课。1960 年 5 月，根据中央《保证学生教师身体健康和劳逸结合问题的指示》，纠正学校中突击任务多等“三多”问题。1962 年，加强对学生保护视力的教育。1965 年 7 月，执行省教育厅等《关于加强学生视力保护工作的联合通知》。“文化大革命”开始，学校正常的卫生制度和管理办法被取消，学校出现“脏、乱、差”现象。

1978 年秋，按照部颁《生理卫生教学大纲》要求，初中一二年级开设生理卫生课。1981 年 4 月，对古市区校学生生长发育情况进行调查。该校 1980 年度 11 周岁的 200 名学生，平均身高比 1977 年度的同龄人高 5 厘米，全校无一例传染病，出勤率在 99%以上。1984 年，各校开始建立学生健康卡，并列入学生学籍档案。1989 年，全县中小学实行师生平安保险，投保率 96%。1990 年 6 月，贯彻国家教委、卫生部制订的《学校卫生工作条例》。

1991 年，全县学校计有校医务室 4 个，有医师 3 人、护师 1 人、医士 1 人。无校医务室的乡以上中小学均配有兼职保健教师，负责学生保健工作。对松阳一中、县实验小学学生体检统计情况表明：学生的生长发育状况良好，各种病例明显下降，但由于课业负担过重，学生视力减退的比例呈逐年上升趋势，且随年级的升高而升高；应届高中初中毕业生因视力、身高、体重等影响，限考人数占考生总人数的百分比较高。松阳一中 1991 年录取的高初中新生近视率 58.5%。1992 年，松阳县被确定为全国常见肠道蠕虫传染综合防治监测县，综合防治时间为 1992 年 9 月至 2000 年 12 月，分两阶段实施:第一阶段（1992 年 9 月至 1995 年末），蛔虫感染率降至 35%以下；第二阶段（1996 年 1 月至 2000 年末），蛔虫感染率降至 15%以下。

1993 年，贯彻国家教委制定的《中小学卫生室器械与设备配登目录》（简称《目录》）。对照《目录》标准，全县仅县属学校和西屏、古市 2 个镇中心学校设有卫生室，配有校医，但校医数量、卫生室器械、设备配置与标准相差甚远。1994 年 3 月 29 日，西屏幼儿园 205 名在园幼儿因食用氧化镁污染食品引起食物中毒，经卫生防疫人员全力抢救，中毒幼儿全部脱险。

1997 年 3 月，斋坛乡中心学校学前班 3 名学生食品中毒，经县人民医院全力抢救，2 名学生脱险，1 名学生抢救无效死亡。案发后，经丽水地区防疫部门鉴定，属食物中毒事故。县公安局“3·24”专案组的结论为“是一起误食受毒物污染的食物引起的意外中毒事件”。

2002 年 9 月，普通中学、中等职业学校把艾滋病、性病预防知识纳入学校教学计划，初中开课 6 课时、高中开课 4 课时。2003 年 4 月，开展学校（幼儿园）预防和控制非典型肺炎工作。2004 年 2 月，各校认真落实早预防等“五早”措施，做好“非典”防控工作。2005 年 10 月，县教育局贯彻市卫生局、教育局、食品安全委员会《关于切实加强学校生活饮用水卫生监督管理的通知》，确保师生饮用水安全。

图 31-41　卫生健康知识教育（古市镇中心小学提供）

2006 年 5 月，根据《学校卫生工作条例》，全县中小学把健康教育工作列入学校工作计划，由 1 名副校长分管此项工作。开展县城区幼儿园食堂卫生许可专项整治工作。2007 年 5 月，县教育局制定《松阳县中小学（幼儿园）食堂管理工作意见》，各校（园）加强食堂食品卫生安全管理。2008 年 5 月，各校按照县教育局要求于 13 日前完成麻疹接种证查验工作和疫苗补种工作。

2009 年 5 月，县教育局贯彻《关于做好甲型 HIN1 流感防控工作的通知》和《浙江省学校和托幼机构晨捡指南》。2010 年 9 月，各校按照《学校和托幼机构传染病疫情报告工作规范》，做好急性出血性结膜炎（俗称红眼病）防控工作。

第五节　劳动技术教育

清光绪三十年（1904）1 月，清政府颁布《奏定学堂章程》，规定小学堂、初等师范学堂均设手工课。据此，辖区内初等小学堂设手工课，高等小学堂设农业课。

民国元年（1912），教育部《普通教育暂行课程标准》把手工列入小学学习科目，每周 1 节。民国 11 年，改手工为工用艺术，同时添设园艺。民国 18 年，改工用艺术为工作，每周授课时间低、中、高年级分别为 150、180、210 分钟，比算术多 30 分钟，仅次于国语，占周授课总时间的比例超过 13%。民国 22 年，改工作为劳作，授课时间减少，每周授课时间占比例，低、中、高年级分别低于 8%、9%、6%。民国 2 年，教育部颁布“壬子癸丑学制”，中学取消“忠君”“尊孔”课程，增加自然科学课程和生产技能的训练。民国 15 年，松阳县立初级中学依据教育部颁布的《中学课程纲要》，开设艺术科，其中包括手工课。民国 21 年，手工改为劳作，学校一般都配备劳作教师。

中华人民共和国成立初期，强调教育为工农服务，为工农业生产建设服务，对中小学学生进行劳动光荣教育，组织学生参加公益劳动。小学高年级设劳作，中低年级合美术、劳作为美工。1952

年3月，教育部颁布全日制中小学《工作条例（试行草案）》，中学不再设劳作课，代之以组织学生参加课外生产劳动。小学把生产劳动列入课外活动内容。1955年9月，遵照教育部颁布的《小学教学计划》，小学1～6年级增设手工劳动课，每周1课时。1956年秋季起，初中、高中三年级增设工农业基础知识课，每周2课时。1957年秋，农村及城市郊区小学五、六年级增设农业常识课，每周1课时。

1954年，中共中央批转教育部党组《关于解决高小和初中毕业生学习与从事生产劳动问题的请示报告》下达后，松阳各中小学组织毕业生学习山东徐建春、山西韩梅梅的事迹，对学生加强劳动教育，组织高小、初中毕业生回乡参加农业生产。1956年始，各中学在物理、化学、生物、数学、制图、地理等学科教学中强调联系工农业生产实际。

1958年5月，遵照省教育厅《关于普通中学、小学、师范学校继续大力开展勤工俭学的意见》，辖区内中小学、师范学校把生产劳动纳入教学计划，把劳动时间列入课程表；把生产劳动表现和成绩作为思想品德、学业成绩鉴定的主要依据。根据学校条件和学生年龄、性别、体质的差别，组织学生参加不同的生产劳动。中学参加劳动时间有3种形式：一是半天上课，半天劳动；二是一周内几天上课，几天劳动；三是每学期一段时间学习，一段时间劳动。12月，为了纠正学生劳动次数过多、时间过长、学生体力负担过重的现象，省委下达《关于学校教育工作的几项规定》。规定小学四年级以上的学生每周参加生产劳动时间为4小时。此后，中小学学生参加生产劳动时间开始减少。后根据中共中央、国务院《关于教育工作的指示》，教育与生产劳动相结合，在一切学校中把生产劳动列为正式课程。境内中小学又把生产劳动列入正式课程，增加劳动时间。小学生从9岁起，每周劳动4课时。许多学校办小工厂、小农场，建立劳动基地。在“大办钢铁”“大办农业”运动中，中学停课，师生走出校门烧炭、洗铁砂，用小土高炉炼钢铁；到农村帮助农民抢收抢种。学生参加劳动过多，打乱学校正常教学秩序，降低教学质量。12月，中共中央批转教育部党组《关于教育问题的几个建议》，纠正学生参加生产劳动过多的偏向，规定学生每周劳动时间高中8小时、初中6小时。

1959年5月，国务院下达《关于全日制学校的教学、劳动和生活安排的规定》，对学生每周劳动时间和每天睡眠时间作出具体规定。境内各中学把劳动列入课程表，每周2课时。

20世纪60年代初，松阳各小学学习黄岩县下陈小学大搞科学试验，并组织学生摘小秋收和小捡拾活动。1963年3月，中共中央颁布《全日制小学暂行工作条例（草案）》和《全日制中学暂行工作条例（草案）》，提出安排劳动应该照顾学生的年龄、性别和身体条件等特点，不要组织学生参加过重的、夜班的、有危险性的或其他有损健康的体力劳动，不要组织劳动竞赛。遵此要求，松阳调整中小学劳动时间和劳动内容。小学以自我服务性劳动、家务劳动、家庭生产劳动、公益劳动为主，目的是培养学生从小养成劳动习惯，培养爱劳动、爱劳动人民、爱劳动成果的思想感情。中学组织学生到农村参加“双抢”义务劳动，规定一年劳动时间为1个月。《全日制中学暂行工作条例（草案）》明确中学生参加生产劳动的目的是养成劳动习惯，培养劳动观点，向工农群众学习，克服轻视体力劳动和体力劳动者的观点，同时学习一定的生产知识和技能。据此，各中学规定学生一学年的劳动时间为1个月，初中开设生产知识课，高中三年级开设农业科学技术知识选修课。小学一二三年级设手工劳动课；四五六年级设生产劳动课，城镇小学每周2课时，农村小学每周1课时，或分散或集中；六年级设生产常识课，每周2课时。1965年，省教育厅发文规定，中学生劳动时间由1个月增加到一个半月或50天。在实施过程中，除每周固定劳动2小时外，农村中学可通过放农忙假、暑假，组织学生回乡参加劳动。1966年，毛泽东“五七”指示发表后，中小学掀起学工、学农、学军高潮，设学工、学农、学军课。学生过多地参加支援农业劳动，普遍存在以劳动代替教学的现象。

1978年后，根据教育部规定，中学把劳动教育与技术教育结合起来，开设劳动技术教育课。小学搞小发明、小创造等创造性劳动。1981年4月，根据教育部颁发的《关于〈全日制六年制重点中学教学计划（试行）〉草案的说明》，中学阶段开设劳动技术课，进行劳动技术教育。是年，松阳中学开设劳动技术教育课，每学年初中2周、高中4周。小学四、五年级合手工、劳动、生产常识为生产劳动。1982年，教育部颁发《关于普通中学开设劳动技术课的试行意见》，各中学在劳动技术课教学中作了有益尝试。1983年，全县小学一年级合美术、劳动为手工与劳动，2～6年级设劳动课。1986年11月，地区教体局下达《关于加强普通中学劳动技术教育的意见》，大多学校开设劳动技术课。1989年，地区教研室加强劳动技术和职业技术教育的研究，配备中学劳动技术、职业技术和小学劳动教育教研员，开展劳技教研活动。

1990年6月18日，地区科技教育会上提出中小学教育要强化劳动教育，重视社会实践。此后，松阳农村小学组织学生搞小秋收，收油茶籽、橡子、中草药等；城镇小学组织学生拾废铜烂铁、废纸、橘皮等。1991年，地区教委要求学校发展种养业，1993年前解决劳动基地，村完小1亩以上，乡中心小学3亩以上，普通高中开设园地花卉、缝纫刺绣、美术装潢、标本采制、种植养殖、电工木工、计算机、制图、统计会计等20多个专业的劳动课。1992年，按高中会考要求，地区教委加强对劳动课的考核，学校劳动课教学开始走上正规化、制度化、多样化的轨道。1993年，初中统一使用省编劳技教材。县教研室都配备劳技课教研员。中小学执行省《九年制义务教育课程设置表》，小学各年级设生活与劳动，每周1课时。初中使用省编劳技教材。1995年5月，地区教委下达《切实加强全区中小学校“劳技”“生活与劳动”教学的通知》，促进中小学劳技课教学步入规范化、制度化轨道。

2000年秋，省教育厅制订的《浙江省义务教育试行教学计划》对“六三”学制的教学计划进行调整。小学五六年级生活与劳动课、初中三年级职业指导课不再开设，改为综合实践活动。普通高中在综合实践活动中包括劳动技术教育。2000年后，县教研室每年举行《生活与劳动》教育教学优秀课题、论文和案例评选活动。2004年，全县中小学均开设《劳动与技术》课。2009年12月，市教育局公布首批5所学校为学生劳动实践示范基地，松阳县靖居中心小学劳动实践基地名列其中。

第六节　特色教育

学校特色教育源远流长，曾称兴趣小组活动、第二课堂活动。

小学的第二课堂活动

清末，松阳县小学开设手工科，组织学生开展简易手工制作活动。民国初期，小学注重手工科，各校视具体情况开展课外兴趣活动。

民国16年（1927），县立古市完全小学开展课余康乐活动，举行游园会。民国19年初，全县分学区举办小学生成绩展览会（课外制作），各学区选送优秀作品参加处属各县小学生成绩展览会展出，诸多作品获得好评。民国24年，全县各小学普遍举办生产成绩比赛和国防展览会。民国26年，县教育科要求各小学为增进教学效能、激发儿童抗战意识和求智兴趣，举行各种教育活动。次年，接受陶行知“行是知之始，知是行之成”的生活教育学说，不仅课堂教学重视学生学习兴趣的培养，而且视学校情况在课外组织书画、歌咏、戏剧、工艺、动植物标本制作等兴趣小组，确定指导师，培养学生的兴趣和爱好。至民国29年，全县共开展10次活动。民国30年，小学每周星期六下午设周会课，一般是开展全校性的各种学科竞赛和文体活动。民国32年，各小学劳动课着重组织学生开展竹器、木器、藤器、文具等实用品之制作。

1952年，根据县文教科关于小学教学工作必须“课内外配合进行”的要求，各校普遍组织学生参加课外兴趣小组活动。1955年，小学实施基本生产技术教育，增设手工劳动课，开展花卉栽培、动物饲养、采集标本及书画、歌咏等课外学科小组活动，使学生掌握参加劳动生产的基本知识与技能，培养学生爱劳动、爱科学的优良品质。1958年后，贯彻“教育与生产劳动相结合”的方针，学习临安县经验，开展种植、饲养、工艺等少年儿童学科技活动。1963年，境内多数小学开展学科兴趣小组活动，课外活动（包括兴趣小组活动）每周2～4节，列入教学计划。“文化大革命”中，批判“智育第一”，课外学科小组活动停止，代之以“走出校门”的学工、学农活动。1978年后，课外学科兴趣小组逐步得以恢复。

1983年后，县文教局普教股（科）、教研室重视开展全县性的各种学科竞赛活动。次年，第二课堂活动在全县小学有目的、有组织、有计划地展开，各校普遍建立多层次、多形式、多项目的兴趣小组，做到“五定”（定项目、定对象、定时间、定地点、定指导师）。活动项目主要有书法、绘画、刺绣、编织、棋类、球类、田径、歌舞、鼓号、珠算、读书、通讯、办小报、电器修理等。1986年六一节，全县举行首届第二课堂作品展览，设9个展区，共展出小制作和书画等作品1037件，展期3天，参观者7283人次。此后，各小学组织学生开展“三小”（小发明、小制作、小论文）活动。各级学校均把第二课堂活动列为学校教育的重要课题。1989年，全县小学二至五年级课外兴趣小组活动每周安排2课时。

1983～1991年，开展县级学科竞赛活动26次，大多为语文（作文）、教学知识竞赛。1988年后，组织小学生参加省级以上竞赛，共48人次获奖。其中，获全国级一等奖5人次，省级一等奖1人。

中学的第二课堂活动

民国时期，全县中学都曾有课外兴趣小组的组织。课外兴趣小组，按学生各人自己的兴趣报名参加，分阅读、写作、绘画、刺绣、歌咏、丝竹等，由指导教师制定计划开展活动，但大多数兴趣小组与教材内容缺乏有机的联系。

20世纪50年代初，学校课外兴趣小组仍由学生自愿报名参加，一般都与学科相挂钩，在教师的指导下安排内容，开展活动。语文科，有“怎样学好语文”“文学作品欣赏”“写作讲座”，举行作文、书法、演讲等比赛；自然科有动物饲养、果树嫁接、采集标本和制作标本等；物理科有滑翔机制作和比赛以及其他各种试验；政治、历史科组织学生到农村去参加反霸斗争运动。50年代末，各中学都成立农业高产试验小组，建立“米丘林试验场”，进行多穗小麦培养、番薯与月光花、马铃薯的嫁接试验、水稻试验田种植；组织文艺演出队举行公演，深入农村宣传《农业发展纲要》，教社员识字唱歌。60年代初，兴趣小组由各科教研组组织，在教研组长统一安排下开展各项活动。政史组参观阶级斗争展览馆，请老贫农忆苦思甜、讲农村阶级斗争史；语文组举办革命故事会；数学组学习农业会计；物理组做电动机模型；化学组到农村向贫下中农学习如何使用化肥和农药。

“文化大革命”期间，各科兴趣小组不再存在。1983年后，课堂教学紧密联系实际，各校广泛开展第二课堂活动。

语文组利用黑板报，开辟《语文园地》等栏目，介绍文学知识，摘抄学生优秀作文和日记；举办讲座，讲解写作基础知识，介绍优秀文学作品；指导学生自编《手抄小报》和编印《心泉》《小花》《野草》《丑小鸭》《小星星》等班刊；举办对对子、猜字谜等游园活动。1986～1991年，全县各中学学生参加省里举办的“三个面向”“可爱的浙江”征文活动和“弘扬民族优秀文化知识竞赛”“中学生语文知识竞赛”“丽水地区庆祝国庆40周年征文比赛”，县环保局、保险公司等单位协办的作文、书画比赛，还举办全县中学生普通话比赛。

政治组寓思想政治教育于各种活动中，举办法制故事会、英雄事迹报告会、法律知识讲座，批评不遵守纪律的小品表演会。同时，组织师生参加平安保险、交通规则、中学生日常行为规范等方面内容的知识竞赛。

数学组成立数学难题探索小组、珠算兴趣小组，开展算盘速算比赛，结合课堂知识让学生参加测量土地、计算土石方等实践活动；发动学生参加全国、省、地、县组织的数学竞赛。1986年，全国初中数学竞赛，松阳县2人获全国部分省市初中数学竞赛二等奖。1988年，全国部分省市初中数学竞赛，松阳县4人获三等奖。1989年，松阳县3人获全国初中数学竞赛三等奖。1989年，省数学夏令营，1人获高中数学竞赛二等奖。1990年，全国部分省市初中数学竞赛，松阳县2人获三等奖。1991年，省数学竞赛，松阳县1人获三等奖。其间，参加地区分年级的数学竞赛，初中组获一等奖2人、二等奖37人，松阳三中初二为优胜集体；高中组获一等奖2人、二等奖1人、三等奖5人。

物理组建立航模、无线电、摄影等兴趣小组。制作航空模型回心力演示器、爆发冲程仪、晶体管收音机、抢答器、光控、声控音乐门铃、有线对话机、电子门铃、无线电遥控汽车模型、电动小车等。1989 年开展“小创造、小发明”活动，举办全县学生作品展览会，并选送优秀作品在省青少年趣味物理展览馆上展出。平时，重视组织学生参加有关单位发起的物理竞赛。1988 年，松阳一中杨升平参加全国力学竞赛获地区一等奖。

化学组开辟“化学园地”，举办专题讲座，组织学生参加竞赛活动。1989 年地区初三化学竞赛中，1 人获一等奖，4 人获二等奖。1990 年，1 人获全国奥林匹克化学竞赛浙江省赛区一等奖；1 人获省初中化学竞赛二等奖，2 人获三等奖。1991 年，1 人获省高中化学竞赛二等奖。

生物组开展“爱鸟月”“保护青蛙月”等活动，组织学生制作动植物标本，进行各种果树嫁接和名贵花卉的培育试验。请校外专业户作植桑、养蚕、养殖淡水鱼等专业知识的讲座。

外语组在外语园地、外语角介绍学外语的方法。组织初中学生进行单词、语音、书写等比赛，组织高中学生进行对话、阅读、听力和综合理解应用能力竞赛，并评选部分成绩优良的学生参加省、地有关英语竞赛。1989 年，地区初中组竞赛获二等奖 4 人、三等奖 5 人，高中组二等奖 2 人、三等奖 1 人。

史地组举办“松阳乡土史”“没有共产党就没有新中国”“纪念鸦片战争 150 周年、辛亥革命 80 周年”等专题讲座，组织学生参观博物馆，观看有关革命传统教育方面的电影。发动学生参加地区“我爱中华历史知识竞赛”，获一等奖 2 人、三等奖 2 人。

音乐组开展每周一歌活动，组织小合唱队、舞蹈队、乐器小组，进行定期训练；编排节目参加地区、县文艺会演。美术组进行素描、色彩、透视等知识讲座和练习；选送学生作品参加团县委、妇联、文化局、教委联合举办的画展。其中优秀作品参加省红十字会举办的“保护儿童、妇女和老人为主题的青少年绘画展览”，1 人获三等奖。在全国首届“园丁杯少年儿童美术作品赛”中，1 人获初中组三等奖。

劳技组组织篆刻、浮雕、缝纫、木工、刺绣等兴趣小组，教学生篆刻各种图案和印章，制作鲁迅头像、刘胡兰胸像、女青年头像、骏马浮雕及鸡蛋壳戏剧面谱，裁剪衣服、刺绣枕头套，做课桌、谷耙、小方凳、教学用卡片盒等用具。

特色教育活动

1994 年，县实验幼儿园以“快乐艺术教育”为办园特色，先后成立合唱团、木偶剧园、舞蹈队、美工创意坊、陶艺馆、美术经典鉴赏会等，让每个幼儿都有更多的活动机会，拥有更多的快乐时光。

1997 年，根据《丽水地区学校艺术教育工作的若干意见》，县教委要求各校建立课外艺术兴趣小组，组织合唱团、舞蹈队、书画社、摄影社等艺术团体，开展形式多样的艺术活动，并通过举办艺术周和组织各类艺术比赛，活跃校园文化，促进校园精神文明建设；要求乡（镇）中心学校以上的中小学要配备音美专用教室，分期分批配好够用、适

图 31-42　迎春文艺汇演（古市中学提供 2004 年）

宜的音美教学设备和器材。

2004年10月20日，县教育局举办“凌霄杯”松阳县首届中小学兴趣特长综合运动会，分设小学、初中、高中3个组。小学组设线描画、舞蹈、呼啦圈、走高跷、声乐5个项目，初中组设呼啦圈、素描、走高跷、网页制作、声乐、舞蹈、男子软式排球、女子软式排球8项，高中组设程序设计、英语翻译、男子软式排球和女子软式排球4项。

2005年10月，县教育局举办“育英艺术杯”松阳县第二届中小学生兴趣特长综合运动会，比赛项目有走高跷、踢毽子、足球射门、滚铁环、书法、折纸、WORD文档处理、主持与朗诵等。12月，松阳县中小学生艺术节举行，活动项目分为艺术表演类、艺术作品类和艺术教育科学论文类三大类。2006年10月，县教育局举办松阳县第三届中小学生兴趣特长综合运动会，比赛项目有合唱、健美操、口琴独奏、二胡独奏、投镖、羽毛球发球、投掷纸飞机、中国画、版画、印章雕刻等。松阳三中、城南中学和民族中学分别获初中组团体总分前3名；县实验小学集团学校、古市镇中心学校和岗寺中心小学分别获小学组团体总分前3名。

2007年11月，县教育局举办松阳县第四届中小学生兴趣特长综合运动会，比赛项目有独唱、器乐演奏、集体跳长绳、篮球运球、保龄球、毛笔书法、剪纸、绘画8项。是年，玉岩中学成立松阳高腔剧社，玉岩镇校开设松阳高腔兴趣班，樟溪乡校把“樟村拳”列为学校特色教育项目，阳溪小学的阳光道德银行正式启动，靖居小学举办第一届校园吉尼斯挑战赛。2008年3月，县教育局组队参加丽水市学生艺术特长水平B、C级测试，测试项目分美术类（国画、油画、书法、设计、摄影）和音乐类（声乐、器乐、舞蹈）；测试形式包括理论基础知识测试和专业测试。4月，县教育局根据教育部《关于加强和改进中小学艺术教育活动意见》，要求各校进一步加强和改进中小学艺术教育活动，更好地发挥艺术教育在全面推进素质教育中应有的作用。是年，新兴小学开设茶艺社团，传承茶文化；古市中学开办民族乐器班，组建民乐队。

图31-43　学习樟村拳（叶光铭 摄于2008年）

2009年，县教育局要求各校大力开展特色学校建设，把办学特色放在学校改革与发展的突出地位，走优势项目—学校特色—特色学校—品牌学校的创建之路，实现“一校一特色、一校一品牌”的创建目标。3月，县实验小学集团学校经省教育厅审核和实地抽查，被认定为浙江省第二批艺术教育特色学校，特色项目为声乐、舞蹈、绘画、器乐。10月，松阳三中集团学校、水南中心小学被市教育局认定为丽水市第二批艺术教育特色学校，特色项目为声乐、器乐、绘画、书法。12月，县教育局印发《松阳县开展中小学课外文体活动工程实施方案》，要求各校全面实施课外文体活动工程，让每一个学生至少掌握2项体育运动技能和1项艺术特长（体艺“2+1”项目）。是年，大东坝镇中心学校建立百鸟朝凤吟诵社团，四都乡中心小学组建葫芦丝巴乌社团，古市镇中心学校开设快乐午间活动。

2010年，学校体艺社团建设更显活力。松阳三中集团学校充分利用城南校区地处松阴溪人工湖畔的有利水域环境，建成皮划艇训练基地，组建皮划艇队，在参加省市水上项目比赛中成绩喜人。县民族中学根据学校特点，组建畲乡版画、民族手工、绿谷攀岩3个校级社团和46个班级社团，在“特色学校、品牌学校”创建中成效明显。板桥畲族乡中心小学地处畲乡，因地制宜开设畲语课，开展民族体育游戏活动。新处乡中心小学组建鼓舞飞扬腰鼓队。6月，根据市教育局《关于进一步加强中小学体育、艺术和卫生教育工作的指导意见》，县教育局要求各校结合学生实际，至少组建一个艺术特色社团。枫坪乡中心小学开展中国古代蒙学《三字经》《弟子规》文学经典诵读活动。竹源乡中心小学把校园文化建设定位于剪纸文化。是年，市教育局举行首届优秀学生社团评比活动，大东坝镇中心学校的经典诵读社被评为“五星社团”，县民族中学的畲乡版画社被评为“四星社团”，县职业中专的篮球社、松阳三中集团学校的小蜗牛合唱团、县实验小学集团学校的跆拳道社团、赤寿乡中心小学的快乐星期三超宁社团、四都乡中心小学的葫芦丝社团被评为“三星社团”，松阳二中的心铃协会心理社团、古市镇中心学校的国际跳棋社、靖居中心小学的校园吉尼斯活动获“潜质社团”称号。

2010年松阳县中小学特色教育情况表

表31-6-6-1

学校名称	特色项目	主要成果
松阳县第一中学	田径	—
松阳县第二中学	美术	2008年学校被授予丽水市艺术教育特色学校
松阳三中集团学校	皮划艇、合唱	浙江省艺术特色学校、丽水市皮划艇训练基地
松阳县职业中等专业学校	篮球、茶艺表演	茶艺表演队多次参加县开茶节、畲乡“三月三”表演
松阳县民族中学	畲乡版画、绿谷攀岩	被授予丽水市艺术教育特色学校
松阳县古市中学	民乐	—
松阳县玉岩中学	松阳高腔	—
松阳县实验小学集团学校	声乐、舞蹈、绘画、器乐	2009年被认定为浙江省第二批艺术特色学校
古市镇中心学校	国际跳棋社	—
大东坝镇中心学校	国学经典吟诵	学校被认定为丽水市经典诵读暨传统美德教育试点学校、全国中华吟诵示范学校
望松乡中心小学	中华经典诵读	—
斋坛乡中心小学	口琴	—
水南中心小学	书法、绘画	2009年被授予丽水市第二批艺术教育特色学校

续表 31-6-6-1

学校名称	特色项目	主要成果
阳溪中心小学	阳光道德银行	—
叶村乡中心小学	健美操	获丽水市首届健美操比赛小学农村组团体第一名
四都乡中心小学	葫芦丝	—
竹源乡中心小学	剪纸	—
赤寿乡中心小学	快乐星期三超宁社团	—
新兴乡中心小学	茶艺	—
樟溪乡中心小学	樟村拳	—
新处乡中心小学	腰鼓	—
安民乡中心小学	红色小导游	2009 年应邀参加浙江省庆祝红军长征胜利 70 周年大型展介绍
靖居中心小学	校园吉尼斯挑战活动	—
板桥畲族乡中心小学	畲语畲歌 畲族体育	—

第七章　成人教育

成人教育是政府加强和提高全民素质的公益教育。松阳县以学校形式有组织地开展成人教育始于清末，称民众教育。民国初期，成人教育称社会教育、通俗教育或平民教育。民国16年（1927）后，平民教育改称民众教育，后又称社会教育。中华人民共和国成立后，社会教育改称成人教育。成人教育以农民教育、职工教育、干部教育为系统，逐步形成包括文化基础、专业技术在内的，从初等教育、中等教育到高等教育的体系。

1949年，首届中国人民政治协商会议制定的具有临时宪法性质的“共同纲领”明确提出，“要加强对劳动者的业余教育和在职干部教育”。1950年，政务院（国务院）发布指示，确定把工农教育列为国家教育工作的重点。针对当时文盲占人口总数80%以上的严重状况，是年9月，中央人民政府发出“开展识字教育，逐步减少文盲”的号召，松阳县的成人教育得到较快发展。大体分为三个时期：1949～1966年的起步期，1966～1976年的停滞期，1978～2010年的发展期。

本章分别记述民众教育、农民教育、职工教育、干部教育、自学考试、教师进修的教育发展状况。

第一节　民众教育

松阳县有组织的成人教育始于清末，曾称通俗教育、平民教育、社会教育、民众教育等。当时，松阳成人教育主要是进行识字教学，或教授自然和社会科学的一些基础知识。宣统元年（1909），创办简易识字学塾，采用简易识字读本教授青壮年识字。

民国元年（1912），创办平民习艺所、通俗讲演所、同明阅报社和崇明阅报社，向城镇平民传授手工技艺、宣讲政令及常识。民国5年，县通俗讲演所改称公立通俗教育讲演所。民国7年，创立公立图书馆和通俗图书馆，供城镇居民自学或助学，提高学识。民国9年，县平民教育促进会成立，开展平民识字教学。民国11年，通俗教育演讲所内设立社会教育事务所，开展社会教育。民国18年，县政府成立识字宣传委员会，由县长、教育局局长和各区区长组成常委会，开展民众教育。次年，县民众教育馆成立，筹措经费，创设民众学校。

民国26年（1937），县民众教育委员会成立。委员会要求各抗敌自卫组织和学校开办战时民众学校，以办成人班、妇女班形式，招收失学的民众，讲授文化知识，宣传抗日救国。民国28年，县社会教育委员会成立，并设立地方行政干部训练所。训练所曾举办过机关公务员、各类干部等培训班，及一些实用技能培训班，学习抗战常识和职业技能。民国32年，县立初级中学附设地方自治人员短期训练班，分期分批训练自治人员。湘湖师范民众教育馆在古市等地创设民众夜校，宣传抗日救国，办了许多实事。

抗日战争胜利后，县强迫入学委员会要求强迫 2.5 万名失学民众入学，肃清全县文盲。结果计划未能实现。

中华人民共和国成立后，举办各级各类成人学校。1949 年冬，全县创办多所农民夜校，组织农民群众识字。1950 年，县冬学委员会依靠农村基层组织，发动社会力量办冬学。县总工会创办职工业余学校，组织工人学习政治、开展扫盲。1953 年，县扫除文盲工作委员会确定以扫除文盲为重点，开展工农业余教育，并把有条件的冬学逐步转为常年民校。

1958 年，成人教育在“全党动手，全民发动，向文化进军”的口号下，成为群众性的突击运动。1961 年，县业余教育委员会对成人教育进行调整，充实扫盲干部，在扫除文盲的同时，增办农民业余初中，使一批脱盲的少青壮年能继续学习。1976 年 4 月，为培养农业初级人才，在西屏白龙堰旁的师训班校址创办五七大学，招收学员共 250 人，学员由各公社选送，实行“社来社去”。

1981 年，县工农教育委员会成立，各区、乡（镇）配备工农业余教育干部。农村的农民业余学校改为以“学文化、学政治、学技术”相结合的农民业余技术学校。1982 年，县职工教育管理委员会成立。县总工会、工业、财贸等系统创办职工业余学校，对职工进行初、高中文化补习和技术培训。是年，松阳煤矿被评为省职工文化补习先进集体。1983 年 3 月，浙江省广播电视大学松阳工作站成立。工作站根据省电大的教学要求，组织教学。1984 年 10 月，浙江省松阳县高等教育自学考试办公室成立，组织自学考试。

1985 年后，干部、职工教育逐步通过职工业余学校、广播电视大学、刊授中专、自学考试等不同层次、不同形式的文化进修机构来实现。农民教育的主体已由扫盲班为主的业余学校，转变为适应农村经济发展的农民文化技术学校。

第二节　农民教育

清末至民国时期农民教育

宣统元年（1909），松阳县创办简易学塾 2 所，进行扫盲教育。次年，增至 5 所。简易学塾都附设于学堂，由小学教师兼任塾师。教材有《简易识字课本》《国民必读课本》《简易珠算课本》等。

民国元年（1912），在城东昭忠祠开办通俗讲演所。宣讲政治，兼及社会通俗、常识。民国 2 年，讲演所有宣讲员 8 人。民国 5 年，改为公立通俗教育讲演所，有讲演员 4 人，定期到各乡巡回讲演。民国 9 年，县农会附设通俗夜校 13 个班，开展扫盲教育。在乡村倡办冬学，进行识字教学。民国 16 年，通俗夜校改称民众学校。民国 18 年，县识字宣传委员会在各机关、公团设立民众问字处，各级学校增加入学名额。次年，识字运动深入乡镇。全县设立识字牌 6 处（私立）、问字处 8 处。是年 3 月，扩编公立通俗教育讲演所，在西屏官塘门建立民众教育馆，开展民众教育。县政府要求县立初级中学及有 3 年级以上的小学一律附设民众学校，招收失学民众入学。民国 20 年，县政府创设民众学校12所、阅报处1处、问字处57处。次年，浙江省根据各县市的经济实力、教育状况和人口密度，把民众教育分为8级。松阳县属庚（七）级，额定创办民众学校20所。民国22年，县属各区设立民教馆，筹集资金，创办民众学校23所。

民国22年（1933）松阳县农民教育设施分布情况表

表31-7-2-1

馆名	馆址	教育设施（所）		
		民众学校	民众问字处	问字代笔处
县立一区民教馆	西屏官塘门	10	3	6
县立二区民教馆	古市	5	1	3
县立三区民教馆	玉岩	2	2	2
县立四区民教馆	竹溪	6	1	1
县立五区民教馆	南州镇	—	1	2
合　计	—	23	8	14

民国25年（1936），全县创办民众学校26所，对失学成年男子实施补习教育，结业学员共有419人。七七事变后，先后创办89所战时民众学校，学员共7262人。战时民众学校分常设和临时2种。常设民众学校由县立乡村学校举办，学校多办在村落分散、人口稀少地区；临时民众学校由机关、团体、学校附设，常办在城镇和人口稠密地区。战时民众教育突出爱国主题。民国27年，县属各抗日团体也协助办学。民国29年，县教育局发动中学生利用暑假办战时民众学校，共开办民校21所，每期学习30天。次年，各乡中心学校，保国民学校均附设妇女班、成人班，进行识字教学。县民教馆除开办妇女班、成人班外，还举办畲民教育。民国31年，实行"水上教育"，居无定所的瓯江船民、渔民及其眷属为施教对象。

民国25～35年（1936～1946）松阳县民众教育概况表

表31-7-2-2

民国纪年	学期	校（班）数（个）	学员数（人）			结业生数（人）			经费数（元）
			男	女	计	男	女	计	
25	二	26	720	343	1063	315	104	419	468
26	一	35	892	457	1349	175	69	244	1088
	二	89	2456	1166	3622	1565	606	2171	1088
27	一	62	2178	831	3009	1558	458	2016	885.4
	二	89	2491	1340	3831	1331	645	1976	1669
28	全年	69	2166	731	2897	1346	466	1812	1008
29	全年	66	654	473	1127	568	313	881	不详

续表 31-7-2-2

民国纪年	学期	校（班）数（个）	学员数（人）			结业生数（人）			经费数（元）
			男	女	计	男	女	计	
30	全年	17	101	400	501	81	307	3888	不详
31	全年	22	127	568	695	111	486	597	不详
32	全年	26	162	130	292	62	130	192	不详
33	全年	84	1095	1765	2860	442	694	1136	不详
34	全年	100	1886	1038	2924	1472	744	2216	不详
35	全年	58	917	767	1684	718	638	1356	不详

民国 36 年（1947），县中心国民学校设置民教部，设专任教师 1 人，专办成人班、妇女班。至民国 37 年，计办成人班 34 个、妇女班 28 个，结业学员共 2198 人。全面抗战期间，湘湖师范在古市等地实施战时民众教育。湘师创办的民众学校分初级、高级 2 种。民国 27 年，在古市区创办初级民众学校 27 所，计招生 3010 人。民国 28 年，在古市潘祠创办高级民众学校，学生由初级民校选送，招收男子班和妇女班各 1 班。民国 31 年，在古市招成人班 9 个，学员 194 人，施教 2 个月。民国 34 年，在古市招妇女班 8 个，学员 167 人，施教 2 个月。

中华人民共和国成立后的农民教育

中华人民共和国成立后，农民教育的任务是扫除文盲，普及初等、中等基础文化教育，开展职业技术教育等。1949 年冬，全县创办农民夜校 265 所，269 个班，学员 7952 人。夜校教师 247 人，大多由小学教师兼任。教学内容主要是识字教学。1950 年，各乡村共创办冬学 384 所，有 11513 人参加学习。1951 年，县冬学委员会培训教师 177 人，冬学增至 721 所，学员增至 21626 人。1952 年，部分条件较好的冬学转为常年民校。1953 年，培训民师和办学骨干 220 人，开展扫盲工作。全县设立冬学 149 所、常年民校 59 所、文化学习班 26 个，参加学习 7017 人。1955 年，全县共培训民师 250 人，开办冬学、常年民校 518 所，有 14284 人参加学习。1958 年，农民教育“大跃进”，全县各类民校有 1404 个班，学员 42360 人。

图 31-44　扫盲班组织学习（叶祖青　摄于 1959 年）

1960 年，农民教育委员会成立，调整农民教育，教学力求实效，扫除大批的文盲，但是扫除文盲任务仍相当艰巨。1965 年，松阳有扫盲班、业余小学班、业余初中班共 424 个，教师 382 人，6636 人参加学习。“文化大革命”期间，常年民校改为政治文化夜校，成为帮助贫下中农活学活用毛主席著作的学校，扫盲工作陷于停顿状态。

1978 年，党的十一届三中全会后，农民教育得到恢复和发展。其中心任务是继续抓紧扫盲，大力发展业余初等教育，积极举办业余初中，广泛开展农业科学技术教育。1980 年，工农教育委员会成立，配备区、乡镇工农业余专职干部31人。农民业余学校采取办夜校或农闲时办班的形式，开展扫盲和文化教学。有扫盲班224个、学员5051人，业余高小班61个、学员1549人，业余初中26班、学员797人。

1949～1978年若干年份松阳区域农民业余学校概况表

表31-7-2-3

年份	校数（所）	班数（个）	入学人数（人）	民师人数（人）	学校名称
1949	265	269	7952	274	冬学 夜校
1950	384	384	11513	384	冬学 夜校
1951	721	721	21626	722	农民夜校、冬学
1952	560	560	16790	560	冬学、民校、工农青年速成初等学校、速成识字班
1953	234	234	7017	234	冬学、民校、工农青年速成初等学校、速成识字班
1954	262	262	2839	262	农民业余学校、扫盲班、高小班、初中班
1955	518	533	14284	534	农民业余学校、扫盲班、高小班、初中班
1956	445	445	13341	445	农民业余学校、扫盲班、高小班、初中班
1957	232	232	6945	232	农民业余学校、扫盲班、高小班、初中班
1958	1404	1404	42360	1405	农民业余学校、扫盲班、高小班、初中班
1959	573	573	18825	1188	农民业余学校、扫盲班、高小班、初中班
1960	31	194	1740	198	农民业余学校、扫盲班、高小班、初中班
1961	181	190	2545	257	农民业余学校、扫盲班、高小班、初中班
1962	127	127	3152	248	农民业余学校、扫盲班、高小班、初中班
1963	200	225	5001	250	农民业余学校、扫盲班、高小班、初中班
1964	360	360	8545	426	农民业余学校、扫盲班、高小班、初中班
1965	288	424	6636	382	农民业余学校、扫盲班、高小班、初中班
1971	—	—	1920	—	农民业余学校
1972	145	145	3316	199	农民业余学校
1973	318	318	3677	374	政治文化夜校
1974	315	315	4519	406	政治文化夜校
1975	127	127	5918	303	政治文化夜校
1976	235	235	6684	343	政治文化夜校
1977	138	138	4331	229	政治文化夜校
1978	6	6	205	19	政治夜校、民校

1983年，县文教局对全县12～40周岁的少青壮年的文化状况进行全面的普查。全县总人口208760人，其中12～40周岁101982人。少青壮年中，文盲、半文盲为13397人，占13.14%。非文

盲 88585 人，占 86.86%。在继续抓紧扫盲教育的同时，加强农民职业技术教育，创办公社农民技术学校和村农技班 20 个，学员 924 人。1984 年，省政府派员检查验收。全县 12～40 周岁少青壮年 101517 人，非盲率 88.39%。松阳县实现基本无盲县。1985 年，全县 317 个行政村中办有成人学校的有 138 个村，占 37.2%，学员 3252 人。枫坪乡、联溪乡试办成人教育中心。1986 年，农民教育着重实用技术培训，强调“实际、实用、实效”，让青年农民尽快掌握适用对路、见效快的实用技术。同时继续抓好青壮年扫盲扫尾工作。

1987 年，全县 27 个乡镇有 23 个乡镇举办文化技术学校，学员 1418 人。此外，行政村也开办有各种形式的农技班、业余小学班、业余初中班，有学员 4357 人。1988 年，全县共举办各种农村青年实用技术培训班 189 班，学员 7025 人。1989 年，枫坪乡成为实施“燎原计划”示范乡，全乡共办名茶、赤豆、香菇等培训班 56 期，有 5008 人次参加学习，受训率 60%。1991 年，各乡镇、村文化技术学校（班）举办粮食作物、经济作物、畜禽饲养、食用菌栽培及文化补习班计 319 班，共培训 15673 人次。

1979～1991 年松阳农村成人教育各类学校概况表

表 31-7-2-4

年份	总计				其中									
	校（班）数	学员数	毕业生数	教师人数	技术学校		业余初中班		业余小学班		扫盲班		各类培训班	
					班（个）	人	班（个）	人	班（个）	人	班（个）	人	班（个）	人
1979	156	4128	280	220	26	727	5	186	125	3215	—	—	—	—
1980	317	7397	450	317	—	—	32	797	61	1549	224	5051	—	—
1981	182	3946	不详	188	—	—	15	653	35	949	132	2344	—	—
1982	205	3524	不详	222	5	235	4	145	116	1947	80	1197	—	—
1983	116	2840	不详	116	20	924	1	22	43	804	52	1090	—	—
1984	238	4422	274	248	23	1037	—	—	132	2161	83	1224	—	—
1985	230	3252	616	166	24	1086	2	36	71	769	31	612	102	749
1986	224	7427	610	254	29	1439	3	58	55	1013	31	398	106	4519
1987	164	5775	382	175	23	1418	3	63	42	868	并入小学班		96	3426
1988	189	7025	2070	189	27	1834	5	64	28	525	1	32	128	4570
1989	204	7358	1471	215	27	2104	2	64	6	91	2	41	167	5058
1990	234	7465	1538	234	26	164	—	—	1	18	4	87	203	7196
1991	319	15673	3140	325	26	1341	—	—	3	35	67	827	223	13470

1992 年，贯彻落实国家教委《关于大力发展乡（镇）、村农民文化技术学校的意见》，全县 20 个乡镇有 15 个乡镇先后建立农民文化技术学校，400 个行政村有 189 个村开办农技班，参训 59500 人次。全县扫除青壮年文盲、半文盲 471 人。1993 年，根据国务院重新修订的个人脱盲标准，全县

1949 年 10 月后出生的 15 周岁以上青壮年 105802 人，其中有文盲、半文盲的青壮年 4280 人，全年扫除青壮年文盲、半文盲 628 人，非盲率为 95.95%。有 17 所乡镇成人文化技术学校，参训 24130 人次。

1994 年 4 月，古市镇成人文化技术学校成立，首次举办农村基层干部实用技术培训班，以《农村实用致富技术》和《农技实用手册》为基本教材，开设粮油、茶叶等 10 多个专业。全镇 30 个行政村的党支部书记、村民主任等 136 人参加实用技术培训。全县 18 个乡镇成立成人文化技术学校（板桥乡、裕溪乡未建立），开展农村实用技术培训 196 期，2356 人次参训。开办村级成技班 825 个，38405 人次参训。以《安子介现代千字文》为扫盲课本，扫除青壮年文盲、半文盲 630 人。是年，望松、新兴两乡开始实施“燎原计划”。

图 31-45 松阳县通过“基本普及义务教育和基本扫除青壮年文盲”评估验收（县档案馆提供 1996 年）

1995 年，全县 20 个乡镇均已建立成人文化技术学校。古市镇校成为初中建制的成人文化技术学校，其他 19 所为小学建制。松阳县政府要求，重点做好 1979 年 10 月 1 日后出生的年满 15 周岁以上的青壮年扫盲工作，对不参加扫盲学习的文盲、半文盲公民，处以 1000～2000 元罚款，采取不批建住宅、缓发结婚证和准生证、山林砍伐证，以及吊销营业执照等行政措施，强制扫盲。1990～1995 年，全县累计扫除青壮年文盲 5794 人，非盲率 96.22%，实现青壮年基本无盲县。1996 年，省政府授予松阳县“基本普及九年义务教育、基本扫除青壮年文盲县”的称号。9 月，叶村乡中心学校获财政部、国家教委颁发的第一届“中华扫盲奖”。1997 年，国家教委对松阳县青壮年扫盲工作抽查验收合格。9 月，省政府对松阳“两基”进行复查验收，全部项目达标。此后，松阳成人教育工作重点转移到实用技术的培训工作，以提高青壮年、农村劳动力的科技素质。枫坪乡中心学校获财政部、国家教委颁发的第二届“中华扫盲奖”称号。枫坪乡、叶村乡政府被评为丽水地区扫盲工作先进乡政府。是年，全县扫除青壮年文盲、半文盲 924 人。

1998 年，全县扫除青壮年文盲、半文盲 860 人。枫坪乡成人文化技术学校被确认为省三级乡镇成人文化技术学校。1999 年，古市等 7 所乡镇成人文化技术学校分别被认定为省一级、二级和三级学校。全县 20 个乡镇成人文化技术学校专兼职教师 177 人。至 2009 年，全县 20 个乡镇成人文化技术学校先后被确定为省三级或以上学校。2000 年，古市镇成人文化技术学校被省教委确认为省示范性乡镇成人文化技术学校。

2003 年，确定西屏镇、古市镇成人文化技术学校为松阳县农民、职工“双证制”教育培训学校，全面开展农民和企业职工双证制教育培训工作。让参培人员取得职业高中毕业证书和相应的绿色证书或农民技术员职称证书，成为农业技术骨干和致富的带头人。10 月，松阳县成立劳动力就业培训中心，属全额拨款事业单位，有工作人员 5 人，编制为 10 人，办公地点设县工商局。

2005 年，对农民培训实行“免费培训，财政资助”，推广“劳务培训券”制度。3 月，成立西屏、古市、玉岩3所中心成人文化技术学校。2006年，确定县职业中专、县劳动力就业培训中心和西屏、古市、玉岩3所中心成技校承担培训任务，全面实施农村预备劳动力职业技能培训工程。西屏中心成人文化技术学校被省教育厅确认为省示范性乡镇成人文化技术学校；2007年，被确认为省级中小企业职工培训示范基地。

2008年，松阳县社区教育领导小组成立。松阳县劳动力就业培训中心已累计培训200多期，3万多人次。4月，浙江广播电视大学松阳学院增挂松阳社区学院牌子。西屏中心成技校被评为全国农村成人教育先进单位。2009年，县政府成立松阳县“双证制”教育培训工作领导小组，把成人“双证制”教育培训经费列入本县财政预算。松阳县劳动力就业培训中心并入职业中专培训处。全县分设职业中专培训处和西屏、古市、玉岩3所中心成技校为成职教培训机构，开展成人“双证制”（技能等级证书和学历证书）免费教育培训工作。是年，西屏镇、古市镇、玉岩镇等成立乡镇社区学校，行政村建立社区教学点，全县初步形成以松阳电大的社区学院为龙头、乡镇社区学校为骨干、行政村社区教学点为基础的三级社区教育网络，开展各类免费培训活动。全年组织426名未升学的初、高中毕业生参加预备劳动力培训，考证合格423人，318人培训后走上就业岗位。

2010年，县教育局组织开展“进百村送培训上门，访千家助农民致富”的送科技下乡为农民服务活动。全县有成人“双证制”培训在册学员680人，参加成人职业高中文化考试后，404人获成人职业高中毕业证书。

成技校选介

西屏中心成人文化技术学校　创办于1985年11月，原称西屏镇成人文化技术学校。校址设西屏镇项弄村排垒岗36号（原阳溪小学校址）。校园占地面积7053.5平方米，校舍建筑面积1048平方米，教学用房480平方米。2003年8月，被确认为省一级成技校。2005年3月，学校升格为区域性中心成人文化技术学校，管理和服务范围拓展到3个镇11个乡的10.8万人口。2008年，被评为全国农村成人教育先进单位。2010年，学校有专职教师12名。另有兼职教师20余人、“双证制”教师16人。

古市中心成人文化技术学校　创办于1994年4月，原称古市镇成人文化技术学校。1998年8月，由古市镇湖溪村搬迁到岗寺初中。2000年1月，被确认为省示范性乡镇成技校。2005年3月，改称古市中心成人文化技术学校，担负古市片6个乡镇的农村成人教育工作任务。2007年7月，校址搬至古市新华书店2～3楼。2010年，有专职教师7人。自办学以来，学校共扫除青壮年文盲268名，举办各类培训班培训71876人次。

第三节　职工教育

1950年，县总工会在西屏镇创办职工业余学校1所，学员302人，教师8人。学员对象为工人、店员、手工业劳动者。是年，古市镇裕民火柴厂开办职工业余学校，学员41人，教师4人。1952

年，古市职工业余学校创办。到1953年，全县共有职工学校3所，学员476人，教师28人。1954年，3所职工业余学校分别开办初小班、高小班和初中班。1956年，对不到初中文化程度的639名干部职工进行文化补习。是年，开办西屏镇工商界职工学校，校址设西屏镇南门工商联合会会址内。学员119人，教师14人。是年，全县共有职工业余学校4所，教师30人，学员449人。

1957年，职工业余教育逐步转向中等文化技术教育。全县有学校6所，班级18个，学员778人。1959年后，职工业余学校改由各单位根据生产工作的需要，自行组织文化补习和职工技术培训。“文化大革命”期间，职工教育停滞。1979年后，处州制药厂等厂矿企业逐步恢复职工业务技术培训和文化补习。

1982年统计，1968～1982年间初中或高中毕业的在岗职工，实际水平较差的，全县共有2162人。县职教办等对这类职工进行“双补”。1986年后，在职工“双补”任务基本完成后，职工教育工作的重点转到中级技术培训上来。至1991年，县职教办、县总工会共办业余高中班61个，毕业生1384人。38个厂矿企业单位举办46期中级技术培训班、18期岗位培训班，分别有1059人（次）和552人（次）参加培训。此外，有一事一训的短期培训班44期，2350人（次）参加学习。

1990年，制订《松阳县企事业单位职工教育试行细则》，逐步使岗位培训工作规范化、制度化。此后，松阳县职工的教育工作，逐步过渡到由相继成立的成人教育培训机构来承担。这些培训机构主要有松阳电大、县教师进修学校、县自考办等。

1951～1991年若干年份松阳职工业余学校概况表

表31-7-3-1

<table>
<tr><th>年份</th><th>校数（所）</th><th>班数（个）</th><th>学生数（人）</th><th>教师数（人）</th><th>毕业生数（人）</th><th>年份</th><th>校数（所）</th><th>班数（个）</th><th>学生数（人）</th><th>教师数（人）</th><th>毕业生数（人）</th></tr>
<tr><td>1951</td><td>2</td><td>8</td><td>343</td><td>12</td><td>—</td><td>1964</td><td>3</td><td>3</td><td>95</td><td>4</td><td>—</td></tr>
<tr><td>1952</td><td>3</td><td>4</td><td>459</td><td>26</td><td>—</td><td>1965</td><td>7</td><td>7</td><td>208</td><td>7</td><td>—</td></tr>
<tr><td>1953</td><td>3</td><td>8</td><td>476</td><td>28</td><td>130</td><td>1982</td><td colspan="5" rowspan="3">全县有2162人参加“双补”学习，1885人参加文化鉴定统考，1883人获得合格证书</td></tr>
<tr><td>1954</td><td>3</td><td>2</td><td>320</td><td>34</td><td>—</td><td>1983</td></tr>
<tr><td>1955</td><td>3</td><td>0</td><td>273</td><td>12</td><td>37</td><td>1984</td></tr>
<tr><td>1956</td><td>4</td><td>5</td><td>449</td><td>30</td><td>—</td><td>1985</td><td>4</td><td>9</td><td>510</td><td>17</td><td>85</td></tr>
<tr><td>1957</td><td>6</td><td>8</td><td>778</td><td>—</td><td>—</td><td>1986</td><td>—</td><td>12</td><td>546</td><td>14</td><td>187</td></tr>
<tr><td>1958</td><td>0</td><td>2</td><td>2160</td><td>—</td><td>—</td><td>1987</td><td>2</td><td>10</td><td>370</td><td>11</td><td>392</td></tr>
<tr><td>1959</td><td>1</td><td>4</td><td>161</td><td>37</td><td>—</td><td>1988</td><td>2</td><td>15</td><td>341</td><td>12</td><td>100</td></tr>
<tr><td>1960</td><td>1</td><td>2</td><td>220</td><td>13</td><td>—</td><td>1989</td><td>4</td><td>15</td><td>557</td><td>14</td><td>207</td></tr>
<tr><td>1961</td><td>3</td><td>3</td><td>86</td><td>3</td><td>—</td><td>1990</td><td>2</td><td>6</td><td>327</td><td>10</td><td>278</td></tr>
<tr><td>1962</td><td>3</td><td>1</td><td>26</td><td>1</td><td>—</td><td>1991</td><td>2</td><td>5</td><td>200</td><td>10</td><td>135</td></tr>
<tr><td>1963</td><td>1</td><td>1</td><td>25</td><td>1</td><td>—</td><td>—</td><td>—</td><td>—</td><td>—</td><td>—</td><td>—</td></tr>
</table>

第四节 干部教育

1951年12月，松阳县机关学校创办，校址设县政府大院内。是年，招1个班，学员18人，教师1人。教学内容以扫盲识字为主。1952年，招2个班，有学员45人、教师2人。1953年，招3个班级，有学员48人、教师3人。1954年，招3个班，学员79人。1953年，松阳县干部学校创办，校址设西屏镇3号公房。1955年，学校迁址原省农业改进所旧址。1957年，再迁汤兰公所。县机关学校与县总工会举办的西屏职工业余学校合并办学，开设初中班。次年，学校撤并。此后，干部文化教育渐次中断。

图 31-46 中央党校函授学院九四级大专班毕业典礼（县档案馆提供 1998年）

1984年，县委党校成为培训各类干部的教育基地，举办各种类型的培训班培训干部。至1991年，共计3702人参加培训。1989年初，中共中央党校函授学院在松阳县首次招党政专业学员43人。1990年，县委党校建立函授学院松阳党校辅导站，招党政专业39人、经济管理专业28人。20世纪90年代后，松阳县干部教育工作，逐步过渡到由相继成立的成人教育培训机构来承担。这些培训机构主要有松阳电大、县教师进修学校、县自考办等。

第五节 培训机构

广播电视大学

1983年，浙江广播电视大学松阳工作站成立。电大有学员54人，参加汉语言等4个专业的学习。1985年，电大工作站招收汉语言等3个专业共4个班的127名新生入学。1986年，毕业生26人。1987年，有5个班，学员132人，有党政等8个专业。1988年，有财税等专业毕业生44人，招生127人。10月，电大松阳工作站的卫星地面接收装置建成启用。

1990年，工作站专职干部增至3人。1991年，丽水地区广播电视中等专业学校松阳分校建立。2002年，搬迁到松阳县实验小学办公，建立省电大宽带教学专用网。2003年，设立绍兴文理学院成人教育教学点。2006年9月，学校整体搬迁到县城白露岭59号。

2008年，升格为浙江广播电视大学松阳分校，并设立松阳社区学院和奥鹏远程教育学习中心，构建“以开放教育为主体、以网络教育为补充、以函授教育为延伸”的“一体两翼”学历教育模式。学院发挥系统网络优势，累计开设30余个专业，成为松阳县学历教育与非学历教育并重的社区教育中心，为首批浙江省示范性基层电大。

1985～2010年浙江广播电视大学松阳分校毕业生情况表

表31-7-5-1　　单位：人

分类 届别	本科	专科	中专	合计	分类 届别	本科	专科	中专	合计
1985	—	10	—	10	1998	—	37	30	67
1986	—	26	—	26	1999	—	20	25	45
1987	—	13	—	13	2000	—	21	18	39
1988	—	44	—	44	2001	—	27	23	50
1989	—	37	—	37	2002	—	53	5	58
1990	—	8	—	8	2003	—	59	20	79
1991	—	64	—	64	2004	—	185	46	231
1992	—	66	—	66	2005	—	175	38	213
1993	—	4	48	52	2006	—	109	—	109
1994	—	23	—	23	2007	36	109	—	145
1995	—	5	—	5	2008	95	62	—	157
1996	—	8	—	8	2009	117	169	—	286
1997	—	23	—	23	2010	129	314	—	443

松阳县教师进修学校

1980年12月，创办遂昌县教师进修学校。1982年，松阳县制恢复，更名为松阳县教师进修学校。1984年9月，学校设立教师进修中师函授站，连续6年设函授教学班。每隔两周，在周末上一天课。函授班的招生、教研与考核工作均由龙泉师范函授部负责。丽水地区统一命题，浙江省中师函授教研室负责审核。

1992年前，学校着重小学教师的学历达标教育。到1995年，全县共有524人获得龙泉师范中师函授毕业证书，松阳县小学教师学历合格率从1988年的70.5%提高到1995年的96.68%，仅次于鄞县，居全省第二位。1993年，着手开展初中教师高师专科自考助学辅导工作。到1996年，有183人获高师专科自考毕业证书。1996～2005年，连续举办中专幼师函授班，共毕业学员96人。

此后，中心工作转向学历提高教育。1995年，开始高教专科自考小学教育专业助学辅导工作。1997年，开始初中教师高师本科自考助学辅导工作。1997～2007年，先后与丽水学院等3所大学联合办学，招收大专、专升本学员共计450人。之后，开展中小学学校领导、教师的在岗培训工作，实行学历教育与在岗培训两条腿走路的培训工作模式。

校长培训　1990～1993年，根据国家教委《关于加强全国中小学校长培训工作的意见》，开展第一轮全县小学校长岗位培训工作。1995年12月至1996年6月，该校接受丽水地区教委的委托，举办丽水地区“八五”小学校长岗位培训扫尾班。此后，凡新上任的小学校长，均对其进行1年的上岗培训，然后参加提高培训。1999年，开始举办全县小学校长提高培训。

中层干部培训　从1990年10月到2005年11月，共5次举办各类学校中层干部岗位培训班。

骨干教师培训　2008年3月，与遂昌师校联合实施农村中小学教师“领雁工程”骨干教师培训，2期共培训学员100人。松阳县选送各科骨干教师参加省、市领雁工程培训（省级36人、市级24人）。

新教师一年试用期培训与考核　1991年秋，首次开展全县小学新教师一年试用期培训与考核工作。1995年，全县初中新教师参加培训与考核，此举开全省之先河。从1996年秋开始，幼儿园、高中、职业学校的新教师全部被纳入新教师1年试用期培训与考核工作之中。至2010年，此项工作无变化。

此外，开展小学教师全员培训、中学教师职务培训、师德教育暑期专题培训、中小学教师计算机应用能力培训、普通话培训与测试、中小学教师心理健康教育培训、新课程师资通识培训、学习主题构建培训和专业必修主题培训、中小学校本培训、农村中小学教师素质提升工程、名师送教下乡活动、中小学教师远程网络培训、异地委托培训等。

2006年，学校搬迁到西屏镇白露岭59号，有教职工24人。校园占地面积1.2万平方米，建筑面积3170.9平方米。当年学校被评为浙江省“十五”中小学校长培训工作先进集体。2007年12月29日，学校在浙江省教育厅审批备案成功。2010年，被评为浙江省“十一五”干师训工作先进单位。

1981～2010年松阳县教师进修学校培训情况表

表31-7-5-2　　单位：人次

年份	干训	全员培训	骨干培训	学历培训	网络培训	新教师培训	其他培训	合计
1981～1992	47	—	182	188	—	86	1289	1792
1993	46	—	—	64	—	38	951	1099
1994	—	—	—	70	—	18	1053	1141
1995	45	—	—	124	—	31	566	766
1996	45	881	—	25	—	125	—	1076
1997	—	929	—	65	—	91	—	1085
1998	—	—	—	75	—	81	40	196
1999	38	1022	—	5	—	96	—	1161
2000	—	3128	—	20	—	60	—	3208
2001	26	4038	—	60	—	89	86	4299
2002	—	4334	—	108	—	38	44	4524
2003	42	5320	—	—	—	26	180	5568

续表 31-7-5-2

年份	干训	全员培训	骨干培训	学历培训	网络培训	新教师培训	其他培训	合计
2004	100	2946	—	108	—	21	—	3175
2005	114	1590	27	47	—	29	29	1836
2006	80	421	—	—	—	28	28	557
2007	—	1292	722	27	—	56	179	2276
2008	179	2233	124	57	—	49	92	2734
2009	166	361	241	60	1662	62	830	3382
2010	50	420	248	—	1789	84	92	2683
总计	978	28915	1544	1103	3451	1108	5459	42558

自学考试办公室

1984 年，松阳县高等教育自学考试办公室设立，负责全县自学考试工作。1997 年，县自学考试办公室与县招生办公室合并。

1984 年，开设汉语言文学等 6 个专业。1985 年，确定每年 4 月及 10 月各开考一次。1987 年，纳入中小学教师专业合格证书考试。1984～1991 年，全县经高等教育自学考试获得高校本科、专科毕业文凭者计 149 人，获得中专毕业文凭者计 13 人，获得教师专业合格证书者计 77 人。

1992 年，全县在籍考生 2837 人，其中大学本科 118 人、大学专科 2719 人。共开设文、理、法、工、财、医等 22 个专业。累计报考 11356 人。1992 年度考生 1605 人，参考 3489 科次。首次开考档案管理专科、市场营销专科、行政管理本科专业。1993 年，中小学教师专业合格证书考试工作结束，247 名小学教师获得浙江省小学教师专业合格证书，6 名中学教师获得浙江省中学教师专业合格证书，39 人获得单科合格证书。6 月，自考工作向农村基层延伸，建立松阳县第一个乡镇级自学考试古市镇联络站。全年开考 25 个专业，54 名考生大专毕业。8 月，全县首次举行高师专科自考，185 名中学教师报考。3 年后，183 人毕业。

1994 年，累计开考 55 个专业，45 名考生毕业。小学教育专业首次开考，接纳新生 223 人。实施自考与职教相结合的“双证制”教育，91 名县职技校、望松农中的学生报考财会中专自学考试，毕业生由学校发给职高毕业证书，自考办发给中专自考毕业证书。普通高中、职业高中和高中层次技校的毕业生参加中专自考。1995 年，自考报名 1756 人，占丽水地区考生总数的 14.77%，居全区第二位。实考率 64.82%，合格率 57.55%。4 月，首次开考小学教育专业。9 月，建立大东坝镇联络站。全年有 48 名考生毕业，其中本科 1 人、专科 47 人。1996 年，开考 57 个专业，其中大专 44 个、本科 10 个、中专 3 个。1997 年，开考专业增至 71 个，其中本科 20 个、专科 48 个、中专 3 个。高教自考本科毕业生的毕业综合考试改为撰写毕业论文，并要求进行论文答辩。1998 年，建立玉岩联络站。2000 年，建立象溪镇联络站。

2003年，首次开考高教自考体育教育和音乐教育专业。2004年，首次开考小学教育（本科）和教育技术（本科）专业。2005年，共有122人报名参加全国计算机等级考试，至2010年，共计有300多人参加这一考试。至2007年，累计有5000多名初中生报名参加中小学信息技术等级考试。2005～2010年，先后有162人报名参加全国公共英语等级考试。在县内设立计算机类和工艺美术类2个专业的综合高中专业基础课会考试场28个。2008年，全年组织报考高教自考1154个科次，大小试场473个。2010年4月，全县有314人参加中小学教师录用考试。10月，150人参加幼儿教师资格认定教育学、心理学考试。

1984～2010年松阳县高等教育自学考试概况表

表31-7-5-3

年份	报考人数(人)	报考课次(次)	毕业生(人)	年份	报考人数(人)	报考课次(次)	毕业生(人)
1984	167	—	—	1998	2212	4729	93
1985	670	—	—	1999	2708	5402	67
1986	824	—	—	2000	2914	5557	89
1987	859	—	20	2001	3102	5846	101
1988	1152	—	25	2002	3292	7072	100
1989	1088	—	52	2003	3181	6671	135
1990	1100	—	31	2004	2650	5577	106
1991	1273	—	34	2005	1978	3834	91
1992	1605	3489	31	2006	1779	3316	68
1993	1326	2669	54	2007	955	1782	47
1994	1178	2391	44	2008	516	1154	39
1995	1756	3823	48	2009	463	867	24
1996	1514	3863	43	2010	389	758	15
1997	1839	4008	32	合计	42490	72808	1389

第八章 教 师

清朝末年，随着松阳出现新式学堂，松阳教师群体也应运而生。民国9年（1920），松阳有小学教师192人。民国36年，共有中小学教师559人，其中中学教师73人。1971年，松阳教师突破1000人，为1054人。1985年有2031人。2010年有2331人，其中幼儿园教师383人、小学教师891人、中学教师925人、职业技术学校教师132人。

最初，松阳教师多由塾师转变而来。民国时期，从师范毕业的专任教师很少，松阳教育行政机构设法培训在职教师。中华人民共和国成立后，松阳县有师范院校毕业文凭的教师逐渐增加，其薪资由国家财政承担，俗称公办教师。由于基础教育发展迅速，师范院校毕业的中小学教师严重短缺。于是由小学、初中和高中毕业的青年来充任教师，其薪资由集体担负，俗称民办教师。除政府举办的县级、区级和公社中心学校外，其他农村中小学的教师基本上是民办教师，其薪资大致只有公办教师的一半左右。即使这样，一些学校时常缺教师，于是临时找人代课，俗称代课教师，其薪资水平更低。

1980年后，师范院校毕业生增长加快。县教育局通过脱产进修、在职函授、短期培训、自学考试、电视大学、教科研活动等多种途径，努力提高在职教师的文化业务水平。1990年前，小学没有大学专科及以上毕业的教师。初中大学本科学历教师有8人，不足2%；大学专科学历教师319人，占62.8%。高中和职业中学大学本科学历教师46人，占32.6%。

1987年，全县各级各类学校开始实行职称制度和教育专任职务评聘制度。1996年，依据《中华人民共和国教师法》，松阳教师实行教师资格证书制度。

2010年，有小学专任教师834人，其中本科专科学历教师有687人，占82.4%。初中有专任教师542人，其中大学本科及以上学历教师428人，占79%。高中和职业中学有专任教师386人，其中大学本科学历及以上教师375人，占97%。

第一节 教师队伍

幼儿教师

清末，松阳蒙养院有保养员2人。民国时期，间断创办的幼稚园、儿童乐园，有保教人员2～3人。1952年，西屏镇第一二中心小学和古市区中心小学附设的幼儿班，共有教养员6人。1958年，农村均自办幼儿园（班），教养员增至338人。1960年，农村民办幼儿园（班）相继撤销。1979年后，幼儿教育得到发展，并趋于稳定。1985年，幼儿教职工有148人，1991年增加到228人。

1998年，幼儿教育加快发展，到2000年，有幼儿教职工306人。2004年后，更加注重师资水平，人数平稳增长。2010年，有幼儿教职工383人。

小学教师

自清末开办学堂后，小学教职工人数逐年增加，民国初已发展到200余人。民国29～35年(1940～1946)，因抗战原因，教职工人数随着学生增加而增加，民国35年有475人。民国37～38年，不少教职工因生活所迫，弃教谋生，人数减少。

1949年5月松阳解放，解放前的教职工全部留用。1952年，教职工一律转为公办，计390人。1958年，一批教职工因被错划为“右派”或政治、社会关系等原因被开除，公办教职工减至349人。1962年、1963年精减下放，公办教职工人数进一步减少，同时民办、代课的教职工人数大量增加。“文化大革命”期间，出现民办、代课教职工人数成倍超过公办教职工人数的现象。1980年后，由于民办教师逐步转为公办教师，中师毕业生分配小学任教人数增加，公办教职工数超过民办教职工数。

1989年，采取“联、改、减”的办法，调整小学布局。教职工数从1100多人逐年减少。至1996年为882人。1997～2005年，调整力度加大，但教职工数稳定在1000余人。2006～2010年，稳定在900人左右。

中学教师

民国15年（1926），松阳县仅1所中学，教职工14人。民国33年，中学增至3所，教职工人数增至66人。

1949年，全县中学教职工有76人。1952年及1955年，县政府分别接管私立俭公中学和私立国强中学，教职工人数未曾增加。此后10年间，教职工数稳定在60～80人。“文化大革命”期间，提出“读初中不出公社”，招收大量民办、代课教师解决教职工不足。1977年，松阳区域有中学教职工543人，其中公办教职工281人，占51.7%。

1981年后，整顿中学教职工队伍，民办转公办，分配大专毕业生到中学任教，公办教职工比例上升到84.7%。从1990年后的近20年，调整初中学校的布局，扩大办学规模；不断提高教师的学历合格率，提升师资水平，中学教师数量逐年增加。2001年，有中学教师1014人，此后有所减少；2010年为925人。

中等职业教师

民国初，松阳师范传习所有专职人员1人。县立初级中学附设女师讲习所，行政管理和教师均由中学教职员兼任。县立简易师范创办时，有教职员14人。1952年，松阳初级师范有教职工9人。1970年，丽水师范迁至西屏镇。1971年，浙江师范学院有1/3的教职工从金华到西屏镇，培训在职中学教师。1978年，松阳师范学校创办，有教职工26人。1991年，增至155人。县教师进修学校自1980年创办至1991年，教职工人数由13人增至25人。

1947年，省立处州农业技术学校迁松阳时，教职工人数不详。1958年，全县新办农业中学13所，有教职工21人。不久，这些学校被撤销。1976年，望松农业中学复办。1984年，县中等职业技术学校创办。1987年，靖居区民族职业技术学校设立。至此，全县3所职业学校教职工共48人。

1991年，农职业学校教职工人数增至64人，另有兼职教师7人。

20世纪90年代，国家开始大力推进职业技术教育，但松阳教师数量增长不快，1998年超过百人。此后迅速增加，2004年为261人，2007年后不足200人，2010年为132人。

民国9～37年（1920～1948）若干年份松阳县各级各类学校教职工数统计表

表31-8-1-1　　单位：人

项目 民国纪年	总计	学校类别		
		小学	中学	师范农职业学校
9	192	192	—	—
15	—	—	14	—
16	—	—	14	—
18	283	267	16	—
19	279	261	18	—
20	—	—	19	—
21	—	—	19	—
22	—	—	19	—
23	269	250	19	—
24	285	271	14	—
25	288	272	16	—
26	293	273	20	—
27	304	279	25	—
28	330	278	52	—
29	368	319	49	—
30	411	353	58	—
31	450	396	54	—
32	524	467	57	—
33	518	438	66	14
34	552	467	71	14
35	553	475	72	16
36	559	467	73	16
37	436	348	76	12

说明：民国时期幼儿园教职工情况不详

1949～2010年松阳县各级各类学校教职工数统计表

表 31-8-1-2　　　　单位：人

项目 年份	总计	学校类别			
		幼儿园	小学	中学	中等职业教育
1949	374	—	298	64	12
1950	377	—	322	56	—
1951	454	—	398	56	—
1952	483	6	390	80	7
1953	480	6	380	87	7
1954	462	6	379	77	—
1955	473	24	374	75	—
1956	459	20	367	72	—
1957	488	9	399	80	—
1958	777	338	349	60	30
1959	634	150	419	56	9
1960	551	4	481	66	—
1961	578	8	482	78	—
1962	555	8	483	64	—
1963	577	8	505	64	—
1964	683	9	600	74	—
1965	662	9	578	75	—
1966	718	—	644	74	—
1967	721	—	645	76	—
1968	746	—	659	87	—
1969	814	—	659	155	—
1970	895	—	744	151	—
1971	1054	10	837	207	—
1972	1092	10	868	214	—
1973	1080	10	880	190	—
1974	1184	10	906	268	—
1975	1316	9	1009	298	—
1976	1514	13	1039	455	7

续表 31-8-1-2-1

项目 年份	总计	学校类别			
		幼儿园	小学	中学	中等职业教育
1977	1611	14	1048	543	6
1978	1577	14	1016	518	29
1979	1798	80	1146	513	59
1980	1003	230	1131	562	67
1981	1831	229	1028	490	65
1982	1866	115	1104	558	68
1983	1881	101	1116	568	8
1984	1944	96	1136	589	104
1985	2031	148	1185	656	42
1986	2087	186	1183	659	59
1987	2176	194	1186	720	76
1988	2224	178	1188	771	87
1989	2246	197	1175	806	68
1990	1984	218	958	729	79
1991	2065	228	977	771	89
1992	1879	209	811	788	71
1993	1885	184	820	803	78
1994	1888	178	829	797	84
1995	2077	179	970	839	89
1996	2030	200	882	856	92
1997	2197	191	1041	866	99
1998	2295	235	1052	905	103
1999	2388	262	1067	951	108
2000	2455	306	1058	980	111
2001	2316	134	1062	1014	106
2002	2337	161	1039	923	214
2003	2259	114	1045	857	243
2004	2393	282	1021	829	261
2005	2361	293	1009	807	252

续表 31-8-1-2-2

年份＼项目	总计	学校类别			
		幼儿园	小学	中学	中等职业教育
2006	2324	298	979	796	251
2007	2254	283	924	853	194
2008	2265	331	884	858	192
2009	2306	371	885	859	191
2010	2331	383	891	925	132

说明：本表数据不含代课、临时工、兼职教师、教辅人员。松阳师范教职工，1985 年开始不计在内

1992～2010 年松阳县小学教职工基本情况表

表 31-8-1-3　　单位：人

年份＼项目	合计	专任教师	行政人员	工勤人员	厂场人员	代课	临时工	教辅	兼任
1992	829	703	88	12	8	10	8	—	—
1993	819	711	84	15	9	—	—	—	—
1994	876	729	79	13	8	39	8	—	—
1995	1126	867	79	14	10	140	16	—	—
1996	910	782	75	15	10	28	—	—	—
1997	1129	937	77	21	6	83	5	—	—
1998	1137	945	77	26	4	75	10	—	—
1999	1108	957	80	26	4	38	3	—	—
2000	1087	955	74	25	4	25	4	—	—
2001	1062	961	78	20	3	—	—	—	—
2002	1049	942	76	18	3	—	—	—	10
2003	1074	944	53	22	3	—	—	23	29
2004	1039	911	63	22	3	—	—	22	18
2005	1024	922	57	21	1	—	—	8	15
2006	981	874	59	20	2	—	—	24	2
2007	924	828	55	16	2	—	—	23	—
2008	884	819	46	14	4	—	—	1	—
2009	885	827	31	13	4	—	—	10	—
2010	891	834	34	10	4	—	—	9	—

1982～2010年松阳县小学专任教师学历情况表

表 31-8-1-4　　　　单位：人

项目 年份	合计	大学本科	大学专科	中专高中	高中以下
1982	1023	0	—	608	415
1983	1032	0	—	656	376
1984	1057	0	—	651	406
1985	1072	0	—	691	381
1986	1081	0	—	746	335
1987	1084	0	—	779	305
1988	1088	0	—	767	321
1989	1072	0	—	779	393
1990	853	0	—	674	179
1991	867	0	—	711	156
1992	864	0	13	727	124
1993	857	0	18	745	94
1994	861	0	24	758	79
1995	867	0	34	803	30
1996	883	0	53	811	19
1997	937	0	76	851	10
1998	945	1	103	824	7
1999	957	3	115	824	7
2000	955	3	147	793	6
2001	961	3	204	745	9
2002	942	5	240	691	6
2003	944	10	329	601	4
2004	911	19	395	495	2
2005	922	51	463	406	2
2006	874	78	448	347	1
2007	828	99	432	295	2
2008	819	130	435	252	2
2009	827	178	502	146	1
2010	834	231	456	146	1

1992～2010 年松阳县中学教职工基本情况表

表 31-8-1-5　　单位：人

年份＼项目	合计	初中专任教师	高中专任教师	行政人员	工勤人员	厂场人员	代课	临时工	教辅	兼任
1992	829	562	109	63	49	5	41	—	—	—
1993	902	568	116	60	55	4	96	3	—	—
1994	822	580	111	53	51	2	22	3	—	—
1995	918	613	120	52	53	1	76	3	—	—
1996	937	623	112	71	49	1	81	—	—	—
1997	905	629	116	63	58	—	29	10	—	—
1998	938	651	126	70	57	1	20	13	—	—
1999	986	675	147	73	55	1	19	16	—	—
2000	980	692	176	61	51	—	—	—	—	—
2001	1044	696	192	65	11	50	18	12	—	—
2002	1014	684	131	57	42	—	—	—	9	91
2003	998	615	146	29	39	—	—	—	28	141
2004	993	570	153	24	43	—	—	—	39	164
2005	989	558	147	21	44	—	—	—	37	182
2006	976	536	161	16	36	—	—	—	47	180
2007	853	530	233	21	28	—	—	—	41	—
2008	858	540	230	18	34	—	—	—	36	—
2009	859	544	229	20	30	—	—	—	36	—
2010	925	542	275	23	35	—	—	—	50	—

1982～2010 年松阳县初中专任教师学历情况表

表 31-8-1-6　　单位：人

年份＼项目	合计	大学本科	大学专科	中专高中	高中以下
1982	391	12	68	311	0
1983	410	10	97	300	3
1984	411	5	100	295	11
1985	461	4	123	322	12
1986	464	3	140	310	11
1987	506	5	158	332	11

续表 31-8-1-6

项目 年份	合计	大学本科	大学专科	中专高中	高中以下
1988	548	5	231	300	12
1989	576	7	277	280	12
1990	508	8	319	168	13
1991	537	12	339	178	8
1992	567	25	363	179	—
1993	573	25	375	173	—
1994	583	32	373	178	—
1995	613	34	425	154	—
1996	623	33	522	68	—
1997	629	29	550	38	12
1998	651	28	584	29	10
1999	675	39	597	30	9
2000	692	56	594	35	7
2001	696	127	536	31	2
2002	684	156	501	26	1
2003	615	191	406	15	3
2004	570	263	297	8	2
2005	558	303	244	10	1
2006	536	336	191	9	—
2007	530	362	160	8	—
2008	540	388	144	8	—
2009	544	420	120	4	—
2010	542	428	110	4	—

说明：1982～1990 年“大学专科”栏中包括个位数的“高校本、专科肄业生”，其中，1984 年有 12 人

1982～2010 年松阳县高中专任教师学历情况表

表 31-8-1-7　　　　单位：人

年份＼项目	合计	大学本科	大学专科	中专高中
1982	71	25	35	0
1983	62	20	36	0
1984	63	18	38	0
1985	77	23	48	0
1986	84	22	58	0
1987	91	24	63	0
1988	98	27	69	0
1989	96	31	63	0
1990	102	39	58	0
1991	106	45	57	0
1992	109	47	58	4
1993	116	54	58	4
1994	111	60	49	2
1995	120	75	41	4
1996	112	72	37	3
1997	116	81	35	—
1998	126	92	34	—
1999	147	106	38	2
2000	176	134	39	3
2001	192	155	37	—
2002	131	114	17	—
2003	146	137	9	—
2004	153	147	6	—
2005	147	142	5	—
2006	161	158	3	—
2007	233	225	8	—
2008	230	227	3	—
2009	229	228	1	—
2010	275	273	2	—

1992～2010年松阳县职业中专教职工基本情况表

表 31-8-1-8　　单位：人

年份＼项目	合计	职高专任教师	行政人员	工勤人员	代课	兼任教师	教辅人员
1992	81	48	12	11	5	5	—
1993	86	50	15	13	1	7	—
1994	94	65	9	13	4	3	—
1995	107	68	8	13	8	10	—
1996	102	71	7	14	10	—	—
1997	105	78	5	16	3	3	—
1998	110	81	5	17	4	3	—
1999	117	85	5	18	9	—	—
2000	115	87	7	17	4	—	—
2001	106	77	4	17	—	8	—
2002	214	170	11	25	—	8	—
2003	248	203	7	26	—	5	7
2004	261	222	7	26	—	—	6
2005	254	211	9	26	—	2	6
2006	254	213	7	26	—	3	5
2007	196	153	13	23	—	2	5
2008	192	153	9	21	—	—	9
2009	191	153	5	21	—	—	12
2010	132	111	2	14	—	—	5

1983～2010年松阳县职业中学专任教师学历情况表

表 31-8-1-9　　单位：人

年份＼项目	合计	大学本科	大学专科	中专 高中
1983	8	—	—	—
1984	16	—	—	—
1985	19	—	10	9
1986	25	2	13	9
1987	27	1	15	11
1988	36	2	22	12

续表 31-8-1-9

年份＼项目	合计	大学本科	大学专科	中专 高中
1989	31	4	20	7
1990	39	7	24	8
1991	41	7	26	8
1992	48	7	34	7
1993	50	12	32	6
1994	65	8	47	10
1995	68	11	47	10
1996	71	11	50	10
1997	78	17	54	7
1998	81	27	47	7
1999	85	27	49	9
2000	87	28	51	8
2001	77	43	31	3
2002	170	109	57	4
2003	203	131	70	2
2004	222	160	60	2
2005	209	160	47	2
2006	213	167	44	2
2007	153	126	25	2
2008	153	138	12	3
2009	153	139	11	3
2010	111	102	6	3

第二节　教师培训

民国时期

民国时期，提高教师的业务水平主要是采取在职函授和短期轮训的办法。

民国 19 年（1930），遵照浙江大学公布的省市县管理私塾办法标准，教育局采取改良私塾，训练塾师，以充任小学教职员。是年，举办注音字母讲习所，要求识字学校的教师一律采用注音教学。民国 25 年，县教育局为提高教师的业务水平，曾介绍小学教师参加省教育厅举办的小学师资进修通讯研究部及杭师教育函授班进修，并订购《进修月刊》《东南儿童》等刊物，分赠各小学。民国26年后，县教育科连续3年举办暑假小学教师训练，训练内容除讲授有关教育学科外，注重生活训练和军事管理，以适应战时需要。

民国29年（1940），县教育科组织人员编印定期刊物，刊登战时教育理论、战时教材和乡土教材，发至各校供教师参考。抗战胜利前后，文教科举办3期代用教师训练和专业教师训练，还抽调各中心学校的劳作教员举办训练班，讲习工艺品之改良，提高劳作教员的实际操作能力。

中华人民共和国成立后

采取脱产进修、在职函授、短期培训、自学考试、电视大学等多种形式及开展各学科的教研活动，不断提高教师的文化业务水平。教师在教学实践中不断探索教学规律，总结教学经验，改进教学方法，提高教学质量。

脱产进修 教师离职由教育部门保送到各高等师范院校或中等师范学校读书深造。1950年后，县教育科陆续选送一些中学教师到浙江师范大学进修部等校读书，小学教师到衢州文教干校、江山初级师范等校读书。1955年，部分中小学校长、教导主任分别到杭州、衢州校长训练班进修。“文化大革命”期间，这些进修活动用“毛泽东思想学习班”替代。高考制度恢复后，高等师范院校和中等师范学校都有专门招收在职中小学教师的招生计划。1979～1991年，民办小学教师及少数公办小学教师172人赴中等师范学校读书。1981～1991年，中学公办教师87人到高等师范院校读书。这些教师经过二三年的学习，取得毕业文凭后，均返回松阳继续任教。此外，县教师进修学校师训部举办多层次、多形式的脱产培训，提高小学教师的业务水平。

在职函授 1953年，衢州师范函授部在松阳招收函授学员。1956年，松阳县的中小学教师均参加浙师院函授教育科和丽水师范函授部举办的函授班学习。1960年，县设中等师范函授站，各区乡中心学校成立函授小组。1963年，小学教师函授内容以语文、数学教材教法为重点。恢复高考制度后，县、区、社三级函授辅导网重新建立。1980年，县教师进修学校设立函授部，负责全县小学教师的函授。根据县文教局规定，除中师毕业的小学教师外，一律参加函授，1982～1983年，有1551人参加函授，大部分教师取得单科或几科结业证书。1984年，函授教育通过整顿，一部分小学教师继续参加函授。至1991年，共有3届毕业生计340人成为合格的小学教师。同时，丽水师专函授部在松阳县录取学员，至1991年，已有6个专业55人取得大学专科毕业文凭，成为合格的初中教师。

短期培训 由教育局选派教师参加省、地举办的培训班，或由教育局组织教师举办各种类型的培训班，提高教师业务水平，时间一般安排在寒暑假。省举办的短期培训，1950～1958年，共有7次，县文教科选派中小学校长、小学教导主任、小学教师和扫盲教师分别参加各种培训班的学习。1982～1991年，共有15次，参加培训的有县教委领导、行政人员、职技校和教师进修学校校长、中小学教师及财会人员。地区举办的短期培训，因区域变化，在金华、衢州、丽水均举办过。1949～1970年，共有11次，培训对象有小学校长、小学教师（含民办、代课）、会计、保健导师及初中部分学科的教师。1970年后，举办“三算结合教学骨干教师培训班”“中学领导干部培训班”“小学校长培训班”“初中数学教师研讨班”“小学数学教师培训班”“幼儿教师培训班”等。县里举

办短期培训以培训初中、小学教师为主。1970年，办过2期初中“赤脚教师”培训班，一批高初中毕业生经培训充任初中教师。1972年，丽水师范在西屏镇举办“初中教师轮训班”。1982年后，中小学各级各类的培训任务主要由县教师进修学校承担，至1989年，共有1115人次参加培训。至2010年，共有43744人次参加培训。

自学考试　教师利用业余时间，参加全国高等教育自学考试，考试合格发给文凭，国家承认其学历。1984～1992年，有1人获得高校本科毕业文凭，28人获得高校专科毕业文凭，1人获得中师毕业文凭。1992～2010年，参加自学考试共计1227人毕业。详见本编第七章“成人教育”第五节“培训机构”。

电视大学　教师利用业余时间，参加县电大工作站组织的教学班学习，参加全国统一考试。1991年，有16人获得电大专科毕业文凭。详见本编第七章“成人教育”第五节“培训机构”。

学历教育　依托县教师进修学校，组织中小学在职教师开展函授学习和自学考试。1992年，全县小学专任教师的学历合格率为85.6%；初中专任教师的学历合格率为57.9%；普通高中专任教师的学历合格率为43.1%。提高中小学教师的文化素质和专任教师的学历合格率，此后仍然是教师进修、培训工作的重中之重。县教育局依托县教师进修学校，加强对在职教师的文化素质提高和专业技术培训，经历“学历教育”“学历提高”“专业技术培训”3个阶段。

1995年，小学专任教师中师毕业及以上学历达96.5%。至1998年，实现专任教师大学专科及以上毕业学历达94%，基本完成全县小学和初中专任教师的学历教育任务。此后，提高中小学教师的学历层次成为工作重点。至2009年，小学专任教师大学专科毕业及以上学历占82.2%，初中专任教师中大学专科毕业及以上学历占99.3%，其中大学本科毕业及以上占77.4%。

专业技术培训　学历教育和学历提升而外，专业技术培训一并开展。首先开展中小学教师计算机应用能力培训与考核。凡男55周岁、女50周岁以下的在职中学教师，一年为一周期，每年每人作48课时的职务培训。

2005年12月，启动“农村中小学教师素质提升工程”。2006年4月，浙江省“百人千场”名师送教下乡活动启动仪式在松阳举行。2007年暑期，县教育局派4名教师参加国家级高技能专业培训。选派14名教师参加省级专业培训，选派22名教师参加市级专业培训。2008年，县教育局实施浙江省启动的“领雁工程”。

2010年4月，县教师进修学校校长、县实验小学集团学校校长分别参加教育部及省教育学院组团赴德国和英国的考察培训。5月，教育局推荐100名小学班主任，参加教育部举办的知行中国远程网络教育培训班培训。6月，教育局推荐5位教师，参加省教育学院举办的与特级教师结对的高端培训。之后分两批，推荐11名教师参加省教育学院举办的与特级教师结对的高端培训。

图31-47　班主任论坛（松阳一中提供 2008年）

支教、挂职锻炼　2005 年 8 月，按中共丽水市委组织部意见，县教育局选派 1 名教师到新疆和田地区支教，时间一年半。2007 年 11 月至 2010 年 3 月，每年选派几名校领导和教育局干部（4 次共 12 人）到宁波市内学校或丽水市教育局等挂职锻炼，时间从 3 个月到 1 年不等。

第三节　教师资格与职称职务评聘

教师资格制度

教师资格也称教师的任职资格，是国家对要进入教师队伍、准备从事教育教学工作的人员的最基本的要求。

1993 年 10 月，《中华人民共和国教师法》颁布，对教师资格、对有关教师资格应具备的学历作出具体规定。1995 年 12 月，国务院发布《教师资格条例》。根据相关规定，县教委对 1993 年底前在岗、具有教师职务、经考试合格的教师，采取教师资格过渡办法，并于 1996 年发放教师资格证书。

1996 年，根据省《中小学校长持证上岗的意见》，县教委决定，从 9 月 1 日开始，凡未取得校长岗位培训合格的中小学校长，不能继续任职，确因工作需要，改为代校长。代校长一年内不参加岗位培训，不能继续任用。

2002 年，教师资格认定工作在全县各级各类学校中展开。2003 年开始，每年在媒体上发布信息，面向社会人员开展教师资格申报工作。是年 11 月，首次向社会人员认定教师资格。根据《中华人民共和国教师法》和《教师资格条例》，经考试凡符合教师资格的，发给教师资格证书。2005 学年始，凡新进高中任教的教师，必须取得高中教师资格证书。

职称制度和教育专任职务评聘

“文化大革命”结束后，1978 年，开展专业技术职称评审工作，1983 年 9 月，此项工作暂停评审。1986 年 1 月，此项工作重启。1987 年开始，在全县各级各类学校进行职评工作。第一批参评的是县、区（镇）属学校，从 1987 年 6 月开始，12 月结束。第二批参评的是乡级及以下中小学，从 1987 年 12 月开始至 1988 年 5 月结束。全县首次参加中小学教师专业技术职称评审的共有 1492 人，共评出高级、中级和初级职称分别为 37 人、294 人和 1161 人。此后，中小学教师职称评审工作转入常态运行，对已评定职称的教师实行聘任制。

2007 年，新增教育管理系列、中小学实验系列等职称。2009 年，增设享受教授待遇的正高级教师。2010 年开始，凡申报高级职称评审的教师，都必须通过教学能力考核。

1992～2010年松阳县小学专任教师技术职称情况表

表31-8-3-1 单位：人

项目 年份	合计	中学高级	小学高级	小学一级	小学二级	小学三级	未定级
1992	864	0	78	558	150	3	75
1993	856	0	86	580	120	1	69
1994	861	0	109	587	111	2	52
1995	867	0	136	557	123	—	51
1996	883	0	139	556	97	—	91
1997	937	0	182	546	90	—	119
1998	945	1	203	554	108	—	79
1999	957	—	245	505	149	—	58
2000	955	—	264	515	145	—	31
2001	961	—	298	514	114	—	35
2002	942	1	323	507	77	1	33
2003	944	1	366	500	67	0	10
2004	911	1	391	466	38	0	15
2005	922	—	449	418	25	—	30
2006	874	—	460	358	34	—	22
2007	828	2	462	303	27	2	32
2008	819	2	487	267	24	0	39
2009	827	3	494	253	23	0	54
2010	834	3	496	231	36	0	68

1992～2010年松阳县初中专任教师技术职称情况表

表31-8-3-2 单位：人

项目 年份	合计	中学高级	中学一级	中学二级	中学三级	未定级
1992	567	1	58	297	105	106
1993	573	2	64	332	96	79
1994	583	4	76	341	106	56
1995	613	2	77	373	87	74
1996	623	6	79	366	63	109
1997	629	7	100	342	99	81

续表 31-8-3-2

项目 年份	合计	中学高级	中学一级	中学二级	中学三级	未定级
1998	651	7	114	325	129	76
1999	675	5	139	352	127	52
2000	692	7	166	376	97	46
2001	696	7	185	361	101	42
2002	684	8	221	337	82	36
2003	615	5	237	294	67	12
2004	570	6	248	261	46	9
2005	558	10	275	243	26	4
2006	536	15	284	214	18	5
2007	530	13	307	177	15	18
2008	536	19	310	170	10	27
2009	544	24	319	165	14	22
2010	542	34	312	147	11	38

1992～2010 年松阳县高中专任教师技术职称情况表

表 31-8-3-3　　单位：人

项目 年份	合计	中学高级	中学一级	中学二级	中学三级	未定级
1992	109	12	23	66	3	5
1993	116	13	27	60	2	14
1994	111	14	24	68	4	1
1995	120	16	36	57	5	6
1996	112	12	43	49	2	6
1997	116	11	48	54	0	3
1998	126	14	47	51	3	11
1999	147	14	61	50	4	18
2000	176	27	65	64	3	17
2001	192	28	78	70	0	16
2002	131	26	55	37	1	12
2003	146	30	60	43	0	13
2004	153	32	69	42	1	9

续表 31-8-3-3

项目 年份	合计	中学高级	中学一级	中学二级	中学三级	未定级
2005	147	42	63	38	0	4
2006	161	48	63	41	0	9
2007	233	59	83	63	2	26
2008	230	62	82	67	3	16
2009	229	64	85	71	0	9
2010	275	71	99	94	0	11

1992～2010 年松阳县职业中专专任教师技术职称情况表

表 31-8-3-4　　单位：人

项目 年份	合计	中学高级	中学一级	中学二级	中学三级	未定级
1992	48	0	6	26	5	11
1993	50	0	8	27	6	9
1994	65	0	9	41	11	4
1995	68	1	12	42	7	6
1996	71	3	13	44	4	7
1997	78	5	20	40	5	8
1998	81	4	23	38	9	7
1999	85	3	29	38	8	7
2000	87	3	33	34	6	11
2001	77	3	35	25	4	10
2002	170	12	61	75	8	14
2003	203	17	77	97		12
2004	223	19	82	111		11
2005	211	23	81	103		4
2006	213	25	82	99		7
2007	153	20	65	68		0
2008	153	22	63	65		3
2009	153	26	60	62		5
2010	111	24	46	33		8

第四节 教师待遇

经济待遇

工资 清末，小学教职工工资待遇官立、公立和私立学堂均不相同。光绪三十三年（1907），官立两等小学堂教职工人均月薪银元12元。公立学堂以古市初等小学堂最高，教职工人均月薪银元3.9元，震东初等小学堂最低，仅供膳食。私立学堂以益智英算专修学堂最高，教职工人均月薪银元12.5元，尼宗初等小学堂最低，教职工人均月薪银元2.6元。

民国初，小学教职工月薪一般折稻谷约150公斤。民国15年（1926），中学教员月薪20～40元，平均25元左右。

民国28年（1939）松阳县各级小学教职工工资情况表

表31-8-4-1

项目 月薪	各级小学教职人数					
	县立学校（人）	区立学校（人）	乡镇学校（人）	私立学校（人）	合计（人）	占总人数的百分比
2元	0	1	19	0	20	6.3%
3元	0	0	21	4	25	7.8%
4元	0	0	34	6	40	12.5%
5元	0	0	13	9	22	6.9%
6元	0	11	10	13	34	10.8%
7元	40	1	15	9	65	20.4%
8元	3	1	21	16	41	12.8%
9元	11	0	0	0	11	3.5%
10元	—	2	4	5	11	3.5%
11元	23	0	9	0	32	10.0%
12元	1	0	5	2	8	2.5%
13元	3	0	0	—	3	0.9%
14元	1	0	0	2	3	0.9%
15元	1	0	0	0	1	0.3%
16元	1	0	0	0	1	0.3%
17元	1	0	0	0	1	0.3%
18元	—	—	—	—	—	—
19元	—	—	—	—	—	—
20元	—	—	—	1	1	0.3%

抗战胜利后，通货膨胀，物价飞涨，法币贬值，教职工待遇菲薄。县立初级中学教职工平均月薪竟购不到30公斤大米，而且不能按月发给，经常拖欠。小学教职工月薪更低，靠学生供奉的“敬师米”“敬师菜”等勉强维持生计。

中华人民共和国成立后，教职工工资待遇逐年提高。1949年6月，公立中学教师由学校供膳外，平均月薪米105公斤。私立中学不供膳，国强中学教师平均月薪米160公斤，俭公中学教师平均月薪米170公斤。全县小学教师平均月薪米60公斤。1952年3月，公立中小学教职工实行工资分制（一个工资分值按省规定：大米0.8市斤、细布0.2市尺、食油0.02市斤、燃料0.25市斤）。1953年8月开始，工资分值固定为0.2385元，小学教师一般月薪为120个工资分，中学教师一般为150个工资分。1954年，调整部分公办中小学教职工工资。全县幼儿园、小学、中学教职工平均月薪分别为101.42、113.21、179.15个工资分。学历较高、教龄较长的教师高于平均数，如县立初级中学最高为280个工资分，全校平均198个工资分。

1956年，教职工工资分制改为工资制。中学教职工减少等级，拉大差距，增长幅度较小，反之小学增长幅度较大。中学校长、教导主任的工资需报省教育厅审批。

1977～1979年，学校教职工3次调整工资，调整面分别为40%、40%和2%。1979年，开始实行班主任补贴，班级人数额满，小学每月发3～5元，中学每月发4～6元。民办教师任班主任的补贴减半发给。1981年，教职工普调工资，小学教职工平均月薪提高至41.43元，中学教职工平均月薪提高至49.63元，民办教师平均月薪为24.99元。1982年，全县教职工有724人增资。

1985年，实行以职务工资为主的结构工资制改革。教育部门比其他部门早半年实行，即从1985年1月开始。这次工改调整面大，涉及教职工1092人，增加金额是中华人民共和国成立后最多的一次。是年，教师实行教龄补贴，满20年教龄每月津贴10元，满15年教龄每月津贴7元，满5年以上教龄每月津贴3元。1986年，全体教职工升一级工资。1987年，教职员评定职称，公办教师因评定相应职称而增资者计有671人，人均月增资12.96元；民办教师因评定职称而增资者264人，人均月增资6.67元。1987年10月起，公办教师上浮工资10%，有1405人，人均月增资9.93元。民办教师上浮工资10%，有264人，人均月增资6.67元。1990年，全县有公办教师1472人、民办教师217人增加一级工资。同时，全县离退休教职工238人增加工资，人均月增资12.01元，并对部分低工资教职工再升一级工资。

自1984年后，国家因调整物价，为教职工增发山区补贴、知识分子补贴和奖金等10余类补贴。教职工所享受的公费医疗等各种福利待遇，与国家机关工作人员基本相同。1990年，凡教龄满30年的中小学退休教师，其退休金按原工资100%发给。

1992年10月，教育系统648名教职工普升一级工资；12月，教育系统1789名教职工浮动一级工资。1993年1月，教育系统2123名教职工调整工资，其中在职人员1796人、离退休人员327人；9月，教育系统1841名教职工浮动一级工资。

1993年，实行新的工资制度。新的工资制度为职务（技术）等级工资占70%，津贴、工龄部分占30%。同时规定，全国教职工每两年晋升一个工资档次，中小学教师职务工资每人提高10%，且计入离退休费的基数。是年，全县有 2038 名公办教师享受工资制度改革待遇，有 665 名民办教师、离退休教师等提高补贴标准。

2006 年 7 月，事业单位实行岗位绩效工资制度，涉及教职工共 2159 人，人均月增 298 元。退休教职工按职别也相应提高生活补贴。

2009 年 1 月，实施绩效工资，涉及在职教职工 1466 人，工资均有大幅度提高，有 646 名退休教职工和 156 名精简人员也同样提高生活补贴。是年，加发农村教师任教津贴。任教津贴的发放以县城为中心，按地理位置分为 4 类：一类地区享受省定津贴，每月 245 元；二类地区月增 100 元为 345 元；三类地区月增 200 元为 445 元；四类地区月增 300 元为 545 元。2010 年 1 月，开始实施非义务教育学校（含高中阶段、学前教育阶段）教师绩效工资制。涉及 651 名教职工提高工资、132 名退休教职工提高生活补贴。

住房待遇

1993 年，开始实施城镇住房制度改革，部分县城教师和干部得以购买公有住房。在职教职工开始实施住房公积金制度。1997 年，县政府划拨建设用地 8000 平方米，新建教师新村。教师新村共有住宅楼 4 栋，120 套住房。教师住房建设以个人投资为主，国家、单位给予适当补助。

图 31-48 教师新村住宅楼（县档案馆提供 1998 年）

社会地位

古代有尊师的传统，在县学或书院执教的名儒，往往被当地尊为一代经师。清代，在学塾任教的塾师，仍受当地乡村群众的尊敬。

民国时期，政府对提高教师的地位和待遇作出规定。民国 25 年（1936），县政府下令取缔“包头校长”，增加县款补助费。民国 28 年，教育部规定，每年农历 8 月 27 日孔子诞辰为教师节。县政府规定：“（1）表扬著有劳绩之优良教师；（2）提高改善教师待遇；（3）发表奖学金得奖之名单；（4）其他。”这些规定作出后，各校均未实施。

中华人民共和国成立后，党和政府关心教职工政治待遇的提高，称颂教师是“人类灵魂的工程师”。1949 年 11 月，全县各界人民代表大会召开，有 10 名教师和 6 名学生代表出席会议。1950 年，召开全县冬学模范代表大会，表彰作出成绩的冬学教师。1952 年，全县私立中小学教师全部转为公办，教师被列为国家干部编制。次年，教师均参加工会，成为工人阶级的一部分。1956 年，中小学教师代表出席全县知识分子代表大会，松阳中学詹开钱、松阳第二初级中学林源被选为代表参加省先进工作者代表大会。

1957 年，全县中小学教师有 26 人被错划为资产阶级右派分子。“文化大革命”期间，不少学校领导、教师被送到“五七”干校劳动，接受审查。1978 年，中共十一届三中全会后，拨乱反正，对教师在历次政治运动中的冤、假、错案予以平反昭雪，作妥善处理。1984 年，县人民政府对从事教学工作 30 年以上的教师颁发光荣证书。1985 年，国务院决定每年 9 月 10 日为教师节，县委、县政府向全县教师发出慰问信，为教师做好事、办实事，教师日益受到社会的尊重。优秀教师受到各级政府的表彰和奖励。

1994年，《中华人民共和国教师法》开始实施后，县、乡镇政府把为教育、为教师做好事、办实事列入领导的任期目标责任，作为干部考核的内容。每年教师节都召开庆祝暨表彰大会，表彰一学年来教育系统的先进单位、先进教师和教育工作者。

图31-49　表彰“十佳名师”（叶光铭 摄于2005年）

至2010年，每届县党代会、县人代会、县政协大会，都有一定名额的教育界代表、委员入选，参与商议全县大事，选举县党、政领导班子。开展“优秀教师”“优秀教育工作者”“优秀校长”“学科带头人”“明星教师”“特级教师”等称号的评选工作。树立先进，树立榜样，提高教师的知名度，提高教师的社会地位。

第五节　非公办教师安（处）置

民办教师安置

1949年5月，县人民民主政府接管旧有的公、私立中学3所，小学144所。1950年，县人民政府文教科在城关区竹源乡开展小学民办试点工作，接着在全县范围内展开小学民办运动，新增民办小学11所。1951年，农村办学掀起高潮，全县新增民办小学59所，民办小学达221所。1952年，民办小学及其教师全部转为公办。1955年，吸收部分民办教师充实到公办学校。1958年“大跃进”，掀起办学热潮，民办教师又一次大幅度增加。

1961年，把全县115所公办初小转为民办或民办公助，全县民办小学172所，占83%。1963年，贯彻“两条腿走路”的方针，创办简易小学和耕读小学，全县有小学民办教师587人，占小学教师总数的59.11%。

“文化大革命”中，在“读高中不出社，读初中不出队，小学办在家门口”的号召下，学校大量增加，为解决师资不足，采取逐级抽调和招收民办教师、代课教师的办法解决教师紧缺问题。1969年，根据省革委会关于农村公办小学下放到大队办的通知，农村小学教师回队任教，工资实行“工分加补贴”。1971年末，回队任教的公办教师，工资改由国家发放。

1970年后，在“把学校办到家门口”的号召下，小学校数猛增，造成教师匮乏，民办教师大量增加。其间，有的村小迫切创办或扩充班级，由村推荐任用教师，工资实行生产队记工分，按上课或开会的天数记出勤工分，假期若不参加生产队劳动，没有工分。这种教师称“赤脚教师”。1972年始，“赤脚教师”均转为民办教师，在村小学任教，享受民办教师工资待遇。

1973年3月，县（时属遂昌县）教育局组织工作组一行12人，进驻石仓公社开展民办教师队伍整顿工作试点。经过一个多月工作，有7名小学民办教师被辞退。1978年，根据中共中央、国务院“减少数量，提高质量，改善待遇，加强管理，统筹解决民办教师的问题”的指示，以及“关、招、转、辞、退”五字方针，遵照浙江省教育厅通知，截至1978年末不再吸收民办教师。

1982年，恢复松阳县建制时，有民办教师840人，代课教师14人，民办、代课教师占教职工总数的51.2%。根据浙江省委、省政府关于民办教师队伍整顿的规定，开展“治理整顿，择优转正，培训进修，改善待遇”的民办教师整顿工作。县教育局对1978年末前入伍的民办教师逐一进行考核。考核的主要内容是：政治思想表现、文化程度、业务能力、工作态度和健康状况。以政治思想表现、业务能力和工作态度为主，把民办教师分为继续任教、限期提高和不宜任教3种类型。对第一类167人，发给民办教师任用证书。对第二类人员，发给试用证书，在试用期间，结合教学实践，进修提高；再经考核合格者，换发任用证书；仍不合格者，则转为辞退对象。对第三类142人，做好工作，予以辞退。辞退工作在公社（乡、镇）党委领导下进行，辞退人员的安置工作主要由社队（乡、村）负责。1962年以前任教的民办教师原则上不予辞退。1965年末以前任教、已达退休年龄、体弱多病、不能坚持正常工作的，辞退后由教育部门按月发给生活补助费。其他被辞退的民办教师，根据不同的条件，有的安排到社（镇）队企业工作，有的回队劳动。对于回队劳动的，根据教龄长短，酌情发给一次性生活补助费。民办教师得到妥善安置。

是年，省教育厅决定部分师范学校从民办教师中招收新生，通过2年正规师范的教育，毕业后作为公办教师分配任教。1982～1987年，松阳县民办教师被中师招生录取就读124人，平均每年20多人，录取人数占整顿后民办教师的17.8%。另外，用自然减员指标，让民办教师逐年择优转为公办教师，民办教师逐年减少。1991年，在编民办教师176人。

1995年，地区教委对1972年末前参加工作的表现好的民办教师，原则上全部予以“农转非”（农业户口转为城镇居民户口）。1996年3月14日，浙江省人事厅、计经委、教委发出《关于从民办教师中择优录用公办教师的通知》，根据人事部、国家计委、国家教委《关于下达一九九五年度从民办教师中选招公办教师专项指标的通知》精神，为实现省委、省政府提出的1997年以前统筹解决民办教师问题的任务，经研究，决定采取严格考核、择优录用的办法，一次性解决浙江省民办教师的问题。对1978年末前参加工作的民办教师进行考核，符合录用条件的，经有关部门审批，招为公办教师。1996年末，松阳民办教师整顿工作完成，民办教师全部安置结束。

代课教师处置

在中小学任教、没有正式编制的教师称代课教师。1952年，由于小学教育的发展，师范教育一时还不能适应教育发展的需要，只能吸收社会上部分初中、高小毕（肄）业生为小学代课教师或民办教师。1958年，在“大跃进”的影响下，一批能胜任小学教学的中师毕业的教师被提拔到中学任教，又把社会上一批初中、高小毕业生吸收为民办、代课教师。1962年4月，开展教师调整、精减，把1958年吸收的代课教师全部辞退。尤其是在20世纪60年代末70年代初，提倡“学校办在家门口”，实行“贫下中农管理学校”，农村中小学蓬勃兴办，民办、代课教师人数迅猛增加，其中相当一部分转为正式民办教师。截至1978年末不再接收民办教师。1979年1月1日，因缺员在校任教的，称顶编代课教师。由于当时农村中小学教师的缺口较大，采用较多数量的顶编代课教师予以补充。

1975年后，代课教师中绝大多数是初、高中刚毕业的回乡知识青年。随着改革开放的推进，加上当时民办、代课教师的工资待遇低，1980年后，许多1978年末前参加工作的正式民办教师陆续自动离职，另谋职业。再加上当时民办教师中知识青年回城安排就业，代课教师迅速增加。

随着大中专师范毕业生的逐年分配进入教师队伍，顶编代课教师逐年减少。1991年，全县有小学顶编代课教师207人。1993年10月31日，第八届全国人大通过《中华人民共和国教师法》。是年开始，为解决代课教师问题，师范院校招收通过函授、自考取得合格学历的中小学代课教师脱产一个学期补修教育学、心理学等课程，结业后发给师范院校毕业证书，转为公办教师。此项工作延续至1997年。

1998年8月，根据上级教育部门的有关规定，县教委着手对中小学教师中的临时代课人员进行清理、整顿，辞退不合格人员，严格把住教师进口关。

1999年7月，丽水地区行署转发地区教委《关于整顿辞退代课教师意见的通知》，决定在2000年前完成代课教师的整顿辞退工作。在这期间，松阳县于1998年开始开展中小学校布局大调整，农村小学大幅度撤并，随之教师大量缩减。代课教师辞退后给予一定的经济补贴。标准为：任教10年内（含10年），每年发给其1个月的工资；10年以上的，每年发给其1.5个月的工资作为生活补贴。若因工作需要继续留用的，其劳动合同关系从头开始计算，直至解除劳动关系止，仍给予上述标准的补贴。

第九章 教育经费与教学设施

松阳历代教育经费主要来自学田和各种捐资，多为县学办学经费。而教学设施主要有县学学宫。史载宋代松阳学宫被焚又重建。尚存学宫建于元代元贞二年（1295），经过明清两代多次扩建和修缮，保留至今。清末兴办学堂，校舍基本由祠堂、庙宇修建而成。民国时，兴建有少量校舍和新置有少量仪器、教具、图书等教学设备。民国37年（1948），全县学校建筑面积共计1.6万余平方米。

中华人民共和国成立后，县政府每年拨款新建和修建校舍，集体和个人也出资助力。1949～1978年，共新建校舍12.3万余平方米，但校舍基本为土木结构。县、区级学校有少量钢筋混凝土结构的校舍。此批新建的校舍，使用若干年后，一部分成为危房。县级学校、区和公社中心学校都有大小不等的泥地操场，其他的乡村中小学的教学设施更为简陋。

1982年，财政出资、社会集资，聚力改建校舍中的危房和破旧房。至2005年，共改建危房近5万平方米，修缮破旧房逾5万平方米。同时不断新建校舍，修建运动场地。此后新建的校舍，都是钢筋混凝土结构。2010年，全县共有校舍24.9万余平方米。全县各类学校总计占地面积66.9万余平方米。

第一节 教育经费

历代教育经费主要来自学田、公益捐、宗祠寺庙和个人捐助。

明嘉靖三十六年（1557），置县学学田3亩。隆庆六年（1572），置田200亩，所收租谷除供学师饭米外为诸生季考课资和济贫费。万历十一年（1583），又增田60亩。后因年代久远，田亩无从查考。到清中期有40亩，年收租30石。光绪年间（1875～1908），有文运义田75亩,田租充文武童生县试首场卷资，余为乡、会试路费。另有林氏所拨文德田113亩，年收租128担，充岁科试文武童生头场纳卷费。上述3项共计学田228亩。

光绪三十四年（1908），松阳教育费主要来源有：产业租金收入、官款拨给、公款提充、学生缴纳、派捐、乐捐、杂入。支出主要项目有：职员薪金、教员薪修、仆役工食、租息粮税、服食用品、试验消耗、图书、标本、器具、营造修缮、杂用等。据统计支出超过收入，亏空部分一般由官款补拨或由学校自行捐募解决。

宣统元年（1909），松阳县各类学校学生人均享用教育经费为11.731元，其中两等小学堂每生享用51.442元，初等小学堂每生享用6.117元，半日学堂7.84元。因经费岁入短缺，收入与支出相比，亏空1056元。

民国初，学校分县立、区立、公立、私立，经费来源不一，有省拨款、县拨款、寺庙庵殿堂观拨租、村民捐款、祠堂捐款、私人乐助。经费支出主要用于教职员工的薪金，少量用于修建校舍和添置设备。民国 2 年（1913），县议会决议于地丁项下每两附捐县税 7 角内，提四成为教育费。每区设立初等小学 2 所，每校年拨经费 160 元。民国 9 年，全县教育经费收入主要有 3 项：县税四成计 3608 元，地方学款 5000 元，乡教育费 11350 元，总计 19958 元。支出：县视学 360 元，劝学所 768 元，学务委员公费 384 元，教育会等 120 元，县立学校 3800 元，补助费 2800 元，乡教育费 14000 元，总计 22232 元。超支部分以县补助凑足。为弥补经费不足，次年规定新办初等小学必须自筹资金，筹足 60～80 元方准立案。

民国 15 年（1926），县教育经费来源有地丁附捐、百货附加捐、埠夫常捐等 24 项。全县学校经费收入计有学田租 3700 担 2 桶，现金 8820 元。把谷折银加现金，全年经费计 23842 元。其中，县财政支出 5228 元，占全年教育经费支出的 22%，各项民间捐款 18614 元，占全年教育经费的 78%。民国 19 年，学校数和学生数增加，县筹集教育收入计 20585 元，另有省拨款 1000 元，县自筹款 2257 元。民国 25～28 年，全县教育经费有所增加。

抗战胜利后，货币一贬再贬。民国 36 年（1947），物价飞涨，全县教育经费为 28.26 亿元，其中来自县款 10.5 亿元，乡镇款 10.13 亿元，保甲款 5.9 亿元，私人款 1.73 亿元。是年 5 月中旬，西屏镇米价每百斤为 15 万元，到月底，米价涨到每百斤 32 万元。教育经费拨到各校已不经用了。

中华人民共和国成立后，公办中小学经费以国家拨款为主，民办、私立中小学国家拨款补助。1951 年下半年，县初级中学政府拨款计人民币 7101 元，学生每人收取学杂费 12 元、合计 563.2 元，占政府拨款的 7.93%。私立中学学租已无法收取，学校师生靠开展勤工俭学生产自给。每年年末，省教育厅发给补助款，帮助解决困难。全县 18 所公办完全小学，政府拨款（大米）占公办小学教育经费 63%强，民筹经费、学生上缴学杂费、校产、公学产及其他收入占 37%左右。各初级小学民筹经费占初小教育经费 48.27%，校产公学产占 43.3%，政府拨款、学生上交学杂费及其他收入占 8%左右。私立小学由校长或当地农会干部组成筹资小组，募捐筹集解决。

1952 年下半年，私立俭公中学转为公办，学校经费由政府拨款。私立国强中学仍以“自力更生、量入为出”的原则，政府采取定额补助办法解决困难。各小学由国家全部包下，公办教师一律转为国家干部编制，学校经费除收学生学杂费外，其余全部由县财政支出。全年县财政拨款为 12.74 万元。

1956 年，各区乡增设由群众集资的民办小学。此后民办小学不断增多。1962 年精减教师队伍，减少国家经费支出。全年教育经费为 30.36 万元。1966 年，全年教育费为 43.48 万元，比 1962 年增加 43.21%。1969 年，农村中小学教师回队任教，公办教师工资和部分学校办学经费仍由国家支出，社队也需负担部分办学经费。

中共十一届三中全会以后，教育经费连年持续增加。1982 年，全县教育经费支出 182.7 万元；1983 年，增至 231.35 万元，剔除省拨危房修建重点县经费 22 万元外，比 1982 年增加 14.58%。是年，贯彻“两条腿走路”的办学方针，教育局采取“国家补助、学校勤工俭学、群众集资”三结合办法进行改造旧校舍，全年总投资 76.2 万元。

1986 年，城镇开征教育事业费附加，全年计 3 万元。全县教育经费计 398.7 万元，占县财政收入的 31.6%、财政支出总额的 24.7%。1988 年，松阳县各校实行分级办学、分级管理。教育经费由县财政局切块下达，县属学校由教育局下拨，乡（镇）属学校由县财政局直接分到各乡（镇）。全县教育事业费为 577.1 万元，其中县财政拨款为 541.1 万元，占县财政总收入的 30.97%。县财政收入比上年增长 28.9%，而教育经费增长 46.79%。同年，农村开征教育事业费附加。1989 年 6 月，松阳县人民教育基金会成立，到 1991 年 12 月止，有 51 个单位和 1251 个人捐资，金额共计 5.9 万元。1990 年，全县教育经费 652.1 万元，占县财政总收入 31.51%，比 1989 年增长 9.48%。1991 年，全县教育费支出占全县财政收入的 35.6%。

1991 年后，教育经费来源主要由县财政拨款和省财政扶持拨款，还有部分是教育费附加、学杂费、社会各界捐资及其他收入。1993 年，全县财政收入 2992 万元，教育经费支出 1323.68 万元。1997 年，全县财政总支出 8921 万元，教育事业费拨款计 2009.5 万元，占县财政总支出的 21.33%。省财政增加对松阳教育经费的扶持。1999 年，全县财政总支出 11113 万元，教育事业费拨款 2692.8 万元，占县财政总支出的 24.23%。

省财政扶持松阳县的项目包括新建校舍、危房改造、破旧房维修及其他补助经费。新建县民族中学、水南初中教学楼、城南中学教学楼、县职业技术学校教学楼及综合楼、松阳一中教学楼、松阳二中教学楼与实验楼改造、各乡镇中心学校校舍基建项目及危房改造补助经费；学校公用经费；家庭困难学生补助经费；少数民族学校补助经费；“两基”教育验收补助经费等项。2000～2005 年，省财政专项扶持资金计 1521 万元，教育费附加省转移支付 1745 万元，社会各界捐资 659 万元。

图 31-50　樟溪小学教学楼（叶光铭 摄于 2008 年）

2005 年后，省政府确定松阳县为全省 6 个欠发达县之一，属省财政重点扶持县。2005 年 5 月，省政府决定今后 3 年内，全面实施“农村中小学家庭经济困难学生资助扩面工程”“农村中小学爱心营养餐工程”“农村中小学食宿工程”“农村中小学教师素质提升工程”（简称“四项工程”）。同时，规定“四项工程”的实施办法，松阳县属一类地区，补助比例最高。《农村中小学家庭经济困难学生资助扩面工程实施办法》规定，一类地区可免收杂费、课本作业本费、住宿费，省财政按 50%比例给予补助。当年就有家庭经济困难学生 6044 人得到资助，资助金额 75 万元。《农村中小学营养餐工程实施办法》规定，每周免费提供 2～3 餐荤素搭配营养餐，每生每周 5 元，一类地区省财政按全县学生总人数最高比例补助。是年有学生 2713 人享受营养餐，资助金额 27.13 万元。《农村中小学食宿改造工程实施办法》规定，生均宿舍面积 3 平方米，生均食堂面积 1 平方米，学生宿舍 1 人 1 床，设置盥洗间，一类地区省财政按 60%补助。《农村中小学教师素质提升工程实施办法》规定，全员培训以新理念、新课程、新技术和师德教育为重点，培养一批中小学骨干教师，一类地区省财政按 50%补助。

2006 年，全县财政总支出 40791 万元，教育事业拨款计 8992.8 万元　占全县财政总支出的 22%。2007 年，全县教育经费总投入 15141.9 万元，比 2006 年总投入的 13095.3 万元增长 15.63%。2007 年上半年统计，省财政资助全县义务教育阶段家庭经济困难学生 6952 人，占学生总人数 32.39%，资助金额 148.29 万元。享受营养餐学生 6001 人，占学生总人数的 22.13%，资助金额 60.01 万元。从 2008 年开始，每年省财政各项扶持款均在 5000 万元以上。

2009 年，浙江省农村中小学爱心营养餐由每生每学期 200 元提高到 350 元，由每周 3 餐改为每周 4 餐，一荤两素改为二荤一素。职业中等技术学校低收入家庭学生，省财政转移支付每学年每生学费 2000 元，代管费 500 元，营养餐费 400 元。省财政厅按 55%的比例转移支付松阳县职业中等专业学校。

2010 年，全县教育经费总投入计 28114.8 万元，比 2009 年总投入的 24006.1 万元增长 16.71%。省财政除对“四项工程”补助外，还增加对学前教育、农村预备劳动力补助等项目进行扶持。2005～2010 年，全县共投入基本建设经费 15408 万元，教育装备经费 2357.38 万元，家庭经济困难学生受资助 33526 人次，资助经费 922 万元。

1949～1991 年松阳县教育经费支出概况表

表 31-9-1-1　　单位：万元

年份	合计	其中										
		中师	中学	小学	业余教育	教师进修	民办补助	幼儿教育	其他教育	高等业余教育	离退休	职业教育
1949	—	—	—	—	—	—	—	—	—	—	—	—
1950	3.00	—	—	—	—	—	—	—	—	—	—	—
1951	0.50	—	—	—	—	—	—	—	—	—	—	—
1952	12.74	—	—	—	—	—	—	—	—	—	—	—
1953	23.10	—	—	—	—	—	—	—	—	—	—	—
1954	20.70	—	—	—	—	—	—	—	—	—	—	—
1955	20.16	—	—	—	—	—	—	—	—	—	—	—
1956	27.96	—	—	—	—	—	—	—	—	—	—	—
1957	32.00	—	—	—	—	—	—	—	—	—	—	—
1958	33.10	—	9.20	22.10	0.90	—	—	0.20	0.70	—	—	—
1959	30.27	—	9.10	19.37	0.80	—	—	0.20	0.80	—	—	—
1960	31.50	—	12.10	17.10	0.80	—	0.50	0.20	0.80	—	—	—
1961	29.50	—	11.10	16.20	0.80	—	0.50	0.20	0.70	—	—	—
1962	30.36	—	10.10	18.94	0.50	0.03	0.45	—	0.36	—	—	—
1963	32.22	—	8.41	20.80	0.63	—	2.22	—	0.16	—	—	—

续表 31-9-1-1

年份	合计	其中										
		中师	中学	小学	业余教育	教师进修	民办补助	幼儿教育	其他教育	高等业余教育	离退休	职业教育
1964	36.08	—	10.79	19.80	0.91	0.07	3.5	0.39	0.66	—	—	—
1965	35.14	—	10.70	18.35	0.89	0.15	4.14	0.42	0.49	—	—	—
1966	43.48	—	14.54	21.17	0.50	0.15	5.52	1.00	0.60	—	—	—
1967	42.82	—	11.27	21.00	0.50	0.10	7.10	0.30	2.55	—	—	—
1968	37.57	—	10.51	19.98	0.35	—	4.01	0.30	2.42	—	—	—
1969	42.86	—	10.78	19.07	—	—	12.71	—	0.30	—	—	—
1970	42.08	—	12.17	16.20	—	—	12.67	0.03	1.81	—	—	—
1971	53.30	—	18.62	20.03	—	—	12.83	0.13	1.69	—	—	—
1972	60.20	—	19.07	26.32	—	—	13.45	0.10	1.26	—	—	—
1973	64.42	—	21.81	26.70	—	0.54	13.92	0.12	1.33	—	—	—
1974	70.57	—	21.85	31.51	—	0.52	14.36	0.10	2.23	—	—	—
1975	70.06	—	20.30	31.04	—	0.66	17.10	0.10	0.86	—	—	—
1976	79.88	—	20.70	32.86	—	2.93	21.93	0.12	1.34	—	—	—
1977	76.47	—	18.51	31.87	—	1.88	22.00	0.12	2.09	—	—	—
1978	93.58	9.07	22.32	33.13	1.10	1.27	22.44	0.14	4.11	—	—	—
1979	109.63	18.11	23.75	37.00	0.85	0.69	25.00	0.20	4.03	—	—	—
1980	155.95	30.28	35.08	49.00	2.90	1.32	26.60	0.30	7.27	—	3.20	—
1981	155.95	26.95	34.33	49.20	3.10	1.44	27.20	0.85	7.92	—	5.00	—
1982	182.70	24.60	52.60	58.50	3.50	3.00	32.00	1.10	7.30	0.10	—	—
1983	231.35	31.93	72.23	80.66	3.47	3.07	28.45	1.17	10.24	0.13	—	—
1984	250.40	37.10	76.00	81.70	3.50	4.10	31.40	1.50	12.96	0.40	0	1.74
1985	318.40	0	110.10	105.90	4.88	7.15	39.28	2.79	17.80	0.48	11.94	19.75
1986	398.70	0	125.90	132.60	4.30	8.20	48.8	3.30	18.10	0.70	20.10	27.40
1987	368.88	0	128	137.10	2.64	9.62	35.75	3.57	13.10	2.16	23.24	13.44
1988	577.10	0	197	204.60	1.40	7	42.40	4.10	34.90	1.60	55.10	29
1989	615.50	0	206.40	236.80	1.70	11.70	61.70	5.60	24.40	1.80	57.10	21.80
1990	652.10	0	203.90	251.50	6.80	9.70	55.90	8.60	29.40	1.90	64.10	20.30
1991	771.60	0	260.80	264.80	6.70	10.40	58	20.70	32	2.20	81.40	34.60

1982～1991年松阳县教育预算外资金收入情况表

表31-9-1-2　　单位：万元

年份	总计	教育事业费附加			学、杂费				集资	勤工俭学	其他
		小计	城镇	农村	小计	中学	农职	小学			
1982	347	—	—	—	143	—	93	50	—	20.40	—
1983	360	—	—	—	179.50	—	—	—	130	50.50	—
1984	252	—	—	—	208	135	—	73	—	44	—
1985	290	—	—	—	245	—	—	—	—	12	33
1986	845	30	30	0	269	—	—	—	508	38	—
1987	958.30	76	76	0	358.60	270	9	79.50	475	48.70	—
1988	2451.40	241	85	156	—	654	—	418.80	714	248.60	176
1989	1889	487	109	378	788	482	0	306	293	221.60	100
1990	2349	622	198	424	633	444	3	157	512	160	422
1991	3596	824	210	614	923	630	67	226	1407	47	395

1992～2010年松阳县教育经费概况表

表31-9-1-3　　单位：万元

年份	教育经费收入								其中
	合计	教育事业费拨款	基本建设拨款	教育附加	地方教育附加（农村教育附加）	社会集资、捐资	事业收入（包括学杂费）	其他收入	上级专款补助
1992	1305.90	871.60	0	20.10	84.90	125.90	99.4	104	6.50
1993	1323.68	1003.40	4	31.60	199.93	84.75	—	—	15
1994	1774.20	1446.20	—	51.90	235	36	—	5.10	5
1995	2115.60	1444	—	35	241	104.40	266.70	24.50	—
1996	2730.40	1709.20	12	44.20	180.30	117.40	349.80	317.50	25
1997	2958.70	2009.50	0	88.50	193.30	217.90	392.40	57.10	—
1998	3833.50	2307.90	30	110.90	211.60	218.80	769.60	184.70	—
1999	4167.30	2692.80	0	82.30	139.50	194.20	912.40	114.60	20
2000	4707.30	3088.80	10	81.30	187.80	214.30	999.30	125.80	180
2001	5670.40	3678.40	0	131	328.50	122.20	1150.80	259.50	180
2002	7791.60	5026.30	669.5	170	0	194.50	1524.10	207.20	998
2003	8820.50	5476.50	781	182	0	206.90	1915.20	258.90	439
2004	11197.50	7843.60	110	232.80	0	109.90	2504	397.20	593
2005	11532.90	7842	—	106	—	71	2598.90	978.90	863.50

续表 31-9-1-3

年份	教育经费收入								其中
	合计	教育事业费拨款	基本建设拨款	教育附加	地方教育附加（农村教育附加）	社会集资、捐资	事业收入（包括学杂费）	其他收入	上级专款补助
2006	13095.30	8992.80	10	545.90	0	107.50	2578.40	860.70	892.80
2007	15141.90	11716.60	10	423.50	429.10	22.50	2424.90	115.30	3321.50
2008	18162.10	14160	10	576.70	350	116.50	2526.10	422.80	4965
2009	24006.10	18703	54	580	350	20.50	3201.50	1097.10	5818.80
2010	28114.80	19415.80	30	765.20	2034	428.10	3468.20	1973.50	6201.40

第二节 校 舍

清末兴办的学堂，校舍大多由祠堂、庙宇修建而成。光绪三十四年（1908），全县学堂营造修缮费为 190 元。宣统元年（1909），学堂营造修缮费增至 298 元。

民国 15 年（1926），有小学 118 所，校址设在民房 3 所，占 2.5%，其他都设在祠堂、佛殿等场所。是年，县立初级中学创办，校舍由西屏镇东门东福禅寺修缮。民国 17 年，建土木结构的二层楼教室及学生寝室。民国 27 年后，曾两次筹款计 3630 元，建造教室、宿舍、膳厅、厨房、体育室等房屋 50 间。其他小学大多利用旧有建筑，很少新建校舍。

民国 31 年（1942），日军侵入松阳，县立初级中学、私立国强中学及部分小学校舍被烧毁。日军撤退后，县立初级中学向全县各界人士募捐法币 34 万余元，重建楼房 6 间、平屋数间、运动场 8 亩。私立国强中学只得迁往西屏镇南门潘家祠堂复课。民国 37 年，全县学校建筑面积计有 16332 平方米。其中，城镇 6738 平方米（简师 1073 平方米、中学 1387 平方米、小学 4278 平方米），农村小学 9594 平方米。

中华人民共和国成立后，人民政府每年拨专款新建和修建校舍。1949～1965 年，国家拨款 35.99 万元，群众集资 7.38 万元，新建和拆建中小学校舍 24168 平方米。其中，城镇 10174 平方米，农村 13994 平方米。新建主要项目有松阳一中教室、教工宿舍等 2053 平方米，古市镇中心小学、水南完小、叶村完小、西屏镇中心小学、樟溪完小、新兴完小等校教室及生活用房 3562 平方米，靖居初中教学楼及教工宿舍 2000 平方米等。

图 31-51 2003 年建成的松阳一中学生公寓（松阳一中提供 2006 年）

“文化大革命”期间，城镇中小学大量校舍被砸，部分被外单位所占用。松阳一中被中药厂占用 2500 平方米，古市镇中心小学操场被古市邮电局建造宿舍占用 1000 平方米。农村小学校舍被大队、生产队占用情况更为严重。1969 年后，校舍紧张的状况尤为突出。部分学校租借民房和生产队灰铺或建造简易校舍。

1966～1978 年，全县国家基建投资共计 80.38 万元，社会集资 44.42 万元，共新建校舍面积 99191 平方米。1982～1991 年，全县统筹国家、集体、个人的力量，修建和新建校舍。其间，总投资 894 万多元，共改造危房 29757 平方米。

1982～1991 年松阳县改造危房和新建校舍投资情况表

表 31-9-2-1　　　　单位：平方米/万元

年份	校舍情况				危房改造投资情况			
	总面积	危房面积	占比例	危房改造面积	总投资	省投资	地方财政	社会集资
1982	136022	—	—	7100	22.70	—	22.70	—
1983	144213	—	—	—	52.80	19	33.80	0
1984	146570	23700	16.17%	—	33.70	—	33.70	—
1985	151000	16600	10.99%	—	20.10	—	20.10	—
1986	160971	19830	12.32%	3870	86.40	15	47.60	23.80
1987	173970	15960	9.2%	5313	82.53	0	43.20	39.33
1988	180425	10647	5.8%	10200	188.30	—	44.90	108.90
1989	185693	4470	2.4%	1493	156.50	—	54.30	82.20
1990	185700	2411	1.1%	1170	90.20	—	44.60	40.10
1991	187500	1800	0.09%	611	160.80	—	40	100.80
合计	—	—	—	29757	894.53	0	384.90	395.13

1992 年，全县校舍总面积 18.75 万平方米。其中危房面积 1.8 万平方米，占 9%左右；破旧房面积 5.02 万平方米，占 26.77%。县教委继续筹措资金，在各乡（镇）政府的支持下，投入 1000 多万元，至 1996 年基本完成危房拆除和破旧房修缮工作，并新建一批教学用房。

2000 年，松阳县开展全县中小学校舍结构安全大检查。2000～2005 年，全县共投资 7859 万元，征地 216783 平方米，新建校舍 81511 平方米。新建校舍面积占校舍总面积 39.4%，全面完成各级各类学校危房和破旧房改造。

图 31-52　板桥小学教学楼(板桥小学提供 2007 年)

2005年后，全县教育基建项目主要是食堂宿舍改造工程。全县共有63个基建项目，总建筑面积37937平方米，项目都按计划建成。2009年，省政府要求创建标准化学校。松阳启动校舍安全工程，凡有安全隐患的校舍，进行全面加固修缮。

1992～2010年松阳县学校规模情况表

表31-9-2-2　　单位：平方米

年份	学校占地面积				校舍建筑面积			
	高中	中专	初中	小学	高中	中专	初中	小学
1992	235028	88709	—	249871	69314	6986	—	112479
1993	263734	88709	—	247269	71594	6986	—	113293
1994	275582	71402	—	236476	73467	7551	—	107629
1995	—	—	—	—	—	—	—	—
1996	269172	—	—	231869	79774	—	—	114479
1997	266837	79499	—	230747	80445	10004	—	109363
1998	253080	79499	—	231711	81577	11121	—	108225
1999	305543	101312	—	218365	94062	12222	—	100147
2000	352032	92622	—	186333	100334	13112	—	85107
2001	213320	92622	176122	159778	40123	17213	57893	74970
2002	185535	166083	185535	159524	24180	33156	60698	74842
2003	145458	168721	179690	199345	25925	37334	58801	78709
2004	145458	159398	161231	344232	25925	37509	49218	80401
2005	145458	159398	158207	203506	35455	37504	55482	78623
2006	145458	159498	147393	203938	39365	37616	52366	89785
2007	145458	159498	149393	213168	39365	38684	52692	90265
2008	145458	159498	138709	209643	39365	40288	60459	92054
2009	145458	212012	130580	203913	39365	45806	67551	93196
2010	216548	94110	130580	228181	54845	25513	69039	99633

说明：1.2000年前高中学校占地面积、校舍建筑面积包括初中
　　　2.2002～2009年松阳二中列在中专栏里统计

（此节内容与第三十七编“文物”第四章“近现代重要史迹及代表性建筑”第四节“文化教育建筑及附属物”互为补充）

第三节 教学设备

清末，松阳县学校设备极为简陋。光绪三十四年（1908），全县19所小学，图书、标本、器具等设备费支出227元，平均每校11.94元，试验消耗费21元，平均每校1.10元，分别占全县教育经费6750元的3.36%和0.3%。宣统元年（1909），学校增加1所，但用于添置各校图书、标本、器具费支出减少为57元，平均每校仅2.85元，试验消耗费全县1元，平均每校0.05元，分别占全县教育经费的1.13%和0.02%。

民国初，学校增多，但用于添置设备经费很少。不少学校课桌凳破旧，且数量不足，甚至学生上学需自带凳，教师所需的粉笔、毛笔、红墨水等包干使用。民国8年（1919），为配合白话文教学，县劝学所购买留声机1台及“五朴读音”唱片。次年，全县有10多所学校购置风琴及其他教具。民国26年，为适应课堂教学，各校自制教具及低年级儿童玩具420件。

民国31年（1942）8月，日军侵占松阳，许多学校校舍被焚，仪器设备损失惨重。县立初级中学图书损失2/3，仅存800册。民国36年，全县学校设备费4.24亿元，占教育经费总支出的14.95%。次年，县教育科为各中学新置图书1400册、仪器及化学用品2套。向各小学共分发教具26副、文库12部、挂图60套。私立俭公中学副董事长叶梦麟从南京寄赠书籍500余本，学校也添置一些图书仪器。民国38年2月，县政府对全县各校调查后指出，学校设备尚有四分之三未合标准。各中心国民学校及各私立完全小学，均已普遍设置小学理化仪器教具、起居规律及社交礼仪挂图各一套，其他挂图若干幅。范围较大之中心国民小学三所，各添购《新小学生文库》一部，尚有九所各添购《小学生基本文库》一部，各中心国民小学简易药箱一只由县发给。

中华人民共和国成立后，松阳一中新建实验室和仪器室各2个，逐步配齐理化仪器。理化教师可按教材中的规定，做课堂演示，部分实验还可分4人或8人一组开设。松阳二中的理化仪器也得到充实，理化教师大部可按教材中的规定做课堂演示。各级小学配齐课桌凳，添置挂图及有关教学设备。“文化大革命”期间，学校教学设备遭到严重破坏。西屏镇属小学和松阳一中损失折人民币45422.94元、图书损毁4000多册。

图31-53 松阳县达到“普及实验教学县”标准（县档案馆提供 1998年）

中共十一届三中全会后，教学设备投资逐年增长。1978年，县教育局拨出16680元用于购置仪器，分配各中小学。1982年后，县文教局配备专职仪器管理员1人，学校配备专职或兼职仪器管理员，逐步形成教学仪器管理网。1985年，投资22.6万元，在松阳一中新建科学馆，建筑面积1796平方米。1988年，教育局设立教学仪器站（次年更名电教馆），教委副主任兼任馆长，有专职人员 8 人。

1991 年，全县各校中小学教学仪器按部颁一类标准配备的学校 12 所，按二类标准配备的初中 18 所。建立实验室的学校有 30 所，实验室 46 个计 3007 平方米。建立仪器室的学校有 61 个，计 1741 平方米。全县共配录音机、投影仪、幻灯机等设备共折人民币 84.93 万元。学校图书馆藏书也逐年增加，当年达到部颁标准的图书馆有 3 所中学和 6 所小学，分别共藏书 7.5 万册和 1.9 万册。

1992 年，丽水地区第一家教育电视台松阳教育电视台开始试播，并编辑《松阳教育电视》。1994 年 9 月，根据县政府的决定，松阳教育电视台与松阳县电视台合并。1997 年，启动“教育现代化工程”，共投入 100 多万元资金，置办必备的教学仪器。1998 年，经省教委验收，松阳成为“普实”合格县。

图 31-54 多媒体教学（古市中学提供 2005 年）

2000 年，全县中小学基本普及“两机一幕”。2001 年，分期分批开设信息技术课，建设教育网站，实现“校校通”，发展远程教育。2005 年，全县基本普及信息技术教育。2007 年，松阳教育网投入使用，全县各中小学、局机关科室（计 41 个网点）实现快捷、高效、节俭的现代化“无纸化”办公。

2009 年，各校全部开设技术信息课，普遍开展课堂多媒体教学，生机比由原来 9.5∶1 提高到 6∶1，多媒体教室由原来 4∶1 提高到 3∶1。2010 年，组织多种形式的资源网应用活动。同时，做好中小学校园网络绿色上网过滤软件安装使用工作，以净化校园网络环境。

1997～2010 年松阳县教育装备经费投入概况表

表 31-9-3-1

年度	级别	生均经费（元）	学生数（人）	小计（元）
1997	—	—	—	100100
1998	—	—	—	117000
1999	—	—	—	111500
2000	—	—	—	148500
2001	—	—	—	158000
2002	—	—	—	202000
2003	—	—	—	959000
2004	—	—	—	1381600
2005	—	—	—	1879800

续表 31-9-3-1

年度	级别	生均经费（元）	学生数（人）	小计（元）
2006	小学	—	14196	—
	初中	—	6690	—
	高中	—	3074	—
	职高	—	2949	—
	本年合计	151.27	26909	4070524.4
2007	小学	—	14020	—
	初中	—	6941	—
	高中	—	2914	—
	职高	—	2469	—
	本年合计	119.51	26344	3148371.4
2008	小学	—	13719	—
	初中	—	7216	—
	高中	—	2829	—
	职高	—	2397	—
	本年合计	122.26	26161	3198443.9
2009	小学	—	13426	—
	初中	—	7464	—
	高中	—	2604	—
	职高	—	2367	—
	本年合计	162.5	25861	4202412.5
2010	小学	—	13434	—
	初中	—	7146	—
	高中	—	3248	—
	职高	—	1857	—
	本年合计	199.5	25685	4745516

1997～2010年松阳县各级学校计算机、图书装备概况表

表 31-9-3-2

年份	计算机（台）				图书（册）			
	小学	初中	职中	高中	小学	初中	职中	高中
1997	1	1	31	54	89997	92143	10260	168988
1998	49	3	56	54	101598	108097	22720	20453
1999	50	4	56	113	107462	10043	23152	200327
2000	56	53	105	208	114367	106666	11754	210022
2001	80	158	202	282	85171	109481	23876	102091
2002	259	315	202	187	94110	116764	67594	41445
2003	523	450	246	187	94767	38921	69339	44199
2004	680	424	315	187	90889	91686	80543	64649
2005	309	496	301	187	44817	92099	84734	41297
2006	326	607	300	178	82446	90690	87121	71997
2007	678	647	335	190	140066	101682	88141	71997
2008	1132	837	335	305	150289	95773	93773	71997
2009	1232	831	390	270	199691	150558	85616	71997
2010	1253	836	255	563	224296	153781	47120	148000

说明：1.2002～2009年，松阳二中列入职中统计

2.图书淘汰不再计入

第十章　教育研究

有记载的松阳县最早的教育研究机构是创建于民国元年（1912）的松阳县教育会，并按当时的行政区划逐步成立基层教育会。民国9年，由教育会组建小学教育研究会。小学教育研究会经常开展活动，促进现代基础教育在松阳的发展。民国18年，松阳县成立县、区（教育）辅导会议，在教师培训、教学研究、推动基础教育发展等方面做了较多工作。

1952年，松阳县中小学就组织语文、数学教研组，开展教研活动。小学教育的辅导体制不断完善。1956年，松阳县撤区并乡，设8所中心完全小学，各校负责辅导1至5所乡完全小学。是年，县文教科教学研究室建立，教学研究工作跨上新台阶。“文化大革命”期间，这些工作停滞。1982年，教学研究室恢复。1984年，松阳县、区、乡建立完整的小学辅导网，有序推进小学的教育行政管理和教学业务辅导。是年，研究教育科学的群众性学术团体——松阳县教育学会成立。此后，松阳县教育研究工作一直正常有序开展，人力、财力的投入不断增加，并取得较多成果。

第一节　教育科研组织

松阳县教育会

民国元年（1912），县教育会成立，制定《松阳县教育会章程》，规定学会以研究教育事项、发展地方教育为宗旨，由教育行政人员和学校教员代表组成。第一届由徐履中任会长。次年，学会改选，由叶庆锡任会长，有会员205人。民国2～14年，古市区、五都区、大竹溪区、玉岩区、厦田区、城区教育会相继成立。民国20年，教育会改组，由詹国芹任常委干事，另有7位干事、3位候补干事。民国34年，县教育会整顿调整，并建立西屏镇、古市镇、桐川乡、三都乡、茅溪乡、安石乡、樟溪乡、泰芝乡、南岱乡、靖居乡、安民乡等基层教育会。

教育研究会

民国9年（1920），松阳县劝学所遵令，由教育会组建小学教育研究会，县立学校组织教授研究会。民国19年，改组小学教育研究会，会同省立第十一中学附属小学拟订简章，呈奉核准备案。全面抗战爆发后，改称战时教育研究会，旋又改为战时教育座谈会。民国27年，教育研究会主要活动有研究各级小学兼办战时民众学校；聘请省立联中、省立联师、湘湖师范教师作专题讲座；观摩湘湖师范附小的教学演示；研究小学如何灌输儿童科学常识；单级教学时间分配、学校空防与战时教育的实施等。民国30年，松阳实施国民教育，成立国民教育研究会，各区、乡镇相继成立27个教育研究会。

小学辅导组织

民国18年（1929），根据省教育厅《浙江省各县试办中心学校办法大纲》规定，松阳县成立辅导会议，研究松阳县如何改进初等教育。县划分为5个学区，区举办辅导会议，研究该区如何改进小学教育。民国20年，省成立辅导委员会，松阳属省第十一学区。此后，县、区辅导会议隶属省辅导委员会。民国24年，县辅导会议介绍小学教师参加省教育厅小学进修通讯研究部及杭州师范小学教育函授班的进修。区辅导会议举办通讯研究，研讨国防教育、劳作教育和生产教育的实施。民国26年，县辅导会议制订《辅导服务细则》，规定辅导时间分配和辅导月报。民国29年，原省11个学区改划5个师范学区，省立湘湖乡村师范学校负责辅导松阳县初等教育，派代表出席县辅导会议，确定县立毓秀小学为特约国民教育实验学校。民国33年，全省划为10个师范学区，松阳仍由湘湖师范负责辅导。县辅导会议建立乡中心小学辅导保国民学校的制度，要求各乡中心小学一律设置通俗讲座，推行农业生产教育，逐步推广至保国民学校。

中华人民共和国成立后，小学教育的辅导体制更加完善。1952年，全县划分为8个学区（6个区、2个镇），区设立中心小学，区中心小学负责辅导所属乡中心小学，乡中心小学则辅导乡属各村校。1956年，松阳县撤区并乡，为适应行政区域的变更，设8所中心完全小学，各校负责辅导1～5所乡完全小学。1958年，撤区、乡改建人民公社，辅导任务由公社中心学校负责。1984年，松阳恢复区、乡建制后，区、乡均设中心小学，县、区、乡建立完整的辅导网。1988年，县教育局对学校管理体制进行调整，设松阳、古市、玉岩、大东坝、靖居5个辅导区，各辅导区负责处理所在区中小学的教育行政管理和教学业务辅导。乡中心小学负责该乡小学的教育行政管理和教学业务辅导。

教学研究室

1952年，松阳县中、小学组织语文、数学教研组，开展教研活动，但无专职人员。活动内容主要是学习各科教学计划，集体研讨教材，掌握课堂教学规律及重点、难点。1953年4月，曾举办小学学制研究班，抽调部分小学教师学习25天。1955年，《汉字简化方案（草案）》公布后，中学、城镇完全小学语文教研组和扫盲教师一起讨论该“草案”，并把意见综合上报。1956年，县文教科教学研究室建立，举办小学教师“北京语言训练班”，运用唱歌、朗读、演讲、讲故事、演话剧等活动推广。“文化大革命”期间，教研工作停止。1982年，教学研究室恢复。此后，教学研究室逐步配置中、小学各学科的教研员。根据《浙江省各级教学研究室暂行工作条例（试行草案）》，主要活动有组织教师钻研学科课程标准，开展课堂教学改革，提高教学质量；建立中、小学中心教研组，组织专题研究；举行观摹教学，总结交流教学经验；组织调查研究，举办专业培训，提高教师业务素质；组织学科素养竞赛和教坛新秀评比，促进教学；组织参观、举办学术讲座，学习外地经验；组织中小学教学质量监测，检查、分析学校教学质量等。

图31-55 教学研究课（县实验幼儿园提供 2010年）

2010 年，教学研究室设编制 18 人，其中主任 1 人、副主任 3 人。

教育学会

松阳县教育学会成立于 1984 年 11 月，是研究教育科学的群众性学术团体。学会有理事长 1 人、副理事长 2 人，秘书长和副秘书长各 1 人，会员共 69 人。学会制订《松阳县教育学会章程》。1986 年，理事会换届，理事会由理事长等 16 人组成，会员共 177 人。学会修订《松阳县教育学会章程》，发动会员深入开展教育改革，进行教学研究，撰写教育、教学论文。1990 年，学会开展评比论文活动，向获奖的会员颁发奖状和奖品。1991 年，学会理事会换届改选，理事会由理事长等 20 人组成，有会员 253 人。

松阳县教育学会的业务范围是开展群众性教育科学研究、教育教学改革实验和教育学术交流活动；为教育决策提供智力支持、信息咨询和实验样本；组织教育科学研究和教育教学改革实验成果的评价、鉴定和推广；举办教育改革实验区；开展教育教学培训活动，助推教师专业发展等。

2007 年，组织“转变教师行为、提高学习效率和课堂行为心理分析及应对策略”专题研讨。2008 年，组织创建和谐师生关系和探索学生健全人格教育策略专题研讨。2009 年，组织区域推进轻负担高质量教学改革和提高农村中小学新课改实施能力专题研讨。2010 年，组织寄宿制学校管理工作和未成年人犯罪预防工作专题研讨。

2009 年，配合心理健康教育指导中心，组织教师心理健康培训和 C 级咨询师考证工作。

至 2010 年，全县教师总数 1629 人，持有心理健康教育上岗资格证（C）证的有 762 人，其中高中 160 人、职高 43 人、初中 216 人、小学 273 人、幼儿园 54 人、其他 16 人，占教师比例为 46.8%。

第二节　教育科研活动

县教研室组织对贯彻教育方针、教学理论、教学内容、教学方法、教学手段等开展调查研究，对学科教学开展质量监控，做好教学质量的评价工作。对执行学科课程标准、教学计划、教学建议、教材使用等情况提出意见和建议，做教育行政的参谋。对各学校学科教学检查、评估。研究考试方法改革，加强中小学生素质教育的研究，减轻学生的课业负担。开展教学研究活动，着重帮助教师钻研学科课程标准和教材，研究改革教学方法，提高教学质量。坚持深入教学第一线，努力为基层服务，为教师服务。带头开设教学示范课、举办专题讲座、撰写教学论文。对义务教育阶段的教学质量实行阶段性评估。做好高中阶段的会考工作。协助做好招生考务工作。完成上级主管部门交办的任务。

2010 年，县教研室设有 24 个中心教研组，负责各学科全县性的教研活动。中心教研组由各有关学校学科的骨干教师组成。每个中心教研组由 12～15 名骨干教师参加，教研室学科教研员担任该学科中心教研组组长。

教研室主要活动包括组织全县教师学习《浙江省中小学学科教学建议》，组织教师钻研学科课程标准。教研员深入课堂开展教学调研，做好教学常规工作的检查。指导教师开展“学生为本，学为中心、能力为重”的课堂教学模式的探究，提高课堂教学效率。建立中小学、幼儿园的学科委员会组织，开展学科教学专题研究。举行优秀教师观摩教学、送教下乡等活动，总结、交流教学经研。学期中间开展学科专业教师短期培训活动。暑期组织全县教师开展专业知识检测、教材研读备课活动，提升教师的业务素质。努力搭建教师成长平台：开展教坛新秀、学科带头人、名教师、学科优质课评比、教学论文评比、课题申报等活动。组织中小学校长、教师到外地考察学习，转变教师的教学理念。每学期对中小学开展教学质量检测活动，并对各学科的检测结果作出细致的分析报告。完善对学校教育、教学质量的考核方案；每学年组织各学科教研员深入1所学校，作1次重点集体调研活动。各学科教研员，有各学科的调研课题。

第三节 教育科研成果

教育研究，主要根据丽水市教科所的工作要求，每年对各校申报的课题，经过审查决定是否立项，各申报单位对立项课题开展研究，一年后送评研究报告。

1989～2010年松阳县教育科研省级课题立项及获奖情况表

表31-10-3-1 单位：个

项目 年度	立项	获奖	项目 年度	立项	获奖
1989	3	—	2001	34	20
1990	3	2	2002	47	19
1991	5	5	2003	46	31
1992	7	3	2004	41	21
1993	6	1	2005	30	20
1994	3	2	2006	39	20
1995	9	3	2007	24	15
1996	21	1	2008	47	17
1997	43	12	2009	44	12
1998	41	26	2010	33	21
1999	19	18	合计	570	284
2000	25	15	—	—	—

说明：1.立项课题在次年度评审，1990～1995年每年各县可送1～3项非立项课题参评

2.1996年后获奖数含省教育厅基教处组织的“浙江省基础教育优秀科研成果奖”（一年一审）和省教育科学

研究院组织评比的“浙江省教育科学研究优秀成果奖”（两年一审）两类。其中，2007、2008两个年度的“浙江省基础教育优秀科研成果奖”委托省教科院评比。“浙江省教育科学研究优秀成果奖”从2009年起改为一年一评。年度立项课题均在第二年进行评比，如1996年立项课题在1997年进行评比

松阳县教育科研活动得到省教育行政和教科部门的肯定。松阳县教师进修学校被省教委公布为1995～1996年度教育科研先进集体。松阳县职业中专被评为2001～2002年度省教育科研先进集体。2002年，松阳县实验小学被省教科院评为教育科研200强学校。2002～2010年，对心理健康教师上岗资格进行培训并考核，全县持证合格率46.8%。2010年，古市镇中心学校获评丽水市教育科研先进单位。

第三十二编　体　育

松阳民间传统体育历史悠久，形式多样。樟村拳在民间流传久远，古市樟溪一带尚武之风尤盛，以习武健身防身为主，世代相承。劳动大众有在劳动间隙自发开展拔河、举石担、划龙舟、走高跷、放风筝、舞龙灯和爬山、跑步、挑担、背杦（轮铺）等比赛活动。在节日、社日或迎神赛会上举行跑步、跳跃、投壶、舞剑等活动。清光绪三十一年（1905），新式学校官立两等小学创办时，即开设体操课。民国12年（1923），改为体育课。民国27年，低年级合并体育、唱歌、游戏课改为唱游课。中高年级仍设体育课，开展队列训练、徒手操、跑步、跳高、跳远、篮球、高跷、铁环、叠罗汉等田径球类训练及比赛。

中华人民共和国成立后，政府关心人民健康，发展体育运动。1956年，松阳县体育运动委员会成立，掌管推动全县体育事业发展。1958年，撤销县制并入遂昌后，松阳区域的群众体育和校园体育运动统由遂昌县体委或教育局管理领导。“文化大革命”期间，全民体育运动受冲击影响较大，特别是各类体育设施、器械的建设配备发展缓慢，松阳区域受到的影响更严重，落差更大。改革开放后，县内的校园体育、竞技体育和群众体育得到明显的发展。特别是进入21世纪，松阳的标准体育场馆和健身路径等体育场地设施有强劲的发展，体育器材配备门类较齐全，普及面较广。群众参与体育活动、竞赛和健身的人数明显增加。

第一章　体育机构

松阳立县之初，就已经进入农耕文明。但民国前，松阳官方和民间都未出现体育机构。

清朝末年，西方的“体育”理念传入境内。民国19年（1930），松阳出现第一个民间体育组织县民众教育馆设体育部。中华人民共和国成立后，新的人民政府十分重视体育运动。1956年5月，成立群众组织——松阳县体育运动委员会。松阳并入遂昌县后，地方体育运动由遂昌县体育部门领导。1982年，松阳复县后，松阳县体育局、松阳县体育总会等相继成立，松阳体育事业开始兴盛。

第一节　体育机构沿革

清光绪三十一年（1905）年，官立两等小学堂创办时，即设体操课。民国12年（1923），实行新学制，改体操课为体育课，每周2课时。民国19年，县民众教育馆设体育部。全面抗战期间，许多省级机关、学校团体迁松阳，松阳体育活动兴起。中华人民共和国成立后，1956年5月成立群众组织——松阳县体育运动委员会。1958年，随县制并入遂昌县。1982年复置松阳县后，4月，复设县体育运动委员会。1984年3月，与县教育委员会合并，改设教育体育局。1985年3月，复置体育委员会。1989年9月，与教育委员会、文化局合并称文教体育局。2001年10月，与广电局合并为文化体育广播电视局。2005年，文体广电局改组为文化广电新闻出版局，设立县体育局，与文广新局合署办公。

1995年4月，松阳县体育总会成立。县体育总会成立以来已历4届，按章程每4年进行换届选举，产生新的委员会及常委会。至2010年，全县有10大类、共13个非营利性群众性体育社团组织，会员3000余人。

（有关体育总会的内容详见第二十五编“社会团体”第九章“体育总会”）

第二节　体育管理

体育管理包括学校体育管理、大众体育管理、竞技体育管理等。这些内容将在本编后续章节记述。本节主要记述体育彩票管理、体育市场管理等。

体育彩票管理

2000年5月20日，松阳县浙江省电脑体育彩票首发式举行，实现体育产业历史性突破。从2000年建立3个体彩点开始，松阳县体彩销售点逐年增加。2003年末，在松阳县城举办体育彩票现场直销活动，历时7天，销售额100余万元。

2004年，体育彩票管理更加严格、规范。自体育彩票正式登陆以后，松阳体彩销售员队伍一直都比较稳定，并随着市场的扩大人员缓慢增加。2005年，全年完成体育彩票销售量1150余万元。2006年1～11月，体育彩票销售总额为1918万元。2007年，新增体彩销售网点，业主参加市体彩销售业务培训班的学习，做好体育彩票专管员的招聘工作，进一步规范体育彩票管理。

2008年，开拓体彩市场，全县新增网点8个，并填补广大农村地域体彩销售的空白。

2008年1～6月，销售额共为713.95万元。10月，经省市体彩中心批准，新增8个体育彩票网点，其中西屏镇5个。

2000～2010年，松阳县开出500万元大奖数个。

教体结合管理

1999年9月22日，提倡根据当地群众爱好和要求，结合当地经济发展水平和实际能力，建立社会体育指导站。

2004年，为全面贯彻《中华人民共和国体育法》《学校体育工作条例》和省委、省政府《关于进一步加强体育工作，加快发展体育事业的决定》，根据丽水市文体广电局、市教育局《关于推进教体结合加强体育后备人才培养的若干意见》，县文体广电局、教育局建议：全县各中小学校、县体育中心要高度重视教体结合工作，成立以学校、中心分管领导为组长，以学校中心具体带训教练员为成员的教体结合工作领导小组，统筹协调、部署教体结合工作，制定促进教体结合工作开展的工作方案。根据优势互补、资源互通、义务共尽、成果共享的原则，实现学校与体育中心的全方位合作，强化学校体育工作，优化业余训练格局。要根据当地人才、传统、场地、需求等方面的实际情况，统筹考虑，合理布局，制定地方体育业余训练的规划，构建体育业余训练网络。加快研究制定能有效促进教体结合的配套政策、措施和办法，建立有利于体育人才培养的导向机制。是年11月9日，县教体结合领导小组成立，下设办公室，办公地点设在县教育局，教育局主要领导兼任办公室主任、副主任。

2007年初，体育中心制定体育工作计划和业训工作计划，积极备战省第八届县级田径运动会。春节过后，及时组织运动员训练，为确保运动员训练能安全有效地促进成绩的提高，聘任一中、三中、城南中学、实验集团学校4位体育老师为田径业训教练员。对2007年运动员进行重新确认、继续确认、重新注册。

第三节　体育社团

老年人体育协会

1990年11月，松阳县老年人体育协会成立。至2000年，会员发展到1000多人，基层组织增加到279个。2009年，县老年体协被评为全国“老年人健步走向北京奥运会”活动先进单位。是年，被丽水市人民政府评为“群众体育”先进单位。2006年6月，县老年体协发动全县各乡镇，组织开展“浙江省百万老年人迎十三届省运会健身走展示”活动。2009年1月，松阳县被中国老年人协会授予“全民健身与奥运同行·全国亿万老年人健步走向北京奥运会”活动先进地区称号。2009年10月，松阳县老年体协被丽水市人民政府评为“市群众体育先进单位”。2010年6月，县老年体协被市、县体育局推荐为浙江省群众体育先进单位。2010年，全县会员有5678人，基层组织有383个。县城的机关企业事业单位和6个社区基本建立老年人协会组织，农村19个乡镇、76%的行政村建有老年体协组织。

钓鱼协会

1996年10月成立。1997年7月23日，丽水地区首届老年人钓鱼比赛在松阳县举行，有7个代表队参赛。2006 年 7 月，钓鱼协会由于长期组织不健全，自行脱出总会。

老年人拳剑协会

1999 年 5 月成立。首批吸收会员 63 人，至 2009 年末，会员数增加到 408 人。2004 年 4 月，县拳剑协会在江滨公园举办 42 式太极剑培训会，50 余人参训。2005 年春节期间，县拳剑协会排练太极拳、木兰拳、健身球操、健身秧歌、欢乐腰鼓等 15 个节目，到界首、望松、象溪、古市等地慰问拜年演出。2006 年 6 月，拳剑协会利用 1 个月时间，送文化体育下乡，到赤寿乡界首村，帮助建立腰鼓队，培训鼓点、单手击鼓、秧歌步、插腰花等技巧动作。2009 年 3 月，县拳剑协会在城东、城西、城南、城北、城中社区举办 42 式太极拳、木兰拳、太极刀、木兰双环操、第三套健身秧歌等培训班，共 182 人参训。2010 年 4 月底，举行庆“五一”健身项目展示活动，有 370 人参加 10 多个项目的展示演出。

图 32-1　松阳拳剑协会表演（叶光铭 摄于 2006 年）

老年人门球协会

1999 年 6 月成立。时有门球队 12 支，门球场 4 个，会员人数 81 人。至 2009 年末，门球队增至 18 支，球场 6 个，会员 124 人。2003 年，县门球协会参加丽水市第十三届（城镇）门球赛，获第一名。2004 年 10 月，县门协举行老人节门球比赛，100 余名老人参赛。2005 年 10 月，门球协会付梓刊印建会 6 周年《资料汇集录》。2008 年 4 月，举行“财政地税杯”暨庆五一门球赛，14 支队 90 多名运动员参加。2010 年 2 月，浙江省体育总会授予松阳县老年人门球协会为“2009 年度全省门球协会先进集体”称号。2010 年 6 月，举办第五届老年人运动会门球比赛，有 16 个代表队、107 名运动员参赛。

老年人乒乓球协会

1999 年 7 月成立。首批吸收会员 20 人，至 2009 年，乒协会员发展到 100 多人。2004 年 12 月，县老年乒乓球协会举办首届社团团体赛，14 个队参赛。2009 年 6 月，举办首届系统乒乓球团体赛，共有 12 支队伍、43 名队员参赛；同年 7 月，举办纪念乒乓球协会成立 10 周年友谊赛，共有 54 名会员参赛。2010 年 5 月，县乒协组队参加丽水市五县（市）第七届“三田杯”老年乒乓球赛，松阳获团队第一名。

气排球协会

2001 年 1 月成立。其时，全县有男女气排球队 12 支，会员 120 余人，气排球场 6 个。2008 年 10 月，经县体育局审批，报县民政局注册，由老中青气排球队组成气排球社团组织。2009 年，全县有老中青男女气排球队 60 支，共有会员 618 人，其中老年气排球协会会员 170 人。2004 年 4 月，县老年人

图 32-2　老年人气排球比赛(叶光铭 摄于 2006 年)

气排球协会举办迎五一老年人气排球赛，14 支队参赛。2007 年 11 月，在室内“风雨气排球场”举行比赛，参加比赛的有男、女球队 18 支，队员 150 余名。2009 年 9 月，举行迎国庆气排球比赛，参赛共 49 支球队、350 余名运动员。2010 年五一节前夕，举行“地税杯”松阳县第三届老中青干部气排球赛，参赛队伍 68 支，队员近 500 人。

棋牌协会

1999 年 5 月成立。首批吸收会员 42 人，至 2009 年末，会员数增加到 72 人。2000 年，举行象棋、桥牌比赛，42 人参赛。2010 年 4 月，举办“经贸杯”松阳县第五届老年人运动会（城区组）象棋比赛，有 34 个代表队、52 名运动员参赛。

腰鼓协会

2006 年 12 月正式成立，当时会员有 236 人。至 2009 年末，会员人数增加到 638 人。2007 年 3 月，在江滨公园举办闹元宵、庆三八活动，演出节目有 12 个，参演 229 人次，年龄最大的 70 岁。2008 年 5 月，县腰鼓协会 250 名会员穿着统一服装，在市政广场，分中队上台表演 13 个节目。是年 12 月，举行庆元旦暨成立 2 周年活动，参加活动 308 人，协会和各中队排练 16 个节目。2009 年 10 月，在灯光球场举行庆重阳节腰鼓展示活动，共演出 14 个节目，200 余人参加。2010 年 2 月，在市政广场举办闹元宵、迎三八活动，共有 240 名会员参加。

老年人地掷球协会

2004 年 6 月成立。首批吸收会员 40 余人，至 2009 年末，会员增加到 81 人，协会有国家二级裁判教练员 12 人。2006 年 6 月，举行地掷球团体赛。2007 年 11 月，县地掷球协会在古市镇地掷球场举行团体比赛，参加比赛的共有 4 支球队，30 余名运动员。2008 年 10 月，举行比赛，来自全县 15 个单位 37 名男女老年运动员参赛；是年 12 月，举行年终大赛，有 4 支球队共 20 名运动员参赛。2009 年 6 月，在地掷球场地举行县老年地掷球双人赛，有 6 个社区的 14 对男女运动员参加比赛。

图 32-3 地掷球训练（叶光铭 摄于 2008 年）

另外，2007 年 10 月，县体育舞蹈协会成立；11 月，县健美协会成立。

第二章　大众体育

民国时期，松阳地方政府就开始关注大众体育。中华人民共和国成立后，国家号召发展体育运动，增强人民体质，大众体育得以在全县兴起。1956 年 5 月，松阳县体育运动委员会成立，群众体育运动蔚然成风。1966 年之后，由于特殊的历史原因，松阳大众体育事业进展缓慢。改革开放后，大众体育恢复。1995 年 11 月，松阳县贯彻《全民健身计划纲要》，社会各阶层广泛参与。

随着松阳社会经济的全面发展，百姓的生活理念不断进步。田间地头、大街小巷都成为百姓休闲健身的场所。2010 年，体育活动已成为松阳百姓日常生活一部分。

第一节　全民健身

民国 19 年（1930），县民众教育馆设体育部，但少有活动。全面抗战期间，许多省级机关、学校团体内迁松阳，县内体育活动一时兴起。

中华人民共和国成立后，人民政府号召发展体育运动，增强人民体质。1953～1956 年，县委加强对体育工作的领导，全县的体育事业蓬勃兴起，为提高人民健康水平发挥积极作用。从 1953 年开始，各中学推行《准备劳动与卫国体育制度》。广大学生为达到标准，积极参加各项体育锻炼，以增强身体素质。1954 年，各全日制小学先后推广少年广播操和儿童广播体操。各级学校均建立体育领导机构，指定专人负责，抓好体育工作，促进学生德、智、体全面发展。是年秋，举办松阳县第二届运动会。从 1956 年开始，城镇各中小学和各区中心小学配备专职体育教师，各乡小学配备兼职体育教师，学校体育运动蒸蒸日上。

图 32-4　第二届全运会开幕式（县档案馆提供 1992 年）

县委、县政府为响应毛泽东关于“发展体育运动、增强人民体质”的号召，组织干部职工、师生加强体育锻炼，单位之间经常开展体育竞赛。县总工会以工人俱乐部为载体，开辟职工体育活动场所，常抓职工体育活动：举办职工篮球、排球、乒乓球赛；组织全县职工做广播体操。

1956 年 5 月，群众组织县体育运动委员会成立。1953～1992 年，共举行 5 次县人民体育运动会、1 次民兵体育运动会、1 次消防体育运动会。1982 年后，配合推行机关工间操、广播操，举办 4 期领操员训练班。1984 年 9 月 30 至 10 月 4 日，举行第三届全县人民运动会。1985 年 4 月 30 日至 5

月30日，县教育体育局、团县委、县妇联、县文化局联合举办“体育活动月”，首次举行体育摄影竞赛、火炬接力赛、桥牌表演赛和幼儿运动会。1990年，县林业局被林业部授予“开展群众体育活动先进单位”称号。

1995年11月，公布松阳县贯彻《全民健身计划纲要》实施意见；同时成立县全民健身计划工作领导小组，确定城建局、三中、邮电局为县实施全民健身计划试点单位，并多次开展全民健身体育活动周。1996年9月30至10月25日，举办松阳县第四届体育运动会，有60多支代表队近2000多名运动员参加比赛。

在1997年“迎回归”火炬接力赛上，县委书记、县长等近20名五大班子领导参加火炬的交接，60余名副科级以上领导参加火炬接力赛。

图32-5 全民健身活动（县档案馆提供 1998年）

1998年，开展全民健身运动月。组织举办太极拳培训班。县体育局在6月底至8月初进行为期40天的陈氏太极拳培训班。7月，组织棋牌比赛。9月下旬，组织全县机关、事业单位退休人员象棋、乒乓球、跳棋比赛，促进退休人员的身体健康。

1999年，全县20个乡镇以及30多个部门相应建立全民健身组织，开展各种健身活动。建立由60余人组成的社会体育指导员队伍，培训社会体育指导员53人，其中二级社会体育指导员12人、三级社会体育指导员41人。连续4年开展全民健身宣传活动周和宣传活动节等活动，在每年度的全民健身活动中有上万人次参加这一活动。2000年，松阳县体育事业发展局被评为浙江省全民健身节活动组织工作先进单位。

2002年3月10日，松阳县首条健身路径在江滨公园建成投入使用。2004年9～10月，举行全县第六届全民运动会，共有1860多名运动员报名参加。2007年，举办“迎奥运、庆五一” 全县职工拔河赛，共有66个队700多名运动员参加，是规模最大的一次拔河比赛活动。组织引导群众性体育活动，协助有关单位开展体育比赛，推进全民健身运动的开展。

2008年10月，松阳县举办第七届全民运动会。从9月底开赛，历时近一个月，分青年组、中年组、老年组和离退休组4个组别，开展17个项目的比赛。共有来自全县乡镇、部门和企业的110多个单位参加比赛，参赛运动员2400余人。

第二节　学校体育

清光绪三十一年（1905），官立两等小学堂创办时，即设体操课。民国12年（1923）实行新学制，改体操课为体育课。民国37年，低年级合并体育、唱歌、游戏称唱游课，中高年级仍设体育课，教学内容有队列训练、徒手操、跑步、跳高、跳远、篮球和高跷、铁环、叠罗汉等。1951年，各中学和城镇小学普遍开展晨间操、课间操和课外活动。1953年，在各中学推行《准备劳动和卫国体育制度》。1956年，城镇中小学、各区中心小学配备专职体育教师，其他各乡校有兼职体育教师。县体委多次对兼职体育教师进行培训。1960年，提出必须保证中小学每周2节体育课、每天有广播操和眼保健操、两次课外活动（“两课两操”）。“文化大革命”期间，体育课改为“军体课”，取消基本技能训练。自20世纪60年代始，在一中、三中、松阳区中心学校、古市区中心学校设置传统体育项目，有150名体育成绩优秀的中小学生参加业余培训。

1975年，先在城镇中小学实施《国家体育锻炼标准》。1979年，古市区中心学校被定为省传统体育项目（田径）重点小学。1982年，一中、二中、松阳区中心学校、古市区中心学校、西屏镇中心学校被定为传统体育项目学校，有200余人参加篮球和5个田径项目培训。1982年后，全县普遍开展“达到《国家体育锻炼标准》活动”（“达标”活动）。1989～1991年，松阳连续3年被评为浙江省推行《国家体育锻炼标准》先进县。古市区中心学校 1984～1991年，连续8年获省“达标”先进学校称号。

1991年，县体委和县教委联合创办县业余少年体育学校，对中小学优秀运动员实行分散学习、集中培训。10月，在县体育场举行松阳县第八届中小学田径运动会。1992年，全县有体育教师72人，其中专职教师65人，大专院校毕业的22人。有国家一级裁判2人，二级裁判33人。4月，在松阳举办县第九届中小学生田径对抗赛。1993年10月，松阳县第十届中小学生田径运动会举行。1998年11月，丽水地区中学生田径运动会在松阳召开，9个县市的10支重点中学代表队参加比赛。

2006年，组队参加市青少年传统（基地）学校运动会，获12枚金牌、13枚银牌、12枚铜牌的成绩。组队参加市青少年田径运动会，松阳一中、松阳三中、松阳实验小学集团学校分别荣获高中组第三名、初中组第一名、小学组第二名。

2008年，松阳三中为全面贯彻落实《中共浙江省委浙江省政府关于加强青少年体育强县青少年体质的实施意见》，深入推进素质教育，全面抓好学生阳光体育运动。从4月15日开始，利用课外活动时间开展学生篮球联赛，活动到5月底结束，全校48个班级组队参加，运动员人数超过480人。10月，县第七届全民运动会暨第二十五届中小学生田径运动会在松阳一中隆重开幕。本次运动会共设置21个比赛项目，参赛单位103个，运动员2400余人，参赛队伍和人数创历史之最。

（此节内容与第三十一编“教育”第六章“素质教育”第二节“体育教育”互为补充）

第三节 社会体育

农民体育

1995 年 10 月，松阳县首届农民体育运动会举行，20 个乡镇 500 多名选手参加比赛。1998 年 10 月，举行松阳县“红五一”杯第二届乡镇农民运动会，共有 14 支代表队 700 余人参加。

从 2008 年始，为适应新形势的要求，结合“三农”实际，大力推进松阳县新农村建设中的体育工作。随着“三农”经济、社会发展，农民生活水平提高，全民健身体育活动需求激增，但农村体育场地设施又严重缺乏。松阳县向上级体育部门争取资金和设施，实施送体育下乡工程。至 2010 年，累计向各乡、行政村赠送体育健身路径 36 条、篮球架 40 余套、乒乓球桌 80 余张。

自 2008 年始，在争创浙江省体育强乡活动中，各乡镇建立乡体育领导小组，建立健全体育工作规章制度。加大力度对每村的基础设施投入，在 60%的村配备健身器材或篮球场，各村达到 1 万元的基础设施投入。每年举行多种形式的体育比赛或运动会。进行村级体育俱乐部建设，下设篮球队、拔河队和乒乓球队等体育团队，配备 10 名以上社会体育指导员对各体育比赛和活动进行全面指导。加大宣传力度，通过广播、会议等多种形式扩大创建影响。倡导全民健身全民参与，提高全县人民的参与意识，营造良好的创建氛围。

职工体育

1993～1997 年，职工体育进一步开展。1998 年 6 月，丽水地区职工乒乓球赛在松阳举行。参加该次活动的 10 个单位共派出 20 支队伍参加团体和个人赛角逐，县供电局队代表松阳获团体第一名。

1998～2001 年，每年“五一”前，举办全县职工围棋、桥牌、拔河等比赛。1999 年 4 月，县总工会会同县体育总会举办首届企业职工田径运动会。共有 18 家企业单位近 250 人参加 5 类 9 个项目的比赛。2000 年 3 月，在“三八”节期间举行“袋鼠跳”娱乐接力赛活动和踢毽子比赛。4 月，由县总工会、县体育局联合举办的全县职工“庆五一”拔河比赛举行，全县各系统单位 300 多名职工组成男女 33 个代表队参加。

2004 年 4 月，与县总工会联合举办全县拔河比赛，共有 27 支队伍参加。2007 年，举行全县职工拔河比赛，共有 66 个队 700 多名运动员参加，是规模最大的一次拔河比赛活动。

图 32-6 机关运动会（叶光铭 摄于 2009 年）

为庆祝五一劳动节和以实际行动迎接 2008 年奥运会，2008 年 4 月，县交通局在县田径场举办“庆五一·迎奥运”职工运动会。比赛设置田径、乒乓球、飞镖、定点投篮 4 个比赛项目，寓趣味性和竞技性于一体。是月，由县总工会组织的“迎奥运、庆五一”职工气排球赛在县灯光球场举行，有来自全县16个单位的31支代表队参加。是月，县供电局职工运动会在县体育场召开，共有200多名供电职工参加比赛，比赛项目有田径（跳远、铅球、100米、400米、800米、1500米、4×100米接力、绑腿跑）、个人项目（飞镖、象棋、台球、乒乓球、羽毛球、投篮、跳绳）以及集体项目拔河。

第四节　特殊群体体育

老年人体育

1991年10月，举办松阳县第一届老年人运动会。运动员334人，比赛项目11个，获奖90人次。1994年9～10月，松阳县首届机关体育运动会暨老年人体育运动会在县城举行。1995年6月，古市镇代表队参加丽水地区在云和举行的乡镇老年太极拳、太极剑比赛，获太极剑团体第一名。1996年11月，第三届丽水地区老年人乒乓球赛在松阳举行。1997年9～10月，松阳县老年人体育协会举行全县第二届老年人运动会。参赛运动员412人。设14个竞赛项目、1个集体项目，210人次获奖。1998年老人节期间，松阳县老年人体育协会举行桥牌、象棋、跳棋、套圈、乒乓球和门球等6项体育竞赛，413名老年人参赛。1999年9～10月，松阳县老年人体育协会举办全县第三届老年人运动会，有200多人参赛，设15个项目。

图32-7　县委老干部局、县老年大学联合举办的趣味运动会（县档案馆提供 1992年）

2003年6月，开展2000米健身走活动，有3800多名老年人参加。10月，松阳县门球协会参加丽水市第十三届门球赛，获第一名。2004年4月，松阳县老年气排球协会举办五一老年气排球赛，有14支队伍参赛。6月，开展2公里健身走，有1500名老年人参加。2005年6月，开展2公里环街健身走，有1000余名老年人参加。2006年6月，开展行程4000余米的踩街健身走，有2000余名老年人参加。是年，松阳县体育中心协助西屏镇举行首届老年运动会。在浙江省第三届“长三角”全民健身大联动的万名老人健身走活动中，共有19个乡镇12000余名老年人参与活动。发动面为95%，最大年龄94岁。

2007年4月，“迎奥运”丽水市第三届老年运动会地掷球比赛在古市镇举行，经过角逐，松阳队获得第三名。8月，开展迎奥运健步走启动仪式，行程2000多米，有1200余名老年人参加环街健身走。2008年5月，“迎奥运”丽水市第四届老年地掷球比赛在古市镇举行。共有9县1市10个代表队70名运动员参赛。8月，开展庆奥运健步走，有1800余名老年人参加县城主街健步走。10月，丽水市建设系统第六届老年气排球比赛在松阳县举行。全市建设系统10支老年气排球队的100余名队员参加70多场比赛。2009年5月，松阳县乒乓球协会组队参加丽水市五县（市）第六届老年乒乓球赛，松阳获男子团体第二名。7月，县老年乒协举办纪念乒协成立10周年友谊赛，共有54名男女会员参赛。9月，2000余名老年人参加庆中华人民共和国成立60周年健步走。10月，丽水市“交通杯”气排球邀请赛在松阳举行，来自全市的30支气排球队、238名运动员参赛。

2010年，举办松阳县第五届老年人运动会，总计有20个乡镇农村老年运动员1000多名参加。比赛项目21个，其中集体项目9个、个人项目12个。5月，松阳有5名运动员及1名裁判员参加丽水市第六届老年地掷球比赛，松阳队获团体第三名。

残疾人体育

2005年，视力残疾运动员谢志萍入选省盲人门球代表队并参加历时8个月全国盲人门球比赛项目的训练，球队在比赛中获得该项目集体第四名；2名肢体残疾人参加浙江省残疾人青少年游泳锦标赛，其中王洪华在自由泳项目中夺得1枚金牌1枚铜牌；2名残疾人参加丽水市首届残疾人棋类比赛，其中王平获象棋肢残组第一名，并入选市代表队参加浙江省首届残疾人棋类比赛。

2006年，谢志萍参加全国盲人门球集体项目比赛获第四名；参加浙江省第七届残疾人运动会集体项目的比赛和省级残疾人职业技能竞赛。松阳聋人运动员在浙江省第二届聋人运动会中创佳绩，其中林建波在乒乓球男乙团体和双打中均获第三名，金陈葱在女甲400米和铅球比赛中分别获得第四名和第三名。

2009年，在城南社区举办松阳首届残疾人象棋比赛，全县乡镇、社区残疾人象棋爱好者参加比赛。2010年4月，组织22名残疾运动员参加丽水市第二届残疾人运动会，配合市做好文体人才选送工作，选送2名运动员参加省残联备战全国第八届残运会的集训。

第三章　竞技体育

民国时，松阳开始出现现代体育运动，并开始开办业余体育赛事。民国 7 年（1918），县立毓秀高等小学举行学生体育运动会。民国 30 年，举行县秋季体育运动会。

中华人民共和国成立后，1953～1992 年，共举办 5 届县人民体育运动会。1992～2010 年，举办 3 届全县体育综合运动会。除在县内举办体育赛事外，学校及相关部门还不断选派运动员参加地区（市）和省里的各项体育赛事，并取得不错的成绩，少数项目夺得省、地区（市）的比赛冠军。少数优秀运动员最终入选省队，成为职业运动员。其中，王浩多次获得跆拳道全国冠军，并代表国家跆拳道队参加日本东亚运动会、韩国世界公开赛等，分别获得铜牌、金牌，为国争光，为家乡扬名。

第一节　体育赛事

综合类体育赛事

民国 7 年（1918），县立毓秀高等小学举行学生体育运动会，这是体育运动会首次在松阳出现。民国 20 年，松阳举行首次小学联合运动会。民国 28 年，古市区在湘湖师范支持辅导下，举办民众运动会，各民众学校师生参加比赛，项目有军操、女子跳远、健康操、50 米跑、200 米接力跑、男子跳远、手榴弹、3000 米跑、武装 200 米跑、农装 200 米跑、负重 50 米跑、举重（石担）、拔河和国术表演 14 项。民国 30 年，举行县秋季体育运动会，分民众组和学生组。民国 32 年，在猪行草塔县运动场召开第二届运动会。民国 35 年，举行第三届县运动会，比赛项目有跳高、跳远、长短跑和篮球比赛等。

图 32-8　县全运会撑杆跳高 2.2 米的瞬间(叶祖青 摄于 1946 年)

中华人民共和国成立后，1953 年 11 月，举行第一届县人民体育运动会。至 1992 年，共举办 5 届县人民体育运动会，其中 1958 年前 2 届，1982 年后 3 届。1960 年 6 月，在西屏镇举行首次水上运动会。1982～1992 年，共举办 8 届县中小学体育运动会。1988 年 10 月，在县体育场举行首次消防体育运动会。1990 年 9 月，举行首次民兵体育运动会。1982～1992 年，共举行田径比赛 13 次，球类比赛 30 次，迎春长跑 9 次，棋牌比赛 6 次，拔河比赛 9 次；承办地区田径、球类、棋类等比赛 12 次。1992 年 4 月，县丝厂举办全县首家厂体育运动会。各部门、厂矿举办运动会都增设适合本部门生产特点的竞赛项目。

松阳县历次体育运动会简况表

表 32-3-1-1

届 次	时 间	地 点
第一届县人民体育运动会	1953 年 10 月 29 日至 11 月 4 日	松阳中学
第二届县人民体育运动会	1954 年秋	松阳中学
第一届全民运动会	1984 年 10 月 1～3 日	松阳一中
第二届全民运动会	1988 年 10 月 1～3 日	县体育场
第三届全民运动会	1992 年 10 月 1～3 日	县体育场
第四届全民运动会	1996 年 9 月 30 日至 10 月 25 日	县体育场
第五届全民运动会	2000 年	县体育场
第六届全民运动会	2004 年	县体育场
第七届全民运动会	2008 年 9 月	松阳一中

1980～2010 年松阳县运动队（员）获省及省以上团体或个人前 3 名成绩情况表

表 32-3-1-2

时间	运动会名称	地点	成绩	名 次	参赛团体或个人
1980 年 7 月	省中学生排球赛	文成	—	女排第三名	县一中女子排球队
1981 年 4 月	解放军长跑通讯赛	南京	34′ 20″	1 万米第一名	孟文奎
1982 年 5 月	江苏省、南京军区、南京军区空军、江苏体院田径对抗赛	南京	4′ 12″5	1500 米第三名	孟文奎
1985 年 5 月	省第二届工人运动会	杭州	53.88 米	标枪第一名	路海军
1986 年 6 月	省第八届运动会	余杭	1054′	4 项全能第一名	毛建民
1987 年 11 月	全国少年田径比赛	—	—	4 项全能第一名	毛建民
1988 年 8 月	省第二届青年运动会	杭州	12.97 米	三级跳远第二名	毛建民
1989 年 7 月	省少体校田径运动会	嘉兴	39.02 米	铁饼第一名	王益荣
			12.50 米	铅球第一名	王益荣
			—	四项全能第二名	王益荣
			12.23 米	铅球第三名	项亦平
1991 年 7 月	省少体校田径运动会	上虞	16″6	100 米栏第三名	徐林俊
1991 年 10 月	省钓鱼比赛	湖州	—	团体第二名	程 宇 颜丽萍 张存荣 吴军卫 王燕玲 吴金妹
1992 年 5 月	省“飞塑杯”健美比赛	海宁	—	男女混双三等奖	程 宇 颜丽萍 吴军卫 王燕玲
				女子 57 公斤级第三名	毛香兰
				男子 80 公斤级第三名	程宇

续表 32-3-1-2-1

时间	运动会名称	地点	成绩	名 次	参赛团体或个人
1993 年	省田径甲组比赛	杭州	—	200 米第三名	叶世燕
1993 年	省少年武术比赛	杭州	—	太极拳第三名	黄　健
1994 年	省第十届运动会	杭州	—	200 米第三名	叶世燕
1995 年	省田径运动会	浦江	—	铅球第二名	叶如春
1995 年	省田径运动会	浦江	—	四项全能第三名	李　伦
1999 年	全国跆拳道锦标赛	—	—	57 公斤级冠军	王　浩
2000 年	省青少年田径锦标赛	温州	—	400 米第三名	方　升
2000 年	省青少年田径锦标赛	温州	—	800 米第二名	方　升
2001 年	东亚运动会	日本	—	跆拳道 68 公斤级第三名	王　浩
2001 年	省县级田径运动会	—	—	铁饼第二名	吴晓峰
2001 年	省县级田径运动会	—	—	铅球第三名	吴晓峰
2001 年	省县级田径运动会	—	—	铁饼第三名	叶晓莉
2001 年	省县级田径运动会	—	—	1500 米第三名	徐　欢
2001 年	省县级田径运动会	—	—	100 栏第二名	郭超平
2001 年	省县级田径运动会	—	—	标枪第二名	叶　斌
2001 年	省县级田径运动会	—	—	200 米第三名	周奋飞
2004 年	省重点中学田径运动会	—	—	110 米栏第三名	齐阳升
2004 年	省第六届县级田径运动会	诸暨	—	跳远第一名	叶枝俏
2004 年	省第六届县级田径运动会	诸暨	—	跳高第一名	何芳君
2005 年	省第七届县级田径运动会	玉环	—	铅球第二名	周宇超
2006 年	省青少年田径精英赛	温岭	—	跳远第二名	齐阳升
2006 年	省青少年田径精英赛	温岭	—	110 米栏第三名	齐阳升
2006 年	全国跆拳道锦标赛	金华	—	78 公斤级第一名	王　浩
2007 年	省田径锦标赛	绍兴	—	三级跳远第一名	许加奇
2007 年	省第八届县级田径运动会	宁波	—	跳远第二名	潘梦薇　许加奇
2007 年	省第八届县级田径运动会	宁波	—	三级跳远第三名	程梦郁璐
2007 年	省第八届县级田径运动会	宁波	—	跳高第二名	程梦郁璐
2007 年	省第八届县级田径运动会	宁波	—	跳远第三名	金文杰
2007 年	省第八届县级田径运动会	宁波	—	标枪第二名	李晓颖
2007 年	省第八届县级田径运动会	宁波	—	四项全能第二名	杨徐杰
2007 年	省第八届县级田径运动会	宁波	—	四项全能第三名	吴君妮
2007 年	全国跆拳道锦标赛	山西晋城	—	72 公斤级第一名	王　浩

续表 32-3-1-2-2

时间	运动会名称	地点	成绩	名 次	参赛团体或个人
2008年	省青少年田径锦标赛	嘉兴平湖	—	100米第一名	叶枝俏
			—	跳远第一名	叶枝俏
			—	标枪第三名	徐逸伟
	省青少年田径单项赛	杭州	—	100米第一名	叶枝俏
2009年	省第九届县级田径运动会	—	—	铅球第三名	李亚琴
		—	—	200米栏第二名	陈笑笑
		—	—	200米栏第三名	杨凌悦
		—	—	100米第三名	周明月
		—	—	铅球第二名	徐逸伟
		—	—	标枪第二名	徐逸伟
		—	—	跳远第三名	林笑盈
		—	—	垒球第二名	程雅琳
2010年	省第十四届运动会皮划艇赛	—	—	乙组1000米K2第二名	李衍宾　郑　辉
		—	—	乙组6000米K2第三名	李衍宾　郑　辉

1974～2010年松阳县参加丽水地区体育竞赛情况表

表 32-3-1-3

竞赛名称	时 间	地点	参赛团队和成绩
地区中学生排球赛	1974 年	丽水	县一中女排获第一名
地区小学生男子排球赛	1975年11月	龙泉	松阳区校男排获第三名
地区小学生女子排球赛	1975年8月	龙泉	古市小学女排获第二名
地区小学生男子排球赛	1975年9月	遂昌	松阳区校男排获第三名
地区中学生篮球赛	1975 年	松阳	县一中女篮获第一名
地区小学生排球赛	1978年5月	遂昌	古市小学女排获第一名
地区小学生排球赛	1982年8月	云和	古市小学女排获第五名
地区重点中小学田径通讯赛	1983年4月	松阳	县一中获第五名，松阳区校获第二名
地区中小学田径运动会	1983年5月	缙云	小学组获团体总分第三名，18人次破9项县纪录
地区小学生乒乓球赛	1983年6月	云和	男队获团体第三名，女队获团体第六名
地区小学生排球赛	1983年8月	云和	古市小学女排获第二名
地区小学生篮球赛	1983年10月	龙泉	古市小学女篮获第四名

续表 32-3-1-3-1

竞赛名称	时 间	地点	参赛团队和成绩
地区中小学田径运动会	1984 年 4 月	云和	破 2 项纪录
地区中小学田径通讯赛	1984 年 6 月	松阳	县一中获第一名，松阳区校获第五名
地区儿童乒乓球赛	1984 年 7 月	缙云	男队获团体第三名，女队获团体第六名
地区小学生排球赛	1984 年 7 月	云和	古市小学女排获第二名
地区小学生篮球赛	1984 年 8 月	龙泉	古市小学男篮获第五名、女篮获第四名
地区中小学田径运动会	1985 年 5 月	丽水	获小学组团体总分第五名，中学甲、乙组均为第六名，11 人次破 15 项县纪录
地区儿童乒乓球赛	1985 年 6 月	丽水	男、女队分获团体第五、第四名
地区小学生篮球赛	1985 年 6 月	遂昌	古市小学女篮获第三名
地区中专田径运动会	1985 年 11 月	丽水	松阳师范队获女子团体第二名、男子团体第五名
地区中小学田径运动会	1986 年 5 月	丽水	2 人破 2 项县纪录
地区小学生乒乓球赛	1986 年 6 月	云和	松阳区校男队获第五名、女队获第四名
地区中学生篮球赛	1986 年 10 月	丽水	女队获第八名，男队获第九名
地区中小学田径运动会	1987 年 5 月	松阳	小学组获总分第三名，中学甲、乙组分别获总分第四名、第六名，破 11 项地区纪录、16 项县纪录
地区中小学田径运动会	1988 年 5 月	丽水	小学组获团体总分第三名，7 人次破 7 项、2 人平 2 项县纪录
地区中小学田径运动会	1989 年 5 月	丽水	破 4 项、平 1 项县纪录
地区中小学田径运动会	1990 年 5 月	丽水	中学组获总分第三名，8 人破 9 项县纪录
地区中小学田径运动会	1991 年 5 月	丽水	中学甲、乙组均获总分第五名，小学组获总分第六名。叶世燕破女子乙组 200 米、平 100 米地区纪录
地区田径运动会	1994 年	—	甲乙丙组团体总分第三名，获得 22 块金牌
地区田径运动会	1995 年	—	团体总分第三名，儿童组第一名，14 块金牌
地区田径运动会	1997 年	景宁	甲组团体总分第一名
地区田径运动会	1999 年	松阳	甲组团体总分第一名，少儿组 9 块金牌、9 块银牌、5 块铜牌
市首届学生田径运动会	2000 年	缙云	普通组团体第四名（10 金 11 银 7 铜）
市田径运动会	2001 年	缙云	10 块金牌、10 块银牌、7 块铜牌
市田径运动会	2004 年	青田	10 块金牌、9 块银牌、8 块铜牌
市青少年暨传统（基地）学校田径运动会	2006 年	云和	11 块金牌、11 块银牌、10 块铜牌
市田径运动会	2007 年	庆元	13 块金牌、10 块银牌、5 块铜牌
市田径单项赛	2007 年	云和	8 块金牌、3 块银牌、1 块铜牌
市田径运动会	2008 年	青田	团体总分第三名（11 金 15 银 5 铜）
市青少年乒乓球比赛	2008 年	—	男甲团体第四名，女甲团体第四名，女乙团体第二名

续表 32-3-1-3-2

竞赛名称	时 间	地点	参赛团队和成绩
市第二届运动会田径比赛	2009 年	丽水	5 块金牌、8 块银牌、8 块铜牌
市田径运动会	2010 年	—	5 块金牌、6 块银牌、6 块铜牌
市青少年乒乓球比赛	2010 年	—	男乙团体第六名，女乙团体第三名，女丙团体第六名
市青少年跆拳道锦标赛	2010 年	—	1 块金牌、2 块银牌、3 块铜牌

1960～1990 年松阳县田径纪录进展情况表

表 32-3-1-4

组别 项目	成年男子			成年女子			少年男子			少年女子		
	1960 年	1971 年	1990 年	1960 年	1971 年	1990 年	1982 年	1985 年	1990 年	1982 年	1985 年	1990 年
100 米	13″2	11″9	11″6	15″1	14″	12″4	13〃1	11″9	11″6	14″4	13″3	12″4
200 米	28″2	26″	24″4	33″5	30″	26″49	28″	24″9	24″9	30″	28″6	26″5
400 米	1′4″	1′0″9	54″6	1′16″3	1′9″5	1′6″2	1′1″7	54″6	54″6	1′9″3	1′6″4	1′4″8
800 米	2′29″	2′12″4	2′9″7	2′57″2	2′30″9	2′30″9	2′26″4	2′11″5	2′11″5	2′42″9	2′3″9	2′30″9
1500 米	5′9″3	4′45″2	4′29″5	—	—	5′12″2	5′33″8	4′31″9	4′31″9	5′49″5	5′12″2	5′12″2
4×100 米	57″6	—	49″3	1′5″9	58″9	55″8	—	49″3	49″3	—	55″8	55″8
跳高（米）	1.58	1.62	1.76	1.18	1.27	1.48	—	1.61	1.65	1.26	1.37	1.37
跳远（米）	5.48	5.97	6.35	4.05	4.30	4.90	5.10	5.95	6.29	4.39	4.81	4.90
三级跳（米）	10.67	12.05	13.75	—	—	—	11.05	11.95	12.97	—	—	—
铅球（米）	7.78	8.32	10.42	7.69	7.85	10.26	9.55	10.82	11.77	7.37	9.29	9.78
铁饼（米）	22.74	24.90	34.40	16.27	21.05	28.74	29.48	34.58	41.72	19.92	28.74	28.74
标枪（米）	39.18	39.18	53.88	18.50	23.78	34.66	33.98	44.48	44.48	15.51	34.66	34.66

2010 年松阳县田径各组最高纪录表

表 32-3-1-5

组别 项目	成年组		少年甲组		少年乙组		儿童组	
	男	女	男	女	男	女	男	女
60 米	—	—	—	—	—	—	8"3	8"2
100 米	10"76	12"1	10"98	12"1	11"64	13"4	13"4	13"5
200 米	21"41	25"1	22"73	25"3	24"5	27"6	28"78	29"3
400 米	51"7	1′1"64	54"6	1′1"64	59"1	1′1"4	1′6"4	1′6"7

续表 32-3-1-5

项目＼组别	成年组		少年甲组		少年乙组		儿童组	
	男	女	男	女	男	女	男	女
800 米	2′5"6	2′26"7	2′11"36	2′27"5	2′14"8	2′30"13	2′29"8	2′37"7
1500 米	4′18"5	5′8"	4′29"27	5′12"9	4′49"8	5′24"9	5′37"9	—
3000 米	9′48"2	12′6"1	9′50"66	12′6"1	11′1"	—	—	—
5000 米	16′50"7	—	18′0"6	—	—	—	—	—
10000 米	35′46"6	—	—	—	—	—	—	—
垒球	—	—	—	—	—	—	56.98	43.60
60 米栏	—	—	—	—	—	—	10"1	9"8
100 米栏	—	—	15"10	17"7	16"3	16"9	—	—
4×100 米	44"04	51"69	49"3	55"8	—	—	—	—
跳高（米）	1.75	1.49	1.70	1.45	1.51	1.45	1.35	1.39
跳远（米）	6.86	5.03	6.73	5.03	5.75	4.88	4.84	4.45
铅球（千克） （米）	7.26 11.06	4 10.26	6 12.62	4 9.78	4 13.23	3 9.78	4 8.58	3 9.37
铁饼（千克） （米）	2 34.40	1 30.26	1.5 41.72	1 28.74	1 43.96	1 24.90	1 26.86	0.75 23.38
标枪（克） （米）	800 53.88	600 34.66	700 51.70	600 34.66	400 52.84	300 31.18	300 37.44	300 27.18
三级跳远	14.14	11.33	12.79	11.33	—	—	—	—

2008 年 3 月，松阳县参加全市健身球操比赛和柔力球比赛；4 月，参加全市老年乒乓球比赛，男队获得第二名，女队获得第三名；5 月，参加全市地掷球比赛；6 月，参加全市气排球比赛和全市门球比赛；9 月，参加全市农村门球比赛；10 月，参加中国象棋比赛；11 月，派员参加全市农村医疗保健操和社区太极柔力球大型展演活动。全年派员参加市里比赛 89 人次。

单项体育赛事

球类　1991 年 7 月 8 日晚，在县体委灯光球场举行“振兴松阳杯”篮球友谊赛。1992 年 7 月，在松阳一中举行松阳县中小学篮球竞赛。1998 年 7 月，在西屏镇中心学校举行松阳县第二届小学生乒乓球赛；11 月，在三中举行县中学生篮球赛。1999 年 7 月，在县实验小学举行小学生乒乓球比赛；11 月，在三中举行县中学生篮球赛。2000 年 7 月，在古市镇中心学校举行县小学生乒乓球比赛；11 月，在三中举行县中学生篮球赛。

图 32-9　中学生篮球赛（叶光铭 摄于 2009 年）

2004 年 1 月，举行全县乒乓球赛；6 月，举行县小学生乒乓球赛，共有26支代表队参加角逐； 11月，举行全县中学生篮球赛，共有10支代表队参加。2004～2006学年，实验小学在县级比赛中，乒乓球男女队均获冠军。

2008年7月，县实验集团学校派出14名小运动员代表松阳县参加丽水市在遂昌县体育馆举行的少年乒乓球赛，获男甲团体第四名、女甲团体第四名、女乙团体第二名。

跆拳道 1998年12月，松阳籍运动员王浩代表浙江省跆拳道队获得“98红鹰狮杯”浙江省首届跆拳道锦标赛男子67公斤级冠军；1999年4月29日至5月3日，王浩在河南郑州举行的“99广发杯全国跆拳道冠军赛暨奥运会选拔赛”上荣获男子67公斤级冠军，是年获得全国锦标赛金牌、全国冠军赛铜牌；2000年、2002年，分别获得全国冠军赛银牌、金牌；2003年，获全国锦标赛金牌；2001年，王浩代表国家跆拳道队参加日本东亚运动会、韩国世界公开赛，分别获得铜牌、金牌；2005年，在“十运会”上，王浩获得跆拳道68公斤级冠军。2006年，王浩获全国跆拳道锦标赛暨第十五届亚运会选拔赛78公斤级冠军。

图32-10 跆拳道比赛（叶光铭 摄于2007年）

在丽水市首届跆拳道精英争霸赛中，实验小学代表队一选手获得女子丙组42公斤级第一名。2007年4月，松阳县输送的跆拳道运动员王浩代表浙江队参加2007年“皇城相府”杯全国跆拳道锦标赛暨北京奥运会选拔赛，获得男子跆拳道72公斤级金牌。在丽水市青少年跆拳道比赛中，实验小学一选手获男丙50公斤级第一名，另有运动员获得男丙40公斤级第二名、女丙50公斤级第三名。

2008年7月，在丽水市青少年跆拳道比赛中，松阳运动员一选手获女子乙组50公斤级第一名。

田径 1998年4月20日，“鸿宇杯”浙江省青少年田径运动会在台州市路桥鸿宇中学举行，松阳县共派出4名运动员参加比赛。

2000年4月20～23日，松阳运动员方升在温州市体育中心举行的浙江省田径锦标赛上获800米银牌和400米铜牌。2004年4月15～18日，31名运动员组队参加市中学生田径运动会，共获得金牌10枚，银牌9枚，铜牌8枚；4月28至5月3日，市教育局组队参加省重点中学田径运动会，松阳共有2名运动员参加，其中1人获得110米栏的铜牌，1人在100米的比赛中成绩达到国家田径二级运动员标准；6月30至7月4日，举行县小学生乒乓球赛。7月15～20日，在诸暨举行的“海亮杯”省第六届县级田径运动会，松阳共有10名运动员参加。10月14～18日，丽水市组队参加“温岭杯”中学生田径锦标赛，松阳县派出3名运动员参加。10月22～24日，全县中小学校田径运动会召开。11月10～12日，举行县中学生篮球赛。

2008年4月26～27日，浙江省田径锦标赛在嘉兴平湖举行，松阳运动员叶枝俏获18岁组男子100米和男子跳远冠军；另有1人获13岁组男子标枪比赛铜牌。11月14～16日，松阳派出由34名运动员组成的运动队，参加在青田中学举行的丽水市中小学生田径锦标赛，共获得10枚金牌、15枚银牌、5枚铜牌。

皮划艇　2008 年，在古市中学组建松阳县第一支皮划艇训练队。2009 年，松阳县皮划艇队首次参加浙江省青少年赛艇皮划艇锦标赛，获得 1 个第四名、3 个第五名，另有 4 个项目进前 10 名。

图 32-11　皮划艇训练（叶光铭 摄于 2009 年）

健美　1992 年 5 月，包皮划艇　2008 年，在古市中学组建松阳县第一支皮划艇训练队。2009 年，松阳县皮划艇队首次参加浙江省青少年赛艇皮划艇锦标赛，获得 1 个第四名、3 个第五名，另有 4 个项目进前 10 名。

君兰作为主力队员代表丽水地区参加浙江省“飞塑杯”健美比赛，获女子 57 公斤级第三名。1997 年，在嘉兴举行的浙江省“大众杯”健美比赛，包君兰夺得女子 55 公斤级第五名。1998 年 4 月，在余杭举行的浙江省“大红鹰”健美锦标赛上，包君兰获女子 58 公斤级冠军。同时和其队员严乐宁夺得男女混双比赛亚军。是年 9 月 2～5 日，在沈阳举办的中国沈阳——亚洲体育节“中国裤子城杯”全国健身锦标赛上，包君兰代表浙江杭州雪豹集团代表队参加比赛，获得女子 58 公斤级冠军。

第二节　人才培养

运动员培养

1993～1997 年，全县少年运动员达到国家运动员技术等级标准的有健将级 1 人，一级 2 人次，二级 4 人次，三级 65 人次，少年级 202 人次。

2006 年，在备战第十三届省运会的同时，松阳县体育局抓好青少年业训工作，做好搜集和挑选运动员工作，建立传统（基地）学校教练员、运动员档案等一系列工作。为加强体育传统（基地）学校建设、落实好体教结合实施方案，为选拔和输送体育人才打好基础，制定 2006～2010 年松阳县青少年体育训练工作方案，并聘请国家高级田径教练到松阳县进行为期 4 年的训练工作。为培养更多的体育后备人才，中心人员深入学校，做好联系学校、运动员调查访问、指导训练等工作。2006 年 11 月 17 日，国家体育总局公布的中国第十五届多哈亚运会代表团跆拳道队名单中，松阳县国家级跆拳道运动员王浩入选。

图 32-12　国家级跆拳道运动员王浩（叶光铭 摄于 2008 年）

2008 年，本着认真贯彻“选好苗子、着眼未来、打好基础、系统训练、积极提高”的少儿训练方针，坚持把体育后备人才的培养工作放在首位，积极推进“教体结合”，进一步提高青少年训练的质量和水平，力争经过4年，使松阳县的体育后备人才培养取得突破性的进展。是年，实验小学建立各项运动项目人才库。田径运动队有12名一线运动员，16名二线运动员，20名三线运动员；乒乓球运动队有比赛队员7人，后备队员11人；跆拳道运动队有30人。

2009年，整合县城各中小学体育资源，积极开展青少年体育业训工作，对田径、皮划艇、跆拳道和乒乓球4个大项目，共60余名运动员进行重新注册确认。

教练员、裁判员培训

1999年，根据国家体育总局《裁判员技术等级制度》和《浙江省裁判员管理条例》的规定。经审核，松阳县144人被批准授予国家一级裁判员的称号。其中，田径21人、乒乓球45人、网球19人、地掷球2人、羽毛球16人、艺术体操1人、蹦床1人、藤球3人、保龄球2人、门球2人、帆船2人、跆拳道15人、皮划赛艇1人、拳击5人。是年，有22人被批准为二级社会体育指导员，若干人被批准为三级社会体育指导员。

2006年，组织全县13名体育老师参加省举办的田径教练员培训班和省嗒嗒球培训班。举办第四批29名乡镇文化员、三级社会体育指导员培训班。12月，举办全县体育教练田径、乒乓球培训班。

2008年4月，松阳县组织参加门球和地掷球裁判员、教练员培训班；5月，组织参加气排球裁判员培训班；6月，组织10多名常年在各校带训的体育教师、教练员参加省级培训；9月，组织参加健身球裁判员培训班；11月，组织参加老年人乒乓球裁判培训班。全年派员参加市里培训46人次。县里举办各类培训班46期，参训1985人次。

2009年3月，县拳剑协会在电影院门口举办大众广播操教练员培训班，共40名教练员参加。4月，在古市镇举办丽水市地掷球教练员、裁判员培训班，参加这次培训的有8个县1个市共30名地掷球运动员，主要学习地掷球竞赛规则、竞赛裁判法、比赛术语、手势、填写竞赛记录表，进行实践技术辅导考核和理论考试。通过培训，颁发国家地掷球二级教练员、裁判员证书；8月，县地掷球协会对参加市第五届地掷球比赛的11名裁判进行培训；12月14日，县拳剑协会在老年大学举办太极拳教练员培训班，有32人参加。

2010年3月，县拳剑协会会员参加市老年体协举办的花式团体操教练员培训班，经过考核，获得合格证书；4月，市老年体协举办新编健身操普及套路教练员培训班，县拳剑协会派出3人参加，经过考核，获得证书。

第四章　体育设施

古时，在松阳，强身健体主要出于保一方安宁、求一个平静，这是生活的现实需要。且强身健体更多的是一种个人行为，故房前屋后和简单的器具就能基本满足需求。据民间流传至今的“操场圩”的地名可以推知，松阳最晚在清朝前期，就建有一片操场。但这片操场是当时松阳驻军用作操演的场所，不能算作体育设施。

民国19年（1930），县民众教育馆辟公共体育场1处，这是真正意义上的体育设施。此后，体育事业开始在松阳缓慢发展，最初是学校，慢慢走向社会。

中华人民共和国成立后，体育设施逐步增加。总体来说这些设施都比较简陋。直到1982年恢复县制后，特别是2000～2010年，全县体育场馆和各类体育运动器材设施的建设配备呈剧增趋势。松阳县投入大量资金兴办学校、社区和农村体育场地、健身活动场所，布点合理，基本满足全民健身和体育运动需求。

第一节　体育场馆

宋绍兴年间（1131～1162），县学置射圃；元时“民不得持弓，故射息而圃废”。明洪武二年（1369），复置。

民国19年（1930），县民众教育馆在猪行草塔辟公共体育场1处。民国25年，县立初中已开辟操场3块，计8亩，场内安装足球门、篮球架、排球柱、网球柱，添置单双杠、平台、跳箱、木马等运动器具。民国27年，县城南门外溪滩体育场建成，古市、竹溪、靖居3个区亦开辟运动场。民国28年，第十集团军总指挥部军官团驻松阳，在城南外溪滩辟240×120米体育场1处，设置篮球架、足球门、滑梯等。部队撤离，遂废弃。

图32-13　室内场馆（叶光铭 摄于2009年）

民国32年（1943），县府令各乡镇所属中心学校普设简易体育场。除古市、大竹溪、靖居包等辟有小型运动场，供学校教学及民众集训外，其他乡镇少有实施。是年，在猪行草塔修建县运动场，除原有1个土台外，无任何设施。民国33年，县立初级中学建成田径场、篮球场、排球场，添置体育器材。

1958年，全县有200米小型田径场2个，篮球场6个。1987年5月，建成丽水地区第一个400米标准田径场。1992年，全县有400米田径场1个，200米田径场7个，排球场7个，篮球场59个，其中灯光球场5个、室内灯光球场2个、农村球场4个。

1999年，全县有标准田径场（400米）1个、篮球场4个、门球场4个、小型运动场7个、游泳馆1个。场地占地面积9.85万平方米，人均拥有体育场地活动面积0.45平方米。“九五”期间（1996～2000），新建体育基础设施有县老年人协会门球场4个、县人民医院篮球场和竹源乡政府篮球场。是年，一中400米田径场招标投入施工；古市、赤寿等乡镇共兴建3个200米的田径场、3个水泥篮球场、4个泥土篮球场以及96平方米的乒乓球室和60平方米的棋牌室，并向公众开放。

2006年，实施农民体育健身工程试点项目，确定西屏镇西垒、新兴乡横溪、内孟等11个乡镇的30个行政村，作为松阳国家农村体育健身工程试点村。各行政村根据场地建设标准选择场地面层，场地建设分两批实施，在当年11月底前完成。场地健身标准篮球场1个、乒乓球场地1个。县体育局对新建、维修场地给予资金补助，补助标准按照所建健身场地面层性质确定。以象溪镇一村为典型，投资7万多元建成一个标准篮球场。松阳30个国家农民体育健身试点陆续开始建设。

2007年4月，在西屏山脚公园内的2块地掷球场开工，到6月竣工，投资1.5万元，面积225平方米。10月，对县城4块门球场动工维修，到11月28日竣工，投资4.12万元，面积2400平方米。至2010年，全县有门球场8个、地掷球场7个、气排球场12个，总面积12496平方米。

2008年，全县有2个400米标准田径场，其中县田径场是1987年建成煤渣跑道，学校体育设施除县一中有1个2000年建成的400米煤渣跑道标准田径场外，其余都属小型体育场地，以非标准田径场和水泥篮球场为主。松阳县实验小学建立校外乒乓球训练场馆、校外跆拳道训练馆，有专门的乒乓球训练房300平方米，铺设保护地板，配备垫子等一些设施，基本满足训练要求。是年10月，在古市建成青少年体育俱乐部。

第二节　运动器材

20世纪50年代，中学和中心学校有供教学用简单的田径、球类器材。

1982年后，县体委配备田径、射击、武术、篮球、排球、足球、乒乓球器材，可供举行县级运动会比赛。县城机关团体、厂矿企业也配置各种体育器材，供干部职工开展业余体育活动。

1992年，县财政困难，松阳二中由于缺乏体育经费，连日常用的经费都非常紧缺，省体委给予帮助解决松阳二中部分体育器材：跳高垫子1副，金属标枪300克、400克、500克、600克、700克各2支，跑鞋（35～39码）25双，秒表10只，铁饼1～1.5公斤，体操垫子6块，跨栏架20个。

2006年，松阳申报成功被列为全国第一批“农民体育健身工程”试点县，上级给松阳分2期配套送发30套健身工程器材（30套篮球架、60张室外乒乓球桌），春节前全部到位。县体育中心及时做好接收，下基层把30套分别落实到30个行政村。是年2月，再次通过下访、摸底、申请等完成第一阶段工作，向省申报“小康体育村”建设扶持的欠发达县贫困村和少数民族村等2项共16个乡镇35个行政村的资料已及时上报。9月15日，第一批嗒嗒球、网球、羽毛球、乒乓球、围棋、象棋、跳棋、军旗、跳绳、毽子等10余种体育活动器材赠送给西屏镇各社区。第二批体育活动器材在国庆前全部送发到全县20个乡镇，每个乡镇2副嗒嗒球。做好5条7件套的健身路径的落实工作，并送到各点。2007年，开展农民体育健身工程试点项目建设工作。2008年，县体育局分别给古市、三都等14个乡镇发放乒乓球桌，计15张。玉岩，西屏镇乌形山、横山，新兴乡横溪4个村各建有气排球场。通过近两年的努力，累计向各乡、行政村赠送篮球架40余套，乒乓球桌80余张。2009年，全县计划在50个行政村建设相应的体育设施，增加覆盖面，进一步解决城乡居民健身需求。

图32-14　农村健身工程项目器材(叶光铭 摄于2009年)

2010年，全县创建小康体育村31个，一批健身路径、篮球架以及乒乓球桌等体育器材送到基层农村。

第三十三编 科学技术

松阳地处浙西南一隅，闭塞的交通阻碍文化科学技术的传播。但中国历史上的多次移民大迁徙，不断有人口进入松阳。从北方到松阳的先民们，带来北方的先进文化和科学技术。勤劳智慧的松阳先民在长期的生产实践中，不断积累经验，缓慢地推进科学技术的发展和进步。

较早得到发展的是农业生产技术。南朝萧梁天监四年（505）修建的通济堰及其灌溉体系，是松阳古代科技的杰出成果。先民们改进许多农业生产工具和生活用具，促进生产，方便生活。北宋咸平五年（1002）建成的延庆寺塔、清末民国初建造的黄家大院等，则代表松阳在建筑技术方面的最高成就。散见于古代典籍中记载较多的还有中医药在松阳的代代相传。其中，不乏潜心医道、精于医术的名医、世家。

民国时期，社会巨变。西学不断东进，科学文化知识在松阳传播，现代科技在医学和农业领域得到一定的推广应用。

中华人民共和国成立后的最初30年里，松阳科技的发展基本上局限于农业、林业和医学领域。但科学技术就是生产力的观念渐渐深入人心，学习和应用科学技术的意愿已经成为政府和民间的共识。1982年，松阳恢复县制。松阳科技事业稳步发展，科技人才得到有效培养，科技研发机构逐步增加，科技投入持续增长，科技改革不断推进，科技成果逐渐显现。

第一章 古代科技

松阳是传统农业县，在近两千年的农耕文明发展过程中，有关农业生产的经验和知识不断得到积累和提升。所以在松阳古代科技方面，相关的农业科技和水利科技表现尤为突出。特别是农田水利灌溉技术较为先进。松阴溪上，先后兴建多条灌溉堰坝。最著名的是南朝时期修建的通济堰，可以灌溉农田近10万亩，至今还在发挥作用；其次为青龙堰，尚可灌溉农田面积186.5公顷。

第一节　农业科技

耕作技术

精耕细作是松阳的传统农业精华。旧时，松古平原地区三熟制（后称老三熟），以小麦或大麦——中稻——秋作（马料豆或荞麦）为主；二熟制以烟叶——晚稻为主。山区和部分平原地区多一年一熟中稻，少量有绿肥——中晚稻的两熟制。三熟制耕作目的是为了提高产量，但几年三熟之后土壤肥力会有所下降，于是辅之以二熟或一熟耕作，以种植绿肥提升土壤肥力。

精耕细作要求“良种、精耕、细管、多肥”，增加复种指数，开垦山地梯田，注重田间管理。注重土地集约利用，通过开垦荒地、改劣地为良田等方式提高土地利用率和土地生产率。多熟种植和轮作倒茬、间作套种相结合的种植制度扩大绿色植物的覆盖面积、维持土地肥力，使太阳能得到充分利用，减缓水土流失，缓解有机物的分解速度。精耕细作特别强调用地与养地相结合，通过施加农肥和灌溉等措施保持土地的休养生息。

松阳传统农业实施“无废弃物的农业”，即所有物质的循环利用和资源化，使土地肥力不衰。因此，松阳传统农业是一种适应自然的生态农业，其科学性不言而喻。

在传统农业中，松阳先民天人相依遵循时间的节奏。松古平原是种植双季稻的产区，立秋前近一个月的酷暑时间，农民们称之为“双抢”，意即在立秋之前抢收成熟的早稻，然后抢插晚稻秧苗。如果在立秋之后方才插种晚稻秧，会有损于晚稻的品质和收成。精耕细作要求人们尊重与把握气候和时令，遵循作物生长规律，强调 “不违农时”“勿失农时”，从而形成独特的松阳农事“二十四节气”。

立春：春播备耕。雨水：多积肥料。惊蛰：冬麦镇压保墒，耕地耙耘种春麦。春分：稻田平整早翻晒，冬麦返青把水浇。清明：种瓜点豆，植树造林，水稻育秧。谷雨：杂粮播种，苗圃枝接。立夏：平田整地栽稻苗，中耕除草，温棚防风。小满：防治蚜虫麦秆蝇，稻田追肥。芒种：玉米间苗和定苗，糜谷荞麦墒种，稻田中耕勤除草。夏至：拔杂去劣选种，玉米追肥防粘虫。小暑：进入三伏天，玉米中耕培土，防雨防火。大暑：复种秋菜，预防稻瘟病，深水护秧。立秋：及早防治玉米螟，翻深耕土，苗圃芽接摘树心。处暑：玉米甜菜灌水，粮菜后期管理，冬麦整地备肥。白露：播种冬麦，晒田收葵。秋分：稻黄果香秋收，碾脱粒交公粮，山区防霜。寒露：洋芋甜菜采收，秸秆还田施秋肥。霜降：秋翻蓄墒，冻日消灌冬水，脱粒晒谷修仓。立冬：修整田地渠道，开展农田建设。小雪：冬闲积肥。大雪：多种经营创高产，耙耘保墒，积肥料。冬至、小寒、大寒：牲畜防寒等农事。

传统农具技术

中国的传统农具，经过原始农业时代的萌芽与奠基，夏商时代的初步发展，春秋战国时代的快速发展，到秦汉时代其基础已初步奠定，又经过三国两晋南北朝时代的巩固与扩展，到了唐宋元时代已基本定型。明清时期又有新的发展。旧时，松阳农民沿用旧法耕耘农田，使用的中小农具品种有铁、木、竹、棕类，包括锄头、铁耙、犁头、犁壁、田刨、镰刀、柴刀、草刀、谷镰、稻桶、连枷、风车、刮子、铁锹、桑剪、木犁、木耙、木耖、稻桶、粪桶、粪勺、谷箩、竹簟、蚕匾、谷筛、畚箕、箬帽、棕衣等。绝大部分由农民自备原料，或请匠加工，或自制备用。大体上这些农具可分为耕种农具、中耕农具和收割农具三大类别。水碓是松阳古时粮食加工的重要工具。

图 33-1 风车（西屏镇提供）

松阳先民使用的这些农具品种与各类，都是特定的历史条件与生产条件下研制出来并长期使用的，这些农具无一例外地体现了物我合一的设计思想。同时，制造工具所需的竹木质材料，是就地可以取材的，工匠又是本地的，清光绪年间松阳也有了本地冶炼的生铁。每一件农具的使用，都浸润着松阳先民原始的创造性烙印。

传统土肥技术

旧时松阳农业使用的杂肥（俗称有机肥）品种有堆肥、猪（牛）肥、豆饼、菜籽饼、棉籽饼、人粪、石膏、草子种、骨粉、鸡粪、蚕蛹等，尤以猪（牛）肥、人粪、饼肥、石膏为大宗。解放后至 20 世纪 80 年代末渐被无机肥（化学肥料）所代替。

动物粪便、植物枝叶、作物植株、食物残渣等经过腐熟、发酵而成的农家肥、沤肥、堆肥，量少，恶臭，适合于农家使用。使用土肥对促进农作物高产稳产具有重要影响：改良土壤、培肥地力。有机肥料施入土壤后，有机质能有效地改善土壤理化状况和生物特性，熟化土壤，增强土壤的保肥供肥能力和缓冲能力，为作物的生长制造良好的土壤条件，从而增加产量、提高品质。有机肥腐解后，为土壤微生物活动提供能量和养料，促进微生物活动，加速有机质分解，产生的活性物质等能促进作物的生长和提高农产品的品质。历史上松阳素有“处州粮仓”之称，农业生产在处州各县中尤为发达，这与农业施肥技术不无关系。至 20 世纪 80 年代初期实行生产责任制前，松阳农民都还是靠养猪积肥或种植绿肥、自制堆肥、稻草还田等解决农业肥料问题。

育种除虫技术

松阳传统农业从东汉建县前已经开始。清顺治《松阳县志》载：谷类有香稻、白稻、龙泉稻、晚稻、上城稻、早稻、师姑稻、冷凌稻、早糯、望秋稻、乌嘴稻、淮南稻 12 种之多。菽（豆类）有黑豆、白豆、绿豆、赤豆、蚕豆、豌豆、豇豆、四季豆。按种皮颜色分有赤、黄、绿、白、黑、花豆。这表明当时已有成熟的不同播期和熟期的作物品种概念，有育（选）种的科学概念。

传统农业中，松阳先民学会利用各种栽培措施防治作物病虫害，这些措施包括轮作和休闲、选用良种、精细整地、适时播种与收获、适宜的种植密度、田间除草以及种子处理等等。旧时，不论平原地区一年三熟、二熟或是山区一年一熟，各熟品种选择均有一定的讲究。三熟制，首熟种植小麦或大麦后，二熟种植中稻必然致土壤肥力严重下降，然后秋作种马料豆或荞麦即可把作物秸秆还田，从而改善土壤肥力。然后进行新一年首熟进行轮作和休田。这一做法，既有利于涵养土壤肥力，促进农业的可持续发展，也可以防治作物病害。

松阳传统农业的精耕细作做法也有避免病虫草害之考虑。精细整地和深耕能避免幼苗病害的发生。

茶园地的选择与病害也有关系。旧时，松阳茶叶多零星分布溪边圩地、菜园边角及山坡山脚等。成片茶园较少。溪边地、茶园地种茶，土质疏松，沙性土壤极有利于茶叶生长。低丘山坡地种茶，土层比较深厚，又多呈酸性土壤，也有利于茶树生长。

第二节　水利科技

古代水利工程杰作——通济堰

建于南朝萧梁天监四年（505）的通济堰，位于莲都区碧湖镇堰头村边，是松阳古代水利工程的杰作，距今已有1500年历史。通济堰水利工程是由拱形大坝、通济堰、通济闸、石函、叶穴、渠道、概闸及湖塘等组成的水利灌溉体系。通济堰渠道呈竹枝状分布，由干渠、支渠及毛渠3部分组成，主、支渠上有大小闸概72处，进行分水调节，使渠水能自动流入不少农田。除此之外，还有龙子殿概、木栖花概、下概头概、金丝概、河东概、丰产概等多处闸概进行分水和调节水流量。为了便于蓄水和排灌，各支毛渠利用闸概拦蓄多余的渠水，还配以众多的湖、塘、水泊与支毛渠相通，其中给洪塘为最。

图 33-2　通济堰（叶祖青 摄）

通济堰是浙江省最古老的大型水利工程，对研究我国古代水利科技具有重要历史价值。

一是科学的大坝选址。古人因势利导在此筑坝拦水入渠，可使渠水由高向低自流灌溉整个平原。二是世界上最早的拱形坝体。拱形拦水坝能更好地承受大水的冲力。三是铁水灌缝和松木填基技术。仍保留完好的通济堰石砌拱坝石是南宋开禧元年（1205）重修的。重建的大坝用千株大松木作为坝基，松木在水中不易腐烂。把炼成的铁水铸到石坝缝内。四是科学的排沙功能。大坝北端设有净宽2米两孔、深至坝底的排沙门，上游大水冲下来的沙石，利用排沙门的急流，自动排到大坝下面。大坝北端还设了一座净宽5米的过船闸，此闸除供过往船只通行之外，也起着排泄沙石的作用。五是首创水的立交桥。离拱形大坝500米处，有一条名为“泉坑”的山坑。北宋政和元年（1111），知县王禔按邑人叶秉心的建议，在通济堰上建造了一座立体交叉石函引水桥，俗称“三洞桥”。使泉坑水从桥面上通过，进入瓯江，渠水从桥下穿流，两者互不相扰，避免了坑水的沙石堵塞堰渠，使渠水畅通无阻。六是巧妙的闸概分流。通济堰水渠由72座闸概进行分水调节。闸概的分水调节是非常科学奇巧的，主要闸概处都分出左中右3条支毛渠，由木概枋来调节水流。

竹笼卵石坝筑坝技术

境内有开凿于宋代年间历史名堰——金梁堰，处于斋坛乡小石村村北，横卧于松阴溪干流河床，堰坝南北走向，从牛犊洞潭引水入渠。堰坝为竹笼卵石坝，坝长85米，顶宽2米，高1米。

竹笼卵石坝筑坝技术，早在秦朝时采用。修筑金梁堰堰坝即采用了竹笼这一古法截流技术。当地还有笼石（又称篓石）的说法。笼石原理就是把竹子剖成三四指宽的竹篾编制成竹笼，长度从数尺到数丈不等。砌堰时根据设计要求摆放好竹笼（可平放亦可竖放），内实以卵石，层层堆垛而成。竹笼多为半透水结构，受水压力容易分散，故能避免大的破坏，即使遭到一定破坏，也易于修复。

人力灌溉工具

木制水车、竹制龙骨戽水斗，为松阳传统的人力灌溉工具。戽水斗是利用湍急的水流转动车轮，使装在车轮上的水筒，自动戽水，提上岸来进行灌溉。戽斗是用粗绳缚于木桶或笆斗的两边，两人对立各执一绳，把低处水戽入高处田间。汲筒是用打通竹节之粗大竹竿，相互连接，随地势高下，用木石支架，跨越涧谷，引水入田。古时松阳先民使用木制水车、竹制戽水斗文献均有一些记载。20世纪60～70年代，给稻田灌溉，仍大抵采用需人工脚踏的木制水车。在松阳这种车水用的水车唐宋时期就在农村使用。其最明显的一个特点就是：它的全身几乎无处不是木头制造。车身、车架、踏板，甚至包括汲水的车水桶，全部采用木头。足见古时代松阳先民制作水车木工技艺的精湛。

图33-3 龙骨水车（县水利局提供）

人工脚踏方式戽水的水车，分为二轮的和四轮2种。二轮水车是由左边一人、右边一人，步伐一致，同时踩动踏板，循环往复。四轮水车则由4个人一起使劲。二轮水车的车身、车水桶，相对于四轮水车要简短一些，也小一些。四轮水车比较适用于地势相对较高、较陡峭的堤岸，稻田与池塘的水面之间的相差较高、较远。二轮水车普遍适用于地势相对平坦一些的田岸。

水车，简便、实用，不用电，不用油，提水成本低，而且没有污染，它具有创造性、先进性、应用性，可以说是松阳先民利用自然水力灌溉的一项杰作。

松阳山区梯田多，农田用水主要靠堰坝引水灌溉，遇峭壁均要靠凿木或毛竹过水，遇有落差地段，要把坑水引到农田，松阳先民很早就运用了虹吸原理引水。用竹筒制作虹吸管把峻岭阻隔的泉水引下山。当地山区农村称“过山龙”。

第三节　工业技术

松脂采制技术

松脂即松树脂，经加工提炼后成为松香和松节油。

松阳是浙西南重要林区，历史上松树就广为分布。松阳人采松脂始于何时，尚待考证。但据1979年水南乡横山村一座南宋庆元元年（1195）的墓葬发掘发现，其棺木完好，棺木四周和底部有百余斤松香。经鉴定，这些松香的色泽、纯度、软化点、折光率均达林业部颁发的质量标准。说明早在南宋时期松阳就具备成熟的采脂制脂技艺，距今已有近千年历史。

松阳人采松脂历史悠久，工艺独特，其中“松阳采脂法”和“松阳刀”颇具盛名。一般农历正月二十左右，采脂工人就前往采脂地，以800～1000棵树为一个作业区（采工俗称“一根路”），按就近原则把每棵树树根处的杂草铲除，清理串联成一条路，以便日后采脂行走。农历二月，采脂工人陆续上山做采脂前的准备工作，包括开沟、装袋等，随后在松树疤节较少的向阳面距地0.3～2.0米范围内的树干上刮去粗皮，制作供开中沟和侧沟用的刮面。沟槽外宽内窄，笔直而光滑，深度以不伤及内皮为宜，粗皮刮到无裂纹即可。沟槽下套袋，以装流质松脂。农历二月二十左右，采脂工上山采割松香。采割的方法与广东、广西的采脂大刀法不同，松香刀也不同。最古老的是松香中钩，采脂的刀法是自上而下，双手采割。后改进采用的是松香铲刀，也是用双手割，自下而上。这种采法的特点是挖的沟深，流的松脂多。而广东、广西的采脂刀为黄瓜刨状，采脂时先右手后左手，单手采割，也是自下而上。这种采脂法的缺点是挖的沟浅，流的松香少。松阳的采脂法和松香刀因而也更出名，被称为“松阳采脂法”和“松阳刀”。

民间造纸技术

松阳民间造纸工艺历史悠久，元、明间已有手工造纸。在新处官岭、安民李坑、谢村大岭根等山村尚留有遗址。

安民乡李坑村保留着这一古老的手工技艺，其工艺流程、工具仍然与两千年前造纸术发明相吻合。旧时，李坑村是盛极一时的民间土纸生产专业村。周姓祖先自宋代以后的迁徙过程中，造纸术也一直传承。康熙末年，先祖周春华为避战伐，迁徙至安民乡李坑村。造纸术成了李坑村周氏山民谋生的主要手段。从当初周姓祖先到李坑之后，陆续有潘、张等多个姓氏的先祖来李坑安居，造纸术逐渐成全村人都会操作的一门技术。民国时期，李坑还是小有名气的造纸专业村，产生了一批专门造纸户、收购原料户、对外买卖户，不少家庭离不开造纸这门行当。

清初，松阳县内出现改良制作毛边纸，但多种原因中途辍止。民国19年（1930），全县有纸槽792具，资本额13229元，年产油纸1200吨，松纸26700担。民国28年5月，古市区署集上源、下源2乡槽户91人，集股组建两所合作社，在省手工业指导所指导下，生产新闻纸。

矿产开采技术

清光绪《松阳县志》载，唐代，三都马鞍山开采银矿。宋淳熙十三年（1186），大东坝山徐枫树湾采银，尚有矿洞遗址多处，其中一处洞深百米，人可直立行走。竹源后畲村大凤岩银矿洞遗址百余处，主洞高 2 米，进深 150 米。板桥乡老鹰岩有明正统十年（1445）银矿洞遗址 170 余处，300 余平方米冶炼场遗址一处。清宣统二年（1910），石仓有 72 条砂坑洗铁砂、炼炉 10 余处。

从枫树湾采银矿洞、大凤岩银矿洞、老鹰岩银矿洞等记录可以判断：一是彼时开采点多，采矿业具有一定规模。二是当时开采的特点是地下开采，基本使用了立井、斜井、平巷方式联合开拓，初步形成地下开采系统。三是“300 余平方米冶炼场遗址”，具备一定的银冶炼技术。当时开矿采取“烧爆法”，即把与银伴生的石英岩用柴火烧热，然后用水泼浇。经过冷水的骤然降温，被烧热的石英岩因热胀冷缩表面会出现许多裂缝，最后导致矿石脱落，从而提高采矿的效率。而炼银采用的是“吹灰法”。这是一种分离银铅的方法。银矿一般含银量低，炼银的技术关键是如何把银富集起来。由于铅和银完全互溶，而且熔点较低,所以古代炼银时加入铅,使银溶于铅中，实现银的富集；然后吹以空气，使铅氧化，入炉灰中，致银分离出来。

第四节　建筑技术

石仓明清古民居建筑技术

石仓明清古民居群，由上茶排、下茶排、山边、下宅街、后宅、蔡宅 6 个古村落共 30 多座气势宏伟的明清时期古建筑组成。每座古民居都以中轴线对称布局设计，建筑占地面积均在 1000 平方米以上，大的达 3400 多平方米，且设有宽阔的庭院。各座古民居自成格局互不相连，形成一座古民居又是一个小村落的格局，是中国封建社会聚族而居的传统样式。

石仓古民居群的布局和装饰既有共同的时代印记，又有各自的建筑风格特色。每座民居都为四合院式，中轴线上或二进或三进，面阔有三间、五间、七间和九间的，厢房有两厢、四厢和六厢的。天井宽敞明亮，楼屋为跑马楼，楼檐出重檐。所有民居古建筑均为硬山顶，泥墙青瓦，外内门楼均有高昂的马头墙。建筑立面构成前低后高，两翼拱卫的中轴轮廓线，使建筑有主有次，有藏有露，有空间秩序感。

石仓古民居群建筑的装饰艺术极具特色。外内门楼、影壁、庭院、屋脊、出檐、梁枋、牛腿、雀替、格扇、窗棂、神龛、天井地面、柱础均有精美装饰。装饰种类有木雕、砖雕、石雕、彩绘、墨书墨画、卵石拼花、题匾、题额、髹漆抱柱楹联等。其中以木雕最为精华，雕刻工艺有圆雕、浮雕、镂雕、平面阴线刻、剔底凸起等。题材丰富多彩，人物神像、传说故事、动物瑞兽、花鸟虫草、琴棋书画、古树名木、亭台楼阁皆入画卷。每座宅院都有堂号，如怀德堂、余庆堂、福善堂、继善堂、敦睦堂等，内涵深刻，哲理透彻。内外门楼的门楣都有题额，厅堂内悬挂题匾 60 余幅和髹漆抱柱楹联 40 余幅，内容崇学重耕、扬善弃恶等。

石仓历史文化保护区内的古村落古民居，集自然景观与人文景观于一体，具有丰富的文化、科技内涵。石仓古村落古民居的物质和非物质文化遗产十分丰富，是研究民俗学、建筑学、工艺美术学的实物例证，堪称古建筑博物馆。

黄家大院的建筑技术

黄家大院始建于清同治年间，成于民国 9 年（1920），为其时松阳首富黄中和祖孙三代构筑。坐北朝南，分前院、中院、后院 3 部分。前院包括门楼、百寿厅、附屋及花园；中院包括武技楼、廊道（已毁）、家祠、附屋及东、西门楼；后院包括竹菊轩、梅兰轩、门楼、附屋及厨房。各院相互独立，辟边门相通，总占地面积 6460 平方米，总建筑面积 3798 平方米。百寿厅、武技楼、竹菊轩、梅兰轩等是整组建筑群的精华部分，梁架结构多用抬梁穿斗混合式，用材考究，做工精细，颇具地方传统特色，建筑木雕极为精美，雕刻内容丰富，多包含各种寓意，数量和质量为丽水地区罕见。硬山顶屋面，小青瓦阴阳合铺，建筑四周围以高大的封火山墙。

前院百寿厅俗称“七间”，为三进七开间，面阔 27.6 米，进深 33.8 米，厅中 172 根柱子井然并列。厅内雕梁画栋，技艺精湛，均以“寿”字为主题，牛角和雀替上的 204 个篆体“寿”字，笔法无一雷同。后院主体是梅兰竹菊厅。门额、柱础的刻花均围绕这一主题，尤以窗棂上的雕刻最为细致精微，出神入化。窗格之间嵌有小若指尖的蝠、蝶、鱼、石榴及雀、鹿、蜂、猴图案，栩栩如生，惟妙惟肖。雀替上还有一组劳动场景的雕刻，有砍柴的樵夫、锄禾的农夫、垂钓的渔夫等。

古塔建造技术

松阳古代造塔技艺，首推延庆寺塔。延庆寺塔位于松阳县城西塔寺下村。民国《松阳县志》载，太平兴国四年（979），行达禅师奉旨西行，历十寒暑，到中印度，得《大经论》八部、舍利四十九粒以归，受到朝廷嘉赐，为此发愿建塔，以藏舍利。经多方筹募，于咸平二年（999）动工，到咸平五年建成。

延庆寺塔初名“云龙”，因塔址在云龙山下延庆寺前，宋建炎四年（1130）改称延庆塔。尚存塔体砖铭还有“醇化五年（994）六月中”的字样。此塔属北宋原物，系唐风宋塔。延庆寺塔从塔身构造到木构出檐都没有发现后人修缮的痕迹，是江南诸塔中保存最完整的北宋原物。其经历了一千余年的风雨，虽塔身出现倾斜，20 世纪 90 年代初重修塔的木构部分，延庆寺塔塔身已倾斜 2° 12″，偏心距一米余。经维修后的二十余年，斜塔的倾斜度并未发生改变。

延庆寺塔坐西朝东，楼阁式砖木结构，总高 38.32 米，六面七级，副阶重檐，平座腰檐，中空可登顶。

松阳另一座较有名的古塔是青云塔，位于距县城东南 5 公里青蒙村附近。取意“青云得路”而名。又因坐落在青蒙山上，故亦称青蒙塔。明万历年间 （1573～1620）知县林大佳捐资兴建，六角七层。这种砖木结构时代特征明显，对研究古代高层建筑技术亦具有重要参考价值。该塔原为“松阳十景”之一，名“塔溪绿涨”，古塔、古木与山水浑然一体，交相辉映，显得更加古朴雅致，熠熠生辉。

石牌坊建造技术

清顺治《松阳县志》记载的牌坊就有62座，因为战乱和“文化大革命”的破坏，至2010年，仅存9座遗存，其中詹宝兄弟进士牌坊和市口包杰进士牌坊为浙江省文物保护单位。

詹宝兄弟进士牌坊位于县城下马街。詹雨、詹宝两兄弟分别在明成化二年（1466）、明弘治九年（1496）中进士。詹雨曾任兵部主事、江西建昌太守、韶州太守、广东左参政，著有《素履堂集》。詹宝官任新昌县令之职，著有《静斋集》。此坊就是为了褒奖詹氏兄弟双进士而建造，落款为明弘治丙辰年（1496），仿木石构，四柱三间五楼式，歇山顶，每层正脊两侧饰吻兽，屋面雕饰瓦垅、勾头、滴水和戗兽。屋顶下用斗拱承托，正楼四攒，三昂七踩。次间、夹楼各用三攒，双昂五踩，象鼻昂，杆状撑拱。正楼正中为竖匾“恩荣”。四根石柱为抹角方柱，柱子前后用护柱石，雕刻卷草纹，两头为圆雕石兽，柱基雕刻圭角。明间上枋镂空雕凤穿牡丹，下枋字牌阴刻“兄弟进士”“父子贤科”，龙门枋高浮雕狮子、凤凰与仙鹿，其上另设花枋一道，用十字科联系，枋下雀替为鸱鱼吐水造型。次间上枋镂空雕团花锦簇，下枋为人物故事题材的雕饰，上下两枋间用十字科联系。詹宝兄弟进士牌坊作为省内为数不多的品相完好、构筑精良的明代石牌坊建筑在1989年被公布为第三批省文保单位。

位于西屏镇市口村的包杰进士牌坊，为旌表弘治乙卯科举人（乡进士）包杰而立。包杰为松阳大东坝镇横樟村人，家道贫寒，聪明好学，于明弘治八年乙卯科（1495）考中举人，并任福建省莆田县知县。进士坊略呈南北走向，系仿木石结构，全部用青石雕刻砌筑，四柱三间五楼，歇山顶。通面阔6.54米，明间阔3.32米，次间阔1.44米，坊高8.28米。明间平板枋的正背两面阴刻“乙卯科乡进士包杰”八个大字，正楼石匾额正背两面横刻“世显”二大字，正面右侧竖刻小字“巡按监察使吴瀚、知府傅希说、同知杨杲、推官李雄”，左侧竖刻小字“弘治九年岁次丙辰闰三月吉旦”；背面右侧竖刻小字“按察司副使吴伯通、佥事王华、儒学教谕卓文浻、训导陈瑞、曹昶”，左侧竖刻小字“布政司参议车明思、知县李润、县丞李崇、主簿熊儒”。

包杰进士坊建筑技术特点是雕刻精美，明间额枋花板正、背两面分别浮雕双狮戏球图，藻头为结带花草纹，上额枋花板正面镂雕凤凰采牡丹图，背面镂雕飞凤戏牡丹图，藻头为结带花草纹。次间额枋花板正、背两面分别雕飞鹤图和牡丹图，上额枋的正、背两面雕四幅人物故事，生动地记述了主人公刻苦攻读、获取功名、外出做官的情节。正楼斗拱4攒，夹楼斗拱1攒，各坊之间用补间斗拱间饰如意纹木宅墩，以及龙、凤、奔鹿、麒麟、马、象等动物图案承托，雀替和各楼插花装饰雕云纹。

民间古桥建筑技术

松阳历史悠久，人文发达。民国《松阳县志》载，明成化二十二年（1486），全县有桥21座。清乾隆三十一年（1766），有桥41座。民国14年（1925），有160座。这些古桥均采用石拱桥、双曲拱桥、条石桥等技术修造。

普济桥始建于明正德年间（1506～1521），2005年被确定为省级文物保护单位。其东西走向，横卧玉岩溪之上，系石礅2孔木廊结构，桥东头与西头的桥基借就河岸自然形成的土堆，东头置有封火墙。桥身长27.12米，宽6.93米，桥墩用方形青石条砌成。桥墩上架有多根叠层枕木，枕木上用木板平铺形成桥面，桥身架有廊屋6间、并保留亭1个，而亭便建在桥墩之上，上饰藻井，用18根“万”字形斗拱承托，设计精巧，工艺精湛。

石墩木构廊屋桥是浙南山区别具风姿的古桥梁。普济桥结构复杂，建筑工艺精湛，功能齐全，把楼阁式建筑融入桥梁建筑中，成为尚存石墩木构廊屋桥中不可多得的典型范例，具有较高的历史、科学和艺术价值。

第五节　民间医药

民间中草药

松阳自古中药材资源丰富，当地谚云，“卯山三面宝，一面无宝出甘草”。清顺治《松阳县志·食货卷》载，药类有厚朴、茯苓、元胡、米仁等61种；民国《松阳县志》载有146种，还有可作药用的菜、果、花、草、木、禽、兽、蚧、虫共78种。1978年药材资源调查，有植物类药材473种、动物类36种。境内中药材大多野生采集。清乾隆《松阳县志》还有药品经营记载：明“毛登弟，善医。设药肆于门，以待疾者”。此为境内经营药材的最早文献记载。

民间保健饮品

端午茶是松阳当地的民间传统保健茶饮。每逢端午佳节，松阳当地百姓上山采选藿香、野菊、桑叶、菖蒲、山苍柴、鱼腥草等，晾匿家中常年备饮。

早年，松阳各处驿站、凉亭、寺观都置大木桶、大缸，泡上整缸整桶的端午茶，让行人客商自取饮用，以解夏日之酷暑。

端午茶既可当做日常饮料，也可防病治病。在古代，松阳多为山区，交通条件差，如果遇病请郎中更是不便，为此，松阳先民通过长期积累，采集草药来防病，因此，百益无一害的端午茶成了包治百病的“万能茶”。

此外，松阳苦丁茶、湿力茶也有千年传承的历史。松阳苦丁茶其味清香可口，苦中甘甜，颊齿留香，具有提神醒脑、迅速消除疲劳的作用，对咽喉炎、齿痛、高血压、动脉硬化、冠心病、肥胖症、糖尿病、便秘等有显著的防治效果。

湿力茶是松阳民间常用的一种药膳，具有祛风除湿、增强体魄的功效。把湿力茶树根切碎放入锅中煎熬制成汤汁备用，再把洗净猪脚切块用温汤过水，放进湿力茶汤汁中加适量米酒及盐、味精等调料炖熟即可。用湿力茶烧成的猪脚肥而不腻、茶香可口，是松阳民间的一道传统药膳名菜。也有人用湿力茶与鸡蛋同煮，俗称柴根蛋，具有同样的药膳功效。

第二章　科技机构

农耕社会，松阳向无科技管理机构。民国7年（1918），松阳成立医学研究社。这是松阳社会最早出现的科研组织。

中华人民共和国成立后，松阳县政府首先开始注重农林科技的推广工作。20世纪50年代初，县政府农林科下设各区农业技术推广站。1982年，松阳分县后，成立县科委、科协。1998年，2个机构分设。

2001年，县级机构改革，县科委更名为县科技局。下设3个科室，辖3个事业单位。2010年，县科技局共有在职人员16人。

第一节　科研及管理机构

民国7年（1918），松阳成立医学研究社。民国27年，省农业改进所在松阳成立；是年，县中心农场成立。民国36年，西医外科研究会成立。

1949年5月，松阳县民主政府接收县农业推广所和省第九农业推广辅导区，合并成立县农场。20世纪50年代初，县政府农林科下设各区农业技术推广站。1958年11月，撤销松阳县建制，原松阳辖境并入遂昌县。1959年，县科学技术委员会建立，1968年处于不正常状况，1973年恢复工作。1978年4月，县农业科学研究所建立，址设西屏；同时，县林业科学研究所成立，址设林村林场。

1982年，遂昌、松阳分县。4月，松阳县科委、科协建立合署办公机构，一套人马、两块牌子，两个机构，编制分设。1985年11月，县科委成立科技服务部。1998年8月，2个机构分设，科委行政编制9人，内设机构有办公室（计划科）、综合科；科协编制2人。

2001年，县级机构改革，原松阳县科学技术委员会更名为松阳县科学技术局，增设县生产力促进中心和知识产权办公室。2002年，县政府批准，科技局行政编制7人，设局长、副局长各1人，内设2个行政职能科室，即办公室（科技计划科）和科技综合科（县地震办公室），4个事业单位（能源办、科技信息中心、生产力促进中心、知识产权办），核编人员12人。

2006年，科技局“三定方案”核定行政编制7人，设局长1人、副局长2人，内设机构有办公室、计划科、综合科、县地震办公室。下辖县科技信息中心、县知识产权办和生产力促进中心3个事业单位，核定编制9人；设有科技创新中心、应用科技研究所等企业机构。全局共有在职人员16人。根据工作需要，设立县科技工作领导小组办公室、县知识产权领导小组办公室、县科技特派员工作领导小组办公室。

2008～2010 年，县科技局行政编制同于 2006 年，内设机构未变，事业编制人员及全局在职人员人数未变。

第二节　科技管理

科技计划制定

1982 年恢复县制后，松阳科技局先后制定过“七五”至“十一五”科技发展规划。“十五”前称五年规划，“十一五”开始称五年工作纲要，并分别由县政府、县人大常委会，以及县科技部门党组织以文件的方式发放到各乡镇以及县属各单位。

县科（委）技部门每年以文件的方式下发 1～6 批课题计划。

科技成果考核

1985 年，浙江樟毛红椿等 14 个乡土树种发掘利用研究项目获国家级科技进步三等奖。1980～2010 年，全县获省科技进步奖 15 项；获市级科技进步奖 82 项，其中市科技星火一等奖 1 项、二等奖 3 项、三等奖 6 项；获县科技进步奖 151 项。

至 2010 年松阳县获得省级科技进步三等奖以上项目表

表 33-2-2-1

获奖时间	项目名称	完成单位	获奖等级
1982	马褂木等 11 个乡土树种发掘利用研究	松阳县林科所	二等奖
1982	油菜喷硼防止花而不实	省农科所、浙江农大、市农科所、松阳黄圩村	三等奖
1983	晒红烟两段育秧带土移植法推广	松阳农业局	三等奖
1986	浙江省松阳县地开石选矿精制与纸张涂布料应用研究	浙江地质测试中心、杭州工农纸厂、松阳高岭土材料厂	二等奖
1986	松阳县畜牧区划报告	松阳农业局	省农业区划成果二等奖
1986	松阳县综合农业区划报告	县农业区划办公室	省综合农业区划成果三等奖
1989	毛竹旋片机械设备及工艺	松阳县钢木家具厂	星火计划三等奖
1992	微型水力发电设备开发	松阳县微型水轮发电厂	星火计划三等奖
1996	袋料栽培花菇技术	庆元食用菌研究所、龙泉市食（药）用菌技术服务中心、景宁县兴业集团食用菌研究所、松阳县食用菌办	二等奖
1996	笋竹两用林高产技术开发及基地建设	地区林业局、龙泉、遂昌、松阳、庆元、景宁、丽水、云和、缙云、青田林业局	科技星火二等奖
1996	山区中低产区单季稻“一优二高”栽培技术推广	市农科所、云和、松阳、景宁、遂昌、庆元、龙泉、缙云、青田、丽水农业局	科技星火二等奖

至2010年松阳县获得市级科技进步二等奖以上项目表

表 33-2-2-2

获奖时间	项目名称	完成单位	获奖等级
1986	松阳县林业区划	松阳县林业局	行署林业区划一等奖
1992	早籼新品种浙733引种推广及高产栽培技术研究	地区性种子公司、龙泉市农业局、地区农科所、松阳、云和、景宁、龙泉、遂昌、丽水、缙云等县（市）种子公司、松阳古市镇农科站、龙泉宏山乡农科站	科技进步一等奖
1992	远缘杂交小麦高产新品种“丽恢4号”	丽水地区农科所、种子公司、丽水、缙云、遂昌、青田、松阳县种子公司	科技进步二等奖
1992	水南畈“四位一体”综合治理低产田改造工程	松阳县水电局、西屏镇政府、水南畈各村委会	科技进步二等奖
1993	山区单季稻高产配套技术研究	丽水地区农业局、地区农科所、龙泉、庆元、松阳县（市）农业局粮油站	科技进步二等奖
1993	窑阳46恢复系列开发利用研究	丽水地区种子公司、庆元、遂昌、云和、松阳县种子公司	科技进步二等奖
1993	松阳县西屏镇地籍调查研究成果	松阳县土地管理局	科技进步二等奖
1994	浙西南山区稻杆潜蝇发生规律及防治技术研究	松阳县农业局、大东坝农技站、玉岩农技站、松阳农技站	科技进步二等奖
1994	松阳县土地利用总体规划研究	松阳县土地管理局、县土地利用总体规划办、丽水地区土地管理局	科技进步二等奖
1994	浙江省丽水地区厚扑害虫种类调查和防治研究	松阳县林科所，松阳县、遂昌县林业局、龙泉市、景宁县森防站	科技进步二等奖
1995	笋竹两用林高产技术开发及基地建设	丽水地区林业局、龙泉、遂昌、松阳、庆元、景宁、丽水、云和、缙云、青田等县（市）林业局	科技星火一等奖
1995	山区中低产区单季稻“一优二高”栽培技术推广	丽水地区农科所、本地区各县（市）农业局	科技进步二等奖
1995	“绿色证书”实施工作方法研究	丽水地区农业局、丽水、遂昌、松阳、云和县农业局	科技进步二等奖
1995	代料香菇栽培技术推广	县食用菌办、县食（药）用菌研究所、枫坪、玉岩、安民、大东坝乡食用菌办	科技进步二等奖
1996	代料栽培花菇技术	庆元食用菌研究所、龙泉市食（药）用菌技术服务中心、景宁县兴业集团食用菌研究所、松阳县食用菌办	科技进步二等奖
1996	笋竹两用林高产技术开发及基地建设	地区林业局、龙泉、遂昌、松阳、庆元、景宁、丽水、云和、缙云、青田县（市）林业局	科技星火二等奖
1996	山区中低产区单季稻“一优二高”栽培技术推广	地区农科所、云和、松阳、景宁、遂昌、庆元、龙泉、缙云、青田、丽水县农业局	科技星火二等奖
1997	杂交稻早夏季制种高产栽培技术研究与应用	松阳县种子公司、植物检疫站	二等奖

续表 33-2-2-2

获奖时间	项目名称	完成单位	获奖等级
2000	可达灵片生产工艺研究	处州制药厂、天津市药物科研院、浙江省药品检验所	二等奖
2000	国家造林项目科研推广	龙泉、遂昌、松阳、庆元国家造林项目办公室	二等奖
2000	水稻轻型栽培技术推广与应用	丽水市粮经作物站、龙泉、缙云、松阳、莲都、遂昌、青田、庆元、云和粮油站	二等奖
2000	香菇单核体遗传性状多态性在杂交育种上的运用	松阳县食（药）用菌研究所	二等奖
2001	松古盆地冬季效益农业开发与粮经多熟制途径及配套技术研究推广	松阳县农业局	二等奖
2001	“九五”星火 5-10 工程	丽水市科技局、遂昌、龙泉、松阳、云和、景宁县科技局	科技星火二等奖
2001	丽水地区十万亩脐橙商品基地建设及开发研究	丽水市农科所、丽水市农业局、松阳、莲都区农业局	科技星火二等奖
2002	南方早熟梨产业开发及综合技术推广	松阳县农业局、象溪镇政府、绿珍果业有限公司	二等奖
2002	姬松茸的引种试验推广	松阳县食用菌办、县食（药）用菌研究所	科技星火二等奖
2004	芳纶纤维无石棉离合器面片研究开发	浙江科马摩擦材料有限公司	二等奖
2004	丽水市“五优化”生态、有机茶产业化开发	丽水市农业局经济作物站、松阳县农业局茶叶办、遂昌县龙谷名茶开发中心、景宁农业局开发总公司、丽水市梅峰茶叶公司、缙云县农业局特产站等	科技星火一等奖
2006	蛇鳄龟繁育生态养殖技术研究	松阳县良种繁育场、浙江省皇冠科技有限公司、浙江省淡水水产研究所	二等奖
2006	浙西南森林蔬菜栽培和利用技术	丽水市林业科学研究所、丽水市科协、丽水市六江源森林蔬菜研究所、遂昌林业局、松阳县湖溪林场等 9 单位	科技进步二等奖
2006	中国浙江网上技术市场丽水分市场建设	丽水市科技信息中心、中国网上技术市场、丽水市各县（市、区）分市场	科技进步二等奖
2008	浙西南山区主要林业有害生物防治技术研究与推广	丽水市森林病虫防治站，遂昌县、莲都区、缙云县、松阳县、龙泉市、青田县、庆元县、景宁县、云和县森防检疫站，丽水职业技术学院，丽水市白云山生态林场	科技进步二等奖
2009	鱼腥草种质资源收集与 GAP 种植技术研究	丽水市林业科学研究院、浙江林学院、丽水职业技术学院、浙江国镜药业有限公司、浙江松寿堂中药有限公司	科技进步一等奖
2009	丽水林区昆虫资源调查及主要害虫研究	丽水市林业有害生物防治检疫总站、各县（市、区）森防站、丽水市白云山生态林场	科技进步二等奖
2009	322 松香改性醇酸树脂开发研究	浙江恒劲树脂有限公司	科技进步二等奖
2010	茶叶病虫害区域综合治理技术集成与应用示范	松阳县农业局、中国农科院茶叶研究所、松阳县茶叶办公室、新兴乡政府、松阳县生产力促进中心	科技进步二等奖

科技人才培育

2003年，县科技局与县委组织部、农业局、妇联、工业园区、职业技术学校联合开展农村科技远程教育培训工作，每年培训12期，全年受训300多人次。2004年，松阳县委、县政府制定政策，县财政设立人才工作基金100万元，主要用于人才开发和培训、落实人才待遇、实行名师、名校津贴和企业引进中级以上专业技术人才津贴；9月，松阳职业中等专业学校被确认为省级第一批“国家星火计划农民科技培训星火学校”、省级农民科技星火培训基地建设单位。

2005年，组织全县乡土人才调查，从全县农村茶叶、水果种植等15个专业中筛选226名土专家，建立松阳县乡土人才和科技人才库。2006年，开展为期3个月的人才资源情况调研，全县有专业技术人才5693人，其中企业769人、事业4924人；高级职称204人，中级职称2280人，初级职称3209人。有农村基层人才8815人。有市“138人才工程”专家2人。每万人口人才资源数为480人。2007年，设立县人才资源开发专项资金，实行高级人才政府津贴制度。制定《关于建立县级领导联系优秀人才制度的实施办法》，对“十一五”人才发展规划的重点工作进行分解落实。

2008年，制定下发《县委人才工作领导小组及成员单位工作职责》和《建立完善人才工作运行机制的有关工作制度》，明确县人才工作领导小组及成员单位工作职责，建立县人才工作领导小组工作制度、领导小组成员单位联席会议制度、人才工作重大事项通报制度、人才工作联络制度和人才工作督查考核制度。创建“人才服务超市”，在人才信息库的基础上，向全社会征集各行业领域具有突出技能的专家库人员百人，由县人才办和县人才交流中心提供免费咨询和相关服务。2010年，人才培训按相关文件执行。

第三节 科技研发机构

高新技术研发机构

1989年前，松职没有高新技术研发机构。1989年，设民间科研机构。中药厂成立处州药物研究所。

2000年末，全县有各类科研机构13家，其中民营科研机构1家；全县有专业技术人员3575人，其中高、中级职称1036人。2006年11月，经企业申报，县科技部门组织审定，县政府批准，全县有浙江科马摩擦材料研发中心、浙江碧云天茶业研发中心、早上好鹊山鸡养殖研发中心、万寿龟鳖养殖技术研发中心4家企业被确定为松阳高新技术研发机构。

2010年末，全县有各类科研机构40家，其中民营科研机构38家；全县专业技术人员6999人，其中高级职称388人、中级职称2523人、初级职称4088人；高技能人才263人。

研发机构选介

浙江科马摩擦材料研发中心 成立于2006年，是从事研发、生产汽车离合器面片的专业企业。有2000平方米的研发大楼，有国内行业最先进、配套最齐全的研发设备。至2010年，该中心有专

业技术研发人员42人，占企业员工的12.6%；其中，博士2人、硕士2人、本科7人；取得高级职称3人。获发明专利5项，完成企业自主立项开发的KM188产品，并广泛应用于一汽、东风等主机厂乘用车的离合器配套，用于奇瑞、夏利、比亚迪、通用五菱等车型，大量替代进口德国同类产品。

浙江科马摩擦材料研发中心完成企业自主立项开发的KM188产品；省科技厅“高性能无石棉轿车用离合器面片研制”项目；“芳纶纤维无石棉离合器面片产业化”项目；2010年，进行KM173、KM178轻型车芳纶纤维无石棉离合器面片系列产品的研发。经费是按每年销售额的4%提取单独核算的。

万寿龟鳖养殖技术研发中心 成立于2006年9月，有社员养殖100多户，养殖基地50处，其中大型基地2处，年产优质中华鳖苗300万只，无公害生态商品鳖100吨，龟苗50万只。有高中级技术职称人员6人，依托松阳县良种繁育场；属国有科研机构。

第四节 科技体制改革

科研机构改革

遂昌县林业科学研究所成立于1978年4月，地址设松阳区阳溪公社林村村玉砖寺(今属西屏镇)。1982年，改称松阳县林业科学研究所，归属县林业局，有职工13人，科研基地面积337亩。至2000年末，有技术干部、职工15人，其中高级工程师1人、工程师 3人、初级职称4人、职工7人。主要从事林业技术推广（包括林木良种引进驯化与推广、林木良种选育与审定、林木种质资源收集保存与开发、林木新技术推广）、林业技术研究（包括林木良种繁育技术研究、林木用肥技术研究、林木用药技术研究、林业有害生物防治技术研究），解决生产中的技术问题，林业推广项目及科研项目的实施管理，林业技术开发试验示范，林业技术人员培训及科技项目指导，林业科技信息服务、宣传、咨询等。

2001年5月，松阳县经济体制改革委员会下发《关于松阳县林业科学研究所改制方案的批复》，同意保留县林业科学研究所牌子，原单位职工以身份置换、自谋职业的方式进行分流。同意县林业科学研究所以转让的形式处置土地使用权，并享受改制企业的优惠政策；县林业科学研究所的土地资产以县土管局确认为准；单位资产以国资局核实为准；职工安置补偿金等费用以县人事劳动局审核为准。分流职工在领取安置补偿金前，必须处理好与单位相关的一切事务。尔后，松阳县林业局对县林业科学研究所进行改制。改制后松阳县林业科学研究所与县林业局营林公司合署办公，实行一套班子、两块牌子。办公地点设在县林业局营林公司。

2001年，大的民办企业设立科技研发机构和配备专职人员。2002年，制定《松阳县科技项目管理暂行办法》，指导乡镇、企业、民营所更好地申报科研项目，加强项目管理。2006年，松阳县政府办公室规定企业成立科研机构程序是企业申报、县科技局组织审定、县政府批准。

科技投入

1982 年，松阳恢复县制。1983 年开始，财政对科技有些投入。1983～1992 年，财政拨款是文教卫科一起拨，没有科技单独数据。从 1993 开始，有单列的科学事业费。2000 年以来，全县科技投入体系不断完善，财政、企业、银行、社会资本等多元化、多渠道的投入格局初步形成，在财政科技投入和相关政策的支持下，企业成为科技投入的主体。企业投入占全社会科技投入的比重达 70%以上。2010 年，科技经费投入 1710 万元，占全县生产总值的 0.29%，占本级财政支出的 1.65%。

1983～2010 年松阳县科技投入情况表

表 33-2-4-1

年份	财政科技投入（万元）	比上年增长（%）	其中科技三项经费投入（万元）	年份	财政科技投入（万元）	比上年增长（%）	其中科技三项经费投入（万元）
1983	398.8	—	1.7	1997	73	12.8	27
1984	411.4	—	4.5	1998	164	12.46	113
1985	5225	—	5.5	1999	183	1.15	130
1986	635.5	—	4	2000	183	—	130
1987	609.6	—	3	2001	371	—	285
1988	866.9	—	3	2002	423	14.01	342
1989	935.8	—	5	2003	592	19.31	539
1990	1071	—	6	2004	765	31.73	—
1991	14.6	—	6.9	2005	894	16.86	795
1992	1380	—	11	2006	951	0.06	832
1993	14	0.5	8	2007	1178	23.87	947
1994	21	—	8	2008	1826	55.01	1168
1995	2245	—	9	2009	1622	-11.17	464
1996	32	—	8	2010	1710	5.43	935

说明：科技三项经费投入指国家为支持科技事业发展而设立的新产品试制费、中间试验费和重大科研项目补助费。

第三章　科技推广与服务

松阳县科普宣传的主要内容为农业生产知识和卫生健康知识等，其主阵地在农村。宣传的方式灵活多样。县内各单位几乎尽数参与，承担任务，呈现出全社会、全民科普的局面。20 世纪 60 年代开始，逐步建立县“四级农科网”为主体的农技推广体系，大力推广农业生产科学技术；同时投入大量人力物力开展科技培训工作。改革开放后，广大农民在农业生产实用技术、职业技能等方面得到全面培训。随着社会进步和经济的发展，科技服务的需求凸显。2000 年后，网络开始助推科技进步。2004 年 8 月，松阳县科技创新服务中心成立。2010 年，全县有 5 家科技中介机构。

第一节　科普宣传与科技推广

科普宣传

改革开放之后，科普宣传作为一项整体工作在松阳全面推开。从 1982 年开始，松阳县科技部采用多种方式开展科普宣传工作。

印发资料　1982 年，松阳县科技部编印《科技简报》；至 1990 年，共编 100 余期。1984 年后，相继刊印《标准化与计量》《松阳科技》《食用菌》《养鸡》《松阳牧医》《松阳科协》《科技信息》《农技简报》等小刊物或专题资料，印数 1000 份以上。另，不定期刊发《松阳蚕桑》《松阳茶叶》等。

电影宣传　1982 年以后，县电影科普协会参与科普宣传工作，放映《人口与健康》《土地资源开发》《林木综合育苗》《中医急救》《大江养鸭》《水上种稻》《多效唑》《防治农区土蝗》《生态农业》《猕猴桃》《防治乳牛乳房炎》等科教短片。

图片展览　1984 年，举办《反对封建迷信，普及科学知识》图片展览 2 期。1985 年，组织《破除迷信》《科学致富》图片展览。1990 年 6 月，县科委、科协与农业局、林业局、计生局、卫生局、乡镇企业局等单位分别组织图片展览。新华书店组织科技图片展览，县工会举办工业企业技术革新、新产品成果展览。图书馆展出 40 个大版面，共编辑 1500 条科普知识。

科普宣传周活动　1988～1990 年，县科委、科协在每年 6 月与县委宣传部合作开展科普宣传周活动。活动形式有组织科普报告会，巡回演讲团，宣讲粮食、柑橘、茶叶、烟叶、食用菌、养猪、蚕桑等方面的科普知识，举行科技信息发布会，开展科技一条街活动、集市日上街咨询服务、印发资料等。电影科普协会和县广播站在宣传周期间进行电影科普宣传和科技知识推广讲座。

科技讲座　1984 年 10 月，县科协及各学（协）会多次举办各种学术讲座、讨论会。先后举办

《数理统计》讲座、《微电脑及其应用》讲座、“茶叶现状及趋势”专题报告、“新技术革命和我们的对策”学术讲座、“松阳农牧业区划”“会计管理体制改革”学术讨论。1989 年，举办《有关肝炎的临床意义》《70 年代心衰治疗进展》等专题讲座。

图 33-4 茶叶采摘技术培训(叶光铭 摄 于 2006 年)

从 2001 年开始，参加和举办省、市、县科技下乡、“科技赶集”、市科技拔尖人才送科技下乡以及“科技创造未来”等为主题的科普宣传周等大型活动。每年举办科技（科普）活动周。开展科普图片巡回展，组织青少年参加科技创新和信息学奥林匹克竞赛，获省三等奖 1 人，获市一、二等奖各 1 人。举办社区卫生健康科普知识讲座和图片展，举办全民科普知识竞赛和 WTO 知识竞赛，参加竞赛 7000 多人，乡镇和县机关参赛率 95%以上，编写内部科技宣传刊物《松阳科技信息》《科技参考》，定期发放到乡镇、部门及示范企业、示范户手中。设立“科技长廊”专题广播和“星火计划 30 分”电视专题节目。

2003 年，开展健康科普宣传进社区活动，帮助广大市民正确看待非典型性肺炎疾病，掌握“非典”预防科普知识，做好“非典”防治工作。发放宣传资料和科普丛书，展出“非典”常识科普展板 180 多幅，接待咨询群众近万人。9 月 22 日上午，举行“首届中国浙江科普节”开幕式，县领导为科普宣传志愿者举行授旗出征仪式。

2004 年 5 月 15～21 日，为科技（科普）活动周，围绕“科技以人为本，全面建设小康社会”“健康生活与食品安全”“知识产权与科技创新”的主题，组织科技人员开展科普宣传一条街活动。2005 年，会同宣传部、科协、卫生局、农业局等单位开展内容丰富、形式多样的“科普宣传集市”活动。2006 年，利用科技资源调研的机会，分别到各乡镇、部门、企业开展面对面的科普宣传。在电视台开辟《星火科技 30 分》农村科技栏目，把科普知识送到千家万户。是年，编印《松阳科技信息》11 期，被国家级刊物录用 1 篇、省级刊物录用 26 篇、市级刊物录用 46 篇。

2007 年 5 月，邀请中国茶科所专家讲授“茶园病虫害防治”，省专家、教授参与 2007 科技（科普）活动周活动。2008 年，开展标准化科普基础设施建设。在全县乡镇建立科普画廊，在县图书馆建立科普画廊、科普活动中心（中心由科普阅览室、电脑活动室、科教展示厅、多媒体报告厅和技能操作室组成）；在全县 20 个乡镇配备科普宣传员；在县广播站开设“科技广角”，回答“三农”中存在的问题。2009 年，组织业务科室人员到全县 50 多家中小企业送科技资料，组织农技专家深入乡镇、村开展技术辅导；组织中小学生参加丽水市科普知

图 33-5 科技咨询现场（叶光铭 摄于 2007 年）

识竞赛；9月15日晚，在县城市政广场举办大型科普宣传活动，科普大蓬车发挥流动科技馆的作用，展出涉及声、光、电等多门学科的科技展品和科普仪器。

2010年7月，开展“科技服务一条街”活动，设立咨询服务台，发放“节约能源”“破除迷信”“新农村建设”等主题的科普小册子；在全国科普日开展“节约能源资源”“保护生态环境”“保障安全健康”主题活动，开展科普知识有奖竞猜、爱护野生动物等6个专题的科普知识图片展、科技咨询以及为群众义诊等活动；开展科普宣传大篷车进校园、进社区、进乡、镇、村等活动。

科技推广

20世纪60年代中期至70年代，时遂昌县建立县农科所、公社农科站、大队农科队、生产队农科组的“四级农科网”为主体的农技推广体系。松阳恢复县制至20世纪末，建立以县农技推广中心为龙头，以乡、镇农技站为纽带的五级农技推广组织体系。这一时期农业技术推广体系的主要特征是政府直接领导农业推广，科技服务组织是以县农业推广中心机构为主，县农经委、县科协技术委员会等多部门协作体系。21世纪以后，形成农业科研、农技推广中心、教育单位、农村合作经济组织、涉农企业、协会组织等广泛参与的多元化农技推广体系。

20世纪80年代，在新的改革形势下，过去在计划体制下形成的政府农业推广机构的职能已经不能适应农村经济发展的需要。由于推广对象（由生产队变为农户、专业户）、推广目标（由完成计划任务变为追求利润）、推广内容（由单一化变为多样化、系列化）发生变化。在此背景下，松阳农村农户自发地出现第一批茶叶、蚕桑、水果等专业队、专业户组织，从而适应市场经济发展要求，由特定农产品的生产者自行组织兴办、管理、分配，开展专业性技术经济服务的合作组织。此阶段，专业合作组织主要开展技术交流方面的服务，包括引进、推广实用技术，开展技术培训，进行试验、示范，交流信息。部分专业合作组织还起到区域行业协会的作用，通过加强各个专业生产者的联系和交流，提高整个行业的合作水平，促进行业总体水平的提高。

20世纪90年代以后，农业和农村形势发生根本性变化，越来越多的农民自愿地组织起来，以利益为纽带，以专业合作社或专业技术协会等为主要形式建立起各类以“民办、民管、民受益”为宗旨的农村专业合作组织。这些组织在内容上，包括生产环节、流通环节、产供销一体化的合作；在合作的形式上，包括产前、产中、产后的合作；在联合的范围上，包括农户与农户、集体与集体、个体与集体、个体与企业等的合作方式。政府创办的农业技术推广体系是农技推广服务体系的主导力量，重点开展各类推广、科技评估、标准检测、政策咨询、科技示范等公益性的活动，促进科技资源与其他要素的合理配置。农民为创办主体的专业技术合作组织是松阳农技推广服务体系中不可替代的力量。

1980～1981年，靖居农技站推广杂交玉米高产栽培；新兴泉庄大队推广油菜高产栽培技术；石仓林业站推广防止油菜煤污病新技术。1983年，松阳农业局推广“晒红烟两段育秧带土移植法”。1985年，松阳林科所推广浙江樟毛红椿等14个乡土树种发掘利用。1986年，松阳农业局推广“多效唑在水稻中运用”；松阳农科所推广“晒红烟杂交一代8701的选育”。1987年，松阳职业技术学校引种推广“樱桃谷鸭”；松阳农牧局畜牧兽医站推广“群鸡饲养技术”；松阳农科所、县种子公司推广杂交水稻“汕伏 64”；松阳农技站、农牧局特产股推广蚕桑高产技术；松阳水电局推广家鱼人工繁殖。1988 年，松阳农业局、古市农技站、松阳烟草公司、古市镇、新兴乡、樟溪乡推广晒红烟优质适产模式栽培技术；松阳科技服务部推广香菇袋料生产试验。1989 年，松阳林科所推广“楚门文旦引种驯化”。1990 年，玉岩农技站推广马铃薯高产技术。

1993 年，县农业局土肥站推广“中豌 6 号”秋播生产技术。1994 年，古市农技站推广衰老桔园更新改造技术。1995 年，松阳玉岩林业站推广笋竹两用林技术；县食用菌研究所推广花菇栽培技术、香菇生产开放式接种技术。1997 年，松阳农业局西屏农技站推广晚稻轻型栽培技术。1999 年，松阳象溪镇科委、农技站推广脐橙防冻和冻后管理技术；松阳食用菌研究所推广“姬松茸的引种试验”。

2001 年，松阳斋坛农业综合服务站推广双膜覆盖马铃薯栽培技术；象溪镇农业综合服务站推广无公害生态鸡饲养技术。2003 年，推广鹊山蛋鸡引种选育及生态养殖技术；四都乡农业综合服务站推广高山蔬菜新品种引种试种技术。2005 年，松阳县裕溪乡农业综合服务站推广吊瓜种植技术；松阳花之恋生物科技园推广蝴蝶兰规模生产新技术。

2007 年，省农业科技成果转化项目有“香榧幼林期生态栽培技术示范推广”“早熟梨—大红袍赤豆立体生态套种培肥技术示范推广”及松阳县农业局推广的茶树挥发物的生物农药及新香型茶的研制。2008 年，有松阳县林业局的“香榧幼龄期生态栽培技术推广”。

2010 年，叶村乡和斋坛乡开展共 5200 亩粮食生产功能区建设，示范推广“蚕豆/玉米（西瓜、毛芋）—单季稻”粮经新三熟。

第二节 科技咨询与中介机构

科技咨询

1985 年，松阳县科协在县城开展咨询服务。1986 年 1 月，科技服务部成立，在名茶品种引进、西瓜杂交技术、香菇栽培技术等方面提供咨询。与 20 多个县建立信息网络，互相提供信息咨询服务。1988 年，县离退休干部组成工程技术协会，开办咨询服务部，在公路测试、施工、地形测绘等方面提供服务；与民政局合作，在石仓、谢村等乡开展科技扶贫活动，传授香菇栽培、速生林栽培、厚朴栽培及科学养猪、养牛等实用技术。1989 年，松阳县工程技术开发咨询服务部成立，为厂矿和农村开展技术咨询服务。1990 年 6 月，科委与宣传部合作举办“科普宣传周”活动，有 16 个单位参加；100 多名科技人员参加的“科技一条街”活动，现场接受咨询 2000 多人次。

图 33-6 林业科技普及咨询服务台（县档案馆提供 1992 年）

1992 年 10 月，分别在县城及大东坝、玉岩、古市和象溪镇等地巡回展出松阳恢复县制10周年期间科学技术发展版面75块，展出新产品100余项。有25家企业参加活动，接受技术咨询3000余人次。1994年，组织科普宣传和特种动物养殖技术咨询活动，先后在西屏、古市、靖居等地展出图片；重点是美国七彩山鸡、牛蛙和鳖、山羊养殖技术，咨询万余人次。1996年，在县城举办“常温养鳖技术”“农村沼气池管理”咨询。是年，松阳县专家决策咨询委员会成立，人员由各单位领导、专家共20人组成。

1998～2003年，每年在活动周开展宣传活动，接受咨询群众5000余人。

2004年，在科技（科普）活动周中进行“健康生活、食品安全知识”、农村种养殖及国内外名优花木选种、知识系列、产权保护等方面的咨询服务。2006年，利用科技资源调研的机会，分别到各有关乡镇、企业、部门开展面对面科技宣传咨询活动。2007年5月，会同县委宣传部、科协、农业等职能部门联动相关乡镇，邀请省茶产业科技创新服务平台专家，围绕“科技兴茶”主题开展科技下乡、科技宣传等活动。

2008年，在科技（科普）宣传周中开展“青年科普志愿者服务”“党员服务一条街”活动，共接受咨询群众1500余人；9月20日，在县城繁华街道开展主题为“节约能源，保护生态环境，保障安全健康”的科普宣传活动，接受群众咨询近1000人次。

科技中介服务

松阳县科技局领导的科技中介服务机构（也称科技创新服务中心），成立于2004年8月。它属区域性、综合性的科技服务中心，是一个社会公益性与市场化运作相结合、非营利为目的的科技法人服务实体。中心有员工8人，实行主任负责制，设主任1人、副主任1人，有技术人员4人、工勤人员2人、兼职技术人员4人。其主要职责是为中小企业提供服务，扶持中小企业技术创新、成果转化，架设企业与科技界、企业与政府、企业与市场的信息桥梁，提高中小企业的科技水平、管理水平和经济效益。

2003年，创新中心协助鹊山鸡产业科技培育开发。2004年11月，由中心牵头浙江科马摩擦材料有限公司与浙江科技学院签订轿车用高性能无石棉离合器面片研制项目合同。

2007年，协助浙江松寿堂中药有限公司（原处州制药厂）与天津医药研究所开展中药创新药物可达灵的源头创新开发，获得国家中小企业技术创新基金及省科技厅配套的100万元无偿资助。2008年，浙江雷克机械工业有限公司与清华大学博士后达成摩托车发动机技术合作开发协议。项目采取国际先进的激光填坑技术，研发“微坑发动机LK152QMT-C”，达到国内同类产品领先水平。

2009～2010年，全县建有知识产权办公室、生产力促进中心、网上技术市场、科技信息中心、科技创新服务5家科技中介机构。

2009～2010年松阳县科技中介机构情况表

表 33-3-2-1

科技中介机构类别	业务范围					备注
	家数（家）	人数（人）	技术（交易或转移）金额（元）	技术服务量（项）	从事的主要中介业务	—
区域科技创新服务中心（生产力促进中心）	2	12	3500	60	技术服务、技术咨询、技术转让、技术培训、培育科技示范、新产品销售等	松阳县科技创新服务中心、松阳县生产力促进中心
专利代理机构	1	4	2105	56	技术转让、技术咨询、技术服务等	松阳县知识产权办公室
引进大学名校共建的创新载体承担技术转移、技术中介职能的创业投资服务机构	1	1	—	1	合作开发摩托车发动机LK152QMT-C	松阳县科技创新服务中心
网上技术市场各分市场及专业技术市场	1	6	2196	118	为企业和科研人员搭建产学研交流平台，为企业发布技术难题，促进交流与合作，技术培训、技术咨询等	松阳科技信息中心网上技术市场
合计	5	23	7801	235	—	—

第三节　科技培训与网络市场建设

科技培训

20世纪60年代末，在县境内举办多期农业新技术培训班。1978年6月，在岗寺公社岗下村举办第一期沼气训练班。80年代，举办以春播育秧为重点的农业生产技术培训。1981年，先后在岗下、乌井、仪桥、白沙等地举办5期沼气训练班，受训人员105人。1982～1983年，县林科所派员参加地区林科所举办的“油茶胚芽嫁接技术”培训班。1984年，举办食用菌、西瓜、养鸡、微电脑技术、数理统计、会计、畜牧兽医等培训班18期。1985年后，举办食用菌栽培、蔬菜、水果、林业、养殖业、毛竹旋片等方面技术培训，受训群众数千人。

1986年，举办食用菌培训班2期，编写技术资料1000份，培训300余人。1989年，协助松阳钢木家具厂办培训4期30人、微型水轮发电机厂办培训8期50人。1991年，县农村和综合开发科研组开展各种科技培训56期，受训5000余人次。1992年，举办养鱼技术专业培训8期，400余人参加；举办赤豆、西瓜、养鱼、食用菌、名茶制作和烟叶管理、笋竹两用林等培训班70多期，培训4000余人。1994年，县农科所、县林业局举办各类专业的培训。其中香菇培训20期，2000人次参加；笋竹两用林培训10期，500人次参加；板栗栽培培训4期，1500人次参加；毛纺织工培训2期，

200 人次参加；天麻栽培培训 4 期，200 人次参加。1996 年 10 月，对农村党员干部进行各类农村实用技术培训，共 2 期，90 人参加。1998～2003 年，在全县各乡镇开展农村实用技术培训与推广活动，培训的内容有食用菌、笋竹两用林、无公害绿茶、水果种植等，培训 6 万余人次。

2004 年，松阳县农民科技培训领导小组成立。运用农村远程教育网等科技服务平台，结合全县农业特色产业，与农业局合作开展“无公害茶叶生产技术”“黑木耳栽培新技术”“蚕豌豆高产栽培技术”“鹊山鸡高山生态养殖技术”“禽流感防治”“脐橙壮果施肥技术”等科技培训；依托国家星火学校——县职技校、县劳动就业培训中心，加强农民和农村高中毕业生的转岗就业能力培训、职业技能培训；与社会团体联办培训，与团县委联办青年星火带头人培训，与县妇联办“家庭畜禽养殖”“缝纫、服装设计”培训，与残联联办残疾人员电脑、美容、家电维修的实用技术培训；与县林业局联办“高效益笋竹林生产与管理”“生态速丰林培育”“板栗修剪和采后管理技术”等科技培训；协助乡镇政府聘请有关专业技术人员对农民按农事季节开展实用技术培训，培训总人数达 12800 人次。

2005 年，科技远程培训网开展 69 场集中培训，受训 2000 人次，下发课件资料 5000 份，9800 人次上网点击课件。2006 年，利用乡镇科技工作会议时机，对各乡镇科技副乡（镇）长进行业务培训，组织新上任科技副乡（镇）长到杭州参加乡镇科技业务培训；推荐科技特派员和科技二传手参加省农科院开展的“科技二传手”培训班；县电视台开辟《星火科技 30 分》农村科技栏目，组织农村远程教育 19 期，受训 1000 多人。

图 33-7　农业技术培训（叶光铭 摄于 2007 年）

2007 年，组织人员到各乡镇、村，围绕“三农”的热点难点问题开展各种培训。邀请中国茶科所专家在全县开展“茶园病虫害防治”专题培训。2008 年，全县科技特派员累计举办农业科技培训班 116 期，培训 18698 人次。邀请中国茶科所专家在县城、新兴、板桥等地举办茶叶技术培训班 4 次，受训 600 多人。

2009～2010 年，组织县科技创新服务中心人员到全县 20 个乡镇指导乡镇科委举办茶叶、吊瓜、水果、鸡等产业生产技术培训，受训 1 万余人次。

网络市场建设

2001 年末，中国浙江网上技术市场丽水市场松阳分市场开始筹建，投入近 17 万元硬件设施，接通光缆，建好内部局域网。购置器材设备，进行网络布线、机房和会场装修。至 2002 年 6 月，建成并投入使用。

2002 年 6 月，松阳县科技部门正式建立网站“松阳县科技信息网”，设立松阳科技、科技政策、农业科技、科普之窗、专刊精选、技术市场 6 个专栏，20 多个小栏目。远程培训网投入运行以后，有 26 家企业上网，还有省内外 17 家科研院所和 30 多位专家加盟服务，为企业提供科技成果和专利

50余项，上网技术需求25条。全县有10余家单位和企业与大专院校及科研院所在线洽谈。其中松阳中得甲鱼科技发展有限公司与浙大动科院签订科技合作协议，交易经营120万元；斋坛乡政府与丽水农科所建立全面科技合作。2002年末，签订技术合同12项，交易经营548万余元。2003年，组织103家企业上网，为企业网上发布难题招标66项，其中29项技术难题通过网上洽谈，找到技术依托并签约，签约金额800余万元。2004年，发布技术难题19个，网上签约项目6个，签约金额570万元。2005年，为企业发布技术难题12项，正式签约5项，合同成交额148万元。2006年，上网企业新增18家，共有121家，为企业发布技术难题18项，其中有8项通过网上洽谈签订合约，成交额360万元。2007年，在网上增设“科技富民强县”专项栏目，进行农产品需求指导。2008年，上网企业新增13家，共上网134家，为企业发布技术难题19项，其中11项通过网上洽谈签订合约，成交额408.5万元。是年，在“松阳科技信息网”新增“科技计划项目管理”网站。2009年，增设松阳县“科技创新公共服务平台”功能模块，网站的框架已建成，内容得到充实和完善。

2010年，新增上网企业11家，为企业发布技术难题18项，签约8项，签约金额400万元。

自2007年以后，松阳共有87家单位设立浙江科技信箱系统管理站（点），发展注册会员1365名，充分发挥网上技术市场与科技信箱在推进企业科学进步与创新中的纽带作用。至2010年末，共发展网上会员246个，发布网上企业科技成果、技术难题、人才招聘等各类供求信息1500多条，促成技术难题与省内外高校院所签约86项，签约金额3479.1万元。

第四章　科技创新

自古以来，松阳的科技进步缓慢，科技创新亮点不多。清代后期，松阳晒红烟取得一定的业绩。民国时期，松阳茶叶获西湖国际博览会一等奖。

中华人民共和国成立后，松阳屡有科技创新。1970年，赤寿公社在半古月建立茶叶园，从福建、杭州等地引进茶叶无性种，探索茶叶无性繁殖技术，推动松阳茶产业发展。经过近50年的努力，松阳茶产业发展得红红火火，已经成为松阳经济的支柱产业之一。

松阳食用菌栽培历史较久，民国时期香菇最高年产数百担。中华人民共和国成立后，松阳山区积极探索食用菌人工栽培技术，并不断取得技术突破。20世纪80年代后，草菇、金针菇、蘑菇栽培技术也有进展。这些技术突破推动松阳食用菌生产形成一定的规模。此外，在传统农业、林业生产方面，还有许多科技创新不断取得成果，推动产业进步。

改革开放后，历届政府实施工业振兴计划，助推当地工业发展，带动工业科技创新。如高岭土深加工、车用离合器面片生产、松香深加工、超薄细木工板生产等应用技术都有突破。至2010年，传统产业不断改造，高新技术产业发展小有规模。

第一节　农业科技创新

茶叶

松阳种植茶叶历史悠久，到明清时期，产茶名声愈盛，当时有古市“下街茶”“卯山茶”，水南“横山茶”。民国18年（1929），松阳茶叶获西湖国际博览会一等奖。民国28年，水南横山垦荒50亩，栽茶3万株试制红茶。民国29年，全县茶叶总产2200担。

1951年，发展茶叶生产，组织茶叶合作社。1964年，赤寿公社红连村开垦上百亩成片茶园。1970年，从福建、杭州等地引进“龙井43号”、碧云、迎霜、乌牛早、毛蟹、福云3号等无性种，在赤寿公社半古月建立插母本园。项桥下、花田垄、红连、半古月、赤三、樟溪、板桥、潘八等示范茶园相继投产，20世纪60年代末至70年代中期为全县发展高峰，涌现一批高产茶园。1980年，全县购进茶叶良种15万公斤，茶苗30余万株，赤寿公社半古月大队试制“松阳银猴”成功。1984年，“松阳银猴”被评为省级名茶。1986年，获省优质名茶奖。1987年，“松阳玉峰茶”“松阳万寿茶”分别被评为省级和地级名茶。1990年，雅溪村建百亩茶树良种母本园，被定为省农业厅良种繁殖基地。1991年，松阳银猴茶在杭州国际文化节被评为文化名茶。1992年，首次出口西德，茶园面积18224亩，总产1103吨。

1995年，县农业系统开展“无公害绿茶的开发研究”。1998年，古市农业技术推广站实施“机制名优茶研究和开发”。2004年，板桥畲族乡实施特派员项目“品牌有机茶建设”。2006年，实施省农转化项目“茶叶—吊瓜立体高效生态种植技术。”2007年，实施省高技能培养项目“松阳香茶工艺技术革新与示范”。2008年，县农业部门开展“茶叶病虫害区域综合治理技术集成与应用示范项目”。

2009年，“松阳茶产业提质增效立体开发工程”成为科技部、财政部2007年科技富民强县专项行动计划试点县。实施省农转化项目“名优茶产业提质关键技术和清洁化生产中试及示范”。

图 33-8 茶机生产企业装配车间（叶光铭 摄）

2010年，县农机管理部门开展“香茶机械化采制技术研究应用”，生产省新产品计划6CCB-801ZD型全自动智能扁形茶炒制机。引进速溶茶生产领域的专家型人才主持制定国家“食品工业用茶浓缩液”（QB/T4068-2010），参与制订“食品工业用速溶茶”标准（QB/T4067-2010）。研发生产茶叶熏腿和茶多酚复配多功能产品。

晒红烟

清初“三藩之乱”时，福建省安溪、永定、泉州等地人民，因避战乱迁居松阳樟溪、赤寿、岗寺等乡村，烟草随之传入。清康熙年间（1662～1722），已成为商品。康熙末年，麓阳庄（古市镇山下阳村）张起云从事烟草贸易。道光年间（1821～1850），松阳晒红烟已销往金华、兰溪、宁波、松江、上海等地。民国27年（1938），浙江省农业改进所分别引进美国烤烟、萧山烟、新昌烟，未能得到推广。

1975年，科技人员指导烟农选育成功新品种“松选三号”；1978年，得以推广，传统品种遂不多见。“松选三号”性状基本稳定，突出表现为抗病力强，耐肥、优质、高产。1987年，“松杂87”选育成功，“松选三号”和“松杂87”成主要种植品种。

图 33-9 “松选3号”烟叶（县档案馆提供 1992年）

食用菌

松阳香菇栽培历史较久，但生产落后，产量低。1950年，有少量香菇收购，后逐年减少。20世纪80年代后，引入香菇人造袋木露地栽培技术。

1973年，在雅溪公社南坑源建立黑木耳生产基地，但规模小。1979年，在枫坪公社建立黑木耳生产基地，接种1629瓶，取得成功。次年，黑木耳基地增至8个，共接种9500瓶。与此同时，草菇、金针菇、蘑菇亦有引种生产。

1993年，开展“不同海拔高度的菌棒接种与排扬脱袋技术研究”“‘蚊帐’式接种棚接种技术研究”“香菇开放式接种技术”“袋料香菇栽培技术”等研究；松阳兴菇食用菌研究所“SP常压蒸汽发生炉”研制成功。1995年，花菇栽培技术研究成功。1998年，开展香菇生产替代原料研究，马褂木人工造林试验成功。

图33-10 香菇新品种栽培（县档案馆提供 1998年）

2001年，松阳县食药用菌研究所实施食药用草腐苗可商业化栽培菌种库建设。2003年，松阳科技应用研究所、丽水农科所、斋坛乡农业综合服务部共同从事“草腐菌生态高效技术研究”，并取得明显的经济效益和生态效益。2004年，松阳县食用菌办公室开展芒秆栽培杏鲍菇的有机栽培技术体系试验研究，完成包括配方、接种、培菌、出菇、病虫害控防和产品加工、贮藏、运输，以及环境条件要求各环节均符合有机农产品生产标准的杏鲍菇有机栽培技术体系，并在生产中得到应用。2007年，玉岩镇政府实施“花菇标准化生产技术规程研究及应用”。

2009年，松阳县兴菇食用菌有限公司研制适用板栗蒲粉碎的专用机械，并研究制订以发酵—暴晒—堆积为核心的板栗蒲保藏技术；研究明确板栗蒲替代部分杂木屑栽培香菇、杏鲍菇、黑木耳的最佳配方和最大替代比例；试验明确利用板栗蒲屑栽培杏鲍菇二次覆土出菇技术和香菇废菌糠替代复合肥种植板栗的适宜使用量。2010年，松阳食用菌产业在做强花菇产业的同时，在全省率先探索“菌竹生态立体栽培的新模式”“吊瓜+食用菌立体栽培”“菇稻轮作模式”。

粮食作物

旧时，松阳平原地区三熟制（后称老三熟），以小麦或大麦—中稻—秋作（马料豆或荞麦）为主；二熟制以烟叶—晚稻为主；山区和部分平原地区多一年一熟中稻，少量有绿肥—中晚稻的两熟制。民国26年（1937）冬，县政府贷款购进小麦种子分发农民播种，提倡扩种冬作。民国27年后，省农业改进所在项弄稻麦繁殖场试种两季连作稻，虽获成功，因病虫严重，未能推广。

1952年，塔寺下村何世清互助组试种连作晚稻成功。1954年，扩大双季连作稻试种面积。同时，试种秋玉米、秋番薯获成功。1956年始，全面推行“五改”，即单季稻改双季稻，间作稻改连作稻，晚稻改早、中稻，低产作物（马料豆、荞麦）改高产作物（秋玉米、秋番薯），单作改间作、套种，全县水稻复种指数由97.15%上升至110.1%。

1961年，水稻“矮脚南特”试种成功。1964年秋，大面积播种紫云英作早稻绿肥，以扩大复种指数，提高产量。

1976年，杂交水稻试种成功。20世纪70年代末，杂交水稻大面积推广。1980年，新兴公社横溪大队五队在4.88亩水田试种“麦—稻—稻”新三熟制，亩产1540公斤。新三熟制以“麦—稻—稻”或“油菜—稻—稻”或“麦—稻—玉米”为主。

1990年，杂交稻种植面积占水稻面积的51.7%。1991年，松阳被列入部级粮食自给工程，省级商品粮基地、种子基地工程；参加省水稻杂交稻联合体与水稻品种攻关；县农业局开展“浙西南山区稻杆潜蝇发生规律和防治技术研究”。1992年，杂交连作晚稻和中稻种植面积、产量均占水稻总面积、总产量的90%，基本实现杂交化。1996年，推广水稻县级技术和化肥深施、专用肥使用等技术。

1998～2010年，农业产业结构调整后，实施“蚕豆/玉米（西瓜、毛芋）—单季稻”粮经新三熟示范。

其他经济作物及特色种养领域

高山蔬菜　四都乡向有烧山种菜的习惯，三都乡多产生姜、大蒜，所谓：“四都菜头（萝卜），三都姜”。盛夏多靠四都高山白菜、萝卜上市供应松阳城乡居民。1983年，在西屏镇7个村建立蔬菜基地60亩，继而在西屏镇11村、水南乡程徐、竹溪、潘村等发展基地170亩。从外地引进高产优质蔬菜种子35个品种。在四都乡发展高山蔬菜基地400亩，其中甜椒、秋菜瓜、豇豆等品种200亩。20世纪90年代后，松阳蔬菜自给有余。

1995年，三都、四都等山区引进日本小黄瓜、茭白、四季豌豆、甜椒、西红柿、蚕豆等新品种。2000年，引进浙江大学新培育的华春18号优质早熟毛豆和青丰、苦瓜2个品种，在望松乡进行试种和培育。2003年，“单季高山茭白品种选育及无公害技术标准化研究”，对分蘖期、孕茭期、抗病性、产量等方面的情况进行观察记录试验，筛选最优品种，并对茭白无公害生产示范基本的生育期、病虫害综合防治等方面的技术进行研究总结，制定高山茭白无公害生产技术规程。“三都”牌商标成为松阳茭白的当家品牌。

2004～2010年，四都乡通过实施科技特派员项目“高山蔬菜新品种引种示范基地建设”，引进“浙碗一号”甜碗豆、“日本大根”萝卜、“清酥三号”“红辣一号”等高山蔬菜新品种，不断改良、优化当地高山蔬菜品种结构。

柑橘　20世纪50年代后，松阳水果生产逐步发展。70年代后，以柑橘为主各类水果发展迅速。

松阳当地品种生长期长、味酸多籽，栽培不多。民国28年（1939），省农业改进所在松阳种植早橘、曼橘、汕头密橘、华盛顿脐橙等，未得推广。20世纪60年代前，种植不多，品种以衢州蜜橘为主。1973年，从温州、黄岩等地引进无核橘、椪柑、瓯柑、本地早等新品种。80年代初，叶村乡官田、黄公渡、赤寿乡卯山后、叶川头、新兴乡横溪和县良种场、湖溪林场等桔园相继投产。80年代末，引进脐橙、甜橙、胡柚和楚门文旦等新品种，建立苗木基地。

文旦　1986年，楚门文旦示范推广。通过试验证明，纯浓度的三十烧醇水溶液，对文旦的安全越冬最佳。楚门文旦因地理、气候的差异，在松阳易受冻害。为使其适应在松阳栽培，以当地文旦实生苗作砧木、用楚门文旦定植园枝条作接穗，嫁接3400余株，成活率90%，并取得较好的经济效益。

柿子　松阳县柿子栽培历史悠久，《浙江通志》载，“处州松阳柿尤为奇品”，果大核小，橙黄透亮，甜蜜清味，滋肺清火。品种有肉柿、水柿、金枣柿、扁柿、牛奶柿和野生柿。枫枰金枣柿去皮晒干如同黑枣，无核无渣，香甜可口，为松阳特有，年产10吨。

梨　松阳种植历史悠久，品种有红梨、白梨、回肚梨、绵梨、柿梨、斑糖梨、赤梨、水浸梨（算盘子）。主要分布西屏镇、象溪镇、新兴乡、赤寿乡、古市镇松阴溪两岸滩圩。红梨长至2厘米时，配合蔬果。用箬叶逐个包扎，成熟后，红梨个大，无虫伤，皮薄肉细，清甜可口。

桃　种植较多。主要品种有五月桃、南京桃、水蜜桃、猪血桃、茉葛桃和毛桃，多分布在松古盆地。旧时，横山南京桃名冠全县。20世纪80年代引进黄桃，并已大量投产。90年代主要品种有5月桃、南京桃、水蜜桃白凤等。1997年后，引进丽油3号、曙光、中油3号、中油4号、中油5号等油桃品种和迎庆桃、日本仓方早生、新川中岛、燕红早甜露等品种。

其他水果　20世纪80年代以后，从外地引进杨梅、枇杷、葡萄、桃形李、杏等果苗，面积逐步扩大，有的已开始小批量投产。猕猴桃原为野生果，改良后人工栽培；李、枣、樱桃等小水果，多为零星种植。

1998年，松阳开始实施的“千亩山地落叶水果栽培管理技术”项目被列入省级星火项目。2000年，大东坝镇政府实施山地落叶水果基地建设（省级星火项目）。2002年，针对脐橙种植出现的冻害和裂果现象，以象溪镇为基地申报实施省级科研项目“脐橙防冻技术研究”，开展脐橙冻害后栽培管理及防冻害技术开发，形成整套技术。2003年，松阳县绿珍果业有限公司、三都乡政府承担国家级星火计划——“万亩有机水果基地建设”项目。项目实施以来，主要水果“翠冠—82”首次参展获得全国南方早熟梨鉴评会金奖，随后多次获得国家、省级大型博览会和鉴评会奖项。2009年，脐橙病虫害无公害综合防治技术研究，该项目通过推广农业、生物、化学防治综合技术，示范基地农药残留达到日本《肯定列表制度》标准，7个基地8165亩通过无公害基地认证。

图33-11　脐橙种植基地（叶光铭 摄于2004年）

香榧　2007年，松阳县兴林森林食品产销合作社、松阳县林业技术推广站实施省农转化项目——香榧幼林期生态栽培技术示范，建立示范基地面积7000亩，其中科技示范核心基地1000亩，香榧平均成活率97%。

2010年，联合省农科院开始实施“早熟梨新品种‘初夏绿’与配套技术示范”项目。

特色养殖　境内家禽有鸡、鸭、鹅等，以养鸡为主，遍及家家户户。民国28年（1939）2月，省农改所在松阳设孵坊，繁殖萧山鸡146羽，龙游鸡、永嘉鸡、金华鸡等原种及改良种共计4.75万羽，年均推广0.79万羽。1980年后，先后引进萧山鸡、白洛鸡、新浦东、红育、星布罗、海新、海佩科、AA鸡、宝星鸡、狄高鸡、红宝鸡、来杭鸡、尼克、罗斯鸡、伊萨海漫鸡等品种的肉用和蛋用鸡；并开始饲养鹌鹑、肉用鸽。1985年，共养殖家禽42万羽，鸭类以番鸭为主。群养鸭以绍兴麻鸭、福建金定鸭为主，次有北京鸭、樱桃谷鸭等品种。鹅以当地种为主，另有广东狮头鹅、永康灰鹅、浙东白鹅等少量外来品种。

农村向以散放养禽，鸡、鸭饲米饭拌糠，或喂秕谷，鹅食草禾糠饭。饲养周期长，生长慢，但肉质鲜美。20世纪80年代后，推行规模养殖，采用全进全出的科学饲养方法，商品率高，生产周期短，经济效益好。肉用鸡、蛋用鸡均舍养，全部喂饲配合饲料；群鸭仍放养、圈养结合。

20世纪80年代，开始饲养鹌鹑、肉用鸽。90年代，引进七彩山鸡。至1992年，饲养七彩山鸡专业户22户，年底存栏数3000余只。2000年以后，少有饲养。

图33-12 家禽养殖（叶光铭 摄于2005年）

牛　境内农村饲养有黄牛和水牛，以役用为主。水牛种牛来源于江西省广丰和浙江省的江山、平阳等地。黄牛多数是当地土种，近亲繁殖后代，生长缓慢、体型小，百姓戏称为“犬牛”或“牛丁”。

1956年4月，金华专署分配松阳县种牛7头，因饲养管理不善，未能发挥良种优势。1982年，在靖居与裕溪公社选育留种黄牛40头。是年，用西门塔尔等良种公牛与当地土种黄母牛进行人工授精，共繁殖出杂交一代黄牛近千头。杂交改良黄牛初生体重较当地黄牛高大，18月龄的体重接近当地成年黄牛，可日耕2～3亩，相当一般水牛役力。至1992年，先后引进温岭高峰牛、上海荡脚牛、黑白花乳牛、西门塔尔牛、海福特牛、利木赞牛、摩拉水牛、上海嘉定水牛等品种公、母牛或其冻精，用以改良当地牛种。

1980年2月，县家畜良种推广站引进西门塔尔乳肉兼用牛和杂交乳牛各2头。1984年，赤寿乡、新兴乡等地农民开始饲养荷兰黑白花乳牛。是年，全县饲养27头，年产奶18.28吨。至1990年，县家禽良种站奶牛全部淘汰。

羊　县内历来很少饲养，品种以当地山羊为主。1956年4月，引进绵羊100只。1958年8月，从山东省引进绵羊352头；嗣后，曾引进湖羊、考力代绵羊、赛能奶山羊等品种，都未能成功。

兔　旧时，仅作观赏动物，有少量饲养。民国36年（1947）1月，浙江省农业改进所松阳办事处饲养少量英占拉兔、比利时兔和杂种兔。1958年3月，县供销社从外地引进力克斯皮用兔400只，供养户饲养。是年6月，西屏镇2户居民购进力克斯兔20只、长毛兔6只，在西屏山创办养兔场，后停办。70年代前，采用地笼平地饲养，管理较粗放。70年代后，开始发展专业养兔，均采用笼养（竹笼、砖砌水泥笼），饲养密度高。春夏秋季以食草为主，冬季掺喂精饲料。品种主要有西德长毛兔、日本大耳兔、安哥拉兔、力克斯兔和当地肉兔（俗称月月兔）。

龟鳖　2001年，松阳县农科所开展江南花鳖纯繁基地建设。2002年，松阳中得甲鱼科技发展有限公司实施“松阳中得花鳖选育、改良研究与产业化”（省网上签约重点项目），通过开展松阳花鳖、湖南鳖和日本中华鳖选育，建立专门化品系，提高生产性能，稳定遗传性状，成功培育松阳中得花鳖专门品系，其商品鳖市场价格是普通鳖产品的2倍。

2003年，开展蛇鳄龟繁育与生态养殖技术研究。松阳县良种繁育场根据蛇鳄龟生长发育对生态环境条件的要求，通过人为技术措施，创造稳定的、能充分满足蛇鳄龟生长发育的生态条件，培育出高品质亲龟，全面提高产卵数、受精率、受精卵孵化率和生长率，恢复甚至超过在原产地的繁殖能力，经省科技厅成果鉴定，技术处国内领先水平。

科技特派员

2003年4月至2010年，实行向农村派科技特派员制度，先后派出省、市、县3级农村科技特派员20人55人次，累计帮助农村开发科技项目109余项，争取上级扶贫资金345万元。引进新品种41个，新技术65项，建立科技示范户536户，科技示范基地3.8万余亩，为当地主导产业提供强大的科技支撑。

第二节　林业科技创新

采种育苗

旧时，多以自然更新、扦插杉条、移栽野生苗等方式造林。民国10年（1921），设农林试验场，址古市山下阳村；设苗圃，址城北望松禅院东园，面积3亩。民国27年，省农业改进所在城北太保庙建苗圃10亩，育苗4.66万株。民国28年，育苗8.70亩，并从外地调进油桐种子3000斤，发至山农种植。至民国35年，年均育苗9.82亩，育有胡桃、刺槐、侧柏、红豆、乌桕、马尾松、刺杉、桑苗等。

20世纪50年代初期，就地采集杉木插条、野生马尾松苗进行人工造林。1951年，委托群众育苗2.75亩。1956年和1957年，国营湖溪和林村林场相继建立，自采马尾松、杉木种子育苗。1957年，开始在山区贯彻“自采、自育、自造”的育苗方针，培训采种员。

1978年，实行大田育苗。1987年，实行苗木分级出圃和杉木无性繁殖育苗试验。1990年，开展育苗基地达标竞赛活动，苗木质量提高。

乡土树种发掘

1982年，松阳县林业科学研究所承担浙江省科委下达的乡土树种发掘利用课题，开展7个方面的试验工作，获得珍稀树种长叶榧枝条扦插试验首次成功，培育出国内罕见的一年生马褂木壮苗，在松阳县林业科学研究所举行的全省第一批乡土树种阶段成果鉴定会上，受到省内有关专家、行家的好评。

1982年，开展省林业厅课题《杉木造林不同整地方式试验》，地区课题《浙江红花油茶开花习性、选优、物候观察研究》和《继续进行油橄榄引种园培育管理》，以及自立课题《加强杉木嫁接种子园施肥培育管理》的研究和观察都获得较好成效。

杉木速生丰产林

1982年，“笋竹两用林栽培技术”“杉木速生丰产模式栽培”“荒山绿化规划”“油茶低产林改造”“厚朴马褂木扦插繁殖”“森林病虫害综合防治和新型药剂应用”“四网两化”森林防火体系建设等科研项目取得成功。

1983年，在松阳林业站（后为西屏林业工作中心站）春季造林中，开发杉木×马褂木、杉木×11个乡土树种、杉木×日本花柏、杉木×山桐子、杉木良种子代造林、杉木良种速生丰产林6个项目11片160亩试验林。是年，参加中国林科院组织的马尾松高产脂类型选优活动，在全县范围内选出4株优质树木。

推广良种、新技术

良种育苗　从1994年开始，累计推广使用林木良种2200多公斤，培育壮苗1800多万株，良种造林38048亩，良种覆盖率99.4%，名列全省前茅。

容器育苗　从1993年开始推广，至1998年，培育马尾松为主的容器育苗200余万株。

化学除草　从1990年开始，在全县苗圃、国营林场、笋竹两用林基地推广化学除草面积870多亩，其中杉松苗圃化学除草普及面达100%，节约劳动力6.5万余工，节约开支65万余元。后来实践证明此法不环保，被叫停。

推广森林病虫生物防治技术　利用白僵菌进行大面积病虫防治，1999年全县虫害马尾松从以前的5388亩降低到200亩；利用灯光诱捕杀害虫技术和营造抗病性强的混交林，有效地减少因病虫防治造成的环境污染。

推广笋竹林分类开发技术　经1995年规划，全县可开发的竹林总面积115513亩，其中高产笋竹林5852亩、笋竹两用林72794亩、一般毛竹用材林36867亩；到1997年末，竹林经济效益与以前比每亩提高500～600元，高的可达千元。1998年，新开发笋竹两用林基地5236亩。

推广名特优经济林栽培技术　1991～1998年，全县累计推广名特优经济林34167亩，其中板栗14301亩、杨梅841亩、厚朴5066亩、名茶388亩、脐橙5519亩、伊豫柑370亩、胡柚381亩，产生明显的经济效益。

食用菌生产　从1998年以后，县食用菌研究所向全县菇农推广的申8、10、991、9930、9940等香菇优良新品种，获得良好的推广效果，其中申8、10成为全县食用菌主栽品种，直接为菇农增收800多万元。同时，县食用菌研究所进行开放式接种技术研究和推广，1998～1999年，共推广1亿袋，直接增加收入300多万元。2000年，引进巴西蘑菇、鸡腿菇、双孢蘑菇等8个草腐性食用菌珍稀品种，既降低木材消耗，又为菇农增收200多万元。

科技推广示范基地

在全县建立西屏镇水车村、安民乡苏马坪村等多个林业示范村的基础上，1999年10月启动“浙江省百万亩千元山高效林业示范工程基地”建设，总面积5438亩，其中笋竹两用林520亩、早竹笋竹林200亩、名茶高效林1352亩、柑橘类高效林2656亩、板栗高效林510亩，杨梅高效林200亩，为普及和推广高效林业基地奠定技术基础。

推广新技术　2002年，积极推广良种育苗新技术，良种育苗71亩，优良品种覆盖率100%。建立笋竹林高效示范园区100亩、笋竹示范林3000亩、脐橙优质高效示范基地1万亩。以“科技下乡”的形式推广人工授粉、保花保果、疏花疏果、套袋挂果、科学施肥、病虫防治等技术。《万亩脐橙优质高效示范基地项目》《野兔驯养繁殖科技推广示范基地项目》《松阳县林村林场优质高效脐橙基地建设项目》《松阳县林村林场新建马褂木种子园项目》等经省发改委批准立项。松阳县世行二期造林项目，通过省市县专家的验收评审。

2003年，引进速生丰产树种、杨树与乡土优良树种在不同地类进行栽培试验，通过100亩的杨树试点栽培，生长良好，成活率均在90%以上。一年期杨树平均树高为2.5米，平均胸径为4厘米。并摸索出一条为山区群众增收、为企业缓解用材紧张局面、推进山垄田及荒芜滩地的退耕还林新模式。2004年，花卉基地发展成为科技的新亮点。在丽水市首届花卉展览会上，松阳选取盆景、根雕（艺）、鲜切花等55件展品参展。通过评选，获展会1个金奖、4个银奖、5个铜奖的成绩。2004年，松阳花卉基地有鲜切花70亩，产香水百合花30万支；盆花14亩，产苗2.26万株（万盆），其中蝴蝶兰1.5万盆；盆景3亩，0.72万株；草皮45亩。松阳县万亩脐橙示范基地被省林业厅命名为浙江省效益林业十大示范基地。

2005年，推广先进实用技术，林业生态环境不断提高，营造针阔混交林占总造林面积的80%，使全县林种结构更加合理。全县万亩脐橙示范基地建设、无公害油茶标准建设等项目通过浙江省专家组验收；全县万亩山茶油森林食品基地、绿珍牌松阳早熟梨森林食品基地通过浙江省林业厅认定。2006年，开展兴林富民示范乡（村）和绿化示范村创建工作。兴林富民示范乡（村）——枫坪乡、枫坪乡斗潭村、裕溪乡潘山村通过浙江省林业厅考核验收；绿化示范村——新兴乡内孟村、赤寿乡界首村通过省、市级的考核验收。推进香榧基地建设，2006年，全县建立香榧基地2165亩。

2007年，围绕推广林业科技成果、发展林业经济这个主题，林业科技培训和科技下乡活动有序开展。全年举办香榧丰产栽培、高效油茶栽培、油茶高枝换接、高效笋竹两用林栽培、厚朴林栽培、低效板栗改造、林木育苗技术等培训班20期，共有500多名乡镇村干部、林技员和1000多名林农参加培训。实施“三百一千”工程，全年共有10多名林业技术人员深入到10个行政村、100多户林农家传授香榧、板栗、笋竹林、油茶、脐橙栽培与管理等林业先进实用技术，及时解决林农在生产过程中存在的技术难点问题，为林农排忧解难。在亚林所、市林科所的指导下，开展“四川合江方竹引种试验”“油茶高接换种”等科研活动，并根据生产需要开展马尾松育苗化学调控技术的推广，取得良好的效果。“香榧幼龄期生态栽培技术研究”项目，被列入浙江省科技厅2007年农业科技成果转化项目计划。

2008年，开展林业科技创新、技术攻关、对外技术合作交流活动，组织实施“兴林富民”工程，推广针阔混交林、阔叶林营造、香榧林下栽培、高效油茶栽培、高效笋竹林栽培等先进林业实用技术，开展林业科技培训和送林业科技下乡活动，提高林农的林业科技意识与技术水平。全年新建香榧丰产基地243亩，工业原料林基地6725亩，高效油茶示范基地343亩，生物防火林带2747亩(91.58千米），高效笋竹林基地3181亩。完成城镇山体绿化面积415亩，阔叶林改造3988亩，油茶低改2851亩。开展“合江方竹”引种栽培试验，试验面积5亩，种植570株。

2009年，林业先进实用技术广泛推广。针阔混交林、阔叶林营造技术的应用，切实改善林分的树种、林种结构，提高林分质量，增强森林的生态功能。全县绿化造林面积25284亩，其中针叶林2713亩、阔叶林2252亩、针阔混交林20319亩，阔叶林、针阔混交林的造林比例为80.36%。香榧林下栽培技术的应用，促进全县香榧产业的发展，全年新建香榧基地4265亩。高效油茶栽培技术的应用，加快低产低效油茶林改造步伐，促进油茶产业的发展，全县完成低效油茶基地改造14500亩。

高效笋竹林栽培技术的应用，扩大高效笋竹林栽培规模，全县新建高效笋竹林基地 4101 亩。

2010 年，推进科技兴林、兴林富民工程的实施。全年新建香榧丰产基地 8033 亩，工业原料林基地 5600 亩，高效笋竹林基地 4101 亩，生物防火林带 23.5 千米。完成城镇山体绿化面积 150 亩，阔叶林改造 1007 亩，油茶低改 14500 亩。全年育苗面积 1163 亩，总育苗量 3998 万株。2010 年，松阳县被列入第三批省级现代农业综合区创建点名单及第三批省级林业示范区和精品园创建点名单，开始前期准备，制订规划实施现代农业（林业）园区建设。园区建设包括 1 个综合区、2 个产业示范区、3 个精品园区，即松阳县小港省级现代农业（林业）综合区、松阳县上寮山省级香榧产业示范区、松阳县省级油茶产业示范区、松阳县大东坝油茶高效精品园、松阳县竹源笋竹林精品园、松阳县卯山脐橙精品园。

世行造林项目

引进和推广“世行贷款造林项目”。自 1993 年起，引入一、二期项目资金 351.04 万元，累计总投入 1736.88 万元，完成世行造林 6635.94 公顷，推广面占全县造林总数 10 万余亩的 98.3%；从 1994 年始，连续 4 年获省世行造林优秀工程称号。1998 年，继续引进第四期世行造林贷款项目。

优秀论文

1991 年，中国模具工业协会创办的《模具工业》杂志，第四期刊登松阳木材厂周天涛撰写的《酚醛塑料多层大压模的设计》论文，2001 年 7 月获世界华人协会、世界文化艺术研究中心“国际优秀论文奖”。此文章重点介绍 T-1 型多层压模，是以酚醛塑料为原料，用于生产坐便器卫生圈产品的一种新型模具，由压头、型腔、模座 3 部分组成。具有提高制件质量和工作效率的功能。

从 1996 年开始，松阳县对《森林资源发展和保护项目》《笋竹两用林技术推广》《天目腮叶蜂防治研究》等几个课题自筹资金投入 500 多万元进行研究。1998 年，在省级学术刊物上发表 6 篇论文。到 2000 年取得较好的成果。

第三节　工业科技创新

冶铁、机械

1958 年“大办钢铁”，冶金、机械工业一度发展，在大东坝建地方国营松阳炼铁厂；西屏、大东坝兴建小土炉群。1960 年，在靖居公社毛弄建地方国营炼铁厂，次年停办。1970 年，创建地方国营拖拉机配件厂。20 世纪 70 年代后，农业机械逐步推广，部分乡镇兴办农机修配站。1987 年，微型水轮机厂研制微型水轮发电机成功。

1992 年，全县有冶金、机械、电气机械、交通设备工业企业 27 家，总产值 1076 万元；主要产品有微型水轮机、微型电动机、农用挂车、打稻机、碾米机、榨油机、粉碎机、磨粉机等。1993 年，松阳县第二毛纺厂被列入省级星火示范企业。1995 年，松阳县农机厂开发 6YL-58 型多用榨油机和多功能碾米机。2000 年，松阳县耐火器材厂实施“铝镁尖晶石浇注料研究开发”项目。

高岭土、药品研发

松阳高岭土公司开展“松阳高岭土代钛白粉研制”“高岭土制取碱式氯化铝和白炭黑的研究”及高岭土深加工领域的科技开发。

1996年，松阳县神王剂发展有限公司开发JYQ796型高效无机防水防潮剂。浙江省处州制药厂着手可达灵片的研制工作；1998年，可达灵片被列入国家中药保护品种。

图 33-13　松阳高岭土公司技术人员在研制新产品（县档案馆提供 1992 年）

2001年，浙江松寿堂中药有限公司（原处州制药厂）承担国家中小企业技术创新基金项目“可达灵片产业化”，争取到国家级科技型中小企业创新基金贴息项目基金100万元。浙江松寿堂中药有限公司被认定为浙江省科技型中小企业，实现松阳省级科技型企业零的突破。

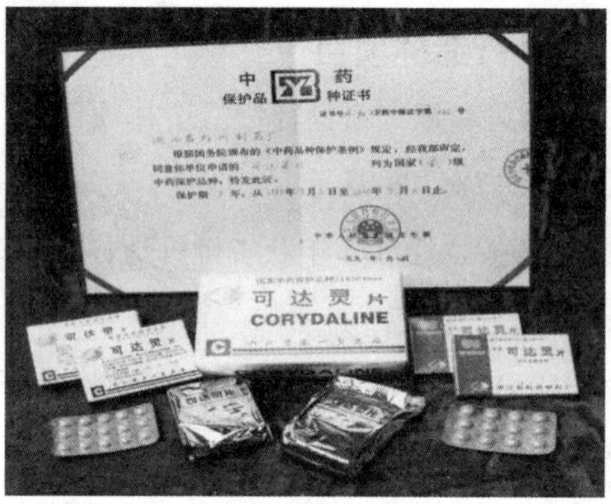

图 33-14　处州制药厂生产的可达灵片（县档案馆提供 1998 年）

2003年，松阳绿野木业有限公司的“超薄细木工板”，浙江雷克机械有限公司的“环保型发动机”被列入丽水市高新产品。2004年，松阳县金鼎化工助剂厂开展以高岭土为基体的橡胶增强剂WN-2#的研制和开发。是年，浙江科马摩擦材料有限公司实施芳纶纤维无石棉离合器面片专利产品产业化，“高性能无石棉轿车用离合器面片研制”“芳纶纤维无石棉离合器面片产业化”成为省科研项目、省科技型中小企业技术创新基金项目。芳纶纤维无石棉离合器面片成为一汽、二汽主机厂部分车型的指定配套产品，在载重车新车市场的市场占有额达到40%，并通过浙江省高新技术产品认定，是松阳第一个省级高新技术产品。2006年，芳纶纤维无石棉离合器面片列入国家重点新产品计划，科马摩擦材料省级高新技术企业研究开发中心成立。松阳县同济机械厂成为浙江省专利示范企业，并组建“同济数控磨床、机床静压导轨高新技术研发中心”，主攻研制具有自主知识产权的高科技产品——数控机床关键核心部件静压导轨、高精度数控磨床。2007年，开发超精密的静电导轨（超精密加工装备的基础核心部件）。2008年，浙江恒劲树脂有限公司承担省重大科技专项重点项目“松香深加工技术集成及新产品研制”，公司联合中国林科院南京林化所成立松阳县松香产业省级区域科技创新服务中心。松阳县环境监测站实施“不锈钢生产废水集中处理产生的污泥资源化利用研究”；松阳县中奇环境工程有限公司实施省重大科技专项重点项目“不锈钢酸洗废水综合治理关键技术研究与工程示范”，项目针对不锈钢酸洗废水特点，开展废水处理回用、混酸回收、污泥铬镍回收及下脚泥制砖等技术的集成应用研究，初步实现不锈钢酸洗废水综合处理与资源化，为松阳不锈钢产业的可持续发展提供科技支撑。2009年，以松阳县中奇环境工程有限公司为承担单位，不锈钢管产业省级区域科技创新服务中心成立。浙江科马摩擦材料有限公司实施省重大科技专项项目“新型无橡胶缠绕离合器片的研制与开发”。

2010年，创新载体培育，有国家高新技术企业2家，省科技型中小企业2家，省农业科技企业

6 家，省级农业科技企业研发中心 2 家，省级区域科技创新服务中心 2 家，市专利示范企业 2 家，市高新技术企业 1 家，县级专利示范企业 8 家。

第四节 科技创新成果

1985 年 4 月，《中华人民共和国专利法》实施。此后，由地、县科委兼管专利工作。

1988 年 6 月，县政府颁布《松阳县技术市场管理方法》，县科委被确定为技术市场管理的职能部门。技术市场同时受工商行政管理部门的管理与监督。

2001 年，县科技局增设县生产力促进中心和知识产权办公室。2004 年 2 月，在县科技局专门设立中成专利事务所松阳代办处，并正式对外开展专利事务有关活动。11 月，在科技局正式挂牌成立县知识产权办公室，并配备专（兼）职工作人员。2006 年，建立松阳县知识产权工作领导小组和领导小组办公室。

1989 年，达成技术合同 6 项，其中 4 项技术服务合同、2 项技术转让合同，技术贸易额 8.8 万元。松阳微型水轮发电机厂试制的 WCJ-W-2.2/1×2.4 微型水轮发电机获国家专利，专利号 207789-9。

2005 年，制订《松阳县专利申请费用资助办法》，规定国内发明专利每件资助 2000 元，国外发明专利每件资助 6000 元；国内实用新型专利授权后，每件资助 1000 元；国内外观设计专利授权后，每件资助 5000 元。在《新松阳》制作知识产权栏目；在松阳科技信息网设立知识产权专栏。2007 年，召开专利工作座谈会，邀请企业业主、技术负责人及专利权人参加座谈，推动专利工作。

图 33-15 县微型水轮发电机厂研制的专利产品微型水轮发电机（县档案馆提供 1992 年）

专利成为评定高新技术企业必不可少的条件之一，激发企业创新热潮。2007～2008 年，出台《松阳县专利示范企业认定和管理办法的通知》，认定松阳县中奇环境有限公司等 5 家企业为首批县级专利示范企业。2008 年 4 月，松阳县贯彻执行科技部、财政部、国家税务总局联合印发《高新技术企业认定管理办法》。2009 年，抓好知识产权宣传、培训和专利代理工作。组织人员到重点企业开展专利基础知识和专利优惠政策的宣传，鼓励企业、个人开展发明创造。代企业申请各种专利 18 件。加大对知识产权的保护力度，调解侵权纠纷 1 件，申报 1 家市级专利示范企业。

2010 年，组织专利示范、重点企业负责人、专利管理人员参加省知识产权局主办的知识产权培训讲增强企业负责人对知识产权的保护意识；同时，在全县开展保护专利权的专项行动，认定浙江重点机械有限公司等 3 家企业为县级专利示范企业。

2001～2010 年松阳县专利统计表

表 33-4-4-1　　单位：件

年份	申请量	授权量	年份	申请量	授权量
2001	2	7	2006	31	15
2002	40	24	2007	36	11
2003	16	5	2008	38	20
2004	13	14	2009	48	42
2005	8	5	2010	30	43
“十五”合计	79	55	“十一五”合计	183	131

高新技术产业

2003 年，组织企业向上申报浙江省高新技术。松寿堂中药有限公司和浙江科马摩擦材料有限公司申报省级高新技术企业。2004 年，浙江科马摩擦材料有限公司与浙江科技学院合作开发的高性能复合材料——芳纶纤维无石棉离合器面片被省科技厅认定为省高新技术产品。2005 年，浙江科马摩擦材料有限公司获得省高新技术企业称号。浙江联达电机电器制造有限公司生产的缝纫机配套永磁模拟调速电机获市级高新技术产品，成为松阳县第 4 个市级高新技术产品，产品经浙江省机电产品质量检测所检测，各项技术指标均达到 Q/LY001—2004 企业标准要求，在技术、工艺等方面处于国内先进水平。

2006 年，全县有省级高新技术企业 1 家、农业科技企业 1 家、专利示范企业 1 家、市级高新技术企业 4 家、省级高新技术产品 1 个、市级高新技术产品 5 个。2005 年和 2006 年，高新技术增加值为 1066.6 万元和 922.3 万元，分别占工业增加值的 2.07%和 1.63%。2008 年 4 月，科技部制定《高新技术企业认定管理办法》及《国家重点支持的高新技术领域》后，省、市高新技术企业、产品认定工作终止。

2010 年，共向上申报市以上项目 16 项，其中“香茶机械化采制技术研究应用”被列入省公益性科技项目，“早熟梨新品种‘初夏绿’与配套技术示范”被列入省农转化项目，“6CCB-8012D 型全自动智能扁形茶炒制机”“复合电气制动工缝机无刷电动机”被列入省级新产品计划项目；浙江振通宏茶业有限公司被列入省级农业科技型企业。全县共有国家级高新技术企业 2 家、市级高新技术企业 4 家，全县实现高新技术产业产值 8.68 亿元，高新技术产业增加值 1.16 亿元。其中，国家级高新企业浙江康恩贝中药有限公司，2010 年实现工业总产值 3200 万元，销售收入 433 万元，创利税 221 万元。国家级高新企业浙江科马摩擦材料有限公司，2010 年实现工业总产值 1.3 亿元，销售收入 1.16 亿元，创利税 1007.4 万元。

图 33-16　振通宏茶业速溶茶生产线（叶光铭 摄于 2010 年）

传统产业改造

1985 年 3 月，古市钢木家具厂试制毛竹旋片，被广泛应用于家具的贴花、地板等生活用品中。1986 年 5 月，被列为省级“星火计划”。该技术改变传统毛竹纵向剖削工艺为横向旋切工艺，试制成厚 0.35～0.6 毫米、宽 600 毫米以下、长 8000 毫米以上的薄片新产品。

1986 年，靖居农机厂转型为微型水轮发电机研制，适应位高 15～50 米、水流量在 0.009 米/秒以上的地方可安装发电，功率 1～3 千瓦，改变传统的火力发电和山区缺电等情况。松阳木材厂原来做木材简易加工，11 月转型为松阳植物纤维板厂，继而成高密度植物纤维板厂。

1991～1992 年，松阳县科委全价饲料厂生产浙农 1 号系列全价饲料，产品有乳猪、仔猪、中猪、大猪、鱼、鸡、鸭等饲料，改变传统的饲养方式，提高经济效益。1992～1995 年，松阳在荒山野岭种植脐橙 3 万多亩，年产量 5000 余吨，年产值 1300 万元，生产规模和效益居浙江第一位，被浙江省林业厅命名为“浙江脐橙之乡”，先后获名优柑橘金奖、省农博会金奖。1996 年，在全县 11 个乡镇、57 个行政村建设小型高效沼气池 184 套，计 2158.5 立方米，取得明显的经济、生态和社会效益，改变传统的专用柴烧菜烧饭的习俗。1998 年，柑橘高接脐橙 800 亩，年增产 1500 吨，增收 300 万元。

2000 年，松阳造纸厂因污染停产，遂昌纤维板厂到松阳造纸厂投资创办中密度纤维板厂。2002 年初，原木材厂创办绿野、精彩、绿阳细木工板厂，并先后到江西省创办铜鼓绿海分公司、德兴绿野分公司。公司自行研制开发的 9 毫米规格细木工板填补国内空白，属国际绿色环保产品，被德国商家指定为其进口专用产品。8 月，绿野木业产品通过 IS09001—2000 版国际质量体系论证。2005 年，森阳牌木工板进驻北京奥运村。2007 年后，一些乡镇和 10 多家锯板厂转型为制作简易衣柜为主的木制产品，产销两旺。

2009 年 9 月，古市茶叶机械公司全自动炒茶机出产，并获得 3 项国家发明专利，改变人工用手翻炒茶叶的传统习惯。

第五章　科技交流与合作

松阳的科技合作主要呈现为科技“引流”。生产的发展、特别是现代化的进程中，表现出对先进的科学技术的强烈渴求。1989 年 6 月，县政府召开全县科技教育工作会议，交流依托科学技术开发新产品等方面的经验。此后，松阳县政府积极协助县内企业与浙江省内外高等院校、科研机构建立技术合作关系，开展各种方式的科技合作。在江南花鳖养殖、松阳特色产业茶叶和高山蔬菜生产、松阳松香产业发展、高岭土深加工、车用摩擦材料生产等许多方面取得较好成果。众多科技合作项目落户松阳，促进松阳县域经济的发展。

第一节　科学技术交流

1989 年 6 月，县政府召开全县科技教育工作会议，县轮胎翻修厂、处州制药厂、造纸厂、县茶厂和水电局等单位就“以科学技术进步为依托，开发新产品”等方面在大会上进行经验交流。

2001 年，松阳县先后与浙江大学、杭州商学院、省地矿研究所、省医药所等建立技术依托关系；与浙大农科院、杭州中得公司进行松阳中得花鳖选育及产业化研究项目合作，通过纯繁选育及温度控制、饲料配比等高新技术手段，对松阳原有的江南花鳖品系进行提纯复壮、控制性比，提高成活率，开展仿生化养殖。聘请浙江大学、上海农科院的教授、博士为县科技与经济发展顾问，为松阳经济发展出谋划策、开展技术培育和现场辅导交流。

2003 年，浙江科技学院、浙江大学专家与科马摩擦材料有限公司达成科技合作意向。国家茶科院和浙大动科院、农科院的专家与松阳特色产业茶叶、高山蔬菜等农产品开发研究达成科技合作意向。聘请浙江大学动科院、浙江科技学院、浙江工商学院 10 名教授专家为松阳县科技经济顾问。

2005 年，马来西亚的亚星汽车零部件公司与浙江科马摩擦材料有限公司合作，在松阳投资汽车零部件生产，项目投资总额 2000 万元。

2008 年，中国农科院茶叶研究所与松阳县相关茶企业签订“香茶清洁连续化加工关键技术及设备的研究与示范”和“横溪村茶产业改造和提升工程科技”合作协议；中国林科院林产化学工业研究所与浙江恒劲树脂有限公司合作建立松阳松香产业省级区域科技创新服务中心；南京农业大学生命科学院就“利用微生物技术降低生态茶园的农药残留”与松阳县茶产业企业签订科技合作协议；同济大学领导和专家就新农村建设、医药卫生、环境保护等方面进行科技合作洽谈，建立长期合作关系。

2009 年，松阳县相关企业与中国科学院、中国农科院茶叶研究所、上海水产大学、浙江省农科院、浙江林学院等近10所高新院所，建立长期的科技合作关系，建立省松香产业区域创新服务中心、不锈钢省市级区域创新中心。

2010年，浙江隆华特钢有限公司、浙江科马摩擦材料有限公司分别与中科院沈阳金属所、宁波材料所进行科技交流；浙江振通宏茶业有限公司与浙江大学建立稳定的科技合作，合力推进茶叶深加工项目。

第二节 科技合作项目

1992年，松阳高岭土公司与浙江省黏土公司联合开展“松阳高岭土代钛白粉研制”。1994～1997年，与陕西省西安市植物园合作，利用松阳晒红烟与野生烟草花粉组织培养与田间常规远缘杂交，以丰富遗传基础，扩大变异范围，获得新品种9701-1。该品种能有效阻止花叶病的产生，既保持松阳晒红烟的特色，又提高烟叶的亩产量和品质。1998年，松阳县科委、能源办公室组织实施中德合作项目：水锤泵配套工程、富硒香菇推广等项目。

2001年，松阳中得甲鱼科技发展有限公司与浙江大学动物科学院建立产学研协作关系，浙大动科院的松阳中得花鳖选育及产业化研究基地正式落户松阳。2002年，浙江科马摩擦材料有限公司聘请浙江科技学院教授为企业总工程师，开发芳纶纤维离合器片。松阳县绿野木业有限公司与南京林业大学的合作，开发生产超薄环保型细木工板。2003年，县食用菌办与上海农科院食用菌研究所签订“芒秆栽培有机珍稀食用菌技术研究及应用”项目协议；松阳华岳混凝土外加剂厂和中国建筑材料科学研究院合作，开展“KL防水剂生产技术研究”项目。2004年，由省政府主办、丽水市政府等7家单位承办的科技合作洽谈会和科技成果展示会上，现场签约的项目中，有浙江科马摩擦材料有限公司与浙江科技学院合作开发的“轿车用高性能无石棉离合器面片研制项目”。

2005年，松阳科技局与浙江科技学院、浙江大学、国家茶科院、浙江工商学院、浙江省农科院专家、领导洽谈正式签约5个项目。参加市委、市政府组织的与西部科技合作对接洽谈活动。2006年，松阳县良种繁育场与上海水产大学合作，实施“优化鳄龟养殖技术研究与示范”省级重点科技项目，实现蛇鳄龟养殖产业化开发。松阳县鹊山鸡养殖有限公司与浙大动科院合作开展“鹊山鸡产业化关键技术研究与开发”技术合作。

2007年，松阳科技局与大专院校和科研院所广泛开展合作洽谈，促成松阳与中国农科院茶叶研究所、中国计量学院签订“松阳茶产业提质增效立体开发工程”科技合作协议；上海农科院与食用菌研究所，浙江林学院与林业技术推广站就花菇标准化和香榧栽培分别签订科技合作协议；浙南茶叶市场与浙江飞易特软件有限公司合作建立茶业网上专业市场；松阳鸿运工艺有限公司与清华大学合作，中国计量学院、中国林科院林产化工业研究所就茶叶加工业和松香深加工达成科技合作意向。浙江隆华特钢有限公司先后与同济大学、中国科学院沈阳金属研究所进行科技交流，开发高档双相不锈钢产品。

2008年，组织相关企业参加多种形式的高校、科研院所与企业间的科技成果对接洽谈会，促成一批科研成果转化项目的合作。浙江越玉兰茶业有限公司和松阳青山农业生态发展有限公司，通过洽谈和科技合作，分别引进名优有机茶提质关键技术及清洁化生产线和“香茶”加工生产示范线，实现加工全程自动控制连续化生产；引进中国农科院茶叶研究所“昆虫信息素诱捕器防止茶树害虫技术”“中茶108生产技术”等科技成果。松阳茶企与南京农业大学生命科学院就“利用微生物技术降低生态茶园的农药残留”签订科技合作协议。

2009年，松阳县与浙江省茶产业科技创新服务平台签订科技合作协议，松阳被列入平台服务的全省6个基地县之一。依托中国农科院茶叶研究所，实施国家科技富民强县工程“松阳茶产业提质增效立体开发工程。”2009～2010年，浙江振通宏茶业有限公司与中国农业科学院茶叶研究所、浙江大学茶叶研究所，合力推进速溶茶粉开发。浙江茗阳茶业生物有限公司与浙江大学合作，在深圳建立茶宁片、茶口含片的保健品加工基地，在安徽、衢州分别建立茶爽片、茶叶籽油的深加工基地。2010年，浙江省农科院在四都乡设立新品种试验开发基地。

第三节　对外科技交流

2002年，浙江英特制药公司与上海医药研究所通过洽谈、交流、合作，开发生产可达灵滴丸。雷克工业机械有限公司通过对外科技交流与杭州电子工程学院、丽水高级职业技术学院合作，研发生产LK152QMI环保发动机。绿野木业通过对外科技交流与南京林业大学合作，生产超薄环保细木工板；与德国HOL2、COZERT公司达成科技合作，被指定为专用进口产品。2003年，松阳华岳混凝土外加剂厂通过对外交流与中国建筑材料科学研究院合作，开展“KL防水剂生产技术”研究。2004年，松阳县精彩木业有限公司通过网上对外科技交流，与浙江林学院工程学院合作解决环保型竹胶地板生产技术难题。县食用菌办通过对外科技交流与余姚市河姆渡农产品开发有限公司进行技术合作，建成工厂化反季节生产珍稀食用菌基地，使食用菌生产后续资源问题得到解决。2006年，县科技局多方位组织和引导企业参加各种科技洽谈会、交流会，为企业创造合作平台。2008年，德国布莱梅海外发展研究协会（BORDA）执行主席罗艾特到松阳考察水锤泵CDM项目的前期准备工作，并初步达成意向。浙江恒劲树脂有限公司联合中国林科院林产化工研究所创建省级松香产业区域创新服务中心。

2009年，浙江隆华不锈钢管业通过对外科技交流与同济大学联合共建“双相不锈钢产品开发及性能检测合作平台”。

第三十四编 医疗卫生

松阳县的历史有1800多年，松阳医药事业传续久远，多以个体中医、草药郎中和中药店铺为主。清光绪后期，耶稣教会在县城设立境内第一家西医医院，此后西医渐兴。民国30年（1941），始建松阳县卫生院。到松阳解放前夕，全县有中药店铺45家，中医师47人、西医师17人、平均每千人口0.51名医生。

中华人民共和国成立后，政府大力发展医疗卫生事业。1958年，县辖23个乡都建立医院，县、区、乡三级医疗卫生网初步建成。爱国卫生运动、妇幼保健、防疫工作、地方病防治等工作全面展开，医疗设施设备更加完备，医务人员陆续增加，医疗卫生事业全面发展。1958年后，由于受松阳县并入遂昌县和“文化大革命”的影响，发展的趋势渐缓。

从1982年松阳恢复县制至2010年末，全县医疗卫生机构（包括村卫生室）共98家。县、乡、村三级医疗卫生保健网络进一步健全完善，20分钟医疗卫生服务圈覆盖率73%。县人民医院、县中医医院（俗称“中医院”）分别被评定为“国标二级乙等综合医院”和“国标二级乙等中医医院”。松阳建立较为完整的覆盖城乡的基本医疗公共卫生服务体系，实现人人享有基本医疗卫生服务的发展目标。2010年9月，县人民医院迁建工程开工建设，松阳医疗卫生事业瞄准更高的发展目标。

第一章 传统医学

松阳自然环境优越，动植物资源丰富。20世纪初期，松阳地方特产中药材厚朴就已经被加工炮制成中成药，销往国内及东南亚地区。中华人民共和国成立前，中药店遍布城乡，大量自购自销当地产的药材及中成药。中华人民共和国成立后逐步转为国营医疗公司购销、县区乡（公社）医院和卫生院等制售。刮痧拔罐等行之有效的传统医疗手段、民间偏方、当地常见草药等一直在民间普遍使用。

第一节　传统医药

中药材

松阳药材资源丰富，谚语说：“卯山三面宝，一面无宝出甘草。”清顺治《松阳县志·食货卷》载，药类有厚朴、茯苓、元胡、米仁等61种。清光绪《松阳县志·物产》中记述，松阳山区有珍贵中草药128种。其中，茯苓、何首乌、白术、夏枯草（俗称地风蓬）、桔梗、马齿苋、鱼腥草（俗称秋夹尼）、野菊花、土高丽参、茵陈、金银花、野生参（短萼黄莲）等，应用价值甚大，可列入珍贵中草药。松阳深山野林中的桔梗，其价值很高。民国《松阳县志》载有药材146种，还有可作为药用的菜、果、花、草、木、禽、兽、蚧、虫共78种。民国18年（1929），在杭州举办的西湖博览会上，松阳的桔梗荣获优等奖。1978年药材资源调查，有植物类药材473种，动物类36种。

至2010年，松阳县有中药材植物870种，其中普遍实用的有300多种。常见的有厚朴、金银花、桔梗、龙胆草、细辛、首乌、七叶一枝花、前胡、南沙参、天门冬、黄精、威灵仙、丹参、半夏、汉防已、白芨、鹿含草、益母草、鱼腥草、紫花地丁、小春花、夜交藤、覆盆子、海金沙、虎杖、桑寄生、缺萼黄连等90多种。

中药材经营

清乾隆《松阳县志》载，明朝“毛登弟，善医。设药肆于门。以待疾者”。此为境内经营中药最早的记载。清咸丰年间，有兰溪药商到松阳、古市经营中药店。清光绪二十八年（1902），枫坪乡梨树下村张美献开始经营厚朴，其加工炮制的“盘香扑”质量上乘，畅销京、津、鲁、苏等省市及东南亚地区。

民国18年（1929），县城有药店8家，第二年增至31家。1949年，已有中药店40家，其中西屏镇16家、古市镇9家、散布各乡村15家。各药店自购自销当地产的药材。同仁堂、仁寿堂、保生合、包一钱、王大源等店号药材品种齐全，加工炮制讲究质量，有名医坐堂。解放前，中药店多附设加工场，加工炮制中药材以备自用，加工的中成药有六一散、益气散、鸡苏散、碧玉散、香莲丸等。

图 34-1　县医药公司第一零售部经营中（县档案馆提供 1992 年）

中华人民共和国成立后，中药店大多歇业，乡村中药店多并入乡卫生所。1956年，县城7家药店合营组建公私合营国新药店。1972年，改称遂昌县医药公司松阳商店。1979年，松阳医药商店设中药饮片加工场，加工炮制25个中药材品种，同时设立批发部。1982年，改称县医药公司中药饮片加工场。

1982年5月，松阳县设医药公司。20世纪80

年代后，药材经营逐渐放开。至1992年，全县有医药经营企业店21家。1982年，医药公司销售总额168.21万元，1992年为473.48万元。1990年，老字号“包一钱”复业，主营中药。1992年，县人民医院能生产复方碘甘合剂、氯化铵甘草合剂、胃炎合剂、鱼石脂软膏、硫磺软膏等41种药品，供医院内使用。古市镇中药归供销社经营，设门市部，均中西药兼营。乡村中药店并入所在乡卫生所。

中华人民共和国成立后，地产中药材委托供销社代购。1975年，境内有20个收购点，地产药材收购种类85种。1988年，地产中药材收购30余万千克。1992年，县医药公司有药材代收购点14处。

1975～1988年松阳县当地产中药材收购一览表

表34-1-1-1

年份	品种（个）	数量（千克）	年份	品种（个）	数量（千克）
1975	63	42583	1982	84	159740
1976	63	49614	1983	80	125725
1977	64	48555	1984	82	90480
1978	64	50261	1985	66	58565
1979	68	60290	1986	64	36005
1980	64	89810	1987	65	121405
1981	60	27920	1988	67	305540

中药材生产

境内中药材大多为野生采集，米仁、山药、茯苓、元胡、厚朴等部分药材人工栽培。松阳是厚朴重点产区。1963年，开始人工试种；1973年，在枫坪公社梨树下大队建立第一块人工厚朴基地100亩；1976年，种植100亩；1980年，种植100亩；1986年，种植3亩；1987年，种植390亩；1992年，种植60亩。1967年，引种茯苓。1976年，开始大面积种植米仁；1982年，种植90亩；1984年，种植245亩；1992年，降至30亩。1983年，引种元胡，种植面积17亩；1985年，种植628.5亩；1992年，产量20多吨。

1992年后没有统计。

第二节　传统医疗

望闻问切

中医也称国医。松阳人称中药为君臣茶。中医看病最主要的方法就是望、闻、问、切。“望”就是医师看病时，先观察病人的面色与舌苔，然后在病人的脉搏上静心号“切”。这是中医诊断疾病的关键所在。高明的医师待掌握舌苔脉象后，就能找出患者的病因，并能把病因、病象讲述给病人。待医师说对病情后，病人会把自己的病情详细地告诉医师，同时也会回答医师的提问，从而完成“闻”“问”的过程。最后医师开方。

刮痧

刮痧，松阳百姓称之为“刮热头痧”，是旧时民间自疗疾病的方法。即用刮痧板或木头梳背涂以清凉油或菜籽油，烤热后放在病人的患处（或对应的穴位）刮拭。刮拭手法由内向外，由上向下，待刮至皮肤充血或出痧即止。如要刮拭数次，须等上次皮肤痧点消失后方可进行下一次刮拭。此法常用于治疗中暑、支气管哮喘、消化性溃疡、湿病、腹泻、腰肌扭伤等。

拔罐

拔火罐治病术，在旧时的松阳流行。可治疗多种疾病，当小瓶吸附在穴位上，疼痛亦随之缓解。尤其对感冒发烧、咳嗽或腰肌扭伤等具有较好的疗效。拔罐的部位有额、脖、肩、腰、关节等处。拔火罐若配合针灸术，其针灸效果会更佳，所以该方法常被针灸师所采用。

针灸

针灸是用“针”与“灸”配合应用的治疗方法。“针”是以金属细针刺激身体穴位，促进身体自身修复的治病方法。“灸”是医务人员用艾叶、艾绒熏烤或烧灼身体患处的部位或穴位，以达到增进血脉循环辅助机体修复的方法。两者结合就称针灸，这样能促使患者康复。

松阳使用针灸的记载追溯在元明之间。潘国爵，有针灸术，奇验。元末明初周汉卿，凡针剂，立效。明代徐自新，善针灸，所著医案《神针论补》。到解放前后，有刘采苹、叶金华、王子清、刘为绾等精通针灸。其中，刘采苹1950年结业于苏州针灸函授学院，1962年，回家乡从事针灸诊疗。

柴根篮

松阳解放前，民间一般家庭通常备有一个竹篮子。篮内塞满草药（柴根），称之为柴根篮。这些柴根大多采自野外。野外的田头地角有许多可入药治病的野生植物，百姓在劳动之余把其采回投放篮内阴凉备用，柴根篮就成为家庭中的“保健药箱”。

端午茶

端午茶是松阳百姓家庭必备的保健茶，因采集的时间在端午前后而得名。旧时各家户均自采自制，一般多在端午节的前5天开采，采回后切细晒干备用。端午茶既可作为冲沏茶瓯的解渴饮料，又是治疗小毛病的良药，具有散风、除湿、消积、清凉、解暑等功效。

民间偏方

旧时民间百姓在日常的实践中，摸索积累了许多以单味药物治病的偏方，且口口相传。如柿蒂能治呃逆，野芥菜（白毛夏枯草）能治疗疮、无名肿毒，瓜楼根（天花粉）能消渴、利尿。这些都是既省钱又有效的治病药物，松阳农村广为应用。

第二章　医疗机构

民国30年（1941）4月，西屏镇官塘路三元宫首次设立松阳第一所卫生院——县卫生院，当时全院包括2名医生在内共有9人。不久，又先后成立古市、玉岩和靖居区卫生院。民国34年，成立县立医院。至1949年松阳解放，这几座医院没有明显的发展。中华人民共和国成立后，城乡各地医疗机构渐次发展。至2010年，松阳县医疗卫生技术人员共计847人，其中主任医（护、药）师8人、副主任医（护、药）师50人、管理及其他专业技术人员142人、工勤人员80人；总床位494张；卫生事业财政支出6217.49万元，全县医疗支出8424.27万元。境内有二级乙等综合性医院松阳县人民医院、二级乙等中医医院县中医院、古市医院3家县级医院，以及19所乡卫生院，能较好的满足松阳百姓求医看病的需求。

第一节　县级医疗机构

县卫生院

民国30年（1941）4月，在官塘路三元宫设立县卫生院，担负着全县卫生行政、医疗预防等任务。有医师2人、助产士1人、护士1人、药剂员1人、卫生稽查员1人、卫生员1人、行政管理人员2人；设办公室、诊疗室（不分科）、西药房、挂号收费室等。

县立医院

民国34年（1945）9月，县立医院成立，院址设县城西门外。有医师1人、助产士1人、护士1人、药剂员1人、检验员1人、管理人员1人。民国37年1月，并入县卫生院。

县人民医院

1949年5月，松阳县解放，官塘路三元宫的县卫生院由县军管会接管。8月，改称松阳县人民政府卫生院，除医疗、防疫业务外，兼管全县卫生行政工作。1953年3月，县人民政府卫生科成立后，全县卫生行政工作由卫生科统管。1953年，卫生院门诊部设内科、外科、少儿科、妇产科、化验室；院部另设卫生防疫股、医疗预防股。1956年，改称松阳县人民医院。

1958年11月，松阳、遂昌并县。1959年6月，改称遂昌县第二人民医院。1982年1月，恢复松阳县制；5月，复称松阳县人民医院。有医务员工116人、病床110张。1990年，县人民医院被评为省标一级乙等医院。 1997年，被评为二级丙等医院。2006年，被评为二级乙等综合性医院。

2010年12月，县人民医院在编人员372人，其中大学本科77人、大学专科92人、中专104 人。在编人员中，有卫生技术人员302人，其中具有主任医（护）师卫生技术职称4人、副主任医（护、技）师卫技职称 28 人、中级卫技职称 99 人。核定床位 185 张，医院年门诊 21 万余人次，住院 0.65 万余人次，病床使用率 111.68%，业务总收入 8497.52 万元。

县人民医院是县医学会、护理学会、县中心血库和十大质控组织的挂靠单位。医院设办公、人事、医务、护理、科教等 17 个职能科室，内科、外科、妇产科、儿科、骨科、感染科等病区，30 余个临床专科门诊及医技辅助科室；是集医疗、预防、保健、教学、科研为一体的二级乙等综合性医院；是全县医疗保健中心，丽水卫生学校定点教学医院。医院占地面积 2 万余平方米，建筑面积 1.5 万平方米。医院配备 CT 机、C 型臂 X 光机、腹腔镜、电子胃镜、彩超、全能麻醉机、高压氧舱等先进医疗仪器。全院应用电子病历等信息管理系统。

县中医医院

松阳县中医医院的前身是松阳区医院，1978 年建立，位于西屏镇钟楼路 5 号。1985 年 9 月，改为松阳县中医院门诊部。1986 年，县中医院筹建组成立后，新建建筑面积 1610 平方米的门诊楼 1 幢，1987 年 9 月投入使用。1988 年 3 月，改为松阳县中医院，核定床位 60 张。至 1990 年，全院共 57 人，其中卫技人员 49 人、行政管理人员 3 人、工勤 5 人。1985 年，全年门诊 2.1 万余人次。

1997 年，被评定为全国中医医院分级管理标准二级乙等中医院。2006 年，被评定为浙江省二级乙等中医医院。

县中医院是县中医学会的挂靠单位。2010 年，设院办、人事、医务、护理、财务等 14 个职能科室，外科、内儿科、妇产科、康复科四大病区，15 个临床科室、17 个专科门诊。医院具有中医特色，中西医结合，是集医疗、预防、保健、康复、科研为一体的中医二级乙等综合性医院。全院在编人员 151 人，其中卫技人员 139 人、行政后勤人员 12 人；核定床位 100 张；年门诊 10.6 万余人次，住院 0.15 万余人次。

古市医院

1951 年 10 月，古市区卫生所成立，地址古市镇观门口。1958 年，松阳并入遂昌，改称遂昌县古市人民医院。1959 年 11 月，院址迁至城头。1961 年，改称古市卫生院。1969 年，再迁至樟塔头 4 号。1987 年，改称古市区医院。1990 年，病床使用率为 66.08%，住院接生率为 98.4%，新法接生率 100%，全区“四苗”覆盖率 97.3%，单苗接种率 94.88%，传染病报告率 89.82%，辖岗寺、赤寿、新兴、樟溪、新处、谢村 6 所乡卫生院。1991 年 7 月，古市区医院升格为县级地段性医院，改称古市医院，纳入县级医院管理。1993 年，核定床位 60 张。

2010 年，医院设院办、医务、护理、财务、公共卫生、防保等职能科室 9 个，外科、内儿科、妇产科 3 个病区，11 个临床科室和 10 个医技辅助科室，是集医疗、预防保健、公共卫生为一体的基层地段性医院。全院在编 119 人，卫技人员 96 人；年门诊 8.3 万余人次，住院 0.18 万人次。

1991～2010年松阳县卫生事业费支出明细表

表 34-2-1-1　　单位：万元

年度	财政支出数	财政拨款										卫生事业费支出占总支出（%）	财政补助参合农民医疗经费
		医院经费	中医事业费	卫生院补助	防治防疫事业费	药品检验经费	妇幼保健经费	合作医疗补助费	卫生监督	医疗卫生管理事务	其他卫生事业费		
1991	158.20	39.60	13.90	59.00	14.00	2.10	6.70	0.40	—	—	22.50	4.75	—
1992	142.51	37.73	9.82	49.76	13.53	2.07	8.57	0.71	—	—	20.69	3.67	—
1993	142.67	36.17	8.94	52.63	16.24	3.00	10.48	0.24	—	—	26.44	3.09	—
1994	281.29	96.24	22.60	102.54	16.91	1.74	11.56	0.25	—	—	23.19	5.07	—
1995	281.73	84.02	22.75	91.84	26.87	4.01	19.35	2.82	—	—	40.87	4.67	—
1996	310.30	99.59	27.97	111.46	32.01	4.86	20.10	0.53	—	—	28.60	4.13	—
1997	361.64	90.31	34.57	149.70	24.77	3.03	19.95	2.00	—	—	37.31	4.05	—
1998	385.89	110.76	47.97	127.20	80.34	7.12	78.65	2.00	—	—	40.76	3.97	—
1999	445.14	116.27	42.70	155.15	35.39	—	21.61	—	—	—	—	4.01	—
2000	455.46	120.00	42.96	150.33	41.51	—	26.20	—	—	—	—	3.54	—
2001	464.18	134.67	39.03	140.77	61.01	—	31.05	—	—	—	—	2.73	—
2002	585.03	137.72	56.41	190.48	84.52	—	42.72	—	—	—	—	2.79	—
2003	687.32	174.08	50.13	184.35	122.28	—	51.01	—	—	—	—	2.77	—
2004	728.15	167.58	66.86	168.28	120.99	—	73.22	—	—	—	—	2.42	—
2005	946.93	156.96	58.36	166.10	350.11	—	76.07	—	—	—	—	2.76	—
2006	1358.43	125.41	48.00	570.20	159.81	—	81.86	—	—	—	—	3.33	—
2007	1195.06	181.78	54.28	413.38	155.80	—	109.35	—	63.24	234.13	37.38	2.28	761.48
2008	1788.38	361.78	164.73	482.70	194.70	—	102.50	—	99.81	210.68	36.21	2.61	1371.14
2009	2979.14	1571.59	181.49	700.42	200.12	—	136.75	—	80.94	254.35	34.96	3.38	1845.59
2010	7477.77	5311.49	120.26	1939.87	325.27	—	113.84	—	226.26	223.52	2.89	6.92	2703.25

1991～2010年松阳县医疗机构业务支出明细表

表 34-2-1-2　　单位:万元

年度	业务支出	工资福利支出					商品和服务支出				对个人和家庭补助支出		
		合计	工资津补贴	奖金	职工福利金	社会保障缴费	合计	其中：卫生材料费	药品费	维修购置费	合计	其中：离退休费	住房补助
1991	602.60	117.20	100.00	0	17.20	0	464.70	29.40	357.10	31.20	20.70	20.70	—
1992	785.33	143.65	120.37	0	23.88	0	614.79	37.15	466.75	38.76	26.89	26.89	—
1993	1028.08	195.24	172.29	0	22.95	0	800.61	40.70	622.50	51.00	32.23	32.23	—
1994	1394.83	365.40	337.90	0	27.50	0	979.44	54.24	765.22	58.65	49.99	49.99	—
1995	1804.51	390.54	349.76	0	40.87	0	1401.17	71.38	1067.62	74.89	52.80	52.80	—
1996	2233.28	475.66	417.20	0	58.46	0	1684.88	92.09	1269.43	92.65	72.74	72.74	—
1997	2517.50	594.77	530.02	0	64.75	0	1844.49	104.33	1341.03	111.30	78.24	78.24	—
1998	2898.19	671.78	590.24	0	81.54	0	2144.43	137.04	1507.23	135.89	81.98	81.98	—
1999	3156.01	1050.91	861.01	0	59.85	130.05	2105.10	0	1357.93	240.22	0	—	—
2000	3416.22	1221.85	947.23	0	123.85	150.77	2194.37	0	1370.31	271.23	0	—	—
2001	4206.40	1496.45	1129.50	0	168.95	198.00	2709.95	0	1571.34	337.03	0	—	—
2002	4934.38	1894.85	1397.45	0	124.85	372.55	3039.53	0	1632.04	490.77	0	—	—
2003	5745.33	1714.71	1071.63	291.26	0	170.72	3521.12	308.30	1876.42	652.07	509.51	174.21	—
2004	6602.11	2070.76	1319.52	303.44	0	242.88	4285.50	479.63	2428.74	590.44	245.85	153.37	—
2005	7529.15	2391.06	1339.57	462.00	0	325.00	4976.91	530.06	2892.54	222.43	161.17	52.72	—
2006	8847.64	2669.81	1526.36	458.02	0	330.64	5982.84	761.65	3505.39	750.65	195.00	74.00	—
2007	10217.07	3150.55	1743.96	621.20	0	375.19	6844.05	837.82	4195.31	777.97	222.48	86.80	110.13
2008	12144.31	3711.41	1968.22	664.16	0	472.07	8145.94	1008.35	5012.09	808.92	286.96	105.29	136.90
2009	14309.35	4358.10	1993.48	860.21	0	532.82	9630.76	1157.30	6150.58	885.12	320.49	125.94	150.24
2010	16289.42	4931.09	2391.70	1029.04	0	610.47	10977.07	1359.43	7080.39	963.91	381.26	155.85	180.56

1991～2010年松阳县医疗机构收支结余明细表

表 34-2-1-3　　　　单位:万元

年度	收入类									支出类					结余	
	合计	财政补助收入		上级补助收入	医疗收入	药品收入	其他收入	其中		合计	医疗支出	药品支出	财政专项支出	其他支出	收支结余	其中：转入事业基金
		小计	其中：专项					门诊收入	住院收入							
1991	598.30	—	—	—	154.60	421.70	22.00	382.90	187.50	602.60	184.90	415.30	—	2.40	67.00	35.20
1992	776.85	—	—	—	188.24	552.39	36.22	505.05	233.27	785.33	239.03	543.58	—	2.72	74.51	39.40
1993	1030.68	—	—	—	290.26	735.84	4.58	684.32	317.58	1028.08	301.93	723.50	—	2.65	84.20	46.72
1994	1316.54	—	—	—	405.62	904.74	6.18	806.60	399.78	1394.83	482.06	908.64	—	4.13	103.12	53.66
1995	1860.98	—	—	—	598.99	1255.43	6.56	1095.91	598.86	1844.51	609.17	1231.04	—	4.30	192.56	94.02
1996	2264.55	—	—	—	646.09	1489.02	129.44	1365.40	769.71	2233.28	762.80	1465.80	—	4.68	242.64	123.53
1997	2468.85	—	—	—	787.72	1571.97	109.16	422.54	357.44	2571.50	934.64	1575.67	—	7.19	158.23	80.13
1998	2766.49	—	—	—	820.61	1763.91	181.97	1631.30	935.00	2898.19	1142.28	1741.72	—	14.19	118.82	54.24
1999	3411.09	314.12	49.25	72.59	1009.40	1962.14	52.84	1826.76	1144.78	3219.50	1532.25	1623.76	49.25	14.24	191.59	177.91
2000	3720.17	313.29	30.00	57.57	1155.40	2133.44	60.47	1952.65	1336.19	3450.49	1751.87	1664.35	30.00	4.27	269.68	258.15
2001	4538.97	314.47	16.00	38.98	1516.01	2619.59	49.92	2360.33	1775.27	4252.43	2297.48	1908.92	16.00	30.03	268.54	276.39
2002	5242.25	384.61	71.01	44.11	1882.52	2888.39	42.62	2560.22	2210.69	5026.44	2938.89	1995.49	71.01	21.05	215.81	160.44
2003	6093.63	408.56	97.45	30.10	2206.20	3395.37	53.40	2928.56	2673.01	5863.31	3482.14	2263.19	97.45	20.52	230.32	148.45
2004	6867.48	402.71	119.54	28.28	2635.09	3741.45	59.94	—	—	6743.31	3740.00	2861.21	119.54	21.67	124.17	132.78
2005	7584.74	381.43	96.84	24.30	2758.19	4318.76	102.06	—	—	7688.88	4148.20	3380.95	96.84	62.89	-104.14	15.17
2006	9087.00	921.35	243.82	2.86	2991.77	5116.19	54.83	—	—	9132.05	4722.32	4125.32	243.82	40.59	-45.05	25.33
2007	10103.20	595.16	99.31	35.52	3484.61	5899.52	91.39	—	—	10316.38	5316.01	4858.52	99.31	42.53	-213.18	14.72
2008	12151.75	1144.48	215.87	21.69	3932.72	6961.63	91.23	—	—	12360.18	6322.64	5753.60	215.87	68.08	-208.43	27.01
2009	15568.26	2272.01	1374.94	14.35	4651.59	8549.08	81.23	—	—	14684.17	7277.77	6982.21	374.82	49.37	884.08	38.31
2010	21507.00	6281.04	5244.38	1.19	5281.71	9860.92	82.14	—	—	22506.92	8424.27	7842.60	6217.49	22.56	-26.80	12.08

第二节　区（镇）医疗机构

区（镇）医院

民国 32 年（1943），设立古市区、玉岩区、靖居区 3 所区级卫生分院。每院职工 3～4 人，助产士、卫生员、工役各 1 人。分院主任由县卫生院选拔医师委任。至 1949 年 3 月，3 所分院均撤销。

中华人民共和国成立后，1951～1952 年，相继成立江南、江北、古市、玉岩、靖居 5 所区卫生所。1956 年，随着区建制变动，江南、江北区卫生所撤销。1958 年，区卫生所改称公社卫生所；1961 年，改回区卫生院。1978 年 4 月，建立松阳区中心医院；1980 年，改称区卫生院。1981 年，区卫生院全部改称区医院。1984 年 4 月，成立大东坝区医院。1985 年 9 月，撤销松阳区医院并入县中医门诊部。同时，成立松阳区卫生办公室管理区属乡卫生院。

1990 年，全县有古市区、玉岩区、靖居区、大东坝区 4 所区医院，共有职工 106 人，其中卫技人员 91 人，共有病床 95 张。1991 年 7 月，古市区医院升格为县级地段性医院，称古市医院。

1992 年撤区设镇，玉岩区、靖居区、大东坝区医院改称镇中心卫生院。1994 年 10 月，设立松阳县西屏镇中心卫生院，同时撤销西屏镇卫生办公室门诊部。原西屏镇卫生办公室负责所属乡级卫生院管理职能，划归西屏镇中心卫生院。

2002 年 5 月，在西屏、象溪、大东坝、玉岩 4 镇设立社区卫生服务中心，社区卫生服务中心挂靠镇中心卫生院，实行两块牌子、一套班子制度。2004 年，重新设立西屏、古市、象溪、大东坝、玉岩镇 5 个卫生服务中心，派设 20 个卫生服务站。

2010 年末，全县共有镇中心卫生院 4 所，设中医、西医、口腔、心电图、妇科、手术室、检验、中药房、西药房等科室，有卫生技术人员 86 人，其中，主治医师 11 人、执业医师 18 人、执业助理医师 11 人、护士 22 人、其他 24 人。设床位 47 张。年医疗业务总收入 1001.88 万元。

医院选介

西屏镇中心卫生院前身是西屏镇卫生办公室门诊部，1993 年成立。位于县城人民大街 122 号“四联食堂”旧址。经修缮，改建为门诊部院址，后改称为西屏镇中心卫生院。2000 年，西屏镇中心卫生院新建医疗用房投入使用，建筑面积 988.4 平方米（五层），院址西屏镇长松路 169 号。设中医、内科、外科、妇产科、中西药房、X 光室、心电图室、化验室、注射室、防保室等。

靖居区卫生所，1952 年 10 月成立，址设靖居口村民房。1959 年，改称靖居人民公社卫生院。1961 年，改称靖居卫生院。1963 年，迁至一所手工业工场，修建医疗用房 110 平方米。1964 年，改称靖居区卫生院。1979 年，投资 5 万元新建门诊、病房、厨房、宿舍各 1 幢，建筑面积 960 平方米。1984 年，改称靖居区医院，设病床 10 张，辖靖居、板桥、裕溪、雅溪 4 所乡卫生院。1992 年撤区建镇，靖居区医院改名为象溪镇中心卫生院。1999 年，迁到象溪圩，建筑面积 1100 平方米。

玉岩区卫生所，1952 年 10 月正式成立，址设玉岩村。1959 年，改称玉岩人民公社卫生院。1969

年，卫生院迁至枫坪村，改称玉岩区医院，人员增至33人，设病床10张，配救护车1辆。1986年，院址迁回玉岩镇。1987年新建门诊楼1幢，建筑面积885平方米，辖玉岩、枫坪、交塘3所卫生院。1992年撤区建镇，玉岩区医院改名为玉岩镇中心卫生院。

大东坝区医院前身是石仓乡医院，1958年8月建立，设大东坝村民房，有职工4人。1959年，更名为石仓公社中心医院，分设下宅街、洋坑埠头2所分院。1966年，新建战备急救站医疗用房350平方米。1968年，改称石仓公社卫生院。1974年，新建生活用房424平方米。1984年4月，在原石仓公社卫生院的基础上调整充实建立大东坝区医院。辖石仓、蛤湖、安民3所乡卫生院。1992年撤区建镇，大东坝区医院改名为大东坝镇中心卫生院。

2010年松阳县镇中心卫生院基本情况表

表34-2-2-1

单位	职工总数（人）	卫技人员数（人）	其中		设床位数（张）	医疗生活用房（平方米）	1000元以上医疗器械（件）	年门诊人次（人）	业务总收入（万元）	村卫生室（个）	乡村医生（人）	村社区卫生服务站（个）
			中级（人）	初级（人）								
西屏镇中心卫生院	48	39	6	33	17	2056	29	53174	560.10	1	1	-
象溪镇中心卫生院	16	16	2	14	10	2499.25	14	25928	173.53	3	3	-
玉岩镇中心卫生院	24	23	3	20	10	2515	36	34000	236.60	5	5	-
大东坝镇中心卫生院	9	8	-	8	10	506	23	5594	31.65	0	-	-

第三节 乡级医疗机构

乡卫生所

民国33年（1944），松阳县先后成立竹溪乡、望松乡、洞阳乡和安石乡卫生所。各卫生所主任由各乡乡长兼任，每所设卫生员1～2人。

中华人民共和国成立后，乡级医疗单位称联合诊所，由乡镇个体中、西医医药人员组成。1951～1958年上半年，全县相继成立10所联合诊所、17所分诊所、4所医疗站。1958年8月，由县人民委员会统一调动联合诊所和个体开业医务人员建立全县28所乡医院。11月，松阳并入遂昌。1958年9月，实行人民公社化，各乡卫生所改称管理区卫生所；1961年，改称公社卫生所；1982年，改称公社卫生院。1984年，改称乡卫生院。

乡卫生院

1990年，全县有乡卫生院23所，人员123人，设病床55张。

2010年，全县有乡卫生院19所，其中5个镇设6个所（阳溪、竹溪、岗寺、雅溪、石仓、蛤湖），15个乡设13个所（赤寿、新兴、樟溪、谢村、新处、斋坛、望松、叶村、三都、裕溪、板桥、安民、枫坪）及四都、竹源乡2个社区卫生服务站。在5个镇还设有城东、城西、城北、城南、城中、古城、根坑、靖居包8个社区卫生服务站和北山、瓦窑头2个分院。乡（村）卫生院（室）共有卫生技术人员189人，其中，中级卫生技术人员10人、初级卫生技术人员116人、未取得职称卫技人员34人、其他29人。设床位41张。年门诊量13.8万余人，年医疗业务总收入1399.2万元。

图34-2　赤寿乡卫生院（县档案馆提供 1992年）

2010年松阳县乡级卫生院基本情况表

表34-2-3-1

单位	职工总数（人）	卫技人员数（人）	其中		设床位数（张）	医疗生活用房（平方米）	1000元以上医疗器械（件）	年门诊人次（人）	业务总收入（万元）	村卫生室（个）	乡村医生（人）	村社区卫生服务站（个）
			中级（人）	初级（人）								
樟溪乡卫生院	7	7	0	7	2	400	2	3200	45	1	1	—
谢村乡卫生院	5	5	0	5	2	300	11	4792	33.5	2	2	—
赤寿乡卫生院	8	8	1	7	2	730	10	8620	726	4	4	—
新兴乡卫生院	8	8	1	6	2	1000	8	7000	72	2	2	—
新处乡卫生院	4	4	0	4	2	360	10	5127	23.2	1	1	—
岗寺卫生院	5	5	0	5	2	550	11	6990	62	2	2	—
望松卫生院	7	7	0	7	2	702.6	10	6996	51.65	2	2	—
斋坛卫生院	6	6	1	5	2	480	8	7800	47	5	5	—
叶村卫生院	6	6	2	4	2	723	8	3865	47	2	2	—
三都卫生院	6	6	0	2	2	490	8	3200	21	1	2	1
竹溪卫生院	14	14	2	11	2	500	15	12000	84	5	5	—
阳溪卫生院	32	20	3	13	3	280	20	20000	461	2	3	—
雅溪卫生院	7	7	0	6	2	560	5	3300	46	2	2	—
板桥乡卫生院	4	4	0	4	2	425	4	1484	12.69	1	1	—
裕溪乡卫生院	5	5	0	3	2	400	5	3200	13	1	2	—
石仓卫生院	7	7	0	4	3	400	2	4509	28.19	1	1	—
蛤湖卫生院	7	7	0	7	2	500	3	11000	70	3	3	—
安民乡卫生院	5	5	0	4	2	320	3	4650	29.37	2	2	—
枫坪乡卫生院	12	12	0	12	3	900	5	20444	140	3	4	1

第四节 其他基层医疗机构

医务室

民国 26 年（1937）11 月，省立湘湖师范由萧山迁址古市镇广因寺。该校在推广民教工作中，曾在古市太保庙附设古市诊所。民国 34 年 12 月，该校迁回萧山，民国 33 年以后诊所撤销。松阳中学、简易师范、国强中学、俭公中学均聘请中医师担任校医。

中华人民共和国成立后，学校、厂矿陆续建立医务室。1990 年，全县有 9 个单位共配有医务人员 14 人。各备有普通诊疗器械和常用药品，以治常见病、多发病、职业病、小外伤为主。

2010 年，松阳一中、松阳二中、丽水中等专业学校、松阳县中等专业学校、松阳县民族中学 5 单位建有医务室，共有卫生技术人员 10 人。学校医务室配有普通诊疗器械和常用中西药，以学生卫生保健为主。

2010 年松阳县学校医务室情况表

表 34-2-4-1

设有医务室的学校	地址
丽水中等专业学校	西屏镇环城西路 152 号
松阳县第一中学	西屏镇育英路 80 号
松阳县第二中学	古市镇万寿北路 102 号
松阳县民族中学	西屏镇慧明东区 28 号
松阳县职业中等专业学校	西屏镇白露岭 28 号

村卫生室

1969 年，在赤寿公社赤岸大队试行农村合作医疗制度。1972 年，实行合作医疗的大队 154 个，占大队总数的 39%。1974 年，农村普遍建立合作医疗站，有乡村医生（称“赤脚医生”）1060 人。1982 年后，村合作医疗站大多解体，乡村医生大部分改行。初级卫生保健试点后，原有村合作医疗站改称为村卫生室。1990 年，全县 400 个行政村建有医有药的村卫生室 130 家。乡村医生 85 人，卫生员 280 人，接生员 369 人。1992 年，有村医疗站 130 个，乡村医生 59 人，卫生员 248 人，接生员 422 人。

2010 年底，全县取得医疗机构执业许可证、具有执业资格登记注册的村卫生室共 50 家、村卫生服务站 2 家。全县共有乡村医生 62 人，其中具有执业助理医师资格的乡村医生 2 人。

2010年松阳县村级卫生室名单一览表

表 34-2-4-2

机构地址	机构地址
西屏镇塔寺下村卫生室	樟溪乡东市村卫生室
西屏镇清路村卫生室	谢村乡谢村村卫生室
西屏镇清路村卫生室	谢村乡大岭里村卫生室
西屏镇铺门村卫生室	新处乡山甫村卫生室
西屏镇源内村卫生室	象溪镇南州村卫生室
西屏镇横山村卫生室	象溪镇黄店村卫生室
西屏镇桥头村卫生室	象溪镇鲁峰村卫生室
竹源乡小竹溪村卫生室	象溪镇坑里村卫生室
竹源乡黄下村卫生室	板桥畲族乡桐榔村卫生室
叶村乡包安山村卫生室	裕溪乡小槎村卫生室
叶村乡南岱村卫生室	大东坝镇横樟村卫生室
斋坛乡花田垄村卫生室	大东坝镇燕田村卫生室
斋坛乡石门圩村卫生室	大东坝镇黄南村卫生室
斋坛乡石门圩村卫生室	大东坝镇后宅村卫生室
斋坛乡金梁村卫生室	安民乡苏马坪村卫生室
斋坛乡小石村卫生室	安民乡安岱后村卫生室
望松乡六都村卫生室	玉岩镇道惠口村卫生室
望松乡王村村卫生室	玉岩镇余叶村卫生室
三都乡松庄村卫生室	玉岩镇大树后村卫生室
古市镇湖溪村卫生室	玉岩镇何庄村卫生室
古市镇湖溪村卫生室	玉岩镇洋坑村卫生室
赤寿乡界首村卫生室	枫坪乡山乍口村卫生室
赤寿乡红连村卫生室	枫坪乡南胜村卫生室
赤寿乡卯山后村卫生室	枫坪乡根下村卫生室
新兴乡后周包村卫生室	枫坪乡高亭村社区卫生服务站
新兴乡潘连村卫生室	象溪镇南坑口村社区卫生服务站

私营（民营）个体医疗

1985 年，松阳吴苏君骨伤诊所开业。2009 年 8 月，在西屏镇北山路 65 号新建门诊、住院医疗综合大楼，改称松阳吴苏君伤科医院。是一家专业治疗骨伤、骨病为主的伤科医院，2010 年，有卫生技术人员 31 人。

1997 年，全县共开设私营和个体医院 12 家，分布在西屏镇 8 家、古市镇 2 家、玉岩镇 1 家、象溪镇 1 家。

2010 年，全县共有私营医院、个体诊所等 11 家，其中个体牙科诊所 6 家、个体中医诊所 2 家、个体中医针灸诊所 1 家、个体西医诊所 1 家、伤科医院 1 家。开设科目有牙科、中医内科、中医外科、中医针灸、骨伤科、西医内科等，共有卫生技术人员 50 人，其中执业医师 14 人、执业助理医师 17 人、其他 19 人。

第三章　卫生设施建设

解放初，全县卫生用房只有接收民国时期县卫生院1座房子，用房总面积约650平方米。1952年，各区建立卫生所，均使用旧房或民宅。1954年开始，逐步扩大基本建设投资。20世纪60年代前后，区乡医疗、生活用房多系土木结构，县级采用砖木结构。70年代以后，医疗、生活用房之式样与质量标准逐步提高，新建或扩建房屋多系砖混结构。1990年，全县35个医疗卫生单位占地总面积57351平方米，医疗和生活用房总建筑面积36124平方米。其中医疗业务用房19036平方米，占总面积的52.7%；生活用房17088平方米，占总面积的47.3%。90年代以后，县人民医院的五层门诊大楼和急诊大楼、县中医院的四层病房大楼先后投人使用。1991年7月，古市区医院升格为县级医院，纳入县级医院管理。2010年9月，总投资1.88 亿元，建筑面积5.4万平方米的县人民医院迁建工程正式开工建设。1991～2006年，先后对17所镇、乡卫生院危旧用房进行新建、改建、扩建，建筑面积9335平方米。2008年后，对全县19个社区卫生服务中心（卫生院、古市医院）、14个社区卫生服务站用房进行迁（拆）建和维修。其中，迁 （拆）建5741平方米，维修4743平方米，业务用房全部达到标准化的要求。至2010年，全县医疗卫生单位固定资产总值10630万元。

第一节　县级医院建设

松阳县人民医院

中华人民共和国成立初期，县人民医院有门诊、住院用房各1幢，职工宿舍2幢，均系旧平房。1958年，开始陆续新建门诊、住院、办公、宿舍楼。1982年松阳恢复县制以后，基本建设投入较多，连续新建宿舍大楼、住院大楼、传染病房、放射科用房、锅炉房、食堂、车库、太平间、洗衣房等设施。至1990年末，全院共有医疗用房8407.48平方米、工作用房2460.58平方米、生活用房3752.21平方米，总共基建面积为14620.27平方米。

图34-3　县人民医院病房楼(县档案馆提供 1992年)

1991年，新建传染病房，建筑面积250平方米，设床位30张。1996年，新建门诊大楼，建筑面积4361平方米，共5层，总投资450万元。1997年8月，开通120急救电话。1999年，建医院职工集资房52套。2000年，安装150千瓦柴油发电机等。

2001年，新建放射楼，建筑面积2470平方米。

全院实施电脑信息化管理。2002年，新建急诊大楼，建筑面积2212平方米。医生电脑工作站正式启用。2003年，修建收治“传染性非典型肺炎”疑似病例符合标准的专用隔离病房；修缮和规范发热门诊用房。2005年，扩建重症监护病房，由原来3张床位增加到8张床位。新增救护车1辆。

2010年，医院有医疗用房14516平方米、工作用房1244平方米、生活用房660平方米，总建筑面积16420平方米，设床位185张。9月,医院迁建项目工程开工建设，项目总用地面积53290平方米，总建筑面积54608平方米，其中地上建筑面积39774平方米、地下建筑面积5834平方米。工程包括门急诊楼、住院楼、传染病楼和后勤综合楼。规划床位400张。工程概算投资18813.69万元。

松阳县中医医院

1985年，中医门诊部接收松阳区医院2幢医疗、生活用房，其中1幢2层砖混结构楼房（388.68平方米）、1幢砖木结构平房（57.5平方米）。1986年，中医院筹建组成立后，先后由省、地、县拨款和自筹资金34.5万元，新建门诊楼1幢，5层68间，建筑面积1610平方米，于1987年6月竣工，9月投入使用。全院总建筑面积为2056.18平方米，门诊楼为医疗、行政用房，原2层楼房为职工宿舍，原平房为职工食堂。

1991年，新建门诊副楼，建筑面积3390平方米。1993年，新建职工宿舍，建筑面积1144平方米，共5层。1994年3月，征用土地4134平方米；8月，扩建手术室。1995年，建造药品仓库、供应室等用房471平方米。1996年，新建住院大楼，建筑面积3318 平方米，共4层。2000年，新建门诊附属楼，建筑面积925平方米。2001年9月，筹资160余万元，征地2975平方米，开通东大门；建商业用房10间；开通 96120急救电话。2008年，住院大楼整体改造。

图34-4 县中医院住院楼（县档案馆提供 1998年）

2010年末，医院有医疗用房6658平方米，生活用房338平方米，建筑面积7668平方米，设床位100张。

古市医院

1969年，院址迁至樟塔头4号，建简易门诊楼1幢，建筑面积428.1平方米；简易病房1幢，建筑面积365.2平方米；设床位30张。1981年，新建门诊楼1幢，建筑面积1045.8平方米。1986年，新建职工宿舍1幢，建筑面积913.14平方米。1989年，新建病房楼1幢，建筑面积763平方米。全院用房建筑面积4121.14平方米（其中医疗用房2602.14平方米）。

1992年，住院楼加层741.6平方米，加层后住院楼为4层，总建筑面积1504.6平方米，总投资23万元；其中，由松阳旅台侨胞黄家辉等18名乡友捐赠6600美元。2000年1月，新建门诊大楼，总投资3000多万元，建筑面积3008平方米。2001年，添置新救护车1辆。2005年，更新救护车1辆。2008年，完成配电房建设，安装200千伏变压器及辅助设施。

2010 年底，医院共有建筑面积 7144 平方米，其中医疗业务用房 4575 平方米、生活用房 2569 平方米，设床位 60 张。

第二节　县级卫生单位建设

基础建设

1983 年，县卫生防疫站与县妇幼保健所在县城新华路 72 号合建办公楼 1 座，总建筑面积 1250 平方米，其中一层为县妇幼保健所业务用房，二至四层为县卫生防疫站办公业务用房。

1994 年 3 月，县卫生防疫站在原办公楼旁新建 4 层建筑面积 1267 平方米办公楼，总投资 61.4 万元。其中，一层为店面房，二至四层为办公业务用房。原合建办公业务用房全部划归县妇幼保健所。

2006 年 7 月，县妇幼保健所自筹资金，以政府协议价 140 万元，向县国资公司购买原县卫生防疫站办公楼二至四层以及一层门厅共 1029 平方米，作为妇幼保健业务用房。

图 34-5　县卫生防疫站和县妇幼保健所（县档案馆提供 1992 年）

2001 年 5 月，县卫生防疫站撤销，改设县疾病预防控制中心和县卫生监督所。同时，古市镇卫生办公室新建办公业务用房投入使用（2010 年办公室撤销后，房产划归古市医院），总投资 26.4 万元，建筑面积 391.5 平方米。

2008 年 6 月，县疾病预防控制中心、县卫生监督所搬入西屏镇长虹东路 198 号占地面积 5529 平方米的新址。新办公楼建筑面积 3574.6 平方米，总投资 683 万元。

原办公楼腾空后，县妇幼保健所于 7 月投资 120 万元（其中国债资金 40 万元）对办公楼进行改建。同时，县卫生监督所与县中医医院达成房屋及土地使用权转让协议，县中医医院把东北角的一幢占地面积 1206.5 平方米、建筑面积 930 平方米的房屋（共 4 层半）及房屋西侧 90 平方米闲置土地转让给县卫生监督所，转让金 90 万元。

设备添置

至 2010 年，县疾病预防控制中心共购置电脑、空调、数码相机等办公用品设备 43 台（件），总价值 24.2 万元。县卫生监督所共购置卫生监督用车、现场快速检测设备、相机、电脑等办公用品设备 45 台（件），总价值 37.71 万元。县妇幼保健所购置业务工作用车、血球分析仪等医疗设备 12 台（件），总价值 128.85 万元。

第三节 乡镇（村）卫生院（室）建设

镇中心卫生院

1993年，西屏镇卫生办公室门诊部购置县城人民大街122号的“四联食堂”旧址房产，改建为门诊部院址，后改称为西屏镇中心卫生院。

1998年，投资41万元新建大东坝镇中心卫生院3层医疗生活用房1幢，建筑面积703平方米。

1999年，在象溪镇象溪圩购置象溪粮管所粮库用地2889.5平方米、粮库用房（3层）692.5平方米，经修缮改建为医疗生活用房。同时新建单层医疗辅助用房1幢，建筑面积177.5平方米，开设口腔科和X光室。7月，象溪镇中心卫生院从象溪镇靖居口村旧址搬迁至象溪圩村新址执业。

2000年，西屏镇中心卫生院新建医疗用房投入使用，建筑面积988.4平方米（5层），院址西屏镇长松路169号。2001年，古市镇卫生办公室新建综合用房于11月投入使用，投资20万元，建筑面积 394平方米（4层）。玉岩镇中心卫生院新建住院楼于12月投入使用，投资30万元，建筑面积 500平方米（3层）。2005年，筹资25万元，从大东坝镇公安派出所转让土地2344平方米，用于大东坝镇中心卫生院的迁建。

2009年，扩建象溪镇中心卫生院医疗用房，建筑面积1100平方米。维修西屏镇中心卫生院旧址。9月，启动大东坝镇中心卫生院新建项目。新院址位于大东坝镇大东坝村横水口自然村，占地面积1198.5平方米，建筑面积1171平方米，设床位10张。

乡卫生院

1991年8月，安民乡卫生院医疗生活用房建成投入使用，建筑面积412.3 平方米。

1992年，新处乡卫生院新建医疗生活用房建成投入使用，投资8.85万元，建筑面积 416平方米。板桥乡卫生院投资4.73万元改建医疗生活用房168.98平方米。

1995年9月，枫坪乡卫生院新建3层医疗生活用房投入使用，总投资29万元，建筑面积579.2平方米；12月，赤寿乡卫生院投资28万元，新建3层医疗生活用房704平方米。1996年，投资14.6万元，新建玉岩镇交塘卫生院2层医疗生活用房256.78平方米。

图34-6 新处卫生院（县档案馆提供 1992年）

1997年，水南卫生院购置水南瓦窑头村2层砖混民房1幢，经改建修缮后西屏镇水南卫生院整体从水南村搬迁至瓦窑头村。1998年，投资20万元，新建古市镇岗寺卫生院2层医疗生活用房，建筑面积381平方米。 2000年，樟溪乡卫生院和象溪镇雅溪卫生院分别建设面积500平方米的医疗生活用房。

2003年，大东坝镇蛤湖卫生院建设面积500平方米的医疗生活用房。2004年，投资31万元、建筑面积494平方米的三都乡卫生院综合用房于12月投入使用。2005　年，投资60万元、建筑面积667平方米的西屏镇竹溪卫生院综合用房于7月投入使用。2006年，投资70万元、建筑面积553平方米迁建板桥畲族乡卫生院综合用房和投资55.1万元、建筑面积596平方米的谢村乡卫生院综合用房，分别于7月、11月投入使用。

2007年，投资58万元、建筑面积489平方米的斋坛乡卫生院综合用房扩建工程于7月建成投入使用；投资20万元，购置四都乡下包村村委会用房1幢，供四都乡社区卫生服务站使用。2008年，投资100余万元、建筑面积726平方米的新兴乡卫生院综合用房投入使用；投资30万元完成象溪镇靖居包社区卫生服务站维修工程。

2009年，扩建叶村乡卫生院，并对三都乡、枫坪乡、蛤湖卫生院进行维修。全县有14所乡镇卫生院医疗业务用房达到乡级卫生院标准化要求。

2010年6月，裕溪乡卫生院在原址拆建医疗生活用房750平方米，及县疾病预防控制中心“鼠疫”监测点（2011年1月，正式投入使用）。11月，望松乡卫生院在原址动工拆旧房新建医疗生活用房702.64平方米，医疗执业暂迁至望松乡五都阳村民居。

村卫生室

2009年，县对村卫生室出台补网工程工作计划，根据政府主导、多元投入原则，采取 “巩固提升一批、新建规范一批、补充设置一批”的办法，对原有村卫生室的扩建整修和新建村卫生室的项目给予适度补助，补助对象为村卫生室建设的投资主体。补助标准为扩建整修村卫生室一次性补助0.6万元、新建村卫生室一次性补助1万元。

第四章 医 疗

自古以来，松阳百姓病痛都依赖中医中药。清末，现代西医进入松阳，但发展甚缓。20世纪60～70年代，百姓凡小痛小病，还少有上医院求医问药。甚至大病重病，也靠草医偏方，不济时则拜佛求仙，祈神保佑。改革开放以后，这种状况逐步得以改变。

第一节 中 医

历代名中医

详见第四十三编“人物”第一章“人物传略”第四节“技艺”中的“医药”。

中医师

至民国时期松阳才有中医学校毕业生。民国时期，毕业于浙江兰溪中医专门学校12人、肄业10人，毕业于大麻中医学校1人。获得省颁中医师证书的有20人。

中华人民共和国成立后，登记在册中医药人员79人。其中，50人分布城乡开业坐堂。1952年始，个体中医逐步组织联合诊所，陆续参加公立医疗机构。20世纪60年代后，分配到松阳一些中医院校毕业生，又选择一批药店学徒，通过举办中医业务培训班对他们进行培养。后来，这些人多数成为基层医疗单位骨干。1962年，省卫生厅公布松阳的汤凤桐、蔡观淮为县名中医。

草药医师

松阳山源广袤，多产药材，取用方便。松阳民间草药医相传历史悠久。民间草药治病者和采集出售草药者遍布城乡。在西屏镇常年设摊售草药者有十数处，集市临时设摊多至三四十处，出售草药品种达百种以上。民间年岁较大的百姓多知道常见草药的用法，小病小痛大多自家治疗。1990年，全县以草医草药为业的有70余人，其中行医年数大多在20年以上，有的长达50余年。他们一般能治常见病，有的还擅长接骨，或治无名肿毒，或专治蛇伤，或精于治理小儿诸疾，或能治疑难杂症等。狮子口村接骨名医陈荣兴善治各类骨伤，饮誉四方；其后嗣陈公山承继祖业，对众多西医亦感棘手的开放性骨折与粉碎性骨折，亦能得心应手地运用草药秘方进行治疗。四都乡榔树村蛇医陈绍荣，生于1932年，15岁随父临诊，谙悉各种毒蛇咬伤之诊断与用药，行医40余年，救治许多蛇伤垂危病人。

1990年，全县中医药人员93人，其中主治中医师6 人、主管中药师4人、中医师17人、中药师15人。

2010年，全县中医药人员 84人，其中主任中医师3人、副主任中医（中药）师6人、主治中医师 13 人、主管中药师 12 人、中医师 27 人、中药师 7 人。

中医世家

松阳中医，明代之前，史料佚。有明之后，则多见于史载。旧志所载毛梓孙、周汉卿、孟继宗等医家，皆为明人。明代以后，中医世家盛出。

“酉田先生”，酉田叶氏世家中医。一世叶秀亭，民国《松阳县志》载其“医道大行于松遂宣，三邑咸以神医目之”。宣平知县汪荣给以“术继天士”匾额，本邑知县给以“和缓同仁”匾额。叶子惠，亦勘丹铅，活人甚多。二世叶济生，通脉理，治病调和中气，民国《松阳县志》载其“辨症详明，处方灵敏，知县赵联元给以匾曰“著手成春”，知事吕耀钤给以匾曰“妙手生春”。三世叶耀光，民国《松阳县志》载其“辨症立方，迥异庸俗”，知县张纲给以匾曰“功同良相”，教谕徐士骈给以匾曰“秘囊传家”。叶美璧，也是当时松阳名医。四世叶秋元，尤精伤寒及儿科麻疹，1958 年组织同仁到海宁防治麻疹。五世叶益丰，善于总结临床实践经验，在省以上各中医药杂志发表学术文章 40 余篇，松阳县政府授予科技进步荣誉奖，名列《浙江当代中医名人志》和《中国当代中医名人志》。六世叶濂、叶学进，中医师。

“仁寿堂”“张三余”，县城中弄张氏世家中医。一世张光棣，精岐黄之术，用药如神，郡县迭相延请，远近咸共想慕起死回生，未尝取分文半粟，江邑宰以“医道近仁”四字匾奖之。二世张文煌，精明六脉，开张药铺，搜罗众方，经营邑城药号“仁寿堂”、古市药号“张三余”，清同治元年（1862）迭遭兵燹，痘症极险，救之不取人分文。张文藻，经营古市“张三余”药号，太平军退，以品药之利让诸人，而以行医之工责诸己。兵燹之余，疠疫时作，悉心医治，不论财礼，踵门求医，一视而同，全活无数。三世张福辰、张福钦，承父业扶理店事。四世张道南，以医药世其业。

“中药楼”，杨家堂宋氏世家中医。一世宋德焕，贡生。清道光十四年、十五年（1834、1835），全县疫痢流行，四方施药，凡延请者应手而愈。二世宋凤飞，诊病施药，设立药楼，张知县以“泽流桑梓”额奖之。三世宋君楣、宋君恩习医，久而益精，活人无数。四世宋起钰、宋起鑫，连续在杨家堂设“中药楼”，事绩刊于县志。五世宋世钦，均行医业，济贫施医。行医、施药，世代延续。宋德焕后裔中，多人从医，有宋昌雄、宋昌耀、宋昌存、宋昌礼等均从事医药事业，还有宋明义博士、宋康教授，均为当代名医。

“包一钱”，城西包氏世家中医。一世包志圆，创建“包一钱”药店商号。出售专治跌打损伤的“膏丸片散”。二世包明奎，精研医理，善制药材。民国 18 年（1929），其选择的中药材桔梗获杭州西湖博览会优秀奖。民国 31 年，侵华日军进犯松阳，“包一钱”药店被日军焚毁。三世包绍周，对医药精益求精，在被焚毁的旧址上再建小药铺，保持着“包一钱”商号信誉。四世包家范，中药师。后，“包一钱”公私合营，开发各种药材的生产采集和炮制加工。1989 年，恢复“包一钱”药店。另外，有五世从业药师。

第二节 西 医

清光绪二十三年（1897），德国耶稣教传教士开办博爱医院，西医药由此传入松阳。民国 6 年（1917），周辉从台州普济医院学习西医结业回到松阳，在博爱医院任医师。民国 14～32 年，前后有从上海、杭州医学专门学校毕业生回家乡办医，举办的医院和诊所有“锡光医院”“思暄诊所”“耐寒诊所”“振民诊所”“华兴诊所”等，药店有“三三西药房”等。民国 36 年，全县西医药人员 38 人。

中华人民共和国成立后，随着医药院校毕业生逐年增加，西医队伍逐渐扩大。1979 年，全县主治医师仅 5 人。1990 年，全县 393 名西医人员中，有副主任医师 3 人、主治（管）医师 33 人、主管护师 6 人、护师 45 人、医师 72 人。

1990 年后，县级综合性医院开设的西医临床科室，包括内科、外科、妇产科、儿科、骨科、眼科、口腔科、耳鼻喉科、皮肤科、麻醉科、检验科、病理科、急诊科、医学影象科和护理部等，都由各专业医生负责西医临床诊治工作。此后，西医临床科室逐步细化。但在基层医疗单位，西医临床科室统称为西医科，按各自规模大小，配备专职从事西医临床的内、儿、妇、外科等为主的临床执业医生和专职从事药剂、检验等专业的卫生技术人员。

2001 年，县人民医院主任医师王三德、吴定斌被评为丽水市第一批名医。

2010 年，全县有西医药人员 742 人。其中，主任医师 7 人、副主任医师 41 人、副主任药师 1 人、副主任护师 9 人、主治（管）医师 18 人、主管药师 11 人、主管护师 65 人。

第三节 医疗设备

中华人民共和国成立前，县卫生院医疗设备简陋。1949 年解放时，主要医疗器械仅有 1 架显微镜。

中华人民共和国成立后，随着医疗保健事业的发展，医疗设备不断增加。1953 年，主要设备有新生儿床 5 张，1000 倍有曲镜头显微镜 1 架、高压消毒器 1 具，3 加仑压力喷雾器 1 具，眼科手术器械 1 副、血压计 2 副。

1960 年开始，装备 30 毫安 X 线机 1 台。1971 年，添置 200 毫安 X 线机 1 台。1975 年，开始装备第一辆救护车。1976 年以后，有 9 孔无影灯 1 台、万能手术台 4 台、颅脑基础器械 1 套、半导体麻醉机 1 台、可控人工呼吸器 2 台、心电图机 3 台、A 型超声波 1 台、双筒日产显微镜 1 架。

1982 年松阳恢复县制以后，各种设备不断增多。到 1990 年末，县人民医院主要医疗设备总价值 454197 元。其中，1000 元以上的设备 57 台（件），其余均为价值千元以下。

1990 年后，县、乡镇医院开始大量增加医疗设备。县级医院增加较先进的医疗设备有欧美达麻醉机、二手美国匹克 1200 型全身 CT 机 1 台、TOSHIBA-140 进口彩色 B 超、血液透析仪、体外碎石机、美国产马可尼螺旋 CT 机、C 臂机、日立 7080 全自动生化分析仪、西门子全身拍片机、瑞典 AK95S 型血透机、CR 机、医用高压舱、奥林巴斯结肠镜、X 线系统全身拍片机等。

2010 年，县人民医院拥有价值 100 万元以上设备 2 台，价值 50 万元以上 100 万元以下设备 8 台（件），价值 10 万元以上 50 万元以下设备 36 台（件），价值 1 万元以上 10 万元以下设备 189 台（件）。

县中医医院拥有 50 万元以上 100 万元以下设备 1 台（件），10 万元以上 50 万元以下设备 12 台 （件），1 万元以上 10 万元以下设备 72 台（件）。

古市医院拥有 10 万元以上 50 万元以下设备 8 台(件)，1 万元以上 10 万元以下设备 73 台(件)。

2010 年，4 所镇中心卫生院新五件（心电图机、B 超、生化分析仪、血球仪、尿液分析仪） 配置率 100%，19 所乡级卫生院新五件配置率 85%以上。23 所乡镇卫生院 1000 元以上医疗设备仪器共计 250 台（件）。

第四节 医疗和护理技术

医疗技术

中华人民共和国成立前，县卫生院因技术力量薄弱，设备简陋，只能医治常见病、多发病，进行脓肿切开，顺产接生等。中华人民共和国成立后，医务技术人员不断充实，派出进修学习，医疗技术水平逐渐提高。

20 世纪年 50 代，内儿科开始收治肺炎、肺结核、结核性脑膜炎、各种脑膜炎、急慢性肾炎、高血压脑病人；外科开始做疝修补术、阑尾切除术、胆囊切除+T 管外引流术、气管切开术、单纯四肢骨折固定和创伤止血术。

20 世纪 60 年代，内儿科能医治急性胃肠炎等胃肠道疾病、流行性脑脊髓膜炎、白喉等。外科作胃次切除术，毕氏工式、Ⅱ式吻合术，胆囊切除胆肠内引流术、脾切除术、乳房全切除术；妇产科开展卵巢囊肿摘除术、子宫悬吊阴道前厚壁修补术、古典式剖宫产术、宫外孕手术、官颈切除术，子宫次全切除术以及计划生育各项手术。

20 世纪 70 年代，内儿科治疗病种逐渐增多，并在使用霍甘汤治疗乙型脑炎、胆蛔汤治疗胆道蛔虫症、大承气汤治疗麻痹性肠梗阻等方面取得显著疗效。外科开展颅骨骨折整复术，颅内血肿清除术、骨折内固定术。放射科开展胃肠、胆囊（胆道）造影、静脉肾盂造影。

20 世纪 80 年代，内儿科曾抢救治疗重症脑病 3 例、重症农药中毒伴呼吸衰竭 3 例、肾性高血压并蛛网膜下腔出血 1 例。在治疗脑炎、心肌梗塞、白血病、先天性溶血性贫血、先天性高铁血红蛋白血症、先天愚性、地中海贫血、免疫缺陷病以及重症肺炎、肝炎、小儿腹泻中毒、感染性休克等均获得进展；开展 A 型超声波检查、胃镜检查、B 型超声波检查和心电监护。外科开展桡动脉吻合术、甲状腺次切除术、直肠癌切除术、左右半结肠切除术、肛门成形术、胆道 Roux-y 引流术、出血性胰腺炎引流术、肝 P、T、C 造影术、胃大部切除 R-y 吻合术。泌尿科开展膀胱癌部分切除术、前列腺切除术、肾及输尿管结石取石术、肾脏切除术。耳鼻咽喉科开展扁桃体、鼻息内切除术、乳突根治术、面神经减压术、柯氏术、筛窦开放术、颜面创伤整形术、疤痕磨平术、耳廓再造术。眼科开展白内障摘除、眼外伤修补、抗青光眼手术、斜眼矫正、眼球摘除术。口腔科开展唇裂修复术、合间结扎固定术、下颌腺脓肿摘除术、根尖切除术、牙龈瘤、颌骨囊肿摘除术、可见光固化治疗、镶牙等。妇产科作改良阴道前后壁修补术、子宫下段剖腹产。放射科开展胃肠道气钡双重造影、DTC 造影、膀胱造影。检验科作免疫骨髓和质量控制检查、碱性磷酸酶、谷氨酰——转酞酶、甲胎蛋白、蛋白电泳、血胛、血钠、C-反映蛋白等。病理科开展常见病理切片及细胞学检查。制剂室开始做普通内服、外用制剂，共 36 个品种。

1990 年后，古市医院开展剖腹产手术，成功抢救 1 例脾破裂患者。县人民医院开展脑内大血肿清除术，县中医医院首例肝内胆管切开取石盆吸术获得成功。

21 世纪开始至 2010 年，县人民医院开展肺叶切除术、肝叶切除术、血液透析治疗、经皮股动脉穿刺肝动脉造影介入治疗、中晚期食管中段癌胸腹二切口根治术、小切口胆囊切除术、甲状腺瘤微创摘除术、脊柱侧弯矫正术、安装临时心脏起搏器、三切口食道根治术、断肢再植术、胸部大肿瘤摘除术、肱骨头置换术、腹腔镜胆囊切除术、静脉移植修复桡动脉缺损、胰岛素泵治疗、微创接骨板技术等。

县中医医院开展针灸麻醉为患者施行手术。“参蛤川贝散”为患者治疗慢性气管炎、肺心病，“大黄蛰虫丸”治疗肝纤维化、肝硬化，“桂枝茯苓丸”治疗妇科肿瘤等。可实施胆囊和肝外扩张胆管切除，肝门部胆管空肠丫形抗反流吻合术等。

古市医院开展心电除颤术、子宫全切除术、中空加压螺钉治疗股骨胫骨折、全髋骨置换术、无痛分娩术、鼻息肉摘除、支撑喉镜下声带息肉摘除术、艾滋病抗体测定和丙肝抗体测定、白内障手术、临床标本加药敏试验检验项目、VSD 护疮材料用于大面积创面缺损治疗等。

1999～2010 年，县级医院开展新技术、新项目累计 525 项。

护理技术

中华人民共和国成立后，护理技术主要是生活护理，包括为卧床病人擦浴、洗头、皮肤护理等。治疗工作少，比较简单。护士不负责静脉输液操作，只做一些肌肉注射、皮下注射、皮内注射、发口服药等工作。后来，技术操作成分逐渐增多，如静脉输液、各种注射、伤口换药、导尿、灌肠等。此后，护理质量开始提高，如为危重症病人制订护理措施、恢复口腔护理、为卧床病人翻身、每周常规测体重、记出入量、发药到口等护理操作。

1990 年后，开始注重护理质控，提高责任制护理、特殊护理、一级护理、护理技术操作、护理文书书写、急救物品完好、消毒隔离、基础护理 8 项指标合格率。1997 年，开设整体护理模式病房，病区设责任护士。2001 年，护理人员能正确使用呼吸机，开展周围静脉留置针穿刺技术，血液透析护理技术。2004 年后，护理技能全面开展，有院内 2 人心肺复苏、心电监护、除颤、微泵操作、简易呼吸囊操作、女病人导尿、背部护理、病人卧床换床单法、口腔护理、更换引流袋、无菌操作、人工气道吸痰操作、口鼻吸痰操作、呼吸机的使用、遗体料理、儿科保暖箱使用、光疗箱使用、开放式远红外线辐射使用、经皮给药使用、冰床、冰袋使用等。2005 年，开始高压氧舱治疗护理、PICC 置管术等。2006 年，对输液病人使用病区床号固定篮、门诊数字周转篮。

2010 年，县人民医院有 143 名护理人员。其中，主任护师 2 人，副主任护师 4 人，主管护师 36 人，护师 51 人，护士 44 人。县中医医院有 51 名护理人员。其中，主任护师 1 人，副主任护师 5 人，主管护师 16 人，护师 13 人，护士 22 人。古市医院有护理人员 36 人，其中主管护师 9 人、护师 10 人、护士 17 人。

第五节　采供血

中华人民共和国成立后到 20 世纪 90 年代中期，县级医院的临床用血以在县级各医院体检合格、登记注册的献血员供血为主，临床用血为输注全血。

1991 年，《中华人民共和国献血法》开始实施，确立实行无偿献血制度。县人民医院建立血库，血库设检验科。1992 年，按照浙江省血源管理中心统一规定，对辖区内献血员进行重新登记，使用中心印制的献血卡。

1999 年，全县首次开展无偿献血，无偿献血者 464 人，献血总量 92.8 升。此后，县内所有医疗临床所需用血，全部由丽水地区中心血站调配。2000 年，县级医院从输全血逐步开展输成分血。县人民医院当年成分血输血率 11.7%。2002 年，县人民医院成分血输血率为 28%，县中医医院为 4.5%。

2005 年，松阳籍 91 名造血干细胞志愿者，首批进入中国造血干细胞捐献资料库成员名单。县人民医院成分血输血率 62%，县中医医院成分血输血率为 15%。县人民医院成为全县临床用血储血点。2007 年，县人民医院建立临床输血委员会，县级医院成分血输血率 99.7%。松阳县被评为 2006～2007 年度浙江省无偿献血工作先进县。

2010 年，县人民医院建立血库管理信息系统。全县无偿献血 2361 人次、献血量 848.57 升，占临床用血比例 205.40%，三项指标均达历史最高水平。

（此节内容与第二十五编“社会团体”第七章“红十字会”第三节“无偿捐献活动”互为补充）

第五章 疫病防治

西医传入松阳之前，松阳的疫病防治工作主要靠传统方法。民国 20 年（1931），县城始设临时防疫所。中华人民共和国成立后，防疫工作得以全面开展。松阳当地曾经发病或传播的 10 种传染病，包括疟疾、鼠疫、伤寒、霍乱、炭疽病菌等迅速得到有效控制。松阳有一定危害的地方病，包括丝血病、肺吸虫病、蛔虫钩虫病、麻风病、地方性甲状腺肿病等 7 种，也得到严密监控和有效预防。2010 年，导致松阳平民百姓死亡病因占据前三位的分别是心血管类疾病、各种恶性肿瘤和糖尿病。

民国时期，规定鼠疫、霍乱、天花等 10 种传染病属法定管理传染病。民国 5 年（1916）、民国 7 年，全县境内时疫大作，死亡枕藉。民国 20 年，县城脑膜炎一度流行。《日军侵略松阳暴行调查》载，民国 31 年，日军在松阳及其周边县市投撒大量的各种细菌和病毒，松阳百姓深受其害。资料中统计直接因日军细菌战致死的有名有姓的 526 人，无名无姓的死亡人员 139 人；有名有姓的致伤人员共 636 人，无名无姓的致伤人员 55 人。日军在松阳散布的细菌和病毒主要有疟疾、鼠疫、伤寒、霍乱、炭疽病菌等。松阳百姓致病的途径主要有两种，或是因日军直接投撒松阳境内疫菌造成传染，或是从周边县市如龙泉、遂昌等地传入。

第一节 机 构

民国 20 年（1931）5 月，县城设临时防疫所。民国 32 年之后，天花、流脑、痢疾、疟疾、麻疹、破伤风等传染病连年不断。民国 32～37 年，曾设高亭、裕溪、港口检疫站。民国 35 年，成立松阳县防疫委员会，县长郑琴隐兼主任委员，日常卫生防疫业务由县卫生院负责。县立医院设置隔离病房，收治传染病员。

1949 年 5 月松阳解放后，卫生防疫由松阳县人民政府卫生院兼管。1953 年 6 月，县卫生院设卫生防疫股，具体负责卫生防疫工作。有卫生警察 2 人、清洁员 8 人、环卫士 1 人，管理县城环境、工业、学校、饮食等卫生工作。1956 年 4 月，撤销县卫生院卫生防疫股，成立松阳县卫生防疫站。站址设西屏镇钟楼路 17 号，有工作人员 8 人。

1958 年 11 月，松阳县卫生防疫站撤销并入遂昌县。1982 年 1 月，恢复松阳县制，后成立松阳县卫生防疫站，站址设西屏镇新华路 72 号，有工作人员 8 人。1990 年，全站人员 22 人，其中主管医师 1 人、医师 11 人、医士 6 人、其他人员 4 人。

1989 年 9 月 1 日，《中华人民共和国传染病防治法》颁布施行，法定需上报传染病有 35 种。1992 年，实行消灭脊髓灰质炎零病例报告制度。1996 年，县卫生防疫站成立传染病应急小组。1997

年开始，每年开展传染病漏报情况调查。经努力，漏报率逐年降低。1999年开始，加强霍乱监测。2000年，肺结核病由丙类传染病列入乙类传染病管理。2001年12月，县疾病预防控制中心增设结核病防治所，加强结核病防控。

图 34-7 县卫生防疫站检验室（县档案馆提供 1992年）

2003年，传染性非典型肺炎被列入乙类传染病，并按甲类传染病管理。松阳县实行传染性非典型肺炎日报告和零报告制度。重点检测返乡人员，没有确诊病例。7月，世界卫生组织、卫生部有关专家到松阳对CIDA—WHO结核病控制项目进行督查和中期评估，项目得到有关专家好评。2004年，县疾病预防控制中心设立艾滋病性病防治科，组建高危人群干预工作队开展防控工作。省卫生厅指定松阳县为鼠疫三类监测县，开展人和动物鼠疫监测，实行“疫情三报”。2008年，手足口病被列为丙类传染病管理。松阳全年报告病例24例，无死亡病例。

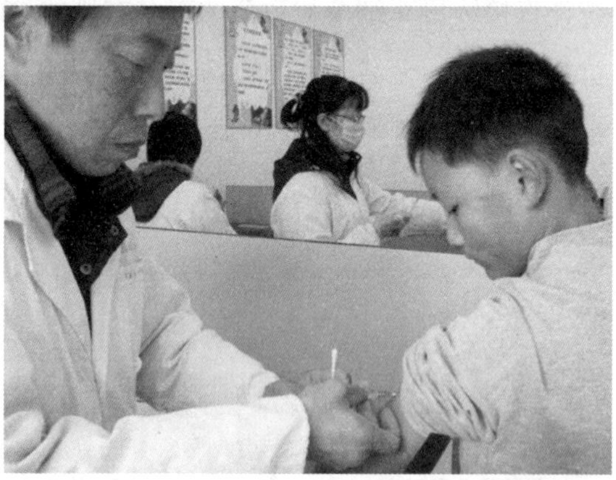

图 34-8 医务人员为学生进行甲流疫苗接种(县卫生局提供 2009年)

2009年，甲型H1N1流感列入传染病报告，全县确诊病例24例，其中重症病例1例，经治疗痊愈。全县范围内分3批开展甲型H1N1流感疫苗接种，共接种9318人份疫苗，疫情得到有效控制。

2010年，全县共报告乙、丙类传染病14种1073例，报告发病率455.16/10万，无死亡病例。其中，乙类传染病9种668例，报告发病率283.36/10万；丙类传染病5种405例，报告发病率171.80/10万。开展医疗机构传染病漏报率调查，查乙类传染病5种共393例，漏报7例，漏报率1.78%；丙类传染病4种162例，漏报1例，漏报率0.62%。

第二节　主要传染病防治

鼠疫

民国31年（1942），日军细菌战给境内带来鼠疫灾难。

1954年，浙江省鼠疫防治工作组到松阳，8月3～23日共捕鼠1470只。剖鼠涂片458片，阳性0片。

1990年，在裕溪乡赤路圩村设立鼠疫监测点，开展室内外鼠密度、采鼠血清监测和游离蚤指数测定，全年共捕鼠5次888只。采取有效血清412份，经地区防疫站血清鉴定均为阴性。到2009年，年捕鼠500只以上，采集有效血清检测，在1995年的一份雌性黄胸鼠的血清中，检测出F1抗体为阳性。

2002年，松阳县被省定为鼠疫三类监测县，设立赤路圩村、靖居口村、裕溪村、西屏镇城区4个流动监测点，开展人和动物鼠疫监测，实行疫情三报告制度。2007年，在象溪镇靖居口村和裕溪乡裕溪村、赤路圩村、黄田圩村共设4个流动监测点。

2010年，监测到四季度室内鼠密度在2.33%及以下，野外鼠密度在2.67%及以下。游离蚤指数四个季度均为0，鼠体染蚤率在2.11%及以下。在历史鼠疫流行区持续开展疫情三报工作，未发现死鼠、疑似鼠疫病人、不明原因高热病人和急死病人。

1991～2010年松阳县裕溪乡章山村鼠疫监测情况表

表34-5-2-1

年度	捕鼠（只）	采集有效血清（份）	鼠抗体血清		鼠密度（%）	
			阴性（份）	阳性（份）	室内	室外
1991	520	500	500	0	—	—
1992	1008	518	518	0	—	—
1993	650	500	500	0	—	5.58
1994	545	500	500	0	—	—
1995	540	512	511	1	—	—
1996	643	568	565	3	10.25	10.40
1997	808	808	808	0	7.00	5.70
1998	521	482	482	0	1.25	6.61
1999	519	519	519	0	—	—
2000	167	167	167	0	1.40	5.00
2001	815	807	807	0		
2002	502	502	502	0	2.50	2.08
2003	523	511	511	0	1.83	2.83
2004	725	725	725	0	4.77	2.83
2005	635	635	635	0	1.08	2.58
2006	630	630	630	0	—	—
2007	626	626	626	0	—	—
2008	604	604	604	0	—	—
2009	629	629	629	0	3.33	5.0
2010	604	604	604	0	—	—

霍乱（副霍乱）

1950年后，每年进行霍乱疫苗注射。1962年，成立专门机构，严防输入性病例。1979年后，县人民医院于每年5～10月开设肠道传染病门诊。1985年，县人民医院设传染科后，肠道传染疾病门诊全年开放。2004年，县疾病预防控制中心开展重点人群粪便三线培养及霍乱外环境监测。

2010年，开展肠道传染病综合监测、对县级医疗机构肠道门诊进行督查，县级医院收治189人次，采样60份，未发现阳性标本。全年共采集外环境标本144份进行监测，其中鱼类48份、贝壳类32份、熟食26份、苍蝇5份、水33份，监测结果均为阴性。

天花　麻疹

民国26年（1937），松阳已开始施种牛痘。由于未普及，以致民国30年天花发病60例，死亡3例。民国29～35年，共发病89例，死亡8例。民国36～37年，发病19例，死亡1例。中华人民共和国成立后，大力推行接种牛痘苗，再未出现天花病例。

麻疹是危害松阳县儿童健康较严重的急性传染病之一。松阳解放前，每年死于麻疹并发症的儿童无法统计（当时未列入传染病报告）。1954～1955年，发生麻疹大流行，发病地区31个乡（镇），发病总人数10504人，死亡354人。尔后发病较多的年份是1959年3263例，死亡84例；1962年2937例，死亡40例；1964年1558例，死亡12例；1965年1883例，死亡14例；1973年2245例，死亡7例；1977年1655例，死亡3例；1980年1017例，未有死亡。1968年，开始普种麻疹疫苗。1980年以后，麻疹疫苗接种更为正规科学，发病率大幅度下降。1990年，全县全年发病19例。

1992～1998年，共报告发病263人，1993年和1996年呈两个发病高峰，分别发病71例和141例，发病率为31.9/10万和61.98/10万。2001～2008年，间歇暴发流行，其中2001年4例，2005年1例。

疟疾

民国时期，在松阳的各类传染病中，疟疾发病率最高，俗称“半日鬼”。民间流行着“谷儿黄黄吹角打黄”的民谣，指的是秋收季节疟疾横行，患者迷信思想常利用道士吹角驱邪祈求治病的情况。《日军侵略松阳暴行调查》载，民国31年（1942）8月，日军入侵松阳石仓源（大东坝镇）后，投放细菌。后当地患疟疾病人624人，多人因此死亡（蔡宅村对门山自然村13人、蛤湖村4人、灯塔村马蹄湾自然村3人等）。

中华人民共和国成立后，疟疾发病从1953年的35/万例降到1963年的0.43/万例。“文化大革命”期间，发病率又开始回升。1973年，古市、松阳2个区疟疾暴发流行，发病14684人，发病率高达799.78/万例。此后，发病率持续下降。

1981年，在全县范围内进行疟疾普查，疟疾病31例，局限在新处、樟溪、岗寺、竹源、三都、安民、裕溪等山区乡。发病年龄以16岁以上成人为主，占75.8%，男女之比为73∶27。普查中测定，传播疟症的蚊子以中华按蚊、白蚊、伊蚊、致倦库蚊、三带啄库蚊为主。

1983年后，开展发热病人疟原虫检查。1985年，血检305片，阳性1片。1987年，被省列为基本消灭疟疾考核县之一。1989年，发病2例。1990年，对原有的1988年、1989年外出打工的8

例病人做抗复发治疗，4例新病人均为输入性病例。

1991年，松阳高岭土矿发生疟疾暴发，发病10例，散发性病例3例。1992～2000年，病例个位数3年，10例以上4年，1998年发病25例。2001年发病3例，2002年发病2例，2003年发病1例。2004～2008年，无病例报告。

历年发病除1996年2例为内源性病例外，其余均为输入性间日疟病例。2010年，报告恶性疟1列，为境外尼日利亚输入。

钩端螺旋体病

松阳解放前，无钩螺病史料记载（据民间传说，此病在松古平原流行已有70余年历史）。1961年8月，古市区医院发现首例。1970年，松阳、古市2个区发病365例，死亡17例。1971年，县里组织钩螺病专业防治组，设点古市镇。丽水地区防疫站派员协助指导，设点西屏镇，查清该病是以野鼠传播为主。1971年，捕鼠973只，阳性220只，阳性率为22.51%，为黄疸出血型。其次为波摩那群、犬热群、七日热群，传染源主要为黑线姬鼠和猪。猪带菌率3.5%，划出自然疫源地范围。1981年，再次进行疫源地监测，发现菌群类无变异。

1970年，开始实施钩螺体多价疫苗预防注射，推行灭鼠、关养毛猪等一系列综合性预防措施，疫情逐步得到控制。1974年以后，年发病均在12人以下。1987年8月，板桥乡桐榔村暴发钩螺病，6天发病15例，死亡1例，不久疫情被控制。1988年，全县发病1例。1989年，发病15例，死亡2例。1990年，发病18例，死亡1例。

狂犬病

对狂犬病的防治，过去没有被引起重视。1979年，全县被家犬咬伤并有记载的135人，发生狂犬病3例，均死亡。县委县政府发文捕杀家犬防病，共捕杀家犬29043只、家猫533只。1982年以后，家犬养殖数有增加。1984年，县政府规定养狗户必须持有准养证、狂犬病疫苗注射证，实行圈养。其后时杀时养，难以断绝。至1990年，被家犬咬伤者时有发生，全年共用狂犬疫苗220人份，未出现狂犬病病例。

结核病

1980年9～11月，组织结核病调查组，调查赤寿公社叶川头大队等15个生产队（自然村），5200人。结果肺结核病阳性率为2.4%。

1985年，县人民医院医师进省城进修后，初诊结核病治愈率明显提高。1989年，常规接种卡介苗5555人次，接种率为83.27%，新发病39例。1990年，全国结核病第四次流调，斋坛乡小石、京梁2个村被省抽签为流调点，共查1429人，发现结核病人7例，患病率为0.493%。比20世纪80年代有明显下降。

1999～2000年，肺结核报告病例较以往有明显增加，列传染病发病前三位。2000年，结核病由丙类传染病列入乙类传染病管理。1997～2006年，实施CIDA-WHD结核病控制项目。2007年，实施省结核病控制项目。2009年，共收治结核病人189例。2010年，共收治结核病人197例。

传染性肝炎

松阳传染性肝炎始见于1956年疫情报表。1959年，不完全统计发生88例，经治疗大部分痊愈，少数转为慢性肝炎。以后每年均有发生。1979年，省、地、县联合肝炎调查组，对联溪、靖居2个公社采用随机抽样方法，进行病毒性肝炎的流行病学调查，受查1098人。其中，男573人，女525人。

1986年，甲型传染性肝炎有较大流行，共发病396例。1988年2月，建立县传染性肝炎防治工作小组，并开始少量乙肝疫苗的接种。1988年，共发病198例。1990年，发病518例。

1991～1994年，病毒性肝炎发病占全县传染病发病首位。1992年，乙肝疫苗纳入计划免疫接种。1995～1998年，发病率有所下降。1999年，甲型肝炎再度暴发，是年发病314例，发病率为137.1/10万；其余年份均为散发。

性病与艾滋病

解放前，性病多有发生，以梅毒为主。中华人民共和国成立后经取缔妓女和1957年查治后，基本绝迹。20世纪80年代后又开始出现，并有上升趋势。1989年，发病17例；1990年，发病25例，以淋病为主。地区分布为松阳区9例、古市区4例、玉岩区5例、大东坝区3例，对每例病人均做个案调查。

2004年3月，《浙江省艾滋病性病防治办法》颁布实施。2006年，对首例输入性HIV感染者实行封闭式人流手术，并对其本人及配偶实施监测。2007年，对外娶女和外来务工人员1290人进行监测，发现艾滋病毒感染者1例。

2009年，松阳被列为全省艾滋病综合防治示范区，成立松阳县艾滋病综合防治示范区工作委员会，设立艾滋病初筛实验室及自愿咨询检测（VCT）点，开展为期5年的防治工作。全年累计检测发现报告HIV感染者及病人19例，其中死亡1例。

2010年，共免费提供VCT咨询检测911人，检测发现HIV抗体阳性1例，梅毒血清抗体阳性11例。开展相关人群HIV抗体筛查8190人，其中公共场所从业人员403人、被监管人员191人、外出返乡人员1748人、外来务工人员506人、外省嫁入女307人，发现HIV感染者3例（孕产妇、术前病人、门诊就诊各1例）。建立疾控、医疗、妇幼和相关心理咨询机构参与的艾滋病病人治疗随访服务制度及有效的转介机制。确定县人民医院为艾滋病治疗定点医院。累计检测发现报告HIV感染者及病人22例，其中死亡1例。通过发放宣传资料、定期随访、提供咨询服务、CD4T淋巴细胞检测等开展关怀、支持与服务，进行干预和心理疏导。对6例符合治疗标准的病人实施免费治疗及定期随访。

民国 29～36 年（1940～1947）松阳县各种传染病统计表

表 34-5-2-2　　　　单位：人

编号	1		2		3		4		5		6		7		8	
病名／数目／民国纪年	鼠疫		霍乱（副霍乱）		天花		白喉		流行性脑脊髓膜炎		疟疾		回归热		赤痢	
	病	死	病	死	病	死	病	死	病	死	病	死	病	死	病	死
29	—	—	—	—	11	—	—	—	—	—	2132	—	1	—	76	—
30	—	—	—	—	60	3	29	—	—	—	712	1	—	—	43	2
31	—	—	—	—	—	—	—	—	—	—	141	—	—	—	—	—
32	2	2	—	—	12	4	1	—	—	—	1051	—	—	—	13	—
33	—	—	—	—	4	—	—	—	252	25	614	—	—	—	55	3
34	—	—	1	—	6	—	—	—	—	—	-	—	—	—	—	—
35	—	—	—	—	6	1	—	—	—	—	342	4	—	—	—	—
36	—	—	—	—	—	—	—	—	—	—	138	—	—	—	—	—

说明：民国 31 年（1942），日军在松阳实施细菌战，相关数据未统计在此表中

1969～1990 年松阳县发病传染病报告统计表（1）

表 34-5-2-3　　　　单位：人

年份	白　喉		流行性脑脊髓膜炎		百日咳	
	病	死	病	死	病	死
1969	5	1	9	2	25	—
1970	5	2	9	2	3	—
1971	5	1	7	—	6	—
1972	3	1	9	2	12	—
1973	2	1	4	—	135	—
1974	7	—	8	1	6	—
1975	3	—	4	1	6	—
1976	1	—	17	—	11	—
1977	2	—	10	—	10	—
1978	2	—	18	1	42	—
1979	3	—	62	5	35	—
1980	2	—	74	3	35	—
1981	—	—	208	8	33	—
1982	—	—	37	1	60	—
1983	2	2	47	—	70	—

续表 34-5-2-3

年份	白喉		流行性脑脊髓膜炎		百日咳	
	病	死	病	死	病	死
1984	—	—	15	—	116	—
1985	—	—	7	2	26	—
1986	—	—	2	1	37	—
1987	—	—	2	—	31	—
1988	—	—	2	—	9	—
1989	—	—	1	—	28	—
1990	—	—	—	—	20	—

1969～1990 年松阳县发病传染病报告统计表（2）

表 34-5-2-4　单位：人

年份	麻疹		流行性感冒		痢疾		伤寒、副伤寒	
	病	死	病	死	病	死	病	死
1969	424	—	—	—	1	—	—	—
1970	301	—	—	—	33	—	—	—
1971	98	2	—	—	20	1	1	—
1972	281	—	874	—	35	—	—	—
1973	2245	7	—	—	226	1	—	—
1974	125	5	—	—	94	2	—	—
1975	1	—	1202	—	590	5	—	—
1976	32	—	—	—	397	1	—	—
1977	1655	3	207	—	608	2	—	—
1978	690	2	—	—	176	6	—	—
1979	1	—	—	—	175	1	—	—
1980	1017	—	—	—	180	—	—	—
1981	628	2	306	—	923	3	—	—
1982	3	—	61	—	364	2	—	—
1983	14	—	6	—	290	—	—	—
1984	89	—	20	—	191	—	—	—
1985	—	—	37	—	207	—	—	—
1986	2	—	119	—	180	—	—	—

续表 34-5-2-4

年份	麻疹		流行性感冒		痢疾		伤寒、副伤寒	
	病	死	病	死	病	死	病	死
1987	1	—	1	—	99	—	—	—
1988	129	—	—	—	105	—	—	—
1989	231	—	—	—	78	—	—	—
1990	19	—	未统计	—	52	—	—	—

1969～1990 年松阳县发病传染病报告统计表（3）

表 34-5-2-5　　单位：人

年份	病毒性肝炎		脊髓灰质炎		流行性乙型脑炎		疟疾	
	病	死	病	死	病	死	病	死
1969	8	—	—	—	—	—	6	—
1970	4	—	1	—	14	1	69	—
1971	1	—	—	—	63	4	74	—
1972	39	—	—	—	49	9	1693	—
1973	33	—	—	—	15	1	14684	—
1974	21	—	—	—	37	1	6454	—
1975	33	—	—	—	16	1	206	—
1976	6	—	—	—	6	—	54	—
1977	5	—	—	—	12	1	9	—
1978	41	—	—	—	21	2	11	—
1979	205	—	—	—	21	—	5	—
1980	100	—	—	—	11	2	174	—
1981	83	—	1	—	5	2	31	—
1982	22	—	42	2	13	1	35	—
1983	44	—	2	—	4	—	36	—
1984	75	—	1	—	7	—	17	—
1985	140	—	—	—	6	—	13	—
1986	396	—	—	—	1	—	2	—
1987	200	—	1	—	3	—	2	—
1988	198	—	—	—	2	—	3	—
1989	313	—	—	—	2	—	2	—
1990	518	—	—	—	3	—	4	—

1969～1990年松阳县发病传染病报告统计表（4）

表34-5-2-6　　单位：人

年份	钩端螺旋体病		狂犬病		急性肠炎		淋　病	
	病	死	病	死	病	死	病	死
1969	2	—	—	—	6	—	—	—
1970	109	1	—	—	—	—	—	—
1971	38	2	—	—	—	—	—	—
1972	29	—	—	—	1	—	—	—
1973	52	2	—	—	4	—	—	—
1974	8	—	—	—	14	—	—	—
1975	12	1	—	—	127	—	—	—
1976	6	—	—	—	19	—	—	—
1977	6	1	—	—	4	—	—	—
1978	4	—	—	—	32	—	—	—
1979	4	—	3	3	39	—	—	—
1980	1	—	—	—	46	—	—	—
1981	4	—	—	—	88	—	—	—
1982	8	—	—	—	31	—	—	—
1983	11	2	1	1	61	—	—	—
1984	3	—	—	—	63	—	—	—
1985	10	—	2	2	84	—	—	—
1986	11	—	—	—	171	—	—	—
1987	65	2	—	—	61	—	—	—
1988	1	—	—	—	—	—	—	—
1989	15	—	—	—	127	—	17	—
1990	18	—	—	—	—	—	25	—

1991～2010 年松阳县传染病报告发病情况表

表 34-5-2-7

年份	上报种类	报告发病率	与上年相比	死亡	各种病发病率
1991	乙类 9 种 490 例	218/10 万	下降 25.87%	钩体 1 例	病毒性肝炎 304 例（135.25/10 万）、菌痢 116 例（51.61/10 万）、副伤寒 1 例（0.45/10 万）、百日咳 21 例（9.34/10 万）、淋病 14 例（6.23/10 万）、钩螺 15 例死亡 1 例(6.67/10 万)、疟疾 13 例(5.77/10 万)、流感 2 例（0.89/10 万）、乙脑 4 例（1.78/10 万）
1992	乙类 10 种 501 例	225.17/10 万	上升 2.24%	乙脑 2 例	病毒性肝炎 286 例（128.5/10 万）、菌痢 165 例（74.2/ 10 万)、伤寒 1 例(0.45/10 万)、淋病 20 例(8.98/10 万）、百日咳 6 例（2.70/10 万）、流脑 2 例（0.90/10 万）、流感 1 例（0.45/10 万）、钩螺 12 例（5.39/10 万)、乙脑 3 例死亡 2 例(1.35/10 万)、疟疾 5 例（2.22/10 万）
1993	乙类 10 种 611 例	274.15/10 万	上升 21.96%	病毒性肝炎 1 例，痢疾 1 例	病毒性肝炎 317 例(142.2/10 万)、菌痢 170 例(76.3/10 万）、淋病 27 例（12.0/10 万）、伤寒 2 例（0.9/10 万)、麻疹 71 例（31.90/10 万）、百日咳 6 例(2.69/10 万）、流脑 2 例（0.9/10 万）、钩螺 12 例（5.4/10 万）、乙脑 1 例（0.45/10 万）、疟疾 3 例（1.33/10 万）
1994	乙类 9 种 433 例，丙类 1 种 83 例	193.50/10 万	下降 29.13%	流行性出血热 1 例	甲肝 52 例（23.24/10 万）、乙肝 196 例（87.59/10 万)、菌痢 100 例(44.69/10 万)、阿米疤痢 3 例(1.34/10 万）、淋病 44 例（19.66/10 万）、麻疹 2 例（0.89/10 万）、百日咳 6 例(2.68/10 万)、猩红热 1 例(0.44/10 万）、流感 2 例（0.89 /10 万）、钩螺 4 例（1.78/10 万）、疟疾 6 例(2.65/10 万)、肺结核 83 例(37.09/10 万）
1995	乙类 11 种 914 例丙类 5 种 481 例	406.10/10 万	上升 111.57%	0	菌痢 611 例(271.47/10 万)、阿米疤痢 6 例(2.67/10 万）、伤寒副伤寒 1 例（0.444/10 万）、淋病 35 例（15.55/10 万）、梅毒 1 例（0.444/10 万）、AFP2 例（0.889/10 万）、百日咳 6 例（2.671/10 万）、流感 2 例（0.889/10 万）、乙脑 2 例（0.889 /10 万）、疟疾 11 例（4.84/10 万）、肺结核 187 例（83.09/10 万）、风疹 163 例（72.42/10 万）
1996	乙类 11 种 733 例	33980/10 万	下降 15.43%	钩体 1 例	菌痢 203 例（89.24/10 万）、阿米疤痢 1 例（0.44/10 万）、淋病 40 例（17.58/10 万）、原发性梅毒 1 例（0.44/10 万）、百日咳 2 例（0.88/10 万）、麻疹 141 例（61.98/10 万)、流脑 1 例（0.44/10 万)、肺结核 118 例（51.87/10 万）、钩螺 1 例（0.44/10 万)、乙脑 1 例（0.44 /10 万）、疟疾 16 例（7.02/10 万）

续表 34-5-2-7-1

年份	上报种类	报告发病率	与上年相比	死亡	各种病发病率
1997	乙类 7 种 677 例	296.89/10 万	下降 12.19%	0	菌痢 129 例（56.57/10 万）、阿米疤痢 1 例（0.44/10 万）、肺结核 210 例（92.09/10 万）、麻疹 46 例（20.17/10 万）、百日咳 1 例（0.44/10 万）、淋病 53 例（23.24/10 万）、流脑 2 例（0.88/10 万）、乙脑 1 例（0.44/10 万）、疟疾 15 例（6.56/10 万）、钩螺 2 例（0.88/10 万）
1998	乙类 11 种 778 例	340.0/10 万	上升 14.92%	0	菌痢 214 例（93.58/10 万）、肺结核 253 例（110.64/10 万）、麻疹 3 例（1.31/10 万）、百日咳 1 例（0.44/10 万）、淋病 49 例（21.43/10 万）、流脑 1 例（0.44/10 万）、疟疾 25 例（10.93/10 万）、钩螺 3 例（1.31/10 万）、梅毒 5 例（2.19/10 万）、AFP1 例（0.44/10 万）
1999	乙类 10 种 914 例	399.13/10 万	上升 17.48%	0	报告主要病种为:病毒性肝炎、菌痢、淋病、肺结核等
2000	乙类 9 种 1150 例	500.13/10 万	下降 23.89%	0	报告主要病种为:病毒性肝炎、肺结核、菌痢、淋病等
2001	乙类 15 种 1471 例	638.92/10 万	0	—	报告主要病种为: 病毒性肝炎 457 例、发病率 198.50/10 万、菌痢、肺结核、淋病、麻疹
2002	乙类 11 种 746 例	323.36/10 万	下降 49.29%	0	报告主要病种为：病毒性肝炎 338 例、发病率 146.51/10 万；肺结核 214 例、发病率 92.76/10 万；淋病 108 例、发病率 46.81 /10 万；菌痢 56 例、发病率 24.27/10 万；梅毒 19 例、发病率 8.24/10 万
2003	乙类 10 种 608 例	262.94/10 万	下降 5.3%	0	报告主要病种为：病毒性肝炎 290 例、发病率 125.41/10 万；肺结核 153 例、发病率 66.16/10 万；淋病 79 例、发病率 34.16/10 万；菌痢 65 例、发病率 28.11/10 万；梅毒 8 例、发病率 3.45/10 万
2004	乙、丙类 13 种 969 例	419.48/10 万	乙类上升 8.17%	死亡 2 例（肺结核）	报告主要病种为：病毒性肝炎 329 例、发病率 142.42/10 万；肺结核 225 例、发病率 97.4/10 万；淋病 98 例、发病率 42.42/10 万；梅毒 44 例、发病率 19.04/10 万；菌痢 14 例、发病率 6.06/10 万
2005	乙、丙类 10 种 1177 例	509.44/10 万	上升 21.47% 乙类上升 13.43%	0	报告主要病种为:病毒性肝炎 348 例、发病率 150.63/10 万；肺结核 248 例、发病率 107.34/10 万；淋病 101 例、发病率 42.42/10 万；梅毒 82 例、发病率 35.49/10 万；菌痢 22 例、发病率 9.52/10 万
2006	乙、丙类 15 种 1068 例（乙类 11 种 717 例，丙类 4 种 351 例）	461.48/10 万（乙类 309.82/10 万，丙类 151.67/10 万）	下降乙类 11.59%、丙类 4.10%	0	报告主要病种为：病毒性肝炎发病率 136.54/10 万；肺结核发病率 97.22/10 万；梅毒发病率 32.84/10 万；

续表 34-5-2-7-2

年份	上报种类	报告发病率	与上年相比	死亡	各种病发病率
2007	乙、丙类13种814例（乙类10种667例，丙类3种147例）	348.74/ 10万（乙类 285.76/10万，丙类62.98/10万）	乙类下降6.97%，丙类下降58.12%	死亡6例（均为乙类、报告死亡率2.57/10万）	报告主要病种为：病毒性肝炎发病率83.11/10万；梅毒发病率37.70/10万；菌痢发病率29.13 /10万；淋病28.70/10万
2008	乙、丙类15种 1032例（乙类10种751例，丙类5种281例）	439.98/10万（乙类320.18/10万，丙类119.80/ 10万）	上升18.75 乙类上升4.45%；丙类上 升87.23%	肺结核死亡1例（报告死亡率0.43/10万）	报告主要病种为：肺结核发病率138.17/10万；病毒性肝炎发病率103.04/10万；梅毒发病率66.98/10万；加强AFP、麻疹、新生儿破伤风等免疫针对疾病及预防接种副反应监测，共报告麻疹2例、乙脑1例、儿童肺结核2例；预防接种副反应报告2例（A群流脑引起的发热等全身反应及接种白破二联引起的局部红肿）
2009	16种995例（乙类10种668例，丙类6种327例）	422.06/10万（乙类 283.36/10万，丙类138.71/ 10万）	下降3.59 % 乙类下降11.05%，丙类上升16.37%	死亡2例（流脑1例、结核病1例）报告死亡率0.85/10万，报告病死率0.20%	报告主要病种为：病毒性肝炎、肺结核、梅毒，报告发病率分别为91.19/10万、81.87/10万、61.93/10万。定期、不定期对传染病疫情进行分析及预警处理，共分析19篇（包括甲型HINI流感流行季节进行甲型流感周分析7篇）、传染病预警异常信息卡处理76起，其中其他感染性腹泻55起、流行性腮腺炎15起、流行性感冒6起，未出现因控制措施不力而导致的疫情流行与蔓延
2010	14种1073例（乙类9种668例，丙类5种405例）	455.15/10万	上升8.0%	0	报告主要病种为：病毒性肝炎、肺结核、梅毒、淋病、艾滋病/HIV、细菌性痢疾、麻疹、登革热、疟疾9种乙类传染病

第三节　预防接种与计划免疫

预防接种

民国16年（1927），公布种痘条例。民国17年2月，成立松阳县牛痘局，开始推行普种牛痘。次年2月，牛痘局撤销，成立松阳县救济院，每年春季普种牛痘由救济院施医所负责。民国30年，开展鼠疫苗预防接种。

中华人民共和国成立后，在预防为主的方针指导下，预防接种范围扩大，生物制品种类也逐渐增加。1954年，有二联、牛痘、鼠疫、白喉疫苗等。1960年后，开始服用脊髓灰质炎毒活疫苗、副霍乱疫苗。1970年，开始在城镇进行少量卡介苗接种。1977年和1978年，共进行结核菌素试验64415人次，阳性率13.55%，全县15岁以下儿童普种卡介苗。1970年后，增加钩螺疫苗、流脑疫苗、乙脑疫苗、脊髓灰质炎糖丸Ⅰ、Ⅱ、Ⅲ型、麻疹疫苗、“百、白、破”（百日咳、白喉、破伤风）三联疫苗等的接种。1978 年，各区乡卫生院配备兼职防疫医生，健全县、区、乡三级防疫网络，松阳开始建卡造册，推行计划免疫。由于天花消灭，牛痘苗接种结束。1983 年，建立县计划免疫领导小组和预防接种异常反应诊断小组，全县所有乡村的计划免疫建卡工作全部完成。

计划免疫按月接种

1984 年 7 月，古市镇和望松乡试行计划免疫按月接种。1985 年，全县施行计划免疫按月接种，接种日为每月 20 日。1988 年，发证率为 92.86%，四苗周岁覆盖率为 73.33%。1989 年，建卡率 99.5%，四苗周岁覆盖率 88.6%。1990 年 9 月，全县抽查 30 个点，建卡率为 97.696%，四苗周岁覆盖率为 91.90%。

1991 年，27 个乡镇 0～4 岁的儿童普服脊髓灰质炎糖丸，服苗 11662 人，普服率为 91.5%。1992 年，全县实行计划免疫保偿，同时把乙肝疫苗纳入儿童计划免疫管理，全年共为 1549 名新生儿接种乙肝疫苗。对 20 个乡镇的 241 人进行卡介苗接种效果考核和卡痕率的调查，结核菌素试验 238 人。卡介苗查 238 人，阳性 207 人，阳转率 86.7%。卡痕率查 371 人，有卡痕 365 人，卡痕率 98.36%。以乡镇为单位，四苗覆盖率 85%以上；实行脊髓灰质炎病例报告制度。

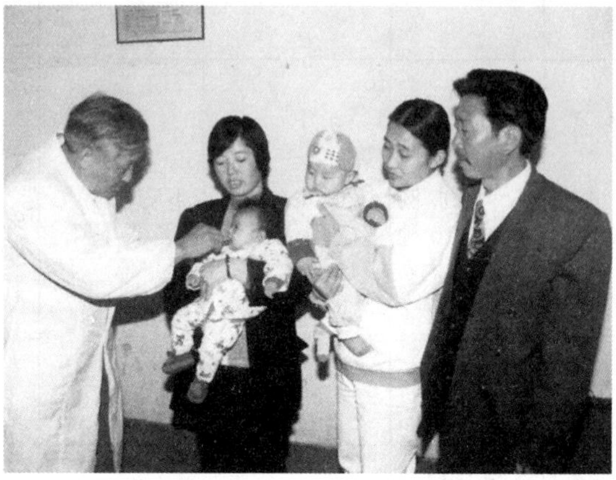

图 34-9　卫生防疫人员为儿童喂服脊灰糖丸（县档案馆提供 1998 年）

1993 年，在全县范围推行新生儿乙肝疫苗接种，开展脊髓灰质炎糖丸强化免疫。全年共接种各类免疫疫苗 45504 人次，新生儿乙肝疫苗全程接种 1766 人次，占应接种人数的 70.53%。完成 0～4 岁脊髓灰质炎糖丸第一轮服苗，接种 8805 人，接种率 96.13%。

2000 年，开展消灭“脊髓灰质炎”扫荡式免疫接种活动。对全县 0～4 岁 24381 名儿童进行脊髓灰质炎糖丸口服接种，接种率 99%以上；3 个乡镇进行查漏补服工作。2004 年，以乡镇为单位开展基础免疫接种率调查，五苗单苗接种率：卡介苗 96.5%、脊灰 94.8%、百白破三联疫苗 94.8%、麻疹疫苗 96.1%、乙肝疫苗 94.32%、周岁全程覆盖率 90.8%。2005 年，对全县 8 月龄至 14 周岁儿童开展麻疹强化免疫，接种 28911 人，接种率 98.34%。2006 年，开展入托入学儿童查验预防接种证及对乡镇卫生院免疫预防工作督查。对全县 33 所小学、69 所幼儿园入学入托儿童预防接种证查验，入学新生验证率达到 95.1%。2007 年，“麻、腮、风”（麻疹、腮腺炎、风疹）三联疫苗纳入免疫规划。乙肝疫苗查漏补种在 5 岁儿童基础上，扩大到 15 岁儿童人群。自 2001 年创建计划免疫规范门诊和合格门诊以后，到 2007 年，全县已创建规范门诊 15 个，合格门诊 12 个。2009 年，开展预防接种副反应监测，全县共报告预防接种副反应 6 例，其中一般反应 2 例、异常反应 4 例。对县内初三、高二、高三及大一学生麻疹疫苗强化免疫接种，应种 5550 人，实种 5333 人，接种率 96.09%。

2010 年，开展麻疹疫苗全国统一强化免疫活动，对 2005 年 10 月 1 日至 2009 年 12 月 31 日出生的儿童免费接种麻疹腮腺炎联合减毒活疫苗，全县共接种 8446 人，接种率 98.86%。对全县 24 所小学、115 所幼托机构在校儿童 20746 人，进行接种证查验及漏种儿童补种，普及率 100%。接种证应查 4770 人，实查 4716 人，查验率 98.87%。其中无接种证 54 人、补证 54 人，需补种 1345 人、补种 1265 人。全年未发现 AFP 病例、新生儿破伤风病例。报告排除麻疹病例 5 例，麻疹实验室诊断病例 2 例。全县报告预防接种副反应 5 例，其中 4 例为异常反应，1 例为一般反应。网络报告及时率 100%，规范处置率 100%。

1950～1953 年松阳县预防接种实种人数统计表

表 34-5-3-1　　单位：人

年度	二联疫苗	水痘疫苗	鼠疫疫苗	白喉疫苗
1950	1492	6367	—	—
1951	1819	40568	15814	—
1952	43965	57121	27879	—
1953	1963	31968	17530	1371

1983～1990 年松阳县预防接种统计表（1）

表 34-5-3-2　　单位：人

年度	钩螺疫苗	麻疹疫苗			百白破疫苗			白喉疫苗			二联疫苗		
	接种数	应种数	实种数	接种率(%)	应种数	实种数	接种率(%)	应种数	实种数	接种率(%)	应种数	实种数	接种率(%)
1983	71602	90132	73097	81.1	—	—	—	—	—	—	—	—	—
1984	57722	35042	32169	91.8	37331	32180	86.2	13673	12689	92.8	—	—	—
1985	40479	10402	9560	91.9	—	4179	—	—	—	—	—	—	—
1986	53105	3635	3421	94.1	4219	3556	84.29	3650	3556	97.4	—	—	—
1987	36045	3070	2810	91.53	5439	3731	68.6	—	—	—	2666	2325	87.2
1988	5832	2902	2711	93.4	2664	2472	92.8	—	—	—	2663	2472	92.8
1989	38426	2752	2670	97	—	—	—	—	—	—	2686	2525	94
1990	55152	2998	2840	94.7	—	—	—	—	—	—	3462	3303	95.4

1983～1990 年松阳县预防接种统计表（2）

表 34-5-3-3　　单位：人

年度	乙脑疫苗			流脑疫苗			脊灰糖丸			结核菌素			卡介苗		
	应种数	实种数	接种率(%)	应种数	实种数	接种率(%)	应种数	实种数	接种率(%)	应种数	实种数	接种率(%)	应种数	实种数	接种率(%)
1983	61129	48965	80.1	50567	43539	86.1	35052	31127	88.8	9911	8028	81	9995	6237	62.4
1984	21124	19540	92.5	5217	4753	91.1	25191	23871	94.76	—	—	—	9474	9048	95.55

续表 34-5-3-3

年度	乙脑疫苗			流脑疫苗			脊灰糖丸			结核菌素			卡介苗		
	应种数	实种数	接种率（%）	应种数	实种数	接种率（%）	应种数	实种数	接种率（%）	应种数	实种数	接种率（%）	应种数	实种数	接种率（%）
1985	7015	6350	90.52	12502	11940	95.5	7383	7103	96.20	—	23782	—	25057	23278	92.90
1986	8382	7762	95.6	19395	18426	95	3726	3533	94.8	—	—	—	—	—	—
1987	5892	5486	93.1	—	—	—	11892	11441	96.2	—	—	—	15890	14333	90.2
1988	11097	10393	93.65	17403	15750	90.5	—	—	—	8014	7389	92.20	7071	6400	90.5
1989	6435	6059	94.16	2250	2070	92	—	—	—	—	6483	—	6635	5555	83.72
1990	12684	10774	84.94	2887	2420	83.82	—	—	—	6573	6324	96.21	5654	5238	92.64

1991～2010年松阳县计划免疫接种情况表

表 34-5-3-4　　单位：人

年度	计免保偿应保（人）	入保（人）	入保率（%）	周岁儿童建卡率（%）	五苗周岁覆盖率（%）	单苗接种数										常规接种各类疫苗人次
						卡介苗接种人次	接种率（%）	脊灰全程接种人次	接种率（%）	百白破三联接种人次	接种率（%）	麻疹疫苗接种人次	接种率（%）	乙肝疫苗全程接种人次	接种率（%）	
1991	—	238	—	99.00	93.80	3638	—	9075	—	3260	—	3232	—	—	—	29316
1992	—	1367	—	99.00	97.60	3815	90.36	5598	98.50	2966	98.50	3196	98.50	765	—	48439
1993	—	2236	—	100.00	96.19	1844	—	1781	—	1853	—	2150	—	1766	70.53	42408
1994	2062	1856	90.00	99.05	87.14	2294	—	2184	—	2081	—	2165	—	1896	80.39	49163
1995	3001	2749	91.60	—	—	2486	—	2341	—	2362	—	2314	—	—	—	39294
1996	2501	2296	91.80	100.00	95.50	2241	—	2184	—	2230	—	2223	—	2195	80.72	76887
1997	2379	2260	95.00	—	—	2238	—	2137	—	2193	—	2116	—	—	—	45361
1998	2071	1968	95.03	100.00	93.60	1922	—	1995	—	2076	—	2107	—	—	—	19633
1999	—	2352	—	99.58	94.97	2308	—	2075	—	1988	—	1844	—	2044	—	32127
2000	2387	2317	97.07	99.58	98.74	2254	—	2274	—	2191	—	2224	—	2211	—	21314
2001	2165	2085	96.03	99.56	95.11	2030	97.68	1978	99.36	1940	99.27	2000	98.67	1918	98.61	26995
2002	—	—	—	100.00	92.86	1840	97.80	1836	98.90	1808	98.70	1780	98.80	1722	99.20	18471
2003	—	—	—	100.00	95.80	1597	97.56	1660	98.54	1649	98.25	1728	96.54	1666	99.28	15828
2004	—	—	—	97.40	90.80	1915	98.51	1822	99.04	1746	98.79	1623	97.42	1708	99.48	16768
2005	—	—	—	100.00	94.79	1976	99.20	1807	99.03	1755	98.89	1809	98.69	1775	99.63	16844

续表 34-5-3-4

年度	计免保偿应保（人）	入保（人）	入保率（%）	周岁儿童建卡率（%）	五苗周岁覆盖率（%）	单苗接种数										常规接种各类疫苗人次
						卡介苗接种人次	接种率（%）	脊灰全程接种人次	接种率（%）	百白破三联接种人次	接种率（%）	麻疹疫苗接种人次	接种率（%）	乙肝疫苗全程接种人次	接种率（%）	
2006	—	—	—	100.00	99.50	2004	98.62	1942	99.06	1879	98.98	1905	98.70	1997	99.68	4017
2007	—	—	—	100.00	97.97	2132	99.21	2040	98.92	1945	98.84	1897	97.53	2104	99.40	5947
2008	—	—	—	99.63	97.84	2050	99.71	2074	99.38	2060	99.21	2160	98.72	2077	99.60	14999
2009	—	—	—	100.00	96.21	2014	99.75	2015	99.11	1947	98.35	1856	98.41	2048	99.64	14361
2010	—	—	—	100.00	97.77	1908	99.84	1930	99.08	1891	99.21	1868	98.06	1936	99.07	42516

1993～2010 年若干年份松阳县 4 岁以下儿童脊髓灰质炎强化免疫接种情况表

表 34-5-3-5　　单位：人

年份	第一次接种（12 月）			第二次接种（次年 1 月）		
	应种人数	接种人数	接种率（%）	应种人数	接种人数	接种率（%）
1993	9012	8291	92.00	9223	8925	96.77
1994	9105	8831	96.99	9072	8641	95.25
1995	9499	9038	95.15	9659	9199	95.24
1996	10059	9666	96.09	9780	9291	95.00
1997	10205	9695	95.00	10064	9561	95.00
1998	—	10443	96.00	10878	10443	96.00
2000	12125	12031	99.22	12379	12350	99.77
2001	8554	8532	99.74	—	—	—
2008 / 2009	7281	7235	99.37	7433	7384	99.34
2010	148	147	99.32	135	135	100

第四节　地方病与其他疾病防治

地方病防治

血丝虫病　解放前，血丝虫病患者遍及城乡，松古平原尤甚，俗称“大脚疯”。1955 年，4141 名青年参加应征体检，耳垂采血检查微丝蚴阳性率为 13.46%。1956 年，对全县血丝虫病进行普查，共查 19123 人，发现阳性 1502 人，阳性率为 7.85%。1980 年，根据 11 个平原乡和 11 个山区乡的血

丝虫病抽查统计表明，平原乡的血丝虫病感染率高出山区乡的15倍左右。感染率最高的是赤寿乡22.7%，然后依次是叶村乡14.4%，新兴乡11.84%，水南乡9.7%，岗寺乡6.8%。松阳区、古市区的其他乡为1～5%。靖居、大东坝为1%以下，玉岩区无血丝虫病。经省、地、县联合调查，基本查清松阳县共有蚊子5属18种。

1981年，县卫生防疫站对赤寿、岗寺、望松、水南、阳溪等乡20个村进行抽查，血检10204人均未发现阳性血片，达到卫生部规定的基本消灭丝虫病标准。

1992年，在赤寿乡界首村和叶村乡河头村共采血片800人份，检测微丝蚴均呈阴性。1998年，全年采血片6173片，捕捉并解剖中华按蚊1166只，均未发现阳性血片和微丝蚴感染的按蚊，达到消灭丝虫病县标准。

1980年松阳境内22个乡血丝虫病抽查统计表

表34-5-4-1　　单位：人

地区	实际检查人数			阳性人数			感染百分率		
	男	女	合计	男	女	合计	男	女	合计
山区	2580	2095	4675	14	9	23	0.54%	0.42%	0.49%
平原	2788	2308	5096	239	148	387	8.7%	6.4%	7.6%

肺吸虫病　1977年以前，对肺吸虫病尚未引起重视。1978年，县卫生防疫站通过全县肺吸虫病流行病学调查，证明松阳是肺吸虫病流行区域。以玉岩、大东坝、安民最为严重。原因是这些山区的溪流中有大量的浙江华溪蟹生活（蟹中有肺吸虫囊蚴），当地群众有吃醉蟹的习惯，人群通过食蟹感染肺吸虫病。1978年在枫坪乡对967人以1:2000肺吸虫抗原皮试，有373人阳性，阳性率达33.81%；痰检12份均为阴性。经省卫生实验院诊断为肺吸虫病。同时从各溪流中采得的838只石蟹检验表明，石蟹感染率为71.6%，总体感染度3.5个／克，其中安民乡的一只浙江华溪蟹内含有3800个肺吸虫囊蚴。调查结果发现肺吸虫病第一中间宿主为故逸短沟螺（川卷螺），第二中间宿主是浙江华溪蟹。调查中在家犬、野猫体内检到肺吸虫成虫，并用人工方法使17只家犬感染，说明松阳肺吸虫保留宿主为野生动物及犬、猫等。以卫氏吸虫为主，1980年，调查发现“三平正并殖吸虫”为全省首次发现。

1985年，浙江省医学研究院钩螺病丽水地区卫生防疫站寄防科和县卫生防疫站组成调查小组，对安民的大潘坑、曹竹、乌弄3个行政村进行有关非肺型肺吸虫病的调查，在受查的800人中，有335人抗原皮试阳性、阳性率49.48%，77人酶标阳性，占11.37%，13例痰检阴性均无症状。上述资料说明大潘坑、曹竹、乌弄流行的以非肺型吸虫病为主。

蛔虫钩虫病　1956年，对界首、赤岸二村村民共1449人进行大便检查。蛔虫卵阳性率90%，钩虫卵阳性率4.5%。

1956年8月，西屏镇、古市镇、阳溪乡共13052人大便受检，检出有蛔虫卵阳性9925人，阳性率为76.58%；有钩虫卵218人，阳性率为1.67%；有鞭虫卵48人，阳性率为0.36%。对大便虫卵检出者均进行治疗。1978年，赤寿乡的2个村和水南乡、叶村乡共送检7812人的大便，蛔虫卵阳性率为35%，钩虫阳性率31.91%。

2010年，随机抽查赤寿乡叶川头村、大川村、红莲村、卯山后村3周岁以上常住居民1011人，感染率为0.79%。其中钩虫感染6人、蛔虫感染2人。

麻风病　1972年，对板桥、靖居、雅溪、赤寿4个乡进行普查。1985年6月，对重点发病区板桥畲族乡东坑村进行普查，发现首例病人。1960～1988年，全县共发病15例，除1例未确诊外，14例病人均经武康疗养院确诊治疗痊愈，14例病人除板桥畲族乡9例（占71.5%）外，其余分布在靖居、雅溪、赤寿、望松4个乡。1990年，对8例病人进行复查，并对周围人群及密切接触者50余人进行检查，经自我考核总结和省考核组考核，达到基本消灭麻风病的标准。2009年，对板桥乡东坑村7名麻风病存活人员进行随访，并进行相关知识的宣传。

地方性甲状腺肿病　地方性甲状腺肿病在松阳发病已久，过去没有施行大规模的正规查治。1983年，抽查安民（山区）、赤寿（平原）两乡的结果为：安民乡患病率为8.73%，赤寿乡患病率4.8%。1984年，随机抽查44个村、28287人，发现有不同程度甲状腺肿大3256人，总肿大率11.52%。其中生理性肿大2297人，病理性肿大959人。通过调查得知松阳县有21个乡（镇）人群甲状腺肿大率超过3%，未发现克汀病，表明松阳属地方性甲状腺肿病轻病区。

1985年和1986年，在全县范围内开展普查普治地甲病，并对中、小学生进行碘油丸普服预防，在三都设立监测点，进行连续性观察。1987年5月，成立县地方病防治领导小组，开始在全县推广碘盐。1988年，经抽样检查平均对比，甲状腺肿大率由15.8%降到13.4%，患病率由3.6%降到2.7%。治疗效果最好的安民乡，被调查人群中甲状腺肿大率由26.4%降到15.3%，患病率由12.5%降到3.2%。

1990年，全县共加工碘盐1568.5吨，合格率为100%。对销售点监测2107份，合格2101份，合格率为99.72%，用户监测4725份，合格4526份，合格率为95.72%，处理未加碘的食盐2.2吨。

1990年，对裕溪等8个乡进行随机抽查1/3的村及人口的考核，共考核24089人，其中甲状腺生理性肿大957人，病理性肿大403人，肿大率为5.60%，患病率为1.67%。1992年，达到基本控制地方性甲状腺标准后，重点加强碘盐的监测和纵向观测点工作。改添加碘化钾加工碘盐为添加碘酸钾加工碘盐。1993年，大东坝镇石仓片为新设地方性甲状腺纵向观察点，并对全县中、小学生进行地方性甲状腺的普查，共查13562人，其中7～14岁10875人。肿大1378人，肿大率为12.67%。

1996年，对985名9～10岁在校学生进行甲状腺肿大情况调查，其中甲状腺肿大59人（生理性57人，病理性2人），肿大率6.52%。并对学生、新婚育龄妇女、孕妇、婴幼儿等重点人群进行补碘，共24241人，发放碘油丸82195粒。

1997～1999年，连续3年碘盐监测，合格率100%，并继续对重点人群发放碘油丸。1999年省地方病防治办公室确定松阳县为第三次“全国碘缺乏病监测县”之一，确定望松乡中心小学为监测点。

2000年5月，省地方病办公室对消除碘缺乏病进行评估考核，得92分。经省卫生厅复评，各项指标均达到国家地病办公室制定的碘缺乏病消除标准。2001年，采取食盐加碘为主导的综合性防治措施。2009 年，继续推行以食盐加碘为主导的综合性防治措施，抓好重点人群补碘及非碘盐管理，加强碘盐监测，未发现非碘盐。对谢村、赤寿、三都、樟溪等 9 个乡镇 36 个行政村用户抽取食用盐 288 份，检测结果全部合格。

2001～2009 年，碘盐检测从加工点到用户检测结果全部合格。

1991～2001 年松阳县碘盐监测情况表

表 34-5-4-2

年度	加工点监测（份）	合格率（%）	销售点监测（份）	合格率（%）	用户监测（份）	合格率（%）	加工碘盐（吨）
1991	785	100	1799	99.70	4675	97.20	135.1
1992	2048	100	1356	99.78	3845	97.30	1995
1993	832	100	1461	100	4215	98.50	2106
1994	130	100	1431	100	4395	98.70	1525
1995	99	100	1870	97.77	3644	98.81	1550
1996	60	100	112	100	358	99.00	—
1997	91	100	2372	95.03	4619	89.89	—
1998	89	100	2252	98.03	4418	90.05	—
1999	170	97.00	448	98.00	960	94.40	—
2000	250	92.80	261	92.70	645	95.80	—
2001	100	100	—	—	—	—	—

地方性氟中毒病　1984 年，对全县 37413 名 8 岁至 15 岁儿童进行地方性氟中毒调查，发现患者 15 人，全部在靖居村，分析病因发现与该村饮用水源上游的莹石矿污染有关，并证实松阳为非地方性氟中毒病区。

血吸虫病　1954 年 2 月 11～23 日，衢州血防所遂松宣调查组调查结果，结论松阳无血吸虫病。

其他疾病防治

2007 年，在全县范围开展死因监测，监测显示，死因前五位分别是脑血管病、呼吸系统疾病、恶性肿瘤、意外伤亡、心脏疾病。2008 年，松阳列入丽水市慢性病监测试点县。开展出生、死因及慢性病监测工作。全年共上报慢性病新发病人 917 例，其中肿瘤病人 417 例，冠心病、急性事件病人 33 例，脑卒中病人 366 例，糖尿病病人 101 例。

2010 年，在赤寿乡开展高血压社区综合防治项目试点。全县出生 2312 人，死亡 1605 人，慢性病发病 1084 人。其中，脑卒中病人 450 人、冠心病急性事件病人 36 人、肿瘤病人 457 人、糖尿病人 141 人。

第六章 妇幼保健

旧时，松阳民间妇幼保健或求助传统医药，或祈神保佑。民国初，西医传至松阳，县内始有新法接生。民国后期，多有产妇进卫生院接受新法接生。中华人民共和国成立后，松阳的妇幼保健事业稳步发展。新法接生得到大力的推广，孕产妇死亡率和新生儿出生死亡率逐年降低。2010 年，通过孕产妇系统管理、母婴保健、婴幼儿保健管理等一系列有效措施，妇幼保健工作全面提升。

第一节 妇婴卫生

助产士

民国 30 年（1941）4 月，松阳县卫生院成立后有助产士 1 人。民国 32 年，松阳县政府、县卫生院分别发出指令，通知推行新法接生；9 月，松阳中学附设助产妇训练班一期，历时 4 个月，学员 19 人，结业后分配各卫生分院。民国 30～35 年，新法接生有 262 人。限于医疗条件，旧时松阳有俗语“一脚踏在棺材内，一脚踏在棺材外”，描述当时产妇生孩子的危险。

民国 29～35 年（1940～1946）松阳县妇幼卫生情况表

表 34-6-1-1

民国纪年	新法接生数（人）	产前检查人数（人）	产前检查次数（次）	产后检查次数（次）	婴儿护理次数（次）
29	42	—	—	—	—
30	58	—	123	179	96
31	25	—	33	45	18
32	39	32	70	189	52
33	61	—	168	377	154
34	7	64	88	183	—
35	30	—	—	—	—

新法接生

1950 年，松阳县开始采取措施，广泛推行新法接生。1952 年，全县有 199 人接受新法接生。1953 年，增加到 1564 人，新生儿破伤风、产妇产褥热的发病率和死亡率降低。1950～1958 年，未停止过培训接生员的工作。“文化大革命”期间，新法接生工作受到影响。

1977年，全县开展接生员复训工作。1977年和1978年，松阳境内共培训接生员419人。1978年，松阳出生3560人，新法接生2962人，新法接生率83.2%。

1981年，松阳境内有接生员422人。是年6月，进行普及新法接生工作的考核验收，西屏、古市2个镇及新兴、望松、斋坛、安民4个公社新法接生率达百分之百，有半数公社新法接生率在90%以上，境内新法接生率为93.7%。1982年4月，浙江省卫生厅核发松阳县普及新法接生合格证书。1990年，全县出生2315人，新法接生2309人，新法接生率99.7%。

孕产妇管理与服务

1981年，基本普及新法接生后，逐步开展孕产妇系统管理。1983年，全县孕产妇系统管理率90.53%，全年未发生新生儿破伤风，孕产妇死亡率降至万分之四点二。1989年后，加强对外出孕产妇的服务工作。1990年，全县孕产妇系统管理建卡2171人，建卡率占94%。通过早孕建卡，产前检查登记入册，定期随访，做好孕四期的高危筛选和矫治工作，有效地降低了孕产妇死亡率。1992年，对村级妇幼保健员队伍进行大调整，选择年轻、有文化、热心妇幼保健工作的人员，由县妇保所和镇中心卫生院负责培训合格后，负责各村妇幼保健工作，确保新法接生。

1995年，全县乡镇卫生院配备产后聚血器。1999年，实行接生“两证”（结婚证、准生证两证齐全）制度，乡镇卫生院配备产科二用床、氧气袋、手术反光灯、体重称等产科必备设备，并对医疗单位从事助产专业技术人员73人进行产科资格考试，参考率100%，考试合格率100%。对医疗单位实行接生许可制度，对从事接生人员核发技术合格证，持证上岗。8月，举办家庭接生员培训班，对14名核准保留的谢村、三都、交塘边远山区乡村家庭接生员进行培训，使参训人员初步掌握新法接生操作规程。

2001年，全县范围的“出生医学证明”统一由县妇幼保健所签发，各接生医院出具出生医学记录。2002年，完善助产服务准入制度，撤销不符合标准的裕溪和靖居2家卫生院、四都乡社区卫生服务站、枫枰乡高亭医疗点的助产服务项目。组织从事助产服务人员进行考试考核，对合格的16人颁发“助产技术合格证”。2003年，重新审核发放全县“助产技术合格证”换证考试和“助产技术执业许可证”，经考试合格发给“助产技术合格证”58人，核发“助产技术执业许可证”22个单位。此后，经过多次产科布局调整，产科单位逐年减少，到2010年，全县共保留县人民医院、县中医医院、古市医院、西屏镇和玉岩镇中心卫生院5家产科单位。

1982～1990年松阳县新法接生情况表

表34-6-1-2　　单位：人

年份	出生人数	新法接生		住院接生		破伤风		孕产妇死亡		围产儿死亡		新生儿死亡		婴儿死亡率（‰）
		数	率（%）	数	率（%）	死亡数	率（‰）	数	率（‰）	数	率（‰）	数	率（‰）	
1982	3340	3232	96.76	1016	32.42	0	0	2	3.14	—	—	—	—	—
1983	2616	2563	97.97	1169	44.68	0	0	1	4.20	—	—	50	19.1	—
1984	2683	2665	99.30	1293	48.20	0	0	3	11	—	—	60	22.3	—

续表 34-6-1-2

年份	出生人数	新法接生		住院接生		破伤风		孕产妇死亡		围产儿死亡		新生儿死亡		婴儿死亡率（‰）
		数	率（%）	数	率（%）	死亡数	率（‰）	数	率（‰）	数	率（‰）	数	率（‰）	
1985	2839	2823	99.43	1593	56.11	0	0	1	3.52	27	9.50	60	1.13	—
1986	3224	3213	99.66	2012	62.64	0	0	2	6.23	77	23.90	41	12.70	—
1987	3298	3281	99.40	2153	65.46	1	3	1	3.04	66	20	32	9.70	—
1988	2901	2894	99.76	1910	65.97	0	0	2	6.93	69	23.70	39	13.40	25.80
1989	2417	2413	99.83	1790	74.46	0	0	1	6.90	68	28.13	36	14.89	23.17
1990	2315	2309	99.70	1818	78.50	1	4	2	8.70	44	19	31	13.20	17.60

1982～1990 年松阳县围产期保健情况表

表 34-6-1-3

年份	产妇总数（人）	产检		早孕检查		人均检查次数（次）	产后访视		人均访次（次）	产后 42 天检查		Ⅲ度会阴破裂发生数（人）	产褥热发生数（人）	产后出血发生数（人）
		数（人）	率（%）	数（人）	率（%）		数（人）	率（%）		数（人）	率（%）			
1982	3340	—	—	—	—	—	—	—	—	—	—	—	—	—
1983	3843	3505	91.2	—	—	2.8	—	—	—	—	—	—	—	—
1984	2683	2429	90.53	—	—	4.04	1512	56.69	3.38	628	23.4	—	0	3
1985	2839	2483	87.46	884	31.14	4.41	2196	77.35	2.25	877	30.89	1	3	15
1986	3212	2935	91.37	1115	38	4.99	3084	96.01	2.93	1285	40.01	0	1	19
1987	3284	2900	88.3	1200	36.5	5.26	3037	92.5	3.14	1137	34.5	0	0	15
1988	2886	2439	84.5	1046	36.2	5.45	2497	86.5	2.9	1299	45	0	0	11
1989	2404	2179	90.6	1118	46.5	5.35	2244	96.3	3.3	1309	54.4	0	0	9
1990	2307	2171	94	1227	56.5	6.2	2192	95	3.15	1304	56.5	0	2	9

说明：—表示未开展工作及无资料可查，1983 年产妇总数指孕妇产妇数

1991～2010 年松阳县新法接生情况表

表 34-6-1-4

年度	孕产妇总数（人）	出生人数（人）	新法接生数（人）	新法接生率（%）	住院分娩数（人）	住院分娩率（%）	孕产妇死亡数（人）	孕产妇死亡率（1/10 万）
1991	2076	2083	2077	99.70	1696	81.60	0	0
1992	1946	1948	1943	99.80	1641	84.30	1	51.6
1993	2333	2330	2333	99.80	1894	81.04	1	42.3
1994	2321	2325	2317	99.80	1952	84.10	0	0

续表 34-6-1-4

年度	孕产妇总数（人）	出生人数（人）	新法接生数（人）	新法接生率（%）	住院分娩数（人）	住院分娩率（%）	孕产妇死亡数（人）	孕产妇死亡率（1/10 万）
1995	2746	2748	2736	99.60	2377	86.60	0	0
1996	2510	2511	2507	99.90	2169	86.40	2	80.0
1997	2364	2364	2361	99.90	2134	90.30	2	84.6
1998	2252	2252	2252	100.00	2027	90.00	1	44.4
1999	2335	2335	2342	100.00	2166	92.80	2	85.4
2000	2430	2429	2429	99.90	2325	95.60	0	0
2001	2178	2180	2175	99.90	2109	96.80	2	91.7
2002	2038	2040	2037	99.95	1996	97.90	1	49.0
2003	1932	1942	1930	99.40	1906	98.70	1	51.5
2004	2152	2151	2144	99.60	2125	98.70	1	46.5
2005	2127	2143	2122	99.80	2103	98.90	0	0
2006	2138	2143	2134	99.80	2127	99.50	0	0
2007	2118	2110	2112	99.70	2112	99.70	0	0
2008	2072	2085	2065	99.70	2062	99.50	0	0
2009	2049	2063	2046	99.9	2045	99.8	1	48.5
2010	1965	1974	1972	99.9	1962	99.85	0	0

第二节　婴幼儿保健

乾隆三十一年（1766），知县曹立身亲率典史徐邦捐俸重建育婴堂，址在县治之东南原育婴堂旧址。光绪八年（1882），县教谕樊芝生暨善士陈其福等捐款，购田百余亩，放租 50 余担扶植育婴事业，改育婴堂为保婴局，凡有婴孩送局分期供养。光绪九年二月，开办古市育婴堂，后改为古市保婴局，址设三清殿西厢，有田 53.15 亩，收租谷 43 担 2 桶，正常费 210 元，为抚养育婴费用。民国元年（1912），耆绅叶应龙、蔡毓芬以该局余资另设新址于三清殿东侧。民国 18 年，改组为第二区救济院，经费除原有田租外，县预算年列 500 元办理育婴、施医、掩埋等业务。民国时期，通过整顿又分为局养、贴养、招养 3 种。

1962 年，在开展浮肿病查治中，松阳查出患小儿营养不良症的小儿 197 人，治疗 177 人。

1979 年，对全区域 0～7 岁儿童进行服药驱蛔工作。1981 年开始，每年“六一”儿童节开展 0～7 岁独生子女的健康检查。1985 年，逐步开展 0～3 岁儿童系统管理；1986 年，全县普及。1990 年，系统管理率达到 57.9%。

1991年，为0～3岁1672名儿童建卡，建卡率80.3%；系统管理数1357人，系管率65.1%；0～7岁儿童体检14292人，体检率67.2%。在全县各区乡开展新生儿访视工作，访视率10%以上。1992年11月，举办首届托幼机构保育员培训班，40人取得保育员合格证。

1993年，县妇联牵头成立县托幼卫生保健指导组，开始实行卫生保健年度合格证制度。对西屏、古市2个镇42所幼儿园（所）进行卫生保健工作检查及指导，合格领证率90.5%，并对2个镇幼儿园（所）2160名儿童建立健康档案，建档率为100%。全县有11290名儿童进行健康体检。1994年，为实现《九十年代中国儿童发展规划纲要》的目标，建立县儿童保健协作组。经死亡回顾调查统计，全县婴幼儿死亡率21.17‰，5岁以下儿童死亡率25.05‰。

1996年，松阳被确定为浙江省0～5岁儿童生命监测县。按照监测县各项目标的要求，在象溪镇、玉岩镇、安民乡、叶村乡、赤寿乡2镇3乡设立0～5岁儿童生命监测点。全年0～2岁儿童系管率为81%，0～2岁标管率为65.7%，0～6岁儿童体检率为80.3%。1997年，全县婴儿死亡率18.7‰，4个月内母乳喂养率90.1%。回顾调查发现，0～4岁儿童死亡漏报8例，漏报率为8.9%，其原因为随父母外出而死于外地。是年，县人民医院、县中医医院被授予国家级“爱婴医院”称号。

1999年7月，开展新生儿疾病筛查，筛查150人，未发现阳性病例。2001年，新生儿疾病筛查，共筛查1191人，筛查率54.6%，发现可疑病例4例。2001年，开始实施母婴健康工程。2002年，0～2岁儿童系管率85.8%，0～6岁保健管理率89.4%，新生儿死亡率9.8‰，婴儿死亡率14.22‰，5岁以下儿童死亡率21.08‰。全年新生儿疾病筛查1437人，筛查率70.4%，检出新生儿疾病2例，检出率1.39‰。同时，开始实施新生儿听力筛查。

2004年，新生儿疾病筛查1787人，筛查率83%，检出新生儿患先天性甲低患儿5例。听力筛查1749人，筛查率81.3%，确诊先天性神经耳聋1例。2005年，建立小学一年级新生入学交验《儿童健康档案》制度，把儿童保健纳入教学管理。自1999年开展筛查，至2005年，共确诊先天性甲低患儿16例，其中6例治愈。全年接受听力筛查儿童1906人，筛查率90%。

2006年，按集居儿童的卫生保健要求，开展儿童入园体检，共查1016人，体检率97.5%。全县儿童健康体检13176人，体检率86.5%。新生儿疾病筛查2036人，筛查率94.8%，确诊为先天性甲低患儿3例。听力筛查2017人，筛查率94%，初筛未通过306人，复查率91.2%，未查出先天性神经性耳聋患儿。全年新生儿死亡10人，死亡率4.66‰；婴儿死亡19人，死亡率8.86‰；5岁以下儿童死亡25人，死亡率11.66‰。4个月母乳喂养率94%；7岁以下儿童14771人，保健管理率90.2%。

2007年，全年活产2110人，新生儿死亡15人，死亡率7.1‰；婴儿死亡19人，死亡率9‰；5岁以下儿童死亡25人，死亡率11.85‰。0～2岁儿童6462人，系管率91.49%；新生儿访视率98.15%。“六一”儿童节前后儿童体检11703人，体检率83%。

2008年，全年活产2085人，新生儿死亡12人，死亡率5.76‰；婴儿死亡18人，死亡率8.63‰；5岁以下儿童死亡26人，死亡率12.47‰。0～2岁儿童5915人，系管率91.6%；新生儿访视率98.3%，母乳喂养率93.4%。7岁以下儿童13285人，保健管理率90.3%。听力筛查1815人，筛查率95%，初筛未通过236人，查出听力异常患儿5人。

2009 年，加强体弱儿筛查管理，积极发现并纠正危害儿童健康因素，促进儿童健康。开展儿童心理营养咨询、生长发育计算机评价、智力测查、视力筛选、微量元素和有害元素检测。开展儿童入园体检，共检 5463 人，检查率 96.88%。全年新生儿疾病筛查 2031 人，筛查率 98.45%，确诊先天性甲低患儿 2 例。接受听力筛查 2005 人，筛查率为 97.2%，初筛未通过 183 人，查出听力异常患儿 2 人。

2010 年，在巩固保健管理率、提高保健质量的同时，加强体弱儿筛查管理。全年活产数 1974 人，新生儿死亡 13 人，死亡率 6.59‰；婴儿死亡 16 人，死亡率 8.1‰；5 岁以下儿童死亡 23 人，死亡率 11.65‰。0～2 岁儿童 6173 人，系管率 93.7%。6 个月母乳喂养率 89.6%。7 岁以下儿童 14802 人，保健管理率 90.3%，筛出体弱儿 123 人，接受保健管理 123 人。对托幼机构按考核得分实行分级量化管理，其中 A、B 级为卫生保健合格单位、C 级为基本合格单位。对 41 个托幼机构进行年检，经评定 A 级 5 个，B 级 9 个，C 级 27 个。开展儿童入园体检，共检 5910 人，体检率 98.2%。新生儿疾病筛查 1936 人，筛查率 99.1%。设置产科的镇中心卫生院同时开展筛查工作，未查出先天性甲低患儿。至 2010 年，累计确诊先天性甲低患儿 22 例。全年共接受听力筛查 1937 人，筛查率为 98.1%，初筛未通过 265 人，查出听力异常患儿 1 人。

1982～1990 年松阳县 3 岁以下儿童系统管理情况表

表 34-6-2-1

系管时间	0～3 岁系管建卡数（人）	三年连续系管率（%）	0～7 岁儿童体检数（人）	体检率（%）
1982	—	—	733（独生子女）	—
1983	—	—	1244（独生子女）	—
1984	—	—	2110（独生子女）	—
1985	177	6.5	2641（独生子女）	—
1986	1051	34.7	10796	54
1987	1646	26.7	10985	55.03
1988	2888	31.2	11225	51.53
1989	1392	36.6	12805	61.1
1990	1315	35.4	14537	67.49

说明：1985 年 5 月开始系管西屏、古市 2 个镇先试点，2 个镇系管率 42.6%

1991～2010 年松阳县儿童保健情况表

表 34-6-2-2

年度	0～2 岁儿童数（人）	0～2 岁儿童系管数（人）	0～2 岁儿童系管率（%）	0～6 岁儿童数（人）	0～6 岁儿童保健管理数(人)	0-6 岁儿童保健管理率（%）	新生儿死亡数（人）	新生儿死亡率（‰）	婴儿死亡数（人）	婴儿死亡率（‰）	5 岁以下儿童死亡数（人）	5 岁以下儿童死亡率（‰）	5 岁以下儿童中重度营养不良数(人)	营养不良发生率（‰）	新生儿疾病筛查数（人）	新生儿疾病筛查率（%）	新生儿疾病 CH 确诊数（人）	新生儿听力筛查数（人）	新生儿听力筛查率（%）
1991	6923	1357	65.10	21268	14292	67.20	27	13.00	41	19.90	0	–	0	–	0	–	0	–	–
1992	6376	4700	73.71	19237	13602	70.70	27	13.90	37	19.10	50	25.8	0	–	0	–	0	–	–
1993	6364	4286	67.30	17949	11290	62.90	18	15.40	54	23.10	64	27.40	0	–	0	–	0	–	–
1994	6373	5038	79.10	17099	13764	80.10	34	14.70	49	21.20	58	25.05	0	–	0	–	0	–	–
1995	7882	6619	84.00	18386	11438	62.20	41	14.92	61	22.20	74	26.94	0	–	0	–	0	–	–
1996	7624	6177	81.00	17414	13805	79.30	47	18.80	66	26.40	82	32.80	0	–	0	–	0	–	–
1997	7368	6312	85.70	16926	13903	82.10	38	16.10	44	18.70	57	24.20	0	–	0	–	0	–	–
1998	7130	6238	87.50	17052	14446	84.70	25	11.14	41	18.26	55	24.50	380	3.60	0	–	0	–	–
1999	6828	5819	85.20	16928	14631	86.40	24	10.25	38	16.23	49	20.92	252	2.50	0	–	0	–	–
2000	6958	5797	83.30	16988	14804	87.10	29	11.92	41	19.13	50	23.33	285	2.70	150	0	–	0	–
2001	6922	6092	88.00	16626	15146	91.10	26	11.93	42	19.27	52	23.85	371	3.50	1191	54.60	4	0	–
2002	6559	5629	85.80	15728	14053	89.40	20	9.80	29	14.22	43	21.08	275	2.80	1437	70.40	2	0	–
2003	6211	5313	85.50	15689	14135	90.10	16	8.23	28	14.40	37	19.10	232	2.60	1571	80.90	2	1211	62.40
2004	6349	5433	85.60	15330	13420	87.50	21	9.76	27	12.55	35	12.26	231	2.50	1787	83.00	5	1749	81.30
2005	6301	5516	87.50	15143	13556	89.50	16	7.47	27	12.60	33	15.40	194	2.10	1841	87.50	3	1906	88.90
2006	6477	5944	91.80	14771	13325	90.20	10	4.67	19	8.87	25	11.67	204	2.10	2036	94.80	3	2017	94.00
2007	6462	5912	91.50	14582	13290	91.20	15	7.11	19	9.00	25	11.85	158	1.80	1869	98.40	1	1807	85.60
2008	6572	6023	91.60	14716	13289	90.30	12	5.76	18	8.63	26	12.47	150	1.40	1872	98.94	0	1815	95.80
2009	6506	6067	93.3	14811	13384	90.40	9	4.36	13	6.30	18	8.73	144	1.50	1869	98.50	2	1845	97.30
2010	6173	5783	93.68	14802	13362	90.30	13	6.59	16	8.10	23	11.65	139	13.33	1636	99.10	0	1585	96.00

第三节　妇女保健

妇幼保健机构

1949年5月，妇幼卫生工作属县人民政府卫生院专管。1953年4月，松阳始建妇幼保健站。站址设西屏镇潘后街头弄，有助产士2人、妇幼保健员1人。置产床、新生儿床各5张，有妇产科检查及接生用器械。全县区级医疗机构均配有助产士1人。

1954年9月，县妇幼保健站撤销。人员、药品、器械并入县卫生院统管。1956年4月，恢复松阳县妇幼保健站。人员、药品、器械由县卫生院划出，站址设西屏镇钟楼路17号，有助产士5人。1958年11月，松阳县建制撤销并入遂昌县。

妇幼保健工作

1961年，开展首次妇女病普查时，发现患月经病的552人、治疗429人，患子宫脱垂病的1311人，治疗1303人。1978年，再次开展妇女病普查普治，共检查5480人，患妇女病3436人、治疗2954人。

1980年，对妇女子宫脱垂、尿瘘2病作为重点普查。查出子宫脱垂166例，其中142例进行上子宫托和手术治疗；查出尿瘘8例均进行治疗。

1977～1990年，按三年一轮顺序对区域内妇女进行妇女病普查普治，共检查妇女23990人次，查出患妇女病17629人次，对患宫颈癌、宫颈糜烂、滴虫、霉菌阴道炎等病的妇女及时进行治疗。妇女病患病率从1977年的83.9%，下降到1990年的46.56%。

1982年1月，恢复松阳县制；5月，成立松阳县妇幼保健站，有工作人员3人。其中，主治医师1人，助产士、妇幼医士各1人。站址暂设县人民医院宿舍。1983年9月，迁入新建宿舍办公。1984年3月，与卫生防疫站合建办公楼竣工使用。站址西屏镇新华路72号，站内设办公室、总务科、儿保科、妇保科，开设妇幼保健门诊，实施保健与治疗、门诊与指导基层妇幼卫生业务相结合的工作制度。1985年4月，更名为松阳县妇幼保健所，增设计划生育技术指导科。工作人员增至7人，其中主治医师1人、医师1人、助产士妇幼医士5人。

图 34-10　县妇保所医务人员上街咨询义诊（县妇保所提供 1995年）

1990年，妇幼保健所工作人员增至12人，其中副主任医师1人、主管医师1人、医师8人、其他2人。县级医院配备有妇产科人员16人，区级医院有妇幼人员4人，乡级卫生院有妇幼人员23人，村级妇幼保健员422人，四级妇幼保健网健全。

1991年，开始母婴保健保偿工作。1992年，全县共有1050人入保，入保率96.5%。1993年，筛选出高危孕产妇 451 人，高危筛出率 19.3%。全年母婴保健保偿入保 1710 人，入保率 92.7 %。1994 年，对全县各机关、学校、企事业单位女职工、干部，分 2 年进行妇女病普查普治，全年共查 2010 人。通过妇科、B 超、乳腺、宫颈涂片等检查，查出各种妇科病 858 例，患病率为 42.60%。全年母婴保健保偿应保人数为 2133 人，入保 2039 人，入保率 95.2%。1996 年，松阳被确定为孕产妇死亡监测县，在全县各乡镇开展监测工作。

2001～2005 年，实施母婴健康工程，着重孕产妇抢救中心和分中心建设，健全高危孕产妇管理制度。此后，全面筛查孕产妇，对筛出的高危孕妇根据个体情况、危重程度，落实追踪随访、治疗纠正、定点分娩、终止妊娠等干预措施，保障孕产妇的生命安全。每年普查妇女病，为每一位参检妇女建立健康档案，并按单位分类保管。

2007 年，启动妇女健康促进工程，开展农村已婚妇女妇科病普查，共查 11665 人，普查率 24.7%。2008 年，孕妇产前筛查率为 44.5%，艾滋病筛查率为 87.4%，梅毒筛查率为 93.1%。2009 年，筛查发现艾滋病阳性 1 例，确诊梅毒 9 例。8 月，开始实施农村孕产妇住院分娩补助，凡属农村户籍、符合计划生育政策和在合格的医疗机构内住院分娩的孕产妇，均可享受政府 500 元补助。年内共有 1527 人得到补助。同时开始实施农村妇女在孕前 3 个月至孕早期 3 个月增补叶酸，预防新生儿神经管缺陷。

图 34-11　已婚妇女体检（县卫生局提供 2008 年）

20 世纪 60 年代至 1990 年松阳县妇女病查治情况表

表 34-6-3-1　　单位：人

年度	实查人数	查出疾病人数	治疗人数	宫颈癌	尿瘘	Ⅱ度以上子宫脱垂
20 世纪 60 年代	—	1863	1732	—	—	—
1977	697	585	539	—	—	—
1978	5480	3436	2954	—	—	—
1979	4074	3788	3672	—	—	—
1980	2227	1673	1673	—	8	126
1981	2724	1908	1908	—	—	—
1982	3054	2293	2293	—	—	—
1983	643	599	599	—	—	—
1984	1012	949	949	—	—	—
1985	679	432	432	—	—	—
1986	114	73	73	—	—	—

续表 34-6-3-1

年度	实查人数	查出疾病人数	治疗人数	宫颈癌	尿瘘	Ⅱ度以上子宫脱垂
1987	550	364	364	2	—	1
1988	1018	602	602	—	—	1
1989	713	459	459	—	—	1
1990	1005	468	468	1	—	

1991～2010 年松阳县妇女病普查情况

表 34-6-3-2　　单位：人

年度	实查人数	患病人数	患病率（%）
1991	312	202	64.70
1992	3653	2214	60.60
1993	—	—	—
1994	2030	858	42.60
1995	1036	455	41.19
1996	1849	736	39.80
1997	1694	976	57.60
1998	1674	951	56.80
1999	575	289	50.30
2000	1779	1088	61.20
2001	440	217	49.30
2002	1823	1109	63.90
2003	506	333	65.80
2004	1987	1186	59.70
2005	1205	762	63.20
2006	13182	7150	54.20
2007	6545	3404	52
2008	5785	3120	53.90
2009	1610	914	56.80
2010	3092	1969	63.68

1991～2010年松阳县妇女保健情况表

表 34-6-3-3 单位：人

年度	保健保偿应保数	入保数	入保率（%）	早孕建卡数	建卡率（%）	产检总次数	人均产检数	产后访视数	产后访视率（%）	孕产妇保健覆盖数	覆盖率（%）	孕产妇系管数	系管率（%）	孕产妇死亡数
1991	0	—	0	1187	60	12840	6.50	1981	95.40	1978	95.30	659	31.70	—
1992	0	1050	96.50	1280	65.80	12691	6.50	1845	94.80	1887	96.97	869	44.70	1
1993	0	1710	92.70	1557	66.63	14245	6.10	2147	91.87	2153	92.13	1077	46.10	1
1994	2133	2039	95.20	1540	66.35	14503	6.30	2233	96.21	2220	95.65	1198	51.60	—
1995	0	—	0	1810	65.90	17309	6.30	2565	93.40	2599	94.60	1502	54.40	—
1996	2510	2059	82	2017	80.40	16502	6.60	2334	93	2382	95	2185	87.10	2
1997	2354	2034	86.40	1911	80.80	15317	6.50	2209	93.40	2235	94.50	2044	86.50	2
1998	2252	1904	84.50	1855	82.60	13942	6.20	2140	95.30	2150	95.50	1978	88.10	1
1999	2335	2129	91.20	2068	88.60	15621	6.70	2267	97.10	2280	97.60	1986	85.10	2
2000	2403	2267	93.30	2195	90.30	17039	7.00	2380	97.90	2390	98.30	2148	88.30	—
2001	2178	2070	95	2007	92.10	15769	7.20	2128	97.70	2141	98.30	1992	91.50	2
2002	0	—	0	1859	91.20	14606	7.20	1957	96.20	1961	96.20	1840	90.30	1
2003	0	—	0	1769	91.60	14121	7.30	1877	97.20	1897	98.20	1745	90.30	1
2004	0	—	0	1949	90.60	15563	7.20	2051	95.30	2066	96	1895	88.10	1
2005	0	—	0	1961	92.20	14463	6.80	2074	97.50	2075	97.60	1941	91.30	—
2006	0	—	0	1983	92.80	14911	7.00	2085	97.50	2096	98.50	1973	92.30	—
2007	0	—	0	1989	93.90	14732	7.00	2088	98.60	2095	98.90	1979	93.40	—
2008	0	—	0	1963	94.70	15125	7.30	2037	98.30	2038	98.40	1920	92.70	—
2009	0	—	0	1938	94.60	15025	7.30	2014	98.30	2015	98.30	1916	94.30	1
2010	0	—	0	1864	94.90	15038	7.70	1936	98.50	1942	98.38	1856	94.50	—

第四节 计划生育技术指导

计划生育宣传、节育服务

中华人民共和国成立前，男女青年普遍早婚，婚后生育多，间隔密，母婴死亡率高。1956年，提倡“节制生育”，首先在人口稠密的城市进行宣传和推广。1962年，中共中央下达开始提倡计划生育。1963年，在城镇推行计划生育，推广避孕套、宫内节育环等避节孕方法，提倡男性结扎。

1965～1966年，人民医院组织医疗队下乡，开展送医送药，宣传计划生育工作，并开展节育手术。

1979年，开始大力提倡一对夫妇只生一个孩子。同时落实育龄夫妇节育措施，组织医疗队下乡开展计划生育手术工作。1984年，首次对7名医务人员发放节育手术技术合格证。1985年，发放节育手术技术合格证12人。自1986年开始，计划生育各项节育手术纳入日常工作。

婚前体检

1991年，开始婚前检查，共查665人次，其中暂缓结婚41人。县人民医院组建计划生育科，与县计生委实行联合办公，负责上下联络计划生育技术服务的具体业务和行政管理工作。1992年，全年共婚前检查1314人，婚检率35.93%。是年，县人民医院计划生育科撤销。

1998年，落实凭婚检证明领取结婚证的规定。全县婚检2346人，婚检率83.5%，查出各类疾病220例，暂缓结婚22人。2003年，婚检应检2970人，实检2956人，婚检率99.5%。是年10月，松阳县根据《婚姻登记条例》，实行自愿婚检。2004年，全县应检1872对，实检30对，婚检率为1.6%，检出各类疾病9例，疾病检出率为15%。

2008年，婚检应检3920人，实检16人，婚检率0.41%。2009年8月，启动免费婚检工作，婚检率升至58.28%。2010年，全年婚检3220人，婚检率99.81%，疾病检出率20.4%。

（此节内容与第五编“人口”第五章“计划生育”第四节“技术服务”互为补充）

第七章 公共卫生

松阳自古有“打蓬尘”的习俗。每到农历春节前，城里乡下，家家户户都要进行一次较为彻底的大打扫。街道巷弄、房前屋后、牛栏、猪圈也清扫得干净整洁。

中华人民共和国成立后，松阳县政府重视公共卫生工作，花大量人力物力组织开展爱国卫生运动、“除四害”运动，从根本上改变城乡居民的生活环境，有效保障城乡居民的身心健康。20 世纪 70 年代，政府开始改水改厕，然受制于现实条件，直到 80 年代得以启动。1990 年，开始在农村试行初级卫生保健制度。21 世纪后，开始农村公共卫生体系改革，建立公共卫生组织网络，公共卫生水平日益提高。

第一节 农村公共卫生

1953 年 6 月，县卫生院组织力量开展全县范围的巡回医疗，宣传科学，诊治病人，遏制部分农村群众拜神求“仙水仙草”治病的陋习。

1954 年，倡导农村在每年春夏或夏秋之交开展 2～3 次爱国卫生运动。全县 273 个村，一月内有 54 个村成立村防疫小组，到各户检查。联溪乡霭溪村每户均将板壁揩净；板桥村迁移茅坑（厕所）50 个，在村外另建全村集中放粪桶的场所，且粪桶加盖；迁移猪栏 20 个、牛栏 6 个。百步村迁移毛坑 98 个、猪栏 35 个。古市镇疏通 20 多年未清理的阴沟，挖出 1800 多担污泥；3 口水井加盖，24 家水缸养鱼。

1960 年，区域内城乡在爱国卫生运动中共新建厕所 108 个，粪缸加盖 1004 只，迁移畜栏 652 个。1970～1973 年，水南公社开展以除害灭病为中心的爱国卫生运动，建立全公社 19 个生产大队的卫生防疫网，根据不同季节，开展卫生防病工作。每年春节前，全公社统一进行大扫除，开展积肥、灭鼠活动，倡导毛猪圈养。全村 49 个大粪桶加盖封管。

1982 年松阳恢复县制后，着重在西屏、古市等地开展卫生保洁工作。1984 年，成立“五四三委员会”（五讲四美三热爱），发动搞好环境卫生工作。1988 年，西屏镇被丽水地区评为卫生先进单位。1989 年，县城公共卫生工作排在丽水地区第 4 名。

1990 年，开始在农村试行初级卫生保健制度。首先在赤寿乡开展试点。次年，制定《松阳县 2000 年实现初级卫生保健的规划》，成立初级卫生保健委员会，下设办公室。试点范围扩大到阳溪、岗寺、石仓、板桥、枫坪 5 个乡。3 月，爱国卫生月活动以“洁、齐、美”为目标，农村以改水为重点，同时进行灭鼠，加强粪便管理等，改善农村卫生状况。1992 年，6 个初保试点乡（片）43 个村卫生室完成整顿。全县13个行政村实行“风险型”集资医疗保健制度，5个行政村实行“合医不合药”保健制度，参加11417人。

1995年，全县20个乡镇都把初级卫生保健工作纳入政府工作议事日程。次年，达到以县为单位初级卫生保健工作的各项指标要求，成为初级卫生保健达标县。此后，开展以乡镇为单位的达标工作。

2002年，全县20个乡镇中，有10个乡镇初级卫生保健工作达标或基本达标。2003年，“传染性非典型肺炎”疫情流行，防治与达标工作并举。2004年，实施农村公共卫生体系改革，建立公共卫生组织网络。全县各个乡镇都设立公共卫生服务中心（站），建立专职从事公共卫生服务的队伍42人，并有完善的制度和经费保证。

2005年，县、镇、乡三级都制定各类公共卫生事件的防范预案。年内，发生的赤寿乡中心学校学生流行性感冒、县民族中学学生流行性腮腺炎疫情、大东坝镇内大阴村和县城某酒楼食物中毒4起公共卫生事件，均及时处置。2006年，全县共配备169名联村责任医生，下村入户开展医疗保健、卫生宣教、慢性病随诊等农村公共卫生服务工作。次年，各乡镇3大类12项公共卫生服务项目达标率在85%以上。这些项目保证农民享有基本卫生服务、农村重点人群享有重点服务、农民享有基本卫生安全保障等。

2010年，联村责任医生增至179人，平均综合达标率91.5%，群众满意率85%以上。

第二节　农民健康体检

1960～1990年，县级医院组织医疗队到山区、农村巡回医疗，开展农村居民以测量血压、内科检查为主的健康体检。

1993年，县人民医院、县中医院分别为西屏镇三村、五村村民进行健康体检，共体检768人，以户为单位建立健康档案396份。1994年4月，赤寿乡卫生院对赤寿乡19个行政村2300余人进行健康体检，发现有240多人血压偏高或患有高血压病和消化系统疾病。建立以家庭为单位的个人健康档案，一年随访4次。1995年，赤寿乡卫生院对半古月村306名村民进行健康体检，并建立健康档案。

1996年，县卫生局组织县人民医院、县中医医院医务人员到革命老区安民乡安岱后村，为村民免费体检255人次，建立健康档案230份。全县共建立居民健康档案25915份，建档率达全县总人口的11.2%。1997年，全县4个社区卫生服务中心、26个社区卫生服务站共建立健康档案62932人份，占全县人口的27.21%。查出患有高血压、糖尿病、慢性呼吸道疾病等病例2733例。

2000年，实施新型农村合作医疗。2005～2006年，镇乡医疗单位对参加新型农村合作医疗的农民进行第一轮健康体检。全县累计完成参合农民健康体检140251人，并建立健康档案，体检率达到75.5%。

2008年，镇乡卫生院对参加新型农村合作医疗的农民进行第二轮健康体检。累计体检农村居民

82953 人，其中乙肝表面抗原筛查 82953 人。体检 0～7 岁儿童 26673 人，其中乙肝表面抗原筛查 7855 人。体检中小学生 45292 人，其中乙肝表面抗原筛查 22168 人。共建立健康档案 118935 人份，建档率 82%，体检率 61%。

2010 年，对参加新型农村合作医疗农村居民进行第三轮健康体检。应检 196327 人，实检 96583 人，体检率 49.2%。家庭健康档案应建 78530 户，已建 63522 户，建档率 80.9%。60 岁以上老年人健康档案应建 33182 人，已建 30003 人，建档率 90.4%。

第三节 农村改水改厕

改水

自古以来，境内城乡居民饮用水均取自然水，有井水、溪坑水、山泉水、池塘水等。西屏、古市等平原村镇凿井取水的习俗历史悠久。遇久旱不雨之年，城镇居民饮水便困难。近代工业不断发展后，松阴溪污染日重，临溪两岸居民饮用溪水的习惯就此终结。

1985 年，松阳县自来水厂建成投产，日供水量 2500 吨。1989 年，增至 7500 吨。1990 年，生活用水 726275 吨，工业用水 393253 吨。是年，古市镇自来水厂建成，日供水量 1500 吨。1991 年，增至 4000 吨。

农村改水始于 1978 年，原由县防疫站负责。1982 年，县卫生局 6 名干部组成农村改水工作队，负责全县的改水工作。1982 年，新建自来水塔 9 座、高位直流式 6 座、压力泵 3 台、手压井 67 口、灶边井 109 口、泉水井 1 口，修理旧井 3 口，安装水管 76728 米，水嘴 984 只；解决 1953 户 8883 人口的生活饮用水。

此后，以国家、集体、个人“三个一点”的集资办法，有计划实施农村改水工作。到 1990 年 10 月，全县农村先后建成各式自来水厂（站）共 254 座，有 98011 人饮用上清洁卫生的自来水，受益率占农村人口的 52.98%，松阳被授予“农村改水达标县”。在此基础上，农村改水工作继续推进。1993 年，对 11 个饮用水监测点进行枯水期和丰水期水质监测，监测结果表明自来水水质基本符合国家卫生标准。

2000 年，全县农村人口累计受益率 74.71%。2005 年，增至 86.9%。2006 年，赤寿乡界首村、新兴乡大石村由遂昌县自来水厂负责供水。2007 年，农村改水工作职能划转县水利局管理，卫生部门负责水质的检测和定期监测工作，检测费用列入县财政预算。2008 年，对 500 人以上的行政村开展农村自来水水质检测，检测覆盖率 80%以上。新启动三都、石仓农民集中饮用水建设和省、市、县重点工程——松古平原供水工程。

2009 年，全县设置 20 个重点水质监测点，定期抽检。2010 年，松古平原供水工程正式竣工通水，惠及西屏、古市 2 镇及 5 个乡 34 个村 4.5 万余人用水，并保障沿线工业园区企业用水。是年，涉及玉岩镇、大东坝镇、象溪镇和竹源乡共 3 个镇 1 个乡的 43 个行政村 2.67 万人，以及古市镇庄门源片刘边、塘头等 5 个村 2000 余名村民的饮用水工程竣工。全年新增农村自来水受益人口近 2.9 万，累计受益率 94.55%。

改厕

1991 年，实施农村初级卫生保健，结合“初保”各项工作，在赤寿乡朝阳村开始普及卫生厕所试点，全年改厕 12 户。1993 年，在 38 个行政村推广三格式无害化节水型卫生户厕，共改厕 459 户，其中新建 61 户。1998 年，全县新建沼气池式卫生厕所 10 户。农村改厕工作进展较快。2000 年，1694 户农户新建无害化卫生厕所；累计 4034 户农户建有卫生厕所。到 2007 年，农村卫生厕所普及率 72.2%。

2008 年，农村村建公共卫生厕所累计 45 座。2010 年，全年新增农村卫生厕所 4700 户，新建农村公共厕所 41 座。全县累计有卫生厕所 5.78 万户，普及率 90.28%；农村公共厕所 134 座。

第四节　城乡除“四害”

扑灭五毒

1952 年，开展爱国卫生运动，全县灭蛆 63 次，捕鼠 6995 只。1953 年 4 月，县政府急件通知各单位大力扑灭五毒（鼠、蚊、蝇、虱、臭虫）。群众突击挖掘蚊蝇幼蛹，尤其不放过厕所、粪缸、猪圈、垃圾堆等幼蛹易生存的场所，进行捕鼠、堵塞鼠洞等工作。是年，卫生运动中，千义坑村（1982 年划入遂昌县）捕鼠 702 只，古市镇群众添购鼠夹 552 只。

除“四害”

1955 年，县政府在西屏镇召开青少年除“四害”（老鼠、麻雀、苍蝇、蚊子）誓师大会。1956 年，国家要求在 12 年内，在一切可能的地方，基本上消灭老鼠、麻雀、苍蝇和蚊虫；基本上消灭危害人民最严重的血吸虫病等近 10 种疾病和其他地方性疾病。全县开展除害灭病活动。1957 年 4 月，松阳完成全年 8000 户药物灭蚤任务。开办鼠防短训班。1958 年，松阳完成全年灭鼠 37 万余只。1964 年，共灭鼠 25 万余只。

1985 年 11 月，西屏镇政府要求各有关单位和居民、农民等，消毒所有场所，杀灭一切蚊蝇孳生和病菌繁殖。1986 年 3 月，全县城乡春季灭鼠，共耗经费 18250 元，在 400 个村、13 个居民区，10380 公顷农田中投放毒饵 2075 公斤。

1989 年 4 月，古市镇春季灭鼠周，投放 750 公斤毒鼠药饵，2 人误食毒鼠饵意外死亡。1990 年 3 月，松阳财政拨专款 8000 元购得 40 公斤敌鼠钠盐、12 公斤溴代毒鼠磷，按浓度 2‰配成药饵，统一布置，开展春季灭鼠。县城灭鼠前鼠密度为 7.3%，灭鼠后鼠密度为 2.3%，灭鼠率为 70.1%，农村追访普遍效果良好。1991 年，拨专款 5000 元购置灭鼠药。农村灭鼠前鼠密度 22%，灭后为 4%，灭鼠率 69.7 %；城镇灭鼠前鼠密度 9.3%，灭后为 2.6%，灭鼠率 61%。1993 年，开始春、秋 2 季灭鼠工作。到 2000 年，春季灭鼠前鼠密度为 4.67%，灭鼠后为 3.7%，灭鼠效果为 54.88%；秋季灭鼠前鼠密度为 3.96%，灭鼠后为 0.98%，灭鼠效果为 75.3%。连年清理蚊蝇孳生场所。

2002年，除四害专项经费纳入县财政预算。2004年，县疾病预防控制中心对县城开始对鼠密度进行监测，县农业局成立农村统一灭鼠技术指导小组，具体指导农村灭鼠工作。2005年，开始监测蟑螂密度。2006年，对蚊虫、苍蝇密度进行监测。2010年，重视病媒生物防治，进行鼠类鼠密度、蚊虫、苍蝇、蟑螂监测。

第五节　城乡社区卫生服务

1952年，全县开展爱国卫生运动，共改造挑水埠头3个、水井7口，井水消毒26次，新建公厕2所、垃圾箱14只，修理垃圾箱 69只，清除垃圾4761担，增设饮食防蝇盖57个，隔离人畜同居416家。

1953年4月，县政府动员各机关单位进行环境卫生大扫除，疏通阴沟、清除垃圾，做到室内外环境清洁；室内上下左右前后六面光，特别注意厨房、厕所的卫生。个人卫生应做到定期洗被换衣、剪指甲、洗澡等，并组织互相检查评比。开展爱国卫生宣传月活动，各机关团体、工厂，普遍进行大扫除，并定每星期日为“爱国卫生日”，工商联各行业169户制订“爱国卫生公约”，同时成立检查委员会，每10天检查一次，各饮食摊贩新做防蝇设备。城镇各农会、居委会相继召开妇女会或群众会，组织群众开展大扫除。

1954年，各党政部门统一领导爱国卫生运动，运动的重点在机关、团体、学校、工厂、城镇社区。各单位认真做好室内外卫生，加强饮食店卫生监督，严格禁止腐烂食品上市，预防夏令疾病的发生。学校利用卫生课进行教育，开展体育锻炼，特别注意少年儿童之卫生，防止传染病及寄生虫病。

1957年7月，县人民医院举办各单位炊事人员卫生常识学习班，学习环境卫生、个人卫生、食具卫生、营养基本知识、一般肠胃疾病的防治方法及水缸消毒、炊事员工作守则等。建立检查委员会，每半月检查一次，月终总结评比。

1964年，西屏发动干部、群众疏通主要阴沟4000米，挖沟泥3500担，清理垃圾5600担。古市镇建立定人、定时、定点的“三定”制度，分片包干全镇10多处主要公共场所，3天打扫1次。突击清理太保庙、水弄头等处数年堆积的垃圾山，共积肥2960担。

1978年，设立西屏、古市2镇民办公助集体性质的环卫所，负责城镇主要街道保洁工作，监督居民毛猪圈养等。1982年，恢复松阳县制，两镇环境卫生管理所逐步发展。3月，开展“全民文明礼貌月”活动，解决城镇脏、乱、差，重点是治“脏”的问题，各级领导参与清扫街道，清除垃圾，疏通阴沟。西屏、古市2镇有2300多人次参加卫生劳动；清除垃圾45吨，疏通阴沟3200米，清除卫生死角11处。次年，全县义务劳动51073人次，清除垃圾和基建废土14455吨，疏通阴阳沟23598米，平整道路11363米，消灭卫生死角288处，植树296944株。8月，制定《松阳县城镇卫生管理实施细则》。9月，古市镇禁止街道两旁住户放养毛猪，镇卫办组织10人的卫生监督队进行沿街巡逻，专管毛猪圈养，对违者处以罚款。

1984年5月，松阳县环境监测站建立，址设西屏山脚公园路9号。1985年1月，开展噪声和烟尘监测工作。1986年5月，开展土壤、水质成分分析。1988年，开展水质全分析及污染源监测工作。1989年，设监测站位监测松阳造纸厂污水排放。1987年7月，检查西屏镇内160家国营、集体、个体食品生产经营单位的食品卫生、餐具消毒、个人卫生、门前三包（包卫生、包绿化、包秩序）等情况，对违反“食品卫生法”的单位或个人，环境卫生差的，分别给予警告、罚款、停业整顿。1989年4月“爱国卫生月”中，县五大班子的主要领导带领西屏、古市2镇各机关团体5000多人上街入巷清扫公共场所卫生。同时，县政府组织检查组，对114家国营、集体、个体食品生产经营单位进行检查。限令卫生状况极差的单位停业整顿。

1990年，西屏镇环卫所有工作人员43人、自卸垃圾车等车辆4辆、手拉车11辆。分组分片包干全镇各主要街道。监督组负责捕捉上街的毛猪，督查街道两旁各商店、单位、住户的门前三包，督查各清扫组。古市镇环境卫生管理所有工作人员11人、拖拉机1辆、手拉车12辆。

1999年，根据县卫生规划的设置和布局，撤销四都乡卫生院，设立四都乡社区卫生服务站。县人民医院、县中医医院、玉岩镇中心卫生院、赤寿乡和枫坪乡卫生院分别开展全科医疗服务试点，为广大农民群众提供便捷的卫生保健服务。

2000年，分别建立玉岩镇洋坑村、大东坝镇蔡宅村等7个社区卫生服务站，赤寿乡半古月村开设首家全科医疗服务站，开始实施以健康教育、基本医疗、预防保健、康复为一体的社区卫生服务。2001年，10个乡镇初级卫生保健达标或基本达标后，城乡社区卫生工作全面启动。依托镇中心卫生院和乡级卫生院，分别设立 4个社区卫生服务中心和26个社区卫生服务站，初步形成社区卫生服务网络，为广大农村群众开展集医疗、预防、保健、康复、健康教育、计划生育技术服务为一体的社区卫生服务。

2007年，对全县的社区卫生服务中心和社区卫生服务站进行重新设置，设立15个社区卫生服务中心和64个社区卫生服务站。2008年，建设辖区居民出行20分钟可及的社区卫生服务网络。完成全县所有建制乡镇社区卫生服务中心规范化建设，全县30%以上的乡完成服务站建设。调整社区卫生服务机构布局，西屏镇设置西屏镇社区卫生服务中心和5所城镇社区卫生服务站；古市镇设古市镇筱铺社区卫生服务站，由古市医院筱铺门诊部转型组建，承担古市镇居民的社区卫生服务。

2010年，全县已建立社区卫生服务中心20个，社区卫生服务站15个，乡镇（社区）责任医生覆盖率100%，每1000名居民拥有责任医生0.8人，全面开展城乡社区“三大类12项”公共卫生服务，综合达标率91.5%。

第六节 健康宣教

1953年，县爱国卫生运动委员会成立，开始民众的健康教育。教育的内容主要包括疾病的预防、个人卫生知识、环境卫生知识等；其方式主要为大众教育。教育形式多种多样：悬帖宣传标语、文艺演出、办黑板报、教唱歌曲等。其中广播是20世纪50～60年代最重要的宣传教育工具。“文化大革命”期间，健康教育趋于停顿。

20世纪70～80年代，政府开始有组织地开展各种形式的卫生宣传活动，每年印发大量的宣传资料。1984年，印发宣传资料7900份。1988年，县广播站开办《生活与健康》专栏。1990年，组织医务人员上街开展卫生医疗咨询服务活动。

1993年，全县各级医疗卫生单位开设卫生广播讲座，宣传卫生防病知识，共刊出宣传栏124期，广播稿495篇，发放宣传资料1000份。全县20个乡镇90%行政村落实村级兼职健康教育员，中小学开设卫生知识课，开课率100%。

1995年，县卫生局、教育局共同编印《学生应知应会卫生知识》教材800本。1996年，县、镇乡、村三级健康教育网络覆盖率100%。在计划免疫宣传日等进行宣传咨询活动。1999年，县电视台播出《全国九亿农民健康教育行动》电视系列片5期，在“世界防治结核病日”“计划免疫宣传日”开展宣传咨询活动，下发村卫生室健康教育资料12期。

2000年，县卫生防疫站在松阳师范、职业中专开展艾滋病预防知识宣传，受教育人数2800人次。县妇幼保健所在“六一”儿童节上街开展《中华人民共和国母婴保健法》宣传咨询活动；举办“新婚学校”88期，1546人参加学习，接受教育率98.2%；举办“孕妇学校”12期，279人参加学习，接受教育率86.6%；举办“育儿学校”12期，265人参加学习，接受教育率82.3%。赤寿乡卫生院实行驻村医师制度，开展一年4次的健康教育和疾病随访干预工作。

2002年，举办健教人员、新婚、孕妇、育儿等培训班60期，上街开展疾病预防控制、职业病防治、妇幼保健、村民体检、健康知识咨询等，受教育人数10多万人次。为学校女生上青春期保健知识辅导讲座，600余名学生参加听讲。2006年，县爱国卫生运动委员会办公室编印《松阳县市民健康教育读本》和《松阳县农民健康教育读本》，发放全县城乡居民。赤寿乡被确定为健康教育示范点。2007年，全县有规范化农民健康教育学校10所、居民健康教育学校1所。联村责任医生进村入户，面对面进行教育。2008年，全县农民健康教育学校增至20所，受教育人数6500人次。

2010年，全县5家县属医疗卫生单位、4家镇中心卫生院、19家乡（级）卫生院、7家城镇社区卫生服务站、401个行政村、62家厂矿企业、34所中小学均配有专（兼）职健康教育员，形成以县级为指导，镇乡级为基础，社区、村级为补充的三级健康教育网络体系。

第八章　卫生监督

自古以来，社会的各种卫生要求更多是通过自律而非监督来实施。旧时，松阳的食品、个人职业、公共卫生等，更多是通过族规家训、村规民约之类的自我管理实现的。中华人民共和国成立后，卫生监督事业开始发展起来，食品、医疗、公共场所、学校等方面的卫生监督制度逐步完善。

1983 年，实行食品生产经营许可证制度。2003 年，实施《松阳县聚餐申报制度实施方案》。多年来，通过实行专项检查和专项整顿制度，基本保证食品卫生安全。自来水供应、公共卫生等，则通过建档管理、专项检查等措施，监督到位，其他如医疗卫生、职业卫生、学校卫生监督都有效开展，效果显著。

第一节　食品卫生监督

食品中毒事件处置

1959 年 5 月，古市公社三分会、岗寺公社下社和航埠头生产队连续发生儿童食用炒熟的枇杷子而中毒死亡事件；是年 10 月，古市小学食堂食用大毛豆，引起师生中毒 30 人。1960 年 8 月，谢村公社 4 户人家 15 人食用松树蕈（又称株树蕈）中毒，死亡 6 人。1984 年 8 月，古市镇居民食用有毒空心菜，14 人中毒，经抢救脱险；同年 11 月，古市镇居民食用变质梭子蟹、青鱼，引起 13 人中毒，经救治痊愈。1988 年 4 月，古市镇含有甲胺磷农药的小白菜上市，造成古市镇 61 人中毒，其中镇托儿所幼儿中毒 4 人，年龄最小 4 岁。

1994～2008 年，全县共发生食物中毒事件 19 起，调查处理 19 起，调查处理率 100%。2009～2010 年，未发生食物中毒事件。受理社会卫生监督投诉举报事件 142 件，及时调查处理和反馈。1991～2010 年，完成全县 19 次重大活动及节假日食品、公共卫生专项整治。

1994～2008 年若干年份松阳县食物中毒发生情况表

表 34-8-1-1

年份	起数（起）	中毒事件	就餐人数（人）	中毒人数（人）	罹患率（%）
1994	2	西屏镇幼儿园氯化镁污染食物	—	205	64.06
		樟溪乡力溪村细菌性食物中毒	51	49	96.08

续表 34-8-1-1

年份	起数（起）	中毒事件	就餐人数（人）	中毒人数（人）	罹患率（%）
1998	2	精粹酒楼发生2起不明原因食物中毒	—	—	—
		龙洲大酒店、变形杆菌引起食物中毒	—	92	—
2000	1	食源性亚硝酸盐中毒事件	—	12	—
2001	3	农村家庭宴请变形杆菌所致	140	25	17.8
		农村家庭宴请致病性埃希氏菌所致	200	46	23
		饮食店细菌性食物中毒	43	18	41.86
2002	1	含“盐酸克伦特罗”乌骨鸡食物中毒	—	37	—
2003	3	大东坝镇中心小学高浓度大剂量纯牛奶引起的胃肠道不适伴发热综合症	—	61	—
		食用空心菜导致的有机磷农药中毒	—	9	—
		新世纪大酒店变形杆菌食物中毒	—	95	—
2004	2	板桥乡金村原因不明细菌性食物中毒	100	28	28.00
		安民乡安岱后村原因不明食物中毒	130	41	31.54
2005	2	县城新华酒楼沙门氏菌食物中毒	50	28	56.00
		大东坝内大阴村原因不明细菌性食物中毒	260	24	96.23
2007	1	裕溪乡源底村一村原因不明细菌性食物中毒	170	28	16.47
2008	2	农村聚餐原因不明细菌性食物中毒	71	26	36.6
		城南中学致病性大肠埃希氏菌食物中毒	—	10	—

食品卫生管理

1963年，县政府颁发有关饮食集市等4个卫生管理办法。办法规定饮食业人员必须经过健康检查，凡有传染病者调离工作；食品原料、制作运输等必须合乎卫生要求。餐饮店内必须建立“五四卫生制度”，水源必须清洁，并禁止出售腐败变质的食品及有毒未经检验的农产品。

1983年，实行食品生产经营许可证制度，此后，这一制度一直被严格执行。是年，发证336户。卫生防疫站有3人被批准为第一批食品卫生监督员。是年，有22人被举报有不洁食品，及时进行查处；同时根据《中华人民共和国食品卫生法》的规定，对食品生产经营人员进行体检（1983～1990年，食品从业人员受检率95%以上）；并第一次依法处理一批腐败变质食品共24个品种，计600余公斤。

1984年，实行采样检验食品生产经营单位的食品质量的制度，依法处理不合格食品和违法经营单位。全年共检验186个品种，平均合格率为83.5%。656家食品生产经营单位建立一店一卡档案。依法处理不洁食品36种，共3639公斤。1985年，对西屏、古市、玉岩3个镇有5名以上炊事人员的食堂建立卫生档案共275家。

1990年，全县开展食品生产经营从业人员健康检查，实检2727人，体检率98.27%。全年共新发食品卫生许可证176家。全年共抽检食品256件，合格223件，合格率为87.11%；共监督检查3246户次，共查出违法案件53户次，均依法予以处置。1992年，实行年度食品卫生许可证验讫贴花制度。1234户食品生产经营单位许可证验讫贴花，新核发卫生许可证146户。检测食品13类共279份，合格241份，合格率86.38%。全年共监督检查4270户次，依法查处食品卫生违法案件30户次。其中警告并限期改进12户次，没收销毁变质食品12户次计2661.35公斤。此后，这些制度一直被严格执行。1996年，对全县1634户食品生产经营单位、食堂换发卫生许可证。食品生产经营人员健康检查2347人，体检率100%。对2213名从业人员进行食品卫生知识培训，培训率94.29%。对食品和餐具进行检测，检测食品223份、合格200份、合格率为89.69%；检测餐具27份、合格8份、合格率为29.63％。监督检查2526户次，查处食品卫生违法案件25户次，其中销毁不合格的食品6户次计2884公斤。

专项检查和整顿制度

2001年，实行专项检查和专项整顿制度。重点开展粮食制品使用吊白块（甲醛次硫酸氢钠）、劣质“伊利”奶粉、熟食业和夜排档无证经营等专项检查，酒类加工企业专项整顿和“迎国庆、促卫生、保健康”卫生执法专项检查。此后，每年实行各类专项检查和专项整顿10余次。2002年，全县开展为期4个月的食品卫生许可证专项清理整顿。完成市级卫生县城创建任务。开展集中打击制售假冒伪劣食品“突击行动周”行动。

2003年，实施《松阳县聚餐申报制度实施方案》，规定聚餐人数在50人以上的大型聚餐活动必须提前申报，由有关部门提前介入实施预防性卫生监督。全年共受理聚餐申报并实施监督检查71户次，服务就餐10760人。2004年，开展茶叶加工场所卫生专项整治，制定《松阳县茶叶加工厂卫生规范》和《松阳县茶叶加工作坊卫生规范》，对全县437户茶叶加工厂、加工作坊进行现场监督指导。在10家餐饮经营单位首次推行食品卫生监督量化分级管理。2005年，为加强农村聚餐管理，在全县每个行政村聘请食品安全监督员1人，经培训上岗，与乡镇政府、乡镇公共卫生服务站（中心），形成较完善的农村聚餐监管网络。

2007年，县城餐饮经营单位食品卫生量化分级管理实施率100%，其中A级单位2家、B级单位7家、C级单位278家。

小餐馆整治

2008年，启动“小餐饮卫生整治和规范”3年整规工作，松阳是浙江省“十小”行业小餐饮卫生整治和规范试点县之一，西屏镇是省级试点镇，新兴乡是县级试点乡，共有小餐饮试点户143户。通过整规，90%的试点小餐饮整改到位。在此基础上，开展“小餐饮示范街”创建活动，县城新华北路、要津路石牌坊为2条示范街，共建示范户24户。新兴乡50户小餐饮为试点户。建立餐饮业卫生监督信息公示制度，在全县餐饮经营单位全面推行食品卫生监督量化分级管理、食品采购索证台账制度和消毒台账制度。5家单位实施“五常法”（常组织、常整顿、常清洁、常规范、常自律）

管理。

2009年按照“全面铺开、有序推进、基本完成”的要求，在全县范围内推进小餐饮整规工作。全县244家小餐饮生产经营单位，整规完成率为90%。2010年，完成小餐饮3年整规任务。创建示范街区2条、示范店25家。全县244家小餐饮经营单位均达整规标准，合格率100%。其中，4家单位被评为省级小餐饮示范单位，11家被评为市级小餐饮规范单位。全县332家餐饮服务单位全面施行食品卫生监督量化分级管理，评定A级单位5家、B级单位8家、C级单位319家，实施率100%。完成5项重大活动和节日期间食品安全保障任务，开展餐饮服务行业问题奶粉、食品添加剂、食堂卫生、豆制品卫生等专项整治。全年一般程序查处食品卫生违法案件22件，没收违法所得1户9941元，销毁超过保质期食品3.6公斤。核发餐饮服务许可证240件，从业人员健康体检和卫生知识培训2871人。检测食品3类50份，合格47份，除凉拌菜无评价标准外，其他合格率100%。抽检餐饮具40份，合格40份，合格率100%。

1983～1990年松阳县饮食业从业人员体检情况表

表34-8-1-2 单位：人

年份	从业人员数	体检人数	受检率（%）	异常人数	休息治疗或调离人数	发证数（件）
1983	1219	1139	93.19	27	27	996
1984	1674	1034	62.8	15	15	520
1985	2449	2387	97.26	36	36	2272
1986	2118	2087	98.54	6	6	1482
1987	3109	3059	98.2	16	16	3059
1988	3100	3037	98.10	59	59	3073
1989	2880	2756	95.69	82	82	2756
1990	2775	2727	98.27	20	20	2727

1991～2010年松阳县食品从业人员健康体检情况表

表34-8-1-3 单位：人

年份	参加培训人数	从业人员健康体检情况			职业禁忌人员调离情况			
		应检人数	已检人数	体检率（%）	职业禁忌人员	应调离人数	已调离人数	调离率（%）
1991	2845	2931	2845	97.67	13	13	13	100
1992	2693	2745	2693	98.11	7	7	7	100
1993	2888	2969	2888	97.27	39	39	39	100
1994	2648	2648	2648	100	18	18	18	100
1995	2549	2549	2549	100	25	25	25	100

续表 34-8-1-3

年份	参加培训人数	从业人员健康体检情况			职业禁忌人员调离情况			
		应检人数	已检人数	体检率（%）	职业禁忌人员	应调离人数	已调离人数	调离率（%）
1996	2213	2347	2213	94.29	18	18	18	100
1997	2097	2226	2097	94.20	8	8	8	100
1998	2419	2419	2419	100	16	16	16	100
1999	2398	2447	2398	98.00	12	12	12	100
2000	2364	2364	2364	100	10	10	10	100
2001	2339	2339	2339	100	4	4	4	100
2002	2604	2604	2604	100	12	12	12	100
2003	2616	2616	2616	100	14	14	14	100
2004	2918	2918	2918	100	1	1	1	100
2005	2868	2881	2868	99.55	—	—	—	—
2006	3813	3813	3813	100	22	22	22	100
2007	3491	3491	3491	100	23	23	23	100
2008	3768	3768	3768	100	28	28	28	100
2009	2977	2977	2977	100	6	6	6	100
2010	2871	2871	2871	100	—	—	—	—

1991～2010年松阳县食品卫生监督监测情况表

表 34-8-1-4

年份	经常性卫生监督		食品监测			餐具监测		
	应监督户数（户）	监督户次数（次）	监测份数（份）	合格份数（份）	合格率（%）	监测份数（份）	合格份数（份）	合格率（%）
1991	1191	3690	318	282	88.68	—	—	—
1992	1234	4770	279	241	86.38	—	—	—
1993	1352	6116	135	119	88.15	—	—	—
1994	1222	6495	—	—	—	—	—	—
1995	1304	3749	273	250	91.58	—	—	—
1996	1634	2526	223	200	89.69	—	—	—
1997	1499	2683	302	273	90.40	—	—	—
1998	1506	3000	459	323	70.37	188	51	27.13
1999	1679	4157	300	197	65.67	418	144	34.45

续表 34-8-1-4

年份	经常性卫生监督		食品监测			餐具监测		
	应监督户数（户）	监督户次数（次）	监测份数（份）	合格份数（份）	合格率（%）	监测份数（份）	合格份数（份）	合格率（%）
2000	1654	4500	393	354	90.08	492	232	47.15
2001	2083	4278	202	154	76.24	437	161	36.84
2002	2369	5017	72	66	91.67	510	411	80.59
2003	2165	5207	64	59	92.19	244	199	81.56
2004	2088	4282	174	142	81.61	446	387	86.77
2005	2393	5920	76	67	88.16	465	380	81.72
2006	2191	4602	117	107	91.45	769	589	76.59
2007	2311	4408	67	54	80.59	718	583	73.82
2008	2185	4578	62	49	79.03	337	310	91.99
2009	326	2228	60	57	95.00	259	204	78.76
2010	332	2187	40	40	100	40	40	100

1991～2010 年松阳县食品卫生行政处罚情况表

表 34-8-1-5

年份	简易程序		一般程序（户）	没收销毁食物		一般程序罚款	
	户次数	罚款金额（元）		户数	重量（公斤）	户次数	金额（元）
1991	—	—	60	18	2106.50	40	4275
1992	—	—	30	12	2661.35	22	2580
1993	—	—	18	7	608.75	12	1600
1994	—	—	41	7	4723	36	4800
1995	—	—	38	9	1304	33	9720
1996	—	—	25	6	2884	25	2800
1997	—	—	36	8	3235.50	36	26100
1998	—	—	53	2	420.75	53	3835
1999	—	—	20	—	—	20	11600
2000	—	—	23	—	1318	23	21100
2001	63	3150	68	—	—	66	59300
2002	96	9600	107	45	3788	106	151300
2003	61	3050	121	46	3356	121	190802

续表 34-8-1-5

年份	简易程序		一般程序（户）	没收销毁食物		一般程序罚款	
	户次数	罚款金额（元）		户数	重量（公斤）	户次数	金额（元）
2004	50	2500	100	—	2000	100	179300
2005	70	3500	77	—	3600	77	174400
2006	125	6250	100	—	—	100	159300
2007	21	1050	81	—	—	81	203300
2008	6	300	39	1	0.25	39	62600
2009	—	—	8	1	5.70	8	22900
2010	—	—	22	1	3.60	22	83600

第二节　公共场所卫生监督

水质监督

松阳环境污染最突出的问题是松阴溪水体被污染。1972～1979 年，对松阴溪水体污染进行总结分析，排污水量最大的是上游遂昌造纸厂、纤维板厂、金矿和境内松阳造纸厂、古市酒厂等，是松阴溪松阳段的主要污染源。调查发现古市供销社 1 个氨水池每年漏泄氨水 50 吨，严重污染附近水源，古市小学的水井氨氮含量超过国家规定标准 88 倍，亚硝酸盐氮超标准 48 倍。

1984 年，调查境内人群饮用水，共有 8 种情况：用井水人口 49.41%；用山溪水 34.1%；用自来水 9.63%；用泉水 5.1%；用水库水 0.81%；用降雨水 0.36%；用池塘水 0.06%；缺水 0.53%。同时，对饮用水的不同方位类型分布的 10 个点进行水质监测，测定水温在 17～24℃。pH 值、锰含量符合国家标准的有 6 个，超过标准的 4 个；10 个点的细菌总数均超过国家标准。

1988 年，完成城镇集中式水厂的建档工作，对居民饮用水进行随机抽样监测。水质总合格率为 83.3%。除城镇水厂各项指标符合国家规定要求外，其他监测点的水均有不同程度的污染和超标。细菌总数和大肠菌群均超过国家规定标准，合格率为 2.02%。

1990 年，城镇水厂在五大指标的“三定”监测中，合格率为 100%。对农村 215 个给水站进行建档和监测，5 项指标合格率：细菌总数为 16.67%，大肠菌群为 0.033%，浊度锰均为 90%，余氯为 0.033%。1991 年，完成古市、西屏 2 个镇水厂和农村自来水站共 180 家的建档。开展 2 个镇水厂职工的健康检查，共检 17 人，查出肝功能异常 1 人，及时作出调离或休息治疗处理。开展西屏、古市 2 个镇水厂饮用水的监督监测。对西屏水厂管网水进行五项指标的“三定”监测，在丰水期对古市、西屏 2 个镇水厂的水源水、出厂水、管网末梢水进行监测分析，监测 6 个样品，合格率 98.6%；对部分农村自来水站的水质监测 13 个样品，合格率 81.2%。

1992 年，对西屏、古市 2 镇的 46 家 2 次供水及有自备水单位建立档案。对 2 镇水厂职工进行健康检查。对西屏水厂管网水进行 5 项指标的“三定”监测，合格 100%。在丰水期、枯水期对古市、西屏 2 镇水厂的水源水、出厂水、管网末梢水进行监测分析，合格率 98.2%；只有枯水期 2 个水厂的水细菌指标超标。对部分农村自来水站的水质监测 13 个样品，合格率 87.2%。1993 年，对西屏、古市 2 个水厂的水源水、出厂水、管网水进行分析监测，合格率 100%。对西屏镇水厂 5 项指标“三定”监测，合格率 100%。建立农村自来水站档案，检测 312 个项目，合格 281 个，合格率为 90.1%。对西屏、古市两镇水厂的职工进行健康体检。对西屏镇 2 次供水系统及自备集中式供水建立档案，全镇有 2 次供水单位 42 家，楼顶水箱 49 只。

1994 年，对西屏、古市 2 镇水厂的 9 名职工进行健康体检。对 2 镇的水源水、出厂水、管网水进行分析监测，合格率 100%。对西屏镇水厂 5 项指标“三定”监测，合格率 100%。对 21 个农村自来水站的水质监测 26 个样品共 420 个项目，合格 389 个，合格率 92.6%。1995 年，对城镇水厂的 12 名职工进行健康体检，未发现“五病”患者。对西屏、古市 2 镇的水源水、出厂水、管网水进行分析监测，合格率 100%。对西屏镇水厂 5 项指标“三定”监测，合格率 100%。建立 218 家农村自来水站档案，对 13 个农村自来水站 598 个项目的水质进行监测，合格 554 个，合格率 92.6%；其中，毒物指标合格率为 100%，但微生物指标严重超标，合格率为 46.1%。

1996 年，完成城镇水厂和农村自来水站共 219 家的建档。对西屏、古市 2 镇的水源水、出厂水、管网水进行分析监测，合格率 100%。对西屏镇水厂 5 项指标“三定”监测，合格率 100%。对城镇水厂人员进行健康体检，未发现“五病”患者。对 14 个农村自来水站开展水质监测，484 个项目合格 455 个，合格率 94%；其中，毒物及化学指标合格率为 100%，微生物指标严重超标，合格率仅为 36.36%。1997 年，对西屏、古市 2 镇的水源水、出厂水、管网水进行分析监测，检测结果均符合国家生活饮用水卫生标准。对城镇水厂人员进行健康体检，未发现“五病”患者。对采自农村自来水站的 10 个监测点的水质进行监测，共监测 460 个项目，合格 443 个，合格率 96%；其中，感官指标合格率 100%，毒物及化学指标合格率为 100%，但细菌指标合格率为 7%。

1998 年，开展丰水期、枯水期 2 次饮用水分析监测，采取 15 个监测点 30 份样品，其中西屏、古市 2 镇水厂的水源水、出厂水、管网水的 22 项指标均符合国家饮用水的卫生标准，农村的 10 份样品细菌指标均超过国家标准，赤寿乡中心小学水样品的金属锰指标超过国家生活饮用水标准。1999 年，开展丰水期、枯水期 2 次饮用水分析监测，采取 14 个监测点 28 份样品，其中西屏水厂的出厂水、管网水的 22 项指标均符合国家饮用水的卫生标准，其他样品均有项目不同程度超标。

2000 年，开展丰水期、枯水期 2 次饮用水分析监测，采取 16 个监测点 32 份样品，其中古市水厂的管网水和西屏水厂的出厂水、管网水的 22 项指标均符合国家饮用水的卫生标准，其他样品均有项目不同程度超标。制水人员健康体检及卫生知识培训 8 人，未发现“五病”禁忌人员。

2006 年，对 3 家供水企业的丰水期、枯水期的水源水、出厂水抽样送县疾病预防控制中心进行全分析。检验结果除古市水厂出厂水肉眼可见物不合格外，其余 2 家供水均符合卫生标准要求。检测学校自备水水质，检验项目为细菌总数、总大肠菌群、pH 值、氯化物、氨氮、锰等 6 个指标，共检测样品 25 份，其中合格 17 份，合格率 68%。县卫生监督所与县疾病预防控制中心协作，每月对松阳水厂管网水 5 个点的常规项目检测一次，抽检 11 批 55 个样品，全部符合生活饮用水标准。2007 年，在对 3 家水厂监督检查的基础上，抽检供水企业水源水和出厂水样品 4 个，全部符合国家生活饮用水卫生标准，合格率 100%。县供排水公司开展供水单位量化分级管理试点。抽检农村学校生活饮用水样品 19 份，检测项目共 23 项，其中全部合格 2 份，不合格项目主要是微生物指标。

2008 年，集中式供水单位量化分级管理试点取得成效，经省卫生厅考核，县供排水公司获 A 级荣誉。抽检学校饮用水 18 份，合格 4 份，合格率 22.2%，不合格项目主要是微生物指标；抽检供水企业出厂水、管网水共 12 份，合格 8 份，合格率 66.7%，不合格项目主要是微生物指标。2009 年，对 3 家集中式供水单位开展日常监督检查，抽检供水企业出厂水、管网水共 12 份，合格 12 份，合格率 100%。

2010 年，对 2 家集中式供水企业进行监督检查，对检查中发现的问题及时提出整改意见。按要求开展自来水厂的水源水、出厂水水质监测工作。指导松阳县供排水有限公司通过省卫生监督所生活饮用水量化分级 A 级单位的复评。

公共卫生与化妆品市场监督

1986 年以后，重点抓西屏和古市 2 个镇的影剧院等文化娱乐场所，以及各类商店、理发、旅馆等服务行业 275 家、服务人员 697 人的体检、监督、监测、发证等工作。体检率 93.5%，检出不合格者均调离或休息治疗。在监测旅馆业的茶具 20 份中，合格 17 份，合格率 85%。对 33 家理发店、9 家旅馆、1 家电影院的空气微小气候的监测均符合卫生标准。对无证上岗和卫生设施达不到要求的理发店、旅馆实行行政处罚 89 户次。

1991 年，为继续贯彻执行国务院《公共场所卫生管理条例》，重点加强旅馆业、理发业、影剧院等单位的监督管理。对从业人员进行健康检查，全县公共场所从业人员 697 人，体检 669 人、体检率为 96.0%，办理健康证 650 人、办证率 93.5%；查出肝功能异常 2 人，作出调离原岗位建议。对 1990 年以前办理公共场所卫生许可证的 161 家经营单位统一换证，换证率 98.7%。全年对古市、西屏镇经营单位检查 362 户次，覆盖率 95%。对西屏 17 家旅馆（店）的 34 个茶具进行检测，不符合卫生标准占 20.1%。对 17 家理发店的噪声进行监测，均符合卫生标准。同时，对公共场所从业人员进行卫生技术指导，卫生知识培训。对全县批发化妆品商店进行检查，检查 129 种产品的生产许可证、检验合格证、生产日期、批号、说明书，特殊化妆品批准文号齐全的占 7.5%。

1992 年，按照《公共场所卫生管理条例》对公共场所卫生许可证 2 年复核一次的规定，复核发放许可证 156 家，发证率 98.7%。对全县 158 家公共场所经营单位建立档案，建档率 98.73%。对从业人员进行健康检查，应检 596 人、实检 576 人，体检率为 96.6%。对西屏镇生活垃圾的处理情况进行检查。全县经营化妆品种类 163 个，监督产品 66 个，监督率 40.4%，对西屏、古市 2 个镇的 14 个化妆品经营单位建立监管档案。

1993 年，对全县 228 家公共场所经营单位建立档案、建档率 100%；从业人员 634 人，应健康体检 348 人、实检 345 人；发放许可证 228 家、发证率 100%。完成化妆品经营单位卫生管理建档工作，并对部分化妆品经营单位进行检查。1994 年，对 371 名公共场所从业人员进行健康体检并发放健康证，体检率为 98.67%。对 273 家理发店、旅店、书店等公共场所建立档案，并发放卫生许可证，建档、发证率 100%。1995 年，对 135 家公共场所经营单位换发许可证，对 248 名从业人员进行健康体检，体检合格率 100%。同时，对境内 20 个乡镇公共场所进行卫生监督检查。1996 年，全县公共场所 148 家全部发放卫生许可证。从业人员体检 230 人，合格 229 人。1997 年，对 56 家公共场所经营单位审查核发卫生许可证，146 名从业人员进行健康体检，体检率、合格率均为 100% ；加强歌舞厅的卫生管理，对 8 家高、中、低档歌舞厅的卫生状况、微小气候进行抽查监测；对乡村所在地的公共场所从业人员加强管理，对违反规定的 3 家营业单位依法做出处罚；建立 15 家化妆品经营者的档案，对经营的化妆品保质期、感官性状等进行监督监测。

1998 年，对全县 229 名公共场所从业人员进行健康检查，体检率 95.8 %，未发现“五病”人员。对新建、新开业的经营单位核发卫生许可证 83 户，年审核发证 106 户。查处违法案件 9 户次。1999 年，核发卫生许可证 59 户，体检 179 人，体检率 98.35%。查处公共卫生违法案件 6 户次。开展化妆品抽样检测 12 家，不合格 3 家。对 400 户公共场所经营单位进行经常性卫生监督检查。

2000 年，对全县 119 家公共场所经营单位审查核发卫生许可证，从业人员 160 人参加知识培训和体检，体检率为 100%。执法检查 400 余户次，未发现重大违法行为。公共场所卫生质量抽检 216 个样品，合格 135 个，合格率为 62.5%。开展化妆品卫生执法监督 3 次，覆盖率 100%。

2001 年，对公共场所依法监督检查 724 户次，立案查处 15 户次。核发卫生许可证 75 户，从业人员健康检查和卫生知识培训 174 人，未检出“五病”禁忌人员。公共场所卫生质量抽检 76 份，合格 72 份，合格率 94.74%。开展化妆品专项检查，共查 22 家经营单位，没收超保质期、无生产日期等化妆品。2002 年，加强全县公共场所的卫生管理，重点对西屏镇的公共场所经营单位进行监督检查，平均 7 次，完善卫生制度，歌舞厅设立吸烟室，改善公共场所内外环境的卫生状况。消毒效果抽检 266 个样品，合格 216 个，合格率 81.2%。立案查处违法案件 13 件，其中要求县行政复议 1 件，复议结果维持原决定。2003 年，开展县城公共浴室的卫生专项检查。县城有公共浴室 8 家，为淋浴式、洗浴房式，卫生许可证和从业人员健康证持证率为 100%，未发现提供毛巾、浴布、沐浴皂液等，卫生状况尚可，通风装置使用情况良好。核发卫生许可证 113 户，年检 161 户，从业人员健康检查 345 人，查出并调离从业禁忌人员 2 人。抽检理发店、旅店的毛巾和床上用品 118 份，合格 96 份，合格率 81.36%，立案查处违法案件 13 件。

2004 年，对公共场所开展专项检查，共查 136 家，对其中违法情节较严重的 2 家予以行政处罚。全年核发卫生许可证 191 份，年审 163 份，卫生知识培训 414 人，发放健康合格证 403 份，调离“五病”禁忌人员 2 人。公共场所卫生质量抽检 181 份，合格 120 份，合格率 66.3%。组织开展化妆品卫生专项检查，共查 14 家经营单位，健美、除臭、祛斑、防晒的特殊化妆品都有国务院卫生行政部门批准文号，销售化妆品都未超过保质期限。2005 年，对宾馆、旅店、美容美发、足浴、娱乐场所等 56 家单位进行监督检查，抽检宾馆公共用品 24 份，合格 19 份、合格率 79.17%；抽检美容美发用品 24 份，合格 21 份、合格率 87.5%。对 13 家重点公共场所开展现场卫生监督检测，采集床上用品、饮具98份，72份合格，合格率73.5%；空气64份，其中2份甲醛超标。开展2次化妆品卫生质量检查，主要查特殊化妆品的批准文号、保质期限、美容化妆品使用和用品用具的消毒情况。全年核发卫生许可证160件，从业人员健康体检和卫生知识培训358人。查处违法案件5件。

2006年，城区公共场所通过“省级卫生县城”创建考核，其店容店貌、卫生制度、消毒管理、两证管理等都得到进一步规范。开展化妆品卫生专项检查，共查25家单位140个特殊化妆品，未发现无批准文号的产品，有8个产品不符合或违反规范要求。全年核发卫生许可证162件，从业人员健康体检和卫生知识培训530人，查出并调离从业禁忌人员6人。查处违法案件28件。2007年，全年检查理发、美容、旅馆、足浴等场所126家，对从业人员管理、卫生制度、消毒措施落实情况予以进一步规范。抽检公共用品和用具消毒样品197份，合格150份，合格率76%；开展市售化妆品标签标识卫生质量抽检，查超市、化妆品专卖店、美容院共20家，产品60个，标签、标识、说明书均符合规定。查洗头、洗浴等场所42家，对41名从业人员进行艾滋病HIV抗体筛查，未发现阳性血清。全年核发卫生许可证76件，从业人员健康体检和卫生知识培训331人，查出并调离从业禁忌人员1人；查处违法案件12件。2008年，重点对住宿场所进行监督检查，抽检公共用品186份，合格167份，合格率89%。开展化妆品卫生监督，检查商场超市、药店、化妆品专营店、美容院、美发店、提供一次性化妆品的宾馆共81家，抽检190个化妆品产品的标签、说明书，全部符合要求。全年核发卫生许可证117件，从业人员健康体检和卫生知识培训443人。查处违法案件18件。

2009年，在对住宿、美容美发、文化娱乐、酒吧、茶馆等公共场所开展全面检查的基础上，启动住宿场所、美容美发场所的卫生质量量化分级管理，36家住宿场所中评定A级单位1家、B级单位2家、C级单位21家、不予评级12家。开展化妆品卫生监督，共查5家单位，对其提供的一次性化妆品和染发类化妆品的标签、说明书进行检查。全年核发卫生许可证90件，从业人员健康体检和卫生知识培训286人；查处违法案件5件。2010年，在做好公共场所经常性卫生监督的基础上，全面推行住宿场所量化分级管理，全县住宿场所应开展量化93家，已开展93家。其中，评定A级单位1家、B级单位4家、C级单位79家、不予评级19家，量化开展率100%。开展化妆品卫生监督检查，共查化妆品店42家。全年核发卫生许可证102件，从业人员健康体检和卫生知识培训304人，查处违法案件1件。

1991～2010年松阳县公共场所从业人员健康体检情况表

表34-8-2-1　　单位：人

年份	参加培训人数	从业人员健康体检情况			职业禁忌人员调离情况			
		应检人数	已检人数	体检率(%)	职业禁忌人员	应调离人数	已调离人数	调离率(%)
1991	669	697	669	96.00	2	2	2	100
1992	576	596	576	98.73	—	—	—	—
1993	345	348	345	96.60	3	3	3	100

续表 34-8-2-1

年份	参加培训人数	从业人员健康体检情况			职业禁忌人员调离情况			
		应检人数	已检人数	体检率(%)	职业禁忌人员	应调离人数	已调离人数	调离率(%)
1994	371	376	371	98.67	—	—	—	—
1995	248	248	248	100	—	—	—	—
1996	230	230	230	100	1	1	1	100
1997	146	146	146	100	—	—	—	—
1998	229	239	229	95.80	—	—	—	—
1999	179	182	179	98.35	—	—	—	—
2000	160	160	160	100	—	—	—	—
2001	174	174	174	100	—	—	—	—
2002	349	349	349	100	4	4	4	100
2003	345	345	345	100	2	2	2	100
2004	414	414	414	100	2	2	2	100
2005	358	358	358	100	—	—	—	—
2006	530	530	530	100	6	6	6	100
2007	331	331	331	100	1	1	1	100
2008	443	443	443	100	—	—	—	—
2009	286	286	286	100	—	—	—	—
2010	304	304	304	100	—	—	—	—

2000～2010 年松阳县公共场所卫生监督监测情况表

表 34-8-2-2

年份	经常性卫生监督		公共场所监测		
	应监督户次	监督户次数	监测份数（份）	合格份数（份）	合格率（%）
2000	—	400	216	135	62.50
2001	208	724	76	72	94.70
2002	231	1195	266	216	81.20
2003	228	880	118	96	81.36
2004	246	948	181	120	66.30
2005	289	1028	210	174	82.86
2006	359	1226	—	—	—

续表 34-8-2-2

年份	经常性卫生监督		公共场所监测		
	应监督户次	监督户次数	监测份数（份）	合格份数（份）	合格率（%）
2007	332	1068	197	150	76.00
2008	338	1078	186	167	89.00
2009	340	1020	—	—	—
2010	365	1038	—	—	—

1994～2010 年若干年份松阳县公共场所卫生行政处罚情况表

表 34-8-2-3

年份	简易程序罚款		一般程序罚款	
	户次数	金额（万元）	户次数	金额 （万元）
1994	—	—	2	0.04
1997	—	—	13	0.11
1998	—	—	9	0.28
1999	—	—	6	0.16
2001	—	—	15	0.84
2002	—	—	13	0.52
2003	—	—	13	0.73
2004	—	—	2	0.19
2005	—	—	5	0.33
2006	5	0.025	23	2.94
2007	—	—	12	0.62
2008	—	—	18	3.54
2009	—	—	5	1.25
2010	—	—	1	0.4

第三节 医疗卫生监督

1988 年，对全县放射人员进行放射保护卫生知识培训，并进行健康检查，受检率 100%。1990 年，进行个人剂量监测和防护装置监测，未发现超标现象。在全县医用 X 线装置的放射防护装置监测中，发现县中医院、古市、玉岩、靖居区医院都存在不同程度的问题，及时提出整改意见。1991～

2000年，县卫生局组织卫生监督员对县各级医疗机构使用的医疗器械、器具、废弃物处理情况开展定期和不定期的检查。2010年，对全县105家医疗机构开展医疗质量医疗安全专项监督检查。重点检查各单位医疗废弃物处置、消毒管理、卫生技术人员执业行为等情况。有14家医疗卫生单位与丽水市民康医疗废弃处理中心签订医疗废弃物收集、转运、处置委托协议，实行医疗废弃物的规范收集、运送、处置工作。对6家个体牙科诊所进行卫生监督检查，重点检查功能布局、消毒制度落实、医疗废物处置、台账记录等情况。全年查处违法案件3件。

2001年，对西屏镇草药店医疗广告宣传和一次性使用医疗用品进行专项整治。查处未取得家庭接生员技术合格证书从事家庭接生的案件8件，立案处罚1件，责令停止助产8件。在西屏、古市、玉岩3个镇开展非法经营药品专项执法检查，整顿药品市场。全年查处违法案件20件。2002年，清理西屏、古市2个镇范围内不具备执业资格的12家诊所。全年查处违法案件15起。2003年，重点开展医疗卫生机构传染性非典型肺炎、疫情报告、发热门诊的设置、物资的储备等防控措施督导。全年查处违法案件19件。

2004年，对3家县级医院、4家镇中心卫生院开展母婴保健专项服务执法检查。全县取得助产许可的医疗保健机构22家，取得结扎手术许可的医疗保健机构3家，取得终止妊娠手术许可的医疗机构28家，持有家庭接生员技术合格证书人员14人，各单位对助产技术、节育手术管理均较规范。对3家县级医院开展临床用血专项整治，未发现违规用血行为。全年查处违法案件12件。2005年，对12家口腔和牙科诊所进行专项检查。检查总体情况较好，个别诊所消毒液使用不规范，医疗废弃物处理无登记。全年查处违法案件22件。2006年，对医疗机构的器械消毒、医疗废弃物处置、内窥镜消毒实施专项检查。全年查处违法案件7件。2007年，加强全县6家个体牙科诊所的管理。全年查处违法案件7件。

2008年，中小医疗机构依法执业实行分级监管。纳入分级监管的有乡镇卫生院、社区卫生服务中心（站）、个体诊所和门诊部共36家医疗单位。对36家医疗机构进行检查评分，评定规范级4 家、合格级24家、不合格8家。同时加强县级医院临床用血的监管，未发现非法采供血现象。全年查处违法案件4件。2009年，学校卫生室纳入分级监管，被监管单位增至65家。加强临床用血监管，县人民医院设置血库，血液管理规范，未发现非法采供血行为。全年查处违法案件4件。

2010年，村卫生室纳入分级监管，监管单位增至81家。按评分标准评定规范级10家、合格64家、不合格7家。

2001～2010年松阳县医疗卫生行政处罚（一般程序）情况表

表34-8-3-1

年份	处罚户数	没收器械、药品		罚 款	
		户数	价值（万元）	户次数	金额（万元）
2001	20	16	6.35	19	9.18
2002	15	6	0.48	12	6.19

续表 34-8-3-1

年份	处罚户数	没收器械、药品		罚　款	
		户数	价值（万元）	户次数	金额（万元）
2003	19	7	—	18	13.14
2004	12	12	0.25	12	4.24
2005	22	22	0.50	22	14.57
2006	7	7	0.75	7	4.07
2007	12	3	—	12	4.58
2008	4	3	0.16	4	2.90
2009	4	4	1.06	4	7.20
2010	3	3	0.20	3	1.19

第四节　职业卫生监督

1972 年，对境内具有粉尘危害的厂矿工人进行矽肺检查。1979 年，进行工厂“三废”（废水、废气、废渣）危害情况调查，建立“三废”污染厂档案，并对松阳造纸厂的废水问题提出改进意见。

1983 年始，县卫生防疫站对境内工矿基本情况进行调查，建立一厂一卡档案。对含苯作业厂、场进行卫生监测。1984 年，对全县 10 个厂矿 150 名 0～1 期以上的矽肺进行复查。1985 年，全县 23 个厂矿建立劳动卫生档案，17 个厂矿开展粉尘监测，5 个厂矿符合国家指标。松阳耐火砖厂过筛球磨车间粉尘浓度最高，达 1354.3 毫克/平方米，超过国家标准 676 倍。1986 年，摄片检查接触生产粉尘的工人 281 人，查出 0～1 期矽肺 57 人，其中Ⅰ期 10 人、Ⅱ期 4 人、Ⅲ期 1 人。1987 年，对 53 个乡镇企业的 1817 名工人进行尘毒危害调查，建立卫生档案，计接触生产性粉尘工人 1316 人（男 538 人、女 778 人），有防护措施的仅占企业总数的 13.9%，摄片检查 543 人，检出矽肺患者 24 人。1988 年，对全县 19 名尘肺病人进行流行病学调查，其中矿山 17 人、非矿山 2 人。1989 年，完成全民、集体、乡镇企业的建档工作。时有厂矿乡镇企业 119 家、职工 5414 人，其中接触粉尘 1204 人，按规定 1989 年预防性体检 166 人，实检 130 人，体检率为 78.31%，摄片发现阳性 25 人，其中Ⅰ期 18 人、Ⅱ期 7 人。

1990 年，对 47 家厂矿企业的档案进行复核，其中全民集体 39 家，复核率为 100%；乡镇企业 8 家，复核率为 10%。对 4 个“三苯”车间进行空气监测，合格率为 100%；对松阳煤矿、靖居砩矿的粉尘浓度、分散度和游离二氧化硅进行监测，发现粉尘浓度超过国家标准的 2～46 倍，分散度 2 微米以上的占 73～81%，游离二氧化硅在 6.2～8.61%，矿山监测率占矿山总数的 100%；对矿山粉尘接触工人进行摄片检查，共 130 张，发现病人 4 人；对全县接触铅的 11 名工人进行尿铅测定，结果均在正常范围以内。

1991年，完善全县32个全民、集体厂矿企业职业病档案。对4个“三苯”车间进行空气监测，合格率100%。对松阳煤矿、靖居砩石矿、赤寿乡企业进行粉尘浓度、分散度和游离二氧化硅监测，共测13个点，合格率92.31%。开展接触粉尘工人预防性摄胸片检查，全县共有接触粉尘工人1099人，检查590人，受检率53.7%，查出新病人Ⅰ级矽肺1人、Ⅱ级矽肺加肺结核1人。对全县1986年以后发现的20例尘肺病人调查核对。1992年，对接触粉尘工人进行预防性摄胸片检查，全县共有接触粉尘从业人员1099人，发现新病例Ⅰ期矽肺1人、Ⅱ期升为Ⅲ期1人。全县累计矽肺患者38人，其中Ⅰ期24人，占矽肺患者63.16%。累计死亡5人，死亡率11.62%。对全县耐火纤维厂、煤矿等5个单位27个点进行粉尘浓度测定，合格8个，合格率29.6%。其中，县耐火器材厂4个点平均浓度超过国家标准50.58倍。对工厂使用工业化学品进行调查，全县有7家单位生产使用工业化学品，共16个品种，年生产使用量3879.40吨，每天接触人数为225人。

1993年，充实完善职业卫生档案，建立32卷工矿企业职业病档案，对89家乡镇企业建立劳动卫生档案。对煤碳、轻工、地质矿产、驾驶员等接触粉尘工人进行摄片，应检967人，实检395人，体检率为35.94%，新增病例1例。对从事铅工作的13名工人进行铅测定，铅尿含量均在0.025毫克/升以下。1994年，按《省劳动卫生规范》要求，重点掌握32个单位有害作业点分布情况，对89家乡镇企业建立一厂一卡档案。对6个作业点进行卫生检测，粉尘浓度最高为89毫克/平方米，最低为10毫克/平方米,对从事接触粉尘作业的220名工人进行尘肺病预防性摄片检查。1995年，对153人从事接触粉尘工人预防性体检，应检510人，实检率为32.7%，检出1期矽肺患者1人。对8名从事接触铅作业工人进行尿铅测定，尿铅含量均在0.25毫克/升以下。

1996年，对全县接触粉尘工人进行预防性体检，应检948人，实检310人，体检率32.7%。累计矽肺患者44人。1996年5月，对县硅酸铅耐火材料厂劳动卫生基本情况进行调查，在受查50人中未发现矽肺患者。1997年，对全县重点行业电焊工基本情况进行调查，有专职电焊工20人，其中女性1人，基本查清电焊条使用的类型、数量。同时，组织全县部分接触粉尘工人进行预防性摄胸片检查，7个厂矿196人参加尘肺拍片，没有发现新病人。对尘肺作业企业和接触有毒有害工作开展调查，共调查80家乡镇企业。1998年，对全县92家有毒有害作业企业建立档案，对9个粉尘作业点粉尘浓度检测，符合国家标准6个。241名粉尘作业人员进行预防性摄片，未发现新病例。1999年，组织粉尘接触人员112人进行体检，应检210人，体检率为53%。2000年，对有毒有害作业企事业建立档案。对9家企业的90名粉尘作业人员进行预防性尘肺拍片，未发现新病例。

2002年5月，《中华人民共和国职业病防治法》颁布实施，组织开展《中华人民共和国职业病防治法》的现场宣传活动。开展接触有害有毒因素企业现状摸底调查，全县共有各类企业477家，其中有职业危害企业41家，职业总人数1562人，接触有毒有害因素从业人员527人，有害有毒项目申报24家，责令改正后申报8家。职业危害因素主要是粉尘、噪音、高温、苯、甲醛等。大多数企业的职业卫生意识淡薄，防护设施简陋。2003年，在县经贸委、公安局、工商局的配合下，开展有毒有害化学品生产、销售和使用专项整治，经调查摸底、宣传动员、自查自纠和集中整治，劳动者和用人单位对职业卫生法制有初步认识，一些用人单位建立职业卫生管理制度，职业危害工作场所也设立明显警示标识，个人防护用品开始使用。全县各类工业企业有477家，其中有职业危害企业41家，职业危害因素接触工人527人，在册患职业病50人，均为矽肺病人。

2004年，加强职业病的防治管理，制定职业病防治工作方案，开展职业病防治专项检查，共查职业病危害场所企业34家，组织职业危害场所从业人员职业健康检查，共检93人。举办企业管理人员职业病防治法有关知识的培训，共培训20人。依法对1家拒不开展职业病防治工作的企业立案查处，罚款2万元。同时，开展以“尊重生命，保护劳动者健康”为主题的职业病防治法宣传活动。2005年，为全县18家重点粉尘和苯危害企业建立档案和接触职业危害因素劳动者236人建立健康档案，18家企业中有16家实施职业病危害项目申报，申报率88.9%。接触危害因素从业人员212人进行职业健康体检，未发现新发职业病患者。

2006年，对16家重点职业危害企业的劳动者职业健康监护落实情况和职业病危害项目申报情况进行监督检查。其中有15家企业进行职业病危害项目申报，申报率92.9%。在重点职业危害企业开展职业卫生台账管理。对263名职业危害场所操作人员进行健康检查。在开展“四商”活动中，正确处理企业发展与职业病防治的关系，在扶持经济发展的同时，加强对企业工作场所卫生防护的指导。2007年，重点开展职业病危害企业专项检查。全县有粉尘、苯、甲苯、二甲苯等重点职业病危害企业48家，全部申报职业病危害项目，建立职业健康监护档案，但还存在档案台账不完善、个人防护用品发放不到位、劳动者岗前和离岗后职业健康体检空白等问题。393名职业危害场所操作人员参加职业健康体检，未检出职业禁忌人员和职业病人。推广职业卫生台账管理，新增台账管理企业15家，累计35家。对3家严重违反《中华人民共和国职业病防治法》的企业予以立案查处，罚款26万元。

2008年，全县存在职业病危害项目的企业52家。结合“保障劳动者健康权益—职业病防治万家企业行”活动和国家职业卫生重点监督检查的要求，对其中21家重点职业病危害企业开展服务指导和监督检查。在21家企业中，粉尘和苯、甲苯危害企业18家，高温、二氧化硫、铅等危害企业3家。接触危害因素的从业人员共367人，其中接触粉尘222人，接触苯系列物54人，接触高温、铅、二氧化硫等91人。对367人进行健康体检，并建立职业健康档案和职业卫生管理台账。开展“防治职业病危害——保护劳动者健康”为主题的职业病防治宣传活动。2009年，重点开展“职业病防治万家企业行——十万劳动者职业健康保障行动”专项活动和国家职业卫生重点监督检查，完成全县职业卫生现状调查。全县有职业病危害项目的企业55家，对其中23家重点企业进行职业病危害监控处置，实行职业病危害信息数据库网上录入，实施分类管理。接触职业病危害因素的劳动者396人参加职业健康检查，发现疑似职业病人1人，确诊矽肺病人1人，调离原工作岗位1人。开展“保护农民共健康是全社会的共同责任”为主题的职业病防治宣传活动。

2010年，与有关部门联合开展全县粉尘与高毒物品危害专项治理行动，以督促企业落实职业病防治主体责任为主要内容，要求企业做到“四个一”，即委托职业卫生技术服务机构进行一次职业病危害因素检测评价，组织劳动者进行一次职业健康体检，组织劳动者进行一次职业病防治知识培训，建立一套职业卫生管理台账。通过9个月的治理，全县27家重点职业病危害企业全部落实卫生台账管理，全部开展职业病危害因素网上申报与备案，全面开展劳动者的职业卫生知识培训。共培训3600余人次，412名职业病危害因素接触工作人员全部参加职业健康体检，发现职业禁忌29人，并按要求进行复查，落实调离职业禁忌岗位。开展职业病防治宣传周活动，组织开展用人单位培训，参加培训人员37人；宣传车深入企业现场宣传，张贴宣传页；开展现场宣传咨询活动，制作宣传展板，发放各类宣传资料，接受现场咨询。

第五节 学校卫生监督

民国时期，开始注意学校卫生。中华人民共和国成立前，松阳县中学和私立国强中学均设有校医，各乡镇小学由1名教师兼任卫生员。

中华人民共和国成立后，县卫生院负责学校卫生监督。

1953年，开始进行健康专项检查。1953年下半年，首次进行学生体检，加强学校卫生教育和保健工作。后因政治运动不断，很少关心学校的卫生监督。

1979年，开始在全县中小学校实行眼保健操和课间操。1981年，对部分中小学校进行学生视力监测表明，视力低下者占26.23%，其中轻度44.16%、中度24.27%、重度31.22%，优等视力5.87%。

1983年，对松阳一中、松阳区校的部分学生进行生长发育情况调查。调查结果表明，松阳中小学学生身体形态、机能、第一性征发育符合一般生长发育规律。从这些学校教室卫生调查情况看，普遍存在教室面积量不足、透光面积小、室内照明不够、缺乏人工辅助照明等问题。对3901名中小学生裸眼视力检查分析，1～10年级平均视力为5.13%，优等视力占5.6%，低下视力为20.42%，其中轻度56.36%、中度21.66%、重度21.79%。城镇学生视力低下重于农村学生。1984年，对松阳区1076名学生进行体检，发现小学生沙眼发病率为34.390%，色盲患者1.020%，鼻病4.09%，扁桃体肿大6.51%，龋齿41.91%，心音异常2.86%，肝肿大2.70%，脊柱弯曲1.77%，平足4.82%，肺部异常0.46%。

1986年，对松阳一中、古市区校的1233名学生进行健康监测中，发现最突出的仍是视力问题，视力低下发生率最低的是古市区校二年级的学生，为4.05%，视力低下发生率最高的是松阳一中高二年级学生，达43.53%。1987年，对松阳一中初二年级、高二年级457名学生检查视力、龋齿，不同程度视力下降的212人、占47.73%，患龋齿135人、占29.5%；同时对松阳区校、古市区校2186名学生进行头虱调查，发现阳性239人，感染率为10.92%。1988年，对全县乡以上的中心学校进行学生健康检查，共查学校43所，学生9618名，全部建立学生健康档案。1989年，在全县范围内开展中小学生驱蛔工作，共有学生29955人，服药24100人，服药率80.45%；同时进行寄生虫感染率调查，调查结果农村学生为70.24%，城镇学生为12.87%。

1990年，对县实验小学和望松乡小学共188名学生进行一次口腔牙菌斑指数调查，卫生良好的

116 人，较差的 72 人，其中农村学生 66 例。另对各乡中心学校学生 16354 人进行体检，常见病发病龋齿为首，查出 3186 人，发病率为 16.69%，其次是视力不良和沙眼。1991 年，对松阳县实验小学按三类学校的 15 个项目进行综合性评价，其中课桌椅配套、教室人均面积、运动场地及健康教育达不到规定的要求。1992 年，对 5 个肠道寄生虫病监测点学校 642 名学生查蛔虫卵，阳性 363 人，感染率为 56.5%。对全县中小学校学生集体服药驱蛔虫，服药 26701 人，服药驱蛔率 96.2%。对全县各乡中心学校 17310 人学生进行健康体检，常见病以近视、龋齿为主，其次为沙眼、寄生虫病。1993 年，对全县中小学生服药驱蛔虫，服药 26469 人，服药驱蛔率 99.2%。对乡镇中、小学生 18113 人进行健康体检，体检率 92.2%。

1994 年，对全县中小学生健康体检，应检 18113 人，实检 12051 人，受检率 66.5%。1995 年，对 10 所学校进行学生学习时间、黑板、采光、环境噪声、微小气候、教室人均面积、运动场地和课桌椅（凳）配套情况 8 个项目监测。其中学习时间、黑板、采光、环境噪声、微小气候 5 个项目合格，教室人均面积、运动场地部分学校合格，课桌配套全部不合格。对 17252 名中小学生进行健康体检，受检率 95%。继续开展肠道寄生虫病防治。1996 年，对县城 4940 名小学生进行健康检查，体检率 99.7%，查出视力低下 1760 人次、龋齿 2065 人次、沙眼 235 人次。1997 年，对西屏镇 290 名学生进行血色素检查，查出轻度贫血 38 人、中度贫血 1 人。对 476 名学生进行肠道寄生虫病检查，检出蛔虫卵阳性 61 人，感染率 12.8%。开展学生健康体检，实检 20099 人，体检率 96.2%，检出视力低下 2716 人、沙眼 1650 人、龋齿 3280 人、营养不良 300 人。1998 年，对 20680 名中小学生进行健康体检，体检率 100%。对全县 34 所县、镇、乡中心小学及中学建立学校卫生档案。1999 年，全县 50 所乡级以上中小学校建立学校卫生档案。对 22208 名学生进行健康检查，体检率 97.7%。2002 年，对西屏镇范围内 9 所学校实施监督，实际监督学校 5 所，监督覆盖率 55.56%，综合评价均合格，教室照明灯具排列不当，课桌椅未配套，食堂工作人员未穿戴工作衣帽，达不到卫生要求。

2003 年，对全县 49 所乡中心小学学生饮用水情况进行调查。49 所学校学生总人数为 26239 人，其中住校生 10602 人，各校能保证学生随时喝到开水，其中 27 所学校为集中式供水（乡村统一安装的自来水），11 所学校是自备水，包括井水、泉水及山溪水，11 所学校为农村方便水（井水、泉水）；2 所学校备有桶装纯净水和饮水机。对县城 4 所学校学生的学习时间、教室人均面积、采光照明、课桌椅等项目进行评分，经综合评价均为合格。2004 年，全县中小学生进行健康体检，应检学生 26276 人，实检 26156 人，健康体检率为 99.54%。开展学校及其周边食品卫生专项整治、民办幼托机构食品卫生监督检查、中高考期间学校周边食品卫生专项检查和开学前后学校食堂及周边副食品店专项检查，共查 85 家单位。通过整治，23 家民办幼托机构食堂无证经营的状况得以纠正，全县各类学校及其周边食品生产经营单位的卫生状况得到极大改观，学校食品卫生安全得到进一步保证。

2005 年，在高考前，共查考区学校食堂、周边餐饮单位、考生住宿宾馆等相关经营场所 46 家，针对餐饮加工场所、销售食品等环节进行检查，对发现的问题及时提出整改意见，确保考生有良好的生活环境。在新学年开学前，检查学校 21 家、学校周边副食品店 20 家，检查学校食堂的环境卫生、从业人员健康管理、餐饮具消毒、生活饮用水管理、学校传染病防治等措施落实情况，对 3 所学校4家食堂的违法行为依法予以处罚。11月初，联合县教育局对全县中小学校、幼儿园的食品卫生和自备水实施联合检查，查学校、幼儿园共70所，对检查中发现的问题提出整改意见。通过3次检查，学校及其周边的食品卫生有很大改善。2006年，在春、秋季开学前和高考期间对学校食堂和学校周边餐饮经营单位检查150户次，学校建立健全卫生管理制度，软硬件设施得到改善，食堂的区域流程设置逐步规范。2007年，重点开展托幼机构餐饮卫生、“金箭一号”、秋季学校食品安全、高考食品安全保障工作，托幼机构和学校食品卫生得到进一步规范。2008年，春、秋季及高考期间与教育部门联合开展“校园卫生健康行动”专项整治，检查全县各级各类学校、幼托单位食堂共62所，督促各学校建立和完善自身管理机制，针对存在的问题提出整改意见，同时全面实施卫生监督量化分级管理制度，其中A级食堂2家、B级食堂2家、C级食堂58家。

2009年，继续开展校园卫生健康行动专项整治，对62所全县各级各类学校食堂工艺布局、卫生设施配备、食品及原料采购登记、从业人员管理、食品卫生管理、自备水管理、学校传染病防治管理进行全面检查，督促学校建立完善自身管理机制，并对学校整改情况进行验收，学校食堂基础设施基本符合规范要求，卫生许可证持证率100%，100%实行食品采购索证进货验收和台账登记，建立健全各项食品卫生管理制度。同时全面实施食品卫生监督量化分级管理制度，其中A级食堂3家、B级食堂2家、C级食堂57家。从业人员健康持证率和知识培训率100%。学校自备水保护措施落实，传染病管理组织制度健全，儿童入学（入托）预防接种证查验制度全部落实，学生健康档案健全。学校学生健康体检工作有序开展，全县应检学生共17951人，实检17694人，体检率为98.6%。

2010年，在春、秋季开学前和“校园安全活动月”时，对全县63所各类学校进行校园食品安全检查，共查学校食堂和学校周边餐饮经营单位184户次。

第九章　医学科教

20世纪初，现代西方医学逐步传入境内，松阳医学科教活动也逐渐开展。50～60年代，陈玉林、蔡永生等小有成绩。在医学教育方面，中医带徒的优良传统被很好地传承着，并为传统医学在松阳的发展做出重要贡献。改革开放后，医学科教活动进一步发展。90年代以后，医学课题、论文成果迭出，境内医学科教兴盛。

第一节　医学科研

组织机构

医学研究社　民国7年（1918）秋，境内疫疠盛行，孔教会成立医学研究社，社址设文庙景贤祠。县知事钱世昌为社长，社员有叶永封、吴绍文等6人。

医学公会　民国11年（1922），在城东大佛寺成立医学公会。宋仲敏为会长。

松阳县国医支馆　民国26年（1937）4月，松阳县国医支馆成立，馆址设西屏镇药皇宫。林成为馆长。下设秘书1席，设总务、医学、药学、推行4个组，各选主任1人。5月，国医支馆附设施医所，聘请14名医师。施医所每天上午9～11时门诊，门诊挂号免费。民国29年3月，蔡琴为第二任馆长。馆址转设国民党县党部左厢房。不久增聘6人，施医所医师共22人。民国34年6月，叶耐寒任第三任馆长。时施医所设内、儿、妇、外、喉、眼、伤等科。1949年，松阳县国医支馆自行解体。

县医师公会　民国26年（1937）7月，在县城药皇宫成立县医师公会。至民国36年9月，共召开5届会议。公会有会员79人，分布全县各乡村。1951年6月解散。

民国36（1947）年1月，松阳县外科研究会组织成立，有会员21人。是年10月，该会与医师公会合并。

中药试种场　1960年，省计委下拨办场经费17000元，在松阳水南公社安乐山开办一个大型综合药物试种场。1961年，试种场迁阳溪公社铺门村湾儿，租住民房；试种场地坐落于离住所1千米的官溪水库西北侧。1963年4月，经2年多时间实践，由于各种原因，难以达到建场目的，该场撤销。

牙病防治研究所　古市镇牙医蔡永生，20世纪60年代中期开始龋病调查与防龋药物探索，70年代初，选用茶叶进行防龋研究。1980年，获县政府“一九七八～一九八〇年度科技成果二等奖”。后与杭州牙膏厂联合研制“小白兔”高级防龋儿童牙膏。1976～1988年，先后在国家、省级刊物上，或学术会议上发表、交流医学、防龋研究论文19篇。1991年3月，蔡永生在古市镇成立民办科研机构松阳县牙病防治研究所。

中医中草药开发研究所　松阳中医蔡宗良继承父业，整理父辈临床经验，结合自身多年医药实践，制成上百幅松阳中草药标本，完成《松阳中医中草药治验录》。1989 年 3 月，在西屏镇大坛路 51 号创办民办科研机构松阳县中医中草药开发研究所，开展松阳当地草药的临床研究，探索中草药治疗肝硬化腹水及某些妇幼疑难杂症。在当地引种、试种白术、吴茱萸、红花、绞股兰、天麻、太子参等中草药品种。

卫生工作者协会　1950 年 7 月，松阳县医务工作者协会成立，会址设县卫生院内。全体会员均为西医药人员。1952 年 7 月，改称县卫生工作者协会，吸收中医药人员参加协会。1953 年，成立古市区分会。1955 年 4 月，有会员、预备会员共 191 人。1957 年 9 月后，协会工作处于停顿，逐渐解体。

县医学分会　1984 年 9 月，建立中华医学会浙江省松阳县分会，会址设于县卫生局。1990 年末，医学会有成员 95 人，其中省会员 20 人。会址改设县人民医院。

县中医分会　1984 年 9 月，建立中华全国中医学会浙江省松阳县分会。会址设于县卫生局。1990 年 5 月，会址设县中医院。

县个体医协会　1985 年 5 月，成立松阳县个体医协会。会址设卫生局医政股。1986 年 8 月，协会讨论制订《松阳县个体开业医管理规定（暂行）》和《松阳县个体行医人员收费标准（暂行）》。1989 年 2 月，西屏、古市 2 镇设立分会。

学术科研活动

1957 年，县人民医院陈玉林为患顽固性营养缺乏下肢溃疡 18 年之久的患者治疗，患者溃疡面积 7×10 厘米，经多种治疗方法无效，陈玉林每天在其患侧股动脉注射 25%葡萄糖 20 毫升，每周停注 2～3 天，共治 50 天痊愈出院，后追访未复发。此外，以 0.25%普鲁卡因对肾周围脂肪囊封闭治疗坐骨神经痛疗效显著；对肛门裂患者以 0.25%普鲁卡因经一次肛门环状封闭治愈。

1963 年，叶耐寒在十里丰农场期间自创采用黄荆叶 120 克，水煎 1.5 小时，去渣，加入黄柏、厚朴、金樱子、神曲各 10 克，煎半小时，每日 1 剂，早晚分服的方法，对 101 例年龄在 27～64 岁之间的男性细菌性腹泻患者进行疗效观察，服药 1 天而愈的 85 例，2 天而愈的 10 例，3 天而愈的 5 例，4 天而愈的 1 例。

1972 年 5 月，地、县钩端螺旋体菌苗防治队针对松阳县占优势的 2 个菌群，采用胎盘浸出液培养法自制的黄胆出血群和波摩那群双价菌苗在西屏镇二、三、四、七、十二大队，阳溪公社周坌、白沙、项弄、项桥下、桐溪、青蒙、乌形山大队及丽水师范、县一中、西屏农场等试点进行现场菌苗反应和效果接种考核。共接种 9042 人次，其中全程注射 4256 人，半程注射 4786 人。至 9 月底，共发病 3 例，全程注射者均未发病，半程注射者发病 1 例，未注射者发病 2 例。

1979 年，省组织肝炎抽样调查，松阳被列为浙南山区少数民族与汉族对照调查点。省、地、县防疫站等单位共 28 人，在靖居区对靖居、雅溪 2 个公社 6 个大队作肝炎调查。

1979年松阳区域靖居区畲、汉肝炎调查情况表

表 34-9-1-1　　单位：人

单位＼项目		总人口数	应检人数			实检人数			调查率%	初步确诊人数	可疑者人数	备注
			男	女	小计	男	女	小计				
雅溪公社	雅溪口大队	644	345	299	644	316	244	540	83.85	5	1	1～4小队汉族
	岭下大队	125	65	60	125	61	59	120	96.00	2	0	畲族
	下坑源大队	133	57	76	133	59	69	128	96.24	0	0	畲族
	高岭大队	144	75	69	144	73	68	141	97.20	1	0	畲族
靖居公社	下寮儿大队	175	97	78	175	95	75	179	96.57	6	5	畲族
	毛弄大队	94	51	43	94	45	42	87	92.55	1	0	—
合计		1315	690	625	1315	649	557	1195	—	15	6	—

1980年9月，县卫生防疫站在丽水地区防疫站寄防科的协助下，在西屏、古市、玉岩根竹口等地作蚊类调查。经鉴定，松阳县蚊虫有1科4属19种。1984年开始，县人民医院江龙生采用蛋壳内膜、羊膜、笛膜、蒜膜、烟纸、棉片等贴片材料，以灼剥法修补鼓膜，治疗外伤或化脓性中耳炎遗留鼓膜穿孔98例109耳。治愈92耳，失败17耳，治愈率84.4%。1984年，县人民医院邀请省、地专家到松阳讲学，报告国内外医学情况，参加学术讲座350人次。1985年，县医学会暨县人民医院特邀地区医院2位主任级医师到松阳进行慢性肾炎非透析疗法、甲状腺机能亢进症及其手术治疗原则、肝脏疾病治疗进展、休克治疗综述等内容讲学；选派医务人员参加外地学术活动8次、25人。县人民医院组织遗传学基础、胃镜检查、输血、病历讨论等全院性学术研讨会4次。

1986年，县人民医院参加地、省各科学术活动23次，计36人，院内开展学术讲座3次，其中2次请省专家主讲。1988年5月，县医学会请浙江医科大学生物系2位教授主讲“遗传学概况及进展”学术报告。是年，县人民医院内儿科诊断出地中海贫血、免疫缺陷性疾病。1989年5月，县医学会邀请省精神病院1位主任医师主讲“癫痫病的概念与治疗进展”的学术报告。8月，县药品监督检验所从省医科院、浙医大借得中药材真伪鉴别科教录像片2辑。1990年4月，县中医学会代表大会召开。

2000年，县人民医院“松毛虫骨病的流行病学和临床诊治”等3项研究列入县级科研课题，进入临床研究。县医学会、中医学会、护理学会开展各科学术活动，参加1000余人次，在省级以上医药杂志发表论文80篇。县级医院开展新项目、新技术42项，取得较好的临床效果。2001年，县人民医院“中西医结合治疗脂肪肝”等2项研究列入县级研究课题。

1999～2010年，累计发表在省级以上各类专业杂志论文共484篇。2002～2010年，县级医院开展新技术、新项目共167项。

第二节 继续医学教育

中医带徒

中医药带徒源远流长，家传或师承是传统的医教方式。历代名医均以传子授徒形式把独特的医药学及其宝贵的临床经验留传后世。西方医学自清末民初传入松阳至中华人民共和国成立前，博爱医院、锡光医院、后方医院、思暄诊所仿照中医带徒方式培养西医人员 9 人。

中华人民共和国成立后，卫生部门带徒传统继续得到尊重和继承，作为逐步向院校教育的过渡方法。1957 年 9 月，县人委卫生科核准西屏镇中医联合诊所带教中医学徒 10 人，次年核准 1 人，共 11 人。诊所与各学徒及其家长签订授学合同，学制 3 年。课目有医学史、内经知要、神农本草、汤头歌诀、伤寒论、金匮要略、解剖生理学、脉诀、中医内、妇、儿、眼、外科学、针灸学、各家医案、临床经验等。教务组长蔡观淮，所内医师兼任各课教学，每日 3～4 课时，期满评定成绩报卫生科鉴发结业证书，不及格课目须补习及格再予鉴发。

境内凡中药学徒，任何带教单位均未提供统一系统的基础或专业知识学习资料，凭任师傅把世代沿袭之经验以口传手传形式传授。20 世纪 70 年代后期，随着卫生专业技术职称晋升工作的开展，非科班出身的中药人员开始自学院校教材。

全县卫生系统学徒类型有由卫生行政部门指定某师带某徒者；经组织同意名老中医药人员带教自己子女者；社会招工或职工退休子女顶班后由单位安排搞卫技工作，边干边学、以自学为主，集体带教或经短期培训者。前两者多系 20 世纪 50～60 年代学徒，后者系 70～80 年代学徒。

1991 年，中医带徒由省卫生厅指定名医，在卫生专业技术人员中挑选人员带徒。2008 年，县中医医院获第四批全国老中医专家学术继承师带徒项目。

函授自考教育

1986 年 7 月，县人民医院等 3 个医疗单位首批 8 人报名参加中等护理专业自学考试。到 1990 年，共有 82 人参加自学考试。

1991～2010 年，参加函授教育、自学考试教育累计 1218 人次。其中，在职函授教育研究生 8 人、大学本科 448 人、大学专科 493 人，其中函授毕业大学本科 166 人、大学专科 263 人。自学考试教育大学本科 32 人、大学专科 233 人、中等专业 4 人，其中自学教育毕业大学本科 9 人、大学专科 98 人、中等专业 2 人。

培训、进修

民国 32 年（1943）9 月，县卫生院在松阳中学举办卫生员、助产士训练班，招收学员 60 人（卫生员 41 人、助产士 19 人），培训时间 1 年（理论学习与临床实习各半年）。结业后一部分学员分配在县、区卫生机构服务。民国 35 年 3 月，县国医支馆举办伤外科人员讲习班，招生 50 人，学期 3 个月。

1950～1954 年，前后培训四次接生员，共计 126 人，提高新法接生率。1952 年和 1953 年，卫生科分别保送 5 名中医、动员 3 名中医参加徽州专署举办的第一期、第二期中医理论进修班学习。一期 5 名学员先后在县卫生院临床实习 2 个月。1954 年，县政府抽调妇幼保健站、县卫生院各 1 名医务人员到省医院进修妇产科、外科。1955 年 2 月，卫生科抽调江南区卫生所助理护士 1 名参加省卫生干部学校举办的助理护士进修班学习，时间为 1 年。3 月，县卫生科为开展农村卫生防疫工作，培训农业生产合作社保健员 93 人，时间为 14 天。之后，在较大的农业社建立保健室。12 月，县体检训练班集中医师、护士、化验员、助产士、行政人员共 23 人进行学习，时间为 14 天。1956 年，县妇幼保健站培训新法接生员 72 人，并配合妇联、文教部门训练体育辅导员 158 人、教养员 85 人。1957 年，县人民医院抽调 3 名医务人员到徽州人民医院分别进修内科、妇产科、护士长职责；2 名到金华二院学习输精管结扎术，保护会阴床的使用操作；1 名医生到浙江一院进修化验；时间分别为 1 年、6 个月、2 个月。1957 年，古市联合诊所 2 名中医人员参加浙江中医进修学校学习 1 年。

1958 年，西屏中医联合诊所、新兴卫生所、交塘卫生所各派 1 名中医人员到浙江中医进修学校学习 1 年。9 月，县人委批准开办松阳县初级卫生学校，址设县人民委员会内，学习时间 6 个月，招收学生 80 人，分设妇产、护士各 1 个班。10 月开课，教师由县人民医院医师、助产士兼任，另有专职业务、会计、事务各 1 人。两个月后，因松阳县建制撤销并入遂昌卫校，合并后有学生 135 人，实行勤工俭学。1959 年下半年，卫校停办，学生一部分转校或就业，一部分回家待业。是年，全县分批举办儿保、卫生防疫、中药剂、妇幼、计划生育、X 光保护、皮肤三病（头癣、疥疮、麻风）、卫生财务等学习班。新兴乡卫生所和庄门乡卫生所各派 1 名医务人员参加浙江中医学院师资班第十一期学习 1 年。1960 年 3 月，半工半读卫校招生 50 人（含遂昌）；4 月 5 日正式开学，原定学制 1 年；1961 年初，困难时期，卫校停办，学生遣散。是年，县人民医院 1 名中医人员参加浙江中医学院第十二期师资班学习 1 年。1964 年，县防疫站派出工作人员 1 名参加省“02”（霍乱）防治训练班学习。1966 年 8 月，在望松公社举办半农半医培训班，有学员 61 人，教职员 6 人；培训针灸推拿、中草药、解剖、生理、病理、诊断、药理、内、外科常见病等基础知识；原计划半年后结束，因“文化大革命”开始，5 个月后提前结束。

1973 年 3 月，县开办中医中药培训班，松阳学员 9 人，时间为 3 个月。结束后分配公社卫生所工作。1976 年 4 月，县五七大学开设卫生班，学员 54 人，松阳学员 27 人（每个公社、镇各 1 人，直属公社各 2 人）；学制二年，毕业不包分配，实行“社来社去”。6 月，县卫生局在枫坪举办中医、西医、助产培训班，学制二年。松阳片学员 40 人，毕业分配各公社卫生所工作。1977 年 10 月，县人民医院抽调 10 名医护人员在望松举办“赤脚医生”训练班，参加学习的“赤脚医生”137 人、各公社卫生所学徒 20 人，合计 157 人。“赤脚医生”首次参加者 103 人，二次培训 34 人。课目有中医、针灸、草药、西医内、外、妇、幼科及计划生育、护理基本知识等，学习时间为 15 天。1978 年 4 月，在县五七大学（西屏塔寺下）开办中医、西医、助产培训班，学员 129 人，松阳片学员 61 人；学制半年，毕业后分配各卫生所工作。

20 世纪 70 年代中后期，社会政治趋于稳定，党的“尊重知识，尊重科学”的政策得以贯彻，尤其80年代国家对教育、科技人员实行职称晋升晋级制度之后，卫生系统重视人才培养和智力投资，不断选派县、区、乡各级医务人员到县内外、省内外等医疗、医教单位进修学习；进修几乎涵盖中西医各个专业。

1983年，为进一步提高乡村医生业务水平，巩固发展大队医疗机构，全县以区为单位先后组织5期培训班，受训乡村医生206人次，通过考试考核合格后发证。是年，全县初级卫技人员中，32人参加为期3个月的初中文化补习，获得合格证者13人。次年，有33人经文化补课获得合格证。1984～1985年6月，县人民医院为提高医务人员的英语水平，举办每周2晚的英语学习班。1986年8月，开始筹办松阳县乡村医生培训班。培训班按县职技校统一招生原则，结合松阳山区缺医少药的情况实际，采取定向招生的办法，通过考试录取学生32人、旁听生10人（含本系统学徒工），共42人。设解剖生理学、病理学、药理学等课11门，共1243个教时。10月6日正式开学，1988年2月6日结束。结业后由丽水地区颁发职业高中毕业文凭。学生绝大部分被各区医院、乡卫生院聘用。12月，县卫生局组织对98名乡村医生进行分科考试考核，及格者上报地区卫生局审核发证。

1987年8月，为提高接生员的业务素质，做好科学接生，增加接生站，解决部分边远山区运送产妇难、住院接生难的问题，举办1期接生员提高班，有56名农村接生员参加学习，时间为7天。1987年，举办短期培训班2期，受训的区乡卫生机构防疫医生27人、妇幼卫生人员24人。1988年，县卫生局举办培训班3期，每期7～10天，对象是乡卫生院工作人员，计西药剂员24人、防疫医生26人、妇幼工作人员25人。1989年4月，举办1期区乡兼职儿保人员培训班，时间为7天，参加人员29人。学习四病防治、体弱儿筛选、儿童营养学等业务知识。

1991年，举办妇幼、防疫、中西药培训班各1期，共97人参加。1992年11月，举办县首届幼托园所保育员培训班，时间6天，40名保育员参加培训，经考试考核平均得分93.8分，均发给保育员合格证书。1993～1998年，每年分批对乡镇卫生院医务人员进行业务知识培训，选派医务人员到上一级医院进修学习。

1999年4月，对乡镇卫生院医生70人分两批举办学习班，进行医疗文书门诊病历书写学习；举办中医药人员培训班，30人参加。2000年，举办院长、中药剂、防疫、妇幼人员培训班8期，225人次参加。同时，有26人参加全科医生培训。对50岁以下的卫生技术人员601人进行“三基”理论考试，占全县卫生技术人员总数的98%。

2002年，分别举办院长、妇幼、防疫、急诊急救培训班，共128人参加。6个专业共436名卫生技术人员参加专业基础理论考试，卫生技术人员继续教育培训65％以上。2003年，组织在职医务人员参加初级卫技人员岗位培训68人，全科医生培训42人，住院医师规范化培训33人。4月，27名乡镇卫生院妇幼人员参加“高危孕产妇、新生儿抢救、婴幼儿保健与营养指导”等业务知识培训。全县788名卫生技术人员分期、分批参加“传染性非典型肺炎”临床诊断、流行病学调查、消毒业务知识、卫生法律法规培训。县疾病预防控制中心举办“传染性非典型肺炎”防治知识培训班33期。

2004年6～7月，县级医院、县妇幼保健所和中心卫生院52人分批参加市妇保院组织的“产科、妇女保健、儿童保健和托幼保健”知识更新培训。4月、7月、8月、10月，举办全县妇幼人员业务培训班，124 人次参加，培训内容有孕产妇保健管理、产前筛查等。2005 年，分别组织住院医师规范化培训 21 人、初级卫生技术人员岗位培训 56 人、全科医生转型教育培训 36 人，继续教育、网络教育、乡村医生学历教育培训共 59 人。11 月，全县 788 名卫技人员和 51 名乡村医生参加禽流感预防知识的考试。

2006 年，30 人参加住院医师规范化培训，41 人参加初级卫生技术人员岗位培训，12 人参加全科医生转型教育培训，59 名乡村医生参加为期 12 天的乡村医生培训；分两期对 169 名联村责任医生开展为期 3 天的业务知识培训。2007 年，初级卫生技术人员岗位培训、全科医师岗位培训、卫生院长培训、护理补缺教育、乡村医生提高培训等共 252 人次。参加为期 2 年的省农村中医骨干培训班学习，2 人结业。23 人参加中医药知识培训班学习。

2009 年，县人民医院开通浙医二院可视远程继续教育项目。2010 年，县人民医院首次举办国家级继续教育项目《重大感染性疾病的防控策略和应对措施》培训班，县人民医院、县中医医院、古市医院、县妇幼保健所、县疾病预防控制中心、乡镇卫生院和县计划生育技术指导站共 300 余人参加培训，130 人取得国家级 I 类学分 10 分。

1991～2010 年松阳县卫生技术人员到上级医院进修人数情况表

表 34-9-2-1　　单位：人

年份	省级医院	市级医院	县级医院	小计
1991	0	17	4	21
1992	0	14	8	22
1993	12	0	13	25
1994	2	6	14	22
1995	2	8	10	20
1996	3	4	10	17
1997	8	3	13	24
1998	7	2	16	25
1999	20	13	10	43
2000	28	12	18	58
2001	18	13	20	51
2002	11	15	19	45
2003	18	15	14	47
2004	14	17	27	58
2005	10	15	20	45
2006	16	9	15	40

续表 34-9-2-1

年份	省级医院	市级医院	县级医院	小计
2007	7	13	14	34
2008	3	9	12	24
2009	7	3	6	16
2010	9	7	9	25

第三节　医学技术职务评聘

职称评聘

1979 年，松阳开展职称评定工作，凡符合条件的卫生技术人员，经考试考核合格者晋升为高一级技术职务。1982 年，松阳县卫生技术职称评审委员会建立。1983 年，暂停职称评定；至此，全县士级晋升师级 8 人、师级晋中级 3 人。

1986 年，根据国务院发布的《关于实行专业技术职务聘任制度的规定》，对专业技术人员技术职务实行评聘结合。1987 年，首次开展全县卫生专业技术人员的评聘工作，取得任职资格的 238 人。1988 年，取得任职资格 81 人。在这 319 人中，高级 2 人、中级 33 人、初级师 79 人、士级 205 人。

各级职称情况

至 2010 年，高级职称卫技人员 58 人，其中主任医（护）师 8 人，副主任医（护、药）师 50 人。中级职称卫技人员 232 人。

1991～2010 年松阳县卫生专业技术人员晋升高一级职务情况表

表 34-9-3-1　　单位：人

年度	初级	中级	高级		合计
			副高	正高	
1991	37	3	1	0	41
1992	34	4	1	0	39
1993	42	8	2	1	53
1994	64	18	12	1	95
1995	21	18	4	0	43
1996	16	29	0	0	45
1997	33	11	5	0	49
1998	55	19	0	0	74

续表 34-9-3-1

年度	初级	中级	高级		合计
			副高	正高	
1999	26	17	2	0	45
2000	16	27	2	2	47
2001	21	26	0	0	47
2002	9	43	3	0	55
2003	2	18	0	1	21
2004	33	24	3	0	60
2005	0	0	5	1	6
2006	50	20	7	2	79
2007	43	24	8	2	77
2008	38	18	12	1	69
2009	31	14	11	2	58
2010	—	—	13	2	15

附：单、验、秘方

摘录《松阳县卫生志》中有关单、验、秘方，供参考。

接骨方

白雨伞刺根皮、喇叭柴根皮、虎杖根皮、春兰花根、松树根皮、柏子树根皮、桑树根皮、野葡萄根皮、枇杷树皮、糯米饭。9 种草药与糯米饭共捣烂，骨折复位后外敷患处，24 小时除药，时间过长皮肤会起泡。喇叭柴根用量不宜多，其余不拘。此药对闭合性骨折或开放性骨折均适用。

（陈列、陈公义提供古市狮子口陈氏祖传秘方）

牙齿痛方

白芷、升麻、威灵仙、赤芍、石斛、制乳香、制没药各 10 克，细辛 3 克，生地 20 克。热盛者加生石膏 30 克，大便秘结者加大黄适量。痛剧烈者效佳。

闪腰方（腰扭伤）

独活、当归、制乳香、制没药、白薇、泽兰、炮山甲、川牛膝、威灵仙各 10 克，赤丹参 20 克。水煎服，每日一剂。

破伤风方（俗名七日风）

白芷、防风、制南星、天麻、僵蚕、羌活各 10 克，全蝎 6 克，生白附子 20 克，水煎冲黄酒服，或上药各等分，研细末，日 4 次，每次吞服 10 克。

头痛方（适用于晨始头痛，午后自能缓解者）

西潞20克，黄芪30克，当归、白术、升麻、柴胡、蔓荆子、川芎各10克，陈皮、甘草各5克，水煎服。

胃痛方（适用于饥时胃脘痛，食后自能缓解者）

黄芪、白芍各30克，党参20克，桂枝、陈皮、甘草各10克，生姜3片，红枣5枚，饴糖（或红糖）50克（冲），水煎服。若服药后作胀者，加砂仁3～5克，食纳呆滞者加炒谷芽10克，呕酸水者加瓦楞子15克。

坐骨神经痛方（适用于病久气虚络阻者）

黄芪50克，白芍30克，当归、地龙、木瓜、怀牛膝、甘草各10克，丹参20克，红花5克，全蝎3克，水煎服。

中耳炎方

内服：柴胡、制半夏、黄芩、僵蚕、辛荑、赤芍各10克，蒲公英20克，远志、川菖蒲、甘草各5克，水煎服。急慢性均可用。

外用：马钱子1粒（捣）放搪瓷杯中，入茶油两许，放在慢火上炖滚后，用棉花浸油塞入耳中，早晚各换1次，直至痊愈。

小儿夜啼方

蝉衣3克，夜交藤5克，灯心草7条，水煎服。

急性传染性肝炎方

蒲公英、板兰根、平地木各20克，茯苓、泽泻、猪苓各15克，白术、厚朴、谷芽各10克，甘草5克，水煎服。黄疸，加茵陈20克；肋胀，加柴胡10克；大便秘结，加大黄10克。

（以上系原古市区医院叶益丰验方）

黄胖病（黄疸型肝炎腹水）方

1.绿矾、苍术、白芷各30克，糯米、红糖、元枣（去核）各60克。共研细末为丸，早晚各服15克。

2.绿矾250克（用菜油60毫升、醋250毫升同炒），馀粮石15克，甘草、谷茴、茯苓、杜仲、山奈、赤芍各10克，红花5克、赤桂3克。共研细末为丸，早晚各服15克。

狐臭方

矮硫黄2克、冰片1.5克、白芷、胡椒、寒水石、枯矾、密陀僧各5克。共研细末，两腋清洗后搽擦不拘时。

骨髓炎、漏管方

白毛桃树根皮（刮去表层），掺红糖搥敷患处，干后再易。

烫伤方

1.芝麻嚼细敷患处。皮肤烫伤渗汁液，疼痛难忍者宜。

2.活白颈蚯蚓适量洗净，置磁盆内加白糖，待蚯蚓全部化成水，以鹅鸭翎蘸涂患处。

血小板减少紫癜方

鲜十姐妹根60～120克，加红糖15～30克，每日煎服1剂。此方适于血小板减少的皮下及口鼻牙龈出血。

（以上系原县人民医院汤凤桐提供验方）

治伤方

制草乌、制川乌、天麻、独活、前胡、当归、丹皮各10克，骨碎补、自然铜各12克，生大黄、紫荆皮各24克，赤芍18克，苦参30克，红花、生枳壳各6克，飞朱砂3克。上药共研细末，陈酒吞服1匙；伤不省人事者，用鸡屙草（黄堇）汁1盏、桃仁（捣细）3克，童便少许冲服；外敷用糯米粥调匀。

毒蛇咬伤方

内服：青木香5克，牡丹皮、白芷各6克，炒苍术、赤芍、枳壳各7克，生大黄、生地、半边莲、徐长卿各10克，红花、甘草各4克，川连、桃仁各3克，每日1剂煎汁凉服。

外敷：雄黄、苍术、白芷各10克，青木香12克，共研细末，用鲜半边莲汁调敷。伤手，针刺八邪穴放血；伤脚，针刺八风穴放血。

蛇伤腐烂方

雄黄、广丹、苍术、白芷各10克，青木香12克，熟石膏30克，冰片2克。共研细末，用柏子油调敷患处。

止鼻血方

玄参、焦栀、桑白皮、粉葛根、侧柏炭各10克，生地炭12克，荆芥炭、桔梗各7克，川连5克。

（以上系原玉岩区卫生院周时年提供祖传验方）

胃溃疡出血方

大黄、白芷、三七各50克，三药共研细末，每次15～50克，每日3次，空腹吞服。

急慢性胆囊炎、胆石症方

金钱草、绵茵陈、蒲公英各30克，大黄、郁金、枳壳各15克，生白芍、制延胡各10克，生甘草5克。每日1剂，水煎分2次服。

胆道蛔虫方

金钱草、绵茵陈、乌梅各30克，生白芍、制延胡各15克，黄连、当归、大黄各10克，川椒、生甘草各6克。每日1剂，水煎分2次服。

颜面神经麻痹方

全蝎、关白附、蝉衣、僵蚕、天麻各30克，蜈蚣15条。前药共研细末，分30等份，早晚各吞服1份。

小儿疳积方

红参10克、白术、米仁、扁豆、淮山药、鸡内金各30克。前药各研细末，每次3～5克，每日

3次，用熏火腿1～2两煎浓汁调服。

（以上系原古市区医院黄京福验方）

催乳方

生黄芪、西潞党各15克，当归、龙骨（先煎）各10克，炮山甲6克，通草3克。每日1剂，水煎服，此方适用产后气血亏耗，乳汁淡少。

（县中医院程月仙提供徐肇璋验方）

黑膏药

川乌、草乌、生地、白蔹、白芨、象皮、官桂、白芷、当归、赤芍、羌活、苦参、乌药、土木鳖、穿山甲、甘草、独活、玄参、大黄各15克。前药浸入麻油7公斤内，春五天、夏三天、秋七天、冬十天。日数足，置锅内，慢火熬至药枯浮起为度，住火片刻，除净药渣，称准药油，按油与铅粉2∶1投入铅粉，用柳枝不断搅拌至凉即成。此膏药治一切痈疽发背，痰咳流注及对口疮。

白膏药

净巴豆350克，去壳蓖麻仁350克，蛤蟆5只（每只口塞头发一团），麻油1500毫升。将巴豆肉、蓖麻仁入麻油内浸3天，蛤蟆浸一宿，临熬入活鲫鱼10尾，共炸焦去渣，慢火熬油，滴水成珠，离火，再加水粉200%，乳香沫15克，以柳枝不时搅拌，冷定为度。此膏药适用于各种痈肿疮毒溃破化脓者。

（以上系王绍祺提供古市王大源国药店验方）

血小板减少周身紫癜方

阿胶、犀角、生地、赤芍、生白芍、牡丹皮、紫草、白茅根。此八药剂量因人制宜，每日一剂，水煎2次，早晚分服。阿胶另炖烊冲服；犀角缺货可用广角或水牛角代用，水牛角剂量增加10倍，另置容器煎透分冲服。（古市王绍祺验方）

黄疸型肝炎方

茵陈18克，带皮苓、鲜竹茹各12克，猪苓、功劳木、生黄栀各10克，泽泻9克，仙半夏、枳壳各6克，陈皮、黄柏各5克，胆星3克。每日1剂，水煎，上、下午空腹各服1次，症重者日服一剂半。其中茵陈与竹茹先煎汤去渣再入他药。患者口渴，去黄柏、猪苓、泽泻，加生地、丹皮、石斛；出血，加仙鹤草、藕节炭、鲜茅根；气逆，加玫瑰花、柿蒂。

蛔虫腹痛方

红藤、苦楝皮、冬瓜仁各12克，米仁15克，白芍、赤芍、姜朴、沉香、清宁丸（分吞）各6克，生甘草、鸡内金各5克，青木香、桃仁各4克。每日1剂，水煎2次，在腹痛暂定时服，连服3日。吐虫允去清宁丸，加乌梅、川椒；便结去甘草加大黄。

急性盲肠炎方

炮山甲3克，制乳香、制没药、石斛、青木香、小青皮各5克，赤芍、酒白芍各6克，酒苓、法夏、生鸡金、制延胡各10克，鲜败酱草汁4羹（干品30克）。此方不宜加泻下药。

（以上系蔡宗良提供蔡观准验方）

季节性皮炎方

米泔水（新鲜）1000毫升，食盐100克，在铁锅内煮5～10分钟，倾入面盆，以毛巾蘸洗患处，早晚各1次，有清热、凉血、解毒、止痒作用。通常1～2次见效，1周痊愈。

鱼骨梗喉方

威灵仙30克，煎汤代茶，一般饮2次即效。

（以上系阙仲翊验方）

痔疮（内痔）

猫头一个，烂去肉，煅透，研粉，拌白酒油，注入肛内。

催生方

大栗壳（带刺层）、枫树果（路路通）各7个。煎服。栗壳意取“娘开口、儿落地”。

风疹块（风疸）方

高脚山落苏（地稔）50克，黑豆（打碎）30克。同煎服。

（玉岩隔溪杨必信提供杨天德秘方）

胃痛彻背方

柴胡、郁金、香附、川芎、法半夏、茯苓、枳壳、陈皮、薤白、青皮各10克，生白芍20克。每日1剂，水煎2次服。头不痛去川芎；无畏寒，柴胡用6克。

粉刺（青春痘）方

生地20克，丹皮15克，薄荷、白菊花、焦栀、玄参、川芎、白芷、蔓荆子各10克，藁本5克。每日1剂，煎服。

（以上系金耀民提供金乾源验方）

疔疮方

千年棕（仙茅）根，捣烂敷患处。各类疔疮均适用。

（水南东岗寮林坛土验方）

第十章　卫生体制改革

20世纪80年代末90年代初，国家经济体制由计划经济逐步改革，步入市场经济时代，境内医疗卫生体制改革也应时而动。随着境内医疗卫生市场的逐步孕育和发展，原计划体制下的医疗卫生管理体制已经无法适应和管理全新的医疗卫生市场。卫生体制的改革势在必然，改革包括建立市场需要的各层次各类别的管理和服务机构，如县妇幼保健所、西屏古市两镇的卫生办公室、松阳县卫生防疫站、松阳区卫生办公室、松阳县疾病预防控制中心、松阳县卫生监督所、松阳县药品监督检验所、松阳县卫生会计核算中心等机构；破除不适应社会需求的卫生医疗保健制度，建立有利于调动人的工作积极性、发挥人的才能和潜能、为社会提供更加有效和优质的医疗服务等。

第一节　卫生机构改革

松阳县妇幼保健所

1953年4月，松阳县妇幼保健站建立。其间数次撤销重建。1982年5月，松阳恢复县制后再次成立松阳县妇幼保健站。1985年，县妇幼保健站更名县妇幼保健所至2010年。1994年，松阳县卫生防疫站新办公楼建成，原办公楼划归县妇幼保健所。

1999年，设妇保、儿保、婚检、健康信息、办公室5个职能科室。开展人事制度改革，实行中层干部竞聘上岗和职工聘用制；职工上岗由所领导直接聘用。2003年，增设医技科、财务药事科。

2009年，婚前医学检查实行免费制度；并设立艾滋病初筛实验室。2010年，有工作人员39人，其中在编工作人员23人。工作人员中技术人员32人（借用2人），其中副主任医师2人、主管医技师15人、医师3人、西药剂师1人。

松阳区卫生办公室

1985年，松阳区卫生办公室成立。1992年，松阳县撤区扩镇并乡后，区卫生办公室撤销，所属8所乡卫生院的行政、医疗、防保、财务的业务指导管理职能划归西屏镇卫生办公室管理，原区卫生办公室人员在系统内部进行调整。

西屏、古市镇卫生办公室

西屏、古市两镇卫生办公室建于1981年7月，主要任务是加强城镇卫生管理、卫生宣传、预防接种、计划免疫接种等，各卫生办公室初有工作人员2人。

1992年，原松阳区所辖8所乡卫生院和原古市区所属6所乡卫生院的卫生行政、财务、防保、计划免疫等分别划归西屏和古市2个镇卫生办公室指导管理。同时分别承担西屏、古市2个镇计划免疫接种、公共卫生等工作。4月，2个镇卫生办公室由集体所有制卫生事业单位转为全民所有制全额拨款卫生事业单位。西屏镇卫生办公室在职人员4人，古市镇卫生办公室3人。

1994年10月，西屏镇中心卫生院建立后，西屏镇卫生办公室负责所属乡级卫生院管理职能分离划归西屏镇中心卫生院管理。西屏镇卫生办公室负责西屏镇县城范围的计划免疫接种和公共卫生等工作。

2009年11月，撤销西屏镇、古市镇卫生办公室，其在编人员和所承担的职责分别划入县疾病预防控制中心和古市医院。

松阳县卫生防疫站

1982年5月，松阳县卫生防疫站成立。1993年，实施县级卫生防疫站等级评审。1994年2月，内部科室进行撤建，设立行政科、卫生监督科、疾病防治科。1999年，实行站科两级管理制度，职工试行聘用制；增设卫生信息报道组。

2001年4月，按照卫生监督体制和疾病预防控制体制改革的要求，撤销县卫生防疫站，分别组建松阳县疾病预防控制中心和县卫生监督所。原站内在编人员，按各自的工作性质职责以及财物进行分流，办公地址设西屏镇新华路72号。

松阳县疾病预防控制中心

2001年5月，成立松阳县疾病预防控制中心。中心核定编制19人，直属县卫生局的全额拨款卫生事业单位，具体实施政府对社会疾病预防控制与公共卫生技术管理的职能。2007年6月，人员核编21人。

2008年6月，搬入西屏镇长虹东路198号新建疾病预防控制大楼办公。疾病预防控制中心按县级疾病防治机构规范要求，设置传染病防治科、免疫规划管理科、检验科等8科1所（结核病防治所），人员实行定岗、定人、定责，中层干部实行竞聘上岗。

2010年，中心核定编制25人，实有34人，其中在编23人。大专以上学历26人；卫技人员25人，其中副主任医师2人、主管医（技）师13人、医师7人。有万元以上设备25台（件）。

松阳县卫生监督所

2001年5月，松阳县卫生监督所成立，下设办公室、办证和法制宣传科、监督稽查科，核定人员编制13人；为直属县卫生局全额拨款卫生事业单位，行使卫生监督职责。2007年，对科室设置和人员岗位进行调整，设办公室、监督一科、监督二科、监督三科。同年，在古市镇、大东坝镇分设卫生监督分所，增加人员编制4人。

2008年7月，迁入西屏镇长虹东路198号新址办公，与县疾病预防控制中心共用办公大楼。是年，建立卫生监督协管工作机制，每个乡镇卫生院配备卫生监督协管员2人，每个社区卫生服务机构配备1人，承担辖区内食品、公共场所、医疗单位、职业病危害企业、学校的卫生监督协管任务及农村聚餐管理等工作，55名协管员在接受岗前培训后持卫生监督协管检查证上岗。2009年6月1日，《中华人民共和国食品安全法》颁布实施后，对食品安全的监管职责进行重新界定，各级质量监督、工商行政管理和食品药品监督管理部门分别对食品生产、食品流通、餐饮服务活动实施监督管理。因监督管理职能调整还未到位，截至2010年12月，市、县两级餐饮服务活动仍由卫生行政部门监管。

2010年10月，松阳县公安局驻卫生局打击非法行医联络室成立，联络室办公地点设卫生监督所。卫生监督所核定编制17人，在岗在编人员14人，其中主管医（技）师5人、医师2人、其他卫生技术人员3人。

松阳县药品监督检验所

1985年，松阳县药品监督检验所成立。松阳县药品监督检验所是直属于县卫生局的全额拨款卫生事业单位，是执行国家对药品质量监督检验的专业机构。2001年，在编人员5人。2002年2月，机构调整，县药品监督检验所成建制（包括人、财、物）划归县药品监督管理局管理。

松阳县卫生会计核算中心

2010年4月，设立松阳县卫生会计核算中心，编制4人，为卫生局下属纯公益性全额拨款卫生事业单位，统一管理全县镇、乡卫生院会计财务工作。

第二节　卫生管理体制改革

干部人事调配

民国时期，县卫生院院长由省卫生处调配，县立医院院长由县政府任命，区乡医疗单位负责人由县卫生院院长遴选报县政府委任。

1950年，人民政府卫生院及区卫生所初建时，人事由县人民政府直接管理。1953年，人事工作开始由卫生科管理，干部由县政府调配，联合诊所负责人由民主选举产生。1958年，建立乡医院后，卫生科开始对集体所有制卫生机构人员实行管理。人事任免权限迭有变更：县级卫生医疗机构正职由县委县政府任免；副职、科室正副主任由部委、卫生局任免；区级卫生机构正副职由卫生局任免。1984年，人事管理制度改革中除县级卫生机构正职由县委、县政府任免外，其副职、科室正副主任、区乡镇卫生单位负责人均由卫生局任免。

医务人员配备方面，区、乡卫生院按人口0.3‰配备；县人民医院、中医院按床位1∶1.4比例配备。

中华人民共和国成立后，全民和集体所有制卫生技术人员的来源，主要是吸收社会医务人员、部队转业复员的医务卫生人员、中西医药学徒满师人员、大中专毕业生、培训招工人员5种。

专业技术职务评聘

1982年10月，县卫生局成立卫生技术职称评定委员会；1987年4月，成立初级卫生技术评审委员会；9月，成立初级卫生技术职务专业考核小组，负责对初级技术职务（士晋师、员晋士）的专业技术考核工作。1979～1990年末，评聘副主任医师3人、主治（管）医师56人、医（技）师258人、医（技）士206人、助理会计师6人、会计员7人、统计员2人、档案管理员1人。2010

年，全县卫生系统共有技术人员1031人，其中卫生技术人员874人，包括执业（助理）医师383人、注册护士280人、药师（士）81人、技师（士）26人、其他104人。

工资改革

民国32年（1943），县卫生院职员月工资以公粮计发，其中院长、医师、护士均月额公粮8斗，助产士、药剂员等4～6斗，卫生员、工役、清道夫等3～4斗，每斗公粮为15市斤，每斗价拨金额为600元（民国时期旧币）。

中华人民共和国成立后，1950～1955年实行两种工资待遇：一是凡属国家分配和政府留用人员实行薪金制，二是转业军人和新参加工作的职工实行供给制。1951年，改为工分制，按照“德、才、资”评定工分等级，确定工分数额，工分值按每月粮、布、油、盐、煤5种实物的价格而定。1955年7月始，按卫生部通知，国家卫生事业机构工作人员全部改为货币工资制。1956年工资改革，全县68人全部增加工资，工改前68人月工资平均44.55元，工改后为47.65元。

1963年，全民所有制人员进行第一次工资调整，卫生系统计全民职工73人，调整面58.9%，每人每月增资5.77元。

1973年，对低工资作调整，卫生系统全民职工116人，调资46人，占39.7%，每人每月增资6元；集体职工，调资55人，占41.4%，每人每月增资6元（从1971年7月始实行）。1977年，给40%的职工升级面计算，全民职工调资82人，占41.4%，平均每人增资4.76元；集体职工调资58人，占39%，平均每人增资5元。1979年，全民所有制卫生单位共204人，工调中升级73人，占35.8%，每月增加工资402.50元；集体所有制卫生单位186人，工调中升级者73人，占39.2%，每月增加工资385.50元。

1981年，全民所有制单位部分职工工资调整。卫生系统升级137人，其中升二级23人，月增资额990.30元，平均每人月增资7.23元；后又对集体所有制单位部分职工工资进行调整，升级146人，月增资额776.50元，平均每人月增资5.32元。1982～1990年，每年均进行部分职工工资调整，其中1985年在实行以职务工资为主要内容的工资改革中100%的人员参加工改，月增资额7982.7元，每人平均月增资全民14.14元、集体职工14.50元。除上述标准工资外，卫生技术人员还享受保健费等各项津贴。

1990年，卫生系统全民所有制单位人员工资总额为94.68万元，集体所有制单位人员工资总额为31.65万元。

1979年，卫生系统开始开展职称评定工作，凡符合条件的卫生技术人员，经考试考核合格者晋升为高一级技术职务；卫生技术人员工资与技术职务挂钩。

1987年，开展全县卫生专业技术人员的评聘工作。经考试、考核合格取得任职资格的238人以及1988年评审通过的81人，经复查验收合格后于1988年全部办理聘任手续。2010年，松阳县卫生系统从业人员1031人，都依照各自卫生专业技术职务的相关规定晋升职务和享受工资待遇。

财务管理体制改革

民国30年（1941），县卫生院设事务员1人，兼管财务。

中华人民共和国成立后，随着国民经济的不断发展，国家拨给本县的卫生事业费逐年增加，财务核算单位亦相应增多，管理体制日趋完善。1950 年，县人民政府卫生院是唯一的核算单位。1953 年，县卫生科配置专业财会人员 1 人，加强全县卫生经费管理，指导下属医疗单位的财务工作。20 世纪 50 年代中后期，各区、乡医疗卫生单位先后配备专职或兼职会计、出纳，逐步建立健全财务制度。

1979 年开始，对卫生事业费的管理，基本分两大类：能够以业务收入抵补部分支出的医疗单位，如县人民医院，实行独立核算、定项定额拨款，节余留用，超支不补的“差额预算管理”，由国家补助。对没有业务收入的卫生单位，如县防疫站、县妇幼保健所，实行“全额预算管理”，其业务支出全部由财政拨款解决。在管理制度上，除工资、业务开支外，凡基本建设、大型医疗器械购置经费，须经卫生科（局）批准，严格执行财务预、决算和审批手续，强调现金管理制度。

1982 年 6 月，县卫生局设计划财务股。1983 年，各乡卫生院实行分区管理，设立兼职会计、出纳，负责本单位财务管理，按季分区集中汇总。1988 年，撤销各乡兼职会计，由各区设专管会计核算乡卫生院财务收支。1988 年 2 月，松阳县根据医院财务管理和会计核算的特点，制定《医院财务管理办法》《医院会计制度（试行）》。

1991 年，县直各医疗卫生单位设有财务科，负责本单位的财务管理，各区医院财会人员负责本单位及所属乡卫生院财务管理工作。1992 年，县行政区域变动，撤区扩镇并乡，各区医院改称为镇中心卫生院，镇中心卫生院设专职会计，除负责本单位的财务核算外，同时负责所辖乡级卫生院的财务报表核算，并按季集中县卫生局汇总，直至 2009 年末。

2010 年，改革各镇（乡）中心卫生院（卫生院）的财务管理，撤销镇中心卫生院的专职会计，建立县卫生会计核算中心，由中心对全县的镇（乡）中心卫生院（卫生院）财务统一进行核算和处理。县级医疗卫生单位的财务由各单位内部管理为主，县卫生局进行监督、检查、指导。县级医疗卫生单位均设财务科，负责本单位财务管理、核算。

第三节　医疗保健制度改革

中华人民共和国成立后，松阳医疗保健制度根据所有制性质不同，分国家工作人员、厂矿企业员工和农民、个体人员，以公费医疗、劳保医疗和合作医疗 3 种形式实行。由于相关方一直难以承担全县公费医疗和劳保医疗的医疗费用，所以公费医疗和劳保医疗制度一直在变动中。20 世纪 80 年代始，医疗保健制度开始逐步改革。1993 年，农村合作医疗早已名存实亡，遂在全县建立农村初级卫生保健制度。2005 年，该制度又被新型农村合作医疗所取代。

2002 年 1 月，公费医疗和劳保医疗合并为城镇职工基本医疗保险。2008 年 6 月，建立城镇居民医疗保险制度，覆盖县内非农村户籍中除参加城镇职工基本医疗保险以外的城镇居民。2010 年，松阳县医疗保健制度包括城镇职工基本医疗保险、城镇居民医疗保险和新型农村合作医疗三块。而城镇居民医疗保险制度和新型农村合作医疗制度也在合并中。

干部职工基本医疗保险

公费医疗　1952年10月，成立松阳县地区国家工作人员公费医疗预防实施管理委员会，由卫生、司法、人事等单位11名委员组成，全县实施公费医疗。享受国家公费医疗待遇的单位有县、区、乡、镇政府、公安局、税务局、粮食局、总工会、文教科、文化馆（站）、各公立中小学、卫生清洁班等。凭公费医疗证到指定的县卫生院或区卫生所就医。医疗费由承担医疗任务的单位向县医管会结算报销。

1954年，享受自缴费单位统筹公费医疗的单位有卫生院（所）、人武部、森工局、百货公司、邮电局、妇幼保健站、人民银行、县供销合作社。该年享受国家公费医疗的有336个基层单位、1048人，公费医疗出现严重超支的情况。为此，规定超支部分自理。1956年，全县享受国家公费医疗1203人，预算经费16000元，实支23206元，超支7206元（45%）；自缴费统筹公费医疗132人，合计缴纳经费2693元，实支5308元，超支2615元（97.1%）；小孩统筹医疗67人，人均收费18元，合计经费1206元，实支1573元，超支367元（30.4%）。1957年7月，增加扫盲专职干部、检察院、法院、防疫站、县干校、农业局、水文站、在乡二等乙级以上残废军人等单位和对象享受国家公费医疗。人民医院、区卫生所为全县公费医疗定点门诊与配方部。同时，各享受公费医疗单位成立公费医疗管理小组，由人事、秘书等3～5人组成，督查公疗制度的贯彻等管理工作。1958年1月，经整编长期下放农业社的县、区、乡干部不再享受公费医疗。

1964年8月，实行划区定点医疗，逐级转院。1965年3月，实行挂号费、出诊费个人自理，中药费自付20%的政策。1972年12月，省财政、卫生二厅制订《浙江省公费医疗管理（试行）办法》。1976年9月，省卫生厅、财政金融厅修订《浙江省公费医疗管理办法》。

1981年，实行公费医疗定额包干，即人年均30元、结余留用、超支不补、适当奖励的办法。规定属自费中药37种、中成药44种、西药57种，单味使用须自费而病情确需复方使用可予报销的中药16种，抢救危重病人或治疗公伤人员经医院领导批准可行报销的自费中、西药等10种。1982年1月，松阳恢复县制。6月，重建松阳县公费医疗管理委员会，设委员5名，址设卫生局。1983年，公医办配专职干部2人；1984年，减为1人。1986年，复置2人至1990年。由于种种原因造成公疗经费连年超支，1984～1989年，县政府6年5易控超方案。1989年，门诊定额核拨单位包干，超支不补，结余留用。不发给个人，分4个档次，每档次相差12元，最低档48元，最高档84元。住院由单位结算，个人自负一定比例。在职干部、职工的住院费自费比例为个人全年1000元以下自负20%，1000元以上部分自负10%；退休人员的门诊和住院合计在500元以下的实报实销，超过500元以上的自负5%；离休干部、二等乙级以上残废人员、癌症患者全额报销。

1987年，调整县公费医疗管理委员会，有委员8人。全县享受公费医疗有79个单位、3476人，全年实际支出公医费37.6万元，平均每人年支出112元，其中住院费13.18万元，定额和门诊药费24.4万元。1988年，享受公费医疗的单位均成立相应组织，负责本单位的公费医疗工作。

1990年，全县享受公费医疗单位84个、总人数4469人，年平均人数4320，比上年增加231人。全年实际支出79.58万元，平均每人年支出182.48元。其中，门诊定额部分的医药费27.40万元，在职人员住院费 31.05 万元。其中用于癌症患者 15 人，医药费 6.52 万元，平均每人年支出 4348.28 元；用于离休干部医药费 6.37 万元，计 82 人，平均每人年支出 777.17 元；用于退休人员医药费 12.41 万元，438 人，平均每人年支出 283.31 元。用于二等乙级残废人员医药费 1.60 万元，计 34 人，平均每人年支出 470.15 元；管理人员和办公费用 7459.85 元。

1953～1990 年若干年份松阳县公费医疗开支情况表

表 34-10-3-1

年份	全年平均享受人数（人）	国家支出经费		人员比上年增减数（人）	经费比上年增减数（万元）
		总额（万元）	人均（元）		
1953	1083	1.9	17.54	—	—
1954	1019	1.8	17.66	-64	-0.1
1955	1017	1.5	14.75	-2	-0.3
1956	1096	2.3	20.99	+79	+0.8
1957	1161	2.8	24.12	+65	+0.5
1982	2177	14.9	68.16	—	—
1983	2433	19.7	81.34	+256	+3.8
1984	2768	25.1	91.08	+291	+1.9
1985	2995	27.9	93.39	+272	-3
1986	3072	35.8	116.64	+76	+7.4
1987	3356	38	112.80	+285	+13
1988	3698	58.7	158.40	+332	+17
1989	4087	68	166.44	+335	+15
1990	4320	79.5	184.20	+328	+8.2

1994 年，县卫生局对乡卫生院集体所有制职工住院医药费实行统筹。1996 年，修改制定《松阳县公费医疗统筹管理办法》和《松阳县公费医疗统筹管理办法实施细则》，并于 1997 年 1 月 1 日起在全县各公费医疗单位实施，同时为全县 5529 名享受对象发放公费统筹医疗证，各享受单位建立相应的管理组织，定点医疗单位落实公费医疗专职或兼职审核员。1997 年 7 月，对《松阳县公费医疗统筹管理办法》有关条款进行修改和补充，使管理办法更加完善，对享受公费医疗人员在定点门诊凭证就医基础上，门诊实行定额包干、结余留用、超支不补、适当奖励的办法，住院按比例报销，从而减轻财政的负担。

2002 年 1 月，挂靠县卫生局的县公费医疗办公室划归松阳县劳动人事社会保障局管理。县公费医疗办公室改称为松阳县医疗保险管理处。公费医疗、劳保医疗合并为城镇职工基本医疗保险。

劳保医疗　1951 年 2 月，对工人与职员人数在 100 人以上的厂矿企业等实行劳保医疗。松阳最早享受劳保医疗的是邮电单位职工。享受劳保医疗职工，可在本单位医务室或特约医院诊治，受诊医药费由单位报销。医疗单位集体所有制职工，医药费在本单位报销。

1953 年 1 月，扩大实施范围，提高劳保待遇。1959 年 5 月，省劳保条例公布，全县非属国家全额预算工资的全民、集体单位均实行劳保医疗。

20 世纪 80 年代，劳保单位基本仿照同期公费医疗实施办法施行劳保医疗。1990 年，全县有 9223 名职工享受劳保医疗。

1994 年，县卫生局对乡卫生院集体所有制职工住院医药费实行统筹。1997 年，全县各公费医疗单位实施统筹，对全县 5529 名享受对象全部发放公费统筹医疗证。定点医疗单位落实公费医疗专职或兼职审核员。享受公费医疗人员在定点门诊凭证就医，门诊费实行定额包干、结余留用、超支不补、适当奖励的办法，住院按比例报销。

2002 年 1 月，劳保医疗与公费医疗合并为城镇职工基本医疗保险。

城镇职工基本医疗保险

2001 年 12 月 6 日，松阳县人事劳动社会保障局下属松阳县医疗保险管理处成立。2002 年 1 月，《松阳县城镇职工基本医疗保险暂行规定》开始实施。4 月，基本医疗保险计算机网络系统投入使用。2003 年，公布特约医院省级 5 家、市级 3 家、县级定点医疗机构 8 家，定点药店 8 家。共有参保单位 346 个、11500 人。累计支付医疗费 755.32 万元，个人账户支出 793.53 万元。

2004 年，制定基本医疗保险定点医疗机构、定点药店考核办法，对定点医疗机构、定点药店进行考核管理。医疗保险基金当年结存 262.01 万元，累计结余 1125.95 万元。2005 年，实现与市级重点医疗单位的网络联网。2006 年，实施《关于城镇职工基本医疗保险暂行规定的补充通知》，加强医疗保险基金管理。2007 年，推进非公企业职工和灵活就业人员参加基本医疗保险。

2009 年，县内定点医疗机构住院的起付线标准从原来的 1000 元降低到 500 元。公务员（事业人员）医疗补助标准从按工资总额的 2%提高到 3%记入个人账户，并给予大病统筹补助。公务员住院实行实时补助。2010 年，实行联网实时门诊统筹报销。职工医疗保险市级统筹的前期工作全面完成。

2003～2010 年松阳县职工医疗保险基本情况表

表 34-10-3-2

年　份	参保单位（个）	参保人数（人）	收缴保费（万元）	支付保费（万元）
2003	346	11500	755.32	793.53
2004	328	11680	1317.58	1089.19
2005	329	11907	1673.22	1466.72
2006	368	12998	2102.93	1741.14
2007	382	13702	2326	2200
2008	389	14501	3078	2452
2009	—	15352	4210.5	3331.7
2010	430	16164	4002	4500

新型农村合作医疗

1968 年，在界首、大岭脚、卯山后 3 个大队开展农村合作医疗试点工作。1969 年，开始“赤脚医生”培训，创办合作医疗，人员以乡村卫生员、草医药人员为主。办医形式有社办、队办 2 种，队办为主。资金来源：大队、生产队公益金，社员个人集资。合作医疗站以草药、针灸治疗为主，提倡一根针、一把草，自力更生，勤俭办医，自采自制草药，自办百草园，社员免费服用草药，需服西药的收取部分费用，也有的全部免费，合作医疗经管委会批准外出看病的一般按比例报销医药费。1972 年，境内 395 个行政村有 154 个建立合作医疗站，占 39%。

1983 年，“赤脚医生”改称乡村医生。随着农村联产承包责任制的推行，乡村医生报酬不稳和合作医疗经费不可筹措，部分医疗站解体，大部分医疗站作为个体医形式承包继续从事医疗保健工作。1990 年末，全县 400 个行政村有乡村医生 387 人。

1990 年 7 月，在赤寿乡进行初级卫生保健试点。1991 年，扩大试点范围，在建有村卫生室的行政村实行风险型集资医疗保障制度。1993 年，初级卫生保健制度在全县各乡镇全面实行。

2004 年，为适应农村公共卫生工作要求，建立公共卫生组织网络，启动新型农村合作医疗制度。2005 年，全县实施新型农村合作医疗制度（简称“新农合”）。参保对象为具有松阳县户籍的农业人口。

农村合作医疗经费筹集的标准每年根据农村经济的发展和县财力的提高作相应调整。农村中的低保对象及农村重点优抚对象个人缴费由县财政承担，残疾人凭残疾人证免交个人部分缴费，其统筹金由县残疾人保障金统一转付。新型农村合作医疗制度采用“四级筹资，统一管理”的办法，即中央财政、省财政、县财政、农民个人四级筹资，资金由县农医办设立专户统一管理。对参加合作医疗农民发放“合作医疗条码卡”，患病参合农民凭“合作医疗条码卡”到定点医疗机构就诊，由该医疗机构通过信息系统进行直接结报。参合农民外出务工经商在县外医疗机构住院治疗的凭住院证明及有效票据按不同标准给予 90%的报销。

2005 年，计划内生育孕产妇住院分娩的采用定额报销方式，每一例凭住院发票核报 150 元。2007 年 7 月 1 日始，实行县乡定点医疗机构门诊报销制度。剔除自费部分门诊报销为 15%。2008 年，计划内生育孕产妇住院分娩，按住院报销标准予以报销。

2008 年，新型农村合作医疗资金筹措标准为人均 300 元（含人均 15 元的农民健康体检资金），其中各级财政补助人均 200 元，农村以户为单位，按 100 元/人标准缴纳。参合农民在县级医院就诊的门诊药费，按可报金额 10%的比例报销；在乡镇卫生院就诊的门诊医疗费用，按可报金额 20%的比例报销。乡镇卫生院起报线为零，县级医院起报线为 300 元，县外医院起报线为 1000 元。住院报销封顶线为 7 万元。参合农民因病住院或特殊门诊，最多可报销 7 万元。

2009 年 1 月 1 日开始，参加新型农村合作医疗的个人因病住院和特殊病种门诊治疗发生的费用，参照城镇职工医疗保险目录，剔除自费部分及起报线后乡镇卫生院报销 65%、县级医疗机构报销 60%、县外医疗机构打 8 折后报销 60%。参保新型农村合作医疗的人员在乡镇医疗机构门诊就诊医疗费用，以及在县级医疗机构门诊就诊的药品费用，扣除自费部分后，参照城镇职工基本医疗保险目录分别按

20%、10%比例核报，并实行刷卡实时结报。

2005～2010 年，全县新型农村合作医疗合格率逐年提高。新型农村合作医疗制度 6 年累计筹资 10637.54 万元，为农民报销医药费用 9335.6 万元，共有 125.34 万人次受益。

2010 年，新型农村合作医疗与城镇居民医疗保险合并，实现个人（城镇居民和农民）出资部分统一、补偿水平统一和结算方式统一。

1972～1990 年松阳县农村合作医疗事业情况表

表 34-10-3-3

年份	全县行政村（个）	合作医疗站（个）	赤脚医生数（人）
1972	395	154	923
1973	395	238	652
1974	395	147	544
1975	395	204	742
1976	395	204	842
1977	395	415	1060
1978	395	282	994
1979	395	215	795
1980	396	146	674
1981	396	188	565
1982	401	305	448
1983	399	178	429
1984	399	160	393
1985	400	119	401
1986	400	86	362
1987	400	—	387
1988	400	—	387
1989	400	—	387
1990	400	—	387

2005～2010 年松阳县参加新型农村合作医疗情况表

表 34-10-3-4

年份	参加新农合人数（人）	参合百分比（%）	年份	参加新农合人数（人）	参合百分比（%）
2005	146305	73.05	2008	191121	93.40
2006	172839	85.33	2009	193436	94.00
2007	186504	91.20	2010	196327	95.98

2005～2010 年松阳县新型农村合作医疗经费筹集标准表

表 34-10-3-5

分类 年份	个人（元）	中央（元）	省（元）	县（元）	人均筹资 （元）	资金总额(元)
2005	20	0	10	10	40	578.89
2006	20	2	10	10	42	725.92
2007	30	2	20	15	67	969.82
2008	30	4	40	26	100	1911.21
2009	40	64	—	36	140	2580.70
2010	50	84	—	51	185	3871.00

城镇居民医疗保险

2008 年 6 月，县政府印发《松阳县城镇居民医疗保险试行办法》，参保范围为县内非农村户籍中除参加城镇职工基本医疗保险以外的城镇居民。城镇居民医疗保险统筹基金标准为每人每年 130 元，其中个人出资 30 元、县政府补助 40 元、省财政补助 60 元，残疾人个人缴费部分凭残疾证从县残疾人保障基金中列支，低保户对象个人缴费部分由县财政负担。这些资金存入县城镇居民医疗保险统筹基金专户。

城镇居民医疗保险人员在县级定点医疗机构门诊治疗发生的医疗费用报销 6%，在乡镇、社区医疗机构门诊治疗发生的医疗费用报销 15%。住院、特殊病种门诊医疗费用报销标准：起付线乡（镇）定点医疗机构为 100 元、县级定点医疗机构为 500 元、市级以上医疗机构为 1000 元。

参保人员在各级医疗机构住院、特殊门诊治疗发生的医疗费用，先剔除自费的医疗费用，然后按以下规定比例分档累计报销：起付线（个人自理）以上至 5000 元部分报销 30%；5000 元以上至 50000 元以上部分，报销比例按档次从 35～50%；但年度内累计报销最高实付额至 60000 元。2008 年，共有城镇居民 8124 人参加合作医疗保险。

2009 年 1 月 1 日开始，调整城镇居民医疗保险统筹补偿标准。参保人员在县级定点医疗机构门诊医疗费用，扣除自费部分报销 10%，在乡镇社区医疗机构的医疗费用扣除自费部分报销 20%。住院、特殊病种门诊医疗费用报销标准：起付线乡镇定点医疗机构实行零起报，县级医疗机构 300 元。参保人员在各级医疗机构住院、特殊门诊治疗发生的医疗费用先剔除自费部分，然后按以下比例分档累计报销：起付线（个人自理）以上至 5000 元部分报销 40%；5000 元以上至 50000 元以上部分，报销比例按档次从 45～60%不等；但年度内累计报销最高实付额至 70000 元止。2009 年，共有城镇居民 8657 人参加合作医疗保险。

2010 年，新型农村合作医疗与城镇居民医疗保险合并。实现个人（城镇居民和农民）出资部分统一、补偿水平统一和结算方式统一。

2005～2010年松阳县县级定点医院住院、特殊门诊治疗费用分段报销比例情况表

表 34-10-3-6

<table>
<tr><th>起始年月
报销档次</th><th>2005.01.01</th><th>2006.01.01</th><th>2007.07.01</th><th>2008.01.01</th><th>2008.03.01</th><th>2009.01.01</th><th>2010.01.01</th></tr>
<tr><td>起报线至 5000 元</td><td>20%</td><td>25%</td><td>25%</td><td>25%</td><td>30%</td><td>40%</td><td>45%</td></tr>
<tr><td>5000～10000 元</td><td>30%</td><td>30%</td><td>30%</td><td>30%</td><td>35%</td><td>45%</td><td>50%</td></tr>
<tr><td>10000～20000 元</td><td>40%</td><td>40%</td><td>40%</td><td>40%</td><td>40%</td><td rowspan="2">50%</td><td rowspan="2">55%</td></tr>
<tr><td>20000～30000 元</td><td>—</td><td>—</td><td>—</td><td>—</td><td>45%</td></tr>
<tr><td>30000～40000 元</td><td rowspan="2">50%</td><td rowspan="2">50%</td><td rowspan="2">50%</td><td rowspan="2">50%</td><td>50%</td><td rowspan="2">55%</td><td rowspan="2">60%</td></tr>
<tr><td>40000～50000 元</td><td>40%</td></tr>
<tr><td>50000 元以上</td><td>—</td><td>—</td><td>—</td><td>—</td><td>35%</td><td>60%</td><td>65%</td></tr>
<tr><td>最高报销实付金额</td><td>20000 元</td><td>20000 元</td><td>20000 元</td><td>30000 元</td><td>60000 元</td><td>70000 元</td><td>70000 元</td></tr>
<tr><td>起报线
（剔除自费部分后）</td><td>1000 元</td><td>700 元</td><td>500 元</td><td>500 元</td><td>500 元</td><td>300 元</td><td>300 元</td></tr>
</table>

2005～2010年松阳县乡镇定点医院住院、特殊门诊治疗费用分段报销比例情况表

表 34-10-3-7

起始年月 报销档次	2005.01.01	2006.01.01	2007.07.01	2008.01.01	2009.01.01	2010.01.01
起报线至 3000 元	20%	25%	25%	25%	—	—
起报线至 5000 元	—	—	—	—	40%	45%
3000～10000 元	30%	30%	30%	30%	—	—
5000～10000 元	—	—	—	—	45%	50%
10000～30000 元	40%	40%	40%	40%	50%	55%
30000～50000 元	50%	50%	50%	50%	55%	60%
50000 元以上	—	—	—	—	60%	65%
最高报销实付金额	20000 元	20000 元	20000 元	30000 元	70000 元	70000 元
起报线 （剔除自费部分后）	300 元	300 元	100 元	100 元	0	0

（此节内容与第三十八编“人事劳动和社会保障”第三章“社会保障”第二节“医疗保险”互为补充）

第十一章 卫生行政管理

民国前，境内多传统中医城乡分布，医铺药店数量极少，各铺各店自生自律。民国时，现代医疗传入境内。直到1949年解放，境内医疗卫生事业都属于初创阶段。

中华人民共和国成立后，卫生行政管理逐步迈入正轨。通过一些年的努力，松阳从面上健全县、区、乡镇（公社）的三级卫生行政管理体系，从线上健全卫生局到医院卫生院的两级卫生业务管理体系。改革开放后，松阳医疗卫生系统不断探索卫生行政管理的新方法新途径。

第一节 医院与医务人员管理

医院管理机构

明前无考。

清代有育婴堂，后改保婴局作为社会慈善事业外，百姓治病主要靠民间中医、药肆和草医草药。

民国18年（1929），松阳成立牛痘局。次年改组为救济院，内设施医所负责诊治疾病和施种牛痘。民国20年，成立临时防疫所。民国26年，成立国医支馆。民国30年，成立松阳县政府卫生院，随之区乡医疗机构亦逐步建立。卫生行政和卫生事业由政府卫生院统管（此前卫生行政由民政科主管）。县卫生院院长由省卫生处调配，县立医院院长由县政府任命，区乡医疗单位负责人由县卫生院院长遴选报县政府委任。民国31年，成立古市卫生分院。民国32年上半年，成立玉岩卫生分院和高亭检疫站，下半年成立靖居卫生分院和裕溪、港口检疫站。民国33年，相继成立竹溪、望松、安石、洞阳等乡卫生所。民国34年，成立县立医院。民国37年，成立中医诊疗所。

1950年，由县人民政府卫生院主管卫生行政工作。1953年，县政府设立卫生科，负责全县卫生行政工作。干部由县人民政府调配，联合诊所负责人由民主选举产生。1958年，撤销县建制。之后卫生医疗机构的人事任免权限迭有变更：县级卫生医疗机构正职由县委县府任免；副职、科室正副主任由部委任免、卫生局任免；区级卫生机构正、副职由卫生局任免。

1982年1月，松阳县建制恢复；5月，松阳县卫生局成立；7月，中共松阳县卫生局党组成立。1985年3月，中共松阳县卫生局委员会成立。1984年，人事管理制度改革中除县级卫生机构正职由县委、县政府任免外，其副职、科室正副主任、区乡镇卫生单位负责人均由卫生局任免。2007年，县人民医院党政正、副职列入县管干部管理，医院党总支部书记、副书记、院长、副院长由县委、县政府任免。

1991年，在落实各项任务指标的同时，改革乡卫生院的补助办法，实行任务补助与定额补助相结合，补助经费在1990年基础上各乡增加1000元，平均额度为4000元，40%按在编人员基础职务工资、工龄工资总和补助；60%视卫生院管理、卫生防疫、妇幼保健、药政药检、村卫生室组织建设五大任务指标完成情况实行计分浮动补助，考核指标由县卫生局统一制定。县、区医院实行差额补助。1992年，县卫生局制订《关于深化卫生改革的实施意见》。1993年，针对卫生系统的现状，坚持按劳分配的原则，从医疗卫生管理、人事制度、分配制度、承包经营等方面加强对医院的管理力度。县人民医院制订《行政后勤改革工作若干问题的决定》；乡镇卫生院实行经济技术责任制，四都、交塘卫生院实行承包经营。

1994年，进一步完善院长负责制，用人上实行聘任制，分配上实行工资浮动制，管理上实行综合目标管理和风险抵押承包制。为加强乡镇卫生院的管理，6月在水南卫生院进行“风险抵押承包”的试点，并于10～12月分三个阶段，在全县20个乡镇卫生院全面铺开，有49人报名竞聘院长职位，参与者通过述职、投票、评议，最终产生20个乡镇卫生院院长。充实县人民医院、古市医院的领导班子，调整2个镇中心卫生院院长，建立县人民医院党总支委员会。1995年，按照上级卫生行政部门关于行业作风建设工作的部署，结合松阳卫生系统的实际，从改善服务态度、提高医疗质量、规范医疗收费、查处不正之风等着手，县卫生局制定《关于切实加强行业建设的实施意见》，抓好所属单位的行业作风建设工作。县卫生局与36个医疗卫生单位签订行风责任书，聘请行风监督员43名，自觉接受社会监督。注重干部、职工思想教育，抓好政治学习，制定院、站、所长干部廉洁自律的若干规定，明确纪律要求，促进中层干部的廉政建设。

1996年，为巩固上年取得的行风建设成果，年初下发《关于进一步抓好行业作风建设的意见》，9月开展“优质服务月”活动，各镇中心卫生院聘请社会行风监督员共21人。同时对1993年12月1日至1996年6月30日全县各医疗单位的药品（器械）经销活动中的让利及回扣情况进行全面清理自查、逐一登记。1997年初，对乡卫生院第一轮“风险抵押承包责任制”综合目标管理进行认真总结，通过宣传发动、综合考评，选聘23名乡卫生院院长，并签订为期3年的综合目标管理责任书。县人民医院首次开展中层干部竞聘上岗。1999年，进一步明确医院院长的职权，县级医院实行自主决策，自主管理，镇乡中心卫生院（卫生院）实行分级管理，明确镇中心卫生院在人事、财务、行政业务管理方面的职权，完善乡卫生院综合目标管理，取消乡卫生院院长任期年限，实行分年度下达工作任务和核定上交发展基金数额，把医疗质量控制管理列入考核内容之一。县属医疗卫生单位中层干部试行竞争上岗，实行公开、公平、择优聘任，一般工作人员试行聘用制。县人民医院5月在护理岗位上实行“双向选择、竞聘上岗”，从事护理专业工作的73名护理人员中有70人被聘用，3人列为试聘，其他岗位实行“群众评议、末位告诫”。县中医医院和古市医院分别在妇产科主任、外科主任岗位试行竞聘上岗。

2000年，根据地域、就医人群、业务发展、妇幼保健、计划免疫等工作情况，对23个乡镇卫生院进行分类管理，其中一类为重点建设的卫生院6所，二类为巩固发展的卫生院11所，三类为防保型卫生院6所。2001年，为引进竞争机制，让病人充分行使对医疗服务的选择权，3家县级医院把医务人员的照片、职称、简历、专业特长等公布上墙，供病人就医选择，增加病人选择医生的透明度，增强医务人员的工作责任心。10 月在石仓、安民、蛤湖 3 所卫生院开展合作经营制度改革试点，卫生院流动资金全部由职工自己承担，建立起新型的经营机制，激发卫生院的生机与活力。2002 年，县级医院实行全院职工聘用制。县人民医院实行聘用制后，有 5 人待聘，同时在达到一定年龄、尚未到退休年龄的人员中试行院内离岗退养制度。在分配制度上实行效绩工资，每月从每位职工中提取 200 元浮动工资，参与效绩工资分配，取消超时补贴。4～11 月，在雅溪、裕溪、板桥、岗寺、叶村、斋坛 6 所乡级卫生院开展合作经营改革，聘任新一轮的院长。2003 年，县级医院在用人制度上实行全员聘用制，中层干部竞聘上岗。县人民医院门诊分部主任、儿科与外科病区护士长岗位实行竞聘。县中医医院在妇产科护士长岗位实行竞聘上岗，在分配制度上实行院科二级核算。9 月，在新兴、新处、谢村 3 所卫生院实行合作经营体制改革。至年末，全县累计有 12 所乡级卫生院推行合作经营为主的管理体制改革，占乡级卫生院的 60%。

2004 年，县级医院开展中层干部竞聘，共有 12 个岗位实行竞聘上岗。县人民医院对门卫、保洁等 21 个后勤岗位实行定岗、定责、定酬，优化人员组合，提高工作效率。乡镇卫生院实行浮动工资。11 月，在西屏镇阳溪卫生院进行股份制改革的试点，经评估总资产为 44.18 万元，结合业务开展必备流动资金，确定总资产股份金为 50 万元，设公有、个人两个方面的股份金，其中，资产总额的 20%由县卫生局以公有股形式投入卫生院，由卫生院管理和使用，该股不增值、不承担盈亏风险、不享受分红，卫生院上交业务收入 3%的公有资产占用费；80%为职工股，其中控股人占 50%以上，余下股份由卫生院其他职工组股。卫生院由股东选举产生的董事会进行管理，实行董事会领导下的院长负责制。试行股份制改革后卫生院的性质、隶属关系不变，职工现有身份不变，服务功能不变，行业管理不变，卫生院在年终决算的净结余中提取一定的比例作为事业发展基金，以扩大集体资产的总量。12 月，召开股东会议，选举产生第一届董事会，通过董事会章程，阳溪卫生院股份制经营方式正式开始运作。同时对第一轮期满的石仓、蛤湖、安民 3 家卫生院进行第二轮合作经营体制改革，保持卫生院工作的连续性。2005 年，县政府对各级医疗卫生单位实施高级卫技人员政府津贴制度，正高职称每月 500 元，副高职称每月 350 元，充分体现县委、县政府对卫生事业的重视和对高级卫技人员的关心。4 月，对板桥、雅溪、裕溪 3 所卫生院进行第二轮合作经营体制改革。6 月，选择赤寿、望松 2 所卫生院开展合作经营体制改革，盘活医疗机构的资产，调动职工的积极性，促进卫生工作的开展和各项任务的完成。12 月，选择岗寺卫生院试行租赁改革的试点，租赁年限为 15 年。2006 年，为认真贯彻落实农村公共卫生工作，按照平原每 1500 人口、山区每 1200 人口配备 1 名联村责任医生的比例，全县共配备 169 名联村责任医生，构建全县农村公共卫生服务网络。各乡镇卫生院建立农村健康管理工作制、联村责任医生工作制度、重点人群及重点疾病管理制度、公共卫生信息报告制度、双向转诊制度、卫生宣教制度等，同时确定玉岩镇、大东坝镇、赤寿乡、西屏镇、竹溪、象溪镇、雅溪 7 所乡镇卫生院为重点指导单位。

2008 年，积极开展“以病人为中心、提高医疗服务质量”为主题的医院管理年活动。各医院以优化经济发展软环境和民主评议卫生行风为契机，进一步规范医疗服务行为，狠抓医疗质量的提高，强化服务意识，改进就医流程，落实便民措施，为广大患者提供有序、便捷、优质、高效的医疗服务。对大中专医药院校毕业生进行公开招聘考试，各医疗卫生单位新进人员实行“凡进必考、择优录取”的人事制度。2009年，为贯彻新的医改方案，县人民医院从药品控制制度改革入手，首先对病区制定药品使用考核奖罚办法，并制定《严禁药品串换》的规定，医院严禁所有药品串换，如发现有违规现象，将对当事人采取待岗以上的行政处理。

2010年4月，共有105名符合报考的社会人员和中专、高校毕业生参加10个岗位45个名额的招聘考试。招聘考试更注重考生专业知识和技术能力水平的整体素质。笔试包括综合知识和专业知识两门。综合知识包括临床医学基础知识、卫生法律法规、医德医风等相关内容；专业知识为所报考岗位或相关的专业知识内容。新录用人员招聘考试内容参照公务员考试的《公共基础知识》和《行政能力测试》。

医务人员管理

医务人员管理，分县卫生行政主管部门管理和医院内部管理两部分，以医院内部管理为主。县级医疗卫生单位实行院（所）长负责制、院科二级管理。乡镇卫生院受当地党委政府领导，实行院长综合目标管理责任制。同时县级医院建有党支部、团支部、工会、妇委会等组织。县卫生局主要负责医疗卫生单位的医务人员职业道德、医德医风、执业注册、临床住院医师规范化培训、职称晋升和执业资格考试、实践技能考核的申报和管理，以及医务人员的进修、工资改革、工资调整、人事调配等。

各级医疗卫生单位内部制定和健全各级管理制度，加强医德医风的建设。县级医院制定《医疗工作制度》和《行政管理制度》，包括门诊、急诊、临床、病房、院感、护理、医技、人事管理、奖惩以及各类医务人员的岗位职责、医疗质量、医务人员医德规范、医院工作人员守则等一系列的制度。在医院内部中层干部竞聘上岗，医务人员实行聘任制。定期组织医务人员进行政治和业务知识学习，开展科技、科研和各种学术交流活动。选派医务人员到上级医院培训、进修，鼓励医务人员撰写专业论文和心得、体会。年终对医务人员进行考核、考评，对优秀的医务人员进行表彰和奖励。要求医务人员倡导求实、创新的科学精神，爱岗敬业、救死扶伤的职业精神。

医疗急救管理

医疗急救工作，分院前急救和院内急救两方面。院内急诊抢救主要是由县、镇、乡各级医疗单位完成。县级医院建有急诊科（室）。

1969年，省组织医疗队24人到玉岩巡回医疗，并赠送玉岩区卫生院部分医疗器械及救护车1辆。1975年5月，人民医院装备第一辆救护车。

1991年以来，县级各医院健全急诊科制度，配有心电监护仪、除颤器、呼吸机、供氧系统、洗胃机、各种急救包及药品。急诊科医务人员实行24小时值班制，开通绿色通道，配有救护车。县人民医院、县中医医院和古市医院先后于1997年8月、2001年开通“120”“96120”和“8989120”急救电话。2002年8月，县人民医院急诊大楼建成投入使用。2003年，分别建立孕产妇和新生儿抢救中心。

2007年，建立健全医疗急救应急预案，推行县乡转诊制度，完善医疗救治网络体系，促进急救水平的提高。院前急救工作由县级医院急诊科派车急诊和镇、乡卫生院派出医生急诊为主。2010 年，县人民医院有救护车 4 辆，县中医医院有救护车 2 辆，古市医院有救护车 2 辆，松阳吴苏君伤科医院有救护车 2 辆，阳溪卫生院有救护车 1 辆，车上配有急救设备。

第二节 医政管理

机构管理

明成化《处州府志》载，府设医学正科，县设医学训科。清乾隆《松阳县志》载，清沿明制，县仍有医学训科一员之设。明清两代医学训科设自何年、废于何年无考。

民国时期，卫生行政由民政科主管，民国 30 年（1941），成立松阳县政府卫生院后，卫生行政和卫生事业由卫生院统管。

民国 35 年（1946）4 月，因时疫流行，成立松阳县防疫委员会，设委员 23 人，县长郑琴隐为主任委员，县党部书记长戴逸云为副主任委员，下设总务、医防、宣传、筹募、稽查五个组，每组设正副组长（由地方机关公团及士绅组成）。民国 36 年，松阳县卫生人员共有 60 人，其中西医 8 人、中医 22 人、护士 13 人、助产士 6 人、药剂员 2 人、卫生员 9 人。

中华人民共和国成立初期，由县人民政府卫生院主管卫生行政工作。1953 年县人民政府设立卫生科后，负责全县卫生行政工作。1958 年末，撤销县建制。

1982 年 1 月，恢复松阳县建制。5 月，成立松阳县卫生局。7 月，成立中共松阳县卫生局党组。1985 年 3 月，成立中共松阳县卫生局委员会。1990 年，松阳卫生局机关工作人员 13 人，内设人事秘书股、医政药政股、计划财务股。全县卫生医疗机构有县人民医院、县中医院、县卫生防疫站、县妇幼保健所、县药品监督检验所，以及 4 个区医院、1 个区卫生办公室、2 个镇卫生办公室、23 个乡卫生院，共有职工 566 人。

民国时期松阳县卫生事业机构表

表 34-11-2-1　　单位：家

民国纪年	牛痘局	救济院	临时防疫所	国医支馆	县卫生院	区卫生分院	检疫站	卫生所	县立医院	中医治疗所
17～18	1	—	—	—	—	—	—	—	—	—
18～38	—	1	—	—	—	—	—	—	—	—
20	—	1	1	—	—	—	—	—	—	—
26～28	—	1	—	1	—	—	—	—	—	—
30～38	—	1	—	1	1	—	—	—	—	—
31～38	—	1	—	1	1	1	—	—	—	—

续表 34-11-2-1

民国纪年	牛瘟局	救济院	临时防疫所	国医支馆	县卫生院	区卫生分院	检疫站	卫生所	县立医院	中医治疗所
22～37	—	1	—	1	1	3	—	—	—	—
33	—	1	—	1	1	3	3	—	—	—
34～36	—	1	—	1	1	—	—	4	1	—
37	—	1	—	1	1	3	—	—	—	1

1950～1990年松阳县卫生事业机构及床位数表

表 34-11-2-2

年份	机构数（家）							床位（张）		
	合计	县医院	区医院	乡卫生院	防疫站	妇保所	药检所	合计	县医院	区医院
1950	1	1	0	0	0	0	0	16	16	0
1951	1	1	0	0	0	0	0	16	16	0
1952	6	1	5	0	0	0	0	22	22	0
1953	6	1	5	0	0	0	0	22	22	0
1954	6	1	5	0	0	0	0	22	22	0
1955	6	1	5	0	0	0	0	22	22	0
1956	8	1	5	0	1	1	0	30	22	8
1957	8	1	5	0	1	1	0	30	22	8
1958	6	1	3	0	1	1	0	60	38	22
1959	4	1	3	0	0	0	0	60	38	22
1960	4	1	3	0	0	0	0	86	62	24
1961	4	1	3	0	0	0	0	86	62	24
1962	4	1	3	0	0	0	0	86	62	24
1963	27	1	3	23	0	0	0	79	55	24
1964	33	1	3	29	0	0	0	95	70	25
1965	33	1	3	29	0	0	0	65	40	25
1966	34	1	3	30	0	0	0	85	55	30
1967	27	1	3	23	0	0	0	100	50	50
1968	28	1	3	24	0	0	0	103	50	53
1969	28	1	3	24	0	0	0	109	50	59
1970	27	1	3	23	0	0	0	165	50	115

续表 34-11-2-2

年份	机构数（家）							床位（张）		
	合计	县医院	区医院	乡卫生院	防疫站	妇保所	药检所	合计	县医院	区医院
1971	27	1	3	23	0	0	0	130	50	80
1972	27	1	3	23	0	0	0	145	70	75
1973	27	1	3	23	0	0	0	170	70	100
1974	27	1	3	23	0	0	0	176	70	106
1975	27	1	3	23	0	0	0	175	70	105
1976	26	1	3	22	0	0	0	175	70	105
1977	26	1	3	22	0	0	0	195	70	125
1978	27	1	3	23	0	0	0	149	74	75
1979	27	1	3	23	0	0	0	149	74	75
1980	28	1	3	24	0	0	0	150	100	50
1981	28	1	3	24	0	0	0	149	100	49
1982	30	1	4	23	1	1	0	162	110	52
1983	31	1	5	23	1	1	0	160	110	50
1984	31	1	5	23	1	1	0	160	110	50
1985	33	1	5	24	1	1	1	215	165	50
1986	32	1	5	23	1	1	1	215	165	50
1987	31	1	4	23	1	1	1	215	165	50
1988	32	2	4	23	1	1	1	255	195	60
1989	32	2	4	23	1	1	1	300	195	105
1990	32	2	4	23	1	1	1	355	215	140

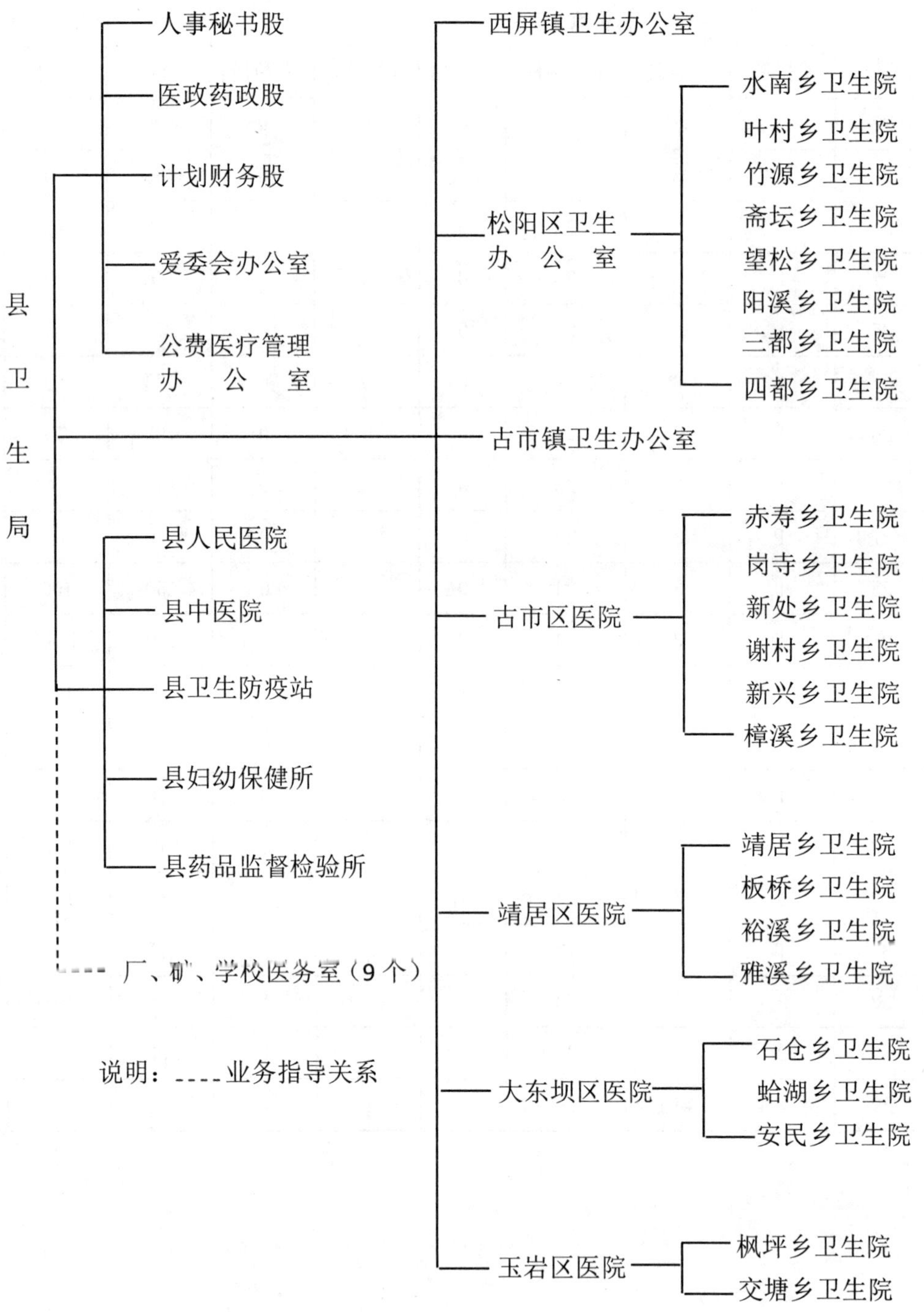

图 34-12　1990 年松阳县卫生组织系统图

1996年上半年，根据国务院《医疗机构管理条例》、卫生部《医疗机构管理条例实施细则》和省政府《关于印发<浙江省实施“医疗机构管理条例”若干规定>的通知》精神，及时对全县242家医疗机构（包括村卫生室、医务室、个体医诊所）分布情况和现状进行全面调查摸底，按上级文件要求，结合松阳县实际和社会经济发展总体规划，制定《松阳县1996～2000年医疗机构设置规划》，报丽水地区卫生局审核批复，县人民政府于10月印发实施，并建立县医疗机构管理领导小组和医疗机构监督管理办公室。1997年，对医疗机构执业进行登记，对符合条件的医疗机构，经审核合格后，发给医疗机构执业许可证。同时加强乡村医生、个体医执业管理，有96人参加全省统考。

1999年，对符合设置规划、经审核合格的县、镇、乡31家医疗机构和6家学校、厂矿医务室核发《医疗机构执业许可证》，对基本达到低限标准的12家个体医诊所和46家村卫生室予以登记注册，规范医疗机构的执业行为。

2000～2004年，对符合条件的各医疗机构换发新的医疗机构执业许可证，对从业人员执业资格进行审查，并定期、不定期开展监督检查。

2008～2010年，对县、镇、乡医疗机构换发医疗机构执业许可证，对从业人员实行准入制度，定期或不定期查处医疗机构从业人员的执业资格，并加强从业人员执业资格考试、考核、培训管理。

1991～2010年松阳县医疗卫生事业机构及床位数表

表34-11-2-3

年度	机构数（家）						床位数（张）			
	合计	县级医院	镇中心卫生院	乡级卫生院	县级卫生单位	镇卫办	合计	县级	镇级	乡级
1991	35	3	3	23	3	3	364	285	30	49
1992	34	3	3	23	3	2	364	285	30	49
1993	34	3	3	23	3	2	394	315	30	49
1994	35	3	4	23	3	2	411	315	47	49
1995	35	3	4	23	3	2	411	315	47	49
1996	35	3	4	23	3	2	411	315	47	49
1997	35	3	4	23	3	2	411	315	47	49
1998	35	3	4	23	3	2	411	315	47	49
1999	35	3	4	23	3	2	409	315	47	47
2000	34	3	4	22	3	2	409	315	47	47
2001	35	3	4	22	4	2	405	315	47	43
2002	32	3	4	20	3	2	405	315	47	43
2003	32	3	4	20	3	2	405	315	47	43
2004	32	3	4	20	3	2	405	315	47	43

续表 34-11-2-3

年度	机构数（家）						床位数（张）			
	合计	县级医院	镇中心卫生院	乡级卫生院	县级卫生单位	镇卫办	合计	县级	镇级	乡级
2005	31	3	4	19	3	2	403	315	47	41
2006	31	3	4	19	3	2	403	315	47	41
2007	31	3	4	19	3	2	433	345	47	41
2008	31	3	4	19	3	2	433	345	47	41
2009	31	3	4	19	3	2	433	345	47	41
2010	29	3	4	19	3	0	433	345	47	41

说明：1991 年镇中心卫生院为区医院

医疗质量管理

20 世纪 50 年代，医疗机构经过整编和整顿，调整充实医务人员，建立健全工作制度。在各级医疗单位中广泛推行保护性医疗制度，医疗质量管理逐步加强。“文化大革命”期间，医疗单位各项规章制度遭到破坏。

中共十一届三中全会以后，各项医疗制度得到恢复和进一步健全，贯彻执行卫生部颁布的《医院工作制度》《医院工作人员职责》和省卫生厅制订的各项质量控制标准。并试行“五定一奖”（定床位、定人员、定任务、定指标、定经济补助、实行奖励）制度，加强医院科学管理，促进医疗质量的提高。

1984 年以后，围绕深化卫生改革这个中心，对全县医疗卫生单位采取一系列卫生改革措施，进一步强化医疗质量管理。在医疗业务上，全面开展质量管理，以提高医疗质量为目的，采取有效措施，落实门、急诊和住院病历书写，消毒灭菌、技术操作规范，处方书写和配方质量、药品质量，差错事故登记处理等一系列业务技术指标；在管理体制上，实行院、所、站长负责制，各种形式的技术经济责任制，普遍实行人定岗、岗定责、责计酬的以完成数质量指标与分配挂钩的浮动工资或浮动奖金责任制；在工作任务上，全面实行乡卫生院四大任务考核标准，县、区、镇医疗卫生单位实行主要工作指标考核标准，每年组织人员对完成情况进行验收考核。对各项工作实行质量控制，提高管理水平和医疗质量。

中共十三届五中全会后，各级医疗卫生单位通过治理整顿，调动广大医务人员的积极性，提高工作效率和工作质量。1982 年以后，全县医疗单位共增设 13 个新科室，扩大 21 个新项目，县人民医院开展肝破裂修补、肝癌切除等手术。古市区医院在设备简单、技术力量弱的情况下，把 1 例冠心病心跳停止 80 分钟患者和 1 例电击伤心跳停止病人抢救成功。县人民医院经地区卫生局复查达“一级乙类医院”的标准。玉岩区医院、岗寺、赤寿、新兴、叶村、阳溪等卫生院被省卫生厅命名为“文明卫生院”。

1991 年，开展医院上等级评审，各医疗卫生单位开展质量、效益年活动，把质量管理列入医院考核指标。1994 年 4～12 月,分三个阶段在全系统开展“94 医疗质量年”活动。县卫生局建立活动领导小组，县人民医院制定实施方案，县中医医院印发《中医院重点管理制度摘编》。在整个质量年活动中，各级医疗单位的服务态度有较明显的改善，医疗质量有较大的提高。

1998 年，建立临床医疗、临床检验、医院感染管理、护理质控 4 个质控组织，并要求镇、乡卫生院确定 1 名专业技术人员担任质控员。质量控制管理首次列入乡镇卫生院的管理考核内容之一，制定乡镇卫生院医疗质量考核办法和实施细则。1999 年，古市医院医疗质量管理首次被丽水地区卫生局列入考核单位。2000 年，开展为期一年的“新世纪医疗质量大行动”活动，县、镇医疗单位建立领导小组，制定实施意见，各级医疗单位医疗质控取得较好的成绩。县人民医院放射科在全省常规 X 线影像质控考核中被评为优秀，在丽水市级考评中被评为同级医院第三名；麻醉科省级考核得分 93 分；检验科获“临检生化、免疫、微生物”4 项全优。县中医医院和古市医院质控取得较好成绩。乡镇卫生院逐步规范质控的考核和管理。

2001 年，开展第二轮“新世纪医疗质量大行动”活动。县级 3 家医院经省市质控考核，县人民医院质控管理获全市并列第一。2002 年，各医疗单位以“第二轮新世纪医疗质量大行动”和“满意工程”活动为契机，狠抓医疗质量管理，建立健全各种医疗质量控制制度，严格三级查房制度和病历、处方书写要求，定期或不定期开展医疗质量检查，各项医疗工作质量稳步提高。

2004 年 4 月，在全系统各医疗单位开展“优质医疗服务月”活动。2005 年，开展以“遵章守法、关爱生命”为主题的医疗卫生服务月活动，上街义诊咨询，发放宣传资料。2008 年，实施强院工程，开展“以病人为中心、提高医疗服务质量”为主题的医院管理年活动，各医疗单位以优化经济发展软环境和民主评议卫生行风活动为契机，进一步规范医疗服务行为，狠抓医疗质量的提高，强化服务意识，改进就医流程，落实便民措施，努力提高各项医疗质量，注重安全医疗，加强对医院质控考核的指导，提高质量控制的水平。县人民医院、县中医医院顺利通过“平安医院”创建考核。

2009 年，县中医院加强和规范医院院感管理，健全院感网络，规范抗菌药物的使用控制工作并进行定期检查。2010 年 3 月，对护理、院感、放射、药事管理、临床检验、口腔、临床医疗、病历、急诊、病理 10 个质控小组成员进行充实和调整。4 月，对全县 105 家医疗机构开展医疗质量医疗安全专项监督检查，重点检查医疗机构废弃物处置、消毒管理、卫生技术人员执业行为等情况。

医疗事故处理

根据国务院发布的《医疗事故处理办法》和《浙江省医疗事故处理实施细则》的有关规定，1982 年 8 月，成立松阳县医疗事故鉴定委员会，主要负责县内医疗事故或医疗事件鉴定，对是否属于医疗事故和事件作出判定。

1992 年以后，共接受医疗事件鉴定 4 起，鉴定结果均不属于医疗事故。2002 年 9 月 1 日，国务院《医疗事故处理条例》公布实施，县卫生行政部门不再组织医疗事故的鉴定，对需要进行医疗事故鉴定的，由本人或医疗单位申请上报丽水市医学会，由丽水市医学会组织医疗专家进行鉴定。

2009 年 12 月，建立县医患纠纷人民调解委员会，该会由县司法局、卫生局牵头，由若干名专兼职人民调解员组成，属人民调解专业性组织。在县司法局的指导下，依照国家法律、法规、规章、政策及社会公德，开展医疗纠纷调解工作。2010 年 1 月，利用调解机制妥善处理一起医疗纠纷，开创第三方调解处理医患纠纷的先例。

第三节　药政与血液管理

特殊药品管理

中华人民共和国成立前，据民国档案记载，境内曾有吸毒者和私种烟毒、制造贩卖毒品（红丸、鸦片）的。为禁绝毒害，民国 14 年（1925）成立除毒分会（附设在自立会内）。民国 20 年 7 月，成立松阳县禁毒筹备处，社会上设置密告箱，开展多种形式的宣传教育，通饬乡镇保甲长调查烟民人数；造册登记勒令投戒，并责成警察机关严密缉查。

民国 26 年（1937）3～8 月，在西屏、古市 2 个镇查获吸毒犯 3 名、贩卖毒品犯 4 名、制造红丸犯 1 名，对制造红丸犯执行枪决，连续几年在烟苗下种、出土、开花 3 个时期派员巡视查勘，烟毒曾一度肃清。

中华人民共和国成立后，人民政府重视药政管理。1950 年，中央公布《管理麻醉药品暂行条例》，政务院下达《关于严禁鸦片烟毒通令》。全县开展肃清鸦片烟毒群众运动，进行清理毒品和麻醉药品申报登记调查工作，有 15 名个体开业医生申报登记，另有西屏镇第八分会没收地主之药品一批，内有麻醉药品盐酸吗啡安瓶 47 支，硫酸吗啡片 100 片，阿片酊 120 毫升，醋酸可待因 486 片。

1954 年 4 月开始，严格执行卫生部《关于麻醉药品管理使用规定》。是年 8 月，县卫生院会同税务局、工商联查处南街“松阳药房”违犯法令事件。

1978 年 12 月 10 日始，中医中药原十六两为一市斤的“两、钱、分”计量单位改为公制“克、毫克”，原中医处方 1 钱改为 8 克，1 分改为 300 毫克，实行公制计量。中医处方一律横写。

1982 年，松阳恢复县制及《中华人民共和国药品管理法》颁布以后，药政管理有法规依据，药政工作进一步走上正规。按照药品管理法规定，县人民政府任命 6 人为县级药品监督员。按照《浙江省基层药品检查员工作条例》规定，县卫生局任命 20 人为基层药品检查员，发给证书。建立药政，药检执法队伍，专业和群众相结合的药品监督检查网络。1982 年至 1984 年 5 月，会同公安部门查处靖居区板桥乡、后塘村、联溪乡小槎村个别群众私种罂粟 370 余株及用罂粟制成药膏等违法案件。

1986 年，对毒性药品、精神药品实行“三专”，即专人保管、专柜加锁、专用账册；对麻醉药品实行“五专”，即专人负责、专柜加锁、专用处方、专用账册、专册登记。经卫生局审查批准使用麻醉药品、毒性药品、精神药品处方权的医师，要求处方医师签全名、配方核对双签名制度。

1989 年 12 月，按照省发“使用麻醉药品医师处方权考核试题”，组织全县卫生医疗单位医师以上技术人员进行考试，80 分为合格。65 名医师合格，发给合格证。从 1990 年 1 月 1 日始，实行凭考核合格医师处方有效，其他任何人不得使用麻醉药品。

1993 年 10 月，开始对未取得麻醉药品处方权的医师进行理论考试，并对合格人员发给麻醉药品使用处方权合格证书，授予麻醉药品处方权。1997 年，开展麻醉药品经营检查整顿，对县医药总公司的麻醉药品进货渠道、经营管理情况进行检查。

药品质量管理

1982 年 9 月，按照卫生部指定淘汰药品 127 种，其中 21 种于 1983 年 1 月 1 日开始停止使用外，其余 106 种于文到之日始一律停止使用。

1985 年始，每年组织一次药品质量、药品价格、药品标准、药房管理等方面的大检查，按照“丽水地区药品管理标准和评分细则”进行考核检查评分。4 月，在个别医疗单位查出福建诏安秀篆药用饮料厂伪造批准文号的假“清肺冲剂”7372 盒，32435 部队红旗一分厂的假“金钱草冲剂”107 盒、“香连冲剂”371 盒，仙居制药厂的假“醋酸强的松龙”针剂等；在县城所在地新电影院广场举行假药销毁现场会，当众销毁。其后通过逐年检查，各级领导和药剂人员以法管药的思想基本形成，各项管理制度进一步落实，销售伪劣药品得到控制，药品质量不断提高。药品霉变现象逐年减少。

1986 年，为加强中西药房管理，进一步健全药房工作制度，对贵重药品建立专人保管、专柜加锁、专册登记和逐日消耗统计制度，规定县、区医院统计中西药 15 个品种，乡卫生院统计中西药 10 个品种。为保证药品质量，对西药建立药品效期挂牌制度，对中药饮片加工炮制，必须严格按照国家药典和省颁中药炮制规范制作，实行加工炮制结报表备查。

1989 年 8 月，按照省统一部署，有医药、卫生、工商部门参加成立松阳县整顿医药市场领导小组，对非法经营中西药品、出售淘汰药品、制售假劣药品等不法行为进行整顿。历时半年，查出“三证”不全经营单位的 129 种（次）药品，责令限期自行处理完毕，对 6 个质量不合格的药品作报废处理，对“三证”不全的个体工商户定价收购其抢购的米仁 741 公斤，计金额 2827.47 元，没收外地“三证”不全的药贩假劣药材 5 种（次），计金额 480.29 元。经过整顿，医药系统保留 2 家批发部、4 个门市部；供销系统保留 1 个代批发点、2 家药店，及一些代收购点；私营企业保留 4 家药店和 2 个药材贩运户；“健”字号营养滋补品批发单位 6 家。根据整顿医药市场的方案，列入该次验收换发药品经营企业许可证的共有 27 个单位（其中属地区权限验收发证的 7 家），由卫生、医药、药检 3 个部门抽出 7 人组成验收发证小组，逐个进行检查评分验收，达到合格标准予以换证的 33 家。县境内有专业性药厂 1 家、县级医院制剂室 1 处。至 1990 年，共批准生产药品 116 种。

1991 年，为保证人民群众的用药安全，依法加强药品监督管理，共查药品 45696 种次，其中西药 2443 种次、中药 21262 种次。查处伪劣药品 24 种次，药检 20 个，检品不合格率 40%。中药炮制质量考核平均合格率 91.4%。查处无证游医药贩 10 人次。对药品生产企业 88 个品种和县医院制剂 36 个品种进行重新注册登记。1992 年，全年开展 2 次药品质量大检查，共检查中西药品 64876 种次，查获伪劣药品 72 种次，药检 20 个，检品不合格率为 93.8%。完成药品经营（兼）生产企业的验证。1993 年，对全县药品经营企业、医疗卫生单位、个体诊所、村卫生室、商店等 204 个单位进行药品质量检查，其中，专项治理检查 2 次，共查药品 61788 种次，查获伪劣药品 13 种次，药检品种 162 个，总检品不合格率 85%。

1994 年，为理顺乡镇卫生院药品进货渠道，县卫生局下发《关于理顺乡镇卫生院（中心卫生院）

药品进货渠道的通知》，明确规定从2月始乡镇卫生院用药全部向县医药公司进货，院长不得直接参与，强化监督管理，有力地制止个人收受回扣，保证药品的质量。同时对全县药品生产企业、经营企业、医院制剂室进行换发三证检查，全县21个单位全部合格，上报丽水地区卫生局换发三证。1995年，开展《中华人民共和国药品管理法》颁布十周年纪念活动。对全县药品经营企业、生产企业、医疗单位、个体诊所、村卫生室开展药品质量监督，共查中西药89712种次，查处伪劣药品204个种次。全县中药炮制合格率为91%。建立药品检查员队伍，健全药品质量监督检查网络。县中医医院、古市医院、新兴卫生院再次被丽水地区卫生局授予“药品质量信得过单位”称号。

1996年，县卫生局下发《关于进一步加强药品管理、统一进货渠道的若干规定》，规范全县医疗单位、村卫生室、个体医进药渠道，全县31个医疗单位均与县医药公司签订药品购销协议，统一向县医药公司进货。对全县医疗单位、经营生产企业、村卫生室依法进行药品质量监督检查，共查药品89746种次，没收无证药贩药品5472种次，价值15659.4元；查处假劣药品436种次，价值22706.6元；销毁假劣药品80个品种，价值27412.3元。对14251种次中药炮制品进行质量考核，合格率为91.9%，中药处方配方质量合格率为91.7%。

1997年，明确规定村卫生室和私人诊所的药品全部由所在地镇、乡卫生院按公司批发价代购供应，并规定根据执业规模大小向其收取一定数额的药品进货渠道保证金，以督促自觉遵守。1999年，县中医医院、县人民医院先后通过丽水地区卫生局“药品质量信得过单位”的复查，确认“药品质量信得过”单位。在8月和11月两次对医药市场进行清理和整顿，查处违法药品经营案件33起，检查药品123258种次，查获假劣药品99种次，价值5.3万余元，检品90件，不合格率93.3%。2000年，对全县医疗单位、个体诊所、厂矿、学校医务室进行药品质量监督检查，检查覆盖率为100%，共查药品124953批次，查获假劣药品198批次，价值36622元。

2001年4月，县卫生局建立药品集中招标采购领导小组和工作小组，率先在镇、乡卫生院实行药品公开招标，确定镇、乡卫生院定点药品采购单位。县级医院对部分药品进行集中招标。通过集中招标采购活动，进一步规范药品采购进货渠道。2002年，县卫生局药政管理职能和县药品监督检验所成建制划归县药品监督管理局管理。至2010年，这一管理体系没有变化。

血液管理

20世纪50年代至90年代中期，县级医院的临床用血是在县级各医院体检合格、登记注册的献血员供血为主，临床用血为输注全血。

1991年，县人民医院建立血库，血库设检验科，加强临床用血规范化管理。10月1日，《中华人民共和国献血法》开始实施，确立实行无偿献血制度。1992年，按照浙江省血源管理中心统一规定，对辖区内献血员进行重新登记，使用中心印制的献血卡。

1999年5月，全县开展首次无偿献血活动，参加无偿献血有464人，献血总量92.8升。县内所有医疗临床用血结束自采自供的历史，所需用血全部由丽水地区中心血站提供和调配。

2000年，卫生部《医疗机构临床用血管理办法》和《临床输血技术规范》发布，按照有关规定，成分血使用率纳入医院等级评审。同时加强血液的管理，县级医院从输全血逐步开展输成分血。县人民医院2000年成分血输血率11.7%。2001年，为完善临床用血管理制度，做到合理用血、科学用血、节约用血，经协调，县中医医院、古市医院对平诊患者和择期手术患者的用血可直接向丽水市中心血站采购，急诊用血由县人民医院供血。要求县人民医院认真做好血库建设，定期编制临床用血计划。

2003年，县人民医院成分血输血率为28%，县中医医院为4.5%。2005年，首次开展捐献造血干细胞志愿者行动，91人首批进入中国造血干细胞捐献资料库成员名单。县人民医院成分血输血率62%，县中医医院成分血输血率为15%。县人民医院成为全县临床用血储血点，县中医医院、古市医院临床用血由县人民医院供血。

2007年8月，县人民医院建立临床输血委员会，全县临床用血实行规范化管理。县级医院成分血输血率99.7%。2009年，对县人民医院血库进行检查，血液来源于丽水市中心血站，血液存放规范，血液储存温度自动监测控制系统正常，温度监测制度齐全，血液由专人负责管理。

2010年，县人民医院建立血库管理信息系统。全县无偿献血人次、献血量及占临床用血比例达到历史最高水平，分别为2361人次、848.57升。献血量占临床用血的205.40%。

第四节 医疗市场管理

1979年以后，个体开业行医逐渐增多，考核审批制度不严，导致部分个体行医技术水平低，医疗质量差，发生医疗纠纷现象，有的甚至无执照公开挂牌，非法行医。1989年，进行清理整顿，视个体行医技术水平和医德状况，择优去劣，重新进行一次考试考核，通过考试考核对符合条件的重新换发行医执照，对不符合条件的收回开业执照，并坚决取缔非法行医。通过整顿，实行统一的医疗文书、统一处方、统一收费标准等各项制度，并在县区二级设立个体行医监督员，充分发挥个体行医协会自我管理、自我监督作用。

1994年，根据国务院《医疗机构管理条例》和《浙江省实施〈医疗机构管理条例〉若干规定》的精神，对全县各级医疗机构进行调查摸底，对6家无证行医采取限期停止执业活动的处理。1997年，县卫生局设立医疗机构监督管理办公室，在全县范围内查处非法行医，依法取缔无证行医7起。1998年，查处无证行医12起，全县医疗市场得以进一步净化。

1999年7月，在县人大组织的贯彻实施《医疗机构管理条例》执法检查中，查处无证行医、非法行医10起，采取罚款、没收非法所得、停止执业活动等措施，以净化县内的医疗市场。2001年，着重开展打击非法行医、整顿医疗服务市场的专项整治活动，查72户次，立案13户次，罚款5.19万元，没收药品价值2.66万元。2002年，根据《中华人民共和国执业医师法》和《医疗机构管理条例》的有关规定，对未取得执业医师资格和医疗执业机构许可证的12家个体诊所，按时予以清理。立案14件，罚款6.09万元，没收药品价值0.48万元，医疗器械15台。2003年，对医疗服务机构的整顿，采取经常性检查和突击检查相结合的办法，充分发挥社会力量投诉举报，共查处非法行医案19起，没收药品、器械7户，罚款13.14万元。

2004年，对各类医疗机构是否存在聘用非卫技人员从事诊疗活动、出租科室和外包科室等现象进行检查，共查各类医疗机构149家，立案查处非法行医案12起，没收药品25种、牙科器械18种，价值0.25万元，罚款4.24万元。依法查处5家非法从事洗眉、点痣、洗纹身、祛斑等医疗美容的美容护肤经营户。2005年，按照《丽水市打击非法行医专项行动实施方案》，认真抓好打击非法行医专项行动，制定整治方案，建立领导小组，按时间、按计划、按阶段抓好各阶段、各环节的专项治理工作。通过召开会议、电视图文、张贴标语等形式开展宣传。11月，县卫生局联合县公安局、县食品药品监督管理局、县工商管理局等部门开展为期3天的执法行动，重点打击未取得医疗机构执业许可证、擅自开展诊疗活动的非法行医行为，出动执法人员60余人次，检查药店27家，取缔非法行医、地下“黑诊所”6家，立案查处非法行医22起，打击游医12起，全县共查医疗机构202户次。通过专项行动和日常强化监督管理，有效地打击非法行医行为，净化全县的医疗市场。

2006年，通过调查摸底，基本掌握全县医疗服务市场聘用非卫生技术人员、出租承包科室、擅自开展性病诊疗、非法鉴定胎儿性别引产及辖区内非法游医行医等情况。重点对有执业许可证的医疗单位的依法行医情况开展执法检查，检查县级医院、乡镇卫生院、社会办医疗机构等60家。全年立案查处群众举报的非法行医7起，取缔义诊推销药品3起，罚款4.07万元，没收药品、器械价值0.75万元。2007～2009年，全面加强医疗市场的管理，采取日常监督和突击检查相结合，对违法违规行为依法坚决予以查处。共查处医疗机构聘用非卫生技术人员行医的违法行为2起、非法行医案10起，其中1人因犯非法行医罪，被追究刑事责任。

2010年，继续加大打击非法行医的力度，多部门联合，把打击无证行医、坐堂行医、游医与规范医疗机构的执业行为相结合，严格医疗机构的准入，加强对医疗机构从业人员、执业范围的监督。10月，县公安局驻县卫生局打击非法行医联络室成立。全年共取缔无证行医窝点4个，收缴各类医疗器械10余件，立案查处3件，罚款1.19万元，移送公安机关追究刑事责任1件。

第三十五编　文化 旅游

山水松阳，钟灵毓秀，物华天宝，人文荟萃。松阳是浙西南政治、经济、文化发祥地之一，在浩瀚的历史长河中，孕育和积淀了颇有地域特色的深厚本土文化。

蕞尔松阳，代有闻人。自唐以后，叶法善、叶梦得、张玉娘、刘应真、项安世、潘好古、周权、练鲁、王景、詹雨、叶希贤等为代表的历史文化名人，在经学、诗词、文史、戏曲诸方面著述颇丰，建树良多，其传习内容涉及诸子百家各学的解读与应用。近现代有刘德元、刘迈英、孟称舜、高焕然、何修、叶梦麟、叶霞翟、吴力生、何联奎等，传承弘扬松阳的历史文化，在历史、文学、医学、科教、家政诸多学科领域中辛勤耕耘，是优秀传统文化在松阳的继承者、传播者和创造者。

历史文化名镇西屏、古市，是松古盆地上两颗璀璨明珠，也是松阳历史文化大观园的肇始区域。在漫长的历史发展进程中，积淀了丰厚的优秀传统文化。松阳非物质文化遗产洋洋大观，高亢瑰丽的松阳高腔、妙如仙乐的月宫神韵、独舞江南的小吉草狮、流光溢彩的民乐灯彩、美轮美奂的民间工艺、古朴隽永的民俗大观、道教宗师叶法善的传奇传说、南宋女词人张玉娘的兰雪绝唱……无不闪耀着迷人的光芒。

旧时，松阳的文化艺术活动以民间文人、艺人自发组织戏曲文艺班社巡演居多。中华人民共和国成立后，尤其是改革开放以来，松阳各种文化设施不断增多，城乡影剧院、文化馆（站）、博物馆、图书馆（室）、青少年宫、展览馆、陈列室、文化礼堂等文化设施日臻完善，方便群众业余文化生活；各种文艺展演、书画摄影展、送戏送电影送书下乡等文化活动常年开展；戏曲文艺社团、群众文化集社、城乡俱乐部、文化中心等文化活动形式丰富多彩，初步形成覆盖全县城乡的公共文化服务网络，有力地推动松阳文化事业的繁荣复兴。

松阳县旅游事业依托境内丰富的自然生态资源和人文资源不断发展。自古至今，松阳以其山水之胜、人文之显，引得文人雅士吟咏不绝，吸引着众多游客慕名而来。境内自然生态资源不胜枚举，山川兼胜，群峰环拱，“惟此桃花源，四塞无他虞”。松阳在历史进程中留存的文化遗迹、古建筑、历史文化名城、古村落、民风习俗等人文资源丰厚，还有当代人建造的一些建筑与设施，都具有一定的文化价值和旅游价值。

第一章　戏　剧

松阳戏剧起源历史悠久，剧种较多，剧目丰富。剧种有松阳高腔、越剧、婺剧、京剧、昆腔、徽戏、乱弹、三合腔、话剧、歌剧、舞剧、音乐剧等。松阳高腔剧目有《夫人戏》《火珠记》《八仙桥》《三状元》等。民国《松阳县志》载，“松阳好演戏，每逢八月城隍庙，演唱十七昼夜，公派三十六行业，纠钱费款几及数千”。旧时，县城农历三月、八月，古市五月、九月均有“半月戏”，靖居有“十月戏”，乡村冬闲时亦有数夜“闹冬戏”；全县每年演戏超千场。城乡演戏种类有庙会戏、社戏、“三十六”行戏、闹冬戏、禁山戏、开桥戏、开谱戏、暖房戏等，热闹非凡。

第一节　松阳戏剧发展历史

元末明初，松阳高腔形成。松阳高腔又称“白沙岗土调”，以松阳地方杂剧为主，吸收古代义乌腔、昆腔等外来声腔的艺术因素而成型。

清乾隆至光绪年间，松阳高腔达到鼎盛。流行于以松阳为中心的浙西南农村，远及闽、赣、皖等地。

民国初，越剧（俗称“的笃班”）传入。

民国7年（1918），叶虎臣办京剧戏班易俗舞台，活跃于浙赣边界十县。民国9年，兰溪新剧社到松阳演出，颇受民众欢迎。“五四”运动以后，松阳开始以反对日本帝国主义侵略为主要内容的时装话剧演出活动。民国14年，松阳成立“集思社”，针对当时国内外形势，先后以上海“五卅运动”和济南“五·三惨案”等事件为题材，自编自演时装话剧，在城隍庙戏台公演7天。之后，松阳城乡戏台陆续出现针砭时弊的时装话剧和形式多样的话报剧、相声（又称双簧）、滑稽、独角戏等“文明戏”，在街头、乡村频繁演出。同期，县立初级中学、毓秀、朱子庙、尼宗和古市镇文德小学师生在双十节等节日在各自学校礼堂、申亭和城隍庙戏台等场地演出话剧、歌舞剧《渔民泪》《孔雀东南飞》《可怜的秋香》《葡萄仙子》《明月之夜》等剧目。

民国19年（1930），处州乱弹名旦汤吉昌创办团体舞台。时有木偶戏班（傀儡班）11个，主要演社戏。民国21年，县城和古市的毓秀、县第三小学、文德等小学师生自编自演反对日本帝国主义侵略中国、号召民众抵制日货等内容的剧目，以及《童养媳》《三蝴蝶》等大型话剧。

民国26年（1937），由萧山内迁到古市的湘湖师范学校附设民众教育馆馆长叶芳，与平民夜校学员王益生、干关林等人组成“民众剧团”，演出自编时装越剧《兄弟从军》《劝夫从军》《好人要当兵》《重逢》《童养娘》等剧目，改编古装越剧《百花台》《落帽风》《游江关》，以及传统

图 35-1 全面抗战时期湘师在松阳街头表演宣传抗日的剧目（叶祖青提供）

越剧《碧玉簪》《方玉娘祭塔》《盘夫索夫》等，演出范围遍及松古平原各乡村。11 月，特种工作团第一团第六分团吴玠、孟卿、丁光、孟诩等人，以古市为中心并深入上方、赤岸、狮子口、大石、徐郑、外孟、上源口、溪下、五木、上河、岗下、王村等乡村演抗日戏剧。全面抗战期间，湘湖师范师生成立的“醒民话剧团”和“喈喈歌咏团”，经常在古市镇集市街头演出话剧，剧目有《丈夫去当兵》、话剧《雷雨》、歌剧《农村曲》等。县城“抗战流动施教团”在城镇乡村巡回演出话剧《放下你的鞭子》《在太阳旗下》，自编自演借古讽今的抗日短剧、滑稽戏和独角戏，教唱抗日歌曲，激发民众的抗日热情。县民众教育馆成立松鹰话剧社，社址设民教馆（善应堂内），经常在县城、古市、靖居包、靖居口、山下阳、清源垄、三都等地演出。以演出时装话剧为主，也有歌剧、戏曲（乱弹、京剧）。剧目有《三江好》《险箱》《探亲》《三月三》《麒麟寨》《烟苇港》《送亲从军》《武家坡》《苏三起解》《断桥相会》《牡丹对课》《方卿见姑》等。

抗战胜利后至松阳解放期间，松阳中学、松阳简师以及城区各小学的进步师生和开明人士，组织剧团演出《升官图》《日出》《原野》《雷雨》《结婚进行曲》等剧目，内容有反对内战和政府腐败等。

1950 年，县文工队辅导农村建立业余剧团，为各农村业余剧团移植上演婺剧、话剧《白毛女》《血泪仇》《刘胡兰》《闯王进京》《花港》《梁祝》《小放牛》，自编小戏《参军光荣》《劝学文化》《小姑贤》《互助合作好》，新编鼓词《歌唱游击战士蓝大嫂》等。竹溪、项弄、大徐、项宅、徐郑等村的木偶戏班利用冬春农闲季节，在全县城乡巡回演出。全县每年举行 2 次木偶戏调演，其中，松阳高腔及木偶戏等演艺活动在互助合作化、人民公社化、“大跃进”和“大办钢铁”等运动中停演，其他农村业余剧团展演反映“三面红旗”等内容的现代文艺宣传演出活动越来越多。

1958 年，松阳、遂昌 2 县合并。原松阳县婺剧团改为遂昌县婺剧团，以演徽戏为主，时为金华地区实力较强的专业剧团之一。演出的剧目有《将相和》《秦香莲》等 160 多个传统剧目，主要活动于金华、丽水、衢州一带。1962 年，农村业余剧团逐渐恢复演出。次年，境内有 41 个农村业余剧团，上演《刘介梅忘本回头》《夺印》等现代戏和古装戏《九斤姑娘》等。1966 年“文化大革命”开始，专业和业余剧团的演出活动基本停止。1967 年后，所有剧团都转演革命样板戏《红灯记》《沙家浜》《智取威虎山》《海港》以及《东海小哨兵》《小螺号》《半篮花生》等节目。

图 35-2 松阳婺剧团在浦江演出留影 （叶祖青提供 1957 年）

1972 年 5 月，为纪念毛泽东《在延安文艺座谈会上的讲话》30周年，开展文艺创作征文活动，县财政拨款9万多元，扩建松阳剧院观众厅，演出的剧目仍以革命样板戏为主。1979年，恢复演出民间曲艺松阳鼓词、道情、莲花落等，新编曲目《焦女婿相亲》。1980年，搜集整理松阳鼓词、道情话本40本、段子30篇，曲目进行录制。同年，先后成立松阳越剧团、古市婺剧团、石仓婺剧团、古市越剧团、板桥越剧团、新兴木偶剧团等农村业余剧团；建立玉岩和白沙岗松阳高腔剧团。

图 35-3 松阳高腔演出剧照(包志林 摄于1983年)

1985年，松阳高腔研究会成立。次年，整理松阳高腔音乐唱腔曲牌73个、插曲3个、唢呐曲牌9个和常用锣鼓经。1991年，日本戏剧专家录制松阳高腔。松阳高腔被编入《中国戏曲词典》《中国戏曲志·浙江卷》《中国戏曲音乐集成·浙江卷》。1998年，松阳高腔周安剧团参加浙江省少数剧种交流会暨温岭市民间剧团会演。

2005年5月，松阳高腔被列入浙江省第一批非物质文化遗产名录。2006年，松阳高腔保护工作领导小组和松阳高腔资料收集整理专项工作小组成立。玉岩镇被省文化厅命名为“浙江省民族民间艺术之乡”（第三批）。6月，松阳高腔被列入首批国家非物质文化遗产名录。2008～2010年，出版《松阳高腔音乐与研究》《松阳高腔》。

第二节　松阳高腔

松阳高腔发源地及演出地

松阳高腔发源于玉岩镇白沙岗村和周安村。起源于元末明初，兴盛于清乾隆至道光年间，时境内有10余个职业戏班，分布在白沙岗、周安、大岭里、山乍口、枫坪、钱余、大畈、西沿头、神坛、黄庄、上河、山甫等地。松阳高腔的演出范围除了在县内活动外，还遍及浙江及周边闽、赣、皖3个省。在浙江省内有遂昌、宣平、龙泉、云和、丽水、缙云、青田、温州、永康、金华、义乌、浦江、兰溪、龙游、衢州、江山、常山、开化、建德、桐庐、富阳、杭州、绍兴等县市；福建省有浦城、建阳；江西省有玉山、上饶、弋阳、婺源等地；安徽省有休宁、宁国等地。

松阳高腔的特性

松阳高腔与西安高腔、侯阳高腔、西吴高腔、西昌调腔等浙江其他7种高腔齐名，合称为“浙江省八大高腔”剧种，是中国古老的声腔剧种之一。它源于宋元南戏，以当地方言为舞台语，唱腔独特，剧目繁多，曲牌丰富，表演粗犷古朴，音乐高昂婉丽，具有浓郁的地方特色。其剧目、唱腔、表演自成格局，剧本文辞顺口，且带土俗之风，易“口传而得”。松阳高腔是丽水地区唯一的地方剧种，被誉为“戏曲界的活化石”。

松阳高腔属曲牌联缀体，曲牌词常不拘于原曲牌的句式和词格，有“村俗戏文”的特点。在轻松愉快的鼓乐声中，相互配合造型动作，有类似民间风味的舞蹈艺术。

松阳高腔以当地方言及官话为舞台语，带有浙江方言及中州音韵的特征，通俗易懂。行腔多用当地民歌小调里的“啊”“咦”“哎”“喔”“依”“呢”“嗯”等衬词演唱，形成独特的衬腔效果。唱腔的旋律以级进为主，间以四五度的跳进，属五声音阶，偶尔出现的变化音作装饰音用。当旋律出现八度跳进，演唱常用高八度假嗓甩腔，头尾多帮腔。有时帮腔、衬腔、甩腔同时进行，营造出空谷回音的音乐效果，这是其他剧种中所难以见到的。

松阳高腔的表演风格和形式来源于生活，有一定的规范性。表演角色初期分生、旦、净、丑、外、末、贴 7 种。清代后由生、旦、末派生出小生、老旦、小角，共 10 种，其中，正旦、正生、净、丑为第一档角色；小生、贴、外、老旦为第二档角色；小角、末为第三档角色。正生、正旦为该剧种的主要角色，一二档角色又称“八把交椅”，各角色可兼演其他角色，称之为“反串”。经数百年的演变，松阳高腔已形成一套完整的戏剧角色体系。表演形式融合唱、做、念、打表演艺术，重文轻武的倾向性很强。

松阳高腔剧团

清乾隆至道光年间，知名的松阳高腔班剧团有“新聚堂”“秀和班”“大玉台”等 18 个大班子和“叶庆福”等 7 个木偶班，演出范围遍及闽、赣、皖 3 个省和浙江省的丽水、温州、金华、绍兴、杭州等地。清末民国初，渐趋衰落，剧团戏班相继歇散。至 1949 年初，全县仅有七八个老艺人。

1949 年 8 月，徐鸿元、李林焕等高腔老艺人重整旗鼓，在周安、白沙岗招收 24 名青年创办松阳高腔科班，分别成立“新声班”和“白沙岗班”，在县内及周边龙泉、遂昌等地演出。

1953 年 7 月，“新声班”和“白沙岗班”两班人马合并为松阳高腔剧团。至 1957 年，剧团在县内和邻县演出频繁。1957 年 7 月，松阳高腔剧团参加金华地区戏曲调演，演出《琵琶记》中的《描容别愤》《剪发卖发》2 折传统戏，团长徐鸿元被吸收为金华地区剧协会员。1958 年后，松阳高腔基本停演。1964 年春，原白沙岗班班底恢复演出。“文化大革命”期间，剧团停演，服装道具被毁。1979 年 10 月至 1980 年春，恢复松阳高腔剧团和白沙岗高腔剧团，在松（阳）遂（昌）龙（泉）丽（水）边缘山区坚持演出。1980 年，松阳高腔剧团新编古装高腔戏《八百两》参加浙江省业余文艺调演，浙江人民广播电台多次向全省播放。之后，戏班先后歇散。

图 35-4 松阳高腔参演丽水市乡村艺术节
（县文体广电局提供 2008 年）

2004 年以后，随着“非遗”保护启动及推进，松阳高腔剧团重振旗鼓，在县内乡村演出。

白沙岗高腔剧团　玉岩镇白沙岗村是松阳高腔白沙岗班的所在地。《白沙岗李氏宗谱》记载，明天启年间，李凤相（李之前还有数代高腔艺人）开始以家族传承形式组织戏班，已历 22 代传人。戏班除在县境内巡回演出外，还到衢州、金华、丽水、江山、桐庐、富阳等地及邻省演出。自清乾隆年间以后，“白沙岗班”历经“大福建班”“周灿班”“兴盛班”“新庆班”等阶段。其中“周灿班”在一次外演水运时覆舟，行头淹没殆尽。班主李进礼因得病早逝，之后其妻陈氏重振旗鼓，改名“兴盛班”，其子李荣俭、李荣仁和堂孙李宗寿为戏班台柱。

1949 年 12 月，李林焕、李高森在白沙岗村收徒组班，成立“新庆班”，前台有 20 多位艺人。1953 年 7 月，该班艺人参加县培训班，一度与周安村的“新声班”合称“松阳高腔班”。

1980 年初，李楅献等人重建“新岗松阳高腔剧团”（时白沙岗村改名新岗村）。剧目以《夫人戏》最受欢迎，另《金印记》《白兔记》《脱靴记》《琵琶记》《白蛇记》《白鹦歌》等为当家大戏，连同《耕历山》《拾义记》等共有 30 部 39 本及 6 个小戏的剧目。剧本大多为手抄本。有乾隆四年（1739）的《拾义记》（收藏于中国戏曲研究所）、道光二十四年（1844）的《金印记》《卖水记》《八仙偷桃》《双色》《鹿台》《父子会》《拜刀》《白兔记》等，以及中华人民共和国成立后李梓德、李星全的《送米》《夫人戏（二册）》《聚宝盆》等手抄全本、单篇或残本等。

周安高腔剧团　玉岩镇周安村高腔剧团，旧称“联乐班”，始于明末至民国初。近 300 年间，剧团演出地遍及县内外。1949 年 8 月，改名“新声班”。1953 年 7 月，与白沙岗“新庆班”合并成立“松阳高腔班”。

1978 年秋，在县文化部门的支持下，周安村高腔老艺人吴大水、吴陈俊等人筹集资金招收学员，组建以周安、玉岩等村中年艺人为主体的业余高腔剧团。1980 年，取名玉岩松阳高腔剧团，吴大水、吴陈俊分别担任正、副团长。恢复上演传统剧目《火珠记》《八仙桥》《三状元》《拜刀记》《鲤鱼记》《合珠记》《贺太平》《造府门》《摇钱树》《赐神剑》《耕历山》《黑蛇记》《卖水记 》《夫人戏》14 个正本和《判乌盆》《三世因果》《四老颁兵》《三闯辕门》《奔走樊阳》《五台会兄》《良桥分别》《拿夫造城》《班超留任》《老包水牢》《安安送水》《全呆卖布》《大团圆》《卖棉纱》14 个折剧和小戏。1998 年 10 月，剧团参加浙江省少数剧种交流暨温岭市民间剧团会演，演出《夫人戏》片段《苏麻岗换宝》，获演出奖、表演奖；并受到省艺术研究所专家一致好评：“淳朴的山民，原始的伴奏，给我们展现原汁原味的高腔。”之后，每年冬春两季，坚持在松阳、龙泉、遂昌、丽水、武义等毗邻山区巡回演出。2005 年，周安、白沙岗两地松阳高腔班合并为处州松阳高腔剧团，到全省各地演出传统剧目 100 多场。2 个高腔剧团合久有分，分久又合，轮回多次。

松阳高腔的保护

1959 年，上海音乐学院派人到松阳录制松阳高腔音乐。浙江婺剧团、金华戏曲研究会特邀松阳高腔演员、乐队到金华录制松阳高腔曲牌 76 个，记录部分剧目唱词。

1978 年后，松阳县文艺工作者在白沙岗、周安等高腔发源地，搜集整理了大量原始资料。在 1982 年全国高腔学术讨论会和 1986 年浙江省戏曲音腔演变规律学术讨论会上，松阳高腔被列为讨论内容。

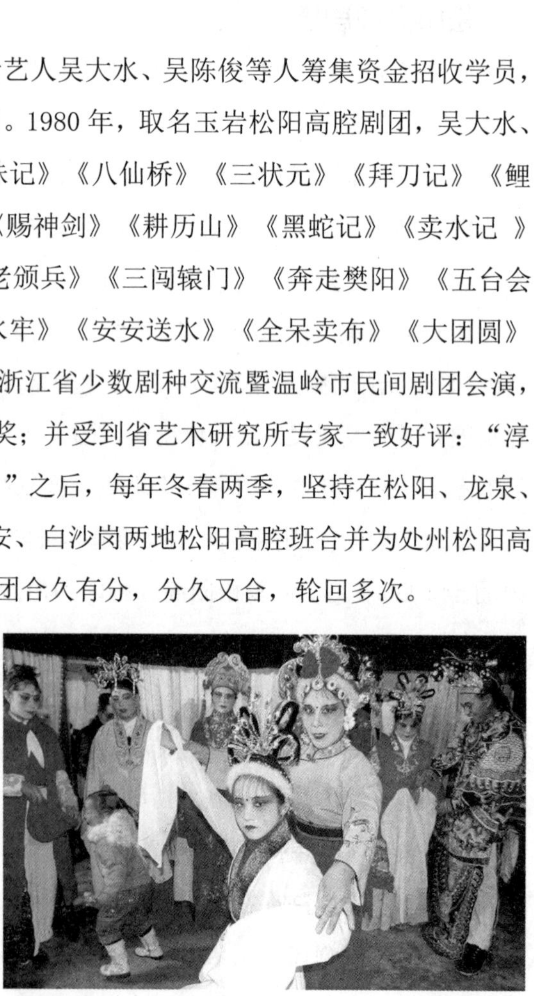

图 35-5　松阳高腔传习活动 （县文体广电局提供 2008 年）

1985年，松阳高腔研究会成立，松阳高腔保护和传承工作进入正常轨道。1986年，整理松阳高腔音乐唱腔曲牌73个、插曲3个、唢呐曲牌9个和常用锣鼓经。1991年，日本戏剧专家专门到丽水录制松阳高腔，松阳高腔被编入《中国戏曲词典》《中国戏曲志·浙江卷》《中国戏曲音乐集成·浙江卷》。

2005年，松阳高腔入选浙江省第一批非物质文化遗产名录。2006年，被列入第一批国家非物质文化遗产名录。

2008～2010年，文化、文联等部门团体加强对松阳高腔剧种的抢救、挖掘、整理、保护和传承工作，先后出版《松阳高腔音乐与研究》和《松阳高腔》专辑。

附：故事旧闻

三知县齐聚桐庐会审比武断魂案

谢村乡塘里村（大岭里村）有个松阳高腔戏班，成立于清嘉庆二十年（1815）。班主李树培，戏班中李士奶等人有拳脚功夫，善演武戏。清咸丰初年，戏班在桐庐县南堡镇演出，与一个自称“拳师”的人发生口角，继而以比武分高低，由于李士奶出拳重，把那个拳师击伤后不治身亡。桐庐知县连忙召集松阳和拳师原籍的知县齐聚桐庐，堂审命案，经妥善处理才平息事态。

事发当天，塘里高腔班在桐庐县南堡镇上演赵匡胤打天下的武打戏。台下有位自诩是拳师的外地观众，边看边评头论足，说这戏班的武打小生功夫不行，是花架子。其实那人不谙松阳高腔“武打文做”之法，拳脚也并不见得怎样，他在台下手舞足蹈地指指点点，还当众羞辱台上演员。李士奶听了不服与其分辩，双方言辞相激发生冲突，遂约定时间比武分高低。不料李士奶拳脚功夫了得，那拳师不是其对手还死拼硬撑，在李的重击之下，内伤严重不治身亡。出了命案，惊动了桐庐县，知县一听非同小可，为防止事态扩大激化更大民变，连忙召集松阳和拳师原籍的知县，三方会聚南堡审案。最终断案：这是在大庭广众之下比武造成的伤害，难以追究刑罚。但是戏班不能再演戏，立即停演，封戏箱，人员遣散回乡，所有行头被永久封存在南堡镇。因此，出演近40年的塘里高腔戏班就这样没了戏箱，戏班人员被解散，从此再也未演过高腔戏。

1966年，“文化大革命”期间，南堡镇的红卫兵偶尔发现这些戏箱，见封条和戏箱上署有“松阳县布和上乡（谢村乡）塘里村”的地名和时间，才知道这是百余年前清朝时的旧物件，启开一看全是演戏用的行头，遂写信告知塘里村。据塘里村的老人回忆，祖上演戏确实有过因比武伤人和戏箱被封的事，但具体地点已记不清楚。村里收到南堡镇寄来的信后，当时村民说法不一：有的说应该去取回，这也算是祖上的古物了；有的担心红卫兵造反“破四旧”，这些东西都属“四旧”，取回来也没用；更多人担心的是当时社会不稳定，经济和交通都十分落后，取戏箱的车旅费和运戏箱的费用由谁出？最后，这事也就不了了之了。

随着国家对“非遗”项目的保护重视，松阳高腔先后被列入省级、国家级非物质文化遗产保护名录，塘里人回忆起“戏箱”旧事。在县史志办的帮助下，发函致桐庐史志办，请求帮助征询了解戏箱的下落。得到的回复是：1969年，也就是南堡镇写信给塘里村的第三年，南堡遭遇了一场特大水灾，将南堡冲个精光，戏箱及存放百余年的高腔戏行头已荡然无存，与南堡人的房舍财物一起葬身海底。

第三节　其他剧团

抗日剧团

全面抗战时期，松阳抗日剧团主要有抗日施教团演出队、特种工作团六分团抗日剧团、县民教馆松鹰话剧团、抗日自卫会抗敌歌剧团、湘师醒民剧团与喈喈歌咏团、古市民众教育馆民众剧团等。上演的剧目有现代剧《放下你的鞭子》《流亡三部曲》《布袋队》《芦沟桥》《烟苇港》《小汉奸》《送军粮》《送儿女上前线》《古城的怒吼》《雾重庆》等，古装戏有《苏三起解》《牡丹对课》《碧玉簪》《盘夫索夫》等。

全面抗战胜利后，县立初中、国强中学、简易师范等文艺团队曾演出《军人魂》《长夜行》《桃李春风》《大义灭亲》《升官图》《雷雨》《日出》等大型话剧。

松阳越剧团

松阳越剧团，原名松镇越剧团、西屏镇越剧团。1980 年 8 月，经松阳区公所、西屏镇人民政府发文批准创建，属区、镇集体事业单位。剧团经济独立核算、自负盈亏，由县文化局（当时松阳遂昌合县）补助部分经费，区、镇政府预借资金用于剧团筹建。剧团创建后 2 次招收学员共 50 多人，经过多次培训，培养一批艺术骨干，聘请导演，排演《王老虎抢亲》《红鬃烈马》《十八相送》《楼台会》《包公铡判官》《叶香盗印》《女状元》《杀错》《乌纱梦》《天之骄女》《谢瑶环》等 20 多个传统剧目。

剧团演遍全县城乡，并到丽水、云和、龙泉、景宁、庆元、青田、温州、泰顺、瓯海、苍南、永嘉及福建等地演出。部分青年演员被选调至青田、庆元及福建省松溪、政和等专业剧团。1985 年前后，松阳越剧团停止演出。

古市镇业余剧团

古市镇历来文体活动兴盛。1950 年，全镇 13 个居民分会有 9 个分会成立业余剧团。1957 年下半年，由城头、五村、七村等业余剧团组成古市镇业余剧团。1964 年，改称古市镇民兵俱乐部，活动至 1982 年。

业余剧团演出的剧目丰富，有婺剧《三义图》《七宝剑》《桃园结义》《貂蝉拜月》《深谷枪声》《干将求师》《打渔杀家》等，有越剧《盘夫索夫》《劈山救母》《梁山伯与祝英台》《白蛇传》《秦香莲》《十五贯》，有松阳高腔《八百两》，有京剧《红灯记》《沙家浜》，有话剧《台湾儿女》，有歌舞剧《全家兵》《二块六》等。

农村业余剧团

1953 年，有“叶庆福”等 6 个农村木偶戏班合并，组合为松阳木偶剧团。老艺人叶祖标多才艺，能表演高腔、乱弹等大小剧目 360 多个。时年，松阳县举办 2 次全县木偶戏调演。

1954 年，全县有农村业余剧团 20 个，首次举办农村俱乐部会演，演出节目 30 个。1955 年，金华红旗婺剧团在松阳注册，改称松阳红旗婺剧团。1964 年，古市镇民兵俱乐部创作的《全家兵》参加浙江省第一次农村俱乐部调演。20 世纪 50～60 年代，每逢元旦、春节全县各地的俱乐部、业余剧团都有文艺演出活动。“文化大革命”期间，农村业余剧团停演，各地组织农村毛泽东思想文艺宣传队，演出的剧目大多是“革命样板戏”《红灯记》《沙家浜》《智取威虎山》等。1976 年，农村俱乐部有所恢复。

1980 年，先后成立松镇越剧团、古市婺剧团、石仓婺剧团、古市越剧团、板桥越剧团、新兴木偶剧团等农村业余剧团。1986 年后，农村业余剧团大部分解体停演，仅剩周安、白沙岗 2 个松阳高腔剧团仍在松、丽、遂、龙边界山区演出。

第四节　演戏习俗

松阳的演戏习俗具有地域和时代特色。旧时，城隍庙每年都要演戏 17 昼夜，公派三十六行凑钱。逢年节各社亭必演戏，不愆期，不减短。无论城镇或乡村，民间平日均少娱乐。于年节后，恒于端节、秋节，或冬令时间，必演戏共乐。城镇由商界醵资，在乡村则由宗祠或富户出资，邀请外县或本地戏班演出。外县戏班多来自金华、永康等处之婺剧、越剧、昆腔班或乱弹班等。民国中期，始有邀自温州之京剧班；复有由女伶扮演男女角色之绍兴文戏“的笃班”，后改称越剧。松阳戏班有上河人、缸窑人，均曾组班，似唱高腔。另有黄老三组建的戏班，取名“团体舞台”，因其服饰、行头等优于他班，故较著名。演戏场所，县城及古市镇在太保殿、城隍庙、天妃宫等戏台；境内乡村多聚族而居，族中祠堂大多筑戏台，可供演戏。

三十六行戏

三十六行戏，又称八月戏，农历八月十二日正式开台，演到八月二十八日止。其费用由各行业分担。开台前一夜，由和尚合演放焰口。各行业既要负担戏金，还要轮值神前摆祭，选定当日剧目，借此会商同行业务行规，排解纠纷，最后散祭会餐。男女观众分坐，男观众在台前正中临时搭棚站立观看；女观众在东西两廊的长凳坐着观看（个别人坐哨凳），青少年争立在头门石阶上观看。县城三十六行戏在太保庙和城隍庙轮流演出。有日场戏、夜场戏，接连不断，赶场的市民日以千计。

老婆戏

叶村乡叶村村有演老婆戏的风俗。传说有一对青年人结婚，因闹洞房，无意之中用棉被捂死了新娘。事后叶村村作出规定，不准闹洞房，凡结婚人家须出钱请戏班演一场戏，人们称之为“老婆戏”。附近的河头村等也有演老婆戏的风俗。解放后，逐渐消失。

社戏（闹冬戏）

社戏，指在“社”中进行与宗教、风俗相关的戏艺活动。凡逢年过节、红白喜事、求雨祈福、佛殿开光、大桥落成、出门做生意前或生意人赚了钿回家，都喜欢请戏班演戏，社戏由“社公班”主持。因请戏班演戏的事由不同，对演戏的称呼也不同，有开光戏、许愿戏、还愿戏、祝寿戏、平安戏等。演的戏文也因请戏目的不同而有区别。戏班有越剧、婺剧，也有当地的高腔班。正戏开演时，一般会加演一出折子戏。松阳大部分地区的社戏以庙会戏为主。祭祀神道的诞辰是神庙所在地农村的盛大庆典，通常举行迎神赛（赛春）会。同时，举行农村贸易集市活动，百货骈集，演戏酬神。

冬闲时节，乡村常有闹冬戏。有演人戏的，也有演木偶戏的，其意多为酬神。每次开演前，乡村或以宗祠轮值，或另外组织班子负责安排演出事宜，称为“社公班”。至时，备香烛祭礼到社殿请社公神位，再在戏台正对面安社公神位。演出时，社公班要在社公神位前用三牲供祭。一些许过愿或有所祈求的村民要另外设祭。

开台

农村大戏台落成时，要举行开台仪式。开台时，戏台正中并排摆放两张供桌，一桌放三牲祭品，一桌放新鲜水果，供天地神明菩萨。供桌下面捆绑着一只大公鸡，戏台右角置一供桌，上放馒头、豆腐之类供品。戏台内侧地面上用瓦片、阴阳图案摆放2个七星图，每块瓦片下面塞有红包。戏台左侧台柱上绑有一把用红绸裹着的大刀。先是鲁班先师踏七星，其次是关老爷镇守戏台，最后是金童玉女扫场。童男童女手持崭新的扫帚和畚箕上到戏台，把狼藉一片的戏台地面打扫干净。从此，这戏台就可以开演大戏了。

闹花台

松阳演戏，大幕未开，必先以锣鼓武场，作近半个时辰之闹《花头台》。先锋唢呐、笙箫笛子、胡琴三弦、锣鼓镲钵，各种乐器响作一片。闹花台，一是显名讨彩，最有喜庆吉利出彩的意思，为请戏的东家所乐意；二为聚集人气，招徕观众，等候正剧开演；三乃技艺亮相，乐队通过闹花台自我展示演奏技巧，反映戏班子后台乐队的演出实力。

叠八仙

八仙戏，民间百姓称为叠八仙、八仙庆寿，是正戏开演前演出的折子小戏，分“大八仙”和“小八仙”，皆为神仙聚会，亦唱亦舞。凡遇庙会、修祠、圆谱等活动，或者地方上有喜庆之事，必叠八仙。演出的八仙戏，有文武八仙、蟠桃八仙。前者出战神，须武功根底；后者为文戏。八仙戏为歌舞升平的吉祥戏，八仙合唱吉祥词曲，台下燃放鞭炮志庆。闹台、叠八仙之后，演出魁星点笔、天官赐福、财神送宝，也就是跳魁星、跳加官、跳财神，作为演出的开场仪式。

抢戏箱

为演闹冬戏，各村自择戏班，遇中意的戏班，连夜抢担行头道具回村，俗称抢戏箱。清光绪（1875～1908）末年，三都杨家堂村五龙社看中一个金华戏班远在宣平演出，不肯受邀。眼看冬至将近，该村组织人员到宣平抢戏箱。跋涉百里，终于抢回戏箱，演出 7 夜还愿戏，邻近一二十里的戏迷络绎不绝赶到该村看戏，听百里抢箱的新闻，现场被挤得水泄不通，传为美谈。

靖居十月戏

靖居，又名靖居包，是松阳东乡最大的村庄。旧时有供奉“上元社”社主为中心的庙会活动，如元宵节“摆献”“舞太平龙”；每年秋收冬种后，村民有演戏欢庆丰收、在申明亭演“十月戏”

酬神还愿的习俗。届时各地的饮食小吃、行商掮客云集，村里热闹非凡。

农历十月之前，金、衢、温、丽等地的戏班常到靖居写戏（联系），村里的“戏头”（村民轮流管理祭祀、演戏等事的值事班子）选定戏班后，双方议定演出日期、演戏天数以及戏金等事宜，村里预付定金，戏班则以贵重的戏装作抵押，互为信守。戏金在当年该村社庙租谷中开支，戏演完之日一次付清。

十月戏至少要演13天，不演过月戏。为不使戏期过月，开演日期不超过十月十五日，俗话说“不早不晚十月半”。这样也方便无处住宿的外村观众，夜场戏看完后可以借着月色回家。这10多天内，每天日、夜场各演1个什目（折子、小戏）1个正目（全本大戏）或专演3个什目。每次除请神、闹头场、叠八仙、三跳，然后演正剧，最后“拜堂”（谢幕）等常规程序外，还有特殊程式或不同含义的“浪台戏”“天光戏”“禁山戏”“伙食戏”“判台”等。

“浪台戏”是戏班进村的第一场戏，只演夜场，戏班要闹“大十番”“翻台”。村民头场戏必选《百寿图》等场面大、出场人物多的正本大戏，一是以讨吉利之兆，二是欣赏和检验该戏班前后台的文武功底和行头。戏班也乐意在这时卖力，以博得观众的好评，扩大影响，进一步打开在周围村庄的戏路。

“天光戏”村民称“大戏”，安排的时段居中，一般连演4天。第一天是“社公戏”，意为村里的“上元社”社主（主村之神）与民同乐之意。第二天是“太公戏”，是包氏祖宗与子孙同乐。第三天是“太平戏”，祝愿全村人畜平安，这天不演“杀人戏”。第四天是“禁山戏”。“戏头”特地采集松、杉、油茶树的枝叶和番薯藤、稻草之类农、林作物，高挂在戏台边的壁上，表示这天是演“禁山戏”，旨在昭告乡民，严禁破坏山林，严禁盗窃农作物，违者罚戏。演“天光戏”期间，午后不演日场戏。“天光戏”的演出时间在下午落日前，即太阳离山岗尚有一丈高时开演，连续演到次日清晨日出为止。在这几天内，“戏头”特备豆腐、肉等酒肴，招待戏班全体人员，任其随时随意食用。“天光戏”是十月戏活动的高湖，每天下午有众多外村群众进村看戏，村民则家家户户准备酒肉接待亲友，条件差的至少也要蒸些千层糕之类的熟食给亲友作点心。

“伙食戏”，戏班在原订的演出日期结束后，在过台基前如还有空隙日，经双方协商可临时延长在村演出天数，但每天的戏金要重议，一般只以维持戏班人员日常生活和班务开支为基数。

“判台”，在本期所演的末场戏结束后，要举行一次判台的仪式。先从《包公打銮驾》开始，到包公率领张龙、赵虎跳下戏台（这时村中的值事人把戏台木板翻掉一块，表示演戏结束），到村中过街串巷巡游一遍（意为送鬼神驱妖邪），至村口结束。

十月戏是靖居村为时已久的演戏习俗，起始年代无从查考。中华人民共和国成立后，随着社会时尚和群众习惯的变革，十月戏习俗消亡。

松阳高腔旧班规习俗

戏俗之一：“戏神”，民间奉唐明皇为戏祖。戏神系一白面褂三须穿黄蟒戴瓯金帽的木雕坐像。戏班每出外演出，由小丑背着戏神走在演员队伍的前面。到演出地后把神座设在厢房衣桌中央，日夜上香。凡戏班每年春节后第一次开台或新戏班开红台，必先向戏神上祭祷祝。新收艺徒，须由先生带领先在戏神前跪拜。如有2个以上艺徒争学一角难作决定时，由先生带领艺徒在戏神前拈阄决定。戏班人员违反班规，须在戏神前请罪受罚。

戏俗之二："开台"，也谓"祭台"。戏班每年春节后和歇伏后第一次开锣演戏前所举行的仪式。由一演员扮鲁班，在长锣声中上台，向戏神和当地神祇上香祷祝，祈保戏路亨通，演出吉庆，人员平安，并割活公鸡鸡冠出血，在戏箱、行头、乐器、戏具及戏台壁柱上指抹（边抹即有人随后擦拭干净），然后把活鸡向台前抛出，任鸡自飞。鸡飞的方向，视为本期出外演出始发路线的吉利方向。接着，先锋开音正式开锣台演戏。

戏俗之三：演出程式（按常规演出的程式）。（1）闹头场：是开场锣鼓，由长锣、火炮锣、沙帽头、水底鱼、魁星锣、满天星等多种锣鼓经组合而成。以后改奏闹花台。（2）排八仙：有文武八仙、赐福八仙、偷桃八仙、蟠桃八仙、三星八仙、七星八仙、罗汉八仙、对花八仙和十福八仙等多种形式和名称。（3）三跳：即跳魁星、跳加官、跳财神。（4）演什目：什目也叫找剧，即在正本大戏前，演2～3个折子戏。（5）闹二场：折子戏演完至正本大戏开始前之间，插演奏吹打乐。但也有省略闹二场。（6）演正目：正目也称正本，是当场上演的主要节目。凡上演的正本大戏和折子小戏，称"点戏"。（7）谢台：谢台也叫拜台、拜堂。每晚戏演结束时，演员扮无名状元和状元夫人在唢呐乐曲中出场，向台前观众行礼、走圆台谢幕，至此本场演出活动结束。

戏俗之四："判台"，也称"扫台"，是戏班到一个地方戏台演出结束的形式。每当最后一场戏终后，除扮包公、张龙、赵虎3角色的演员外，其他演员全部卸装，行头装箱，留台心桌上一盏灯外，场灯全熄。包公在张龙、赵虎的随侍下上台诵诗念白，礼送到场看戏的神祇离场归庙，继而念祝祷本地物阜民康，喝令所有魔鬼山妖立即离村，不准滞留惊扰黎民，违者"尚方宝剑"决不留情。时包公连拍惊堂木，并踢倒台心桌，大锣小鼓声阵起，村民同时掀翻一块戏台板。仪式结束后演员绕戏台、戏场及全村通道路弄行走一遍，行至村口百步以外，这3位演员才可卸装。有些村庄以关公、关平、周仓3个角色判台。

戏俗之五："开红台"，是新收艺徒或新办戏班的第一次出台公演仪式。早期，松阳高腔创办新班，大多是因乡村为祈神保佑村民物阜民康、风调雨顺，而许下来年办戏班演戏酬谢的宏愿，以一村或数村联办的会社主办，负责招徒、教学、村内演出事宜。新招的艺徒，经过百余日的教学训练，基本学成三五本戏后，选红砂日迎神设祭演戏还愿，并延请当地及附近名士乡绅莅临指导。开始前，用"龙头"面具对着台前，以长绳作龙身，尾部连接戏祖神案，主办者按艺徒人数，特制写有各人名字（或艺名）的花灯，按丑、净、生、旦行档先后为序，依次排列悬挂在"龙身"上。主教先生率全体艺徒向"戏祖"上香跪拜祷祝，再向当地神祇敬香，接着燃放鞭炮，"开红台"正式开始。继而闹台、排八仙、三跳、正式演戏，连续数天，把所学的戏全部献演一遍。其戏目常选《三状元》《八仙桥》《贺太平》等，意讨吉庆之采。仪式结束时，当台向先生挂赠红布，表示敬谢。应邀的文人雅士乡绅，当台封赠彩礼，有的还即席题词赋诗，为戏班和演员取名。玉岩名士杨士堪曾为周安新戏班议定班名"联乐"，向各学员赠白折扇，即席在扇上题字及取艺名。其中，吴大水、吴陈俊、吴昌田分别取艺名"文艳""桂芳""云龙"。村民视"开红台"为本村喜庆大事，置办酒食呼亲邀友看戏，外地商贾小贩争相设摊，小小乡村顿成闹市盛会。

戏俗之六：“出煞”，新建戏台落成后，第一次演戏的开台仪式。请戏班演第一场戏时，选红砂日开演。开演前，演员扮鲁班在长锣声中上管祈祷，当台杀公鸡，以鸡血滴台并指抹戏台的柱壁下端，以示警鬼，以致使“五鬼”（由演员扮演隐蔽）惊慌地在台上逃窜；接着，演员所扮的韦陀持杵捧以示佛法镇治，周仓、关平侍随关公，手挥挂有已燃鞭炮的大刀挥舞逐杀，从戏台、戏场赶至村口百步以外为止，演员就地卸装结束回戏班。据传，新戏台经“出煞”后，能保戏班和看戏人平安吉庆、人寿年丰。

戏俗之七：“班礼”，是戏班雇用演员的规矩。班主一般都是行头主，班主为了确定来年演员，在农历上年年底歇演前，就要向拟雇的人送红包，称“付班礼”。接受红包的人，即与班主建立来年一年在该班演出的雇佣关系。一年中，除班主中途散伙外，演员不得到别的戏班演戏。如有“八角”（八个主要角色）在临时逃班的，班主可用捆缚捉拿的方式以惩罚。

戏俗之八：“逃班”，若演员不堪班主的虐待而出逃，在出逃中被原班追赶抓住前，只要把随身带的雨伞、行李丢弃在另一戏班演出的戏台上，另一戏班就有权利保护和接收该出逃人不受原班欺负和惩罚。

戏俗之九：“勤头”，是戏班支付班人工资的基数，在班主行班礼时面定。正生、正旦、大花、小花、正吹、鼓堂、外勤头（负责联系演戏业务人）的工资基数最高，定 20 个“勤头”。小生、花旦、老外、老旦、付末、付吹、散手次之，定 18 个“勤头”。小锣、管箱、管账、茶头、伙头更次，定 10 至 16 个“勤头”。小角色最少，在 10 个“勤头”以下。戏班除戏金以外的收入，另加赠红包、烟糖果品（包括剧情中的乞讨物）、肉、鸡等，不分职务、角色大小一律平分。

戏俗之十：先生和艺徒之间关系。集体新招艺徒学戏期间，先生的束脩（工资）数物固定，由主办者支付，另供食宿生活。若筹集的资金不够付先生束脩，差额部分由艺徒分摊。开红台后，先生仍跟班教戏、辅导的，戏班应在每次演出收入的戏金中先足付先生束脩后，才作其他分配。在正常演出时，先生仍旧在班内工作，艺徒应为先生整理床铺、挑行李、端送茶食等，照顾好先生的生活。值先生逢十寿诞，艺徒要送礼祝寿，先生家有婚丧诸事必去参加贺、吊，先生亡故时，艺徒要执子弟礼奔丧吊孝。

戏俗十一：台规。鼓堂的鼓板“的的”一响，表示招呼前台人员作好演出准备；正吹试哨表示招呼乐队人员入座；后台在先锋开声前要定好音；演员在先锋开声时尚未到场的要罚肉；各行当的本工戏务因故不能上台的，由本人自行请别人代班，演员误场要罚肉；演员化妆时须由小花先动笔，其他行当才能开始化妆；每晚由“盔箱”（管盔箱人）负责向当地管事领取业务用蜡烛（额定 24 支）、化妆用茶油（4 两）、卸装用土纸（一格约 100 张），由茶头管领茶叶（1 斤），伙头管领柴、盐（炊事用）。

戏俗十二：行路“撒青”。过台基行路，由“头箱”带路，演员行走在中间，“三箱”押后。演员的行路先后有序，小花背“戏祖”走前头，旦角只能走在净、生的后面。带路人凡遇叉路口，采摘路边青草、树叶，撒放在应定的路线上，以指示行路的方向，称“撒青”。

戏俗十三：食宿与生活。不准用常语谈论伙食、讲演出业务；吃饭时由“花面堂”先开锅盖，先执筷，其他人员才能进餐；旦角（包括男性旦角）的床帐不准别人开启；演员的膝头不准坐人；若班内发生斗殴争吵，不管谁是谁非，双方都要罚肉五斤；不准嫖宿娼妓，一旦察觉，犯规者要在戏神前请罪受严罚。

戏俗之十四：忌讳。台心桌后面的座椅称“堂椅”，除剧中人应位就坐外，别人不得坐；非业务需要不准敲鼓板，鼓板架不慎被翻倒要杀鸡上祭；先锋开音响亮，主当日演出顺利，平时不准任意乱吹；盔头架不准挂肉；戏箱不准架脚，不准用脚踢，包头堂只准坐“三箱”；把子不准乱动；灯笼不准挥舞；行路不准甩石头；有狗到台上走动，主戏班演出业务兴盛，不得赶逐；用餐后筷子不得架在空碗上，如不注意架上将隐喻戏路落空等。旧班规习俗多多。

第五节　剧　院

旧时，民间演戏多在寺庙、宗祠、公馆、社公殿的戏台演出。民国时期，全县有固定戏台 223 处，其中，县城有固定戏台 11 处，临时演出场所 25 处。民国 28 年（1939），县民众教育馆为宣传抗日，在城隍庙开设民众剧场。民国 36 年，由私人集资，在西屏镇太平坊徐氏宗祠开设“松阳大戏院”。

20 世纪 50 年代，乡村演戏仍以祠堂庙宇的古戏台为主。60 年代后，各社、队建有大会堂，可作演出场所，大会堂的舞台和观众厅较为宽敞，有的大会堂置有观众座椅。1992 年，全县有乡村大会堂 214 处。随着电视迅速普及，农村会堂大多闲置，有的被变卖、出租或拆除，至 2010 年，全县所剩大会堂不到 60 座。

松阳剧院

松阳剧院坐落在西屏镇太平坊路 159 号，前身为徐氏宗祠。1950 年，王永进、叶明等 7 人集资改建成松阳大戏院，经县工商科登记开业。戏院泥木结构，面积不足 400 平方米，观众座位 200 个左右，置长条板凳。人多时，部分观众要在天井站着看戏。1953 年，重新注册，改名为新松阳大戏院。1955 年，戏院归文化部门管理，改称松阳剧院，属集体所有制，在县文化主管部门的支持下，剧院先后购进徐氏宗祠东首和南首民房 20 余间，进行扩建。1957 年，剧院初具规模，观众座位 820 个，并改为长靠背椅，总面积 1200 多平方米。

1958 年，松阳剧院改名遂昌县西屏剧院。1972 年，再次改建舞台和观众厅，至 1976 年完成。改建后的剧院为砖混木结构，观众厅座位 1110 个，全部改用铁架活动靠背椅。

1982 年，恢复松阳县建制后，西屏剧院复为松阳剧院，体制为差额拨款事业单位。1985 年，改建门厅和演职员宿舍，增添其他配套设施。建筑面积 2847.78 平方米，观众厅设 1003 个翻板硬座，舞台台口宽 14 米，高 6 米，台深 13 米，舞台空间高 15 米，副台面积 65 平方米，化妆室面积 30 平方米。

1982～1992年，松阳剧院共接待国家、省、地、县级专业和业余文艺表演团体200个，演出836场，放映电影、录像7774场，观众131.7万人次。1990～1991年，连续两年被丽水地区评为先进单位。1992年，松阳剧院改为全民所有制事业单位。1993～2002年，接待各级专业和业余艺术表演团体66个，演出206场，观众10.3万人次。1994年6月29日，松阳剧院首次接待外国演出团体——俄罗斯民族音乐歌舞团。至2004年，松阳剧院共计接待剧团1840个，演出场次3680场。之后，剧院改制，演出渐微。

古市剧院

旧时，每逢古市庙会期，均由庙会经办人包聘戏班在庙堂戏台或临时场地搭台包场演戏。抗战胜利以后，倪迪民等人曾多次合伙，在庙会期外聘请戏班，在古市城隍庙、潘氏宗祠、飞来庵、耶稣堂等场所以售票方式经营戏业。

1956年，古市镇人民政府根据群众要求和张光等人主动办戏院的意愿，经相关管理部门批准，筹办曙光戏院，院址设古市镇工商联会堂。1961年，戏院迁至后街潘氏宗祠，经修建改造置有464个观众位，改名古市剧院，属集体所有制。1981～1992年，接待剧团演出285场，放映电影、录像13181场，观众76.9万余人次。1991年，增设舞厅。1992年冬，因涉及古市镇排水改造工程建设，老剧院被拆除，新建的古市影剧院位于古市大桥西桥头边。古市影剧院集电影放映、演出功能于一体，能接纳一般专业演出团体，容纳观众800人。

至2010年松阳县各乡镇曾经存在的剧团、艺人分布情况表

表35-1-5-1

地名	高腔剧团数（个）	高腔艺人数（人）	其他剧团数（个）	地名	高腔剧团数（个）	高腔艺人数（人）	其他剧团数（个）
玉岩镇	5	113	4	阳溪乡	8	10	7
交塘乡	—	9	4	水南乡	—	—	14
枫坪乡	6	69	2	叶村乡	1	1	5
谢村乡	1	9	1	竹源乡	3	27	2
新处乡	—	12	1	三都乡	—	2	2
新兴乡	—	—	5	四都乡	—	—	1
古市镇	1	2	2	雅溪乡	1	—	2
岗寺乡	1	1	8	靖居乡	—	—	2
赤寿乡	—	—	1	裕溪乡	—	—	2
樟溪乡	—	5	8	板桥畲族乡	—	—	2
西屏镇	—	1	3	大东坝乡	—	—	1
望松乡	1	2	7	石仓乡	—	—	2
斋坛乡	—	1	10	蛤湖乡	—	—	1

1986年松阳县演出场所情况表

表 35-1-5-2　　　　单位：个

所属区	镇、乡	中华人民共和国成立前有戏台	中华人民共和国成立后建的			合计	所属区	镇、乡	中华人民共和国成立前有戏台	中华人民共和国成立后建的			合计
			戏院	大会堂影剧院	小计					戏院	大会堂影剧院	小计	
西屏镇		40	1	3	4	44	古市区	谢村乡	10	0	6	6	16
古市镇		23	1	3	4	27		樟溪乡	7	0	10	10	17
松阳区	阳溪乡	6	0	9	9	15		新处乡	8	0	3	3	11
	叶村乡	5	0	12	12	17		岗寺乡	11	0	9	9	20
	水南乡	24	0	7	7	31		赤寿乡	5	0	15	15	20
	斋坛乡	7	0	12	12	19		新兴乡	5	0	12	12	17
	三都乡	6	0	10	10	16		全区小计	46	0	55	55	101
	竹源乡	10	0	9	9	19	玉岩区	枫坪乡	4	0	12	12	16
	四都乡	6	0	5	5	11		交塘乡	4	0	9	9	13
	望松乡	6	0	5	5	11		玉岩镇	9	0	10	10	19
	全区小计	70	0	69	69	139		全区小计	17	0	31	31	48
靖居区	靖居乡	5	0	7	7	12	大东坝区	蛤湖乡	3	0	4	4	7
	板桥乡	5	0	8	8	13		大东坝乡	2	0	7	7	9
	雅溪乡	4	0	8	8	12		石仓乡	2	0	6	6	8
	裕溪乡	4	0	10	10	14		安民乡	2	0	4	4	6
	全区小计	18	0	33	33	51		全区小计	9	0	21	21	30
全县合计									223	2	215	217	440

第二章 文学创作

松阳是丽水肇始之县，土膏田肥，百姓殷实，民以耕读传家，敦诗书习礼义，尊师重教，人才辈出。松阳先辈文人创作了大量文章著述、诗词歌赋，既有严谨的学术著述，也有咏山嬉水之佳作，为后人留下宝贵的文化遗产。

自晋代，历唐宋元明清，讫于民国，跨越千年历史长河，历代文人创作反映松阳文人学术和创作成就的作品不计其数。南宋女词人张玉娘著有诗词《兰雪集》二卷传世；元代周权著《此山集》，被收录《栝苍丛书》第二集，被誉为“元代诗家，栝苍之首”；练鲁专心治学，著有《倥侗子文集》行世；明永乐初年，授礼部侍郎兼翰林学士王景，纂修《太高祖皇帝实录》和《永乐大典》，“俱为总裁”；清顺治年间，训导会稽孟称舜，撰写《贞文记》；清光绪进士高焕然著有《四书讲义》《瑞鹊堂诗文杂录》等；民国时期，何联奎、叶霞翟、江天蔚、吴力生等也多有著译。

中华人民共和国成立后，松阳文学业余创作陆续出现。1950 年，古市镇黄圩业余剧团自编自演《参军光荣》。1956 年，《松阳报》辟有文学专栏，刊登群众文学作品。西屏镇民兵俱乐部自编群口相声《五业争先》，作品被刊登在《浙江省广播节目报》。1979 年，举办国庆 30 周年征文活动，收到创作剧本、小说、散文、诗歌、民间故事、表演唱、评论等 100 多篇。1984 年，编印庆祝国庆 35 周年征文集《松阴溪畔》。1986 年，编辑出版《张玉娘研究资料选编》。

1989 年，业余文学爱好人士创办《醴泉》不定期刊。1991 年，选用曾在省、地报刊上发表过的 62 篇小说、报告文学、散文等文学作品编辑成《松阳文学作品选》。散文《弯弯的山路》《泉庄水》等 16 篇文学作品分别获省、地级创作奖。文学评论《朦朦诗论》获香港第十八届青年文学奖。《难忘的人》一书编入陕西神童杂志社出版的《中国儿童文学集》。歌词作品《大街小巷》获全国成才之路“小天才杯”优秀创作奖，《七月的一天》被选为 1991 年全国群众歌咏比赛 12 首必唱歌曲之一。

2009 年，松阳县作家协会会员有 80 余篇文学作品在《天涯》《北京文学》《黄河文学》《诗江南》《西湖》《浙江杂文界》等期刊上发表。《丽水日报》文化周刊专版刊登松阳县文学创作现状，集体推出 7 位会员的作品。2010 年，周光裕文集《绿野神韵》由中国戏剧出版社出版，叶永萱《闲聊松阳》由大众文艺出版社出版，乐思蜀个人诗集《未完成》由大众文艺出版社出版，《兰雪诗社》不间断向外界推出新诗。

第一节　散文　小说

散文

历代文选多为人文景观及村史村志，如宋代叶梦得笔记体散文集《石林燕语》和朱琳的《延庆寺塔记》等，元代练鲁的《延景楼记》和周权的《览胜赋》等，明代王景的《京城钟鼓楼记》《平云南颂》、叶性存的《卯山古志》、屠隆的《百仞堰记》、叶茂的《上方山记》等，清代潘嘉潆的《百仞山记》、叶景春的《耐性桥序》、陈其福的《黄南庄赋》、包庭芝的《横樟地方形胜记》等。民国年间，江天蔚的散文作品《苦难》《三弦弹奏者》《红叶》《佚子》《咳》《旅伴》《苏伊士运河》《兴中会革命志士提名录》《退伍兵》《海外忆旧》等先后在上海《申报》副刊和《芒种》《民意》周刊上发表。旅台叶霞翟女士创作的散文集有《军人之子》《天地悠悠》《山上山下》《华冈之雨》《一树紫花》《梅林花开》《广慈园》。另有蔡克猷的《游龟溪记》《游泉庄记》《游灵峰精舍记》等。

图 35-6　松阳文学创作部分作品(叶坚红 摄于 2010 年)

中华人民共和国成立后至 2010 年，松阳散文创作文体多样，内容精全。其中，李德贵散文集《长松桃花源》、车震亚散文集《老车履痕》《老车游记》和毛先法散文集《淡淡的颜色》、王人勤散文集《凌霄岚翠》分别由中国文联出版社、中国青年出版社、中国戏剧出版社、中国民族摄影艺术出版社出版发行。省作家协会会员鲁晓敏在《青年文学》《中华散文》《黄河文学》等报刊杂志上共发表小说、散文近 50 余万字。

小说

民国 14～34 年（1925～1945），有江天蔚短篇小说《章银叔公的自杀》、中篇小说《背叛》《最后的裁判》、长篇小说《情魔》，分别在北京《晨报》副刊、天津《益世报》和《南京晚报》上发表。

中华人民共和国成立后，特别是改革开放以后，小说创作进一步兴起。李德贵的章回小说《张玉娘》《叶法善传奇》分别由中国文联出版社和中国民族摄影艺术出版社出版。朱昌永的长篇小说《深山里边》《山村女教师》和电影文学作品《无头案》等，毛小草的小说《冰凌下的小女孩》，金龙的小说《山村鼓声》，王晓阳的短篇小说《惩罚》等分别在国家、省、地刊物发表。纪江明的小说《大学的回忆》在《萌芽》刊物上发表。小说《情》编入武汉大学出版社出版的《当代新人优秀作品》一书。小说《1000 元彩礼》获省优秀文艺作品三等奖。叶荣亮的小说《听蛙村轶事》在中华人民共和国成立 50 周年“丽水文学征文比赛”获一等奖。詹修萍的长篇小说《天路上的红飘带》获中国人民解放军总政宣传部 2003 年第八届文艺作品一等奖、2004 年中华人民共和国文化部等单位举办的第十二届人口文化奖银奖。《小源村纪事》2009 年获“水利杯”文学创作大赛银奖、丽水市文学创作大赛铜奖。

第二节 诗 词

松阳以其山水之胜、人文之显，引得文人雅士吟咏不绝，留下许多动人的诗篇。自唐迄民国，松阳有500多位本土诗人和外地骚客留下近2000余首诗词佳作，这些诗词承载着松州古迹、山川景观、人物轶事、民俗风情、各色物产、交往酬唱等，从一个侧面展现松阳灿烂的文化。最著名的有盛唐诗人王维“按节下松阳，清江响铙吹”的动人名句，宋代状元沈晦“惟此桃花源，四塞无他虞”的衷心赞叹，宋代四大女词人之一、松阳才女张玉娘的诗词集《兰雪集》令人抚卷叹奇。

县史志办在编纂出版《此山集》《叶梦得诗词》《项安世诗集》《赤溪存草》的基础上，2010年始，汤光新着手整理《松阳历代诗词》一书。

叶梦得诗词

叶梦得（1077～1148），字少蕴，南宋左丞相，因曾在湖州乌程境内卞山石林谷筑室居住，山间多石且喜爱，故自号“石林居士、石林山人、石林老人”。时人及后世人因此称他为叶石林，门人与后裔称他为“石林先生”。著有《建康集》八卷、《石林诗话》诗二卷、词一卷等诗词集。根据《建康集》《宋诗纪事》《石林诗话》及各地方志与民间家谱，松阳县史志办裒集编注有《叶梦得诗词》，共收录诗词239首。

张玉娘诗词

张玉娘（1250～1277），字若琼，号一贞居士，西屏人。南宋四大女词人之一。集贞女、才女、豪女于一身，出身仕宦世家，为南宋时期才华出众的文坛闺秀。著有诗词《兰雪集》二卷传世，有诗117首，词16阕，其中最有名的诗当数《山之高》。其诗作体裁广泛，有绝、律、四言、六言等，且长于古风。风格多样，既有清新自然、感人至深的爱情诗，又有慷慨激昂、气势磅礴的豪放诗。她的诗作和具有传奇色彩、堪比“梁祝”的爱情故事，数百年来一直被后人传颂。历代有识之士看重张玉娘的诗词和为人，给予很高的评价，把她和李清照、朱淑真、吴淑姬等人并称为“宋代四大女词人”。

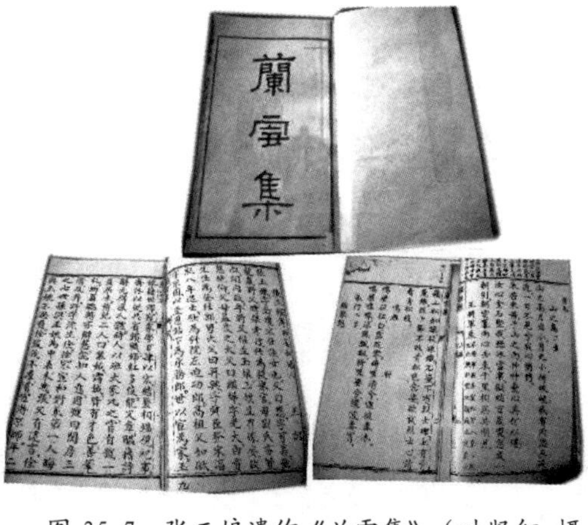

图35-7 张玉娘遗作《兰雪集》（叶坚红 摄于2007年）

《兰雪集》历代刊行本有：元代张献辑本，已佚；清顺治孟称舜刊刻本2卷；傅增湘撰本2卷；清乾隆孔继涵抄本；清道光沈作霖刻印本上下卷；清光绪皮树棠本；民国上海有正书局狄氏铅印本；民国9年（1920）李之鼎宜秋馆刊印本。1986年，松阳县文联编辑《张玉娘研究资料选编》，收录《兰雪集》2卷。1989年，台北新文丰公司影印本《兰雪集》。2002年，北京大学出版社刊《全宋词》收录张玉娘诗71首。2008年，松阳县文联影印本《兰雪集校笺》2卷、附录1卷；张玉娘诗词被列入松阳县非物质文化遗产名录。

周权诗词

周权（1275～1343），字衡之，号此山，松阳板桥人。初受檄提举，衢州开化县教谕，不果赴任，纵游湖海。元延祐五年（1318），至京师铨选，为府州教授，后授福建巡检官，辞弗受。

周权通经史，善诗文，并以诗文会友，结识京都不少文学家，与当时文坛耆宿赵孟頫、陈旅、欧阳玄、揭傒斯、虞集等均有酬答，受到袁桷等人赞赏。有《此山集》4卷行世，《四库全书》、成化《处州府志》、万历《栝苍汇纪》、光绪《处州府志》、民国《松阳县志》《中国历代名人大词典》均有辑录。元延祐六年（1319），江浙儒学副提举陈旅精选周权诗词歌赋编成《此山先生诗集》，陈旅、袁桷、欧阳玄各为之序。浙江图书馆、浙江大学图书馆等藏民国张均衡辑《择是居丛书》初集，元至正本（1341～1368）影刊《此山先生诗集》十卷。浙江图书馆收藏有知不足斋本《周此山先生诗集》4卷2册。《疆村丛书》《影刊宋金元明本词四十余种》录《此山先生乐府》一卷（据元本影刊）。国家图书馆藏民国11年（1922）影印陈乃乾辑《此山先生诗集》。遂昌县图书馆藏民国37年（1948）刘耀东辑《栝苍丛书》第二集之五《周此山诗集》。2010年，汤光新为周权《此山集》编校，由浙江古籍出版社出版发行。

附：兰雪诗社

1995年5月，兰雪诗社成立，有30余名诗词爱好者入会。会员创作诗词、楹联，撰写论文，继承弘扬传统诗词楹联，潜心研究张玉娘和她的传世之作《兰雪集》，致力于诗词楹联的繁荣与创新。是年创刊《兰雪吟苑》，每年编印1期《兰雪吟苑》。1999年7月，与县政协文史委合编《松阳历代诗词选》。

2005年，收集全国各地关于张玉娘的研究论文、作品赏析、诗词楹联共380余篇（首），编辑出版《兰雪集与张玉娘研究》。2006年，被吸收为中华诗词学会会员1人，创作的诗词在《中国老年报》《处州诗词》《丽水党建交流》《新松阳》发表，入编《松阳文艺》《兰雪吟苑》《中华诗词学会2006年新会员作品集》等刊。被吸收为浙江省诗词与楹联学会会员1人，作品奥运楹联刊登在《浙江省诗词与楹联通讯》《处州晚报》，诗词作品刊于《处州诗词》《丽水诗坛》《松阳文艺》及国家、省级刊物，并多次获奖。会员发表现代诗、散文诗、散文等80余篇。2008年，出版《兰雪集校笺》。2010年，《兰雪吟苑》收录诗词、曲赋、楹联作品共5364首（阕、副）。

第三节　民间文学

中华人民共和国成立后，县文化馆组织搜集整理反映现实生活的民歌以及民间神话、故事、歌谣、谚语。1958年，选辑《松阳“大跃进”歌谣选》。1979年，松阳区文化站组织采风队，搜集素材200余件，初选整理成文30篇，编印《松阳民间故事选》一辑。《延庆寺塔》一文被编入浙江人民出版社出版的《浙江风物传说》一书。

1984年，民间文学《故事满船》《两只袋》《遇鬼》分别获丽水地区首届民间文学创作和民间故事演讲优秀奖。1985年，县民间文学研究会成立，整理创作新故事《青山有幸埋忠骨》《传说中的陈凤生》《小镰刀锯倒大樟树》《畲岚山》《大竹溪和小竹溪》等10余篇民间文学作品在省、地刊物发表。

图 35-8 中国民间文学集成·浙江省松阳县卷（叶坚红 摄于2010年）

1986年，松阳县民间文学集成领导小组成立，征集民间故事1123篇，歌谣938首，谚语3154条，共计200余万字。经过筛选整理，编辑《中国民间文学集成·浙江省松阳卷》，共收录故事270篇，歌谣168首，谚语738条，计52万字，1989年6月第一次出版发行。之后，有《蓝郎与云姑》《畲族的龙凤、麒麟图腾崇拜的痕迹与畲族史源关系》等5篇文学作品，在省、地刊物上发表。童话《青蛙告状》获陕西省儿童文学作品优秀奖。

附：松阳民间文学集成编目

故事卷共收录17类270篇。其中，神话传说《龙母娘娘》《白龙显圣》《伏羲与女娲》《找太阳》《观音对弥陀》等23篇，人物传说《望松夜月》《孟称舜三赞张玉娘》《朱熹题匾》《玉岩三拔贡》《包杰市口立牌坊》《乾隆出生在松阳》等31篇，仙道传说《仙师叶法善》《恶人修做佛》《法昌寺的陈光老佛》《三元真君》等18篇，史事传说《石达开过路》《李家兄弟打“长毛”赤手空拳打皇军》《群英聚会安岱后》，地方传说《青蒙塔》《卯山的传说》《馒头山》《米仓变石仓》《箬寮“望夫岩”和尚背老婆》《淡竹的故事》《石鼓村的传说》等36篇，动植物传说《稻谷怎有毛羽的》《谷头只有一拳长》《牛吃草》《犬的心肝》《樟树和枫树》等24篇，土特产传说《烟基寮的传说》《占廉泉卖烟靠卖字》《真山粉的传说》3篇，民间工艺传说《拦腰布》《墨斗和罗盘》《鲁班的徒弟做了修箴祖师》《铁拐李接拐杖》《火炮的由来》5篇，风俗传说《送瘟船》《人不死三伏》《半夜娶亲》《四月初八吃“乌饭”青果鸟》等6篇，其他传说《初一和十五》《土地公投生》《道士官》《盐的来历》《客烧汤》5篇，幻想故事《十三太子落难记》《巫通儿的帽》《金瓜奇缘》《卖柴郎奇遇》《吴法师捉猢狲精》《高聪法师收猢狲精》《鬼作恶》《蔡八八收伏老鸦精》等14篇，动物故事《牛和主人》《山兔子的前腿怎短的》《老实侬和无尾蛇》《蛇脱壳》《犬太婆立坟》5篇，鬼狐精怪故事《杨法师智斗吊死鬼》《人不怕鬼鬼怕人》《真假活无常》等9篇，生活故事《五谷神》《一粒谷种一年》《糯饭吃了酒还在》《难上加难》《放牛郎和拳师》等45篇，机智人物故事《小后生巧戏老巫婆》《智斩蟒蛇》《圆梦保殿》《长工的习惯》等13篇，笑话类《三哥弟讲戏》《冒牌医生》《小儿想吃饼》等20篇，其他故事《动手勿饶人》《凡人就是烦》《剥皮乌龟》等10篇。

歌谣卷共收录8类168首。其中，劳动歌《采茶歌》《零工歌》2首，时政歌《革命歌》《抽兵歌》《逃难歌》《苦旱歌》《十空唱》等12首，诀术歌《钉扣经》《上梁歌》《收惊》3首，节令歌《二十四节气》《节气歌》《农时歌》《月份歌》《畲家四季歌》5 首，礼俗歌《泡茶歌》《敬茶歌》《多谢歌》《香茶歌儿》《花鼓进门》《十串歌》6 首，祭奠歌《社祭歌》《船灯歌》《太平歌》《踏莲花》4 首，情歌包括汉族情歌《十香姐》《采花歌》《送饭歌》《孟姜女》《我郎苦苦要上山》《送郎歌》等 22 首、畲族情歌《成双歌》《仙宫歌》《同心歌》《送谢歌》《十结姻缘》等 17 首，生活歌《奉劝歌》《夫妻相争》《翠翠鸟》《光棍歌》《茶谣》等 43 首，历史传说歌《双龙会首王金保》《吴七姐和程六郎》《蛇郎娶妻》等 5 首，儿歌《懒汉》《艾艾啼》《奶儿嫁》《十雷歌》《月光光（十一则）》《雪花飘飘》等 25 首，其他类《十二枝花》《正月里》《寻戒指》《观音菩萨有十愁》《大讲歌》《逛城歌》等 12 首。

谚语卷共收录时政、事理、修养、社交、生活、自然、生产 7 大类谚语 738 条。

第三章 美术 书法 摄影

松阳历史文化资源丰富，先辈用绘画、雕塑、工艺美术、建筑艺术、书法等，反映自然和社会生活，以表达创作者的思想观念和感情。

绘画、雕刻、雕塑、书法与人们的生活密切关系，散落在境内的众多清至民国时期传统民居的建筑装饰尤其丰富多彩，一般为宅主出题，画师出稿，再由民间艺人制作而成。表现在建筑重要部位上的门楣题额、梁枋柱、门窗、斗拱、牛腿、雀替、挂落、回廊、帘架、门罩以及古民居粉墙上的墨书绘画、厅堂悬挂的古匾、楹联等，题材丰富，内涵深刻，寓意吉祥，工艺精湛。以木雕、石雕、砖雕及书法绘画等手法，充分展示当时人们的审美情趣和古代劳动人民的艺术才华，为后人留存丰富的文化信息，也是松阳尚存最早、最完整的美术书法的作品，具有较高的历史文化价值和艺术观赏价值。

第一节 美 术

元至正年间（1341～1368），有无名道人在东岳行宫泼墨，左壁画梅，右壁画松，笔势凌绝，游客称之为山鬼传神之笔。后建筑已废。

清乾隆《松阳县志》载，明代谢一廉“笃嗜丹青，常入闽，闽人得其尺幅，无不珍藏”。

清代孟振台，善画山水，名振江浙。詹文炳，画山水人物，无不适肖，其画别具性灵，与人画扇箑，有石荷叶、蓬仙花、水草、蝴蝶、草虫等物，犹为世所称赏。徐友蕃，营造“木石居”“坐花楼”，好书画，弹琴咏诗。郑芳兰绘画山水，写生传神，又擅塑师肖像，多才多艺，乞请盈门。

松阳古代美术作品遗存遍及境内城镇乡村，古民居照壁、门墙、梁枋、斗拱、牛腿、雀替、门窗等部位精美的艺术装饰有木雕、石雕、砖雕、绘画等，不胜枚举，形成松阳古民居的亮丽特色。

民国时期，何修、阙家辉等文人工书善画，境内不少宗祠、庙宇门墙及戏台藻井上的绘画、匾额楹联，多出其手笔。民国27年（1938），九一八7周年纪念日，县抗日自卫会在县城南门丁氏宗词展出几百幅油画品。民国28年，湘湖师范抗战绘画团刊印《市日画刊》20期，每期200份；《通俗画册》2种，每种300本。连逸卿的粉画《劫后》，真实再现侵华日军洗劫松阳后的悲凉情景。

1949年后，连逸卿一直从事美术教育和美术创作，历任上海戏剧学院副教授、上海粉画学会会长、《上海美术志》编委，曾培养出一批很有成就的美术家、教授。“文化大革命”时，连逸卿为抢救中国濒临灭绝的粉画艺术作出突出贡献。著有《连逸卿粉画集》《连逸卿素描集》。

1949～1958年，县文化馆先后举办各种画展16次。松阳中学詹开钱擅长国画，尤娴山水花鸟，

图 35-9 《连逸卿粉画集》封面（叶祖青提供）

所绘牡丹、芍药形象逼真。1982～1984年，举办县书画展3次，展出作品215幅。1985年4月，县美术书法协会成立，有会员18人。1985～1990年，松阳县美术书法协会先后举办书画作品展览28次，入选地区书画作品展览118幅，9幅作品获奖。1990年，“世界红十字日绘画赛”，送省参展作品7幅，获一等奖1人、二等奖3人。1992年，丽水地区举办纪念毛泽东《在延安文艺座谈会上的进话》发表50周年画展，展出88幅作品，松阳入选19幅。在浙江美术学院举行丽水地区油画展，松阳的《晨曦草垛》《秋水》《乡野绿音》等5幅参展；入选省展有《号》等2幅。宣传画《改革·中国希望之光》获省级优秀作品奖，入选全国宣传画画展。1999年，美术作品《中国人民是不可战胜的》入选第九届全国美术作品展，作品《白荷》入选20世纪中国现代艺术精品集画册。2000年，美术作品《钢铁长城》获全国群众书画摄影大展中青年组优秀作品奖。2001年，美术作品《党的航船从这里扬帆》入选庆祝建党80周年浙江省美术作品展览，《清气》入选中国翰墨名家作品博览大型画册。2006年，宣传画《文明的面具》、国画《闹元宵》在浙江省举办的“浙江省群星奖”评选系列活动中入选展出，其中《文明的面具》获铜奖；国画《独山秋色》入选“北京2008奥林匹克文化艺术节”展出。是年，县美术家协会先后组织会员参加第六届松阳县美术院校在校大学生作品展播、松阳县新春美术作品展，参加由中国美院、浙江美术家协会主办的“观看的姿态”中国当代具像表现绘画4人油画展、丽水市首届国画群体作品展览。2008年，县美术家协会、教育局等单位联合举办“新世纪第八届松阳籍大学生美术作品展”；西屏镇、城北社区联合举办“学习十七大精神，构建和谐社区新春美术展”。2009年，县文联、教育局、文广新局等单位联合举办“2009新春美术作品展暨第九届大学生美术展”。

松阳师范学校向来重视美术教学。至2010年，曾20余次获得全国性书画比赛团体一等奖或最佳团体奖，学生在校外参加各种书画比赛所获得奖项数以千计，在各级各类报刊上发表作品有上百幅。

第二节　书　法

20世纪80年代以后，境内曾出土不少东汉至两晋南北朝时期的纪年砖铭，其文字为真实书迹，砖体并印有钱纹和席纹。其中，有古市镇东角垄村出土的“建安昭武长叶”“元康七年七月三十日叶家富贵”“万年诸氏政”，西屏镇桐溪村出土的“太和四年”“太元三年”，新兴乡外孟村出土的“元嘉二十五年”和县学东出土的“祝延圣寿”等砖铭，它们是迄今留存最早的古代书法作品。

唐代，有书法大家李邕《叶有道碑》、韩择木《叶慧明碑》书迹遗世。

宋代，松阳书法家有叶仲询、叶南叔、叶梦得、叶登等人。又有马光祖、吕祖谦、陈亮、范成大、周格、胡份、徐秉哲、留梦炎等名家留有书迹。

元代，书法家有毛辉、叶在道、项棣孙等。

明清至民国时期，众多古民居门楣题额，悬挂在中堂上的古匾、古楹联，不仅语言文字简洁，思想内容深邃，还以生动的书法艺术给人以赏心悦目的装饰之美。清代邑人吴春泽工书法，初学颜体继学顾体，晚年又仿魏碑，字瘦苍劲有力。民国何修、阙家辉等擅书法，都有墨迹留世。

1949 年后，有江天蔚、吴寅、何联奎等书法大家。

1985 年，松阳 4 人获日本“中国青少年高野山书法比赛”的高野山书道奖。松阳师范学校 7 年中有 400 人次在全国、省、地书法比赛中获奖。1989 年，松阳师范主办“龙泉青瓷艺术杯全国中师学生书法大赛”。

1987 年，松阳老年书画研究会成立，一批年逾花甲的离退休老年人潜心研习书画艺术，每年举办 2～3 次老年书画成果展览，定期编印《松州书画》会刊。2000 年，编印出版《书画作品选》。2006 年 6 月 5～14 日，松阳县老年书画研究会在北京景点大观园举办绿谷文化书画展，有 50 多位会员近百幅作品参展，书法作品楷、行、草、隶、篆齐备。另外，蓝柳生一幅篆刻巨作以毛泽东 40 首诗词为内容，把 2700 多字刻成 460 多方印章，组成一幅长 14 米的篆刻长卷，为全省所罕见。会员许仲龙 1988～1999 年书法作品先后 7 次获全国老年书画比赛优胜奖，作品载入《中国当代老年书画家大辞典》。2004 年，县老年书画研究会被中国老年书画研究会评为“先进团体”。至 2010 年，研究会共推荐 1000 多幅书画作品参加全国、省、市、县各级书画大赛和展览，其中超过半数以上的作品获得奖项或入围，多次获得国家级和省级举办单位颁发的“优秀组织奖”。2009 年、2010 年连续两年获全国重阳书画展“优秀组织奖”。

2005 年，松阳师范第 2 次举办全国师范院校师生书法大赛，多人获奖。

第三节 摄 影

松阳摄影，始于清末的“精美”，承于民国初年的“流芳”，兴盛于改革开放后的大众普及。清光绪二十九年（1903），留学日本东京法政学堂的张礼由（山下阳村人）学成返乡，把所购置的一套照相设备和摄影技术传授给族弟张礼明。他们在县城上天后宫西松阳十景之七“柳池鱼跃”边上开设“精美照相馆”，尚存潘益澄 60 岁夫妇合影的照片，为张礼明在 1907 年时所拍摄，十分珍贵。

图 35-10 精美照相馆旧址（叶祖青提供 1965 年）

民国 3 年（1914），丽水人方锡仗到西屏镇开设照相馆。民国17年，叶增贤流芳照相馆（后改名留芳照相馆）开业，拍摄有松阳旧十景、松阳运动会的场景以及民国31年抗战时期日军暴行造成西屏财产损失等珍贵老照片。这些真实的老照片成为确凿史料。民国24年，青年照相馆由碧湖迁松阳营业。民国34年，何庭勋长春照相馆开业。

图 35-11 留芳照相馆照相座机（叶祖青提供）

1956年，“长春”“青年”2家照相馆合并，取名“松阳”照相馆，为集体所有制。改革开放后，城乡照相摄影业兴旺，境内有照相馆、摄影楼11家。

20世纪50～60年代，有新闻照片130余幅在省、地、县报刊上刊发。1982年后，业余摄影艺术更趋活跃。1984年，松阳在丽水地区举办国庆摄影作品展览。1985年，举办“迎春摄影作品展”和“生命在于运动专题摄影竞赛”；是年，县摄影协会成立。1986年，在杭州举办“浙西南松阳县摄影作品展”。1989年，举办“今日松阳”“改革十年”摄影作品展览。1990年，县文化馆摄影室开设松阳县城乡摄影网络，有成员87人。1991年，浙江省摄影研讨会在松阳举行，期间开展“松阳一日抓拍赛”活动，县摄影协会有6人得奖，作品《赶集》获一等奖。1990年、1991年，有17幅作品入选在日本举行的第十五、十六届亚太地区摄影大赛，其中《乡村来了新教师》获亚太文化中心奖。1992年，入选第十七届亚太地区摄影展作品4幅，其中《可口可乐》获冈本奖，《初次》获大众摄影赛一等奖，《希望》《进城》获香港画报银牌奖。

1998年，有35名业余摄影者145幅摄影作品参加“省首届农民摄影比赛”，其中《放学以后》《抢收》获一等奖、8幅作品获二等奖、2幅作品获三等奖。1999年，摄影作品《祖国在我心中》参加浙江省财政、地税系统书画、摄影大奖赛获二等奖。2000年，摄影作品《当日新闻》《又一丰年》获新华社主办的“可爱的中国”“柯达杯”全国黑白艺术摄影大赛三等奖。2001年，组织少儿摄影作品参加“全省少儿造型艺术作品征评活动”，有2幅作品获金奖、3幅作品获银奖。2002年5月16日，丽水市摄影协会授予松阳县为“中国摄影之乡松阳摄影创作基地”；6月19日，在竹源峡举办“浙江绿谷·十大峡谷”风光摄影大赛开拍仪式。有摄影作品《三代情》在“电业杯”全国摄影大赛中获三等奖；《晨曲》在香港大众摄影协会举办的第三十二届国际摄影沙龙中获银像奖。2004年1月，参加中国第十届国际摄影节的国内外300余名摄影家到松阳四都、石仓采风创作，期间县里举办“松阳新印象”大型摄影艺术展，有300余幅反映松阳风光、文化、民俗、经济的优秀作品参展，并选送200余幅反映松阳特色的作品参加“2004中国·丽水国际摄影文化节”摄影展。摄影作品《关爱》获浙江省第四届老年文化艺术周摄影大赛一等奖。

2004年，全县加入国家摄影家协会2人、省摄影家协会2人、市摄影家协会7人，有2人分别被评为丽水市“十大摄影家”和“十大青年摄影家”。7月10日，联合国教科文组织“全球对话”

大使、中国民俗摄影家协会会长、副会长一行到松阳进行为期 2 天的考察访问。松阳县政府与中国民俗摄影协会建立“松古文化体验中心”合作事宜进行对话、交流。7 月 24 日，由县摄影协会选送的《农家小院》获富士中国与《大众摄影》联合举办的“发现你身边的色彩富士摄影大赛”特等奖。

为进一步挖掘保护摄影资源，推动松阳旅游事业的发展，2005 年，中共松阳县委宣传部、文联、旅游局开展“松阳县摄影创作基地”评选活动，评出浙南桃花园、松古农耕园、三都民俗村、四都寨头岭摄影基地、石仓古民居、竹源瀑布群、板桥畲乡情、赤寿古村落、谢村生态源、箬寮原始林十大摄影创作基地，并制作精美画册进行对外宣传。同时，箬寮景区和寨头岭摄影基地被评为“丽水市十大摄影创作基地”。同年，松阳“留芳”照相馆摄影传人叶祖青搜集家族三代人以及其同仁的部分老照片，辅以文字说明，编辑出版《松阳钩沉》一书，被浙江省社会科学界联合会认定为“2005 年重点研究成果项目”。

图 35-12 寨头摄影基地（叶光铭 摄于 2007 年）

2007 年，县摄影协会连续举办第三届“三都梨花节”摄影大赛、“巨龙腾飞”高速公路摄影大赛、“五一”职工风采摄影大赛、“四都·寨头”风光摄影大赛。作品《农村能源的希望》获全国新农村摄影大赛铜奖。2009 年，由浙江省摄影家协会、县委宣传部、《丽水摄影》杂志等 9 个单位在四都乡平田村联合举办的“寨头杯”浙南桃花园松阳摄影大赛，是有史以来规格最高、参赛作品人数最多、奖金额最高的一次。2010 年，举办三都梨花节、“五型公路”征文和摄影大赛及“松电杯”摄影大赛。

第四章　音乐 舞蹈 曲艺

松阳，深厚的历史积淀孕育出丰富的民间音乐、舞蹈、曲艺。松阳旧志有载，“乡俗于清明之前，卜吉设本醮于城隍庙，斋戒极盛，鼓吹呼拥，迎城隍神、温太保神，周巡城乡，所以逐疫。装扮抬阁前导，颇极巧妙，男女云集景观，仿佛古傩遗意”。迎傩是一种历史悠久的民间娱乐活动形式，与汉唐时期所流行的歌舞几乎差不多。松阳民间迎城隍神、温太保神的活动形式一直延续至中华人民共和国成立之初。民间每逢神诞会之时，鼓乐喧天，舞蹈穿插其中，气氛热烈。分布在古市、西屏一带的叶法善道教音乐世代相传，枫坪乡高亭村、小吉村及玉岩村等地每年都举办迎神赛会，古老的三清锣、三清调曲等道教音乐、民间舞蹈得以传承。

第一节　音　乐

古典音乐

松阳古典音乐《月宫调》，源于唐代歌舞曲，为松阳特有。唐开元年间（713～741），道教法师邑人叶法善建淳和仙府，司授道教音乐。此后，道教音乐兴起，历千数百年，至民国仍久盛不衰。

经收集、整理，道教音乐尚存一百多首，曲牌有《初上歌》《再上歌》《三上歌》《迎神曲》《送神曲》等。曲调有迎神赛会音乐（月宫调、正凡、阴极宫、过街溜、过街游、思登记、八仙、闹三通、闷宫、三台基、上路调、上香台、梦宫一枝花、敬酒调、上宴调）和祭祖崇神音乐（皈依调、东极宫、叹亡调、守孝歌、清调、道情、念谶、洒净调、送偈、四六赞、劝酒赞、道士调、道法、三清调、三清锣）。

图 35-13　松阳古典音乐《月宫调》演出（叶坚红 摄于 2007 年）

《月宫调》以宫廷法曲、宫廷音乐为主载体，是叶法善道教音乐之中的代表作。传说当年道教宗师叶法善施法带唐明皇游月宫，聆听月宫素娥仙女唱的《紫云曲》，被精通音律的唐明皇默记心中，后来经过整理编曲在宫中进行演奏，另取名为《霓裳羽衣曲》。因节奏清明、旋律优美，成为宫廷音乐演奏的重要曲目。此曲早期由古市镇老艺人陈道保留并传教，后由叶万芳记谱提供。演奏风格融合宫廷音乐、法事音乐、道场音乐等，表演形式有唢呐鼓乐、丝竹鼓乐，有独奏、打镲吟唱、帮唱等，演奏场面规律有序、颇为壮观。《月宫调》风格古朴、典雅文静飘逸，对追寻唐代宫廷音乐《霓裳羽衣曲》具有很高研究价值。南宋时《霓裳羽衣曲》在松阳就有很高的知名度，南宋女词人张玉娘在她的《咏竹·月》中写道：“吹彻《霓裳》清露下，嫦娥犹自对芳尊。”在《香闺十咏· 桃花房》中写道“歌彻《霓裳》风力软，钗横鬓乱晓寒新。”可见她对《霓裳羽衣曲》厚爱有加，也说明《霓裳羽衣曲》曾在松阳的广泛流传。

2009年，道教音乐《月宫调》被列入浙江省第三批非物质文化遗产名录。县文化馆把乐曲挖掘整理，取名《月宫神韵》，由中国文史出版社出版发行。

民间器乐曲

松阳人自古善乐，唐代诗人王维曾有“按节下松阳，清江响铙吹”的诗句来描绘松阳民间器乐曲的繁荣景象。每逢神诞集会，民俗佳节，必有民乐、小调之声，千百年来人们通过言传身授，传承至今。明代戏剧家汤显祖的《夜听周松阳鸣琴四曲》中就有描述松阳民间音乐盛行的景象。

民间器乐曲的曲目有《住花园》《竹溪锣鼓》《十番》《将军令》《三下落》《行路曲》《太平调》《欢乐曲》《行街四合》《佛头》《道河》《十思蛤蟆》《采莲花》《清调》《油胡芦》《半分粮》《平调》《二重板》《巫教》《咚铛渡》《梨花吹奏曲》等50多首。有以竹笛为主的丝竹锣鼓段，有以板胡、京胡为主的丝竹锣鼓段，也有以唢呐为主的吹打乐段。各乐段之间均用锣鼓承接转换，既有气势磅礴的部分，也有抒情幽雅的段落。风格自然质朴，能给人以循题探情、循情探意的启示作用，也有进入广阔的联想和想象之场景。

《住花园》属丝竹乐，源于唐代歌舞曲和宋代词牌。以丝竹为主，配以锣鼓，曲调幽雅委婉，节奏平稳，富有浓郁的乡土气息，在赶庙会、迎太保等活动时行奏。流传于西屏、古市一带。1986年，全国民间音乐普查，《住花园》等4首器乐曲入选《中国民族民间器乐曲集成·浙江卷》。

《竹溪锣鼓》属锣鼓乐，始于清初，由民间多种锣鼓调折变而来。乐曲变化多样，节奏稳健，风格独特。在元宵节迎龙舞狮、竹溪摆祭、扮台阁和婚丧喜庆时演奏，流传于西屏镇大竹溪等村。

《十番》属吹打乐，明万历年间（1573～1620）已在县内流行。由扁鼓、夹板、唢呐、笛、小锣、大锣、小镲、大镲、叫锣等乐器吹打，与《采茶灯》《马灯》等曲牌连缀成套，在春节、元宵等传统节日里走村串户演奏。

流传下来的还有丝竹乐《行街四合》、丝弦乐《佛头》《道河》《十思蛤蟆》《采莲花》《清调》、独奏曲《油葫芦》《欢乐曲》《将军令》《半分粮》《三下落》《平调》《二重板》《巫教》《咚铛渡》《梨花吹奏曲》等。

1957年1月，西屏镇应小弟、应德金兄弟俩的唢呐合奏《春到来》，获浙江省第二届民间音乐舞蹈汇演二等奖。2006年，浙江省民族民间艺术普查和2008年全国非物质文化遗产普查时，县文化馆新发现整理《梦宫一枝花》《闹三通》等多首民间器乐曲。《中国民间民族器乐·浙江卷·丽水地区分册》收录的44首民间器乐曲中，松阳民间器乐曲有16首。

民间小调

松阳民间小调来自人们对生活的深切体验，形式丰富多彩，题材广泛，有反映劳动生活的，有家庭、婚姻和爱情生活的，也有民间习俗和宗教信仰的，是一种生机勃勃的艺术，很有地方特色。

民间传唱的民间小调有《十二花名》《采茶歌》《小白梅》《补缸》《马灯调》《摇篮曲》《孟姜女》《女相思》《十思木雀》《取债鬼》《闹五更》《十月怀胎》《打招牌》《螃蟹歌》《女子告状》《凤阳歌》《瓜子仁》《十景彩花》《卖花线》《姑嫂看灯》《姑娘调兵》《赏月光》《苏州调》《十把扇》《绣花包》《晒金扇》《秦琼游四门》《敲五更》《和尚采花》《清明歌》《八仙歌》《手扶栏杆》等140多首。各种场合有不同的民间小调，采取吹拉弹唱相互交替或重叠进行，以制造一种热烈雄浑或肃穆凄厉的情绪和气氛。内容大多为吉祥喜庆、劝人为善或历史传说、人物故事等，民众爱听爱唱。表演形式有男女老少独唱，双人或多人及伴唱等，根据各种节日及场合选择曲调进行表演：正月间一般选唱欢快的《十花名》《十二月花鸟名》《八仙歌》《春三二月》等；喜庆节日以《相思歌》《思郎歌》《新怀胎》《姑嫂看灯》《十八相送》等；遇乡间民风欠佳，就演唱《劝君歌》《奉劝歌》《劝懒歌》《相和歌》等劝人为善的；春季采茶时唱《采茶歌》《敬茶歌》《多谢茶》《贩茶歌》等。

2006年省民族民间艺术普查和2008全国非物质文化遗产普查时，县文化馆收集整理近50余首民间小调，编成《民间歌曲歌词本》资料。

道教音乐

松阳道教文化历史悠久，旧时民间盛行求神和迎神娱神习俗，较大的道教活动有祖师会、水神集会、天师巡游、水陆斋醮、混元法坛、三清道场等。每逢集会，必有鼓乐相伴。由此衍生出的道教法事音乐和三清锣鼓经在道士引领下，号角、铃音、鼓乐交替齐鸣。道教法事音乐有赞美神仙的颂歌，也有表现神煞驱邪庄严而威武的曲调，曲目有《召兵行罡曲》《上宴调》《上香曲》《敬酒调》《过街游》《迎神曲》《桃花调》《送神曲》等。

《叶有道碑》有载，“吹律暖谷，韵律知天”。《松阳卯峰叶氏广远宗谱》详细记载当时各种法事仪式上使用的乐器“钟、鼓、琴、瑟、笙、箫、管、笛、 磬”等。经普查、收集、整理，叶法善道教音乐尚存100多首。曲牌有《初上歌》《再上歌》等。道教音乐中的三清锣鼓是九棒锣、五棒锣、三六九锣、七五三锣、二五八锣、十样景锣的统称，组合而成有节奏的迎神行路锣鼓经。

（此目内容与第一目“古典音乐”互为补充）

畲族山歌

松阳畲民与其他地方的畲民一样，有自己的语言没有文字。畲族山歌是畲族人民在生产、生活中创作的口头文学，是畲族传统文化的重要组成部分。以歌叙事，以歌为媒，以歌抒情，山歌是畲民文化生活的重要内容之一。

畲族山歌是一种通俗化的诗，用畲语歌唱，押畲语韵，以汉字代音的抄本，须用畲语才能读得通、唱得顺。种类与内容大体可分为神话传说故事、史事时政歌、时令与劳动歌、生活故事歌、风俗仪式歌、情歌、小说歌、传知识理歌、赛智歌、儿歌等10余种。形式有连歌和杂歌2种。连歌也称叙事歌，内容较长，有《高皇歌》《麟豹王歌》《末朝歌》《封金山》《元朝十八帝》《灾荒歌》《凤凰山》《风清山》等，长达二三百句，大多在节日和红白喜事时唱。杂歌内容较短，表演形式以对唱为主，如《同心歌》《放牛歌》《劝酒歌》《别娘歌》《上轿歌》《砍柴歌》《织带歌》《变歌》《别里依》等。

畲族山歌音调高亢、健朗、婉转、可促可缓，加之夹以“噜”“哩”“啊”等辅音，听起来悠扬悦耳。但在不同的场合，采用高音、平唱及接近平念等几种不同音阶的歌唱，曲调也因其采取小嗓（假音唱法）与大嗓（真嗓）的不同而有变化。唱法有独唱、对唱、合唱几种，最常见的是男女对唱。主要流传于板桥畲族乡、象溪镇、裕溪乡与赤寿乡的上坞源、樟溪乡的新安寮、大东坝镇的马蹄湾等村的畲族居住地。

“三月三”是畲族传统节日，1984 年 3 月，松阳县举办首届畲乡歌会。以后松阳县板桥畲族乡与武义县柳城镇、莲都区老竹镇及丽新乡每年联合举办“桥竹柳新”三月三畲族歌会，各地畲族山歌手登台献艺，竞相献歌。届时，歌手云集，人们即兴发挥，纵情欢歌。

其他歌曲

1991 年，松阳籍歌手詹旭军在江西省抚州市举行的浙闽赣皖 4 省 9 市（地）音乐节中获通俗唱法金牌奖。

松阳籍歌曲作词者詹修萍创作的歌曲《等待》，1991 年获全国工人“三热爱”歌曲比赛优秀创作奖；歌词《大街小巷》，1991 年获全国未来词曲作家演唱家成才之路“小天才”杯大选赛系列讲座优秀创作奖；歌曲《太阳月亮与少年》，获首届全国接班人校园歌曲最佳作品奖；歌词《爱心》，1998 年获《流行歌曲》词曲大赛歌词一等奖；歌曲《我的大戈壁》，获第四届全军“战士文艺奖”三等奖；歌曲《昆仑人》，获全军第七届会演三等奖；2002 年，歌词《七月的一天》获首届全国主旋律歌曲最佳歌词奖。歌曲《我要去罗布泊》《禾丫》，获 2004 年兰州军区第四届昆仑文艺奖三等奖。2004 年，文化馆干部创作歌曲《好时节》获全市“爱我中华”歌曲创作铜奖。2010 年，在丽水市第五届原创歌曲演唱大赛中，原创歌曲《月光光，疏朗朗》获得歌词创作、歌曲创作以及演唱的 3 项银奖，歌曲《很高兴认识你》获得优秀展演奖。

第二节 舞 蹈

传统舞蹈

松阳传统舞蹈主要有《采茶舞》《排云》《夫人炼丹》《马灯》《道士舞》，分布在全县乡村。畲族民间传统舞蹈主要有祭祀、迎祖、丧礼和生产劳动等方面的舞蹈，俗称“祭祀舞”，主要分布在板桥、象溪、裕溪等地，多见于做功德、拔伤、打獱、祭祀等活动。祭祖舞有学师舞、公德舞 2 种。学师舞中有“造寨”“造殿”“排衙”“统兵”“把界”“打九洲”等；公德舞与学师舞部分舞段相同，如“造寨”“造殿”“排衙”等，具有特色的是“行孝舞”。祭祖舞有舞者 4 人，3 人分别穿青、蓝、红各色衣服，1 人穿便装（颜色随意选择），各人手中的道具各异，1 人抓吉铃，一人拿龙角，1 人持铃刀，1 人执鼓。以龙角、铃刀击节打拍，脚步整齐雄放审慎健朗，表演时两人一组互相配合，时而相对，时而相背，双手按节拍摆动，一上一下，一左一右，边舞边唱。唱的内容丰富，大多是祖辈世代传承下来的歌词，有颂扬逝者功德的，有慨叹人生艰辛的，有祈盼祖宗神灵佑护的，或哀伤婉转，或庄重热烈。

现代舞蹈

中华人民共和国成立后，经常上演各种短小活泼歌舞。机关、学校、农村剧团上演《白毛女》《王秀鸾》《血泪仇》《刘胡兰》等歌剧。“文化大革命”期间，盛行“语录歌”“忠字舞”。十一届三中全会后，群众性歌舞活动又趋活跃。1981 年，在西屏镇举行首届音乐会。1982 年，举办松阳、遂昌 2 县音乐舞蹈创作节目会演。1983 年，举办县音乐舞蹈会演。1985 年后，城乡流行迪斯科舞、交谊舞。1982 年恢复县制以后，先后有 14 个节目 7 人次在丽水地区音乐舞蹈比赛中获奖，10 个作品获得创作奖，《丝绸厂之歌》在省级刊物《花港》刊登。2004 年，双人舞《畲舞飞絮》参加丽水市首届舞蹈大赛，获创作二等奖、表演三等奖。2006 年，舞蹈《时装表演》在全市中行系统调演中获二等奖；县文化馆参加全国第三届少数民族汇演大型舞蹈诗《畲家谣》的编导和演出，郭福俊获“全国优秀演员奖”。2010 年，在浙江省新农村题材舞蹈大赛中，松阳县选送的创作舞蹈《那一片绿荫》获银奖。

第三节　曲　艺

民间曲艺有松阳鼓词、松阳道情、莲花落等，流传最广的为松阳鼓词、松阳道情。曲艺演员人数较少，一般有 1～3 人，道具简单，演出方便。“文化大革命”期间，这些曲艺演唱完全停止。1979 年后，流传演唱的有松阳鼓词和道情。

松阳鼓词

松阳鼓词，民间俗称“唱故事”，源于宋代，盛行于清代和民国，是民间百姓娱乐休息、求福迎祥、祛病除邪、酬神娱乐的表现形式。

通常以座唱的形式用松阳方言演唱。由 1 人演唱多角，手持鼓板和“切”（即竹板，2～5 片不等）伴奏。表演者右手持竹切，左手持鼓签，并用左手腕压住竖立于左膝上的圆形单面扁鼓，用鼓签打点。行腔自然平稳，曲调和谐优美，唱词通俗易懂。叙事、评论、插浑、模仿等交叉运用。板式有快板、中板、慢板、平板、清板、骂板、哭板、滚板、游板。往往根据故事情节的发展变化，以击一声鼓，亦称“加板”来烘托气氛。唱词句式结构以七字句、五字句为主，间或有长短句出现，往往以四局或八局为一段。唱词讲究押韵，语言简朴，具有浓郁的乡土气息。传统曲目有《门头曲》《双蝴蝶》《守考》《三国故事》《青梅记》《结发记》《奶娘神传》《乾隆游江南》等 50 多部。其音乐与松阳高腔和当地民谣很接近，音乐的音调以松阳方言声调为基础，旋律流畅，节奏平稳；调式以角调为主，每句唱腔的落音大多落在主音上；曲体结构是主曲体的变奏反复形式，整个曲目唱腔以“门头曲”为基本调，其他唱段都是“门头曲”的变化调。表现手法主要有“歌唱”“叙事”“评论”“外插花”“模仿”等。

歌唱，贯穿于曲目的开始、中间和结束，具有调动观众注意力，表达故事的中心内容、段落转折、重要情节的作用，每一曲目开始必唱“门头曲”，再唱“当头”，然后演唱一或数段唱段。

叙事，即通过叙和述来讲故事，交代环境，描绘人、物、情景。叙述中往往借用不同的语气、声调、表情，表示不同的意境、人物，表现人物的喜、怒、哀、乐等心理状态，以调动观众的视听，达到完美、完整表述故事情节的目的。

评论，即对故事中的人、物、环境加以评说，评论中的“褒”与“贬”，以师承的传统说法为准，不以个人的好恶而改变。

外插花，即插科打诨，引用民间俗语、谚语、笑话等穿插于故事叙述之中，借以调节气氛和吸引听众注意力。外插花的形式和内容丰富广泛，涉及道教、佛教、历史、社会、生活等方面，还有妙趣横生的民间素材。

模仿，鼓词表演属叙事体，具有一人多角的特点，一人说唱，要分别模仿各种性别和性格的人物以及动物和其他物象的特征，以增强表演的生动性，增强听众的趣味感。

图 35-14 松阳鼓词老艺人（叶坚红提供 2007 年）

1950 年，松阳举办鼓词艺人培训班，教学新编鼓词，新曲目有《歌唱游击战士蓝大嫂》《黄秋光一条辫子五万五》等。“文化大革命”期间，演唱活动停止。1979 年恢复演出，从艺人员不多， 1980 年，搜集整理松阳鼓词、松阳道情正本 40 本，段头 30 篇，并录制曲目，包括新曲目《焦女婿相亲》等。民间有“乌依儿唱鼓词”一说乌依儿即为毛树灿，西屏镇人，松阳知名鼓词老艺人。

2007 年，松阳鼓词被列入丽水市第一批非物质文化遗产名录。

松阳道情

清代，松阳道情已流行。唱词为七言诗赞体，后吸收金华道情、义乌道情的曲牌。演出由一人持简板，怀抱鱼鼓（一端用猪皮蒙贴的竹筒），自伴自唱。行腔淳朴活泼轻快，曲调言情舒臆，旋律以松阳方言声调为基础，演唱内容多戏剧、传记故事。艺人多串街走户上门演唱。知名民间老艺人有叶华灿，住界首村。改革开放前，大多艺人为安徽凤阳乞讨者。

松阳莲花落

松阳莲花落，又称“落子”。起源颇早，由莲花乐演变而来，曲调与绍兴、江西莲花落有些相似。用松阳当地方言演唱，一二人均可，以竹板击节按拍演唱，押韵有味。清代至民国时期尚有人演唱，以后少有传人。

小品

2000 年，小品《值班》在全国第十一届戏剧小品邀请赛中获创作及表演三等奖。2003 年，小品《特殊时期》《这里的夜晚静悄悄》在全省抗击“非典”群众文艺作品大赛中获三等奖和入选奖；小品《AA 制》在浙江省第十四届小品邀请赛获演出一等奖、创作三等奖。2006 年，《道班人家》在丽水市公路管理系统“和谐之路”文艺会演中获一等奖。《信用情深》在丽水市农村信用社文艺会演中获三等奖。2007 年，小品《夫妻》获省第十八届戏剧小品邀请赛创作、表演双金奖。

第五章　非物质文化遗产保护

松阳非物质文化遗产丰富多彩，至今依然保持着纷繁多样的形态和顽强的生命力。它不仅丰富人们的精神世界，还能够以其特有的感召力激励人们不断创造美好的生活，对社会发展、时代进步产生巨大的促进作用，使“千年古县，田园松阳”的金名片更加古朴、清新、亮丽。

20 世纪 80 年代，松阳开始启动非物质文化遗产的保护工程。1985 年，成立松阳高腔研究会，加强对这一地方剧种的保护工作。1986 年，开展全县戏曲普查工作，收集资料 12 项，其中传统戏曲 11 项，现代戏曲 1 项。1989 年，编纂出版《松阳县民间文学集成》（俗称：三集成）一书。2003 年，全县开展民族民间艺术资源普查工作。

2005 年，松阳高腔入选浙江省首批非物质文化遗产名录。2006 年，被列入国家第一批非物质文化遗产名录；是年，县文广新局成立非物质文化遗产保护工作办公室。

2008 年，在全县范围开展非物质文化遗产普查工作，共收集非遗线索 36650 多条，完成 2121 份调查表，收集大量文字、录音、摄像、照片等资料。内容涵盖民族语言、民间文学、民间音乐、民间舞蹈、戏曲曲艺、民间美术、民间手工技艺、生产商贸习俗、消费习俗、人生礼仪、岁时节令、民间信仰、游艺、传统体育、传统医药等，基本摸清松阳县非遗项目的内容、形式、分布区域及传承情况。之后，进行非遗项目统计和传承代表人的推荐工作，公布县级非物质文化遗产名录，筛选有重要历史和科学价值的项目申报国家、省、市级非遗名录。

2009 年，松阳县非遗保护中心成立，并制定相应的保护措施。此后，非遗项目的挖掘、整理、保护、研究及利用工作相继展开。2010 年，编纂出版《松阳非物质文化遗产（集萃）》一书。

至 2010 年底，全县有国家、省、市、县各级非物质文化遗产 61 项。其中，松阳高腔和畲族医药被列入国家级非物质文化遗产保护名录；畲族叙事歌、竹溪锣鼓、道惠夫人会、黄家大院木雕技艺、松阳端午茶、道教音乐月宫调、叶法善传说 7 项为省级非物质文化遗产；畲族山歌系列、山边马灯舞、松阳鼓词、采茶灯舞、樟村拳、传统红糖制作技艺等 15 项为市级非物质文化遗产；张玉娘诗词、插花娘娘、民间器乐曲、民间小调、百日戏、文武彩灯、月光佛画、造纸等 37 项为县级非物质文化遗产。

第一节　非物质文化遗产保护项目

松阳非物质文化遗产洋洋大观，遍布全县各地。至2010年，经挖掘抢救整理的非物质文化遗产项目61项，其类别涉及民间文学、传统戏曲、民间音乐、民间舞蹈、传统体育竞技、民间美术、民间手工技艺、民间习俗、生产商贸消费习俗、传统医药等。高亢瑰丽的松阳高腔、妙如仙乐的道教音乐月宫调、独舞江南的小吉草狮、流光溢彩的彩灯民乐、美轮美奂的民间工艺、古朴隽永的民风习俗、道教宗师叶法善的神奇传说、南宋女词人张玉娘的兰雪绝唱等，都跻身各级非物质文化遗产的名录。

松阳县各级非物质文化遗产项目名录表

表35-5-1-1

项目名称	类别	项目概况	公布时间与级别
畲族叙事歌	民间文学	流传于板桥畲族乡、象溪镇、裕溪乡等畲族集聚地。畲族叙事歌是畲族人民在长期的劳动生活中创造出来的口头文学。按内容，可分叙事歌、小说歌、传统山歌和现代山歌4种类型。其中，传统山歌题材广泛，是畲族文化中内容最丰富多彩、形式最生动活泼、最有生活情趣的民间歌诗。叙事歌一般由有名望的歌手在祭祀时歌唱，或由族长边唱边讲述。内容有反映畲族斗争史，歌颂畲族祖先的英雄业绩，如《高皇歌》《麟豹王歌》；也有反映历代王朝兴衰成败及封建统治者带给劳动人民无穷灾难的《末朝歌》《封金山》《元朝十八帝》《灾荒歌》等	2007年省级
畲族山歌系列	民间文学	形式与畲族叙事歌相似，畲族山歌题材丰富，内容生动活泼，富有生活情趣，寓意深刻，大部分是即兴演唱，展现歌者的才华。歌唱形式有独唱、对唱、齐唱等，无伴奏。其中，赛智歌表演形式以对唱为主，歌唱内容与其他叙事、叙情不同，歌手以争高低手段、取笑、盘问、设谜以及采用夸张的形式叙事，因此，人们称之为“大讲歌”。还有一种是以假借他物设喻的相骂歌，甚能显露歌手的辩才和思维的敏捷。即使是通常的叙事对唱，许多歌手也会抓准机会，稍加发挥，插入一些取笑内容，奚落对方而取胜对方。因此，赛智歌是最能反映歌手的才智和水平，也最受听众欢迎 （与本编第四章“音乐　舞蹈　曲艺”第一节“音乐”之目“畲族山歌”内容互为补充）	2007年市级
张玉娘诗词	民间文学	内容详见本编第二章“文学创作”第二节“诗词”之目“张玉娘诗词”	2008年县级
插花娘娘	民间文学	插花娘娘，名蓝春姑，是畲族人民敬仰的美丽智慧女神。相传很久以前，象溪镇毛弄村有一个聪明美丽的畲族姑娘蓝春姑，唱起山歌特别动听。她最爱把鲜花插在头上，当地百姓称她为“插花姑娘”。她为救父抗婚而跳崖的故事感人至深，为了纪念这位不畏强暴不慕虚荣的美丽姑娘，人们在她殉身的山崖边建有“插花娘娘庙”，以示追念。此后，插花娘娘成为地方神祇，过往行人以花束嫩叶作为祭品，人们顶礼膜拜，祈祷祛病消灾、家庭幸福安康，祭祀形式独特。插花娘娘的民间传说以当地真人真事为原型，情节生动，感染力强	2008年县级

续表 35-5-1-1-1

项目名称	类别	项 目 概 况	公布时间与级别
叶法善传说	民间文学	叶法善（616～720），字道元，松阳人。世为道士，少得家传。自唐以降，有关叶法善的仙道传说和历史传说世代流传。最早见著于张鷟在唐开元初年的杂传体小说《朝野佥载》，稍晚牛肃的《纪闻》、戴孚的《广异记》及700年前以叶法善为传主的《叶法善传》《唐书》《隋唐演义》《道藏》《列传》《四库全书》《红楼梦》《太平广记》《集仙拾遗》等典籍都曾有记述。 叶法善的仙道传说和历史传说主要有：《叶天师和唐明皇游月宫》《法善降生》《法善学法》《法善斗法》《法善求饶》《法善讨井》《法善观灯》《法善招魂》《法善显灵》《叶法善救龙》《叶法善见幸五朝善始善终》等。叶法善抱朴怀素，冲虚抱真，摄养有术，食采得法，长生鹤寿，宠辱不惊。千百年来，处州各县和龙游、金华、武义、湖州、余杭、绍兴、天台以及四川、陕西、江西、福建等地，特别在叶法善的故乡松阳，人们以故事、戏剧高腔、鼓词、刊物等形式，广泛传诵“叶天师”“叶真人”“栝苍仙人”叶法善的种种传奇故事	2009 年省级
松阳高腔	传统戏曲	内容详见本编第一章“戏剧”第二节“松阳高腔”	2005 年省级 2006 年国家级
百日戏	传统戏曲	流行于竹源乡周岭根、北山、黄庄、可重旺、大路下、潘坑、横岗等 10 余个小山村。百日戏历史悠久，每年自立冬日始，以宗族之房为单位开始排戏，所在村必先焚香顶礼，敬请所属各村社、坦、寺庙神祇到达本村社庙，学戏青年在管事和教戏先生带领下，在神前祷告后开始教戏、学戏。经过数月教学，基本学会三五个戏目后，于农历正月初二在本村戏台面向神位正式上演，连演三五天，然后到附近各村巡回演出。从学戏到正式演出历时百余天，故称百日戏。 相传，从前竹溪源头有处“山魈坳”，蛊、豸、瘟、瘴、蛇成灾，闹得百姓日夜不安，竹木、牲畜备受其害。一天，唐、葛、周三位元帅路过此地，见到这惨不忍睹的凄凉景象，决定帮助百姓征服灾害。三位元帅各显本领，感动天神，在各路神仙的帮助下，消除了灾害。从此，这一带人畜兴旺，风调雨顺。老百姓不忘感恩，建造“三元真君”庙，并许下心愿，每年各村轮流举行演百日戏活动，以祭拜救苦救难的唐、葛、周三位元帅。清乾隆年间，可重旺村的项妹儿和项运相家族都是百日戏高腔演员，曾组织戏班到金华、兰溪、江西等地演出。据说，松阳高腔专业戏班“唐周班”的班主王唐周父子及高腔演员王凤生、王凤宝等也来自可重旺村和黄庄村的百日戏班。当地七八十岁的老人中，有许多是当年的百日戏演员，仍然能奏能唱	2008 年县级
提线木偶戏	传统戏曲	也称傀儡戏。表演时，以提线木偶为主，幕后人操纵木偶表演故事，有说有唱，有后台鼓乐丝弦伴奏。提线木偶戏表演形式精巧灵活，语言生动活泼，通俗易懂，韵味独特，深受民众喜爱。 松阳传统木偶戏班以樟溪、新兴、阳溪一带居多。民国 29 年（1940），有 11 个木偶戏班。1958 年，举办全县木偶戏调演。“叶庆福”等 6 个木偶戏班合并，取名松阳木偶剧团，出演松阳高腔和乱弹等大小剧目 360 多个。1963 年，新兴乡木偶艺人创办新兴木偶剧团。“文化大革命”期间木偶剧团演出活动停止。1979 年，新兴乡徐郑村恢复木偶剧团，取名遂昌木偶剧团。1982 年，改名新兴木偶剧团。2008 年，樟溪乡艺人李益福动员全家妻儿，重组班底，建立樟溪木偶戏剧团。剧目有《夫人戏》《三关传》《马兴传》《天宝图》等 80 余部，经常在松阳、遂昌、龙泉等地演出，受到人们的喜爱和好评	2010 年市级

续表 35-5-1-1-2

项目名称	类别	项 目 概 况	公布时间与级别
松阳鼓词	民间曲艺	内容详见本编第四章“音乐 舞蹈 曲艺”第三节“曲艺”之目“松阳鼓词”	2007 年市级
竹溪锣鼓	民间音乐	又称“十番锣鼓”，属于锣鼓乐，流行于大竹溪一带。当地人为纪念唐代李太尉抗灾纳福兴建太尉庙，世代供奉。每逢正月十六祭太尉，众人抬着太尉塑像出游全村，敲锣打鼓，祈求太尉护佑消灾纳福，五谷丰登。旧时全村共分八坦，每坦都有一套完整的锣鼓乐器和技术精湛的乐手。清初，竹溪锣鼓经已被民间艺人整理归纳成鼓谱传承。 竹溪锣鼓由民间多种锣鼓调扩变而成，鼓乐节奏稳健，富于变化，此起彼伏，风格独特，具有浓郁的乡土韵味。乐队一般由 5 人组成，主要乐器有大鼓、板鼓、大镲、小镲、响木、大苏锣、小钹和小锣。演奏形式有坐奏、行奏 2 种。锣鼓的节奏有散板和 1/4、2/4、3/4、4/4 等节拍，节奏由司鼓指挥掌握，时密时紧，即兴演凑，没有固定统一的程式，靠搭档者密切配合。从起板到刹尾锣结束，中间一般由《三下头》为主骨干，再转其他锣鼓板头，灵活机动，自然形成规律，既有表现磅礴、激奋情绪，又有肃穆凄厉的情绪和气氛，也有表现热烈、欢腾的快板节奏，其独特节奏形成特有的节拍，使听者有细腻动听、委婉清新之感。“竹溪锣鼓经”的曲目有《起板锣》《转鼓》《三下头》《转板》《闭板锣》《三眼锣》《闭鼓锣》《老鼠台》《苏锣》《白脸锣》《纱帽头》《打拳锣》《退锣》《刹尾锣》等。竹溪锣鼓对研究松阳民间锣鼓乐的演变形成及戏剧锣鼓、花灯锣鼓等渊源关系有一定的价值	2007 年省级
民间器乐曲 民间小调	民间音乐	内容详见本编第四章“音乐 舞蹈 曲艺”第一节“音乐”之目“民间器乐曲”“民间小调”	2008 年县级
叶法善道教音乐（月宫调）	民间音乐	内容详见本编第四章“音乐 舞蹈 曲艺”第一节“音乐”之目“古典音乐”	2009 年省级
板桥十番	民间音乐	形成于元末明初，由昆曲《十番》移植而来。在世代传承中，既保留原曲风格，又融入当地民间习俗，形成具有浓郁地方特色和风格的曲调。乐曲主要有《起马调》《三吉昌》《红绣怀》《采茶调》《小和番》《唐儿别妻》等，锣鼓为《乙字锣》《加官锣》《七记头》《五记头》《刹尾锣》等组成。乐队统配由二胡、小胡琴、中胡、三弦、月琴、笛、唢呐、吉子（小唢呐）、扁鼓、板鼓、夹板、大鼓、小锣、大锣、苏锣、大镲、小镲等。演奏以锣鼓开始，锣鼓敲打乐段与旋律乐段交替或重叠演奏。调式以角、商、羽调式为主；曲式结构大多为由上下句或四句体组成的多段体曲式。演奏形式有坐奏和行奏。演奏人员可多可少，常用的角色有司鼓、主胡、打击乐手、管乐乐手、丝竹乐手等 10 多人。乐曲演奏时灵活运用，可在中部合奏，也可插花扩充，段落之间连贯前后呼应。可串村走户或在固定场所表演，也可串演采茶舞蹈为小曲伴唱等。乐曲美妙动听，似绿水回荡，涓涓细流，顺畅而又清秀、绮丽又不造作。 流传于板桥当地丞相殿（崇觉寺）迎神祭祀活动，每逢喜庆佳节、农闲季节，村民自娱自乐演奏。尚存“板桥十番”手抄工尺谱，为研究中国昆曲《十番》音乐不可多得的历史资料	县级

续表 35-5-1-1-3

项目名称	类别	项 目 概 况	公布时间与级别
山边马灯舞	民间舞蹈	流行于大东坝镇山边村。始于清康熙二十五年（1686）。是客家人逢岁时节庆或民俗活动时表演的一种风情舞蹈。以载歌载舞、跃马扬鞭的形式表达庆丰收、驱邪祈福的良好祝愿。表演内容以历史人物故事为主，表演形式有八卦阵、对阵、三角阵、一字阵等阵图造型，营造时缓时急的戏剧氛围，展现历史风云人物的风貌。其中，马灯剧《白门楼》《杨家将》深受观众的喜爱。 马灯舞演员主要是儿童，出演时前台演员至少 8 人，后台伴唱演员 2 人，伴奏乐队 8～10 人，演员根据剧目的故事情节和音乐节奏表演。道具马灯用竹丝扎成马形框架，外糊棉纸，绘制成栩栩如生的“马”，由 8 个童孩骑“马”作为前台表演者，后台乐队伴奏伴唱。儿童扮演赵云、关羽、刘备、张飞、佘太君、穆桂英、杨宗保、孟良、焦赞等戏曲历史人物。儿童舞者灵动活泼可爱，招人喜欢。伴奏主要乐器有鼓、锣、镲、钹、鼓板、二胡、板胡、吉子、笛、徽胡等，音乐唱腔以客家流行的“茶灯”曲调和民间小调为主。20 世纪 70 年代后，逐步引入婺剧音乐唱腔，曲目有西皮、二簧、滩簧、二凡等，由后台伴唱。每逢年节或冬闲，村民择日扎马组织献演	2007 年 市级
蔡宅采茶灯舞	民间舞蹈	流行于大东坝镇蔡宅村。明嘉靖年间（1522～1566），闽人蔡宗六为避战乱徙居松阳县大东坝镇蔡宅村，开垦山地种茶，随之把福建茶文化带到这个小山村。为庆祝茶叶丰收和祈求风调雨顺，每逢佳节之时，都要编演采茶灯舞来庆祝。 蔡宅采茶灯舞传递客家文化气息，其风格特点与松阳当地的采茶灯舞略有区别。从农历正月初一演到正月十五，首先从村里的观音殿起灯，然后到祖坟祭拜，最后才到村内及各村表演。表演者为 8 个采茶女手持剪纸图案的采茶灯笼，2 个男茶夫、1 个茶客按照音乐小曲边唱边舞。表演时间可长可短，按环境而定，长时能表演 50 多分钟。演员身穿红色上装，腰系围裙，手持剪纸图案装饰的采茶灯笼。表演形式以八卦阵、三角阵、一字阵、方阵等阵式为主，内容生动，舞姿优美，音乐曲调丰富，高潮迭起，具有一定的观赏性和艺术性	2007 年 市级
畲族祭祖舞	民间舞蹈	流行于板桥、象溪、裕溪一带畲乡。畲民在祭祀祖先时，由主持仪式的法师所跳的舞蹈，常见于畲族老人去世后的祭祀场所，表达生者对逝者的追念，愿逝者安息，祈求神佑降幅。歌词内容有颂扬逝者功德、慨叹人生艰辛、祈盼祖宗神灵护佑等 （内容详见本编第四章“音乐 舞蹈 曲艺”第二节“舞蹈”之目“传统舞蹈”）	2008 年 县级
桂花亭	民间舞蹈	松阳民间彩灯歌舞表演之一，流行于古市、新兴一带。相传，当年叶法善经常出入皇宫，颇受皇帝尊宠。有年八月，唐明皇邀他在皇宫夜间欣赏桂花，见到桂花林中的灯楼造型别致，上面挂满珠玉金翠，流光溢彩，风一吹叮叮咚咚十分好听，边上还插着绘有龙、凤、虎、豹、花鸟等的各式挂灯，形态奇特，十分精巧。他暗记在心，回松阳后创造了流动式灯亭，取名桂花亭。民间的桂花亭内一男一女古装打扮，以演唱松阳的民间小调、歌谣、戏曲唱段为主，唱词因时代而异，配上民间歌舞，乐队用弦乐、唢呐、锣鼓伴奏，形成别具一格的民间灯彩舞蹈，流传至今。每当岁时节令则有“桂花亭”出现，尤以新兴乡徐郑村以及周边村庄为甚，以表达人们欢庆丰收、驱邪祈福的良好祝愿。“桂花亭”从正月初八开始到民间百姓家中表演，以送平安吉祥、风调雨顺、五谷丰登、家族兴旺的良好祝愿，一直到正月十六结束。 “桂花亭”的制作以木料、棉纸、布幔为主，先把木料制成框架，绵纸糊制亭壁，布幔制作门帘、窗帘。灯亭为四面重檐式，翼角下置龙、凤、花鸟各式挂灯，造型别致精巧。上层前后壁写“桂花亭”字样，左右两侧彩绘梅兰竹菊图；下层左右后三面绘吉祥、祝福之意的“八宝图”。正面作门，下设上亭台板，放有一双绣花小鞋，女演员站在亭内只露出上半身，而绣花小鞋则给人造成女演员是坐在亭中的视觉效果。表演形式以演唱松阳民间小调、歌谣、戏曲唱段为主，并配上民间歌舞，旁有乐队用弦乐、唢呐、锣鼓伴奏，富有浓郁生活气息。2004 年 10 月，松阳桂花亭参加“2004 中国・丽水国际摄影文化节”开幕式“古韵遗风”大型民间文艺踩街活动，获优秀表演奖	2009 年 市级

续表 35-5-1-1-4

项目名称	类别	项 目 概 况	公布时间与级别
玉岩（程路）船灯	间舞蹈	又名玉岩船灯，由福建传入松阳，流行于玉岩镇程路村。相传，一位公主外出游玩时遇到洪水，被冲到汪洋大海中，幸得一个船夫相救。船夫用船送她回京，途中这个落难公主每天以卖唱筹集盘缠，他们经历了种种磨难终于回到京城。她对皇帝说及此事，皇帝颇为感动，就御准民间用舞花船来纪念这一事件。 程路船灯有祈福、还愿、恭贺新春之寓意。每年农历十二月着手布置船灯，春节期间出灯表演。首先到村里的社殿起灯，过永贞桥，到砻空殿，再出村表演。船灯活动阵容较大，有舞花船、舞狮、乐队、歌手等共 20 余人，涵盖音乐、舞蹈、戏曲、文学、美术、工艺等诸多艺术	2009 年 市级
小吉草狮舞	民间舞蹈	流行于枫坪乡小吉村。民间视狮子为吉祥物，村人把环绕村周的 5 座山峰象征 5 颗珠子，与“狮子戏珠”吉祥之意巧妙结合，形成“草狮戏五珠”的定俗，寓意五谷丰登，五子登科。小吉草狮舞是小吉民间特有的一种假形舞蹈把式，富有生活情趣和观赏性。 草狮的制作，先用竹篾编织成狮子的形状，外用布蒙贴上，然后周身插满山上采来的狮子草。舞狮时由两人身披狮皮合扮一头狮子，前者双手握住狮头戴在头上，后者俯身双手抓住前者的腰带进行舞蹈。草狮舞有田地舞、山梁舞等套路，斗狮场面壮观，唢呐锣鼓声喧天。表演有特定的套路，两只草狮为一组随着《三棒头》锣鼓经出场，舞狮人根据《狮子转门》《青锣》《水底鱼》《过路舞》《进门中堂舞》《满天星》《大炮锣》《跳锣》《红岩锣》《欢快轮翻舞》等不同鼓乐，组合默契表演以上各种舞姿，鼓手灵活掌握节奏，狮子含珠抛接，进行反复表演，五珠齐动，交叉抛接，场面热烈	县级
横坑绳抽狮子	民间舞蹈	流传于叶村乡横坑村，每年从农历正月初八开始至正月十五结束。绳抽狮子的制作是用竹篾编织成狮子的形状轮廓，外用棕毛或者彩线装饰狮子毛，主要特点是设有一个类似轿子的拱门。表演时狮子藏在轿子的门内，由舞狮人掌握的拉线来控制狮子的进出、翻滚等动作，以体现狮子的灵活威猛。 表演时由 3 人掌握抽绳，随锣鼓板点策动狮子进行表演，4～5 人用鼓镗、锣镲、钹等伴奏，鼓经以《狮子调》为主，节奏反复变化。有笼内舞、出笼舞、抢球舞、伏地舞、嘴衔球舞 5 个套路。表演灵活生动，舞姿多变丰富，风格粗犷、雄浑、热烈，具有浓郁的地域文化特色	县级
樟村拳	传统体育竞技	樟溪乡是武术之乡，境内有始建于梁时的法昌寺。宋时，古刹规模恢宏，有大殿小殿 10 多座，僧人上百人，一批身怀绝技的南少林武僧到法昌寺传授武术，武功以南派拳术为主。明末，习武之风蔓延至整个樟村，并逐渐形成具有地方性特色的拳术体系，取名“樟村拳”。拳法有五形八法，五形即龙形、狮威、虎坐、蛇游、鹤神。八法即内功法、意念法、身步法、擒摔法、发力使功法、拳法、掌法、腿法。有 34 种武术套路：小五步、五步变、大五步、十二步、六手、大八仙、小四门、四手连环、七步七星拳、五虎滩阳、十二腿、阴阳八卦掌、剑棍、游身掌、狮形掌、天门棍等。练习樟村拳，首先要练达摩长寿功、风排柳功、白鹤展翅站功、八卦游身走、狮形步、穿林掌、穿心阴阳手。做到眼、身、手、步的身步法多种形式的练习，练功时的方位、练功时间都很有讲究	2008 年 市级
畲族问凳	传统体育竞技	详见第四十编“畲族 宗教 信仰”第一章“畲族”第五节“畲族教育与体育”之目“畲族传统体育”	县级

续表 35-5-1-1-5

项目名称	类别	项 目 概 况	公布时间与级别
豺虎画	民间美术	豺虎画又称驱邪巫画，是民间画家以猛兽为原形创作绘制当作神灵供奉、用以驱邪的绘画。它的产生与当地的地理、历史、政治、经济、文化等诸方面因素有关。古代松阳山民在生产和生活中经常遇到山中猛兽伤害人畜、损害庄稼或是其他不顺之事。民间把虎、龙、豺当成镇邪的神灵来对待，请民间画家绘制一些特殊的画面，悬挂在大门、中堂、房间，用以避邪。驱邪巫画的种类有以邪压邪的豺头画、以邪压正的豺虎画、以正压邪的龙画、虎画、八卦画 4 种。驱邪巫画在松阳山区仍可见	2007 年市级
月光佛画	民间美术	月光佛画是中秋节专用食品“月光佛儿”表面包装所创作的绘画艺术，制作月光佛画的工匠被当地人称为“画佛先生”。传统的制作工序是先把大米浸泡几天后，磨成米粉，加入白糖水拌匀，再放入大锅内蒸熟，起锅后放入直径约 20 厘米、厚 1 厘米的月光饼模型内定型。然后，画佛先生采用可食用的洋红洋绿（一种颜料）用毛笔直接在月光饼的纸上构思画出草图，再用其他多种颜料进行加彩。画面以神话故事和历史人物故事图案为主，如《嫦娥奔月》《貂蝉拜月》《孙悟空三打白骨精》《唐明皇游月宫》《铁弓缘》等，为图喜庆，寓意吉祥，有中秋团圆之意	2008 年市级
文武彩灯	民间美术	流行于樟溪、古市、新兴一带。文武彩灯又名八美图，内容包括民间小调以及武术。表演者一边唱着民间小调，一边表演各种武术套路，表演者主要是 10～12 岁的小孩子。每年腊月开始排练，正月初二开始演出，一直演到正月十五。角色有文角和武角之分，文角通常是一边舞扇一边唱小调；武角舞棍表演，棍法有劈柴棍、双人棍和花棍等。配有锣鼓乐队和手持灯笼队伍，共 20 余人。演唱的民间小调主要有《十景采花》《十二花名》《清明歌儿》《扳蟹歌》《青蛙歌》等。文武彩灯融合当地武术以及民间小调的表演，具有浓厚的地方特色，深受群众的喜爱	2008 年市级
龙　灯	民间美术	松阳民间自古有舞龙灯闹元宵的传统习俗，逢年过节广为流传，祈求风调雨顺、国泰民安。松阳龙灯有板龙、滚龙、布龙等。 板龙，由龙头、龙身、龙尾构成，节节相连，长的可达百余节，短的也有十余节。民国年间，丁山头、水南 2 村曾扎过 120 多节大型板龙。头尾装饰五谷、果蔬、花鸟、禽鱼等各式彩灯，华姿艳丽。龙身约以 1.5 米长的木板，上扎竹架，糊贴棉纸，并彩绘鳞、鳍，点燃红烛，五颜六色，光彩夺目。节与节之间用铰棍串接或麻绳连接。游舞时，号角锣鼓齐鸣，声调粗犷，动人心弦。盘龙阵式有元宝抽心、跑马阵等。 滚龙，又称篓龙，流行于山区。龙节用竹篾编成篓状，圆筒形，外贴棉纸，彩绘龙身，中间套一木棍执舞，有三五节、七八节不等，灵巧轻便。 布龙，又称温州龙，县城南门一带温州籍市民游舞，故又称“南门温州龙”。篾制龙骨，一般有 10 余节，龙体用整匹白布披连加彩绘，龙身挥舞盘旋时轻巧灵活，多姿多彩	县级
花鼓灯	民间美术	花鼓灯是集民间美术、音乐、舞蹈为一体的综合性表演艺术，逢年过节广为流传，表演时以锣鼓为乐，运用折扇、手绢、花伞等道具，通过优美的动作和民间小调抒发丰收之后的喜悦心情。大东坝镇山徐花鼓灯和安民乡台坑花鼓灯，在县内享有盛名。 山徐花鼓灯由 5 个 10～13 岁的儿童表演，分别饰演相公、丑角、正旦、花旦和丫鬟。表演形式有归门阵、出门阵、篱笆阵 3 种。整个表演队有伴唱人员 4 人、拉奏二胡 4 人、锣鼓 5 人、排灯 2 人、杂勤 4 人。表演的曲目有《大凤阳》《小凤阳》《新年花鼓》《纱灯歌》《采花歌》等。台坑花鼓灯由成人演出，分大、中、小 3 套，配有排灯、花鼓笼、凤凰灯等道具，表演场面炽热欢腾、演员情绪欢快激昂。方言演唱，具有浓郁的地方特色，曲目有《花鼓曲》《八仙曲》《送金钗》《凤阳曲》《按香火》《社殿报挡》等	县级

续表 35-5-1-1-6

项目名称	类别	项 目 概 况	公布时间与级别
鳌鱼灯	民间美术	鳌鱼灯是集民间美术、舞蹈、戏曲为一体的民间艺术。流传于古市镇十五里村一带，一般在农历正月初八起灯，直到正月十五闹元宵后收灯。 鳌鱼灯用竹、帛、布等材料扎扮，工艺较为复杂且漂亮，每年腊月时提前作准备，演员开始练唱多种松阳民间小调，如《十二花名》《孟姜女》《姑娘看灯》《打腰牌》《女子告状》《卖花扇》《敲五更》《和尚采花》《清明歌》《哭七》等。表演队共 20 人左右，其中演唱 4 人、乐队 3～4 人、敲锣鼓 4 人、杂勤 5 人	县级
台阁	民间美术	台阁是松阳民间迎太保庙会中的一大亮点，始于清康熙初年，颇受观众的青睐。台阁以浓缩、夸张的手法把古典人物与亭、台、楼、阁等景物融合为一体，把精彩片段呈现在四五平方米的木架平台之上，再以 8 人相抬在全城游行。台阁上的人物由 6～10 岁的男、女小孩扮演，平台上的战马等动物则以木架纸浆塑造着色而成。台阁有低扛、高杠之分，每年有 6～8 扛。低扛以扮演文戏为主，如“楼台会”“昭君出塞”“八仙过海”等；高扛则以武戏打斗场面出现，如“枪挑小梁王”“三英战吕布”“关公走麦城”等战斗场面	县级
黄家大院的木雕技艺	民间手工技艺	详见第三十五编“文化 旅游”第十章“旅游事业”第二节“人文景观”	2007 年省级
传统造纸技艺	民间手工技艺	元、明时期传入松阳，流传于玉岩、安民、谢村、新处等山区。手工造纸的品种有宣纸、绵纸和土黄纸等。造纸原料为多纤维植物皮和嫩竹，其中以嫩竹为主，山桠皮用作宣纸和绵纸的原料，石灰、生尿等为辅料。主要制作工具有木桶、撩纸桶、撩纸帘、踏碓、木制压榨等。主要流程是把嫩竹剔去外层的皮后晒干，秋冬时放水中浸泡 2～3 个月，捞出敲破，放进水塘加入石灰腌 20 多天，经反复碓细后放入大锅蒸熟，再放入木桶加入生尿渍，霉烂后捞起榨干，碓细漂洗，放入捞纸桶，加入“捞纸药”（野生猕猴桃藤浸出来的胶水），用竹竿搅动至稀糊状，再用竹帘一张张捞出，放在压榨架上榨干、撕出、晾干即成	2008 年县级
佛像泥塑	民间手工技艺	佛像泥塑起源于南朝，与当时佛教盛行有关。流传于古市、樟溪、四都、板桥等地。佛像泥塑造型精美，神态各异，栩栩如生，线条流畅，风格质朴。工序流程分为泥塑和彩绘 2 个流程。泥塑包括打图、制佛骨、上粗泥、修补、走立粉线、装脏、开光；彩绘包括打底、初描、细描、出线、装金与彩绘、整理线条、开脸	2008 年县级
手工绣花	民间手工技艺	流传于全县。通常是姑娘和妇女的传统手工技艺，绣品镶嵌在衣服、帽子、头饰、鞋子、缚袋、暖肚、围脖(珑珑)、扇芯、香袋、枕头等物件上，做工精细，深受人们喜爱。手工绣花以师徒相承、口授相传的方式传承延续。绣花用的布通常选用自纺、自织、自染的细布或府绸等细布，采用赤橙黄绿青蓝紫七色丝线。小件绣品用竹制绣花箍固定绣布，大件绣品用木制绣花架固定绣布。工序分构思、绘图、选线、刺绣等。绣品图案的题材丰富，有四季花卉、吉祥花果、祥禽瑞兽、历史典故、诗词歌赋等	2008 年县级

续表 35-5-1-1-7

项目名称	类别	项目概况	公布时间与级别
风炉制作	民间手工技艺	风炉，俗称小风鐣儿，是一种用于加热菜肴的泥质陶器。风炉制作主要分布在象溪镇靖居包村和水南瓦窑头村。制作工序分胚胎制作和焙烧2个流程，选优质陶土，先用铁铲弄碎后复水20分钟，用木棰反复捶打捣鼓出筋道，垒成宽约20厘米带有一定弧度的泥片以备用。再用锯片取下泥片，放入模型桶内，做成上大下小的风炉筒体，粘接好接缝，并在筒体中部粘置分布均匀的带孔泥质炉栅，口沿处粘贴3个炉角、筒体上部和下部挖出风门。风炉胚胎制作完成后，经晾干采用原始的裸烧法焙烧。这种风炉耐火性高，抗压力强，加热保温的菜肴有独特的风味	2008年县级
麦秆扇编织	民间手工技艺	麦秆扇为夏季纳凉、驱蚊等日常用品，流传于全县。有5道编织工序：取材，取未经雨水淋过的上等麦秆之穗颈，挑选好的麦秆剪头去尾，剪成40厘米左右长的材料，扎成捆。漂洗，把麦秆放入淘米水或清水中清煮半个小时，然后漂洗三四天，每日换3次水，使麦秆变得既白又韧，再放到太阳底下暴晒，晒干后按麦秆大小粗细挑选分成4种类型。染色，漂洗过的麦秆，较白的直接用来编扇，较黄的需染色，染色的麦秆与白色麦秆相间编织成更加美观的扇子。刺绣，描绘扇芯的图样，用各色丝线刺绣图案。编盘扇面，用五六根粗细相同的麦秆系在一起，编织成2厘米左右宽的辫子形带子，然后以中间起点的圆心用针线固定盘成直径30厘米左右的扇面，最后装饰扇心，用上好的竹片做扇柄	2008年县级
畲族织彩带	民间手工技艺	又称“山哈带”。分布在板桥、象溪、裕溪一带畲乡。彩带为畲族男女青年的定亲定情物，既是实用品，也用来装饰物品，常用作裤带、腰带、刀鞘带等。 畲族织彩带有线织和丝织2种。其花纹或单一或多种，线以白、红、绿、黄、紫等色相间，纹饰有“蝴蝶花”“水竹花”“铜钱花”、几何图形、动植物、文字等。字带为“三双”“五双”“十三桁”“十九桁”“三十三桁”“五十五桁”等，其中“五双”居多，“十三桁”最出名。畲族彩带不需特制的织带机，需3条长约20厘米、直径约5厘米的圆竹竿即可，畲民称其“织带竹”。牵好经线提好综，一头挂在门环、柱子、篱笆、树枝等物上，另一头拴在自己的腰身上，上山放牛或农活休息时也能编织。彩带编织工艺的传承方式完全靠口传身授	2008年县级
陶瓷器制作工艺	民间手工技艺	松阳的陶瓷制作历史悠久，据考古发现境内有择子山南朝至宋瓷窑、界首唐至宋古瓷窑、碗寮元至明瓷窑等。松阳是龙泉窑体系之一，瓦窑头、官田、花田垄、缸窑等地曾生产碗、甑、钵、缸、罐、壶等日常生活器皿。陶瓷制作主要工序有选土、成型、烧制。选土，把粘土经人工淘洗，除去杂质，去粗取精。成型，把陶土做成所需要的器物形状，大致可分为盘筑法和轮制法2种，盘筑法是把陶土做成纸条状，盘筑成器型后，用手或工具把里外抹平修整；轮制法是把陶土放在能够转动的轮盘上，用手控制做成各种器型，胎壁均匀、规整。烧制，把做好的器皿胚胎经自然干燥后，上釉，放入窑里烧制，经800多度高温烧制而成	2008年县级
钉秤工艺	民间手工技艺	制作木杆秤的师傅被称为“钉秤老司”。木杆秤分钩秤（称量用钩）、盘秤（秤钩处悬挂秤盘，多为市场商贩使用）、戥秤（称微量贵重金属或贵重药材的微型杆秤，广泛应用于中药房）3种。民间普遍使用的钩秤由秤杆、秤钩、提纽（一般为双提纽）和秤砣等组成，秤杆选用质地优良坚硬的花梨木、桃木、红木等，秤砣为铁铸或石头凿制。钉秤工艺精细，要历经刨、磨、刻度、钻孔、嵌星、上漆、抛光等20多道细致复杂的工序制作而成	2008年县级

续表 35-5-1-1-8

项目名称	类别	项目概况	公布时间与级别
晒红烟及加工技艺	民间手工技艺	明末清初由福建传入，种植区域以松古平原为主，种植量以樟溪、望松乡为最，其中望松六都烟为上乘，素称“松北大烟”。松阳晒红烟在漫长的发展过程中，其种植、晒制、加工刨制烟丝等许多技艺独特，有一套完整的种烟经验和独特的晒制加工方法。加工时先抽取烟筋，在烟片上喷洒优质茶油或菜籽油，然后用压架挤压成块，再用烟刨刨成烟丝。其烟丝油分充足，香气浓郁，烟灰呈灰白色，适合制作混合型卷烟、雪茄，盛名远播。民国 4 年（1915），松阳晒红烟获巴拿马万国博览会金奖；民国 18 年（1929），获浙江西湖博览会优等奖。松阳晒红烟盛销全国，远销港澳、东南亚、非洲、美洲	2010 年市级
传统松脂采集及加工技艺	民间手工技艺	1979 年，水南公社横山大队南宋庆元元年（1195）纪年墓中出土 50 余公斤松香，经专业部门鉴定，这些松香色泽、纯度、软化点、折光率均达林业部颁发的质量标准。说明松阳人早在南宋时期就具备成熟的采脂技艺。 传统采集松脂及加工技艺有一套专门的“松阳采脂法”，松脂采集使用最古老的松香中钩（俗称“松阳刀”），采脂的刀法自上而下，双手采割，其特点是挖沟深，产脂多，传统松脂采脂法和“松阳刀”沿承至今。旧时用土锅炉熬制松香，后改为蒸汽锅炉熬制，有效提高工作效率和纯度，增强安全性能。至 2010 年，松阳有上万人从事松脂采集、加工、销售行业。松阳的松香年产量占全国松香产量的 1/3 强	2010 年市级
剪纸	民间手工技艺	流传于全县。剪纸方法有剪刀剪纸和刻刀剪纸 2 种。剪刀剪纸是借助于剪刀，把几张（一般不超过 8 张）剪纸折叠，用剪刀对图案进行细剪加工而成。刻刀剪纸要挑选合适的刻刀，把数张宣纸放在松软的台布或蜡盘上，在宣纸上面铺样纸，刻刀与纸必须保持呈 90 度直角，用刻刀慢慢刻划成所要的图案。刻刀剪纸的优势是一次可以加工多个剪纸图案。 剪纸取材以民俗喜庆礼仪之类为主，主要用于装饰。其用途大致可分 4 类：张贴，即直接张贴于门窗、墙壁、灯彩、彩礼之上以装饰之用，如窗花、墙花、顶棚花、烟格子、灯笼花、纸扎花、门笺。作摆衬，即用于点缀礼品、嫁妆、祭品、供品，如喜花、供花、礼花、烛台花、斗香花、重阳旗。作刺绣底样，用于衣饰、鞋帽、枕头，如鞋花、枕头花、帽花、围涎花、衣袖花、背带花。作印染用，即作为蓝印花布的印版，用于衣料、被面、门帘、包袱、围兜、头巾等	县级
手工布鞋	民间手工技艺	流传于全县。手工布鞋做工复杂，工序繁缛，难度大，耗时长。要经过剪裁底样、纳底切底边、剪裁鞋帮、绱鞋、楦鞋等十几道工序。手工纳鞋底讲究针脚细密均匀，并且纳鞋底的麻绳要粗，针眼要细，加工时得用力勒紧。手工绱鞋时，则要求紧绷楦型，平整服贴。绱鞋的针码做到间距齐整，鞋帮与鞋底的结合要严合饱满。袼褙必须用上好的纯棉白布打成，不能用麻质、丝质和红布打袼褙，而纳鞋底要选用上等麻绳。麻绳是苎麻经细剖后搓成，放在锅里煮过晾干，经木棰反复捶打，再用蜂蜡均匀涂抹，形成又白又软又耐磨的麻绳。锥铤要细，勒绳要紧。纳鞋底的针法一般有犁头形、圆形的纳法。纳好的鞋底要用木锤捶平、整型、晒干，使之变得平整。绱好鞋后，紧接着楦鞋。鞋楦主要分前后两部分，用硬木制作，根据鞋的大小，中间垫上若干块小木块，把鞋撑紧，喷上水，晒干之后制作完成	县级

续表 35-5-1-1-9

项目名称	类别	项目概况	公布时间与级别
道惠夫人会	民间习俗	流行于玉岩镇道惠、程路、程岭根等7个村，以庙会的形式祭祀陈十四夫人，是当地的民间习俗和信仰的神祇。陈十四夫人，真名陈靖姑，福建古田县人，生于唐大历元年（766）正月十四。陈十四夫人信仰起源于唐代，她为民除妖，护佑黎民，死后被尊奉为妇女儿童的保护神。明中后期，福建移民迁居松阳，该民间习俗同时传入松阳。道惠夫人会的会期为农历正月十四至正月十六，活动方式有祭祀供品制作比赛、全村聚餐妇女上坐、新丁人家分粽子、彩灯表演等，场面壮观。集中体现尊敬妇女、关爱儿童、孝顺长辈的传统美德，受到群众的欢迎和喜爱	2007年省级
四都祈福	民间习俗	流行于四都乡村。每年春耕前和秋冬收获后各举行一次，祈求或祭谢神灵保佑风调雨顺、五谷丰登、社稷平安。祈福形式有单独举行，也有多村联合。每次“祈福”须择吉日，半夜12点开始，祭祀时在殿内宰杀肥猪，供品有全猪、全鸡、糖糕、豆腐、点心、水果等。吉时既到，红烛高烧，主祭上香敬酒，烧纸跪拜，虔诚祝祷。礼毕，退立，众人祈拜如仪。至凌晨三四点钟，号角齐鸣，鼓乐喧天，鞭炮震耳，焰火放彩，马灯欢奔，金龙狂舞，人声鼎沸，高潮迭起，热闹非凡。祈福结束，预示神灵保佑，风调雨顺，五谷丰登，国泰民安	2008年县级
三月三歌会	民间习俗	畲族只有语言没有文字，畲民善歌，以歌代言、以歌论事、以歌传知，并以歌为乐、以歌会友。畲民在田间、山野劳作时唱，每逢节庆盛事，更是山歌不断。寨中来客则要对歌，来女客由男子对歌，来男客则由女子对唱，从天黑唱到天亮，有时甚至是连唱数晚。三月三歌会是畲族传统节日，松阳板桥畲族乡每年办此歌会，邀请武义县柳城镇、莲都区老竹镇和丽新乡联合举办的“桥竹柳新”三月三畲族歌会，歌会在男女对歌或是团队歌赛中掀起高潮。夜幕降临时还举行篝火晚会，男女纵情欢歌至夜深方散。三月三歌会是畲乡风情之文化娱乐盛会，其热烈、喜庆场面不亚于每年的春节	2008年县级
畲族服饰	民间习俗	畲族服饰分男女服装和头饰。男子服饰：服装与汉族款式基本相似，用料大多是自纺自织的土棉布、夏麻布、蚕丝布等。冬衣有长棉袍外套月白蓝长衫，棉帽为裁缝师傅做的“铜罐帽”。旧时还有夏着木屐、冬着钉靴之俗。女子服饰：上衣为大襟，较长，一般遮到膝盖之上。早期服装无领或低领，民国时期有领，领圈、衣襟、袖口上均镶贴花边，花边宽1～2寸，颜色鲜艳美观，图案以龙、凤为主，做工精细，畲语称之为“盘襟衫”或“投拦冠衫”。下衣有裤子与花裙之分。早期有穿裙，常以青布、白花布制作；民国时期穿裤子，用料与上衣相同，裤脚用红丝线绣齿形锁边（畲语称“老鼠牙”）；花裙采用细布缝制，裙边绣花，长至膝下，穿裙要配扎绑脚带，绑脚带上宽下窄，制作讲究。花鞋：质地棉布，鞋面青色或天蓝色，鞋底纳得较厚，鞋面用金线刺绣，凸边有亮光，鞋帮边缘绣各式图案，鞋的后跟绣蝴蝶。肚带，用蚕丝织成，为妇女系腰间的饰物。 女子头饰：戴“凤冠”是畲族妇女头饰主要特征。先把头发盘成发髻，用一块8寸见方的红色“罗帕”盖在上面固定头发，然后戴头冠。头冠是用长2寸、直径1寸的竹筒做成前圆后尖形状的“竹滚”，外用“罗帕”裹住，头冠下缀挂5或6片小银片（雷、钟姓5片，蓝姓6片），两侧环头点缀4串小玉珠，最后在发髻上插簪。其他头饰还有银花插、三股钗（铜质、有响铃）、玉璧、带链耳环、银项链等	2008年县级

续表 35-5-1-1-10

项目名称	类别	项目概况	公布时间与级别
竹溪食品祭	民间习俗	流行于竹源乡小竹溪村和水南大竹溪、市口一带。人们以“摆祭”的方式祈望上苍保佑在新的一年出入平安、风调雨顺、五谷丰登。祭祀活动家家户户参与，供品鸡、肉、墨鱼、面条、豆腐必备，蔬果、糕饼由各主妇巧妙构思和精心的制作，供品琳琅满目，上百张祭桌前后相连，酷似长龙，也称“长龙祭”“排祭”“拜祭”。竹溪食品祭是松阳民间最具特色的民俗活动之一。 大竹溪摆祭时间从农历正月十四上午至正月十六夜，接连3天。正月十四和正月十六两个晚上，各坛坛主率十几名男性村民，扛着各式旌旗，提着各类灯笼、捧着香烛，到太尉殿中迎接“太尉”及“夫人”到村中巡游，给村民送去祝福和神佑。村民则在自家门口点上香烛，燃放鞭炮，叩拜迎接。队伍经过各个社坦门口时停轿，抬轿人向祭坦行3次礼。巡游队伍绕竹溪、新溪、市口的主要街道巡游一遍，行程10余千米，历时2个多小时。村民称这两次巡游为“出灯”和“收灯”。“收灯”后，次日凌晨收起祭品。 小竹溪摆祭与大竹溪迥然不同，时间从每年农历正月十四至正月底择一黄道吉日进行。在祭祀当日，每户或两户合摆一桌，在沿村的主道上摆桌摆祭品。摆祭的桌子有100多张，酷似长龙，也称“长龙祭”。桌上祭品琳琅满目，沿街大红灯笼、各色彩旗流光溢彩。摆祭从早上7点钟开始，村民扛着各色龙凤大旗，敲锣打鼓到五龙山下“墨口殿”，经道士一番祷告后，把村庄的守护神徐侯“请回”村庄。村民叩首拜迎，“大王”安坐在排祭的头桌，排祭之尾有道士吟经诵法，为全村祈福求安。下午3时许，摆祭进入尾声，道士一手执一条树枝，另一手端一碗清水，沿街把清水洒向每桌祭品，意为祭品洗尘。之后，道士与两名村民沿着摆祭长桌跳起“三人阵”之舞，至长桌之尾，则与6名村民一起跳“七人阵”舞，口中念念有词，祈求新年安康吉祥。接着从村头第一桌开始放鞭炮，一桌接着一桌，直到最后一桌放完才能撤桌。夜晚“送灯”时焰火齐放，鼓乐齐鸣，全村男女老少，提着灯笼把守护神送回“墨口殿”，意喻送走所有灾难和不幸，迎来新年风调雨顺、国泰民安	2009年 市级
迎神赛会	民间习俗	流行于枫坪乡高亭、小吉一带，又称迎神庙会。是以神灵之气祈吉禳灾、消祸得福的民间敬神活动，每年农历六月逢卯日举办迎神赛会，四乡八邻男女老少都参与迎神，虔诚隆重。赛会当日，村民把多位神像请出庙堂，列于通往迎神坛道上，抬着神像进行赛跑，看谁先跑到神坛就运气旺，取得福报之意，谓报神福。神坛供桌上摆满“三牲”和各式祭品。法师主持祭礼，礼毕，众人抬着神像绕村出巡。午后，演戏酬神，有木偶戏、松阳高腔、歌舞等，热闹非凡	2010年 市级
社公信仰	民间习俗	流行于全县。社公信仰是由人们对神灵的崇拜而产生的一种土生土长的朴素的民间信仰，历代盛行。松阳农村几乎一村一社。社庙一般坐落在村尾，大多为坐南朝北，也有其他坐向的。社庙皆是马头墙、挑头瓦，多数室内设有天井。各社庙都有社名，如永安社、新兴社、永唐社、禾丰社等；有不同社公，其范围囊括：三皇、五帝、五谷神、四值功曹、水庸、神话传说人物、历史人物、民间英杰。供奉的社公有立体塑像，也有墙壁绘画，其风格都为工笔线条形式表现，表情刻画有的凶煞，有的和蔼，有的庄重。最简陋的是立一块神位牌或张贴神位的方式。表现形式有祭祀、延请、祈福、谢神等。祭祀分接年和送年。接年，每逢腊月底，一般在大年三十，村民自发到社庙祭拜社公。供品有猪头猪尾或带肋骨的猪肉、带内脏的公鸡、块状豆腐、块状年糕、面条或米饭、酒、水果等。点上香烛、摆上供品，虔诚跪拜，酒过三巡，烧纸、放鞭炮。送年，送年的时间长短不一，有的在农历正月十五十六，有的在年初三初五。祭拜形式各不相同，有的是各家各户轮流上供，有的只要点香烛即可。延请：凡正月里有外地的龙灯、狮子灯、采茶灯、桂花亭等灯会到村表演，必须先到社庙向社公报到作揖，然后进村表演。表演完毕，又必须到社庙辞别还礼，然后出村。祈福：村民遇病痛灾难，会向社公祈福，祈求社公保佑逢凶化吉、幸福安康。谢神，如该年年景好，风调雨顺，村民会请木偶戏到村演出，以表谢意	县级

续表 35-5-1-1-11

项目名称	类别	项 目 概 况	公布时间与级别
打清醮	民间习俗	详见第四十编“畲族 宗教 信仰”第二章“宗教”第二节“道教”之目“道教的流传”	县级
建房上梁仪式	生产商贸消费习俗	松阳传统民居多为土木结构，民间建房从选址、开工动土、选栋梁、上梁等环节都有讲究，要挑选黄道吉日。建房时在正堂中间的两根栋柱上架栋梁，称上梁。上梁前三天到山上挑选做栋梁的木料，要挑选两株长在一起的孪生杉树，伐取其中一株做栋梁，寓意连绵不绝、代代相传。砍伐前要摆上祭品祭拜，对留下没被砍伐的那株树挂上彩布、红纸和利事包。栋梁伐倒之后不能落地，要把树梢做成木剑以备“出煞”之用。上梁仪式从吉日的早晨开始，摆上祭品祭拜各路神仙。之后“出煞”，即对栋梁和整幢房屋进行驱邪，以保证平安吉利、五谷丰登、子孙满堂。“运梁”（上梁），上栋梁要爬木梯，木匠师傅每爬一级木梯，喊一句彩话，喊到十步，梁也运到了房顶。安好后鸣炮挂彩（挂青红布），木匠师傅把糖糕、馒头、果糖、红包等用绳子吊上房顶，向人群抛撒，在场的亲朋好友，尤其是孩子们纷纷争相抢捡，整个过程既隆重又热闹。上梁结束后主人要设午宴招待，感谢木工师傅及前来祝贺的亲朋好友	2008 年县级
传统集市	生产商贸消费习俗	松阳人称赶集为“过行”，集市历史悠久，有相对固定的市日（又称“行日”）。西屏镇农历逢一、六日为市日，古市镇农历逢四、九日。人们把农副土特产品及生产、生活用品拿到集镇大街上，或沿街摆摊，或席地铺设，或推车叫卖。赶集的群众既有逛街看热闹的，也有顺路见好就买的，有更多人是选购所需物品的，“过行”人流熙熙攘攘。集市通常是物以类聚，相同的交易物品汇集在街道一个区域，城边另有猪行、牛行、鸡行、竹木行等，农贸物品应有尽有。不少精明的商贩在西屏、古市 2 地轮流跑买卖，各店铺、公司也抓住大好时机摆摊设点，大力宣传推介	2008 年县级
尝新米	生产商贸消费习俗	尝新米是松阳人祈盼粮食丰收的一种习俗。每年春播之后，就要选定尝新米的日子，临近该日子，如果稻谷尚未成熟，就到稻田里先摘几株稻谷放在煮饭的饭甑上，以示饭甑里的饭是新米做成的；如果可以收割了，就把新米掺和一些陈米煮饭，以示年年有余。尝新米一般为晚餐，也有中餐。这一天要准备好祭品到社殿祭拜社公和五谷神，感谢神佑风调雨顺、五谷丰登。尝新米的饭餐丰盛，邀请亲朋好友来家里尝新米，参加的人越多，预示来年越兴旺，主人也就越高兴。开席前必须让长辈先尝新米饭，以示尊重长辈，然后晚辈才能吃。餐后，每人的饭碗里要剩留少许的米饭，以示年年有余	2008 年县级
灯盏盘	生产商贸消费习俗	灯盏盘是松阳特色风味小吃，因其炮制加工的工具形似灯盏而得名。制作工艺较为简单，先把米粉调成糊状，用勺舀少许倒入既定的圆形铁模勺中，随即放入萝卜丝、胡萝卜丝或南瓜丝、咸菜丝、辣椒丝等蔬菜原料作馅，再复以米糊，放入油锅炸至橙黄色时捞出即成	2008 年县级

续表 35-5-1-1-12

项目名称	类别	项 目 概 况	公布时间与级别
松阳薄饼	生产商贸消费习俗	为松阳特色风味食品之一。以皮薄、馅料精细著称。端午节吃薄饼更是相传千年不变的饮食习俗。薄饼皮用上好的精面粉为原料，加水和面，让其饬发数小时后才可摊薄饼。火盆以木炭为燃料，上置直径约 30 厘米的鏊盘（平底锅）。为使锅底受热均匀，须用温火摊面。手抓一把和面，以特定的手法，把和面摊在鏊盘上，抹好一张揭去一张。摊面皮的技艺讲究，摊的越薄越好，一般一斤薄饼皮可达 13、14 张。包薄饼的菜肴丰富且讲究，有猪肉、竹笋、豆芽、豆腐干、煎鸡蛋、苋菜、黄瓜、四季豆、田螺头、大蒜、青椒、鱿鱼丝、粉丝、香菇等 10 余道菜，切丝或切丁炒熟，取一张薄饼放入各种菜肴馅料，然后卷包成筒状即食	2008 年县级
黄米粿	生产商贸消费习俗	为松阳特色风味食品之一。黄米粿需要柴汁，把带有碱性的青柴（常绿小灌木）烧成灰炭，然后，把锅里的水烧开，再把柴灰倒到锅里煎，等灰汁煎出来后，把灰渣滤净淀清等用。米是选用上等的粳米（土话“酒米”），浸透、淘净，用大的饭蒸（能蒸 150 斤米）蒸（也叫炊大饭），等全部“上气”后，抬下饭蒸。再把等用的柴灰水放锅里烧开，然后瀛在大的饭蒸的粳米饭上。等灰汁水沥干，把大饭蒸的饭倒到大的“达马桶”里，再用小的饭蒸（也叫炊小饭，一蒸大的分 6 个小的）炊，也到上气时，拨到石臼里用“米粿棍”戳，一般 7 根棍，大家错开戳，七八分钟后，相对的两个人，用棍子给米粿翻个身，再打六七分钟，全细了，由 3 个人把它挑到面板上，然后，根据各人的喜欢，把它揉成二三斤一个的扁圆的或圆柱形的黄米粿。上等的黄米粿的颜色是青黄的，煞是好看。又有一股淡淡的清香，十分诱人	2008 年县级
麻　糍	生产商贸消费习俗	为松阳特色风味食品之一。麻糍最早的作用是“做福”（每年春播前，人们到山神、土地庙里许愿，秋后还愿用的“祭品”）。平时很少有人打麻糍，习惯在冬至时打麻糍，也有在重阳节和农历十月初二时打麻糍过节。麻糍的主要原料是糯米。制作工序：选上好的糯米浸透后沥干，倒入饭甑蒸熟，趁热倒入石臼舂捣，舂捣至不见饭粒成黏糊状。然后取出，做成条状，即可食用	2008 年县级
畲族医药	传统医药	畲民居住在偏僻的山地中，以刀耕火种为生，在长期与疾病的斗争中积累了丰富的民间单方、验方、秘方和医史。畲医治病多取于草药，畲药四季可采，遍地皆有。畲医有特殊的传医方式，大多是祖传，心传口传，习而言之，单线传艺，且传男不传女，但可传媳妇。也有师传者，但为数不多。象溪镇村头村，历史上就有数名畲医，其中高龄畲医蓝元星，从小深得祖上的亲授，终成方圆百里闻名的畲医。象溪镇毛弄村有个眼科女畲医，她继承祖业，选用祖传单方，不必手术即能治愈老年人的白内障。全县被民间公认的各科畲医有 20 余人	2008 年国家级
松阳端午茶	传统医药	又名百草茶、百家茶。农历五月初一至端午午时，百姓登高临深，采林泉百草，集天地芬芳，经洗、切、揉、炒、晒制而成，作为家常必备之茶饮。 端午茶是松阳百姓千百年来在生活实践中摸索总结出来的传统保健茶饮。配制端午茶的药草常见的有：金锁匙、石菖蒲、鱼腥草、金珠莲、食凉撑、天仙果、山苍柴、大发散、马蓼晓、地风蓬、山木通、坚七柴、六月雪、土藿香、野菊花、黄生芩、倒妞刺、插田妞、金银花藤、牛舌草、墙络、艾叶、麦冬、铁火叉、陈骨皮、黄栀根、水桐子等。端午茶具有提神歇力、舒胃畅气、清热解暑、解表中和、驱邪散风之功效，实用性强，老少皆宜，长期饮用无副作用，深受人们喜爱	2009 年省级

续表 35-5-1-1-13

项目名称	类别	项目概况	公布时间与级别
湿力茶	传统医药	又称续力茶、歇力茶。中医认为，人经春夏阴冷湿热天，接触水湿多，加之南方多潮湿，湿重积而身子弱谓“湿弱”。湿弱症状：人感到绵软乏力，无精打采，胃口不开，须要调理。所谓湿力，即祛湿提力。 湿力茶的历史与端午茶同源，配制法经口传身授，普及全县。传统配制的药草柴根主要有：小胖坡儿（细叶条蓉）、无名旺、乌根儿（过山龙）、石菖蒲、杜仲、枣儿树根、金腰带、山茵佅、野金丝桃、山砂仁、石隆柴、山豇豆（巴戟天）、乌豆、平地木、千重皮（山荔枝）、雷盘珠、瓜子金、苏梗叶、陈皮、叶下白等。一般选用前 5～7 种药草，多的有 10 种以上，也有仅用小胖坡儿和乌根儿 2 种药草。湿力茶有热寒不同配方，具有祛湿、补肾、安神、活血、祛风、暖胃、消食等调理功效。用药食同源的诸种柴根草药，熬制成汤头，添以猪脚，或仔鸡、排骨、火腿脚骨一起煮食，是松阳民间特有的一道传统药膳，可收祛湿补力双效。也有用湿力茶与鸡蛋同煮，俗称“柴根卵”	县级
拔火罐	传统医药	俗称“拔罐子”“吸筒”，是松阳民间流传很久的治病方法。治病范围有风湿痛、腰背肌肉劳损、头痛、哮喘、腹痛、外伤淤血及一般风湿感冒等诸症。常用的火罐有：竹筒火罐、玻璃火罐和陶瓷火罐。先把火罐洗净擦干，让病人坐着或躺着，露出要拔罐的部位，然后点火入罐。点火时一般用一只手持罐，另一只手拿已点着火的探子，操作迅速，把着火的探子在罐子里晃几下后马上撤出，趁火还在燃烧时马上把罐口吸住治疗的部位，15～20 分钟后就可把罐子取下，即一手把罐子倾斜，另一手按压肌肤，使空气经缝隙进入罐内，罐子自然就会与皮肤脱开。拔火罐具有保健和治疗之功效，如后背排罐，特别是顺夹脊，督脉和经络排罐可以起到调理五脏六腑强身健体的功效。常见的八大健康穴位有百会、大椎、内关、合谷、神阙、足三里、三阴交、涌泉，能起到通奇经八脉的作用	县级

第二节　非物质文化遗产的保护传承

2003 年，松阳县启动民族民间艺术资源普查工作，本着抢救性、重要性和特色性的原则，重点搜集整理民间传统戏曲松阳高腔的项目资料，推荐申报省级非遗名录。2005 年，松阳高腔入选浙江省首批非物质文化遗产名录。2006 年，又被列入国家第一批非物质文化遗产名录；是年，县文广新局成立非物质文化遗产保护工作办公室。

2007 年，松阳县成立县非物质文化遗产普查领导小组，在全县范围开展非物资文化遗产大普查，搜集整理大量的文字、录音、摄像、照片等资料，进行非遗项目统计和传承代表人的推荐工作，在确定县级非物质文化遗产名录的同时，筛选有重要历史和科学价值的项目申报国家、省、市级非遗名录。为做好非遗的保护、传承和利用，开展“寻找民间手工艺大师”活动。寻找到各类民间手工艺大师 257 人，并评选出十大手工艺大师，推荐确定非遗项目的传承人。举办“田园松阳 美丽非遗”摄影大赛，为松阳非遗项目留下宝贵的影像资料，为国家级、省级 8 个非遗项目拍摄制作专题宣传记录片。挖掘整理松阳高腔和畲族叙事歌2项非遗，纳入《非遗通志》一书。同时，着手对樟村拳、驱邪巫画、节庆彩灯、民间音乐、民间舞蹈、民间习俗、手工技艺等部分非遗项目进行抢救保护、挖掘整理及利用工作，有的还出了资料专集，刻录光盘，建立相应的资料库。是年，出台《松阳县非物质文化遗产代表性传承人补贴实施暂行办法》《松阳县非物质文化遗产传承基地管理暂行办法》。

2009年，松阳县非遗保护中心成立，制定相应的非遗保护措施。重视在非遗抢救工作中民间艺人所起到传承作用的价值，对其贡献给予荣誉，评出国家级非遗传承人3人、省级非遗传承人14人、市级传承人15人。

2010年，为保持传统文化的活力，推动非遗保护传承工作的可持续发展，先后建立周安、白沙岗、玉岩中学松阳高腔传承基地、古市镇道教音乐月宫调传承基地、樟溪小学樟村拳传承教学基地、竹溪锣鼓传承教学基地、松阳端午茶省级生产性保护基地、迎神赛会传承基地和畲族叙事歌传承基地。投入620余万元资金，把南直街53号原工商业联合会旧址改造成丽水市首个专题非遗馆，分设展示区和展演区，占地面积1088平方米，全年向社会开放。展示区以非遗实物、场景蜡像、图文并茂等形式展示松阳非遗洋洋大观。展演区演出内容以松阳高腔、越剧、木偶戏、民间音乐、说唱等传统节目为主，开设“非遗学堂”，每周六、周日下午，由非遗传承人轮流上课，传授非遗技艺。同时，非遗项目纳入“送戏下乡”“文化走亲”等文化惠民工程，结合茶叶节、农民文化节等大型活动，开展非遗项目活态展演，传承和发展民间传统文化，集中展示松阳高腔、道教音乐月宫调、畲族叙事歌、竹溪锣鼓、板龙、桂花亭、绳抽狮子、船灯等民间艺术。县文化馆、月宫神韵古乐团、松阳高腔剧团、木偶剧团等各民间剧团是文化走亲主力军，对宣传松阳县非遗项目、扩大知名度起到一定作用。乡镇举办地域特色的民俗节庆、民间习俗、传统庙会等活动，有大东坝客家风俗文化节、竹溪摆祭、四都祈福、板桥三月三畲乡歌会、卯山文化节、枫坪高亭迎神赛会、玉岩香乳山庙会、岱头插秧节、樟溪乡田园文化节、斋坛农耕文化节、裕溪乡“山哈风韵”文化节、望松乡西河村“十里避邪”庆端午等民俗活动。结合在全县范围开展农村文化礼堂“五廊加特色廊”建设，望松乡吴弄村开设松阳烟叶展示厅，象溪镇象溪村、樟溪乡溪下村、新兴乡上源口村、西屏镇北山村、望松乡西河村等21个行政村文化礼堂展示各村的非遗特色，各类民俗活动、地方戏剧曲艺等经常在村文化礼堂上演。丰富多彩的非遗传承活动意在推动松阳文化遗产的保护、利用和发展，努力营造保护文化遗产人人有责的良好氛围。

松阳县各级非物质文化遗产代表性传承人一览表

表 35-5-2-1

级别	项目名称	项目类别	传承人姓名	传承人地址	批次/年份
国家级	松阳高腔	传统戏剧	吴陈基	玉岩镇周安村	第二批/2006 年
			陈春林	玉岩镇白沙岗村	第二批/2006 年
			吴陈俊	玉岩镇周安村	第三批/2006 年
省级	畲族叙事歌	民间文学	蓝森发	象溪镇石牌门村	第一批/2007 年
	竹溪锣鼓	民间音乐	肖大福	水南乡竹溪村	第一批/2007 年
			徐发增	水南乡竹溪村	第一批/2007 年
	松阳高腔	传统戏剧	吴大水	玉岩镇周安村	第一批/2007 年
			吴柚献	玉岩镇白沙岗村	第一批/2007 年
	道惠夫人会	民间习俗	谢方致	玉岩镇道惠村	第一批/2007 年
			谢方铭	玉岩镇道惠村	第一批/2007 年
	叶法善传说	民间文学	叶德生	古市镇	第三批/2007 年
			叶群法	西屏镇项弄村	第三批/2009 年
	畲族叙事歌	民间文学	蓝秀莲	板桥畲族乡后塘村	第三批/2009 年
	道教音乐月宫调	民间音乐	周文郁	古市镇	第三批/2009 年
	松阳高腔	传统戏剧	陈叶法	玉岩镇白沙岗村	第三批/2009 年
	松阳端午茶	传统医药	叶加娣	枫坪乡枫坪村	第三批/2009 年
			黄娇云	玉岩镇	第三批/2009 年
市级	月宫调	民间音乐	谢根美	板桥畲族乡大毛科村	第一批/2010 年
	松阳高腔	传统戏剧	吴昌武	玉岩镇周安村	第一批/2010 年
			李伯能	玉岩镇白沙岗村	第一批/2010 年
	畲族山歌系列	民间文学	雷砝儿	裕溪乡源底村	第一批/2010 年
	山边马灯	民间舞蹈	阙宝法	大东坝镇山边村	第一批/2010 年
	道教音乐月宫调	民间音乐	郑仁法	象溪镇金钟村	第二批/2010 年
	樟村拳	传统体育与竞技	李阳春	樟溪乡高岸村	第二批/2010 年
	道惠夫人会	民间习俗	周王生	玉岩镇程路村	第三批/2010 年
	竹溪锣鼓	民间音乐	叶昌兴	水南乡竹溪村	第三批/2010 年
	樟村拳	传统体育与竞技	廖高发	樟溪乡谷山垄	第三批/2010 年
	山边马灯	民间舞蹈	阙土发	大东坝镇下宅街村	第三批/2010 年
	玉岩船灯	民间美术	周上根	玉岩镇程路村	第四批/2010 年
	采茶灯	民间舞蹈	蔡土火	大东坝镇蔡宅村	第四批/2010 年
	桂花亭	民间美术	郑水亮	新兴乡徐郑村	第四批/2010 年
	提线木偶戏	传统戏剧	李益福	樟溪乡肖周村	第四批/2010 年

第六章 群众文化

群众文化是由政府主导、社会参与形成的普及文化知识、传播先进文化、提供精神食粮，以满足人民群众文化需求，保障人民群众基本文化权益的各种公益性文化机构和服务的公共文化。它是人们在工作之余，自我参与、自我娱乐的社会性文化，具有群众性、自娱性、倾向性的特征。群众文化内容广泛，包括群众文化活动、群众文化工作、群众文化机构、群众文化队伍等，其中文化娱乐活动为主要内容。至2010年，松阳县文化馆、图书馆、博物馆、青少年宫、体育场、影剧院、乡镇文化站等公共文化设施全部建成。

第一节 群众文化机构

民众教育馆

民国元年（1912），县通俗讲演所成立。民国5年，改为公立通俗教育讲演所。民国11年，创办社会教育事务所。民国19年3月，两所合并，成立县民众教育馆，馆址城西贞文祠。民众教育馆下设总务、康乐、智能（图书、辅导股）3部，兼办县立民众学校，接收公共体育场、中心公园；设有固定娱乐室、图书阅览室、问字代笔处、借书处、巡回文库、民校等；开展音乐会、读书会、民众同乐会、校友会、球类、棋类竞赛等活动，开展全县固定或巡回通俗讲演；进行社会调查，征集保存古文献等工作。民国28年，湘湖师范在古市设民众教育馆；是年，县民教馆设流动施教团，以中共松阳城区支部书记吴士鸿为队长的流动施教团表演队开展抗日救亡宣传。

民国31年（1942），设松鹰话剧团。民国32年，设善应堂、玉岩2个分馆。

县文化馆

1949年5月，松阳县人民民主政府成立县文教队；7月，改称县文工队。9月，接收县民众教育馆，建立县人民文化馆，编制5人，负责全县业余文艺辅导和组织县城文化活动。1952年6月，更名为县文化馆。1958年随县制撤销。1982年5月，复置县文化馆，馆址暂设大井路民房，隶属县文教局，全额拨款事业单位。

1985年5月，县文化馆迁址大井路2号，馆舍占地3071平方米。1988年，新建排练厅371平方米。1991年，被评定为二级馆。1987～1991年，组织文艺宣传队，在全县区乡巡回演出共150场，观众15万余人次。1991年，被省委宣传部、省文化厅授予“全省路线教育先进单位”称号。1992年，文化馆工作人员11人，设音乐、舞蹈、戏剧、美术、摄影、图书、群文、艺档、少年辅导组和财务室，设有对外开放的舞厅、录像发行站、放映队、游艺场、装潢广告部等，有业余团队10个。

1996年3月8日，《人民日报》载文《松阳“文艺使者”坚持九年下乡》，高度评价县文化馆坚持送戏下乡，繁荣农村文化生活。1996年，被省文化厅授予全省文化下乡先进单位。1997年，被评为浙江省群众文化先进集体。2002年以后，文化馆经常开展节庆与常规、参与型群众文化与精品展示相结合群众喜闻乐见的文化活动，如“文化四季”“乡镇民俗文化节”等，深受群众好评。2010年，为普及群众文化，县文化馆专业干部面向社会举办老中青少舞蹈、音乐、戏剧等各类艺术培训8期，培训200余人次，辅导机关单位、乡村、学校、社区、企业组织各类文艺演出10场。

图35-15　文化馆送戏下乡演出剧照（县档案馆提供 1992年）

县工人俱乐部

1953年1月，松阳县创办工人俱乐部。地址太平坊路原谢氏宗祠内（旧址在太平坊路148号）。设有文娱活动室、图书室等，主要开展职工文艺娱乐、书报阅览、体育、广播收听、政治讲座等活动；建立县体育协会，每年都举办职工篮球、排球、乒乓球和象棋比赛。1958年随县制撤销，并入遂昌县工人俱乐部。1980年4月，西屏镇成立工人俱乐部管委会。

1985年底，恢复松阳县工人俱乐部，地址新华街89号县总工会内，活动室面积776.52平方米，设棋牌室、乒乓球室、台球室、录像放映室、音乐舞厅，隶属县总工会。

图35-16　1985年建的工人俱乐部（县档案馆提供 1992年）

1986～1990年，开办音乐、舞蹈、美术、武术等培训班26期，举办科普知识、书法、美术展览等6次，观众1.2万人次；其他文娱体育活动14次；举办小提琴、吉他等培训班3期；文娱活动室、图书室等活动室共接待13600多人次；举办松阳县首届“健康杯”篮球赛和象棋、围棋、桥牌、编织巧手等比赛。1993年，为满足群众文化活动的需要，扩建工人俱乐部。2007年，省总工会拨入资金20万元，装修改造排练厅、乒乓球室、气排球场、羽毛球等场所。至2010年，工人俱乐部每年举办音乐、戏曲、曲艺、舞蹈、美术、书法、武术、棋类等各类培训班，举办歌咏、球类、棋类、田径及各种趣味活动的比赛。

青少年宫

1986年，县青少年宫建立，地址县城大井路2号（文庙内），隶属共青团松阳县委，为差额拨款事业单位。面积1400平方米，内设游艺室、阅览室和幼儿园等。

2000年7月，兴建县青少年活动中心，地址县城环城西路西屏山公园对面，占地面积2392.2

平方米，建筑面积 2450 平方米。青少年活动中心是一所公益性校外教育、培训机构，以青少年为主要服务对象，对青少年进行思想品德教育、校外文化艺术活动和青少年综合素质、创新精神和实践能力等方面培训活动。

文化站

乡镇文化站是对农村广大群众进行时政宣传、组织指导开展丰富多彩的文体娱乐活动、促进乡村群众文化发展的文化机构。

1953 年春，松阳县设立古市区文化站。1958 年，设立松阳区文化站。1965 年，玉岩、靖居分别设立区文化站。“文化大革命”初期，各文化站停止活动。1974 年 4 月恢复活动。1978 年末，各区、镇、公社均配备文化员，建立文化站 29 个。1980 年 5 月，古市农村文化中心建成，开展多层次、多门类的群众文化活动。1981 年，古市文化中心被评为浙江省文化中心建设先进单位。是年，石仓公社文化中心成立。

1990 年，全县建有文化中心 26 个。1991 年，全省文化站考评定级，松阳县 29 个区、镇、乡文化站中有一级站 3 个、二级站 14 个、三级站 12 个。1992 年，撤区扩镇并乡，有文化站 20 个，文化员 41 人。1993 年，大东坝镇文化站被省文化厅评为一级文化站。

2006 年，乡镇文化活动中心的软硬件建设进一步提升，赤寿乡和板桥畲族乡创建浙江省“山花乡镇”，其中赤寿乡文化活动中心占地 650 平方米，集多功能厅、图书阅览室、球类室、棋牌室、器乐室、办公室、篮球室等为一体。西屏镇、象溪镇等 3 个乡镇被浙江省文化厅授予“浙江东海文化明珠”称号，大东坝镇六村被授予“浙江省文化示范村”称号。2007 年，三都、四都、裕溪、竹源、新处、叶村、樟溪、望松、斋坛等乡文化站文化基础设施建设全面展开。

2009 年，全省乡镇综合文化站评估上等级，松阳县有一级站 3 个、二级站 3 个、三级站 6 个。2010 年，乡镇综合文化站省定建设目标（14 个）全面完成，基本实现松阳县“十一五”期间乡乡有文化站的目标。

基层俱乐部

1954 年 3 月，岗下乡上河农业生产合作社建立农村俱乐部，利用黑板报、幻灯、文化学习班、文艺演出等形式，宣传党和国家政策法令、政治时事，推广农业科学技术。1956 年，全县有 18 个农业社建立农村俱乐部。1957 年，各高级农业生产合作社普遍建立俱乐部。1960 年后，俱乐部停止活动。1963 年，境内有 69 个俱乐部恢复活动。1964 年，松阳造纸厂、松阳煤矿工人俱乐部、西屏镇民兵俱乐部、古市镇工农俱乐部相继建立。“文化大革命”期间，大部分俱乐部停办，有少数俱乐部改为毛泽东思想文艺宣传队（简称“文宣队”）。1978 年，农村俱乐部恢复和发展。1979 年，境内有农村俱乐部 380 个。之后，逐渐减少。

1983 年，全县有农村俱乐部 83 个。新兴公社徐郑大队俱乐部被评为省级先进农村俱乐部，受到省政府、省军区表彰。1985 年，农村俱乐部增至 378 个。1992 年，全县有农村俱乐部 20 个、工人俱乐部 8 个。20 世纪 90 年代后，随着电脑、电视普及，人们的精神文化生活和娱乐兴趣发生重大变化，城乡基层俱乐部停止活动。

第二节 群众文化活动

民国27年（1938），省立湘湖师范组织喈喈歌咏队，演唱《流亡三部曲》《抗敌歌》《打杀汉奸》及歌剧《生产大合唱》等。是年，特种工作团一团六分团组建抗日歌剧团，每逢节日、市日宣传抗日救国，演唱《国际歌》《游击队之歌》《团结起来》等歌曲。县抗日自卫会组建抗敌歌剧团，在城乡演唱《义勇军进行曲》《在太行山上》《黄河大合唱》等歌曲。

中华人民共和国成立后至“文化大革命”前，农村业余剧团的群众文化活动活跃，经常上演各种短小活泼歌曲，自编自演小戏《参军光荣》《全家兵》等，上演《白毛女》《王秀鸾》《血泪仇》《刘胡兰》等歌剧。“文化大革命”期间，农村业余剧团停演，各地组织农村毛泽东思想文艺宣传队，演出的剧目大多是“革命样板戏”，如《红灯记》《沙家浜》《智取威虎山》等。

1980年，有松阳、古市、小槎等多个业余剧团，松阳遂昌2县合并时，定下每年举行一次全县业余文艺调演。1981年，在西屏镇举办全县首届音乐会。1982年，举办松阳、遂昌2县音乐舞蹈会演；县文化馆组织代表队，参加丽水地区第二届莲城音乐会。1983年，举办县音乐舞蹈会演。

1984年初，在县城独山脚举办“松阳县首次畲乡歌会”；3月，板桥乡邀请丽水、武义（宣平）边界乡镇在板桥举办畲乡歌会。自1992年始，每年农历三月初三，由松阳、丽水、武义3县4乡（镇）轮流举办“新竹桥柳”（丽新、老竹、板桥、柳城）畲乡联合歌会。

1982～1991年，先后有14个节目7人次在地区音乐舞蹈比赛获奖，10个作品获得创作奖。《丝绸厂之歌》在省级刊物《花港》刊登。1991年，在“社教”文艺宣传中，县文艺小分队帮助靖居文化站建立党的基本路线宣传队，利用当地多种民间艺术走马灯、叠罗汉、龙灯、提灯等形式，辅导编排群众喜闻乐见的传统节目，在全乡20多个村庄巡回演出，得到好评。1993年，在松阳县举行丽水地区首届石油杯国际标准舞和交谊舞大奖赛。1996年，县图书馆开展“读书好”万幅手抄报展览活动。

1999年，组织“十五届三中全会精神文艺宣传队”到乡镇村巡回演出20场，观众1万多人次；国庆节举办“庆祝中华人民共和国成立50周年、庆祝松阳建县1800周年文艺晚会”；是年，“丽水地区第二届《山花烂漫》文艺汇演”在松阳举行，西屏镇三人舞《弯弯的月亮》获一等奖，古市镇歌舞《在希望的田野上》获三等奖，县业余演出队的歌舞《山花烂漫》《走进新时代》获特别奖。2000年，舞蹈《弯弯的月亮》在“省医药颂”比赛中获二等奖。

2001年，县文化馆、图书馆联合举办义务赠写春联活动，共赠写春联300余对。编排大型歌舞风情剧《畲山风》到北京参加全国第二届少数民族文艺会演，参演的演员分别获“新人奖”“优秀奖”。2002年，在县城江滨公园举办“二十年春风绿松阳” 广场文艺演出，并参加全市广场文艺评比获金奖。2004年，组织“十六届三中全会”精神文艺宣传队到全县20个乡镇巡回演出。2005年，举办庆祝县人大、政协两会胜利召开文艺晚会、“祝你幸福”计划生育专题广场文艺演出、“红石梁”之夜大型广场文艺晚会和“松阳县第六届全民运动会闭幕颁奖晚会”。

2006年，组织选手参加第十二届CCTV全国青年歌手电视大赛丽水赛区的比赛、第二届“爱我中华全国青少年科学与艺术大会”、丽水市首届原创歌曲创作演唱大赛，开展“倡导全民阅读，构建学习型社会”系列活动，全年共举办“迎国庆”晚会、“新竹桥柳”三月三歌会等大型文化活动8场，送戏下乡25场，举办农民书画篆刻展、新春美术作品展等书画作品展5次。其中参加市欢乐家园社区调演比赛的小品《屋里屋外》和舞蹈《大卓玛小卓玛》分获金奖、银奖，歌曲《悠悠古邑田园松阳》和《南宋女词人张玉娘》分别获丽水市“旅游杯”歌曲创作金奖、银奖，双人舞《畲舞飞絮》入选浙江省第二届乡镇文艺调演。开展农民读书征文、未成年人读书节等活动，送书下乡2845册，创作各类文艺作品25件。2007年，举办6场迎新春“卡拉OK”大奖赛、“税务之春杯”少年儿童歌唱比赛、首届“中国人寿杯”丽水新农村歌手大赛等活动，举办张玉娘诗词画意展览、“海洋、陆地动物科普展览”。2008年，举办首届“农民文化节”。玉岩镇举办首届农民艺术周，主要活动有香乳山庙会、民间艺术踩街、摄影采风、松阳高腔、文艺汇演等。

图 35-17 松阳县首届农民文化节(县文体广电局提供 2008年)

2009～2010年，主题宣传教育送戏下乡以及各类专场赛事、大型文艺演出共200多场次。其中，一年一度的“农民文化节”是群众参与面最广、文艺表演门类最多的群众文化精品活动，受到广大群众普遍欢迎。通过举办乡乡一台戏、农民器乐大赛、农民小品大赛、农民戏曲演唱大赛等系列活动，涌现出一批具有农村特色的精品节目，形成松阳乡村文化蓬勃发展的新气象。群众文艺团队“古韵月宫调”“松阳高腔”“百花越剧”等经常深入乡村演出，全年演出活动120场，丰富农村文化生活。

1987～2010年松阳县主题教育送戏下乡情况表

表 35-6-2-1

演出时间	主 题	节目数量(个)	场次
1987年12月5日至1988年1月12日	中共十三大精神宣传演出	16	30
1988年12月10日至1989年1月10日	革命老区慰问演出	15	32
1989年12月16日至1990年1月15日	基本路线教育文艺演出	17	28
1990年12月20日至12月30日	基本路线教育文艺演出	18	11
1992年12月24日至1993年1月3日	中共十四大文艺宣传演出	15	20
1995年2月5日至2月18日	解放思想、脱贫致富奔小康文艺演出	17	14
1996年2月28日至3月18日	中共十四届五中全会精神宣传文艺演出	15	20

续表 35-6-2-1

演出时间	主　题	节目数量(个)	场次
1996 年 12 月 15 日至 1997 年 1 月 3 日	中共十四届六中全会精神宣传文艺演出	15	20
1997 年 12 月 5 日至 1998 年 1 月 6 日	中共十五大精神宣传文艺演出	15	20
1999 年 2 月 24 日至 3 月 19 日	中共十五届三中全会精神宣传文艺演出	16	20
2000 年 2 月 12 日至 3 月 4 日	农业和农村现代化教育文艺演出	16	20
2001 年 2 月 5 日至 2 月 24 日	农业和农村现代化教育文艺演出	16	20
2002 年 3 月	“三个代表”重要思想宣传教育文艺演出	16	20
2003 年 2 月 8 日至 3 月 1 日	“十六大”精神宣传文艺演出	15	20
2004 年 2 月 2 日至 2 月 21 日	“十六届三中全会”精神宣传文艺演出	13	20
2005 年 2 月 17 日至 3 月 8 日	中共“十六届四中全会”精神宣传文艺演出	15	20
2006 年 2 月 6 日至 2 月 27 日	“保持共产党员先进性教育”文艺演出	14	20
2007 年 2 月 27 日至 3 月 18 日	中共“十六届六中全会精神”宣传文艺演出	13	20
2008 年 4 月 15 日至 4 月 30 日	中共“十七大精神”宣传文艺演出	13	20
2009 年 2 月 4 日至 2 月 23 日	中共“十七届三中全会精神”宣传文艺演出	12	20
2010 年 2 月 22 日至 3 月 13 日	中共“十七届四中全会精神”宣传文艺演出	12	20

2010 年末，经审批注册的松阳文艺社团有 3 家，演出内容以传统戏剧为主。此外，有小百花越剧团、月宫神韵古乐团、新岗木偶剧团等群众文艺团队尚在报审注册中，或在酝酿成立阶段。

2010 年松阳县文艺社团情况表

表 35-6-2-2

序号	证号	企业名称	地址	经济性质	从业人员（人）	发证日期
1	浙丽松演出 KJ（8）0001	松阳县益福木偶剧团	松阳县樟溪乡肖周村	个体经营	6	2009 年 4 月 7 日
2	浙丽松演出 KJ（8）0002	松阳县白沙岗高腔剧团	松阳县玉岩镇新岗村小学	合伙	21	2009 年 8 月 19 日
3	浙丽松演出 KJ（8）0003	松阳县玉岩高腔剧团	松阳县玉岩镇周安村	个人独资	21	2010 年 11 月 3 日

第七章 图书 电影

松阳县的图书事业包括图书馆（室）和书店。图书馆（室）是搜集、整理、保管各种出版物和文献资料，以供人阅览、查阅资料的公共服务机构，具有保存人类文化遗产、开发信息资源、参与社会教育等职能，属于公共服务性质的社会公益事业。书店则是销售图书的营业场所，有公立新华书店和民营书店，公立新华书店属自收自支的事业单位。

从20世纪30年代的无声电影到21世纪初的现代电影院，松阳经历70余年的电影放映发展史。“文化大革命”期间，由于群众文娱活动项目少，文化生活较为单调，观看电影成为广大群众一大乐事，不少观众追着乡村放映队脚步跑，成了“电影迷”，大家称电影放映队是“跑片”，看电影人是“跑看”。城镇人也尝到过“一票难求”的窘境。

20世纪80年代以后，电视机、电脑进家入户，人们居家就可以看到电影和电视剧，电影院逐渐由“热门”变为“冷门”，农村放映队也告歇止。2006年，为实施国家广电总局、文化部和国家发改委的“2131工程”，松阳开始推行农村每月每村至少放映一场电影，每年送千场电影下乡、进社区，电影放映和免费观看的新思路，使电影又得到人民群众的普遍欢迎。

第一节 图书馆（室）

松阳县图书馆

宋咸淳年间（1265～1274），县学设有御书楼，久废。民国元年（1912），县城设同明阅报社，地点在文昌宫，社员数十人捐资购买沪、杭等地报刊，供民众阅读，古市设崇明阅报社。民国7年，成立县立公共图书馆，附设于县劝学所内。民国14年，设文昌宫内。民国15年，县立公共图书馆与文昌宫同被焚毁。民国18年，设通俗图书馆，附属于公立图书馆。民国19年3月，县民众教育馆设图书股，共有图书7417册。其中，珍藏类622册，《万有文库》2021册，儿童类图书327册，杂志394册。1949年，有藏书近万册。

1949年9月，县人民文化馆接收民教馆图书5000余册。1954年，配有专职图书管理人员，对外开放，发放借书证100本；置“文化挑”2副，开展流动服务。1958年，松阳、遂昌2县合并，馆藏万册图书运至遂昌图书馆。

1982年5月，恢复松阳县制，接收遂昌图书馆分拨图书7350册，成立松阳县图书馆，馆址租用大井路51号民房，基础设施简陋。1983年1月，图书馆对外开放。1985年，县图书馆搬至大井路2号城隍庙，经修缮后设成人阅览室、少儿阅览室、采编室、地方文献资料室、外借书库、农村书库，面积 1207.5 平方米。

图 35-18　松阳县图书馆外景（县图书馆提供 2005 年）

1992 年，有藏书 36173 册。收藏《十通》《册府元龟》《佩文韵府》《太平御览》《道藏》等文化典籍 95 册；民国《浙江通志稿》、清光绪和民国《松阳县志》《松阳方言考》《松阳风俗调查》《浙江经济调查松阳卷》《西湖博览总报告》等地方文献典籍 232 册；《中国大百科全书》《简明大不列颠百科全书》《辞源》等大型工具书 250 余册。有社会科学类图书 2.8 万册，自然科学类 0.4 万册，小儿读物 0.3 万册。年订报纸 55 种，杂志 260 种。发放借书证 2875 本，年借阅图书 66540 人次和 72695 册次，农村书库藏书 2785 册。

1994 年 10 月 4 日晚，图书馆采编室遭失窃起火。烧毁采编室、资料室、报刊阅览室 3 间，馆内图书资料遭受损失，直接经济损失 13.35 万元。

1999 年 4 月，新图书馆动工兴建，馆址白露岭 A2 号。4 月 9 日，松阳籍比利时华侨王存民得知家乡着手建造图书馆资金短缺，个人捐款 50 万元人民币建新馆。4 月 28 日，举行图书馆大楼奠基仪式。2000 年 7 月，新馆竣工验收。松阳籍旅美学者潘福博士捐资 5000 美元，用于购置科技类图书及工具书。

2001 年 6 月，新馆正式对外开放。新馆占地面积 3400 平方米，建筑面积 3119 平方米，人员编制 9 人。设有少儿室、阅览室、采编室、外借室、电子阅览室、地方文献室、多功能会议室、办公室、党员活动室等，是集教育、文化、科技、休闲于一体的多功能的现代化图书馆，通过读书、送书、展览、讲座等系列活动向广大市民输送文化知识。图书馆从传统人工手动图书编目升级为计算机管理 ILAS 系统；是年 10 月，浙江省委宣传部赠书 2 万册；12 月，松阳图书馆被列为浙江省图书馆松阳分馆。

图 35-19　县图书馆外借书库一角（县档案馆提供 1992 年）

2002 年，县图书馆开展境内家谱征集著录工作，共征集著录家谱 397 种 1008 册，编写 84 个姓氏的《松阳诸姓源流》，并参与编撰《浙江家谱总目提要》，获省文化厅和省档案局表彰。

2006 年 5 月，县图书馆升级力博系统，外借、少儿、期刊等出借业务科室实现自动化管理，结束图书馆外借手工操作的历史。2010 年，有藏书 21.2 万册，报纸杂志 345 种藏量 9701 册，电子阅览室电脑 28 台，阅览室座位 200 个，每天读者约 80 人次，读者年借阅量 10 万人次，被认证为国家二级图书馆。

松阳县图书馆古市分馆

位于古市镇筏铺，由原古市电影院放映厅装修后辟为县图书分馆。占地面积200平方米，建筑面积600平方米。馆舍砖混结构三层楼房，一楼用于培训，二楼为图书阅览，三楼为电子图书阅览。有藏书1.5万册、报刊100种、书架70个、期刊柜20个、阅览桌椅等器材设施及辅助设施，电子阅览室有电脑25台、投影机1套，与县文化信息资源共享工程对接。

松阳县第一中学图书馆

民国15年（1926），学校创办伊始即设图书室。初期图书甚少，以后逐年添置。民国25年，有藏书3000余册。民国31年8月，日军侵犯松阳，校舍被焚，图书残存800册。民国34年9月，时任国民党第三十六军师长的校友钟松捐款10万元（法币）购置图书，并赠送《中学生文库全集》一套。1949年，有藏书4000册。

中华人民共和国成立后，学校重视图书室和资料室建设，保证每年购置图书经费，逐年增加图书室藏书量，丰富图书资料内容。1958年，有图书7047册；1961年，有9113册。“文化大革命”前后，馆藏图书存5000余册。

1978年，配有专职图书管理员。1986年，开设学生阅览室、教师阅览室。1992年，有藏书31051册，订阅报纸105份、杂志247份，日借阅100余人次。

1995年，退休教师潘肇序、黄宗春倡议为母校捐赠图书，共收到师生及社会各界捐赠的书籍12000余册。1996年，图书室藏书量52065册，配有专职图书管理员4人，学校图书室受到省教委的表彰。1998年，潘福捐款2万元购置图书。学校把旧教学楼（3号楼）辟为图书馆，每天有上百人次学生阅览，学校图书室每年为语文学科开设阅读课上千节。

2006年，学校科技实验大楼竣工后，把大楼南部的二层辟为图书馆，其中底层为学生阅览室、书库、采编、办公等用房，二楼为教师阅览室、电子阅览、书库及办公用房，图书馆建筑面积660平方米。2008年，建立电脑管理系统，改善图书馆的硬件和软件设施，全天开放，为师生提供便捷的借阅方式，提高图书的使用率。2009年，学校与松阳县新华书店有限公司签订合同，每年向学校教育基金会提供5万元捐赠，用于图书馆购置新图书。

松阳县第二中学图书馆

学校前身是俭公中学，创办于1944年，由处州、温州2地叶姓人出资兴办的私立学校，校址在古市卯山广福观。建校不久在浙江省湘湖师范的帮助下，学校建立“四馆”：图书馆、科学馆、工艺馆和农艺馆，湘湖师范赠送图书800余册，俭公中学副董事长叶梦麟捐赠图书500余册，当时图书馆空间很小，把两个厢房中间的板壁拆除而成，房间面积只有10多平方米，由在校教师轮流看管。图书分类以军事操练、种茶、农艺等与生活密切相关的图书为主，也有国文、英语、数学、理化等学科，贯穿陶行知的教育思想“生活即教育”“社会即学校”。

1950年春，俭公中学搬迁到古市上方正念寺。1952年1月，更名松阳县第二初级中学（公立），开设一个大教室作为图书馆，学校每年安排经费购置图书。1958年，有藏书8000余册，聘请写得一手漂亮小楷毛笔字的徐元文老师担任专职管理员，他用毛笔小楷誊抄图书目录、借书证和借阅记录，学生为一睹徐老师的书法而争着来借书，成为学校图书馆的一大特色。

1979年11月，学校招聘吴知心为图书管理员，她到浙江省图书馆进修学习2年，获得图书馆学中专毕业证书，成为松阳县教育系统首位获得浙江省人事厅、浙江省图书馆共同签发的图书管理岗位资格证书的人。1996年，松阳二中图书馆被浙江省图书馆命名为“浙江省高中学校模范图书馆”，图书管理员吴知心获浙江省图书馆先进工作者称号。

2003年，建立松阳县教育系统第一个电子阅览室，配置12台电脑，供教师备课和制作课件之用。松阳二中图书馆随学校不断扩建而多次搬迁，至2010年，有3间教室用作图书室，藏书3.2万余册、杂志160余份、报纸20余份，日均借阅近百人次。

松阳师范学校图书馆

学校创立于1978年9月；10月，开设图书阅览室，较为简陋，主要是报纸杂志，图书甚少。之后，学校保证每年图书经费，逐年添置图书和各学科的教学参考书。

1990年，图书馆使用面积585平方米，藏书4.8万余册，设有资料室、采编室、阅览室。1991年，馆长包一君被评为全省学校图书系统先进工作者。

2010年，有藏书8万余册，其中书法类藏书有751种类、报刊300余种、各类资料30余种，设电子阅览室。有图书管理员8人，其中杭州大学图书专业毕业4人，副研究馆员1人，馆员5人。

其他图书室

1953年，松阳县总工会在西屏镇谢氏宗祠成立县工人俱乐部，设图书室，并在古市镇建立图书室，向群众提供书报阅览。1958年，建立松阳区图书室。“文化大革命”期间，各图书室停止借阅。1974年，恢复开放。

1992年，全县有图书室44个，其中乡镇图书室31个，藏书4.7万册。松阳一中、二中、三中学校图书室及县总工会、西屏、古市文化站图书室，藏书均在万册以上。都配有专职图书管理人员。至2010年，全县共有乡镇、村图书阅览室58个，藏书50万册。

第二节　图书开发与利用

图书开发

松阳图书馆坚持文化工作“两为”“双百”方针，重视搜集各种类型、文种、时代的出版物和地方文献，研究地方文化历史。地方文献包括各类地方志、年鉴、宗谱、专题资料汇编等专题文献。其中，古籍13册，《浙江通志稿》114册，光绪《松阳县志》6册，民国《松阳县志》10册，有体现松阳特色的明清时期契约等电子版文献资料，还有历史名人张玉娘、叶法善以及各姓氏宗谱、松阳高腔、田园松阳文化资料库等有关文献。

1990年，县图书馆扩大咨询服务范围，改变封闭型的服务方式，把服务重点转移到文献信息服务，开展定期跟踪服务，为许多企业开辟新产品提供文献资料。

2001 年 10 月，配置计算机 22 台，开设电子图书阅览及查询业务，举办计算机基础知识培训班，为读者提供图像扫描复印等服务。

2006 年 5 月，开发文化信息资源共享工程，松阳县一级中心正式开通，县图书馆与县委组织部联合举办依托农村党员远程教育网络，以共建共享的方式开展基层二级中心的建设工作，发展基层服务点，全面推进文化信息资源共享工程建设。

图书利用

1987 年，根据地方文献资料所记载的松阳晒红烟种植历史与社会影响，为政府发展松阳晒红烟提供详实资料，服务成果被选送到浙江省文化厅举办的“浙江省公共图书馆服务成果展览”。1989 年，利用松阳地方文献和信息资源，搜集松阳的人、事、物，举办“我爱松阳”知识竞赛。1990 年，举办“地方文献专题展览”。1997 年 5 月，为庆祝香港回归举办“香港的历史与发展”大型图片展。

2002 年，搜集各姓氏宗谱、方志等文献资料 397 种、1008 册，占全省总数的 1/15。接待查阅资料的读者共 535 人次，其中有来自丽水、义乌、温州、福建、宁夏等地的读者到松阳图书馆查阅宗谱资料，寻根问祖，衔接后回去续编家谱。2002 年，为福建省宁德县畲族歌舞团提供松阳畲族民间故事《插花娘娘》，之后，他们还把《插花娘娘》的故事改编成歌舞剧，参加第二届全国少数民族文艺会演。

图 35-20 县图书馆成人阅览室(县文体广电局提供 2008 年)

自 2005 年开始，图书馆每年举办“未成年人读书节”“世界读书日”“公共图书业务工作”等活动。至 2010 年，已举办 6 届。2007 年，图书馆设松阳县科普活动中心，举办科普讲座、培训、展览等活动。开通文化信息资源共享工程一级中心，利用共享工程服务平台，实现自动化图书馆信息服务。至 2010 年，有年鉴、家谱、地方志、人物传记、文史资料等地方文献 1500 余册。

第三节 书 店

民国 3 年（1914），尺素坊书店开业。民国 5 年，源源书店开业。民国 15 年，丙寅书社开业，均经营书籍文具。民国 27 年秋，上海生活书店在松阳开设分店；后因出售进步书刊，于次年 10 月被国民党松阳县党部取缔。民国 28 年 5 月，县民众教育馆创办中国文化社松阳分社，经营图书。

1950 年 3 月，新华书店松阳支店在县城钟楼路开业，发行马克思列宁主义、毛泽东著作及通俗文艺图书，当年发行 5000 册。1955 年，销售图书 16 万册，其中课本 8 万册。

1958 年 10 月，松阳、遂昌 2 个县合并，改称新华书店西屏门市部；是年，古市镇设分销处。

1960 年，古市书店撤销，人员调西屏门市部，图书销售业务由古市供销社接办。“文化大革命”期间，以发行马克思列宁主义、毛泽东著作及毛主席标准像为主，其他图书发行量锐减。1978 年，销售图书 47.5 万册，其中课本 28.5 万册，占全县销售总额的 40%。

1982 年，复置松阳县新华书店，年发行图书 51.2 万册，其中社会科学 0.3 万册、自然科学 1.17 万册、文化教育 25.8 万余册，销售额 14.8 万余元。1984 年，永秋书摊开业。1985 年 4 月，县新华书店营业大楼落成。1985 年，复建古市门市部。1990 年，全县发行各类图书 145 万册，比 1950 年增长 289 倍。1992 年，年销售图书 131.5 万册，其中社会科学 3.35 万册、自然科学 1.06 万册、文化教育 53.58 万册，销售额 157 万元，比 1982 年增长 9.6 倍，有农村供销社图书发行网点 32 个，个体书摊 2 户。

图 35-21　读者在新华书店开架柜选购图书（县档案馆提供 1992 年）

1993 年 2 月，松阳新华书店改为新华发展公司，实行多元化经营。1997 年 7 月，古市书店综合大楼竣工；大楼占地面积 210 平方米，建筑面积 964.73 平方米。2000 年 10 月，新华发展公司更名浙江省松阳县新华书店有限公司。是年 11 月，经请示省集团公司同意，购置人民大街 68 号原百货公司大楼，协议价为 285 万元。该大楼地处太平坊与人民大街交会处的繁华地段，占地面积 407.4 平方米，建筑面积 2025.04 平方米。经装修改造，于 2004 年 6 月 1 日搬入使用。2004 年 9 月，书店实行改制，由事业改为企业，由原来隶属县文化局管理改为浙江省新华书店集团有限公司下属的子公司—浙江省松阳县新华书店有限公司（具有独立法人资格），由省公司直属管理。企业改制后至 2010 年，松阳县新华书店有限公司的年均销售额为 969.5 万元，年均利润 28.8 万元。

第四节　电　影

电影放映

民国 19 年（1930），东印度公司为推销肥田粉，在西屏潘祠放映无声电影。民国 27～34 年（1938～1945），省教育厅电影巡回施教队多次到松阳放映以抗日战争为内容的影片。民国 37 年，西屏镇叶明等 5 人集资购买手摇发电机、电影放映机、荧屏、无声电影拷贝《红楼梦》等古装片，在县城放映。

1952 年，浙江省电影放映队第 11 小队到西屏、古市等地放映电影《翠岗红旗》。1955 年，303、411、423 小队先后多次到松阳城乡巡回放映电影。1956 年，松阳县 16 毫米电影队建立。1970 年 9 月，岗寺公社建立社办 16 毫米电影队。1979 年，松阳区域各公社有社办电影队共 22 个，其中 8.75 毫米 17 个、16 毫米 5 个，电影放映普及到每个行政村。1980 年，全县各区成立电影管理小组，加强对农村社办电影队的管理；是年，松阳老电影院（南直街53号）安装35毫米固定座机，古市电影院安装5502型座机。1982年5月，县电影公司成立。1992年，全县有放映单位30个，其中35毫米电影院3座、16毫米电影队23 个、8.75毫米电影队4个，有放映设备54套、录像设备3套。全年放映电影13146场，观众300万人次，放映收入58万元。1987年以后，县电影公司先后4次被评为省级先进单位，受到文化厅表彰。

20世纪90年代中期，农村电影放映锐减，各乡镇电影队陆续解散。2002年，县电影公司实行改制，县内各电影院歇业。

2004年，开展以“平安松阳 移动护航”为主题的百场电影下乡活动，放映优秀电影百余场。2006年，针对群众看不上电影的现状，省、市文化部门部署要求实施“2131工程”，县图书馆开设电影放映室，以满足群众看电影的需求。松阳剧院组织电影放映队送电影进社区、下农村活动，全年共放映800余场电影。2007年，组织电影放映队在县委党校放映影片《郑九万》，宣传郑九万的先进事迹，下乡放映电影100场；配合高速公路整治、创省级文明县城、构建和谐社会等内容进行宣传；全年共送电影下乡972场。2008年，送电影下乡活动让老百姓在自己的家门口看到数字电影，全年共放映电影1926场。2009年，深入全县401个行政村，共放映电影1229余场。每月到乡镇敬老院、学校、工业园区、社区红色教育基地定点放映爱国主义教育题材影片1次。2006～2010年，送电影进社区下农村放映电影近万场次。2010年，有电影放映队4支。

电影院

松阳老电影院　位于南直街53号，原为松阳县工商联会堂。1980年春节，改建成专业影院，安装35毫米固定座机，观众厅设825个座位。

1992年10月，房管部门收回房产，设备搬迁至县电影公司综合楼放映室，称“百花电影厅”。

松阳电影院　位于县城新华路49号，1984年10月1日竣工并投入使用。占地面积4582平方米，建筑面积 2124平方米。钢混砖木结构，门厅260平方米，观众厅780平方米，设940个翻板硬座位。机房配置5502型35毫米固定座机，4000瓦氙灯光源，能放映35毫米、遮幅式、宽银幕立体电影。1991年，观众厅安装冷气设施，改装866个软座。

图35-22　松阳电影院（县档案馆提供 1992年）

2002年，县电影公司实施体制改革。次年，县城电影院放映告停。

古市电影院　位于古市镇松阴溪西岸筏铺村，1981年春节竣工并投入使用。占地面积3447平方米，建筑面积1703平方米。钢混砖木结构，门厅三层楼房，观众厅设882个翻板硬座位。机房安装5502型座机。1985年，改装氙灯光源。

2002年，县电影公司体制改革。次年，古市电影院放映告停。

第八章　文化管理与事业单位改制

1949年5月，松阳县民主政府设文教科。1958年12月，随县制并入遂昌县。1982年，复设文教局。1984年，改为文化局，辖文化馆、图书馆、博物馆、电影公司、剧院、新华书店6个事业单位。2005年，县文化市场行政执法大队成立，对娱乐场所、文物、书刊印刷、新闻出版进行执法检查。

自2000年开始，新华书店、电影公司、剧院先后进行改制。

2010年，文化广电新闻出版局下辖文化馆、图书馆、博物馆、文化市场行政执法大队4个事业单位。

第一节　文化行政管理机构与职能

1949年5月，松阳县民主政府设文教科，主管全县的文化教育工作。至1958年12月并入遂昌县。1982年4月，恢复松阳县制，设文教局、体育运动委员会。1984年3月，改为文化局、教育体育局。2001年10月，文化局与广播电视局合并为松阳县文化体育广播电视局。2003年6月，县文化体育广播电视局，分设松阳县文体广电新闻出版局和松阳县广播电视台。2005年3月，根据全省文化体制改革的有关要求，县文体广电局改组为县文化广电新闻出版局，设县体育局；成立县文化市场行政执法大队，将原来分散的文化行政执法职能统一归并到文化市场行政执法大队行使，新增文物、新闻出版的执法职能；9月，松阳县广播电视台升格为正科级事业单位。

县文化领域的事业单位有文化馆、图书馆、博物馆、文化市场行政执法大队、电影公司、剧院、书店7个。其中财政全额拨款的事业单位4个，差额拨款的2个，自收自支的1个。2000年，根据中央和浙江省委关于文化体制改革的要求精神，先后启动松阳县电影公司、松阳剧院、新华书店的改制等工作。

县文化广电新闻出版局的职责是贯彻执行党和国家关于文化、文物、广电、新闻出版和著作权的法律、法规、方针政策；研究制订并组织实施全县的文化、文物、广电、新闻出版行政管理的规范性文件和政策，事业发展规划和基本建设规划。综合管理全县戏剧、音乐、舞蹈、曲艺、美术、书法、摄影、文学等艺术生产，重点抓好各门类艺术精品的创作、制作管理和文化、文物、广电、新闻出版、科技工作；组织、指导具有示范性的重大艺术活动。综合管理全县社会文化和图书馆事业，加强图书馆、文化馆(站)和剧院建设，组织、指导开展社会群众文化活动，挖掘和整理民族民间文化遗产。综合管理全县文物、博物馆事业；审核、报批全国、省、市、县级文物保护单位；承担历史文化名城、历史文化保护区、世界文化遗产项目的相关申报和管理工作；组织实施文物保护与抢救工作；依法申报考古发掘、文物保护、文物维修项目；负责管理全县文物维修工作；负责协调全县文化遗产管理、保护、抢救、发掘、研究、鉴定、出境和宣传工作：指导、检查全县文物安全工作。监督管理全县新闻出版活动和印刷业。依法管理社会文化市场；负责全县文化、文物、广播电视、新闻出版市场的管理和行政许可；指导全县文化市场行政综合执法和执法队伍的建设。

第二节 文化市场管理与执法检查

管理机构

为适应改革开放新形势下文化市场的培育与发展需要，加强对文化市场管理与行政执法。1988年7月，成立松阳县文化市场管委会；10月，成立文化市场管理办公室和文化稽查队，由县文化局统一实施全县的文化市场管理和行政执法事务，各区成立管理站。

1993～2003年，文化市场办公室与文化稽查队两块牌子一套人马，编制5人，负责全县的文化市场稽查工作。

2004年8月4日，成立文化市场行政处罚案件审理委员会。2005年，松阳县文化市场管理稽查大队更名为松阳县文化市场行政执法大队。2006年12月8日，成立松阳县文物监察大队，与松阳县文化市场行政执法大队两块牌子一套人员。

县文化市场行政执法大队主要职责是查处违法违规出版活动和印刷、复制、出版物发行中的违法经营活动；查处盗版侵权行为；承担扫黄打非有关工作任务。

执法检查

1988年，松阳县人民政府发布《对文化市场实施管理的通告》，对以商品形式进入流通领域的文字、美术、音像等精神产品及文化娱乐活动进行监督管理，办理文化经营许可证。1992年，全县办理文化经营许可证99户，其中包括录像放映、书刊销售出租、台球、歌舞厅、印刷、打字复印、电子游戏、广告美术装潢、字画销售、滑冰、文艺培训班、民间业余剧团等文化产业，每月对音像市场、歌舞厅等文化产业进行常规行政执法检查。1996年，分别开展以“打假保节日”“打假保春耕”“打假保健康”“打假保名牌”专项治理为重点内容的公平交易执法年活动。1997年，持续开展“扫黄打非”行动，制止非法建造寺观教堂、滥建坟墓等行为，加快殡葬改革步伐。

1993～1997年，严厉打击音像市场中出现的违法现象，文化执法共查获非法录像带983盒、激光唱视盘837张、录音磁带250盒，取缔2家录像放映点，处理2起非法安装卫星地面接收设施事件。1999年3月，制定出台《松阳县文化局行政执法责任制实施方案》，将全县的文化行政管理工作纳入法制轨道。6月，开展“音像制品反盗版宣传周”活动，通过广播电视向全县人民宣传“经营盗版违法，使用盗版有害”的有关知识。2004年5月29日，是第六个全国音像制品法制宣传周，组织工作人员上街宣传音像制品有关法律、法规，集中销毁历次执法行动中收缴的5000余盘盗版侵权音像制品。8月，松阳县文化局出台《松阳县互联网上网服务营业场所违规经营记分办法》和《文化市场管理工作规程》，进一步规范经营，完善各项制度。1998～2004 年间，每月坚持对音像市场、歌舞厅、电子游戏等文化产业进行巡视行政执法检查和不定期检查，净化社会环境，保护未成年人健康成长。

2005 年，全年共检查经营单位 1383 家，受理群众举报案件 27 件，处理行政执法案件 26 件，收缴非法音像制品 7446 盒（片），收缴非法出版书刊 17 册。2006 年，全年组织开展文化市场专项整治活动 7 次，执法检查 582 人次，检查经营单位 2217 家，查处违规单位 57 家，受理群众举报案件 14 件，立案处理案件 24 件，取缔无证经营 5 家，收缴非法音像制品 3971 片及非法出版书刊 687 册。2007 年，完善定期巡查制度，加强经常性管理，确保市场规范有序，知识产权得以保护；严厉查处非国定节假日接纳未成年人和设置具有赌博功能的电子游戏机具等违法行为和非法经营、演出等活动，坚决取缔无证经营和演出活动。文化市场行政执法大队全年共检查经营场所 1687 家次，查获违规单位 29 家，受理群众举报 7 件，立案处理案件 13 件，当场处罚案件 2 件，取缔黑网吧 1 家，收缴非法出版物 169 册，收缴非法音像制品 635 盒（片）张，取缔无证经营摊点 5 个。

2008 年 4 月 20～26 日，开展以“保护知识产权，打击侵权盗版”为主题的音像市场法制宣传周活动。是年，开展迎奥运维护社会稳定行动，按照“反盗版天天行动”的要求，对全县出版物市场集中清查，对集贸市场摊点、车站、学校周边展开大巡查。其中奥运会期间检查场所 66 家次，收缴非法音像制品 105 张，查获 2 起网吧接纳未成年人案件，对违规网吧依法进行处罚，为奥运会召开营造和谐良好的文化环境。

2009 年，在“5·18 国际博物馆日”“中国文化遗产日”举办文物保护专题宣传展览。把文物、文化市场法规政策的宣传教育与对从业人员的法规、行业知识培训相结合，举办经营业主教育培训 5 次。全年共检查经营单位 1424 家次，立案处理 10 件，简易程序处理 11 件，收缴非法音像制品 765 张，收缴非法出版物书刊 97 册。

2010 年，开展“打黄扫非”“禁毒”等专项整治行动，采取定期检查与突击检查相结合的方式，加大对演艺娱乐行业的监管力度。全年共检查经营单位 892 家次，查获违规单位 23 家次，实施行政处罚 12 件，收缴非法音像制品 952 盒（片），收缴非法出版物书刊 60 册，取缔无证游商摊点 5 个。

第三节　书刊印刷市场管理

1999 年 4 月，成立松阳县文化市场管理领导小组，对松阳县印刷企业进行全面摸底调查、清理整顿，通过调查摸底、普查清理，共有 41 家经营单位通过验收，并予核发印刷许可证。

2006 年 4～7 月，开展以清查非法出版物、扫除淫秽色情等有害出版物、封堵查处互联网有害信息为重点的专项整治行动；8～10 月，开展以打击盗版教材、教辅读物，整顿规范以青少年为主要对象的出版物市场专项整治工作，净化书刊印刷市场，为保护知识产权和青少年健康成长创造良好的文化环境。全年共收缴非法出版书刊 1616 册，罚款人民币 5.01 万元。

2007年春节和全国两会期间，对市场出版物进行专项整治，开展执法案卷查评和文物执法巡查工作。对松阳县出版物发行单位和个人实行年检，全县33家印刷经营单位换发新的印刷经营许可证。2008年7月，对全县30余家印刷复制行业开展专项检查，规范印刷复制行业的经营秩序，严厉打击制售非法出版物及盗版制品的行为，进一步规范经营管理，完善各项制度。2009年，全面完成松阳县印刷经营许可证、文化市场经营许可证、出版物经营许可证换发工作。

第四节　娱乐场所管理

歌舞文艺场所管理

20世纪90年代初，松阳城区开办多家录像室（厅）、歌舞厅和游戏机房等娱乐场所。县文化局设文化市场管理办公室、文化市场稽查队加强管理。1996年，对全县娱乐经营户进行全面普查并补办营业执照，共查娱乐场所130家（张），其中书摊15家、录像室7家、歌舞厅28家、游戏机房18家、其他6家，另有营业性台球桌56张。

2000年7～9月，对全县歌舞厅、录像放映厅、棋牌室、音乐茶座等娱乐服务场所进行专项整治。娱乐服务场所从原来的130家压减为81家，同时加强制度建设，规范经营行为，严厉打击娱乐服务场所的违法经营活动。

2002年，松阳县第一家演艺厅经县文体广电局审批同意开业。2009年，批准成立松阳县益福木偶剧团和松阳县白沙岗高腔剧团两个文艺表演团体。2010年，批准成立松阳县玉岩高腔剧团表演团。

2006年，根据国务院颁发的《娱乐场所管理条例》要求，进行核发娱乐经营许可证工作。对新成立的4家歌舞娱乐场所核发经营许可证。

2007年，对新成立的5家歌舞娱乐场所及松阳县处州松阳高腔剧团核发经营许可证。2008年，启动娱乐场所阳光工程，改善娱乐场所的环境，对新成立的会所核发经营许可证。

2009年，对新成立的2家歌舞娱乐场所核发经营许可证。

电子游戏场所管理

1999年8月，与县文明办联合开展电子游戏经营场所检查，重点检查和了解未成年人的进入情况，并把检查结果及时通过电视新闻曝光。

2000年，开展全国统一集中专项治理工作，对全县38家电子游戏经营单位进行检查，处理违章经营场所21家，罚款36300元。通过专项治理重新审核登记，关停不具备条件的场所21家，保留经营面积在60平方米以上的、电子游戏机数量有30台以上的经营单位17家。所有经营单位必须按规定悬挂“非国家法定节假日未成年人不得进入”的标志以及文化市场监督举报告示牌，严格遵守营业时间。之后，经常对全县网吧开展突击检查，发现违规经营行为作出相应行政处罚，规范网吧经营行为。

2001年，核准登记新建网吧6家。2002年，收缴未经批准的电子游戏机20余台，核准登记新建网吧1家。2003年，核准登记新建网吧2家。2004年，成立松阳县文化市场专项整治工作领导小组，对以互联网上网服务营业场所为重点的文化市场开展专项整治工作。采取行政处罚与法律法规教育培训相结合的办法，使网吧违法违规经营现象得到有效遏制。共出动检查人员336人次，立案9起，罚款人民币1.6万元。

2005年，核准登记新建网吧2家。2006年，核准登记新建游艺娱乐场所3家、网吧3家。并通过加强市场巡查密度，加大行政执法力度和落实各项管理措施，共检查网吧542家次，出动检查191人次，查获违规单位9家，处罚9家。

2007年，举办网吧经营管理、技术人员培训班，全县15家网吧30名管理、技术等人员取得上岗资格。召开网吧业主学习会、文化市场义务监督座谈会，提高从业人员的法制、责任、自律等意识。2009年，核准登记新建网吧、电玩中心4家。

2008～2009年，按照“调整存量，优化结构”的原则，支持和引导非连锁经营网吧向连锁业态发展，规范和引导网吧连锁经营体系，引导同城区域内的网吧连锁经营。全年网吧总量不增加，重在提高网吧质量，对以前审批的电脑数不到80台以上、经营面积不到200平方米的网吧在变更场所或法人时要求达到以上标准。2010年，以杜绝违规接纳未成年人为工作重点，加大对网吧市场监管和处罚力度，对群众反映问题较多的区域开展集中整治，着重加强校园周边网吧的日常检查，对重点时段进行重点检查，有效净化校园周边的文化环境。

音像制品管理

2000年，共出动稽查417人次，检查经营单位328家次，受理群众举报12件，收缴非法音像制品206盒，收缴非法出版书刊113册。所有单位营业场所的使用面积必须达到30平方米以上，并按照规定停止审批新设立的音像制品经营单位。

图35-23　稽查人员在音像出租店检查(县档案馆提供 1998年)

2004年，开展“第六个全国音像制品法制宣传周”活动，组织工作人员上街宣传音像制品有关法律、法规，共发放宣传资料300余份，集中销毁历次执法行动中收缴的5000余盘盗版侵权音像制品。2006年，配合“4.26”世界知识产权日，打击盗版光盘集中行动；5月22～26日，开展音像市场专项整治周行动；7月15日～10月15日，开展“反盗版百日行动”，反复查清松阳县音像市场，收缴非法音像制品3971片。通过集中整治，松阳县音像市场正版音像制品的占有率显著提高，市场秩序良好。2008年，开展以“保护知识产权，打击侵权盗版”为主题的音像市场法制宣传周活动。对全县音像市场全面检查，加大对音像制品经营单位的执法检查力度，检查中发现有非法音像制品的行为予以立案处理。4月26日，把收缴的1500张VCD非法音像录制品集中送至丽水，参加全国统一销毁非法音像制品分会场的销毁活动。

2007年，对松阳县出版物发行单位或个人进行年检，全县有33家印刷经营单位换发新的印刷经营许可证。2008年，对全县30余家印刷复制业开展专项检查，规范印刷复制业的经营秩序，严厉打击制售非法出版物及盗版制品的行为，要求各经营业主进一步规范经营，完善各项制度。

第五节 文化事业单位体制改革

电影公司改制

松阳县电影公司成立于1982年5月，全县各区（镇）、公社都有电影放映队，是县文化局下属的差额拨款事业单位。20世纪90年代中期，电视、录像的普及对电影放映的冲击日益明显。1996年，县文化局首次提出要对县电影公司进行改制，因故未取得进展。2000年5月，正式启动县电影公司的改制工作，2001年7月，因故被搁置。

2002年8月，采取整体解散方案，重新实施改制工作。公司原有在职职工34人，其中符合方案规定退休条件的9名职工提前办理退休手续，不符合提前退休条件的25名职工采取买断工龄一次性支付经济补偿金。2003年1月，松阳县体改委批复同意改制方案。从此，松阳县电影公司完成历史使命不复存在。

剧院改制

松阳剧院成立于1955年1月。2005年后，剧院的接待演出业务不断减少。是年，根据中共十六届三中全会关于对文化体制改革要理顺党和政府与文化企事业单位关系的精神，“逐步建立党委领导、政府管理、行业自律、事业单位依法运营的文化管理体制”的要求，松阳剧院开始转型。

2006年，剧院实施“2131”工程，每年送电影下乡（进社区）任务，职工改组为4个电影队，2006～2010年的5年中，共送电影9091场次，观众数10万人，平均每年放映1800场之多。2010年6月，把剧场出租改作溜冰场，门厅出租为营业场所，以收取房租来维持职工的工资福利等开支。

新华书店改制

新华书店是自收自支的事业单位。1982年恢复松阳县建制，同年成立松阳县新华书店，经营图书业务。1993年2月，改为新华发展公司，由单一的图书经营进入多元化经营。2000年10月，更名松阳县新华书店有限公司。

2004年9月，依照国家对新华书店的管理模式，松阳县新华书店有限公司由事业性质明确改为企业性质，并与地方管理脱钩，实行依法运营、自主核算的文化企业管理体制模式。即由原来归属松阳县文化局管理改为由省公司直属管理，同时，成为浙江省新华书店集团有限公司下属子公司（独立法人公司）浙江省松阳县新华书店有限公司。

（此节内容与第十九编“政治体制改革”第三章“机构改革”第二节“事业单位机构改革”互为补充）

第九章　新闻媒体

松阳传统新闻媒体主要包括报刊、广播电视，即松阳报社和松阳广播电视台。两家新闻单位在宣传松阳、介绍松阳中发挥积极作用，是宣扬传播社会主义精神文明和先进文化的重要工具。21世纪后，松阳新闻媒体形成以党报党刊为核心，广播、电视、互联网为手段的多门类、多层次的新闻信息媒体系统。

第一节　报　刊

民国时期报刊

《当日新闻》，浙江省立湘湖乡村师范学校在松阳主办。民国27年（1938）1月18日创刊，毛边纸8开2版，油印，发行量约200份。内容以报道战况、评论时事为主，消息来源系用收音机收听各通讯社（包括新华通讯社）新闻。次年，改称《市日新闻》。

《战时画报》，湘湖师范主办。民国27年（1938）4月20日创刊，6开1版，多刊载宣传抗日的漫画。次年，改称《市日画刊》。

《松涛》，县抗日自卫委员会主办。民国27年（1938）4月21日创刊，32开周刊，铅印，内容有时事要闻及战时教育等。

《松阳民报》，民国27年（1938）5月16日创刊，初由县抗日自卫委员会主办，4日报；8月，由国民党县党部接办，改为日报，新闻纸8开铅印，设副刊《松风》，发行量约150份。消息来源多系国民党中央通讯社电讯，也有该报自行采访及剪（摘）报。次年，改为周报，至1946年停刊。

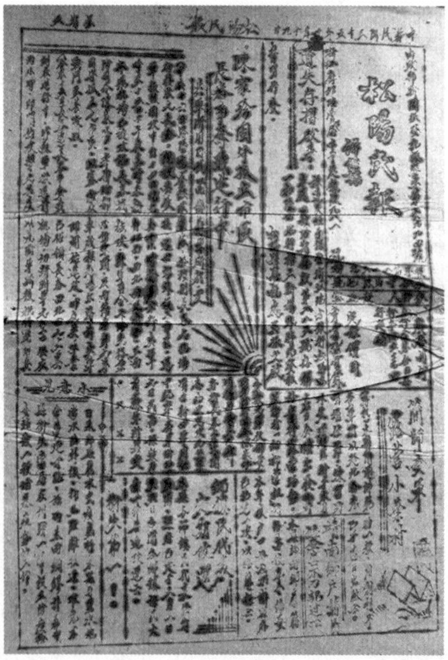
松陽民報

图35-24　《松阳民报》（县档案馆提供 1946年）

《抗敌三日刊》，县抗日自卫委员会主办。民国27年（1938）10月1日创刊，8开2版，新闻纸石印，设副刊《血风》。

《合作通讯》，古市经济建设实验区主办。民国28年（1939）10月创刊，8开4版，油印，半月刊，内容多宣传抗日主张，辟有“通讯”“战报”“民谣”“漫画”等栏目。发行至全县乡村。次年秋，停刊。

《奋斗》，国民党松阳县党部、县教育文化事业委员会主办。民国 29 年（1940）9 月 15 日创刊，小 32 开本，油印，半月刊。发行至全县各乡村、社会团体。

《古市民众》，湘湖师范主办。民国 31 年(1942)创刊，日报，每期发行约 60 份，宣传抗日，刊登地方消息、时事战况等。

《松阳青年》，三民主义青年团松阳县分团部主办。民国 34 年（1945）7 月 31 日创刊，32 开本，油印，初为半月刊，后改为不定期刊。多发至各中小学、机关团体、三青团基层组织。以国民党中宣部“每周宣传提纲”为编辑依据，设“总理为教”“总裁言论”等栏目。

《松阳民声》，县参议会机关刊物。民国 35 年（1946）创刊，32 开本，油印，不定期刊，每期约发行 100 份，以刊登法令、法规及参议会议案为主，间论全县应兴应革事宜。

《松阳日报》，民国县政府社会科主办。民国 36 年(1947)创刊，8 开 4 版，铅印，设副刊《西屏山》。民国 38 年春停刊。

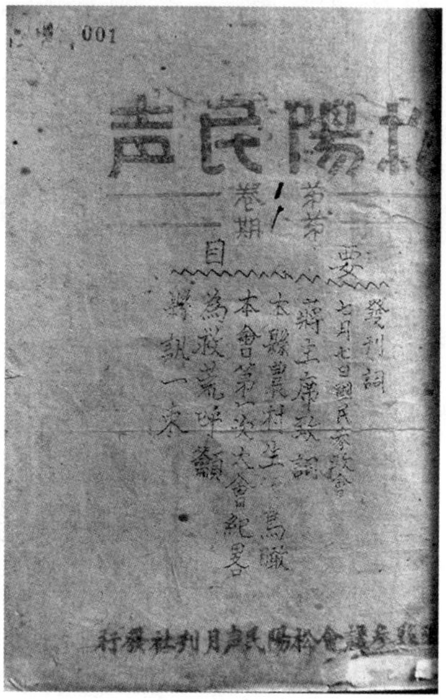

图 35-25 《松阳民声》创刊号（县档案馆提供 1945 年）

中华人民共和国成立后报刊

《松阳报》，中共松阳县委机关报。1956 年 10 月 1 日创刊，4 开 2 版，偶出 4 开 4 版，新闻纸、铅印，5 日报，公开发行，每期 2000 余份，月定价 1 角 2 分，发行至全县各机关团体、学校、乡村、农业社。1958 年 5 月 15 日，改 3 日报；9 月 11 日，改日报；10 月 26 日，停刊；共出 223 期。《松阳报》设副刊《工农文艺》，内容有新华社国内外要闻以及本地新闻、典型经验、先进人物及科教小常识等。

《松阳党史通讯》，中共松阳县委党史研究室主办。1984 年创刊，内部发行，不定期刊，16 开铅印，发行量约 1000 份。

《松阳教育》，松阳县教育委员会主办。1984 年创办，16 开铅印，初为不定期刊，1992 年 2 月改为月刊，发行 1000 余册。设“动态分析”“热点报道”“新闻举要”“教育论坛”“教学前沿”“耕耘篇”等栏目。

《松涛》《白龙洲》《松阳文艺》，松阳县文联主办。1985 年创办，不定期刊，16 开铅印，内部发行。发表本地作者的各类文艺作品。

《松阳修志通讯》，县志办公室主办。1991 年 12 月创办，不定期刊，16 开油印，内部发行，每期发行量约 500 份，辟有“论文选登”“松阳史话”“松阳人物”“史料考辨”等栏目。

《新闻界》，县委报道组、《丽水日报》松阳记者站主办。1992 年 3 月创刊，16 开铅印，双月刊，内部发行，每期 120 份。1982～1992 年，共有 4750 多篇新闻作品在全国、省、地级报刊发表，其中发表于省级以上报刊 1050 篇。

《松阳报》，中共松阳县委主管主办。2000 年 10 月 23 日创刊，县级党报，准印证号：浙字第 01-24 号，刊期为周二报，4 开 4 版。2002 年，改为周三报。总编由县委宣传部副部长兼任，副总编为县委报道组负责人和《松阳教育》主编。主要栏目有“民情在线”“古县回眸”“弄潮儿”“直言快语”“回音壁”“世相百态”“记者进百家”“三百六十行”“农技110”“经济时评”“曝光台”等，发行量为每期6000份。《松阳报》创办3年后，于2003年12月31日撤办。

《新松阳》，2005年1月1日，恢复县报，改名《新松阳》，每周二、周五出报，4开4版。由县委报道组负责办刊工作；10月28日，设立县《新松阳》采编中心，与县委报道组合署办公，为全额拨款正科级事业单位，归口县委宣传部管理。2006年1月1日，《新松阳》出刊100期，启用新刊头，新松阳采编中心正式挂牌。2007年3月，《新松阳》由周二报改为周三报，周二、周四、周六出版。印数为5000份。

第二节　通讯报道机构

县委报道组

1951年，中共松阳县委宣传部设通讯干事1人，负责通讯报道工作。1982年5月，设中共县委报道组。1988年6月，设《丽水日报》松阳记者站，与中共县委报道组合署办公。全县有业余报道组22个、业余通讯员200余人。1982～1992年，有4750多篇新闻作品在全国、省、地级报刊发表，其中发表于省级以上报刊1050篇。1985～1992年，全县有70多篇新闻作品获奖。《松阴溪畔有知音》获1985年浙江省好新闻二等奖，《红领巾广播台》获三等奖。1989年，《秀才垦荒记》同时获全国好新闻三等奖、浙江省好新闻一等奖，《松阳县城垃圾“走俏”》获浙江省好新闻三等奖。1990年，《一初中学生隐名捐款救灾精神可嘉》获浙江省好新闻一等奖，《花落深山静无声》获二等奖。

1984～1992年，有17人次被浙江日报社评为优秀通讯员或积极通讯员，被评为先进报道工作者3人次。1992年，县委报道组被评为全省先进报道组。2000年10月后，县委报道组与松阳报社合署。

松阳报社

松阳报社创办于2000年10月，为差额拨款事业单位，共有19名工作人员。2003年12月31日，停刊。

新松阳报社

2005年1月，恢复县报，改名《新松阳》；10月，成立《新松阳》采编中心，归口中共松阳县委宣传部管理，为正科级全额拨款事业单位，共有20名工作人员。

中国·松阳新闻网站

2009年12月16日，松阳县委成立中国·松阳新闻网站。网站主要做好信息收集、编辑及网上的发布，以及相关网页内容的采编、策划、设计和专题制作等工作。同时，确保“独山论坛”正确舆论导向，收集舆情向上专报。网站于2010年7月1日开通试运行，是月28日正式开通。

第三节 广 播

收音机

民国 19 年（1930），民国松阳县政府置无线电收音机。至解放前夕，全县有收音机 6 架，分别为天主教堂、耶稣教堂、县长室、县民众教育馆、郭隆兴烟行和钟松家拥有。

收音站

1950 年 10 月，建立松阳县收音站，设在县人民政府内，隶属松阳县委宣传部，配专职收音员 1 人。有五灯直流收音机 1 台，每天抄收浙江人民广播电台，记录新闻、气象消息、农业生产、科学知识等，及时传播党的方针、政策和任务。

广播站

1953 年，建立松阳县城有线广播站，主要设备是县政府召开大会用的 2 台 30 瓦扩音机，主线架在电力线杆上，全城有喇叭 60 只，向县城听众传播中央人民广播电台和省电台的重要新闻。

图 35-26 松阳广播站播音室(叶祖青提供 1957 年)

1957 年 1 月，松阳县人民广播站成立，站址在县城钟楼路 17 号，1 月 30 日正式开播，每晚播音 1 次。是年 10 月，县广播站迁至官塘路贞文祠。1958 年 11 月，松阳县并入遂昌县，松阳县人民广播站改称松阳转播站，转播遂昌县人民广播站的广播节目。

1982 年复置松阳县，恢复松阳县人民广播站，为松阳县广播事业局下属机构。除县人民广播站外，全县 27 个乡镇都建有广播站。乡镇广播站主要承担本辖区内的转播工作。县人民广播站每天播出 7 小时 45 分钟，自办节目 2 小时，集新闻、专题、文艺节目为一体。其中，自办新闻节目每天 3 档，转播中央、省、地广播新闻节目 6 档，有固定对农村广播节目，以农业、科技、信息、技术辅导为主的《科技兴农》节目。此后推出“松阳新闻”“农村科技”“听众信箱”“每周一歌”“为您服务”“学习园地”“广播影剧院”等节目。

1989 年 6 月，松阳县人民广播站迁至县城新华路 38 号新址。播音室更新甲级播控设备，有采编播音人员 11 人。1991 年，岗寺乡广播站获“全国广播电影电视系统先进集体”称号。

1992 年撤区扩镇并乡，全县共有 20 个乡镇，设 20 个乡镇广播站。乡镇广播站在县广播站每天第三次播音结束后，播出半小时自办节目。

1998 年 1 月，松阳县人民广播站改为松阳县人民广播电台，与松阳有线广播电台（筹）、松阳电视台、松阳教育电视台合并为一个播出实体，并经国家广播电影电视部批准，设立松阳县广播电视台。1999～2010 年，松阳县人民广播电视台采用音频工作站制播音系统。至 2010 年，变化不大。

第四节　电　视

电视差转台

20 世纪 70 年代初，县内开始有黑白电视接收机。1978 年 8 月，松阳第一座电视差转台建成，设县城吴家山，发射功率 10 瓦，接收遂昌县牛角尖 11 频道，发射 5 频道；同年 12 月，建独山差转台，配置 10 瓦小差转机 1 台。1983 年 6 月停播。

1982 年 5 月，筹建邵山差转台。次年 6 月 1 日正式投入使用，配置 50 瓦发射机 2 台，转播浙江省电视台第一套节目，接收金华 2 频道，发射 7 频道。

电视接收站

图 35-27　西屏山卫星地面接收站建设(叶祖青提供 1986 年)

1986 年，西屏山临时卫星地面接收站建成，配置 6 米抛物面天线一套，利用半波机设备转播中央电视台第一、第二套节目。1989 年，开通浙江电视台第二套节目。

1991 年 7 月，动工兴建独山卫星地面接收站，1992 年元旦建成。配置 50 瓦差转机 4 台，50 米电视发射塔 1 座，4 层框形天线 1 副，蝙蝠翼天线 2 副，3.5 米抛物面天线 1 套，50 瓦差转机 5 台，14 寸监视机 4 台，转播中央电视台第一套、第二套节目及丽水台节目。至 1992 年底，全县有小差转台 30 座，卫星地面接收站 12 座，电视混合覆盖率 84%。至 2010 年，全县乡村实现有线联网，乡村差转台、卫星接收站不再使用。

有线电视

图 35-28　县广电综合大楼(县广播电视台供 1991 年)

1985 年，购置电视摄像设备，开始电视新闻摄像。1986 年 2 月 8 日，开办松阳电视新闻节目，每次 10 分钟，每周播出 2 次。1989 年，筹建有线电视。1990 年 1 月开播，置 3 米抛物面天线 1 副，C 东卫星接收机 2 台，单频放大器 7 台，调幅器 3 台，场强仪 1 台。至 1992 年底，有线电视终端 1247 个；播出中央电视台第一套、第二套节目及丽水电视台节目、云南电视台节目和直播录像节目。1992 年 6 月 14 日，松阳县教育电视台正式开播，为丽水地区第一家教育电视台。1985～1992 年，共向省电视台提供电视图像新闻 45 条。1993 年 11 月 15 日，松阳电视台经国家广播电视部批准建立，开始试播。1994 年 9 月 21 日，松阳电视台与松阳教育台合并；28 日松阳电视台正式开播，为丽水地区首家县级电视台。1995年，新增调频广播发射设备。1996年，投资50多万元开通电视加密频道，电视节目增至20多套。1997年，投资60万余元兴建大种山转播台，电视用户从建台时的几百户发展到1万多户。1998年，全县有线电视联网，共播出包括浙江经济台、科教台等在内的30多套电视节目。2010年，启动数字电视整体转换，播出含高清电视在内的120多套数字电视节目。是年，全县电视用户5.6万户。

第五节 广播电视网络建设

广播网络建设

1957年，松阳县人民广播站有300瓦扩音机一台，线务员、技术人员各1人，全县只有赤岸—龙下、水南—郑弄口、水南—大竹溪、上河—山下阳、望松—吴弄、古市—溪下6条广播专用线。1964年，增加金岸—界首—横溪—古市—西屏—水南—阳溪广播专用线。1966年，松阳—靖居、松阳—大东坝广播专用线建成。1989年，建成松阳—玉岩专用线。1992年，全县有线广播村通播率100%，广播入户率60.5%，形成覆盖全县的有线广播网。各乡镇均设有广播站，转播县站节目，并自办新闻节目。

图 35-29 县广播电台工作人员录制《松阳新闻》（县档案馆提供 1998年）

2001年，县政府拨专款15万元用于农村有线广播改造，20个乡镇广播信号恢复畅通，县城街道喇叭全部采用调频广播音箱。2006～2008年，实施新一轮“村村通”工程，投资2097万元，完成223个行政村，包括587个20户以上的自然村都实施该建设任务。新架设有线电视光缆线路1136千米，乡镇、村联网率实现“双百”目标，自然村联网率为98%。2008年5月至2009年6月，实施农村有线调频广播“村村响”工程，共投入经费近500万元，先三都乡试点后即在全县铺开，全县401个行政村全部安装有野外广播，有乡镇广播站8个，野外音箱1989个，有线广播可听人口覆盖率86%。8月，松阳县广播电视台获得“浙江省新一轮广播电视村村通工程建设先进集体”称号。

电视网络建设

1996年，建成松阳县第一条有线电视光缆传输网，开通中央电视台4套加密频道。1997年，启动丽水地区有线广播电视传输网松阳段的建设工作，有线广播电视台覆盖松古平原，贯穿裕溪、象溪、西屏、望松、斋坛、古市、赤寿7个乡镇，播出20套电视节目和3套调频广播节目，实行有线广播与有线电视共缆传输。1999年，丽水地区有线广播电视传输网贯通，省7套有线节目和丽水2套节目通过自输网送入县有线网络。4月，象溪镇有线电视小网并入松阳县有线电视网，用户收视节目有26套。6月，古市镇33个行政村实现村村通有线电视，是松阳县第一个实现村村通有线电视的乡镇。8月，县广播电视局投入60万元对电视摄录编播设备进行数字化改造，组成一套较为完整的数字采编系统。9月，大东坝镇有线电视小网并入县有线电视网。至年底，全县20个乡镇广播信号全部畅通，农村广播入户率70%，电视综合覆盖率97%。

2001年，在斋坛乡、赤寿乡和西屏镇北山片新建光纤网络，提高电视信号的传输质量。在古市镇岗寺片、新兴乡、赤寿乡、裕溪乡、西屏镇等农村新立电视网络杆460根，新建网路27千米，解决了有线电视部分线路参搭在电力杆、邮电杆、广播杆等不规范设施的问题。结合县供电局农电改造工程，对30多个村的有线电视网络进行整改，有8个乡镇的广播机房设备得到改造。在大东坝镇作调频广播共缆传送试点工作，安装调频广播音箱168只，覆盖21个村。通过小网络、卫地设施解决100个电视空白村。此外，松阳三中校园广播网建成，县政府大院接入因特网试验，完成县建行2个储蓄分点的数据联网和人民银行、保险公司的数据联网，建立县广电大楼计算机局域网。

图 35-30　施工人员架设有线电视传输光缆（县档案馆提供 1998年）

2002年，松阳县投资60余万元，对板桥乡有线电视网联网进行改造，网络覆盖7个行政村。全年新增有线电视用户1674户。2003年，投资50余万元，新建四都乡有线电视网，覆盖7个行政村。投资20余万元，新建西屏镇水南片有线电视网，覆盖4个行政村。同年年底，采用光纤到村，对西屏镇阳溪片有线电视干线以及县城长松路以南居民区有线电视网络进行改造，使电视传输质量明显提高。全年新增有线电视用户2324户。

2006年，建立和健全广播电视安全播出指挥体系、技术保护体系、信息发布体系和监看监听监测体系，以提高应对处置突发事件的能力。全年完成126个行政村、338个20户以上自然村实现有线电视联网，新增用户4600多户，受益人口2万多人。配合县重点工程及时完成高速公路、康庄工程、移民安置等工程的有线电视杆路迁移和安装工作，光纤改线10千米，移民安装点新架8千米线路，新安装移民用户400多户。4月，开通有线电视网络数字电视节目信号传输，提供包括国际和国内节目82套。与县委组织部共同完成160多个农村党员干部现代远程教育系统网点建设。2007年，实施有线电视1550nm光纤网络升级改造工程。至2008年末，在有线电视新一轮“村村通”工程中共投资2097万元，完成223个行政村、587个20户以上的自然村建设任务；新架设有线电视光缆线路1136千米，乡镇和行政村联网率实现“双百”目标，自然村联网率为98%。2010年10月，实施有线电视数字化整体转换工作。

第十章　旅游事业

1998年，松阳县开始重视旅游工作；6月，县政府成立风景旅游工作领导小组和风景名胜管理处。2001年，县风景旅游局成立，依托松阳丰富的自然生态资源和人文资源发展旅游事业，培植旅游经济新的增长点。在大力发展生态旅游，努力促进第三产业健康发展的同时，进行旅游资源全面大普查、规划编制、设施建设、产品开发、宣传促销、行业管理等方面形成较好的发展势头。

为挖掘松阳人文资源，提高松阳县的知名度，2005年，县政协组织评选出“松阳县十大名人”，按时代排序分别是：叶法善、叶梦得、沈晦、张玉娘、王景、詹雨詹宝、高焕然、刘德怀、陈凤生、祝更生。同时，推荐张玉娘为丽水市十大历史名人之一。

第一节　自然景观

松阳旧十景

民国《松阳县志》松阳附城十景总说明：

附城十景厘订于何时，旧志无所考。清乾隆间，邑令曹立身题之以诗，其名乃定，然未有次序也。迄今二百余年，兴废修改，相差甚远，特富天工者，变更少；美人工者，游览多。兹故先叙天工而后人工，以定其次序焉。如望松夜月，首揭松阳之名，因列为第一景。云岩石屋，峭壁天成，建筑华美，列为第二景。石笋仙踪，双峰矗天，仙居雅洁，列为第三景。凌霄岚翠，山境清幽，层台高峙，列为第四景。百仞云峰，孤峦独耸，下临清溪，列为第五景。塔溪绿涨，江天一色，地是景迁，列为第六景。柳池鱼跃，近在城隅，虽已颓坏，尚饶幽致，列为第七景。梅墩春色，墩已无存，梅又疏落，仅有延庆寺塔，峙立不移，为可想像，列为第八景。邮亭远眺，亭已久废，附建之甘露寺亦待修理，列为第九景。双童积雪，距城较远，又无院宇，点缀其间，层岩相依，横空无际，但宜于远望而已，列为第十景。

附考：九九老人丁正中《素园集》有松川十景，题曰：西屏秋月、百仞春云、云岩积翠、龙溪锦浪、枫林夕照、松岭晚钟、南岩霁雪、上方仙迹、白云烟雨、梅坞晴岚，大同小异，并录之，以资考镜。

望松夜月，为松阳十景之冠。在城北凤臻门外百余步，相传为王右军望松处，有石级十六层，俗名望松岭，实则道途平坦，乃古市通衢，并非高岭。上有望松禅院，颇宏丽，供太保温琼于此。每岁仲春，迎赛逐瘟，乡民群集，举国若狂，考松阳置县始于汉，其地在长松山之阳，故名松阳。王右军，名羲之，晋会稽人，松阳附属会稽，因事来兹，容或有之。

北城选胜觅清阴，一曲松风万籁吟。艳说右军遗迹在，时来步月慢追寻。

云岩石屋，为松阳十景之二。在望松禅院后里许，峭壁巉岩如云鬟佛髻，有上下两石龛。下龛高丈许，深广各三丈，正方如屋，屋外接造堂楹，层级达上龛，高广略逊，形成三角，加以人工，亦足容人。龛外建三层楼，可以凭栏远眺，最饶兴趣。又有丹泉、月池、天门、仙桥之胜，游人消夏纳凉，如入广寒清虚之府，不啻一洞天也。

石壑崚嶒纵大观，依稀宫殿列云端。此中若奏霓裳曲，犹是人间一广寒。

石笋仙踪，为松阳十景之三。在县西五里。削壁层峦，穷极奇峭。双峰对峙，尖耸如笋。中有秀峰观，供奉吕纯阳。仙师扶鸾，题诗每多雅句。文人学士，恒聚于此。峰前镌题“野鹤归来”四大字，笔致秀雅，惜没其名。

双峰壁立似天开，石籥磷磷不点埃。欲觅仙踪何处是，言随野鹤未归来。

凌霄岚翠，为松阳十景之四。在城西金屏门外半里，西屏山之麓。有米襄阳题崖“凌霄台”三大字。旧有亭台院宇，招僧供佛。现复添筑数楹，拟设图书馆于此。然山境清幽，固足为读书之所，而松阴横亙又恐多蠹蚀之虞。上有白鹤殿，后有偃月池，大旱不竭。

层岚叠翠望迢迢，高阁凭凌上九霄。更有图书重假馆，石渠天禄共名标。

百仞云峰，为松阳十景之五。在城南济川门外南岸。孤峰独擎，高逾百仞，相传昔人量日影得之。又云此峰向南背北，形同蟾跃，反面如角弓。故松邑民风少团体，此则惑于形家之说，不足据也。然秀占一方，与桂林独秀峰相媲美，亦足以称雄耳。峰颠旧有蟾峰阁、太乙亭，今废。下有大慈寺、瑞现夫人庙，香火颇盛。

山城近对最高峰，如在苍苍云气中。争似桂林夸独秀，东南山水亦称雄。

塔溪绿涨，为松阳十景之六。在济川门外赤塔埠，两堰交通，灌田万顷。春雨初涨，临溪望之，碧色连天，不啻船如天上坐焉。相传昔有赤塔久被冲废，并城门亦荡然无存。今则遥望青蒙高塔，夕阳倒影，掩映溪流，亦有兴趣。抚今思昔，不免沧桑之慨矣。

春水漫漫赋济川，江天一色绿无边。至今赤塔知何处，留得清溪灌万田。

柳池鱼跃，为松阳十景之七。在城北天后宫之西厢。昔年绿阴垂钓，宛若隋堤，乃鱼柳俱亡，已非一日。光绪壬辰，焕曾读书于此，为补种垂柳数株，畜鲤数尾，暇辄凭栏，风景依然，尝吟“春暖观鱼跃”之句。后于戊戌果捷春闱，亦先机欤？民国庚申，闽商醵修天后宫，池东添建一亭，而荒芜如故。苟将此地改造喷水池，尤为绝妙胜景也。

记曾补种柳千丝，摇曳春波影满池。幸得登龙偿夙愿，当年跃鲤已先知。

梅墩春色，为松阳十景之八。在县西五里上方山前。旧志载，上方福安寺，即今延庆寺，前行六七十步有梅花墩。今墩已不存，梅仅有小叶村数株，其地与小赤壁、小桃源相接壤，延庆寺塔巍然相衬。唐宋名人恒隐于此。想当年梅雪争春，骚人搁笔顿忘，其为孤山处士之胜焉。

昔年湖畔惯寻芳，放棹孤山问短长。此日梅墩重选胜，何来处士共吟香。

邮亭远眺，为松阳十景之九。在县东半里甘露堂前。昔为接诏迎官之所，道通栝郡，路达京华，一望平畴，远风交送，倚亭闲眺，具有扶摇万里之思。昔人创建斯亭，其意亦深远也。惜亭废已久，今则甘露堂亦颓坏不堪。是在有保留胜境之责者，急起而倡修之。

一望平畴草色青，春郊半里到长亭。往来多少蓬瀛客，万里冲霄此发硎。

双童积雪，为松阳十景之殿。在县南十里，界于南岩、白云两山之间。双岩并立，如童子相倚负，俗名二童讲书。每值严冬，峰头积雪，在清源垄等处正面望之，宛若两人相对，秃然露顶，情形毕肖。在白云山上望其侧面，如秃僧负妇，故俗又名石和尚背老婆。岩麓又有巨石，形如狮子。

讲书不辍此顽童，兀立峰头笑晚风。历尽寒山天作雪，穷经皓首白蓬蓬。

旧志和姓氏宗谱记载的胜景有：

松川八景：琴山横翠、镜水绕蓝、削壁篆文、危楼胜槩、龟壇牧笛、牛渚渔灯、下渡浮梁、长衢驻马。

古市八景：明善书院、永宁仙迹、卯峰屏翠、仙岩蟠拱、龟山环绕、象鼻潆洄、带水环襟、旧城乔木。

佳溪（界首）八景：狮岩石室、寿山岚翠、清溪晚渡、风亭远眺、桃源春涨、净庵夜月、麦陇饷耕、荷塘清暑。

横樟四景：西岭青松、南屏横翠、三台拱秀、双溪怀古。

象溪四景：虎庙谈经、仙坛观弈、圆塘映月、双峰插云。

南州四景：潭守伏狮、溪抱眠牛、寺藏修竹、楼题梅芳。

石仓源十景：碧池鱼跃、柳岸钟声、姑媳并峙、中山远眺、松下望月、罗星布列、孤岚拱秀、古木盘石、石上听泉、三层石室。

蟾湖（蛤湖）八景：湖堤春晓、后岭孤松、野渡横舟、石桥流水、郭林晴雪、西溪夕照、蟾湖夜月、笔峰晚翠。

玉岩四景：石屋听泉、溪桥避雨、文岭晚霞、屏山积雪。

上安十景：安宅天开、笏峰地涌、宝盖凤鸣、芳溪跃鲤、花坞书声、南明樵歌、玉虹锁烟、西山新月、广因晨钟、石峦云拥。

高亭十景：钟山古木、集善松风、宝源雪浪、丹桂飘香、济州修行、亭川绿涨、观音远眺、柳浪闻莺、新堂玩月、真武垂钓。

蓉川十景：西山爽气、净峰积翠、东皋新月、孤山晴雪、碧莲峰、玉花洞、风山鸣籁、天井归云、花村戍鼓、松寺僧钟。

西河八景：水桥浮烟、菱塘泛月、乌石山辉、月池浪澈、杨岗翠霭、桑囮绿阴、绕龙雾谷、多宝禅林。

赤岸十景：东皋春晓、上潭夜月、柳岸渔舟、玉屏晨钟、龟峦朝霞、仙岩晴雪、牛峰插云、虎坪夕照、卯山烟雨、响石流水。

赤岩十景：笔峰高耸、洋水长流、旗山胜境、石壁冷泉、钟石佳城、斗塘晚钓、往野春耕、留名戴火、竹林乔木、赤峰晴雪。

灵鹫山八景：缺题、留云坞、落泉渠、半月池、突星冈、九曲岭、五方坪、红鞋岩。

东阁垄十景：通天宫、白鹤洞、将军岩、广福观、龙颈圻、地鼓、仙人抑掌、水龟山、长蛇冈、后塘畈。

箬寮原始林景区

在安民乡、枫坪乡境内，国家AAA级旅游景区，距县城50千米，总面积4万余亩。景区花艳、树奇、山险、岩怪、潭幽、泉清著称，自然景观独特。2002年6月，箬寮峡被评为丽水市首批“浙江绿谷·十大峡谷”。2006年，景区被评为国家AAA级旅游景区。

箬寮原始林景区是集艺术创作、科考文教为一体的纯自然生态旅游观光胜地。景区南麓的安岱后村，层峦叠嶂，风光旖旎，地势险要，当年粟裕、刘英率红军挺进师在此创建浙西南革命根据地，仍保留10多处革命遗址，为爱国主义教育基地。

（详见第二编“自然环境”第五章“生态环境”第三节“自然生态保护区”）

大木山骑行茶园景区

在新兴乡横溪村大木山自然村。是中国最大的骑行茶园，浙江省优秀休闲运动旅游基地。景区茶园面积8000余亩，其中核心区块面积3000余亩。区内丘陵连绵，库塘点缀，茶香四溢，景色宜人，骑行车道贯穿其中。连绵错落的“茶海”形成一道奇特的景观，景区秉承“古韵茶香，健康骑行”的理念，建有多种路况骑行道路20余千米，其中休闲健身骑行环线8.3千米，专业骑行赛道7千米，吸引众多户外爱好者到此骑行体验。茶园有着秀丽的山水田园风光、源远流长的茶文化和雄厚的产茶实力，且景区基础设施较为完善，能为游客提供山地自行车租赁和电瓶观光车游览等服务，是集茶园观光、茶文化体验、运动休闲、美术摄影创作基地为一体的旅游景区。

松阴溪景区

松阴溪属瓯江上游主要支流，河道开阔，由西北向东南斜贯松阳县中部，干流两岸深山峡谷支流众多，境内主要支流有28条，其中小港为最大支流。干流全长109.4千米，流经遂昌、松阳、莲都3个县（区），松阳境内长60.5千米。流域面积1302.57平方千米。区域水力资源丰富，古人在松阴溪筑坝引溪水自流灌溉，沿溪有通济堰、青龙堰、白龙堰、观口堰、金梁堰5座古代水利工程，仍发挥灌溉作用。松阴溪流域人口稠密，是松阳县政治、经济、文化中心。沿溪两岸山峦叠翠，自然景色秀丽，人文古迹众多，特别是县城附近，有鹰嘴潭、小赤壁、小桃源、仙女照镜、延庆寺塔、石笋仙踪、独山公园、江滨公园等，新建的松阴溪绿道总长60千米，是秀山绿水田园松阳的特色景区。

图35-31　双童山（叶坚红 摄于2010年）

双童山景区

在西屏镇水南片清路村北。为松阳十景之十“双童积雪”。界于南岩山、白云山之间，山巅双岩并立，如童子相倚负，俗名“二童讲书”。每逢冬季山头积雪时，从东面的清源垄朝西望去，宛如两人相对，秃然露顶，情形毕肖。在白云山观其侧面，若秃僧负妇，此景俗称“和尚背老婆”，传说编入

《中国民间文学集成·浙江省松阳县卷》。双童山以峰峦造型奇特，形象生动逼真而闻名。附近有八仙坛、石笋、石天桥、卧云岩、桃核洞、马蹄泉等胜景。相传铁拐李、汉钟离、曹国舅等八仙过海后到此立地化为巨石，七八块巨大的岩石，或卧或立，形态各异。八仙坛边的大峭壁，给人以“古堡幽情”之感，石壁有缝，缝中带柱，石柱倚壁，千姿百态。双童山有“小峨嵋”之称。

卯山和万寿山景区

卯山位于古市镇东角垄村东北近1千米，海拔430.8米，山势平缓，秀松如展，怪石嶙峋。为古市旧八景之“卯峰屏翠”。卯山为江南叶姓发祥地、唐代道教天师叶法善修仙之处。山腰有俭公祠、天师殿、御碑亭等古迹，俭公祠内天师渠、浴丹池，泉清现底，水质甘冽，冬暖夏凉，终年不枯。山顶旧有通天宫、点易亭、紫霞馆等建筑，久废。卯山是浙江省林业特色基地，国家级森林公园和农业观光园区。（详见第二编“自然环境”第五章“生态环境”第二节“自然生态保护区”）

万寿山位于赤寿乡狮子口村，龙丽公路旁，松阴溪畔，风景秀丽。俗称晚翠山、翠华山。东南向与卯山相距6.5千米，海拔321米。相传，宋高宗赵构曾避金骑栖于此，又传明建文帝外逃时随松阳名贤叶希贤（雪庵）避于此，清乾隆帝下江南时也投宿过此地，故又称“万岁山”。汤显祖有诗云，“来去山前朝暮霞，金光片片石莲花，如今万岁山朝北，不似南巡望翠华”。山上怪石嶙峋，峭岩壁立，林木葱茏。有石莲屏、飞佛洞、石杖峰、响石廊、落霞亭、五松岭、小钓台、放生池、双鱼滩、滴玉岩十景。

独山公园

独山旧称蟾峰、百仞山。位于西屏镇瓦窑头村西0.4千米，为松阳十景之五“百仞云峰”。

独山，以山孤峙，旁无连续得名。山峰海拔274.8米，三面环田，北临松阴溪，孤峰独擎，高逾百仞，削壁天成，奇石穿云，形同蟾跃。独山是松阳之象征，景致秀丽。宋状元沈晦有“一峰独依横溪阴，青林倒影千丈深”赞句。山上有朝天洞、仙女脚印、石门、石床、岩壁摩崖。峰顶有蟾峰阁、太乙亭（已废）。山下瑞现夫人庙香火颇盛，门厅石柱楹联：“瑞云绕山百仞飞峰独侵碧落，现身带水千尺拱桥普渡红尘”。整座山的岩石属沙砾岩，植被覆盖率在70%以上，主要有马尾松、板栗、柑橘、杨柏及铁芒萁等植物。

西屏山公园

位于县城西，山峰兀立如屏，故称西屏山。海拔181米，为松阳十景之四“凌霄岚翠”。为市民健身、休闲、娱乐的城市生态森林公园。

东南峭岩壁立，形如弯弓，连绵成屏；西北坡缓林密，曲径通幽。山顶平旷，旧有白鹤殿，北坡凌霄台阁，存有“凌霄台”“醴泉”2处摩崖题刻，系县级重点文物保护单位。有望松观日亭、长廊、烈士陵园等景点，区域面积5.8万平方米。相传，有宋代书法家米芾所题“樵云煮石”。西屏山公园于1985年10月动工兴建，至1992年总体完工，总投资30余万元。

石空瀑布

位于西屏镇桥头村境内，与“双童积雪”之景遥相呼应。峡谷深2.5千米，谷口两山对峙，气势雄伟。谷地清泉隐于奇石之间，羊肠小道蜿蜒至深谷兀接处。一股清流在30多米高岩上排空飞逐

图 35-32　竹源飞瀑（叶光铭 摄于 2001 年）

直落，山雨过后，山洪汹涌，轰响如雷，声振谷内，飞珠溅玉。雾网直罩 10 米远，为中漈，瀑底平岩一片，岩高谷深，日照极短。顺中漈下 20 米远处，瀑口缓缓铺开，自 10 多米高处顺岩注入深潭，为下漈。溯中漈上 30 多米处，有东西两瀑的上高漈，岩石内凹，瀑挂如帘，掩映含蓄。

竹源峡瀑布

位于竹源乡潘坑村境内，峡谷内群山延绵，重峦叠嶂，古树苍翠，绿竹成林。峡谷干流长 2800 多米，流域面积 393 公顷，有大小瀑布 20 余个，其中高度 10 米以上有 7 个，俗称“竹源七漈”。竹源峡瀑布以“山峻、岩奇、水秀、潭幽”的纯自然风光，2002 年 6 月，竹源峡被评为丽水市首批“浙江绿谷·十大峡谷”。

第二节　人文景观

松阳老城与明清街

松阳建县于东汉建安四年（199），有 1800 多年历史，是丽水市最早的建制县，文化积淀深厚，文物史迹丰富。2000 年，被浙江省人民政府公布为省级历史文化名城。

松邑依山傍水，向无城墉，防御依托四周山体自然屏障，城市布局紧凑，以县衙为核心，在不同的方位设城门：朝天门、瑞阳门、光华门（又称东华门）、济川门、金屏门和凤臻门，朝天门尚存。城区南宽北窄，东伸而西缩，街巷呈“美”字形格局。老城区以太平坊为核心地带，有省级文物保护单位兄弟进士牌坊、城隍庙、文庙、汤兰公所（关圣宫）4 处，药王庙、太保庙、天主教堂、朝天门、宗祠庙宇等经典历史建筑数十处。纵横 2000 余米长的明清步行街，商肆林立，作坊连缀，商贸繁荣，一派江南传统小镇古朴典雅的街市景象。沿街呈“非”字形向两边延伸的小巷里能隐见马头墙内古民居的幽秘，明、清至民国时期的古民居连片集中，古井星罗棋布。城西有建于北宋的全国重点文物保护单位延庆寺塔，城东有县级文物保护单位青云塔，城南有青龙堰、白龙堰 2 处古代水利工程。山水风光秀丽，有“凌霄岚翠”“百仞云峰”“云岩石屋”“石笋仙踪”“塔溪绿涨”“松阴溪绿道”等胜景。松阳端午茶、叶法善传说 2 项民间文化被列入省级非物质文化遗产保护名录。有历史名人南宋女词人张玉娘、明代广东布政司左参政詹雨等。

（与三十七编“文物”第二章“古建筑”第一节“历史文化名城与保护区”内容互补）

延庆寺塔景区

全国重点文物保护单位延庆寺塔位于县城西郊 2 千米外。东北倚云龙山，西北靠上方山，东南和西南面为广袤田园，与“石笋仙踪”“百仞云峰”“双童积雪”等胜景遥遥相望，还与“小赤壁”

“小桃源”“仙女照镜”等胜景相连，此地为旧时松阳十景之八“梅墩春色”，唐宋后，名人恒隐于此，留下不少鸿来之迹。

延庆寺塔因建于云龙山下的延庆寺前,以寺取名。宋人朱琳《延庆寺塔记》载：“延庆寺塔，故行达禅师所藏释迦如来舍利塔也。……初太平兴国四年有旨，搜访竺国遗文，法师应诏西征，不远万里，蹈穴胸鸟啄之区，犯猛兽毒蛇之地，水栖路宿不择死，所至中印度，得大经论八部，舍利四十九粒，以归。”受到朝廷嘉奖，行达立誓建二塔以藏舍利，一为永嘉之龙翔塔（已毁），二即松阳之延庆寺塔。延庆寺塔始建于北宋咸平二年（999），至咸平五年建成，历时3年。塔壁素枋上留有“淳化五年六月中”砖铭，造塔需提早备料，砖铭与志书所载的建塔年份吻合。延庆寺塔虽历经千年风雨，仍巍然屹立，从塔身构造到木构出檐，均未见后人修缮的迹象，是江南砖身木檐楼阁式塔中保留北宋遗物最多的建筑遗存，也是松阳历史文化名城最重要的宋代高层古建筑遗存，对于研究中国古代建筑的发展和佛教文化都具有很高的科学价值和艺术价值。1989年，由县文物主管单位主持塔体维修，恢复宋代原貌。1991年12月，修缮竣工，景区对外开放。塔院面积10290平方米，包括陈列厅、荷塘长廊、千年古井等景点。

（与三十七编“文物”第二章“古建筑”第三节“塔庙寺祠”之目“古塔”内容互补）

黄家大院

浙江省文物保护单位黄家大院位于望松乡乌井村。大院始建于清同治年间，完善于民国7年（1918），由当时松阳首富黄中和祖孙三代历时60余年苦心经营，精心规划构筑而成。庄园式建筑群由前、中、后院，门楼、粮库、家庙花园组成，占地面积1万平方米。黄家大院的各栋单体建筑均表现出不同时代的历史轨迹，建筑豪华气派，装饰华丽，题材丰富，寓意吉祥，木雕技艺精湛。采用镂雕、圆雕、套雕、平面阴线刻、剔底凸起刻等技艺，线条流畅，栩栩如生。这座凝聚着建设者艺术才华的古民居群，被誉为木雕艺术的殿堂。

前院“百寿厅”，又名“集成堂”（俗称“七间”），建于民国初年。为三进七开间六天井四合院式二层楼房，建筑豪华气派，172根柱子井然布列，柱头牛腿雀替勾心斗角，铺作华丽，雕梁画栋，技艺精湛，木构装饰均围绕“寿”字主题，全堂204个篆体“寿”字，写法无一雷同，清末民初时中西合璧的建筑特色在此可见一斑。中院武技楼（俗称“五间”），建于清同治年间。门罩及东西厢房的隔扇门窗木雕装饰十分精美，主题是意趣盎然的孩童戏耍图，形态各异，烂漫可爱。楼道窗户采用开光圆形套雕文房四宝及八宝图案，严谨华丽细腻，富有特色。后院由2座造型面积相同的梅兰竹菊楼（俗称“三间”）、东附屋和西厨房组成，建于清光绪三十二年（1906）。东楼名“梅兰轩”，西楼名“竹菊轩”。室内木构装饰精致典雅，有双凤朝阳、梅鹤同林、耕读渔樵等寓意吉祥图，雕刻细微，出神入化。门窗体装饰体现以画代窗、借窗作画的特色。窗棂以梅枝、竹节作窗格，嵌刻小若指尖的蝶、鱼、虾、蝌蚪、田螺、蜻蜓、蝙蝠等昆虫动物，形象逼真，惟妙惟肖。花板刻人物故事、梅兰竹菊与诗文结合，并有“光绪丙午年冬月”题款，融诗书画为一体。黄家大院的木雕艺术给人以独特的道德教益和艺术享受，令人生出无限遐思，让人流连忘返。

（与三十七编“文物”第二章“古建筑”第二节“古民居选介”之目“黄家大院”内容互补）

石仓古民居群

位于大东坝镇石仓源区域，距县城 25 千米。明末清初，福建上杭地区阙、曹、蔡等姓氏移民迁至石仓，世代繁衍，逐渐盛族分村，形成相当规模的古民居群，包括茶排（六村和七村）、下宅街、山边、后宅、蔡宅等村。

石仓山川秀丽，多梯田茶园，为丽水市十大摄影创作基地之一。40 余幢清式古民居背山面水分布在石仓溪两岸，泥墙黑瓦，高翘的马头墙错落有致，恢宏的砖雕门楼高耸气派。宽敞的庭院天井用青白色卵石镶嵌拼成象、鹿、蝠等寓意吉祥的图案，惟妙惟肖，栩栩如生。院落平面呈中轴线对称，均为二至三进四合院式，面阔有三、五、七、九间不等，主建筑的两侧设附屋。每座建筑占地面积都在 1000 平方米以上，建于清道光年间的“善继堂”为三进九开间六厢，宽敞的中堂和四周回廊能置放 24 张八仙桌宴请宾客。古建筑内外门楼、照壁、庭院、天井和室内柱础、梁枋、牛腿雀替、格扇门窗、神龛等均有装饰。装饰种类有石雕、砖雕、木雕、彩绘、墨书墨画、卵石拼花等，题材丰富，寓意吉祥。每座民居的门楼和厅堂都有题额、题匾和楹联，内容以农耕重学、彰善瘅恶为主，斯文风雅，多为当地显贵名流题写，书法精美。石仓古民居群揉合闽越两地的建筑风格和民俗风情，石仓的居民至今仍操闽语循闽俗，保留着闽地的文化原型，为今人思古探源、研究地方史、民俗风情和古建筑艺术等方面提供实物资料。

（与三十七编“文物”第二章“古建筑”第一节“历史文化名城与保护区”之目“石仓省级历史文化保护区”内容互补）

界首历史文化村

界首，俗称界头，又名佳溪。为省级历史文化村。位于县域之北边陲，与遂昌县接壤，村落背山面溪，平面布局呈带状形。坐落在风景秀丽的万寿山风景区旁。

界首村历史悠久，文化积淀丰厚。村中古文化遗址、古窑址、宗祠、庙宇、牌坊、古民居、古井、古树、河流等文物遗迹门类齐全，保存完好。村边有商、周时期古文化遗址和唐、宋时期的古瓷窑址，村中一条东西走向的老街是古时通向丽水、温州、遂昌、衢州的古驿道，屹立在古街中段的刘氏和张氏 2 座宗祠、节孝坊和禹王宫，建筑恢宏气度不凡，可见界首村清代鼎盛时期的辉煌。刘氏宗祠前 3 座石拱门上“怀德古里”“彭城旧家”“松川锁钥”“德被苍生”“功垂奕祀”“括水浚疏”6 条题额的书法潇洒刚劲，相传是乾隆皇帝游万寿山时所书。20 余幢清代建筑风格的古民居、古店铺分布在古街两旁，粉墙黛瓦连绵成片，马头墙错落有致，门楣题额内涵深刻，哲理透彻。建筑立面梁架结构和室内木构装饰风貌依旧。

界首村自古崇尚礼仪，勤耕倡读重教，素有“小邹鲁”之称。明清时期有功名的贡生、廪生、庠生、国学生 72 人，清光绪三十一年（1905）村人刘德怀东渡日本留学，学成回国后兴办教育，倡议女子天足，创办震东女子两等小学堂，开处州女子教育之先河。当代，村有教授、研究员、高级工程师等高级职称 80 余人，是名副其实的历史文化名村。

（与三十七编“文物”第二章“古建筑”第一节“历史文化名城与保护区”之目“界首省级历史文化保护区”内容互补）

象溪特色旅游村

象溪村为浙江省千年地名文化遗产村。《象溪高氏宗谱》载，唐神龙年间（705～707）进士高钅监之子、国子监太学生高温于大历年间（766～779），由钱塘乘船经此，见群峰后护，清溪前环，此处蝌蚪潭中有象状巨石上下浮动，认定风水这边独好，十分欣慕，遂从钱塘徙居于此，取名象溪。“象”谐音“祥”“相”，寓意吉祥如意，出将入相。

象溪村山川秀丽，文化底蕴深厚，孕育出许多卓尔不群的良才，素有“秀才村”“耕读村”之美誉。曾出过3名进士(唐神龙年间进士高鑑、后梁乾化二年(912)进士高浩、清光绪二十四年(1898)进士高焕然)、5位举人、85位秀才。其中，松阳历史名人高焕然曾任广东长宁、灵山知县、钦州知府，官正四品，回乡后创办学校，致力劝学，兼任松阳孔教会会长。民国14年（1925），他主持编纂《松阳县志》，载录松阳1700余年政治经济、人文地理、风土人情、历史沿革诸方面内容，为后人留下弥足珍贵的史料，其子高自元、孙高威廉是中国第一代飞行员。民国初年，村人高良仁致力凿除松阴溪中的巨礁，以畅航运，此举广得乡里称颂；民国8年，国民政府褒奖“急公好义”匾一方。1995年，当代青年高贵洪为抢救群众财产光荣牺牲，被浙江省人民政府追认为革命烈士。

村有“虎庙谈经”“仙坛观弈”“圆塘映月”“双峰插云”胜景，保留有明清时期的古民居、文昌阁、高氏宗祠、庙宇、凉亭、下囵塘、古井、古树等历史遗迹，象溪下村路12号“太守第”是松阳历史名人高焕然故居，保存完好。象溪村在美丽乡村建设过程中，依托美丽的田园山水资源，年接待游客10万人次，千年古村焕发新的活力。

传统村落

（内容详见第一编“政区”第五章“村落”）

第三节 旅游事业建设

旅游资源普查与规划编制

1998年以来，松阳县在推进工业化、城市化和农业产业化的进程中，提出抓生态绿色工程建设，依托境内丰富的自然生态资源和人文资源开始发展旅游业。县八届人大五次会议通过的《松阳县国民经济和社会发展第十个五年计划纲要》提出要把建设生态经济作为“十五”时期经济发展的重要增长点，启动发展生态旅游，培植旅游经济新的增长点。

2003年，根据省、市政府统一部署和县政府的要求，对全县旅游资源进行全面普查，普查成果：全县共有旅游资源220个，其中三～五级优良景点20个，即延庆寺塔景区五级1个，县城明清街、石仓古民居群、黄家大院、箬寮原始林景点四级4个，三级15个；二级60个，一级140个。全面普查为编制旅游规划和开发利用奠定基础。

2004年，完成《松阳县旅游发展总体规划》的编制工作，12月1日通过专家会审。规划以“千年古县，田园松阳”为主题形象，突显“浙南桃花源”的旅游品牌。分为“一心一线五个区”，一心：千年古镇为中心区；一线：松阴溪为观光憩游；五个区：卯山田园风光生态旅游区、箬寮岘原始林旅游区、石仓古民居旅游区、竹源峡瀑布旅游区、玉岩香乳山旅游区。2005 年，完成《松阳县卯山全国农业旅游示范点开发规划》的编制工作。5 月 13 日，由专家会审通过。

2007 年 12 月，箬寮原始林景区被浙江省人民政府批准为省级风景名胜区。2008 年，着手编制《箬寮—安岱后省级风景名胜区总体规划》，由浙江大学规划院负责编制工作，12 月，经省建设厅组织的专家评审通过。在 2005 年编制的《松阳县卯山全国农业旅游示范点开发规划》的基础上，进一步完善卯山景区规划，并对万寿山景区做了相应旅游规划，编制完成《浙江松阳卯山国家级森林公园总体规划》，由省林业厅评审通过。

2009 年，完成《箬寮—安岱后省级风景名胜区总体规划》编制工作，加快推进西屏镇横山村、南山村乡村旅游规划和四都乡摄影旅游规划进度，启动《浙西南茶文化生态景区概念性规划》编制工作。

2010 年，随着松阳县茶产业异军突起而产生的新兴旅游业态，茶业自然景观、茶文化生态游将成为松阳县的特色旅游，县旅游局委托专业规划单位完成《松阳县茶文化专项旅游发展规划》；全面评估和分析松阳乡村旅游发展条件，确定发展乡村旅游目标，启动《松阳县乡村旅游发展规划》编制工作；编制完成《松阳县旅游业发展“十二五”规划》。

旅游市场开发与宣传促销

2000 年，到松阳旅游的客源基本上是杭州、上海、江苏以及周边经济发达县市游客为主，以节假日旅游为重要时段，是通过连锁效应的宣传来扩大松阳旅游的影响力。之后，随着景区开发建设步伐加快，旅游市场发展潜力日益显现，旅游部门依托网络平台、新闻媒体、举办旅游宣传促销等活动，把松阳生态旅游融入整个丽水旅游的形象宣传中。2002 年，组织人员参加全国、省旅交会，到北京、大连、沈阳、衢州、金华、温州、台州等地开展旅游促销。

2003 年，县委六届十三次全体(扩大)会议提出把旅游业作为“三产”的重点，制订优惠政策鼓励国有、集体、个人和私营、外资企业投资兴办旅游产业。3 月，与绍兴市旅游局在丽水举办宣传促销见面会；4 月和 6 月，到嘉兴、宁波、上海、苏州、杭州等地进行旅游宣传促销及展览；9 月，参加浙江省政府组织的旅游宣传促销团到北京、山西开展推介，到上海举办“丽展会”等宣传活动。

2004 年初，县旅游局组织全县旅游企业在县城开展“百姓生活游松阳旅游宣传活动”。6～9 月，组织相关旅游企业参加在杭州召开的“全国旅交会”，到苏州、绍兴等地开展旅游宣传促销，推介松阳旅游产品，取得良好效果。7 月，卯山田园风光生态旅游区被国家旅游局命名为“首批全国农业旅游示范点”，也是丽水市首个作为农业旅游示范点的农业旅游产品。

2005 年，利用安民、枫坪、玉岩、大东坝等地红色旅游资源开发红色旅游。对安岱后红色景区进行深入研究和可行性建设包装，安岱后村红色旅游区域成为丽水市红色旅游基地。同时，带动当地农家餐馆、旅馆、农产品销售等方面旅游接待工作的进展，形成“红、绿、农”相结合的旅游发展模式。

2006 年，箬寮原始林景区通过省旅游局的评估验收，被评为 AAA 级旅游景区。邀请南京电视台到松阳拍摄旅游风光专题片，主要景点有箬寮原始林景区、延庆寺塔、松阳老城明清街等，专题片在南京进行广泛宣传。是年，县旅游局到成都、宁波、杭州、南京、北京、温州、福建等地参加全国旅交会、世界休闲博览会、景区博览会和茶博会，开展旅游促销活动。举办“千年古县，田园松阳”摄影大赛，提高松阳县旅游知名度和美誉度。

2007年，制作旅游宣传册，以体现松阳旅游产品特色。邀请丽水市各旅行社到松阳参加“松阳茶乡游”踩线推介活动，并利用《浙江日报》《钱江晚报》等报纸发行，用夹报方式把“松阳茶乡游”的信息传递给广大消费者。进一步挖掘松阳古老的农耕文化内涵，开展“松阳十大特色菜肴、传统小吃”评选活动，扩大松阳旅游对外宣传。4月，举办“茶乡一日游”开游仪式，开游第一天接待外地游客200多人，同时，组织人员到杭州参加“丽水文化精品展”。5月，为提高旅游市场的知名度，把箬寮、卯山景区编入《浙江旅游通行证》。6月，参加在杭州举办的“浙江省旅交会”；邀请杭州《今日早报》记者到松阳采访，宣传报道松阳的特色旅游；推选松阳旅游产品参加“浙江最美五十个景区”和“2007年浙江美丽乡村旅游”评选活动，安民乡李坑村被评为“2007年浙江美丽乡村旅游”。11月，参加在宁波举行的旅洽会和“云南国际旅交会”。活动中分发大量松阳旅游宣传册、派送景区门票、优惠券及端午茶等小礼品，加强与各地旅游部门、专业媒体的合作与交流。

2008年，重新设计制作松阳县旅游宣传册，利用每年一度的茶叶节进行广泛宣传，以提高松阳的知名度。重新设计和编排旅游频道的版面，由专人负责网页更新和维护，及时上传图片和信息，进一步完善旅游网页的服务功能。4月，到郑州参加全国旅游交易会；7月，到上海举办“丽水文化精品展”；10月，到嘉兴参加浙江省旅交会；11月，在丽水旅游生态博览会上，松阳县组织的茶艺表演是生态旅游展馆的重头戏，获得领导、媒体和观众的一致好评，受到市旅游局表彰。

2009～2010年，采取“走出去”“请进来”相结合的策略，组织人员参加全国旅游交易会、浙江（上海）旅游交易会、中国国际旅游商品博览会等专项旅游推介会，大力宣传松阳旅游，推介松阳旅游产品，进一步提升松阳的旅游形象。利用各种节庆活动平台，尤其是在每年的中国茶商大会暨松阳银猴茶叶节，向来自全国各地的领导、媒体记者、茶商、专家全方位宣传和展示松阳丰富的旅游资源，在松阳主要入城口和高速公路接线处设置松阳大型旅游形象广告、悬挂旅游宣传挂旗等，在各星级饭店、景区投放新版《游在松阳》宣传册；加强区域旅游市场对接，邀请客源地旅游局、组团旅行社负责人到松阳考察、踩线，推介松阳的旅游资源，增进交流，实现共赢。

旅游基础设施建设

2000年，县长运公司投入资金1140万元开发箬寮原始林景区，兴建休闲小木屋、箬寮山庄，完成交通、供电、通讯、卫星电视等配套设施和景区游步道及其他旅游设施建设。2001年11月，箬寮原始林景区被评为国家AA级景区。

2004年7月，完成竹源乡政府至竹源峡瀑布景区沥青路面、双童山景区公路水泥路面、古市镇至卯山公路的路面改造、箬寮原始林景区李坑至梨树下公路建设四大工程，全县主要景区全部实现路面硬化。2005年，完成安民乡大潘坑至安岱后的路面改造工程，总投资400多万元，安岱后红色旅游景区的交通状况彻底改观。2006年，全县有二星级农家乐经营户13家，三星级经营户5家，安民乡李坑村被评为市级农家乐特色村和农家乐旅游示范村，安民乡村旅游点被评为浙江省一星级乡村旅游点，是浙江省第一批星级乡村旅游点。

2007年，挖掘、整合卯山景区的自然资源，投资550万元，开发建设浙江省首家山地狩猎场，4月正式对外营业。至10月底，共接待游客7900人次，旅游收入158万元。完成以摄影、乡村风情和避暑纳凉为特色的四都寨头和清路摄影休闲园建设项目，总投资3000元万元。其中四都寨头摄影休闲园被评为丽水市第二批摄影基地。是年，按三星级标准设计建设天元大酒店，工程概算总投资8000万元。

2008年，李坑村被浙江省旅游局授予“浙江省特色旅游村”。2009年，完成箬寮原始林景区公路拓宽硬化工程、景区停车场与景区旅游标识标牌等建设。在卯山景区兴建御碑亭，修复天师殿和江南叶氏始祖古墓等人文景观。启动寨头摄影休闲园二期项目建设，新建钓鱼场、农业休闲观光园及游步道等项目。承办“2009中国丽水国际摄影文化节松阳摄影采风”活动，深化提升集采茶、制茶、品茶与茶道表演、休闲观光为一体的浙南茶乡游。寨头摄影休闲园被评为丽水市唯一五星级农家乐经营点，四都乡庄河村被评为省级特色旅游村。2010年12月7日，箬寮原始林景区创建国家AAAA级旅游景区的实施方案通过专家评审。

2010年，松阳亿都国际大酒店建成并投入使用；江滨区块四星级饭店完成土地出让和招商工作；旅游交通线通箬寮景区龙松公路一期已建成通车，西塔公路开工兴建，通景公路逐步改善。8月，正式启动箬寮原始林景区升级建设。编制完成《松阳县箬寮原始林景区创建AAAA级景区实施方案(征求意见稿)》，拟订《关于加快推进松阳县AAAA级景区创建发展的若干意见（讨论稿）》，12月上旬通过规划评审。

旅游交通

松阳交通以公路运输为主，有省道龙丽（S33）高速公路和省道上松（S220）、龙丽（S222）过境公路。距离丽水市68千米、金华103千米、杭州279千米、温州185千米、上海405千米。每日有班车到上海、杭州、金华、温州、义乌、丽水、遂昌等地。

县内公路37条，总里程386.43千米。县道主要有松玉公路(县城至玉岩镇)、古谢公路(古市镇至谢村乡达谢村源水库)、靖外公路(靖居口至外桥入丽水市畎岸)、汶下公路(大东坝镇汶水口至下宅街、出茶铺抵云和县金村)、港排公路（港口至排居口）、玉岩至遂昌黄坛口、江南公路等，基本实现各乡镇村的康庄通公路。县域内通向各旅游景区的公路便捷，9处中小型停车场正在规划建设中，面积1.85万平方米。

2000～2010 年松阳县旅游市场接待与收入情况表

表 35-10-3-1

年份＼内容	接待入境游客（人次）	创汇·美元（万元）	接待国内游客（万人次）	收入·人民币（万元）
2000	—	—	0.98	449
2001	307	57.9	12.6	2364
2002	359	60.91	13.5	3037.5
2003	223	111.07	12.5	3160.59
2004	299	125.08	14.75	3453.44
2005	321	119.17	20	5400
2006	313	119.17	21.28	5500
2007	267	60.59	27.46	6083.25
2008	327	102.41	36.07	11200
2009	—	—	40.82	13800
2010	—	—	53.47	18200

第四节　旅游业管理

旅游管理机构与职能

1998 年 6 月 18 日，松阳县政府成立风景旅游工作领导小组。1998 年 8 月，成立松阳县风景名胜管理处，兼挂旅游管理办公室牌子。

2001 年 11 月，县风景旅游局成立，原县建设局承担的风景旅游管理职能划归县风景旅游局。县风景旅游局编制 8 人，设办公室、行业管理科、规划开发科 3 个科室。下设风景名胜管理处，负责全县风景名胜区的保护、规划、建设和旅游宣传促销、市场开发、旅游行业管理等业务工作。

县风景旅游局的主要职能详见第二十二编“县级行政组织”第二章“县人民政府”第二节“县政府工作部门”。

旅游管理

旅游管理工作包括对旅游企业进行规范化管理，加强安全监管工作，落实安全生产责任制，抓好黄金周安全检查和专项安全整治工作。2004 年，组织企业管理层、服务人员培训；组织星级宾馆负责人学习《旅游饭店星级的划分与评定》新标准，认真开展星级宾馆复评验收工作。

2005 年，按照上级要求对全县 3 家星级宾馆和 2 家旅行社进行复核年检。组织企业管理层、服务人员培训，全面推进旅游合同示范文本的使用，提高旅游服务质量。2006 年，加强旅游行业精神文明建设，组织中澳大酒店62名员工参加前台、客房、餐饮等技能培训。组织人员参加全市导游风采大赛活动，松阳1名导游获“十佳导游”称号。

2007年，加强对乡村游农家乐管理，李坑村成立“农家乐管理协会”和“农家乐服务中心”，制订餐饮卫生安全制度等。与县农办等相关部门联合开展松阳县第二批星级农家乐评选活动，共评出一星级经营户4家，二星级经营户10家，三星级经营户4家，四星级经营户1家。对全县各星级宾馆和旅行社等旅游企业复核和年检工作，严格导游资格证考核办证和导游证年检过卡工作，鼓励企业负责人参与“旅行社经理资格”“星级饭店主管（领班）”等相关培训，指导企业走正规化管理道路。组织全县20余名在职导游参加为期3天的有关松阳茶叶发展历史、种植、生产制作流程等知识培训。与旅游企业签订安全责任书，开展安全生产月活动，组织旅游行业全员安全培训，日常安全检查与黄金周重点安全检查相结合。

2008年，严格按照《浙江省农家乐经营户（点）旅游服务质量星级评定办法》《农家乐经营户（点）旅游服务质量星级划分与评定》的要求开展农家乐星级经营户的评定和复评工作，规范农家乐经营。全年新增一星级经营户7家、二星级8家，三星级7家，申报四、五星级6家。在安民、四都、叶村、大东坝镇4个重点乡镇成立农家乐管理协会和李坑村农家乐服务中心，统一为经营户办理健康证、经营卫生许可证、税务登记证，制订餐饮卫生安全等制度，加强“农家乐”内部自律管理，提升行业管理。

2010年，重点抓世博会安保工作，成立上海世博会“环沪护城河”安保工作领导小组，建立各项工作制度和预案，加强对入沪团队的审核，排除安全隐患。做好日常旅游统计分析与黄金周旅游统计分析工作，为做好旅游决策工作提供依据。

第三十六编　文献著述

松阳县有着悠久的历史渊源和文化积淀。早在晋代，松阳县令钮滔著《钮滔集》。然而在两宋之前，代远年湮，松阳的文献著述因之难考。至2010年，整理的松阳文献著述多为两宋之后。反映松阳的人文、山水、古迹、风土、金石、民族的名著佳作，流传于世，成为松阳本土文化遗产。本编以各种版本的《浙江通志》《处州府志》《松阳县志》为校对本，收录具有松阳历史价值或参考价值的图书资料，展现松阳文化积淀之深厚，激励后人继承和发展。

第一章　书　目

松阳文化源远流长，历代典籍较为丰富。从内容上看，有历史古迹、民情风俗、山川景物、哲学理论、儒学考辨、史籍论著、政治策对、诗词歌赋、宗教理学、医药医案、民族研究、教育启蒙、方志图籍、训诂音韵、方言古音、农桑种植、地理游记、戏曲剧本、日记辑钞、民俗礼仪等艺文作品。五四运动以后，中国借鉴西方的图书分类法，按现代学科体系进行图书分类。由于不少古籍很难纳入中图法的分类体系，古代书目仍袭用传统的经、史、子、集四部分类法，现当代图书则单列一节。

第一节　经　部

易类

《周易玩辞》十六卷（入《四库全书》经部易类）　宋·项安世

《易经辨疑》（据万历《栝苍汇纪·卷十三》著录）　明·毛　仲

《易经傍解》（据《古市刘氏家乘·刘鉴本传》著录）　明·刘　鉴

《易学全书》（据光绪《处州府志·卷二十六书目》著录）　明·徐梦易

《大易讲参》（据《两浙著述考·经术考》著录）　明·程必进

《易经解义》（据《两浙著述考·经术考》著录）　清·刘迈英

《易说》一卷（据《中国丛书综录》著录）　清末民国初·蔡克猷

书类

《洪范集解》（据《两浙著述考·经术考》著录） 明·卢 玑

诗类

《毛诗前说》一卷《诗解》二十卷（据万历《栝苍汇纪·卷十三》著录） 宋·项安世

礼类

《礼经会元》四卷（入《四库全书》经部礼类） 宋·叶 时

《周礼丘乘图说》一卷（据万历《栝苍汇纪·卷十三》著录） 宋·项安世

春秋类

《春秋传》《春秋考》《春秋谳》（《栝苍汇纪·卷十二》著录） 宋·叶梦得

《春秋发微》（据民国《松阳县志·卷十二艺文》著录） 宋·薛 南

《春秋微意发端》（据《两浙著述考·春秋类》著录） 明·包仕登

孝经类

《孝经说》一卷（据万历《栝苍汇纪·卷十三》著录） 宋·项安世

五经总义类

《诗春秋语孟中庸说》五十一卷（据《两浙著述考·经总类》著录） 宋·潘好古

《五经疏》《续性理奥旨》（据《两浙著述考·经总类》著录） 明·潘 静

《五经臆说》（据光绪《处州府志·卷二十六书目》著录） 明·徐梦易

《五经经义附注》二卷（据民国《松阳县志·卷十二书目》著录） 清·饶庆霖

《十三经补遗》（据 《午岭曾氏宗谱·鲁庵夫子传》著录） 清·曾师孔

《十三经题要经解》（据民国《松阳县志·卷十二书目》著录） 清·叶佐辰

《经说存疑》四卷（据民国《松阳县志·卷十二书目》著录） 清·高焕然

四书类

《中庸集说》一卷（据万历《栝苍汇纪·卷十三》著录） 宋·项安世

《中庸说》一卷（据《两浙著述考·四书类》著录） 元·练 鲁

《道学发明》《大学发明》《中庸孟子解》（据光绪《处州府志》著录） 元·王文焕

《论语抉微》（据顺治《松阳县志·政绩》著录） 明·王可大

《四书得一》（据顺治《松阳县志·政绩》著录） 明·吴胤昌

《论语笺释》（据松阳《黉源孟氏宗谱·孟家骕本传》著录） 清·孟家骕

《四书单字解》六卷（据《两浙著述考·四书类》著录） 清·叶方暄

《学庸注解补遗》（据民国《宣平县志·卷十一》著录） 清·曾师孔

《四书讲义》四卷（据民国《松阳县志·卷十二书目》著录） 清·高焕然

纬书类

《河图衍义》（据《两浙著述考·经术考》著录） 明·程必进

《续河图衍义》（据光绪《处州府志·卷二十六书目》著录） 明·叶永华

训诂字韵类

《纂韵》（据《儒行徐氏宗谱·卷一》著录） 明·徐贞教

《分韵试帖》四卷（据民国《松阳县志·卷十二书目》著录） 清·饶庆霖

《平声仄声千字文》（据民国《松阳县志·卷十二书目》著录） 清·叶佐辰

《切韵举偶》一卷（据民国《松阳县志·卷十二书目》著录） 清·高焕然

第二节 史 部

纪事本末类

《太祖高皇帝实录》（据万历《栝苍汇纪·卷十二》著录） 明·王 景

别杂史类

《东湖外史》（据万历《栝苍汇纪·卷十三》著录） 明·叶希贤

史评类

《二十一史定论》（据民国《松阳县志·卷九本传》著录） 明·潘 静

《中国帝王历史论略全编》十卷（据《水南何氏宗谱·卷二》著录） 清·何绍文

诏令类

《何琮除直徽猷阁福建路转运副使制》（据洪咨夔《平斋文集·卷十八》著录）

《何琮依旧直徽猷阁知福州兼福建路安抚制》（据洪咨夔《平斋文集·卷二十二》著录）

《何琮除知福州制》（据袁甫《蒙斋集·卷九》著录）

《项寅孙除直秘阁权成都府路转运判官制》（据洪咨夔《平斋文集·卷十九》著录）

《殿中待御史王遂辞免除户部侍郎恩命不允诏》（据洪咨夔《平斋文集·卷十五》著录）

《户部侍郎王遂辞免同修国史实录院同修撰恩命不允诏》（据洪咨夔《平斋文集·卷十五》著录）

奏议类

《乞归乡上表》《乞归乡修祖茔表》《乞归授先父表》（据《正统道藏》著录） 唐·叶法善

《石林奏议》十五卷（据《皕宋楼藏书志》著录） 宋·叶梦得

《进贞字补遗表》（据顺治《松阳县志·卷八》著录） 明·卢 玑

《拟进钱司寇从祀疏》（据民国《松阳县志·卷十二艺文》著录） 明·詹嘉言

政书类

《藩王入朝觐仪》（据成化《处州府志·卷九》著录） 明·王 景

传记类

《叶法善传》二卷（据《新唐书·卷五十九·志第四十九·艺文三》著录） 唐·刘谷神

《唐鸿胪卿越国公灵虚见素真人传》一卷（据《正统道藏》著录） 宋·张道统

《靖难诸臣传赞》（据万历《续处州府志》著录） 明·王 诏

《叶希贤传》《王景传》（据《本朝分省人物考·卷五十六》著录） 明·过庭训

《读方正学先生传》（据顺治《松阳县志·卷八》著录） 明·叶　茂

地理类

《六经图》七卷（据《宋史·卷二〇二艺文》著录） 宋·叶仲堪

《海昌图经》十卷《续胡既盐官图经》十卷（据《浙江方志考》著录） 宋·潘景夔

《南诏稿》钞本五卷（据万历《栝苍汇纪·卷十三》著录） 明·王　景

《墨守书》《海外篇》（据光绪《处州府志·卷二十六书目》著录） 明·詹嘉言

《南洋輶轩录》二卷（据民国《松阳县志·卷十二书目》著录） 清·高焕然

《栝苍名胜留题录》二卷（据《松阳县志续编·人物本传》著录） 清·刘德元

志鉴类

《松阳志略》元至大四年（1311） 元·吴　莱主修

《松阳县志》明正统版

《松阳县志》明成化版

《松阳县志》明隆庆版 明·潘伯广主修

《松阳县志》清顺治十一年（1654） 清·胡世定主修

《松阳县志》清乾隆三十四年（1769） 清·潘茂才主修

《松阳县志》清光绪元年（1875） 清·丁凤章主修

第三节　子　部

儒家类

《项氏家说》十卷（入录《四库全书》子部一·儒家类） 宋·项安世

《经史子传疑难》（据《两浙著述考·儒说考》著录） 宋·项安世

《刘子法语》二十卷《通论》五卷（据《宋史·卷二〇五艺文》著录） 宋·刘　鹗

《刘子迩言》十二卷（入录《四库全书》子部一·儒家类） 宋·刘　炎

《闻见录》（据《两浙著述考·儒说考》著录） 宋·刘　炎

《理学微言》（据《桥亭项氏宗谱·卷二》著录） 宋·项得一

《心镜图治心铭》（据万历《栝苍汇纪·卷十三》著录） 元·王文焕

《玉堂稿》（据万历《栝苍汇纪·卷十三》著录） 明·王　景

《辨三教平心论》一卷《政事补遗》（据万历《栝苍汇纪·卷十三》著录） 明·卢　玑

《刘子遗书》四卷《问道录》十一卷（据民国《松阳县志·卷十二》著录） 清·刘可培

《家训八要歌》一卷（据民国《松阳县志·卷十二》著录） 清·高焕然

农家类

《简明蚕桑说略》（据民国《松阳县志·卷十二书目》著录） 清·叶佐清

医家类

《医意经验集》（据《黉源孟氏宗谱·卷六》著录） 明·孟大纪

《针灸玄机》（据《玉岩叶氏宗谱·卷二》著录） 明·叶春盛

《神针论补》（据《松阳县卫生志》著录） 明·徐自新

《草药金丹》二卷（据民国《松阳县志·卷十二书目》著录） 清·高肯构

《妇科切要》（据《松阳县卫生志》著录） 清·叶起鸿

《经验医方》《医学发明》（据《松阳县志·卷十二书目》著录） 清·张麟书

《医案》（据《松阳县卫生志》著录） 清·叶书田

《集効全书》（据《松阳县卫生志》著录） 清·叶琼瑶

《医案遗稿》（据民国《松阳县志·卷九人物本传》著录） 清·叶葆元

天文类

《皇明律说》（据民国《松阳县志·文学》著录） 明·徐梦易

《六十甲子解》《七十二候解》（据民国《松阳县志·卷十二书目》著录） 明·毛　仲

《星象指掌》（据民国《宣平县志·卷十一》著录） 清·曾师孔

《长至日闰月考辨》（据民国《松阳县志·卷十二书目》著录） 清·张麟书

《蜥蜴八卦祈雨法图说》（据民国《松阳县志·卷十二书目》著录） 清·叶佐清

《衍元算草》《九九摘要》（据《瀵湖潘氏宗谱·卷十二》著录） 清·潘锡圭

术数类

《常道异端论》《理数启钥》（据《两浙著述考·术数考》著录） 明·毛　仲

《三元玉册》《出入阴符握奇》（据《儒行徐氏宗谱·卷一》著录） 明·徐贞元

《地理字字金铨》二卷（据《地理字字金铨》抄本著录） 清·郭雪庵

《地理醒世录》（据《裕溪刘氏宗谱·卷一》著录） 清·刘贞鹏

《地理摘要》（据民国《松阳县志·卷十二书目》著录） 清·高斐然

《卜筮断验》二卷（据民国《松阳县志·卷十二书目》著录） 清·高肯构

《地理管见》（据《东里徐氏宗谱·卷一》著录） 清·徐承庶

艺术类

《评画行》一卷（录入《四库全书存目丛书》子部七十二） 宋·叶梦得

《轩轩轩印谱》（据《桥亭詹氏宗谱·卷一》著录） 清·詹　伟

《崇实堂印谱》（据《厦田叶氏宗谱·卷三》著录） 清·叶应龙

杂家类

《四子遗诠》（据民国《松阳县志·卷十二书目》著录） 明·徐梦易

《经济言增补》（据光绪《处州府志·卷二十六书目》著录） 清·陈元飏

《济世将略》《齐家指南》（据民国《宣平县志·卷十一·文学》著录） 清·曾师孔

《老日休示孙帖》（据民国《松阳县志·隐逸》著录） 清·刘公全

类书类

《海录碎事》（录入《四库全书》子部十一·类书类） 宋·叶廷珪
《对制谈经》十五卷（录人《四库全书》子部·类书类） 宋·叶　时
《永乐大典》（据《本朝分省人物考·卷五十六》著录） 明·王　景
《全归文翰》（据万历《栝苍汇纪·卷十三》著录） 明·毛　辉
《英主类编》（据万历《栝苍汇纪·卷十三》著录） 明·卢　玑
《反正字眼》（据《亭川周氏宗谱·卷一》著录） 清·周承功

小说家类

《石林燕语》十卷《燕语考异》十卷（据《遂初堂书目》子部小说类著录） 宋·叶梦得
《古今考议》一卷（据万历《栝苍汇纪·卷十三》著录） 元·练　鲁
《平舒录》（据光绪《处州府志·文职》著录） 明·李元韶
《避色录》（据民国《松阳县志·文学》著录） 明·毛　复
《日新录》（据光绪《处州府志·卷二十六书目》著录） 明·毛元淳
《读书日记》《稽山日讲》（据《两浙著述考·诸子考》著录） 明·叶永华
《消夏录》五卷（据民国《松阳县志·卷十二书目》著录） 清·饶庆霖
《苦劳人抒情草》（据民国《宣平县志·卷十一·文学》著录） 清·曾友颜
《吾庐自课草》（据《桐川叶氏宗谱·卷三》著录） 清·叶学知
《学道爱人治粤书》四卷（据民国《松阳县志·卷十二书目》著录） 清·高焕然
《庸奩杂吟》二卷（据民国《松阳县志·卷十二书目》著录） 清·叶景春

道家类

《道德经解意》（据万历《栝苍汇纪·卷十三》著录） 宋·刘应真
《大易参同契解》（入《千顷堂书目》道家类） 明·徐梦易
《感应篇注释》（据民国《松阳县志·卷十二书目》著录） 清·包立俊

释家类

《金刚经浅说》（据清光绪七年原书刻本著录） 清·陈其福
《金刚经注解》（据据民国《松阳县志·卷十二书目》著录） 清·叶守一

第四节　集　部

总集类

《寻乐编》（据民国《松阳县志·卷十二书目》著录） 明·毛元淳
《修省轩》（据《古市潘氏宗谱·卷一》著录）
《明伦堂》（据《桐川叶氏宗谱·卷一》著录）

《贵池唱和诗》（据《陈巷王氏宗谱·卷一》著录）

《潘江赠行集》（据民国《松阳县志·经济》著录）

别集类

《环碧亭诗集》一卷（据《两宋名贤小集》著录） 宋·沈 晦

《东门集》（据《城东程氏宗谱·卷一》著录） 宋·程 汜

《兰谷集》（据《卯峰叶氏广远宗谱·卷六》著录） 宋·叶季韶

《震谷集》十三卷（据民国《松阳县志·卷九人物本传》著录） 宋·项宗嘉

《午溪集》（据光绪《处州府志·卷二十一》著录） 宋·刘澹然

《闲束集》（据《桥亭项氏宗谱·卷二》著录） 宋·项得一

《雪窗集》（据《城东程氏宗谱·卷一》著录） 宋·程 沈

《东门览胜集》（据《城东程氏宗谱·卷一》著录） 宋·程 枢

《竹埜诗集》（据万历《栝苍汇纪·卷十三》著录） 宋·叶 时

《平庵悔稿》（据《宋史·艺文》著录） 宋·项安世

《爱山杂咏》（据《陈巷王氏宗谱·卷一》著录） 宋·王唐珪

《兰雪集》二卷（据《历代妇女著作考》著录） 宋·张玉娘

《曲肱集》三卷（据《叶晔墓志铭》著录） 元·叶 晔

《此山集》四卷（录入《四库全书》集部五·别集类） 元·周 权

《友松集》（据《城东程氏宗谱·卷一》著录） 元·程世亨

《草窗集》（据《板桥周氏宗谱·卷一》著录） 元·周文珂

《中成诗集》（据《板桥周氏宗谱·卷三》著录） 元·周邦均

《倥侗子文集》八卷《外集》四卷（据民国《松阳县志·卷十二》著录） 元·练 鲁

《午溪集》十卷（据民国《松阳县志·卷七》著录） 元·陈 镒

《两庵集》《和陶集》《璧水集》《海岱集》（据万历《栝苍汇纪》著录） 明·包仕登

《东蒙集》（据万历《栝苍汇纪·卷十三》著录） 明·周 焕

《纳诚集》（据《板桥周氏宗谱·卷三》著录） 明·周宗纶

《和樵集》四十六卷（据《板桥周氏宗谱·卷三》著录） 明·周宗绍

《嘉莲诗集》（据《板桥周氏宗谱·卷三》著录） 明·周宗綵

《冲霄集》（据《板桥周氏宗谱·卷三》著录） 明·周敬明

《雪庵集》（据光绪《处州府志·卷二十六书目》著录） 明·叶希贤

《宾屏集》（据《卯峰叶氏广远宗谱·卷六》著录） 明·叶楚华

《素履堂集》（据《桥亭詹氏宗谱·卷一》著录） 明·詹 雨

《静斋集》（据万历《栝苍汇纪·卷十三》著录） 明·詹 宝

《留耕集》（据成化《处州府志·卷九》著录） 明·毛 辉

《留耕集》（据光绪《处州府志·卷十八本传》著录） 明·叶廷敏

《管窥集》（据《宏山吴氏宗谱·卷三》著录） 明·吴廷焕
《赏心集》《闭窗稿》（据《古市三角坛刘氏家乘·卷二》著录） 明·刘 鉴
《东田集》《李杜诗评》（据民国《松阳县志·卷九》著录） 明·周凤鸣
《春野集》（据光绪《处州府志·卷二十六书目》著录） 明·毛文邦
《梧冈集》（据《桥亭詹氏宗谱·卷一》著录） 明·詹朝宣
《国栋诗稿》（据《国栋诗稿》写本著录） 明·沈国栋
《征伯集》（据光绪《处州府志·卷二十六书目》著录） 明·徐梦易
《振凡诗文》（据《卯峰叶氏广远宗谱·卷六》著录） 明·叶以章
《少微集》（据万历《栝苍汇纪·卷十三》著录） 明·陈德询
《吴中草》《剑南稿》《岭北草》（据顺治《松阳县志·文学》著录） 明·徐万松
《对梅集》（据《桥亭詹氏宗谱·卷一》著录） 明·詹世教
《耦耕集》（据民国《松阳县志·卷九人物》著录） 明·毛 复
《藕孔集》（据光绪《处州府志·卷二十六书目》著录） 明·叶永华
《西昆集》（据光绪《处州府志·卷二十六书目》著录） 明·叶芳萼
《晚霞集》《素园诗集》（据光绪《处州府志·卷二十六书目》著录） 清·丁正中
《三余稿》《赏心集》《景善录》（据《黉源孟氏宗谱·卷六》著录） 清·孟修彩
《吾庐文稿》《拙亭诗抄》（据光绪《处州府志·卷二十一》著录） 清·刘 杰
《耐亭集》（据《城东蔡氏宗谱·卷一》著录） 清·蔡国淮
《枕上草文集》（据《耐性桥叶氏宗谱·卷一》著录） 清·叶怀蓁
《吴国玟诗集》（据《周安吴氏宗谱·卷一》著录） 清·吴国玟
《绿水园诗钞》（据民国《松阳县志·卷十二书目》著录） 清·许万青
《丁植诗稿》《抱亭诗草》（据光绪《处州府志·卷二十六书目》著录） 清·丁 植
《草堂闲咏诗》七卷（据《上安刘氏宗谱·卷二》著录） 清·刘希绚
《瑞草堂诗钞》二卷（据《两浙輶轩续录》著录） 清·杨孙芝
《双溪草堂诗稿》（据民国《松阳县志·卷十二书目》著录） 清·包日生
《墨竹山房诗草》（据光绪《处州府志·卷二十六书目》著录） 清·王玉汝
《炉余篇》一卷《描诗拙草》一卷（据民国《松阳县志·卷十二》著录） 清·丁汝为
《墨香草堂诗稿》（据光绪《处州府志·卷二十六书目》著录） 清·沈 昌
《纪述吟草》一卷（据民国《松阳县志·卷十二书目》著录） 清·饶庆霖
《世恩堂诗集》《倚松吟诗集》（据《桥亭詹氏宗谱·卷一》著录） 清·詹 伟
《培兰山房诗草》（据民国《松阳县志·卷九》著录） 清·蔡懋烈
《自怡斋诗草》（据民国《松阳县志·卷九》著录） 清·潘承如
《天香诗稿》（据据民国《松阳县志·卷十二书目》著录） 清·潘益涛
《寒瘦斋诗集》（据民国《松阳县志·卷十二书目》著录） 清·杨光淦

《到随草》（据民国《松阳县志·卷十二书目》著录） 清·包立俊
《山窗诗草》（据《东里徐氏宗谱·卷一》著录） 清·徐承庶
《楙莽拙草》（据民国《松阳县志·卷十二书目》著录） 清·杨光格
《启后集》（据民国《宣平县志·卷十一·文学》著录） 清·曾友颜
《勤补拙斋杂文》（据1996年《松阳县志·人物》著录） 清·吴春泽
《知裁集录》（据民国《松阳县志·卷十二书目》著录） 清·高斐然
《瑞鹊堂诗文杂录》八卷（据民国《松阳县志·卷十二书目》著录） 清·高焕然
《西河诗文集》三卷《续编》二卷（据民国《松阳县志·卷十二》著录） 清·毛斐然
《晚修庐存稿》九卷及附录一卷（据《晚修庐存稿》写本著录） 清·蔡寿昌
《压线集》一卷（据民国《松阳县志·卷十二书目》著录） 清·叶景春
《赤溪存草》七卷（据《松阳县志续编·人物本传》著录） 清·刘德元

曲类

《张玉娘闺房三清鹦鹉墓贞文记》（据《古本戏曲丛刊二集》著录） 清·孟称舜

第五节 现当代图书

经济学类

《经济战略论》 张 辅

社会学类

《民族文化研究》《中国社会研究》《中国礼俗研究》（据《处州方志》著录） 何联奎
《欧美政教论丛》（据1981年《松阳县志续编》著录） 温 麟
《美国老人问题》《婚姻与家庭》（据1996年《松阳县志·人物》著录） 潘如澍
《古音蠡测》《古音左证》《松阳方言考》（据《松阳县志续编》著录） 叶梦麟
《松阳县畲族古籍文契集成》 毛培林主编
《石仓客家方言》 曹树德

教育学类

《八德集义》《六礼杂钞》（据1981年《松阳县志续编·人物》著录） 叶梦麟
《松俗处丧非礼辨》一卷《丧礼通俗编》一卷（据《中国丛书综录》） 蔡克猷
《家政教育论文集》 叶霞翟
《小学算术》 李 伦
《小学数学练习设计》等四部 宋淑持

文学类

《赤郇震一偶钞》（据民国《松阳县志·卷十二书目》著录） 吴朝鼎

《松荫庐诗文集》（据1981年《松阳县志续编·人物》著录） 吴朝冕
《丁巳日记》一卷（据民国《松阳县志·人物》著录） 蔡克猷
《散溪遗书》十九卷四册（据《中国丛书综录》著录） 蔡克猷
《散溪诗文集》十一卷（据存稿著录） 蔡克猷
《积诚集》《积诚丛书》（据1981年《松阳县志续编·人物》著录） 叶梦麟
《玉泉山房诗文集》《小玉雪堂联话》《南陔见心录》（据1996年《松阳县志》著录） 何　修
《愚园吟草》《愚园诗话》《桃村杂录》（据《徐村徐氏宗谱·卷一》著录） 徐思襄
《何联奎文集》（据1996年《松阳县志·人物》著录） 何联奎
《三余吟草》一卷（据《佳溪刘氏宗谱·卷二》著录） 刘福佐
《山间小集》 温　麟
《松阳文学作品选编》 毛小草主编
《库普林》《贝科夫》 宋昌中

史志学类

《松阳县志》民国15年（1926） 高焕然主修
《松阳县志续编》1981年 叶梦麟主修
《松阳县志》1996年 叶永萱主编（主持）
《台湾风土志》1966年 何联奎
《两汉与匈奴关系》1991年 江天蔚
《高亭村志》2003年 周　笃主编
《界首村志》2006年 刘为绾主编
《玉岩村志》2010年 叶正中主编
《松阳县水利志》1990年 郑光毅主编
《浙江省处州制药厂厂志》1990年 陈夏英主编
《松阳县财税志》1991年 周延仪主编
《松阳县粮食志》1991年 王志松主编
《松阳县交通志》1991年 陶恭远主编
《松阳县供销合作社志》1991年 邱　岳主编
《松阳县卫生志》1992年 华公仆主编
《松阳烟草志》1992年 丁群亮主编
《松阳县电力工业志》1992年 郭燕萍主编
《松阳县畲族志》1992年 县人民政府民族科编
《松阳县民政志》1992年 林秉高主编
《松阳县教育志》1993年 阙良庆主编
《松阳县国有工业志》1994年 县工业局编

《松阳县实验小学校志》2005 年 县实验小学编
《松阳县国土资源志》2004 年 蓝根成主编
《松阳县人民代表大会志》2007 年 叶永萱主编
《松阳县工会志》2008 年 刘建超主编
《松阳县教师进修学校发展史》2009 年 县教师进修学校编
《松阳县老年体育志》2010 年 李德贵主编

理工学类

《电路基础及量计》《信号与线性系统》 蔡六瑜
《起重机设计规范》 周显德
《物理教学方法改革的研究》 潘宗鹿
《生物化学》 潘 福
《简明分析化学》 叶倩仕
《工业水处理技术》 项成林
《化工新技术》《化工热能的热力学基础》 何耀文
《中国气候蓝皮书》 刘为纶

农学类

《茶树生物学》 刘学锴
《茶树栽培生理》 潘根生
《农业经济管理》《农业现代化》《农业计划学》 张周莱
《草业科学》《新疆畜牧业》《草地与饲料》 宋鸣筑

医学类

《一梦轩医案》（据《松阳县卫生志》著录） 何 梦
《医案集》（据《松阳县卫生志》著录） 叶冠春
《焦桐医业集》（据《松阳县卫生志》著录） 蔡 琴
《梦熊诊所医书》（据《松阳县卫生志》著录） 叶梦熊
《六三子医业》八卷（据《松阳县卫生志》著录） 蔡观淮
《益寿奇验医案》四卷（据 1993《松阳文史资料》著录） 叶益寿
《本草沿革》《茵陈治疗肝炎》 宋刚辅
《药物鉴定教材》《药物分析化学》 叶倩仕
《有机磷中毒的诊断和治疗》 周显文
《神经外科》 程东源

艺术学类

《连逸卿粉画集》《连逸卿素描集》 连逸卿
《音乐教案集锦》 汤壁辉

第二章 文 选

松阳历代文作，文体多样，涵盖哲学伦理、民族研究、教育启蒙、农桑种植、水利堰坝、民俗礼仪、专志村史等方方面面。姚鼐《古文辞类纂》把文章分为论辨、序跋、奏议、书说、赠序、诏令、传状、碑志、杂记、箴铭、颂赞、辞赋、哀祭十三类。由于志书篇幅所限，本章文选仅罗列五节，分为辞赋、序跋、杂记、赠序、碑志。所选艺文，为反映松阳人物、山川景物、历史古迹、民情风俗、重大事件、水利工程、人事更迭的文章。

第一节 辞 赋

宏山世派赋

宋·赵炳

乾健立刚，坤柔尚黄。位混沌之既判，昭人德之辉煌。三才以之而遂定，万物得乎而有彰。星辰显耀，日月华光。暨类乎群分，则固本而枝芳繁。吴氏之本裔，始原乎周之太王。以延陵为上郡，封泰伯于吴疆。然后派分，源清流长。至若朱紫相辉，高坡之厚媸；衣冠继袭，振鹭序与鸳行。自周跨汉，由汉历唐。腾美誉于闽浙之域，赫黄声于十贤之堂。士途相续，居族蕃昌。自乾宁昭宗之朝，谏议归宁古越之乡。董昌作乱，洁累深藏。由东南之胜概，遇库里之龙岗。挺侯林之乔木，植召国之甘棠。开基址于深廓，营第宅之轩昂。环清流之一带，攒群璧于四旁。更寻幽于别郡，得佳地于栝苍。以松源为雅号，任憩息于浮乡。衍派于岸南岸北，乃卜筑而为良。佛图似乎蒙谷，金鸡建乎石梁。爰居爰处，马嘶绿杨。独玉冰与锦谷，风水丽而非常。又迁居本郡本邑，续脉于衡山之阳。其湖源与马舆，累奏凯于文场。荣则荣矣，贵盛讵量。腾芳于猷汗，竹兴礼乐之洋洋。诚羡之也，则赋之而不忘。又从而歌之曰：瓯括秀长，闽浙尤藏。有吴大姓，居族蜂房。衣冠继续，济济跄跄。三千朱履，光耀门墙。

揽胜赋

元·周权

世有濩落之士，厌处苍山之隅。浩然湖海之气，充乎山泽之臞。汗漫万里，观光国都。天低析木之津，地拱缙云之墟。屹万雉之严城，壮九重之宸居。会万国之朝觐，来四方之委输。省寺崇崇，邸第渠渠。金碧耀浮屠之刹，鼓吹殷黄公之墟。锦鞯玉勒，幰绀轮朱。纷贵游之杂沓，涨红雾于九衢。惟圣人之御极，斡阴阳于化枢。均寒燠之一气，混朔南而靡殊。时朱明之仲月，顾炎赫其焚如。

跧旅次之湫陋，屡盥涤而宁躯；麾群蚊以终夕，叹流汗之浃肤。乃晨兴以孤坐，忽有客而过予。谓时暑之可惮，胡局促而自拘，曷不即乎郊甸，同览胜而啸舒？即欣然以振策，指城西而步趋。修堤窈窕，清樾扶疏，濯濯藻荇，摇摇菰蒲。睇香山之凝翠，布画图于晴虚。浩云水之娟秀，泝河带而萦纡。玉泉出乎三洞，注大泽而渊潴。滉明镜之潋滟，陋杭颍之西湖。微茫草树，翔泳鱼凫，菱歌互起，心畅神愉。何彩霞之烂烂，实菡萏之始敷。炫韶容以悦目，飒幽香其生裾；荡兰桡以容与，乘凉吹而舒徐。戒白鸥以避席，倒沙曲之琼壶。翻近舟之新芡，鲙出网之长鱼。折碧筩以隽饮，咽芳露之清腴。于是从容而语客曰："吾与数子，偶然相值。如浮萍耳，而得相与。徜徉于昏埃之外，留连于空翠之里。虽释热恼于旃檀之林，濯清泠于蓬莱之水。其快岂若是哉。"客有笑而言曰："子之乐也外，未若吾之乐也得其内，子之乐吾得而知，吾之乐子不得而晞。"遂扣舷而歌曰："野水兮满湖淩，浩荡兮如游太虚。匝红芳兮四壁，坐烟艇兮吾庐。骋予怀兮物表，游吾神兮物初。彼蠢蠢者如蚁之在穴，独遗世兮与造物。"而为徒歌，响未绝。予复语之曰："汝之乐固得其至，又安知予之乐不与子乎同味，繄斯人之至乐？均赋予于厥初，彼汩汩于利欲。故欣戚而异途，惟浮生之如寄。托逆旅于堪舆，慨交游之抟沙。常聚散于须臾，谅后会之莫期。予归为子赋之可乎？"客喜举觞而谢，既而舍舟登岸，逍遥夷愉。頳飘飘之霞佩，迫归兴于既晡；延华月之素影，引吟躅而纾余。望深城之烟火，念喧寂之遽殊。爰挥毫而抽思，怅幽致其难摹。

悯松赋

元·周权

群木之中，惟松挺然。贯四时以葱郁，抱孤操而贞坚。禀秀于太华之顶，毓粹乎岷峨之巅。或盘踞于培塿，或映带于林泉。自纤筳而拱杷，始盈尺而参天。干排风雷，枝摩云烟。龙鳞兮蜿蜿，骢发兮鬅鬅。栖威凤兮嗺嗺，集灵鹤兮翩翩。涵沆瀣之清华，炫晴暾之暄妍。若夫春雪压林，高标特立，若董少平强项不屈；炎歊焦沙，繁阴清閟，若吕献公丰姿高致；天风入林，空籁斯发，如王子晋凤笙奏月；云冻土裂，亭亭劲质，如苏子卿坚持汉节。晨光曈昽，岫幌幽彻。端如康伯，静重明哲。夕景绀寒，森森秀叶。俨若相如，冲冠怒发。阴阳舒惨，变化莫量。恢恢兮其器之大，磈磈兮其材之良。皆可柱明堂而栋大厦，岂能配凡木而老高冈。其中则有同类而异质者，恍若自失。叠嶂回峦，深蛰古色。夭矫兮态若蹩躃，抑郁兮势窘寻尺。至若飞湍激枝，洒然凝秋。有若子荆漱石枕流；枯槁形容，何心雨露，又若灵均高蹈远举；槎牙摧颓，勃窣纹漪，又如彦祖折頞敛颐；或乏远扬，低伏蹇嵯，又如承宫难以示远；储精敛华，沦脂产苓，又如许由藏光隐形；或大离奇，或俯蜷局，又如华元皤腹睅目。或蹙缩不振，或昂峭蹇直。或腾踊如飞，或怒挫如掷。或抱向如迎，或背驰如逆。或纡余而敷舒，或轮囷而逼仄。或排空而勒翠，或倒悬而挂壁。或轩奋而帜张，或翘擎而盖植。枝鸾翔兮翼行云，根虬走兮锁裂石。几千载兮锉奇骨，肤皴剥兮古苔蚀。呶拏摆撼兮如鸣不平，拥涌郁遏兮势斗崖力。偃蹇兮彰其丑形，拳曲兮不中绳墨。匠石过之而不顾，世人视之而反惑。夫天之产材也，虽硕大者有殊其用，而纤微者亦罔弃遗。况劲气之森毅兮岂形势之可压，均此性之坚凝兮皆抱乎岁寒之姿。乌妍丑之有异，判用舍于两岐。寔土地之肥硗有所宜与不宜。然以怪而有遇，则亦逞特而呈奇。故郏侯不掩其异，乃登进于彤墀。此亦不幸之大幸，非世情之得私。予因睹而有感，爰伫立而兴咨。故知物以病怪而见鄙，亦犹人之困厄而栖迟。然人以困厄而智明，物以病怪而遇知。所以损者益之媒，败者成之机。则凡观人观物，岂可弃臃肿而遗支离。顾吾言之鄙俚，或可以为操衡鉴者之良规。

卯山赋

明·叶性存

盖原日出于卯，体象垂形。会坎离于朔望，现乌兔于扶桑。倚亭点易，深明天道；安炉建鼎，妙透玄关。墨洗池中，金麟灿灿；丹汲井内，碧水溶溶。通天宫高竖峰头，气凌霄汉；永宁观钟镇古市，声应山圜。潜白鹤于洞中，深幽难觅；著试剑于石背，显迹可寻。山脚观名“广福”，松竹丛绕；观左堂号“集真”，芝兰苾芬。云烟飘渺兮朝真阁兮堪羡，水湄婉曲兮超贤楼兮爽观。高殿巍峨，崇道立教之地；茅屋幽静，修真养性之房。此前朝之遗迹，为后代之玩赏。阐道叶真人步青云而驰海外，上朝金阙；鄮道士骑白鹤而共天长，高侍玉皇。记云：永宁钟没，真人复出；邪鬼路行，宗祖重光。是乃天道之剥复，为气数之转移，未可知也。后有作者，或逍遥而观道，或参座而明丹。遁迹离尘，却氛窒欲，运阴阳以炼气，养水火以凝胎，按四时以采取，炼九转而成丹。法水汪洋，元风高远，行满飞升，乐极无外。

卯山赋

清·孟修彩

粤夫微垣上应，斗柄右张。芦塘香乳，凤起鸾翔。乃有根蟠牛首，秀干陡扬。障孤城而嵂崒，屼平野之苍茫。在辰为卯，肖象为钟。延袤千丈，拱揖万峰。石龟乍伏，宝盖遥逢。盼山聊嶆而霞接，昵叆靆而云封。固澥域之名山，亦洞天之福地。攫云傍石，植隐隐之松杉。覆涧封丆，长垂垂之薜荔。青痕翠竹，见客如迎；绛颡仙禽，逢人欲避。乳胝疏而珠溅，谢屐难通；草经披而绵长，羊带鲜至。若夫回峦曲折，古观嵯峨，密林云霭，碧沼烟拖。摘仙花于苔砌，访石路于崇阿。点易幽亭，乐研朱于蕉雨；捲声村舍，涤清思于烟萝。洞锁春而鹤杳，石试剑而光磨。尔其宫临绝巘，帝坐遥通；馆号紫霞，枢辰近接。扩川原之迢递，罗万象于心胸；望古市之迷离，穷千湍于眉睫。春光耀原陇之金茎，秋雨洒枫林之丹叶。低檐笼日，百禽喧而心怡；曲槛穿松，万籁号而神惬。骈梁束逸少之书，紫石录黄庭之帖。于是瑀台高士、霄阁真人，药染七飞，袅孤烟于青灶；丹成九转，留智井于华尘。龙献飞泉，警潮生而似海；魂题碑字，讶钩白以如银。篆额苔封，步虚词抄；钟楼螭啮，仙迹何堙？季伯镇之吟龙，诗镌翠石；丰去奢之跨鹤，云渺苍垠。胜地匪遐，幽栖自赏。学采药于天台，同探奇于雁荡。乘芒屩之双丝，着铢衣之五两。驾鹿驭而翔扬，乘回风而下上。将以蹑仙踪、浣尘想，同赤松之遨游，吹天半之笙响。

栝苍山赋

清·孟修彩

若东瓯之荒服，陟永嘉之名山。孕鸿濛之奇秀，分星躔于斗间。则有南明似钥，少微若环。石门扃而莫启，仙都杳而难攀。蓬莱浮金银之气，凤凰随鹓鹭之班。固皆妙精之所凝合，云軿之所往还。乃有苍岭倚天，危崖拔地，延袤万丈，纷巃嵸嶻以岑崟；跨逾一州，望郁葱而苍翠。南枕临海之雄，东控仙居之异。迫穹窿而磴悬，临绝冥而图秘。路崣嵲而逶迤，径修通而幽邃。搏翠屏之壁立，渺远岫之云连。谷接乎砻磡之谷，泉挈乎中澳之泉。振扶疏之阴水，绕汗漫之玉川。云气玲珑于双树，霞光炯晃于中天。跻高隅而雷雨俯视，披蕙蘘而花草芊眠。爰有养真仙子，采药羽流。宫阤构灵光之秘殿，厂宇拟玉京之璃楼。洞轇轕乎鲜至，台礧磈而无尖。高松冈连而岭属，春泉疏石而经邱。石环玮而含光，崖踡嵯而如锼。若乃振金策之铃铃，访崇阿之寂寂。元鸟浴羽而遐翔，灵猱栖神于深壁。泉涌溜而界道，树飕飗而风激。衣轻縠而徐扬，陟高冈而乍历。固足恣奇迹以徜徉，蠲遗尘而荡涤。尔其春融晴旭，夏障浓阴。衰草寒鸦，秋气横云于幽壑；瑶柯玉蕤，翔风舞雷于重林。推四序之元化，浑万象于冥心。蹑赤松之真秘，跨二老之仙禽。导鸾軿之青女，响子晋之笙音。于是游神无际，曜灵无畔，仰仙都之可阶，俯浮云而足乱。乃洞天之匪遐，慨烦想之难断。孤灵仙之奥居，冷隐真之池馆。身蓬转而终沦，梦冲虚而终绊。揽幽胜于图经，涤尘思于过半。

黄南庄赋

清·陈其福

邑之南，距城七十里，有黄南庄焉。山水蔚然而深秀，林木森然而郁葱。白屋参差，绿畦上下，其风景清佳，颇与桃花源近似。最足异者，阖庄百余家，歉于田而丰于山，竹木之利，岁有余资。桥梁则利济也，梵宇则丹青也。行其里、闻泽耕声，登其堂、闻披读声。又时见黄发皤皤，年登大耋者，日携垂髫总角，步履其间。古语云："山人多寿。"殆其征欤？辛酉夏，余侨居其地，主人徐立朝、号整斋，庄之翘楚也，笃孝友而能文章。偶询，"斯庄载邑志否？"主人曰："未也。"余窃有慨焉。夫蟾湖遗迹并列艺文，燕田僻乡犹关采访，斯庄人稠地广，俗美风淳，何转于志书阙如？固知深山穷谷中，抱璞含贞、饮冰励节、卓卓人间，竟至湮没不彰者，岂少哉！主人嘱为其赋，余曰："诺。"夫何邱壑竞奇兮，挟大气以磅礴。耸林岚之雅观兮，列围屏而绎络。钟村庄以秀灵兮，讶鳞次之错落。绕山径以逦迤兮，直神斤之琢凿。山隈水隈，雨壑烟壑。树里人家，溪头略彴。炊烟断续兮柴扉，流水回环兮草阁。则见斗潭接壤，潘坑连畴。白岩汇派，余叶通喉。望岭脚兮前路，下裒溪兮上游，控平昌之别道，引小港之扁舟。胜纪蟾湖，脉络之延袤自远；峰撑鹤顶，星辰之变换偏幽。辨方不必中央，村以黄号；量地未为尽境，水故南流。云断云连，山樱欲然；峰后峰前，瑶琴尚眠。清溪曲曲，流水年年。楼台六七，气象万千。林密兮藏雨，竹深兮凝烟。青林红树兮秋霁，琼华玉屑兮雪天。任朝朝以暮暮兮，耸云影之孤骞；或风风以雨雨兮，奔百道之涧泉。胜概攸详，盖征风俗。父老酒沽，儿童徇劚。樵路月黄，书斋灯绿。叱犊田间，钓鱼溪曲。创梵宫而尚浮图，建祠宇而绵似续。或盂兰设会而鼓钹击铙，或元夕张灯而焚膏燃烛。其妇女胥裙布而荆钗，其子弟当郑兰而元玉。苟无恒产，何以养生？则厥田或下、下而无取，惟错实上、上而有成也。十里五里兮树影，一竿两竿兮竹声。拱把桐梓兮迎日向荣，薪槱棫朴兮得气勾萌。编竹成桴白水奚烦订誓，伐薪为炭乌金可以锡名。衣食绰乎有余，保兹家室；材木不可胜用，岂让市城？然试思斯庄之始，榛莽之辟，谁其为之？狐狸之逐，谁其施之？垣堵之创，谁其司之？桥梁之筑，谁其基之？松柏之息养，谁其朝夕培滋之？汙莱之荒塞，谁其耒耜芟夷之？前不见往日，后不见穷期。群相生相养于无尽，而观世之士独慨焉如有所思。仆本羁人，兴怀故里。忧田园之将芜，怅烽烟之未已。乐郊远适挹东海之芳馨，知己重逢望南溪而至止。惟念韫玉辉山，怀珠媚水，斯仁里之足夸，非末俗之与比。胡为乎珊网竟遗，輶轩不纪，任腾地之销沈，徒高山之仰企。是固秉轴之偶蒙而斯庄之受否也，后有作者，将有径珠寸璧，视此如沣兰沅芷焉。

黄南庄赋

清·潘益澧

访松邑之奥区，过南溪之乐地。上下村夹涧攸分，左右邻枕山布置。人多太古之风，地有自然之利。下裒溪而上余叶，黄居坤土之中；北平昌而西龙渊，南协离明之位。粤自村兴明代，派衍清时。南阳氏弃官隐此，东海郡聚族居斯。李姓则莺迁继至，赖家则燕翼共贻。新兴社四族蒙庥，户户之桑麻并茂；护境亭一村扼要，家家之烟火齐炊。其为人也，堪希怀葛，欲傲羲皇。女厌绮罗之丽，男安耕凿之常。佬多白发苍颜，不扶鸠杖；即非花朝月夕，也举兕觥。承先泽之诗书，二三子宏开家塾；撷英年之芹藻，先后进名振胶庠。人柳阴边，或向棋枰而静对；农桑课外，非无医卜之擅长。而究之殷富非关中之比，此所以勤俭效魏俗之良。其为物也，万壑之古杉蔽日，千峰之翠竹凌霄。笋至冬而叠茁，蕨为粉而匀调。彘宜二母之良不困豚笠，鲜入半钩之钓佬有鱼苗。虽分田尚隘成基，夏五之嘉禾偏少；而异种亦能代食，秋三之珠颗倍饶。又何论乎，野簌香分，指不胜屈；山肴美味，名虽尽标。尤可喜者，岩壑幽深，林泉秀美。二十都地异通衢，七十里居非近市。虽遇寇于戊午之夏，蚁队暂过；而安居于酉戌两春，狼烟不起。大抵理有循环，时分泰否。繁华地劫火偏多，俭朴乡灾星可已。宜乎斯地也！潜龙之隐咸适其身，风鹤之声不惊于耳。余也为避妖氛，爰寻仁里，初来焉酉岁之冬，久居之壬年及癸。小愚翁作我师亦作我主，入喜得门；时还斋可学圣亦可学仙，交淡如水。看扶藜兮几辈，共话昏黄；聊种菜于古篱，忘情金紫。笑予俗客，竟居竹宅之旁；大有仙缘，也住桃源之里。能不缀余骈语鸿飞，志印雪之踪；稽彼名区胪列，待采风之史也乎。

梦笔生花赋

民国·毛斐然

仙宇通灵，文祥志喜。酒兴偏浓，诗才孰比。增丽藻于词林，分瓣香于意蕊。岂惟锦授怀中，还自稿成腹里。此后独神解脱，俨然抗席欧苏；其间一定品题，应尔齐在杜李。奚有谪仙，夙称诗伯。阵几扫以军千，篇旋倾夫斗百。论到壮年志气，且欲问天；生来童子英奇，早征题名。倘登楼以作赋，心当惊破乎鹤黄；乃倚枕而舒怀，情转并深于凤白。故当其象管含辉，兔毫示兆。色之悟也虚无，神之通也冥杳。吐新机而食叶有蚕，催夙构则隔林啼鸟。词华既觉其日新，姓氏犹播诸江表。而谁谓班香宋艳之才高，不出自挥月凌云之年少。然而功由天授，事岂人为。惟聪明之卓绝，妙寤寐亦神奇。五色则毫端云烂，一枝则腕底露垂。架以珊瑚，文章尽入华胥之境；书成锦绣，色相空形顷刻之时。是虽巨手犹人，而实慧心出众。枝方独擅雕龙，才更同参吐凤。拥青绫之被，柔翰平操；披黄绢之章，轻毫妙弄。殆将以一挥而就，草起鼠须；那复知双管齐飞，蕉覆鹿梦。遂乃意适申申，思抽乙乙。都觉芬芳，渐隆著述。搦兹虽距，英气纵横。拂彼龙文，天才赡逸。疑非着手春新，定是萌牙杰出。自他有耀，粲兮花实非花；与我为缘，斐然笔则曰笔。夫而后江山选句，宇宙闻名，客惊四座，卿重连城。咳九天兮朱玉唾，掷满地兮石金声。拟黄叶兮原非偶，誉青莲兮莫与京。感长吟而舒啸临风，雅得寰中趣味；思独酌而徘徊对月，浑忘醉里平生。士也穷心典艳，着意诗葩。简授三霄，极艺林之墨翰；灯挑五漏，掇词藻之英华。用以赓歌帝陛，黼黻天家，觐光日月，错采云霞。又何难运翊文明，瑞献光阶之草；原不仅迹陈虚幻，祥呈江管之花。

淑女赋

民国·毛斐然

婚姻以万福之原，匹配重群伦之表。溯内助之称贤，实太和所自兆。于归而李咏何秾，迨吉则梅占有标。此祥征蚕羽，化皆叶于蛰蛰绳绳；而声应雎鸠，德自极乎冥冥窈窈。盖其生长也闺深，其来嫔也年小。其德性也幽闲，其仪容也静悄。稳居金屋，心常警及吠龙；醉倚玉楼，梦不嗔伊啼鸟。展蛾眉于月色，爱月宵深；描鸾镜于花颜，惜花春晓。知必将以家齐正始，罹也无遗；原不仅以色善称能，名之曰窕。故当其柳絮孤吟，兰房独宿，倾矣慧心，盼兮美目。望之子之乘龙，意良人于逐鹿。怀乃字以守贞，容为谁而膏沭，则惟握明珠以自爱，生不轻于坠楼；完白璧以无瑕，美仍藏诸韫椟。缅彼兰心蕙质，共称静女其姝；具此玉骨冰肌，何至遇人不淑。遂令心契者，辗转怀思，无由告语，欲订良缘，未成佳侣。鸠喜占夫鹊巢，鸟谁填以牛渚。绳将系赤，三生而作合有期；叶冀题红，十载而衷情如许。方知天生丽质，宫闱需贞静之妃；庶几俗被休风，江汉尽端庄之女。迨夫求凰愿遂，奠雁礼殷，灿妆似锦，从侍如云。银烛则一双共醉，金钗则十二平分。荳蔻香含，感春情兮鸳舞；芙蓉帐暖，宜夜色以麝薰。此盖天缘而作天合，故得圣女以配圣君。而诗人于此，家咏宜其，乐歌宴尔，带绾同心，枝绵连理。瑟瑟以和其声，鼓钟以志其喜。刺灯前之鸳绣，倩伴读以迟眠；听枕畔之鸡鸣，促执炊而早起。是诚温温足式，仪型共仰红颜；真乃息息相关，疴痒无忘赤子。非然者衅起小星，怨沉香草，掩袖工谗，浅眉懒扫。或刻划以难堪，或妖娆而绝例。卒之有忝宫箴，未娴妇道。安能来苹藻以奉庙社之神，赋桃夭以和室家之好哉。要之贤资内治，化起有由。务持盼之淑慎，赖驭众以温柔。百年共庆偕老，四德尤需兼优。妾媵兴怀于江汜，宫人相应于河洲。千古惟传太姒，二南式化岐周。于以福履骈膺，树母仪以纪纲天下；允称乾坤合德，襄圣主而黼黻皇猷。方益信风诗之德美，真堪称天作之匹述也。

山色空濛雨亦奇赋

民国・程步丹

云含万壑，雾锁千湾。苍茫竹径，暗淡松关。慨三竺之游人，扶筇已去；望六朝之过客，着屐初还。漫云潋滟晴光，淡映波心之日；恰喜空濛野色，奇添雨后之山。原夫武林之有西湖也，境辟唐贤，诗吟苏轼。寺列西东，峰高南比。山围荷沼之旁，山绕柳池之侧。适值春残夏到，非犹似笑之容；伊谁浓抹淡妆，别有涵空之色。惟时油云转黑，旭日竟红，雷声逐电，鲸浪生风。雨润莺花之外，雨霏梅坞之中。描摹雨里之容，非烟非雾；仿佛雨中之景，即色即空。方其晴辉淡荡，佳色葱茏，山容明媚，山势玲珑。山间之燕燕莺莺，歌声自巧，山上之花花草草，体态诚工。每当斯摘滟薰香，恒兹秀丽；而何以先明后暗，不断溟濛。雨到鸠鸣，雨来燕舞，雨湿山岩，雨笼山树。空林则瑞霭初霏，空谷则淡云欲补。忽深忽浅，别呈异色于空山；似有似无，恰睹其濛于霖雨。则见奇样翻新，奇形凝碧，雨滴奇花，雨沾奇石。宛似秋时山势，瘦露奇姿；更兼夏日云峰，幻多奇迹。别开今朝生面，飞也何来；换他昔日风光，悦乎不亦。爰有幽人到此，逸客来斯，亦趋亦步，亦早亦迟。冒雨亦移好酒，登山亦咏新诗。果然变幻千般，形形色色；不是阴晴一样，怪怪奇奇。我皇上雨露并施，山河址固，泽沛孔长，嵩呼共慕。雨周阡陌，野客占丰；云护逢莱，文人争步。不仅逞奇观于五岳，策杖吟诗；行看歌奇遇于三霖，登朝献赋。

第二节　序　跋

风木图记

宋・沈晦

《风木图》者，松阳乡贡进士叶君梓思亲而作也。风者何？大块之噫气也。何以曰风？风之为言萌也，养物成功者也。木者何？五行东方之象也。何以曰木？木之为言冒也，冒地而出者也。风，动物也；木，静物也。图之者何？思亲也。思亲曷取？于是袭皋鱼，“树欲静而风不止，子欲养而亲不待”之意也。古今人不相及，袭之者何？均之为子也，均之思亲也，均之触于目而感诸心也。曰叶公之感诸心者，可得闻欤？曰：“官以命德，吾亲之所薰陶者也；禄以养贤，吾亲之所造就者也。”居其官、食其禄，而吾亲安在哉？有俸之富，不能以承其欢；有鼎之贵，不能以养其志，感此风木，何悲如之。虽然风有时而止，木有时而静，人子思亲之心，不风、不木、不止、不静，立焉见于前，食焉见于羹，寝焉见于梦。一入室一出户，僾然见乎其位，而闻其嗟叹之声，其悲恶可已乎？恶可已，是故图之，将以自慰也。曷为自慰？图亲之名于不朽也。图亲之名不朽，奈何寄芳声于儒林，宗公著之序传，播之诗歌，而勒之金石。孔子曰：“虽有国士之力，不能自举其身，非无力也，势不便也。”《诗》云：“张仲孝友。”《传》曰：“孝哉，闵子骞。”叶公得之矣，子何容喙哉！公名梓，字子材，世为松阳古市著姓，由明经登政和元年辛卯科乡贡进士，仕湖州教授，初命为令官云。时宣和六年甲辰进士沈晦识。

平庵悔稿序

宋·项安世

项子题所为文稿曰《滑稽篇》。客曰："是所谓'文似相如殆类俳优'之意，非耶？"曰："非也。世之人无贵贱，皆畏人笑；独滑稽者不畏人笑，非独不畏，且甚欲之。凡其貌服言动，皆欲得人之笑。人小笑之，则小惬；大笑之，则大惬；人不笑之，则大愧。若予之为文，亦若是耳。人之笑，予之药也。人小笑之，则予亡其小病矣；人大笑之，则予亡其大病矣；人不笑之，则予之病其危哉！是与滑稽之技无以异也。"客闻其说，观其文，大笑，冠带尽脱。项子赧然汗下，矍然神醒。曰："予病疗矣。"再拜谢客，书以为序。

春秋发微序

宋·薛南

古今说《春秋》者，皆谓圣人以一字为褒贬，后有说者，不能易斯言也，愚独未敢以为然。少承父师之训，惟读《左氏传》，甚爱其文，而其实则未喻也。及长，取《公》《谷》二传参之，知其文不及左氏，而实则过之。老而无成，始详味《春秋》正经，乃知圣人所作与文士异，其言易直，其理正大，不待详说而后知，深思而后悟也。盖尝束三传于高阁，究圣经之终始，探其微意，惟在正名而已。昔者，子路问于夫子曰："卫君待子而为政，子将奚先？"子曰："必也正名乎。"此圣人之志也。盖自周室凌替，诸侯放恣，天子之尊下同列国，陪臣之贱上僭诸侯，上下逆行，尊卑倒置，夫子患其名之不正，而思所以正之。于是，假鲁史以寓其言，即周礼以名其分，而《春秋》作焉。夫颁正朔，大一统，谓之"王"，而诸侯即位，各自改元，王纲裂矣。故《书》云："春王正月。"建畿甸，朝五服，谓之"京师"，今列国分强，自相朝聘，王制隳矣。故《书》之曰："公如京师"。曰王、曰京师者，非褒也。名之正也。齐、晋，侯爵也，虽伯矣，则《书》之曰"侯"。吴、楚，子爵也，则《书》之曰"子"。曰侯、曰子者，非贬也，名之正也。王人虽微，必加大国之上；陪臣虽贵，必列小国之下，若此之类，皆名之正者。因其自然而然，无所褒亦无所贬。圣人犹虑徇名易至于失实，故其序次列国之盟会，直以国之大小为先后。宋爵虽公，不先于齐侯；杞薛虽伯，必后于莒子。由是观之，圣人之意果不在褒贬矣。盖自一字褒贬之说，唱于传者之口。由是，师授其徒、父传其子，自以为得圣经之要，而不知圣人之意不在是也。愚尝泛观三传，求其所谓褒贬之实，亦惟曰书名者贱之，不名者贵之，然天王之使一也。宰咺、宰渠、伯纠则名之，武氏之子仍叔之子则不名，岂尊者反贱，而卑者反贵乎？诸侯之卒一也，齐小白、晋重耳则名之，宿男，薛伯则不名也，岂小者可贵，而大者可贱乎？又曰，称族者嘉之，捨族者恶之，然一人之身前书曰翚，后书曰公子翚，岂恶于前而嘉于后乎？一事之中始书曰叔孙豹，后书曰豹，岂嘉其始而恶其终乎？不惟是也，书爵、书人者，君臣之分殊也，而曰有所黜陟则过矣。书月、书日者，详略之文异也，而曰有所轻重则非矣。又况三传之说，去取不同，说三传者，抑扬益异。《左氏》之所去，《公》《谷》之所取。杜氏之所抑，向范之所扬，予夺非真，毁誉失实，非是疑其似是，正者诬以为邪，未足以发明圣经，而圣经适为所乱，易直之言以委曲而迂之，正大之理以碎细而拘之，而仲尼制作之志荒矣。推原其病，皆一字褒贬之说，有以惑其心而胶其口也。且《公》《谷》二传出于战国之后，人皆知之。至于《左氏》多谓与孔子同时，而不知其亦战国之士也。尝观其文，叙说辞、述战阵，则纵横捭阖；记灾异、谈星野，则假合附会；说梦卜、论妖怪，则诡异夸诞，其战国游说之士也。及考其实，叙田敬仲之事，而遂知田和之篡齐，述毕万事，而豫料魏斯之分晋。杜元凯《经传后序》谓《汲冢纪年》多与《左传》同，而其未纪魏哀王之卒，则左氏之书出于战国之末，明矣。若曰受经于仲尼，与仲尼同观鲁史，皆无稽之言，不足信也。两汉之世，士习近古，故公谷之学盛焉。魏晋而下，文益浮靡，故神奇鬼异之说，取重于世。此左氏之学所以行也。今新学小子直指左氏为《春秋》，而不知有所谓《春秋》矣。间有知读《春秋》者，不能据经以证传，反因传以叛经。杜元凯自谓有《左氏》癖，其作《集解》指误经者，十尝二三。刘知几酷好《左氏》，称之不容口，遂有惑经之作。隋士有言“宁道孔圣误，讳言服郑非”其二子之谓矣。余为此惧不自量力，辄出《春秋》正经为之训解，不敢泛引传说以乱正经。其有传之所言与经异者，必据经而备论之，以证元凯之误，以解知几之惑，使后之学者，不至弃经而任传，此其志也。虽然，圣经，日月也，彼寸云所点，何损于明。愚夫稚子，群呼而救之者，诚也。岂足增日月之曜乎？亦聊以自述，其愿学孔子之志云尔。

迩言自序

宋·刘炎

言近而指远，辞约而理尽，天下之至言也。非圣人，其孰能修之。是故《论语》一书，独具中和之道。次则孟氏七篇，莫非浩然之气。又其次也，荀卿辨而肆，扬雄约而拘，王通华而僭。虽三子所言，得失不同，难易不一，然皆得明道之一端，著书之一体，有过于老庄申韩之说远矣。先汉而降，传经述史，先后相望，文籍浩繁，殆百千家。至于诸子，如扬雄、王通之说，绝无而仅有之。盖古人之文辞不胜意、今人之文意不胜辞者，其原，皆坏于科目之习，汩于利禄之途也。儒者以五常为质，六艺为文，融心三才，游步千古。天所赋予不薄矣，必也不徇流俗。仰师圣贤，凡有论著，不必放意寓言，不必僭称法言，不必苟同，不必苟异。惟履诸身而后议，喻诸心而后语。不为捭阖以贼正气，不为雕刻以伤正体。始于近情，终于达道，庶乎其可也。先君遁斋好古学，耳提面命，必以义方。不幸弱冠之初，遽罹陟岵之戚。飘泊西东，骎骎知命之年。贫贱素行之矣，艰难备尝之矣。故于流俗之习，多所悔恨；穷通得丧之分，多所开悟；人情物理、事变世故之间，多所儆省。承师问友、考古验今，辄随所得，纪为《迩言》，承先志也。非曰指远理尽、僭拟圣贤之作也，窃自此于刍荛之谈、狂夫之论云尔。昔夫子犹能鄙事大舜，犹察迩言未有鄙事不能而知至者、未有迩言不察而知化者。斯言之著，固多得罪于作者，恕其鄙而察之可也。其或所志不同，亦不劳以覆酱瓿讥之，此下才十有二篇，续有《闻见录》为外篇云。时有宋嘉泰甲子正月朔日 括苍刘炎子宣自序。

此山先生诗集序

元·欧阳玄

栝苍此山周君，初以四明袁文靖公荐，选预馆职。君雅志冲挹，垂成而归，乃得肆力于词章，所为乐府歌行、大篇小章、古律近制，众体毕具，往往多可诵之句。顷国子生叶敬常，携其编诣予评之。予爱其无险劲之词，而有深长之味；无轻靡之习，而有舂容之风。因谓敬常曰："周君其温然有德之士乎！"他日，君乘小车来过予，体充而气厖，神腴而言扬，此其蓄于内者厚，发于外者宏，若符契也。或曰："能诗者不必有德，有德者不必能诗。君于周君，何以因言而知人若蓍蔡耶？"余曰："不然，古之人闻乐以知政，诗与乐同出一初，皆感于性情而动于声音者也，因诗以知人，盖文士之通技也。"抑余不独因是以知周君之平生，且有以观世，尚矣。宋金之季，诗人高者不必论。其众人之作，宋之习近骫蘼，金之习尚号呼，南北混一之初，犹或守其故习，今则皆自刮劘而不为矣，世道其日趣于盛矣乎！虽然，昔者子贡问子石何不学诗，曰："父母求吾孝，兄弟求吾悌，朋友求吾信，何暇哉？"子贡曰："捐吾诗，学子诗矣。"若周君则有是三者，而从事于诗者也，其孰能过之？因志余之说于是。

倥侗文集序

明·王行

括之松阳练希曾先生，既殁四十余年，其孙朝英，汇萃其诗文为若干卷，题曰《倥侗文集》。征余序之，然予曾游先生之门，获挹道德之光耀，续以科第别去，遂登仕版，不获始终承教为憾。今乃得其高文大集而尽观之，诚为幸也。顾予晚生且肤陋，曷足以当知言之任而序先生之文哉？而朝英方以博学能文，振其家声，征言颇切，然不敢以虚辱敢敬序之。先生讳鲁、字希曾、号倥侗子。厥父长卿府君，元季任京崇文监官，先生往省，温凊之余，复以举子业登进士第。父殁南还，隐居事母，复遭母殁，疏食水饮，哀毁逾节，及葬庐墓，阅六载，虽隆寒盛暑不暂废，先生之孝行，著于远迩，卓然人所羡慕。且先生气禀犹异，负绝伦之才，自其少时游四方，多从名儒授业读书。日记千百言，下笔为文如云兴水涌，凡天文、地理、井田、兵术、礼乐、刑政、阴阳、律历，下至氏族、方技、释老之书，靡不穷究。会异归同，涵揉充畅，故其发为文章，舂容整暇，浩乎如长江漫流，一碧千里。蔼然皆性命道德之说，由方寸而吐之觚翰，言无不醇，其或发为诗歌，秉笔运思，牢笼万态，摩荡九霄，缘情指事，引物达类，多或千言，少或百字，金鸣石应，铿锵谐和，有风人之体裁。先生之诗文，奇特瑰玮，可谓无以加矣。由是，令闻广誉，日以播于郡邑，达于京国。但年高以疾，累征不起，经生学子日习其门，贤士大夫多资其益。凡得先生之诗文者，无不贵重以为珍玩，共迪高第显者。有王遂，由中书舍人，任春坊司直郎；包公贵，任工部虞衡司郎中；项民彝，任广西道监察御史。其所造就，领乡荐、登舍选、以跻达宦者，犹多也。先生德望隆重，号为东浙儒宗，其遗文有《倥侗集》八卷、《外集》四卷、《中庸说》一卷、《古今考议》一卷。朝英恐遗失不传，先以《倥侗集》锓诸梓，获乡之文士王克让、金隆期、毛茂勋偕其侄孔良等，抽资助而成之，以广其传，甚为斯文之光。是举，岂曰小补也哉！虽然，以予昏鄙庸陋，今阅斯集，如以贱目而窥群玉之府，但骇其光彩之灿烂，而莫能枚指其名也，恶足以序之哉。因朝英之请，辞不获已，遂以区区管见，附赘于篇，以俟博实能言之士，发挥其至云。

道学发明序

明·钱谧

括松王公文焕，少负雅操。其先世，曾讲道于晦庵之门，故公克承家学，尤致渊笃，且洁身避俗，高尚其志，不屑仕进。元季，隐居松阳山中，攻苦食淡，晏如也。叹曰："吾无复有可为者矣。"遂大肆群集日取孔孟之书、伊洛先儒绪言，研深极微，造诣至奥。以道在天地，寓于日用，亘古今不泯者，伊谁之力欤。由周公而上，斯道寄之君臣，施诸政事，措之天下，而人知所由。至孔子，则传诸弟子，著之方策，垂之万世，而人知所归。尧、舜、文、武、周公，行斯道者也。孔子，明斯道者也。颜、曾、思、孟，传斯道者也。学庸圣贤，进德阃奥。《论语》理学渊源，《孟子》性学门户，授受相承，其理岂二哉？乃即性命道德，仁义礼智，该贯而一之，萃为一编，名曰《道学发明》，辞约理核，一日成诵，圣贤心法之蕴，可灿然于胸中。盖洙泗之源，衍而为伊洛，紫阳夫子集其大成，斯言，又紫阳之绪余也。呜呼！文焕学博而正，著述颇多，今不作矣。仅见是言之存，而鲜克举之者，良可惜也！余承乏教谕斯邑，暇日询异时儒彦有光吾道者，得文焕焉。因见是编，可资后学，遂捐俸，命工锓梓胶庠，用表斯人之志。观之者，可以知其人之学矣。

刘公文宾兴义录序

清·潘益涛

繄夫"宾兴"之举，本为引进儒生有志功名者而设。盖以我松僻处山陬，清贫之士居多，若减俯仰之资为考试之费，有不胜其苦者。况由松达省，山川悠远，跋涉维艰，彼囊萤苦读，立志进取者，往往窘于资斧，裹足不前，作卧游之想已耳。乡先辈计及于此，设有朱文公祠，"宾兴"之款惟租石无多，每科每名文生进秋闱者，仅得大洋三五元之谱。迨光绪辛卯，知县范公祖义，将月课盈余并捐廉洋四百元，出放生息，置四田十亩有奇，虽已略增，仍嫌不足。岁戊戌，邑庠张福隆、潘爱桃、朱益新、沈宗海、徐维周、许士周等，踵请余出，重行整顿，协力扩充。适有五都石门圩庄，断结充公垦田三十余亩，迄今十载尚未清案。佥议禀县请追再四，调停越两载，刘公查案详核，得其庄民情弊，因如所请，严行饬催垦户交业，准立为"明善书院文宾兴"之款。出示晓谕，刊载义录，仿范宾兴之式，以刘公文宾兴别之。是举也，余有志焉而未之逮，今得诸君协力措置，刘公即曲体而玉成之，能无一言以冠诸卷首？公印靖，字与裴，四川人，由举人选授松阳知县。特书此以志不忘云。

重刊张贞女兰雪集序

清·皮树棠

夫松柏挺节，不掩苍翠之光；金石怀贞，乃流凄锵之韵。是以蔡妻《芣苢》，夙传南田之诗；卫女《柏舟》，独冠变风之首。歌《乌鹊》于何氏，咏托南山；悲《黄鹄》于陶婴，义激东鲁。其节弥峻，斯文乃珍。断句方之碎金，残篇贵于拱璧。矧乎誓心冰洁，既懔焉其不渝；缀响兰深，复裒然而成集。岂可使玉音不嗣，瑶华渐零，锦字光沉，金声响绝，不其惜乎？有宋张若琼贞女者，松阳人也。长自德门，幼承礼教，蕙风宣其令问，玉致照于深闺。美其信修，《洛神》惊鸿之赋；肄厥窈窕，《女师》德象之篇。加以逸思雕华，缘情绮靡。青鸾镜侧，玳瑁装书；朱鸟窗前，琉璃匣砚。雪絮入户，呵牙笔以吟寒；春椒荐盘，擘花笺而献颂。每值铜蠡昼静，宝鸭香温，莫不浚发巧心，循环纤手。晨书暝写，时论目以大家；“月小山高”，词宗叹其绝妙。足使香奁掩嫮，纨扇夺鲜，璇玑续其芳尘，金銮恧其丽藻。及笄，许字同邑沈生。生即贞女之中表也。温太真之玉镜，甫缔良因；秦郡掾之宝钗，迟谐赠答。乃以东阳腰瘦，遽赴玉楼；遂令南国香销，同归石化。盖沈生以应试入都，乘龙之愿未谐，巢鵟之凶忽兆。贞女恸思绝粒，愤结摩笄，谊匪同牢，情甘共穴。声摧别鹤，碧蕙潜凋；骨出飞龙，香桃比瘦。华山畿并棺之誓，梦感鸾归；青陵台连理之枝，魂偕蝶变。此则清逾巴妇，操伟楚妃。丽玉《箜篌》，莫能过其懿烈；兰芝《孔雀》，无以媲此纷葩者矣。先是，女有二婢，紫娥、霜娥皆娴吟咏；有一鹦鹉，亦解人意。能通诗句，方郑氏而非奇；解诵心经，比唐宫而并慧。至是，二婢、鹦鹉相继俱殉。呜呼烈哉！升同鸡犬，并绝尘凡；义感人禽，都成精卫。昔者，渤海三婢，眢井俱沉；玉京孤燕，芳坟共瘗。千秋佳话，旷代同符已。有集二卷，厥名《兰雪》。扇其馨逸，宜纫佩以蕙纕；怀彼洁清，合涤笔于冰碗。固当缄之宝轴，饰以金绳。而电谢尺波，烟销断简。白蜡之妍词渐佚，红桃之丽字将湮。予承乏是邦，眷怀芳烈。封鸳鸯之故冢，既禁樵苏；访鸾凤之遗文，重刊梨枣。于是，订其讹误，补其缺残，广传河北之笺，遍赞邦中之媛。徽扬彤管，诚合谥以贞文；序异玉台，但侈陈夫佳丽。表风流于南宋，绝胜《断肠》《漱玉》之词；励冰操于中闺，咸重染竹颓城之节。　光绪八年仲冬月，知松阳县事，善化皮树棠序。

地理折衷序

清·高斐然

堪舆之说，新学不谈，然既曰地理，则其中必实有可言之理。予尝从事于斯而知识庸愚，未克精其业。仲弟昕斋，聪颖过人，博通经史，旁涉群书。自戊子、辛卯，迭遭大故，居丧之日，诵经茹素，谢绝尘氛，惟日以安亲为事。遂广延名师，究心地学，登山越岭，不惮其劳，验旧证今，深得其秘通籍。后宦游粤东，与东南诸名家，互相讨论，经见益广，心得尤多。言峦头则取法疑龙、撼龙诸经，言理气则宗尚辨正、天元各术。尝谓堪舆一道，自郭杨而后，以迄于今，著述虽各有不同，理法则总归一致。曾揭其要旨，手录一编，邮质于予，予取而阅之，其说平易近人，不事矜张，不为隐秘，命之曰《地理折衷》。庶俾有亲者得所折衷，不至为人所惑，亦仁人孝子之一助也。且于阳宅中宫之旨，尤发前人所未发。昔贤虽创为一栋、两栋之说，究未确定。折衷以天心十道中心点为中宫，则丝毫不爽。无论宅之大小、栋数，惟视其周围而丈量之，纵横各折其半于中心点下，罗针分配八卦九星，则吉凶自无或移云，其格墓门亦然。言地学者，苟取此而折衷之，当更不至自误误人矣。爰书数语，以弁其简端，并寄示仲弟，然乎？否乎？宣统己酉七月既望。

四书讲义序

民国·高炳然

余自束发受书，从未出就外傅，幼从庭训及伯兄少梅孝廉之教。稍长，则从仲兄昕斋贡士游，故熟闻其授徒之说。其解“仁”字曰：《论语》屡言仁，朱子谓“心之德、爱之理”均属理障语。惟“心如谷种”一言稍近之，然犹欠分晓。盖仁者，即桃仁、杏仁、凡百果实之仁之谓也。人之有心，如果实之有核。人之仁在心中，亦如果实之仁在核中也。故必保养之，慎藏之，不使稍有霉坏，然后发生枝干，万叶千花皆由于此。倘一败坏即无生机，仁亡则万善皆亡矣。此仁字之确解也。又颜渊问仁，子曰：“克己复礼”己与理反，何不曰理而曰礼？学者颇疑之，则解之曰：“此圣人教人，实力用功之道。”盖虚言理则无从着手，实言礼则率履有由，礼文复于外，天理自全于中也，此复礼之确解也。又子游问孝子曰：“至于犬马皆能有养。”朱注以犬马喻父母，于义实有未安。兹以犬马喻人子，解曰：“犬守夜、马代步，亦是服事于人。人子事亲而敬心不至，则与犬、马之养人何异？”虽系旧说，而独能引伸之，允足辅翼圣经，自余发明遗义类如此。又曰：“《四书》所记孔孟之言如画像，然其人既往，其像犹存。”读者必即其像之依稀，而思其人之现相，乃可实践而步趋。与王阳明《尊经阁序》：“读经如读田头簿，必援簿而稽先人遗产，方得实用”。其意正相同，经书皆田头簿也。经书中所言之人、之事，皆画像也。表而出之，扩而充之，身体而力行之，触类而旁通之，不但可以解经已也，将学为圣贤不远矣。其深切著明又如此。仲兄自戊戌通籍筮仕他方，炳即离群索居，孤陋寡闻，憾不能长随左右，多领诲言，兹特将其昔日教训子弟之讲义而编辑之，或亦可以补传注而饷后人。今虽新学争鸣，经书不讲，夫安知数传而后不犹有动念及之者，则斯言当为不谬也。

时中华民国纪元壬子四月下浣，胞弟炳然谨序

孔教会松阳支会通启

民国·包庭芝

念自德行文学，尼山开教育之宗。礼乐诗书，薄海受饷遗之益。圣人之道，诚如日月经天，江河行地，亘万古而不易者也。然一厄于杨墨之言，再厄于暴秦之火，三厄于佛老之书，迄于今世变屡更，江流日下，外教益形猖獗，争鸣异学之高；人事日尚新奇，孰惕歧途之泣。其尤甚者，或肆为论说，自外门墙得罪名教而不辞，诋毁圣人而不恤，设长此以往，将贻害于胡底？兹幸寰中志士，海内名贤，鉴世道之衰微，恐礼乐之崩坏，欲树孔门教义，以作民族精神。于上海发起“孔教总会”，奉内务、教育两部批准立案，并命各直省州县遍设分支会，力图进行，以保国粹。颁下孔教会简章、杂志、广告各一纸，以定规则。我松虽老成凋谢，无多博学宏儒；而圣泽长留，不少读书种子。就

使一丁初识，亦应饮水思源；苟令诸子兼通，更当食海图报。况乎子臣弟友，圣道不诩高深；齐治均平，大学非安浅近。小以成小，大以成大，中行狂狷，类可裁成。嗟乎！坠绪茫茫，端有赖于中流砥柱；寸衷耿耿，愿共挽此既倒狂澜。谨启。时孔子二千四百六十四年，即中华民国二年岁在癸丑暮春之吉。

赠刘笃斋序

民国·钱世昌

权利竞争之说一倡，上者，植党派、攫政权；下者，结亲朋、工运动。胶胶扰扰胥一世以醉梦，于功名富贵之场，而有不慕荣利，不染时趋，老而好学，不远千里，而访道求师，如蔡明经文轩、刘明经笃斋者，其识见诚超人一等矣！蔡明经以阀阅世家，自甘淡泊。闻富阳夏子讲学灵峰，发明尧、舜、禹、汤，文、武、周、孔，孟、韩、程、朱之绝学。既命子钟栽往受业，钟栽归，著《富阳问道录》，躬耕力学，笃守师传，数年如一日，明经勉以有恒，并欲亲诣灵峰，北面执礼。时同邑刘明经，亦以世变纷乘，隐居城外，嗜读夏子之书，愿为弟子。于是，相约携手同行。吾适摄篆松川，闻而往贺，喜其为后学倡，非徒为松阳贺，亦将为浙江贺也。吾知是行也，登堂受业，各言所志，先生必愿而乐之。将见诚意正心之旨，天人性命之微，明道觉世之功，守先待后之责，先忧后乐之怀，济物利人之愿，一堂讲论，相得益彰而言及。夫人心之滔溺，风俗之浇漓，学术之纷歧，政纲之颓坏，夷狄外患、权利内争之日益猛烈。赤县神州将有陆沈之祸，必有师弟相对痛哭流涕者，而二君仔肩斯道之责，亦于是重矣。一息尚存，此志不容少懈，上观往古，下抚来今，愿望无穷吾甚冀。夫二君闻道而归，阐明正学，存吾先圣，先生之冠裳礼乐于一隅，以为后生小子导师也。于是为序以赠。

散溪遗书序

民国·管赞程

集义养气之学，随孟子而绝者二千年。才不高，气不正，识不定，无挟而强学，刚则妄，柔则靡，中行则退让，虽伊川程子，尝叹其难。吾师夏灵峰，奇才天授，独浩然主于集义，专心于养气，久而积累之至大至刚，充塞天地，壁立万仞，百川障，狂澜回，汉学，王学，西学邪说息，凛凛乎如孟子距杨墨，放淫辞以闲先圣之道。呜呼！可谓盛哉。同门有蔡散溪者，才气学识，亦可亚灵峰夫子，一旦弃官而力田，入其门受其业，自甲寅至庚申，凡七年，文学行谊将与之并，其雄刚峻厉疾趋而猛进，如龙虎奋跃云山、万马奔腾旷野，举天下英才豪俊，莫敢与争先，力行勇往，其感人也速。设教未四载，总发弟子已数十。度其势，不二十年必能转移天下，大有为于当世。今未及施一二，而中道以逝。呜呼！散溪之死，天乎？天之生才也，清者恒寡而浊者恒多。清者其摧也易，浊者其折也难。散溪之贤而夭，得毋禀气清而数之局欤？抑天未欲平，治天下而夺之速欤？不然，何以夭者不可复寿，乱者不可遽治，徒使垂空文于后世，以为读者悲欤？今校印将竣，其父文轩，命题其集为序。　辛酉四月癸巳

拙修集记疑序

民国·蔡克猷

予素闻霍山吴竹如先生，为稼书后一人，欲读其书而不可得。己未，谒吾师灵峰精舍，出先生《拙修集》读之，其宗法程、朱，辨辟陆、王，有功正学甚大。惟间有一二未安之处，忘其僭妄，辄记所疑，冀以补先生所未及。先生虚怀若谷，闻善必从，恨不获生于其时，亲炙而质正之。阅者无谓其妄议先儒也。

读书录记疑序

民国·蔡克猷

薛文清《读书录》十一卷，先儒谓其多躬行心得之言。予三复其书，其论韩退之、许鲁斋为孟子、朱子后一人所见至当。其他诸说，虽尊信程朱，而于道常有出入。不揣僭妄，辄为之记疑，以就正于四方知言君子。

松俗处丧非礼辨自序

民国·蔡克猷

松阳士大夫之处丧蔑礼忘亲，取讥通识久矣。谓其人尽不读丧礼，则固未尝无一二弦诵之士，硁硁自好为乡党所称许。而独至于居丧所为，卒无以异于庸俗，且大悖礼经。如吾辨中所云云者，吾不能不太息流涕，为吾松阳父老子弟一言。天经地义之良，人所同具，庶几有痛悔昔日所为者乎？则吾区区之辨为不虚作，而丧礼之坏于今者，未始不可以复于古。不然，浇风薄俗，长此不变，江流日下，吾不知其何所极矣！

松俗处丧非礼辨序

民国·钱世昌

孔子曰："生，事之以礼，死，葬之以礼，祭之以礼，可谓孝矣。"人子于亲，受恩深重，报答极难，养生送死，其大者也。然送死之礼，尤切于养生。一或不慎，补救无方，即贻终身之憾。岁己未，余承乏松川，时以正人心、振风俗为职志。每见松民居丧，饮酒、食肉诸多非礼，欲为文以劝诫之，而以胪列未周为虑。一日，至蔡钟栽先生处，访问民间疾苦，时政得失，议及居丧各节。先生慨然曰："此礼教之所以亡也。"出示所著《松俗处丧非礼辨》一卷，余受而读之，见其指摘周详，救正切挚，居丧者，苟手一编，必不至蹈非礼之愆。亟起，曰："先生此书，足以救正风俗，请付之印刷，散之民间，使为暗室之一灯，可乎？"先生曰："此夙志也。"余窃思父母之恩，昊天罔极，送死之日、为事亲最后之时。自先王之礼不明，后之居丧者，各自为风气，甚至士绅之家，亦沿而不改，世道之所以愈趋愈下也。先生自受业灵峰后，躬耕乐道，讲明程朱之学。余政暇造访，获益良多。今抉松俗处丧非礼诸端，一一指正之，为松言、岂第为松言哉！兹当上石之始，爰序而弁之简端。

家训八要歌序

民国·刘可培

昔朱子以“孝悌忠信，礼义廉耻”八字，书为楹联，以传于后世，人争临之，奉为至宝。惜无人起而发明之，乃反视为具文，竟无有知其为要者。吁！世道人心至此泯灭极矣！吾师富阳夏灵峰先生，痛神州胥夷狄禽兽，作《人道大义录》，以救国纪之亡。吾友高昕斋太守，悲世变率平等自由，虑族人犯上作乱，作《家训八要歌》，以匡家族之正。假令家家族族，皆能善推其所为，则由一邑以及一省，由一省以达一国，由一国以化天下，尚何有身不修，家不齐，国不治，天下不平哉！同是维持人道主义，以为《弟子规》孰外于是。且其词约而义显，言常而理赅，尤便于初学，不但可为座右铭已也，直可与朱柏庐、杨椒山各家训，并垂千古矣。时中华民国岁在庚申腊八日，庚弟刘可培拜序。

第三节　杂　记

松阳县经界记

宋·程榆

松阳县旧，最号乐土。闾井周联，风俗淳厚，大家以赋入后期为耻，役则趋就之，鲜萌幸免心。有田数亩者，劬其力，足以自给。乡啬夫若以当输，不敢后至。戴白不识官府，岁时欢洽相往来，隐然有友助遗风。仆儿时已识之，今老矣，所见大不类昔。县每选里正，长吏持簿进曰：某当事，某当舍，漫不可考核。既而谰辞相讦者十有六七，昵比为仇，诡挟相尚。穷村瘠畈，以负租逮系累累然。问之，则曰：吾罄吾产而税在也。俗薄而益艰，民窳而益戚，岂时异使然耶？粤绍兴经界，今八十年，吏去其籍，弊极至此。令吾邑者，孰不欲迹旧图新？弱者不健于为，畏者不竟于为。吾党之士相视太息而已。吴门王君圭为丽水簿，以廉惠称，秩且满，来摄邑事。人便安之，相率请于郡，愿得为真。郡上其状，有旨曰“可”。民大欢。君喟然曰：今县政所宜急，非经界乎？吾苟辞难，如民何？于是，谨官守、立程度、联什伍，表界分，会旁郡邑已行而择其善，诹乡耆老旧闻而酌其宜。经始于绍定二年冬十月，讫于四年之夏五月，版籍具备。凡田原、陂塘、廛市、庐舍为二千六百二十有七顷亩四十有五，以丈计者一千二百有奇，盖尽复绍兴之旧焉。《中庸》曰：“知仁勇，天下之达德。”此固非可以易言也。噫！经界，邑之重务。经界正则税课定，无复侵渔逋负之患。昔孟子尝以劝滕国君臣勉而行之，非可易言也。初，丽水经界之行，君协助居多。今王君行之吾邑，知之审，察之详，经理纤悉，各当其所，盖亦可谓“知”矣。且朝斯夕斯，一以勤恳之意倡率之，群讪窃议弗顾也，流言笑憾弗顾也，岂非所谓“仁勇”者耶？噫！君谂予当记之，余始实赞其决，今乐其成，不得辞也。绍定五年十月辛丑记。

延庆寺塔记

宋·朱琳

延庆寺塔，故行达禅师所藏释迦如来舍利塔也。法师夙殖慧根，通内外教，戒行峻洁，愿力坚固。初，太平兴国四年有旨：蒐访竺国遗文。法师应诏西征，不远万里，蹈穴胸鸟啄之区，犯猛兽毒蛇之地，水栖路宿，不择死所，至中印度，得《大经论》八部、舍利四十九粒以归。间关畏途，阅十寒暑，诣阙自言。朝廷嘉其勤，锡紫方袍缁素荣之。法师侈上之赐，发大誓愿，建塔二区，为国祈福。一在永嘉之龙翔，一在本乡之延庆。此寺初号“云龙”，至是改赐今额。时海内乂安，习俗好施，不待劝率，富者输财，强者效力，巧者献技。凡三年讫工，涌地七成，高二百五十尺，盘固轮焕，甲于东越。经始以咸平己亥，其成盖五年壬寅也。后五十八年，当皇祐庚寅，邑人项文富斥私财再新之。至建炎庚戌，八十一年矣。当岁己酉夏，祥光涣发，出于塔尖之表，上属云汉，晦冥之夕，一如白昼。合境之人，瞻仰赞叹，得未曾有。呜呼！佛威神力巍乎大哉！昔阿育王役使鬼神于震旦，造塔分葬释迦舍利，盖不可胜数。其幻化之余，流寓世间，犹能为诸有情作大饶益。而五台、峨嵋、庐阜、天台诸大菩萨及阿罗汉，亦时出神光，使万目咸睹，皆所以觉寤寐发信心也。今此宝塔，作镇一邑，逾百年矣。我佛如来，以大慈悲放普光明，经月不泯。岂以此方之人知造口业，得离兵火之难，故独惓惓示此祥异，以警动之耶？由是檀信云集，即旧图新。惮岁月这寖久，惧崇奉之弗虔。各出金缯，共营土木，成以不日，壮丽如初，有比丘迥中以修塔僧智称之意，求铭于余。余栖心内典累年，于兹闻是殊胜，固愿以言语随喜同作佛事。况复来请，实获我心，因采旧闻，具载颠末，稽首而系之。以铭曰：维昔西方有圣人，示现巍巍丈六身。往世既久斯返真，独留舍利光纷轮。种福沙界无边垠，维道人达有夙因。心如老荚愿力臻，西走竺乾弥十春。践蛇茹毒与死邻，探取贝叶搜环珍。得珠七七精而匀，龙天护送无迷津。持归中原更百勤，明月夜光何足云。有大兰若奠乡枌，建塔宝藏志愿伸。浮图七成高切云，金碧璀璨无等伦。瑶奁十袭装金银，奉事香火严朝曛。守卫扐诃烦鬼神，迨此百年惊见闻。灵光昼夜属穷冥，照耀何止十由旬。嘉祥逾月腾郁纷。道俗瞻叹悲且忻。土木彩绘增华新。天其以此静妖氛。三灾不到福斯民，浙河以东薄海濒。佛光处处资普熏，善良安业扩悍驯。是则名为报佛恩，大小劫坏此长存。

逍遥观记

宋·叶仲谌

松阳，括之望县也，为叶真人奕世仙隐之地，灵踪具在。县东二里为洞阳山，有观曰“逍遥”，敻然在林麓间，曲蹊断堑，人跡罕及。邑官祝厘祈福，舍此殆无所之。令尹张公邦彦叹其卑陋阻远，思易其地而新之，故心驰莽苍，躬省闲旷，偶得卜于西北隅，去“奉真门”半里许，有岭曰“望仙”。林峦四环，气象葱蔚。前迎独峰，后引夹石，形如洞门。上有涌泉，色白如乳。顾谓阴阳家曰：“地占灵源，位据乾岳，栖真之宫，无以易此。”遂以其旧观为子院，而迁额建焉。于是，张公召邑之豪右，而语之曰：“方今神圣在御，增修琳宫洞天福地，虽名未见于载籍。而可以延高真、萃隐仙者，兴建殆尽。兹邑素号仙窟，而祝厘祈福之地未得其所，臣子之义能自安乎？”豪右闻之，欣承诲谕，争相占拟，惟恐其后。时观基之西，昔有“王将军庙”在焉，不知为何代人也。里俗事之唯谨，悉严惮之。及得卜，编户各以其券来献。乃凿山而基，筑土而垣，殿堂、门庑、庐室、轩槛，无虑数百楹。庶工云蒸，役不逾年而毕。呜呼！是非令善政得民而人乐趋之，其能集事若此乎？余以戊戌岁服阕趋朝，逮被命东归，观副事叶冲妙状其实，见属为文，以志岁月，因为之书。

存耕堂记

宋·林思聪

卯山之后有叶氏，族大望重而世好读书。有士琳，文学者，尤秀拔瑰奇士君子，与交者咸器重之。士琳游息之所匾曰“存耕堂”，盖取义于“但存方寸地，留与子孙耕”之语也。请记于予，予观世之势炎赫赫而热者，居有榱题之室，出有舆马之从，衣有绮纨之服，食有列鼎之味，言出而听者若雷，行动而畏之若鬼，积资巨万，竟日莫穷其膏壤，自谓子孙百世可保守勿替也！及其一传再传而子孙遂为饿夫、为仆隶，憎贱于人者。其果何为哉？使方其势赫赫时，能捐躯以事上，播惠以泽下，诚以接天礼以交人，不务私而肆虐，不欺公而放慢，勤勤焉戚戚焉思保其身家，则为子孙者，亦乌至若是耶？必其忘忠狥己，背天逆人，骄奢极欲，不顾其身家而遘毒以药其子孙者，有以使之若是也！二者，皆心之所存与不存也。方寸心也，心所具者。善存其心，是存其善也。存善，则所为无不善矣。心谓地者，万事皆从心出，犹万物皆由地生也。存心为善，善心契于天。天之报之者，必昌其子孙，使有贤者而致其尊荣，子孙享其荫庥，保其泽德，思缵其功，如耕者籽之耨之而获其秋也。士琳之谓存耕者，其在是矣！士琳，卑而在下，无赫赫之势，居室无榱题，出从无舆马，衣服无纨绮，食味无列鼎，然而言出而人信之，行成而人敬之者，以其崇礼义、笃孝弟，赈穷恤孤，动不敢有违乎！其心孜孜为善而求合于天者也。以是而名其堂曰“存耕堂”，则其望于天而待其子孙者厚且远也。为其子孙者，而世其存耕之心，则叶氏之盛可以永世矣！是为记。

绍定元年春正月上元之吉　赐进士同邑林思聪撰

望烟楼志

宋·郑克宽

楼以“望烟”名，志有所在也。夫志之所在，名随物称，永示不忘也。王佑植“三槐”而后以名其堂，邵公止“甘棠”而人以咏于诗，事虽不同，示不忘，则一也。吾邑程君洙，贤士也，举进士，累迁浙东提举，吏部左侍郎，试尚书事，致仕归，乃葺其先公通奉大夫右傅大雅公所创“杉溪小楼”，葺理既完，匾曰“望烟楼”。嘱予记之。按其先公之建斯楼，凡遇天寒雨雪，则早起登楼，视人屋之烟与不烟也。夫公之志以屋之有苍苍霭之烟而腾起空中者，家必炊爨足于饮食，得以养父母、育妻子，公心悦之，乐人之足遂其生也；其屋之不烟者，家必空乏，有爨无炊，父母饥饿，妻儿冻馁，公则忧而恤之，以米致其门内，不使其人知之。夫赒人不使人知，真阴德也。故公有七子俱登显宦，曰楠，中解元；曰槐，渭贡进士；曰樟，任江南西路提刑；曰榆，任广东道提刑，封开国男；曰林，登郑士诚榜进士；曰梓，任临安钱塘县丞；曰相，任宣教郎。其孙曰汉，又为宣使；

曰洙，任吏部左侍郎，试尚书事。馀之子孙，贤材犹未可量。故《易》曰“积善之家，必有馀庆。”岂虚语哉？今洙能修葺斯楼，不坠先公之绪，揭名垂示，真可谓贤矣。斯楼，岂不与“三槐”之堂，“甘棠”之咏，同其美称也欤？尚冀后之子孙嗣而葺之，以为积德之劝云。

淳祐八年戊申孟春月　房州太守同邑弟郑克宽撰

莫能名庵记

宋·袁甫

余友项吉甫，以“莫能名”名其庵。余曰：“子奚所居？”曰：“吾朝夕惟庵之居。”余曰：“子莫得而名其庵，又奚得而居其庵？”曰：“吾以莫能名名之，则亦以莫能名居之。”余曰：“天地尚可得而名，子岂大于天地耶？子诚大于天地，曷为囿于天地之内耶？”曰：“吾与世人周游于宇宙之间，饥而食、渴而饮、昼而作、夜而息，吾无适而不自得，天地又安得而囿我？”余曰：“子之筑斯庵也，天地固不能囿子矣，其毋乃囿于莫能名之中耶？”吉甫未知所对。余曰：“子不知也，余亦不知也，未尝囿于莫能名之中也，亦未尝超于莫能名之外也，子以为奚如？”吉甫曰：“本无可超，亦无可囿。”余嘉其言之契余心也，遂书以授吉甫。

明善书院记

元·吴师道

“帝王群圣人之道，至夫子而明；群圣贤之言，至朱子而明。朱子之功，异世之夫子也。”厥今尊右表章，声教四达。荒陬遐徼，犹知诵其书、思其人，严事惟恐后，矧过化之地、祠祝之旧者哉。处州松阳县旧市者，古治所也。唐叶法善宅焉，距今县一舍许。宋时，里塾甚盛，朱子提举浙东常平，按行至，则为诸生讲说。有叶宸者，能述《论语》《孟子》大义，朱子异之，俾主塾焉。咸淳季年，叶再遇者请建书院曰“明善”。入国朝，名存实废。前太学生里萧君子登，慨然志兴复，因他宇奉祠事在法善故墟之阳，时至元二十一年也。事方萌芽，聚田以致学徒。后四年，子登白其事，行省即命为山长。又六年，丽水王君维来代，斥其地，首建礼殿及大门。延祐五年，山长汪希旦构两庑，而朱子祠宇犹阙，论堂陋制未改。泰定元年，萧君复摄教事，请于部，使者即下府县，而主簿常君礼董建焉。明年，山长郑继来，嗣而完之。起甲申讫今馀四十年，萧君实始终，是其力为多；而先立其大者，俾易为继，则王君之烈，至是而交惬其志也。王君时佐吾州，语予以起废之不易，且致萧君请，愿有纪。予惟道在天地间，秉彝好德，在人心靡一日泯灭，固无用赞为，窃于是有感焉。法善以幻贵于唐、显于乡，志怪者孰不歆艳？一旦化为俎豆弦诵之区，淑其人而致力者往往出于遗裔，独何欤？宋伪学禁兴，倡其说者郡人也。当时朱子几不能免，讵知易世后车辙马迹之所经，咸慕其执鞭不可得，彼诋诬掊击者，至今羞称之，是孰使然哉？善不可以终穷，晦于一时者必著白于万世。诸君子扶植之功，岂非有得于明善之旨欤？繄士之居，游者不怠，其承辟异端、距邪说，惟圣谟是祗，俾夫天命人心之本昭晰而无迷，然后践之于躬，以底于诚，以返于初，是为元贞兴复之意，则所立将与天壤俱敝，尚何废坠之忧哉？

邑令孙德润平役记

元·郑汝厚

至正十年，朝命上舍卿普达明理公出守栝苍，下车知括民困于版帐失实，而力役无法，乃定“计亩均役”之令，下其事于属县。时孙侯德润适为松阳尹，得郡符欣然谓僚佐曰：“此吾志也。”向欲行之，虑郡挠其事。今郡倡之于上，吾徒尽悴和于下，民庶几有息肩之期也。然得其道则民便安之，否则已为虿尾，可不尽心乎！于是计县之都，凡二十有六。都为十保，都有正，保有长，分任其事。以方田履其顷亩，以土会等其硗沃，以出贡赋，以任徭役。凡深山穷谷靡不躬历，而身践之。近考前尹赤盏显忠核实之数，远稽宋王圭经界之籍，参伍勾稽，奸民无遁情矣。居无何，守以省檄去郡他邑，视意向苟具文牍，侯行之益力。或挟大府以憾其事，侯介然特立，不少变，卒成终之。先是役人惟用乡户，客产率免。又隐冒者众，虚籍取盈。侯既因田制赋役任无不税之亩，不役之户。而邑大姓或便或否，讙呶簧鼓，欲已其事。侯曰：“民难与虑始，可与乐成，异日必以为是者。”籍既具适南北多事，征敛蜂午，县惟按籍征之。吏束手无容奸，民始大悦服。咸曰：“微令尹成是，吏并缘为奸，何所不至哉？”由是相与谋，书其事于石，以垂故实。邑士叶君斯镃求文于余。夫自井田既废，民困于征令久矣。唐“租庸调”之法最号近古，然口分世业坏，则是厉民以自养也。今世富家以虚券占田，立民之力于南亩者寡，盖藏之积若之，何以齐役之乎？始南阳白公守衢，实先倡之，众弗是也，后人便之诵之，至今佥宪事余，公阙亟命推其法于婺，而普明理公又继之于处，视白公为尤备。顾松阳县蕞尔邑，微孙侯精忠思力行，使他孱令任之，非徒无益而又害之矣。况近民之职无逾令者也，郡举其纲、县成其目者也。予每见朝廷建明一政令，未尝不取法古先美意，至县率反之顾以病民，非法之过也，奉法者过也。使天下之为县者皆如孙侯，焉其有不理者乎？侯字以诚，钱塘人，尝为闽、浙二阃史，以江浙行省掾史来尹斯邑。是役也，县史张汝舟能洁己奉行上意，括城王宗孙以书佐，青田罗珣以算佐，其事咸竭，宜并记之以为来劝。

普济院记

元·陈晟

佛以功德水渐染人心，海宇之内寺观广兴焉。宏规廓制，飞甍突栋，至于衢冲廛凑之际、峰阿岩窟之间，莫不据而屋焉。稍敝即葺，偶废随振，虽千载犹一日也。此无他，兴之于前者，有其人；继之于后者，复得其人尔。余性癖山水，又喜与学佛者游，所至则鸣筇曳屐，以登探游访为乐。及来松阳，闻县南十余里，有山曰“南岩”，地幽境胜，甲于一邑，中有寺曰“普济”，主僧仁寿颇秀雅。暇日一往游焉，主僧急延进而宾礼之，所谓方丈法堂、佛殿山门、云堂禅室，与夫览胜之所、憩游之亭，携余遍观周瞩，历为具道废兴之由。曰：“普济，旧名‘涌泉’，初建於唐会昌之二年。宋治平间，始锡今额。中废，而寺僧思颖善持者经其始，了证智深者成其终。蒙暑涉寒，岁久而倾圮者众，如山门、廊庑、库院、钟楼，穿漏唯甚。仁寿与本师居正图复新之，方撤旧而师已化矣。仁寿复殚思竭力，节奉匮藏以卒其功，谷石以百计，资镪以千计，工役以万计，虽县之小不足以容众，名之微不足以炫俗，先后修葺之事不足以称，钱谷工役不足以计，然亦不可不粗述以为嗣葺者之劝，公其肯笔之乎？”余谓世有邸第之雄，一台一亭之亢爽，一卉一木之奇诡，莫不从而记之，况一方之僧寺乎？又尝见名门右族，豪家势室，其始成屋也，无不极其宏丽，未几而颓圮随之，盖亦缉续者之无其人也？以兹院观之，既兴之于前者得其人，而继之于后者又得其人，岂一亭台、一卉木之比哉！是诚不可不识其事以垂永久。且又闻之，初此院谋始之日，未得其地，适见一白牛偃卧山中，疑以为普贤之所示现，遂即其处而定卜焉，不审诚然乎哉。主僧曰：“有是”。余既勤主僧之有请，因书其兴寺之颠末以遗之，并纪一异，申之以诗，其词曰：凿凿南岩，势与云齐。山媚谷辉，实为仙栖。天作地藏，孰发其秘。是以白牛，为旌灵异。筑寺于兹，垂五百春。一废一兴，继之有人。天下之事，成于有为。谓余不信，请观斯辞。

延景楼记

元·练鲁

栝苍山中，白石清溪，赤岸之渚，有隐君子居之。筑室涧阿，作楼于群木之表，张图书正几席，日处其间，以咏歌古圣贤之风，而以其余观山川变化。仲秋上日，有友生至，醴酒、登席、洗爵，为寿，周旋而四顾曰：信乎高明之区，可以宁静，可以遐观，可以肃听，可以宣聪，明理情性而皆宜，是可以名，请名之曰“延景”。夫列峰周环，左为卯峰，右为马鞍，前如大𨯔，踊直元间，川洄泽洑，草木繁缛，冯虚俯遐迩，按可以延宇宙之景。人生五十既艾，六十而耆，七十而老，八十九十而耄，百年而期颐，引精通神，畅志平气，可以延耆艾之景，凡如是欲求士君子之所安，孰有愈于此乎？然而士君子有不可必于安者，今使来书载车出于邱园，圭芾禄爵一维其身，在郡国则忧民，在廊庙则忧于天下，虽有斯宇而能措其身，朝夕以安否乎？呜呼！使君之多多益善其身以昌而家，垂诸子孙，则自今以始，于老耄期颐可延景于后昆，使君之子孙益追而前人惟孝惟悌，毋倍毋废，则斯今之景可延于世，世益引而弗替。言未既，有生执简揖而进曰：“请先生书之。”遂书而志之曰：隐君子志宁父，姓吴氏，授诗于番阳朱先生，累征辟以疾辞，其友生则倥侗子，执简而进者，吴生志宁父之长子也。

广济堂记

明·吴胤昌

余经大江浮屿，陟焦山之巅，水天万顷，四望在目，视金山亦拳石耳。麓房丹室，飞朱列垩，即苏学士留带谢棒喝处，为“普济禅寺”，门有徐武功书榜曰“诸山第一峰”，而此堂亦以“广济”名。城郭弹丸，曷拟江山壮丽，而济度得广普为，夫凡刹皆离向，此独面北，与郭门颉颃。上有楼阁，修然塑普门大士像，而下方则元武真君，左右参错，法界庄严，受都人士摩击朝宗，香火不绝。堂以南千峦拱抱，一派浏泓，其仙源耶！净土耶！自是浮梁一渡，平原旷野，广谷大陵，藉呵护而滋蕃植者，功德不可思议。一邑士民，家户顶礼。《经》云利益一切众生，“广济”之谓也。静夜空寂，蒲牢声转，灵霞遍满法轮，一室中具有十方世界，自利利他，大地山河靡不周普。尔时放大毫光，纳须弥于芥子中，即谓弹丸一隅，与壮丽巨观何以异？登斯堂也满目青山，冷然身在江屿招提之上。先是县侯刘公捐俸开基，傅公助工建阁，杨公留田焚守，而邑诸生丁日昌、潘嘉伦等，为檀越欲志不朽，乞余为之记，因而叙述其概云尔。

射圃记

明·苏伯衡

松阳之有学，学之有射圃，盖自宋绍兴始。元之制，凡民不得持弓矢，故射息而圃亦废。豪右因侵而有之，逾八十年，有司漫不加省。皇帝即位之明年，诏郡县皆兴学，置师弟子员，而讲习乎六艺。儒士叶端等作而言曰："今学令，射居其一。射圃之复，维其时矣。"以告令王君，会君征赴京师，事格不行。而提刑按察佥事张公行县适至，乃复以告。公为按图籍，凡学之地占于民者，责丞李君企贤、薄刘君文彬悉征之。而地卒以归，正其疆界，夷其畛域，树垣以缭之。王君归自京师，谓部使者祇承德意，返故地于久攘之后，幸惠斯文甚厚，宜有以示后人。教谕毛辉膺荐而起，遂致王君之命来谒文书，曰："侯以明之，此舜之学政也。"其人之贤不肖，观其射之中不中见焉。故以射致众，众致而后论士，是以三代率由之。而孔子射于矍相之圃，观者如堵，使弟子扬觯而致黜者三，则仅有存者。夫学政莫大于射也，尚矣！矧国家方修文教而稽古定制焉，则射圃之复，夫岂细故哉？乃为之记曰："复地以尺计之，直学之东南，则纵七十，衡五十；直东北，则益其纵二之一，去其衡三之一；直西北，则其纵倍东北之三，其衡不直东南之八；直西南，则其纵得东南之，衡而去一，以为其衡东南，故所谓射圃也"。张公，名天锡，字禹畴，太康人；王君，名彝，字秉文，北平人；煇，邑人，领学事。殆一纪士，论多之云。时洪武三年夏四月甲申记。

重建学宫记

明·郑怀魁

古者，士与士群萃州处，其父兄子弟修习焉而相与言，是故心安不迁而教成学能也。若夫不恒，厥居而遁荒罔显，秀民之为士者，将何赖焉？松邑中有学，旧矣。迩年惑形家谬说，始经营郭郛之外，刘尹干正治邑于兹，以为春秋享祀，则牺象出门；朔望讲会，则旂鸾在郊；昕夕问辨，则衿佩在野。非制也。不宁惟是其使故址鞠为园蔬，而官师馆于隶人，岂所以重贤士之关而厉学宫之路哉！乃相谋率省，改而复之，事在李中丞志中。予以领郡行经斯邑，其为元圣之宫，列几筵而肃豆笾者，予得而礼焉。其为诵说之堂，明诗书而敦礼乐者，予得而登焉。凭龙华之阁，则高山大川之所映发也；眺瑞阳之楼，则朝霞旭曦之所回薄也。盖于是乎，享祀不出门，讲会不在郊，问辨不之野，而官师不至馆于隶人，议者之尠与作者之劳不可泯也。已闻夫易之为道也，外极反内，用能变而通焉，以至于久。故悔莫善于改，而宁莫大于复，是微独建学也。即为学亦有之如诸士所虑"外而不内，成而不改，已而不复"者，直此数仞之墙也乎哉！试惟夫外猎稗野，孰与九经内治者之为博该也；外骛浮游，孰与六行内修者之为姱美也；外逃虚空，孰与五性内善者之为醇粹也。改之弗惮而复焉不远。将学业具是，无患士不显矣。松之先庚戌榜有毛先生文邦者，其文章志操皆可师。夫天道浑甲一周必还于始，应其期宜有代兴极盛者，而后犹未已也。予之所表，意在斯乎？意在斯乎松士何可让焉。

邑令黄美中重建近民堂记

明·曾汝檀

松阳县治，兴废凡几。丙辰秋，南靖因泉黄子美中来为令。数月，政和民悦，请于上，一新其堂，有匾曰“近民”。来书言曰：“近民，美中志也，愿为堂记以砭以垂教焉。”廓斋子曰：地之振新，由乎人也，而民斯赖矣；人之成立，由乎天也，而道斯存矣。松阳，山川凝结，偏安藏裕之地。乃百凡废弛丛此一时，岂有待然耶？以黄子居宰牧，平易近民，其率性也。然当兵荒残损之余、征求督切之际，不肃等威，不彰物采，将何应时以为近民之地？故经营堂治，亦其先务，而工费甚约，民力不烦。且推之同体，簿佐厅事，厥造聿成；学职舍居，乃辑载宁。丰芑方崇，则修学堂；皇华宜重，则修司馆。计其工力，虽捐俸不足以充，而一芥资余尽归公器，又不足言矣。此往政之所难而黄子之所易。观竦一时风维百里，信夫地之振新由夫人也。民亦人也，吾之性犹夫民也，吾之命犹夫民也。黄子同予游廓然之堂，精性命之学，今曰“近民”，当必以一呼一吸之气，通近之者天之道；一休一戚之感，同近之者人之情。近之斯，亲之。亲之斯，保之。民性难全，思以教之；民命难存，思以养之。不徒职近焉已也！若不作威福而势分可亲，不立崖岸而真率可承。斯其细者耳。使黄子近民如此，则松阳之民赖之矣。使守令皆近民如此，则天下之民赖之矣。予其志此乎哉！志惟真则民用情，志惟清则民服顺，皆善心基之也。黄子，漳南共称善士也。吾方望其由一国善士进天下善士，以为辅世长民之资。今乃学成而一第不偶，行成而常选不加，长松阳能承天休，皆足以自成。故在山林则尽山林之道，在州县则尽州县之道，居易俟命，至理存焉。自古天运靡常，虞周圣哲用则列卿弼，孔门诸贤仕不过邑宰，遇不遇故然也。吾性命之学何与焉？孟子曰“君子所性”同故也。知此而后，可语自成也。故曰人之成立由乎天也而道斯存矣。夫立自我也。君子学之而爱人，小人学之而易使风斯行焉。有形之气皆有时而泥，惟无形之风不可泥，此近民有地矣。风之会，请从弦歌莞尔充之。是工也，经始于丁巳年正月，落成于是年三月。诸工咸集，七构同新。而以“近民堂”括之，皆黄子自处，民自子来则加抚恤焉。诗曰：“作丰伊匹，匪棘其欲。”作之者以无心也。诗曰：“虽则劬劳，其究安宅。”应之者以无心也。松阳斯举似之。故不辞，为之记，抑以见夫近民也，即所以近道云。

谯楼记

明·毛文邦

天道明于上，人事成于下，所以前民用为最要也。粤稽黄帝，迎日推筴，唐虞钦若，敬授人时。三代更正，掌以挈壶，与夫司寤，其繇远矣。夫谓门之楼为谯，或谓即古前谯。初以陈兵却敌，后因持夜施鼓焉。松阳即县大门之上为之，下直驰道。居中震鼓，宏闻四外。岁久颓圮，适罗侯西泉下车，首为重建，未讫事迁藩宪去，唯曾万侯继成之。相其所为，撤去土墁，匡以砖壁，图厥永久，杈爽敞豁，焕然巍然，高凡二十五尺有奇，横之袤约三于高，纵则半于横，为楹三十，数月落成。夫时者，天人之纪，动静之枢，不先不后，瞬睫莫逾，万化倚焉。孰能遗之鼓舞万民，耳目齐一，阖辟晨昏，出作入息，岁功自成，劳逸咸适。盖顺天之道，日用而不识也。御暴慢、察灾祥，奠居康宁，孰非侯之功哉！

邑令魏良弼遗爱祠记

明·何镗

春王正月，监察御史豫章谢公按郡浙东，次于栝苍，延见吏民父老，廉察吏治。御史者，魏公里人也，父老遂问魏公安否，闻无恙，咸举手加额曰：“有是哉天祐我翁也。”御史曰：“父老何自而欢？”对曰：“吾邑未有魏公，民直愦愦耳。自公下车，民始知有生人之乐。”夫松故菁峭阨区，耕农无艺，苦疾种种。公方春零雨，趣驾以时，督浚沟浍，无致潦涸，少旱则竭诚祈祷，初不张盖；岁凶多方赈济，务行实惠。讲武地多令种桑，积成广林，无不垂利。于是民始知养。民性旷野，弦歌靡遑公修，起学宫、创礼器、备典籍、进问诸生，谆谆诲迪。士婚丧不给者，时补助之，于是民始知学。忠信明决，听断如流，奸吏屏息，遏绝盗源，且时微行，劝诱访读，古谓“遗爱”，乃公无不备有。即去松四十五年，我民无日不思。尝记公时育子不禄，瘗在郊坰，邑人岁时封植，今墓木且拱矣。我民保视奚啻甘棠哉。宜于墓旁建祠肖像，庶得世世伏腊不忘此愿也。御史曰：唯唯。于是摄邑事秦君往为胥宇，郡守陈公深惟德谊，各捐俸钱二千缗，用备丹雘，更请折田一十二亩以租入赡祀事。牒上御史府，檄报曰：此三代之义，报德之至也。如庶民愿，乃问记焉。余为诸生时即闻魏贤令，啧啧在人口，宜斯民之不能忘情也。魏公后为礼科都给事，在朝署与柄臣持可否抗章论列，有古烈士风。遂以是归老，今转升太常少卿。时新令尹丹徒杨君始视事，踵公休美，怂恿前事，以图不朽。《语》曰：“前事不忘，后事之师也。”御史公之务从民愿，倘有意于斯乎？

邑令魏良弼遗爱祠址记

明·毛化龙

昔壬午春正月，龙甫弱冠，叨补弟子员，偕友人读书云岩，出城半里许，望松岭上有荒坵故址，毁瓦颓垣，芜草满目，独贞石未朴，篆迹模糊，未能稔其故，窃心讶之。抵山房，询伯父元淳，伯父曰：此水洲魏公遗爱祠基也。公讳良弼，字师说，家新建，为阳明夫子高足。嘉靖进士，来令松，本道学为治术，忠信明决，恺悌慈良，政迹种种载府乘中，未易殚述。如劝农桑，浚浍川，年不顺成为民亲步祷，愿以躬代，息词讼于刑措，徙建黉宫，备铸祭器。朔望开讲，堂集绅衿，阐良知之蕴，一时人文蒸变，后先掇贤科，以故奉宪褒血食千祀。乃今其祠若是，良可悼也。余心怆久之，欲率众兴复，而力未逮。既而慨然曰：教泽在人，万古不泯，安见废坠。目前者之不修，举于异日乎。因掇藻采芹，酌醴聊以鸣私淑，退而复记之，以俟后之同志。

叶雪庵祠记

明·毛复

侍御雪庵公，精忠伟节，著于天壤。然公于众人之知不知，后人之祠不祠，公何心也？第秉懿好德之良人所同。然设公不祠，则世风何以励也，万历十五年丁亥春，复裒刻叶公事略，实冀其起公义而祠祀之。越二十一年癸巳秋，祠议始倡。然案牍往返日久，察院彭公、唐公，学道萧公、伍公，知府任公，同知许公，知县萧公、周公，教谕林公、郑公，训导朱公，虽接议如一，莫不力肩其事。然其间靳于胥徒，卒至二十五年丁酉，而后成其祠者，厥亦难哉。虽然公论之在人心，终不泯灭湮没，二百年而祠祀，于今日厥亦易哉。呜呼！匪难匪易，名之显晦，祠之成否，惟人心之公而已。初议改旧楼为祠，知县周公仍重新创之，为楹三十有二，拓祠后地，特崇表励意也。经始于丁酉春仲，孟夏落成，陈其祀典，凛乎在上，忠义之心，孰不耿然兴起。嗟乎！公不负于其君，后世亦何敢负于公哉？人亦可以自励矣。

百仞堰记

明·屠隆

水利万物，理得其性则利，理不得其性则时或为害。明王喆后，独夏大禹称曰神，讵非为其“祠山川、感玄夷，出金简玉书，悟百川之理，四乘所之，役丁甲、走庚辰，波神效灵，岳渎共命，桎贰负、梏疏属，锁无支祈，淮渦斯其所繇”号曰神禹者哉！然非能逆水性而神也。至堙息壤营宣防水，又有不得不障者。时而导之，以免水患，则泽疏下流。时而障之，以收水利，则功在砥柱。相几度势，何可胶诸？松阳县南，有山窿然，曰“百仞”。大溪汤汤东注，旧筑堰障，水因山名百仞，长八十丈有奇。堰东南自九芝乡耆德门，循移风乡徐川、澄川，迄黉山下，引水灌田万亩。庆历间，波冲堰坏，田禾尽槁，一望萧然，荒榛野蔓，民穷租逋，逃徒为墟。乡氓累告两台，蕲修复故堰。先是，署县别驾文公、司李刘公、邑令萧公上其议，未决。毗陵周公来宰邑，甫下车，父老首以为请。而公遂力任其事，乃白之参知荆溪曹公，郡侯皖城任公，持论益坚。佥谓经费无出，则议动台使者赎锾若干，诸当路咸报可刻期鸠工。故堰旁东北，城形稍卑，堤为水势激泐，春夏间溪流受障，辄漫衍漂没庐舍，为民大患。至是，议修故堰，东北乡民力争其不可，两乡交哄不已。周侯亲往相度形势，曰：“堰坏，则东北庐舍无漂没之患，而南田日槁。堰复，则东南畎亩有灌溉之利，而北舍可虞。较而言之，灌溉利大，漂没之患弥大。吾有一策，令两乡民有利而无患，可乎？”于是，命徙堰基西上数百武，地形稍高，故岸堤崇广。南可决水灌田，北不漫流漂舍，永垂大利，杜争端矣！侯又白道郡，郡丞宛陵许公亲诣相度，曰：“韪哉！周君策。收水之利，绝水之患，虽使白公、郑国持筹，无以易也。”于是，两乡民贴然议，遂共徙堰基上流，兴工某月日，至某月日工竣。不佞偶客长松，周侯觞余百仞山下，长堰蜿蟮，龙堰虹卧，中为巨闸，启闭以时，洵宏伟之功，千百世之利也。傍堰诸父老，相率征不佞言，勒石以识不朽。屠子曰：“成功难哉！在权利害。利七害三则兴利，利三害七则避害。利害相半，与其有利，不若无害。今灌田之利十，而漂舍之害又倍十，利必不可不兴，而害尤不可不避，将奈之何？周侯一策，而两利俱全。何其计画善而功伐盛也。然非诸公持议于上，则群哗易摇，力诎无措，功曷由成乎？”士庶意大率归功周侯，不佞为侯言之。侯愕然曰：“某无状敢贪其功。创议则别驾文公、司李刘公、邑令萧公，主议则监司曹公、郡侯任公，决徙堰议则郡丞许公，捐资则台使者。某何秋毫之力之有？”不佞谓数公功故自伟，非侯畴肩其任，又乌能权衡得当而两利乎？君子于是而益多周侯之能让。

百仞堰记

明·李鋕

余栖衡门，松阳包生洪伉者，为余旧知，不远二百里而来班荆道故，意甚欢也。因称邑之南有山，峭然干霄，名百仞者。其下有大溪，筑堰障水，亦因山而名“百仞”。自南而东枕九芝乡之耆德门，循移风乡之徐川、澄川，讫黄山下，溉田数十顷。盖吾邑巨浸也，所从来远矣。正德间，坏于洪水，溪南一带，尽为赤土几百年。万历甲辰，毗陵周侯首谕父老，请白道郡，出公帑与民力各半，筑成古堰，为一方利赖。迨戊申，澍雨暴涨，从中冲决，堰断为二。附城者利于下流安碓，故南民告修，城民告阻。然田芜粮在，征赋莫支，上控院道，业允给谷重修。城民又谓公帑不宜为一乡费，倡言上流有何家堰可筑，维时令尹欲从其议，而故迹荡没，巨浪难填，竟迁延至今。幸晋兴林侯下车，问民所便，留心水利。适南民上控，郡尊吴公轸恤民隐，下檄勘议，林侯遂毅然不摇群喙，惟较乡城之利，孰多则从其多；较何家堰与百仞堰之费，孰廉则从其廉。南民愿履亩科银而不费公，则从其便。又议如里河闸式，旱则闭，令南东不病田；涝则启，令西北不病邑，盖两利而俱全之。申议报可，刻期鸠工。从此荒原为沃野，虚粮为实征。涸鳞仰沫，千家举火。是林侯宣郡尊吴公之德意、兴周侯之往迹，而德于此方。民甚厚，拟勒碑识感，闻公有一日之长敢乞一言。余曰：史起灌邺、崔瑗渠汲，千古有称。林君水利一方，乃仁牧之大端。虽古循吏何以逊焉。是当为记，遂书以贻之。

留名山记

明·徐梦易

按松志，诸山有所谓留名峰者，昔人见神戴火炬出没于是山之中，阐灵降异。唐进士毛云龙曾遇之，竟羽化去。乡之人因为庙祀之，曰“戴火仙祠”。嘉靖庚戌，予归自京师。八月既望，卧松山农圃，见西南有山特秀，众山围绕若拥簇之者，乃咨之乡人。乡人曰：“是为留名尖”。复究其名义，乡人亦不知，但称山之奇秀与戴火仙之迹。予始知即志籍所载留名山是也。夜喜不寐，炊芋栗裹饭而陟之，更命乡人为导。初至中澳村，两壁山渐觉环峙如墙。复入里许，有二水合溪而出，白石齿齿。水从石下潆回，即之可不揭厉，水之合处一山突起，奇石茂林，为桐溪庵山。既而度石桥上一侧，迳逾岩阈而入，溪流更清浅，崖砻渐险。回视桐溪庵山，背若华表然。山之内复一山交锁如环，复行一二里，山麓渐有田可种，山亦渐开爽，仰视之则高绝千仞，如竖旌旗，是为留名山矣。山之左右两股垂绕，中藏一脈如线。初闪归右，复转入左，连峙七峰而下，复起一阜，俨然衣冠之吏。再下则荒畲连级，平漫舒展，则旧址数亩，礎大如轮。乡人曰：“此古寺基也。”山前数峰罗立，若美女，若伟士，若华盖，若阵云，若揖而前者。涧水环遶，溯其源，更数十里，则为龙潭。潭之险不知几千尺，周围墙壁皆石，若钟鼎者。有云气出其中，人不敢窥。再入，则石磴峻险，亦可扳援而上，跨出留名山之背矣。戴火仙庙尚在山之巅。自华表山入，两岸青嶂如幙，土厚石藏，可以种木。溪水之清，田仅百数亩，可耕，无旱忧。予乃披云坐石，上下山原划然，长啸曰：“乐哉此山！”予每寻山，愿得可居者，以足其志。不得，则将东西南北，奔走五岳之上。今兹山在乡土之中，想记载以来未经赏识如太璞然。予诚得而结庐其中，为山中之人乎？遂命之曰“留名洞天”。

重建县治大堂记

清·曹立身

邑署之有堂，所以布政令而亲民事者也。夫岂若一亩之宫，聊庇风雨；层台之设，徒资游览而已哉！然莅官者，于邑中之事，靡不广咨博询，力以振作修举为己任。而独于亲民听政之所在，朝于斯，夕于斯，居其下而转若漠不相关者，非务于远而忽于近也。大抵以官署如传舍之官，如过客其间，或数月之暂，或数载之久，更迁不一，去住靡常，遂视官舍为旅寄。乃欲不惮劳瘁，修举而振作之也，是诚戛戛乎其难之。松署之堂，自明嘉靖间重建，后未有修葺。至我朝康熙年间，堂复倾圮。自是以来，莅任不下数十人矣，犹未有议及于重建者。今天子御宇之三十一年，余恭膺简命，来莅兹土。抵任之后，问所为大堂者，颓废无存，仅留遗础。而前此于后堂视事，规模狭隘，奚以肃一邑之观瞻？于是，亟思有以创建之。第下车伊始，案牍纷繁，未遑遽举也。至丁亥之冬，时和年丰，政闲讼简，遂决计修建，因备文以请于各宪，均报曰可。乃捐廉俸九百余金，诹吉鸠工。因农事之闲隙，致橐鼓之弗胜畚钟，聿新登凭相应。悬金购匠，凡引绳削木者，靡不偕来。度山取材，彼荫塚蔽舍者，戒以勿伐。经之营之，是版是筑，且会逢其适，天日晴霁，雨师不惊。滕六退舍，工师无龟手之嗟，役徒有踊跃之乐。经始于丁亥仲冬，落成于戊子春月。自大堂、川堂以及大门、谯楼，悉皆焕然一新，宏敞轩豁，绘彩粗备，坳垩毕施，侈不逾制，俭不过隘。于是，僚属暨邑中耆老相率而言曰："兹堂之圮，已有年矣。前任斯邑者，非不一念及之，第或避劳怨，或惮经营。筑室道谋，因循以去。今得公撤而新之，不靳千金之费而垂久远之模，敢不为公庆？"余乃闻而窃喜，谓夫殚志竭虑，已非一日。而幸得安坐以乐观厥成也。既而，慨然曰：物之新故，何常人之更替不一。余惟不敢以传舍视之，是以不避劳，不惜费，为之重建而增新也。今而后，孰者视为传舍，孰者视为非传舍，余一不敢知。窃愿与我同志者，莅止斯堂，均不作传舍观，则余区区之心，聊为慰藉。而兹堂之巍然焕然，不且与松山澳水同其不朽也哉！是为记。

重建育婴堂记

清·曹立身

恻隐之心，人所固有，而身膺民社者之尤不可恝然于此也。故《周书》曰："如保赤子。"盖举四境中之少壮老幼环而相瞩者，无不当以赤子视之。而后慈惠之心自不容已，况其为襁褓未离者哉。嗟乎！人之爱其子也，举相似也。鞠育而顾复之，维持而保护之，无不愿其寿而惧其夭也，乃富则爱之如掌珠，贫则视之犹敝蓰，岂慈与忍之性殊哉？亦迫于势所不得已耳。夫势有不得已而竟沟壑委之，道路置之，弃焉如遗，恝不顾呱呱一泣。道旁观者莫不唏嘘酸鼻，或以不得庇护为已憾。为民牧者，何堪忍此？余自莅任松川，下车之后，即延引邑中耆老询诸利弊。佥曰："百废具举矣。犹有所谓育婴堂者，旧址虽存，而堂之兴废已邈不可溯。前署篆佟侯志焉未果，侯其有意于斯乎？"余闻之而瞿然曰："方今圣天子御宇，子惠斯民有加无已，匹夫匹妇莫不各得其所，而通都大邑间亦皆有育婴堂之设，松固蕞尔犹阙焉未备，此司牧之责也。余又奚容辞？"乃以捐俸创建，请于各宪，蒙报许可，遂履勘旧址，属邑人毛可贡等董其事。经始于乾隆丙戌之初夏，落成于仲秋，堂构聿新，厨湢具备，缭以垣墉，施以坳垩。余以公余之暇，登其堂而顾之曰：“嘻！斯堂也，虽未足以盖保赤之意于万一，而在诸耆老愿望之隐其得藉是以少慰乎？”尤可慨者，松邑敝俗旧有溺女一事，余莅任后即谆切以禁约之，刊歌以劝戒之。今而后对斯堂者，当必有恻然于中而积久之陋习，庶几少挽矣夫。至于养赡之资，期于多多益善。后之君子，更能扩而充之以补余所未逮，实为厚幸焉。

社仓记

清·吴凤章

余丁丑至松邑之明年，时和年丰，上宪以《劝捐社谷谕》，盖积贮廑念酌盈虚以裕民食，虑至远也。余奉训谕即偕司铎王公、邑尉彭君，集绅士父老而示之，选择社长等司其事，晓以任恤推与之大义，且宣朝廷褒叙优奖之例典。于是，邑人周继开等踊跃捐输，计前后积谷共五千二百余石，仓费贰百伍拾余金。县仓设于学宫之东，而东乡净居、西乡白岩，各建造以次告成，士民咸喜上谷焉。既收借报请以惠斯土，社长叶奇等请以记诸石。余谓奉天子命，牧养斯民，官之职也。推与为怀，泽昭闾里，风之淳也；劝勉相励，乐善同心，德之溥也。于以备荒歉而救空乏，绳绳转运，利济无穷。松之士民，斯善善常殷、礼义敦、饔飧裕，永享太平之休欤。而余得藉以答上宪爱民谋食之至意矣。遂书而为之记。

闽汀公所记

清·曹立身

天后为闽省林姓神女。松阳城北一宫，自乾隆初，合闽商人公建。其在城南济川门内者，地名“双积楼”之西，为闽汀士商公所，建自乾隆己丑之秋。面山临水，柳堤竹园，前后辉映，足为邑之保障。爰信笔记之。

上方山记

清·叶茂

上方山，距邑西五里，代有隐君子结茅其中。渺渺予怀，非一晨夕。岁七月之望，适其地长老迎饮，携同志行游焉。经石笋，望危峦澄渚，令人空折屐想。过延庆寺，古刹荡然矣。庵一笠面塔枕山，乃僧雪如投剑事佛，收侠气以入林者。折上百余武，断崖凝烟，峭壁流火，状如虎之踞、狮之舞、犀象之格斗云。宋黄公度泛舟爱翫，书“小赤壁”于此。呜呼！山得水而浮动，水得月而空明。羽化鹤来，当年神似可知也。顾江流洊更历数百年，不仅坡公再赋，阅月变迁，而书法苍凉犹如岣嵝之石赤字青，岂非世间不朽，惟文人笔墨哉？上方，不有诸君子，亦苍烟也、白露也。予宁过而寻幽耶，褰裳从之，迫风雨不果，岂山亦信有遭欤？抑余愧古人也？虽然吾闻此山径回谷盘，积石如梅花零乱，绝无深涧曲水，游鱼潜跃。而相传有垂钓石，意所谓空钩意钓，不在鲂鲤者欤！山川胜概，一视无余，则游者意尽，山川之秀亦尽，则此行中阻，正饶伊人秋水之怀。上方幽感，应与赤壁无尽也。御杯临风，寄语山灵，当不河汉斯言。

游上方山记

清·潘嘉潆

丁亥仲春九日，余与诸子循白路之岭，下石笋之坂，溯细溪，过断岸，二三里至古塔。数百步外，大山嶙嶙，横当其巅。而堪岩间，有笔踪隐见，询诸牧人，取石磴道援之而上，寻得黄公堰。稍折而西，书“放生潭”。其地高三仞许，皆土壤而乏佳树，周回有十数武。乃列坐少憩。余辄色然而骇，复悬崖下俯望前路，巨石冲然而出，下有峭壁，赭然色丹。其旁则小山，似人之拱揖与弯弓之立，又如马鬣之背，屴屴不可行也。于是群焉仰瞩，得所隶于石，曰“小赤壁”。呜呼！吾闻苏子之记游也，一苇为航，泝流挹光，怀伊人兮水一方。趁月白与风清，鹤唳兮杂啸簧。得之心，寄之游，寓之山水，泛泛乎中舟，故记赤壁之游乐乎！兹何地亦名其名？余将环览山麓，考其书识，求所为空明澹漾、舣舫摇曳之处，不可得。而石穴罅间，如有人工穿凿，可为系舟处耳。夫历世不知几百年，长老无知者，叹沧海陵谷变迁靡常，只留数字仿佛壁间。想古人唱云歌风、棹波遨游之旷怀焉，则兹游也当与诸子悄然忧凄然感者矣。虽然舳舻千里，兵戎百万，乘风一炬，石壁改颜。忆昔人声势，气概凌空，到今焰冷声消，烟寒草蔓。但见空流潺潺，山月常闲。遥待知己，相与盘桓。赤壁不改，而东坡风韵长留天地间。知不必乎泛游舟，方言佳兴之未阑尔。

游白云山记

清·潘嘉伦

癸巳八月既望，先生偕余辈游白云山，过澄川，循细溪，小桥曲径，凡七八里至山麓，数盘而上，松阴间之，其外则平山堆立，磊磊怒起为象鼻洞，稍折而横当屏者，壁立直上云际，有孤松仙桥，人望不可登。数武间，白云至矣。嶤岑嵚嵚，负势矗立，争相拥从，有如虬者、雷者、车轮者、牛者、盖者、布者，皆云状，而古刹临其中。最峭门左一峰，其脊棱棱，挚首广足，乃相絙持，以升绝巘。金风吹衣，飒飒生寒，徘徊趺坐，复仄身行。登高西眺，则南岩为嶂。南望拱山渐伏，北顾河水襟带。远瞻村落，煙火散错。斯时，高旷超越，尘情荡涤，若横秋之鹤，羽化之仙，隔人世不知几千里矣。先生偕予辈，乐甚，各成诗以酹山灵。既而暮色苍然，群下山，童煮菽供栗枣。顷之，散步庵前，月色滉漾，拂苍松上。山中主人携樽至，共娱玩松月，几忘更阑。谓今日夕，即苏子生、谢公起，乐不过是。先生曰：“人生百岁，得此曾几，毋相忘也。”主人去矣，山月如待，因为之记。先生姓胡，讳世定，号秋水伊人，宜兴人。

偃月泉记

清·潘嘉潆

西屏之南麓有泉焉，幽秀高洁，若无待于外者。其色碧，其味甘，宿之经旬不滓不腐。其出于石罅涓涓不可遏，形则如半覆之舟，广盈尺而轮不及寻也。泉之上，月与水相涵吐，若留连不能去。好事者遂取以名而曰“偃月”。自癸未迄丁亥，数年之间，余与诸子读书西屏，每操瓢茗徃烹饮，辄数升神涤志清，虑净烦蠲，酣然其快生，复愀然有深思也。曰：维山之泉伏处邃谷，维泉之芳独擅长松，而松人之朝汲夕取者不多得，惟余诸人共尝之。嗟乎！泉岂有幸不幸者耶？尝慨人登岚陟巘，跨海越洲，逐逐有求未遂也，不厌烦苦，彼佳泉德水无数里之遥，求不争而用不竭，则懵懵不知取，彼山僧野人亦不复贵，盖知其味者鲜矣。鸣呼！宜其僻处山谷，长与流俗为伍，其庶几隐君子遗风焉。余尝披阅逸编，叹古高士有以邱壑老者，非徒匿夫声名，盖亦有味乎名泉，其幽秀高洁，实与同性云尔，抑吾非徒叹其似君子也。《易》曰："山下出泉蒙兼可以悟圣功焉。"抑非徒可悟圣功也。以子贡之颂夫子有曰："挹水于河不见损也"，则并可几圣性焉。观于此泉，尚其勉旃诸子亦爽然而寤。遂书之以志。

百仞山记

清·潘嘉潆

邑西南有山，高可百仞，石断而岸立，无连峰错崿。草花水泉之胜，以天设地生，不加人工为至。石之突兀矗土者，不胜稽。有峥然巉壁而立者，岩松之挺秀。有昂然横侧而上者，杂木之参阴。有飞立云际，若怪鬼奇神汹汹欲击者，峭峰危岑之怒起。远望若旌旗之树乎郊，近又若伏虎之踞嵎。由其下若巨鳌之驾海，其上又若青螺之仰于天。山大不过数十亩，匝旬可周。中有升屋，庙貌起于宋。其墙因阜，其高蔽坞以昭质也。秋七月，余偕弟友居之。每于霞落月清，万里碧空，扳陡峻而观焉。金风吹而爽气荐，栗栗乎其沁人也。但见四山青阴，若在舄带；一天曙宿，手可相扪。盖有极一时揽胜者焉尔。乃夜阑景静，一枕而卧，来吾耳者，水声之如鼓，松风之如涛。及隔川林，犬吠声之如豹，麓边夜舂，密疏之如织，则又兹山独胜，非群阜能同。嗟夫！是山使彫朴为工，劈石浚泉，非不人巧，然天则不存，今还是朴也。樵夫牧儿不过而问，天下学士又以松僻不枉顾，是故无传。余特爱其质而全于天者不改，故志之。鸣呼！孑行独立，斧琢不受，全其天，若兹山，然其有不同垂不朽也夫。

重建松阳文庙记

清·汤景和

松阳文庙自明季乙未，由城之东南移建於此。其时董其事者，绅士叶以章等为之倡，阅今百八十余年。国朝乾隆三十三年重建，而后历年久远，自大成殿及东西两庑、戟门、泮池、棂星门，至左右昌文祠，名宦、景贤、乡贤各祠，栋宇摧朽，墙垣剥落，亟应修整，以肃观瞻，用昭诚敬，惟需费甚巨，非万余金未能蒇事。朔望拈香，屡商之教谕钟琴斋、训导宋蓉斋二广文，择绅董劝捐不果。逾年又筹之，适庠生叶乐山名以成者，出而应曰："此毋庸劝捐，我一人独任也。"可嘻乐山韶龄游庠，赋质明敏，不囿习俗，其生平急公好义，乐善好施，未可枚举。邑之富于乐山者尚不乏人，乃识大体而肩重任，富而好礼，孰有如乐山哉？即于是月购料鸠工，经始於道光乙未七月十三日，落成于戊戌四月十五日，计用银一万一千两有奇。按银数邀奖，得膺四品职衔为之备文申报。乐山衣冠来署，敬谢曰："有所为而为非我志也。"其清高又如此！乐山八子多孙，皆纯谨有礼，必以垂裕无穷而后昌未艾者，因信笔以纪其事。

重建松阳县署记

清•牟温典

岁己未，予补授松阳。秋仲，莅任抵署，见一片荒凉，蓬蒿满目，瓦砾累累然无著足处，鼪鼯乱窜，群鸟纷飞。而大门、二堂，粗具间架，尚未瓦覆。询之吏，曰：兵火后，署尽毁。前经张任与总局绅董饶若汀、叶辰生、蔡即三等办善后事宜，并修衙署，捐项未凑，故工亦起而旋止。予乃慨然延伸董共议，收捐兴工。因请饶若汀总司其事，并邀若汀子学镕及分局绅董叶佐清相与督造。夜继以火，灯煌煌然，斧铮铮然，锯铿铿然。人之住来者纷然哗然，董事则矍然跃然。而予盖惶然为窥，其惨澹经营，往往更楼鼓三下始罢，遂于十一月间先成二堂五间、前川堂及两廊十余间、二堂后两廊十余间、后堂五间；二堂东为客厅五间；二堂西别一区，为幕友栖息之所，又十余间。而大堂二间则成于今年春季，未及丹雘，而会垣告警，衢、严继扰。警甫平，而予又奉大宪札调以去。考邑乘，兹堂重修于曹公立身，其记谓“官署如传舍之官如过客”，深以不暇修理为虑。今兹焕然一新，内外俱整。予窃私心喜之，然一念输将，仍然吾百姓膏脂耳。夫兵燹以来，疮痍未复，逃掳未归，十室九空，而官无视事处，又不得不急急办此。后之人倘念此役也，民间苦甚，董事勤甚，予虽无能，为此劬其劳，续而葺之，勿使颓败，而不至病民，则所深望也夫。

昭忠祠记

清•牟温典

祠名昭忠，阐幽光也。张公越泉，讳士超，甲午登贤书，与予同乡。癸丑大挑，与予同分发浙江。公会之余，每论及时事，辄握拳透爪若有千古之愤者。丁巳秋，先予补授松阳，任七阅月而遇难。其时戊午春季，予署海宁之次年，方宴客，探报以松警闻。余拊髀叹曰：“越泉死矣！”续闻果然。盖逆匪扰衢、严各县，大宪慎顾会垣，重兵屯龙、兰，贼不得过。乃窜栝苍小路，而松当其冲。越泉闻警，呼曰：“战耳！”急邀绅董饶、叶、丁、蔡辈，共谋防剿，而自率练勇数百名前驱追贼，星夜守界首。贼蜂拥而至，众寡不敌，死之。时义士刘万恩、周廷珪、廷琜等及随役纪一升等三百余人皆从死，无一降者，而松城遂陷。其次子鸿翮与徐教谕、朱典史俱殉难。呜呼！可不谓烈丈夫哉。及己未岁，予补斯篆，甫入境，士民即请为张邑侯殉难处建祠，抵任接绅耆蔡懋建、饶庆霖、叶维藩、蔡志俊、叶佐清等方议建祠，而邑诸生张瑞图奋然进曰：“邑侯忠节，吾姓有光，请即以吾家捐资建祠，世守其祀，当不至如黄冈竹楼之易朽也。”予嘉其慷慨好义，遂与善后局绅董议之，皆云然。爰建祠于县治之东，并建于界首村南，并与难者奠其主而祭焉。又为之歌曰：英毓岱宗兮灵赫浙水，义胆忠肝兮沦肌浃髓。生则捐躯卫民兮死则民隆以祀。民隆以祀兮松之阳，松阳之民兮予将去而徬徨。君则神留而福兹邦兮乃山高而水长。呜呼！千载馨香兮无悲故乡。

迁设松阳县明善书院记

清·徐葆清

国家菁莪造士，棫朴作人，自京畿首善之地，至直省通都及偏隅小邑，无不于庠序之外更设书院，备储膏火，按月课试，所以，鼓励人才者立意至周。我朝教泽优渥，人文蔚起，轶于前古“松邑书院”，自乾隆十五年，前令陈朝栋倡设置院宇于城东，购腴田于四乡，详请立案，阅今百余年矣。戊午及辛酉两次被寇，院宇竟成荒墟。余于乙丑初秋莅任，适当兵燹之后，下车伊始，地方凋敝情形，目击心惨，因思立教必先兴养，所幸连岁告稔，民困渐苏。初年而社仓复设，次年祀庙复修，三年衙署再建。噫嘻！资富能训此其时已。乃于课士时，筹诸生肄业之所，商之山长饶若汀孝廉，捐资购置天后宫之东叶姓民屋，计价三百二十六千文，加以修理，需钱一百六十千有奇。是屋由大墙门而入，为堂两进，左右多房，四围垣界，契载详明，发徐礼房存案勒碑，并载捐资姓名以示后之来者，知迁设之所自云。

重建县署花厅记

清·支恒椿

余于辛未仲春来宰是邑，询知本署东偏，旧有厅事，兵燹被毁，徐前令修署时因费绌未建。但公暇余间无一退憩之所，心何以静，不静乌能深思周虑，有以补过乎？且延接同官，咨商公事，宾朋咸集，杯酒言欢，畴曩设坐堂隅，毋乃太陋。爰特鸠工庀材，建复厅屋十间，并一亭一廊，墙垣四周，厅对面又造书屋三楹。兹值落成，即以“退思”颜其堂，而记缘起如此。

学署怡颜斋额跋

清·樊芝生

庭前三树，客有劝余伐者。予谓屋可数月而成，树必十年乃大。余方以不克树人为憾，其敢纵寻斧也。屋既成，葱茏可悦，盼庭柯以怡颜，因念余来此四载，今始有安宅可居，规模由旧栋宇维新，颜之怡也，微支寿伯司马之德不及此，绅士之襄办者亦与有力焉。爰以“怡颜”为额，并志其略，以告后之司铎者。

学署职思斋额跋

清·倪植

庠序之分职，由来旧矣。松川西斋，兵燹后荒废殆尽。岁壬申，余权铎莅此，寄寓民廛，问字者每以湫溢无讲斋为歉。今年春，邑侯支寿伯司马筹款兴修，以旧址外高内洼，改向之面东者南之为内室，向之面南者葺之为外堂，复于南首添建大门，与青云路相接壤，以便舆从往来。延邑绅郑饶谷、沈子灵两君董其役，不数月而竣事。侯之惠也，绅之劳也。吾愿居是斋也，毋旷职，毋越思。《诗》云：“无已太康，职思其居。”旨哉言乎。余喜廨舍之成，爰题额以志缘起，且为后之君子幸焉。

重建县署土地祠记

清·周绍旦

《书》详六府土谷并称民之所赖，以生莫切于此。昔人神道设教，凡县署必立土地祠，明乎政在养民也。松治旧有专祠，相传其神为唐宰相魏郑公。夫公佐太宗平天下，海内咸被其泽，殁而祀为明神，礼亦宜之。顾神之职犹守土，不知郑公何缘守土于斯，兹姑弗深考。总之为民而祀，则祀典之重可知。咸丰八年，祠毁于兵，越同治十年，丹徒支寿伯司马以循良来宰是邑，不期年威惠大孚，凡所以养民者罔弗具举，尤惧阙典弗修，无以邀神贶而惠我民也。爰亟起而新之，由是庙貌巍然，像设俨然。春秋有祭，朔望有仪，而且以四月为岳降之辰，则进优伶侑之。邑之人前歌后舞，奔走偕来，此岂徒夸观美哉，凡以为民而已。先是库书王家祥、房总毛金桥、周大赉、洪联芳、丁如兰、叶裕澜等以阖署久蒙神佑，议欲创建而艰于资，逮侯至则襄资助役，踊跃争先，不烦催迫而集事。是举也，岂惟近者蒙庥，行见阖邑之民庆丰穰消疵疠，神之降福与善政相为感召者，其庸有既乎。祠在县署巽维，而署之西院别有一祠，今亦葺而新之，东西轮奂，相得益彰，又以见养民之意之有加无已也。甲戌夏，余权铎松庠，肃瞻祠宇，询悉其由，众书因丐余为记。余维一祠之成，其有关于斯民者甚大，兹固不可不书也，遂不辞而为之记。

游卯山记

清·孟居仁

卯山者，唐越国公叶真人洗伐之所也。山趾有广福观，巅则通天宫，上接云汉，呼吸可通帝座。自唐迄今，紫府栖霞，琳宫耀日，历劫不磨。近有羽士邱明净、余光遇。下观则修葺完美，上宫则易旧全新，神驰灵境，欲登未果也。戊子春仲十有二日，偕杨子研生、堂弟述庵，以事至卯山后，述庵岳丈太学叶翁万春家，即真人之裔也，阻雨信宿。十四日，叶翁遣季子壬桥陪游，纡道至山前下观，小憩片时，松下童子，拨云寻道前引，振衣凡三四歇而造绝顶，仙庐伊迩未即入也。下视癸山、酉山若螺黏、若龟伏，襟带林麓间，众山缥缈。而子山、午山又不知隔几重烟雾。此峰岿然天半，绝无依傍，顿觉此身飘然，冯虚欲与山云并举矣。北仰九云，苍深峻险，固群仙高会所也。松风扫石，萝月窥𡨋，不识今时亦御风一至，作橘中乐否？入，爇瓣香、荐松花，环坐炼丹池侧，叹追蠡之钟，话追魂之贴。少顷，联步出门，往抚试剑石，再探白鹤洞。杨子曰：黄鹤不归，白云无主，深窦苍凉，明月来去。予因诵髯苏招鹤之歌，声振林木。有牧羊者寻声至而问曰：诸君子游何乐也？予曰：子非我，安知我之乐？牧者曰：小人固知之，子不见此邦之俗乎？市阛村落，仳仳如鳞，权子母者执牙筹、障钱篦，如蚁慕蝇酣，虽墓木已拱，尚不遑著一两蜡屐。间有俗士命驾，亦不过艳庙貌之金碧，测井水之浅深，只足滓丹崖、辱碧岭耳。今子之衣履鹑悬凫化，而犹声出金石，歌啸山谷间，此非达士能若是乎？向禽霞客之徒，以游全其真而名后世，彼夫朝昆仑、暮员峤，不过游之大者。苟能缚解尘缨，躅芳蕙路，何所往而不如仙之乐哉！掉头径去。往视其羊寝讹，皆石也。述庵曰：游倦矣，盍咏而归乎？乃歌曰：仙家不远兮十里四望，良辰来访兮芝宝丹房。嫦娥老未兮唐时月光，广寒清游兮遐想霓裳。我欲相从兮蹇修何方，惆怅下山兮仍离帝乡，怀美人兮不能忘。余和之曰：嗟予好奇探灵迹，弈访柯山花七七。葛岭丹砂吴门卒，谁知洞天近可即。摇精劳形身之贼，道德五千贯以一。恬淡清虚我志壹，会须高跨丹凤翼。杨子手执松石一节，正欲扣树作歌，倏见道童出林杪，传午餐矣。初至观时，主者他出，一二侍童无相识者，将有矗饮之虞，不意放鹤招还，漉醪殷款。于是觞政迭举，鲸吸深杯，金谷罚峻，玉山将颓。觉檐际烟霞霏霏，皆染酒气。予离席曰：倦矣欲眠，且醉山中千日仙，如可学，莫问世上几年。

旧市城隍庙记

佚名

邑有城隍，犹县有县令，有一无二者也。然则旧市又有城隍者何？考府县志，旧市为古州县治，西汉为洄浦县，东汉为章安县，至建安为松阳郡。唐初为松州，为总管府，为都督府，至贞元，始迁今治。其丽、遂、龙皆从松分，缙、云、宣又从丽分，景又从青分，则贞元以前非特松治在旧市，凡处属九邑莫不自旧市统之。旧市之城隍固合属之城隍也。夫城隍之称见于《易》，而祀典则昉于伊耆氏。又见于《南史·邵陵王纪》并《北齐·慕容俨传》，八蜡索飨及于防庸。庸，城也。防，隍也。盖馨香之荐由来已久，是旧市为州县时即有城隍庙也。后县移而庙存。记曰：有其举之莫敢废也，殆不忘其朔之意欤！第既遭兵燹水患，户口不无盛衰，神居亦不无迁徙。查昔为州县时，市后旷野名“后姜园”，市杪空墟为“金弄街”，迄今废址罫分，其古城隍庙在金弄街。今有田三亩，土名城隍殿基者，其证也，此城隍庙之始基也。自城复于隍，厥庙移附城门口，此城隍庙之一迁也。今又多历年所，庙前溪水冲啮，假使闳阆坠波，浩劫浴浪，神或恫而人心奚安？于是，请诸邑侯汤，募缘移建清溪小祇园上。谋始于道光戊子夏五，五阅载而功告竣。此城隍庙之再迁也。斯庙也，前环酉水，后枕卯峰，鳞鳞阛阓，膴膴田畴。左则永宁仙观翚飞，右则正念琳宫鸳辟。由门而堂而室，兰楠绣柱灿云霞；循廊而墄而桥，涩浪宛虹凝紫翠。庶可昭诚敬、典神灵，无异为州县日也。於戏！沧桑无定，城郭已非，此庙虽经数易而岿然犹存，今又契龟胥宇，式廓增华，其乃神明凭依，永绥斯土之所致乎？爰记颠末，以告来兹。

修学建田纪略序

清·徐开熙

天下自京畿以至郡邑皆有学，夫人自幼以至壮老，皆未尝去於学之中。盖学有诗书六艺，以治其性情，又有丧祭军宾以习其礼，有升降之节、俯仰之容以闲其耳目手足，顾所以勉其不及、戒其不率，则惟司教者之责。乃自道风衰息，司教者视学宫为传舍，董率为空文，重檐华屋以治其私，而礼教之地垣颓壁破，栋折梁摧，若罔闻见。不曰自有主者，则曰事之所集，怨或归焉。坐使纲纪驰废，士习凌夷，自非性忠义具宏大之职，而又有坚忍不屈之力者，未易起其弊也。松学自鼎革之会，几为榛莽。子塞孟先生司训兹土，慨焉欲新之，首捐百金为多士倡，夫人亦出其簪珥相助，由是邑之慕义者乐输，费寡而功倍。先生曰：“事不计其久远者，非策之善也。”爰设义田。义田之利有三：储资以赈贫士，供社课，岁备葺修罔替。先是，署县者前后拨助废寺田数十亩，久之湮没，莫可稽。先生力为清理，又捐金置田以扩之，共得二顷有奇。其良法班班，载在纪略。盖先生之视公事也甚于视家事，以故不避谤，不辞难，不治私室，夙夜乾乾一以实心成务。故事用速成于稽其役，则由殿而堂，而庑，而启圣祠、尊经阁、棂星门、青云路，皆焕然改观也。且创省牲所、志公祠、景贤祠，以洁粢盛，以崇先祀也。选诸生之明礼廉干者，以襄祀事，以理义田，则有若潘嘉濛、叶茂、徐新化、毛化龙、叶升、叶灿、叶润昌，必共必悫也。择耆民之勤笃者以董工役，则有若程学颐寒暑匪懈，锱铢勿苟也。惩短丧之非制，虑祭事之失宜，则为之著说铃，著祀典，以肃风教，而振流败也。而先生于是赋硕人曰："松菊犹存，莼鲈正美，张翰、陶潜，吾原从之游焉。"乃于时适有无罪殺士之变，诸士哭庙涂墙，抒其愤抑，当事者移檄欲罪诸士，先生毅然以去就争之。诸士得无恙，而先生亦力辞求归，行李萧然，夷犹自若。夫先生以宏济之才，郁郁不得志，乃能以风化自在，而建不朽之功。虽呰议纷起，屼然不顾，而卒能以有成，真人杰也哉。余从多士之请而序之如此。

卯山广福观序

清・叶培章

括州治，浙中之名区也。上而平昌，层峦叠翠而来；下而栝苍，回流环峰迤逦而去。忽于蚕丛中开辟，周围数十里，天圆如笠，地方如枰。古之括州治，今之松阳县。独山为锁钥，卯山为华盖，扶舆磅礴，清淑之气，遂钟而为晋、唐、宋诸名臣焉。唐法善有道术，驾驭魑魅魍魉之类不为人害，而又养性延年，以得长生之方。卯山即其炼丹地也。今之试剑石、炼丹井、放鹤洞、点易亭古迹犹有存者。故观之羽士，皆知木本水源之义。而以其山为叶氏族山，即以其岁时祭扫之。时会食于观中，以溯旧典。康熙间，有京官雷经，隐于其观，书《卯山志》一篇，书法倜傥权奇，其印章曰："家在渊明记里，身居摩诘图中。"又曰："虫臂鼠肝，殆不得于时者乎？"今列其《卯山志》于谱，存其墨本于羽士，而别为广福观序以记之云。

雍正十二年仲夏月

节孝会序

清・张文煜

窃思男贵忠义、女重节孝，然男仅加爵位，女独准建坊。国家之待节孝何其厚，立祠致祭，刊载邑乘，节孝之妇，流芳千古矣。我松特建节孝祠，凡旌表者得送牌位入祠，有司官春秋致祭，典至巨矣。顾上既沾朝廷之德泽，下又当享子孙之血食。况兵燹后，祠宇倾圮，煜等爰邀同人捐资修理，复约节孝后裔，联成一会，名曰"节孝会"。各捐田亩以为祭祀颁胙香灯岁修之资，庶祠宇不致倾颓，而祭祀得有所资。爰将所捐田亩姓名勒石，以垂久远。是为序。

兵燹记略

清·吴春泽

咸丰八年戊午三月，洪军翼王石达开进兵江西，略衢州，窜松阳。其军皆长发大辫不冠，官弁头裹黄绫，建都于金陵，自称为天朝，国号“太平天国”。毁佛像，敬天父，百姓肖形属称呼曰“长毛”。所至之区，屠杀烧掠，万民切齿。闻警之初，邑侯张越泉公团练募勇，乡民仗义而起者各制梃揭竿，随张公防堵于界首地方。洪军十万有奇，蜂拥而来，我师迎战于遂昌之挑金钱，众寡不敌，我师溃败，张公遇害。赤岸增生周廷珪、武生周廷琜、界首监生刘万恩等殉焉。余民阵亡甚众，不能备举。今界首村下士农墩荒塚累累，皆当年士民死难者也。是月二十三日，洪军长驱入松阳。旌旗蔽野，人马塞途，纵横合沓直走至一昼夜方止。道旁青草如涤。间日二十五，洪军又至，不减二十三日之多。尔时风声鹤唳，草木皆兵，人民丧胆落魄，被其杀害者固不必言。有逃匿山谷惶遽而投崖死者，有闻风惊慑而先伏水亡者，有雉经而图免戮辱者，有饮药而预行自裁者，哀号恸哭，悽楚万状，愁云苦雨，天地为惨。连屯三月有余，掳者掳、死者死，尸横骨积，没入草根。比至六月，我邑民兵会同遂昌西乡义勇，协力攻剿，洪军于十九日从十二三都地方绕过龙泉，走浦城至福建，松阳始安。越三年辛酉，即咸丰之十一年五月十一日，洪军复至。渠魁侍王李世贤盘踞年余，蹂躏益甚，放兵掳掠，深林邃谷靡所不到，民苦搜杀不堪，米粟告竭，不死于兵亦死于食。叹曰：愿作太平狗，莫为乱世民。呜呼！悲哉。明年壬戌，同治建元，清军林公文察、曾公元福二大帅统兵来剿，屯营界首。洪将谭星、许应奎抗踞叶川头、上方、旧市以东一带地方，清兵出战数次不克，相持数月。洪军乏食，潜逸去。去之月日与戊午年同，亦一奇也。是次洪军从宣平路至永康，下兰溪，突入徽州，而松阳肃清，百姓欢忭，各扶老携幼回旋故里。是春未得树艺，米价腾贵，每斗贸钱二百四十文，道殣相望，全赖温州转运，稍纾困急。各户采野菜疗饥，仅得不饿死填沟壑，幸矣。城市各设粥厂以济饥民，日需米数十石。腴田价值三千钱一亩，得鬻者为遇时珠玉珍玩不为宝，亲戚友朋不通馈问，不相吊庆。无何兵戈方靖，瘟疫陡作，死亡枕藉，有死十之三四者，有死过半者，有全家无一存者。间有未至如是之甚者，折嬴补绌计之，十亦去四五矣。迨冬令疫气渐平，即幸而不死者亦皆槁项黄馘，可吹而僵。道逢多素衣白冠，罕见有纯吉者。直度过甲子岁大熟，始得无虞。呜呼！天地浩劫，亘古仅见。我生不辰，适逢其会。咸丰八年，吾甫十岁。十一年吾尚十三岁，不能尽悉，兹就其大略以志之。

天济桥落成记

清·高斐然

《孟子》曰：“岁十一月徒杠成。十二月舆梁成。”桥梁之务，古今为亟。惟徒杠、舆梁则皆架木为之，是以岁岁必修，固不如叠石为桥之久远也。第叠石则又工繁费巨，往往难之。岁甲辰，叶公昭敦因公下乡，道经净居口，适坑水暴发，揭厉为难。慨然曰：“此非建筑石桥不可。”乃召村中父老，丈量估计。佥曰：“非三千金不为功。”时予为劝学所长，就而商之，令董其役。予谊属桑梓，不获辞，转商于潘君文衡，筹议认股之法，并约潘君作霖、潘君思谦、徐君观光、朱君大金、潘君尚荣诸善士，各认大股，分筑桥洞。其余扎堜、砌坝各杂项则任之。邻近乡村，亦皆踊跃输捐，如响斯应。遂于是年冬月兴工，越明年丙午夏月竣事，计费墨银肆千贰百有奇，并於东首桥头，报垦荒田多亩，以为将来岁修之资。又于西首桥头，劝林姓拨出基地一方，以为建造碑亭之用。其举也，叶公倡议於前，赵公联元赞议于后，复赖潘君等协议而卒成其事。予居最近，义务当尽，何足言功？惟劝募督工，出纳会计，则有卢君春荣、傅君兰松、姜君增庆、高君福境等始终其事，不无微劳，例得并书。工既成，特书数言以记其缘起，并为之歌曰：嗟彼昔日兮洪水汤汤，源出蓉川兮水道孔长。庋木为架兮势不可当，行人阻涉兮揭厉无方。辄筹议而无田兮徒欢汪洋。又歌曰：明公莅止兮轸念苍生，台沼可为兮不日经营。鼍梁高驾兮水波不惊，熙攘如归兮共乐荡平。俾巩固而永奠兮，庶几汤池之与金城。时宣统元年己酉天中节，里人高斐然书。

孔庙修理落成记

民国·高炳然

鸣呼！孔子至今二千余年。自秦皇焚书坑儒，历一大劫。民国废经蔑孔，又历一大劫。岂真道之行废有命存焉哉！盖剥复之机、循环之理亦天道之所当然欤？然而我孔子，时中之圣，其道悬江河而无滞，昭日月而常明。历代帝王由其道则治，违其道则乱。普天人类，学其道则几于圣贤，离其道则近于禽兽。世变可易，而孔道不可磨。吾恐虽历千百劫，而圣道仍无丝毫损失也。当今之世，立宪共和之法兴，自由平权之说盛。其实于父子、兄弟、夫妇、朋友之伦，尚未大悖。惟格于君臣之说，遂将与孔道为仇敌，而不知君者主也，君主主也，民主亦主也。臣则臣服佐治而已。《大学》“好恶同民”，《孟子》“民为贵”，《论语》“兵食为轻民信为重”，民权何尝不伸哉？而议者又复龂龂然争孔教为国教，然亦未免过事张皇。学堂号称新学而修身历史何一非孔子之书？政府力行新政而道政齐刑何一非孔子之法？民间竞说自由而冠婚丧祭何一非孔子之礼？而况祀典既复，圣地保存，各学堂均设孔子牌位，孔子圣诞放假致敬以存纪念。其外容虽曰废经，其实较前朝尊孔为尤，至与宗教乎何与？安见数十百年之后，不更崇奉尊信有加于万万者乎！夫文未丧天道仍在，人孰作卫道之干城，孰为中流之砥柱？倘不及时振兴，日久更多颓废。我松孔庙自道光间修复后，年久失修，又因辛亥鼎革，兵燹蹂躏，蹧蹋不堪，前年虽经孔教会洒扫涤除，栽莳花木，气象略见光明，而栋折榱崩，墙颓瓦裂，风雨剥蚀，蚁鼠窥钻，损坏之处不一而足。屡议兴修，苦无的款。兹幸邑宰新昌钱公世昌下车伊始，即以修整孔庙为己任。首先捐廉并约寮属继及，士林咸闻风响应，踊跃输将，遂于三月兴工，八月葳事，经营半载，费款逾千，其工之速且巨。初念恒不及此，此非钱公之有心卫道，信孚于民，孰能与于斯哉？时仲兄焕然为孔教会长，实总其成，干事潘君春鳌等分司其职。炳忝列会员，奉仲兄命纪其事，遂本其所郁积者而并书之，将以庆孔道之复明，不第乐观厥成已也。时中华民国六年岁在丁巳中秋节，孔教会员庠生某谨撰。

叶刘氏重修古市街道记

民国·丁兆丰

慨自路政之经画无闻，驿传之专官失守，路鲜定制，修不以时，吾国道路之不治也盖已久矣。古市系松北巨镇，其街道上达衢、兰，下通青、丽，为往来必经之康庄。自清咸丰间，经乡先辈叶蔚如铺石修砌后，时阅七十余年，所有街石大半损坏。其孙封三谋续修之，乃享年不永，赍志以殁。封三妻刘氏青年守寡，惓惓以夫志为志，乃于民国元年壬子，将轮值忌租悉充修砌道路之用，综计所费不下五百金。又拨七都大路田叁坵，额叁亩；十二都叶树墩田肆坵，额壹亩伍分，共计肆亩伍分，以为常年修路之需。并拨下街内坑沿楼屋一座，计三间两轩，暨厨房、菜园、灰铺等处，托地方公正耆绅管理，以为修路办事之所。若刘氏者，既成其夫未竟之志，复能拨助田屋，俾垂永久，其计划之周，思虑之远，诚巾帼中所不数见者也。君子曰：是不可以不记。爰为记其事，俾垂不朽云。

复修通泽堰记

民国·丁兆丰

古市通泽堰，堰址在赤岸村脚，灌溉上下后塘民田一千八百余亩。向章视水旱之程度，于六月初一日定堰程之作否。堰资多寡，按亩派抽，意固美而法未尽善，何也？果年年循此例而行之，万一雨旸不时，每至误事。自民国十一年改制，无论水旱，以时修作，每年每亩收谷三斗存储，以为常费。古云有备无患，其斯之谓乎？倘经理得人，尤能于农田水利外，为地方蓄一巨款，即可为地方多行善事，一举两得，利孰如之。爰乐为之记。

续修芳溪堰记

民国·叶祥麟

考十三都，原有芳溪古堰，邑乘仅载“在县西三十里十四都。旧名‘上曹堰’，灌田八十顷”等语。所以，有民国四年七月，十三都农民刘家语等，与十四都圳董刘永兴等之争执。查是堰，创自明洪武年间，上堰灌溉十三都上安、广因寺一带，下堰灌溉十四都力溪一带。至宣德时，两边堰门定石分水，铁水铸定。洎清康熙年间，南头堰门平水石被洪水冲坏，天旱两相争执。再由十四都周永良等、十三都刘邦生等写立合约，载定堰门阔狭、水口浅深尺寸：上堰门系蓄定水堰门，横树下中间量，比下堰外加水一寸五分，共计五寸五分深，横四尺阔；南堰门系急流水堰门，从进水上边沿上中间量，阔比上堰多六寸，通共计四尺六寸，深减水一寸五分，止实深四寸。日后山水不测，两造照约内分定阔狭浅深筑砌，此康熙二十六年六月二十一日事也。不料民国元年，霪霖为祸，山潦成灾，堰坝复被洪水冲塌，致起四年七月，十四都人民与十三都人民毁堰之争执，涉讼公庭，经习前知事派委查勘，判令十四都人民合力工作，在旧坝自开原有堰门，除去积石自开小堰，从此各自用水。至十三都人民应念十四都自复堰门之劳，将毁坝自行修理，此民国中近事也。惟松邑环境皆山，一经久雨，堙堤圳坝往往受殃，水利所关，界线稍涉不清，人民争执每每又因之而起，若芳溪堰者即其已事也。兹因该堰续修工竣，庶几南流汤汤，北流活活，各安乐利，永好无疆。爰叙颠末，以补前志所未及，而泚笔为之记。

修复高堰记

民国·毛斐然

由城北出，逶迤七里，得一山溪，溪西山腰清流一带，横亘曲折，上束崇峦，下临深涧。溯其源由，东西坑合流奔赴至砻糠潭，因作坝潴水，筑堤引流灌入于堰。以堰高，故名“高堰”。相传有仙人插竹竿於潭底，以通泉脉，撒糠于水使糠随水入脉，以验泉流之远近，今之大塔头砻糠泉盖本此也。糠泉之利既溥，而堰水西流利济西河、麻阳，灌田四百余亩，其利颇巨，故又名“通济堰”。考其创造之初，代远无征，壁勒字迹亦糊糢不可辨。窃以斩荆榛、穿岩石，凿山开道，若心煞费于前，乐利安享于后。一路中通，筑石梁以便商旅；两山夹峙，免隔水以问樵夫。饮水思源，厥功懋焉。闲尝沿流入山览胜怀古，见夫花坞霞丹，林岚雨翠，接于目者，如笑如妆，如夏云之嵯峨万状；时而山风虎啸，潭水龙吟，聒于耳者，若钟若鼓，若银河之泻落九天。几有观瞻不尽，领略无穷者矣。不料昊天降戾，胜地被灾，壬戌之秋七月既望，山洪暴发，波及跨涧石梁。村民蹙额奔苦，以为此堰冲陷，命脉攸关；斯桥覆倾，行人病涉，务亟起兼筹，卒固辞不获。爰禀请县主吕派员查勘，因为量度工程，计画经费。田按亩而派捐，工群聚以兴作，增水障以固堤岸，凿礁石以疏溪流。复联合十六股赀财，修复石桥，从此农人无虑，行客捐忧，共睹阡陌桑麻，饶桃源之风致，岂惟岩关石寨，作松邑之屏藩也哉！

续建石柱殿落成记

民国·周文翔

呜呼！世代之变易，人事之沧桑，比比然矣。无论其远者大者，即一邑之近，一宗之小，亦恒有因地思人、数典忘祖之感，何其疏忽乃尔也？如吾祖汉杰公讳德间，幼通经史，长精武略。元季寇乱，率子弟保障乡民。明师入栝苍，辟公守御处州，合兵数万东取瓯海，屡建大功，朝庭念其勋绩，敕赐“三省总管”，吁其盛也。倘或功高而骄，不问细事，名成而退，不顾民生，谁曰不宜。乃拥赀百万，轸念兆民，捐金独拨白龙圳灌溉东乡良田千余亩，人享其利。钦准立祠，名曰“石柱殿”，奉公神主，以表其德，宜其血食千秋，久而弗替矣。不幸于崇祯丙子岁，被洪水冲荡，仅留故址。后人欲修不果，延至数百年，蔓草荒芜，蓬高满目，乡人不识，谬称为“伍子胥殿”。呜呼！吾公之功德，何至湮埋若此哉？犹幸有贵戚高昕斋太守，於民国纪元由粤东解组归，偶过其地，见石柱矗矗，询知为公神主殿遗址，披阅县乘，知公事实。嘱其内弟周开华告知敝族，并为转请县宪，蒙知事钱公世昌俯念旧勋，谕饬圳董修复殿宇，以时享祀。休哉！数百年之湮没，一旦表著重新，虽由高君倡其始，钱公成其后，或亦吾太祖之英灵不爽有以致之欤！嗟乎！吾等近在一邑，属在一宗，乃置祖宗遗泽于不问，岂不愧哉？虽世事沧桑，大都如是，自今以后，仍恐日久遗忘，复蹈故辙，负疚尤多。兹殿宇告竣，因志其颠末，以垂久远，俾后世知所报本而弗忘焉，则尤吾等之所厚幸也夫。时民国六年冬月也。

重修东岳宫记

民国·潘文英

出凤臻之门，登望松之岭，有宝刹岿然，曰“望松禅院”，前为太保殿，后为观音堂，惟中系东岳行宫。稽考邑乘，载明王一中所撰《东岳宫碑记》，谓此宫创自梁大同年间，历年既久，芜秽不修。自明万历十五年岁丁亥，邑有善人周一芳出赀独建等语。并捐良田八十亩为是宫香火修理之资，以期久远，意善法良，可谓至矣。不知天时人事兴替靡常，所幸者周姓子孙经营靡已，前此弗论，即清道光十五年祝融为灾，是宫化为焦土。一芳后裔莲坡公邀仝邑绅，集资重整，垣宇为之一新，亦越咸、同间兵燹乱后，周春生等复出募资，庙貌又为之一新。至光绪中，仍骎骎有风雨飘摇、圣像倾塌之概。溯自一芳公创造，以迄今日，为时阅四百余年之久。光绪中迭经修理，降及民国，历时仅阅二十稔耳，又觉岌岌待修，盖一议修费必千金，势不能不为沿门索化之囮，然一芳公所捐田亩数已匪轻，以是为香火修理之资，其计画又非不远，何以屡事捐修？又何以动集巨款？揆厥原因，悉由住持是宫者坐糜租息，不顾庙貌，任其摧残所致。故于民国十年，重行修理，至十一年壬戌春落成后，将宫内原有祀田提出租谷一十二担，以为岁修之需，于地方可免动辄向募之烦，于庙宇且得不时修葺之便，于一芳公捐拨祀田之美，意亦可垂之永永而无疆。并订议约，与董事住持共守之。述是事者，为一芳公弟一兰公后裔赞唐君也。君名士元，又名鲲君，以伯祖当日捐田之意为不可没，语其事之颠末而丐予言以记之。

第四节　赠　序

赠松庠文渊林公摄县序

明·詹雨

盖治教一道也。职而二之所以任之者，才也。人之才，有能有不能，学而能之所以相成，则一也。国朝法古定制，设有司以治民，立学校以养士，因材循资而任之。松庠掌教，文渊林君之任之二年，当道知其才，檄以摄邑政，人初未知之也。君质性简温，辞气谦厚，游咏古今，周折礼乐，端本源、示轨范，施于教者，善矣。特患疑世之工文辞者或疏阔、谈道艺者厌民事、习闲漫者惮繁剧，迨其施诸邑也，不疏、不厌、不激、不随，若取物而探囊，若驾轻而就熟。始之疑者，中之惊，终而翕然称之。以君之才，不独善于教，而又善于治，其与向之所疑者相去远矣。无何，得代邑诸掾辈，感而慕之，谒予言其详，请序以为颂。予惟治与教职二而道一，才与学理一而事二。学以成其才，所以二者一矣；治而达诸教，所以一者不二矣。今，君由教以达于治，非学以成其才，其能然乎？君以资而训饶州，擢金华，历今职，非其才不足于治也。人初未之知，而当道知之。当道知之，而君副之，副其知行将达其知矣。他日知之者，宜益广，所以副之者，亦必有在矣。虽然，有所知，必有所以知，是则，予之所谓知，请质诸自知者。

送松阳王邑令朝觐图序

明·詹宝

圣朝法古制治天下，百司庶尹，三载一觐。正德戊辰，实维其期。吾松邑侯王君，先是秋启行，斯民慕恋，欲留不可，其耆老，因民之情，绘诸图请叙其事。侯，性度雍容，德器深重，莅政二载，廉而不激，明而不苛。正以御吏，恕以待民。兴学养士，催科不峻。狱讼之愿息者，释之而不罪，顺民心也。坑冶之窃取者，驱之而不迫，悯民穷也。学校之未葺者，葺之。丽谯之欲新者，新之。不厉、不纵、不矫、不随，一以诚心直道行之。故，事不繁而民不扰，古之所谓镇静，所谓循良，所谓悃愊无华，侯之谓矣。抑亦所谓去思者，亦可验于斯焉。虽然，有大设施者，必有大涵养。盖侯尝以壁经魁荐其于二帝三王治天下之大经大法，皆取是书，举而措之，施无不可，岂直牛刀小试而已哉？侯也，毓山川之秀，际文盛之运。其涵养验之于魁荐，其设施验之于民心，其无负于俊杰网罗之选也，审矣！是行也，敷言奏功，宜书上奏，最不次之擢，端可想见矣。虽然，感恩怀惠者，固区区之民心，若夫登明选公，则有昭昭之公道在。

送傅邑侯还濡须序

明·詹嘉卿

县大夫之职，惟在问民疾苦而噢咻之，他非其所重也。是故，尹铎不忍为茧丝而损其户数，襄子依以为安。即墨大夫但使田野辟、人民给，不事左右以求誉，威王封之邑万家。於戏！此非淳古之世，公道犹自昭昭，而今何如哉？傅侯生而疏节，骨体不媚，大类虞仲翔。其莅松也，清俭逼下，不以脂膏自润，则如孔姑臧。心虞炀竈之奸，无由摘伏。乃于课士日，发策周咨以求其状，狐鼠股栗。海防使趣，向旁午，侯宁立券贷而应，不忍敲朴，使有剜肉医疮之痛。既而徐征于民以偿之，秋毫无负。戊辰春，邻境射利告籴者众，米价骤涌，民甚病之。侯为设禁，使人守于河津。既而贩徒构祸于守津者，郡檄纠之甚峻，侯以官争之而民得释焉。京边征饷急如星火，侯以民饥为请，冀得缓之。业知其舆上左也，又以官争之而民得苏焉。松固僻陋，舆马仆夫常不足以供，行李往来，故事按部使至辄驱山泽之农使之，罢于道路，侯勿忍，又以官争之听其辎重留滞，而民得安居焉。於戏！侯所以翼蔽其民者，至矣！所以取戾于上者，亦屡矣！安得而不挂弹章哉？侯虽一官为孤注，而屡欲脱屣，然松人依依不忍舍去。闻报之日，皆相顾欷歔，泣下数行，市廛辍业匝月有奇。相与冲炎暑、犯风波，上状乞留，阗溢道途。虽不获报可，而侯之政声转播，岂谓当今世遂无采舆议、昭公道，以侯之事上闻于圣天子者哉？长松保障，必不减于晋阳，即墨毁言，终无损于治行，必为四辈之趣以当万家之封。

第五节 碑 志

唐故叶有道先生神道碑

唐·李邕

昔者，诞发老君道纯天地，生得夫子身负日月。且时宰不宗，主人勿用。矧乎埋照浚谷，潜盘穷山。幽姿蜕于尘容，素尚胤于仙类。岂辟命行矣，爵服縻之而已哉。公讳国重，字雅镇，南阳叶县人也。自少典锡羡，高辛纂绪，陶唐重熙，后稷迈种。文王之胤，乃食于沈；尹戌之子，载封于叶。受氏享国，大哉邈乎！逮乎祖乾昱，克壮其猷，永孚于德。堇户习隐，塞兑亿坤，硕肤长材，通理博艺。虽安车累至，而坚卧固辞。故庆祚克开，眉寿维永矣。厥考道兴，性守宫庭，道敷邦国。居鬼从地，率神从天。受箓以怛之，飞符以北之。扼魍魉之邪、刘台台之祟，有足奇也。至于挥札落組，引弓贯革，特起五部，广推大馀，侯谁嗣哉？先生灵承道宗，灵闻训诱，弱丧文貌，幼尚纯笃。仙骨有象，童心不萌。专精五龙，遍游群岳。聪以知远，明以察微。达死生之占，体物气之变。尝以静贞动耗，息影归止。云卧牝壑，林巢仙居。人绝不邻，道阻且右。独往幽胜，永歌隐沦。放闲保和，习虚致静。捃五石之髓，撷三芝之英。时哉不留，岁聿其逝。缁发纯漆，韶颜渥丹。事适玄同，神与道媾。惟寂惟寞，不饮不食。数十载于兹，乃升闻帝庭。骏发皇眷，简才受命，降尊加礼，将之以文马，速之以畅毂。先生盱眙长揖，握手高谢曰："自昔帝舜登庸，德辉允铄。光武继统，吏道孔嘉。且薛方逢萌，备外臣之礼；虞仲夷逸，终处子之业。岂垢俗疵物，偏贡介性，将探道慕类，坐致奇龄。"使者蓄而然之疑，申遂行之旨。乃周览庐室，躬省仓廥，考畴人之疆亩，讯家僮之作业，皆俭以遵约，安能惟始。味不甘口，色无养目，信以为著诚去伪，敢守难夺，顺风可即，强起曷至焉。遂虚觐复命，惭叹闻列。朝廷企其高、渴其道，聆嘉声而属想者，岂胜言哉！有司以天玄书阙，星度官驰，亡五德之运，谬四时之分。荆鬼越祥，不知所况；子亥母癸，乌识其原。皆乘遽远寻，请益传受。可谓绳诚列而曲直征，衡诚悬而轻重立。粤惟博物君子，岂伊小说鲰生？呜呼！天不持久，人将复归？颓年迫于期颐，远志屈于摧落。卜兆幽石，托坟清林，逸人不追，因士靡宪，泉石沮色，乡县失声，岂无他人？惟子之故。胤子慧明，赠银青光禄大夫歙州刺史。公罔替厥繇，代增其业。启秘箓之高妙，扬玄津之洪波。道微若声，心麽若气。吹律暖谷，运历知天。屡下辟书，终不应命。孙子景龙观道士鸿胪卿越国公。幼得父书，早传成法，夤念有训，迈迹自身。读天下之书，备方外之术。火涤淫祀，剑诛群妖。恩开五君，名动四国。其入也，排金锁，谒紫庭，为帝傲吏；其出也，法玉京，坐玄寺，作仁宗师。故能大匠道门，冢卿朝右，礼食轩座，寓直禁庐矣。尝以理气自强，登老益壮。虽暮景急节，而纯孝孔哀，是献封章，原拜坟墓。有轸帝念，载形王言，神札以飞，传瑞乃发。群公帐饯，列蕃郊迎，朝章有辉，乡人皆庆。枉以末技，扬于孝心。惟先志以追远，立丰碑以纪德，夫何间然。词曰：宗门素履，家代隐仙。道一相孕，薪火交传。黄公术在，赤水珠联。道开幽键，性与真筌。一门累祖，四世百年。抗迹岩谷，消声天地。卓尔遐举，蔼然高致。麝以臭焚，珠以明坠。人则有心，征亦不至。保身匪媮，全朴为利。孝孙增业，明辟顺风。志尝无忝，事或不同。征贤朝满，举逸山空。曷繇高枕，克谢代工。测微达变，尽规纳忠。皇眷虽渥，孝思亦深。章服粲粲，传驷骎骎。载违廷阙，是展坟林。纪石追远，昭铭率心。孝终事立，荣殁宠今。遐超古始，永宪江南。开元五年岁在丁巳三月七日。侍者清溪观主，詹元一、丁、、、

唐叶道元尊师碑记

唐•李隆基

朕闻，轩辕三皇之盛者，尊广成；唐尧五帝之盛者，师尹寿。夫以圣人之道，教圣人之才，守之七日，又守之九日，朝彻而后能见，独是道也。入水不濡，蹈火不爇，啸叱风云，鞭笞魔魅，无方而后进物，独是神也。神则惟变，道亦旁通。苟得其人，抑所谓神道设教者也。师讳法善，字道元，自诸梁食沈，是谓叶公，邑亦如之，因而命氏。则昔为南阳人也。曾祖道兴，祖国重，父慧明，赠歙州刺史。贲邱园者，一贯吾道。袭旧德者，百代可知。故名溢宇宙之中，身在江海之上。则今为栝苍人也。至隋大业，岁在丙子，法师是生，凡六百二十四甲子。洎我开元，岁在庚申，形解升云，则春秋百有七矣。其生也，年长而色若孺子；其化也，委蜕而神则默仙。尝从朕游，仰之弥高，钻之弥坚，藏察无象，钩致不测。若言匡国辅主，鼓舞发挥焉，联可推而尊之，不可得而臣也。其始终出处之迹，可得言者。初，师七岁，涉江而游。迨及三年，人以为溺。及还，问其故，则曰：“二童子引之，憩于华堂峻宇，咽灵药，吸云浆，太上镇之，是以留也。”十五，中毒死。又见昔青童曰：“天台茅君飞印印腹。”其始殊闷绝，良久豁如。师以灵应感通，殊尤若此。遂乃杖策游诸名山，远访茅君而遇。岳骨上起，目瞳正方，冰雪绰约，嫣焉微笑，曰：“尔来乎！尔名已登仙格，身逢魔试，故此相救。宜勉之，当以辅教为意，无汲汲于去来。”由是，更于青城赵元阳受“遁甲步玄”之术，于嵩高韦善俊传“八史云蹻”之道。宴息于栝苍罗浮，往还于蓬莱方丈。灵图秘诀，仙符真度，宝录生券，冥感空游。临目而万八千神，咽胎而千二百息。或潜泳水府，或飞步火房，或刮腹涤肠，勿药自复。或刳肠刮膜，投符有加。或聚合毒味，服之自若。或征召鬼物，使之立至。呵叱群鬼，奔走众神，若陪隶也。故海内称焉。千转万变，先明宠焉，一昼三接。朕在籓邸，累闻道要。及临寓县，虚伫昌言，奸臣寓谋，凶丑潜迹，未尝不先事启沃，函申幽赞。故特加紫绶，以大公侯之门；而確固黄中，不承轩冕之贵。可谓德博而施，道尊而光者也。适来无迹，为夫子之时；迩去无悋，为夫子之顺。岁在鹑尾，月鹑火是时，反真悬解。翊日，追赠越州都督，逾月，归藏于栝苍之山。免朝章，从其志也。先生幼有奇质，长标特操，神照体外，骨秀形表。故万先生目之曰：“子书成仙格，方自仙宫，吾将及尔为同僚也。”信哉！《易》曰：“君子或出或处。”出者无山林之逸，处者无轩冕之贵。虽道同则应，而迹异难兼。先生养神太和，观妙元牝，君子或处之盛也；金印袭贵，紫绶方来，君子或出之盛也。非夫道臻博大，德合神明，其孰能与于此也？故於王室，则承恩者五代；当朕时，则传道者数人，皆曰宗师，无间然矣。夫为文者纪其实，称德者尚其训。先生知余，余宁不述。试寓言而无愧，可披文而相质。铭曰：忽然勃然，莫不出焉。油然浏然，莫不入焉。百昌之源，万化之泉。于此观妙，实云列仙。列仙伊何？销化却老。观妙伊何？岂假至道。

旁通幽赞，神变灵造，淫祠厉阶，无隐不讨。讨逆辅顺，功就佐时，藏往察微，业与神奇。章绶加等，方来不欺。视缘若遗，恍然我思。大有元吉，黄中通理，默仙委蜕，元达无已。叶悬凫飞，辽城鹤止。元风盛烈，郁乎千祀。开元二十七年岁在己卯，为叶仙卿作。

县令题名记

宋·陈耆卿

今制初改，官通注令。令，非士所乐为也，特不得不为尔。未改官而为令，则曰“不应为”，或曰“非通论与否耳”，或曰“非通论之能为与否耳。”夫使其可为，则不问其不应为也。使其能为，则不问其不可为也。今之县号不可为者，惟松阳为最。盖屈指二十年，易止官者十，易权官者二十有余，而未闻有终岁者。远近讹言，几以为火穽汤渊，即之而焦且烂也。嗟乎，冤哉！于是，部使者搜遐拔颖，以蔡君子重辟焉。子重，有用世才，开禧初佐吾师水心先生于金陵。时寇骑风雨至，能以沉谋专力斫其垒麾使遁。盖利州之事，人至今诵之。不幸摈十五年。而今于此也，子重不鄙夷之题于门曰：“我与斯民同一性，谁云此地号三阳。”民闻之愕曰：“我何以得三阳之称？又何以得与令同此性耶？”未几，不檄而令行，不扑而事治，不征呼而赋集，汛荡哗讦，陶染懿醇。问簿书，皆鞠为尘，今有伦有要矣！问狱讼，昔关为市，今有邻有止矣！徐而明教劝学，亟而摧暴扶菑，事有条，物有序，而所谓催科差役之法，周流通变，可永无改焉。以故，遮宰相、御史，车丐留者无数，特有旨通任四岁矣。荐员登考第，溢将去，此而留者不已也。呜呼！昔是邑，邑人之性其果不与令同哉？昔胡不同而今胡以同哉？岂昔之为政者虽有以同而无所以同之之术哉？同之不在术而在心。不然，患其一日不去也，讵能通四载而留耶？信有以同也，信能同之以心而不以术也。然则谓松阳为不可为者，诬松阳也。谓松阳为可为者，自子重始也。子重以十五年之不幸而成此四年之幸也。幸，不止四载也。县旧无题名，今始树。因征予记，发其大指若此，非特贤子重，且贺松阳之得以洗其诬耳！“三阳”，并东阳、平阳言之。果能此道“三阳”之诬，皆可以洗矣。子重名任，永嘉人，嘉定十三年郡檄辟权县事，既而有旨，因任焉。旧志以此文为松阳县洗诬云。

松阳县进士题名碑记

宋·马光祖

松阳介于栝苍之南，群山森秀，如列障，如倚屏，清淑之英，造化磅礴。父子世科，勋著方面持橐论思；兄弟蝉联，迭将使指以儒饬吏者，皆邑人之杰也。文擅当时，䌷书东观，好古博雅，耆艾不衰，又今之巨擘焉。十数年来，气数尤盛，春官得隽，举不乏人。淳祐七年秋，叶君茂洪繇太学擢第归，闾里荣之。令长会稽高君彭，盍朋簪于乡校，举觞相属，为志其荣。而题名之石，适无遗刻，乃砻坚珉，以续前记。谓余尝假守是邦，移书来谂，俾记其颠。余复书曰：“牙签汗青。厉志研精。词场撷英。龙梭震霆。划然飞腾。父老欢迎。喜溢谢庭。”世以为荣者其不在兹乎？余观先正钜公哀然为举者，人语以吃着不尽，则曰：“志不在温饱。”惟其抱负者远大，故所植立，光明俊伟，至今望之若神人。然士生天地间，任重道远，岂独荣其身而已？昆仑滥觞，益濬其源；豫章拱把，益培其根。渟深蓄茂，日肆以弘。用之则行，发为事业，使天下诵其人而纪其州邑，夫岂一时荣乎哉！余外氏家古松，故于松士拳拳焉。山川炳灵，人物秀发，当有名斯石前哲者矣。贤令尹试以余言质之曰然。则勒诸石。淳祐戊申仲春，朝议大夫直徽猷阁主管建康府崇禧观东阳马光祖记。

邑令赤盏公方公去思碑

元·余伯野

王者制土，邑方百里，设宰守之，所以字民也。宰有贤否，故民之休戚不同，爱憎亦异。子贱宰单父，鲁恭宰中牟，皆务以德化民，民到于今思之，理固然也。至正甲申，予来松邑，宋广西提刑程公曾孙灯德明，偕邑之耋耄贤士来请曰：松自元混一以来，距今七十馀年，历宰凡几，仕能上承朝廷之意为意，下以斯民之心为心，前有赤盏公，后有方公二人而已。赤盏公，字遂良，东平人。大德初，由闽海道肃政廉访司经历来尹兹邑。威凛秋霜，惠和春风。明并星鉴，操比冰蘖。奸吏束手，豪宗侧目。民讼自息，县署肃然。曩时版籍坠失，疆亩莫考，吏缘为奸，富强务为规避，贫弱惟其征徭，里胥代偿因兹鬻产，十室九空。公廉知之，多方设法，躬亲履亩，务核其实，遴选乡都之耆德，证诸异代之图籍。不逾半载，事已就绪，额弗官亏，赋不民病。又有系官土田，名存实亡，佃者苦之，逃散流亡，莫可胜数。公为蠲减，亲诣丞相府得请，民始复业，知有生之乐。岁旱，公祷请山桑神祠，矢之曰："三日不雨则毁庙，雨则葺。"公还甘泽随澍，岁以大稔。盖其素行，足以格乎神明。方公，名明安，字泳道，会稽人。元统间，由金銮侍直出宰于斯。端庄儒雅，举动由礼。廉明并蓄，宽猛兼济，论简刑清，吏民畏服，不言而化。先时，逻卒邮兵易置不时，吏以为市，民田破业，公一笔不置，县之伯役悉仍旧实。吏卒辈乡无一迹，鸡犬不惊，咸赖以宁。尤留心学校，朔望必躬亲听讲，课诸生以诗文，中者旌赏之。公馀，则偕僚属暨邑俊髦赴学赋诗弹琴，士莫不翕然舍利趋义。至今表表可称者，悉公之勉励也。学旁馀址，沦于居民，岁久莫复，公一言，民以侵疆来归，盖其忠信明决，素孚于人也。今赤盏公、方公二尹，袭芳联美，辉映后先，其他政迹未可殚举。深仁遗爱及我松人，我松人至今赖之。官则敬，去则思，然弗刻诸石，何以昭令德垂永久欤？子盍为我歌之？予曰：赤盏公去兹已四十馀年，方公亦十馀稔，民犹陶然歌咏思慕之，非其惠之及人也深，安得民思之也久？如此可谓有古之遗爱焉。德明，谨愿自守之士，不趋利、不营势，乃独为二贤令捐帑树碑，非诚有感于心其能然乎？兹岂不足为来者劝，使后宰邑者能继美前政，又当有记之者矣！予既嘉二贤令能得民，又嘉德明之好义，遂道思者之心作歌以泄之。歌曰：松之水兮泚泚，松之民兮济济。公之来兮既父其父、又子其子，敛此大惠兮曷其有已。我田我畴兮我耘我耔，吏无嚣突兮闾里熙熙。我公之去兮谁其嗣之，我民之鳏兮我民之嫠。岁之不易兮逢此馑饥，我公之去兮吾将畴依。公之来兮我日以娱，公之去兮我痛切肤，何不重来兮使我其苏。

元至正四年甲申七月记

邑令买住公去思碑

元末明初·刘基

松阳民金文俊，致其父老之言，走郡请曰：“邑长买住公，治吾邑六年，有善政，今秩满而去矣，吾民不能忘，愿得文以记。”伯温辞不获，则询治状。曰：公为政以爱民为先，以廉洁为本。其始至也，复金梁堰以灌民田，民受其利。歌之曰：闵闵汙莱，我畬我菑。堰流以溉，有堤相之。积潦肆啮，堤圮赴壑。究其原田，白石凿凿。公来相攸，负锸商功。阴溲阳潴，岁则屡丰。既而民以食盐为苦，公请于运司得复旧额。民又颂曰：盐筴馑正，我则弗胜。来者绳绳，曾莫我矜。公独我恤，曰盐不可增。义气横出，慨然争承。我实赖之，犁耕轴鸣。日用饮食，企其有成。其修学宫也，士颂之曰：桓桓学宫，教化所基。支倾柱败，孰振前规。显允进士，职是县长。载葺载完，有教有养。理其田疆，辑其租逋。惠我多士，衿佩来趋。予曰：美哉！愿悉数之。曰：县役旧弗均，无教条绳墨，岁点差吏得为奸。公阅前政簿帐，按成式随民力所至，高下使自承。民均其平而赋役用均。县民素好讼，公以明察洞其情伪事，曲直立判，辨婴节解，民各自戢而词讼用简。劝农桑、课树蓄，使皆力本务实效，故荒垦沃耕，田野用辟。他邑民或致鱼盐货物居县廛，而乡村之民无带牛佩犊之风，勤于劳来而户口以增，谨于关讥而盗贼自息，行省抡公廉干，以海舶事委公之朝阳，数月，县中讼梶牍稽，公归，悉为疏决，吏民益服。浙东宪佥琐主公按郡至县，得公治迹荐之。已而索公行部复廉察之，交剡上台。今去我将羽仪天朝，是不可不识其思也。余曰：美哉！邑长之政固善矣，若父老不忘其善，能致其去后之思，亦善也。《语》曰：“斯民也，三代之所以直道而行。”有循良之政，使得相安于田里，则所以渗漉乎其心者，自有以使人不忘如是也。然《汉传》循吏六人，班固称其所居民富，所去见思，然皆二千石守相。唐世县令若韦景俊、何易于等，往往始得列是传。然大要以惠利在民，不忘者预焉。今买住公去而见思，其正所谓古循良者欤！因作诗卑其父老，且以续夫士民之所未诵者。公，字从道，唐兀氏，世居广平，由进士出身，故知爱民之方而民亦不忘之如此。《诗》曰：“民产有恒，役则罕均。”何以均之？曰：义以使民。民情好恶，哗讦以辨。何以理之？曰：明德知本。迤逦阡陌，莑莑禾麻。民用胥勤，力及荒畬。受廛为氓，旅途任载。苍苍萑蒲，夜寂尨吠。治无大小，学道爱人。已惟冰蘖，民则阳春。车声辚辚，辕攀辙卧。去者之思，用勖来者。善达而思，天下之兼。宁独尔思，一邑是奄。蟾峰秋高，明月千里。甘棠蔽芾，柏台森峙。

元至正六年正月记。

邑令石公平赋役碑记

元·齐志冲

昔子贡为信阳，孔子告以“治官莫若平，临财莫若廉”。平则不失人心，廉则不扰吾政。后世一民之效，有不出于此者哉？三代以前，赋轻役简，无甚富甚贫之家。自徹法废田为世业，因得交易而奸巧生焉。官知其户赋多寡，不知其盈虚消长有无之实，诡冒隐寄，产去户存，一有征诛，则上下不胜其烦挠，为弊久矣。辟国之初，濮阳石侯知松阳，军给丛沓，棰楚集事，不试责成，小有愆期，黜罚立至，虽智者不能善其后。乃与幕僚杨椿谋以赋役之利。闻于上，察吏之介而能者得叶祯典其事；择善书计者，得刘信、吴成、毛钦分任之。明法审令以布于民，使履亩较籍，稽实蠲虚，交纠疏失，宽以致其详，罚以惩其怠，务尽其情，人不敢欺，历三年始得序次如鱼鳞焉。于时，浙东省中胡公总制郡事，明敏果断，方欲考所宜罢行者以新政治。侯遂疏其所陈，一一不泥于古而宜于今，不刻削于贫弱而任均于大小，纲张目举，利害显然，一见意合，俾得从容详定。于是，民业有常，公取有法，执役有次，号令之下，欢呼毕来。盖昔之等第不实，今则计亩均输矣；昔之轻重不齐，今则因赋受役矣；昔之怙强制弱，使不敢伸一喙，今则弱者任少矣；昔之田入外县，民差徭不能及，今则分其田租以助役；昔之户号大家者，分支有厚薄，或掊克岁增，或窘困以存，今则析输听差，私不称屈，公不废事。其为便者如此。父老咸曰："侯之政绩莫大于赋役，惠我后生，而无以表于康衢，是亦我父兄之过也。"因嘱事于志冲，谊不可辞，乃告之曰："凡言人善，征诸事则信来世。令侯能平其政德于尔民，尔不知政平由廉于己，故临事无有趑趄不能决者。殆孔子告子贡之语，而侯得其道耳！"自经兵火以来，民不聊生，乃有贫贱者出，其间陆其人、罄其室，以殍其命，卒至于无民，不可为都邑，使沃壤之地荆棘灌莽，为虫兽所居，动数百里。哀哉！苟尽得廉平之吏布于四方，则岂无久之之术。然则侯之德不可以不纪，乃作诗以存其思。云：緊郑之侨，为政有经。民初不便，孰究其成。在位三年，蔼然颂声。石侯之来，仿古有作。标洁冰霜，兴善疾恶。恩威两加，默符矩矱。维时军兴，征给浩繁。竭民财力，刮尽敢諠。煦之驱之，抚疲保存。赋既加倍，役莫胜任。虑平罔怨，庶摅其困。产分籍之，失相摭捃。逃匿出占，摊虚除尽。赞画有方，不亟不徐。公以生明，敢箧其胠。嗟尔父老，涵濡恩泽。戢戈櫜弓，即获苏息。愿昌侯家，用嗣明白。

邑令魏良弼去思碑记

明•应良

魏子之令松阳也，其民亲爱之如父母，敬信之如神明。既三年报政，将如京师，民恋恋然咨嗟涕洟而不忍也，徨徨然忧其不复来，控留而不能也。于是学谕张君淮、司训裴君耀、叶君恺列状，遣其门生詹世用、何宝远，数百里至仙居，告于史氏应良曰：松阳之政，国朝百六十年，魏明府一人而已，不可以无记，请公文之，以谂来者垂不朽。按状，魏子以嘉靖甲申夏至松，省风俗，询察利病，先后缓急，渐次罢行，洗濯刮磨，与民更始。严禁令，曲抚谕。嚚讼、游手、偷儿，闾里之间皆屏息。正版籍之欺隐以苏下户，绝银场之哨聚以遏乱源，老弊巨蠹划剔且尽。凡诸废坠罔不兴修，建浮桥以利徒涉，筑河堤田为永利，治教场列树之桑。尤留心学校，修文庙，饬门庑，葺斋舍，创书楼，浚泮池，辟湫隘，铸祭器，置书籍，坛壝洁清，礼祀秩然。其待士也，如其子弟，困乏不振者周之，婚葬不能举者助之。其教人也，如其身本之于心，身而贵力行，先之以德行而后文艺。松虽僻陋，道化聿兴，万民改观，士心益劝，仁及旁邑。赴愬日来，善政累累，未易缕书。余亦尝闻丙戌浙东之饥，括盗尤横，非魏子折其萌芽，延蔓且不止也。夫魏子之政人可能也，至其不任才力，不假权数，道之以德，非易能也。松人德魏子而未知也，知之或未悉也。魏子学于阳明夫子，而闻明德亲民之说矣。其体验于身心、讲习于朋友，亦久矣。余曩在京师而友魏子，见其与同乡王公弼、欧阳崇一同举进士，同志同道同邸舍，恩若兄弟，寻各出为州县，皆卓卓见诸实用，而松阳尤号难治，遗爱之深乃若是。世之任才智以就事功者，往往病讲学于虚谈，而以王道不可复行于今，孔子之教为迂，吁亦谬矣。余于松阳之政，见魏子能信其师说，见魏子行其所学，见王道之易易，见圣人之教之非迂，庸记之以慰松民之思，且质诸世之仕学者。魏子，名良弼，字师说，新建人。

知县杨维新置学田记

明·何镗

丹徒杨侯以壬申中春来令松阳，尤笃意人才。以为学校者，贤才所自出，故栝苍上游世有闻人，而比来希阔，岂必士人不振之过，所以化导而惠养之未至耳。乃亲自饬励，选博士弟子之勤敏精进者，群什数人聚居邑中官舍，时临督视，试其论著，问所得失，而诱进之。旬给餐脩费，月有奖赉，岁察其贫窭不给者赈助之。邑中人士靡然向风，兴于文学。侯又以为人士缓急不得以时补助，即高等者制得廪膳，殊不得溢额，为惠不一，创制之非永永利益计。乃稽寺观田自征入义仓外，得羡馀二百亩。以十二亩为故邑令魏公祠守费，共一百八十八亩，请为学中租田。又察得他旁寺田一十二亩亦羡额，合前一百八十八亩，仍二百亩。令学中收入租谷，视诸生贫不自给者，壮不能婚者，丧不能举者，咸以其等捐给之，岁以为常。议上御史府，新建谢公报曰可。其置田亩所在，与征给规则，悉列之碑阴。

廖侯兴凌霄台碑之记

明·周大夏

赐进士第广西按察司提学副李鋕篆额

署理松阳县儒学教谕事举人林维熊书丹

□淮王府奉祠所奉祠正选贡周大夏撰文

郭外有山曰“西屏”，以其居□□西屏列也。屏之阳有治平古刹，高敞雄丽，为习仪祝圣之所。屏之阴则石崖壁立如峭，高广各十馀寻，中间平阿几半亩许，由曲径而上，可以恣登临极眺望，古以“凌霄台”目之，而大镌其字于石壁间，亦松阳之一伟观也。廖侯莅松夷始，政教大行，神人胥悦，每出郊省农，必于斯而至止焉。偶一夕，梦三佛像岿然坐岩石间，咸相顾而与之言，若有所托，觉而异之。诘旦视事，适僧人清亮持疏叩庭下云：居屏山北麓，兹欲置兰若于凌霄台之上，敢请命焉。始悟其发梦之端与殆以神遇也，遂命驾往视，见其材具志坚，欣然为之相地度基，经画规制，因捐俸金畀之。于是，耆民周体明承奉德意，倡义施财，令厥孙胜宗董其事，而乐助者翕然。于孟秋庚寅即克就绪。中为堂三楹，榜曰“凌霄真境”。左右翼以两阁，东曰“龙兴”，以台畔有石如龙鳞；西曰“凤栖”，闻古有凤凰栖于其地，故以凤臻名野，盖取其义也。又于东偏筑小室为住守计，侯乃拨逍遥观田六亩与之，俾朝夕得有所资，可传永久。人之登斯台也，一望数十馀里，见万山环翠，四野呈辉，云霞缥缈，禽鸟回翔，顿觉身居物表。乃佥以得民心致褒美而允所请。有事于台者乃求纪其事于石。余曰：“俞美哉！侯之兴斯台也。非独以宗释教，亦因以振文运也。”旧钱送应试士于郭外，必于逍遥观之门，今秋劝驾持盛举于斯台之上，盖以凌霄期之。况龙兴、凤栖，又腾蛟起凤之兆，其所以作兴而属望者，何其厚欤！民之谋立石者，岂专事佛云乎哉？盖欲侯之爵位高出云霄之上，于以攀龙鳞、附凤翼，垂功名于竹帛，而松人之景仰辉光，思慕德泽，将与斯台而并久也。岂不周人之睹甘棠而思昭伯者乎！侯，讳性之，字道夫，别号畏斋，以麟经登魁荐，出江右高安之望族云。万历十九年辛卯岁秋八月吉旦。

周邑侯修建城隍庙碑记

明·王叔杲

赐进士第大中大夫前钦差整饬苏松常镇兵备湖广右参政永嘉王叔杲撰文

赐进士第亚中大夫四川等处承宣布政使司右参政缙云李键书丹

赐进士第承德郎礼部仪制清吏司主事缙云李正蒙篆额

曩余监司吴门，与今长松令周侯为世通家好，习其贤已久。及侯莅邻邑，而余朽不能拽杖履一观厥施业耳，而熟其懿美藉藉矣。顷松父老数十辈谒余，诵周侯政而乞修城隍庙记于余。曰：城隍，正祀之神也，例得与守令共佐一方之治，盖称灵爽云，而在我松阳者为尤可颂。何也？神无常依，依于一诚。神之灵，因人致之欤！我周侯甫下车，时当积瘵之后，默誓于神曰："愿与神共济此方，以挽今日之颓。"侯已积心与神矣，已而旱潦必祷，疠疫必祷，虎患盗贼必祷。然而祷晴而晴应，祷雨而雨应，祷除患去恶而除患去恶应，神固灵已哉。而侯之每事辄祷以为民也，神之每事辄应以为侯也，神灵昭昭，其故乃可知乎？向庙圮芜秽，民甚欲新之。侯惜民力，休养二年所，民再三恳侯，乃捐俸若干，而子来趋事者云集焉。不数阅月而庙貌鼎新，宏敞瑰丽于旧。今竣矣，求一言记之，请终其说焉。夫神不可欺以伪，而侯之所以孚神而神应者，岂以其虚具云乎哉？先成民而后致力于神，其浓化郁理不可殚举。如设法催科而缓急当，片言折狱而仁明著，筑堰堤以溉阡陌，坚楼碟以拥闾阎，其它课诸儒生以文，训乡保甲以武，冰壶秋月之堂有阳春和煦之风，迄今时和岁成，民安盗息，而风化且彬彬焉。真衷愿意，侯实不欺夫神而神之应响而餍夫侯也，宁独一工祝、一登豆之兢兢哉！我松阳之神显异可颂尤如此，庸可无名言以记之。余闻而击节曰：有是哉！侯之贤至是，侯之修庙为神也，所以为民也。民之请记为庙也，所以为侯也。幽明交助，上下信孚，于是而识天人叶应之理，信不诬矣。波润无涯，余甚愿须臾无死以观德化之成，讵独松阳有厚幸哉。即以是言为记。周侯，名宗邠，吴之毗陵人也。庙修于丙申年之八月，竣丁酉年六月望日，教护属功，则善人老人例得并书于后云。万历二十五年岁次丁酉桂月縠旦，主簿柯与松，典史陈弘谟，谕训郑王政、朱向春、杨煓，同修善人周继宗、老人潘伯发。

松阳县儒学迁复城中记

明·李鋕

学宫之设，所以尊道弘教，上妥圣灵而下振才贤。吾夫子在天之神，固不择地而尊，而兴贤育才，属乎人事，不能不视地灵为兴替。《诗》称："相其阴阳，观其流泉。"卜吉之说，所从来长远矣。吾括松阳，本会稽章安地。由汉而来，世不乏人。如叶公梦得、王公景辈，皆□□□□□□□□者，即我明起家甲乙第，纚纚不绝。正、嘉以前，可考而知也。其学故在城中，左拱朱山，右列金屏，瑞气通钟，元为美址。屡更良令，代有拓缮。自嘉靖壬子，创新街亘，其后而文气稍稍不振。议者亟欲振之而未曙其故，遂谬为迁徙之举，卜地郊外，费公帑千余金而始告成。此其意非不美而事则左矣。旧学为墟，间多改创，迨今垂三十年，翻滋蹇厄甚至，博士不宁其居而外僦民舍居之。诸生始汹然追咎议迁者非计，盖人人有故宫之思焉。会启圣祠圮，则请于前令长张公继桂，移祀旧学，以开其肇。会文庙又圮，则请于今令长刘公干正，鼎建故址，以复其初。刘公慨然曰："此盛举也，吾不惜俸锾为若图之。"顾谓倅许君必贵曰："而才肤敏，鸠匠程勤窳，惟而任。"许君曰："唯唯。"时博士丁公衍仁、陆公官、江公晖、黄公通，皆力赞而决其成者。诸生又相与议曰："是役也，费且不赀，尽需于公则难为上，增会于民则难为下，盍各输吾力之所及？"徐生学诗、毛生复首倡之，谢生一廉偕郑生继智、叶生胜芳、詹生希尧等共襄之，耆民周继宗、王品□日车等闻而乐助之，上下胥济，士氓争赴。即前所改创者为明伦之堂，而斁学森如。文庙较故址上六十余武，而南向廓如。门庑斋舍并建，而翼卫整如。东开通衢，后塞新街，而地脉绎如。栋梁榱桷，厥材孔良，黝垩丹漆，厥绘孔扬。经始于万历甲辰之冬，竣工于乙巳之夏。半郊外迁学之费，而壮丽爽闿，远逾于畴曩。盖群情鼓舞，故其费约而成功速如。此堪舆家佥谓巽方耸秀，文曜启祥，山川蔚以生色。多士勃以信气行将斌斌然，接踵青云，匹休上郡□□□石林诸公而上之哉。于是，刘公函书走包生洪伉等数百里外，请记于不佞。鋕不佞，谓养士者，譬若树谷，然树之腴沃则大有秋，树之硗瘠则否。学宫自郊外迁复城中，规制敞而风气萃。师所其教，士所其业，可不谓得树乎！考往牒，如武子之于余杭，则以吏于其土而兴学以作士；如文正之于姑苏，则以产于其乡而捐赀以恢学。皆能使人才辈出，至于今济济称盛。况松庠兼二者而有之，振作兴起，势日以盛不蔡，而知其文士必云蒸，科目必蝉联矣！顾不佞愿有勖焉。士欲行志竖勋，必阶科目，而或者反阶之以济其私，大都靡于文而道蚀，溺于仕而学芜。科目愈盛之邦，则士习愈漓，一取青紫，辄谋利贾势，登枝而忘其本，居乡而张虿虻之毒，立朝而竞鸡鹜之争者，何限？有士若斯，奚取于盛，而亦岂朝家养士意哉？必也以文为羔雉，以道为准绳，以仕为阶梯，以学为桢干。瑰意琦行，卓然在世。习之表而修之家、行之廷者，并足以不朽于世。此则士之所贵乎盛者也。不佞于松之人士，自今不患其不盛而愿其毋负于盛也。

万历岁在乙巳九月吉旦

赐进士出身中宪大夫巡抚凤阳等处兼海防提督军务都察院右佥都御史前广西提学副使李鋕撰

文林郎知松阳县事刘干正立石

松阳县重建儒学碑记

明·姜逢元

赐进士第通议大夫礼部右侍郎兼翰林院侍读学士教习庶吉士经筵讲官纂修实录副总裁勾馀姜逢元撰文

邑宦叶以章总理

生员叶元华书篆

自古帝王肇兴，必首建庠序，以长毓人才而怏赖其用。盖綦重也。而国家之瓠络营卫，恒相与关通，凡郡邑庠序之创建鸠僝，或与一代明圣兴起之期巧遘，则冯藉宠灵，志屹蒸动，效有可立睹者。昔吾姚于宪庙改元，鼎建黉宫，而成化乙未谢公迁状元，辛丑王公华状元、黄公珣榜眼。方肃皇嗣统，载葺殿庑，而嘉靖乙未韩公应龙状元，孙公升榜眼，同登者二十有八人。邃神祖纪元之初，又复缮理，明年甲戌孙公鑛会元。异哉！其应历又如谷答响。兹松之改创始图度也，适会今天子龙飞，御寓赫然，剗逆涣群，威憺恩洽，中外快心之候，实新令君甫至，征尘未濯，毅然身任其事，是其所冯藉视姚有加焉，而蒸动之应，倘尤有异焉者耶。按：松古属会稽郡，王龟龄佥判绍兴，著赋于松，山川人物盖侈言之。比入国朝，南台御史叶公希贤辈，忠英特起，即科名代未尝乏也。顾自嘉靖迄今，登贤书者寥寥，辄后他邑，邑之荐绅暨诸青衿聚而谋曰：地脉有流移而衰旺乘焉，盍盍为变计乎！则从内徙而外之。未几，又从外徙而内之，若奕棋然，而卒未有振也。且岁久浥樠陀圮，而前宰邑者藉口公私匮乏，率□□胝之，可奈何。天不弃松，畀之陈侯莅任，诣谒俛仰徘徊，顾诸生曰："学之兴替，唯令是视，且令职有孰大于是者，而松务有孰急于是者。顾度所经费甚钜，或者从旁难之。"侯曰："毋虑。"于是署提借如干，亟发所得，请赎锾如干。又亲为疏作温恳语，劝谕三老子弟，甿庶咸乐助。又或辠有可原者，姑贳贷之，令输其金矢于工。而又多方设厝，未尝顷曙置诸怀已，乃相厥址、端厥向，纠工庀材，简厥贤而办者，属纪纲之役。盖逾年而考曩颓圮不可撑柱者，一旦有闶有赩，焕然改观，韪哉侯之烈乎！维时予姻友翁君日襄，以春官之儁署事松庠，走书币征文以记之。予谊不容辞，则揽不律纪其事，而复有譣于松之诸士。夫学以养士，匪徒占占焉乞灵枯管取科名之谓也。科名以士重，非士以科名重也。即予所称吾姚数公者，或立相三朝，褀勋炳烈，斑斑琬琰；或位跻铨宰，诞启喆嗣，阐明正学；或接武忠烈，文章节行，弈叶扬休，暨其馀莫不存有显号，殁有徽谥，后先雪煜称昭代钜公，是其所重，独科名已耶？夫斯学之创图也，举丁明圣，兴起昌期，亦唯是胥劢胥馍，以无负此显兆，以无负国家储养至意，抑于侯之盛心为无负也乎！盖翁君之诵侯曰：侯一代伟人，寒冰为其操，暝日为其胸，迅霆闪电为其才，而粹养穆如人罕窥其际。莅松以来，拊循刷剔，妙中綮窾，季进诸生而督课之，所当甲乙，丝发不爽，公馀或与讲解疑义，扢扬令古，略无倦容。盖诸善政种种，胪列不翅详也。予未暇悉数，会有别记在内召之日。侯讳钟鼎，字仲调，别号九石，闽之福清人，登天启辛酉科乡进士。

崇祯二年岁次己巳三月望日吉

松阳县重建儒学记

明·王一中

赐进士第中宪大夫太仆寺少卿前皇城四门巡视巡按山东广西道监察御史郡人王一中撰文

赐进士第中宪大夫钦差提督广东等处学政兼布政司右参政东瓯张天麟篆额

松阳县学建自唐武德间，历宋元至我朝，人文辈出，代有伟人。负宇间正直之气，振扬风节，羽仪当世，匪直科第之盛也。盖县界括西，群山耸秀，如列障、如倚屏，峭拔崚嶒，而学当县治之东南百步许，得地旺气，宜乎钟灵毓粹、贤喆挺生也。乃自隆万以来，贤书稍逊一时，抱奇未遂之士，辄归咎于地气。万历壬午，县令东粤张公，遂自旧庠迁之郊外，地既岑寂，学舍荒凉，无论贤科寥落。至今学师僦舍而处，生徒升散渐稀，士气益用弗振。乃始悔其创徙之非，无如仍旧之便。至癸卯，瑞阳刘公始从舆情，徙复故址。二十年间既舍旧而新，又撤新就故。县官苦无经费，子衿不惮纷更，仓卒补苴，既易腐败，风雨剥蚀，日就倾颓。诸生既以佹迁佹复，历科累蹶无征。有司又以递往递来，岁事不闲藉口，任其颓落，莫议缮修。别驾粤东许公，以戊辰适县缺令，来摄邑篆。下车谒庙，目击其状，慨然曰："以吾夫子之宫，诸生讲习之所，而倾颓至此！夫且无以妥神灵，安望兴多士？"特捐俸百金以充经费，不足则醵金以佐之，采形家之言，览地舆之胜，正癸丁之向，诹时日之良，鸠工程材，一撤而更新之。工以时兴，落成有日。于是博士弟子员感公德政，不数月，为松庠构千秋盛事也。相与请记于予。予惟为政莫先得人，而造士无如兴学。乃宰邑者，鞅掌期会，簿书代庖者，转盼蘧庐传舍，谁若公之？以宫墙颓废为己虑，以振举修葺为士先者，可不谓得政之先务者哉！且闻廉取者节用，公若涣贞操，一尘不染，而好施雅念，千金可捐，其督粮佐郡，与夫署景、署缙，振寒士、恤穷黎，在在施恩，无不仰公之廉明、戴公之慈惠者！至居恒挺直不阿，其与同志，惟以忠孝节义相规勉，士业荷公修学振兴之后，共相淬励，科第蝉联，计必视昔较盛，而佩公之教，当以公之禔躬砥行为师。余尝历览天下郡邑，有学则有记，大概高谈经术，不则艳称科名，惟李太白《袁州学记》以忠孝为大端，古今以为至论。公所规勉亦复相同，则夫服公教者于忠孝大节，不尤喫紧耶？吾松先达伟人，前代勿论，如叶公希贤、卢公玑，一腔节烈，百折不回，亦惟是忠孝大义，素所讲明。士生其乡，尚友往喆，知必不坠先声负公教也。因忘固陋为之记，并为诸士勖。至公美政多端，枚举莫罄，当别有记，兹不具述。公讳有寰，字汝镇，号凤石，广东揭阳人，万历甲午乡进士。 崇祯二年岁次己巳三月望日

文林郎松阳县知县陈钟鼎立石

奉委督理主簿王元科、典史毛才兴、生员徐名登书丹

邑宦总理叶以章、闽人张得楫、刘汝卿镌

松阳县新建庙学记

明·温体仁

赐进士第光禄大夫上柱国武英殿大学士少保兼太子太保户部尚书纂修实录总裁苕溪温体仁撰文

惟松有学，肇建于唐武德间，厥形据胜。即巍科显秩，代不乏人，而砥砺名节，恢宏经济者，

实挺生崛起于其间。迨后人文差逊往昔，际神庙壬午而当事者迁之于郊，迨癸卯寻还故址。递迁递复，弈棋筑道是用，栋宇攲颓，甓瓦纷裂，东西莫适，即先圣在天之灵且摇摇靡止，而多士之无从显遂无感也。岁戊辰，郡倅粤东凤石许公，视事长松，谒庙憬然，遂以常俸百金，庀材鸠工，建先师庙，盖役仅告竣而未备也。客岁秋，杨侯俨然来莅兹土，操绝一尘，政兴百废，雅加意学校。不数月间，彼俊髦谈文讲德，要以沃之于经术而俾以发为干济士。蒸蒸向风，然尤以行当大比，必先圣贤之灵妥而后文运凭以振，祀先师而不为启圣地，即教孝恐勿安；崇启圣而不为文昌地，即摛辞虞莫耀。于是捐俸以倡，题檄为醵，而启圣祠、明伦堂与文昌阁，今而后乃焕然以一新矣。松邑学宫，既得许公以引其绪于前，复得杨侯以奏其成于后。盖自启圣有祠，而行且择吉以奉木主，举释莱仪，而先师之志在孝经者以慰；自文昌有祠，而行且绘像应星与朱衣象简侍司桂籍者，翊先师以益昌文运，而松士之凌厉云霄者可券。而又师生有舍，游息有所，以至缭垣庖湢，遂与其祠庙之中天矗起者，秩秩翼翼，中矩合符。其视向之霾蚀藓驳，鞠为茂草，而建置迄无有定者，相去果何如也哉！杨侯，讳应华，字实甫，号若木，南都乡进士，宁国人。余不佞备员馆阁，以仲弟忠训司教松庠，合诸弟子员以征言于余，而为之记之如此。时崇祯五年岁在壬申夏月之吉

儒学教谕温忠训、署学事举人唐良锐、训导吴胤昌、督工省祭叶经试、总理邑宦叶以章、闽人张德福镌

邑令张建高重建城隍庙碑记

明·张国维

法制莫重于祀典，所以崇德迓休也。我国家定鼎，即命祠部修举内外大小祀典，命鸿胪编定礼仪。城隍庙为司土之神，边隅保障，省直郡县咸建立焉。守令则岁荐月祀，至虔肃也。松邑有庙久矣，至成化间刘侯琬修建殿庑。万历中，周侯宗邠改门观，范侯锟设造木栅，丹垩榱梁，今二十馀年矣。屋霤穿草，漫成溜滴，神或不安。会三韩张公讳建高，为丽阳翰博，望起当道，两摄松篆，除知县事。因恻然堂庑圮坏，布金重葺。于是择邑之耆老、邦之彦达者，勉以翊赞厥成。未几，望风景附乐输者鳞次而至，于时大匠骈集，巍焉乔栋，卓焉魁梁，复檐叠阁，台榭栏楯，廓庑两翌，各展十数武，结构新精。自上冬迄春，已告落成，咸侯诚心有以致之。于是董工诸人愿为勒石，适余庠学博詹君仰佐，因邑人之请来乞记，不佞邻治于括，义不敢辞。予观古昔循吏与神呼吸，有靖河神而声价腾张者，有正废祀而蜚声特起者，有守涟水与郡城隍典客声诺者，皆若影响。今公之重修鼎新，固宜有以迓神休获多福而惠我民矣。遂记之，以为后劵。

张公重修松阳县儒学记

赐进士出身内阁诰务撰文中书舍人辛酉科奉命江西典试缙云郑载飏撰文

中宪大夫贵州贵阳府知府瓯水陈象乾篆额

杭州府仁和县后学许洁书丹

按松阳县学建自唐武德初，历宋元明，迄今计一千六十馀年。其地居邑之中，四山拱秀，屏障

参天，代钟高贤，人文蔚起。故明戊午年间，别驾凤石许公来摄松事，捐俸更新。松士为之立碑东庑，志不忘也。我朝定鼎以来，庙貌如故。岁甲寅，闽逆倡乱，寇聚于垣，民无完室，而圣宫亦为之倾毁，草茂之叹有同慨焉。丙辰秋，王师告捷。是岁之十月，邑侯张公奉命来是邑，甫下车，谒庙睹兹颓废，恻焉伤之。谓夫子之教垂万世而无以修厥废坠，何以冀其兴士类而崇文教耶？即思修葺，而时绌举嬴，盖以松邑甫离汤火，惊魂未定，不先养而亟议教，鲜克有成。于是亟图招徕抚绥之谋，惟是赈难民、赎累归、议救荒、革重役、修堰陂、开义塾，诸政咸举。则修葺学宫，斯其时矣。适于丁巳冬，岁计以宿逋之漕起，部议将有左迁，邑父老子弟皇皇失所，控吁当事疏请。戊午冬，蒙拜俞旨，父老子弟环集欢呼，庆我父母得重抚斯邑。越明年己未，公戾止泮宫，集诸生慨然曰："邑之有学，关于风教，以明人伦，良非浅鲜，亦安可听其废坠而不为之计耶？余前此有志未逮，今既富方穀矣，是役不可缓。予既不惮拮据，尔诸生亦宜黾勉从事。"多士唯唯。公随捐俸，择吉庀材鸠工，皆踊跃趋赴，不四月而成。庠士佩公之德，欲铭石西庑，以垂不朽，而问记于不佞。载飏隶属邻氓，夙闻公以颖异之资，挺生医闾，经济学术，涵蓄有素。其出而牧民也，以恺悌之心，施之政绩；其待士也，隆以气谊，优之礼义。岁有拔、月有课，横经授餐悉出冰俸，何莫非造就人材之至意。兹之整理黉序，经度规模。首饬殿庭，次治廊庑。丹槛画栋，垩壁疏棂。棖闑扂楔，各中其程。既藻绘于重新，复峥嵘于始建。厥后胶庠俊秀汇茹而升者，当思由来矣。公盖体圣天子崇学右文之治，不亦与许公后光辉映也欤？载飏不揣谫劣，而谨为之记。公讳景留，字心韩，号汉孺，奉天辽阳籍平原人。

邑令葛永振德政碑记

清·徐开熙

岁在辛卯，暮春之月，松人庀材鸠工，爰作之亭，爰树之石，请余记。记为谁？三韩葛公德政也。公以盛才佐括郡，前署宣平，有惠政，民歌思不忘。今署松未至而民喜，莅事六月而颂声作。凡政之道，务兴学校弘风训。公下车谕诲谆谆劝以名义，于是，士竞奋循孝弟，毋即非淫。凡政之道，贵相地宜择天利。县东北里许，林麓森秀，岚峰联合，实维松之胁脉。先是禁人开凿，以故，闻人杰士，彪炳前代；近为私置水碓，地脉受伤，人文衰止。公允舆议，令迁徙，厚偿其值，邑人永赖。凡政之道，贵崇实事而少虚文。民有因事波累鬻弟输锾，公访知捐俸赎之，不令众知。凡政之道，首食尚农。公纠核勤惰，单骑出郊，见力作者赈以金，民知本谋地无遗利。凡政之道，贵崇贤旌善，义深追远。先贤叶公希贤、程公榆，或忠在先朝，或勋高后传，公悯其祀废，遂肇举焉。凡政之道，贵兴利除病，与民经久。先是松有运首，每年点解集米至府，所费惟艰。公议革之，民患始苏。凡政之道，贵厘夙弊。公却羡馀，立规条，吏无容奸，民劝输之。凡政之道，务与民休息。民有讼者，公晓以利害，谕之使解，讼狱简息，有刑措之风。凡政之道，贵德威兼济。兵民杂处，时有龃龉。公绳以法，不为势屈，不为威阻。凡政之道，贵应变有方。山贼逼城，守将战殁，人心遑遑。公绝桥俾贼不得渡，严饬门巷，亲率乡勇，周视固防，贼觇有备始遁。公之德政，班班在人如此。松人颂公之德政，历历如此。乃公则曰："余不敏，不能弘兴化导，犹烦具文。然但知在寂不扰，临事不避，与尔百姓坦白一心，远迩无间而已。”然则公之不欲多一事者，正其未尝省一事。而于民见其日新者，正于公见其日休也。吁！可颂也已。公讳永振，号长城，由明经，三韩之宁远人。

创建义学碑

清·陈朝栋

尝考既富方穀，物畜有礼，盖养为民命之本，而教为风化之源。故祭菜鼓箧，宵雅肄三，未始无环堵之宫，如京之积；而能使讲贯习服，焚膏继晷，以克底于有成者也。我国家重熙累洽，休养百年。凡省会郡邑，设立书院，有裨益于士子者，靡不次第枚举。苟膺民社之责，何可膜视也哉？予承命兹土，下车之日，即以士风为竞竞。粤稽松邑，地处山陬，比者贤书鲜登，名儒未达，然骥水钟英，玉带潆洄，云岩毓秀，苍松呈奇，总是居诸虚掷，奚容致憾于山川？或者指点乏人，不免失传乎衣钵。用是捐俸倡建以开其端，绅士继美而成书院。但虑膏火阙资，束修莫措，特于簿书。偶暇，查有原存学田，并崇觉寺僧房、舍利庵、寿昌寺废寺田地，或为豪强吞占、或为胥役侵蔽者，逐户清厘造册，申详各宪，允准拨入书院收租。诚恐善后维难，兹将书院之始末、田亩之额数，条分缕晰，镌刻于碑，以垂永久。庶几连镳并辔，欣看桂籍题名；鼓鬣扬鳞，快睹龙门跃浪。以仰副圣朝棫朴之风，亦不负振兴雅化之隆矣！诸生勉旃，余将拭目矣焉。

李邑侯修建城隍庙记

清·潘景潆

神道设教，先王尚矣。圣天子乘乾出治地方之任，寄于有司，而复设立城隍神庙，使民崇祀。盖谓聪明正直，足以遏奸邪、驱魍魉，保厘疆土，福佑士民，炎炎奕奕于今为烈也。松川僻处括西，山高木茂，地广人稠。数百年来，民生其间，耳不闻愁惨之声，目不睹阽危之状，熙熙皞皞，安堵无恙，桑麻鸡犬，共享太平，莫非神道英灵保障默佑之所致？顾代远年湮，门梁圮塌，垣壁剥蚀，瞻拜者每相视而叹息，即有志恢廓，亦苦于力之难继。去岁乙亥，董事人等正欲起而光大之。适夏五月李侯恭膺特简，来莅兹土。乃毅然谓此事非异人任，实予职斯土者之责。于是捐清俸，谕绅耆，率各都士庶踊跃而赞勷之。而一时输赀乐助鼓舞争先者，殆如归市焉。以千金之修费不数月而毕举，李侯之善政此其一端云。且夫神之为灵昭昭也，至幽而实至明，至微而实至显。松邑运会昌隆，贤侯相继，接踵而治，其间以良意美，指不胜屈。顾深山穷谷之中，或犹有桀骜不驯者，甘外于盛朝之雅化。自李侯一至，宣布《圣谕广训》，敦行风教，执法无私，凛然难犯。迄今宵小藏形，蒸蒸丕变，则即我侯移风易俗之妙术，益悟神灵潜孚默化之威权，所谓幽有鬼神，明有礼乐，理本同条，义亦共贯也。今秋，岁登大熟，五谷频升，农歌丰稔之章，户有仓箱之庆。而李侯奉调入闱分校，闰九月朔日，自省公回，入庙虔谒。众等喜堂构之辉煌，仰神威之赫濯，而并乐父母之复我邦土，因叙其始末，以志盛事于弗衰云。李侯讳国才，号栋堂，乾隆丁卯科乡进士，广东广州府南海县人。时乾隆二十一年十月吉旦，合邑士民潘景潆等立石。

重建明伦堂碑记

清·汤景和

赐进士出身加五品衔松阳县知县滇西汤景和撰文

教谕钱唐赵谦、训导余姚汪均、前任教谕徐鹤振、典史阳湖黄昌慈、本邑举人饶庆霖书

松阳县学建自唐武德四年，迄今千二百馀载矣。由宋元明以来，再建再修，详于邑乘，可毋赘叙。惟明伦堂于国朝康熙四十年间邑人公捐重建，阅今百又四十馀年。岁月久远，楹桷倚颓，榱题剥落，不足以肃观瞻。窃维建学明伦，为化民成俗之本。余莅松有年，时登斯堂，进诸生宣圣天子德化，见堂宇倾圮，慨然有感。松虽僻处山陬，人安耕凿，士风朴茂。履斯堂者，将以劝学、兴贤、修明、至教，一堂之兴废，一邑之风化关焉。第庀材鸠工，所费甚钜，方踌躇间，适明经叶君豹岩进而言曰："此无矣劝捐也。"即慨然引为己任。于是购材集料，经始于道光辛丑十一月望日，落成于壬寅之秋，檐柱轩昂，垣墉巩固，规模较前壮丽，凡用银五千四百九十八两六钱。邑人士请纪其事，垂诸久远，余谓是举，诚不可以不记，其亟勒石于堂侧，俾后之人知豹岩之急公好义有如此者。豹岩，名文蔚，字焕廷，居城北，其品学为阖邑人士所共钦，生平善事，更难仆数，而此举尤为能识大体云。

公立邑令支寿伯德政碑颂

清·叶佐清

公立邑令支公德政碑颂。温温君侯，襟度函宏。以畴我民，德遍群生。昭昭君侯，洞察幽隐。以临我民，此焉则镜。恳恳君侯，乐育有仪。以训我民，斯文在兹。肃肃君侯，履占考祥。以饬我民，亦孔之章。大清光绪元年元月吉旦

前任丹徒县主薄部民叶佐清撰

松阳县合邑士民公叩立石

重修松阳县游宦祠碑记

民国·钱世昌

游宦祠，本在署之东园。自改革后，倾塌无存。昌自民国五年奉知松事，见廨旁有神位一束，尘封已久，逐一检视，均系先年循吏。虽志书未经备载，而口碑犹存，令人钦仰。昌宰斯邦，于兹两载，愧无善施，追踪前贤，诚不忍昔之施德政于民者，任其湮没，爰捐俸重建新宇于西园隙地。并置坐落城东洋礓头土名"念担下"田壹丘，计额壹亩。即以田租所入，为每岁俎豆之资，以绵香火而垂永久。嗣后，无论地方何项公益暨慈善事务，均不得拨用。所有祭田、祀事，托收支委员程君棻经管。每岁夏正元月望日，由知事主祭，并邀县自治委员暨城区自治委员、劝学所长等陪祀，以伸崇德报功之意云尔。民国七年春月立。

松阳县令钱公去思碑记

民国·高焕然

赐进士出身广东升用知府松阳县孔教会会长高焕然撰文并篆额

廪膳生连步青书丹

昔赵普以半部《论语》治天下，诚哉！治术必本于经术也。自古循吏皆属经生，故能以经术饬吏治。民国肇兴，昌言废经，离经畔道之流篇天下，荼毒民生，竞争权利，废法乱纪，经训无闻。又况新学不知经，旧学讳言经，遂鲜有以经为治者。新昌钱公印世昌，号正卿，以拔贡出宰吾邑，正当革命之后，民情浮动，政教纷岐，官不课经，士不谈经，民虽思经而不敢读经，识者未尝不叹师儒道丧、焚炕之祸将复见于今日也。公则反躬出治，一本其所得于经者，以施之吾民。自丙辰冬下车，至己未春奉母讳辞职，三载以来，善政不可枚举。其荦荦大端，如：倡修圣庙，则私淑愿学之盛也；购置图书，则征文考献之事也；褒奖耆硕，访礼英贤，则嘉善尊贤之意也；救荒济贫，赈孤恤老，则博施济众之仁也；注明粮串，杜绝浮收，清理词讼，力戒积压，则取民有制使民无讼之道也。其尤著者，公善岐黄，戊午秋，疫疠大作，日坐堂皇，施诊赠药，全活无算。焕然亦于孔教会附设医学研究社，请公为社长，细心讲授，不厌求详，并赠医书多部，饷遗同学，起疮痍而登之仁寿，俾末学勿入于岐途。公之所赐讵有艾乎！其馀先劳无倦，学道爱人事实尤多，彰彰人口，未易缕书。实心待人，故人亦实心相待；真心爱民，故民亦真心相爱。去之日，士民牵袂，父老攀辕，悲泣欢歌，充衢塞道，此情此景，为革命以后所未见，抑亦前此所罕见者也。回忆焕然作牧粤东，三次辞任，虽亦士民感恋依依勿忘，终未有若斯之盛者。洎乎归里，养疴老拙，不敢复问世事，惟日以孔道凌夷为忧，几谓经术之果无用于时也。不意公独能本经术以治民，而吾民亦遂餍饫而鼓舞之。孟子所谓“经正民兴”者，信不诬矣。嗟乎！王政不闻，谁为砥柱？圣道将坠，孰挽狂澜？吾松贤令尹魏公良弼后，惟公一人。魏公为阳明高弟，熟闻明德新民之旨，治学具有渊源。公亦曾游夏灵峰先生之门，灵峰当世经师，其学术殆有所本欤？爰为之歌曰：“钱公之学，继往开先。钱公之治，绝后空前。文章经济，腹笥便便。道宗泗水，德被松川。”又歌曰：“松岭峨峨兮公言税驾。浙水迢迢兮使君可假。使君不假兮谁与施其德化。使君其既去兮我弗忘。其或重来兮我尤焚香祷祝之弗暇。”民国八年己未暮春　医学研究社员叶承封、陈维新、吴绍文、程棻、刘祖琨、包明奎，绅商农学各界代表潘思谦、叶桐知、徐儒林、刘绍宽、徐履云、叶逢荫、潘文衡、潘作霖、叶永滋、周肇洛、潘春鳌、高良仁、麻冕、叶景高、包际昌、吴兴宗、朱景文、徐佐等公仝捐赀立石。

第三章 诗歌选录

前章以文章体裁展现，本章则以文学体裁展现。松阳诗歌以凝炼的语言，形象表达作者丰富情感，集中反映松阳社会生活，承载着本土诗人和外地骚客对松州古迹、山川景观、人物轶事、民俗风情、各色物产、交往酬唱等的情感寄托。从中可以领略古邑松阳钟灵毓秀、人文荟萃，从而激励今人景仰前贤，激励今人秉承优秀传统，弘扬诗词文化。诗歌分为古体诗、近体诗、词、曲，限于篇幅，本章设古体诗与近体诗两节。

第一节 古体诗

逸人歌赠李山人

唐·张楚金

上有尧兮下有由。眠松阳兮漱颍流。其貌古其心幽。浩歌一曲兮林壑秋。道险可惊兮人莫用。乐天知命兮守岩洞。时击磬兮嗟鸣凤。吾欲知往古之不可追自悠悠于凡梦。

初至松阳

宋·沈 晦

羲之去会稽，便为会稽居。与东土人氏，尽山水之娱。我无逸俗韵，亦复居之俱。朝弋林中禽，暮钓溪上鱼。胜游穷山海，埋光混里闾。聊为一日欢，不暇论所余。西归道路塞，南去交亲疏。惟此桃花源，四塞无他虞。况复父老贤，挽留使者车。便应寻支许，投老青山隅。

原 酒

宋·项安世

惟天降命，造此芳醇。以养老疾，以奉祭宾。少壮强艾，学仕耕耘。食焉不暇，何酒之云。世衰道降，礼丧法沦。以酒为膳，每食必陈。 童稚拟老，闺闼僭神。心钳废虑，体缓妨勤。业荒弗竟，行毁弗成。俊才中尽，毅志早惛。勿谓有常，异于湎沉。亵天慢性，其罪则均。作此自谕，谕我子孙。恐干众怒，勿示外人。

种秫亭

宋·黄镇周

有田不种粳，往往遭妇责。女子意何知，吾心固不择。折腰来作吏，一饱定易获。所忧乏斋酿，供祭与饷客。公田二亩馀，种秫乃前策。初当插秧青，便拟浮瓯白。相将小槽头，溜溜闻夜滴。古来有奇士，爱酒轻百谪。嗟余性不嗜，一酌宁复索。名亭愁无实，远愧陶彭泽。

游法昌寺

宋·吴归甫

春风融融二三月，舍南舍北花争发。北山歌舞却南山，隔溪遥见花如雪。寻花渡溪不知远，蓝舆忽到溪南岸。复有幽人载酒来，洗盏花前自相劝。壁间读我旧题诗，可怜岁月去如飞。人生行乐须及时，莫待花残春又归。

山之高三章

宋·张玉娘

山之高，月出小。月之小，何皎皎。我有所思在远道，一日不见兮我心悄悄。

采苦采苦，于山之南。忡忡忧心，其何以堪。

汝心金石坚，我操冰雪洁。拟结百岁盟，忽成一朝别。朝云暮雨心去来，千里相思共明月。

风门山

元·周权

惠山郁葎九龙峰，磅礴大地包鸿濛。划然一夕震风雨，欲启灵境昭神功。六丁行空怒鞭斥，电火摇光飞霹雳。一声搥破老云根，嵌洞中开迸寒液。道人甃玉深护藏，镜涵万古凝秋光。陆翁甄品亲试尝，翠浪煮出松风香。我来山下讨幽境，自挈瓶罂汲清泠。味如甘雪冻齿牙，绀碧光中敲凤饼。昏尘涤尽清净观，心源点透诗中禅。亟呼陶泓挟玄玉，挥洒字字泉声寒。投闲半日聊此驻，孤棹明朝又东去。红尘人世几浮云，钟鼓空山自朝暮。

歌风台

元·练鲁

沛宫秋风起，游子伤所思。故人侍高宴，故乡亦在兹。酣歌自起舞，忼慨有馀悲。秦鹿方犄斛，英雄并驱驰。帝业亦有在，真气匹夫知。天下且归己，功臣何自危。九江自取尔，会稽徒尔为。俯仰数行泣，何以安四陲。天地驱日月，出入六马驰。上瞻芒砀云，下顾泗水湄。荒台忽千载，烟芜夕霏霏。

松川小峨嵋小桃源小赤壁

清·方亨咸

邱壑有幽窟，追寻辄久留。登眺有奇绿，岩石多宜搜。更有咫尺称佳境，徒向座间成卧游。谁从峭壁蹴寒雪，松梢飒飒飞残秋。谁於桃源秘鸡犬，烟霞一棹迷渔舟。谁呼一鹤横江东，山高月小临江流。古来奇胜炙锦心，於兹三者将何求。四座香玉散飞屑，喷空珠液风飕飕。我於此景可褰裳，红尘靳兹青玉鄄。我於三胜久入梦，栩栩空与蛱蝶侔。心醉耳热徒呼觞，数杯遥醵蓬壶洲。我已铭铸囊锦收，誓当赤脚踏雪梅花讴。桂棹兰桨随林邱，挟客策杖登层楼。与子旷览凭松楸，山兮山兮余岂响四壁兮徒凝眸。

一贞居士

清·孟称舜

千年憾骨葬秋山，一片枫林叶染丹。岂是霜花夜凝紫，相思血泪成斑斑。一贞贞洁心如玉，幽居长向兰房哭。彩丝绣作沈郎容，生不相从死相逐。山高月小何皎皎，我有所思在远道。所思不见将何如，玉容一日秋风槁。闻道沈郎不胜衣，梦里依稀觉也非。却憾朱颜不相见，可怜白首空相期。翠颊双鬟共生死，绿衣好鸟重悲啼。不及前春双燕子，足系红丝去复归。裁就新诗寄谁是，九原泉下有人知。坟前古树影支离，疑是沈郎憔悴时。夜夜长栖比翼鸟，年年空长并头枝。碧窗人杳谁为主，好把鸳鸯比鹦鹉。鹦鹉墓前日色黄，鸳鸯冢上日色暮。茫茫宿草起荒烟，三生石畔斜阳路。凄凉落照满枫林，今古伤心在此处。地上天下一只鹤，下至黄泉主碧落。花外隐隐舞霓裳，云间渺渺奏仙乐。

上滩行

清·王玉汝

栝苍道上万重山，中夹一流势奔逐。五里十里白石滩，怒涛飞下石门瀑。往为溪上舟如蚁，上滩不如下滩速。巨舰滩下齐停篙，长条牵缆曳五六。敌浪斗波迟复迟，前面来帆快飞镞。譬如车行九折坂，欲上不上真踟躇。力挽狂澜到滩头，回顾滩下阻舻轴。地道无平而不陂，世途无岸而不谷。十八滩中有惶恐，七里泷头闲钓竹。利涉还应争上流，勿趋下流为归宿。上滩滩尽便得潭，镜波平漾光可掬。一声欸乃自在行，篷窗两岸山翠扑。

登万象山

清·徐学敏

附郭崇山真奇特，包罗万象宏莫测。烟岚交映四周围，瑞气望中呈五色。我来振衣越其麓，登眺欲穷千里目。群峰杂树远偏多，万家烟火皆沉伏。一览亭高高无馀，秋水闲云画不如。遥天万顷归眼底，何尚援笔尺幅书。徙倚栏杆觇石刻，松雪道人遗笔墨。寺古僧稀碑亦残，往事荒凉心恻恻。

游卯山歌

清·杨孙芝

秦皇汉武求神仙，漫漫大海空茫然。蓬壶终古在尘世，名山何处无偓佺。越国真人珊珊骨，只鹤上天朝帝关。炼形服气几何年，造化特与辟灵窟。灵窟辟处天工巧，突兀一峰刚在卯。胜景虽然近市廛，俗气远却无从搅。卯山水与海波通，卯山高入云霄中。真人炼就飞升质，排空御气乘仙风。大唐天子纪开元，听咏霓裳向月奔。掷杖化虹诧奇异，丁字碑追刺史魂。鹤驭鸾骖归何处，十洲三岛自来去。广福观与通天宫，遗迹长留及支庶。小峄山人孟春原，述庵玉友与金昆。相与招邀游此境，先从支派穷其源。有村别在山之西，行来疑是武陵溪。主人爱客留信宿，怪石如松赠相携。令子偕行路屈曲，郁郁佳城丽山足。绕径松阴纷纵横，未登紫府先不俗。揽衣蹑屐共攀跻，萦纡磴道凌丹梯。须臾步上最高顶，天风吹袂浮云低。邃院峨峨累白石，榱栋一新焕金碧。漱泉啜茗涤尘襟，起来共访神仙迹。维时正午日轮高，下方俯视见秋毫。老鹤一声振林木，虬枝拏攫和松涛。直教游子澹忘归，强与同人下翠微。一径苔纹迎屐齿，霞觞款客话依依。饭余挈伴穷神异，别有洞天真福地。泉分清浊想灵源，壁动龙蛇留墨戏。宵来剪烛说闭关，客星光映斗牛间。茅亭一榻宿花影，梦绕日来游处山。晓起茫茫看烟雾，扰扰尘寰纷驰骛。瑶草琪花别有春，湛然饱浥金盘露。春原作记我作歌，我歌若与记殊科。人生名胜又游遍，莫从平地望嵯峨。

西屏山怀古

清·周圣教

一山屹峙号西屏，狮头奋髯接苍冥。怪松鳞鬣虬龙老，山翠遥滴黛螺青。凌霄台厂闲眺望，回环松川叠层嶂。春花秋月恣遨游，夏飔冬雪供幽旷。樵云煮月字迹稀，来游摹榻神依依。我亦频来登此阁，月照松林恒忘归。下有塔溪向东流，百仞孤撑碧云浮。白沙翠竹添罨画，抚此山光豁醉眸。巍峨峭壁太嶒崚，篆刻当年属阳冰。缅怀昔日李氏子，银钩铁画著声称。有泉一泓名偃月，披云挹注长不竭。汲水煮茶气味清，一饮人疑有佩骨。小楼终日静相对，风雨时常任显晦。吁嗟古今人事有迁移，惟有此山崒嵂万古在。

吊张邑侯越泉死难歌

清·叶佐清

芜荒僻壤枕山隅，丸弹东分浙一区。花发河阳未期月，春深麦陇听鸠呼。无端鼙鼓乱纷纷，三衢危警日夕闻。羽檄星驰电交迅，居民骇走手足皲。令曰勖哉尔无怲，一官为寄百里命。授书星火泣秦庭，忠义谆谆申号令。闻呼臂效应同声，户出一丁茅权劲。乡练城团竖义旌，心雄杀贼誓枭獍。二旬一日煽烽烟，平昌贼焰光烛天。西北疆连滕薛警，压境险如危卵悬。英武不输汉窦融，力捍强梁守御坚。贼虽猖獗不敢逼，同心相拒松之北。变生二十有三辰，令率我民亲击贼。慷慨前驱首不回，风制旌旗日无色。日无色兮风含悲，正是贤侯报国时。溪烟一碧草凝血，陇月昏黄鬼守尸。尘氛冲炽罹鼎玉，古木声凄泣野貍。呜呼吾侯悲复悲，松川浩浩山巍巍。

重到莲花寺归咏

清·包立俊

检点随身物，辞亲出故乡。为君完孝道，受讬不敢忘。病愈初行远，登高体未强。蚁旋同缓缓，直上不思量。忽见岭头路，工人运石忙。只要坚心志，有时接穹苍。少停甥亦至，邀我度云岡。古寺借安歇，入门生敬庄。法界今易守，菩萨仍昔装。清斋免饥渴，洁身叩高王。次参文武圣，左右及两廊。礼毕天将晚，渐起竹风凉。耳目何所接，钟鼓一炉香。万缘从寂灭，到此即天堂。坐玩清静味，月来照上床。有缘前度宿，再到念刘郎。高卧名山上，梦中趣亦长。金鸡惊报晓，早起览秋光。月未出东斗，晨烟低野荒。露垂无限碧，禾老有馀黄。寒生牙欲战，返步速添裳。饭后无他事，看书对太阳。阳斜坟上去，修卜百世昌。顾祖来龙远，到头结石梁。荷花天成象，精气在中央。泉养得生活，总缘不涸良。穴情显变化，五色石中藏。笔架案头拱，远朝耸未方。地灵人必杰，翰苑富文章。后来如所许，姓名天下扬。佳城近古寺，小祖最轩昂。左落临阴宅，右落到佛场。两形何所似，久已辨凤凰。人羡寺基妙，谁知此愈臧。重游名胜地，佳趣入诗肠。恰意难终秘，归来略表彰。

步包立俊重到莲花寺归咏韵

清·潘益涛

蒙君选吉地，深入九芝乡。幽明俱感佩，五内刻难忘。蜿蜒来龙远，五色石坚强。上下岩回抱，穴似玉尺量。憾昔安厝日，余家事太忙。坟场嫌狭小，一抔草色苍。今谋重修整，运石上高冈。筑成场平坦，夜台象严庄。右虎左龙抱，点缀秋山装。地邻莲花寺，菩萨奉高王。怜君玉体脆，辛苦宿佛廊。起临朝日暖，出带晚风凉。吉时安碑碣，杯酒一炷香。别开新气象，灵秀聚明堂。从此九泉乐，栖止似仙床。嗟余怀名利，谬慕紫微郎。凌风思振翮，鹏程万里长。不亲扫墓地，只希观国光。劳君屡劝驾，不揣艺圃荒。蒙君代修地，路好踏槐黄。两浙群英会，济济集冠裳。三场试事毕，归路近重阳。顷接鱼书赠，知卜百世昌。堪舆真法眼，后学有津梁。幸逢贤戚属，欣欣乐未央。尤喜君好善，念念动天良。感应篇能解，家家合宝藏。但愿人同善，刷印遍四方。吾儒先器识，万勿恃词章。实修惟自励，岂在姓名扬。吉地由心地，冥冥定低昂。余愧无厚德，妄自恋名场。敝族安先祖，出虽得凤凰。尤爱此名胜，累世终允臧。选择复修理，费君九回肠。聊将俚名志，妙举用表彰。

大雪歌

民国·蔡克猷

古称大雪兮其兆年丰，霾无雨兮怪无风。暑无魃兮秋无螽，妖不兴兮疠不逢。六出降祥兮慰三农，人无知兮怨苍穹，乃作歌兮告愚蒙。吾闻积雪之为瑞兮不闻得之而为凶。四海皎皎兮五州其同。吾道大行兮将混一夫北狄西戎。皭然不污兮性与天通。守洁白以终身兮道何分乎达与穷。雪兮雪兮吾汝宗。

界头村五言二十二韵

民国·刘德元

境与平昌接，疆为括郡封。地名今界首，县治古长松。绣陌开三面，云山裹万重。寿峰蹲似鹫，赤水曲如龙。比屋青鳞瓦，全村白粉墉。官桥人稳渡，云碓水为舂。禹庙香灯盛，净庵栝柏浓。祈蚕春叠鼓，守祭夜鸣钟。稻子秋来熟，棉花日落松。园都栽果实，池亦种芙蓉。姓氏张刘旧，居民礼貌恭。新年人竞贺，长辈命惟从。课子书千卷，延宾酒一钟。冠婚遵礼举，租税及时供。鸡犬无惊象，渔樵有隐踪。虽然由俗美，亦足见时雍。自历洪杨劫，弥形败退容。少年人桀傲，丁壮性疏慵。斗米钱千个，三年岁两凶。耕田争畔岸，赌博聚奴佣。嫁娶图谁绘，弦歌化不逢。即今思昔日，徒自慕黄农。

文园即事诗

民国·蔡梦芬

文园溯踪迹，驹光似鸟飞。至今刚四代，饱者已将饥。谷盛山林变，命穷吾道非。我虽愚且蠢，读书少知微。时殊事固易，池干树亦稀。仅余三两株，不复旧珠玑。伯氏祖君出，疏理斗芳菲。樽盂精且洁，花木老而肥。学书兼学诗，晨光共夕晖。习勤观书史，偷懒掩柴扉。秋到频采菊，春来种紫薇。双双小燕出，时时樑上依。开笼放白鸽，述志羡浴沂。虽小琴三弄，已堪月一围。移时天地闭，顷刻百年违。伯氏仙游去，泪珠信手挥。兹园此日起，能否复增辉。有衰必有盛，圣贤亦可希。何况斯园主，曾无湛露晞。前人良不易，庭荫祝春翚。

甲戌二月结友携童游西山看桃花

现代·叶梦麟

夷叔去千载，西山长蕨薇。桃源岂云远，桃花正芳菲。濯足桃花水，隔岸问渔矶。行行能已迷，落英迎客飞。桑麻喧鸡犬，山村静掩扉。主人花里立，犹是古冠衣。入门罗薇蕨，已足饱吾饥。登山复临水，四顾愿无违。宾朋皆自得，日入不知疲。童冠纵前导，春风送客归。外人何足道，问津有后期。

第二节　近体诗

自乐城赴永嘉枉路泛白湖寄松阳李少府

唐·张子容

西行碍浅石，北转入溪桥。树色烟轻重，湖光风动摇。
百花乱飞雪，万岭叠青霄。猿挂临潭筿，鸥迎出浦桡。
惟应赏心客，兹路不言遥。

留诗

唐·叶法善

一

昔在禹余天，还依太上家。忝以掌仙录，去来乘烟霞。
暂下宛利城，渺然思金华。自此非久住，云上登香车。

二

适向人间世，时复济苍生。度人初行满，辅国亦功成。
但念清微乐，谁忻下界荣。门人好住此，翛然云上征。

三

退仙时此地，去俗久为荣。今日登云天，归真游上清。
泥丸空示世，腾举不为名。为报学仙者，知余朝玉京。

送叶尊师归处州

唐·耿湋

风驭南行远，长山与夜江。群袄离分野，五岳拜旌幢。
石髓调金鼎，云浆实玉缸。狺狺吠声晓，洞府有仙厖。

百仞山

宋·艾丑

万寿宫前百倾陂，紫虹横截碧琉璃。孤峰蟾倚仙人阁，古庙龙游圣母池。
岚气吐吞新雨后，烟光浓淡夕阳时。公馀到此观鱼乐，醉拍阑干浪赋诗。

延庆寺塔

宋·朱琳

只恐云霄有路通，层层登处接星宫。洗花寒滴翠檐雨，惊梦夜摇金铎风。
僧老不离青嶂里，樵声多在白云中。相逢尽说从天降，七宝休夸是鬼工。

赐状元沈晦诗

宋·赵佶

右文臻治世，观国列宾贤。遐作同云汉，来游极幅员。
桥门环亿万，洙泗盛三千。振鹭看庭集，乔莺喜谷迁。
抡材多异等，待聘副祥筵。报国宜图效，跻时舜禹前。

雾亭晚唱

宋·叶梦得

雾锁西亭掩落晖，奔忙斜径着蓑衣。载歌载咏骑牛背，月上黄昏扣角归。

点易亭

宋·司马伋

洞天占胜作新亭，曲槛危檐揖翠屏。四顾风烟入怀里，一湾溪水抱沙汀。
羽人不见论平昔，双鹤犹存有典型。幸得官闲成吏隐，何妨续脱旧羲经。

答朱晦庵

宋·王光祖

尺纸书来训诲深，孔门希瑟孰知音。一经题品便佳士，万有感荣铭此心。
善利几当严界限，日新功在惜光阴。个中受用为真实，敢把工夫向外寻。

香岩院

宋·潘景夔

晚入招提路，山风冷透裳。寒鸦互分合，霜稻半青黄。
习讼伤浇俗，思闲慰故乡。牧童如有感，扣角唱斜阳。

登邵尖绝顶

宋·刘澹然

板萝凌绝壑，扪竹蹑岩扉。旭日升沧海，峰岚湿野衣。
云流孤屿没，林转鸟声微。下瞰章安市，烟光拂水飞。

赐侍读项寅孙讲论语诗

宋·赵昀

政学纲条备鲁论，言言洙泗典型存。四朝礼乐为邦法，六艺衣衿入圣门。

忠恕浑全吾道贯，性天融会所闻尊。细旃讲徹加紬绎，修己安民实本源。

山中忆兄弟

宋·项容孙

鸿雁不成行，飘零岁月长。一身三处梦，半夜九回肠。

积雪欺茅屋，孤灯照锦囊。何当听夜雨，欲话此凄凉。

大慈寺

宋·王圭

山坞闻疏磬，松梢出画檐。不堪春寂寞，况是雨廉纤。

泉响微通沼，云阴半入帘。祝僧开小牖，朝夕对山尖。

卯山

元·陈晟

一峰高出碧云端，真逸仙游竟不还。埋剑成龙去天上，断松化石落人间。

开元遗事空听说，北海雄文且自看。坐久长风起林杪，似闻仙佩响珊珊。

西山

元·刘回翁

崔嵬山色倚空青，人去门闲昼亦扃。云度绿溪春嶂合，露滋芳树晓烟暝。

雨余芝草留仙梦，香散松花老茯苓。自愧往来尘世隔，浮生无路问黄庭。

净居四景

元·王文焕

风门鸣籁

风门近在西山屏，一窍直入通幽冥。呼号出入势汹涌，万物摇撼生秋声。

龙钟老人爱幽独，坐挹清飙憩茅屋。翻然过我北窗阴，共听松涛尽书读。

天井归云

月华水精流甘腴，天井乃在西南隅。人间短绠汲不起，化作白云游太虚。

太虚茫茫游不极，归来又逐双飞翼。吾将引袂挹波流，收向丹炉炼金液。

花村戍鼓

红衢翠陌连西东，软尘十里吹香风。赏春醉归吟未毕，耳根厌听鼓冬冬。

吟成独依阑干立，雷撼霆轰鸣转急。须臾挝尽寂无声，惟见月高花露湿。

松寺僧钟

古木苍苍摇倒影，涧谷无风群籁静。寻幽散步策瘦筇，咫尺不到招提境。

烟中何物能长鸣，海客云是蒲牢惊。吟边聒耳不堪听，亟呼快剑斩妖鲸。

南洲山

明・包仕登

白沙翠竹寒溪头，山寺占断林塘幽。云山正似客萧散，鱼鸟亦怪人风流。

具舟携酒谢佳意，挥扇赋诗追胜游。那堪暂会即为别，背倚木叶鸣高秋。

石笋山

明・王景

何人醉卧木兰船，杨柳风高浪欲颠。溪上棹回无贺老，江东鹤化有坡仙。

烟消古寺山横野，露落苍梧月满天。谁谓胜游非昔日，太平原是旧山川。

石龟山

明・周焕

一山当户正如龟，偏与林居静者宜。隐德不惭唐李愿，高名何假宋杨时。

松间路接藏春坞，花底泉分洗砚池。安得相从参太易，先天一画问庖羲。

杜主招饮

明・叶希贤

典衣沽美酒，劚竹钓金鳞。请我师师友，邀他上上宾。

风吹椒树老，雨洒桂花馨。百岁如弹指，相过莫厌贫。

射柳

明・程仲坚

内苑莺啼雨乍晴，圣皇銮驾出金城。旌旗影熠龙蛇动，日月光临虎豹鸣。

翠柳插丝穿白羽，玉裘射斗度红缨。君臣庆会同欢宴，似是唐虞贺太平。

西屏山

明·魏琏

雨沐西屏翠欲流，天开图画小溪头。禅心未悟三生梦，尘世空怀万斛愁。
松影拂云山阁晓，竹阴披月碧窗秋。公余喜惬清幽趣，细嚼新诗纪胜游。

西屏山次魏琏韵

明·王琨

西屏兰若向溪流，春染苍苔点石头。偃月泉深明见性，凌霄台古坐生愁。
钟声雨霁千门晓，树影风光满阁秋。幸际太平无事日，何妨公暇乐遨游。

咏重阳

明·沈国栋

吹律更无射，群欣素序良。佳辰逢九日，令节又重阳。气冷旋霏露，威寒始降霜。
层台称项羽，画阁启滕王。日映宫橙赤，云收陇稻黄。龙山凭远眺，蓝水快流觞。
来矣宾鸿到，归与客燕翔。魏文颁菊蕊，汉武赐萸囊。问字题糕末，登高作赋忙。
白衣来不速，乌帽落何狂。醉客舒怀壮，骚人起兴长。悲秋嫌寂寞，风野快飞扬。

登多福寺钟楼

明·叶玘

几向招提试劫灰，疏云残月满楼台。声传八百河沙静，律传三千法界开。
飞去不劳箫引凤，梦回何用角吹梅。上方最与层霄近，大叩鲸音振斗台。

净严寺

明·詹雨

选佛由来别有场，山风二月送清凉。松阴贴地满庭翠，花气薰人百和香。
醉动诗豪添酒力，闲因僧话逗春长。典衣且尽风光好，一任明朝天雨阳。

净严寺次詹雨韵

明·詹宝

踏青踏遍觉仙场，淡月疏云弄暖凉。草色酿春酣蝶梦，鸟声呼客送花香。
江山笑傲乾坤窄，诗酒登临烟景长。沂浴雩风咏归去，不妨拍手笑襄阳。

二水交流

明·刘鉴

混混两歧水，中源见统宗。散殊由一水，势异理相同。

潦尽开清鉴，云浮映碧空。川流会敦化，何必问西东。

雾亭晚唱

明·毛文邦

自古仙乡景物幽，亭前远眺豁双眸。星环北斗文光现，日曜东山剑气浮。

乔木参差连古里，名园掩映露高楼。此中佳趣谁能领，坐览还胜携屐游。

南岩

明·杨谷

十里好山离城市，东风匹马远相寻。及时田亩水皆满，布野耕桑春正深。

村店桃花红着酒，板桥杨柳绿成阴。斜阳芳草不归去，醉取霜毫留短吟。

南岩次杨谷韵

明·王诏

清樽久隔峨嵋寺，莲社盟疏胜日寻。小院深松高鸟弄，危亭曲径落花深。

远公何处啸明月，陶令看云对夕阴。童冠歌游兴不浅，天风万壑送长吟。

南岩

明·周雷

地涌峨嵋枕碧流，梵王宫阙驾螭头。风飘石洞香烟转，日照玻璃曙气浮。

花坞苔封棋局冷，碧岩尘合性灵收。世缘一见殊惊眼，便觉身随天际游。

南岩

明·毛文崇

函谷当年紫气来，登临还上远公台。瑶宫衹树诸天合，玉井红莲六月开。

风静吴亭生晚籁，月明松谷坐寒灰。犹分胜地须弥远，剩把峨嵋入剪裁。

南岩

明·刘淮

路转峰南日未曛，遥看空翠起氤氲，亭中把酒花含笑，松下行吟鹿作群。

分野地当瓯越胜，断碑苔合汉唐文。偶来更有皈依念，怪得山僧懈似云。

朱尖山

明·徐谏

古寺多幽胜，重过击节吟。萍踪迷野色，钟磬散秋阴。

刻竹还留句，临流可濯襟。天涯违所愿，凭眺若难禁。

周岭山

明·周凤鸣

地迥客稀到，柴门封古苔。倚栏看雉入，接竹引泉来。

露叶晴犹滴，岚峰午未开。不妨留信宿，去思正徘徊。

香乳山

明·叶秉恭

薜磴绿迢遥，空山坐寂寥。不闻香乳滴，唯见玉泉饶。

鼎鬲深藏石，云霞乱隐霄。徒留尘世眼，犹是眺平皋。

送龙阳先生归留名山

明·王慎中

峰峰削出玉芙蓉，山人留明自不同。独挂一瓢依片石，欲令千载挹高风。

移栽草木供灵药，鄒劚岩扃役鬼工。他日道经传世上，令人景仰独称公。

留名山

明·徐梦易

谷口春深一径斜，溪头风暖泛桃花。奇扳萝石嘘云杪，高涉峰峦望日华。

始信巢由能避迹，却怜方朔尚无家。剪茅凝结栖迟地，寂静柴扉薜荔遮。

石佛岭

明·邱云霄

漫忆重游地，空悲逐世纷。野花欹受露，斜树半迎曛。

石磴回青嶂，肩舆度翠云。六经成话柄，孤剑负明君。

小桃源

明·樊通

去郭一二里，风光世不同。人家青嶂里，鸡犬白云中。

古树摇新绿，清流带落红。渔郎休见问，迢遥武陵通。

小赤壁

明·樊献科

削壁入云天，凌空几岁年。石桥藏野艇，幽谷泻飞泉。

洞隐诸峰合，林深一鹤眠。草堂归路近，明月半溪烟。

宿石印山

明·刘德元

岩扉半掩侧银缸，独过溪桥吠野厖。吟罢倚栏瞻北极，梦回听雨坐西窗。

泉清古洞忘瓢饮，香散金莲忆慧航。灵石何年开鹊印，种山犹忆鹿门庞。

西屏山

明·许国忠

层台千尺欲凌霄，秋日登临兴转豪。城郭晓烟窗外尽，峰岚夕照望中娇。

松阳花似河阳好，宓子琴看周子调。胜会满拌今日醉，西屏山月不须邀。

竹客岭

明·王在镐

稠林塞磴道，怪云似嗔人。行者影灭没，阴森博角巾。

木学山鬼啸，雾为猛兽蹲。飞泉翻百道，乱洒出深垠。

晴中作雨色，谷底听雷振。悬崖同腐木，霹雳裂龂龂。

斗上复斗下，十步九步踆。山水无苦恶，苦恶弥堪亲。

石佛岭

明·李元韶

片石高蹲松岭路，何年幻化作弥陀。行人经此休称老，此老经人行尽多。

游玄武山

明·毛复

玄武山前忽有溪，源泉飞出万山西。骑驴欲往中流去，莫笑酩酊归路迷。

西屏山

明·叶永华

还眺凌霄阁，开樽对紫薇。片云依寺静，双鸟拂檐飞。

野树供幽座，闲花点薄衣。豪吟发天籁，日暮每忘归。

松川八景

明·毛元淳

琴山横翠

古琴久已绝，化作三百尺。金徽列翠岑，玉轸堆玄石。

蛇腹两苔青，凤池春草碧。光洁无尘埃，风雨时拂拭。

镜水绕蓝

江娥鍊秋水，铸出寒潭镜。风蹙蓝一堆，波澄翠千顷。

瀱汴凝不流，菱花碎无影。虽不染春衣，自足明天性。

削壁篆文

千寻石壁上，神篆题蝌蚪。纵横云气流，屈曲龙蛇走。

文法惊李斯，笔刀吞史籀。江南山水灵，地结文章秀。

危楼胜槩

地势欲平处，崇楼插天出。画栋栖白云，珠帘捲红日。

脚底江流虚，眼头星斗实。壮观无限情，直与岳阳匹。

龟壇牧笛

怪石名龟壇，牧子聚横笛。宫商信口吹，节奏随腔易。

断续野风清，悲悽山日夕。归来长夜昏，放歌怀宁戚。

牛渚渔灯

群炎扑不灭，渔灯长夜灿。金莲间水乡，珠斗下霄汉。

光射芦花渊，影摇杨柳岸。江楼夜眺时，照入诗人眼。

下渡浮梁

括主知为政，浮梁建深涧。巨鲸连百般，长虹接边岸。

驷马通相如，乘奥还子产。南来北渡人，无复病涉叹。

长衢驻马

长衢十里春，游人倚骅骝。踌躕去步迟，眷恋风光好。

按辔歌落花，留鞭听啼鸟。方来杨柳阴，犹勒回头笑。

凌霄台

明·潘继选

为障长松翠作屏，碎云千顷草青青。田塍如掌春高下，松酿飞花醉欲醒。

几处石平堪置屋，何年仙去不留铭。一泓更有峨嵋影，未获名贤上水经。

凌霄台

明·陈所聘

虚敞接天影，游人春半过。此中花事浅，何处冶情多。

崖腹置亭阁，佛头萦薜萝。试来开宿火，新茗瀹云波。

净梵寺

明·詹仰佐

带乡仍带郭，兼寺亦兼村。涧涩调琴溜，畦寒减麦暄。

幸山青补屋，吹叶破遮门。衲子都趋火，霜苔少屐痕。

偃月泉

明·詹仰科

山顶载冰液，原泉贮自盈。光凝松落翠，香冷露无声。

惜乏茶经注，遥传半月明。山僧堪羡处，早晚翠瓶罂。

偃月泉

明·毛化龙

扶筇寻偃月，爽籁发新秋。漱石尘襟尽，焚香竹影浮。

每招云绕屋，坐到月窥楼。方觉山无限，天风满树头。

五方山

明·丁道立

万斛桃花指顾间，玉完岂外五方山。自从偷骑青鸾去，拜杀仙裙未肯还。

凌霄台

清·王崇铭

石迳拥寒云，命舆看云起。石迳盘蜿蜒，十级不盈里。

开窗凌北风，旷焉览城市。飘飘心目净，尘境渺无止。

缅彼丹霞人，素心或如此。微言悟松风，飕飕激寒水。

石佛岭

清·周日灿

滩春日夕撼岩空，两岸云阴映远峰。花气暗随舆幔改，波纹闲逐睡鸥工。

偶因险迳惊恬目，便借游程逐转蓬。爱杀柳边鱼艇系，数声芦笛一溪风。

偃月泉

清·赵霖吉

半壁净冰乳，溶然天眼空。桃花丹井外，松雨白云中。
山郭依杯静，溪烟入响雄。坐来无一虑，翻笑去匆匆。

余治有独山阅府志松川亦有独山因赋

清·徐可先

两山百里合嘉名，翘首云烟接壤生。一样滩高传喷雪，几番春老听来莺。
遥知市郭皆奇僻，剩有云烟报至情。余敢褰裳问灵谷，何俱以独擅遐声。

龙华山

清·胡世定

山老昭香性，空中布宝沙。云闲分鹫域，峰拥作莲花。
冷石安僧钵，飞泉傍佛家。更厅千古树，垂首拜袈裟。

龙华山次胡世定韵

清·丁涵

行尽竹溪路，烟寒平远沙。岭头松舞叶，洞口菊含花。
佳树依岩侧，闲云绕岫斜。谢僧分杖履，容我近袈裟。

邵尖山

清·包旭玄

春霁访高隐，放情来此山。眼空飞远翠，屐印俯层峦。
不以三生美，其如半日闲。醉谈临草圣，秉烛夜方还。

净梵寺

清·王汝棐

出郭萧森十里余，青苍高下过云徐。野僧倚树能兼牧，樵子登山亦荷锄。
流去雨泉频漱齿，拾来柿叶可傭书。秋声满耳无他事，再看溪流窜白鱼。

大慈寺

清·徐振泰

一拳奇石貌仙蟾，掩映金莲锁翠檐。龙去洗潭浮赤穴，月明招鹤伴书帘。
绝无俗艳经丹壑，只有溪声扰黑甜。若肯下帷同映雪，何须梦笔借江淹。

广济堂

清·王应兰

溪山阴雨滞，禅意叩云堂。地接清溪沚，烟浮白玉光。
栖空知道在，息影觉心忙。未尽浮生话，松涛听欲狂。

广济堂次王应兰韵

清·潘应期

霜叶未全脱，相从过雪堂。更同窥佛火，于以眺溪光。
鹭影傍烟小，蛩声入夜忙。岂云搏觉象，聊以絷心狂。

西屏山

清·张景留

翠微秋色映斜晖，烟净林空鸟倦飞。新构层台僧未住，剧倾浊酒客迟归。
自惭制锦才多拙，却叹弹琴志屡违。睥睨凌霄共舒啸，松梢露滴碧荷衣。

石佛岭

清·范光曦

始信如来自有真，蒲团高坐碧嶙峋。天回法雨千岩净，山进香花万象春。
岂是点顽初现相，缘知松化即前身。钵中莫道无甘露，月涌溪流不染尘。

西屏翠霭

清·丁正中

树色青葱望欲迷，如屏列障镇城西。炊烟冲顶苍松碧，斜日映山绿草萋。
鹤羽凌霄扬汉杳，龙鳞挂石卧云低。曾从月夜投僧榻，时带清樽共友携。

游卯山

清·刘迈英

突兀峻嶒气象雄，盘旋曲径翠微中。村烟和雾萦山树，古森攀崖觅法宫。
试剑石边遗旧迹，练丹泉畔挹仙风。采芝道士今何在，门外长松舞碧空。

丁亥冬捐建大堂因裁一律

清·曹立身

卜吉捐廉筑鉴堂，瞻言报竣几傍徨。双童案拱怜依媚，一县花封愧保障。
息息培风厅荫樾，温温爱日署迎阳。落成幸值年丰稔，政简刑清好拙藏。

游云岩

清·曹秀榆

曲磴盘旋接翠微，为寻幽胜扣岩扉。悬崖凿佛禅呵护，踏雾窥人鸟媚依。
雨过层峦添石乳，云生古洞湿苔衣。兴来倚槛浑忘倦，爱听樵歌未肯归。

仙岩蟠拱

清·胡云昂

石磴层层整复斜，峥嵘高拱锁流霞。风泉虚韵蟠天际，云树危悬落水涯。
佳处无人开捷径，静中有客访仙家。浮空镇地傍无着，好向神房诵法华。

鹦鹉冢

清·潘茂才

月小山高绝妙辞，几回读罢不胜悲。空林宿雾迷荒草，古木寒烟锁旧枝。
魂逐沈郎留劲节，冢题鹦鹉有残碑。至今莫问埋香处，谁奠梨花酒一卮。

卯峰屏翠

清·邵起龙

屏列卯峰色郁葱，春游一望翠微中。清风斜拂亭边竹，紫雾半笼寺后枫。
宫号通天犹住鹤，石传试剑尚流虹。真人丹灶今何在，应识山灵与昔同。

松阳道中

清·王梦篆

满阪空田稻课完，人家不禁放鸡豚。陈年晓谕牢亭壁，过客巾车歇寺门。
塔影渐随残照没，山容忽改夕烟昏。溪桥落叶添吟思，踏去芒鞋响脚跟。

高亭济川桥

清·杨开甲

叠嶂层峦两岸间，行行曲径听潺湲。惟凭阁跨常如锁，一任川流却不关。
野鸟斜穿千树竹，溪风远度几重湾。樵歌唱处方凭槛，芳草夕阳未肯还。

玉岩普济桥

清·吴国玟

一桥横架玉川东，正德年间造作工。画阁辉煌腾闪电，朱栏灼烁落悬虹。
直通南北无疆界，长历春秋混始终。闻道相如过万里，当年题柱气何雄。

独山

清・丁植

奇峰四削镇坤元，片雨孤烟锁石门。绝顶可能干象纬，众山无不拜儿孙。
手披云海六鳌驾，耳听松涛万马奔。一气混茫青未了，差同登岳渺中原。

登万寿山

清・孟廷玮

怪石孤撑势独奇，马鞍东走别分支。万峰篆就山为寿，十景描来画是诗。
地涌金莲开法界，天浮神阙壮鸿基。凭高星拱辰居所，可似嵩呼效媚兹。

游城西许氏绿水园

清・王玉生

茂林幽邃却尘缘，许子闲情似欲仙。蒋径频开逢客扫，陶园日涉听人便。
四山半落千峰影，二水中分一阁悬。自笑冷宫闲谢屐，长来索酒柳亭边。

龟山环绕

清・许万青

象天穹起背隆高，缭绕松篁翠叠涛。好假宋贤标地望，宛移东鲁别钓陶。
缁衣处处分鳞甲，碧草年年长介毫。俯仰层峦环抱密，秀钟灵绎耸金鳌。

旧城乔木

清・丁植

历尽冰霜长耐冬，竦姿矗矗障时峰。高柯盘错堪招鹤，老干蜿蜒欲化龙。
朝映六街红日霭，暮遮三市紫烟封。相传古邑多奇士，乔木依然标胜踪。

永宁仙踪

清・叶奇

真人道术岂成空，胜迹依然著法宫。钟徹危楼明月里，碑传妙笔梦魂中。
永宁古殿摇金碧，天宝遗书烛紫穹。一剑横飞妖眚伏，只今犹自诵元功。

石莲屏

清・周汉倬

突屼巍峨菡萏幽，芙蕖峭列碧云头。霞标不向瑶池吐，锦巘还因寿宇留。
石瓣巉岩罗佛地，山屏缭绕拥僧楼。蒲团静坐观南海，九品莲花空际浮。

弹子山

清·刘杰

一从支木过幽关，信步登临弹子山。石骨峻嶒随阵布，土痕约略似弓弯。
松间顾影惊黄鸟，竹外闻声骇白鹇。避暑云根爽气袭，谷风遥度几重湾。

卯峰屏翠

清·刘杰

屏列卯峰积翠葱，登临四顾白云中。绿鹦时采亭前芍，白鹤长鸣殿后枫。
嫩柳蹁跹摇石室，苍松偃蹇舞仙宫。桃花满坞迎春色，惹动游人吊葛洪。

上方烟雨

清·钟凤林

上方佳气入晴空，削壁断崖缥渺中。树梢青拖烟漠漠，楼头白洒雨濛濛。
塔尖耸处跨鸣凤，桥影横来认卧虹。漫说仙山风景好，应教米老画难工。

游小桃源

清·沈昌

乾坤世外绝尘缘，两岸桃花别洞天。一带清溪春水阔，渔人无事话秦川。

小赤壁

清·杨孙华

景拟江陵果若何，来游作赋忆东坡。风清月白年年有，几度扣舷欲浩歌。
松川岂必似荆州，此景偏宜赤壁侔。断岸江流纵目处，应来孤鹤掠扁舟。

狮岩积雪

清·叶振椿

同云漠漠雪霏霏，点缀狮崖现势巍。似藉寒光成色相，好将素影奋灵威。
回风一吼玉岩静，印月半棱金碧辉。有客高吟驴背句，石桥踏过叩柴扉。

林头夕照

清·叶秀发

林头地近上方边，树树染霜共斗妍。暮捲残霞连赤壁，晴飞孤鹜映丹泉。
谁人点缀三秋景，有客痴迷二月天。莫道今年风色淡，层峦蒸蔚胜前年。

桃源锦浪

清・叶维藩

烟景春浓带雨幽，小桃濯锦塔溪游。寻源放櫂时行乐，载酒看花莫替愁。
境辟当年曾志晋，客来前度合思刘。化龙已识恩波暖，伫到凤池最上头。

赤壁夜游

清・饶庆霖

黄公小隐景偏饶，依旧雅名赤壁标。绝胜江山留月夜，重游诗酒动兰桡。
其人曾否梦孤鹤，有客还能吹洞箫。韵事坡仙谁续响，岩前云水自迢迢。

塔藏舍利

清・吴世涵

插天文笔耸丹霄，舍利珍藏塔顶遥。势压峰峦雄地轴，辉生斗壁焕星杓。
山深云敛银蟾迴，檐敝风高铁马摇。最是慈恩题雁处，蝉联姓字想清标。

鹤翔仙境

清・蔡懋建

山到上方势转豪，昂昂仙境逼天高。羽衣缥缈翔孤鹤，石骨嶙峋戴巨鳌。
露溢金盘添草色，风生玉峡捲松涛。登临志取在阴处，可有鸣声和九皋。

石溜丹泉

清・范炳华

石鼎烟浓宝气攒，当年换骨炼金丹。灵砂晴漱泉源活，琼液细溅岩窦宽。
镜启一泓云乍浣，炉成九转鹤初盘。仙踪渺渺苍苔路，剩有清池印月寒。

赠贺饶山长重游泮水

清・杨光恩

泮宫忽睹老人星，六十年来两度经。指日鹿鸣重赴宴，松州佳话又同听。
桃李盈门手自栽，锦袍谒圣率群才。此间不是元都观，也任刘郎去复来。

山色空濛雨亦奇

清・曾师孔

雨势连山势，山奇雨亦奇。试看山掩映，转觉雨迷离。花港霏微处，苏堤霡霂时。
跳珠偏足拟，围玉也相宜。鹫岭千重翠，螺峰几叠似。滋烟还似雾，如絮复如丝。

放鹤亭频眺，骑驴迹共窥。空濛晴霁日，湖畔赋新诗。

樨山重修文庙落成

清·蔡懋烈

俯瞰高城万象新，转因登眺溯陈陈。迷离烟雨荒楼址，破碎江山问水滨。
松雪犹存当日石，莺花无复旧时春。看来只有山禽乐，香积厨前得食驯。

乙丑冬月中浣至乐亭任所以诗言志

清·蔡志修

由来百里重专城，勉策驽骀任不轻。愿与闾阎同疾苦，敢将温饱负平生。
地当孤竹清风在，心与寒梅皓月盟。闻道海滨多大隐，可容载酒访舆情。

清明日蟾峰远眺

清·丁汝为

身踞最高眼界加。红情绿意漾边涯。日中烟篆云千树，风里柳丝雨万家。
游子惜春晴着屐，怨姑思梦夜悲笳。魂沉众壑三声鸟，血满群山一样花。
俯瞰翔龙珠塔镇，傍携骤马锦鞍跨。太平歌写人寰阔，长叹气通帝座遐。
碣绣虫涎无臜字，溪穿石罅不留沙。振衣舒啸寒城外，非吊古贤只避哗。

秋日

清·徐以烜

爽气经秋分外扬，风清露白日尤光。吟余不计涧松老，读罢惟看篱菊黄。
万里沙堤明若镜，千林树叶淡於霜。晴晖皜皜诚堪爱，一洗繁华作素装。

松阳八咏

清·张尊三

咏风土

绝好松阳县，家多白板扉。千村红叶艳，四面翠屏围。
俭朴风从古，郊原地正肥。前朝贤令尹，为政绍芳徽。

咏科第

绝好松阳县，簪缨历代昌。非无宰相第，也有状元坊。
领顶分文武，冠裳列序庠。公余思课士，学问有商量。

咏城乡

绝好松阳县，封疆百里方。山川多秀丽，风俗尽纯良。

溪港东西达，街衢南北长。星罗棋布密，培养课农桑。

咏祠庙

绝好松阳县，危高数仞墙。辉煌神庙宇，整洁众祠堂。

报赛鸡豚熟，追先俎豆香。虔诚分敬恪，默佑后人昌。

咏物产

绝好松阳县，民间物产多。山梨如藕脆，秔米似珠罗。

铸器炉添火，淘沙铁满箩。松杉高百尺，古木遍岩阿。

咏国民

绝好松阳县，人烟万户余。年丰兴礼让，士众诵诗书。

百货堆廛市，三农颂里闾。四民皆乐业，安堵庆何如。

咏冬防

绝好松阳县，鼍更彻夜鸣。执戈多壮士，佩剑有编氓。

未布鸣琴化，先闻击柝声。官民联一体，众志自成城。

自　咏

绝好松阳县，心期似堵安。万民勤职业，四境免饥寒。

为宰惭青绶，居官耻素餐。常思清案牍，雀鼠息争端。

象溪四景

清·高斐然

虎庙谈经

白虎观前久讲经，庙隅伏虎似同听。诸儒辨难遗书白，众佛参禅说偈青。

自昔文章夸炳蔚，至今赫濯仰声灵。商量旧学开新学，鹿洞鹅湖共典型。

仙坛观弈

艳说名花聚八仙，谁知顽石亦同然。千松落字壶中地，一局残棋袖里天。

山似烂柯忘岁月，人来卓锡老林泉。此间胜败何须问，坐对青溪乐万年。

圆塘映月

数亩圆塘一鉴开，清光上下共徘徊。松排山面空涵翠，月照波心不染埃。

明镜高悬金璀璨，奎光倒影玉楼台。每当秋夜凉如许，翻讶蟾蜍水底来。

双峰插云

离垣矗矗起双峰，形势天然秀气钟。空际悬梯依月兔，人间联袂庆云龙。

高撑帝阙如排闼，俯瞰群山尽列墉。最喜岚光饶瑞气，科名两两说奇逢。

灵鹫山八景

清·曾友颜

缺题

北峙灵峰南绕溪，崙源东出水流西。今人逐末谁探本，草满亭前路已迷。

留云坞

仙人去处杳难寻，岩壑迷离深复深。不许片云归洞去，年年留住沛甘霖。

落泉渠

穿林流水正多情，亦学湘云鼓瑟声。只为高低岩触突，时时作此不平鸣。

半月池

清池终日引流泉，俯看池中别有天。可惜当年才得半，如何不复作团圆。

突星冈

尽露红泥地不毛，光芒何日落星曹。穹窿突起环灵鹫，钟毓名人品格高。

九曲岭

岭行屈曲上参禅，解悟平生笔墨缘。落笔不平还达意，文章好语待珠穿。

五方坪

高峰万仞插云端，直上山巅纵大观。始信工夫臻绝顶，乾坤尽入眼中看。

红鞋岩

一石瑰奇镇半山，苍苔点缀色斑斓。当年若惜红罗绣，更无仙迹落山间。

横樟四景

清·包庭芝

西岭青松

物表亭亭百尺松，经年经岁托高峰。冬心吝许竹梅订，春色羞争桃李秾。
气壮山河光夏社，枝欺冰雪傲秋容。行人莫恃依栖便，鳞甲修成即化龙。

南屏横翠

东南气象倍光昌，叠嶂层峦护一方。春水波澜资砥柱，北天星斗射光芒。
群峰翠滴社公雨，数笏横斜孝子冈。闲向溪桥翘首望，诗情画意霎时忙。

三台拱秀

天外三峰似飞来，地方灵秀拱三台。门前佳气葱葱郁，帐下贵人叠叠开。
壁立千寻应列宿，雨过五夜送春雷。蓬莱此去无多路，一色青岚不染埃。

双溪怀古

依傍双溪静结庐，渊明宅畔树扶疏。倒涵兔魄时惊鹤，斜倚龙鳞莫羡鱼。
练影当窗闲对酒，滩声排闼夜观书。难忘玉局诗千卷，山色湖光画不如。

中秋荐月

清·吴春泽

今夕知何夕，清辉照满天。一家亲骨肉，合掌拜婵娟。人愿年年健，光宜岁岁圆。送瓜循旧俗，荐果启华筵。朗彻心相鉴，虚涵镜共怜。问他蟾窟桂，攀可许吴仙。

游卯山访杨鹗荐

清·段如海

山树郁苍苍，山房画里藏。步虚三宝殿，藉访四知堂。
身世浮萍寄，年华逝水忙。好凭青鸟使，一梦达天阊。

洞阳观门外晚眺

清·杨光淦

晚步月坛旁，扑鼻秋草香。众鸟各归林，蟋蟀鸣夕凉。绿竹何萧瑟，涧水亦微茫。隐约平原稻，处处连云黄。遥指横山麓，暮烟郁苍苍。

玉岩山云雾吐纳

清·杨光格

层峦叠巘架空奇，宿雾朝云吐纳时。皎洁晶莹岩似玉，迷离掩映树如旗。
深林过雨斑苔藓，邃坞无人戏鹿麋。携酒扶筇闲到此，天然石上好题诗。

莲花寺己未冬月旅行

民国·查锦枞

愈上愈高山复山，山翁引我不知艰。携云过涧寒偏重，踏叶寻诗句亦闲。
童冠步趋歌缓缓，尘襟洗涤水潺潺。莲花峰拥莲花寺，不见莲花见藓斑。
寒鸦飞破夕阳山，好景高羞鹓鹭斑。万壑松声留岁晚，一枝梅讯待春还。
峰回路转云犹塞，客至僧忙俗未删。佩界得毋深处是，欲从采药驻苍颜。

题张玉娘兰雪集二则

民国·胡汝明

精卫难填恨海深，一编兰雪写冰心。试吟月小山高句，清夜哀猿共此音。
雾鬓云鬟不耐秋，凉风吹梦落仙洲。唤人鹦鹉惊寒甚，珠箔银镫相向愁。

咏大成节

民国·高焕然

连床四姓两同庚，盛会躬逢喜莫名。昔日同舟怀李郭，当年倾盖羡岑彭。
称觞自愧天难报，举盏还邀月倍明。从此再赓十年约，更将诗酒订前盟。

独山

民国·蔡毓榕

拔起山百仞，独立旁无依。秀气澄潭水，岚光照松扉。
永镇二龙地，千古仰崔巍。首阳如可续，我愿长采薇。

牡丹赋

民国·吴朝冕

沈香亭畔倚风斜，富贵风流莫浪夸。素质艳妆都国色，阿谁消受此繁华。

舟出港口

民国·何　修

帆从青峡转，心逐白云飞。两岸山光逼，一溪草色肥。
滔滔谁与易，急急将何归。引领前程渺，清流入翠微。

秋日闲居

民国·刘福佐

穑事完时日日闲，人非人是两无关。花开篱落闻虫语，叶脱枫林见雁还。
醇酒一樽如对友，画图四壁胜登山。自知诗笔多唐突，呈上高堂一剃删。

小吉村境诗

民国·毛斐然

村名小吉属浙南，税纳松阳话龙泉。高山相似平地样，溪水合流道泰源。
历住翁吴龚联赵，住址前后是田园。三山排列松连竹，四水潆洄共山川。

第三十七编　文　物

松阳历史悠久、遗迹丰富、文物众多，为浙江省文物大县。有引以为豪的“家珍四宝”：被誉为“江南第一塔”的全国重点文物保护单位延庆寺塔和堪称木雕艺术殿堂的省级文物保护单位黄家大院；国宝级馆藏文物南宋青瓷凤耳瓶是龙泉窑青瓷中的稀世珍品，被选入中国邮票《龙泉窑青瓷》四枚套之一；始创于元代的原生态剧种松阳高腔，被誉为戏剧的活化石，列入第一批国家级非物质文化遗产名录。

松阳早在新石器时代，先民就在这里躬耕繁衍生息，在漫长的历史进程中留下丰厚的历史遗存，是研究松阳悠久历史和灿烂文化的见证，是不可再生的历史文化遗产。文物分为不可移动文物和可移动文物两大类，不可移动文物包括古文化遗址、古墓葬、摩崖碑刻、古代水利工程、古村落、古民居、塔庙寺祠、牌坊以及具有重要纪念意义的建筑物等文物史迹，根据这些不可移动文物的历史、艺术、科学价值，有的已被确定为全国重点文物保护单位，有的已被公布为省级、县级文物保护单位和文物保护点。可移动文物包括馆藏文物和民间收藏文物两部分，有珍贵文物和一般文物之分，珍贵文物可分为国家一级、二级、三级文物。至2010年，松阳有全国重点文物保护单位1处、省级文物保护单位4处、县级文物保护单位19处、文物保护点133处。县博物馆有馆藏文物1536件，其中国家珍贵文物153件（一级文物6件、二级文物33件、三级文物114件）。

第一章　古遗址古墓葬

古遗址是古代人类活动留下的历史遗存。20世纪60～70年代，沿松阴溪一带的新兴、古市、叶村、西屏、水南等地群众在日常生产、生活中，陆续发现古代居民活动、居住遗址，曾出土大量新石器时代至商周时期的文物，质地有石器、印纹陶和原始瓷等。新石器时代文物有石镞、石刀、石斧、石锥、石环等，有商周时期印纹陶器、原始瓷碗、豆、钵、罐等，证明松阴溪流域是松阳境内最早的文化发源地，是古人的聚落遗址。出土文物是人类历史的实物见证，1982年以后，文物工作者对历代古遗址、古墓葬、古窑址、矿冶遗址等进行实地调查和清理发掘。

第一节　聚落文化遗址

营盘背新石器时代至商代遗址

位于水南乡瓦窑头村营盘背山岗。南北长约 120 米，东西宽约 80 米，面积 9600 余平方米。1984 年 1 月，文物普查时在山上采集到不同形制的新石器时代石镞和纹饰多样的商代印纹陶片。

毛家山商周时期遗址

位于水南乡塘寮村四家头和山垄自然村毛家山。南北长约 160 米，东西宽约 110 米，面积 17600 余平方米。1984 年 1 月，文物普查时在山上采集到商周时期的原始瓷豆、印纹陶残片等。

占安山新石器时代至商周时期遗址

位于叶村乡河头村占安山。东南侧临东坞源，南北长约 150 米，东西宽约 100 米，面积 15000 余平方米。1984 年 3 月，文物普查时从山上采集到新石器时代柳叶形石镞和商周时期印纹陶片等，印纹陶纹饰有云雷纹、编织纹等。

石门商周时期遗址

位于望松乡石门村土名为厝山儿的山坡上。东临松阴溪，面积约 1.5 万平方米。1993 年 10 月 25 日，村民在生产劳动时发现，出土商周时期原始瓷豆、盏、碗以及大型器物原始瓷豆、罐的残片。

阴岗山新石器时代至商代遗址

位于古市镇筏铺村阴岗山。南北长 150 余米，东西宽约 100 米，面积 15000 余平方米。1984 年 4 月，文物普查时在山上采集到新石器时代石斧、石环、石镞、石刀、石锥等；1987 年，此地还出土商代印纹陶罐和一些印纹陶片。

进贤新石器时代遗址

位于新兴乡进贤村小山坡上。南北长约 150 米，东西宽约 100 米，面积 15000 余平方米。1964 年，村民在生产劳动时发现，出土新石器时代石斧、石刀、石镞。

大石商周时期遗址

位于新兴乡大石村尖坛背低丘山坡。东临松阴溪，南北长约 170 米，东西宽约 150 米，面积 25000 余平方米。1984 年 4 月，文物普查时采集到商周时期原始瓷罐、豆、尊、钵等器物和大量印纹陶残片，印纹陶纹饰有云雷纹、网纹、方格纹等。

第二节　古墓葬

东角垄东汉至隋朝古墓群

位于古市镇东角垄村西社庙山。面积 10000 余平方米。1987 年，古墓群出土青瓷水盂（东汉）、青瓷虎子（东汉）、青瓷堆塑谷仓（东汉）、重列式神兽铜镜（西晋）、青瓷盘口壶（西晋）、青瓷钵（西晋）等文物，地表散落大量汉、晋时期墓砖，墓砖纹饰有网纹、钱纹、鱼纹等，纪年砖铭文有“东汉建安昭宝叶”“西晋元康七年七月卅日叶家富贵”等。其中有江南叶姓始祖叶望之墓（东汉）。1989年，该古墓群被松阳县政府公布为文物保护点。

图 37-1　东角垄古墓群出土的部分文物（叶坚红　摄于1987年）

择子山三国墓

位于赤寿乡择子山村。1995年7月30日，村民在砖瓦厂取土时发现古墓，出土青瓷堆塑五联罐、青瓷印纹罍、青瓷弦纹双系罐、耳杯、铜镜等10件三国时期文物。

周垒三国墓

位于西屏镇周垒村磁头嘴自然村。1995年11月30日，村民在建猪栏时发现古墓，出土铜鉴、铜焦斗、青瓷盘口壶、青瓷罐、青瓷水盂、陶焦斗、陶罐、耳杯、银头钗等12件三国时期文物和“东汉五铢”古钱币。

五都阳晋墓

位于望松乡五都阳村龙丽过境公路地段。1999年11月4日，龙丽过境公路建设时发现古墓，出土青瓷碗、盏等4件晋代文物。

乌形山南朝墓

位于西屏镇乌形山村东。2000年5月8日，古墓出土青瓷盘口壶、钵、碗、盏4件南朝文物。

西屏山脚唐墓

位于县城西屏山脚原松阳县党校基建工地，1990年12月17日，古墓出土唐代青瓷碗、青瓷罐、盘口瓶等4件文物。

金村圩唐墓

位于裕溪乡裕溪村金村圩，乡政府办公楼后山边。2001年5月20日，古墓出土10件唐代青瓷碗、盏、罐等文物。

横山南宋程大雅墓

位于水南乡横山村乌龟山。1979年4月，村民在水库建设工地发现程大雅古墓葬，出土龙泉窑青瓷弦纹梅瓶6件、百余斤松香和墓主的墓志铭1方。程大雅（1134～1195），字建中、正之，松阳城东人。

金山脚南宋墓

位于西屏镇金山脚。1983年，松阳县公路道班建设工地发现古墓，出土龙泉窑青瓷凤耳、鱼耳瓶4件和瓷碗等，其中3件为国家珍贵文物。

子山垄南宋程榆墓

位于西屏镇子山垄。1984年发现，古墓规格大且精致，墓道方砖墁地，方砖0.29×0.26米，墓室为砖雕仿木结构，须弥座台基。清顺治《松阳县志》载，程榆（1171～1238），南宋绍熙癸丑

（1193）科进士，官至中奉大夫，职秘书阁，爵松阳开国男。

水牵面弄南宋墓

位于西屏镇水牵面弄。1985 年，松阳供销社宿舍建设工地挖土时发现，出土文物丰富，有青瓷碗、影青瓷粉盒、影青瓷蝶、影青瓷瓜棱执壶、黑釉碗、漆器碗、青石箕形砚台等。

墈头宋墓

位于新兴乡横溪村墈头自然村。1993 年 11 月 3 日，村民在生产劳动时发现。棺椁完整，随葬文物丰富，有青瓷刻花大汤碗、盏、罐、影青瓜棱瓶、影青瓷盏、球腹瓶、韩瓶、陶罐、带扣、古钱币等 10 多件宋代文物。

云岩山南宋墓

位于西屏镇云岩山脚。2003 年 12 月 24 日，工业园区建设工地平整土地时发现，出土文物丰富，有影青瓷壶、碗、碟、粉盒、罐、青瓷碗、盘、钵、漆器、韩瓶等 26 件南宋文物。

力溪宋墓

位于樟溪乡力溪村路边。1999 年 12 月 13 日，古墓出土青瓷小罐、盒、盏、碗等 6 件宋代文物。

潘山宋墓

位于裕溪乡潘山村。2009 年 8 月发现，为石椁木棺双穴夫妻合葬墓，墓室长 2.3 米，双室宽 2.3 米，单室宽 0.8 米。墓室青石板砌筑，祭坛栏板雕双狮戏球，双羊对峙，牡丹花卉等纹饰，清理出土瓷韩瓶、金耳坠、银钗、兽角器及若干宋代钱币。

大石崖墓

年代无考。位于新兴乡大石村西北尖坛背山岩洞中，岩洞距地面百余米，距山顶约 10 米，洞口高约 1.7 米，宽 2 米，深 4 米左右，洞口朝东南方向，内置长方体棺木一具。崖墓早年被盗，原状遭破坏。崖墓也称悬棺，是古代百越族的一种葬制，具有一定的研究价值，1989 年被列为县文物保护点。

第三节 古窑址

松阳古瓷窑属龙泉青瓷窑体系，境内有水井岭头、择子山、碗寮三大青瓷古窑址，生产不同时代特征的青瓷产品。

水井岭头窑址

唐代至宋代，位于赤寿乡界首村东北水井岭头山坡，南北长约 60 米，东西宽约 300 米，面积约 1.8 万平方米。地表散见大量瓷片及垫具，山坡断面有器物残片堆积层约 1.5 米，产品有碗、瓶、钵、壶、罐等，器物特征胎灰、质粗，青灰釉，素面，釉层薄，多为叠烧。

图 37-2 水井岭头古窑址出土的部分瓷器（赤寿乡提供）

择子山窑址

宋代，位于赤寿乡择子山村杨家自然村。南北长约 30 米，东西宽约 50 米，面积 1500 余平方米。

1984年文物普查时，发现古窑址区域大量碗、瓶、罐等器物残片，器物特征胎质灰褐，青灰釉，素面，窑具有束腰长筒形和喇叭形垫具。

碗寮窑址

明清时期，位于三都乡紫草村碗寮自然村。南北长约40米，东西宽约80米，面积3200余平方米。古窑址地表散落器物残片，产品以碗为大宗，另有碟、盏、瓶、罐等器物，窑具有浅碟式垫托，长筒形垫具等。器物特征胎质灰白，青白色釉，有素面和青花2种。

第四节　矿冶遗址

《唐书·地理志》载，“有银出马鞍山”。松阳早在唐时开始采银，明代一度曾大量开采银矿，境内银矿洞遗址有近10处，为研究松阳古代冶金史提供重要依据。

枫树湾银矿洞遗址

南宋至明代，位于大东坝镇山徐村平岗自然村枫树湾山中。洞深约100米，周围有多处矿洞。岩壁上留有南宋淳熙十三年（1186）和明正德七年（1512）矿工题记多处。

图37-3　枫树湾宋代矿工题记（叶坚红 摄于1987年）

老鹰岩银矿洞遗址

明代，位于板桥畲族乡板桥村西北处老鹰岩山中。有矿洞170余处，洞口大小不一，大洞口高约4米，深约200米。洞口周围留有冶炼矿石的遗迹，岩壁上留有明代正统十年（1445）矿工题记和冶炼场遗迹。

大风岩银矿洞遗址

明代，位于竹源乡后畲村东北大风岩山中。有矿洞100多处，洞洞相通，主洞口朝东南，高2米，洞深约150米。山上留有冶炼场遗迹。

黄岭头银矿洞遗址

明代，位于裕溪乡黄岭头村西南大山中。有银矿洞多处，主洞口高3米，深100余米，留有火爆法采矿痕迹。

洋庄源银矿洞遗址

明代，位于枫坪乡洋庄源大牛角湾山中。洞洞相连，深不可测。

大寮湾银矿洞遗址

明代，位于安民乡苏马坪村东南大寮湾山中。有矿洞多处，有1处洞口的岩壁上保留有明代成化三年（1467）矿工题记。

第二章 古建筑

古建筑是生动、直观的历史遗存。松阳境内众多保存完好的古建筑真实地反映各个历史时期松阳人的生活形态以及与自然环境适应的关系，是松阳社会发展的历史见证。松阳遗存的古建筑门类繁多，除了大量古民居外，还有古塔、牌坊、宗祠、庙宇、古桥梁、古堰坝等。这些古建筑是先人留下的珍贵文化瑰宝，具有一定历史、科学、艺术和旅游价值，为研究松阳某一阶段历史文化提供重要的实物资料。

（此章内容与第三十五编“文化 旅游”第十章“旅游事业”第二节“人文景观”互为补充）

第一节 历史文化名城与保护区

松阳省级历史文化名城

松阳建县于东汉建安四年（199），是丽水市最早的建制县，是古代浙西南政治、经济、文化发祥地之一，也是近代革命运动和重大历史事件发生地的重要县。

城区文物古迹丰富集中，完整地反映出各个历史时期的传统风貌和地方民俗特色。老城区呈“美”字形格局，老城区集中保存有兄弟进士牌坊、城隍庙、文庙、关圣宫、药王庙、太保庙、天主教堂及10余种姓氏宗祠等经典历史建筑。纵横2000余米长的明清街，商肆林立，作坊连缀，依然人气兴旺，商贸繁荣，一派江南传统小城街市景象。沿街呈“非”字形向两边延伸的小胡同里能隐见马头墙内古民居的幽秘，明、清至民国时期的古民居连片集中，风貌依旧，古井星罗棋布。各级文物保护单位门类齐全，有建于北宋的国保级文物延庆寺塔、元代杉溪桥和白龙堰、明代兄弟进士牌坊和青云塔、清代朝天门和众多古民居等历史遗存，给松阳古城增添重彩。2000年2月，松阳被浙江省政府公布为第二批历史文化名城。

石仓省级历史文化保护区

石仓历史文化保护区包括大东坝镇后宅、蔡宅、下宅街、山边、六村、七村6个村。区域内40余幢清式古民居及宗祠、庙宇、古桥、古树、道路、河流等风貌依旧。古民居泥墙黑瓦，马头墙，建筑中轴线对称，均为二至三进四合院式，面阔有三、五、七、九间不等，两侧设附屋。每座建筑都有堂号，占地面积1000平方米以上。其中，建于清乾隆年间的“余庆堂”占地面积3432平方米，内有9个厅堂，18个天井，552根立柱，196间房间，内住60多户200余人。古民居内外门楼、照壁、庭院、天井及室内柱础、梁枋、牛腿雀替、格扇门窗、神龛等装饰考究。装饰种类有石雕、砖雕、木雕、彩绘、书画、卵石拼花等，题材丰富，寓意吉祥。民居的门楼题额及厅堂古匾、楹联斯文风雅，多为当地显贵名流题写，书法精美。2000 年，被浙江省政府公布为第二批历史文化保护区。

界首省级历史文化保护区

界首村地处县域之北陲，松阴溪畔，历史悠久，文化积淀丰厚。村中老街是古时松阳出境的古驿道，老街两旁集中保留有刘、张二氏宗祠及禹王宫、张公祠、古店铺、古客栈、古民居、震东女子学堂等历史建筑 20 多处，鳞次栉比的古民居粉墙黛瓦，马头墙，门楼、厅堂、格扇门窗等艺术装饰五彩纷呈，内涵深刻。清代建筑“一亩居”为松阳历史名人刘德怀故居，清光绪三十一年(1905)，他创办震东女子两等学校，开处州女子教育之先河。村西北有商周文化遗址，东北处的水井岭头唐、宋古窑址是县级文物保护单位。2006 年，界首村被浙江省政府公布为第三批历史文化保护区。

古市县级历史文化保护区

古市镇是全国重点镇，东汉建安四年（199）始为松阳县治近 600 年。古镇古韵犹存，城头街、前街、后街、下街等大小街巷循旧名，分布在老街两旁的古店铺、古民居、宗祠、牌坊风貌依旧。刘边村明代刘氏祖居门楼为省级文物保护单位，有俭公祠、天师殿、城门楼 3 处县级文物保护单位，筏铺阴岗山为新石器至商代文化遗址。卯山是江南叶姓发祥地，也是国家级森林公园和国家级农业观光园区。2003 年，被松阳县政府公布为县级历史文化保护区。

吴弄县级历史文化保护区

明代建村。坐落在松古平原北隅腹地，聚落呈块状分布。村中卵石铺设的古道纵横交错，“村如一座房，房是一个村”是吴弄传统村落的鲜明特征。15 幢建于清至民国初年的古民居连片集中，粉墙黛瓦，或山墙毗连，或大门相对共弄，幢幢建筑的内门相通，雨天串房过巷不湿鞋。每幢古民居的门楣题额各异，门墙绘画集诗书艺术为一体，室内雕梁画栋，木构门窗装饰题材丰富，寓意吉祥。叶氏宗祠规模恢宏，木雕绘画技艺精湛，富有较高的美学和寓教价值。村中古井、古道、古树等历史遗迹依旧。2003 年，被松阳县政府公布为县级历史文化村。

玉岩县级历史文化保护区

玉岩地处山谷盆地，聚落沿溪呈带状分布。南北朝建村，历代文人辈出，文化发达，素有松阳西南名村之称。建于明代的普济桥是全国重点保护单位，松阳高腔被列入国家级非物质文化遗产名录。村中 20 余幢清至民国初期建筑风格的古民居、古店铺、庙宇、古桥、古道、古井等文物遗迹风貌依旧，杨氏宗祠、叶氏宗祠保存完好。玉岩为革命老区，1935 年，刘英、粟裕率领红军挺进师进驻玉岩活动，杨氏宗祠内墙留有“只有苏维埃才能救中国”等 4 条红军标语。2003 年，被松阳县政府公布为县级历史文化村。

第二节 古民居选介

松阳古民居多为泥木结构，外形封闭式，泥墙黑瓦。建筑结构以“间”为单位，多以三、五、七、九奇数“间”组成。基础采用卵石砌筑，耐水牢固；夯土泥墙，稳重质朴；屋顶两坡黑瓦，简便、美观、大方；天井用条石、卵石铺设，晨沐朝阳，夜观星斗，静谧舒适。建筑装饰采用木雕、砖雕、石雕、绘画等手法，尤其是梁、枋、柱、牛腿、雀替、门窗等木构装饰精致，内涵丰富。尚存古民居大多是清至民国时期建造，保存较为完整的明代民居有8处，选介下列代表性民居建筑：

刘氏祖居门楼

位于古市镇刘边村8号。明代建筑，坐南朝北，原为三进院落，泥木结构，遗迹清晰可辨，现仅存建筑遗址及门楼。门楼占地面积10余平方米，木结构，一间二柱，面宽2.4米，石板铺地，悬山顶。屋面覆小青瓦，檐口饰勾头滴水，门楼斗拱铺作完整保留明代建筑风格。

人民大街102号民居

位于县城人民大街102号。明代建筑，占地面积约300平方米。五开间二厢单檐泥木结构，中轴线上辟石库门，门墙用细水磨砖砌筑，榼腹形柱础，门楼斗拱及室内铺作完整地保留着明代建筑风格。

图 37-4 县城人民大街102号明代民居门楼装饰（叶坚红 摄于2007年）

黄家大院

位于望松乡乌井村，始建于清同治年间（1862～1874），完善于民国7年（1918）。大院建筑坐北朝南，中轴线上由前院、中院、后院、附屋、门楼、家祠和花园组成，占地面积近1万平方米。前院“集成堂”，又名“百寿厅”（俗称“七间”），三进七开间，建于民国7年，清末民初时中西合璧的建筑特色在此可见一斑。中院“武技楼”（俗称“五间”），一进五开间，建于清同治年间。后院是2座造型、面积相同的“梅兰轩”和“竹菊轩”（俗称“三间”），一进三开间，建于清光绪年间。整座大院雕梁画栋，装饰华丽，题材丰富，寓意吉祥，木雕技艺精湛，被誉为江南木雕艺术的殿堂。2005年，被公布为省级文物保护单位。

宁静堂

位于大东坝镇后宅村桥北3区26～33号。清代建筑，占地面积1156平方米。门楣额题“福德照临”，二进五开间，影壁砖雕精美，梁架牛腿雀替木雕装饰华丽精致，题材丰富，寓意吉祥。厅堂存古匾、楹联多副，内涵丰富，书法精美。保存完好。

报德堂

位于大东坝镇后宅村西4区10～11号。清代建筑，占地面积855平方米。三进五开间，门楣题额“福自东来”“山明水秀”，粉墙绘画及室内木构装饰精美，厅堂存古匾4方，保存完好。

蔡宅村4号、5号民居

位于大东坝镇蔡宅村。清代建筑，占地面积2507平方米。包括正院、左右跨院和附屋，正院为三进九间四厢重檐楼房，左跨院为七间两厢重檐楼房，右跨院是并联两幢三间两厢楼房，右侧附屋由一幢面阔五间和一幢面阔三间两厢楼房组成。保存完好。

西山村21号民居

位于大东坝镇西山村。清代建筑，占地面积约800平方米。三进七间四厢双弄泥木结构重檐楼房，布局规整，木构雕刻技艺精湛。保存完好。

酉田村29号民居

位于三都乡酉田村。清代建筑，占地面积约330平方米。一进五间四厢双弄泥木结构重檐楼房，布局规整，木构雕刻技艺精致。保存完好。

酉田村35号民居

位于三都乡酉田村。清代建筑，占地面积约290平方米。一进五间两厢双弄泥木结构重檐楼房，中轴线上辟石库门，门楣额题“安吉寿康”，书法遒劲。保存完好。

徐登青旧居

位于县城十字路34号。为典型的民国初年中西合璧建筑，由庭院、宅楼和东、西花园组成，占地面积561.7平方米。坐北朝南，宅院平面呈长方形四合院式格局，面阔五开间二层楼房，硬山顶，南向门墙正中置砖雕圆窗，东、西两侧辟对称拱门设廊。底层水门汀地墁，厅堂地面彩绘双凤戏牡丹图案。楼房装饰高雅华丽，门窗及檐廊顶部为西式浮雕装饰，拱券形檐廊置瓶形柱栏栅。2003年，被公布为县文物保护点。徐登青（1886～1953），西屏镇人，曾任浙江卷烟特税局第五分局局长，民国时期浙江省议会议员。

第三节　塔庙寺祠

塔庙寺祠是一种文化现象，它融含历史、艺术、科技等方方面面的信息。松阳古建筑中的塔庙寺祠数量多，且保存较好。

古塔

旧志载，松阳城区有延庆寺塔、青云塔、善应塔、状元坊塔、五福社塔、赤塔、仁寿坊塔7座古塔。至2010年，仅存延庆寺塔和青云塔。

延庆寺塔　位于县城西郊塔寺下村。因建于云龙山下的延庆寺前，以寺取名。相传为行达禅师所藏释迦如来舍利之塔。建于北宋咸平二年（999）。六面七级，通高38.32米，基座与塔身组成束腰式须弥座，副阶重檐。空筒形塔体各向均辟有壶门，每层设平座回廊，可登临览眺。斗拱五铺作双卷头，平缓舒展的出檐颇具唐风，方形木椽呈放射状（扇列）铺钉，转角翼角下挂风铎，上置角神脊兽，铁质塔刹相轮卷草图案。1963年，被浙江省政府公布为第一批省级文物保护单位。1989年，国家文物局拨专款对延庆寺塔进行加固维修，恢复宋代原貌。2006年，国务院公布为第五批国家级重点文物保护单位。

图 37-5 延庆寺塔（叶坚红 摄于2005年）

青云塔 又名青蒙塔。位于县城东部青蒙村青蒙山顶，为县邑治水之华表，立于县城之东方，有青云直上之寓意，故名青云塔。明万历年间（1573～1620），松阳知县林大佳率民兴建。六面七级，通高31米，空筒体砖塔。基座用青条石砌筑而成，底层西北向辟有一壶门，二层以上壶门隔层相间，每层辟3个壶门。腰檐以菱角牙子叠涩出檐，用砖砌成筒瓦状瓦垄、勾头和滴水，顶部冠铁质塔刹。1981年，被公布为县级文物保护单位。

善应塔 在县城善应堂门外。建于明初。旧志载，清同治七年（1868）闰四月二十七日晚，倒塌于市墈头大街正中，遗址出土多枚开元、太平、洪武年号的古钱币。

状元坊塔 在县城城隍庙右侧。梁大同年间（535～546）建。砖结构。1966年8月，“文化大革命”期间毁。有砖铭“祝延圣寿”4字，出土多枚古钱币和1条薄片小金龙。

五福社塔 在县城塔头街。建塔年代不详。久废。20世纪80年代，该路段建设时，遗址出土多枚古钱币和1条小银龙。

赤塔 在县城南济川门外赤塔埠。建塔年代不详。久废。为旧松阳十景之六“塔溪绿涨”胜景。今“塔溪绿涨”胜景移植于青云塔，松阴溪之畔。

仁寿坊塔 在县城北直街仁寿坊社亭内。建塔年代不详。清末废。

寺庙壇观

据史料记载和文物普查，境内有寺庙壇观300多座，包括佛教、道教以及民间信仰的乡村庵堂殿院、土庙等。古寺庙大多坐落在当地山川胜地，环境幽雅。其中文庙、城隍庙、汤兰公所(关圣宫)、永宁观天师殿等被公布为县级文物保护单位，法昌寺、崇觉寺、夫人庙等12座寺庙被公布为文物保护点。

文庙 又称儒学、孔庙。旧时祭祀孔子和供生员读书的场所，位于县城大井路2号、城隍庙西首，占地面积1000余平方米。清顺治《松阳县志》载，“儒学在县（衙）东南百步，前中为文庙，东西两庑，前为戟门，为泮池，跨石桥又前为棂星门者，再前为文庙大门”。尚存建筑戟门、大成殿和两庑为清乾隆三十三年（1768）及民国时期修建，戟门墙边存明代崇祯二年（1629）“松阳县重建儒学碑志”1通。2003年，被公布为县级文物保护单位。

城隍庙 旧时供奉城隍之所。位于县城大井路7号。始建于唐贞元年间（785～805），明万历二十四年（1596），长松台改建，屡有兴废，尚存建筑为清嘉庆十年（1805）和乾隆四十八年（1783）重建。占地面积896.5平方米。中轴线上依次有大殿、正殿、厢房、后寝，正殿建筑气魄雄伟，梁柱用材硕大。大殿二进五开间，抬梁穿斗混合结构，硬山顶，屋顶正脊两端施鸱尾，殿内保存有城隍庙碑记 4 通。正殿石柱楹联“助雨露风霜调和五气，与山川社稷保障四方”等具有很高的书法价值。1986 年，被公布为县级文物保护单位。

汤兰公所　又名兰溪会馆、关圣宫。清嘉庆十四年（1809），由汤溪、兰溪籍布业商捐资兴建，是商家聚会洽谈业务之所。位于县城中弄 12 号，内祀武帝关羽圣像。建筑坐北朝南，中轴线上共三进，由门厅、邮亭、大殿及东西厢房组成，占地面积 1100 平方米。牌楼式砖雕门楼，正楼中间镶嵌“关圣宫”砖雕竖匾，楼顶花砖叠涩出跳。整座建筑梁柱用材硕大，结构严谨，雕梁画栋，木构装饰题材多以三国演义和八仙人物故事为主，文化内涵丰富，木雕技艺精湛。尤其二进邮亭造型雄伟壮观，木雕精美，飞檐翘角，歇山顶。1981 年，被公布为县级文物保护单位。

俭公祠　位于古市镇卯山景区，系清代建筑。为纪念叶姓先祖叶俭而建。叶俭（296～361），晋建武元年（317）举家定居松阳九都怀德里，折冲将军，谥临海侯。俭公祠坐北朝南，通面阔 14.25 米，进深 16.25 米，一进五开间，抬梁穿斗混合结构，单檐硬山顶。祠院种有古树银桂和罗汉松，旁有天师渠和浴丹池。1986 年，被列为县级文物保护单位。

永宁观天师殿　原址在古市镇松州路上（今古市幼儿园旁）。1992 年，该建筑因涉及城镇建设被搬迁，2007 年复建至卯山俭公祠东。永宁观始建于唐开元年间，为著名道教宗师叶法善传教的“淳和仙府”，后改名“永宁观”，历代多次修建和重建。天师殿为清嘉庆二十年(1815)，后人为纪念叶法善而建，面阔三间二层，重檐硬山顶，方砖墁地，前廊檐柱和金柱石质方柱，上刻楹联 6 副。1986 年，公布为县级文物保护单位。

图 37-6　法昌寺（叶坚红 摄于 2007 年）

法昌寺　位于樟溪乡肖周村五龙山麓。始建于梁大同三年（537），初名灵岩寺，隋大业年间（605～618）废，复建后改名法昌寺。元至元年间（1264～1294），再废。明洪武六年（1373），重修。屡毁屡建。尚存大殿为清代原物，其余建筑为现代修建，占地面积 1944.30 平方米。

云台山天师殿　位于玉岩镇道惠村云台山。始建年代不详，清道光二十年（1840）重建。历年多次修复。供奉张、叶、李三天师。为二进三开间，面积 300 平方米。保存完好。

太保庙　位于县城北部望松岭。望松禅院东岳行宫建筑群一庙，供奉温琼为太保。东岳行宫始建于明天启元年（1621），清康熙二十三年（1684）遭焚毁后重修，经雍正、同治历代修缮扩建，形成规模恢宏的建筑群。东岳行宫建筑群前为太保庙，左为夫人堂，右为三官堂，东西两廊为十王殿，后为金刚堂（又名三宝堂），再后为观音堂。堂左为百子庵，右为罗汉堂。民国 31 年（1942），被日军焚毁。尚存太保庙为民国 33 年复建。

崇觉寺　位于板桥畲族乡桐榔村。始建于北宋开宝元年（968），南宋开庆年（1259）重建。规模宏敞，寺在松阳、丽水、武义一带颇具影响。前有附马墓和 2 棵对称的古罗汉松，树径围有 400

厘米。正殿和附殿为清道光九年（1829）重建，前殿和东、西厢房为近期修建。占地面积 2000 余平方米。2003 年，被公布为县文物保护点。

延庆寺　位于西屏镇上连头村山垄。始建于南朝梁普通年间（520～527），初名云龙寺。唐时，改名延庆寺。久毁。现建筑为 1994 年在原舍利庵旧址上修建，占地面积 1195.97 平方米。

秀峰寺　位于西屏镇塔寺下村石笋脚。始建于清道光年间（1821～1850）。初名吕祖庙，后更名秀峰观。正殿门楣题额留有“秀峰观”三字，主殿供奉吕洞宾。1993 年，信徒重修扩建，供奉神像增多，佛道合崇，改名秀峰寺。占地面积 1273 平方米。

香乳山禅院　位于玉岩镇玉岩村香乳山。始建于明代，屡毁屡修。尚存建筑为清、民国时修建。占地面积 540.58 平方米。

云岩寺　位于县城北 1 千米云岩山上。山中有两个天然石洞，洞内供奉胡公大帝，又名胡公寺。始建于清乾隆二年（1737），“文化大革命”时遭毁。1990 年重新修复，占地面积 205 平方米。为旧时松阳十景之第二景“云岩石屋”。

瑞现夫人庙　位于水南乡瓦窑头村独山脚。古称太婆庙，后晋天福四年（939），易名为瑞现夫人庙。民国 31 年（1942），遭日军兵燹。次年，原址复建，一进三间二厢，占地面积 520 平方米。1989 年，被公布为县文物保护点。

图 37-7　瑞现夫人庙（叶坚红 摄于 2007 年）

项山头夫人殿　位于象溪镇雅溪口村项山头自然村。乾隆八年（1743）建，屡毁屡建。尚存建筑为 1986 年修建，建筑面积 160 平方米。2003 年，被公布为县文物保护点。

宥真禅寺　位于望松乡石门村。建于明嘉靖三十四年（1555），清咸丰八年（1858）、十一年遭太平军兵燹，同治五年（1866）重修。后废圮。尚存建筑为 2000 年重建。建筑面阔 15 米，进深 20 米，由前厅、邮亭、主殿组成，占地面积 720 平方米。

弘法寺　位于西屏镇北山村北。始建年代不详，久废。2006 年重建，占地面积 750 平方米。

山苍殿　位于三都乡上田村。明末清初建。供奉唐、葛、周三元帅。建筑共三进，进进增高，雄伟气派，雕梁画栋，建筑面积 700 平方米。保存完好。2003 年，被公布为县文物保护点。

感应佛堂　位于大东坝镇后宅村。建于清嘉庆二十三年（1818）。三进五开间，一进门厅戏台飞檐翘角，藻井绘画出神入化。保存完好。1989 年公布为县文物保护点。

定光佛院　又名定光寺。位于大东坝镇下宅街村。始建于清乾隆五十七年（1792）。曾遭 2 次火灾，尚存建筑为宣统三年（1911）重建。二进三开间，雕梁画栋，占地面积 800 余平方米。

墨口殿　位于竹源乡小竹溪村。供奉徐侯大王。建于清初，20 世纪 80 年代重修。

钟山寺　位于枫坪乡高亭村。始建于明正统年间（1436～1449）。原名集善禅寺，又名集善堂。历代屡毁屡建。20 世纪 20 年代，更名钟山寺。寺内存有明隆庆四年（1570）铜钟 1 座。1992 年重修，建筑面积1307平方米。

药王庙　又名药皇宫。位于县城中弄21号，东琳宫右。清嘉庆十六年（1811）兰溪等地药商公建，为医药行业会馆。内祀药王伏羲氏。中轴线上依次为门厅、邮厅、后殿及厢房，占地面积574平方米。

东琳宫　位于县城中弄19号。始建于元延佑元年（1314），清康熙三十四年（1695）重修。清光绪三十四年（1908），尼宗小学设此。民国元年（1912），东琳宫改为忠烈祠，中奉辛亥革命烈士潘灏。后为房管所公房，建筑被改造。

天后宫　松阳县城有南北2座祀天妃娘娘的天后宫，俗称上天后宫、下天后宫。上天后宫原址在县城北天后宫弄13号，建于清乾隆十四年（1749）1991年，因实验小学扩建被拆，正殿被异地复建至延庆寺塔后院。下天后宫在南门白龙堰边，建于清乾隆三十四年（1769）。建筑坐北朝南，正门石质门框刻楹联“舳舻恬静并袍山，沧海汪洋同摺水”。留存一进门厅戏台，飞檐翘角，脊饰走兽，木构装饰精致华丽。主殿及东西厢房为2010年重建，由西屏镇十一村管理。

图37-8　下天后宫外景（叶祖青提供 1949年）

望松禅院　在县城北，前为太保殿，中为东岳行宫，后为观音堂。东岳行宫始建于梁大同年间（535～546），明天启元年（1621）重建，清康熙二十三年（1684）毁，住持僧通悟重兴，规模宏大。东岳行宫左为夫人堂，右为三官堂，东西两廊为十王殿，后为金刚堂（又名三宝堂）。再后观音堂，观音堂左为百子庵，右为罗汉堂。民国19年（1930），有住持雪恩和尚1人。全面抗战时期曾为省农业改进所、英士大学农学院驻地。民国31年8月，被日军烧毁，现存太保殿为民国32年重建。中华人民共和国成立初，有僧5人。

松阳县寺庙壇祠基本情况表

表37-2-3-1

序号	名　称	坐落地点	说　明
1	禹王宫	赤寿乡界首村	始建于明代，清乾隆三十九年（1774）重建。中轴线上依次为门厅、邮亭、大殿，面积1000余平方米。1991年遭火灾，仅存门厅
2	禹王庙	板桥村	建于清代
3	禹王庙	大东坝镇后宅村	建于清末，1987年修复
4	禹王庙	大东坝镇下宅街村	建于民国23年（1934）
5	禹王庙	大东坝镇西山村	建于清代
6	禹王庙	玉岩镇交塘村	建于清代

续表 37-2-3-1-1

序号	名　称	坐落地点	说　　明
7	武庙	县城旧县署西南官塘铺之外	祀忠义武神护国保民关羽之所，清雍正四年（1726）建。咸丰八年（1858），焚毁。同治六年（1867），改建于旧关帝庙之东。民国 8 年（1919），修复，改为关岳庙。无存
8	关岳庙	县城南门天后宫之左	无存
9	关帝庙	县城武庙西	无存
10	关帝庙	谢村乡大铺村	无存
11	关帝庙	县东二十里	无存
12	关帝庙	叶村乡叶村村	无存
13	文武庙	水南	无存
14	文武庙	象溪镇象溪村慈恩寺左	无存
15	文武庙	望松乡六都村	建于清乾隆三十八年（1773），民国时期辟为小学
16	三元真君庙	象溪镇靖居村东山尖	供奉唐、葛、周三元帅。二进三开间，面积 600 平方米
17	山锁坳三元真君殿	竹源乡黄庄村	供奉唐、葛、周三元帅。始建于明万历年间（1573～1620），清咸丰年间（1851～1861）重建。二进三开间，面积 400 平方米
18	唐葛周殿	竹源乡后畲村	建于清乾隆三十年（1765），供奉唐、葛、周三元帅
19	唐葛周殿	叶村乡东坞源口	—
20	唐葛周庙	大东坝镇百步村	—
21	五侯大帝庙	大东坝镇蔡宅村	建于民国 13 年（1924），供奉徐侯大王和土地神
22	徐侯庙	大东坝镇牛角圩	—
23	文昌宫	县城旧儒学门东（大井路）	祀文昌梓潼帝君，建于明崇祯五年（1632）。清康熙年间（1662～1722）、雍正九年（1731）、道光年间（1821～1850）、同治十年（1871）先后修建。无存
24	奎星阁	县城旧儒学门东文昌宫前（大井路）	建于清道光年间（1821～1850）。无存
25	文昌阁	象溪镇象溪村	建于清代
26	文昌阁	象溪镇南州村	建于清代
27	文昌阁	象溪镇靖居村白碧桥	建于清代
28	文昌阁	堰头	建于清代，叶黉权独建。1963 年划为丽水县辖
29	万寿宫	县城南直街 53 号	中华人民共和国成立后，曾为县工商联合会办公地址、电影院等，2008 年改建为松阳县非物质文化遗产展览馆
30	三元宫	城南官塘桥外	初为兴林庵，清道光五年（1825）改建为三元宫。无存
31	南岩三清宫	水南乡岩下村	原名普济院
32	丽阳行宫	县西北里许	建于清雍正八年（1730）。无存
33	青元宫	城北教场右	清道光年间建。无存

续表 37-2-3-1-2

序号	名　称	坐落地点	说　　明
34	保赤宫	裕溪乡小槎村	—
35	青云宫	县东十五里	—
36	紫薇宫	赤寿乡半古月村	—
37	寿昌通天宫	县西三十里	—
38	先农壇	县城东门外（变电所旁）	祀先农历山氏。左祀炎帝神农氏，右祀后稷氏。无存
39	社稷壇	县城旧县署西北三里许	祀县社之神、县稷之神。无存
40	风云雷雨山川壇	县城旧县署西南二里	祀风云雷雨之神。左祀山川之神，右祀城隍之神。无存
41	厉壇	县城朝天门外	俗称祭孤壇。无存
42	神农殿	县城东一里许	建于清光绪二十九年（1903）。无存
43	土地祠	县城仪门之左	建于清同治十一年（1872）。祀本县土地之神。无存
44	白鹤殿	西屏山	20 世纪 50 年代末毁
45	白鹤殿(降福寺)	水南乡横山村	始建年代不详。初名横山寺，更名降福寺。二进三开间，面积 415 平方米
46	逍遥观	城西一里云岩山之阳	始建于梁大同元年（535），初名洞阳观。宋宣和年间（1119～1125）重建，改名逍遥观。明天启年间（1621～1627）重修
47	洞阳观	西屏镇乌形山村	又名叶天师祠
48	仓颉庙	城东朱子祠西北	建于清道光年间（1821～1850）。无存
49	金钟庙	县治东南旧学基之侧。左为观音阁，右为三官阁	明万历年间（1573～1620）建。清雍正九年（1731)重建。遗址现为西六村居家养老服务照料中心（猪行路 51 号）
50	赵元壇庙	象溪镇象溪村	建于清末。供奉赵公明元帅之所。旧有紫阳书院
51	竹客庙	竹客岭	宋大观四年（1110），县丞李寮祈雨有应，立庙。下游为巨潭，溉田百余亩
52	先锋庙	新处乡竹囮村	明正统十三年(1448)建，初名安德社。明天启三年(1623)、清同治十三年（1874）两次重修。供奉平水大王李先锋。面积 143 平方米
53	古圣堂观音庙	赤寿乡黄山头村	—
54	戴火仙庙	县西南十七里	遇旱时祈雨之庙
55	紫衣大德庙	马鞍山下	遇旱时祈雨之庙
56	灵洞庙	大东坝镇五部村	—
57	唐相公庙	县北十五里五阳山麓	清咸丰年间（1851～1861）建
58	真武庙	枫坪乡高亭村	相传，唐明皇时，卯山叶真人与山神斗法，真人化身坐镇于此。有石香炉，镌“叶法善”三字，今尚挲摩可认
59	真人庙	县东十五里	—
60	雷祖庙	县南五十里社厝后	—

续表 37-2-3-1-3

序号	名　称	坐落地点	说　　明
61	大王庙	县南五十里周岭脚	已废
62	大王庙	大东坝镇牛角圩村	又名徐王庙，建于清代，供奉徐侯大王
63	大王庙	大东坝镇外大阴村	又名徐王庙，建于清末，供奉徐侯大王
64	龙神庙	县南五十里南山下	—
65	龙神庙	大东坝镇山头村	建于清代。供奉龙神
66	新福庙	玉岩镇交塘村	建于清代
67	叶三君庙	枫坪乡钱余村	供奉叶三君
68	太尉堂	水南乡大竹溪村	清道光年间（1821～1850）建。保存完好
69	善应堂	县城人民大街 154 号	始建年代不详，清道光二十五年（1845）焚毁。二十八年）重建。内祀孔子、关羽文武圣人等，中华人民共和国成立后辟为药店
70	万安堂	大东坝镇黄南村	建于清代。供奉陈、林、李三位夫人
71	广济堂	与县城南门咫尺相对	旧祀镇武祖师。无存
72	广济堂	新兴乡高丰村	旧祀镇武祖师。无存
73	中洲堂	赤塔溪南岸	始建年代不详。清康熙二十五年（1686）水毁
74	生生堂	新兴乡上安村	原为刘氏家塾，康熙二十二年（1683），改为生生堂。供奉送子神像。无存
75	善济堂	石门村外	无存
76	宝华堂	古市镇	无存
77	五福堂	古市镇五木村	无存
78	集福堂	水南乡大竹溪村	无存
79	顺济堂	象溪镇靖居村	无存
80	福寿堂	东乡骑马岗顶	无存
81	道济堂	裕溪村桥北	无存
82	显泽堂	县北十里六都	无存
83	普惠堂	山下阳村	清光绪十六年（1890）建
84	天济堂	靖居口村	—
85	垂济堂	裕溪乡小槎村头	—
86	古圣堂	县北三十里大岭头	始建于清道光十九年（1839）
87	延庆堂	象溪镇鲁西村	—
88	福庆堂	板桥村岭头	通丽水畎岸要道，为行人憩息之所
89	普惠堂	板桥村	—

续表 37-2-3-1-4

序号	名　称	坐落地点	说　　明
90	吉庆堂	板桥乡东坑村	—
91	乐善堂	板桥乡高山村	旧时，通丽水碧湖之要道
92	泉济堂	县东十五里	—
93	延福堂	县东二十里	—
94	永济堂	县东三十里	—
95	三官堂	板桥乡桐榔村	—
96	集福堂	县东十里	—
97	义善堂	县东十二里	—
98	应心堂	象溪镇石鼓村	—
99	泗州堂	象溪镇程路后村	建于清代
100	东善堂	斋坛乡桐村	—
101	云峰堂	县南十五里	堂前有亭，为过往行人憩息之所
102	观音堂	水南乡大竹溪村	—
103	观音堂	大东坝镇五部村	建于清代
104	崇乐堂	水南乡南山村	—
105	普善堂	县西二十五里	—
106	益庆堂	大东坝镇赤圩村	又名夫人庙。清光绪年间（1875～1908）建，供奉陈、林、李三夫人
107	灵感堂	大东坝镇蔡宅村	—
108	普济堂	大东坝镇横樟村	—
109	敦厚堂	竹源乡大岭头村	建于清代。二进五开间，木构雕饰精湛
110	顺济堂	象溪镇靖居村	—
111	福寿堂	县东乡骑马岗顶	—
112	妙音堂	新兴乡内孟村	—
113	古市城隍庙	古市镇	无存
114	东福禅院	县城育英路东	建于明洪武三十年（1397）。民国 15 年（1926），辟为松阳县立初级中学校舍。
115	延庆禅院	赤寿乡赤岸村	—
116	福庆禅院	赤寿乡赤岸村	—
117	白鹤禅院	象溪镇东田村白鹤岭	—
118	妙音禅院	叶村乡河头村	—
119	金莲禅院	县北十五里村	明末，村人纪仁义独资兴建

续表 37-2-3-1-5

序号	名　称	坐落地点	说　　明
120	定昭院	西屏镇大路口村	为项安世读书处。无存，今定昭院自然村以寺取村名
121	净居院	县西二十一里	—
122	悟真院	离县三十里	初名灵岳寺，唐乾符三年（876）建。元至元间（1335～1340）重建，改名悟真院
123	普济院	水南乡岩下村	又名南岩寺。唐会昌年间（841～846）始建，元大德年间（1297～1307）重建。历代屡毁屡建。后更名南岩三清宫
124	开冥道院	离县二十里	元至正五年（1345）建。无存
125	真元道院	县西一里	久废
126	总持法院	古市镇	原为李氏宗祠废址，宋延祐元年（1314）原址改建，供奉观音，取名“小祇园”。山门匾额“总持法院”。无存
127	电院	西屏云岩山	—
128	忠州古院	古市镇黄圩寮村	—
129	法云寺	县东六十里	旁有通济堰。始建于南朝梁天监四年（505），初名法云寺。久废。清康熙三十年（1691）重建。改名通济寺。堰头村，1963 年划丽水县辖
130	祥云寺	象溪镇小佛儿村楼底岭	为入城要道，行人憩息之所。无存
131	宝觉寺	象溪镇靖居村	无存
132	广福寺	县东五里石佛岭	宋初建。为上府要道，行人往来憩息之所。无存
133	治平禅寺	县西一里	初名普通院，始建年代不详。唐咸通十二年（871），改名护国寺，又改名天王院。治平三年（1066），再改名治平禅寺。建筑雄伟壮观。无存
134	净信寺	县西十七里	初名报恩寺，周显德二年（955）建。北宋治平三年（1066）改名净信寺。后废。元至正二十年（1360）重建。无存
135	广慈寺	县西三十里	初名田石寺，梁大同二年（536）建。隋大业年间（605～618）改院。毁。元至正年间（1341～1368）重建，改名广慈寺。无存
136	化成寺	樟溪乡富兴村	初名古城寺，五代后唐清泰（935）建。北宋治平年间（1064～1067），改名化成寺
137	寿昌寺	县西二十里	初名长乐寺，隋大业二年（606）建。北宋大中祥符年间（1008～1016）改名寿昌寺。无存
138	圆觉寺	县二十五里	梁大同三年（537）建。无存
139	正念寺	古市镇上方村	初名信义寺，唐建中元年（780）建。北宋治平间（1064～1067）改名正念寺。后圮。宋嘉定年间（1208～1224），重建。废。清康熙年间（1662～1722），复建。无存。旧址在今松阳第二中学校园内，存正念寺古井一口
140	云居寺	县西三十里	唐时建。无存

续表 37-2-3-1-6

序号	名　称	坐落地点	说　明
141	广因禅寺	新兴乡潘连村广因寺自然村	初名文殊寺，后唐清泰二年（935）建。宋治平二年（1065），改名广因禅院。历代屡毁屡建，民国 26 年（1937）11 月，浙江省立湘湖师范学校本部迁此。民国 31 年 5 月，寺院被日军炸毁
142	善因教寺	斋坛乡斋坛村	初名开善寺，南朝梁大同四年（538）建。北宋初，改名法善寺。元至元年间（1264～1294），又改名善因教寺。遗址现为斋坛乡中心小学。斋坛村名因善因教寺常设壇布斋而得名
143	多福寺	县西南八十里	初名延福寺，唐乾符三年（876）建。宋治平初，改名多福寺。无存
144	妙觉寺	县西南三十二里	久废
145	觉宗寺	水南乡大竹溪村	唐大中三年（849）建，初名新兴院。北宋大中祥符二年（1009），重建。宋治平间（1064～1067），改名觉宗寺。久废
146	证圣寺	县南五里	初名景星寺，梁大同元年（535）建。隋大业年间（605～618），改名证圣寺。北宋咸平年间（998～1003）重修。久废
147	法宁寺	县南五里	梁大同元年（535）建。久废
148	永安寺	县南十五里	久废
149	福安寺	象溪镇南州村	梁时建。南宋朱熹曾宿于此
150	大慈寺	县南五里	初名大安寺，后晋天福二年（937）建。元末废。明洪武年间（1368～1398）重修。久废
151	净因寺	县南五里	初名妙善寺，梁普通二年（521）建。隋大业年间（605～618），废。唐大中五年（851）重建，改名净因寺。无存
152	资圣寺	县东五十里	后周显德元年（954）建。久废
153	香山寺	县东六十里	唐武德四年（621）建。久废
154	净缘寺	县东南二十五里	初名延寿寺，后周显德五年（958）建。北宋治平间（1064～1067），改名净缘寺。清，已废
155	玉泉寺	县东十里	初名灵水寺，梁大同元年（535）建。隋大业年间（605～618），毁。唐乾元二年（759）重建，改名玉乾寺。久废
156	报因寺	县东六十里	元时建。久废
157	净圣寺	县东五十里	后周显德七年（960）建。久废
158	延昌教寺	县东六十里	宋嘉定十六年（1223）建。久废
159	妙胜寺	县东二里	宋淳祐间（1241～1252）建。久废
160	明觉寺	县东十二里	后晋天福七年（942）建。久废
161	净梵寺	县城长虹东路 77 号	南宋淳祐年间（1241～1252）建。中华人民共和国成立后，曾为永丰粮食仓库

续表 37-2-3-1-7

序号	名 称	坐落地点	说 明
162	净严寺	县东北五里	久废
163	正等寺	县北五里	初名正信寺，始建于南朝梁时（502～557）。唐会昌年间（841～846）废。北宋建隆三年（962）重建，改名正等寺。无存
164	石岩寺	县北五里屏峰山下	清乾隆年间（1736～1795）建。知县黄槐题有匾额“生生亭”。光绪十七年重修。上有屏峰庙
165	莲珠寺	屏峰山坳	—
166	福胜寺	县北五里	曾为五都区议会办公场所
167	感恩寺	大东坝镇五部村	—
168	崇福寺	县北二十里封寿山顶	始建年代不详，清同治二年（1863）重建
169	龙进寺	望松乡砌砿村	—
170	宝盖寺	县西三十里	峻岭崎岖，风景绝佳
171	善因寺	十六都	建于明代
172	普圆寺	古市镇筱铺村	南宋嘉定十六年（1223）始建。元重修，清光绪中期重建
173	积善寺	古市镇塘头村	又名夫人殿。无存
174	里定寺	新兴乡大石村里定自然村	—
175	道堂寺	新兴乡后刘村道堂塔自然村	—
176	妙观寺	县西南三十二里	—
177	灵显寺	城西儒行坊	久废
178	慈恩寺	象溪镇象溪村	中华人民共和国成立后辟为象溪小学，1992 年为村委会办公地址
179	报恩寺	板桥乡板桥村下仓自然村	—
180	观音寺	三都乡上田村山苍殿自然村	建于民国 8 年（1919）
181	呈岭寺	县东三十里	—
182	宝觉寺	象溪镇靖居村	—
183	灵显岩	象溪镇鲁丰村	已废
184	靖居寺	斋坛乡东关村后	—
185	净心寺	叶村乡叶村村	—
186	永灵寺	叶村乡叶墙头村	供奉陈十四夫人
187	阁宗寺	水南乡市口村	—
188	慈恩寺	水南乡包安山村	民国元年（1912）建
189	隆振庵	樟溪乡东市村	即龙振庵，建于民国 2 年（1913）

续表 37-2-3-1-8

序号	名　称	坐落地点	说　　明
190	后安寺	赤寿乡梧桐口后安砻自然村	—
191	万音寺	县南二十五里白峰尖	南宋建炎年间（1127～1130）建
192	章山寺	裕溪乡章山村	—
193	渭宁寺	大东坝镇明源村洋坑源	建于清代
194	普济寺	安民乡乌弄村	又名观音殿。始建于清康熙年间（1662～1722），民国 18 年（1929）重修
195	祥云寺	象溪镇小佛儿村	清代建。寺存“续建祥云寺碑记”一通
196	白云寺	水南乡南山村	原名白云庵。始建于宋代。元至正十二年（1352）重修。历代屡建屡毁。21 世纪初，遗址重建，改名白云寺
197	万寿护国禅寺	赤寿乡界首村万寿山顶	始建年代不详。无存
198	感应寺	五都	—
199	舍利庵	县城西郊延庆寺旧址之侧延庆寺塔旁	遗址尚存
200	南岩庵	水南岩下村南岩山普济院旧址旁	—
201	慈云庵	西屏镇青蒙村	旧为青蒙岭寺，青云塔建成后，改名青云寺。明崇祯年间（1628～1644）扩建庵院，取名慈云庵。无存
202	飞来庵	古市镇城门楼外	—
203	定龙庵	赤寿乡龙下村下定	—
204	万寿庵	县西北四十里	无存
205	丰庆庵	新兴乡外孟村	由孟彦隆旧居改建。建于明代。无存
206	会仙庵	樟溪乡力溪村	即力溪太保庙
207	广福庵	象溪镇石马铺村	—
208	家庵	象溪镇黄店村	始建年代不详。原名姑庵，后改为家庵
209	裕溪庵	裕溪乡裕溪村	—
210	叶朱庵	县东二十里	—
211	会林庵	县西十里源口	—
212	康宁庵	县南三里	—
213	有道观	县东南十里	南宋德祐二年（1276）建。无存
214	奉真观	县西十八里	元至正二十五年（1365）建。无存
215	广福观	古市镇卯山	宋治平元年（1064）建。熙宁二年（1069），赐额“寿圣观”。隆兴元年（1163），改名广福观。有石壁灵泉，夏冬不涸，即天师渠也

续表 37-2-3-1-9

序号	名称	坐落地点	说明
216	永宁观	古市镇	原为叶法善旧居。唐开元中（713～741），叶法善奏捨庄宅为道观，唐玄宗赐额“淳和仙府”，改名永宁观。有巨钟铸于乾元二年（759）。宋宣和间，方寇焚爇，钟在烈焰中不烁，声亦不改。浮屠百人舁之不能动。及钟楼重建既成，数人挽而上之。无存
217	灵崇观	古市镇永宁观东	隋开皇年间（581～600）建。久废
218	妙有道观	县西百步	久废
219	天真观	新兴乡南西山下	唐弘道元年（683）建。原名淳和，改名安和，又改名天真观。久废
220	女真观	县西二十八里	隋开皇年间（581～600）建
221	禧贻观	县西十五里	久废
222	景福观	县东一里	建于宋末。久废
223	通法观	县北四十里申奏山上	清道光二十三年（1843）建
224	白云观	玉岩村	又名道院
225	胜苍观	竹客口村	旧名天竹庵。无存
226	真元道观	县西一里	久废
227	仙娘殿	西屏镇仙娘殿弄	—
228	三元真君殿	古市镇下街真君弄	供奉三元真君
229	史鱼殿	四都源口	无存
230	龙宝殿	四都乡寨头岭脚	无存
231	龙母殿	望松乡王村金村自然村	始建年代不详。清咸丰八年（1858）焚毁。光绪十七年（1891）复建。1968 年毁
232	石柱殿	县城松阴溪畔航船头	元末始建，祀为民建功之士周汉杰。原址县城官塘门外白龙堰沿，屡遭水毁，又复建
233	龙殿	县北十里四都源	—
234	灵显殿	县北十五里寨头岭上	清光绪二年（1876）建
235	忠周古殿	古市镇黄圩村	—
236	五侯大帝殿	大东坝镇蔡宅村	—
237	大王殿	新兴乡芳溪口	—
238	南岩殿	象溪镇南州村头	又名“佛儿殿”
239	洞主殿	象溪镇鲁西坑边	—
240	龙胜殿	三都乡淡竹村龙胜山	又名淡竹殿。奉三元真君神像，祈晴雨、御灾患。民国政府县长祝更生曾率部队在此起义，殿存纪念碑 1 通
241	福龙殿	县东福龙山	祀三元真君

续表 37-2-3-1-10

序号	名　称	坐落地点	说　　明
242	三官殿	县东二十里	—
243	八仙殿	县东二十五里	—
244	万古仙殿	水南乡岩西村	明正统年间（1436～1449）建
245	明山殿	水南乡桥头村	—
246	三元殿	县西十里斋坛	—
247	仙人殿	叶村乡东坞村	—
248	关王殿	叶村乡松山村	—
249	仙坑源洞主殿	斋坛乡花田垄村	清咸丰二年（1852）建。供奉洞主娘娘，民间祈晴雨、御灾患
250	砻空殿	玉岩镇程路村	又名崇福禅院。元至正十五年（1355）始建，明清时期多次重修。有崇福堂、崇善堂 2 建筑。殿存砻空殿志碑一通
251	毛洞主殿	县西四十里金坑源	—
252	插花殿	大东坝镇茶排村	—
253	三真宝殿	大东坝镇蛤湖村	—
254	白礓洞主殿	大东坝镇上寮山村	清光绪二十年（1894）建
255	观音殿	大东坝镇上包村	—
256	龙石夫人殿	水南乡大竹溪村	民国 6 年（1917）焚毁，次年复建。旁有三元庙
257	夫人殿	象溪镇南州村	—
258	夫人殿	象溪镇鲁西村	已废
259	夫人殿	板桥乡板桥村	—
260	夫人殿	邵尖山麓	建于清道光年间（1821～1850）
261	夫人庙	象溪镇雅溪口村项山头自然村	始建于清雍正年间（1723～1735），乾隆八年（1743）、民国 13 年（1924）多次修建。供奉陈、林、李三夫人
262	夫人庙	象溪镇靖居口村	建于清光绪年间（1875～1908）
263	夫人庙	裕溪乡内陈村	—
264	夫人庙	大东坝镇赤圩村	建于清光绪年间（1875～1908）
265	夫人庙	大东坝镇山边村	建于清代
266	淳安中社	竹源乡黄下村口	建于清初
267	横潭社庙	玉岩村	始建于清乾隆年间（1736～1795）
268	永庆社庙	县城北直街永庆铺弄口	无存
269	官塘社庙	县城官塘路	无存
270	明德社庙	县城明德路	无存

续表 37-2-3-1-11

序号	名 称	坐落地点	说 明
271	济川社庙	县城济川路	无存
272	要津社庙	县城要津路	无存
273	朱山社庙	县城朱山路	无存
274	明灯社庙	县城明灯路	无存
275	五福社庙	县城五福路	无存
276	常安社庙	古市镇常安弄	无存
277	信义社庙	古市镇信义弄	无存
278	塘坦社庙	西屏镇大路口村	—
279	天康社庙	望松乡六都村	—
280	唐胜社庙	三都乡呈回村	—
281	永安社庙	象溪镇象溪村	—
282	永兴社庙	玉岩镇根坑村	—
283	新城社庙	枫坪乡金竹村	—
284	永安社庙	枫坪乡龙虎坳村	—
285	德福社庙	大东坝镇大樟源口村	建于清代
286	永城大社	大东坝镇下宅街村	建于清代
287	元安大社	大东坝镇树稍村	建于清代
288	永寿社庙	大东坝镇下后畲村	建于清代
289	万全社庙	大东坝镇燕田村	建于清代
290	永宁社庙	大东坝镇洋坑埠头村	建于清代
291	天康社庙	望松乡六都村	—
292	潘坑社庙	竹源乡潘坑村	建于元朝
293	相友社庙	竹源乡小竹溪村	—
294	灵应山庙	四都乡榔树村	—
295	银锭山庙	四都乡塘后村	—
296	灵鹫山庙	四都乡午岭村	—
297	进福社庙	谢村乡南坑村	—
298	大明社庙	新处乡赤岩村	—
299	外石塘社庙	新处乡外石塘村	—
300	新福社庙	新处乡新处村航坑桥	—

续表 37-2-3-1-12

序号	名　称	坐落地点	说　　明
301	安德社庙	新处乡竹囮村岗头自然村	—
302	文武社庙	新处乡庄后村	—
303	新集社庙	玉岩镇何山头村	建于清代
304	道惠社庙	玉岩镇道惠村	建于清代
305	永宁古社庙	安民乡李坑村	建于清代
306	曹竹社公庙	安民乡曹竹村	—
307	新兴社	安民乡安岱后村	—
308	孝顺社庙	安民乡乌弄村	—
309	新兴社	安民乡小古坳下	—
310	延庆社庙	安民乡台坑村	—
311	源河社	安民乡大横坑村	—
312	新兴社	安民乡苏马坪村高坛背	—
313	下银岭湾社庙	安民乡苏马坪村下银岭湾	—

宗祠

宗祠是宗族祭祖、议事、婚丧嫁娶和文化娱乐的活动场所，记录家族的辉煌与传统。宗祠作为中华民族悠久历史和儒教文化的象征，具有无与伦比的影响力和历史价值。2010 年，松阳尚存宗祠（包括公祠、分祠、香火堂等）有 257 座，其中，叶氏宗祠数量最多。宗祠建筑大多为清至民国时建造，有 6 处始建于明代。

（此部分内容详见第五编“人口”第七章“族姓”第二节“宗祠”）

第四节　牌　坊

牌坊，又称牌楼，源于中国古代里坊制之坊门，明清时期逐渐演变成为一种标志性、纪念性的建筑。牌坊有功名坊和道德坊 2 种。功名坊是用来旌表科举、军功、为政等方面取得突出成就者而建的。道德坊是封建社会为旌表情操高尚、忠贞不渝、敬老爱幼、扶贫济困、乐善好施等方面实绩突出者而建的，松阳尚存此类牌坊最多。

清《松阳县志》载，境内有 62 座牌坊。民国《松阳县志》载，境内有 61 座牌坊，其中功名坊 22 座、道德坊 20 座、其他 19 座。至 2010 年，尚存历史牌坊 7 座，其中功名坊 2 座、道德坊 5 座。建于明代的 2 座进士牌坊为功名坊，建筑造型轩昂，结构精致；建于清代的 5 座节孝坊为道德坊，气度庄重，结构简朴。这些历史牌坊为研究当时社会状况和古代石雕艺术建筑的发展提供实物资料，具有较高的历史、科学、艺术价值。

尚存牌坊

兄弟进士牌坊　功名坊。位于县城要津路下马街口。建于明代弘治九年(1496)，为旌表成化丙戌科进士詹雨、弘治丙辰科进士詹宝兄弟而建。仿木青石结构，坊高 8.50 米，通面宽 6.35 米，四柱三间五楼，歇山顶。正楼石匾直书阴刻“恩荣”2 字，明间额枋两面分别横书阴刻“兄弟进士”“父子贤科”，阑额枋、龙门枋、普柏枋上雕双狮戏球、凤凰牡丹、飞鹤、奔鹿、人物故事、花卉等吉祥图案，埋头石两端雕 8 只神态各异、形态逼真的小狮。整个牌坊气势雄伟，造型美观，石雕工艺精湛，为研究中国坊制建筑的演变和明代牌坊的建筑特色保留了宝贵的实物资料。1989 年，被公布为省级文物保护单位。

市口进士牌坊　功名坊。位于水南乡市口村。建于明代弘治九年(1496)，为旌表乙卯科乡进士包杰而建。仿木青石结构，坊高 8.28 米，通面宽 6.54 米，四柱三间五楼，悬山顶。正楼石匾刻醒目“世显”2 字，明间额枋刻“乙卯科乡进士包杰”8 个大字，阑额枋、龙门枋、普柏枋雕双狮戏球、凤戏牡丹、人物故事、结带花卉、麒麟、鹤、鹿、龙、象、鱼等吉祥图案，四柱夹杆石雕线条流畅的卷草纹。整座牌坊气势雄伟，造型美观，石雕工艺精湛。2005 年，被公布为省级文物保护单位。

寺岭下节孝坊　道德坊。位于叶村乡寺岭下村。建于清道光十二年(1832)，为旌表儒士徐元河妻程氏而建。仿木青石结构，坊高 7 米，通面宽 6.10 米，三间四柱五楼，硬山顶。正楼石匾竖刻“圣旨”2 字，明间额枋两面分别刻“露冷兰芬”“玉度冰心”。牌坊气度庄重，结构严谨。2003 年，被公布为县级文物保护单位。

图 37-9　古市节孝坊（叶祖青提供）

古市节孝坊　道德坊。位于古市镇城头街 140 号。建于清道光六年(1826)，为旌表庠生洪溥侧室孟氏而建。坊高 7.50 米，通面宽 5.30 米。仿木青石结构，三间四柱五楼，硬山顶。正楼石匾竖刻“钦褒”，明间额枋刻“古井无波”4 字。1989 年，被公布为县文物保护点。

十字路节孝坊　道德坊。位于县城十字路 150 号。建于清道光十六年（1836），为旌表儒童潘光武妻徐氏而建。坊高 7.20 米，通面宽 6 米。仿木青石结构，三间四柱五楼，硬山顶。正楼石匾竖刻“圣荣”，明间额枋横书阴刻“节孝”2 字。1989 年，被公布为县文物保护点。

界首节孝坊　道德坊。位于赤寿乡界首村。建于清嘉庆二十五年（1820），为旌表贡生刘邦沼侧妻陶氏而建。坊高 6.50 米，通面宽 4.80 米。仿木青石结构，三间四柱三楼，硬山顶。正楼石匾竖刻“钦褒”，明间额枋横书阴刻“节孝”2 字。1989 年，被公布为县文物保护点。

山甫节孝坊　道德坊。位于新处乡山甫村。建于清道光二年（1822），为旌表儒童徐成龙元配程氏而立。坊高 6 米，通面宽 4.8 米。仿木青石结构，三间四柱三楼，硬山顶。正楼石匾竖刻“钦褒”，明间额坊横书阴刻“节孝”2字。1989年，被公布为县文物保护点。

已废牌坊

联桂坊　功名坊。位于象溪镇南州村。建于明永乐十九年（1421），为旌表乡进士徐伯基而立。坊高3.0米，通面宽1.4米。仿木青石结构，二柱三楼，硬山顶。东海郡南州《徐氏宗祠》载“伯基由庠生永乐辛丑浙江乡试中二名举人，后授翰林院侍读，钦赐乡进士，赐联桂坊以旌之”。2001年，遭拖拉机撞毁。

叶村三节坊　道德坊。又称一门三节坊，位于叶村乡叶村村。建于清道光元年（1821），为旌表叶村儒童黄元渊妻叶氏、贡生黄元楷妻叶氏、监生黄元淳妻潘氏节孝而立。此坊三间四柱，无脊顶，仿木青石结构，石雕工艺精湛。2004年，因石质风化倒塌。

乡进士坊　为举人王继行立。久废。

崇贤坊　为城东进士周月华立。久废。

乡进士坊　为城南举人王遂立。久废。

梯云坊　为白沙举人程观立。久废。

登瀛坊　为桥亭街举人詹景威立，久废。

文魁坊　为举人卢玑立。久废。

进士坊　为举人卢玑立。久废。

折桂坊　为桐溪举人叶光祖立。久废。

联桂芳　为举人何应新立。久废。

联桂芳　为举人陈伯基立，久废。

进德坊　为举人徐贵英立。久废。

重华坊　为城东举人周同伦、周辂、周翱立。久废。

文武坊　为寺口举人包祥、包杰立。久废。

进士坊　为城北进士毛文邦立。民国圮。

状元坊　为状元沈晦立。已圮。

绣衣坊　为御史王继行立。清·王廷侯作有《王村玉林街绣衣坊纪略》。已圮。

安止坊　为城北举人刘原寿立。已圮。

世科坊　为进士詹宝立。已圮。

乡进士坊　为举人包祥立。已圮。

孝子坊　为城西庠生徐鼎臣立。旧址位于望松岭上，已圮。

旌节坊　为潘经妻包氏立。旧址位于城南官塘桥上，已圮。

节孝坊　为庠生宋凤翔妻杨氏立。旧址位于天后宫弄，20世纪80年代末被拆。

节孝坊　为叶元玠妻毛氏立。旧址位于城东下马街，已圮。

节孝坊　为阙凤诏妻叶氏立。旧址位于市擞头横街，已圮。

三节坊　为潘元森妻叶氏、潘元联妻萧氏、潘元铨妻洪氏仝立。此坊旧址位于古市下街，已圮。

节孝坊　为沈继莱妻叶氏立，旧址位于县北毛姓祠前，已圮。

节孝坊　为城西徐希霨妻郑氏立。旧址位于儒行坊街，已圮。

节孝坊　为叶大绳妻纪氏立。旧址位于王村，建于清嘉庆二十五年（1820），已圮。

节孝坊　为汤永鳌妻叶氏立。旧址位于呈回村。牌坊已圮，“节孝”牌匾犹存。

节孝坊　为儒童张履泰妻吴氏立。旧址位于山下阳张姓祠前，建于清道光十年（1830）。高数仞，上建石阁三层，并赐“松贞柏操、玉洁冰清”8字。精巧异常，为松阳坊表之冠。已圮。

节孝坊　为清庠生叶万挺妻立。旧址位于古市塘岸叶氏宗祠门左，建于清光绪五年（1879），奉旨具题“比国忠良”4字。已圮。

贞节坊　为清儒童汪应巩未婚妻程氏立。旧址位于古市后塘垐，建于清光绪二十八年（1902），已圮。

太平坊　旧址位于县城。清雍正十年（1732）重修。已圮。

明伦坊　旧址位于县城，因社立坊，已圮。

裕德坊　旧址位于县城，因社立坊，已圮。

福宁坊　旧址位于县城，因社立坊，已圮。

寿宁坊　旧址位于县城，因社立坊，已圮。

寿安坊　旧址位于县城，因社立坊，已圮。

春和坊　旧址位于县城，因社立坊，已圮。

儒林坊　旧址位于县城，因社立坊，已圮。

济川坊　旧址位于县城，因社立坊，已圮。

忠良坊　旧址位于县城，因社立坊，已圮。

儒行坊　旧址位于县城，因社立坊，已圮。

学古坊　旧址位于县城，因社立坊，已圮。

澄清坊　旧址位于县城，因社立坊，已圮。

有庆坊　旧址位于县城，因社立坊，已圮。

仁寿坊　旧址位于县城，因社立坊，已圮。

宣化坊　旧址位于县城，因社立坊，已圮。

悦振坊　旧址位于县城，因社立坊，已圮。

文华坊　旧址位于县城，因社立坊，已圮。

月中坊　旧址位于县城，因社立坊，已圮。

云衢坊　旧址位于县城，因社立坊，已圮。

第五节　桥渡堰坝

松阳古桥梁是集实用性、艺术性、观赏性于一体的古建筑，是产生在特定的地理环境和民俗文化背景中的历史产物，它是松阳古代劳动人民为追求美好生活，在与生存环境、自然灾害抗争中勤劳和智慧的结晶，是不可复制的弥足珍贵的历史文化遗产。境内古桥数量多，覆盖面广。明成化《处州府志·松阳县志》载，松阳有桥21座。清乾隆《松阳县志》载，有桥41座。民国《松阳县志》载，境域有180余座桥。古桥梁类型丰富，有石拱廊屋桥、平梁廊屋桥、八字拱廊屋桥、石拱桥、石梁桥等，如普济桥、板桥廊屋桥、三济桥等被各级政府公布为省级、县级文物保护单位。

船渡是松阳沿溪群众旧时交通出入的常用交通工具，松阴溪、小港等溪河有40多个渡口。随着经济社会的发展，公路桥梁遍布沿溪各村，船渡逐渐减少，至2008年，船渡全部撤销。

历史上的松阳以农业立县。人们在溪中筑坝，借以抬高堰坝上游水位，以引溪水自流，用于灌溉农业和生活用水。松阳是浙西南地区修筑堰坝最早最多的县，南朝梁天监年间（502～519），詹、南二司马率松阳人民在松阳东30千米的堰头村修筑浙江省最大的水利工程通济堰（1963年该区域划丽水市莲都区管辖）。民国《松阳县志》载，境内有大小堰坝120多条。其中有六大历史名堰，分别是通济堰、百仞堰、白龙堰、金梁堰、芳溪堰、观口堰，这些古堰坝一直发挥灌溉作用。其中，通济堰2001年被国务院公布为全国重点文物保护单位；百仞堰、白龙堰、金梁堰、观口堰、芳溪堰2003年，被松阳县政府公布为县文物保护点。

（本节古桥梁内容详见第九编“交通”第三章“公路”第六节“桥梁隧道”之目“民间桥梁”；船渡内容详见第九编“交通”第一章“水路”第二节“码头 渡口”之目“渡口”；古堰坝内容详见第十三编“水利”第一章“水利灌溉”第二节“引水工程”）

第三章 题刻碑记

松阳摩崖碑刻以文字的形式勒石，它能较长地存留于世，蕴含着大量的历史信息，为研究松阳历史提供很大的参考价值。题刻碑记以多种字体和雕刻艺术，给人以美的享受与启迪。

散落在松阳境内的摩崖碑刻、钟铭砖款等古代题刻，时间跨度自东汉至民国，有史料可查的有350种之多。至今保存较好的野外摩崖石刻有16处；碑记有110方，其中县博物馆收藏23方；墓志铭有33方，其中县博物馆收藏18方。碑记内容丰富，有反映道教文化重要文献的唐代名碑《叶有道神道碑》《叶慧明神道碑》《叶尊师碑》，有反映学而优则仕的儒学书院碑记，有崇敬释道的寺观殿宇碑记，有官府颁布的各种禁令告示，有体现农耕文明、兴修水利的修筑古堰碑记，有引导教化民众禁赌、防盗治安管理的民间村规民约等，也有反映古代社会习俗和个人生平的墓志铭，以及体现深厚历史积淀的砖款钟铭等。

第一节 题 刻

西屏山摩崖题刻

位于县城西屏山上，有2处摩崖题刻。“凌霄台”题刻为楷体阴文直书，字径50厘米，左面阴文直书“缙云胡子文书”6字，右面阴文直书“武阳上官存中立”7字。《缙云县志》载：胡份，字子文，工书，北宋元丰八年（1085）进士，官至国子司业。“醴泉”题刻为隶书阴刻直书，字径45厘米，无纪年和款识。2处摩崖题刻书法悦人，与“凌霄岚翠”胜景融为一体。1986年，被公布为县级文物保护单位。

图37-10 西屏山摩崖石刻“凌霄台”（叶坚红 摄于2007年）

西屏山“樵云煮石”题刻

位于西屏山凌霄台左侧岩壁。“樵云煮石”4字横列，正书，字径33厘米。清顺治版《松阳县志》载，该摩崖题刻为邑人叶永华（1601～1640）据米芾拓本补刻。已佚。

上方山“小赤壁”摩崖题刻

位于县城西郊上方山岩壁。“小赤壁”3个大字，隶书，径1米；旁有小字款一行。题刻为宋状元黄公度中状元后（绍兴八年至二十六年）所刻。20世纪70年代初，为修建松阴溪黄公渡段大坝，在上方山开岩取石时被毁。

上方山摩崖题刻

位于县城西郊上方山南面山脚。山崖上有“放生潭”“黄公堰”2处题刻。楷书，字径0.97米，无纪年和款识，2处题刻证实了松阴溪河道的变迁。1989年，被列为县文物保护点。

“石笋仙踪”摩崖题刻

位于县城西郊1千米处石笋山脚。“石笋仙踪”为旧时松阳第三胜景，双峰对峙，尖耸如笋。山下的岩壁上有“野鹤归来”“壶天”2处摩崖题刻，面积1.70平方米，题刻纪年模糊。另有一处“空明”题刻在秀峰观前，已佚。

图37-11 “野鹤归来”碑刻（叶祖青提供）

金坑源头摩崖题刻

位于叶村乡金坑源头山的悬崖峭壁上。题刻面积0.80平方米，共11行132字，阴刻隶书，字径长0.50米，宽0.60米。内容记载清嘉庆六年（1801）松阳知县对岱头村与邻乡周岭根村山林纠纷的判决书。2003年，被列为县文物保护点。

龙峰堰摩崖题刻

位于古市镇庄门源口田畈龙峰堰水渠边的岩壁上。刻于清光绪二十四年（1898）三月。内容记载龙峰堰、渠旱年时水利纠纷不断，有塘岸、庄门、下街等相关收益灌区代表就分水达成的协议。

岱头摩崖题刻

位于叶村乡岱头村西（麻士尖南坡）柿树�松（阳）龙（泉）古道的岩壁上。岩壁“咸丰辛酉年重修”7字阴刻楷书，面积0.27平方米，记载修建古道的确切年代。2003年，被列为县文物保护点。

图37-12 何家堰摩崖石刻（叶坚红 摄于2004年）

何家堰摩崖题刻

位于水南独山北侧的岩壁上。刻于清光绪三十四年（1908），内容记载水南村、程村、徐村复修何家堰堤及灌溉管理事宜。1989年，被列为县文物保护点。

云岩山摩崖题刻

位于县城云岩山。下龛巨石上有2处题刻，一是“青田端木国瑚遂昌吴世涵偕饶庆霖叶维藩来游道光丁酉仲秋廿五题”，直书7行，楷书，字径8厘米。二是“道光丁酉孟冬嘉兴李遇孙丽水王尚赓同游”，直书5行，隶书，字径10厘米。

枫树湾银矿洞摩崖题刻

位于大东坝镇山徐村平岗枫树湾山涧银矿洞遗址的岩壁上。直书4行，楷书阴刻，字径6厘米，题刻有南宋“淳熙十三年”“……请□休妻□入时容易出时（事）”“大明成化四年三月”“正德七年十一月”等矿工题记，为研究松阳古代冶金史提供重要依据。

象溪山题刻

位于象溪村松阴溪北岸东首大路旁的岩壁上。诗6行，款1行，行书，字径3.3厘米。诗题“象川山水甲松州，胜似南明梦里游。列峰四围皆堞峙，清溪一曲抱村流。龙蟠虎踞形如绘，竹籁松声景最幽。卜筑于斯良匪偶，富称万石贵封侯。道光丁酉中秋青田端木国瑚题”。已佚。

云岩山题刻

位于云岩山天门岭旁岩壁上。篆书“云岩石屋”4字，字径约36厘米；款4行，“光绪八年十月望日 侯官廑叔林惠臻书”隶书，字径10厘米。已佚。

仙车岩题刻

位于水车村下首、港口上首松阴溪北岸大路旁的石壁上。据民国《松阳县志·卷十三摩崖》著录。楷书，字径6.7厘米，6行，行6字。民国6年（1917）春，高焕然、潘文衡、潘作霖等8人因勘察筑路事宜题名。已佚。

丽松公路题刻

位于龙（游）南（山）线135.3千米处左侧石壁上。1976年4月，龙南线拓宽改造时毁。该文据1993年《松阳县交通志》校核著录：“丽松路长47公里，于民国24年12月开工，由十八军参加修筑。土方23万方，石方13万方，桥梁18座，涵洞48座，水沟107道，计工程费21万元，历时8月赶筑完成。在修筑期间，工程人员1300余人，不避艰巨，历尽危险辛苦，成功于民国25年8月1日试车。从前山岭崎岖，如今康庄大道。爰记数言刻石以示来者。丽松段公路督工专员丘远雄丽松段公路工程主任彭式镜民国二十五年十月四日”。

第二节 碑 记

叶有道神道碑　唐开元五年（717）李邕

碑已佚，据松阳县署本录入。碑文22行，满行56字，行书，字径2.5厘米。《叶有道神道碑》现存拓本及影印本主要有松阳县署本、梁同书藏本、木活字本、唐炯藏本、楷书本等。松阳县署本因拓本首尾钤有清代“松阳县印”而名，现藏丽水市博物馆。《叶有道神道碑》全称《唐故叶有道先生神道碑并序》，又名《丁丁碑》《叶国重碑》《追魂碑》《定风碑》《唐有道先生叶国重碑》《唐有道先生叶公碑》《有道先生叶国重碑》等。（碑文详见第三十六编“文献著述”第二章“文选”第五节“碑志”）

叶慧明神道碑　唐开元五年（717）李邕

碑已佚，据宋拓张廷济藏本、旧翻刻本、《道家金石略》、正统《道藏》著录。碑高32.3厘米，广133.3厘米，文20行，满行50字，隶书。《叶慧明神道碑》全称《大唐赠歙州刺史叶公神道碑并序》。

叶尊师碑 唐开元二十七年（739）李隆基

碑已佚，据正统《道藏》著录。参《全唐文》《道家金石略》、清光绪《处州府志·卷二十九艺文志》及乾隆、光绪、民国《松阳县志·碑文》校改。碑之高、广、行数不计。《叶尊师碑》全称《故金紫光禄大夫鸿胪卿越国公景龙观主赠越州都督叶尊师碑铭并序》，唐玄宗李隆基撰文，太子李亨题额，唐开元二十七年（739）立于长安景龙观。碑石久佚，亦无碑拓传世。2009年，于松阳卯山俭公祠左重立《叶尊师碑》及御碑亭。碑高300厘米，宽149.5厘米，厚37.5厘米。碑正面“叶尊师碑”4字，篆书，字径58厘米。落款“戊子夏刘江敬书”，楷书，字径11厘米。钤印“刘江、江华东镌”；碑背面刻《叶尊师碑》碑文，蔡云超书，文26行，满行46字，楷书，字径3.5厘米。（碑文详见第三十六编“文献著述”第二章“文选”第五节“碑志”）

治平禅寺记 北宋熙宁四年至七年（1071～1074）王安国

碑已佚，据清雍正《浙江通志·卷二百五十八碑碣》、清顺治《松阳县志·卷七寺观》及乾隆、光绪《松阳县志·卷十一碑文》、民国《松阳县志·卷十三碑文》著录。碑之高、广、行数不计。

逍遥观记 北宋宣和年间（1119～1125）叶仲谌

碑已佚，据清雍正《浙江通志·卷二百五十八碑碣》、清顺治《松阳县志·卷七寺观》及乾隆、光绪《松阳县志·卷十一碑文》、民国《松阳县志·卷十二记》著录。碑之高、广、行数不计。

正等寺记 南宋建炎三年（1129）沈晦

碑已佚，据清雍正《浙江通志·卷二百五十八碑碣》、清顺治《松阳县志·卷七寺观》著录。碑之高、广、行数不计。

延庆寺塔记 南宋建炎四年（1130）朱琳

碑已佚，据清雍正《浙江通志·卷二百五十八碑碣》、清顺治《松阳县志·卷七寺观》及乾隆、光绪《松阳县志·卷十一碑文》、民国《松阳县志·卷十二艺文》著录。碑之高、广、行数不计。（碑文详见第三十六编“文献著述”第二章“文选”第三节“杂记”）

松阳县经界记 南宋绍定五年（1232）程榆

碑已佚，据清雍正《浙江通志·卷二百五十八碑碣》、清顺治《松阳县志·卷八艺文》及乾隆、光绪《松阳县志·卷十一碑文》、民国《松阳县志·卷十二记》著录。碑之高、广、行数不计。

松阳县进士题名式碑 南宋淳祐八年（1248）马光祖

《松阳县进士题名式碑》为双面碑，背面现为《松阳县儒学复泮地记》。据光绪《处州府志·卷二十六艺文志》、续《栝苍金石志》及顺治、乾隆、光绪、民国《松阳县志》著录。碑高220厘米，宽96厘米。额篆书，阳文，字径10厘米；碑分列4层：第一层记文25行，满行16字，行书，字径2.5厘米；第二层题名14行，第三层题名2行，题名字径2.3厘米，注语字径1.3厘米。

《松阳县进士题名式碑》向立于明伦堂之东壁，民国改元后，学宫裁撤，儒学旧署暨尊经阁、明伦堂为各机关借用，明伦堂后被拆除，建成砖木结构办公楼，碑被移出。该碑曾用于搅拌水泥浆，后断成三块，碑首一角缺失。现藏县博物馆。

普济院记 元大德年间（1297～1307）陈晟

碑已佚，据清雍正《浙江通志·卷二百五十八碑碣》、顺治《松阳县志·卷七寺观》及乾隆、光绪《松阳县志·卷十一碑文》、民国《松阳县志·卷十二记》著录。碑之高、广、行数不计。

松阳县儒学复泮地记 元至元二年（1336）陶泽

该碑据清光绪《处州府志·卷二十六艺文志》、续《栝苍金石志》、民国《松阳县志·卷十三碑文》著录。碑高220厘米，宽96厘米。额篆书，字径7.5厘米；文17行，满行43字，楷书，字径2.8厘米。碑原在松阳县儒学明伦堂东壁，现藏松阳县博物馆。该碑刻于《松阳县进士题名式碑》之背面，碑体薄，碑插厚，是磨去原有碑文而再刻之碑，有明显的痕迹。被磨去碑文盖《松阳县进士题名碑（壹）》，待考。

达鲁花赤买住公善政碑 元至正三年（1343）季仁寿

碑已佚，据明成化《处州府志·卷十记载》著录。碑之高、广、行数不计。

邑令赤盏公方公去思碑 元至正四年（1344）余伯野

碑已佚，据明成化《处州府志·卷十记载》、清顺治《松阳县志·卷八记述》及乾隆、光绪《松阳县志·卷十一碑文》，民国《松阳县志·卷十三碑文》著录。碑之高、广、行数不计。

景福观碑志 元至正五年（1345）要忽难

碑已佚，据松阳《城东程氏宗谱》著录。碑之高、广、行数不计。

邑令买住公去思碑 元至正六年（1346）刘基

碑已佚，据明成化《处州府志·卷十记载》、清顺治《松阳县志·卷八记述》及乾隆、光绪《松阳县志·卷十一碑文》、民国《松阳县志·卷十三碑文》著录。碑之高、广、行数不计。（碑文详见第三十六编“文献著述”第二章“文选”第五节“碑志”）

邑令孙德润平役记 元至正间（1341～1368）郑汝厚

碑已佚，据清顺治《松阳县志·卷八记述》及乾隆、光绪《松阳县志·卷十一碑文》、民国《松阳县志·卷十二记》著录。碑之高、广、行数不计。

杨氏义塾记 元至正年间（1341～1368）

碑已佚，据王祎《王忠文公集·卷五》著录。高、广、行数不计。

云山庵记 明洪武三年（1370）齐志冲

碑高137厘米，宽67厘米。额篆书，字径11.5厘米；文25行，满行44字，楷书，字径2厘米。白云庵旧址立有《云山庵记》《毛祠拨赡营田碑记》2碑，《云山庵记》年款缺损，有“□□□年菊月”字样。《毛祠拨赡营田碑记》碑立于“洪武三年九月”。2碑字体及刊刻手法相同，该碑当为明洪武三年（1370）九月立。白云庵，在南山村白云山，久废。现于旧址上重建，改名白云寺。

毛祠拨赡营田碑记 明洪武三年（1370）

碑高131厘米，宽67厘米。额楷书，字径6.5厘米；文24行，满行40字，楷书，字径2厘米。

松阳县学复射圃记 明洪武三年（1370）苏伯衡

碑已佚，据明成化《处州府志·卷十记载》、明万历《栝苍汇纪·卷四》、清顺治《松阳县志·卷二学校》及乾隆、光绪《松阳县志·卷十一碑文》、民国《松阳县志·卷十二记》著录。碑之高、广、行数不计。

白云道院重修碑　明洪武六年（1373）齐志冲

碑已佚，民国《松阳县志·卷十三碑文》据剪裱揭本著录。碑之高、广、行数不计。白云道院，又名白云观，在玉岩。

重兴普圆寺碑　明洪武十四年（1381）齐志冲

该碑为双面碑，碑阴刊《僧俗追忌修造之田》。民国《松阳县志·卷十三碑文》著录。题为《重兴普圆寺碑记》。碑高163厘米，宽76厘米。额篆书，字径8.5厘米；文30行，满行33字，楷书，字径2.5厘米。碑阴高163厘米，宽77厘米。额篆书，字径7厘米；碑文分列4层，行数、字数不等，字径1厘米。碑原在正念寺，现藏松阳县第二中学。

宝盖山碑铭　明洪武二十年（1387）练鲁

碑已佚，据明成化《处州府志·卷十记载》著录。碑之高、广、行数不计。

重修玉岩叶氏时思庵碑　明洪武二十二年（1389）练鲁

碑已佚，民国《松阳县志·卷十三碑文》据碑拓装本著录。碑之高、广、行数不计。

邑令石公平赋役碑记　明洪武年间（1368～1398）齐志冲

碑已佚，据乾隆、光绪《松阳县志·卷十一碑文》及民国《松阳县志·卷十三碑文》著录。参成化《处州府志·卷十记载》校改。碑之高、广、行数不计。

松阳县学进士题名记　明成化元年（1465）王一夔

碑已佚，据成化《处州府志·卷十记载》著录。碑之高、广、行数不计。

城隍庙建业置田碑记　明正德元年（1506）

该碑为双面碑，背面刻清《城隍庙壹班公项产业碑记》。碑曾铺于路面，故磨损严重，碑文模糊不清，碑首残缺。残高161厘米，宽76厘米，厚14厘米。额残缺，隶书，字径6厘米；文分3层，上层25行，满行20字，楷书，字径1.8厘米；下层行数、字数不等，字径稍小。碑原在县城隍庙内，现藏松阳县博物馆。

重立宋开国男程榆碑志　明正德十二年（1517）朱庭让

碑原在景福观，今佚。据松阳《城东程氏宗谱》著录。高、广、行数不计。

程榆（1171～1238），字森之，松阳城东人。南宋绍熙四年（1193）进士，官至中奉大夫职秘阁，爵松阳开国男，食邑五百户，谥安节。（详见第三十六编“文献著述”第二章“文选”第三节“杂记”之《松阳县经界记》）

魏松阳遗爱碑　明嘉靖七年（1528）应良

该碑为双面碑，背面刻清《城隍庙置田碑》。乾隆、光绪《松阳县志·卷十一碑文》及民国《松阳县志·卷十三碑文》著录。碑石曾铺于路面，磨损严重，碑首残缺。缺字据民国《松阳县志》补。残高186厘米，宽88厘米。额篆书，字径13.5厘米；文19行，满行49字，楷书，字径2.8厘米。现藏松阳县博物馆。

张侯去思碑记 明嘉靖十二年（1533）唐仁

该碑为双面碑，背面刻清《志公祠义田碑》。碑石曾被改作大门基石，碑顶、碑插已残缺，两头各凿出一榫眼，中段因踩踏磨损严重，字迹模糊，多不可识。残高 194 厘米，宽 86.5 厘米，厚 14 厘米。额篆书，字径 10 厘米；文 19 行，满行 47 字，楷书，字径 2.5 厘米。碑原立于松阳县学，现藏松阳县博物馆。

谯楼记 明嘉靖三十二年至三十五年（1553～1556）毛文邦

碑已佚，据清雍正《浙江通志·卷二百五十八碑碣》、《栝苍汇纪·卷四》、清顺治《松阳县志·卷二公廨》及乾隆、光绪《松阳县志·卷十一碑文》、民国《松阳县志·卷十二记》著录。碑之高、广、行数不计。

邑令黄美中重建近民堂记 明嘉靖三十六年（1557）曾汝檀

碑原在县公署，已佚，据《栝苍汇纪·卷四》、雍正《浙江通志·卷二百五十八碑碣》、光绪《处州府志·卷五公署》、顺治《松阳县志·卷二公廨》及乾隆、光绪《松阳县志·卷十一碑文》、民国《松阳县志·卷十二记》著录。碑之高、广、行数不计。

括松项氏重建祠堂志 明嘉靖三十八年（1559）毛文邦

碑已佚，据松阳《岗下项氏宗谱》著录。碑之高、广、行数不计。

邑令魏良弼遗爱祠记 明隆庆五年（1571）何镗

碑已佚，据《栝苍汇纪·卷四》、清顺治《松阳县志·卷七庙祠》、雍正《浙江通志·卷二百五十八碑碣》及乾隆、光绪《松阳县志·卷十一碑文》、民国《松阳县志·卷十二记》著录。碑之高、广、行数不计。

知县杨维新置学田记 明隆庆年间（1567～1572）何镗

碑已佚，据乾隆、光绪《松阳县志·卷十一碑文》及民国《松阳县志·卷十三碑文》著录。碑之高、广、行数不计。

南州义渡碑志 明万历四年（1576）周大夏

碑已佚，据松阳南州《徐氏宗谱》著录。碑之高、广、行数不计。南州义渡，即南州渡，位于象溪南州村，有上、下 2 渡口。

官岭陈氏宗祠碑记 明万历八年（1580）

碑高 144.5 厘米，宽 67 厘米，厚 10 厘米。额篆书，字径 10 厘米；文 16 行，满行 38 字，楷书，字径 2.5 厘米。碑在新兴乡官岭村陈氏宗祠。

廖侯兴凌霄台碑 明万历十九年（1591）周大夏

碑已佚，据民国《松阳县志·卷十三碑文》著录。碑高 2.53 米，广 1.16 米。篆额 8 字，字径 20 厘米；文 26 行，行 50 字，楷书，字径 4 厘米。凌霄台，即松阳十景之四“凌霄岚翠”，在西屏山。旧有亭台院宇，招僧供佛。

重建百仞堰记 明万历二十三年（1595）屠隆

该碑为双面碑，背面刻清《奉宪颁顺庄规条碑》。碑高 2.12 米，宽 0.93 米，厚 13 厘米，右下角残缺，中有裂痕。额篆书，字径 9.5 厘米；文 24 行，满行 48 字，楷书，字径 2 厘米。现藏松阳县博物馆。百仞堰，又名何家堰、青龙堰，为松阳历史名堰之一。

凌霄台置田碑 明万历二十五年（1597）毛复

碑已佚，据民国《松阳县志·卷十三碑文》著录。高 2.57 米，广 1.1 米。篆额 6 字，字径 20 厘米；文 23 行，行 48 字，正书，字径 3.3 厘米。

叶雪庵祠记 明万历二十五年（1597）毛复

碑已佚，据清乾隆、光绪《松阳县志·卷十一碑文》著录。碑之高、广、行数不计。叶雪庵公祠，在县东钟楼前，祀明监察御史叶公希贤。

周侯修建城隍庙记 明万历二十五年（1597）王叔杲

该碑民国《松阳县志·卷十三碑文》著录。碑高约 253 厘米，宽 118 厘米，厚 16 厘米。额篆书，字径 17 厘米；文 28 行，满行 53 字，楷书，字径 3 厘米。碑断为两截，有缺损，缺字据民国《松阳县志》补。碑原在县城隍庙内，现藏松阳县博物馆。（碑文详见第三十六编“文献著述”第二章“文选”第五节“碑志”）

周侯治水德碑 明万历二十五年（1597）项应祥

该碑为双面碑，背面刻明《百仞堰记双港渡记》。碑高 196 厘米，宽 84 厘米，厚 14 厘米。额篆书，字径 12 厘米；文 20 行，满行 37 字，楷书，字径 2.2 厘米。碑原立于水南横山吴氏宗祠，现藏松阳县博物馆。

百仞堰记双港渡记 明万历二十五年（1597）周宗邠

该碑为双面碑，背面刻明《周侯治水德碑》。碑高 196 厘米，宽 84 厘米，厚 14 厘米。额楷书，字径 11 厘米；文 17 行，满行 29 字，楷书，字径 2.5 厘米。碑原立于水南横山吴氏宗祠，现藏松阳县博物馆。

周侯重建潘义桥碑 明万历二十八年（1600）项应祥

碑已佚，据古市《观口潘氏宗谱》著录。碑之高、广、行数不计。

重建学宫记 明万历三十一年至三十三年（1603～1605）郑怀魁

碑已佚，据清顺治《松阳县志·卷二学校》及乾隆、光绪《松阳县志·卷十一碑文》、民国《松阳县志·卷十二记》著录。碑之高、广、行数不计。

松阳县儒学迁复城中记 明万历三十三年（1605）李鋕

该碑著录于清光绪《处州府志·卷二十七艺文》、民国《松阳县志·卷十三碑文》。碑高约 270 厘米，宽 111 厘米。额篆书，字径 14 厘米；文 29 行，满行 74 字，楷书，字径 2.5 厘米。碑面剥泐较重，下段埋于地下，缺字据光绪《处州府志》、民国《松阳县志》补。（碑文详见第三十六编“文献著述”第二章“文选”第五节“碑志”）

百仞堰记 明万历年间（1573～1620）李鋕

碑已佚，据清顺治《松阳县志·卷一塘堰》，乾隆、光绪《松阳县志·卷十一碑文》，民国《松阳县志·卷十二记》著录。碑之高、广、行数不计。

松阳县重建儒学记 明崇祯二年（1629）姜逢元

该碑民国《松阳县志·卷十三碑文》著录，题为《重建儒学碑》。碑高124厘米，宽96厘米。额篆书，字径10厘米；文29行，满行75字，楷书，字径2.2厘米。碑原立于儒学头门内号房墙边，与李鋕《松阳县儒学迁复城中记》对峙，现立于县儒学戟门西墙边。（碑文详见第三十六编“文献著述”第二章“文选”第五节“碑志”）

重建儒学碑 明崇祯二年（1629）王一中

碑已佚，据民国《松阳县志·卷十三碑文》著录。碑高3.33米，广1.53米。篆额8字，字径18厘米；文16行，行66字，楷书，字径4厘米。（碑文详见第三十六编“文献著述”第二章“文选”第五节“碑志”）

重建松阳县学碑 明崇祯五年（1632）温体仁

碑已佚，据民国《松阳县志·卷十三碑文》著录。碑高3.17米，广1.33米。篆额8字，字径16.7厘米；文14行，行63字，正书，字径3.3厘米。（碑文详见第三十六编“文献著述”第二章“文选”第五节“碑志”）

邑令张建高重建城隍庙碑记 明崇祯十六年（1643）张国维

碑已佚，据清顺治《松阳县志·卷七庙祠》及乾隆、光绪《松阳县志·卷十一碑文》、民国《松阳县志·卷十三碑文》著录。碑之高、广、行数不计。（碑文详见第三十六编“文献著述”第二章“文选”第五节“碑志”）

东岳宫碑记 明崇祯年间（1628～1644）王一中

碑已佚，据清顺治《松阳县志·卷七庙祠》及乾隆、光绪《松阳县志·卷十一碑文》、民国《松阳县志·卷十三碑文》著录。碑之高、广、行数不计。

邑令魏良弼遗爱祠址记 明崇祯年间（1628～1644）毛化龙

碑已佚，据清顺治《松阳县志·卷八记述》及乾隆、光绪《松阳县志·卷十一碑文》、民国《松阳县志·卷十二记》著录。碑之高、广、行数不计。魏良弼（1492～1575），江西新建人。明代理学家、教育家，王阳明高弟。嘉靖二年（1523）进士，次年任松阳县知县。

广济堂记 明崇祯间（1628～1644）吴胤昌

碑已佚，据清顺治《松阳县志·卷七寺观》及乾隆、光绪《松阳县志·卷十一碑文》、民国《松阳县志·卷十二记》著录。碑之高、广、行数不计。

慈云庵碑记 明崇祯间（1628～1644）杨应华

碑已佚，据清乾隆、光绪《松阳县志·卷十一碑文》及民国《松阳县志·卷十三碑文》著录。碑之高、广、行数不计。

砻空殿崇善堂碑 清顺治二年（1645）

碑高106厘米，宽69厘米，厚17厘米。额楷书，字径10厘米；文21行，满行28字，楷书，字径2厘米。碑在玉岩镇程路村砻空殿崇善堂内。

田记碑 清顺治八年（1651）

碑高68厘米，宽53厘米，厚8厘米。额楷书，字径6厘米；左右圈内有“日”“月”2字，圈径5.5厘米；文15行，满行18字，楷书，字径2厘米。碑在玉岩镇程路村砻空殿崇善堂内。

福善堂香田碑 清顺治七年（1650）詹仰科

碑高191厘米，宽69厘米。额楷书，字径8厘米；文20行，满行40字，楷书，字径2厘米。碑在水南横山村村口。

福裕堂碑 清顺治七年（1650）

碑高127厘米，宽70厘米。额楷书，字径6厘米；文21行，行字数不等，楷书，字径2厘米。碑在玉岩潘山头村福裕堂。

祇园田碑记 清顺治八年（1651）詹仰佐

碑高176厘米，宽71厘米。额楷书，字径8.5厘米；文23行，满行48字，楷书，字径2.5厘米；田亩、鸿名行数、字数不等。碑嵌于古市镇小祇园废址右壁。

志公祠义田碑 清顺治十三年（1656） 王崇铭 孟称舜

该碑为双面碑，背面刻明《张侯去思碑记》。碑石曾被改作大门基石，碑顶、碑插残缺。残高194厘米，宽86.5厘米，厚14厘米。额篆书，字径11厘米；碑文分列5层，第一、二层为王崇铭《志公祠义田碑记》；第三、四、五层为《志公祠义田铭并叙》。每层20行，行13～14字不等，楷书，字径2厘米，为仅存之孟称舜书碑。碑原立于县儒学，现藏松阳县博物馆。

张侯重造白龙堰碑记 清康熙十七年（1678）钱本一

碑残高158厘米，宽82厘米。额篆书，字径8厘米；文21行，满行34字，楷书，字径3厘米。现藏松阳县博物馆。

重修松阳县儒学碑 清康熙二十年（1681）郑载飏

该碑光绪《处州府志·卷二十七艺文》、民国《松阳县志·卷十三碑文》著录。碑高216厘米，宽97厘米。额篆书，字径11厘米；碑文分列6层，第一至四层每层24行，满行13字，行草书，字径2厘米；第五层，48行，第六层，11行，楷书，字径1.5厘米。内容记载重建松阳县儒学堂相关事宜。碑原立于县文庙，现藏松阳县博物馆。（碑文详见第三十六编“文献著述”第二章“文选”第五节“碑志”）

御制碑 清康熙二十九年（1690）

碑高2.53米，宽1.04米，厚0.14米。题额“御制”二字为直书篆体，两侧刻双凤朝阳图案，周刻云纹，内容记述孔庙训导。碑原立于县文庙，现藏松阳县博物馆。

芳溪二堰水期碑 清康熙二十九年（1690）

碑原在新兴乡源口村，已佚。据松阳县水利局藏旧拓本著录，高140厘米，宽52厘米。芳溪堰，在县西15千米，旧名上曹堰。建于宋代，分芳溪一堰和二堰。

旧市永宁观饍田碑 清康熙四十四年（1705）武方蔚

碑已佚，民国《松阳县志·卷十三碑文》据抄本著录。碑之高、广、行数不计。永宁观，又名淳和观，在古市镇。唐开元中（713～741），叶法善奏舍庄宅为道院，匾曰“淳和仙府”。

邑令葛永振德政碑记 清康熙五十年（1711）徐开熙

碑已佚，民国《松阳县志·卷十三碑文》据旧志著录。今依民国《松阳县志》之旧录入，碑之高、广、行数不计。葛永振，号长城，辽东宁远人。贡生。清康熙二十四年（1685）任松阳县知县。浑厚坦率，发于至性，与人交，真挚款洽如骨肉。居官清介自守，复不矫激沽誉。

八都古治永革夫役碑 清康熙五十四年（1715）连青

碑原在古市东岳宫前左墙，已佚。民国《松阳县志·卷十三碑文》据抄本著录。碑之高、广、行数不计。

朱老师遗思记 清康熙五十六年（1717）丁正中

碑高182厘米，宽79厘米。额楷书，字径6.5厘米；文24行，满行49字，楷书，字径2厘米。该碑文字径较小，镌刻浅，碑面剥蚀甚重，乍一看似无字之碑，唯细作碑拓，方可辨其仿佛。碑原在县儒学，现藏松阳博物馆。

奉宪颁顺庄规条碑 清雍正十年（1732）

该碑为双面碑，背面刻明屠隆《重建百仞堰记》。碑面大半被混凝土覆盖，稍作清理，复现部分碑文。混凝土坚固处未加清理，以免伤及古碑。碑高212厘米，宽93厘米，厚13厘米。额楷书，字径9厘米；文28行，满行76字，楷书，字径2厘米。现藏松阳县博物馆。

古市重建东岳宫碑记 清雍正十三年（1735）邹丽中

碑已佚，据松阳《古市观口潘氏宗谱》著录。碑之高、广、行数不计。

重建古市东岳宫碑记 清乾隆元年（1736）邵起龙

碑已佚，据松阳《古市观口潘氏宗谱》著录。碑之高、广、行数不计。

古市太保庙碑 清乾隆二年（1737）吴卓

碑已佚，据松阳《古市观口潘氏宗谱》著录。碑之高、广、行数不计。

礼部题奉钦依晓示生员卧碑 清乾隆十四年（1749）

碑高1.08米，宽1.53米。文35行，满行19字，楷书，字径3厘米。碑原在文庙明伦堂之左，内容记载文庙明伦堂生员学规，知县陈朝栋书。现藏松阳县博物馆。

创建义学碑 清乾隆十五年（1750）陈朝栋

碑已佚，民国《松阳县志·卷十三碑文》据旧志著录，碑之高、广、行数不计。

李邑令修建城隍庙碑 清乾隆二十一年（1756）

碑已佚，据民国《松阳县志·卷十三碑文》著录。碑高3米，广1.2米。篆额8字，字径13.33厘米；文22行，行47字，楷书，字径3.3厘米。

水车茶亭碑记 清乾隆二十五年（1760）

碑已佚，据松阳《苏埠蔡氏宗谱》著录。碑之高、广、行数不计。

重葺云岩胜境碑记 清乾隆二十六年（1761）吴凤章

碑已佚，民国《松阳县志·卷十三碑文》据旧志著录。碑之高、广、行数不计。云岩胜境，即松阳十景之第二景“云岩石屋”。

重建县治大堂记 清乾隆三十三年（1768）曹立身

碑已佚，据清光绪《处州府志·卷五建置志》及乾隆、光绪《松阳县志·卷十一碑文》、民国《松阳县志·卷十二记》著录。碑之高、广、行数不计。

重修金莲庵暨创建邮亭碑记 清乾隆三十四年（1769）曹立身

碑已佚，据乾隆、光绪《松阳县志·卷十一碑文》及民国《松阳县志·卷十三碑文》著录。碑之高、广、行数不计。

叶真人天尊楼碑 清乾隆三十五年（1770）于序昭

碑已佚，据松阳《卯峰叶氏广远宗谱》著录。碑之高、广、行数不计。

詹氏宗祠捐产碑志 清乾隆四十一年（1776）

碑高151厘米，宽72厘米。额篆书，字径10厘米；文19行，满行36字，楷书，字径3厘米。碑存城东詹氏宗祠内。

城隍庙田山记 清乾隆四十七年（1782）

碑高207厘米，宽84厘米，厚15厘米。额篆书，字径14厘米；文24行，满行39字，楷书，字径2.8厘米。碑原在县城隍庙，现藏松阳县博物馆。

永裕桥碑 清乾隆四十八年（1783）

碑高122厘米，宽65厘米，厚10厘米。额楷书，字径11厘米；文26行，满行44字，楷书，字径2厘米。碑在三都岭上村永裕桥桥头。

世宗宪皇帝训饬士子碑文 清乾隆四十九年（1784）

碑高85厘米，宽195厘米。文36行，满行15字，楷书，字径3厘米。现藏松阳县博物馆。

石岩寺奉宪碑记 清乾隆五十年（1785）

碑高137厘米，宽66.5厘米，厚11厘米。额篆书，字径10厘米；文20行，满行32字，楷书，字径2.5厘米。碑在望松乡翁村石岩寺内。

另建贞文祠碑 清乾隆五十二年（1787）田青

碑已佚，据栝松《沈氏宗谱》著录。碑之高、广、行数不计。

重修小祇园记 清乾隆年间（1736～1795）吴家泉

碑高261厘米，宽约90厘米，厚10厘米。额篆书，字径15厘米；文16行，行53字，楷书，字径3.5厘米。碑原在古市小祇园，已佚。

登云桥碑 清嘉庆四年（1799）叶大观

碑高166厘米，宽64厘米。额楷书，字径13厘米；文17行，行字数不等，楷书，字径3厘米。碑在大东坝后宅村。

港口渡碑志 清嘉庆六年（1801）

碑已佚，据松阳《五合圩林氏宗谱》著录。碑之高、广、行数不计。港口渡，位于大东坝港口村，为连通松阳通郡古道及松（阳）云（和）古道之渡口。

田圳碑记 清嘉庆十年（1805）

碑高143厘米，宽68厘米。额楷书，字径8厘米；文15行，满行29字，楷书，字径3厘米。内容记载堰董会修堰管理事宜。碑藏叶村关帝庙内。

萧洪式氏跋田碑记 清嘉庆十二年（1807）

碑高180.5厘米，宽78厘米，厚12厘米。额篆书，字径10厘米；文16行，满行35字，楷书，字径3厘米。碑立于古市下街潘氏宗祠右侧。

潘叶氏跋田碑 清嘉庆十四年（1809）

碑高197厘米，宽68厘米，厚12.5厘米。额楷书，字径9厘米；文16行，满行46字，楷书，字径2.5厘米。碑在古市下街潘氏宗祠左侧。

里洋殿碑志 清嘉庆十六年（1811）

碑已佚，据松阳《板桥周氏宗谱》著录。碑之高、广、行数不计。

叶雪庵族规碑 清嘉庆十八年（1813）

碑高104厘米，宽54厘米。文8行，满行18字，楷书，字径4厘米。碑在赤寿乡叶川头叶氏宗祠内。叶雪庵即叶希贤，字用忠，号雪庵，松阳叶川头人。明监察御史。

叶川头叶氏族规碑 清嘉庆十九年（1814）

碑高178厘米，宽87厘米。文23行，满行50字，楷书，字径3厘米。碑在赤寿乡叶川头叶氏宗祠内。

重建朱子祠碑 清嘉庆二十四年（1819）

碑已佚，据民国《松阳县志·卷十三碑文》著录。参清光绪《文公祠义录》校改。碑高267厘米，宽106.7厘米。篆额4字，字径13.3厘米；文12行，行42字，楷书，字径3.3厘米。

芳溪堰奉宪勒石碑 清道光四年（1824）

碑高172厘米，宽83厘米。额楷书，字径6.5厘米；文22行，满行59字，楷书，字径3厘米。该碑原置于芳溪堰徐山村段埠头，碑面朝上，磨损较重，字口模糊。现藏樟溪乡徐山村。

旧市东岳宫太保庙碑 清道光四年（1824）

碑已佚，据民国《松阳县志·卷十三碑文》录入。碑高2.4米，广1.1米，无篆额。文9行，行30字，正书，字径3.4厘米。

重建明伦堂碑 清道光六年（1826）汤景和

碑已佚，据民国《松阳县志·卷十三碑文》著录。碑高2.67米，宽1.27米。篆额6字，字径16.7厘米；文13行，行40字。楷书，字径4厘米。该碑原立于县学明伦堂之侧。

大慈寺碑 清道光八年（1828）

碑高122厘米，宽59厘米，厚9厘米。额楷书，字径10厘米；文15行，满行24字，楷书，字径2.5厘米。碑原在独山脚大慈寺，现藏水南瓦窑头村。

徐郑禁赌碑 清道光八年（1828）

碑高101厘米，宽45厘米。额楷书，字径8厘米；文14行，满行32字，楷书，字径2厘米。

碑在新兴乡徐郑村郑氏宗祠正门外左侧。

横山禁赌碑 清道光十三年（1833）

碑高141厘米，宽68厘米。额楷书，字径13厘米；文10行，行字数不等，楷书，字径4厘米。背面《放生碑》，碑文为松阳县知县傅秀璋于清嘉庆九年（1804）四月廿日为横山村颁，道光十三（1833）年刻。额楷书，字径12厘米；文9行，满行31字，楷书，字径3.5厘米。碑在水南横山村。

奉宪示勒金梁堰碑记 清道光十三年（1833）汤景和

碑高180厘米，宽82厘米。额楷书，字径10厘米；文16行，满行36字，楷书，字径3.5厘米。内容记载相关受益村修堰分水管理事项。碑嵌在斋坛乡大路村会堂墙壁。

鲁峰禁赌碑 清道光十三年（1833）

碑高102厘米，宽64厘米，厚10厘米。额楷书，字径9厘米；文12行，行字数不等，楷书，字径3厘米。该碑原立于鲁峰夫人庙，现藏象溪镇鲁峰村。

奉宪勒石永示碑 清道光十四年（1834）汤景和

碑高180厘米，宽78厘米，厚8厘米。额楷书，字径7厘米；文28行，满行46字，楷书，字径2.2厘米。碑在叶村乡河头村。龙石堰，又名龙石陂堰、龙陂堰，坐落水南乡市口村。

移建古市城隍庙碑记 清道光十四年（1834）汤景和

碑已佚，据松阳《古市观口潘氏宗谱》著录。碑之高、广、行数不计。古市城隍庙原在城头，与飞来庵毗连。

城隍庙置田碑 清道光十七年（1837）

该碑为双面碑，背面为明《魏松阳遗爱碑》。碑顶已残缺，碑石曾铺于面路，磨损甚重，碑文漫漶多不可读。残高189厘米，宽88厘米，厚15.5厘米。文26行，满行52字，楷书，字径2.2厘米。碑原立于县城隍庙，现藏松阳县博物馆。

洋坑奉府宪碑 清道光十八年（1838）

碑高109厘米，宽57.5厘米。额楷书，字径8厘米；文14行，满行26字，楷书，字径3.5厘米。碑在玉岩洋坑村金氏宗祠内。

双济桥田亩捐缘碑 清道光十九年（1839）

碑高192厘米，宽79厘米，厚12厘米。额楷书，字径11厘米；碑左剥蚀甚重，行数不明，满行44字，楷书，字径3厘米。碑原在松阳城南天后宫，现藏松阳县博物馆。双济桥，在城南天后宫下首之赤塔埠。

城隍庙壹班公项产业碑记 清道光十九年（1839）

碑残高161厘米，宽76厘米，厚14厘米。双面碑，额楷书，字径5.5厘米；文22行，满行38字，楷书，字径3厘米。该碑的背面为《壹班碑记》，清光绪十一年（1885）。额篆书，字径13厘米；文17行，满行42字，楷书，字径3厘米。碑原在县城隍庙，现藏松阳县博物馆。

砻空殿志 清道光二十年（1840）张四维

碑高100厘米，宽45厘米。额行书，字径5厘米；文18行，满行38字，楷书，字径2厘米。

碑在玉岩程路村砻空殿内。

云台山志 清道光二十年（1840）

碑高 110.5 厘米，宽 54.5 厘米，厚 15 厘米。额楷书，字径 6 厘米；文 21 行，满行 40 字，楷书，字径 2.2 厘米。碑在玉岩道惠村云台山顶天师殿内。

南坑勒石永禁碑 清道光二十二年（1842）

碑高 106 厘米，宽 51 厘米。额楷书，字径 6.5 厘米；文 12 行，满行 25 字，楷书，字径 3 厘米。碑在谢村乡南坑村村口。

金竹周氏宗祠碑记 清道光二十三年（1843）

《祠堂》碑，高 106 厘米，宽 57 厘米。额楷书，字径 9 厘米。文 16 行，满行 28 字，楷书，字径 2.5 厘米。《碑记》碑，高 111 厘米，宽 56 厘米。额楷书，字径 9 厘米；文 16 行，满行 38 字，楷书，字径 2.5 厘米。《祠堂》碑立于枫坪乡金竹村周氏宗祠正门右侧，《碑记》碑在左侧。

福胜禅院残碑 清道光十四年至二十四年（1834～1844）

碑残高 86 厘米，宽 65 厘米，厚 10 厘米。碑名楷书，字径 7 厘米；文 18 行，楷书，字径 2.5 厘米。碑在望松乡五都阳村。

重建松阳文庙记 清道光二十五年（1845）汤景和

碑已佚，据光绪《松阳县志·卷十一记》、民国《松阳县志·卷十二记》著录。碑之高、广、行数不计。

山锁坳奉宪勒碑严禁碑 清道光二十五年（1845）

碑高 138 厘米，宽 68 厘米。额楷书，字径 8 厘米；文 15 行，满行 32 字，楷书，字径 3.5 厘米。碑嵌在竹源乡山锁坳唐葛周庙左墙外壁。

半古月禁赌碑 清道光二十五年（1845）

碑高 90 厘米，宽 53 厘米。额楷书，字径 10 厘米；文 13 行，满行 20 字，楷书，字径 3 厘米。碑在赤寿乡半古月村紫微宫外墙。

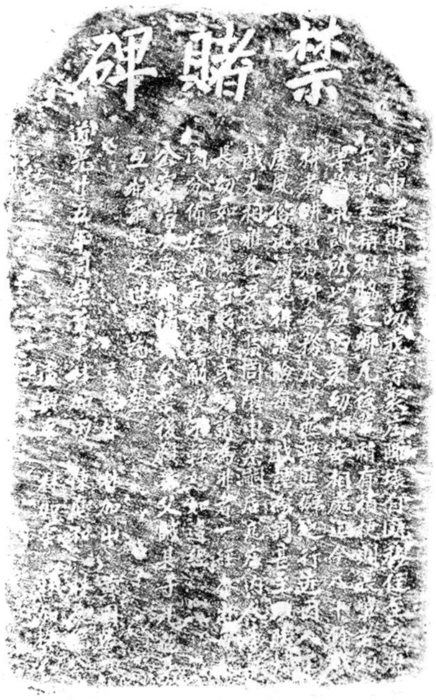

图 37-13 半古月村禁赌碑（叶坚红摄于 2007 年）

严禁强丐盗砍碑 清道光二十五年（1845）

碑高 160 厘米，宽 71 厘米，厚 11 厘米。额楷书，字径 7 厘米；文 14 行，满行 33 字，楷书，字径 3.5 厘米。碑在新处乡竹囮村。

重建李氏宗祠志 清道光二十五年（1845）

碑高 225 厘米，宽 87 厘米，厚 12 厘米。额楷书，字径 7 厘米；文 19 行，满行 50 字，楷书，字径 3.8 厘米。碑立于谢村乡李山头村李氏宗祠左侧。

程路奉宪勒石永禁碑 清道光二十六年（1846）

碑高 174 厘米，宽 65.5 厘米，厚 15 厘米。额楷书，“勒石永禁”字径 10 厘米，“奉宪”字径 3.5 厘米；文 15 行，满行 37 字，楷书，字径 3 厘米。碑在玉岩程路村。

南阳题封公妻汤氏拨田碑记 清道光二十六年（1846）邢吉甫

碑高172.5厘米，宽87.5厘米，厚11.5厘米。额隶书，字径7厘米；文21行，满行42字，楷书，字径2.2厘米。碑在桐溪叶氏宗祠。

呈回禁赌碑 清道光二十九年（1849）

碑高99厘米，宽50厘米。额楷书，字径6厘米；文15行，满行26字，楷书，字径2厘米。碑在三都乡呈回村唐胜社社亭内。

潘殿源唐葛周殿碑 清咸丰二年（1852）

碑高136厘米，宽65.5厘米。额楷书，字径10厘米；文16行，行字数不等，楷书，字径3.5厘米。碑在竹源乡潘殿源唐葛周殿内。

横樟永禁碑 清咸丰三年（1853）

碑高120厘米，宽59厘米。额楷书，字径9厘米；文10行，满行19字，楷书，字径4厘米。内容记载严禁结伙强讨、防盗治安管理事项。碑在大东坝横樟村包氏宗祠正门外左侧。

夫人会碑 清咸丰三年（1853）

《夫人会碑》高151.5厘米，宽76厘米，厚10厘米。额楷书，字径8厘米；文16行，满行32字，楷书，字径3厘米。《夫人会助田碑》残高145厘米，宽77厘米，厚10厘米。文18行，满行字数不等，楷书，字径3厘米。两碑均在象溪镇靖居村。

城隍庙三班会田碑记 清咸丰七年（1857）

碑高170厘米，宽66厘米，厚10厘米。额楷书，字径7厘米；文16行，满行40字，楷书，字径3厘米。碑在城隍庙内。

潘义桥碑记 清咸丰十年（1860）

碑已佚，据《古市观口潘氏宗谱》著录。碑之高、广、行数不计。

南坑源告示碑 清同治元年（1862）何仁杰

碑高114厘米，宽59厘米。额楷书，字径7厘米；文14行，满行37字，楷书，字径2.5厘米。内容记载南坑源村社会治安管理事项。碑在象溪镇南坑源村村口。

遵示勒石碑 清同治二年（1863）

碑高201厘米，宽89厘米。额楷书，字径8.5厘米；文19行，满行41字，楷书，字径3.5厘米。现藏松阳县博物馆。

奉宪永禁碑 清同治三年（1864）

碑高205厘米，宽90厘米。额楷书，字径9厘米；文18行，满行47字，楷书，字径4厘米。现藏松阳县博物馆。

神舷堰碑志 清同治三年（1864）

碑高163厘米，宽73.5厘米。额楷书，字径7.5厘米；文12行，满行30字，楷书，字径3.5厘米。碑在叶村关帝庙内，内容记载叶村神舷堰与松山河塘堰控事水利事宜。神舷堰，又名舷头堰、沙坡堰。

饶庆霖撰山锁坳碑 清同治五年（1866）饶庆霖

碑高148厘米，宽68厘米。额楷书，字径9厘米；文16行，满行36字，楷书，字径3厘米。碑嵌在竹源乡山锁坳唐葛周庙左墙内壁。

叶秀亭撰山锁坳碑 清同治五年（1866）叶秀亭

碑高148厘米，宽68厘米。额楷书，字径9厘米；文17行，满行38字，楷书，字径3厘米。碑嵌在竹源乡山锁坳唐葛周庙左墙内壁。

重镌宥真堂善济堂碑志 清同治五年（1866）

碑高137厘米，宽63厘米。额为太极图，直径12厘米；文16行，行字数不等，楷书，字径3厘米。碑在斋坛乡石门村宥真堂。

迁设松阳县明善书院志 清同治七年（1868）徐葆清

碑已佚，据民国《松阳县志·卷十二记》及饶庆霖墨迹《迁设松阳明善书院碑志》著录。碑之高、广、行数不计。

免抽十二三都肩挑山纸厘钱碑 清同治八年（1869）徐葆清

该碑民国《松阳县志·卷十三碑文》著录，光绪《松阳县志·卷十一记》载有条目。碑已残缺，现存2段，上段残高51厘米，下段残高56厘米，宽84厘米。文21行，满行42字，楷书，字径3厘米。缺文据民国《松阳县志》补。碑原立于松阳县公署，现为民间收藏。

续建祥云寺碑记 清同治十一年（1872）饶庆霖

碑高180厘米，宽82厘米，厚12厘米。文19行，行约48字，楷书，字径3厘米。碑在象溪镇靖居村楼底祥云寺。

龙胜殿碑 清同治十二年（1873）

碑高168厘米，宽71厘米，厚12厘米。额楷书，字径9厘米；文23行，行字数不等，楷书，字径2.5厘米。碑在三都乡淡竹村龙胜山龙胜殿内。

泗州堂残碑 清同治十二年（1873）施文英

碑残高68厘米，宽56厘米、厚10厘米。文15行，每行字数不等，楷书，字径2厘米。碑在象溪镇龙湾村白麻寮泗洲堂内。

南岩渡碑 清同治十三年（1874）

碑高2.35米，宽1.06米。额楷书，字径11厘米；文29行，满行66字，楷书，字径2.5厘米。附碑高1.41米，宽0.67米。文16行，楷书，字径3厘米。内容记载南州村渡船管理相关事宜。2块碑均在象溪镇南州村头南岩渡渡屋中。

图37-14 南岩渡碑（叶坚红 摄于2007年）

邑令支寿伯德政碑 清光绪元年（1875）叶佐清

碑已佚，据光绪《松阳县志·卷十一疏》，民国《松阳县志·卷十三碑文》著录。碑之高、广、行数不计。

福有攸归碑 清光绪二年（1876）

碑高120.5厘米，宽62厘米，厚10厘米。额楷书，字径10厘米；文18行，满行31字，楷书，字径2.5厘米。碑在象溪镇鲁西村。

夫人桥残碑 清光绪二年（1876）

碑残高111厘米，宽79厘米，厚10厘米。文24行，楷书，字径2.5厘米。碑在象溪镇鲁西村。

重修崇觉寺残碑 清道光八年至光绪三年（1828～1877）

碑残高59厘米，残宽35厘米，厚7厘米，字径2厘米。碑在板桥乡桐榔村崇觉寺内。

慈航桥残碑 清道光八年至光绪三年（1828～1877）

碑残高55厘米，残宽48厘米，厚11厘米。文楷书，字径3.5厘米。现藏板桥乡桐榔村。

共告会碑 清光绪七年（1881）

碑高136厘米，宽65厘米。额篆书，字径11厘米；文16行，满行35字，行书，字径3厘米。碑在城隍庙内。

城隍庙四班产业碑记 清光绪十年（1884）

碑高155厘米，宽63厘米。额楷书，字径6～8厘米不等；文17行，满行41字，楷书，字径2.8厘米。碑在城隍庙内。

重修京梁圳碑 清光绪十二年（1886）

碑高150厘米，宽80厘米。额楷书，字径10厘米；文21行，满行33字，楷书，字径3.5厘米。内容记载重修京梁堰及罐区分水管理事宜。《重修京梁圳碑》原立于化成寺旧址内，现在斋坛乡小石村。

佳溪桥渡记 清光绪十四年（1888）刘德元

该碑立于赤寿乡界首村禹王宫右侧。1996年12月禹王宫失火，正堂焚毁，碑被烧裂成数块，剥泐甚重，右上方残缺。缺字据《松阳县交通志》补。碑高154厘米，宽60厘米。额楷书，字径6厘米；文19行，满行50字，楷书，字径2.5厘米。

平卿县示碑 清光绪十六年（1890）

碑高111厘米，宽55.5厘米，厚13.5厘米。额楷书，字径7厘米；文14行，满行40字，楷书，字径2.5厘米。碑在谢村乡平卿村社庙左壁。

内孟禁约碑 清光绪九年至十六年（1882～1890）

碑高131厘米，宽66.5厘米。文30行，满行43字，楷书，字径2厘米。碑立于新兴乡内孟村妙音堂左侧。

芳溪桥碑 清光绪十七年（1891）

碑高151.5厘米，宽73.2厘米。额楷书，字径9厘米；文34行，满行53字，楷书，字径1.8厘米。碑在新兴乡下源口村。

外石塘奉宪勒石碑 清光绪十八年（1892）

碑高175厘米，宽71厘米。额楷书，字径12厘米；文19行，满行27字，楷书，字径3～5厘米不等。碑在新处乡外石塘村。

创造象溪村下新济渡记 清光绪十九年（1893）高斐然

碑已佚，据松阳《广陵高氏宗谱》著录。碑之高、广、行数不计。

王村寺产碑记 清光绪二十年（1894）

碑高140厘米，宽51厘米。额楷书，字径11厘米；文16行，满行32字，楷书，字径2.5厘米。碑在望松乡王村永泰社社亭墙壁。

勒碑永禁碑 清光绪二十三年（1897）

碑高85厘米，宽50.5厘米，厚8厘米。额楷书，字径6.5厘米；文13行，满行22字，楷书，字径2.5厘米。碑在裕溪乡章山村村口。

永宁寺田碑 清光绪二十三年（1897）赵亮熙

碑已佚，民国《松阳县志·卷十三碑文》据抄本著录。碑之高、广、行数不计。

府县二宪兴复永宁寺碑 清光绪二十四年（1898）

碑高159厘米，宽88厘米。额楷书，字径10厘米；文21行，行字数不等，楷书，字径2～4厘米不等。现藏松阳县博物馆。

明善书院寘兴义田碑记 清光绪二十七年（1901）

碑高190厘米，宽90厘米。碑面磨损严重，行数、字数不计。额篆书，字径13厘米；文楷书，字径2.5厘米。现藏松阳县实验小学。

定光会碑 清光绪二十七年（1901）

碑高129厘米，宽69.5厘米，厚12～28厘米不等。额楷书，字径8厘米；文18行，满行32字，楷书，字径3厘米。碑在樟溪乡法昌寺。

龙溪社公暨合坦灯会碑记 清光绪二十七年（1901）

《龙溪社公》碑高128.5厘米，宽69厘米，厚9厘米。额楷书，字径11厘米；文20行，满行33字，楷书，字径3厘米。《合坦灯会》碑高130厘米，宽68.5厘米，厚8.5厘米。额楷书，字径10厘米；文18行，字数不等，楷书，字径2.8厘米。两碑均在象溪镇鲁西村。

村头路碑 清光绪二十八年（1902）谢庭兰

碑高85厘米，宽51厘米。额楷书，字径7厘米；文17行，满行25字，楷书，字径2.5厘米。碑在象溪镇村头村。

石门圳碑志 清光绪二十八年（1902）

石门圳碑分刻二石，一为碑志，二为契约。后被改作井口石，碑体断裂、残缺，磨损严重。碑志高133厘米，宽53厘米，文13行，满行33字；契约高137厘米，宽64厘米，文15行，行35字。两碑均为楷书，字径3.5厘米。碑原在斋坛乡石门圩村，已佚。

御制至圣先师孔子赞并序 清（1644～1911）

碑高251厘米，宽104厘米，厚16厘米。额篆书，直题，字径6厘米；文23行，满行50字，楷书，字径3厘米。碑原立于文庙，现藏松阳县博物馆。

下街三社田产碑记 清（1644～1911）

碑高138厘米，宽69厘米，厚11厘米。文18行，满行36字，楷书，字径3厘米。碑立于古市下街潘氏宗祠。

石马源禁赌博碑 民国元年（1912）

碑高100厘米，宽58厘米。额楷书，字径8厘米；文16行，满行29字，楷书，字径2.5厘米。碑在象溪镇石马源村村口。

修复狮子口大路前记 民国元年（1912）刘德元

碑已佚，据刘德元《赤溪存草》著录。碑之高、广、行数不计。

毛源县示碑 民国2年（1913）

碑高101厘米，宽37厘米。额楷书，字径5.5厘米；文12行，满行25字，楷书，字径2.5厘米。碑嵌在三都毛源村徐氏宗祠门口右墙。

南州告示碑 民国2年（1913）

碑高109厘米，宽62厘米。额楷书，字径9.5厘米；文11行，满行24字，楷书，字径3.5厘米。碑在象溪镇南州村。

神壇堰碑记 民国4年（1915）潘文波

碑断为两截，上段残高61厘米，下段残高120厘米，宽68厘米。额篆书，字径7.5厘米；文14行，楷书，字径3.5厘米。碑在叶村乡寺岭下村。

先农殿碑 民国6年（1917）蔡克猷

碑已佚，民国《松阳县志·卷十三碑文》据抄本著录。碑之高、广、行数不计。

悌弟叶宅成碑 民国6年（1917）钱世昌

碑高146厘米，宽68厘米，厚12厘米。额楷书，字径7厘米；文20行，满行44字，楷书，字径2厘米。碑在石笋脚秀峰观正门左侧。

游宧祠碑 民国7年（1918）钱世昌

碑已佚，民国《松阳县志·卷十三碑文》据抄本著录，碑之高、广、行数不计。

养济院碑 民国7年（1918）钱世昌

碑已佚，民国《松阳县志·卷十三碑文》据抄本著录，碑之高、广、行数不计。

同德桥碑 民国7年（1918）杨士堪

碑高130厘米，宽75厘米。额楷书，字径10.5厘米；文20行，行字数不等，楷书，字径2.5厘米。现藏松阳县博物馆。

严禁森林碑 民国7年（1918）

碑高111厘米，宽58厘米，厚11厘米。额楷书，字径10厘米；文16行，满行42字，楷书，字径3厘米。碑在板桥乡桐榔村。

青云桥碑 民国7年（1918）

碑高81厘米，宽51厘米，厚16厘米。额楷书，字径11厘米；文9行，满行15字，楷书，字径3.5厘米。碑面粗糙，且剥泐较重，字迹漫漶不清。碑在大东坝横樟村外青云桥桥头。

邑令钱世昌去思碑 民国8年（1919）高焕然

碑原立于孔庙左侧名宦祠内，已佚，据民国《松阳县志·卷十三碑文》著录。碑高2.17米，广1米。额篆书，字径9.3厘米；文17行，行45字，楷书，字径3.3厘米。

叶黄氏自志碑 民国11年（1922）刘德元

碑已佚，据松阳《厦田叶氏宗谱》著录。碑之高、广、行数不计。

修复狮子口大路后记 民国16年（1927）刘德元

碑已佚，据刘德元《赤溪存草》著录。碑之高、广、行数不计。

章山永禁碑 民国16～18年（1927～1929）

碑在裕溪乡章山村。残高75厘米，宽40厘米，厚5.5厘米。额楷书，字径5.5厘米；文11行，字数不等，楷书，字径2厘米。

孙中山逝世四周年纪念碑 民国18年（1929）

《孙中山逝世四周年纪念碑》原立于县儒学青云路（后改为中山路）西首，已佚。据1937年老照片著录。碑文隶书，碑之高、广、行数不计。背景墙字楷书，内容为“中华民国国歌”。

护新桥碑 民国18年（1929）

碑高135厘米，宽65厘米，厚13厘米。额楷书，字径6厘米；文22行，行字数不等，楷书，字径2厘米。碑在三都乡后湾村村口。

善应堂碑 民国21年（1932）

碑高142厘米，宽69厘米，厚14厘米。额篆书，字径12厘米；文20行，满行40字，楷书，字径2.5厘米。该碑石质脆硬，易剥泐，故碑文多漫漶不清。碑在善应堂大门右侧。

横溪墈头水圳碑记 民国28年（1939）

碑高119厘米，宽61厘米。额楷书，字径8.5厘米；文18行，满行33字，楷书，字径2.5厘米。碑在新兴乡横溪村。

第三节　墓志铭

宋故居士项君（諲）墓志铭 北宋元祐九年（1094）郑义

志石高98厘米，宽74厘米。额“宋故居士项君墓志铭”，篆书，字径11厘米；文23行，满行25字，楷书，字径1.7厘米。墓志出土于松阳塔寺下村云龙山，现藏松阳县博物馆。墓主项諲（1012～1093），字子庄，松阳人。

宋故潘府君（幹）墓志铭 北宋大观元年（1107）鲍贻庆

志盖高72厘米，宽74厘米，篆书2行，行5字，字径11厘米；志石高76.5厘米，宽76.5厘米，文27行，满行31字，楷书，字径2厘米。墓志出土于水南竹溪村东，现藏松阳县博物馆。墓主潘幹（1010～1105），字子直，松阳竹溪人。

宋故主簿潘公（珂）墓志铭 北宋宣和四年（1122）莫俦

志石高100厘米，宽78厘米，文30行，满行38字，楷书，字径2厘米；盖已缺。该墓志出土于水南岩西，现藏松阳县博物馆。墓主潘珂（？～1120），字仲温，松阳竹溪人。授象州武仙尉，次任康州泷水、宣州泾县主簿。

宋故孺人叶氏墓志铭 北宋靖康元年（1126）

志盖高73厘米，宽79厘米，篆书3行，行3字，字径21厘米；志石高76.5厘米，宽79厘米，文27行，满行32字，楷书，字径1.6厘米。墓志出土于松阳塔寺下上方山，现藏塔寺下村。墓主叶氏（1063～1124），丽水叶景山女。夫杨恕，衢州刑曹。

松阳叶君（洵仁）墓志铭 南宋乾道四年（1168）吕祖谦

据吕祖谦《吕东莱文集·卷七》著录。高、广、行数不计。墓主叶洵仁（1088～1168），字行中（民国《松阳县志》作“行忠”），松阳人。

朝散潘公（好古）墓志铭 南宋乾道六年（1170）吕祖谦

据吕祖谦《吕东莱文集·卷七》著录。高、广、行数不计。墓主潘好古（1101～1170），又名五郎，字敏修，一字伯御。曾祖幹，祖珂，父宗回。松阳竹溪潘氏第六世孙，自松阳县外十八都大竹溪迁居婺州。

刘伯秀圹志 南宋淳熙二年（1175）

志石高91厘米，宽75厘米，厚13厘米。文19行，满行27字，楷书，字径2厘米。该圹志出土于松阳赤寿乡朱衣冈，现为民间收藏。墓主刘伯秀（1175～1223），字朝实，处州松阳人。授潭州安化县尉，迁婺州浦江县主簿，未及赴任而终。

朝散潘公（好谦）墓志铭 南宋淳熙三年（1176）吕祖谦

据吕祖谦《吕东莱文集·卷八》著录。墓志高91.1厘米，宽74.3厘米，厚12厘米，表面石灰层约0.5毫米。文15行，满行24字，行书，字径3厘米。墓志出土于赤寿乡红连村，现藏松阳县博物馆。墓主潘好谦（1117～1175），字伯益，号矫斋，松阳竹溪人。历任处州丽水尉、泉州司理参军、福建路安抚司、镇江府通判、绍兴府通判等职。其子景夔、景尹师事吕祖谦。

承事郎致仕潘公（景宪）墓志铭 南宋绍熙元年（1190）朱熹

据《朱文公文集》著录。高、广、行数不计。墓主潘景宪（1134～1190），字叔度，处州松阳人。

程胪墓志铭 南宋绍熙四年（1193）高宗商

据松阳《城东程氏宗谱》著录。高、广、行数不计。墓主程胪（1110～1188），字鸿鸣，松阳城东人。志文撰于葬后五年，即南宋绍熙四年（1193）。

程大雅圹志 南宋庆元元年（1195）

志石高63.5厘米，宽51.5厘米。文11行，满行20字，楷书，字径2厘米。出土于水南横山村，现藏松阳县博物馆。墓主程大雅（1134～1195），字建中、正之，松阳城东人。

叶舜俞墓志铭 南宋嘉泰四年（1204）

该墓志出土于松阳青蒙豹坞山，现藏松阳博物馆。该墓早年被盗，墓志上部缺失。残高66厘米，宽 76 厘米，厚 10 厘米。文楷书，字径 1.8 厘米。墓主叶舜俞（1117～1203），字嘉言，松阳人。子南叔，南宋绍熙四年（1193）进士，授复州州学教授。

王佐墓志铭 南宋嘉定二年（1209）楼钥

据松阳城南《陈巷王氏宗谱》著录。高、广、行数不计。墓主王佐（1152～1208），又名公辅，字公议，松阳城南人。

有宋太孺人叶氏圹志 南宋嘉定十一年（1218）

该圹志出土于松阳何村东冈山，现藏松阳博物馆。志石高 59 厘米，宽 53.5 厘米。额篆书，字径 5 厘米；文 15 行，满行 22 字，楷书，字径 2.2 厘米。墓主叶氏（1142～1217），松阳泽山下人。夫项颙（1145～1184），字叔表，松阳项桥下河村人。

叶德佐圹志 南宋绍定元年（1228）

该圹志出土于斋坛东关村，现藏松阳县博物馆。志石高 81 厘米，宽 45 厘米。文 10 行，满行 24 字，楷书，字径 2 厘米。墓主叶德佐（1169～1223），字廷辅，松阳东关人。

程樟墓志铭 南宋绍定四年（1231）陈贵谊

据松阳《城东程氏宗谱》著录。高、广、行数不计。程樟墓在象溪镇南州村福安寺右侧。墓主程樟（1166～1230），字乔仲，松阳城东人。

提刑秘阁程公（榆）墓志铭 南宋嘉熙二年（1238）袁甫

据袁甫《蒙斋集·卷十八》著录。高、广、行数不计。《松阳县志》载：开国男程榆墓在县西南一里半紫山，梁大中撰铭。而袁甫又撰有《提刑秘阁程公墓志铭》。程墓有二志乎？待考。墓主程榆（1171～1238），字森之，松阳城东人，程大雅第三子。南宋绍熙四年（1193）进士，授婺之金华簿。历任安徽绩溪主簿、建康提领、广西玉山知县、嘉兴通判、庆元府判、福建泉州知州、广东提刑兼提举常平。

林府君（思哲）周夫人墓志铭 南宋嘉熙二年（1238）袁甫

据袁甫《蒙斋集·卷十八》著录。高、广、行数不计。林思哲（1157～1220），字仲文，松阳人。

刘杞夫妇圹志 南宋嘉熙四年（1240）

刘杞夫妇圹志出土于五都丁祥冈。现藏松阳县博物馆。志石高 64 厘米，宽 51 厘米。文 13 行，满行 16 字，楷书，字径 2.2 厘米。墓主刘杞（1171～1222），字秀卿，妻周氏（1167～1232），均为松阳人。

潘自中圹志 南宋淳祐三年（1243）

该圹志出土于水南土名平岗松阳五中基建工地，现藏松阳博物馆。志石高 89.5 厘米，宽 56 厘米，厚 12 厘米。文 15 行，满行 29 字，楷书，字径 2.2 厘米。墓主潘自中（1180～1242），字时乂，一字道夫，松阳人。

毛必节圹志 南宋淳祐五年（1245）

据照片著录，高、广、行数不计。圹志出土于古市卯山之麓。墓主毛必节（1177～1241），字尹叔，松阳南山人。

叶珍之夫妇圹志 南宋淳祐五年（1245）

该圹志出土于松阳城西白露岭冈，现藏松阳县博物馆。志石高57.5厘米，宽42.5厘米。文10行，行18～20字不等，楷书，字径2厘米。墓主叶珍之（1150～1233），字仲宝，松阳人。

叶延赞墓碑 南宋（1127～1279）

该墓碑2010年7月发现于松阳卯山槽碓坑，现藏松阳县卯山文化研究会。碑高65厘米，宽40.5厘米，厚13厘米。碑文楷书3行，“叶延赞公仝夫人周氏之墓”字径4.5厘米；上下款字径3厘米。墓主叶延赞，字德寿，号仁斋，松阳人。南宋绍兴三十年（1160）进士，官至福建泉州太守。

叶晔圹志 元皇庆元年（1312）

该圹志出土于古市野塘之丑冈，现藏松阳县博物馆。志石高85厘米，宽54厘米。文13行，满行24字，楷书，字径2.3厘米。墓主叶晔（1260～1306），字日华，号潜心，松阳人。著有《曲肱集》三卷。

周景瑞墓碣铭 元至元四年（1338）陈旅

据松阳《板桥周氏宗谱》著录。高、广、行数不计。墓主周景瑞（1253～1325），名应祥，字景瑞，号栖碧野人，松阳板桥人。隐居不仕，教子义方。

此山先生周君（权）墓铭 元至正六年（1346）张翥

据松阳《板桥周氏宗谱》著录。高、广、行数不计。墓主周权（1275～1343），又名士权，字衡之，号此山，松阳板桥人。初任衢州开化县教谕，元延祐五年（1318）府州教授，后授福建巡检官，著有《此山集》行世。

松阳周处士（铿）墓志铭 元至正十七年（1357）刘基

刘基撰《松阳周处士墓志铭》，著录于正德本、成化本、四库本《诚意伯文集》。高、广、行数不计。墓主周铿（1279～1315），字希声，松阳鲁峰人。

故薛君（必庆）墓铭 元至正二十年（1360）王祎

据王祎《王忠文公集·卷十九》著录。高、广、行数不计。墓主薛必庆（1259～1296），字天福，松阳人。

薛府君（溶）墓志铭 元至正间（1341～1368）宋濂

据宋濂《宋濂全集·辑补三》著录。高、广、行数不计。墓主薛溶（1283～1345），字平川，号桂轩，松阳人。

故荥阳佚耕处士郑公（天觉）墓志铭 明洪武五年（1372）贝琼

据贝琼《清江贝先生文集·卷二十一》著录。高、广、行数不计。墓主郑天觉（1265～1339），字佚耕，松阳人。

故松阳周府君（绍祖）阡表 明洪武七年（1374）宋濂

据《宋文宪公全集·卷十》著录。高、广、行数不计。墓主周绍祖（1313～1370），字光远，周铿三子，松阳鲁峰人，后裔迁居本邑三都周山头。

王珍墓志铭 明洪武十年（1377）包仕登

据松阳城南《陈巷王氏宗谱》著录。高、广、行数不计。王珍墓在松阳五都灰弄。墓主王珍（1311～

1377），字公瑾，松阳城南人。

宜公墓志残石 明洪武年间（1368～1398）

该墓志1978年发现于松阳城北田间，现为民间收藏。残高43厘米，残宽23.5厘米，字径1.2厘米。该墓志残缺，且磨损严重，墓主不详。因志文有“宜公”字样，故名《宜公墓志残石》。志文记述元末及明洪武初章溢、胡深父子等平定处州之事，墓主生活年代当在元末至明洪武间。

故翰林院学士王公景彰墓碑铭 明永乐二十一年（1423）陈琏

据明陈琏《琴轩集·卷二十四》著录。高、广、行数不计。墓主王景（1336～1408），字景彰，又作景章，号常斋，松阳人。洪武四年（1371）中乡试，初授怀远教谕，与诸生披荆斩棘，兴建学宫。未久，应诏入朝，拟订《藩王入朝觐仪》，作《京城钟鼓楼记》，及修《太祖高皇帝实录》与《永乐大典》，俱为总裁。

徐万松墓志铭 明万历三十八年（1610）王一中

据松阳《儒行徐氏宗谱》著录。高、广、行数不计。墓主徐万松（1526～1598），字茂承(民国《松阳县志》作“茂松”)，号午山，松阳城西人。

奉议大夫清德毛先生（文邦）墓志铭 明万历年间（1573～1620）冯时可

该墓志出土于望松乡翁村五都岗后山，现藏松阳县博物馆。志石高89厘米，宽62厘米，厚13厘米。额篆书，字径6厘米；文31行，满行52字，楷书，字径1.2厘米。墓主毛文邦（1505～1556），字希同，号春野，松阳城北人。明嘉靖二十九年（1550）进士，历任刑部主事、南京刑部员外司、刑部郎中。

王清泉先生寿藏记 清道光四年（1824）周圣教

志石高52厘米，宽166厘米。文25行，行字数不等，楷书，字径4.5厘米。墓主王清泉（1748～1824），王村人。明绣衣御史王继行之裔孙。该墓志出土于松阳塔寺下玉明山，现藏塔寺下上连头村。

张朝洙夫妇墓志铭 清道光二十三年（1843）

志石高27厘米，宽27.3厘米，厚1厘米。铭文15行，满行14字，楷书阴刻，字径1.2厘米。背面“存圹合石记”5字，楷书双钩阳刻，字径3.5厘米。墓主张朝洙（1778～1805），又名履泰，字考祥，邑庠生，松阳山下阳人。该墓志20世纪70年代出土于新兴乡上安村白角墓头一石棺墓中，二石合置于石棺前。上石已佚，此为下石。现为民间收藏。

□联芳墓志铭 清咸丰二年（1852）饶庆霖

铭文分刻二石，前石左缺，高70厘米，残宽85厘米，厚13厘米，文10行，满行9字，楷书，字径5厘米；后石高70厘米，宽111厘米，厚13厘米。文11行，满行9字，楷书，字径5厘米。墓主□联芳（？～1852），松阳人。该墓铭出土于松阳塔寺下石笋脚，现为民间收藏。

赖家时买地券 清咸丰五年（1855）

上下两合石一套，正方，高宽26.8厘米，厚1厘米。文19行，满行26字，楷书，字径1厘米。两石背面分刻“上”“下” 2字。买地券为古代的随葬冥器。该买地券出土于古市卯山后，现为民间收藏。

增生周廷珪墓志铭 清咸丰十年（1860）牟温典

据松阳《赤岸周氏宗谱》著录。高、广、行数不计。墓主周廷珪（1803～1858），又名维忠、伯寿，字敏庵，号桐封，清道光十六年（1836）补增广生，松阳赤岸人。

潘志昌墓碑 清光绪十一年（1885）

碑高60.5厘米，宽119厘米，厚11厘米。“守府”2字楷书，字径20厘米；款字12行，楷书，字径5厘米。墓主潘志昌（1811～1880），又名承森，字步云，号应星，松阳城南人。墓碑出土于水南安乐山，现藏松阳县博物馆。

何母吴太亲母孺人墓碣 清光绪十六年（1890）

墓碣断为两块，左下角残缺。据松阳上河《庐江何氏宗谱》载，墓碣高54厘米，宽84厘米。文8行，满行6字，篆书，字径7厘米；款字2行，隶书，字径5.5厘米。墓碣出土于城西西屏山后，现藏松阳县博物馆。

蔡铣墓铭并额 清光绪二十七年（1901）

墓铭二石，大小相同。高54厘米，宽90厘米。铭文12行，满行7字，行书，字径5.5厘米；题额高59厘米，宽115厘米，自右而左横列4字，行书，字径18厘米；款字2行，行书，字径5厘米。墓主蔡铣（1835～1896），又名毓骏，字荆三，号丽金，别号泮林，松阳城东人。墓铭出土于松阳城西子山垅，现藏松阳县博物馆。

王显綖夫妇墓志 清光绪二十八年（1902）

志石高48厘米，宽63厘米。文16行，满行10字，楷书，字径3.5厘米。墓主王显綖（1816～1888），字昭度，王村人。墓志出土于望松乡王村草墓山，现藏松阳县博物馆。

清直隶州州判蔡府君（铣）墓志铭 民国5年（1916）蔡克猷

据蔡克猷《散溪遗书·卷五》著录。参松阳《城东蔡氏宗谱》校改。高、广、行数不计。墓主蔡铣（1835～1896），字荆三，号丽金，松阳城东人。

刘母蔡孺人墓表 民国8年（1919）蔡克猷

据蔡克猷《散溪遗书·卷五》著录。参松阳《城东蔡氏宗谱》《佳溪刘氏宗谱》校改。高、广、行数不计。墓主蔡淑娟（1846～1889），界首人。

许母詹太孺人墓志铭 民国9年（1920）孙寿芝

墓志二石，大小相同。志石高82厘米，宽54厘米，文各12行，满行22字，楷书，字径3厘米。墓志出土于松阳城北太保庙上首，现为许氏后裔藏。

蔡钟栽墓志铭 民国10年（1921）夏震武

据蔡克猷《散溪遗书之散溪哀思录》著录。高、广、行数不计。墓主蔡克猷（1884～1920），字壮哉，自号钟栽，又号散溪居士，松阳城东人。

刘笃斋墓志铭 民国11年（1922）

据松阳《雅山刘氏宗谱》著录。高、广、行数不计。墓碑在松阳乌形山村。墓主刘可培（1861～1922），又名德进，字笃斋，号闇然，岁贡生，松阳雅山（乌形山）人。

刘笃斋暨季孺人墓碑 民国 11 年（1922）

墓碑残高 121 厘米，宽 72 厘米，厚 11 厘米；节孝季孺人墓碑高 168 厘米，宽 70 厘米，厚 11 厘米。碑文皆楷书 3 行，字径 20 厘米，上下款字径均为 6 厘米。墓碑在松阳乌形山村。

何君若泉墓志铭 民国 16 年（1927）詹渭

墓志分刻二石，前石已佚，后石下部残缺。残高 81 厘米，宽 55 厘米。文 13 行，满行 25 字，楷书，字径 2.5 厘米。墓志在斋坛乡东圩蓬村。墓主何修（1885～1927），又名樟发、渊文，字若泉，号梅倩，松阳城南人。

叶长昶墓表 民国 24 年（1935）叶葆彝

墓志高、广、行数不计。叶长昶（？～1934），字舒之，松阳烟叶商。墓志出土于叶村乡松山，现藏中国烟草博物馆。

叶庆崇墓志 民国 35 年（1946）叶观潮

墓志分刻前后两石，前石已佚。后石高 60 厘米，宽 70 厘米。文 15 行，满行 15 字，楷书，字径 3 厘米。墓志出土于松阳桐溪村，现为叶氏后裔收藏。墓主叶庆崇（1880～1944），字宗山，松阳城北人。清末秀才，光绪二十八年（1902）留学日本早稻田大学师范，在日本参加同盟会。学成回国，参加反清斗争，任兴中会浙江干事。曾任处州军政分府民政处长，在处州省立十一中学、省立十一师范任教，任十一师范校长，浙江省议会议员。

第四节 铭 文

建平砖砚 西汉建平四年（公元前 3）

砚已佚。据民国《松阳县志·卷十三塔砖》载，建平砖砚系清光绪间（1875～1908）邑人叶佐清任於潜教谕间所得。长方形，砚长 29.3 厘米，宽 12.7 厘米。篆文 4 字，字径 3.3 厘米。

永元砖砚 东汉永元十五年（103）

砚已佚。据民国《松阳县志·卷十三塔砖》载，长方形，砚长 26 厘米，宽 16 厘米。篆文 5 字，字径 3.3 厘米。

建安昭武长砖铭 东汉建安至西晋年间（196～316）

砖残长 17 厘米，宽 14.2 厘米，厚 4 厘米。砖体侧面反书阳文“建安昭武长叶”5 字款识，隶书，字径 3 厘米；两面印有钱纹和席纹。2006 年，古市镇东角垄村西社庙山出土，现藏松阳县卯山文化研究会。

元康七年砖铭 西晋元康七年（297）

砖长 33.5 厘米，宽 14.5 厘米，厚 5 厘米。隶书，字径 2.5 厘米。砖体侧面阳文“元康七年七月卅日叶家富贵”12 字款识；两面及另一侧面印有钱纹和席纹。1987 年 9 月，古市镇东角垄村西社庙山出土，现藏松阳县博物馆、松阳县卯山文化研究会。

万年、诸氏、政砖铭 西晋（265～316）

万年砖残长24厘米，宽13.5厘米，厚4.3厘米，砖体上端侧面反书阳文“万年”2字，隶书，字径3厘米。

诸氏砖残长22厘米，宽15厘米，厚3.5厘米，砖体侧面阳文隶书“诸氏”2字，字径2.2厘米。

政砖残长25厘米，宽16厘米，厚4.5厘米，砖体正面反书2“政”字，阳文隶书，字径3厘米。3块砖均出土于古市镇东角垄村西社庙山。“万年”砖现藏松阳县卯山文化研究会。“诸氏”和“政”2砖现为民间收藏。

泰和四年砖铭 东晋太和四年（369）

砖长33.5厘米，宽14厘米，厚4.5厘米。砖体侧面阳文“泰和四年九月九日郑乔”10字款识，隶书，字径2.5厘米。桐溪村毛家山出土，现砌于桐溪村民房墙角。

泰元三年砖铭 东晋太元三年（378）

砖长37厘米，宽14.2厘米，厚4.5厘米。砖体侧面及一端阳文“泰元三年九月十日郑□”“郑□□”13字款识，隶书，字径2.5厘米。桐溪村毛家山出土，现砌于桐溪村民房墙角。

元嘉二十五年砖铭 南朝宋元嘉二十五年（448）

砖长35厘米，宽14厘米，厚5厘米。砖体侧面隶书阳文“元嘉廿五年刘敬度作”9字款识，字径2.5厘米；另侧面印有几何纹；上下端分别印有“太岁戊子”款识及钱纹，“太岁戊子”4字，隶书阳文，字径2.5厘米；砖体一面印有钱纹和席纹，另面素无纹。1988年3月新兴外孟村出土，现藏松阳县博物馆。

祝延圣寿塔砖款 南朝梁大同间（535～546）

祝延圣寿塔，在县学东，与状元坊近，故又名“状元坊塔”“状元塔”。“祝延圣寿”4字，隶书，字径8.3厘米。塔已坍塌，砖佚。

旧市淳和观铜钟铭 唐乾元二年（759）郭阶

钟铭著录于《两浙金石志·卷二》《宝刻类编》《栝苍金石志·卷二》《处州府志·卷二十六》、顺治《松阳县志·卷七寺观》、乾隆《松阳县志·卷十一铭》、光绪《松阳县志·卷十一铭》、民国《松阳县志·卷十三钟铭》等。钟已碎裂重铸。据民国《松阳县志》著录。铭文楷书，字径1.3厘米。

唐塔砖砚 唐（618～907）

砚已佚，据民国《松阳县志·卷十三塔砖》著录。砚长16.6厘米，宽15厘米，下圆，上略锐，玄武形。砖文6字，正书，字径1.7厘米；铭4字，隶书，字径1.3厘米；款3字，行书，字径0.7厘米；跋21字，行书，字径0.3厘米。

南阳开国铜印 唐（传）（618～907）

该印据《续栝苍金石志·卷一》《处州府志·卷二十六艺文》、民国《松阳县志·卷十三印玺》《玉岩叶氏宗谱·卷三》著录。印铜质，黄色，正方形。印高约5厘米，篆文4字，印面5厘米见方。《玉岩叶氏宗谱》钤有原印印拓，印面尺寸据宗谱原印拓录入，确无讹。印高据玉岩叶氏老成回忆录入，以供参考。“南阳开国”“道经师宝”二印，相传为唐道教天师叶法善所遗，俗称“天师印”，后世奉为驱魔之宝。二印原为玉岩叶氏宗祠藏，1966 年“文化大革命”时遗失。

道经师宝铜印 唐（传）（618～907）

该印据民国《松阳县志·卷十三印玺》《玉岩叶氏宗谱·卷三》著录。印铜质，黄色，立方形。古色斑斓，微有剥蚀。印高约 5 厘米，篆文 4 字，印面 5.8 厘米见方。“道经师宝”印，传为唐道教天师叶法善所遗。原为松阳玉岩叶氏宗祠藏，“文化大革命”时遗失。

延庆寺塔砖铭 北宋淳化五年（994）

延庆寺塔塔体上砌有十款砖铭，铭文砖的尺寸不等，均为直列 1 行，楷书。其中“淳化五年”砖长 31 厘米，厚 6.5 厘米，字径 4.5 厘米；“淳化五年六月中”砖长 53 厘米，厚 6.5 厘米，字径 1.5 厘米。

东街亭铜钟铭 北宋景德二年（1005）

钟已佚，《两浙金石志》《栝苍金石志》、清光绪《处州府志》、民国《松阳县志·卷十三钟铭》等有著录。钟高 2.13 米，围径 1.20 米。分界线三层，上两层光泽无字，铭列下层。文 18 行，楷书阴刻，字径 2.3 厘米；序每行 9 字，铭每行 8 字。

治平三年砖铭 北宋治平三年（1066）

砖长 30 厘米，宽 15.5 厘米，一侧厚 5.3 厘米，另侧 4.2 厘米。砖体 4 侧面均为楷书阳文，字径 3 厘米。砖体两面无纹。该砖 20 世纪 80 年代出土于水南市口村叶惟鞠墓，现藏松阳县博物馆。

铜钵殿石炉款识残字 南宋嘉熙四年（1240）

炉在松阳县西南乡铜钵殿中。铜钵殿无考，石炉存佚不详。据《栝苍金石志补遗·卷三》著录。高 1.49 米，围径 2.17 米，字多剥蚀，不拘行数，字径 2 厘米，正书。

望松禅院铁钟款 元至元三十一年（1294）

钟已佚，据《栝苍金石志》、民国《松阳县志·卷十三钟铭》载，钟高 1.63 米，围径 1.02 米。颂词 2 行，行 4 字，字径 6.66 厘米；款 4 行，行 10 字，末行 7 字，字径 3.33 厘米，皆楷书，范铸阳文。

先锋庙铁钟款 明正统十三年（1448）

铁钟高约 95 厘米，分五区。铭文 15 行，分列 2 区，范铸阳文，楷书，字径 2 厘米。铁钟在新处乡竹囮村先锋庙内。

集善堂铁钟款 明隆庆四年（1570）

钟高 97 厘米，下沿直径 62 厘米。分为上下 2 层，下层无字。铭列上层，分 5 区，共 22 行，范铸阳文，楷书，字径 2.5 厘米。钟在枫坪乡高亭村钟山寺内。

家塾石刻 明万历二十八年（1600）

石刻高 55.5 厘米，残宽 90 厘米、厚 10 厘米。“家塾”2 字，自右向左横书，双钩阳刻，楷书，字径 18 厘米；款字直书，左右各 2 行，楷书阴刻，字径 4 厘米。石刻在象溪镇南州村。

松阳丽水县界碑 明天启间（1621～1627）

残高 96 厘米，宽 40 厘米，厚 11 厘米。“县界”2 字直书，双钩阳刻，楷书，字径 27 厘米；

款字直书，左右各 1 行，楷书阴刻，字径 3 厘米。碑在原松阳县二十六都堰头村。堰头村历史上向为松阳县管辖，与丽水县交界，1963 年堰头村划丽水县辖。该碑为松阳县与丽水县之县界碑。

松阳龙泉县界碑 明（1368～1644）

碑在松阳县安民乡苏马坪村南小苏源与龙泉县道太乡大苏村 2 县交界处。高、广、字径不计。该题刻无题写人及年款，铭文双钩阳刻，笔划勾线交错穿插，为典型明代刻石特征。

舍利庵石刻 清顺治十二年（1655）

该石刻于清顺治十二年（1655）、道光十七年（1837）2 次刊刻。石刻高 39 厘米，宽 158 厘米。“舍利庵”3 字，顺治十二年为楷书双钩线刻，字径 25 厘米，题款 2 行，楷书阴刻，字径 2.5 厘米；道光十七年再刻为行书双钩阳刻，字径 24 厘米，题款 2 行，楷书阴刻，字径 4 厘米。石刻在上连头村村民收藏。

忠义碑石刻 清雍正五年（1727）

碑原在松阳城北天后宫左侧忠义祠头门外，已佚。据国家图书馆馆藏碑拓及民国《松阳县志·卷十三石刻》载，碑高 154 厘米，宽 75 厘米。“忠义碑”3 大字，楷书阴刻，“忠”字，长 38 厘米；“义”字，长 51 厘米；“碑”字，长 44 厘米；款字 2 行，楷书，字径 4.5 厘米。

节孝坊石刻 清雍正五年（1727）

石刻为节孝坊明间额枋，高 52.5 厘米，宽 218.5 厘米，厚 13 厘米。“节孝坊”3 字，自右而左横列，双钩阳刻，楷书，字径 32 厘米。左右题款共 5 行，楷书，字径 4 厘米。该坊原位于城北天后宫右首节孝祠前，已拆除，石构件藏松阳县博物馆。

钓台亭石刻 清乾隆五年（1740）

为钓鱼岭背“钓台亭”门额。石刻高 50 厘米，宽 180 厘米。“如钓台”3 字，楷书阳刻，字径 25 厘米。款字 2 行，楷书阴刻，字径 4 厘米。钓鱼岭古道为松阳通往处州府及玉岩、龙泉之古道，岭背设“钓台亭”，清乾隆五年（1740），石仓源人士阙弼文建。

柳池鱼跃石刻 清乾隆十年（1745）

石刻已佚，据民国《松阳县志·卷十三石刻》载，“柳池鱼跃”横列 4 字，隶书，字径 26.64 厘米。“柳池鱼跃”为旧松阳十景之七，在城北天后宫之西厢，在天后宫花园内，今废。

天童派法应塔石刻 清乾隆二十年（1755）

石刻在水南南山村白云庵。高 39 厘米，宽 106 厘米。“天童派法应塔”六字，楷书，字径 12 厘米；款字左右各一行，楷书，字径 3 厘米。

城隍庙石刻楹联 清嘉庆十年（1805）

城隍庙正殿有石刻楹联 3 副，长短不一，字径不等。“伯

图 37-15 城隍庙石刻楹联（叶坚红摄于 2010 年）

曰、庙崇”联，长233厘米，宽32 厘米，行书，字径12厘米。落款上下联各1行，楷书，字径4.5厘米。篆印2方，朱文、白文各1方，径5.5厘米；“正直、鉴观”联，长227厘米，宽32厘米，行书，字径15厘米。落有下款，楷书，字径4.5厘米。篆印2方，一圆一方，径6厘米；“助雨、与山”联，长222厘米，宽32厘米，行书，字径17厘米。落款上下联各1行，楷书，字径4.5厘米。篆印2方，朱文、白文各1方，字径5.5厘米。

图 37-16 永宁观天师殿石刻楹联（叶坚红 摄于2010年）

永宁观天师殿石刻楹联 清嘉庆二十年（1815）

永宁观天师殿有石刻楹联4副，长短不一，字径不等。“排金、法玉”联，长190厘米，宽27厘米，行书，字径12厘米。落款上下联各1行，楷书，字径4.5厘米；“蟾窟、鸿胪”联，长180厘米，宽27厘米，行书，字径13厘米。落款上下联各1行，楷书，字径4.5厘米；“帖重、基开”联，长190厘米，宽27厘米，行书，字径12厘米。落款上下联各1行，楷书，字径4.5厘米；“智井、空山”联，长170厘米，宽26厘米，行书，字径11厘米。落款上下联各1行，楷书，字径4厘米。

一门三节坊石刻 清道光元年（1821）

该石刻在叶村“一门三节”牌坊上。明间额枋高53厘米，宽262厘米。正背两面内容相同，“一门三节”4字，双钩阳刻，楷书，字径40厘米。款字左右各1行，楷书阴刻，字径6厘米。平板枋铭文及左右侧楼的铭文根据2004年3月照片著录。高、广、字径不计。该坊于2004年倒塌。

天后宫铁钟款 清道光七年（1827）

钟已佚，据民国《松阳县志·卷十三钟铭》著录。高1.47米，围径1.07米。分列3层，每层4行，行2字。颂词24字，楷书，字径6.66厘米；款10字，楷书，字径3.33厘米。

净因寺铁钟款 清道光七年（1827）

钟高85厘米，颂词4行，每行4字，分列每区之间，楷书，范铸阳文，字径2.5厘米；铭文、鸿名、款字分列4区，每区9～10行，行字数不等，楷书，字径2厘米。钟在水南村净因寺遗址原水南小学内，有裂损。

图 37-17 禹王宫石刻楹联（叶坚红 摄于2010年）

界首禹王宫石刻楹联 清道光八年（1828）

界首村禹王宫门厅石刻楹联4副，长短不一，字径不等。“八年、三过”联，长155厘米，宽26厘米，楷书，字径9.5厘米。落款上下联各1行，楷书，字径3.5厘米；“寿麓、赤溪”联，长140厘米，宽26厘米，楷书，字径12厘米。落款上下联各1行，楷书，字径 3.5 厘米；“庙倚、门环”联，长 130 厘米，宽 26 厘米，行书，字径 10 厘米。落款上下联各 1 行，楷书，字径 3.5 厘米；“四海、一溪”联，长 150 厘米，宽 26 厘米，行书，字径 11 厘米。落款上下联各 1 行，楷书，字径 3.5 厘米。

应星桥石刻 清道光二十五年（1845）

位于西屏镇桐溪村。为三边形石梁桥，石梁一侧刻“应星桥”3 字，楷书阴刻，字径 16 厘米；另侧刻款字，楷书阴刻，字径 9 厘米。

小祇园门额石刻 清咸丰元年（1851）

该石刻为小祇园正门与左右侧门之门额。“小祇园”石刻，高 63 厘米，宽 168 厘米，楷书阳刻，字径 32 厘米。款字 3 行，楷书阴刻，字径 5 厘米；“昙花”“贝叶”2 石，高 58 厘米，宽 91 厘米，楷书阳刻，字径 26 厘米。该石刻原在古市镇小祇园旧址，2007 年 8 月移至四都乡寨头。

金刚经偈语印 清道光十七年至咸丰十一年（1837～1861）

印石深褐色，瑞兽钮，印高 7.7 厘米，印面 3 厘米见方，篆书阳文。该印为清进士叶维藩用印，曾印于叶维藩书法《陆游七律》诗轴，该印印面磨损甚重，附旧印拓以便观瞻。现为民间收藏。

正念禅院石刻 清同治七年（1868）

石刻高 62 厘米，宽 180 厘米。“正念禅院”4 字，行书阳刻，字径 30 厘米；款字 3 行，楷书阴刻，字径 5 厘米。石刻在松阳县第二中学（正念寺旧址）。

云岩山静观石刻 清光绪八年（1882）

石刻原在云岩山上下龛中间梯阶旁，已佚。据民国《松阳县志·卷十三石刻》载，“静观”2 字，横刻，隶书，字径 6 厘米；款 13 字，楷书，字径 5 厘米。

松阳遂昌总镇宪会界碑 清（1644～1911）

碑高 99 厘米，宽 48 厘米，厚 10 厘米。额楷书，字径 9 厘米；文 3 行，楷书，字径 3～7 厘米不等。碑原立于松阳界首与遂昌资口 2 县分界处，现为民间收藏。

雪庵祠石刻 清（1644～1911）

石刻原在雪庵祠，后移至县文庙内，已佚。据 2004 年旧照片录入，残高约 55 厘米，宽约 55 厘米，厚约 10 厘米，字径约 35 厘米。

港口渡路碑 民国 6 年（1917）

碑在港口渡渡口。碑高 80 厘米，宽 30 厘米，厚 7 厘米。文 2 行，行 8 字，楷书，字径 6 厘米。

航船头石柱殿石刻楹联 民国 6 年（1917）

石柱殿位于松阴溪畔航船头，有石刻楹联 4 副，长短不一，字径不等。“一片、数峰”联，长 139.5 厘米，宽 20.5 厘米，行书，字径 12 厘米；“芳草、莺花”联，长 123 厘米，宽 17.5 厘米，行书，字径 12 厘米；“百仞、一堤”联，长 134 厘米，宽 21 厘米，行书，字径 13 厘米；“印潭、隔岸”联，长 137 厘米，宽 16.5 厘米，行书，字径 13 厘米。“一片、数峰”和“芳草、莺花”2 联为何修书；“百仞、一堤”和“印潭、隔岸”2 联，书者不详。

南峰拱秀石刻 民国 16 年（1927）

石刻高 41 厘米，宽 109 厘米。“南峰拱秀”四字，行书阴刻，字径 20 厘米；款字 2 行，楷书阴刻，字径 5 厘米。高焕然书。现藏松阳县博物馆。

永兴堂铁钟款 民国 21 年（1932）

钟高 84 厘米，上径 42 厘米，下径 66 厘米。钟铭分列上下 2 层，每层分 4 区，间隔吉语。范铸阳文，楷书，字径 2～6 厘米。现藏玉岩白沙岗村。

仙岩脚水库石刻 民国 27 年（1938）

石刻嵌于赤寿乡楼塘村仙岩脚水库大坝上。石刻剥泐严重，裂成 2 块，部分铭文残缺。高 50 厘米，残宽 90 厘米。“仙岩蓄水库”5 字，字径 16 厘米；款字隶书，字径 5 厘米。该水库建于民国 27 年（1938），由浙江省农业改进所设计兴建。

浙东纺织公司第二厂奠基纪念碑 民国 29 年（1940）

石刻在裕溪乡裕溪村。高 46 厘米，宽 72 厘米，字径 7.5 厘米。石刻断为 3 块，有残缺。

浙江省农业改进所药剂厂奠基纪念碑 民国 29 年（1940）

石刻在浙江省农业改进所杀虫、杀菌药剂厂原址，已佚。据旧照片录入，高、广、字径不计。厂旧址在吴家山南麓、丽水中等专业学校后。

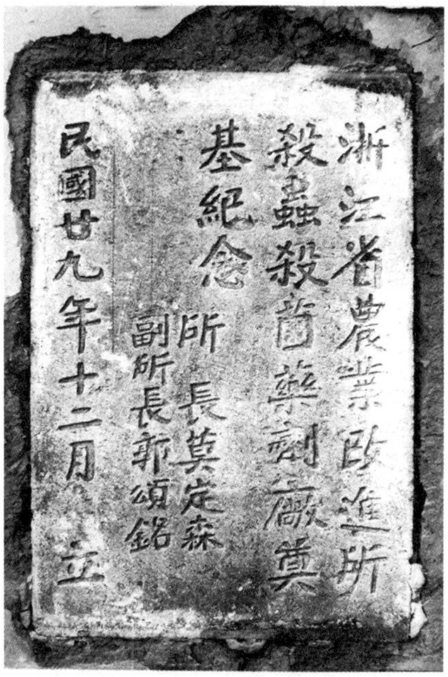

图 37-18　抗战时省农改所在松阳建造农药厂奠基石（叶祖青提供 1940 年）

望松禅院石刻楹联 民国 34 年（1945）

楹联刻于望松禅院门厅石柱上。楹联长 160 厘米，宽 33 厘米。行书，字径 13 厘米；落款上下联各 1 行，楷书，字径 5 厘米。望松禅院，在城北。

骥水流芳石刻 民国时期（1912～1949）

正方形石刻共 4 块，边长 116 厘米，四围各加边条，大小相等，行书阳刻。“骥”字径 73 厘米×56 厘米；“水”字径 71 厘米×74 厘米；“流”字径 68 厘米×60 厘米；“芳”字径 73 厘米×56 厘米。“骥水流芳”4 字为何修书。石刻原在县城南直街潘氏宗祠门厅前的照壁墙上，现藏延庆寺塔塔院内。

秀峰观石刻 民国时期（1912～1949）

石刻高 59 厘米，宽 141.5 厘米，厚 9 厘米。行书，字径 29 厘米。在县城西郊塔寺下村石笋脚秀峰观。

椿庭永荫石刻 民国时期（1912～1949）

石刻高 56.5 厘米，宽 89 厘米。“椿庭永荫”4 字，楷书阴刻，字径 15 厘米；款字径 7 厘米。印篆书，印面 6.2 厘米见方。石刻原在西屏山，现为民间收藏。

大杶永荫石刻 民国时期（1912～1949）

石刻高 47 厘米，宽 83 厘米。“大杶永荫”4 字，篆书双钩，阳刻，字径 15.5 厘米；款字行书，字径 2.5 厘米；印两方，篆字，印面均为 3.5 厘米见方。该石刻 1958 年出土于水南程村木卒塔尼，现藏松阳县博物馆。

附：通济堰暨堰头村碑刻

通济堰位于原松阳县二十六都堰头村。1963 年前，堰头村为松阳县行政管辖。通济堰，建于南朝萧梁天监四年（505），已有 1500 年历史，是中国最古老的大型水利工程之一。2001 年，被国务院公布为全国重点文物保护单位。通济堰碑刻是研究我国古代水利工程的珍贵资料。故凡有通济堰及堰头村的历史碑记、墓志等都被收录于历代《松阳县志》。

重修通济堰规暨跋语碑 南宋乾道五年（1169）范成大

碑立于通济堰詹南二司马庙内。光绪《处州府志·卷二十六》《栝苍金石志》、民国《松阳县志》著录。碑高 170 厘米，宽 92 厘米，厚 12 厘米。该碑为双面碑，碑阳刻《堰规》，额楷书，字径 15 厘米；文楷书，字径 1.5 厘米。碑阴分上下两部分，上部续刻《堰规》，高 95 厘米；下部刻范成大行书“跋语”14 行，高 75 厘米，字径 3.5 厘米。

郑国公何德扬神道碑 南宋淳熙六年（1179）

碑已佚，据《续栝苍金石志》、民国《松阳县志·卷十三碑文》著录。碑之高、广、行数不计。

何偁圹志 南宋淳熙六年（1179）何澹

志石高 95 厘米，宽 120 厘米。文 28 行，满行 25 字，字径 2.5 厘米。现藏温州市博物馆。

重修通济堰碑 元至顺二年（1331）叶现

碑立于堰头村詹南二司马庙内。高 195 厘米，宽 93 厘米。额篆书，字径 12 厘米；文 21 行，满行 30 字，行书，字径 2 厘米。

通济堰图并记 明洪武三年（1370）

碑立于堰头村詹南二司马庙内。高 195 厘米，宽 90 厘米。额楷书，字径 12 厘米；文 33 行，满行 19 字，行书，字径 1.5 厘米。

重修丽水县通济堰碑 明万历三十六年（1608）车大任

碑在堰头村白龙庙内。高 220 厘米，宽 90 厘米，厚 18 厘米。额篆书，字径 6.5 厘米；文 21 行，满行 60 字，楷书，字径 2.2 厘米。

重建通济堰碑记 清康熙三十三年（1694）徐潮

碑立于堰头村詹南二司马庙内。高 220 厘米，宽 110 厘米，厚 11.5 厘米。额篆书，字径 11 厘米；文 20 行，满行 50 字，楷书，字径 2.5 厘米。

重修通济堰碑记 清乾隆间（1736～1795）刘廷玑

碑已佚，民国《松阳县志·卷十三碑文》据旧志著录。碑之高、广、行数不计。

重修处州通济堰碑记 清嘉庆十九年（1814）韩克均

碑立于堰头村詹南二司马庙内。高 186 厘米，宽 113 厘米，厚 10 厘米。额隶书，字径 9 厘米；碑文分 4 层，每层 18 行，行 7 字，楷书，字径 3.5 厘米。

修朱村亭堰堤乐助缘碑 清道光九年（1829）叶楚

碑立于堰头村詹南二司马庙内。高186厘米，宽88厘米，厚13厘米。额篆书，字径9厘米；碑文楷书，字径1.5厘米。

捐修堰堤碑记 清道光九年（1829）黎应南

碑立于堰头村詹南二司马庙内。高188厘米，宽88.5厘米，厚13厘米。额篆书，字径9厘米；文16行，满行34字，楷书，字径3.5厘米。

堰头示禁碑 清道光二十七年（1847）

碑在堰头村通济堰主干渠左岸墙上。高86厘米，宽58厘米，厚10厘米。额楷书，字径8厘米；文17行，满行20字，楷书，字径2.5厘米。

重修通济堰记 清同治五年（1866）清安

碑立于堰头村詹南二司马庙内。高190厘米，宽89厘米，厚11厘米。额楷书，字径9厘米；文17行，满行48字，楷书，字径2.5厘米。

重修西堰颂 清同治六年（1867）

碑立于堰头村詹南二司马庙内。高172厘米，宽93厘米，厚9厘米。额篆书，字径11厘米；文17行，满行44字，楷书，字径3厘米。

开拓概碑 清同治六年（1867）

碑立于堰头村詹南二司马庙内。高177厘米，宽87厘米，厚8.5厘米。额楷书，字径9厘米；文22行，满行47字，正书，字径3厘米。

处州府告谕碑 清光绪二十四年（1898）

碑立于堰头村詹南二司马庙内。残高144厘米，宽84厘米，厚9厘米。额楷书，字径9.5厘米；文17行，满行30字，楷书，字径3厘米。

处州府示禁碑 清光绪二十六年（1900）

碑立于堰头村詹南二司马庙内。高101厘米，宽62厘米，厚7厘米。文10行，满行26字，楷书，字径2.5厘米。

重修文昌阁碑 清宣统元年（1909）高鹏

碑立于堰头村文昌阁前。高160厘米，宽78厘米，厚8厘米。额篆书，字径11厘米；文18行，满行30字，楷书，字径2厘米。

丽水县公署堂谕 民国10年（1921）

碑立于堰头村詹南二司马庙内。高128厘米，宽71厘米，厚8厘米。文17行，行43～45字，楷书，字径2.5厘米。

大修通济圳纪念碑 民国28年（1939）

碑在堰头村詹南二司马庙内。高281厘米，宽37厘米，碑柱四面刻字，均楷书。“大修通济堰纪念碑”2行，题记8字，字径15厘米，款字5厘米；“丽水县长朱章宝题识”6行，满行60字，字径3厘米；“浙江省农业改进所所长莫定森题识”5行，满行55字，字径3.5厘米；“通济堰水利委员会委员立碑人名”3行，行9～18字，字径5厘米。

浙江省化学工厂奠基纪念碑 民国29年（1940）

碑在堰头村白龙庙内。高83厘米，宽50厘米，厚9厘米。碑题“浙江省化学工厂奠基纪念”，隶书，字径11厘米；款字2行，楷书，字径3厘米。

重修通济堰碑 民国36年（1947）徐志道

碑立于堰头村詹南二司马庙内。高156厘米，宽80厘米，厚6厘米。文17行，满行40字，楷书，字径2.5厘米。

行政督察专员兼保安司令公署告示 民国36年（1947）

碑立于堰头村詹南二司马庙内。高143厘米，宽68厘米，厚6厘米。文7行，满行13字，楷书，字径7厘米。

第四章 近现代重要史迹及代表性建筑

松阳是浙江省历史文化名城，拥有浓厚的文化氛围、近代重要史迹和代表性建筑，包括重要历史事件和机构旧址、重要历史事件及人物活动纪念地、名人故居等。它们与当时社会有密切关联，具有重要的纪念意义、教育意义和史料价值。《中华人民共和国文物保护法》第二条规定，“与重大历史事件、革命运动或者著名人物有关的以及具有重要纪念意义、教育意义或者史料价值的近现代重要史迹、实物、代表性建筑……属国家保护文物范畴”。随着城市化建设和三旧改造，一部分史迹已消失。保护和利用近现代重要史迹和代表性建筑、弘扬革命传统教育、推动社会主义精神文明建设，具有积极和重要的作用。

第一节 重要历史事件及机构旧址

浙江省农业改进所和民国省政府主席黄绍竑旧居

旧址位于县城吴家山脚，今丽水学院幼儿师范学院。抗日战争时期，浙江省11个省级农业直属机构合并为1处，在松阳成立浙江省农业改进所。该机关先驻太保殿，后在县城西南的吴家山脚建造多座办公用房、实验室和厂房，占山地面积数十公顷。《丽水地区区志》载，民国31年（1942）浙江省政府从永康迁松阳县。浙江省政府临时办公处也设在吴家山农业改进所，其中有一幢面宽三间的平房，是当年浙江省政府主席黄绍竑的办公处和旧居。

图 37-19 浙江省农业改进所旧址(叶祖青提供 1940年)

民国松阳县政府和县人民政府办公旧址

位于县城大井路2号，为民国松阳县政府和县人民政府的办公用房。民国时期，松阳县政府设人民大街北端。民国31年（1942），窜犯松阳的日军纵火把该建筑烧为废墟，政府机关迁至文庙办公。1949年5月，松阳解放，松阳县新政府也驻此。1954年，把原单层泥木结构的明伦堂改建为砖木结构的二层办公楼，使用至1958年11月。1982年1月，复置松阳县至1984年5月期间，依旧为松阳县人民政府办公楼。之后，先后为松阳区公所和县文化馆办公用房。建筑坐北朝南，正门前踏跺五级，面阔七间，中间设廊，房间分布在南北向，明间南向辟正门，北向置楼梯，底层东、西两侧辟边门。一层水泥墁地，二层木板铺设。悬山顶，青瓦屋面，建筑面积379平方米。保存完好。

古市经济建设实验区旧址

位于古市镇城头城隍庙旧址。民国27年（1938）上半年，民国浙江省政府建设厅在松阳县古市片筹建经济建设实验区，开发经济实验和指导各县战时的经济工作，办公地点设古市城头城隍庙。此处，亦为全面抗战时期特种工作团一团六分团旧址。20世纪50年代，旧址被改建为古市粮管所仓库。

浙东第二纺织厂旧址

位于裕溪乡裕溪村施家地自然村。全面抗战时期，浙江省政府及所属机关、学校纷纷迁到松阳。由于日军封锁交通，大量物资受阻，经政府有关部门策划，民国29～34年（1940～1945），在裕溪村创办浙东第二纺织厂（后改为浙东纺织厂）。村中的刘氏宗祠为工厂的办公地点，新建厂房投入生产。浙东第二纺织厂旧址后为裕溪乡中心小学。

“临天栈”烟行旧址

位于县城北直街15号。松阳烟行始于清咸丰年间，民国时期最盛。民国18年（1929），境内有烟行35家，其中“临天栈”烟行是临海、天台两地商人驻松阳收购销售烟叶的地方，行东是临海人。“临天栈”烟行旧址占地面积约300平方米，后为西屏镇一村公共用房。

图37-20　“临天栈”烟行旧址（叶祖青提供）

统捐局旧址

位于县城白龙圳路43号，南门下天后宫东侧。清宣统二年（1910），松阳县设厘金局，民国时改为统捐局，收纳土特产和进岸商品税收。旧址后为西屏镇十一村居民用房，门额题字“统捐局”3字仍依稀可辨。

烟酒税局旧址

位于县城南直街60号。清代中叶至20世纪40年代，烟叶一直是松阳财政收入的重要来源，松阳县设稽征所。民国21年（1932）冬，合并处州10县稽征所，在松阳设处州印花烟酒稽征分局。地址在县城南门，该建筑正门题额留有墨书“烟酒税局”4个字。后为居民用房。

浙江地方银行松阳办事处旧址

位于县城人民大街122号。民国30年（1941），成立浙江地方银行松阳办事处。民国36年，改名浙江银行松阳办事处，直至20世纪50年代，仍为松阳县人民银行的办公和营业场所。

邮政局旧址

位于县城南直街59号。民国28年（1939），松阳邮政局在此营业至1982年。建筑坐西朝东，面阔五间，南北四厢房，砖木结构二层楼房，占地面积约200平方米。

工商业联合会旧址

位于县城南直街53号。原名万寿宫，为江西会馆。1950年，松阳县工商业联合会筹备会在万寿宫成立。建筑坐西朝东，砖木结构二层楼房，占地面积1088平方米。1980年，改建成松阳电影院，后空置。

净梵寺粮库和城隍庙粮食储运仓库旧址

民国时期，政府利用各地的宗祠庙宇做粮库，全县有40座89仓，乡村的义仓275座。中华人民共和国成立后，人民政府接收旧粮库52座。净梵寺粮库位于县城长虹东路77号，1990年，净梵寺扩建为永丰粮库，建筑面积3429平方米。城隍庙粮食储运仓库位于县城大井路3号。1964年，把城隍庙前殿改建为粮食储运仓库，面积1468平方米。这2座大型粮库一直使用至20世纪末。

松阳造纸厂旧址

位于西屏镇青蒙村。前身为国营松阳人造丝浆厂，1958年3月建厂。占地面积10.06公顷，其中建筑面积2.5万平方米，另有莲都区老竹、雅溪、堰头和县内上河、塘寮、筏铺6处麦秆堆放场。1996年12月25日，松阳造纸厂因治污而转产封球。2000年正式破产。

第二节　重要历史事件及人物活动纪念地

瓯青公所与“双龙会”旧址

位于县城溪滩路19号。清末建筑，为温州、青田、温溪籍瓯江船运工捐资兴建和聚集活动的场所。店铺式门面，二进五开间，牛腿木雕精致，占地面积约200平方米。清光绪二十九年（1903）前后，为“双龙会”会址。“双龙会”是辛亥革命时期浙江处州府属的重要会党，是光复会的一支重要力量。会主王金宝父籍青田温溪，后迁居松阳。王金宝感愤外国传教士横行跋扈，任意鱼肉百姓，开始结党，取名“双龙会”。会址设瓯青公所。初时会员多为农民，后广纳贩夫、船工、纤夫和手工业者，“双龙会”会员遍及处州府属10个县，2万余人。旧址保存完好。

图37-21　松阳瓯青公所旧址（叶祖青 摄于2002年）

启新社旧址

位于县城钟楼路8号、12号。明代建筑。民国11年（1922），宋仲敏在此开设松阳医院，成立“启新社”青年社团组织，组织进步青年学习，宣传马克思主义、新文化。旧址保存完好。

图37-22　启新社旧址（叶雪庵公祠）（叶坚红 摄）

红军主会场旧址

位于安民乡安岱后村34号陈氏宗祠。建于清光绪三十三年（1907）。民国24年（1935）5月，粟裕、刘英率中国工农红军挺进师在浙西南建立革命根据地，安岱后村是中心据点，陈氏宗祠为红军主会场。宗祠坐西南朝东北，占地面积227平方米，中轴线上辟八字门，二进三开间二厢，门厅明间设戏台，宗祠东首附屋为红军食堂。旧址保存完好。

图 37-23 红军主会场旧址（县史志办提供 2010 年）

黄南独立乡苏维埃政府旧址

位于大东坝镇黄南村叶氏宗祠，建于清乾隆十五年（1750）。民国24年（1935）5月，中国工农红军挺进师在浙西南建立革命根据地；7月，黄南独立乡苏维埃政府在叶氏宗祠成立。建筑坐东朝西，八字门墙，二进三开间二厢房，柱、梁、枋用材较大，牛腿雕狮子戏球、荷叶纹，泥土墁地，硬山顶，占地面积488平方米。旧址保存完好。

中共竹溪区委、竹溪区苏维埃政府办公旧址

位于大东坝镇燕田村吴氏宗祠。清代建筑。民国24年（1935）5月，中国工农红军挺进师在浙西南建立革命根据地；7月，在安民乡高坛背成立中共竹溪区委、竹溪区苏维埃政府，后办公地址移至燕田吴氏宗祠。宗祠坐东朝西，八字门墙，二进三开间二厢房，牛腿雕狮子戏球、人物故事、松柏等纹饰，泥土墁地，硬山顶，占地面积258平方米。旧址保存完好。

浙西南特委玉岩区委员会、玉岩区苏维埃政府旧址

位于枫枰乡丁坑村8号民居。民国24年（1935）7月，中共浙西南特委玉岩区委员会、玉岩区苏维埃政府在枫坪乡外南胜宜兴社成立。后办公地点移至丁坑村8号杨大年宅。民居建于民国初年，坐东朝西，三开间四厢房，面阔5.3米，进深2.9米，占地239.5平方米。室内木构装饰精美，泥土墁地，硬山顶。旧址保存完好。

中国工农红军挺进师师政委会会议旧址

位于枫坪乡小吉村44号翁光道宅。民国24年（1935）7月，中国工农红军挺进师在此召开师政治委员会会议，成立中共浙西南特委、浙西南军分区等组织。建筑建于民国初年，坐北朝南，一进五开间两厢房，占地面积223平方米，泥土墁地，硬山顶。旧址保存完好。

图 37-24 挺进师政委会会议旧址（县史志办提供 2010 年）

高亭乡苏维埃政府旧址

位于枫坪乡高亭村85号民居。民国24年（1935）5月11日，卢子敬等在此召开欢迎红军大会；7月，高亭乡苏维政府在此成立。该建筑建于民国5年（1916），坐东朝西，二进三开间四厢房，占地面积265平方米。室内牛腿、雀替、格扇门窗雕刻精致，三合土方格墁地，硬山顶。旧址保存完好。

斗潭乡苏维埃政府旧址

位于枫坪乡斗潭村村口永福寺。清代建筑。民国24年（1935）7月，中共浙西南特委在此建立

斗潭乡苏维埃政府。建筑坐南朝北，二进三开间，占地面积190平方米。泥土墁地，硬山顶。天井植有距今250多年的罗汉松和柏树。旧址保存完好。

第三节 名人故居

高焕然故居

位于象溪镇象溪村下村路12号。清末建筑，坐西南朝东北，占地面积520平方米。庭院深广，外台门题额“太守第”，内台门题额“文光射斗”。二进五开间四厢四合院式二层重檐楼房，檐柱牛腿雕饰精致，泥土墁地，宽阔的天井石板铺设。中堂悬清宣统二年（1910）两广总督授予高焕然“学道爱人”匾一方。建筑保存较好。

图 37-25 象溪村高焕然故居——太守第（叶坚红 摄于2010年）

高焕然（1861～1934），字昕斋，号鲁才，象溪镇象溪村人。松阳县十大历史名人之一。

刘德怀故居

位于赤寿乡界首村118号。建于清乾隆年间（1736～1795），因原建筑占地一亩，门楣砖雕题额称“一亩居”。坐东朝西，面积166平方米，一进三开间二厢房，方砖墁地。北轩西首辟青石质大门，墙脊花砖叠涩出跳，室内木构雕饰精致，天井卵石铺设。光绪三十一年（1905），刘德怀在此创办震东女子两等学校，创处州女子教育之先河。建筑保存完好。

刘德怀（1873～1930），字钟玉，赤寿乡界首村人。松阳县十大历史名人之一。

图 37-26 粟裕旧居（县史志办提供）

粟裕旧居

位于安民乡安岱后村20号，清末民居。民国24年（1935），粟裕、刘英率红军挺进师在浙西南开辟革命根据地，把安岱后村作为中心据点，时粟裕居于此。泥木结构二层，二进三开间二厢房，室内木构装饰较为精致，占地面积220平方米。建筑保存完好。

刘英、黄富武旧居

位于安民乡安岱后村12号，清末民居。民国24年（1935），红军驻安岱后村期间，刘英、黄富武等领导人居于此。泥木结构二层，三进三开间二厢，建筑保存完好。

卢子敬故居

位于枫坪乡斗潭村 10 号，民国初年建筑。坐北朝南，一进三开间二厢房，占地面积 150 平方米，泥土墁地，硬山顶。建筑保存较好。

卢子敬（1884～1935），字直，族名忠骐，枫坪乡斗潭村人。民国 24 年（1935）加入共产党，曾任松（阳）遂（昌）龙（泉）游击总队副指挥、中共玉岩区委副书记。民国 24 年 10 月 22 日被捕遇害。

图 37-27　卢子敬故居（县史志办提供）

何联奎故居

位于县城中弄 7 号。建于清光绪二十六年（1900），中华人民共和国成立后产权属国有。建筑坐北朝南，抬梁穿斗混合结构，泥墙青瓦，硬山顶马头墙，占地面积 513.3 平方米。前厅二进五开间四厢房，前廊施卷棚顶，地面和天井改造为水泥地。后楼单檐，五开间带双弄二厢房，柱梁枋用材硕大，牛腿雀替雕饰精致，方砖墁地，天井条石砌。建筑保存完好。

何联奎(1903～1977)，字子星，叶村乡叶村人。曾任国民党中央执行委员会常委、“行政院”副秘书长、台北故宫博物院副院长等职。

叶庆崇故居

位于县城北直街瑞阳弄 1 号，清代建筑。1990 年，因涉紫荆街建设工程，该建筑大部分被拆，仅保留一小部分。

叶庆崇（1880～1944），字宗山，西屏镇人，清末秀才。光绪二十九年（1903），留学日本早稻田大学，在日本参加同盟会。浙江省议会议员。生有 3 女 4 子：叶月霞、叶震、叶霞翟、叶霆、叶霈、叶锦翟、叶雹。

吴玠故居

位于县城猪行路 7 号。面阔三间，土木结构，占地面积 70 平方米。保存较好。

吴玠（1899～1953），字武晋，西屏镇人。黄埔军校二期炮科毕业，曾任国民革命军旅长、少将团长；抗战时期，任抗日特种工作团六分团政务处长等职。

孟卿故居

位于古市镇柿树弄 20 号。一进三开间，泥木结构二层，保存较好。

孟卿（1900～1940），又名瑞香，别名佐庭，古市人。黄埔军校三期步科毕业，曾任抗日特种工作团六分团团长等职。

吴力生故居

位于县城济川路 12 号，清代建筑。二进五开间，泥木结构二层，保存较好。

图 37-28　吴力生故居（县史志办提供 2010 年）

吴力生（1905～1992），原名吴福寿，又名吴谦，西屏镇人。曾参加南昌起义。中华人民共和国成立后，任华东军区政委会文化部秘书等职。

钟松故居

位于樟溪乡福村143号，清代建筑。泥木结构二层，二进三开间二厢房，木构装饰简洁，占地面积138平方米，保存完好。

钟松（1900～1995），字常青，樟溪乡福村人。黄埔军校二期炮科毕业。曾任国民党36军军长、西安警备司令等职，抗战期间参与淞沪会战。1949年到台湾，后侨居荷兰。

第四节　文化教育建筑及附属物

震东女子两等小学

创办于光绪三十一年（1905），开处州女子教育之先河。原址在赤寿乡界首村118号“一亩居”，是创办人刘德怀的故居。民国初年，学校搬迁至该村刘氏宗祠南侧新建的校舍。民国19年（1930），与县第五学区区立震东小学合并，取名震东小学。后更名佳溪小学、界首小学。校舍外墙尚留有墨书“松阳县第五区区立震东小学”校名。校园存300余年树龄的糙叶树，系国家二级名木。

图37-29　震东小学墨书（吴钟锋 摄于2010年）

松阳县第一小学校

位于县城天后宫弄13号。学校创办于清光绪三十一年（1905）3月，是松阳最早的小学之一，时称毓秀高等小学校，校址在天后宫弄明善书院。民国时期改为松阳县第一小学。中华人民共和国成立后，校舍在原址上不断扩建（俗称“一小”），后为松阳县实验小学。

松阳县第一初级小学校

位于县城太平坊路11号，学校创办于清光绪三十一年（1905）3月，是松阳最早的小学之一，时称育英小学堂，校址在城东朱文公祠。民国4年（1915），改为松阳县第一初级小学校，民国31年，改称朱子庙中心小学。20世纪50年代末，旧校舍拆除改建，改为西屏镇中心小学（俗称“二小”），后为松阳县第二实验幼儿园。

私立寿年小学旧址

旧址位于猪行路荷田岭路口，旧松阳烟丝厂范围。创办人潘寿年于民国25年（1936）划出自家房产园地建校舍办学堂，取名寿年小学。中华人民共和国成立后，寿年小学改名西屏镇南门小学（俗称“三小”）。

松阳县立初级中学

松阳县立初级中学是松阳第一中学的前身。创办于民国15年（1926），校址在城东东福禅院旧址（松阳一中校园内）。全面抗战时期，松阳沦陷，学校被日军侵占后校舍及设施付之一炬，殆成废墟，抗战胜利后在废墟上重建校舍。1952年，更名为松阳县第一初级中学。1956年增设高中，改称松阳中学。1982年后，改为松阳县第一中学，校舍在原址上不断翻新扩建。

湘湖师范学校

浙江省湘湖师范学校原址在萧山。民国26年（1937）11月下旬，学校南迁至松阳古市分散教学。学校本部设在古市镇南向的广因寺（民国29年5月，日军3架轰炸机袭击湘师本部，学生伤亡惨重）。分部设在古市城隍庙，短训班设在卯山上观，附小设在古市塘岸的叶氏宗祠，幼儿园设在邻近叶氏家祠，推广教育部设在太保庙，民教馆设在三清殿。民国31年5月松阳沦陷前，湘师南迁至庆元县新窑和景宁县道化村。民国32年迁回古市，直至民国34年12月抗战胜利，学校迁返萧山，湘湖师范学校在古市设校前后共8年。湘湖师范学校本部（广因寺）旧址无存。

图 37-30　湘湖师范广因寺旧址（县史志办提供）

俭公中学

俭公中学是松阳县第二中学的前身。创办于民国33年（1944），由松阳多位叶姓族人筹资兴办的私立中学，校址在古市镇卯山俭公祠。卯山是叶姓始祖叶俭始居地，学校以始祖俭公得名。1952年，松阳县人民政府接管学校，校址迁古市镇上方村附近的正念寺。俭公中学更名松阳县第二初级中学。

清至民国松阳县中、小学校情况表

表 37-4-4-1

序号	校　名	开 办 时 间	校　址
1	第一女子小学校	清宣统二年（1910）	城西瀫仙公所
2	第二初级小学校	清光绪三十四年（1908）	城西东琳宫，现中弄2号
3	太唐初级小学校	民国2年（1913）	城南万寿宫，现南直街53号
4	东阁初级小学校	民国3年（1914）	城东詹氏宗祠
5	世珍初级小学校	清光绪三十三年（1907）	城北毛氏宗祠
6	塔溪初级小学校	民国4年（1915）	城南双积楼关岳庙
7	荷田初级小学校	民国5年（1916）	城南贞公祠
8	水南初级小学校	民国3年（1914）	水南净因寺

续表 37-4-4-1-1

序号	校　名	开 办 时 间	校　址
9	项弄初级小学校	民国 2 年（1913）	项弄村
10	北山初级小学校	民国 4 年（1915）	北山村郭氏宗祠
11	舍利初级小学校	民国 11 年（1922）	塔寺下村舍利庵
12	洞阳初级小学校	民国 12 年（1923）	乌形山村洞阳观
13	道贞初级小学校	民国 3 年（1914）	航埠头村道贞堂
14	石门初级小学校	民国 2 年（1913）	石门村
15	石门圩初级小学校	民国 2 年（1913）	石门圩村
16	王村初级小学校	民国元年（1912）	王村
17	十五里初级小学校	民国 2 年（1913）	十五里村
18	上河初级小学校	民国 2 年（1913）	上河村
19	杨家堂初级小学校	清光绪三十三年（1907）	杨家堂村青云宫
20	酉田初级小学校	民国 6 年（1917）	酉田村
21	思步初级小学校	民国 9 年（1920）	思步村
22	里庄初级小学校	民国 2 年（1913）	里庄村
23	西河初级小学校	民国 2 年（1913）	西河村何氏家祠
24	吴弄初级小学校	民国 2 年（1913）	吴弄村
25	岗后初级小学校	民国 4 年（1915）	岗后村王氏家祠
26	榔树初级小学校	民国 5 年（1916）	榔树村
27	砌磁初级小学校	民国 8 年（1919）	砌磁村龙进寺
28	五都阳初级小学校	民国 2 年（1913）	五都阳村福胜寺
29	西垄初级小学校	民国 2 年（1913）	西垄村吴氏宗祠
30	淡竹初级小学校	民国 5 年（1916）	淡竹村
31	安世初级小学校	民国 2 年（1913）	源内村定照院
32	梓西初级小学校	民国 6 年（1917）	竹客口村金氏宗祠
33	下包初级小学校	民国 6 年（1917）	下包村
34	德遗初级小学校	民国 4 年（1915）	桐溪村叶氏宗祠
35	启明初级小学校	清宣统二年（1910）	呈回村汤氏宗祠
36	仪桥初级小学校	民国 5 年（1916）	仪桥村
37	茂春初级小学校	民国 2 年（1913）	草塔村大塔头
38	崙西初级小学校	清光绪三十四年（1908）	山下阳村张氏宗祠

续表 37-4-4-1-2

序号	校　名	开 办 时 间	校　址
39	竞明初级小学校	民国 9 年（1920）	靖居包顺济堂
40	南州初级小学校	清宣统元年（1909）	南州村福安寺
41	象溪初级小学校	民国 2 年（1913）	象溪村慈恩寺
42	靖居口初级小学校	民国 2 年（1913）	靖居口村天济堂
43	小槎初级小学校	民国元年（1912）	小槎村刘氏宗祠
44	裕溪初级小学校	民国 4 年（1915）	裕溪村道济堂
45	凤弄源初级小学校	民国 2 年（1913）	凤弄源村许氏宗祠
46	鲁西初级小学校	民国 2 年（1913）	鲁西村延庆堂
47	鲁峰初级小学校	民国 2 年（1913）	鲁峰村社庙
48	东坑初级小学校	民国 7 年（1918）	东坑村社庙
49	板桥初级小学校	民国 2 年（1913）	板桥村周氏宗祠
50	桐榔初级小学校	清光绪三十四年（1908）	桐榔村
51	石鼓初级小学校	民国 4 年（1915）	石鼓村应心堂
52	庠德初级小学校	民国 5 年（1916）	周山头村
53	茶排初级小学校	民国元年（1912）	茶排村
54	下宅街初级小学校	民国 11 年（1922）	下宅街村夫人庙
55	后宅初级小学校	民国 2 年（1913）	后宅村感应堂
56	蔡宅初级小学校	民国 4 年（1915）	蔡宅村
57	洽河初级小学校	民国元年（1912）	河头村杨氏宗祠
58	竹溪初级小学校	民国元年（1912）	大竹溪村义学
59	东市初级小学校	民国元年（1912）	东市村隆振庵
60	横山初级小学校	民国 4 年（1915）	横山村吴氏宗祠
61	敷田初级小学校	民国 5 年（1916）	花田垄村王氏宗祠
62	上黄初级小学校	民国 6 年（1917）	岩西村万古仙殿
63	毛村初级小学校	民国 9 年（1920）	毛村毛氏宗祠
64	桐村初级小学校	民国 2 年（1913）	桐村东美堂
65	松山初级小学校	民国 2 年（1913）	松山村叶氏宗祠
66	桐楼初级小学校	民国 10 年（1921）	桐楼村项家
67	启蒙初级小学校	民国 3 年（1914）	清源垄王氏宗祠
68	玉岩初级小学校	清光绪三十年（1904）	玉岩白云观

续表 37-4-4-1-3

序号	校　名	开 办 时 间	校　址
69	枫坪初级小学校	民国 2 年（1913）	枫坪村叶氏宗祠
70	黄南初级小学校	民国 5 年（1916）	黄南村叶氏宗祠
71	廷坑初级小学校	民国 8 年（1919）	丁坑公馆
72	斗潭初级小学校	民国 2 年（1913）	斗潭村
73	庄后初级小学校	民国 2 年（1913）	庄后村周氏宗祠
74	华隆初级小学校	民国 10 年（1921）	乌弄村孝顺社
75	开智初级小学校	民国 11 年（1922）	高亭村周氏宗祠
76	根下初级小学校	民国 13 年（1924）	根下村王氏宗祠
77	大潘坑初级小学校	民国 14 年（1925）	大潘坑村
78	静一女子初级小学校	民国 8 年（1919）	玉岩村保婴局
79	承志初级小学校	民国 15 年（1926）	叶村
80	贯一小学校	清光绪三十年（1904）	古市镇永宁观
81	第三初级小学校	清光绪三十一年（1905）	古市镇朱子祠
82	赤岸初级小学校	清光绪三十二年（1906）	赤岸村
83	贞静女子小学校	民国元年（1912）	古市下街大井头
84	横溪初级小学校	民国 2 年（1913）	横溪村温氏宗祠
85	徐郑初级小学校	民国 2 年（1913）	徐郑村社公殿
86	岗下初级小学校	民国 2 年（1913）	岗下村
87	平卿初级小学校	民国 2 年（1913）	平卿村
88	后刘初级小学校	民国 3 年（1914）	后刘村
89	五木初级小学校	民国 3 年（1914）	五木村
90	大石初级小学校	民国 3 年（1914）	大石村
91	黄圩寮初级小学校	民国 4 年（1915）	黄圩村
92	庄门初级小学校	民国 4 年（1915）	庄门村
93	半古月初级小学校	民国 4 年（1915）	半古月村
94	下马坑初级小学校	民国 4 年（1915）	下马坑村
95	后肖初级小学校	民国 4 年（1915）	后肖村
96	湖溪初级小学校	民国 4 年（1915）	湖溪村
97	乌连初级小学校	民国 4 年（1915）	红连村
98	千义坑初级小学校	民国 6 年（1917）	千义坑村

续表 37-4-4-1-4

序号	校　名	开 办 时 间	校　址
99	大岭根初级小学校	民国 6 年（1917）	大岭根村
100	谢村初级小学校	民国 6 年（1917）	谢村
101	筏铺初级小学校	民国 7 年（1918）	筏铺村
102	樟村初级小学校	民国 2 年（1913）	樟村公义祠
103	泉庄初级小学校	民国 2 年（1913）	泉庄村
104	金坞初级小学校	民国 10 年（1921）	金坞村孟氏宗祠
105	下源口初级小学校	民国 10 年（1921）	下源口村
106	力溪初级小学校	民国 11 年（1922）	力溪村
107	东角垄初级小学校	清光绪三十三年（1907）	东角垄村
108	上安初级小学校	民国 2 年（1913）	上安村安山书院
109	明强初级小学校	民国 2 年（1913）	后周包村
110	少怀初级小学校	民国 6 年（1917）	杭坑口村
111	溪下初级小学校	民国 15 年（1926）	溪下村
112	青年初级小学校	民国 8 年（1919）	古市镇小祇园
113	叶川初级小学校	民国元年（1912）	叶川头村

说明：本节与第三十一编“教育”第九章“教育经费与教学设施”第二节“校舍”内容互为补充

第五章　馆藏文物

1982年1月，复置松阳县。是年，成立松阳县文物管理委员会。遂昌县文物管理委员会把遂松2县合并时，在松阳境内所征集的150件馆藏文物（其中革命文物64件）划归松阳县保护管理。1986年建立县博物馆，馆藏文物不断增加。1992年，有馆藏文物852件。2006年，增加到1517件。2010年，有文物藏品1536件，其中国家珍贵文物153件。藏品来源主要途径是社会调查征集、考古发掘、田野采集，也有部分是接受社会捐赠和打击文物犯罪活动收缴的。

文物藏品上起新石器时代，止于近现代。藏品种类可分历史文物、革命文物、民俗文物等。藏品质地主要是瓷器，还有石器、陶器、铜铁器、金银器、竹木器、棉布丝绸等。瓷器1216件，大多为三国至宋、元、明、清时期龙泉窑青瓷产品。其中，南宋青瓷凤耳瓶为国家一级文物，1990年被选送到北京参加“全国文物精品展”，1998年被选入中国邮政部《中国陶瓷·龙泉窑瓷器》特种邮票发行，2005年被选送到韩国参加“世界青瓷展”。

第一节　石器玉器

20世纪70年代后期，古市镇阴岗山、新兴乡进贤、水南营盘背、叶村乡占安山等地出土的穿孔石斧、石钺、石镞、石锥、石刀、石环等新石器时代文物，是研究松阳史前文明的实物资料。松阳因地域因素，馆藏文物中玉器甚少。

石镞

新石器时代。又称石箭头，生产劳动工具。前锋较长，两翼有锋利的刃，脊线清晰。全长7.3厘米，脊线长4.4厘米，铤长2.4厘米，宽2.0厘米，采用坚硬的青石料磨制而成。

单孔石斧

新石器时代。生产劳动工具。斜肩，背部中心处对钻一个圆孔，孔径1.0厘米，双面弧刃。全长21.1厘米，宽11.1厘米，采用坚硬的青石料磨制而成。

三孔石钺

新石器时代。生产劳动工具。斜肩，近背部对钻三个圆孔，双面弧刃。长10.8厘米，宽7.8厘米，孔径0.9厘米。采用坚硬的青石料磨制而成。

石锥

新石器时代。生产劳动工具。全长5.5厘米。锥身为圆柱体，锥头三棱形，通体磨光，采用坚硬的青石料磨制而成。

石环

新石器时代。饰品。圆环形，边缘较薄为 0.5 厘米，缘高 2.1 厘米，采用光滑坚硬如玉的石料磨制而成，工艺精细。

箕形石砚

宋代。文具。采用光滑细腻的青石料制作而成。石砚为长方箕形，砚面向前倾斜，砚背内凹，可以抄手。全长 10.8 厘米，宽 6～7 厘米，高 2 厘米。

第二节　陶器瓷器

陶器藏品有商代印纹陶罐、壶、盉、钵、盏等。器物胎体厚薄不匀，多为凹底、平底或鼓腹圜底；纹样有绳纹、网纹、席纹、曲折纹、米字纹、叶脉文、麻布纹、斜方格纹、云雷纹、回字纹、篦纹等。汉代陶器有陶灶、罐和铭砖等。

瓷器藏品居多。有西周、战国、春秋时期的原始瓷豆、钵、尊、罐，西晋青瓷盘口壶、盂，东晋南北朝青瓷莲瓣碗、盏、钵，唐代玉壁底碗、注子，宋代影青执壶、粉盒、瓶、碟，龙泉窑粉青釉凤耳瓶、青瓷刻花梅瓶、碟、盏、碗等，元代青瓷大盘，明代青花碗和香炉，清代黄釉瓶、青花瓶，民国时期彩瓷盘、花瓶等。瓷器藏品以龙泉窑青瓷居多，主要器形有罍、罐、壶、瓶、碗、盏、耳杯、钵、水盂、盘、盒、香炉、焦斗等。

印纹硬陶盉

商代。通高 18.4 厘米，底径 8.8 厘米。敛口长流，颈部修长，圆扁腹，带底平座，口腹之间装宽带状鋬，腹部拍印云雷纹。

圜底印纹硬陶罐

商代。口径 10.2 厘米，腹径 14.5 厘米，高 17.0 厘米。直口，鼓腹下垂，圜底内凹，腹部饰扁带状把手，并拍印云雷纹。

原始瓷豆

西周。口径 9.2 厘米，底径 5.7 厘米，高 5.0 厘米。圆口，短唇，斜肩，折腹，矮圈足外撇，外底凹，内底平。肩部刻饰二道弦纹，贴饰匀称的 3 个 S 纹，间隔网纹。胎灰，坚硬，施青黄色釉。

S 纹原始瓷罐

西周至春秋。口径 13.5 厘米，底径 12.0 厘米，高 15.0 厘米。圆口，口沿斜平，束颈，溜肩，腹鼓扁，下腹敛，平底。肩部两侧贴饰一对双桥形耳系，各系两侧贴饰 S 纹饰，肩腹部刻饰弦纹、锥刺纹和五道 S 纹饰。施青黄色釉，胎灰，坚硬，器形大，规整。

陶灶

汉代。全长 14.8 厘米，宽 10.5 厘米，高 7.0 厘米。双口灶，并列釜口圆浅腹，椭圆形灶台，左右后三面灶墙，前灶台有 2 个类似三角形引火孔，引火孔前是长方形平台。

陶焦斗

三国。口径11.4厘米，底径5.8厘米，通高7.3厘米，足高2.8厘米。敞口，口沿外，浅腹，平底，腹部装一手把，底沿3只羊角足。

青瓷罍

三国。瓷，口径22.5厘米，底径17.0厘米，高34.5厘米。圆口，口沿外侈，束颈，广丰肩，上腹鼓，拍印重圈钱纹，下腹敛，拍印网纹，平底。胎灰，施青黄色釉。

图37-31 青瓷罍 三国（叶坚红摄于1993年）

盘口壶

三国。瓷，口径11.5厘米，底径14.0厘米，高24.0厘米。盘口，口领斜直，短颈，丰肩，肩部贴饰对称印有3条直线纹和乳钉纹的耳系，上腹圆鼓，下腹内敛，平底。胎灰，施青釉，近底部未施釉。

耳杯

三国。瓷。口径9.0×6.0厘米，底径5.5×4.5厘米，高2.5厘米。器呈椭圆形，平唇，唇沿两侧有1对平耳，腹稍鼓，平底，胎灰，施褐色釉。

堆塑五联罐

三国。瓷，口径12.5厘米，底径17厘米，高28.5厘米。中罐为盂口筒腹，周围4个小罐下的条形底粘贴在罐的肩部，把颈和肩分隔成4面，小罐高于盂口，每面堆塑祭奠和奏哀乐的人佣，生动反映当时的葬礼习俗，胎灰，施青黄色釉。

青瓷网纹钵

西晋。口径15.8厘米，底径8.7厘米，高5.7厘米。敞口，上腹直，下腹敛收，平底内凹，上腹饰网纹，胎灰，施青釉，内底留有7个支钉痕。

九足陶砚

南朝。直径17.0厘米，通高4.5厘米。圆形砚，面平，中心微凹，边墙略高上侈下收。底边装9只蹄足，胎灰，砚的边墙施灰釉。

双系青瓷盘口壶

南朝。口径11.5厘米，底径11.0厘米，高21.8厘米。圆盘口，短颈，溜肩，球形腹，平底，肩部装对称桥形耳系，通体开冰裂纹，施青黄色釉，器内部和外底部未施釉，胎灰，厚，坚硬。

青瓷深腹瓷碗

南朝。口径19.0厘米，底径8.8厘米，高11.0厘米。直口，深腹，饼形底内凹，内底心刻印1小圆，口沿外有1凹线和2圈弦纹，外底部留有5个泥点痕，胎灰，坚硬，施青黄釉，器形大、规整。

青瓷盘口壶

唐代，口径16.2厘米，底径10.2厘米，高27.7厘米。盘口，口领外侈，短颈，丰肩，上腹鼓，下腹敛，平底，肩部贴饰对称，桥形耳系，胎灰，施青釉。

青瓷刻花碗

北宋。口径 12.1 厘米，底径 4.1 厘米，高 5.5 厘米。敞口，深腹斜直，近底部弧敛，内外壁刻饰莲纹和线条纹，胎灰，施深青色厚釉，釉层透明。

图 37-32　青瓷刻花碗 北宋（叶坚红 摄于 2006 年）

青瓷刻花盖粉盒

北宋。口径 12.0 厘米，底径 4.5 厘米，高 4.4 厘米。盖面平，中间微鼓，内刻缠枝菊花纹，篦点纹作地，盖缘下折成母口，盖内刻飞凤和龟各一，龟昂首翘尾，作爬行状。盒为子口，内有 3 个小蝶，可置粉、黛、硃等化妆品，浅腹，平底，胎灰白，施青黄色釉。

青瓷刻花牡丹瓶

北宋。口径 5.5 厘米，底径 9.4 厘米，高 35.0 厘米。器形规整，周身布满繁复纹饰，纹饰以蕉叶纹、牡丹纹为主，肩部覆莲纹，腹部刻划折枝牡丹纹，下腹部为仰莲纹，通体开冰裂纹，翻唇口，短颈丰肩，肩以下渐收敛，圈足。胎质灰白，坚硬，施翠青色釉，釉色晶莹光洁。

青瓷弦纹梅瓶

南宋。又名太白坛，口径 5.5 厘米，底径 7.1 厘米，通高 28.2 厘米，盖径 5.9 厘米，盖高 4.3 厘米。器形规整，周身饰弦纹，釉色光洁晶莹，胎色灰白，坚硬，釉色青中泛黄。翻唇小口，短颈丰肩，肩以下渐收敛，圈主足。龙泉窑产品，南宋庆元元年（1195）纪年墓出土，为同类器物的断代提供可靠的依据和参考标准。

图 37-33　弦纹梅瓶 南宋(叶坚红 摄于 2007 年)

粉青釉凤耳瓶

南宋。口径 10.0 厘米，底径 10.3 厘米，高 26.5 厘米。盘口，长颈，筒形腹，圈足，颈部对称凤耳。胎质灰白，厚而坚硬，施粉青色釉，釉色晶莹，器形大造型匀称，为龙泉窑青瓷中的珍稀品。

影青瓷斗笠碗

南宋。口径 10.7 厘米，底径 3.4 厘米，高 4.2 厘米。敞口，斜腹，器呈倒斗笠状，圈足，薄胎，施影青色薄釉，通体冰裂纹，玻璃质感强，晶莹透亮。

青瓷龙虎瓶

图 37-34　青瓷龙虎瓶　南宋（叶坚红 摄于 2007 年）

龙瓶，南宋。口径 6.6 厘米，底径 6.8 厘米，通高 23.3 厘米。直口，短颈，下腹圆鼓，圈足，胎灰白，厚重，施青灰色釉，器盖微鼓，盖面饰 1 双翼微展的立鸟，器身分为 4 级，由下而上逐级收敛至口部，上腹部堆塑一腾龙。

虎瓶，南宋。口径 8.8 厘米，底径 8.2 厘米，通高 23.2 厘米。盘口，长颈粗壮，溜肩，鼓腹，圈足，器盖微鼓，盖面饰一昂首蹲坐式狗，颈腹间堆塑翘尾行走状虎。胎灰白，厚重，施青绿色釉，釉色莹润光亮。

影青瓷梅口小蝶

南宋。口径 10.8 厘米，底径 3.7 厘米，高 2.3 厘米。梅瓣口，斜腹，腹壁饰梅瓣棱，平底。白胎薄如纸，施白色薄釉，玻璃质感强，光亮如镜，通体冰裂纹。

黑釉瓷碗

南宋。口径 12.5 厘米，底径 3.7 厘米，高 5.0 厘米。敞口，折沿，腹斜直，近底部往内敛收，低圈足，施黑色釉有浮光，胎灰，厚胎厚釉。

影青瓜棱执壶

南宋。通高 16 厘米，底径 9.4 厘米。翻唇口，短颈，瓜棱形球腹，肩部装扁带状把手，另一侧肩部装曲形流，胎白且坚硬，施青白釉。

图 37-35 影青瓜棱执壶 南宋（叶坚红 摄于 2007 年）

青瓷菱口大盘

元代。口径 33.2 厘米，底径 13.5 厘米，高 7.3 厘米。菱口，宽缘，浅腹，圈足，内底压印龙纹，胎灰白，坚硬，施翠青釉。

青花小碗

明代。口径 10.0 厘米，底径 4.5 厘米，高 5.0 厘米。口沿外撇，上腹鼓至底敛，圈足较高，外壁饰青花，胎色灰白，通体施青白色釉，釉色光亮。

刻花描金紫砂瓶

清代。口径 4.2 厘米，底径 6.8 厘米，高 16.8 厘米。

粉彩吉祥如意碟

清代。口径 13.6 厘米，底径 8.1 厘米，高 2.3 厘米。

第三节 铜器金属及其他

铜器类藏品有铜鉴、铜焦斗、铜镜、炉、瓶、古钱币等。其他金属类文物有铁质刀具、金银头钗饰品等。

铜焦斗

三国。口径 15.8 厘米，底径 12 厘米，通高 12.6 厘米，足高 8 厘米。敞口，深腹，上腹呈弧形，下腹直，弧形底沿置 3 只羊角足，器壁装一弯曲的马头形手把。

图 37-36 铜焦斗 三国(叶坚红 摄于 2007 年)

铜鉴

三国。口径 35.6 厘米，底径 27.0 厘米，通高 14.0

厘米，足高5.5厘米。直口，宽缘外折，深腹稍鼓，下腹敛收，平底，腹部两侧装对称耳钮衔铁质耳环，内壁口沿下及外腹壁有凸起弦纹，底部置3只兽纹足。

重列式神兽镜

西晋。直径12.2厘米，钮径2.6厘米，缘高0.4厘米。半球钮，圆座，内区为重列式神兽浮雕图案，外围一周为铭文带，制作精致。

葡萄纹铜镜

唐代。直径10.1厘米，钮径1.2厘米。环形钮，内区圆形，饰葡萄和奔兽；外区饰葡萄和飞禽，缘部窄而斜。

图37-37　唐代葡萄纹铜镜（叶坚红摄于2007年）

铜镜

宋代。直径10.2厘米，缘高0.3厘米。环钮，素面，镜面右边长方形框内铸有“湖州石十五部真炼铜照子”铭文，窄缘。

莲瓣形金簪头和葫芦头金簪

宋代。莲瓣形金簪头底径0.56厘米，高2.7厘米，宽0.76厘米。葫芦头金簪长8.2厘米，宽0.77厘米。

竹节纹金耳环

宋代。通长2.5厘米，通宽1.4厘米。

多棱式三层漆奁

南宋。木胎漆器。通高18.0厘米，口径17.5厘米，口至腹部多棱形，由三层盒组成，通体雕如意云纹。

图37-38　多棱式三层漆奁(叶坚红 摄于2007年)

松香

南宋。1979年，水南横山村在修建水库时，发现南宋庆元元年（1195）程大雅纪年墓，出土松香百余斤，其中一块长14.5厘米，宽8.4厘米，厚2.8厘米。

八思巴文铜印章

元代。正方形，边长1.7厘米，厚0.8厘米。

象牙朝笏

明代。长40.4厘米，首宽9.8厘米，尾宽7.8厘米，厚0.47厘米。

仿明宣德炉

清代。仿“大明宣德年制”款宣德炉，蕉叶纹双龙耳。口径10.5厘米，底径7.7厘米，高7.8厘米。

仿汉规矩镜

清代。直径13.9厘米，钮1.7厘米。半球形钮，内区由方格区和圆形区组成，方格区内有“子、丑、寅、卯、辰、巳、午、未、申、酉、戌、亥”12字，字间插入凸起乳钉纹。圆形区图纹丰富，有青龙、白虎、朱雀、玄武“四神”纹样，间饰LTV几何状图案和乳钉纹，内外区周饰栉齿纹带、锯齿纹带和卷草纹带，并铸有“薛恩溪造”铭文。

古钱币藏品

汉代至清代。有汉半两、五铢、货布、货泉、隋五铢、唐开元通宝、五代乾德元宝、北宋祥符通宝、南宋绍兴元宝、明万历通宝、清顺治通宝、日本宽永通宝以及越南安法元宝、景盛、景兴、光中、嘉隆、明命通宝等100余种。

楷书科举试题麻布手卷

清代。长91.5厘米，宽30厘米。

第四节 革命文物 民俗文物

革命纪念地和革命文物

民国19年（1930）初，陈凤生、卢子敬、陈丹山等人受闽北革命运动的影响，以“青帮”为名义，在松阳、遂昌、龙泉3县边界地区发展5000多人秘密组织进行劫富济贫，把“青帮”发展为农军、“红军”，开展武装斗争。民国24年（1935）5月，中国工农红军挺进师挺进松阳玉岩、安民、枫坪等地，受到陈凤生等人的热烈欢迎。6月，在小吉召开师政委会，成立浙西南特委和浙西南军分区，组建红军挺进师第十五支队和松遂游击大队，建立革命根据地，开展武装斗争。先后在玉岩、小吉、高亭、丁坑、斗潭、燕田、黄南等地建立党组织、苏维埃政府和农民游击队等组织。在玉岩、安民、枫坪、大东坝等区域保留着大量革命文物和革命遗址。

革命纪念地有：安岱后浙西南革命根据地首脑机关旧址、黄南独立乡苏维埃政府旧址（黄南村叶氏宗祠）、竹溪区苏维埃政府旧址（燕田村吴氏宗祠）、中国工农红军挺进师政治委员会会议旧址（小吉翁光道宅）、浙西南特委玉岩区委员会、玉岩区苏维埃政府旧址（丁坑村）、枫坪乡苏维埃政府旧址（项庄村）、斗潭欢迎红军大会旧址（斗潭永福寺）、玉岩区高亭乡苏维埃政府旧址（高亭村），有大树后红军标语、何山头红军标语、玉岩村红军标语（杨氏宗祠内）、南胜村红军标语（李关和宅、邱有文宅内）、内大阴红军标语、黄下红军标语、岩坑红军标语、梨树下红军标语等20多处。

20世纪50年代末至1984年，从安民、枫坪、玉岩、大东坝等地征集革命文物有中国工农红军挺进师政治部布告、传单；松遂龙游击总队副指挥卢子敬使用过的毛毯和指挥棒，及其以替人算命为掩护开展地下党工作，曾使用过的算命书和小斗笔（其中指挥棒、算命书、小斗笔于1988年10月29日被浙江省革命烈士纪念馆征调陈列）；红军赤卫队队员用过的军号、印章、长矛、鸟铳、土炮、斧头、

图37-39 革命文物猎枪、铁锹、手雷、长矛、军用皮带、送粮袋、布袜（叶坚红 摄于2007年）

茶杯、电筒、围灯、布袜、送粮袋、衣物等革命文物60多件。革命文物的质地以铁、铜、木、竹、瓷、玻璃、棉织、纸为主等。

民俗文物

松阳的民间民俗文物具有鲜明的地域性和时代性，是松阳地域文化、民风习俗和社会经济发展的体现。松阳县博物馆馆藏60余件民俗文物大多为清至民国时期的生活、生产用具和畲族服饰等，质地以竹木器为主。木质古家具造型简练质朴，卯榫牢固，质感光滑，雕饰明快精致，有木雕千工床（凉床）、条案（供几）、八仙桌、六仙桌、衣橱、脸桶架、太师椅、条凳、衣架、扛箩、梳妆盒等。竹篾藤器多为生活实用器具，种类繁多，编织工艺精细，有竹篾篮子、食箩、书箱、粥空、藤箱、帽笼等；还有不少生产劳动用具，如水车、榨油车、纺纱机、织布织带器、草鞋织编机、蓑衣、笠帽、田耙、秧盆、种子筒、鱼篓等。

双庭三额木雕床　俗称千工床、凉床。床有“双庭”“单庭”2种。质料为杂木，采用朱金雕刻和镶嵌等工艺相结合精心制作，繁琐华丽。双庭床，又名满间床，分前后2部分，前部分为“拔步”，又称“踏步”，是床沿的小平台。门罩以上有三重檐，设雕花柱、挂落、椅栏、飘檐花罩，各花板雕绘戏曲人物故事图案，雕饰面凸出部分全用真金贴饰，更显雕琢挺秀、豪华无比。顶部饰方格天花，整个床面雕饰纹样布局严谨，左右对称，层次分明。床沿的右边置衣柜，左边安放马桶箱，后部分才是床，三面床壁围有可拆装的雕花板和彩绘屏风。满间床的装饰手法源于生活，这种踏步式满间床冬暖夏凉，似房中之房，是中国传统居所明堂暗房的写照。单庭床无踏步、小平台，床体结构与双庭床相同。

图37-40　双庭三额木雕床（叶坚红 摄于2007年）

条案　又名案几，松阳民居中堂都有条案，摆放花瓶、帽筒、座钟之类物品。其造型厚重，台面多为独块樟木板。裙板和两侧案柜木雕装饰，有的浮雕戏曲人物故事和镂雕梅兰竹菊、如意等花纹，装饰高雅华丽。

如意桌　又名蘑菇桌，由桌面、桌柱和桌脚3部分组成，平稳坚固。桌面圆形，边沿束腰，呈三向分展的桌柱通体雕刻如意和凤凰采牡丹花纹，桌脚为五足如意形，通体髹朱，更显富贵华丽。

八仙桌　大的方桌，边长96～101厘米，高90厘米。裙板装饰古朴大方，八仙桌不论贫富户户必备，一般置于中堂，是进餐和会客的重要家具，坚固耐用。

六仙桌　略小于八仙桌，边长82厘米，对称的两边设一对小抽屉。六仙桌一般置于卧室，坚固实用。

太师椅　又名梳背椅，一种传统椅类。一般置中堂两侧，用于接待客人，通常为四张一组，配上两张茶几共6件，旧时女儿的嫁妆之一。

衣橱 俗称大厨，是放置衣服物件的家具。有“八门三屉橱”，也有“四门橱”，橱门的拉手配置铜质蝴蝶、如意、元宝纹饰件，具有浓郁的地方特色。

衣柜 存放衣物的家具。双开门，上置二个抽屉，抽屉和门的拉手为铜质蝴蝶纹饰件。柜上可摆放箱子。

铜钿柜 存放衣物的家具。因其柜背开门的铜锁饰件上有一个能塞进一枚铜钿大小的锁孔，故称“铜钿柜”。是一种匣子式家具，2 个柜子为一组，合在一起也可当床用。

衣架 清至民国时期的衣架在结构上模仿明代款式，但更讲究稳定与实用，注重装饰，衣架的顶部雕对称龙首，栏板雕蝙蝠、如意等图案。

脸桶架 为高背、矮架和六腿整体结构，总高 1.70 米。高背中间有花板装饰，顶部雕对称凤凰，托架部分呈活动式六角形部件。

扛箩 民间举办婚丧嫁娶、祝寿等红白喜事时用来盛放礼品的器具。木制，底盘和提梁整体结构，上置五层托盘加盖，使用时由 2 人抬。

书箱 用细篾条编制而成，长方形带翻盖，箱的两侧配有铜制提耳。

梳妆盒 妇女梳妆用具。木制，盒面翻盖可置镜子，多层抽屉，内放各种梳妆用品。

糖果盒 有木制和竹制 2 种，盒内置分隔栏，木制通体镂雕，工艺精细。

食箩 盛食器。用细篾条编制而成，有 2 层箩盒加盖，底部圈足。

图 37-41 篾菜篮儿（上）、甯空（左下）、食箩（右下）（叶坚红 摄于 2007 年）

甯空 妇女做针线活、捏麻线时用的圆形器具。底部圈足，用细篾条编制而成。

竹篮 又名“篾菜篮儿”。用细篾精心编制而成，有椭圆形和圆形 2 种。

藤箱 存放衣物的盛器。用细藤条编织而成，工艺考究。

帽笼 清代用于存放官帽的器具。苎麻编织。笼盖顶部留有圆口，做工细腻。

屏风 厅堂案几上的摆设。通高 51.5 厘米，由底座和屏风组成，可拆装。底座为木雕，高 24 厘米，宽 35 厘米；屏风用细篾编织，工艺考究，高 39 厘米，宽 29.5 厘米。

金属制品 用金、银、铜、铁、蜡、锡等金属打制，品种有日常用具、家庭摆设、女人的穿戴饰品。金银饰品有：戒指、项链、手镯、发钗、长命锁等。铜制品有造型别致的家具门扣饰品、门环、蚊帐钩、铜茶壶、铜火笼等器具。铁制品中用熟铁打制的有火钳、火锹、锄头、菜刀、柴刀、斧、凿、锯、镰等生产生活用具，用生铁制作的有镬（锅）、犁头等。蜡和锡制品以壶类器皿为常见，还有烛台等摆设。

第六章　文物保护

1949～1958年，松阳县没有专门的文物保护管理机构，全县的文物保护工作由县文化馆兼管。20世纪70年代后期，省、市、县设立各级文物管理委员会，负责管理辖区的文物保护工作。1979年5月，遂昌县文物管理委员会成立（时遂昌、松阳合县），但没有其他文博机构。

1982年，恢复松阳县制，成立松阳县文物管理委员会，负责松阳县的文物保护与管理。1982～2010年，进行过3次文物大普查，基本摸清全县的文物家底，已知境内有不可移动文物1000多处，保存在博物馆和民间的可移动文物更是不计其数。依照《中华人民共和国文物保护法》等法律法规，贯彻“保护为主、抢救第一、合理利用、加强管理”的工作方针，根据文物的历史价值、科学价值、艺术价值确定保护级别。县政府于1981年、1986年、1989年、2003年先后4次公布县级文物保护单位和文物保护点，国务院公布延庆寺塔为全国重点文物保护单位，浙江省政府公布兄弟进士牌坊、市口进士牌坊、普济桥、黄家大院为省级文物保护单位。松阳县政府根据文物保护单位的级别划定保护范围和建设控制地带，对各级文物保护单位采取切实可行的保护措施，让文物为两个文明建设服务。

1995年11月，松阳县政府公布首批爱国主义教育基地：松阳县博物馆、延庆寺塔、青云塔、西屏山革命烈士陵园、箬寮岘自然保护区及安岱后村、安民乡小吉村革命旧址。2009年，安岱后浙西南革命根据地领导机关旧址被浙江省政府公布为第六批省级爱国主义教育基地。

第一节　文物保护机构

松阳县文管会

1982年6月，成立松阳县文物管理委员会（简称“文管会”），下设文管会办公室，具体负责全县文物保护管理工作，文化馆馆长兼任文管会办公室主任，地点在县城大井路民房。1985年，文管会办公室与文化馆分设办公，有工作人员3人，办公地点迁至大井路2号（城隍庙西厢房），面积30平方米。1986年，成立县博物馆和延庆寺塔文保所，与文管会办公室三块牌子一套人马，有工作人员4人。1988年，办公地点迁至县城中弄12号（汤兰公所）。

松阳县文物管理委员会是协调各有关部门做好全县文物保护管理工作的机构。主任由分管副县长担任，成员由县文化局、财政局、发改局、公安局、建设局、民政局、国土局、工商局、林业局等相关部门的负责人组成。由于县政府及部门负责人时有人事变动，文管会成员也随着调整，1982～2010年，县文管会成员先后调整公布过7次。

松阳县博物馆

松阳县博物馆是集收藏、研究、展示于一体的综合性博物馆，承担全县文物保护、考古调查与发掘等任务，是松阳县德育科普实践基地、丽水市社会科学普及基地和青少年爱国主义教育基地。

松阳县博物馆成立于1986年4月。1988年，迁至县城中弄12号汤兰公所（县级文物保护单位）办公，面积1000平方米，时在编人员4人。1990年12月1日，博物馆举办首次文物展览。1995年11月，松阳县人民政府公布松阳县博物馆为首批爱国主义教育基地。2004年底，在编人员6人。2005年初，开始筹建新馆建设，馆址位于县城吴家山脚1号。2007年5月动工兴建。2010年5月建成迁入，免费对外开放，在编人员增至12人。博物馆占地面积1596平方米，建筑面积3052平方米，其中陈展区域2586平方米。由固定陈列展厅、临时陈列展厅、文物库房、视听室、会议室、办公用房及其他附属设施组成，总投资1200万元。固定文物陈列厅是博物馆展览的主体部分，分为六个单元，系统反映松阳人文历史发展概况、文化积淀、生态环境和风土人情等内容；松阳历史名人展厅遴选和展示10位松阳历史名人的生平事迹。

延庆寺塔文保所

延庆寺塔文物保护管理所（简称“文保所”）成立于1986年10月，办公地点设延庆寺塔塔院。主要承担延庆寺塔的文物保护管理、维修、陈列开放、接待游客等工作，建立延庆寺塔“四有档案”（有保护范围、有标志说明、有记录档案、有专门机构或者专人负责管理）。编制2人，文保所与县文管会办公室、县博物馆3个机构一套人马，经费统一核算。1984年始，对延庆寺塔进行维修前塔体现状调查和测绘，绘制各层平面、立面、剖面图，为塔体维修设计提供翔实资料。1986～1988年，进行维修工程备料及协助上级业务部门做好塔体的维修设计、基础加固设计工作。1988～1989年，实施塔体基础加固工程。1990～1991年，实施塔体维修工程和新建塔院山门。1992年，把原位于县城实验小学的清代建筑上天后宫搬迁复建至塔院作陈列厅。

1993～2005年，未增添塔院景点内容，逐步完善塔院绿化、池塘（散排水工程）、六角亭、碑廊等附属设施建设。延庆寺塔文保所每年接待游客近万人次。建立和完善延庆寺塔的“四有档案”和申报全国重点文物保护单位等业务工作。1995年11月14日，松阳县政府公布延庆寺塔为首批爱国主义教育基地。2006年，延庆寺塔被国务院批准公布为第五批全国重点文物保护单位。

第二节 文物普查

第一次文物普查

1982年，根据省文物局工作部署，在全省范围开展文物大普查。11月，松阳县政府印发《关于开展文物普查工作的通知》，在全县范围开展第一次文物大普查，1984年7月上旬普查工作结束。普查人员走遍全县27个乡镇749个点，共查得古建筑318处，新石器和商周文化遗址5处，化石出土点3处，古窑址4处，古银矿址4处，古墓葬9处，墓志铭14方，古钟8座，摩崖题刻8处，碑刻107块，古匾155方，石雕5件，宗谱72部，革命旧址9处，红军标语11处计63条，畲族祖图1套，古树名木6株。普查时征集到各种文物70多件，其中有新石器时代的石镞石环、商代印纹陶罐、西周原始瓷、宋代龙泉窑青瓷及革命文物等。普查结束后编写《中国文物地图集·浙江分册》有关松阳县条目共148条，配合《全国家谱总录》资料搜集工作，调查并汇集全县50部各姓家谱资料，上报国家档案局和文物局存档。第一次全省文物大普查初步掌握全县的文物家底。

第二次文物普查

2001年8月至2002年5月，根据省文物局工作部署，进行全省历史文化遗产普查。在1983年文物普查的基础上，对全县20个乡镇130多个行政村400多个文物点进行复核普查，收录文物点230处。其中，古建筑117处，古遗址6处，古墓葬1处，石刻31处，近现代史迹及代表性建筑59处，古代水利工程5处，古矿址6处，其他类5处，新发现古市、玉岩、竹溪、界首、横樟、吴弄6处保存较好的历史文化保护区和古村落。普查工作结束后，2003年4月，松阳县政府重新公布第三批县级文物保护单位19处、县级历史文化保护区4处、乡镇文物保护点114处。并筛选推荐黄家大院、汤兰公所、普济桥、市口进士牌坊、安岱后革命根据地旧址和百仞堰6处县级文物保护单位提升申报省级文物保护单位。

第三次文物普查

2007年4月至2010年12月，按照浙江省政府开展第三次全国文物普查要求，在全县范围开展第三次文物普查，这次文物普查覆盖率行政村达100%，自然村达90%以上。共调查全县401个行政村、900多个自然村，登录文物点1026处，其中新发现706处、复查点320处、登录信息点345处。普查登录的文物遗存，根据其性质、现状及历史、艺术、科学价值，遴选出一批重要文物点，向国家、省、县推荐申报各级文物保护单位。

第三节　文物保护单位

1963年，浙江省人民委员会公布延庆寺塔为第二批省级文物保护单位。

1981年9月，县政府公布第一批县级文物保护单位，其中松阳境内有兄弟进士牌坊、青云塔、市口进士牌坊、汤兰公所、大树后红军标语、何山头红军标语6处。

1982年恢复松阳县制后，分别在1986年、1989年和2003年3次公布县级文物保护单位和文物保护点。筛选提升其中具有重要历史、科学和艺术价值的不可移动文物，上报浙江省政府、国务院批准公布省级和全国重点文物保护单位。至2010年末，松阳有全国重点文物保护单位1处，省级文物保护单位4处，县级文物保护单位19处，文物保护点133处。

文物保护单位“四有工作”（有保护范围和建设控制地带、有记录档案、有标志说明、有专门机构或专人管理）是对不可移动文物进行有效保护的基础。1986年，县文物部门划定全国重点文物保护单位延庆寺塔的保护范围和建设控制地带，并报县政府公布执行。1989年、2003年，先后为已公布的23处省、县级文物保护单位竖立标志牌说明、划定保护范围和建设控制地带，并落实该文物所在地的业余文保员管理。

全国重点文物保护单位

延庆寺塔 详见本编第二章“古建筑”第三节“塔庙寺祠”。

省级文物保护单位

普济桥 详见第九编“交通”第三章“公路”第六节“桥梁隧道”。

詹宝兄弟进士牌坊 详见本编第二章“古建筑”第四节“牌坊”。

市口进士牌坊 详见本编第二章“古建筑”第四节“牌坊”。

黄家大院 详见本编第二章“古建筑”第二节“古民居选介”。

县级文物保护单位

文庙 详见本编第二章“古建筑”第三节“塔庙寺祠”。

城隍庙 详见本编第二章“古建筑”第三节“塔庙寺祠”。

汤兰公所 又名兰溪会馆、关圣宫，详见本编第二章“古建筑”第三节“塔庙寺祠”。

俭公祠 详见本编第二章“古建筑”第三节“塔庙寺祠”。

永宁观天师殿 详见本编第二章“古建筑”第三节“塔庙寺祠”。

青云塔 又名青蒙塔，详见本编第二章“古建筑”第三节“塔庙寺祠”。

寺岭下节孝坊 详见本编第二章“古建筑”第四节“牌坊”。

板桥廊屋桥 详见第九编“交通”第三章“公路”第六节“桥梁隧道”。

三济桥 详见第九编“交通”第三章“公路”第六节“桥梁隧道”。

百仞堰 又名青龙堰，详见第十三编“水利”第一章“水利灌溉”第二节“引水工程”。

“凌霄台”“醴泉”摩崖题刻 详见本编第三章“题刻碑记”第一节“题刻”。

天主教堂 位于县城申亭弄。清末建筑。欧式砖木结构，面积2000平方米。由圣堂、神父楼和办公生活用房组成，圣堂通面阔10.2米，进深35.5米，弧形顶，梅花柱头饰宗教图案，粉壁长窗，庄严肃穆，是丽水市唯一保存完好的天主教堂。2003年，被公布为县级文物保护单位。

城门楼 位于古市镇城头街北，始建年代不详，尚存建筑为清代重建。古时出入城的通道，泥木结构，面阔4.75米，进深7.9米，重檐悬山顶。2003年4月，被公布为县级文物保护单位。

黄南独立乡苏维埃政府（叶氏宗祠） 详见本编第四章“近现代重要史迹及代表性建筑”第二节“重要历史事件及人物活动纪念地”。

大树后红军标语 位于玉岩镇大树后村社庙墙上。民国24年（1935）7月，红军挺进师一纵队到大树后村时，在社庙外墙上留存“白军士兵要看母妻，只有拖枪过来当红军！”“欢迎白军士兵拖枪过来当红军！”“反对国民党出卖中国！”“反对国民党抽丁当兵！”等墨书标语，是当年红军留下最为完整的标语。1981年，被公布为县级文物保护单位。

何山头红军标语 位于玉岩镇何山头村社庙墙上。红军挺进师一纵队到何山头村时，在社庙外墙上留存“欢迎白军士兵暴动起来当红军”“士兵不打士兵”等墨书标语，落款“红军宣”。1981

年，被公布为县级文物保护单位。

安岱后浙西南革命根据地首脑机关旧址　位于安民乡安岱后村。1935年，刘英、粟裕率中国工农红军挺进师进入松阳，在安岱后建立乡苏维埃政府，设党、政、军机关，安岱后村成为浙西南革命根据地中心。革命旧址包括红军主会场和红军食堂（陈氏宗祠）、红军桥（善继桥）、刘英粟裕故居、挺进师机关和浙西南特委旧址及陈凤生、陈丹山烈士墓等。2003年，被公布为县级文物保护单位。

潘祠门厅　原址在县城南直街117号。建于明万历十四年(1586)。面阔5间，穿斗抬梁混合式构架，硬山顶，方砖斜铺墁地，檐口勾头滴水。1986年，被公布为县级文物保护单位。1999年，因涉长松路建设被拆。

包茂槚故居　位于新兴乡后周包村。明末建筑，二进，面阔7间，抬梁穿斗式构架，斗拱承托梁坊和檐檩，折腹形柱础，方砖斜铺墁地。包茂槚，明万历恩贡。1986年，被公布为县级文物保护单位。建筑年久失修。2008年部分拆建。

2010年松阳县各级文物保护单位情况表

表37-6-3-1

名　称	时代	地　点	全国重点文物保护单位公布时间	省级文物保护单位公布时间	县级文物保护单位公布时间	说　明
延庆寺塔	北宋	西屏镇塔寺下村	2006.05	1963.03	—	—
普济桥	明正德	玉岩镇玉岩村	—	2005.03	2003.04	—
兄弟进士牌坊	明弘治	县城下马街	—	1989.12	1981.09	—
市口进士牌坊	明弘治	水南市口村	—	2005.03	1981.09	—
黄家大院	清至民国	望松乡乌井村	—	2005.03	1986.07	—
城隍庙	清	县城大井路2号	—	—	1986.07	—
文庙	清	县城大井路2号	—	—	2003.04	—
汤兰公所	清	县城中弄12号	—	—	1981.09	—
天主教堂	清末	县城申亭弄	—	—	2003.04	—
青云塔	明万历	西屏镇青蒙村	—	—	1981.09	—
俭公祠	清	古市镇卯山	—	—	1986.07	—
永宁观天师殿	清	古市镇卯山	—	—	1986.07	—
板桥廊屋桥	清	板桥畲族乡板桥村	—	—	2003.04	—
“凌霄台”“醴泉”摩崖题刻	北宋	县城西屏山	—	—	1986.07	—
黄南独立乡苏维埃政府旧址（叶氏宗祠 ）	清	大东坝镇黄南村	—	—	1986.07	—

续表 37-6-3-1

名　称	时代	地　点	全国重点文物保护单位公布时间	省级文物保护单位公布时间	县级文物保护单位公布时间	说　明
大树后红军标语	1935 年	玉岩镇大树后村	—	—	1981.09	—
何山头红军标语	1935 年	玉岩镇何山头村	—	—	1981.09	—
安岱后浙西南革命根据地首脑机关旧址	1935 年	安民乡安岱后村	—	—	2003.04	—
叶氏宗祠	清	西屏镇桐溪村	—	—	2003.04	—
寺岭下节孝坊	清	叶村乡寺岭下村	—	—	2003.04	—
城门楼	清	古市镇城头街	—	—	2003.04	—
包茂樌故居	明	新兴乡后周包村	—	—	1986.07	2008 年部分拆建
三济桥	民国初	叶村乡寺岭下村	—	—	1986.07	2007.6 遭水毁
潘祠门厅	明万历	县城南直街	—	—	1986.07	1999 年因涉长松路建设被拆
百仞堰 又名：青龙堰、何家堰	宋	堰坝在县城松阴溪南岸独山脚	—	—	2003.04	—

2010 年松阳县文物保护点情况表

表 37-6-3-2

名　称	时代	地　点	文物保护点公布时间
鹦鹉冢遗址	南宋	县城官塘路	1989.05
上方山摩崖题字	年代待考	西屏镇塔寺下村	1989.05
节孝坊	清道光	县城十字路	1989.05
官塘井	清	县城官塘路	1989.05
陈巷井	清	县城猪行路巷内	1989.05
南明桥	清同治	县城南门	1989.05
叶家砖雕门楼	清	县城北直街	1989.05
叶姓故居	明	县城塔头街	1989.05
白龙瑞现夫人庙	清	水南独山脚	1989.05
詹氏宗祠	清道光	县城詹祠路	2003.04
蔡氏宗祠	清道光	县城东阁街	2003.04
周氏宗祠	清	县城桥亭街	2003.04
程氏宗祠	民国	县城下马街	2003.04

续表 37-6-3-2-1

名　称	时代	地　点	文物保护点公布时间
王氏宗祠	清道光	县城人民大街	2003.04
叶氏宗祠	清同治	县城济川路	2003.04
王氏宗祠	清乾隆	县城济川路	2003.04
许氏宗祠	民国	县城耶稣堂弄	2003.04
徐氏宗祠	民国	县城耶稣堂弄	2003.04
徐昌连古民居	清道光	县城十字路	2003.04
徐登青故居	民国	县城十字路	2003.04
朝天门	清	县城北直街北端	2003.04
吴恒贵故居	清	县城下马街	2003.04
杉溪桥	元延祐元年	县城东门外	2003.04
白龙堰	元	县城航船头	2003.04
潘氏故居	清	水南桥头村	2003.04
王氏宗祠	清光绪	水南清路村	2003.04
徐氏宗祠	民国	水南岩西村	2003.04
降福桥	清	水南岩西村	2003.04
郑陂桥	清	水南岩西村	2003.04
南山桥	民国	水南南山村	2003.04
营盘背文化遗存	新石器至商代	水南瓦窑头村营盘背山	1989.05
何家堰摩崖题记	清光绪	水南独山脚	1989.05
塘寮文化遗存	商代至西周	水南塘寮村屋后山	2003.04
白云庵遗址	元	水南南山村	1989.05
阴岗山文化遗存	新石器至商代	古市镇筱铺阴岗山	1989.05
节孝坊	清道光	古市镇城头街	1989.05
东角垄古墓群	东汉至南朝	古市镇东角垄村	1989.05
观口堰	元	古市镇下街	2003.04
张氏宗祠	清	古市镇山下阳村	2003.04
赖氏宗祠	清乾隆	古市镇东角垄村	1989.05
黄奇公祠	清	古市镇上黄圩村	2003.04
何、傅宗祠和香火堂	清道光	玉岩镇排居口村	2003.04
仁安桥	清康熙	玉岩镇周安村口	2003.04

续表 37-6-3-2-2

名 称	时代	地 点	文物保护点公布时间
潘氏宗祠	清光绪	玉岩镇烧火坑村	2003.04
李氏宗祠	清康熙	玉岩镇白沙岗村	1989.05
潘氏宗祠	清光绪	玉岩镇烧火坑村	2003.04
砻空殿和砻空殿志碑	清道光	玉岩镇程源头村	2003.04
彩虹桥	清同治	玉岩镇溪口村	2003.04
金氏宗祠及奉府宪碑	清道光	玉岩镇洋坑村	1989.05
玉岩村红军标语	1935 年	玉岩镇玉岩村杨氏宗祠内	1989.05
钟氏宗祠	清咸丰	玉岩镇白麻山村	1989.05
南胜村红军标语	1935 年	玉岩镇南胜村李关和宅	1989.05
南胜村红军标语	1935 年	玉岩镇南胜村丘有文宅	1989.05
林子槐故居	民国	象溪镇雅溪口村项山头	2003.04
夫人殿	清乾隆	象溪镇雅溪口村项山头	2003.04
南岩渡碑	清同治	象溪镇南州村渡口	1989.05
东济桥	民国初	象溪镇东田村	2003.04
告示碑	清同治	象溪镇南坑源村林家	2003.04
禁赌碑	民国初	象溪镇石马源村	2003.04
包氏宗祠	清乾隆	大东坝镇横樟村	1989.05
枫树湾银矿洞	明至宋	大东坝镇山徐村平岗	1989.05
横樟永示碑	清咸丰	大东坝镇横樟村	1989.05
竹溪区苏维埃政府旧址（吴氏宗祠）	1935 年	大东坝镇燕田村	1989.05
内大阴红军标语	1935 年	大东坝镇内大阴村	1989.05
夫人庙	清乾隆	大东坝镇下宅街村	1989.05
感应佛堂	清	大东坝镇后宅村	1989.05
占安山文化遗存	新石器至商周	叶村乡河头村	2003.04
吴氏宗祠	清嘉庆	叶村乡南岱村	1989.05
金坑源头摩崖石刻	清嘉庆	叶村乡岱头村	2003.04
田圳碑	清嘉庆	叶村乡叶村关帝庙内	1989.05
奉宪勒石永示碑	清道光	叶村乡河头村	1989.05
叶长昶墓志铭	民国	叶村乡松山村	1989.05
重修古道题刻	清咸丰	叶村乡岱头村	2003.04

续表 37-6-3-2-3

名　称	时代	地　点	文物保护点公布时间
金梁堰（京梁堰）	宋	斋坛乡小石村大花地	2003.04
王氏宗祠	清咸丰	斋坛乡下坌村	1989.05
唐葛周殿	清光绪	竹源乡黄庄村山锁坳	2003.04
王氏宗祠	清	竹源乡黄庄村	2003.04
黄庄廊桥	清光绪	竹源乡黄庄村	2003.04
横岗桥	清光绪	竹源乡横岗村	2003.04
大风岩银矿洞	明	竹源乡后畲村大风岩	2003.04
黄下红军标语	1935 年	竹源乡黄下村	1989.05
利济桥	民国	望松乡五都阳村口	1989.05
碗寮明清古窑址	元明清	三都乡紫草村碗寮	1989.05
山苍殿	明末	三都乡上田村	2003.04
禁赌碑	清道光	三都乡呈回村	2003.04
毛氏宗祠	清乾隆	三都乡上庄村	1989.05
包氏宗祠	清乾隆	三都乡水竹村	1989.05
宋金水古民居	清光绪	三都乡水竹村	2003.04
江氏宗祠	清嘉庆	四都乡榔树村	1989.05
清利公祠	清道光	樟溪乡兰家村	2003.04
馒头山香火堂	清光绪	樟溪乡馒头山村	2003.04
法昌寺	南朝梁	樟溪乡肖周村	2003.04
重修京梁堰碑	清光绪	樟溪乡力溪村	1989.05
刘氏宗祠	清	新兴乡上安村	2003.04
郑氏宗祠	清嘉庆	新兴乡徐郑村	2003.04
芳溪堰	明洪武	新兴乡下源口村	2003.04
大石文化遗存	商代至西周	新兴乡大石村	1989.05
大石崖墓	待考	新兴乡大石村	1989.05
节孝坊	清嘉庆	赤寿乡界首村	1989.05
佳溪渡记碑	清光绪	赤寿乡界首村	1989.05
禹王庙门厅	清乾隆	赤寿乡界首村	1989.05
界首瓷窑址	唐至宋	赤寿乡界首村	1989.05
叶氏宗祠	清	赤寿乡叶川头村	1989.05

续表 37-6-3-2-4

名　称	时代	地　点	文物保护点公布时间
禁赌碑	清道光	赤寿乡半古月村	1989.05
李氏宗祠和重修李氏宗祠碑	清道光	谢村乡李山头村	1989.05
勒石永禁碑	清道光	谢村乡南坑村	1989.05
县示碑	清光绪	谢村乡平卿村	2003.04
先锋庙	清同治	新处乡竹囮村	2003.04
节孝坊	清嘉庆	新处乡山甫村	1989.05
崇觉寺	清道光	板桥乡桐郴村	2003.04
万安桥	清光绪	板桥乡桐郴村	2003.04
慈航桥	清光绪	板桥乡桐郴村	2003.04
光裕桥	清光绪	板桥乡桐郴村	2003.04
老鹰岩银矿洞	明正统	板桥乡板桥村	2003.04
黄岭头银矿洞	明	裕溪乡黄岭头村	2003.04
大寮湾银矿洞	明	安民乡苏马坪村	2003.04
杨氏宗祠	清嘉庆	安民乡大潘坑村	1989.05
永宁古社	清乾隆	安民乡李坑村	2003.04
观音桥	清同治	安民乡台坑村	2003.04
洋庄源银矿洞	明	枫坪乡洋庄源村	2003.04
中国工农红军挺进师政治委员会会议旧址	1935 年	枫坪乡小吉村翁光道宅	1989.05
小吉永庆桥	清咸丰	枫坪乡小吉村	2003.04
小吉红军标语	1935 年	枫坪乡小吉村	2003.04
浙西南特委玉岩区委员会玉岩区苏维埃政府旧址	1935 年	枫坪乡丁坑村	1989.05
枫坪乡苏维埃政府旧址	1935 年	枫坪乡枫坪村项庄	1989.05
斗潭欢迎红军大会旧址	1935 年	枫坪乡斗潭村永福寺	1989.05
玉岩区高亭乡苏维埃政府旧址	1935 年	枫坪乡高亭村	1989.05
岩坑红军标语	1935 年	枫坪乡高寮村岩坑关帝庙	1989.05
丁坑村红军标语	1935 年	枫坪乡丁坑村吴氏宗祠墙上	1989.05
梨树下红军标语	1935 年	枫坪乡梨树下张兰生宅	1989.05
梨树下社庙红军标语	1935 年	枫坪乡梨树下村社庙	2003.04

第四节　文物维修工程

延庆寺塔维修

延庆寺塔于北宋咸平二年（999）动工兴建，咸平五年（1002）建成。曾在北宋皇祐三年(1051)和南宋建炎四年（1130）2次有过刷新。

1963年，全国古塔专家考察团到杭州时，审阅了延庆寺塔现状照片以及倾斜测量数据，专家发现延庆寺塔自建造以来历经千年风雨，从塔身构造到木结构出檐均未见后人修缮的迹象，砖砌塔身和塔刹基本保存完好，是江南诸塔中保存最为完整的北宋原物。虽然塔体遭自然和人为破坏，须弥座、副阶、地坪损坏严重；木构被严重损毁，腰檐及平座朽烂，仅存少量残损不一的椽望、斗拱、平梁座、老角梁等；塔身粉层大部分被剥落，还留有壁画和历代游人题记；塔体倾斜，塔刹铸件留存六级相轮以下的部分，其余皆毁，风铎无存。但认定该塔仍属于安全范围，1963年被浙江省政府公布为省级文物保护单位。

图 37-42　维修前的延庆寺塔（叶祖青提供 1970年）

1985年，县文管会办公室在省、地文物专业人员的帮助下，完成延庆寺塔测绘工作，为塔体修复工程设计打下坚实的基础。之后，根据保护文物的实际需要，征用土地10290平方米，划定保护范围，修筑塔院围墙和管理用房。

1986年，国家文物局批准立项，把延庆寺塔列为浙江省重点维修项目。国家文物局先后共拨出专款160万元用于工程维修，县政府成立延庆寺塔修缮委员会，县财政投入资金16.86万元修建2.7千米长的西（西屏）塔（延庆寺塔）公路。维修工程包括基础加固和塔体维修2部分，1988年，实施塔体基础加固工程，即在塔基周围浇灌钢筋砼防水墙和静力压桩。1990年7月20日，开始对塔体进行全面维修。维修时严格遵守不改变文物原状、修旧如旧的原则，修复已毁的塔体须弥座、登塔楼梯、塔顶和副阶地坪等；木构修缮尽可能保留原来保存较好的斗拱和椽子，更换损坏严重的木构件；复原出檐、平座回廊和副阶木构，并对塔体周围和所有木构进行蚁害处理和防治；对保存的壁画及游人题记进行化学加固处理；恢复塔刹构件及各层的檐角风铎，恢复宋代原貌。在修复延庆寺塔的同时，新建塔院山门。1991年12月1日，塔体维修工程和山门建设竣工，并对外开放。

汤兰公所维修

汤兰公所，又名兰溪会馆、关圣宫。位于县城中弄12号。建于清嘉庆十四年（1809）。1986年，县政府把汤兰公所划拨给县博物馆作馆舍。由于该建筑长期被县房管部门作为公房出租给居民使用，使建筑内部格局被改变，梁架木柱经烟熏火烤受损严重，门墙及屋面漏水、下水道堵塞、电线老化等状况严重。1987 年，省文化厅拨入专项资金 10 万元，用于居民搬迁和文物维修，县财政补助 3 万元用于博物馆的文物库房建设。1988 年上半年，汤兰公所内原住居民共 13 户陆续搬出；下半年开始对文物建筑进行全面维修。维修项目包括门楼修复、屋面翻修、全面清洗和修补建筑木构件、修复边厢的门窗、清理下水道暗沟、电路改造等。1994 年，实施地面修复和木构油漆等，恢复清代原貌。

青云塔维修

青云塔位于城东青蒙村青蒙山顶，建于明万历年间（1573～1620）。由于年久失修，并遭雷击，致使塔体严重受损。塔体东部转角四层至顶层出现裂缝，最宽处有 1 米左右；砖结构塔体有移位，各个方向的转角处部分塔砖脱落；每层转角出檐有不同程度损坏；塔顶生长出大量杂草和树木；副阶及室内铺地、刹杆木、千斤梁、木质楼板和木梯等毁坏。

1993 年 7～10 月，县文管会制定青云塔维修方案请示省文物局审批同意，对青云塔进行抢救性维修。维修工程包括基础加固、清理寄生在塔顶上的杂草和树木、修补塔体裂缝和残损出檐、修复副阶及室内铺地、安装千斤梁、刹杆木，增设避雷装置及塔体粉刷等。为保护野外文物安全，塔体内原置有的楼板和木梯不作复原。维修工程费 3.1 万元。

詹宝兄弟进士牌坊和市口进士牌坊维修

省级文物保护单位兄弟进士牌坊和市口进士牌坊，均建于明代弘治九年（1496）。系青石仿木结构，因年代久远，遭自然和人为损坏，牌坊的部分构件有的脱落无存，有的出现移位松动状况，严重危及牌坊的安全。2002 年，县文管会制定维修方案，县财政拨专款 3 万元，于 7 月 15 日至 9 月 8 日对两座历史牌坊实施加固维修。兄弟进士牌坊加固、修补大小石雕构件 90 个，市口进士牌坊加固、修补大小石雕构件 100 个。

黄家大院维修

省级文物保护单位黄家大院，因遭到自然和人为破坏，白蚁侵蚀严重。由于长期缺乏及时维修，致使屋面严重漏水，木构霉烂、蛀空、受损，墙体开裂、室内部分格局被改变等状况存在。2001～2010 年，黄家大院先后进行过 2 次大维修。

2001 年 3～5 月，县财政拨入专项维修资金 3 万元，更换、修补霉烂及被白蚁蛀空的梁、枋、柱等木构，修补缺损的部分牛腿、雀替，修复大院各幢门楼及屋檐的排水铅堰，拆除大院保护范围内的违章建筑，检修屋面漏水、修补残损严重的墙体、外墙粉刷等，恢复建筑的整体风貌。

2010 年 6 月至次年 7 月，浙江省文物局拨入专项经费 200 万元，对黄家大院实施全面维修。进行屋面瓦片落架翻漏的同时，在房椽上面加铺望板，以杜绝漏雨现象；替换霉烂损毁的梁架、牛腿、雀替、隔扇门窗等木构件；按传统工艺粉刷墙体，夯筑大院围墙，地面恢复三合土墁地，进行白蚁防治，恢复原来被改造的室内结构。

第五节　文物法规宣传与行政执法

文物法规宣传

1982年、1993年初，松阳县政府2次发文《关于加强松阳文物与风景名胜的保护通知》，号召全县人民做好文物和风景名胜保护工作。1984年4月，县文化局、县人民银行、县农业银行、县文管会联合发文《关于重视对古钱币保护工作的紧急通知》。20世纪80年代末至90年代初，有不少外地文物贩子到松阳无证收购古建筑的雕刻构件、旧家具、民俗文物和出土文物，盗掘古墓及偷盗古建筑的雕刻构件等案件频频发生，致使境内不少有历史价值和艺术价值的文物建筑面目全非，民间大量代代相传的工艺品、旧家具、民俗文物遭流失。此时，县文物部门印发《关于加强文物管理，打击走私、投机倒卖活动的通知》，县政府印发《关于加强古建筑材料和旧木器家具等文物保护的通知》。县政府主要领导2次作电视专题讲话，文物干部在全县范围开展文物保护法宣传，并与公安、工商、林业等部门积极配合，对发现文物主动上交博物馆和保护文物有功的单位和个人给予表彰和奖励，对构成犯罪的由司法部门依法追究刑事责任，有效地遏制文物走私、投机倒卖文物的歪风。

1985年10月，县文物部门与政协、总工会联合举办松阳县首次文物展，宣传保护文物的重要意义。1986年，对全县各级文物保护单位、部分乡镇文保点建立业余文保员体系，文保员负责保护本区域的文物保护。1989年，县博物馆选送东角垄盗墓案所收缴的西晋重列式神兽铜镜1件（三级文物），参加北京举办的“全国打击盗掘文物和走私文物成果展览”。1991年，松阳县文管会被省文化厅、人事厅授予“浙江省文化工作先进集体”。

1999年5月18日，县博物馆举办《纪念“国际博物馆日”暨松阳县打击文物犯罪活动成果展》，共展出文物100余件，观众参观人次3000余人。2003年，为加强松阳文物保护管理工作，松阳县政府颁布《松阳县文物和历史文化名城（保护区）保护管理办法》。2006年5月，录制《中华人民共和国文物保护法》《浙江省文物保护条例》《浙江省历史文化名城保护条例》等法律、法规，布置宣传车，深入各乡镇及重点文保单位进行流动宣传。

文物行政执法

松阳县的文物执法工作主要依靠县公安、工商等行政执法部门积极配合、协作执行。1987年，松阳县公安局破获1起重大盗墓案，经群众举报，有1名广东文物贩子伙同松阳县古市镇的2名案犯盗掘古市镇东角垄村古墓群（汉至南朝），盗墓分子被当场抓获，松阳县人民法院召开公判大会，2名案犯被追究刑事责任。被盗的文物中，除1件东汉青瓷虎子（冥器）被文物贩子盗走外，其余文物全部被追回并移交县博物馆收藏。收缴文物有青瓷水盂（东汉）、青瓷堆塑谷仓（东汉，残损）、重列式神兽铜镜（西晋，三级文物）、青瓷盘口壶（西晋，残损）、青瓷钵（西晋）、“东汉建安昭宝叶”“西晋元康七年七月卅日叶家富贵”纪年砖等。

1990年12月25日，松阳县公安局破获1起诈骗、抢夺和贩卖文物团伙案，但大部分文物流失，只追回 1 件宋代影青瓷魂瓶上缴县博物馆收藏，有 8 名案犯被追究刑事责任。

1996 年 5 月 24 日，城南派出所破获 1 起叶村乡松山村盗掘古墓和非法贩卖文物案件。经现场勘察是南朝至宋代的古墓群，此案共收缴文物 52 件，其中南朝青瓷碗为三级文物，事后案犯被送公安司法部门审理。

1998 年 8 月 21 日，玉岩派出所侦破 7 起枫坪乡高亭、南胜村的盗掘古墓案件，收缴文物 8 件，其中 1 对南宋青瓷龙虎瓶属国家三级文物，收缴的文物被县博物馆收藏。3 名案犯被追究刑事责任。

1986～1999 年，在县公安部门的配合支持下，及时处理盗掘古墓、文物走私、非法收购经营文物案件共 15 起，移交县博物馆文物 200 余件，其中包括大量民间珍贵的古建筑雕刻木构件、旧家具、民俗文物。

2001 年 9 月 1 日，松阳警方破获 1 起县城盗窃古建筑雕刻构件案，追回被盗的古建筑文物共 87 件，全部归还原失主，2 名案犯被追究刑事责任。文物行政执法、依法打击文物犯罪活动，把松阳县的文物流失和人为破坏减轻到最低限度。

第三十八编　人事劳动和社会保障

明清时期，松阳县署内设有吏房，掌管人事官制、官规。民国19年（1930），民国县政府人员编制共21人。民国26年，县政府职员编制自县长至事务员共60余人。民国28年，县政府共有职员81人。民国31年，有职员66人。民国35年，县政府设7科6室，其中有人事室。民国38年，裁撤人事室。1951年10月，县人民政府设人事科，与民政科合署办公。1954年2月单独办公。1958年11月，松阳并入遂昌县。1982年松阳县建制恢复后，设人事局、劳动局。1996年，人事局与劳动局合并，称人事劳动局。2001年，更名为人事劳动社会保障局。

第一章　人事管理

中华人民共和国成立初期，人事工作由县人民政府秘书处人事股办理，劳动就业安置由民政科兼理。1951年，开始实行干部编制制度。1954年，松阳县行政机关编制119人，区机关行政编制87人。1982年，松阳县建制恢复，设人事局、劳动局。1984年，松阳县党政机关编制460人，其后增至508人。1992年，全县党政机关、事业单位编制3841人，实有人员3510人。1996年，人事局和劳动局合并，称人事劳动局。1997年，对全县全部94个部门和事业单位的人员进行重新核编，共核定编制3930人。1998年，首次公开招考录用主任科员以下非领导职务的公务员77人。此后逐步过渡到公务员大多通过招考录用。2001年，人事劳动局更名为人事劳动社会保障局。2009年，全县公务员有1023人。

1977年9月至1983年9月，开展职称评定工作，后暂停职称评定。1987年7月，全县开展事业单位首次专业技术职务评聘工作。2010年，企事业单位专业技术职务人员共计6845人，其中高级职务315人。2000年，首次引进外省籍大学本科生3人。2001～2010年，共引进人才59人。

第一节 管理机构

机构沿革

中华人民共和国成立初期，人事工作由县人民政府秘书处人事股办理，劳动就业安置由民政科兼理。1951年10月，设人事科，与民政科合署办公。1954年2月，人事科单独办公。1958年11月并入遂昌县。1982年，松阳县建制恢复，设人事局、劳动局。

人事局 1986年，人事局下设人才交流技术咨询服务中心；1991年，增设退休干部管理办公室；1992年，增设人才交流综合服务部。

劳动局 劳动局下设劳动服务公司，负责就业培训、待业保险、劳务输出等工作，后改称就业管理处。1987年2月，增设职工离退休基金统筹办公室，后改称县社会保险事业管理处。是年12月，增设劳动争议仲裁办公室。

人事劳动局 1996年，人事局和劳动局合并，称人事劳动局。人事劳动局是县政府管理人事、劳动工作的综合职能部门。内设办公室、公务员管理股、专业技术人员管理股、劳动力管理股、工资保险福利管理股、劳动保护股6个职能股室。下属有县人才交流咨询服务中心、劳动监察大队、就业管理服务处、县保险事业管理处4个事业单位。

人事劳动社会保障局 2001年，人事劳动局更名为人事劳动社会保障局，6个职能科室和下属机构不变。

其职责是拟订人力资源管理和社会保障政策，健全公共就业服务体系，加快建立覆盖城乡居民的社会保障体系，负责全县机关事业单位工作人员工资统发的审核工作，机关事业单位工作人员公费医疗管理及改革工作和农村养老保险管理，完善劳动收入分配制度，组织实施劳动监察等职责；承担公务员队伍建设、专业技术人员队伍建设和技能人才、农村实用人才队伍建设的职责等。划出安全生产综合管理、职业安全卫生监察、矿山安全卫生监察职能，交由县经济贸易局承担；划出锅炉压力容器、电梯、起重机械等特种设备安全监察职能，交由县质量技术监督局承担。

县机构编制委员会办公室挂靠县人事劳动社会保障局。县机构编制委员会办公室具体负责全县机关事业单位“三定”（定机构、定职能、定编制）方案的编制。

2001年末，把民政局承担的农村养老保险、卫生局承担的医疗保险管理、医疗保险制度改革领导小组办公室承担的医疗保险制度改革职能，划入人事劳动社会保障局，为此增设县医保处。2004年，成立县农医办，与县医保处合署办公。

2010年，县人事劳动社会保障局内设办公室、公务员管理科、人才开发管理科、工资福利退管科、社会保障科、劳动力管理科、教育培训科7个职能科室。行政编制15名，后勤服务人员编制2名，其中局长1名、副局长3名、纪检组长1名、股级领导10名。

编制管理

干部编制制度　1951 年始，实行干部编制制度。1952 年 7 月，松阳县编制委员会成立，核定县委、县人民政府所属的部、委、办、科（局）的机构和人员编制。1954 年，衢州专区核定松阳县行政机关编制 119 人，区机关行政编制 87 人。县编制委员会按照专区核定编制总人数，核定县属各单位编制人数。随着建设事业的发展，机构设置和编制人数逐步增加。

1984 年，省政府核定松阳县党政机关编制 460 人；其后，陆续增至 508 人。是年，省编委、省政法委下达松阳县政法系统人员编制 196 人。1987 年，省核定松阳县各区、乡镇机关编制 366 人，并增加政法系统编制 41 人。

1992 年末，县党政机关实有人员 616 人，乡镇机关实有 374 人。政法系统实有 264 人。全县有各类事业单位 215 个，先后共下达 3841 个事业编制，实有 3510 人。

编制“三定”工作　1997 年，全面系统开展县级机关定机构、定职能、定编制的“三定”工作。全县共有 40 个行政机关、8 个直属事业单位实现“三定”。对全县全部 94 个部门和事业单位的人员进行重新核编，共核定编制 3930 人，其中全额拨款 3011 人、差额拨款 576 人、自收自支 343 人。1998 年开始推行公务员制度，县级行政机关工作人员 661 人过渡为国家公务员。非领导职位设置严格把限额控制在领导职数的 50%以内。在县级行政机关中，占职数的非领导职务 48 个，不占职数的非领导职务 182 个。

2000 年，县机构编制委员会办公室挂靠县人事劳动社会保障局。

编制精简　2001 年 9 月，成立县党政机关机构改革领导小组办公室，实施县党政机构改革。到 2003 年，县委保持 6 个工作机构，设部门管理机构 2 个；县政府机构减少 5 个，设 20 个机构，另设议事协调办事机构 1 个。粮食局、体育事业发展局撤销。商业、物资局转为经济实体后其相关行政职能划转有关部门。县级行政机关内设机构精简 50%，编制人数由原来 483 名减至 362 名。乡镇内设机构编制人数由 475 人减至 366 人。

2004 年，开展乡镇办人员分流安置工作。乡镇广播电视站划归县广播电视台主管。乡镇全额拨款事业单位新进人员从差额拨款人员中公开选调。2005 年，组建县安监局、统计局、食品药品监管局。发展计划局改组为发展和改革局。撤销县体改办。县文体广电局改组为县文化广电新闻出版局。设立县体育局，与文化广电新闻出版局合署办公。2006 年，组建县畜牧兽医局；设立乡镇会计核算中心。2007 年，开始实施松阳乡镇机构改革“三定”方案。县种子公司转变为实体经济单位。2008 年，开始事业单位分类改革。编制《松阳县消化党政机关超编人员工作方案》。

2009 年，全县水利工程划分为公益性和经营性 2 类资产。成立纯公益类型的公益水库和堤防管理处。确定全县中小学教职工编制为 1831 人。

2010 年，县食品药品监管局由省垂直管理调整为县政府工作部门。全县城市公共客运交通由县建设局划归县交通运输局管理。信息产业由发展和改革局划归经济商务局管理。水利局增挂渔业局牌子。合署办公的县农业局、县农办分开单独设置。确定林村、湖溪国有林场为县林业局下属股级公益二类事业单位。全年新批复设立机构 14 家，新核定人员编制 71 人。

第二节 公务员（干部）管理

1982年恢复置县前，松阳干部队伍中，女性干部、少数民族干部占比较低，干部学历也普遍较低。之后，干部队伍逐步扩大，结构渐趋合理，管理逐步规范。

公务员（干部）结构

民族与性别 1949年，全县有干部428人，女性干部占总人数的14.72%。到2009年，全县有1023名公务员，其中女性公务员233人，占总人数的22.80%。另外，少数民族公务员13人，占总人数的1.27%。

1949～2009年若干年份松阳县干部民族、性别构成表

表38-1-2-1

年份	干部类别	总人数（人）	女性干部占比（%）	少数民族干部占比（%）
1949	干部	428	14.72%	—
1982	干部	1999	27.01%	0.5%
1992	干部	5066	36.52%	1.42%
1997	公务员	999	17.72%	0.8%
	事业单位干部	2584	45.83%	1.57%
2003	—	—	49.80%	1.89%
2009	公务员	1023	22.80%	1.27%

文化结构 1949年，428名干部中，大专以上5人、高中77人、初中及以下346人。1982年，1999名干部中，大专以上375人、中专678人、高中282人、初中及以下664人。1992年，5066名干部中，大专以上1455人、中专1946人、高中856人、初中及以下809人。2009年，1022名公务员队伍中有研究生6人，大学本科529人，大学专科392人，中专及以下96人。研究生占公务员总人数的0.59%，大学本科占公务员总人数的51.76%，大学专科占公务员总人数的38.36%。

年龄结构 1949年末，全县干部428人，其中1949年10月后参加工作的385人；年龄在25岁以下的占58%，26～35岁的占39.2%，35岁以上的占2.8%。1992年，全县干部5066人中，年龄在35岁以下的2879人、占总数的56.83%，36～45岁的1577人、占31.13%，46岁以上的610人、占12.04%。1993年，事业单位3526人，年龄35周岁以下的占总数的54.14%，36～45岁的占26.51%，46岁以上的占19.37%。

1997年，有行政编制人员999人，年龄35周岁以下的554人、占总数的55.45%，36～45岁的261人、占26.13%，46岁以上的184人、占18.42%。2003年，事业单位有3968人。年龄35周岁以下的占总数的54%，36～45岁的占25.52%，46岁以上的占20.46%。2009年，全县公务员有1023人，年龄35周岁以下的占总数的23.78%，36～45岁的占38.36%，46岁以上的占37.86%。

1949～1992年若干年份松阳县干部结构情况表

表38-1-2-2　　单位：人

年度	总数				学历				年龄					
	合计	其中			大专以上	中专	高中	初中及以下	25岁以下	26～35岁	36～45岁	46～55岁	56～60岁	61岁以上
		女	少数民族	中小学教师										
1949	428	63	—	—	5	0	77	346	249	168	0	11	0	0
1951	618	76	—	—	1	0	104	513	410	150	56	2	0	0
1953	685	110	—	—	3	0	92	590	0	0	0	0	0	0
1956	935	115	—	—	3	0	135	797	345	464	96	0	28	2
1982	1999	540	10	893	375	678	282	664	336	507	471	604	63	18
1984	2660	758	38	1000	457	918	495	790	575	725	518	707	114	21
1987	2910	876	53	1129	559	1212	488	651	809	759	544	616	156	26
1989	3839	1472	52	1599	959	1551	641	688	994	1169	798	630	247	1
1990	3982	1283	58	1654	1090	1673	532	687	950	1267	873	668	224	0
1991	4061	1640	72	1672	1233	1742	486	600	915	1376	863	588	319	0
1992	5066	1850	72	1761	1455	1946	856	809	1042	1837	1207	687	293	0

1997～2009年若干年份松阳县国家公务员基本情况表

表38-1-2-3　　单位：人

年度	总数			学历					政治面貌				年龄							
	合计	其中		研究生	大学本科	大学专科	中专	高中及以下	共产党员	共青团员	民主党派	其他	30岁及以下	31～35岁	36～40岁	41～45岁	46～50岁	51～54岁	55～59岁	60岁及以上
		女	少数民族																	
1997	999	177	8	0	58	409	329	203	644	161	1	193	299	255	138	123	74	59	51	0
1998	1059	185	14	0	65	452	346	196	665	144	7	243	281	279	130	162	90	62	55	0
1999	1068	223	13	1	80	499	316	172	760	—	2	—	252	273	184	163	87	60	49	0
2000	1065	229	13	6	85	537	296	139	757	—	—	—	240	254	210	160	103	53	43	2
2003	1009	220	12	6	88	525	254	136	772	—	—	—	201	207	243	148	118	50	42	0
2008	1024	232	11	3	482	434	105		818	—	—	—	256		157	254	158	131	68	
2009	1022	233	13	6	529	392	96		818	—	—	—	243		147	245	172	134	81	

1993～2003 年若干年份松阳县事业单位各类人员基本情况表

表 38-1-2-4　　单位：人

年度	总数			学历						政治面貌				年龄							
	合计	其中 女	其中 少数民族	研究生	大学本科	大学专科	中专	高中	初中及以下	共产党员	共青团员	民主党派	其他	30 岁及以下	31～35 岁	36～40 岁	41～45 岁	46～50 岁	51～54 岁	55～59 岁	60 岁及以上
1993	3526	1591	63	—	255	783	1556	475	—	693	774	5	2054	1451	458	505	430	332	175	175	0
1994	3381	1591	42	—	267	808	1631	353	—	627	889	12	1853	1405	478	538	351	305	150	154	0
1995	3210	1575	46	—	269	822	1646	282	—	556	558	14	2082	1266	496	543	343	269	157	136	0
1996	3376	1570	78	—	264	958	1501	276	—	935	992	14	1435	1296	470	539	431	318	162	142	18
1997	3572	1637	56	—	281	1062	1565	282	—	725	784	12	2051	1333	622	510	513	301	195	96	0
1998	3717	1758	47	—	286	1163	1658	306	—	761	1105	11	1840	1465	637	425	493	345	227	125	0
2000	3910	1947	73	—	345	1325	1672	371	—	825	—	12	—	2127		1010		669		104	
2001	3953	1967	75	—	353	1334	1708	270	—	829	—	—	—	2136		1009		698		110	
2003	3968	1976	75	—	357	1340	1714	557	—	832	—	—	—	1072	1071	507	506	351	350	111	0

公务员（干部）招考

1998 年，松阳县 6 次公开招考录用主任科员以下非领导职务的公务员 77 人（含党群、乡镇机关）。1999 年，公开招考录用事业单位工作人员 8 人。从应届高校毕业生中招考乡镇公务员 5 人。2000 年，全县事业单位新进人员实行聘用制。事业新进人员 112 人，全县行政机关（包括参公事业单位）进 16 人。2001 年，事业新进人员 81 人，全县行政机关（包括参公事业单位）进 8 人、其中乡镇 7 人。

2002 年，全县公开招考公务员，招考岗位 23 个，录用 44 人。2003 年，招考录用机关、事业人员 197 人，其中公务员 79 人。2004 年，开展乡镇机关和人民警察的公开招考，录用 18 人。2005 年，招考录用公务员 31 人。2006 年，组织公务员招考 2 次，录用 25 人。组织实施公务员登记工作，审核确认县政府行政机关登记单位 22 个，登记公务员 604 人。

2007 年，完成机关公务员登记工作。全县共 1116 人批准登记为公务员，其中县直机关 827 人，乡镇机关 289 人；暂缓登记 71 人、未予登记 17 人。全年招录机关公务员 30 人，首次招聘到农村和社区工作的高校毕业生 43 人；考生按照考试成绩排名先后选择就业岗位。环保监测站、教育卫生系统等单位招考各类人员 14 批次，录用 209 人，其中机关公务员 30 人。2008 年，公开录用公务员 36 人。按公务员招考办法和程序组织开展事业单位新进工作人员公开招聘工作，招考事业人员 87 人。面向全日制普通高校毕业生招聘农村和社区工作人员 60 人。2009 年，在招考过程中，聘请外县考官到松阳担任考官；县纪检监察部门全程监督，并聘请人大代表、政协委员进行监督。设立举报电话，面试情况全程录音录像。全年公开招录公务员 34 人，公开招录事业单位工作人员 140 人；实行政策性招聘事业单位工作人员 2 次、共 12 人，招考大学生村官 40 人。

2010 年，是松阳招考次数最多、录用人数最多的一年。招考录用公务员 43 人，事业单位招考 6 次、录用 181 人，招考大学生村官 14 人；机关事业单位选调 3 次、选调 32 人。

公务员（干部）任免考核

任免　解放初，松阳党政干部任免均由中共松阳县委组织部承办。1951 年 10 月后，行政干部职务任免由县政府人事部门承办。1956 年，分系统归口管理干部，下放部分干部任免权。省委管理县级以上干部，地委管理科局和区级干部，县委管理区、乡和县委机关的干部以及政府部门股级以上干部，各系统归口管理其他工作人员。“文化大革命”期间，干部任免程序混乱。1978 年始，县级机关行政部门一般干部职务任免由县人事部门承办。1980 年，改革干部管理体制。县委管理县内各级领导班子配备和思想作风建设等工作，人事部门负责对干部的考核、调配、调整、录用、培训、奖惩和工资福利等工作。1982 年后，政府系统各委办局的主任、局长，依照法律程序由县长提请县人大常委会决定任免，科局副职干部由县政府任免。1986 年后，省、地委管理县委、县人大、县政府、县政协正副职和其他副县级干部，县委管理县内各部、委、办、局和乡镇正副职干部，县人事局管理政府部门的其他干部，各主管局管理企业单位干部。是年，开展机关行政职务设置。1987 年，确定为副主任科员的有 102 人、科员 203 人、办事员 54 人。1992 年，调整国家行政机关副主任科员职务的任职条件，全县有 148 人被确定为副主任科员。

1998 年，把设置非领导职位限额控制在领导职数的 50%以内。县级行政机关中，占职数的非领导职务 48 个，其中主任科员 16 个、副主任科员 32 个；不占职数的非领导职务 182 个，其中主任科员 19 个、副主任科员 163 个。

2008 年，全年确认享受主任科员待遇 7 人。2009 年，全年审核占职数转不占职数主任科员、副主任科员 10 人。

2010 年，上年录用的 28 名公务员一年试用期满后，经考核予以任职，其中副主任科员 2 人、科员 26 人。

1998～2010 年松阳县审批公务员非领导职数情况表

表 38-1-2-5　　　　单位：人

<table>
<tr><th>年份
职务</th><th>1998</th><th>1999</th><th>2000</th><th>2001</th><th>2002</th><th>2003</th><th>2004</th><th>2005</th><th>2006</th><th>2007</th><th>2008</th><th>2009</th><th>2010</th></tr>
<tr><td>主任科员</td><td>19</td><td>1</td><td>2</td><td>19</td><td rowspan="2">4</td><td>22</td><td>10</td><td>18</td><td>10</td><td>—</td><td>26</td><td>18</td><td>—</td></tr>
<tr><td>副主任科员</td><td>163</td><td>19</td><td>20</td><td>82</td><td>35</td><td>12</td><td>29</td><td>18</td><td>—</td><td>29</td><td>29</td><td>2</td></tr>
<tr><td>科　员</td><td>—</td><td>—</td><td>17</td><td>—</td><td>—</td><td>—</td><td>—</td><td>—</td><td>—</td><td>—</td><td>28</td><td>—</td><td>26</td></tr>
</table>

考核　1996 年，松阳县共考核行政、党群和事业单位工作人员 1702 人，其中优秀 303 人、称职 1376 人、不称职 23 人。1997 年，按照《国家公务员考核暂行规定》，开展本年度县、乡镇机关工作人员的考核工作。2008 年，对上年招聘的“大学生村官”进行试用期考核。

1996～2010 年若干年份松阳县审批公务员考核情况表

表 38-1-2-6　　单位：人

年份 考核结果	1996	1998	1999	2001	2003	2004	2005	2007	2008	2009	2010
考核总人数	1702	1679	1713	594	522	644	625	663	638	689	638
优　秀	303	231	225	97	71	93	92	126	105	115	105
称　职	1376	1431	1472	494	451	534	509	512	509	555	509
不称职	23	1	2	1	0	1	0	0	1	0	1
不定等次	0	16	14	2	0	16	24	25	23	19	23

奖惩　20 世纪 50 年代初，干部奖惩由县委组织部办理。1953 年，中共党员干部和非党干部的惩戒事宜，由县委纪律检查委员会、县人民政府监察委员会分别办理。1955 年 5 月，监察委员会撤销，干部奖惩事项由人事部门办理。“文化大革命”期间，奖惩工作混乱。1982 年以后，奖惩事项由人事部门办理。1988 年 4 月，设县监察局，行政机关中违反政纪的干部处理，由监察部门办理。1988～1990 年，监察机关立案查处违纪案件 28 件，受到各种政纪处分 23 人，其中通报批评 1 人、警告 4 人、记过 4 人、记大过 1 人、降级 3 人、撤职 2 人、开除留用 3 人、开除 5 人，有 5 人移送司法机关惩处。

1993 年，全县表彰县级先进工作者 205 人，办理降薪、惩戒手续 2 人。1995 年，办理降薪、惩戒手续 8 人。1998～2003 年，辞职公务员 1 人，辞退公务员 3 人，离岗创业 2 人，离岗退养 70 人。98.5%的公务员参加年度考核，1200 多人次被确定为优秀等次，9 人被确定为不称职等次，14 人受党纪政纪处分不确定等次。

2004 年，7 名公务员办理离岗创业，10 名事业单位人员自动离职，4 名机关工作人员离岗退养。2009 年，公务员考核中，不定等次 23 人，不称职 1 人。

图 38-1 计算机能力培训现场（县档案馆提供 1998 年）

培训　1993 年，分批分期对全县行政机关工作人员进行培训，第一期培训 190 人。1995 年，对 238 名行政机关工作人员进行培训。1998 年，举办计算机培训班 15 期，考核 4 次，培训考核人数 897 人，合格率 97%。1999 年，224 人参加公务员初任培训。举办国家公务员知识更新培训 2 期，192 人参加培训。

2000 年，举办国家公务员知识更新培训 2 期，376 人参加。举办计算机二级培训班 7 期，210 人参加。2001 年，举办国家公务员知识更新培训 2 期，411 人参加。举办计算机二级培训班 16 期，470 人参加。2002 年，组织 146 名国家公务员参加 WTO 基本知识培训考试，考试及格率 100%。2003 年，组织 1998 年以后录用的国家公务员和新列入依照国家公务员制度管理的单位工作人员共 129 人参加公务员初任培训。2004 年，组织 1998 年以后录用的国家公务员开展公共管理基础课程的培训考试，200 多人次参加。

2006 年，组织全县 1571 名公务员参加公务员法学习考试。开始对全体县管干部进行“年度全员轮训”，让每位县管干部每年参加一定时间的脱产培训。2007 年 12 月，组织全县 1100 名公务员参加 6 门公共管理基础课程的培训考试。2008 年，组织 2006 年以来新录用的公务员 98 人进行初任培训。2009 年，新招录大学生村官 40 人，组织培训新录用公务员 33 人。组织 1097 名公务员参加普通话培训，合格率 99.2%。

2010 年，组织开展全县 1150 名非领导职务公务员更新知识培训，组织开展 43 名新录用公务员初任培训。

交流　干部交流主要包括县内调配和跨县调配。跨县调配分调出县外和县外调进两种情况。

1993～2009 年若干年份松阳县干部交流情况表

表 38-1-2-7　　单位：人

交流形式 \ 年份		1993	1994	1995	1998	1999	2002	2003	2004	2005	2006	2007	2008	2009
跨县调配	外县调入	—	18	29	19	3	9	—	—	6	145	312	256	324
	调往外县	—	19			18	16	—	—	22				
县内调配		—	0	25	20	74	49	—	—	143				
合计		191	37	54	39	95	74	85	171	171				

说明：2006～2009 年，干部交流未细分，仅合计数

第三节　专业技术人才管理

松阳县专业技术资格共分 23 个类别。中华人民共和国成立后至 1977 年，实行专业技术职务任命制和职务工资等级制度。1977 年 9 月至 1983 年 9 月，全县开展职称评定工作，329 人获得专业技术职称。1987 年和 1988 年，全县先后开展事业单位和企业单位专业技术职务评聘工作。1990 年，组织各类专业技术资格考试，并开始进行年度考核。参加 1991 年度考核的专业技术人员有 3278 人。2000 年，实行评聘分离，按结构比例竞争上岗。

1977 年恢复高考至 1996 年，松阳大中专毕业生大多数实行包分配政策下的计划调配。1997 年取消计划调配后，优秀大中专毕业生外流严重，人事部门开始重视人才引进工作。2001～2010 年，全县引进外省籍人才 59 人。

专业技术资格评聘

松阳县专业技术资格共分教育、卫生、经济、工程、会计、农业、政工、档案、统计、计生、记者、工艺美术、群文、图书资料、律师、公证、教练、播音、编辑、文博、社工、审计、计算机

23 个类别。中华人民共和国成立后至 1977 年，实行专业技术职务任命制和职务工资等级制度。

职称评定　1977 年 9 月至 1983 年 9 月，开展职称评定工作。1983 年 9 月，暂停职称评定，时全县已取得专业技术职称 329 人，其中中级职称 43 人、助理级 134 人、员级 152 人，分属工程、农业、会计、统计、经济、教育、卫生 7 个系列。

1986 年 6 月，县职称改革领导小组成立，设工程、农业、经济、会计、统计、中小学教师和卫生 7 个系列的专业技术职务评审委员会，负责评审初级专业技术职务任职资格和中高级专业技术职务任职资格的推荐工作。

1987 年 7 月，全县开展事业单位首次专业技术职务评聘工作。1988 年 3 月，进行企业单位专业技术职务评聘工作。1988 年 5 月，进行乡镇、企业职称评聘工作。

1990 年 4～7 月，对 1986 年开展职称改革以来取得任职资格的 3078 名专业技术人员进行复查。查出不具备任职条件 1 人（初级），取消任职资格；不符合聘任条件 7 人（高级 1 人、中级 4 人、初级 2 人），作解聘处理；不符合评聘程序 72 人（初级），补办手续。从该年度开始，对企事业单位受聘专业技术人员的技术职务进行年度考核工作。此后，每个年度进行考核。参加 1991 年度考核的专业技术人员 3278 人，优秀 803 人、合格 2438 人、基本合格 32 人、不合格 5 人。

评聘分离　2000 年，放开评审，评聘分离，按结构比例竞争上岗。首次为 45 名实行人事代理的大中专毕业生确认相应的专业技术资格。开展非公有制企业职称评审工作，全县共有 37 人获得工程师、会计师专业技术职务，111 人获得助理工程师等专业技术职务任职资格。

2003 年，确认 9 人具有经济、会计等初级专业技术职称。经全县统考，104 人取得经济、医药等专业技术职称。2004 年，开展职称评聘、确认和知识分子津贴审批工作。确认专业技术资格 41 人，审核知识分子津贴 212 人。2005 年，审核知识分子津贴 238 人。

2007 年，组织企事业单位三批 157 人参加全国计算机模块培训。2008 年，推荐享受政府津贴人员 1 名，省新世纪“151 人才工程”第二层次人员 3 名，向省里推荐茶产业和不锈钢产业创新培养人才 2 名。2009 年，全年审批知识分子津贴 4 批 238 人。1 人入选“新世纪 151 人才工程”第三层次培养人员。

2010 年，全年审批知识分子津贴 3 批 70 人。

1989～1999 年松阳县企事业单位专业技术职称人数情况表

表 38-1-3-1　　单位：人

年份	总数	正高 副高	中级	初级
1989	187	—	1	186
1990	103	1	38	64
1991	709	4	56	649
1992	481	6	66	409
1993	365	7	95	263
1994	330	16	127	187

续表 38-1-3-1

年份	总数	正高 副高	中级	初级
1995	353	18	132	203
1997	259	—	—	—
1998	—	—	157	178
1999	—	—	180	556

说明：1996 年数据不详

2000～2009 年松阳县企事业与非公有制单位专业技术职称人数情况表

表 38-1-3-2　　单位：人

<table>
<tr><th rowspan="2">年份</th><th colspan="5">企事业单位专业技术职称人数</th><th colspan="5">非公有制单位专业技术职称人数</th></tr>
<tr><th>总数</th><th>正高</th><th>副高</th><th>中级</th><th>初级</th><th>总数</th><th>正高</th><th>副高</th><th>中级</th><th>初级</th></tr>
<tr><td>2000</td><td>509</td><td>1</td><td>3</td><td>150</td><td>355</td><td>148</td><td>0</td><td>0</td><td>37</td><td>111</td></tr>
<tr><td>2001</td><td>633</td><td colspan="2">12</td><td>215</td><td>406</td><td>99</td><td>0</td><td>0</td><td>24</td><td>75</td></tr>
<tr><td>2002</td><td>406</td><td colspan="2">20</td><td>179</td><td>207</td><td>145</td><td>0</td><td>0</td><td>28</td><td>117</td></tr>
<tr><td>2003</td><td>113</td><td colspan="2">0</td><td>0</td><td>113</td><td>191</td><td>0</td><td>0</td><td>0</td><td>191</td></tr>
<tr><td>2004</td><td>63</td><td colspan="2">2</td><td>20</td><td>41</td><td>140</td><td>0</td><td>0</td><td>37</td><td>103</td></tr>
<tr><td>2005</td><td>148</td><td colspan="2">25</td><td>123</td><td>0</td><td>119</td><td>0</td><td>0</td><td>0</td><td>119</td></tr>
<tr><td>2006</td><td>410</td><td colspan="2">35</td><td>217</td><td>158</td><td>82</td><td>0</td><td>0</td><td>59</td><td>23</td></tr>
<tr><td>2007</td><td>317</td><td colspan="2">49</td><td>136</td><td>132</td><td>231</td><td>0</td><td>0</td><td>39</td><td>192</td></tr>
<tr><td>2008</td><td>305</td><td colspan="2">43</td><td>167</td><td>92</td><td>177</td><td>2</td><td>10</td><td>48</td><td>117</td></tr>
<tr><td>2009</td><td>198</td><td>2</td><td>20</td><td>36</td><td>140</td><td>491</td><td>0</td><td>0</td><td>0</td><td>491</td></tr>
</table>

1983～2007 年若干年份松阳县专业技术人才数据库变化对比表

表 38-1-3-3　　单位：人

年份	总数	正高 副高	中级	初级
1983	329	0	43	286
1988	2233	47	413	1773
1989	2446	49	394	2003
2003	4932	132	1569	3231
2007	5541	233	2208	3100

专业技术资格考试

1990 年开始，组织统计员技术资格、经济师、会计师等各类专业技术资格考试。该类考试属于以考代评的考试，通过即可获得相应的专业技术任职资格。1994 年，开始组织专业技术人员参加职称外语考试。

2006年，开始实行专业技术人员职称外语考试，中级及以上职称必须参加该项考试。是年，开始实行专业技术人员计算机模块考试，参加评审初、中、高级专业技术职业资格的人员分别要求2个、3个、4个应用能力模块的考试合格。2007年，参加全国计算机模块考试的人员有157人。2008年，有211人；2009年，有198人；2010年，有187人；合格率均为95%。

1994～1999年若干年份松阳县相关人员职称外语考试及考试合格人数情况表

表38-1-3-4　　单位：人

年份	1994	1995	1997	1998	1999
参考人员	133	218	139	135	139
合格率	72%	121%	83%	101%	89%

专业人才引进

20世纪90年代，大中专毕业生就业从计划调配向就业安置，并最终向自主择业转变。在此期间，松阳人才状况由供需大致平衡到结构性矛盾日益突出。1991～1996年，实行包分配政策下的松阳大、中专毕业生原则上回原籍就业，人才供需基本平衡，引进人才工作没有提到议事日程。1997年后，包分配政策不再实行，引进人才成为一项重要工作。

图38-2　县人事部门干部在生产第一线了解专业人才引进成果（县档案馆提供1992年）

1999年，县里组织教育系统参加丽水市大中专毕业生就业洽谈会，引进计算机等专业本科生4人。2000年，卫生、环保等3家事业单位到西安参加人才交流会，引进外省籍大学本科生3人，这是松阳首次引进外省籍人才。

2001～2010年，县企、事业用人单位每年组织参加省、市人事部门举办的人才交流会，并分别到成都、长沙、武汉、哈尔滨、贵阳、石家庄、重庆等地招聘人才，共引进人才59人，其中研究生2人、本科47人、专科10人。

2001～2010年松阳县引进人才情况表

表38-1-3-5　　单位：人

年份	2001	2002	2003	2004	2005	2006	2007	2008	2009	2010
研究生	0	0	0	0	0	0	0	2	0	0
本科	4	4	2	6	4	6	5	4	7	5
专科	0	1	6	2	1	0	0	0	0	0

第二章 就业管理

中华人民共和国成立初期，城镇劳动就业由基层政府统筹安排，用工形式有固定工、临时工、劳动合同工等。1956 年，松阳县劳动就业工作委员会成立，调查统计城镇未就业男女青年情况，对待业青年进行安置。“文化大革命”期间，先后动员 9 批 2861 名知识青年“上山下乡”到农村参加劳动。1982 年开始，对城镇待业人员进行文化考试和德、智、体考核，择优录用。1986 年，改革以固定工为主体的用工制度，面向社会公开择优招工，实行劳动合同制。1982～1992 年，全县共安置就业 3291 人。

1994 年结束就业安置后，对下岗失业人员发放再就业优惠证，落实各类就业扶持政策，加大就业培训；设立松阳劳动力市场。1995 年，县人事劳动部门开展职业技能鉴定工作。1999 年，首次举办大中专毕业生就业洽谈会。2005～2010 年，每年举办全县人力资源交流大会。2010 年，全社会从业人员 11.52 万，其中第一产业 4.95 万、第二产业 3.58 万、第三产业 2.99 万。城镇集体以上单位从业人员 0.96 万，乡村从业人员 8.2 万。

第一节 劳动就业安置

就业安置

中华人民共和国成立初期，城镇劳动就业由基层政府统筹安排。1952 年，松阳县采取就业先登记，后安置的方法。1953 年，贯彻执行“政府介绍就业与自行就业相结合”的方针，解决就业问题。1955 年，劳动就业实行“统一管理”，招工须经劳动部门批准。1956 年 2 月，松阳县劳动就业工作委员会成立。调查登记具有高小以上文化程度、16～35 周岁的未就业城镇男女青年。全县共有初、高中毕业（肄业）待业青年 348 人，其中女性 102 人。就业安置以私营、公私合营企业、国营商业、供销社为主，由企业自行招收。1963 年 11 月，贯彻劳动部“统筹安排，城乡并举，并以下乡生产为主”的就业方针。“文化大革命”期间，知识青年大多下放农村劳动。

图 38-3 劳务输出人员乘车前往用人单位（县档案馆提供 1998 年）

1980 年 8 月后，贯彻中央提出的“三结合”就业方针，即在国家统筹规划指导下，实行劳动部门介绍就业、自愿组织起来就业和自谋职业相结合，使劳动就业结构得到调整。1982年开始，对城镇待业人员就业安置进行文化考试，德、智、体全面考核，择优录用。

1986年，改革劳动制度。自10月1日开始，除安置退伍军人和技校毕业生以外，对新招收的工人统一实行劳动合同制。改革固定工为主体的用工制度，实行面向社会、公开招收、全面考核、择优录用的招工原则。

1978年6月后，实行退休顶替制度，家居农村的退休、退职工人和因病因工死亡或因工致残完全丧失劳动能力的，可以招收他们在农村的一名符合招工条件的女子（家属）参加工作。1986年10月废止。正常退休的老工人、在职病亡职工继续实行退休顶替制度。至1992年末，共办理退休（职）补员134人。

1982～1992年，共安置就业3279人，其中全民企业1413人、县以上集体企业1464人、自谋职业257人、其他145人。

1982～1992年松阳县城镇待业人员安置情况表

表38-2-1-1　　单位：人

年份	安置数						
	合计	全民	县属集体	劳动服务公司	其他集体	自谋职业	招干
1982	194	95	57	4	0	11	27
1983	191	87	95	0	0	4	5
1984	201	99	65	0	0	11	26
1985	316	89	59	30	39	60	39
1986	289	121	142	3	0	6	17
1987	396	217	156	13	0	10	0
1988	334	159	111	26	5	10	23
1989	428	80	223	5	17	98	5
1990	332	167	157	6	0	0	2
1991	362	148	161	21	0	31	1
1992	236	151	64	5	0	16	0
合计	3279	1413	1290	113	61	257	145

说明：临时就业479人、城镇待业人员安置在乡镇企业12人，未统计在安置表列数字中

1994～2010年，开放劳动力市场，结束政府统一安排城镇劳动力就业的政策，就业青年自谋职业，政府做好相关服务工作。

1982～2010年松阳县从业人员总数一览表

表 38-2-1-2　　单位：万人

年份	全社会从业人员				城镇集体以上单位从业人员			乡村从业人员
	合计	第一产业	第二产业	第三产业	合计	国有经济单位	城镇集体单位	
1982	8.98	—	—	—	0.88	0.59	0.29	—
1983	9.11	—	—	—	0.90	0.61	0.29	—
1984	10.26	—	—	—	1.01	0.61	0.40	—
1985	10.93	—	—	—	1.07	0.62	0.45	—
1986	11.25	—	—	—	1.16	0.68	0.48	—
1987	11.64	—	—	—	1.26	0.75	0.51	—
1988	11.89	—	—	—	1.29	0.78	0.51	—
1989	12.07	—	—	—	1.27	0.79	0.48	—
1990	12.28	—	—	—	1.36	0.83	0.53	9.64
1991	12.77	—	—	—	1.49	0.90	0.59	9.83
1992	13.19	—	—	—	1.44	0.96	0.48	9.70
1993	12.74	—	—	—	1.44	0.94	0.50	9.57
1994	13.06	—	—	—	1.32	0.95	0.37	9.77
1995	13.26	—	—	—	1.40	0.99	0.41	9.75
1996	13.32	—	—	—	1.38	0.98	0.40	9.61
1997	13.09	—	—	—	1.34	0.98	0.36	9.59
1998	13.19	—	—	—	1.17	0.91	0.26	9.77
1999	13.17	—	—	—	0.97	0.79	0.18	9.78
2000	13.20	—	—	—	0.94	0.76	0.18	9.40
2001	12.21	—	—	—	0.88	0.75	0.13	9.22
2002	11.42	8.37	0.87	2.18	0.82	0.71	0.11	9.12
2003	11.27	7.93	1.15	2.19	0.81	0.71	0.10	8.96
2004	11.31	7.92	1.16	2.23	0.82	0.73	0.09	8.96
2005	11.39	6.97	2.14	2.28	0.76	0.70	0.06	8.65
2006	11.42	6.98	2.14	2.30	0.74	0.69	0.05	8.64
2007	11.45	6.66	2.50	2.29	0.75	0.69	0.06	8.46
2008	11.49	6.41	2.81	2.27	0.80	0.74	0.06	8.44
2009	11.50	6.38	2.81	2.31	0.82	0.76	0.06	8.43
2010	11.52	4.95	3.58	2.99	0.80	0.76	0.04	8.20

知识青年安置

“文化大革命”期间，动员城镇待业青年“上山下乡”到农村接受贫下中农再教育。先后共9批知识青年，包括绍兴知青324人，共计2861人（其中女性1660人），插队安置在境内5个区、22个公社的各生产大队和2个林场以及鱼种场、良种场，参加农业生产劳动。1978年，陆续安置回城知识青年。1990年末，知青安置结束。1982～1985年，367名知青子女由农业户口转为非农业户口。

失业登记

1994年，结束就业安置。对年满16周岁劳动年龄段内有一定劳动能力和就业愿望的失业人员进行登记造册，发放失业证并指导就业。

2003年，根据下岗失业人员人数逐年增加，再就业难度加大的实际状况，开始办理发放再就业优惠证，并落实就业扶持政策。对就业困难人员包括城镇登记失业人员中的“4050”人员（指女40周岁、男50周岁以上的无业人员）、城镇零就业家庭中的失业人员、领取失业保险金期间并连续登记失业一年以上（不含1年）的人员、城乡低保户、农村复转军人和已办理基本生活保障手续的被征地农民中的“4050”人员，政府通过社会公益性岗位开发等措施，实施优先扶持和帮助；对就业困难人员灵活就业后申报就业并缴纳社会保险费的，给予一定数额的社会保险补贴；对经社会多方援助仍未实现就业且生活困难人员，安排一次性生活困难补助，补贴（补助）时间最长不超过3年。2003年，松阳县办理再就业优惠证人数有409人。2004，有387人。2005年，有975人。2006年，有63人。2007年，有345人。2008年，有139人。2009年，停办再就业优惠证。

第二节　就业培训

职业培训

1987年始，采用与职技校联办、企业招收培训生等措施，开展就业前培训。1990年5月，松阳县就业培训站正式成立。待业人员经就业训练考核合格者，发给结业证，由劳动服务公司推荐，用人单位择优录用。1987～1992年，就业前培训的有财会、家用电器、企业管理、缫丝、纺织、酿造、建筑、造纸、文秘等工种，培训结业1419人。6年间，安置就业2189人，其中经过就业前培训的1274人，占安置数的58.2%。

1993年，依托县职业中专等培训机构，以培训促就业。1993～2010年，经过职业技能培训的有压力容器操作工、司炉工、桥式起重工、电焊工、计算机系统操作员、电工、茶叶初制工、茶艺师、家政服务员、商品营业员、保育员、保安员、中式面点师、中式烹饪师、餐厅服务员、前厅服务员、油漆工、钢筋工、架子工等工种。开展职业指导和再就业培训6048人，开展职业技能培训17130人，发放职业资格证书13786本。

2004年，举办21个工种的职业培训，培训1793人。是年，开展农村劳动力转移培训4585人。2005年，培训2661人。2006年，开展外省来浙务工农村劳动者职业技能培训，共培训590人。2010

年，开展进城务工劳动者职业技能培训，共培训 361 人。

职业技能鉴定

1995 年 6 月，县人事劳动部门开展职业技能鉴定工作。鉴定的工种有电焊工、计算机文字录入处理员、中式烹调师，鉴定等级为初级工（5 级），当年鉴定 183 人，获证 180 人。

2002 年 9 月，职业技能考核鉴定中心设立。2004 年，在初级工职业技能等级鉴定的基础上，开展中级工（四级）职业技能鉴定（高级工职业技能等级由市人事劳动部门组织鉴定）。

2010 年，松阳县职业技能考核鉴定的工种有餐厅服务员、维修电工、茶叶加工者、服装缝纫工等 20 多个工种。通过考核鉴定，获得职业技能资格证书的有 23799 人。其中，初级工 20021 人、中级工 3515 人、高级工 263 人。

第三节　人力资源市场及劳务派遣

中华人民共和国成立后，采取多种用工形式，有固定工、临时工和劳动合同工等。

1982 年，试行补充用工制。1984 年 7 月，改作劳动合同制工人。除安置退伍军人、技校毕业生仍为固定工外，其余招工一律实行劳动合同制。1986 年 10 月，全面实行劳动合同制。1992 年，全县劳动合同制工人 2840 人，占正式职工总数的 41.4%。

1992 年，有 4 家企业试行全员劳动合同制，职工 547 人（含临时工 127 人）。企业的全部职工统称企业职工，与企业签订劳动合同。1994 年 9 月，松阳劳动力市场成立。1999 年 8 月，首次举办大中专毕业生就业洽谈会。2005 年，举办全县人才交流暨劳务招聘大会。此后至 2010 年，共举办 6 届人力资源交流大会。

图 38-4　人才交流暨劳动力招聘会（叶光铭 摄于 2005 年）

2005～2010 年松阳县人力资源交流大会有关数据表

表 38-2-3-1

时间	进场单位（家）	提供就业岗位（个）	进场人数（人）	达成意向（人）	当场录用（人）
2005 年第一届	32	1200	2000	480	46
2006 年第二届	71	3508	2000	551	428
2007 年第三届	131	6120	8000	552	372
2008 年第四届	143	7541	10000	629	403

续表 38-2-3-1

时间	进场单位（家）	提供就业岗位（个）	进场人数（人）	达成意向（人）	当场录用（人）
2009 年第五届	122	4018	8000	637	415
2010 年第六届	152	6603	10000	559	381

自 1994 年用工政策放开，由企业自主招工，县劳动部门的劳务输出办公室改为松阳县职业介绍所，为求职者提供求职登记、政策咨询、信息发布、职业指导、职业介绍和劳动保障事务代理等“一厅式”的就业服务。

1994 年，全年安置待业人员 172 人，办理招工不转粮 44 人，土地征用工 28 人，四大行业招工 23 人，外地到松阳招工 13 人。1997 年，全年招工安置 302 人，自谋职业 160 人，解决 120 名失业职工临时就业。1999 年，办理就业证、卡 1574 本（其中乡镇劳管站办 667 本）。县内用工单位招工 62 人，安置城镇失业人员 51 人，自谋职业、临时性就业等 511 人。

2000～2003 年，分别办理就业证、卡 1769 本、1521 本、1774 本、1774 本。2003 年，全年免费求职登记 2055 人，免费职业介绍 1177 人。2004 年，全年免费求职登记 3130 人，免费介绍 3601 人。2005 年，全年免费为 1716 名求职人员办理求职登记，免费介绍就业 1219 人。此后，人力资源交流大会每年举办，劳资双方直接见面。

1997～2010 年松阳县劳务派遣输出人数统计表

表 38-2-3-2　　单位：人

年份	1997	1998	1999	2000	2001	2002	2003	2004	2005	2006	2007	2008	2009	2010
劳务输出	403	155	286	549	614	1104	2739	2370	2365	3193	3079	4075	1339	1269

第四节　劳动管理

职工队伍结构

中华人民共和国成立前，松阳个体手工业较发达。民国 35 年（1946），全县从事手工业者 2200 人，有木匠、泥匠、石匠、铁匠、篾匠、瓦匠、油漆匠、船工、筏工、搬运工、裁缝、剃头匠等。

1950 年，地方工业开始发展。是年，全县有公私企业 335 家（户），职工 852 人。其中，国营企业 9 家，职工 60 人；集体企业 12 家，职工 399 人；私营企业 314 家（户），职工 393 人。1956 年 4 月，手工业和工商业的社会主义改造基本完成，共有各类企业 139 家，职工 2986 人。其中，国营企业 13 家，职工 210 人；县以上集体企业 121 家，职工 2618 人；公私合营企业 5 家，职工 158 人。1958 年“大跃进”，一些县属集体企业过渡为全民所有制。年末，境内有各类企业 68 家，职工 2862 人。其中，全民所有制企业 23 家，职工 653 人；集体所有制企业 45 家，职工 1590 人。1961～

1963年，国民经济调整，紧缩机构，精简人员，境内职工人数下降。人民公社化后，农村出现社办企业，乡镇企业职工队伍开始形成。1976年后，社队企业发展加快。

1978年，境内从业人员1571人。1982年，松阳县制恢复，在松阳境内的企业划归松阳；年末，职工人数为4165人，其中全民所有制企业职工1775人（含合同制工人59人）、集体企业职工2390人（含合同制工人28人）。1988年，乡（镇）、村企业从业人员增至12148人。1992年，全县有从业人员15994人，其中集体企业从业人员4707人，联户、个体企业从业人员11287人。行业分布：工业企业10950人，商业、饮服2360人，建筑653人，交通运输业1324人。

1950～1992年若干年份松阳县企业职工人数统计表

表38-2-4-1　　单位：人

年份	职工总数	全民	集体	公私合营	私营	合同制职工	
						全民	集体
1950	852	60	399	0	393	—	—
1956	3406	210	2168	436	142	—	—
1958	2862	653	1590	489	130	—	—
1959	2239	589	1471	179	0	—	—
1962	1555	472	1083	0	0	—	—
1965	1503	461	1042	0	0	—	—
1968	1570	582	988	0	0	—	—
1971	2554	1190	1364	0	0	—	—
1974	2465	1093	1372	0	0	—	—
1978	2828	1409	1419	0	0	—	—
1982	4165	1716	2362	0	0	59	28
1983	4593	1998	2492	0	0	59	44
1984	4745	1931	2536	0	0	140	138
1985	4933	1904	2483	0	0	234	312
1986	4993	2001	2698	—	—	277	317
1987	5614	2054	2339	0	0	497	724
1988	5848	2068	2284	—	—	647	749
1989	5996	2172	2207	—	—	734	883
1990	6285	2083	2209	—	—	883	1110
1991	6561	2379	1875	—	—	1011	1296
1992	6860	2502	1518	—	—	1219	1621

说明：表中数字不包括乡镇企业职工人数

2000～2010 年松阳县从业人员数量情况表

表 38-2-4-2 单位：人

年份	2000	2001	2002	2003	2004	2005	2006	2007	2008	2009	2010
从业人员总数	132000	122100	114200	112700	113100	113900	114200	114500	114900	115000	115200
国有经济单位	7631	7466	7063	7106	7318	7037	6851	6886	7406	7648	7867
城镇集体经济单位	1783	1288	1078	1048	9240	5500	5380	5520	5510	5820	8250

劳动监察

1980 年开始，经国务院批准，确定每年 5 月为安全月，以安全月活动促进安全生产。1982 年 4 月，县劳动局设安全监察办公室，对企业的劳动保护管理进行监督。

1986 年 11 月，县安全生产委员会成立，58 个企业建立安全生产组织，配备安全员 59 人。1987 年，加强对建筑行业的安全生产管理，健全安全生产规章制度。1990 年，对特种作业人员实行发放学习证制度，年末累计培训发证 374 人。

1982～1992 年，对锅炉、压力容器实行年检制。1990 年，配备专职锅炉压力容器监察员 1 名。

1993 年，劳动监察队设立，该机构是县劳动局下属的全额拨款事业单位，额定人员编制 3 名，与劳动力管理科、劳动仲裁办合署办公。1993～1997 年，劳动监察队共受理案件 39 起。其中非法收取押金案件 21 起，非法使用童工案件 7 起，拖欠工资案件 5 起，非法职业介绍案件 6 起。

2000 年，劳动监察队改名为劳动保障监察大队，单位性质不变，编制数增加为 5 人。1998～2003 年，查处违法使用童工案 41 起、清退童工 44 人，为劳动者追讨工资 764 万元。2004 年，查处劳动违法案件 22 起，清退童工 14 人，清欠工资 586 万元。成立清理农民工工资领导小组，实行农民工工资清欠分片负责、分片包干责任制。打击非法职业中介活动。

2005 年，共立案劳动监察案件 57 起，处理 56 起。其中，清欠工资案 50 起，清欠工资 46.7 万元。9 月，设立松阳县安全生产监督管理局，安全生产相关职责转由该局负责。2006 年，开展劳动保障书面审查和信用档案管理工作，审查 108 家用人单位。评定 A 级单位 46 家、B 级 33 家、C 级 15 家、失信单位 14 家。处理清欠工资案 48 起，为 251 人清欠工资 31.1 万元；清退押金案 7 起，为 12 人退回押金 5000 元；补签劳动合同案 5 起、劳动合同 213 份。

2007 年，处理克扣工资案 44 起，为 239 人清欠工资 44.4 万元。处理未执行最低工资标准案 2 起，为 3 人补发工资 1157 元。查处非法使用童工案 3 起，清退童工 4 人。2008 年，出台《松阳县建设领域农民工工资支付保证金管理暂行办法》，规范和完善企业欠薪保障制度。设立总金额为 20 万元的欠薪应急周转金制度。处理拖欠工资案 44 起，清欠工资 52.27 万元；清退非法押金 2400 元。

2009 年，农民工欠薪应急周转金增至 100 万元。为 303 人清欠工资 79 万元，清退押金 1500 元，清退童工 1 人。2010 年，为 360 人追讨回工资 53.5 万余元。专项整治劳动力用工市场。对 142 家企业开展企业劳动保障诚信书面审查，评定诚信企业 50 家。依法认定企业职工工伤 1200 例、事业单位因公受伤 11 人。

另外，1998～2003年，松阳县共鉴证劳动合同9839人次。2006年，鉴证劳动合同1718人。2007年，鉴证劳动合同2113份，劳动合同鉴证率87%。

劳动人事争议仲裁

1956年，劳动争议由信访部门办理。1987年12月，松阳县成立劳动争议仲裁委员会，下设仲裁办公室，为劳动局内设科室，配有工作人员2人。

1990年4月，县劳动局增设仲裁股，与仲裁委员会办公室合署办公，负责对劳动合同纠纷的调查取证，管理劳动合同，办理劳动合同鉴证，为企业调解机构提供业务指导等。

1992年，全县共有74家企业（包括全民企业39家、集体企业27家、事业单位8家）设立劳动争议调解组织。

1988～1992年，共受理劳动争议案件15件，其中开除4件、辞退4件、合同纠纷7件。结案方式为调解13件、纠错1件、撤诉1件。1993～1999年，劳动争议仲裁委员会共处理劳动争议31件，其中，辞职、辞退8件，工伤待遇15件，合同纠纷6件，撤诉2件。结案方式：裁决12件，调解17件，其他2件。

2000～2010年，劳动争议仲裁委员会共处理劳动争议391件。其中，工伤待遇196件，终止、解除劳动关系66件，劳动报酬54件，合同纠纷49件，社会保险26件。结案方式：调解223件，裁决157件，撤诉11件。

2000年12月，松阳县人事争议仲裁委员会成立，在县人事劳动局设立办公室。

2010年5月，松阳县成立劳动人事争议仲裁院，作为劳动人事争议仲裁委员会的具体办事机构。该院是人事劳动社会保障局下属全额拨款事业单位，额定人员编制2人。

劳动争议仲裁委员会指导全县劳动争议基层调解组织建设工作，指导企业、乡镇建立基层劳动争议调解委员会。至年末，全县共建立乡镇劳动争议调解委员会20个，规模以上企业劳动争议调解委员会69个。

第五节　工资福利

中华人民共和国成立初期，县机关工作人员实行供给制，其他公职人员实行薪金制。1985年，国家机关和事业单位实行结构工资制。1993年，国家机关工作人员津贴标准有较大幅度调整。2004年，完成依照公务员管理有关人员工资套改工作。

中华人民共和国成立后，奖金制度时断时续，发放标准多变。1980年开始，对国家机关、事业单位工作人员发放增收节支奖。2001年开始，机关事业单位在职人员发放年终一次性奖金，即“第十三个月工资”。干部、职工在工资以外，还享受一定数额的货币福利和特定假期。

工资与津贴

解放初，县机关工作人员实行供给制，留用的公教职员和卫生、税务人员实行薪金制。1952年，国家机关建立职务等级工资制，以工资分作为工资计算单位。1956 年，进行工资改革，改工资分制为货币工资制，全县国家机关、事业单位人均月工资 38.54 元。1959 年，调整部分职工工资，升级面 2%；1963 年，行政事业单位干部调整工资，44%升级；全民企业干部职工 40%升级。

1977 年，调整部分职工工资，升级面 40%。1978 年，调整部分职工工资，升级面 29%。1979 年，40%职工升级。1981 年，中小学教职工、卫生、体育系统调整工资。1982 年 10 月，国家机关、科学、文教、卫生等部门部分工作人员调整工资，全县国家机关、事业单位人均月增资 7.25 元。1983 年，企业调资，人均增资 6.27 元。

1985 年 7 月，国家机关和事业单位实行结构工资制。结构工资由基础工资、职务工资、工龄津贴、奖励工资等组成。1986 年，工资区分类别从五类调到六类。1985～1992 年，收入水平逐年增长。到 1992 年，行政机关和事业单位月工资和各种津贴合计人均 232.98 元，年人均为 2795.76 元。全民所有制企业职工工资和津贴全年人均为 3350 元，集体所有制职工则为 2648 元。

1993 年，调整国家机关工作人员职务（岗位）津贴标准。1994 年，国家出台新的工资制度，机关除工勤人员以外的工作人员实行职务级别工资制，机关技术工人执行岗位技术等级工资制，机关普通工人执行岗位工资制；事业单位分全额拨款、差额拨款、自收自支 3 类，实行分类管理。

1994 年松阳县行政事业单位在职人员人均月增资情况表

表 38-2-5-1

类别	行政			事业				总计
	干部	技工	普工	专技人员	管理人员	技工	普工	
人数（人）	1460	97	51	2776	118	269	279	5050
人均月增资（元）	137.06	114.39	107.17	130.18	122.11	111.58	121.78	129.73

2000 年，完成行政机关和事业单位部分工作人员正常晋升工资，对职务（职称）变动和交流调动人员及时调整工资。在县公路段、环境监测站、松阳一中等单位开展事业单位内部分配制度改革。

2001 年 5 月，完成工资调标工作，人均月增资 100 元。2002 年，对全县机关事业单位工作人员和离退休人员地方补贴进行审批规范。2004 年，机关事业单位部分工作人员正常晋升职务工资。按时完成依照公务员管理有关人员的工资套改工作和二轻联社改制后有关人员的工资套改工作。

1993～1999 年若干年份松阳县机关事业单位在职人员人均月增资情况表

表 38-2-5-2

年份	人数（人）	人均月增资（元）	年份	人数（人）	人均月增资（元）
1993	4790	13.54	1998	4979	41.69
1994	5050	129.73	1999	5934	145.40
1997	5586	60.82	—	—	—

说明：另为机关、事业单位 528 名在职人员调整级别工资，月增资 0.77 万元；对机关、事业单位职务、职称晋升的 559 人调整职务、级别工资

2003年和2005年松阳县机关事业单位在职人员人均月增资情况表

表 38-2-5-3

年份	机关单位		事业单位	
	人数（人）	人均月增资（元）	人数（人）	人均月增资（元）
2003	1370	23.33	3495	41.31
2005	1430	23.56	3258	43.21

2006年，做好机关事业单位工改实施的各项准备工作，开展全县机关事业单位津贴、补贴情况的全面调查，采集工资数据。全县机关事业单位工作人员5876人，其中公务员（含参依照管理人员）1576人、机关工勤人员92人、事业单位4208人。

2007年，全县机关事业单位共有7584人正常晋升职务工资档次。

2007年松阳县行政事业单位财政供养人员人均月增资情况表

表 38-2-5-4

级别	行政								事业						
	离休	退休	正县级	副县级	正科级	副科级	科员	办事员	离休	退休	正高级	副高级	中级	助理级	员级
总人数（人）	510		1647						1284		4143				
人数(人)	50	460	公务员1538，工人109						20	1264	4143				
人均月增资（元）	398	270	717	462	437	296	193	167	398	238	898	542	332	245	170

2008年，审批机关单位正常晋升级别工资档次1400余人，审批事业单位正常晋升薪级工资4200余人。审批全县24所农村学校教师津贴940人，月增23万元。2009年，公务员收入政策首次由县级政府制定，出台松阳县公务员规范津补贴政策。实施义务教育学校教师绩效工资制度，按省定控制线年人均32000元，从2009年1月1日起执行。2010年1月，义务教育学校在职和退休人员的绩效工资全部补发到位。全县机关单位工作人员1600余人晋升级别档次工资，事业单位工作人员4700余人晋升薪级工资。

奖金与福利

奖金　松阳县奖金制度自20世纪50年代开始实行，1958年取消。1959年12月重新实行，奖金金额每季不超过工资总额的15%。1961年11月，奖金由按季改按月计算，一般企业不得超过标准工资总额的7%，重点企业不超过10%。1966年4月，改成附加工资，按月每人平均发放。

1978年，恢复奖励制度。奖金额度一般企业按职工标准工资总额的10%提取，盈利高的企业不超过12%。1982年，企业奖金额度由县劳动局统一审查核定。是年，全民所有制企业年人均发放奖金106元，集体所有制企业年人均为74元。1984年，发放奖金上不封顶，下不保底，超过限额征收奖金税。1992年，全民所有制企业年人均奖金704元，集体所有制企业为250元。

1980年，国家机关、事业单位工作人员实行增收节支奖，每人每月5元。1984年，增收节支奖提高到10元。1985年工资改革，原节支奖中的5元直接计入基础、职务工资。1986年1月，改为10元。1988年1月，提高到每人每月15元。1991年7月，把奖励工资调整为25元。

2001年开始，机关事业单位在职人员发放年终一次性奖金，奖金标准为本人当年的12月份的工资数额。2008年，发放全县事业单位工作人员5600余人年终一次性奖金。

货币福利　1951年，松阳县成立福利委员会，负责干部福利费管理使用。1956年，行政机关、事业单位福利费按职工工资总额的5%提取。1957年，按职工工资总额2.5%提取。1980年行政机关按每人每月1.50元提取。1986年，按每人每月2.80元提取。1991年始，按每人每月3.80元提取。事业单位仍按职工工资总额2.5%提取。1981年始，从福利费中提取每人每月1元为卫生费；1991年，每人每月2元。1995年1月1日始，国家机关（含党派、团体）工作人员的福利费统一按每人每月10元标准提取；事业单位仍按职工工资总额2.5%提取；企业按工资总额提取3%的奖励基金、2.5%的福利基金和5.5%的医疗卫生费。1996年11月，改为按工资总额的11%合并提取企业职工福利基金。

2001年6月1日开始，发放地方补贴。2009年，地方补贴并入公务员规范津补贴。

干部、职工享受的假期　除法定的休息日、节假日外，在职干部职工还可根据有关规定享受特别的假期。这些假期包括探亲假、婚丧假、产假和年休假等。

探亲假。1958年始，假期12天，不包括旅途往返天数。1981年始，探望配偶每年一次，假期30天；2年给假一次，假期为45天。未婚职工探望父母每年1次20天；已婚职工探望父母每4年给假一次，假期20天。

婚丧假。1953年开始实行。假期一般不超过7天。职工本人结婚或其直系亲属死亡，给假3天，如到外地办理丧事，给予路程假。实行晚婚者，增加婚假到12天。2003年，县政府规定实行晚婚者，增加婚假到20天。

产假。1953年，开始实行女职工产假制度，假期为56天。1984年开始，产假增加到90天；符合晚婚条件的假期为105天。2003年，县政府规定，晚育的，女方产假增加到120天，男方可享受15天护理假。

年休假。1985年7月1日开始，行政机关实行年休假制度。工龄满5年不满10年的休假期7天，10～20年的休假期10天，21～30年者休假期15天，30年以上的休假期20天。2008年1月1日始，职工累计工作已满1年不满10年的，年休假5天；已满10年不满20年的，年休假10天；已满20年的，年休假15天。

第三章　社会保障

自古以来，生老病死属个人私事，所以养儿防老是几千年的共识。而官员“致仕”养老，在汉代形成制度。民国时期，公务员开始享有退休金、抚恤金的待遇。退休制度在少数行业实行，并没有广泛推行。

1953年，松阳执行《中华人民共和国劳动保险条例》，单位干部职工有了退休保障，享受公费医疗待遇；但集体单位和国有单位区别很大。改革开放之后，松阳开始逐步改革国有单位和集体单位的社会保障制度。干部职工开始全面覆盖，保障水平一步步提高。1994年，在县民政部门设立松阳县农村养老保险事业管理处，具体负责全县区域内的农村社会养老保险工作。至2010年，覆盖松阳全社会各阶层的、较为全面的现代社会保障制度初步建立。

第一节　养老保险

企业职工基本养老保险

退休和养老补助　1953年，松阳县执行《中华人民共和国劳动保险条例》规定的退休条件和养老补助费标准。1978年6月以后，连续工龄或工作年限满10年，男职工年满60周岁，女职员年满55周岁，女工人年满50周岁的都可以办理退休，按规定标准领取退休金。松阳县养老保险起始于1984年7月，当时仅限于全县新招劳动合同制工人参保（由松阳县劳动服务公司管理）。全民企业自1986年10月、集体企业自1988年12月始实行合同制工人退休养老保险统筹。1987年2月，松阳县成立职工离退休基金统筹领导小组。1987年8月，制定实施企业职工离退休（职）基金统筹办法。全民企业自1987年9月、集体企业自1989年1月始实行统筹。统筹项目：全民企业有离退休费、保养费、丧葬费、一次性抚恤金、离退休干部生活补贴费；集体企业有离退休费、丧葬费、一次性抚恤金。全县参保全民企业有58家，参保1347人；集体企业有68家，参保1726人。基金征缴，劳动合同制工人由用人单位按工资总额17%、个人按工资总额2%，采用积累式养老保险；企业干部、固定工按“以支定收，略有结余”的统筹原则，采用绝对额10～35元，视企业和离退休职工负担轻重分为4个档次，分别向单位和个人征缴。至1992年，合同制工人参加养老保险的，全民企业有1404人，集体企业941人。固定职工参加统筹的，全民企业68家、2704人；集体企业71家、1681人。1992年末，全县企业离休、退休、退职干部职工941人，其中离休27人、退休887人、退职22人、合同制工人退休5人。

企业职工养老保险制度　1992年，松阳县制定《企业职工基本养老保险金统筹办法》并于1993

年1月实施，建立统一的企业职工养老保险制度。松阳县养老保险进入社会化、规范化阶段。1994年，根据浙江省政府《关于改革企业职工基本养老金计发办法的试行意见》及浙江省劳动厅《关于贯彻省人民政府〈关于改革企业职工基本养老金计发办法的试行意见〉的实施办法的通知》，制定并实施松阳县企业职工基本养老金计发办法。实行基本养老金与社会平均工资挂钩、与职工缴费工资、缴费年限挂钩、与职工生活费价格指数挂钩，同时随着经济的发展，相应调整基本养老金的“三挂钩一调整”办法。

1998年1月，根据浙江省政府《关于建立统一的企业职工基本养老保险制度的通知》及浙江省劳动厅《关于建立统一的企业职工基本养老保险制度的实施办法》的通知，制定并实施松阳县统一的企业职工基本养老保险制度的实施办法。实现社会统筹与个人账户相结合、权利与义务相对应的职工基本养老保险制度。1998年1月1日以后参加工作的职工即“新人”，1997年12月31日以前参加工作、1998年1月1日以后退休的职工即“中人”。对“新人”和“中人”采取不同的养老保险制度。

养老基金　统一规范企业和职工个人的缴费比例，企业缴费比例18%，职工个人缴费比例4%，以后逐步降低企业缴费比例，提高个人缴费比例；统一个人账户的规模，按职工本人缴费工资基数的11%建立个人账户，职工个人缴费全部记入个人账户，其余部分从企业缴费中划入；统一基本养老金的计发办法，规定基本养老金由基础养老金、个人账户养老金两部分组成，基础养老金按上年全省社会平均工资的20%计发，个人账户养老金按账户储存额除以120计发，对“中人”规定了过渡性养老金。

松阳县养老保险基金于1998年10月开始实行收支两条线管理，从而形成地税部门负责征收、财政部门负责管理、社保机构负责支付的“征、管、发三权分离”的基金管理模式。基金管理的主要职责转移到财政部门，基金全部存于国有商业银行，基金管理更加规范。2004年，全面进入企业养老保险的计算机信息化管理阶段，松阳县所有参加养老保险人员的缴费信息、退休人员养老金的计算、发放、每年增加养老金等工作全部实行计算机系统操作管理。

2006年，根据《国务院关于完善企业职工基本养老保险制度的决定》《浙江省人民政府关于完善企业职工基本养老保险制度的通知》及浙江省劳动厅《关于完善企业职工基本养老保险制度的实施办法》等文件精神，制定并实施松阳县完善企业职工基本养老保险制度的实施办法。统一城镇个体工商户和灵活就业人员参保政策，扩大基本养老保险覆盖面，改革基本养老金计发办法，把缴费时间长短和缴费数额多少与待遇水平挂钩，建立参保缴费的激励约束机制。从2006年1月1日始，把职工基本养老保险个人账户规模统一由本人缴费工资的11%调整为8%，全部由个人缴费形成，单位缴费不再划入个人账户。

从2009年7月始，单位缴费比例由18%调整到14%，个人缴费比例调整为8%。至2010年12月，全县有参保企业316家企业在职职工5753人，个体工商户、自由职业人员11432人，有离退休人员2670人，月平均养老金1451元/人。2010年末，企业基本养老保险基金累计结余8201万元，基金支撑能力为20.81个月。

机关事业单位养老保险

2004年，为适应事业单位改革需要，保障事业单位人员的合法权益，根据《浙江省职工基本养老保险条例》等有关规定，松阳县制定《松阳县事业单位工作人员养老保险办法（试行）》，并于2004年7月1日开始实施。把全县所有事业单位的工作人员、机关单位的工勤人员列入参保范围。统筹项目：全民企业有离退休费、个人账户养老金、国家和省规定的离退休人员的各项津贴、补贴，离退休干部按规定增发的生活补贴，按规定发放的丧葬费、一次性抚恤金。办法规定：事业单位工作人员养老保险基金按照“以支定收，略有结余”的原则征集，由国家、单位、个人三方负担。单位按照在职工作人员上一年度月工资总额的21%按月缴纳；工作人员个人按本人月工资总额的6%缴纳。事业单位工作人员养老保险办法的实行，是企业养老保险制度的延伸。

2004年末，全县事业单位参保人员4452人，月缴养老保险费128万元。退休人员1198人，支付养老保险金123.5万元。2005年末，参保4462人，退休人员1252人。2006年末，参保4393人，退休人员1315人。2007年末，参保4461人，退休人员1386人。2008年末，参保4441人，退休人员1465人。2009年末，参保4520人，退休人员1538人。2010年，按照“以支定收，略有结余”的原则，单位缴费比例调整为23%，个人缴费比例调整为8%。2010年末，事业单位参加养老保险232家，参保职工4375人，收缴事业单位养老保险基金3204万元，离退休人员1607人；支付养老金2685万元，事业单位养老保险基金累计结余850万元。基金支撑能力为3.69个月。

城乡居民基本养老保险

按照松阳县政府《关于设立农村养老保险事业管理处的批复》文件精神，1994年，在县民政部门设立松阳县农村养老保险事业管理处，具体负责开展全县区域内的农村社会养老保险工作。1994年9月，在赤寿乡开展农村社会养老保险（俗称老农保）试点工作，当年共计参保0.5万人。2002年，根据松阳县政府《关于松阳县农村社会养老保险事业管理处划归县人事劳动社会保障局的通知》文件精神，松阳县农村养老保险事业管理处及相应业务整体划归松阳县人事劳动社会保障局管理。截至2009年末，老农保共计参保6.9万人。

2010年，根据《关于转发丽水市人民政府关于印发丽水市城乡居民社会养老保险实施办法的通知》精神，在全县区域内推开城乡居民社会养老保险工作（简称城乡居保），当年城乡居保共计参保9.66万人，有3.16万人开始领取养老金。老农保政策自2009年12月末停止执行，相关参保人员按城乡居保政策进行衔接处理。

被征地农民基本生活保障

2003年，松阳县制定《松阳县人民政府关于印发松阳县城镇被征地农民基本生活保障办法（试行）的通知》，在全县区域内着手开展被征地农民基本生活保障工作。由于受集体经济等条件的限制，一直未能实施。2005年6月，县政府对办法作出修改，把县城镇规划区、县工业园区和县重点建设工程范围内被征用耕地后，人均耕地少于0.2亩（含）的行政村或村民小组，纳入城镇被征地农民基本生活保障的参保范围。全县城镇规划区、县工业园区和县重点建设工程范围内被征用耕地后，人均耕地大于0.2亩、少于0.5亩（含）的行政村或村民小组，参保按照被征用时的耕地数量除以征用前被征用单位人均占有耕地的数量计算。办法规定，被征地时，26周岁及以上至75周岁的人员必须参加被征地农民基本生活保障。16～25周岁、75周岁以上的人员，可以自愿选择。

保障内容有，参保人员男年满60周岁、女年满55周岁后，按月领取基本生活保障金，直至终身；未就业的年满16周岁至男54周岁、女49周岁的劳动年龄段被征地农民可享受创业补助金；距基本生活保障待遇享受年龄不足5年（含5年）的被征地农民给予一次性生活补助金。保障资金来源按政府、集体、农民各出一点的原则解决，其中政府出资部分不低于保障金总额的30%。到年末，共有39位失地农民参加基本生活保障，并有13位失地农民开始领取保障金，全年发放保障金7464元。2008年，对被征地农民基本生活保障政策又进行修改。参保范围包括，经省级以上人民政府批准，由县国土资源部门实施统一征地，被征地时具有第二轮土地承包权，年龄在16周岁以上的在册农业人员。其中，部分人员不列入被征地农民基本生活保障的范围，即征地时年龄在16周岁以下的、经县人事劳动社会保障部门正式招工安排工作的、财政已负担其养老保险费用的。被征地农民基本生活保障的参保，按照被征收的耕地数量除以征收前被征收单位人均占有耕地的数量计算。

缴费标准和享受标准采取两种方式，供被征地农民选择。参加基本生活保障方式按照个人和集体缴费标准设3档，由参保人员选择其中一档参保，政府按参保人员选择的档次出资。参保人员也可选择生活补助档。参加城镇职工（灵活就业人员）基本养老保险方式的，则按照城镇职工基本养老保险政策办理。缴费标准为按年缴费，最低应缴满15年。缴费比例为个人承担70%、政府承担30%（政府出资限15年）。截至2010年末，共有1.7万人参保。2010年，向7749名符合条件的被征地农民发放基本生活保障金及社保补贴484万元。

第二节 医疗保险

城镇职工基本医疗保险

2002年，松阳县建立城镇职工基本医疗保险制度，取代公费医疗制度。2001年12月13日，设立松阳县医疗保险管理处，隶属县人事劳动社会保障局。工作人员从公费医疗办转入。办公地点在延庆信用社二楼（太平坊路118号）。主要职能是负责职工基本医疗制度的制定、宣传、执行，职工医疗费管理、审核、报销、支付，对县内、外医疗定点机构的监督管理等。

松阳县城镇职工基本医疗保险制度从2002年1月1日开始实施。2002年，县政府制定《松阳县城镇职工基本医疗保险暂行规定》，同时县政府办配套制定《松阳县国家公务员医疗补助试行办法》。县人事劳动社会保障局配套制定《松阳县城镇职工补充医疗保险暂行办法》等7个相关文件。

职工医疗保险信息系统由县财政、延庆信用社各出资30万元，于2002年4月底投入试运行，与县内9家定点医疗机构、13家定点药店联网，首发医疗IC卡11500张，县内就诊医疗费用实行联网结算。

缴费　企业按照在职职工上一年度月平均工资和退休人员上一年度月退休金总额之和的6%缴纳

基本医疗保险费。机关事业单位在职职工根据缴费工资按单位 8%、个人 2%缴纳基本医疗保险费；退休人员由所在单位按照退休金总额的 8%缴纳基本医疗保险费，个人不缴纳。企业改制破产按当年缴费基数计提至 75 周岁。

新参保的需连续 3 个月缴纳基本医疗保险费，中断缴费的需连续 6 个月缴纳基本医疗保险费，方可享受基本医疗保险待遇。

国家机关、社会团体、事业单位个人账户按年龄分档建立：45 周岁以下的在职职工按本人缴费工资的 4%建立；45 周岁以上的在职职工按本人缴费工资的 5%建立；退休（职）人员按本人上一年度月平均退休费的 6%建立。国家公务员医疗补助以上一年度在职人员月工资和退休人员月退休金之和为基数，按 2%的比例由县财政拔付，全部进入个人账户。企业个人账户由企业自行决定建立。

待遇　符合规定的门诊医疗费用，由个人账户支付，结余归个人所有，可以用于支付医疗费用自负部分，也可继承。

符合规定的住院医疗费用，由统筹基金支付，设起付线，起付标准以上的医疗费用按比例支付，最高支付限额为上年度本县年社会平均工资的 4 倍。最高支付限额以上的医疗费用由职工补充医疗保险支付，通过商业保险方式运作，每人每年最高支付金额为医疗费用 15 万元。

离休干部和二等乙级以上伤残军人实行实报实销。

城镇职工医疗保险制度实施有以下特点：基金收缴由地税负责，用人单位为职工缴纳；医疗机构和药店实行定点管理；医疗费用实行事中动态管理；医疗费用支付实行审核管理。

参保情况　2002 年，全县参保单位 311 个，参保人员 10885 人。其中，在职 8453 人，退休 2312 人，离休 98 人，伤残人员 22 人。全县全年收基本医疗保险费 1129 万元，其中划入个账 525.37 万元（含个人缴纳 130.58 万元）、统筹基金收入 603.63 万元。全县基本医疗保险医疗费总支出 594.53 万元，其中门诊医药费 256.14 万元、住院医药费 338.39 万元。付补充医疗保险金 45.58 万元。医疗保险经费当年结存 534.41 万元，其中个人账户结存 272.62 万元、统筹基金结存 261.79 万元。

2003 年，全县参保单位 315 个，参保人员 11453 人，比上年同时期增加 568 人。其中，在职职工 8756 人，退休（退职）2579 人，离休干部 97 人，在乡二等乙级以上革命伤残军人 21 人。全县全年收基本医疗保险费 1250.02 万元，其中划入个账 622.02 万元（含个人缴纳 139.75 万元）、统筹基金收入 628 万元。全县基本医疗保险医疗费总支出 954.32 万元，其中门诊医药费 537.39 万元、住院医药费 416.93 万元。付补充医疗保险金 47.99 万元。医疗保险经费当年结存 329.51 万元，其中个人账户结存 86.93 万元，统筹基金结存 242.58 万元。医疗保险经费历年累计结存 863.92 万元，其中个人账户结存 359.55 万元、统筹基金结存 504.37 万元。2004 年，全县参保单位 328 个，参保人员 11680 人，比上年同时期增加 227 人。其中在职职工 8797 人，退休（退职）2768 人，离休干部 94 人，在乡二等乙级以上革命伤残军人 21 人。全县全年收基本医疗保险费 1317.58 万元，其中划入个账 546.79 万元（含个人缴纳 153.98 万元）、统筹基金收入 770.79 万元。全县基本医疗保险医疗费总支出 1089.19 万元，其中门诊医药费 519.05 万元、住院医药费 570.14 万元。付补充医疗保险金 58.19 万元。医疗保险经费当年结存 262.01 万元，其中个人账户结存 27.96 万元、统筹基金结存 234.05 万元。医疗保险经费历年累计结存 1125.93 万元，其中个人账户结存 387.51 万元、统筹基金结存 738.42 万元。

2005 年，松阳县政府对《松阳县城镇职工基本医疗保险暂行规定》进行调整，企业职工新参保对象年龄 50 周岁以上（含）的缴费比例为 6.5%，60 周岁以上（含）的缴费比例为 7%。降低省、市内转院自负比例。降低特殊检查治疗、药品的自负比例。是年，全县参保单位 329 个，参保人员 12021 人，比上年同时期增加 426 人。其中，在职职工 9013 人，退休（退职）2894 人，离休干部 92 人，在乡二等乙级以上革命伤残军人 22 人。全县全年收基本医疗保险费 1673.22 万元，其中划入个账 752.3 万元（含个人缴纳 188.2 万元）、统筹基金收入 920.92 万元。全县基本医疗保险医疗费总支出 1466.72 万元，其中门诊医药费 652.43 万元、住院医药费 814.29 万元。付补充医疗保险金 108.1 万元。医疗保险经费当年结存 206.5 万元，其中个人账户结存 99.87 万元、统筹基金结存 106.63 万元。医疗保险经费历年累计结存 1332.43 万元，其中个人账户结存 487.38 万元、统筹基金结存 845.05 万元。2006 年，县人民政府对《松阳县城镇职工基本医疗保险暂行规定》进行补充，参保范围进一步扩大，城镇灵活就业人员允许参加职工基本医疗保险；参保年限加以规定，企业职工实际缴费年限到退休时最少 5 年，视同加实际缴费年限达到 25 年的，退休后不再缴纳医疗保险费。是年，全县参保单位 368 个，参保人员 12998 人，比上年同时期增加 977 人。其中，在职职工 9623 人，退休（退职）3264 人，离休干部 88 人，在乡二等乙级以上革命伤残军人 23 人。全县全年收基本医疗保险费 2102.93 万元，总支出 1741.14 万元，其中门诊医药费 821.45 万元、住院医药费 919.69 万元。付补充医疗保险金 187.6 万元。医疗保险经费当年结存 361.79 万元，其中个人账户结存 82.05 万元、统筹基金结存 279.74 万元。医疗保险经费历年累计结存 1694.22 万元，其中个人账户结存 569.43 万元、统筹基金结存 1124.79 万元。

2007 年，松阳县人事劳动社会保障局对基本医疗保险住院床位费进行调整，住院床位费最高支付标准为 30 元/日，离休干部为 50 元/日。是年，全县参保单位 382 个，参保人员 13702 人，比上年同时期增加 704 人。其中，在职职工 10077 人，退休（退职）3512 人，离休干部 85 人，在乡二等乙级以上革命伤残军人 28 人。全县全年收基本医疗保险费 2604.51 万元，其中划入个账 1180.6 万元（含个人缴纳 202.2 万元）、统筹基金收入 1423.91 万元。全县基本医疗保险医疗费总支出 1878.6 万元，其中门诊医药费 703.28 万元、住院医药费 1175.32 万元。付补充医疗保险金 214.8 万元。医疗保险经费当年结存 725.91 万元，其中个人账户结存 477.32 万元、统筹基金结存 248.59 万元。医疗保险经费历年累计结存 2420.13 万元，其中个人账户结存 1046.75 万元、统筹基金结存 1373.38 万元。2008 年，松阳县人民政府对基本医疗保险住院起付线进行调整，于 2009 年度开始执行。一个年度内累计起付线不超过 1000 元；县内起付线为 500 元，县外起付线为 1000 元。是年，全县参保单位 389 个，参保人员 14501 人，比上年同时期增加 799 人。其中，在职职工 10760 人，退休（退职）3632 人，离休干部 81 人，在乡二等乙级以上革命伤残军人 28 人。全县全年收基本医疗保险费 2164.2 万元，其中划入个账 980.9 万元（含个人缴纳 222.2 万元）、统筹基金收入 1183.3 万元。全县基本医疗保险医疗费总支出 1434.1 万元，其中门诊医药费 609.26 万元、住院医药费 824.84 万元。付补充医疗保险金 225.6 万元。医疗保险经费当年结存 730.1 万元，其中个人账户结存 371.64 万元、统筹基金结存 358.46 万元。医疗保险经费历年累计结存 3150.23 万元，其中个人账户结存 1418.39 万元、统筹基金结存 1731.84 万元。

松阳县政府发出的《松阳县人民政府关于印发松阳县国家公务员医疗补助实施办法的通知》于 2009 年 1 月 1 日开始实行。筹集标准：以上一年度在职人员月工资和退休人员月退休金之和为基数，按 3.5%的比例筹集。其中，3%用于补充公务员个人账户，0.5%用于公务员个人住院医疗费用自负部分超过一定数额的补助。最高补助金额 10 万元。

2009 年，松阳县政府办对城镇职工基本医疗保险政策进行调整，于 2010 年度开始执行。县内联网定点医疗机构实行门诊实时医疗费用按比例报销，县级联网医疗机构报销 15%，乡镇联网医疗机构报销 20% 。城镇职工基本医疗保险基本医疗支付部分，从 5.5 万元提高到 13 万元。取消转市级医疗机构就医需提高 3%的医疗费用报销自负比例。是年，全县参保单位 413 个，参保人员 15497 人，比上年同时期增加 996 人。其中，在职职工 11494 人，退休（退职）3905 人，离休干部 71 人，在乡二等乙级以上革命伤残军人 27 人。全县全年收基本医疗保险费 2164.2 万元，其中划入个账 980.9 万元（含个人缴纳 222.2 万元）、统筹基金收入 1183.3 万元。全县基本医疗保险医疗费总支出 1434.1 万元，其中门诊医药费 609.26 万元、住院医药费 824.84 万元。付补充医疗保险金 187.6 万元。医疗保险经费当年结存 361.79 万元，其中个人账户结存 82.05 万元、统筹基金结存 279.74 万元。医疗保险经费历年累计结存 1694.24 万元，其中个人账户结存 569.44 万元、统筹基金结存 1124.8 万元。2010 年，全县享受单位 430 个，享受人员 16263 人，比上年净增 766 人。其中，在职职工 12054 人，退休（退职）4110 人，离休干部 69 人，在乡二等乙级以上革命伤残军人 30 人。全县医疗保险费总计收入 4002 万元，其中基本医疗保险费征缴 3114 万元、公务员补助征缴 628 万元、离休人员企业缴入 24 万元、财政补助 100 万元、伤残军人财政补助 50 万元、利息收入 60 万元、企业省补助 24 万元、人员转移转入 2 万元。全县医疗费用总支出为 4500 万元。基本医疗保险基金合计支出 3396 万元（其中统筹基金支出 2297 万元，个人账户基金支出 1099 万元）。按就诊方式分：门诊就诊 23.35 万人次，门诊费用 1270 万元（其中门诊统筹基金支出 88 万元）；住院 1788 人次，住院医药费 2126 万元；其他医疗保险基金合计支出 1104 万元（其中离休干部支出 365 万元，伤残军人支出 149 万元，公务员补助支出 590 万元）。按就诊方式分：离休人员住院支出 310 万元，门诊 55 万元；伤残军人住院费用 138 万元，门诊费用 11 万元；公务员门诊个账补助支出 538 万元，公务员大病补助 52 万元。

历年基金结余情况：基本医疗保险统筹基金结余 2486 万元，个人账户基金结余 1390 万元，公务员补助基金结余 67 万元，离休人员医疗基金结余-622 万元，伤残人员医疗基金结余-329 万元。

城镇居民医疗保险

参保对象　根据浙江省政府《关于推进城镇居民医疗保障制度建设试点工作的意见》的要求，松阳县于 2008 年 3 月 13 日印发《松阳县城镇居民医疗保险试行办法》，规定于 2008 年 6 月 1 日开始实施松阳县城镇居民医疗保险制度。参保范围为全县非农户籍中除参加城镇职工医疗保险以外的城镇居民。松阳县城镇居民医疗保险资金由城镇居民个人和财政共同筹集；按照个人缴费为主，财政适当补助、统一管理的原则，建立城镇居民医疗保险统筹基金。其中，残疾人个人缴费部分凭残疾证从县残疾人保障基金中列支；低保户对象个人缴费部分由财政负担。

2008年，全县参保8124人，6～12月，基金支付53万元。2009年，全县应参保10047人，实际参保8741人。筹资标准为每人150元，其中居民个人缴纳30元（居民自筹资金为23.72万元）、各级财政合计补助120元。医疗保险基金总计收入172万元，支付131.7万元。

2010年，全县参保9486人，同比上年新增745人。城镇居民医疗保险筹资总额211.46万元，其中居民自筹资金43.5万元、省财政补助资金156.68万元、县财政补助资金163.45万元、利息收入0.66万元。基金支付187.37万元，其中住院结报563人次、基金支付157.13万元，门诊就诊2.9万人次、基金支付30.24万元。城镇居民健康体检支付44.24万元。2010年，合计支出231.61万元，全年赤字20.15万元。历年累计结余90.56万元。

享受待遇 参保人员在县级定点医疗机构门诊治疗发生的医疗费用中的药品费用报销6%；在乡镇、社区医疗机构门诊治疗发生的医疗费用报销15%。

参保人员在各级医疗机构住院、特殊门诊治疗发生的医疗费用，先剔除自费的医疗费用，然后按如下比例分档累计报销：起付线乡镇定点医疗机构为100元，县级定点医疗机构为500元，市级以上特约医疗机构为1000元。起付线以上至5000元部分报销30%，5000元以上至10000元部分报销35%，10000元以上至20000元部分报销40%，20000元以上至30000元部分报销45%，30000元以上至40000元部分报销50%，40000元以上至50000元部分报销40%，50000元以上部分报销35%；年内报销最高支付额为60000元。

2009年1月1日开始，对参保人员待遇进行调整：

参保人员在县级定点医疗机构门诊治疗发生的医疗费用中的药品费用，扣除自费部分后，按可计报销金额的10%进行核报；在乡镇、社区医疗机构门诊治疗发生的医疗费用，扣除自理部分后，按可计报销金额的20%进行核报。

参保人员在各级医疗机构住院、特殊门诊治疗发生的医疗费用，先剔除自费的医疗费用，然后按如下比例分档累计报销：起付线乡镇定点医疗机构为0元，县级定点医疗机构为300元，市级以上特约医疗机构为1000元。起付线以上至5000元部分报销40%，5000元以上至10000元部分报销45%，10000元以上至30000元部分报销50%，30000元以上至50000元部分报销55%，50000元以上部分报销60%；年内报销最高支付额为70000元。

城乡居民医疗保险

2010年，县政府办印发《关于松阳县城镇居民医疗保险制度并入新型农村合作医疗制度的通知》，从2010年1月开始，把松阳县城镇居民医疗保险制度同新型农村合作医疗制度并轨运行，设立城乡居民基本医疗保险制度。是年，城乡居民参保人员缴费为每人每年50元。报销比例：起付线乡镇定点医疗机构为0元，县级定点医疗机构为300元，市级以上特约医疗机构为1000元。起付线以上至5000元以下部分按可报金额计算报销45%，5000～10000元部分报销50%，10000～30000元部分报销55%，30000～50000元部分报销60%，50000元以上部分报销65%。转外就医或异地就医按报销金额的90%支付，最高支付限额70000元。其他条款按《松阳县新型农村合作医疗制度实施办法》执行，原《松阳县城镇居民医疗保险试行办法》同时作废。

有关新型农村合作医疗制度的相关内容，详见第三十四编“医疗卫生”第十章“卫生体制改革”第三节“医疗保健制度改革”。

（此节内容与第三十四编“医疗卫生”第十章“卫生体制改革”第三节“医疗保健制度改革”互为补充）

第三节　工伤保险

工伤保险

松阳县工伤保险制度于1998年1月开始实施。1997年12月23日，制定《松阳县职工工伤保险暂行办法》，规定工伤保险基金统筹本着“以支定收，留有储备，专款专用”的原则，由企业缴纳，职工个人不缴纳。工伤保险基金按照行业的工伤风险类别和工伤事故及职业病发生频率，按工资总额的一定比例实行差别费率收缴，基准费率分别为0.6%、0.9%、1.2%。2004年，企业工伤保险基准费率调整为1%、1.5%、2%。

2008年，根据省、市文件精神，松阳县制定《松阳县人民政府关于转发丽政办发〔2007〕141号文件的通知》，首次对建筑项目农民工参加工伤保险作出明确规定：凡在松阳县行政区域范围内从事建设、交通、水利等建设项目的施工企业，必须为从事建设施工的所有农民工办理工伤保险，缴费基数为建设工程总造价，费率为1.32‰。2010年9月，根据收支情况，对缴费比例进行调整，费率从1.32‰提高到2.25‰。

工伤保险基金收缴

1998年，工资福利退管科根据《松阳县职工工伤保险暂行办法》开展企业工伤认定工作。2005年始，企业职工工伤转新设的社会保障科认定。

1998年，全县收缴工伤保险基金20.26万元，支付3.85万元；1999年，全年参保3688人，收缴保险基金21万元，工伤认定36件，支付2.3万元。2000年，收缴保险基金27.8万元，支付8.76万元；2001年，收缴保险基金26.24万元，支付17.52万元。2002年，收缴保险基金28.37万元，支付10.81万元。2003年，收缴保险基金27.31万元。2004年，收缴保险基金39.14万元，支付38.93万元。2005年，支付53.83万元。2006年，支付51万元。2007年开始，工伤保险基金出现收不抵支现象，当年参保10613人，收缴保险基金145万元，工伤认定319件（死亡2人），全年支付120万元。2008年，参保14003人，收缴保险基金200万元，工伤认定532件（死亡2人），支付210万元。2009年，参保单位396家，参保14005人，收缴保险基金239万元，对参保单位实行减免一个月的保险费，共减免13.7万元，工伤认定790件（死亡4人），支付291万元。2010年，工伤保险参保职工475家14817人，全年收缴工伤保险基金326万元，工伤认定1285件（死亡6人），支付401万元。

工伤基金出现赤字，县财政首次补助基金100万元，累计结余130万元。

职工劳动能力鉴定

2003年，设立劳动能力鉴定委员会，全年鉴定27人，其中18人达到伤残等级。2004年1月1日开始，国务院颁布《工伤保险条例》，劳动能力鉴定在市里举行。

第四节 待业和失业保险

1986年10月，建立待业保险。参加待业保险的职工，在待业期间根据工龄和待业时间长短，分别领取本人原标准工资的50～75%的待业救济金，患病医疗还可领取一定的医疗补助费。待业救济期限，工龄在5年以下的最多为1年，工龄5年以上的最多为2年。1987年，参加待业保险107个单位，职工4260人，其后逐步增加。1992年，206个单位7808名职工参加待业保险。其中，全民企业78家，职工4091人；县以上集体企业93家，职工3398人；机关事业单位35个，职工319人。

（失业登记内容详见本编第二章“就业管理”第一节“劳动就业安置”之目“失业登记”）

1993～2010年松阳县失业登记情况表

表38-3-4-1 单位：人

年份	本年新增人数	年末失业人数	年份	本年新增人数	年末失业人数	年份	本年新增人数	年末失业人数
1993	116	874	1999	522	610	2005	620	262
1994	305	947	2000	948	403	2006	406	326
1995	100	242	2001	505	396	2007	531	395
1996	225	290	2002	1158	667	2008	386	630
1997	510	218	2003	293	394	2009	352	510
1998	360	115	2004	284	124	2010	893	535

2003～2010年松阳县享受优惠政策情况表

表38-3-4-2

年份		2003	2004	2005	2006	2007	2008	2009	2010
一次性生活困难补助	人数（人）	70	257	1035	—	417	511	290	182
	金额（万元）	5.6	20.56	82.8	—	33.36	40.88	23.2	14.56
社保补贴	人数（人）	—	—	—	—	495	281	275	213
	金额（万元）	—	—	—	—	37.3	25	21.6	22.64

第五节 女职工生育保险

松阳县女工生育保险于1998年开始实施。1997年12月23日，制定《松阳县女职工生育保险暂行办法》。办法规定生育保险基金统筹本着“以支定收，收支基本平衡”的原则，由企业按照全部职工工资总额的0.8%缴纳，职工个人不缴纳生育保险费。

1998年，全县收缴生育保险基金23.34万元，支付10.78万元。1999年，收缴保险费21万元，支付16.1万元。2000年，收缴保险费26万元，支付19万元。2001年，收缴保险费25万元，支付15万元。2002年，收缴保险费27万元，支付24万元。2003年，收缴保险费26万元。2004年，收缴保险费29万元，支付22万元。2005年，支付35万元。2006年，享受人员122人，支付61万元。2007年，支付57万元。2008年，收缴保险费80万元，支付60万元。2009年，收缴保险费86万元，支付50万元。

2010年末，女工生育保险参保职工6691人（包括事业单位），全年收缴生育保险基金109万元，支付生育保险费48万元，累计结余194万元。

第六节 离退休管理 遗属补助

离退休管理

1958年，开始办理干部退休。1978年，规定抗日战争和解放战争时期参加革命工作的分别按本人标准月工资的90%和80%发给退休费；中华人民共和国成立后入伍、工作年限满20年的按本人标准工资的75%发给；满15年不满20年的按70%发给；满10年不满15年的发给65%。

1986年7月开始，对1952年末以前参加革命工作、工龄满30年以上的每人每月增发原标准工资的15%，满20年不满30年增发10%；1953年1月以后参加工作、工龄满30年以上的每人每月增发原标准工资的10%，满20年不满30年的增发5%。1990年7月，在上述基础上提高5%。

1992年，全县党政机关、事业单位有退休人员566人，其中行政机关干部职工225人。

1982年，执行干部离职休养制度，规定中华人民共和国成立前参加革命工作的，享受供给制待遇，达到离职休养年龄的，实行离职休养。到1992年，行政机关、事业单位共有离休人员97人，其中抗日战争时期参加工作的10人、解放战争时期参加工作的87人。1993年，离休99人，人均增资188.35元；退休711人，人均增资118元；退职41人，人均增资71.27元。

1997～1999年，离退休（职）人数和人均月增资额分别为1122人、66.20元，1152人、41.69元，1208人、145.40元。

2002年，审批离退休人员地方补贴。2003年，机关离休54人，人均月增离休费30.56元；退休 363 人，人均月增退休费 20 元；退职 16 人，人均月增退职费 15 元。事业单位离休 24 人，人均月增离休费 34.75 元；退休 937 人，人均月增退休费 20 元；退职 34 人，人均月增退职费 15 元。

2005 年，机关离退休（职）512 人，人均月增离退休（职）费 23.56 元；事业离退休（职）1016 人，人均月增离退休（职）费 20.08 元。2006 年，增加离退休费。离休人员中，正县（处）级 670 元、副县（处）级 490 元、乡（科）级及以下职务 350 元；专业技术人员中教授及相当职务 990 元、副教授及相当职务 540 元、讲师及以下职务 350 元。退休行政管理人员中，县处级 450 元、乡科级 275 元、科员及办事员 180 元；专业技术人员中教授及相当职务 700 元、副教授及相当职务 400 元、讲师及相当职务 275 元、助教及以下职务 180 元，技师 275 元、高级工以下及普工 180 元。

2007 年，离退休干部增加离退休费的有 1794 人。其中，机关离休 50 人，事业离休 20 人，人均月增 398 元；机关退休 460 人，人均月增退休费 270 元；事业退休 1264 人，人均月增 238 元。2008 年，组织全县退休干部职工 2650 人体检。调高企业职工遗属、计划外长期临时工、精简退职人员的生活补助标准。提高离休干部特殊护理补贴。

2009 年，享受养老金的离退休人员共 3997 人，全年支付养老金 6276 万元。养老保险基金累计结余 6841 万元。全县 2277 名企业退休人员月均增资 63 元，退职人员月均增资 55 元。两者按缴费年限每满 1 年给予月增资 2 元。2010 年，机关事业单位共 108 人退休，企业 222 人退休。

死亡抚恤与遗属补助

1953 年，执行《劳动保险条例》，职工死亡由企业发给丧葬抚恤、救济等费用。1986 年始，丧葬费由 200 元提高到 400 元；从 1994 年 7 月 1 日始，调整为 800 元；1999 年 1 月 1 日始，调整为 2000 元；从 2005 年 1 月 1 日始，调整为 4000 元。一次性抚恤费，因工死亡的 600 元，非因工死亡的 300 元。遗属生活困难补助费，因工死亡者非农业人口每人每月 45 元，农业人口 35 元；非因工死亡者，非农业人口 35 元，农业人口每人每月 30 元。

行政机关事业单位的干部职工牺牲病故，享受抚恤待遇和遗属定期补助。抚恤费标准，按生前级别，分牺牲、病故定额支付。1986 年 7 月起，机关工作人员牺牲，抚恤金按其 20 个月工资计发；病故按其 10 个月工资计发，但不得超过 3000 元。遗属生活补助，1988 年 9 月始，中华人民共和国成立前参加革命工作的，其供养的父母、配偶和子女每人每月补助 45 元，农业人口的每人每月 37 元。1991 年 5 月开始，对享受生活补助的遗属增发粮油补贴和煤电补贴。

2005 年，审批遗属生活困难补助 17 人，丧葬费 14 万元，一次性抚恤金 47 万元。提高 154 名遗属生活困难补助标准。2006 年，发放一次性抚恤金 56.8 万余元，丧葬费 14.8 万元。新增遗属补助 20 人。提高遗属补助标准。2007 年，发放一次性抚恤金 50 人、115 万元，丧葬费 20 万元，新增遗属补助 29 人。提高 269 名遗属补助费标准。

2008 年，发放一次性抚恤金 40 人、109.8 万元，丧葬费 16 万元。新增遗属 16 人，月补助金额 0.59 万元。2010 年，发放一次性抚恤金 42 人、116.7 万元，丧葬费 15.8 万元。新增遗属补助 15 人，月补助金额 0.6 万元。

2000～2010年松阳县社会保障基本情况表

表38-3-6-1　　　　单位：人

年份＼项目	参加保险人数				农村低保人数	城镇低保人数
	养老保险	失业保险	城镇职工医疗保险	农村合作医疗保险		
2000	75655	—	—	—	1009	25
2001	75788	7835	10254	—	1324	47
2002	77763	8606	10556	—	3719	508
2003	78271	8806	11335	—	4184	445
2004	84733	9106	11565	—	4686	410
2005	85516	9261	11907	146305	4718	398
2006	86750	9567	12887	172839	4454	384
2007	88696	10373	13589	186504	4836	324
2008	84591	10879	14446	196358	7254	372
2009	92561	11191	15399	193436	7019	358
2010	94737	11397	16164	196288	6811	373

第三十九编 民 政

民国 24 年（1935）5 月，中国工农红军挺进师挺进松阳；是年 7 月，境内建立多个区、乡、村苏维埃政权和分田委员会。民国 38 年 3 月 13 日，民国松阳县长祝更生起义，成立县民主政府。7 月，根据上级部署，先后建立 21 个乡（镇）人民政府，下设行政村。1953 年，根据《人民政府组织通则》《乡人民代表会议组织通则》，开展民主建政，划分小乡制。1954 年，第一届普选开始，各乡镇成立选举委员会。1958 年 4 月，松阳并入遂昌县。1982 年 1 月，复置松阳县，1983 年末，全县完成“政社分设”，恢复乡镇建制。

松阳民政部门遵循“以民为本、为民解困、为民服务”的宗旨，从事烈士的褒扬、抚恤定补、拥军优属、复退军人安置以及烈士陵园的管理工作，开展救灾、救济、扶贫等项工作，兴办福利事业、福利企业，安排残疾人就业。

2006 年，松阳建立慈善机构，发动社会团体、个人募集善款、助困救济、帮老助残、助学助医。

松阳是革命老根据地县（老区县）。县民政、财政部门竭尽所能扶持老区建设，为老区人民安装自来水、高压线路、兴建学校、扶持老区建设项目，为老区人民排忧解难。

婚姻登记不断规范化、法制化、专业化。1951～2010 年，办理婚姻登记累计 54522 对。

民间组织稳步发展，登记管理进一步规范化，重点培育发展行业协会和公益性社团组织、农村专业经济协会，开展民办非企业单位诚信与自律建设。2010 年末，全县有依法组建的社团 48 家、合格民办非企业单位 21 家。

1986 年 5 月，松阳成立老龄机构，建立老人协会，开展老年文化活动，并帮助老年人维权。

2003 年 10 月 20 日零时始，全县统一实行遗体火化。开展村级生态公墓建设和“三沿五区”坟墓治理工作。

第一章 基层政权建设

基层政权建设及管理，历属民政事务。古者乡举里选，升之司徒，升之司马。是选举取士，人才由此而出。明清时期，户部职掌地方行政、疆里、版图。民国时期，县政府民政科掌握吏治、直接委任乡镇长，建置区、乡政权，调整行政区划，整编保、甲户籍。民国 24 年（1935）7 月初，中国工农红军挺进师在松阳建立一批区、乡、村苏维埃政权。

中华人民共和国成立后，松阳建立基层政权组织体系。1954 年 4 月，乡镇始设人民代表大会。

代表由选民选举产生，代表大会选举产生乡镇长、副乡镇长和乡镇人民政府委员。1958 年，原区级建制撤销，代之以政社合一的人民公社。1961 年，依据《农村人民公社工作条例（草案）》规定，生产大队的大队长和其他管理委员都由大队社员代表大会选举产生。

1982 年修订后的《中华人民共和国宪法》规定，乡镇人民代表大会每届任期 3 年，代表大会会议每年召开 1 次。1984 年，举行恢复县制后首次乡镇人民代表大会换届选举。全县共选举产生乡镇人民代表大会代表 2343 人。各乡镇先后召开人民代表大会会议，届次均承前顺算。生产大队改称行政村，设正、副主任。其选举办法是由村党支部提出候选人，进行差额选举，选出后由党支部进行分工。1989 年 12 月，根据《中华人民共和国村民委员会组织法》，行政村改为村民委员会，设主任 1 人、副主任 1 人、委员 3～7 人，下设村民小组若干个。

2004 年 3 月，根据《中华人民共和国宪法》规定，“乡、民族乡、镇的人民代表大会的每届任期由三年改为五年”。据此，该届的乡、民族乡、镇的人民代表大会的任期延长至 5 年。2007 年，松阳县人大常委会修订《乡镇召开人民代表大会办法》。

第一节　明清及民国时期基层政权建设

县级行政系统

明清时期，松阳县设知县、县丞（明万历年间裁去）、主簿（清顺治年间裁去）、典史、巡检（驻靖居口，明嘉靖年间裁去）、儒学教谕（清康熙四年裁去，十五年复设）、阴阳学训迷、医学训科、僧会司僧会、道会司道会、驻防把总、协防外委等各 1 人，训导 2 人（明隆庆年间裁去 1 人，后复设；清顺治年间裁去 1 人）。

民国元年（1912），松阳县公署设知事 1 人，主管行政兼理司法，另有承审员、管狱员、警察所长、古市警佐各 1 人。民国 2 年，县公署分科办事，设置第一、第二、第三科，各科设置科长 1 人、科员若干人。设置技士办理技术事务，酌用雇员，缮写文件及杂务等事。民国 16 年 5 月，县公署改称县政府，知事改称县长，掌理行政事务。设总务、民治、财政、教育、建设各科，分掌县政。民国 17 年 9 月，遵照国民政府公布的《县组织法》，县政府设县长 1 人，下设 3 科，各置科长 1 人、科员若干人，并雇用事务员及书记，增设公安局、教育局。民国 19 年，改设总务、财政、建设、司法 4 科，公安局、教育局人员编制 21 人。民国 20 年后，机构增多。民国 26 年，设民政、财政、建设、教育、兵役 5 科，秘书、会计、合作、警佐、军法、政工 6 室，人员编制上自县长下至事务员共 61 人。民国 38 年，县政府设民政、财政、教育、建设、军事、田粮、社会 7 科，秘书、会计、军法、合作指导 4 室。

县级以下基层组织

明时，城中街道称坊，近城（郊区）为厢，村落为里。凡百十户为里，置里长，下编十甲，置甲首。清初，沿袭明制。雍正四年（1726），以 10 户为牌，有牌头，10 牌为甲，设甲头，10 甲为保，有保正。宣统二年（1910）五月，筹办地方自治，废乡置区。松阳县设8区，各置区长1人，自治委员若干人分司其事。民国初，沿袭清制。民国17年（1928），推行村里制。在城为里，在乡为村。里、村各有长及村里委员会。县辖区、村（里）、闾、邻。全县划置8区170村（里）。民国23年，推行保甲制度，乡镇置乡镇长1人、副乡镇长1～2人。乡以下设保、甲，置保长、甲长。民国26年，分区设立乡镇联合办事处，时全县分编为5区。民国27年8月，把离城较远及相对中心的古市、玉岩、靖居3区改设区置，其余2区仍设乡镇联合办事处。民国30年，实行新县制，全部改设区署。每个区设置区长，下设区指导员、巡官、事务员、书记各1人。乡镇公所除乡镇长、副乡镇长外，设民政、经济、文化、警卫4股，各设主任1人及事务员、书记、乡丁等。保办公处设保长、副保长、保干事等。

红色根据地及解放区民主政府建设

民国24年（1935）5月，红军挺进师进入松阳。7月，建立竹溪区苏维埃政府。这是松阳第一个区级苏维埃政权。区政府驻地燕田村吴氏宗祠，下辖黄南独立乡苏维埃政府、五部乡苏维埃政府及燕田等20多个村级政权。7月22日，玉岩苏维埃政府在外南胜村成立，下辖小吉、枫坪、高亭、安岱后、斗潭5个乡苏维埃政府和54个村级政权、80多个分田委员会。区苏维埃政府设主席1人、副主席2人及财政部长、分田主任、妇女队长、妇女副队长各1人、委员若干人。乡苏维埃政府由主席、副主席、组织委员、宣传委员、财政委员、书记员各1人组成。村苏维埃政府设主席1人。

民国38年（1949）3月13日，民国松阳县长祝更生起义，成立县民主政府，祝更生为县长、王桂五为副县长。5月9日，松阳全境解放。16日，建立军事管制委员会，下设城竹、古市、靖居、玉岩4个区办事处。26日，松阳县人民民主政府成立，下设邮政局、公安局、司法科、文教科、建设科、工商管理局、财粮科、会计室、民政科、秘书室10个直属机构。旋即撤销4个区办事处，建立一、二、三、四区人民民主政府；11月，区人民民主政府改称区公所。

民国38年（1949）7月，县人民民主政府更名为县人民政府，并根据上级部署，先后建立21个乡镇人民政府，下设行政村。乡镇人民政府设乡镇长、副乡镇长，配备3～5名脱产或半脱产干部。行政村设村长、副村长。自然村设村民小组，置组长。

第二节　中华人民共和国成立后的基层政权建设

基层政权

1949年5月，松阳解放，废除保甲制，设城竹、古市、靖居、玉岩4个区办事处。不久撤销各区办事处，建立第一至第四区人民政府。11月称区公所，为县政府派出机构，设区长1名、副区长若干名。4个区辖21个乡镇。乡镇建立人民政府，设乡镇长1名、副乡镇长若干名。1954年4月，乡镇始召开人民代表大会。代表由选民选举产生，代表大会选举产生乡镇长、副乡镇长，乡镇人民政府委员。1958年，原区级建制撤销，代之以政社合一的人民公社，乡级建制改为公社下属的生产大队，原行政村改称生产队。公社管理委员会为政权机构，设社长1名、副社长若干名。全县设5个人民公社；不久，改生产大队为管理区。全县辖2镇26个管理区。1961年，恢复区级建制，管理区改为人民公社。原生产队改称生产大队。

1983年10月，实行政社分设，原人民公社改为乡，生产大队改为行政村。时全县辖2个直属镇、5区、25乡、399行政村。复置乡镇人民政府，设乡镇长1名，副乡镇长若干名，根据需要，乡镇人民政府下设若干办公室。1984年开始，实行选民无记名投票，差额选举乡镇人民代表和乡镇长。县人大常委会在西屏镇、古市镇、松阳区、古市区、靖居区、大东坝区、玉岩区设置人大联络员。1990年4月，根据《浙江省乡镇人民代表大会组织条例》规定，乡镇始置人大主席团，设常务主席。1992年3月，撤区扩镇并乡，全县调整为5个镇15个乡；至2010年未变化。

基层换届选举

中华人民共和国成立后，县人民政府民政科（局）承办县、乡选举，协助政府做好城乡基层政权建设工作。

乡镇换届选举 1949年5月，松阳解放。7月，松阳县人民政府成立。全县废除保甲制度，以行政村为单位组建农会；建立乡镇人民政府。

1953年，根据中央人民政府政务院颁发的《乡人民政府组织通则》《乡人民代表会议组织通则》，开展民主建政。经过划分选区，做好选民登记，选出乡镇人民代表会议代表，召开乡镇人民代表会议，在试点乡进行乡长、副乡长选举。

1954年，第一届普选开始，各乡镇成立选举委员会。选举委员会主席由乡镇长或副乡镇长担任，委员有乡镇党团支部书记、妇联主任、合作社社长、小学教员及乡镇民政调解、治安保卫主任等组成。乡镇人民代表候选人联名推荐产生。候选人名额应多于应选代表名额的一半或一倍。乡镇人民代表大会每届任期2年。1958年，撤销松阳县，并入遂昌县。1982年修正后的《中华人民共和国宪法》规定，乡镇人民代表大会每届任期3年，代表大会会议每年召开1次。

1982年1月，复置松阳县。1983年末，全县完成“政社分设”，恢复乡级建制。时全县辖2直属镇、5区25乡。1984年，举行恢复县制后首次乡镇人民代表大会换届选举。3月下旬，各乡镇选举委员会相继成立。7月，选举工作结束。全县共选举产生乡镇人民代表大会代表2343人。各乡镇先后召开人民代表大会会议，届次均承前顺算。自此，乡镇人民代表大会在松阳恢复正常，依法直接差额选举乡镇人民代表大会代表，按时召开乡镇人民代表大会会议，乡镇长、副乡镇长由乡镇人民代表大会依法选举产生。1987年，全县共选举产生乡镇人民代表1247人。1990年，全县共选举产生乡镇人民代表1511人。1993年，全县共选举产生乡镇人民代表1346人。1996年，乡镇人大换届，新兴、新处、谢村、枫坪、板桥5个乡的人大主席由乡党委书记兼任。乡镇人民代表大会每届任期3年。乡镇人民代表大会定期开展代表小组活动。根据本乡镇情况组织代表开展视察调研，对本级政府工作进行评议。1999年12月，县第八届人大常委会通过《关于召开乡镇人民代表大会暂行办法》。

1992年，撤区扩镇并乡后，全县置5个镇15个乡。乡镇人民代表大会届次排序原则是：乡镇合并的，沿用原镇人民代表大会届次；乡与乡合并的沿用新建乡所在地原乡人民代表大会届次。

2004年3月，第十届全国人大第二次会议通过的《中华人民共和国宪法》修正案第三十条规定，“乡、民族乡、镇的人民代表大会的每届任期由三年改为五年”。据此，该届乡、民族乡、镇的人民代表大会的任期延长至5年。即2002年选举产生的乡镇人民代表大会任期延长至2007年届满。

2007年，松阳县修订《乡镇召开人民代表大会办法》，乡镇换届选举开始，共选举产生人民代表978人。

1954～2007年若干年份松阳县乡镇人民代表大会代表结构一览表

表39-1-2-1　　单位：人

结构 年份	代表总数	男	女	汉族	少数民族	中共党员	工人	农民	机关干部	文教卫工作者	商贸企业	科技工作者	其他
1954	1212	1048	164	1169	43	—	36	1038	113	23	—	—	2
1956	1129	870	259	1100	29	—	—	—	—	—	—	—	—
1958	1116	889	227	1084	32	488	33	896	128	36	14	9	—
1984	2343	966	793	173	—	532	—	—	—	—	—	—	—
1987	1247	1141	106	—	—	638	—	—	—	—	—	—	—
1990	1511	1348	163	1446	47	738	—	—	237	—	—	—	—
1993	1346	1183	213	1297	49	670	31	1107	208	103	—	—	82
1996	966	793	173	—	—	532	—	—	—	—	—	—	—
1999	937	799	138	—	—	612	—	—	—	—	—	—	—
2002	963	852	111	805	38	622	—	—	—	—	—	—	—
2007	978	—	—	890	28	558	—	—	—	—	—	—	—

村级换届选举　民国时期，在农村实行“保甲”政策、每十户为一甲，选出一个甲长。甲长一般由一些有文化或者比较会说话的人担任。一个村为一保，由乡镇指定一人当保长，保长一般由财主、绅士担任。

1949年后，村长由农民选举产生。1961年，人民公社时期，根据《农村人民公社工作条例（草案）》规定，生产大队的大队长和其他管理委员都由大队社员代表大会选举产生。当时村级选举基本上按这一规定执行。

1982年后，农村实行家庭联产承包制，提高农民生产积极性，农村生产力得到解放，推动了农村社会的发展。

1984年3月，实行政社分设，恢复乡镇人民政府。生产大队改称行政村，设村正、副村长。其选举办法是由村党支部提出候选人，进行差额选举，选出后由党支部进行分工。1989年12月，松阳县贯彻实施《中华人民共和国村民委员会组织法》，行政村改为村民委员会（以下简称村委会），设主任1人、副主任1人、委员3～7人，下设若干个村民小组。

1988年6月，村委会换届选举改为由选民推荐候选人进行差额选举。村委会选出后由乡镇政府和村党支部进行分工。1995年4月，县委组织、民政部门制定《关于认真做好村委会换届选举工作的若干意见》，加强村委会换届选举管理。1996年后，村委会主任、副主任、委员职务的确定原来由乡镇政府和村党支部决定改为票数高低确定。村委会换届选举采取直接选举，由1名选民提名，10名选民附议，直接提名主任、副主任、委员候选人，村委会主任、副主任的正式候选人分别比应选名额多1名，委员的正式候选人名额多1～2人，然后由选民直接投票选举，过半票数以上的从高到低当选。

1998年11月，全国人大修订通过《中华人民共和国村民组织法》。是年，县民政和组织部门在枫坪乡开展第五届村两委班子换届选举试点工作，对该乡17个行政村的两委班子依法进行换届选举。给94名新当选的村委会成员颁发当选证书，并召开全县村两委换届选举工作动员大会，对各乡、镇领导进行村两委会换届选举工作业务培训。

图39-1 新兴乡泉庄村村委会选举计票现场(叶高兴 摄于2008年)

1999年，全县401个村委会，到期应换届368个村委会，已进行换届选举的村委会361个，应换届未换届的有7个村委会。

2002年4月，组织、民政部门制定《关于认真做好村党支部、村民委员会换届选举工作的意见》，统一全县村级换届选举时间。村委会职数由3～7人组成，其中设主任1人、副主任1～2人、村民代表职数20～30人。县里建立换届选举工作领导小组，县、乡、村三级建立村委会换届选举办公室。

2006年，开展第七届村委会换届选举。2～4月，全县401个村，有396个村依法按期完成村委会换届选举。2009年，开展第八届村委会换届选举工作，全县401个村委会，换届选举391个（有10个村因县重点工程征用土地等原因暂缓），换届选举选成率为98%。全县共有选民155832人，参加投票选举的选民有153755人，参选率99%。

2010年11月，村级组织换届选举工作在望松乡进行试点。到12月，望松乡 20个村完成村委会换届正式投票选举工作，共足额选举产生84名村委会成员，其中5个村一次性投票足额产生村委成员。主任20人，平均年龄41.1岁，党员占45%；副主任及委员64人，平均年龄41岁，妇女成员23人。

村级财务管理

20世纪50～80年代，村级财务由村级会计自行管理，公开的方式是用红纸抄写张贴公布。1997年，实行“村账乡镇管”的试点；1998年，在全县实施。2003年，村级财务会计实行委托代理，并实施会计电算化操作（单机版）。2008年，推行村级财务会计、出纳统一代理制度试点；2009年，在各村全面实施。2010年，在斋坛乡、叶村乡、四都乡开展农村集体“三资”（农村集体的资金、资产、资源）管理试点，把农村财务计算机监管网络系统升级到松阳县农村集体“三资”监管网络系统。全县20个乡镇全部达到浙江省村级财务管理规范化乡镇的标准；401个村有374个村达到浙江省村级财务管理规范村的标准，分别占乡镇村总数的100%和93.26%。村集体财务每月公布一次，涉及村民利益的重大“三资”信息随时向村民公开。

2010年，完善农村集体“三资”管理制度。主要内容有财务管理制度，资产、资源登记清查制度，民主管理制度，公开招投标制度及合同制度等。制定村《民主管理公约》，建立村务监督委员会，实行网络监管、审计监督等。

第二章　优抚安置

民国时期，国民政府曾陆续制订颁布军队士官抚恤条例和出征军人家属优待办法，但不能兑现。中华人民共和国成立后，松阳县把双拥（拥军优属、拥政爱民）、优抚安置工作纳入主要议事日程，对革命烈士、牺牲、病故军人家属、革命伤残人员、现役军人家属，按规定实行优待、抚恤；对复员、退役军官和士兵进行妥善安置；并对在乡老复员军人、带病回乡退伍军人实行优抚。随着社会经济的发展，各类优待金、抚恤标准不断提高，优抚对象基本生活得到保障，优抚安置工作朝着规范化、社会化、法制化的轨道发展。

第一节　革命烈士

烈士褒扬

民国19年（1930），陈凤生、卢子敬等志士，以“青帮”为掩护，组建农军，“打土豪，分田地”，打击国民党基层政权。民国24年，红军挺进师粟裕、刘英率部在松（阳）遂（昌）龙（泉）云（和）边界，建立革命根据地。全面抗战时期，浙江省立湘湖师范、浙江第二保育院先后迁到松阳古市，为松阳培育数以百计的优秀教师，播下红色革命种子。这一时期，国民政府对高自元、高威廉、程绍芬等一批有志之士进行褒扬。

从土地革命战争、抗日战争、解放战争、抗美援朝到和平建设时期，松阳革命烈士记载的共183人。

1983年4月，根据民政部《关于换发、补发〈革命烈士证明书〉工作的通知》，松阳县在全县开展走访登记、调查核实、填表审批、补换发证、善后处理等工作。原有烈士140人，其中有直系亲属57户，无直系亲属79户，情况不明3户。经审查确定应换证、补证的烈属53户（其中养亲4户）。烈士直系亲属居住外地，应转外地换、补证的4户；由外地转入松阳换发证件的1户。实际换证、补证共50户。至2010年，松阳县革命烈士共有177人。

图39-2　建成于1989年的松阳县革命烈士纪念碑（县档案馆提供）

烈士陵园管理

1971年11月，在西屏山巅及部分烈士家乡修建烈士墓，供人瞻仰。1987年，选新址建松阳革命烈士陵园，于1989年3月建成。

烈士陵园坐落西屏山西麓山冈，占地5亩，建筑面积1039平方米，有条石台阶110级、平台3座、纪念碑台1座。纪念碑碑身高15.1米，镌“革命烈士纪念碑”7个金字，由原中国工农红军挺进师参谋长王永瑞（王蕴瑞）少将题。碑前两侧为墓室，安葬陈凤生等烈士遗骸，墓室前耸立革命烈士名录碑，铭刻烈士英名。

烈士陵园由松阳县民政部门负责管理，派有专人打扫卫生。每年清明节，由民政部门会同县府办安排祭扫单位，有序进行祭奠。并对破损建设进行修缮。

第二节　抚恤定补

自1955年始，松阳对孤老、病残烈军属和复员军人，经过群众优待和国家抚恤后仍有困难，达不到当地一般群众生活水平者给予定期定量补助。是年，有10户孤老烈军属和复员军人得到定期定量补助，其中烈属3户、军属6户、复员军人1户。1961年，对16名生活无依无靠的孤老烈军属给予定期定量补助，其中每人每月补助10元的2人、8元的1人、7元的2人、5元的9人、4元的2人；每月定补金额共95元。自1964年1月开始，定补标准每月为6～10元。是年，松阳片享受定期定量补助的有烈属16户37人、病故军人家属6户18人、军属4户17人、带病回乡复退军人18户58人、残废军人2户12人。

1980年1月，适当扩大定补范围和提高定补标准，调整为农村6～10元，城镇10～15元。1983年1月，调整定期定量补助标准，在原享受实际补助金额的基础上，孤老烈属和孤老复员军人每人每月增补5元。通过对全县196名定补对象的调查，需增补的有烈属5人、复员军人22人、病故军人家属3人，全县符合增补的共30人，全年增补金额1800元。1984年4月，调整烈士家属补助费标准。范围限于享受定期定量补助条件的烈士家属。调整后的标准：农村每人每月一般不超过20元，城镇一般不超过25元。对生活特别困难的孤老、孤儿和中华人民共和国成立前参加革命牺牲的烈士的父母、配偶，可略高于此标准。得到调整的有烈属31人、病故军人家属8人、失踪军人家属3人，共计42人。调整后定补月金额751元，人均18元，全年增加定补金额3541元。1985年开始，有烈士家属45人、因公牺牲家属1人、病故军人家属14人，共计60人享受国家定期抚恤，年抚恤金支出1.3万元。1986年，复员退伍军人的定期定量补助标准有较大提高，范围扩大到在乡复员军人中的年老体弱、丧失劳动能力者。全县复员军人1317人，其中全面抗战期入伍的6人、解放战争时期入伍的564人、抗美援朝时期入伍的747人。是年，享受定期定量补助的复员军人550人，定补面41.7%；退伍军人定补43人。全年定补金额6.2万元。

1987年1月1日始，对红军失散人员实行定期定量补助。定期补助标准：在红军部队1年以下的每人每月25元，1～3年的28元，3年以上的30元。孤寡人员在上述基础上适当提高标准。在各乡镇政府取证的基础上，经县政府认定，对127名红军失散人员实行定补。全年定补金额计34504元。1988年8月，开始调整定期定量标准：（一）红军失散人员：原月定补30元的增加7元，原月定补

28元的增加6元，原月定补25元的增加5元；（二）复员军人、孤老复员军人在农村的补足每月30元，在城镇的补足每月35元；中华人民共和国成立前的复员军人补足每月22元，中华人民共和国成立后的补足每月18元；（三）退伍军人补足每月13元。按照上述调整标准，是年，对原享受定量补助进行调整，全年支出定期补助金额14.8万元。1989年1月，省民政厅、财政厅调整在乡复员军人生活补助费标准：全面抗战时期入伍的每人每月不低于38元，解放战争时期入伍的每人每月不低于33元，中华人民共和国成立后入伍的每人每月不低于28元。其中，孤老人员每月不低于40元。是年，享受增加生活补助费的复员军人616人、退伍军人52人，年增加定补金额7.8万元，全年支出定补金额22.6万元。

1990年，享受定期补助的复员军人602人、退伍军人57人、红军失散人员127人，共计786人，全年支出定补金额25.7万元。

2007年，县民政部门对参战退役及参加核试验退役人员展开核查认定工作。从2008年1月始，对全县参战参核退役人员按月发放生活补助费。2008年，全年定补金额613200元。2009年，全年定补677040元。2010年，全年定补金额860400元。

第三节　拥军优属

1949年8月至1951年末，每年春节期间除对驻军和烈军属召开座谈会、送慰问信、组织群众向烈军属拜年外，政府发放优抚粮2.51万公斤、优抚经费180元，帮助烈军属解决生产生活上的困难。

1951年7月，成立松阳县抗美援朝委员会。青壮年积极报名参军，奔赴朝鲜战场。各界群众发起献金慰劳中朝战士、救济朝鲜难民的运动，共募捐款2729元，捐献一批物资和日用品。9月18日在开展“捐献飞机大炮”活动中，全县共捐献6.82万元。1953年春节，县人民政府统一印制“贺年”信，发给烈军属。各镇、乡、村干部群众和学校学生组织拜年队，敲锣打鼓向烈军属慰问拜年。政府发放春节烈军属救济款600元。1954年，召开县拥优代表会。各乡镇召开烈军属座谈会，了解代耕、生产生活情况。各乡优抚委员会检查代耕情况。全年完成代耕劳动力26939个，人均负担0.82工，折代耕工资金额8000元。政府全年发放春节、八一、冬令3次烈军属补助款计10907.7元，累计有1648户次、6174人次享受到救济。1957年，春节前后开展拥军优属活动。推行优待劳动日工作和布置拥军优属工作。各乡镇召开烈军属、残废和复员军人座谈会，为解决他们具体困难，有14个乡2个镇发放补助款。组织机关、团体、学校、企事业单位参加拜年队向烈军属拜年，并送灯、春联、年画。1958年，松阳县制撤销，并入遂昌县。

1962年，松阳区域开展春节拥军优属活动，赠送灯17盏、联358对、牌37块、戏票17张。发放烈军属补助款1692元、复员军人补助款767元。

1963年春节，古市镇开展拥军优属运动月活动。是年腊月，组织烈军属、残废复退军人500人参加联欢晚会，并召开烈军属残废军人座谈会，发放证书，并给14户发放补助款，计165元；给4户发衣服布票31尺、棉花票2斤。镇政府筹集灯和联对28副，猪肉、红糖各14公斤、鲜鱼28条计26.5公斤、年画及其他物品，由镇领导带领150余人，敲锣打鼓，并出动秧歌队，向28户烈军属拜年。

1964年春节，石仓公社、古市和玉岩2区开展拥军优属活动，赠送烈军属现金2755元、粮食7.93万公斤及部分其他各类物资。1964～1981年，松阳区域每逢元旦、春节、八一建军节，城乡开展拥军优属活动已成为一种制度。其时，县政府均组织军民联欢活动。县党政领导和有关部门负责人到驻松阳部队进行慰问，并召开座谈会、茶话会征求意见，改进工作，加强军民团结。各乡镇组织干部、群众向烈军属慰问，送礼品，检查落实优抚措施。同时组织学习，为烈军属和残废军人做好事。

1982年恢复县制以后，每年的八一建军节和元旦、春节都组织拥军优属活动。县政府召开县五大班子以及相关部门参加的座谈会。县武警中队、消防中队、人武部全体官兵应邀出席。

1987年8月1日是建军60周年纪念日，县政府于7月下旬至8月下旬开展全民性的拥军优属纪念活动月。八一前，县城张贴标语、悬挂横幅。县五大领导班子成员参加县拥军优属慰问团，到县武警中队、消防中队进行慰问；召开复员退伍、转业军人代表座谈会；各有关单位和驻军举行小型联欢晚会。1988年，玉岩区公所建立军属联系服务制度，对全区17户现役军人家属实行“五定、五帮、五坚持”。“五定”即定每户军属的联系干部，建立村民或学生服务组；定联系服务对象；定服务项目；定要达到的目标；定服务奖惩细则。“五帮”即帮思想，使家属积极支持子女服役；帮军属解决家庭团难，落实优抚政策；帮劳力，扶持生产不误农时；帮经济，对生活困难者给予补助；帮物资，军属家庭发生意外灾祸，动员社会各方给予资助，救灾物资优先供应。“五坚持”即坚持每年一次性兑现优待现金450元；坚持给现役军人所在部队每年一封联系信；坚持每年给现役军人一封乡音信或慰问信；坚持每年与军属座谈2次；坚持每年检查一次优抚安置工作。1989年，对30名二等以上残疾军人，每人供应平价煤饼15公斤。县政府批准优抚对象4人农转非，吃商品粮，其中烈属子女1人、特等残废军人家属及子女3人。

1991年，按照《革命烈士褒扬条例》，报批追认2名革命烈士，修建烈士墓栏杆等辅助设施；组织受旱灾和水灾的军烈属进行生产自救。组织人员走访驻军部队，建立优抚同转基金和国防奖励基金；帮助优扶对象解决生产和生活中的实际问题。1992年，认真审核革命英名录，处理在龙游抗洪救灾中牺牲的叶伟胜烈士的后事，集资拓建烈士陵园的人行山道，新建烈士陵园牌坊。1993～1995年，元旦、春节、八一建军节期间慰问驻松部队，召开座谈会、军民联欢大会，听取部队对地方政府的意见和要求，帮助部队解决生产、生活、医疗、训练场地等方面的困难；组织祭扫烈士陵园，缅怀革命先烈；走访、慰问特等、一等伤残军人及军队离退休干部，提高定补对象的生活补助费及煤电气补贴。1996年，对全县的优抚对象进行普查，发现问题及时纠正，提高优抚定补对象的生活补助，定补水平达到省定标准，追认革命烈士1人。1997年，做好“双拥”工作，在春节、八一、元旦期间组织慰问驻松部队，走访烈军属、伤残军人和军队退休干部，落实有关义务兵优待费统筹等优抚制度。1998年，制定《松阳县兵役义务费统筹办法》。组织开展建军70周年庆典活动。1999

年8～9月，组织人员到全县各乡镇及部分村，对全县优抚定补、抚恤对象进行一次普查、换证，对乡镇执行情况进行台账核对。2000年清明节，全县50多个单位4000多人参加各种形式的祭扫烈士墓活动。节日期间，走访慰问驻松部队、军队离退休的同志以及伤残军人。

2001年3～5月，对全县24个乡镇401个行政村进行优抚对象普查，建立全县重点优抚安置对象和优抚安置事业单位数据库。2002年，对县烈士陵园进行较大的修缮，人行道上设置护栏，保证行人安全。走访慰问驻松部队全体官兵，做好烈士褒扬。制定《松阳县重点优扶对象医疗补助实施办法》《松阳县重点优抚对象医疗补助实施细则》。2003年，重点优抚对象优待费及时全额到位。做好清明期间干部、群众、学生等社会各界人士祭奠与瞻仰革命烈士活动。2004年3月，2名林业系统干部为救火而牺牲，民政部门及时上报材料，省政府批准为革命烈士。10月，根据新的《军人抚恤优待条例》，对伤残军人普遍换发新伤残证。2005年，宣传贯彻新的《军人抚恤优待条例》，落实重点优抚对象优抚标准的自然增长机制，制订《松阳县重点优抚对象优抚标准自然增长实施方案》。2006年，落实红军失散人员医疗统筹，解决他们的医疗难问题；做好重点优抚对象医疗补助工作，对全县带病回乡退伍军人进行调查核实。2007年，开展参战参核人员落实政策的调查、核查、认定工作，上报参战参核人员；对全县7名精神疾病退伍军人进行评残前期工作；开展建军80周年庆祝活动。

2008年，做好优抚补助工作，制定《松阳县军人抚恤优待实施细则》，上报优抚对象有关数据，做好残疾军人的评残上报和残疾证件的补发工作。2009年，制订出台《松阳县抚恤优待对象医疗实施办法》；完成抚恤优待对象数据校对和台账的输入更新工作；做好军休干部住房改革工作。2010年，走访慰问县人武部、武警中队、消防队等驻松部队。并向每位战士发放节日慰问金。开展军民融合式发展调研。组织36名中华人民共和国成立前参军的复员军人、伤残军人到浙江省荣军院短期疗养。开展退役军人精神病巡诊活动。

第四节　复退军人安置

松阳复员军人安置工作始于1950年。当年安置的原则是从哪里来回到哪里去，由县民政科负责安置。1950～1951年末，共接收复员军人110人（含残废军人39人），安置在农村86人、厂矿24人。

1952年1月2日，松阳县成立转业建设委员会，由县长等5人组成，配有7名干部，下设组织部、宣教股、供给股、招待股，负责日常工作。1957年，整顿和扩大松阳县转业建设委员会，成员由副县长等15人组成。1958年2月，松阳县转业建设委员会撤销。撤销后，有关复员军人的管理教育由兵役部门负责，生产生活安排由民政科负责，疾病治疗问题由卫生科负责，劳动就业问题由人事劳动部门负责。1959年，县人民委员会设置退伍军人安置办公室，由民政科、兵役部门抽调人员组成。

1982年，成立松阳县复员退伍军人安置工作领导小组，成员由副县长等7人组成，下设安置办公室。1985 年，全国裁军 100 万人，党中央提出“培养军、地两用人才”。5 月，成立松阳县军地两用人才办公室（办公室设县民政局内），主要负责军地两用人才登记、建档、技术、考核、向用人单位推荐等工作。2001 年，复员军人安置改革，采取货币补贴，全部自谋职业。

1951～2010 年松阳县复退军人接收安置情况表

表 39-2-4-1　　单位：人

年份	接收人数	城镇安排	回农村安排	年份	接收人数	城镇安排	回农村安排
1951	110（含残废军人）	24	86	1992	74	29	45
1952	465	65	400	1993	77	33	44
1953	99	8	91	1994	104	27	77
1954	72	20	52	1995	73	18	55
1955	181	112	69	1996	75	22	53
1956	97	73	24	1997	92	20	72
1957	247	16	231	1998	93	21	72
1958	285	190	95	1999	140	40	100
1959～1981	4161	11	4150	2000	107	45	62
1982	210	28	182	2001	130	27	103
1983	238	28	210	2002	117	17	100
1984	162	18	144	2003	117	22	95
1985	124	34	90	2004	126	20	106
1986	113	19	94	2005	87	17	70
1987	119	5	114	2006	125	25	100
1988	85	10	75	2007	111	28	83
1989	106	34	72	2008	129	38	91
1990	157	55	102	2009	120	12	108
1991	63	12	51	2010	138	21	117

说明：2001 年前，城镇复退军人按规定安排工作；2001 年安置改革后，城镇复员军人全部自谋职业

第三章　社会福利慈善事业

社会福利慈善事业历来已久。宋代时在松阳称为居养院，元改孤老院，明称养济院，清复名孤老院。还有同仁局、保婴局、红十字会、除毒分会、牛痘局、救济院（下设育婴所、施医所、代葬所、残废教养所）等机构。民国成立有赈济委员会，属地方性民间慈善组织。

中华人民共和国成立后，人民政府重视福利事业。经过不断探索、完善，农村以五保统筹为主干的社会保障网络初具规模，赡养水平不断提高。

第一节　救灾救济

中华人民共和国成立前

《松阳县民政志》（1993 年）载：封建时代，遇有灾荒，由地方官逐级题奏朝廷，请求赈恤蠲免，或民间捐募赈济。明隆庆三年（1569）松阳水灾，诏免存留钱粮。清顺治二年（1645）六月十八日，“恩诏”内开，“东南虽号沃壤，但年来加派迭征，诛求无艺，民力殚竭，深可悯念，凡近日一切额外加派，惟照三饷等例，悉与豁免；穷民鳏寡孤独笃废残疾不能自存者，该府、州、县申详抚按动支预备粮给养”。康熙十五年（1676），“大赦耿（精忠）逆所陷郡县，松阳钱粮漕项全免”。十六年（1677），所陷难民赈恤，松阳赈银 800 两。二十五年（1686），汇报水灾，松阳免银 996.324 两。乾隆十七年（1752），松阳秋禾被旱，按照灾属抚恤一月口粮，给银 653.22 两。咸丰八年（1858），太平军翼王石达开部攻克松阳，战后赦免钱粮。十一年（1861），太平军侍王李世贤部再度攻克松阳城，驻军月余始撤；第二年（1862），豁免松阳钱粮。同治三年（1864），因战事荒芜田地，题蠲钱粮银 234.92 两。光绪三十一年（1905），松阳冰冻风雪水旱灾害频繁，粮食减产，谷价递贵，第二年实行平粜，斗米售钱百零八文，每斤计钱二十七文。

民国初期，无专门救灾救济机构。社会救济主要用于自然灾害，专项赈恤主要用于兵燹。民国元年（1912），水灾，豁银 128.79 两，米 34.129 斗。民国 9 年，旱，继以风灾，岁大歉，购瓯米接济，于民国 10 年 3 月设局开粜，至秋稻登场之日，达 13 万银。民国 11 年闰五月初三日，大雨倾盆，山水暴发，冲塌雅溪口新筑石桥并各处石桥无数，冲没田庐道路尤多；二十五都板桥岭头（板桥大毛科村）、四都庄后（四都乡庄河村）山崩，各压死 1 人；6 月 21 日开始，大雨 5 日不止，三都、四都等庄受灾更重，浙江壬戌水灾筹赈会及华洋义赈会赈济银币及苞米为数至巨；松阳县水灾协赈会助款修复四都东坑源内外道路费亦不赀；北京政府亦豁银 79.88 两。民国 19 年，因上半年大旱，松阳歉收。邻县灾荒严重，粮商大批偷运出镜，米价昂贵，引起饥民义愤。5 月 30 日，潘宗遗、蔡德标等聚集贫民数百人，以米贵为由，冲入县府大堂，要求平抑米价，相持竟日，政府调省防军到场鸣枪弹压，竟被围殴，嗣经县长罗天宝允准平粜，始得解散，自20日起，定米价为每元20斤，指定殷户供应。

民国31年（1942）8月2日，侵华日军流窜松阳，盘踞28日始遁。日军所至，牲畜不留，庐舍为墟，妇女被淫辱，老弱遭惨死，财物被劫，壮丁被俘。遭害至为残酷。经统计，群众被杀戮1571人，被俘1955人；因逃难、流离失所，田地荒芜，生产无收饿死者逾2000人；房屋被毁1446幢；损失粮食6.5万担。民间直接损失400余万元（1937年物价）。中央赈济委员会拨发赈济款2万元；省政府拨发抚慰金17万元；县赈济会发放赈款14.75万元。规定死难者每名赈恤50元，毁屋者每户100元。大兵之后，又发大疫，全县患脚胫溃烂者甚众，省拨医药救济费1万元。是年又旱，山区歉收，省拨救灾赈款2万元。民国32年1月，省赈济委员会分配各县平粜、施米、行政费，松阳因上年兵灾严重，年成歉收，得平粜款8万元、施米款5万元，组织平粜委员会负责办理，行政费40.20万元由县拨支。10月，省拨贫民寒衣、被及赈款3万元，医药救济款2万元。

中华人民共和国成立后

赈灾救济　中华人民共和国成立后，政府关心人民疾苦，提出生产自救、节约度荒、辅以必要救济的方针，以生产自救为主，生活救济为辅，帮助灾民和社会困难户解决生产、生活上的困难。

1950年，松阳先涝后旱，省拨救济款41.5元、大米1.89万公斤。1952年，因1951年旱灾和当年7月水灾，形成春夏荒。县拨春夏荒救济大米2.92万公斤、救济款1921.3元、零星救济款356元，救济烈军属1438户、鳏寡孤独1874户、贫苦农民13812户。1953年6月，先洪后旱，遭灾严重。省拨救济款1659.31元、军烈属救济粮（折款）2910元。革命老根据地安岱后村春荒严重，县拨救济专款100元，嗣后山洪暴涨又拨救灾款30元。1954年，水灾严重，发生春夏荒，拨发救济款9015.5元，救济2180户5760人。1955年春，因1954年水灾，各乡村个别困难户断缺口粮，县拨救济款3000元，以解决口粮，安定情绪。3月24日，发放军烈属生活生产补助费0.4万元及社会救济粮1.5万公斤，保证春耕期间不荒1亩田，不饿死1个人。6月中旬，受特大水灾，损失奇重。省下拨救济款1.4万元，银行贷款0.95万元，水利贷款0.16万元。1956年夏，旱；8月、9月间，2次台风过境。为适当解决贫困户生活困难，支持发展生产，巩固农业合作社，拨发救济款1.17万元，重点解决受灾地区，适当照顾一般地区。1957年，春荒，发放救济款1.21万元，救济粮8.25万公斤，救济2243户6803人。夏荒时又拨发1420元，重点救济社会困难户和上年受灾严重当春春花减产的地区。贯彻“生产自救、节约度荒、群众互助，辅以必要的救济”方针。1958年，松阳县并入遂昌县。是年，因灾发生春荒。下拨救济款2.94万元、粮3.1万公斤。1959年，发放春荒救济款3800元，分配公社转发给困难户，计西屏600元、古市500元、靖居250元、玉岩200元、石仓公社150元。5月27日，发放社会救济款6500元，有重点地解决穷队、敬老院生活上的困难，扶持生产自救。

1960年，本着“国家扶助集体，集体保证个人”的原则，在春节、春荒、冬令3次发放社会救济优抚款3.45万元，发放时注意对穷社、穷队的重点扶助和遭受自然灾害的个别穷队给予照顾，并协同卫生部门对当春出现不同程度的浮肿病人予以减免医疗费用。1961年，春荒严重，有227个大队12854人缺粮104.68万公斤。4月14日，拨发救济款9600元、优抚补助款2370元，帮助社会困难户和优抚对象解决青黄不接时的生活困难，以利春耕生产。是年，发生大旱灾，拨自然灾害救济款1815元、夏荒救济款6200元。1962年3月30日，拨发春荒救济款5400元。12月22日，县拨困难救济残次棉布5035尺，棉布贷款1240元。坚持重点支持穷社、穷队、照顾一般的原则，发放社会救济优抚款2.80万元。1963年秋，先旱后洪，遭灾严重，为巩固集体经济、恢复农业生产解决贫困户生活，发放优抚社会救济款4.8万元。1966年，社救、优抚款和医疗减免费自是年度开始，由县定指标，各区、镇包干使用。是年发放社救款7210元、优抚款4830元、贫病减免款483元。1967年，旱灾。拨放社救款1.19万元、优抚款0.75万元。1968年1月19日，下达春荒救济款指标，分2次发放：3月发放3.28万元；春耕生产前发放2.37万元。发给重灾区的贫、下中农（包括烈军属、复员军人、五保户、团难户），对下放人员、下乡知青、移民、干部职工家属同等困难者一视同仁。

1971年，特大旱灾。政府先后3次共拨发救灾款3.5万元。1972年，局部受风暴袭击，毁屋伤人，拨发自然灾害救济款1.32万元。1974年，先后3次遭风暴和冰雹袭击，引起山洪暴发，有64个大队受灾严重，发放各公社自然灾害救济款4000元，计交塘1100元、枫坪700元、石仓700元、靖居500元、庄后500元、赤寿500元。1975年6月初，普降暴雨。山洪冲毁水利工程330余处。毁屋85座，淹田11356亩。拨发农田补助费6.45万元、社救费1.55万元及钢材1150公斤、水泥42吨、农药525公斤、灯泡230只。1976年，地区内务局、财税局先后2次拨发自然灾害救济款3.01万元，分配松阳区1.18万元、古市区0.95万元、靖居区0.28万元、玉岩区0.3万元、石仓公社0.3万元。1977年，拨发自然灾害救济款3.06万元。1978年，大旱灾，拨发自然灾害救济款9.8万元（含社救优抚款）。1979年，5月2日、6月23日，2次暴风雨、冰雹袭击；夏秋之间，高温少雨。为帮助灾民买粮、修房，省拨救济款2.1万元。是年夏秋之间，旱情严重，受灾水稻7433亩，粮食减产81万公斤。拨发救济款9500元，计松阳区4500元、古市区4000元、靖居区1000元。1980年春，受2次倒春寒的严重影响，5月初遭50年未遇的冰雹、暴风雨袭击，为帮助灾民修房，度过夏荒，拨发救济款松阳区1.7万元、古市区1.3万元。1981年，2次暴风雨袭击，造成灾害。拨发救灾款7000元帮助灾民恢复生产。7月16日，因台风影响，造成洪灾，拨发自然灾害救济款9500元，化肥1.2万公斤。

1983年特大洪灾，损失200万元。灾后政府组织工作队进驻灾区，教育灾民树立自力更生精神，恢复生产进行自救并发动全县人民捐献衣物、现金、粮票，支援灾区；要求上级政府拨款救济。是年，累计发放自然灾害救济款16.33万元。1984年，水灾2次，累计发放自然灾害救济款7.49万元。1985年，病虫灾害严重，发放救灾款5万元。1986年，为多灾年。6月以前，洪灾3次，7月以后又干旱50余天，灾害涉及全县。发放自然灾害救济款全年累计25万元。1987年，春、夏荒严重。5月间，为帮助灾民解决生活问题，搞好生产，下拨救济款1.93万元，救济466户1512人。7月，再次拨夏荒救济款4.08万元，救济1010户3242人。1988年，发生大小灾害6次，为松阳县恢复建制后灾情最频繁、最严重的一年。为供灾民修复房屋，拨发钢材10吨、水泥50吨、玻璃4箱、柴油4吨；为安定灾民，重建家园，恢复生产，发放救灾款50.93万元，其中生活救济31.76万元（含做衣、被款1.75万元）；有偿扶持19.17万元，7469户30035人得到救济；发动全县人民捐款6450.70元、衣物1638件、粮票1714斤，支援灾区。1989年，中、小灾情共6起。全年累计发放自然灾害救济款32万元，有4177户18796人得到不同程度的救济。

1990年，严重干旱，灾情重，损失大，发放自然灾害救济款37万元、汽油1万公斤、钢材10吨，有3121户11498人得到救济。

1991～2010年松阳县救灾救济情况统计表

表39-3-1-1

时间	旱情	救灾款(万元)	救灾物资	户	人
1991	水灾、倒春寒	100	—	8944	31305
1992.07	洪灾	49.67	—	8000	30000
1993.06	洪灾	25.33	棉被200床，棉衣259，单衣250件	4124	13290
1994	水、旱、风灾	159	—	4218	14766
1995.03	冰、水、旱灾	80.23	—	—	25000
1996	旱灾	98	—	3800	15000
1997	洪灾	100	—	—	150000
1998	洪灾	92	衣被90000余件	6933	24267
1999	水灾、风灾	91	—	—	—
2000	洪灾	66	棉被500床，粮食7.5万公斤	3000	8400
2001.01	风雹灾、洪涝灾	85	—	—	—
2002.01	风灾、洪灾	117	—	—	—
2003	雪、风雹、洪灾	35	棉被500床	—	—
2004	风灾、洪灾	107	棉被1100床	—	—
2005	洪灾、风灾	50	—	—	—
2006	洪灾、风灾	95	棉被500床	—	13428
2007	台风、洪灾	63.5	棉被500床	—	13227
2008	冰雪灾	97	棉被1000床，棉衣300件，大米6000公斤，食用油1200公斤，蜡烛1470包	—	—
2009	风灾、洪灾	174	棉被500床	—	4700
2010	冰冻灾	268	—	—	—

信贷扶贫　20世纪50年代，发放低息贷款，帮助贫、下中农困难户发展家庭副业。

1964年9月，为帮助贫、下中农困难户在搞好集体生产的前提下，发展家庭副业，增加收入，解决生活困难，以救济费发放低息贷款4.5万元。1965年，继续发放低息贷款，把指标分配给各公社，委托信用社贷放，并按时收回。1966年“文化大革命”开始，扶贫工作未正常开展。

1984年10～11月，县民政部门与松阳区委组成“扶贫试点工作小组”在四都乡进行扶贫试点工作。向218户困难户发放扶贫贷款3万元。1986年4月，各乡政府建立扶贫领导小组。1987年，对三都、四都、竹源、樟溪、叶村、谢村、新处、裕溪、大东坝、石仓、板桥乡，发放无息贷款共962户21万元。还款期分一年、二年期两种。1984～1987年，在扶持贫困乡村发展生产中，对部分救灾款采取“有偿和无偿”相结合，扶持经济实体3个，扶持贫困户3033户。至1987年，脱贫798户（按人均纯收入超过200元为标准）。1988年，有偿扶持45户，扶持福利厂2个、经济实体1个，脱贫200户。1989年开始，扶贫工作转为群众性以富带贫、以强带弱，着重扶持村级集体开发性生产。8月，27个乡镇先后建立“救灾扶贫基金会”，共筹集基金18.93万元，其中民政部门拨借13.48万元、乡镇自筹5.45万元。1990年，27个乡镇救灾扶贫基金会聚集扶贫基金20万元，新增双扶户267户，脱贫165户。

1991～2010年松阳县扶贫资金发放情况统计表

表39-3-1-2

年份	扶贫资金（万元）	户数（户）	人数（人）	年份	扶贫资金（万元）	户数（户）	人数（人）
1991	17.65	8944	3135	2001	47	2738	1371
1992	20	9047	3000	2002	94	1826	2817
1993	17.9	4124	3129	2003	95	2918	4628
1994	—	—	—	2004	40.3	2342	2135
1995	95.2	4000	21000	2005	44	2724	4468
1996	14.35	4020	2500	2006	50	3233	5293
1997	20	4236	2400	2007	347.7	2824	4454
1998	17	6938	2426	2008	94.54	4836	7254
1999	59	—	—	2009	910	5500	7377
2000	36.8	4321	1427	2010	1156	5450	7184

说明：1995年、2002年、2003年、2007年、2008年救灾和扶贫款一起下拨，所以数额较大。2009年、2010年低保标准提高以及补发、数额也比往年多一些

第二节 慈善福利事业

慈善机构

自古，松阳的慈善事业由政府主导。明洪武年间，松阳就设立孤老院等公益事业机构。民国前，设有孤老院、同仁局、育婴堂、古市保婴局、玉岩保婴局等慈善机构。

民国13年（1924）冬，设红十字会，址耶稣堂内，专事伤病救护，后废。民国17年，设牛痘局，址钟楼路育婴堂内，每年春、秋2季普种牛痘，预防天花。全面抗战开始后，设非常时期难民救济委员会松阳支会。民国28年5月，改组成县赈济委员会。民国35年3月裁撤。

救济院　民国18年（1929）1月，把城区保婴局、牛痘局、同仁局、残废所等慈善机构组建成救济院，址钟楼脚。有田223亩，年收租谷150担，年支经费925元，由县府拨东福寺等寺余田并带征屠宰税附捐以充经费。设院长、副院长各1人、事务员若干人，下设4所。

育婴所　由城区保婴局改组而成。有租谷370担。养育弃婴及6岁以下父母双亡无人抚养者。民国18年（1929），收养弃婴46名，皆女婴。民国32年，抚育弃婴74名，其中男婴6名、女婴68名。

施医所　由牛痘局改组而成。有租谷3.5担，经费多赖政府拨支。施医不施药。

代葬所　由同仁局、掩埋所改组而成。有租谷90担。赤贫无力营葬及路毙、无主尸体，均由代葬所代葬。对义冢、官产进行管理。

残疾教养所　由残疾所改组而成。有平房一座计14间，为残疾无靠之人栖息。收养不能自谋生活、无人赡养之残疾人员。民国18年（1929），收养残疾人82人（均男性）。民国32年，收容残疾人64人，其中男44人、女20人。1949年5月，所内仍滞留残疾、孤老等6户19人，土改时均安置在西屏镇一村落户。

松阳县慈善总会　中华人民共和国成立后，慈善事业一度由政府包办。弃婴由民政部门收养，或再由百姓领养。鳏寡孤独者（即“五保户”，保吃、保住、保穿、保医、保葬）都由县、乡（公社）镇、村（大队）救济帮扶。1959～1963年，西屏、古市、靖居区政府等短暂设立过敬老院，后因经费困难解散，“五保户”仍主要由大队（村）帮扶。1984年后，一些村、乡镇先后设立敬老院。到1995年，有17个乡镇建设敬老院，共设床位140张，83名“五保”老人得到安置。1997年10月1日，县级福利院开始营业，收养老人22人。这些敬老院的费用主要由乡镇支出。

改革开放后，个人、企业和社会的慈善活动日渐增多。2006年5月，松阳县慈善总会成立，并召开第一次会员代表大会，审议通过《松阳县慈善总会章程》等规章制度。选举理事会会长、副会长、秘书长。初始有团体创始会员88人，个人创始会员73人，理事会理事41人。办公地址设在县城慧明小区1号县民政局办公大楼内。

福利事业

中华人民共和国成立后，民间的慈善活动几乎都由政府所取代。初始，有五保供养的制度安排，后有最低生活保障。

弃婴收养　1949～1958年末，收容弃婴12名，由群众领养。1959年后，弃婴现象比较严重，全县共发现46名，其中西屏镇28名（男婴5名）、古市镇17名（男婴4名）、赤寿乡1名。查明父母、责令收回抚养的14名，群众领养8名，民政部门收养20名，死亡4名。1960年，西屏、古市镇共发现弃婴28名，责令父母领回10名、群众领养9名、民政部门收养8名、死1名。1962年，发现弃婴32名，分别由民政部门抚养和群众领养。1963年，西屏镇发现弃婴3名，均查明下落后由父母领回抚养。1965年后，弃婴现象明显减少。

1982年后，弃婴又时有出现。均由群众与民政部门订立养育合同领养。1985～1990年，共发现弃婴74名，其中男婴仅1名（残疾）、女婴73名，女婴占总数的98.6%。

1991～2010年松阳县弃婴收养情况表

表39-3-2-1　　单位：人

年份	收养总数	男	女	年份	收养总数	男	女
1991	12	0	12	2001	17	1	16
1992	7	0	7	2002	9	0	9
1993	12	0	12	2003	23	2	21
1994	12	1	11	2004	17	1	16
1995	15	1	14	2005	22	2	20
1996	24	1	23	2006	21	1	20
1997	12	2	10	2007	16	2	14
1998	6	1	5	2008	28	1	27
1999	28	6	22	2009	30	3	27
2000	20	0	20	2010	21	3	18

五保供养（敬老院）　松阳解放初，农村鳏寡孤独生活无正常来源者，由群众互助或亲友扶助，政府给予临时救济。1951年5月，全县有鳏寡孤独188户538人，所种327亩田由村拨工代耕。1957年，部分农业社对鳏寡孤独者实行“五保”，但多数只能做到保吃、保葬。古市镇坚强、筱铺、六八3个社共有“五保户”14户，全年供给粮食3343公斤，折币401.10元，补助款占公益金30%。1958年后，各社（队）均实行“五保”，供养标准不一，部分社（队）只供给口粮，数量为原粮180～225公斤。

1959年9月，西屏公社西屏管理区创设敬老院6所，配备工作人员6人，供养孤寡老人85人；古市公社古市管理区设敬老院1所，工作人员1人，供养孤寡老人9人；靖居公社靖居管理区设敬老院1所，工作人员1人，入院老人7人。年末，靖居敬老院解散，孤老回原村供养；古市敬老院供养“五保”老人11人；西屏6所归并为1所，供养“五保”老人18人。其后，阳溪、水南、三都、望松等管理区均先后设立过敬老院，后大多解散。1962 年存 2 所，供养老人 28 人。至 1963 年，只留西屏敬老院 1 所，供养孤老 13 人。后因经费困难，供养对象转为定期定量补助，敬老院撤销。农村孤寡老人由生产大队供养。

图 39-3　古市敬老院（县民政局提供）

1982 年，农村实行联产承包责任制后，“五保”供养采取“乡镇统筹，区别对待，分级负担，分级管理”的办法集中或分散供养。1984 年，大东坝乡树稍村自办敬老院；蛤湖乡横樟村创办敬老院，经费由乡统筹。两院供养“五保”对象 9 人，其中孤寡老人 8 人、残疾人 1 人。1985 年末，枫坪乡敬老院建成，供养孤寡老人 11 人。1987 年，玉岩区集资 7 万多元，筹建敬老院，至 1989 年建成 2 层水泥结构楼房 1 幢，建筑面积 317 平方米，占地面积 1000 多平方米，有 16 位孤寡老人自愿入院。每人年口粮稻谷 250 公斤，每人月零用钱 5 元，医疗费用实报实销。1989 年末，全县有 245 个“五保”对象与村委会签订供养协议书，其中 11 人由亲友或邻居供养。应保已保人数占 91%。

1990 年，枫坪乡敬老院并入玉岩区敬老院。1993 年，全县农村“五保”供养人员 249 户 266 人，人均年口粮 225 公斤，人均年生活费 480 元。1995 年，有 17 个乡镇建设敬老院，共设床位 140 张，83 位“五保”老人得到安置。1997 年 10 月 10 日，县级福利院开始营业，收养老人 22 人。1999 年，省民政厅、财政厅下拨福利事业单位福利费 8 万元。2000 年，省下拨民政事业单位补助 35 万元，福利事业补助费 15 万元。

最低生活保障　2001 年 8 月，浙江省制定最低生活保障办法；8 月 26 日，省民政厅、财政厅下拨最低生活保障补助资金 53 万元；6 月 25 日，调整部分特殊救济对象生活困难补助由每人每月 260 元调整为 310 元，精减退职职工由每人每月 210 元调整为 250 元。麻风病人由每人每月 160 元调整为 184 元。

2002 年，省下拨最低生活保障补助资金 35 万元。2003 年，松阳县制订《农村五保对象和城镇“三无”对象集中供养建设发展规划》。“星光计划”福利金、彩票公益金补助敬老院建设费 5 万元；丽水民政局、财政局下拨敬老院建设费 10 万元，民政事业补助费 5 万元。2004 年，对适龄孤儿进行全面调查，符合条件的 21 位孤儿资料报送到省慈善总会，进行结对助学，结对 11 人；受助金额每人每年 1800～2200 元，直至高中毕业。12 月 23 日，省财政厅、民政厅下拨福利彩票公益金补助敬老院经费 20 万元，下拨敬老院补助经费 21 万元、院补助经费 20 万元、五保户供养补助资金 70 万元、最低生活保障补助资金 95 万元。民政部和省民政厅用福利彩票公益金资助项目补助经费 2 万元，丽水市民政局补助 4.5 万元。2005 年，省财政厅、民政厅下拨省福利彩票公益金 26 万元补助敬老院建设，最低生活保障补助资金 77 万元，集中供养补助 49 万元，敬老院建设补助费 49 万元，低保对象价格补贴 17 万元，低保慰问金 27 万元。2006 年，省财政厅、民政厅下拨困难群众节日生活慰问补助费 27 万元。

2007年，全县共有“五保”对象393人，其中377人实行集中供养，供养率95.9%；城镇“三无”对象16人，供养率100%。“五保”对象人均供养支出2748元，敬老院日常运转经费支出180元。2008年，全县“五保”户对象370人，354人实行集中供养，集中供养率95.7%；城镇“三无”对象12人，供养率100%。“五保”对象年人均供养支出2988元，敬老院年日常运行经费60万元；丽水民政局、财政局下拨“星光计划”补助资金6万元，低保生活补助56万元。2009年，全县集中供养352人，其中城镇“三无”人员12人，农村“五保”对象340人，供养对象年人均供养经费2980元，贫困对象4700人，医疗救助70.2537万元，救灾资金30万元；松阳县民政、财政部门下拨望松敬老院补助资金3万元。

2010年，全县“五保”对象和城镇“三无”对象共350人，农村集中供养对象332人，供养率94.9%，城镇“三无”对象集中供养10人，供养率100%，年人均供养经费3792元。是年，制订《松阳县城乡困难人员临时生活困难补助办法》，补助对象123人，补助资金6.65万元。

第三节　慈善活动

松阳民间自古不乏慈善义举，官宦绅士开粥厂、开仓赈灾，民间热心人士捐资修桥铺路、建亭施茶者代不乏人。2006年，松阳县慈善总会成立后，及时组织开展慈善活动。

募集善款

2006年，募集慈善创始基金，采取广辟县内外、省内外，甚至海内外民间慈善财源，发动机关企事业单位、社会各界和个人捐赠，走多元化、多渠道、多形式的募集道路。募集目标定在500万元以上，并对筹集目标进行分解，具体是：县财政投入100万元；机关、部门、乡镇单位集体及全县干部、职工个人认捐100万元以上；厂矿企业认捐300万元，其中单位集体290万元、个人10万元；房地产企业、水电企业、矿产资源企业、个体户等50万元；社团、群众、学生等10万元。以上5项共560万元，并通过各种方式实现增值，把增值部分用于救济困难群众。存银行利息增值；投放到国资性公司增值；企业法人捐赠30万元以上的，按年利率7～10%采取留本付息的办法，在3～5年内，分年还本付息。筹委会决定，把单位捐献3000元以上、个人捐赠500元以上的确定为团体会员或个人会员；单位捐赠2万元以上、个人捐赠1万元以上的确定为理事会理事；一次性捐赠30万元人民币（等额外币）的海内外企业事业单位、社团组织或个人推举为副会长。

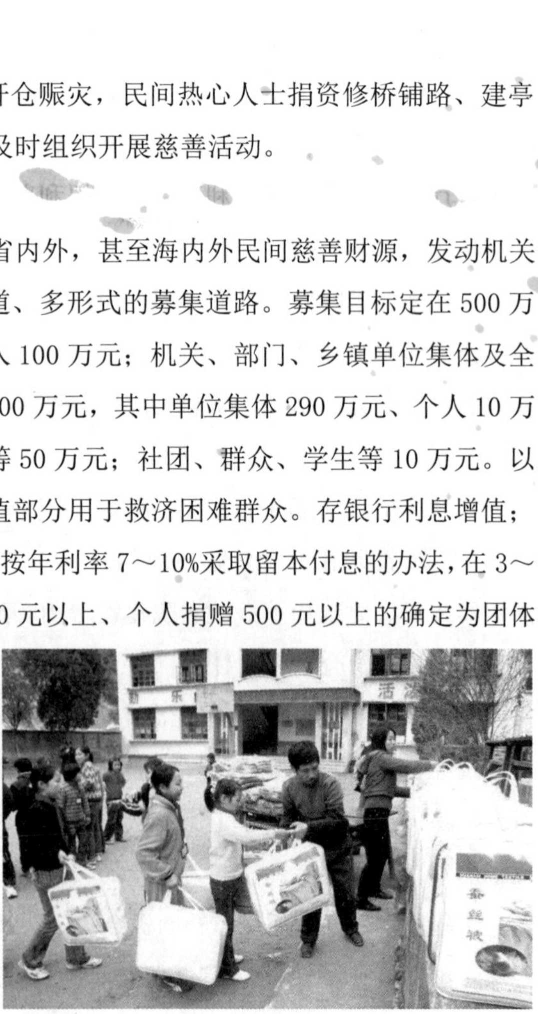

图39-4　捐赠爱心被（叶光铭 摄于2005年）

2006年12月，松阳县委、县政府办公室发出《关于广泛开展慈善募捐活动的通知》，通过筹委会进厂、入矿、上街等形式的宣传发动，一些机关干部职工及30多个企业单位开始行动。12月，县民政局、烟草公司等 17 个单位捐款 235 万元。2007 年，募集慈善资金 25.56 万元，物资总值 3.03 万元。2008 年，募集慈善资金 380 多万元，为四川汶川地震灾区募集赈灾资金 222 万元。2009 年，募集慈善资金 237 万元。2010 年 5 月，开展第三个全民慈善捐赠月活动，累计募集慈善资金 252 万元。其中，定向救助 98 万元，向青海玉树灾区捐 6 万元。11 月，《新松阳》、中国松阳新闻网在西屏镇政府门口举办“用爱心挽救小婉婷”慈善募捐活动，募集善款 12463 元。

助困救济

2006 年，下拨救助款 15.41 万元，153 人受助。2007 年，下拨 55.81 万元，其中新农村建设 9 万元、救灾 1000 元、助残 4145 元、助老 5459 元、助困 8.58 万元、助医 19.55 万元、助年夜饭 17937 元、助学 1.583 万元。1300 多人次困难群众受助，178 位困难群众吃上年夜饭。2008 年，下拨救助款物 36.6 万元，救助因病致贫致困的家庭。2009 年，发放资金 7.5 万元，助困 215 人，向困难群众发放彩电 200 台。2010 年，发放助困资金 9.69 万元，慰问帮助困难群众 197 人。

帮老助残

2007 年，开展为老人送清凉活动，送电风扇 20 台，392 位敬老院老人吃上慈善年夜饭；新建慈善超市 1 家，建立松阳慈善网站。

2008 年，县慈善总会安排专项资金 13950 元，为 31 人贫困残疾人每人赠送一辆轮椅，解决出行难的问题；春节期间下拨 95300 元走访慰问 239 位困难群众；为西屏镇 180 位困难群众举办慈善年夜饭。元旦、春节期间，省、市慈善总会赞助“爱心彩电”200 台，拨出救助金 11100 万元，救助特困老人 370 人，走访 5 家集中供养的五保老人，给他们送慰问金和衣物等生活用品。

2009 年，向 5 家敬老院送价值 12000 元 DVD 机和戏剧片，180 位困难群众及敬老院的老人吃上慈善年夜饭。2010 年，在全县 5 家敬老院举办慈善年夜饭，550 人受益。

助学助医

2006 年，发放助学款 15.1 万元，其中 11.6 万用于 58 位困难大学新生就学、3.5 万元用于 45 位困难中小学生上学；为中小学生送眼镜 500 副，价值 4 万元。发放救助款 3.35 万元，救助 17 位困难群众看病。

2008 年，发放 7.77 万元帮助农村困难学校建设；3.57 万元用于 274 位困难学生就学，把 4 位学生送到嘉兴市秀水中学免费就读高中，帮助 48 位失去父母以及特别困难的单亲家庭在校学生作为万象集团“四个一千工程”的首批受助对象。

2009 年，发放资金 38.7 万元，助学 172 人；发放资金 5.5 万元，助医 55 人；结对助孤 48 人，为玉岩中心小学配置桌椅 300 套。

2010 年，发放慈善助学资金 40.7 万元，帮助困难学生 191 人次；发放助医资金 12 万元，帮助 52 人次。

第四节 福利企业

中华人民共和国成立后，县民政部门积极扶持福利企业，规模从小到大。1958年，县民政科拨出民政事业费1万元，组织福利生产，兴办畜牧场、冷饮厂、种菜场等。1960年，兴办西屏煤球福利厂，有职工14人，其中盲人4人、聋哑2人、肢残1人。1961年，组织城镇部分生活有困难的居民和社会残疾人员开展福利生产，其中西屏镇有职工71人，总产值30058元，盈余3507元；古市镇70人，总产值20400元，盈余1500元。1962～1984年，福利企业因多种原因停办。1985年5月，县民政部门扶持大东坝乡兴办松阳县福利车木厂；是年9月，批准个体户经营的松阳县人造大理石厂为福利厂。

1985年8月，松阳县民政部门执行《浙江省乡镇福利工厂管理暂行办法》。1986年7月，县民政部门设立县民政工业服务经理部，负责管理福利企业。是年7月，贷款10万元兴办县集体性质的松阳县民政油墨厂。批办乡镇福利工厂8家，安置31位残疾人就业。1988年，全县有福利厂10家，职工157人，其中残疾人员77人、救济对象15人、优抚对象30人。1989年，县民政部门成立松阳县民政福利企业清理整顿小组，会同计经委、工商行政管理、财税等单位，对全县的福利企业进行清理整顿，对不具备福利企业条件的13家福利厂，发文予以注销。

1990年，全县有福利企业4家，安排残疾人员35人。1991年，根据民政部门新的规定，发展县属福利厂4家、乡镇福利厂7家，共安置残疾人39人。是年4月，撤销县民政工业服务经理部，成立民政企业管理办公室。1992年，民政福利企业有较大的发展。原松阳县汽车配件服务部和松阳县化工助剂厂，分别扩展为松阳县汽车配件公司和松阳县化工助剂责任有限公司。年末，全县有县属福利企业19家（含公司2家），职工171人，其中残疾职工45人；乡镇办福利企业9家，职工112人，其中残疾职工39人。实现总产值326.09万元，比上年增长248%；实现税利35.25万元。1993年，全县民政福利企业38家（其中新创办4家），实现产值1304.75万元，实现税利47.8万元，收缴管理费2.2万元。

1994年，全县民政福利企业产值突破“双千万”，达2030万元，税利突破百万元（105万）大关，新创办工业企业3家。1995年，全县民政福利企业完成工业产值2300万元，实现税利110万元。对32家福利企业进行年检年审，18家合格、7家不合格被撤销、7家限期整改。1996年，民政福利企业实现工业产值3005万元，实现销售2795万元，产销率92.4%，实现税利250万元。1997年，福利企业实现工业产值3740万元，实现销售3480万元，产销率93%，税收收入160万元，全年共办理退税67万元；完成技改项目3个，投入技改资金180万元，引进资金30万元。1998年，有社会福利企业9家，安排残疾人88人，产值2000万元。2000年，全县11家民政福利企业通过年检，变更1家、限改4家。2001年，福利企业安置残疾职工151人，上岗率100%，出勤率80%以上。

2002年，全县福利企业实现工业产值6000万元。18家福利企业年检，17家合格、1家不合格。福利企业职工473人，其中残疾职工216人，残疾职工上岗率100%，出勤率85%。2003年，福利企业18家，安排残疾人294人；全年实现工业产值8000万元。引进2家产值在1000万元以上的福利企业，科马摩擦材料有限公司全年投资800万元，建造新厂房。18家企业通过普查，合格率100%。2004年，全县16家福利企业完成工业产值1.03亿元，安置残疾职工263人。19家企业年检，合格16家、3家不合格被取消。2005年，全年15家福利企业实现产值1.5亿元；推广使用福利企业管理信息系统。

2006年，全县15家福利企业完成工业产值4.73亿元，福利企业减免税款1615万元，其中增值税854.56万元、所得税761.19万元。经年检14家合格，1家不合格被取消。2007年，全县有8家福利企业完成工业产值4.5亿元，安置残疾人286人。通过年检，14家福利企业8家合格，6家不合格被取消。2008年，受金融危机的影响，9家福利企业生产规模压缩，产品销售不畅，贷款回收缓慢，资金周转困难。全县福利企业新增企业固定资产投资660万元，实现工业总产值4.9亿元，实现年度销售收入4.5亿元，实现税收1422万元，安排就业人数885人，其中残疾人301人。9家企业经年检、年审、普查，全部合格。

2009年，全县10家企业完成工业总产值4.9亿元，利润1650万元，创税利1475万元，为328位残疾职工缴纳各类保险费140万元，退减免增值税912万元。省福利彩票公益金资助农村老年服务“星光计划”项目经费33万元。2010年，全县11家福利企业，完成生产总值6.05亿元，其中外贸出口交货值3960万元，利润总额3290万元。

第四章　老区建设

松阳县是浙江省的革命老根据地（老区）县，全县 20 个乡镇中有 16 个老区乡镇，占 80%。全县 401 个行政中有 218 个是老区行政村，占 53.75%。

1991 年 1 月，松阳县成立革命老区工作领导小组，以分管副县长为组长，县民政局长、县府办负责人为副组长，下设办公室。由民政局长兼任办公室主任，办公地址设县民政局。1993 年 7 月，县政府调整县革命老区工作领导小组成员，由县长任组长，民政局长、县府办负责人任副组长，成员由计经委、党史办、教委、供销社、乡镇企业局、交通局、老区办、农经委、财税局、科委、人行、粮食局、物资局等单位领导组成。

第一节　老区认定及分布

民国 24 年（1935），刘英、粟裕率领红军挺进师在松阳等地浴血奋战三年。以安岱后等地为中心的松阳西南山区，留下革命先烈们奋斗的足迹。全面抗战时期，古市区域建立多个共产党组织，进行抗日宣传。1985 年，松阳县遵照中央和省市制定的革命老区标准及报批程序规定，在境内广泛征集革命史料，并组织人员深入调查，反复核实，对符合革命老区条件的乡、镇、村及时上报主管部门审批。

1986 年 4 月，经丽水地区行政公署批准、地区民政局文件批复，命名玉岩、枫坪、安民、交塘、蛤湖、大东坝、石仓、竹溪、水南（1992 年并入西屏镇）、新处、谢村、赤寿、新兴、板桥、三都、古市、四都 17 个乡镇为第二次国内革命战争时期老区乡。是年，丽水地区民政局文件批复，命名叶村、靖居、雅溪、裕溪 4 个乡为第二次国内革命战争时期老区乡，全县共计 21 个乡镇为老区乡镇。是年，县政府命名 212 个行政村为革命老区村，其中划为第二次国内战争时期老区村 205 个，全面抗战时期革命老区村 7 个。

1988 年 5 月，浙江省人民政府命名松阳县为革命老根据地县。

1992 年，撤区扩镇并乡，把革命老区乡镇调整为 16 个。

1993 年，对丽水地区各县的革命老区乡镇作重新认定。松阳县西屏镇、玉岩镇、大东坝镇、象溪镇、古市镇、板桥畲族乡、安民乡、枫坪乡、谢村乡、四都乡、竹源乡、新兴乡、叶村乡、裕溪乡、三都乡、新处乡、赤寿乡共 17 个乡镇为革命老区乡镇。

1986～1993 年，松阳县经调查报请省民政厅、丽地民政局批准为革命老区乡镇 17 个、革命老区村共 218 个。此后至 2010 年，松阳县革命老区乡、镇、村未发生变动。

2010年松阳县革命老区乡镇村分布情况一览表

表 39-4-1-1

乡镇名称	行政村总数（个）	老区村数（个）	占比（%）	老区村名称
西屏镇	52	10	—	竹溪、新溪、市口、岩西、桥头、清路、南山、横山、程徐、塘寮
叶村乡	17	10	58.8	岱头、斗米坳、横坑、南岱、膳垄、东坞、叶村源口、麻寮、松山、包安山
竹源乡	11	8	72.7	黄上、黄下、呈田、小竹溪、大岭头、后畲、周岭根、横岗
三都乡	18	10	55.5	周山头、里庄、后湾、杨家堂、上田、淡竹、紫草、上源、呈回、尹源
四都乡	11	7	63.6	塘后、章田、平田、午岭、柘坑、庄河、陈家铺
古市镇	30	15	50	上方、城头、古一、古二、古三、古四、古五、古六、古七、古八、筱铺、东角垄、塘头、黄圩、湖溪
赤寿乡	19	10	52.6	界首、狮子口、龙下、楼塘、梧桐口、田岗、赤三、赤四、大川、黄坑口
新兴乡	20	12	60	下源口、后刘、横溪、徐郑、杨村头、后周包、大石、内孟、大畈、金坞、上源口、潘连
新处乡	13	7	53.8	庄后、官岭、山甫、朱山、东北头、赤岩、张山头
谢村乡	11	7	63.6	塔岭、谢西坑、南坑、大岭里、上仓、大铺、李山头
象溪镇	35	20	57.1	靖居包、靖居口、鲁西、村头、塘里源、黄店、大塔、鲁峰、下寮儿、雅溪口、南坑口、程路后、石鼓、南坑源、石马铺、吕潭、南州、东田、龙湾、坑里
裕溪乡	12	7	58.3	木岱坑、内陈、小槎、裕溪、凤弄源、源底、潘山
板桥畲族乡	9	9	100	板桥、桐榔、张山、东坑、大毛科、金村、高山、后塘、潘八
安民乡	8	8	100	安岱后、大横坑、李坑、大潘坑、曹竹、乌弄、苏马坪、台坑
大东坝镇	30	29	96.7	西山、百步、牛角圩、大东坝、白峰、赤圩、树稍、二滩坝、外大阴、内大阴、五部、黄南、大樟源口、小后畲、燕田、明源、洋坑埠头、蛤湖、山徐、横樟、后宅、灯塔、梨树岗、蔡宅、山头、下宅街、山边、上茶排、下茶排
玉岩镇	32	32	100	玉岩、溪口、沙丘、排居口、白沙岗、烧火坑、程源头、大丘下、乌岩、吴山头、步新、梨步坑、洋坑、周安、程岭根、程路、道惠、道惠口、何山头、余叶、坳头、何庄、交塘、白麻山、支木、潘山头、大树后、大岭脚、西沿头、根坑、周坑、召楼
枫坪乡	17	17	100	小吉、龙虎坳、外南坑、高亭、山乍口、洋庄源、斗潭、根下、金竹、钱余、沿坑岭头、枫坪、丁坑、黄埠坞、珠岱、梨树下、高寮
望松乡	20	无	无	无
斋坛乡	14	无	无	无
樟溪乡	22	无	无	无
合　计	401	218	54.4	无

第二节　老区建设与扶持

1953年5月，安岱后老区村春耕生产困难，全村78户，有29户生活困难，政府适时发放救济款100元扶持生产，并解决20户家庭的生活。后山洪暴发，淹没农田，又拨款30元救济特别困难户7户。1957年春节，县领导带领慰问团到横樟、安民、枫坪等革命老区慰问，发放救济款2131元，贫病者195人次由国家免费治疗，计医疗费503.73元由政府承担。

1984～1990年，为支援革命老区发展经济，改善生产、生活设施，尽快脱贫致富，改变贫困面貌，共下拨老区建设资金62.5万元，其中无偿扶持资金45.1万元、有偿借款18.2万元；无偿扶持解决老区人民的饮水卫生、用电照明、机耕路、桥及文化教育事业。1985年始，给予老党员定期生活补助。1990年，享受定期生活补助51人，其中全面抗战时期入党13人、解放战争时期入党28人，年支定补金额1.59万元。

1984～1991年松阳县支援革命老区专项资金使用情况表

表39-4-2-1　　单位：万元

年份	单位	项目	无偿扶持款	有偿借款数
1984	县民政油墨厂	因企业亏损给予冲账	1.5	0
1985	玉岩小学	建造教学楼	4	0
1986	枫坪乡小吉村	修建机耕路	3	0
	裕溪乡黄岭头村	修建机耕路	1.7	0
	竹源乡潘坑村	建造石拱桥	0.5	0
	谢村小学	建造教学楼	3	0
	玉岩镇溪口村	建造水泥路	0.3	0
	玉岩小学	建造教学楼	0.3	0
	水南乡程徐村	安装自来水	0.8	0
	地区聋哑学校	捐　助	0.3	0
	县建造烈士墓	补　助	5.1	0
1987	安民乡安岱后村	安装自来水	2	0
	三都乡淡竹村	安装自来水	0.6	0
	新处乡东北头村	安装自来水	0.8	0
	蛤湖乡燕田村	安装自来水	1	0
	裕溪乡凤弄源村	安装高压输电线路	2	0

续表 39-4-2-1-1

年份	单位	项目	无偿扶持款	有偿借款数
1987	竹源乡黄下村	种植杨梅	0.6	0
	四都乡陈家铺村	种植高山蔬菜	1	0
	县建烈士墓	补助	2	0
1988	交塘乡工办	出品气筒柄、书签	0	3
	蛤湖乡横樟村	种柑橘、办养牛场	0	1
	新兴乡后周包村	改造老桔园	0	1
	靖居农机厂	微型水轮发电机	0	0.7
	靖居木地砖厂	木材加工	0	1.3
	县建烈士墓	无偿补助	1.5	0
	县老区宣传活动	无偿开支	0.5	0
1989	县福利厂	创办汽车修配厂及综合服务商场	3	0
	靖居少数民族学校	发展桑园 50 亩	1	0
	板桥畲族乡政府	发展食用菌生产（香菇）	1	0
	靖居乡政府	发展耕牛，购买良种公牛 3 头	0.4	0
	板桥畲族乡后塘村	发展耕牛，购买良种公牛 1 头	0.2	0
	安民乡安岱后村	架设电视差转台	0.2	0
	枫坪乡高寮村	安装自来水	0.5	0
	叶村乡松山大荒田村	安装自来水	0.2	0
	新处乡庄后村	安装自来水	1	0
	雅溪乡南州村	发展柑橘 80 亩	0.2	0
	雅溪乡程路村	架设高压输电线路	0.5	0
	石仓乡山边高坑	安装微型水轮发电机	0.05	0
	枫坪乡黄埠坞	安装微型水轮发电机	0.05	0
	县殡葬所	发展柑橘	0.5	0
	古市镇东角垄村	发展柑橘	0	1
	雅溪乡南州村	发展柑橘	0	0.2
1990	枫坪乡高亭村	安装自来水	0.6	0
	新兴乡内孟村	安装自来水	0.6	0
	三都乡岭上村	安装自来水	0.1	0
	大东坝乡内大阴村	架设高压输电线路	0.7	0

续表 39-4-2-1-2

年份	单位	项目	无偿扶持款	有偿借款数
1990	竹源乡黄下村	架设高压输电线路	0.4	0
	安民乡大横坑村	架设高压输电线路	1	0
	裕溪乡金坑坳村	架设照明输电线路	0.2	0
	松阳区文化站	购置书籍	0.05	0
	玉岩镇政府	兴建电视接收站	0.15	0
	松阳县汽车修配厂	流动资金	0	6
	县特产公司	开发蚕桑基地	0	4
1991	17个村庄	用电、自来水文教卫生	7	5
合计			52.1	23.2

1991年，松阳县制定革命老区工作“八五”计划和“十年”规划，发放革命老区建设资金12万元。其中，无偿补助7万元、扶持23个项目，有偿借款5万元、扶持3个项目。解决10个村的生产生活用电、5个村的自来水，扶持7个乡镇发展文教卫生、电视广播事业及开发笋竹两用林，扶持高岭土矿的生产。

1992年，把省下拨的老区扶持款进行分配，用于扶持板桥乡食用菌生产、斋坛乡七彩山鸡养殖场、安民乡木材加工厂、县蚕丝绸公司等种养殖业及“农”字头企业。

1993年，为裕溪乡黄岭头村、新兴乡后周包村、枫坪乡中学、谢村乡谢西坑村、三都乡黄岭根村黄客口自然村等革命老区无偿扶持1.58万元。1994年，为安民乡大横坑村、四都乡中学、枫坪乡高亭村、（戴帽）安民乡安岱后村等革命老区无偿扶持2万元，有偿借款6万元。1995年，为大东坝镇、玉岩镇洋坑村、竹源乡呈田村、新兴乡内孟村、玉岩镇等革命老区无偿扶持7.6万元，有偿借款5万元。1996年，为安民乡安岱后村、枫坪乡及4个村、玉岩镇高岭村、西屏镇岩西村等革命老区无偿扶持5万元，有偿借款5万元。

1997年，配合县委县政府的扶贫攻坚工作，向上争取老区扶持资金，为老区人民脱贫致富服务。共向上争取扶持资金10万元，共补助老区村公益事业项目30个。此后，革命老区的扶持工作纳入全县的扶贫攻坚规划，不再单独开展。

1998年，省民政、财政部门下达扶持革命老区发展资金8万元，同时下达一次性戴帽资金（大东坝镇赤圩村安装高压线路）资金2万元。

2000～2003年，松阳县扶持革命老区项目资金累计54万元。

2002年8月后，县革命老区办的工作职能为调查研究革命老区建设情况，协调指导老区工作，监督检查老区经费使用情况，负责农村“三老”（老党员、老交通、老游击队员）的生活困难补助。

第五章　民政事务管理

民政事务繁杂，包括婚姻登记、民间组织管理、老龄工作、殡葬管理等事项。从中华人民共和国成立后的婚姻登记制度执行情况来看，离婚率缓慢上升。民间组织、民办非企业在改革开放后不断涌现，其数量大量增长。松阳自古沿袭土葬习俗。遵照国家政策，进行殡葬制度改革，2003 年 10 月 20 日零时始，全县统一实行遗体火化。2010 年，除极少数交通不便的自然村未纳入遗体火化区外，其他纳入火化区的遗体火化率 100%。

由于人口的老龄化趋势加快发展，老龄事业发展很快。1986 年 5 月，松阳县人民政府成立松阳县老龄委员会。1995 年 12 月，全县 5 个镇 15 个乡全部成立老龄委。到 2000 年，各企事业单位、乡村，都普遍成立了老年人协会。各层次的老年活动涵盖教育、文化、体育和健康娱乐活动，形式多样。

第一节　婚姻登记

结婚登记

《大清律例》规定："男十六，女十四，可以嫁娶。"民国 20 年（1931）民国政府颁布的《中华民国民法典》，规定"男十八，女十六，即可结婚"。但政府亦无婚姻管理机关，一些规定似一纸空文。

中华人民共和国成立后，实行婚姻自由、男女平等的婚姻制度。按照 1950 年 5 月 1 日颁布的《中华人民共和国婚姻法》规定，男二十、女十八始得结婚。

1951 年 9 月，依照浙江省婚姻登记暂行办法的规定，松阳县制定《婚姻登记暂行办法》，规定西屏镇婚姻登记工作由民政科负责办理，其他乡镇由各区公所办理。1954 年 6 月，县民政科把结婚登记交由乡镇人民政府办理。1956 年 3 月，《松阳县婚姻登记暂行办法》规定，办理婚姻登记机关为乡镇人民委员会，把婚姻登记（包括结婚、离婚、复婚）交由乡镇人民委员会办理。在结婚证、离婚证上盖县人民委员会的印章。各地原有婚姻登记之印停止使用。并规定收费标准：结婚登记费 0.6 元，离婚登记费 0.2 元。

1981 年 1 月，新的《中华人民共和国婚姻法》规定，结婚年龄男不得早于 22 周岁，女不得早于 20 周岁；晚婚晚育应予鼓励。同时规定禁止结婚和无效婚姻的具体情形。1984 年 12 月，召开全县婚姻登记工作培训会议，各乡镇婚姻登记人员参加培训。与会人员学习新《中华人民共和国婚姻法》并进行业务考核，合格者发给"婚姻登记员"证书。1985 年 10 月，全国启用"乡镇人民政府婚姻登记专用章”（钢印）。1986 年 3 月，民政部发布《婚姻登记办法》。是年 7 月，浙江省民政厅颁发《浙江省婚姻登记办法实施细则》，规定结婚证、离婚证、夫妻关系证明书、解除夫妻关系证明书由省民政厅统一印制。婚姻登记机关在证书上加盖婚姻登记专用章（钢印），加盖松阳县人民政府印章。

1988 年 4 月，在大东坝乡进行治理违法婚姻的试点工作。对 1984～1987 年 162 对违法婚姻区别情况并作出妥善处理。1989 年 5 月，全县实行领结婚证时配发丝绸外套结婚证和《新婚之夜》一书的配套服务工作。1990 年 2 月，开始在西屏、古市 2 镇实行婚前体检的试点。

1994 年 2 月，国务院发布施行《婚姻登记管理条例》，要求保证婚姻登记的质量和婚姻登记机关的执法信誉，提高婚姻登记员的政治素质和业务水平，提高婚姻登记合格率。

2003 年 10 月，新《婚姻登记条例》颁布。2004 年 7 月始，全县婚姻登记集中县民政部门办理登记，撤销原乡镇登记业务。新婚姻登记推行“亮牌上岗，持证上岗和公开收费”制度，配备电脑，出证打印，改变婚姻证件手写的历史。2005 年 5 月，为方便群众办事，婚姻登记处办公搬迁至县行政审批中心办事大厅。2009 年 8 月，为保护登记对象隐私，搬回原址办公。婚姻管理系统软件更新，实行全省联网实时在线登记。2010 年，松阳县婚姻登记机关被民政部授予“全国婚姻登记规范化建设单位”称号。

离婚办理

2003 年 10 月始，内地居民自愿离婚的，男女双方共同到一方当事人常住户口所在地的婚姻登记机关办理离婚登记。婚姻登记机关对离婚登记当事人出具的证件、证明材料进行审查并询问相关情况。对当事人确属自愿离婚，并已对子女抚养、财产、债务等问题达成一致处理意见的，当场予以登记，发给离婚证。

涉外婚姻登记

1990 年 1 月 16 日，松阳县人民政府婚姻登记管理部门开始办理国内公民同华侨、港澳台同胞婚姻登记，称涉外婚姻登记。是年，办理 1 件。1991 年办理 2 件，1992 年办理 1 件，1993 年办理 2 件。1994 年办理 4 件。1995 年办理 6 件。自 1996 年 1 月 1 日后，松阳县涉外婚姻登记由丽水地区民政部门办理。

2003 年 10 月 1 日始，松阳县依据新的《婚姻登记条例》规定，中国公民同外国人，内地居民同香港特别行政区居民、澳门特别行政区居民、台湾地区居民、华侨办理婚姻登记的机关是省、自治区、直辖市人民政府民政部门确定的机关。

1951～2010 年若干年份松阳县婚姻登记情况表

表 39-5-1-1　　　　单位：对

年份	结婚	离婚	涉外婚姻	年份	结婚	离婚	涉外婚姻
1951	107	—	0	1982	1219	—	0
1953	900	—	0	1983	1436	—	0

续表 39-5-1-1

年份	结婚	离婚	涉外婚姻	年份	结婚	离婚	涉外婚姻
1984	1193	—	0	1998	2000	84	0
1985	1473	—	0	1999	2252	101	0
1986	1312	—	0	2000	1982	95	0
1987	1415	—	0	2001	1794	91	0
1988	2047	—	0	2002	1879	170	0
1989	3170	—	0	2003	1295	96	0
1990	2090	—	1	2004	1800	126	0
1991	2000	—	2	2005	1636	166	0
1992	1800	—	1	2006	1933	232	0
1993	2100	—	2	2007	1940	323	0
1994	2200	—	4	2008	1936	303	0
1995	1963	—	6	2009	1881	350	0
1996	2021	51	0	2010	1951	342	0
1997	1797	63	0	—	—	—	—

第二节　民间组织管理

社团登记

民国时期，社会团体须经国民党县党部审核批准，由民政部门登记。民国 32 年（1943），由社会科办理团体登记，嗣后社会科裁撤，仍归民政部门登记办理。当时松阳县主要团体有县商会、农会、妇女会、教育会、佛教会、天主教会、基督教会、安息日会、瓯青旅松同乡会、中医师公会、外科研究会、永康旅松同乡会等。

1949 年后，社团登记由民政部门主管。1951 年 6 月，县人民政府通告全县社会团体限期办理申请登记，于月底登记完毕。登记的社会团体有县总工会、县农民协会、县民主妇女联合会、县工商业联合会筹备委员会、县医务工作者协会等 12 个，共有会员 67261 人。1989 年 10 月，国务院颁布《社会团体登记管理条例》。1991 年，根据条例规定，对全县社会团体进行清理整顿，重新登记发放。是年，登记县级社会团体 49 个。

1991年松阳县社会团体情况表

表39-5-2-1

社会团体名称	成立时间	会员人数（人）	基层组织
松阳县妇女联合会	1949年7月	1494	455个
松阳县总工会	1950年2月	9972	183个
松阳县公路学会	1982年5月	11	—
松阳县林学会	1983年1月	94	5个学组
松阳县土木建筑学会	1983年7月	70	—
松阳县台属联谊会	1984年4月	186	3个联谊会
松阳县环境科学学会	1984年8月	25	—
松阳县个体劳动者协会	1984年12月	4700	7个分会
松阳县农学会	1985年1月	66	4个分会
松阳县畜牧兽医学会	1985年1月	23	—
松阳县中医学会	1985年2月	38	—
松阳县文学艺术界联合会	1985年5月	10	各文学艺术协会
松阳县书法协会	1985年5月	35	—
松阳县音乐舞蹈协会	1985年5月	21	—
松阳县文学协会	1985年5月	30	—
松阳县美术工作者协会	1985年5月	25	—
松阳县戏曲协会	1985年5月	12	—
松阳县高腔研究会	1985年5月	6	—
松阳县民间文学研究会	1985年5月	17	—
松阳县摄影协会	1985年5月	20	—
松阳县数学学会	1985年10月	100	—
松阳县教育学会	1985年12月	117	—
松阳县桥牌协会	1986年	80	—
松阳县电子科普协会	1986年4月	20	—
松阳县食用菌协会	1986年7月	48	6个组
松阳县青少年科技辅导员协会	1986年10月	33	—
松阳县乒乓球协会	1987年	80	—
松阳县棋类协会	1987年1月	100	—
松阳县造纸学会	1987年2月	28	—

续表 39-5-2-1

社会团体名称	成立时间	会员人数（人）	基层组织
松阳县地质学会	1987 年 4 月	19	—
松阳县科技情报学会	1987 年 5 月	58	4 个学组
松阳县钓鱼协会	1987 年 8 月	85	—
松阳县田径协会	1987 年 9 月	16	—
松阳县篮球协会	1987 年 9 月	16	—
松阳县集邮协会	1988 年	105	—
松阳县林业体育协会	1988 年	520	—
松阳县离退休科技人员工程技术协会	1988 年 2 月	13	—
松阳县计划生育协会	1988 年 4 月	5531	435 个计生小组
松阳县财税学会	1988 年 8 月	52	—
松阳县基督教协会	1989 年	16	7 个聚点会
松阳县化工学会	1989 年 4 月	28	—
松阳县会计学会	1989 年 5 月	159	—
松阳县企业管理协会	1989 年 9 月	87	61 个企业
松阳县黄埔军校同学会	1990 年 2 月	26	—
松阳县气功协会	1990 年 7 月	30	—
松阳县老年人体育运动协会	1990 年 7 月	10	—
松阳县红十字会	1990 年 12 月	28	—
松阳县供销信息协会	1991 年	35	—
松阳县竹制品加工企业协会	1991 年 9 月	30	6 个分会

1992 年，新增准予登记社会团体 6 个，共计 55 个。1993 年，新增登记社团 5 个，计 60 个。1994 年，新增社会团体 1 个，共有社会团体 61 个。1995 年，新增社会团体 1 个，共有社会团体 62 个。1998 年 10 月，国务院颁布新的《社会团体登记管理条例》（下称《条例》）；至年末，社会团体发展至 95 个。

1998～2000 年，根据《条例》，对 74 个非法人社团进行注销，对 21 个符合法规条件的社团，重新进行法人社团登记、发证。

2001 年，新登记注册社会团体 1 个；2003 年，新登记 3 个；2004 年，新登记 1 个；2005 年，新登记 4 个；2006 年，新登记 1 个，对 3 家社会团体进行法人变更登记；2007 年，新登记 3 个；2008 年，新登记 8 个；2009 年，新登记 2 个；2010 年，新登记 4 个。至 2010 年末，全县共有社会团体 48 个。

2010年松阳县社会组织团体情况登记表

表39-5-2-2

序号	团体名称	性质（类型）	业务主管单位	登记时间
1	松阳县特种行业协会	行业性	松阳县公安局	1999年12月19日
2	松阳县机动车驾驶员协会	专业性	松阳县交通警察巡逻大队	1999年12月13日
3	松阳县文学艺术界联合会	联合性	中共松阳县委宣传部	1999年12月13日
4	松阳县红十字会	专业性	松阳县人民政府	2000年1月17日
5	松阳县个体劳动者协会	联合性	松阳县工商局	2000年3月6日
6	松阳县私营（民营）企业协会	联合性	松阳县工商局	2000年3月6日
7	松阳县林业科学协会	专业性	松阳县林业局	2000年3月13日
8	松阳县财税学会	学术性	松阳县财政局	2000年3月13日
9	松阳县会计学会	学术性	松阳县财政局	2000年3月13日
10	松阳县教育学会	学术性	松阳县教育局	2000年3月23日
11	松阳县集邮协会	专业性	松阳县邮政局	2000年4月6日
12	松阳县医学会	学术性	松阳县卫生局	2000年4月28日
13	松阳县晒红烟协会	行业性	松阳县烟草专卖局	2000年5月18日
14	松阳县老年书画研究会	学术性	松阳县老干部局	2000年6月14日
15	松阳县基督教协会	专业性	松阳县民宗局	2000年6月20日
16	松阳县中医学会	学术性	松阳县卫生局	2000年6月26日
17	松阳县护理学会	学术性	松阳县卫生局	2000年6月26日
18	松阳县老年人体育协会	专业性	松阳县文化广电新闻出版局	2000年6月26日
19	松阳县办税员协会	专业性	松阳县财政局	2000年6月26日
20	松阳县体育总会	专业性	松阳县文化广电新闻出版局	2000年7月13日
21	松阳县经济法行政研究会	学术性	松阳县人民政府法制办公室	2000年8月8日
22	松阳县革命老区开发建设促进会	联合性	松阳县民政局	2001年8月17日
23	松阳县养蜂行业协会	行业性	松阳县农业局	2003年2月15日
24	松阳县药学会	学术性	松阳县工商局	2003年9月19日
25	松阳县小水电协会	行业性	松阳县水利局	2000年12月28日
26	松阳县茶叶产业协会	行业性	松阳县农业局	2004年3月28日
27	松阳县农民专业合作社联合会	联合性	松阳县供销合作联合社	2005年10月12日
28	松阳县温州商会	行业性	松阳县工商业联合会	2005年10月21日
29	松阳县食品加工行业协会	行业性	松阳县工商局	2005年12月25日
30	松阳县福利企业协会	联合性	松阳县民政局	2005年12月26日

续表 39-5-2-2

序号	团体名称	性质（类型）	业务主管单位	登记时间
31	松阳县慈善总会	联合性	松阳县民政局	2006 年 1 月 5 日
32	松阳县体育舞蹈协会	专业性	松阳县体育局	2007 年 10 月 29 日
33	松阳县健美协会	专业性	松阳县体育局	2007 年 11 月 28 日
34	松阳县青年创业者协会	联合性	松阳团县委	2007 年 12 月 28 日
35	松阳县沼气协会	联合性	松阳县科学技术协会	2008 年 3 月 2 日
36	松阳县总商会	联合性	松阳县统战部	2008 年 5 月 30 日
37	松阳县气排球协会	专业性	松阳县体育局	2008 年 8 月 10 日
38	松阳县知识界人士联谊会	联合性	松阳县统战部	2008 年 8 月 10 日
39	松阳县志愿者协会	联合性	松阳团县委	2008 年 8 月 14 日
40	松阳县观赏石协会	联合性	松阳县国土资源局	2008 年 8 月 20 日
41	松阳县建筑业行业协会	行业性	松阳县建设局	2008 年 12 月 8 日
42	松阳县电动车管理协会	联合性	松阳县公安局	2008 年 12 月 8 日
43	松阳县詹雨詹宝研究会	学术性	松阳县史志办	2009 年 2 月 2 日
44	松阳县渔业行业协会	行业性	松阳县水利局	2009 年 4 月 12 日
45	松阳县门窗业商会	行业性	松阳县工商业联合会	2010 年 1 月 12 日
46	松阳县农村会计协会	联合性	松阳县农业局	2010 年 5 月 5 日
47	松阳县松香商会	行业性	松阳县工商业联合会	2010 年 9 月 1 日
48	松阳县香榧产业协会	行业性	松阳县林业局	2010 年 11 月 4 日

社团管理

1990 年前，社会团体实行多头审批、多头管理，业务交叉重复，管理比较混乱。1991 年，根据中央文件对社会团体进行清理整顿。县民政部门重新设立社会团体管理机构。4～5 月，集中力量对县级 66 个社会团体进行清理整顿，对其中 46 个社团予以保留，占总数 69.7%；合并 8 家，占总数的 12.1%；缓期登记 9 家，占总数的 13.6%；撤销 3 家，占总数的 4.6%。

1993 年，对全县 4 个换届选举的社会团体组织办理变更手续，对一些擅自成立的社会团体进行清理，符合条件的补办手续。1993～1997 年，松阳县对社会团体进行 2 次清理整顿工作。

1998 年 9 月，贯彻实施《社会团体登记管理条例》后，社会团体登记管理工作归口民政部门登记。1998～2000 年，民政部下达关于清理整顿社会团体审定的换发证书工作的通知，依法开展社会团体清理整顿。根据新《社会团体登记管理条例》，对 74 个非法人社团进行撤销，对 21 个符合法规条件的社团重新进行法人社团登记。配合有关部门取缔邪教等非法组织，对全县气功类社团进行专项整顿。

2001～2008 年，社团管理基本没有变化，每年都按照规定进行一年一度的年检工作。2010 年，落实和健全新社会组织工作的双重管理机制，组织全县 35 个社团开展年度检查。

民办非企业单位管理

1996 年 8 月，中共中央办公厅、国务院办公厅颁发《关于加强社会团体和民办非企业单位管理工作的通知》，对社会团体和民办单位实行挂靠单位业务主管部门与登记管理机关双重负责的管理机制。

1998 年 10 月，国务院发布《民办非企业单位登记管理暂行条例》。松阳县随后开展新创民办非企业单位复查、登记工作，共审查民办非企业单位 30 家。对符合条件的 9 家民办非企业单位进行重新登记发证。

2002 年，对全县民办非企业单位进行年检年审，规范收费，规范活动，从严把关。新登记成立民办非企业单位 1 家。依法查处邪教以及未经登记擅自活动的非法组织。2003 年，开展民办非企业单位登记的年检年审工作，10 家民办非企业单位全部参加年检年审。2005 年，新登记民办非企业单位 2 家；对 12 家民办非企业单位进行年检，合格率 100%。

2006 年，对全县 17 家民办非企业单位进行年检，合格率 100%。截至 2010 年，全县有民办非企业单位 21 家。

2010 年松阳县民办非企业单位情况表

表 39-5-2-3

单位名称	业务主管单位	成立时间
松阳县西屏镇欢乐幼儿园	松阳县教育局	2001 年 6 月 26 日
松阳县西屏镇勤勤幼儿园	松阳县教育局	2001 年 6 月 26 日
松阳县西屏镇冰洁幼儿园	松阳县教育局	2001 年 6 月 26 日
松阳县西屏镇城中幼儿园	松阳县教育局	2001 年 6 月 26 日
松阳县西屏镇星星幼儿园	松阳县教育局	2001 年 6 月 26 日
松阳县西屏镇育苗幼儿园	松阳县教育局	2001 年 6 月 26 日
松阳县西屏镇贝贝幼儿园	松阳县教育局	2001 年 6 月 26 日
松阳县西屏镇（二）幼儿园	松阳县教育局	2001 年 6 月 26 日
松阳县古市镇小博士幼儿园	松阳县教育局	2001 年 6 月 26 日
松阳县君兰健身俱乐部	松阳县教育局	2002 年 1 月 11 日
松阳县少体校青少年体育俱乐部	松阳县文化广电新闻出版局	2005 年 4 月 29 日
松阳县玉岩镇好星欣幼儿园	松阳县教育局	2006 年 3 月 21 日
松阳县西屏镇大风车幼儿园	松阳县教育局	2006 年 3 月 24 日
松阳县古市镇新时代幼儿园	松阳县教育局	2006 年 3 月 24 日
松阳县玉岩镇启蒙幼儿园	松阳县教育局	2006 年 3 月 24 日
松阳县青少年假日活动中心	松阳县教育局	2006 年 7 月 10 日
西屏镇彩虹乐乐幼儿园	松阳县教育局	2006 年 9 月 30 日

续表 39-5-2-3

单位名称	业务主管单位	成立时间
松阳县处州宋瓷研究开发中心	松阳县科技局	2008 年 6 月 20 日
松阳县吴苏君医院	松阳县卫生局	2009 年 7 月 7 日
松阳县古市镇启蒙幼儿园	松阳县教育局	2009 年 8 月 19 日
松阳县新世纪幼儿园	松阳县教育局	2010 年 9 月 29 日

第三节 老龄工作

老龄工作机构

松阳县老龄（工作）委员会 1986 年 5 月，松阳县政府成立县老龄委员会。1995 年 6 月，松阳县政府对老龄委员会成员进行调整，分管民政的副县长为主任，民政局长为副主任，相关单位负责人为委员。是年 12 月，全县 5 个镇 15 个乡全部成立老龄委并上报县老龄委备案。

1997 年 8 月，成立以分管副县长为组长、老龄委主任为副组长的协调小组，贯彻实施《中华人民共和国老年人权益保障法》，依法保护老年人的合法权益。9 月，对老龄委班子进行调整。11 月，县编委办下发《松阳县老龄委办公室职能配置》，确定县老龄委办公室事业编制 2 人，老年体协事业编制 1 人，为县财政全额拨款，老龄委办公室主任 1 人（副科级）。1998 年 9 月，对松阳县老龄委员会成员进行调整。

图 39-5 松阳县老年活动中心揭牌（叶光铭 摄于 2006 年）

2000 年，松阳县民政局“三定”方案中规定，原松阳县老龄委员会改称松阳县老龄工作委员会。老龄工作委员会办公室划归县民政局管理，办公室主任由民政局长兼任。县老龄工作委员会办公室事业编制 3 人。其中，主任 1 人（由民政局长兼任），副主任 1 人。

2005 年，县老龄工作委员会成员单位有县委组织部、县委宣传部、县民政局、县直机关党工委、县委老干部局、县发展和改革局、县教育局、县民宗局、县人事劳动社会保障局、县司法局、县财政局、县建设局、县文化广电新闻出版局（体育局）、县卫生局、县人口与计划生育局、县总工会、县妇联。县老龄工作委员会主任由分管县老龄工作的副县长担任，副主任由县民政局局长担任。

老年人协会 1995 年 12 月，为适应人口老龄化发展趋势，加强对老龄工作的领导，尽快实现“老有所养，老有所医，老有所为，老有所学，老有所乐”的“五老”目标，根据县政府文件决定，在各乡镇建立老龄委员会，在行政村、居委会和县直属部门建立老年人协会。各乡镇老龄委员会设主任 1 人，由分管老干部工作的现职领导兼任；副主任 1～2 人，由兼管老干部工作的干部担任；设委员若干人。

图 39-6 县老年书画研究会会员切磋书艺(县档案馆提供 摄于 1992 年)

从 1994 年开始至 2000 年 10 月，县林业局、西屏镇、文化局、供电局 4 个单位，竹源乡 11 个行政村、玉岩镇 32 个行政村、谢村乡 11 个行政村、安民乡 8 个行政村、板桥畲族乡 9 个行政村、樟溪乡 22 个行政村、四都乡 11 个行政村、斋坛乡 14 个行政村、古市镇 15 个行政村、望松乡 18 个行政村、供电局、赤寿乡 19 个行政村、叶村乡 17 个行政村、枫坪乡 17 个行政村、新兴乡 20 个行政村、三都乡 18 个行政村、裕溪乡 12 个行政村共 254 个行政村，成立老年人协会。全县共有村级老人协会 259 个。2000 年以后，一些未成立老年人协会的行政村因条件等原因未再成立。

老年文体活动

1994 年 9 月，举办松阳县首届老年人运动会。1996 年 10 月，组织居住在西屏镇范围内的老年人举行老人节登山活动。1997 年 4 月，成立县级机关老年人钓鱼协会。1998 年 10 月，举办庆祝老人节老年人门球、桥牌、套圈比赛等文体活动。1999 年，举办全县老年人乒乓球赛和桥牌比赛。

图 39-7 老年趣味运动会(县档案馆提供 摄于 1998 年)

2001 年 8 月，松阳县老年活动中心建成，地址县城人民大街 20 号（原人民法院审判庭），室外场地 160 平方米，室内建筑面积 400 平方米。10 月，全县组织 1000 多名老年人在江滨公园开展庆祝老人节活动，并举行文艺演出、老年法律知识抢答和猜谜语活动，组织老年人书画比赛。

图 39-8 西屏镇社区老年秧歌舞健身操比赛(叶光铭 摄于 2003 年)

2003 年，举办全县 2000 多人参加的老年人体育运动会。2004 年 9 月，举行第二届老年运动会，1000 多名老年人参加比赛。举行老年书画展，共展出书画诗词作品 100 余件（其中送省里展出 26 件）。各社区分别举办丰富多彩的文艺演出。

2006 年，县老年书画研究会到北京大观园潇湘馆进行为期 10 天的“绿谷文化书画展”，并参加上海中华书画协会主办的“第十七届文明——金奚杯”书画大赛，被评为团体金奖。2007 年，县老年书画研究会举办庆祝老年书画研究会成立 20 周年书画展。在艺术周期间，社区戏曲演唱队和各乡镇行政村老年协会举行形式多样的文艺演出。2008年，县老年活动中心工程立项，建筑面积1640.67平方米，核实概算投资147.55万元。2009年，县老年体育活动基地迁建工程。选址位于县白露岭路林业局南侧。

2010年10月，开展全国首个“敬老月”暨庆祝浙江省第23个老人节老年人健步走活动启动仪式，近千名75周岁以下离退休老干部参加3.5公里环城健身健步走活动。是年，组织开展市第五届老年人运动会，组织参加“夕阳红”歌手比赛等。

老年电大教育

1999年春季，开办浙江老年电视大学松阳教育点，设5个班，吸收学员210人。2000年3月，正式成立浙江老年电视大学松阳分校。校址设松阳县慧明小区1号，开设5个班。2001年，首批学员学完12门课程，通过考试合格，200多名学员于8月毕业。

2004年，全县有1000多名老年人参加电大课程学习。2005年，全县注册报名学习的老年人共2100多人次，占老年人总数的3.78%。2006年，全县注册报名学习的老年人共2000多人次。2007年，全县注册报名学习的老年人共3000多人次。2008年，全县注册报名学习的老年人共3394人次，占老年人口的9.07%。2009年，全县注册报名学习的老年人共3394人次，占老年人口的9.07%。2010年，全县注册报名学习的老年人共3950人，占老年人口的11.4%。

老年人权益维护

1996年10月，《中华人民共和国老年人权益保障法》颁布实施。1994～2009年，县老龄委共接待来访人员99人次，来信85件。他们大多反映子女不赡养、打骂老人、没地方住以及纠纷等问题，老龄委工作人员与县妇联、乡镇政府、派出所、村级协会、法院等相关部门共同合作，落实解决问题。

2010年，利用黑板报、横幅、广播电视、标语等形式宣传《中华人民共和国老年人权益保障法》和《浙江省实施〈中华人民共和国老年人权益保障法〉办法》，增强老年人的权益保障的法律意识。

百岁老人

1991年6月，浙江省老龄委、民政厅、财政厅联合发文规定，从是年1月1日起对100岁老人发放补贴。凡户口在松阳县城乡年满100周岁老人，每人每月发给25元生活补贴费（年满100周岁当月计发），所需经费由县财政列支。1995年1月始，全省百岁老人生活补贴标准由原来每人每月25元提高到50元。1997年3月，每人每月生活补助费由50元增加到100元。2003年，每人每月由100元增至200元。2010年1月，百岁以上老人长寿保健补助标准由原每人每月200元调整为每人每月不低于300元。

1995～2010年松阳县百岁老人情况一览表

表39-5-3-1

年份	1995	2002	2003	2004	2005	2006	2007	2008	2009	2010
姓名	叶永如	翁美娣	翁美娣 何仲娇	翁美娣 何仲娇 叶秀珠	何仲娇	何仲娇 刘史贞	何仲娇 周叶发 刘史贞	周叶发 叶凤连	周叶发 叶凤连 宁翠翠	宁翠翠 叶火弟

第四节 殡葬管理

古越时，松阳曾有悬葬习俗；后沿袭土葬习俗。民间多数出于迷信和竭尽孝道而讲究丧仪，甚至不惜为此背负重债。选择墓地，择日入殓、开吊、出殡。富者为丧仪大事铺张，繁文缛节，夸富炫势。贫者则薄板棺材，甚至求人施舍，草草收殓。有缓葬、把棺柩暂停厝内之陋习。

民国后期，曾实行殡葬改革，推行公墓，在县城西北之太保庙塔、红墙儿山和县城东北之草场圩、中央山等设立“官产坟地”多处。各乡村也都有公共坟地，但有名无实，收效甚微。民国《松阳县志》记载，全县有义冢地26处，共计57.5亩。但限于习俗，大多嫌公共坟地“风水不好”，只有确无土地者，才葬到公共坟地。

推进殡葬改革

1949年10月后，人民政府重视殡葬改革，逐步推行新的丧葬风俗。人去世后，开追悼会、献花圈、戴黑纱、戴小白花，寄托对死者的哀思。这种丧葬形式，一直到20世纪80年代都被人们所采用。有的地方因山地少，都指定一块荒山葬坟，使土葬相对集中，不准乱埋乱葬。

1989年，县政府开始筹建松阳县公墓。当年征用荒山30亩为公墓山。1990年2月，松阳县殡葬管理所建立，负责松阳县公墓的筹建事宜。经费主要由县财政筹措，先后核拨25万余元。

1989年，征用阳溪乡项弄村委会集体所有的2块荒山，第一块28.3亩，作为墓区；第二块1.7亩，兴建殡管用房。该地块坐落在阳溪乡官溪水库东南侧老权股山。征地费用共计32200元。1992年竣工验收的有办公室211平方米，投资5.3万元；殡仪用房包括悼念堂、停灵室、告别厅、落棺棚、休息室、殡仪车库，共计333.28平方米，投资9.1万元；附属设施，包括门厅、厨房、厕所、围墙等，投资3.6万元。购置殡仪车1辆。

1997年，县政府从温州引进资金400万元，在西屏白露岭兴建第一座园林式公墓“凉亭公墓”。在新建中搬迁工程范围内的95具旧坟，9月动工，规划面积1.5万平方米，建成墓穴3500座，1998年8月竣工。

1998年，松阳县研究制订《殡葬管理实施办法》，划定禁坟区，推进全县殡葬改革的步伐。根据1999年《浙江省殡葬管理条例》要求，全省在1999年末前全面执行火化。2000年3月，基本完成十五里村建设殡仪馆的征地工作和规划设计，6月底动工。

2001年，完成火化殡仪馆主楼土建工程以及主楼内部装饰、火化炉设备安装、附楼土建工程及周边山地部分绿化工程，添置殡仪车1辆。到年末，完成总投资620万元的65%，同时开展殡葬改革宣传和调查研究，共走访调查全县401个行政村5000余人。2002年，火化殡仪馆主楼工程通过验收，被评为优良工程，附楼土建工程也基本完成，开始点火试运行。同时做好骨灰公墓的前期准备工作，完成征地50亩。

实行遗体火化

2003年10月20日零时起，全县统一实行遗体火化。到年末，火化区没有出现遗体土葬现象。2004年，全县遗体火化率100%。2008年，开展火化区扩面工作，对84个已改善道路状况符合火化条件的自然村，列入火化区。

2010年，对逐步推行火化区进行调查、审核、认定，把符合火化条件的村纳入火化区范围。全县有67个自然村涉及人口2018人划为“逐步推行火化区”。

生态公墓建设与管理

民国后期，曾推行公墓，但有名无实，收效甚微。

1991年，叶村乡叶家村与水南乡新溪村协商，新溪村把集体所有的“下岗山”面积9.4亩，有偿转让给叶家村作为公墓坟山永久使用。是年，古市镇筱铺村委会在“荫岗山”兴建村级公益性公墓，由村统一规划建坟20座，投资2.63万元，供村民无偿使用。

2003年1月，松阳县十五里殡仪馆静安园公墓有限责任公司注册成立。是年，全县推行遗体火化后（除部分逐步推行火化区外），为使火化后骨灰按规定处理，殡仪馆建立骨灰月报制度。发现有不按规定处理骨灰的，到实地核实、调查，并做好工作，使骨灰按规定处理。9～10月，开展殡葬改革对口检查回头看活动，对检查中发现的问题提出整改意见和相应的措施。

2005年3～4月，殡仪馆开展纪律作风整顿和业务技能培训，提高殡仪馆工作人员的服务意识和业务技能。2006年，建成生态墓区372个（其中骨灰寄存处1个），覆盖93%的村，绿化率90%。

2007年，及时调查处理违规埋葬骨灰现象，解决遗体长期冷藏的遗留问题。2008年，加强殡仪馆内部管理和工作人员的作风建设，建立健全各项制度。2009年，开展村级公益性墓地建设及使用情况的调查，加强对村级公益性墓地建设的指导，开展“三沿五区”（三沿：沿铁路、沿公路、沿河道；五区：水源保护区、文物保护区、风景旅游保护区、住宅区、开发区）坟墓治理工作。

2010年，《关于要求停止白露岭“凉亭儿”公墓扩建工程的建议》被县政协第七届四次会议列为重点提案。截至2010年末，凉亭儿公墓业主已经停止建设，公墓的环境得到改善，提案办理工作得到认可。是年，静安园骨灰公墓建设进行整体规划和扩建。对已建成并投入使用的一期公墓进行修缮和绿化，将继续投入3000万元资金，建成公墓5000穴。其中，二期投资300万元，新建墓穴554穴。指导村级生态墓地建设，对验收合格的村级公益性墓地，县财政给予资金补助。截至2010年末，“三沿五区”坟墓治理率98.01%，生态葬法行政村覆盖率92.5%。

第六章　移　民

松阳原居民为百越人，春秋战国时期，由于吴越楚之战，生活在松阳的原居民不断外迁或与外来迁移人口融合。秦始皇的“迁虏”、汉武帝的“北迁”，到晋时，松阳人中“越人”的身份已经完全模糊。后世生活在松阳的“松阳人”，是经“永嘉南渡”、南北朝民族融合、“靖康之难”以及明清时期闽汀北迁“十八姓”等不断的人口迁徙和融合而构成的。

移民分自然移民与机械移民。一般情况下，中华人民共和国成立前的移民多为自然移民，中华人民共和国成立后，自然移民多为个案，并无明确记载，更多的是机械移民。机械移民主要包括因国家政策移入或迁出松阳的移民、水利开发建设移民和松阳域内致富搬迁移民3类。

中华人民共和国成立后，松阳县的领导干部和人民群众识大体、顾大局，及时完成上级政府所交给的各项移民安置任务，为国家发展、松阳富裕作出巨大的贡献。

“自然移民”参见第五编“人口”第二章“人口变动”第一节“自然变动”。

第一节　国家政策移民

杭州移民

1956年3月，先后接收杭州市支农人员166户521人，分别安置在赤寿、新兴、岗寺、庄门、阳溪、樟溪、望松、叶村8个乡16个高级农业生产合作社参加农业生产。安置方针是加强领导，依靠农业生产合作，团结互助，依靠自己辛勤劳动建立家园，并辅以政府救济。后因生活困难，陆续返回杭州市，留下26户。1988年调查统计，这26户杭州支农移民已发展为44户148人。他们已经适应松阳的生产、生活习惯。1983年，中共浙江省委为解决移民遗留问题，分配松阳县现金5000元、木材10立方米。县政府于是年6月如数分配到斋坛、望松、阳溪、新兴、岗寺、赤寿6个公社，发放给杭州支农移民困难户。1989年，中共浙江省委为解决杭州支农移民住房困难，给予松阳一次性补助款30000元。县委于是年4月如数分配给岗寺乡10200元、新兴乡7190元、赤寿乡4370元、望松乡3390元、斋坛乡2700元、阳溪乡2150元。各乡政府把款项发放给杭州支农移民困难户，帮助29户95人解决住房困难及其他遗留问题，使移民安居乐业。

松阳支边移民

1959年和1960年，松阳先后动员两批青年及其家属共367人（其中家属54人）到宁夏回族自治区支援边疆建设。第一批166人，于1959年6月安置在吴忠县陈远滩。第二批201人，于1960年5月安置在银川市平吉堡农场。国家给支边移民解决棉衣、棉被等生活、生产用品用具，支付全部车旅费用。

宁夏地区气候寒冷，生产、生活习惯与松阳差异很大，又受“双反运动”（反对地方民族主义、反对坏人坏事）的影响，大多数移民陆续返回原籍。2010 年，尚有 21 人留在水电部第三工程局工作。

绍兴等地知识青年插队落户松阳

1964 年开始，先后有 5 批外地户籍知识青年到松阳插队落户。其中，1964 年，四川永川县 5 名知识青年到松阳落户；1966 年，绍兴县知识青年人数最多，计 324 人，其中男 227 人、女 97 人。1979 年后，大部分绍兴知识青年陆续返回原籍，至 2010 年，尚留在松阳的有 110 人。

第二节　水利开发建设移民

水利开发建设移民主要包括国家开发建设大中型水库水电站，库区淹没区的部分百姓安置到松阳，以及松阳域内自身水库水电站建设需要在县内安置的移民。安置到松阳的移民共有 3 批，分别是新安江、乌溪江和滩坑水电站建设需要安置的部分移民。移民工作一向由县民政局内设机构移民办公室管理。2007 年 5 月，单独设立县移民工作办公室，为县政府直属参公事业单位（副科级）。移民办共有编制 10 人，下设综合科、安置科、开发扶持科、资金管理科 4 个科室。

新安江电站移民

1962 年，由省统一规划，在新兴、赤寿、樟溪、叶村 4 个公社，单独建立 10 个大队，集中安置遂安县和淳安县新安江库区移民 442 户 1929 人。移民分别被安置在赤寿公社章家大队、墙里大队、朝阳大队，新兴公社高丰大队、渡市大队、端口大队、进贤大队、贤溪大队，樟溪公社陆家大队，叶村公社叶家大队。2006 年 7 月，根据国务院《关于完善大中型水库移民后期扶持政策的意见》，松阳县对新安江电站移民进行核定登记。核定移民共 1026 户 3027 人。

乌溪江电站移民

1978 年 1 月开始，遂昌县政府采取分散安置的方式，分散安置在西屏镇 17 个大队、水南公社 17 个大队、望松公社 17 个大队、古市镇 14 个大队、新兴公社 14 个大队、赤寿公社 16 个大队、樟溪公社 11 个大队、斋坛公社 10 个大队、叶村公社 8 个大队，共计 121 个大队。累计安置乌溪江水库移民 901 户 4595 人。2006 年，核定乌溪江电站移民 1917 户 5696 人。

滩坑电站移民

1999 年始，开展滩坑移民安置前期准备工作。安置的移民来自景宁县渤海镇、陈村乡、金钟乡 3 个国家级贫困山区乡镇。初步确定松古平原西屏、古市等 8 个乡镇 48 个村作为安置点。选定樟溪乡

图 39-9　滩坑移民交接仪式（叶高兴 摄于 2005 年）

为滩坑移民安置试点乡镇，接收第一水平年移民。2003 年，落实首批移民安置生产生活用地。

移民搬迁安置分两个水平年实施：第一水平年（2005）安置移民 54 户 205 人，分散安置在樟溪乡的 11 个行政村；第二水平年（2006）安置移民 500 户 1727 人，分散安置在西屏镇、古市镇、望松乡、叶村乡、斋坛乡、赤寿乡、新兴乡 7 个乡镇的 59 个村。2006 年 9 月底，所有移民搬迁入住。

在安置的 1932 位移民中，农业人口 1892 人、非农业人口 36 人，建房期间死亡 4 人。均采取有土安置的方式，共调剂建设用地 300 亩、生产用地 1335.53 亩，人均标准 0.71 亩，基本与当地居民人均耕地面积等同。生产用地相对集中，土质良好，农田基础设施较为完善，生产条件良好。

2006 年松阳县滩坑水电站移民安置实施情况表

表 39-6-2-1

安置点所在乡镇	安置点个数（个）	安置移民人数（人）	其中农业人口（人）	调剂土地面积（亩）	农业人口人均耕地（亩/人）
樟溪乡	11	205	204	165.54	0.81
西屏镇	17	352	338	210.90	0.62
望松乡	9	244	238	150.26	0.70
叶村乡	5	169	163	122.20	0.75
斋坛乡	4	211	209	150.18	0.71
古市镇	9	294	289	208.63	0.72
新兴乡	9	197	195	130.32	0.70
赤寿乡	6	260	256	197.50	0.76
合　计	70	1932	1892	1335.53	0.71

1962 年，承担安置新安江水库移民。1978 年，安置乌溪江水库移民。2004～2009 年，安置滩坑水电站移民。到 2010 年末，松阳县共有经国家核定的移民 4570 户 14558 人（其中直补到人的移民人口 12209 人、直补到村的移民人口 2349 人），占全县总人口的 5.9%，移民安置在 9 个乡镇 147 个行政村 313 个村组。

县内安置移民

松阳域内水库水电站建设需要在县内安置的移民，包括建设梧桐源水库、东坞水库和谢村源水库需要安置的移民。

梧桐源水库移民　梧桐源水库原为小型水库，经除险加固工程后升格为中型水库，共有 2 批搬迁移民，共 105 户 368 人。

第一批为 20 世纪 70 年代初建时搬迁的移民，共 72 户 250 人。移民分别被安置在古市镇 8 个大队（城头、二村、八村、东角垄、上方、庄门、刘边、湖溪），赤寿公社 7 个大队（叶川头、卯山后、梧桐口、黄坑口、龙下、红连、半古月）。

第二批为梧桐源水库实施除险加固工程时搬迁的移民，共33户118人。这批移民被集中安置在赤寿乡新设立的田岗新村。

东坞水库移民　1970年，修建东坞水库，主要涉及叶村公社的相关大队。淹没总面积2平方千米、耕地500亩，搬迁人口170人。移民人均补偿标准为215元。库区移民以农业人口为主，采取县内安置的方式，分别安置在叶村乡东坞村、官田村、寺山村、麻寮村、源口村5个村。

谢村源水库移民　1989年修建谢村源水库，主要涉及谢村、新处、玉岩3个乡镇的11个行政村39个村民小组，淹没总面积3平方千米，耕地897.4亩，搬迁人口366人。移民人均补偿标准为2600元。库区移民以农业人口为主，采取县内安置的方式，分别安置在古市镇9个村、新兴乡2个村、赤寿乡5个村、斋坛乡6个村、樟溪乡1个村。

第三节　致富搬迁移民

2005年开始，松阳县按照“政府引导、农民自愿、统一规划、分步实施”总体要求，采取集中安置和分散安置相结合的方式，开展“下山”脱贫工作。2005年，编制《松阳县欠发达地区整体搬迁规划（2005～2010）》。2006年，完成《松古盆地万人“下山”脱贫项目初步设计》，并被列入省重点工程项目。该项目拟建立筏铺、西垒、铺门、新溪4个县级“下山”脱贫小区。2008年，完成《松阳县农民异地转移工程总体规划（2008～2012）》。先后制定《关于加快农民异地转移促进农民增收的若干意见》《关于印发松阳县农民异地转移资金补助办法（试行）的通知》和《关于界定农民异地转移工程扶持范围对象条件的通知》。

图39-10　“下山”脱贫移民喜迁新居(叶光铭 摄于2005年)

2005年，全县共安置“下山”移民453户1772人，累计“下山”移民1395户5182人。2006年，全年投入资金3020万元，新建“下山”移民小区2个、“下山”移民点5个，安置“下山”脱贫618户2160人，其中4个省扶持欠发达乡镇安置361户1470人。完成地质灾害隐患点搬迁41户116人。2007年，全年共投入资金5250万元，完成筏铺小区二期工程建设，启动筏铺小区三期、枫坪下山脱贫小区和新兴金坞、望松砌坛地质灾害点搬迁避险等项目。全年共实现“下山”脱贫440户1684人，累计2453户9026人。2008年，全县整体搬迁96个自然村，实现农民异地搬迁1638户5767人。

2009年，全年共完成投资11700万元，实现农民异地搬迁658户2325人，其中整村搬迁32个村，整村搬迁农民1323人，占搬迁总人数的56.9%。2010年，累计征地24.06公顷，完成投资1.6亿元。累计安置下山搬迁农户661户2669人。

西垄小区，规划用地13.27公顷，计划投资6730万元，安置农户600户2000人，采用徽派建筑。2009年，安置四都乡“下山”脱贫农户183户783人。

泉庄小区，2008年启动整村搬迁工程，在新兴乡泉庄村规划建设生态移民小区，对农户进行异地安置。小区规划建设用地2.06公顷，于2010年实现金坞村整村搬迁，安置金坞村下山搬迁农户75户209人。

图 39-11　西垄小区（叶光铭 摄于2009年）

筏铺小区，2010年在古市镇筏铺建成“下山”脱贫移民安置小区，累计征地22公顷，完成投资1.4亿元。小区安置房统一采用徽派建筑风格。累计安置下山搬迁农户586户2460人。

另外，铺门、新溪小区安置尚处在规划中。铺门一期，规划占地面积为3万平方米，总建筑面积为13万平方米，包括22幢5～6层的住宅楼等。

至2010年末，全县累计完成农民异地搬迁投资4.51亿元，争取上级补助资金1.05亿元，共建立安置小区6个、安置点17个，整体搬迁行政村 8个、自然村82个，异地搬迁农民4431户15927人。

2002～2010年松阳县异地搬迁情况表

表39-6-3-1

年度	搬迁户数（户）	搬迁人数（人）	新建安置小区（个）	新建安置点（个）	其中：整村搬迁				争取资金补助（万元）	完成投资额（万元
					行政村（个）	自然村（个）	户数（户）	人数（人）		
2002	438	1760	—	1	—	—	—	—	147	3000
2003	146	535	—	1	1	—	70	242	135	2150
2004	318	1115	—	2	1	—	94	326	275.6	3125
2005	453	1772	2	1	1	—	28	95	250.5	4215
2006	618	2160	1	2	—	—	—	—	447.6	4625
2007	440	1684	—	3	—	—	—	—	592.5	5250
2008	818	2773	2	4	2	38	818	2773	3961.66	5230
2009	597	2109	1	3	1	31	383	1323	2693.66	11480
2010	603	2019	—	2	1	15	333	1069	1840.62	6080

2003～2010年松阳县异地搬迁安置小区（点）安置情况表

表 39-6-3-2

乡镇名称	实施年度	小区名称	安置点名称	用地面积（亩）	安置户数（户）	安置人数（人）	土地已批未安置面积（亩）	公寓房建设安置情况				建设情况
								规划公寓房套数（套）	已建公寓房套数（套）	已安置公寓房套数（套）	已报名农户数（户）	
西屏镇	2004	—	孙源	28	80	267	—	—	—	—	—	已完成建设
望松乡	2008	五都阳	—	40	99	352	—	—	—	—	—	已完成建设
古市镇	2006	筱铺	—	444	740	3250	102	54	54	5	-	一、二、三期基础设施已完成建设，已建54套公寓；四期土地征用已完成，地质灾害搬迁农户正在建房
玉岩镇	2003	—	玉岩	12	42	155	—	—	—	—	—	已完成建设
	2008	—	步新	2	7	30	—	—	—	—	—	已完成建设
大东坝镇	2006	—	白峰	3	10	36	—	—	—	—	—	已完成建设
	2008	—	上寮山	15	57	170	—	62	62	57	-	已完成建设
象溪镇	2007	—	南坑口	6	19	67	—	—	—	—	—	已完成建设
	2008	—	黄岩	3	10	38	—	—	—	—	—	已完成建设
	2009	象溪	—	200	81	304	12.78	60	60	20	—	农户正在建房，公寓房60套已完成建设
新兴乡	2006	—	大石	7	21	56	—	—	—	—	—	已完成建设
	2008	泉庄	—	19	75	209	—	—	—	—	—	已完成建设
	2008	—	下源口	3	10	37	—	—	—	—	—	已完成建设

续表 39-6-3-2

乡镇名称	实施年度	小区名称	安置点名称	用地面积（亩）	安置户数（户）	安置人数（人）	土地已批未安置面积（亩）	公寓房建设安置情况				建设情况
								规划公寓房套数（套）	已建公寓房套数（套）	已安置公寓房套数（套）	已报名农户数（户）	
新处乡	2004	—	坳后	33	98	305	—	—	—	—	—	已完成建设
	2009	—	竹垒	10	30	129	—	—	—	—	—	已完成建设
谢村乡	2008	—	李山头	7	22	85	—	—	—	—	—	已完成建设
叶村乡	2009	—	麻寮	96.62	13	46	96.62	48	—	—	—	有30亩用地已报批，未征
赤寿乡	2005	—	田岗	10	33	95	—	—	—	—	—	已完成建设
四都乡	2005	西垒	—	221	415	1448	16.44	144	144	83	—	一、二期基础设施已完成建设。二期四批两幢公寓48套，19幢联建房正在建设
枫坪乡	2007	—	真武桥	4	12	45	—	—	—	—	—	已完成建设
	2007	—	岩坑	9	28	86	—	—	—	—	—	已完成建设
	2009	—	黄埠坞	30	25	80	—	—	—	—	—	已完成建设
	2010	—	枫坪	10	36	108	—	—	—	—	—	已完成建设
板桥乡	2005	桐榔	—	60	178	567	—	—	—	—	—	农户正在建房，相关基础设施正在建设中
裕溪乡	2010	—	源底	14	42	117	—	—	—	—	—	已完成建设

第四节 移民安置管理

对县内外水库水电站建设需要安置的所有移民资金，实行集中支付制度，在资金的使用和监管过程中采取跟踪问效措施，力求安置管理的相关工作落到实处。

移民搬迁安置

松阳县有中型水库2座，即东坞水库和谢村源水库。分别建于1970年和1989年，影响库区移民2349人（核定到村），主要分布在5个乡镇20个行政村90个村组。除县域2座中型水库移民，于1962年承担安置新安江水库移民、1978年安置乌溪江水库移民以及2004～2009年安置滩坑水电站移民。到2010年末，全县共有经国家核定的移民4570户14558人（其中直补到人的移民12209人、直补到村的移民2349人），约占全县总人口的5.9%，移民安置在9个乡镇147个行政村313个村组。

移民新村建设

松阳县有新安江移民村10个，东坞水库、谢村源水库、梧桐源水库移民村各1个，共13个新村，分布在赤寿、叶村、樟溪和新兴4乡。

赤寿乡共有移民新村4个：章家村、田岗村、墙里村和朝阳村。

章家村，位于赤寿乡政府所在地，距县城14千米，龙丽公路（50省道）穿村而过。2010年，有195户636人，5个村民小组。产业以茶叶、外出务工、经商为主。因新安江电站和滩坑电站建设需要，分别于1962年安置原属遂安县章家村的新安江移民83户386人、2005年安置滩坑移民11户47人，系新安江电站、滩坑电站移民村。

田岗村，位于赤寿乡政府所在地，龙丽公路（50省道）北侧，距县城14千米。原田岗村位于梧桐源水库的库区，因加固梧桐源水库堤坝，2006年全村38户村民全部迁至赤寿乡政府附近。2010年，有43户108人，2个村民小组，产业以茶叶为主。

墙里村，距赤寿乡政府所在地5.7千米，距县城16.5千米。2010年，有56户166人，2个村民小组，1962年因新安江水库建设搬迁至此，系新安江水库移民村。主要产业为茶叶生产和加工。

朝阳村，朝阳村为新安江水库移民村，1962年因新安江水库建设搬迁至此。2010年，有115户251人，5个村民小组，村民主要从事茶叶种植和加工。

新兴乡共有移民新村5个：贤溪村、进贤村、端口村、渡市村、高丰村。

贤溪村，距新兴乡政府所在地4千米，距县城12千米。2010年，有102户278人，2个村民小组。1962年因新安江水库建设搬迁至此，系新安江水库移民村。村民收入以茶叶种植、茶叶加工为主。2009年，开始危旧房改造。

进贤村，距新兴乡政府所在地2千米，距县城20千米。2010年，全村有82户216人，6个村民小组。1962年因新安江水库建设搬迁至此，系新安江水库移民村。村民主要经济收入来源为茶叶种植和加工。

端口村，位于古市至大石公路边，交通便利，1962年因新安江水库建设搬迁至此，系新安江水库移民村。2010年，全村有108户276人。茶产业是该村的主导产业。

渡市村，位于新兴乡政府所在地附近，1962年因新安江水库建设搬迁至此，系新安江水库移民村。全村共有1个村民小组，77户232人。村民经济收入以茶叶种植、加工、外出务工为主。

高丰村，距新兴乡政府所在地1千米，距县城15千米。2010年，全村有110户330人，8个村民小组。1962年因新安江水库建设搬迁至此，系新安江水库移民村。村民主要从事茶产业和外出务工。

另外，叶村乡有东坞村和叶家村，樟溪乡有陆家村，谢村乡有大岭里村。

东坞村，1970年，因东坞水库建设搬迁至此，为东坞水库移民村。2010年，全村现有67户142人，2个村民小组。村民的经济收入以种植茶叶、香菇为主。

叶家村，1962年，因新安江水库建设搬迁至此，为新安江水库移民和乌溪江水库移民（1户）。2010年，全村有146户317人，4个村民小组，耕地面积19.47公顷，山林面积22.53公顷。

陆家村，距樟溪乡政府所在地0.5千米，距县城14千米。2010年，有83户196人，6个村民小组。1962年因新安江水库建设搬迁至此，为新安江水库移民村。村民的经济收入以茶叶种植、加工为主。

大岭里村，距县城35千米，1989年因谢村源水库建设全村搬迁安置，为谢村源水库移民村。2010年，全村有94户266人，4个村民小组，村主要产业为茶叶种植。

移民经费管理

新安江库区移民经费管理 1983年3月，遂昌县民政局拨入移民经费结余款40675元；1985年1月，拨入安置原松阳区7户移民应付未付拆迁费2523元。1984年，为解决新安江移民没有山林或者只有少量山林等方面的实际困难，浙江省民政厅曾2次共拨给移民经费21万元。在各安置公社的支持下，从邻队划出148.53公顷林地分配给9个新安江移民大队，为移民提供发展多种经营的基地。县民政局为解决移民用电、饮水和行路难等问题，1983年、1988年，2次下拨移民经费共7.1万元，补助10个移民村装自来水和造机耕路。

1990年12月，浙江省电站水库移民安置办公室（下称省移民办公室）拨款5万元，用于章家、墙里、端口3个村解决饮水问题；1991年1月拨款2万元用于叶家村征用新溪村下岗山的0.63公顷山林地；是年6月，拨款3.5万元，用于高丰村人畜饮水工程2万元、贤溪村建机耕路1.5万元；1992年5月拨款2万元，用于解决进贤村改造自来水1.1万元、渡市村0.9万元。以上累计12.5万元。在各级党和政府的扶持下，全部新安江移民村架设高压输电线路，饮上自来水，村村通机耕路，移民能安居乐业。

乌溪江库区移民经费管理 移民安置费与库区县移民标准相同，移民人均600元、木材0.4立方米。安置工作因受松阳复县的影响，收场时尚存在许多遗留问题由松阳县承担处理。1982年7月，遂昌县民政局拨入用于集体公共设施款（标准每人60元）的结余款14.29万元。此款按迁入乌溪江移民人数分配，分2期拨入。1984年3月，省民政厅下拨给处理乌溪江移民安置遗留问题经费9.5

万元。县民政局根据移民实际困难，进行逐项调查研究，给予适当补助，以求及时解决。至1990年，累计发放补助款1.87万元。

1991年12月，省移民办公室拨款2万元，用于丁山头村修建被毁的引水渠道。8月，水利部移民办公室下拨一次性补助乌溪江、新安江移民专项经费200万元，主要用于谢村源水库工程建设、解决好水库下游“两江”（乌溪江、新安江）移民村水利灌溉的配套设施，使移民村能直接受益；对当时“两江”移民在生产生活上急需解决的困难，安排部分资金加以解决。用于谢村源水库工程建设170万元；用于解决“两江”移民生产生活问题30万元。

松阳县是移民工作的重点县，先后安置有新安江、乌溪江、滩坑和县内东坞、谢村5座大中型水库农村移民14558人，其中后扶人口12209人，分布在全县的9个乡镇143个行政村。松阳县所有移民资金实行国库集中支付制度。

扶持移民开发致富 1988年3月21日，省移民办公室在桐庐县召开“省扶持新安江水库外移民发展生产工作会议”，提出在处理移民遗留问题时要改救济型为开发型、改移民经费的无偿使用为有偿使用。同时规定项目管理、资金管理等一整套制度。根据会议精神，经调查论证，松阳县上报1988年扶持移民发展生产计划，经省移民办公室实地项目考证认可，办理2份借款合同，共借入有偿低息移民生产周转金20万元。借款投放：叶家村丝织地毯厂4万元，陆家村塑料包装厂6万元，种养殖业7个村共投放10万元。每年照此办理，至1990年，累计借入移民生产周转金85万元。按借款合同规定，如期还款。至2010年，累计归还本金62.5万元。累计投放扶持生产周转金46.15万元，扶持种植茶叶13.67公顷、柑橘35.27公顷、黄桃4.33公顷、玉环文旦5.33公顷，改桑3公顷；兴办和扶持乡镇企业5个、县福利企业3个；扶持移民村11个、710户2329人，移民经济发展结构趋向合理化。1988～1990年，省移民办公室为解决移民生产生活问题，补给钢材40吨、水泥70吨。县民政局根据移民的实际需要，如数分配给各移民村使用。

水库移民后期扶持规划的编制和实施

2006年10月，松阳县政府根据国务院《大中型水利水电工程技术征地补偿和移民安置条例》《关于完善大中型水库移民后期扶持政策的意见》等，制定《松阳县大中型水库移民后期扶持政策实施方案》，编制《松阳县大中型水库移民后期扶持规划》，力求通过3个五年扶持规划的实施，统筹安排大中型水库移民后期扶持资金、大中型水库库区基金等移民专项资金，集中力量解决水库移民居住条件差、生活贫困等突出问题。

2006～2010年，实施松阳县大中型水库移民第一个五年扶持规划，共发放移民直补资金3244.83万元，发放率100%。通过移民直补资金的发放，直接扶持到移民个人，有力改善水库移民的生产生活条件。在20个项目扶持村，共实施移民项目103个，拨付移民项目专项资金634.23万元。其中，基础设施项目82个438.88万元，生产开发项目7个45.35万元，科技推广项目14个150万元。规划项目完成率96%。513户1950人温饱问题得以解决，移民年人均收入从2005年的2426元，增加到2010年的5520元，增幅128%。

第四十编　畲族 宗教 信仰

松阳县是多民族的县，以汉族为主。2010年，有31个少数民族，其中畲族人口最多。各民族居住分布交错杂居，文化上兼收并蓄，经济上相互依存，情感上相互亲近，形成多元一体格局；在长期杂居的生产生活中结下深厚的友谊，共同建设田园松阳。

畲族先民自明末清初入迁松阳，垦山辟地，种植水稻番薯、玉米、豆、麦、麻等，植树造林，兼营狩猎、采集，纺纱织布，自给为生。畲民在历史上曾过着受压迫、受歧视的艰难生活，在逆境中抗争，谋求发展。他们在长期的生产生活中创造出富有民族特色的文化、体育、医药及民风习俗，既发展畲族自身，也为松阳山区开发和经济发展作出贡献。

松阳历史上有佛教、道教、天主教、基督教四大宗教，在漫长的历史进程中，不断与松阳当地风俗文化相互融合、彼此促进、共同发展，形成松阳本土的民间宗教崇拜信仰。

第一章　畲　族

明万历年间开始到清乾隆年间，景宁、云和、宣平、遂昌等邻县的畲族人和闽地客家迁入松阳落户，繁衍生息，蔚成大族。1978年改革开放以后，以女性婚嫁为主，有西南少数民族人口迁入。1982年人口普查，松阳县有少数民族11个；2000年有18个（不含未识别）；2010年 ，全县有少数民族31个（不含未识别）。

各少数民族中，畲族人口居多。民国18年（1929）有畲族人口1136人，民国23年（1934）增至3167人，1949年3043人。中华人民共和国成立后，畲族人口逐年增加，1953年有3103人，1955年3347人，1964年3878人，1982年5152人，1990年5407人。

2010年，第六次全国人口普查，全县31个少数民族，其中畲族人口6093人，占少数民族总人口的40%。苗族256人，拉祜族217人，布依族146人，土家族126人，彝族109人，哈尼族113人，佤族80人，布朗族52人，白族43人，侗族40人，傣族38人，壮族27人，回族29人，水族23人，瑶族10人，黎族9人，傈僳族8人，藏族7人，蒙古族2人，维吾尔族5人，羌族5人，仡佬族3人，满族3人，朝鲜族2人，阿昌族2人，哈萨克族1人，东乡族1人，纳西族1人，普米族1人，京族1人。

松阳畲民以蓝、雷、钟为主要姓氏。板桥畲族乡是松阳县唯一的畲族乡，畲族人口占全乡总人口的25.2%。松阳人称畲民为“畲客”或“畲客人”，意为先来的汉人把这些后来的畲民当作客人，这是对山里来的客人畲族的尊称；畲民自称“山哈”，意为居住山里的客人。畲族主要分布在境内板桥畲族乡、象溪镇、大东坝镇等地山区，其中以板桥畲族乡最集中，其他乡镇零星分布。畲民初到松阳时刈茅结庐于山边、山坞、丘陵和溪涧一带，当地汉民称之“畲客寮”。

清代县令吴楚椿《畲民考》载，“力耕苦作，或佃种田亩，或扛抬山舆，识字者很少”。中华人民共和国成立后，民族管理工作初时由县民政局兼管，后来县政府成立民族宗教事务科负责民族管理工作。1982 年，由县委统战部和民族宗教事务局领导和管理民族事务工作，县政协专设民族组，奉行党的民族政策，使畲民在政治上得到平等，在教育和培养民族干部中得到优惠，在生活设施方面得到扶持，在经济政策上得到倾斜，有力促进畲乡的文明建设。

畲族有自己的语言，但没有文字。民间畲族民歌抄本中存在少数近似汉字，这些字是在汉字词典中没有的仿照字。畲语属汉藏语系苗瑶语族，通用汉文。畲族善歌善舞，编制、刺绣工艺精湛，每岁农历三月三歌节，畲族人民欢聚一堂，载歌载舞，此乃畲族传统习俗。1994 年开始，板桥乡与丽水县老竹镇、丽新乡及武义县柳城镇 4 个畲族乡镇，每年轮流联合举办“新桥竹柳三月三畲族歌会”。畲族舞蹈、工艺美术及问凳、畲拳、抄杠、竹竿舞等畲族传统体育颇具民族特色。2008 年，畲族山歌和畲族医药被列入浙江省非物质文化遗产名录。

第一节　畲族历史源流

族称

畲族的族称分自称和他称 2 种。畲族自称“山客”“山哈”。“哈”畲语意为客人，“山哈”意指外地迁住山里的客人。畲族原分布在闽、粤、赣三省接合部，元、明、清时期，从原住地陆续迁徙到闽东、浙南、赣东等山区半山区。闽、浙一带汉族至今仍称畲民为“畲客”，以“客”表尊重之意，“畲客”之称较为普遍。松阳汉族称畲民为“畲客”或“畲客人”，都是指山里来的客人的意思。

畲族、輋民是汉族对“山哈”的他称。“畲”字来历甚古。在《诗》《易》等经书中就已出现。“畲”字读音有二：读 yú（余），指刚开垦的田；读 shē（奢），意为刀耕火种。“畲”字衍化为族称，始于南宋时期。刘克庄《漳州谕畲》载，“民不悦（役），畲田不税，其来久矣”，“畲，刀耕火耘”。“畲”作为族称，缘于当时畲民到处开荒种地的游耕经济生活特点。

“輋民”名称，出现在 13 世纪。文天祥在《知潮州寺丞东岩先生洪公行关》说：“潮与漳、汀接壤，盐寇輋民群聚。”“輋”音 shē，是广东汉人俗字。以“輋”字作族称是侧重于居住形式，指在山里搭棚而居的人群。“輋”的含义与“畲”有差异，前者指福建畲族，后者指广东、江西畲族。这是由于汉族文人对闽、粤、赣畲族经济生活观察的侧重点不同而出现的异称。

畲族称谓经历了由蛮的泛称和畲瑶并称，及以瑶代畲、以苗代畲，然后统一专称为畲的复杂过程。13 世纪中叶南宋末年，汉文史书正式出现“畲民”和“輋民”两词并用的记述，畲族由此成为专称。元代，“畲族”的专称普遍使用。明代，文献中对“畲民”“輋民”“畲瑶”或“輋瑶”等称谓则同时并用。清代，文献中把畲族通称为“瑶人”“苗瑶”或“畲瑶”。民国时期，畲族曾统称为瑶族，或称“苗夷”。1956年12月，国务院在国家民委派出数次民族成分调查组调查后，中华人民共和国国务院正式批准确定“佘田的畲”为中国单一的一个少数民族。

历史迁徙

松阳境内的畲族，祖先原在广东潮州市凤凰山。粤、闽、浙、皖、赣等省畲族广泛流传有“广东路上有祖坟”之说。说其始祖原居住深山，以狩猎为生，后不幸被“山羊”所伤，死于丛林中，葬在广东潮州凤凰山上。据松阳畲族蓝、雷、钟氏宗谱记载，最早入迁松阳的畲族，为景宁殿原支族裔孙六十世祖雷振兴的子孙雷林富、雷林贵、雷林荣三兄弟，他们于明万历七年（1579），先入迁景宁县游田仓基垟；居未久，因遭遇洪水，再移居松阳。之后，又有殿源支族雷庭元等从景宁迁至松阳杨家坞、石马源、叶西后、内陈等地。另有一支从丽水郑坑入迁松阳高岭、叶西后等地。

明末清初，陆续入迁松阳定居的畲族大多安居下来，繁衍子孙迄今。仅雷孔华的后裔入迁松阳毛弄、西坑口后，有一支复于清康熙二十七年（1688）移居云和县六都大垟岗、毛梨垵；另有一支迁龙游。叶西后的蓝氏有一支迁兰溪，其余的少有他迁。

松阳县畲族蓝、雷、钟三姓支族迁徙情况表

表40-1-1-1

姓氏	支族	原居地	宗祠或祖担所在地	迁入松阳时间	先后落户地
蓝氏	景宁殿源	广东揭阳	景宁县金坵	明万历年间（1573～1620）	雷庭元迁县内杨家坞，其侄雷有贞等人迁石马源（原住水觅坑）
	云和安溪	广东揭阳县高桥黄坑迁福建罗源寮庄	云和县安溪青石岩	清雍正八年（1730）	坑头源、田蚁弄口、畚箕尖、潘家弄、下岩、万岭脚、岗丘、大纺车、大垦、石马源、黄垵、和尚坑、蛀蟆塆、石牌门、下仓、双坑
	景宁四格	广东揭阳三十七都迁福建罗源垟里川山大坡头	莲都区水阁犁头尖	清雍正年间（1723～1735）	雷山头、金弄、安成畈、村头、石牌门、金钟、东源、高书、茅路垵、毛弄、下坑源、塔背、陈落山口、高岭、樟村源、楼山岭脚、徐山、源底
	南峰山	广东海洋县大红桥迁福建罗源重上里南峰	云和县高路（或说茶园）	清雍正年间（1723～1735）	下坑源、上湾、大水槽、后山垵、下仓、大垦、石马下、牛家坪、小西、吴司、小步塘、黄岩、石马源、源底、五里坟、半岭、叶西后、金钟
	南峰马美支	广东迁福建罗源南峰重上里马美	云和县大庆寺	清乾隆年间（1736～1795）	靛青弄、楮树坳、大凸、下垟、上垟、朱畈（原住云和县栗坳）
	南峰官坑支	福建古田十八都小茶岭迁罗源重上里官坑	莲都区水阁沙旺	清乾隆年间（1736～1795）	坑上源、下寮儿、篱边山、白露山头、田边、磨磁下、金竹坞（不详）、毛弄、坳下（不详）

续表 40-1-1-1

姓氏	支族	原居地	宗祠或祖坦所在地	迁入松阳时间	先后落户地
雷氏	景宁殿源	广东揭阳高桥黄坑迁福建南靖辛安里	莲都区郑坑	明万历年间（1573～1620）	杨家坞、屋下坑、石马源（后改蓝姓）、高岭、内陈、叶西后、上坞源
	景宁包凤	广东海洋县八排山迁福建罗源十八都苏坑	景宁县包凤	清康熙二十七年（1688）	毛弄、金钟、东源、西坑口、田边、楼山岭脚、仰天河、马蹄塆
	云和梅源	广东琼州济仁里迁福建古田县	云和县岸畔新处垟	约清康熙初年	后塘、坑上源、大纺车、沙岸坑、潘八岭、高垵、潘山水口、金坑坳、新渡坑、马蹄塆、东坑、潘家弄
钟氏	景宁山外	福建罗源县十七都晋安太平村迁景宁包凤	景宁县包凤	（不详）	岗丘、石马下、洞坑口、焦树、黄店、垄背
	景宁锦岱垟	广东琼州迁潮州再迁福建宁德	遂昌县井头坞	清乾隆年间（1736～1795）	大垦、高岭、西坑口、潘弄、新安寮、官山

说明：上坞源蓝姓经遂昌迁入，有的村不详（无记载）

2010年松阳县畲族居住村落分布情况表

表 40-1-1-2

乡镇名称	行政村	畲族聚居自然村	畲、汉族杂居自然村
板桥畲族乡	后塘村	后塘、靛青弄、大凸、楮树坳、黄碧岗	—
	金村村	金弄、雷山头、石马下、上湾、九石、鸟林、潘家弄、田蚁弄口、内塆	安成畈、大水残
	潘八村	万岭脚、大纺车、下岩、潘八岭、后山垵	厝下坑、沙岸坑
	大毛科村	坑上源	—
	东坑村	—	东坑
	板桥村	—	下仓
	高山村	岗丘	—
象溪镇	石牌门村	石牌门、高书、东山、外大垦、篱边山、铁炉基、	内大垦
	下寮儿村	下寮儿、西垵、洞坑口	—
	村头村	村头	—
	金钟村	桃花洞	金钟
	毛弄村	毛弄	—
	上梅村	双坑、毛梨垵	风打坳
	黄店村	—	吴西

续表 40-1-1-2

乡镇名称	行政村	畲族聚居自然村	畲、汉族杂居自然村
象溪镇	坑里村	小步塘、焦树	坑里、东源
	小佛儿村	牛家坪、高垵	垄背
	陈家里村	—	小西
	高岭村	高岭	—
	下坑源村	下坑源、黄垵	—
	石马源村	石马源	—
	岭下村	岭下	—
	塔背村	塔背	—
	南坑源村	西坑口、陈落山口、樟村源	—
	吴村村	田边	—
	程路后村	黄岩	—
	象溪村	和尚坑	—
裕溪乡	内陈村	半岭、半岭脚、五里坟	内陈
	徐山村	—	徐山
	叶西后村	叶西后、楼山岭脚	—
	章山村	新渡坑、金坑坳	—
	潘山村	潘山、上垟、仰天河、水口、横路下、茶坑、朱畈	—
	源底村	处章山脚、水口	—
大东坝镇	灯塔村	马蹄塆、蛙蟆塆	水垟后
	梨树岗村	大铺莨	—
	下宅街村	大垄坑	—
三都乡	毛源村	磨磁下	—
西屏镇	竹客口村	—	竹客口
赤寿乡	界首村	上坞源	—
樟溪乡	徐山村	新安寮	—
新兴乡	后刘村	—	管山寮
	大石村	内里源	—

畲族人口

2010 年末，松阳畲族总人口为 6093 人，其中男性 3605 人、女性 2488 人。

2010年松阳县各乡镇畲族人口分布情况表

表 40-1-1-3　　　　单位：人

乡镇名称	总人口	畲族人口	乡镇名称	总人口	畲族人口
板桥畲族乡	4954	1072	玉岩镇	13754	36
象溪镇	14886	2349	望松乡	10599	59
裕溪乡	6492	1171	叶村乡	7121	41
大东坝镇	17065	378	斋坛乡	9185	38
樟溪乡	10395	102	竹源乡	6907	25
新兴乡	21982	81	四都乡	3629	39
赤寿乡	11182	165	水南乡	13793	96
三都乡	8416	71	枫坪乡	8420	21
西屏镇	4755	242	安民乡	3659	6
古市镇	21121	101	全县合计	240615	6093

2010年松阳县畲族集聚的25个行政村人口分布情况表

表 40-1-1-4　　　　单位：人

乡镇名称	行政村	总人口	畲族人口	比例（%）	乡镇名称	行政村	总人口	畲族人口	比例（%）
板桥畲族乡	后塘村	369	351	95.1	象溪镇	南坑源村	914	251	27.5
	金村村	366	296	80.9		石马源村	280	249	88.9
	潘八村	435	233	53.6		塔背村	88	68	77.3
	大毛科村	814	91	11.18		岭下村	136	119	87.5
	全乡合计	1984	971	48.9		下坑源村	146	133	91.1
裕溪乡	潘山村	497	183	36.8		高岭村	160	149	93.1
	叶西后村	385	172	44.7		毛弄村	95	78	82.1
	内陈村	705	359	50.9		金钟村	343	185	53.9
	源底村	269	236	87.7		石牌门村	467	420	89.9
	徐山村	323	45	13.9		下寮儿村	159	146	91.8
	章山村	428	84	19.6		村头村	194	187	96.4
	全乡合计	2607	1079	41.4		上梅村	296	71	24.3
大东坝镇	灯塔村	670	263	39.25		程路后村	292	45	15.4
	全镇合计	670	263	39.25		吴村村	247	48	19.4
						全镇合计	3817	2149	56.3
全县合计							9078	4462	49.2

第二节　畲族经济生活

畲族是一个具有悠久历史的少数民族，迁居松阳后的畲民多数居住在山垵、垄坞，搭茅棚栖身。三五户或十几户成村落，有的单家独户居住。力耕苦作，或向佃东租种田地，或当挑夫，或卖柴卖箬，兼以饲养、采集和狩猎等为生存手段，畲族男女都参加劳动。中华人民共和国成立之前，由于土地贫瘠，水利条件差，耕种技术落后，作物收益低微，畲民受封建统治阶级压迫尤甚，生活极为困苦。粮食以番薯、玉米、荞麦、苦麦等杂粮为主，除种植粮食外，还种植苎麻、棉、茶、油桐、油茶、靛青及松、杉、竹、水果等。农闲时砍柴或采集野生中草药、蕨根等山货投售市场，以换回生产生活资料。狩猎是畲民的生产生活方式之一，户户必养鸡、猪，牧草资源丰富的地方，每户都养牛。衣着多数穿自纺自织的粗布、麻布衣，冬天无棉衣着居多，以烤火取暖。“火篾当灯照，蓑衣当棉袄，辣椒当油炒，番薯吃不饱”是畲民生活的真实写照。

中华人民共和国成立后，党和人民政府奉行民族平等、民族大团结政策，畲族和各兄弟民族一样，翻身做主人，经济生活不断改善，畲乡经济条件明显改善。土改时，无田无地的畲民分得土地，实现了“耕者有其田”的愿望，响应“组织起来，发展生产”的号召，依靠集体力量，因地制宜进行农田基本建设，改良土壤，兴修水利，推广优良品种，改良耕作技术等，粮食产量逐年提高。1982年后，实行家庭联产承包责任制，更激发畲民生产积极性，粮食持续增长。随着生产的发展，农村产业结构的调整，普遍发展茶叶、水果、蔬菜、养殖业等，畲民的经济生活有了翻天覆地的变化。

刀耕火种

畲民在松阳各地定居下来后，先是采取刀耕火种的方式垦山造田，耕山而食。把山间荒地开发出来，有水源的地方辟为梯田，并设法对土地进行改良。下寮儿村《蓝氏宗谱》记载昔时畲民锄耕火种之事，旱地种植“莳、薯、姜、苎、芋、茄、菜”等作物，可耕地面积不断扩大，就在山地上割崀衣烧灰，提高土温，增加肥力，改良土壤。实行山、地、田并耕，逐步过渡到种水稻和豆、麦等农作物。同时，“艺麻种青”，种植油茶、烟草、茶叶等经济作物。

畲民普遍居住在山区，地理条件差于周边汉人，因而长期艰辛生存。由于居住环境所限，赖以生存的农业经济主要以旱地作物为主，水稻为辅，农业生产仰仗风调雨顺。中华人民共和国成立后，通过努力，畲乡生产生活环境有较大改善，“刀耕火种”已成为历史。

图 40-1　畲民在采茶（叶光铭 摄于 2008 年）

副业生产

松阳畲民的副业生产主要有：

种青　靛蓝，又叫靛青，畲民俗称种青，有很长的种植历史。明代弘治以前，从闽西、闽南一带迁到闽东的畲民，就因多种青被称为“青客”。迁居浙西浙南的畲民，“搭寮”垦荒种青，被称为“青寮”。明清时期，板桥、象溪、裕溪一带畲民普遍种青，且质量好。后塘村有1个自然村因种植靛青，取村名“靛青弄”。石仓区域的阙氏是从福建罗源迁徙而至，也有种青的习惯，加上当时下宅街的铁业、印染业非常兴旺，种青的人越来越多，灯塔村马蹄湾等地畲民纷纷种青。

狩猎　畲民长期居住在深山老林、野兽出没之地，狩猎曾是畲民早期的主要生产方式，既可获得收入，又可保护庄稼和人畜的安全。下寮儿村《蓝氏宗谱》载有早期狩猎的情形，“及木弩捕猎为生，乃有异籍……任游山村捕野禽，身豚肉，纳家之用，世代相承”。注重种稻后，狩猎成为春后和冬闲时期的季节性活动。猎物有飞禽野雉、斑鸠、水鸭、老鹰、山凤凰等及走兽有野兔、香狸、黄鼠狼、麂獐、野猪、山狗、獾猪、山羊、乌獐、水獭等。

狩猎器具有火铳、弓弩、饵弹、吊器和牢笼等。狩猎方式多样，有照捕、挖捕、熏捕、吊捕、诱捕、围猎、驯捕。围猎是追捕野猪等大型野兽的集体狩猎活动。出发时，要向猎神庙献祭，并把佛香从香炉拔来插在铳筒上，连放三枪后再出发，所谓“枪头落火，枪尾发财”。返回后，也要先把猎物抬到猎神庙前祭祀。围猎所得猎物的分配方式较为独特，有显明的原始村社供给遗迹，凡猎物打倒、腿脚未捆笼前赶到的人，都可分得一份。猎获大型野兽，畲村孤弱老残者均可分享；若猎物仅为小野兽，则烹而共食，谓散财神。

采集与饲养　采集与饲养是畲民重要的经济来源，采集是畲民的传统副业之一。视物产收获季节，与农时穿插进行。采集野果、药材及纤维类植物，还有大量的箬叶、竹木资源，除自用外，都上市出售。时鲜类有杨梅、山楂、猕猴桃、槠树籽、山笋、蕨粉、苦菜；药材类有厚朴、茯苓、首乌、山木蟹、石豆、山苍子、三叶青等；纤维类有山麻、卷皮、黄桑、千筋、白藤等；木材类有扁担坯、锄头柄、犁木架等。畲民采集后或出售或自用。

图40-2　象溪镇上梅村畲民家庭养猪致富（县档案馆提供 1992年）

畲民主要饲养猪、狗、鸡、鸭、牛、羊之类。山区不乏饲料，畲民尤善饲养耕牛之类的大型牲畜。小牛生后数天，要在牛栏门前祭祀，是谓给小牛做“三朝”。小猪刚买回，在耳朵上割血放痧后，也要祭祀，也叫做“三朝”。有条件的地方也养蜂、养蚕、养鲤鱼。畲民养蜂管理简单，一般人家都养有一二桶家蜂。

手工编织　旧时畲族为自给自足经济，畲族妇女种苎麻搓绳捻线、植棉纺纱、养蚕抽丝。自行种苎麻捻线，自行染色，织成土夏布、土棉布和蚕丝布，进而制衣、缝袋、做蚊帐，少用“舶来品”。畲族妇女善手工编织彩丝带。这是一门心灵手巧的技艺。畲民利用当地毛竹资源，自编竹篓、竹筐和笠帽等，其篾条之细和手艺之精，颇受世人称道。

中华人民共和国成立后，畲民的经济生活渐趋改善。至1960年末，畲乡已彻底改变原来“旁山结茅”的落后面貌，住房与汉族一样，新建泥木结构的瓦房，少见茅草房。20 世纪 90 年代以后，在党和人民政府各项优惠政策的扶持下，畲民经济生活发生深刻的变化。他们依托山区丰富的自然资源，发展副业生产，有的在家搞种植、养殖，有的外出经商、务工，经济活动多样化，取得较好的经济效益。随着农业产业结构的调整，畲乡以名茶、脐橙、板栗为主导产业的兴起，有效地促进农村经济的发展，畲民收入有所增长，生活大大改善，不少畲民建起砖混结构的楼房。

2006 年，大东坝镇灯塔村马蹄湾畲民成立碧岚中药合作社，投资 400 多万元种植 200 多亩畲药食凉茼，开发苦丁茶、板栗酒等特色产品。2010 年，板桥畲族乡工农业总产值 6320.2 万元，比 2009 年增长 65.3%，其中农业总产值为 1987.2 万元、同比增长 6%，工业总产值 4333 万元，比 2009 年增长 118.5%，全乡共实现税收 160 万元，比 2009 年增长 33%。

第三节　畲族政治生活

解放前，畲民长期过着贫困落后的生活。在革命战争年代，松阳的畲族人民在中国共产党的领导下，与汉族兄弟一道，积极投身到革命斗争中。不论是土地革命战争、全面抗战时期、解放战争，还是解放后的剿匪斗争，都有畲族人民的业绩和贡献。畲民聚居地大多是游击根据地，不少畲民聚居村成为地下党活动的主要地点。许多畲族聚集村落为革命老区村。

反对封建统治

封建社会，封建统治者处处歧视、排斥畲民，不准畲民上学求知、参加科考，畲民奋起抗争。清乾隆四十一年（1776），畲民中有识之士上访辩诉，终于“准于畲民一体考试”，可以说是畲民在政治生活上的一大胜利。但其后“一体考试”仍为一纸空文，许多畲族子弟参加科考要改装换名，备受歧视，斗争仍在继续。

清嘉庆八年 （1803），以青田畲民钟景芳（今文成县辖）、丽水雷起龙等人为首，联合松阳、宣平各县畲民，上书辩诉，从浙江省直闹到礼部，终于迫使封建统治者作出让步，启准“一体考试”，“择俊秀者准其入义学读书，使知彬彬向学，不得以异类屏（摒）之”。嘉庆十一年（1806），雷起龙等考取武庠生。

清光绪三年（1877），蓝玉、蓝邦光带领丽水、松阳、青田、景宁等县畲民数百人赶到丽水武举考场，反对当局排斥畲民参加科考的斗争，迫使当局让步。

清光绪二十年（1894），松阳、遂昌一带天旱，粮食歉收，广大劳苦畲民受到饥饿的严重威胁，饿殍各地可见。然而地主奸商乘人之危，囤积居奇，抬高米价。畲民蓝土明、蓝土嘉四处发动，领导畲、汉穷苦同胞，要求赈济救灾、惩办奸商。松阳知县迫于实情与威势，终于命令地主奸商降低米价，人民终申一喘之气。

土地革命时期

民国 19 年（1930）1 月，桐川乡（板桥畲族乡）畲族青年钟根春带领松（阳）丽（水）宣（平）

数十名畲、汉进步青年（其中有 15 人是松阳桐川乡人），袭击宣平县白岸口村土豪劣绅詹大宝家，没收其财物，分给穷苦人民。赤寿乡上坞源村一畲民参加陈凤生、卢子敬率领的松阳农军，参加牛头山武装暴动。是年冬，桐川乡进步农民王兰伟、章克钱，以“青帮”活动为掩护，秘密发动畲、汉农民 400 多人组成农军。他们自制匕首、尖刀、土枪、土铳等，攻打丽水县碧湖区公所；后因国民党军已有防备，农军半途折回原地，进行“五抗”斗争。

民国 24 年（1935）5 月，中国工农红军挺进师到松阳。雅溪乡南坑源村畲民为红军筹粮备菜，倍受红军的赞赏。6 月，石仓马蹄湾村畲民 10 多人参加红军游击队，在参加挺进师的反清剿斗争中 3 人被捕，他们始终坚贞不屈。

全面抗战时期

民国 25 年（1936），桐川乡在桐榔村成立农会，有会员 152 人。农会章程规定，“动员广大民众，团结一致，打败日本的侵略”。农会挑选身强力壮的 15 名青年组成自卫队，开展为期半月的军训，为抗击日军作粮食储备。在农会的组织下，桐川乡民众自觉投身到准备抗击日军侵略、保卫家乡的行动中。

民国 28 年（1939）春夏，桐川乡进步人士组织桐川乡农民协会。领导畲、汉农民开展“二五减租”运动，组织佃业仲裁等活动。民国 29 年 5 月，地下党员金培校和徐国梁等人，以古市经济建设实验区指导员的身份为掩护，利用在赤寿乡界首村举办农场的机会，活动于界首、赤岸、上坞源（畲族村）一带，先后秘密发展畲族青年加入中国共产党，建立中共上坞源支部；秘密设立党的交通联络点，承担中共处属特委与松阳和遂昌 2 县之间的党的联络工作，秘密为党传递信件、探听敌情，为革命者提供食宿，并护送他们过境，深夜外出张贴标语宣传抗日。民国 31 年 8 月，在上坞源村编辑发行《抗日三刊》。

解放战争时期

中共处属特委特派员林艺圃和中共松阳党的领导人王桂五先后到松阳一带开展活动。民国 35 年（1946）下半年，在裕溪乡新渡坑村、程路后村、源底村发展一批畲族进步青年秘密加入共产党，参加丽（水）青（田）松（阳）边区的武工队。畲村成为游击队的重要据点。后转到河间区武工队，参加新渡坑口袭击国民党松阳县自卫队的战斗。

民国 37 年（1948）春夏间，裕溪乡叶西后村、靖居乡的小步塘村、雅溪乡的石马源等村的进步畲民加入共产党。是年四五月间，16 名畲民参加游击队，后取番号为河间区南坑源畲民游击队。游击队监视国民党军的活动，搜集情报，为共产党送信、站岗、放哨，查封地主的粮仓，为松阳起义部队储藏枪支弹药，替过境解放大军筹集军粮等。9 月，在雅溪乡石马源畲村建立石马源畲民游击班。他们按中共地下党的指示，破坏通信线路，张贴宣传标语，监视国民党军的行踪，阻碍国民党拉丁抽夫等活动。

民国 38 年（1949）初，30 多名中共地下党员和游击队员惩处作恶多端的石马源副保长。4 月，蓝子友到板桥后塘村，发动畲民雷余标等 15 人及其他畲村的部分人员，组成民运队，支援松阳县长祝更生率部武装起义。潘八村雷德根等则把游击队服装厂的缝纫机、布匹、服装、档案资料、入党志愿表等搬到双隔丘银坑洞里隐藏，使国民党11师捣毁起义部队军服厂的计划落空。畲、汉地下工作者和武工队员为配合大军解放松阳，发动进步农民烧毁桥梁、破坏交通线。4月26日，松（阳）宣（平）遂（昌）游击支队率部第二次攻克松阳县城，松阳县城第二次解放。当日，攻城部队和畲、汉民部队来到村头畲村宿营，次日，召开庆功大会。蓝大德、雷树生、雷文昌、蓝祥儿4位畲民在解放战争中牺牲，被追认为革命烈士。

和平建设时期

松阳县畲汉人民向来具有团结互助的优良传统。中华人民共和国成立之后，中国共产党及人民政府遵照各族人民平等、团结的原则，采取多种多样的方式，关心畲族人民的政治、经济、文化生活。在政治上培养大批畲族干部，畲族干部参加党政机关和企事业单位工作，各级各种代表会议都安排畲族代表参加，共商国家大事。各级学校均有优惠条件，让畲族子女接受良好教育，增加少数民族师范学校、民族中学、民族职业技术学校。

1954年7月，松阳县第一届人民代表大会有畲族代表3人。此后每届松阳县党代表大会、人民代表大会和政协委员会都有畲族代表参加。1956年10月，板桥乡潘八村畲民蓝仁福出席在杭州召开的关于畲族族称问题座谈会。1983年11月，畲民蓝砝生被选为中共浙江省第七届代表大会代表。1998年4月，畲族代表蓝水法被选为松阳县八届人大常委会委员。县历届工人代表会议、妇女代表会议、共青团代表会议等均有畲族代表参加。

中华人民共和国成立以后，逢国庆节、劳动节等重大节日，松阳县畲族代表被邀请到北京观礼多次。1957年5月1日，板桥乡潘八村蓝仁福、石仓乡马蹄塆村蓝兆根到北京参加“五一”少数民族观礼团，并在北京怀仁堂受到毛泽东、周恩来、刘少奇、朱德、邓小平等党和国家领导人的接见并与他们合影。1958年10月1日，裕溪乡内陈村畲族妇女蓝石花赴京参加国庆观礼。1960年，靖居乡金钟村蓝细福赴京参加少数民族参观团，到全国各地参观，并受到党和国家领导人的接见。1964年10月1日，板桥乡党委书记蓝砝生作为少数民族代表赴京参加国庆观礼。

1963年，板桥公社被评为年度浙江省农业先进单位。1987年，潘八村被评为浙江省民族团结进步先进集体。1990年，蓝林德被评为全省民族团结先进个人，并出席浙江省民族团结表彰大会。2005年，蓝建平、蓝仁根被评为全省民族团结先进个人，并出席浙江省民族团结表彰大会。

全县担任乡科级以上的畲族干部共15人。担任副县级职务的有2人。

少数民族代表任党代表的，县第二次代表大会（1984年8月）6人、县第三次代表大会（1987年4月）4人、县第四次代表大会（1990年5月）4人、县第五次代表大会（1993年4月）3人、县第六次代表大会（1998年3月）5人。任市党代表的，市第一次代表大会（2000年）松阳少数民族代表2人、市第二次代表大会（2005年）松阳少数民族代表2人。任人民代表大会代表的，省六届人大松阳畲族代表（1983年3月）1人、市一届人大松阳畲族代表（2000年11月）1人、市二届人大松阳畲族代表（2005年12月）1人、任政协丽水市一届会议松阳畲族委员（2005年12月）1人、政协丽水市二届会议松阳畲族委员（2005年12月）1人。

1949～2010年松阳县少数民族（畲族）历届人大代表、政协委员任职人数情况表

表40-1-3-1

<table>
<tr><th>历届松阳县人民代表大会</th><th>时间</th><th colspan="2">少数民族代表（人）</th><th>历届松阳县政协委员会</th><th>时间</th><th>少数民族委员（人）</th></tr>
<tr><td>松阳县第一次各界人民代表会议</td><td>1949.05</td><td colspan="2">2</td><td rowspan="13">—</td><td rowspan="13">—</td><td rowspan="13">—</td></tr>
<tr><td>松阳县第二次各界人民代表会议</td><td>1950.10</td><td colspan="2">5</td></tr>
<tr><td>松阳县第三次各界人民代表会议</td><td>1951.07</td><td colspan="2">5</td></tr>
<tr><td>松阳县第四次各界人民代表会议</td><td>1951.11</td><td colspan="2">3</td></tr>
<tr><td>松阳县第五次各界人民代表会议</td><td>1952.06</td><td colspan="2">9</td></tr>
<tr><td>松阳县第六次各界人民代表会议</td><td>1952.11</td><td colspan="2">6</td></tr>
<tr><td>松阳县第一届人民代表大会</td><td>1954.04</td><td colspan="2">4</td></tr>
<tr><td>松阳县第二届人民代表大会</td><td>1956.10</td><td colspan="2">5</td></tr>
<tr><td>遂昌县第四届人民代表大会</td><td>1962.01</td><td>5</td><td rowspan="3">松遂并县</td></tr>
<tr><td>遂昌县第五届人民代表大会</td><td>1963.12</td><td>4</td></tr>
<tr><td>遂昌县第六届人民代表大会</td><td>1966.04</td><td>4</td></tr>
<tr><td>松阳县第三届人民代表大会</td><td>1982.03</td><td colspan="2">5</td></tr>
<tr><td>松阳县第四届人民代表大会</td><td>1984.06</td><td colspan="2">11</td><td>松阳县政协第一届会议</td><td>1984.07</td><td>4</td></tr>
<tr><td>松阳县第五届人民代表大会</td><td>1987.06</td><td colspan="2">14</td><td>松阳县政协第二届会议</td><td>1987.06</td><td>7</td></tr>
<tr><td>松阳县第六届人民代表大会</td><td>1990.04</td><td colspan="2">10</td><td>松阳县政协第三届会议</td><td>1990.06</td><td>5</td></tr>
<tr><td>松阳县第七届人民代表大会</td><td>1993.04</td><td colspan="2">10</td><td>松阳县政协第三届会议</td><td>1993.04</td><td>8</td></tr>
<tr><td>松阳县第八届人民代表大会</td><td>1998.01</td><td colspan="2">5</td><td>松阳县政协第五届会议</td><td>1998.03</td><td>6</td></tr>
<tr><td>松阳县第九届人民代表大会</td><td>2003.04</td><td colspan="2">7</td><td>松阳县政协第六届会议</td><td>2003.04</td><td>7</td></tr>
<tr><td>松阳县第十届人民代表大会</td><td>2007.03</td><td colspan="2">7</td><td>松阳县政协第七届会议</td><td>2007.03</td><td>1</td></tr>
</table>

第四节　畲族文化

畲族有畲语，通用汉文。世代相传的畲族山歌、畲族音乐、畲族舞蹈、畲族民间故事、畲族谚语、畲族手工技艺等，是松阳灿烂文化宝库的组成部分。松阳畲族惠明寺支与源底支宗谱中的家训与相邻张、黄、孙等姓氏汉民相一致，裕溪乡源底村《蓝氏宗谱》家训："先人有至教，不虑子孙愚。朴者勤耕凿，英童读史书。一经遗世业，半亩足田庐。弓冶垂于后，箕裘省厥初。才人堪比屋，薄俗勿同居。刻苦成家业，贤能奋五车。"

中华人民共和国成立后，共产党的民族政策普惠畲民，松阳畲族在教育文化体育事业方面得到长足的发展。畲乡在扫除文盲、普及基础教育、成人教育等方面已经与汉族百姓无异。畲族中小学在校学生的助困、升学等方面，享受到更多的优惠，并获得更多的升学和深造机会。畲族传统文化开始被发掘、整理，并得到有效保护和传承，畲族传统体育项目得到进一步开展和传承。

畲族民歌

民歌是畲族人民在生产、生活中的口头文学。素来以歌叙事，以歌抒情，以歌传史。畲族民歌内容丰富，题材广泛，种类繁多，具有娱乐、社交、教育、审美和实用性功能。畲民们以歌代言，交流思想，沟通感情，针砭时政，叙述故事，传播知识，比睿斗智，履行礼仪。大凡风情教化，无所不有。类型大致可分为传统神话传说歌、史事时政歌、时令与劳动歌、生活故事歌、风俗仪式歌、情歌、小说歌、传知识理歌、赛智歌、儿歌及杂歌等。新民歌有革命山歌、歌颂社会主义新事物和新生活的，也有新创作的劳动歌、传知识理歌、情歌、仪式歌等。畲族民歌在逢年过节、婚嫁喜庆、农耕劳作时，以歌当话，互相对答。

图 40-3　畲民对歌（叶光铭 摄于 2010 年）

畲族民歌多有假声演唱，歌唱形式有独唱、对唱、齐唱外，还有二声部重唱，称“双条落”。基本上都是 5 字一句，也有第一句 5 个字或 3 个字的。四句构成一首，一首称为“一条”；内容较长的，则十几乃至上百首连唱，称为“联”。每首歌词都有严格的韵律，第一、二、四句须同韵。畲民称不押韵为“拗口”。畲族民歌主要运用“1、2、3、5、6”五个单调，很少用甚至不用“4”和“7”。讲究畲语押韵，不少人能即兴编唱，有的歌手对唱一两夜而不重复。唱时用夹有“哩、罗、啊、依、勒”等音的“假声”唱，平时学歌时不夹假音唱叫“平唱”。唱喜歌全县为一种曲调，唱哀歌是全民族统一的曲调。

畲族民歌按题材大致可分为叙事歌（含神话传说歌和小说歌）、杂歌（含爱情、劳动生活、传授知识、伦理道德、娱乐生活等内容）、仪式歌（含婚仪歌、祭祖歌和功德歌等）。畲族民歌的曲调大致可分为山歌调和师公调两大类。畲族山歌多用歌唱，按唱法的不同，有平讲调、假声唱、放高音 3 种变化。按首数多少可分为短歌和长联歌，独立一首为短歌，平时多唱短歌；几首、几十首甚至上百首为一个整体内容的民歌称长联歌（或叙事歌），如《高王歌》《封金山》《时辰歌》等。《高王歌》是记述畲族源流传说的长联歌，畲族人民视为传世之宝、民族史诗，畲族人民家喻户晓，世代传唱，全诗共 112 首。

劳动歌是以歌唱形式表达各项生产劳动须遵循的农事季节，介绍生产知识，如何争取丰收、实现美好生活等。广泛流传的有二十四节气歌、十二时辰歌、种田歌、勤耕歌、采茶歌等。《砍柴歌》是在畲族地区广泛流传的劳动歌之一，畲民男女老辈人人会唱，具体形成年代不详。该歌是畲族姑娘在山上、田间劳动时，相遇砍柴青年即兴编唱的劳动歌曲，内容富有哲理，又具男情女爱的情调。情歌又称缘歌，是畲族民歌中数量最多、流传最广、最动人心弦的民歌。此外有丧仪上唱的哀歌和怀念先辈、追溯历史的功德歌。

畲族民歌传承方式有歌志传承、祖辈家庭传承、师徒传承、手抄歌本传承、创作传承、祭祀仪式或活动中传承。畲族人以三月三为谷米的生日，家家吃乌饭，亦称“乌饭节”。借此以纪念畲族英雄雷万兴率众抗击官兵围剿、绝处逢生、保卫畲民的英雄业绩。即日畲民成群结队走亲串友，以歌当话举行歌会。歌会融对歌、赛智、会亲、祭祀活动于一体，为盘唱者和听歌者学习交流的机会，起着传承和推进畲族歌言发展的重要功能，是礼俗、社交和娱乐的最主要方式，是畲族人民文化教育传承的重要载体，也是畲汉民族沟通交流、团结互助、襄举文化盛事的象征。1984年3月，松阳县举办首届畲乡歌会。1994年始，松阳县板桥畲族乡与丽水县老竹镇、丽新乡及武义县柳城镇，每年联合举办“新桥竹柳三月三畲乡歌会”。

图 40-4　板桥“三月三”畲族歌会（叶光铭 摄于2009年）

畲族音乐舞蹈

畲族音乐具有鲜明的民族特色，歌唱形式有独唱、对唱、齐唱等，其中无伴奏的山歌是畲族人民最喜爱的一种音乐形式。畲民擅长二声部重唱的唱法，人们称之为“双音”，畲族称“双条落”。此外，畲乡盛行鼓吹音乐，几乎每个村庄都有鼓吹班，一般为2～8人。曲牌及演奏风格与汉族相同。大吹时有唢呐和打击乐锣、鼓、堂锣、钹、板、铃等：小吹时有唢呐、笛子、京胡、二胡与月琴等。《宫兰花》《落地花》是畲族较优秀的民族乐曲。

畲族舞蹈主要有祭祀、迎祖、丧礼和生产劳动等方面的舞蹈。留存在“传师学师”和祭祀等活动中，其舞姿奔放刚健，节奏明朗，气氛诚笃，也不乏风趣，带有相当的演示性和集体活动的代表性，有“学师舞”和“功德舞”2种。由法师口吹龙角，手舞铃刀，在锣鼓敲打声中，边唱边舞，有独人、双人、四人或集体舞，舞姿舞步多为狩猎动作。祭祀舞，盘瓠是畲族传统的始祖，畲民每逢祭祀盘瓠都要跳《日月舞》《龙头舞》《龙伞舞》和《迎祖舞》等。丧礼舞，畲族丧礼常伴有舞蹈。为死者超度变魂，法师要跳《造水洗坛》《造坛》《造井》等10多种舞蹈。生产劳动舞，较著名的有《猎步舞》和《栽竹舞》。2000年以后，新创作的舞蹈有《婚礼舞》《丰收舞》《畲家谣》等。

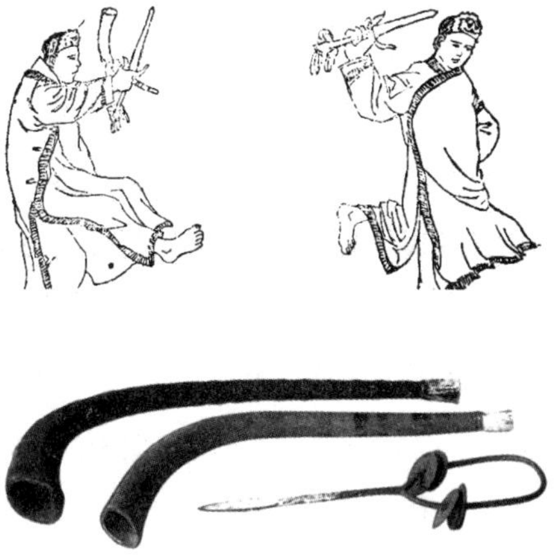
图 40-5　畲族祭祖舞及道具龙角、铃刀（叶坚红提供 2008年）

狮子灯

畲乡较出名的狮子彩灯，有板桥畲族乡后塘村、象溪镇金钟村2个狮队。后塘狮子分雌、雄一对四人舞狮。每个狮队由1人提灯带狮，1人掌号指挥“狮子”改换各种动作，另外4人为鼓乐队击打助威，2人背扁灯在前引路参神。若不出村舞灯，正月十三扮灯；十四日始，在村里舞3个晚上，且每家中堂都要舞遍。如出村舞灯，则年初二扮灯，初三日在村里舞一个晚上，初四出村舞灯。出灯，由“灯头”先到各村发帖，舞灯前必须先到该村的社庙拜神，后由村人带路逐家舞灯。

畲族故事

讲故事，畲语叫“说古老”，是以往畲族农村除对歌以外的第二大文化生活。畲族民间故事内容丰富，情节有趣，优美动听，寓意深刻，褒贬分明，富有教育意义，是畲族民间口头文学的重要内容之一。就其题材来看，有神话故事、传说故事和生活故事三大类。“说古老”有讲述本民族故事，也有讲述其他民族故事；有讲述畲族起源，也有讲述认识自然、改造自然、同自然作斗争的故事；还有讲述风俗传说等。松阳畲族民间流传较广的有盘瓠传说、高辛与龙皇、龙女与凤冠等。故事反映畲族先民与自然、与邪恶斗争以及畲族历史大迁徙的情况，表现出畲族人民勤劳勇敢、不怕困难、勇于斗争的精神。

盘瓠传说讲述畲族始祖盘瓠的神勇故事：先祖高辛氏（帝喾）之妻刘氏皇后，夜梦天降娄金狗下界托生，醒来耳内得一条三寸金虫，以盘贮养，以瓠叶为盖，一日长寸，身长一丈，形似凤凰，取名麟狗，号称盘瓠。后盘瓠揭龙榜，杀番王，娶公主并与其生三子：长子姓盘，名能；次子姓蓝，名光辉；三子姓雷，名巨佑；一女嫁给钟智深。

神话传说有《插花娘娘》《马仙娘的故事》《猎神》《太阳与太阴》等。《插花娘娘》叙述毛弄村畲族姑娘蓝春花因抗婚殉身而成神，后人在裕溪与板桥交界的横岚山冈上立庙纪念。《马仙娘的故事》传颂马仙娘夜捋谷穗救济贫困畲民，被婆家识破，惨遭毒打，终而成仙，所以畲民在“尝新米节”要祭祀马仙娘。猎神是畲族的生产神，各村仍存有石砌的猎神殿。《太阳与太阴》说的是太阳为女子所变，月亮是男子所变，与彝族民间叙事长诗《力芝与索布》的结局略同。

传说故事有人物传说、风俗传说和动物传说等。人物传说故事有《雷祖告状》《府台审石板》，智慧人物故事《巧姐》《山茶花与无底桶》《考女婿》《宰羊》等。《雷祖告状》讲述清末时畲族祖先雷起龙为民请命，大智大勇的可贵品质。《府台审石板》讲述旧处州府一位清正府台（赵本府）的形象。《山茶花与无底桶》中的山茶花是畲族妇女智慧的象征，关于她的故事不少，她的才智和人品甚为畲民所称道。《巧姐》塑造出巧媳妇的形象，故事夹有民歌，有说有唱，是畲族的说唱文学。风俗传说有《畲族唱歌的来历》《畲族敬祖灵牌的传说》《吃乌饭的由来》等，是对畲族一些风俗渊源的解说。动物传说有《牛与蚕》《搁工鸟》《甲龙与龙甲》等。《搁工鸟》叙述一畲族插秧师傅乐于助人，天天替人插秧而耽误自己的农活，终而变成布谷鸟，一到春耕时期即天天鸣叫，提醒人们及时耕种，勿误农时。《甲龙与龙甲》讲述虹和穿山甲是一对聪明能干的畲族姐妹所变。

生活故事有《仙桃》《畲岚山》《两兄弟》《歌为媒》《嫁女丘》《放牛郎与拳师》《小孩子大老师》《小后生巧戏老巫婆》《高明先生踏风水》《难上加难》《三哥弟讲戏》《酒井》《田螺姑娘》《瘌痢坐天》《兄弟分牛》《土地公投生》等，其内容有的叙述畲族青年的爱情波折，有的是奖善惩恶，有的说后生可畏，有的是破除封建迷信，有的是笑话和寓言。

畲族谚语

畲族谚语，畲族人称为“古老话”。畲族谚语数以千计，是畲族人民在长期的生产生活实践中积累起来的，既有哲理性，又具有科学性的经验结晶，一直在境内畲族民众中流传。畲族谚语短小精悍，鞭辟入里，通俗简洁，语意鲜明、准确，构造单纯、多变，风格朴素、自然；涉及面广，国事家事，道德修养，生活琐事等无所不有；它富有科学性、哲理性和实用性，易懂、易记、易传。

时政类 国家国家，有国正（意：才）有家。国破家亡，墙倒寮（屋）塌。乱世出英雄，国靖多才子。雷响天下知，月光处处光。阎王亦贪钱，无钱经莫念。马鞍山，四面宝，睇你采勿采得到。忙到年暝廿八九，没柴没米干发抖。草荐当棉被，火笼当棉袄。等等。

哲理类 蚁崽搬泥堆成。天狗食月勿长久。牵牛落水六脚湿。田荒一季，人“荒”一世。炉灰打唔得墙，恶人上勿得堂。人心齐，石鼓（石头）变成泥。钱是死货，人是活宝。天变一时，人变一世。晴带伞，饱带饭，碰到有事亦好办。硬篙撑唔动，软绳系死人。磨刀勿误斫柴工。等等。

修养类 有理勿在言高。心地平，做得赢；心地歹，空厉害。老姜更辣，老骨更硬。一人不仁，害百家没眠。树根生得牢，勿吓风来摇。细（意：小）时勿教，大来不孝。心肝坏给雷打。谷看收成，人看结局。学要虚心，做要实心。做鸟勿吓山林大，做鱼勿吓海塘深。等等。

社交类 深勿过人心，浅勿过人眼。聚口成雷，聚舌成刀。人情是宝，敬重到老。大石也要细石垫。你敬人一尺，人敬你一丈。人情似把锯，斜来又拨去。衣裳要新人要旧。做事看起头，做篮看起底。柴草不是宝，烧完再去找。葫芦藏百药，莫听花嘴骗。等等。

生活类 人勤禾结宝，懒人田生草。牡丹花大空好睇，杨梅花细（小）结子红。抵狼抵虎不拆（不离）亲兄弟。男人赚钱买黄金，女人赚钱买灯芯。天上无云不下雨，世间无媒不成亲。汗水（劳动出汗）赶百病。手艺学得好，天下由你走。滴水成潭，粒米成箩。等等。

自然类 雨打秋头，作田着愁。早水晏晴，晏水落茫茫。蚁搬粮，水漾漾。六月落水隔田塍。清明揶（撒）秧，谷雨采茶。白露白，种花麦（荞麦）。烂冬油茶旱冬麦。猪崽要游，大猪要囚。人骗田，田骗人，一分力，一分食。桐油花黄，作田事头忙。等等。

生产类 种得百蔸粽，生世勿愁穷。要活络，养猪又种药。地土随人贵。冬犁金，春犁银。麦怕夜间雨，稻怕午时风。山上有竹杉，家业万三三。竹鞭有来笋有去。食土还土。二月二，笋平地。黄牛不使没力剩。家司（工具）全，工夫半。种番薯，掘新山，里间堆满堆外间。等等。

畲族手工技艺

畲族民间手工技艺质朴多姿，有纺纱织布、刺绣、编织、雕刻、书法、绘画等。

缝纫及刺绣 畲族传统服饰多以黑色、藏青色为主，其主要特色为多姿多彩的花边装饰，缝纫制工精细，颜色鲜艳别具一格，畲语称之为“盘襟衫”“拦冠衫”。早时的花边装饰多用手工刺绣制作，花边图案形式多样，有凤鸟图案、花卉图案、几何图案等，以各色丝线刺绣而成。民国后期，畲族服饰上的刺绣花边衣逐步改为贴花边，刺绣工艺也随着畲族传统服饰的变迁逐渐减少。改革开放后，畲民穿戴传统畲族服装已经很少，只在民族传统节日及各类活动中才能见到畲族民族服饰。

按畲民风俗，新婚女子出嫁时所穿过的嫁衣、绣花鞋，至终老去世穿上入棺。畲族新娘的出嫁衣、绣花鞋及终老穿的红裙均由本民族的缝纫师精心制作，工艺精细，图案丰富，形体连缀清晰，独具艺术特色。畲族刺绣工艺的传承完全靠口传身授，至21世纪初濒临失传。

纺纱织布 织彩丝带　旧时，畲族经济以自给自足为主，畲族妇女用土制织布机纺纱织布，布料厚实耐磨，再把织成的布料染色缝制衣服、布袋等，布料做成的被单俗称“居家被”。用精良的棉线或丝线染色后编织成彩带，其中彩丝带最为著名。彩丝带可分“花带”和“字带”2种，花纹或单一或多种，有几何形、动植物形、文字等。手工织带工具简单，一般使用简单的织带架制作，所织花带用于衣服、围裙、拷包上的镶边，亦有作为特色工艺品出售或赠友人以作纪念的，畲族妇女编织彩带美术工艺流传至今。

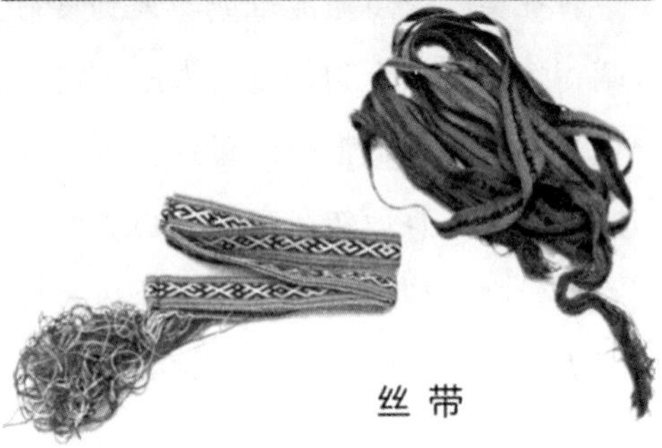

图40-6　畲民织彩丝带(叶坚红 摄于2008年)

竹编斗笠　精巧的竹编斗笠是畲族编织工艺中的杰作，松阳畲族男女皆会编织。以篾条细薄、编织细密匀称为精品，内夹箬叶，外填油纸，女子以串珠线为襻绳，斗笠精致轻巧，滴水不漏，轻便而不粘汗。

雕刻　主要是雕祖师牌位、刀鞘和柚壳制的烟袋等。花纹有龙纹、云纹和双线条图案。刻刀鞘有的不用刀，而用烧红的火箸烫刺而成。烟袋用新鲜柚子挖空内瓤制成，外表图案用指甲掐，干后图案不变，再用铜片包镶口边，硬木作盖，也显精美。象溪镇村头村蓝美跃制作的浮雕篆字与竹根雕闻名县域。

畲族文物

畲族民族文物有畲族祖图（详见本章第八节“畲族信仰”）、畲族服饰、畲族饰品（详见本章第七节“畲族风俗”）、编织品（详见本节上一目）及畲族生产生活用品等。

第五节　畲族教育与体育

畲族教育

封建科举时代，畲民在政治和文化教育上都受到歧视和排挤，加之畲民居住分散，生活贫困，畲民的文化教育相对落后。境内历史上的畲族村都没有单独办过私塾或学校，畲童上学人数极少，但也有发奋读书的有志者。《处州府志》载，畲民为耕作苦，或佃种田亩，或扛抬山舆，识字者绝少，土人以异类目之，彼亦不能与较。畲民有读书者，入衙门充书吏，未敢考试，问出应试，土人则攻之曰：畲民系盘瓠遗种，兽类也。道光十年（1830），科举考试明令规定不准畲民参加，光绪年间，赤岸名儒吴春泽在家开馆，其女温娥见村中妇女不识字之苦，创办“坤之女塾”，邻村界首上坞源畲族子女也到此上学。乾隆年间，靖居乡鲁西村办有私塾，邻村儿童贴钱就读，村头村畲童蓝云旺因交不起钱，每天在室外听课。有天老师提问，唯独被蓝云旺回答准确，准予免费读书，其他畲族儿童也都进入这所私塾学校。

宣统三年（1911），高焕然报署钦州知府；入民国，告老回乡，开创乡村教育。民国2年（1913），聚族而谋，拨出祖上祭田兴办象溪初级小学。除本族子弟入学外，也兼收邻村高岭、岭下、塔背、下坑源、石马源等畲族子弟入学，免收学费，令畲民难忘高焕然的义举。

民国《松阳县志》载，四乡有学校14所，而畲乡没有学校，少数畲童只能就近就读。全县读过或读完初中、小学的畲族子弟仅16人。畲族民歌《乌金贵》中有“睇见书堂心勿放，高山种竹又种姜，田里种禾又播糯，要送子女读文章”之句。实际上种竹种姜并无多大收入，有的畲民是狠下心卖牛送子读书的。如板桥后塘村清末至民国时期，中小学毕业、肄业的畲族学生有11人，有1人在民国时期曾在古市当过小学教师。象溪镇村头《蓝氏宗谱》载，清嘉庆年间，先祖蓝景才自云和石塘徙居鲁西，至1949年的200余年间，有小学毕业生4人，高小毕业生1人。

中华人民共和国成立后，教育事业蓬勃发展，全县各乡村大多设有小学，适龄儿童较多的畲族山村都先后开办村级小学。畲村小学有板桥畲族乡的后塘、大凸、潘八、大毛科小学，原靖居乡的石牌门、金钟、毛弄、村头、下寮儿小学，原雅溪乡的石马源、南坑源、岭下、高岭、下坑源小学，裕溪乡的内陈、潘山、叶西后、源底、徐山小学，石仓的灯塔小学等，畲族人口少的自然村小学生到所在行政村小学入学。

1952年，丽水地区开办丽水少数民族师范学校。松阳有不少学习成绩优秀的畲族子女在初中毕业后被选送到学校就读，学成后成为畲族人民教师。之后，丽水地区开办师范专科学校，内设民族班，高中毕业后报考丽水师范学院民族班或全国其他民族学院。

1985年9月，靖居中学开设民族中学班，每年招收少数民族学生50人。至1988年，共招收4届200人。1987年10月，创办靖居民族职业技术学校，校址设雅溪乡南州小学内。首届招生43人，开设园艺果树专业，学制二年。1991年，靖居民族职业技术学校有学生69人，建校5年共招收五届学生141人。

2003年，创办松阳县民族中学，首年招生1535人，全县80.2%（大东坝镇除外）的少数民族初中生都集中该校就读。2004年，全县畲族在校学生1084人，其中小学474人、初中433人、高中98人、中专39人、大专26人、大学本科生14人。松阳县历届畲族学生毕业于浙江省少数民族师范学校、丽水师范和松阳师范早期中学教师班等共48人，毕业于中南民族学院及其他大学的12人。至2005年末，有畲族医生19人，中小学教师61人。2010年，松阳县民族中学有45个班，在校生1917人。

畲族传统体育

畲族群众体育产生于不同的自然环境、社会环境及生产和生活方式之中，其内容丰富，形式多样，各具特色，表现出注重内外兼修、形神兼备的特点，具有鲜明的民族文化特色和丰富的科学内涵。松阳畲族传统体育项目，主要有问凳、打靶、抛球、发子、赛箭、弹弓、拳术、流星、游戏、抄杠。

问凳　原先是流传于松阳畲族民间的一项宗教活动，后来逐步演变为一项具有健身、娱乐、竞技和表演等功能的畲族民间体育活动。活动前，参与者手持铃刀、木拍先操练“铃刀舞”，动作粗犷刚健，为问凳活动前热身。活动分上凳、凳上动作、下凳3部分。该活动以转、翘、摆、摇、蹬等为基本动作，并结合套圈、插旗等形式进行竞赛。竞赛设置在一个高1.2米的三脚架上，横套着一根长4米许的钢管，形似跷跷板，两端各坐一人，上下翘动，同时左右旋转，竞技活动中以所套准的圈、插准的旗多者取胜。

打靶　形式与现代打靶相似。正月间或农闲时，猎手们聚集一起，在晒场上竖块旧木板或杉树皮为靶，用黑炭环绘数圈，以步数量距离，用鸟铳对靶射击，以打中中环铁砂多寡论胜负。此活动之目的，一是练枪法、使眼力，二是长久未用的土铳也须“校铳”，即检验鸟铳的集砂功能。

抛球　以茶籽果为器，两队青年各站一排，相向而立，一方抛球另一方接球后回击，以接球多者一方为胜，输者要被对方打“手披”（以手掌拍输者手掌）。他们认为被拍打手掌是很不光彩的事，故而极认真而紧张，团队意识甚强。有的虚晃一下，做假动作，待对方不备时突然击球，则要遭对方谴责，如态度不好，还要罚球，以至反败为胜。

发籽　“子”实际上也是茶籽果、野果等类。放牛伴们把竹枝尖端削尖，把茶籽果插上，然后挥动竹枝，果子离枝飞出甚远，以远者为胜。输方替赢方驱赶将要吃庄稼的牛。此项目是秋冬气候较冷，牛跑到水田中，鞭长莫及，就以小泥块掷牛的形式演变而来。后改变成新的体育项目叫“抛彩球”，规定各方相同人数（二或三人），一人在一旁正中作裁判。

赛箭　器具是驱牛用的毛竹枝，粗的一端为“箭头”，有细枝的一端为“箭羽”，在一定距离内命中一个墙垌。

弹弓　“弓”是一爿六七寸长的竹片，以小石子作弹子击中某物。比赛有双重要求：一要准、二要远。击中物可以任意指一处树木、草丛或人摆的稻草目标。弹弓时一手握篾片一端，一手把弹子按于篾片外端，把篾片拉弯再弹出。以此为基础，畲族少年平时割牛草时，把草分成若干堆置于空地，人站在距草堆一定距离外，用草刀对准草堆抛去，若抛中，则那堆草就归其所有。

拳术　旧时畲民中的男子大多会拳术，有的跟汉族拳师学，家贫者大多在畲族拳师授意下练习，简单的如“棍梯拳”“板凳拳”等，称之为“畲拳”。套路较复杂的动作都有专称，如“猫洗面”“虎抓竿”“女梳妆”“白鹭跃”“鸡擒蜢”“竹子摇”“笋出壳”“牛顶角”“手牵羊”“鹞扑鸡”“钟沉井”“箍扎桶”“雷闪电”“鲤翻身”等。如今松阳的畲民少有人演练拳术，仅留存于口中。

流星　以一长绳系一较重的铁器或石块，把其扔向树木高处的枯枝，然后用力拉绳子，把枯枝拉断掉于地上，这样可以不攀树而得到枯柴枝。以后转为竞技性的体育项目。如不能把握要领，“流星”往往从空而落，绕不到树枝上；如绕到树枝却拉不下，绳子就挂在树上取不下来，因此是有相当难度的一种体育活动。

游戏　在地上标棋格，两人对弈下“石子棋”。“跌子”则用蓈衣杆作子，一枝作牛以一当十，其余四枝一作一，三五人皆可玩，只要各自的“子”长短分开便可辨认，“跌”子多者为胜。还有一种是“抓人”。先由一人开始抓，抓到者以手相牵结成“龙”，再以“龙”的形式抓余下之人，全抓到就是一盘结束，可再开始另一盘。“造房子”“踢毽子”等游戏活动与汉族无异。

抄杠　相传古时候畲族人民为抗击入侵者，他们经常开展这项活动，并举行竞赛，以有效提高腿臂力量和作战技能。后来，逐渐成为畲族传统体育项目。抄杠的形式多样，有腹抄杠、肩抄杠、金鸡独立抄杠、拉杠争花、蹬腿部抄杠和操绳抄杠 6 种。不同形式的抄杠各自采用不同方式来施展顶或拉的动作。参赛选手两人相向立在一块宽 0.2 米、长 4 米左右的板凳上，用一根约 2 米长的棍子进行对抗比赛，设法将对方推或拉下凳者为胜。

高脚竞走　即用两根木棍，在木棍 60～70 厘米处装一个踏脚板，两只脚各踩在木棍的脚板上，在规定时间内先走到终点者为胜。此活动与汉族无异。

竹竿舞　又称竹杠舞，持竿者姿势有坐、蹲、站 3 种，变化多样。在有节奏、有规律的碰击声里，跳舞者要在竹竿分合的瞬间，不但要敏捷地进退跳跃，而且要潇洒自然地做各种优美的动作。

第六节　畲族医药

松阳畲族人民居住在偏僻的山地中，自古以来，以刀耕火种为生，与疾病斗争。根据山区盛产中草药的自然条件，畲民采用中草药治疗疾病，在长期的生产和生活实践中积累了丰富的医学经验，形成世代相传的畲族医药。2008 年，畲族医药被列入国家第二批“非物质文化遗产”名录。

松阳人称畲族医药为“柴根茶”。《中国少数民族古籍总目提要·畲族卷》记载，在松阳畲族郎中世家的后代家中，尚珍藏着若干清初版本的药书，其中有官修的御纂《医宗金鉴》共 90 卷，成书于乾隆七年（1742），是一部采药用药、临床施医的重要参考书，另有《神农本草百种录》《本草备要》《增补本草备要》《洞天奥旨》《经验良方》等十数种集中华神农药物、性味、医术于一书的经典文献；兼有数代畲族郎中的手抄本药书，均深藏于阁楼木箧中，一些医药手抄本还记载着疾病防治的有关中草药。

畲族医药治病多取于草药，草药四季可采，遍地皆有。所以，畲族郎中出诊时常常身背布袋，边出诊边采药，随用随取。传艺方式大多是祖传，身传口授，习而言之，单线传艺，且传男不传女，但可传媳妇。也有师授者，但为数不多。畲族土郎中，几乎各个畲村都有。

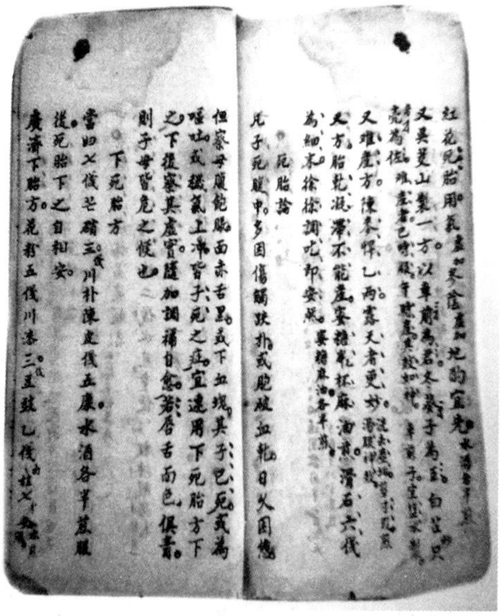

图 40-7　畲族医书 道光年间手抄本（叶坚红 摄于 2008 年）

畲族医药源远流长，为畲民防病治病，资源来自大自然。畲医常上山找药材熬汤喝，或采集几种草药制作“湿力茶”；一般畲族妇女都懂得一些儿科常见病的草药。金色腾的根煎着或泡着喝可以防止感冒；荆芥有散风袪黄疸、治肝炎的作用；响耳草与肉炖食可以预防耳鸣耳聋。多种疗效明显的草药，配制成简单的方子，可以祛邪祛湿，解除多种病痛之苦。畲医从某种药草中抽丝织成“草药衣”，每当小孩头痛发烧，把这件“草药衣”放在锅里煮成汤药，给孩子喝下可治病。有特色的畲族医药医术为：

诊治痧症技术。首先要确定是否痧症，诊断用划痕试验，即在患者2～5胁肋之间由上而下，划5厘米左右的一道痕，如皮下明显隆起，呈现紫红色或暗红色者，即诊为痧筋。还可用右食指在患者前臂手的三里处向内稍微用力划痕，如出现痧筋隆起，即可诊为痧症，然后试撮天突穴，若患者感到舒适、不痛，且很快出现皮下紫红斑的痧痕，即可用刮或用针刺放血等办法治疗。

正骨技术。在患者的痛处喷洒清水或米醋、酒，继之拔伸牵引、捏搓推拿、提按端挤、旋转展伸，因势利导，资以整复。然后用小竹片或松树皮上药固定，有的用黑枣或鸡汁外敷，有的用土木香、毛花杨挑等黏性大的草药外敷，也有加内服药，如蟑螂、小蛭、蜈蚣、三羊血、麝香、红花等，具体用药根据患者情况而定。

治伤技术。畲族郎中对伤科诊断除患者自诉外，采用望诊、切诊、触诊、观指甲、看眼睛、药物试探等办法。其中药物探伤法，用药物口服、擦搓、敷贴等来判断伤情，取酢浆草30克、当归6克、细辛3克、红花3克、泽兰6克、糯米酒（红酒）300克，煎后用纱布把药渣包成球状，蘸药液匀力反复擦搓伤处，有伤者为青黑色，无伤者不出现，治疗多采用内服与外敷相结合。

食疗法。三七黄、白术桑根、羊圈藤、金橘根、白鸡、胡毛堂炖母鸡，可治疗腹痛；用白毛桃250克、瓜蒌根120克炖猪大肠头一节，可治疗妇女子宫脱垂；用青箱子50克煎2颗鸡蛋食用，治白带过多；用莲籽草炖田鸡（田青蛙），可治疳积。

诊治小儿风症。首先注意观察小儿天庭、山根间润泽或枯燥。其次察看耳后，红色为热，紫色为瘀，青黑色为风。再次观指甲，斑色有虫，色淡血虚，色黑惊风。然后再切脉，有力为实，无力为虚，沉为寒，数为热，治疗小儿风症多采用青草药配合针灸。

视由治病。少数畲医采用咒语、符箓等形式治疗皮屑病、鱼骨鲠喉、蜈蚣咬伤、蛇蝎咬伤、小儿受惊、精神病、难产等疾患。

第七节　畲族风俗

民国《松阳县志》称畲民为畲客，不同于土著；谓其俗，“多古风，几有为土著土民所不及者”。赞畲民最重祭祖，最重家长，最重信义，最能忍耐，最好结纳。畲族女性勤劳动、善持家、巧手艺，历来不缠足，不施膏泽，与男子同样上山下田。畲族女性在家庭关系上占据较高的地位，不仅对家庭问题有发言权，而且有财产继承权；她们在家庭中表现活跃，还能自由参加社会活动。随着社会的发展，有些习俗渐渐与汉族融合，但仍有差异。

撒秧习俗

旧时，撒秧多在一月的上旬或下旬某一天下午3时后。撒秧前，要烧点心给户主吃，是谓“压秧根”。选择这一时间是为了谷种不会移动打堆（实是避开日、月的吸引力），农民俗称“谷种爬田塍”。

插秧，畲族称“播田”，一般不选属火的卯日，说卯日插秧其叶上部会焦死。第一天插秧称为“开秧门”。拔秧时，先要戽三把水，然后左脚先跨入秧田，防止得“秧疯”。有的为防“秧疯”，还戴上一只用棺材钉打制的铁手镯。旧时拔秧甚早，帮助插秧的人约在后半夜两三点钟吃点心，由小孩举松明、火篓照明，拔好秧再回家吃早饭。

每逢插秧的日子，不帮工的人也可去吃酒饭，主人很欢迎，谓来吃的人越多，收成就越好。如果田头立有石塔土地公庙，主人还要去祭祀。“土地公”保佑丰产丰收。全部收割完后，还要宴饮，谓之“洗稻桶”。

祈福习俗

畲族以农为本，在祭祀日和时令节日都举行祈求神灵庇佑风调雨顺、五谷丰登的仪式。其中，正月的清醮道场是隆重的祈求丰收祭祀仪式。畲族与生产有关的时令节日有牛歇节（四月初八）、圆冬节（十月）等，平时结合农事活动的祈福更是经常举行。正月，有初一至初四的开正福、初五的下神福；二月，有初一的春福，初二的土地福。立夏日，为夏福；端午节后，有保苗福、白露日的白露福、立冬日的冬福。除夕，则以完满福答谢神明保佑一年的农事活动。

饮食习俗

主食　畲族人民的主食一般以稻米掺番薯丝为主，也间有黄豆、荞麦、大麦和小麦等。中华人民共和国之前，畲民口粮不充裕，以杂粮佐之。加工大米，除有水碓的地方外，都用踏碓舂米，米质糙。初冬，挖回番薯，晒成番薯丝，掺在大米里煮粥煮饭。粮食紧张时，还不得不采苦叶菜、“三十六桶”等野菜充饥。改革开放后，均以大米为主食。

菜肴　平时很少上市买菜，青菜全由自己种植。毛芋易贮藏，有的人家长年不缺。再是制些干菜、笋干，以备青黄不接。逢年过节时，大多人家宰猪一头，一部分腊成干肉，供来年食用。除大节气外，平时较少到市场买肉。

热锅　天气冷时用膳，则在桌上备一小风炉，把煮好的菜盛在铜镬里，边煮边吃。畲民大多喜吃“热锅”。

酿酒　畲民有喝家酿土老酒习惯。会自制红粬，自酿老酒。逢年过节、婚丧诸事，以饮土老酒为主。一般还可用酒糟拌砻糠、稗谷等蒸馏成白酒。

分食　畲族人虽生活水平较低，但在家庭成员中，待遇公平。家中若有好吃的，如杀鸡、烧肉等，全家人不论大小（不会端碗的除外）都平均分一份；如有不足，往往还是当家人少些。如有人外出，只要时间不长，留一份。

打粿　年节打米粿，须先把晚稻米加部分籼米浸涨，碾成米粉，再把米粉倒入饭甑中蒸熟，倒入石臼中锤韧，继而搓成圆条状放在印模中印就，晾干。浸入清水缸中，可吃数月。如浸的时间长.则再换清水。这种粿也叫白粿。有的用碱质水（山上烧的柴木灰）浸米，待米显黄色再捞到甑上蒸，第一次打成饭团，再切片重蒸一次，第二次将其搓成粿团。炒食时，既韧又有异香，是谓“黄粿”。它的储存方法与白粿有所不同，要用灰质碱的水浸。这类米粿制作方便，费时不多，故多乐为之。改革开放后，把米挑到加工厂制作米粿，更加省事。

麻糍　畲民叫“糯米饼”。用上好的糯米蒸熟后倒入石臼中锤成黏状米团，然后，放在先铺好芝麻粉和砂糖的团箕上，趁热将其扯成小块压扁，周身粘上芝麻粉糖，趁热吃香甜柔软，可谓佳品。冷麻糍加热可蒸，可油煎，香腻不变。蘸红糖和芝麻趁热吃，香甜细软，有“冷粽热麻糍”之说。畲族过年、七月半和冬节，都要制麻糍，取时（糍）来运转、生活年年（黏黏）甜之意。

山粉　上山挖野生葛根、蕨根，把块根洗净锤细再洗粉，是真正的“山粉”。畲村常用番薯擦山粉。一种是用生番薯丝洗粉，再把番薯丝捞出晒番薯丝干，沉淀的粉叫番薯粉，一途两利，番薯丝品相好，且不易回潮；一种是把整个番薯洗净用磨粉机制磨成粉，再洗番薯粉，残渣可作猪饲料，这种做法可使粉的产量更高。山粉性凉、解热、消炎。山粉捣成热糊食用可消热症，还可制成山粉丸，其味也可口。另可制成山粉干，把山粉杂米粉调成糊状，薄薄地倒入篾塔的炊巾上蒸熟，然后倒出来，待风凉后卷起切成条状，把粉丝做成一贴贴晒干便成。

荞麦饼　把荞麦砻破壳，后磨成粉，用开水拌湿做饼，内夹萝卜丝等馅。

茶　客来茶当酒，畲民高谈阔论时离不开茶，劳动闲聊时也离不开茶。凡亲友上门，先用茶水相待，然后才开口畅谈。凡酒宴，也先饮茶后喝酒。逢年过节也离不开茶。大年初一，全家人团聚饮糖茶，然后开饭。在一个院子里，如果住几家人，就要按户泡几碗糖茶，分别送到各户进行相互祝贺。正月头一次出行归来，要喝出行茶。正月初五开年假、大扫除完毕也要喝糖茶。茶为常用药，畲民把茶当为家庭备用药，不花钱、不请医，用茶以预防四时风寒感冒，治痢疾、和肠胃、平肝壮肾等等。

服饰习俗

中华人民共和国成立之前，松阳畲族服饰与汉族有较明显的区别。此后，逐渐同化。20 世纪改革开放后，日常生活已与汉族无异，其传统服饰仅用于年节、婚丧等重要节庆和活动。中年以下的畲民大多已经没有自己的传统服饰。

旧时，畲民不分寒暑，都穿麻布衣。男穿单袷，女短裙蔽膝、有穿短袜裹绑腿的习惯，腰间多悬围身裙。男子服装与汉族差异小，有的穿大襟短衣，有缀以铜扣，也有用布扣。用料大多是自种自纺自织的土棉布、夏麻布，以及用蚕丝织成的蚕丝布，有的用白市布短衫作夏衣，俗称“白水漂”。土棉布厚实、耐穿，常作春秋衣和冬衣。夏麻布坚实不皱，穿夏衣适用上山下田。蚕丝衫是夏季的上品，其颜色多用靛青或柏树叶染成蓝色或青色，不易污。有些人为了方便，送到染坊染色。也有上商店购买粗细市布及质地较好的衣料。戴的棉帽多为裁缝师傅做的“铜罐帽”。旧时，还有夏着木屐、冬着钉靴之俗。冬衣有长棉袍外套、月白蓝长衫等，贫苦者则穿短袄短衫。

女子服饰，上衣较长，一般遮到膝盖之上。用料为棉布和自织丝布。颜色以青、蓝色为主，富裕人家也有用月白色市布做的。清代时，做的无领或低领；民国后，多有领。都为大襟衣服，领和

图 40-8 畲族服饰(县文广新局提供 2008 年)

肩上镶有花边，花边约一寸宽，绣有各色龙、凤等图案及花纹，一条条相接拼盘圆于肩，直到右襟腋下；在袖口上 2 寸许，也圈镶花边。其制工精细、颜色鲜艳美观又别具一格，畲语称之为“盘襟衫”或“拦冠衫”。下衣之一种是裤子，用料同于上衣，只是在裤脚镶有齿形缀边，畲语叫“老鼠牙”，用红色丝线缀成。另一种是花裙，有绣花、镶花等类，以细布为料，长至膝下。穿裙则扎绑腿，绑腿呈上宽下窄的四边形，绣花边，上下两端钉以带，往后缚。花鞋全用布做成。鞋面布用青色或天蓝色，鞋底纳得较厚，鞋面上绣有花纹。绣花用的是金线刺绣，凸边，有亮光。鞋后跟绣蝴蝶，前头用红丝线做有“鼻梁”，“鼻梁”前端露出约一寸长的一撮红、黄、绿相衬的线须，像“凤尾”。鞋的上口边缘绣有图案。这样的花鞋费工很大，畲语称“通面花”。也有只在鞋口前端或在鞋口周围绣些花，就不算“通面花”。丝肚带，是妇女系腰间的饰物。它用蚕丝织成，宽约一尺，长一丈二，染色为蓝色多，青色少。在带两头，用手工打结成七至九行的精致花纹图案，再在末端留下约八寸长的线须。早时，妇女出门一般在腰间缚上此带，再系上织有文字图案的彩丝带。围腰像一个上窄下宽的五边形，蓝色，取一段布头为主，下端末织的余线也用手工编成有孔的图案，余下六七寸长为线须。

畲族女子孩童时发梳两条小辫，青年姑娘梳一条长辫于脑后（中夹入红头绳）；出嫁时，开脸、剃须毛、盘发戴“凤冠”。中年妇女有的除冠梳发髻于脑后，春、秋头上围毛巾，冬扎黑绉纱，因为此装束较便捷、不碍劳作，也有妇女戴“凤冠”到老的。戴凤冠是妇女发型梳理中最难的一桩。它先把头发梳直盘扎于头顶部和四周，以一块八寸见方的红色“罗帕”盖在上面，以固定头发，防止散乱。再在其上戴头冠。头冠是用一寸直径、两寸多长的竹筒包镶银片精制而成，外用“罗帕”裹成前圆后尖之状，圆形冠面下缀挂五或六片小银片，雷姓、钟姓五片，蓝姓六片。再在头冠两侧环头裹四串小玉珠，在右耳后上方插一支垂穗的“头珊”，“凤冠”便装扮完成。

其他首饰有银花插、三股钗（铜质、有响铃）、玉笔、“油黴钎”、兰花牌、银耳扒、带链耳环（有银质与销金的）、银项链（六尺长）、银项圈（卷丝形）。手饰有银手镯（有三股和一股的）、银戒指（有牌形与卷丝形的，摘下时是九银圈连套的，称“九连环”）等。

住房习俗

畲民辗转迁徙，结庐山谷，诛茅为瓦，编竹为篱，伐荻为户牖，聚族而居。一般村落，建房择基是面南背北、靠山濒水、散点式分布，水口有风水树，后山有保水林，近旁有毛竹山，山冈有晒谷坪，屋后有自流水，门口有晾衣架。屋（寮）内陈设简陋。有的地方，还在村头、水口或对面山建置土主、社庙。

畲族住宅一般为泥木结构瓦房，有一直三间、三间两轩，或一直五间、五间两轩。旧时，多为

图 40-9　象溪镇鲁西村畲民旧居（叶祖青提供 1955 年）

草茅寮、树皮寮。建新房上梁很慎重，择吉日良时，要在栋梁贴黄榜，挂长明灯、五谷袋、郎兴槌（木槌）和栋梁树尾刺。厅壁贴书“凤凰在此”或“紫薇銮驾”的黄色横幅。上梁时，要祭“鲁班师”，还有“上梁歌”；木匠师傅把缠悬红布的正梁架好后，用亲朋送来的稻米与红布压梁，备馒头分馈众人。上梁后，先钉七根椽，置放七片瓦（前三后四）。栋梁两端要压挂五色布。畲民盖房子，全村帮义工。改革开放后，水泥砖混结构“洋房”已不鲜见。

随着社会的发展、人口的增多、交往的频繁、社会结构的变化，以上典型性的畲乡村落已不多见。村庄扩大了，畲民居住点向平原、城镇及公路旁靠近。

出行习俗

畲民出行，多为走亲访友、迎亲嫁女、求神禳灾、劳力互助等，有可能就结伴而行。旧时，走亲戚最远者到严州（建德）及遂昌、云和、丽水等地。农历五月十六日，很多畲民到宣平（武义县柳城镇）“睇太保”，即迎太保庙会。拜佛最远者曾到永康方岩。年关将近时，有许多村人结伴到莲都区碧湖镇赶集（俗称“过行”），购年货和食品等，早出晚归，不在外住宿，全系步行。

旧时，出行大多穿草鞋。中华人民共和国成立后，解放鞋和球鞋很受欢迎；20 世纪末，多穿皮鞋、旅游鞋。改革开放后，随着交通的发展和车辆的增多，畲民出门大多骑摩托车或自行车，或乘客车，其活动范围也越来越广。

生育习俗

旧时，畲族怀孕的妇女依然要参加劳作，但可不做重活。孕妇分娩时，要点一束干茅草，驱逐秽气，怕冲撞神明。然后，拿一条孕妇的旧裤子和红纸剪成裤子的样子贴在门上，以示辟邪。

丧葬习俗

畲民若家中死人，立即要找亲房叔伯集合商议，做善后工作。丧葬礼仪包括报丧、沐浴、入殓、出白、接娘家、请娘家与兄弟饭、做功德、竖幡竹、哭歌等，直至戴孝为止。畲家报丧时，报丧者反穿衣服，引人注目，奔丧者哭唱《思亲歌》。凡报丧者到过的户都要烧点心给报丧者吃，谓为给逝者吃的，以免逝者当饿死鬼。畲族丧仪中，接娘家很郑重。丧家派人张望，发现娘家亲属来了，立即回家报信，孝子等人手持佛香一枝到门外路上跪接。等娘家人到了跟前，有的放声大哭，有的以唱畲族接娘家哀歌代哭。娘家走在前头第一人吩咐一番后，把跪者手中的佛香一一收在自己手中，然后进丧门，插入逝者香碗；第二人扶起跪地的孝子们，一同回到灵堂；孝子们即向娘家人下跪谢恩。畲族人死后全程伴有哭歌，一般有《起棺歌》《路祭歌》《劝酒歌》《跪祭歌》《进葬歌》《回垄歌》等。

畲族葬俗有棺木土葬和撮骨二次葬两种。棺木土葬同于汉人，丧家把棺木抬到墓地，埋入人工挖成的土坑中，畲语叫“仰天窟”。也有挖成坑道形的，叫“观音坑”。撮骨葬是把逝者抬至野外偏僻地点，棺木放在用木头垫好的地上（畲语叫未落土），再在棺木四周打上泥墙，上面用杉树皮之类盖好；过数年，待尸体腐烂后，再撮尸骨按从下到上依次放陶罐中择吉日埋葬。也有的认为原先埋入土中场所不利，再置“金罐”撮骨葬之，俗称“转金”。2003 年，县火化殡仪馆建成后，畲民丧葬改为火葬。

婚姻习俗

畲族实行一夫一妻制，旧时，畲族婚姻多为童养媳与封建包办婚姻，婚姻缔结形式有女嫁男、男嫁女（招子）、做两头田（赡养双方老人）、子媳圆亲（带童养媳者）等。招子者不论畲汉，男方要改为女方的姓。子媳圆亲，如双方不愿结婚，子可再娶，媳作养女，留家再招子，分为两家，共同负担老人。婚姻过程有一整套约定俗成的礼仪仪式，包括托媒、定亲、讨年庚、送日子、送糯米、拦路、关门、举礼、“脱草鞋”、请祖公、对歌、谢面汤、抹黑脸、催亲、对盏、新娘打扮、留碗留筷、含砂糖饭 、上轿、点姐妹灯、路遇、拜堂、传代、闹新房、送亲家舅、农具嫁妆、散场谢礼、回娘家，直到作新客为止。

畲民反对族内同姓近亲成婚和畲女嫁汉人，但不排除汉女嫁畲家或汉族男青年到畲家招亲上门。如男到女方落户，和嫁女一样，女方要送给男家一定彩礼，招亲上门的男子在家庭和村坊不受歧视。畲族有“女有十八难，男有二十难”之说，即女性十八岁忌出嫁，男性二十岁忌娶亲。畲族男女青年社交比较开放，双方在劳动中、唱歌中找对象，自许终身。畲乡有送酒米习俗，由男家出钱，女家代酿酒，作为宴请六亲九眷、抬轿赤郎的婚嫁酒。畲民有“哭嫁”婚俗，新娘在出嫁前要“懒床”，以歌哭唱，怨出嫁、恨媒人，哭得情深意切，使亲人和客人感动，为娘家讨吉利。

家庭习俗

畲民十分敬重家长。畲族妇女不缠足，不施膏泽，无金银饰物，常披蓑衣戴笠，跣足，与男子同劳作。许多畲族女子会耕地、插秧，胜过男子。畲族子女婚后便分居独立生活，一般是娶一门媳妇分一个家，父母与幼子同住。如有女子出嫁后夫妻不和，女方回娘家请本房内亲调解，房内各户会应声而去，为其分清是非，规劝双方重归于好。

畲族母舅的权威超过叔伯。外甥分家，多由母舅主持；夫妇纠纷，也请母舅调解。外甥犯事，母舅有权管教以至打骂；外甥如果忤逆母亲，除向母亲下跪认错外，还要跪拜母舅认错。外甥结婚，要向母舅行跪拜大礼；办酒席，要请母舅坐大位。母亲去世，先要向母舅报丧，并跪迎其入灵堂，待其见过遗容，方可入殓盖棺。

交际习俗

畲民重信义，好结纳。由于畲族的血缘、地缘特征较汉人明显，团结互助蔚然成风。凡村民有建房、娶亲、出丧等事宜，众人得到主人通知后都会去帮忙，即使手头有要紧之事也会放下。许多时候，畲民往往不请自到前去帮工。

畲民大多热情好客，凡客人进畲村，到家必先敬茶。第一道茶由主人端给客人，饮完要记住自己茶碗所放的位置。第二道茶冲好后由客人自已端，不可错端别人的茶碗。第三道茶饮后，主人即泼去再泡，客人若说罢了，也不勉强，但三道茶是必喝的。客人入畲家，宜在灶房就座；坐在正厅者，不甚有人理睬。

传师学师，畲民俗称做“聚头”或做“生人功德”。“学师”神坛设在“新罡子弟”（“学师”者）家中正堂，墙上挂祖图，桌上摆6座香炉，畲族法师向学师的弟子进行传师，以舞蹈演绎形式反映学过师的人带领要学师的人上闾山，克服重重困难而学到的“法”。中华人民共和国成立前，畲族男子到16岁须“学师”，通过学师才能成为人，也称红身人。学过师的人，生时能为人传师，死后能在天为官；可以取法名，成为始祖的嫡系后裔，赐得尊称，准许穿“赤衫”，当法师享有一定的社会地位。

岁时习俗

畲民的除夕、迎新、元宵、清明节等直至冬至节气，已与当地汉族百姓无太大区别，较有畲族特色的习俗有天串日、春社日、三月三、四月八等。

天串日　畲歌有“正月二十是天串”之说，沿“女娲补天”故事而来。是日，天穿漏，各户要做麦饼吃，是谓“补天串（穿）”。

春社日　按立春后某日的日干计算春社。有上年亡故者的住户，子女是日要到新坟前“拦社”。其法为用新篾弯成半月形插于坟前，以保护新逝者不受野鬼伤害。其“拦社”实是畲族太阳神崇拜的一种变异。圆篾表示太阳，即求太阳神护佑。

三月三　三月初三是畲族传统歌节，由古时在河边进行的“上巳日”演变而来，是可与春节相提并论的重大节日。旧俗以此日在水边洗濯污垢，祭祀祖先。三月三是畲族集体对歌日。有些地区还有专门的会合场所，各地民歌手都欲一试歌喉或来看热闹。因为歌手多，常有好多班进行男女对唱，或自然组合成男的一伙与女的一伙对唱。在这种场合对歌没有忌讳。松阳县板桥畲族乡和邻近的丽水县老竹镇、丽新乡及武义县柳城镇，是畲民聚居的乡镇，曾属处州管辖，山水相依，风情相承。1994年始，4个乡镇每年轮流举办“新桥竹柳三月三畲族歌会”。

相传唐代初期，雷万兴、蓝奉高领导畲民抗击官兵镇压，于三月初三冲出包围取得胜利。畲族以三月初三作为节日，吃乌米饭表示纪念。

分龙节　畲民遵循畲族龙图腾崇拜习俗，视分龙节为封龙节，集福建醮、保禾丰收，采取各种形式祷求风调雨顺、国泰民安。此日，不洗衣晒衣，不挑粪施肥，以免秽龙。旧时，恐村民忘记，里长会鸣锣告示，甚为严格。是日，畲民禁用铁器，禁挑粪桶，不事劳动。他们还群集预定地点或登高，举行赛歌会，青年男女通过这一盛会，对唱山歌，寻觅情侣。因此，也有许多畲民会在此日上山砍柴，整片撂倒，待其干燥后挑回，称其为六月柴。

四月八　四月初八，畲民谓牛“生日”。是日，不仅不鞭牛、不耕作，在天朦胧亮时即把牛放到水草丰茂的山坪喂养，俗称叫牛去“吃馒头”。

新米节　俗称尝新米，畲语称吃新。畲村多种中稻，农历（汉历）八九月间水稻收割，为庆丰收，择吉日用新收成的大米蒸饭，先装满两大碗，摆在厅前供祭天神、土地、祖宗；当晚，全家尝新。传说这天多一人尝，多一人粮。《松阳县畲族志》载，畲民还要敬马仙娘，据说马仙娘为偷捋自家谷穗救济畲民，被婆婆毒打后成神。

各种禁忌

畲族有许多习惯性禁忌，有的是图腾信仰所致，有的属道德规范，有生产实践的经验，也有迷信意识：禁止打杀入宅之蛇，忌吃蛇肉、狗肉、鳖肉，未满月的婴儿忌见生人，正月初一忌扫地，正月初五日前忌扫垃圾出门，正月初七忌出门、初八忌回家，正午不播种，“空亡”日、属鼠日不插秧，在深山劳动忌叫人名，忌吃猫肉，死猫忌土葬而用竹篮装挂于树上，吃饭忌端饭碗东游西荡，除夕夜忌人为熄灯，忌单手捧茶迎客，忌以鸭子为供品，忌在神宫庙观、石母、树王面前便溺等。

第八节　畲族信仰

畲族民间信仰趋于多神崇拜，信仰对象：一是对宗祖盘瓠王的崇拜；二是对本民族英雄人物的崇拜；三是对民间俗神信仰，如林公大王、灶神、奶娘神、五显大帝；四是对佛教观世音菩萨的崇拜；五是对某些自然物神灵的崇拜，如奇石巨树等。

盘瓠王与祖图

盘瓠王，又称龙麒、龙犬。是畲族传说中的始祖，一只名叫“盘瓠”的龙犬。畲族先民把畲族的起源、宗祖盘瓠的传说、先祖业绩、狩猎、婚丧嫁娶等生产生活场景，以构图的形式绘在白色的丝织品上，长卷画轴全长1460厘米，宽33.5厘米。人们称“盘瓠图”为祖图，只在祭祀活动过程中向族中男丁展示。未经许可，外族人不能目睹。象溪镇南坑源村西坑口自然村的畲族祖图每年定期举行祭祀活动，把祖图悬挂于厅堂中，族人共聚一堂，缅怀和敬祭先祖。

图40-10　畲族祖图（叶坚红 摄于2008年）

祖图讲述畲族起源的故事：畲族始祖龙麒（盘瓠）把番王头咬断献给高辛帝，被招为驸马。龙麒不愿为官，便与三公主携三子一女，千里跋涉到今广东潮州定居，刀耕火种，繁衍子孙，最终形成世代山居的畲族。祖图有描绘畲民深山打猎、生产、生活、婚丧嫁娶、日常生活、娱乐等场景，也有传说人物故事以及历代先祖的画像。作于清代的祖图，反映出畲族的原始宗教信仰和图腾崇拜，为畲民世代珍藏，为研究畲族的历史、文化、风俗等提供实物佐证。

道教

广东潮州凤凰山畲族的宗教信仰以道教为主，道教仪式贯穿于他们的生活中。“招兵节”是凤凰山畲族最具民族特色且最隆重的民俗节日。法师所诵经文对研究畲族文化乃至族源都有较高的参考价值，属畲族文化遗产。由于畲族有语言没文字，和受法师文化素质的约束，历来法师所诵经文大多靠口授传承，未能整理成文本或文本不完整。在“请神”一节中，法师敬请上界诸神前来畲村，保佑畲村五谷丰登，人畜兴旺。

据传，畲族认同道教，是基于它与畲族的原始信仰盘瓠有相同之处，并且有一定的血缘关系。它并不是企望修炼成仙，长生不老，而是只有依靠自己的努力奋斗，才能解救自己。

佛教

据畲村老辈人相传，佛教宣扬善恶因果报应的理念与畲族根深蒂固的祖先崇拜观念相违背。因此，凤凰山畲村向来不建佛寺，畲民也不出家作和尚。畲民对佛教的信仰，局限在佛教中大慈大悲救苦救难的观世音菩萨上。许多畲族村只供奉大慈大悲救苦救难的观世音菩萨，除此之外的诸佛菩萨均不供奉。在称谓上，也不是正统观世音菩萨，而是融入世俗观念，称为“观音娘娘”。

猎神

畲民除在传师学师宗教活动中把猎神列为神系外，许多畲村还建有猎神庙，年节举行祭祀，出猎和猎归都祭祀。畲族的猎神，主要指车山公（又说陈六公），称其生前专门从事狩猎，尊为猎神。在畲民老宅内塑有头戴元帅帽、身穿鳞甲衣、右手执杵、左手执印、身边跟随 1 只猎狗的猎神像。猎神像一般供于大厅的左边，并在其下侧设灵狗将军香位。畲民集体狩猎出猎时，把献祭后的香拔来插在铳筒上，连放三铳（枪）后出发，仪式隆重。

祭祖

畲民重祭祖，家道稍裕者必设醮祭祖，且极丰盛。松阳畲族有蓝、雷、钟 3 姓，有雷氏祠堂 2 座、钟氏祠堂 2 座。其他地方只有香火堂之类的祭祀场所。蓝、雷、钟 3 姓有宗谱流传于世。近年来，蓝、雷 2 姓曾新修宗谱。

插花娘神

插花娘娘是流传在松阳、云和、青田、莲都一带的畲族女神。故事出于松阳县象溪镇毛弄村，原名蓝春花，其人为少女时喜插小野花而称为插花姑娘，她因抗婚殉身而成神。后来，人们为纪念这位不畏强暴、不慕虚荣的美丽姑娘，在板桥畲族乡和裕溪乡交界的横岚山冈上立庙祭祀，称之插花娘神庙。此后，莲都、青田、云和等地山冈也都建有插花娘庙，人们过往只要插上几枝鲜花绿枝以表祭祀即可。插花娘神附体上冈都以唱畲族民歌的形式与凡人交流信息。

在畲族村落中，如有遇到家庭纠纷、夫妻不和的，纠纷双方便可径自祈求插花娘娘出面评理和调解。在神庙中，人们插花为香，祷告神灵。由 2 个“巫师”盘唱巫歌，其中一人扮演神童、一人扮演插花娘娘，通过与神灵之间的交流，进行有针对性的心理疏导，以达到夫妻和睦、家庭安定之目的。

马仙娘神

相传汉族姑娘马仙娘乃人家童养媳，备受婆婆虐待。她与畲族群众交好，见畲民无以度日，就在夜里偷捋自家的稻谷接济畲民。后来终被婆婆识破，遭严刑毒打时被天神营救成神。松阳、云和、莲都等多处都建有神庙，常受畲、汉群众之祀。马仙娘神不但能给信徒赐福禳灾，还能为不育者送子，奉为生育之神。

奶娘节

松阳许多地方的畲民信奉临水夫人陈靖姑，把陈林李氏三位夫人立在香火堂上常年祭祀。农历正月十四是陈靖姑生日，畲民称“奶娘节”，畲民通常在此日致祭供奉奶娘神像，并每隔一二年到古田县临水宫请奶娘，迎神场面隆重。

第九节 畲语语言

畲族有自己的语言——畲语。畲语属汉藏语系苗瑶语族，通用汉文，唱畲歌，语根为汉语。畲语与汉族客家话较为接近，其语音声母发达，声调复杂，变调现象较普遍，音节多，词汇分虚、实两大类11种，实词尤为丰富。构词特点：多转借和引申词，多偏正倒置词，保留不少古汉语词汇和词素。全国各地的畲族语言共通，地方口音差异不大。有畲汉杂聚的村落，汉族人也懂畲语，有的还能用畲语交谈。畲族通行双语制，在族内用畲语交流，与汉民交往时则用当地汉语方言或普通话进行交际。

语音

畲语声母单纯，全浊声母少；韵母发达，入声韵多，没有去声；声调分明，并有变调现象；音节多而清晰，声韵能拼度高。它在声、韵、调诸方面保留相当的古音韵特点。松阳县畲民的语言与丽水莲都、云和、遂昌、青田，武义宣平和龙游、兰溪等县市基本相同，与景宁、龙泉等地比较，在语气上稍有差别。在实际接触中，与闽、粤、赣、皖及浙江省其他地区99%以上的畲民通话无障碍，但与汉族客家不能直接通话。畲语声母有20个（包括零声母），韵母有89个（ŋ自成音节）。

词汇

词是构成语言的基本单位，畲语的基本特点反映在构词中。听不懂畲语是与畲民不能进行交际的根本原因，就是未能掌握与理解除汉语借词之外的丰富的畲语特色词。有的畲语词可探索与汉语对应联系的线索，如称“烟”为“火云”[fu^{55} uen^{22}]，但多数词汇毫无对应关系，如称“刺猬”为“$mien^{55}$”（音近“明”）、称“山楂”为“$puet^{5}li^{55}$”（音近“拨利”）等就须硬记。有人说畲语难学，除语法结构外，主要是畲语词难记。畲语作为一种民族语言，具有特突性、传承性和稳固性的特点。畲语自古东夷语发展而来，因而保留了相当多的古汉语词，它未能跟上汉语发展的步伐；畲语像古汉语一样，单音节词很多；畲语有些词的变义用法，犹如古汉语的词类活用；畲语有许多词由活用形式发展成为词义的转借和引申，有些词则变为畲族的专义；畲语中也存在偏义复词；畲语许多构词还带有古代语素的痕迹；畲语有些词带有明显的“象形”“表意”的色彩；畲语中一词多义，是由引申和比喻形成；畲语有些词把修饰、限制的偏词放在主词之后；畲语有几种词尾构成的情况；有些地名，畲语与汉语虽通行，但称不同的别名；畲语中有少数词语与粤赣闽吴壮语等方言相同或相近。

语法

畲语的语法结构，一般与汉语差不多，以特定的语序、虚词和语感表情达意，但它也具有民族性、稳固性和一致性的特点。

反问句式　畲语常用反问句式表示明确肯定或否定。例："我讲阿唔喔？"（我说的没有错。）；"难怪唔？"（难怪，果然是这样。）；"睇还有人劝你阿唔？"（看，再没有人来劝你啦。）；"就是其顶好啦？"（不一定就是他最好。）

倒装词序　畲语词序与现代汉语不同，常用倒装。有谓语前置："烂手抓啦"（手烂起来了），"做认真的"（认真点做），"你行先"（你先走）。宾语前置："饭食了再来"（吃了饭再来），"你寮人客来啦"（你家来客人），"茶泡好"（泡好茶）。定语、状语后置："其寮牛买米了，壮壮咯"[他家买来（一头）肥壮的牛]，"楼下老鼠绝个都死掉啦"（楼下个个老鼠都死掉啦），"你寮田禾见丘都有水"（你家每丘稻田都有水），"分（被）烫烫齿（毛辣虫）烫去真疼，火烧火辣的"（被毛辣虫螫去火辣辣地疼）。补语前置："我寮猪要好食甚"（我家的猪要吃得很好）。"把"字句用法有"落哥代（那）楼罗（把）落花生掇来"（到楼上端花生去）。

此外，畲语中常借助语气词加强陈述、感叹获反诘的力量用复音重语气词，也有省略主语、谓语、宾语、数词、量词、介词、助词的。畲语中使动、意动和被动的用法也很多，如："个（这）真气人"[这（件事）真使人气恼]—使动，"听听都难过人"（听听都使人觉得不舒服）—使动，"莫吃亏其"（不要使他吃亏）—使动，"拿我讲是个些"（拿我看来，认为是这样）—意动，"懒意人"[（我）觉得（身体）不舒服]—意动，"莫打水"[不要被雨打（湿）]—被动，"理唔正，人望轻"（说话无道理，要被人看轻）—被动。

畲语隐语

全国畲族99%以上的畲民说的是同样的畲语。畲民经常以谜语式的隐语进行盘问，了解对方情况，辨别亲疏。若会说出生活中的一些比喻性的代名词，就认为是自家人了。隐语带有传统性与稳固性，借以助趣、避讳及盘问查考族人，在不同场合使用。如"过渡"或"撑船"指吃饭、"船篙"指筷子、"过燥路"指喝酒、"开光"指洗脸、"炙火"指盘歌、"光锄头"指洗脚、"炒田螺"指洗碗、"灶猪肚"指争吵等。查问对方情况的内容很多，考察性的盘问很严肃，一般都由长辈来盘问。若答得正确，即报出家门、辈分，不管远离他乡，待之如亲属上宾；若答不上，则不予理睬。

一问出处："你的竹种是哪地掘来种？"问畲族祖籍出处，答"广东"即对，言从广东迁出。

二问资历："你住在竹园内还是竹园外？"或"成人未成人？"回答"成人"表示已履行过"传师学师"仪式（即住在竹园里），威望就高；未学过"师"，则"在竹园外"属"未成人"。

三问姓氏："头上钉角还是盖（固）耳？"蓝姓是"钉角"，雷姓是"盖耳"；"金重还是金童？"钟姓是"金重"（繁体字）。或"你寮油麻有几窟？"蓝姓是"三窟"（蓝字下面的"皿"字为3个"口"），雷姓是"四窟"（雷字下面"田"字是4个"口"）。

四问排行："一桁毛竹打（破）几莱（丬）？"，蓝姓答"丬6莱"，6莱排行顺序大、小、百、千、尤、念；雷姓、钟姓答"丬五莱"，雷姓5莱排行顺序大、小、百、千、万；钟姓5莱排行顺序是打、小、百、万、念。

五问辈分："毛竹是大头破落还是细头（下头）破上？"首行或近首行"大"，则是"大头破落（下）"；尾行或近尾行"万""念"，则是"细（小）头破上"。提问时根据对方回答，与自己排行数对照就可知辈分的大小。

第十节 民族事务管理

民族内部管理

中华人民共和国成立之前，畲族族内事务由各地村社宗族支系的自然领袖（族长）负责，畲民一支族中，由一辈分高、办事秉公、声望最大的人担任族长。同支族而分居较远的多个村庄则按同样条件再择族长。族长负责处理本支族内相关公共事务。族内重要事务均由族长召集各房房长商议酌定，其方法较为民主。

祠堂　松阳畲族有裕溪乡源底村雷氏和大东坝镇西山村上包自然村2座雷氏祠堂、玉岩镇大岭脚村和白麻山村钟氏祠堂。其他支族祠堂仍在景宁、云和、丽水等地。有的支族没有祠堂，只有各支族的分祖祖担。

族规　畲民为维护本民族尊严，制定族规、家训，载入宗谱以诫子孙。主要条款有崇俭朴、尚友爱、重人格、睦宗族、睦妯娌、慎婚姻、正名分、诫家长、抑卑幼、禁争讼、禁赌博等。后塘村《雷氏宗谱》中载，“族中有宦著显……以荣宗族，有德行可嘉者……”等规定。家训有十则，即孝父母、和兄弟、序长幼、别夫妇、训子孙、亲宗族、严内外、清官守、安生理、明礼义。高岭村《钟氏宗谱》和石马源《雷氏宗谱》都有相似的内容。

排行　畲民以辈分长幼排行定位数，各姓、各支系略有不同，排行计算第几代人。定位数是指在同一排行中依年龄大小为序定第几长者。排行取名，每人有3个名字，排行名（用阴字序）、祠堂名（讳名、用阳字序）、乳名（即娘名），学师的还有“法名”，有的还有“字”。排行又以大、小、百、千、万、念（有的不用念）六行轮流使用，周而复始。后塘宗谱中大行即挨“天”字，天一郎，即是第一始祖第一人，死后位数即称“雷大一郎”而不用讳名。如是第三代，兄弟辈中是第十二位，那么他的位数就称为“雷百十二郎”。高岭村钟氏的阳字序有“景、发、梁、金、日……”等40个。排行以“大”“小”“百”“千”“万”“念”为序，阴字母也是以“千字文”的“天地玄黄……”依次为序。

族谱　族谱是血缘支族的源流变迁情况、世系的档案和族内法规的文字记载。松阳畲族的族谱也称家谱，有蓝、雷、钟3姓族谱，原始创谱本均未见，大多是清代中、晚期续修的版本。有的支族未修谱，仅有简单的手抄记事本。族谱对于查证畲族历史迁徙和人口发展情况等具有较大的作用。畲族的族谱内容与汉族基本相似，有源流迁徙、祖图、世系图、祠产、祠规、族规、人物传略等。畲民视族谱为传家宝，并恪守族谱中之祠规、族规。近年，新修的宗谱有后塘村雷仙德、石马源村蓝林德、下寮儿村蓝火森、潘八村蓝根林、坑上源村雷金明、潘山岭脚村蓝月德等存有。

2010年松阳县畲族各姓宗谱收藏情况表

表40-1-10-1

谱牒名	纂修时间	版 本	册数	藏谱地及收藏人	说 明
《蓝氏宗谱》	乾隆四十七年（1782）	木活字本	10	象溪镇村头村蓝水根、蓝良清	1905年、1916年、1948年重修
《蓝氏宗谱》	嘉庆八年（1803）	打印稿本	6	象溪镇黄岩村蓝美英	原版已佚，此为1983年重修
《蓝氏宗谱》	道光六年（1826）	手写本	1	裕溪乡内陈村五里坟蓝石余	—
《蓝氏宗谱》	咸丰二年（1852）	木活字本	1	象溪镇石牌门村蓝先兴	—
《蓝氏宗谱》	—	手写本	1	象溪镇石牌门村蓝根昌（此本与蓝先兴本不同支）	—
《蓝氏宗谱》	光绪元年（1875）	手写本	1	裕溪乡内陈村蓝永清	—
《蓝氏宗谱》	光绪二十（1894）	木活字本	2	象溪镇下寮儿村蓝火森	其中1本系手写本
《蓝氏宗谱》	民国33年（1944）	手写本	1	板桥畲族乡后塘村靛青弄蓝明德	—
《蓝氏宗谱》	—	木活字本	1	三都乡毛源村磨砖下蓝根土	与下寮儿村同支
《蓝氏宗谱》	—	手写本	1	裕溪乡源底村蓝细周	后存蓝月田处
《蓝氏宗谱》	—	木活字本	1	裕溪乡叶西后村蓝礼余	—
《蓝氏宗谱》	—	木活字本	2	象溪镇南坑源村蓝春根等	—
《蓝氏宗谱》	光绪三年（1877）	手写本	1	象溪镇塔背村蓝月来	2006年重抄
《雷氏宗谱》	咸丰二年（1852）	木活字本	7	板桥畲族乡后塘村雷德森	1913年曾重修，此为1931年刊本
《雷氏宗谱》	咸丰二年（1852）	木活字本	1	板桥畲族乡潘八村大纺车雷根荣	1918年重修
《雷氏宗谱》	光绪二年（1876）	木活字本	2	象溪镇坑上源村雷新贤	1911年、1941年曾重修
《雷氏宗谱》	民国21年（1932）	木活字本	1	象溪镇石马源村蓝祖亮	—
《雷氏宗谱》	民国31年（1942）	手写本	2	象溪镇高岭村雷仁德	原木活字本被人借走未还
《雷氏宗谱》	—	木活字本	2	大东坝镇灯塔村马蹄塆雷陈高、雷荣根	雷荣根藏本系手写本
《雷氏宗谱》	—	手写本	1	象溪镇南坑源村陈落山口雷陈旺	—
《钟氏宗谱》	道光三年（1823）	木活字本	1	象溪镇高岭村钟朝金	—

民间组织　旧时，松阳畲族除政府划定的行政区域管理外（民国时期县、区、乡、保、甲组织），也有少数民间组织。后塘村成立元宵“狮子灯会”，由畲民每年挨户轮流主持，负责扎制狮子、训练舞狮人员及舞狮的善后工作；每年农历八月十五有修路习惯，即成立“路会”，全村挨户每年轮流。板桥后塘、裕溪叶西后、象溪石马源等村有“清明会”，各清明会当时都置有二三亩田产，会员户轮流耕种，秋收后耕种户请各会员户的户主用膳一餐；有的地方还有“牛会”，即合资轮流买牛。

做娘家头　畲族女子（男子）出嫁死亡，其兄弟姐妹及亲房叔伯接到报丧后，即备办祭礼庚饭等奔丧吊唁，娘家人有时达几十上百人，为首的一二人称娘家头。也有女方在世时，如遇婆媳之间或夫妻之间有纠纷，也常常回娘家诉说因由，娘家就派几人或几十人陪同返回，进行说理和调解。

民族纠纷处理　畲族内部产生矛盾，叫“自家事”。事关重大的，即请族长、房长等调解，协商解决。也有沿袭古法，依照古老的祠堂规、家规形式规劝双方，一般都指出双方不对之处，“两边田塍都是水”，达到和解的目的。大凡涉及畲族与其他民族引发纠纷，如发生山林纠纷、水利纠纷等，即委托族长或地方上能说会道的人和当事人一道前往，与对方协商解决。

民族行政管理

民族管理机构　中华人民共和国成立后，中国共产党和人民政府重视民族工作，松阳县的民族管理工作先由县委宣传部，后由县委统战部负责对全县少数民族生产、生活、文化教育、卫生等各方面进行管理和扶持。1988 年 9 月，县政府设立民族宗教事务科，专司全县少数民族事务。2001 年 10 月，升格为正科级单位，改称县民族宗教事务局。

1984 年 8 月，浙江省民政厅批准成立松阳县板桥畲族乡，由畲族干部担任乡长或人大主席。该乡地域面积 31 平方千米，辖 9 个行政村（其中 4 个民族村），2010 年总人口 4957 人，其中畲族人口 1984 人，占全乡人口 40%。

民族政策措施　中华人民共和国成立后，历届县人民代表大会、县政协委员会都有少数民族代表和委员。20 世纪 50～60 年代，省、县多次派出医疗队到畲族村庄普查防治地方病，对畲民的医疗健康给予更多的关注。1971 年 11 月，浙江省医疗队到靖居区各畲族山村为畲民治疗地方疾病。1984 年 10 月，省卫生部门再次组织医疗队，到松阳少数民族地区进行地方病、常见病普查，发现病人及时医治，使畲族地方疾病得到控制。自 1985 年始，县政府先后 6 年把返还给板桥畲族乡的实征农业税和农林特产税，全部用于该乡教育、卫生事业和乡村企业生产发展基金。2007 年，县政府制定《关于进一步支持少数民族乡村经济社会发展的若干意见》。2008 年，落实“一户一策一干部”扶贫帮困制度，与民族村及低收入少数民族农户开展结对帮扶活动，通过经济帮扶、产业帮扶、技术帮扶、就业帮扶等多种途径进行分类帮扶，为低收入少数民族农户解决生产生活中的实际困难、实现持续增收。先后制定《松阳县关于加快少数民族和民族乡村经济社会发展的若干意见》《关于扶持少数民族乡村香榧生产的意见》。2009 年，制定《关于少数民族乡村油茶低产林改造的实施意见》。

经济扶持　1982 年，政府投资 45 万元，扶持畲乡发展开发性农业生产基地近 7000 亩。2004 年，松阳实施农村医疗保险，畲民享受同等待遇参加农村合作医疗保险，每人交 20 元，政府按规定比例报销医疗费，减轻病人的部分负担。以项目的实施加快基础设施建设步伐，推进民族乡村经济社会发展，争取到 4 个民族扶贫项目，投资 20 万元，为新渡坑和毛弄 2 个民族村安装自来水；为大东坝镇灯塔民族村的 3 个自然村开通 3 条长 2.5 千米的乡村公路，完成石马源民族村康庄工程。至 2010 年，全县畲族山村基本用上清洁卫生的自来水、村村通公路。

2005 年，开展“心系民族发展、共创美好明天”系列活动，筹资 57.3 万元，建造板桥畲族乡卫生院。象溪钼业有限公司捐款 5 万元，用于象溪镇上梅民族村康庄工程建设。整个活动共为民族乡村筹集资金150万元。获省民宗委民族处、省财政厅、省扶贫办10个少数民族扶贫项目，补助松阳县民族项目发展资金26万元。2006年，获省民宗委民族处、省财政厅、省扶贫办21个少数民族扶贫项目，补助资金217.4万元，有7个少数民族村庄受益。

2007年，引导5家民营企业与少数民族村“结亲”，筹措资金13.5万元，支持民族扶贫项目6个，共补助资金32万元。2008年，落实少数民族低收入群众增收帮扶行动计划，推动余姚市民宗局与板桥畲族乡建立结对挂钩。全县25个民族村，省委统战部结对7个村、省扶贫办结对4个村、当地相关部门扶贫结对9个，实现少数民族低收入村帮扶结对全覆盖。省民宗委确定松阳县民族扶贫补助项目7个，补助资金32万元，万亩香榧示范基地补助50万元。民族地区共发展种植香榧89.87公顷，发放扶持资金27.76万元。2009年，在省委统战部统一部署下，选择后塘、金村、下寮儿、吴村、村头、塔背、徐山7个民族村与绍兴市委统战部（市民宗局）及民进绍兴市委会、民盟绍兴市委会、民建绍兴市委会、绍兴市工商联帮扶结对，落实扶持项目7个、扶持资金80万元。在畲乡推进省级重点实施项目8个，争取省级民族发展资金35万元，带动民族乡村项目总投资近200万元，进行油茶低改666.67公顷。

2010年，绍兴市委统战部以及各级各部门对松阳少数民族地区的帮扶资金214万元，完成低产林改造面积666.67公顷，新发展香榧66.67公顷，发放各类项目补助资金118万元。在全省少数民族帮扶结对现场推进会上，松阳县作经验交流发言。

科技扶持　在少数民族乡村开展实用技术培训，以提高致富能力。2004年，针对灯塔村32.5公顷黄花梨基地普遍存在管理技术跟不上、效益差的问题，县委统战部邀请科技人员在现场开展面对面的技术指导培训。为打响板桥畲族乡“有机名茶”品牌，引进名茶加工技术，邀请江苏省苏州市茶叶技术人员举办名茶加工技术培训。2004年，全县各少数民族乡村种植各类干水果800余公顷，依靠科技高效经营，均取得较好的经济效益。2006年，根据各民族乡村的科技需求，全年举办科技培训班2期，共有153人参加培训。2007年，组织全县8个民族村的两委干部，举办香榧生产技术培训会，聘请专家担任油茶产业发展技术顾问，成立松阳县裕溪油茶研究所，引资创办浙江卖油翁油品公司；在民族村组建香榧、油茶专业合作社，提供产前、产中、产后服务，实行资金、技术、采购、生产、加工销售等一条龙服务。2009年6月，在板桥畲族乡大毛科村，组织举办民族地区低产油茶林改造现场会暨技术培训会。全县35个畲民集居重点村近200人参加培训。

文化教育扶持　1982年以来，先后向民族院校输送学生40余人。1985年，开设民族初中班。1988年8月，开办靖居民族职业技术学校。2004年，根据《浙江省少数民族权益条例》有关少数民族学生杂费减免的规定，减免少数民族学生杂费。共减免杂费213.4万元，664位少数民族学生受益。发放“王宽诚特困生助学金”11.4万元，15位少数民族学生受益。2007年，浙江省海外联谊会为裕溪乡海联希望小学资助25万元学校建设资金。民进省委向县民族中学赠送电脑50台。全县3名少数民族特困生在中国教育发展基金会吉利教育基金资助下，免费入读北京吉利学院和浙江技师学院。

2007年初，《松阳县畲族志》出版。成立县古籍编纂工作协调小组，抽调专人分赴民族村、档案馆、图书馆等处，对1949年之前的畲族碑铭、族谱、祖图、挂图、契约、文书等资料进行拉网式的大普查。整理出书籍类、铭刻类、文书档案类、讲唱类四大类29种。2009年，从全县280余份畲族世藏的古籍中筛选，编撰出版《松阳县畲族古籍（文契）集成》。

干部培养 2006年，推荐3名优秀少数民族年轻干部到丽水市委党校参加培训。2007年，推荐3名少数民族干部参加市级少数民族干部培训；推荐5名民族村干部和部分少数民族青年人才参加市级技能培训。2008年，选送18人次少数民族干部和民族工作部门干部参加学习培训。选派3名少数民族青年到丽水技能学校进行培训，6名少数民族干部到省林学院参加培训。

第二章　宗　教

松阳流传的宗教主要有佛教、道教、天主教、基督教，除佛教、天主教、基督教是从国外传入的宗教之外，道教是中国本土自创的宗教。在漫长的历史长河里，道佛教与松阳的传统文化互相影响、吸收。

民国《松阳县志》载，有庙34座，寺57座，观12座，宫9座，坛4座，阁3座，殿35座，所1座，堂39座，院14座，庵13座，塔5座；已废圮殿、庵、岩各1座，庙、堂各2座，观7座，寺24座，院4座，塔2座，教堂4座。

中华人民共和国成立以后，松阳县有佛教和基督教2种宗教。1988年9月，县人民政府设立民族宗教事务科，负责全县民族宗教事务的管理工作。2010年，依法登记的宗教活动场所24处，其中佛教17处，佛教居士有486人，可统计的信教群众2.3万人。传道士（义工）45人、慕道友515人。基督教7处（教堂2处、聚会点5处），基督教长老1人、教职人员3人、信教人数1780人，经常参加法会活动的有486人。成立“松阳县基督教三自爱国运动委员会”“县基督教协会”，简称“基督教两会”，设立松阳县佛教协会筹备小组，各宗教活动场所都有专门的管理组织进行管理。

第一节　佛　教

佛教的流传

佛教东汉时由印度传入中国。三国两晋南北朝时，佛教在中国迅速发展。

南朝梁时，松阳兴建的寺庙有梁普通二年（521），在县治南五里建的妙善寺（后改名净因寺）、法云寺（后名通济寺）、云龙寺（后名延庆寺）、田石寺（后名广慈寺）、圆觉寺、灵岩寺（后名法昌寺）、开善寺（后名法善寺、善因寺）、景星寺（后名证圣寺）、法宁寺、福安寺、灵水寺（后名玉泉寺）、正信寺（后名正等寺）12个寺院，至今已近1500年。之后，佛教教派林立，各教派有自己的教义，各自建立寺院。主要宗派有天台宗、法相宗、华严宗、禅宗等。隋唐以后，统治阶级大力提倡佛教，广建佛寺，松阳大部分乡村都有寺院。

北宋行达禅师，于太平兴国四年（979）奉旨搜访竺国遗文，法师应诏西征，不远万里，蹈穴胸鸟啄之区，犯猛兽毒蛇之地，水栖路宿不择死，所至中印度，得大经论八部，舍利四十九粒，以归。受到朝廷嘉奖，行达发愿建二塔藏舍利，一为永嘉之龙翔塔，二即松阳之延庆寺塔。于咸平二年（999）在延庆寺旁动工兴建延庆寺塔，至咸平五年（1002）建成。宋时，境有名僧祖谦禅师、道行、守常、邑人雪堂和尚。南宋嘉定十六年（1223），比丘尼（俗称尼姑）妙楚在古市筏铺开山兴建普圆寺。清时，佛教在县内最为兴盛，佛教寺庙89座，禅院11座，庵堂52座，有名僧通悟、藏生、仙法、贯一等。

中华人民共和国成立前，境内佛教信徒人数较众，各种佛教组织亦多。民国19年（1930），有僧39人；1953年，有僧16人、尼1人。1992年，法昌寺有和尚2人，石岩寺有住寺老妇1人，各处寺庙香火缭绕。

1996年，根据中共松阳县委办《关于进一步明确清理寺观教堂、坟墓专项治理工作有关事项的通知》精神，经调查摸底，全县清理寺观场所84处，暂缓清理6处，保留17处。2007年2月，为17处佛教场所统一登记发证。2008年12月12日，设立松阳佛教筹备小组，认定备案佛教教职人员2名（比丘、比丘尼各1人），居士380人，信教群众近6000人。17处佛教场所分别为：樟溪乡法昌寺、西屏镇北山弘法寺、西屏镇塔寺下秀峰寺、望松乡石门宥真禅寺、西屏镇云岩山云岩寺、西屏镇山垄延庆寺、板桥畲族乡桐榔村崇觉寺、西屏镇独山脚夫人殿、玉岩镇玉岩村香乳禅院、枫坪乡高亭村钟山古寺、象溪镇项山头夫人殿、象溪镇靖居村东山尖三元真君庙、安民乡高坛寺背乌弄金龙寺、大东坝镇下宅街后宅石仓佛堂、竹源乡小竹溪村墨口殿、新兴乡内孟村妙音堂、玉岩镇交塘村永济堂。

寺庙庵堂

民国《松阳县志》记录的寺庙庵堂有：法昌寺、延庆寺、望松禅院、玉泉寺、法宁寺、广慈寺、证圣寺、正等寺、治平禅寺、正念寺、崇觉寺、香乳禅院、宥真禅寺、弘法寺、钟山寺、定光佛院、感应佛堂、普济院、普济寺、永济堂、妙音堂、化成寺、广因禅寺、善因教寺、福安寺、净因寺、圆觉寺、寿昌寺、香山寺、云居寺、觉宗寺、悟真院、大慈寺、明觉寺、多福寺、资圣寺、净信寺、净缘寺、净圣寺、总持法院、延昌教寺、妙胜寺、净梵寺、报因寺、白云寺、净严寺、净居院、万寿庵、妙觉寺、永安寺、舍利庵、南岩庵、东福禅院、慈云庵、裕溪庵、三官堂、广济堂、仓颉庙、金钟庙、三元宫、万寿宫、善应堂、中洲堂、定昭院、祥云寺、宝觉寺、广福寺、石岩寺、莲珠寺、福胜寺、显泽堂、感应寺、灵洞庙、普惠堂、金莲禅院、灵显殿、崇福寺、龙进寺、延庆禅院、福庆禅院、忠州古院、普圆寺、广福庵、南岩殿、慈恩寺、天济堂、保赤宫、垂济堂、延庆堂、普惠堂、吉庆堂、报恩寺、观音寺、万古仙殿、明山殿、仙人殿、灵感堂、观音殿等。

（具体内容详见第三十七编“文物”第二章“古建筑”第三节“塔庙寺祠”之目“寺庙壇观”）

第二节　道　教

道教的流传

道教是中国本土宗教，以“道”为最高信仰，把尊道贵德，天人合一，贵生济世作为基本教义，是一个崇拜诸多神明的多神教原生的宗教形式。其源于中国古代巫术和东汉张陵创立的五斗米道，在封建社会，道教得到朝廷的支持，认为道士不但通阴阳五行、星算、地理、医术，还采药炼丹，追求长生不老、得道成仙、济世救人，道教在全国传播很快。

民国《松阳县志》载，“戴火仙，秦汉以前入留名山（留明山）修炼道成”。留名山在松阳县西南二十里许，高约三千丈，属邑内名山胜景。邑人毛云龙者，好修炼，尝创祠，候戴火仙于留名山三年，无所遇。忽一日，见二人弈于石。毛云龙在旁观，弈局未终，但觉苔已侵于石上。弈者曰：“子可以归矣。”云龙顿首而还。祠人曰：“子何之，今已三年矣。”及再至其所，已不可得。后，毛云龙亦修炼于留名山，见其火如旧。风月夜，则仙乐发于山中，若八音俱奏，彻晓乃已，或有异香过鼻，则火悬。众莫知其故。

松阳道教兴起较早，唐宋时鼎盛，明后继之。古市卯山是江南道教之圣地，自唐宋以来为道家修炼之所，山顶和山腰建有道院群，俗称上观、下观，今废。上观即为规模恢宏的通天宫，建于唐代，尚存通天观古井和建筑遗址；下观即广福观，尚存建筑遗址及天师渠、浴丹池、试剑石等古迹。约在唐开元十五年（727），唐代宗师叶法善舍庄宅为道院，名“永宁观”，玄宗赐匾“淳和仙府”，内置巨钟铸于乾元二年（759）。叶法善道术鸣世，祖孙一门六代以道为业，是典型的江南道教世家，他与父、祖被朝廷封赐立碑。

叶乾昱，叶法善的高祖。约生于南朝齐武帝建武三年（496）前后，活动于梁武帝中大通、大同年间（529～546）。他精通八卦“坤”形地势，是一位道行高尚、才智卓越的松阳道教的肇始人，他一直修行在山林，被人称之神奇的道士。仙逝后，与妻合葬于隐居地山林中。

叶道兴，名廷莹，叶法善的曾祖，约生于南朝梁武帝普通七年（526）前后。在古市酉山修道，遂成为天师道在地方上“厌劾鬼神”的受箓道士，声震八方。

叶国重，字雅镇，约生于南朝梁敬帝太平元年（556）前后，叶道兴之子，叶法善的祖父。李邕在《叶有道碑并序》中突出介绍说：“达生死之占，体物气之变。”唐开元四年（716），唐玄宗曾追赐谥号“有道先生”。他有天赋的才智，自幼承继父辈道教的宗旨，后接受高道的开导而异于他人；专精于天师道的五龙安宅、役使召考等传统道术，遍游国内的五岳群山。他行道已突破浙西南栝州一带，向当时政治、宗教中心区域帝京蔓延，并为帝王所嘉奖。朝廷曾一再延请与寻访他，叶国重坚辞不赴，安于乡间的遁居山林的修炼生涯。（内容与第四十三编“人物”第一章“人物传略”第四节“技艺”互为补充）

叶静能，号静龙，叶国重的胞弟，叶法善的叔祖。历经高宗、中宗、武则天、睿宗4朝，习道和传道，法位颇高，影响大。擅长符箓法术和金丹服饵之术而著名，深受中宗、韦后的宠信与重用，曾充当内道场道士。有《太上北帝灵文》三卷、《天真皇人九仙经》一卷等传世。

叶慧明，字德昭，叶国重的儿子，叶法善的父亲。约生于南朝陈后主至德四年（586），卒于唐贞观元年（627）。他承传父业，世袭道箓，增广道学：开阔道家秘箓的高义要旨，提升玄学津渡的大波，吹奏管乐以暖和山谷，运用历法以知晓天地。朝廷虽屡屡征召，他亦始终没有应命。（参见《叶慧明碑并序》）

叶法善（616～720），字道元。出身于道教世家，一生为道，其先由道教弟子，进位内道场道士、国师、大洞三景法师，乃至景龙观观主、越国公，“恩开五君，名动四国”。唐玄宗为叶法善亲撰《叶尊师碑铭并序》，高度赞扬叶法善的神奇行迹。叶法善的道行及其爱国情怀，后被写进《二十四史》

之一的新旧《唐书》。（内容与第四十三编“人物”第一章“人物传略”第四节“技艺”互为补充）

叶法善的侄子叶仲容，晚年弃官从道，承袭黄冠旧业。后裔叶藏质，入天台习道传道，人称尊师，中兴卯山道业。

北宋时，有道士刘应真。于元祐年间（1086～1094）召至京师上清储祥宫，赐紫衣，号灵宝虚应师，有《道德经解义》传世。南宋时，有道士徐泰定，宋开禧初（1205）居观行庵。

元时，有鄷去奢，居卯山修炼，得昔人“剑丹”；赵卖雷，号初阳真人，8岁落难入三茅山得茅君道人教以度世术，13岁而归，年逾百岁而去。

明时，有潘自然、高聪等名道士。清时，有正派道士若干人。

县内道教自古以上清派为主，唐时多奉三清及仙真一类，后归为正一道，民间有闽派道士（俗称师公）、火居道士流行。自清代以后，道观多失修坍塌，少有保存。民国19年（1930），有住宫观道徒15人，其中男道徒8人、女道徒7人。2010年，仍有师公、道士散居松阳民间，平日同凡俗，娶妻，念忏做道场时穿道衣戴道冠。

唐代道教法师叶法善以高超的道术和医术救助众生，他的神力和善举见于史籍者不绝如缕，死后得到人们立庙祭祀和拥戴，被称为“真人”“天师”。《旧唐书》载，“自曾祖三代为道士，皆有摄养、占卜之术，法善少传符箓，尤能厌劾鬼神”。记载了叶法善收妖、招役鬼神、治病，乃至于与婆罗门僧斗法等神奇故事，一些史料记载他求雨解救万民的事例。《镜龙记》载，“天宝中，扬州进水心境，青莹耀目，背有盘龙。先有老人，自称姓龙，名护，有小童曰元冥。至铸所，曰：老人解造真镜龙。令元冥入炉所，扃闭户牖。三日开户，失龙护元冥所在。镜匠移炉置船，以五月五日扬子江心铸之。后大旱不雨，叶法善祀镜龙于凝阴殿，须臾云气满殿，雨大作”。叶法善的道教文化思想被世代流传，境有民间师公、道士设坛求雨、打醮保平安等道教活动。

祈神求雨　俗称讨雨、抽龙儿。旧时，每至久旱不雨，一村或数村联合，择吉日请道士祈神求雨，求雨的在头一天全村人要吃斋一天。次日到牛头山抬出“叶天师”神像绕村子走一圈，“叶天师”后面跟着穿八卦袍的道士，头扎红布神额，腰束黑带，手持龙角和铃刀，口念咒。十余名青壮大汉手持器械，还备有 2 根粗毛竹作旋叉，经过上毛竹搭北首的柏树边时，道士缘叉而上，口吹龙角，向皇天求雨，称“翻龙旋”。此时锣鼓齐鸣，众人呼天号祷雨，气势浩荡，动辄滋事，凡在场的村民都一律下跪，不准戴笠帽或撑凉伞遮阳。然后，道士继续跃上竹子顶部，念唱道：虾儿晒死满地红，鲫鱼晒死一片白，泥鳅晒死如铁钉，田螺晒死如铜锤，鳝鱼晒死如弯钩，稻谷晒死如火烧……农民百姓苦怜怜，祈求老天下大雨。道士唱完后作法吹龙角，倒翻身从龙旋竹顶部徐徐而下，下跪的人才可起立。这时，如巧遇风起云涌，下一点雨，那就是“神在显灵”了……如果三天后仍无雨，人们在道士的带领下到赤寿龙下的一个泉水窟里去“取龙水”，抓一条泥鳅或黄鳝之类的鱼，把它称作“龙”，说是请龙来行雨，把“龙”放入内泉塘养着。

打清醮　是松阳民间驱邪避邪的一种祭祀活动。旧时，村中瘟疫流行、族姓中有多人生病，或祖坟被破坏，村中有不顺心事，请道士选取吉日，在社公殿或祠堂挂上各种古老的菩萨神灵图像，设坛供上酒、烟、鸡、猪等各种祭品，打醮保平安。该村及邻村的百姓纷纷前去烧香拜佛，捐钱捐物，吃斋饭，求平安。在打清醮快接近尾声时要到河边放水灯。水灯用高级油光纸制作，形状像荷花。夜幕降临，在水灯的中间点上蜡烛，在水势平缓的地方放灯。放水灯时，道士念咒，鼓乐声、鞭炮声齐鸣。河面上，盏盏水灯，星星点点，随风摇曳，随波逐流，蔚为壮观。百姓人流涌动，心里默默祈祷，祈求风调雨顺、国泰民安、家人幸福安康。

送船儿　旧时，村里有人生病，服用一段时间草药不见效，就请道士先生“送船儿”。家人用竹篾扎成小船，然后用棉纸糊好置于中堂，摆上香烛祭品，道士口念咒语，并用锄头做开河引水之意，然后绕船转数圈，道士手持铃钟念唱：“六都出烟叶，坛下出箬帽，丁山头出草鞋，三都出生姜，四都出萝卜，水南出桃李，龙泉出宝剑，杭州出糕饼……”之后锣鼓阵阵，把纸船抬到松阴溪，设席饯行，焚纸点香烛，让纸船随波逐流而去，谓送“瘟神瘴痢”，也称“送太平船”。

请三台　是民间驱邪避祟的一种宗教活动。旧时，民间如家中有人生病认为是中邪，是鬼在家中作祟，于是请诸神佛来家驱赶鬼魅，以保护患者健康。做法是：在病人家附近的室外搭个台，即在2条板凳上架一面竹匾（俗称“坛衣”），竹匾中间置一只谷桶，祭品是“三牲”或三个鸡蛋，谷桶上再置一面米筛，米筛中间放米斗用来插香，旁放糕饼之类的供品。点烛插香后，道士身着八卦衣，手执朝笏铃钟，对着这个“台”轻轻念咒，护佑病者恢复健康。咒语过后，手执香灯迎神佛到家，并把病房中及床头边一些废物拿到外面烧掉，最后拆台了事。

显龙儿　是人死后的一种礼节活动。出殡下葬的当天上午，中堂的桌上插着2张“灵魂方”，摆上祭品，道士在中堂两侧的板壁各挂一幅画轴。下午3时左右，道士穿着八卦道袍，一手握着铜铃，口念咒语（意：安慰亡灵），之后，手拿着一碗咒水和柏枝到村里给送过祭礼的各户人家进行“洒净”（意：祛邪保平安），仪式持续到四更时分。

观宫院壇

宫观院壇是道教徒活动的场所，历史上境内道观有几十处，其中县城云岩石屋旁的逍遥观是最早的道观，建于梁大同元年（535）。自清以后，道观多失修坍塌，仅存秀峰观。

逍遥观　在县西一里云岩山之阳。梁大同元年（535）始建，旧名洞阳。宋宣和年间（1119～1125）令尹张邦彦重建，改今名。

洞阳观　县东二里洞阳观山上，后改名叶天师祠，祀天师叶法善。

秀峰观　在城西石笋山。清道光年间（1821～1850），贡生詹岩劝捐兴建，旧名吕祖庙，祀吕洞宾。后改名秀峰观，现正殿门楣题额仍留有“秀峰观”三字。1993年，信徒重修扩建，增奉观音、关公，佛道合祟，改名秀峰寺。占地面积1273平方米。

图40-11　洞阳观（叶祖青 摄）

通天宫　在县西二十五里卯山之巅。建于唐代，久废。尚存通天宫建筑遗址及古井一口，为松阳尚存最古之井，井圈高0.30米，圈径0.56米，井深6米余，井水常年不涸，泉甘而清。

广福观　在县西二十里卯山之趾，俭公祠东侧。旧名青溪观，宋治平元年（1064）建，熙宁二年（1069）赐额为“寿圣”，隆兴元年（1163），改名广福观。有石壁灵泉，夏冬不涸，即天师渠也。

永宁观　“在县西二十里卯山之阳。唐开元中（713～741），叶法善奏舍庄宅为道院，玄宗赐匾‘淳和仙府’。有巨钟铸于乾元二年（759）。宋宣和间，方寇焚爇，钟在烈焰中不铄，声亦不改。浮屠百人舁之不能动，及钟楼重建既成，数人挽而上之。”清嘉庆二十年（1815）后人为纪念叶法善，在永宁观旁建天师殿。

民国《松阳县志》记录的道教观宫院坛还有：有道观、东琳宫、奉真观、真元道观、开冥道院、灵崇观、寿昌通天宫、景福观、天真观、妙有道院、禧贻观、胜苍观、通法观、白云观、丽阳行宫、戴火仙庙、真武庙、白鹤禅院、真人庙、电院、云台山天师殿、青元宫、古圣堂、先农壇、神农殿、社稷壇、土地祠、风云雷雨山川壇、厉壇、龙母殿、竹客庙、紫衣大德庙、龙殿。

（具体内容详见第三十七编“文物”第二章“古建筑”第三节“塔庙寺祠”之目“寺庙壇观”）

第三节　天主教

清光绪二十七年（1901）4月，丽水教堂戴神甫派遣陈仁芳传道员在西屏申亭弄洪氏宅内传播天主教。宣统二年(1910)，设古市天主教。民国19年(1930)，西屏天主教由美籍慕列生神甫主持，有其他传道员5人；古市天主教由郑绍康主持。民国26年夏，西屏欧式天主教堂建成，先后有7名外国籍神甫来松阳传教。西屏天主教的传道员先后有陈仁芳、李时仁、徐克利、孙燕棠、孙子登、姚竹庭、潘忠等10人。民国31年，传道员蔡德三主持古市天主教堂。民国37年后，由潘忠传道。盛时全县有教友55人，其中西屏天主教堂48人、古市天主教堂7人。1950年3月，外国籍神甫、传教士回国，天主教遂停止活动。

图40-12　西屏天主教堂外貌(叶坚红 摄于2007年)

西屏天主教堂位于西屏镇申亭弄，建于民国26年（1937）。欧式建筑，由圣堂、神父楼和生活用房组成，占地面积2000平方米。圣堂庄严肃穆，通面阔10.20米，进深35.50米，弧形顶，梅花柱头饰宗教图案，粉壁长窗。解放后，圣堂先后用作中共松阳县委驻地、西屏幼儿园。神父楼及教堂的生活用房位于圣堂东侧，系二层砖木结构楼房，解放后为西屏旅馆。

第四节　基督教

基督教的流传

基督教，又称耶稣教。清光绪十九年（1893），由德国牧师廉和清传入，初寓松阳城南“同春贤饭店”，为串走传教。后在城北永庆铺弄设教点。教会初建时属德华盟会，其后与西差会合并，改称中华基督教松阳内地会。光绪二十一年（1895），瑞士籍传教士傅玉昆到松阳协教，传至古市，继向遂昌县、宣平县发展。宣统二年（1910），德国籍牧师赵安怀助理传教，兴建西屏耶稣教堂。翌年，廉和清奉调回国，改由赵安怀主持，向南州、枫岭根、东关、淡竹、岭上等地设点派员讲道。

民国元年（1912），立龙泉人赵安怀为牧师，为县内第一位中国籍牧师；立李元兰、杨春生为长老，周甘霖、雷华昌为执事。是年，在玉岩、东关源设分堂。民国19年，县内有城北传福音会、古市传福音会、枫岭根基督教、南州基督教4处耶稣堂，传教人员47人。民国27年2月，松阳基督教总会设有分支会26处。其中，松阳境内有西屏、古市、南州、枫岭根、狮子山、玉岩、山甫、金坞、东关源9处，男女信徒600人；遂昌13处，宣平3处，龙游溪口1处。民国23（1934）至39年（1950）10月，先后到松阳主持教务的牧师有德籍盖世华夫妇和谢发利夫妇、瑞士籍冯牧师。民国31年，日军进犯松阳，教堂遭焚毁。现存建筑是民国34年由黄中（主持）、吴关宗（助理）、周日新（出纳）等信徒在旧址上重新修建。

1950年10月后，外国牧师全部回国，教务由曹约翰（河北人）主持。教徒吴关宗曾二度作为宗教界代表出席县人民代表大会。1953年，西屏镇设总教堂，有古市镇、南州村、玉岩村、枫岭根村4处分教堂，教徒180人。1958年，松遂二县合并，教会活动有所削弱。

基督教会宗教仪式主要有圣诞节、感恩节、大聚会、洗礼、圣餐等。1950年，曾举行一次大聚会和洗礼。20世纪80年代后，举行5次大聚会和洗礼，每次参加大会人数均有600人。

1984年，成立县三自爱国会筹备小组，传教活动开始活跃，鲁丰、王田圩设立聚会点。1987年，设靖居口、裕溪聚会点。1988年，县政府设立民族宗教事务科。1989年，成立松阳县基督教三自爱国运动会和松阳县基督教协会。1989年12月16日，松阳县基督教三自爱国运动会和松阳县基督教协会正式成立，分别设置主席、副主席、秘书长和会长、副会长、总干事。1990年，设玉岩聚会点，苏马坪大潭村建立简易教堂。1992年，全县有基督教的教牧人员28人，信徒1725人，其中受洗1190人，未受洗535人。

基督教会附属机构

博爱医院　清光绪二十三年（1897），教会创办博爱医院。

养正高等小学　民国10年（1921），设立养正高等小学。

红十字会慈善机构　民国14年（1925）冬，成立红十字会慈善机构。

安息日会　安息日会是“基督复临安息日会”的简称。每逢安息日（即星期日）做礼拜。民国18年（1929），由温州浙南区会布道员潘子章传入。后经改组，在东门潘氏宅内设立固定传教点。

安息日会传至古市、象溪、竹源、太芝、望松等乡镇和城内多处。有信徒29人，其中男21人、女8人，后剩15人。先后主持传道员有潘子章（永嘉县人）、陈文恩（乐清县人）、周维新（江西省人）、王连三（松阳县人）、王承贤（永嘉县人）、黄仁（碧湖人），共6任。传道员下分组织长老1人、执事1人、书记1人，1964年自行解散。

基督教堂与聚会点

西屏基督教堂　在西屏镇耶稣堂弄16号。清光绪十九年（1893）创设。占地面积2144.61平方米。

古市基督教堂　在古市镇城头街106号。清光绪二十一年（1895）创设。占地面积1034.82平方米。

基督教龙下聚会点　在赤寿乡龙下村。

基督教鲁峰聚会点　在象溪镇鲁峰村。

基督教枫坪聚会点　在枫坪乡黄埠坞村。

基督教安民聚会点　在安民乡苏马坪村。

基督教楼山聚会点　在裕溪乡潘山村楼山自然村。

第三章 信仰 崇拜

松阳信仰崇拜始于古代“万物有灵”观念，从大自然的日月星崇拜、山水神崇拜、人造物崇拜，到后来出现井神信仰、房基神信仰、门神信仰、灶神信仰、大树巨石信仰等。信仰崇拜是民众自发地对具超自然力的精神体的信奉与尊重，包括原始宗教在民间的传承、人为宗教在民间的渗透、民间普遍的俗信。

信仰崇拜源于世代相传，基础是敬畏。涉猎范围广泛，涵盖宗教信仰、巫术、禁忌、占卜等民俗事项，常常依附于物质民俗、社会民俗，包括神明崇拜、祖灵崇拜、自然崇拜。对于文圣孔子、武圣关羽、神农氏、平水大王以及松阳当地名人叶法善、张玉娘、叶梦得等知名乡贤名宦，为纪念他们的功绩，人们建祠以祀。

俗神崇拜是民间信仰习俗的主要内容，把民间传说中的化身神搬上神坛，供奉较多的神灵有徐侯大王、三元唐葛周将军、赵元帅、陈十四夫人、林九娘夫人、李三娘夫人、插花娘娘、龙母娘娘等。城隍、社公、土地老爷都是地方守护神，人们祈求神灵庇佑趋福避祸。民间普遍存有对大树、巨石的崇拜，小孩子认树龄长的大树、巨石为亲娘、亲爷，以祓不祥。有的在屋前置放一块方石，上刻“泰山石敢当”字样，以镇邪。总之，凡是有与切身利害关系的事项或问题发生时，百姓就会寄托于这种玄妙的神，以求精神慰藉。

客家人神佛信仰众多。山边夫人庙庙会在当地的香火较旺，一般在五月十三举行庙会；蔡宅徐侯大王庙庙会次数最多，二月十九、六月十九和九月十九都有盛大的庙会；山头龙神庙庙会则是在六月十三庆祝龙神的生日。这些庙会一般都是在一天内完成。

第一节 神明崇拜

城隍庙

凡城邑都有城隍庙，是祈求城隍爷保佑一方国泰民安、风调雨顺的场所。城隍爷大多由有功于地方民众的名臣英雄充当，被民间奉为守护城之神。旧时，松阳有2座城隍庙，一在松阳县城大井路7号，一在古县治古市城头。城隍爷生日农历八月十二，每年八月举行城隍庙会为城隍祝寿。庙会期间，庙门内外张灯结彩，入夜如同白昼。其时万商云集，香客趋之若鹜。从会头到会尾，城内几条街上总是人山人海，热闹非凡。城隍出巡时，城隍老爷坐在轿中，出巡队伍长达里许，看热闹赶会市的人摩肩接踵，万人空巷。每逢庙会，公派各工商行业筹资请戏班演戏，达半月之余，称三十六行戏。古市城隍庙（今无存），每年九月择吉日举行城隍庙会，其规模逊于县城。迎城隍活动延续至 1950 年。

松阳县城的城隍庙旧为长松台改建，明万历二十四年（1596），知县周宗邠重建。明崇祯十六年（1643），张建高重建。清康熙间，邑市民捐资修建。清乾隆二十一年（1756），知县李国才倡捐修建。清嘉庆初年，知县傅秀漳劝捐重建。清道光年间，邑绅士劝捐重修。咸丰、同治间，复劝捐续修。20世纪50～60年代，前殿、邮亭、戏台等建筑被改建，现存正殿和后殿分别为清嘉庆十年（1805）和乾隆四十八年（1783）时重建。

文庙

又名儒学。旧时祭祀孔子和供生员读书的场所。人们把孔子奉为“文圣”，民间建文庙崇拜“万世师表”，清光绪《松阳县志》载，境有文庙、崇圣祠、文昌阁等庙宇8座。文庙在县城大井路2号，始建于唐武德四年（621）。宋宣和三年（1121）毁。建炎时，知县徐彭年重建，唐阅继葺。绍兴年间，王淑、茅崇增修。乾道、绍定年间，知县刘唐葆、王圭、高彭更相修饰。历代继葺扩建，至清光绪年间，文庙颇具规模。正中为大成殿，正位祀“至圣先师”孔子神位。四配神位：“复圣”颜子、“宗圣”曾子、“述圣”子思子、“亚圣”孟子。前为戟门，又前为泮池。跨以石桥，又前为棂星门。殿后为明伦堂，儒学门东为文昌阁。现存戟门、大成殿和两庑，占地面积1000平方米，戟门东墙存明崇祯二年（1629）“松阳县重建儒学碑志”1通。

文昌宫

供奉的文昌帝君，是中国神话传说中主宰科举功名的禄位之神，为古代读书人所崇拜。县城文昌阁在儒学门之东，明崇祯五年（1632）知县杨应华建。境内玉岩、象溪、南州、靖居包、堰头（后属莲都区辖）等村都有文昌阁。

魁星阁

供奉的魁星，民间谓“魁星主文事”，读书人崇敬魁星，于农历七月初七“魁星生日”有“拜魁星”之俗。在县城文昌宫门前，续于道光间，城北绅士叶国良捐资独建。

关圣宫、关帝庙、武庙、关岳庙、文武庙、关王殿

均是供奉关圣大帝的场所。关羽崇拜是中华传统文化中一种独特的现象，民间祀忠勇神武灵佑仁勇威显护国保民的关圣大帝，百姓顶礼膜拜关圣大帝与人们的生活息息相关。分布境内的关帝庙有 10 余处，县城有 4 处，其中位于县城中弄 12 号的关圣宫建筑规模最大，建于清嘉庆十四年（1809），由汤溪、兰溪籍布业公建，又名汤兰公所、兰溪会馆，为商贾聚会场所。内祀关帝神像，建筑恢宏气派，金碧辉煌。

天后宫

妈祖崇拜，祈天妃娘娘海神保佑平安健康。清代，松阳商贸繁荣，松阴溪航运发达，先后兴建了 2 座天后宫。一在城西，清乾隆十四年（1749）闽商建，又名闽商会馆，俗称上天后宫，其建筑规模轩敞，金碧辉煌，极为壮观，时为邑中祠庙之冠。1991 年，因学校扩建被拆，正殿被异地复建至延庆寺塔院内。一在城南，地名“双积楼”，清乾隆三十四年（1769），闽汀公建，俗称下天后宫。

每年农历三月二十三日妈祖诞辰鼓乐喧天，热闹非凡。

太保庙

位于县城北部望松岭，为望松禅院东岳行宫建筑群一庙，供奉温琼为太保。始建于明天启元年（1621），历代屡毁屡建。民国31年（1942），遭日军兵燹，现存太保庙为民国32年复建。民国《松阳县志》载，“乡俗于清明之前，卜吉设醮于城隍庙，斋戒极盛，鼓吹呼拥，迎城隍神、温太保神，周巡城乡，所以逐疫。装扮台阁前导，颇极巧妙，男女云集景观，仿佛古傩意志”。西屏太保庙会在二月二日至清明节期间举行，日期不固定，由醮首择吉日行傩。每年迎会，由东南西北四门太保会轮班举办。庙会前三日下午开始布置醮坛。庙会当日辰巳之交，城隍、太保神像八抬大轿队伍，浩浩荡荡、锣鼓喧天巡幸全城，街头巷尾人山人海；当日午后，抬城隍老爷到北门祭孤台祭孤，以超度孤魂野鬼；次日下午，太保老爷持剑游遍全城三十六社宫和大街小巷收祭；深夜，送太平船，全城解禁。庙会还有一种泥塑出售，这种泥塑称为“太保佛儿”。古市镇的太保迎神之期后于西屏，规模远逊于西屏。迎太保神活动延续至1950年。

力溪太保庙

位于樟溪乡力溪村的太保庙，原名天师殿、会仙庵，祀叶法善天师。建于清道光二十三年（1843）。据传，力溪太保是叶天师的好友，他宁可不当遂昌县城的太保，也要到力溪村当乡下太保。于是，趁涨大水之际，从遂昌漂流至力溪村边，赖着不走了。之后，力溪村民把卧虎山的天师殿改名为太保殿。因太保老爷从水中来，塑像为赤脚傩神。相传，力溪太保制服了金牛犊，给力溪百姓带来福祉。至1950年前，力溪村年年有太保庙会。

药皇宫

在城西东琳宫右，清嘉庆十六年（1811）药商公建。正殿供奉伏羲、神农、黄帝塑像及药圣孙思邈、药王韦慈藏。

名宦祠

在学宫戟门东。清重建。祀宋县令陈俊卿；元县令买住、赤盏显忠、方明安、孙德润；明知县石骥、刘琬、唐恩、魏良弼、张贺、万鹏、张继桂，教谕林谟恭、郑义、欧阳烈、袁埴，训导陆鳌；清知县张景留，巡抚范承谟、朱昌祚，提督塞里白，总督李子芳、郭世隆、王骘，按察使杨宗仁。

乡贤祠

在学宫戟门西。清重建。祀宋直徽猷阁给事中沈晦、直龙图阁项安世、大理寺评事王光祖、“松阳开国男”程榆、广西西路宪使程樟、监察御史兼察事王唐珪、进士萧必强，元王文焕、进士练鲁，明礼部侍郎王景、监察御史叶希贤、项民彝、进士卢玑、左参政詹雨、知县毛仲、训导包麟、刑部郎中毛文邦、处士王诏等118人。

叶雪庵公祠

在县东钟楼路。祀明监察御史叶希贤，号雪庵。明建文帝难，雪庵随避云南、四川循迹隐居。明万历二十二年（1594）建，年久祠圮。清康熙二十年（1681），知县张景留重建。清同治初年（1862），作修葺。

魏公祠

在县北望松岭， 祀明县令魏良弼。明代建。后祠废，移木主于景贤祠。民国8年（1919），奉魏公木主至城东旧明善书院。

景贤祠

在学宫戟门西乡贤祠前。清重建。祀本府通判署知县许有寰、杨应华、葛永振。

四贤祠

在儒学内，明崇祯六年（1633）建祠，儒学主祭。祀处州府通判许有寰、葛永振、知县杨应华、邑宦叶以章。

贞文祠

在县西南官塘门外。祀贞女张玉娘。宋时，有张氏若琼者，沈家未婚之妇，知书礼，工诗文，著有《兰雪集》。闻夫讣，自尽。其侍女与鹦鹉亦同时殉焉，封其墓曰鹦鹉塚。明处士沈意拨田立祀，建祠。

朱子祠

在县明善书院西。清乾隆五十九年（1794）建。祀朱子（朱熹），左右列理学叶梦得等11位以配享之。

三公祠

在县西南关帝铺外关帝庙后。清雍正五年（1727）建。祀关帝三代，曾祖光昭王、祖裕昌王、父成忠王。

忠义祠

在城北天后宫左。清雍正年间（1723～1735）建。祀忠义之神位。

詹公祠

在县南旧学基侧。明崇祯十五年（1642）建。祀明赠国子助教詹嘉言，向由儒学主祭。

通济祠

在县东六十里（后属莲都区堰头村辖），祀萧梁詹、南二司马。久废。清康熙三十年（1691）复建，初名法云寺。道光间改今名。

张公祠

在界首村。清咸丰八年（1858），知县张士超殉节之所。乡董刘姓捐资兴建。

昭忠祠

在县城钟楼路叶公祠右。清咸丰九年（1859），山下阳张姓捐资建。祀知县张士超、李作干，教谕徐清翰，邑绅叶维藩及殉难诸男女。

忠烈祠

在县西东琳宫内（县城中弄，药皇宫左）。民国元年（1912）建。祀辛亥烈士潘灏木主。

节孝祠

在县西天后宫之右。祀节孝之妇。清雍正间（1723～1735），知县杨国琦建。清咸丰八年（1858）

倾圮。清同治七年（1868），节孝后裔重建。

瑞现夫人庙

在县南独山脚。古称太婆庙。后晋天福四年（939），县令陈时祷雨，见独山顶现白龙，大雨随至。民间传说白龙系夫人之子，白龙显神为夫人之劳，遂上奏吴越王钱元瓘，后奉旨诰封“瑞现夫人”。此后，太婆庙易名为瑞现夫人庙。民国31年（1942），庙遭日军兵燹。次年，原址复建。占地面积520平方米。

云岩寺

在县城北云岩山上。山中有2个天然的石洞，洞内供奉胡公大帝，又名胡公寺。清乾隆二年(1737)建，“文化大革命”时遭毁。1990年重新修复，占地面积205平方米。

夫人殿

祀陈十四夫人（陈靖姑）、林九娘夫人（林淑靖）、李三娘夫人（李三靖）3位夫人，其中祀陈十四夫人居多。县境有项山头、南州、鲁西、板桥、山边、赤圩、内陈、靖居口、邵山尖、大竹溪等夫人殿10余处。其中项山头夫人殿兴建最早，始建于清雍正年间，历经乾隆、民国、当代多次修葺，至今香火甚旺。

山苍殿

在三都乡上田村仁龙山。明末清初建，奉三元真君神像，三进，进进增高，雄伟气派，雕梁画栋，面积700平方米。保存完好。

龙胜殿

在三都乡淡竹村龙胜山。又名淡竹殿。奉三元真君神像，祈晴祷雨，御灾旱患颇著灵异。

福龙殿

在县东福龙山。祀三元真君，灵异卓著。

赵元坛庙

在象溪村村首，清乾隆年间建。祀赵元帅（赵公明）。旧有紫阳书院。今废。

三元殿

在县西斋坛。奉唐、葛、周三元帅。

唐葛周殿

在叶村东坞源口。奉唐、葛、周三元帅。

唐葛周殿

在大东坝镇百步村。奉唐、葛、周三元帅。

三元真君庙

在象溪镇靖居东山头。奉唐、葛、周三元帅，祈雨辄应。

三真宝殿

在大东坝镇蛤湖村。

普济堂

在大东坝镇横樟村。

徐王庙

在大东坝镇蔡宅三节桥。

墨口殿

在竹源乡小竹溪村。奉徐侯大王。建于清初，20 世纪 80 年代重修。

徐侯庙

在大东坝镇牛角圩村。

插花殿

在大东坝镇茶排村。

禹王庙

主祭平水王大禹，祈求保旱涝。境有界首、板桥、后宅、张山、下宅街、交塘、斗潭、周岭根等17处禹王庙，其中界首村的禹王庙规模最大，称禹王宫，明代始建，清乾隆三十九年（1774）重建。禹王宫门厅保存完好，石柱楹联刻“八年于外备尝苦辛勤王事，三过其门历尽风霜忘家室”，褒赞大禹治水精神。

宝盖寺

在县西三十里。20 世纪 60 年代拆。

龙神庙

在县南五十里南山下。

石柱殿

在官塘门外白龙堰沿。明初建。祀明初周总管德闾。几遭水毁，今迁址白龙堰上游航船头。

八仙殿

在裕溪乡内陈村。

五侯大帝庙

在大东坝镇蔡宅村。

太尉殿

在水南乡大竹溪村。祀李太尉。

洞主殿

在象溪镇鲁西村坑边。

毛洞主殿

在叶村乡金坑源。殿前有深潭，时有云气出没。

白砬洞主殿

在大东坝镇上寮山村。清光绪二十年（1894）建。

灵显岩

在象溪镇鲁峰村。已废。

福庆堂

在板桥乡岭头。

三官堂

在板桥乡桐榔庄。已废。

乐善堂

在县东六十里高山坳。

泉济堂

在县东十五里。

延福堂

在县东二十里。

唐相公庙

在县北十五里五阳山之麓。始建年代不详，清咸丰年间出土“大唐相公”石香炉。清同治元年（1862）重建。

四相公庙

分布在县境乡村的四相公庙随处可见，庙宇狭小，庙内供奉四位相公。传说中的四相公是兄弟四人，和睦善良，为人正直，专门帮助百姓去忧排难，深受人们尊敬和爱戴，立庙纪念和崇拜四相公。

第二节　祖先崇拜

敬祖是宗法性宗教的一种习惯，是对宗祠、宗谱、家训、族规的敬畏。祖先崇拜和神灵崇拜不太一样，对神灵崇拜是希望祈求得到某些好处，对祖先的崇拜有表达亲情的成分。祖先与崇拜者有血缘关系，后人把他当作保护本族或本家庭的神秘力量祭祀和崇拜，不仅表达亲情，也希望去世的祖先荫庇子孙，家族兴旺，事业发达，祈盼祖先能保一方平安，捍患御灾，保境安民。

祖先祭祀有墓祭、家祭、祠祭 3 种，祭祀时间一般是忌日祭、过年祭、上元节祭、清明节祭、中元节祭、十月朔日祭、冬至祭等。

松阳杨姓子孙有祭拜杨六郎的习俗。杨六郎即北宋前期将领杨延昭。山仁下杨氏宗祠奉杨六郎为先祖，祭拜极为恭敬。以家祠、香火堂为单位，组织名下子孙祭拜。山仁下、麻洋塔、郑家、和尚寮、丁山头等村杨姓子孙，每15年要举行一次祭拜杨六郎仪式。正月十三夜开始，摆三日三夜。家祠或香火堂里一桌挨一桌，每户人家都供奉三牲祭礼，甚至用猪头鹅。正月十七，祭拜各家请亲朋好友散祭，表示谢意。

宗祠

宗祠是族人崇祖祀祖、议决族务、执行族规的场所。又名祠堂，内设奉祀始迁祖及祖先神主牌位，祭祀崇拜隆重肃穆，慎终追远，序昭穆，崇功德，收族睦邻。置有祠田祠产，专人管理“祀神田”，以田租收入供祭祀及管理修缮费用。宗祠祭祀时间是正月十五（俗称上元节）及冬至日，集合全族子孙参加祭拜，场面隆重。上元节散祭时，每人分红蛋或馒头。冬至节散祭后，族人聚餐，吃“祀神饭”，或分“丁肉”（给族内每名男丁猪肉）；对取得功名的人备加优待，凡考中秀才、廪生、贡生、举人等功名的，都增发“丁肉”以示奖励，也奖励忠孝、廉节、百岁长寿者。多数祠堂都有堂号，祠堂内匾额之规格和数量是族人显耀的资本。有的祠堂前置有旗杆石，表明其族人得过功名。

2010 年，松阳尚存的宗祠有 257 座。（此目内容详见第五编“人口”第七章“族姓”第二节“宗祠”、第四十一编“风俗”第三章“礼仪习俗”第六节“祭祀习俗”）

宗谱

各姓宗谱，俗称族谱。内容体例为谱序、谱例、世家、诰敕、像赞、世系、传志、家训、祠规、祠堂。谱序记述族姓来源、先世德行、宗族迁徙和宗谱编修、续修情况；谱例也称凡例，说明宗谱编修基本原则、作用；世家记述本族的名人事迹；诰敕记录政府对族人的旌奖文书；像赞收集先祖、名人画像，其后写的赞语；世系自本族一世祖以下，按辈分写清继承关系；传志记述名人仕宦的传记；家训是对子孙的教育准则；祠规记述本族祭祀的规矩；祠堂记载坟墓、义庄等财产情况，内载本族源流、祠庙、土地、山林、塘堰以及各户人口情况。大姓宗祠，除宗谱外，还有以“房”为单位的子系宗谱，俗称房谱。宗谱年代长远后要续谱及续排辈派，维护本族人伦秩序。宗谱由族长、房长保管。一般巨姓望族，二三十年修宗谱一次。

理事会

理事会是宗族内部管理的组织，族长、房长由理事会推选。理事会有修订本族（房）各种会议规则及议决一切族（房）务、办理改选理事会、推举理事员之权。理事会会议以理事员 2/3 出席，始得开会。表决以出席半数以上之同意，方得执行。

族长为族内辈分最高、声望最显者，甚有权势，有法大不如族（规）大之说。族长有开祠堂门、召集全族人丁训话议事、处理内外纠纷、处置违规子孙等权利。

家训

家训是先祖对子孙立身处世、持家治业的教诲，是中国传统文化的重要组成部分，也是家谱中的重要组成部分。家训除正面启发诱导外，也对陋习及其恶果提出警示，围绕个人家庭教育中孝、悌、礼、义、忠、信、廉、耻及和谐、孝道、劝学、劝善、勤俭、励志、修养等方面内容，对修身、齐家、治国、平天下起到重要的作用。

族规

族规，即宗法制度下家族的法规，是家族制定的公约，用来约束本家族成员。松阳各姓族谱中，族规条款往往置于卷前，以示重要。民间认为国有国法，族有族规，也反映出家族规约对族人的影响力。族规的名称很多，有家法、家约、家戒、家范、族约、条规、祠规、禁约、规范等。族规与家训并无明显区别，只是前者更为严格。族规的核心是敬宗和收族两大方面。族规大体以敬祖宗、重宗长、禁犯上、睦宗党、重师友、重继嗣、安灵墓、凛闺教、重藏谱、恤患难、急相助、禁欺凌、禁乱伦、禁争讼等为主要内容。松阳民俗重赋税，以赋落人后为耻，在族规中多有体现。

第三节　自然崇拜

自然崇拜是以人格化或神圣化的自然物和自然力等为崇拜对象，范围包括天、地、日、月、山、河、石、井、风、雨、雷、云、植物等天体万物及自然变迁现象，表现出的生命、意志、情感、灵性和奇特能力，会对人的生存及命运产生各种影响，因此对之敬拜祈求风调雨顺、人畜平安、丰产富足。土地神信仰盛行，几乎村村都有土地庙，民间每25户立一社，每个社都有社公，人们不仅向社公老爷祈庆丰收，还向它祷雨祈求福佑。

社稷，土神和谷神的总称，社为土神，稷为谷神。土地神和谷神是中华民族最重要的原始崇拜。乡民立社祭祀土地神和五谷神，以祈求地润万物，五谷丰登。松阳几乎村村有社。社庙一般建在村尾，且都有社名。社稷祭祀有接年和送年 2 次。接年：每逢腊月底，一般在大年三十。送年：或正月初三、初五，或正月十五、十六。山民盛行猎神崇拜，人们把猎神列为神系，许多村还建有猎神庙，不仅年节举行祭祀，出猎和猎归时也祭祀。松阳民间还有崇拜树神、巨石神、古井等，极为普遍。在万物有灵的观念支配下，认为那些高大茂盛、粗壮古老、形状怪异的古樟树和奇特的大岩石、深深的古井带有某种神秘色彩，人们怀有敬畏之心崇拜、敬祀。认“樟树娘”“砝头娘”“水井娘”，给古樟、巨石、古井敬香祭拜，祈求“神灵”庇佑，趋福避祸，四季平安，以求精神慰藉。

松阳县志

三

松阳县地方志编纂委员会　编

方志出版社

目　录

第十九编　政治体制改革

第二十编　中共松阳县地方组织

第二十一编 松阳县人民代表大会

第二十二编　县级行政组织

第二十三编 政协松阳县委员会

第二十四编　党派 工商联

第二十五编　社会团体

第二十六编 公 安

第二十七编 检 察

第二十八编 法 院

第二十九编　司法行政

第三十编　军　事

第十九编 政治体制改革

新中国成立后，松阳县依法选举人民代表大会代表、县人大常委会组成人员、政权组织领导。1949～2010年，依法召开县各界人民代表会议七次、县人民代表大会十次，行使人民代表大会职权，完成代表大会各项议程。县委重视和加强对人大工作的领导，在不同时期制定加强人大工作的意见，人民代表大会制度在实践中逐步完善。

1982年恢复松阳县制后，自1984年7月松阳县政协第一届会议始，就有比例地安排党外人士、党外干部进县政权、县政协领导班子和担任政协委员。1997年、2003年、2005年、2009年，中共松阳县委先后发出关于加强和改进人民政协工作的意见，支持人民政协履行职能规范化、制度化和程序化，逐步完善政治协商制度。

松阳县并入遂昌县前经历行政管理县长负责制、小乡制、精简下放等。恢复县制后经历转变政府职能、撤区扩镇并乡、政府机构改革。2000年，开展行政审批制度改革；9月，成立县行政审批中心，实现简单事项直接办理制、重大事项并联办理制、普通事项承诺办理制、上报事项负责办理制、控制事项明确答复制“五制”。2003年4月，县政府印发《关于深化行政审批制度改革实施意见》，新一轮行政审批制度改革正式启动。

民主决策制度先后以县政府办公会议、行政会议、县政府（县人委）全体会议、县长办公会议、县政府常务会议、县政府专题会议形式体现。1990年、2003年，县政府先后制定完善《调查研究制度》，保证决策的民主化和科学化。

民主监督制度改革，主要通过县政协制订的《关于建立委员反映情况制度决定》《县政府领导领办委员提案制度》《评选全会优秀大会发言的意见》《关于进一步加强反映社情民意工作的若干意见》《提案审查立案实施细则》《委员调研视察工作规则》《松阳县政协民主评议提案办理工作暂行办法》等20余项制度贯彻。

松阳县民主法制建设大体经历三个阶段。1949年11月，开始依法选举各界人民代表会议代表，先后召开7次县各界人民代表会议，1954年7月，召开松阳县第一届人民代表大会，这一时期为民主法制建设初步发展阶段。1957年下半年至1976年9月，经历“反右派”斗争（扩大化）、“文化大革命”等运动，民主法制建设遭受挫折、受到严重损害阶段。1976年10月至2010年，是恢复并快速发展民主法制阶段，经历粉碎“四人帮”反革命集团、“揭批改”运动，贯彻落实中共十一届三中全会精神，开展拨乱反正、纠正历史上各类冤假错案，全面落实政策、健全社会主义民主和加强社会主义法制任务，恢复松阳县制，县人大、县政协、政法委、公安局、检察院、法院、司法局、县政府法制办等机构逐步完善。

机构改革主要有党政分开、管理体制、运行机制、机构设置、人员编制等方面所进行的调整和变革。1987年始，根据上级党委指示，把党政分开、党政职能分开放在政治体制改革的首位。划清党组织和国家政权的职能，理顺党组织与人民代表大会、政治协商会议、政府司法机关、群众团体、企事业单位和其他社会组织的关系，做到各司其职，从制度上保证党和国家政治生活、经济管理和社会生活的民主化。改革政府工作机构，按照经济体制改革和政企分开的要求，合并裁减专业管理部门和综合部门内部的专业机构，使政府对企业由直接管理为主转变到间接管理为主。加强决策咨询和调节、监督、审计、信息部门，转变综合部门的工作方式，提高政府对宏观经济活动的调节控制能力。1984～2010年，先后进行5次县党政机关的机构改革、4次乡镇党政机关机构改革，先后实施部分事业单位体制改革。

第一章　民主政治建设

本章记述建立并完善人民代表大会制度、政治协商制度，支持人大、人民政协履行职能规范化、制度化和程序化建设的相关内容。行政管理体制改革以松阳县并入遂昌县前、恢复松阳县制后两个阶段简述。民主决策制度经历行政首长负责制、县政府办公会议、县政府全体会议、县政府常务会议、县长办公会议，制定《调查研究工作制度》《松阳县人民政府工作规划》等。民主监督制度改革主要体现在支持政协作出《关于建立委员反映情况制度的决定》等20多项意见、建议等。

第一节　建立并完善人民代表大会制度

建立完善人民代表大会制度

县各界人民代表大会　松阳县人民代表大会建立前，由县各界人民代表会议代行县人民代表大会职权。1949年11月，按照《中国人民政治协商会议共同纲领》规定，松阳县实行各界人民代表会议制度，由县人民政府组织和领导。松阳县采用推荐选举、单位选派、行政首长充任和聘请相结合的办法，产生县各界人民代表会议代表。松阳县第一次各界人民代表大会，会议代表中农民成分代表居多。第二次会议后，各次会议代表在前次会议代表的基础上作适当调整。县各界人民代表会议常务委员会组成人员，由县各界人民代表会议选举产生。1949年11月、1950年10月、1951年7月和11月、1952年6月和11月、1953年4月，松阳县先后召开县各界人民代表会议7次。历次县各界人民代表会议的职权是听取和审议县人民政府工作报告、重大事项报告、提案审查报告；通过决议决定重大事项；传达、贯彻上级指示精神，选举常务委员会主任、副主任和委员。

县人民代表大会　1953年初，中央人民政府作出关于召开全国及地方各级人民代表大会的决定。依据《全国及地方各级人民代表大会代表选举法》，松阳县于1954年4完成第一次普选，各乡镇先后召开乡镇人民代表大会，依法选举产生松阳县首届人民代表大会代表121人。是年7月，召开松阳县首届人民代表大会第一次会议。“文化大革命”期间，人民代表大会制度停止。1980年，根据全国五届人大通过的《中华人民共和国地方各级人民代表大会和地方各级人民政府组织法》和《中华人民共和国全国人民代表大会和地方各级人民代表大会选举法》，恢复县、公社（镇）两级人民代表大会制度。1954年7月、1956年12月、1958年5月、1984年7月、1987年6月、1990年6月、1993年4月、1998年3月、2003年4月、2008年3月，松阳县先后召开第一届至第十届人民代表大会，行使法定职权。第一届至第十届的县级选举工作中，县、乡、镇均建立选举委员会。第四届至第六届选举委员会在各区设立办事处，作为县选举委员会派出机构。第八、九届选举因县、乡、镇人大换届不同步，县设选举委员会，乡镇设选举工作领导小组。县选举委员会下设办公室，负责办理选举工作的具体事宜。县、乡两级人民代表大会代表的选举，随着历史发展的进程和人民民主的扩大，经历推荐选举、间接选举和直接选举3种形式。县人民代表大会对相关领导的选举，先是实行等额选举；1987年6月，县第五届人民代表大会第一次会议开始实行差额选举。

县人民代表大会的职权主要是监督宪法、法律、行政法规和上级人民代表大会及其常委会决定、决议在该行政区域的贯彻实施；审查批准本县国民经济和社会发展计划、预算和执行情况的报告；讨论决定本县的政治、经济、教育、科学、卫生、环境和资源保护、民政、民族等工作的重大事项；选举县人大常委会的组成人员、县长、副县长、人民法院院长、人民检察院检察长，选举上一级人民代表大会代表，并有权罢免由县人民代表大会选举产生的上述国家机构领导人员；听取和审议县人大常委会、县政府、县人民法院、县人民检察院的工作报告和专题报告；改变或撤销县人大常委会不适当的决议和县人民政府不适当的决定、命令。县人民代表大会每次会议举行预备会议，选举该次会议的主席团和秘书长，通过该次会议的议程和其他准备事项。

县人民代表大会常务委员会的产生及职权 县人民代表大会会议由县人民代表大会常务委员会(简称县人大常委会)召集。它是县人民代表大会的常设机关，由主任1人，副主任、委员若干人组成。县人民代表大会常务委员会组成人员，上一级人民代表大会代表由县人民代表大会选举产生。正副县长、县人民法院院长和县人民检察院检察长，在各个不同的历史时期，有选举产生的，有上级任命的。县一届人大三次会议至三届一次会议期间，县人民政府（人民委员会）是人民代表大会的执行机关。1979年7月1日，第五届全国人民代表大会第二次会议通过的《中华人民共和国地方各级人民代表大会和地方各级人民政府组织法》规定，县级以上的地方各级人民代表大会设立常务委员会。1982年1月，恢复松阳县建制。1982年4月27日，中共浙江省委决定，原遂昌县七届人大常委会副主任刘璟、王宝钧和常务委员廖达富调松阳工作，组成松阳县第三届人民代表大会常务委员会。1984年7月，松阳县第四届人民代表大会第一次会议召开，选举产生人民代表大会常务委员会。此后，每届的常务委员会组成人员，均由各届第一次人民代表大会选举产生，任期与人民代表大会相同。第四届至第六届任期为3年。自第七届始，每届任期5年。县人大常委会根据《中华人民共和国地方组织法》第四十四条规定行使职权。人大常委会会议是人大常委会代表人民行使国家权力的最基本的形式。常委会每2个月至少举行1次会议，由常委会主任召集。县人民政府、县

人民法院、县人民检察院负责人和上级人大代表可列席常委会会议；政府有关部门负责人根据工作需要列席会议。1986 年 6 月始，县人大常委会先后决定邀请县人大工作联络员、部分县人大代表、乡镇人大主席团常务主席列席会议。县人大常务委员会会议所作出的决定、决议、会议纪要、审议意见、任免人事等，刊登在《松阳县人民代表大会常务委员会会刊》上，向社会通报。

县委加强人大工作

中共松阳县委历次人大会议，县委主要领导均出席并作重要讲话，根据党中央和上级党委要求，适时制定加强党的领导、加强和完善人大工作的意见。

1999 年 11 月 24 日，县委召开全县人大工作会议。印发《中共松阳县委关于进一步加强人大工作的若干意见》。2005 年 1 月 4 日，县委召开全县人大工作会议，县委书记在会上作题为《坚持和完善人民代表大会制度，进一步加强和改善党对人大工作的领导》讲话，阐述认识坚持和完善人民代表大会制度的重要意义，县委进一步加强和改进党对人大工作领导的措施。县委发出《中共松阳县委关于进一步加强人大工作的意见》，提出进一步加强和改进党对人大工作的领导，深化提高对人民代表大会制度及人大工作的重要性的认识，把人大工作摆上重要议事日程，建立健全对人大工作的领导制度，发挥党委总揽全局、协调各方的作用，充分发挥人大常委会党组的领导核心作用，加强人大制度和人大工作的宣传和研究工作；提出支持和保证人大及其常委会依法行使监督权、重大事项决定权、选举任免权，支持和保障代表依法履行职权，充分发挥人大代表的作用；提出加强人大及其常委会、乡镇人大、人大机关的建设。

2009 年 10 月 16 日，县委召开全县人大工作会议。2010 年初，县委制定《中共松阳县委关于加强和改进新形势下人大工作的意见》，进一步明确新形势下加强和改进人大工作的指导思想、主要任务和总体要求。县人大常委会贯彻县委精神，以“争先创新”“大兴调查研究之风”等活动为载体，着力加强思想、组织、作风建设，不断提高自身素质和履职水平，不断加强和完善人民代表大会制度。

第二节　建立并完善政治协商制度

1984 年 3 月 22 日，中国人民政治协商会议松阳县筹备领导小组成立。经过 3 个多月的筹建，县政协第一届第一次全体会议于 1984 年 7 月 4～8 日在西屏镇召开。至 2010 年，先后召开七届政协会议。

1997 年，县委发出《中共松阳县委关于进一步加强和改善对政协工作领导的通知》，推进政治协商、民主监督、参政议政的规范化、制度化。

2003 年 7 月，县委发出《中共松阳县委关于进一步加强新时期人民政协工作的若干意见》；同时县委办、县府办联合发出《关于建立县党政部门与政协各专委会对口联系制度》；8 月，县政府发出《松阳县人民政府关于积极支持人民政协履行职能的通知》。这样，进一步加强和改善党对政协工作的领导，加强县党政部门与政协各专门委员会的联系，促进政协履行职能的规范化、制度化。

2005年1月，县委发出《关于进一步加强和改善党的领导，支持人民政协履行职能规范化、制度化和程序化建设的实施意见》。2009年，县委发出《关于进一步加强和改进新形势下人民政协工作的实施意见》，进一步支持人民政协履行职能规范化、制度化和程序化。

自建立县政协后，县委全力支持县政协的工作，充分发挥政协在国家政治生活和经济建设中的重要作用。县委有关全县性的重大问题的决策和重要人事安排，同县政协协商。县政协党组及时向县委汇报工作中的重大问题，反映各民主党派和各界人士对全县性重大问题的意见，要求在政协工作的共产党员发挥模范作用，使党的主张和重大决策得以贯彻落实。

第三节　行政管理体制改革

解放初期的行政管理体制

民国38年（1949）5月9日，松阳全境解放。5月26日，成立松阳县民主政府。7月，改称松阳县人民政府。这个时期的主要任务是建立农会、实行土地改革、镇压反革命、恢复经济。行政管理均为县长负责制。

1950年7月至1951年4月，根据浙江省第二次民政会议精神和省人民政府《关于在土改过程中如何建设乡村人民政权的指示》，松阳县实行小乡制，21个乡镇扩建为43个乡镇，促进乡镇组织体系不断完善，职能不断强化，分工不断细化，有利于组织领导，有利于巩固和发展人民民主专政。

1955年10月，县人民政府依法改组为县人民委员会，根据《县人民委员会组织简则》，设立县人民委员会办公室、民政科、人事科、财政科、工商科、农业科、林业科、手工业管理科、文教科、卫生科、县公安局、粮食局、农水局、税务局、农产品采购局、县计划委员会。

1957年1月，根据国务院《关于国家机关停止增设机构、增加人员的通知》精神，松阳县各部门乡镇停止招收新人员。原已批准吸收而未招收的人员，也不再招收。生产工人提为脱产干部的暂停提拔。某些部门的干部缺额先在本系统本地区在职人员中调整解决，不再向社会招收。贯彻“精简上层领导机关，加强基层生产单位”的原则，在一般情况下，只准下放，不准上调。松阳县对政府机构进行精简，至1958年2月，全县下放到生产一线的干部213人。

1958年11月，撤销松阳县建制，并入遂昌县。

撤区扩镇并乡

1992年5月，松阳县撤区扩镇并乡，撤销松阳、古市、玉岩、大东坝、靖居5个区公所。松阳县原辖27个乡镇，其中镇3个、乡24个；扩镇并乡后调整为20个乡镇，其中5个镇，14个乡，1个畲族乡。

审批制度改革

2000年9月，松阳县行政审批中心（办事中心）成立，由办公室、综合科和窗口单位组成；开始审批制度改革并实现“五制”办理审批事项。

2003年4月，县政府印发《关于深化行政审批制度改革实施意见》，新的行政审批制度改革（下称“审改”）正式启动。凡涉及市场准入、企业经营活动等方面的审批事项，虽符合有关法规、规章及政策规定，但与市场经济发展要求和WTO规则不相应的，一般予以取消或改为事后监管、备案；凡省政府已明令取消的审批事项、省内同类县已取消的审批事项，当地自行设定的审批事项，予以取消；凡交叉、重复的审批事项原则上确定给职能最相近的一个部门审批，并把其中部分审批事项的前置审批改为事后监管、备案；对于一些发生频率少的审批核准事项，一般予以取消或改为事后监管、备案。此次“审改”对保留的290项审批事项再次削减和规范，从290项减到187项。187个审批事项，审批时限由原来的2283个工作日减少到1484个工作日，提速35%。

政府机构改革

1982年1月，恢复松阳县制。5月，组建县人民政府。在恢复县制后的一段时间，除贯彻上级的方针政策外，县政府和各部门主要任务是抓生产和基本建设。1988～1992年，松阳县政府开始转变政府职能，提高行政办事效率改革。明确把转变政府职能作为行政管理改革的重点，以适应经济体制改革的要求。

1984年开始至2010年12月，松阳县进行5次党政机构改革。（有关政府机构改革的内容详见本编第三章“机构改革”）

第四节　民主决策制度与民主监督制度改革

“民主决策制度改革”和“实行科学民主决策制度”与第二十二编“县级行政组织”第二章“县人民政府”第一节“重要会议”、第三章“重大决策与施政”第一节“重大决策”互为补充。

民主决策制度改革

1949年5月，松阳县人民民主政府成立。7月，改称县人民政府。县长、副县长均由上级任命，县人民政府实行行政首长负责制。1954年7月，松阳县第一届人民代表大会第一次会议召开。民主决策制度以县政府办公会议、县政府行政会议的形式体现。1958年11月，撤销松阳县制。1982年1月，恢复松阳县建制，民主决策制度逐步进行改革。

县政府会议的类型　1954年，称县政府办公会议、行政会议；1990年改称县长办公会议、县政府全体会议；1993年，增加县政府常务会议；1998年，增加县政府专题会议，一直到2010年。县政府会议议题增加：县政府会议主要任务、议题由县长确定；县长办公会议、县政府全体会议、县政府常务会议的议题由县长确定；县政府专题会议的议题由县政府分管领导确定。县政府会议参加人员范围扩大：解放初期，县政府办公会议由秘书、各科（室）长或负责人组成；县政府行政会议由县长、副县长、秘书、县政府各直属机关单位负责人组成；1990年至2010年12月，县长办公会议由县长、副县长、办公室正副主任、政府部门的各委（办）主任、局长组成；县政府全体会议由

县长、副县长、县长助理、办公室主任、政府部门的各委（办）主任、局长组成；县政府常务会议由县长、副县长、县长助理、办公室主任组成；县政府专题会议由县长、副县长或办公室主任、副主任主持，有关部门负责人参加。

重大问题的决策　1990年，县政府的重大问题必须经县人民政府全体会议讨论决定。1993年，县人民政府工作的重大问题必须经县人民政府常务会议或全体会议讨论决定。1998～2010年，县政府工作的重大问题必须经县政府常务会议或全体会议、县长办公会议讨论决定。

民主决策的方法　1990年，县政府制定《调查研究工作制度》。2003年，县政府修改完善《调查研究工作制度》，延用至2010年。《调查研究工作制度》明确规定：县政府每年年初制定调查研究工作计划，每一次调研课题都具体落实到人，确保调研计划如期完成。一般情况下，县政府领导每年累计有2～3个月下基层调查研究，建立基层调查研究联系点，跟踪把握工作中的发展动态。

县政府在重大问题决策之前，在有关部门充分调查研究的基础上，通过咨询论证、协商对话等适当渠道，充分听取人大代表、政协委员、民主党派、无党派人士等有关方面和人民群众的意见，使决策民主化、科学化。

实行科学民主决策制度

2007年，《松阳县人民政府工作规则》指出，县政府工作按照建设让人民满意政府的要求，坚持科学执政、民主执政、依法执政、认真履行政府职能，努力形成行为规范、运转协调、公正透明、廉洁高效的行政管理体制，切实建设法治政府，实行科学民主决策。

科学民主决策机制　县政府及各部门健全完善公众参与、专家认证和政府决策相结合的决策机制，健全重大事项决策的规则和程序，实行依法决策、科学决策和民主决策。

对于贯彻落实上级党委政府及县委的重要指示、决定、决策的实施意见和措施，全县国民经济和社会发展规划，城市总体规划及重大空间规划，重点资源规划，财政收支预决算方案，县政府规范性文件和重要决策措施，重大建设项目，全县突发事件总体应急预案等，需要由县政府决策的重大事项，均由县政府全体会议或县政府常务会议讨论决定。

提请县政府讨论决定的决策通过社会公示或听证会等形式听取意见和建议。各部门提请县政府讨论决定的重大决策建议，必须以基础性研究或发展规划为依据，经过专家或研究、咨询、中介机构的论证评估；涉及相关部门的，充分协商；涉及乡镇的，事先征求意见；涉及人民群众切身利益的，一般通过社会公示或听证会等形式听取意见和建议。

县政府在作出重大决策前，根据需要通过召开座谈会等形式，直接听取民主党派及工商联、人民团体、专家学者等方面的意见和建议。

县政府自觉接受县人大及其常委会的监督，向其报告工作，接受质询；接受县政协的民主监督，虚心听取意见和建议。

县政府接受新闻舆论和群众的监督，加强政府信息公开制度建设，加强政府网站建设，发布政务信息，便于群众知情、参与和监督，重视群众和其他组织通过多种方式对行政行为实施的监督。

依法行政　按照合法行政、合理行政、程序正当、高效便民、诚实守信、权责统一的要求行使行政权力，强化责任意识，不断提高依法行政的能力和水平。

1954～2010年松阳县人民政府民主决策制度改革情况表

表19-1-4-1

时间	会议名称	组成人员	主持人	召开时间
1954年	办公会议	各科（室）长或负责人	秘书	每半个月召开1次
	行政会议	县长、副县长、秘书（各直属机关单位负责人）	县长	每月召开1次，时间2天
1955年	县政府全体会议	县长、副县长、各科（委、室）科长（主任）	秘书	每月召开2次
	县人委全体会议	县长、副县长、各科（委、室）科长（主任）	县长	每月召开1次
1958～1982年	并入遂昌县			
1988年	县长办公会议	县长、副县长、办公室正、副主任，根据需要邀请有关部门负责同志	县长或主持工作的副县长	每月下旬召开1次
	县政府全体会议	县长、副县长、办公室正、副主任，各局局长、委（办）主任	县长或主持工作的副县长	每半年召开1次
1990年	县长办公会议	县长、办公室正副主任	县长或主持工作的副县长	每月召开1次
	县政府全体会议	县长、副县长、办公室正副主任、局长、委员会主任	县长或县长委托主持工作的副县长	每半年召开1次
1993年	县政府常务会议	县长、副县长、县长助理	县长或主持工作的副县长	每季度召开1次
	县政府全体会议	县长、副县长、县长助理、各委（办）主任、局长	县长或主持工作的副县长	每半年召开1次
	县长办公会议	县长、副县长、县长助理、办公室主任及与会议有关的局长、委（办）主任	县长或主持工作的副县长	根据需要不定期召开
1998年	县政府常务会议	县长、副县长、县长助理、办公室主任	县长或主持工作的副县长	每季度召开1次
	县政府全体会议	县长、副县长、县长助理、办公室主任、政府组成部门的各委（办）主任	县长或主持工作的副县长	每半年召开1次
	县长办公会议	县长、副县长、县长助理、办公室主任、相关办公室副主任、政府工作部门负责人	县长或主持工作的副县长	根据需要不定期召开
	县政府专题会议	有关部门负责人	县长、副县长、县长助理、办公室正副主任	根据需要不定期召开
2000年	县政府常务会议	县长、副县长、县长助理、办公室主任	县长或主持工作的副县长	每季度召开1次
	县政府全体会议	县长、副县长、县长助理、办公室主任、政府组成部门的各委（办）主任、局长	县长或主持工作的副县长	每半年召开1次
	县长办公会议	县长、副县长、县长助理、办公室主任、政府组成部门的各委（办）主任、局长	县长或主持工作的副县长	根据需要不定期召开
	县政府专题会议	有关部门负责人	县长、副县长、县长助理、办公室正副主任	根据需要不定期召开

续表 19-1-4-1

时间	会议名称	组成人员	主持人	召开时间
2003 年	县政府常务会议	县长、副县长、县长助理、办公室主任	县长或主持工作的副县长	每季度召开 1 次
	县政府全体会议	县长、副县长、县长助理、办公室主任、政府组成部门的各委（办）主任、局长	县长或主持工作的副县长	每半年召开 1 次
	县长办公会议	县长、副县长、县长助理、办公室主任、相关办公室副主任和政府工作部门的负责人	县长或主持工作的副县长	根据需要不定期召开
	县政府专题会议	有关部门负责人	县长、副县长、县长助理、办公室正副主任	根据需要不定期召开
2010 年	县政府常务会议	县长、副县长、县长助理、办公室主任	县长	每月召开 1 次，如有需要可临时召开
	县政府全体会议	县长、副县长、县长助理、政府内设机构、政府组成部门的主任、局长	县长	每年召开 1 次
	县长办公会议	县长、副县长、县长助理、办公室主任	县长	根据需要不定期召开
	县政府专题会议	有关部门负责人	县长、副县长、县长助理、办公室正副主任	根据需要不定期召开

民主监督制度改革

1985 年 5 月，政协松阳县首届二次全会上作出《关于建立委员反映情况制度的决定》，统一制发政协委员巡视证，鼓励委员积极反映情况，畅通民意渠道。县政协在向有关单位转告信息、意见和建议时，附上固定格式的复文专用笺，便于有关单位及时把处理意见填写寄回。对此，《人民政协报》以《活跃地方政协工作的尝试》为题予以报道。1986 年 11 月，县委批转县政协党组《关于健全政协委员情况反映反馈制度的报告》，要求各级党组织充分重视人民政协在建设中国特色社会主义中的重要作用，支持政协开展各项活动。

2007 年，县政协建议县政府建立《县政府领导领办委员提案制度》，把县政协重点提案和现场提案的办理工作列入县政府常务会议的研究议题，确定领办的县政府领导。同时，县政协制定《关于评选全会优秀大会发言的意见》《关于进一步加强反映社情民意工作的若干意见》《关于进一步发挥委员作用的意见》《重点提案的产生及办理规定》《特邀监督员工作简则》《关于委员外出考察活动的规定》等制度，规范健全政协的民主监督机制。

2010 年，县政协制定《松阳县政协民主评议提案办理工作暂行办法》，规定由提案委员会从本届或上年度办结提案中筛选出若干件，经主席会议审议确定后纳入评议。承办单位做好自查工作，在评议会议上汇报办理情况。评议组成员填写测评表，从组织领导、办理过程、办理时效、办理结果四个方面进行评价。

第二章　民主法制建设

1949年新中国成立至1957年6月末，是松阳县民主法制建设初步发展阶段。中共松阳县委和县人民政府相继建立。随后，公、检、法等政法机构先后建立。1954年7月，松阳县人民代表大会召开。广大农民分到土地，生产积极性和爱国热情空前高涨，粮食生产逐年增多。城乡各行各业发展迅速，文化教育事业也得到发展，松阳城乡初步呈现民主、团结、进步的氛围。

1957～1976年，民主法制遭受严重破坏。

1976年10月，“文化大革命”结束，松阳区域根据上级党委部署，拨乱反正，结合“揭、批、查”斗争的开展，从落实干部政策入手，逐步开展平反冤假错案和落实政策工作。1982年恢复松阳县建制后，迅速恢复和重建松阳县人民代表大会制度，县公安局、检察院、法院、司法局、政法委、县政协以及县政府法制办，开展全民普法及深化法制教育，民主法制建设得到深入快速的发展。

第一节　法治松阳

明、清及民国时期，松阳县就有初级的司法机构。

中华人民共和国成立以后，民主法制建设有初步的发展，但此后“左”的错误使得民主法制遭受严重挫折和破坏，对社会经济发展和人民生活产生极大影响。中共十一届三中全会着重提出健全社会主义民主和加强社会主义法制的任务。松阳开始社会主义民主、法制的恢复、重建和加强发展工作。2007年3月，松阳县人大第十届一次会议作出建设“法治松阳”的决议。

平反冤假错案

1978年4月，遂昌县委根据中共中央批准中央统战部和公安部《关于全部摘掉右派帽子的请示报告》，把右派摘帽工作纳入平反冤假错案的重大工作任务，开展被错划右派的复查改正工作。经调查研究，对照中央文件逐条复议，重新复查，松阳区域58名错划的“右派分子”，全部予以改正落实。

1979年，宣布对一批干部及“文化大革命”中的重大事件平反决定，宣布撤销1974年和1976年作出的错误决定和有关文件。县人武部党委宣布撤销“支左工作的检讨”的决定。对1959年反右倾运动中受错误批判或纪律处分的39人全部平反纠正。

1979～1981年，遂昌县冤假错案复查办公室对松阳区域“文化大革命”期间处理的案件进行清理复查。平反纠正34件34人，配合法院和有关部门，对已判和未判的反革命案件复查，平反纠正集团案件4起，涉50余人。

1982年恢复松阳县建制后，县公安局抽调干部建立专门班子，对松阳解放以后有申诉、反映、争议的案件进行复查。至1987年12月末，共复查拘捕、劳教、戴帽“三类案件”61件，涉及61人，平反纠正43件、43人。复查“文化大革命”前历史老案30件30人，平反纠错20件20人。复查“文化大革命”期间及之后处理的案件31件31人，平反纠正23件23人。

落实中共各项政策

给四类分子摘帽 1979年初，根据省委、地委部署，时遂昌县委贯彻中央文件，部署全县开展“四类分子”（地主分子、富农分子、反革命分子、坏分子）摘帽工作。是年4月，松阳区域对境内2441名“四类分子”评审，经群众评议、区社审查、县革委会批准，给1810名“四类分子”摘掉帽子，纠正错误戴帽27人，继续戴帽604人，对地主、富农家庭出身的一律改为社员；在当地公开张榜公布。1983年11月，根据中共中央《关于给现有“四类分子”一律摘掉帽子的决定》，松阳区域“四类分子”全部摘去帽子。

处理精简下放遗留问题 1981年1月，县政府建立处理精简下放遗留问题办公室，具体落实精简下放遗留问题的工作。1981年春节后，县委召开县机关各单位和各区社领导以及粮管所所长、派出所所长会议，学习贯彻落实省政府文件精神。这次落实粮户“农转非”的对象是1961年1月1日至1962年12月31日精简下放的“四种人”（1957年末前参加工作的干部和职工、没有参加土改的世居居民、统战对象、甲级以上伤残军人）。至1982年2月，处理精简下放遗留问题工作结束，全县（含松阳）符合政策收回下放人员及其子女户粮关系共计2188户，3385人；另有501人，本人不同意收回户粮，由单位予以定额经济补助。

安置知识青年回城就业 1971年开始至1978年12月，松阳区域曾有过少数知识青年招工就业安置。从1978年11月开始，全县对上山下乡知识青年本着“国家关心，负责到底”的精神，广开就业门路，先后通过招工、顶替、升学、参军、兴办第三产业等途径，进行统筹安排，回城就业。至1981年7月，共安置知识青年2132人（松遂两地），对已同农村青年结婚所生育的子女，按政策办理农转非。1982～1985年，松阳县共办理367名知青子女农转非。

落实统战政策 中共十一届三中全会后，侨务政策和对台政策都有显著的变化。1979年8月，丽水地区成立落实起义、投诚人员政策领导小组，松阳境内对原国民党起义投诚人员102人颁发起义投诚证书，落实有关政策。1980年3月，县委贯彻中共中央批转中央统战部等5个部门《关于对原工商业者的若干具体政策的规定》，对全县工商业者进行甄别。松阳境内区别为小商小贩、小手工业者5人，恢复其劳动者身份，落实有关政策。4月，松阳境内西屏镇、古市镇、南州村、玉岩村、枫岭根村基督教恢复活动。在落实政策中，归还被占用的西屏、古市2镇耶稣教堂房产，建筑面积1887.12平方米。归还原西善会附屋及果茶园地1517平方米。1981年10月，县委贯彻落实中共中央《关于落实居住在祖国大陆的台湾同胞政策的指示》精神，落实松阳境内台胞台属政策，其中纠错25件，改办退休8人，落实房地产21件，户粮农转非15人，落实退还台胞台属房产48户、158间，清退254户在“文化大革命”中被查抄的财物。

恢复民主政治

人民代表大会制度的恢复与发展 1978年12月，中共十一届三中全会以后，松阳区域开始恢

复人大制度。1980 年 9 月，遂昌县根据全国五届人大通过的《中华人民共和国地方各级人民代表大会和地方各级人民政府组织法》和《中华人民共和国全国人民代表大会和地方各级人民代表大会选举法》，恢复县、公社（镇）两级人民代表大会制度，选民直接选举县、公社（镇）两级人大代表。松阳区域 2 个镇 25 个人民公社选举委员会组织选民直接选举、差额选举本级人大代表。然后各公社（镇）召开本级人民代表大会，审议、讨论重大事项，选举产生本级公社（镇）正副社（镇）长，选举产生遂昌县第七届人大代表。

1980 年 11 月至 1981 年 10 月，松阳区域各个人民公社革委会陆续撤销，全部改称管委会。1981 年，松阳区域有县人大代表 103 人。1981 年 11 月，遂昌县七届人大一次会议召开，会议选举产生县七届人大常委会主任、副主任、常委和县七届人民政府县长、副县长、法院院长、检察院检察长。遂昌县革委会改称遂昌县人民政府。

1982 年 1 月 30 日，复置松阳县。4 月，松阳县第三届人民代表大会常务委员会成立。人民代表大会制度恢复，人民当家做主，依法行使职权，为推进松阳区域的物质文明、政治文明、精神文明建设发挥积极的作用。

政治协商和民主监督机构的建立　1984 年 7 月，召开松阳县政协一届一次会议，松阳县政协成立。10 月，中共松阳县政协党组和中共政协机关支部委员会建立。随着改革开放的深入发展，县政协的界别设置和委员组成逐届调整。政协一届设 18 个界别 86 名委员，至第七届设 17 个界别 177 名委员。此后，组织机构不断加强，工作人员陆续增配，委员的代表性更加广泛，为政协履行职能奠定基础。至 2010 年，县政协围绕松阳社会经济发展和民主法制建设，调动一切积极因素，团结一切可能团结的人，为促进祖国和平统一大业发挥应有作用。

政法机构的恢复和重建　“文化大革命”期间，公安局被撤销。1968 年 1 月，对公安机关实行军管。11 月，县革委会人民保卫组与县军管组共同行使公、检、法职权。1973 年 8 月，撤销县军事管制组和县人民保卫组，恢复县公安局。1974 年，区、直属公社公安特派员改为公安员，非直属公社配公安助理员。恢复松阳县建制后，松阳县公安局建立，此后，组织机构不断完善，人员逐渐充实，队伍发展壮大，业务素质明显提高，在加强刑侦破案、打击刑事犯罪、严格治安管理、严密安全防范诸多方面作出成绩。

“文化大革命”期间，检察机关先后由公安局军管组、县革委会人民保卫组取代。1982 年 5 月，重建松阳县人民检察院，设办公室、刑事检察一科、二科、经济检察科、法纪检察科和林业检察科。随着改革开放的不断深化，检察机关内设机构逐渐增多，人员不断增加，人民检察工作日趋进步完善。

“文化大革命”期间，县人民法院职能由县公检法筹委会、公安机关军管组、县革委会人民保卫组代替。1973 年 5 月，复设遂昌县人民法院和西屏法院。1982 年 5 月，重建松阳县人民法院，下辖西屏、古市法庭；设刑事审判庭、民事审判庭、办公室、信访室、执行组、复查组及森林法庭，建立审判委员会。6 月，建森林法庭。1984 年 9 月，建立经济审判庭。1985 年 2 月，建立靖居、玉岩法庭。1987 年 4 月，建立大东坝法庭。1989 年，建立执行庭。1990 年 1 月，建立行政审判庭和政工科。1991 年 3 月，建立告诉申诉庭；8 月，建立审判少年刑事案件合议庭。1997 年 3 月，向公安局交警大队派驻道路交通巡回法庭。至2010年，县人民法院设有机构11个，司法人员逐步充实，法理、法律素质全面提高，在立案、庭审、司法公正等诸多方面有明显进步。

司法行政机关的建立 1982年5月，松阳县司法局建立。全县建立调解委员会429个，有调解干部1606名。7月，松阳县公证处成立。12月，县法律顾问处成立，配有律师工作者；古市镇、西屏镇、靖居区配备专职司法助理员。1984年10月，松阳县法制宣传办公室成立。1990年1月，松阳司法所、古市司法所建立。1994年3月，浙江省法制事务所松阳分所成立。1997年12月，松阳县法制教育培训中心成立。2004年，全县各乡镇均建立司法所。

县委、县政府信访室（局）的建立 1982年5月，松阳县委信访室、松阳县政府信访室建立，两块牌子，一套人马。1983年，县委、县政府信访室改称县委信访科。1990年7月，县信访科改名县信访办公室。1996年10月，县信访办改为中共松阳县委、县政府信访局。

县政府法制办公室的设立 2001年10月，松阳县人民政府下设法制办公室，开展行政复议，强化行政执法监督，履行政府法制参谋工作。

普法教育

1985年11月，中共中央、国务院转发中宣部、司法部《关于用五年左右时间向全体公民普及基本法律常识的五年规划》。12月，全国人大常委会作出《关于在公民中基本普法及法律常识的决定》。1985～2010年，松阳县实施“一五”普法至“五五”普法法制宣传教育工作。

建设“法治松阳”

2006年4月，中共浙江省委十一届十次全会审议通过《中共浙江省委关于建设“法治浙江”的决定》，松阳县人民政府办公室随后成立松阳县全面推进依法行政工作领导小组，下设办公室。8月，中共松阳县委成立松阳县委建设“法治松阳”工作领导小组，下设办公室。

2007年，中共松阳县委成立松阳县创建法治县工作领导小组；3月7日，县人大十届一次会议通过《关于建设“法治松阳”的决议》，要求全面推进依法行政，切实维护司法公正，充分发扬人民民主，大力加强法制宣传教育；要求各级政府、人民法院、人民检察院根据县委的实施意见和该决议的要求，制订具体的工作方案并抓好落实，各人民团体和群众组织要发挥自身优势，充分调动社会各界和人民群众的积极性、主动性和创造性，积极投身“法治松阳”建设，共同为建设“法治松阳”作出不懈努力。全县坚持把法治建设、创建“法治工作先进县”摆在重要位置。建立健全县、乡、村（社区）三级联动的法治建设领导小组，全面开展农村干部民主法治建设的培训工作，坚持把创建工作列入各级基层组织年度考核目标中进行督查考核，实行“一把手”负责制和“一票否决制”，为全县农村法治建设提供坚强的组织保障。2008年，全县村级民主管理规范化达标率96.7%，民主法治村（社区）创建率63%。推行村务监督委员会工作，实行村级财务“双代理”制度，解决村级财务管理难题。

至2010年，全县20个乡镇401个行政村全部建立法治建设领导小组。是年，县委办增设法治科，按照法治建设的工作要求，针对各乡镇及部门的责任分工，做到“年初有计划，平时有检查，年终有考核”，常抓不懈，统筹全县创建工作。

第二节　行政执法

2001年10月，松阳县政府设立法制办公室，其主要工作是为县政府制定规范性文件，做好行政复议应诉，规范行政执法行为，加强行政执法监督，确保执法公平公正合理，对政府重大行政决策提供法律服务等。

规范政府文件

2004～2006年，县政府法制办先后2次组织对全县行政许可项目进行清理、规范、审核，解决系统内许可项目名称不统一、行政许可与非行政许可界定不明确、实施不规范等问题。审核后作出审核意见，上报省政府法制办。2005年6月，县政府制定贯彻落实国务院《全面推进依法行政纲要的意见》和《全面推进依法行政五年规划》。

规范行政执法行为

2005年4月，县政府办公室转发省政府办公厅《关于进一步深化完善和全面推行行政执法责任制的实施意见》（简称《意见》），要求全县具有行政执法主体资格的行政机关和法律、法规授权的组织，都要按要求梳理执法依据，依法界定执法职责，建立和完善机关配套制度，建立健全行政执法考证机制，要求各行政执法单位充分学习认识《意见》的重要性。县政府法制办印发《关于深化完善和全面推进行政执法责任制有关工作的通知》，明确全县各行政执法单位完成梳理行政执法依据，界定执法主体、职责、权限、责任和分解职权等工作的时间要求。各行政执法单位加强自身工作，加强与省市主管部门的沟通联系。5月，县政府制定《松阳县2006年度依法行政工作考核细则》，将依法行政工作列入年度考核内容。开展全县统计执法大检查，查处和纠正统计工作中的违法行为。6月，县政府转发国务院《推行行政执法责任制相关问题解答》，要求各行政执法单位对情节复杂案件及重大行政处罚，必须实行集体讨论决定制，如实填写案件集体讨论笔录；报县法制办备案审查。对有从重、从轻、减轻处罚情节的，必须在调查报告中说明行使自由裁量权的事实和理由。

加强法治机构建设

2005年4月，县政府成立全面推进依法行政工作（行政执法责任制工作）领导小组，下设办公室。县政府直属各部门也相应成立由主要领导担任组长的推进依法行政工作领导机构。11月，县政府法制办对20个乡镇、26个县政府直属部门及8个垂直管理的行政执法部门的法制机构、职能及人员配备进行调查审核，提出规范机构职能，建立并健全法制工作考核机制，完善县乡两级法制机构，充实法制人员，提高法制干部素质等建议。

2006年1月，县政府（法制办）在全县开展县级行政执法单位（主体）执法资格调查审核工作，有关的机关、单位、组织均填报调查表。具备行政执法资格的单位（主体）经县政府（法制办）审核后，通过《松阳政报》向社会公告。是月，县政府法制办对全县900余名行政执法人员执法资格进行年度审查，通过者方可持证上岗执法。年审结果通过《松阳政报》向社会作公告。

2008年，行政执法部门增设法制科室，配备法制人员。对部门、乡镇执法人员开展行政法、经济法研讨活动。组织法制办及行政执法部门参加国务院法制办举办的《加强市县政府依法行政的决定》培训班。

加强行政执法监督

行政执法追究 2007年，松阳县制定《行政执法责任追究办法》《松阳县依法行政工作考核评分办法》，依法执行行政考核的内容和评分标准，对依法行政工作量化，建立依法行政工作考核机制。是年1月，对全县行政执法人员2006年度执法表现进行年审，注销因调离、退养等原因的20名人员的行政执法证件。5月，对全县行政执法人员类别、业务范围、数量进行统计调查，全县执法单位51个（其中乡镇20个），受委托授权单位20个，执法人员共889人。6月，对换取浙江省行政执法证的760名执法人员进行法律知识更新培训和考核。11月，按省法制办要求做好五年一度的行政执法人员换证工作。12月，组织从事行政执法工作但尚未领取执法证件人员参加全省统一的综合法律知识培训及考试。

行政复议法培训及文件审查 2007年8～11月，县法制办工作人员分3批参加国务院法制办、省法制办组织的行政复议法实施案例培训。指定专人负责对2001～2007年制定的规范性文件进行梳理、修改，废止相关不适时文件。是年，收到财政（地税）、建设、林业、房改等规范性文件29件，全部通过合法性、合理性、可行性审查。

2008年11月，县政府法制办会同县人大、纪委对全县主要的12个行政执法单位开展行政执法检查，查阅案卷100余份，对询问笔录制作粗糙、证据意识不强、文书格式不规范提出改进完善的意见。

2010年，执法案卷评查工作从过去年度考评改进为年度考评与日常考评相结合，考评内容由单纯案卷内容向所有执法领域扩展，考评对象由个别领导向执法人员延伸，考评标准向精细过渡，考评方式由封闭走向公开，引入外部考评机制，实行内部外部相结合的考评。

行政处罚 全年的行政处罚、行政许可评查，采取各部门先自查自纠，然后由县法制办重点抽查展开，对行政处罚案卷严格按“八查八审”评查，即查执法主体，审执法资格；查执法程序，审办案过程；查调查取证，审案件证据；查处罚依据，审适用条款；查权利义务，审案件有无告知当事人权利和义务；查处罚决定，审案件处罚决定的适当性和合理性；查处罚履行，审案件执行是否到位，是否实行罚款分离；查整理归档，审案件是否规范。评查时侧重从申请、受理、对申请的审查、作出决定的依据和期限等5个方面进行审查。

履行依法行政职责

行政复议 1999年10月后，贯彻执行《中华人民共和国行政复议法》。2007年，县法制办全年收到各类行政复议申请案件10件。正式立案审理行政复议案件6件，审理案件全部办结。

2008年，县政府加强行政复议，强化行政执法监督等过程中，制定涵盖追究、依据、原则、范围、标准、形式、程序等内容的《松阳县行政执法责任追究办法》和《松阳县依法行政工作考核内容和评分标准》。建立考核档案，对全县29个行政执法单位的依法行政工作进行年终考核。全年办结各类征求意见函6件。立案受理行政复议案11件。经审查审理，撤销行政处罚和确认的具体行政行为2件，维持具体行政行为4件，经协调被申请人自愿撤回复议申请5件。对复议过程中发现的问题，通过《行政复议意见书》及时向国土、卫生2个执法单位反映，促进行政机关提高依法行政水平。是年发生4起山林土地纠纷，县政府法制办会同林业局山林纠纷办公室人员到现场勘查、寻访证人、收集证据，全年组织双方召开调解会6次。在确权过程中坚持以证据说明事实，弄清案情，保护公民的合法权益。全年举办各类培训班3期，通过行政复议案卷评查、法律知识讲解、证据收集、法律综合运用等实践操作层面的培训，提升执法人员的工作水平。推广县工商局说理式行政处罚文书的经验，以理服人，和谐执法，化解矛盾。

规范性文件清查　2010年，县政府法制办印发《松阳县行政规范性文件备案审查工作实施方案》，要求各单位建立健全各项规章制度，确定专人负责该项工作，进一步提高规范性文件审查质量，杜绝规范性文件中的部门利益色彩。印发《松阳县人民政府办公室关于做好规范性文件清理工作的通知》，明确提出清理职责、范围，细化清理办法及清理目标要求。全年清理县人民政府及政府办公室规范性文件195件，其中拟“继续执行”175件，拟“废止”的20件。清理县直部门规范性文件541件，其中“继续执行”528件，“废止”11件，“失效”2件。是年，受理行政复议案件9件，审结7件。在审结案件中，其中维持5件，通过调解终止1件，责令限期作出决定1件。2件放在2011年初审理。落实行政首长出庭应诉工作，制定《松阳县行政机关负责人出庭应诉暂行办法》。将行政机关法定代表人或分管领导出庭应诉率列入依法行政目标责任制考核。

加强行政执法工作

加强计生监察工作　计划生育行政执法工作一直是由县级计划生育行政主管部门负责，2004年之前，执法工作由县计生局1名工作人员兼职负责。2004年，县委县政府设立县计划生育监察大队，编制3人，是丽水市各县市唯一开设的计生执法监督执法机构。

2006年4月，成立人口和计生局计划生育依法行政工作领导小组，下设办公室。计划生育监察大队主要工作，制作行政执法依据目录，把国家、省有关行政行为的法律法规、汇编成册发放到各乡镇（街道）社区，做到有法可依；在执法中把行政执法职能及法律依据公开，让违法对象知道处罚结果，做到文明执法；建立松阳县计划生育行政执法责任制，责任到乡镇（街道）村；建立执法评议考评制度，以及执法过错责任追究制度；制订抚养费征收“精品案件”的评选办法及评选标准，指导协助乡镇（街道）征收社会抚养费；强化行政执法队伍建设，对执法人员每年度进行岗位培训，执法证件年审制度；行政行为规范化管理，行政处罚必须以事实为依据，以法律为准绳，遵守法律和规定的程序，征收、处罚合法，不能违反国家计生委颁布的“七个不准”的规定。

健全卫生监督工作　2001年，撤销县卫生防疫站，分别组建县疾病预防控制中心、县卫生监督所。松阳县卫生监督所于5月中旬正式挂牌运作，对外行使职能。2007年设立古市镇、大东坝镇卫生监督分所。抓好食品卫生、公共场所卫生、学校卫生、饮用水卫生、职业卫生和医疗卫生等监督管理；开展各类食品卫生专项整治、“三类”食堂专项整治、十小行业小餐饮整治、金箭行动、校园卫生健康行动、重点公共场所卫生专项整治等活动，严肃查处违法经营行为；落实各项措施，完成全县重大活动和重点节假日期间卫生安全保障；积极开展粉尘与高毒物品危害治理等专项行动，职业卫生工作得以加强；严厉打击非法行医活动，加强医疗机构监管，规范执业行为；在餐饮服务、住宿场所、供水单位、医疗机构全面推行卫生监督量化分级管理。

规范公安行政处罚工作　中华人民共和国成立初期，治安案件一度沿称违警案件。1950 年 5 月，县人民政府公安局始对治安行政案件建立统计月报制度。是年 5～12 月，全县查处治安案件 61 件，其中赌博 18 件，偷窃 25 件，妨害公共秩序 5 件，敲诈他人钱财 3 件，扰乱金融秩序 3 件，破坏山林 2 件，贩运买卖违禁品 5 件。1957 年 12 月，县公安局分别在城关、古市、靖居、玉岩 4 个区共 270 人举办基层治保干部训练班，学习《中华人民共和国治安管理处罚条例》。是年，全县查处治安案件 187 人，治安处罚 197 人。1958 年 5 月，县公安局提请县人民委员会批准，把农村 5 日以下拘留和警告处罚，授权给全县 27 个乡（镇）人民委员会裁决。执行拘留用劳动代替。是年 4～6 月，全县治安处罚 177 人，其中执行拘留 164 人，罚款 13 人。拘留对象中小偷 82 人，扰乱公共秩序 6 人，赌博 1 人，伪造公章证件 2 人，调戏妇女 2 人，殴打他人 15 人，破坏生产和其他违反治安管理行为 56 人。1959 年 6 月，把下放给乡（镇）人民委员会的拘留和警告处罚权收回县公安局。

1980 年 2 月，全国人大常委会重新颁布《中华人民共和国治安管理处罚条例》。1986 年 9 月 5 日，新修订的《中华人民共和国治安管理处罚条例》颁发后，松阳建立行政诉讼制度。

1982～2010 年，松阳县公安局共受理治安案件 18634 起，查处 17323 起，查处率约 93%，查处违法人员 20919 人；调处纠纷 1900 起，依法处罚 26175 人。其中，治安警告 385 人，治安拘留 2509 人，罚款 20341 人。

松阳县公安行政处罚工作，在不同的历史时期，有不同的侧重内容。中华人民共和国成立至 1982 年，治安处罚案件以小偷小摸及盗窃农村集体粮食、林木财产为主；1983～2010 年，以打击卖淫嫖娼、收缴黄色淫秽物品、查赌、查毒为主。

规范劳动教养

1957 年 8 月 3 日，国务院公布《关于劳动教养问题的决定》。次年 4 月，松阳县成立以县长、公安局长、民政科长、人事科长、肃反办公室主任等 5 人组成的劳动教养初审小组，负责对社会上和机关内部劳动教养对象的审批工作。至 1958 年末，全县送劳动教养 48 人。

1958 年，全县先后办乡、社劳动教养队 26 个，收容 459 人进乡、社劳动教养队劳动教养。被教养对象集中食宿，限制自由。1959 年 4 月，乡、社教养队撤销。“文化大革命”期间，劳动教养工作一度停顿。1980 年 2 月 26 日，恢复劳教工作。1982～2010 年，全县送劳动教养 198 人。

加强检察院民事行政检察

松阳县人民检察院民事行政检察科成立于 1998 年 7 月。主要负责对已生效但确有错误的民事、经济、行政案件的判决、裁定进行审查，提请或建议上级院抗诉；办理有关抗诉案件；立案查处管辖范围内发生在民事、经济、行政审判中执法人员贪赃枉法、徇私舞弊的犯罪案件；负责对辖区民事、经济、行政抗诉案件的备案审查；研究制定民事、行政检察业务工作计划、规定和办法。民事行政检察具体工作：对民事行政生效裁判、民事调解书监督；诉讼违法行为监督；民事行政执行监督；虚假诉讼监督；督促履行职责；督促起诉、支持起诉。

1999年办理民事、行政申诉案件11件。2000年办理民事、行政申诉案件13件。其中，向法院提起抗诉4件，建议提起抗诉5件。2001年办理民事、行政申诉案件6件。其中，经立案办结提请抗诉3件，建议提起抗诉1件，终止审查1件，息诉1件；另外，丽水市检察院交办4件，审查后书面退回处理2件。2002年办理民事、行政申诉案件9件。其中，丽水市检察院交办6件，审查后做出书面处理意见5件，经市检察院立案办结提请抗诉2件，建议提请抗诉1件。2003年办理民事、行政申诉案件7件。其中，立案审查提请抗诉2件，息诉2件；经审查向法院提出检察建议撤销判决1件；向公安机关发出检察建议，使民事案件转为刑事案件1件；审结丽水市检察院交办案件2件。2004年办理民事、行政申诉案件4件。其中，立案审查提请抗诉3件，被丽水市检察院采纳2件。2004年支持起诉8件国资流失案件，法院均已受理，其中达成庭前调解的4件，帮助县农业银行、县财政局追回贷款60余万元。2005年办理民事、行政申诉案件3件。其中，立案审查提请抗诉2件，建议提请抗诉1件，均被丽水市检察院采纳；完成浙江省检察院交办2件，经法院调解2件。2006年办理民事、行政申诉案件5件。其中，立案审查提请抗诉2件，建议提请抗诉1件，均被丽水市检察院采纳；经本院调解2件。

2007年办理民事、行政申诉案件2件。其中，立案审查后，向县法院提出再审检察建议1件，县法院受理立案；建议丽水市检察院提请抗诉案1件。2008年办理民事、行政申诉案件6件。其中，建议提请抗诉1件，提请抗诉4件，不予提请抗诉1件；提请抗诉被丽水市检察院采纳3件，建议提请抗诉被采纳1件；再审检察建议被县法院采纳重审后获改判1件。2009年办理民事、行政申诉案件7件，办理民事督促起诉案件10件。其中，建议提请抗诉1件，提请抗诉3件，移送其他部门处理3件；提请抗诉案件被丽水市检察院采纳并提出抗诉2件。另外，2008年办理的建议提请抗诉案件1件，经市院提请抗诉后，省高级人民法院重审并于2009年改判。2010年办理民事、行政申诉案件13件。其中，立案审查11件，移送其他部门处理2件；经审查后，提请抗诉3件中被丽水市检察院采纳2件，建议提请抗诉2件中被丽水市检察院采纳2件；省检察院采纳1件；提抗案件经法院再审改判3件；自行调处案件5件，全部和解息诉；督促起诉9件；全年开展行政执法违法情况监督发出检察建议23份，全部得到相关单位采纳。

加强法院行政案件审判监督

松阳县人民法院行政审判庭成立于1990年。其职责是依法审理莲都区、青田县、遂昌县辖区范围内的一审行政案件，保护公民、法人和其他组织的合法权益，维护和监督行政机关依法行使职权，对案件审理中发现的问题，提出司法建议；依法审查、受理和执行松阳县非诉行政执行案件；依法审查、受理行政赔偿案件；办理其他有关的行政审判工作事项，负责接受行政案件的法律咨询，积极宣传法律、法规，促进行政机关依法行政。1990～2010年，合计办理行政案件278件，行政非诉执行1408件。

加强工商行政管理

1999年，根据《浙江省机构编制委员会办公室关于市县工商行政管理局“三定”规定有关问题的函》文件精神，设立松阳县工商行政管理局，为丽水市工商行政管理局的直属机构，履行本行政辖区内的市场监管和行政执法工作职责。

2007～2010年，全县共查处各类经济违法违章案件1200余起，其中大要案198起；开展高危行业大清查、食品安全大检测、违法广告大整治、无照经营大取缔行动；集中力量全面建立产销两地茶叶质量监管协作机制、深入开展禁止传销社会劝化工作、强化农资市场专项整治、引入食品安全监管月督查机制；开展“红盾护农”、整治黑网吧、保护商标专有权等各类专项行动；受理消费者咨询申诉举报2450余件，办结率均为100%，为消费者挽回巨额经济损失。

第三节 司法公正

司法公正要求在司法活动的过程中坚持和体现公平与正义的原则。中共十一届三中全会后，县委贯彻落实党中央的政策，纠正历史上发生的冤假错案，妥善处理华侨侨眷、台胞台属、被精简下放人员等遗留问题，维护司法公正，为经济发展、法治松阳及构建和谐社会打下坚实基础。

机构建设与司法改革

1982年恢复松阳县制以后，机构建设不断得到加强并渐趋完善。继公安局、检察院、法院建立后，县人民代表大会制度、县司法局、县政法委、县政协先后建立。2001年，县委、县政府均成立法制办公室。机构建设的增加和内设机构的不断完善，加强领导法治参谋工作，强化行政监督、司法监督。

松阳县人民法院从1982年开始独立审判，对部分一审刑事案件试行公开审判制度，并发挥合议庭作用。1996年进行审判方式改革，从不完全公开审判向完全公开审判转变，提倡透明的“阳光下的审判”。1999年，县人民法院对审判组织制度和审判方式进行改革。2000～2010年，县人民法院遵循公开审判原则，深化审判方式改革。以强化合议庭和法官职责为重点，建立符合审判工作特点和规律的审判管理机制；改革并完善法院内设机构；健全监督机制；提高审判工作效率和管理水平；促进司法人员的公正廉洁。

提高干警素质

在“一五”普法至“五五”普法期间，松阳县全体司法干警分期分批参加普法培训。学习“九法一条例”（《中华人民共和国宪法》《中华人民共和国刑法》《中华人民共和国刑事诉讼法》《中华人民共和国民事诉讼法》《中华人民共和国经济合同法》《中华人民共和国森林法》《中华人民共和国继承法》《中华人民共和国兵役法》和《中华人民共和国治安管理处罚条例》），每期学习完毕，均组织专门考试，考试合格者，发给普法合格证书。考试不合格者，须自学补考，至合格方可。2005年5月，县公安局、县人民检察院和县人民法院统一开展“规范司法（执法）行为，促进司法（执法）公正”专项整改活动。活动按照“司法公正、执法为民”构建和谐社会的要求，围绕实现“强化法律监督，维护公平正义”的主题，端正司法执法思想，规范司法执法行为，提高司法队伍素质，促进法律监督能力建设，为“平安松阳”建设创造良好的法治环境。

第三章　机构改革

机构改革主要是对管理体制、机构设置、人员编制等方面所进行的调整和变革。松阳县先后于1984～2010年进行5次县级党政机关的机构改革；1982～2006年，对乡镇党政机关机构进行相应的改革。同时，先后实施部分事业单位改革。

对企业领导体制进行改革，是政企分开的重点，目的是保证厂长能真正处于企业的中心地位，独立自主地抓好企业的生产和经营活动，增加企业的活力。1988年3月，松阳县35家企业包括全部国营厂矿、二轻工业和非工业系统所办的厂（不包括乡镇企业和商贸各公司）设党委的2家，设支部的26家，未设党组织的7家，其中国营1家，二轻6家，国营啤酒厂与酒厂建1个支部，二轻6家中有2家与其他二轻工厂联合建支部，有4家没有建支部。35家企业中，设党委或支部的28家，书记、厂长分设的26家，厂长书记兼任的2家。35家企业中，厂长不是中共党员的20家。实行厂长承包经营责任制的22家，未实行厂长承包经营的13家。1988年4月始，对全部企业实行厂长经理承包经营责任制。

第一节　党政机关机构改革

第一次党政机关机构改革

1984年1月，中共松阳县委、松阳县人民政府制定《松阳县县级机关机构设置方案》，报送丽水地委、地区行署。1月29日，丽水地委办、地区行署办批复松阳县的改革方案。3月27日，县委办、县政府办印发《关于县级机关机构设置的通知》，部署第一次县级党政机关机构改革工作。

县级党政机构设置的原则　简化和紧缩经济管理部门，加强和完善经济综合协调部门、统计监督部门、执法部门。机构设置宜简不宜繁，减少层次，不求上下对口，重叠的机构一律撤销，业务相近的坚决合并，能够合署办公的就合署办公；分工不明确的加以调整；适合改为事业单位或经济组织的，就不再作为国家行政机关。改革后，县委工作部门一般设5～7个；县政府工作部门一般设25～28个。县纪委、县人大常委会、县政协、县级群众团体及法院、检察院等组织机构，根据党章、宪法和有关章程规定设置。

县委机构调整与设置　县委纪律检查委员会按照上级要求改为中共松阳县纪律检查委员会，不再列入县委工作部门；增设县委农村工作部、县委政法委员会。另设县委保密委员会、县委党史资料征集领导小组办公室（简称党史办公室）、县委党校、县机关党委等4个部门管理机构。经改革调整，县委设6个工作部门，即县委办公室、县委组织部、县委宣传部、县委统战部、县委农村工作部、县委政法委员会。比原来的8个减少2个，减幅为25%。

县委设6个工作部门

- 县委办公室
- 县委组织部
- 县委宣传部
- 县委统一战线工作部
- 县委农工部
- 县委政法委员会

县政府机构调整与设置 撤销县委农业委员会（其工作由县委农村工作部接替）、县财贸办公室（其工作由县政府办公室接管）；撤县文教局、县体育运动委员会，设县文化局、县教育体育局；县计划委员会、县经济委员会合并为县计划经济委员会；县物资局改为物资公司、县二轻工业局改为县二轻工业公司、县社队企业局改为县社队企业联合社、县广播事业局改为县广播电视站、县供电局改为县供电公司，以上单位均属县局（科）级企事业机构。另外，县爱卫办并入县卫生局，县职教办并入县计经委，县能源办并入县林业局。经改革调整，县政府设26个工作部门，即县政府办公室、县民政局、县公安局、县司法局、县人事局、县劳动局、县老干部局、县计划经济委员会、县工业局、县物价局、县统计局、县城乡建设环境保护局、县科学技术委员会、县农牧特产局、县工商行政管理局、县粮食局、县文化局、县教育体育局、县卫生局、县交通局、县林业局、县水电局、县财税局、县审计局、县商业局、县计划生育委员会。县政府工作部门比原来37个减少11个，减幅为29.73%。

县政府设26个工作部门

- 县政府办公室
- 县民政局
- 县公安局
- 县司法局
- 县人事局
- 县劳动局
- 县老干部局
- 县计划经济委员会
- 县工业局
- 县物价局
- 县统计局
- 县城乡建设环境保护局
- 县科学技术委员会
- 县农牧特产局
- 县工商行政管理局
- 县粮食局
- 县文化局
- 县教育体育局
- 县卫生局
- 县交通局
- 县林业局
- 县水电局
- 县财税局
- 县审计局
- 县商业局
- 县计划生育委员会

人员编制与领导职数 1984年6月，省政府核定松阳县党政机关编制460人，明确规定县级党政机关编制的使用范围：包括党委、政府的工作部门和人大、政协、群众团体的工作机构；不包括公安、检察、法院、司法部门，双重领导的中央业务部门为主的机构，党史资料征集委员会办公室、党校、报社，以及改为事业单位和经济组织的机构。病休和带薪学习、轮训一年以上的人员，称非在职人员，可列为编外；离休老干部及其按规定配备的服务人员编制单列。规定县委和政府的工作部门领导职数，设正职1人、副职1～2人。改革中，根据以上规定进行核定和调整。

第二次党政机关机构改革

1996年1月，县委建立县党政机构改革领导小组。7月，县委、县政府向丽水地委、丽水地区行署上报《松阳县党政机构改革方案》。8月，丽水地委、地区行署批复松阳县的改革方案，改革工作正式展开。

党政机构改革主要内容 切实转变职能，强化宏观管理和对社会经济活动监督服务。按照政企职责分开的原则，着重划清政府与企业的职责范围，凡应下放给企业的权力，全部下放，使企业真正享有生产经营自主权；按照社会主义市场经济的需要，调整机关结构，转换行为方式，减少管理层次，做好统筹规划、组织协调、检查监督等工作，减少对经济、社会事务的直接管理和不必要的行政干预，搞好宏观经济综合平衡。理顺各方面关系，建立适应社会主义市场经济体制的政府管理体系。重点理顺党政机关各部门之间的关系，划清职责，合理分工，避免交叉；合理划分县、乡镇政府的管理职责，规范行政办事规则，规定行政运行程序，提高行政效率。从实际出发，因地制宜设置机构。按照既尽量上下衔接，又突出区域特色的原则，科学合理地设置党政机构。把部分条件成熟的专业经济部门转为经济实体，不再承担行政管理职能；对职能交叉重复、业务相近的机构，予以合并或合署；可改为事业单位的机构，不再设行政机构。同时，对党政机构名称、规格、建制和内设机构予以统一规范。

县委机构调整与设置 县委机关机构改革的主要任务是，理顺工作关系，划清职责范围，减少职能交叉，适当调整结构和精简人员编制，提高干部队伍素质和工作效率。县委工作机构作如下调整，县委办公室内设信访办公室、保密委员会办公室，对外挂县信访局、县保密局的牌子；县纪律检查委员会机关与县监察局合署，实行一个机构、两块牌子；县委老干部局由县委组织部管理；县机关党委改称县直属机关工作委员会，与县委组织部合署；县侨务、台湾事务、民族宗教的行政职能暂由县委统战部行使，对外挂县侨务办公室、县台湾事务办公室（县委台湾工作办公室）、县民族宗教事务局的牌子；县档案局与县档案馆合并，保留县档案局牌子，县志办与党史办合并为县史志办，均为县委办公室管理的科级事业单位。改革调整后，县委设5个工作部门，即县委办公室、县委组织部（直属机关工作委员会）、县委宣传部、县委统一战线工作部、县委政法委员会。

县委设5个工作部门

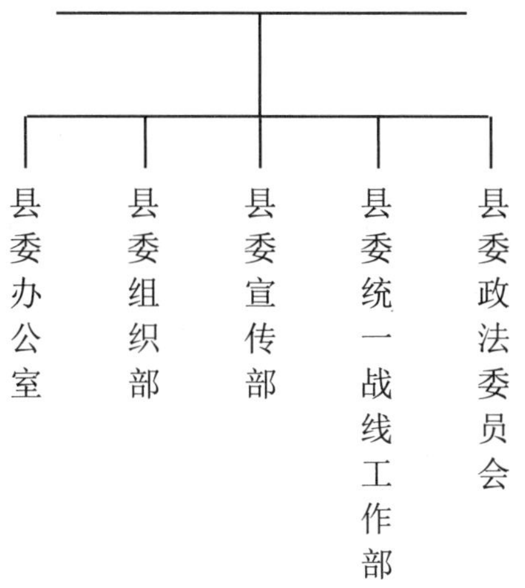

县政府机构调整与设置 县政府机构改革的主要任务是，理顺关系，强化对国民经济和社会发展的规划，指导协调，监督检查，弱化微观管理职能，调整归并业务相近和职能交叉重复的机构，将部分有条件的专业经济部门转为经济实体，精简内设机构和人员。县政府工作机构作如下调整：县物资局、县商业局成建制转为经济实体，其行政管理职能分别转移政府有关部门承担；县供销社不再列入县政府工作部门序列；撤销县计划经济委员会，建立县计划委员会、县经济委员会；撤销县标准计量局，成立县技术监督局，与县计划委员会合署；县乡镇企业管理局、县医药管理局与县经济委员会合署；县矿产资源管理办公室改称县地质矿产办公室，为县经济委员会内设机构，对外挂牌；对县外经济贸易局改称对县外贸易经济合作局；县经济体制改革办公室改称县经济体制改革委员会（经济与社会发展研究中心）与县政府办公室合署，县政府办增挂县外事办公室牌子，法制科仍为县政府办内设机构，对外挂县政府法制局牌子；县财政局和地方税务局合署，并增挂县国有资产管理局牌子；撤销县农业经济委员会，成立县农村工作办公室，同时挂县委农村工作办公室牌子；撤销县城乡建设环境保护局，设立县建设局、县环境保护局，合署办公，实行一个机构两块牌子；县粮食局、县广播电视局、县经济技术协作办公室转为县政府直属事业单位；县体育运动委员会改称县体育事业发展局，转为县政府直属事业单位；县人事局与县劳动局合并为县人事劳动局；县机构编制委员会办公室为县机构编制委员会的常设办事机构，又是县委、县政府主管机构编制工作的机构，挂靠县人事劳动局；撤销县二轻局、县工业局，县手工业联社暂时保留，在县经济委员会挂牌，其行政职能划转县经济委员会；县物价局与县工商行政管理局合署。

县政府设 25 个工作部门

- 县政府办公室（经济体制改革委员会）
- 县计划委员会（县质量技术监督局）
- 县经济委员会
- 县教育委员会
- 县科学技术委员会
- 县公安局
- 县司法局
- 县监察局
- 县民政局
- 县财政局（县地方税务局）
- 县人事劳动局
- 县交通局
- 县农村工作办公室
- 县农业局
- 县林业局
- 县水利水电局
- 县对外贸易经济合作局
- 县文化局
- 县卫生局
- 县计划生育委员局
- 县建设局（县环境保护局）
- 县工商行政管理局（县物价局）
- 县审计局
- 县土地管理局
- 县统计局

改革调整后，县政府设 25 个工作部门，即县政府办公室（经济体制改革委员会）、县计划委员会（县技术监督局）、县经济委员会（县乡镇企业管理局、县医药管理局）、县对外贸易经济合作局、县农村工作办公室、县农业局、县林业局、县水利水电局、县教育委员会、县科学技术委员会、县卫生局、县计划生育委员会、县文化局、县建设局（环境保护局）、县民政局、县人事劳动局、县财政局（地方税务局）、县交通局、县审计局、县土地管理局、县监察局、县公安局、县司法局、县工商行政管理局（物价局）、县统计局。

经过调整，县党政工作部门共设 30 个，比原来 43 个减少 13 个，减幅为 30.2%。县委、县政府的各种非常设机构原则上予以撤销，对确需保留的，改为议事机构或临时机构。改革后期，按照中央有关规定，根据省核定的 480 名行政编制（不含政法编制），重新在县机关各单位进行分配和调整。

县人大、政协、法院、检察院和群众团体机关改革　县人大、县政协的机构改革，按照《中共中央关于印发〈关于地方各级人大机构改革的意见〉和〈关于地方各级政协机构改革的意见〉的通知》精神进行。县法院、检察院机构的改革，按照《中共中央办公厅关于印发〈关于地方各级人民法院机构改革的意见〉和〈关于地方各级人民检察院机构改革的意见〉的通知》精神进行。群众团体根据党章、宪法和有关章程规定设置。

机关后勤服务机构改革　机关后勤服务机构的改革，参照中编办和国务院机关事务管理局《关于印发〈国务院各部门后勤机构改革的意见〉的通知》精神进行。改革的方向是，行政管理职能和服务职能分开，使机关后勤服务逐步社会化。

机关人员分流　松阳县从实际出发，制定优惠政策，促进人员分流，使大批人才转移到第三产业和其他需要加强的工作岗位上去：部分有条件的专业经济部门成建制地转为经济实体；严格离退休制度，对已达到离退休年龄的人员及时办理离退休手续；清退部分借调人员和临时工；鼓励有特

长的机关人员走出机关，兴办经济实体或充实到政法和企事业单位中去；鼓励机关人员辞去公职，自谋出路。

第三次党政机关机构改革

2001年4月，县委、县政府研究制定《松阳县党政机构改革方案》，上报丽水市委、市人民政府。2001年9月，市委、市政府下发松阳县机构改革方案的通知，松阳县机构改革工作在县委、县政府的统一领导下，由县机构改革领导小组正式组织实施。

党政机构改革目标和原则 目标是进一步加强和改善党的领导，建立与市委、市政府机构大体相对应的县委、县政府组织机构框架，构建办事高效、结构合理、运转协调、行为规范的党政管理体系；不断完善公务员制度，建设高素质的干部队伍，逐步形成适应社会主义市场经济体制要求，体现社会经济发展水平的管理体制和运行机制。县委机构改革的原则是坚持党的领导，主要是政治思想和组织领导；坚持依“党规”定职能，按程序办事情；坚持精简、统一、效能的原则。县政府机构改革的原则是，转变政府职能，实行政企分开；精简机构和提高办事效率、县政府机构组织、职能、编制和工作程序的法制化。

县委机构调整与设置 县委机构改革的重点是理顺职能关系，调整、规范工作机构设置，精简部门内设机构与人员编制；进一步理顺党委部门之间，党委部门与政府部门、群众团体之间的关系，调整相关部门的职能，加强县属基层组织的建设。县委机构调整保留纪律检查委员会机关（监察局与其合署）、组织部（直属机关工作委员会与其合署）、宣传部、统一战线工作部[民族宗教事务局、侨台事务办公室（台湾工作办公室）与其合署]、政法委员会（社会治安综合治理委员会办公室与其合署）；设县委、县政府信访局，为县委办公室管理机构，县委老干部局仍由县委组织部管理；县委办公室挂县委保密委员会办公室（保密局）牌子；县机构编制委员会办公室是县机构编制委员会的常设办事机构，又是县委、县政府主管机构编制工作的机构，挂靠县人事劳动社会保障局。

改革调整后，县委设5个工作部门、2个部门管理机构、1个部门挂靠机构。

县政府机构调整与设置 综合经济部门：不保留县计划委员会，组建县发展计划局；不保留县经济委员会，组建县经济贸易局；保留县财政局，县国有资产管理局的职能并入县财政局，不再保留牌子。专业经济管理部门：保留县建设局、县交通局、县农业局、县林业局；县水利水电局更名为县水利局；县农村工作办公室与县农业局合署；县物价局并入县发展计划局，挂县物价局牌子；不再保留原事业机构的县粮食局，成立行政序列的县粮食局，县粮食局、县统计局与县发展计划局合署；县对外贸易经济合作局并入县经济贸易局，挂县对外贸易经济合作局牌子，县乡镇企业局更名为县中小企业局，并入县经济贸易局，挂县中小企业局牌子。社会管理和政务部门：保留县政府办公室（挂县政府外事办公室、县政府法制办公室牌子）、县监察局、县民政局、县公安局、县司法局、县卫生局、县审计局；县教育委员会更名为县教育局，县科学技术委员会更名为县科学技术局；县计划生育委员会更名为县计划生育局；不再保留县文化局和原事业机构的县体育事业发展局、县广播电视局，组建县文化体育广播电视局，新闻出版的行政管理职能，由该局承担；不再保留县人事劳动局，组建县人事劳动社会保障局，将县民政局承担的农村养老保险、县卫生局承担的公费

医疗管理、县医疗保险制度改革领导小组办公室承担的医疗保险制度改革职能划入县人事劳动社会保障局；不再保留县土地管理局，划入原县经济委员会的地质矿产办公室职能，组建县国土资源局；建立县经济体制改革委员会，为县政府高层次议事机构，原县体改委改为县经济体制改革委员会的办事机构，并承担区域内经济与社会发展研究工作，原县经济与社会发展研究中心牌子不再保留。

原在地方设置，现改为省部门直属机构的县工商行政管理局、县药品监督管理局、县技术质量监督局，根据省有关规定作相应调整和设置。

改革调整后，县政府设20个工作机构。县监察局与县纪检机关合署，县民族宗教事务局、县侨台事务办公室（县委台湾工作办公室）与县委统一战线工作部合署，不计政府机构个数。另设1个议事协调机构的办事机构。

县人大、政协、法院、检察院和群众团体机关改革 县人大、县政协和县工、青、妇等群众团体机关的机构改革与县党政机构改革同步进行。法院、检察院的机构改革，待省里确定后再组织实施。

精简编制和人员分流 县级机关行政编制原为483人，按6.5%上划垂直管理部门31人后，再精简20%，精简至362人。乡镇机关行政编制精简23%，从原来的475人精简至366人。政法机关专项编制原有157人，精简为142人。政法基层专项编制不作精简。县质量技术监督局、县药品监督管理局、县工商行政管理局实行省以下垂直管理后，行政编制也作精简；基层三所人员编制也作相应精简。根据县委办文件规定的人员分流政策，对超编人员进行分流，截至2003年12月，共分流92人，其中离岗退养77人、提前退休7人、辞职6人、离岗创业2人。

2001年松阳县第三次县级党政机构改革时各类编制精简情况表

表19-3-1-1

编制分类		改革前编制数（人）	精简后编制数（人）	精简比例（%）	备注
县级机关行政编制		483	362	20	先上划省以下垂直管理编制31人
乡镇机关行政编制		475	366	23	—
政法机关专项编制		157	142	9.6	—
其中	县法院	41	37	10	—
	县检察院	48	43	10	—
	县公安局	47	45	5	—
	县司法局	21	17	20	—
政法基层专项编制		202	202	0	—
其中	法庭	25	25	0	—
	公安派出所	160	160	0	—
	司法所	17	17	0	—

续表 19-3-1-1

编制分类		改革前编制数（人）	精简后编制数（人）	精简比例（%）	备注
省以下垂直管理部门编制		—	29	—	—
其中	县质量技术监督局	—	9	—	行政 8 人、后勤（事业）1 人
	县药品监督管理局	—	7	—	行政 6 人、后勤（事业）1 人，药品监督员（事业）2 人
	县工商行政管理局	—	13	—	行政 11 人、后勤（事业）2 人，离退休干部工作人员（事业）1 人
基层三所人员编制		166	151	9	—
其中	基层工商所	75	71	5.3	—
	基层地税所	82	72	12.2	—
	基层物价所	9	8	11	精简前行政 2 人、事业 7 人，精简后行政 2 人、事业 6 人

说明：人员分流按照“带职分流，定向培训，加强企业，强化结构”的方针，人员编制实行一次性定编定岗，3 年完成分流任务。同时，按照新设置的机构，重新核定人员编制和领导职数。本轮机构改革中，商业、物资等上一轮机构改革转为经济实体的单位，其承担的行政职能划转有关部门，人员将予以妥善分流

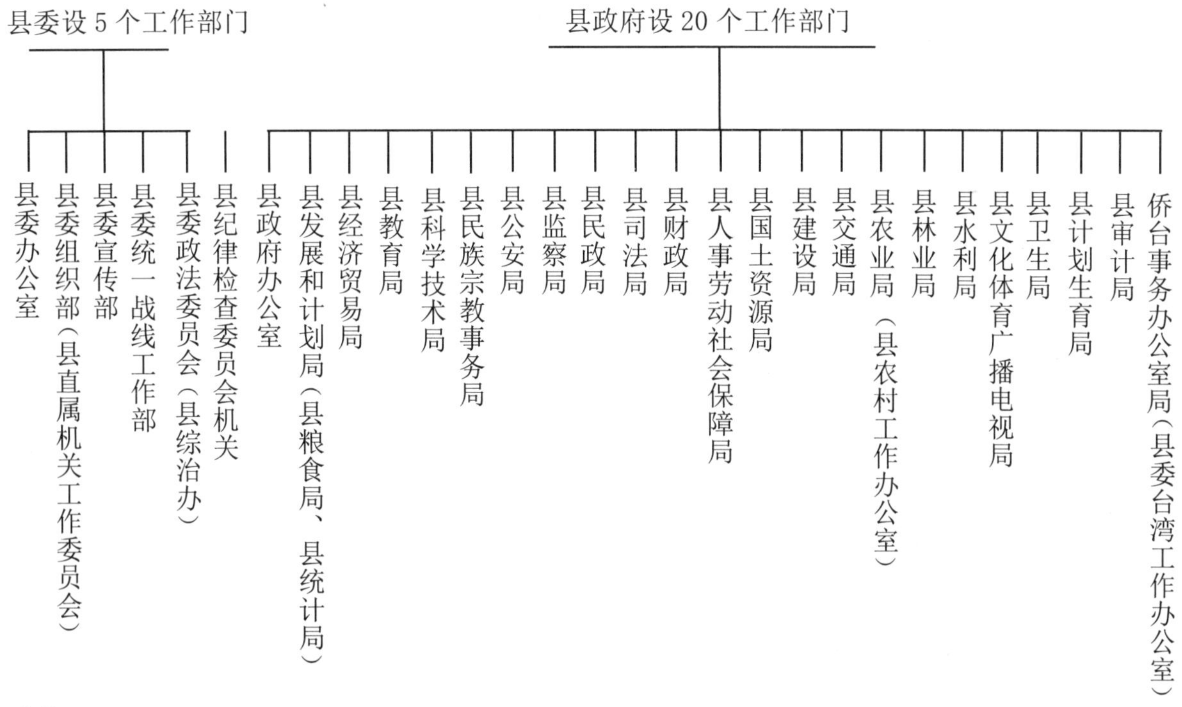

说明：

1. 县委设置工作部门 5 个，其中县委办公室挂保密委员会办公室（县国家保密局）牌子；县直属机关工委与县委组织部合署；县委政法委与社会治安综合治理委员会办公室合署。此外，设部门管理机构 2 个：县委、县政府信访局，由县委办公室管理；县委老干部局，由县委组织部管理；县机构编制委员会办公室挂靠县人事劳动社会保障局

2. 县政府设置工作部门 20 个，其中县政府办公室挂县外事办公室、法制办公室牌子；县发展计划局挂县物价

局牌子，县粮食局、县统计局与县发展计划局合署；县经济贸易局挂县对外贸易经济合作局、县中小企业局牌子；县监察局与县纪委机关合署，县民族宗教事务局、县侨台事务办公室（县委台湾事务办公室）与县委统战部合署，列入县政府工作部门序列，不计政府机构个数；县农业局与县农村工作办公室合署

3. 县经济体制改革委员会为议事协调机构，原体改委为该机构的办事机构

第四次政府机关机构改革

2005年5月，《松阳县深化完善政府机构改革方案》经中共丽水市委、市人民政府同意，批复实施。

改革的指导思想和原则　以邓小平理论和“三个代表”重要思想为指导，认真贯彻中央和省关于地方政府机构改革的精神，按照完善社会主义市场经济体制和推进政治体制改革的要求，结合松阳县实际，调整和完善政府机构设置，科学规范政府部门职能，改进管理方式，提高行政效率，降低行政成本，逐步形成行为规范、运转协调、公正透明、廉洁高效的行政管理体制和运行机制。改革坚持政企分开、坚持精简统一效能、坚持因地制宜、坚持依法行政这四条基本原则。

县政府机构调整与设置　县政府不单独设置国有资产监管机构，由县财政局履行国有资产出资人职责，承担国有资产管理职责，加强对国有资产的监管工作。

县发展计划局改组为发展和改革局，为县政府工作部门，承担综合研究、拟定经济和社会发展政策，主管物价和粮食管理工作，指导经济体制改革的职能；撤销县经济体制改革委员会办公室，将其承担的职能划入县发展和改革局。

县文化体育广播电视局改组为县文化广电新闻出版局，为县政府工作部门，统一履行文化、广播电视、新闻出版等行政管理职能；同时，设立县体育局，与县文化广电新闻出版局合署。

在县药品监督管理局的基础上，组建县食品药品监督管理局，仍实行省以下垂直管理。县食品药品监督管理局继续行使药品监管职能；同时，划入县卫生局承担的保健品许可的相关职能；增加对食品、保健品、化妆品安全管理的综合监督、组织协调和依法组织开展对重大事故查处的职能。

组建县安全生产监督管理局，为县政府工作部门，承担安全生产综合监管和行政执法职能；县经济贸易局承担的指导全县安全生产工作、协调处理重大安全事故的职能划入县安全生产监督管理局。

县计划生育局更名为县人口和计划生育局，为县政府工作部门。县环境保护局列入县政府工作部门序列。原与县发展计划局合署办公的县统计局改为单独设置，为县政府工作部门。原在县政府办公室挂牌的县政府法制办公室改为与县政府办公室合署。

经过改革调整，县政府设置工作部门23个。县监察局与县纪律检查委员会机关合署，县民族宗教事务局、县侨台事务办公室（县委台湾工作办公室）与县委统战部合署，列入县政府序列，不计入县政府机构个数。

县农村工作办公室与县农业局合署，县粮食局与县发展和改革局合署；县政府办公室挂县外事办公室牌子，县发展和改革局挂县物价局牌子，县经济贸易局挂对县外贸易经济合作局、中小企业局牌子。

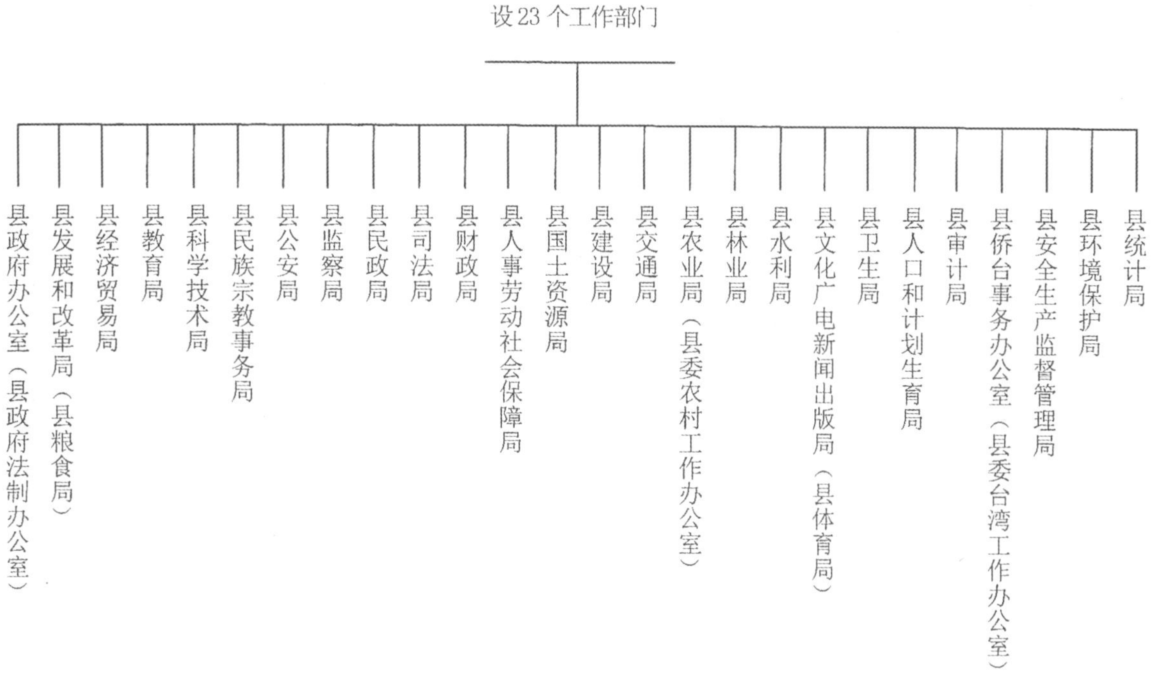

说明：县政府设置工作部门23个，其中县监察局与县纪律检查委员会机关合署；县民族宗教事务局、县侨台事务办公室（县委台湾工作办公室）与县委统战部合署，列入县政府工作部门序列，不计入县政府机构个数；县机构编制委员会办公室挂靠县人事劳动社会保障局，县政府法制办公室与县政府办公室合署，县委、县政府农村工作办公室与县农业局合署，县粮食局与县发展和改革局合署，县体育局与县文化广电新闻出版局合署；县政府办公室挂县外事办公室牌子，县发展和改革局挂县物价局牌子，县经济贸易局挂县对外贸易经济合作局、县中小企业局牌子

第五次政府机关机构改革

2010年9月，县委、县政府研究制定《松阳县人民政府机构改革方案》，报送市委、市政府。2011年5月，市委、市政府同意并批复《松阳县人民政府机构改革方案》后，县政府的改革工作正式开始。

改革的指导思想和基本原则 高举中国特色社会主义旗帜，以邓小平理论和“三个代表”重要思想为指导，深入贯彻落实科学发展观，坚持以人为本、执政为民，围绕全面实施“生态立县、工业强县、开放兴县”的发展战略和建设服务型政府的要求，按照精简统一效能的原则，进一步转变政府职能，理顺职责关系，明确和强化责任，优化政府组织结构，规范机构设置，完善体制机制，做到权责一致、分工合理、决策科学、执行顺畅、监督有力，促进松阳经济社会又好又快发展。改革坚持精简统一效能、上下衔接、从实际出发和因地制宜、权责一致、依法行政五条基本原则。

转变政府职能 按照政企分开、政资分开、政事分开、政府与市场中介组织分开的要求，全面梳理政府部门职能，对一些可以取消的职能坚决取消，把一些辅助性、技术性、服务性事务交给事业单位和中介组织承担，更好地发挥市场在资源配置中的基础性作用。加强对全县经济社会事务的统筹协调，更加注重社会管理和公共服务，着力解决教育、医疗、就业、社会保障等民生问题，强

化执行和执法监管职责，完善行政执法体制，增强处置突发公共事件和社会治安综合治理的能力。深化行政审批制度改革，进一步减少行政许可，简化许可环节，规范办事程序，建立健全行政审批监督制约机制和配套制度。大力推进电子政务，改进直接面向基层和群众的“窗口”机构的管理方式和作风，提高政府工作透明度和公信力。

理顺职责关系　依据法律法规和上级党委、政府的规定，结合县政府部门“三定”工作，解决县政府各部门之间职责交叉和关系不顺的问题。按照一件事情原则上由一个部门负责的要求，理清部门职责，对确需多个部门管理的事项，分清主办和协办关系，明确牵头部门。建立健全部门之间协调配合机制，形成工作合力。

明确和强化责任　按照权责一致、有权必有责的要求，通过部门“三定”工作，在赋予政府各部门职权的同时，明确其相应承担的责任。建立健全政务公开、绩效管理和行政问责制度，强化责任追究，切实解决权责脱节的问题。

调整优化组织结构　组建县经济商务局。把县经济贸易局（挂县对外贸易经济合作局、县中小企业局牌子）的职责、县发展和改革局的信息产业协调管理职责，整合划入县经济商务局。县经济商务局挂县中小企业局牌子。不再保留县经济贸易局（挂县对外贸易经济合作局牌子）。组建县交通运输局。将县交通局的职责、县建设局的城市客运管理职责，整合划入县交通运输局。不再保留县交通局。组建县住房和城乡建设局。将县建设局城市客运管理以外的职责划入县住房和城乡建设局。县住房和城乡建设局挂县测绘与地理信息局牌子。不再保留县建设局。县人事劳动社会保障局更名为县人力资源和社会保障局。原挂靠县人事劳动社会保障局的县机构编制委员会办公室调整为与县人力资源和社会保障局合署。县食品药品监督管理局由省以下垂直管理机构调整为县政府工作部门。明确县卫生局承担综合协调食品安全、组织查处食品安全重大事故的职责；县食品药品监督管理局承担餐饮服务食品安全监管和保健食品、化妆品卫生监管职责。原在县建设局挂牌的县人民防空办公室调整为与县住房和城乡建设局合署，继续承担县国防动员委员会的日常工作，并挂县民防局牌子。组建县政府侨务办公室，与县委统战部合署，列入县政府工作部门序列，不计入政府机构个数。将县政府侨台事务办公室的侨务工作职责划入县政府侨务办公室，原与县政府侨台事务办公室合署的县政府台湾事务办公室（县委台湾工作办公室）调整为与县委办公室合署，不再保留县政府侨台事务办公室。县政府办公室挂县政府金融工作办公室牌子，县卫生局挂县中医药管理局牌子，县水利局挂县渔业局牌子。

全面清理议事协调机构　撤销工作任务已完成的议事协调机构，凡属于部门职责范围，可由一个部门承担或由有关部门协调处理、共同承担的工作任务，不再设立议事协调机构；确需设立议事协调机构的，严格按照有关规定进行审批，不单独设置实体性办事机构，不单独核定人员编制和领导职数；合署办公的机构，严格执行文件规定，不实行“明合暗分”。

经过改革调整，县政府设置24个工作部门。

体制管理改革　按照建设服务型政府的要求，推进制度创新和管理创新。加强生态功能区调整的体制机制建设，着力消除制约自主创新和科学发展的体制机制障碍，加快实现行政运行机制和政府管理方式向规范有序、公开透明、便民高效转变。理顺县与乡镇的事权关系，明确各级政府履行职责的重点，提高对区域经济社会发展的统筹协调、自主决策、科学决策能力。履行“扩权强县”改革中省、市下放的经济社会管理职责，推进“强镇扩权”改革，增强中心镇管理服务功能。理顺省以下垂直管理部门与地方政府的权责关系，建立健全条块结合的协调配合机制，严格执法监管。

人员编制管理　实行人员编制总量控制，不突破中央核定的行政编制总额。根据职能调整需要，对人员编制实行实名制动态管理，优化人员结构。研究制定县政府各部门“三定”规定，规范对县政府部门人员编制及领导职数的核定，从严控制机构编制。

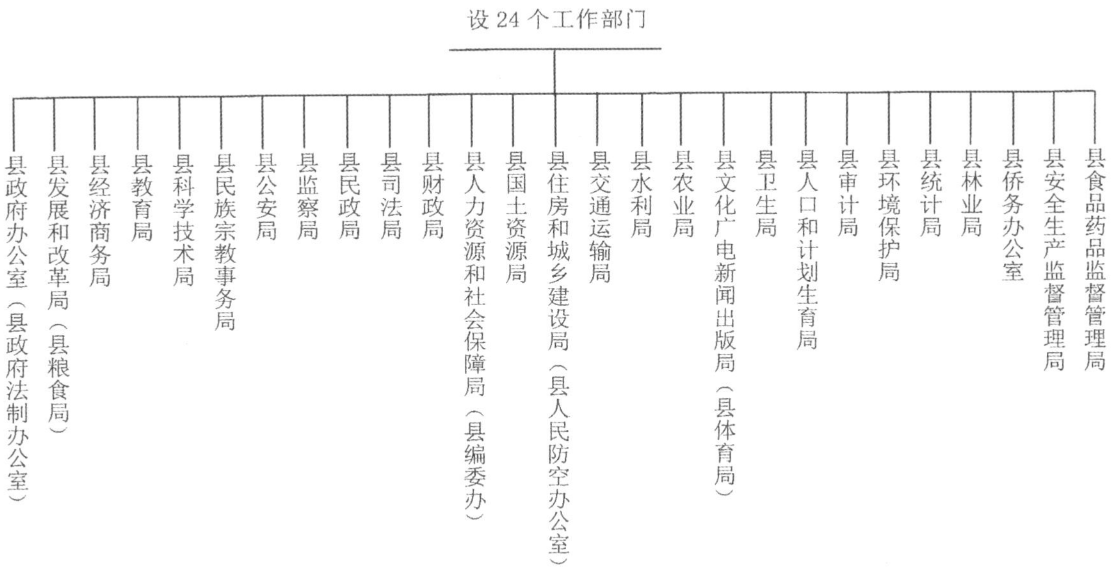

说明：县政府设置工作部门24个。县监察局与县纪律检查委员会机关合署，县民族宗教事务局、县侨务办公室与县委统战部合署，列入政府工作部门序列，不计入政府机构个数；县法制办公室与政府办公室合署；县粮食局与县发展和改革局合署；县机构编制委员会办公室与县人力资源和社会保障局合署；县人民防空办公室与县住房和城乡建设局合署，并挂县民防局牌子；县体育局与县文化广电新闻出版局合署；县政府办公室挂县外事办公室、县政府金融工作办公室牌子；县发展和改革局挂县物价局牌子；县经济商务局挂县中小企业局牌子；县住房和城乡建设局挂县测绘与地理信息局牌子；县水利局挂县渔业局牌子；县卫生局挂县中医药管理局牌子

第二节　事业单位机构改革

按照国家和省、市的要求，松阳县在实行党政机关机构改革的同时，先后实施部分事业单位改革。

改革的原则是有利于增强事业单位的活力和自我发展能力、经济建设和社会事业的协调发展、减轻财政负担，提高事业编制和经费的使用效率。改革的方向是，实行政事分开，推进事业单位的社会化，使事业单位在职能配置、人事制度、工资制度、管理体制等方面与党政机构区别开来，成为面向社会服务的独立法人。做好事业单位分类管理，促使有条件的全额拨款事业单位转为差额拨款，差额拨款的转为自收自支或企业化管理。通过改革，使“吃财政饭”的人员减少10%以上。另有文化事业单位体制改革，详见第三十五编“文化 旅游”第八章“文化管理与事业单位改制”第五节“文化事业单位体制改制”。

县公路管理机构

1989年，地区公路管理处由省直接下放到地区管理，实行条块结合，以地区为主的管理体制，设在各县的公路段是地区公路管理处的派出机构，直属地区公路管理处管理。1999年，松阳公路段下放县里管理，其建制隶属县交通局，改名为松阳县公路管理段，调整后为相当于副科级的事业单位。

2002年12月，县政府印发《关于同意松阳县公路管理体制改革实施意见的批复》，同意县乡公路养护管理所与县公路管理段合并，公路养护从公路管理中分离，成立专业养护公司（松阳县三鑫工程有限公司）。2010年12月，松阳县公路管理段更名为松阳县公路管理局，事业编制人员39人。

县广播电视台

1996年8月，县广播电视局改为县政府直属事业单位。2001年9月，组建县文化体育广播电视局，不再保留原事业单位的县广播电视局。2002年9月，县编委印发《关于建立松阳县广播电视台及管理问题的通知》，设立县广播电视台，从县文化体育广播电视局中分离出来，实行局台分设的管理体制，为县文化体育广播电视局下属事业单位。2004年11月，根据局台分设方案，核定县广播电视台财政全额拨款事业编制43人、自收自支20人。2005年9月，县广播电视台调整为县委、县政府直属相当于正科级事业单位。

乡镇广播电视站

2008年5月，为解决乡镇广播电视站管理体制问题，充分发挥广播电视宣传党和国家的路线方针政策的作用。根据《中共浙江省委办公厅、浙江省人民政府办公厅关于推进乡（镇）机构改革工作的意见》《松阳县乡镇机构改革方案》精神，县政府办印发《关于进一步明确乡镇广播电视站管理体制和人员待遇的通知》，明确乡镇广播电视站仍实行以县广播电视台管理为主的管理体制，将乡镇广播电视站在职职工的经费由财政差额补助改为财政全额拨款；原乡镇广播站58名人员编制予以收回核销，重新核定20个乡镇广播电视站人员编制25人，超编人员通过自然减员消化。

县林业局下属事业单位

2008年12月，根据省政府及省林业厅等部门有关文件精神，部署县林业局下属部分事业单位的改革工作。将县林业局下属的出口办、山林办、森防站、林业技术推广站、木材运输巡查大队及西屏、古市、象溪、大东坝、玉岩林业工作中心站等10个单位定为财政全额拨款事业单位。西屏、古市、象溪、大东坝、玉岩等5个林业工作中心站人员编制由164人调整为72人，超编人员逐步消化。

（此节内容与第三十五编“文化 旅游”第八章“文化管理与事业单位改制”第五节“文化事业单位体制改制”互为补充）

第三节 乡镇机构改革

恢复松阳县建制后，对乡镇机构进行过多次改革。主要有1982年后试行区、公社（镇）干部招聘制度，补充基层干部队伍；1992年撤区扩镇并乡；1996年乡镇党政机关机构改革；2002年乡镇党政机关机构改革；2006年与农村税费改革配套进行的乡镇机构改革。

区、公社（乡镇）干部招聘

1982年恢复松阳县制，干部紧缺的问题突出。虽然在遂（昌）松（阳）分县之前，省委及省编制、省人事部门为加强和充实农村基层干部队伍，采取按照人口比例重新核定农村区、公社（镇）的行政人员编制，并批准同意从优秀退伍军人中直接招收录用基层人武干部，从农村招用补贴工分干部等应急措施，惠及过松阳区域的区、公社（镇），但是数量太少，难以根本解决农村基层干部紧缺问题。松阳县根据省委1979年1月印发的《加强农村人民公社干部配备的决定》精神和省有关部门的规定，于1982～1989年从农村优秀青年中直接录用或招聘多批区、公社（乡镇）工作人员；于1984～1986年试行组织推荐优秀农村青年和事业单位职工参加副乡镇长选举的办法，充实干部队伍。1982～1989年，全县共录用、招聘区、公社（乡镇）工作人员216人。其中，公社（乡镇）人武干部、计划生育专职干部等政府工作人员136人；区、镇专职统计员，乡镇财政总会计、农技员、农科员、农经员、公社适用财政员等业务工作人员80人。

撤区扩镇并乡

1992年5月，浙江省撤扩并工作全面铺开。基本原则是有利于农村经济发展和社会稳定；整撤整并，合理布局，方便群众；进一步促进农村小城镇建设的发展。6月，松阳县开始实施撤区扩镇并乡工作。

撤销松阳、古市、玉岩、大东坝、靖居5个区公所；保留四都、三都、望松、斋坛、叶村、竹源、赤寿、新兴、樟溪、新处、谢村、枫坪、安民、裕溪14个乡和板桥畲族乡，各乡辖区不变；撤销阳溪、水南2个乡，并入西屏镇；撤销岗寺乡，并入古市镇；撤销交塘乡，并入玉岩镇；撤销大东坝、石仓、蛤湖3个乡，组建大东坝镇，管辖原3个乡的辖区；撤销靖居、雅溪2个乡，组建象溪镇，管辖原两个乡的辖区。

全县原辖5个区、27个乡镇（3镇、24乡），撤扩并后，设5个镇、15个乡（其中1个畲族乡）。按照省委办的有关规定，撤扩并后乡、镇机构升格，全部确定为正科级。

1996年乡镇党政机关机构改革

改革原则 1996年，乡镇党政机关机构改革坚持从有利于保证党对农业和农村工作的领导，有利于基层政权建设，有利于发展社会主义市场经济出发，贯彻精简、统一、效能和强化服务的原则，从实际出发，因地制宜，完善功能，理顺关系，加强服务体系建设。乡镇机构改革进一步贯彻落实省委办公厅、省政府办公厅《关于撤区扩镇并乡后乡镇党政群机构编制有关问题的意见》《关于撤

区扩镇并乡后进一步理顺县乡条块关系的意见》精神，做好重新核定人员编制和内设机构等工作。

乡镇分类的标准和方法 将全县20个乡镇分为一、二、三类，其中一类1个，二类12个，三类7个。西屏镇为一类乡镇；古市、玉岩、象溪、大东坝4个镇和望松、斋坛、叶村、赤寿、新兴、樟溪、三都、枫坪8个乡为二类乡镇；竹源、四都、新处、谢村、安民、裕溪、板桥畲族乡7个乡为三类乡镇。同时，按照乡镇类别，将省核定的475个行政编制，重新核定到各乡镇。

2002年乡镇党政机关机构改革

2002年6月，根据省委、省政府《浙江省市县乡机构改革实施意见》和市委、市政府《关于丽水市县乡机构改革工作的实施意见》精神，结合松阳县乡镇实际，研究制定《松阳县乡镇党政机关机构改革实施意见》，并及时开展乡镇党政机构改革工作。

改革的指导思想和原则 适应社会主义市场经济发展的要求，依照有利于加强党的领导和促进政府职能转变；有利于理顺乡镇政府与县级部门之间，与乡镇事业单位之间的关系；有利于加强基层政权建设，精干机构和精简公务员队伍，提高工作效率，减轻财政负担；有利于强化服务，推进乡镇经济和社会发展。通过改革和实践，逐步建立起结构合理、管理科学、廉洁高效、运转协调、行为规范的乡镇行政管理体制。改革坚持党的领导、精简统一效能、权责一致、实事求是的原则。

“三定”方案 即根据各乡镇的实际情况，确定各乡镇的职能、机构和人员编制。定职能，实行政企、政事、政社分开，特别是将辅助性、技术性、服务性职能交给事业单位或社会中介组织，巩固和完善农村社会化服务体系。理顺乡镇和县级部门之间的关系，增强乡镇党委、政府服务于农村改革和农村经济发展的功能。定机构，规定各乡镇设置内设机构均应体现综合、精干的要求，避免分工过细的弊端。

规定内设机构数与核定的编制数相适应。行政编制在12名及以下的乡镇内设4个机构，13～20名的内设4～5个，21～30名的内设5～6个，31名以上的内设6～7个。乡镇内设机构总数由改革前的119个精简到96个，精简19.39%。规范内设机构名称，统一称办公室。定编制，根据文件规定，全县乡镇党政机关行政编制数从475人减少到366人，精简23%。按照各乡镇人口、辖区面积、总产值等要素所测定的指数重新核定351人。乡镇的领导职数根据核定的行政编制数确定，行政编制在12名及以下的乡镇，配备科级领导职数7人；13～20名的配备8人；21～30名的配备10人；31名以上的配备12人，共167人，比改革前的182人减少15人。

人员分流 参照县委办、县政府办《关于县级机关机构改革人员分流的若干意见》的有关规定执行。合理设置职位，实行一人多岗、一人多职、交叉兼职的办法。积极推行竞聘上岗，通过竞聘上岗将人员编制和领导职数有机结合起来。认真清退乡镇自聘人员，鼓励乡镇分流人员创办、领办个私经济实体，鼓励自谋职业，对符合条件的人员实行提前退休或离岗退养。截至2002年末，全县乡镇党政机关应分流53人，实际分流19人。

2002年松阳县乡镇机构改革核定行政编制情况表

表19-3-3-1

项目单位	行政村数（个）	总人口数（人）	工农业总产值（万元）	辖区面积（平方千米）	三项指数	类别	原编制数（人）	按20%精简后（人）	微调编制（人）	重新核定编制（人）
合计	401	230739	192945	1406	1563	—	421	337	+14	351
西屏镇	52	55326	67120	104	178	1	51	41	+2	43
古市镇	30	21034	24278	47	111	1	32	26	+8	34
象溪镇	35	14772	12540	206	109	1	35	28	-1	27
大东坝镇	30	16393	10885	124	106	1	30	24	+1	25
玉岩镇	32	12816	7977	134	91	1	30	24	—	24
望松乡	20	9750	14968	29	85	2	16	13	+3	16
斋坛乡	14	8594	6397	26	70	2	18	14	+2	16
叶村乡	17	8236	4835	46	63	2	18	14	+1	15
竹源乡	11	6519	2218	57	56	2	18	14	+1	15
三都乡	18	8325	2162	61	56	2	20	16	-2	14
四都乡	11	3612	1423	48	54	2	16	13	+1	14
新兴乡	20	9690	6714	47	72	2	15	12	+1	13
樟溪乡	22	9957	4745	31	63	2	16	13	—	13
新处乡	13	6701	2442	46	54	2	15	12	—	12
赤寿乡	19	10501	7648	85	88	2	15	12	—	12
谢村乡	11	5012	1936	46	54	2	15	12	—	12
裕溪乡	12	6302	2720	78	56	2	16	13	-1	12
安民乡	8	3735	3888	96	67	2	15	12	—	12
板桥乡	9	5050	1681	31	54	2	15	12	-1	11
枫坪乡	17	8414	6398	98	76	2	15	12	-1	11

说明：1.各乡镇的基本情况数据源自2001年年报；2.乡镇机关原编制总数为475人，按照23%的比例精简后为366人，改革时将各乡镇原有编制按20%比例精简，再根据其辖区人口、面积及工农业总产值所测定的指数和所辖行政村数进行微调后重新核定编制

与农村税费改革配套的乡镇机构改革

2006年10月，县委、县政府按照省委、省政府关于全面推进农村综合改革的统一部署和市委、市政府关于全面推进农村综合改革的指导意见，印发《关于农村综合改革工作的实施意见》，明确提出改革的指导思想、主要内容和目标任务。2007年10月，印发《松阳县乡镇机构改革方案》，要求转变乡镇职能，理顺县与乡镇的关系，控制乡镇机构和人员编制，加大监督检查力度，确保实现乡镇机构编制和财政供养人员在“十一五”期间只减不增的目标。

乡镇党政机关内设机构　乡镇党政机关内设党政综合办公室、经济发展办公室、社会事业办公

室、社会治安综合治理办公室等4个内设机构。少数经济较发达、规模较大的中心镇可增加1个；规模较小、经济欠发达的乡镇，可以减设办公室，只设相应的工作职位。在各乡镇经济发展办公室增挂安全生产监督管理站牌子。

乡镇事业单位设置　在乡镇农业综合技术服务站的基础上，组建乡镇农业综合服务中心，为乡镇直属事业单位；经济管理列入乡镇政府职能；农机管理职能划归县主管部门，县农机站承担。乡镇劳动保障与社会救助站、文化站、计生服务站合并组建社会事业服务中心，为乡镇直属事业单位；保留劳动保障与社会救助服务站、文化站、计划生育服务站牌子；计生技术服务由卫生医疗机构承担。西屏镇社区管理办公室，古市镇环卫所、城建监察中队仍为镇直属事业单位。按区域或流域设置的乡镇林业工作中心站、水利站、村镇建设管理所、国土资源所、广播电视站维持原管理体制。乡镇事业单位承担的技术性服务职能，采取“购买服务”的方式，鼓励技术人员领办、创办科技服务型经济实体等，逐步走向市场。经济发展办公室与农业综合服务中心合署，对外称经济发展服务中心；社会事业办公室与社会事业服务中心合署，对外称社会事业服务中心；在社会治安综合治理办公室增挂社会治安综合治理工作中心牌子，对外称社会治安综合治理工作中心。

乡镇职能配置　党政综合办公室，负责文件、材料的起草和会议组织及有关决议的落实、督办，承办纪检、监察、组织、人事、宣传、法制、统战、民宗、群团和人大、政协等工作。经济发展服务中心（经济发展办公室），负责经济发展、经济管理、财政预决算、统计、安全生产、防火防汛防疫等公共安全、国土资源管理、村镇规划建设、生态环境保护等管理服务工作。社会事业服务中心（社会事业办公室），负责教育、科技、文化、卫生、体育、广播电视、计划生育、民政优抚、社会救助、劳动保障、合作医疗、社区等管理服务工作。社会治安综合治理工作中心（社会治安综合治理办公室），负责政法、社会治安综合治理、维护社会稳定工作，承办公安、司法、人武、信访等工作。保留司法所牌子。

乡镇人员编制和领导职数　核定乡镇行政编制351人。各乡镇的具体编制数与2002年相同。核定乡镇领导职数182人。其中，西屏、古市等2个镇各13人，玉岩、大东坝、象溪等3个镇各10人，望松、赤寿、新兴、樟溪、枫坪、三都、斋坛、叶村等8个乡各9人，竹源、新处、谢村、裕溪、板桥畲族乡等5个乡各8人，四都、安民等2个乡各7人。重新核定的事业编制以块管为主的核给乡镇，垂直管理的按部门核定。根据市编委办《关于乡镇行政编制和事业编制精简配置方案的通知》精神，乡镇原有事业编制701人，重新核定后为439人，县编委实际下达321人。乡镇招考、调配工作人员必须在编制限额内进行，进入计划须经县机构编制部门审核确认。

乡镇人员分流　乡镇国家公务员（机关工作人员）的分流，对符合《中华人民共和国公务员法》和有关规定提前退休条件的，由本人申请，经批准可以办理提前退休手续。乡镇事业单位工作人员的分流，通过培训，安排转岗，实行“因事设岗，双向选择，竞争上岗”，在县内调剂余缺；鼓励辞去公职自谋职业、自主创业。清退乡镇自聘人员，按照“谁聘用、谁负责”的原则，除各乡镇根据县编委办审核可以聘用的驾驶员、炊事员等特殊岗位以外，其他自聘人员予以清退。

2007年松阳县重新核定各乡镇行政、事业编制情况表

表19-3-3-2

序号	单位	辖行政村（居委会数）（个）	2000年人口普查数（人）	领导职数（人）	行政编制（人）	行政人员（人）	事业编制（人）	事业人员（人）	人员合计（人）
	合计	401（12）	229812	182	351	343	321	218	561
1	西屏镇	52（6）	54976	13	43	44	33	25	69
2	古市镇	30（5）	21034	13	34	39	50	17	56
3	大东坝镇	30	16125	10	27	22	18	12	34
4	象溪镇	35	14738	10	25	22	20	22	44
5	玉岩镇	32（1）	12788	10	24	20	17	10	30
6	望松乡	20	9761	9	16	16	16	18	34
7	赤寿乡	19	10465	9	16	13	14	10	23
8	新兴乡	20	9664	9	15	13	14	13	26
9	樟溪乡	22	9798	9	15	14	15	10	24
10	枫坪乡	17	8313	9	14	13	13	7	20
11	三都乡	18	8303	9	14	12	13	6	18
12	斋坛乡	14	8858	9	13	14	13	13	27
13	叶村乡	17	8187	9	13	16	13	10	26
14	竹源乡	11	6486	8	12	12	11	7	19
15	新处乡	13	6682	8	12	13	11	8	21
16	谢村乡	11	5002	8	12	12	11	7	19
17	裕溪乡	12	6302	8	12	12	11	5	17
18	板桥乡	9	5038	8	12	14	10	5	19
19	四都乡	11	3580	7	11	11	9	8	19
20	安民乡	8	3712	7	11	11	9	5	16

说明：事业编制中，西屏镇含社区办人员编制3人，古市镇含城管人员编制6人、环卫人员编制20人

第四章　干部人事制度改革

干部人事制度改革主要体现在干部任免、聘任、管理和竞争性选拔制度4个方面。干部任免制度分松阳县第一个共产党支部成立至松阳解放建立新政权时期；中华人民共和国成立至松阳县并入遂昌县阶段；恢复松阳县制后阶段三个时期，各个时期干部任免方式方法有差异。针对干部紧缺现状，采取从农村、知识青年、退伍军人招聘干部，开展招考高校毕业生以聘用制为重点的事业单位人事制度改革。干部管理制度分在职干部、退出领导岗位、不在职干部三个层面记述，1993年首次设岗双推双考，至2010年进行多次竞争上岗，推行干部竞争性选拔制度。

第一节　干部任免制度

中华人民共和国成立前干部任免制度

中华人民共和国成立前，松阳共产党组织的干部任免皆由上级党组织直接指派任免。

土地革命期间　民国22年（1933）冬，上级党组织指派朱金宝在松阳霭溪成立中共党支部。民国24年6月，红军挺进师在小吉村成立中共浙西南特委、军分区、兵工厂、地方工作团、松（阳）遂（昌）游击大队；7月，成立中共竹溪、玉岩区委及下属17个党支部、少共竹溪区委及下属8个团支部，竹溪区、玉岩区苏维埃政府及下属乡、村苏维埃政府、分田委员会、妇女等组织，其书记、主席、主任等职务皆由上级党组织任命。

全面抗战期间　民国27年（1938）2月，周恩来指派干部在松阳成立抗日特种工作团六分团。民国28年5月始，处属特委分别任命松阳城区、湘湖师范、县政工队、古市经建区、上坞源、黄圩等党支部负责人。民国29年4月，处属特委建立中共松阳县工作委员会，前后任命楼国平、倪崇善为书记，分设工作机构，任命组织、宣传、农工、青年、妇女部长共5人。下属有松阳城区等8个支部，均任命支部书记和相关委员。

解放战争期间　民国35年（1946）年5月，在石仓高等小学建立中共党支部，委任支部书记或负责人，任命组织、宣传等委员。民国36年10月，在西屏镇中心小学成立中共党支部，委任支部书记和组织、宣传等委员。

民国38年（1949）3月松阳民国县长祝更生起义后，在板桥普惠堂成立中共松（阳）宣（平）遂（昌）工作委员会，中共路南地区特派员卜明任命林艺圃为工委书记。工委对下属河间区等5个党组织均指派负责人。

中华人民共和国成立至并入遂昌县时期干部任免制度

1949年10月以后，县级以下党政干部任免由县委组织部承办。1956年2月18日，县委发出《关于提拔调配乡干的通知》，要求各区（镇）对缺员的26名乡干部（其中古市区7人、靖居区12人、江南区3人、玉岩区4人）采取就地选才的方法，从农村的积极分子中选拔配齐。选拔吸收为乡干部的，必须经过区委讨论决定（不必经乡选举），然后填写乡干审批表，并附有体格检查表，呈报县委审查批准后，方能成为干部。1956年6月以前，县委领导成员均由上级任命；县委下属组织干部由县委任免。1956年6月，中共松阳县第一次代表大会召开，选举产生委员会委员19人、候补委员3人、监察委员会委员9人。中共松阳县委一届一次会议选举产生常务委员会委员7人，其中书记1人、副书记2人。

1950年至1956年6月，共提拔县级干部13人、区级干部158人、聘用一般干部1100人。1956年10月后，行政干部职务任免由县政府人事部门承办。

1949年5月至1957年，县委先后4次对区、乡行政区划和干部作过调整。1958年10月，建立5个人民公社并任命干部。

1957年4月至1958年5月，省委对县委书记、副书记、常委作过调整和增补。

1957年10月，中共松阳县委作出《关于今后在任免、调动干部工作上若干具体问题的规定》。其中，任免干部工作方面规定，各分管部报请县委任免的干部，各部必须先列出名单与同任免干部呈请表，由各部签具审查意见后送县委组织部综合平衡后上报县委讨论决定；其中属上级党委管理的干部，经县委讨论决定后按照分管系统，由县委各部分别上报上级党委有关部门；关于县委委托县委各部代管的干部均由各部分别办理任免手续，但应将批准任免的名单抄知县委组织部，以使县委组织部保持一份完整的干部名册。属于选举产生的干部的审批手续，各分管部应将属于县委管理范围以内而由选举产生的干部在选举以前将候选人名单报县委审批，选举后迅速将选举结果报县委备案。干部任免牵涉到机构变动，而这些机构又需要上级批准的时候，应在机构变动问题批准以后，再办理干部的任免手续，机构在未批准变动前，县委一律不受理审批此类干部。县委各部在建议县委任免某一干部担任新的职务时，如果不拟使这个干部兼任原职（包括原任本、兼各职）时，应同时向县委提出免去这一干部原职的建议，办理免职的手续；凡是选举产生的干部在经过选举以后，其原职务自然解除，无需办理免职手续；凡原在合并或撤销的机构中任职的干部，在机构变动后其职务自然解除，也无需办理免职手续。党内外一切副职的任免通知，一律不列次序。报请县委任免调动属于“五类民主人士”范围内的干部时，负责办理调动的部门应当与县委统战部进行协商，如果协商不一，报县委决定。凡报请县委任免的干部必须附送干部任免呈请表和最近一次的鉴定。

1958年11月至1982年1月，松阳县并入遂昌县期间，原松阳县下属各级干部由遂昌县委管理任免。1966年5月至1976年10月“文化大革命”期间，受各种因素影响，干部任免程序混乱。1976年10月后，干部人事制度拨乱反正。

恢复松阳县制后干部任免制度

1982年开始，政府各系统各委、办、局的主任、局长，依照法律程序由县长提请县人大常委会决定任免。副职干部由县政府任免。1998～2010年，县人大常委会共任免干部359人次，其中任命

232人次，免职、接受辞职127人次。

1982～1984年8月，进行县机关的机构改革和区乡领导班子调整。1986年开展机关行政职务设置，至1987年末，一次性定为副主任科员的有102人、定为科员203人、办事员54人。1992年，调整国家行政机关副主任科员职务的任职条件，全县有148人定为副主任科员。1984年8月至1987年4月，按照新时期的用人标准，坚持德才兼备原则，提拔88名中青年干部，招聘干部162名。1987年5月至1990年5月，共提拔任用科局级干部98人，区镇乡干部99人。

1990年6月至1993年4月，按干部“四化”方针和德才兼备原则，选拔任用科局级干部（含乡镇）174人，选派52名干部到省、地机关和发达地区挂职锻炼。1993年5月后，进一步加大选人用人力度，引进“双推双考”选拔领导干部的试点，特别重视培养和使用妇女干部，少数民族干部和非党干部。

1998年，制定《松阳县国家公务员非领导职务设置办法、考核办法、中层领导职务竞争上岗和干部双向选择国家公务员制度配套实施办法》，县级国家行政机关24个部门611名干部过渡为国家公务员。

2002年以来，县委按照中共中央《党政领导干部选拔任用工作条例》《公开选拔党政领导干部工作暂行规定》《党政领导干部辞职暂行规定》、浙江省委《浙江省乡镇党政领导干部选拔任用工作实施办法》、省委组织部《关于试行市、县（市区）党委全委会成员民主提荐提名制度的意见》任免干部。2010年，县委按照中共中央《党政领导干部选拔任用工作责任追究办法（试行）》《党政领导干部选拔任用工作有关事项报告（试行）》任免干部。

2005年，松阳县委制定《县管领导干部年度立体考评办法》，按照乡镇、党群和政府部门的三种类型，制定不同的考评办法和标准，量化计分，为选拔任用提供依据。是年开始，县委全委会、常委会对拟提任乡镇、部门正职人选进行票决。2005年、2007年、2010年分别票决4名、199名、11名干部。2006年，制定《松阳县贯彻实施“中华人民共和国公务员法”工作方案》和《松阳县关于组织实施公务员登记工作的意见》。2007年，批准登记公务员1116人，其中县直机关827人、乡镇机关289人、暂缓登记71人、未予登记17人。2008年，建立健全后备干部“民主推荐，集体研究，素质考试，全面考察，择优确定，结果公示”选拔机制，确定县管副科后备干部190余人。实行干部选拔任用“一报告、两评议”制度。调整干部9批207人次，补充县管正副科后备干部107人，招考录用公务员43人。2002～2010年，全县辞职干部12人，辞退3人，离岗创业2人，离岗退养70人。

根据浙江省委、组织部、劳动人事厅有关文件，自1978～2010年全县招聘、选聘（录用）干部2874人，在县、乡镇机关、事业单位岗位任职。

[具体内容详见第三十八编“人事劳动和社会保障”第一章“人事管理”第二节“公务员（干部）管理”]

第二节　干部聘任制度

招聘招录干部

1964年，遂昌县从农村中招聘一批半脱产干部，后转为全脱产干部。1978年5月之后，根据省委文件精神，批准20人为公社补贴工分干部，担任公社妇女、团干部。另外，经地委组织部、丽水军分区政治部批准，招收专职人员做人民武装工作，实习使用半年，将户粮关系暂转县人武部。11月，全县从上山下乡知识青年中招录58名文化员，其中分配到松阳境内的27人。1978年，地区行署丽水军分区发文，全县招干人武干部40名，其中分配到松阳境内21人。1984年4月，县人武部、人事局、组织部、财政局发出《关于招聘乡干部的公告》，招聘农业户口复员退伍军人、农村知识青年。经过自愿报名、统一考试，组织考察，领导审批，择优聘用。由聘乡、区和人武部签订招聘干部合同书，聘期两年。户粮关系在原单位不变。招聘干部应聘期如违反合同规定可随时解聘。合同期满，根据工作需要可以续聘或解聘。1984年7月，县委组织部、县人事局、县人武部、县财政局联合发出《关于择优招聘乡镇人武干部的意见》，在全县招聘人武干部22人。1982～1992年，全县招收优秀青年、农村科技人员17人；招收录用财税、金融、工商干部142人；“以工代干”转干和录用通过函授大学、电视大学、自学考试等取得大专学历的县机关工人身份的工作人员315人；录用公检法干部54人，录用招、选聘干部29人，录用审计干部、专职武装干部20多人；录用代培生和大专生（不包分配）19人，民办教师转公办276人。招聘乡镇干部208人，先后有12人被解聘。

1993年，共录用干部87人；其中，乡镇招聘干部21人，公安交警6人，人武干部2人，大学生自费生1人，民办教师转公办50人，其他7人。1995年，从农、林、水系统在职人员中，招聘176名农林水在职干部；录用乡镇派出所公安干警20人；检察院、法院干部等7人。对乡镇聘用期已满的105名招聘干部考察后，全部办理续聘手续。1999年，在卫生、文化、教育等3部门下属的4个事业单位推行聘用制试点工作。行政、事业单位实行公开招考择优录用的办法，全年公开招考录用事业单位工作人员8人。2000年后，以聘用制为重点的事业单位人事制度改革在教育、卫生系统全面展开，并在全县逐步推行，事业单位新进人员全部实行聘用制。

招考高校毕业生

2000年，事业新进人员112人，其中接收大中专毕业生92人。2001年，接收大中专毕业生203人。事业新进人员81人。2003年，接收大中专毕业生260人。2007年，按照《浙江省事业单位公开招聘人员暂行办法》，全年共为环保监测站、教育、卫生系统等单位招考各类人员14批次，录用209人，其中机关公务员30人，首次招聘到农村和社区工作的高校毕业生43人。2008年，按公务员招考办法和程序组织开展事业单位新进工作人员公开招聘工作，招考事业人员87人，面向全日制普通高校毕业生招聘农村和社区工作人员60人。2009年，积极打造“阳光人事”，公开招录事业单位工作人员140人，实行政策性招聘事业单位工作人员2批次12人；招考大学生村官40人。

2010年，招考录用公务员43人。事业单位招考6批次，录用181人，大学生村官14人；机关事业单位选调3批次，选调32人。对乡镇14名新招录人员实行双向选择。

第三节　干部管理制度

在职干部管理

实行干部编制制度　解放初期，党政干部由中共松阳县委管理。1951年开始，实行干部编制制度。1952年7月，建立松阳县编制委员会。核定县委、县人民政府所属的部、委、办、科（局）的机构和人员编制。1954年，衢州专区核定松阳县行政机关编制119人、区机关行政编制87人，实有干部296人，分配乡机关人员175人。1956年，县机关行政编制354人，实有423人。

1956年后，建立党委领导下分级、分系统归口管理干部制度，县级以上干部由省委管理，科局和区级干部由地委管理；县委协助省、地委对干部进行教育、考察和鉴定，调动、提升或奖惩只提建议，由省、地委审定。区、乡和县委机关的干部以及政府部门股级以上干部由县委管理；其他工作人员分系统归口管理。

1956年11月，县委发布《贯彻省、地委关于加强干部管理工作的决定的意见》。1957年10月，县委印发《关于颁发县委管理的干部职务名称表及将县委管理的部分干部委托县委各部代管的通知》，将原属县委管理的部分干部委托县委各工作部代管，根据工作需要，又把一部分原不属县委管理的干部列入县委管理范围之内。其中，中共金华地委委托县委代管的干部职务有县委办公室副主任、县报主编、县委干校副校长、县工会副主席、共青团县委副书记、县妇联副主任及区委书记、副书记，县人委办公室副主任、县计委副主任，县人委各科科长、各局副局长、法院副院长、副检察长、供销社副主任、手工业联社主任、县医院院长、县各初级中学副校长、县农场场长、区（镇）长等。由县委直接管理的干部职务有县委各工作部干部干事、县委办秘书、县委直属机关党委书记和副书记、区委委员、乡总支书记，县人委各科副科长、公安局各股股长、检察院检察员、法院审判员、医院副院长、农场副场长、林场场长、银行副行长、副区（镇）长、乡（镇）长，县供销社科长、县手工业联社副主任、中百公司正副经理、专卖公司正副主任、森工局正副局长、各工厂厂长、文化馆馆长、新华书店经理、邮电局正副局长、汽车站站长等。县委委托各工作部门管理的干部职务有县委调研组长、团县委正副部长、乡总支副书记，公安局副股长及县人委所属农业、税务、粮食局股长、林场副场长，县供销社副科长、经理、区社主任，工厂副厂长，文化馆副馆长、新华书店副经理、完全小学校长等。

县委对干部管理类型分为垂直管理和地方主管两种。设在松阳的邮电局、公路养路段、汽车站等单位，其主要领导干部都由省或专区直接管理。县委协助省或专区有关部门管理，把其中主要领导人员列入自己管理的干部职务范围以内。除垂直管理以外的干部，包括县人民法院、县人民检察院、县人民委员会各科局、县工会联合会、团县委、县妇联、供销合作社、手工业联社、人民银行、新华书店等系统。这些系统所属干部都由县委和县委有关部门管理。

县委组织部管理党群、政法系统干部及乡干部。具体包括县委会、县团委、妇联、县工会、县委干校、县报社，县人委所属办公室、人事、民政、计划统计等科，公安局，人民法院，人民检察院和各乡（镇）、区（镇）委、区公所等单位。

县委宣传部管理文化教育、医药卫生系统干部。具体包括人委所属文教、卫生科，人民医院，防疫站，妇幼保健站，文化馆，新华书店，各中、小学校，剧团等单位。

县委农业生产合作部管理农林、水利系统干部。具体包括农业局、林业科、水利科、农场、林场、森林工业局等单位。

县委财政贸易部管理财政、贸易、商业系统干部。具体包括财政科、商业科、粮食局、税务局、人民银行、供销合作社、中百公司、专卖公司等单位。

县委工业交通工作部管理工业、交通、邮电系统干部。具体包括人委所属交通科、手工业科、县手工业联社、各地方国营和公私合营工厂（不包括附属性工厂）、汽车站、养路工区、邮电局等单位。

工商联干部和民主人士由县委统战部管理。

根据省、地委指示精神，今后县委组织部不担负统一管理干部的责任，而只是在党委领导下负责一定的、带有综合性的具体工作。

1980年开始，改革干部管理体制，县委管理各级领导班子配备和思想作风建设等工作；组织人事部门负责对干部的考核、调配、调整、录用、培训、奖惩和工资福利等工作。

建立岗位责任制度　1987年始，干部管理制度逐步实现民主化、科学化和制度化，有步骤、分层次地推进领导干部任期述职制度；建立和健全各级干部岗位责任制；全面推行干部岗位考核制度；按职能、职权、职责，定期考核各级干部的德、能、勤、绩，并按考核实绩决定干部的奖惩和升降。对不胜任现职的领导干部及时调整。

建立干部考核、考评制度　1997年县委制定完善《松阳县干部管理规定》。1998年开始，把干部年度考核和届中考核、任期考核有机结合起来，全面实行差额考核。2004年，建立《领导干部年度立体考评办法》，考评实行量化计分。2007年，建立《干部实绩定期评议制》，县管干部每半年上报一次工作实绩，组织部部务会议及时评议。2008年，实施《松阳县县管领导干部年度综合量化考评办法》，建立干部定期上报实绩、部务会议评议实绩、群众参与评议实绩，年终综合考评实绩的干部考评机制。是年，对全县480名县管干部进行各层面的工作实绩评议和满意度测评。2009年，进一步推进干部综合量化考评工作。实施县管领导干部年度综合量化考评制度，全面实行多层次评议措施（分管领导、部务会议成员、单位领导、干部群众四个层面）实现从单一的“官评”到“官评、民评”相结合。

2010年，实施县管领导干部年度综合量化考评办法，对491名县管干部进行满意度测评和各层面的工作实绩评议，根据考核结果确定优秀等次70人，称职等次417人，基本称职等次4人。同时，制定《非领导职务任免审核评定办法》，加大公务员年度考核力度，细化考核内容，完善考核办法。

常委会票决制、干部“两圈”考察和辞职制度　1998年始，制定实施《县委常委会无记名投票决定干部任免的实施意见》《领导干部生活圈、社交圈考察暂行办法》《领导干部辞职制的暂行规定》。在票决制方面，重点对提任干部和正职领导干部调整实行票决，防止换届等批量调整干部时因人数过多而造成“走过场”现象。建立“两圈”考察小组，拓宽走访对象，改进完善考察谈话的方式和途径。

发挥县级领导和重点单位干部的表率作用 2009年，每位县委常委做到“七个联系”，即联系一个低收入农户集中村、一个破旧房改造村、一个示范村、一个企业、一个重点项目、一户低收入农户、一个示范点，并进一步健全落实蹲点调研、服务企业、项目攻坚、信访包案、结对联系送服务、民主恳谈、破难攻坚等制度。加强对县管重点单位领导重点时期、重点项目、重点工程和平时工作中的考核评价，推进考核结果分类排名，结果运用与评优、推优挂钩。

规范干部档案管理工作 1998年始，建立64名乡镇、部门联络员队伍，开展干部档案达标复查工作，对所有的干部档案进行查漏补缺和整理。1994年，把3330卷档案分为6类并按各类的姓氏笔画顺序存放，编写目录，是年干部人事档案，通过省二级达标验收。2009年，完成1284名公务员各项基础数据的统计录入，700余名县管干部和副科后备干部的信息采集工作。完成38名公务员、145名事业单位人员的考录工作，审慎细致对待每份入档材料。同时，建立县管干部信息库，对领导干部的基本情况进行动态管理。

干部横向交流 开展部门与部门、乡镇与乡镇、部门与乡镇、部门、乡镇与事业单位之间干部横向交流，带职下基层锻炼等制度，扩大干部的知识面，增长才干。

退出领导岗位干部管理

2000年始，县委组织部根据县委中心工作，按照退出领导岗位干部岗位经历，专业特长，安排退出领导岗位的干部参与中心工作。2010年6月22～28日，县委举办退出领导岗位干部培训班，参加者有历年退二线但没退休的干部83人。退出领导岗位后，工作安排上以本单位为主，可协助单位分管领导联系某一方面的单项工作，也可承担县委、县政府有关专项工作。其管理坚持“统一领导，分级管理、各司其职、体现关爱”的原则，即在县委统一领导下，由县委组织部负责综合管理，所在单位党委（党组）支部负责日常管理。县委成立《松阳县服务型党组织建设指导中心》，指导“退二线”干部工作。2011年3月21日，县委印发《松阳县退出领导岗位干部管理实施意见》，明确退出领导岗位（俗称“退二线”）年龄界限为男55周岁、女50周岁，原则上改任非领导职务。

不在职干部管理

退休干部 1958年2月9日开始，按国务院公布的《关于工人、职员退休处理的暂行规定》，办理干部退休。1992年，全县党政机关、事业单位有退休人员566人，其中行政机关干部职工225人。2010年，全县党政机关、事业单位有退休人员115人，其中行政机关干部30人，机关职工2人，事业干部57人，事业工人26人。

离休干部 1982年，执行干部离职休养制度，规定中华人民共和国成立前参加革命工作，享受供给制待遇，达到离职休养年龄的，实行离职休养。是年，有15名1978年以来办理退休的人员改办为离休。干部离休后基本的政治待遇不变，生活待遇略为从优，原工资照发并增发生活补贴。此

后离休干部待遇不断提高。1984年1月开始，离休干部由老干部局管理。2001年县委常委会会议6号纪要规定，副县以上实职退休干部划归老干部局管理。2010年末，全县离休干部78人，平均年龄83.5岁。其中行政机关38人，事业单位12人，企业单位11人，条管8人，外地委托代管9人；抗日战争时期参加工作的3人，解放战争时期参加工作的75人，中共党员53人。划归老干部局管理的副县以上实职干部23人。

退职干部　干部职工没有达到离、退休条件的老弱病残者，实行退职。1962年实行精兵简政，国家机关、事业单位一批人员精简退职。松阳县调查落实给予定期补助的干部、职工426人。其中新中国成立前参加工作的有43人，按当时原工资标准加医疗费5元，按月发给；精简退职后，缺乏劳动能力，生活困难，享受原工资40%救济费，医疗费报销2/3的52人；1957年末前参加工作，粮户仍在农村以不同工作年限不同定额标准，按月发给定额补助的205人；1960年末组织动员回家，工作满4年以上的121人，按月享受定额补助；5名计划外临时工按月发给晚年生活补助。1978～1992年有退职干部、职工37人，其中行政机关15人，事业单位22人，按规定发给生活费。

干部死亡抚恤、遗属补助　1953年，执行《劳动保险条例》，职工死亡（因工、非因工、因病），由企业发给丧葬抚恤、救济等费用。1986年开始丧葬费由200元提高到400元；一次性抚恤费，因工死亡的600元，非因工死亡的300元，一次性支付。遗属生活困难补助费，因工死亡者非农业人口每人每月45元，农业人口每人每月35元；非因工死亡者，农业人口每人每月30元，非农业人口每人每月35元。到受供养者失去供养条件时止。

行政机关、事业单位的干部职工牺牲病故，享受抚恤待遇和遗属定期补助。

1994年7月至2010年1月松阳县遗属补助标准表

表19-4-3-1　　单位：元/月

类别标准 / 执行时间	1937年7月6日前	抗战期间	解放战争期间	中华人民共和国成立后	
				非农	农业
1994年7月	165	145	130	115	100
1997年1月	220	190	170	150	120
1999年7月	290	250	230	200	160
2001年1月	350	300	270	240	190
2003年7月	385	330	295	255	200
2005年1月	425	365	325	280	220
2006年1月	470	400	360	310	240
2006年7月	520	440	400	340	265
2007年7月	575	485	440	375	295
2008年1月	635	535	485	415	330
2009年1月	730	615	560	480	380
2010年1月	915	770	700	580	460

第四节　干部竞争性选拔制度

竞争上岗是党政干部选拔任用的方式之一。根据2004年中办《党政机关竞争上岗工作暂行规定》，竞争上岗一般经过制定并公布实施方案、报名与资格审查、笔试面试、民主测评和组织考察、党委（党组）讨论决定、办理入职手续这几个程序。

双推双考

1993年9月始，松阳县开展组织推荐与自我推荐、考试与考察相结合的“双推双考”工作。有司法局、统计局、工业局、卫生局、团县委5个单位的副职岗位通过双推双考选拔。经过推荐报名与资格审查、考试考察与综合评价、录用任命3个阶段，至年末结束。整个过程中，报名122人，审定109人参加笔试，确定32人考察面试。县委组织部组织5个考察组，走访38个单位，谈话491人，测评722人，最终录用5人。

竞争上岗

1999年，组织实施团县委正副书记岗位的公开选拔、全县13个部门的中层干部竞争上岗、11个机关单位的中层干部跨部门交流并对3个中层职位面向社会选拔。

2002年，县直机关推出19个中层岗位开展竞争上岗。2003年，有11个单位85个中层干部通过竞争上岗任职；对20个单位的中层干部115人次的任免进行审核，对13个单位36人次的任用由于程序不规范或材料不齐责成补办或重办。

2004年，推出5个部门副科岗位，专门面向在乡镇任职多年的副科领导干部进行竞争上岗，共有49名干部参与竞争。在公开选拔和竞争上岗工作中，公开选聘群众考官。面试时，每个考场设群众考官根据面试者总体表现独立评分，所评分数占面试总分的20%。2006年，群众考官全程参与并监督干部竞争选拔工作。

2007年，全面开展乡镇、县直机关中层干部竞争上岗工作。把好中层职数配备关，任免程序审核关，对20个单位240人次的中层任职进行审核，规范中层干部任用工作，对新录用的乡镇公务员试行“双向选择”调配机制。

2009年，对正科后备干部采取三轮推荐产生差额人选（即各单位推荐，全县干部大会推荐，县委全委会推荐），对副科后备干部，采取无限额民主推荐和按结构需要限额民主推荐相结合的办法。

2010年，加大公开竞争性选拔干部力度，推出县民宗局副局长、林业局纪检组长、环保局副局长、县综治办副主任、县应急办主任5个部门副科岗位面向乡镇副科以上领导干部进行竞争性选拔；8月，有团县委副书记、侨联副主席、县应急办主任、交通局副局长、县防指办主任、审计局副局长、安监局总工程师、县第一中学副校长各1人，乡镇副职6人，共14个县管副科岗位面向社会公开选拔。公开选拔工作从8月上旬开始，至9月上旬结束。

第二十编　中共松阳县地方组织

中共松阳县委建立后至2010年，共召开8次党代表大会，历届县委坚定不移贯彻党的路线、方针、政策，党中央、省、市委历次党代会精神，全方位开展各项事业。注重加强各级领导班子的思想、组织、作风建设。在不同的历史时期，按照党的要求，采取多种方式方法，努力消除党组织、党员干部中不适应形势发展的状况，不断提高领导班子、领导干部的整体素质、功能，使之切实担负起领导职责和历史使命。

1950年，设立党的纪律检查机构。1982年恢复松阳县制，建立中共松阳县委员纪律检查委员会。1984年，由县委工作机构升格为领导机构；其工作内容详见本编第四章“纪检监察”。

在干部选拔任用、培训教育、审查监督、基层党组织建设、知识分子政策等工作中，既贯彻党的政策、方针，也有许多创新做法。

宣传教育上，主要抓党的理论宣传、理论引领、精神文明、对外宣传与管理等。

早在1935年，松阳农军迎接红军挺进师进入安民、枫坪一带，建立党政群团组织，开展武装割据、土地运动，创建浙西南革命根据地，有差别地对待非中共人士。此后，中共松阳县委始终遵循统一战线工作宗旨，落实统战政策。在历届县人大、县政协机构中安排一定比例的非中共人士担任代表、委员、领导班子成员，团结各界爱国民主人士及其代表人物，为社会主义革命和建设贡献力量。

1984年7月至2010年，松阳县侨台部门在开展以祖国统一为重点的海外统战工作，联系海外有关社团代表人士，台胞、台属、侨胞、侨属的来访及有关工作，指导侨联、台联等有关社会团体、人事安排和统战政策方面作出卓有成效的工作。

县委政法委员会于1984年8月建立。1991年10月，成立县社会治安综合治理委员会。根据中共中央政法委员会和省、地政法委的指示及形势任务的要求，县委政法工作在稳定社会、综合治理、执法监督等方面成绩突出。

1993年8月，建立县委政策研究室，县委领导带头深入实际，调查研究，撰写调研报告，编印调研书刊，政策研究指导促进松阳县各项工作。

1996年10月，县党史研究室和县地方志编纂委员会办公室合并，成立县史志办公室。县史志研究工作为当地中共党史、地方志、历史传统文化等方面征编资料，起到“存史、资政、育人”的作用。

1954年，县委在县机关建立4个中共党组，1个党总支。1983年，建立中共松阳县机关党委。1992年，改称中共松阳县直属机关工作委员会。机关党建促进党的建设、经济建设和各项工作。

1984年，建立松阳县老干部局，落实政策待遇，解决老干部生活、学习等实际问题，全方位关爱老干部。不断加强和完善老干部活动中心、老年大学建设，全面提升老干部工作整体水平，老干部工作多次得到上级表彰。

根据信访工作条例，县委健全完善工作责任制，在信访反映历史上的冤假错案，历史遗留难题，土地、房屋征用分配，企业改制，违规违法建筑，养老保险，事故纠纷，党风廉政建设等方面做了大量工作，为稳定社会和田园松阳建设作出贡献。

1951年10月始，松阳县各级普遍建立保密组织。1982年恢复松阳县制，建立松阳县委保密委员会。60年来，县保密工作无大差错。

1954年10月，建立县委干部学校；1958年10月，随县制并入遂昌县干部学校。1982年恢复松阳县制，新建中共松阳县委党校。党校全面贯彻落实《中共中央关于实现党校教育正规化的决定》等一系列文件精神，加强基础设施和信息网络建设，管理科学化、教学信息化、服务社会化。1982～2010年，培训党员干部近3万人次，函授大、中专毕业生2228人，发表（获奖）论文687篇。

20世纪90年代，建立关心下一代工作委员会，是由有关部门和群众团体负责人参加的全面关心青少年健康成长的群众性工作组织。

中华人民共和国成立后，中共松阳县委下设4个区委，并分批建立乡镇党组织，此后乡镇党组织名称多次改变。2010年末，全县设5个镇、15个乡党委（纪委）。西屏镇、望松乡、斋坛乡等乡镇召开党代会到第十二届，其他乡镇召开党代会到第十一届，乡镇各届党代会选举产生乡镇党委（纪委）领导班子。

档案局（馆）的工作在第二十二编“县级行政组织”第八章“档案与地方志”第一节“档案业务”中记述。

第一章　中国共产党松阳县委员会

1940年4月，中共处属特委在大竹溪成立中共松阳县工作委员会；到年末组织被破坏。

1949年3月，成立中国共产党松（阳）宣（平）遂（昌）工作委员会。1949年7月，中共浙江省第七委员会批准建立中国共产党松阳县委员会，地址设县城西屏镇内。1955年，县委设立常务委员会。1956年6月，召开中共松阳县第一次代表大会。1958年11月，并入遂昌县；1982年1月，恢复松阳县制。至2010年12月，中共松阳县委共召开8次代表大会，选举产生历届县委、县纪委领导班子。

1957年后，省、地委分别对县委正副书记、常委进行调整，并多次对下属区、乡镇、机关部门党组织进行划建、改革。至2010年末，松阳县地方党组织为中共松阳县委、中共松阳县纪律检查委员会。县委工作部门有办公室、组织部、宣传部、统一战线工作部、政法委员会、县农村工作办公室；县委下辖35个党组、40个党委，35个党总支、800个党支部，全县有中共党员13616人。

第一节 机构沿革

县级党组织沿革

民国29年（1940）4月，中共处属特委决定，建立中共松阳县工作委员会，先后任命工委书记2人、委员5人；设组织部、宣传部、农工部、青年部、妇女部5个工作部门，各配部长1人。民国28年5月至民国36年2月，先后建立中共松阳城区支部等11个党支部以及中共古市小组、县地下交通站、省第二保育院等中共党组织，有中共党员200多人。中共松阳县工委隶属中共处属特委，同时接受中共遂昌中心县委指导。11月，工委书记楼国平奉命调离松阳，中共处属特委派倪崇善接任工委书记，继续领导当地的革命斗争和抗日斗争。民国30年1月，革命形势进一步恶化，县工委成员撤离松阳，组织停止活动。

1940～1941年中共松阳县工作委员会及所属组织情况表

表20-1-1-1

时间	组织名称	主要负责人姓名	机关驻地	上级领导机关	支部内设	下属支部数（个）
1940.04～1941.02	中共松阳县工作委员会	楼国平 倪崇善	大竹溪	中共处属特委	组织部、宣传部、农工部、青年部、妇女部	9
1939.05～1941.02	中共松阳城区支部	吴士鸿 夏宝林	西屏镇	中共松阳县工委	组织委员 宣传委员	—
1939.08～1940.07	中共松阳县政工队支部	孙大增	西屏镇	中共松阳县工委	—	—
1939.12～1941.12	中共黄圩支部	黄德功	黄圩村	中共松阳县工委	—	—
1940.01～1940.05	中共玉岩村党支部	张惠明	玉岩村	中共松阳县工委	—	—
1940.05～1941.12	中共上坞源支部	雷陈生	上坞源村	中共松阳县工委	—	—
1940.05～1941.02	中共湖溪支部	王国焕	湖溪村	中共松阳县工委	组织委员 宣传委员	—
1940.08～1941.02	中共古市政建区支部	金培校	古市镇	中共松阳县工委	—	—
1940.06～1941.02	中共黄坑口支部	刘炳文	黄坑口村	中共松阳县工委	—	—
1940.05～1941.09	中共湘湖师范支部	蒋明炬 余有渔	古市镇	中共处属特委	组织委员 宣传委员	—
1945.05～1947.02	中共湘湖师范支部	陈波	古市镇	中共处属特委	组织委员 宣传委员	—
1940.06～1941.02	中共大岭脚支部	不详	大岭脚村	中共松阳县工委	—	—

1949年3月，在靖居板桥成立中共松（阳）宣（平）遂（昌）工作委员会，下辖江南、碧湖2个区委和石仓分区委以及中共河间区（松阳、云和、丽水三县交界区域）、三都区（松阳、丽水两

县交界区域）、靖居区3个区特派员，各任命负责人1～2人。此前，在石仓小学、西屏中心小学建立党支部，在靖居包建立党小组，均任命主要负责人，党支部还任命委员4～5人。1949年5月，跨县域的中共松宣遂工作委员会结束，各县的工作由各自先后成立的中共县委领导。

1949年中共松宣遂工作委员会组织情况表

表20-1-1-2

时间	组织名称	负责人姓名	机关驻地	上级领导机关	工作机构
1949.03～1949.05	中共松宣遂工作委员会	林艺圃	松阳	中共路南地区特派员	组织部 宣传部
1949.03～1949.05	河间区特派员	谷明月 王一民	石仓	中共松宣遂工委	—
1949.03～1949.05	靖居区特派员	陈东昌	板桥	中共松宣遂工委	—
1949.03～1949.05	三都区特派员	梅昱恒	三都	中共松宣遂工委	—
1949.04～1949.05	古市区特派员	潘深村	古市	中共松宣遂工委	—
1949.03～1949.05	中共石仓支部	阙兰友（兼）	石仓	河间区特派员	—
1949.03～1949.05	中共江南区委（青田县属地）	孙明标	青田	中共松宣遂工委	—
1949.03～1949.05	中共碧湖区委（丽水县属地）	杨宪行	碧湖	中共松宣遂工委	—
1949.03～1949.05	中共石仓分区委	阙兰友	石仓	中共松宣遂工委	—

1949年7月26日，中共松阳县委员会成立，设秘书处、组织部、宣传部、民运部、调研室、纪检委等工作机构。至1956年，设14个工作机构。

1956年6月，召开中共松阳县第一次代表大会，选举产生第一届中共松阳县委员会。1958年11月，松阳县并入遂昌县，中共松阳县委撤销。1982年1月30日，国务院批准恢复松阳县建制；是年4月27日，中共浙江省委批准建立中共松阳县委员会。

1955年5月，中共松阳县委设常务委员会，书记、副书记为当然常委。

1956年6月至2010年，中共松阳县委共召开8次代表大会，代表大会届次承1956年第一次代表大会顺算。1984年8月、1987年4月、1990年5月、1993年4月、1998年3月、2003年2月、2006年12月，先后召开中共松阳县第二至第八次党代表大会的第一次全体会议，选举产生各届中共松阳县委员会。第一届至第四届中共松阳县委员会任期均为3年；1993年4月第五届始每届任期5年；其中，2003年2月中共松阳县第七届委员会，根据中共中央统一地方各级领导班子换届时间的意见，提前一年结束。

1940～2010年松阳县级（委）机构沿革表

表 20-1-1-3

时间	组织名称	主要负责人	工作机构	上级领导机关
1940.04～1941.02	中共松阳县工作委员会	楼国平 倪崇善	组织部、宣传部、农工部、青年部、妇女部	中共处属特委
1949.03～1949.05	中共松（阳）宣（平）遂（昌）工作委员会	林艺圃	组织部、宣传部	中共路南地区特派员
1949.07～1956.05	中共松阳县委员会	杨景云 纪俊德 李之臣	1949年7月设秘书处、组织部、宣传部、民运部、调研室、纪检委。中间有变化	先后由中共浙江第七地委、中共丽水、衢州、金华地委领导
1956.06～1958.11	中共松阳县第一届委员会	李之臣 秦书田 王文彬 贾文贤	1956年设16个工作机构。1958年设15个工作机构	中共金华地委
1958.11～1982.01	—	—	撤销县制并入遂昌县	—
1982.01～1984.08	中共松阳县委员会	林彬	1983年，设县委办、组织部、宣传部、纪检委、统战部、党校、保密委员会、对台办、机关党委等9个机构	中共丽水地委
1984.08～2010.12	中共松阳县第二届至第八届委员会	林　彬 夏金星 张向北 焦光华 陶国忠 肖建中 吴炳全 林健东	1984年设县委办等6个机构，设党校为县直属事业单位，保密办、党史办、机关党委、老干部局、对台办与台胞接待办为部门管理机构。2010年设6个工作部门，1个直属事业单位，5个部门管理机构，1个挂牌机构	中共丽水地委 中共丽水市委

区、乡（管理区、公社）镇党组织沿革

区（公社）　民国24年（1935）7月初，中共竹溪区委员会成立，任命区委书记1人、委员3人；区委设组织部、宣传部、妇女部，各任命部长1人；同时设立共青团竹溪区委，任命书记1人。下属建有燕田乡、黄庄乡、山徐乡、横樟乡、五部乡和黄南独立乡6个乡党支部委员会；同时，建有小后畲、燕田、五部、洋坑埠头、洋坑源、蛤湖6个村党支部。其中，燕田乡党支部委员会任命书记1人、副书记1人，组织干事、宣传干事、教育干事各1人；其他党支部委员会或党支部均任命书记1人。

民国24年（1935）7月22日，中共玉岩区委员会成立。任命区委书记2人、副书记1人、委员3人。区委设组织部、宣传部、武装肃反部、土地生产部，各任命部长1人。下属建有小吉、高亭、斗潭、枫坪、山岗岭、坑岭、玉岩、安岱后8个乡党支部委员会；同时，建有安岱后、苏马坪、高碌背、曹竹、台坑、乌弄、银岭湾、大苏坑、流地9个村党支部（大苏坑、流地2个村现属龙泉市），各支部均任命书记1人。11月，遭国民党军队“清剿”，中共竹溪区委、玉岩区委员会被破坏，停止活动。

1935年中共松阳县竹溪、玉岩区委及下属组织情况表

表 20-1-1-4

时间	组织名称	主要负责人姓名	机关驻地	上级领导机关	工作机构
1935.07～1935.12	中共竹溪区委	杨林	燕田村	中共浙西南特委	组织部 宣传部
1935.07～1935.12	中共玉岩区委	刘亨云 陈凤生	丁坑村 安岱后村	中共浙西南特委	组织部 宣传部 武装肃反部 土地生产部
1935.07～1935.12	燕田乡支部委员会	周茂发	燕田村	中共竹溪区委	组织干事 宣传干事 教育干事
1935.07～1935.12	黄庄乡支部委员会	王明亮	黄庄村	中共竹溪区委	—
1935.07～1935.12	山徐乡支部委员会	潘樟火	山徐村	中共竹溪区委	—
1935.07～1935.12	横樟乡支部委员会	包金根	横樟村	中共竹溪区委	—
1935.07～1935.12	五部乡支部委员会	不详	五部村	中共竹溪区委	—
1935.07～1935.12	黄南地方支部委员会	李日照	黄南村	中共竹溪区委	—
1935.07～1935.12	小后畲村党支部	潘七境	小后畲村	中共竹溪区委	—
1935.07～1935.12	燕田村党支部	周茂发	燕田村	中共竹溪区委	—
1935.07～1935.12	五部村党支部	王裕长	五部村	中共竹溪区委	—
1935.07～1935.12	洋坑埠头村党支部	潘启炎	洋坑埠头村	中共竹溪区委	—
1935.07～1935.12	洋坑源村党支部	傅水养	洋坑源村	中共竹溪区委	—
1935.07～1935.12	蛤湖村党支部	李长增	蛤湖村	中共竹溪区委	—
1935.07～1935.12	小吉乡支部委员会	不详	小吉村	中共玉岩区委	—
1935.07～1935.12	高亭乡支部委员会	不详	高亭村	中共玉岩区委	—
1935.07～1935.12	斗潭乡支部委员会	不详	斗潭村	中共玉岩区委	—
1935.07～1935.12	枫坪乡支部委员会	不详	枫坪村	中共玉岩区委	—
1935.07～1935.12	山岗岭乡支部委员会	不详	山岗岭村	中共玉岩区委	—
1935.07～1935.12	安岱后乡支部委员会	陈宗儒	安岱后村	中共玉岩区委	—
1935.07～1935.12	玉岩乡支部委员会	叶　义	玉岩村	中共玉岩区委	—
1935.07～1935.12	坑岭乡支部委员会	叶光彦	坑岭村	中共玉岩区委	—
1935.07～1935.12	安岱后村党支部	陈宗儒 （兼）	安岱后村	中共玉岩区委	—
1935.07～1935.12	苏马坪村党支部	邱陈根	苏马坪村	中共玉岩区委	—
1935.07～1935.12	高砬背村党支部	周仁利	高砬背村	中共玉岩区委	—
1935.07～1935.12	曹竹村党支部	潘定明	曹竹村	中共玉岩区委	—
1935.07～1935.12	台坑村党支部	杨正利	台坑村	中共玉岩区委	—

续表 20-1-1-4

时间	组织名称	主要负责人姓名	机关驻地	上级领导机关	工作机构
1935.07～1935.12	乌弄村党支部	周宝裕	乌弄村	中共玉岩区委	—
1935.07～1935.12	银岭湾村党支部	潘华基	银岭湾村	中共玉岩区委	—
1935.07～1935.12	大苏坑村党支部	邵门春	大苏坑村	中共玉岩区委	—
1935.07～1935.12	流地村党支部	叶徐昌	流地村	中共玉岩区委	—

说明：大苏坑、流地2个村现属龙泉市

中共丽青松边区组织　民国35～37年（1946～1948），中共处属特委决定，委派特委委员、丽（水）青（田）松（阳）边区（简称中共丽青松边区）特派员林艺圃到松阳组建党组织，开展革命工作。1949年3月始建立中共石仓分区委及基层支部，开展工作。

1946～1949年中共丽青松边区组织情况表

表 20-1-1-5

时间	组织名称	负责人姓名	机关驻地	上级领导机关	支部内设	党小组（个）
1946.05～1948.11	中共支部（石仓小学）	王明（王家兴）、毛石生、汤作明	石仓五都阳	处属特派员林艺圃	组织委员宣传委员	4
1947.10～1948.11	中共支部（西屏中心小学）	王玉亮	西屏镇	处属特派员林艺圃	组织委员宣传委员	3
1948.02～1949.05	中共靖居包小组	卢关椽	靖居包	处属特派员林艺圃	—	—

1949年中共松阳县石仓分区委下属组织情况表

表 20-1-1-6

时间	组织名称	主要负责人姓名	支部驻地
1949.03～1949.05	中共山头支部	林进亮	山头村
1949.03～1949.05	中共后宅支部	阙根清（副）	后宅村
1949.03～1949.05	中共后马支部	雷招根	后门山、马蹄湾
1949.03～1949.05	中共蔡宅支部	徐老子	蔡宅村
1949.03～1949.05	中共南梨支部	雷樟根	南岭、梨树岗
1949.03～1949.05	中共茶排支部	阙元吉	茶排村

1949年5月，松阳解放；8月，县委在一、二、三、四区设立委员会。1950年冬，把原来4个区委分别称为城关、古市、靖居、玉岩4个区委，1951年之后，把原来4个区委划为江北区、江南区、古市区、靖居区、石仓区（1952年11月撤）、玉岩区6个区委。1956年3月，调整行政区域，撤销江南、江北、古市3个区委，保留靖居、玉岩2个区委，1957年，复设古市区委。

1958年1月，恢复城关区委。10月，撤销原4个区委，建立“红旗”“红光”“先锋”“红星”“卫星”5个“政社合一”的人民公社党委。1961年7～9月，撤销5个人民公社党委，恢复松阳、古市、靖居、玉岩4个区委；是年12月，新建石仓人民公社党委（区级），直属县委，1983年10月，撤销石仓人民人民公社党委，改设大东坝区委。

1992年3月，撤区扩镇并乡，撤销5个区委。

乡（管理区、公社）镇　1950年8月，全县21个乡镇建有党支部。

1950年冬，把原来21个乡镇划建为43个乡镇并建立中共支部。1953年，增设王村乡（1956年3月撤）。1954年，全县有乡镇党支部44个。1956年3月，调整行政区域，全县44个乡镇并为25个乡镇。1957年，乡镇支部改建为总支，高级社或行政村建支部。1958年2月，全县有25个乡镇党总支。10月，乡镇总支改为管理区总支。11月，松阳县并入遂昌县，原松阳区域的各级党组织隶属遂昌县委领导。1961年7～9月，撤销松阳区域5个人民公社党委，恢复松阳、古市、靖居、玉岩区委。管理区总支均改建为乡级公社党委。12月，从靖居区划出石仓、汶东、横樟3个公社党委，并建为石仓人民公社党委（区级），直属县委。1964年6月，从望松公社划出11个山区大队，新建塘后公社隶属松阳区委。1966年5月后，“文化大革命”期间，党组织停止活动。1970年5月，撤销西屏、古市公社，分别列入西屏镇、古市镇。5～10月，各区陆续建立党的核心小组，各公社建立党委。

1982年1月，恢复松阳县制后，全县建有镇、公社党委共27个。

1983年7～12月，实行政社分设，原人民公社党委复改称乡党委；10月，撤销石仓直属公社，改设大东坝区委，辖石仓、大东坝、蛤湖、安民4个乡党委。1984年8月，建立板桥畲族乡党委。1985年，撤玉岩乡党委改为玉岩镇党委。

1992年3月，根据省委关于撤区扩镇并乡的指示和省民政厅对松阳县“撤、扩、并”方案的批复，撤销5个区，把全县27个乡镇合并为5个镇、15个乡，均建立党委。1993年5月后，5个镇相继建立办事处，建立党总支委员会。至2010年末，全县设西屏、古市、象溪、大东坝、玉岩等5个镇党委（纪委），四都、望松、三都、斋坛、叶村、竹源、新兴、谢村、樟溪、赤寿、新处、板桥、裕溪、枫坪、安民15个乡党委（纪委）。建有西屏镇6个社区（居委会）党总支6个。

1935～2010年松阳县区、乡（公社）镇党组织沿革表

表20-1-1-7

时间	组织名称	建乡（公社）镇组织支部（总支）（个）	领导机关及变化
1935.07～11	中共竹溪区委	6	浙西南特委领导
1935.07～11	中共玉岩区委	8	浙西南特委领导
1949.03～05	中共江南区委	—	中共松宣遂工委领导
1949.03～05	中共碧湖区委	—	中共松宣遂工委领导
1949.03～05	中共石仓分区委	—	中共松宣遂工委领导

续表 20-1-1-7

时间	组织名称	建乡（公社）镇组织支部（总支）（个）	领导机关及变化
1949.08	一、二、三、四区委员会	21	中共松阳县委领导
1950	城关、古市、靖居、玉岩区委	43	中共松阳县委领导
1951～1954	江北区、江南区、古市区、靖居区、石仓区、玉岩区委	44	增设王村乡党委，1952 年 11 月撤石仓区委
1956.03～1958.01	靖居、玉岩、古市、城关区委	25	撤部分区，恢复古市、城关区委，合并乡镇
1958.10	红旗、红光、先锋、红星、卫星公社党委	26	撤原区委，乡镇总支改为管理区总支
1961～1964	松阳、古市、靖居、玉岩区委，石仓公社党委	28	管理区总支改为乡级公社党委
1982～1985	松阳、古市、靖居、玉岩、大东坝区委	27	政社分设，撤石仓公社，置大东坝区
1992～2010	西屏、古市、象溪、大东坝、玉岩镇	20（含 5 个镇）	1992 年撤 5 个区委，27 个乡镇撤并为 5 个镇、15 个乡

机关部门党组织

1949 年 12 月，松阳县机关部门建立 9 个党支部。1950 年 9 月，建立县人民政府党组；1955 年 10 月，改为县人委党组。1954 年 6 月，建立县兵役局党支部；12 月，建立政法、财贸、供销手工业党组；年末，建有党委 1 个、党组 4 个、总支 1 个、支部 12 个。1958 年 10 月，全县机关部门建有党委 1 个、党组 1 个、总支 26 个、支部 28 个。

1958 年 11 月至 1982 年 1 月，松阳与遂昌并县期间，党组织归遂昌县委管理。1982 年 1 月恢复县制；是年末建有党委 5 个、党组 10 个、党支部 145 个。1982～1987 年，未设党总支。

1992 年，建有党委 38 个、党组 22 个、总支 3 个、支部 252 个。1994～2001 年，未设党组。至 2002 年，建有党委 38 个、党组 32 个、总支 24 个、支部 329 个。2009 年，建有党委 35 个、党组 19 个、党总支 28 个（含 6 个社区总支）、党支部 385 个。

2010 年，全县建有党委 35 个、党组 20 个、党总支 35 个（含县城社区总支 6 个）、党支部 400 个。由县直机关党工委直管的有 24 个党委，其中 10 个是部门党委，属一级党委；14 个机关党委，属二级党委。

1949～2010 年若干年份松阳县机关部门党组织情况表

表 20-1-1-8　　单位：个

年份	党委	党组	总支	支部	年份	党委	党组	总支	支部
1949	—	—	—	6	1958	1	1	26	28
1950	—	1	—	9	1982	5	10	—	145
1954	1	4	1	12	1984	14	14	—	174
1956	—	1	1	10	1987	45	17	—	214

续表 20-1-1-8

年份	党委	党组	总支	支部	年份	党委	党组	总支	支部
1990	45	19	2	158	2002	38	32	24	329
1992	38	22	3	252	2005	39	33	30	364
1993	39	23	14	266	2009	35	19	28	385
1999	43	—	20	311	2010	35	20	35	400

说明：1982～1987 年未设党总支，1994～2001 年未设党组

村（生产大队）、社、厂矿党组织沿革

村、社　民国 22 年（1933）春，义乌籍中共党员朱金宝，受中共东阳中心县委指派与同乡中共党员朱南火到松阳、丽水、云和 3 个县交界地区，开展革命活动，发展中共党员。朱金宝等通过半年多时间的活动，发展吕高贵、胡桂田、周春生 3 名中共党员。当年冬，在靄溪村建立中共靄溪支部，由时任松阳县靄堰（靄溪、堰头）联合村村长的吕高贵任党支部书记，胡桂田任党小组长。该党支部是松阳县第一个中共组织，党员的革命活动对当地及周围的农民群众产生过较大的影响。民国 23 年末，因外地叛徒出卖，该支部 3 名党员和朱南火及朱金宝妻金翠玉、房东陈必林被国民党警察逮捕后判刑入狱，党支部不复存在。

1935 年 6～9 月，在竹溪区、玉岩区建燕田村、安岱后村等 15 个党支部（不含乡）。1939 年 5 月至 1941 年 2 月，建立中共城区支部、政工队支部、黄圩、湖溪等 15 个党组织，其中村支部 5 个。1946 年 5 月至 1949 年 5 月，建立中共松阳（石仓）支部、松阳（西屏）支部、靖居包小组、石仓分区委下辖支部等。

1957 年，在高级社或行政村先后建党支部。

1982 年 1 月，恢复松阳县建制。1983 年 7～12 月，政社分设，公社复改为乡，生产大队复改为行政村，时全县设两个直属镇、5 个区、25 个乡、399 个行政村。1985 年 3 月，增加 1 个行政村，共辖 400 个行政村。

1992 年 3 月，撤区扩镇并乡，全县原 27 个乡镇（3 镇、24 乡）调整为 5 个镇 15 个乡 400 个行政村。1998 年，增加 1 个行政村，共辖 401 个行政村。

2010 年末，建制村党支部 401 个，党员 7796 名。

厂矿　1959 年 2 月，建立靖居煤矿党总支；7 月，改为支部。1960 年 3 月，建立松阳造纸厂党支部。“文化大革命”开始后，厂矿党组织停止活动。1970 年 11 月，恢复松阳造纸厂党支部；1980 年 12 月，改为党委。1972 年 12 月，建立靖居煤矿党支部。

1978～1993 年，松阳先后建立加工制造、矿采、纺织、酿造、印刷等 50 多家企业，建有党组织的厂矿有 33 家。

1994 年至 2000 年 6 月，松阳县有各类企业 3574 家，其中经县政府确定的重点骨干企业且党组织健全的有处州制药厂、高岭土公司等 7 家。

2000 年 7 月至 2005 年，松阳县有各类企业 1160 家，其中经县政府确定且党组织健全的有耐火器材有限公司、华力橡胶有限公司等 20 家。

至 2010 年，松阳县有各类企业 2580 家，其中经县政府确定的重点骨干企业且党组织健全的有浙江雷克机械工业有限公司等 9 家。

第二节　工作部门

县委工作部门

中共松阳县委成立以后，县委工作部门设最少时设置 4 个，最多时设 16 个（含部门管理机构）。县委办公室、县委组织部、县委宣传部、县委统一战线工作部大致保持。政法、纪检、工业、农业、财经贸易系统党的工作部门多有变动。

撤县前县委工作部门设置　1949 年 7 月，中共松阳县委成立后，设县委秘书处、县委组织部、县委宣传部、县委民运部、县委调查研究室 5 个工作部门。

1950 年，县委增设县委纪律检查委员会；撤销县委民运部、县委调研室。调整后，县委设 4 个工作部门。1951 年，县委增设县委财政经济委员会、县委农业委员会、县委保密委员会。调整后，县委设 7 个工作部门。1952 年，县委增设县委城镇工作委员会、县委统一战线工作部，县委农业委员会改称县委农村工作委员会。调整后，县委设 9 个工作部门。

1954 年，撤销县委财政经济委员会、县委农村工作委员会；增设县委财政贸易部、县委农业生产互助合作部、县委供销手工业部、县委干部学校、县机关党总支；县委秘书处改为县委办公室、县委纪律检查委员会改为县委监察委员会；调整后，县委设 12 个工作部门。1956 年，县委增设县委文化教育部、松阳报社、县委肃反五人小组、县委审干领导小组办公室。调整后，县委设 16 个工作部门。

1957 年，县委文化教育部并入县委宣传部，县委农业生产互助合作部改称县委农业生产合作部，县委供销手工业部改称县委工业交通部，县机关党总支改称县机关党委。调整后，县委设 15 个工作部门。1958 年，县委设县委办公室、县委组织部、县委宣传部、县委农业生产合作部、县委财政贸易部、县委统一战线工作部、县委工业交通部、县委监察委员会、县委干部学校、县机关党委、松阳报社、县委城镇工作委员会、县委保密委员会、县委肃反五人小组、县委审干领导小组办公室 15 个工作部门。

1958 年 11 月，松阳县建制撤销，并入遂昌县，县委所有工作机构随之撤销。

恢复县制后县委工作部门设置　1982 年 4 月，中共松阳县委建立后，县委设县委办公室、县委组织部、县委宣传部、县委纪律检查委员会、县委统战部、县委党校、县委保密委员会、县委对台工作领导小组办公室（简称对台办）8 个工作部门。1983 年，县委增设县机关党委。调整后，县委设 9 个工作部门。

1984年，实行第一次党政机关机构改革。县委纪律检查委员会改为县纪律检查委员会，不再列入县委工作机构序列。县委设6个工作部门：县委办公室、县委组织部、县委宣传部、县委统战部、县委农村工作部（简称农工部）、县委政法委员会（简称政法委）。另设1个县直属事业单位即县委党校；5个部门管理机构即县委保密委员会办公室由县委办公室管理、县党史资料征集领导小组办公室（简称党史办）由县委办公室管理、县机关党委由县委组织部管理、县政府老干部局划为县委工作部门由县委组织部管理、县委对台工作领导小组办公室与县政府台胞接待办合署由县委统战部管理。1986年，县党史资料征集领导小组改称县党史资料征集研究委员会，下设办公室。调整后，县委仍设6个工作部门、1个直属事业单位、5个部门管理机构。

1988年7月，撤销县委农村工作部；8月，县委政法委员会改称县委政法领导小组（简称政法领导小组）。调整后，县委设5个工作部门、1个直属事业单位、5个部门管理机构。1990年5月，县委政法领导小组复改县委政法委员会；7月，县委保密委员会办公室挂县委保密局牌子，县委、县政府信访科改县信访办公室（简称信访办），均归县委办管理。调整后，县委设5个工作部门、1个直属事业单位、6个部门管理机构。1993年5月，县纪律检查委员会机关与县监察局合署。调整后，县委设5个工作部门、1个直属事业单位、6个部门管理机构。

1996年，实行第二次党政机关机构改革。县委设5个工作部门即县委办公室（挂县信访局、县委保密局牌子）、县委组织部（县直属机关工作委员会简称机关党工委）、县委宣传部、县委统战部[暂行使县政府侨务、台湾事务、民族宗教的行政职能，挂县侨务办公室、县委台湾工作办公室（县政府台湾事务办公室）、县民族宗教事务局牌子（简称民宗局）]、县委政法委员会。另设1个直属事业单位即县委党校，3个部门管理机构即县档案馆（挂档案局牌子）、县史志办、县委老干部局，5个挂牌机构。

2001年，实行第三次党政机关机构改革。县委设5个工作部门即县委办公室、县委组织部（县直属机关工作委员会）、县委宣传部、县委统战部[县政府民族宗教事务局、县政府侨台事务办公室（简称侨台办）（县委台湾工作办公室）]、县委政法委员会（县社会治安综合治理委员会办公室，简称综治办）。另设县委党校为直属事业单位，4个部门管理机构即县档案馆（挂档案局牌子）、县史志办、县信访局、县委老干部局，县委办挂保密委员会办公室（保密局）牌子。

2005年，县委设5个工作部门即县委办公室、县委组织部（县直属机关工作委员会）、县委宣传部、县委统战部[县政府民族宗教事务局、县政府侨台事务办公室（县委台湾工作办公室）]、县委政法委员会（县社会治安综合治理委员会办公室）。另设县委党校为直属事业单位，5个部门管理机构即县档案馆（挂档案局牌子）、县史志办、县信访局、县密码管理局、县委老干部局，县委办公室挂县委保密委员会办公室（保密局）牌子。

2010年6月，县委、县政府农村工作办公室改为单独设置，列县委工作部门序列；设立县委机要局（副科级），与县密码管理局一个机构、两块牌子。调整后，县委设6个工作部门、1个直属事业单位、5个部门管理机构、1个挂牌机构。

2010年12月末，县委工作部门有办公室[挂保密办（保密局）牌子]、组织部（直属机关党工委）、宣传部、统战部[民宗局、侨台办（台湾工作办）]、政法委（综治办）、农办。直属事业单位即县委党校，部门管理机构即档案馆（挂档案局牌子）、史志办、县信访局、县委机要局（密码管理局）、老干部局。

1949～2010年若干年份中共松阳县委工作部门设置表

表20-1-2-1

年份	部门数（个）	部门名称
1949	5	秘书处、组织部、宣传部、民运部、调查研究室
1950	4	秘书处、组织部、宣传部、纪委
1951	7	秘书处、组织部、宣传部、纪委、财经委、农委、保密委员会
1952	9	秘书处、组织部、宣传部、纪委、财经委、农工委、保密委员会、城工委、统战部
1954	12	办公室、组织部、宣传部、监委、保密委员会、城工委、统战部、财贸部、农互部、供销手工业部、干部学校、机关党总支
1956	16	办公室、组织部、宣传部、监委、保密委员会、城工委、统战部、财贸部、农互部、供销手工业部、干部学校、机关党总支、文教部、松阳报社、肃反小组、审干办
1957	15	办公室、组织部、宣传部、监委、保密委员会、城工委、统战部、财贸部、农业生产合作部、工交部、干部学校、机关党委、松阳报社、肃反小组、审干办
1958	15	办公室、组织部、宣传部、监委、保密委员会、城工委、统战部、财贸部、农业生产合作部、工交部、干部学校、机关党委、松阳报社、肃反小组、审干办
1982	8	办公室、组织部、宣传部、纪委、统战部、党校、保密委员会、对台办
1983	9	办公室、组织部、宣传部、纪委、统战部、党校、保密委员会、机关党委、对台办(台胞接待办)
1984	6+1+5	工作部门：办公室、组织部、宣传部、统战部、农工部、政法委 直属事业单位：党校 部门管理机构：保密委员会、党史办、机关党委、老干部局、对台办(台胞接待办)
1986	6+1+5	工作部门：办公室、组织部、宣传部、统战部、农工部、政法委 直属事业单位：党校 部门管理机构：保密委员会、党史办、机关党委、老干部局、对台办(台湾事务办)
1988	5+1+5	工作部门：办公室、组织部、宣传部、统战部、政法领导小组 直属事业单位：党校 部门管理机构：保密委员会、党史办、老干部局、机关党委、对台办(台湾事务办)
1990	5+1+6	工作部门：办公室、组织部、宣传部、统战部、政法委 直属事业单位：党校 部门管理机构：保密委员会(挂保密局牌子)、党史办、信访室、机关党委、老干部局、对台办(台湾事务办)
1993	5+1+6	工作部门：办公室、组织部、宣传部、统战部、政法委 直属事业单位：党校 部门管理机构：保密委员会(挂保密局牌子)、党史办、信访室、老干部局、机关党委、对台办(台湾事务办)
1996	5+1+3	工作部门：办公室(挂信访局、保密局牌子)、组织部(机关党工委)、宣传部、统战部[挂侨务办、台湾事务办(台湾工作办)、民宗局牌子]、政法委 直属事业单位：党校 部门管理机构：档案馆(挂档案局牌子)、史志办、老干部局

续表 20-1-2-1

年份	部门数（个）	部门名称
2001	5+1+4	工作部门：办公室[挂保密办(保密局)牌子]、组织部(机关党工委)、宣传部、统战部[民宗局、侨台办(台湾工作办)]、政法委(综治办) 直属事业单位：党校 部门管理机构：档案馆(挂档案局牌子)、史志办、信访局、老干部局
2005	5+1+5	工作部门：办公室[挂保密办(保密局)牌子]、组织部(机关党工委)、宣传部、统战部[民宗局、侨台办(台湾工作办)]、政法委(综治办) 直属事业单位：党校 部门管理机构：档案馆(挂档案局牌子)、史志办、信访局、密码管理局、老干部局
2010	6+1+5	工作部门：办公室[挂保密办(保密局)牌子]、组织部(机关党工委)、宣传部、统战部[民宗局、侨台办(台湾工作办)]、政法委(综治办)、农办 直属事业单位：党校 部门管理机构：档案馆(挂档案局牌子)、史志办、信访局、机要局(密码管理局)、老干部局

各工作部门工作职责及内设机构

县委办公室　是协助县委领导处理县委日常工作的机构。主要职责是为县委决策提供依据和全方位服务；对重要工作情况督促检查；协调县级各部门、乡镇、企事业之间的关系，负责密码通讯、管理、机要工作，组织有关考核，编纂县委大事记等。内设机构有秘书科、综合科、信息科、县委督查室、政策研究室、机要（保密）科。2008 年 12 月，设县委机要局，配备正副局长各 1 人。2009 年 3 月，增加县密码管理局副主任科员职数 1 人。设立县国家保密局，配备正、副局长各 1 人。增加县信息中心人员编制 4 人。2010 年，行政编制 17 名（含工勤人员）。其中，主任 1 人、副主任 3 人，科室领导职数 10 人。

县委组织部　是县委主管组织工作和干部工作的职能部门。主要职责是负责党组织建设、党员干部教育；领导班子和干部队伍建设；管理科技人才、离退休干部，办理干部的任免、工资、待遇、退休手续，统计呈报党员、干部相关信息等。内设机构有办公室、干部监督室、组织科、干部综合科。2010 年，行政编制 16 人（含工勤人员），其中，部长 1 人（编制单列）、副部长 2 人，科室领导职数 7 人。下属事业单位有党员电化教育中心（参公管理）、县委人才工作办公室，编制各 2 人。

县委宣传部　是县委主管意识形态工作的职能部门。主要职责是提出宣传工作方针、政策；指导全县理论学习、精神文明、文化市场建设、社会科学规划；负责新闻出版的宏观管理；指导宣传系统干部队伍建设；管理政工职务评聘等。内设机构有办公室、理论教育科、宣传科、新闻文化科。2010 年，行政编制 10 人（含工勤人员）。其中，部长 1 人（编制单列）、副部长 3 人，科室领导职数 6 人。下属事业单位有精神文明办公室（参公管理），编制 4 人，设主任 1 人、副主任 1 人；对外宣传办公室，编制 2 人，主任副科级。

统一战线工作部　是县委主管统一战线工作的部门，县民族宗教事务局、侨台事务办公室与其合署办公。主要职责是贯彻统一战线政策，全面开展统战工作；指导工商联，协调部门、乡镇，建设基层统战干部队伍；负责党外人士的政治安排，党外干部的培养、推荐工作，协助民主党派加强自身建设等。内设机构有办公室、干部党派科。2010年，人员行政编制9人（统战部4人，民宗局3人，侨台办2人），其中部长1人（编制单列）、副部长3人（其中1名兼民宗局局长，1名兼侨台办主任），科室领导职数2人。侨联（事业编制）2人。

县委政法委员会（县社会治安综合治理委员会办公室） 是县委领导、管理政法工作的职能部门。县社会治安综合治理委员会是社会治安综合治理工作的常设议事机构。两个单位合署办公。主要职责是贯彻上级有关政法工作和社会治安综合治理的方针、政策、批示；打击邪教及其他非法组织；协调有争议的重大、疑难案件；表彰政法和综合治理先进等。内设机构有办公室（执法监督室）、社会治安综合治理协调指导室。2010年，行政编制9人（含工勤人员），其中书记1人（编制单列）、副书记2人、专职委员1人、综治办正副主任各1人，科室领导职数3人。

县直属机关工作委员会 是县委的派出机构，负责县直机关党的工作。主要职责为指导县直各单位党组织的思想、组织、作风、纪律和党员发展、管理、教育；党组织领导职务任免、培训；领导县直机关纪律检查委员会、工会、共青团、妇女工作委员会等。2010年，行政编制3人，其中书记、副书记、机关纪工委书记各1人。

县委农村工作办公室 是县委主管农村工作的部门。主要职责是承担全县农村工作重大问题的调研、安排、督查；指导服务和扶贫开发、危旧房改造、新农村建设；劳动力素质培训；指导农村民主法制、精神文明和基层组织建设等。内设机构有综合科、经济社会发展科、扶贫开发科。2010年，行政编制6人（含工勤人员），其中主任1人、副主任2人，科室领导职数3人。下属事业单位有县下山移民（脱贫）办公室，编制3人；县新农村建设和发展研究中心，人员编制10人。

县委党校（松阳县行政学校） 是县委直接领导下培养党员领导干部和理论干部的基地，为县委下属事业单位，增挂县行政学校牌子。主要职责为宣传党的路线、方针和政策；轮训党员领导干部；培训理论骨干；开展理论研究；对县属各系统和乡镇党校进行业务指导。内设机构有办公室、教务科、教研室、总务科。2010年，人员编制有参照公务员法管理的事业编制8人、全额拨款事业编制8人。领导职数为正科1人、副科2人。

档案局（馆） 是县委、县政府直属的科级全额拨款的事业单位，实行一个机构、两块牌子，归口县委办管理。主要职责是贯彻档案法规、指导全县档案工作；接收、管理和提供档案服务；组织档案理论研讨和学术交流等。内设机构有办公室、业务指导科、保管利用科（增挂文件查阅利用中心牌子）。2010年12月，设立信息科，为局内设机构，增挂县电子文件和数字档案登记备份中心牌子；编制10人（含工勤人员），参照公务员制度管理，其中局（馆）长1人、副职2人，科室领导职数4人。

史志办公室 为归口县委办公室管理的科级全额拨款事业单位。主要职责是修史存史，负责当地中共党史的征集、编撰和专题研究工作；修志存志，负责当地地情资料的整理、保存、研究和志书、年鉴的编纂、出版工作；资政育人，负责当地资政育人、宣传教育工作；承办县委、县政府和上级业务部门交办的工作。内设机构有综合科、编研科。2010年，人员编制6人，参照公务员法管理，其中主任1人、副主任1人，科室领导职数2人。2007年，增设年鉴编辑部，事业编制2人。

县委、县政府信访局　为县委办公室管理的机构。主要职责是处理转办、督查、来信来访；协调处理集体、异常、突发、越级上访事项；调研、提供信访工作规章建议等。内设机构有综合办公室、群众来访接待科。2010年，行政编制6人（含工勤人员），其中局长1人、副局长2人，科室领导职数2人。

老干部局　为县委组织部管理的机构。主要职责是贯彻老干部工作的方针、政策；组织指导老干部的学习、活动；指导老年活动中心和老年大学工作。协办落实离休易地安置老干部手续、待遇等。2010年，行政编制4人（含工勤人员），其中局长1人、副局长1人。下属全民事业单位有老干部活动中心、老年大学办公室，财政全额拨款，编制4人。2010年，老干部活动中心参照公务员法管理。

新松阳采编中心　2005年设立，归口县委宣传部管理，与县委报道组合署办公，全额拨款事业单位。主要职责是向各级党报、新闻单位报道本地中心工作、典型事迹；负责抓好新闻报道通讯员队伍建设；完成上级交办任务。内设机构有总编办、采编办、网络部。人员编制14人。2007年4月，增加编制4人。2010年末，设主任（总编）1人，副主任（副总编）3人。

第三节　中共松阳县委历任领导

1940年4月，建立中共松阳县工作委员会。1949年7月，建立中共松阳县委员会。1956年6月，召开中共松阳县第一次代表大会。1958年11月，松阳县并入遂昌县。1982年1月恢复县制。1982年4月27日，浙江省委任命中共松阳县委员会由13名委员、1名候补委员组成，设常委7人，其中书记1人、副书记2人。1956年至2010年12月，中国共产党松阳县委员会历经8届，各届设书记1人，副书记2～4人，常务委员7～11人，委员11～20人，候补委员1～6人。

1940～1949年中共松阳县工委、松（阳）宣（平）遂（昌）工委领导成员名录表

表20-1-3-1

姓名	组织名称	职务	任职时间	人名，党员身份变化
楼国平	中共松阳县工作委员会	书记	1940.04～1940.11	—
倪崇善	中共松阳县工作委员会	书记	1940.11～1941.02	又名倪鸿兴
金培校	中共松阳县工作委员会	组织部长	1940.04～1941.02	后不是党员
吴士鸿	中共松阳县工作委员会	宣传部长	1940.04～1940.06	又名史风
胡友水	中共松阳县工作委员会	农工部长	1940.04～1941.02	后不是党员
夏宝林	中共松阳县工作委员会	青年部长	1940.04～1940.11	后不是党员
潘　威	中共松阳县工作委员会	妇女部长	1940.04～1940.09	又名潘文光，后不是党员

表 20-1-3-1

姓名	组织名称	职务	任职时间	人名，党员身份变化
林艺圃	松（阳）宣（平）遂（昌）工作委员会	书记	1949.03～1949.05	又名陈志坚
王桂五	松（阳）宣（平）遂（昌）工作委员会	委员	1949.03～1949.04	又名朱丁，同期任松阳县民主政府副县长，4月21日牺牲
吴　奉	松（阳）宣（平）遂（昌）工作委员会	组织部长	1949.03～1949.05	—
陈史英	松（阳）宣（平）遂（昌）工作委员会	宣传部长	1949.03～1949.05	—
钟　琛	松（阳）宣（平）遂（昌）工作委员会	委员	1949.03～1949.05	—

1949～1956 年历任中共松阳县委书记、副书记、常委名录表

表 20-1-3-2

组织名称及时间	职务	姓名	籍贯	任职时间
中共松阳县委员会 1949.07～1956.06	书记	杨景云	安徽蒙城	1949.07～1951.11
	副书记	纪俊德	江　苏	1951.07～1951.11
	副书记、主持工作			1951.11～1952.08
	书记			1952.08～1954.03
	第二书记	赵荣和	山东沾化	1953.11～1954.03
	副书记	李之臣	河北盐山	1954.01～1954.03
	第一副书记			1954.03～1955.08
	书记			1955.08～1956.06
	第二副书记	邢汝昌	河北盐山	1954.03～1956.06
	副书记			1956.06～1958.06
	常委	薛家鼐	江苏丕县	1955.05～1956.06
	常委	吴毓惠	山东寿光	1955.05～1956.06
	常委	孙连绪	河北盐山	1955.05～1956.06

1956～2010年历届中共松阳县委书记、副书记、常委名录表

表20-1-3-3

届次	职务	姓名	籍贯	任职时间
中共松阳县第一届委员会 1956.06～1958.10 1957.04～1958.05，省委对书记、副书记、常委作出调整和增补	书记	李之臣	河北盐山	1956.06～1957.10
	书记	秦书田	山东沂水	1957.05～1957.12
	书记	王文彬	山东	1957.12～1958.05
	书记	贾文贤	河北盐山	1958.05～1958.09
	副书记	邢汝昌	河北盐山	1956.06～1958.06
	副书记	薛家鼐	江苏丕县	1956.06～1958.05
	副书记	戴维刚	山东临朐	1957.05～1958.10
	副书记	邵行之	山东淄博	1957.09～1958.10
	副书记	李之臣	河北盐山	1957.10～1958.10
	副书记	秦书田	山东沂水	1957.12～1958.09
	常委	孙连绪	河北盐山	1956.06～1956.11
	常委	吴毓惠	山东寿光	1956.06～1958.08
	常委	刘树兰	山东沂水	1956.06～1958.10
	常委	董长江	河北盐山	1956.06～1958.07
	常委	张万同	山东宁津	1957.04～1958.06
	常委	李效孔	山东新太	1957.09～1958.10
	常委	薛家鼐	江苏丕县	1958.05～1958.10
中共松阳县委员会 1982.04～1984.01 1982年4月，省委任命书记1人，副书记2人；地委任命常委4人，1983年增补副书记1人，常委1人	书记	林　彬	浙江永康	1982.04～1984.01
	副书记	陈士杰	浙江温州	1982.04～1984.01
	副书记	樊炳法	浙江绍兴	1982.04～1984.01
	副书记	曲修同	山东牟平	1983.06～1984.01
	常委	林　文	浙江松阳	1982.04～1984.01
	常委	孙维绽（女）	浙江松阳	1982.04～1984.01
	常委	姜勇明	浙江丽水	1982.04～1984.01
	常委	黄德胡	浙江松阳	1982.04～1984.01
	常委	宋宜怀	江苏新沂	1983.10～1984.01
中共松阳县委员会 1984.01～1984.08	书记	林　彬	浙江永康	1984.01～1984.08
	副书记	夏金星	浙江丽水	1984.01～1984.08
	副书记	樊炳法	浙江绍兴	1984.01～1984.08

续表 20-1-3-3-1

届次	职务	姓名	籍贯	任职时间
1984 年 1 月，根据中央“四化”要求，对县委常委作出调整	常委	姜勇明	浙江丽水	1984.02～1984.08
	常委	孙维锭（女）	浙江松阳	1984.02～1984.08
	常委	纪秋光	浙江松阳	1984.02～1984.08
	常委	宋宜怀	江苏新沂	1984.02～1984.08
中共松阳县第二届委员会 1984.08～1987.04	书记	林　彬	浙江永康	1984.08～1987.04
	副书记	夏金星	浙江丽水	1984.08～1987.04
	副书记	樊炳法	浙江绍兴	1984.08～1986.06
	副书记	纪秋光	浙江松阳	1985.01～1987.04
	常委	孙维锭（女）	浙江松阳	1984～1985.10
	常委	宋宜怀	江苏新沂	1984～1986.10
1985.1～1986.11，先后增补副书记 1 人，常委 4 人	常委	姜勇明	浙江丽水	1984.08～1986.05
	常委	纪秋光	浙江松阳	1984～1985.10
	常委	周国达	浙江永嘉	1986.01～1987.03
	常委	胡西堂	浙江龙泉	1986.06～1987.03
	常委	徐　兵	浙江缙云	1986.06～1987.04
	常委	曹树德	浙江松阳	1986.01～1987.04
中共松阳县第三届委员会 1987.04～1990.05	书记	夏金星	浙江丽水	1987.04～1989.05
	副书记	张向北	四川德阳	1987.04～1989.11
	副书记（主持）			1989.05～1989.11
	书记			1989.11～1990.05
	副书记	纪秋光	浙江松阳	1987.04～1990.05
	副书记	徐光照	浙江衢州	1989.07～1990.05
	副书记	龚樟德	浙江义乌	1990.01～1990.05
	常委	项根深	浙江金华	1987.04～1990.05
	常委	徐　兵	浙江缙云	1987.04～1990.01
	常委	曹树德	浙江松阳	1987.04～1990.05
1989.05、1990.01，先后 2 次有 3 名常委工作调动，增补常委 5 人，县委主要领导人作调整	常委	黄笑萍（女）	浙江丽水	1987.04～1990.01
	常委	龚樟德	浙江义乌	1987.04～1990.01
	常委	洪平津	浙江绍兴	1990.01～1990.05
	常委	叶杰耀	浙江松阳	1990.01～1990.05
	常委	吕军民	浙江东阳	1990.01～1990.05
	常委	卢春中	浙江松阳	1990.01～1990.05

续表 20-1-3-3-2

届次	职务	姓名	籍贯	任职时间
中共松阳县第四届委员会（1990.05～1993.04）	书记	张向北	四川德阳	1990.05～1993.01
	副书记	徐光照	浙江衢州	1990.05～1992.11
	副书记	龚樟德	浙江义乌	1990.05～1991.09
	常委	叶杰耀	浙江松阳	1990.05～1992.12
	常委	吕军民	浙江东阳	1990.05～1992.12
	常委	洪平津	浙江绍兴	1990.05～1992.12
	常委	曹树德	浙江松阳	1990.05～1993.04
	常委	卢春中	浙江松阳	1990.05～1991.04
1991.04～1992.12，地委任命副书记 3 人，常委 3 人。1993 年 1 月，省委任命书记 1 人	副书记	焦光华（女）	山东博兴	1991.04～1993.01
	书记			1993.01～1993.04
	副书记	姚祖根	浙江杭州	1992.11～1993.04
	副书记	吕军民	浙江东阳	1992.12～1993.04
	常委	陈国锋	浙江浦江	1991.04～1993.04
	常委	邱务土	浙江松阳	1992.12～1993.04
	常委	王稼俊	浙江丽水	1992.12～1993.04
中共松阳县第五届委员会 1993.04～1998.03	书记	焦光华（女）	山东博兴	1993.04～1995.01
	书记	陶国忠	浙江缙云	1995.01～1996.10
	书记	肖建中	浙江遂昌	1996.12～1998.03
	副书记	姚祖根	浙江杭州	1993.04～1994.07
	副书记	吕军民	浙江东阳	1993.04～1995.01
	副书记	曹树德	浙江松阳	1994.07～1997.10
	副书记	姜人敬	山东烟台	1995.01～1996.01
1994.01～1998.03，省委任免书记各 2 人；地委任免副书记各 3 人，任命常委 10 人，免去常委 8 人	副书记	吴炳全	浙江瑞安	1996.01～1998.03
	副书记	肖建中	重庆忠县	1996.06～1996.11
	副书记	徐永武	浙江遂昌	1997.10～1998.03
	常委	曹树德	浙江松阳	1993.04～1994.07
	常委	陈国锋	浙江浦江	1993.04～1995.04
	常委	邱务土	浙江松阳	1993.04～1996.01
	常委	王稼俊	浙江丽水	1993.04～1997.09
	常委	叶思敬	浙江苍南	1994.02～1995.08

续表 20-1-3-3-3

届次	职务	姓名	籍贯	任职时间
中共松阳县第五届委员会 1993.04～1998.03 1994.01～1998.03，省委任免书记各 2 人；地委任免副书记各 3 人，任命常委 10 人，免去常委 8 人	常委	胡文龙	浙江丽水	1994.12～1996.04
	常委	张鸿雁	山东文登	1995.04～1997.10
	常委	邝平正	浙江庆元	1995.07～1997.11
	常委	朱山华	浙江青田	1996.01～1998.03
	常委	张增礼	浙江松阳	1996.04～1998.03
	常委	赵导亮	浙江缙云	1997.09～1998.03
	常委	陈长康	浙江松阳	1997.10～1998.03
	常委	沈丽珺（女）	浙江龙泉	1997.10～1998.03
	常委	杨晓宏	浙江青田	1997.11～1998.03
中共松阳县第六届委员会 （1998.03～2003.02） 1998.06～2000.06，地委先后任命县委常委 2 人	书记	肖建中	重庆忠县	1998.03～2000.09
	书记	吴炳全	浙江瑞安	2000.09～2003.03
	副书记	吴炳全	浙江瑞安	1998.03～2000.09
	副书记	徐永武	浙江遂昌	1998.03～2001.03
	副书记	邓唐良	浙江缙云	2000.09～2003.03
	副书记	毛建华	浙江遂昌	2001.03～2003.03
	副书记	林　康	浙江青田	2002.12～2003.03
	副书记	胡振文	浙江丽水	2002.12～2003.03
	常委	朱山华	浙江青田	1998.03～1998.12
	常委	赵导亮	浙江缙云	1998.03～2001.03
	常委	张增礼	浙江松阳	1998.03～2002.12
	常委	沈丽珺（女）	浙江龙泉	1998.03～2002.12
	常委	杨晓宏	浙江青田	1998.03～1998.06
	常委	陈长康	浙江松阳	1998.03～2001.03
	常委	邓唐良	浙江缙云	1998.06～2000.09
	常委	胡振文	浙江丽水	1998.01～2000.12
	常委	于广林	江苏盐城	2000.09～2002.10
	常委	王　钢	浙江永康	2000.09～2001.03
	常委	樊甫俊	浙江缙云	2000.09～2002.12
	常委	林　康	浙江青田	2001.03～2002.12
	常委	杜光旻	浙江龙游	2001.03～2003.03

续表 20-1-3-3-4

届次	职务	姓名	籍贯	任职时间
2000.07～2003.03，省委任免书记各 1 人，市委任命副书记 4 人、县委常委 9 人	常委	周以利	江苏宿迁	2002.10～2003.03
	常委	上官国明	浙江缙云	2002.12～2003.03
	常委	潘瑞卿（女）	浙江遂昌	2002.12～2003.03
	常委	胡先龙	浙江丽水	2002.12～2003.03
	常委	李忠伟	浙江松阳	2002.12～2003.03
中共松阳县第七届委员会（2003.03～2006.12）	书记	吴炳全	浙江瑞安	2003.03～2004.09
	书记	林健东	浙江云和	2004.09～2006.12
	副书记	邓唐良	浙江缙云	2003.03～2005.07
	副书记	毛建华	浙江遂昌	2003.03～2006.07
	副书记	林　康	浙江青田	2003.03～2006.12
	副书记	胡振文	浙江丽水	2003.03～2004.09
	副书记	邢长勇	河北海兴	2004.09～2006.12
	常委	杜光旻	浙江龙游	2003.03～2005.03
	常委	周以利	江苏宿迁	2003.03～2005.08
	常委	上官国明	浙江缙云	2003.03～2006.12
	常委	潘瑞卿（女）	浙江遂昌	2003.01～2006.10
2003.03～2006.10，省委任免县委书记各 1 人；市委任命县委副书记 1 人，县委常委 9 人，免去县委副书记 2 人、县委常委 5 人	常委	胡先龙	浙江丽水	2003.03～2006.04
	常委	李忠伟	浙江松阳	2006.10～2009.09
	常委	姚志强	浙江丽水	2005.03～2006.12
	常委	黄建新	浙江龙泉	2005.08～2006.06
	常委	周松一	浙江青田	2006.04～2006.12
	常委	徐小春	浙江温岭	2006.06～2006.12
	常委	杨秀清	浙江松阳	2006.10～2006.12
	常委	雷春梅（女、畲）	浙江龙游	2006.10～2006.12
	常委	翁樟明	浙江松阳	2006.10～2006.12
中共松阳县第八届委员会（2006.12～2011.12）	书记	林健东	浙江云和	2006.12～
	副书记	林　康	浙江青田	2006.12～
	副书记	邢长勇	河北海兴	2006.12～2009.03
	副书记	吴筱琳（女）	浙江遂昌	2009.09～2010.05
	副书记	周劲松	浙江丽水	2010.05～

续表 20-1-3-3-5

届次	职务	姓名	籍贯	任职时间
2007.04～2010.10，市委调整县委副书记2人，常委8人	常委	雷春梅（女、畲）	浙江龙游	2006.12～
	常委	姚志强	浙江丽水	2006.12～2009.09
	常委	上官国明	浙江缙云	2006.12～2009.09
	常委	周松一	浙江青田	2006.12～
	常委	李忠伟	浙江松阳	2006.12～2009.10
	常委	钟建安（畲）	浙江龙游	2009.09～
	常委	徐小春	浙江温岭	2006.12～2007.04
	常委	杨秀清	浙江松阳	2006.12～2008.12
	常委	翁樟明	浙江松阳	2006.12～
	常委	马建平	浙江诸暨	2007.04～2009.03
	常委	陈海江	浙江宁海	2008.04～2010.05
	常委	何乐君	浙江诸暨	2009.04～2010.07
	常委	叶郑献	浙江松阳	2009.10～
	常委	李建龙	浙江丽水	2009.11～
	常委	毛建南	浙江松阳	2009.10～
	常委	方 虎	安徽寿县	2010.07～

第二章　代表大会

中共松阳县委1949年7月建立至1958年11月撤销松阳县建制期间，于1956年6月召开首次代表大会。1982年1月(恢复松阳县建制)至2010年末，松阳县委先后召开第二至第八次党的代表大会及多次全会（扩大会），历届县委在不同历史时期召开的党代会作出的决议、决定实施后，为推动松阳社会主义革命和建设事业的发展，发挥积极作用。历次全县党的代表大会及多次全会所形成的文献资料，记录县委领导全县人民在革命、建设和改革实践中艰辛探索的奋斗历史，记录县委在不同历史条件下完成伟大艰巨任务所积累的宝贵经验与教训，是历届中共松阳县委和全县广大党员、群众集体智慧的结晶，是松阳县宝贵的政治、精神和文明财富。“文化大革命”期间，乡镇党代会被迫停止。1982年恢复松阳县制后，全县各乡镇均按规定召开党代会，产生乡镇党委（纪委）班子。

第一节　中共松阳县第一次代表大会

第一次代表大会

1956年6月1～6日，中共松阳县第一次代表大会在松阳县城召开。到会正式代表105人，列席代表18人。

大会主要议程是听取和审查中共松阳县委《关于七年来工作总结和今后二年工作任务的报告》、县纪委作的《党的纪律检查委员会的工作报告》；选举中共松阳县第一届委员会和中共松阳县监察委员会；选举出席中共浙江省第二次代表大会代表。

大会听取和审议邢汝昌代表县委作的七年来县委工作总结和今后两年工作任务的报告。代表大会认为，松阳解放七年来，在党中央和毛主席的英明领导下，全县党的各级组织和全体党员依靠全县广大劳动人民群众的集体智慧和力量，各项工作取得历史上从未有过的巨大成就。这主要标志是社会主义革命已取得决定性的胜利。这个胜利证实松阳党的组织贯彻执行党的方针、政策、路线是正确的。今后两年全党的中心任务是动员全体党员、全体人民群众开展社会主义劳动竞赛，搞好工业农业生产，提早完成和超额完成第一个五年计划，实现完全社会主义的高级化，城市国有化，完成社会主义革命的历史任务。

大会选举产生中共松阳县第一届委员会委员19人，候补委员3人。选出中共松阳县监察委员9人；选举李之臣、邢汝昌、孙连绪、吴毓惠为松阳县中共浙江省第二次党代会代表。

一届二次代表大会

1957 年 7 月 14 日，中国共产党松阳县委举行第一届第二次代表大会，到会正式代表 93 人，列席代表 23 人。这次大会的中心议题是学习毛泽东《关于正确处理人民内部矛盾的问题》报告，总结第一次代表大会以来的工作，充分调动全党和全县人民群众的积极性，全面地持久地开展增产节约运动，为争取农业大丰收、争取完成和超额完成第一个五年计划而奋斗。

第二节　中共松阳县第二次代表大会

第二次代表大会

1984 年 8 月 18～21 日，中共松阳县第二次代表大会在松阳县城召开，出席大会的正式代表 231 人、特邀代表 15 人、列席代表 26 人，代表全县 5080 名党员。代表中选出 25 人组成大会主席团、7 人组成代表资格审查委员会，并设大会秘书长 1 人、副秘书长 2 人。

图 20-1　中共松阳县第二次代表大会会场(叶光铭 摄于 1984 年)

会议议程有听取和审议中共松阳县委员会的工作报告，听取和审议中共松阳县纪律检查委员会的报告，选举中共松阳县第二届委员会，选举中共松阳县纪律检查委员会。

会议认真学习中共领导关于经济体制改革的重要讲话，以及省委七届二次全会扩大会议精神，着重从经济工作的指导思想和传统观念上分析松阳贫穷的原因，提出搞活松阳经济的意见以及 1985 年度改革的任务、奋斗目标和主要措施。

大会选举产生中共松阳县第二届委员会委员 26 人、候补委员 2 人。二届一次全会会议选出中共松阳县常务委员 7 人，其中书记 1 人、副书记 2 人。

选举产生中共松阳县纪律委员会委员 11 人、常务委员 4 人，其中书记 1 人、副书记 1 人。

二届二次全会

1985 年 1 月 6 日至 12 日，中共松阳县委召开二届二次全体（扩大）会议。夏金星作《进一步实行改革，进一步搞活经济》的工作报告，总结全县 1984 年经济体制改革的主要成绩、基本经验和薄弱环节，提出 1985 年改革的任务、奋斗目标和主要措施。会议的中心议题是如何尽快振兴松阳经济。

党代表会议

1983 年 11 月，举行党代表会议，选举林彬、夏林章、郑聪球、蓝砬生为中共浙江省第七次党代表大会代表。

第三节　中共松阳县第三次代表大会

第三次代表大会

1987 年 4 月 16～20 日，中共松阳县第三次代表大会在松阳县城召开。出席大会的正式代表 235 人，特邀代表 22 人，列席代表 35 人，代表全县 6092 名党员。代表中选出 22 人组成大会主席团、7 人组成代表资格审查委员会，并设大会秘书长 1 人、副秘书长 2 人。

大会主要议程是听取和审议中国共产党松阳县委的工作报告，听取和审议中国共产党松阳县纪律检查委员会的工作报告，选举产生中国共产党松阳县第三届委员会，选举产生中国共产党松阳县纪律检查委员会。

会议听取并审议林彬代表县委作的《艰苦奋斗、深化改革，把振兴松阳大业全面推向前进》报告；听取并审议梅福生代表纪委作的《端正党风，维护党纪，促进改革和经济建设的顺利进行》报告。

会议强调要继续坚持四项基本原则和改革、开放、搞活的方针，提倡艰苦奋斗、勤俭建国的精神。坚持以经济建设为中心，坚定不移地进行经济体制改革和政治体制改革，坚定不移地加强精神文明建设。进一步加强党的自身建设，以促进松阳县经济持续、稳定、协调地发展。

大会选举产生中共松阳县第三届委员会委员 25 人、候补委员 4 人。三届一次全体会议选举产生县委常委 8 人，其中书记 1 人、副书记 2 人。选举产生中共松阳县纪律检查委员会委员 11 人，县纪委第一次全体会议选出纪委常委 4 人，其中正副书记各 1 人。

党代表会议

1988 年 9 月 16 日，举行党代表会议，选举夏金星、徐兵、黄显达为中共浙江省第八次代表大会代表代表。

第四节　中共松阳县第四次代表大会

第四次代表大会

1990 年 5 月 4～7 日，中共松阳县第四次代表大会在松阳县城召开，出席大会的正式代表 217 人，特邀代表 19 人，列席代表 6 人，代表全县 6581 名正式党员。代表中选出 21 人组成大会主席团、7 人组成代表资格审查委员会，大会设秘书长 1 人、副秘书长 2 人。

大会听取和审议张向北所作的工作报告，提出今后 3 年目标任务，强调各级党组织要进一步加强自身建设，加强党同人民群众的血肉联系，夺取全县社会主义建设的新胜利。听取和审议县纪律检查委员会工作报告。会议审议通过中共松阳县委关于《加强党同人民群众联系的实施意见》。

大会选举产生中共松阳县第四届委员会委员25人、候补委员4人。四届一次全会选举产生常委8人，其中书记1人、副书记2人。

选举产生中共松阳县纪律检查委员会委员11人、常委6人，其中书记1人、副书记1人。

代表大会邀请民主党派负责人和党外人士7人参加开幕式和闭幕式。

县委四届二次至六次全会

1991年2月5日，中共松阳县委召开四届二次全体（扩大）会议。张向北作《贯彻党的十三届七中全会精神，全面推进松阳县社会主义事业》的报告。会议的中心任务是学习贯彻中共十三届七中全会精神，总结工作，审议通过松阳县“八五”计划建议，研究部署1991年工作任务。

1992年1月21～23日，中共松阳县委召开四届三次全体（扩大）会议。张向北作《励精图治，艰苦创业，全面推进松阳社会主义建设》的工作报告，徐光照作《解放思想，深化改革，立足发展，提高效益，切实做好1992年经济工作》的报告。这两个报告坚持党的“一个中心，两个基本点”的基本路线，在认真总结1991年工作基本经验的基础上，提出1992年工作的指导思想、目标任务和政策措施。

1992年7月13日，中共松阳县委召开四届四次全体（扩大）会议。张向北作《抓住历史机遇，加快改革开放，把松阳经济建设推上一个新台阶》的报告。会议的主题是抓住当前有利时机，加快改革开放和经济发展。会议提出提前四年实现国内生产总值翻两倍的庄严任务。会议审议通过《松阳县委、松阳县人民政府关于加快改革开放加速经济发展的决定》。

1992年11月4～5日，中共松阳县委召开四届五次全体（扩大)会议。这次大会的主要任务是张向北传达中共十四次代表大会精神，用中国特色的社会主义理论武装头脑，深刻领会建立社会主义市场经济体制的重要性和基本要求，加快改革开放，调整经济结构，转换经营机制，强化服务功能，坚持“两手硬”，把松阳两个文明建设推向一个新台阶。

1993年1月15～16日，中共松阳县委召开四届六次全体（扩大）会议，张向北作《高举有中国特色社会主义光辉旗帜，全力推进松阳经济更快更好地发展》的报告，这次全会的主题是深入贯彻中共十四大精神，进一步解放思想，研究确定松阳县1993年加快改革开放和经济发展的目标、主要任务和措施。

第五节　中共松阳县第五次代表大会

第五次代表大会

1993年4月7～11日，中共松阳县第五次代表大会在县城召开。这次大会的正式代表227人，出席会议224人，列席代表33人，代表全县7239名正式党员。邀请8名党外人士参加大会的开幕式和闭幕式。代表中选出21人组成大会主席团、7人组成资格审查委员会，大会设秘书长1人、副秘书长2人。

大会主要议程是听取和审议中共松阳县第四届委员会的工作报告，听取和审议中共松阳县纪律检查委员会的工作报告，选举中共松阳县第五届委员会，选举中共松阳县纪律检查委员会。

大会听取和审议焦光华代表县委作的《抓住机遇，加速发展，为建设社会主义现代化新松阳而努力奋斗》工作报告。报告指出，今后五年将是全县人民从温饱向小康跨越的重要转折期，任重而道远。必须深入贯彻中共十四大精神，以邓小平建设有中国特色的社会主义理论和党的基本路线为指针，把加快经济建设作为首要任务来抓，适应社会主义市场经济需要，解放思想，转换脑筋，转换机制，超常规思维，创造性工作，跳跃式发展，以兴县富民。大会听取和审议县纪律检查委员会邱务土作的《维护党纪，端正党风，保证和促进我县改革和建设事业健康发展》报告。会议提出关于调整《松阳县国民经济和社会发展第八个五年计划》主要经济指标的建议。

大会选举产生第五届委员会委员 24 人、候补委员 4 人。五届一次全会选举产生中共松阳县委常委 7 人，其中书记 1 人、副书记 2 人。

选举产生中共松阳县纪律检查委员会委员 13 人，第一次全会选出中共松阳县纪委常委 7 人，其中书记 1 人、副书记 2 人。

县委五届二次至十二次全会

1993 年 4 月 23 日，中共松阳县召开五届二次全会。会议传达省、地党群书记和组织部长会议精神，通报松阳县人大、政协 2 个会议的筹备情况及地委对有关人事问题的批复方案。

1993 年 8 月 27 日，中共松阳县召开五届三次全会。会议主题是……1994 年 1 月 14 日，中共松阳县召开五届四次全会扩大会议，会议的主题是全面贯彻中共十四大、十四届三中全会精神和浙江省第九次党代会精神。研究、确定 1994 年全县经济和社会发展的目标、任务和主要措施。1994 年 12 月 21 日，中共松阳县委召开五届五次会议，会议主题是贯彻党的十四届四中全会和省委九届三次会议精神，传达地委解放思想大讨论会议精神，讨论研究 1995 年全县工作思路。

1995 年 10 月 27 日，中共松阳县召开五届六次会议，会议贯彻布置地委、行署提出的“优化环境，扩大总量，脱贫致富奔小康”发展战略。1996 年 1 月 29 日，中共松阳县召开五届七次会议。会议的主要议题是审议《松阳县国民经济和社会发展“九五”计划和 2010 年远景发展规划》，回顾总结 1995 年工作，研究部署 1996 年工作。1997 年 1 月 6 日，中共松阳县召开五届八次会议，会议传达贯彻省山区开发暨扶贫工作会议精神。审议并通过《松阳县（1997 年～2000 年）社会主义精神文明建设实施意见》。

1997 年 4 月 3 日，中共松阳县召开五届九次会议，会议主题是进行中共十五大代表的选举推荐工作。1997 年 12 月 18 日，中共松阳县召开五届十次会议，会议讨论决定召开中共松阳县第六次代表大会的有关事宜。1998 年 1 月 16 日，中共松阳县召开五届十一次会议，会议总结回顾 1997 年工作，讨论确定 1998 年工作思路。1998 年 3 月 16 日，中共松阳县召开五届十二次会议。会议讨论五届县委工作报告和纪委工作报告，听取县第六次党代会筹备工作情况汇报，研究讨论党代会有关会务工作。

党代表会议

1993年9月21日，在县委党校召开松阳县党代表会议，选举产生出席中共浙江省第九次代表大会代表3人。他们是焦光华、王稼俊、刘开明。

第六节 中共松阳县第六次代表大会

第六次代表大会

1998年3月16～19日，中共松阳县第六次代表大会在松阳县城召开。这次大会的正式代表218人，出席会议212人，列席代表29人，代表全县9646名共产党员。邀请32名有关人员参加大会的开幕式和闭幕式。代表中选出30人组成大会主席团、7人组成资格审查委员会，大会设秘书长1人、副秘书长2人。

这次大会的议程是听取和审议中国共产党松阳县第五届委员会的工作报告，听取和审议中国共产党松阳县纪律检查委员会的工作报告，选举产生中国共产党松阳县第六届委员会，选举产生中国共产党松阳县纪律检查委员会。

大会听取和审议肖建中代表松阳县委作的《高举邓小平理论伟大旗帜，为实现松阳跨世纪发展目标而努力奋斗》工作报告。大会指出，今后五年是跨世纪的五年，也将是全面完成“九五”计划，为实现2010年远景目标奠定基础的五年，任重而道远。必须高举邓小平理论伟大旗帜，坚定不移地贯彻党的基本路线，坚持以经济建设为中心，重中之重抓工业，加快农业产业步伐，积极发展第三产业，努力发展社会生产力，加快奔小康进程。必须以改革统揽全局，以市场为导向，调整和优化经济结构，积极推进两个根本性转变。必须坚持两手抓，两手都要硬，大力推进社会主义精神文明建设，全力维护社会稳定，保持经济和社会的协调发展。大会听取和审议县纪律检查委员会朱山华作的《围绕中心，把握大局，坚持不懈地推进党风廉政建设和反腐败斗争》工作报告。

大会选举产生中共松阳县第六届委员会委员25人、候补委员4人，六届一次全会选举产生中共松阳县委常委9人，其中书记1人、副书记2人。选举产生中共松阳县纪律检查委员会委员13人；第一次全会选举产生中共松阳县纪委常委7人，其中书记1人、副书记2人。

县委六届二次至十四次全会

1998年8月31日，召开县委六届二次全体（扩大）会议，确定松阳县出席省第十次党代会候选人，并定于10月召开中国共产党松阳县代表会议。1999年1月29日，召开县委六届三次全体（扩大）会议，贯彻落实中共十五届三中全会和省第十次党代会、全省经济工作会议精神，回顾总结1998年工作，研究确定1999年工作思路。2000年1月14日，召开县委六届四次全体(扩大)会议，总结1999年工作，研究部署2000年工作思路。2000年7月20日，召开县委六届五次和县政府全体（扩大）会议，总结上半年工作，研究部署下半年工作。审议并通过《县委全委会、常委会、书记办公室的议事规则和程序》《松阳县人民政府工作规则》及《加强和改善思想政治工作的意见》。2000

年9月8日，召开县委六届六次全会，确定松阳县出席中国共产党丽水市第一次代表大会代表候选人。2001年1月3日，召开县委六届七次全体（扩大）会议，回顾总结2000年工作，研究部署2001年工作任务。2001年7月27日，召开县委六届八次全体（扩大）会议，总结上半年工作，研究部署下半年工作。2002年1月10日，召开县委六届九次全体（扩大）会议，总结2001年县委工作，部署2002年工作。审议并通过县委《关于贯彻〈中共中央关于加强和改进党的作风建设的决定〉的意见》。2002年3月14日，召开县委六届十次全体（扩大）会议。议题是圈选省第十一次党代会代表候选人征求意见人选，推选市党代会代表。2002年3月22日，召开县委六届十一次全体（扩大）会议。议题是民主推荐市管后备干部人选。2002年12月25日，召开县委六届十二次全体会议，酝酿通过《关于召开中国共产党松阳县第七次代表大会的决议（草案）》。2003年1月9日，召开县委六届十三次全体（扩大）会议，回顾总结2002年工作，部署2003年工作。2003年2月20日，召开县委六届十四次全体会议，研究中国共产党松阳县第七次代表大会有关事项。

党代表会议

1998年10月28日，召开中国共产党松阳县代表会议，选举李长江、肖建中、赵导亮、夏卫央为松阳县出席中国共产党浙江省第十次代表大会的代表。

2000年9月21日，召开中国共产党松阳县代表会议，选举中国共产党丽水市第一次代表大会的代表29人。

第七节　中共松阳县第七次代表大会

第七次代表大会

2003年2月28日至3月3日，中共松阳县第七次代表大会在县委党校召开。大会正式代表221人，列席代表19人，代表全县10796名党员。邀请37名有关人士参加大会的开幕式和闭幕式。代表中选出32人组成大会主席团、5人组成资格审查委员会，大会设秘书长1人、副秘书长2人。

这次大会主要议程是听取和审议中共松阳县第六届委员会的工作报告，听取和审议中共松阳县纪律检查委员会的工作报告，选举中国共产党松阳县第七届委员会，选举中国共产党松阳县纪律检查委员会。

大会听取和审议吴炳全代表县委作《努力实践“三个代表”重要思想，为全面建设小康社会而努力奋斗》的工作报告。大会提出，全面建设小康社会既要有发达的经济，也要有繁荣的文化和发达的政治文明。必须把发展文化事业和加强政治文明建设摆上更加重要的位置，加强思想道德建设，提高全民思想道德素质；发展社会各项事业，提高全民科学文化素质；推进民主政治建设，保障人民群众民主权利；加强法制建设，提高依法治县水平；维护社会稳定，营造良好的社会环境，使文化力和政治文明在经济社会发展中的特殊作用得到进一步发挥，人民群众的根本利益得到切实的维护和实现。大会听取和审议胡振文代表县纪律检查委员会作的工作报告。

大会选举产生中共松阳县第七届委员会委员25人、候补委员5人。七届一次全会选举产生中共松阳县委常委11人，其中书记1人、副书记4人。选举产生中共松阳县纪律检查委员会委员15人。县纪委第一次全会选举产生县纪委常委7人，其中书记1人、副书记2人。

会议通过《中国共产党松阳县第七届委员会议事规则》。

县委七届二次至十二次全会

2003年7月18日，中共松阳县七届二次全体（扩大）会议召开。会议的主题是贯彻落实浙江省委十一届四次全会扩大会议精神和丽水市委一届九次全体会议精神，总结分析上半年工作，部署落实下半年工作任务。2004年1月9日，中共松阳县七届三次全体（扩大）会议召开。会议的主题是贯彻落实中共十六届三中全会和中央经济工作会议精神，回顾总结2003年工作，研究部署2004年工作。2004年7月9日，中共松阳县七届四次全体（扩大）会议召开。会议的主题是贯彻省委十一届六次全会和市委一届十一次全会精神，总结上半年工作，部署下半年工作。从维护改革发展稳定的大局以及全面落实科学发展观的要求出发，会议作出《中共松阳县委关于建设“平安松阳”促进社会和谐稳定的决定》。

2005年1月10日，中共松阳县七届五次全体（扩大）会议召开。会议的主题是贯彻中共十六届四中全会和中央经济工作会议精神、省委十一届七次全会和市委一届十二次全会精神，总结回顾2004年工作，部署2005年工作。会议作出《中共松阳县委关于认真贯彻党的十六届四中全会精神，切实加强党的执政能力建设的意见》。2005年8月5日，中共松阳县七届六次全体（扩大）会议召开。会议的主题是贯彻省委十一届八次全会和市委一届十三次全会精神，总结回顾上半年工作，部署下半年工作。七届六次全体（扩大）会议作出《中共松阳县委关于加快革命老区经济社会发展的决定》和《中共松阳县委关于集体领导和分工负责的规定》《中共松阳县委关于重要情况通报和报告的规定》。2005年8月19日，中共松阳县七届七次全体会议召开。会议的主题是研究有关丽水市第二次党代表大会代表选举工作、召开县党代表会议及干部人事等事项。全会通过《中国共产党松阳县第七届委员会第七次全体会议关于召开中国共产党松阳县代表会议的决议（草案）》，决定于2005年9月下旬召开中国共产党松阳县代表会议，选举产生松阳县出席中国共产党丽水市第二次代表大会代表。2005年9月12日，中共松阳县召开全委会，圈选确定松阳县出席丽水市第二次党代会代表候选人31名预备人选。

2006年2月7日，中共松阳县七届九次全体会议暨全县干部大会召开。会议的主题是贯彻党的十六届五中全会、中央和省市经济工作会议、省委十一届九次全会及市第二次党代会精神，总结回顾2005年度工作，表彰先进，部署2006年度工作。2006年7月27日，中共松阳县七届十次全体（扩大）会议召开。会议的主题是贯彻省委十一届十次全会和市委二届四次全会精神，总结上半年工作，部署下半年工作。动员全县各级党组织和广大干部群众统一思想，坚定信念，真抓实干，加快推进社会主义新农村建设。会议作出《中共松阳县委松阳县人民政府关于扎实推进社会主义新农村建设的若干意见》《中共松阳县委关于完善经济社会发展重大事项决策机制的规定》。2006年10月20日，中共松阳县七届十一次全体会议召开。会议的主题是研究中国共产党松阳县第八次代表大会事宜及其他事项。2006 年 11 月 28 日，中共松阳县七届十二次全体会议召开。会议的主题是审议通过中共松阳县七届委员会向中共松阳县第八次代表大会的工作报告和中共松阳县纪委向中共松阳县第八次代表大会的工作报告等事项。

党代表会议

2005 年 9 月 30 日，中国共产党松阳县代表会议召开。会议选举松阳县出席中共丽水市第二次代表大会的代表 27 人。

第八节　中共松阳县第八次代表大会

第八次代表大会

2006 年 12 月 8～12 日，中共松阳县第八次代表大会在县委党校召开。大会正式代表 223 人，列席代表 43 人，代表全县 11480 名共产党员。同时，邀请 35 名有关人员参加大会的开幕式和闭幕式。代表中选出 31 人组成大会主席团、5 人组成资格审查委员会，大会设秘书长 1 人、副秘书长 4 人。

这次大会主要议程是听取和审议中共松阳县第七届委员会的工作报告，审议中共松阳县纪律检查委员会的工作报告，选举中国共产党松阳县第八届委员会，选举中国共产党松阳县纪律检查委员会。

图 20-2　中共松阳县第八次代表大会代表听取工作报告（叶光铭 摄于 2006 年）

大会听取和审议林健东代表松阳县委作的《三县并举谋发展，齐心协力促和谐，为实现松阳经济社会新跨越而努力奋斗》工作报告。大会指出，欠发达仍然是松阳最基本的县情，加快发展仍然是松阳县的第一要务。谋求跨越发展，构建和谐社会，必须深入实施生态立县、开放兴县、工业强县“三县并举”发展战略。要着力实施“优势产业亿元企业、南进北拓、统筹发展、优化环境”等五大工程建设，大力推进工业化、城市化、加快建设社会主义新农村，构建项目带动、开放推动、区域联动的发展格局，实现松阳经济社会新跨越；要着眼于促进人与人、人与社会、人与自然的和谐，全面打造人文松阳、诚信松阳、活力松阳、绿色松阳、平安松阳，努力建设社会主义和谐社会。通过奋斗，使松阳县综合实力跃上新台阶，城市化进程迈出坚实步伐，发展的活力进一步增强，和谐社会建设扎实推进，人民生活不断改善。

大会选举产生中共松阳县第八届委员会委员 31 人，候补委员 6 人。八届一次全会选举产生中共松阳县常委 11 人，其中书记 1 人、副书记 2 人。选举产生中共松阳县纪律检查委员会委员 17 人。

第一次全会选举产生中共松阳县纪委常委 7 人，其中书记 1 人、副书记 2 人。会议通过中共松阳县第八届委员会议事规则。

县委八届二次至十次全会

2006 年 12 月 12 日，在县委党校小会堂召开八届二次全会。会议的主题是圈选出席中共十七大代表。

2007 年 2 月 7 日，中共松阳县八届三次全会暨全县干部大会召开。会议的主题是认真贯彻党的十六届六中全会、中央和省市经济工作会议、省委十一届十一次全会及市委二届二次全会精神。总结回顾 2006 年度工作，表彰先进，部署 2007 年工作。2007 年 8 月 3 日，中共松阳县八届四次全体（扩大）会议召开。这次会议的主要任务是分析总结上半年经济运行情况，研究部署下一步工作，动员全县广大党员和干部群众，进一步解放思想，创新创业，扎实工作，确保完成全年目标任务，推动松阳县经济社会跨越发展。

2008 年 2 月 14 日，中共松阳县八届五次会议暨全县干部大会召开。这次会议的主题是学习贯彻中共十七大精神，回顾总结 2007 年工作，研究部署今年的各项工作。会议审议通过《中共松阳县委关于认真贯彻党的十七大精神，扎实推进创业富民创新强县的决定》，动员全县上下进一步解放思想，创业创新，努力开创松阳经济社会发展新局面。2008 年 8 月 12 日，中共松阳县八届六次全体（扩大）会议召开。会议的主题是回顾总结上半年工作，研究部署下半年工作。会议审议通过《中共松阳县委关于加快农民增收全民改善民生促进社会和谐的决定》。要求全县上下继续解放思想，加快创业创新，建设生态文明，推进跨越发展，确保完成全年各项目标任务，努力开创松阳经济社会发展新局面。

2009 年 2 月 4 日，中共松阳县八届七次全体（扩大）会议暨全县干部大会召开。会议的主题是贯彻中共十七届三中全会精神，回顾总结 2008 年工作，表彰先进，部署 2009 年度工作。动员全县上下坚定信心，鼓足干劲，迎难而上，破难奋进，全力推进松阳县经济社会平稳较快发展，努力开创松阳改革发展新局面。2009 年 8 月 14 日，中共松阳县八届八次全体（扩大）会议召开。会议深入学习实践科学发展观，认真贯彻落实中共十七大、十七届三中全会、省委十二届五次全会、市委二届十一次全会精神，总结上半年工作，部署下半年工作。研究深化改革开放、推进统筹发展、加快城乡一体化进程的总体思路、工作重点和主要措施。

2010 年 2 月 24 日，中共松阳县八届九次全体（扩大）会议暨全县干部大会在县委党校大会堂召开。会议的主题是回顾总结 2009 年工作，研究部署 2010 年工作。动员全县上下进一步解放思想，深化改革开放，把握“兴产业、聚人口”两大关键，把谋发展与惠民生、扩总量与调结构有机结合，全面推进“两区”建设，加快城乡统筹发展，努力推动松阳经济社会平稳较快健康发展。2010 年 8 月 12 日，中共松阳县八届十次全体（扩大）会议召开。会议的主题是总结上半年工作，部署下半年工作。会议要求，全县上下要以科学发展观为统领，继续解放思想，建设生态文明、促进转型升级，奋力完成全年目标任务，开创“两区”建设新局面。

第九节　中共松阳县乡镇代表大会

1949～1992年乡镇党代会

1956年6月，中国共产党松阳县第一次代表大会在西屏镇召开，选举产生中共松阳县第一届委员会。各乡镇嗣后召开党代会。1958年11月，松阳县建制撤销，并入遂昌县。

1966年秋，各区、公社（镇）党组织受到“文化大革命”全面冲击，被迫停止活动。1970年5～10月，各区陆续建立党的核心小组，各公社经过“整党”，召开党代会或党员大会，恢复党的活动，随之建立党委。

1982～1987年，各乡镇均召开2届党代表大会，分别选举产生本届党委会。

1988～1993年，全县各乡镇党委首尾经历三届。继1987年3～4月各乡镇换届选举产生的党委续任至1990年3月届满后，全县27个乡镇相继召开党代会进行换届选举，产生新一届党委。

1992～2010年乡镇党代会

1992年5月，县委重新组建西屏镇、古市镇、玉岩镇、大东坝镇、象溪镇5个镇党的领导机构和镇纪委。设立各镇临时工作委员会和指导组，筹备成立各镇人民政府。6月上旬，依法选举产生各镇人民政府镇长、副镇长。经过撤区扩镇并乡后的15个乡全部建立乡党委、纪委组织。次年1月，县委任命15个乡党委和纪委领导人。

1992年5月，中共松阳县委下属20个乡镇党委、纪委，分别是中共西屏镇、古市镇、玉岩镇、大东坝镇、象溪镇、望松乡、斋坛乡、叶村乡、三都乡、四都乡、竹源乡、赤寿乡、新兴乡、樟溪乡、新处乡、谢村乡、枫坪乡、安民乡、裕溪乡、板桥畲族乡委员会和纪律检查委员会。

1993年3月始，全县各乡镇先后召开党代会，选举产生新一届乡镇党委、纪委。

1994年1月至2000年6月，20个乡镇党委经历3届，1995年12月至1996年1月、1999年1～2月，各乡镇党委进行2次换届选举。

2006年1月至2010年12月，20个乡镇党委经历两届，除望松乡于2006年6月6日进行试点换届选举外，其他各乡镇党委均于2006年9月进行换届选举。

1988～2010年中共松阳县各乡镇代表大会情况表

表 20-2-9-1

乡 镇	届 数	时 间	正式代表人数（人）
西屏镇	第六届	1988.01～1990.04	不详
	第七届	1990.03～1993.03	50
	第八届	1993.03～1996.01	128
	第九届	1996.01～1999.01	147
	第十届	1999.01～2002.01	142
	第十一届	2002.01～2006.09	128
	第十二届	2006.09～2010.12	137
阳溪乡	第六届	1988.01～1990.03	不详
	第七届	1990.03～1992.05	53
水南乡	第六届	1988.01～1990.03	不详
	第七届	1990.02～1992.05	52
望松乡	第六届	1988.01～1990.03	不详
	第七届	1990.03～1993.03	50
	第八届	1993.03～1996.02	53
	第九届	1996.02～1999.01	78
	第十届	1999.01～2002.01	63
	第十一届	2002.01～2006.06	48
	第十二届	2006.06～2010.12	49
三都乡	第五届	1988.01～1990.03	不详
	第六届	1990.03～1993.03	44
	第七届	1993.03～1996.01	49
	第八届	1996.01～1999.01	65
	第九届	1999.01～2002.01	56
	第十届	2002.01～2006.09	45
	第十一届	2006.09～2010.12	不详
四都乡	第五届	1988.01～1990.03	不详
	第六届	1990.03～1993.03	84

续表 20-2-9-1-1

乡 镇	届 数	时 间	正式代表人数（人）
四都乡	第七届	1993.03～1996.02	47
	第八届	1996.02～1999.02	58
	第九届	1999.01～2002.01	54
	第十届	2002.01～2006.09	40
	第十一届	2006.09～2010.12	44
斋坛乡	第六届	1988.01～1990.03	不详
	第七届	1990.03～1993.03	50
	第八届	1993.03～1996.02	62
	第九届	1996.02～1998.12	67
	第十届	1998.12～2002.01	66
	第十一届	2002.01～2006.09	44
	第十二届	2006.09～2010.12	46
叶村乡	第五届	1988.01～1990.03	不详
	第六届	1990.03～1993.03	48
	第七届	1993.03～1996.02	51
	第八届	1996.02～1999.01	48
	第九届	1999.01～2001.12	54
	第十届	2001.12～2006.09	45
	第十一届	2006.09～2010.12	48
竹源乡	第五届	1988.01～1990.03	不详
	第六届	1990.03～1993.03	42
	第七届	1993.03～1996.01	42
	第八届	1996.01～1999.01	57
	第九届	1999.01～2002.01	51
	第十届	2002.01～2006.09	41
	第十一届	2006.09～2010.12	43
古市镇	第五届	1988.01～1990.03	不详
	第六届	1990.03～1993.03	50

续表 20-2-9-1-2

乡 镇	届 数	时 间	正式代表人数（人）
古市镇	第七届	1993.03～1996.02	92
	第八届	1996.02～1999.01	111
	第九届	1999.01～2002.01	98
	第十届	2002.01～2006.09	57
	第十一届	2006.09～2010.12	57
岗寺乡	第五届	1988.01～1990.04	不详
	第六届	1990.04～1992.05	55
赤寿乡	第五届	1988.01～1990.01	不详
	第六届	1990.03～1993.03	60
	第七届	1993.03～1996.02	67
	第八届	1996.02～1999.01	84
	第九届	1999.01～2002.01	71
	第十届	2002.01～2006.09	47
	第十一届	2006.09～2010.12	50
新兴乡	第五届	1988.01～1990.03	不详
	第六届	1990.03～1992.12	60
	第七届	1992.12～1996.02	60
	第八届	1996.02～1999.01	66
	第九届	1999.01～2002.01	66
	第十届	2002.01～2006.09	48
	第十一届	2006.09～2010.12	49
樟溪乡	第五届	1988.01～1990.03	不详
	第六届	1990.03～1993.03	60
	第七届	1993.03～1996.02	62
	第八届	1996.02～1999.01	74
	第九届	1999.01～2002.01	59
	第十届	2002.01～2006.09	46
	第十一届	2006.09～2010.12	50

续表 20-2-9-1-3

乡　镇	届 数	时 间	正式代表人数（人）
谢村乡	第五届	1988.01～1990.03	不详
	第六届	1990.03～1993.03	44
	第七届	1993.03～1996.01	44
	第八届	1996.01～1999.01	60
	第九届	1999.01～2002.01	50
	第十届	2002.01～2006.09	42
	第十一届	2006.09～2010.12	不详
新处乡	第五届	1988.01～1990.03	不详
	第六届	1990.03～1993.03	51
	第七届	1993.03～1996.02	53
	第八届	1996.02～1999.01	65
	第九届	1999.01～2002.01	50
	第十届	2002.01～2006.09	42
	第十一届	2006.09～2010.12	42
象溪镇	第六届	1992.05～1993.03	不详
	第七届	1993.03～1996.02	85
	第八届	1996.02～1999.01	90
	第九届	1999.01～2002.01	91
	第十届	2002.01～2006.09	59
	第十一届	2006.09～2010.12	52
靖居乡	第五届	1988.01～1990.03	不详
	第六届	1990.03～1992.05	53
雅溪乡	第五届	1988.01～1990.03	不详
	第六届	1990.03～1992.05	55
板桥畲族乡	第五届	1988.01～1990.03	不详
	第六届	1990.03～1993.03	49
	第七届	1993.03～1996.01	54
	第八届	1996.02～1999.01	65

续表 20-2-9-1-4

乡 镇	届 数	时 间	正式代表人数（人）
板桥畲族乡	第九届	1999.01～2002.01	49
	第十届	2002.01～2006.09	44
	第十一届	2006.09～2010.12	36
裕溪乡	第五届	1988.01～1990.03	不详
	第六届	1990.03～1993.03	56
	第七届	1993.03～1996.02	54
	第八届	1996.02～1999.01	61
	第九届	1999.01～2002.01	51
	第十届	2002.01～2006.09	42
	第十一届	2006.09～2010.12	45
玉岩镇	第五届	1988.01～1990.04	不详
	第六届	1990.03～1993.03	50
	第七届	1993.03～1996.02	79
	第八届	1996.01～1999.01	75
	第九届	1999.01～2002.01	75
	第十届	2002.01～2006.09	55
	第十一届	2006.09～2010.12	48
交塘乡	第五届	1988.01～1990.04	不详
	第六届	1990.03～1992.05	43
枫坪乡	第五届	1988.01～1990.03	不详
	第六届	1990.03～1993.03	50
	第七届	1993.03～1996.01	52
	第八届	1996.01～1999.01	66
	第九届	1999.01～2002.01	59
	第十届	2002.01～2006.09	45
	第十一届	2006.09～2010.12	46
大东坝乡	第二届	1988.01～1990.03	不详
	第三届	1990.03～1992.05	45

续表 20-2-9-1-5

乡　镇	届 数	时 间	正式代表人数（人）
大东坝镇	第四届	1993.03～1996.02	82
	第五届	1996.02～1999.01	82
	第六届	1999.01～2002.01	82
	第七届	2002.01～2006.09	56
	第八届	2006.09～2010.12	56
石仓乡	第二届	1988.01～1990.04	不详
	第三届	1990.04～1992.05	50
蛤湖乡	第二届	1988.01～1990.03	不详
	第三届	1990.03～1992.05	50
安民乡	第五届	1988.01～1990.04	不详
	第六届	1990.03～1993.03	66
	第七届	1993.03～1996.01	73
	第八届	1996.01～1999.02	58
	第九届	1999.01～2002.01	52
	第十届	2002.01～2006.09	41
	第十一届	2006.09～2010.12	48

说明：1988年前资料不详

第三章　县委决策活动

中共松阳县委自建立后，即以执政党的地位肩负起领导全县人民建设新政权、发展国民经济的历史使命。根据党中央、省委、地（市）委指示，贯彻党的工作方针、政策，制定完善议事规则，加强调研、信访、保密、关心下一代等工作，适时作出正确决策，开展活动，在政治建设、经济建设、社会建设、文化建设、生态建设等方面取得重大成就。

第一节　决策活动

政治建设类

建立各级组织　中华人民共和国成立后，松阳县委先后建立县委工作机构，有秘书处（办公室）、组织部、宣传部、文化教育部、纪律检查委员会、监察委员会、民运部、调查研究室、财政经济委员会、财政贸易部、农业委员会、农村工作委员会、农业生产互助合作部、城镇工作委员会、统一战线工作部、供销手工业部、工业交通部、干部学校、肃反五人小组、审干领导小组、松阳报社、机关党总支（机关党委）、区乡镇村党组织等；政权系统有县人民政府党组、县人委党组、政法党组、财贸党组、供销手工业党组等；军事系统有兵役局党支部等；群团组织有工会、妇联、共青团等；企事业单位有靖居煤矿、造纸厂、第一中学、第二中学、县人民医院等。

对区、乡、镇（公社）区域划分变动　1949 年 8 月，全县划分为 4 个区，设置 21 个乡、镇，乡镇辖行政村。行政村建立村政府，自然村设村民小组。至此，结束旧政权在 1933 年设立的保甲制度。1950 年春，把 4 个区冠以地名，21 个乡镇扩划为 43 个乡镇。之后，区、乡镇划分变动多次。1958 年 11 月，松阳县并入遂昌县。1982 年 1 月 30 日，恢复松阳县制。时松阳县设古市、松阳、靖居、玉岩、大东坝 5 个区，2 个镇，25 个乡。1992 年 5 月，撤销区建制，扩建为西屏、古市、象溪、大东坝、玉岩 5 个镇，合并 5 个乡，保留 15 个乡。至 2010 年末，全县共设 5 个镇、15 个乡、401 个行政村。

整党整风　1978 年 8 月，县委发出《今冬明春开展整党的决定》。整党整风分三步进行：第一步思想整顿，抓住统一思想、揭矛盾、开展大批判、开展批评和自我批评四个环节。第二步抓组织整顿。建设好领导班子，积极慎重发展新党员，按照中央文件和党章的规定做好犯错误党员工作。整顿好大队管委会、贫协、共青团、妇联和民兵组织。第三步，建立和健全“三会一课”制度，推广干部“五带头”方法，以及不行贿受贿，不乱支挪用，不请客送礼，不搞特殊化，不在子女参军、升学、招工等问题上“走后门”，带头移风易俗等制度，向群众公布，接受群众监督。整党整风在各级党委领导下进行。县委党校在 1978 年冬至次年春对大队党支部书记培训 1 次，各公社对全体党员集训 1 次。

首次县党代会确定两年党的中心任务　1956 年 6 月 1～6 日，中共松阳县委第一次代表大会确定今后两年全党的中心任务。代表大会决定，在 1956 年 7 月末前，全县基本上完成社会主义的农业合作化；并加强党对农业合作化的领导，经过整党建党、整社建社，挖掘生产潜力，改善经营管理，保证完成和超额完成 1956、1957 两年工农业生产指标。农村工作贯彻执行“以合作化为中心，开展农业全面增产运动”的方针；城镇工作贯彻执行总路线，抓住手工业和私营资本主义工商业的社会主义改造，搞好生产经营，为农村经济服务。在此前提下，互相协作，分别不同时期，确定重点，结合做好经济贸易、文教卫生、交通运输、治安保卫，以及党的建设工作和其他各项工作，任何脱离中心、脱离实际、各自为政、乱箭齐发、擅作主张独断独行等做法都是错误的，必须防止。

创办松阳报　1956 年 9 月，县委发出《关于创办〈松阳报〉的通知》，10 月 1 日首刊。1958 年 9 月 11 日，《松阳报》改称《松阳日报》；至 10 月 26 日，因并县，《松阳日报》发行至第 223 期后停刊。2000 年 10 月，创办县级党报《松阳报》，由中共松阳县委主管主办。2003 年 12 月 31 日撤办。

松陽報

中國共產黨浙江省松陽縣委員會機关報

創刊號

1

星期一

中國共產黨第八次全國代表大會勝利閉幕

選出新的中央機構

關於創辦「松陽報」的決定

我縣基本上實現了高級合作化

图 20-3《松阳报》创刊号（县档案馆提供）

2005 年 1 月 1 日，《新松阳》创刊，由县委报道组负责办刊工作。10 月，设立《新松阳》采编中心，与县委报道组合署办公。2006 年 1 月 1 日，《新松阳》出刊 100 期，启用新刊头，新松阳采编中心正式挂牌。

2010 年 7 月 28 日下午，举行中国松阳新闻网开通仪式。松阳县从 2009 年 2 月着手筹建中国松阳新闻网，由县委宣传部主管，新松阳采编中心主办。中国松阳新闻网开设新闻在线、松阳概况、媒体松阳、快讯松阳、茶乡松阳、山水松阳、文化松阳、独山论坛等 17 个频道。至开通日止，已录入文章 3000 余篇，浏览 1 万余人次，每日图文发稿量 60 余篇。

改进县委领导方法　1957 年 3 月 8 日，县委办发出《关于改进县委领导方法的决定（草案）》。4 月 6 日，县委常委会研究通过改进县委领导方法的决定开始执行，决定有六条。即进一步健全县委的集体领导与个人负责相结合的制度。建立定期的会议制度，县委常委会每星期举行 1 次，县委全会每季度召开 1 次。加强调查研究，改进领导作风，充分发挥县委各部门和县人民委员会党组的组织作用。健全党的正常的民主生活，提倡批评和自我批评，经常交流思想。县委各委员每半月参加 1 次党的小组会，每季度召开 1 次党的生活会，改进领导，转变作风。加强政治理论学习和文化学习，规定每星期至少有 1 天时间学习理论，每月集体讨论 1 次。

开展征集革命历史档案工作　1957 年 1 月 23 日，县委发出《关于开展征集革命历史档案工作的报告》并开始征集工作。

执行“三七制”领导方法　1960 年 6 月 6 日，县委作出《关于执行“三七制”领导方法的规定》，即每十天研究安排工作，每旬的头三天为县、公社、管理区各自学习和检查部署工作的时间，后七天是到生产队搞样子、作调查、参加生产的时间；三级干部携手到队，加强第一线领导；干部关心群众生活，注意工作方法，勤恳敬业为人民服务；干部积极、认真地学习毛泽东思想以及党的方针、政策，加强调查研究，发挥党委参谋的作用。

全面平反冤假错案　从1978年开始，根据“实事求是，有错必纠”的原则，平反冤假错案。详见第十九编“政治体制改革”第二章“民主法制建设”第一节“法治松阳”。

为“四类分子”摘帽　1978～1983年末，对松阳区域范围内的2441名地主、富农、反革命分子、坏分子（通称“四类分子”）进行全部摘帽。

建设县烈士陵园　松阳解放后在西屏镇云岩山建烈士墓。1972年，烈士墓移至县城西屏山中。1989年，在西屏山西北角建成松阳县烈士陵园。

加强党同人民群众的联系　1990年5月，县委第四次代表大会作出加强党同人民群众联系的实施意见。“意见”规定：实行机关干部深入基层的制度，加强同人民群众的联系。县委常委继续实行联系区镇的制度；坚持机关干部深入基层调查研究制度；坚持县机关部门联系乡镇制度；坚持县每年统一组织3～4批机关干部下基层，协助乡镇和厂矿开展中心工作制度；进一步执行乡镇机关干部管线包片联村的工作制度；实行机关干部参加劳动制度。发扬民主作风，积极疏通和拓宽联系人民群众的渠道。通过人大组织，广泛听取人民代表的意见；通过政协组织，及时地就重要决策和事项进行政治协商；发挥工会、共青团、妇联和其他群众团体在党群联系中的桥梁和纽带作用；加强信访工作；领导干部要在工人、农民、知识分子中交结朋友。推进廉政建设，更加取信于民。

制订鼓励台湾同胞投资的规定　1991年8月26日，出台《关于鼓励台湾同胞投资的暂行规定》。

人事劳动等制度改革　1993年始，对全县党政机关和事业人员按照《国家公务员考核暂行规定》进行年度考核，按结果晋升工资。劳动用工制度改革，进一步落实企业用工自主权和劳动者择业自主权。社会保险制度改革，制定《松阳县个体工商户、私营企业从业人员养老保险办法》。1994年，实行养老金计发办法的改革，打破企业所有制和职工身份的界限，统一收缴比例和享受待遇。1996年，制定《松阳县贯彻失业保险条例的办法》。1997年，制定《企业女职工生育保险和工伤保险方案》。至1997年末，全县参加养老保险的单位有292家，在职职工6480人，离退休人员1107人，每月发放养老金近50万元；参加失业保险单位228家，职工6706人。推进机关、事业单位工资制度改革。实施间隔二年职务工资普调，逐步制定实施工资制度运行后的相关政策规定。开展企业工资内外收入监督检查，推进最低工资保障制度。

企业产权制度改革　1993年10月12日，县委、县政府制定《关于加快松阳县企业产权制度改革的实施意见》。1996年12月26日，制定《关于深化企业产权制度改革的若干意见》。全县有50家县局企业完成以股份合作制为主要形式的企业产权制度改革，占总数的95%。

实施逐级上访制度　1994年1月1日，制定实施《松阳县逐级上访制度》。

组建反腐败斗争联席会议　1994年3月21日，建立中共松阳县委、县人民政府反腐败斗争联席会议及其办公室。

图 20-4　中青年干部培训班开学典礼（县档案馆提供 1992 年）

举办青干班　1984 年，首次举办中青年干部培训班。至 2010 年，共举办 17 期青年干部培训班，参训人员千余人次。

推行“两公开”制度和“办实事工程”　1998 年 5 月 21 日，县委、县政府召开推行“两公开”制度（政务、财务公开）和开展“办实事工程”活动动员大会。此后至 2010 年，两项工作一直持续。

开展机关效能建设　2003 年 12 月开始，松阳县开展机关效能建设活动。2004 年 3 月 22 日，县委、县政府召开有 5000 多人参加的机关效能建设动员大会。2004 年 3 月 24 日，县委作出《关于开展机关效能建设的决定》，在全县乡镇及县直机关和有行政管理职能的事业单位开展机关效能建设。

政务公开　2004 年 8 月 12 日，县委制定《关于进一步推行政务公开制度的实施意见》。要求全县所有行政机关、参照公务员制度管理的事业单位、具有部分行政管理或审批职能的事业单位都要实行政务公开，学校、医院以及供水、电力、公共交通等公用事业单位要实行公开办事制度。政务公开遵循合法原则、效率原则和监督原则，内容包括政务公开事项和办事公开事项。

高标准建设农村党员活动场所　2005 年，采取村级自筹、党费划拨、财政支持、联村单位帮扶等措施，投入资金累计 1000 余万元，新建和扩建 80 多个集规范化、多功能、网络化于一体的农村党员活动场所。按照内容齐全、布局合理、统一规范、美观实用的原则，对农村党组织建立健全 20 余项规章制度。各村的活动场所都有室牌、党旗、入党誓词、党员权利义务、制度、桌椅、“五册两簿”、学习园地等。在有条件的 20 个村布置样板支部活动室，把所有制度全部实行彩色喷绘上墙，组织全县农村党支部书记现场参观学习。

全县新建和扩建的 80 多个村级组织活动中心达到有办公室、党员活动室、图书室、文化娱乐室、群团工作室、档案室、农民文化技术学校，并配有宣传栏和公开栏。在 200 余个村级阵地建立电教播放网点，配齐电视机、VCD、功放机等电教设备，培训专兼职播放员。

探索党内无候选人直接选举村支部书记　2005 年 3 月 11 日，通过党内外民主推荐测评、召开党员大会、竞选演讲等形式，在叶村乡寺岭下村党支部换届采取无候选人直接选举产生村党支部书记的方式，公开选出全市、全县第一位“海选”村支书。

重要情况通报和报告的规定　2005 年 8 月 5 日，县委七届六次全体扩大会议作出《中共松阳县委关于重要情况通报和报告的规定》，规定分 5 章 19 条内容。

反腐倡廉教育　2005 年 11 月 15 日，县委印发《松阳县构建惩治和预防腐败体系实施方案》。要求党政机关、部分企事业单位和乡镇机关、农村发挥党风廉政建设宣传教育联席会议制度的作用，营造反腐倡廉大宣教格局。把中央《实施纲要》、省委《实施意见》、市委《具体办法》和《“三个代表”重要思想反腐倡廉理论学习纲要》纳入各级党委（党组）理论中心组学习内容，并进行专题研讨；坚持“三要求、六教育、六制度、五监督、八改革、四惩治”原则，开展反腐倡廉教育。

完善经济社会发展重大事项决策机制的规定 2006年7月27日，县委七届十次全体扩大会议作出《中共松阳县委关于完善经济社会发展重大事项决策机制的规定（试行）》，规定分5章。

确定三县并举发展战略和五年工作奋斗目标 2006年12月8～12日，县委第八次代表大会确定“生态立县、工业强县、开放兴县”发展战略。奋斗目标是综合实力跃上一个新台阶。力争到2011年，全县生产总值、财政总收入分别比2006年翻一番；累计完成全社会固定资产投资80亿元；工业总产值80亿元；三次产业结构调整为17∶43∶40；单位生产总值能耗下降20%。城市化进程迈出坚实步伐。初步形成西屏、古市一主一副组合城市基本框架，县城建设从“新华路”时代迈向“江滨”时代。到2011年，建成区面积扩大到10平方千米以上，城市化率达到45%以上，城市的集聚、辐射和服务功能进一步提升；发展的活力进一步增强。改革开放力度继续加大，市场体系逐步完善；行政服务效率明显提高，发展环境继续优化。企业发展的内在动力充分激活，国有运营公司的资金运作能力、乡镇的自我发展能力全面提高。社会主义新农村建设扎实推进，城乡活力明显增强。

在非公有制企业建立党组织 2007年始，在非公有制企业中按照“五个一”的要求（一个活动室、一块公示栏、一块标志牌、一面党旗和一个党建制度），规范非公有制企业党建工作。2010年，松阳县258家非公企业，其中建立党组织的有47家。

落实“三新”目标，开展“三创”“三年”工作 为改变县域经济实力处于全国中小水平的局面，县委决定2007年各项工作围绕“主导产业新提升、城市建设新推进、农村面貌新变化”的“三新”目标而开展。制定《关于开展“百姓创家业、能人创企业、干部创事业”活动的实施意见》，对开展“三创”活动的重要意义、指导思想、目标要求、重点内容、实施步骤和活动要求作了明确和部署。4月11日，县委办发出《关于在全县开展“作风建设年”活动的实施意见》，“作风建设年”同时开展“项目落实年”和“工业服务年”等“三年”工作。

推进创业富民创新强县的决定 2008年2月14日，县委八届五次会议暨全县干部大会审议通过《中共松阳县委关于认真贯彻党的十七大精神，扎实推进创业富民创新强县的决定》，决定全文分7个部分，共23条。

建立健全惩治和预防腐败体系 2008年11月，制定《松阳县建立健全惩治和预防腐败体系2008～2012年工作要点及责任分工》。内容为加强教育预防、完善反腐倡廉制度体系、强化监督制约、深化作风建设、深化反腐倡廉体制机制改革、坚决惩治腐败、切实抓好《工作要点》的贯彻落实7大项100条，逐条落实到相关责任单位。

县委书记大接访工作 2009年，深化“县委书记大接访”活动，制定《关于领导干部定期接待群众来访的意见》《关于把矛盾纠纷排查化解工作制度化的意见》等文件，做好维稳形势研判、矛盾纠纷排查和安全隐患排摸工作，推进“法治松阳”“平安松阳”建设。

经济建设类

建立财政税收新体制 1949年5月，成立财粮科，主管全县财政收支和粮食征收工作。1950年4月，建立松阳县税务局。1958年，财政和税收机构合并为财税局。对财政体制和财政管理、税收

体制和税收管理方面进行改革和创新，逐渐完善和建立“上一级统收统支”“本级收支自负”“收入分类分成，差额补助”“以收定支，确定收支比例”的财政体制。

治理松阴溪工程和兴修渠道　1949年7月县委建立后，组织群众修建松阴溪五里亭堤、南门大堤、五亩堤工程。1952～1956年，重点抢修加固岗寺乡黄圩大堤。1976年1月，成立治理松阴溪工程规划组。治理工程第一期，从遂昌资口到水南踏步头村，把34.1千米的旧河弯道取直为26.9千米；第二期工程向下延伸至王田圩河段。

1977年9月8日，成立治理松阴溪工程指挥部。至1992年，松阳县共治理主要支流28条，总长94.47千米。修建江南渠道等大小渠道3000多条，松古盆地的有效灌溉面积从1949年的2万亩增加到1992年的15.53万亩。（详见专记《松阴溪治理纪略》）

建设城乡防洪工程　古市镇、西屏镇地面高程普遍低于松阴溪洪水位。民国元年（1912）和1955年，分别发生百年一遇和50年一遇洪灾，洪峰流量分别达到5200立方米/秒和4250立方米/秒。1949年7月后，陆续建成谢村源等中小水库38座，总蓄水量5233.45万立方米，利于灌溉、发电，防汛抗洪。1977年开始，松阴溪两岸建成总长63千米防洪堤，保护两岸11个乡镇94个村庄及5万多人口的安全，保证2400多公顷田地灌溉所需。至2003年度，共投入资金6100多万元，在县域建成高标准堤防9.25千米，形成城区50年一遇的防洪保安体系。2003年，在县城西屏镇南面松阴溪段建成水力自动翻板坝1座，形成47万平方米的人工“生态湖”，结合古樟树保护，建成5000平方米的“在河舟”生态岛和3万平方米的生态滩。建成的城乡防洪工程和江滨公园工程被评为丽水市十大标志性建筑。2005年11月25日，浙江省海洋与渔业局把松阳县西屏镇城防工程人工湖（白龙堰至翻板坝）列为禁渔区。在小流域的相关河段，兴造庄门源、竹溪源、斋坛湖、玉岩、溪下、梧桐源、十三都源、十二都源、茅溪坑、六都源、东坞源小流域防洪堤。至2010年，防洪堤总长度1141.7千米。

工业经济体制改革　1949～1951年，按国家税法规定对私营企业征税。1952～1955年，工业以联营和合作型企业为主，国营工业企业占少数。经理或厂长负责。联营或合作企业收益向国家缴纳税金。国营企业从计划利润和超计划利润中按不同行业分别提留奖励基金。提取企业奖励基金后的利润，全部上缴财政。1956年，私营、联营企业改造为公私合营后，按股分红改为支付定息。1957年6月，厂长负责制改为党委集体领导下的厂长负责制。1958年，废除提取企业奖励基金制度，实行利润提成，生产任务由县计划委员会下达。1962年，规定完成国家批准的主要产品产量等6项年度计划指标后，可按工资总额的3.5%提取企业奖励基金。没有完成的，每缺一项，少提六分之一。1969年开始，奖励基金与职工福利基金合并，按工资总额11%提取职工福利基金，企业实现的利润全部上交。全民所有制企业，盈亏国家统负。1977年，开展“工业学大庆”、增产节约运动，恢复和建立健全规章制度。

1978年后，对企业一是整顿扩权，二是利改税。从1983年6月始，在总结试点的基础上，对国营工业企业实行第一步利改税，企业上缴利润改为征收所得税。三是实行厂长负责制。从1985年开始，在国营工业企业中分期分批实行厂长负责制。让厂长（经理）放开手脚，大胆领导企业的生产经营活动。四是承包经营。1990年以后，以增强企业活力、转换企业经营机制为重点，制定发展工业的一系列政策措施，重点落实企业内部改革措施配套，建立企业风险基金，完善企业承包经营责任制，兑现承包到期企业合同，落实第二轮承包经营。1992年，在国有工业企业中对用工制度和分配制度改革，实行优化劳动组合，强化企业管理，推进企业改革。1994年6月，制定《关于鼓励个体私营经济发展的若干规定》。1995年5月，颁布《关于加快工业经济发展的决定》，把工业放在重中之重的战略位置，提出发展个体私营、股份合作工业三条措施。1996年4月，制定《松阳县国民经济和社会发展“九五”计划和2010年远景发展规划》，提出实施工业小区战略、引进战略、实现规模和效益战略，发展第三产业；加速发展外放型经济。1997年1月，县委五届八次全会扩大会上提出，加大改革力度，以产权制度改革为重点，采取股份合作制、兼并、联合、租赁、破产等多种形式，转换企业机制，盘活资产存量。2006年12月，县八届党代会提出对企业发展的内在动力充分激活。2008年2月，县委八届五次代表会提出要加快建设全民创业型社会，培育工业50强企业。加快推进区域创新体系建设，深化改革，不断完善有利于企业创新的体制机制。

大兴农田水利建设 从20世纪50年代初始，县委根据旱涝频发的县情，决定投工投资、修复堰坝、建蓄水山塘水库等大兴农田水利建设。1956年10月18日，四都源水库破土动工，1958年11月竣工，为县内第一座蓄水百万立方米以上的水库。1970年10月15日，东坞水库工程开工，电站装机容量1125千瓦，1978年8月，第一台机组发电。1991年1月24日，县内最大的水利工程谢村源水库工程破土动工。1994年4月28日，水库下闸蓄水，可灌溉农田6.5万亩，配套电站装机1.6万千瓦。此外，修建梧桐源、六都源等大小水库31座，10万立方米以下塘库1054座。2010年，建设黄南水库、松阳溪防洪排涝工程、松古平原水资源配置（南水北调）。

林业体制改革 林业体制改革第一阶段，山林土改。解放前松阳县山林权属，除宗族、寺庙、官山、风水林及无主山外，皆属个体所有，并为少数人控制。县委在1950年12月至1954年4月的土地改革运动中，没收地主山林，征收祠庙、教会、团体的山林和工商户及富农出租的山林，除分给农民外，部分山林收归国有。第二阶段，山林入社。1957年春，在全县合作化高潮中，也宣布山林“入社”。1962年，在原松阳范围内，对山林所有权的确定分三种，一是归大队所有，划片给生产队经营，收益由大队统一分配；二是大多归生产队，向大队上交小量积累，大队保留小部分；三是全部归生产队所有，收益除上交大队小量的积累和偿付林主报酬外，全由生产队自行分配。第三阶段，稳定山林权，划定社员自留山，落实生产责任制，简称林业“三定”。1982年8月12日，县成立林业“三定”工作领导小组。9月，在三都公社（乡）进行试点。9月上旬，召开山区工作会议，组织县、区、社党政干部和林业系统的业务干部1000多人，到各地开展“三定”面上工作，至1984年6月下旬结束。

发展茶产业 1951年，决定“立即恢复培植原有荒芜茶园，改进技术，提高品质，逐渐扩大茶叶生产”。在横溪村大木山、山下阳村、半古月村、楼塘村、程田村、铺门村、乌形山村等村，发展茶叶近千亩。1972年，提出全县开辟一万亩高标准、高质量新茶园目标。1982年2月28日，用半古月村谢猴山茶叶制成成品，3月2日取名“银猴”茶，8月4日全省名茶评比，松阳“银猴”茶

获一等奖。1985 年，在乌形山村开办茶厂。1988 年，对开发良种茶园和改造老茶园分别予以贴息贷款。2001 年，成立松阳县茶叶化办公室（2007 年改称松阳茶叶产业办公室），制定出台扶持茶叶产业的优惠政策。1993 年 2 月，举办松阳名茶品尝会。2002 年后，组织松阳茶叶推介会，每年拨专款奖励十大流通大户。2008 年 3 月开始，每年投入 600 余万元，举办松阳银猴开茶节暨中国茶商大会松阳茶叶节。至 2010 年，茶园面积 10 多万亩，产量 9050 吨，产值 4.22 亿元，茶产业对全年农业产值增长的贡献率达 79.4%。

发展烟产业　1991 年 10 月，县提出“振兴松阳晒红烟，全县烟叶种植面积稳定在万亩左右”的目标。2000 年后，对烟农签订扶持烟叶生产合同。2010 年，全县烟田面积有 300 余亩。

发展蚕桑业　1956 年，设立县蚕桑推广委员会。1960 年，全县桑园 6179 亩，产茧 12.4 吨。1980 年，对发展新桑园每亩补贴 20 元。1992 年，桑园面积 9861 亩，养蚕种 18508 张，蚕茧总产 5870 吨。桑叶促进丝绸发展。1980～1991 年，全县建 7 家丝绸厂，年产总值 530 万元，创利 76 万元。1987 年，建立县缫丝厂，年产白厂丝 35 吨，产值 459 万元。1989 年，出口白厂丝 11 吨，创汇 44 万美元。2010 年，全县桑园面积 800 亩，饲养蚕种 783 张，蚕茧产量 31 吨。

农业增产运动　1952 年 1 月，县委召开农村工作会议，号召开展以“组织起来，改进技术，发展生产”为中心任务的农业增产运动。

发展水电业　1955 年开始，规划建设松阳小水电。1958 年 9 月、1959 年 10 月先后建成赤岸村北隅、谢村小水电站。20 世纪 60 年代，相继在玉岩、石仓等山区建成枫坪、召楼、大潘坑、大东坝、下宅街等 17 座小水电站，装机总量 250 千瓦。70 年代，先后建成东坞、梧桐源等一批装机 100 千瓦以上的小水电站，建成玉岩枫坪、石仓等山区装机 75 千瓦以上的引水式电站。10 年间，全县共兴建小水电站 128 座，总装机容量 5887 千瓦，年发电量超过 1300 万千瓦时。80 年代，建成青石坝、大石汇等一批装机 500 千瓦以上的小水电站。1987 年开始，推广建成 14 座微型水轮机发电，总装机 20.65 千瓦。至 1992 年末，全县建成水电站 37 座，装机 59 台，总装机容量 7897 千瓦。1990 年 2 月，成立县农村水电初级电气化领导小组。1991～1994 年，全县农村水电建设累计投入资金 3088.98 万元（其中国家拨改贷资金 310 万元，县自筹资金 1878.98 万元，银行贷款 900 万元）。

图 20-5 东坞水库一号渡槽（县档案馆提供 1992 年）

修建港玉公路　1956 年 8 月，港（口）玉（岩）公路第一期工程港口至大东坝段开工，1958 年 12 月竣工，全长 12.3 千米。1985 年 5 月，重新修建港玉公路，共投资 140 万元，1986 年 5 月竣工，全长 15 千米。

发展传统优势产业　一是香菇。1979 年在枫坪公社根下、山乍口大队建立香菇生产基地后，引入香菇人造袋露地栽培技术。1982 年，成立县食用菌协会、开发公司、食药用真菌菌种管理站。1991

年，成立食用菌办公室。1993年，成立食用菌研究所，从事食用菌的研究、推广、生产、协调工作。1992年，全县食用菌620万袋，产量215吨。2010年，食用菌6552万袋，产量4934吨，产值2亿元。二是油茶。1985年全县油茶达万亩，产油432吨，是浙江省油茶基地县之一。1991年，面积11.8万亩。2010年，制定油茶产业发展规划，改造油茶1.2万亩，新建油茶基地1061亩。三是香榧。在1300年前后，香榧从福建引进。1970年，松阳县产香榧25吨。2010年，县制定香榧产业发展规划，成立香榧产业协会，设立香榧产业发展资金175.47万元，追加香榧产业资金扶持100万元。香榧种植面积超过2万亩。全县农、林、水产品、水（干）果、高山蔬菜、中药材、工艺品等名、特、优、新、稀传统优势产业（品）保持稳定发展。

推行联产承包责任制　1980年11月，联溪公社9个生产大队37个生产队首先实行包产到户形式的生产责任制，被强行纠正。1983年8月，全县2891个生产队全部实行包干到户形式的生产责任制，承包集体耕地农户43256户，承包耕地面积164275亩。1984年1月后，进一步完善家庭联产承包责任制，大田承包期延长到15年以上，当年粮食总产12.49万吨，创历史新高记录。茶、桑、果等经济作物，鱼塘、村办企业也逐步推行联产承包。1990年，全县农业承包合同68176份，全部兑现的占66.64%。农民平均年收入从1984年的256元，提高到1992年的731元。

建设跨溪钢混大桥　松阳县境内60.5千米、流域1303.57平方千米的母亲河松阴溪，自西北而东南，将县境乡村几近等半切开。有史以来，两岸人民交往，全仰木桥、木渡，交通运输甚是不便。1972年，在西屏南门建成县境内首座钢混大桥。1982～2010年，陆续建成松州大桥等29座钢混大桥。

放开木材市场　1985年4月，取消木材派购任务，放开木材市场，允许林农和集体木材自由上市场议价交易，自主材（商品材）凭票流通，形成以县木材公司为主的国营、集体、个人多头经营的局面，木材价格随行就市。1987年9月25日，木材仍由林业部门统一管理和进山收购、多渠道经营，并全面清理整顿木材购销个体户。至1992年末，全县有12个乡设立林业工作管理站，西屏、古市两地设木材市场。1981～1992年，全县收购木材50.13万立方米，调销50.31万立方米，其中林业部门收购40.48万立方米，调销40.67万立方米。1985年，松阳县被列为全国“七五”速丰林，基地建设重点县。

建设县城综合市场、浙南茶叶市场等　1987年，建成县城综合市场（小商品市场）。松阳县茶叶市场始创于1993年，2001年更名为浙江浙南茶叶市场。茶叶市场四易其址，第四次市场易址位于县城北部金田小区西南隅，占地面积5.13万平方米。2010年，茶叶市场交易量5.12万吨，交易金额17.8亿元。茶叶畅销20多个省市，出口至日本、东南亚、欧美等国家和地区。

建立商品生产基地　1983年，在西屏镇七村建60亩蔬菜生产基地。1987年9月，全县建立生猪、烟叶、茶叶、蚕桑、水果、食用菌、蔬菜等8个商品生产基地指导服务小组。

规划并列入国家和省级重大水利建设项目　1991年3月，松阳县规划经国务院批准列入全国“八五”期间第二批200个农村水电初级电气化试点县和部、省级微型电示范县。1993年11月，松阳县被列为浙江省第二期自力更生治水扶持县。1995年8月，松阳县成为第二批农村水电初级电气化县。1996年，松阳县被列为省第二批水土保持抽样试点县。2002年11月，松阳县被省水利厅列为全省水电资源开发有偿转让试点县。2004年2月，古市镇被列入全省36个防洪工程建设试点镇之一。2005年12月16日，松阳县东坞水库休闲渔业示范基地列入浙江省高效生态渔业项目计划，共分3期建设，计划总投资420万元。是年，松阳县被水利部确定为全国山洪灾害防御试点县，被浙江省海洋与渔业局列为甲鱼增殖放流试点县。2009年7月，松阳县规划并列入全国小型农田水利建设重点县，时间暂定3年。

建设工贸长廊　1992年4月，县委办《信息简报》增刊发表《深圳、珠海考察体会》《建设十里长街》两篇文章。是年6月，决定在西屏至古市建设“二十里工贸长廊”，最后定为“工贸长廊”。

加速经济发展的决定　1992年7月，县委四届五次全会扩大会议制定《中共松阳县委松阳县人民政府关于加快改革开放，加速经济发展的决定》。决定内容分三大部分，共54条。提出建设工贸经济长廊，东始青蒙，西至赤寿，沿省道龙丽公路建设工业、商贸、农业综合开发区，采取两头并进方法，重视内联外引（县内联合，县外引进）；促进中部开花（以西屏车站为中心点，向北山、马桥一带建设工业区，向造纸厂一带沿路建设市场）；发展5个集镇（坐落在龙丽、港玉省、县道上的5个镇。主攻工业经济，大力发展第三产业，大干快上，发挥龙头作用）；带动全县各乡。

确定农业主导产业发展思路　1993年以后，确立主攻食用菌、发展笋竹两用林和橙类水果，提高烟桑茶的农业主导产业发展思路。

鼓励私营经济发展　1994年6月13日，颁发《关于鼓励个体私营经济发展的若干规定》，规定共22条。

加快工业小区建设　1994年8月4日，发布《关于加快经济发展的若干规定（试行）》，决定共33条。1995年5月31日，县委、县政府制定《关于加快工业经济发展的决定》，确立“振兴松阳必须振兴工业”的思想，把发展工业放在重中之重的战略地位。是年，县委决定建立松阳县工业小区。7月17日，由县政府制定《松阳县工业小区实施办法》。7月21日，建立西屏工业小区，规范范围为净梵寺至松阳造纸厂省道龙丽公路两侧，长2250米，纵深70～500米，总面积190公顷，第一期规划面积62亩。至1996年末，共有13家企业进入小区。是年，望松工业小区设立，至年末，进入小区企业21家。2006年，县委制定《关于进一步治理和优化经济发展环境的实施意见》，实施“生态立县、工业强县、开放兴县”战略，加快松阳工业经济发展。

2001年后，决定建设不锈钢新兴产业。不锈钢企业分布在松阳工业园区、江南工业园区、王村工业园区、古市镇工业区和赤寿乡工业区。松阳工业园区始创于2001年，投入资金2亿元。至2010年，共计实现产值37.84亿元，销售产值达35.74亿元，园区被纳入全省14个生态产业聚集区之中，列为全省33个发展规划编制的重点园区之一。江南工业区创办于2006年;2010年共投入资金13561万元，实现工业总产值11.96亿元，上缴税费1230万元。王村工业区于2009年创建，入驻企业8家，年产能设计合计为73.38亿元。

改建港大公路　1994年11月，决定港（口）至大（东坝）公路改建，改建路段工程全长12.3千米，其中隧道1座，全线按三级沥青路面标准改建，概算投资860万元。

江南渠道续建　1994年12月，决定对樟溪乡江南渠道工程续建。工程西起新兴乡大木山，东至樟溪乡东市村，全长7711米，开挖土方约3.55万立方米，总投资303.04万元，村民投工11.82万工日。工程于1995年8月18日通水，新增灌溉能力7200亩。

改善农民饮用水 2007年，县委、县政府成立农民饮用水工程领导小组，设立饮用水工程建设指挥部。根据省政府关于解决农村饮用水安全问题“两年完成，三年扫尾”的工作目标，下大力开展工作。2003～2010年，松阳县累计投入改善农民饮用水工程资金1.31亿元，解决362个行政村18.2万人的饮用水问题，农村合格自来水的普及率从2003年的16.1%，提高到2010年末的95%以上。

建设龙丽高速公路 2004年筹划龙（游）丽（水）高速公路松阳段工程，全长52.8千米，总投资22.4亿元。2005年3月，龙丽高速公路松阳第一至第七个标段开始施工。6月28日，龙丽高速公路松阳段第八至第十个标段开工。12月10日，松阳县全面完成松阳段4700余亩土地的征迁工作。2006年12月31日，县委、县政府举行龙丽高速公路松阳段建成典礼暨庆功表彰大会。高速公路自西北向东南，纵贯松阳县境11个乡镇、94个行政村。

开展“四商”活动 2006年4月，开展“亲商、安商、帮商、富商”的“四商”活动。月初，邀请全县27家企业代表和涉工部门、综合部门负责人召开“四商”座谈会，听取和征求意见。4月19日，召开“四商”活动动员大会。大会宣布用7个月时间开展“四商”活动，着力整治政策执行不到位、项目审批难、服务质量差、扰乱社会治安秩序等阻碍经济发展的各种不良现象，优化经济发展软环境。县成立领导小组，组建专门的软环境工作办公室，制定“四商”活动实施方案。聘请经济发展软环境建设监督员，不定期对重点执法部门、经济部门、窗口服务部门的软环境建设项目情况进行明察暗访。开展阳光投诉活动，公开投诉电话和举报信箱，开通网上投诉、及时受理群众来信、来访和电话投诉等。开展民主评议活动，把评议结果作为县直机关为基层、为企业服务考核的重要依据，列入年度工作目标责任制考核。“四商”活动动员大会后，县委、县政府向全县广大干部群众发出《开展四商活动，优化经济发展环境的公开信》，要求全县广大干部群众树立“人人都是投资环境、事事关系松阳形象”的意识，以主人翁的姿态增强责任感、使命感、紧迫感，身体力行，争做优化经济发展环境的表率．勇于对有损经济发展环境的人和事进行监督，为营造良好的经济社会发展环境尽一份心、负一份责，为松阳经济社会发展作出新的更大的贡献。

社会建设类

办人民公社和公共食堂 1958年9月，撤销全县区、乡镇，297个农业社合并为5个“政社合一”的人民公社，对社员实行“组织军事化、行动战斗化、生活集体化”管理。全县办农村公共食堂1686个，用餐4万多人，1959年5月，因粮食不足，农村公共食堂大多数停办。1960年3月，提出“跑步进入共产主义”，从生产队所有制直接过渡到人民公社所有制；城乡居民全部进入公共食堂用膳，实行“吃饭不要钱”。次年6月，公共食堂解散。

实行计划生育 1958年4月，成立县节育工作委员会。1963年，成立计划生育委员会。20世纪70年代，提出“晚婚晚育，生育胎次间隔4年以上，生育子女农村最多两个，最好一个”的生育原则，制订《1974年至1980年工作规划（草案）》，提出1980年全县总人口控制在206200人以内。80年代提出“一胎放环、二胎结扎、杜绝第三胎”的生育原则；同时采取抓好宣传舆论、加强政策指导、启动人口理论研究，建立计生协会、开展计生技术指导、落实生育政策，多项举措抓计划生育工作。2000年以后，进一步加强宣传教育、流动人口管理、出生人口全程管理、计生工作依法行政、文明执法等，全县人口出生率由1963年的47.9‰下降到2010年的7.8‰，自然增长率为-0.8‰。

开展“除四害”运动　根据中央颁发《全国农业发展纲要》中提出“消灭老鼠、苍蝇和蚊子”的要求，鉴于麻雀对粮食生产的危害，松阳把麻雀列为“四害”之一。1958年4月，制定《“除四害”工作规划》，提出在两年内基本上消灭“四害”和地方病，提前实现“四无县”。

推行生产队为基本核算单位　1962年2月，在农村推行以生产队（原生产小队）为基本核算单位。其时，全县有生产队2689个。同时实行耕地、农具、耕牛、人口劳力四固定政策。

安置库区移民　1962年10月，在叶村、赤寿、新兴、樟溪安置新安江水库移民442户，1929人，新建10个移民大队。70年代，搬迁叶村乡东坞水库移民170人，安置本乡4个村。梧桐源水库105户，368人，安置古市镇、赤寿乡16个村。1978年安置乌溪江移民1917户，5696人，安置124个村。1989年搬迁谢村源水库366人，安置23个村。2004～2006年，接收滩坑、水电站移民554户1932人，安置70个村。

旧城拆改　20世纪80年代前，松阳县老城区主街道宽度3米至10余米不等，每逢集日，人来车往，拥挤不堪。1982～2010年，拆改县城主要街道，建成南北走向的要津路，长1420.6米，宽32米；新华路，长2891.2米，宽21～36米；东西走向的新太平坊路，长1036.5米，宽28米；长松路，长1673米，宽40米。另外，对南北走向的人民大街、环城西路，东西走向的紫荆路、长虹路进行改造。

旧村改造拆迁安置　2008～2010年，全县实施旧村改造141个村，拆除11328户、30128人，新安置3933户。

知识青年上山下乡　1959年6月至1960年5月，松阳区域分2批共367人支援宁夏建设。1963年，安置杭州到松阳区域知识青年31人。1965～1966年，安置松阳知青104人上山下乡。1966年，安置绍兴知青327人到松阳落户。1968～1978年，松阳有13名知青到内蒙古、黑龙江支边。1968～1977年，安置外地知青195人到松阳上山下乡。1968～1978年，松阳（遂昌）有2682名知青在本地上山下乡。知青上山下乡安置形式，一是户粮到队，劳动在场、厂社挂钩，创办农、林、茶场等集体场队；二是适当集中插队，建立知青点，有条件的也可以投亲靠友落户。

社会治安综合治理“一票否决制”　1993年初，县委、县政府与20个乡镇、48个县直部门第一责任人签订社会治安综合目标管理责任书，实行社会治安综合管理“一票否决制”。

市级文明县城创建　1998～2003年，文明县城创建工作围绕县城环境优美、社会秩序优良、服务工作优质、基层社区文明4个方面开展。制定创建文明县城的规划和《关于创建市级卫生县城的实施意见》。2002年，松阳县被丽水市委、市政府命名为市级“卫生县城”，2003年，被命名为市级“文明县城”。

设立西屏镇社区　1999年，建设西屏镇社区。西屏镇区域面积104平方千米，下辖西屏、阳溪、水南3个办事处，53个行政村，6个社区居委会，总人口5.7万，其中非农业人口23745人，流动人口6979人。至2001年6月1日，西屏镇城东、城南、城西、城北、城中、古城6个社区正式对外挂牌，全面推进社区建设。

平安松阳创建　2004年7月19日，县委七届四次全体会议作出《关于建设“平安松阳”促进社会和谐稳定的决定》。确保社会政治稳定、治安状况良好、经济运行稳健、安全生产状况稳定好转、社会公共安全、人民安居乐业。2005～2010年，每年被市委、市政府评为“社会治安综合治理先进县”。

建设下山脱贫安置小区　2005年，县委、县政府规划实施古市镇筱铺下山脱贫移民安置区，规划面积35.9006顷，安置1273户，5500人。此后，规划实施西垒、铺门和新溪3处下山脱贫安置小区。

加快革命老区经济社会发展　2005年8月，县委七届六次全体扩大会议作出《中共松阳县委关于加快革命老区经济社会发展的决定》。明确加快革命老区发展的主要目标：2007年前老区乡镇基本实现小康，“十一五”期间老区村农民人均纯收入增长速度力争达到或超过全县平均水平；逐步改善老区交通、饮用水、卫生、通信和广播电视等基础设施条件，基本解决老区人民行路难、饮水难、看病难等问题，2010年基本实现村村通路（规划整体搬迁村除外）、通程控电话，80%以上的老区村通移动电话、闭路电视和清洁饮用水，老区村的广播通响率达到80%以上；大力发展老区科技教育文化卫生事业，基本普及15年基础教育，参加合作医疗人口达80%以上；加快推进下山移民和劳动力转移工作，不断提高老区人民的生活质量。

推进社会主义新农村建设　2006年7月27日，县委七届十次全体扩大会议作出《中共松阳县委松阳县人民政府关于扎实推进社会主义新农村建设的若干意见》。意见全文分9部分，共33条。2007年5月22日，县委公布《关于实施低收入农户增收工程扎实推进社会主义新农村建设的若干意见》，内容有14个方面。提出2007年要促进农民持续增收为核心，以实施“低收入农户增收工程”为载体，加大对“三农”的投入，加快发展高效生态的现代农业，全面建设农村新社区，加快培育新型农民，不断强化农村公共服务，促进农业增效、农民持续增收、农村更加和谐。实现农业增加值增长3.5%以上，农民人均纯收入增长5%以上，力争如期完成“欠发达乡镇奔小康工程”目标和任务。

加快少数民族经济社会发展　松阳县是省、市少数民族工作重点县之一。全县有畲族等25个少数民族，人口7300多人，占全县总人口的3.18%。2007年9月10日，县委制定《中共松阳县委、松阳县人民政府关于加快少数民族和民族乡村经济和社会发展的若干意见》，在经济扶持、基础设施建设、科教文卫事业发展、干部培养选拔、领导协调等方面作具体安排和部署。

农村宅基地换养老　2008年，推广赤寿乡梧桐口村探索“农村宅基地换养老”模式。该村主要做法是孤寡、贫困以及留守老年人在依法、自愿、有偿的前提下，永久放弃宅基地使用权，把宅基地交归村集体所有；拆破旧房时，老人可得到村集体给予的每平方米60～70元的经济补偿；村集体规划5000平方米的土地，作为老年公寓与公园的建设用地，并出资30余万元，先后两期新建24套老年公寓，安置60位老人。公寓产权归村集体所有，老年人终身享有免费居住权和使用权，实现老有所居、老有所养、老有所乐。截至 2010 年 12 月末，全县有 35 个行政村开展此项工作，新建或修建老年公寓 645 套，安置 1280 位老人。实现老人、村民、集体、政府“四方受益”。2010 年 1 月，松阳“农村宅基地换养老”模式获得“第五届中国地方政府创新奖”提名奖。

图 20-6　吴弄村居家养老照料服务中心（叶坚红摄于 2010 年）

部门、干部结村联户　2007 年，全县农民人均纯收入 2500 元以下的低收入农户有 22793 户 56607 人，县委决定把 2008 年确定为“农民增收年”，深化“树新形象、创新业绩”主题实践活动，在全县广大干部中深入开展“百个部门结百村、千名干部联千户”助农增收活动，在大灾之年提高低收入农户脱贫率。4 月 21 日，松阳县县级领导和部门、乡镇负责人开始陆续奔赴各联系村，开展蹲点调研活动。全县“百个部门结百村、千名干部联千户”活动全面启动。活动提出乡乡、村村、户户的增收目标，制定“助民增收建议书”，采取结对帮扶、产业帮扶、项目帮扶、资金帮扶、保障帮扶、就业帮扶等多种形式，帮助村、户解决难题。同时，将制定的目标任务挂在墙上、落实在项目上；户户要制定增收方案，将方案贴在墙上，落实在行动上。

农民增收社会和谐决定　2008 年 8 月 12 日，县委八届六次全会通过《中共松阳县委关于加快农民增收全面改善民生促进社会和谐的决定》。决定全文分 10 个部分，共 48 条。主要内容有发展高效生态现代农业，落实支农惠农政策。把教育放在优先发展的战略位置，完善和落实教育保障政策。完善就业创业机制、完善社会保障体系、健全健康服务体系。建立健全基本医疗卫生制度，加强公共卫生体系建设，大力发展体育事业。强城乡文化建设，优化城乡人居环境。健全社会管理体系，加强社会治安综合治理，健全财力保障等。

加快旅游产业发展　2008 年 9 月，制定《关于进一步加快旅游产业发展的若干意见》，强调旅游工作要紧紧围绕“生态立县、工业强县、开放兴县”的发展战略，坚持“抓大促小，以点带面”原则，采取“景点联线开发、组团式发展”模式，集中培育箬寮、延庆、卯山 3 个中心区块，促进茶文化、摄影、农家乐以及宗教民俗等特色旅游发展。坚持政府引导、社会参与、市场运作的多元投入机制，完善旅游规划，加大招商选商力度，加强旅游基础设施建设，大力推进景区（点）建设，把旅游业培育成为松阳县第三产业龙头、经济社会发展的重要产业，逐步把松阳县打造成浙西南最具山水田园特色的旅游休闲胜地。

支持衢宁铁路松阳段建设　2010 年 10 月 18 日，浙江省发改委和福建省发改委签订并共同印发《关于加快推进衢宁铁路建设专题会议纪要》，同意衢宁铁路的线位采用“中线方案”，即从衢州引出，经遂昌、松阳、龙泉、庆元，进入福建松溪、政和、屏南、周宁，到达宁德。11 月 1 日，丽水市发改委召开衢宁铁路预可研座谈会，邀请遂昌、松阳、龙泉、庆元 4 个县发改局的领导和中铁四院的技术人员就衢宁铁路预可研报告涉及的相关内容进行座谈，布置各县收集相关资料提供给中铁四院。

县人民医院迁建　县人民医院迁建工程于 2010 年 9 月 28 日开工，工程位于县城长松路东端，项目用地 53290 平方米，建筑面积 45608 平方米，概算总投资 1.88 亿元，采用 BT 模式建设，属省重点工程项目，争取到中央投资 2000 万元，获得减免省土地指标费用 2000 万元。

文化建设类

延庆寺塔申报为国保单位　宋咸平二年（999）动工兴建。五年（1002）建成，是江南保存最完整的宋塔。1963 年 3 月 11 日，延庆寺塔被浙江省人民政府公布为省级文物保护单位。1986 年，重新修缮，1990 年 12 月竣工。2005 年，申报延庆寺塔国保单位。2006 年 6 月 2 日，国务院批准公布延庆寺塔为全国重点文物保护单位。

知识分子思想改造运动和私立学校改公办　1949 年 10 月开始，以中小学教师为主要对象的知识分子思想改造运动，分为培训骨干、充实教育领导队伍；集中教师到省、地政治学习，提高思想觉悟；390 多名教师转公办，列为国家干部编制三个阶段。1952 年春，全县私立中小学由民办改为公办。

发展广电事业　1950 年，设立县收音站。1957 年 1 月，成立县人民广播站。1982 年 4 月，设县广播事业局，1984 年 8 月，改称广播电视局。1986 年、1992 年分别建成西屏山、独山卫星地面接收站。1992 年末，筹建松阳电视台，1994 年 10 月正式开播。

图 20-7　松阳电视台开播仪式（县档案馆提供 1994 年）

推行农村合作医疗制度　1970 年 7 月开始，全县先后培训 1058 名“赤脚医生”（村级农民医疗保健人员），全面推行农村合作医疗制度。

建设西屏山公园（儿童公园）　1982 年，筹建西屏山公园（儿童公园）。1985 年开工建设。西屏山公园位于城西路南侧，制高点海拔 181 米，面积 19.23 公顷。西屏山东麓东北隅平地处，占地面积 1.2 亩，绿化带、草地绿被约 0.6 亩，香樟、金桂各几十棵，余为儿童成人活动场所。

建设江滨公园　1999 年 6 月，在县城建设江滨公园。公园占地 7. 02 公顷，其中绿草植被面积约 70%。公园以植物造景为主，花卉为次，配以唐宋时松阳名人的雕塑，复加横贯公园西东的水渠，上覆路桥，四周饰有镌以龙凤吉祥、荷花等图案的青石栏杆；绿地上建有石质六角形小亭，供游人憩息、观赏。

文化、医疗、教育设施建设　1984 年 10 月，建成松阳电影院。1986 年至 1987 年 5 月，建成县田径场地，为丽水地区第一个 400 米标准田径场。1988 年 3 月，建成县中医院，设病床 30 张。1994 年 8 月 4 日，县人民医院门诊楼工程动工。1996 年 4 月 16 日竣工，建筑面积 5 层 4361 平方米，总投资 450 万元。1994 年 8 月 27 日，县重点建设项目县示范幼儿园教学大楼建成。

创建教育强县　1989 年，制定《松阳县实施九年制义务教育的规划及措施》，对增加教育投入、改善办学条件、保证学龄儿童和少年入学、提高师资、保证教学质量、继续开展扫除青壮年文盲、争取与经济发达地区同时实现九年义务教育提出明确要求。规划提出从1986年开始到1994年前全面实施九年制义务教育，再用两三年的时间扫尾。1991年，制订“松阳县教育事业十年规划和‘八五’计划”，部分乡镇的九年义务教育实施时间作调整。1993年5月16日，成立松阳县“希望工程”领导小组。7月1日，制定《关于多渠道筹措教育经费的决定》。12月9日，印发《关于切实做好教育附加费征收工作的通知》。1995年5月6日，制定《松阳县治理中小学乱收费工作实施意见》。9月，制定《松阳县“两基”评估验收自查工作实施细则》。下发《关于认真做好高标准、高质量普及九年义务教育工作的通知》，2001年11月，决定从2001学年开始，7周岁入学向6周岁入学过渡，义务教育8年向9年过渡。2006年，经省评估验收，确认松阳县为省高标准、高质量“普九”教育县。是年，县政府制定《关于普及十五年基础教育的决定》，对学前教育加大投入，改善条件，优化师资，规模办园。2008年1月10日，成立县幼教工作领导小组。

2008年6月，成立创建教育强县领导小组，制定《松阳县创建省级教育强县实施方案》。1992年，松阳成为丽水市电化教育实验试点县。1999年，制定《松阳县“十一五”中小学校长培训规划》《松阳县“十一五”中小学教师培训规划》，设立专项资金，建立“全员教师—教学新苗—骨干教师—名师—高端教师—名校长”分层培训、重点培训相结合的培训体系。2002年，对中小学“撤、扩、并”工作重新部署，确定每个乡镇设立1～2所中心小学，地域宽广人口相对集中的村，中心小学可分设教学点；初中集中城镇。县城新建民族中学，把象溪镇、大东坝镇、裕溪乡、板桥畲族乡、三都乡、四都乡原初中全部撤并到民族中学。至2010年，全县中小学调整后有小学24所，教学点4个，初中4所、高中2所、职业中专1所。2005年，组织实施中小学教师素质提升工程，历时3年。到2010年，松阳县20个乡镇先后获得省、市教育强县乡镇的称号，通过省教育强县评估组验收。

实施科教兴县战略　主要内容是落实党政领导科技目标责任制。在全县各乡镇配备科技副乡（镇）长，制订《松阳县科学技术进步奖励办法》《科技副乡（镇）长配备及考核》《关于科技副乡（镇）长管理工作的若干意见》。1996年，发布《科技创先工作的决定》；5月，制订《松阳县科技“九五”发展规划》，成立县科技领导小组、松阳县专家咨询委员会、科普工作联席会议委员会等组织，形成党政第一把手抓科技的氛围。1997年，设立松阳县科技信息中心。实施新技术推广、课题管理和星火项目。1994～1997年，全县共实施新技术推广课题和星火项目213项。抓好科普宣传工作。1993～1997年，每年组织科技人员下乡村进行农村实用科学技术培训，组织青少年科技夏令营活动，对中小学生科普知识教育。培养科技骨干队伍。成立县级自然科学协会26个，会员4300人。成立浙江省农业函授大学松阳分校，1995年7月到1997年，举办农函大3期，161名学员结业。评审农民技术职称1942人，其中高、中级职称分别为18人、308人。

社会主义精神文明建设　1997年1月6日，县委五届八次全会扩大会议通过《松阳县（1997～2000）社会主义精神文明建设实施意见》，明确松阳县实施社会主义精神文明建设的指导思想、奋斗目标、工作任务和保证措施。

党员电化教育和农村干部学历教育　1998～2003年末，全县共建电教播放点380个，其中村级366个；创建262个规范化电教播放点，其中村级254个，开展农村党员、干部“双五”素质教育。

153名村主要干部获得中专以上学历文凭，6633名农村党员干部获得“绿色证书”，231名共产党员获得农民技术员职称。

保护和抢救松阳高腔　2004年6月，在全县开展民族民间艺术普查工作，对松阳高腔进行重点保护和抢救。2005年1月24日，省文化厅将松阳高腔公布为浙江省民族民间艺术保护工程试点，松阳县制定《松阳高腔保护工程试点工作方案》，制作第一部松阳高腔电视专题资料片，系统开展这项工作。经过浙江省民族民间艺术保护工程专家委员评审，省民族民间艺术保护工程领导小组审核。2005年7月末，松阳高腔被列为浙江省第一批非物质文化遗产代表作名录，并经省文化部门推荐参加国家非物质文化遗产申报。2006年6月2日，被国务院公布为第一批国家级非物质文化遗产名录。

夜学制度　2005年始，全县制订夜学制度，规定县直部门单位在每月10日晚为夜学时间。夜学时间与工作有冲突时，事前要将原因及调整后的时间报县委宣传部同意。

年度全员轮训县管干部　2006年始，在全市率先开展县管干部“年度全员轮训”，构建干部全员轮训的有效机制。“年度全员轮训”规定：干部可自主安排在培训时间段内参训；干部可以推荐培训内容，供上级选择确定；内竞外聘优化师资配备。此后每年根据《教育培训工作条例（试行）》的要求，完善和推进干部“年度全员轮训”工作。至2010年，全员轮训干部23期，培训干部1791人次。

生态建设类

封山育林和义务植树　1954年11月，县委决定“搞好封山育林”。封山方法有死封、半封、轮封三种。管理形式有大队、生产队、专业户和承包到组管理。全县设专、兼职管山员135人和162人。1983年12月23日，松阳县政府与省林业厅首次签订1984～1987年封山育林合同，面积25万亩。1989年9月，县委、县政府提出“二年准备，五年消灭荒山，八年绿化松阳”的宏伟目标。松阳县自1982～1992年累计封山212.56万亩。营造基地林29.14万亩。1982年成立松阳县绿化委员会，全年全县发动32500人参加义务植树43.56万株。1954～2010年，全县义务植树900.876万株，其中1954～1992年，义务植树287.58万株，1993～2010年，义务植树600多万株。

图20-8　机关干部义务植树（县档案馆提供 1992年）

建立箬寮自然保护区　1994年3月，决定建立箬寮自然保护区，内有大面积天然次生林，中心林区面积9100亩。

创建省级生态县　2003～2010年，松阳县委贯彻省委、省政府“建设生态省”总体部署和市委《生态文明建设纲要》，创建省级生态县。

创建省、国家卫生县城　2006年4月18日，松阳县印发《关于创建省级卫生县城工作的意见》。创建活动贯彻三个文明一起抓的方针，坚持治标与治本相结合，建设与管理相统一，在积极推进城市化进程中，不断改善环境，提高城市品位。2010年，启动国家卫生县城创建。

改造县城白龙堰　白龙堰历史悠久，年久失修。县委从2007年初开始多次召集县四套班子、水利、农业部门、乡镇领导和有关人士，广泛听取社会各界意见，最终决定整治白龙堰。2007年11月7日，召开白龙堰整治方案会审会，审查通过《松阳县白龙堰改造工程规划设计方案》。改造后，白龙堰水清鱼跃、草绿树茂，成为县城风景堰。

“松古平原”城乡一体化核心先行区建设　2009年8月，县委八届八次全会作出打造“西屏镇、古市镇城乡一体化发展核心区，松古平原城乡一体化发展先行区”，加快形成“产业化水平高、人口集聚度高，基础设施一体化、公共服务均等化、人居环境生态化”的城乡发展新格局的重大战略部署，制定《松阳县统筹城乡发展加快松古平原城乡一体化建设纲要》。

创建浙江省园林城市　2010年3月12日，举行以“创建浙江省园林城市，建生态田园新松阳”为主题的启动仪式。8月1日，县委办和县府办印发《松阳县创建省级园林城市工作方案》，对完善城市绿地规划、加快城市绿化建设、加大建设管控力度、加快市政基础设施建设进度、加快城市生态建设、加大人居环境的建设力度、加大社会保障力度7个方面提出具体任务。

道路、河道保洁　2010年8月18日，松阳县委办公室、县人民政府办公室印发《松阳县重点道路、河道保洁管理办法（试行）》，规定对县城范围内河道按照分辖区负责的原则，全部纳入保洁范围，其中市级河道、县级河道和农村集居区所在河道纳重点保洁范围。是年，松阳县规划并相继列入全国农村渠道综合整治试点县。

创建国家AAAA级旅游景区　箬寮原始林景区地跨安民、枫坪2个乡，涉及李坑、安岱后、丁坑和梨树下等4个村。景区总面积1583.86公顷，区内气候条件优越，森林覆盖率高，古树名木众多，旅游资源丰富。2000年，县长运有限公司投资开发建设箬寮谷、休闲小木屋和箬寮山庄等基础接待设施，箬寮原始林景区正式对外营业。之后该景区先后被评为国家AA、AAA级旅游景区、省级风景名胜区，“箬寮峡”被评为“浙江绿谷·十大峡谷”，“箬寮杜鹃”被评为“浙江绿谷·十佳景点”。2010年8月24日，县委在箬寮山庄召开箬寮AAAA景区创建工作协调会。争取年内实质性启动箬寮景区创AAAA工作，加强景区硬件与软件设施建设，提高旅游接待档次与能力，提升景区品位，2011年实现AAAA创建目标。

第二节　工作方针

1958年11月并县前的工作方针

隐蔽精干　保存力量　1940年4月，建立中共松阳县工作委员会。1941年1月，“皖南事变”后，形势逆转，县工委贯彻“隐蔽精干、保存力量”的方针，党的各项工作更加秘密进行。

发展农业生产　1950年，确立“全面发展农业生产”的指导方针，以统揽农业生产。1957年2月，县委重申全面发展农业生产的方针：“以增产粮食为中心，积极发展以养猪为重点的畜牧业，同时努力争取蚕、茶、烟叶增产，适当发展其他土特产经济作物，因地制宜发展各种副业生产，并努力上山发展山区林业，开展多种经营。”

勤俭办事业 1956年后，县委贯彻执行勤俭建国、勤俭办社、勤俭办一切事业的方针，厉行增产节约，反对铺张浪费，积极为社会主义建设服务。

首次党代会决议 1956年6月，县委首次党代会决议指出“党的一切方针、政策和重大事情，必须遵照中央指示，首先由党委会集体讨论决定或召开党的代表会议决定，反对夸大个人作用、骄傲自满、个人崇拜和对党对人民不负责任的自由主义态度。全党必须保证统一，增加团结，经常开展自上而下的批评和自下而上批评监督，提高党的战斗力，坚决彻底纠正一切错误和缺点”。整党工作执行“严肃慎重”的方针，把混入党内的“反革命分子、阶级异己分子、蜕化变质分子和其他坏分子”清洗出党，保证党的纯洁。重视妇女、知识分子的建党工作，不断加强对党员的教育和候补党员管理与考察工作。接收新党员执行“积极慎重”的方针，坚持党员标准，严格手续。到1957年，发展党员总数要求到达占总人口的1.5%。干部工作继续贯彻“德才兼备”和大胆大量提拔干部方针。农村工作必须坚决贯彻执行“以合作化为中心，开展农业全面增产运动”的方针；城镇工作必须坚决贯彻执行总路线、抓住手工业和私营资本主义工商业的社会主义改造，搞好生产经营，为农村经济服务。在此前提下，互相协作，分别不同时期，确定重点，结合做好经济贸易、文教卫生、交通运输、治安保卫以及党的建设工作和其他各项工作，任何脱离中心、脱离实际、各自为政、乱箭齐发、擅作主张、独断专行等做法，都是错误的，必须防止。

正确处理人民内部矛盾 1957年7月19日，县委第一届第二次代表大会决议提出：整风运动应当以毛主席关于正确处理人民内部矛盾的报告为思想指导，以正确处理人民矛盾为主题，掌握从上而下“既严肃认真又和风细雨”的方法，贯彻团结—批评—团结的方针，实行“知无不言，言无不尽，言者无罪，闻者足戒，有则改之，无则加勉”的原则，密切联系当前工作和思想实际，采取边学习、边检查、边改进工作的方法，达到生产、整风两不误。整风中还应当逐步建立与健全领导人员深入基层进行调整研究，帮助工作的制度，机关、学校、工厂、合作社的民主制度，以及领导人员参加体力劳动的制度。

发展国民经济 1958年，贯彻党中央提出的以“农业为基础，以工业为主导的发展国民经济”的总方针。农业战线贯彻执行中央关于全党动手大办农业、大办粮食的方针，工业战线贯彻执行工农并举和“小、土、群”的方针，科学技术研究方面，实行技术人员和工农群众相结合的方针。

松阳并入遂昌县期间工作方针

整党、规划和调整方针 1959年12月12日，遂昌县委批转《县委组织部关于在社会主义教育运动中开展农村整党工作的意见》，提出整党工作要采取“重点批判、普遍提高”的方式来进行。对犯有错误的同志，应本着“团结—批评—团结”“惩前毖后，治病救人”“批判从严，处理从宽”的方针。对农村党员干部通过摆事实、讲道理，达到口服心服，使他自觉地进行自我改造。1960年3月18日，遂昌县委提出在当前技术革新和技术革命运动中要贯彻“全面规划，加强领导”的工作方针。1961年开始，贯彻党中央关于“调整、巩固、充实、提高”的方针。

贯彻中共十一届三中全会各项方针 1978年12月以后，贯彻中共十一届三中全会精神，把工作重点转移到社会主义现代化建设上来。农业战线执行人民公社“三级所有，队为基础，稳定不变”“以粮为纲，全面发展，因地制宜，适当集中”的方针。工业方面实行“以利润提成为主要内容的扩大企业自主权”方针。对知识分子实行“政治上一视同仁，工作上放手使用，生活上关心照顾”的方针，落实对科技人员的合理使用。对历史上发生的冤假错案执行“有错必纠”的方针，1979 年 2 月 18 日，对“文化大革命”中冤案纠错，印发平反决定，对 1978 年按文件落实的“右派”平反人员，也于 1979 年 1 月后陆续补发平反的通知书，恢复原来的工资级别，按照“知人善任，用之所长”的原则，选拔党性强、工作好、群众威信高的干部到各级领导班子。学校教育改革方面，实行“紧扣教材，加强基础，培养能力，发展智力，面向全体，因材施教，改进教法，提高质量”“尊重知识、尊重人才、尊师重教”的方针。

恢复松阳县制后的工作方针

坚持四项基本原则等　1982 年 1 月恢复松阳县制后，县委贯彻执行中共十一届三中全会以来和党的十二大的路线、方针、政策。1984 年 8 月 18 日，县第二次党代会提出之后三年的工作方针是必须坚决贯彻执行中共十一届三中全会和十二大所确定的路线、方针、政策，坚持党的四项基本原则，在政治上和党中央保持高度一致，进一步解放思想，加速各项改革；推进科学技术进步，发展对外交往；努力加强社会主义精神文明和社会主义民主建设，加强社会主义法制；加强干部教育和培训，提高干部素质，逐步实现干部“四化”要求；认真搞好全面整党，加强党的建设，提高党的战斗力，保证实现 1987 年的各项经济建设指标和社会发展规划，为全面开创松阳现代化建设新局面，打下坚实基础。具体目标：1987 年的工农业总产值争取达到 1.5 亿元，比 1983 年增长 51.17%，以每年增长 10.9%的速度前进。国民总收入达到 1.05 亿元，比 1983 年增长 43.3%。财政收入争取收支平衡，略有结余。要十分重视控制人口的增长，要大力宣传，艰苦工作，坚决执行计划生育这一基本国策。在近三年内，全县人口自增率控制在 9‰以下。在发展生产的基础上，城乡人民生活要继续得到改善，到 1987 年，农民人均收入争取达到 350 元以上。

整党方针　1985 年 5 月，按照“统一思想、整顿作风、加强纪律、纯洁组织”的整党方针，分期分批，有计划有步骤地开展整党，至 1986 年结束。参加整党的 5668 名党员中，通过登记的 5602 人，暂缓登记 48 人，不予登记 18 人，受党纪处分 38 人，取消预备党员资格 6 人。按照“坚持标准、保证质量、改善结构、慎重发展”的方针，吸收新党员 497 人。

改革开放搞活方针　1987 年 4 月，县委第三次党代会报告指出，今后三年要继续坚持四项基本原则和改革、开放、搞活的方针，提倡艰苦奋斗、勤俭建国的精神，坚持以经济建设为中心，坚定不移地进行经济体制改革和政治体制改革，坚定不移地加强精神文明建设，进一步加强党的自身建设，以促进松阳县经济持续、稳定、协调地发展。

两手抓等方针　1990 年 5 月 4 日，县第四次党代会报告指出，1987 年 4 月以后，全县继续贯彻执行中共十一届三中全会以来的路线、方针、政策，始终坚定不移地以经济建设为中心，坚持思想政治工作与经济工作两手抓的方针，坚持四项基本原则，坚持改革开放，坚持实事求是，从实际出发，克服困难，取得改革和经济建设事业的持续发展。经济建设方面，认真贯彻党中央提出的“治理经济环境，整顿经济秩序，全面深化改革”的方针，坚持控制社会总需求，认真研究投资的正确方向，压缩非生产性的建设投资，重点保证农业基础设施、交通、能源、教育、治污、出口、原材料生产等项目。实行农资专营，加强市场管理。思想建设方面，坚持思想政治工作与经济工作、精神文明和物质文明两手抓的方针。组织建设方面，贯彻执行干部队伍“四化”方针，坚持把革命化放在首位，进一步完善干部结构，建设坚强的领导班子。按照“坚持标准、保证质量、改善结构、慎重发展”的方针，做好党员发展工作。作风建设方面，坚持从严治党员和抓党风一要坚决，二要持久的方针，严肃执法，严惩腐败。文化建设方面，坚持“百花齐放、百家争鸣”方针，一手抓繁荣，为人民群众提供健康的文化产品；一手抓“扫黄”，清除精神垃圾，净化社会环境。

培养、建立社会主义市场经济　1993 年 4 月 7 日，县委第五次代表大会报告指出，今后五年改革与建设的指导思想和目标是以十四大精神为指针，以建设有中国特色社会主义理论为指导，坚定不移地贯彻党的基本路线，围绕建立社会主义市场经济体制的目标，转换脑筋，转变职能，抓住机遇，加快改革开放步伐，调整产业结构，促进经济超常规跳跃式发展，推进社会全面进步，为奔向小康打下扎实的基础。为实现奋斗目标，必须按照发展社会主义市场经济的要求，从松阳实际出发，抓紧实施跳跃式发展的战略：在思想观念上，实行超常规思维，尽快从计划经济意识中摆脱出来，基本形成适应社会主义市场经济的新思想、新观念，以更活对搞活，以更放对开放。在发展速度上，按照让部分地区部分人先富起来的原则，打破均衡发展的固有格局，抓住各种机遇，创造条件，能快则快，能上则上，跳跃式前进。在发展途径上，依靠科学技术，发挥本地资源优势，开发拳头产品，大力培植龙头企业和市场型非资源型的企业，形成现代企业链条；做活“两头在外”文章，引导农民和企业走向市场；重点发展乡镇企业、个体私营企业和“三资企业”。在产业格局上，稳定提高一产业，加快发展二产业，重点突破三产业。组建行业集团公司，带动千家万户搞开发，跑流通，办企业。在区域布局上，实施点、线、面结合的发展战略；以开发松古工贸长廊为重点，以五镇为龙头，以“四线”（龙丽线、港玉线、古玉线、西武线）为经济开发带，以 15 个乡为基地，促进全县经济的全面发展。在工作方法、作风上勇于改革，转变职能，团结奋进，真抓实干，快速高效，适应改革和建设的潮流。各级党组织一定要围绕确立的战略目标，加强领导，总揽全局，主攻重点，狠抓特色，努力完成六个方面的主要任务。

以特色理论和基本路线为指针　1993 年 4 月 11 日，县委第五次代表大会关于第四届县委工作报告决议提出，必须深入贯彻中共十四大精神，以邓小平建设有中国特色的社会主义理论和党的基本路线为指针，把加快经济建设作为首要任务来抓，适应社会主义市场经济需要，解放思想，转换脑筋，转换机制，超常规思维，创造性工作，跳跃式发展，以兴县富民。在发展经济的同时，努力把社会事业、民主法制和精神文明建设提高到一个新的水平。实现今后五年改革和建设的奋斗目标，关键在于加强党的领导，加强党的建设。各级党组织一定要成为团结统一的领导核心和坚强有力的战斗堡垒；一定要集中精力，善于总揽全局、决策大事、协调各方，抓好经济建设；一定要坚持改革开放，锐意开拓创新，以大思路定大举措，以大手笔做大文章，以两手硬推动两个文明建设协调发展。

精神文明建设方针　1997年1月6日，中共松阳县委五届八次全会扩大会议通过《松阳县（1997～2000年）社会主义精神文明建设实施意见》，提出以马列主义、毛泽东思想和邓小平建设有中国特色社会主义理论为指导，全面贯彻落实党的基本路线和中共十四届六中全会精神，坚持两手抓两手都要硬和精神文明重在建设的方针，努力把松阳县的社会主义精神文明建设提高到一个新的水平，为松阳县的经济发展和社会进步提供精神动力、智力支持和思想保证。

1998年3月16日，中共松阳县第六次代表大会报告指出，五年来，紧紧抓住经济建设中心不放松，坚持解放思想，实事求是的思想路线，坚持“两手抓，两手都要硬”的方针，切实加强干部队伍建设。

重中之重抓工业　1998年3月16日，中共松阳县第六次代表大会关于五届县委工作报告决议提出今后的工作方针是高举邓小平理论伟大旗帜，坚定不移地贯彻党的基本路线，坚持以经济建设为中心，重中之重抓工业，加快农业产业化步伐，积极发展第三产业，努力发展社会生产力，加快奔小康进程；以改革统揽全局，以市场为导向，调整和优化经济结构，积极推进两个根本性转变；坚持“两手抓，两手都要硬”，大力推进社会主义精神文明建设，全力维护社会政治稳定，保持经济和社会的协调发展。2003年2月28日，县委第七次代表大会报告肯定过去五年工作方针的正确性。

小康建设工作方针　2003年3月3日，县委第七次代表大会关于六届县委工作报告的决议提出今后工作方针是全面推进小康建设，争取与全省同步基本实现现代化，进一步解放和发展生产力。充分发挥后发优势，以工业园区为载体，以招商引资为中心，坚定不移地实施“工业强县”战略，举全县之力抓工业，加速推进工业经济总量的扩张和质量的提高。围绕农业增效、农民增收目标，以工业理念抓农业，着力推进农业产业化，全面提升农业和农村经济的整体素质，开辟农民就业和增收的新途径。把城市化作为松阳县新一轮经济社会发展的突破口，以基础设施建设为龙头，紧紧抓住产业发展和人口集聚两个关节点，加速推进城市化进程。紧紧抓住加入世贸组织的有利时机，进一步解放思想，大胆实践，加快推进各项改革，进一步增强经济社会发展的动力，增创机制体制新优势。把发展文化事业和加强政治文明建设摆上更加重要的位置，加强思想道德建设，提高全民思想道德素质；发展社会各项事业，提高全民科学文化素质；推进民主政治建设，保障人民群众民主权利；加强法制建设，提高依法治县水平；维护社会稳定，营造良好的社会环境，围绕“四个一定要”的总要求和党的建设的总目标，坚持党要管党、从严治党的方针，按照坚持党的先进性要求，着力提高党员干部的思想政治素质；按照提高执政能力和领导水平的要求，切实加强各级领导班子和干部队伍建设；按照不断扩大党的工作覆盖面的要求，大力加强党的基层组织建设；按照保持党同人民群众血肉联系的要求，深入抓好党风廉政建设和反腐败斗争。

科学发展观统领大局　2006年12月8日，县委第八次代表大会报告指出，今后五年全县工作方针是全面贯彻中共十六大和十六届三中、四中、五中、六中全会精神，以科学发展观统领经济社会发展全局，坚持以人为本，确立跨越发展、和谐构建的理念，深入实施“三县并举”发展战略，扎实推进工业化、城市化，加快社会主义新农村建设，进一步加强政治文明建设、精神文明建设、和谐社会建设和党的建设。是年，县委第八次代表大会关于七届县委工作报告的决议指出今后五年工作方针：牢牢把握战略机遇期，以科学发展观统领经济社会发展全局，坚持以人为本，确立跨越发展、和谐构建的理念，深入实施“三县并举”发展战略，扎实推进工业化、城市化，加快社会主义新农村建设，进一步加强政治文明建设、精神文明建设、和谐社会建设和党的建设，加快实现经济社会新跨越，为与全省同步提前基本实现现代化打下扎实的基础。

第三节 议事规则

县委议事规则的制定

中共松阳县委自建立后，重视和不断加强制度建设。1956 年 6 月，中共松阳县委第一次代表大会决议提出，党的一切方针、政策和重大事情，必须遵照中央指示，首先由党委会集体讨论决定或召开党的代表会议决定。

1991 年 2 月，县委四届二次全会扩大会议讨论县委工作规则。1993 年 4 月，县委第五次代表会议报告提出要建立健全党委的工作规则、议事规则、办事程序、民主生活会制度，领导联系乡镇、企业项目、学校和部门联系乡镇等制度。1998 年 3 月 19 日，中共松阳县第六届委员会第一次全会通过《第六届委员会工作规则》。

2000 年 7 月 21 日，县委印发《县委全委会、常委会和书记办公会的议事规则和程序》。2003 年 3 月 3 日，印发《中国共产党松阳县第七届委员会议事规则》。2006 年 12 月 12 日，通过《中共松阳县第八届委员会议事规则》。

各议事规则明确县委全委会、县委常委会、县委书记办公室会议的议事范围、会议与决策原则。

中共松阳县委全体会议

县委全会在县党代表大会闭会期间是县委的领导机关，执行上级党组织的指示和县党代表大会的决议，领导全县工作。

议事范围　制定贯彻执行中央、省、市及县党代表大会决议、决定的重大措施。审议全县经济建设和社会发展中长期规划；对全县改革开放、经济建设、社会发展、党的建设、精神文明建设和民主法制建设及其他涉及全局性的重大问题作出决策。听取和审议县委常委会的工作报告，对县委常委会及其成员的工作进行监督和评议。决定召开县党代表大会或县党代表会议；向县党代表大会或县党代表会议负责并报告工作，接受其监督。选举县委常委会和书记、副书记，并报市委批准；通过县纪律检查委员会全体会议选举产生的常委会和书记、副书记，并报市委批准。酝酿县委、县人大常委会、县政府、县政协换届的重大人事安排；向有关方面推荐重要干部。对县委常委会提请决定的问题或必须由全委会决定的其他重要问题作出决策。

会议与决策原则　县委全委会由县委常委会召集并主持。县委全委会每年至少召开两次，遇有重要情况可随时召开。县委全委会的议题由县委常委会研究确定。会议议题确定前，一般应征询委员的意见。会议召开的时间和议题，一般应在会议召开 5 天前通知到各委员，会议有关材料一般应同时送达。会议议题和议程一经确定，必须严格执行，除特殊情况外，一般不在会上临时动议。县委全委会须有 2/3 以上委员到会方能举行。委员因故不能参加会议，应在会前请假，其意见可用书面形式表达。根据工作需要，县委常委会可确定有关人员列席全委会，也可以举行全委扩大会议，扩大参加人员范围。县委全委会按照少数服从多数的原则进行表决。表决时，以赞成票超过应到会委员人数的半数为通过。未到会委员的书面意见不能计入票数。表决可根据讨论事项的不同内容，分别采取举手、无记名投票、记名投票或其他方式。会议决定多个事项的，应逐项表决。表决结果由会议主持人当场宣布。

对县委委员、候补委员作出撤销党内职务、留党察看或开除党籍的处分决定，必须由县委全委会 2/3 以上委员同意，并报经市委批准。在特殊情况下，可以先由县委常委会作出处理决定，待召开县委全委会时予以追认。县委全委会审议通过的事项、作出的决策和决定，会后以县委名义上报和下发。上报和下发的文件由县委书记签发或委托副书记签发。有些文件需全县各级党组织周知并适宜公开发布的，应及时予以公布。县委全委会作出的决策，由县委常委会负责组织实施。在实施中应加强督促检查和信息反馈工作，确保决策落到实处，并根据工作进展情况和出现的实际问题，进行适时调整。对某项决策进行重大调整或变更，应由全委会决定。

1950～2010 年中共松阳县委全体（扩大）会议重要议题选登表

表 20-3-3-1

时 间	会议名称	议 题
1950.11.04	县委全体会议	讨论如何提高群众觉悟、措施等
1950.12.06	县委扩大会议	议领导问题、土改工作等
1950.12.08	县委扩大会议	议农村组织、对反动党团组织登记等
1950.12.10	县委扩大会议	议供销合作社、税收、冻结资金等问题
1951.11.18	县委全体会议	作出关于干部会上对目前农村情况及干部思想作风问题的检查报告
1951.12.08	县委扩大会议	对反动党团登记等
1951.12.10	县委扩大会议	关于冻结资金问题等
1952.04.01	县委全体会议	议以生产为中心，春耕生产、土改政策执行等
1952.07.25	县委全体会议	研究建立各种委员会、县政府党组等问题
1952.11.12	县委全体会议	通过工会、团委、宣传部工作计划，议城镇和物资交流等
1953.12.27	县委全体会议	发出对粮食统购统销有关工作的紧急通知
1954.07.05	县委全体会议	贯彻中央、省、农村工作会议，部署互助合作、信用合作、农业基本建设等
1955.03.10	县委全体会议	传达地委扩大会议精神，总结工作，部署 3～5 月工作，修订 1955 年农业增产指标
1955.07.01	县委全体会议	贯彻省、地关于粮食工作，增产节约运动等

续表 20-3-3-1-1

时 间	会议名称	议 题
1955.08.05	县委全体会议	传达中央指标，贯彻粮食“三定”到户工作
1955.09.10	县委全体会议	发布《松阳县1956～1958年度发展农业生产合作社计划的初步意见（草案）》
1955.09.17	县委扩大会议	传达毛泽东主席指示和省委工作报告，总结研究农业合作化工作
1955.12.16	县委扩大会议	贯彻地委召开的县委负责同志会议精神，巩固新社，提高老社，开展冬季生产
1956.02.21	县委全体会议	制定《关于私营商业、饮食业、服务业社会主义改造规划意见》
1956.03.08	县委全体会议	制订《关于改进县委领导方法的决定（草案）》
1956.03.19	县委全体会议	发布关于贯彻执行1956～1967年全国农业发展纲要草案的具体规划草案
1956.09.08	县委全体会议	作出《关于创办〈松阳报〉的决定》
1956.12.13	县委全体会议	研究制定关于粮食问题的意见
1957	县委全体会议	研究肃反问题
1957.04.07	县委全体会议	研究县委改正领导问题，传达毛主席在国务会议上的报告，总结一季度布置二季度工作
1958.02.08	县委全体会议	讨论重点解决个人与组织关系问题
1958.04.03	县委全体会议	学习《农村工作六十条》，研究改进领导工作方法
1958.05.27	县委全体会议	通过县第二个五年工业发展规划（草案）
1985.01.06～12	二届二次全体（扩大）会议	总结经济体制改革经验教训，明确指导思想、奋斗目标、改革重点，制定十条鼓励改革政策措施
1988.01.14	县委扩大会议	学习中共十三大文件，研究松阳改革开放、经济发展问题
1989.12.13	县委全体会议	讨论廉政建设、基本路线教育等
1989.12.20	县委全体会议	贯彻省委扩大会议精神，学习中央文件，研究治理整顿，深化改革工作
1990.05.07	四届一次全会	选举县委常委8人，其中书记1人、副书记2人，通过中共松阳县委关于贯彻执行《决定》、加强党同人民群众联系的实施意见
1991.02.05	四届二次全体（扩大）会议	贯彻中共十三届七中全会精神，总结工作，审议通过县“八五”计划建议，部署1991年工作，修改县委工作规则
1992.07.13	四届四次全体（扩大）会议	提出提前四年实现国内生产总值翻两倍任务，制定《松阳县委、县人民政府关于加快改革开放加速经济发展的决定》
1992.11.04	四届五次全体（扩大）会议	贯彻中共十四次代表大会精神，用特色理论武装头脑，调整经济结构，转换经营机制，强化服务功能，坚持“两手硬”，推进两个文明建设
1996.01.29	五届七次全体会议	审议《松阳县国民经济和社会发展“九五”计划和2010年远景发展规划》。
1997.01.06	五届八次全体（扩大）会议	贯彻省山区开发暨扶贫工作会议精神，通过县委工作报告，作出《松阳县（1997～2000年）社会主义精神文明实施意见》
1998.03.19	六届一次全体会议	审议通过《中国共产党松阳县第六届委员会工作规则》
2000.07.20	六届五次和县政府全体（扩大）会议	审议通过《县委全委会、常委会、书记办公会的议事规则和程序》《松阳县人民政府工作规则》《加强和改善思想政治工作的意见》
2002.01.10	六届九次全体(扩大)会议	审议通过《中共松阳县委关于贯彻〈中共中央关于加强和改进党的作风建设的决定〉的意见》

续表 20-3-3-1-2

时 间	会议名称	议 题
2003.03.03	七届一次全体会议	审议通过《中国共产党松阳县第七届委员会议事规则》
2004.07.09	七届四次全体（扩大）会议	审议通过《中共松阳县委关于建设“平安松阳” 促进社会和谐稳定的决定》
2005.01.10	七届五次全体（扩大）会议	审议通过《中共松阳县委关于认真贯彻党的十六届四中全会精神，切实加强党的执政能力建设的意见》
2005.08.05	七届六次全体（扩大）会议	审议通过《中共松阳县委关于加快革命老区经济社会发展的决定》《中共松阳县委关于集体领导和分工负责的规定》《中共松阳县委关于重要情况通报和报告的规定》
2006.07.27	七届十次全体（扩大）会议	审议通过《中共松阳县委松阳县人民政府关于扎实推进社会主义新农村建设的若干意见》《中共松阳县委关于完善经济社会发展重大事项决策机制的规定》
2008.02.14	八届五次全会暨干部大会	审议通过《中共松阳县委关于认真贯彻党的十七大精神，扎实推进创业富民创新强县的决定》
2008.08.12	八届六次全体（扩大）会议	审议通过《中共松阳县委关于加快农民增收全面改善民生促进社会和谐的决定》
2010.02.24	八届九次全体（扩大）会暨干部大会	研究“兴产业、聚人口”、“两区”建设、统筹城乡发展等
2010.08.12	八届十次全体（扩大）会议	研究以科学发展观为统领，建设生态文明，促进转型升级等

县委常委会会议

县委常委会在县委全委会闭会期间，行使委员会职权。执行上级党组织的指示和全委会的决议，主持经常工作。

议事范围　召集县委全委会并确定全委会议题，向县委全委会负责并报告工作；对应提交县委全委会决定的事项事先进行审议并提出意见；组织实施全委会决议、决定。传达讨论中央、省委及市委的重要会议、重要文件精神和重大工作部署，并结合实际研究提出贯彻执行的意见；传达讨论国务院、省政府及市政府重要指示，听取县政府贯彻实施意见以及执行情况的汇报。研究确定全县经济社会发展和改革开放的战略部署、指导方针和重大决策等重要问题。主要指涉及全局的重大改革方案、政策；年度计划和财政预算安排，县委年度工作要点和县政府工作报告；城市建设总体规划、涉及全局的重要行业规划和行政区划变更、调整方案；党政部门、行业机构和重要社团组织的设置、撤并；基础设施、社会公益设施及经济建设等重大投资项目；重大社会热点问题和突发事件的处置意见、方案等。讨论决定全县党的思想建设、组织建设、作风建设的重要问题；讨论决定全县社会主义精神文明建设、民主法制建设、统一战线和群团工作等经常性工作中的重要问题。研究讨论县纪委、县人大常委会党组、县政府党组、县政协党组和县人武部党委提出的重要事项；对县级机关、人民团体、经济组织、文化组织和其他非党组织的领导机关中的党委（党组）请示的问题作出决定。研究讨论各乡镇党委提出的需要县委决定的重要问题。按照干部管理权限和规定的程序，负责推荐、提名、任免和管理干部；研究制定全县各类干部的选拔、培养、考核、任免、监督和奖惩等方面的重要政策和制度。讨论决定以县委名义发出的全局性、政策性文件；审议以县委名义上报的重要请示、报告。其他必须由县委常委会集体讨论决定的重要问题。

会议与决策原则　县委常委会由县委书记召集并主持。书记不能参加会议时，可委托副书记召集并主持。县委常委会会议一般每月召开2次，如遇重要情况可随时召开。县委常委会的议题，由县委书记确定，或由副书记、常委和有关方面提出，经县委办公室主任汇总后，由县委书记审定；也可由书记委托副书记确定或审定。常委会要严格按事先确定的会议议题和议程进行，除特殊情况外，不在会上临时动议。会议的准备工作由县委办公室负责。各地各部门需提交县委常委会讨论的议题事先须经分管书记、常委审定，并提出具体意见。凡属分管书记、常委职权范围内可以处理的问题，不提交会议讨论。凡涉及多个部门的重大议题，未经分管领导、县委办公室协调的，不提交会议讨论。县委常委会的召开时间、议题一般应在会议召开两天前通知到各位常委。会议有关材料一般应同时送达。常委对会议议题、列席人员有异议的，应当在会前向主持人提出。县委常委会应有半数以上常委到会方能举行，讨论干部时，应有2/3以上常委到会方能举行。常委因故不能出席会议，应当会前请假，其意见可用书面形式表达。县委办公室主任应及时把会议确定的有关事项向缺席的常委传达。根据中央、省委及市委有关规定，县人大常委会主任、县政协主席列席常委会。主持人还可根据每次常委会的不同内容，确定其他人员列席常委会，也可以召开扩大会议，扩大参加人员范围。县委常委会决定的问题，应当经过充分讨论。重大问题按照少数服从多数的原则进行表决。表决时，赞成票超过应到会常委人数的半数为通过，未到会常委的书面意见和委托他人转达的意见均不能计入票数。推荐、提名干部和决定任免、奖惩事项，应逐个表决。根据讨论事项不同内容，可采取口头、举手、无记名或记名投票的方式。表决结果由会议主持人当场宣布。如果对重要问题产生不同意见，双方人数接近，除紧急情况下必须按照多数意见执行外，一般应暂缓决定，待进一步调查研究、交换意见后复议表决。县委常委会会前要充分准备，会中要讲求效率。讨论干部问题、重要案件、重大事项性质的常委会，常委、人大常委会主任、政协主席一般都要发言；讨论某个方面工作性质的常委会，先由分管领导作中心发言，其他领导作讨论发言，主要领导作总结、归纳性发言；情况通报性质的常委会，先由分管领导通报情况，主要领导作指导性发言，不再展开讨论。发言要紧紧围绕主题、突出重点、简明扼要，掌握好时间。每次县委常委会应有专人记录，所有记录专门保管，隔年送县档案馆保存。会议决定事项根据需要，编发《会议纪要》，由书记签发，也可委托副书记签发；不编发《会议纪要》的，由县委办公室把会议决定的有关内容抄告有关部门。县委常委会讨论的内容，经会议同意，可在党内通报。会议通过的决议包括重要干部的任免，宜予公布的，经会议批准后及时公布。对会议决定的重要事项，由县委办公室督查反馈。对重大突发事件和紧急情况，来不及召开县委常委会的，书记或副书记或常委可临机处置，事后应及时向县委常委会报告。

1957～2010年若干年份中共松阳县委常委会（扩大）会议重要议题选登表

表 20-3-3-2

时 间	会议名称	重要议题
1957.03.22	常委会议	工资政策问题和书记到北京参观农业展览事宜
1957.03.23	常委会议	学习与研究开展增产节约运动问题
1957.04.06	常委会议	通过县委改进领导方法、对三类社的巩固措施
1957.05.07	常委会议	学习毛泽东的《关于正确处理人民内部矛盾的问题》文章
1957.06.06	常委会议	汇报各区召开干部会情况，研究整风问题、财税工作等
1957.12.17	常委会议	研究开展基层整风问题
1958.02.08	常委会议	县委组织问题、重点解决个人与组织关系、先进与落后思想，如何进行、怎样进行等
1958.04.08	县委会议	决定申报筹建十五吨规模的人造丝浆厂
1958.06.30	县委会议	决定成立县钢铁生产办公室，在石仓、南坑口两地大规模扩建炼铁厂
1958.08.06	县委、县人委会议	决定组织常备民工修建港玉公路
1958.09.11	县委会议	把西屏木业、篾业、窑业，古市木业、铁业、丝线、染坊转为合作工业；西屏铁业社转为地方国营工业
1958.09.15	县委会议	决定立即建一批山西式土炉
1985.10.14	常委会议	研究开展县法制宣传教育工作
1986.05.19	常委会议	安排农村村级整党工作
1986.10.29	常委会议	学习党的精神文明建设指导方针的决议
1988.03.02	常委会议	讨论三届人大第三次会议有关问题、农村水库干部任免、1988年财政预算安排问题等
1988.04.07	常委会议	讨论端正党风若干规定
1988.04.18	常委会议	确定安排计划生育工作，听取城镇住房改革会议精神汇报
1988.07.23	常委会议	传达酒烟等物资提价问题
1988.07.28	常委会议	传达全省工资总额效益会议，传达战备会议精神
1988.09.06	常委会议	文明镇、机关岗位责任制的有关问题
1988.09.26	常委会议	研究价格改革、政企分开问题
1988.11.28	常委会议	听取县城建局关于车站路拆迁与安置情况汇报，民政局关于烈士纪念碑建设情况，老干部局关于离休干部建房补助标准等问题
1989.01.31	常委会议	工效挂钩，岗位责任制资金问题
1989.06.08	常委会议	中共中央、国务院向全体党员和全国人民传达五点意见
1989.06.16	常委会议	学习邓小平重要讲话，学习省委书记李泽民讲话
1989.08.08	常委会议	义务兵保险问题
1989.08.25	常委会议	廉政建设的几件事和有关规定；计生工作安排；讨论干部管理和信息程序的若干规定
1989.12.07	常委会议	松阳纸厂工程废水回收问题

续表 20-3-3-2-1

时 间	会议名称	重要议题
1989.12.08	常委会议	与龙泉的山林纠纷；古市镇建私房问题等
1990.04.20	常委会议	讨论第四次代表大会相关事宜
1990.04.28	常委会议	讨论三年经济生产指标；人口普查工作
1990.05.28	常委会议	议生产责任制
1990.06.09	常委会议	全国人口普查工作
1990.10.09	常委会议	企业第二轮承包进展情况；布置纠正行业不正之风工作等
1990.10.23	常委会议	议党风廉政建设检查安排
1990.10.25	常委会议	讨论党风教育安排；关于处理“三乱”和纠正行业不正之风的党风检查
1990.11.07	常委会议	地区党风廉政建设检查组反馈情况
1990.11.28	常委会议	党风检查情况；审议“八五”计划；听取地区企业“双基”教育会议精神；统战工作实施意见
1990.12.29	常委会议	讨论县清房实施意见
1991.01.17	常委会议	基层组织建设和下派干部下基层锻炼；纠风治乱工作
1991.01.23	常委会议	讨论清房处理意见
1991.04.23	常委会议	议纠风治乱工作
1991.04.28	常委会议	议退休干部活动费、建房补助费；县政府提交的三项搞活经济的政策
1991.05.08	常委会议	讨论《党员领导干部民主生活会的规定》《建立干部谈话制度的若干规定》、建立农村党员干部福利基金会章程
1991.06.14	常委会议	县委关于录用干部的意见
1991.06.29	常委会议	议“二五”普法、农村“路教”
1991.07.12	常委会议	讨论聘用干部转干问题
1991.08.01	常委会议	讨论抗旱和建房中有关人事的处理意见
1991.08.13	常委会议	关于清理电话和共建房问题的讨论等
1991.09.10	常委会议	讨论鼓励机关干部下基层发展经济的决定
1992.02.04	常委会议	廉政建设、清房、换届选举等
1992.05.07	常委会议	议省“撤、扩、并”会议
1992.05.15	常委会议	研究“撤、扩、并”原则方案
1992.06.17	常委会议	撤扩并工作通报；议人代会、外派干部意见
1992.07.18	常委会议	议常委联系技改项目，常委五大班子领导联系乡镇事项
1992.08.11	常委会议	议建设县委、县政府招待所事项
1993.01.07	常委会议	议换届会议，新兴乡试点
1993.02.07	常委会议	议县、乡镇二级两代会议代表名额分配方案

续表 20-3-3-2-2

时　间	会议名称	重要议题
1993.04.11	常委会议	议人大、政协常委组成人员，纪委、监察合署办公等
1993.09.09	常委会议	研究提前退休离岗退养办法
1993.10.08	常委会议	讨论产权制度改革实施意见等
1993.11.05	常委会议	通过房改实施方案；反腐倡廉规定
1994.01.05	常委会议	议“双推双考”、选拔优秀专业技术人才等
1994.03.02	常委会议	议信访上访制度（试行）意见稿、依法治县有关事宜
1994.05.07	常委会议	议干部建房等
1994.07.04	常委会议	议专项清理工作
1994.07.13	常委会议	审定《发展松阳经济若干决定》
1994.08.05	常委会议	议太平坊路拆迁方案
1994.08.13	常委会议	通过松阳县整治方案和《精神文明建设规划》实施意见、确定劳模候选人、太平坊路拓宽改造
1994.09.21	常委会议	议关于浙南纺织城建设问题
1994.10.21	常委会议	议企业党建、土地管理、预算外资金管理、农业开发会议等
1995.05.22	常委会议	议下派乡镇工业助理等
1995.05.23	常委会议	议西屏镇乡镇目标管理、发展工业经济政策
1996.04.24	常委会议	讨论县领导工业经济责任制考核办法、机关考核办法
1996.05.02	常委会议	议县严打工作、集中整治寺观教堂、滥建坟墓；与宁波缔结友好区县等
1996.05.23	常委会议	议党政干部违反房改政策专项
1996.06.17	常委会议	议县级机构改革、“我为优化环境作贡献”动员大会事项
1996.06.29	常委会议	议农业重点项目、《领导干部诫免制度》《干部监督工作联系制度》《党政领导干部选拔作用工作暂行条例》等
1996.09.29	常委会议	研究县级党政机构改革方案
1996.12.09	常委会议	议《公费医疗管理办法》《深化企业产权制度改革若干意见》；1997 年度经济和社会发展主要指标；古市、玉岩城镇道路拓宽等
1997.01.03	常委扩大会	议精神文明建设实施意见
1997.07.22	常委会议	议清房、文明城镇创建、《九七年度县机关部门考核办法》、“好公仆”评选实施意见、商业局转体、粮食收购等
1997.09.25	常委扩大会	议《松阳县香菇税费征管办法》、《县党政机关机构改革人员分流政策》、国有企业党建工作
1997.11.11	常委会议	议“平安社区”创建、县委议事规则、《创五好奔小康活动规划》等
1998.04.30	常委扩大会	议乡镇目标责任制、部门考核、“办实事工程”、公开办事制度意见
1998.06.01	常委扩大会	议工业政策、古市镇综合改革、领导联系乡镇重点企业、党性党风教育
1998.06.29	常委扩大会	议农业产业化政策、企业下岗职工基本生活保障和再就业、深化企业改革、粮食流通体制改革等

续表 20-3-3-2-3

时 间	会议名称	重要议题
1998.09.11	常委会议	议科技创先、农村二轮土地承包、教育、企业改革中的土地处置、《关于加快卫生改革与发展的决定》、下岗职工基本生活保障和再就业等
1998.10.23	常委扩大会	议农村二轮承包、企业改制、企业情报网建设等
1998.11.26	常委会议	议全区乡镇换届选举工作会议精神和斋坛乡换届选举报告
1999.08.05	常委会议	议江滨公园设计方案，松阳造纸厂职工分流安置、成立改制工作指导组等
1999.08.10	常委会议	修改《松阳县清理整顿农村合作基金会实施方案》
1999.10.13	常委会议	议南菜场异地搬迁、设计，成立县民间组织管理工作领导小组等
1999.10.28	常委会议	议社区建设、农业和农村现代化教育实施意见，印制党政“一把手”管理监督，县直机关干部聘任制和中层职位竞争上岗、轮岗交流、部分机关干部跨部门交流等意见
1999.11.19	常委会议	议文明县城建设、企业改制、财政预算、农村党员评议、建立县经济发展环境投诉中心、县行政学校
2000.01.11	常委扩大会	议县委议事规则、党风廉政建设考核等
2000.03.02	常委扩大会	议工业经济、城镇体系规划
2000.03.20	常委会议	创建文明县城意见、省教育工作、地区组织工作、农村工作、创办《松阳报》等
2000.04.29	常委扩大会	议县级领导班子和领导干部“三讲”教育有关工作
2000.05.15	常委扩大会	创办县财政资金结算中心；“双思”试点教育方案、造纸厂改制、“三讲”第二阶段工作的实施意见等
2000.06.22	常委扩大会	议一级公路的线路走向、城东路建设、兄弟进士牌坊保护、处州制药厂改制等
2000.07.04	常委会议	加强县委对经济工作领导、干部任前公示制度与试用期制度意见
2000.07.20	常委会议	议过境公路林地报批问题等
2000.08.09	常委会议	议小康乡（镇）村建设；处州制药厂整体出售改制等
2000.08.22	常委扩大会	议城东路安置新村、南菜场等规范设计方案
2000.10.11	常委扩大会	讨论国民经济和社会发展“十五”计划及2015年远景目标纲要
2001.02.07	常委会议	议“三个代表”教育实施方案
2001.03.22	常委会议	议县第十个五年计划纲要、新华路北端延伸工程、旅游局设置等
2001.04.27	常委会议	议重点项目用地、工业用地清理、县供销社本级改制、处分违纪党员批准权限的规定等
2001.06.13	常委会议	议民族中学征地、农业产业化、旅游业发展、港玉公路2期工程等
2001.07.24	常委扩大会	议机构改革等有关情况
2001.07.31	常委扩大会	议城南路街景环境设计、新华北路安置新村设计方案
2001.10.16	常委会议	讨论城镇职工基本医疗保险有关政策
2001.10.29	常委会议	议发展经济若干政策、县城控制性规划方案、龙丽一级公路建设等
2002.03.15	常委会议	议机关部门科级岗位公开选拔等
2002.05.14	常委会议	议卫生县城创建等

续表 20-3-3-2-4

时 间	会议名称	重要议题
2002.06.10	常委会议	研究城防工程建设问题等
2002.08.26	常委会议	讨论延庆寺塔旅游区规划
2002.09.25	常委会议	议园区建设、全程办理代理制度等
2002.12.05	常委会议	议县换届工作事项等
2006.06.18	常委会议	议农村二轮土地承包遗留问题，石门圩茶叶、花鳖基地，松建公司，第一印刷厂改制，重点信访件调处等
2003.09.28	常委会议	研究推进和落实领导干部下访工作的措施
2003.11.13	常委会议	研究河道整治工程项目建设
2004.05.25	常委会议	审议《关于进一步加强因公出国（境）管理工作的通知》
2004.08.05	常委会议	议文广体与电视台分设工作
2004.12.28	常委会议	议县委加强人大、政协建设意见、深化政府机构改革、同城同待遇、乡镇工作人员分流、矿山出让、张玉娘遗址、合作医疗制度等
2005.01.25	常委会议	议人民满意机关评选等
2005.03.07	常委会议	议老区开发、夜学制度等
2005.03.20	常委会议	议县文体体制改革等
2005.06.30	常委会议	议老区发展决定、工业经济发展意见、园区管理、政府机构改革等
2005.09.12	常委会议	学习省委书记习近平在丽水调研时的讲话精神
2006.06.30	常委会议	审议《中共松阳县委关于完善经济社会发展重大事项决策机制的决定》
2006.12.12	常委会议	讨论《关于加快推进古市镇城镇发展改革试点工作的若干意见》
2006.08.25	常委会议	议中小企业孵化基地、工业园区、优化经济发展环境、江南公路三期及斋坛连接工程；村庄规划、农村环境污染整治问题等
2007.01.26	常委会议	议住房改革等
2007.03.16	常委会议	议经济社会发展计划，作风建设年等
2007.06.07	常委会议	议森林资源流转、便民服务、生态县建设、联系党外人士等
2007.11.20	常委会议	议重大工作调研、村两委换届、引进人才工作等
2007.12.20	常委会议	议经济适用房、征地农民保障、节能减排、重点工程
2008.03.10	常委会议	议机构改革等
2008.04.03	常委会议	议创省文明县城、教育强县、新业绩活动、平原供水、抗击雨雪冰冻、茶叶节等
2008.04.29	常委会议	议村务监督试点、授予徐震宇“为民好干部”称号等
2008.05.30	常委会议	议机构领导职数、异地转移意见
2008.06.24	常委会议	议旧村改造意见
2008.08.07	常委会议	议“十一五”评估、三中教育集团等事项
2008.09.22	常委会议	议公安中层职位高配，大接访活动，结对帮扶等

续表 20-3-3-2-5

时 间	会议名称	重要议题
2008.10.13	常委会议	议建立惩治腐败体系工作等
2008.11.04	常委会议	议《经济转型专题调研》、房地产政策、林权制度改革等
2008.11.13	常委会议	议离任村干部生活补助工作等
2008.12.15	常委会议	议企业扶持意见、县单位 GDP 能耗体系方案、茶事活动、三桥桥名等
2009.01.13	常委会议	议副县长分工等
2009.01.21	常委会议	议旧村改造、部署工作
2009.02.17	常委会议	议旧村改造等
2009.02.27	常委会议	议效能排行榜、旧村改造规划纲要等
2009.04.20	常委会议	议农村发展意见，双代理制度，用地复垦，省级生态县创建，争取专项资金经费，领导联系重点等
2009.05.15	常委会议	议工业发展政策、农民新建房审批等
2009.06.29	常委会议	议县委党务公开意见等
2009.08.04	常委会议	通过残疾人事业发展意见
2009.11.03	常委会议	通过公务员津贴标准、考核意见、农村基层组织建设、城乡建设纲要、县域地名规划等
2009.12.29	常委会议	议创国家卫生县城，市政协常委、委员调整，农村组织建设意见，部分机构设置等
2010.02.04	常委会议	议县农村居民异地建房，组建控股集团若干措施，城南小学体制，经济社会发展规划，茶事活动等
2010.03.03	常委会议	议县机关效能评议，政协委员调整等
2010.03.23	常委会议	议同意未就业子女户籍迁回原籍落户，茶叶节事项，议全国、省劳模人员评选等
2010.04.15	常委会议	议“十二五”专项编制计划、推行网格化、组团式工作实施方案、集体林权制度改革等
2010.04.30	常委会议	议禁止河道采砂方案，中心村布点规划调整等
2010.05.31	常委会议	议创优争先活动实施意见，调查研究非公经济人士综合评价和首届优秀社会主义事业建设者评选，县文化中心设计方案等
2010.06.25	常委会议	议重点欠发达县特扶项目、领导下访、县规划委员会议事、考核办法、离休人员用药报销等
2010.08.04	常委会议	通过公开选拔副科领导干部工作意见、毕业生就业实施意见、城南农民新村初步设计方案、重点工程建设奖励办法、公务用车规定、乡村综合保洁考核办法、保洁责任制实施意见等
2010.08.30	常委会议	通过对外宣传规划方案、议政府机构改革方案、成立事业单位设置管理工作领导小组、一中教师职称、城乡养老金保险等
2010.11.07	常委会议	审议县中心镇培育和县深化医药卫生体制改革的实施意见、安全生产意见、应知应会能力大比武方案、村级换届试点等
2010.12.01	常委会议	审议机构设立和领导职位高配建议，建立机关纪委，县“十二五”科技发展规划，茶叶统防统治考核办法，三十平方千米产业集聚平台（工业）建设规划，第四届茶叶节活动建议方案等

县委书记办公会议

议事范围　酝酿需要提交县委常委会讨论决定的问题。对县委常委会决定事项的组织实施进行协调。交流日常工作情况。

会议与决策原则　县委书记办公会视工作需要召开；会议由县委书记召集并主持，也可由书记委托副书记召集并主持。根据工作需要，县委书记办公会主持人可确定有关负责人列席会议。县委书记办公会不编发会议纪要。

1992～2001年若干年份中共松阳县委书记办公会议重要议题选登表

表 20-3-3-3

时　间	会议名称	议　　题
1992.01.02	书记办公会议	研究县委常委会民主生活会等事项
1994.07.25	书记办公会议	听取城建部门关于太平坊路拓宽改造实施办法
1995.05.22	书记办公会议	议赤寿乡联名串联搞非法选举活动处理事宜
1995.10.25	书记办公会议	研究乡镇人大换届选举、国民经济计划、县纪委有关案件复查等
1996.01.06	书记办公会议	研究处州制药厂有关情况等
1996.03.06	书记办公会议	研究乡镇目标管理等
1996.09.10	书记办公会议	研究县级机构改革总体方案等
1997.01.15	书记办公会议	议机构编制问题等
1997.04.24	书记办公会议	研究机构改革事业单位编制等
1997.06.06	书记办公会议	议发展壮大村级集体经济试点等
1997.06.17	书记办公会议	议县领导党性党风教育
1997.08.26	书记办公会议	议省经济工作电视会议、“讲文明，树新风”活动、税务机构进一步分设，精神文明建设、经济工作等
1997.09.24	书记办公会议	中共十五大精神、禁酒等
1997.11.29	书记办公会议	“人民好公仆”评选、中共十五大精神学习
1997.12.24	书记办公会议	财政工作、移动电话清理等
1998.01.22	书记办公会议	研究 1998 年度乡镇目标责任制考核情况
1998.02.27	书记办公会议	小康示范乡镇和小康示范村等
1999.04.19	书记办公会议	关于干部任免和公开选拔干部问题，科技创先工作
1999.07.02	书记办公会议	对军转干部的安排
1999.07.28	书记办公会议	议民政资金被骗事件，从退伍军人招聘人武干部问题
1999.10.27	书记办公会议	刑满释放的原国家机关工作人员就业安置问题等
2000.03.01	书记办公会议	讨论工业经济和城镇体系规划
2000.03.19	书记办公会议	议星辰有限公司的查处情况
2001.03.20	书记办公会议	议过境公路占用林地有关人员责任追究问题

说明：2002～2010年书记办公会议资料缺失

县五套（个）班子领导联席会议

因工作需要，县委和县人大、县政府、县政协、县纪委领导及相关部门负责人列席参加会议，商议决定相关事项。

1982～1992年若干年份松阳县五个领导班子会议重要议题选登表

表20-3-3-4

时间	会议名称	议题
1982.04.30	县委常委，正副县长会议	对县政府领导班子分工，研究办公场所等有关问题
1982.05.21	县委常委、县长办公会议	研究工业生产、经济责任制、财政包干及政策、烟丝厂、印刷厂、造纸厂、中药厂、煤矿工作等
1982.08.30	县委、人大、政府三个班子会议	研究打击经济犯罪活动、千分之一转粮户、林业“三定”发证、工商行政管理等
1982.11.01	县委、人大、政府三个班子会议	讨论上级指示，制止乱砍森林乱占耕地乱建房问题
1982.12.11	县委、人大、政府三个班子会议	研究“二案”（林彪、“四人帮”）审理复议案件
1983.10.25	县委、人大、政府三个班子会议	研究计划生育等五项工作
1984.04.27	县委、人大、政府、政协、纪委五个班子会议	研究乡名变动等
1984.11.08	县五个班子领导会议	关于经济体制改革的决定
1985.10.16	县委书记、正副县长会议	人事局关于各单位人员编制汇报，谢村电站、青石坝电站汇报
1985.10.28	县委书记、正副县长会议	关于执行中央《关于教育体制改革的决定》，工资改革等
1985.12.10	县委书记、正副县长会议	普法教育，乡镇整党
1986.06.07	县委常委、县长会议	研究自动电话地下电缆布置、投资，成立有关机构等十余个事项
1986.06.21	县委常委、县长会议	议农村整党问题
1986.08.13	县委常委、县长会议	传达地区纪委、打击经济领域犯罪会议精神等
1986.05.08	县委常委、县长会议	传达研究人武部属地方工作问题
1986.08.28	县五个班子联席会议	传达省山区工作、经济工作、劳动制度改革会议精神
1986.12.29	县五个班子联席会议	审议县计经委下年度经济计划等
1987.12.10	县委常委、县政府领导会议	讨论区、乡干部、县机关干部目标管理，县医院整顿等
1990.06.26	县五个班子会议	人口普查
1990.09.12	县五个班子会议	传达地区清房会议，议县长向省长汇报兴修水利工作事项
1991.01.10	县五个班子会议	讨论清房处理实施意见、独山电视台建造方案
1991.01.23	县五个班子会议	传达地区清房会议精神，文明村、单位审批
1991.03.20	县五个班子会议	修改清房实施意见
1991.08	县五大班子会议	讨论“六五”规划
1991.08.23	县五个班子会议	听取文明镇共建、义务教育法、清房情况等汇报

续表 20-3-3-4

1991.09.02	县五个班子会议	传达苏联局势、地区农业综合开发、清房会议精神
1991.10.19	县五个班子会议	农村企业社教试点、省地选拔后备干部
1992.03.17	县五个班子会议	学习省粮食调价会议精神
1992.07.07	县五个班子会议	灾情通报
1992.07.29	县委、县政府联席会议	讨论粮食政策
1992.08.01	县五个班子会议	古市镇街道拓宽工程，排水方案

说明：1993～2010年领导班子会议资料缺失

第四节　政策研究

中共松阳县委建立后，带动部委办局、乡镇领导，先后开展基层调研、督查调研、信息调研、党建调研、政策调研、中心工作调研、干部培训调研活动。编印《政策调研》文集、《信息通报》《松阳信息·领导参阅》《要情专报》《党建理论·干部培训论文集》等。1993～2010年，松阳县各级领导撰写政策研究文章3000多篇，在市级以上报刊发表1000多篇。政策研究指导和推进松阳县各项工作。

调查研究

中共松阳县委在开展基层、督查、信息、党建、政策、中心工作、干部培训、专题等方面调研时，从实际出发，调研总结出科学性规律性的正确调研结论，用以指导促进工作。

基层调研　1950年始，县委领导班子成员分别带领区、乡镇干部到厂矿、农村调研，和群众同吃同住同劳动。掌握一线一手资料，有的放矢，写出调查报告，理清工作思路，促进工作。20世纪60年代，县委全面推行“三七”制领导方法，即每旬前3天学习、部署工作，后7天下基层参加劳动，调查研究。1961年5月，县委成员到农村后，调整社队规模和恢复补足社员自留地，全面停办农村公共食堂，安定农民情绪，调动群众积极性。70年代，县级领导机关坚持“三三制”，县委主要领导参加治理松阴溪、东坞水库建设、稻田密植等重点工程劳动和调研。80年代，建立县委常委、机关部门联系区、乡镇和乡镇干部驻村制度，调研完善区乡干部管理目标责任制。90年代，开展“奉献于事业，服务于人民”活动。进入21世纪，县委领导建立联系重点工程、重点项目、重点企业、乡镇、贫困村、社区、市场7个联系制度。实行县直部门联系乡镇，联系1个示范村，帮扶1个贫困村；机关中层以上干部联系1户贫困户，为联系村办1件实事，为贫困户排忧解难。2005年，全县20个乡镇共安排实事工程160个。2006年，全县安排实事工程169个。2010年，县级领导分别到工业园区、重点企业、风景旅游区、农村旧村改造、中心村布点规划、衢宁铁路站址、下山脱贫安置小区、联系乡镇等调研，撰写《调研报告》，解决基层难题，推进厂矿、农村等工作。

1982～2010年，县委组织各部门筹措资金物资数亿元，下基层为民办实事。

督查调研　2007年，组织对乡镇办实事情况、县重点工程的进展情况以及年收入在1500元以下贫困人口的结对帮扶落实情况进行督查调研，编发《督查专报》9期，推进县委决策的贯彻落实。2008年，对群众关心的难事、领导关注的要事、县委中心工作进行督查调研。制定下发《2008年度乡镇目标管理考核意见》《县直机关2008年度考核意见》《2008年度工业投入考核办法》等。编印《督查专刊》9期、《松阳督查专报》4期。2009年，建立同县政策研究室、县纪委和县重点办的协同督查机制，把旧村改造、为民办实事项目等工作列为督查调研的重点，制定详细的督查方案，精心安排督查节点，以听取汇报、查阅台账、现场核实等形式，对乡镇、部门全方位督查。2010年，对重点工程、省级生态县创建、旧村改造、为民办实事项目、校园安保等进行跟踪督查，编印《督查专刊》24期。

信息调研　1988年开始，县委办、县府办分别创办《信息通报》《政务信息》，并及时向省、市委、市政府报送信息。准确收集编发《信息通报》《领导参阅》等资料，建立健全紧急信息报送责任制和紧急信息迟报、漏报通报制度，特别是对敏感问题可能发生的重大事件，紧急情况超前分析预测，做到早发现、早预测、早报告，并及时续报事态进展、处理措施和原因后果。2004年，制定《关于进一步完善重大突发性事件报告制度》《乡镇、县直各单位党务信息工作考核办法》，形成全县关心支持信息工作的大格局。2005年，上报省、市委办信息1069篇（条）。2006年，向省、市委办上报信息1300余条，录用334条。2007年，上报动态类信息1000多条，综合类信息400多条。其中，《松阳推进和规范农民专业合作社发展的做法及成效》的大稿信息，被省委办信息刊物录用。2008年，上报动态类信息1200多条。2009年，上报市委办1900篇（条），被市委办普刊、增刊、专报、工作信息交流采用信息250多篇（条），被省委办录用5条，其中被省委办转报中央办公厅3条。2010年，上报信息被市委办录用200多篇（条），被省委办录用17条，被省委办转报中办13条。

党建调研　1993年，建立县级机关党建理论研究会，机关党建理论研究会调查研究撰写30多篇党建论文，并刊印《论文集》和《优秀论文集》。1994年，编印机关党建论文集2本，收录调研文章27篇，建议73条；1995年，编印1本，收录文章25篇。1996年，撰写《论市场经济条件下搞好党的思想建设的对策》《浅谈党员干部的先锋模范作用》《精神文明滑坡的原因及对策》《集体违纪现象刍议》等40多篇论文。1997年，撰写《提倡推行一岗双责的机关党建工作机制》《贫困山区村级干部队伍建设存在问题与对策》等29篇论文。1998～1999年，撰写《加强对“一把手”监督的思考》《新形势下加强基层党员教育刍议》等71篇调研文章。2004年，撰写《加强执政能力建设，提高党领导发展能力》《规范村级重大事项管理，推进农村党风廉政建设》等9篇党建调研文章。之后每年均有10多篇党建论文在上级刊物发表。1993～2010年，全县党组织调研撰写党建论文5000多篇，其中《论市场经济条件下加强党的思想建设》等100多篇文章分别在省、市级党建论文、社科联论文、浙江省邓小平理论研究中心论文评比获奖，在市级以上刊物发表。

政策调研　1993年8月11日，建立县委政策研究室，对全县经济、社会发展中的重大问题进行调研，提出意见和建议；参与县委、县政府有关政策、文件、工作部署等重要文稿的起草和修改；围绕县委、县政府重点调研课题，协调相关单位开展调查研究。

2003～2004年，县委领导调研撰写《欠发达地区内源性民间力量的思考》《松阳建设山水历史文化城市》等文章获得丽水市委政策研究室党政领导干部优秀调研成果奖。2004年，对农业农村、工业园区建设、“平安松阳”建设、城市化、干部人事制度改革、统筹城乡发展等重大课题开展调研，并及时把调研结果转化为县委、县政府的工作思路。2005年，对党建、党风廉政、城市化、社会治安综合治理、信访工作等重大课题进行调研，共撰写有针对性调研文章20余篇，其中《欠发达地区推进项目建设的几点思考》等10篇文章在上级刊物发表。2006年，撰写调研文章20余篇，其中《念好三字经，提升三种力——浅谈欠发达地区如何提高自主创新能力》等13篇文章在省、市级刊物发表。2007年，撰写调研报告等各类综合性文稿120余篇，其中在上级刊物发表10多篇。2008年，开展《推进旧房改造，建设社会主义新农村》专项调研。全年撰写综合类调研文稿120余篇，在上级刊物发表10多篇。2009年，通过建立县四大班子办公室联席会议制度，对县委的重大决策和重要工作方案实施前，充分听取县人大、县政府、县政协的意见，撰写各类综合性文稿200余篇，其中有多篇文稿在省、市级报刊发表。2010年，调研撰写《省委十二五期间新一轮扶持欠发达地区发展的政策建议》《县党政领导实绩考核分析》等12个政策性文件。

中心工作调研　1993年开始，组织对党建、党风廉政、城市化、社会治安综合管理、信访工作等重点、热点、难点问题开展调研。撰写的调研文章在《今日丽水》《市委办工作交流》等上级刊物中刊登。

2001年8月，上报丽水市委政策研究室征集的《松阳县十五规划》以及有关专项规划、各类统计报表、重要调研资料、工作建议、重要经济与社会发展政策等。9月，贯彻落实省委17号文件精神，完成《生态公益林建设》《乡扶贫攻坚任务落实》《17号文件第2条要求的各项目标分解落实》，具体落实有关单位为市委政策研究室调研联系点。2004年，对机关效能建设、二轮土地承包完善工作、“三树一创”活动、事业单位改革等方面调研后，撰写有针对性文章30余篇，其中《围绕“三树一创”，加强班子建设》《建立长效机制，维护社会稳定》等9篇在上级刊物中刊登，为领导决策提供参考。2009年，围绕全县重点、难点以及社会倾向性问题，开展深层次、预警性、超前性调研活动。贯彻落实中共十七大“住有所居”的要求，加快旧村改造，加强农村新村庄建设，着力破解农村建房难问题，开展“推进旧村改造，建设社会主义新农村”专项调研，形成《松阳县旧村改造总体规划纲要（2009～2013）》《统筹城乡发展，推进城乡一体化建设纲要》等纲领性文件。2010年，调研撰写《松阳开展“农村宅基地换养老”的探索与实践》《“松阳现象”对浙江欠发达地区发展的启示》等5篇文章上报市委。

干部培训调研　1982年恢复县制至2010年，每年开展干部培训，通过学习、考察，每位参训干部都写出结合松阳政治、经济、社会、文化、生态等方面的调研文章。仅1994年，县委举办的第二期青年干部培训班，撰写《对培育松阳市场的若干思考》《立足松阳实际，因地制宜发展我县农村经济》等27篇调研文章、73条建议。

编印调研书刊

编印信息刊物　据不完全统计，1988～2004 年，编印《松阳信息》《要情专报》等刊物 600 多期。2005～2010 年，编印《信息通报》《松阳信息·领导参阅》等刊物 590 期。其中，2005 年编印《信息通报》58 期，《要情专报》43 期；2006 年，编印《信息通报》60 期，《要情专报》24 期；2007 年，编印《松阳信息·每周通报》34 期，《松阳信息·增刊》6 期，《要情专报》33 期，《督查专刊》9 期；2008 年，编印《每周通报》《要情专报》《松阳信息·领导参阅》共 92 期；2009 年，编印《松阳信息·每周通报》40 期，《松阳信息·领导参阅》7 期，《松阳信息·增刊》7 期，《要情专报》40 期，其中领导批示 30 期，领导批示率 75%；2010 年，编印《松阳信息·每周通报》36 期，《松阳信息·增刊》5 期，《要情专报》36 期，《每周维稳要情》30 期。

第五节　信访工作

机构沿革

1982 年前，人民群众来信来访由县委、县政府领导及相关单位负责接待处理落实。

1982 年恢复松阳县制，5 月后分别设立中共松阳县委、县人民政府信访办公室，用两块牌子，两枚印章，一套人马，合署办公。

1983 年冬机构改革时，县委、县人民政府信访办公室改称县委办公室信访科，为县委办公室下属股级单位。1990 年 7 月，县委办公室信访科改为中共松阳县委、松阳县人民政府信访办公室（简称“县信访办”），为副科级单位，归口县委办公室管理。1992 年 8 月，县信访室内设群众来访接待科、群众来信处理科。

1996 年 10 月，县信访办改设为中共松阳县委、松阳县人民政府信访局（简称“县信访局”），为正科级单位，归口县委办公室管理。2002 年 8 月，机构改革时，县信访局仍归口县委办公室管理，业务上接受县委办、县府办的指导。内设综合办公室、接访科。2008 年 5 月，县信访局增设复查（复核）办公室。

2010 年，县信访局设综合办、复核办、接访科，行政编制 5 人、事业编制 2 人。其中，局长 1 人、副局长 2 人，科室领导职数 3 个。

信访职责

1982 年 5 月，松阳县委、县政府设立信访室，受理和研究、督促、解决本辖区和上级领导机关交办的来信来访问题。协助党政领导机关检查本辖区的信访工作，发现和解决问题，组织交流经验。

1997 年 5 月，松阳县委办公室职能配置、内设机构和人员编制方案规定，县委、县政府信访局代表县委、县政府接待受理群众来信来访，为信访人员提供咨询服务；督促、检查、办理上级机关和县委、县政府领导转办、交办的信访工作；参与协调、处理有关信访问题；指导全县信访工作，为领导提供信访信息和解决问题的方案。

2002年8月，《中共松阳县委办公室、松阳县人民政府办公室职能配置、内设机构和人员编制方案》的通知规定，县委、县政府信访局主要职责是负责处理人民群众给县委、县政府的来信，接待群众来访；承办上级机关和县委、县政府领导转办、交办的信访事项；向各乡镇和县直单位转办、交办信访事项，并督促检查办理情况；协调处理重要信访、群众集体到县、市、省、京上访和异常、突发信访事项，维护上访秩序；调研分析信访情况和社会不稳定因素，及时、准确为领导提供信访信息和工作建议，指导全县信访业务工作，研究、起草有关信访工作的规章草案；总结推广信访工作经验；组织信访工作业务培训，承办县委、县政府和县委办、县政府办领导交办的有关事项。

信访工作机制

日常工作责任制　1987年，建立县信访工作责任制。1988年后，成立县委、县政府信访督查办公室和县涉法信访工作协调小组，处理各类涉法信访事件。每年召开县委常委会、县委办公室会议、县信访工作领导小组会议各4次以上，县委书记办公会议、县政府常务会议、人大常委会、党政联席会议各2次以上研究信访问题。根据形势需要，及时召开各类信访问题座谈会、协调会、对话会、维稳会、信访办公会、信访联席会议，对社会管理不稳定的村派驻综合治理工作组。各级领导认真听取信访工作汇报，共同分析信访形势，逐件研究重点信访问题，统一部署信访工作。1994年，健全和完善县、乡两级领导信访接待日制度，制定《松阳县逐级上访制度》。1998年，印发《松阳县接待群众集体上访暂行规定》。1999年，制定《松阳县人民群众逐级上访和分级管理暂行办法》《关于遏制群众集体上访、越级上访、重复上访，维护社会稳定的意见》《关于对部分乡镇、部门实行信访重点地区管理的通知》。制定预警排查制、突发重大信访处置制、督查通报制、信访导访（代理）制、信访事项三级终结程序、目标管理考核制等工作制度，实行律师、司法干部陪同县领导每月的信访接待日制度等。形成县领导班子整体重视，各级干部各负其责、齐抓共管，全社会共同关注信访的大信访格局。

领导负责机制　1987年，开始设立县委常委接待日制度。1996年，县委、县政府印发《松阳县县级领导信访工作责任制》，规定县委书记、县长对全县信访工作负总责，县委1名副书记、县政府1名副县长分别主管县委、县政府信访工作，其他县级领导分线抓好各自分管的信访工作。把信访工作纳入县委、县政府重要议事日程。定期研究信访工作制度；坚持领导阅批群众来信制度；坚持领导接待群众来访制度；坚持领导接待群众上访制度。强化信访部门职能，加强信访工作队伍建设。

领导接访　1982年5月至2003年9月，县领导接访主要以在岗、信访室或到基层交替进行为主。从2003年9月15日开始，松阳县在全市率先开展县四套班子领导干部下基层接待群众来访活动，把其作为一项制度贯彻执行。基本做法为“集体下访、定期接待、二级联动、各方协调、统一交办、及时总结”。县四套班子领导单月下访乡镇，双月下访部门。下访前，把县领导下访的时间、接待的地点、接待领导的姓名、接待信访事项的范围，提前通过当地媒体和信访网站告知群众。县领导结合实际，到矛盾集中、工作难度大的社区、村居、重点工程所属单位下访。从2007年开始，县人大建立和开展人大常委会主任分片接待代表活动制度。公安局、检察院、法院主要领导与县领导同步开门接访，听取信访群众的申述。1978~2010年，县领导接访群众6570批、17213人次。其中20世纪80年代年均接访25批、214人次；90年代年均接访163批、381人次；2001至2010年，年均接访457批、1380人次。

领导包案　2004年，建立领导包案制。信访工作实行领导包案处理，由各分管县领导包案，督促有关部门限期处理。木岱坑水电站隧洞工程拖欠民工工资的问题、西屏镇项弄村的综合信访问题由领导包案得到妥善处理。2005年，对重点建设工程、企业改制遗留问题、农嫁女要求享受村民平等待遇问题等，落实到30多个相关责任单位包案处理。2006年，县委常委会把31个信访事项分配到28个相关单位实行领导包案制。12月，县委、县政府专题召开县领导下访接待的信访件交办会，进一步落实责任。2007年上半年，对12件存在不稳定因素的信访件，由县有关领导包案负责。2008年，县委书记督查县领导包案情况，按照县委常委会要求，县领导既要解决好分管线上的矛盾纠纷，也要协调处理联系乡镇的信访问题，在一岗双责上做好既包片又管线。针对省、市联席会议挂牌督办的14件信访案件，分别落实到县委、县政府8位领导进行包案。对全县梳理出的17件信访件进行县级挂牌督办，涉及5个乡镇7个部门。各责任单位排查出96项不稳定因素，涉及17个乡镇和部门负责人进行包案调处和稳控。县领导对2009年25件、2010年28件信访积案包案调处，落实责任领导和责任单位。

主要工作

1978～2010年，松阳接访处理落实来信来访56217件次。其中来信21542件，来访11368批、34040人次。妥善处理数百起越级上访事件。信访件要求解决历史问题的11462件、现实问题的44755件（包括重复件）。

落实干部政策　根据中央办公厅和省委组织部相关文件精神，成立由县委分管书记，县人大、政府、政协领导组成的县委落实政策领导小组。下设办公室，采取“包干负责、抓重点、讲质量、把好关”的方针进行工作。各机关、乡镇相应建立复查小组，配备专兼职人员。全县最多时有包括信访干部在内的200多人从事冤假错案复查工作。

1978～1987年，县委复查“文化大革命”中被立案审查的干部案件143件（不含区、乡镇立案数），得到纠正的139件。有步骤地对“右派”和“反右倾”运动的案件复查改正。全县改正错划“右派”58人，因“右倾”受批判处分的39人，全部结案。受理复查“文化大革命”前被错定为敌我矛盾性质及开除党籍、开除公职处理等案件申诉277件，属于全错全纠的103人，占38%；部分错、部分纠的119人，占41%；维持原处理的55人，占21%。按照中央和省委的有关政策精神，调查2个省2个市12个县，行程万里，查清处属特委直接领导的靖居包党小组和“王明组建”的松阳石仓支部的情况，予以正名、恢复党籍18人，其中追认革命烈士1人、更正党龄3人。按照中央《关于解除一些干部历史上受限制使用问题的意见》指示，查阅2000多个档案，撤销、注销、解除32人，对其档案作清理。

纠正错划成分和清退房产　根据中共中央、浙江省委办有关文件精神，松阳县从1986年10月开始至1987年6月，由县委办公室牵头，组织公安、法院、财政、民政、信访、松阳区派出所、叶村乡等有关单位10名干部，选择基础较好的叶村乡试点，然后全县铺开。历时8个月，全县共复查

85户，涉及9个乡1个镇，属错划成分应纠正的61户。其中，1951年复查土改时上升的4户，1952年“镇反”运动中上升的1户，1954年反封建时上升的51户，1955年、1956年、1959年、1960年、1968年即合作化运动，改造“落后队”“文化大革命”等运动中上升的5户。经复查，不予纠正成分的24户。被上升成分户中，共没收征收房产262间，其中楼房90.5间、平房171.5间。复查纠正成分后，退原房115间，其中楼房54间、平房61间，共退还房价款及补偿价款计22869.5元。其中，财政补贴3030元、占13.25%，村级退价款18488.5元、占80.84%，房补偿款1359元、占5.9%。不予纠正成分24户中，对其中4户按政策规定给予退房150多平方米，补价款350元。

清退抄查物资和私房 1982年，县设立由统战部、对台办、公安局、信访办、人武部、房管所、西屏镇委等单位抽调人员组成的落实台属政策工作组，在西屏镇落实台属政策和“文化大革命”期间红卫兵查抄物资以及私房改造政策。“文化大革命”中，西屏镇被查抄金、银、首饰、存折、债券、钻石、珍珠等合计变价款25838.15元，收音机、照相机等物件19410件，各种图书1000余册。以上财物在1979年前清查退赔14711.42元；1982年，清查退赔11126.73元。落实私房改造43户。

解决支农、精减下放、要求就业诸多问题 1983年，杭州市1956年下放到松阳的支农人员仍有38户、146人要求解决困难。县委、县政府向浙江省人民政府报告，要求批准给予支农人员一次性建房和购置生产工具补助款15万元、木材75立方米、钢筋7300千克、水泥146吨。1988年12月，县委发文向省委办公厅报告，要求省补助3万元经费给杭州支农人员建房。浙江省委批复给予补助3万元。1993年，县按照省委办《关于杭州市1956年支农人员问题处理意见的通知》，给支农人员符合条件的子女在户口所在地农转非。

1983～1990年，接待落实解放初农村民主建乡时，90多名工作不满4年的区、乡干部作冗员处理；20世纪60年代初期一批精简下放干部、职工生活困难要求定补；全县700余名青年要求就业等诸多问题。

落实上级机关来信 1978～2010年，收阅处理办结市、省、中央、国务院来信1361件。

解决未就业大学生户口回迁农村 2008年开始，全县大中专毕业生家长来信来访要求把未正式就业的子女户籍回迁原籍（农村）。各级领导重视，多部门联动，考察借鉴台州市和莲都区经验，2010年，制定《松阳县有关大中专毕业生未正式就业人员户籍管理的实施方案》（其中转业士官也参照实施），是年4月1日正式实施。

就地化解矛盾 建立健全基层信访网络，采取信访与司法调解、综合治理“三位一体”的做法，统一调配使用信访力量。配齐乡镇信访治保干部，保障办公设施、经费。推广三都乡联村调解中心、赤寿乡农村社会治安群访群治站、古市镇建立治保调解组织的做法。对群众关注的热点、难点问题主动下访。提高初信初访的结办率、息访率和当事人息访息诉满意率。及时报送《信访要情专报》，制定预案。2006年9月始，开通松阳信访门户网站，设工作职责、领导下访、建言献策、信访公告、在线信访等内容，使信访信息互通，信访资源共享。注重越级、重复、集体上访，敏感时段信访等。组织信访督查组到基层，2008年始，启动信访事项三级终结程序，把发生的矛盾就地化解。

集体解决大批积案 建立领导小组，开展群众重复上访问题专项治理。2010年，制定《关于深

入开展信访积案化解年活动的实施意见》，以信访联席会议为契机，开展集中处理信访突出问题。对部分信访老户重复来信来访、政策已落实到位的，县信访局与相关职能单位联合向信访人作出书面答复，出具信访处理意见书，召开信访结果公开答复会，使许多上访老户主动息访息诉，解决大批积案。2010年，实行资源共享原则、典型培育原则、现场教育原则。古市镇筏铺村、二村和古市镇综治（信访）中心等学习“老娘舅”（有调解能力的老同志）大会现身说法，在全县20个乡镇全覆盖。

队伍建设　1983年，聘请16名退休干部充实区、乡镇信访队伍，加强信访力量。20世纪90年代后，把信访部门作为培养锻炼干部的基地，选派后备干部到县信访局挂职锻炼。1999年，建立县信访局办公管理制度、规定会议制度、学习制度、办公制度、请假制度。2003年，开办信访骨干培训班，请上级信访领导讲课，提高基层信访干部的业务水平。根据实际，及时调整部门、乡镇分管领导和专兼职信访干部。加强基层信访干部的交流和提拔使用，优化信访队伍年龄和知识结构。2004年，开展文明信访接待室创建活动，对信访岗位补贴落实到位。学习宣传《浙江省信访条例》《关于违反信访工作纪律适用〈中国共产党纪律处分条例〉若干问题的解释》《关于违反信访工作纪律处分暂行规定》的通知等文件法规。

1978～2010年松阳县信访有关数据表

表20-3-5-1

年份＼项目	来信来访件次	其中来信（件）	来访（批/人次）	其中市级以上来信（件）	县领导接访（批/人次）	解决历史问题（件）	解决现实问题（件）	编简报（期）
1978～1981	18	9	9/15	3	3/11	8	10	5
1982	1276	761	153/512	7	21/270	1020	256	5
1983	1648	907	185/741	18	23/280	1318	330	5
1984～1986	3195	1852	609/780	15	69/875	2402	793	6
1987	899	639	203/260	5	25/80	647	252	6
1988	965	769	170/196	11	28/96	280	685	6
1989	1146	885	261/540	11	35/107	300	846	12
1990	1724	780	204/405	432	40/116	260	1464	21
1991	1319	1110	180/320	18	44/95	201	1118	21
1992	1343	1157	289/374	9	45/210	216	1127	21
1993	1443	1100	343/543	10	255/400	170	1273	21
1994	1614	1250	364/1145	10	233/953	200	1414	24
1995	1370	1050	320/1095	14	225/479	170	1200	15

续表 20-3-5-1

年份＼项目	来信来访件次	其中来信（件）	来访（批/人次）	其中市级以上来信（件）	县领导接访（批/人次）	解决历史问题（件）	解决现实问题（件）	编简报（期）
1996	1052	800	252/658	9	188/324	121	931	15
1997	1229	900	362/1448	18	266/481	130	1099	15
1998～2003	12890	5637	3266/11355	89	989/2124	1607	11283	126
2004	4023	345	619/1895	34	811/1783	522	3501	19
2005	4200	355	681/2524	15	591/1321	547	3653	63
2006	3721	330	636/2218	15	577/1273	310	3411	29
2007	3081	309	581/1641	16	451/1131	309	2772	23
2008	2672	235	770/2437	320	601/1798	315	2357	23
2009	2440	225	451/1764	261	718/1960	211	2229	83
2010	2749	137	460/1174	21	332/1046	198	2551	21
合计	56217	21542	11368/34040	1361	6570/17213	11462	44755	585

第六节　保密工作

组织机构

20世纪50年代初，县委成立县保密委员会。1951年10月后，全县各级普遍建立保密组织和制度，主要工作是清理文件、档案，查找问题，堵塞漏洞。1958年11月至1982年1月松阳、遂昌并县期间，松阳区域的各级党组织严格执行保密工作有关规定。

1982年恢复松阳县制后，新建中共松阳县委保密委员会。1983年8月，全县进一步制定安全保密制度，调整不适宜在要害部门、单位工作人员，各单位增添保险柜、防火器等部分安全保卫工具。1989年，县委保密委员会由5人增加到12人，全县有28个单位建立保密领导小组。各部门、单位都制定保密制度、保密手册。

1990年7月，县保密委员会办公室增挂保密局牌子。1991年4月29日，县编委同意县保密机构配备1名工作人员。1996年10月机构改革，县委办公室内设保密委员会办公室，对外挂保密局牌子，办公室内设机要科、保密办（局）。2001年10月，县委办公室增挂保密委员会（县国家保密局）牌子。2004年12月，机要保密科更名为机要保密局。2008年12月，撤销县委办机要保密局，设立县委机要局、县委保密局。2010年6月，设立中共松阳县委机要局，与县密码管理局一个机构两块牌子，由县委办公室管理，机构规格均为副科级。

保密制度

1989年开始，中共松阳县委先后制定全县值班制度、县委值班制度、县领导和办公室领导公休日值班制度、紧急重要电报办理规定、《松阳县“五五”保密法制宣传教育规划》，下发U盘、手机等新设备的保密管理制度。制定完善《“中国松阳”门户网站信息维护方案》《“中国松阳”门户网站建设管理考核办法》《网站管理办法》、网站频道负责制、信息审核、投诉反映件办理、《涉密移动存储介质保密管理暂行规定》《涉密计算机信息系统保密管理暂行规定》《政府信息公开保密审查》《网站频道负责制》等。成立高考保密工作领导小组。

保密教育

1952年6月11日，县委发出《县委保密委员会关于保密工作的报告》，着重指出保密工作存在的问题，提出加强领导、教育、健全组织、调整机要人员、对泄、失密事件作出处理五条措施。1955年4月，县委保密委员会发出《关于今后保密工作的意见》，提出要充分发挥保密组织的作用、贯彻保密教育、定期清理文件、严格保密纪律、审查和调整机要人员、加强对区乡保密工作检查辅导6条意见。1982年以后，每年组织1次保密教育和检查。

1983年8月，县委作出《切实抓好安全保密工作检查和整顿报告》，要求全县各级认真检查、整顿安全保密工作。1989年5月，宣传贯彻新出台的《中华人民共和国保密法》。1990年5月，在全县各单位举行实施《中华人民共和国保密法》一周年知识考试。11月，县委举办“关于办文、档案和保密工作”培训班。

2001年以后，针对部分干部头脑中存在的和平年代“无密可保，有密难保”的错误观念，以及存在的秘密文件、资料的收发、阅办、清退、归档、销毁等缺乏严格的制度，会议文件该收回的没有收回，擅自复印中央文件和中央领导讲话，擅自把秘密文件、资料当废纸出售给废品收购部门，擅自携带机密文件出入公共场所，口头泄密的情况等现象时有发生，县委进一步加强对保密工作的教育和管理。2005年，县委办发出《松阳县国家秘密载体集中回收销毁处理办法》，明确要求各单位按照规定，把涉密载体、红头文件、内部资料等移交机要保密局集中销毁。2006年6月1日，县委召开全县信息暨保密工作会议，对保密工作提出新的要求。

2007年开始，县委把保密教育列入干部培训课程内容。在全县开展形式多样、内容丰富的宣传教育活动，把保密知识纳入保密干部的日常理论学习内容之中。2008年，依托县电视台、《新松阳》报和“中国松阳”门户网站保密子网等载体宣传保密知识，组织1500多人参加全省保密知识竞赛，组织干部保密工作培训400人次。县机要部门全年收发电报2127份、10886页无差错。2000～2010年，县保密工作无大差错，每年完成公文交换系统明传、密码、密传、网站信息更换等事项2万余次。2008年，县保密局岗位获得中央、省、市业务抽查评比优秀岗位。

保密执法

1952年，县保密委员会结合“三反”运动开展保密检查。针对全县发生的14件泄、失密事件，县委保密委员会提出严肃执行保密法规的意见，对全县62名机要人员审查后，对不适合条件的16名机要人员，坚决调离机要岗位。对县政府地政股泄密案，给予当事人开除党籍、行政撤职处分。

1955年春，县保密委员会对全县保密工作进行检查，根据存在的问题，作出《关于今后保密工作的意见》，下发各单位执行。1983年，针对全县保密工作现状，在全县普遍开展检查和整顿，堵塞漏洞，健全组织、消除隐患；严格执行干部、人事制度，纯洁队伍，对要害部门的工作人员认真审查，凡属“三种人”或靠关系进来而又表现不好的人，按规定不适合在要害部门工作的人，坚决调离；严格安全保密制度，建立岗位责任制。各单位确定1人负责督促执行情况，追究单位领导责任；贯彻执行中共中央综合治理方针，发挥基层单位党政组织在维护社会治安的作用，开展法制宣传活动，抓好青少年的教育。

2000年开始，针对全县保密工作的重点环节，开展多种形式的监督检查考核。重点抓计算机网络、涉密载体回收、门户网站涉密信息等，同时加强网站的内部管理，建立网站频道负责制。2007年，按照《浙江省党政密码通信网络运行环境规范的实施意见》要求，完善密码通信网络设施，更新密码通信设备。全年收发电报3952份、9156页无差错。完成106个单位的网络接入和中心机房的硬软件安装调试，100多个单位的公文收发人员参加公文交换，电子印章版式培训。12月8日开始，取消纸质文件印发。严格执行《紧急重要电报办理规定》，做到特事特办，即时办理。2009年，完善密码通信网络设施，改善网络的运行环境，确保密码通信网络的安全和畅通。精心组织密码电报的译传办理，确保密码保密的绝对安全和密码通信的绝对畅通。2010年，投入资金30多万元，在政务外网上部署防火墙、漏洞扫描等硬件设施以及网络防病毒等软件，定期组织网络安全检查，有效提高政务外网的安全性。高考、中考前对试卷保密室和考场及周边环境进行专项检查，考中派人参与试卷的提取、运送、分发等各个环节的监督检查。

2005年后，县机要保密局每年都组织人员对全年的废品收购站进行保密废纸检查，发现仍有单位把涉密载体、内部资料等擅自出售给废品收购站，对此，对这些单位严肃批评教育，限期改进。县委办发出《松阳县国家秘密载体集中回收销毁处理办法》，要求各单位按照规定，把涉密载体、红头文件、内部资料等移交机要保密局集中销毁。各单位添置废纸粉碎机，用于印有秘密载体的资料粉碎处理。2006年，组织对全县涉密计算机及其网络检查，存在计算机的内部资料、文件等有失、泄密隐患。为消除隐患，对涉密计算机及信息网络采取有效的物理隔离办法，严禁涉密计算机和涉密网络接入国际互联网。2008年，对高考、中考考前试卷保密室和考场及周边环境进行专项检查，考中派人参加试卷的提取、运送、分发各个环节的监督。2010年，收发电报2399份，其中密码电报256份、密传1198份、明传945份；电报传输办理量4046份，网站更新信息14593篇，视频更新318部，办理网上受理件171件，无差错。

第四章 纪检监察

松阳县于20世纪50年代建立县委纪律检查委员会，经历县监察委员会、县委纪律检查委员会、县纪律检查委员会几个发展阶段。县委纪律检查（监察）工作始终围绕县委中心工作，与党内各种错误思想及违法乱纪行为作斗争，在纯洁党的组织，维护党的纪律，加强党的纪律教育，保证党的路线、方针、政策、党章、党纪和国家法律、法规的正确贯彻执行，保护社会主义建设事业的顺利进行，做了大量的工作。改革开放以来，县纪委认真履行“保护、惩处、监督、教育”四项职能，协助县委端正党风，维护党规党纪，开展党风廉政建设和党性党风党纪教育，严肃查处违纪案件，不断加强党内监督，加强自身建设，促进改革开放的顺利进行，为经济建设“保驾护航”。1993年5月，县纪委监察局合署办公后，纪检监察工作职责进一步扩大拓宽，在认真贯彻落实领导干部廉洁自律有关规定、开展党风廉政制度建设、受理群众信访举报、严肃查处违纪案件、开展行政执法监察、纠正行业不正之风、开展效能作风建设、进行党风廉政教育等工作中取得一定成效。

第一节 组织机构

机构沿革

1950年9月，中共松阳县委设置党的纪律检查机构，建立中共松阳县委纪律检查委员会，由县委组织部等有关部门的党员领导干部兼任县委纪律检查委员会委员。1954年10月，中共松阳县委纪律检查委员会改称为中共松阳县监察委员会。1956年6月，中国共产党松阳县第一次代表大会召开，大会选举产生中国共产党浙江省松阳县监察委员会委员。1958年11月，松阳县建制撤销。1982年1月，恢复松阳县建制，5月，建立中国共产党松阳县委员会纪律检查委员会。1984年2月，中共松阳县委纪律检查委员会由县委工作机构升格为领导机构。8月，原中国共产党松阳县委员会纪律检查委员会更名为中国共产党松阳县纪律检查委员会（简称县纪委）。1988年4月，建立松阳县监察局，列入县政府序列，作为县政府负责监察工作的专门机构，受松阳县人民政府和上级监察部门双重领导。1993年5月，中共松阳县纪律检查委员会与松阳县监察局合署办公，实行一套工作机构，对外两块牌子，履行党的纪律检查和行政监察两项职能。县监察局仍属县政府工作部门序列，但不计县政府机构个数，监察局局长的任免仍按有关法律程序办理。县监察局与县纪委合署办公后撤销县监察局党组。县纪委常委、县监察局领导成员实行县纪委常委会统一领导下的分工负责制，重大问题由县纪委常委会集体讨论研究决定。至2010年，这一合署办公体制仍沿用。

内设机构与编制

中共松阳县委纪律检查委员会建立之初，群众的来信来访、举报党员违纪案件主要由县委秘书室签发给当事人所在单位党组织处理或临时派人调查处理。1952 年 9 月，因“反对贪污、反对浪费、反对官僚主义”（简称“三反”）运动的工作需要，配备 2 名专职纪检干部，中共松阳县委纪律检查委员会正式行使党的纪律检查工作职能。1982 年 5 月，中共松阳县委纪律检查委员会机关干部 4 人，其中副书记 1 人、专职委员 2 人、一般干部 1 人。1982 年末，中共松阳县委纪律检查委员会会同县委组织部门，对全县 29 个区、镇、公社配备 3 名专职纪检干部和 25 名兼职纪检干部，基本形成区、镇、社的纪检网。1983 年 12 月，中共松阳县委纪律检查委员会机关干部从原来 4 人增加到 7 人。

1984 年 4 月，中共松阳县委纪律检查委员会内部机构设办公室、纪律检查科、案件审理科。中共松阳县直属机关党工委建立纪律检查委员会；全县 5 个区、2 个镇、10 个机关单位和 2 个厂矿建立纪律检查组；县机关单位中应设纪检员的有 28 个单位，配备纪检员 17 人。全县 25 个公社（乡）全部配备纪律检查干部；全县农村 371 个基层党支部，除交塘公社外，配备纪检委员 359 人。厂矿、企事业单位共 63 个基层党支部，配备纪检委员 54 人。1985 年，松阳县纪委机关编制 13 人，实有人员 9 人，其中正、副书记各 1 人，专职常委 3 人，兼职常委 1 人，专职委员 4 人，兼职委员 7 人。县以下（不包括县纪委机关本级，下同）建立纪检机构的单位有 25 个，其中县直属部委办局建立纪检机构 16 个、县属企事业单位 2 个、乡镇 7 个。配备专兼职纪检干部 75 人，其中专职 4 人、兼职 71 人。1986 年，松阳县纪委机关编制 16 人（包括设在县纪委机关的“经打办”编制 3 人），实有人员 13 人（包括“经打办”2 人），专职常委增至 4 人，专职委员和兼职委员人数有变动。县以下纪检机构 26 个，比上年增加 1 个。1987 年 4 月，松阳县第三次党代会选举产生中共松阳县纪律检查委员会委员 11 人，县纪委第一次全体会议选出纪委常委 4 人。

1987 年 6 月，县纪委机关增设信访科，配备 2 名专职信访干部。县纪委内设机构由原来 3 个科室增到 4 个科室，即纪委办公室、纪律检查科、案件审理科、信访科。

1988 年 4 月，松阳县监察局建立，内设办公室、监察科、审理科、信访科。县监察局人员编制 10 人。是年，松阳县纪委机关实有专职人员 12 人。县直部委办局纪检机构 24 个，配备专职人员 1 人。县以下区、乡、镇和其他单位设立的纪检机构共 9 个。

内设机构升格　1989 年 4 月，中共松阳县委印发《关于中共松阳县纪律检查委员会内部机构和干部职务设置的通知》。县纪委内设 4 个室：办公室、来信来访室、纪律检查室、案件审理室，均为副科级，各设主任一职，配副科级干部，原设的纪检科、审理科、信访科同时撤销。1990 年 5 月，松阳县第四次党代会选举产生中共松阳县纪律检查委员会委员 11 人，县纪委一次全会选举产生常务委员 6 人。1991 年 3 月，县纪委来信来访室更名为控告申诉室。是年，全县 5 个区建立纪工委，2 个建制镇和 15 个县直部门、1 个地属单位建立纪委，调整充实 9 个单位 298 名基层纪检干部。

基层纪委（纪检组）　1992 年 5 月撤区扩镇并乡后，各乡镇原纪律检查组改为纪律检查委员会。8 月，县工业局、县二轻局、县粮食局、县林业局、县农业局、县交通局、县卫生局、县商业局、县水利水电局、县农业银行、县教育委员会、县城乡建设环境保护局、县供销合作社联合社 13 个单位的纪律检查组改为纪律检查委员会。撤区扩镇并乡后，县纪委印发《关于乡镇纪律检查工作的暂行规定》，全县 20 个乡镇纪委配备纪检干部 67 人，其中专职 23 人。县级 15 个部门纪委配备纪检干部 50 人，调整充实 9 个纪检组 12 名纪检干部。全县纪检组织机构 46 个，其中县纪委机关 1 个、县直属单位 19 个、乡镇 20 个、企业单位 5 个、事业单位 1 个（松阳师范）；配备专职纪检干部 55 人。其中县处级干部 2 人（县纪委书记和松阳师范纪委书记）、科及以下干部 51 人。20 个乡镇纪委配备专职纪委书记 6 人、专职纪委副书记 1 人、专职纪委委员 4 人、兼职纪委委员 10 人。全县设支委的基层党支部中，绝大部分配备纪检委员。1993 年 3 月，全县 20 个乡镇党代会选举产生新的乡镇纪委班子，共配备纪检干部 67 人。其中书记 20 人、副书记 3 人、委员 44 人；书记全部专职，副书记、委员中有专职 3 人，合计专职纪检干部 23 人。4 月，松阳县第五次党代会选举产生中共松阳县纪律检查委员会委员 13 人，县纪委第一次全会选出常委 7 人。

1993 年 5 月，县纪委与监察局机关合署办公，设纪委办公室、纪检监察室、纪检信访室（举报中心）、案件审理室、调研教育室、执法监察室。合署后县纪委班子设常委 7 人，其中书记 1 人、副书记 2 人。县纪委监察局在编干部 23 人。全县 20 个乡镇全部建立纪委，其中 5 个镇纪委各配备 5 名纪委人员，15 个乡纪委各配备 3 名纪委人员，乡镇纪检干部 70 人。县直机关部门建立 15 个纪委、9 个纪检组，各配备 3 名专（兼）职纪检监察人员，配备党组纪检员 18 人，县机关部门纪检干部 90 人。

1996 年，松阳县纪委监察局编制增加到 26 人，实际配备专职人员 23 人。1997 年，松阳县纪委监察局配备专职人员 24 人，县以下纪检监察机构数与前几年相同，其中县直属单位（部门）24 个、直属机关纪委 1 个、派驻机构（金融系统）1 个、乡镇纪委 20 个。1998 年，县编委核定县纪委监察局行政编制 25 人，设书记 1 人、副书记 2 人、局长 1 人、副局长 2 人、室主任 6 人。3 月，松阳县第六次党代会选举产生中共松阳县纪律检查委员会委员 13 人，县纪委第一次全会选举产生常委 7 人。

1999 年，新建立纪检组 2 个，调整充实 27 个单位的 60 名纪检干部。乡镇纪委班子换届结束后，全县 20 个乡镇共配专兼职纪检干部 60 人，其中纪委书记由党委副书记兼任 13 人、党政班子成员兼纪委委员 23 人。2001 年，全县 20 个乡镇中有 14 个乡镇纪委书记由同级党委副书记兼任。2002 年，90%的乡镇纪委书记由同级党委副书记担任。

2001 年，县级机构改革后设立 20 个县属局，其中 13 个实行派驻纪检组织。凡设党组的部门、单位全部设立纪检组。2002 年 1 月，松阳县纪委监察局发出《关于建立派驻县直单位纪检监察机构及对派驻纪检监察机构有关问题的暂行规定》。县委同意建立 13 个派驻纪检监察机构分别是：县农业局、县发展计划局、县经济贸易局、县教育局、县财政局、县人事劳动保障局、县国土资源局、县建设局、县交通局、县水利局、县文化体育广播电视局、县卫生局、县民政局。

2002 年 8 月，县委办、县府办批复县纪委监察局机构改革“三定”方案。县纪委监察局机关设 7 个职能科室。增设党风廉政建设室（与纠正部门行业不正之风办公室合署办公，并挂县政府纠正部门和行业不正之风办公室的牌子）。县纪委监察局机关行政编制 23 名（含工勤人员），其中纪委书记 1 人（编制单列）、副书记 2 人（其中 1 名兼任监察局局长）、副局长 1 人、室主任 7 人、室副主任 7 人。2003 年 3 月，松阳县第七次党代会选举产生中共松阳县纪律检查委员会委员 15 人，县纪委第一次全会选举产生县纪委常委 7 人，县委副书记兼县纪委书记。县纪委监察局机关编制和实有工作人员人数无变化。县以下纪检监察机构 54 个，其中县直属单位 34 个（派驻机构 13 个，内设机构 17 个，机关纪委 4 个）、乡镇纪委 20 个。

2004 年 12 月，县纪委监察局增设法规室，与办公室合署办公，人员编制、领导职数不变。2005 年 11 月，县委办、县府办印发《松阳县部分县级机关、群团组织领导职数调整方案》，确定县纪委机关（监察局）增设效能监察室，增加室主任职数 1 个，调整后领导职数为：纪委书记 1 人，副书记 2 人（其中 1 人兼任监察局局长），副局长 2 人，室主任 8 人，室副主任 8 人。2006 年 12 月，松阳县第八次党代会选举产生中共松阳县纪律检查委员会委员 17 人，县纪委第一次全会选举产生县纪委常委 7 人。

2008 年，松阳县纪委监察局机关内设机构 8 个室：办公室、纪检室、信访室、执法室、效能室、审理室、党风室、宣教室。县纪委派驻机构（县直单位纪检组）12 个，行政编制 33 人、事业编制 7 人。县直单位内设纪检监察机构 13 个，行政编制 35 人、事业编制 1 人。县属事业单位内设纪检监察机构 1 个，行政编制 1 人。乡镇纪委 20 个，行政编制 43 人、事业编制 22 人。县纪委班子职数配备 7 人。县监察局班子职数配备 3 人。12 月，松阳县编委批复同意把县机关效能监察投诉中心由非常设机构改为常设机构，为县纪委（监察局）下属纯公益类全额拨款事业单位，核定人员编制 2 人。

2009 年 3 月，松阳县编委批复县纪委监察局增设纠风室，与党风室合署办公，承担县政府纠风办的工作职能。11 月，松阳县编委对县纪检监察机关机构编制事项进行研究调整：增加行政编制 7 人，县纪检监察机关行政编制 30 人；增设干部管理室，为县纪检监察机关内设机构；增加领导职数：副局长 1 人，室主任 1 人，室副主任 2 人。

2010 年，县纪委监察局机关内设机构 10 个（纠风室与党风室合署办公），行政事业编制总数 32 人（行政编制 30 人，事业编制 2 人）。县级派驻机构 13 个，编制总数 39 人。县直单位内设纪检监察机构 20 个，行政编制总数 50 人。县属事业单位内设机构 2 个，事业编制总数 2 人。乡镇纪委 20 个，编制总数 68 人。

1950～2010年中共松阳县纪委（监察委）书记名录表

表 20-4-1-1

<table>
<tr><th>全　称</th><th colspan="2">书记（主持工作副书记）</th><th>任职时间</th><th>组织产生时间</th></tr>
<tr><td rowspan="3">中共松阳县委纪律检查委员会</td><td rowspan="3">书记</td><td>纪俊德</td><td>兼，1950.09～1952.07</td><td rowspan="3">1950.09～1956.06
中共松阳县第一次代表大会期间</td></tr>
<tr><td>王萃芝</td><td>兼，1952.07～1954.10</td></tr>
<tr><td>孔祥廉</td><td>据松阳档案馆全宗记载：
1954.10～1956.06 任书记</td></tr>
<tr><td rowspan="2">中共松阳县监察委员会</td><td>主任</td><td>郑星夫</td><td>1955.03～1956.02</td><td rowspan="2">中共松阳县第一次代表大会选举产生</td></tr>
<tr><td>书记</td><td>邢汝昌</td><td>兼，1956.06～1958.05</td></tr>
</table>

续表 20-4-1-1

全　称	书记（主持工作副书记）		任职时间	组织产生时间
中共松阳县委纪律检查委员会	书记	孙维锭（女）	1984.02～1984.08	1982.05～1984.08
中共松阳县纪律检查委员会	书记	孙维锭（女）	1984.08～1985.10	1984.08 后县纪委升格
		纪秋光	1985.10～1986.06	
	副书记	胡西堂	1986.06～1987.03 主持工作	
	书记	龚樟德	1987.04～1990.01	
	书记	叶杰耀	1990.01～1992.12	
	书记	邱务土	1992.12～1995.12	
		朱山华	1995.12～1998.12	
	书记	胡振文	1998.12～2004.09	
	书记	邢长勇	2004.09～2006.10	
		雷春梅（女、畲）	2006.10～	

第二节　县纪委全会

县纪委全体会议一般每年召开 1 次，有些年份一年召开 2 次，其中 1990～1993 年、1998～2000 年、2003～2007 年，每年分别召开 2 次纪委全会。县纪委每届第一次全体会议在党代会闭会之前召开，主要议程是选举产生县纪委常务委员、县纪委书记、副书记。县纪委第二次全体会议及之后的每次全会根据当年上级纪委的会议精神，以及县委的重大决策、决定、决议确定会议主要议题，通常为学习贯彻中央、省、市（地）上级纪委的有关会议精神和县委的重要会议精神，回顾总结上一阶段（年度）全县纪检（监察）工作或党风廉政建设和反腐败工作情况，研究部署下一阶段（年度）全县纪检（监察）工作或党风廉政建设和反腐败工作任务，讨论和审议通过县纪委常委会作出的重大决定等。县纪委全体（扩大）会议的参会对象一般为县纪委委员、基层纪委书记、纪检组长、党组纪检员、有关单位分管纪检（监察）工作的领导、县纪委室主任以上干部或全体专职纪检（监察）干部。

图 20-9　中共松阳县纪委第八届五次全会(叶光铭 摄于 2009 年)

1997 年以后，县纪委全体（扩大）会议的会议规模逐步扩大，会议规格明显提高，会议议程增加表彰上一年度全县先进纪检（监察）组织和优秀纪检（监察）干部。2000年后，县纪委全体（扩大）会议的参会对象进一步扩大到各乡（镇）党委书记、县直各单位党委（党组）书记和党员正职领导以及主持工作的副职领导、县纪委党风联络员、特邀监察员。2004年后，县纪委全体（扩大）会议的参会对象继续扩大到有关单位的监察室主任、县属29个企事业单位及其他有关单位主要负责人以及派驻监察员。2009年之后，县纪委全体（扩大）会议的参会对象又有所扩大，参会人员在上述对象的基础上增加行政效能监察员、县党代表（10人），并邀请县四大班子主要领导，县委常委，县人大、县政府、县政协机关副县级党员领导，县法院院长，县检察院检察长出席会议。县纪委全体（扩大）会议的参会对象视情况而定，一般参照上级纪委全体（扩大）会议的参会对象，参会人员从过去几十人增加到2010年的120余人。县纪委全体（扩大）会议从过去邀请县委书记（或县委副书记或其他县委常委）一人出席会议并讲话，逐步扩大到县委书记出席会议并讲话、县委常委都应参加会议，再扩大到副县级以上党员领导干部都要参加会议。

1956～2010年松阳县历届纪委（监委）全会情况表

表20-4-2-1

届次	会次	时间	主要内容	参会对象
中共松阳县第一次代表大会选举产生第一届监察委员会	第一次全体会议	1956.06.05	选举产生书记1人（县委副书记兼）、副书记1人	全体委员
中共松阳县第二次代表大会选举产生的第二届纪律检查委员会	第一次全体会议	1984.08.20	选举产生常务委员4人，其中书记1人、副书记1人	全体委员
	第二次全体（扩大）会议	1985.01.23～26	研究讨论委员工作制度；讨论《实现全县党风根本好转规划》修改意见并提交县委审定	县纪委委员，各部委办局、区镇乡纪检组长或纪检员，少数未配纪检干部单位党组织的负责人
中共松阳县第三次代表大会选举产生的第三届纪律检查委员会	第一次全体会议	1987.04.19	选举产生县纪委常委4人，其中正、副书记各1人	全体委员
	第二次全体会议	1988.02.02	传达省纪检工作会议精神，通报1987年全县纪检工作，研讨1988年全县纪检工作	全体委员
	第三次全体会议	1989.03.18	传达全省廉政、纪检工作会议精神，通报1988年全县纪检工作，提出1989年全县纪检工作要点	全体委员

续表 20-4-2-1-1

届次	会次	时间	主要内容	参会对象
中共松阳县第四次代表大会选举产生的第四届纪律检查委员会	第一次全体会议	1990.05.06	选举产生县纪委常委 6 人，其中书记 1 人、副书记 1 人	全体委员
	第二次全体会议	1990.06.22	讨论通过《中共松阳县纪律检查委员会工作规则》	全体委员
	第三次全体会议	1991.02.07	通报 1990 年全县纪检工作情况，研究 1991 年全县纪检工作	全体委员
	第四次全体会议	1991.09.17	听取和审议县纪委常委会关于 1 至 8 月纪检工作情况的报告，研究讨论下一步纪检工作	全体委员
	第五次全体会议	1992.02.15	听取和审议县纪委常委会关于 1991 年纪检工作情况的报告，研究讨论 1992 年纪检工作	全体委员
	第六次全体会议	1992.09.23	传达贯彻省纪检工作会议精神，通报 1～8 月全县纪检工作情况，研究下步工作	全体委员
中共松阳县第五次代表大会选举产生的第五届纪律检查委员会	第一次全体会议	1993.04.10	选举产生县纪委常委 7 人，其中书记 1 人、副书记 2 人	全体委员
	第二次全体会议	1993.08.20	传达贯彻省、地会议精神，研究全县近期党风廉政建设和反腐斗争有关工作	全体委员
	第三次全体会议	1994.04.13	传达省纪委二次全会（扩大）会议精神，审议二次全会以来的工作报告，着重讨论反腐败斗争和纪检监察工作的部署意见	全体委员
	第四次全体（扩大）会议	1995.06.14	审议通过 1994 年的工作，提出下一阶段纪检监察工作意见，决定召开全县纪检监察工作会议，全面部署工作	全体委员，县纪委室主任以上干部，县有关执法部门负责人
	第五次全体（扩大）会议	1996.03.21	传达全区纪委书记、监察局局长会议和省纪委六次全会精神	全体委员，基层纪委书记、纪检组长、党组纪检员，有关单位分管纪检监察工作的领导，全体专职纪检监察干部等
	第六次全体（扩大）会议	1997.04.02	传达省纪委八次全会精神，表彰 1996 年度先进纪检监察组织和优秀干部	全体委员，基层纪检监察组织负责人。在松县委常委出席会议
	第七次全体会议	1998.03.05	讨论修改通过县纪委向县第六次党代会的工作报告	全体委员

续表 20-4-2-1-2

届次	会次	时间	主要内容	参会对象
中共松阳县第六次代表大会选举产生的第六届纪律检查委员会	第一次全体会议	1998.03.18	选举产生常务委员7人，其中书记1人、副书记2人	全体委员
	第二次全体会议	1998.08.27	讨论通过《中共松阳县纪律检查委员会工作规则》	全体委员
	第三次全体（扩大）会议	1999.03.17	传达省纪委三次全体（扩大）会议精神。总结回顾1998年全县党风廉政建设和反腐败工作，部署1999年党风廉政建设和反腐败工作任务。表彰1998年反腐败和党风廉政建设先进纪检监察组织和优秀纪检监察干部	全体委员，各乡镇、部门纪委书记（包括专职副书记）、纪检组长、党组纪检员，县直各单位党政正职及全体专职纪检监察干部等
	第四次全体会议	1999.12.17	通报1999年党风廉政建设工作，讨论通过2000年全县纪检监察工作要点	全体委员
	第五次全体（扩大）会议	2000.02.25	传达省纪委六次全会精神	全体委员，各乡镇党委书记，县直各单位党委、党组书记、党员正职，各纪委书记、纪检组长、党组纪检员，全体专职纪检监察干部
	第六次全体会议	2000.08.02	通报上半年工作情况，提出下步工作打算和建议	全体委员
	第七次全体（扩大）会议	2001.02.26	学习贯彻中纪委五次全会、省纪委七次全会和市纪委二次全会的精神，回顾总结全县2000年党风廉政建设和反腐败工作，研究部署2001年党风廉政建设和反腐败工作	全体委员，各乡镇党委书记，县直属单位“一把手”和主持工作的副职，各基层纪委书记、纪检组长、监察室主任、党组纪检员列席会议。在松阳县委常委出席会议
	第八次全体会议	2002.03.22	回顾总结2001年全县纪检监察工作，全面部署2002年工作任务	全体委员
中共松阳县第七次代表大会选举产生的第七届纪律检查委员会	第一次全体会议	2003.03.02	选举产生常务委员7人，其中书记1人、副书记2人	全体委员
	第二次全体（扩大）会议	2003.03.17	回顾总结2002年全县纪检监察工作，部署2003年工作任务	全体委员，各乡镇纪委书记，县直各单位纪检组长、监察室主任，纪检员，党风联络员、特邀监察员，县纪委机关全体干部
	第三次全体（扩大）会议	2004.03.03	贯彻落实中纪委三次全会、省纪委五次全会和市纪委七次全会精神，回顾总结2003年纪检监察工作，表彰先进	全体委员，各乡镇党委书记，县直各单位党组（委）书记，各纪委书记、纪检组长（监察室主任）、党组纪检员、全体专职纪检监察干部，县属各企事业单位及其他29个有关单位主要负责人。县委常委出席会议

续表 20-4-2-1-3

届次	会次	时间	主要内容	参会对象
中共松阳县第七次代表大会选举产生的第七届纪律检查委员会	第四次全体会议	2004.08.04	学习贯彻县委七届四次全体（扩大）会议和上级纪委有关会议精神，回顾总结上半年党风廉政建设和反腐败工作情况，研究部署下半年党风廉政建设和反腐败工作任务，审议通过县纪委常委会所作的《围绕中心狠抓落实为建设“平安松阳”提供坚强保证》工作报告	全体委员
	第五次全体（扩大）会议	2005.03.10	传达省、市纪委全会精神，回顾总结2004年全县纪检监察工作，部署2005年工作任务。	全体委员，各乡镇党委书记，县直各单位党组（委）书记，各纪委书记、纪检组长、党组纪检员、全体专职纪检监察干部，县属各企事业单位及有关单位主要负责人。县委常委出席会议
	第六次全体会议	2005.11.28	通报2005年全县纪检监察工作，听取2006年纪检监察工作思路意见和建议，县卫生局、农业局、大东坝镇和赤寿乡纪委书记（纪检组长）向全会述职	全体委员
	第七次全体（扩大）会议	2006.03.06	传达省、市纪委全会精神，回顾总结2005年全县纪检监察工作，部署2006年工作任务。	全体委员，各乡镇党委书记，县直各单位党组（委）书记，各纪委书记、纪检组长、党组纪检员、全体专职纪检监察干部，县属各企事业单位及其他有关单位主要负责人。县委常委出席会议
中共松阳县第八次代表大会选举产生的第八届纪律检查委员会	第一次全体会议	2006.12.12	选举产生常委7人，其中书记1人、副书记2人	全体委员
	第二次全体（扩大）会议	2007.03.20	传达省、市纪委全会精神，回顾总结2006年党风廉政建设和反腐败工作，部署2007年工作任务。	县纪委委员，各乡镇党委书记、县直各单位党组（委）书记，县属各企事业单位及其他有关单位主要负责人，各纪委书记、纪检组长（监察室主任）、党组纪检员，县纪委监察局全体干部，党风联络员、特邀监察员和派驻监察员。县委常委出席会议
	第三次全体会议	2007.12.05	通报全县2007年反腐倡廉工作，提出2008年全县反腐倡廉工作的意见和建议	县纪委委员，县纪委党风联络员、特邀监察员，县纪委监察局机关室主任以上领导
	第四次全体（扩大）会议	2008.03.05	全面贯彻落实中共十七大、十七届中央纪委二次全会、十二届省纪委二次全会和二届市纪委四次全会及县委八届五次全会精神，回顾总结2007年松阳县党风廉政建设和反腐败工作，研究部署2008年工作任务。	县纪委委员；各单位纪委书记或纪检组长（监察室主任）、党组纪检员，县纪委监察局全体干部；党风联络员、特邀监察员等

续表 20-4-2-1-4

届次	会次	时间	主要内容	参会对象
中共松阳县第八次代表大会选举产生的第八届纪律检查委员会	第五次全体（扩大）会议	2009.03.04	学习贯彻十七届中央纪委三次全会、十二届省纪委三次全会、二届市纪委五次全会及县委八届七次全会精神，回顾总结2008年党风廉政建设和反腐败工作，研究部署2009年反腐倡廉建设任务。	县纪委委员，各乡镇党委书记、县直各单位党组（委）书记，县属各企业事业单位及其他有关单位主要负责人，各乡镇纪委书记、县直各单位纪检组长（纪委书记、未设纪委的党组纪检员、监察室主任）、县纪委监察局机关全体干部，党风联络员、特邀监察员和行政效能监察员，县党代表10人。县领导及法院院长、检察院检察长出席会议
	第六次全体（扩大）会议	2010.04.01	学习贯彻落实中共十七大、十七届四中全会、十七届中纪委五次全会、十二届省纪委五次全会、二届市纪委六次全会和县委八届九次全会精神，回顾总结松阳县2009年党风廉政建设和反腐败工作，研究部署2010年反腐倡廉建设任务。	县纪委委员，各乡镇党委书记、县直各单位党组（委）书记、县属各企业事业单位及其他有关单位主要负责人，各乡镇纪委书记、县直各单位纪检组长（纪委书记、未设纪委的党组纪检员、监察室主任）、县纪委监察局机关全体干部；党风联络员、特邀监察员和行政效能监察员；县党代表10名。县领导及法院院长、检察院检察长出席会议

第三节　党风廉政建设

贯彻落实领导干部廉洁自律规定

1993年9月，县委召开全县防腐倡廉动员大会，县机关副股以上干部、乡镇纪委书记、部门纪委委员参加会议。会议要求广大党员干部自觉做到廉洁自律，在婚丧嫁娶中做到“文明、从简、节约”，严禁大操大办。全县领导干部在廉洁自律自查自纠中退交礼金、有价证券0.3万元。

1994年6月，县纪委印发《关于对照领导干部廉洁自律规定开好“七一”民主生活会的意见》，对照中央提出的领导干部廉洁自律的“五项规定”和县委提出的“四个不准”认真进行自查自纠。县纪委各常委参加30多个单位的廉洁自律专题民主生活会，把好质量关。领导干部主动纠正存在的问题，清退BP机，制订清理公款的措施等。是年，县纪委恢复党风廉政监督员制度。1995年6月，县纪委再次印发《关于对照廉洁自律规定开好“七一”专题民主生活会的通知》，对照乡科级领导干部和股站队所负责人廉洁自律十条规定逐项进行自查自纠，国有企业领导干部对照国有企业领导干部廉洁自律四条规定自查自纠，事业单位领导干部参照上述二个规定对照检查，每个班子成员都填报自查自纠登记表。全县各乡镇、部门、国有企业、事业单位通过填报自查自纠登记表等形式，开展县属乡科级领导干部和基层股站队所负责人对照省纪委提出的“十个不准”和国有企业领导干部对照中央提出的“四条规定”自查自纠工作。全县各乡镇、部门合计152个单位和66家国有企业，普遍召开领导干部廉洁自律专题民主生活会。1996年，按照中央提出的“严格要求，严格检查，严格纪律”的原则，着重抓“吃、住、行”的问题。全县公费接待支出明显减少。全县264名县管干部通过清房自查，核定20人违反房改政策问题，避免瞒报、漏报和“走过场”现象。全县党政机关有3辆超标小汽车按有关规定作出处理，干部违反规定公费学开车问题基本得到制止，一些领导干部违规补贴摩托车费用问题得到纠正。以开展廉洁自律专题民主生活会和填报自查表为主要形式，组织各级领导干部对照各项廉洁自律规定开展自查。1999年，县纪委、县委组织部门对“七一”前后召开的部门党委（党组）民主生活会情况进行质量评估，评估结果予以通报。其中，民主生活会质量较好的班子9个、民主生活会质量基本符合要求的12个、民主生活会基本符合要求但开展批评不够的12个、责成重开的1个。2000年，以“三讲”教育为动力，加大领导干部廉洁自律工作力度，推动领导干部廉洁自律各项规定的落实。县纪委常委分别参加部分县直单位和乡镇班子的民主生活会，对群众反映较多的领导班子和存在突出不廉洁问题的领导干部进行廉洁自律信访核实和谈话。

1997年3月，中共中央颁发《中国共产党党员领导干部廉洁从政若干准则（试行）》，提出31个不准。8月，县纪委认真抓好“五个结合”，即与中心组学习相结合、与主题活动相结合、与党校培训相结合、与开好民主生活会相结合、与查办案件相结合。全县各级党委、政府进一步重视和加强领导干部廉洁自律工作，有16名存在问题的县管干部受到政策处理。

2000年，松阳县在全省率先推行统一会计核算。实行财政集中支付，统一银行账户，统一会计核算，统一核算管理，各单位实行资金收入渠道不变、审批权和支配权不变。遵循“先易后难，分批进入，先进后统，逐步规范”的原则，对各部门、各单位分批分类实施“七统一”改革，即成立松阳县行政事业单位统一会计核算中心；各单位所有的财务收支都由核算中心统一核算；实行集中支付，统一办理资金结算；各单位统一集中收支后，各项资金的使用权、支配权、统计职能和现行各项财务管理制度不变；实行工资统一由核算中心发放；会计档案由核算中心统一管理；统一财务公开制度。

2001年3月，在工商银行开设“581”党员干部廉洁自律账户，对有的党员干部在公务活动和社会交往过程中，收受礼金、购物券、消费卡，又未按规定进行登记的，有一个解决问题的途径，规定凡持该户《缴款单》的都视为主动拒礼拒贿。4月，县纪委转发《中纪委关于各级领导干部接收和赠送现金有价证券和支付凭证的处分规定的通知》。

2004年，清理涉及违规保险金额60余万元、拖欠公款金额50余万元。开展干部在企业兼职专项清理工作，对24位科级领导干部在企业中兼任的28个职务逐个纠正。健全和完善村务公开和民主管理制度，加强对落实村级重大事项报告制度情况的监督检查，把其列入乡镇党风廉政建设责任制考核。

2005年，对龙丽高速公路、梧桐源水库除险加固工程、松阳一中实验楼等9个重点建设工程项目招投标过程监督，向龙丽高速公路和梧桐源水库除险加固2个工程指挥部派驻纪检监察员。加强对政府采购工作的全程监督，扩大政府采购范围，把全县行政事业单位出差人员住宿和全县行政事业单位车辆保险列入政府采购，全年政府采购57批次，采购预算金额3378.7万元，实际合同支付金额2950.4万元，节约资金428.3万元，节约率12.7%。加强县行政审批中心建设，进驻中心的单位从9个增加到17个，工作人员从14人增加到58人，行政许可事项从32项增加到167项，行政审批中心共受理急办件和承诺件45077件，办结45032件，办结率99%。认真落实“收支两条线”的规定，加强对单位预算外资金的管理，查处私设“小金库”案件。制定《关于进一步规范村级重大事项管理工作的意见》，明确村级重大事项12项内容，明确乡镇、村在实施村级重大事项中的职责，制定违反村级重大事项管理有关规定的责任追究制度。全年废止3个村违反规定签订的合同3个，涉及金额100余万元，对4名村干部实施诫勉。2009年4月，针对农村出现的一些问题提出“八个不准”，即不准利用安排农村建设项目、拨付公益事业专项资金等工作关系，收受村干部或村民所送的礼金、礼券、礼卡以及土特产；不准以工作为名，到农村大吃大喝，增加农村集体或个人的负担；不准在县城或乡镇所在地接受村集体或个人安排的宴请；不得参加用村集体资金安排的各种有偿娱乐活动；不准利用婚丧嫁娶的机会，收受村干部及其他服务对象的礼品、礼金；不准以任何理由向村集体或村民集资谋利；也不得利用关系介绍农村亲戚搞风险投资；不准利用职权与村民合伙承包工程、资源开发等经营活动。领导干部有以上行为之一的，将严肃追究有关违纪责任。2010年5月，严格执行“四不准”规定，即不准利用工作调动、职务升迁、立功受奖等个人事宜举办宴请等活动；不准利用职权和职务上的便利，借操办婚丧喜庆活动之机，借机敛财；不准利用职权和职务上的便利，动用公款、公物或指派下属工作人员操办婚丧喜庆活动；不准以各种形式邀请下属单位工作人员、管理和服务对象以及其他与岗位职权行使有关的人员，参加本人或父母、配偶、子女等直系亲属名义操办的婚丧喜庆活动。严格按照干部管理权限，认真执行领导干部个人重大事项报告制度。

制止奢侈浪费行为

1987年4月，县纪委发出《关于贯彻中央纪委〈立即刹住用公款请客送礼、吃请受礼的歪风〉的通报精神的意见》，制订节支措施，提出贯彻意见，要求全县各级党组织立即刹住用公款请客送礼、吃请受礼的歪风。1988年7月，县委、县政府印发《关于安民乡违反纪律动用公款外出旅游的通报》。1992年3月，县纪委印发《关于认真检查严禁用公款吃喝送礼等有关规定的执行情况的通知》，检查1991年1月至1992年2月末执行严禁用公款吃喝送礼等规定的情况和公款请客送礼、发奖金实物、公费旅游的开支情况。

1992年3月，县委办发出《关于实行会议许可证制度的通知》，凡需县财政安排会议经费的，必须事先向县委办、县府办报送会议计划，包括会议议题、参加人员、时间、地点、经费以及邀请县领导等事项。由县委办、县府办呈县委、县政府领导审批，然后由县政府领导一支笔审批会议经费。再由县府办向报送单位发会议许可证，报送单位拿到会议许可证后才能发会议通知，财政部门凭会议许可证拨给会议经费。4月，县委办发出《关于执行请示报告制度的通知》，针对一些地方和部门外出参观考察的活动比较多的现象，要求各区镇乡和县直各部门的党政主要领导外出参观考察，必须报经县委、县政府领导批准。1993 年，查处 1992 年以后公费出国（境）旅游或以考察学习为由出国旅游的 9 人，经费开支总额 15.1 万元。对全县企事业单位 39 位干部公费学开车问题，按规定费用自负 1/4，由交警队收取。1994 年，收缴 7 位公费出国境旅游人员（其中 6 位公务兼旅游）“三费”共计人民币 1.2 万元、港币 3300 元。

1995 年 1 月，中央纪委五次全会提出领导干部“不准接受可能对公正执行公务有影响的宴请”和“不准参加用公款支付的营业性歌厅、舞厅、夜总会等的娱乐活动”的廉洁自律规定。全县有 57 个单位制订完善禁止公款吃喝玩乐的有关制度。20 个乡镇全部实行食堂接待制度，规定来客接待不上营业性餐馆。7 月，在县电视节目中对公费、公车“钓鱼者”及时曝光。1996 年，对年初换届的 20 个乡镇进行账务财产审计，实行先审计后任免。离任审计和财务检查中发现领导干部各类违纪款 5.7 万元，按规定作出处理。

1997 年 4 月，县纪委印发《关于贯彻落实制止用公款大吃大喝规定的通知》，要求各单位公务接待标准在一定范围内公开，公务接待费用开支情况每季度在本单位公布一次，同时抄送同级纪检监察组织。各乡镇、县直各单位公务接待情况，每季度报县纪委办公室。6 月，贯彻落实中央、国务院《关于厉行节约制止奢侈浪费行为的若干规定》[即“八项规定”：严格控制新建（购买）、改扩建和装修办公楼；严格控制各种会议；严格控制各类庆典、纪念、办节、剪彩、颁奖、奠基、竣工等活动；坚决制止用公款大吃大喝、挥霍浪费；严格控制用公款安装住宅电话和配备移动电话，严格话费报销；严格控制各种检查，禁止形式主义的评比和达标活动；严格按规定配备和更换小汽车；切实加强对领导干部用公款出国（境）和公费外出活动的管理]。7 月，县委、县政府制定《关于党政机关厉行节约制止奢侈浪费行为的实施意见》。至 1997 年末，全县制定加强财务管理制度的单位 160 个，全县公费接待支出十个月减少 74.5 万元，各乡镇、部门全面实行食堂用餐或定点用餐，普遍建立健全公务接待登记审批、接待标准和接待情况公开、定期报告等制度，查处 2 起挥霍浪费案件。清理全县 71 个部门、单位公费电话 203 部，没收 12 个乡镇、部门单位声控移动电话 17 部，监督清退占用企业、个体户移动电话 3 部。除保留公安部门等 19 个单位 45 个特殊岗位外，其余党政机关 172 部公费移动电话，全部按现价折价转让给持机者个人所有或向社会拍卖，严格按限额报销话费，为国家直接回笼资金 17 万余元。共压缩、合并全县性会议 6 个，制止违规发放礼品、纪念品等，节约经费开支 12.5 万元。清理全县通过旅游渠道公费出国（境）和其他因私渠道出国（境）人员共 10 人，其中认定公务兼旅游的 3 名人员受到政策处理。全年没有举办全县性庆典活动。对全县 1994 年以后党政机关新建（购）、改扩建、装修办公楼项目进行全面检查，延缓一批准备立项报批修建的办公楼项目，节约一大笔建设资金，规定 3 年内不准新建（购买）、改扩建办公楼，除正常维修外，3 年内一律不准装修现有办公楼。对党政机关公国用车实行定编管理，严格控制数量，完善严禁领导干部公费学习驾驶技术和驾驶汽车的有关规定。对全县各类检查、评比、达标项目进行摸底调查。各种检查活动大部分结合到年度综合考核检查中，严格控制评比项目，减少县委、县政府直接表彰项目，县级先进个人和优秀党员的表彰数和表彰比例与前几年相比，削减一半。

1998年6月，县纪委再次印发《关于继续抓好制止奢侈浪费八项规定贯彻落实工作的通知》，要求各乡镇、机关单位认真贯彻《全县党政机关厉行节约制止奢侈浪费行为的实施意见》，加强公务接待管理。9月，对全县53个部门、20个乡镇上半年公务接待费用，按数额大小排序，进行公开通报，接受群众监督。全县20个乡镇和部门大多数开办“廉政灶”，制订公务接待制度。实行接待费财务单独列项，接待费用比上年同期下降17.3万元。1999年，县纪委加强公务接待管理，对接待费支出进行2次检查，全县20个乡镇和一些部门建起“廉政灶”。2000年，继续严格执行制止奢侈浪费行为“八项规定”，对78个单位的接待费支出进行检查，发现问题及时查处。6月，针对“公款吃喝”现象，县纪委监察局、县委组织部、公安局、工商局、广电局等部门，组织检查组进行突击检查。2002年，全县20个乡镇全面推行“廉政灶”和农村“零招待”制度。

清理违规专控商品和交通、通信工具

1991年，开展清理公费住宅电话、清理整顿统一着装等工作，全县党政机关、事业单位160多门公费住宅电话，按规定不能安装的60多门拆除或转为自费。1993年10月，在全县税收财务物价大检查中，组织人员对国家专控物资控购规定执行情况进行监督检查，共查出13个单位违控购买汽车1辆、摩托车51辆、BP机103只，总金额近60万元，按县有关规定对其作出处理。

图20-10　违纪案件中处理的部分物品(县档案馆供1992年)

1994年6月，县纪委发出《关于对党政机关及其工作人员利用职权无偿占用企业钱物进行专项清理的通知》。在全县161个单位中开展自查和重点核查，发现有109个单位在自查和核查中有违纪问题。其中，违控面包车1辆，摩托车48辆，大哥大29只，BP机336只，空调34台，其他违控商品101件，违控金额234万元。对查出的违控商品全部作出处理，为国家回笼资金14万余元。9月，县委、县政府作出加强公费通信工具管理的若干规定和补充规定。10月，对全县各单位执行《关于加强公费通信工具管理的若干规定》及补充规定，以及县纪委《关于限期折卖公费住宅电话的通知》执行情况进行督促检查。对全县领导干部的公费住宅电话、无线移动电话进行全面清理。全县157台公费住宅电话实行折价出售，自立户头；制订公费通信工具管理有关规定，实行按程序审批、限额报销月话费制度，全县节约经费开支10万多元。是年，清理全县党政机关1992年7月1日以来购置的小汽车38辆（其中进口小轿车6辆）、其他机动车141辆，对其中有问题的2辆作出处理。对禁止党政干部公费学开车规定的执行情况进行监督检查，收缴未按规定交纳的自负学习费用14人金额1.3万元。

1995年9月，县委制订公有工作用摩托车管理规定，即乡镇原则上配备公有工作用摩托车2辆，由书记、乡镇长专管；确因工作需要且财力许可，建制镇下属各办事处可配备公费摩托车1辆，由办事处主任专管。原有超标准工作用摩托车全部进行公开拍卖。县机关党政事业单位不得随意新增公有工作用摩托车，不得利用拉赞助、集资等形式购置配备工作用摩托车，不得以“搞补贴”的形式购买私车。对现有工作用公车进行造册登记，明确产权；对确因工作需要需增加购买工作用摩托车的必须经过上级行政管理部门和县控购办双重审批，其价格不得超过 1.5 万元。

1996 年，再次清理违控手机 99 部，摩托车 17 辆，传呼机 20 只，违控总额 113.5 万元，涉及 23 个部门、10 个乡镇和 25 个企事业单位。县委办、县府办印发《关于对违控购置交通、通信工具和超标准报销交通、通信费用的处理意见》，对清理出的违控手机 70 部、涉及 30 个单位，违控摩托车 25 辆、涉及 15 个单位，分别作出处理。收取罚款、补办手续款、转卖处理款等共 40 余万元。根据松阳县的实际情况，在财力许可、资金来源合法的前提下，经批准可以配置公费移动电话的对象为：副县级以上领导干部（专职）；部、委、办、局正职及主持工作的副职领导干部（实职）；通无线移动电话乡镇的书记、乡镇长；县直属事业单位的正职领导干部；产值（销售）在 100 万以上，并有盈利的国营、集体企业的主要领导干部；其他特殊工作岗位的领导干部。需配对象由单位申请，经县财政局审核，报县控购领导小组审批，再按控购规定办理手续后方可购置。

1997 年 2 月，县委办公室、县政府办公室重新制订《关于公费交通、通信工具配置及其费用管理的规定》。规定包括严格控制用公款购置（安装）公用电话、无线移动电话、传呼机、摩托车及其费用管理、财产管理、违反规定的处理 7 个方面。是年 4 月，县纪委印发《关于严禁党政领导干部用公费学开车和开车的规定》，副科以上党政领导干部未经批准，一律不准用公款和单位车辆学习汽车驾驶技术，因工作特殊需要学习汽车驾驶技术的，应报县纪委批准。7 月，县纪委发出《关于贯彻落实严格按规定配备和更换小汽车规定的通知》，要求各乡镇、部门严格执行党中央、国务院“八项规定”和省委、省政府《关于全省党政机关厉行节约制止奢侈浪费行为的实施意见》，严格控制党政机关新购小汽车。对党政机关领导干部工作用车、机关公务用车，实行编制管理，根据各单位的机构编制、工作职能和领导职数，制定党政机关车辆配备数量的规定，党政机关及其工作人员占用、借用企业事业单位和下属单位的车辆，一律清退。12 月，县委办公室、县政府办公室印发《关于对党政现有移动电话实行统一处置的通知》。召开全县清理党政机关移动电话会议，全县清理检查 71 个部门、单位公费电话 203 部，没收 12 个乡镇、部门单位声控移动电话 17 部，监督清退占用企业、个体户移动电话 3 部。除保留公安部门等 19 个单位 45 岗位作为特殊岗位外，其余党政机关 172 部公费移动电话全部按现价折价转让给持机者个人所有或向社会拍卖，为国家回笼资金 17 万余元。

1998 年 5 月，县纪委转发《国有企业和事业单位清理通信工具有关问题的通知》。清理出全县国有企业领导移动电话 56 部，住宅电话 1 门，处理价款 5.8 万元。在认真贯彻落实中央“八项规定”和领导干部廉洁自律工作中，对全县党政机关各部门公费支付的住宅电话和移动电话的话费，实施限额报销制度，实行话费财务单独列账，定期公开上报，接受群众和纪检监察组织监督，对没有按制度规定标准报销话费的 11 个部门的 18 位副科以上领导干部追缴其多报话费共 0.7 万元，全县每月节约党政机关电话费用 5.9 万元。1999 年，继续对通信工具加强管理，严格执行通信费用报销标准，通信费在财务上做到单列和定期公开，接受群众监督。不定期对通信费用报销情况进行核查，对领导干部通信费支出情况及手机折价处理后新购手机情况进行 2 次检查，对 8 个单位共 16 个领导超标准报销 4860 元话费进行追缴。

2000 年，全县 66 个单位有公费摩托车 236 辆，价值 278.27 万元，自费购置实行定额补贴或报销费用的 451 辆。8 月，根据县委办《关于进一步加强公费配置电脑、交通工具管理的补充规定》，折价处理公费摩托车 109 辆（乡镇 63 辆，部门 46 辆），其中 106 辆被原单位使用保管人员购回，收回折价款 30.8 万元。

第四节　反腐倡廉制度建设

党风廉政责任制

1984 年 9 月，根据中纪委关于党风建设要“一级抓一级，层层建立责任制”的要求，县纪委首先在本委机关建立党风责任制。10 月，县委制订党风责任制。11 月，县纪委发出《关于建立党风责任制的通知》，全县 32 个区、镇、乡党委除组织不健全的 1 个乡以外，全部建立党风责任制，县机关 88%的单位党组建立党风责任制。

1986 年 1 月，县委召开县机关端正党风大会，对全县党风状况开展大检查。5 月，县委常委带头制订《端正党风的十条规定》。1987 年，县纪委发出《关于善始善终搞好党风检查的意见》，对全县党风检查的情况进行分析、排队、汇总，提出要求、部署工作，专题向县委汇报。1988 年 4 月，县委发出《关于端正党风的若干规定》。1988 年 11 月，县委、县政府印发《关于党政机关保持廉洁的若干规定》，县委办、县府办发出《关于就餐问题的一封信》和《关于改进接待工作的若干规定》。12 月，县委再次发出《关于开展党风检查和召开民主生活会的通知》。1989 年 2 月，县纪委、县人民检察院、县监察局建立联席会议制度，明确联席会议的时间、主要内容和议题。是年，县委、县政府在松阳农行、供销系统开展“两公开一监督”试点，逐步在粮食、工商、劳动人事、教育、卫生、公安、金融保险、土管等 50 个部门和单位公开 197 个办事制度，设立 36 个举报电话、119 个举报箱。收到 575 件举报，是年查处 397 件，逐步实行调查结果向举报人公开、查实问题向本人公开、处理结果通过简报或通报向全县公开制度。

图 20-11 落实党风廉政建设汇报会（叶光铭 摄于 2005 年）

1990～1991 年，县委、县政府连续 2 年发出《关于在全县开展党风和廉政建设检查的通知》，县纪委牵头抽调 20 多名党员干部，邀请县人大、政协派员参加县直部门党风廉政建设检查。1993 年 5 月，县纪委发出《关于开展党风廉政建设和政策措施落实情况检查的通知》。

1999年，全县开始落实党风廉政建设责任制，突出抓组织领导责任目标、机制完善、检查考核3个关键环节，确保党风廉政建设责任制落到实处。制订对“一把手”的监督实施意见，重申重大事项报告制度，建立109个领导干部党风廉政档案。2000年，县委制定党风廉政责任追究制度，明确规定党政一把手是党风廉政建设的第一责任人、负总责。年初抓落实党风廉政责任制的工作部署，年中抓落实情况的检查和调研，年终进行目标管理考核，对考核结果的运用作出明确规定。有4名领导干部因违反党风廉政责任制受到责任追究。

2001年，创新制订落实党风廉政建设责任制考核内容、责任分工要事录，把要事录分发给每一位县委常委和副县长，使他们在履行工作职责时不忘党风廉政建设内容。在落实责任制工作中，抓住责任分工、责任考核、责任追究3个环节，细化分解任务，使考核内容要求更具体明确。完善检查考核机制，实施年中、年末2次检查报告制度。新制定《关于党风廉政建设责任追究制度》，处理9起违反党风廉政建设责任制的行为，其中警告5人、诫勉4人，涉及乡科级领导干部7人。2002年7月，县纪委监察局发出《关于2002年度党风廉政建设责任制年中检查情况的通报》。对部分乡镇和县直单位半年来执行党风廉政建设责任制情况进行重点抽查，年末进行全面检查考核。突出责任追究，共追究5人，其中乡科级干部2人。2003年7月，县纪委发出《关于开展党风廉政建设责任制年中检查的通知》。9月，县纪委发出《2003年党风廉政建设责任制年中检查情况通报》。12月，县纪委、县委组织部发出《关于开展执行党政“一把手”管理监督制度情况检查的通知》。根据县委《关于加强对党政“一把手”管理监督的意见》，对党政“一把手”执行落实有关管理监督制度情况的督促检查。形成一级抓一级，全县上下齐抓共管党风廉政建设的格局。

2007年，县委调整充实党风廉政建设责任制领导小组，成立反腐败协调小组，加强对全县反腐倡廉工作的领导和组织协调工作。各级领导认真履行“一岗双责”，带头执行党风廉政建设责任制，逐项抓好责任分解和检查落实，认真落实“三书两报告”制度、领导干部述职述廉制度和领导干部个人重大事项报告制度，自觉接受监督和评议。年末，乡镇和部门党风廉政建设责任制考核中，有6个部门、3个乡镇被倒扣分并被预警，2个乡镇的党委书记被约谈。

领导干部重大事项报告制度

1994年9月，县委、县政府发出《关于建立领导干部个人重大事项报告制度的通知》，县纪委制发《领导干部个人重大事项报告表》，逐步建立《党政机关县处级以上领导干部收入申报的制度》和《党和国家机关工作人员在国内公务活动中收受的礼品实行登记的制度》（这两项制度也适用于国有企业和事业单位的领导干部）、《国有企业业务招待费使用情况向职代会报告的制度》。要求在职县管领导干部及时报告本人、配偶、子女在调动工作、购建住房、婚丧嫁娶、发生违法违纪行为等涉及本人工作、生活方面的重大情况。

1997年，落实领导干部重大事项报告、礼品登记、国有企业招待费向职代会报告、干部诫勉等廉政专项制度。全县有13名科级干部及时报告购建住房、子女婚嫁及分配调动工作等方面的事项，有9名领导干部登记上交礼品折合人民币3.9万元；有17家国有企业实行接待费用向职代会报告制度；象溪、大东坝、樟溪等乡镇及财税部门先后推行干部诫勉制度，对个别有轻微违纪问题干部进行诫勉教育。是年，县委制定完善《松阳县干部管理规定》《领导干部个人重大事项报告制度》等，建立健全各级领导班子会议制度、议事制度和决策程序。1999 年 9 月，县纪委发出《重申关于严格执行领导干部个人重大事项报告制度的通知》。2000 年 8 月，县纪委、县委组织部通报县管干部执行个人重大事项报告制度情况。近 200 名领导干部上报重大事项 215 件次，其中购建私房 173 件次、结婚或其他内容 42 件次，对 4 名购建私房未履行重大事项报告的领导干部进行通报批评；督查通报 12 个单位的 17 名党政主要负责人执行监督管理制度情况；对 10 名拟提拔任用干部的党风廉政情况实施“一票否决”监督。

八小时外监督管理制度和领导干部廉政谈话制度

2001 年 8 月，县纪委制订《关于加强对党政“一把手”八小时外监督管理制度的规定（试行）》，对党政“一把手”八小时外的 7 个方面行为作出明确要求，采取 6 项措施加强监督检查。会同有关部门对 11 家单位 16 名党政主要负责人执行党政“一把手”监督管理制度的情况进行检查通报。对全县 412 名县管干部建立党风廉政档案，对 74 名新提任干部进行任前廉政谈话，谈话内容归入领导干部党风廉政档案。2002 年，加强对领导干部八小时外活动规范监督和规范领导干部的兼职行为。

2003 年 6 月，县纪委监察局印发《县纪委负责人同乡镇、县直属单位党政主要负责人谈话制度（试行）》，包括谈话目的、对象、内容、方法、要求、成果的运用 6 个方面，完善领导干部廉政谈话制度，以及新提任领导干部廉政谈话制度和信访谈话制度，对 79 名县管领导干部进行廉政谈话，对全县 396 名县管领导干部廉政档案作进一步规范，新建领导干部廉政档案 38 份。2004 年对 17 名党政“一把手”进行廉政谈话。2007 年，有 56 名新提任的县管领导干部接受任前廉政谈话，同时向组织提交廉政承诺书。

权力制衡工作机制

2004 年 9 月，县纪委会同县委组织部开展分权制衡试点工作。县公安局、县法院、县水利局、县建设局、县发展计划局和县民政 6 家试点单位，实行“一把手”不直接分管财务和基建工程制度。领导干部不准利用职权干预和插手建设工程招标投标、经营性土地使用权出让、房地产开发与经营等市场活动。严格执行领导干部不准收受与其行使职权有关的单位、个人的现金、有价证券和支付凭证的规定。继续落实领导干部配偶、子女从业的有关规定。在古市镇、象溪镇、发展计划局、公安局、交通局 5 个单位试行干部廉政保证金制度，明确干部廉政责任，签订廉政责任状，按一般干部、中层干部、班子成员 3 个档次缴纳保证金，作为机关干部自身廉政建设的保证，干部受党纪、政纪警告以上处分或被上级明察暗访发现问题通报、工作失职等原因被诫勉以及因纪律、作风等问题被书面通报，按照情节轻重扣除保证金；年终考核和廉政情况检查后未发现违法违纪的，一次性返回全年保证金，并给予相应的奖励。

2006 年 7 月，县纪委会同县委组织部发出《关于进一步开展权力制衡工作意见》，重点实行“一把手”不直接分管本单位财务、物资采购、人事、基建工程，推行“‘一把手’监管、副职分管、集体领导、科学决策”的新的工作机制。推行范围是设立纪委、纪检组的 21 个单位，其他单位可结合实际参照执行。县里专门成立领导小组和办公室，推行单位按照“一把手”四个不直接分管的要求，对原有规章制度进行清理、修改、补充、完善，特别是对单位的财务管理制度、人事管理制度、民主议事制度、基建工作管理制度、物资采购制度、办事公开公示制度等作出明确具体的规定。

领导干部经济责任审计制度

1998 年 9 月，县纪委联合县委组织部、县审计局党组制定《松阳县领导干部经济责任审计制度（试行）》。审计对象为部门、乡镇及企事业单位主要负责人。审计内容为预决算财务计划执行情况及预算外资金的收支管理、债权债务、各项经济指标的完成情况。根据不同的对象确定不同审计内容，以突出经济责任为主，着重了解领导干部运用财务权及遵守财经纪律等情况。

2001 年，建立以县长为召集人，县府办、县纪委、县委组织部、县审计局、人事劳动局主要领导为成员的经济责任审计工作联席会议制度，设立联席会议办公室，由审计局长任办公室主任，负责经济审计日常工作，先后对 48 名领导干部实施经济责任审计，共查出各类违纪金额 2547 万元，收缴违纪金额 112 万元，追还被侵占挪用资金 485 万元，查获侵占公款案件 4 起，提出审计建议 162 条，对 20 名干部进行平调交流使用、4 名干部因经济问题受到撤降职处分、7 人受到党纪政纪处分、2 人进行诫勉谈话、2 人移交司法机关进行处理、2 人被开除党籍、1 名政绩突出的干部得到重用和提拔。2002 年，全面实行领导干部离任经济责任审计。2007 年，有 52 名县管领导干部离任前按规定进行经济责任交接。

重点工程廉政建设制度

1999 年 3 月，县纪委印发《松阳县重点建设工程廉政建设规定》，对各级领导、党员、干部、工作人员作出八个方面的廉政规定。

2001 年，县纪委监察局制订“廉政合同”制度，对各级计委或上级主管部门审批立项，且由国内企业进行施工和监理，属本县行政区域内新开工的建设工程项目，实行廉政合同制度。“廉政合同”规定项目法人（建设单位）与承包商（施工单位、监理单位）在签订工程合同时必须签订《廉政合同》。要求合同三方按照国家法律法规和政策履行廉政行为，各方在廉政建设中的权力、义务和责任等，规定廉政合同与工程招标文件一起提供给参加施工、监理投标单位，在招标书中明确有关要求。同时，县纪委监察局会同财政局联合制定举报奖励制度。规定为国家、集体挽回（减少）经济损失在 10 万元以上或者没收、追缴违纪所得金额在 2 万元以上的；使违纪者受到撤销党员职务和行政撤销职务以上处分的；对解决某方面腐败问题或者纠正明令禁止的不正之风起重要作用，并被县级以上纪检监察机关作为典型案例处理的，可以得到物质奖励和精神奖励，奖励金额最高可达 2 万元。

惩治和预防腐败体系建设

2004 年，突出教育、制度、监督等机制制度创新，实施《2004 年松阳县党风廉政建设和反腐败工作的组织领导和责任分工》，健全县委主要领导负总责、分管领导分工负责、部门各负其责的党风廉政建设责任制工作机制，层层签订党风廉政建设责任状。加强对落实党风廉政建设责任制情况的监督检查，严格责任追究，全年有 6 名科级领导干部因违反规定被追究责任。2005 年，制定《松阳县构建惩治和预防腐败体系实施方案》，把落实“实施纲要”作为党风廉政建设责任分工和对乡镇部门党风廉政建设责任制考核的一项重要内容，修订完善考核办法，加强监督、检查、考核和责任追究力度。全年有7名科级领导干部因违反责任制规定被追究责任。

2006年，推进全县农村基层惩治和预防腐败体系建设，认真实施《关于进一步推进村务公开和民主管理工作的通知》，全面落实村级重大事项规范化管理制度，加强对乡镇、村落实制度情况的监督检查。加大对“康庄工程”、下乡脱贫移民点建设工程等的监督力度，确保村级重大事项运行规范、廉洁、高效。加大对乡村财务的监督，巩固和完善村级财务委托代理服务制度，开展建立村级财务统一账户制度试点工作，进一步规范村级财务管理。

2007年，制定《松阳县关于加强农村基层党风廉政建设的实施意见》，在象溪一村和横溪村开展“创建党风廉政建设示范村”试点活动，在全县农村开展村级财务清理整顿工作，规范村级财务管理，构建“三位一体”的农村基层惩治和预防腐败体系。2008年，县委办、县府办发出《关于成立松阳县加强村级民主监督工作领导小组的通知》《关于成立县农村基层党风廉政建设工作领导小组的通知》。县纪委制订《关于开展建立村务监督委员会试点工作的意见》，确定西屏、象溪、斋坛、枫坪4个乡镇的8个行政村作为试点单位。2007年，乡镇便民服务中心开展乡镇便民服务中心规范化建设工作，按照“场地落实、人员到位、事项进驻、制度完善”的要求，完善乡镇便民服务机制，玉岩、象溪、竹源、三都4个规范乡镇便民服务中心率先投入使用，其他16个乡镇便民服务中心年末投入使用，松阳县乡镇便民服务中心为全市最规范的乡镇便民服务中心。次年，制定《2008年度乡镇便民服务中心考核办法》《松阳县农村集体经济组织统一收据使用管理意见》。

2008年，县委制定《松阳县建立健全惩治和预防腐败体系2008～2012年工作要点及责任分工》，提出预防腐败工作意见，配备乡镇纪检专干，把作风建设作为优化软环境的关键环节，强化抓典型、抓督查、抓队伍，强化治庸、治懒、治散、治阻（中梗阻）、治虚、治贪“六个治”，形成和谐干事、踏实干事、高效干事、干净干事的优良作风。

2009年6月，县委成立构建惩治和预防腐败体系工作领导小组。领导小组办公室设在县纪委。是年，县纪委深入推进以“三个抓”“六个治”为重点的作风工程建设，深入治理“畏难、畏苦、畏事、畏变、畏失”等作风蜕化的“慢性病”，着力构建“批管分离”和“一站式服务”的行政审批工作新机制。认真落实《关于进一步从严管理干部的决定》和《领导干部廉洁从政若干准则》。

全面建立村务监督委员会和村级财务“双代理”制度

2008年，在古市、新兴、望松3个乡镇开展村级财务“双代理”试点工作，建立村级集体专项资金拨付备案制度等手段，推进乡镇便民服务中心规范化建设，建立查办农村案件联席会议制度。制定《松阳县办理农村基层组织成员经济案件暂行办法》，着重加强对非党员农村基层组织成员利用职权侵占集体资金数额较小案件的查处力度。

2009年4月，县委办、县府办制发《关于全面建立村务监督委员会的意见》和《关于推行村级财务“双代理”制度的意见》。全县各行政村年末前全面建立村务监督委员会。县委办、县府办成立加强村级民主监督工作领导小组，领导小组办公室设在县纪委监察局，各乡镇建立相应机构，明确由乡镇党委书记任组长，为第一责任人。乡镇纪委书记负责具体抓落实，各有关部门齐抓共管。

各乡镇在原村级会计代理服务中心的基础上，建立村级财务代理中心，在全县推行村级财务会计、出纳统一代理制度。村级财务代理中心在乡镇党委、政府的统一领导下，负责管理、核算所属各村的财务会计、出纳业务。村级集体不再设会计、出纳岗位，只设报账员 1 名，负责村集体小额的票据收支和零星结算业务，同时兼任村集体的统计、合同管理、档案管理工作。按照“清理账务、办理委托、财务移交和正常运行”4 个阶段的总体部署，在全县 20 个乡镇全面实行村级财务“双代理”制度。全县 401 个行政村的财务、资金全部移交“乡镇财务代理中心”统一代理，实行对村集体资金的有效监管。制定《关于全面建立村务监督委员会的意见》，编发《村务监督工作指南》，指导村监会正确履职，组织全县 401 个行政村的监委会主任进行业务培训，推动村监会工作正常运转。制定《松阳县村级招待费管理若干规定》等配套制度，切实强化村级财务监管。投资 40 多万元建成农村经营管理计算机监管网络，实现全县村级财务活动网络监控。

图 20-12　试点乡镇村务监督委员会授牌（叶光铭 摄于 2008 年）

2010 年，组织开展农村财务“双代理”工作大检查，对制度执行、财务监管等环节出现的新问题及时提出整改措施，不断完善相关制度，确保代理合法、监管到位，有力地维护村级财务的规范运行。制订《松阳县村级招待费管理若干规定》，在全市率先建立村级招待由村民代表会议定标准、乡镇实行限额支出管理、村级招待不出村的新秩序。建立健全村务监督委员会工作制度，进一步明确村务监督委员会工作职责。全面开展农村基层党风廉政建设“评星晋级”活动，全县共申报创建 5 星级村 7 个、4 星级村 14 个、3 星级村 82 个、2 星级村 147 个、1 星级村 92 个，推荐省级党风廉政建设示范村 3 个。

第五节　信访举报

1950 年 9 月至 1952 年 9 月，来信来访由县委办处理。1952 年 9 月至 1956 年 6 月，县委纪律检查委员会配备有 2 名专职纪检干部，群众来信来访主要是结合县委的中心工作（如“三反”运动、增产节约运动、农业互助合作化运动、抗美援朝运动、土地改革运动、干部整风运动、镇压反革命分子运动等）开展一些调查处理。1956 年 6 月，县委纪律检查委员会向松阳县第一次党代会报告当时人民来访和检举控告 7 起，配合有关部门进行处理。1958 年 11 月，松阳并入遂昌。松阳区域的纪检信访工作主要是与农村党内整风和整社、农村社会主义教育、“大跃进”等运动中出现的违法乱纪行为作斗争。

1982年1月，松阳恢复县制，1982年5月至1984年8月，县委纪律检查委员会编印《纪检内参》供领导参阅。1986年，县纪委领导专门研究信访工作10多次，批阅来信120件，接待来访12人次，县纪委常委以上直接参与办案53件，全县纪检信访处理达到中纪委规定的三项指标和地纪委提出的五条要求。通过受理来信来访中的党员申诉信件，认真复查一批老案，本着“全错全纠、部分错部分纠、不错不纠”的原则，重新作出实事求是的结论。1987年，县纪委领导批阅来信128件，接待来访20人次，直接参与办理59件。对不属于县纪委查办的群众来信，根据“归口办理”的原则，分别以专函、便函等形式，及时转交承办单位办理。做到一般案件5天内报结，比较复杂的案件30天内报结。对个别积案或查处有困难的，随时派人前去协助。对所有发函交办出去的信访件及办理情况，及时登记、汇总、归档。1988年，县纪委书记全年接待信访81人次，做到件件有着落，事事有交代。

1989年4月，县纪委制定《信访反映通知书》制度，对情节简单、不需立案调查的轻微违纪行为或需要澄清的问题，一般性错误以及有些如不及时制止将有可能发展成为严重的违纪苗头性问题，采取抄录原信主要内容的形式（隐去信访者的姓名、地址），经分管领导批准后送达被检举（控告）人所在的党组织，由党组织转交当事人。收到“信访反映书”的党组织督促当事人说明情况，可责成其作出检讨或限期改正。1992年，县纪委制订基层纪检信访目标考核制度。1993～1995年，制订基层纪检信访达标工作的意见，有5项考核内容。

1993年5月，县纪委监察局合署办公后，人民群众的信访举报和申诉控告的渠道逐年拓宽，除过去的来信来访外，增加电话举报等方式。1996年，县纪委制订和部署新一轮信访目标管理规划。1997年8月，根据中纪委、监察部第三轮纪检监察信访目标管理工作对镇乡、部门、企事业单位提出的“四有三无一办结”的基本要求，以及县纪委对全县1997～1999年纪检监察信访目标管理工作的规划安排，制订基层纪检监察信访目标管理考核制度。1998年5月，县纪委制订《对有信访反映的领导干部建立信访谈话制度》。1998年，信访谈话23人。对一些被错告的干部，实事求是地予以澄清，为52名干部澄清事实是非。

2000年9月，开展信访监督试点工作，召集县公安局纪委、教委纪委、西屏镇纪委、望松乡纪委领导召开座谈会，探讨进一步深化信访监督工作。按照“实事求是、教育为主、严肃认真”的原则，采取诫勉、信访反映通知书、信访谈话、专题民主生活会、公开打招呼的方法，对管理权限内的党员干部8个方面的问题实施监督。2002年，开展信访举报工作“责任年”活动，新开网上举报等渠道。2003年，在全县各乡镇推行党纪监督举报卡制度，实行公务员损害经济发展环境行为监督举报卡制度，监督举报卡由县纪委、县经济发展环境投诉中心统一印制，按照多渠道接受投诉举报的要求，向县有关单位、企业和个人发放。投诉举报监督对象为全体公务员，举报内容包括违反行政审批规定和行政事业收费规定、在执法过程中增加生产经营者负担或影响生产经营、在招商引资工作中弄虚作假、骗取荣誉、造成恶劣影响等6类27种行为，分电话举报和网上举报。县纪委、县经济发展环境投诉中心对举报情况及时组织人员进行调查，及时向举报人反馈，对举报属实的行为，根据县政府《松阳县公务员损害经济发展环境行为处理办法》有关规定，予以党纪政纪处理。

2007年，县纪委监察局制订吸收群众代表参与信访案件调查制度和信访举报办事公开实施办法（试行），建立受处分人员谈心帮教制度和领导下访、约访包案处理制度，关心受处分干部，开展谈心帮教活动。2008年，制订领导参与处理信访问题实施办法，包括领导下访约访和实行领导包案处理信访问题。2009年，制订规范基层纪检监察组织信访工作，提高信访维稳能力。2010年，通过积极推行领导包案制、信访接待日等制度，加强初信、初访实名举报件的处理和反馈工作，得到大部分信访人的认可和理解，减少重复信访。

1982～1993年松阳县纪检信访情况统计表

表20-4-5-1　　单位：件、人

年份	受理来信来访	其中		属纪检系统办理	转非纪检部门办理	重复信访
		来信	来访			
1982.05至1984.08	552	409	143	—	—	—
1985	285	250	35	148	97	15
1986	297	243	54	199	108	16
1987	295	242	53	182	113	20
1988	357	226	131	202	155	64
1989	402	280	122	245	95	62
1990	524	355	169	199	200	125
1991	421	290	131	171	206	44
1992	300	202	98	128	79	31
1993	436	368	68	294	142	64
合计	3869	2865	1004	1768	1195	441

说明：

1.1982年5月至1984年8月的数据摘自县纪委向党代会作的工作报告

2.1985～1993年的数据摘自县纪委的年度工作总结（或信访工作总结、信访工作年度报表）。不同的原始资料中，部分数据存在不一致的情况，本表经过比较后取其比较合理的数据

3.由于各个年度的统计单位表述不尽一致，如在控告信、申诉信、其他来信中，有的用“件”、有的用“封”、有的用“件次”、有的用“件（户/次）”“户、封（次）”等，在接待群众来访中有的用“人次”、有的用“户、人（次）”等。为便于统计，本表统一用“件/人”

1994～2010年松阳县纪检监察信访举报情况统计表

表 20-4-5-2　　单位：件、人

年份	受理来信来访	户头	属纪检系统办理	年份	受理来信来访	户头	属纪检系统办理
1994	454	310	371	2000	495	256	199
1995	345	224	238	2001	397	269	345
1996	353	—	197	2002	336	280	280
1997	545	—	437	2003	325	264	321
1998	640	302	233	2004	224	173	77*
1999	428	217	—	2005	238	166	84*
2006	137△	—	75*	2009	255	—	154
2007	205	—	142/61*	2010	182	158	121
2008	131△	—	—	合计	5354	2619	2896

说明：

1. 表中各年度受理来信来访数据来源于县纪委全会工作报告或年度工作总结或纪检监察机关接受信访举报统计表

2. 因电脑系统不断升级，原系统数据无法恢复查找，或在原始资料中部分数据的历年统计口径不一致，或有的数据资料不全，在摘录时经过比较后，选取其中比较合理的主要数据，舍去其他次要的分析数据

3. 表中带有“*”标记数，为县纪委监察局自办信访件，带有“△”标记数，为县纪委监察局机关受理信访件

4. 由于各个年度的统计单位表述不尽一致，如在控告信、申诉信、其他来信中，有的用“件”、有的用“封”、有的用“件次”、有的用“件（户/次）”、“户、封（次）”等，在接待群众来访中有的用“人次”、有的用“户、人（次）”等。为了便于统计，本表统一用“件/人”

第六节　案件查处

查处违法违纪案件

1952年9月，县委纪律检查委员会配备有2名专职纪检干部，结合增产节约运动和“三反”运动，查处党员违纪案32件，党纪处分27人，其中抗拒“三反”4人、贪污受贿10人、无组织无纪律4人、其他错误9人、免予处分5人；结合农业互助合作化运动，查处违纪党员2人，错误性质均为强迫命令；追踪涉及“三反”内容案件，查处违纪党员10人。县委先后发出《干部在“三反”后违法乱纪情况的通报》8期，以“三反”运动查处的32名党员干部蜕化变质的事例教育警示党员干部，组织党员学习整党文件，开展批评与自我批评，检举和检讨主观主义、命令主义方面的问题。1953年4月，开展农村整党，清理出党70人，其中开除党籍9人、劝退出党42人、取消候补党员资格12人、不承认党籍7人；党内纪律处分8人，其中留党察看4人、党内警告4人；延长候补期19人。8月，围绕农业合作化实行粮食“三定”（定产、定购、定销）政策，县委组织41个乡镇党

支部计579名党员开展整党运动，处分有问题党员25人，其中开除党籍7人、留党察看1人、取消候补党员资格2人、延长候补期3人、其他处分12人。在增产节约运动、农业互助合作化运动、粮食统购统销、普选人民代表、“新三反”运动等中心工作中，先后受理28起党员违纪案件，涉案30人，其中官僚主义失职3人、命令主义3人、违反政策法令6人、无组织无纪律1人、其他政治历史问题和生活作风问题17人。当年查处22件，涉案23人，其中党纪处分13人、免予党纪处分6人、待党纪处分4人（含行政记过2人）。1954年10月，松阳县监察委员会全年受理36起党员违纪案件，涉及36人。其中，无组织无纪律4人，强迫命令和违反政策7人，抢购套购粮食1人，包庇余粮户和拒售余粮9人，包庇富农8人，贪污浪费2人，其他政治错误和生活作风问题5人。当年处理26人，其中予以党纪政纪处分16人、免予处分10人。复查粮食统购统销中整顿干部队伍处分违纪党员12人。1955年，进行农村全面整党，共处理案件15起，清除混在党内反革命分子、阶级异己分子和各种坏分子等5人。1956年，县监委围绕县委中心工作，对严重命令主义和违法乱纪行为作检查，对多数党员采取教育批判，对犯有严重错误的54名党员作出党纪处分。在合作社发展和整顿以及农业生产运动中，共处理10人。在贯彻粮食统购统销工作中，共查处21起案件计21人。1957年，农村党内整风和整社运动，对带头退社、强迫入社、贪污受贿、盗窃社产等违法乱纪现象，有针对性地重点检查6个乡12个农业社，查处14起党员违纪案件。松阳县委转发县监委《关于目前少数党员强迫命令、腐化放荡、违法乱纪情况的报告》。中共金华地委监委转发松阳县监委通报，重点查处并通报横樟乡3名党员干部残酷斗争“落后群众”事件。全年受理党员违纪案件46起，处分违纪党员36人，其中违反政策4人、强迫命令7人、破坏合作社5人、腐化堕落10人、侵贪公财5人、其他错误5人，对13人免予处分。根据上级监委指示，在叶村乡进行党的监察工作试点，按规定向乡（镇）党支部下放部分监察处分批准权。1958年，在全民整风运动中，全县揭露出违纪党员108名，占党员总数的7.7%，其中机关党员36人、农村党员72人。分批处分98人，其中县监委直接处分59人，包括开除党籍34人、留党察看15人、撤销党内职务2人、党内严重警告5人、警告3人；基层党组织处分39人。其余10名违纪党员因错误较轻而免于党纪处分。县委先后两次通报批评农村违纪党员共计40人。

1982年5月，县委部署打击经济领域犯罪活动斗争任务，召开全县干部大会，学习中央“紧急通知”，成立县打击经济犯罪斗争领导小组，共抽调19名干部职工组成专案组。一般案件由发案单位包干查处，重要复杂案件由各有关单位组织力量查处，大案要案由县委统一组织办案人员并由三个班子的领导分工负责查处。至年末，揭露出31件经济案件，查处22件。是年结案13件，查清待处理2件，尚在查处7件。属大要案2件，结案1件，待处理1件；贪污赃款1000元以上、不足5000元的10件。在受处理10人中，判刑3人、留用察看2人、依法逮捕2人、记大过1人、罚款2人。按性质分：投机倒把5件，贪污受贿9件，其他5件，追回赃款13544元，没收粮票11892斤、布票43.4尺、饲料票100斤、赤金1片。1983年，全县新揭露经济案件15件（其中大要案2件），查处结案10件，退缴赃款1.6万元，受各种处分18人。其中，党纪处分2人，行政处分9人，刑事处分7人。1984年，全县共查处违纪案件35起，对严重违纪的6名党员进行纪律处分。

1986年，全县开展整党工作，有38人受到党纪处分，有18人不予登记，有48人缓期登记，有6人取消预备党员资格，有3人延长党员预备期。7月，调整县打击经济领域犯罪活动联席会议成员，8月，全县35个单位建立“经打”小组和“经打”联络员，及时召开会议，明确任务，开展工作，县委领导对7个重要案件专门作研究分工，全县共查处经济案件17件，其中大要案7件，追回赃款6.1万多元；受各种处分19人（其中，党纪处分1人、刑事处分5人、行政处分13人）。全年不予登记的党员25人（包括除名12人，自行退出2人），暂时不登记的党员36人，撤销预备党员资格的7人，延长预备期的2人。县纪委立案查处各种违纪案件14件。各级党组织和纪检组在整党回头看中处分违纪党员28人。

1986～1988年松阳县纪委立案查处违纪案件情况表

表20-4-6-1　　单位：件、人

年份	县纪委立案查处违纪案件	处分违纪党员	错误性质														
			“文化大革命”中犯严重错误	丧失原则包庇有严重问题的人	以权谋私	贪污	行贿受贿索贿	盗窃	投机倒把	违反生活作风	搞迷信活动	违反计划生育	乱砍滥伐森林	赌博	其他	刑事处分	行政处分
1986	14	28△	4	—	2	2	—	—	—	6	—	2	2	3	6	2	1
1987	8	21	1	3	-	3	1	1	1	1	1	3	3	—	3	5	1
1988	5	17	—	—	2	1	1	—	—	3	1	3	1	1	4	—	—
合计	27	66	5	3	4	6	2	1	1	10	2	8	6	4	13	7	2

说明：标有“△”为全县各级党组织和纪检组在整党回头看中查处的违纪案件处分人数

1987年，县纪委立案查处各种违纪案件8件，共处分违纪党员21人。对案情较大，性质较严重、影响较大的4个大要案分别在全县通报。1988年，县纪委立案5件，受处分违纪党员17人。1989年，县纪委立案10起，协助地纪委查处副县级干部违纪案件1起，处分党员11人。全县纪检组织立案查处党内违纪案件66起，处分违纪党员66人。是年，县纪委制定《关于对党员传播淫秽物品、观看淫秽录像党纪处分的意见（试行）》，对传播淫秽物品和参与观看淫秽录像的次数、人数等方面，作出处分的详细规定。

1990年，全县纪检组织全年处分党员57件。1991年，全县纪检系统立案32起，其中县纪委立案13起。全县处分违纪党员30人。1992年，全县纪检系统共立案23件（其中县纪委立案5件），共处分违纪党员24人。

1989～1992年松阳县纪检组织立案查处违纪案件情况表

表 20-4-6-2　　　　单位：件、人

年份	全县纪检组织立案查处违纪案件	其中		处分违纪党员	错误性质															
		协助地纪委查处的违纪案件	县纪委机关立案查处的违纪案件		违反劳动人事纪律	严重官僚主义失职渎职	违反财经纪律	贪污	行贿受贿	盗窃	侵犯国家和群众利益	弄虚作假骗取名利	腐化堕落道德败坏	制造传播淫秽物品	违反计划生育政策	赌博	搞迷信活动	投机倒把	诈骗	其他
1989	77	1	10	77	1	1	4	1	2	2	1	3	4	4	14	9	1	—	—	16
1990	57	—	—	57	—	1	—	5	3	—	—	—	5	10	13	11	—	—	—	9
1991	32	—	13	30	—	—	3	4	6	1	2	—	4	—	3		4	1	1	1
1992	23	—	5	24	—	—	—	—	—	—	—	—	—	—	—	—	—	—	—	—
合计	189	1	28	188	1	2	7	10	11	3	3	3	13	14	30	20	5	1	1	26

说明：因统计口径不一，或截至日期不同，个别数据会出现前后不一致

1993年，县纪委监察局合署办公，全年纪检监察系统立案46件，当年结案44件，处分违纪党员干部44人，其中县纪委监察局本级立案12件，当年办结10件，处分党员干部10人；全县处分党员干部中，党纪处分20人。1994年，全县纪检监督系统立案37件，处分违纪党员干部38人，其中党纪处分19人、政纪处分23人。县纪委监察局办案16件。在受党纪处分的19人中，开除政籍2人，涉及党政机关干部7起，副科级以上领导干部5人。1995年，全县纪检监察系统立案47件，当年结案44件，处分违纪党员干部44人，其中受党纪处分18人、受政纪处分34人。县纪委监察局本级立案21件，结案16件，处分违纪党员干部16人，其中受党纪处分10人、受政纪处分12人、涉及科局级干部4人。1996年，全县纪检监察组织立案43件，结案48件（含遗留案件5件），处分违纪党员干部46人，免于处分2人。县纪委本级立案19件，涉及县管干部案件5件。1997年，全县纪检监察系统立案46件，当年结案44件，处分违纪党员干部44人，其中政纪处分13人。县纪委本级立案28件，查办副科级以上县管干部要案7件，万元以上大案6件。影响较大的典型案件有7件。

1998年，全县各级纪检监察组织查处各类违法违纪案件48件，处分党员干部44人，挽回经济损失176.2万元。县纪委监察局本级立案28件。有影响的大要案22件，万元以上经济大案17件，副科以上干部要案11件。查处一批企业领导干部重大经济违纪案件，查处县管干部违纪案件11件。在中小学收费和涉农资金专项检查中发现违纪案件立案4起，处分4人。1999年，全县各级纪检监察组织查处各类违法违纪案件48件，处分党员干部42人，免予党纪政纪处分3人，为国家和集体挽回直接经济损失15.5万元。县纪委监察局本级立案25件，是年结案22件。受查处党员干部中涉及科级干部7人。乡镇和部门纪委立案23件，是年结案21件，其中乡镇纪委办案19件，比上年增加9件，办案面由上年4个乡镇扩展到本年16个乡镇。

2000年3月，县纪委牵头召开司法执法机关负责人会议，制定相互提供案件材料的实施办法，进一步从各机关主要责任、操作程序、责任追究三方面提出挖掘案件线索的三条主要措施：即司法

机关在办理共产党员或监察对象的犯罪案件过程中，应该在案件办理结束后15日内向县纪检监察机关提供材料；各级司法机关、行政执法机关在办理案件过程中发现共产党员或监察对象涉嫌违犯党纪政纪的，在7日内把有关材料提供给纪检监察机关；公安机关在办理共产党员或监察对象的治安管理处罚案件中，把有关情况每季一次向县纪检监察机关通报。县纪委监察局上半年查办某局干部弄虚作假骗取200万元国家技改资金的案件；某局党组书记工作失职造成220万元农保资金被骗案件；某企业主要领导受贿2.9万多元，分管领导存在多种违纪问题，私设小金库近50万元；某企业主要领导受贿及嫖娼案件，受贿金额7.7万元。是年，全县纪检监察系统立案50件，当年结案43件，处分违纪党员干部43人。县纪委监察局本级立案27件，部门和乡镇立案23件，有13个乡镇查办案件，乡镇办案面为65%。查处乡科级干部违纪案件12件，万元以上经济案件10件，挽回经济损失250万元，追缴违纪款71万元。2001年，全县纪检监察系统立案50件，是年结案53件（上年遗留案件7件），其中县纪委本级立案25件（要案9件）。全县15个乡镇有自办案件，办案面达75%，实现“一届任期内乡乡有自办案件”的目标。2002年，县纪委监察局机关本级立案24件，其中乡科级5件，大要案8件，挽回经济损失300余万元，乡镇办案面上升到90%。

1993～2000年松阳县纪检监察系统立案查处情况表

表20-4-6-3　　　　单位：件、人

年份	全县纪检监察系统立案数	当年结案数	处分违纪党员干部人数	其中		县纪委监察局本级立案数	结案数	处分违纪党员干部数	其中			错误性质								
				受党纪处分人数	受政纪处分人数				受党纪处分	受政纪处分	涉及科局级干部	受贿贪污等经济违纪	赌博	失职渎职	违反组织人事纪律	违反计划生育	违反道德类	侵权类	违反社会管理秩序	其他
1993	46	44	44	20	—	12	10	10	—	—	5	—	—	—	—	—	—	—	—	—
1994	37	—	38	19	23	16	—	—	—	—	5	—	—	—	—	—	—	—	—	—
1995	47	44	44	18	34	21	16	16	10	12	4	25	10	6	1	—	—	—	—	3
1996	43	48	46	—	—	19	—	—	—	—	5	—	—	—	—	—	—	—	—	—
1997	46	44	44	—	13	28	—	—	—	—	7	13	10	3	1	8	5	5	1	—
1998	48	44	—	—	—	28	—	—	—	—	11	26	3	1	5	7	3	—	—	—
1999	48	42	—	—	—	25	22	—	—	—	7	—	—	—	—	—	—	—	—	—
2000	50	43	—	—	—	27	—	—	—	—	12	22	-	6	2	2	—	3	—	15

说明：因原始资料不全，表中某些项目数据空缺

2003年8月，县委成立查办大案要案协调小组。全县共立案查处违纪违法案件51件，县纪委监察局机关自办案件25件，查处乡科级干部违纪案件11件，自办案件数和查处乡科级干部案件数位居全市前列。全年乡镇部门共办结案件26件，乡镇纪委办案面90%。处分人员中，党纪处理34人，政纪处理15人，开除党籍8人，为国家和集体挽回经济损失400余万元。2004年，全县纪检

监察组织共立案58件，受党政纪处分56人，其中县纪委监察局立案25件，涉及科级干部15人，为国家和集体挽回经济损失200余万元。实行乡镇和部门案件联查互审制度，全县20个乡镇分成4个片，部门分成5个片，每片指定1名纪委书记（或纪检组长）任片长，实行片内疑难、复杂案件联合调查、交叉审理制度，解决基层纪检监察组织在查办、审理案件工作中存在的人手不足、先定后审、查审不分等问题，保证案件查处的公平、公正，促进基层查办案件工作。全年乡镇和部门纪检组织查办案件33件。2005年，全年共立案查处违法违纪案件53件，其中县纪委监察局机关立案24件，涉及乡科级领导干部7人，全县20个乡镇中18个乡镇有案件。

2006年，调整县查办大要案协调小组，建立协调小组联席会议制度。完善《关于在案件检查过程中相互提供案件材料的实施办法》，建立健全纪检监察、检察、公安、审计、工商等执纪执法部门案件情况通报、线索移送、案件协查、信息共享机制，形成查办案件的强大合力。加强对基层办案工作指导，乡镇部门案件联查互审制度得到落实。制定实施《松阳县乡镇纪委查办案件评比奖励办法》，加强案件审理工作，完善审理制度，推进党员领导干部违纪案件公开审理，制定实施《中共松阳县纪委监察局案件公开审理实施办法（试行）》以及审理组制度、审理员制度、监督员制度等，认真落实“一案一剖析、一案一教育、一案一整改”制度，就查办的某单位干部经济违纪窝案向全县党员干部发出案件分析通报，增强查办案件的社会综合效果。全年共立案54件，处理54人，涉及乡科级领导干部7人，开除党籍18人，移送司法机关处理2人。2007年，全县各级纪检监察组织共立案查处党员干部违纪违法案件53件，其中县纪委立案33件、部门和乡镇纪委立案20件，处分党员干部53人，涉及科级干部14人（正科级干部3人），收缴违纪款50余万元。2008年，全县纪检监察系统共立案各类违法违纪案件70件，其中县纪委立案23件、乡镇纪委立案47件。移送司法机关2人，处理乡科级干部8人。

2009年，县纪委下发《关于严肃党的纪律，加大查办案件力度的通知》，建立健全办理农村基层组织成员职务违法违纪案件联席会议制度、办理农村基层组织职务违法违纪案件暂行办法等，及时调整办案重点，加大查办破坏市场经济秩序、损害党和政府形象、损害群众利益、危害社会稳定等违法违纪案件的力度。全年共立案查办各类党员干部违法违纪案件82件，其中涉及乡科级干部9件。全县20个乡镇纪委均有案件，立案查处侵占挪用等违反农村集体“三资”管理案件5件，涉及金额15.6万元；受理农村经济审计38件，审计金额4167.2万元，纠正错账19笔，查处贪污村集体资金案件1件，处理违纪人员2名。2010年，全县纪检监察组织共立案85件，当年结案82件，处理76人。集中查办一批党员干部违法占地、违法建筑案件，有21名党员干部受到党纪政纪处分。

查处违纪案件情况统计

因统计口径不一，分1986～2000年与1999～2010年及2006～2010年3个表说明情况。

1986～2000年松阳县纪检（监察）系统案件查处情况统计表

表 20-4-6-4

单位：件、人

年份	查处违纪案件	其中县纪委立案	党纪处分	其中					行政处分	刑事处分
				开除党籍	留党察看	撤销党内职务	严重警告	警告		
1986	14	14	28	5	9	—	6	8	—	—
1987	8	8	21	4	2	1	2	12	1	5
1988	5	5	17	1	4	—	5	7	—	4
1989	77	10	66	7	20	4	14	21	6	5
1990	57	—	57	7	19	1	13	17	8	3
1991	32	13	30	5	8	1	10	6	8	3
1992	23	5	24	2	10	1	8	3	8	3
1993	46	12	20	1	5	2	6	6	—	—
1994	37	16	19	3	10	1	3	2	23	—
1995	47	21	18	5	7	1	3	2	34	—
1996	43	19	—	—	—	—	—	—	—	—
1997	46	28	34	11	4	—	10	9	13	—
1998	48	28	30	11	4	—	6	9	14	—
1999	48	25	38	12	10	2	9	5	8	—
2000	50	27	39	9	4	3	11	12	5	—
合计	581	231	441	83	116	17	106	119	128	23

说明：1.表中数据摘录自县纪委全会工作报告或工作总结或案件立案查处工作年度报表；因原始资料不全，表中某些项目数据空缺

2.因原始资料中部分数据的历年统计口径不一致，或有的数据资料不全，或有的数据前后不同，在摘录时经过比较后，选取其中比较合理的主要数据，舍去其他具体的分析数据

1999～2010年松阳县纪检监察系统查处违纪案件统计表

表 20-4-6-5

年度	查处违纪案件（件）	党纪处分（件）	包含政纪处分（人数）	移送司法机关（件）	立案涉及人数（人）	涉及金额（万元）	违纪涉法总金额（万元）	收缴涉案金额（万元）	挽回经济损失（万元）	失职渎职金额（万元）
1999	48	38	42	1	48	8	15.1	—	14.9	—
2000	50	44	48	—	50	307	355.7	—	91.9	—
2001	50	45	52	—	50	38	43.2	—	35.4	—
2002	51	48	55	—	51	89	219.1	—	6.3	—
2003	51	35	49	1	51	36	53.5	—	13.1	—

续表 20-4-6-5

年度	查处违纪案件（件）	党纪处分（件）	包含政纪处分（人数）	移送司法机关（件）	立案涉及人数（人）	涉及金额（万元）	违纪涉法总金额（万元）	收缴涉案金额（万元）	挽回经济损失（万元）	失职渎职金额（万元）
2004	58	41	58	—	58	127	182.3	—	13	—
2005	49	49	49	2	53	7	12.4	—	9.5	19
2006	50	50	52	1	48	13	18.8	—	9.2	—
2007	43	43	49	3	52	128	172.7	3.2	154.7	55.2
2008	66	64	67	2	70	39	44.6	37.1	16.7	—
2009	82	70	79	2	82	91	101.6	56.3	11.4	—
2010	85	75	80	—	85	155	161.3	11.5	0.5	—
合计	683	602	680	12	698	1038	1380.3	108.1	376.6	74.2

说明：1.表中年度数据来自县纪委监察局案管室电脑系统统计表，因原始资料不全，表中某些项目数据空缺，表中数据仅供参考

2.由于电脑系统程序开发时间不长，并经多次升级后，系统程序有所更新，设计内容有所变化，个别数据会自动生成，可能与实际情况有误差

3.本节文字所述的年度案件查处情况，与本表所列的数据可能不尽一致，这是由于年度统计截止时间不同、统计项目口径不一、名称表述更新变化、遗留案件跨年办结以及统计人员频繁调动等各种因素影响所致。即使是县纪委监察局的年度工作总结和年度立案查处案件报表以及县纪委全会工作报告中的案件查处数据，也有不尽相同

2006～2010年松阳县全县及纪检监察系统查处案件统计表

表 20-4-6-6

单位：件、人

年份	全县立案查处案件总数	其中县纪委监察局立案	错误性质												备注
			贪污贿赂	违反财经纪律	挪用公款	侵吞侵占非法占有	赌博	违反计划生育	滥伐林木	失职渎职徇私枉法滥用职权	贿选破坏选举	违反廉洁自律	妨碍公务妨碍社会管理秩序	其他	
2006	54	24	4	6	2	6	10	8	5	3	—	—	—	10	越级上访2件
2007	59	35	13	1	1	1	4	5	4	8	4	11	5	2	—
2008	55	17	7	6	2	1	4	13	4	5	2	—	2	9	—
2009	91	32	10	5	3	—	15	14	5	3	—	1	6	29	酒驾、嫖娼各4件
2010	84	31	4	1	3	2	11	8	1	4	—	2	2	47	违法建设20件，私分国有资产和酒驾各4件
合计	343	139	38	19	11	10	44	48	19	23	6	14	15	97	—

说明：其他案件包括违反政治纪律、违反组织人事纪律、违反野生植物保护条例、违反议事规则、违反纪律电脑装游戏、违反接种技术操作规程、封建迷信、非法限制人身自由、非法批准占用土地、非法狩猎、侵犯公私财物、侵犯人身权利、通奸、嫖娼、作伪证、盗窃、隐瞒、掩饰、交通肇事、醉酒驾驶机动车、破坏社会主义经济秩序、扰乱施工秩序、公款私存、无证行医、私分国有资产、故意伤害他人、殴打他人、违法建设、吸食冰毒、开设赌场等

第七节 纠风治乱

清理党政干部“三违”建购房问题

1982年11月，县纪委发出《关于贯彻中纪委〈必须坚决刹住分房建房中的歪风〉的通报的通知》。1983年4月，县纪委再次发出《关于认真贯彻中央纪委〈必须坚决制止党员、干部在分房建房中的歪风〉公开信的通知》（简称《公开信》）。1984年3月，县纪委组织人员对贯彻执行《公开信》的情况进行验收补课，重点检查清理分房中存在的问题。经过清理，县级五大班子领导干部住房超标准12人，超面积34.7平方米；科局级干部超标准6人，超面积6平方米；一般干部和职工超标准77人，超面积188.1平方米。以上非过失超标准95人，共超面积228.8平方米，都加收房租。1989年，县纪委在清理党政干部“三违”（违法、违章、违纪）建房工作中，核查341名党政干部建、购私房情况，有43名已建私房又住公房的副局以上干部分期分批退出公房。1990年9月，县纪委转发中央纪委《关于印发〈中共中央纪委关于清理党政干部违纪违法建私房和用公款高标准装修住房的报告〉的通知》。1991年1月，县政府印发《松阳县〈关于处理党政干部违法违章违纪建、购私房的实施细则〉的通知》，涵盖十大方面的问题，分别作出详细的政策界限和处理意见。3月，县政府办公室发出《关于对处理党政干部三违建、购私房实施细则的补充说明》，作出12条补充说明。1995年，按照上级清理党政干部违反房改政策的工作部署，县纪委向全县发放522份自查登记表，基本摸清情况，及时纠正部分问题，有2户既购公房又租住公房的干部退出租住的公房。1997年6月，县委办公室、县政府办公室印发《关于党政干部违反住房规定有关问题的处理意见》。

纠正“三股歪风”

1985年1月，县纪委就改革开放初期出现的三股突出的不正之风（党政机关和机关干部经商办企业、套购倒卖国家紧缺物资，工商企业违反物价政策随意涨价、扰乱市场，行政企事业单位巧立名目滥发钱物），组织纪委机关人员到各区、镇、乡进行摸底调查。3月，县纪委牵头抽调有关部门干部组成调查组，对县级机关51个单位和区、镇、乡以及厂矿企事业45个单位存在的7个方面的不正之风问题（重点是党政机关干部经商办企业、滥发奖金实物、乱涨价等）进行全面调查。全县有17个单位制发服装，制装976套，价值3.9万元；查处干部经商办企业，滥发奖金实物、乱涨价、搞吃喝等不正之风，其中滥发奖金实物总额9.9万元，到年末基本退清，乱涨物价案86件，罚没款5.1万元。

1989年8月，县委、县政府决定，凡在1987年1月1日以来，低价购买高价进货的彩电、电冰箱、洗衣机、录像机、组合音响5种高档耐用消费品的，都要在10月末前主动补交差额款，逾期不交的，以违纪论处。县纪委发出《关于纠正党政干部低价购买高档耐用消费品的通知》，县级和县管干部的差额款直接交县纪委，其他干部和公职人员的差额款逐级汇总上交至主管部门或区镇，由主管部门和区镇交县纪委。向组织隐瞒情况或逾期不补交的，查实后给予必要的纪律处分，并在其工资中扣除应补交差额款。9月，县纪委就纠正党政干部低价购买高档消费品工作召开座谈会，商业局、供销社、计经委、工业局、工商局、财税局、物价局、监察局等14个部门的负责人参加会议。学习传达省纪委、县纪委文件精神，讨论纠正低购工作有关问题，确定纠正低购工作的政策界限。全县69个县直机关部门单位、32个区镇乡机关、6个经营单位都进行检查，有6名干部职工补交差价款。

清理整治“三乱”

1990年10月，县委、县政府成立松阳县加强廉政建设纠正行业不正之风协调小组，下设办公室。12月，县委、县政府建立县清理乱收费办公室、县清理乱罚款办公室、县清理乱摊派办公室，分别抽调相关人员组成，县清理乱收费办公室设在县物价局，县清理乱罚款办公室设在县财税局，县清理乱摊派办公室设在县计经委。

1991年3月，松阳县加强廉政建设纠正行业不正之风工作协调小组更名为松阳县纠正行业不正之风治理“三乱”领导小组，突出治理“三乱”工作。对全县169个单位的921个收费、罚款、集资项目进行摸底调查，摸清收费、罚款、集资摊派中存在的问题。全县取消“三乱”项目70个，其中乱收费项目62个、乱罚款项目4个、各种集资摊派项目4个；取消不合格的执罚机构2个，查处乱收乱罚案件36起，金额30万元。

1993年5月，县委办、县府办发出《关于禁止向企业乱集资、乱摊派的通知》，一律停止自行向企业摊派、集资、拉赞助。对1993年1月1日以后的各种摊派、集资、赞助进行清理，“两办”组织人员到企业调查核实，发现少报瞒报的严肃追究有关单位领导责任。确实需要企业负担的合理费用的资金筹集，筹款单位应事先把集资、摊派和要求赞助的目的、用途、金额及筹集范围书面报县委办、县府办研究批准后方可实行。重点治理公安、司法、民政、工商、城建、土管、劳动、人事、交通、电力、邮电、金融保险、教育、卫生、林业15个部门和行业的乱收费。12月，县政府办公室印发《关于公布取消第一批不合理收费的通知》，县属各单位尤其是公安、土管等15个重点部门行业，对各项行政事业性收费进行认真的自查清理，决定取消15项不合理收费项目，包括公安4项、粮食3项、财政2项、土管1项、计生委1项、人事2项、机关党委1项、石油公司1项。全县28个主要部门填报治理乱收费工作自查表，查处乱收费案件10件，处分处罚党员干部8人，查处违纪金额53.6万元，取消不合法收费项目67项，其中按照国家规定取消的39项，经县级批准取消的15项，取消单位擅自立项的13项，调整收费标准1项。全县有10多个部门在本系统开展纠正行业不正之风工作。

1995年，重点对10个部门的“小金库”、21个部门、42个单位预算外资金进行检查，查处“小金库”金额1.8万元，查处截留各种罚款2万多元，查出未经批准的各种预算外项目收入24万余元，查出超规定范围及未经批准支出40万余元，清理后实行财政专户储存制度，加强控管力度。7月，县政府办公室印发《关于开展治理公路“三乱”工作的通知》，治理重点是解决擅自设卡、多家上路、乱罚款、乱收费问题，凡未经省政府批准的各类站卡必须一律撤除，除公安、交通、林业外，任何部门和单位不得上路设站卡检查收费，所有检查、罚款、收费必须严格执行国家的法律、法规，明确检查、处罚依据、标准和程序；建立健全监督机制，落实“两公开、一监督”各项制度。按规定保留经省政府批准的3个木材检查站，按期撤除9个公路检查站卡。开展农民负担清理检查，基本取消中央和省政府宣布的涉农负担项目。1994年，乡村两级提留统筹共800万元，农民人均负担39.3元，占人均纯收入4.2%，未超过省定比例。

1996年，县政府与公安、交通、林业、工商、财税、烟草、农业7部门及省道沿线7乡镇的负责人签订治理公路“三乱”目标责任状，组建16人的“三乱”督查队，督促有关部门制订各种规章制度。对松阳县12个系统、15个单位、25类收费项目或基金进行重点检查，共查出1995年度违规收费2万余元、应专储未专储资金1272万余元、各类违规支用金额86万余元、应交未交统筹资金1万余元、漏缴税款6万余元、截留使用财政收入20余万元、其他违规金额181万余元，均按有关政策规定进行处理。

1997年，县纪检监察部门走访调查5家国有集体企业，召集10个有代表性的企业厂长经理座谈会，基本掌握企业负担现状，抽出专人到县企业保护办协调处理各种对企业的侵权行为，公布10家重点保护企业。县减负办组织力量对省、地、县取消的有关企业的各种收费项目和扶持优惠政策的兑现情况进行督查，直接办理企业信访投诉30余件。

1998年，开展清理企业收费治乱减负工作，先后取消不合理收费项目338个、降低收费标准22个，实施企业缴费登记卡制度，明确收费范围、方式，建立相应责任制，定期和不定期检查指导，对不如实填写缴费登记卡、违规收费的单位，追究领导人和责任人的责任，对情节恶劣性质严重的追究单位领导人和责任人的党纪政纪责任。查处加重企业负担案件11起，涉及金额30万元；税务部门退还企业发票押金74.3万元，减轻企业负担311.8万元。全县285家企业建立收费许可证和向企业收费登记卡制度，占企业总数95%。

1999年，开展企业负担监督卡使用情况和竹木企业税费负担情况专题调查，对反响强烈的6个单位收费情况进行突击检查，共清理乱收费项目8个，收费金额48万元，对违规收费及时进行纠正。11月，县纠风办转发省纠风办《关于开展群众投诉“三乱”问题活动及对“三乱”问题进行自查自纠的紧急通知》，会同县财政局、物价局、审计局、农业局、法制局联合印发《关于开展群众投诉“三乱”问题活动的实施办法》《关于开展群众投诉“三乱”问题有关具体工作安排的通知》。举办全县现场投诉日活动，接受群众投诉和解答有关问题，向社会公布投诉电话、信箱，分别负责处理对本部门的投诉。投诉举报月活动共受理“三乱”投诉案件63件，296人次。其中县纠风办本级受理投诉32件、264人次，办理省、地纠风办交办的15个投诉件。

2000年，发挥经济发展环境投诉中心的保护职能，全年受理投诉54件，办结53件，清退乱收费、不合理收费5万余元。查处县林业局下属裕溪木材检查站在外运香菇植物检疫中重复收费等严重公路“三乱”问题，对有关人员进行纪律追究并调离检查岗位。实施涉企收费公示制度，30名人大代表、政协委员、50家县重点企业评议县政府部门，开展机关部门对企业、乡镇、基层服务情况考核和评议。

清理办经济实体及占用企业钱物

1993年，开展清理1989年9月至1993年全县党政机关、社会团体创办的各类经济实体107户，其中经商实体73个、办厂实体26个，注册资金总额2063.9万元，干部兼职117人，属党政机关办实体35个，注册资金1201.2万元，占总额58%。各部门单位在自查自纠中，自行停办10个、脱钩10个，划转4人。按政策注销21户、划转7户、脱钩43户、解除挂靠关系23户、经批准保留3户，企业兼职的5名干部辞去一头职务4人，经批准继续兼职不兼薪1人。

1994年6月，开展清理党政机关及其工作人员无偿占用企业钱物，全县63个部门、20个乡镇机关对持有一车三机（公费摩托车、大哥大、BP机、住宅电话）情况开展全面自查，重点核查53个部门单位，调查处理3件群众举报，清理出占用企业的大哥大2部，BP机6只，住宅电话7门，摩托车5辆，价值10.5万元。9～11月，开展全县专控商品清理工作，全县161个单位查出109个单位存在违控问题，其中违控面包车1辆、摩托车48辆、大哥大29部、传呼机336只、空调机34台及其他违控商品101件，违控金额234万元，全部按有关规定作出处理，为国家回笼资金14万余元。对板桥畲族自治乡顶风违控购买的3辆摩托车予以没收，全县通报批评。

第八节　执法监察

监督检查

1993年4月，开展政策到位落实情况监督检查，组织人员分别到20个乡镇和18家重点企业，就减轻农民负担、转换经营机制等县委、县政府一系列加快改革开放、加速松阳经济发展政策措施的落实情况开展监督检查。

1995年，对县委、县政府作出的深化乡镇经济目标管理责任制、把工业放在重中之重的位置、优化环境创建文明城市三大举措及相关政策的落实情况，开展监督检查。按照县委、县政府提出的督查四程序，履行纪检监察职责，加大监督检查力度，强化对县委、县政府发展工业一系列政策和措施的落实情况进行监督检查，确保政令畅通。对工业小区内企业和县外企业实行重点保护、重点服务，任何单位和个人不得擅自增设收费项目或提高收费标准，对乱收费、乱罚款、乱摊派行为，追究单位领导和当事人的责任，性质严重的给予党纪、政纪处分。根据县委、县政府提出的转变机关工作作风，提高服务质量的要求，着重督促检查各机关单位简化办事程序、履行机关干部工作守则等的落实情况，提高机关为基层、群众办事的效率。加强对违反政治纪律事件的查办，严肃处理一起某乡党员干部违反组织原则和政治纪律、阻碍经济建设的串联事件。集中力量，对群众关注的木材计划分配使用情况开展专项检查，重点检查当年全县各类木材计划的分配和使用情况，包括集资材、建设用材、地调价商品材等木材计划的分配、使用及木材价格执行情况。

1997年4月，县纪委制定《关于积极参与“合力扶工”活动的若干意见》，根据地委、行署合力扶工精神和县委、县政府关于进一步优化环境、在全县形成合力扶工氛围、加快工业经济发展的要求，进一步加大执法监察力度。深入基层各工业小区、厂矿开展有关涉企收费情况检查，检查中对有关单位自设项目及超标收费问题，及时由物价检查部门依法查处，责令其退回企业。

专项检查

1994年末，对全县1993年1月至1994年9月期间各种救灾物资的发放和使用情况进行专项检查，重点对民政、水利、农业、红十字会、林业5个部门，以及西屏、古市、象溪、玉岩、竹源、斋坛、望松、三都、四都、新处、樟溪、裕溪、板桥、安民、枫坪、谢村16个乡镇进行检查，走访32个行政村，受理群众来信举报12件、来访16人次。及时纠正部分乡镇搞平均主义、有偿发放救灾物资、挪用救灾物资等错误做法，追回部分被擅自发放的救灾物资，对赤寿乡移用救灾物资问题在全县进行通报批评。开展土地管理法规实施情况专项检查，重点检查5个乡镇，清退个别乡镇土管员收取的应退还农户的押金1000余元，对少数土管员在土地审批过程中收取小额好处费行为进行严肃地批评教育。开展全县物价大检查，选择流通领域中4个企业、非商品收费部门中9个单位进行重点检查，查处违纪金额30万余元，清退不合法收费3万多元，取消不合法收费项目128项。

1996年，对各乡镇“撤扩并”以来的账务财产进行全面整顿，查出各类违纪金额44万元。其中，由乡镇追缴收回各类违纪金额和长期占用公物及拖欠公款20.3万元，纠正清退挪用专项资金18万元，由县纪委收缴5.8万元。查处严重违反财经纪律案件2起，涉及干部6人，其中科级干部3人，处分5人。配合账务、物价等部门对全县68个重点企业和行政事业单位1996年的收税财务物价进行大检查，共查出应交财政收入347万元，其中工商税264万余元，所得税65万元，各种罚金、滞纳金0.3万余元，其他18万余元。

1998年，开展涉农资金专项执法监察，共检查6个部门及其16个下属单位和20个乡镇的1386.5万元资金。重点抽查58个行政村，走访297户农户。核查出乱支资金16.9万元，拆借资金20万元，移作他用资金18.1万元，共计违纪资金55万元。查处违纪干部2人，追回违纪金额1.1万元。2000年，开展对下岗职工基本生活保障资金、失业保险基金、基本养老保险基金、城乡居民最低生活保障资金管理使用的专项检查，核查资金3666.6万元。参与监督政府采购13批次，公开采购物资2540.9万元，比预算节约资金26.9万元。

2001年5月，开展扶贫资金专项执法监察，重点是对1999～2000年省、市、县各有关单位通过各种渠道对四都乡、板桥乡390多万元的扶贫资金项目和全县“四项资金”的管理使用情况进行检查。6月，开展乡镇站、所财务专项执法监察，包括乡镇所属单位的计生服务站、文化站、广播电视管理站、农业综合服务站、司法所、工办、政府办等有款项收支的机构，发现案源线索5条，查处案件5件，查处违纪违法党员干部5人。

2003年5月，开展扶贫资金使用管理情况专项执法监察。对全县近3年各级政府下拨的财政扶贫资金，包括开发农业扶贫资金、下山脱贫扶持资金、工商业贷款贴息资金、农业科技培训和示范推广资金、贫困农户危房改造补助资金、省级扶贫开发区基础建设及贴息资金、民族发展资金、扶持老区发展资金、贫困村干部报酬、扶持贫困地区发展补助资金以及市、县下拨的其他扶持资金进行专项执法监察。检查扶贫资金的拨付、到位和使用、管理情况，资金的使用效果及使用管理的透明度，纠正、查处扶贫资金被严重拖欠、挤占、移用、贪污、截留、私分以及弄虚作假等违法、违纪和违规行为。

重点工程专项执法监察

1996年，根据县政府办公室《关于印发松阳县建设工程项目执法监察实施意见的通知》精神，县纪委对全县1995年1月1日以后的建设工程项目开展专项执法监察，派员参与县邮政大楼、玉岩邮电综合大楼、上松线松阳段改建工程3个投资总额较大的重点工程项目的资质审查和招投标监督。1997年，加强对县内8个投资30万元以上建设项目（如县百货公司大平坊商场、县种子加工中心、古市粮管所综合楼等）的招投标工作及全县当年竣工的项目和在建及新开工的工程、投资总额50万元以上的项目进行重点检查。1998年，对县内的重大工程开展全程监察，着重对一中、三中教学楼、水电工程建设等10多项工程及城南路、过境公路征迁等重点工程建设开展监察工作。对县内50万元以上工程进行招投评标专门监督。

1999年9月，制定重点工程廉政建设八项规定，对建设、农办、水电、农业、交通等部门和古市镇共12个重点项目开展工程质量、资金使用、管理等方面的执法监察，涉及项目计划投资额26571万元，发现违纪线索3起，立案处理2人，对查出的资金被移用、开支不合理、财务不规范、发包承建不公开、资金使用管理存在漏洞等方面问题作出纠正。全年招投标监督20次，总中标价10510.4万元，制定工程发布、标的管理、中介机构职责和工作程序等方面的规章制度，推行签订工程承发包合同时签订廉政合同“双合同”制度，制定建筑方面规范性文件4个。

2001年，在建设工程中推行廉政合同制度，全年共签订“廉政合同”12份。2003年，制订《县重点建设工程派驻纪检监察员实施方法（试行）》和《纪检监察监督事项预告制度》，向重点建设工程龙丽一级公路松阳段建设工程派驻纪检监察员，全年共对19个县重点建设项目招投标进行现场监督。2004年，加强对乡村“康庄工程”建设的全程监督，制订《关于在实施乡村“康庄工程”中加强监督工作的意见》。2006年，加大对乡镇村“康庄工程”、下乡脱贫移民点建设工程的监督力度。

2010年，重点对2008年以后立项、在建和竣工的165个建设项目进行滚动排查，发出整改通知书6份，制定完善相关工作制度5项，查处腐败案件、串通投标案件3件。对全县10个新建重点工程和18个续建工程以及重大项目前期工作实行全过程跟踪督查。

第九节　党政机关效能建设

建立效能投诉中心

2004年3月，县委、县政府成立松阳县机关效能建设领导小组，召开全县机关效能建设动员大会，作出《关于开展机关效能建设的决定》。9月，县纪委发出关于认真贯彻执行全省机关效能建设“四条禁令”（严禁擅离岗位，擅离职守；严禁网上聊天、炒股，玩电脑游戏；严禁中餐饮酒；严禁在办事、办证中接受当事人宴请和礼品、礼金）和全市“五条禁令”（严禁有令不行、有禁不止；严禁办事拖拉、推诿扯皮；严禁违法执法、执法不公；严禁作风浮夸、态度冷漠；严禁“吃拿卡要”、以权谋私）的通知，为期2个月集中整治，要求各级机关工作人员在工作日或公务活动中必须自觉做到。县效能办和县效能建设监督员加大明察暗访力度，在全县范围开展大检查，各级主管部门、各级纪检监察组织依照《中国共产党纪律处分条例》《国家公务员暂行条例》及《松阳县机关公务人员行政过错责任追究办法》等规定，对违反禁令者分别给予批评、告诫、扣发岗位考核奖、调离岗位直至辞退或纪律处分。2004 年 11 月，建立县机关效能监察投诉中心，制订《松阳县机关效能监察投诉中心岗位工作责任制》，明确投诉件分类及办理的基本要求、受理岗位职责及程序、督办岗位职责及程序、查办岗位职责及程序等工作制度。全年共受理各类投诉 130 件，其中有关效能建设方面的投诉 46 件，中心自办 27 件，转办 103 件，办结 128 件，办结率 99%。县纪委发出加强全县机关效能投诉网络建设的通知，要求各乡镇党委、政府、县直各单位切实抓好本单位投诉中心（投诉机构）建设，建立由“一把手”负总责、分管领导具体负责、责任科室和相对固定工作人员承办的投诉办理工作机制，做到有诉必理、有理必果，按时办理涉及本单位的各类投诉和县机关效能监察投诉中心转办的投诉件。制订《松阳县公务人员行政过错责任追究办法（试行）》，及时受理影响经济发展环境的投诉，严厉查处干扰和破坏发展的行为。加强对部门效能建设情况的监督，建立效能监督员队伍，查处 3 起森林火灾责任事故案件，处理 17 名责任人，对 12 名参与违章建房的干部进行诫勉谈话。开展非法买卖农村集体土地行为专项整治，查处非法买卖土地案件 4 起，涉案土地总面积 6000 多平方米，涉案金额 18 余万元。

软环境建设

2005 年，开展涉工部门行风民主评议活动，对 26 个涉工部门服务企业情况进行检查评议。县效能监察投诉中心全年共受理投诉 58 件，其中属于效能投诉件 11 件。中心自办 15 件、转办 43 件，办结 57 件，办结率 98%。对 2 名因违反机关效能建设有关规定的干部作出党政纪处理。对 2 起安全生产责任事故和 1 起森林火灾事故进行严肃查处。严肃查处叶村乡有关干部选举失职案，对 3 名责任人作出处理。在全县科级领导干部中开展收受“三礼”（礼金、礼券、礼卡）集中整治活动。进一步巩固领导干部拖欠公款、违规购买商业保险、企业兼职“三项治理”工作成果，收回党政领导干部拖欠公款 12.9 万元。开展企业违法排污问题专项整治活动，对 20 余家企业进行检查。

2006 年，贯彻执行县委“三县并举”发展战略，开展落实县委、县政府《关于加快工业经济发展的决定》的监督检查，组织全县 2000 余名机关党员干部开展学习“决定”情况考试，开展“亲商、安商、帮商、富商”的“四商”活动，推进经济发展软环境建设。县优化办、经济发展投诉中心等单位联合开展“经济发展环境阳光投诉”活动，发布《致全县人民的公开信》，组织开展“经济发展软环境评估大调查”、“我为松阳经济发展做什么”大讨论、“我为优化松阳经济发展环境献一策”和“重要岗位负责人访谈”活动。县效能监察投诉中心全年受理群众投诉 75 件，办结 71 件，发出督办通知单 14 份，对 6 名机关干部作出效能告诫、扣发奖金以及批评教育的处理。聘请 30 名县人大代表、政协委员、企业主代表、居民代表等建立软环境建设监督员队伍，制定《软环境建设监督员工作细则》。邀请邻县效能办人员对县内 10 家机关单位进行暗访，对发现问题的 5 家单位提出整改意见，对 3 名在暗访中被发现违反机关效能建设有关禁令的机关工作人员作出严肃处理。在互联网上开设“软环境建设论坛”（也称“四商论坛”），在线受理广大网民的投诉及意见建议，建立“四商论坛”联络员制度。制定《县级领导干部联系“四商”活动制度》《机关部门挂钩服务企业制度》《优化经济发展软环境工作考核评议意见》等制度，修改完善《县直机关单位为乡镇、为基层、为企业服务考核细则》。进一步推进行政审批中心建设，对部门进驻中心情况开展专项检查，向13个部门提出整改意见，把公安、地税、国税、供电等5个部门的办事窗口列为审批中心的分中心。建立县招投标中心，全县的建设项目、土地交易、产权交易、政府采购等4大交易活动集中办理，统一监管。在古市、象溪2个镇设立招投标分中心，规范镇、村招投标活动。推进治理商业贿赂工作，查处县交通公路养护系统受贿窝案，4名违纪党员干部被司法机关处理。加大党风廉政建设责任制的责任考核和责任追究力度，全年有3名科级领导干部因违反责任制规定被追究责任，5家单位因发生领导干部违纪问题被督查扣分。

2007年，在全县范围内广泛开展以“百姓创家业、能人创企业、干部创事业”为主题的“作风建设年”活动。组织全县党员领导干部开展“百名干部蹲点调研促发展”“一户一策一干部”“干部深入基层转作风办实事”和“走进矛盾，破解难题”活动，落实帮扶项目643个，扶持资金665万元，结对贫困农户3954户，发放扶贫资金107万元，帮助乡镇、村解决难题247个，帮助群众解决实际困难786件，化解纠纷256件次，涉及资金5000余万元。结合“作风建设改什么”思想大讨论活动，组织学习身边的典型和反面案例，引导干部自觉查找问题。组织开展对会风、公车使用、蹲点调研、乡镇住村联心等进行定期、不定期的明察暗访活动，对发现的问题，发出督查通知书或通报，责令整改。对一批上班迟到早退、上网炒股、玩游戏等的机关干部在《新松阳》报上予以曝光。制定并落实《松阳县加快推进国有资源配置市场化的意见》，全县以市场化方式配置资源144项，节约财政资金5412.1万元，增加财政收入1726.9万元。加强行政服务中心和招投标中心的规范化建设，在大东坝、玉岩等乡镇建立招投标分中心。实行派驻监察员制度，对招投标活动实行全程监督。把公务员招录、事业人员招聘、县级部门中层干部跨部门交流等纳入监督范围，确保人事录用的公开、公平、公正。深化权力制衡工作，推行“一把手”“四个不直接分管”（不直接分管财务、人事、基建工程和物资采购）等相关制度。2008年4月，县委、县政府决定在全县机关单位开展“治庸促勤”活动。重点整治干部队伍中存在“庸、懒、散”的突出问题。9月，制订《松阳县定向效能巡查制度》，在重要时段对重要岗位人员履行岗位职责情况进行定向检查。2010年，深入开展“深化作风建设年”活动。

效能排行榜

2009年5月，县纪委发出《松阳县效能排行榜实施办法》。根据县委办《关于在全县开展“服务群众、服务企业”效能排行榜活动的实施意见》，开展“两提高、两降低”效能建设主题活动，促进机关效能建设形成长效机制。效能排行榜设“绿”“黄”“红”3榜，绿榜为效能建设成绩突出的单位，黄榜为效能建设存在一定问题受到批评的单位，红榜为效能建设存在突出问题被追究责任的单位。效能排行榜每季度通过新闻媒体和政府网站向社会发布。机关单位全年上红榜1次或上黄榜2次的，取消“效能示范单位”评选资格；上红榜2次以上（含2次）或上黄榜3次以上（含3次）的，取消当年年度岗位目标责任制先进单位的评选资格，按照有关规定，追究单位主要领导和分管领导的责任；对违反机关效能建设规定的直接责任人员，参照干部管理权限进行处理。全年先后有48个效能绩效突出的单位上绿榜受到表彰，13个工作效率低下、服务质量不高的单位上黄榜受到告诫。评出10家2009年度“效能示范单位”，建立《县领导直接交办效能监督事项制度》，推行行政效能监督员轮流监督制度、政府机关用户上网情况实时监测制度，加大机关效能和干部作风明查暗访力度和密度，全年组织开展各类明察暗访19次，发出效能监察整改通知书110余份，有107名违反机关效能规定的人员受到效能追究。主动与全县120家规模以上企业建立工作联系制度，定期派出干部为企业排忧解难。

2010年，以“两优化、两推进”效能排行榜活动为抓手，全年发布4期效能排行榜，表彰47个效能绩效突出的单位，告诫6个工作效率低下、服务质量不高的单位，发出84份“效能整改通知书”，对65名违反机关效能规定的干部进行效能问责。全面推行干部身份证制度，全县100余家机关单位、3000余名机关干部统一制作身份牌，公开服务基层、服务群众一线干部和窗口工作人员的基本信息，方便基层群众办事和监督。组织开展6项行政执法监察，对2009年以后新增的4批41个中央投资项目强化管理和指导。在创建省级生态县工作中，先后组织力量27次深入到乡镇、部门实施督查推动，制作生态创建督查电视专题片11期，发出《生态创建督查整改通知书》6份。组织开展“千局万站优化发展环境”活动和“企业服务月”活动，在全县规模以上企业建立效能监测点121个，建立项目推进工作服务组织12个。

第十节　党风党纪廉政教育

正反典型案例教育

1952年9月至1958年11月，采取正反典型案例向广大党员进行纪律教育，制止和克服党内一些不良倾向和违法乱纪行为，依靠和支持群众与坏人坏事作斗争，结合“肃反”运动和整党工作，清除混入党内的反革命分子和其他坏分子，纯洁党的组织。

1982年1月恢复松阳县制后，贯彻落实“预防为主、教育为主”的方针，开展端正党风建设，总结正反两方面的典型案例进行反腐蚀教育。1984年，坚持正面教育和反面教育二手一齐抓，举办党训班和上党风辅导课，对全县党员进行党规党纪教育，为整党作思想准备。1995年，结合孔繁森先进事迹和王宝森腐化堕落案件，开展“学先进、拒腐朽”大讨论，开展“远学孔繁森、近学江家余”活动，把提倡艰苦奋斗、勤俭节约教育与党风廉政教育活动结合起来。加强党风通报工作，选择典型案例3起，解剖分析其特点、危害、原因等，发挥教育警戒作用。把党风廉政教育列入党校、各种干训班教学计划。加强与县广播、电视等新闻媒体的联系，及时、准确、充分报道反腐败和党风廉政建设的进展和成效，弘扬先进典型，全面反映纪检监察工作成果。1998年，组织松阳县“人民好公仆”先进事迹宣传报道。通报2批13起在全县影响较大的干部违纪违法案件，剖析违纪党员干部犯错误的主要思想根源以及党员干部应从中吸取的经验教训。

党性党风党纪教育与评选“贤内助、廉内助”

1985年，结合整党对全县党员进行党性党风党纪教育。在“七一”和元旦前后，结合边整边改和整党工作“回头看”，认真抓县机关、区镇乡党组织领导班子一年两次的民主生活会，对少数矛盾较多的单位，直接参加民主生活会，及时纠正领导班子成员中的不正之风。

1988年3月，县委发出《关于进行党性党风党纪教育的意见》六点：提高思想认识，针对现实问题进行党性党风党纪的基础教育；注重针对性，利用多种形式，把党性党风党纪教育经常化；认真抓好正反两方面的典型教育，力求党性党风党纪教育形象实际；党性党风党纪教育的重点对象是党员干部，特别是党的各级领导干部；各部门通力合作，互相配合，共同做好党性党风党纪教育工作；各级党委加强对党性党风党纪教育工作的领导。县纪委以党规党纪和十一届三中全会精神为主要内容，对193名乡以上党员领导干部和县机关全体党员进行纪律教育。9月，县委办公室发出《关于举办党纪学习会的通知》，对全县党员干部分别进行1周2期的党纪教育。

1989年，着重开展党的纪律教育和优良传统教育。及时加强政治纪律教育，申明6条政治纪律。开展党内法规教育、政策法律教育、反腐蚀教育和党的三大优良作风教育。以案例为主要教材，运用录像、党课、学习班、案例分析等形式，结合县委中心工作，针对党内违纪倾向，通报分析2例违纪案件，教育对象以全县350名乡以上党员领导干部为重点。

1990年，县纪委发出《关于对全县共产党员进行一次党纪再教育的实施意见》，以党的十三届六中全会决定为指导，把加强党纪教育作为当前党风建设和廉政建设的重要环节来抓。县纪委剖析7个典型案例，总结4个党风正、廉政好的先进单位经验，通报全县。

1990年，县纪委转发省纪委等7个单位联合制发的《关于共产党员、国家干部必须遵守敬老养老的若干规定（试行）》的通知》。7月，县纪委联合县机关党委和县妇联发出《关于在全县开展争当“贤内助”“廉内助”活动和进行评选表彰的决定》。根据自下而上群众推荐与逐级审查评定相结合的原则，分群众推荐、归口部门评选（分六个系统联评）、终评三个阶段进行，评出“贤内助”和“廉内助”各10人，其中推选4名报丽水地区评选表彰。

开展“五个一”活动与反腐倡廉教育

1991年，县纪委发出《关于开展党纪教育“五个一”活动的通知》，即上好一堂党纪条规教育专题课，播放一部党纪教育录像片，剖析一个违纪案例，宣传一个正面典型，回访一次受处分的党员。召开党纪教育座谈会和经验交流会，编印30多个违纪案例，印发3期案件通报和5个先进党员事迹，编发党纪教育活动专刊2期，供基层党组织学习。县纪委常委坚持走出去上党课，全县党纪教育工作出现4个转向：即从侧重普及“八规九纪”常识转向集中解决一两个突出问题，从依靠传统手段转向传统与现代化手段相结合，从侧重集中教育转向集中和个别帮教相结合，从单纯抓党纪教育转向党性、党风、党纪教育相结合。

1992年，重点抓反腐倡廉教育。协助省纪委制作惩腐倡廉图片在全省展出，县五大班子领导、部分机关单位领导和纪检干部专程到丽水参观图片展览。为基层纪检组织提供教材，编印2期党纪教育参考资料。继续采用上党课、看录像、听广播、出专栏等多种行之有效的形式进行教育。1993

年，开展反腐败斗争形势任务的集中性宣传教育活动。9月，召开全县反腐败斗争动员部署大会。全县各乡镇、部门分别召开干部职工大会，传达会议精神，广泛开展反腐败的宣传教育。县纪委常委全年到基层上党课10多人次。全县各级纪检监察组织办反腐倡廉培训班17期，上党纪教育课278课，举办党纪教育讲座78讲，播放《风雪迷途》《贿赂忧思录》《廉政的思考》《欲海顺舟》等党纪教育录像片152场次，编辑纪检简报、信息32期，省、地纪委录用信息20条，中纪委《党风与党纪》用稿1篇，省纪委《党纪瞭望》用稿7篇。

廉政勤政巡回报告与回访教育

1994年11月，地纪委组织全地区廉政勤政巡回报告团到松阳作报告，县五大班子领导出席报告会。县纪委组织机关单位500多名党员干部到会听取5个廉政先进典型事迹报告。12月，浙江省人民广播电台播送县纪委调教室撰写的《松阳县专控商品清理工作收效显著》广播讲座。1997年，组织全县各乡镇、部门单位2479名干部参观省反腐败斗争成果大型巡回展览。2000年，组织党员干部听取市纪委“廉政勤政”巡回报告团到松阳作先进事迹巡回报告。2001年，组织党员干部2100余人观看“浙江省党风廉政建设和反腐败斗争成果展”。

1990～1999年，县纪委对受处分党员回访教育。1991年，回访教育受处分的党员80多人，编发“受处分党员回访调查表”，县纪委书记、副书记、各个常委分片包干回访任务。1993年，回访受处分党员48人次。1995年，回访受处分党员33人次。1996年，回访受处分的党员干部85人。

电化教育

1993年，县纪委与县委组织部、宣传部、县直机关纪委、县广电局联合发文，组建党员电化教育网，初步建立党员电化教育教材库。1995年，县直机关党员电教网络正式开通，坚持每月1次电教活动，对各单位参加活动情况进行监督检查。1996年，开展学理论、学党章活动，利用有线电视开展每月1次的机关党员电化教育活动，开展以《领导干部廉洁自律》等5个专题讲座录像为主要内容的党风廉政教育月活动。

1997年，中共中央先后发布《中国共产党纪律处分条例（试行）》和《中国共产党党员领导干部廉洁从政若干准则（试行）》（以下简称《条例》和《准则》）。5月，县纪委发出关于学习贯彻《条例》和《准则》的通知，全县各纪检监察组织采取多种途径和方法，结合县委主题活动，开展广泛的党纪条规教育活动。倡导讲政治、讲学习、讲正气，开展全县党员党性分析和干部思想汇报等工作。利用基层党校和各种培训班上好党风廉政教育课，开展县直机关的经常性党员电化教育活动，在县广播站举办全年性“廉政论谈”专题节目。

1998年，利用有线电视对党员干部进行电化教育，覆盖西屏、古市2个镇。组织党员干部收看电教片《步步深渊》《幕后行动》《巨浪淘沙》等录像带。1999年，在县电视台开展每周1次、为期10周以《条例》为主的反腐倡廉录像电化教育系列活动。组织党员干部座谈、写观后感、自查自纠，全县受教育6万多人次。

开展“六个一”活动

1998年4月，着重抓好“六个一”党风廉政教育活动。即通报一批大要案件，办好一个广播专题，举办一次知识竞赛，开辟一块宣传窗，开展一次党纪教育月活动，开展一次党风廉政教育调研活动。在党风廉政教育活动中，注重抓好“五个结合”：与转变机关干部工作作风、纪律整顿结合起来，促进干部作风的转变；与推行“两公开”和“办实事工程”结合起来，推动政务公开和办事制度公开，推行承诺制、办实事、抓落实；与抓好基层党支部建设结合起来，把党纪教育活动延伸到农村党员干部；与开好“七一”前后民主生活会结合起来，开展自我对照、自我剖析、自学自查、自我提高；与建立健全制度结合起来，巩固行风评议成果，建立健全党风廉政考核目标责任制。

1989～1999年松阳县党风党纪廉政教育宣传情况表

表 20-4-10-1

年度	基层党校和各种培训班上党课		党风廉政教育和反腐警示教育录像		县（乡镇）广播站举办广播讲座（讲次）	反腐倡廉黑板报、党纪教育专栏、展览、通报（期）	编辑纪检简报、情况反映、县外动态等（期）	省地（市）纪委刊物录用信息稿件（篇）	订购党风党纪案例教育教材读物（本）	编印党风党纪教育参考资料（期）	回访受处分党员（人次）
	党风党纪教育课（场次）	受教育听课人数（万人次）	巡回播放录像片（场次）	观看人员（万人次）							
1989	343	2.8	100	1.1	—	2	24	11	600	—	—
1990	186	0.9	—	—	—	11	24	15	750	—	—
1991	240	1	—	—	—	30	32	13	780	10	80
1992	242	1.1	200	1.8	60	50	33	21	1070	2	—
1993	278	1.2	152	2	78	249	32	28	830	4	48
1994	281	1.1	180	3	87	233	28	26	980	6	—
1995	280	5	200	4	120	190	26	20	990	3	33
1996	509	4	318	5.5	102	350	23	15	1000	5	85
1997	165	5.6	356	5	135	310	20	42	1000	—	—
1998	276	2.1	380	6.1	234	322	12	69	1000	—	—
1999	235	2	80	6	54	320	26	137	1030	—	—
合计	3035	26.8	1966	34.5	870	2067	280	397	10030	30	246

说明：1.本表数据摘录自县纪委监察局各年度工作总结等有关资料，因统计数据不完全，仅供参考。如同一年度或不同年度的统计口径不尽相同或表述不同、有的数据不一致、有的年度未统计、有的原始资料不全等，个别数据综合后合并计算

2.1988年之前和2000年之后，县纪委监察局各年度工作总结中，没有本表所列栏目的具体数据，只有部分在县级以上报刊录用发表的有关党风廉政教育宣传报道的文章篇数和省市纪检监察信息刊物采用的信息篇数等，此处不再列表

3.县纪委书记、副书记、常委、调研教育室主任每年分别到县直机关单位、各系统部门、基层乡镇上党风廉政教育课，15～30次

4.县纪委调研教育室在县广播站举办《党风廉政论坛》专题节目，通常情况下，每年集中安排4～6个月，每个月按每周一讲，每讲播放2～3次

“三讲”教育和警示教育

2000年4～6月，根据县委“三讲”教育实施意见，集中3个月时间，分三个阶段进行。第一阶段学理论、谈体会、找差距、求实效。从4月初开始学习《讲学习、讲政治、讲正气》资料，组织晚上学习，参加县委集中封闭式学习。每个常委撰写学习心得体会并作小组发言。第二阶段开门整风、自我剖析、开展评议、查找问题、边整边改。如实向班子集体和班子成员反馈各种渠道征求到的意见，精心修改剖析材料，先后召开5次常委会专题讨论，领导班子成员之间相互提意见，帮助找准问题，开展民主评议。第三阶段真心诚意交流思想，严肃认真开展批评。书记和副书记与各常委之间开展交心谈心活动42人次，相互沟通思想，对照民主评议反馈的意见，准备好民主生活会发言材料，开展批评与自我批评84人次，召开中层以上干部座谈会，通报班子民主生活会情况，听取对班子民主生活的评议意见。7月，县纪委根据年初工作计划召开领导干部配偶廉政教育会，全县360余名副科级以上领导干部的配偶参加廉政教育会，并在全县范围开展“学习廉内助、争当廉内助”宣传教育月活动。要求领导配偶在家当好“守门员”和“纪委书记”，在受到腐败行为侵蚀的关键时刻要留神、提醒，营造良好的家庭风气，坚决抵制不正之风，为松阳的反腐败肩负起责任。8月，县纪委召开全委机关干部思想作风纪律教育活动动员会。9月，发出关于对胡长清等重大典型案件开展党员干部警示教育活动月的通知，根据中央纪委、中央组织部、中央宣传部的文件精神，提出实施意见，组织党员干部认真学习“三个代表”重要思想和从严治党的论述，学习《中国共产党纪律处分条例（试行）》《中国共产党党员领导干部廉洁从政若干准则（试行）》等有关规定。对照党风廉政建设、领导干部廉洁自律和对党员干部教育、管理、监督等方面存在的问题进行自我检查，召开民主生活会。编印《党风廉政文件汇编》，为各单位领导和党员干部提供党风廉政党纪条规知识学习资料。

开设松阳廉政网

2002年6月，县委开设松阳廉政网。设置栏目有本地动态、反腐报道、理论文章、廉政论坛、治腐举措、案例选编、条规解释、职能简介、领导信箱、留言簿、举报系统等。7月，印发《关于在全县党员干部中开展“从政十德”主题教育活动的实施意见》，重点是乡（科）以上党员领导干部。县委组织2次“从政道德”建设内容理论中心组学习（扩大）会议，全县副科以上领导干部参加学习，邀请专家学者讲授从政道德建设、依法行政的辅导课，县直机关党员干部1000多人受教育。全县70多个乡镇部门单位进行“从政十德”教育理论学习中心组专题学习，召开民主生活会，集中上党课。加强组织和社会的监督，重视发挥社区、党风廉政监督员、家庭的监管作用。加强《廉政准则》、党纪条规等执行情况的监督，加强对党员干部“工作圈”“生活圈”的全面监督。组织全县乡镇党委书记和县涉农部门的全体干部及40个行政村支部书记400余人参加典型示范和警示教育报告会。组织全县400多名领导干部听取丽水市服刑违法违纪人员“现身说法”报告会。对本县发生一起公车私用造成重大事故的2名违纪党员干部作纪律处分和全县通报。制作廉政公益广告，通过移动和联通2家公司给全县副科以上领导干部发送勤政廉政短信息，在国庆节期间提醒切勿公款吃喝、公车私用、公费旅游。

组织党员干部联系实际围绕“参加工作为什么？为民当官应该做什么？将来身后留什么？”“为谁当官、怎样掌权？”“为谁服务、为谁满意？”等问题开展讨论。全县机关部门和乡镇上千名干部由各级领导带队，下乡与群众同吃同住，抓调研、察民情、解矛盾、办实事，切实解决实际问题。制定有关规定，纠正乡镇干部“走读风”，加强作风建设，对制度执行情况组织夜间抽查。

宣传教育联席会议制度与“大宣教”

2003年4月，县纪委印发《松阳县党风廉政建设宣传教育联席会议制度》。联席会议成员单位包括县纪委监察局、县委组织部、县委宣传部、县直属机关党工委、县文体广电局、县委党校、松阳电视台、广播站、松阳报社等。7月，印发《关于在全县党员干部中开展“艰苦奋斗、廉洁从政”主题教育的实施意见》。开展为期3个月的主题教育活动，为接轨大上海，融入“长三角”，实现跨越式发展提供有力的精神动力。在《松阳报》上开设“廉政清风”专栏，每半个月刊出1期，共刊10期，继续发挥“廉政网页”的现代传媒作用，开展两次全县性党风廉政建设情况问卷调查活动。

2000年始，提出党风廉政宣传教育要形成“大宣教”的工作格局。2007年，围绕加强党的执政能力建设、全面落实科学发展观和全县纪检监察工作的总体目标，把党风廉政宣传教育纳入党委理论学习教育计划，作为县管干部轮训、干部学分制管理和干部理论学习的重要内容，继续巩固党风廉政宣传教育“大宣教”格局，完善党风廉政宣传教育联席会议制度，加大党风廉政建设宣传力度，重新确定党风廉政信息宣传员48人，在《丽水日报》《新松阳》、松阳政府网站等各类媒体刊登宣传信息80余篇，其中网评文章《领导干部要敢喊“向我看齐”》分别被“浙江廉政在线”和“绿谷廉政网”录用。开展勤廉兼优先进典型推荐评选活动，营造良好的尊廉崇廉氛围，通过单位自评和组织筛选，全县推荐出勤廉兼优、作风优良的先进个人和集体31个。制作《加快资源配置市场化，促进社会经济跨越发展》专题片，为深化国有资源配置市场化工作营造良好的社会氛围。开展“庆七一·树新风”廉政故事演讲比赛，廉政文化小小说、廉政文化与和谐文化理论文章、廉政书画摄影作品及廉政格言警句征集等系列活动，营造浓厚的廉洁社会氛围。

廉政文化建设

2004年9月，县纪委印发《松阳县加强廉政文化建设的意见》，明确廉政文化建设的总体目标、基本原则、主要任务和几点要求。按照廉政文化“五进”（进社区、进学校、进家庭、进企业、进农村）的要求，把廉政文化建设作为深化党风廉政宣传教育的重要载体，营造廉政文化建设的良好氛围。以《中国共产党党内监督条例(试行)》和《中国共产党党纪处分条例》为重点，组织开展“两个条例”理论研讨活动，举办庆祝建党83周年“两个条例”知识竞赛，组织全县副科以上领导干部进行“两个条例”知识理论考试，邀请市纪委领导为全县科级以上领导干部作“两个条例”学习辅导。组织全县在职副科以上领导干部进行理论考试。举办松阳县庆祝建党83周年廉政书画展。在县广播台开设“廉政之声”专栏，定期播出全县反腐倡廉工作动态。开展乡镇部门党员干部党风廉政党课教育，定期播放党风廉政警示教育片。

2005年，围绕廉政文化“六进”（进机关、进校园、进企业、进家庭、进农村、进社区）的要求，拓展阵地，丰富形式，营造廉政文化建设的浓厚氛围。开展以“敬廉崇洁”为主题的廉政文化进校园和“廉洁之家”创建评选活动。举办党风廉政漫画创作辅导讲座，开展党风廉政摄影与漫画征集评选。开展“廉政文化建设大家谈”征文活动。在《新松阳》上开设“廉政清风”专栏，全年共刊出党风廉政建设文章50余篇，在松阳电视台开设“时代风帆”栏目，制播党风廉政专题节目3期。在各级报刊上发表党风廉政建设宣传文章40余篇。

2006年，廉政文化“六进”工作全面推开，县妇联、大东坝镇六村被评为全市首批廉政文化建设示范单位，安岱后村浙西南革命根据地红军主会堂旧址被授予全市首批廉政文化教育基地。12月，全县廉政文化“六进”推进会暨廉政文化教育基地授牌仪式在安民乡安岱后村红军主会堂旧址召开。向全县副科以上领导干部及乡（镇）、部门主要领导干部家属发放《党员干部廉洁从政必读丛书》700余册。通过召开全县领导干部家属廉政文化培训会、收看案例警示片、开展家庭助廉专题讲座、发放家庭助廉警示牌和廉政学习资料等，提高领导干部家属的助廉意识。组织举办“正气颂”廉政歌曲歌咏比赛。在县电视台“时代先锋”专栏播出党风廉政电视专题片3期，在《丽水日报》《党风与廉政》《新松阳》“廉政清风”专栏刊登廉政专题文章54篇。重新制作“松阳廉政网”网页，增加宣传教育栏目，及时更新网页信息。向全县县管领导干部发送节日手机廉政短信，提高预防节日腐败的效果。把党风廉政宣传教育融入农村党员先进性教育活动中，认真上好廉洁自律教育党课，督促开好以廉洁自律为主题的民主生活会，深入开展自查自纠和征求意见建议等活动。

2007年，制定廉政文化“六进”工作考核评分标准，开展廉政文化示范单位和农村基层党风廉政建设示范点创建活动，县经贸局等7家单位被命名为全县首批廉政文化建设示范单位。2010年，县纪委启动第四批“廉政文化示范点”建设。

开展廉政风险教育

2009年8月，在县财政（地税）局、建设局、工商局、供电局等单位开展岗位廉政风险教育试点工作，教育方式从以灌输为主走向互动启发，通过细分岗位类别、梳理岗位责权、明确岗位职责、设计教育内容、落实教育措施等步骤，按照岗位设置教育内容，包括排查廉政风险、开展廉政教育、制定防控措施3个方面。

2010年4月，发出关于认真学习宣传贯彻中共中央《中国共产党党员领导干部廉洁从政若干准则》的通知。6月，开展党风廉政建设宣传教育月活动，开展岗位廉政风险教育，对违纪违法典型案件进行剖析，开展廉政文化作品征集，召开岗位廉政风险教育暨党风廉政建设宣传教育活动推进会。8月，开展新提任县管领导干部“廉政套餐”教育活动，组织全县2009年以后新提任的73名县管领导干部观看一部警示教育片、接受一次廉政谈话、进行一次勤廉宣誓、建立一套廉政档案、签订一份廉政承诺书、参加一次廉政知识过关测试。

第五章　组织建设

干部管理权限分大革命、土地革命、全面抗战、解放战争、社会主义革命和建设、“文化大革命”、社会主义现代化建设新时期。领导班子建设分建立县委至并县时、并县时期、恢复县制后三个时期。中共松阳县委根据上级政策和工作需要选拔任用干部。干部培训教育经历办县培训班、县机关业余学校、县委干部学校、红专学校、夜党校、五七干校、县委党校的过程。干部审查监督先后实施“审干”、“肃反”、甄别平反、摘帽、落实政策等运动以及监察监督、经济责任审计、“一把手”监督、辞职预警扣分、权力制衡、全面考察、“两圈”监督进社区、日常、纪检、群众监督等制度。

从1933年建立松阳县首个中共支部，到2010年发展到35个党组、40个党委、35个党总支、800个党支部、13616名共产党员。县委全面贯彻党的知识分子政策，从优秀知识分子中招干、提干，发放知识分子津贴，实施“突出人才贡献奖评选”管理办法，“十一五”人才发展规划。20世纪50年代，建立县机关党委，后名称有改变，至2010年，松阳县直属机关工作委员会所属党组织284个，党员3533人。80年代建立松阳县委老干部局，为贯彻落实党的老干部工作方针政策、待遇等做了积极的工作。

第一节　干部管理权限

大革命时期

民国13年（1924）前后，松阳县有一批进步青年接受中国共产党的先进思想，分别在县内外各地参加中国共产党组织。这批中共党员直接受上级党组织指派的党员领导管理。他们宣传党的纲领、路线、方针，积极团结和争取国民党左派人士，孤立和打击右派势力，开展革命斗争。

土地革命时期

党组织干部管理　民国19年（1930），中共杭州市委指派孟卿回松阳，组织发动赤溪农民暴动。是年，白岩、桐川、坳头、马桥等地也相继发生农民暴动。

1933年，中共东阳中心县委副书记徐阿宝指派联络员义乌籍党员朱金宝和朱南火，发展松阳源底村胡桂田、霭溪村吕高贵和丽水大港头村周春生加入党组织。年末在霭溪村正式成立党支部。吕高贵任党支部书记，胡桂田任小组长。朱南火、周春生参加支部活动。联络员朱金宝直接领导管理霭溪党支部。

1935年5月，刘英、粟裕率领中国工农红军挺进师挺进浙江。5月10日后，红军挺进师主力部队进驻松阳境内的安岱后、斗潭等地。在挺进师党组织的指引下，陈凤生、卢子敬、陈丹山、叶义、潘昌利、余良根等一批优秀分子加入中国共产党。6月，在枫坪小吉村成立中共浙西南特委。1935～1942年，宗孟平、黄富武、许信焜、张麒麟先后任书记。7月初，红军党员干部杨林在安民乡的高坛背村召开党员干部大会，宣布成立中共竹溪区委，杨林为区委书记，余良根任组织部长，叶陈明任宣传部长，叶堂星任共青团书记。7月22日，中共浙西南特委书记黄富武在枫坪乡的外南胜村召开全体党员和地方干部大会，宣布建立中共玉岩区委。刘亨云、陈凤生先后任书记，卢子敬任副书记兼组织部长，张龙任宣传部长，陈德义任武装肃反部长，叶义任土地生产部长。

中共浙西南特委直接领导管理中共竹溪区委、中共玉岩区委。中共竹溪区委领导管理下属6个乡、6个村党支部。中共玉岩区委领导管理下属8个乡、9个村党支部。

政权组织干部管理　成立中共竹溪区委、玉岩区委的同时，也诞生竹溪区、玉岩区苏维埃政府。中共浙西南特委直接领导竹溪、玉岩两区苏维埃政府和“白皮红心”式的两面政权。

竹溪区苏维埃政府主席潘昌利，副主席李日照、邱金寿，财政部长周世正，分田主任杨陈福，妇女队长潘坛妹、副队长潘梅钗。下属组织：黄南独立乡苏维埃政府，主席李日照，副主席邱金寿；五部乡苏维埃政府，主席吴仲邦；黄南村苏维埃政府，主席叶昌绿；燕田村苏维埃政府，主席陈德佑；蛤湖村苏维埃政府，主席潘樟宝；明源村苏维埃政府，主席李德丰；山徐村苏维埃政府，主席潘华火。

玉岩区苏维埃政府主席先后为陈凤生、叶义，副主席先后为陈丹山、张龙。下属组织：安岱后乡苏维埃政府，主席陈宗儒；斗潭乡苏维埃政府，主席杨天法；高亭乡苏维埃政府，主席周叶法、副主席周光邦；枫坪乡苏维埃政府，主席何金根；小吉乡苏维埃政府，主席翁光道；安岱后村分田委员会，主任陈宗儒（兼）。小吉村分田委员会，主任翁廷泽；斗潭村分田委员会，主任杨天法（兼）；高亭村分田委员会，主任吴世堂；丁坑村分田委员会，主任吴学章；枫坪村分田委员会，主任叶逢堂；黄埠坞村分田委员会，主任叶关谷；周安村分田委员会，主任吴鸿庆；何山头村分田委员会，主任何光茂；大潘坑村分田委员会，主任陈德畴；大横坑村分田委员会，主任刘樟树；梨树下村分田委员会，主任张秉根；南坑村分田委员会，主任卓章福；庄后寮村分田委员会，主任刘元义；玉岩村分田委员会，主任金锦土；吴往村分田委员会，主任吴马赞；余叶村分田委员会，主任叶岩宝。

武装组织干部管理　1935年6月上旬，挺进师小吉会议成立浙西南军分区，中共浙西南特委书记黄富武任军分区政委，王蕴瑞任军分区司令员，陈丹山任军分区征募主任，欧阳道为特派员，李树正为参谋长，张昌炳为供给部长，卢子敬为兵工厂厂长。组建松（阳）遂（昌）游击大队（7月，游击大队改建为松（阳）遂（昌）龙（泉）游击总队，陈凤生任总指挥，卢子敬任副总指挥）。成立地方工作团，中共浙西南特委副书记杨干凡兼任团长。7月，挺进师把第十五支队升格为第五纵队，刘文生任纵队长，柯勤发任政委。

红军挺进师政委会是挺进师行动区域内党政军的领导机关，领导管理浙西南军分区、地方工作团、松遂龙游击总队等。浙西南军分区领导兵工厂、红军伤病员医疗所。挺进师政委会和浙西南军分区双重领导松遂龙游击总队。

松遂龙游击总队下辖组织有黄南、黄庄 2 个工农游击大队，安岱后、外大阴、后宅、白（玉）岩等 80 多支农民游击队。加上周边各县的游击队，计有 100 多支队伍 2000 余人。

红色交通网络站干部管理　1935 年 5～10 月，建立安岱后交通总站，负责人陈宗儒，配有交通员陈德绵等 10 人，浙西南特委直接领导交通总站。7～10 月，建立南坑通讯联络处，负责人陈凤生，配有交通员邱永福等 3 人，松遂龙游击总指挥部直管联络处。5～11 月，建立枫坪、玉岩片、小吉联络站，负责人分别为何金根、叶义、翁光道。6～9 月，建立虎山坝联络站，负责人余良根。6～10 月，建立南山交通站，负责人王文龙，配有何关土、蔡松林等 5 名交通员。5 月至次年 4 月，建立燕田联络站，负责人潘昌利、叶堂星。

红军挺进师直接领导南山、枫坪、玉岩片、小吉、燕田、虎山坝 6 个交通站。

群团组织干部管理　1935 年 7 月，建立共青团竹溪区委，叶堂星任区委书记。中共竹溪区委直接领导共青团竹溪区委。

共青团竹溪区委领导管理燕田、黄南、蛤湖、乌弄、五部、洋坑埠头、台坑、曹竹 8 个基层支部。

1935 年 7 月，设立妇女队，由竹溪苏维埃政府直接领导，潘砭妹、潘梅钗分别任正、副队长。

全面抗战时期

党组织干部管理　1937 年 12 月，中共闽浙边临时省委决定，再次恢复浙西南特委，张麒麟任书记。

1938 年 2 月，在周恩来的指示下，在古市建立中共抗日特种工作团第六分团党小组，徐玠任组长。

1939 年 5 月，上级党组织派吴士鸿到松阳，以省农改所的党员为主体，组建中共松阳城区支部，吴士鸿、夏宝林先后任书记，领导松阳城区一带抗日救亡运动。楼国平以战时古市特约经济建设实验区指导员的身份，先后在黄圩等 4 个村庄建立中共党组织，领导古市一带组织群众、发展农村经济、支持抗战等工作。8 月，成立中共古市经济建设实验区党支部，金培校为支部书记。同时，中共松阳县抗委会政工队支部成立，孙大增任书记。

1940 年 4 月，中共处属特委派陆铭山在水南乡大竹溪村省农业改进所主持会议，代表上级党组织宣布成立中共松阳县工作委员会。楼国平、倪崇善先后任书记，金培校任组织部长，吴士鸿任宣传部长，胡友水任农工部长，夏宝林任青年部长，潘威任妇女部长。

1940 年 5 月，建立中共湘湖师范支部（1937 年 11 月，浙江省立湘湖师范学校从萧山迁到松阳古市广因寺），蒋明炬、余有渔先后任书记，9 月 20 日后遭破坏停止活动。1945 年 5 月，中共处属特委委员林艺圃派陈波重建中共湘湖师范支部。陈波任支部书记，设组织、宣传委员。

1941 年 2 月，浙江省第二保育院和党组织从云和县河上村迁到松阳赤岸村（内有多名党员，建立党组织），先后在保育院隐蔽工作的共产党员有 20 多人。

中共处属特委领导管理中共松阳县工作委员会、中共湘湖师范支部、中共浙江省第二保育院党组织。中共松阳县工委同时接受中共遂昌中心县委指导。

中共松阳县工作委员会领导管理的下属党组织有松阳城区支部、古市经济建设实验区支部、县政工队支部、黄圩支部、上坞源支部、湖溪支部、黄坑口支部、玉岩村支部、大岭脚支部、古市小组（由湖溪支部暂管）。

湘湖师范支部、县政工队支部、古市经建区支部等领导组织《抗日三日刊》《当日新闻》《古市民众》《合作通讯》等抗日刊物负责人、战时民众夜校60余所负责人、战时剧团7个负责人。

武装组织干部管理　1938年2月10日，成立抗日特种工作团六分团（抗日游击队），孟卿任团长，吴玠任政务处长，叶友梅任军需处长，丁光任宣传部长，陈礼节任组织部长，方爱云任妇女部长，孟翊任情报联络处长，张中强任警卫队长，孟贤秀任副队长，潘穆松为医务员。

解放战争时期

党组织干部管理　浙江处州农校创办于1946年2月，学生中有中共地下党员叶挥（又名叶志杰），松阳吴弄村人。1947年8月，农校搬迁到松阳县城，叶挥发展耿时农、夏凤台、毛永良等多人加入中国共产党。

1946年5月，在石仓高等小学建立中共松阳（石仓）支部，王明、毛石生、汤作明先后任党支部书记或主要负责人，设置组织、宣传2个工作机构，委员有叶祖扬、纪延须、王美珠等人。至1948年上半年，支部有党员28人。

中共处属特委直接领导处州农校地下党员、中共松阳（石仓）支部。

1947年10月17日，在西屏镇第一小学建立中共松阳（西屏）支部，支部书记王玉亮，设组织、宣传2个机构，委员有徐光宝、谢谦怀、周开章、陈声禄4人。

中共处属特委领导管理中共松阳（西屏）支部。

中共松阳（石仓）支部下属有处州农校、西屏、望松、项弄、农民5个党小组。中共松阳（西屏）支部下属有西屏小学、朱子庙小学、寿年小学3个党小组。2个支部有党员50余人。

1948年2月，在靖居小学建立中共靖居包小组，受中共处属特委直接领导。至松阳全境解放，靖居区域有200多人填表加入中国共产党，高山、黄岭头、半岭、双隔坵、塘里源、潘八等村建立党支部。

1949年3月15日，经中共浙东临委同意，在靖居区板桥村建立中共松（阳）遂（昌）宣（平）工委，林艺圃任工委书记，委员有王桂五、钟琛，委员吴奉、陈史英分别兼任组织和宣传部长。工委建立后，随即成立江南、碧湖2个区委以及河间、靖居、三都3个区特派员；分别整顿建立石仓分区委和古市区委。

中共松遂宣工委领导管理江南、碧湖、古市3个区委和石仓分区委及河间、靖居、三都、古市4个区特派员。

政权组织干部管理　1949年3月，中共浙东临委决定，松阳起义后立即成立浙东第五行政督察专员公署，卜明任专员，祝更生为副专员兼松阳县民主政府县长。王桂五任副县长，黄立本任秘书。浙东第五行政督察专员公署领导管理松阳县民主政府。

松阳县民主政府领导新成立的江南区、靖居区人民政府。

1949年5月9日，松阳全境解放。5月16日，解放军和地方干部共建松阳军事管制委员会，统一领导指挥接管工作。安连塾任松阳县军事管制委员会主任，陈史英任副主任。军管会领导管理同时建立的各区办事处。5 月 31 日，县政府训令正式成立各区人民民主政府，同时建立各区队，区队长均由各区区长兼任。

地方武装组织干部管理　1949 年 3 月 15 日，在板桥普惠堂把起义部队收编后，与地方武装组织改建为松（阳）宣（平）遂（昌）人民游击支队，祝更生任支队长，林艺圃任政委（兼），陈史英任政治部主任，郑金法任参谋长，吴鑫虎任秘书，叶强任军需主任。中共浙东临委领导松宣遂人民游击支队。松宣遂人民游击支队领导 2 个大队和 4 个区的武工队。

中华人民共和国成立初期

中华人民共和国成立初期，干部较少，统一由县委管理，组织部具体负责。吸收、录用干部报地委批准。

党组织干部管理　1949 年 5～7 月，松阳县级党组织干部属中共处属特委领导。1949 年 7 月 26 日，建立中共松阳县委员会，先后建立 17 个工作机构。7～11 月，浙江省第七地委领导松阳县委干部。1949 年 11 月至 1952 年 1 月，中共丽水地委领导松阳县委干部。1952 年 1 月，丽水地委撤销。

1952 年 1 月至 1954 年 11 月，中共衢州地委领导松阳县委干部。1954 年 11 月，衢州地委撤销。1955 年 2 月至 1958 年 11 月，中共金华地委领导松阳县委干部。

1956 年 6 月前，县委领导成员均由上级领导机构任命。6 月，中共松阳县第一次代表大会选举产生县委、县监察委员会领导。

1956 年 9 月，根据中共中央《关于加强干部管理工作的决定》，实行县委领导下分级管理。县委正副书记、县长由省委管理。县委正副部长、正局（科）级和相似职级的干部由地委管理。县委管理副局（科）级和相似职级干部。组织部管理各局和所属单位的股级干部，乡镇党委管理大队干部，各主管局管理所属企事业单位的科室、车间正副职和相似职级干部。

1958 年 11 月至 1982 年 1 月，松阳县并入遂昌县，松阳区域的各级干部由遂昌县委领导。

1960 年 11 月，省委决定，生产队党支部的正书记，今后由县委直接管理，对他们的任免调动，一律需经公社党委讨论，提出意见，报请县委批准。

1963 年 3 月至 1968 年 11 月，中共丽水地委领导时遂昌县委干部。

1949 年 8 月，中共松阳县委建立并领导中共城关（一区）区委、中共古市（二区）区委、中共靖居（三区）区委、中共玉岩（四区）区委。

中共城关区委领导西屏镇等 7 个乡镇支部（乡总支），古市区委领导古市镇等 8 个乡镇支部（乡总支），靖居区委领导靖居等 6 个乡支部（乡总支），玉岩区委领导玉岩等 4 个乡支部（乡总支）。

1958 年 10 月，中共松阳县委建立领导“红旗”“红光”“先锋”“红星”“卫星”5 个政社合一的人民公社党委，区委随之撤销。人民公社党委以及 1961 年 9 月恢复的各区委领导所辖管理区域的党总支、党支部。

（1949 年 7 月 26 日至 1958 年 11 月，中共松阳县委领导的工作机构详见第二十编“中共松阳县地方组织”第一章“中国共产党松阳县委员会”）

政权组织干部管理　松阳县人民政府分别隶属丽水专署（第七专署）、衢州专署、金华专署领导。

1949年5月，成立松阳县人民民主政府；7月，改称县人民政府。11月，建立各界人民代表会议制度。至1954年7月，召开7次各界人民代表大会，并设立常务委员会。1950年9月，建立县人民政府党组（1955年10月，改为县人委党组）。1954年6月，政权系统“分口”建立党组（支部）。12月，建立政法党组、财贸党组、供销手工业党组。

1955年10月前，县人民政府正、副县长均由上级任命。

从1955年10月松阳县第一届三次代表大会开始，通过选举产生县人民委员会委员、县长、副县长。

1949年5月始，松阳县人民政府领导的工作机构有秘书室（1955年1月改为办公室）、民政科、人事科、会计室、粮政科、财政科、购粮科、税务局、粮食局、工商管理局（1950年5月改为工商管理科，1957年3月改为商业科，1958年1月改称商业局）、森林工业局（1953年1月称森工站，1957年9月更名为森工局，1958年6月并入林业局）、建设科（1951年12月改为农村科，1955年1月撤销，分别建立农业科、林业科，1956年8月撤销，建立农业局）、文教科、司法科（1950年4月并入法院）、公安局、监察委员会、统计科、计划委员会、编制委员会（1954年11月建立，1957年4月前由县长兼管）、水利科（1956年4月建立，10月改为水利局）、水电局、交通科（1953年3月建立，1956年6月前无正副职、1955年1月撤销，1955年5月重新建立）、卫生科、手工业管理科、供销合作社、邮政局（1949年5月建立，1951年9月与电信局合并为邮电局）、电信局（1949年8月建立，1951年9月与邮政局合并为邮电局）、农产品采购局（1956年1月建立，1957年1月并入供销合作社）、中粮分库（1950年5月建立，1951年7月并入粮食局）、手工生产合作联社。

1950年4月，建立县人民法院，正、副院长均由上级任命。1955年10月开始，院长由县人民代表大会选举产生。1956年8月，建立人民检察院，至1958年10月，先后有3人任副检察长。

各区、镇、乡（公社、管理区）的政权沿革、管理，与上一子目“党组织干部管理”相对应。

企事业单位党组织干部管理　1949年5月至1966年5月，县委、县人民政府领导的有下列所属机构及党组织干部：办公室（秘书室）、人事科、民政科、会计室、粮政科、财政科、财粮科、税务局、粮食局、工商管理局、工商管理科、商业科、商业局、浙江省森林工业局松阳县局、林业科、林业局、建设科、农林科、农业局、文教科、司法科、公安局、监察委员会、统计科、计划委员会、编制委员会、水利科、水利局、水电局、交通科、卫生科、手工业管理科、供销合作社、邮政局、电信局、邮电局、农产品采购局、中粮分库、手工业生产合作联社。

由上级直接领导设在松阳的金融企业单位有1949年5月建立的中国人民银行松阳县支行；1956年4月从中国人民银行松阳县支行分出建立，1957年11月并入中国人民银行松阳县支行的中国农业银行松阳县支行。

1959年2月至1960年2月，松阳区域先后建立靖居煤矿（1958年9月建立）党支部（总支）、松阳造纸厂（1960年3月建立）党支部及遂昌县第一中学（原松阳县第一中学）、遂昌县第三中学（原松阳县第二中学）、遂昌县第二人民医院（原松阳县人民医院）5个支部，由遂昌县委、县政府领导。

群团组织干部管理　中共松阳县委领导下列群团组织：

县工会筹备委员会，1949 年 7 月成立，县委任命主任 1 人。1950 年 2 月，成立松阳县总工会。县工会联合会第一至四届委员会（1952 年 9 月至 1958 年 10 月）选举产生工会委员会成员。

1949 年 11 月，县农民协会委员会成立；1964 年 7 月，停止活动。

中国新民主主义青年团松阳县工作委员会（团工委），1950 年 5 月建立，县委任命团工委书记 1 名。1957 年 7 月，改称中国共产主义青年团松阳县委员会（团县委）（1957 年 7 月至 1958 年 10 月）。1954 年 10 月、1956 年 8 月、1957 年 7 月分别召开 3 次县团代会，选举产生团工委（团县委）书记、副书记。1950 年，县各中小学先后建立少年儿童队，1953 年改名少年先锋队。

县妇女协会,1949 年 7 月建立。1950 年，改为县民主妇女联合会。1957 年 11 月，更名为松阳县妇女联合会（简称妇联）。至 1958 年 11 月，先后召开 4 次妇女代表大会，选举产生县妇联领导班子。

县工商业联合会筹备委员会，1950 年成立。1956 年 10 月，县工商业联合会正式成立。

县手工业劳动者协会，1954 年 8 月 14 日成立。

地方军事系统党组织干部管理　中国人民解放军浙江省第七军分区领导松阳县人民自卫大队、第七军分区独立第五营、县人民武装部、县兵役局。

1949 年 5 月，成立松阳县人民自卫大队。1951 年 1 月，县自卫大队番号撤销，改建为某军分区独立第五营。

1951 年 4 月，建立松阳县人民武装部。1954 年 9 月，改称为县兵役局。1958 年 11 月，兵役局随松阳县制撤销。

“文化大革命”时期

“文化大革命”时期，各级组织相继成立革命委员会（简称革委会）或革命领导小组，取代原党政领导。1968 年 11 月至 1970 年 4 月，中共丽水地区革命委员会领导遂昌县革命委员会，遂昌县革命委员会领导原松阳区域的公社（镇）党政和企事业单位干部。

1970 年 4～8 月，中共遂昌县委改称为革委会党的核心小组。

1970 年 9 月至 1971 年 12 月，革委会党的核心小组改称为中共遂昌县委。上级组织仍称中共丽水地区核心小组；1971 年 12 月至 1978 年 12 月，改称中共丽水地委。

遂昌县委（革委会）领导原松阳区域的下列区、公社（镇）党组织、革委会政权组织：松阳区、西屏镇、西屏公社、塘后公社、望松公社、三都公社、阳溪公社、斋坛公社、叶村公社、竹源公社、水南公社；古市区、古市公社、赤寿公社、新兴公社、岗寺公社、樟溪公社、庄后公社、谢村公社；靖居区、靖居公社、板桥公社、联溪公社、雅溪公社；玉岩区、玉岩公社、交塘公社、枫坪公社、安民公社、垵口公社、石仓（直属）公社。

遂昌县委（革委会）领导在松阳区域的靖居煤矿、松阳造纸厂、遂昌县第一、第三中学、遂昌县第二人民医院的党组织及革委会。

社会主义现代化建设新时期

1976年10月，上级陆续调整充实松阳区域各级领导班子。1978年8月，撤销松阳、古市、靖居、玉岩区革委会，恢复区公所。

1982年恢复县建制后，中共松阳县委及所属机构、政权、军事、统一战线、企事业、群团等系统领导班子和党组织相继建立，其领导按干部管理权限，相应接受省、地、中共松阳县委、松阳县政府领导。

1982年1月至2010年12月，中共丽水地委（市委）领导松阳县委，丽水专署（市政府）领导松阳县政府。

党组织干部管理 1982年4月27日，中共浙江省委批准建立中国共产党松阳县委员会，任命县委书记1人、副书记2人。中共丽水地委任命县委常委4名，1983年增补副书记1名，常委1名。

1984年8月至2010年12月，中共松阳县委召开第二次至第八次代表大会，选举产生历届中共松阳县委和县纪律检查委员会领导班子。

1984年8月18日，中共松阳县第二次党代会报告中指出，要下放干部管理权限，今后县委原则上只管部、委、办、局，区、镇、乡以及部分厂矿、学校的主要负责同志，其他均下放党委和主管部门管理，做到“管少、管好、管活”。从此，除县委正副书记、常委、正副县长、人大正副主任、政协正副主席由省、地委管理外，部、委、办、局、群众团体正副职、各乡镇党政相似职级的干部由县委管理，各委、办局党组成员，党委委员和乡镇、县属工厂的相似职级干部由组织部管理；各委办局下设和下属的正、副股所级和相似职级的干部由各委、办、局党组、党委管理；村和所属企事业单位的党政正、副职干部由乡镇党委管理。

1982年1月至1993年12月，中共松阳县委领导的机构及党组织有办公室、组织部、宣传部、农工部、政法委、纪检委、机关党委、党史资料征集委员会（党史研究室）、统一战线工作部，农村工作部、政策研究室、老干部局、台湾工作办公室、保密局、党校和松阳、古市、靖居、大东坝、玉岩5个区委以及全县各单位23个党组、42个党委、14个总支、692个基层党支部、7649名共产党员。

2010年12月，中共松阳县委领导的机构及党组织有办公室、组织部、宣传部、统战部、政法委、机关党委（直属机关工作委员会）、老干部局、信访局、档案局（馆）、史志办、县委党校、新松阳采编中心、县委、县政府农村工作办公室及全县各单位35个党组、40个党委、35个党总支、800个基层党支部、13616名共产党员。

1984年2月，县纪委由县委工作机构升格为领导机构。在同级党的委员会和上级纪律检查委员会双重领导下开展工作。

政权组织干部管理 1982年1月恢复县制至2010年12月，松阳县召开第四届至第十届人民代表大会。人代会依法选举产生县人大常委会组成人员、县人民政府正副县长、县人民法院院长、县检察院检察长，出席省、市人代会代表。县人大常委会任命法院副院长、检察院副检察长。特殊情况下，省、地、县委和县人大常委会根据干部管理权限，分别任命代县长、副县长、法院和检察院副职。

1982 年 4 月，省委任命县长 1 人，地委任命副县长 4 人。1984 年 1 月，机构改革调整班子，省委任命代县长 1 人。1984 年 1 月、5 月及 1986 年 4 月，县人大常委会先后任命副县长 5 人。

1982 年 4 月，松阳县委任命法院副院长 1 人、检察院副检察长 2 人。1984 年 3 月、4 月，县人大常委会分别任命代检察长、副检察长各 1 人。1984 年 11 月，县人大常委会任命法院副院长 2 人。1986 年 10 月，县人大常委会任命副检察长 1 人。

1983 年 3 月 18 日，松阳县第三届二次人代会选举出席浙江省第六届人代会代表 4 人。1984 年 10 月，建立中共松阳县人大常委会党组。县人大常委会下设办公室、法制委员会、财政经济工作委员会、教科文卫工作委员会。

1982 年 1 月至 1993 年 12 月，松阳县委、县人民政府领导的党组织和机构有：县人大、县政府、县法院、检察院、政府办、公安局、人事局（机构编制委员会办公室）劳动局、民政局、司法局、监察局、经济体制改革办公室、审计局、老干部局、华侨事务办公室、计划经济委员会（1984 年 3 月计委和经委合并）、统计局、物价局、工业局、交通局、城乡建设环保局、物资局、二轻局、供电局、邮电局、经济技术协作办、农经委（1984 年 3 月撤销农业委员会，1987 年 7 月建立农经委）、农业局、林业局、水电局、土地管理局、乡镇企业局（1984 年 3 月前称社队企业局）、财政税务局、粮食局、商业局、工商局、供销合作社联合社、教育局（1982 年 4 月称文教局，1984 年 3 月与体委合并称教体局，1985 年 3 月与体委分设称教育局）、科委、文化局、广播电视局（1982 年 4 月称广播事业局，1984 年 3 月改称广播电视站，8 月改称广播电视局）、卫生局、计划生育委员会、体委、档案局（馆）。

1994 年 1 月至 2010 年 12 月，县委、县政府领导的县级政权系统及党组织有县人大、县人民法院、人民检察院、民族宗教事务局、政府办、工业局、乡镇企业局、教委、科委、公安局、司法局、民政局、财政局、人力社保局（机构编制委员会办公室，劳动局）、交通局、农业局、林业局、水电局、外贸局、文化局、卫生局、计生局、城建局、工商局、审计局、土管局、统计局、县文化广电新闻出版局(体育局）、电视台、供销社、气象局、经贸局（由经委、煤炭局、物资局、二轻局、商业局合并）、招商局、县行政服务中心（招标、投标中心）、县机关事务管理局、丽水生态产业集聚区松阳分区管委会、安全生产监督管理局、县发展和改革局（粮食局合署，计委、物价、体改合并）。

接受垂直管理和松阳县领导的单位及党组织有国家税务局、供电局、邮政局、电信局、邮电局、质量技术监督局、烟草专卖局、人民银行、工商银行、建设银行、中国银行、农业银行、农村信用联社。

1983 年 9 月，县委在石仓公社进行政社分设试点。1984 年 7 月，全县实行政社分设，置乡镇人民政府。1984 年，县委对各级政权组织机构的领导干部作调整。

1984 年开始，乡镇实行选民无记名投票，差额选举乡镇人民代表和乡镇长。县人大常委会在西屏镇、松阳区、古市区、靖居区、大东坝区设置人大联络员。根据《浙江省乡镇代表大会组织条例》

的规定，1990 年 4 月，始置乡镇人大主席团，设常务主席。1992 年 5 月，撤销区建制。

1980 年至 1987 年末，县委、县政府领导的有下列乡、镇政府（革委会、管委会）、区公所（1982 年 1 月前仍属遂昌县领导）：西屏镇政府、古市镇政府、松阳区公所、古市区公所、靖居区公所、玉岩区公所、大东坝区公所、石仓公社管委会（直属）。

1987 年，松阳区公所领导阳溪、水南、望松、叶村、斋坛、竹源、三都、四都 8 个乡政府干部。古市区公所领导赤寿、岗寺、樟溪、谢村、新处（庄后）6 个乡政府干部。靖居区公所领导靖居、板桥、裕溪（联溪）、雅溪 4 个乡政府干部。玉岩区公所领导玉岩、交塘、枫坪、安民 4 个乡政府干部。大东坝区公所领导大东坝、石仓、蛤湖、安民 4 个乡政府干部。

1988 年 1 月至 1992 年 5 月，松阳县委、县政府领导的行政区域和党组织有：松阳、古市、靖居、大东坝、玉岩 5 个区公所，西屏和古市 2 个直属镇政府，25 个乡（镇）政府、400 个行政村。

松阳区公所领导阳溪、水南、望松、三都、四都、斋坛、叶村、竹源 8 个乡政府干部。古市区公所领导岗寺、赤寿、新兴、樟溪、谢村、新处 6 个乡政府干部。靖居区公所领导靖居、雅溪、板桥、裕溪 4 个乡政府干部。大东坝区公所领导大东坝、石仓、蛤湖、安民 4 个乡政府干部。玉岩区公所领导玉岩镇、交塘、枫坪 3 个乡镇政府干部。

1992 年 5 月，撤销 5 个区，扩建为西屏、古市、象溪、大东坝、玉岩 5 个镇。合并 9 个乡，保留望松、三都、四都、斋坛、叶村、竹源、赤寿、新兴、樟溪、谢村、新处、板桥、裕溪、安民、枫坪 15 个乡。2010 年末，全县共 5 个镇 15 个乡，干部由县委、县政府直接领导，401 个行政村干部由所属乡、镇领导。

统一战线干部管理　1984 年 7 月，召开中国人民政治协商会议松阳县第一届委员会议，选举产生县政协委员会常务委员 15 人（其中主席 1 人、副主席 3 人），县政协常务委员会领导下设办公室和工交、教体、医药卫生、文艺新闻、财贸、农林水、祖国统一联络、文史资料研究、民族宗教、工青妇 10 个工作组。10 月，建立县政协党组。

1984 年 7 月至 2010 年末，县政协共召开 7 届会议，选举产生历届县政协委员会领导班子。县政协机构设办公室和各专门委员会及工作组、活动小组、联络组等，均根据工作需要和上级要求设置和配备工作人员。主任、副主任、副秘书长的任免由政协常务委员会会议决定。政协正、副主席由丽水地委（市委）管理。

1988 年 1 月至 1993 年 12 月，县政协领导下设的工作机构有办公室、学习委员会、经济科教委员会、社会法制委员会、提案委员会、文史资料委员会、教卫文体委员会、祖国统一联谊委员会。1994 年 1 月至 2000 年 6 月，县政协领导的下设工作机构有办公室、经济委员会、农业科技委员会、社会法制委员会、侨台宗教委员会。2000 年 7 月至 2010 年 12 月，县政协领导的工作机构有办公室、提案委员会、学习委员会、文史资料委员会、经济委员会、教科文卫委员会、社会法制委员会、祖国统一联谊委员会。

地方军事组织干部管理　中国人民解放军浙江省松阳县人民武装部（党委、纪委）于 1982 年 6 月建立，为正团级单位，受丽水军分区和县委、县政府的双重领导。县人武部从建立开始，第一书记一直由县委书记兼任。1986 年 6 月，县人武部建制划归地方后，部长、政委均由专职人武干部担任，县人武部是县委的军事部门，县人民政府的兵役工作机构。1988 年初，县人武部下属有 31 个区镇乡基层人武部和 1 个县直属企事业单位人武部。1992 年 5 月，撤并 12 个区乡人武部。

1996 年 4 月，县人民武装部收归军队建制，改称中国人民解放军松阳县人民武装部。10 月，县人武部设立纪委。2000 年 7 月至 2005 年 12 月，南京军区任命县人武部部长 1 人、政治委员 2 人，免去部长 1 人、政治委员 2 人；浙江省军区任免县人武部正、副部长各 1 人。县人武部领导下设军事科、政工科、后勤科。2010 年 12 月，松阳县有乡镇人武部 20 个和 1 个直属企事业单位人武部，接受县人武部和县委、县政府的双重领导。

武警松阳县中队及党支部，1988 年 1 月设立，由武警浙江省总队丽水地区支队领导。

武警松阳县消防中队（也称松阳县公安局消防中队）党委（支部）1988 年 5 月设立，1998 年 3 月，改支部为党委。2000 年 7 月，县消防中队改为消防大队，由中国人民武装警察部队丽水市消防支队领导，消防大队为营级建制。

群团及其他干部管理　恢复县制后，松阳县相继建立群众团体和其他团体，并根据相关法律、章程规定，召开代表大会，选举产生领导机构，特殊情况下，县委直接任命工会、团委、妇联领导班子干部。群团领导干部由中共松阳县委领导。其他团体干部分别由县委、县政府管理。

县总工会，1982 年 5 月复建，县委任命副主席 1 人。1984 年 3 月和 1987 年 10 月，县委任命主席各 1 人。1993 年 6 月，县委任命工会副主席 1 人。2000 年 7 月至 2003 年 10 月，县委任免工会副主席各 2 人。1984 年 12 月，召开第五届工会代表大会。至 2010 年末，共召开 10 届工会代表大会。

共产主义青年团松阳县委员会，1982 年 4 月复设时，县委任命副书记 1 名主持工作。1982 年 12 月，召开第四届代表大会。至 2010 年 12 月，共召开 12 届团代会。

县妇女联合会，1982 年 4 月复设时，县委任命妇联主任 1 人。1982 年 12 月，召开第五届代表大会，至 2010 年 12 月，共召开 10 届代表大会。

县科学技术协会，1982 年 9 月成立。1983 年 4 月，召开首届代表大会，至 2010 年末共召开 5 届代表大会。县文学艺术界联合会，1984 年 10 月建立筹备小组。1985 年 5 月，召开首届代表大会。至 2010 年末，共召开 4 届代表大会。县手工业劳动者协会，1984 年 12 月和 1988 年 5 月，分别召开松阳县第一次、第二次代表大会。

县归国华侨联合会（侨联），1984 年 11 月建立筹备小组。1985 年 2 月，召开首次代表大会。至 2010 年 12 月共召开 5 次代表大会。县台胞台属联谊会，成立于 1985 年。至 2010 年末，共召开 5 次代表大会。

县老年体协，1990 年 11 月成立。至 2010 年末，共召开 5 届体协代表大会。县残疾人联合会，1991 年 1 月成立，至 2010 年 12 月末，共召开 5 届代表大会。县关心下一代工作委员会（简称关工会），1991 年 7 月成立。设名誉主席、主任（顾问主任）、副主任、委员若干人，其领导分别由县委、县政府任命。县老龄委员会，1986 年 5 月成立，主任、副主任由县委任命（在职干部或离退休老干部担任）。

县工商业联合会（简称县工商联），1996年6月成立，首届领导干部由县委任命。至2010年末，共召开4届工商业联合会代表大会。县红十字会，1990年12月建立，为中国红十字会的县级分会。县计划生育协会，2001年10月成立，接受省、市、县计生主管部门和上级计生协会及县民政局指导和监督管理。至2010年末，共召开6届协会会议。县慈善总会，2006年5月成立，首届领导干部由县委任命。

金融企事业单位干部管理　1982年至1993年12月，设在松阳的金融企事业单位有：中国人民银行松阳县支行、中国工商银行松阳县支行、中国农业银行松阳县支行、中国人民建设银行松阳县支行、中国人民保险公司松阳县支公司、中国银行松阳县支行。1994年～2010年，设在松阳的金融机构有丽水银监分局松阳监管组办事处、中国工商银行松阳支行、农业银行松阳支行、建设银行松阳分行、中国银行松阳支行、农业发展银行松阳县信贷组、邮政局、财产保险松阳支公司、人寿保险松阳支公司，均建有中共党组织。

1994～2010年，设在松阳接受上级和松阳县双重管理的单位有：国家税务局、供电局、邮电局、电信局、质量技术监督局、烟草专卖局、人民银行松阳支行、农村信用联社、工商行政管理局、国土资源局、药品监督管理局、中国移动松阳分公司、中国联通松阳分公司。

厂矿、企事业单位干部管理　1976年10月至1993年末，县委、县政府领导设在松阳的重点骨干企业有52家，其中建立党组织的32家；城建、交通、科研、农林企事业单位等17家，建立党组织的10家；财贸企业单位28家，建立党组织的14家。

1994年1月至2000年6月，松阳县各类企业3574家，有7家企业被列入县重点骨干企业。2000年7月至2005年12月，松阳县各类企业有1160余家，其中有20家被列为县20强工业企业，党组织健全的17家。

2006年1月至2010年末，松阳县各类企业有1367家（不含个体户企业6868家），建立党组织的90家。

文教卫事业单位及党组织干部管理　1988年1月至2010年末，接受主管局领导的文教卫事业单位及党组织有松阳一中、松阳二中、松阳三中集团学校、民族中学、教师进修学校、浙江电大松阳分校、职业中等专业学校、实验小学集团学校、实验幼儿园、第二实验幼儿园、人民医院、中医院、古市医院、妇幼保健所、疾病预防控制中心（原称防疫站）、卫生监督所、电影公司、文化馆、图书馆、博物馆、延庆寺塔文物保护所、新华书店、松阳剧院、红十字会等。

2001年3月至2010年末，在人事上接受主管局领导、业务上接受国资办行业监管的单位有：教育发展有限公司、国有资产投资经营有限公司、中小企业贷款担保有限公司、交通发展有限公司、城市建设发展有限公司、水利发展有限公司、旅游发展有限公司、工业孵化基地、低山缓坡发展有限公司、松阳西屏工业园区开发有限公司。

恢复松阳县制后，上级领导机关是中共丽水地（市）委，正县级领导由中共浙江省委管理，副县级领导由中共丽水地（市）委管理。科局级干部由县委管理，组织部履行日常管理职责。一般干部由各单位履行日常管理职责，组织人事部门负责宏观管理。1984年省委放权后，仅管理党政正职。

第二节　领导班子建设

县制撤并前的领导班子建设

1940 年 4 月，建立中共松阳县工作委员会。工委发动群众开展敌后工作，领导全县的抗日救亡运动。1949 年 7 月 26 日，建立中国共产党松阳县委员会。设立组织部，从组织上加强领导干部和领导班子建设。

1950 年 7 月初，松阳县委开展第一次整党整风。整风中每个党员干部都联系自己的工作实际，查思想作风，自我总结，开展批评和自我批评。1952 年初，全县开展称为“打老虎”的“三反”斗争。1953 年 5 月，结合“新三反”运动，中共松阳县委作出《对今后改善领导的意见》，提出搞好县委领导，充分发扬民主；加强党的纪律，严格执行组织生活。1956 年 3 月 8 日，县委办发出《关于改进县委领导方法的决定（草案）》。1957 年 4 月 6 日，县委常委会研究通过《县委改进领导方法的决定》。5 月，在全县开展以正确处理人民内部矛盾为主题，以反对官僚主义、宗派主义和主观主义为内容的整风运动。

1949 年 7 月至 1958 年 11 月，县委组织各级领导班子和在职干部学习共产主义与共产党、中共党史、党在过渡时期的总路线、党的历届全会文件以及党在各个时期的重大方针、政策和时事常识，提高领导干部和领导班子的政治理论水平，保证党的各项政治任务的实现，带领全县进行一系列社会主义改革运动和经济恢复工作，完成民主革命阶段任务，取得抗美援朝、土地改革、镇压反革命三大运动的胜利。

1956 年，中共松阳县委第一次党代表大会决定，按照“积极慎重”的方针发展党员，壮大党的基层组织。1956 年末，全县有党员 1036 人，基层党支部 39 个。清除混入党内的反革命分子和阶级异己分子、蜕化变质分子 35 名，纯洁党的队伍。培养提拔县级干部 13 人、区级干部 158 人、一般干部 1100 人。全县青年团员有 3043 人、妇女代表 3659 人，工会、共青团、妇女等群众团体也壮大组织，他们在各项工作中都发挥积极作用。

1949 年 9 月始，根据省委提出的“必须继续贯彻把全党的工作重心转向农村”的六大任务，派出工作队到农村各地宣传贯彻，同时召开干部会议、各代表会议、农民会议及其他群团代表会议布置落实。县委留 1 人在机关照顾全局工作外，其余干部都到农村加强领导，解决具体问题。1950 年 4 月，县委在叶村乡开展土改试点，县委领导带队，到该乡 8 个村指导工作。掌握了解生产第一线的问题，以扎实的工作作风，保证党的政治路线和方针的正确实现。

并县期间领导班子建设

1959 年 12 月，遂昌县委（松阳并入遂昌时期，下简称县委）提出：“县级机关、企业、事业单位干部，一般每年都要有一至两个月时间参加体力劳动，并且人人办‘试验田’，公社以下干部一般要有一半时间参加体力劳动。大队以下干部基本上应当和社员一样，正常参加体力劳动，在参加生产中领导生产。”1963年上半年，县委有6名常委种早稻试验田9.28亩，平均亩产近400千克。1963年，松阳、遂昌两地17名正、副区委书记，平均每人劳动19.3天；120名公社正、副书记，平均每人劳动27.5天；321名区社干部，平均每人劳动23.7天。县机关干部建立每星期三、六上午参加集体劳动的制度。区社干部种试验田149亩，试验山205亩。

1960年4月，县委召开全县四级干部会议，批判官僚主义、贪污浪费，整顿干部作风。对各地暴露出来的犯强迫命令、违法乱纪、贪污多占、挪用公款等严重错误的干部分别给予法律制裁或行政处分，教育领导干部改善工作作风，密切党群关系。1960年6月6日，县委作出《县委关于执行“三七制”领导方法的规定》。1963年8～11月，根据“教育者必先受教育”的原则，县委常委开展“五反”“洗澡”运动。

1961年，县委根据省委提出的关于“大兴调查研究之风”“从省到地（市）、县都要建立调查研究班子，地委和县委都要有8～10人，一面下去调查，一面读书”的要求，县委领导带领县、社两级干部60余人工作组下农村，到26个大队蹲点调查，为贯彻“农业六十条”积累经验，全面推行“三七制”领导方法。是年5月，15名县委委员分别下基层调研。12月，县委开展县情调查。

1966年5月，“文化大革命”开始，各级党政部门领导班子瘫痪。1968年下半年，各区、乡和企事业单位先后建立老、中、青“三结合”的革命委员会。1970年5月始，逐步建立各区党的核心小组和公社党委，恢复党组织活动。

1972年，一大批领导干部重新主持工作。省、地委对遂昌县委领导班子作调整和充实，先后任命县委常委5人。是年，全县原公社副主任以上干部基本重新被结合进各级领导班子。1975年9月始，全县进行组织整顿，加强党的思想组织建设。

1977年3月，县委提出“大干苦干拼命干，奋战一年超《纲要》”的目标。治理松阴溪和东坞水库2项工程破土动工后，县委主要领导深入工地指导建设。1978年4月10日，县委在岗寺公社上河大队丰产田召开早稻插秧比武大会。1978年12月始，县委组织各级领导班子和群众开展《实践是检验真理的唯一标准》大讨论，从思想上、政治上、组织上进行全面的拨乱反正。

恢复县制后领导班子建设

1982年4月至1984年8月，松阳县委和各级组织按照民主集中制的原则，健全和加强集体领导。组织党员干部学习《关于党内政治生活的若干准则》《中国共产党章程》和《整党决定》，开展“双争”（争做优秀共产党员、争创先进党支部）活动，改变一批后进党支部面貌。1982年5月至1984年8月，免于处分7人，除名3人，开除党籍10人，留党察看14人，严重警告2人，警告4人，发展新党员120人。按照干部“四化”的要求，提拔一批优秀的中青年干部到各级领导岗位。1982年5月至1984年8月，调整全县各级领导班子的年龄结构和知识结构。调整后的县委7名常委平均年龄45.6岁，比调整前下降2.9岁，大专文化程度2人、高中文化程度5人；县机关部委办局正副职平均年龄由原来49.43岁下降到44.19岁，高中以上文化程度由原来的17%提高到29.6%；区、镇、乡正副职平均年龄由原来41.52岁下降到34.98岁，高中以上文化程度由原来17%提高到29.28%。妥善安排一批老干部，实现新老干部的合作和交替。1983年始，各级领导班子普遍开展党性、党风、党纪教育和优良传统教育，全面清理和基本纠正建房分房中的不正之风。

1985年5月到1986年末，按照中共中央和省委的统一部署，全县分期分批进行县、乡、村三级整党。通过思想、组织整顿，充实部分领导班子。慎重进行党员登记，充实支部领导班子，基本上达到“统一思想，整顿作风，加强纪律，纯洁组织”的整党要求，发展党员876人。作出《争取实现党风根本好转的决定》，建立和健全党风责任制和保证制，进行党风检查，整顿纪律，纠正以权谋私、官僚主义、乱发钱物等不正之风。

1982年5月始，开展党风检查，重点整顿执法、监管服务部门的思想作风，健全各级党风责任制和党员守则。制订《松阳县机关目标责任制与奖惩办法》。1988年，开始全面推行县、乡（镇）、村三级干部任期目标和年度工作指标责任制，建立考核奖惩制度。1989年，县委发出《近期廉政建设要求抓好的七件事》的通知，在机关开展廉政建设教育，着手清退党政干部借用拖欠公款，严禁用公款请吃送礼、违法违章违纪建私房、低价购买高档耐用消费品等以权谋私行为，严肃查处经济犯罪和严重违纪案件。1990年5月，县委根据《中共中央关于加强党同人民群众联系的决定》，结合实际，制订实施细则，建立健全民主、科学决策和公开办事、领导下基层、为群众办实事、群众来访接待、机关干部下派锻炼等制度。

1992年“撤区扩镇并乡”工作中，把新建制镇领导班子建设作为一项关键工作抓，选拔思想素质好、懂经济、有开拓创新精神、工作实绩明显的干部任新建制镇的一把手。在5个建制镇班子中，选拔任用干部22人，其中35岁以下的17人、占73.3%，女干部5人、占22.7%。

1990年始，完善县委常委、机关部门联系区、乡镇和乡镇干部驻村制度，完善区乡干部管理目标责任制。1992年初，结合邓小平南方谈话精神，县委着重抓机关干部作风整顿，增强党性观念和服务意识，克服“门难进，脸难看，事难办”和“中梗阻”现象。组织机关干部下基层，协助乡镇和厂矿开展中心工作。

1994年12月、2001年10月、2008年3月，县委先后发出《关于在全县范围内进一步开展解放思想大讨论的通知》《关于开展解放思想大讨论的通知》《关于在全县开展“居危思危、居危思进”解放思想大讨论活动的实施意见》。1994年后，县委带领各级领导班子开展“学邓小平理论、学党章”的“双学”活动，学习“三个代表”重要思想，开展“致富思源，富而思进”的教育，规定县委中心组学习每年不少于12天，部门和乡镇中心组学习每月至少1次。把学习邓小平理论同学习领会中共中央、省、市委历次代表大会精神、市场经济理论、科学技术、法律知识和现代管理知识结合起来。

1982年5月，各级领导班子按照集体领导和个人分工负责相结合的原则，严格党内组织生活，规范党内决策程序，拓宽党内民主渠道，坚持集体领导，反对个人专断。在班子的配备上，重视群体配备，优化和改善班子结构。进一步健全考核制度，全面推行目标化管理，通过扩大民主、强化竞争、择优汰劣来推动干部能上能下。加大干部交流力度，试行聘任制，建立待岗培训制度等，在干部“下”与“出”的问题上有新的突破。1999年，全县副科级以上领导从1993年的平均年龄42.4岁下降到39.1岁，妇女干部从1993年的31人增加到37人，大专文化以上达67.6%，比1993年提高22.5个百分点。

1997年，开展“奉献于事业，服务于人民”活动，切实转变作风，提高办事效率。大兴批评和自我批评之风。大力加强干部监管工作，落实告诫劝勉制度、谈话制度、重大事项报告制度和离任审计制度。坚持反腐败斗争三项（领导干部廉洁自律，查办违纪案件，纠正行业不正之风）工作格局，抓好领导干部个人收入申报、礼品登记、个人重大事项报告制度的落实。

从2003年始，制定完善《中共松阳县委员会议事规则》《关于认真贯彻党的十六届四中全会精神，切实加强党的执政能力建设的意见》《关于集体领导和分工负责的规定》《关于重要情况通报和报告的规定》《关于完善经济发展重大事项决策机制的规定》等。

20世纪90年代后，县委理论中心组以领导自学、集中学习和邀请专家学者讲课为主要形式，结合县情，有针对性地学习政治、经济、法律等方面的知识，提高领导干部理论水平和解决实际问题的能力。乡镇和部门中心理论学习进一步规范化、制度化，建立定期制、考核制、报告制和督查制；县直机关和部门乡镇建立夜学制或周学制，每月10日晚上定期组织干部学习讨论，小单位建立联合学习制度。县委制定下发全县中心组学习教育计划，每年组织科级领导干部理论考试。

2005年后，组织领导干部赴象山、奉化、龙游、武义等地学习考察发展工业经济、城市建设、农业观光旅游以及下山脱贫等方面的经验、先进理念，理清发展思路，提高加速发展松阳的工作能力。

2000年以后，在换届调整前组成考查组对领导班子及其成员进行届末考察，对下一届班子成员的人选进行全额民主推荐，对近期可进班子的优秀中青年干部进行推荐。制定实施《县委常委会无记名投票决定干部任免的实施意见》，按照“集体领导、民主集中、个别酝酿、会议决定”的工作制定，经集体讨论决定调整干部。加大领导干部交流轮岗力度，并同优化班子结构、培养锻炼优秀年轻干部相结合，促进干部的多岗位锻炼，优化领导班子结构。

1995年后，建立党政领导班子目标责任制。健全考核制度，建立《领导干部年度立体考核办法》，把年度考核、届中考核和任期考核有机结合起来。全面实行差额考核，改进考察办法。提高干部选拔任用的民主制度，实行任前公示制。开展公开选拔科级领导干部工作。2004年，公开选拔8名乡镇党政副职，首次在选拔范围上进行拓宽，允许规模企业、农村、社区的主要干部及社会各界中级职称以上的专业技术人员报考。是年，推出5个部门副科岗位，专门面向在乡镇任职多年的科级领导干部进行竞争上岗。公开选聘群众考官，直接参与选拔工作，进行独立评分，所评分数占面试总分的20%。制定实施《领导干部生活圈、社交圈、考察圈考察暂行办法》，建立“两圈”考核小组，对考察对象实施“两圈”考察，制定实施《领导干部辞职制的暂行规定》，实行干部能上能下，加强辞职制的全面性和可操作性。

1982年5月以后，完善领导干部理论学习考试考核制度，每年组织科级领导干部理论考试。以党校主体班次为依托，分层次、分类别开展干部教育培训。制定《松阳县2003～2007年大规模开展干部教育工作实施意见》，县委管理的干部、后备干部及其他在职干部五年内轮训一遍。1982～2010年，全县举办干部培训班338期次，参训29585人次。

2000年后，按照中央提出的党管人才的新要求，坚持党政领导人才、企业经营管理人才和专业技术人才3支队伍一起抓，加快人才队伍建设。制定《松阳县跨世纪学科带头人培养规划》《松阳县优秀专业技术人才选拔和管理办法》，开展县级优秀人才评选。至2010年，共表彰7届66人次优秀专业技术人才。

2002年以后，在县级党政班子中开展树立科学的发展观、正确的政绩观、牢固的群众观，创为民、务实、清廉好班子的“三树一创”教育实践活动。

2006年，开展“百姓创家业，能人创企业，干部创事业”的“三创”活动和“作风建设年、项目落实年、工业服务年”的“三年”活动。2008年，进一步创新领导干部蹲点调研破难题工作机制。全县参加活动的293名领导干部，走访401个行政村、农户5134户，落实帮扶资金348万元；结对联系445个基层单位，落实结对帮扶资金212.3万元；开展涉及创业创新，改善民生、救灾、灾后重建等活动，帮助落实创业创新发展资金2100万元。

2009年，结合项目投资年、企业帮扶年活动，突出保增长、兴产业、促增收三个重点，推进重点工程、民生工程、和谐工程和作风工程4项工程。每位县委常委做到“七个联系”（联系一个低收入农户集中村，一个破旧房改造村，一个示范村，一个企业，一个重点项目，一户低收入农户，一个示范点），健全落实蹲点调研，服务企业、项目攻坚、信访包案、结对联系送服务、民主恳谈、破难攻坚等制度。2010年，设立“实事惠民促民生、强化服务促增长，科学发展促提升”的实践载体，完成各批次、各阶段的学习实践任务，实现规定动作不走样、自选动作有创新的预定目标。

2009年，全县468位县管干部进行届中全面考察。对调整到新岗位的23名干部延伸考察。2010年，实行干部考察谈话领导干部必谈不足制度。修订完善《松阳县领导干部离任经济责任交接办法（试行）》。对22位领导干部实施经济责任审计。对76位县管领导干部按规定进行预警扣分和约谈。在全市率先实行拟提任干部德才表现情况公示。对18个单位中层干部任免情况集中专项检查。积极推进干部综合量化考评。实现从单一的“官评”到“官评、民评”相结合。

第三节　干部选拔任用

中华人民共和国成立初，松阳县的干部队伍由地方干部、南下干部和一部分留用人员组成。尔后，吸收工农青年积极分子和青年知识分子参加工作，干部队伍逐步扩大。1949年5月始，根据省委“大胆而又慎重地吸收贫苦青年、知识分子参加工作”的精神，采取多种方法培养、选拔扩充干部队伍。通过剿匪反霸、减租征粮等实际斗争，发现、吸收一些贫雇农积极分子和贫苦青年积极分子参加革命工作。举办短期训练班，把他们吸收到干部队伍中来。县委、县政府举办财粮干部培训班，集训1周后，受训干部被分到财政、粮食科锻炼，最后录用为国家干部，分别走上征粮和收税的工作岗位。吸收从浙江省、丽水专区培训结业的学员参加工作。在接管国民党松阳县政府机关时，对旧职人员采取“团结、教育、改造”的方针，经过集训、清理甄别和试用后，留用部分旧职人员。松阳解放后，中小学教师全部留用。

1949年10月至1950年1月，择优录取区、乡镇干部约160人。1949年末，全县有各级机关干部428人，其中1949年10月后参加工作的385人。1950年春夏，根据浙江省人民政府关于民主建政精神，在划乡建乡工作中，选拔一批乡镇干部；同时，淘汰不能胜任工作或问题较多的干部。6月，举办两期农民积极分子培训班，共有80余人参加培训后，录用为区、乡镇干部，充实到农村土改工作队。

1952年，县委组织13个机关单位的485名干部和区、乡镇干部255人，分两批开展“反贪污、反浪费、反官僚主义”运动（简称“三反”运动），查处108名有问题干部。1953年，县委在开展“反官僚主义、反命令主义、反违法乱纪”斗争（简称“新三反”运动）中提拔干部36人，其中科（局）级干部18人。是年，开始建立“干部候补名单”，注重新干部培养。1954年，根据中央关于精简机构的指示，处理冗员90人，其中干部74人（除判刑3人和开除29人外，其余多数转为农民，少数从商）。是年，提拔县级与相当县级干部11人、区级与相当区级干部65人。年末，全县干部有617人。1955年，有计划地选送干部到省、地党校（干校）学习，建立“后备干部制度”，提拔科（局）级干部12人，配齐42个乡（镇）党支部书记。1956年4月，县人民委员会吸收5名乡干部，供给按乡三级发放；11月，提拔2名勤杂人员为正式干部，批准9名雇用人员转为企业部门干部；提拔1人为乡干部，按行政人员27级发供给。是年，提拔科（局）级干部28人、股级干部27人。

1949～1956年，提拔县级干部13人、区级干部158人，录用一般干部1100人。为加强农村工作的领导，1957年2月开始，113名机关干部到乡里工作，有46人任乡长、乡党支部书记，其中县级干部5人、区级干部23人、一般干部18人；另有一部分到农业合作社担任社长、社干部。年末，全县干部有922人。

1958年2～6月，整编机构，紧缩机关人员，把县级机关原有39个部门撤并为29个；一批机关干部充实到基层工作，不适宜从事机关工作的予以退职、退休和解雇。1958年11月，经国务院批准，松阳县并入遂昌县。松阳区域的各级干部由遂昌县委任免。1962年，实行精兵简政，动员一批干部下放到农村落户。1964年前后，吸收部分经“四清”运动锻炼的积极分子，以半脱产待遇担任公社干部（村记工分，县发补贴）。1966年5月“文化大革命”开始，各级党政机关受冲击，领导干部遭批斗。1976年10月，“文化大革命”结束，松阳区、乡（镇）和企事业单位的领导班子作调整。

1978年开始，落实干部政策，清理干部档案，复查、平反冤假错案。松阳境内纠正错划右派分子58人，对1959年“反右倾”被批判的干部予以平反。1979年后，重视干部队伍“革命化、年轻化、知识化、专业化”（简称“四化”）建设，按照德才兼备的标准，有计划地吸收录用有高中以上文化程度的青年干部。1980年12月，全县招考43名会计辅导员到区、乡镇，实习3个月后转为正式干部。1982年，松阳恢复县制，按照“四化”的要求选拔部、委、办、局主要领导51人，股、所、场干部136人，区、镇、社党委委员以上干部24人。年末，全县干部总数为1999人。其中党群138人，政法67人，农林141人，财政贸易190人，工交邮电147人，文教卫生210人，中小学教师 893 人(不含民办教师)，其他 213 人(包括综合管理部门)。1982～1992 年，招收农村优秀青年、农村科技人员计 17 人；招收录用财税、金融、工商干部 142 人；“以工代干”转干和录用通过函授大学、电视大学、自学考试等取得大专学历的县机关工人身份的工作人员 315 人；录用公检法干部 54 人；录用审计干部、专职武装干部 20 多人；录用代培生和不包分配大专生 19 人；民办教师转公办 276 人。乡镇机关招聘干部 208 人，先后有 12 人被解聘。共分配大中专毕业生 1737 人，接收军队转业干部 51 人。

1992 年末，全县国家干部有 5066 人。其中，行政机关 1416 名（包括党群系统 204 人、县级机关 838 人、乡镇 374 人），事业单位 2624 人（其中中小学教师 1761 人），企业单位包括在管理岗位上人员 1026 人。

1993 年，县委按照干部队伍“四化”方针和德才兼备的原则，培养选拔优秀年轻干部；重视培养使用女干部、少数民族干部和非党员干部，完善健全后备干部队伍建设。1996 年 8 月，首次从应届大中专毕业生中招考录用 15 名乡镇机关行政工作人员。1993～1997 年，县乡两级机关招考录用工作人员共 5 次，录用 73 人，其中县机关 33 人、乡级 40 人。组织县机关干部岗位上工作的工人身份人员参加地区录用资格考试；录用部分乡镇选聘制干部为国家正式干部。

1998 年，选派 25 名机关青年干部到乡镇任职，从机关选派 60 名年轻干部到“创五好、奔小康”示范村任指导员。1999 年，组织实施团县委正副书记等 5 个科级岗位的公开选拔，全县 13 个部门的中层干部进行竞争上岗，11 个机关单位的中层干部跨部门交流，并对 3 个中层职位面向社会公开选拔。

2002～2004 年，选拔正科后备干部 62 人、副科后备干部 141 人、专业技术后备人才 69 人。

2005 年，在县委七届六次全会上，首次由县委委员对 4 名拟提任乡镇、部门正职人选进行票决。建立《干部差额考察工作试行办法》《干部考察工作责任制实施办法》，完善《领导干部任职前公示制度实施办法》《县管领导干部年度立体考评办法》。按照乡镇、党群部门和政府部门的 3 种类型，制定不同的考评方法和标准，实行量化计分，重点突出工作实绩和群众公认度，全面、客观地评价干部、识别干部，为干部年度考核、选拔任用、调整和培养锻炼提供重要依据。是年，录用公务员 31 人。从原乡镇工办人员、助征员和差额事业人员中考录（选调）工作人员 12 人。从乡镇机关公开选调县安监局工作人员 2 人。2006 年，对县、乡换届班子实行实绩公示、党委鉴定和全程反馈，减少乡镇总职数（从 194 人减少到 184 人），精简副书记职数（从原 3 人精简到 1～2 人），扩大交叉任职面，提任一批优秀青年干部、女干部、党外干部和农村指导员。在干部公开选拔任用时，设置群众考官，全程参与并监督，公开选拔部门科级领导干部 10 人，公开选调机关部门干部 9 名。组织 49 名后备干部参加青干班学习，选派 13 名干部到省市机关、发达地区或重点工程挂职锻炼。2007 年，对 64 个县直部门班子、228 名干部和 134 名优秀年轻干部进行换届考察。分别建立 45 名和 86 名正、副科级后备干部库。对在同一单位任职 10 年以上的县管干部进行交流，对 18 名县直机关中层干部跨部门交流和乡镇横向交流，对 199 名干部的职务任免进行常委票决。改进提任干部公示形式，把提任干部的姓名、基本情况及本人照片一并进行公示，提任 32 名优秀青年干部。2008

年，全面实行乡镇、部门党委（党组）任用中层干部票决制，对24个单位192人次的中层任职进行审核。全面实行考察预告制、任前公示制、试用期制以及民意代表参与制。建立由“两代表一委员”组成的民意代表库，让民意代表参与报名、资格审查、笔试、面试、体检、考察等各个环节。面向社会公开选拔5名副科干部。建立健全后备干部“民主推荐、集体研究、素质考试、全面考察、择优确定、结果公示”的选拔机制。坚持“凡进必考”的公务员招录制度，按照面试、体检、考察等既定程序录用2名乡镇人武干事。是年，确定县管副科级后备干部190人。2009年，推进任免干部综合量化考核，对全县468位县管干部全面考察。1～6月，对调整到新岗位的23名干部进行延伸考察，对23位领导干部实施经济审计；对40位县管领导干部需按规定给予警告扣分。考录38名公务员、145名事业单位人员。完成全县1384名公务员各项基础数据的统计输入，700余名县管领导干部和副科后备干部的信息采集工作。2010年，调整干部9批207人次，适时补充县管正副科干部107人。县委全委会民主推荐产生正职人选4批11人，闭会期间征求意见3批19人。对18个单位中层干部任免情况进行集中专项检查，营造干部工作的良好氛围。

1949～1993年若干年份松阳县干部结构情况表

表20-5-3-1　　单位：人

年度	总数				学历				年龄					
	合计	其中			大专以上	中专	高中	初中及以下	25岁以下	26～35岁	36～45岁	46～55岁	56～60岁	61岁以上
		女	少数民族	中小学教师										
1949	428	63	—	—	5	—	77	346	249	168	—	11	—	—
1950	561	—	—	—	—	—	—	—	—	—	—	—	—	—
1951	618	76	—	—	1	—	104	513	410	150	56	2	—	—
1952	624	83	—	—	2	—	74	202	386	—	231	7	—	—
1953	685	110	—	—	3	—	92	590	—	—	—	—	—	—
1954	617	—	—	—	—	—	—	—	—	—	—	—	—	—
1955	707	105	—	—	2	—	100	244	323	304	38	32	—	—
1956	935	115	—	—	3	—	135	797	345	464	96	—	28	2
1957	922	106	—	—	—	—	—	—	241	537	108	—	34	2
1982	1999	540	10	893	375	678	282	664	336	507	471	604	63	18
1983	2283	633	30	—	429	836	300	718	398	602	499	673	86	25
1984	2660	758	38	1000	457	918	495	790	575	725	518	707	114	21
1985	2808	840	45	—	483	1019	525	781	649	750	576	674	142	17
1986	2766	825	50	—	514	1118	469	665	704	745	538	609	147	26

续表 20-5-3-1

年度	总数				学历				年龄					
	合计	其中			大专以上	中专	高中	初中及以下	25岁以下	26～35岁	36～45岁	46～55岁	56～60岁	61岁以上
		女	少数民族	中小学教师										
1987	2910	876	53	1129	559	1212	488	651	809	759	544	616	156	26
1988	3454	1044	49	—	812	1404	543	695	918	958	699	674	199	6
1989	3839	1472	52	1599	959	1551	641	688	994	1169	798	630	247	1
1990	3982	1283	58	1654	1090	1673	532	687	950	1267	873	668	224	—
1991	4061	1640	72	1672	1233	1742	486	600	915	1376	863	588	319	—
1992	5066	1850	72	1761	1455	1946	856	809	1042	1837	1207	687	293	—
1993	4995	1866	78	—	1574	2039	731	651	935	1785	1311	695	269	—

说明：1994～2010年干部结构情况资料缺失

第四节　干部培训教育

培训教育机构

1949年5月至1951年12月，县委设立县培训班，作为县级培训教育干部机构，从贫苦农民、产业工人和青年知识分子中发展党员，选拔教育培训干部。1950年6月，举办农民积极分子培训班2期，学员80余人，录用为区、乡镇干部。1951年1月，举办土地改革干部培训班，培训284人。

1951年12月，松阳县机关业余学校成立，招干部学员18人补习文化。1953年，招学员48名，按文化程度分设3个班，配备3名教师。1954年，设1个综合班，学员38人，实行小学复式教育；设2个高小班，学员41人，升入高小教育，并于年末毕业。

1954年10月，干部学校成立。是年，分六期对190名干部进行政治理论和文化知识补习。1955年，有计划地选送干部到省委党校、地委干校学习培训。1954年10月至1958年10月，干部学校培训对象为党政军、群团、企事业单位干部和农村积极分子、党员干部。到1956年末，县委干部学校培训农村积极分子4500人。1958年11月至1982 年1月，松阳和遂昌并县期间，松阳区域的干部教育培训由遂昌县委负责。

1960年，为加强在职干部的政治理论和文化学习，遂昌县委在县级机关开办红专学校、夜党校培训干部。1968年冬，在遂昌县城关镇开办干校。1969年10月，在松阳区域西屏镇上连头村创办五七干校，一大批机关干部和部分教师到“五七干校”劳动。

1982年恢复松阳县制后，成立县委党校。干部教育培训工作由县委组织部、宣传部牵头，县委党校具体落实培训师资、课题、考察地点、时间等。

培训教育方式

1998～2003 年，每年组织科级领导干部理论考试。2003 年下半年，制订《松阳县 2003 年至 2007 年大规模开展干部教育工作实施意见》及具体的培训实施计划，对县委管理的干部、后备干部及其他在职干部五年内轮训一遍。采取中心组学习、专题辅导、组织轮训、个人自学形式，加强领导干部对“三个代表”重要思想的学习。2005 年，选送 16 批 53 名科级领导参加省、市党校培训学习。3 批次 81 位村干部到与松阳结对扶贫的余姚县村干部培训基地学习，挂职锻炼。是年至 2010 年，在青干班中设置农村社会实践课程，开展为期一周以上的与村民“同吃、同住、同劳动”的社会实践活动。培训课题向社会公开招标，通过试讲评比，择优确定每个课题的主讲人，提高培训课题的质量。选派干部到工业经济实践基地（以招商局、县工业园区为主体）、农村工作实践基地（以示范村、后进村等为主体）、后备干部培训基地（以县行政审批中心、乡镇综治办为主体）、社情民意和构建和谐社会实践基地（以县信访局、社区为主体）4 个基地进行实践锻炼。

2006 年，开展“年度全员轮训”。通过试讲、竞争、择优确定主讲教师等措施，提高课程质量。2007 年，制定《松阳县干部教育培训学分制试行办法》，规范学员学分管理，优化培训内容，增设实践课题。至 2010 年，全县 440 多名县管干部分多批到县委党校接受为期 7 天 10 个专题的学习。对未取得规定学分的 7 名县管干部分别作出辞退、预警、扣分的处分。

图 20-13　县管干部轮训班开学典礼（叶光铭 摄于 2008 年）

2008 年，制定《松阳县 2008 年县委党校干部培训办班计划》。突出学习贯彻中共十七大精神、科学发展观；“生态立县，工业强县，开放兴县”战略；构建和谐松阳，统筹经济社会发展、加快推进建设社会主义新农村的相关理论、实践知识的学习以及研讨。加强领导干部心理素质、文化素质和党风廉政建设理论、法律法规等知识的培训。2009 年，开办主体班次专题研修班，加强社会发展观、科学发展观、现代金融、现代服务业、农村改革发展、素质扩展等教育。组织干部以“实事惠民促民生，强化服务促增长，科学发展促提升”为实践载体，把“保增长、促民生、保稳定”作为重要内容，分阶段把学习和边学边查边改贯彻始终。全县共修改并完善 172 个政策制度，废止 27 个不符合科学发展的政策制度。2010 年，组织实施省、市各类干部调训。

1950～2010 年，全县通过党校培训干部 353 期，培训党员干部 39006 人次，其中农村党员干部 22761 人次。

1950～2010年若干年份松阳县党员干部培训情况表

表 20-5-4-1　　　　单位：人

年份	培训期数	人次	其中村党员干部	年份	培训期数	人次	其中村党员干部
1950	2	80	80	1993	6	721	—
1951	2	302	284	1994	6	718	360
1953	1	48	—	1995	5	750	330
1954	7	269	190	1996	5	1077	500
1955	3	850	850	1997	4	521	400
1956	10	3094	3094	1998	10	875	398
1965	2	300	300	1999	8	647	400
1978	2	320	320	2000	6	617	400
1980	3	132	0	2001	8	410	0
1982	76	4706	3788	2002	6	216	0
1983	8	460	340	2003	11	483	0
1984	7	4553	4288	2004	9	503	60
1985	4	433	336	2005	12	735	205
1986	11	4261	3966	2006	10	707	48
1987	6	406	0	2007	11	708	62
1988	9	684	50	2008	26	2739	800
1989	4	326	0	2009	18	1463	247
1990	5	637	345	2010	16	1722	0
1991	8	771	320	合计	353	39006	22761
1992	6	762	0				

第五节　干部审查监督

“审干”工作与肃反运动

革命战争年代至中华人民共和国成立初，干部审查监督直接由上级领导机关负责。

1953年11月，中共中央作出《关于审查干部的决定》。1954年12月，省委下发《关于执行中共中央〈关于审查干部的决定〉的计划》。1956年2月18日，县委在《关于提拔调配乡干的通知》中要求，结合并乡工作，对现有乡干部进行一次整顿和清理。2月，县委组成审干领导小组；8月，组成审干委员会。

对县属机关、事业单位干部进行政治审查，称“老任务”审干。分三个阶段进行：学习文件，划清审查与不审查的界限，确定列入1957年审查范围的干部共计514人。调查研究，彻底查清干部的历史问题，对514名有问题干部排队分析，确定审干对象125人，查对对象71人。审查结论、甄别定案，对125名审干对象中的119人审查清楚，作出公正结论，将6人转为肃反对象，对125名审干对象中的102人列为限制使用对象；对71名查对对象中的69人审查清楚，将2人转入继续调查。

对县以下区、乡镇机关干部和工商企业干部进行政治审查，时称“新任务”审干。经过摸底排队，应列入1958年审干范围的干部共计1067人。前后经过5次复查、排队，确定重点调查对象214名，占列入审干范围的干部总数的23.51%。利用8个多月时间，对重点调查对象开展外调复查，作出甄别，对149名重点怀疑对象写出审查结论：匪首1人，三青团骨干团员60人，国民党骨干党员47人，国民党一般党员5人，特务6人，伪军、警、政、宪人员18人，其他历史问题12人，均定案处置。在149名有政治、历史问题嫌疑的干部中，确定43人为限制使用人员，其中国民党骨干党员13人，三青团骨干团员20人，特务外围组织人员1人，伪军、政、宪人员4人，其他问题5人，由审干委员会写出限制报告；对2名国民党骨干党员、6名三青团骨干团员、1名有其他政治问题的人员酌情分别处分：记大过6人，降级2人，撤职1人；2人转为肃反对象。

1955年7月1日，中共中央发出《关于展开斗争肃清暗藏的反革命分子的指示》；8月，中共中央又发出《关于彻底肃清暗藏反革命分子的指示》。1956年3月，县委成立以县委副书记邢汝昌为组长的“松阳县肃反五人小组”，抽调86名干部成立“肃反办公室”“清档小组”，专事“内部肃反”业务工作。按照“老任务”“新任务”，分两个阶段，人员分5批，进行“内部肃反”。肃反运动历时2年9个月，最终定案确定反革命分子和坏分子共60人。

落实政策

1978年，在落实政策中，对213名干部、群众进行平反昭雪，召开追悼会；对非正常死亡的干部做好遗嘱的安置、抚恤等善后工作，通过县内务局招工安置等，解决生活困难者和死难者的家属、子女的生活出路问题；落实好受害者的经济损失，对那些造成终身残疾、丧失劳动能力、生活困难的受害者，按照政策做好善后工作。10月，县人民法院全面复查“文化大革命”期间所判处的、有案可查的刑事案件14件28人。截至1980年10月，先后为4000多名干部群众恢复名誉，对900多名干部教师复查落实。

1982年，设立审干办公室，继续复查纠正中华人民共和国成立以后的冤假错案，给149名被错误处理的干部恢复名誉，68名知识分子落实政策，21名失去组织关系的地下党员恢复党籍。平反冤假错案工作至1987年基本结束。

1992年，建立干审结果信息联络员队伍和信息综合资料库。对被执法纪检部门处理的207名违法违纪干部的处理情况综合审理。1994年，制定《领导干部重大事项报告制度》，规定副科以上领导干部及其家属的婚丧建房等重大事项必须向县委报告审批。1996年，制定《组织部门与执法部门联系制度》《县管领导干部诫勉制度》。20世纪90年代至2010年，审干工作主要是继续落实政策，对出国人员政审，办理离退休干部手续，整理干部档案等。

监察监督

1988年4月，县监察局建立，行政机关中违反政纪的处理由监察部门办理。1988～1990年，监察机关立案查处违纪案件28件，受到各种政纪处分23人，其中通报批评1人、警告4人、记过4人、记大过1人、降级3人、撤职2人、开除留用3人、开除5人、移送司法机关惩处5人。1993年5月，县监察局与县纪委合署办公。

经济责任审计　2002年始，实施《领导干部经济责任审计》《领导干部重大事项报告制度》、县委分管书记与部长约谈等制度。对离任领导干部和在职领导干部进行经济责任审计，建立领导干部监督信息库。2003年部门换届后，对离任的25名县管主要领导干部全部进行经济责任交接。2006年，编印《乡镇换届工作交接手册》，规范工作交接程序，加强乡镇主要领导离任经济责任的审查与监督。2009年，修订完善《松阳县领导干部离任经济责任交接办法（试行）》。2009年和2010年，分别对23位、22位领导干部安排年度轮审和限时审计。2002～2010年，全县开展领导干部责任审计160多人次。

“一把手”监督　2003年，制定《关于加强对党政“一把手”管理监督的意见》。2004年，县检查组对水利局、司法局、经贸局、大东坝镇等9个单位“一把手”进行管理监督抽查，结果进行反馈通报，并存入廉政档案和干部监督信息库。

辞职预警扣分　2003年，县委印发《关于实行领导干部辞职制的暂行规定和通知》；2005年，县委修订印发《松阳县领导干部辞职实施办法（试行）的通知》。通知明确规定因公辞职、自愿辞职、引咎辞职、责令辞职条款内容。2004年，有23名县管干部被相应扣分。2005年，有2名正科级、3名副科级领导干部被责令辞职，有25人次被预警扣分。2006年，有2名干部被责令辞职。2007年，建议免职6名领导干部，辞职预警扣分16人次。2008年，对4名县管干部执行预警扣分。2009年，对36名县管干部预警扣分。2010年，对28名县管干部预警扣分。实行预警扣分制以来，全县先后有184名县管干部分别被预警扣分、诫勉谈话，其中14名被责令辞职。

权力制衡　2004年，县委在公安局、法院、水利局、建设局、发展计划局、民政局6个单位开展分权制衡试点工作。通过重新分工、完善制度进行权力分解，财务、人事、工程项目等工作转为不直接由正职分管，规范权力运作，形成相互制衡机制。2007年，继续推行以“一把手”4个不直接分管为主要内容的权力制衡制度。

全面考察　2003年，县委创新干部监督长效机制，组织考察组对干部进行全面考察。举办专职考察员培训班，组建专职干部考察员队伍。实行干部考察谈话领导干部必谈不足制度，着力提高干部考察的客观性、真实性。2004年，考察乡镇、机关干部，谈话面95%。2009年，对受过撤销党内职务或行政职务以上处分的县管干部提任过程进行自查。

日常监督　2000年以后，执行《领导干部个人重大事项报告制度》等。发挥领导干部监督员作用，通过建立通讯联系、定期召开座谈会等形式，保持经常性的工作联系，及时掌握领导干部在工作、生活中的表现；召开干部监督联席会议，发挥每个成员单位的职能优势，完善干部监督信息制度。

群众监督　2004年，在开展干部公开选拔工作中，设置群众考官，群众考官采取公开选聘。在公开选拔和竞争上岗面试时，每个考场设群众考官 7 人，每位群众考官根据面试者的总体表现独立评分，所评分数占面试总分的 20%，全程参与并监督干部公开选拔工作。2006 年，群众考官全程参与公开选拔部门科级领导 10 人，公开选调机关中层干部 9 人。建立干部工作新闻通报制度，2010 年，召开新闻通报会 2 次，在全市率先实行拟提任干部德才表现情况公示 6 批 42 人次。

人大监督　1998 年开始，县人大常委会对任免干部的监督采取任前法律考试、施政演说，任免见面表态；任命干部每人每年度上交述职报告，对任命干部进行述职评议；干部离任时作离任审计；每年年初，常委会领导与任命干部进行个别谈话，内容主要为工作的监督与干部群众反映的问题反馈与沟通；在任期内不定期举办法制讲座，对任命干部进行培训，提高任命干部的法制观念。

政协监督　2007～2010 年，县政协对领导干部和县重大事项、重点工程建设等进行专项民主监督。县政协受邀请担任一些部门、单位“行风监督员”“监察员”“督导员”的委员到受聘部门调查走访，提出进一步改进作风的整改意见和建议。县政协通过调研，召开政情民意交流会。2008 年 9 月以后，县政协常委会提出加强领导、增进沟通、解放思想、大胆创新、完善规划、注重服务的建议。

第六节　基层党组织建设

新民主主义革命时期基层党组织建设

中国共产党诞生后，松阳籍的有识之士在广州、上海等地加入中共组织，党员回乡后宣传党的路线、方针、政策。民国 11 年（1922）初，宋仲敏等人发起成立“启新社”，宣传反帝反封建思想，传播马克思主义，影响深远。民国 13 年开始国共第一次合作，松阳青年学子吴玠、孟卿、吴谦等人分别进入广州黄埔军校和上海、北京等地高等学府，接受马克思主义，加入中国共产党，成为松阳在外地入党的早期党员。民国 15 年 7 月，松阳籍青年孟卿、刘靖等人参加北伐远征。10 月，在省农民运动工作负责人、中共地下党员潘枫涂的直接领导下，松阳县农民协会成立，各乡镇成立分会，开展“二五减租”运动。

民国 16 年（1927）5 月，中共党员宋世淦、钟龄、江天蔚、吴谦等人回到原籍松阳，接管“集思社”，创办民众夜校，宣传中国共产党的主张，传播革命道理，发展中共党员。此阶段，松阳县有中共党员 16 人。民国 19 年春末，中共杭州地委指派共产党员孟卿回松阳发动赤溪农民暴动。

民国 22 年（1933）冬，义乌籍党员朱金宝、朱南火到松阳裕溪乡发展吕高贵、胡桂田等 3 名中共党员，成立中共霭溪支部，吕高贵任书记，由朱金宝直接领导。

民国 24 年（1935）5 月，中国工农红军挺进师进入松阳县境，创建以玉岩为中心的浙西南革命根据地，发展党组织，建立苏维埃政权和扩大革命武装。陈凤生、陈丹山、卢子敬等 10 多人加入中国共产党。6 月，中共浙西南特委成立。7 月初，中共竹溪区委成立，下属组织有燕田乡等 6 个乡党支部和小后畲村等 6 个村党支部。7 月 22 日，中共玉岩区委成立，下属组织有小吉等 8 个乡支部委员会和安岱后等 9 个村党支部。2 个区委均属中共浙西南特委领导，当时党员有 120 余人。8 月始，国民党军队“清剿”浙西南革命根据地，党组织相继遭到破坏。

民国27年（1938）1月，浙江农业改进所在松阳成立；2月，松阳成立抗日特种工作团六分团中共党小组；5月，中共浙西南特委改为处属特委。民国28年，处属特委派出干部建立中共松阳城区支部。此后，湘湖师范、县政工队、古市经建区、上坞源、黄圩等支部相继成立。民国29年4月，中共松阳县工作委员会成立，下属松阳城区、政工队、黄圩、上坞源、湖溪、黄坑口6个支部，党员200多人。5月，在古市广因寺建立中共湘湖支部，遭破坏后于民国34年重建湘湖支部，发展党员25人。民国35年2月，湘湖师范迁回萧山。松阳党组织贯彻“隐蔽精干，保存力量”的方针，县工委终止活动。

民国35年（1946）5月，中共处属特委在石仓高等小学建立中共松阳（石仓）支部，先后发展党员28人；民国36年10月，在西屏镇第一小学建立中共松阳（西屏）支部，先后发展党员14人，由林艺圃、王桂五领导。民国37年2月，在靖居小学建立靖居包党小组。是年，县内有2个支部，7个党小组，党员167人。民国38年3月，中共石仓分区委成立，下属有6个支部。是年3月13日，民国松阳县长祝更生率部起义。3月15日，在靖居区板桥乡建立中共松（阳）宣（平）遂（昌）工作委员会，下设组织、宣传等部门。下属组织有江南、碧湖2个区委和河间、靖居、三都、古市4个区特派员。

解放后至并入遂昌县时期基层党组织建设

1949年7月26日，经中共浙江省第七地方委员会批准，建立中国共产党松阳县委员会。后组建区委、乡镇党支部，组织农会开展剿匪反霸、减租减息、征收公粮等工作，培养骨干，发展党员。到年末，全县建成基层党委4个、党支部15个，有党员135人。

1950年，根据中共中央《关于发展和巩固党的组织的指示》、中共华东局《关于新区党建工作的指示》和省委指示，重点整顿原有的党组织和审查教育党员，同时，注重从工农群众中发现和培养积极分子，发展党员355人。按照省委关于划乡建乡工作的指示，把原有21个乡（镇）划分为43个乡（镇），新建乡镇党支部5个，新建县机关和其他基层单位党支部9个。县委带领党员干部群众开展土地改革、镇压反革命、抗美援朝、增产节约、“三反”“五反”、互助合作运动。是年末，全县有基层党委4个，党支部29个，党员490人。

1951年，结合整党建党工作，整顿党的组织，组建乡（镇）党支部2个，机关党组1个。是年末，全县有党组1个，基层党委4个，党支部31个。1952年，在整党的基础上，新组建1个区党委和3个乡（镇）党支部，发展党员105人。1953年，对党员进行教育、审查。1954年，对党支部整顿，着重建立健全支委会、支部会议制度、支委组织生活制度。配备乡（镇）党支部专职书记22人，支委57人。农村候补党员按时转为正式党员101人。组建机关党组3个，党总支1个，党支部18个，临时党支部13个，发展党员179人。1955年5月，县委设常务委员会。在农村开展整党运动，在高级农业合作社建立党支部，分批培训党员850人次，其中轮训乡（镇）党支部书记、支委、党小组长各1次。指导和帮助19个党支部建立党员教育制度。撤销3个机关党组，改建为党支部，发展党员211人。1956年，在批准党员入党前实行组织员谈话审查制度。是年末，全县有党组1个，基层党委2个，党总支1个，党支部69个，党员1226人。

1957年，党组织建设贯彻“巩固提高”的方针，发展党员贯彻“积极慎重”的方针，控制发展党员，着重做好预备党员考察、教育、转正工作，确保质量。3月，25个乡（镇）党支部改建为党总支。组建党支部34个，发展党员167人。是年末，全县有党组1个，区委3个，党总支29个，党支部79个，党员1393人。1958年，贯彻省委第九次组织工作会议关于“战场立功，火线入党”的方针，抽出7名干部，组成2个工作组，分片督促检查，抓“空白、薄弱”地区，有目的地吸收一批“大跃进”积极分子入党。至10月，全县“火线”入党160人，预备党员转正314人。到11月20日，全县有党组1个，基层党委5个，党总支26个，党支部114个。由于“反右倾”“拔白旗、插红旗”等运动，出党者多于入党者，全县党员1364人，比上年减少29人。是年11月，撤销松阳县建制并入遂昌县。

1959年2月开始，松阳区域先后建立靖居煤矿、公私合营遂昌木浆厂（后改为松阳造纸厂）、县第一中学、县第三中学、县人民医院等党支部。

恢复松阳县制后基层党组织建设

轮训党员 1982年恢复松阳县建制后，松阳县委组织党员学习中共十二大文件，围绕四个现代化建设，着重解决党员在政治上与党中央保持一致的问题。采取健全党的组织生活、上党课、办短训班、分期分批轮训党员等形式，举办76期短训班，培训党员4706人，其中支部书记451人。在21个公社、28个大队、5个厂矿党支部开展整顿三类支部工作，争创先进党支部、争当优秀党员活动，评选出先进党支部58个、优秀党员114人、党员积极分子704人。年末，县委辖4个区委、28个基层党委、11个机关党组、541个党支部，有党员4961名。1984年始，按照积极慎重的方针，注重在青年职工、青年农民和知识分子以及农村专业户、重点户中吸收党员，并培养妇女和少数民族积极分子入党。1984～1987年，发展新党员876人（其中知识分子203人），党员队伍的年龄结构和知识结构有明显改观。1987年，有基层党委48个，党支部622个，党员6384人。党员年龄在45岁以下的占总数的51.25%。

创五好奔小康活动 1994年始，县委加强乡镇干部队伍建设，把乡镇领导班子和乡镇机关的建设作为农村基层组织建设的“龙头”来抓，以乡带村，推动村级基层组织建设。围绕村党支部建设“五个好”目标，通过“创五好、奔小康”活动，加强以村党支部为核心的村级组织配套建设，抓巩固、促提高；进一步发展壮大村级集体经济，建立完善村级领导班子工作制度，加强和完善民主管理和民主监督，实现农村基层组织“有人管事、有钱办事、有章理事”。1999年2月，县委开展“创星级”和“五好”支部工作，全县有60个村支部达到“五好”要求，401个行政村党支部共创星1425颗，实现“五星村”69个，达到新农村标准1个、小康村28个、准小康村175个和脱贫村196个。2007年，全县有5个乡镇党委和80个村党支部达到创建“五好”标准。

保持共产党员先进性教育 2000年7月，县委以保持共产党员先进性教育活动为抓手，开展“千名党员走基层”“‘三个代表’在松阳的实践”大讨论、党员理论测试、千名党员签名学先进、我身边的优秀共产党员演讲比赛等活动。在机关单位的党员个人电脑上统一设置先进性教育主题桌面。

2004年，新兴乡党委获“省先锋”“五好”乡镇党委称号。2005年，实行县直机关联系乡镇、村、户制度，指导帮扶20个乡镇、126个村、686个农户，走访老干部621人，慰问困难群众1408人，发放40余万元补助款和食用油、米、棉被等慰问品。

三级党组织联动创建活动　2000～2010年，县委以农村“三个代表”重要思想学习教育活动为载体，开展“三级联创”（即中央提出的农村基层组织建设县、乡镇、村三级党组织联动创建）活动，分期分批开展“五好”村党组织考核评比和村两委“好搭档”评选活动，建立4个“先锋工程”教育培训基地。2004年，表彰14个“先锋工程”“五好”村党支部。2005年，有390个村完成支部选举，384个村完成村委选举。举办重点村书记、主任培训班，汇编《村级组织规范化建设工作制度》。结合市委“住村联心”试点工作，选取和指导象溪、新兴、安民等乡镇开展“分类、住村、联心，创好”工作试点。

农村指导员工作　全面落实农村指导员“连心工程”，选好配强农村工作指导员338名，营造指导员良好的工作舆论氛围，举办指导员工作培训班，制订《松阳县农村工作指导员管理办法》，构建农村工作指导员充分发挥作用的组织平台、信息平台和创业平台，通过立足村情建项目、联系部门争扶持、发展经济促提高，开展“百村项目建设”，促进“连心工程”取得实效。2005～2010年，全县农村指导员每年走访农户2万余户，提出合理化建议600余条，组织农民技术培训8000余人次，启动经济发展项目150余项，建设水、电、路等基础设施140余项，落实帮扶资金100多万元，帮助解决实际困难600余个。

非公企业党建　制定《松阳县非公有制企业党建工作三年规划》，全县40家应建党组织的非公企业全部建立党组织，重点抓浙江雷克机械工业有限公司、松阳县长运公司2个党建示范点的巩固发展工作；推行厂务公开、民主恳谈等制度，开展“双比双争创五好”等一系列主题活动，丰富非公企业党建工作。

社区党组织建设　成立社区党工委、6个社区党总支和21个党支部，选派6位退居二线的科级干部担任社区党总支书记，选派机关单位优秀年轻干部担任社区工作指导员，开展以创建“特色社区”为内容的主体活动、以城西社区为重点的党建示范点建设工作，做好在职党员进社区工作，组织实施社区党建“凝聚力”“先锋”“心连心”“共驻共建”四大工程。2004年，开展1573名在职党员到社区以参加一次组织活动、提一次建议、办一件实事、解决一个难题为主要内容的“四个一”共建活动。

建立创新项目库　建立基层组织党建“创新项目库”，设置组织工作“创新奖”，把创新工作列入乡镇年度考核；制定创新项目预报制，采取先申报、后分类的管理方式，对全县“先锋在线”、外出支部管理等20个乡镇创新项目实施分类指导、跟踪管理。

建设村党组织活动场所　2006年始，在全县推进村级组织活动场所建设。落实资金1000多万元，完成全县401个行政村的组织活动场所建设。

农村党员干部现代远程教育　2007年，落实省委“在十七大前远程教育终端接收站点基本覆盖全省所有乡镇和行政村”的要求，采用“电脑+电视”“电脑+投影仪”等形式，完成127个远教终端接收站点建设任务；实行站点管理员AB岗制，探索建立“站点+培训班+基地”学用模式，创建界首等3个省级远程教学用示范点。开通“松阳党建网”，促进党建工作的网络化、信息化建设。2008年，完成现代远程教育点431个。评选出20个县星级远教站点和20名县星级远教站点管理员。站点学用工作与村级组织建设相结合，组建主体班127个；与农民技能培训相结合，组建专业班189个，先后组织学习活动600余次，累计参加学习和接收教育的党员干部和群众14000多人次；与村民素质教育相结合，利用远程教育的传媒功能，为村民播放优秀影视作品，促进农村社会风气的良性发展。建立考核机制，把远教站点建设、管理及学用开展情况列入基层组织建设年考核；建立督查机制，采取明察暗访和定期通报等形式，对基层站点的学用工作开展督查；建立联席机制，建立与电信、电脑公司周一、周五例会制度，乡镇组织委员定期汇报制度，互相交流工作方法，借鉴工作经验。

村级民主管理规范化建设　推行村级民主管理，培育东关、西屏三村等44个民主管理示范村，促进农村管理的“制度规范化、决策程序化、监督民主化”。2008年，实施村两委主要干部“一村一名大学生”大专学历培训，191名村干部在读。修订《松阳县任职多年离任村干部生活定期补助实施办法》，开展低收入农户党内帮困活动。

制定加强基层党组织建设系列文件　2008年，县委办印发《关于深入推进党务公开工作的意见》，要求乡镇党委党务公开内容有15项。印发《关于建立松阳县乡镇党委书记抓基层党建工作述职制度的意见》，规定述职的内容。制定《关于构建城乡一体化党建新格局，进一步加强农村基层组织建设的意见》，确定主要目标、队伍建设、基层民主政治建设等内容。

民情地图促服务机制　2010年4月，四都乡党委首创“民情地图”促服务活动。10月，在全县推广铺开构建“民情地图”促服务长效机制，推进社会管理科学化。组织实施“基层组织建设年”活动，抓“网格化管理，组团式服务”工作，全县401个行政村共计2406张“民情地图”全部手绘完成，并统一录入松阳县“网格化管理，组团式服务”信息管理服务平台，成为推进农村基层社会管理和服务的有效载体。加强网状基础数据录入和更新整理，采录6.76万户群众的基础信息。省、市《组工通讯》刊物给予宣传报道。2010年9月27日，《人民日报》内参第1609期刊登《浙江松阳千名干部下基层绘制“民情地图”》文章。

开展承诺及履诺活动　2010年，在基层党组织和党员中普遍开展承诺及履诺点评，全县800个基层党组织和13616名党员进行先锋承诺，建立39个领导干部创先争优活动联系点，塑造一批先进基层党组织和优秀共产党员的典型。

1927～1949 年若干年份松阳县党组织人数统计表

表 20-5-6-1　　单位：个、人

年度＼项目	地方工作委员会	区委	支部	党员数·档案数	党员数·回忆数	年度＼项目	地方工作委员会	区委	支部	党员数·档案数	党员数·回忆数
1927	—	—	—	—	16	1942	—	—	—	10	44
1933	—	—	1	4	—	1943	—	—	—	9	28
1935	—	2	29	95	25	1944	—	—	—	12	21
1936	—	—	—	47	3	1945	—	—	—	32	22
1937	—	—	—	2		1946	—	—	1（小组 4 个）	56	25
1938	—	—	—	14	7	1947	—	—	2（小组 3 个）	37	96
1939	—	—	5	12	129	1948	—	—	2（小组 7 个）	73	94
1940	1	—	8	95	118	1949	1	区委 2 个 区特派员 4 个	1（小组 1 个）	72	92
1941	1	—	8	57	86						

说明：全面抗战时期，浙江省湘湖师范在松阳古市，支部所属党员统计在松阳县党员数。1935 年，党支部 29 个，包含在龙泉境内的流地、大苏坑 2 个村支部。1949 年数据为当年 5 月前的数据

1949～1986 年若干年份松阳县基层党组织情况统计表

表 20-5-6-2　　单位：个、人

年度＼项目	地方委员会	区委	党组	党委	总支	支部	党员	其中·女党员	其中·少数民族
1949	1	4	—	—	—	15	135	—	—
1950	1	4	1	—	—	29	490	43	—
1951	1	4	1	—	—	31	381	27	—
1952	1	5	1	—	—	34	408	29	—
1953	1	5	1	—	—	37	450	38	—
1954	1	5	4	—	1	55	696	72	—
1955	1	5	1	—	1	58	872	81	15
1956	1	2	1	—	1	69	1226	118	17
1957	1	3	1	—	29	79	1393	138	—
1958	1	0	1	5	26	114	1364	142	32
1982	1	4	11	28	—	541	4961	418	152
1983	1	5	17	31	—	552	5076	432	149
1984	1	5	15	42	—	574	5236	433	146
1985	1	5	11	47	—	585	5791	504	178
1986	1	5	15	48	—	609	6092	553	183

1987～2010 年松阳县基层党组织情况统计表

表 20-5-6-3

单位：个、人

项目 年度	地方委员会	区委	党组	党委	总支	支部	党员	其中		预备党员	文化程度		
								女党员	少数民族		大专以上	中专	高中
1987	1	5	18	48	—	622	6384	604	187	—	—	—	—
1988	1	5	17	48	—	636	6505	622	193	—	324	371	717
1989	1	5	17	48	1	651	6581	628	187	—	337	438	741
1990	1	5	19	48	2	664	6707	642	191	—	386	491	772
1991	1	5	21	48	3	669	6890	679	191	—	433	537	831
1992	1	—	22	41	3	673	7239	743	190	—	483	604	942
1993	1	—	23	42	14	692	7649	839	205	—	626	635	1016
1994	1	—	–	28	8	702	8097	950	—	497	690	681	1104
1995	1	—	–	28	6	713	8691	1136	—	716	764	730	1210
1996	1	—	–	29	17	712	9279	1292	—	843	919	773	1290
1997	1	—	–	30	14	716	9646	1376	—	726	1051	791	1393
1998	1	—	–	43	17	722	9853	1443	—	585	1160	810	1438
1999	1	—	–	43	20	725	10171	1549	—	526	1444	823	1521
2000	1	—	–	30	19	729	10386	1614	—	443	1564	875	1570
2001	1	—	–	36	22	743	10637	1687	—	488	1673	917	1612
2002	1	—	32	38	24	744	10796	1738	—	427	1759	980	1627
2003	1	—	32	43	29	750	11089	1836	—	478	1920	1011	1678
2004	1	—	43	27	25	745	11292	1886	—	460	2064	1014	1688
2005	1	—	33	39	30	778	11480	1969	—	475	2269	993	1715
2006	1	—	33	41	31	761	11795	2051	266	529	2433	993	1748
2007	1	—	33	39	26	781	12175	2158	—	529	2746	953	1751
2008	1	—	33	39	28	785	12514	—	—	—	—	—	—
2009	1	—	35	39	28	785	13108	2507	283	677	3302	1008	1972
2010	1	—	35	40	35	800	13616	2691	291	740	3582	1013	2010

第七节 知识分子工作

贯彻知识分子政策

1949年5月始，中共松阳县委贯彻落实党的知识分子政策。1952年，全县390多名教师列为国家编制，一律转为公办。1956年2月，中共松阳县委文化教育部（简称“县委文教部”）成立，与县委宣传部合署办公，主管文化、教育、卫生系统的组织、人事工作，负责在全县贯彻落实党的知识分子政策。4月23～28日，县委召开松阳县知识分子代表会议，与会代表109人。其中，中学教师代表11人，小学教师代表48人，医卫人员代表20人，其他战线的知识分子代表30人。在代表总数中，党、团员知识分子共40名，非党、团员知识分子共69名。会议吸收县城机关干部、学校、企事业单位的800多名知识分子听报告，学习党的知识分子政策。7月13～14日，县委文教部召开全县教师会议，向中小学教师传达《知识分子问题》《中共中央关于知识分子问题的指示》《浙江省1956～1957年知识分子工作纲要（草案）》，座谈讨论党的知识分子政策。8月13日，县委文教部向县委呈报《关于向中小学教师传达知识分子工作纲要（草案）情况的总结报告》和《西屏二小继续学习党的知识分子政策的总结》。10月17日，县人委文教科结合工资改革召开教师大会，进一步贯彻党的知识分子政策，要求各学校用半个月时间学好有关文件，解决教师提出的困难和问题。卫生系统用20天时间继续学习党的知识分子政策，解决医务人员政治学习和业务进修等问题。

1956年，文教系统从知识分子中培养入党对象31人，从中发展新党员7名。注重非党员知识分子的使用和安排，文化、教育、卫生系统共有11名非党员知识分子先后走上领导岗位。1957年初，教育文化系统从非党员知识分子中选拔中学副校长1人、完小校长1人、正副教导主任2人，提拔剧团团长3人、电影队队长1人。举办积极分子培训班，把47名非党员知识分子作为重点培养对象纳入培训。12月，教育系统7人、卫生系统4人当选为县第二届人民代表大会代表，教育系统2人被推选为县政府组成人员。卫生系统在山区组建7个联合诊所，安排51名中、西医医务人员参加诊所工作。教育系统则基本上制止区、乡机关随意抽调教师做社会工作的现象，确保学校正常的教学秩序。鼓励中小学教师积极参加浙江师范学院和丽水师范举办的函授班学习，提高教师的业务水平和教学能力。县人民医院选送医务人员到省、地医院进修。县农业科支持农业科技人员推进耕作制度的改革。1956年工资改革，全县小学教师工资平均增加31.37%、中学教师增加12.90%；全县医务人员也全部增加工资。为187名知识分子解决生活上的实际困难。采取从外地调入或从当地调出的办法，使18名知识分子结束夫妻两地分居的状况。修建校舍28幢，新建校舍1幢，缓解教师的住房困难。

1977年10月和1978年8月，县委和教育部门贯彻全省教育工作会议精神，对教育战线拨乱反正。1978年7月，县委发出《关于对“板桥双逼事件”昭雪平反的决定》，为“板桥双逼事件”中受迫害的干部、教师和群众平反。松阳区域教育战线认真清理、复查“文化大革命”中的专案；进一步平反冤假错案，追溯至解决20世纪50年代中后期以来因历次政治运动而受到错误批判和处理的教师所遗留的问题，使一大批教师重新走上教学岗位。随着各级教育工会的恢复和重建，包括教师在内的广大知识分子作为工人阶级一员的政治地位进一步明确，各地选拔一批先进教师担任学校校长、教导主任和教育行政部门的领导，有的当选为各级人民代表大会的代表。1977～1979 年，松阳区域 3 次调整教师工资，开始实行班主任津贴。1979 年以后，每年安排一定比例的优秀民办教师转为公办教师，逐步缩小民办教师比例。多数民办教师的待遇有所提高，教师经济地位偏低的状况开始好转。至 1980 年 10 月，县委本着“实事求是、有错必纠”的原则，慎重地处理“文化大革命”以来一系列重大事件和历史遗留问题。

同时，松阳区域卫生系统开展拨乱反正工作。全面落实党的干部政策和知识分子政策，为冤假错案平反昭雪，调动医疗卫生系统广大知识分子建设社会主义的积极性。

1977 年，恢复婺剧团建制。1978 年以后，时遂昌县从上山下乡知识青年中招聘 58 名文化员，其中分配到松阳境内的有 27 人。松阳区域每个公社（镇）都建立文化站。1984～2010 年，松阳县招、选聘一批相当于高中以上文化程度的优秀中青年知识分子，担任人武、公安、财税、区、乡（镇）干部及计划生育员、文化员。1996 年，成立松阳县知识分子领导小组，县委组织部设立县委知识分子办公室，开办《知识分子园地》刊物，择优发表知识分子的文章，表彰鼓励知识分子发挥应有的作用。1984 年以后，开办优秀青年干部培训班，每期人员在 50 人左右，培养选拔青年知识分子充实领导岗位。

知识青年上山下乡

1964 年 1 月，中共中央和国务院发布《关于动员和组织城市知识青年参加农村社会主义建设的决定（草案）》，把“上山下乡”确立为城镇知识青年就业的一项长远方针纳入国民经济和社会发展计划。1965 年 4 月，县委在西屏、古市 2 镇开展首批知识青年上山下乡工作，做到动员、安置、巩固三个落实。5 月，西屏镇第一批 20 名知识青年到阳溪公社桐溪大队插队落户。古市镇 30 名知识青年下乡到岗寺公社山下阳大队务农。6 月，西屏镇第二批 23 名知识青年下乡到阳溪公社官溪大队务农。1969 年 1 月，县革委会成立安置办公室，下发《关于城镇高、初中毕业生、社会知识青年上山下乡安置任务的通知》。2 月，全县 200 多名知识青年到农村插队落户，另 27 名知识青年到内蒙古落户。1973 年 12 月，县委成立县知识青年上山下乡领导小组和县革委会中学毕业生分配领导小组。随后，全县毕业生中除升学外，凡属农村户籍的都回乡参加集体生产；凡属城镇户口的，根据省革委会文件精神，年满 16 周岁的 1972 年初、高中毕业生，年满 16 周岁的 1971 年未分配的初、高中毕业，都到农村插队落户。1974 年，全县有 600 名知识青年到农村插队落户。1975 年开始，推广湖南株洲市实行厂社挂钩、集体安置知青的办法。是年，松阳区、古市区对知识青年实行集体安置。1976 年 5 月，遂昌县革委会下发《关于进一步做好知识青年上山下乡工作的意见》，“要求 1976 年 6 月份把应下乡的青年动员下去，县里不另外下达计划指标，按挂钩单位进行就行”。1965～1976 年，松阳和遂昌两地共有 2935 名知识青年上山下乡。

学历教育与津贴发放

1985～2010 年，在县委党校开办脱产财会中专班和函授党政管理等专业中专文凭以上班次，培养毕业财会中专 49 人、中专生 124 人、大专生 1317 人、本科生 693 人、硕士研究生 45 人。对上述学员，给予提供学习时间，报销学习相关费用。给符合下列条件的知识分子发津贴：研究生毕业，工龄满 10 年；本科学历，工龄满 14 年；专科学历，工龄满 15 年；中专学历，工龄满 18 年。在卫生、教育部门工作的每月 9 元，其他岗位的每月 7 元。此规定执行到 2010 年末规范津补贴止。

专业技术人员评选

1998 年开始，开展专业技术人才评选工作，全县共有 238 名具有高级专业技术职称的人才，其中高级农民技术职称的人才 22 人。先后制定《松阳县跨世纪学科带头人培养规划》《松阳县优秀专业技术人才选拔和管理办法》，开展县级优秀人才的评选和市科学青年奖的推荐申报。1998～2003 年，在全县 238 名高级专业技术职称人才中，评选优秀职业技术人才 66 人次。会同有关部门开展送科技下乡、科技咨询活动。组织力量对人才现状、人才需求及趋向进行调查分析。制定《引进工业企业人才奖励办法》，开展党政科技进步目标责任制考核。开发农村实用技术人才（乡土人才），举办学历教育、绿色证书、农函大等学习培训，培育农技人才 2257 人。2004 年，建立全县人才工作领导小组。2005 年 7 月，撤销县委知识分子工作办公室，设立县委人才工作办公室。制定《关于进一步加强人才工作的决定》《松阳县高层次人才定期体检制度》。2006 年，编制《松阳县“十一五”人才发展规划》。调整县委人才工作领导小组，新增 11 个成员单位。制定《松阳县突出贡献人才奖评选管理办法（试行）》，表彰为经济社会发展作出突出贡献的各类人才。

2007 年，制定《关于建立县级领导联系优秀人才制度的实施办法》《县委制定人才工作领导小组及成员单位工作职责》《松阳县引进人才智力暂行办法》，全年引进各类专技人才 76 名。开展“突出贡献人才奖”评选活动，重奖一批拔尖人才。28 位县领导结对联系 48 名优秀拔尖人才，组织全县 226 名高层次人才体检。评选出松阳首届“突出贡献人才奖”7 人。2009 年，培育各级高级职称专业技术人才 42 人。

人才引进与职业技术培训

2008 年，编制松阳县 2008 年急需紧缺人才目录。建立人才信息数据库，录入各类人才信息 2961 条。其中，党政人才 434 条，专技人才 1773 条，企业经营人才 111 条，农村实用人才 506 条。引进各类人才 6 人，大学毕业生 4 人，首次把事业新进人员列入人事代理范围。公开招考中小学教师、医疗等事业单位人才和进农村和社区工作的高校毕业生 147 人，其中专业技术人才 87 人、农村和社区工作大学生 60 人。引进浙江大学、省发改委等高级专业人才到松阳挂职，在全县选派各部门（乡镇）专业技术人员到发达地区挂职锻炼等。

2010 年，继续实施人才服务新农村建设行动，组织茶叶等 28 类人才分 13 批次到基层传播知识。选送 5 名高层次企业经营人才参加省市专题培训，外聘 2 名专家进行理财培训；选送 19 名教育卫生专业技术人才到省对口单位挂职进修，开展专业技术人才公开科目培训 400 余人次，开展非公企业专业技术人才职称的评审工作。组织“松阳茶师”、特色种养殖、农资营销等专题培训，举办农资营销员培训班 2 期，260 余人次受训，完成松阳县“十二五”人才发展规划。截至“十一五”期末，全县人才总量为 18367 人。其中，党政人才 1200 人，企业经营管理人才 2336 人，专业技术人才 6999

人（其中高级职称388人，中级职称2523人，初级职称4088人），高技能人才263人，农村实用人才7569人。人才总量比“十五”期末增加2936人，增长19.02%；每万人口中人才有650人，较好地完成“十一五”预定目标。

知识界人士联谊会

2008年，成立松阳县知识界人士联谊会（简称“知联会”），由松阳知识界人士中的中高级无党派知识分子为主组成。知联会贯彻党的知识分子政策，加强同各界党外知识分子之间的联谊、联络，把广大党外知识分子更好地团结在党的周围，巩固和发展最广泛的爱国统一战线，共同为推进松阳的“三个文明”建设服务。

第八节　机关党建

机关党组织沿革

1939年5月，中共处属特委指派吴士鸿到松阳，以省农改所的党员为主组建中共松阳城区支部。1940年4月，成立中共松阳县工作委员会。

1950～1952年，在机关和农村建立党的基层组织。1954年，县机关建立4个党组，1个党总支。1957年4月，改为机关党委。1958年11月，撤销松阳县建制，原政区并入遂昌县，遂昌机关党总支改称机关党委。1962年7月，撤销机关党委。1977年，县级机关党委恢复日常工作。

1982年1月，复置松阳县；5月，建立中共松阳县委员会，中共松阳县委辖4个区委、28个基层党委、11个机关党组、541个党支部，有党员4961人。1983年3月，松阳县机关党委建立，设书记1人、副书记1人、委员4人。1990年12月，把中共松阳县机关党委改为中共松阳县直属机关工作委员会（以下简称县直机关党工委）。2000年，按县直机关机构改革方案，县属部门党委改设党组，其党员划归县直机关党工委管理。县直机关党工委设置12个直属机关党委和1个机关党总支，并于2003年实行首次换届选举。2008年10月始，机关工委书记由组织部副部长兼任改为机关工委书记兼任组织部副部长。

2010年，机构改革，县直属机关工作委员会定编3人，领导职数2个，其中书记1人、副书记1人，内设机构1人；实为4人，领导职数3个，内设机构1人，超编1人。是年，各类党组织284个，其中部门党委10个、直属机关党委14个、党总支11个（含2个直属党总支）、党支部249个（含50个直属党支部），党员3533人。

县直机关党代会

1956年6月，县机关党总支负责落实出席中共松阳县第一次代表大会的机关党员代表。恢复县制后，1983年重建松阳县机关党委，至2010年末，共经历县党代会7次（第二至第八次）。有4次参加县党代会的代表，是由县委或组织部门或县直机关党委根据县委要求按工作需要和党员比例由党支部直选报县机关党委审核后上报组织部门审批的。1993年4月、2003年5月、2006年12月，县直机关分别召开党代会，选举产生出席中共松阳县第五次、第七次、第八次代表大会代表。

1984～2010年松阳县机关党委推选县党代会代表情况表

表 20-5-8-1　　单位：人

次数	县委党代会召开时间	代表分配依据	县党代会机关党代表产生形式	代表人数
第一次	1956.06.01～06	县委指示	县机关党总支落实	不详
第二次	1984.08.18～24	县委〔1983〕20号文件	1983年10月25日机关党委会审核后报县委组织部门审批	50
第三次	1987.04.16～20	县委组织部分配方案	由机关各党支部选举产生52名代表，机关党委审核后报组织部门审批	52
第四次	1990.05.04～07	机关党委根据县委文件精神起草下发〔1990〕7号文件	各支部选举产生62名代表，机关党委审核后报县委组织部门审批	62
第五次	1993.04.07～11	县委〔1993〕36号文件	机关党委于1993年3月组织所属50个党支部543名党员，推出党代表候选人114人，通过选举产生68名代表报组织部门审批	68
第六次	1998.03.16～19	县委〔1997〕25号文件	机关党工委把99名代表名额分配到各支部，由支部召开支部大会选举产生，经县直机关党工委审核后报组织部门审批	99
第七次	2003.02.28～03.03	委办〔2002〕115号文件	党工委于2003年1月10日召开全体委员会议，以圈选的方式，确定123名代表候选人。正式通过代表会议选举产生101名代表，报县委组织部门审批	101
第八次	2006.12.08～12	县直机关党工委〔2006〕45号文件	党工委召开党员代表大会，确定代表建议名单，选举产生中共松阳县第八次党代会代表，报县委组织部门审批	104

机关党建工作

组织建设　1983年，县机关党委对机关党员进行登记、统计，在县机关单位建立党支部，发展新党员。1987年，开展党风大检查，进行自查自纠。1988年，党支部换届、选举；调整充实领导班子，订立机关重要岗位目标责任制。1989年，对县机关党委所属310个党支部的党员进行民主评议，开展“争创先进党支部、争做先进党员”双争“创星”活动。

1991年，开办机关《党务通讯》交流经验。1992年，“双争”目标管理考核。1999年，县易地安置离休党支部被评为全国先进党支部。2000年，县属部门党委改设党组，其党员划归县机关党工委管理，设置12个直属机关党委和一个机关党总支。

2003年，对党委党组实行首次换届选举，对37个企事业单位的党组织进行撤并、整顿。2004年，指导67个党支部进行换届选举，11个党支部进行支委成员补选、增选，新建12个党支部、2个党总支，合并或撤销6个党支部。2005年，开展党支部规范化建设和复查工作。2006年，在县机关开展“学习年”活动，举办中层干部培训班。2009年，组织70多名新党员进行入党宣誓，举办“庆七一·迎国庆”歌咏比赛、“我为‘七一’献热血”的义务献血活动。2010年，开展基层单位换届和班子成员的调整工作，探索基层党组织建设的创新活动，建立“创先争优短信互动平台”。

1990～2010年松阳县直机关党工委入党积极分子培训情况表

表 20-5-8-2　　　　　　　　　　　　　　　　　　　　　　　　　　　　　　　　单位：人

时间	期次	人数	时间	期次	人数
1990.08	1	50	2001.09	12	40
1991.08	2	50	2002.09	13	72
1992.06	3	71	2003.08	14	78
1993.08	4	65	2004.09	15	63
1994.11	5	50	2005.09	16	67
1995.12	6	48	2006.09	17	72
1996.10	7	60	2007.09	18	94
1997.08	8	53	2008.09	19	94
1998.10	9	68	2009.10	20	67
1999.10	10	68	2010.10	21	121
2000.09	11	76	—	—	—

思想建设　1984年，县机关党委举办机关党员培训班，学习贯彻中共十一届三中全会以来的方针政策。1990年，开展目标管理活动，组织机关党员学习党的路线、方针、政策、上党课，进行形势教育。1991年，举行先进党员事迹报告会，学习贯彻县委办发的县区机关思想教育实施意见，传达全区党建会议精神。1992年11月，县直机关党委召开党的工作会议，要求加强党员干部马克思主义基本理论教育，提高党员的政治素质，加强党性锻炼，充分发挥党支部的战斗堡垒作用，找准参与经济建设结合点，学习邓小平南方谈话，坚持改革开放，积极参与经济建设。1993～1999年，开展机关党建理论研究，在县机关各支部开展党建知识竞赛，编印党建论文集。1994年，开展庆祝建党75周年系列活动：举办歌咏、演讲比赛，党建论文评选。1996年，修改《机关党建研究会章程》。1998～2003年，以“三个代表”重要思想为主线，以思想政治教育与业务工作相结合、与法制及科技文化相结合为原则，开展机关党员党性宗旨教育、社会主义教育、爱国主义教育、职业道德、勤政廉政教育和遵纪守法教育；完善电化教育制度，每月收看2次电化教育宣传片；采取专题报告会和讲座的方法开展党课教育。

图20-14　重温入党誓词（叶光铭 摄于2008年）

2004年，对机关党员进行世界观、人生观、价值观的教育。2005年，开展共产党员先进性教育活动。抓先进集体、先进个人的宣传，编写《先锋剪影》杂志，组织优秀党员事迹宣讲团进行宣讲活动；抓党员的学习培训，进行自我剖析、找存在的突出问题，做好党员民主评议工作，制订整改措施。2006 年，按照中共十六大提出的“形成全民学习，终身学习的学习型社会，促进人的全面发展”的要求，在县机关开展“学习年”活动。县直机关下发《2006 年松阳县机关党建调研课题及研究重点》的通知、《2006 年机关党建工作要点》，开展“学党章、知党史、强党性”主题教育活动，开展建党 85 周年党章基本知识竞赛活动，加强学习培训，组织参观考察，举办学习论坛，课题调研，技能竞赛，开展网上教育，试行“党员先锋卡”制度。2007 年，制定学习规划和实施规划，开展“争优创先”活动。2008 年，完善党建例会制度，开展“十佳干部”评选和党员沟通关爱工程建设；加强党内监督制度，坚持以“党建带工建”“党建带团建”“党建带妇建”，充分发挥工、团、妇组织的作用，支持各群团按照各自章程做好自身工作，不断提高工作水平。为创新党建载体，在县机关 10 个部门党委开展“过入党纪念日”活动。

2009 年，以多种形式深化拓展“入党纪念日”活动：给过纪念日的党员开一次座谈会，寄送“入党纪念日”贺卡，重温入党誓言，发表不忘初心的感言，为联系单位做一件好事，党组织为党员个人建立入党纪念日档案。国家机关党工委机关刊物《紫光阁》第八期对松阳县直机关开展过“入党纪念日”活动作专题介绍。2010 年，对党员进行“争先创优”专题教育，推进机关党组织规范化、制度化，倡导党员干部读好“政治理论书”“业务知识书”“生活情趣书”，提高党性修养，按党章规定严格自己的行为，在思想上、政治上、行动上与党中央保持一致，坚持原则，敢于担当，廉洁自律，尽心尽职做好本职工作。

1990～2010 年松阳县机关先进党支部、先进党务工作者、先进党员一览表

表 20-5-8-3

年份	先进党支部（个）	先进党员（人）	先进党务工作者（人）	年份	直属先进党支部 机关先进党支部（个）	先进党员（人）	先进党务工作者（人）
1990	5	58	12	2001	16	58	10
1991	10	68	12	2002	15	86	13
1992	11	68	12	2003	直 313	5	20
1993	5	57	15	2004	直 323	22	4
1994	5	72	15	2005	直 323	68	21
1995	11	75	23	2006	直 322	76	21
1996	10	70	18	2007	直 325	76	23
1997	10	56	6	2008	直 338	92	24
1998	13	64	21	2009	直 632	91	26
1999	8	65	13	2010	直 632	91	26
2000	9	58	15	—	—	—	—

作风建设　1989年，松阳县机关委员会第一批对10个党支部党员进行民主评议。1990年，县机关委员会第二批对15个党支部党员进行民主评议。1991年，走访革命老区安岱后村，进行革命传统教育，改正机关作风，设立督导指导人员。1992年，学习贯彻邓小平南方谈话，转变作风，积极参与经济建设，服从、服务于单位创办产业。1993年，县直机关委员会召开党支部书记会议，要求转变机关作风，积极参加经济建设、参与农业开发，创办工业、企业，发展第三产业。1994年，引导党员到改革开放的第一线，密切联系群众，做群众的知心人，为企业做些力所能及的工作。1996年，提出“围绕经济抓党建，抓好党建促经济”，组织机关党员深入实际调查研究，撰写调研文章，做好党委参谋。1998年，要求下属党组织把机关党建工作与中心工作相结合。按照“求新、求活、求实、求深”努力改进方式方法，给机关党的工作注入新的活力。注重对共性问题和难点问题的研究；注重机关党建特色，提高影响力、凝聚力。加强制度建设，建立科学的工作机制，把作风建设落到实处。1999年，积极参与社会公益活动，支持公益事业建设。协助竹源乡修建公路，解决村与村之间纠纷。

2001年，县直机关党工委要求所属支部全体党员认真开展“三个代表”重要思想学教活动。重点在“两转变、两提高”（转变部门职能，转变干部作风，提高干部素质，提高业务水平）上下功夫。2003年，举办为期7天的县级机关中层干部培训班。2004年，着重抓机关党员下乡调研扶贫帮困、慰问贫困群众、上门为企业服务等工作。2005年，推行党风廉政责任制，开展“在职党员和党支部参与社区建设活动”，全县176个机关党支部、1890名在职党员到县城各社区报到，帮助共建；开展“帮困助医献爱心”活动。帮助解决农村“因贫致病，因病致贫”的难题。有164个支部1340余人捐赠“助医卡”1600余张。2006年，开展“最佳组织生活实例”评选活动，开展下乡调研、扶贫帮困、慰问贫困群众，上门为企业服务等活动，全县有135个党支部上报组织生活实例参与评选。党员参与社区建设做到“四个一”（参加一次社会实践活动，为社区做一件好事，提一条合理化建议，帮助解决一个难题）。2008年，开展结对帮扶活动。“七一”期间开展“下乡、下社区、送温暖、献爱心”活动，走访慰问困难群众和特困党员700余人，开展“党员服务创业一条街”活动；加强完善党内监督制度。2010年，制订“百个部门帮百企”方案，88个部门和123名县管副科后备干部与123家规模企业结成对子，为企业的发展提供服务。

第九节　老干部工作

机构沿革

老干部工作是党的干部工作和组织工作的重要组成部分。1984年1月，成立松阳县老干部局，1月8日，改称为中共松阳县委老干部局。1997年，县委办发文确定中共松阳县委老干部局为县委主管全县老干部工作的行政机构，由县委组织部负责管理，其机构级别为正科级，内设办公室，行政编制4人。其中局长1人，副局长1人。下辖的县老干部活动中心、老年大学办公室，为全民事业单位，2个单位合署办公，财政全额拨款，编制4人。至2010年12月，未变动。

县委老干部局主要职责包括负责贯彻落实中央和省、市、县委有关老干部工作的方针、政策，督促离休干部政治、生活待遇落实等六个方面。

服务对象及待遇

服务对象　1982～2001年，服务对象为全体离休干部。根据2001年县委常委会会议6号纪要精神，服务对象扩大为包括全体离休干部和松阳县实职副县以上退休干部。2009年开始，服务对象增加全县退休干部党支部书记。至2010年12月末，松阳县老干部局服务管理的离休干部101人，其中离休干部78人、实职副县以上退休干部23人；退休干部党支部书记40余人。松阳县老干部局安置外县离休干部2人。

待遇　2007年始，县老干部活动中心设立阅文室，向县委办等部门借取文件，供老干部阅读相关文件。在县委、县政府新出台政策、项目之前，都召开离退休干部代表座谈会，征求意见和建议。1995年始，上级重大决策性的文件传达、县委县政府召开的重大会议都邀请离休干部代表参加。各单位、部门的学习或重大会议、活动也邀请本单位、本部门的老干部参加。对县委县政府主要领导的情况通报，都组织离退休干部代表开展座谈会征求意见，并梳理汇总向县两办及主要领导汇报。各涉老单位每年都会向老干部通报本单位情况，广泛征询老干部的意见、建议。

每年不定期组织全体离休干部理论学习会。平时，离休干部参加所划分的离退休干部学习小组、乡镇老干部学习小组学习，老年大学专门为离退休干部开设政治课。对每位离退休老干部赠订《浙江老年报》。从2010年始，县委赠送老干部每人1份《新松阳》《丽水日报》。

至2010年末，全县已建立离退休干部党支部41个，其中离休干部党支部1个、退休干部支部35个、离退休干部合编的支部5个。离退休干部党支部书记每年进行一次集体培训，党员老干部都定期过组织生活。对于卧病在床的党员老干部，单位的党组织负责人、分管领导、组织干事都会上门宣讲、发放资料。坚持每年一次的就近参观考察制度，使老干部们开阔视野，激发发挥余热的积极性。每年为离休干部体检一次，医院为离退休干部建立健康档案；从2008年始，实职副县以上退休干部每年进行一次体检。1984年、2002年、2006年、2008年给老干部局更换或新购轿车。

走访探视慰问　县委、县政府和各涉老部门坚持重大节日对老干部（包括遗属）的走访慰问制度，老干部局对每位老干部每年例行走访2次以上，每年为80岁、90岁及以上的老干部进行祝寿活动。

老干部生活待遇主要包括离退休费、医药费、护理费、交通费各项补助补贴、后事三费（丧葬费、遗属补助费、抚恤金）和与生活待遇有关的特需经费、公用经费。按照“单位尽责、社会统筹、财政保障”的原则，建立和完善离休干部“三个机制”，确保离休干部离休费按时足额发放，医药费按规定实报实销，逐步提高离休干部医疗费用定额基数、护理补贴、生活完全不能自理的护理补贴、高龄护理补贴及年终生活补贴，发放离休干部健康疗养费。解决离休干部（遗属）住房困难，包括离休干部购买限价商品房、离休干部住房补贴和离休干部住房补差。解决离休干部配偶（遗属）基本医疗费、生活困难问题；无固定工作离休干部家（遗）属，年满60周岁，其医疗待遇参照县机关、事业单位退休人员有关规定执行。2010年的年终生活补贴提高到1000元。

老干部主要活动

松阳县老干部（老年）活动中心　前身为松阳县老干部活动室，1983年7月正式开放，由县委组织部管属，设在县委院内，面积46平方米。1984年2月，由老干部局管属。1987年10月，设在县建设局二楼，面积80平方米。1998年10月，建立松阳县离休干部活动中心，址在县城大井路2号文庙内，和老年大学一起活动办公。2001年8月，办公场所扩大至东侧的城隍庙，更名为县老年活动中心，接纳社会老年人参加活动。2006年11月，搬入县城人民大街20号原法院审判庭。活动中心占地面积400多平方米，建筑面积1100多平方米，实际使用面积1260多平方米。活动中心设有多功能厅、电视室、书画室、象棋室、台球室、扑克室、乒乓球室、麻将室、老干部学习接待室（聊天室）、阅览室和健身舞蹈厅等，平时每天去活动的有200～300人次。主要职责是接纳城区单位及社会老年人参加活动；负责活动中心日常管理、服务工作；组织实施各活动室常规活动和各项比赛；协助相关的老年团体协会，在重要节庆日开展“自我组织、自我管理、自我服务”的各项比赛活动。

图20-15　老年活动中心（叶光铭 摄于2006年）

县老年大学　松阳县老年大学是县委老干部局下属的全额拨款事业单位。有工作人员（含聘用人员）3人。1993年10月，开办松阳县老年大学，建立首届校务委员会。松阳县老年大学在县老年大学校务委员会的领导下开展教学工作，至2010年，先后调整成立7届校委会。初创时，借用县委党校两间教室。1998年10月，搬入县城大井路2号文庙内，面积1760平方米。老年大学办公室负责县老年大学的日常管理工作，组织开展校园教学活动；负责老年大学开展创先争优竞赛活动；参与校外服务社会工作，为建设和谐社会发挥余热。县老年大学坚持“老有所教、老有所学、老有所为、老有所乐”的方针和“增长知识、丰富生活、陶冶情操、增进健康、服务社会、再作贡献”的办学宗旨，遵循“厚德载物，康乐有为”的校训。其招生范围及对象为在松阳县范围内的机关、事业、企业（含省、市驻松单位）单位的离退休干部职工和社会各界老年人。自开办至2010年，有2万多人次参加老年大学学习活动。办学初期，学校开设政治、医疗保健、书画、花卉、歌咏等课程。从2000年始，学校累计开设过政治、歌咏、越剧、舞蹈、健身、医疗保健、推拿、草药、摄影、书画、松阳人文、松阳茶文化、影视文学欣赏、诗词、器乐、烹调、花卉、剪纸等20余门课程。先后有40多位教师在老年大学任教。

成立初期，凡参加老年大学学习的离退休干部，每学期交学杂费20元，由离退休干部所在单位报销，行政和事业单位在业务包干经费中列支。1996年春，老年大学招生收费标准为每学期交学杂费55元。离退休干部学员，由学员原单位报销45元，学员自付10元；自费学员仍旧缴纳20元。2001年秋季，老年大学学员学费每学期60元，学费凭发票由学员所在单位报销。离休干部学员免费入学。

县老年书画研究会　成立于1986年12月13日。至2010年，100多名会员中，有60%成为浙江省和全国的会员。1998年，松阳县老年书画研究会是浙江全省第一个被中国老年书画研究会吸收为团体会员的单位。2004年，成为丽水市第一个被中国老年书画研究会评为先进团体单位的县级老年书画社团。2005年，被东方文化交流中心评为先进集体。2006年，参加上海第十七届书画段位赛，荣获团体金奖。是年6月，在北京大观园景点举办为期10天的“绿谷文化书画展”，展出介绍松阳的生态环境、人文景观、历史文化、旅游景点、绿色特产等概况，接待国内外观众5000多人次。2008年，老年书画会员创作的69幅书画作品分别赠送给安岱后红色教育基地、新兴内孟与赤寿界首两个省级文明村以及县发改委离退休干部活动室收藏。2009年，研究会选送的31幅作品，参加庆祝中华人民共和国成立60周年“南浔杯”全国老年书画展，16人的作品入选；并编入《见证辉煌——共和国六十华诞艺术大典》一书，研究会荣获优秀组织奖。至2010年，研究会集体荣获县级以上授予的各种荣誉称号14次。连续29年坚持下乡开展书赠春联活动，累计赠送春联万对以上。

图20-16 老年书画展（叶光铭 摄于2007年）

第六章　宣传工作

宣传舆论关系党和国家长治久安，关键时刻更加凸显宣传思想工作的极端重要性。松阳县的宣传工作是党委政府的喉舌，把党委政府所做的实事告知于民，使老百姓能够最大限度地参与到与自己息息相关的事情中来，宣传工作的好与坏直接影响着党委政府在人民心中的形象。

松阳宣传工作归口县委宣传部门承担。县委宣传部门围绕县委中心工作，利用传统宣传（主要依靠广播、报纸、电视）和网络宣传全面系统地宣传马克思列宁主义、毛泽东思想、中国特色社会主义理论体系，宣传党的路线、方针、政策，着重进行专题宣传、系列宣传、特色宣传，武装全党、教育人民，真正起到鼓舞人心、凝心聚力、催人奋进的作用。

第一节　宣传教育

政治思想宣传

解放前中共的宣传　1935年3～8月，中国工农红军挺进师挺进浙西南，松阳是浙西南根据地的中心，红军与地方农军骨干组成的“地方工作团”，着重宣传红军是工农自己的军队以及打土豪分田地等政策。在安岱后、大树后、何山头、玉岩、内大阴、梨树下等村尚保留大量的红军标语。全面抗战时期，松阳各个党组织积极进行抗日宣传活动。1946年5月，中共松阳（石仓）支部成立；1947年10月，另一个中共支部在西屏镇第一小学成立。2个支部党员都秘密开展党的“土地法”大纲和其他方针、政策的宣传工作。

抗美援朝宣传　1950～1952年，松阳县委、县政府成立松阳县抗美援朝委员会,发动全县各界、各区乡和农村广泛开展“抗美援朝，保家卫国”的教育宣传活动。抗美援朝期间，全县召开抗美援朝主题会议近4000次,与会人员65万人次。订立爱国公约的人数达到总人口数的80%以上，应征报名参军青年近4万人，参加和平签名46000多人，捐献飞机大炮款11.66万元，各条战线掀起规模空前的爱国增产节约热潮。

农村六大任务宣传　1949年5月，松阳解放；8月，培训并指导县委农村工作队队员在城关、古市两区宣传中共浙江省委关于“恢复发展生产、剿匪反霸、减租减息、征收公粮、建立农民协会、建立民兵组织”农村六大任务。1950年10月始，发动广大群众参加镇压反革命分子运动，宣传镇压与宽大相结合的政策，震慑反革命分子。

总路线等宣传　1952年，相继开展“三反”“五反”运动宣传活动。1953年夏秋，结合抗洪抗旱，开展重建家园的宣传教育活动，克服混乱思想，落实秋种任务。8月3日，中共衢州地委宣传部转发《松阳县新兴、樟溪、溪下三乡在抗旱秋种中如何进行宣传教育的经验》。在农村，主要结合宣传粮食计划收购和计划供应（简称统购统销）政策，引导农民算好“四笔账”（土改翻身账、生产提高账、生活改善账、工农业产品比价账），讲清“三个光荣”（劳动光荣、产量高光荣、余粮陈粮卖给国家更光荣）。制止土改后买卖、租典土地的倾向，禁止粮食自由交易，促进农业合作化。在城镇，主要结合私营工商业和手工业者对社会主义改造心存疑虑的问题，开展宣传贯彻党在过渡时期的总路线。县委抽调机关干部，组成14个总路线宣传工作队，分别到城乡各地宣传、贯彻总路线。各社会团体、学校、企事业单位普遍采取宣传画、标语、黑板报、墙报、文艺演出等形式，开展总路线的宣传教育工作。1958～1960年，组织200多名机关干部、350余名中小学教师、一批中学生和乡镇宣传员，到农村各地开展“总路线”“大跃进”“人民公社”三面红旗的主题宣传教育活动。

1955年，大力宣传粮食“三定”（定产、定购、定销)政策，进一步调动农民的种粮积极性，促进农业生产。开展“抗特大水灾，建美好家园”宣传教育活动，发动生产自救。组织开展大规模的农业、手工业、私营工商业社会主义改造的宣传教育活动，着重宣传党的“和平赎买”“公私合营”政策，为“三大改造”完成奠定思想基础。1959～1961年三年困难时期，宣传、贯彻、落实中共中央对国民经济“调整、巩固、充实、提高”的八字方针。

整风宣传　1957年4月27日，中共中央发布《关于整风运动的指示》后，松阳县委宣传部协助县委开展整社、党内整风运动，组织实施社会主义思想教育运动，批判“右倾”保守思想和资本主义倾向，克服官僚主义、主观主义、宗派主义作风。宣传整风运动的目的、要求、方法和步骤。开展反“右”斗争的宣传教育。

毛泽东思想宣传　1967年12月，松阳区域召开动员大会，并举行游行。全面开展大批判，农村重点批判“三自一包”（多留自留地、多搞自由市场、多搞自负盈亏，包产到户）。1968年10月，地区和县均派出毛泽东思想宣传队，进驻当地机关、学校、艺术团体、卫生和工交等单位，建立革命委员会，开展清理阶级队伍工作。

“社教”宣传　1963年5月至1964年，松阳区域宣传贯彻中共中央《关于目前农村工作中若干问题的决定（草案）》（《前十条》）和中共中央《关于农村社会主义教育运动中一些具体政策的规定（草案）》（《后十条》）。开展农村社会主义教育，由点到面开展“四清”，俗称“小四清”（清理账目、清理仓库、清理财务、清理工分）为主要内容的社会主义教育运动，一些基层干部受错误批判和处理。1965年1月14日，中共中央下发《农村社会主义教育运动中目前提出的一些问题》（《二十三条》）后，在城乡又开展“四清”，俗称“大四清”（清政治、清经济、清组织、清思想）运动，目的是纠正前次运动中出现的“左”的偏向，结果，更“左”。1980年3月开始，着手恢复和加强农村宣传网络的工作。公社选派报告员，大队成立宣传组，生产队确定宣传队员；配合县委在农村开展党的社会主义基本路线教育。

国民经济计划宣传　1969年2月和1970年2月，先后宣传贯彻《1969年国民经济计划纲要（草案）》和《1970年国民经济计划（草案）》以及《第四个五年计划纲要（草案）》，工农业生产开始恢复并有所回升。

揭批“四人帮”和“两学”宣传　1976年末，组织干部揭批“四人帮”活动。1977年，继续开展“农业学大寨”“工业学大庆”的宣传活动。

改革开放宣传　1982年9月，中共第十二次全国代表大会闭幕后，着重宣传全面开创社会主义现代化建设新局面的各项任务，特别是到20世纪末经济建设总的奋斗目标，把大力加强经济建设作为宣传工作的中心。

新时期工作宣传　2004年，在机关开展“立党为公，执政为民”教育，在乡镇开展“科技活动周”宣传活动。利用基层党校共组织学习224次，参训40800余人次。在农村开展农村劳动力职业技能培训和素质培训。在全县骨干非公企业中开展“企业家论坛”活动，将“党教”的触角伸入到非公企业中。2006年，宣传“生态立县、工业强县、开放兴县”发展战略的思路和措施；宣传对外开放的优惠政策和良好的投资环境；宣传各行各业优化服务促发展的典型做法。2007年，突出宣传学习贯彻县委八届三次全会和县“两会”精神以及“三项”活动（“百姓创家业、能人创企业、干部创事业”三创活动、“作风建设年”活动和“树新形象、创新业绩”主题实践活动）、“松阳经济发展暨不锈钢产业论坛”、“松阳银猴国际茶文化研讨会”、创建省级文明县城、学习贯彻中共十七大精神等活动。2009年，组建宣讲团对科学发展观巡回宣讲。采取领导讲、集中宣讲、选题宣讲等方式，深入到各乡镇、部门、社区、企业，教育干部群众深入理解掌握科学发展观的重大意义、科学内涵、精神实质和根本要求。共开展集中宣讲9场、选题宣讲30余场，参与党员干部1万多人次。以“政工师进企业”“科技、卫生、文化”三下乡、市民健康教育、社会科普周等活动为抓手，把宣传教育工作与各部门工作结合起来，推进中国特色社会主义理论体系大众化，提升全民的科学文化素质。

形势任务宣传

《中华人民共和国婚姻法》宣传　1950年5月后，县委宣传部、县妇联等部门在水南乡进行试点工作，各区、乡镇、村层层组织群众学习新《中华人民共和国婚姻法》，批判旧婚姻制度，实行男女平等、一夫一妻、婚姻自主的新婚姻制度。1973年，按晚（晚婚）、稀（间隔疏）、少（少生）的要求，开展计划生育宣传活动。

“送戏下乡”宣传演出　1987～2010年，县委宣传部组织的文艺宣传队每年坚持送戏下乡演出，结合当地的县情、乡情、村情，以群众喜闻乐见、通俗易懂的方式，开展党的方针、政策的宣传演出，收到较好的效果。1999年3月8日，《人民日报》以《松阳“文艺使者”坚持九年下乡》为题作报道，给予高度评价。

（相关内容详见第三十五编“文化 旅游”第六章“群众文化”第二节“群众文化活动”）

路线教育宣传　1988～2010年，在农村开展党的基本路线教育，主要经历三个阶段：全面开展农村“路教”工作，促进农村改革的深入，思想观念的转变（1988～1991）；开展以小康村建设为重点的“路教”工作，推进社会主义新农村建设（1992～2003）；以主题教育为载体，加强基层组织建设（2004～2010）。农村开展党的基本路线教育，完成对农村的社会主义思想教育与农民的思想观念转型，促进农村农业的增产增收和社会经济的稳定发展。

1988～2010年松阳县开展路线教育情况表

表 20-6-1-1

阶段	时间	主题	取得成效
全面开展农村“路教”工作，促进农村社会风气的好转（1988～1991）	1988年	开展中共十三届四中、五中全会精神的宣传教育和“剎、评、创”（剎歪风、评双文明户、五好家庭户、遵纪守法户、创建文明村）活动，帮助农村解决历史遗留问题	1.计划生育工作有突破性进展 2.基本收齐长期拖欠的集体款项 3.整治赌博、违章建房、封建迷信、破坏山林的歪风邪气 4.修理部分水利设施，解决各类承包合同纠纷 5.开展民主评议，加强基层组织的战斗力
	1989年	坚持“五个联系”，开展“五个教育”，即：联系建国四十年社会主义建设和改革十年农村的巨大变化，开展以“一个中心，两个基本点”为主要内容的基本路线教育；联系农村工作的经验教训，开展爱国主义、集体主义、公有制观念、计划观念和承包观念的教育；联系社会主义现代化建设的目标和当前面临的困难，进行坚持自力更生，大力加强农业基础的教育；联系当前农村精神文明建设出现的问题和少数人违法、违纪、违章现象，认真开展“剎、评、创”活动和社会主义民主法制教育；联系近几年农村基层党组织有所削弱和不少党员素质下降的状况，进行增强党的领导观念，加强基层组织建设的教育	1.广大党员受到一次党风、党纪、党性的教育，建立健全规章制度 2.广大农民群众思想觉悟得到提高，争当“三户”（遵纪守法户、五好家庭户、双文明户） 3.社会风气明显好转，完成农村各项任务
	1990年	开展社会主义、爱国主义、集体主义思想教育	1.进一步提高干部群众的思想觉悟，深化农村改革，发展壮大集体经济，加强农村基层组织建设 2.清理村级财务，全县共收回各种资金165.67万元、提留款9025元 3.掀起乡乡、村村、组组、户户修水利的热潮，共计兴修水利工程224处 4.绿化荒山 5.“剎、评、创”工作成效显著，全县共计评选出双文明户800户、五好家庭户10840户、爱国守法户38356户
	1991年	贯彻落实中共中央、国务院《关于1991年农业和农村工作的通知》，中共中央宣传部、组织部《关于在农村普遍开展社会主义思想教育的文件》精神	1.掀起以科教兴农为核心的农业综合开发和农田基本建设新高潮 2.建立社会化服务站，解决各类经济纠纷140余起，完善经济合同485件，收缴提留款40.87万元 3.坚持正面教育、思想教育、自我教育“三为主”，克服广大干部群众“等、靠、要”的思想

续表 22-6-1-1-1

阶段	时间	主题	取得成效
开展以小康村建设为重点的“路教”工作，推进社会主义新农村建设（1992～2003）	1992 年	开展坚持四项基本原则、科学技术是第一生产力的宣传教育活动	1. 加快农业产业化和社会主义新农村建设的步伐 2. 继续开展创建文明村镇活动，至 1992 年，全县创建文明村 41 个、文明单位 125 个，其中赤寿乡叶川头村、谢村乡谢西坑村被评为省级文明村
	1993 年	开展中共十四大精神再教育活动，进行“发展才是硬道理”“两手抓，两手都要硬”的教育	1. 推行各种类型的农村股份合作制度 2. 找准各地经济增长点，抓住主攻方向
	1994 年	响应地委开展奔小康活动的决定，在农村开展“双百”（“创百强”“帮百强”）活动	1. 帮助全县 100 个经济基础较好的村引进人才、项目，使之经济发展上新台阶；对 100 个经济基础较差的行政村则采取整顿班子，从农业开发和农产品结构调整等方法，实现“创百强”的行政村村年人均集体经济收入增长 20%，农民年人均收入增长 25%，“帮百强”的行政村农民人均收入增长 20%以上，村年人均集体经济收入增长 40%以上 2. 基本消灭年集体经济收入 1000 元以下的落后村 3. 在全县范围开展建设小康村和小康乡镇的活动
	1995 年	组织农村基层党员和群众学习贯彻落实中共十四届五中全会精神，制定松阳县“九五”目标和远景目标，开展加快脱贫致富奔小康为主题的农村党的基本路线教育活动	1. 落实 1996 年度香菇生产计划 3900 多万袋 2. 推行农村养老保险制度 3. 增强广大干部、农户发展经济脱贫致富奔小康的信心，坚定他们走社会主义道路的决心
	1996 年	学习贯彻中共十四届六中全会精神，完成党员“双学”任务，配合乡镇做好农业综合开发以及清产核资工作，实施“凝聚力”工程和“少生快富”新家庭计划活动、农村精神文明建设	1. 开展“少生快富新家庭”活动 2. 通过“凝聚力工程”建设活动，整顿、转化后进党支部 3. 完成各税费收缴任务 4. 落实春粮 7.2 万亩、水干果基地 8500 亩、旱粮基地 8500 亩
	1997 年	开展宣传贯彻中共十五大、加快脱贫致富奔小康步伐的教育活动	1. 加强家庭伦理道德和社会公德的教育 2. 解决群众关心的重点难点问题 3. 克服“脏、乱、差、臭”现象，促进农村精神文明建设 4. 加强农村基层组织建设，完善各项规章制度 5. 开展农业综合开发，兴修水利
	1998 年	以开展“解放思想跨世纪大发动”为契机，开展“五好”示范村、小康示范村和示范乡镇的创建工作，进一步宣传中共十五大精神	1. 开展乡镇党委创“六好”和村支部创“五好”活动 2. 找准农村经济的增长点和农民收入的增长点 3. 加强基层组织的规范化、制度化建设
	1999 年	以“致富奔小康、建设新农村、实现现代化”为主题，以“学纲要、绘蓝图、奔小康”为重点开展农业和农村现代化教育	1. 转变广大干部群众传统落后观念，促进农村各项工作的开展 2. 进一步明确增加农民收入的新的增长点
	2000 年	贯彻落实中共中央十五届五中全会和丽水市一次党代会精神；围绕小康建设主题，大力发展效益农业，增加农民收入，开展“两寻找”（寻找致富门路、寻找增收渠道）大讨论活动，以加快建设小康社会为主题的农业和农村现代化建设活动	1. 确定本地的优势和拳头产品，找准农村经济发展的突破口，开发地方特色产品，实施品牌战略，加快小康建设步伐 2. 加强基层组织建设和民主法治建设

续表 22-6-1-1-2

阶段	时间	主题	取得成效
开展以小康村建设为重点的"路教"工作，推进社会主义新农村建设（1992～2003）	2001 年	开展"三个代表"重要思想学习教育活动	1. 提高农村干部素质，转变思想和工作作风，重点整治影响农村稳定的突出问题 2. 开展创建"五好"村党支部、"六好"乡镇党委活动，健全完善"三级联创"的规划和措施
	2003 年	开展中共十六大精神主题教育活动	1. 农业产业化水平不断提高 2. 基础设施进一步完善，城市化水平不断提高 3. 广大党员干部群众政治觉悟有所提高
以主题教育为载体，加强基层组织建设（2004～2010）	2004 年	开展中共十六届四中全会精神主题教育活动	1. 推进农村基层组织建设、农村环境建设、"平安松阳"建设等重点工作 2. 提高基层干部执政能力，加快农村经济社会发展步伐
	2005 年	在全县党员中开展保持共产党先进性教育活动。同时开展"践行'生态立县、工业强县'发展战略先锋行"主题实践活动	1. 进一步强化基层党员干部队伍建设 2. 建立完善为民办实事和保持党员先进性的长效机制
	2006 年	开展第三批农村及部分党政机关教育活动。农村开展以"八荣八耻"为核心的社会主义荣辱观宣传教育活动	1. 深入开展"百村千户文化示范工程"结对共建、"美德进农家"、和谐乡村以及创建文明生态村、文明信用户、文明村镇、文明户等活动，深化"双建设、双整治"，倡导文明新风，培养新型农民 2. 利用农村宣传阵地进行"八荣八耻"宣传，形成知荣明耻、扬荣抑耻、近荣远耻的社会风气
	2007 年	开展中共十六届六中全会精神宣传教育活动	1. 进一步推动改革开放和科学发展 2. 人民群众关注的主要问题得到解决 3. 社会文明风尚逐步形成
	2008 年	开展以"高举旗帜、创业创新、跨越发展"为主题的中共十七大精神宣传教育活动和以"居危思危、居危思进"为主题的解放思想大讨论活动	1. 破除制约发展的思想障碍，解决人民群众关心的热点和难点问题 2. 推进中共十七大精神和县委"三县并举"战略的贯彻落实
	2009 年	结合贯彻中共十七届四中全会精神，开展第三批深入学习实践科学发展观活动	1. 各基层单位对科学发展的理解明显提高 2. 农村民生实事得到有力推进，全县各乡镇、村年初确定的 2307 件为民实事，完成 90%
	2010 年	在全县农村开展"忠诚于党、感恩于政策、造福于民、服务于发展"主题教育活动，开展"富而思源、富而思进、富而思报"再教育，扎实推进"两区"建设、加快形成"两高、三化"城乡发展新格局	1. 帮助农户解决一些实际问题 2. 集中智慧和力量推进松阳"两区建设" 3. 加快生态文明建设和全面小康建设进程

典型活动宣传

2000～2003年，利用节假日、重大节庆及主题活动，举办各类主题宣传活动。组织"七一"重要讲话和"三个代表"重要思想理论宣讲团到全县20个乡镇巡回宣讲。在农村普遍开展"学实用技术，做致富能人"活动，开展"双培训、双建设"（即实用技术培训和职业技能培训，思想道德建设和文化阵地建设）活动。在县城，组织开展"知我松阳，爱我中华"知识竞赛、"歌唱祖国"歌咏比赛、新中国成立50周年暨县庆1800周年大型文艺晚会、大型书画摄影展、“迎回归，迈向新世纪”集体环城跑、“共产党员风采”演讲比赛、“20年春风绿松阳”广场文艺活动、“庆五一”全民知识竞赛、“松阳形象大使”评选大赛、“百场电影进百村”等主题宣传活动。组织开展中共十六大精神主题教育活动，重点是组织机关领导干部，特别是县领导，根据“一个三”（通读十六大报告原文三遍）、“四个一”（记好一本学习笔记，开展一次专题调研，作好一次辅导报告，完成一篇理论文章或学习心得体会）的要求开展理论学习，通过县领导下基层宣讲、办基层党校培训班、媒体开设专题专栏、举办知识竞赛、组织社区文艺演出、进村入户等加强十六大精神的宣传教育，在活动中注重把工作思路和办实事相结合。2005年，开展“千名党员走基层”“‘三个代表’在松阳的实践”大讨论、党员理论测试、千名党员签名学先进、“我身边的优秀共产党员”演讲比赛等活动；组建先进基层党组织和优秀共产党员先进事迹宣讲团到乡镇、部门单位巡回宣讲。2006年，结合“创省卫”“四商”活动和项目推进年、“平安松阳”建设等活动，重点宣传报道各方面典型经验、典型单位和先进个人。组织、挑选由农村“好党员、好支书、好班子”11位典型先进人物组成的建设社会主义新农村巡回宣讲团，以身边人讲身边事，用“活教材”来教育引导农村党员群众。

2006 年，组织各单位运用黑板报、宣传栏等宣传阵地，举办“四年成就展”，宣传全县 4 年来在党建、精神文明、经济建设、社会事业建设等方面取得的成就。2007 年，创新宣传教育载体，组织全县党员干部开展“百姓创家业，能人创企业，干部创事业”为主题的“三创”学习大讨论、“创业之星”评选系列活动，提高党员干部群众的创业热情。结合“创业之星”事迹宣讲活动，组建县委十七大精神宣讲团，分赴各乡镇、部门开展“学习贯彻十七大、弘扬创业精神”巡回宣讲活动。开展新农村主题教育活动。先后举办“建设新农村，创造新生活”农民演讲比赛和“建设新农村，我来献一计”金点子征集等活动。乡镇注重农村文化建设，组织开办“农村文化夜校”、组织村级文艺队伍等形式，创新农村文化建设形式。枫坪乡组织的“农民文化周”活动高亭村“迎神赛会”，选送省获得“种文化”双十佳奖。相关单位先后举办“龙丽高速公路松阳段建设成果摄影图片巡回展”“松阳女词人张玉娘的诗词画意展”“新世纪第七届松阳籍大学生美术作品展”“三都梨花节”摄影大赛、“汇金房产杯”青年文化节、“松阳县松香杯首届黄蜡石展”等活动。2008 年，谋划“创业之星”典型事迹巡回宣讲、“三百三进”（百场电影进百村、百名指导员进百村宣讲、百班中学生共上一堂课，浙大教授进企业、进农村、进学校）等宣传教育活动，让中共十七大精神宣讲进农村、进企业、进社区、进机关、进学校。

图 20-17　“创业之歌”文艺晚会（叶光铭 摄于 2007 年）

媒体宣传

2000～2003年，主要从组织策划、典型宣传、热点引导和舆论监督4方面入手加强新闻宣传，组织重大经济宣传，宣传党的方针政策，宣传“抢抓机遇，加快发展”的意识，宣传松阳县“工业强县”战略。2004年4月始，县广播电视台把原来每周3档的《松阳新闻》改为日播；7月1日始，开设图文频道，增大新闻容量，进一步拓展宣传阵地。效能建设分别开设《曝光台》和《一把手谈整改》等电视专栏,形成强大的舆论声势。

2005 年，在先进性教育宣传中，电视、广播等新闻媒体优势互补，开设“当代发展标兵、做服务模范”“干在实处，走在前列”“时代风帆——党建专栏”等栏目进行报道。在县直机关和乡镇机关，开展保持“共产党员先进性”教育活动。在县城主街道上统一制作先进性教育公益灯箱广告；各个机关单位的党员个人电脑上统一设置先进性教育主题桌面；汇编先进基层党组织和优秀共产党员先进事迹材料上报和下发；县电视台连续 6 周播放先进基层党组织和优秀党员先进事迹专题片。建立“三联系”制度，即每个部门联系 1 个示范村和贫困村，部门中层以上干部（包括县领导）每人必须联系 1 户贫困户和 1 户示范户，并且 1 年走访 4 次以上，帮助理清发展思路、解决困难。农村党员教育与抓实用技术培训相结合，开展“科技送千家”活动，组建农村实用技术碟片库。开展“青年创业示范基地”评选活动，培育和扶持一批青年科技带头人。

2007 年，在“三项”活动中，县级各新闻媒体和政府网站统一开设“转作风、破难题、促三创”宣传栏；“百名干部蹲点调研促发展”活动中，县广播电视台新闻和专题栏目相继推出“坳头村昨天落实十件好事”“转换角色、换位思考、让税企关系更和谐”等一批具有一定影响力的重要报道。在反映社情民意报道宣传方面突出关心社会、关心群众的主题，县广播电视台进一步加强《直播生活》专栏报道内容的贴近性；《新松阳》采编中心鼓励采编人员多深入基层，倾听群众呼声、了解群众意愿，多写贴近群众、贴近现实、贴近生活的作品，采写的《五十四个敬老压岁包》《我县为贫困户量身定制脱贫方案》等多篇稿件分别在省（市）级媒体刊发。

2008年，开展中共十七大精神主题宣传教育活动，被省活动简报录用信息1篇、市录用信息3篇，被市级以上媒体录用图片、文字稿件9篇。在全市“创业创新、跨越发展、建设生态文明”演讲比赛中，松阳县2名选手分获二、三等奖。各新闻媒体以开设专栏、制作专题片等形式，加大对建设生态文明、解放思想大讨论、旧村改造、农民增收等方面的宣传力度。完成抗冰灾、“两会”、开茶节、抗震救灾、农民文化节、文明县城创建、纪念改革开放30周年、征兵工作、“人才宣传月”等重大活动的宣传报道任务。组织人员对松阳县的茶文化历史进行深入挖掘和研究，依托中国松阳银猴开茶节暨茶商大会平台，通过《古邑茶韵》大型文艺晚会，展示松阳县博大悠久的茶文化底蕴，把松阳的“茶文化”逐步打造成具有地方区域特色的文化品牌，成为松阳县对外交流和文化宣传的名片。

2009年，宣传部门组织对庆祝新中国成立60周年系列宣传文化活动、第二届农民文化节等重大活动进行全面宣传报道。加强新闻宣传的品牌创新，提升《星期二》《直播生活》等原有民生类栏目的质量和影响力，实现突破。组织开展“我为科学发展做什么”演讲比赛、“科学发展局长谈”和“创业人在松阳”等活动。是年，《新松阳》在《浙江日报》发稿19篇、《丽水日报》发稿216篇。松阳电视台电视新闻被中央电视台采用3条、省台录用20条、市广播电台录用700余条。

2010 年，采取报纸、广播电视、网络媒体协同作战，设立专题、专栏，多层次、大范围地推进《两区建设》《两大关键》《三项头等》《旧村改造》《茶叶节会》《生态县建设》《创先争优》

《村级换届选举》等系列专题宣传。突出关注民生、为农服务宣传，提升现有报纸民生栏目《星期二》、广播电视对农节目《每周农经》《气象与病虫防治》和《金色田园》的质量。加强与读者互动，把群众关注度高、急需解决的问题及时地反映出来，并做好关注民生、解决有关问题的专题报道，记录社会万象，传递百姓心声。突出生态县创建宣传，专门制发宣传工作方案，在各新闻媒体开辟共享共建美好家园、创建工作督查等专题专栏，及时发布创建动态、成果，制作一大批大型宣传广告、灯箱、吊旗、画册等。开展知识竞赛、文艺会演活动，逐步形成人人知道、人人参与、人人支持创建的良好氛围。在《新松阳》扩版开辟“报网互动”版面，刊发松阳新闻网站《独山论坛》精品主题、网文和摄影作品，营造报纸和网站互动、引导社会舆论的良好氛围。同时，整理网民呼声，形成《舆情专报》，为县委、县政府决策提供参考。电视台认真办好图文频道，通过《八面来风》《报刊文摘》《世界之窗》《健康导视》等栏目，解读政策，发布信息，引导公众舆论。

第二节　理论引领

理论学习

“总路线”学习　1953年12月，县委召开全委扩大会议，组织县机关和区委的领导干部深化学习、领会党在过渡时期总路线的基本内容和精神实质。县机关成立松阳县机关总路线学习委员会，负责督促、检查、指导各机关部门干部职工学习党在过渡时期的总路线。区、乡机关和县属企事业单位普遍建立“总路线学习中心组”，督促和指导该地区该单位总路线学习教育工作。

“文化大革命”期间的学习　20世纪60年代，组织干部学习毛泽东著作。“文化大革命”期间，主要组织干部学习无产阶级专政下继续革命的理论。1966年10月，掀起一场活学活用毛泽东思想的群众运动。全县组织开办活学活用毛泽东思想大学校，公社、生产大队以及工交、财贸、文卫等单位成立大学校的分部或班级。

改革开放理论学习　1980年，组织党员进行党的基本知识和纪律教育，学习《关于党内政治生活若干准则》和党章修改草案。1982年后，组织学习中共十二大文件和《关于经济体制改革的决定》，学习邓小平关于建设有中国特色的社会主义理论；开展干部正规化理论教育，学习《马克思主义哲学原著》《关于社会主义若干问题学习纲要》等。

县委中心组的理论学习　1990年，县委建立理论学习中心组，宣传部门在县直单位首次建立干部理论学习辅导制度，各单位设立理论辅导员，定期向辅导员提供辅导材料和学习，专门举办哲学培训班和社会主义理论培训班。辅导员担负所在单位的在职干部理论学习辅导任务。2004年，理论学习中心组共组织学习11次，集中学习12天，编发中心组学习简报10期。其中外请专家学者授课7次。乡镇部门中心组做到学习“有制度、有计划、有记录”，保证学习效果。2005年，中心组以“三个代表”重要思想、中共十六大精神和十六届四中全会精神为学习主线，把领导导读、集中辅导、中心发言、座谈讨论、参观学习、撰写文章等多种形式有机结合起来，共组织集中学习10次，

邀请省内专家学者作专题辅导讲座4次。乡镇和部门中心组理论学习分别建立定期制、考核制、报告制和督查制，乡镇还建立夜学和周学制，把学习对象扩大到全体乡镇干部，推动理论教育向纵深发展。制定全县中心组学习和党员学习教育工作计划，开展科级领导干部理论考试，参考率99%。2008年，中心组集中学习12次。1月8～10日，县委召开务虚会议，交流到外地考察的体会。2009年，中心组集中学习14次、外出学习考察1次。2010年，中心组集中学习16次，其中“松阳论坛——县委理论学习中心组专题报告会”6次。

党员干部的理论学习　2005年，县直机关建立每月10日晚定期组织干部学习、讨论、交流和探讨，小单位采取联合学习制度，推动理论学习的制度化、规范化和经常化。2006年，严格执行科级领导干部学分制，明确科级干部年度必学内容和选学内容，对学习内容进行分值量化。加强对县机关单位夜学制度落实情况的检查指导。全面推进乡镇中心组和基层党员干部理论学习。创新乡镇学习与党员教育新机制，试行乡镇党委中心组学习报告制度，探索乡镇中心组与联系单位联合学习的形式，规定外请领导专家授课制度等。2007年，运用导读、授课、考察、研讨等形式，请进来学、走出去学、导读学、专题学、联合学，多管齐下抓好干部理论学习。完善理论学习制度，制定科级领导干部学分制度、理论学习督查制度、乡镇党委中心组学习每季度报告制度、外请专家制度。2008年，制定下发乡镇、部门党委中心组和党员干部的学习计划、夜学通知，分发《2008理论热点面对面》《2008年党员读本》等学习资料，开展干部学习、教育。

理论培训

1949年8月始，县委注重党员和干部的教育、培训，作为宣传工作的重点。1950年6月，举办“农民积极分子培训班”2期，参与培训80余人，后录用为区、乡镇干部，充实到农村土改工作队。1951年12月，创办松阳县机关学校（简称“县委干校”），为干部补习文化；是年，举办土地改革干部训练班，参加培训干部284人；对党员着重进行共产主义理想信念教育。1954年10月，主要培训农村支部书记、农村党员，增强党员干部政治理论素养，分期分批培训农村党员190人。至1954年末，县机关学校先后招6个班，190名干部完成文化补习。1955年，分批组织培训农村党员850人，以提高理论水平。至1956年末，县委干校先后培训农村积极分子4500人。

1953年11月上旬，县委结合省第四次党代会精神，集中时间、力量，把党在过渡时期的总路线一步到位地传达到全体干部中去。11月21日至12月4日，县委召开全县干部大会，与会672人，宣传贯彻党在过渡时期的总路线，培训出一大批骨干力量。1953年，宣传部编发总路线宣传教育提纲，培训总路线宣传教育报告员和宣传员。发出《当前农村干部学习意见》《关于县委委员学习计划》《关于区乡干部学习的意见》《关于机关干部进一步学习总路线的意见》。举办社会主义过渡时期总路线和农业合作化训练班，学习内容还包括《联共（布）党史》《苏联社会主义经济问题》等。

1971年1月，选派代表参加丽水地区第二次学习毛泽东思想积极分子代表大会。1977年，举办中共十一大文献暨“毛选”第五卷学习班。

1981年，县委举办《关于建国以来党的若干历史问题的决议》（简称《决议》）学习班，培训骨干。同时，组织县机关部、委、办、局领导干部学习《决议》。1984年，举办机关和厂矿党员培训班、农村党员培训班，以十一届三中全会以来的方针政策为主要内容，对党员进行培训，参训党员 4553 人。1986 年，对农村党员进行冬训，3966 名党员参加，参训率 96.4%。1985～1990 年，举办农村支部书记培训班 6 期，参训 1092 人次。1990 年，举办村民主任培训班 2 期，学习农村政策、村委会组织法，参训 320 人。2008 年 6 月，组织廉政专题学习（扩大）会，举办依法统计专题报告会；8 月，举办宏观经济和民族政策专题报告会。

理论宣传

1954 年，组织开展《中华人民共和国宪法》的学习宣传活动。1956 年 4 月，指导各级党组织建立党课制度，进行党的基本知识教育。7 月，组织开展大规模的“农业、手工业、私营工商业社会主义改造”的宣传教育活动，着重宣传党的“和平赎卖”“公私合营”政策，为“三大改造”奠定思想基础。11 月上旬，县机关各主管部门分别向所属单位发出关于学习中共八大文献的通知。全县广大党员干部学习中共八大文献形成热潮。

1978年12月始，组织集中学习中共十一届三中全会精神，宣传党的工作重点向社会主义现代化建设的转移及其历史意义，组织开展以经济建设为中心，坚持“四项基本原则”，坚持改革开放的学习、宣传活动。

1985年，开展中共中央《关于科学技术体制改革的决定》《关于教育体制改革的决定》的宣传；结合经济体制改革的学习、宣传，在农村着重宣传《中共中央、国务院关于进一步活跃农村经济的十项改革》。

1992年，以学习、宣传邓小平南方谈话为主要内容，用中共十四大精神统一农村干部群众的思想认识，推动农村工作；宣传社会主义市场经济培育、企业用工制度、分配制度改革；拍摄电视专题片《青松艳阳》，宣传恢复松阳县建制10年来的成就。

2004 年，创办电视理论学习园地栏目，通过电话有奖竞猜的方式，使不同层次的群众都能在轻松、亲切的氛围中接受教育。

2006 年，建成一个包含政策理论、实用科技、革命传统教育等丰富内容的学习碟片库，免费提供给各乡镇播放，在宣传党的方针政策的同时，提高农村党员群众的科技水平和致富能力；制作一期全面反映松阳县近年来在党员教育和理论学习方面所取得成就的电视专题片，在《时代风帆》栏目中播出。

理论教育

1978 年 9 月，组织开展批判“两个凡是”，开展实践是检验真理的唯一标准问题的学习、讨论和宣传，恢复党的实事求是思想路线，培养骨干，举办讨论会。1984 年，有 9 个乡镇建立业余党校；10 月，县委建立讲师团，组织正规化理论学习，学习《政治经济学》《中国社会主义建设基本问题》《中共党史》等，学习、宣传《中共中央关于经济体制改革的决定》，同时，开始探索改革中的思想政治工作。

1988 年，分层次组织学习中共十三大文件，地委、县委分别举办读书班，组织副县级以上干部和县管干部参加学习。是年，27 个乡镇均建立业余党校。1989 年 8 月，各地开展反对资产阶级自由化的学习、宣传，并对近年来的思想政治工作进行反思，研究落实加强和改进思想政治工作的具体措施。东欧社会主义国家剧变和苏联发生演变后，以报告会等形式，开展形势教育，引导各阶层干部群众正确认识东欧和苏联的演变及其原因，坚持走社会主义道路，坚定社会主义信念。

1991 年，县委理论中心组和各乡镇、部门的理论中心组学习进一步规范化、制度化，以领导自学、集中学习和邀请专家学者教授讲课为主要形式，结合县情有针对性地学习经济、政治、法律等方面的知识。建立和完善党委（党组）中心组学习制度和考核制度，每年组织科级领导干部参加理论考试。1991 年，有 360 个基层党支部创建党员活动室。1992 年，共有系统党校 22 个，20 个乡镇均有业余党校，以业余党校和党员活动室为阵地开展经常性的党员教育。组织学习邓小平南方谈话和中共十四大文件，举办股份制和债券知识培训班。

2000～2003 年，组织开展以学习邓小平理论、“三个代表”重要思想为主要内容的全县干部理论教育工作。开展“讲学习、讲政治、讲正气”教育活动。开展优化经济发展软环境的大讨论，促进政府职能和干部作风转变。举办“‘三个代表’暨接轨大上海，融入长三角”理论研讨会和“小康建设”党员教育理论学习研讨会，组织中共十六大精神知识竞赛。抓好基层党校和党员活动室的规范化建设，强化党员学习教育的阵地建设，古市镇基层党校被评为 2002 年省级“基层党校示范点”。在县广播站设立理论学习园地，探索望松乡岗后村党群致富学校的建设。

2010 年，开展政策理论进机关、进社区、进农村、进企业、进学校“五进”活动，推进当代中国马克思主义大众化。制定下发《关于推进学习型党组织建设的实施意见》《松阳县学习型党组织创星评级考核办法（试行）》，规范领导干部集体学习、党员干部轮训等学习型党组织创建制度，以制度化建设推进创建工作的规范化、常态化。在县财政（地税）局、县广播电视台开展学习型党组织建设试点。全县按照分类指导、逐级评选、典型示范、整体推进的原则，开展学习型党组织创星评级活动，实行分级动态管理。整合学习资源，利用基层党校、农村远程教育、网络、阅报栏等学习平台，为党员干部读书、学习创造便利条件。结合创先争优、“忠诚于党，感恩于政策，造福于民，服务于发展”主题教育，深入学习毛泽东同志社会调查系列文献、以大兴调查研究之风推进“两区”建设的学习调研等活动，开展主题宣讲，凝聚人心、集聚才智，推进解决影响和制约经济社会发展的突出问题。

2004 年，在全县干部中开展“邓小平理论与松阳实践”“环保杯”科学发展观、《中华人民共和国宪法》颁布 50 周年纪念系列征文活动，筛选部分获奖优秀文章编印成册，供广大干部群众参阅学习，召开理论学习经验交流会。2006 年，结合松阳经济社会发展的实际，确定若干个专题进行研究、探讨性学习，开创县委理论中心组学习工作的新形式。

2008 年，各乡镇部门以领导干部为重点、基层党校为培训教育主阵地，利用报告会、读书会、夜学、干部论坛等形式，加深对县委重大决策的理解。全年举办“松阳论坛”3 场，刊发乡镇理论学习中心组《学习情况通报》3 期，开展部门夜学督查 1 次，组织宣传骨干培训 2 期。开展以“居安思危、居危思进”为主题的“两思”解放思想大讨论学习系列活动，精心设计“十大金点子”征集评选、“百名科级领导亮媒体”“千名干部谈体会”“万人挑刺”等活动。全县共召开各类座谈会 173 个，征集意见建议 2523 条，梳理问题 1821 个，列出办实事项目 1764 个。

2009年，推动创新理论的学习普及，乡镇党委理论学习中心组推行“一人一课”的学习形式。对机关夜学制度全年组织2次督查，及时通报情况，并责成有关单位进行整改。

第三节　精神文明建设

1956年，毛泽东提出“德智体全面发展”，1957年10月9日，在中共八届三中全会最后一次会议上提出“又红又专”；1979年9月25～28日，叶剑英在中共十一届四中全会上讨论时明确社会主义精神文明的内涵、精神实质和根本任务；1992年，邓小平南方谈话时提出“一手抓物质文明建设，一手抓精神文明建设，两手抓，两手都要硬”的论述。松阳历届县委、县政府重视精神文明建设，及时组织学习、贯彻。

精神文明建设工作

制定精神文明建设实施意见　1981年2月25日，全国总工会、共青团中央、全国妇联等9个单位，联合向全国人民特别是青少年发出倡议，开展“五讲四美”（讲文明、讲礼貌、讲卫生、讲秩序、讲道德和心灵美、语言美、行为美、环境美）文明礼貌活动，把1982年3月及以后每年3月定为“全国文明礼貌月”。1983年，松阳县组织开展“文明礼貌月”活动。1984年2月，成立“五讲四美三热爱”活动委员会，广泛开展活动，首次评出4个文明村、3个文明单位。1997年1月6日，中共松阳县委五届八次全会扩大会议通过《松阳县（1997～2000年）社会主义精神文明建设实施意见》。实施意见从指导思想、奋斗目标、工作任务、保证措施4个方面明确松阳县精神文明工作的总体目标、任务和实施的保证措施。1999年，制订乡镇、部门精神文明建设考核办法，每年进行考核，并不断完善办法。

2005年，以纪念中国抗日战争暨世界反法西斯战争胜利60周年和长征70周年为契机，在党员干部中开展以爱国主义为思想内涵的红色旅游纪念活动，召开纪念反法西斯战争60周年座谈会。开展“第四个公民道德宣传日”活动。实施“双万结对（一万个县、市、省级文明单位结对一万个行政村）共建文明”工程，促进城乡文明统筹发展。在赤寿乡界首村、新兴乡内孟村、大东坝镇六村等3个行政村试点的基础上，把100多个省、市、县文明单位与101个行政村结对，市直机关8个文明单位与县内的行政村结对帮扶。各共建单位有钱出钱，有力出力，指导结对村开展一系列的文明创建活动，改善村级环境卫生，加强基础设施建设，丰富群众的文化生活，结对活动取得明显的成效。

图20-18　十佳文明市民受表彰（叶光铭 摄于2006年）

2007年，加强社会主义荣辱观教育，使“八荣八耻”社会主义荣辱观进一步深入人心。在大东坝镇后宅村开展乡风评议试点工作，促进社会风气的好转。2008 年，在农村推进“双万结对、共建文明”活动，促进结对文明单位与行政村加强交流，充分发挥文明单位的物质、人才、技术、创建经验等方面的优势，帮助和带动结对村精神文明建设。广泛搭建文化平台，丰富群众文化生活。紧扣新农村和谐文化、松阳特色文化建设这一主题，努力激发农民群众参与文化建设的积极性、主动性、创造性，挖掘地方特色，丰富群众文化生活。举办为期两个月的松阳县首届“农民文化节”活动，开展乡乡一台戏、乡村文艺会演、摄影书画大赛、省艺术家走进松阳“种文化”、民间艺术展演等活动。丰富农民群众的精神文化生活，同时，挖掘保护一批濒临失传的民间文化，培养和造就一批农村文化骨干人才，推动全县的文化建设，群众性文化活动蓬勃开展。2008 年，开展春节团拜文艺晚会、《古邑茶韵》大型文艺晚会、“文化下乡”、文化大篷车、《流动大舞台》走进松阳、“创业创新、服务新农村、迎奥运”文艺晚会、改革开放 30 周年文艺晚会等活动，不断丰富群众的文化活动，推动基层文化活动的繁荣发展。2009 年，建立健全对文明单位结对共建的考评机制，加强对结对共建效果的监督。围绕全县“深入学习实践科学发展观”主题教育活动，以“学习实践科学发展观活动”“双万结对，共建文明”、乡风评议等活动为主要抓手，进一步推进松阳县社会主义新农村建设。

加强青少年思想道德教育　2004 年，松阳县在青少年中开展“弘扬民族精神、立志报效祖国”为主题的教育活动。通过报告会、演讲比赛、主题征文等形式激发青少年的爱国热情和学习积极性，组织未成年人思想道德教育专题调研，召开专题座谈会。10 月 10 日，松阳县召开“加强和改进未成年人思想道德建设”工作会议，制定《松阳县加强和改进未成年人思想道德建设实施意见》和责任分工。2005 年，以人为本，加强未成年人思想道德建设，推行德育导师制，聘请法制副校长，开展学生安全专项教育，省市级文明单位向青少年赠送“播种希望”等书籍，加强学生爱祖国、爱集体、爱社会主义教育。2007 年，开展校园周边环境专项整治，进一步推行送成绩单上门、外聘法制辅导员、定期家访、课余谈心等一系列制度，促进学校与家长、教师与学生的联系，形成学校、家庭互动的氛围，营造全社会关注、关心、关爱未成年人成长的社会环境。

2008 年，充分发挥学校在未成年人思想道德教育的主阵地作用。办好实验集团学校示范性的家长学校，进一步密切学校与学生家长的沟通和配合，促进家长树立科学、正确的教育子女观念，为孩子的全面发展创造良好的环境。加强未成年人校外活动场所的管理。以未成年人思想道德建设创新案例推选为契机总结一批未成年人思想道德建设经验，上报未成年人思想道德建设创新案例 9 例。整合社会资源，共建未成年人校外活动场所。在斋坛乡花田垄村开展“春泥计划”试点工作，组织开展农村文化管理人员培训，开展法制宣传教育、舞蹈培训、集体游戏、送书、送电影等一系列活动，探索建立未成年人校外活动场所，为全县开展未成年人校外活动积累经验。开展“快乐健身，我为奥运加油”启动仪式、“迎奥运文明出行”中小学生演讲赛、“与法同行”征文等活动。

2009 年，扩大“春泥计划”实施面，共实施 22 个行政村，为未成年人健康成长营造良好的社会环境。是年，启动净化社会文化环境工作，逐步建立健全未成年人教育网络。2010 年，扩大“春泥计划”实施面，共实施 68 个行政村。组织开展未成年人“读好书、做好人”系列活动。以“读好书，做好人”为主题，开展“我最喜爱的一本书”读后感征文活动、“微笑·感恩”小学生自编手抄报制作大赛、“微笑·感恩”体验活动、美德少年评选活动等，开展系列社会文化环境净化工作，健全未成年人教育网络建设。

精神文明创建活动

县城创建系列活动 松阳县从1988年成立创建文明镇领导小组后，每年都有所侧重地开展系列创建活动。2002年，创建市级卫生县城。2003年，启动并创建市级文明县城。2004年，主要开展以“省级创建文明城市工作先进县”为目标系列创建活动。2005年，开展以文明县城创建为重点的系列活动。2006年，开展以省级卫生县城创建为重点的系列创建工作。2007年，开展以启动省级文明县城创建为重点的系列创建工作。2008年，开展以推进省级文明县城创建为重点的系列创建工作。2009年，开展以创建国家卫生县城为重点的前期准备工作。2010年，正式启动以国家卫生县城创建，推进省级生态县创建为重点的系列工作。

1989年，在县城开展卫生县城、文明县城的创建工作。通过万人签名、宣传车、座谈会、大讨论等载体宣传“创建文明县城，从你我做起”，营造创建氛围，树立全民创建的理念。制定创建文明县城的规划和《关于创建市级卫生县城的实施意见》。改革环卫体制，把环卫作业推向市场。加大县城基础设施建设力度，进行旧城改造，建设要津路、长松路、江滨公园等重点工程。新华路、太平坊路开展“文明示范街”创建活动。开展市容市貌集中整治活动，实行县城黄包车改装，清除马路市场，长虹东路实施拆违，彻底整治卫生死角。建立县城综合管理工作机制并成立综管大队，建立县领导联系街道、社区、内河制度，成立30余人组成的创卫监督员队伍，保障创建卫生、文明县城的顺利开展。

省级文明县城创建 2004年，在县城开展文明县城创建工作。组建争创“省级创建文明城市工作先进县”领导机构和工作班子，制定下发《松阳县争创“省级创建文明城市工作先进县”实施意见》，4月23日召开创建动员大会，进行创建工作全面部署。组织落实市政工程建设、整治城市“牛皮癣”、小区道路硬化、主要路口增设红绿灯、新华路路灯改造、古湖坑整治和长虹路简单绿化等。重点开展环境卫生整治、经常性联合执法、广场文艺活动、“共铸诚信”活动、上街文明劝导、结对帮扶献爱心、社区文艺会演以及公民道德教育八项活动。着重开展环境卫生、乱设摊点、户外广告和拆违五项专项整治活动。开展每周二由文明办、交巡警大队、城建监察大队、工商、环保等单位执法人员参加的联合执法活动。建立由重点创建部门负责人参加的每月创建工作例会制度。把城区范围内所有公共绿地养护、维护权和新建成的新城区的卫生保洁权推向市场，实行市场运作。制订公布加强县城城区噪声治理的管理规定，组织人大代表、政协委员及社会各界人士召开征收县城垃圾处理费座谈会，制定《松阳县垃圾处理费征收方案（讨论稿）》。

2005年，主要突出县城环境卫生整治、社会秩序整治两大重点。推出10件实事和5项活动。抓好主街道和居民小区的硬化、绿化、亮化工程和古湖坑整治为主的10件实事的实施，促进文明劝导、公民道德建设等5项活动。在加强日常管理的同时，启动文明秩序整治综合执法和交通秩序重点整治活动。2007年，启动省级文明县城创建工作，完善基础设施建设。环城南路工程、江滨大道一期工程、污水处理一期工程、长虹路拓宽改造一期工程开工建设，白露岭路拓宽改造工程完成拆迁安置，新华北路交叉口道路工程、府前街西段道路拓宽改造工程、古湖坑西侧道路工程等续建工程已完成建设。加大整治力度，集中开展车辆乱停放、马路市场、街容街貌、流动摊贩的整治，县城环境不断优化，市容市貌更加整洁。创新城市管理手段，成立市容环卫监察中队，进一步加大环卫监督力。“数字城管”系统建成并投入试用，提升城市管理的信息化水平。

2008年，深化省级文明县城创建，加大资金投入，完善基础设施。实施白龙堰清淤引水工程、新华路停车场、公园路改造工程、太平坊路西段人行道修补工程和23条背街小巷及排水工程，完成道路硬化面积6500平方米，新增城区绿地面积3.1万平方米。设立市政广场全彩色电子屏,实施独山大桥、南门大桥和江滨公园景观照明工程，县城主要街道标志性建筑亮化工程。城区主次干道路灯、环卫设施、供排水设施、广电通信设施全覆盖，市政基础设施不断完善。建成日处理污水5000吨的处理厂，进行联动试运行。全面建设江滨一期、环城南路、长虹东路改造、白露岭路面拓宽改造、西屏三桥、松古平原供水工程一期等重点工程。健全长效管理机制，优化县城环境。市容环卫监察中队加大市容环卫监察力度，保洁范围不断延伸，面积从原来的63万平方米扩大到100万平方米。城区的“牛皮癣”清理工作纳入市场化管理，治理成效显著。加强对县城南菜场和东菜场等重点区域的管理，对整个县城主要街道实行分类分级管理。强化城市违法违章行为的管理，加大马路市场整治和市容市貌、流动摊贩整顿力度，规范户外广告管理，加强人力三轮车管理。创新城市管理手段，全面启动“数字城管”，推进城市管理信息化建设。在县城市政广场举行“迎奥运、文明出行”万人签名踩街大型宣传活动。

省级国家级卫生县城创建　2006年，在省级卫生县城创建活动中，梳理并实施2006年亟待建设的入城口、污水处理厂、主次街道接口、新建小区道路硬化、部分垃圾箱、果壳箱的添置等多项市政工程建设实事，使城市功能不断健全。联合城建监察大队、工商、卫生监督、环保等多家单位定期开展联合执法行动。加强重点路段、市场秩序、交通秩序等整治。加强噪音和污染整治，解决居民反响比较大的城区畜禽养殖污染，整治古湖坑和白龙堰的河道污染。

2009年，召开全县创建工作动员大会，开展国家卫生县城创建前期调研，拟订创建计划和实施意见，巩固省级文明县城的创建成果，全面加强市容市貌、交通秩序、卫生秩序、市场秩序的综合治理。继续完善“数字执法”，加强城管执法队伍和城管执法机制的建设，加强环境保护，夯实国家卫生县城创建工作基础。

图20-19　文明劝导（叶光铭 摄于2010年）

2010年，正式启动国家卫生县城创建，推进省级生态县创建工作。围绕县委提出用4年时间，到2013年力争实现国家卫生县城创建目标。4月，在市政广场举行创建国家卫生县城暨“微笑斑马线、文明过马路”活动启动仪式，松阳县国家卫生县城创建工作正式启动。为推进省级生态县创建，启动“城乡联动、洁净乡村、人人争当生态环保志愿者行动”，县机关单位、乡镇干部每月一次前往联系村开展乡村环境卫生大整治行动，向联系村赠送垃圾桶等卫生设施，“共建生态家园、共享生态文明”“松阳是我家、卫生靠大家”和“人人动手、从我做起”的创建理念得到强化。

基层精神文明建设

文明单位（村）创建　1989年，在农村开展“刹、评、创”（刹歪风，评双文明户、五好家庭、遵纪守法户，创建文明村）活动。至1992年，全县共创建文明村41个、文明单位125个，其中松阳师范、县粮食局被评为省级文明单位，赤寿乡叶川头村、谢村乡谢西坑村被评为省级文明村。1992年，开展省级文明单位申报评选和复评工作。

图20-20　表彰文明村镇（叶光铭 摄于2006年）

2000年，评出县级“文明服务示范点”8家。2001年6月始，围绕“创建美好家园，倡导文明新风”主题，推进文明社区创建工作，城中、城西、城北社区先后被命名为市级“文明社区”。2003年，制订《文明单位管理办法》，之后每年召开文明单位经验交流会，开展文明单位巡礼活动。创建4个县级“文明行业”。2004年，召开省、市级文明单位创建经验交流会，深化文明行业创建活动。2005年，动态管理文明单位，开展县、市级文明单位、文明村镇的创建申报、复评，国家级文明单位、村及全国精神文明创建工作先进单位、村申报工作。

2007年，开展文明创建评选工作，全县有8个单位被评为“市级文明单位”，4个村镇获“市级文明村镇”称号，2个行政村获“市级文化示范村”称号；浙西南革命根据地首脑机关旧址创建为“省级爱国主义教育基地”，被省委、省政府命名授牌。举办全县省、市级文明单位负责人培训班。

2008年，开展省、县两级文明单位、文明村镇创建活动，申报5家省级文明单位、村镇。开展第四批县级爱国主义教育基地申报评选活动。通过档案局（馆）等5家申报基地的检查考核，并上报县委、县政府命名，通过6家县级爱国主义教育基地的复评。深化丽水文化名村、市级文化示范村（户）的创建评选活动。全县有3个村充分发挥文化示范村的示范带头作用。

2009年，进一步完善文明单位管理制度。开展市级文明单位申报评选和复评。推荐上报市级文明单位5个，继续保留文明单位称号25个。开展省、市级爱国主义基地创建。自1984年开展文明创建到2010年末，共创建省文明单位15个、市文明单位41个、县文明单位181个；省文明乡镇（街道）2个、市文明乡镇2个、县文明乡镇5个；省文明村5个、市文明村40个、县文明村61个。

2010年松阳县各级爱国主义教育基地情况表

表20-6-3-1

名称	省级公布时间	市级公布时间	县级公布时间	题材分类	建立时间	地址
浙西南革命根据地中心区域（松阳）遗址	2007	—	—	革命历史类	1935	安民乡、枫坪乡、玉岩镇、大东坝镇
松阳县革命烈士陵园	—	1989	—	革命传统	1987	西屏镇西屏山西首山岗
延庆寺塔	—	1995	—	历史文化类	北宋咸平二年（999）	西屏镇塔寺下村
箬寮自然保护区及安岱后革命遗址	—	—	1995	自然科学类及革命历史类	1994 1935	安民乡
松阳县博物馆	—	—	1995	历史文化类	1986	县城吴家山脚1号
青云塔	—	—	1995	历史文化类	明万历年间（1573～1620）	西屏镇青蒙村
枫坪乡小吉村革命旧址	—	—	1995	革命历史类	1935	枫坪乡小吉村
松阳武警中队	—	—	2000	革命传统	1984	西屏镇桐溪村
松阳县谢村源水库电站	—	—	2000	建设成果类	1996	谢村乡大岭根村下游
松阳县档案馆	—	—	2008	历史文化类	1985	县城环城西路121号
卯山国家森林公园	—	—	2008	自然科学类及历史文化类	2005	古市镇湖溪林场
黄家大院	—	—	2008	历史文化类	清至民国初年	望松乡乌井村
石仓古民居群	—	—	2008	历史文化类	明清时期	大东坝镇石仓片

生态文明村创建　在生态文明村创建中，茶叶、食用菌、香榧、油茶、吊瓜等特色生态产业发展壮大，结合省级生态县创建、农村破旧房改造工程、“千村示范、万村整治”“千万农民饮用水”等各项惠民工程，农村生态环境明显改善，人居环境明显优化。加强文化设施建设和队伍建设，开展农民文化节活动，丰富培育农村生态文化。农村党员干部“创先争优”“创业承诺”等责任制度，推进党务、村务、财务“三公开”，加强生态班子建设。2010年，创建市级生态文明村55个。群众性文明创建扎实推进。深入推进“双万结对、共建文明”活动，充分发挥文明单位的物质、人才、技术、创建经验等方面的优势，帮助和带动农村精神文明建设，整体提高城乡文明程度。

家庭（个人）文明评选　1999～2003年，共评出县级文明家庭511户、市级文明家庭28户。2004年，乡镇全面推进农村文化示范户建设。建成农村文化示范户70户，为农民读书看报、文化娱乐活动提供场所。2007年22户农户、2008年13户农户获“市级文化示范户”称号。

2010年，总结古市镇湖溪村“三户”创建试点经验，全县各乡镇开展“生态文明户、致富文明户、信用文明户、文化文明户、孝老文明户”农村文明户评选活动。评出市文明户62户、县文明户189户。

1999～2003 年，开展两届“十佳文明市民”评选活动。2004 年，与组织部、人劳社保局等单位联合开展“人民满意公务员”评选活动。2005 年，开展第四届“十佳文明市民”评选活动。2008 年，组织开展首届道德模范评选活动。2009 年，开展首届浙江省道德模范和第二届全国道德模范推荐，组织丽水市首届“十大爱心人物”推荐活动。同年，开展丽水市第二届道德模范推荐活动和“我推荐身边的好人”活动，松阳县的吴美华获首届“浙江孝贤”称号。

开展系列活动 1989 年，在学校开展爱国主义、集体主义、社会主义和法制教育；在机关开展廉政建设教育。2004 年，举办各类知识竞赛、召开座谈会、开展文艺活动、进行党旗下重温誓词和重走红军路等。乡镇和社区开展以学习贯彻十六大精神主题的“乡乡一台戏”和“社区一台戏”活动。整合文化资源，开展形式多样的广场文化活动，举办“青春颂”大型演唱会、庆“两会”文艺晚会、迎“七一”万人健步走活动、中小学生壁画大赛、“红石梁之夜”广场文艺会演、“歌唱祖国”歌咏比赛和百场电影进百村活动等。2005 年，制定《松阳县关于加快文化建设的决定》。打造 3 个文化特色品牌（“千年古县”的历史文化名城名人品牌、“田园松阳”的旅游文化品牌、“松阳银猴，浙南茶乡”的茶文化品牌）。

2006 年，组织送电影到农村 150 多场。向乡镇赠送 4 万余册计价值 80 万元的科技图书、科技信息资料。先后举办全县青年歌手大赛、庆“七一”歌咏比赛、“知荣辱、创省卫”广场文化系列活动、迎国庆中秋晚会、创省卫暨第十个环卫工人节文艺晚会，配合市委宣传部组织“绿谷风”移动文化大篷车在全县 8 个乡镇送戏下乡活动。庆祝西屏镇社区成立 5 周年，举办一次规格高、规模大、群众参与面广的系列文化宣传活动。挖掘民间文艺资源，继续抓好摄影、根雕等艺术事业，开展龙狮展演、元宵灯会等传统节庆文化表演活动。创建“东海明珠”“山花乡镇”活动，开展“百村千户文化示范工程”结对共建活动，全县共有 130 个县级以上文明单位与 103 个行政村（社区）、139 户文化示范户结对，其中省文明办与松阳县城中社区、大东坝镇后宅村结对，紧水滩水力发电厂等多家市直属文明单位与松阳县大东坝镇六村等多个行政村结对。2006 年 6 月，全市“文化示范工程”现场会在松阳县城召开。开展评选文明卫生示范窗口、文明卫生示范经营点（户）、文明卫生示范单位、文明示范街等专项活动；建立县领导联系街道（社区），定期的文明劝导、联合执法，创建主要责任单位定期例会，人大代表、政协委员的视察、督查，市民舆情反馈等制度。

2008 年，开展金融行业“优质文明服务先进事迹演讲周”活动，开展“宣传形势送政策”和农村村庄环境大整治活动。在 2007 年完成试点工作的基础上，每个乡镇在 1～2 个村开展乡风评议工作。

2009 年，推进特色文化建设。打响茶文化品牌，“农民文化节”品牌。组织“乡乡一台戏”、农民器乐演奏大赛等活动，成功举办市“乡村歌王擂台赛”决赛。开展庆祝新中国成立 60 周年“一展二演三赛事”（即成就巡展，广场文艺会演、农民文化节系列演出，浙南桃花源摄影大赛、文学创作大赛、大型歌咏比赛）活动，加快“图书流通站点”建设，推进农村电影放映“231”工程（在 21 世纪初，基本实现全国农村电影三个一目标：一村一月放映一场电影），全年送图书 23000 册、送电影 1296 场。

2010年，继续组织“乡乡一台戏”“农民器乐大赛”等系列活动，象溪镇、板桥乡、裕溪乡整合文化资源，成功举办松阳县第三届农民文化节开幕式暨“山哈风韵”农民文艺会演；叶村乡、西屏镇开展农村—社区“文化结亲”活动，丰富文化节的形式和内涵。

图20-21 古市镇农民文化节（叶光铭 摄于2010年）

文化阵地建设　2007年，集中抓好三都、四都、裕溪、竹源、新处、叶村、樟溪、望松、斋坛、板桥10个乡的文化站建设。象溪镇被省文化厅命名为“浙江东海文化明珠”乡镇，是2007年丽水市唯一通过验收并被省文化厅命名的乡镇。大东坝镇六村成为松阳县首个被省文化厅命名的“浙江省文化示范村”。四都寨头岭和三都云雾景摄影基地被列为市级摄影基地。2009年，文化中心一期进入招投标环节，县博物馆于10月开始陈列布展，乡镇文化站累计完成新建、修建11个，新一轮广播电视“村村通”工程提前6个月完成。2010年，文化设施日趋完善。县文化活动中心一期工程续建，二期工程开工；县博物馆新馆开馆，浙江省文物保护单位黄家大院一期修缮工作基本完成，逐步形成由江滨公园、市政广场、文化活动中心、博物馆、图书馆组成的县城文化核心区。多个文化体育事业建设项目被纳入全县经济社会发展“十二五”规划当中。乡镇文化站、农村文化活动室、小康体育村建设得到加强，2010年，有46个村获赠体育文化器材。

文化遗产保护　2004年，开展民间文艺资源普查活动，加大对松阳高腔的扶持和保护力度。组织县民间传统彩灯桂花亭参加国际摄影文化节的“古韵遗风”大型踩街活动。2005年，松阳高腔被列入省政府首批非物质文化遗产保护名录；黄家大院、普济桥和市口进士牌坊被列入省级文物保护单位；县文联组织编写《〈兰雪集〉与张玉娘研究》和《松阳钩沉》两书，分别被列入省社科联重点课题。2007年，出版《古邑松阳》，开展非物质文化遗产田野调查采风活动，推进基层非物质文化遗产保护工作。竹溪锣鼓、道惠夫人会、畲族叙事歌被列入浙江省第二批非物质文化遗产保护名录。松阳高腔传承基地在玉岩镇周安村和新岗村挂牌。2009年，实施文庙、城隍庙、汤兰公所（关圣宫）、太保庙、明清街等历史文化遗产的保护开发工作；加大对延庆寺塔、黄家大院、石仓古民居、界首古村落等特色历史文化遗产资源的包装和对外推介力度。对叶法善、张玉娘等文化名人深入研究宣传，叶法善传说（民间文学）、道教音乐月宫调（民间音乐）、松阳端午茶（传统医药）被列入省级非物质文化遗产保护名录。

2010年，松阳县元代著名学者、诗人周权作品《此山集》被列入《处州文化丛书》并出版，《松阳非物质文化遗产集萃》、油画集《走进松阳》等纷纷出版。有许多文艺作品在国内重要刊物发表，民间文艺创作热情高涨；古装戏《叶天师传》参加叶法善国际艺术研讨会的演出；月宫神韵古乐队受邀参加中国武义第四届温泉节暨首届国际养生博览会的演出；松阳高腔剧《火珠记》参加浙江省第五届非物质文化遗产展演，获得优秀传承奖。

第四节　对外宣传

外宣机构

1993年始，对外宣传工作由宣传科负责。

2001年，对外宣传领导小组成立，开办“松阳网站”。2008年12月，县委对外宣传办公室（县人民政府新闻办公室、网络宣传办公室）设立，为纯公益类全额拨款事业单位，归属县委宣传部管理，核定人员编制2人，主任可高配副科，具体负责对外宣传工作。2009年，筹建“中国松阳新闻网”，关注网络舆情，及时编报《舆情专报》，供党委政府参考。9月，开通全县第一家综合性的新闻网站——中国松阳新闻网，设立《新闻版块》《茶乡松阳》等20个栏目，开设《独山论坛》。

外宣工作

1993～2000年，主要围绕党的十四大精神、纪念五四运动75周年、中华人民共和国成立45周年、纪念抗日战争胜利50周年、“三讲”（讲学习、讲政治、讲正气）、纪念建党75周年、红军长征胜利60周年纪念活动、十五大精神、香港回归、纪念改革开放20周年、庆祝中华人民共和国成立50周年、“三个代表”重要思想学习教育活动以及党委政府的中心工作，开展对外宣传报道工作。

2001～2010年，主要围绕中共十五届六中全会精神、中国共产党成立80周年、“信用浙江”“数字浙江”、“绿色浙江”、十六大精神、纪念中国人民抗日战争暨世界反法西斯战争胜利60周年、纪念红军长征胜利70周年、纪念改革开放30周年、举办中国·松阳银猴开茶节暨茶商大会和首届“农民文化节”等大型活动、开展“千年古邑蓬勃新姿·庆祝新中国成立60周年成就巡回展”、创建省级生态县、第三届中国茶商大会银猴茶叶节等开展对外宣传报道工作。

主动谋划外宣工作　2001年，举办“认识松阳，宣传松阳，建设松阳”县情报告会，开展中共十五届六中全会精神、中国共产党成立80周年、丽水日报《新世纪话松阳》的宣传报道。开展“信用浙江”“数字浙江”“绿色浙江”主题宣传活动和市级“卫生县城”创建活动的宣传报道工作。是年，编印《浙南桃花源——松阳古县》《走进松阳》等宣传画册，拍摄制作电视专题片《金瓯玉盘话松阳》《浙南有个桃花源——放眼看松阳》《春风唤得松古醒》，设计出版《松阳风光》纪念册，编印《走进松阳》摄影画册。组织参加由中共丽水市委宣传部、丽水旅游局举办的“浙江绿谷十大系列”评比活动。延庆寺塔、箬寮杜鹃、箬寮峡、竹源峡、松阳银猴、黑陶、白茶等获奖。举办“地税杯”四都萝卜风情摄影大赛、“箬寮之秋”摄影大赛、竹源峡风光摄影大赛等活动，开设每周一档的《文明风》专栏。

2004年，在全社会开展“征集总体形象宣传语”活动，共收到投稿252条，推出“千年古县，田园松阳”宣传语。邀请省、市级媒体到松阳采访制作，宣传松阳的优势和特色。邀请国际、省内外知名摄影艺术家到松阳采风创作。2005年，举办“松阳·武义摄影艺术作品联展”、三都“梨花节”和樟溪“春茶节”摄影大赛活动。配合中央电视台10频道摄制组拍摄完成延庆寺塔、黄家大院等景点的专题栏目宣传片。中央电视台7频道播出“松阳鸡粪变宝，推进生态农业发展”专题新闻。在《浙江在线》网站开设《千年古县，田园松阳》专栏，采用《放眼看松阳》《万人品茶会》《采访县领导》3个视频具体而直观地宣传松阳以及松阳的茶叶。设计制作外宣碟片，开展“松阳风光”明信片照片的征集和发行工作，明信片1套共14张全方位展示松阳的悠久历史、风俗民情、秀丽风光和富饶物产等。

对外宣传管理　2006年，招聘网络监督员，增加服务性栏目，设立网上论坛，做好网上专题宣传。组织新闻工作社会监督员、网上评论员，对松阳县的新闻宣传工作开展社会监督，加强对网络媒体的正确舆论引导。2008年，推进“采访线工程”建设，确定相应的采访点，邀请市外宣办领导为松阳县宣传骨干作专题讲座，建立《松阳县境外记者采访工作县级联席会议制度》《境外记者采访工作县级联席会议成员单位工作职责》等相关制度。首次把突发性新闻上报等舆情信息报送工作列入乡镇部门年终目标考核。

2009年，制订《松阳县关于加强网络舆论引导工作的意见》，组建覆盖各乡镇、部门的网络信息员队伍，强化互联网建设与新闻宣传管理。启动松阳“数字电视”网络建设，对县城城区有线电视网络进行改造，截至年末，实现数字化转换6000多户。开展“外宣规划”的课题研究和制定。

外宣工作成效　2006年，到丽水召开“新闻媒体话松阳”恳谈会，邀请市级以上新闻媒体的记者到松阳县采访报道，中央电视台7频道《走遍中国》栏目摄制组到松阳县拍摄专题片；开展“国际摄影家绿谷行”活动，邀请8个国家的12位摄影家到松阳县三都、四都、大东坝等地创作。利用洽谈会等重大节会活动，在全县办公固定电话设置宣传彩铃，多角度全力推介松阳，初步形成大外宣格局。

图20-22　中央电视台7频道在松阳采访(叶光铭 摄于2008年)

2008年，举办中国·松阳银猴开茶节暨茶商大会和首届“农民文化节”等大型活动，邀请30多家新闻媒体集中到松阳采访报道，共播出新闻15条、专题10个，中央、省、市报纸媒体共刊发稿件22篇。在“人民网”“中国网”“新浪新闻网”等一些国内知名网刊登出关于开茶节的活动报道。首届“农民文化节”活动期间，邀请上级媒体到松阳采访报道或向上提供稿件，全面报道“农民文化节”的特色和亮点，展示松阳县文化建设成果，提升知名度。开展“千年古邑蓬勃新姿·庆祝新中国成立60周年成就巡回展”宣传报道；围绕旧村改造的成功做法，5月，策划“中央主流媒体走进松阳”集体采访活动，邀请人民日报社、新华社、光明日报社、经济日报社等中央级媒体走进松阳进行集中宣传，联系中央电视台新闻频道播出松阳县旧村改造典型经验新闻；整理编纂出版《旧村改造——松阳新农村建设实践路径》一书。

2009年，突破松阳县多年来《人民日报》发表稿件为零的现状，在中央级主流媒体发表或播出稿件10余篇，省级主流媒体50余篇（条），市级以上媒体100余条。茶商大会期间邀请人民日报社、新华社、中央电视台、经济日报社、浙江日报社、东方卫视、浙江在线、浙江电视台、丽水日报社以及《中国茶叶》《国际茶讯》等中央和省、市20多家新闻媒体、70余名记者到松阳集中采访，挖掘报道节会以及松阳的历史文化。对外新闻报道，截至2010年11月，在《浙江日报》发稿15篇，《丽水日报》发稿324篇，被中央电视台录用4条、2个专题，浙江卫视播出稿件12条、其他频道7条，丽水电视台共播出稿件534条，丽水电台332条。利用丽水撤地设市10周年纪念活动的契机，邀请各地媒体到松阳开展系列宣传活动。同时，推荐并参选丽水市10件大事、市20个创业精英、市30项精品工程；在市里展出松阳十年成就，在《浙江日报》刊登松阳专版；邀请“飞跃丽水大型航拍活动”航拍组对松阳进行航拍，采录秀美山川、人文景观、经济社会发展成就。

第五节　宣传队伍建设

宣传队伍的发展

1951年上半年，建立县、区、乡报告员、宣传员队伍。1952年，“婚姻法”宣传委员会成立。1954年，全县44个乡镇党支部均设有宣传委员。县直机关单位自建有党组织开始，党支部、党委（党组）有分管宣传的领导。1956年初，全县有县、区二级报告员47人，县、区乡（镇）三级宣传员595人。2月，制定并实施《关于宣传、文化教育、卫生工作的规划》，县委委员、县委各部部长、正副县长担任县级报告员，区委委员担任区级报告员，共有县、区级报告员60名。1956年末，全县宣传员2835人、宣传小组857个、宣传员中心小组278个。1956年10月1日始，协助县委主办机关报《松阳报》的发行，要求每位干部订阅《松阳报》，利用报刊开展宣传工作。全县全年发行中央级报纸980份、省级报纸560份、专署级报纸2000份，做到社社订1份《浙江日报》、队队订1份《金华大众报》。发展《金华大众报》通讯员350人，建立读报组857个。1957年3月，乡镇支部均改建为总支，有分管宣传的总支领导。1957年6月1日，县委就乡（镇）宣传员队伍建设作出指示：各乡镇党总支书记要对党的宣传工作负责，每位党员要联系、宣传、教育一定数量的群众，具有宣传工作能力的支委应担任合作社的政治副职，掌握宣传活动，整顿宣传网，每个生产队要有宣传员负责读报、出黑板报等。1957年末，县、区级报告员增加到70人。开始在农村设宣传员，有3名宣传员以上的农业社建立宣传小组，行政村建立宣传员中心小组；全县宣传员增加到3468人。

1982年，全县有11个党组、28个党委、541个党支部。2010年，有35个党组、40个党委、35个党总支、800个党支部，都有分管宣传的领导和宣传委员。

县委宣传部

1949年7月，中共松阳县委宣传部建立，主管全县理论、宣传思想、意识形态和精神文明建设工作。随着国家对知识分子问题的重视，1955年2月从宣传部分出单独建立文教部，负责全县文卫系统的工作和落实知识分子政策的工作。1957 年 4 月，文教部仍并入宣传部。1958 年，松阳、遂昌 2 县合并，松阳县委宣传部并入遂昌县委宣传部。

1982 年恢复松阳县建制，4 月，建立中共松阳县委宣传部，有工作人员（含常委部长）4 人。1982 年，松阳恢复宣传网，有报告员 151 人、宣传员 1540 人。宣传部工作人员从 1982 年的 4 人发展到 2010 年 16 人。内设机构有办公室、宣传科（2003 年更名为宣传、新闻文化科）、党教科、理论科。1994 年 3 月，设立松阳县精神文明建设委员会办公室即文明办（为精神文明建设委员会常设的办事机构，挂靠松阳县委宣传部），日常工作由宣传部负责管理，事业编制 3 人；2002 年 8 月，核定事业编制 4 人，主任 1 人，副主任 1 人，为参照公务员制度管理的科级事业单位。主要是贯彻执行精神文明建设工作的方针、政策，研究、部署、了解、督促、指导、检查全县精神文明建设，组织开展群众性的精神文明建设活动，总结、交流和推广精神文明建设先进经验。

2001 年 10 月机构改革后，松阳县委宣传部的工作职能调整为规范、部署全县精神文明建设活动的任务，由县精神文明建设委员会办公室负责。县委宣传部主要负责指导全县理论学习、理论教育、理论宣传、理论研究工作和全县社会科学规划的制订和落实，并在政治方向和方针、政策方面实施领导。负责全县新闻和出版工作的宏观管理；指导、协调松阳报社、县文化体育广播电视局等新闻、出版部门的工作，并在政治方向和方针、政策方面实施领导；负责指导精神产品的生产，并在政治方向和方针、政策方面实施领导；代管县文联。负责规划、部署全县思想政治工作；协调全县党员教育和全县农村、企业思想政治工作。贯彻执行中央、省、市、县委及省、市、县政府关于对外宣传工作的方针、政策和部署；指导、管理全县对外宣传工作；归口管理、统筹协调全县互联网上的新闻宣传工作。贯彻中央和省、市、县委关于精神文明建设的方针、政策，指导全县日常性的精神文明建设工作；管理县精神文明建设委员会办公室。对乡（镇）宣传委员的任免向县委组织部提出意见。指导宣传系统的干部队伍建设，管理宣传系统各单位副股级以上（中层）干部；制订全县宣传干部和宣传系统领导骨干培训规划并组织实施；联系宣传系统的知识分子；管理政工职务评聘工作。贯彻中央和省、市、县委关于宣传思想文化事业发展的指导方针；组织开展对全县宣传思想工作调查研究，研究提出全县意识形态工作的重大方针、政策，指导宣传系统制订政策、法规；指导宣传系统的改革；管理县级宣传文化发展专项资金和文化市场建设基金。

第七章　统一战线工作

民国 20 年（1931）“九一八”事变后，中华民族与日本帝国主义之间的民族矛盾上升为主要矛盾。民国 24 年 5 月，中国工农红军挺进师挺进浙西南，以松阳玉岩、安岱后为中心建立浙西南革命根据地时，就有差别对待非中共人士，团结社会开明士绅，建立地方工作团，宣传发动群众。

全面抗战时期，中共松阳县工委团结各种爱国力量，建立抗日统一战线，反对日本帝国主义侵略。1949 年 3 月 13 日，浙东人民解放军第二游击纵队第六支队和中共处属特委策动松阳县民国县长祝更生率部起义。全国解放后，松阳县委认真贯彻上级党委关于统一战线政策。1949～2010 年，在历届县各界人民代表大会、政协会议中，推荐非中共人士担任县各界人民代表大会代表、县各界人民代表大会常务委员会领导和县人民代表大会代表、县人大常委会领导及县政协委员、常委会领导。

1949 年 7 月至 1958 年 11 月，松阳县华侨与港澳台事务由松阳县委管理。1984 年，台湾事务和华侨事务办公室成立。2005 年始，县侨台事务办公室与县委统战部合署办公。

第一节　统战工作沿革

中华人民共和国成立前夕，政治协商会议制订《中华人民共和国政治协商会议共同纲领》，对团结一切爱国民主力量起到砥柱作用，是统战工作之重，起到临时宪法的作用。1949～1953 年，统一战线工作主要是团结各界爱国民主人士及其代表人物，积极参加土地改革、抗美援朝、“三反”、“五反”和生产建设。全县各界人民代表会议有一定比例的民主党派和无党派民主人士、进步知识分子参加。1952 年，县委统一战线工作部成立。

1954～1958 年，第一、二、三届县人民代表大会选举产生的县人民委员会（政府）中，非中共党员占有一定比例。一届 17 名委员中，非中共党员占 47%；第二届 19 名委员，非中共党员占 47.37%；第三届 17 名委员，非中共党员占 47%。1956 年，实行公私合营，对原工商业者根据“量才录用，适当照顾”的原则，也安排私营业主担任政府机关或企业的领导职务。

1958 年，松阳县并入遂昌县。1982 年恢复松阳县制，复设中共松阳县委统战部。各区委、县机关及党外人士较多的单位党组织设统战委员，或由宣传委员兼管统战工作。1984 年，机构改革，一批具有大中专学历的干部担任县机关局级或相当职务的领导工作。县政协委员中各界民主人士占有较大比例。1990 年 6 月至 1993 年 3 月的县政协第三届委员会 127 名委员中，非中共党员 75 人，占 59.1%；常务委员 23 人中，非中共党员 14 人，占 60.9%；5 名主席、副主席中，非中共党员 3 人。

1987 年 8 月，协助中国民主同盟松阳小组改建为民盟松阳县支部，以利多党合作，民盟松阳支部有成员 11 人。1992 年，民盟松阳县支部委员会建立，有成员 30 人。1993 年，民盟松阳县总支委员会设立。

1999 年，县统战部门编撰《统一战线知识讲座》一书，宣传讲解邓小平关于新时期统一战线理论，涉及新时期统一战线的重要地位和作用、民主党派工作、党外人士工作、民族问题和民族政策、宗教问题与宗教政策、宗教与迷信及党员信教问题、台湾问题的由来与中国共产党的对台方针政策、华侨问题和侨务政策等，在党内外社会各界开展学习并广泛宣传。2002 年，县委统战部把第十九次全国统战工作会议的主要精神和统战基础知识按“一大法宝，两面旗帜，三个绝不能，四个离不开，五种宗教，六项职责，七项内容，八大党派，九项条款，十项工作，十一字定义，十二个方面”的形式，简略概括，编成册子，取名《统战知识 ABC》，发给广大干部学习和宣传。

第二节　落实统战政策

松阳县统战工作主要是团结各界爱国民主人士参与松阳县政治、经济、文化等各方面建设，改正“右派”、落实“投诚”政策及落实“文化大革命”运动中受害者政策，统战人士安排、组建民盟支部及中共领导干部联系非中共人士制度等。

统战人士安排

1952 年，县委统一战线工作部成立后，遵照上级指示，抓住统战工作，调动知识界、工商界的爱国民主人士的社会主义建设积极性，首先重视统战人士的安排。

1954 年，松阳县召开县第一届人民代表大会时，依法选举产生县人民代表 107 人，代表中有民主人士 3 人。1956 年 12 月，第二届县人民代表大会，有民主爱国人士 6 人被选为县人民代表。1958 年第三届县人民代表大会，依法选举出党外人士、民主党派人士共 8 人为县人民代表。1984 年第四届县人民代表大会，依法选举出的 237 名代表中，民主党派、党外或无党派人士代表共 11 人。1987 年第五届人民代表中，有民主党派和党外人士 2 人。1990 年第六届人民代表 243 人中，有民主党派、党外人士代表 14 人。1993 年召开的第七届县人民代表大会，有统战对象 6 人被选为县代表。

1982 年 7 月，中国人民政治协商会议松阳县委员会（简称县政协）成立。政协委员由民主协商产生，注重统战人士的安排。县政协第一至七届会议，有党外人士 8 人（18 人次）担任县政协副主席（一、六、七届各 2 人，二、三、四、五届各 3 人），非党政协委员按总数不少于 65%的比例安排；政协常委会委员按党外人士占 2/3 的比例，共有 76 人次当选为政协常委（一届 6 人，二届 8 人，三届 13 人，四届 15 人，五届 11 人，六届 12 人，七届 11 人）。

1982 年，中共松阳县委统战部恢复后，在各区、乡、县机关及党外人士较多的单位党组织，增设兼职统战员。至 1984 年 7 月末，有 18 名台属和台胞参加县政协首届一次会议。

处理遗留问题

至 2010 年末，统战部会同有关部门落实政策。经过复查，全县被错划为“右派”分子的 58 人全部得到改正。从原工商业者中区别出小商、小贩、小手工业者，恢复其劳动者身份。对原国民党起义投诚人员102人，颁发起义、投诚证书。落实归侨、侨眷历史旧案3件。落实台胞、台属房产48户、158间。对因“社会关系复杂”被错误处理的，给予纠正。清退“文化大革命”中被查抄的物资，归还被占用的西屏、古市2处耶稣教堂、建筑面积1887.12平方米和原西差会附屋及果菜园地1517平方米。1989年11月，松阳黄埔同学会成立。

联系非中共人士制度

2004年，县委办县府办制定《关于县委、县政府党员领导干部联系民主党派、工商联、无党派人士的制度》。2010年，全县担任副处级领导职务的非中共干部4人，其中县人大常委会副主任1人、副县长1人、县政协副主席2人。担任科级领导职务非中共干部23人，在政府职能部门担任正科级领导职务非中共干部1人、副职12人，在乡镇担任正科级领导职务非中共干部3人、副职7人。对全县170名民主党派和无党派人士作政治安排。无党派人士担任省政协委员1人，非中共人士担任市人大代表7人、担任市政协委员10人、担任县人大常委1人、县人大代表48人、担任县政协常委14人、县政协委员108人。

松阳县政协委员安排归侨、侨眷、台属，一届15人、二届20人、三届19人、四届14人、五届10人、六届8人、七届8人。丽水市政协委员安排松阳归侨、侨眷、台属，一届4人、二届3人。省政协委员安排松阳归侨、侨眷、台属，七届1人。

第三节　华侨与港澳台事务

机构

侨台办公室　1984年7月，县委成立台湾事务办公室，县人民政府成立华侨事务办公室，是主管全县台湾事务和侨务工作的办事机构。此前，台湾事务、侨务工作由县委宣传部、统战部兼管。1990年5月，侨务机构的名称变更为松阳县人民政府侨务办公室，是县人民政府工作机构。1996年10月，按《松阳县党政机构改革方案》的规定：“侨务、台湾事务、民族宗教事务的行政职能暂由统战部门行使，对外挂侨务办公室、台湾事务办公室（县委台湾工作办公室）、民族宗教事务局的牌子”，县人民政府侨务办公室成为县委统一战线工作部的内设机构。2001年10月机构改革，侨台办机构合并，设立松阳县人民政府侨台事务办公室（县委台湾工作办公室）与县委统一战线工作部合署办公，不计入政府机构数。2005年6月机构改革，县侨台事务办公室（县委台湾工作办公室）与县委统一战线工作部合署办公，列入县政府工作部门序列，不计入政府机构个数。县侨台事务办公室是主管全县侨务、对台工作的办事机构。2010年12月，核定侨台办行政编制2人，其中，设领导职数（主任）1人。侨联事业编制2人，其中，设领导职数（主席或专职副主席）1个。

侨联　1985年2月，松阳县侨联成立。召开松阳县第一次归侨侨眷代表大会，选举产生主席、副主席、秘书长及常务委员，组成常务委员会。县归侨侨眷代表大会闭会期间，县侨联常务委员会贯彻执行县归侨侨眷代表大会的决议，并决定工作中的重大问题。侨联主席、副主席、秘书长组成主席办公会议，处理日常工作。常务委员会会议每年召开两次，由主席会议负责召集。县侨联委员会全体会议每年召开1次，由常务委员会召集。常务委员会认为有必要或者有1/3以上委员的建议，可以提前或者推迟召开，或举行临时会议。县归侨侨眷代表大会、侨联委员会和常务委员会，都必须有过半数的成员出席方能召开，有出席会议过半数成员的同意，才可通过决议。2007年7月，西屏镇、古市镇归国华侨联合会成立，并举行授牌、授印仪式。2008年7月，松阳留学人员和家属联谊会成立（简称“留联会”），发挥留学人员及其家属作用。2009年8月，西屏镇城南社区侨联组织成立。

图20-23 松阳县首届归侨、侨眷代表会（县委统战部提供 1985年）

县（乡镇、社区）侨联的组织原则是民主集中制，其最高权力机关是县、乡镇、社区的归侨侨眷代表大会。代表应当具有侨胞、归侨、侨眷的身份，由县（乡镇、社区）侨联及其有关方面经民主协商或者特邀方式产生。县（乡镇）归侨侨眷代表大会每5年召开1次，由上届侨联委员会召集。在特殊情况下，可以提前或者推迟召开。社区（村）归侨侨眷大会或代表大会每3年召开1次。在特殊情况下，可以提前或者推迟召开。社区（村）归侨侨眷大会或代表大会其主要职权是听取和审议社区（村）侨联的工作报告，审查财务情况，选举社区（村）侨联主席、副主席、秘书长、委员。人员编制和领导职数：县侨联行政编制1人，侨联工作人员事业编制1人，挂靠县委统战部。领导职数：主席1人。

松阳县历届侨代会情况表

表20-7-3-1　　　　单位：人

届别	正式代表	侨联委员会				
		主席	副主席	秘书长	常委	委员
第一届（1985.02～1989.11）	42	1	1	1	7	15
第二届（1989.11～1996.06）	40	1	2	1（兼）	5	15
第三届（1996.06～2002.11）	42	1	1	—	5	11
第四届（2002.11～2007.07）	59	1	2	1	7	15
第五届（2007.07～　　）	85	1	2	1	11	19

台联　1984年春，松阳籍旅台同胞戴贤、叶世景、何星辗转日本，返乡探亲。1985年9月，松阳县台胞台属联谊会（简称“松阳县台联会”）成立。它是由居住在松阳县的到台湾人员家属、台湾省籍同胞和旅台回乡定居人员自愿组成的社会团体。松阳县台联会作为台胞台属自愿组织起来的

社会团体，在中国共产党的领导下，成为县委县政府联系广大台胞、台属的桥梁和纽带。松阳县台联会下设 3 个基层组织。西屏分会成立于 1989 年 9 月 19 日，地域包括西屏镇及其周边原松阳区所属的 8 个乡，台属 439 户共 1682 人。为方便各台属之间的联系，分会下分 8 个片，每片由 2～3 名台属骨干担任联络员；到 2010 年，共选举产生过 4 届理事会。古市分会成立于 1989 年 10 月 12 日，到 2010 年一共选举产生 4 届理事会。玉岩分会成立于 1990 年 8 月 28 日，到 2010 年共产生过 2 届理事会。

1985 年 9 月 28～29 日，松阳县首次台胞台属代表大会召开。大会正式代表 56 人，其中有 15 名县政协委员，4 名县人大代表。会议听取关于筹备工作的报告，通过《松阳县台胞台属联谊会章程》，选举产生松阳县台联会首届理事会。1990 年 1 月 8～9 日，松阳县第二次台胞台属代表大会召开，72 名正式代表和 5 名列席代表参加会议。会议听取并通过《关于第一届台联会工作报告》，修改《松阳县台胞台属联谊会章程》，选举产生松阳县台联会第二届理事会。1998 年 8 月 5～6 日，松阳县第三次台胞台属代表大会召开，74 名正式代表和 5 名列席代表参加会议。大会围绕松阳经济建设和促进祖国和平统一两大主题，回顾和总结台联会 8 年来的工作。修改《松阳县台胞台属联谊会章程》，选举产生新一届理事会。2003 年 6 月 26 日，松阳县第四次台胞台属代表大会召开，70 名正式代表和 30 名特邀代表参加会议。大会审议并通过县台联会第三届理事会的工作报告；修订《松阳县台胞台属联谊会章程》；选举产生第四届理事会和参加丽水市第五次台胞台属代表大会的代表。2008 年 10 月 23 日召开松阳县第五次台胞台属代表大会，80 名正式代表和 35 名特邀代表参加会议。大会听取和审议县台联第四届理事会的工作报告；选举产生第五届理事会理事和参加丽水市第六次台胞台属代表大会的松阳县代表。

松阳县历届台胞台属代表大会情况表

表 20-7-3-2　　单位：人

届次	时间	会长	名誉副会长	副会长	秘书长	副秘书长	常务理事	理事
第一届	1985.09	1	—	1	1	0	—	9
第二届	1990.01	1	—	3	1	1	—	20
第三届	1998.08	1	1	4	1	1	—	12
第四届	2003.06	1	—	5	1	2	9	—
第五届	2008.12	1	—	9	1	2	11	20

华侨发展概况

华侨移居过程　松阳人向来安土重迁，少有漂洋过海移居海外；但也有迫于生计，闯荡南洋。20 世纪初，部分邑人东渡日本留学，学成后回到国内。西屏镇人吴力生，1926 年上海大学结业即到广州参加国民革命军，任 26 军党代表兼办公室主任。次年参加南昌起义，后遭国民党政府通缉，流亡日本，此为松阳较早侨居海外的华侨。全面抗战时期，也有少数松阳人移居国外。1949 年 10 月

前后，大批国民党军政人员及部分家属撤离大陆，退居台湾，此后一部分人员陆续脱离国民党军界政界，移居国外，成为华侨。

中华人民共和国成立后至20世纪70年代末，少数松阳人移居海外。中共十一届三中全会后，相当一部分华侨亲带亲、邻带邻到海外闯荡，谋求发展。松阳县有一批青年学子出国留学，其中部分留学生学成后在国外工作、定居，成为华侨。

华侨境外分布 1948～1949年，部分松阳籍华侨先到台湾，后移居海外。20世纪80年代以后，移居海外的松阳籍华侨出国路线大致分二类。由于当时的中国已与较多国家建交，因此移居建交国的华侨，一般都是通过该国驻中国大使馆签证后，直航到建交国的；也有少数人通过香港或澳门中转。前往与中国无外交关系的国家移居，则必须经香港、澳门地区或其他与中国建交的国家中转签证。

1978年以前，移居国外的松阳籍华侨78人。改革开放后，松阳籍出国人员日益增多。至2003年12月，松阳县华侨华人998人，出国留学人员49人，归侨、侨眷447人。到2006年，5大洲38个国家和地区有松阳籍华侨、华人居住。其中，亚洲有200人，主要集中在马来西亚、新加坡等国家和地区，占12.34%；欧洲有790人，主要集中在西班牙、比利时、葡萄牙、意大利、荷兰等国家，占48.74%；美洲有611人，主要集中在美国、加拿大等国家，占37.69%；非洲和大洋洲有20人，占1.23%。美国是松阳华侨、华人分布最多的国家，有526人，占总数的32.45%；其次是西班牙，有206人，占总数的12.71%；再次是比利时，有176人，占总数的10.86%。

华侨职业 民国以前，出国的松阳籍华侨大多来自贫苦农民和小手工业者，他们既无资金，也没有较高学历和专业技术，出国后大部分从事劳工、小商贩、开小餐馆等一类的职业。但其第二代、第三代的华侨已普遍受到良好教育，其职业向商贸、旅游、房地产、法律、文化等产业发展。民国时期出国的华侨，大多接受过良好教育，后又到美国等地留学深造，毕业后留在国外工作。他们的子孙也多在国外读书工作。

中华人民共和国成立前后，有撤离大陆的国民党军政人员先到台湾，后陆续离台定居海外。这部分华侨大都文化程度较高，有从政从军经历，社会阅历丰富，出国时有一定资金，年龄相对也较大。大部分出国是因为子孙已成为华侨帮助创业，退休养老。20世纪80年代，有一批青年学生出国留学成为华侨。还有一些企业下岗职工、农民工等到国外开公司办企业；有的从打工开小餐馆开始，艰辛打拼，在海外创业成功。2006年，613名松阳籍华侨、华人、港澳同胞中，从事餐饮服务业的有195人。这部分华侨文化程度相对较低，占从业人员总人数的31.81%。从事商贸的132人，占从业人员总人数的21.53%。从事科技教育的103人；这部分华侨大多是留学后移居国外，文化程度较高，占从业人员总人数的16.80%。另外183人，从事加

图20-24 “旅欧中国松阳同乡会”在西班牙首都马德里成立（县委统战部提供2008年）

工制造业、文化艺术、医学卫生、金融保险、从政及其他行业。

旅欧中国松阳同乡会　松阳籍侨胞旅居欧洲国家的面较广，但人数不多。2007 年 8 月，县委统战部、县侨台办、县侨联联合下发《关于成立“旅欧中国松阳同乡会”工作的有关建议》，成立“旅欧中国松阳同乡会”筹备委员会。经过一年多的筹备，2008 年 10 月 27 日，首届“旅欧中国松阳同乡会”在西班牙首都马德里成立。其宗旨为维护国人在西班牙乃至在欧盟的合法正当权益；促进侨胞融入当地社会，积极参与发展当地的经济建设和弘扬中华民族传统文化，维护华人社会的安定团结，互相帮助，互通信息，增进友谊；促进侨胞热爱祖国，热爱家乡，关心和支持祖国经济建设与和平统一大业；促进祖国和西班牙乃至欧盟的经济、文化交流与友谊。美洲有松阳籍华侨 143 人，其中美国 98 人、巴西 25 人、加拿大 10 人。亚洲有松阳籍华侨 84 人，其中主要在新加坡 22 人、阿联酋 21 人、日本 18 人。至 2010 年末，尚无华侨社团成立。

抗日爱国活动　松阳县吴弄村人叶志颜，与许多旅居马来西亚华侨一样，参加过对祖国抗日战争的经济支援——常月捐（即每月至少按月薪捐款 10%），还常常在街头组织捐款（不定期特别捐）。有不少侨胞在马来西亚的工作是拉黄包车，尽管收入微薄也经常向捐款箱投入钱币，有的参加过华侨抗日救国宣传等活动。

报国支乡　20 世纪 80 年代，松阳籍旅加拿大侨胞刘红梅回乡创办古市红梅诊所。1991 年以后，侨胞向县内捐赠资金。其中，旅法归侨卓王庚向赤寿乡卓伍公路捐赠资金 15 万元；旅美博士潘福先后 20 次捐赠近 237 万元；比利时侨胞王存民向县图书馆建设项目捐赠资金 50 万元，并与其弟王存玉合作，投资 500 万元建造职业中专学生公寓和多功能食堂项目。1993～2003 年，引进 7 家外商独资企业，共争取捐、投资 8352 万元。2004 年，全县共有 11 所中学的 227 名品学兼优、家境贫寒的学生得到总额为 19.4 万元的“思定助学金”。引进境外资金进入工业园区 150 万美元。2005 年，引进境外资金进入工业园区，创办外资企业 1 家，注册资金 150 万美元。2006 年，旅居罗马尼亚侨胞胡培彪夫妇与玉岩中学 6 名品学兼优的初一贫困生结对，每学年资助每名学生人民币 1000 元，直到初中毕业。2004～2006 年，共接受侨界捐资 16.81 万元，落实美国“唐氏基金会”新结对 176 名特困生的工作，发放资助款人民币 3.28 万元。至 2006 年，松阳共接受侨、港

图 20-25　松阳籍旅加拿大侨胞刘红梅（前左二）创办的侨资企业松阳县古市红梅诊所开业剪彩（1989 年）

图 20-26　旅比利时华侨王存民及其夫人向县图书馆建设捐资（县委统战部提供 1999 年）

澳台同胞捐赠440多万元人民币。创办外商独资企业7家、中外合资企业2家，注册资金646.3万美元；外商投资项目2个，投资850万元人民币。613名松阳华侨、华人、港澳台同胞中，在浙江省投资创业为主的有8人，在外省投资创业为主的有4人。

2007年，接受侨台界人士捐赠20余万元人民币；全年接待回乡探亲访友的“三胞”60批132人次，受理侨台界重要来信10余件，接待侨台界群众来访680余人次；侨胞捐投资1619.36余万元人民币。其中，青田籍旅居乌克兰侨胞舒洪南、项岱羽在赤寿乡章家村投资1600万元人民币，创办松阳荣华碳业有限公司；有数位侨胞向松阳县社会公益事业捐款人民币19.36余万元。

2009年，侨台部门接受侨界捐赠10.82余万元，用于新农村建设、扶贫助学结对和其他社会公益事业。开展“百名侨胞助百村”和扶贫助学活动。青田籍侨胞、巴西侨领尹霄敏先生捐赠25万元人民币，建成松阳县裕溪海联希望小学并投入使用。

2010年，侨台界的捐赠折合人民币39.08万元。

1993～2010年，港澳台同胞支援家乡建设捐资计人民币1.01亿元、美元300万。

图20-27 叶霓博士回母校松阳一中(叶光铭 摄于2010年)

举办海外学者论坛 邀请海外专家学者回乡讲学，把海外的先进学识、科学理念引进故乡，是侨界支援家乡建设的又一种形式。2001年6月4日，邀请祖籍松阳的美籍华人王所进博士，为松阳县150余名干部作“美国经济的发展及统计学的基本知识”为主要内容的学术讲座。2009年开始，县委统战部、县侨务部门设立松阳“海外学者论坛”平台，邀请松阳籍的海外学者回家乡讲课，让松阳人民学到国外先进的教学科研成果和先进的管理理念，达到“洋为中用”引智、引技的目的。参加论坛听课的受教育者2100余人次。2009年8月13日，松阳籍旅荷学者郑泗军博士就《荷兰花卉蔬菜生产和生物防治技术及灾后管理》的内容进行专题讲课。2010年1月8日，松阳籍留美博士徐晔及夫人陈蓉回母校松阳一中与学生交流。2010年11月2日，美籍华人叶霓博士回母校松阳一中参观访问，向母校赠送自己工作的光碟，向全校师生介绍其刻苦求学的经历，鼓励教师多作奉献，勉励学生努力学习、报效祖国。

华侨参政议政 从1984年始，历届县人大、县政协都有归侨侨眷当选为县、乡镇人民代表或被推荐担任县政协委员。县政协第一届委员会至第七届委员会的906名委员中，侨联界别的有30人(其他界别推荐的委员中，是侨眷身份的未计入)，占3.31%。其中，邵光昭任松阳县政协第二届委员会副主席。还有2名人士任丽水市政协第一二届委员会委员。县政协侨台界别活动组2007、2008连续两年被松阳县政协授予“先进界别活动组”称号，侨台界别活动组的3份团体提案被评为2008年度和2009年度优秀提案。其中，2009年1月5日，县侨联撰写的《关于要求民政部门继续开办“松阳县福利院”的建议》的提案，获2008年度县政协优秀提案；2009年8月，该优秀提案报送市、

省侨联，被浙江省侨联评为2007、2008年度侨界优秀提（议）案。2010年3月，侨台活动组在县政协七届四次会议大会上的发言《关于教师从事有偿家教的思考和建议》，被评为优秀大会发言。这是松阳县侨台界别活动组设立以来首次获得的优秀大会发言。

侨务主要工作

做好回（到）中国、回（到）松阳探亲、旅游、考察、投资的重点侨胞、海外留学人员和外国友好人士的接待工作，向他们宣传松阳的独特优势、优越的投资环境、优惠的投资政策等，扩大松阳的知名度，吸引更多的侨界人士，争取更多的侨务资源，为松阳的经济建设和社会发展服务。定期走访归侨、侨眷和海外留学人员在国内的家属，走访侨资（侨属）企业，互通信息，了解实情，把共产党和政府对侨界人士的关怀落在实处，把为侨服务工作做到细微处。按照“一视同仁，不得歧视，根据特点，适当照顾”的侨务工作“十六字方针”，争取有关部门的支持，妥善处理侨界的来信来访，尽最大限度做好为侨服务、维护侨益的工作。

利用各种时机，做足“侨资源共享”这篇文章，为松阳的引资、引智服务。适时组织侨胞、归侨、侨眷、海外留学人员家属、侨资企业负责人参加相关活动，让侨界人士在活动中彼此相识，听取海内外侨务工作动态、国情、省情、市情、县情的介绍，交流信息，沟通情况，使侨联组织的活动中蕴含教育。不断建立、完善侨务工作平台（国内与国外），加强基层侨联组织建设（乡镇、社区、村），创新侨联工作方法，把为侨服务的网络引申到国（境）外，深入到乡镇、村、社区。针对松阳县乡镇（社区）侨联干部都是兼职的特点，有针对性地加强对基层侨联组织的业务指导，协助、帮助其开展为侨服务工作，最大限度地发挥基层侨联组织的桥梁纽带作用。县侨务机构设立和县侨联组织成立最初的5年（1985～1989年），协助和督促有关单位及部门加快解决归侨、侨眷在历次运动中冤假错案的复查、档案的清理、查抄物资的退赔、华侨私房的归还等落实政策遗留问题。县侨办和侨联成立以后，坚持从海外华侨华人社会的实际出发，以亲情、友情、乡情为纽带，利用各种机会“走出去、请进来”，开展海外联谊，扩大中外友好交往，为促进祖国和平统一做些实在的工作。

图20-28　松阳县华侨恳亲座谈会（叶光铭 摄于2010年）

松阳县委、县政府还组团出访欧洲、香港等地区，加强与台北松阳同乡会、香港丽水同乡会、旅欧中国松阳同乡会等侨团的沟通与联系，深化交流合作，支持海外侨胞开展反独促统活动。1998～2003年，接待侨胞、留学人员600余人次；接待到松阳访问的侨胞、归侨、侨眷等1800余人次。2004年，接待侨胞、留学人员23批、58人次，接待来访侨胞、归侨、侨眷344人次。2005年，接待侨胞、留学人员38批、88人次，接待侨胞、归侨、侨眷、400余人次。2006年，接待侨胞、留学人员56批、160余人次，接待侨胞、归侨、侨眷、890余人次。2009年，接待侨胞79批、205人次，接待侨界群众880余人次，收到侨界群众信访重点材料20件。促成并重点接待旅欧中国松阳同乡会张景东等侨领到松阳，陆续参加“中华人民共和国成立60周年故乡行”活动。2010年，接待侨胞43批81人次，处理侨界重要信访件26件。接待侨归侨、侨眷等人员来访240余人次。

台联主要活动

台联成立以来，从海峡两岸的实际出发，以亲情、乡情、友情为纽带，利用各种机会“走出去、请进来”，开展各项走访、接待活动。松阳县是丽水市对台工作的重点县。县台联会从成立之初就组织人员逐区、逐乡、逐村、逐户上门走访，对去台人员及其家属的情况登记建档。2004年统计，松阳县在台人员有550多户、3000多人，直系台属上万人。

1949年后，在未实行“三通”的情况下，县台联会在台属之间联络感情，用访问、写信、带信等形式，多渠道联系在台亲人。1987年11月，台湾当局开放赴大陆探亲后，旅台乡亲陆续回乡探亲。台联会在接待旅台乡亲的过程中，向他们宣传改革开放以来祖国和故乡在共产党的领导下所取得的成就，在对台属的宣传教育上，要求台属严格要求自己，正确处理好与在台亲人的关系，做到“政治上不强加于人，经济上不要钱要物，接待上不弄虚作假”（时称“三不政策”）。

台联会积极协助县台办开展落实台胞台属政策工作，清退有关财物。其中纠错25件，改办退休8人，落实房地产21件，户粮农转非15人，退还254户在“文化大革命”中被查抄的财物。

台联会通过旅台乡亲在会刊《松阳乡情简讯》上发表文章，对“台独”言论及行径予以抨击。积极组织台联会成员向《松阳乡情简讯》投稿，宣传松阳的社会经济发展情况、历史文化、名胜古迹等，增加在台亲人对家乡的了解，增进感情。

台联会在松阳建县1800周年时，把改革开放以来两个文明建设的巨大成就和家乡建设风貌，用文字和图片介绍给岛内，在松阳旅台同乡会的各类活动中广为宣传。适时开展对松阳县台属基本情况的调查，包括居住条件、家用电器等。

台联会及时调整工作重点，加强招商引资宣传工作。在旅台乡亲、台属中大力宣传松阳县招商引资优惠政策和良好的投资环境，赠送《松阳风光行》《浙南桃花源——松阳古县》等画册，分发《松阳投资指南》《松阳县招商引资优惠新政策》等相关资料；促成旅台松阳同乡会和松阳报社的联谊与交流，双方定期互赠报刊，第50期《松阳乡情简讯》全文刊登《松阳报》（招商专版）刊登的松阳县招商引资政策和项目介绍，包括工业经济、经济发展环境、农业经济三大块内容。陪同回乡旅台乡亲参观松阳县的工业园区、城市建设情况及重点侨台资（属）企业等。积极动员台属加强与在台亲人的联系，宣传松阳县的投资环境和政策，为有意回乡投资的旅台乡亲做好牵线搭桥工作。

县台联会紧抓旅台乡亲回乡探亲、祭祖、旅游、经商和松阳县各级领导、广大台属赴台考察、探亲的大好时机，开展各种联谊活动，加强对台交流交往，充分发挥台联会民间群众组织的桥梁和纽带作用。1991年3月，旅台松阳同乡会会长及理监事10余人组团回乡探亲，县台联会热情接待并举办联谊活动。此后，两会正式开始交往交流。旅台同乡会每年清明、中秋、春节等传统节日，都会组团回乡探亲，其间县台联会均积极举办两会联谊活动，向旅台同乡介绍家乡的新貌、旅游景点等。2002年，旅台同乡会前会长、总干事、常务理事等回乡探亲，县台联会均热情接待，并在县侨台办帮助支持下举办联谊活动。旅台乡亲还参观松阳县重点侨台资企业，游览故乡的风景名胜。

2004年10月，松阳旅台同乡会组团回乡，台联会配合县委、县政府召开旅台乡亲座谈会，通报全县的经济社会发展情况；组织旅台乡亲参观重点台属企业、工业园区、延庆寺塔、江滨公园等，把台胞回乡的情况制作成VCD,记录下他们在故乡的点点滴滴，赠送给每位回乡的旅台乡亲。松阳旅台同乡会把每一期《松阳乡情简讯》寄送到县台联会，县台联会每年春节向同乡会理监事和在台乡亲寄发贺年卡以示问候。两会之间保持频繁的电话书信来往。两会互通工作动态，共同探讨为两岸乡亲解决困难的方法和途径。经县台联会牵线搭桥，由旅台乡亲出资购置残疾人轮椅88辆，分4批捐赠给松阳县城乡残疾乡亲。1996年，台湾21位松阳一中校友捐资10余万元人民币为母校70周年校庆献礼。由台转美的同乡会前理事长潘福博士先后为松阳教育事业捐资237万元人民币，用于修建教学楼，设立奖学金。还有多名旅台乡亲捐资，支援家乡事业建设。

在县侨台办的支持下，县台联会设立固定的办公场所和活动场所，实行台联会理事每周一、周四义务值班制度。成立台胞台属服务中心，为台属赴台探亲、继承遗产等和旅台乡亲回乡定居、购建房屋以及操办红白喜事等提供周到的服务。

县台联会关心台胞台属的生活，对于困难台胞台属定期走访，解决问题，对居住松阳县的3名台湾省籍困难同胞，从2004年1月始，由县财政补助每人每月生活补贴100元。以台胞台属服务中心为平台，积极帮助台属办理继承台湾亲人遗产的各项手续。一方面依靠松阳旅台同乡会，联系委托台湾乡友或律师办理在台事务，另一方面及时协调好台属之间对遗产的分配纠纷，帮助旅台乡亲、台属解决各种纠纷。对旅台乡亲、台属反映的意见和要求，均及时与有关部门联系、沟通。积极帮助旅台乡亲、台属解决确认改期机票，办理通行证延期等手续，提供家政服务，寻找外县市亲人等。

松阳县台联会及时发现和吸收有文化、有能力、在社会上有一定影响的优秀青年台属加入到台联会中来。定期召开台胞台属代表大会，对台联会的领导班子进行换届改选，保证台联会工作持续有效进行。组织理事、台属骨干定期学习党和政府的有关对台方针、政策，及时了解和掌握对台工作形势。以1997年香港回归、中共十六大、中共十七大召开等为契机，宣传“一国两制”，学习十六大、十七大精神，组织台湾形势报告会等。同时与遂昌等县（市）台联会开展联谊活动，相互学习，交流经验。坚持开展台联会活动和每季度一次的理事会议。

一批新兴的台资台属企业定位准确发展很快。浙江科马摩擦材料有限公司、松阳亚洲制漆有限公司等重点台属企业，成为松阳县台属企业的“领头雁”。科马摩擦材料有限公司，产品打入一汽、二汽等大型企业，为名牌汽车生产配套产品。2010年末，公司总资产1.27亿元，年产值1.31亿元，实现年税利2990万元，成为松阳县15家重点企业之一。亚洲制漆有限公司，打响“亚洲海豚”和“绅浪”两大品牌。2010年末，公司总资产2000万元，年产值1200万元，创税利280万元。台属为雷克摩托公司的成功引进起到决定性作用。同时积极投资公路工程建设，购进多台工程机械，参与松阳过境公路工程、甬台温高速公路、遂昌石王公路、龙丽一级公路松阳段等多项工程建设，为松阳的经济发展和公路交通建设作出贡献。台属创办的松阳县越玉兰茶业有限公司，投资100多万元，用于加工各种档次的茶叶，开发“越玉兰”牌名优茶。到2010年末，公司资产1200万元，年产值5100万元，年创利润200万元，成为新兴乡的名茶加工龙头企业。2010年，台湾同胞投资70

万美元，创建松阳国富鞋业有限公司。当年9月即开工投产，产品质好价廉，远销欧美，极具竞争力。短短三个多月即实现产值500万元，创税利20余万元。年末，松阳县台资台属企业全年产值1.99亿元，创税利5290多万元。

1997年7月1日，香港回归祖国。县台联会以香港回归为契机，开展“和平统一，一国两制”对台方针的宣传活动，下半年共组织台属和回乡探亲台胞学习会7场次、座谈会8场次，与会人员300余人。2003年3月，县台联会组织全体理事学习胡锦涛主席对台工作新形势下的“三个有利于”（要做有利于台湾人民、有利于两岸关系、有利于中华民族振兴的事）和“四点意见”（始终坚持一个中国原则、大力促进两岸经济文化交流、深入贯彻寄希望于台湾人民的方针、团结两岸同胞共同推进中华民族的伟大复兴）。2004年5月28日，台联会四届理事和政协侨台组委员联席会议，组织学习《中国人民政治协商会议章程修正案》、县台胞台属联谊会新章程、国台办“5·17声明”。2005年4月29日，县台联会四届四次会议，学习《反分裂国家法》。县台联会全体人员召开专题座谈会。县、乡、镇台联全体人员逐户走访各镇、乡、村、户台属家庭。

附：

台北市浙江省松阳县同乡会（简称台北松阳同乡会），是旅居台北的松阳籍人士和家属自愿组成的社会团体。其宗旨是爱国爱乡、团结会员、联络亲友、为松台交流、交往服务，为两岸乡亲和社会公益服务，为家乡两个文明服务，为推动祖国和平统一大业服务。台北松阳同乡会于1978年3月12日在台北成立。同乡会每年召开一次全体会员大会，选举产生理、监事。理事长一般由退休将官、大学教授等有名望的热心人士担任，任期3年，连选连任。台北松阳同乡会成立后，为两岸亲人做大量工作，完成《松阳县志》（台湾版）的编印和续编，定期出版会刊《松阳乡情简讯》，捐赠故乡残疾人轮椅，及时印发同乡通讯录，建立各地区联络员网络，帮助两岸乡友寻亲，代办申领战士授田补偿金，帮助处理遗产，适时慰问伤病乡友，每年春节组织祭祖团拜等。

第八章 政法工作

1984年8月设立中共松阳县委政法委员会（下称县委政法委）；1988年8月，县委政法委撤销，改为中共松阳县委政法领导小组。1990年5月，中共松阳县委政法领导小组撤销，县委政法委复设。

1994年前，政法委为非常设机构；1994年始，县委政法委为常设机构，与县社会治安综合治理委员会办公室合署办公。书记由县委领导兼任，行政编制6人，副书记5人（其中兼职4人）。内设机构有办公室（政工科）、综治委办公室（两个办公室两块牌子，一套人员）。

县委政法委员会是县委领导管理政法工作的职能部门。县社会治安综合治理委员会是协助县委、县政府领导全县社会治安综合治理工作的常设议事机构。县委维护稳定工作领导小组办公室设在县委政法委，承担县委维护稳定工作领导小组的日常工作。

第一节 社会稳定工作

开展“严打”斗争

1990年5月，制定《关于执行中央政法委和省、地政法委部署开展“严打”斗争方案的实施意见》等一系列“严打”斗争方案。1991年，贯彻“打防结合、以防为主”的方针，开展“打流氓”“禁赌”“打流窜、追逃犯”“反盗窃”等“严打”专项治理。1992年，继续贯彻“严打”方针，打击各类刑事、经济犯罪活动。

1993年5月开始，在全县开展为期一年左右的“三打一禁”（打击团伙犯罪、打击拐卖妇女儿童、打击车匪路霸和严禁卖淫嫖娼）斗争。6月20日，县委、县政府召开500余人参加的“三打一禁”斗争动员誓师大会，部署开展以打击团伙犯罪为重点的“三打一禁”斗争。6月22日，在全县范围内开展集中统一收捕行动，共抓获各类违法犯罪人员36人。1994年，开展“一反二打”和“集中整治农村社会治安”专项斗争，搞试点整治西屏镇、古市镇、安民乡及两镇的城郊接合部及龙丽公路沿线的乡村。1995年2月开始，全县20个乡镇全面开展整治农村社会治安斗争。

维护社会稳定

1996年，以维护社会稳定和政治稳定为重点，继续深化以“一管两打建机制”为中心严打整治斗争。县委办转发政法委“严打”整治斗争的实施方案。四次组织开展全县集中统一行动，严厉打击犯罪分子。1997年，围绕我国恢复对香港行使主权和迎接中共十五大召开两件大事以及发展松阳经济，把维护社会稳定作为首要任务，全力维护社会稳定。1998年，本着“全面规划、分步实施、先易后难、以点带面”的原则，在提高质量、扩大覆盖面上下功夫，加大创建平安松阳力度，增强人民群众的安全感。1999年，围绕国庆50周年、澳门回归、建县1800年、“两会”召开等重大政治活动敏感时期，始终坚持“稳定压倒一切”的思想，把维护全县的政治稳定作为头等大事来抓。2000年，围绕“五一”“国庆”“元旦”等重要节庆、重大活动和敏感时期，全力做好维护稳定工作。县、乡镇层层建立党政“一把手”挂帅的维护稳定协调小组，下发做好维护稳定工作的一系列通知，把维护稳定工作落实到基层。

平安松阳建设

2001年，围绕黑恶势力犯罪、严重暴力犯罪、多发性侵财犯罪三个打击重点和“打黑除恶”“治爆缉枪”“整顿和规范市场经济秩序”三条战线，有重点、有目标地推动斗争向纵深发展。2002年，围绕中共十六大召开等重大政治活动、重要节庆和敏感时期，全力做好维护稳定工作。2003年，维护社会政治稳定的整体水平进一步提高，实现全国、省、市、县“两会”“五一”“十一”等重大节日的零上访、零滋事和“非典”防治期间的社会稳定。2004年5月始，贯彻落实省委、市委平安建设精神。7月30日，县委召开十二届四次全体（扩大）会议，全面部署建设“平安松阳”工作。会议审议并通过《中共松阳县委关于建设“平安松阳”促进社会和谐稳定的决定》，制定《松阳县处置群体性事件预案》《处置突发暴力性犯罪预案》《县党政中心发生集体上访异常上访的处置意见》《信访工作长效机制的若干意见》。2005年，重点开展反“两抢”、禁毒、禁赌、交通秩序专项整治斗争。

预防群体性事件

2006年，根据松委办《关于印发〈松阳县预防处置群体性事件实施办法〉的通知》精神，为及时、高效、妥善处置群体性事件，维护社会和谐稳定，设立维稳科。2007年，建立以领导责任制为龙头，以目标管理责任制为核心的维护稳定领导机制。县委维稳办下发《关于建立维稳信息员队伍和定期上报维稳形势季度分析制度的通知》和《松阳县司法救助专项资金使用管理办法（试行）》，建立全县各部门、各乡镇、村三级维稳信息员队伍，健全一年4次社会维稳形势分析制度。5月11日，建立定期上报涉法涉诉信访工作制度。

2008年8月4日，县委专题召开全县20个乡镇和维稳办成员单位参加的奥运安保工作会议，对当前奥运安保工作进行全面部署。9月22日，县委办、县府办转发《丽水市预防处置群体性事件领导责任制及责任追究制》；制定《松阳县危害社会秩序精神病人防治管理实施方案》。2009年，县委成立重大事项社会稳定风险评估工作领导小组，由县委副书记任组长，县公安局长和常务副县长任副组长，并下设办公室，由县委政法委主持工作的副书记任主任。按照“条块结合、以块为主、内紧外松、确保安全，不给中央、省委和市委添乱”的工作原则和“领导重视、目标明确、重点突出、责任落实”的工作要求，开展安保维稳工作，确保中共十七届四中全会和新中国成立60周年庆祝活动期间社会环境和谐有序。奥运安保工作得到省委、省政府的表彰。

2010年，在《松阳县预防处置群体性事件实施办法》基础上，制定《关于进一步加强领导干部下访和接访的工作通知》《重大事项社会稳定风险评估实施意见》《社会治安重点地区排查整治工作实施方案》等一系列工作制度和文件。进一步加强和健全对涉及公共安全、自然灾害、安全事故、突发性事件等情况的预案工作，通过建立健全预警、排查、报送、包案、督办、处置等制度，促进预防处置矛盾纠纷、群体性事件、突发性事件工作的经常化、制度化和规范化。

全县政法部门和各乡镇、各部门紧紧围绕世博会安保、重大节假日、各级“两会”和“中国茶商大会”的工作目标，狠抓维护稳定各项措施的落实，确保全县在重大政治、经济、社会活动期间的社会稳定。至2010年末，松阳县未发生影响社会稳定的重大事件，未发生重大群体性事件，未发生重特大安全生产事故，未发生重大环境污染事故。

第二节　社会治安综合治理

1990年，根据中政委、省地政法委关于集中开展严厉打击刑事犯罪活动的统一部署，松阳县制定《关于执行中政委和省、地政法委部署开展“严打”斗争方案的实施意见》，深入开展“严打”斗争。全年共组织5000余人参加行动，依法逮捕61名各类刑事犯罪分子，并对2名违法犯罪分子实行劳教。1991年7月，贯彻落实中央文件精神和全国人大常委会《关于加强社会治安综合治理的决定》，在全县政法工作会议上举行社会治安综合治理目标管理责任书签字仪式，级级签订责任书，层层落实责任制。

1991年10月，县社会治安综合治理委员会成立，县长任综治委主任，加强对全县社会治安综合治理工作的领导。下设办公室，与政法委办公室合署办公。社会治安综合治理的内容主要包括基层矛盾纠纷排查与化解、公共安全领域隐患排查与整改等。1992年8月，制定《政法委工作职责》《例会制度》。

1993年，实行社会治安综合治理“一票否决制”。在全区政法、综治会议上作典型介绍，受到地委政法委、综治委的肯定。根据中央和省、地综治委及各级公安机关的部署，从5月开始，用一年左右时间开展“三打一禁”斗争。全县共破获各类刑事案件235起，其中重大案件35起。抓获各类违法犯罪分子318名。11月，集中整治农村治安工作全县铺开。1994年，建立“见义勇为基金”，在安民乡开展集中整治农村治安专项斗争试点工作。是年10月至1995年，在全县20个乡镇全面开展整治农村治安斗争。县委、县政府与48个部门、20个乡镇签订社会治安综合治理目标管理责任书，对全县社会治安综合治理工作检查考评。1996年，开展“严打”斗争。县委办转发政法委关于“严打”斗争的实施方案，县综治委《松阳县综治委关于集中开展缉捕工作的实施方案》。7月，举办逃犯家属法制学习班，有9名逃犯经亲属规劝投案自首。开展基层基础建设年活动，印发《关于乡镇政法委、综治委机构建设有关工作的通知》，在西屏镇进行基层基础建设年活动的试点工作。1997年，以创建“平安社区”活动为重点，大力加强社会治安综合治理基层基础建设，县综治委制定《关于深入开展创建“平安社区”活动的实施意见》和《试点实施方案》。抽调政法干警、党政干部9人组成指导组，配合西屏镇党委政府搞好创建“治安安全小区”“治安安全村”和“治安安全单位”的试点工作。6月，在西屏镇召开创建“平安社区”活动试点工作交流会。会议后，各乡镇结合实际，以点带面开展“治安安全村”和“治安安全单位”达标活动。在全县范围开展禁毒、禁赌、禁黄（“三禁”）集中行动，严惩一批“毒赌黄”的严重犯罪分子，建立起综合治理的规章制度和各项措施。“三禁一反”严打专项斗争，共查获“黄、赌、毒”案件98起，抓获黄、赌、毒违法人员530人。

1998年，落实社会治安综合治理的各项措施，县综治委主任由县长担任，各乡镇的综治委主任由乡镇长或书记担任，做到社会治安综合治理工作党政“一把手”负总责。县委、县政府与各乡镇党政“一把手”签订《松阳县社会治安综合治理目标管理责任书》，实行社会治安综合治理工作“一票否决制”。1999年3月，开展乡镇综治办事机构规范化建设，全面贯彻省、地全面推广新时期“枫桥经验”活动会议精神，推进松阳社会治安综合治理工作的落实。2000年，认真落实社会治安综合治理目标管理责任制。深入学习“枫桥经验”，建立健全“四前”工作机制，强化基础工作。4月，综治委全会讨论通过《2000—2001年综治委成员单位职责任务》。县综治委制定下发《关于进一步学习推广“枫桥经验”活动的实施意见》。做好预防和减少青少年违法犯罪工作。县综治委及有关部门联合制定《松阳县整顿学校及周边地区治安秩序，创建安全文明校园实施方案》，采取集中行动和日常管理、打击相结合的方针，松阳所属学校及周边地区治安秩序得到较大的改善。

2001年，层层落实社会治安综合治理责任制，进一步落实社会治安综合治理各项措施，围绕敏感时期、重大节日和上海亚太经合组织第九次领导人非正式会议等重大事件开展4次较大规模的矛盾纠纷排查调处工作。2002年，以基层基础工作和队伍建设为重点，以公正文明执法为核心，全面学习推广“枫桥经验”，大力开展矛盾纠纷排查调处，推进社会治安综合治理工作。2003年，开展矛盾纠纷集中排查调处、优化经济社会发展环境活动月。全县共排查矛盾纠纷144件，调处成功92件。公安机关相继开展“破案追逃”“百日大会战”“治安大排查”等专项斗争，打击犯罪分子的嚣张气焰。众志成城，齐心协力抓好“非典”防治期间的社会稳定工作。

2004年，根据省综治委、省编办《关于加强乡镇、街道社会治安综合治理基层基础意见》，及时调整充实综治委、综治办人员，全县有基层治保会445个1690人，调委会454个1651人。2005年，制定《关于建立乡镇社会治安综合治理工作中心的通知》，进一步加强乡镇综治办规范化建设。6月，开展“规范执法行为，促进执法公正”专项活动。2006年，成立松阳县“综治进民企”工作领导小组，“综治进民企”工作在松阳正式启动。县政府拨出专款，建立一支由50多人组成的协管员队伍，有效地加强流动人口的管理力度。2007年，制定《松阳县预防处置群体性事件实施办法》，政法、综治各部门先后开展保持共产党员先进性教育、“规范执法行为、促进执法公正”专项整改、社会主义法治理念教育、“八荣八耻”的社会主义荣辱观教育、“作风建设年”等活动。先后组织开展“天网”、打击多发性侵财犯罪、破案追逃大会战等专项行动，始终保持对各类刑事犯罪活动的严打高压态势。全县乡镇综治工作中心，社区、较大的村、规模企业综治工作室（站）规范化建成率为100%。

2008年，发出《关于集中开展排查调处矛盾纠纷、排查整治治安混乱地区和突出治安问题活动的通知》，集中力量解决好影响社会和谐稳定的突出问题，为北京奥运会和改革开放30周年纪念活动安全顺利举办营造良好的社会环境。在全县范围内进行电动车防盗登记备案工作。在农村继续推行“12345”新型农村治安防控体系，达到处处巡逻不留死角，天天防范不留空隙。被省委、省政府授予“平安县”称号，被市委、市政府评为“社会治安综合治理先进县”。2009年，作出《松阳县重大事项社会稳定风险评估暂行规定》，从源头上预防和减少影响社会稳定的隐患。被省委、省政府授予“平安县”称号，“社会治安综合治理先进县”称号；被市委、市政府评为“社会治安综合治理先进县”。

2010年3月，制定《关于进一步加强领导干部下访和接访的工作通知》《重大事项社会稳定风险评估实施意见》《社会治安重点地区排查整治工作实施方案》等一系列工作制度和文件。进一步加强和健全对涉及公共安全、自然灾害、安全事故、突发性事件等情况的预案工作，通过建立健全预警、排查、报送、包案、督办、处置等制度，促进预防处置矛盾纠纷、群体性事件、突发性事件工作的经常化、制度化和规范化。开展“护城河系列”“禁毒扫黄”“严打整治”等专项行动重点，始终保持对违法犯罪分子的高压态势。全力以赴做好上海世博会期间的安保工作。被省委、省政府授予“平安县”称号。被市委、市政府评为“社会治安综合治理先进县”。2005～2010年，连续6年被市委、市政府评为“社会治安综合治理先进县”。

第三节　执法监督工作

1996年12月，县委办转发《关于县委政法委协助管理、监督政法部门领导干部的意见》的通知。明确县委政法委具有协助县委及组织部门考察、管理政法部门领导干部的职能。

1998年10月，根据中央政法委《关于加强党委政法委员会执法监督工作的意见》的精神，增设县委政法委执法监督室。县政法委转发省委政法委《关于加强党委政法委员会执法监督工作的实施办法》。1999年，政法各部门相继制订《错案追究制度》《案件评判制度》《执法检查制度》等一系列内部监督制度。

2000年，对当地1999年以后的保外就医和取保候审案件的执法情况进行全面检查。2002年，县委政法委成立内设机构执法监督室。2003年，开展“伤害案件专项执法检查”活动，对全县的刑事、治安伤害案件及未结伤害案件进行执法检查。2004年，县政法委组织各部门开展集中处理涉法上访问题。

2005年，县政法组织开展“规范执法行为、促进执法公正”专项整改活动。2006年，从县公、检、法、司四家单位中层后备干部和退居二线的业务骨干中挑选出2名专职督查员和4名兼职督查员，充实到执法监督队伍中。2008年，县政法委在各部门开展排查化解涉法涉诉信访重访工作。2010年，县政法委组织政法各部门开展涉法涉诉信访积案化解活动和案件评查工作。

第九章 党史研究

1958年11月，松阳县并入遂昌县。1959年11月，遂昌县委建立党史资料研究领导小组；1963年2月，撤销。1981年8月，遂昌县委建立党史资料征集领导小组。

1982年，恢复松阳县建制。1984年5月，松阳县委成立党史资料征集研究小组办公室，归口县委办公室领导。8月，党史资料征集研究小组改为县委党史资料征集领导小组，下设办公室。1986年4月，县委党史资料征集领导小组改称县委党史资料征集研究委员会，下设办公室。1991年8月，更名为党史研究室。

1996年10月，中共松阳县委党史研究室和松阳县地方志编纂委员会办公室合并，成立松阳县史志办公室，为县委办公室管理的科级事业单位。内设机构两个即综合股、编研股。综合股负责本办综合方案、文字材料的起草、文件印发、公文处理工作；负责史志书刊的发行、图书资料的管理工作；负责群众来信来访处理和后勤接待工作；承办上级交办的其他工作，协助其他股室工作。编研股负责本县党史、地方志的征集、调访、整理、编写、研究、出版工作；负责史志类资料的档案建立和管理工作；负责本县大事记的征编工作；承办上级交办的其他工作，协助其他股室工作。编制6人，其中主任、副主任各1人，科室领导职数2个。

1998年，工作人员由事业编制改为参照公务员管理。1999年1月，建立中国共产党松阳县地方历史编纂委员会。

2007年12月，增挂中共松阳县委党史研究室和松阳县人民政府地方志办公室两块牌子。

地方党史研究部门主要负责本地中共党史的征集、编撰和专题研究工作。做好资政育人、宣传教育工作。承办县委县政府和上级业务部门交办的临时性工作。

第一节 党史征编

党史资料征集

1959年11月，遂昌县委建立党史资料研究领导小组，50年代末和60年代初，在松阳区域开展党史资料征集。

1981年8月，遂昌县委建立党史资料征集领导小组。1984年初，松阳县筹建党史办公室；4月，工作人员到遂昌县委党史研究室接收并县时征集的有关松阳的党史资料；5月，中共松阳县委党史资料征集研究小组办公室成立，遵循“存真求实立信史”原则，着手松阳党史资料的征集、考证、核实、鉴别、整理和交流工作，并通过《松阳党史通讯》进行征求意见。到省、地、兄弟县党史、档案部门查找资料；利用浙西南革命根据地建立50周年、60周年等契机，向各烈属征集烈士遗像、遗物、书信及其他战斗、生活用品，研究、考证松阳的革命斗争历史，充实松阳的党史资料；请1919年至1949年在松阳这片土地上革命活动的亲历者、亲见者、亲闻者讲述斗争经历，亲著文字，撰写回忆录、专题，提供人物简介、文献和报刊资料等材料，广泛征集这一时期的珍贵史料，着手撰写《箬寮风雷》。1994年9月，召开评审会。1996年1月，由中国档案出版社出版。1985年5月，县委县政府为“土地革命时期”为创建浙西南革命根据地而牺牲的59名红军挺进师第五纵队和地方游击队员烈士，尚有直系亲属的19名烈属送去慰问信和慰问品，征集烈士的遗像、遗物、书信及其他战斗、生活用品等，研究、考证松阳县的革命斗争历史，充实松阳县的党史资料。

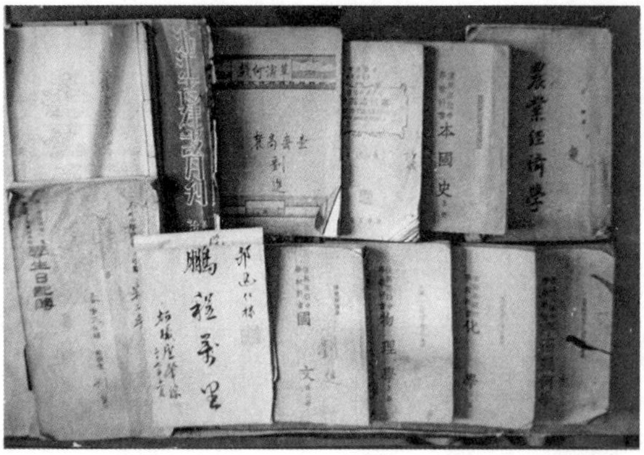

图 20-29 征集烈士证明材料（县史志办提供）

1998年3月，出版《松阳英烈传》。全书共17万字，收入烈士185人（含高亭战斗阵亡者）。其中，松阳籍165人，客籍20人；土地革命时期69人，全面抗战时期1人，解放战争时期33人，中华人民共和国成立后82人。1999年12月，编辑出版《难忘的人》；2004年11月，编辑出版《红旗插上安岱后》；均为杨金宝著。

编写党史基本著作

编撰地方党史一卷稿 1999年1月，着手征集《中国共产党松阳历史（第一卷）》材料。查实民国22年（1933）成立的中共霭溪支部是土地革命时期松阳县建立的第一个党组织。2002年，县史志办正式启动《中国共产党松阳历史（第一卷）》，聘请老党史工作者征集新民主主义时期（1919～1949）30年中国共产党在松阳县域内领导人民群众革命和建设的党史资料，同时组织人员从《箬寮风雷》《松阳英烈传》《松阳党史通讯》《中国共产党浙江省松阳县组织史资料》（1935.5～1987.12）等党史相关书籍中筛选材料；2006年，对史志部门收集征集、积存20多年的县志、党史、落实政策、组织史等资料，包括采访笔录、文献资料、书籍、照片等，分门别类，整理归档，共1200多卷，从这些档案中筛选材料，补充《中国共产党松阳历史（第一卷）》史料。2006年9月，形成20余万字的送审稿，送县委常委、上级党史部门、兄弟县市、老干部、编写领导小组成员审阅，广泛征求意见，2007年，对史稿结构进行重新调整，完善《中国共产党松阳历史（第一卷）》，后经反复修改、反复征求意见，10余次易稿。2008年，综合各方意见的基础上再进行修改，并通过市委党史研究室和当地党委的审核定稿。该史稿反映1919～1949年新民主主义时期，中国共产党在松阳县内领导人民群众进行新民主主义革命的历史。

征编地方党史二卷专题 2008年6月，县史志办组建《中国共产党松阳历史（第二卷）》编写队伍，聘请3名编辑人员负责党史二卷专题的撰写，制定详细的编写计划，正式启动中共松阳党史二卷专题征集工作。8月，编写人员到县档案馆查阅有关档案，共查阅档案320卷，复印资料、摘

录卡片等307份。10月，编写小组开始以走访、采集、调查等形式收集资料和素材，走访经贸局、公安局等有关机关部门、企事业单位132家，访问有关领导、老同志、当事人等240余人，查阅资料1000多卷，对150余卷资料进行复印或摘录，了解并收集大量的资料和素材。12月，结合实地调查、走访当事人、查阅资料、核实资料等工作，边撰写边征集史料。2009年，到浙江省档案馆及衢州、金华、丽水、遂昌等地档案馆查阅档案，复印文件、资料6000多份，重点到遂昌查找并入遂昌后的松阳有关党史资料，查阅档案1000多卷，复印362卷5044张。组织人员调查党史胜迹和革命遗址，对历史见证人进行翔实采访，征集口述史资料，使档案资料与口述资料相印证，增加史实的可信度。完成松阳县社会主义时期撤县前党史专题40个。

图20-30 部分党史著作（县史志办提供）

2010年，继续征集党史二卷专题，到12月，撰写1949年5月至1982年1月90余个专题，完成修改编纂松阳县“社会主义时期”撤县前65个党史专题。

编撰其他党史资料

整理易地安置离休干部党支部资料 1991年松阳县易地安置离休干部党支部成立后，先后被评为“全国先进离退休干部党支部”“全省先进离退休干部党支部”。2010年末，整理约10万字的党支部事迹，内容包括“风风雨雨二十年”“党员风采”“老有所为”，完成《党在我心中》初稿。

编印史志刊物 县委建立后，重视并不断加强地方党史资料征集、党史整理研究、党史编纂、党史教育基地建设等，把研究文章编印成书。县史志办先后编印《英烈传》《箬寮风雷》《松阳革命遗址图鉴》等数十种刊物。20世纪80年代以后，编印《党史通讯》《松州要览》。2008年8月，按照中央、省市委党史研究室的要求，县史志办启动党史胜迹普查工作，对县境内138个革命遗址进行普查，对资料进行整理。2009年，在党史胜迹普查的基础上进行革命胜迹普查，并着手整理胜迹点的图片和文字，2010年开始编纂《松阳革命遗址图鉴》，12月完成初稿，包括党的创立和大革命时期、土地革命时期、全面抗战时期、解放战争时期纪念设施及附录等。2008年，开始编印《松州史话》，至2010年共出6期。

编纂组织史资料

1986年3月，着手征编《中国共产党浙江省松阳县组织史资料（1935.5～1987.12）》，1992年4月出版。1994年11月，编辑出版《中国共产党浙江省松阳县组织史资料（第二卷）》。2004年9月，编辑出版《中国共产党浙江省松阳县组织史资料（第三卷）》。2009年10月，编辑出版《中国共产党浙江省松阳县组织史资料（第四卷）》。

第二节　革命遗址建设

遗址普查

1985年由县党史部门牵头，开展全县范围内的党史胜迹的普查工作。1986年，省政府命名松阳县为革命老根据地县。1987年，以中共松阳县委的名义，对主要胜迹挂牌予以保护。这是第一次普查，基本摸清家底，并通过多种渠道，补充、充实松阳的党史胜迹。1984年党史研究室成立以来，一代代党史人调查走访征集资料形成的118卷党史卷宗档案寻找核实党史胜迹线索。请历任党史研究室或党史办主任回忆，补充其所掌握、了解的有关党史胜迹；请地方党史一卷编撰人员和补充调访人员摘录有关党史胜迹。2006～2007年，请“抗损”课题社会调查员加项调查党史胜迹的情况。2007～2008年，与博物馆在文物普查中调查上来的有关党史胜迹进行核实，补充未掌握的党史胜迹。

2008年8月，省委党史研究室召开党史胜迹普查会议后，县史志办查阅收藏的党史资料118卷、党史收集资料38卷，走访老党史工作者，咨询知情者，然后进行甄别、筛选，查漏补缺，初步确定此次普查的革命遗址共有136处，整理出党的创建时期5处、大革命时期2处、土地革命战争时期66处、全面抗战时期26处、解放战争时期21处、中华人民共和国成立后2处共136处党史胜迹点，然后根据其在革命中的重要性等因素进行分级。2009年，对全县20个乡镇、401个行政村、6个社区、11个居委会走访调查，最终确定松阳县普查登记的遗址总数为138个，其中革命遗址126个，其他遗址12个。126个革命遗址中，重要历史事件和机构旧址84个，重要历史事件和人物活动纪念地37个，重要人物故居11个，烈士墓或陵园5个，纪念设施1个，其中已损毁遗址23个。12个其他遗址中，重要历史事件及机构旧址1个，重要历史事件及人物活动纪念地9个，重要人物故居2个，损毁遗址2个。138个遗址中，列入省级爱国主义教育基地的1个，县级爱国主义教育基地1个，未定的136个；所有权归国家集体所有的96个，私人所有的42个；遗址保存好的1个，较好的18个，一般的36个，较差的35个，差的37个，消失的11个；遗址开放的15个，宗教活动场所31个，居住场所46个，无人使用7个，其他用途36个，办公场所12个，工农业生产9个，教育场所17个。

遗址修复

松阳的党史胜迹分布面广，建筑物的权属形式多样，有的属村集体所有，有的宗祠归属某族姓人集体所有，有的归私人所有，有的归政府所有。管理者也不一样，有的归乡镇管理，有的归村委会管理，有的归私人管理，也有的归民政部门和文物部门管理等。为加强对党史胜迹的统一管理，2006年，松阳县成立由县委党史研究室、宣传部、发改局、旅游局、民政局、文广体局、交通局和机关乡镇组成的松阳县革命遗址管理委员会，办公室设在县委党史研究室。

对老区的扶持，对革命遗址的维护和合理利用，省发改委、省旅游局、省交通厅、省民政厅、省委宣传部、省文物局、省老促会、省委党史研究室等许多省级部门都有扶持项目，松阳县通过管委会，整合这些资源，将各方面下拨的有关经费，用于革命遗址的软硬环境设施。通过省老促会、省党史研究室争取30万元经费，用于刘英在安岱后的旧居修缮和高亭战斗纪念碑亭建设。省旅游局和省交通局各50万元的扶持，用于“红色旅游”的基础性设施建设和道路交通建设。省发改局15万元的红色旅游规划费，用于党史胜迹的建设规划上。2007年，县委出台《关于促进老区经济发展的决定》，设立老区扶持基金，每年拿出部分资金用于基地建设，县民政局、相关乡镇村挤出一定经费，用于胜迹维护工作。

图 20-31 安岱后红军主会场陈氏宗祠修复前（县史志办提供）

民主革命时期，松阳遗存的党史胜迹各有侧重。大革命时期，党史胜迹主要分布在县城，主要是当地名人的故居和进步组织的旧址。土地革命时期，特别是红军挺进师时期，松阳的玉岩、安岱后是浙西南革命根据地的中心区域，保存着大量的党政军机构旧址、领导人旧居、主要会议旧址、红军标语等主要的党史胜迹。全面抗战时期，主要是在县城和古市两大平原重镇的党组织和党领导的抗日游击队的有关机构旧址。解放战争时期，松阳县长祝更生起义，与起义有关的一些胜迹，大多分布在县城。根据分布特点，所处的历史背景、历史地位以及保存的现状，县史志办确定先着重抢修位于大山区——玉岩、安岱后红军挺进师时期的党史胜迹。这些胜迹大多设在宗祠庙宇里，经历“文化大革命”时期及长时期无人管理，许多旧址面临倒塌湮灭的危险。2003年，县史志办邀请发改、宣传、旅游、博物馆、园林等方面的专业人员，对位于玉岩、安岱后的党史胜迹进行整体规划。然后把整体规划公布，征求群众的意见。根据规划，按轻重缓急，对红军标语、挺进师政委会旧址、竹溪区苏维埃旧址等濒临湮灭的胜迹优先进行抢修，保存一批重要的胜迹。

遗址简介

安岱后浙西南革命根据地首脑机关旧址群　安岱后浙西南革命根据地首脑机关旧址群位于松阳、云和、遂昌、龙泉4个县交界处，独特的地理位置成为当年浙西南红军革命根据地的中心驻地。1935年5月，刘英、粟裕率中国工农红军挺进师来到安岱后，并以此为根据地，和这里的农民领袖陈凤生、卢子敬、陈丹山等人共同开辟浙西南第一块革命根据地。6月，挺进师建立浙西南特委、浙西南军分区，成立竹溪区委和浙江第一个红色政权竹溪苏维埃政府，组建浙江第一支人民游击队松遂龙游击总队。当时挺进师师部、浙西南特委、军分区、游击总队的办公地和首脑机关设在安岱后村，刘英、粟裕等红军首长常在这里生活、工作、战斗，农军首领陈凤生、陈丹山就是安岱后村人，安岱后在浙西南革命根据地史上有重要的地位，且保留有红军革命根据地主会场、红军医院遗址、红军寮及刘英、粟裕旧居等地，并立有萧克将军题词的“红军桥”石碑。这些革命旧址是红色文化的见证者。经过60多年风雨侵蚀，多数已不同程度破损。

2001年始，县史志办、安民乡政府、安岱后村委会先后投入10余万元对红军遗址进行修复开发。修复红军主会场、红军桥，新建红色古寨寨门、浙西南革命根据地纪念碑亭，清理整修停车场至红军主会场的道路及周边环境，对主会场进行布展。2003 年 11 月，举行揭碑仪式，安岱后红色旅游景点对外开放。2005 年初，市、县领导班子到安岱后接受革命传统教育，把安岱后列为保持共产党员先进性教育中革命传统教育的主要阵地，2006 年 2 月，被公布为丽水市爱国主义教育基地。2006 年开始，县史志部门联合安民乡政府等单位开始安岱后第二期工程建设，投资 15 万元修缮刘英、粟裕的旧居。2010 年 3 月初，红军主会场在冰雹灾害中受损严重，且原先布置的展板陈旧，再次对红军主会场进行修缮和重新布展。

浙西南革命根据地枫坪遗址群 2006 年，对枫坪乡斗潭村的苏维埃政府旧址进行修复，7 月完成第一期工程。2010 年，县史志办借红军挺进师入松开辟浙西南革命根据地 75 周年之际，筹措 20 万元资金，对斗潭纪念馆进行修缮布展，5 月 11 日开馆。至 2010 年，先后对小吉、高亭、外南胜、丁坑等地的革命遗址遗迹进行修缮保护。

图 20-32 斗潭纪念馆（县史志办提供 2010 年）

爱国主义教育基地、党史教育基地

2009 年 7 月，全省开展党史胜迹普查和各地的推荐工作，最后确定第一批浙江省党史教育基地共 27 个，丽水市 4 个，安岱后浙西南革命根据地领导机关旧址群入选。至 2010 年，全县各级爱国主义教育基地有 13 个，其中省级 1 个、市级 2 个、县级 10 个。内容详见本编第六章“宣传工作”第三节“精神文明建设”。

第三节 党史研究资料成果应用

为省委复查“王明党”提供史料

1946 年 5 月，中共处属特委委员、丽（水）青（田）松（阳）边区特派员林艺圃到松阳石仓，秘密召集石仓小学地下党员王家兴（王明）、毛石生、汤作明、叶志豪开会，成立中共处属特委直属松阳支部，王家兴任书记，汤作明、毛石生任委员。

1947 年 1 月，处属特委指派樊康平到松阳。不久，樊康平、汤作明等 7 人在城郊石笋脚秀峰观秘密开会，推选毛石生接任支部书记。8 月，五都阳会议增补叶祖杨、纪廷须、王美珠为支部委员，并以五都阳小学为支部联络点。

截至 1948 年上半年，支部先后发展党员 28 人。为便于隐蔽斗争，党支部分成处州农校、西屏、望松、项弄和农民 5 个党小组。多数党员以教书职业为掩护从事社会调查，宣传刻印分发“土地法大纲”，担任交通联络，激励群众“三抗”斗争，创办文化夜校，物色积极分子，为日后武装游击斗争做准备等做了大量工作。1948 年 10 月 22 日，王家兴在富阳被捕叛变，致使该党组织遭破坏，汤作明等 9 人先后被捕，五都阳联络点被抄查，支部活动停止。

1952 年 5 月，省委组织部报请省委和华东局组织部批准，把王明建立的组织（简称“王明党”）定性为“自发性小资产阶级的群众革命组织”，所有人员的党籍一概不予承认。之后“王明党”成员不断申诉，要求给予公正、客观的评定。根据中央组织部中组发〔1984〕13 号和省委办〔1985〕43 号文件的精神，松阳县派员到省档案馆、省委组织部搜集“王明党”松阳支部相关档案，党史办查找整理相关档案、函调相关人员回忆材料，经县委组织部整理上报《关于“王明党”松阳小教支部情况的复查报告》（县委组〔1986〕15 号），省委组织部综合上报《关于“王明党”问题的复查报告》（省组〔1986〕37 号）。1986 年 10 月，中共浙江省委批复（省委发〔1986〕38 号），同意省委组织部的处理意见，决定撤销 1952 年省委关于“王明党”问题的批复。请各地根据省委组织部提出的处理意见，区别情况，妥善处理。

1985 年，复查“文化大革命”前历史老案 80 件，经内查外调多方取证，全部结案。其中，恢复党籍 11 人，更改党龄 2 人，撤销党内处分 8 人，办理退职、退休手续 17 人，认定地下党小组 1 个。如期完成地下党历史遗留问题的复查。

党史“六进”活动

以史志成果“进机关、进院校、进企业、进军营、进社区、进乡村”（“六进”）活动为载体，把“六进”活动与学习实践科学发展观等主题活动相结合，与新农村建设、社区党建等中心工作相结合，与写史、修志、编鉴等业务工作相结合，与重大节庆纪念活动相结合，与史志队伍建设和提高史志工作者素质相结合，依托浙西南革命根据地，党校青干班、入党积极分子培训班等载体，利用松阳地方史志研究的成果，通过赠送、推荐学习《中国共产党松阳历史（第一卷）》《箬寮风雷》《红旗插上安岱后》《松阳桥梁》画册、《松阳年鉴》等史志书籍，协助拍摄《浙南三年》《七彩浙江》《红色历程》《历史的永恒——浙江革命遗址集锦》等红色影片松阳部分，宣传党的历史、松阳革命斗争历史，用松阳的地方史志教育人、启迪人、警示人，让机关党员干部、企业员工、在校学生、驻松部队官兵、社区居民、乡村农民了解松阳、热爱松阳、建设松阳。

图 20-33　老红军谢文清在玉岩区干部大会上作党史报告（县史志办提供 1982 年）

常态宣讲　深入到机关、学校、社区、企业、军营、乡村进行地方党史、红色文化等宣讲，与学习实践当时的主题教育相结合，组织史志干部学习党中央关于党史工作的方针政策和国务院、省政府关于地方志工作的法规；组织党员干部下基层调研、结对帮扶、社区建设等活动，参加“一户一策一干部”助万户低收入家庭告别贫困活动，摸清帮扶对象的具体情况，找出致贫原因，采取精神帮扶、技术帮扶、资金帮扶、劳务输出等多种措施，把帮扶落到实处。与革命遗址建设、宣传相结合，2010 年，县史志办对斗潭纪念馆进行修缮布展。与团县委暑期夏令营活动结合，让学生们通过走红军路、吃红军饭、唱红军歌、听红军故事，体验战争时期的艰苦环境和坚韧不拔的红军精神，接受优良的革命传统教育和爱国主义教育。与开展红色旅游宣传结合。安岱后是浙江省红色旅游重要景点之一，县史志办适时为前往学习的党员领导干部上党课。与重大节日、纪念日活动结合。利用清明节、七一等重大节日，开展地方党史红色文化宣传，开展烈士事迹教育。与县关工委紧密结合，发挥老党员、老干部、老史志工作者和社会上热心史志事业人士的作用，深入基层进行史志知识宣讲，对青少年和干部群众进行革命传统和历史文化传统的教育。

纪念活动　1985 年 5 月，召开党政军机关党员参加的“党史报告会”，举办“纪念中国工农红军挺进师在松阳活动五十周年照片展览”；1987 年 10 月，召开原中共松阳支部党员座谈会。1995 年 8 月，举行“抗日战争胜利 50 周年纪念章”颁发仪式。1997 年 10 月，召开纪念中共松阳支部成立 50 周年座谈会。2003 年 11 月，举行浙西南革命根据地安岱后纪念碑亭揭碑仪式并对外开放。2005 年初，市、县领导班子到安岱后进行革命传统教育，并将其辟为保持共产党员先进性教育中革命传统教育的主要阵地。2007 年 7 月，举办纪念原中共松阳支部成立 60 周年系列活动。2009 年 5 月，召开纪念松阳解放 60 周年老战友座谈会。

党史期刊　1984 年 10 月，创刊《松阳党史资料通讯》(后改称《松阳党史通讯》)，是内部交流情况的不定期刊物，选登有价值的革命回忆录和党史资料，对人民进行思想政治教育，推动和促进党史研究工作。至 1997 年，共刊印 10 期。

2004 年开始，县史志办编印《松州要览》，每月一刊，至 2006 年 4 月，共刊印 14 期。

2008 年 7 月，史志办创刊《松州史话》，开辟党史研究、革命风云、方志精粹、姓氏文化、民俗花絮、景观集锦、古迹风韵等栏目，促进松阳县文化遗产发掘、研究和整理工作，至 2010 年末，共刊印 6 期。

第四节　“抗损”调查

2006 年 3 月，省委党史研究室召开抗日战争时期人口伤亡和财产损失（简称抗损）课题培训会议。6 月，县史志办明确专人负责征集资料，先后到云和、龙泉、遂昌、景宁、南京二史馆等地查档，委托市委党史研究室人员到省档案馆、台湾“国史馆”查档，共收集档案 283 份；12 月，针对档案残缺的难点，组织专人开展社会调查。2007 年，县“抗损”协调小组和“抗损”课题调研组成立，陆续聘用 14 位老同志，对全县 401 个行政村、6 个社区、11 个居委会进行走访调查，走访 75 岁以上老人 8970 人，走访率为 78%，召开座谈会 257 次，共 7142 人次参加，个别调查 1878 人，撰写“走访笔录”1547 份。2007 年 8 月，对西屏、古市 2 个重点镇进行查漏补缺，补充走访笔录 300 余份。确定 15 个专题，进行再调查，重访当事人或见证人，整理出揭露日军罪行的专题材料。2007 年 12 月，对社会调查资料进行分卷、归档、统计汇总。经过反复核对汇总，起草《松阳县抗损课题调研工作报告》《抗战大事记》等文稿，基本上查清松阳县行政区划内抗战时期人口伤亡和财产损失情况，编撰整理松阳县“抗损”课题调研成果35卷1000多万字。2008年5月，通过中央、省市委党史研究室的验收。

图20-34 《日军侵略松阳暴行调查》（县史志办提供）

2009年4月，在《走访笔录》的基础上，着手编辑整理《日军侵略松阳暴行调查》资料，是年，完成《日军侵略松阳暴行调查（上册）》。2010年初，对《日军侵略松阳暴行调查(上册)》进行修改。5月，开始整理《日军侵略松阳暴行调查(下册)》资料，主要内容包括调研报告、专题报告和有关的档案资料、文献资料等。年末，完成《日军侵略松阳暴行调查(下册)》资料的整理工作。

第十章　党校工作

中共松阳县委党校前身为县委干部学校。1954 年 10 月，在西屏镇北门郭隆兴宅首设，后搬至西屏镇南门白龙堰农场（原省农业改进所旧址，现丽水学院幼儿师范学校）办公。1958 年 9 月，改名为遂昌干校。1966 年，“文化大革命”开始后，干校工作停止。1979 年，正式恢复党校，并搬迁至遂昌（原遂昌师范校址）办公。1982 年恢复县制后，新建立松阳县委党校。1983 年 12 月，搬入新校址——西屏镇白露岭徐家山（现三中校址）办公。1989 年 8 月，党校校址与原松阳区中学校址对调，迁址西屏山脚 2 号（原松阳区中学校址），陆续建成教学楼、办公楼、大礼堂等。校园占地面积 14.2 亩，校舍面积 4806 平方米。2003 年 12 月，增挂松阳县行政学校牌子。县委党校（松阳县行政学校）是在县委直接领导下培养党员领导干部和理论干部的学校，是培训轮训党员领导干部的主渠道，是党的哲学、社会科学研究机构。党校为县委下属事业单位，2010 年编制为 16 人，参照公务员管理的事业编制 8 人，全额拨款事业编制 8 人。

第一节　党校培训　刊授函授

党校培训

松阳县委党校主要培训和轮训科级以下党员领导干部、科级后备干部、中青年干部和农村基层干部。行政干校作为国家公务员培训基地，主要培训和轮训县政府所属的各部门国家公务员。组织教师到基层单位讲党课 60 场（次），受教育 10800 多人次。

1983～1990 年，县委党校采取多种办学模式，加强全县干部的基础理论学习和研究，特别是马克思主义哲学及有计划的市场经济理论研究。1991～2000 年，党校发挥三个阵地（培训党员、党员领导干部，培养理论骨干和入党积极分子的重要阵地；学习、研究和宣传马克思主义、毛泽东思想、邓小平理论和“三个代表”重要思想的重要阵地；增强党员、党员领导干部党性修养的重要阵地）、一个熔炉（增强党员、党员领导干部和入党积极分子党性锻炼的熔炉）的作用，大规模培训干部，党校先后举办工业经济、农业经济（有

图 20-35　中央党校函授学院九四级大专班毕业典礼（县档案馆提供 1998 年）

计划的市场经济）、党的建设理论、公务员写作基础知识、领导科学方法论等研讨班。

2002年开始，县委党校根据科教兴国的“教”也包括党校教育，以及全国组织工作会议精神提出的大规模培训干部、大幅度提高干部素质的要求，重点培训理论宣传干部和乡镇街道领导干部以及政法干部和科级主要领导干部。2006年在全市党校系统首创县管干部年度内轮训1次以上的培训办法，得到省、市委组织部、党校的高度评价。1982～2010年，党校共举办各类主体班338期次，培训学员29585人次。主体班有中青年后备干部、科级干部、妇女干部、党务工作者及入党积极分子、党外干部、少数民族干部、科技干部、纪检干部、农村基层干部、公务员等为对象的培训班。学制有几天、一周、半个月、一个月、三个月不等。

刊授函授

为提高干部的文化水平，县委党校于1985年招收省中等刊授学校政治专业学员124人。1993年，招收丽水地区广播电视中等专业学校财会专业学生49人；1989～2006年，招收省委党校函授学院大专生1163人。1997年，招收杭州大学行政管理研究生课程进修班学员45人。2008～2010年，招收浙江经济管理职工大学大专函授生154人。2000～2008年，招收中共中央党校函授总院本科班生693人。

1982～2010年松阳县委党校培训情况表

表20-10-1-1

年度	培训班名称	学制	期数	人数（人）	培训重点内容
1982	全县党员干部培训班	2天	76	4706	中央、省、市文件，县中心工作等
1983	机关干部培训班	10天	4	120	中共十二大文件、1号文件、领导讲话
	农村大队党支部书记培训班	10天	4	340	学习党章、党的基本路线
1984	理论骨干培训班	10天	1	85	中共十二大精神
	机关干部培训班	10天	1	50	中共十二大精神、领导讲话
	青年政治思想培训班	5天	3	130	中共十二大精神、政治思想教育
1985	乡镇企业管理培训班	6个月	1	60	企业管理知识函授班
	农村书记读书会	5天	2	336	1号文件、党组织发展意见、否定“文革”教育、法制教育、带头致富经验
	区、乡干部培训班	5天	1	37	1号文件、法制教育
1986	农村书记读书会	6天	2	375	贯彻中央农村工作会议精神、两个文明建设
	农村党员轮训班	5天	5	3416	1号文件、《关于农村整党工作部署的通知》
	普法培训班	6天	1	50	《中华人民共和国经济合同法》《中华人民共和国婚姻法》《中华人民共和国森林法》《中华人民共和国继承法》
	干部理论进修班	3个月	2	95	《政治经济学》
	厂矿企事业党支部书记培训班	5天	1	200	理想宗旨、信仰教育

续表 20-10-1-1-1

年度	培训班名称	学制	期数	人数（人）	培训重点内容
1987	机关干部理论读书会	15 天	2	61	《坚持四项基本原则，反对资产阶级自由化》
	厂长、书记、工会主席培训班	5 天	1	80	《坚持四项基本原则，反对资产阶级自由化》
	机关干部轮训班	10 天	3	265	《坚持四项基本原则，反对资产阶级自由化》
1988	干部理论学习班	7 天	3	276	中共十三大文件学习
	企事业党支部书记学习班	7 天	1	60	中共十三大文件学习
	基层政权建设学习班	7 天	1	50	基层政权建设理论学习（三都乡试点）
	机关干部党纪学习班	5 天	2	188	党纪教育
	农村党员冬训师资学习班	4 天	1	50	中共十三大精神宣传知识培训
	组织人事干部业务学习班	5 天	1	60	组织人事工作业务知识
1989	乡镇脱产干部学习班	5 天	1	90	马克思主义哲学、中共党史
	乡镇政权建设学习班	5 天	1	86	基层政权建设理论学习
	县机关干部轮训班	15 天	2	150	马克思主义哲学、中共党史、中共十三届五中全会精神、江泽民国庆讲话
1990	乡镇干部理论学习班	5 天	1	42	中共十三届五中全会精神、江泽民国庆讲话
	机关干部读书会	5 天	3	250	中共十三届五中全会精神、江泽民国庆讲话
	农村支部书记培训班	5 天	1	345	中共十三届五中全会精神、江泽民国庆讲话
1991	副局级以上干部读书会	7 天	1	160	马克思主义哲学、中共党史、中共十三届五中全会精神、江泽民国庆讲话
	区、镇、乡行政副职干部培训班	1 天	1	41	领导科学
	村民主任培训班	5 天	2	320	基层政权建设理论学习
	县属厂矿企业厂长经理培训班	5 天	1	50	马克思主义哲学、领导科学
	组工人员培训班	5 天	1	90	组工业务知识
	企业政工干部培训班	5 天	1	30	马克思主义哲学、党史、政治思想工作方法
	医药局双基教育培训班	5 天	1	80	双基教育业务知识
1992	部门正副级干部培训班	15 天	1	160	学习中央（1992）2 号文件
	中青年干部培训班	1 个月	1	45	马克思主义哲学、党史、领导科学
	部门大专以上文化党员干部培训班	5 天	1	400	中共十四大文件、马克思主义哲学、党史
	工办主任、厂长经理培训班	1 个月	1	50	中共十四大文件、马克思主义哲学、党史、乡镇企业管理、农村商品经济
	部门正职或主持工作副职、乡镇书记培训班	5 天	1	80	中共十四大文件
	女干部培训班	15 天	1	27	中共十四大文件

续表 20-10-1-1-2

年度	培训班名称	学制	期数	人数（人）	培训重点内容
1993	科级干部理论培训班	1 周	5	688	邓小平建设有中国特色社会主义理论、市场经济知识
	企业后备干部培训班	1 周	1	33	邓小平建设有中国特色社会主义理论、市场经济知识
1994	特色理论培训班	5 天	4	325	邓小平建设有中国特色社会主义理论、市场经济知识
	中青年干部培训班	1 个月	1	33	《邓小平文选》第三卷、环境保护、邓小平建设有中国特色社会主义理论、市场经济知识
	农村支部书记培训班	3 天	1	360	邓小平建设有中国特色社会主义理论、市场经济知识
1995	特色理论培训班	5 天	3	380	邓小平建设有中国特色社会主义理论、市场经济知识
	农村支部书记培训班	5 天	1	330	邓小平建设有中国特色社会主义理论、市场经济知识
	中青年干部培训班	1 个月	1	40	邓小平建设有中国特色社会主义理论、市场经济知识、领导科学、《邓小平文选》第三卷
1996	组织人事干部培训班	5 天	1	47	邓小平建设有中国特色社会主义理论、组织工作条例
	路线教育培训班	3 天	2	860	特色理论、党的基本路线
	宣传干部培训班	5 天	1	120	特色理论、《国民经济和社会发展“九五”计划和 2010 年远景目标纲要》、“三观”教育
	中青年干部培训班	1 个月	1	50	特色理论、《国民经济和社会发展“九五”计划和 2010 年远景目标纲要》、“三观”教育
1997	新上岗副科级以上干部培训班	15 天	1	37	十四届六中全会精神辅导《社会主义建设》、“三观”教育
	农村支部书记培训班	5 天	1	400	十四届六中全会精神辅导《社会主义建设》
	企业形势任务教育培训班	5 天	1	50	十四届六中全会精神辅导《社会主义建设》
	中青年干部培训班	1 个月	1	34	十四届六中全会精神辅导《社会主义建设》
1998	企业政工干部培训班	6 天	1	29	三观教育、十四届六中全会精神辅导《社会主义建设》
	重点企业领导干部培训班	6 天	1	28	三观教育、十四届六中全会精神辅导《社会主义建设》
	乡镇部门理论辅导培训班	6 天	1	50	三观教育、十四届六中全会精神辅导《社会主义建设》
	女干部培训班	6 天	1	35	三观教育、十四届六中全会精神辅导《社会主义建设》
	纪检监察干部培训班	3 天	1	49	三观教育、十四届六中全会精神辅导《社会主义建设》
	新上任副科级干部培训班	15 天	1	27	三观教育、十四届六中全会精神辅导《社会主义建设》、领导科学
	农村支部书记培训班	5 天	1	398	三观教育、十四届六中全会精神辅导《社会主义建设》
	玉岩、古市镇干部培训班	5 天	1	186	三观教育、十四届六中全会精神辅导《社会主义建设》
	企业形势任务教育干部培训班	6 天	1	40	三观教育、十四届六中全会精神辅导《社会主义建设》
	青年干部培训班	1 个月	1	32	三观教育、十四届六中全会精神辅导《社会主义建设》、领导科学、党建、形势

续表 20-10-1-1-3

年度	培训班名称	学制	期数	人数（人）	培训重点内容
1999	优秀党外干部、少数民族干部培训班	5 天	1	30	“三讲”教育、民族政策
	新上任副科级干部培训班	15 天	1	37	“三讲”教育、领导科学、党建
	县管干部进修班	15 天	2	76	“三讲”教育、领导科学、党建、形势
	机关干部纪律作风整顿班	15 天	1	35	“三讲”教育、领导科学、党建、形势、作风教育
	单位考核末位人员培训班	15 天	1	36	“三讲”教育、领导科学、党建、形势、作风教育
	村干部培训班	5 天	1	400	“三讲”教育、形势教育
	青年干部培训班	1 个月	1	33	“三讲”教育、领导科学、形势教育、党建、经济理论、社会科学、管理科学
2000	乡镇、部门党委组织委员培训班	7 天	1	40	《组织工作条例》、领导科学、经济理论、管理心理学
	女干部培训班	15 天	1	35	“三讲”教育、领导科学、形势教育
	县管干部进修班	15 天	1	42	“三讲”教育、领导科学、形势教育、党建、经济理论、社会科学、管理科学
	部门主要领导培训班	15 天	1	40	“三讲”教育、领导科学、形势教育、党建、经济理论、社会科学、管理科学
	组织人事干部班	7 天	1	60	《干部管理条例》、领导科学、管理科学
	农村支部书记培训班	5 天	1	400	“三讲”教育
2001	乡镇“三个代表”教育培训班	15 天	1	82	江泽民“七一”讲话、“三个代表”重要思想
	组织人事工作专题研讨班	15 天	1	32	《干部管理条例》、新时期组织人事工作方法研究探索
	县管干部进修班	5 天	1	32	江泽民“七一”讲话、“三个代表”重要思想、《干部管理条例》
	部门“三个代表”教育骨干培训	5 天	1	75	江泽民“七一”讲话、“三个代表”重要思想
	理论辅导员培训班	5 天	1	64	人口理论、《知识经济》、江泽民“七一”讲话、“三个代表”重要思想
	党外干部中青年骨干培训班	5 天	1	43	人口理论、《知识经济》、江泽民“七一”讲话、“三个代表”重要思想
	科技人才培训班	5 天	1	26	现代科技、知识经济
	企业经营管理人才培训班	5 天	1	56	现代企业制度、经营管理学、市场营销学、成本控制理论、知识经济
2002	组织工作研讨班	15 天	1	37	中共十六大报告辅导、世贸组织知识、《干部管理条例》、组工干部业务知识
	统战干部培训班	15 天	1	37	世贸组织知识、十六大报告辅导、《干部管理条例》、新时期统战工作探索
	部门县管干部进修班	15 天	1	36	十六大报告辅导、世贸组织知识、领导科学、《干部管理条例》
	女干部培训班	15 天	1	36	十六大报告辅导、世贸组织知识、《干部管理条例》、女干部新形象
	文化新闻干部培训班	10 天	1	30	十六大报告辅导、世贸组织知识、《干部管理条例》、新闻学
	优秀青年干部培训班	1 个月	1	40	十六大报告辅导、世贸组织知识、《干部管理条例》、领导科学、党建、演讲

续表 20-10-1-1-4

年度	培训班名称	学制	期数	人数（人）	培训重点内容
2003	青年干部培训班	1个月	1	40	十六大报告辅导、胡锦涛同志“七一”讲话、《干部管理条例》、WTO知识、领导科学、党建、演讲
	女干部培训班	6天	1	35	十六大报告辅导、世贸组织知识、《干部管理条例》、领导科学
	团干部培训班	6天	1	40	十六大报告辅导、世贸组织知识、《干部管理条例》、领导科学、团史
	新提拔县管干部培训班	15天	1	45	十六大报告辅导、世贸组织知识、《干部管理条例》、领导科学、“七一”讲话
	县管干部工业经济研讨班	15天	1	41	胡锦涛“七一”讲话、项目经济、世贸组织知识、工业园区建设、招商引资
	信访干部培训班	6天	1	39	胡锦涛“七一”讲话、世贸组织知识、信访条例
	科技干部培训班	6天	1	41	胡锦涛“七一”讲话、世贸组织知识、现代科技创新
	部门中层干部培训班	6天	1	55	中共十六大报告辅导、世贸组织知识、《干部管理条例》、领导科学、“七一”讲话
	机关党务干部培训班	6天	1	38	中共十六大报告辅导、世贸组织知识、《干部管理条例》、领导科学、“七一”讲话、党建
	宣传干部培训班	6天	1	42	中共十六大报告辅导、世贸组织知识、《干部管理条例》、领导科学、“七一”讲话
	专业技术干部培训班	6天	1	42	中共十六大报告辅导、世贸组织知识、《干部管理条例》、领导科学、“七一”讲话、技术创新、岗位技能与职业道德
2004	正职后备干部培训班	15天	1	50	“三个代表”重要思想的历史地位及意义、当代中国的科学发展观、两个“条例”辅导讲座、依法行政的内容及意、男女平等是我国的一项基本国策、实现好维护好发展好最广大人民的根本利益、正确理解“四观”的深刻内涵、关于完善社会主义市场经济的若干问题
	优秀青年干部培训班	1个月	1	50	
	部门中层干部培训班	5天	1	60	“三个代表”重要思想的历史地位及意义、当代中国的科学发展观、市场经济、依法行政
	机关党务干部培训班	7天	1	50	“三个代表”重要思想的历史地位及意义、当代中国的科学发展观、党务知识
	县管正职民主集中制研讨班	15天	1	45	“三个代表”重要思想的历史地位及意义、当代中国的科学发展观、民主集中制
	县管干部进修班	15天	2	100	“三个代表”重要思想的历史地位及意义、当代中国的科学发展观、依法行政
	基层工会干部培训班	5天	1	88	“三个代表”重要思想的历史地位及意义、当代中国的科学发展观、工会条例
	村民主任培训班	5天	1	60	“三个代表”重要思想的历史地位及意义、当代中国的科学发展观、村民自治
2005	优秀青年干部培训班	2个月	1	45	“三个代表”、形势与任务教育、干部必备有关知识、当前干部人事改革的主要任务、警示教育、党性修养、党性锻炼、社会实践与调研
	组织统战干部培训班	15天	1	45	十六届四中全会精神、党风廉政建设、统战工作知识、研讨新形势下组织统战工作的新问题
	党政领导项目管理班	10天	1	45	项目建设的有关理论和应用知识
	优秀年青女干部培训班	15天	1	50	“三个代表”、十六届四中全会精神、党风廉政建设、女性相关业务知识
	部门中层干部培训班	17天	1	60	十六届四中全会精神、新知识、研讨改进部门工作作风、保证政令畅通、提高办事效率等问题

续表 20-10-1-1-5

年度	培训班名称	学制	期数	人数（人）	培训重点内容
2005	机关党务干部培训班	7 天	1	50	十六届四中全会精神、党风廉政建设、形势与任务教育、干部必备有关知识
	新提拔县管干部培训班	15 天	1	45	“三个代表”、形势与任务教育、干部必备有关知识、当前干部人事改革的主要任务、领导科学、党风廉政建设
	村两委干部培训班	7 天	1	205	十六届四中全会精神、现代化建设中的新知识、研讨小康社会、城乡统筹规划等
	纪检干部培训班	7 天	1	50	纪检监察有关知识、研讨新形势下党风廉政建设的理论和方法
	县管干部进修班	15 天	1	50	十六届四中全会精神、领导科学、党风廉政建设、形势与任务教育、干部条例
	政法综治信访干部培训班	7 天	1	60	学习政法综治信访及党风廉政建设有关知识、创建平安松阳
	党外干部、少数民族干部培训	15 天	1	30	“三个代表”、形势与任务教育、民族理论政策、统战工作知识
2006	县管干部轮训班	7 天	5	474	十六届五中全会精神、统筹经济社会发展、现代化建设中的重大理论和现实问题、党风廉政建设、县“十一五”规划
	优秀青年干部培训班	2 个月	1	50	十六届五中全会精神、干部必备的新知识、干部人事制度改革的主要任务、形势与任务教育、警示教育、党性修养、党性锻炼、社会实践与调研
	部门中层干部培训班	5 天	1	40	十六届五中全会精神、干部必备的新知识、研讨改进部门工作作风、保证政令畅通、提高办事效率等问题
	村两委干部培训班	15 天	1	48	十六届五中全会精神、现代化建设中的有关理论和新知识、研讨新农村、城乡统筹规划等
	党外干部、少数民族干部培训班	7 天	1	50	十六届五中全会精神、当前干部人事制度改革的主要任务，有关党务知识、党性、党风、党纪教育
	女干部培训班	7 天	1	45	十六届五中全会精神、当前干部人事制度改革的主要任务、心理健康
2007	县管干部轮训班	17 天	5	393	十六届六中全会精神、干部教育培训条例、现代化建设中的重大理论和现实问题、形势与任务教育、党风廉政建设、人文历史知识
	新提拔县管干部培训班	15 天	1	57	科学发展观、构建和谐社会的主要思想、党的执政能力建设、领导科学、干部教育培训条例
	省市文明单位负责人培训班	7 天	1	31	科学发展观、构建和谐社会的主要思想、和谐文化、创建文明单位的有关业务知识
	女干部培训班	15 天	1	54	科学发展观、构建和谐社会的主要思想、女性相关业务知识、心理咨询
	社会主义新农村建设培训班	7 天	1	60	科学发展观、构建和谐社会的主要思想、社会主义新农村建设中的重大理论和现实问题、松阳人文历史知识
	重点村干部培训班	7 天	1	62	十六届六中全会精神、现代化建设有关理论和新知识、新农村建设问题
	优秀青年干部培训班	2 个月	1	50	十六届六中全会精神、干部教育培训条例、领导干部必备知识、社会主义新农村建设中的重大理论和现实问题、松阳人文历史知识、党风廉政建设、党性教育锻炼、社会实践与调研
2008	县管干部轮训班	7 天	4	270	中共十七大精神、科学发展观、干部教育培训条例、党风廉政建设、统筹经济社会发展、松阳人文历史知识、形势与任务教育

续表 20-10-1-1-6

年度	培训班名称	学制	期数	人数（人）	培训重点内容
2008	新提拔县管干部培训班	15 天	1	63	中共十七大精神、科学发展观、构建和谐社会的主要理论、文化修养、心理健康、政策法规
	十七大精神主题学习宣传教育骨干培训班	15 天	1	47	中共十七大精神、科学发展观、构建和谐社会的主要理论、文化修养、心理健康、政策法规
	人武干部培训班	15 天	1	27	中共十七大精神、科学发展观、国防知识、政策法规、业务知识
	团干部培训班	15 天	1	40	中共十七大精神、科学发展观、文化素养、心理健康、政策法规、业务知识
	移民干部培训班	7 天	1	65	中共十七大精神、科学发展观、政策法规、新农村建设中的重大理论和现实问题、构建和谐社会的重要思想
	农村人大代表培训班	7 天	1	28	中共十七大精神、科学发展观、人大代表权利与义务、新农村建设中的重大理论和现实问题、构建和谐社会的重要思想
	县管正职干部解放思想大讨论班	7 天	1	67	中共十七大精神、科学发展观、管理知识、解放思想大讨论、新农村建设中的重大理论和现实问题、文化素养
	首期村干部培训班	7 天	1	52	新农村建设中的重大理论和现实问题、中共十七大精神、科学发展观、勤政廉政、行政强制法、农村财务管理
	入党积极分子培训班	5 天	1	80	中共十七大精神、科学发展观、勤政廉政、党章、党史
	村两委主要干部培训班	5 天	2	800	中共十七大精神、科学发展观、构建我县新农村、城乡统筹规划、国土资源法律法规知识
	计生工作业务培训班	5 天	5	600	中共十七大精神、科学发展观、城乡统筹规划、计生工作业务知识
	全县会计业务培训班	5 天	6	600	勤政廉政、会计准则、财务报表、财务管理、业务知识
2009	县管干部轮训班	7 天	4	306	十七届三中全会精神、科学发展观、新农村建设、项目管理、领导干部管理制度、领导艺术、公共财政与地方经济发展、党风廉政建设
	县管正职干部研修班	7 天	2	101	十七届三中全会精神、科学发展观、党风廉政建设、项目管理、领导干部管理制度、领导艺术
	优秀青年干部培训班	2 个月	1	69	领导干部管理制度、领导艺术、十七届三中全会精神、科学发展观、党风廉政建设、松阳人文历史知识、党风廉政建设、党性教育锻炼、社会实践与调研
	部门中层干部培训班	7 天	1	41	十七届三中全会精神、科学发展观、党风廉政建设、松阳人文历史知识、研讨改进部门工作作风、保证政令畅通、提高办事效率等问题
	女干部培训班	7 天	1	48	十七届三中全会精神、科学发展观、党风廉政建设、女性有关知识、文化素养
	公务员初任培训班	15 天	1	33	十七届三中全会精神、科学发展观、党风廉政建设、松阳人文历史知识、行政伦理与职业道德、创新思维能力
	大学生村官上岗培训班	15 天	1	40	行政伦理与职业道德、创新思维能力、十七届三中全会精神、科学发展观、党风廉政建设、松阳人文历史知识
	移民工作培训班	7 天	1	40	十七届三中全会精神、科学发展观、党风廉政建设、松阳人文历史知识、农村问题与乡村治理
	入党积极分子培训班	7 天	1	64	十七届三中全会精神、科学发展观、党风廉政建设、党章、党史

续表 20-10-1-1-7

年度	培训班名称	学制	期数	人数（人）	培训重点内容
2009	四中全会专题教育培训班	7天	1	70	十七届四中全会精神解读、科学发展观、党风廉政建设
	计算机操作培训班	5天	8	227	计算机理论知识学习、操作训练、考核
	餐厅服务员培训班	5天	1	41	服务与礼仪、公共卫生知识、职业道德规范、消防知识、餐厅操作流程
	村镇建筑工匠培训班	5天	1	146	建筑施工专业知识与技能、安全施工、建筑材料、工地管理、职业道德与规范
	农村支部书记培训班	5天	2	247	十七届三中全会精神、科学发展观、党风廉政建设、党章、农村问题与乡村治理、农村财务知识
	乡镇“驻村入户，组团服务”培训班	5天	2	404	十七届三中全会精神、科学发展观、党风廉政建设、农村问题与乡村治理、改革开放三十年专题教育
2010	县管干部轮训班	7天	5	348	十七届四中全会精神、科学发展观、党风廉政建设、改革开放三十年专题教育
	退二线县管干部培训班	7天	1	83	改革开放三十年专题教育、十七届四中全会精神、科学发展观、党风廉政建设
	优秀青年干部培训班	2个月	1	44	十七届四中全会精神、科学发展观、党风廉政建设、松阳人文历史知识、党性教育锻炼、社会实践与调研
	新提拔县管干部培训班	15天	1	19	十七届四中全会精神、科学发展观、党风廉政建设、松阳人文历史知识、干部管理制度
	正职领导干部研修班	15天	2	79	十七届四中全会精神、科学发展观、松阳人文历史知识、党风廉政建设、公共财政与地方经济发展
	乡镇书记、乡镇长研修班	15天	1	39	十七届四中全会精神、科学发展观、党风廉政建设、公共财政与地方经济发展、领导艺术、项目管理
	部门中层干部培训班	7天	1	41	十七届四中全会精神、党风廉政建设、公务员有关知识、改进部门工作作风、保证政令畅通、提高办事效率等问题
	团干部培训班	7天	1	43	十七届四中全会精神、党风廉政建设、文化素养、政策法规、心理健康、团的业务知识
	公务员更新知识培训班	2天	2	1026	十七届四中全会精神、公务员相关知识、职业道德与规范
累　计		—	346	29585	—

第二节　党校科研

课题调研

1982年以后，县委党校建立科研工作小组，由业务校长主抓科研工作。党校组织教师积极参加省、市委党校组织的论文交流会、理论研讨会、教师公开课及参加全县相关课题调研活动，设立科研成果奖励办法。每年根据县委的中心工作，由教研室制定科研计划，确定科研课题，组成科研课题组进行调研攻关。党校还参与县级部门调研课题任务，先后完成62个县级课题，15个市级课题，13个省级课题。参加省市委党校组织的科研评选活动50人次，有12人次获得优质课评比奖。

撰写论文

1982年至2010年，县委党校撰写优秀论文687篇。其中，有22篇发表在国家级刊物上，有55篇论文在省级刊物发表，有185篇发表在市级刊物上，有91篇发表在县级刊物上；有3篇论文在国家级入选，有48篇论文在省级入选，有67篇论文在市级入选；有3篇论文在国家级获奖，有15篇论文在省级获奖，有70篇论文在市级获奖，有38篇论文在县级获奖。

1984～2010年松阳县委党校科研成果情况表

表20-10-2-1　　　　单位：篇

年份	合计	文章发表				论文入选				论文获奖				课题		
		国家级	省级	市级	县级	国家级	省级	市级	县级	国家级	省级	市级	县级	省级	市级	县级
1984	4	0	0	1	2	0	1	0	0	0	0	0	0	0	0	0
1985	7	0	0	5	2	0	0	0	0	0	0	0	0	0	0	0
1986	7	0	0	5	2	0	0	0	0	0	0	0	0	0	0	0
1987	7	0	0	5	2	0	0	0	0	0	0	0	0	0	0	0
1988	7	0	0	5	2	0	0	0	0	0	0	0	0	0	0	0
1989	12	0	1	6	2	1	0	0	0	0	0	1	1	0	0	0
1990	11	0	1	6	2	0	0	1	0	0	0	1	0	0	0	0
1991	12	0	1	5	4	0	0	1	0	0	0	1	0	0	0	0
1992	13	0	1	6	4	0	0	1	0	0	0	1	0	0	0	0
1993	16	0	1	6	5	0	1	1	0	0	0	2	0	0	0	0
1994	12	0	1	6	1	0	1	1	0	0	0	2	0	0	0	0
1995	13	0	1	6	1	0	1	1	0	0	0	2	1	0	0	0
1996	15	0	1	7	1	0	1	1	0	0	1	2	1	0	0	0
1997	21	0	1	8	2	0	1	1	0	0	1	5	2	0	0	0
1998	19	0	1	9	2	0	1	3	0	0	0	1	2	0	0	0
1999	32	0	1	8	5	0	2	5	0	1	1	2	2	0	1	4
2000	27	2	4	7	1	0	3	1	0	0	0	0	4	0	1	4
2001	31	3	2	4	2	0	3	2	0	0	1	5	4	0	1	4
2002	32	2	3	8	3	1	1	2	0	0	1	4	2	0	1	4
2003	34	1	5	5	8	0	2	2	0	0	1	2	3	0	1	4
2004	27	2	4	4	4	1	2	1	0	0	0	1	2	1	1	4
2005	50	4	6	10	6	0	5	5	0	0	0	6	2	1	1	4

续表 20-10-2-1

年份	合计	文章发表				论文入选				论文获奖				课题		
		国家级	省级	市级	县级	国家级	省级	市级	县级	国家级	省级	市级	县级	省级	市级	县级
2006	46	4	3	9	2	0	3	10	0	0	3	5	1	1	1	4
2007	50	4	3	11	5	0	6	7	0	2	1	1	1	1	1	7
2008	49	0	3	10	7	0	5	4	0	0	0	8	2	1	1	8
2009	75	0	7	12	8	0	5	12	0	0	1	8	8	5	2	7
2010	56	0	4	11	6	0	4	5	0	0	3	9	0	3	3	8
合计	685	22	55	185	91	3	48	67	0	3	14	69	38	13	15	62

第二十一编　松阳县人民代表大会

中华人民共和国成立初期，松阳县以民主协商的方式产生代表，建立松阳县各界人民代表会议。1954年，松阳县选举产生第一届人民代表大会代表。此后，除1958年11月至1982年1月松阳县并入遂昌县期间外，人民代表大会制度在松阳县得到正常实施。至2010年，已历十届。松阳县人民代表大会是松阳县地方政权的组织形式。

1993年前，县人民代表大会及其常委会每届任期3年；之后改为5年。各乡镇设乡镇人民代表大会。乡镇人大在2004年之前每届任期3年，之后改为5年。县、乡镇人民代表大会会议每年至少举行一次，根据议程安排3～6日不等。

县人民代表大会每次会议由大会主席团主持。各届会议代表数不同。会议的议程包括听取和审议人大常委会工作报告及“一府两院”工作报告等；通过有关决议；每届的第一次会议选举县人大常委会组成人员，县长、副县长，人民法院院长、人民检察院检察长，其他次别的会议或有若干职位的增选、补选。

人大代表在人代会上所提交的意见、建议，除第一届人代会称提案外，第二届开始称议案。议案经大会议案审查委员会审查后，向大会作出报告，通过相关决议，会后交“一府两院”及有关部门办理。

松阳县人民代表大会常务委员会（简称县人大常委会）是松阳县人民代表大会的常设机构。历届县人大常委会都有相应的工作机构。第九届县人大机关设办公室、法制工作委员会、财政经济工作委员会、科教文卫工作委员会、代表工作委员会和农业资源环境工作委员会。县人大常委会主要职责是行使重大事项决定权，任免县级权力机关、行政机关、审判机关、检察机关工作人员，通过工作报告、视察调研、督办人大代表议案建议、开展评议工作，执法检查、作出评议意见、受理人民群众来信来访等形式，行使工作监督和法律监督。

在中华人民共和国成立前，民国时期也曾实行议会、参事会、参议会制度。

第一章　代议机构沿革

民国元年（1912），第一届县议会成立，设议长1人、副议长1人、议员21人。民国3年，县议会中止活动，以自治委员会主持地方自治。

民国11年（1922）初，选举产生县参议员5人，未成立县参议会。是年，设立县参事会，由县知事、县参议员2人、县知事委任参事2名组成，执行县政。是年4月，重新进行选民登记，普选县议员，成立第二届县议会，设议长1人、副议长2人、议员8人；民国16年3月，解散。

民国34年（1945）5月15日，成立第一届县参议会，设议长1人、副议长1人、议员40人，先后举行8次会议，通过设立中医院、增设技校、筹办乡村电话、拓宽大道、筹设水电站、充实教育经费等项决议。民国36年11月12日，第二届参议会成立，设议长1人、副议长1人、议员30人，先后召开5次会议，通过纂修县志、建筑南门大桥、实施强迫（即义务）教育等项决议。民国38年3月13日，县参议会自行解散。

中华人民共和国成立后，实行全新的代议制。初期，通过民主协商的方法，产生松阳县各界人民代表大会代表，先后召开7次各界人民代表大会。1954年3月，正式召开松阳县人民代表大会。1958年11月至1982年1月，松阳县并入遂昌。恢复松阳县制后，恢复人大制度，建立人大机构。

第一节　县各界人民代表会议

松阳县解放后，建立松阳县各界人民代表会议，代表通过民主协商产生，会议选举产生常务委员会。1949年11月至1953年4月，松阳县先后召开县各界人民代表会议7次。

第一次各界人民代表会议

1949年11月5～7日召开，会议出席代表134人，列席4人。大会听取县长林艺圃所作的关于政府5个月的工作总结及接收民国松阳县政府财政、文化、交通情况。听取武装部队领导所作的关于今后战斗工作的方针、任务问题的报告。县委书记杨景云号召各界人民要做好肃清残匪、实行减租减息、征收农业税、建立自卫队和民兵组织4件工作。大会通过成立松阳县各界人民代表会议常务委员会的决议。

第二次各界人民代表会议

1950年10月11～15日召开，会议出席代表111人，列席4人。会议听取县长林艺圃所作的《关于一年来工作与今后任务》《征粮工作》报告，县委书记杨景云所作的《关于土改问题》报告。通过《关于林县长、杨政委报告的决议》《关于减租问题的决议》《关于提案审查报告的决议》。推选林艺圃、吴兆通为省第一届各界人民代表会议代表。会议建立党组，由4名成员组成。

第三次各界人民代表会议

1951年7月23～26日召开，会议出席代表186人，列席3人。大会听取4个报告，并通过《关于成立县抗美援朝委员会及水利委员会的决定》《各界人民代表会议议事简则》《提案审查委员会组织规则》《县各界人民代表会议常务委员会组织简则》及修订《爱国公约》，通过3项决议和《致中国人民志愿军及朝鲜人民军慰问信》。会议研究总结土改、镇反、抗美援朝、恢复生产等情况；确定今后以生产为中心，继续加强贯彻减租、征粮、土改三大运动工作任务。

第四次各界人民代表会议

1951年11月22～25日召开，会议出席代表157人，列席3人。大会听取3个工作报告，通过

6 项决议。确定常委会的工作重点是继续加强抗美援朝运动，继续贯彻冬耕除虫、积肥治水，开展爱国增产节约运动，开展冬季文化教育运动。会议通过常委会委员的调整。

第五次各界人民代表会议

1952 年 6 月 27～29 日召开，会议出席代表 172 人，列席 10 人。会议听取 4 个专题报告和提案审查委员会关于提案审查的意见，会议通过决议批准上述报告及意见。会议号召继续动员广大人民向自然作斗争，做好兴修水利、防旱防洪、消减虫害等工作；进一步发挥组织起来的优越性，搞好劳动互助合作运动，发展副业生产，改善人民生活；积极开展物资交流，推销土特产，活跃农村经济；继续开展反细菌战的爱国主义宣传教育，做好卫生防疫工作；大力推进速成识字运动，消减文盲 25000 人。在“三反”“五反”运动基础上，巩固胜利，加强学习，贯彻执行《中国人民政治协商会议共同纲领》，为完成今后经济建设任务而奋斗。

第六次各界人民代表会议

1952 年 11 月 22～25 日召开，会议出席代表 169 人，列席 3 人。会议听取 2 个工作报告和提案审查委员会关于第五次各界人民代表会议议案执行情况的报告，通过 4 项决议。会议布置今后治虫、治水、施肥三大工作任务和贯彻民主建政、司法改革、《中华人民共和国婚姻法》的宣传教育等工作。研究通过出席浙江省二届一次各界人民代表大会代表。

第七次各界人民代表会议

1953 年 4 月 10 日召开，选举纪俊德为常务委员会主任。（其他内容不详）

第二节　县人民代表大会机构

1954 年，松阳人民参加第一次普选，选举产生第一届人民代表大会代表，完成由各界人民代表会议向人民代表大会的过渡。是年 7 月，召开第一届人民代表大会第一次会议。至 1958 年，县人民代表大会历经三届。1958 年 11 月，松阳县建置撤销，并入遂昌县。1982 年 1 月，国务院批准复置松阳县。是年 4 月，设立松阳县第三届人民代表大会常务委员会。县人民代表大会届次承前顺算。1983 年 3 月，县第三届人民代表大会第二次会议在县城举行，此为恢复县制后首次松阳县人民代表大会会议。至 2010 年，松阳县共召开十届人民代表大会。

松阳县人民代表大会（简称县人大）是松阳县地方国家权力机关，县人民代表大会常务委员会（简称县人大常委会或常委会）是县人大的常设机关。县人大常委会设工作机构 6 个，即办公室、法制工作委员会、财政经济工作委员会、科教文卫工作委员会、代表工作委员会、农业资源环境工作委员会。在各乡镇设乡镇人民代表大会（简称乡镇人大）。县、乡镇人民代表大会会议每年至少举行一次。1993 年之前，县人大及其常委会每届任期 3 年，之后改为 5 年。乡镇人大每届任期原为 3 年，2004 年根据《中华人民共和国宪法》修正案，把任期修改为 5 年。

第二章　人民代表大会代表

人民代表大会代表是国家权力机关的组成人员，由选民或选举单位选举产生，代表人民的利益和意志，依法行使管理国家事务的权力，履行当家作主的职责。

新中国成立初期，松阳县普选人民代表的条件尚未具备，按照《中国人民政治协商会议共同纲领》规定，实行各界人民代表会议制度，由县人民政府组织和领导。第一次各界人民代表会议代表大多是聘请的，农民代表居多，第二次会议后各次会议代表在前次会议代表的基础上作适当调整。1953 年 5 月，全县人口普查开始。1954 年春，全县第一次普选开始，依法选举产生松阳县第一届人民代表大会代表。

第一节　县人大代表

第一届县人大代表（1954 年 4 月至 1956 年 10 月）

靖居区 18 人、江北区 13 人、江南区 16 人、玉岩区 13 人、古市区 30 人、西屏镇 21 人、县机关和企事业单位共 18 人、妇联 10 人。

第二届县人大代表（1956 年 10 月至 1958 年 5 月）

西屏选区 23 人、古市选区 12 人、阳溪选区 6 人、望松选区 5 人、三都选区 3 人、水南选区 5 人、叶村选区 6 人、竹源选区 3 人、岗寺选区 4 人、庄门选区 2 人、新兴选区 4 人、樟溪选区 5 人、谢村选区 4 人、赤寿选区 4 人、庄后选区 3 人、靖居选区 4 人、板桥选区 3 人、雅溪选区 4 人、联溪选区 4 人、横樟选区 4 人、石仓选区 5 人、玉岩选区 4 人、交塘选区 3 人、枫坪选区 4 人、安民选区 4 人。

第三届县人大第一次会议代表（1958 年 5 月）

1958 年 11 月松阳县并入遂昌县，代表资格继续有效，为遂昌县第三届人代会代表：城关区 49 人、古市区 39 人、靖居区 15 人、玉岩区 13 人、石仓区 10 人。

1962～1981 年松阳区域出席遂昌县人大会议代表数一览表

表 21-2-1-1　　单位：人

届期 所属地	四届（1962.01～1963.12）	五届（1963.12～1966.04）	六届（1966.04～1981.11）	七届（1981.11～1984.06）
古市区	31	32	32	18
松阳区	34	43	42	24

续表 21-2-1-1

届期 所属地	四届（1962.01～1963.12）	五届（1963.12～1966.04）	六届（1966.04～1981.11）	七届（1981.11～1984.06）
靖居区	14	16	15	13
玉岩区	12	14	14	11
西屏镇	8	8	8	17
古市镇	3	5	6	15
石仓公社	8	8	9	5

第三届县人大第二次会议代表

1982 年 1 月，松阳县与遂昌县分置。1983 年 3 月 18～21 日召开第三届人大第二次会议。根据全国人大办公厅电话通知精神，原遂昌县第七届人代会代表中松阳境域内的人大代表资格有效，为松阳县第三届人代会第二次会议代表，共 98 人。

第四届县人大代表（1984 年 6 月至 1987 年 6 月）

松阳区代表 48 人，古市区代表 30 人，玉岩区代表 14 人，靖居区代表 25 人，大东坝区代表 18 人，西屏镇代表 13 人，古市镇代表 16 人，县直属党群 9 人、政法和解放军共 7 人、农林水 7 人、计经委 24 人、文教卫生 13 人、财贸 13 人。

第五届县人大代表(1987 年 6 月至 1990 年 4 月)

机关单位 33 人，西屏镇 25 人，古市镇 20 人，松阳区 58 人，古市区 42 人，靖居区 23 人，大东坝区 18 人，玉岩区 16 人。

第六届县人大代表（1990 年 4 月至 1993 年 4 月）

机关单位 30 人，西屏镇 30 人，古市镇 20 人，松阳区 58 人，古市区 47 人，靖居区 23 人，大东坝区 16 人，玉岩区 16 人。

第七届县人大代表（1993 年 4 月至 1998 年 1 月）

部分机关单位、叶村乡、竹源乡、斋坛乡共 44 人，部分机关单位、望松乡、三都乡、四都乡共 40 人，西屏镇 38 人，古市镇 31 人，赤寿乡、新处乡、樟溪乡、谢村乡、新兴乡共 42 人，象溪镇、板桥乡、裕溪乡共 25 人，大东坝镇、安民乡共 17 人，玉岩镇、枫坪乡共 17 人。

第八届县人大代表（1998 年 1 月至 2003 年 4 月）

西屏镇 32 人，古市镇 19 人，象溪镇、人武部、板桥乡、裕溪乡共 18 人，玉岩镇、大东坝镇、枫坪乡、安民乡共 26 人，新兴乡、赤寿乡、新处乡、樟溪乡、谢村乡共 29 人，叶村乡、望松乡、竹源乡、斋坛乡、三都乡、四都乡共 22 人，县机关 20 人。

第九届县人大代表（2003 年 4 月至 2007 年 3 月）

为使县乡统一选举年，本届人民代表大会提前一年结束。西屏镇 31 人，古市镇 17 人，象溪镇、板桥乡、裕溪乡共 18 人，玉岩镇、枫坪乡共 14 人，大东坝镇、安民乡共 15 人，新兴乡、赤寿乡、新处乡、樟溪乡、谢村乡共25人，斋坛乡、叶村乡、望松乡、三都乡、四都乡、竹源乡共29人，县机关、人武部共19人。

第十届县人大代表（2007年3月至2012年3月）

第一次会议正式代表176人，列席代表151人；第二次会议正式代表178人，列席代表156人；第三次会议正式代表177人，列席代表154人；第四次会议正式代表176人，列席代表161人。

第二节　市人大代表

松阳县出席丽水市第一届、第二届人民代表大会代表，由县人民代表大会选举产生。

松阳县当选丽水市第一届人大代表一览表

表21-2-2-1

姓名	性别	民族	党派	工作单位与所任职务	当选时间
王所箐	女	汉	民盟	松阳一中教师、民盟松阳一中支部主委、县侨联委员	2000年11月24日，松阳县第八届人民代表大会第四次会议选举产生
王泽英	男	汉	中共	浙江英特制药有限公司总经理	
毛胜法	男	汉	中共	中共松阳县西屏镇党委副书记、镇长	
邓唐良	男	汉	中共	中共松阳县委副书记、松阳县县长	
包水生	男	汉	中共	中共松阳县西屏镇北山村党支部书记	
刘伟达	男	汉	—	松阳县第一印刷厂董事长	
杨水文	男	汉	—	松阳县水电局总工程师	
吴迈青	女	汉	民盟	松阳县人民医院中医科主任	
吴拥军	男	汉	—	松阳耐火纤维新华厂厂长	
吴炳全	男	汉	中共	中共松阳县委书记	
何开华	男	汉	中共	中共松阳县古市镇上河村党支部书记	
应友君	男	汉	中共	浙江雷克机械工业有限公司总经理	
陈孟义	男	汉	民盟	松阳县人大常委会副主任、松阳师范工会主席	
陈翠仙	女	汉	中共	中共丽水市纪委副书记、监察局主要负责人	
季献平	男	汉	中共	松阳县电信局局长	
周廷喜	男	汉	中共	松阳县农办主任、中共党组书记、县府办副主任	
周国达	男	汉	中共	丽水地区人大工委副主任、中共党组成员	
孟文魁	男	汉	中共	中共松阳县新兴乡横溪村党支部书记、村委会主任	
赵导亮	男	汉	中共	中共松阳县委组织部长	

续表 21-2-2-1

姓名	性别	民族	党派	工作单位与所任职务	当选时间
俞春雨	女	汉	中共	松阳县外贸局外贸股股长	2000年11月24日，松阳县第八届人民代表大会第四次会议选举产生
俞宽怀	男	汉	—	松阳金星文教用品有限公司董事长、总经理	
洪杨根	男	汉	中共	松阳县枫坪乡黄埠坞村委会主任	
夏卫央	女	汉	中共	工商银行松阳县支行营业部主任	
钱成良	男	汉	中共	中共丽水市委常委、组织部长	
高清云	男	汉	中共	丽水地区人大工委办公室主任	
曹树德	男	汉	中共	松阳县人大常委会主任、中共党组书记	
程卫平	男	汉	中共	中共松阳县新兴乡党委书记、人大主席	
雷岩宗	男	畲	中共	中共松阳县裕溪乡章山村党支部书记	
蔡章卿	男	汉	中共	丽水市消防支队支队长	

说明：表中人物姓名以姓氏笔画为序

松阳县当选丽水市第二届人大代表一览表

表 21-2-2-2

姓名	性别	民族	党派	工作单位与所任职务	当选时间
王立武	男	汉	中共	中共松阳县西屏镇党委副书记、镇长	2005年12月1日，松阳县第九届人民代表大会第四次会议选举产生
毛宗龙	男	汉	中共	松阳县交通局局长	
毛建华	男	汉	中共	中共松阳县委副书记	
卢良根	男	汉	中共	松阳县茶叶产业协会秘书长	
刘志云	男	汉	—	浙江大富地农业发展有限公司总经理	
江国河	男	汉	中共	中共大东坝镇下宅街村党支部书记	
纪建伟	男	汉	—	浙江省松阳县天元房地产有限公司董事长、县人大常委会委员	
张成祖	男	汉	中共	中共丽水市委副书记、政法委书记、市委党校校长	
杨水文	男	汉	—	松阳县大东坝镇镇长	
杨来娣	女	汉	中共	松阳县赤寿乡界首村委委员、妇代会主任、村计划生育服务员	
何美香	女	汉	中共	中共松阳县西屏镇青龙村党支部书记	
邱香兰	女	汉	中共	松阳县望松乡人大主席	
应文杰	男	汉	—	浙江雷克机械工业有限公司董事长	
沈根花	女	汉	中共	中共丽水市委委员、市妇联主席	
陈孟义	男	汉	民盟	松阳县人大常委会副主任、丽水中等专业学校工会主席	
林健东	男	汉	中共	中共松阳县委书记	

续表 21-2-2-2

姓名	性别	民族	党派	工作单位与所任职务	当选时间
林　康	男	汉	中共	中共松阳县委副书记、松阳县县长	2005年12月1日，松阳县第九届人民代表大会第四次会议选举产生
范长江	男	汉	—	浙江隆华特钢有限公司董事长	
周廷喜	男	汉	中共	中共松阳县国土资源局党委书记、局长	
贾若忠	男	汉	中共	市人大常委会副主任、中共丽水市人大常委会党组副书记	
徐翔龙	男	汉	中共	松阳县供电局局长	
陶国忠	男	汉	中共	中共丽水市委委员、市建设局局长	
黄文飞	男	汉	中共	松阳县古市镇黄圩村村委会主任	
曹树德	男	汉	中共	松阳县人大常委会主任、中共党组书记	
蓝水法	男	畲	中共	中共松阳县象溪镇上梅村党支部书记、村委会主任	
蓝国相	男	畲	中共	中共丽水市委统战部部务会议成员、市民族宗教事务局副局长	
阙莉莉	女	汉	—	松阳县博古黑陶工艺厂厂长	

说明：表中人物姓名以姓氏笔画为序

第三节　省人大代表

省人大代表，在丽水撤地设市（2000年6月）前，由县人代会选举产生；丽水撤地设市后，由市人代会选举产生。

松阳县当选第一届至第十一届省人大代表一览表

表 21-2-3-1

届次	姓名	党派	工作单位与所任职务	当选时间
第一届	薛家鼐	中共	松阳县县长	1954年7月
	廖达富	中共	新兴乡廖达富初级农业生产合作社社长	1954年7月
第二届	李效孔	中共	松阳县县长	1958年5月
	蔡少书(女)	—	叶村乡副乡长	1958年5月
第二届	廖达富	中共	新兴乡新华高级农业生产合作社社长	1958年5月
	刘素香(女)	—	靖居人民公社雅溪口生产小队妇女队长	1962年1月，原遂昌县第四届人民代表大会第一次会议补选
第三届	廖达富	中共	中共新兴公社横溪大队党支部书记	原遂昌县选举产生
第六届	陈士杰	中共	松阳县代县长	1983年3月
	吴烈民	民盟	松阳县人民医院医师	1983年3月
	雷宝凤(女、畲)	—	板桥公社后塘大队妇女主任	1983年3月

续表 21-2-3-1

届次	姓名	党派	工作单位与所任职务	当选时间
第六届	吴思达	—	省冶金经济专科学校财会系主任、讲师	1983 年 3 月
第七届	叶樟旺	中共	县人大常委会主任	1987 年 12 月
	叶子福	中共	中共赤寿乡叶川头村党支部书记	1987 年 12 月
	朱建民	民盟	松阳一中教师	1987 年 12 月
	林茂芳(女)	民进	浙江医科大学血液病研究所副所长、副教授、民进浙江省委委员	1987 年 12 月
第八届	毛新女(女)	中共	中共古市镇四村党支部副书记	1992 年 11 月
	王咸波	中共	中共省纪律检查委员会副书记、省委委员	1992 年 11 月（放选）
	叶绍兴	中共	县水利电力局局长	1992 年 11 月
	纪秋光	中共	县人大常委会主任	1992 年 11 月
第九届	方永岳	中共	中共西屏镇三村支部书记	1997 年 11 月
	吴炳全	中共	松阳县县长	1997 年 11 月
	崔淑景(女)	—	中保财产保险有限公司浙江省分公司货物运输保险处副处长	1997 年 11 月（放选）
第十届	方永岳	中共	中共西屏镇三村党支部书记	2002 年 11 月
	邓唐良	中共	松阳县县长	2002 年 11 月
第十一届	方永岳	中共	中共西屏镇三村党支部书记	2007 年 11 月
	林　康	中共	松阳县县长	2007 年 11 月

附：

民国时期省议会、省参议会议员、国民参政员、国民大会代表名录表

表 21-2-3-2

姓名	名称	当选时间
刘世臣	省临时议会议员	民国元年（1912）
包芝洲	省议会议员	民国 2 年（1913）
何文龙	省议会议员	民国 7 年（1918）
叶桐知	省议会议员	民国 10 年（1921）
徐一青	省议会议员	民国 10 年（1921）
叶庆崇	省议会议员	民国 11～20 年（1922～1931）连任
何　鹏	第一届省参议会议员	民国 35 年（1946）
何联奎	第二届国民参政会参政员	民国 29 年（1940）
何联奎	第三届国民参政会参政员	民国 31 年（1942）
何联奎	第一届国民大会代表	民国 37 年（1948）

第三章　县人民代表大会会议

松阳县于1954年4月完成第一次普选，各乡镇先后召开乡镇人民代表大会，依法选举产生第一届县人民代表大会代表121人。7月，召开县第一届人民代表大会第一次会议，松阳县人民代表大会开始行使法定职权。

县人民代表大会每次会议前举行预备会议，选举该次会议的主席团和秘书长，通过该次会议的议程和其他准备事项。

县人民代表大会的职权主要是监督宪法、法律、行政法规和上级人民代表大会及其常委会决定、决议在本行政区域的贯彻实施；审查批准松阳县国民经济和社会发展计划、预算和执行情况的报告；讨论决定松阳县的政治、经济、教育、科学、卫生、环境和资源保护、民政、民族等工作的重大事项；选举县人大常委会的组成人员、县长、副县长、人民法院院长、人民检察院检察长，选举上一级人民代表大会代表，并有权罢免由县人民代表大会选举产生的上述国家机构领导人员；听取和审议县人大常委会、县政府、县人民法院、县人民检察院的工作报告和专题报告；改变或撤销县人大常委会不适当的决议和县人民政府不适当的决定、命令。

县人民代表大会会议由县人大常委会召集。1982年4月县人大常委会成立之前，由县人民政府（人民委员会）召集。至2010年3月，松阳县人民代表大会历经十届，共召开会议41次。

第一节　历届人民代表大会会议

第一届人民代表大会

第一次会议　1954年7月10～15日在县府大礼堂召开。共有代表121人，出席代表107人，列席22人。

会议听取和审议2个工作报告，通过4项决议。会议号召全县人民以贯彻总路线为动力，以互助合作为中心，开展农业增产节约运动，争取农业生产大丰收，继续做好粮食统购统销工作，全面完成国民经济计划。会议选举产生浙江省第一届人民代表大会代表2人。

第二次会议　1954年10月3～8日在县城召开，大会秘书处设在城北干校。共有代表121人，出席代表91人，列席13人。

会议听取和审议5个工作报告，通过4项决议。大会号召全县人民在共产党和人民政府领导下，通过挖潜力、算大账、想措施，积极办社，加速合作化。抓住抗旱保秋中心环节，保证实现超额增产计划，大力开展冬季生产运动，争取更大丰收。

第三次会议　1955 年 10 月 15～20 日在县人民大会堂举行。共有代表 120 人，出席代表 106 人，列席 11 人。

会议听取和审议 3 个报告。通过致毛泽东主席致敬电及致革命残废军人、革命烈士家属和革命军属致敬电，选举产生松阳县人民委员会委员、副县长、县长、县人民法院院长。

第四次会议　1956 年 6 月 19～22 日在县人民大会堂召开。共有代表 121 人，出席代表 77 人，列席 15 人。

会议听取和审议 4 个工作报告。省人大代表廖达富传达浙江省第一届人民代表大会第四次会议基本精神。

第二届人民代表大会

第一次会议　1956 年 12 月 25～30 日在县人民大会堂召开。共有代表 125 人，出席代表 120 人，列席 20 人。

会议听取和审议 4 个报告，通过 3 项决议。会议指出，今后二三年的工作任务是十分重要和艰巨的。为了保证完成工作报告中的各项任务，全县人民必须根据“勤俭建国、勤俭办企业、勤俭办合作社、勤俭办一切事业”的精神，全面地持久地开展增产节约运动，反对一切浪费人力、物力的不良倾向；国家机关工作人员，特别是各级领导人员，必须以身作则，提倡艰苦朴素与人民同甘共苦的作风，必须加强调查研究，改进工作作风，坚决贯彻走群众路线的方针，大力反对主观主义，向一切官僚主义作斗争；继续执行“全面规划，加强领导”的方针，加强对经济、文化、建设的全面领导，系统地研究客观情形的变化，制订各个时期的全面规划，向人民群众提出明确的奋斗目标。大会选举产生松阳县人民委员会委员、副县长、县长。

第二次会议　1957 年 4 月 19～22 日在县人民大会堂举行。共有代表 127 人，出席代表 102 人，列席 18 人。

大会听取和审议 4 个报告并通过决议。大会认为争取今年农业大丰收是松阳县头等重要任务。必须以最大的努力，继续开展声势浩大的宣传教育运动，继续贯彻增产节约运动，动员全县人民积极投入春耕生产运动，争取 1957 年农业大丰收。

第三次会议　1957 年 12 月 22～25 日在县人民大会堂召开。共有代表 127 人，列席 15 人。

大会听取和审议 4 个工作报告，通过 3 项决议。会议认为必须广泛开展全民性的整风运动，达到划清大是大非，认清形势，端正方向，踏踏实实作好自己岗位上的工作，全面完成 1958 年的各项工作。特别要动员全县人民立即掀起以兴修水利、积肥为中心的冬季生产运动大高潮。大会补选李效孔为松阳县县长。

第三届人民代表大会

第一次会议　1958 年 5 月 28 日至 6 月 1 日在县人民大会堂召开。共有代表 125 人，出席代表 106 人，列席 12 人。

大会听取和审议 4 个报告，通过 6 项决议。会议认为必须抓住当前以田间管理为中心的技术革新运动，互相支援，共同协作，争取实现亩产 375～400 千克。会议号召全县人民同心同德，团结一致，遵循党中央所提出的鼓足干劲、力争上游、多快好省地建设社会主义的总路线，为尽快把我国建设成为一个具有现代工业、现代农业和现代科学文化的社会主义强国而奋斗。会议选举产生松阳县人民委员会委员、副县长、县长、县人民法院院长和浙江省第二届人民代表大会代表3人。

第二次会议　1983年3月18～20日召开。此次会议是复置松阳县后的首次县人民代表大会会议。原遂昌县第七届人民代表大会代表中松阳境域98名代表资格有效，因工作需要调出2人，实有代表96人，出席代表93人，列席57人，特邀7人。

大会听取和审议并通过决议批准5个工作报告。会议号召全县人民要在中共松阳县委和县人民政府领导下，坚决贯彻执行中共十二大精神和全国五届人大五次会议精神，发扬艰苦创业的革命精神和扎扎实实的工作作风，解放思想，实事求是，同心同德，积极进取，除旧布新，勇于改革，抓紧社会主义物质文明和精神文明建设，做前人没有做过的事业，做新局面的开拓者；要自觉地履行自己的劳动义务，全面完成政府工作报告中提出的各项任务，为开创松阳县各个方面工作的新局面，建设新松阳而奋斗。大会听取提案审查委员会关于提案审查的报告，选举产生浙江省第六届人民代表大会代表4人。

第四届人民代表大会

第一次会议　1984年7月4～9日在松阳剧院召开。共有代表237人，出席代表229人，列席25人，特邀11人。

会议听取和审议并通过决议批准7个报告。会议认为，恢复县制以来，县人民政府和全县人民一道，坚定不移地贯彻执行中共十一届三中全会精神和十二大确定的路线、方针和政策，各条战线继续进行艰巨的拨乱反正工作；全县一定要继续认真贯彻执行发展国民经济八字方针，进一步解放思想，大胆改革，敢于创新，在提高经济效益和社会效益的前提下，使工农业生产稳步增长，使松阳的物质文明建设和精神文明建设不断取得新的成绩。会议等额选举产生松阳县第四届人大常委会主任、副主任、委员，松阳县县长、副县长、县人民法院院长、县人民检察院检察长。

第二次会议　1985年5月25～30日在松阳剧院召开。共有代表235人，出席代表223人，列席26人，特邀23人。

会议听取和审议并通过决议批准7个报告。会议认为，为推进松阳县的社会主义现代化建设事业，必须按照“坚定不移、慎重初战，务求必胜”的方针，不失时机地、有计划有步骤地继续进行经济体制改革，增强企业活力，提高经济效益；加强智力开发，狠抓技术革新和技术改造；调整农村产业结构，大力发展农村商品经济；加强精神文明建设，纠正新的不正之风，以保证松阳县经济的健康发展。

第三次会议　1986年4月10～15日在松阳剧院召开。共有代表232人，出席代表218人，列席33人，特邀32人。

会议听取和审议并通过决议批准7个报告。会议号召全县人民振奋精神，团结一致，齐心协力，认真贯彻全国人大六届四次会议精神，坚持“巩固、消化、补充、改善”的方针，推进改革，增强企业活力，发展横向经济联系，提高经济效益，继续保持国民经济的持续、稳定、协调发展，大力推进社会主义精神文明建设，为完成县政府工作报告中提出的各项任务，振兴松阳而奋发图强，努力奋斗。会议还听取县人大常委会法制组副组长刘春发向大会所作的《关于普法教育和社会治安综合治理情况报告》。

第五届人民代表大会

第一次会议　1987年6月11～17日在松阳剧院召开。共有代表230人，列席59人，特邀12人。

会议听取和审议并通过决议批准7个报告。大会认为，今后三年要把发展工业放在突出的位置上，集中财力物力确保重点工程的建设，坚决压缩计划外和非生产性的基本建设项目，大力生产适销对路产品和出口创汇产品，积极调整产业结构和产品结构，提高产品质量，降低物质消耗，提高社会经济效益。要切实加强对农业特别是粮食生产的领导，坚决制止乱占滥用耕地，落实各项扶农政策，增加农业投入，改善农业生产条件，各行各业都要大力支援农业，重视环境保护工作，保持生态平衡；坚决制止乱涨价、乱收费，努力保持物价的基本稳定；要大力加强社会主义精神文明建设，深入进行坚持四项基本原则，反对资产阶级自由化的正面教育。会议选举产生松阳县第五届人大常委会主任、副主任、委员，松阳县县长、副县长，县人民法院院长、县人民检察院检察长。

第二次会议　1987年12月6～7日在松阳剧院召开。共有代表230人，列席21人，特邀19人。大会学习中共十三大文件精神，选举产生浙江省第七届人民代表大会代表4人。

第三次会议　1988年4月10～14日在松阳剧院召开。共有代表230人，列席50人，特邀21人。

会议听取和审议并通过决议批准7个工作报告。会议认为，发展工业是振兴松阳经济、改变贫困落后面貌的必由之路。必须重视和加快技术改造步伐，努力发展外向型经济，加强企业管理基础工作，深化企业改革，采取更加优惠的政策，给乡镇工业的发展创造一个宽松的环境。必须稳定农业，深化农村第二步改革，完善承包责任制，大力推进开发性农业和创汇农业的发展。继续改善水利、农业机械等生产条件，力求农业生产资料的供应稳步增长。会议认为，应当继续把稳定物价作为一件大事来抓，对城镇居民最关心的“菜篮子”和农民反响最强烈的“农资”价格问题，要加强工商行政管理和物价监督管理。要进一步放活科研机构，发展技术市场，深化教育改革，多培养各级各类适用的、合格的人才。加强思想政治工作，不断推进社会主义精神文明建设。政府工作要进一步转变职能，改进作风，克服官僚主义，提高工作效率。建立社会民主协商对话制度，增加领导机关活动的政治透明度，自觉接受人民的监督，坚决抵制和纠正铺张浪费和以权谋私等不正之风，全心全意为人民服务。

第四次会议　1989年4月10～13日在县城召开。共有代表225人，列席62人，特邀22人。

会议听取和审议并通过决议批准7个报告。会议指出，农业生产在松阳县国民经济发展中处于举足轻重的地位，各级政府一定要把农业生产摆在重要位置来抓，动员全社会为农业服务，增加农业投入，不断完善水利设施，进一步调整农业产业结构，努力突破开发性农业，发展多种经营，增加农民收入。1989年的工业生产，要以提高经济效益为中心，努力降低物质消耗，注重新产品开发。加强企业管理，进一步完善企业承包经营责任制，不断提高企业的经济效益、社会效益和环境效益。会议认为，政府部门必须采取有效措施，加强物价纪律和市场管理，完善蔬菜基地和商品猪基地建设，严厉打击投机倒把、哄抬物价行为，努力实现物价上涨幅度明显低于上年的目标。会议选举陈长康为松阳县人民法院院长。

第六届人民代表大会

第一次会议　1990 年 6 月 12～17 日在松阳剧院召开。共有代表 243 人，列席 84 人。

会议听取和审议相关工作报告并通过决议。会议认为，要多层次多渠道地增加农业投入，继续搞好农田水利建设，积极发展多种经营，加快绿化荒山。要充分认识乡镇企业的地位作用，积极扶持和引导乡镇企业的健康发展，积极调整产品结构，提高产品质量，增强企业发展后劲。各行各业务必要树立过几年“紧日子”思想，开源节流，加强税收征管，增加财政收入。要大力普及科学知识、推广实用技术，认真组织实施松阳县第一个科技规划，文化、体育、新闻事业要坚持“二为”方向和“双百”方针，卫生医药要贯彻“预防为主”的方针。要深入开展国情国策教育，从严从紧控制人口增长，切实抓好土地管理和环境保护工作，妥善处理社会待业人员就业难等各种社会问题。各级政府和领导干部都必须认真学习《中共中央关于加强党同人民群众联系的决定》，坚决克服官僚主义，提高办事效率，切实改进工作作风，要深入基层，调查研究，廉政勤政，关心群众。要认真学习有关法律，增强法制观念，严格依法行政。会议选举产生松阳县第六届人大常委会主任、副主任、委员，松阳县县长、副县长，县人民法院院长、县人民检察院检察长。

第二次会议　1991 年 4 月 23～27 日在松阳剧院召开。共有代表 239 人，列席 96 人。

会议听取审议并通过决议批准县 8 个工作报告。会议指出，必须继续稳定农村政策，抓好科技教育兴农措施的落实，搞好吨粮田工程建设和农田水利等基础设施的建设，加快农业的综合开发，大力发展乡镇工业，认真组织农副产品的推销和加工，增加农民收入，加快绿化荒山，保护森林资源。必须大力加强对工业生产的领导，多层次多方面地加强对工业的投入，加快企业的技术改造和产品结构调整，增强职工的主人翁责任感，全面提高企业素质；坚持和完善企业的承包经营责任制，努力促进松阳县工业生产的发展。各级政府和有关部门要发扬艰苦奋斗、勤俭建国的优良传统，力争财政收支的基本平衡。要加强法制建设，认真组织实施法制宣传的第二个五年计划，切实加强社会治安的综合治理。进一步加强廉政建设，增强政府机关工作人员的公仆意识和法制观念，改进工作作风，严格依法行政，全心全意为人民服务。大会还通过《松阳县人民代表大会议事规则》。

图 21-1　松阳县第六届人民代表大会第三次会议
（县档案馆提供 1992 年）

第三次会议　1992 年 4 月 22～25 日在县委党校会堂召开。共有代表 237 人，列席 113 人。

大会听取和审议并通过决议批准 7 个工作报告。会议认为，必须从松阳县实际出发，加快改革开放步伐，不断研究新情况、新问题，采取有力措施，真抓实干，集中精力把松阳经济搞上去。要继续稳定家庭联产承包为主的责任制，完善统分结合的双层经营体制，建立健全村级经济合作组织，积极发展社会服务体系，不断壮大集体经济实力。积极调整农业结构，发展高产优质低耗高效农业，深化农产品流通体制改革。要花大力气抓好工业，多渠道增加投入，加强技改工作，认真贯彻《中华人民共和国企业法》，抓好现有各项政策措施的落实。大力调整经济结构，加快第三产业的发展，积极培育和发展市场，搞活商品流通，搞好财政金融工作，努力培养财源，严格控制支出。牢固树立科技是第一生产力的观念，依靠科技和教育，加快经济的发展。各级政府及其工作人员必须确立全心全意为人民服务的思想，各级领导要深入基层，密切联系群众，重视调查研究，提高决策的民主化、科学化水平。

第四次会议　1992 年 11 月 26～27 日在县委党校会堂召开，会议共有代表 234 人，列席 105 人。会议选举产生浙江省第八届人民代表大会代表 4 人。

第七届人民代表大会

第一次会议　1993 年 4 月 25～30 日在县委党校会堂召开。共有代表 255 人，列席 68 人。

会议听取和审议并通过决议批准 8 个报告。会议认为，当前松阳县要坚定不移地牢固树立农业是基础的思想，认真落实扶持农业的各项政策，继续增加对农业的投入，进一步完善社会化服务体系，切实减轻农民负担。要积极调整和优化工业结构，转换企业经营机制，推进企业改革，集中财力、物力加强基础设施和基础产业建设，依靠科技进步，加快技术改造步伐；要提高科技教育意识，把经济建设真正转移到依靠科技进步和提高劳动者素质的轨道上来，推进科技和经济的结合；要加强社会治安综合治理，严厉打击各种严重刑事犯罪和经济犯罪活动，努力为经济建设和各项社会事业的发展创造一个良好的社会环境。会议选举产生松阳县第七届人大常委会主任、副主任、委员，松阳县县长、副县长，县人民法院院长、县人民检察院检察长。

第二次会议　1994 年 4 月 20～23 日在县委党校会堂召开。共有代表 252 人，列席 90 人。

会议听取和审议相关工作报告。会议强调，各级政府要继续贯彻“打基础、兴经济、求发展”的经济发展思路，进一步转换企业经营机制，推进以股份合作制为中心的农村各项改革，积极搞好 5 项体制改革的接轨工作，培育和发展各类市场，加快对外开放步伐。要突出产业结构的调整，提高国民经济运行效益。要在稳定粮食生产的基础上，进一步大力发展“一优两高”（优质、高产、高效）农业；要走扩大内涵与外延并举的工业发展路子，达到速度与效益相统一；要将个体私营经济作为新的经济增长点而放手发展；要动员社会各方力量，大力兴办第三产业；加快基础设施建设和农村小集镇建设。在发展经济的同时，加快科教文卫、广播电视、计划生育等社会事业的发展步伐。正确处理好发展与稳定的关系，维护社会安定团结，加强社会主义精神文明和民主法制建设。新形势下，政府要切实转变工作作风和工作职能，尤其要转变政府对经济工作的领导职能。

第三次会议　1995 年 4 月 8～11 日在县委党校会堂召开。共有代表 248 人，列席 90 人。

会议听取和审议相关工作报告。会议指出，全县工作必须以邓小平建设有中国特色社会主义理论为指导，处理好改革、发展、稳定三者关系。在“统一思想、总揽全局、加强协调、扎实工作”上下功夫。要进一步提高对农业的认识，强化农业基础，增加对农业的投入。要增强全社会的工业意识，增强工业的主导地位，抓住外贸体制改革的有利时机，加快发展外向型经济，努力优化经济建设环境，进一步加强基础设施和集镇建设。强化市场监督和管理，深化社会保障体制改革，搞好“九五”计划和2010年发展规划的编制。要加强社会主义民主法制建设，完善民主科学决策程序，进一步加强基层组织建设。大会听取《关于县七届人大二次会议代表议案和建议办理情况的报告》。会议选举姜人敬为松阳县县长。

第四次会议　1996年4月9～12日在县委党校会堂召开。共有代表247人，列席118人。

大会听取和审议代县长、计划经济委员会副主任、财政局局长、县人大常委会主任、人民法院院长、人民检察院检察长、议案审查委员会主任等所作的工作报告，通过决议批准上述报告。会议认为，《松阳县国民经济和社会发展“九五”计划和2010年远景发展规划》确定松阳县跨世纪发展的奋斗目标和重要任务，是指引全县人民脱贫致富奔小康和进一步向现代化迈进的行动纲领。在经济建设方面，要牢牢把握大力发展农业主导产业、重中之重抓工业、加快集镇建设和基础设施建设三个战略重点。进一步增加农业投入，稳定粮食生产，走高产、优质、低耗、高效的农业发展道路。要以工业小区为载体，深化企业改革，全力推进工业化进程。扩大对外开放程度，提高对外开放水平，加快集镇建设和基础设施建设，改善投资环境，大力发展第三产业，积极培育和发展市场体系。在社会发展方面，要积极实施科教兴县战略，深化科技体制改革，重视经济和社会、物质文明和精神文明的协调发展，将社会主义精神文明和民主法制建设提高到一个新的高度。会议要求，各级领导干部和政府工作人员要讲政治，讲大局，做好1996年的工作，为实施“九五”计划和跨世纪奋斗目标开好局、起好步。大会听取《关于县七届人大三次会议代表议案和建议办理工作情况的报告》。会议选举吴炳全为松阳县县长。

第五次会议　1997年4月9～11日在县委党校会堂召开。共有代表245人，列席121人。

会议听取和审议并通过决议批准7个工作报告。会议指出，必须坚持把加强农业放在经济工作的首位，强化农业基础地位，继续重视粮食生产，增加对农业的投入，加快推广适用先进农业技术。深化农业生产经营体制和农产品流通体制改革，大力发展和完善农业生产社会化服务体系，落实各项扶贫措施，使贫困地区尽快改变面貌。要继续重中之重抓工业，坚定不移地实行引进战略，加快盘活资产存量，加强企业科学管理和扭亏增盈工作。大力发展个体私营经济，发展开放型经济，积极涵养财源，调整信贷结构，加强税收征管。要坚持可持续发展战略，控制人口增长，保护生态环境，合理利用资源，提高城乡人民生活水平。会议强调必须认真实施《松阳县贯彻〈浙江省社会主义精神文明建设纲要〉实施意见》，加强对干部群众的爱国主义、集体主义、社会主义教育和社会公德、职业道德、家庭美德教育。加大执法力度，坚持不懈地开展“扫黄”“打非”工作，深入开展“三五”普法宣传教育。各级政府和行政管理部门要把贯彻实施各项法律法规放在重要位置，坚决纠正有法不依、执法不严、违法不究和滥用职权的行为。要讲学习、讲政治、讲正气，大力弘扬实事求是、密切联系群众、批评与自我批评和艰苦奋斗的优良传统和作风。大会听取《关于县七届人大四次会议代表议案和建议办理情况的报告》。

第六次会议　1997年11月25～26日在县委党校会堂召开。共有代表245人，列席62人。会议选举产生浙江省第九届人民代表大会代表3人。表彰首次评选的5名“好公仆”。

第八届人民代表大会

第一次会议 1998年3月29日至4月3日在县委党校会堂召开。共有代表171人，列席120人。

会议听取和审议并通过决议批准7个工作报告。会议指出，要进一步强化农业的基础地位，全面发展农业农村经济，继续稳定粮食生产，调整和优化农业结构，努力发展“一优两高”农业，改善农业生产条件和生态环境，加强农村基层政权和村民组织建设，密切农村干群关系。要进一步突出工业的主导地位，坚持重中之重抓工业的发展战略，加速工业化进程，狠抓工业投入，千方百计吸纳县外资金投向工业，大力发展个体私营等非公有制经济，进一步扩大乡镇经济总量。切实加大结构调整力度，加强企业技术进步，加大重点骨干企业培育力度，努力构筑松阳县工业框架。会议强调，必须切实加强政府自身建设，改进工作作风，扎扎实实地把1998年各项工作抓好，为全面实现跨世纪的发展目标打下坚实的基础。会议选举产生松阳县第八届人民代表大会常务委员会主任、副主任、委员、松阳县县长、副县长，县人民法院院长、县人民检察院检察长。

第二次会议 1999年3月24～26日在县委党校会堂召开。出席会议代表166人，列席128人。

会议听取和审议并通过决议批准7个报告。会议指出，全县上下要高举邓小平理论伟大旗帜，深入贯彻落实中共十五大和十五届三中全会精神，以经济建设为中心，进一步解放思想，实事求是，加快改革开放步伐，实现国民经济持续、快速、健康发展和社会全面进步。会议强调，要进一步强化农业的基础地位，深化农村各项改革，增加农民收入，减轻农民负担，保持农村稳定。进一步突出工业的主导地位，改善投资环境，强化基础设施建设，大力推进城镇化。要深入实施科教兴县和可持续发展战略，加强社会主义精神文明和民主法制建设。会议号召，全县广大干部群众紧密团结起来，在中共松阳县委的领导下，同心同德，开拓进取，苦干实干，以优异的成绩迎接新世纪的到来。大会听取《关于县八届人大一次会议代表议案和建议办理工作情况的报告》。

第三次会议 2000年4月11～14日在县委党校会堂召开。出席会议代表168人，列席129人。

会议听取和审议相关工作报告。会议认为，全县上下要始终坚持以经济建设为中心，积极推进农业、农村经济结构的战略性调整。继续把工业放在十分突出的位置，加快企业产权制度改革步伐。重视和加强社会保障体系的建立和完善，进一步加大基础设施建设的力度，不断改善和优化投资环境。以促进产业集聚和增强城镇的辐射能力为目标，做好城镇化体系规划的实施和深化工作，加快第三产业的发展。实施科教兴县战略，坚持可持续发展。要正确处理人口、资源和环境关系，加强土地、水和森林、矿产资源的保护。进一步加强社会主义精神文明建设。全县各级行政机关及其工作人员要进一步树立依法行政的观念，严格依法行政，实现行政行为的规范化、法制化，积极推进依法治县进程。

第四次会议 2000年11月23～24日在县委党校会堂召开。出席会议代表166人，列席137人。大会选举邓唐良为松阳县县长，选举出席丽水市第一届人民代表大会代表29人。

第五次会议 2001年3月28～30日在县委党校会堂召开。出席会议代表167人，列席147人。

会议听取和审议并通过决议批准8个工作报告。会议认为，《松阳县国民经济和社会发展第十个五年规划纲要》提出的松阳县“十五”时期工作的总路线是实事求是的，提出的今后五年奋斗目标、主要任务和各项措施，反映全县人民的根本利益，符合松阳经济发展的实际，措施是可行的，目标经过努力是可以实现的。

第六次会议　2002年3月27～29日在县委党校会堂召开。出席会议代表165人，列席156人。

会议听取和审议并通过决议批准7个工作报告。会议认为，《政府工作报告》对2001年政府工作的回顾是实事求是的，提出2002年政府工作的奋斗目标、主要任务和具体措施，反映全县人民的根本利益和愿望，符合松阳县经济社会发展实际，经过努力是可以实现的。会议选举杜干金为县人民法院院长。

第九届人民代表大会

第一次会议　2003年4月15～19日在县委党校会堂召开。出席会议代表168人，列席132人。

会议听取和审议相关工作报告。会议指出，要以邓小平理论和“三个代表”重要思想为指导，认真贯彻中共十六大和县第七次党代会精神，正确处理改革发展稳定的关系，促进社会主义物质文明、政治文明和精神文明协调发展。会议强调，把加快发展作为第一要务。坚定不移地实施“工业强县”战略；切实重视解决农业、农村和农民问题，关心社会弱势群体的生活，进一步搞好社会保障体系建设；要加快城市化进程，走经济发展、生活宽裕、生态良好的文明发展之路。政府要切实加强自身建设，坚持依法行政，努力建设开拓、务实、高效、廉洁的政府。会议号召，全县广大干部、群众要全面贯彻落实“三个代表”重要思想，齐心协力，积极进取，扎实工作，为推进依法治县进程、全面建设小康社会、实现松阳经济社会跨越式发展和社会全面进步而共同奋斗。会议选举产生松阳县第九届人民代表大会常务委员会主任、副主任、委员、松阳县县长、副县长，县人民法院院长、县人民检察院检察长。

第二次会议　2004年3月24～26日在县委党校会堂召开。出席会议代表168人，列席132人。

会议听取和审议并通过决议批准6个工作报告。会议指出，要牢固确立和认真落实全面、协调、可持续的科学发展观，全力做好县工业园区和古市、象溪工业区块建设，培育龙头企业，推进工业化水平再上新台阶。切实重视解决“三农”问题，关心社会弱势群体，把城市发展与农村发展结合起来，统筹城乡规划，强化城市功能，加快城乡一体化进程，推动县域经济的快速发展。要坚持以人为本，大力推进科教兴县和人才建设工作力度，营造人才辈出、人尽其才的良好环境。繁荣和发展文化事业，推进卫生和体育事业的发展，进一步提高人民生活水平和质量，不断促进社会各项事业的全面发展。会议号召，全县人民要在中共松阳县委的领导下，以邓小平理论和“三个代表”重要思想为指导，全面贯彻中共十六大和十六届三中全会精神，围绕会议确定的目标任务，抓住机遇，改革创新，加快发展，为推进全面建设小康社会，实现松阳经济持续健康发展和社会全面进步而努力奋斗。

第三次会议　2005年3月30日至4月2日在县委党校会堂召开。出席会议代表165人，列席152人。

会议听取和审议并通过决议批准7个工作报告。大会听取7名副县长的述职报告。大会就工业园区建设和发展茶产业作专题审议。会议号召全县人民，在中共松阳县委的领导下，深入贯彻中共十六大和十六届三中、四中全会精神，认真实践“三个代表”重要思想，全面落实科学发展观，深入实施“生态立县，工业强县”发展战略，建设“平安松阳”，为推进社会主义物质文明、政治文明、精神文明协调发展，着力构建社会主义和谐社会，加快全面建设小康社会、与全省同步提前基本实现现代化而奋斗。

第四次会议　2005 年 11 月 29 日至 12 月 1 日在县委党校会堂召开。出席会议代表 163 人，列席 89 人。大会选举林康为松阳县县长，选举丽水市第二届人民代表大会代表 27 人。

第五次会议　2006 年 3 月 15～17 日在县委党校会堂召开。出席会议代表 164 人，列席 144 人。

会议听取和审议并通过决议批准 6 个工作报告。会议强调，必须坚持科学发展观，牢固树立机遇意识、发展意识、大局意识、责任意识、忧患意识，深入实施“生态立县、工业强县、开放兴县”发展战略，进一步理顺发展思路，凝聚发展力量，扎实推进松古盆地集聚发展，推进社会主义新农村建设，构建城乡、经济社会、人与自然协调发展的和谐社会，实现松阳经济社会的跨越发展，力争基本建成全面小康社会。

第十届人民代表大会

第一次会议　2007 年 3 月 23～25 日在县城召开。会议正式代表 176 人，列席 151 人。会议选举第十届人大常委会主任、县长，人民法院院长、人民检察院检察长。

会议听取和审议并通过决议批准 6 个工作报告；通过《关于建设“法制松阳”的决议》。

第二次会议　2008 年 3 月 19～22 日在县城召开。会议正式代表 178 人，列席 156 人。会议听取和审议并通过决议批准 6 个工作报告。

第三次会议　2009 年 2 月 24～27 日在县城召开。会议正式代表 177 人，列席 154 人。大会听取并审议相关工作报告。

第四次会议　2010 年 3 月 16～19 日在县城召开。会议正式代表 176 人，列席 161 人。会议听取和审议政府、人大、人民法院、人民检察院的工作报告，审议县政府《关于松阳县 2009 年国民经济和社会发展计划执行情况、2010 年国民经济和社会发展计划（草案）的报告》《关于松阳县 2009 年财政预算执行情况、2010 年财政预算（草案）的报告》，并通过决议批准这些报告。

第二节　人民代表大会选举

县各界人民代表会议常务委员会组成人员，由县各界人民代表会议选举产生。县人民代表大会常务委员会组成人员、上一级人民代表大会代表由县人民代表大会选举产生。县长、副县长、县人民法院院长和县人民检察院检察长，在各个不同历史时期，有选举产生的，也有上级任命的。从 1984 年 7 月县第四届人民代表大会第一次会议开始，均由人民代表大会选举产生。县人民代表大会选举办法，先是实行等额选举；1987 年 6 月，县第五届人民代表大会第一次会议开始，实行差额选举。

县长、副县长的产生

1949年5月9日，松阳县全境解放。5月16日，中国人民解放军松阳县军事管制委员会成立。5月26日，松阳县人民民主政府成立。6月，改称人民政府，县长、副县长均由上级任命。1955年10月，松阳县第一届人民代表大会第三次会议召开，县人民政府依法改组为县人民委员会，县长、副县长和县人民委员会委员由县人民代表大会选举产生。

图 21-2　县八届人大一次会议选举县长、副县长（县档案馆提供 1998年）

1958年11月，松阳县并入遂昌县。1982年1月复置松阳县，代县长、副县长由上级任命。

1984年7月，县第四届人民代表大会第一次会议召开。此后至2010年，县长、副县长均由县人民代表大会选举产生，届中代县长、副县长人选由常委会任免。

县人民法院院长的产生

1950年4月，建立松阳县人民法院，院长、副院长由上级任命。

1955年10月，第一届县人民代表大会第三次会议开始，县人民法院院长由县人民代表大会选举产生。1958年11月，县人民法院随县制撤销。1982年4月，复设松阳县人民法院，由县委任命代院长、副院长。县人民法院代院长、副院长在1984年3月以前由上级任命，之后由县人大常委会决定任命。

县人民检察院检察长的产生

1955年4月，建立松阳县人民检察院。1958年11月，随县制撤销。1982年4月，复设松阳县人民检察院，由县委任命副检察长主持工作。

1984年3月后，代检察长、副检察长由人大常委会任免。县人民检察院检察长由县人民代表大会选举产生，并报上一级检察院审批。

松阳县人大常务委员会

1982年1月，恢复松阳县建制。1982年4月，设松阳县人民代表大会常务委员会。原遂昌县人大常务委员会中松阳籍委员资格继续有效。县人民代表大会的届次按原松阳县人民代表大会届次顺延。

松阳县第三届至第十届人大常务委员会组成人数表

表 21-3-2-1　　单位：人

届次	时间	主任	副主任	委员
三	1982.04～1984.07	—	2	1
四	1984.07～1987.06	1	3	12
五	1987.06～1990.06	1	3	11

续表 21-3-2-1

届次	时间	主任	副主任	委员
六	1990.06～1993.04	1	4	10
七	1993.04～1998.04	1	3	12
八	1998.04～2003.04	1	4	14
九	2003.04～2007.03	1	4	16
十	2007.03～2012.02	1	6	15

第三节 议案与建议

县历次各界人民代表会议和县第一届人民代表大会代表所提意见、建议称代表提案；县第二届人民代表大会始，称议案。

县各界人民代表会议代表和县人民代表大会代表提出的议案（提案），由大会议案（提案）审查委员会负责审查，向代表大会会议作出报告。通过决议，交由县人民政府（人民委员会）有关部门办理。第一届各界人民代表会议收到代表提案 5 件；第四届收到代表提案 50 件；第五届、第六届分别收到代表提案 92 件。

根据《中华人民共和国地方组织法》和《松阳县人大常委会关于办理人大代表议案和意见工作的办法》有关规定，大会主席团、县人大常委会、县人民政府可以向县人民代表大会提出议案，由大会主席团决定提交人民代表大会会议审议。

县人民代表大会代表 10 人以上联名，可以向人民代表大会会议提出议案，经议案审查委员会审查，由大会主席团决定是否列入大会议程。主席团决定列入大会议程的，即为本次大会议案，提交大会表决。其他转为代表建议、批评和意见。县八届人大三次会议至县九届人大二次会议，未专列大会议案，由县人大常委会从代表议案中确定若干件为重点督办件或跟踪督办件，交“一府两院”办理；其他建议、批评和意见由县人大常委会办事机构交“一府两院”等转相关部门办理。办理情况由承办单位提请县人大常委会审议后，向县人民代表大会下一次会议报告。

松阳县第一届至第十届人代会代表（提案）议案和建议类别及数量表

表 21-3-3-1 单位：件

届	次	议案（提案）件数	议（提）案类别						建议件数
			农林水	科教文卫	工业交通	政治法律	财贸城建	其他	
一	一	184	—	—	—	—	—	—	—
	二	71	24	11	8	4	19	5	—

续表 21-3-3-1-1

届	次	议案（提案）件数	议（提）案类别						建议件数
			农林水	科教文卫	工业交通	政治法律	财贸城建	其他	
一	三	118	—	11	—	27	65	15	—
	四	52	16	9	15	2	8	2	—
二	一	145	52	—	21	—	23	49	—
	二	101	14	22	21	13	28	—	—
	三	104	—	—	—	—	—	—	—
三	一	155	50	30	31	11	24	9	—
	二	139	16	40	55	6	9	13	—
四	一	430	—	—	—	—	—	—	—
	二	136	45	—	—	—	—	—	66
	三	144	—	—	—	—	—	—	119
五	一	159	26	22	48	15	35	13	143
	二	—	—	—	—	—	—	—	—
	三	75	20	13	—	7	30	5	71
	四	63	16	6	27	2	—	12	93
六	一	157	31	20	34	5	52	15	110
	二	133	25	23	23	7	42	13	63
	三	88	14	16	32	3	11	12	51
	四	—	—	—	—	—	—	—	—
七	一	146	21	21	34	12	45	13	63
	二	93	22	5	21	6	31	8	34
	三	90	22	15	15	4	28	6	38
	四	82	20	10	12	5	31	4	18
	五	61	9	10	16	2	15	9	26
	六	—	—	—	—	—	—	—	—
八	一	85	17	14	31	3	16	4	—
	二	95	17	4	34	2	34	4	—
	三	91	19	10	28	6	19	9	29
	四	—	—	—	—	—	—	—	—
	五	86	22	9	23	2	25	5	22
	六	94	26	13	22	4	14	15	16

续表 21-3-3-1-2

届	次	议案（提案）件数	议（提）案类别						建议件数
			农林水	科教文卫	工业交通	政治法律	财贸城建	其他	
九	一	150	28	12	53	9	29	19	41
	二	94	18	8	24	1	23	20	31
	三	124	45	12	21	1	31	14	28
	四	—	—	—	—	—	—	—	—
	五	88	27	12	18	—	24	7	21
十	一	200	66	22	36	10	46	20	—
	二	156	51	16	43	—	15	31	—
	三	105	36	9	23	3	19	15	—
	四	140	56	11	37	1	23	12	—

第四节　人民代表大会组织领导

大会主席团

县各界人民代表会议、县人民代表大会举行会议，均由大会主席团主持会议。大会主席团常务主席是主席团会议的召集人和主持人。县人民代表大会每次会议举行预备会议，通过本次会议主席团名单和秘书长名单，通过会议议程和其他事项。

主席团的主要职责是通过主席团常务主席、执行主席人选；主持大会全体会议；决定会议日程，表决议案办法、议案截止日期、副秘书长人选；提名由本级人民代表大会选举的本级人大常委会组成人员、人民政府正副职领导人员、人民法院院长、人民检察院检察长和上一级人大代表的人选；主持会议选举；决定代表提出的议案、罢免案、质询案的办理意见；向大会提出各项决议的草案；发布大会公告等。大会主席团常务主席的职权有对属于主席团职权范围内的事项向主席团提出建议，可对会议日程作必要调整，召开代表团团长会议，就议案和有关报告的重大问题听取代表团的审议意见并将讨论情况和意见向主席团报告等。

其他大会机构

县人民代表大会会议设秘书处、代表资格审查委员会、议案审查委员会、文电起草委员会，其组成人员由大会主席团提名，大会预备会议通过。第三届人大第二次会议开始不设文电起草委员会。第五届人大第一次会议开始不设代表资格审查委员会，改由县人大常委会设代表资格审查委员会。第八届人大第三次会议开始设立财政预算审查委员会。

第十届人大第一次会议主席团和秘书处共 27 名成员，第二次会议主席团和秘书处共 35 名成员，第三次会议主席团和秘书处共 34 名成员，第四次会议主席团和秘书处共 34 名成员；常务主席均 9 人。

第四章　县人大常务委员会

县一届人大三次会议至三届一次会议期间，县人民委员会是人民代表大会的执行机关。1979 年 7 月 1 日，第五届全国人民代表大会第二次会议通过的《中华人民共和国地方各级人民代表大会和地方各级人民政府组织法》规定，县级以上地方各级人民代表大会设立常务委员会（以下简称人大常委会）。1981 年 11 月，遂昌县第七届人民代表大会第一次会议选举产生遂昌县人大常务委员会。时原松阳县行政区域仍属遂昌县管辖。1982 年 1 月 30 日，复置松阳县。1982 年 4 月 27 日，中共浙江省委决定，原遂昌县七届人大常委会副主任刘璟、王宝钧和常务委员廖达富调松阳工作，组成松阳县第三届人民代表大会常务委员会。1982 年 9 月，松阳县人民代表大会常务委员会印章启用。

1984 年 7 月，松阳县第四届人民代表大会第一次会议召开，选举产生松阳县第四届人民代表大会常务委员会。常委会机关配备专职常委。此后，每届的常委会组成人员，均由各届的第一次人民代表大会选举产生，任期与人民代表大会相同。第四届至第六届任期为 3 年。自第七届始，根据 1993 年《中华人民共和国宪法》修正案和 1995 年修改的《中华人民共和国地方组织法》规定，县级以上人民代表大会常务委员会每届任期 5 年。

县四届人大常委会设办公室和法制工作组、财政经济工作组、文卫教育科技工作组、民族侨务工作组。1988 年 6 月，县人大常委会法制工作委员会、财政经济工作委员会、教科文卫工作委员会印章启用。1992 年 5 月，县六届人大常委会设置代表工作委员会。2005 年 10 月，县九届人大常委会增设农业资源环境工作委员会。

松阳县人大常委会办公室、法制工作委员会、财政经济工作委员会、教科文卫工作委员会、代表工作委员会、农业资源环境工作委员会均为正科级单位。2005 年末，人大常委会机关有行政编制干部 10 人，事业编制职工 2 人，临时合同用工 1 人。常委会主任、副主任、专职委员不占机关行政编制。

县人大常委会是县人民代表大会的常设机关，由主任 1 名、副主任若干名、委员若干名组成。县人大常委会对县人民代表大会负责并报告工作。常委会根据工作需要，先后设立相关办事机构。

县人大常委会主要职责是行使重大事项决定权；任免县级权力机关、行政机关、审判机关、检察机关工作人员；通过审议工作报告、视察调研、督办人大代表议案建议、开展评议工作、执法检查、作出评议意见、受理人民群众的来信来访等形式，行使工作监督和法律监督。

第一节 县人大常委会会议

县人大常委会会议是县人大常委会代表人民行使国家权力的最基本最主要的形式。县人大常委会每两个月至少举行一次会议，由常委会主任召集。县人民政府、人民法院、人民检察院（以下简称“一府两院”）负责人和上一级人大代表可列席常委会会议，政府有关部门负责人根据工作需要列席会议。1986 年 6 月，县人大常委会决定邀请县人大工作联络员列席会议。1990 年 9 月，决定邀请部分县人大代表、乡镇人大主席团常务主席列席会议。县人大常委会会议所作出的决定、决议，由常委会全体成员过半数通过始得生效。会议纪要和有关报告（汇报）、决定、决议、审议意见、人事任免等，刊登在《松阳县人民代表大会常务委员会会刊》上，向社会通报。

1982 年 9 月至 2010 年 12 月，县第三届至第十届人大常委会共举行 209 次会议。县人大常委会会议均在县城召开。

县三届人大常委会会议

自县三届人大常委会设立至 1984 年 7 月，县三届人大常委会共举行例会 13 次，审议通过有关常委会工作制度和计划生育、卫生、交通方面的实施细则及有关规定等事项 8 项，任免国家工作人员 35 人次。

县四届人大常委会会议

1984 年 7 月 9 日，县四届人大常委会由县第四届人民代表大会第一次会议选举产生。常委会组成人员 15 人，其中主任 1 人，副主任 3 人，委员 11 人。至 1987 年 7 月，共举行例会 20 次。会议审议政治、经济、教科文卫、规划、民政等重大事项 59 项，任免国家工作人员 90 人次。

县五届人大常委会会议

县五届人大常委会由松阳县第五届人民代表大会第一次会议于 1987 年 6 月 17 日选举产生。常委会由 15 名成员组成，其中主任 1 人，副主任 3 人，委员 11 人。至 1990 年 5 月，共举行例会 20 次。会议审议有关政治、经济、司法、教育、科技、文化、卫生、规划、水利水电、民政等方面的重大事项 86 项，通过各项决议、决定等 8 项，任免、撤职国家工作人员共 120 人次。

县六届人大常委会会议

县六届人大常委会由松阳县第六届人民代表大会第一次会议于 1990 年 6 月 17 日选举产生。常委会由 15 名成员组成，其中主任 1 人，副主任 4 人，委员 10 人。至 1993 年 4 月，共举行例会 20 次。会议审议有关政治、经济、教育、科技、文化、卫生、交通、规划、普法、劳动和社会保险、民政以及社会治安等重大事项 81 项，通过各项决议、决定等 6 项，任免国家工作人员 82 人次。

县七届人大常委会会议

县七届人大常委会由 1993 年 4 月召开的松阳县第七届人民代表大会第一次会议选举产生。常委会由 16 名成员组成，其中主任 1 人、副主任 3 人、委员 12 人。至 1998 年 3 月，共举行例会 39 次。

会议听取报告和审议有关政治、经济、交通、教育、科技、文化、卫生、民政、法制、水利水电、环保、社会治安等事项178项，其中听取“一府两院”工作报告113个，作出决议决定20项，制订有关规章制度及岗位职责共7个，任免国家工作人员165人次。

县八届人大常委会会议

1998年4月，松阳县第八届人民代表大会第一次会议选举产生县八届人大常委会。常委会由19名成员组成，其中主任1人、副主任4人，委员14人。至2003年4月，共举行例会36次。会议听取和审议“一府两院”的报告82个，就事关政治、经济、司法、交通、城建等方面的重大事项作出规划、决议、决定等25个，制订常委会有关规章制度10个，任免国家工作人员192人次。

县九届人大常委会会议

2003年4月，松阳县第九届人民代表大会第一次会议选举产生县九届人大常委会。常委会由21名成员组成，其中主任1人，副主任4人，委员16人。至2006年末，共举行例会26次。会议听取和审议“一府两院”的报告88个，就事关政治、经济、司法、教科文卫等方面的重大事项作出规划、决议、决定等55个，任免国家机关工作人员158人次，任命人民陪审员16人。

县十届人大常委会会议

2007年4月，松阳县第十届人民代表大会第一次会议选举产生十届人大常委会。常委会由22名成员组成，其中主任1人，副主任6人，委员15人。至2010年12月，共举行例会30次。会议听取和审议“一府两院”的报告117个，就事关政治、经济、司法、教科文卫等方面的重大事项作出规划、决议、决定等57个，任免领导干部106人次。

图 21-3　松阳县十届人大常委会第二次会议（叶光铭 摄于2007年）

第二节　县人大常委会办事机构

县人大常委会设办公室、法制工作委员会、财政经济工作委员会、教科文卫工作委员会、代表工作委员会、农业资源环境工作委员会等办事机构，分工处理常委会日常事务。

办公室

负责常委会机关综合协调；承办常委会会议、主任会议和常委会领导交办的综合性工作，检查督促上级和本级人大及其常委会决议、决定、指示的贯彻落实；负责办理人大及其常委会关于国家机关工作人员任免职务的事务工作；负责人代会会议、常委会会议、主任会议和有关综合性会议的组织安排、材料准备、后勤服务与会前、会中、会后工作；负责常委会的日常办文工作；组织起草常委会文件及领导的重要报告，负责编发常委会会刊、简报和人大工作宣传，负责组织协调做好有关人民群众的来信来访工作；负责机关行政事务，统一管理机关的财产、财务，安排机关的重大活动；负责办理干部职工，包括离退休干部职工在内的有关生活和行政方面的事务；负责常委会机关的机要印信、文书收发、档案管理和保密、保卫工作；负责对外联络及活动。下设秘书科、信访科、督查科、信息调研科、后勤科、信息报道组等科室。

法制工作委员会

负责对“一府两院”贯彻执行宪法、法律、法规和各级人大及其常委会决议、决定情况的督促、检查；负责对县政府和司法部门提请县人大及其常委会审议的工作报告等重要议案进行调查研究，做好常委会关于民主与法制建设方面视察的具体工作；对全国人大、省人大及其常委会征求意见的有关法律、法规草案进行调查研究，提出修改意见；受理县人大代表和人民群众来信来访；组织起草和审核常委会有关法制方面的重要决议、决定等文件；督促有关部门办理县人大及常委会有关法制方面的议案和代表议案、建议；指导乡镇人大及其主席团依法行使职权，严格依法办事。

财政经济工作委员会

负责对政府及各经济主管部门提交县人大常委会审议的国民经济和社会发展计划、财政预决算以及全县经济发展和人民生活中的重要议案进行调查研究；对政府及其所属职能部门贯彻执行国家关于经济工作的政策、法律、法规和县人大及其常委会的决议、决定的情况进行检查；对全国人大、省人大有关财经方面法律、法规草案讨论稿进行调查研究，提出修改意见；负责受理人大代表和人民群众对国家机关工作人员违反经济法规、财经纪律行为的控告和申诉以及来信来访；负责起草和核实常委会有关财经方面的重要决议、决定等文件；督促有关部门处理人大代表提出的有关财经方面的议案和建议；做好常委会开展经济建设方面视察的组织工作。

教科文卫工作委员会

负责检查、督促县政府职能部门贯彻执行教育、科技、文化、卫生等方面的法律、法规和各级人大及其常委会的决议、决定；做好县人大及其常委会对教科文卫部门实施工作监督和法律监督的参谋和助手；承办县人大常委会和人大代表对教科文卫方面的有关法律、法规实施情况和工作情况进行视察、检查、调查等活动；受理人大代表和人民群众对国家机关工作人员违反教科文卫法律、法规行为的控告申诉及来信来访，督促有关部门办理，检查、督促政府有关部门认真办理代表的批评、意见；负责起草和核实常委会有关教科文卫方面的重要决议、决定等文件。

代表工作委员会

负责全县人大代表的联系，指导代表活动；调查了解《中华人民共和国全国人民代表大会和地方各级人民代表大会代表法》、《浙江省实施〈代表法〉办法》等有关法律、法规和上级人大及其常委会有关代表工作的决议、决定在全县的贯彻实施情况；负责常委会决定的综合性的代表调查、视察和评议等活动，负责常委会领导联系走访代表、选民和召开代表工作座谈会等有关服务工作；负责代表议案、意见、批评和建议办理过程中的检查、协调、催办、督办工作；负责指导乡镇人大依法开好人代会和主席团依法开展活动；做好人大代表和人民群众来信来访的接待、转办、督办工作，负责起草常委会有关代表工作和乡镇人大工作方面的文件等；检查和督促县政府及其有关部门落实少数民族和侨务政策。

民族侨务组

第四届县人大常委会设民族侨务组。第五届至第六届常委会民族侨务工作由财政经济工委和教科文卫工委分别承担。第七届开始，民族、侨务工作由代表工委承担。

农业资源环境工作委员会

代表县人大常委会负责对县政府及相关部门贯彻执行农业、林业、水利、国土、环境、民政、气象等方面的法律、法规和县人大及其常委会相关决议、决定的情况进行检查督促；对全国人大、省人大及其常委会有关法律、法规草案进行调查研究，提出修改意见；负责对政府及相关主管部门提交县人大常委会审议的涉农等重要议案进行调研；负责受理人大代表和群众对国家工作人员违反农资环方面的法律、法规行为的来信来访；负责常委会有关农资环方面的重要决议、决定草案的拟制；督促有关部门处理人大代表提出的有关议案和建议。

第三节　历届县人大常委会组成人员

1984年7月，松阳县第四届人民代表大会召开，选举产生松阳县第四届人民代表大会常务委员会。此后，每届的常委会组成人员均由各届的第一次人民代表大会选举产生。历次人大常委会领导由1名主任、2～7名副主任、若干名委员组成。

历任松阳县人大常委会主任、副主任名录表

表21-4-3-1

届次	主任	副主任
第三届	—	刘　璟　王宝钧
第四届	叶樟旺	郑世贤　王宝钧　吴烈民
第五届	叶樟旺	尹松元　吴烈民　郑世贤
第六届	纪秋光	尹松元　吴烈民　陶秀钱　戴岳棠
第七届	纪秋光	叶绍兴　朱建民　华利荣
第八届	曹树德	徐成康　应早德　徐火金　陈孟义
第九届	曹树德	应早德　徐火金　陈孟义　张宏雁
第十届	林健东	周星龙　应早德　陈孟义　张宏雁　周廷喜　吴毅　孔建民

第五章　决定重大事项

讨论决定本行政区域内政治、经济、教育、科技、文化、卫生和民政、民族等工作的重大事项，是县人大常委会的一项重要职权。县三届人大常委会至县十届人大常委会（截至2010年末）先后对重大事项作出决定、决议共175项。其中三届7项、四届10项、五届7项、六届12项、七届26项、八届35项、九届21项、十届57项。

第一节　政治、制度事项选登

政治事项

1990年1月，县五届人大常委会第十八次会议作出同意县人民法院建立行政审判庭的决定。1995年3月，县七届人大常委会第十六次会议作出《关于授予江家余同志“人民好公仆”荣誉称号的决定》，以表彰其为松阳县发展食用菌生产所作的贡献和脚踏实地为民办实事的敬业奉献精神。

2003年6月，县九届人大常委会第一次会议作出《关于确定九届人大一次会议重点督办议案的决议》。2004年4月，县九届人大常委会第六次会议作出《关于确定九届人大二次会议代表建议案重点督办件的决议》。

制度建设

1983年3月22日，县三届人大常委会第三次会议通过《松阳县人民代表大会常务委员会议制度》和《松阳县人大常委会与县人大代表联系制度》。

1984年7月，县四届人大常委会第一次会议讨论通过《松阳县人大常委会工作制度》：主任办公会议每月一次，常委会全体委员会议每2个月1次；县人大代表以区为单位组成1个大组，以乡为单位为1个小组，代表小组活动每季度至少1次；常委会每半年组织1次视察。

1989年1月，县五届人大常委会第十二次会议讨论通过《松阳县人民代表大会常务委员会议事规则》。

1990年7月，县六届人大常委会第一次会议讨论通过《松阳县第六届人大常委会议事规则》。9月，六届人大常委会第三次会议讨论通过《松阳县人大常委会关于加强同县人民政府、县人民法院、县人民检察院工作联系的制度》《松阳县乡镇人大主席团常务主席工作职责》和《松阳县区镇人大联络员工作职责》。1991年4月，县六届人大常委会第六次会议审议通过《松阳县人大常委会关于办理人民代表议案和意见工作的办法》。

1993年5月，县七届人大常委会第二次会议讨论通过《松阳县第七届人民代表大会常务委员会议事规则》；8月，县七届人大常委会第四次会议审议通过《松阳县人大常委会主任会议议事规则》《松阳县人大常委会组成人员守则》和《松阳县人大常委会组成人员加强同代表联系的意见》。1995年7月，县七届人大常委会第十九次会议讨论通过《松阳县人大常委会关于加强与县人民政府、县人民法院、县人民检察院工作联系的制度》《松阳县人大常委会关于办理人民代表议案和意见工作的办法》和《松阳县乡镇人民代表大会主席工作职责》。

1998年4月，县八届人大常委会第一次会议讨论通过《松阳县人大常委会主任会议议事规则》《松阳县第八届人民代表大会常务委员会议议事规则》和《松阳县人大常委会组成人员守则》；11月，县八届人大常委会第五次会议决定聘请县人大常委会法律咨询员7人。1999年3月，县八届人大常委会第七次会议通过《松阳县人大常委会信访办理办法》；7月，县八届人大常委会第九次会议讨论通过《松阳县第八届人民代表大会常务委员会五年工作目标规划》；12月，县八届人大常委会第十二次会议讨论通过《松阳县人大常委会关于讨论、决定本行政区域内重大事项的规定》《松阳县人大常委会监督司法工作暂行办法》和《松阳县人大常委会关于乡镇召开人民代表大会暂行办法》。2000年7月，县八届人大常委会第十六次会议讨论通过《松阳县人大常委会关于县人大代表持证视察的试行办法》。2001年3月，县八届人大常委会第二十一次会议讨论通过《松阳县人大常委会评议工作暂行办法》；7月，县八届人大常委会第二十五次会议审议通过《松阳县人大常委会对县级行政执法机关、司法机关实行个案监督的暂行办法》。

2003年6月，县九届人大常委会第一次会议决定聘请县人大常委会法律咨询员6人；10月，县九届人大常委会第三次会议通过《松阳县第九届人民代表大会常务委员会五年工作目标规划（2003～2007）》。2004年4月，县九届人大常委会第六次会议通过《松阳县人大常委会监督司法机关工作实施办法》；6月，县九届人大常委会第七次会议审议通过《松阳县人大常委会督查工作暂行办法》。2005年3月，县九届人大常委会第十二次会议审议通过《松阳县人民代表大会代表建议办理办法（草案）》。

2008年10月，县十届人大常委会第十二次会议审议通过《松阳县人民代表大会代表议案处理办法》和《松阳县人民代表大会代表建议办理办法》；12月，第十三次会议审议通过《松阳县人大常委会规范性文件备案审查办法》。2009年8月，县十届人大常委会第十八次会议审议通过《松阳县人大常委会工作评议办法》和《松阳县人大常委会法律咨询员工作制度》。

第二节　经济事项选登

1985年11月，县四届人大常委会第九次会议审议县财税局关于财政变更情况的汇报，同意1985年财政按收支平衡、不留赤字的盘子安排；第十四次会议原则上通过《古市镇总体规划》，同意逐步组织实施。

1988年3月，县五届人大常委会第五次会议原则同意象溪圩建镇总体规划和玉岩镇建设规划。会议强调要依法办好审批手续，慎重确定建镇性质，并对防洪、饮水、布局、实施等方面提出建议和修改意见。

1993年8月，县七届人大常委会第四次会议听取县政府《关于减轻农民负担情况和措施的汇报》，认为减轻农民负担关系到国民经济的发展和社会的稳定；为了认真贯彻落实党中央、国务院和省人民政府有关减轻农民负担文件精神，保护农民利益，调动广大农民积极性，会议作出《松阳县人大常委会关于减轻农民负担的决议》。1994年3月，县七届人大常委会第八次会议听取并审议县政府提交的县城太平坊路拓宽改造工程方案。会议认为，县城太平坊路拓宽改造是全县人民，特别是县城市民盼望已久的重大基础设施建设项目；项目的实施，对于加快旧城改造步伐，促进城市发展，改善市容市貌，更好地发挥县城的功能，促进全县经济的发展都将起到十分重要的作用；会议作出《松阳县人大常委会关于县城太平坊路改造工程方案的决定》。1995年6月，县七届人大常委会第十八次会议专题讨论加快工业经济发展问题，作出《松阳县人大常委会关于加快我县工业经济发展的决议》，认为县委、县政府作出的《关于加快我县工业经济发展的决定》（简称《决定》），是基于松阳的历史和现状出发，在经济和社会发展相对落后的困境中探索富民强县所作的重大抉择，是顺民心、合民意、利民众之举。县人大常委会表示坚决支持，并依照法律赋予的职责，努力督促和推进这一《决定》的贯彻落实。11月，县七届人大常委会第二十一次会议作出《关于批准调整1995年部分经济计划指标的决议》，同意工业产值由9.4亿元计划调整到6亿元，下调3.4亿元；国内生产总值可比价从计划增长18%调整到增长8%。1996年7月，县七届人大常委会第二十八次会议听取并审议《关于松阳县1995年财政决算的报告》和有关审计报告，作出《关于批准松阳县1995年财政决算的决议》。1997年7月，县七届人大常委会第三十四次会议听取并审议《关于松阳县1996年财政决算的报告》和有关审计报告，作出《关于批准松阳县1996年财政决算的决议》。

1998年11月，县八届人大常委会第五次会议作出《松阳县人大常委会关于松阳县城城南路（长松路）工程建设的决议》，决议指出实施县城城南路工程建设项目，符合1992年经省政府批准的县城总体规划，是县八届人大一次会议列入五年规划的项目之一，被省政府列为重点工程项目，项目的前期准备工作也较为充分，项目上马时机已经成熟；12月，县八届人大常委会第六次会议作出《松阳县人大常委会关于松阳县过境公路工程建设的决议》，指出过境公路建设对改善松阳的投资环境，加快城镇建设，促进经济发展，提高松阳县在丽水地区乃至在浙西南的经济战略地位起着十分重要的作用。1999年7月，县八届人大常委会第九次会议作出《松阳县人大常委会关于城市防洪工程列入县重点建设项目的决议》，指出由于洪涝灾害频繁，作为松阳县政治、经济和文化中心的西屏镇，加强城市防洪工程建设已是迫在眉睫；规划实施50年一遇的县城防洪工程，合乎民意，顺乎民心，对提高县城防洪能力，推进城市化进程，确保县城人民群众生命财产安全具有重要作用。2000年9月，县八届人大常委会第十七次会议听取和审议县人民政府《关于要求审议〈松阳县县城总体规划〉的报告》，会议原则同意《松阳县县城总体规划》，请县人民政府依法报请丽水市人民政府审查批准。要求县人民政府切实强化规划意识，加强对城镇建设的领导，根据总体规划的要求，精心组织实施，严格依法管理，切实推进城市化进程；12月，县八届人大常委会第十九次会议听取和审议县人民政府《关于要求审议松阳县县域城镇体系规划的报告》，会议原则同意《松阳县县域城镇体系规划》，请县人民政府依法报请丽水市人民政府审查批准；第二十次会议听取审议县财政局《2000年财政预算追加情况的报告》，会议对县政府为确保县财政收支平衡所做的工作表示肯定，原则同意2000年预算追加方案。2002年3月，县八届人大常委会第三十次会议听取和审议县财政局《关于2001年全县财政预算执行和预算调整情况的报告》，会议作出关于调整2001年度县财政收支预算的决定。

2003年8月，县九届人大常委会第二次会议决定批准松阳县2002年财政决算，会议决定同意县政府提出的龙丽一级公路松阳段工程的融资还贷方案。2004年8月，县九届人大常委会第八次会议作出《关于批准松阳县2003年财政决算的决议》。2005年4月，县九届人大常委会第十三次会议听取并审议县人民政府《关于要求审议通过松阳县城城市总体规划修编的报告》，决定同意《松阳县城城市总体规划修编》；7月，县九届人大常委会第十五次会议决定批准松阳县2004年财政决算。2006年6月，九届人大常委会第二十六次会议作出《关于同意调整县城城市总体规划局部用地性质的决定》；8月，第二十七次会议原则同意县政府关于松古盆地万人下山脱贫等项目建设资金的筹措及还贷方案。

2008年4月，县十届人大常委会第八次会议通过《关于同意龙泉至松阳大东坝公路建设项目（松阳段）建设资金筹措及还贷方案的决议》。2009年1月，第十四次会议作出《关于同意将县中小企业孵化基地开发有限公司贷款的本金和利息列入财政预算的决议》。2009年4月，第十六次会议作出《关于白露岭、长虹路改造工程建设资金筹措及融资还贷方案的决议》。

第三节　法制事项选登

1983年7月19日，县三届人大常委会第五次会议讨论通过《松阳县机动车辆交通肇事人员伤亡经济损失处理办法（试行）》和《松阳县关于公路交通违章处罚暂行规定》。

1985年11月，县四届人大常委会第九次会议作出《松阳县人大常委会关于加强法制宣传在公民中基本普及法律常识的决议》，要求各级人民政府要把普及法律常识这件大事纳入重要的议事日程；从1985年起，争取用5年左右时间，有计划有步骤地在一切有接受能力的公民中，普遍进行一次普及法律常识的教育。1986年6月，县四届人大常委会第十三次会议通过《松阳县人大常委会关于进一步打击严重经济犯罪活动的决议》，要求各部门、各单位要积极支持司法机关和工商、财税、物价、审计等部门的工作，密切配合，继续加强同经济犯罪活动的斗争，以保证经济体制改革的顺利进行；会议还通过《松阳县人大常委会关于加强土地管理坚决制止乱占滥用耕地的决议》，认为几年来，县政府及有关部门在土地管理方面做了大量工作，成效是显著的，但是，一些地方和单位乱占耕地、滥用土地的情况比较严重，违宪、违法事件时有发生，为了迅速改变这种情况，必须继续加强土地管理，坚决制止乱占、滥用耕地。

1990年11月，县六届人大常委会第四次会议作出《松阳县人大常委会关于加强综合治理搞好社会治安的决议》，要求全县各级政府和部门要切实加强社会治安工作的领导，增强综合治理意识，各行各业要有“社会治安社会管”的责任感，齐心协力，共同把松阳县的社会治安、综合治理抓好，保证改革开放、治理整顿和经济建设的进行。1991年6月，县六届人大常委会第七次会议作出《关于在全县深入开展法制宣传教育的决议》，指出第一个五年普法教育工作，经过各方面的共同努力，取得明显的效果；为保证改革开放和经济建设有一个良好的法制环境，必须不失时机地组织实施第二个五年普法教育规划。

1993 年 8 月，县七届人大常委会第四次会议作出《松阳县人大常委会关于坚决打击严重刑事犯罪活动的决议》，指出打击严重刑事犯罪活动的重点是打击团伙犯罪、车匪路霸、拐卖妇女儿童犯罪和查禁卖淫嫖娼活动；要认真贯彻执行全国人大常委会《关于严惩严重危害社会治安的犯罪分子的决定》《关于严惩拐卖、绑架妇女、儿童的犯罪分子的决定》和《关于严惩卖淫嫖娼的决定》，依法从重从快惩治严重刑事犯罪分子。

1995 年 9 月，县七届人大常委会第二十次会议作出《松阳县人大常委会关于加强法院执行工作的决议》，指出各单位、各部门都要积极支持、协助、配合法院搞好执行工作；县人民法院要克服畏难情绪，严肃执法、秉公办案，理直气壮地行使法律赋予的强制措施，保证案件的有效执行。要坚决纠正地方和部门保护主义，坚决维护国家法制的统一和法院的权威。1996 年 9 月，县七届人大常委会第二十九次会议作出《松阳县人大常委会关于继续开展法制宣传教育的决议》，指出要认真组织广大干部群众深入学习邓小平关于社会主义民主与法制建设的理论，继续开展宪法和与公民工作、生活密切相关的基本法律以及维护社会稳定有关的法律知识的教育，着重抓好社会主义市场经济法律知识的普及。1997 年 5 月，县七届人大常委会第三十三次会议作出《松阳县人大常委会关于推行行政执法责任制试点工作的决定》。

2001 年 12 月，县八届人大常委会第二十九次会议作出《松阳县人大常委会关于开展“四五”法制宣传教育的决议》，指出“三五”法制宣传教育工作取得一定的成效，为落实全国人大常委会《关于进一步开展法制宣传教育的决议》，努力推进民主法制建设和依法治县进程，决定从 2001～2005 年，在全县公民中实施法制宣传教育第四个五年规划。2005 年 4 月，县九届人大常委会第十三次会议审议松阳县人民法院关于要求确定人民陪审员名额的议案；根据《全国人民代表大会常务委员会关于完善人民陪审员制度的决定》第七条的规定，确定松阳县人民法院人民陪审员名额为 21 人，决定自 2005 年 5 月 1 日起实施。

县十届人大常委会先后开展《中华人民共和国农业法》《中华人民共和国农产品质量安全法》《中华人民共和国传染病防治法》及《浙江省预防职务犯罪条例》等多部法律法规执行情况的执法检查。

第四节　社会事业事项选登

科教文卫

1982 年 9 月 20 日，县三届人大常委会第一次会议审议通过《松阳县执行〈浙江省计划生育条例（试行草案）〉的实施细则》。1983 年 8 月 25 日，县三届人大常委会第六次会议讨论通过《松阳县城镇卫生管理实施细则》；11 月 11 日，县三届人大常委会第八次会议审议通过《松阳县执行〈浙江省计划生育条例〉实施细则》的补充规定。

1985 年 3 月，县四届人大常委会第五次会议通过《关于符合晚育并领取〈一孩父母光荣证〉的母亲产假问题的决定》，对符合晚育、并领取“一孩父母光荣证”的母亲，产假在上级规定 90 天的基础上，再增加 15 天，合计 105 天，从 1985 年 1 月 1 日起执行。

1993 年 12 月，县七届人大常委会第六次会议作出《关于加强中小学收费管理工作的决议》，指出县教育部门向学生或家长收取的各项费用，基本上是按上级有关标准执行的，但也有一些收费项目未经有关部门批准，属于乱收费项目，在收费的管理和使用方面有待进一步完善。

2010 年 1 月，县十届人大常委会第二十二次会议作出《同意松阳一中贷款纳入县政府债务收支计划的决议》；10 月，第二十八次会议表决作出《松阳县人大常委会关于松阳县人民医院迁建工程 BT 项目回购资金安排的决议》。

民政事业

1986 年 12 月，县四届人大常委会第十六次会议讨论关于换届选举工作，通过县选举委员会组成人员名单。1987 年 2 月，县四届人大常委会第十七次会议决定各区建立选举工作组，并通过松阳、古市、靖居、大东坝、玉岩区选举工作组成员名单；决定建立各乡镇选举委员会，批准水南等 21 个乡镇选举委员会成员名单；本次会议尚未任命的乡选举委员会，授权常委会主任会议审议决定。

1989 年 11 月，县五届人大常委会第十七次会议就建立松阳县换届选举委员会和选举委员会办公室、选举日的确定、县、乡人大代表名额的分配原则、试点乡的选定等有关事项作出决定。

1992 年 5 月，县六届人大常委会第十三次会议作出《松阳县人大常委会关于撤区扩镇并乡的决定》，指出，调整现行县以下行政区划管理体制，撤区扩镇并乡，是进一步深化农村改革、促进农村商品经济全面发展的一项重大措施；在进行该项工作中，一定要坚持有利于松阳经济发展和社会发展及社会稳定的原则，合理布局和整撤整并的原则，方便管理和方便群众的原则，与进一步发展农村小城镇建设相结合的原则，参照本县行政区划的沿革，综合考虑地域、人口、经济流向和生产内容等诸多因素，统一规划，加强领导，严格按照法律程序办事，如期完成此项工作。

2003 年 8 月，县九届人大常委会第二次会议审议县人民政府关于深化殡葬改革，全面推行遗体火化的议案，作出《松阳县人大常委会关于加快推进殡葬改革的决定》，认为根据国家有关法律、法规和《浙江省殡葬管理条例》《浙江省公墓管理条例》，深化殡葬改革，全面推行遗体火化势在必行；决定在 2003 年年末前开始在全县范围内全面推行遗体火化。

2009 年 6 月，县十届人大常委会第十七次会议作出《关于调整县城规划区村庄类别划分的决议》。2010 年 8 月，县十届人大常委会第二十七次会议经表决作出《同意县政府关于调整县城北环路规划的决议》。

第六章 工作监督

对县人民政府、人民法院、人民检察院实行法律监督和工作监督，是法律赋予县人大常委会的一项重要职权。县人大常委会成立以来，采用听取和审议工作报告、组织视察调查、开展执法检查、督办代表议案（建议）、评议政府和司法机关及其工作人员等方法，行使监督权，为法律在该行政区域的正确实施，为维护人民群众的根本利益发挥积极的作用。

第一节 听取和审议工作报告

听取和审议“一府两院”的工作报告，是县人大常委会实行经常性监督的主要方式。1984 年 9 月至 2010 年 12 月，县人大常委会共听取和审议“一府两院”及常委会工作报告 607 个。其中，第四届 37 个，第五届 70 个，第六届 65 个，第七届 118 个，第八届 108 个，第九届 93 个，第十届 116 个。

松阳县第四届至第十届人大常委会听取和审议工作报告数统计表

表 21-6-1-1　　单位：个

届次	综合	财政经济	法制	科教文卫	人大工作	其他	总数
第四届	4	16	7	1	6	3	37
第五届	2	32	21	8	6	1	70
第六届	9	26	11	7	6	6	65
第七届	14	47	28	4	16	9	118
第八届	14	55	15	2	15	7	108
第九届	10	31	14	1	13	24	93
第十届	—	—	—	—	—	—	116

第二节 视察调查

组织人大代表进行视察调查是人大常委会监督“一府两院”工作，获得各种有关信息的主要渠道之一。视察调查的选题与时间一般在每年初，先由常委会各工作委员会根据上级人大要求及广大干部群众普遍关心的“热点”“难点”问题，提出初步意见报常委会主任会议审议。主任会议则从中确定若干个选题由常委会统一组织，其余由各工委根据实际工作情况自行安排。视察调查结束后，常委会统一组织的视察调查向常委会全体会议报告，然后形成审议意见通报县政府及有关部门；各工委自行安排的视察调查形成的报告材料，一般经分管领导审阅后，直接递送县政府或相关部门。县八届人大常委会对视察调查、执法检查中发现的某些问题，开始采用“抄告单”的形式向县政府或有关部门提出意见和建议。

1984 年 9 月至 2005 年末，组织人大代表进行较大规模的视察调查活动共有 106 次，其中第四届 4 次，第五届 10 次，第六届 12 次，第七届 25 次，第八届 40 次，第九届 15 次。

第四届人大常委会期间视察调查

1984 年 9 月 15～17 日，县人大常委会与县政协常委会率县人大、政协联合视察组视察县城西屏镇和古市镇的市容、交通管理及卫生状况。这是松阳县人大代表首次视察活动。代表委员针对发现的情况和问题，向县委提出 10 点建议和意见。西屏镇街道和菜市场卫生、古市镇街道修复以及古谢公路客车停开等问题得到及时解决。

1985 年 5 月 11～15 日，由在松阳的省人大代表等组成的视察小组，就经济体制改革、经济发展情况、物价、环保、教育等问题，分别对古市镇、古市自来水厂、上方村、松阳轮胎翻修厂、松阳酒厂、古市供销社、西屏镇、松阳农场、松阳耐火器材厂、县教育局、县防疫站等单位，进行为期 5 天的视察。代表们提出划定松阳县为革命老区县的要求向省人大办公厅作书面汇报。1985 年 8 月 22～26 日，组织部分县人大代表和有关部门负责人共 22 人，视察当年基建和技改项目中县啤酒厂、电镀厂、织绸厂、毛纺厂、轮胎翻修厂、耐火器材厂、靖居变电所、县城汽车站、邮电大楼和高岭土矿山公路 10 个主要的、关键性的项目单位，就各自存在的问题提出建议。

1986 年 9 月 15～21 日，组织部分县人大代表并邀请县政协委员，到玉岩区、新兴乡、西屏镇视察实施九年制义务教育的情况。

第五届人大常委会期间视察调查

1987 年 4 月 6～9 日，组织在松省人大代表和部分县人大代表，到松阳、古市、靖居视察农业及农田水利建设情况。代表提出各级领导要重视水利工作，更新观念，提高对“水是商品”的认识，加强水利管理和工程配套等建议。

1988 年 4 月初，组织对县五届人大三次会议期间代表提出建造古市医院病房大楼的议案开展视察调查，认为古市医院很有必要建造病房大楼。4 月 27 日和 5 月 3 日，组织对县五届三次人代会期间代表提出柑橘、西瓜特产税缓征3年的议案开展调查。调查组分别召开种植柑橘、西瓜重点农户座谈会，听取农民对柑橘、西瓜开征特产税的反响，认为人大代表的议案符合松阳实际。6月2～7日，组织部分县人大代表和有关部门负责人，就提高林业建设的经济效益和社会效益，围绕林业生产如何搞好“开发、管理、流通、增值”等问题，分两组分别视察重点林区大东坝区安民乡、玉岩区枫坪乡，玉岩乌岩木材基地和阳溪乡官溪水库千亩水果开发基地。针对林农反映较为强烈的有关造林扶持政策、木材的综合利用、税费负担以及林政管理等方面问题提出建议。11月11～17日，组织部分县人大代表视察水利水电工作，水电组视察竹溪一级、二级电站，东坞水库南渠道，青石坝电站，枫坪电站和坳头电站；水利组视察东坞水库北渠道、四都水库、六都水库、杨岭脚水库与樟溪新兴两乡分水工程。11月21～23日，组织代表对11所学校的校办工厂、种植场和养殖场进行视察。代表建议政府和职能部门要重视勤工俭学活动，创造条件扶持靖居职技校上马。

1989年6月19～24日，组织部分常委会委员及有关部门负责人视察科技工作。代表对新兴乡的粮食高产栽培模式、三都乡和四都乡的高山蔬菜生产、古市钢木家具厂的毛竹旋片生产线、靖居农机厂微型水轮机的研制开发、县林科所的科研工作进行视察。提出要提高对科技作用的认识，增加对科技的投入，完善企业的承包合同。10月18～21日，组织在松省人大代表对松阳县贯彻执行中共中央、国务院关于开展清理整顿公司，整顿图书、报刊和音像市场，反贪污受贿投机倒把斗争的情况进行视察。

1990年2月20～24日，组织在松阳省人大代表和部分县人大代表分别视察赤寿、斋坛、雅溪3个产粮乡的春耕备耕情况，县轮胎翻修厂、县造纸厂、县烟丝厂、县耐火器材厂、县钢木家具厂、处州制药厂、县机械厂、县针织厂8家企业的生产情况。针对农业方面某些领导干部思想重视程度不够，乡村干部科学种田知识缺乏，早稻品种多、乱、杂现象等问题以及工业企业存在的生产滑坡、市场疲软、产品积压、资金周转困难等问题提出建议。

第六届人大常委会期间视察调查

1990年10月和11月，组织在松省人大代表和部分县人大代表分别对松阳县“吨粮田工程建设”和“严打”、社会治安情况进行视察。省、县人大代表针对拦路抢劫、敲诈勒索、盗窃、打击报复村干部等现象提出建议。县政府采纳意见，组织公安部门对板桥、水南、竹源等重点乡的犯罪分子进行严厉打击，全县社会治安有所好转。下半年，先后组织对实施九年制义务教育情况、乡镇人大主席团成员构成情况、企业二轮承包情况及板桥、裕溪、靖居、雅溪4个少数民族居住较多的乡扶贫、教育等情况开展调查。

1991年1月29日至2月2日，在松省人大代表视察松阳县上方机械厂、古市耐火材料制品厂、松阳造纸厂、第一毛纺厂、通用机械厂、二轻塑料化工厂6家企业。代表们提出意见和建议：要认识工业经济在松阳县经济中的地位，真正形成全党重视工业的思想；工业企业及其主管部门的领导班子要相对稳定；有关政策要保持相对稳定；对已经看准的项目，要集中财力、人力、物力。7月12～15日，组织在松省人大代表、县人大常委会委员、部分县人大代表共20多人，视察水南、斋坛2乡的农田水利基本建设情况，谢村源水库、梧桐源水库等水利工程的《中华人民共和国水法》

实施情况，小港流域的小水电开发及山区农田水利基本建设。通过视察，督促有关部门和乡镇把主要精力从防汛转移到抗旱上来，发动群众做好各项抗旱工作，使当年全县6700多公顷早稻在大旱之年仍获得丰收。

1992年6月9～13日，组织在松省人大代表和部分县人大常委会委员、县人大代表，对贯彻实施《中华人民共和国企业法》的情况进行视察。7月29日，县人大常委会组织全体委员视察农村初级卫生保健试点赤寿乡，分别察看大川村改水、朝阳村改厕、红连及界首村合作医疗等工作，委员在视察中对照浙江省初级卫生保健16项指标的最低标准在松阳的实施提出意见和建议。9月14～17日，组织部分县人大代表视察松阳“二五”普法规划贯彻实施情况。实地察看处州制药厂依法治厂、玉岩镇溪口村依法治村、新兴乡初中依法治校试点情况，代表针对县“二五”普法规划实施过程中存在的问题提出建议。

第七届人大常委会期间视察调查

1993年9月末和10月初，组织部分常委会委员和县计经委负责人分2个组对谢村源水库及电站、龙丽公路改造、县城程控电话建设等11个基础设施建设项目以及高岭土公司聚碱式氯化铝、白炭黑项目、县第一印刷厂电脑排版及设备配套等10家企业重点技改项目开展视察调查。11月2～6日，组织调查组对西屏镇、古市镇、樟溪乡等10所中小学、2所幼儿园进行为期一个星期的学校收费情况调查。建议有关部门要规范中小学收费行为。12月10～12日，组织部分常委会委员、县人大代表分两组视察大东坝、安民、玉岩、枫坪等重点林业乡镇。代表对林业工作存在问题提出意见和建议。下半年，常委会对县七届人大一次会议确定的7件议案逐件逐项调查；组织对全县农民负担问题的重点调查，作出《关于减轻农民负担的决议》，县政府根据决议精神，取消26个涉农收费项目。

1994年5月6～10日，组织省、县部分人大代表，就《全民所有制工业企业转换经营机制条例》的贯彻落实情况，调查视察县造纸厂、面砖厂、丝针织厂、啤酒厂4个企业。12月16～19日，县人大常委会组织部分省人大代表就松阳县的农业综合开发、粮食生产及购销等问题，视察古市镇岗下村的大棚蔬菜基地、上河村的养鳖基地、象溪镇南州村的蚕桑基地、塔背村的干水果基地、西屏镇新溪村水利工地现场等。代表就视察发现的一些问题，向省人民代表大会提出意见和建议。

1995年7月18～22日，常委会带领社会治安专题调查组先后走访县综治办、县公安局、县委信访办、古市镇派出所、古郊派出所及古市镇政法书记、人大主席和古市片部分县人大代表，就当前社会治安工作情况进行调查。8月12～13日，组织部分县人大代表视察新兴、赤寿2乡的夏粮入库工作。通过视察，听取农民对夏粮入库工作的反映，促进粮食收购部门改进服务，推进夏粮入库进度。8月24日，组织部分县人大代表视察县城综合管理工作。通过视察，代表就县城综合管理工作的宣传、进城车辆的管制、龙丽公路县城车站段的综合治理、卫生责任制的完善、县城总体规划的制订、个体户摊位的布局、垃圾箱的安置、毛猪圈养等问题，向县政府及有关部门提出意见和建议。9月，常委会组成社会发展调查组，对在建的市话3000门扩容工程、松古35千伏二回输电线路架设工程、龙丽公路上方至界首段水泥路面浇筑、港大线部分地段的拓宽改造等基础设施工程建设进行为期8天的调查，对存在问题提出建议。

1996年1月13日，常委会组织部分县人大代表视察县看守所。建议应适当提高伙食标准，看守所应配置一辆囚车，有关部门应适当减免看守所的水电费。1月18日，常委会组成人员视察县城人民大街、新华路、府前街部分商店。委员建议要加大对制造和销售假冒伪劣商品违法行为的打击力度，政府各有关部门要通力合作，齐抓共管，常“打”不懈；要求工商、物价、计量等有关部门对液化气的质量和计量问题进行一次检查，以切实维护消费者合法权益。

1997年5月21～22日，组织部分县人大代表对工业生产情况进行调查视察。代表视察调查县造纸厂、县第一毛纺厂、处州制药厂、县第一印刷厂、县耐火器材厂的生产情况。针对企业资金困难、有关部门的服务、技改项目的方向以及保护职工积极性等问题提出建议。8月4日，常委会部分成员视察坐落在县城紫荆村的教师新村建设情况。视察针对新村通道水泥路面浇筑、税费优惠以及资金补助等问题向县政府提出建议。8月6日，常委会组织部分省、县人大代表视察松阳县重点产粮乡镇斋坛、望松、古市的粮站，了解早中稻入库情况。8月15日，组织部分县人大代表对大东坝镇、处州制药厂、县农业局贯彻执行《中华人民共和国科技进步法》情况进行视察。12月9日，组织20个乡镇人大主席、副主席和县机关代表小组组长视察上松线改造工程。

图21-4 省、县两级人大代表视察晒红烟生产基地（县档案馆提供 1998年）

第八届人大常委会期间视察调查

1998年8月3～7日，组织对粮食入库工作进行调查。针对存在问题，建议粮食仓库要加强管理，要分等级专仓储存；做好粮食收购资金管理，确保资金安全。9月18日，组织调查教育“两基”达标后的巩固情况。10月上旬，组织调研社会保险的基本情况；调研国有企业下岗职工基本生活保障和再就业工作情况。11月上旬，组织重点工程调查。12月16日，组织部分县人大代表视察文明县城创建工作情况。代表建议：充分发挥创建办的领导职能，加大监督力度，切实落实“门前三包”制度；理顺管理体制，对小街小巷卫生开展社会有偿服务，既美化环境，又可以安置部分下岗职工和待业人员。12月中旬，组织调查分析1998年农村经济发展指标完成情况。4月上、中旬，组织对县八届人大二次会议4件重要议案的调研和《中华人民共和国教师法》执法情况调研。7月下旬，开展《中华人民共和国食品卫生法》执法检查后整改情况调研。8月上、中旬，开展全县乡镇人大工作情况调研和对企业收费情况调研。11月22日，常委会组织在松省人大代表、部分县人大代表对上松线水土保持问题进行专题视察。12月2日，组织县人大代表视察文明县城创建工作。

2000年4月13日，在县八届人大三次会议期间，与会代表分2组先后视察上松线改造工程、谢村源二级电站、赤寿畈土地治理、象溪高岭农业综合开发等重点建设项目。代表建议县政府加强对在建工程的监督管理，确保工程质量。5月31日，常委会部分成员视察县城的14家电子游戏机室，视察“抄告单”要求县政府抓紧督促有关部门，加强和完善管理措施，严禁中小学生在国家法定节假日外的时间进电子游戏机室。6月13日、14日，因县内连续发生2起学生投毒事件，导致7名学生中毒1名学生死亡的严重后果，常委会组织人员分别走访古市中学、松阳三中和城南中学3所学校，对有关情况进行专题调研。7月12～14日，就如何发展农村合作医疗问题，常委会组织调查组走访西屏镇三村、五村和赤寿乡半古月村、卯山后村，了解实行合作医疗制度的情况。9月20日，常委会专职委员和部分县人大代表视察县漆包线厂、昌松纤维板厂、链条公司、威帝公司5家新办的县重点企业。针对企业存在的困难，委员和代表提出具体建议。10月17～18日，组织部分县人大代表视察1994年以后先后获得省“五好法庭”称号的玉岩法庭、松阳法庭、靖居法庭和古市法庭。10月30日，组织县人大代表到板桥乡进行《民族乡行政工作条例》执行情况调研，后提交《本县民族乡经济社会发展存在的问题及对策建议》的调查报告。12月21日，组织常委会委员视察县城城防工程、昌松纤维板厂等县重点工程。

2001年1月15日，组织部分县人大代表视察县看守所。5月中下旬，常委会成员到斋坛、古市、三都等乡镇，对农业产业结构调整情况进行调研。7月上旬，组织部分人大代表对全县中小学布局调整情况进行调查。11月29日，常委会组成人员视察樟溪乡、斋坛乡土地整理工程。委员围绕如何正确处理工程速度与确保工程质量的关系，如何正确处理统一规划与分步实施的关系等方面提出意见和建议。12月13～14日，组织部分县人大常委会成员和县人大代表视察谢村源一级电站、县殡仪馆、古市综合市场、古市筱铺街道拓宽、苗木基地、城市防洪工程、南门大桥改建工程、一中扩建工程、民族中学、新华北路建设工程及工业园区建设等重点工程建设情况。通过视察，委员和代表就重点建设项目资金缺口、土地征用政策处理等问题提出建议。

2002年1月23日，组织部分市、县人大代表视察县看守所。针对看守所设施陈旧老化、安全设施缺乏等问题，建议政府加大资金投入，改善看守所条件。7月，常委会成员在斋坛乡进行为期一周的有关农业产业结构调整方面的调研。10月29日，组织部分省、市、县人大代表视察创建市级卫生县城工作。11月21日、22日，常委会组成人员和部分省、市、县人大代表视察龙丽一级公路松阳段建设工程、电网改造、安民水电站、城南路（长松路）街道建设、城市防洪工程、县城新华路北端延伸工程、工业园区一期工程、标准化农田建设（青龙圳畈、岗寺畈、望松畈）、县民族中学和松阳一中扩建工程等重点建设项目。2003年1月24日，组织常委会部分组成人员视察县看守所。

第九届人大常委会期间视察调查

2003年10月下旬，组织常委会全体成员视察县工业园区和龙丽一级公路松阳段的部分标段，了解工程建设的进展情况；到象溪镇、大东坝镇及国土资源管理部门就全县矿产资源开发利用情况进行调研。

2004年4月，常委会领导率有关工作人员到县林业局、广播电视局、文明办以及西屏、古市、大东坝、玉岩等乡镇，对县九届人大二次会议期间59名代表提出的《关于进一步完善森林防火工作机制，切实加强森林防火工作》的议案进行调查。组织对县九届人大二次会议代表关于要求加强预算外资金管理议案的调查。10下旬，组织常委会部分成员视察县工业园区内的强达钢管、虎牌电缆、中原钢结构等6家企业。通过视察调查，对园区发展的融资渠道、产业政策、配套设施以及园区管理等方面提出建议。

图 21-5 县人大代表视察县重点工程（叶光铭摄于2007年）

2005年5月初，对县实验小学筹组教育集团工作进行调研。6月上旬，常委会组织探索建立代表辞职制度的调研。7月，组织对全县的广播事业发展情况进行调研。8月上旬，开展县乡两级人大同步换届选举工作调研。10月14日，常委会组织部分成员对组建不久的县实验小学集团学校整体运行情况进行视察。10月下旬至11月中旬，组成调查组到国资办、国有资产投资有限公司等单位了解全县国有资产管理现状，对存在问题提出相应建议。

第十届人大常委会期间视察调查

2006年、2007年，常委会组织代表参与视察活动，引导代表以意见箱形式征集选民的意见、建议。

2009年，常委会把调查、检查与会议审议结合起来，上下联动。2010年，常委会组织对商会运行情况和生产性服务业发展情况调研，提出针对性的建议和意见。

第三节　督办代表议案、意见

议案、意见的督办

在人民代表大会会议期间提出议案、建议、意见、批评和闭会期间提出建议、意见、批评是人大代表的权利。督办代表议案、建议和意见，是县人大常委会一项重要日常工作。1991年3月，县六届人大常委会通过《关于办理人民代表议案和意见工作的办法》；5月，督办代表议案、建议工作由代表工委专门负责。1995年7月，县七届人大常委会对《关于办理人大代表议案和意见工作的办法》进行修订和完善。根据法律和有关规定，在县人民代表大会期间，代表们提出的议案、建议和意见，经大会议案审查委员会审查通过后交由“一府两院”及有关职能部门办理。对于大会议案的办理，常委会事先提出办理的原则意见。一般情况，自交办之日始3个月内办理完毕，并逐一书面答复代表，同时附寄议案、建议、意见办理反馈表。反馈表由常委会代表工委收集。对于代表反馈办理结果不满意的议案、建议、意见，常委会要求承办单位重新办理。每次人代会代表的议案、建议、意见的办理情况由县政府向常委会汇报。自1991年4月县第六届人民代表大会第二次会议始，每次人代会均由常委会和县政府以书面形式向大会报告上次人代会代表议案、建议、意见办理工作。1996年4月，县第七届人民代表大会第四次会议始，由县政府向大会报告上次人代会代表议案、建议、意见办理情况。2005年3月，县九届人大常委会通过的《松阳县人民代表大会代表建议办理办法》规定：县人大常委会每半年一次听取“一府两院”对代表建议办理工作的情况汇报。必要时，可以专题听取和审议某一方面或者某件代表建议的办理情况。“一府两院”应当在下一次县人民代表大会会议之前，分别把代表建议办理情况向县人大常委会提出书面报告，经常委会审议后，向下一次县人民代表大会会议报告。自1984年7月县第四届人民代表大会第一次会议始，县人民代表大会会议都确定若干件事关全局或带普遍性、紧迫性的代表议案为大会议案，或会后由常委会确定若干件为重点督办建议，直接交县政府办理。

自1983年3月县第三届人民代表大会第二次会议始至2010年县第十届人民代表大会第四次会议止，共收到代表10人以上联名的议案3416件，收到代表建议、意见共1751件，其中确定为大会议案或常委会确定为重点督办建议的有142件。自1992年县六届人大二次会议始，县人大常委会与县政府每年共同对办理代表议案、建议的先进单位进行表彰。2003年3月，常委会专门编印《松阳县第八届人民代表大会代表议案建议汇编》。

代表议案及办理结果选介

第三届人代会议案 1983年3月，县三届人大二次会议中代表们提出的有关修建桥梁、新建公路、大街小巷的修理、疏通下水道、安装自来水、加强城镇卫生管理等一批议案，及时得到办理，解决群众走路难、吃水难等问题。

第四届人代会议案 1986年4月，县四届人大三次会议中有关代表提出《要求批准象溪圩规划，建设小集镇》的议案，当年县政府拨款5000元用于勘察规划。有关代表提出《建设烈士陵园》的议案，县政府确定烈士墓搬迁到乌紫垄西面小山头，民政局就革命烈士陵园作出规划设计，经县政府办公会议讨论批准，1987年完成征地3500多平方米，并建成革命烈士纪念碑。有关代表提出《要求严厉打击经济犯罪活动，保障经济建设》的议案，县委、县政府充实“打击经济犯罪活动办公室”工作力量，加强审计监督和财政管理，对大案要案确定领导负责制。1986年，全县立案查处17件，办结14件，立案审查20人，其中受政纪处分14人、党纪处分1人、追究刑事责任5人，追回赃款赃物折价64999元。

第五届人代会议案 1987年6月，县五届人大一次会议中有关代表提出《要求加强菜市场管理、搞好蔬菜基地建设》的议案，县政府拨出专款，在县城新建综合市场，把原来分散在新华路两旁的菜摊迁至综合市场，改变新华路乱、脏现象。有代表提出“要求解决西屏镇夏季自来水供应紧张问题”，城建部门于1987年7月完成南门大桥过江水管改造工程，初步缓解县城供水紧张矛盾。

1988年4月，有关代表提出《关于改善古市医院的医疗用房、新建病房楼》的议案。县政府拨款15万元，建造古市医院医疗用房。

第六届人代会议案 1990年6月，县六届人大一次会议中有关代表提出《规划和管理好县城市容和市场问题》的议案，县政府与有关部门采取具体措施：原菜市场改建为小商品市场；规划建设南北2个菜场，拨款5万元先新建南菜场。

1991年4月，有关代表提出《要求解决松阳一中上亭山劳动基地权属问题》的议案，常委会组织专题调查，提出原则办理意见；县政府多次召集有关单位进行协调，问题最终得到解决。有关代表提出关于《要求解决西屏镇黄头坑沿钟楼路、明德路、要津路、詹祠路坑沟脏乱问题》的议案，常委会、县政府多次专题研究，制定分期分段实施、三年内完成的治理方案，第一期工程改造投资6.7万元。

1992年4月，县六届人大三次会议中关于《加强教育，办好重点中学（松阳一中），培养人才，为振兴松阳经济服务》的议案，在常委会的督促下，县政府拨资金20万元，用于建造教学办公综合楼。

第七届人代会议案　1993年4月，县七届人大一次会议中有25位代表提出《要求坚决制止乱集资、滥捐资，减轻企业负担》的议案，县委办、县府办连续下发2个有关禁止向企业乱集资乱摊派的文件，成立县纠正行业不正之风领导小组，建立相应的审批制度，前后公布取消县管两批共38项不合理的收费项目。有14位代表提出《要求禁止在独山风景区葬坟筑墓》的议案，县政府专门下发文件，同意把独山、西屏山等列为第一批县级风景保护区，由县城建局负责规划管理。县城建局颁布《关于保护独山风景名胜区自然景观的通告》（简称《通告》），对违反《通告》规定的，将根据情节轻重给予一定的经济处罚。有代表提出《精减教师队伍和乡镇政府人员，减轻农民负担》的议案，县政府在全县中小学进行撤班并点，着手乡镇人员的分流和裁减。

1994年4月，县七届人大二次会议中有代表提出《要求加强预算外资金管理》的议案，县政府按分步到位的原则，从加强行政事业性收费资金管理入手，逐步开展对预算外资金的管理。有代表们提出的《关于拆迁西屏镇中心学校》《要求解决县老年活动中心用房问题》《新建古市镇闭路电视设施》等议案，在县政府及有关部门的努力下都逐一得到解决。

1995年4月，县七届人大三次会议中有30位代表提出《加强县城道路交通卫生管理》的议案，县综管办与各有关部门对龙丽公路县城路段的交通秩序进行全面清理整顿，共拆除过境路段的违章搭棚50余处800余平方米，清除堆积物100余处500余平方米，清除占道设摊、清理违章广告牌、纠正违章停车、查处违章进城车辆等。8月29日，再次整治道路交通秩序。县公安局交警大队在车站、紫荆路、新华路分别派驻专人进行管理，制作交通标志和宣传牌，分别安装在主要街道、公路两侧。

1996年4月，县七届人大四次会议中有代表提出《关于要求给古市镇排水工程缺口资金补助》的议案。有关部门领导多次到古市镇现场办公，就有关工程建设和资金筹集等问题进行协调。有代表提出《关于要求每年给山区小水利一定数额补助》的议案，县政府召集水利部门领导进行专题研究，决定从1996年开始，在县财政安排水利资金中切出30%专门用于12个山区乡镇的水利建设。

1997年4月，县七届人大五次会议中有53名代表提出《关于要求扶持乡村机耕路建设》的议案，，县政府先后于4月10日和10月31日专门召开各乡镇长及有关部门负责人参加的工作会议，决定成立县农村简易公路建设协调领导小组，着手编制农村简易公路建设规划；对涉及到农村建设简易公路的收费一律优惠处理；县政府在省政府每千米补助15000元的基础上，再给予每千米2000元至3000元的补助资金。

第八届人代会议案　1998年4月，县八届人大一次会议中有代表提出《加强以农产品为原料的龙头企业的发展》的议案，县委、县政府制定《关于推进农业产业化的意见》，在上海市设立松阳县驻上海农产品流通办事处。有代表提出《加强松阴溪防洪堤的修复和管理》的议案，县政府发动群众完成水毁修复加固和重点地段的续建工程，西屏镇段防洪堤结合江滨路建设达到50年一遇的标准。有代表提出《加快社会保障体系建设》的议案，县委、县政府调整成立国有企业下岗职工基本生活保障和再就业工程领导小组及办公室，负责组织协调全县再就业工作。

1999年3月，县八届人大二次会议中有代表提出《要求县政府打破松阳县煤气公司独家垄断经营煤气的状况》的议案，县政府制定《松阳县城市燃气专项规划》，省建设厅于2000年6月末批复同意古市镇建设液化石油气储配站1座，由松阳县和仁燃气有限责任公司承建经营；2000年10月投入运行，改变县内液化气独家经营局面。有代表提出《要求建立古市水厂水源保护区》的议案。县政府责成主管部门建立古市水厂水源保护区，解决古市镇及周边乡村人民群众生活用水安全问题。有代表提出《要求尽快解决西屏镇瓦窑头竹木市场建设，确保公路畅通》的议案，县政府多次召集有关单位协调落实，同时一次性补助建设经费8万元；1999年8月末，瓦窑头村西小公路边总面积2000平方的竹木市场投入使用，确保西小公路的畅通。

2000年4月，县八届人大三次会议中有代表提出《要求加快西小公路路面改造工程进度》的议案，由县交通局在拨足每千米10万元补助经费后，再安排路基工程缺口资金；该工程于9月完成并通过验收。有12名代表提出《要求加快茶叶产业化进程》的议案，县政府决定将茶叶作为松阳农业的支柱产业，组建茶叶生产办公室，重点产茶乡配备茶叶辅导员。有15名代表提出《要求县政府将实验小学校园扩建工程列为县重点工程项目》的议案，县政府就实验小学扩建方案和整体搬迁方案进行比较论证，决定在原址上进行扩建，逐步实施，扩建后校园面积12000多平方米。有12名代表提出《要求合理利用水资源，建立有偿使用机制》的议案，在2001年第三次县长办公会议上，县政府明确水资源归政府所有，决定水资源开发按公开、公平、公正的原则有偿转让，出让资金一律上缴县财政；是年9月制定《松阳县水电资源开发权管理办法（试行）》。

2002年3月，县八届人大六次会议中有11位代表提出《要求县政府尽快扩建浙南茶叶市场》的议案，经县长办公会议研究决定，在原茶叶市场对面规划出6.7公顷的土地兴建新茶叶市场，由原茶叶市场业主投资开发，县政府成立浙南茶叶市场建设协调小组；该市场于2005年2月建成并正式开业。有34位代表提出《要求加快制定全县生态建设规划》的议案，县政府于2001年开始编制《松阳县生态示范区建设规划》，2004年11月正式颁布。有15位代表提出《要求加快县城门牌设置工作》的议案，县政府在制定《松阳县地名管理办法》和《松阳县地名管理各有关部门职责》的同时，对新建街道、住宅区的命名征求意见，确定名称后，开展新门牌的设置，至2003年上半年，县城新建街道、住宅区门牌设置工作基本完成。有13名代表提出《要求县政府实施古市二桥工程前期征地工作》的议案，县政府明确古市二桥工程由古市镇、新兴乡政府主办。工程于是年10月23日进行设计初审，2003年9月开工建设，2004年12月竣工验收，总投资847万元。

第九届人代会议案 2003年4月，县九届人大一次会议中有11位代表提出《关于建立名教师奖励基金》的议案，县政府决定同意建立，制定《名教师奖励基金管理办法》，确保基金规范操作。有20位代表提出《要求重视茶叶标准化建设，维护本县茶叶质量声誉》的议案，县政府决定从预算

外资金中安排50万元专项用于扶持茶叶龙头企业；建立农产品质量检验测试中心，中心于2004年7月建立并开展工作。有63位代表提出《关于加强公安基层建设》的议案，县政府决定同意由县公安局公开招考组建一支20人的公安协警队伍，所需经费每年由县财政按6000元/人标准安排，缺口部分由公安部门自筹解决。

2004年3月，县九届人大二次会议中有22位代表提出《关于加强预算外资金监督管理》的议案，县政府决定自1999年开始，对全县所有的行政事业单位的罚没收入、预算外资金收入实行收支两条线管理，对预算外资金实施集中统一管理和经常性经费支出综合定额包干的管理体制，建立综合财政预算管理的基本框架。有59位代表提出《关于进一步完善森林防火工作机制，切实加强森林防火工作》的议案。县政府先后召开4次森林防火工作会议，增加县森林防火办5名人员编制，将森林防火工作列入县综合工作目标责任制考核，制订《松阳县森林防火责任追究制度》，发布《森林防火戒严令》，建立林火扑救指挥中心，建立扑火物资储备库等措施。

2005年3月，县九届人大三次会议有11位代表提出《要求加快县城污水处理厂（包括县城污水管网改造工程）建设步伐》的议案，县政府于当年5月成立以副县长为组长的领导小组，2006年8月开工建设县污水处理厂，2007年末投入运行。有10位代表提出《要求增加山区乡镇康庄工程建设扶持资金》的议案，县政府决定从2005年开始，对山区路基路面改造3.5米以上水泥路面的康庄工程，补助标准从原来每千米22万元增至每千米24万元，新开路基从原来每千米11万元增至每千米12万元。

第十届人代会议案 2009年4月，县十届人大常委会将香榧、油茶产业发展列为代表建议重点督办件和跟踪督办件，县政府于5月分别出台《松阳县扶持香榧产业发展意见》和《松阳县扶持油茶产业发展意见》，责成林业部门编制香榧和油茶产业发展规划；在县林业局产业办设立香榧产业办公室和油茶办公室；2009年，全县发展香榧基地2538.5亩，零星种植46713株；油茶劈抚10370亩，垦复3702亩。

第四节 接待来信来访

接待办理人大代表和人民群众来信来访是县人大常委会联系沟通人民群众，了解社情民意，帮助人民群众排忧解难的一个重要渠道。信访工作由常委会领导分管，办公室负责处理接待。后改为视内容归口各工委领导分别受理接待。受理和接待人大代表和人民群众来信来访，做到件件有登记，事事有交办、有答复。1997年初，常委会设立人大信访接待室，配备专职信访工作人员，具体负责信访工作，按“分级负责，归口办理”的原则，及时转交督促有关部门办理。1998年8月，常委会办公室设立信访科，对来信来访实行统一受理、统一办理、统一归档。1999年3月，制定《松阳县人大常委会信访办理办法》，进一步规范来信来访工作。

1982～2010年松阳县人大代表和群众来信情况表

表 21-6-4-1

时间	届别	来信（件）	时间	届别	来信（件）
1982.05～1984.07	三	35	1999	八	353
1984.07～1985.05	四	66	2000	八	341
1985.05～1986.04	四	74	2001	八	322
1986.04～1987.06	四	124	2002	八	274
1987.06～1988.04	五	120	2003	九	213
1988.04～1989.04	五	134	2004	九	138
1989.04～1990.06	五	189	2005	九	148
1990.06～1991.12	六	234	2006	九	101
1993.04～1994.04	七	300	2007	十	84
1994.04～1995.04	七	123	2008	十	61
1995.04～1996.04	七	155	2009	十	69
1996.04～1997.03	七	187	2010	十	63

1999～2005年松阳县来信来访分类及办理情况表

表 21-6-4-2　　单位：件

年份	件次	建议类		检举揭发类		申诉类		求解决类		选举类		其他		办理情况	
		件次	占总数比（%）	件次	占总数比（%）	件次	占总数比（%）	件次	占总数比（%）	件次	占总数比（%）	件次	占总数比（%）	办结	占总数比（%）
1999	462	22	4.8	80	17.3	80	17.3	214	46.3	58	12.6	8	1.8	461	99.7
2000	464	25	5.4	101	21.8	87	18.8	232	50	13	2.8	6	1.29	450	96.9
2001	427	11	2.6	130	30.4	73	17.1	210	49.2	—	—	3	0.7	421	98.6
2002	302	5	1.7	71	23.5	62	20.5	116	36.4	41	13.6	7	2.3	296	98
2003	216	1	0.5	74	34.3	32	14.8	67	31	24	11.1	18	9	214	99
2004	144	1	0.7	38	26.4	31	21.5	49	34	—	—	25	17.4	144	100
2005	148	—	—	37	25	26	17.6	46	31	18	12.2	21	14.2	148	100

2006年，共受理群众来信来访101件，其中网上信访4件、转办60件、督办17件、直办8件、存档16件、省人大交办3件。2007年，受理群众来信来访84件，其中省人大督办1件、市人大转办2件、涉法类信访16件。2008年，办理省人大督办信访1件、市人大转办6件；受理来信来访61件，其中涉法类信访13件、选举类信访15件。

2009年，办理来信来访69件，其中上级人大转办4件，重点是农村基层干部或者机关人员违法乱纪行为和涉法、涉诉信访。2010年，受理来信来访63件，办结率100%。

第七章　法律监督与人事任免

执法检查是保证宪法、法律、法规在本行政区域内的遵守和执行的一种监督形式，是地方各级人大及其常委会的重要职责。1987 年，县五届人大常委会第三次会议决定，从是年开始，每年用 10 天时间，在全县范围内进行一次执法检查，并使之逐步走向制度化、正常化。

对县级行政机关、审判机关、检察机关及本级人大常委会任命的国家机关工作人员的评议，即行政执法（司法）评议和干部述职评议，是县人大常委会行使监督权的重要手段。评议工作以宪法和法律为准则，以事实为依据，以讲求实效为目标，紧密联系实际，有计划有重点地组织实施。松阳县人大常委会评议工作始于 1991 年 11 月，县六届人大常委会组织评议县人民法院。对常委会任命干部进行述职评议始于 1994 年 10 月。2001 年 3 月，县八届人大常委会第二十一次会议通过《松阳县人大常委会评议工作暂行办法》。每年评议的国家机关和任命干部名单，由常委会作出决定，授权主任会议负责组织实施。常委会根据评议工作的需要成立工作机构。评议内容主要为执法、勤政、廉政等情况。评议工作一般分动员、调研、评议及整改 4 个阶段。评议目的是增强国家机关及其工作人员的法治意识、公仆意识和创业意识，改进工作作风，促进依法行政、公正司法。

任免国家权力机关、行政机关、审判机关及检察机关工作人员，是人大常委会的重要职权之一。对须经县人大常委会任免的国家机关工作人员，按照民主集中制的原则进行表决，县人大常委会全体组成人员过半数通过的才有效。初用举手表决，自 1987 年 7 月县五届人大常委会第一+次会议始，有关人事任免一般采用无记名投票方式。八届人大常委会任免干部开始使用投票箱。任免通过后，在县人大常委会文件及常委会会刊上公布，并由常委会颁发任命书。1998 年 5 月始，县人大常委会开始对拟任领导干部进行任前法律考试，考试成绩作为常委会任命干部时的主要依据之一。

县三届至十届（1982 年 10 月至 2005 年 12 月末）人大常委会对人大常委会办事机构和“一府两院”工作人员共任免撤职 925 人，其中任命 703 人、免职 176 人、同意辞职 44 人、撤职 2 人。

县四届至六届人大常委会任命区、镇人大工作联络员人名。县九届人大常委会任命县人民法院人民陪审员 16 人。

第一节　执法检查

第五届人大常委会期间执法检查

1987 年 9 月中旬至 10 月下旬，常委会对县政府所属部门、县人民法院、人民检察院等 39 个部门以及区、乡镇 32 个单位进行执法检查。涉及的法律、法规 263 个，发现明显存在有法不依、执法不严的案例158件，责成有关单位处理。其中，6件重大疑难案件得到妥善解决。其间全县共举办普法学习班25次，参加学习培训3000余人，增发普法合格证书1985人。

1988年9月10日至20日，组织“一府两院”及其所属部门和区、镇乡，开展以《中华人民共和国经济合同法》《中华人民共和国森林法》《中华人民共和国义务教育法》《中华人民共和国土地管理法》为重点的执法检查。帮助厂家追回拖欠款29.7万元；促成县体育场和园林所用地遗留问题得到解决；县人民法院对138件已判未执行的案件，依法逐件予以执行，至年末执结101件。

1989年9月10日至10月10日，在全县组织开展为期1个月的执法检查活动，重点检查的内容是对乡镇检查《中华人民共和国婚姻法》《中华人民共和国土地管理法》和《中华人民共和国森林法》的执法情况，对政府部门检查《中华人民共和国税法》的执法情况，检查县人民法院、人民检察院和公安局工作中是否秉公执法。通过检查，针对存在执法不严、群众告状难等问题提出意见。

第六届人大常委会期间执法检查

1991年5月15日至7月29日，对贯彻执行《浙江省机关、团体、企业、事业单位治安保卫工作条例》（简称《条例》）的情况进行检查。检查组对玉岩区供销社、农行玉岩营业所、大东坝林业站、靖居区粮管所、县煤矿陶瓷厂、古市区医院、松阳造纸厂、松阳茶厂、人民银行县支行、县广播电视局等18个单位贯彻执行《条例》情况进行抽查。对检查中发现的问题提出意见。

1992年，先后组织《中华人民共和国企业法》《中华人民共和国义务教育法》等法律法规的执法检查。

第七届人大常委会期间执法检查

1994年2月初，对《中华人民共和国食品卫生法》《中华人民共和国药品管理法》等法律法规的实施情况组织执法检查，查获一批假冒伪劣药品、食品。5月16～18日，常委会会同政府有关部门开展贯彻《中华人民共和国环境保护法》的执法检查。针对环保知识的宣传、排污费的征收以及环保队伍建设等问题提出建议。6月6日至10日，组织在松省人大代表、部分县人大代表共50余人，对贯彻《中华人民共和国农业法》《中华人民共和国农业技术推广法》情况进行执法检查。检查组就晚稻生产的种子供应、茶叶税收政策执行、农技推广经费落实、香菇贷款发放等问题，向县政府提出解决的办法和建议。8月中旬至9月中旬，组织部分县人大代表和政府有关部门负责人共70余人，组成4个《中华人民共和国教师法》执法检查组，对10个乡镇、16所学校进行检查，重点检查教师的权利义务落实情况。

1995年3月中旬至4月下旬，组织执法检查组到西屏镇、古市镇、三都乡、松阳造纸厂以及县劳动局、县民政局等单位，开展《中华人民共和国妇女权益保障法》贯彻实施情况执法检查。5月29～31日，在各单位自查的基础上，组织在松的省人大代表和部分县人大代表以及政府有关部门负责人共40余名，到西屏、古市2个镇17个企事业单位进行环保执法大检查。

1996年6月12～14日，组织部分省、县人大代表到西屏、古市、象溪、赤寿等镇乡，开展《中华人民共和国土地管理法》和《中华人民共和国浙江省基本农田保护条例》的执法检查。对突出的7起土地违法案件逐件提出原则处理意见，交县政府依法查办。

1997年5月22日、23日，组织部分县人大代表到县供电局、县商业总公司（局）、县丝厂、县高岭土公司、西屏镇一村、七村、樟溪乡政府、古市镇政府等单位，就有关文化市场管理和禁毒、禁赌、禁黄的法律法规贯彻情况进行重点检查。9月3～12日，组织对10个乡镇、2个部门的《中华人民共和国老年人权益保障法》执法情况进行检查。建议在县城和古市镇建设老年活动中心；加强对老年人的医疗保健服务。

第八届人大常委会期间执法检查

1998年5月下旬至7月中旬，组织对《中华人民共和国食品卫生法》及相关法规进行执法检查；7月15日、16日，就整改落实情况组织人员到玉岩及县城进行重点跟踪督查。全县共抽查156家食品生产经营单位和318名从业人员，查获腐败变质食品350千克，当场予以销毁。8月，组织对《中华人民共和国职业教育法》执法检查。9月，组织对《中华人民共和国农业法》《中华人民共和国农业技术推广法》和《中华人民共和国审计法》执法检查。

1999年5月10～14日，组织县人大代表50余名，到全县20个乡镇和矿山、农业、林业等重点开发建设工程现场，对《中华人民共和国水土保持法》《中华人民共和国森林法》《中华人民共和国防洪法》贯彻执行情况进行执法检查。组织开展《中华人民共和国文物保护法》的执法检查，重点检查城隍庙、黄家大院、古市永宁观天师殿的修复情况。

2000年4月下旬到5月中旬，组织开展《中华人民共和国产品质量法》及《中华人民共和国计量法》《中华人民共和国标准化法》的执法检查，分别对松阳县的制砖业、饲料业、酿酒业、炒货业、副食品业及县重点企业的产品质量，各液化气供应点和西屏、古市2镇的学校附近副食品经销店等近50家企业的商品质量进行检查。

2001年4月中旬至5月中旬，在全县范围内组织开展《中华人民共和国建筑法》及相关的《中华人民共和国工程招投标法》《中华人民共和国工程质量管理条例》执法检查。5月14～16日，检查组对1998年3月以来，全县工民建项目建设及私人建房领域、交通、水电系统、教科文卫系统和有关乡镇建设项目及建材市场进行检查。组织检查组对《中华人民共和国残疾人保障法》在全县贯彻实施情况进行检查。

2002年3月上旬至6月上旬，组织开展《浙江省职工基本养老保险条例》《浙江省职工失业保险条例》（以下简称“两条例”）执法检查。选取县内20余家企事业单位，对贯彻“两条例”情况进行全面检查。6月下旬至7月中旬，组织《中华人民共和国档案法》的执法检查。

第九届人大常委会期间执法检查

2003年5月至8月，组织开展《中华人民共和国劳动法》和《中华人民共和国工会法》（以下简称“两法”）执法检查。执法检查组共22人，分2组实地检查泰盛、绿野、中医院等10家企事业单位。2004年4月中旬至6月末，组织开展生态县建设和《中华人民共和国环境保护法》的执法检查。5月中旬至6月下旬，组织开展《中华人民共和国人口与计划生育法》及相关条例的执法检查。2005年4月28～29日，组织人员到部分新建居民住宅区进行《中华人民共和国国旗法》执法检查。5月下旬至6月上旬，组织对《浙江省少数民族权益保障条例》进行执法检查。5月末至6月末，组织对《中华人民共和国种子法》进行执法检查。12 月 6～12 日，常委会检查组到县国土局、人口与计划生育局，就 2004 年以后适用一般程序处理的行政处罚案件的办理情况进行抽查。

2006 年 4 月开始，开展安全生产法执法检查，协助市人大执法检查组对 5 家企业进行检查，就发现的问题提出整改意见和要求。11 月，组织检查组对公安局、建设局 2003 年以后适用一般程序办理的消防、城市管理行政处罚案件依法开展办案质量检查，共抽查案件 24 件，发现问题及时反馈，并以抄告单形式提出整改建议。

第十届人大常委会期间执法检查

2007 年，对安全生产法律法规的贯彻实施情况继续开展跟踪检查，实地视察交通道路、矿山、工业企业的安全生产情况。对省垂直管理的 2 个行政执法单位即工商行政管理、食品药品监督管理部门适用一般程序处理的案件进行办案质量检查，抽查案件 30 件，提出建设性意见。

2008 年，开展《浙江省少数民族权益保障条例》实施情况的执法检查。对 2 个行政执法单位发改局、卫生局适用一般程序处理的案件进行办案质量检查。2009 年，先后开展《中华人民共和国农业法》《中华人民共和国农产品质量安全法》《中华人民共和国传染病防治法》及《浙江省预防职务犯罪条例》等多部法律法规执行情况的执法检查。

2010 年，采取统一部署、县乡联动、各级人大代表全程参与的方式，先后组织对义务教育"一法一条例"、水污染防治"一法一条例"和妇女权益保障"一法一办法"六部法律、法规贯彻情况的执法检查，并提出相关建议。

第二节　评议工作

第六届人大常委会评议工作

1991 年 11 月，组织全县人大代表对人民法院的执法和勤政等工作进行为期一个月的评议。肯定法院成绩有 88 条，指出不足 45 条，提出建议、要求共 107 条。全县 293 名县人大代表共走访单位 260 多个、选民 5500 多人；参加座谈会的干部群众 2500 多人。县人民法院对代表提出的意见和建议、要求进行梳理，归纳为 45 条需要整改的意见。是年末，经调查核实办结 12 条。

第七届人大常委会评议工作

1993 年 10 月下旬至 12 月末，组织县、乡人大代表对公安机关的工作进行评议。这次评议的主要内容是公正执法、勤政廉政、文明办案 3 个方面情况。常委会建立评议工作领导小组和办公室，制定实施方案，召开动员大会和电话会议，进行宣传发动。县公安局主动向县人大代表、政协委员发出征求意见表 1000 份，县人大代表参加活动 227 人，参与率 90%，走访选民 19256 人，召开各种座谈会 193 次，参加人数 2430 人，征集到各类意见和建议共 506 条。在常委会召开的评议会上，代表对公安机关工作提出意见和建议共 112 条，经常委会梳理归纳，以文件形式向公安机关提出 5 个方面共 82 条整改意见。公安机关纠正有关乱收费、乱集资、用人不当等问题，处理 5 名有一定问题的干警，停止16项不当收费；破获各类刑事案件37起（其中特大案件9起），破获各类犯罪团伙5个24人，缴获赃款赃物2.37万元，为企业挽回经济损失50多万元；查处各类治安案件73起，治安处罚139名；查处各类逃犯59名，其中在册案犯14名。截至是年末，县公安机关对代表评议意见查办落实69件，占整改意见的84%。

1994年10～12月，对县工商局局长、土管局局长、交通局局长、教委主任4位常委会任命的干部进行述职评议。评议的内容重点是执法和廉政两个方面。评议会后，常委会以书面和口头的形式反馈给被评议单位和个人，要求限期整改。

图21-6 县人大常委会颁发任命书仪式（叶光铭 摄于2007年）

1995年9～11月，县人大常委会委员对任命的县农业经济工作委员会（简称“县农经委”）主任、农业局局长、水电局局长、财政局局长、商业局局长、物价局局长、物资局局长、粮食局局长和人民法院副院长、人民检察院副检察长等12名干部进行述职评议。委员根据12名干部的述职报告及事先调查了解的情况，面对面进行评议，对存在的问题分别提出整改意见，要求被评议对象在限期内向常委会递交整改措施报告。并对12名干部按优秀、称职、基本称职、不称职四个档次进行无记名投票，提出提拔、留用、调离、降职的建议意见。

1996年9～10月，组织县人大代表开展对公安、财税、工商、邮电系统行风建设评议。10月22日，常委会召开各乡镇人大主席、副主席和县机关代表组长会议，对上述系统的行风建设进行评议。12月，对县府办主任、审计局局长、统计局局长、司法局局长、公安局局长、林业局局长、建设局局长、文化局局长、卫生局局长、县计生委主任、县科委主任11位任命干部进行述职评议。

1997年10月，组织县、乡镇人大代表对金融、建设（环保）、交通、土管、教育五大系统进行行风评议。10月31日，召开由各乡镇人大主席、副主席和五大系统各单位负责人参加的行风评议会。会后，常委会以文件的形式交五大系统组织落实整改，其中金融8条、建设6条、交通8条、土管6条、教育6条。

第八届人大常委会评议工作

1999年5～12月，组织县人大代表评议县人民检察院司法工作、县水电局行政执法工作及对县监察局局长、审计局局长、财政局局长、水电局局长、文化局局长履行职责情况进行评议。10月26日，常委会第十次会议根据多数组成人员的评议意见，确定县人民检察院司法形象和县水电局行政执法总体形象为良好，确定5位任命干部均为称职；同时分别提出整改意见。

2000年7月下旬至12月，组织县人大代表开展对县公安局执法工作评议和对任命干部县公安局局长、民政局局长、交通局局长、林业局局长、建设局局长等进行述职评议。9月27日，常委会第17次会议确定县公安局执法形象为良好。

2001年8～12月，组织县人大代表对县人民法院司法工作进行评议，同时对任命干部县教委主任、县人事劳动局局长、县计生委主任进行述职评议。2001 年 9 月下旬，常委会第二十七次会议确定县人民法院司法形象为良好。11 月 12 日，常委会向县人民法院交办司法评议整改意见。

第九届人大常委会评议工作

2003 年 9～12 月，组织县人大代表对县公安局进行执法工作评议。10 月 29 日，常委会第 3 次会议确定县公安局执法形象为良好，针对存在的问题和不足，会议作出《对县公安局执法工作评议整改意见》。12 月 30 日，常委会第四次会议听取县公安局《关于执法工作评议整改意见落实情况的报告》。

2004 年 7 月中旬至 11 月，组织县人大代表对县人民法院司法工作进行评议。8 月 31 日，常委会第八次会议在听取县人民法院自查报告和常委会评议调查组的调查报告后，确定县人民法院公正司法形象为良好。同时指出县人民法院在司法工作中存在的问题和不足：少数案件的审判有执法不公、执法不严的现象；在生效法律文书执行中，债权凭证结案比例偏高；队伍建设仍存在薄弱环节；审判宣传工作尚有差距。会议作出《关于对县人民法院司法工作的评议整改意见》。12 月，对任命的县民政局局长和卫生局局长进行述职评议。12 月 15 日，常委会第十一次会议确定两位局长为称职。同时分别作出履行职责情况评议意见。

2005 年 8 月上旬至 11 月末，组织县人大代表对人民检察院司法评议，对建设局局长和水利局局长进行述职评议。2005 年 9 月 26 日，县九届人大常委会第十七次会议确定县人民检察院公正司法形象为良好。2006 年，组织县人大代表对全县 32 个行政执法单位的执法形象进行测评，测评内容包括依法办案、服务质量、办事效率、法律宣传、廉政建设 5 个方面。10 月 30 日，人大常委会第 28 次会议对县政府组成部门的局长、法院副院长、检察院副院长届内履职情况进行测评。

图 21-7　县教育水利工作评议大会（叶光铭摄于 2010 年）

第十届人大常委会评议工作

2007 年、2008 年、2009 年、2010 年，常委会任免干部坚持任前法律知识考试和任职见面表态制度、被任职干部履职情况报告制度。

2010 年，常委会对人民法院的民事审判工作进行专项监督。为提升人民陪审员的选任质量，对人民陪审员在学历、地域、行业、阶层分布等方面提出要求。8 月，常委会组织开展对“一府两院”的专项工作评议。11 月，十届常委会第二十九次会议对松阳换届以来的教育、水利工作开展专项评议工作。调查阶段共召开各级各类座谈会 50 余次，收集调查问卷 1400 余份，征集各类意见建议 200 余条，综合评价均为基本满意。

第三节 人事任免

人大常委会工作人员任免

松阳县第三届至第九届人大常委会共任命常委会工作人员 56 人次。

松阳县人大常委会第三届至第九届工作人员任免表

表 21-7-3-1　　单位：人次

届次	任职	免职（辞职）	届次	任职	免职（辞职）
三	1	0	七	7	5
四	1	1	八	7	7
五	7	1	九	7	7
六	5	0			

政府工作人员任免

松阳县第三届至第九届人大常委会共任命政府工作人员 352 人次。

松阳县人大常委会第三届至第九届政府工作人员任免表

表 21-7-3-2　　单位：人次

届次	任职	免职（辞职）	届次	任职	免职（辞职）
三	23	0	七	61	16
四	21	8	八	64	26
五	41	6	九	32	5
六	40	9			

法、检两院工作人员任免

松阳县第三届至第九届人大常委会共任命法院、检察院工作人员 281 人次。

松阳县人大常委会第三届至第九届法院、检察院工作人员任免表

表 21-7-3-3　　单位：人次

届次	单位	任职	免职
三	法院	8	0
	检察院	3	0
四	法院	24	2
	检察院	17	1
五	法院	30	12
	检察院	8	2
六	法院	12	2
	检察院	9	0
七	法院	30	13
	检察院	18	7
八	法院	36	20
	检察院	13	5
九	法院	13	6
	检察院	10	0

第八章　乡镇人民代表大会

乡、民族乡、镇是中国最基层的行政区域。乡、民族乡、镇人民代表大会是最基层的行政区域内的国家权力机关。2010年末，松阳县辖5个镇、15个乡（含1个民族乡）。

根据《中华人民共和国地方组织法》第九条规定，乡、民族乡、镇人民代表大会行使下列职权：在本行政区域内，保证宪法、法律、行政法规和上级人民代表大会及其常务委员会决议的遵守和执行；在职权范围内通过和发布决议；根据国家计划，决定本行政区域内的经济、文化事业和公共事业的建设计划；审查和批准本行政区域内的财政预算和预算执行情况；决定本行政区域内的民政工作的实施计划；选举本级人民代表大会主席、副主席；选举乡长、副乡长，镇长、副镇长；听取和审查乡、民族乡、镇的人民政府的工作报告；撤销乡、民族乡、镇的人民政府的不适当的决定和命令；保护社会主义的全民所有财产和劳动群众集体所有的财产，保护公民私人所有的合法财产，维护社会秩序，保障公民的人身权利、民主权利和其他权利；保护各种经济组织的合法权益；保障少数民族的权利；保障宪法和法律赋予妇女的男女平等、同工同酬和婚姻自由等各项权利。

乡镇人民代表大会依法组成代表小组，反映群众意见和要求，监督本级人民政府的工作。

第一节　代表选举及代表大会会议

1949年5月，松阳解放。7月，成立松阳县人民政府。全县废除保甲制度，以行政村为单位组建农会，在农会的基础上组建乡镇各界人民代表会议，建立乡镇人民政府。1954年，根据中央人民政府政务院颁发的《乡人民政府组织通则》和《乡人民代表会议组织通则》，开展民主建政。经过划分选区，做好选民登记，选出乡镇人民代表会议代表，召开乡镇人民代表会议，在试点乡进行乡长、副乡长选举。

1954年，第一届普选开始，各乡镇成立选举委员会。选举委员会主席由乡镇长或副乡镇长担任，委员由乡镇党团支部书记、妇联主任、合作社社长、小学教员及乡镇民政调解、治安保卫主任等组成。乡镇人民代表候选人采取领导联合提名和选民提名相结合的方式产生，即由乡镇党支部提出初步意见，选举委员会邀请各界各方面代表性人物协商，确定代表候选人初步名单，交由选民讨论，再根据多数选民意见加以修正补充后，交由选举委员会在选举前3天公布正式候选人名单。

第一届普选，全县依法选举产生乡镇人民代表大会代表1212人。完成乡镇选举后，各乡镇先后召开乡镇人民代表大会会议。会议期间依法选举产生大会的代表资格审查委员会和提案审查委员会。乡镇人民代表大会会议议程一般有：依照法律听取审查乡镇人民政府的工作报告，审议提案、听取提案审查报告，听取审议代表资格审查报告，听取讨论乡镇人民政府今后工作任务的报告，听取审议本级财政（财粮）收支情况报告，依法选举乡镇长、副乡镇长以及出席县第一届人民代表大会代表。乡镇人民代表大会每届任期 2 年。

1955 年 10 月，乡镇人民政府改称乡镇人民委员会。委员会由乡镇长 1 人、副乡镇长 1～4 人、委员若干名组成。乡镇人民委员会设生产合作、民政调解、财粮统计、文教卫生、武装治保 5 个委员会。乡镇人民委员会负责召集召开下一次乡镇人民代表大会会议。

1956 年 3 月，完成部分撤区并乡工作，全县置 2 个区 25 个乡镇。时第一届乡镇人民代表大会任期届满，全县第二届乡镇选举开始。7 月，开始选举试点工作。至 12 月末全县选举工作结束。全县依法选举产生乡镇人民代表大会代表 1129 人。各乡镇先后召开第二届人民代表大会第一次会议，选举产生新一届乡镇人民委员会。乡镇人民委员会印章由省人民委员会统一颁发。乡镇人民代表大会会议每 3 个月召开一次，每届任期 2 年。1958 年 4 月，全县完成第三届基层选举，全县选举产生乡镇人民代表大会代表 1116 人。10 月，在人民公社化运动中，以原 5 个区建制分别成立 5 个人民公社。11 月，撤销松阳县建置，原松阳县辖境并入遂昌县。1961 年 9 月，复设区公所，改以原乡行政区域为人民公社。乡镇人民代表大会由公社社员代表大会替代。

“文化大革命”期间，乡镇人民代表大会停止活动。1980 年，恢复乡（时称人民公社）镇人民代表大会制度。乡（社）镇人民代表大会代表由选民直接差额选举产生。每一选民有 3 人以上附议都可以成为推荐代表候选人，有 10 人以上联名推荐者都可以成为代表候选人，候选人名额多于应选代表名额的 1/2 或 1 倍。乡镇人民代表大会每届任期 2 年。1982 年修改后的《中华人民共和国宪法》规定，乡镇人民代表大会每届任期 3 年，代表大会会议每年召开 1 次。

1982 年 1 月，复置松阳县。1983 年末，全县完成政社分设，恢复乡级建制。时全县辖 2 个直属镇、5 个区 25 个乡。

1984 年，举行恢复县制后首次乡镇人民代表大会换届选举。3 月下旬，各乡镇选举委员会相继成立。7 月，选举工作结束。全县共选举产生乡镇人民代表大会代表 2343 人。各乡镇先后召开人民代表大会会议，届次均承前顺算。自此，乡镇人民代表大会在松阳恢复正常，依法直接差额选举乡镇人民代表大会代表，按时召开乡镇人民代表大会会议，乡镇长、副乡镇长由乡镇人民代表大会依法选举产生。乡镇人民代表大会每届任期 3 年。乡镇人民代表大会定期开展代表小组活动，根据本乡镇情况组织代表开展视察调研，对本级政府工作进行评议。

图 21-8　新处乡十五届人大选举现场（叶光铭摄于 2007 年）

1992 年，“撤区、扩镇、并乡”后，全县置 5 个镇 15 个乡（含 1 个畲族乡）。乡镇人民代表大会届次排序原则是：乡镇合并的，沿用原镇人民代表大会届次；乡与乡合并建新镇的，沿用新建镇所在地的原乡人民代表大会届次；乡与乡合并的，沿用新建乡所在地原乡人民代表大会届次。1999 年 12 月，县第八届人大常委会第十二次会议通过《关于召开乡镇人民代表大会暂行办法》。

2004 年 3 月，第十届全国人大第二次会议通过的《中华人民共和国宪法》修正案第三十条规定，“乡、民族乡、镇的人民代表大会的每届任期由三年改为五年”。据此，该届乡、民族乡、镇的人民代表大会的任期延长至 5 年。即 2002 年选举产生的乡镇人民代表大会任期延长至 2007 年届满。

第二节　乡镇人民代表大会主席团

人大联络员

1954 年，乡镇人民代表大会始设。至 1988 年，由乡镇人民政府（人民委员会）负责召集召开乡镇人民代表大会会议，办理大会闭会期间有关工作。

1985 年，县四届人大常委会制定《松阳县人大常委会工作暂行办法》，规定各区、镇设置人大工作联络员。1986 年 4 月，正式配备区、镇人大工作联络员。县六届人大常委会第三次会议制定《松阳县区、镇人大工作联络员工作职责》。区、镇的人大工作联络员及时联络人大代表，协助搞好代表小组活动，并及时向县人大常委会汇报；组织人大代表开展调研视察，指导乡镇人民代表大会开展工作，完成县人大常委交给的各项任务。1992 年“撤、扩、并”后，不再设区、镇人大工作联络员。

主席团

为加强乡镇人大工作，1988 年 12 月，五届人大常委会决定全县乡镇人民代表大会设主席团，配备常务主席。乡镇人大常务主席可以由主席团在其成员中提名，交乡镇人民代表大会通过；大会闭会期间，可由主席团在其成员中推选。常务主席任期自本次大会当选至下次会议选出新的主席团止。可以连选连任。1989 年 12 月，浙江省人民代表大会常务委员会颁布《浙江省乡镇人民代表大会主席团组织条例》（以下简称《组织条例》）。全县乡镇人民代表大会主席团遵照该条例依法开展工作。乡镇人大主席团设常务主席 1 人，由主席团提名，在本次乡镇人民代表大会会议通过。1996 年，修正后的《组织条例》改称常务主席为主席，乡镇人大主席团常务主席改称乡镇人大主席，由乡镇人民代表大会从代表中选举产生。

乡镇人民代表大会会议闭会期间，乡镇人大主席团行使下列职权：保证宪法、法律、法规以及上级人民代表大会及其常务委员会和本级人民代表大会的决议在本行政区域内的遵守和执行；检查、督促本级人民政府组织实施本级人民代表大会决定的事项；检查、督促本级人民政府办理本级人民代表大会代表提出的建议、批评和意见；检查本级人民代表大会批准的财政预算的执行情况；审议、决定本级人民政府提出的财政预算的部分变更，并报本级人民代表大会下次会议认可；讨论、研究本行政区域内涉及公共利益的重大问题，向本级人民政府提出意见和建议，或提请本级人民代表大会审议；组织本级人民代表大会代表学习、宣传法律，开展视察、调查，协助本级人民政府推行工作；受上级人民代表大会常务委员会委托，联系本行政区域内的上级人民代表大会代表；主持本级人民代表大会代表的补选和罢免事项；支持本行政区域内村民委员会、居民委员会的工作，维护公民依法享有的各项权利；筹备、召集本级人民代表大会下次会议，并向会议报告工作。

主席设置

1989年5月，各乡镇人民代表大会会议先后召开。25个乡镇配置乡镇人大主席团常务主席，均为兼职。西屏、古市2镇已有人大工作联络员，不再配置。1990年4月，县、乡两级人民代表大会换届选举结束，各乡镇先后召开乡镇人民代表大会会议。除望松、斋坛、樟溪3个乡外，24个乡镇依法产生乡镇人民代表大会主席团常务主席。次年，全县27个乡镇全部配齐乡镇人大常务主席，其中板桥、阳溪、水南、叶村、赤寿、古市6个乡镇为专职常务主席，其他乡镇由乡镇党委书记或副书记兼任。1992年“撤、扩、并”后，20个乡镇中有西屏、古市、象溪、大东坝、赤寿、板桥6个乡镇人大配备专职常务主席，其他乡镇仍为兼职常务主席。1993年，乡镇人民代表大会换届，配备专职常务主席的有西屏、古市、玉岩、象溪、大东坝、望松、赤寿、新兴、樟溪9个乡镇。1996年，乡镇人民代表大会换届，新兴、新处、谢村、枫坪、板桥5个乡的人大主席由乡党委书记兼任，同时各乡配1名副主席。1999年，乡镇人民代表大会换届，乡镇人民代表大会主席均由乡镇党委书记兼任，同时设常务副主席一职。西屏、古市两镇有常务副主席各2人，其余乡镇均1人。2002年，乡镇人民代表大会换届，西屏、古市、象溪、玉岩、大东坝5个镇设专职人大主席，其余15个乡人大主席由乡党委书记兼任。

依据《浙江省乡镇人民代表大会主席团组织条例》，1990年9月，县六届人大常委会第3次会议制订通过《松阳县乡镇人民代表大会主席团常务主席工作职责》。县人大常委会定期召开乡镇人大主席例会；常委会会议邀请部分乡镇人大主席列席；建立乡镇人大主席团每季例会制度，定期召开主席团会议；搞好执法检查，办理代表议案，接受选民和代表来访；组织代表开展学习、视察、调研，评议乡镇政府工作；乡镇人民代表大会会议期间主席团向大会报告工作。

第二十二编　县级行政组织

本编主要记述东汉建安四年（199）至2010年松阳县工作部门机构沿革情况，特别是1984年、1996年、2001年、2005年四次松阳党政机构改革，进行调整优化组合的情况；行政管理体制改革和民主决策制度改革的情况；县人民政府施政的重大决策、为民办实事情况；县人民政府抓田园松阳建设进行招商引资，学习国内外先进技术、管理经验，提高行政审批办事效率、优化服务的情况；以及县人民政府依法办事和做好机关事务管理等情况。

中华人民共和国成立后，县政府依法行使权力，领导全县人民共同建设美好的田园松阳。

第一章　县级机构

松阳县隶属浙江省丽水市，位于浙江西南部，为丽水市最早建制的县份。历史上曾是浙江西南部的政治、经济、文化中心，历史悠久，人文鼎盛。丽水市的9个县（市、区）中，除遂昌县外，其余7个县（市、区）的境域大多从松阳县直接分置或间接分置。

本章主要记述松阳县在东汉建安四年（199）至1949年3月机构沿革、县级行政官员、政府下属机构的情况。（其中，机构沿革详见第一编“政区”第一章“建置沿革”；县以下基层政权详见第一编“政区”第三章“行政区划”）

第一节　历代县级官员

东汉至清代

东汉时期设县长。东汉，不足万户的县设县长，其属僚有县丞、县尉、主簿、功曹、户曹掾史、贼曹、狱掾、狱小史、廷掾、门下掾、县掾、五官、令史、邮书掾、金曹史、法曹史等。东汉，松阳设县长1人。

三国吴，行政管理机构设置基本沿袭秦、汉旧制，郡县职官设置大体与前朝相同。

西晋至唐代设县令。西晋，大县置县令，小县置县长。侯国置相，职同县令（长）。大县置都尉2人，次县、小县置1人。

东晋，设县令，掌判县政。下设县丞、主簿、县尉，皆助县令办理县事。另设掾属，分曹办事。

职分户曹、仓曹、兵曹、贼曹、法曹等掾吏以及书佐等职官。东晋，松阳设县令1人。

南北朝，县置县令。县为分封的王国者，则置相。县丞、主簿等佐吏，按县的面积大小确定员额，由各州自行规定。

隋代，县长官一律称县令。上上县配官合属官佐吏54人，上中县49人，上下县44人，中上县减上下县六人38人，中中县33人，中下县32人，下上县31人，下中县减下上县一人30人，下下县29人。其时，松阳未明确何种规模，但可推断"上"的范围。

唐代，县长官称县令，属官设县丞、主簿、县尉、录事、司户、司法等。浙江境内，县主要官员设县令，另设县丞、主簿、县尉及学官等，松阳设县令1人。

宋代，松阳设知县，职掌民政。属官设县丞，主管文书，典知仓狱；主簿，掌出纳官物，销注簿书之事；县尉，掌军事和社会治安；另设典吏，掌缉捕，博士。

元代，县级行政长官设达鲁花赤，佐吏设县尹、县丞、主簿、县尉、典史、教谕、训导等官员。

明代，松阳设知县1人。下设县丞2人，分别管坑、佐政，后均裁；设主簿1人，掌文书户籍；典史1人、司吏7人、典吏14人，掌管监察监狱。县署内设有"六房"（吏房，掌管人事官制、官规；户房，掌管民政、户籍、田赋；礼房，掌管教育、礼仪；兵房，掌管役政、缉捕、递解；刑房，掌管狱讼、司法、刑罚；工房，掌工程建设）和"三班"（壮班，司值堂站班、传唤诉讼；快班，司缉捕、送公文；皂班，司仪仗、县官出入护卫）。另设教谕（含山长）、训导等职。

清代，基本沿袭明代。设知县、主簿、典史、教谕（康熙四年即1665年裁，十五年复设）、训导；阴阳学训术、医学训科、僧会司、道会司；驻防把总、协防外委。县衙机构内设吏、户、礼、兵、刑、工、仓、库"八房"，另设"三班"，其职能与明制大体相同。另有驻防把总、协防外倭。

宣统二年（1910）五月，县地方自治事务所成立，设厘金局，址在南门下天后宫东侧。

民国时期

民国初期设知事。民国元年（1912），松阳置县公署，设知事1人，主管行政兼理司法。设承审员、管狱员。民国2年，县公署分科办事，设第一、第二、第三科，各科配科长1人、科员若干人。另设技士办理技术事务；酌用雇员，缮写文件及庶务等事。

民国16年（1927）5月，县公署改名县政府，县知事改称县长。县政府设秘书1人，设总务、民治、财政、教育、建设5科，分理县政；各科配科长1人，配科员、事务员、书记若干人。民国17年9月，遵照国民政府《县政府组织法》的规定，县政府设县长1人，下设第一、第二、第三科，各配科长1人、科员若干人，并雇用事务员及书记。另设教育、公安2局。

民国18年（1929），松阳为浙江省长公署直辖，并被确定为三等县；7月，成立土地陈报办理处。11月，县佃业仲裁委员会成立。民国19年8月，松阳县水利委员会成立；11月，松阳长途电话支局设立；12月，县政府设秘书室、教育局、公安局，第一科(民政)、第二科(财政)、第三科(总务、建设)、司法科，人员编制共21人；另设立县水利委员会。

民国22年（1933），松阳电报收发处设立。民国26年，县政府设民政、财政、教育、建设、兵役5个科，秘书、会计、合作指导、警佐、军法、政工6个室。职员编制上自县长下至事务员共

60余人。民国27年，松阳电报收发处升为电报局，辖遂昌、宣平2个电报收发处。

民国35年（1946），县政府设民政、财政、教育、建设、军事、田粮、社会7个科，秘书、合作指导、会计、统计、军法、人事6个室；另设卫生院、防疫委员会、民众教育馆、农业推广站、救济院、公有款产委员会，又设集中仓及西屏、古市、靖居田粮办事处和玉岩田粮征收处。民国38年，县政府裁人事、统计2室。保留民政、财政、教育、建设、军事、田粮、社会7个科，秘书、会计、军法、合作指导4个室。

民国38年（1949）3月13日，县长祝更生率部起义。4月26日，代县长李和涛逃离，民国松阳县政府遂告终结。

第二节　历代行政长官名录

东汉至民国，有记载的县政主官，东汉县长1人，晋县令1人，唐县令7人，五代知县1人，宋县令28人，元达鲁花赤15人，明知县86人（其中上级委派7人），清知县101人（其中上级委派1人）。民国元年至16年（1912～1927），知县15人；民国16年5月，知县改称县长，至民国38年4月，县长13人。

东汉至清代松阳县行政长官（县长、县令、知县、达鲁花赤）名录表

表22-1-2-1

朝代	姓名	籍贯	任职时间	朝代	姓名	籍贯	任职时间
汉	丁　蕃	—	建县初	五代	陈　时	—	后晋天福四年
东晋	孔松阳	曲阜	—	宋	李　曙	—	景德年间
东晋	钮　滔	—	—	宋	王祖道	—	熙宁年间
梁	萧　济	—	承圣年间	宋	王　昕	—	元丰年间
陈	周　磻	—	至德三年	宋	叶温叟	—	元丰年间
隋	宇文弁才	—	大业四年至十一年	宋	徐彭年	—	建炎年间
唐	冯道仪	—	—	宋	唐　阅	—	建炎年间
唐	王　素	—	—	宋	陈俊卿	莆田	—
唐	赵全壁	—	—	宋	黄　衮	—	—
唐	李　邕	江夏	开元四年	宋	王　淑	—	绍兴年间
唐	韩　琮	—	—	宋	茅　密	会稽	绍兴年间
唐	刘　埛	—	—	宋	陈　戒	—	乾道年间
唐	姚　协	—	—	宋	刘唐褒	吴兴	—
唐	郑　萱	—	—	宋	卢　瑀	温州	淳熙年间
唐	孟景仁	—	—	宋	张邦彦	—	政和年间

续表 22-1-2-1-1

朝代	姓名	籍贯	任职时间
宋	洪　藏	—	—
	蔡　任	永嘉	嘉定年间
	王　圭	吴县	绍定年间
	薛梦龙	平阳	绍定年间
	范大源	—	绍定年间
	高　彭	绍兴	淳祐年间
	赵希訊	东阳	淳祐年间
	黄周镇	平阳	淳祐年间
	赵汝锦	—	淳祐年间
	魏　蕃	紫阳	淳祐年间
	赵必稷	永嘉	—
	姚孝淳	绍兴	咸淳年间
	陈　炳	—	—
	赵兴寅	台州	—
	赵时珉	永嘉	德祐年间
元	阿　里	回回	至元年间
	别改迷失	畏兀儿	至元年间
	袁　禧	东平	至元年间
	王忠甫	济南	至元年间
	瞿　源	单州	至元年间
	伯颜海牙	—	大德年间
	赤盏显忠	—	大德年间
	陈天玙	董州	大德年间
	刘德楙	东平	大德年间
	李德荣	深州	大德年间
	乌马儿	回回	至大年间
	买　住	广平	元统年间
	方明安	会稽	元统年间
	孙德润	钱塘	元统年间
	伯皎兀哈进	—	—
明	王　彝	北平	洪武年间
	石　骥	濮阳	洪武年间
	胡原振	—	洪武年间
明	史　福	—	洪武年间
	何彦信	—	洪武年间
	魏　琏	—	永乐年间
	臧　选	—	永乐年间
	王　琨	三山	宣德年间
	李　颢	毗陵	正统年间
	马　骥	—	景泰年间
	李　新	—	天顺年间
	王　琨	昆山	成化年间
	张　骞	云南	成化年间
	阎　钟	—	成化年间
	吴　泰	—	成化年间
	刘　琬	—	成化年间
	谢　琼	祁门	成化年间
	陈　时	东莞	弘治年间
	李　润	山西	弘治年间
	黄　球	攸县	弘治年间
	周季邦	南昌	弘治年间
	宁　溥	山阳	弘治年间
	潞　弼	江都	弘治年间
	王文钦	保昌	弘治年间
	陈　谟	龙溪	正德年间
	杨　谷	山阳	正德年间
	唐　恩	嘉定	正德年间
	陈嘉谋	长乐	正德年间
	江应昂	攸县	嘉靖末年（署松阳篆）
	魏良弼	新建	嘉靖年间
	张　贺	龙溪	嘉靖年间
	林　璧	侯官	嘉靖八年至十五年
	郑　芸	莆田	嘉靖年间
	胡　云	无锡	嘉靖年间
	沈存肃	上海	嘉靖年间
	顾　进	丹徒	嘉靖年间

续表 22-1-2-1-2

朝代	姓名	籍贯	任职时间	朝代	姓名	籍贯	任职时间
明	洪 恺	贵溪	嘉靖年间	明	孙鹏举	江夏	万历年间
	王 铣	吴江	嘉靖年间		范 锟	官顺	天启年间
	罗拱宸	马平	嘉靖年间		宿梦鲤	无锡	天启年间
	万 鹏	武进	嘉靖年间		傅时勉	无为	天启年间
	黄美中	南靖	嘉靖年间		陈钟鼎	福清	天启年间
	张 勃	贵州	嘉靖年间		杨应华	宁国	崇祯年间
	汪希武	歙县	嘉靖年间		权世则	马平	崇祯年间
	蒋 晓	歙县	嘉靖年间		谢士经	德庆	崇祯年间
	王 化	大庾	隆庆年间		魏元翼	泉州	崇祯年间
	李 基	番禺	隆庆年间		保良遇	通州	崇祯年间
	杨维新	丹徒	隆庆年间		张建高	辽东	崇祯年间
	朱 衮	德化	万历年间		刘日镒	南昌	崇祯年间
	宋尧徵	华亭	万历年间		许有寰	揭阳	崇祯年间（署松阳篆）
	罗应兆	吴县	万历年间		杨应华	宁国	—
	张 赛	从化	万历年间		康 晋	合州	—
	程子谏	歙县	万历年间		舒自志	溆浦	（署松阳篆）
	廖性之	高安	万历年间		傅时勉	为州	—
	萧文绍	安福	万历年间		王在镐	登州	（署松阳篆）
	周宗邠	武进	万历年间	清	王天倪	安邑	顺治年间
	林 宣	兴县	万历年间		佟庆年	京	顺治年间
	张继桂	同安	万历年间		田起龙	襄城	顺治十三年
	刘干正	—	万历年间		卢绳慈	麻城	顺治十七年
	吴钟英	浦城	万历年间		陈启东	进贤	顺治十八年
	林大佳	隆安	万历年间		马成蛟	滋阳	康熙三年
	钱明轸	通州	万历年间		蒋如琬	全州	康熙五年
	文似韩	高安	万历年间（署松阳篆）		杨 栻	内江	康熙七年
	袁遇春	分宜	万历年间（署松阳篆）		杨季昌	武功	康熙八年
	林刚中	莆田	万历年间（署松阳篆）		傅 亶	泉州	康熙十一年
	康 晋	合州	万历年间		张景留	奉天	康熙十五年
	舒自志	溆浦	万历年间		葛永振	宁远	康熙二十四年（署松阳篆）
	王在镐	登州	万历年间		周名揺	宝应	康熙二十五年
	方廷兰	惠来	万历年间		李钟秀	奉天	康熙二十七年
	瞿鸣岐	垫江	万历年间		郑伟全	龙川	康熙三十年

续表 22-1-2-1-3

朝代	姓名	籍贯	任职时间	朝代	姓名	籍贯	任职时间
清	武方蔚	旗人	康熙三十二年	清	王洪序	四川	嘉庆年间
	陈士超	溧阳	康熙三十四年		陈河图	—	嘉庆年间
	罗生锦	祁县	康熙五十一年		彭瑞麟	—	嘉庆年间
	连　青	建宁	康熙五十一年		沈敬学	—	嘉庆年间
	洪晨绂	海丰	康熙五十六年		鹿嗣宗	直隶	嘉庆十四年
	黄鸿章	程乡	康熙五十九年		张日瑶	—	嘉庆年间
	杨国瑜	奉天	雍正元年		钱东垣	江南	嘉庆二十年
	孙　翼	登州	雍正七年		方应庄	四川	嘉庆年间
	刘　瑄	顺天	雍正十一年		阿昌阿	旗人	嘉庆年间
	吴　卓	武进	乾隆元年		刘国龄	常州	嘉庆年间
	郭日槐	广东	乾隆七年		丁愈嘉	云南	嘉庆年间
	薛　楷	侯官	乾隆十一年		江思濬	重庆	道光元年署
	陈朝栋	福州	乾隆十二年		周　楷	—	道光年间
	黄　槐	上海	乾隆十六年		汤景和	邓川	道光六年
	李国才	南海	乾隆二十年		支恒春	丹徒	道光十年
	吴凤章	潮阳	乾隆二十二年		高奇伟	大谷	道光十二年
	景洪亮	洪洞	乾隆二十五年		甘　麟	古田	道光年间
	邹　清	无锡	乾隆二十八年		刑吉甫	江宁	道光年间
	伍绍绅	江西	乾隆二十六年署		韩培乾	直隶	道光年间
	讷　斌	—	乾隆二十八年		宴贻玖	湖北	道光十七年署
	李　澍	直隶	乾隆二十九年署		郑　镛	古田	道光二十六年补授
	倭升额	—	乾隆二十九年		伍绍绅	江西	道光二十六年
	曹立身	平定	乾隆三十年		晏贻玖	—	道光二十七年
	田　青	顺天	乾隆三十八年		纳　斌	镶白旗	道光二十八年
	陈纯士	广西	乾隆四十八年署		李　澍	直隶	道光二十九年
	龚　濬	—	乾隆年间		边厚庆	任邱	咸丰元年署
	韩清乾	开封	乾隆五十六年		许文藻	石屏	咸丰三年
	何际昌	—	乾隆年间		许师熹	安徽	咸丰六年署
	成履咸	—	嘉庆年间		崔梦梧	安徽	咸丰五年
	傅秀漳	四川	嘉庆元年、十年		张士超	山东	咸丰七年
	涂大谟	安乡	嘉庆年间		张师吕	直隶	咸丰八年
	杨大钠	—	嘉庆年间		牟温典	山东	咸丰十年
	缪汝和	—	嘉庆年间		何衍宗	扬州	咸丰十年

续表 22-1-2-1-4

朝代	姓名	籍贯	任职时间	朝代	姓名	籍贯	任职时间
清	李作干	江宁	咸丰十一年	清	冯兆崧	江苏	光绪十七年署
	何仁杰	江西	同治元年署		刘　靖	四川	光绪十七年、二十三年
	邓京镛	四川	同治二年署		叶延寿	湖南	光绪十九年署
	薛赞襄	江苏	同治二年署		张尊三	直隶	光绪二十年由青田县兼理
	胡开诚	江西	同治二年署		潘志颖	江苏	光绪二十年署
	徐葆清	汉军	同治三年		符　璋	—	光绪二十九年代理
	黄兆槐	江西	同治九年署		叶昭敦	江苏	光绪三十年署
	左绍斗	湖北	同治九年署		赵联元	江苏	光绪三十一年
	储家藻	—	光绪元年署		鞠文熙	贵州	光绪三十三年署
	朱庆镛	太仓	光绪二年		蒋汝翼	江苏	宣统元年署
	皮树棠	善化	光绪八年署		张　纲	福建	宣统元年署
	范祖义	福建	光绪九年、十三年		刘登瀛	—	宣统二年
	刘春祺	—	光绪十二年署		—	—	—

民国时期松阳县历任行政长官（县知事、县长）名录表

表 22-1-2-2

职务	姓名	籍贯	任职时间
县知事	张铭新	四川	民国元年 3～5 月前典史
	刘耀东	浙江青田	民国元年 5～8 月
	潘　任	浙江新昌	民国元年 8 月
	胡耀南	浙江永康	民国元年 8 月至 3 年 8 月
	习艮枢	江苏	民国 3 年 8 月至 4 年 10 月
	余生球	江西	民国 4 年 12 月至 5 年 12 月
	钱世昌	浙江新昌	民国 5 年 12 月至 8 年 3 月
	查锦枞	安徽	民国 8 年 3 月至 9 年 7 月
	赵祖寿	山东	民国 9 年 8 月至 11 年 3 月
	褚　鲁	山东	民国 11 年 3 月
	李锡畯	山东	民国 11 年 3～4 月代理
	吕耀钤	江苏武进	民国 11 年 4 月至 13 年 1 月
	陈训舒	福建闽侯	民国 13 年 1 月至 14 年 6 月
	秦丰元	湖南湘潭	民国 14 年 6 月至 15 年 9 月
	陈惟俭	浙江平湖	民国 15 年 9 月至 16 年 5 月

续表 22-1-2-2

职务	姓名	籍贯	任职时间
县长	杨德基	浙江金华	民国 16 年 5 月至 16 年 8 月
	黄人玮	浙江金华	民国 16 年 8 月至 18 年 10 月
	罗天宝	广东	民国 18 年 10 月至 20 年 7 月
	李裕光	浙江金华	民国 20 年 8 月至 23 年 4 月
	朱浣青	浙江金华	民国 23 年 5 月至 24 年 4 月
	徐其惠	安徽	民国 24 年 5 月至 26 年 1 月
	蒋剑农	浙江嘉兴	民国 26 年 1 月至 29 年 12 月
	陈成仁	浙江杭州	民国 29 年 12 月至 31 年 5 月死于任内
	徐雄飞	江苏江阴	民国 31 年 5 月至 35 年 1 月
	郑琴隐	浙江开化	民国 35 年 2 月至 37 年 5 月
	许正直	不详	民国 37 年 5 月未到任
	祝更生	河南卢氏县	民国 37 年 7 月至 38 年 3 月率部起义
	李和涛	浙江东阳	民国 38 年 3 月至 4 月 26 日

第二章　县人民政府

民国38年（1949）3月13日，县长祝更生率部起义后，成立松阳县民主政府。1949年5月9日，中国人民解放军挺进松阳，解放松阳全境。16日，松阳县军事管制委员会成立，26日，结束军事管制，成立松阳县人民民主政府。7月，改称松阳县人民政府。1955年10月，县人民政府改组为县人民委员会。1958年11月21日，撤销松阳县建制，并入遂昌县。1982年1月30日，恢复松阳县；4月，重建松阳县人民政府。

本章分四节。第一节“重要会议”，主要记述松阳县1955～2010年召开重要会议的情况，包括县政府全体会议、县政府常务会议、县长办公会议和县政府专题会议作出的重要决定、决议。第二节“县政府工作部门”，记述松阳县人民政府1949～2010年工作机构设置情况，1984年、1996年、2001年、2005年松阳县人民政府四次机构改革情况以及县政府各个工作部门沿革情况。第三节“区（公社）、乡镇（管理区公社）政府”，记述松阳县1935年7月成立竹溪区苏维埃政府开始至2010年区、乡、镇区划变更情况。第四节“历任县人民政府领导”，主要记述1955年10月至2010年12月松阳县第一届人民委员会至第十届人民委员会历任县长、代理县长、副县长名录。

第一节　重要会议

松阳县人民政府重要会议，分县政府全体会议、县政府常务会议、县长办公会议、县政府专题会议4种。

县政府全体会议

1955年10月，实行县人民委员会制。松阳县人民委员会全体会议每月举行1次。参会人员有县长、副县长、各科(委、室)科长（主任）。县人民政府秘书主持会议，会议内容为讨论各部门工作，决定人事任免，审议有关重大问题。

1956年10月9日，全体会议通过调整松阳县行政区域的决议。1957年7月30日，全体会议通过关于开放国家领导下的自由市场的通告；8月8日，通过“松阳县粮食市场管理暂行办法”的布告；9月23日，作出关于执行浙江省人民委员会市场管理布告的决定，通过松阳县山区远景规划；12月2日，通过发布关于公路、渡船安全交通的通告。1958年2月4日，全体会议通过松阳县人民委员会关于严禁赌博的公告；5月25日，通过松阳县人民委员会关于护林防火暂行办法；9月1日，通过松阳县人民委员会组织简则。

1958年11月，松阳县并入遂昌县；1982年松阳恢复县制。1988年3月，制定《松阳县人民政府工作规则》。参会人员有县长、副县长、县人民政府办公室主任、副主任、各局局长、委（办）主任。会议内容为总结工作，部署任务；《工作规则》规定县政府全体会议改为每半年召开 1 次。

1990 年 8 月，修订《松阳县人民政府工作规则》。县人民政府全体会议参会人员有县长、副县长、办公室正副主任、局长、委员会主任。会议由县长或主持工作的副县长召集，邀请县委、县人大、县政协的领导列席。会议任务有传达布置上级行政机关的重要指示和决定；决定和部署县人民政府的重要工作；通报有关全县工作的重要情况；讨论通过需要由县人民政府全体会议决定的重要事项。县人民政府全体会议一般每半年召开一次。1993 年 7 月，修改《松阳县人民政府工作规则》。县人民政府全体会议参会人员除县长、副县长、委办主任、局长外，县长助理和非政府组成部门的局级单位负责人列席会议。邀请县委、县人大、县政协领导外，增加县纪委、县人武部的领导参加会议。县人民政府全体会议一般每半年召开一次。会议的主要任务有传达贯彻上级行政机关的重要指示和决定；决定和部署县人民政府的重要工作；通报有关全县工作的重要情况；讨论通过需要由县人民政府全体会议决定的重要事项。1998 年 5 月，修改后的《松阳县人民政府工作规则》规定，县政府全体会议由县长、副县长、县长助理、办公室主任和政府组成部门的各委（办）主任、局长出席，由县长或县长委托主持工作的副县长召集。主要任务是研究部署县政府的重要工作。县政府全体会议一般半年召开一次，必要时可扩大参加会议人员的范围。

2000 年 7 月和 2003 年 8 月，对《松阳县人民政府工作规则》进行完善，县政府全体会议组成人员、参加会议对象（包括列席会议对象）、会议内容，基本与 1998 年相同。

2007 年 8 月至 2010 年 12 月，县政府全体会议由县长、副县长、县长助理、县政府内设机构及组成部门的主任和局长参会，由县长召集和主持。县政府全体会议的纪要经办公室有关领导审核后，再由县长签发。县政府全体会议的主要任务有传达和研究贯彻党中央、国务院、省委、省政府、市委、市政府及县委的重要指示和决定；讨论决定县政府中的重大事项；部署县政府重要工作；通报有关全县工作的重要情况。县政府全体会议一般每年召开 1 次，根据需要可安排有关部门、单位负责人列席会议。

县政府常务会议

1993 年 7 月，开始召开松阳县人民政府常务会议。县人民政府常务会议由县长或主持工作的副县长召集，邀请县委、县人大常委会、县政协、县纪委、县人武部等单位领导列席。县人民政府常务会议一般每季度召开 1 次，如遇特殊情况，可临时决定召开。县人民政府常务会议的主要任务是：传达和贯彻上级行政机关的指示和决定；分析形势，讨论决定全县性重大问题；讨论提请县委决定的重大政策措施和改革方案；讨论提请上级行政机关批准实施的重要事项；讨论通过提请县人民代表大会常务委员会审议的议案；讨论决定县人民政府管理的人事任免和奖惩事项；讨论决定县人民政府的重要电文，以及政府各部门、各乡镇人民政府请示的重要事项；研究处理县人民政府日常工作中的重要问题。列入县人民政府常务会议讨论的议题由县长、副县长、县长助理提出或者由县政府办公室主任建议，由主持会议的县长审定。

1998 年 5 月，《松阳县人民政府工作规则》规定，县政府常务会议参会对象为县长、副县长、县长助理、办公室主任和县政府组成部门的各委（办）主任、局长。由县长或主持工作的副县长召集。主要任务是讨论决定县政府工作中的重大问题。县政府常务会议一般每季度召开 1 次。

2000 年 7 月和 2003 年 8 月，县政府对《松阳县人民政府工作规则》分别作两次修订，县人民政府常务会议的主持人、参加会议人员、会议内容、会议制度基本与 1998 年相同。从 2000 年 7 月开始增加组织程序，根据县政府常务会议确定的议题，由办公室综合科负责草拟会议安排计划，包括议题、时间、内容和参加人员等，报办公室主任审定；会务由办公室秘书科负责，包括会议通知、会场安排、录音、照相等；会议材料准备由办公室综合科负责，会议签到、材料分发等工作由办公室秘书科、综合科共同负责，并将人员到会等情况及时报告会议主持人；综合科负责会议纪要和新闻报道稿件的起草、整理，会议纪要经办公室主任审签后，连同会议材料一并移交办公室秘书科归档，或根据需要印发。

2007 年 8 月至 2010 年 12 月，县政府常务会议由县长、副县长、县长助理、办公室主任出席，由县长召集和主持。会议的主要任务是传达和贯彻党中央、国务院、省委、省政府、市委、市政府及县委的重要指示和决定；传达和贯彻县人大及其常委会的决议；讨论决定县政府工作中的重大事项；审议规范性文件草案；通报和讨论县政府其他重要事项。县政府常务会议一般每月召开一次，如有需要可临时召开；根据需要可安排有关部门、单位负责人列席会议。

2004～2010 年松阳县人民政府常务会议重要决定、决议一览表

表 22-2-1-1

时间	会议决定、决议
2004.06.21	通过《松阳生态县建设规划》《松阳县滩坑水电站移民安置实施意见》《完善农村二轮土地延包工作实施方案》
2004.07.01	决定建立农村新型合作医疗制度；通过《松阳县公共卫生等建设实施方案》《松阳县行政事业单位奖金福利分配统筹管理办法》
2004.08.05	通过《松阳县生态县建设专项基金管理办法》
2004.09.23	通过《松阳县军转干部（士官）家属安置办法（暂行）》《国有运营机构费用预算管理办法（暂行）》《县城建成区 1～11 村农民住房困难户建房实施方案》《松阳县服役预备役退伍军人动员管理办法》《战时动员征集实施办法》《军民通用装备管理实施办法》
2004.11.02	通过《关于完善提升县行政审批中心功能实施方案》《松阳县农村新型合作医疗制度实施办法（暂行）》《松阳县森林防火管理规定》
2004.12.16	通过《松阳县城卫生规划》；同意禁止销售和使用部分高毒高残留农药有关规定
2005.01.24	通过《2005 年度松阳县森林采伐限额计划》
2005.03.16	通过《关于切实加强食品安全工作的实施意见》《切实做好 2005 年度农业农村工作的若干意见》《关于进一步加强人才工作的决定》

续表 22-2-1-1-1

时间	会议决定、决议
2005.05.10	通过《进一步加快工业经济发展的若干意见》《工业园区管理办法》《2005 年度工业经济考核办法》《龙丽高速公路松阳段建设工程征地拆迁安置实施办法》《松阳县储备粮管理办法》
2005.08.18	通过《松阳县经济适用住房管理办法（试行）》《松阳县人民政府关于贯彻落实全面推进依法行政实施纲要的意见》《松阳县人民政府全面推进依法行政五年规划》
2005.10.12	同意《松阳县千镇连锁超市、万村放心店建设实施方案》《工业园区三期征地拆迁补偿标准和安置方案》《松阳县城镇职工基本医疗保险暂行规定修改意见》《松阳县贯彻〈浙江省政府投资项目管理办法〉实施细则》
2005.12.02	同意《梧桐源水库除险加固工程移民安置实施意见》《2005 年旧城拆迁改造若干政策规定》《松阳县康庄路养护管理办法》
2006.01.23	同意《松阳县城镇廉租住房管理办法》《松阳县招投标统一平台实施方案》《松阳县突发公共事件总体应急预案》
2006.02.28	通过《关于松阳县国民经济和社会发展十一个五年规划纲要的报告》《府前广场出让地块规划调整和青蒙住宅小区优化方案》
2006.04.13	同意《象溪镇毛弄采场扩围增量后采矿权出让有关问题》《松阳县本级国有企业财务总监委派暂行办法》《松阳县政府投资项目财政财务管理暂行细则》
2006.05.26	通过《松阳县农村部分计划生育家庭奖励扶助制度实施意见》《松阳县加强农村公共卫生工作实施意见》《土地开发整理实施办法》《关于给予部分企业精减退职人员职工遗属落实定补的意见》《关于城镇职工基本医疗保险补充规定的通知》
2006.07.11	通过《关于扎实推进社会主义新农村建设的若干意见》《大东坝中小学撤并方案》《关于松阳县招标投标制度建设八个规范性文件》《松阳县地质灾害防治专项资金管理办法》《松阳县城市市容和环境卫生管理办法》《对高寮村岩坑自然村实施整体搬迁的方案》《经济适用房建设方案》
2006.08.21	同意提高住房公积金缴存比例
2006.09.25	通过《关于加快推进古市镇小城镇发展改革试点工作的若干意见》《关于加快工业经济发展的若干决定》《关于 2006 年城市房屋拆迁货币补偿基准价方案》《松阳县粮食安全应急预案》《龙丽高速公路连接线工程征地拆迁安置实施办法》《关于在全县贫困户中开展“一户一策一干部”帮扶活动的意见》
2006.10.31	同意《中小企业孵化基地土地征收实施办法》
2006.12.11	同意《江滨一期征地实施办法》《松阳一中集资建房办证问题》
2007.01.30	同意《县城建成区 1～11 村农民住房困难户第二批次建房》《松阳县重点生态公益林建设管理实施意见》、组建松阳教育发展公司、《浙南茶叶市场二期建设方案》《松阳县工业经济若干奖励、补充兑现细则》

续表 22-2-1-1-2

时间	会议决定、决议
2007.03.12	通过《关于鼓励城镇退役士兵（士官）自谋职业的若干规定》《关于进一步做好就业再就业工作的实施意见》《关于解决部分企业破产、解散、撤销、关闭后的企业职工遗属生活困难补助和原国有企业计划外长期临时工晚年生活补助的意见》
2007.05.14	通过《关于实施低收入农户增收工程，扎实推进社会主义新农村建设的若干意见》《关于长虹东路供水污水管网工程土地征收实施办法》《古市工业区块征收拆迁安置实施办法》，同意浙南茶叶市场实施二期工程建设
2007.06.25	通过《关于大力增强科技创新能力，促进松阳经济又好又快发展的决定》
2007.08.16	同意《关于加快我县农业机械发展的实施意见》《关于加快少数民族和民族乡村经济和社会发展的若干意见》《关于加快推进国有资产配置市场化的意见》《关于加快农民饮用水工程建设的实施意见》
2007.09.18	同意《赤寿工业区块征收实施办法》《松阳县乡镇机构改革方案》
2007.10.19	同意《松阳县引进人才智力暂行办法》《松阳县大力加强来料加工业的实施意见》《松阳县龙松公路建设工程征地拆迁安置办法及县城白露岭路拓宽改造工程土地征收实施办法》《松阳县乡镇工业功能区块开发实施办法》
2007.12.10	同意《松阳县城镇被征地农民基本生活保障实施办法》《松阳县行政执法责任追究试行办法》
2008.01.11	同意《松阳县县城规划区外农村村民建房审批管理暂行办法》
2008.03.04	同《松阳县城镇居民医疗保险试行办法》，同意殡葬改革，同意《县城工业园区四期及上松线道路拓宽改造工程房屋拆迁若干政策规定》《县城工业园区四期及上松线道路拓宽改造集体土地房屋征迁安置实施办法》《松阳县矿产资源规划》
2008.03.25	同意《新兴乡金坞村整村搬迁实施方案》《松古平原供水工程（一期）项目建设——移交（BT）投资框架协议》
2008.05.29	同意《关于加快农民异地转移，促进农民增收的若干意见》《工业园区生态化改造实施方案》《王村区块土地征收实施办法》《2008～2010 年保障性住房规划》《项弄、白沙村列入西屏 1～11 村农民建房规划》《古市镇新汽车站建设》《玉岩镇城镇总体规划》《松阳县军人抚恤优待实施细则》
2008.06.18	同意《松阳县农民创业小额贷款贴息办法》，同意《松阳县低丘缓坡综合开发利用总体规划》《关于加快旧村改造推进社会主义新农村建设的若干意见（试行）》《关于创建省级人口和计划生育优质服务县的意见》
2008.08.05	同意《松阳县水资源综合规划》《关于加快旅游产业发展的若干意见》《松阳县住房建设规划 2008～2012》，同意组建松阳三中教育集团

续表 22-2-1-1-3

时间	会议决定、决议
2008.009.12	同意《松阳县城镇零就业家庭和农村低保家庭劳动力就业援助实施意见》
2008.10.13	同意《松阳县水电资源开发使用权出让管理暂行办法》《松阳县 220 千伏输变电工程土地征收实施办法》
2008.10.24	同意《关于促进房地产市场持续稳定发展的若干意见》
2008.12.09	同意《松阳县古市镇城区旧城改造实施办法》《关于实施残疾人共享小康工程的意见》
2009.01.12	同意《松阳县水利工程管理体制改革实施方案》
2009.02.16	同意《松阳县电力设施布局专业规划》《松阳县旧村改造五年规划》《关于加强城市生活无着的流浪乞讨人员救助管理工作的意见》
2009.04.17	同意《关于扶持香榧产业发展的实施意见》《关于扶持油茶产业发展的实施意见》《松阳县 2009-2010 年省级生态县创建工作实施方案》《关于加快我县工业企业分离发展服务业的若干意见》《松阳县重大建设项目前期工作管理暂行办法》
2009.05.12	同意《关于扶持再生资源经营企业发展的试行意见》《征收集体土地补偿安置标准暂行规定》《规划区内农民新建住房审批实施办法》
2009.06.11	同意《2009 年房屋拆迁若干规定》《松阳县抚恤优待对象医疗保障实施办法》
2009.08.03	同意《松阳地质灾害防治规划（2008～2015）》《加强政府债务管理的若干意见》
2009.10.26	同意《松阳县城地名总体规划（2008～2020）》《松阳县统筹城乡发展，加快松古平原城乡一体化建设纲要》
2009.11.27	同意《松阳县政府投资项目审计监督管理办法》
2010.01.19	同意《松阳县农村居民异地建房管理暂行办法》《旧村改造建房审批说明》《松阳县农村公路养护与管理办法》
2010.04.29	同意《关于深入实施农村“12345”工程，全面推进“两区”建设，加快城乡统筹发展的实施意见》《关于农民异地转移工程扶持对象和条件的补充规定》
2010.06.04	同意《松阳县廉租住房保障办法》《松阳县住房保障规划（2010～2012）》《50 省道松阳段公路（一期改建工程）集体土地征收及房屋拆迁安置实施办法》
2010.08.03	同意《关于做好就业工作促进社会和谐的实施意见》《关于加强普通高校毕业生就业工作的实施意见》《关于促进不锈钢产业健康可持续发展的若干意见》
2010.09.19	同意《关于进一步加强安全生产工作的意见》《松阳县农村饮用水管理办法（试行）》《松阳县深化医药卫生体制改革的实施意见》《松阳县中心镇培育实施意见》
2010.11.22	同意《农产品加工园区及物流中心征地方案》《松阳县村级公益事业建设一事一议财政奖补实施办法》《松阳县 2010～2020 年三十平方公里产业集聚平台（工业）建设规划》《关于推进社会保险五费合征工作的实施意见》，同意古市镇旧村改造

县长办公会议

1955年2月，制定《松阳县人民政府办公制度》，开始召开县人民政府县长办公会议。县长、副县长、各科（室）科长（主任）出席，县人民政府秘书主持会议。每月6日、21日举行，对县人民政府重大事项进行讨论决策。

1988年3月，制定《松阳县人民政府工作规则》，县长办公会议于每月下旬召开1次，县长、副县长、办公室主任、副主任参加。根据需要，邀请有关部门负责人列席会议、汇报工作。1990年8月，对《松阳县人民政府工作规则》进行修订，县人民政府县长办公会议组成人员为县长、副县长、办公室正副主任。由县长或委托主持工作的副县长召集，邀请县委、县人大、县政协等方面领导列席会议。县长办公会议主要任务有传达和研究贯彻上级行政机关的指示和决定；分析形势，讨论决定全县性重大问题；讨论提请上级行政机关批准实施的重要事项；讨论通过提请县人民代表大会常务委员会审议的议案；讨论决定县人民政府管理的人事任免事项；讨论决定县人民政府的重要电文，以及政府各部门、区公所、镇、乡人民政府请示的重要事项；研究处理县人民政府日常工作中的重要问题。会议一般每月召开1次。

1993年7月，县长办公会议由县长、副县长、县长助理、办公室主任及与会议内容有关的局长、委、办主任参加，由县长或县长委托主持工作的副县长召集。会议根据需要不定期召开。县长办公会议的主要内容是研究处理政府日常工作中的重要问题；听取有关部门就某一专题的汇报，研究需要县政府采取的政策措施；需要县长副县长出面协调的部门之间有分歧的问题；研究讨论分管副县长、办公室主任认为需要提请县长办公会议讨论的其他事项。县长办公会议的议题由县长、副县长、县长助理提出或者由县政府办公室主任建议，由主持会议的县长审定。

1998年5月，县长办公会议由县长、副县长、县长助理、办公室主任、相关的办公室副主任和政府工作部门负责人出席，由县长或县长委托主持工作的副县长主持召开。主要任务有研究确定县政府日常工作中的重要问题。会议根据需要不定期召开。

2000年7月和2003年8月，县政府对《松阳县人民政府工作规则》进行完善，县长办公会议的主持人、参加会议人员、会议内容、会议制度基本与1998年相同。

2003年8月至2004年4月13日，县长办公会议根据需要不定期召开，由县长召集和主持。县长办公会议的主要任务是：传达和研究贯彻省政府或省政府有关部门召开的全省性工作会议精神，以及市政府或市政府有关部门召开的全市性工作会议精神；研究确定县政府日常工作中事关全局、需要统筹安排的事项；研究处理县政府日常工作中的其他具体事项。提请县政府常务会议和县长办公会议讨论的议题，须由分管副县长审核后，报县长确定。涉及面广的，牵头部门要事先主动和相关部门协商，或由分管副县长牵头协调，协调会议意见要形成书面材料一并提交。部门意见不统一又未经协商、协调的事项，不得提交会议讨论决策。2004年10月后，县长办公会议未记录。

1984～2004年松阳县人民政府县长办公会议重要决定、决议一览表

表 22-2-1-2

时　间	会议决定、决议
1984.11.21	决定建松阳县体育运动场、建检察、司法、公安、法院等办公楼
1988.01.28	决定松阳自来水厂扩建工程，确定在东坞水库取水源；中小学体制改革，区级中小学放权到镇、乡管理
1991.08.08	通过《松阳县关于鼓励台湾同胞投资的暂行规定》
1992.06.02	通过《松阳县军人抚恤优待暂行规定》
1993.10.12～13	通过《关于松阳县企业产权制度改革的实施意见》；同意县房改办提出的县房改工作总体部署
1994.09.19	通过《松阳县企业职工基本养老金计发试行办法》
1994.08.15～17	同意建设北菜场
1994.05.05	确定县城太平坊路拓宽改造从8月份开始；通过《松阳县统一征地实施办法》
1996.04.16	同意《松阳县乡镇财政体制管理办法》；决定在老鹰坞建立公墓山；出台《松阳县殡葬管理暂行办法》
1996.05.10	制定《松阳县破产国有企业职工安置和救济暂行办法》和《关于多渠道筹措教育经费的决定》
1996.07.15	出台《松阳县公费医疗管理办法》
1996.09.05	同意《关于进一步完善农业发展基金管理制度的意见》
1996.11.21～22	通过《松阳县林地管理实施办法》
1997.03.04	通过上松线县城段拓宽改造、龙丽线县城段边沟排污工程、西屏山公园大门3项工程规划设计方案
1997.03.12	出台《松阳县关于解困和再就业工程的通知》
1997.06.04	通过《上松线县城段拓宽道路建设房屋拆迁实施办法》
1997.09.4～5	通过《松阳县广播电视网总体规划》；同意《叶村乡下阳灾民新村建设方案》
1997.12.18～22	通过《松阳县城乡最低生活保障制度暂行办法》
1998.04.27	同意按18个班级规模分两期建设城南中学；同意独立设置茧丝绸总公司
1998.06.24	同意综合市场产权处置由工商局具体负责；同意南菜场改造方案；同意三都乡政府原址改造、叶村乡政府迁至河头村
1998.07.17	同意县茶厂委托省茶叶公司管理
1998.08.26	出台《切实做好国有企业下岗职工基本生活保障和再就业工作》；通过《松阳县残疾人优惠政策实施意见》
1998.09.10	决定提高退休干部活动经费（每年150元提高到200元）

续表 22-2-1-2-1

时 间	会议决定、决议
1998.09.17	决定五家企业（县制伞厂、第一毛纺厂、农机厂、耐火器材厂、松阳煤矿）改制方案；同意四家企业（轮胎翻修厂、制动材料厂、橡胶胎粉厂、交通供销公司）停产处置方案
1998.10.29	通过《松阳县殡葬管理实施细则》；同意民兵训练基地靶场征地方案；同意对工业用地擅自改变用途，依法处理
1998.11.27	通过《松阳县政府采购管理暂行办法》；确定县级风景名胜区
1999.02.11	城南路主街道及拆迁户安置小区道路等工程建设，通过公开招标实施
1999.04.13	同意《松阳县军事禁区管理规定》
1999.05.20	同意《龙丽线西屏、古市段过境公路改建工程拆迁安置实施办法》
1999.06.16	通过《关于进一步加快非公有制经济发展的若干意见》
1999.09.17	决定建南菜场；同意成立县国有资产投资经营公司
1999.12.29	通过《松阳县自然灾害救助暂行办法》
2000.03.24	决定造纸厂采取先分流部分在职人员，后申请破产的方案进行改制；决定处州制药厂按零资产进行改制
2000.06.03	同意对江滨公园总体设计调整
2000.06.16	同意城东路（后更名要津路）和南直街拆迁安置土地征用方案、詹宝兄弟进士牌坊改造方案、环城西路民房拆迁户安置在原石油公司环城西路油库闲置地；同意从7月1日起统一由县会计核算中心代发乡镇干部（含教师）工资
2000.07.11	同意西屏镇提出的县城社区建设工作实施意见；对现有以办工业名义征用土地而未办工业的，土管部门予以清查收回
2000.08.17	同意望松农中与县职技校从整体上合并
2000.09.07	决定以办工业为名建住宅的予以从严查处
2001.02.06	同意破产后松阳丝厂、绸厂房地产向社会公开拍卖
2001.06.25～26	同意实验小学校园在原址上进行扩建；通过《松阳县建设工程施工招标管理规定》
2001.07.10～11	通过《关于推进农业产业化的若干意见》《松阳县人民政府办事中心工作细则》《松阳县土地储备管理办法》《松阳县国有资产管理办法（试行）》
2001.08.10	通过《松阳县城镇职工基本医疗保险暂行规定》
2002.09.13	同意浙南茶叶市场扩建项目建设方案
2002.11.06	通过《松阳县地名管理办法》《松阳县矿产资源管理办法》《松阳县区域卫生规划实施方案》《松阳县公共场所预防性卫生监督管理规定》
2003.01.07	通过《龙丽一级公路松阳段建设工程征地、拆迁安置实施办法》

续表 22-2-1-2-2

时　间	会议决定、决议
2003.03.15	通过《松阳县城市规划区集体所有土地上农民房屋拆迁补偿安置规定》《关于建立工业企业“创业绿卡”制度》《松阳县公务员损害经济环境行为处理办法》《关于党政机构改革人员分流的补充意见》《关于下岗失业人员再就业工作的实施意见》《关于进一步规范农村土地征用补偿费管理的若干意见》
2003.03.25	通过《建设工程招投标管理办法》《土地储备供应管理办法》《松阳县实施浙江省人口与计生条例办法》
2003.07.03	通过《被征地农民社会保障试行办法》
2003.07.31	通过《松阳县城市房屋拆迁管理办法》《城东路、城南路土地用途的变更》，决定《工业用地改为三产用地的收费标准》
2003.08.22	通过《松阳县乡村康庄工程建设实施办法》
2003.10.30	通过广播电视局台分离的方案；通过《关于事业单位改革的意见》
2004.01.09	同意《松阳县城镇被征地农民基本生活保障试行办法》《机关、事业单位工作人员和离退休（职）人员规范各项补贴方案》
2004.02.24	通过《事业单位工作人员养老保险试行办法》
2004.04.13	通过《松阳县计划生育公益金管理办法》《松阳县旅游业发展总体规划》《松阳县公务人员行政过错责任追究办法》
2004.10.30	通过《松阳县 2003 年旧城拆迁改造若干政策》

县政府专题（现场）会议

1998 年 5 月，开始召开县政府专题会议。县政府专题会议由县长、副县长、县长助理或由县长、副县长、县长助理委托办公室主任、副主任主持召开。根据议题内容，分别召集有关部门负责人出席。主要任务是研究协调县政府工作中的一些专门问题，处理具体业务工作。会议根据需要不定期召开。

2000 年 7 月和 2003 年 8 月，县政府对《松阳县人民政府工作规则》进行完善，县政府专题会议的主持人、参加会议人员、会议内容、会议制度基本与 1998 年相同。

2007 年 8 月至 2010 年 12 月，县政府专题会议根据需要不定期召开，由县长、副县长、县长助理或办公室主任召集和主持，或受委托由办公室副主任召集和主持。县政府专题会议主要任务：研究处理属于县长、副县长分管职责范围、需要统筹协调的业务事项；研究突发性事件的处理意见；研究处理中央、省、市领导或县委县政府主要领导对涉及面较广的具体问题所作批示的贯彻落实意见；研究处理县政府日常工作中的其他具体业务事项。

2001～2010年松阳县人民政府专题（现场）会议选登表

表 22-2-1-3

时　间	会　议　内　容
2001.02.02	同意在松阳三中和实验小学创办民办中小学；民族中学三幢教学大楼建成后，先撤并象溪片初中和四都初中
2001.02.13	同意松阳一中修编校园总体规划；民族中学规划覆盖两镇五乡，校址定在松阳一中东侧，过境公路西面
2001.02.15	同意《县人民医院急诊楼建设方案》，同意按照城建拆迁安置办法征用县中医院医技楼建设所需的房屋和土地
2001.03.21	决定古市二桥选址定在松阳二中下首（龙丽线 K70+500m 处）
2002.04.11～19	同意由县交通发展公司与省交通厅联合组建龙丽一级公路经营公司；年内开工建设古市二桥；民族中学建设项目当年上马；县人民医院病房大楼建设项目上马；东坞水库引水工程的出水口建设一座电站
2002.05.20	县面砖厂、耐火器材厂、高岭土公司改制现场办公会
2002.07.22	大东坝镇白丰村地质灾害隐患处理现场会
2003.02.14	新建自来水厂项目协调会
2003.05.13	南菜场有关事项协调会
2003.05.19	官塘路地块（计 1467.89 平方米）由县房地产开发公司买断
2003.07.16	古市二桥工程建设协调会
2003.07.29	新建自来水厂项目工程有关征地、坟墓迁移、建设资金等协调会
2003.08.11	同意教育系统接收本科毕业生 17 人、专科毕业生 11 人；引进本科毕业专业人才 3 人，安排学前教育老师 1 人
2003.11.04	西屏工业园区道路网工程（二期）施工图会审会议
2003.11.03	下山脱贫小区建房问题协调会（古市筏铺、西屏大竹溪、四都西岗背）
2003.11.24	龙丽一级公路一标段弃渣处置协调会
2003.12.01	松阳一中校门入口区工程建设有关问题协调会（建桥、古湖坑、拦水坝、周边绿化等）
2003.12.18	箬寮岘自然保护区管理问题协调会
2004.04.14	原一级公路西屏青蒙村拆迁安置遗留问题协调会
2004.04.27	谢村源水库电站县属资产转让会（县属资产协议转让给省水利投资集团或钱江水利股份有限公司）
2004.06.25	西屏镇瓦窑头新村安置多余用地处置协调会
2004.07.13	新华北路与过境公路交叉口交通问题处置协调会
2004.07.16	启动《松阳县县城总体规划》和《松阳县土地利用总体规划》修编工作协调会

续表 22-2-1-3-1

时　间	会　议　内　容
2004.07.19	古湖东区、别墅区电力安装及新华路路灯改造相关工作协调会
2004.07.22	启动靖板公路改建工程协调会
2004.08.16	同意新建县人民医院病房大楼
2004.08.27	工业园区污水收集排放协调会
2004.09.13	县城主要街道安装红绿灯等设施相关事项协调会
2004.09.14	谢村乡灾后重建工作专题会
2004.10.18	35 千伏江南输变电工程协调会
2005.02.21	古市城防二期工程建设相关问题协调会
2005.03.29	原造纸厂污水池土地权属问题协调会
2005.04.21	龙丽高速公路松阳段建设工程征地拆迁安置问题专题会
2005.07.06	电影公司改制资产处置协调会
2005.08.23	私人违法建房处理协调会
2005.11.04	西屏工业园区三期路网和桥梁会审会
2006.03.14	进一步增强茶叶市场综合竞争力专题会
2006.04.05	乡镇砂石路面改造工程有关事项协调会
2006.04.14	古湖坑和筏铺移民新村河道整治工程协调会
2006.05.22	中小学生周末乘车安全工作协调会
2006.07.11	工业园区三期小区块企业安排方案会审
2006.09.18	工业园区二期部分土地调整会审
2006.12.01	确定农贸市场经营主体资格会
2007.01.29	古市城防三期工程建设协调会
2007.02.02	明确烟花爆竹安全监管职责专题会
2007.08.14	县城污水处理管道采购问题协调专题会
2007.09.07	加快推进县环境监控中心和重点污染源在线监控系统建设专题会
2007.10.08	社会保险基金问题协调专题会
2007.11.09	学生接送车交通安全协调会
2007.12.27	县城规划区内电力工程建设管理问题协调会
2008.01.03	云岩山东侧地块出让有关后续问题协调会
2008.03.25	卯山御碑亭用地及相关问题协调会
2008.07.04	龙丽高速公路西屏大桥河边加固结合城区防洪工程实施会议

续表 22-2-1-3-2

时 间	会 议 内 容
2008.07.14	不锈钢产业区块集中酸洗、供气建议协调会
2008.08.04	加快推进园区四期项目建设协调会
2008.08.14	松古盆地供水一体化工程政策处理协调会
2008.10.08	浙江松阳雁泉啤酒厂整体转让协调会
2008.12.23	松古平原供水一体化工程东坞水库高层取水问题协调会
2009.01.21	解决青蒙花苑住宅小区21幢房屋房地产权证问题
2009.03.19	县工业园区四期电网建设协调会
2009.03.20	货运车辆劳动税收问题专题会
2009.05.05	44省道上松线省级事故黑点避险车道工程实施协调会
2009.06.15	浙南茶叶市场建设金融服务中心物流仓储中心事宜协调会
2009.08.17	松阴溪干堤加固工程建设协调会
2009.08.31	县城周边山体绿化工作协调会
2009.07.10	松阳县农产品质量检验测试中心扩建项目专题会
2009.09.24	城区景观及道路绿化工程投资主体和施工主体事宜协调会
2009.11.09	市政广场地下停车场启用专题会
2009.11.14	县工业园区四期入园企业项目推进工作协调会
2009.12.10	工业园区环境整治工作会
2010.02.01	江南工业区块供地工作协调会
2010.03.01	县工业园区三期生活污水、雨水排放工作会
2010.03.24	松阳县旧村改造建房审批相关政策研讨会
2010.04.02	浙南茶叶市场产业提升事宜协调会
2010.04.16	江南公路三期水南至横山段二级改一级现场办公会
2010.05.25	县人防应急指挥中心建设相关事宜协调会
2010.06.24	中小学校舍安全工程项目实施专题会
2010.07.09	不锈钢固废（污泥）处置工作会
2010.08.04	县电力部门办理输变电工程及配套用房土地证和房产证协调会
2010.08.12	松阳垃圾填埋场渗滤器处理协调会
2010.09.20	县工业园区环保相关工作专题会
2010.10.11	黄家大院修缮协调会
2010.10.27	县城污水处理厂扩建规模专题会
2010.11.29	县防震减灾工作协调会

县政府全体会议、县政府常务会议、县长办公会议和县政府专题会议的组织工作由县政府办公室负责，有关文件和议题于会前送达与会人员。县政府领导不能出席政府全体会议、县政府常务会议、县长办公会议的，须向县长请假。如对议题有意见或建议，可在会前提出。有关部门参会对象不能到会的要事先请假，其他人员代会或带员参会的要经县政府办公室同意。

第二节 县政府工作部门

工作机构设置

1949年5月，县政府设秘书室、民政科、会计室(11月撤)、财粮科、工商管理局、建设科、文教科、司法科、公安局，邮政局；8月，增设财政科、粮食局、电信局。县政府共设13个工作机构。

1950年4月，县政府增设税务局，司法科并入县人民法院；5月，工商管理局改称工商管理科，增设粮政科、中粮分库；12月，增设供销合作社。调整后，县政府设15个工作机构。1951年7月，中粮分库并入粮食局；9月，邮政局、电信局合并为邮电局；10月，增设财经委员会、人事科；12月，建设科改为农林科。调整后，县政府设15个工作机构。1952年7月，县政府增设县整编委员会(领导整编工作及处理编余人员，此项工作结束后撤销)；10月，财政科、粮政科并入财粮科。调整后，县政府设14个工作机构。1953年1月，县政府增设森林工业站、监察委员会；3月，增设交通科。调整后，县政府设17个工作机构。1954年11月，县政府增设计划委员会、编制委员会；12月，增设统计科、卫生科。调整后，县政府设20个工作机构。

1955年1月，县政府秘书室改称办公室，农林科分设农业科、林业科，撤销交通科；5月，增设手工业管理科。是年10月，县人民政府改组为县人民委员会，县人委设办公室、民政科、人事科、监察委员会、财粮科、工商管理科、林业科、农业科、文教科、手工业管理科、卫生科、公安局、税务局、粮食局、农水局、邮电局、森林工业站、计划委员会、编制委员会、供销合作社、统计科。调整后，县人委设21个工作机构。

1956年1月，县人委增设农副产品采购局；2月，撤监察委员会，增设手工业生产合作联社；4月，增设水利科(10月改称水利局)；5月，复设交通科，财粮科改财政科；8月，农业科改称农业局，撤农水局。调整后，县人委设23个工作机构。1957年1月，县人委农副产品采购局并入供销合作社；3月，工商管理科改称商业科；9月，森林工业站改称森林工业局。调整后，县人委设22个工作机构。1958年1月，撤商业科，设商业局；撤林业科，设林业局；6月，水利局改称水电局；撤手工业生产合作联社和手工业管理科，设工业局；财政科与税务局合并，改设财政局；森林工业局并入林业局。调整后，县人委设19个工作机构。

1958年11月，县人委各工作机构随县制撤销，并入遂昌县。

1982年1月恢复松阳县制；随后县政府共设37个工作机构：办公室、计划委员会、科学技术委员会、农业委员会、经济委员会、财贸办公室、人事局、公安局、民政局、劳动局、物资局、工业局、交通局、第二轻工业局、农业局、林业局、水利水电局、广播事业局、商业局、供销合作社、财税局、粮食局、工商行政管理局、文教局、卫生局、计划生育委员会、体育运动委员会办公室、司法局、基本建设局、物价委员会、社队企业管理局、统计局、供电局、邮电局、爱国卫生运动委员会办公室、职工教育办公室、农村能源办公室。

1983 年 6 月，县政府设台湾同胞接待办公室与县委对台办公室合署。县政府仍设 37 个工作机构。

松阳县先后于 1984 年、1996 年、2001 年和 2005 年进行四次县级党政机关的机构改革。（详见第十九编“政治体制改革”第三章“机构改革”）

2010 年，县政府共设置 23 个工作部门，分别为县委办公室（法制办）及县发展和改革局（粮食局）、经济贸易局、教育局、科技局、民宗局、公安局、监察局、民政局、司法局、财政局、人事劳动社会保障局、国土局、建设局、交通局、农业局、林业局、水利局、文化广电新闻出版局（体育局）、卫生局、人口计生局、审计局、侨台事务办公室（县委台湾工作办公室）、安监局、环保局、统计局。其中，县民宗局、监察局、侨台事务办公室（县委台湾工作办公室）不计入县政府机构数。

县政府组成部门及职能

县政府办公室（县政府法制办公室）　1949 年 5 月设秘书室，1955 年改为办公室。是年 10 月，设县人委办公室，1958 年 11 月，松阳县并入遂昌县。

1982 年 1 月，恢复松阳县建制；4 月，组建松阳县人民政府，设县政府办公室。

1985 年 3 月，设经济协作办公室（1996 年 10 月，转为县政府直属事业单位；1999 年 8 月，增挂招商局牌子）。结合松阳县实际，贯彻执行上级有关发展横向经济联合和技术协作的重点和对策，2003 年 10 月，挂靠县经济贸易局。

1985 年 5 月，设经济体制改革办公室。研究制定全县经济体制改革方案，指导经济体制改革工作。1996 年 8 月，经济体制改革办公室改称经济体制改革委员会（经济与社会发展研究中心），与县政府办公室合署。2005 年 6 月，县经济体制改革办公室并入县发展和改革局。

1986 年 5 月，设立县志办公室，负责《松阳县志》编纂工作，指导各部门志书编纂工作。1996 年 8 月，机构改革，县志办公室与县委党史研究室合并为县史志办公室。负责当地地情资料的整理、保存、研究和志书、年鉴的编纂工作。

1992 年 6 月，设立松阳县住房制度改革领导小组，下设办公室，简称房改办。同年 10 月，设立松阳县住房资金管理中心，与县房改办实行一个班子、两块牌子。具体负责住房资金使用、管理的日常工作，与县房改办合署办公。1994 年 8 月，县住房资金管理中心为自收自支事业单位，仍与县房改办合署办公。1998 年 8 月，县住房制度改革领导小组更名为县住房制度改革委员会（县住房委员会）。下设县住房委员会办公室，职能不变。2003 年 8 月，设立丽水市住房公积金管理中心松阳分中心，负责该辖区内住房公积金的收集、提取、贷款及报表编制等具体管理工作，取代县住房资金管理中心职能。

1996 年 8 月，县政府办公室内设法制科，对外挂县政府法制局牌子，受理并办理行政执法投诉，监督案件；负责全县行政执法人员的资格培训和行政执法证件的管理工作。

2001年10月，县政府办公室挂外事办公室、法制办公室牌子。2005年5月，县政府法制办公室与县政府办公室合署办公，挂外事办公室牌子。外事办公室负责县委、县政府及有关部门来客的联络接待；负责办理有关外事文电和会务工作，指导全县因公出国（境）审批工作；办理需经县政府上报审批的各类公派出国（境）手续，邀请国外来访事项；协助部门及各涉外单位做好来宾、外商的接待、服务、联络等工作。

2002年6月，设立县政府驻上海联络处。2007年8月，设立县政府驻杭州办事处，撤销县政府驻上海联络处。

2002年6月，县编委同意县农业综合开发办公室（于1997年9月正式成立，隶属县委农业工作办公室）划归县政府办公室管理。其主要职能为指导农业龙头企业、农业适度规模经营和农村外向型经济的发展；参与制定农业综合开发的规划上报和组织实施任务。

2007年4月，县政府设突发公共事件应急管理办公室，处理县城突发公共事件。

县政府办公室的主要职能为协助县政府领导组织起草或审核以县政府、县政府办公室名义发布的公文；督促检查县政府各部门和各乡镇政府贯彻落实国务院、省政府、市政府和县政府文件、会议决定事项及县政府领导重要批示的执行情况，及时向县政府领导报告，提出建议；负责县政府重大活动的组织和县政府领导的重要内外事活动安排；负责县政府外事管理和协调工作；负责全县金融工作的指导、协调和管理服务；负责管理县政府驻外办事机构、县政府行政审批中心等工作。

县发展和改革局 2001年10月，县计委、粮食局、物价局、统计局4个部门合并组成松阳县发展计划局。2005年6月，统计局析出独立行政，县经济体制改革办公室并入。松阳县发展计划局改称松阳县发展和改革局。

县发展和改革局的主要职能是负责研究提出全县国民经济和社会发展战略、规划、总量平衡和结构调整，指导总体经济体制改革，负责区域经济调节，主管物价、粮食管理、投资体制改革和经济体制改革。

县计划委员会。1954年11月，建立松阳县计划委员会（以下简称县计委）。1958年随县制撤销。1982年4月，随县制恢复成立县计委。1984年3月，县计委和县经委合并改组为县计经委。1996年11月，县计经委撤销，恢复县计委、县经委。县标准计量局改为技术监督局仍与县计委合署办公。1999年10月，县技术监督局从县计委析出独立行政并改名为县质量技术监督局，接受省质量技术监督系统的垂直管理。2001年10月，县计委并入松阳县发展计划局。

县计委的主要职能是负责组织编制全县国民经济和社会发展的中长期规划和年度计划；负责编制全县中长期地方企业债券发行计划和重要商品的供需平衡计划，参与财政、信贷计划的编制；组织有关部门研究制订全县产业政策和行业发展规划，并协调和监督其实施。

粮食局。1949年6月，松阳县人民政府设置财粮科。是年8月，由县财粮科析出成立松阳县人民政府粮食局维持至1958年11月。1950年9月，成立中国粮食公司松阳办事处。1954年7月，县政府成立粮食征购办公室。1982年1月，设立松阳县粮食局。1992年11月，松阳县粮食局增挂松阳县粮油总公司牌子。

2001年10月，县粮食局并入松阳县发展计划局。

粮食局的主要职能是负责编制全县粮食行业发展规划和区域粮食物流规划，健全和完善粮食市场体系，调控全县粮食市场，实现供需平衡和市场稳定，确保粮食安全。

物价局。1957年9月，设立松阳县物价委员会。1969年后，物价管理职能并入县革命委员会生产指挥组计划办公室管理。1982年1月，县物价委员会与县计划委员会合署办公。1984年3月，撤销县物价委员会，建立松阳县物价局。1996年11月，物价局并入县工商行政管理局，挂松阳县工商行政管理局（物价局）牌子合署办公。1999年4月，因工商行政管理系统实行垂直管理后，析出松阳县物价局。2001年10月，物价局并入松阳县发展计划局。

物价局的主要职能是制订全县价格工作的中长期规划和年度计划，制订价格调控措施；负责价格法律、法规的宣传、实施、管理工作；负责价格政策协调工作；参与制定县本级价格调节基金制度；负责全县商品价格和经营性服务价格管理。

县经济贸易局 县经济贸易局由县经济委员会、工业局、二轻局、乡镇企业局、医药管理局、对外贸易经济合作局、经济技术协作办公室、商业局、物资局、招商局、中小企业贷款担保公司等沿革而成。

2001年10月，撤销县经济委员会，将商业局、物资局、乡镇企业局、对外贸易合作局合并，组建县经济贸易局。

县经济贸易局主要负责调节全县经济日常运行，协调解决经济运行中的重大问题并提出建议，负责工业信息化应急管理和产业安全工作；负责工业园区及乡镇工业区块建设的指导、协调工作。发展和完善农产品、农业生产资料流通及农村商贸设施；规范商业领域投资的准入程序，组织制订和实施商业网点规划，规范商业设施建设，提出加快县商贸业发展的政策建议。制订全县招商引资活动方案，组织协调招商引资活动；负责国内外经济合作代表团来访和企业来松开展招商引资活动的联络、协调和接待工作，承办县政府招商引资代表组团出访；联系国内外相关大型企业投资机构来松考察投资。依法审核外商投资企业设立、合同、章程及其变更事项；推进县与其他国家和地区双边经贸往来与合作；牵头组织赴国（境）外重大经贸交流活动等。

县经济委员会。1982年4月，县政府设经济委员会与县工业局合署办公。1984年3月，经济委员会与计划委员会合并成立计划经济委员会。1996年11月，从计划委员会析出独立行政。2001年10月，撤销县经济委员会，组建县经济贸易局。

县经济委员会的主要职能是负责全县工业经济的监测预测和分析，提供对策措施；负责全县能源节约及参与资源开发和综合利用工作，指导工业企业的安全生产工作；负责审批、审核技术改造项目；负责组建、指导全县工业经济信息网络工作；会同有关部门审核申报工业生产企业自营出口权工作；负责全县质量工作；编制全县重点产品创优、创品牌、质量赶超规划和年度计划；负责全县归口工业产品生产许可证的管理；协调、解决工业发展改革中的问题；调查研究乡镇企业发展中的重大问题，提出政策建议和措施；负责全县二轻工业工作及调查研究在发展中的重大问题，提出政策、建议和措施；负责对医药行业管理范围企业的调整、协调和指导；负责全县医药市场管理及归口管理医药专业人才的培养、开发、利用及专业技术职称的审查评审。负责全县范围内矿产资源的勘查、开发利用和保护的监督管理，办理权限内矿山企业采矿登记发证工作；查处采矿权属纠纷和违法违纪案件；负责有关专业技术职称和工人技术等级及技师的培训评定等工作。

医药管理局。1990 年 7 月，设县医药管理局，与医药公司（1982 年成立）合署办公。1996 年 10 月，医药管理局并入县经济委员会。

医药管理局的主要职能是负责贯彻实施《中华人民共和国药品管理法》及全县医药市场管理。

县工业局。1955 年 5 月，县政府设手工业管理科。10 月，改称县人委手工业管理科。1956 年 2 月，县人委设手工业生产合作联社。1958 年 6 月，手工业生产合作联社和手工业管理科一并撤销，改设县工业局至 10 月。1982 年 4 月，县政府设工业局。是月，县政府设第二轻工业局（简称二轻局）。1996 年 10 月，工业局并入县经济委员会。

工业局主要负责全县工业经济的监测、预测和分析，提出对策措施；组织编制并实施年度计划；指导工业企业的安全生产工作；负责组建、指导全县工业经济信息网络工作；会同有关部门审核申报全县工业生产企业自营出口权工作；负责全县工业改革、协调解决工业改革中的问题；负责全县厂矿营业执照发放工作及归口工业产品生产许可证的管理；负责全县机械、电子、石化、建材、冶金、轻纺、丝绸等工业行业的归口管理；负责全县范围内矿产资源的勘查、开发利用和保护，调查处理权属纠纷和违法违纪案件；负责有关专业技术职称和工人技术等级及技师的培训工作等。

县乡镇企业局。1982 年 6 月，县政府设社队企业局。1984 年 6 月，改称乡镇企业局。1996 年 10 月，原乡镇企业局并入经济委员会。2001 年 10 月，更名为中小企业局，并入经济贸易局，挂中小企业局牌子，主要负责全县乡镇企业工作。

县商业局。1957 年 3 月，县人委设商业科。1958 年 1 月，改设商业局至 11 月。1982 年 4 月，县政府设商业局为政府工作部门。1994 年 1 月，转为县政府直属单位。1996 年 10 月，转变为经济实体。2001 年 6 月，转制后的商业局并入经济贸易局。

商业局的主要职能是组织实施，协同管理，协调多种经济成分的商品流通活动；调查研究商业改革的重大问题，制定改制方案。

县物资局。1982 年 4 月，县政府设物资局。1996 年 10 月，转制为经济实体。2001 年 6 月，转制后的物资局并入经济贸易局。

县物资局的主要职能是贯彻执行国家物资工作方面的有关政策和上级物资管理部门的有关规定，组织某些重要物资的安排和调拨供应。

县对外贸易合作局。1996 年 10 月，成立对外贸易合作局（简称外贸局）。2001 年 10 月，外贸局并入经济贸易局，挂对外贸易经济合作局牌子。

县对外贸易合作局的主要职能是贯彻执行国家、省、市有关经济运行调解和信息化工作、外商投资、对外投资与经济合作的方针政策和法律、法规；推动松阳县出口品牌体系建设；会同有关部门协调大宗进出口商品，在总量计划内组织实施重要工业品、原材料和重要农产品进出口；负责对外贸易经营者和国际货代企业的备案登记，审核、管理国（境）外非企业经营组织常驻松阳县代表机构；管理进出口商品配额和许可证；指导机电和高新技术产品进出口、成套设备出口。指导外商投资工作；指导和组织对外招商工作。促进对外投资和经济合作。推进松阳县与其他国家和地区多双边经贸往来与合作；牵头组织赴国（境）外重大经贸交流活动。

县中小企业贷款担保公司。2001 年 2 月，松阳县中小企业贷款担保有限公司成立，为国有独资有限责任公司。2005 年 10 月，建立松阳县农业企业贷款担保有限责任公司，公司与松阳县中小企业贷款担保有限公司合署。农业企业贷款担保有限公司主要为农业龙头企业、农业专业种养大户、农民专业合作的贷款担保提供服务。由政府独资设立的不以盈利为目的的政策性中小企业贷款担保有限公司，主要解决企业贷款难、担保难的问题。

县教育局 1949 年 5 月，县政府设文教科。1955 年 10 月，改称县人委文教科至 1958 年 10 月。1982 年 4 月，县政府设文教局。1984 年 3 月撤销文教局，设教育体育局。1985 年 3 月，撤销教育体育局，复置教育局。1989 年 9 月，撤教育局，设教育委员会。2001 年 10 月，教育委员会更名为教育局。

县教育局的主要职能是贯彻执行党和国家的教育方针、政策、法令及上级政府和教育行政部门的有关规定；检查指导学校落实情况，指导、检查教育、教学工作；制定并组织实施全县教育事业发展规划、各类教育的年度计划及全局性工作总结。管理全县教职工队伍，组织培训。

县科学技术局 1982 年 4 月，县政府设科学技术委员会。2001 年 10 月，科学技术委员会更名为科学技术局。

科学技术局的主要职能是研究起草和组织实施全县科技管理的政策措施及实施意见；负责全县科技信息工作，协调、组织全县科学技术普及工作；开展全县软科学研究、科技培训；编制县中长期科技发展战略和规划；组织和指导管理科技成果评价、鉴定、管理、指导科技成果推广、应用以及科技保密、科技档案等工作，负责县科技奖励、知识产权和专利申请、管理、仲裁工作；负责全县的防震减灾工作。

县民族宗教事务局 民族宗教事务局原为统战部的内设机构，称民族宗教事务科，对外称民族宗教事务局。1997 年 7 月，改民族宗教事务科为民族宗教事务局。2001 年 10 月，县民族宗教事务局转为县政府组成部门，主管民族与宗教事务，与统一战线工作部合署办公。

县民族宗教事务局的主要职责是组织指导民族宗教政策和法律法规的宣传教育工作；指导和协助民族乡及少数民族人口较多的乡、镇制订少数民族经济和文化、教育等社会事业发展规划及政策措施；依法保护公民宗教信仰自由，保护宗教团体和宗教场所的合法权利，保护宗教教职人员履行正常的教务活动，保护信教群众正常的宗教活动；依法处置宗教领域的违规违法活动；办理宗教团体需由政府机关协助或协调办理的各项事务；组织协调民族宗教领域的对外交流活动。

县公安局 1949 年 5 月，成立松阳县人民民主政府公安局。8 月，改为县人民政府公安局。1956 年 4 月，县人民政府公安局改为县公安局。1958 年随县制撤销。1982 年 5 月，复建松阳县公安局。

县公安局的主要职能是组织对反革命案件、刑事案件、经济案件的侦查和组织指挥重大行动，处置重大刑事案件和重大治安案件，组织人员侦破重特大、疑难案件；依法管理社会治安，户籍居民身份证和出入境工作；管理全县城乡道路交通安全；承办县委、县政府和上级公安机关交办的其他事务。

县监察局 1953年，县政府设监察委员会至1958年11月。1988年4月，县政府设监察局。1993年5月，监察局与县纪委合署办公，列入县政府工作部门序列。

县监察局的主要职能是主管全县行政监察工作；负责统一部署全县纠正部门和行业不正之风工作并进行监督、检查、指导；负责调查处理县政府各部门及其工作人员、县政府各部门任命的干部、各乡镇人民政府及其工作人员、各乡镇人民政府任命的干部违反国家法律、法规、政策以及违反政纪的行为；制定廉政建设和反腐败斗争的规范性文件及政策。

县民政局 1949年5月，县政府设民政科。1955年10月，改设县人委民政科至1958年11月。1982年4月，县政府设民政局。

县民政局的主要职能是制定全县民政事业发展的中、长期规划和民政工作有关政策；组织全县救灾工作；负责全县社会救济工作；负责全县拥军优属、优待抚恤和烈士褒扬工作；负责退伍义务兵、转业志愿兵、退休志愿兵、复员干部和离休干部的接收安置管理工作；负责婚姻登记管理工作；指导城乡基层政权建设和基层群众自治组织建设，指导社区服务管理工作；指导全县社会福利事业工作。

县移民工作办公室。1962年新安江移民、1978年乌溪江和1979年湖山移民工作都由县民政局统一管理。2007年6月，松阳县移民工作办公室成立。

县移民工作办公室的基本职能是贯彻执行国家有关水利水电工程移民工作的方针、政策和法律、法规；组织编制审核移民安置规划、并组织、指导规划的实施，做好移民安置工作；负责指导、协助乡（镇）处理好移民遗留问题，改善移民的生产生活条件；负责移民资金的管理，监督资金的拨付和使用；协调解决移民工作的重大问题；负责移民政策的宣传、教育和培训。

县老龄工作委员会办公室。1986年5月，松阳县政府成立老龄委员会。1989年10月，县老龄委员会办公室挂靠县民政局，日常工作由县民政局统一管理。2001年10月，设立老龄工作委员会办公室，为县老龄工作委员会的办事机构，依照国家公务员制度管理，归口县民政部门。

县老龄工作委员会办公室主要职责是办理县老龄工作委员会决定的事项；向老龄工作委员会提出工作意见和建议；承办县老龄工作委员会的日常工作和交办的其他事项；负责县老龄委各成员单位的联系、协调工作，督促、检查县老龄工作委员会决定事项在有关部门的落实情况并综合上报。

县司法局 1949年5月，县政府设司法科。1950年4月，并入县人民法院至1958年11月。1982年4月，县政府设司法局。

县司法局的主要职能是贯彻执行国家司法行政工作方针、政策、法律、法规，组织起草有关司法行政工作的文件并组织实施；编制全县司法行政工作的中长期规划、年度计划，制定全县司法行政工作的各项规章制度并监督实施；制定全县法制宣传与普法教育的规划并组织实施；承担司法行政机关的行政应诉；指导和管理面向社会服务的司法鉴定工作；负责制定全县司法行政干部和法律服务人员的业务教育培训规划并组织实施。

县财政局（地方税务局） 1949 年 5 月，设财粮科。是年 8 月，财粮分设，析出财政科。1950 年 4 月，设县税务局。1955 年 10 月，县财政科改称县人委财政科，1958 年 6 月，财税机构合并为财政局至 1958 年 11 月。1982 年 4 月，复设县财政税务局。1996 年 8 月，财政局和地方税务局合署，增挂国有资产管理局牌子。2001 年 10 月，保留财政局，国有资产管理的职能并入县财政局，不再保留牌子。

县财政局的主要职能是根据全县国民经济和社会发展战略，编制中长期财政计划；参与制定各项宏观调控和综合平衡社会财力的建议；编制年度全县财政预算草案，管理县级各项财政收入，制订财政税收收入计划；合理安排部门预算，合理配置财力资源；完善财政体制；管理县级各项财政支出；承担县国有资产管理委员会的日常工作；负责国有独资及国有控股、参股企业的资产、财务的管理和监督；管理和指导国有资产营运工作；组织实施清产核资、产权管理等基础工作；负责财政性公共资源的统计；负责国有资产营运机构会计、财务总监和国有控股企业监事委派和管理；指导和监管国有资产产权交易。

县地方税务局的主要职能是负责地方税收的征收管理；根据省地方税务局下达的税收任务和松阳县国民经济发展规划以及预算安排的要求，编制年度地方税收计划并组织实施；负责各项费、基金、附加的征收管理，制定有关实施意见并组织实施；负责地方税收的稽查。

县人事劳动社会保障局 1951 年 10 月，县政府设人事科，与民政科合署办公。1954 年 2 月，人事科单独办公。1955 年 10 月，改称县人委人事科至 1958 年 11 月。1982 年 4 月，县政府设人事局、劳动局。1996 年 11 月，县劳动局与人事局合并为人事劳动局。2001 年 10 月，撤销人事劳动局，组建人事劳动社会保障局。

县人事劳动社会保障局的主要职能是负责全县人事劳动社会保障工作的宏观规划、综合管理、监督指导、协调服务；研究制订人事劳动社会保障制度改革方案；编制全县人事劳动社会保障事业发展规划和年度计划并组织实施；研究制订全县国家机关和事业单位工作人员结构调整、工资分配的宏观政策；综合管理全县国家公务员的考录、考核、奖惩、培训、调配、交流、辞退辞职、退休的组织实施等工作；综合管理全县专业技术人员，研究制订全县专业技术人员队伍建设发展规划和政策措施并组织实施。

县机构编制委员会办公室。1954 年 11 月，设立县政府编制委员会至 1958 年 11 月。1987 年，县编制委员会成立。1989 年，更名为县机构编制委员会。1996 年 10 月，挂靠人事劳动局。2001 年 10 月，挂靠县人事劳动社会保障局。

县机构编制委员会办公室是机构编制委员会的常设办事机构，也是县委、县政府主管机构编制工作的机构。其职能是负责全县党政机关机构编制管理，研究制定全县行政管理体制和机构改革的总体方案，组织实施县、乡（镇）两级行政管理体制和党政机构改革。协调县委、县政府各部门的职能配置及其调整，协调县委各部门之间、县政府各部门之间、县委各部门和县政府各部门之间，以及县级各部门与乡（镇）之间的职能分工。审核县人大、政协、法院、检察院机关以及民主党派、群众团体机关的机构设置、人员编制和领导职数。负责全县事业单位机构编制管理，研究制定全县事业单位管理体制和机构改革方案。负责全县机关、事业单位内设机构、人员编制、领导职数变动的具体审核、上报审批工作。负责县级机关、事业单位科（股）级领导职数审核和新增人员的增员计划审批工作；负责机关、事业单位机构成立、撤并、更名的具体审核、上报审批工作。指导并监督检查各级行政管理体制和机构改革及机构编制的执行情况。

县国土资源局　1988 年 4 月，建立土地管理局。2001 年 10 月，撤销土地管理局，组建国土资源局，为县政府组成部门。2004 年 12 月，县国土资源局改为受丽水市国土资源局和松阳县人民政府双重领导的单位。

县国土资源局的主要职能是制定全县国土资源管理的地方性法规和政策及具体实施办法并实施监督检查；组织编制和实施全县国土规划、土地利用总体规划；监督检查行政执法和土地、矿产资源规划执行情况；依法保护土地资源、矿产资源所有者和使用者的合法权益；承担报县政府、市政府、省政府、国务院审批的各类用地的审查、报批工作；统一管理全县土地地政和城乡地籍工作；依法统一管理和监督土地资产、土地市场。

县建设局　1949 年 5 月，县政府设建设科，掌管建设事业。1951 年 12 月，改称农林科（1955 年 1 月撤，农、林分设），兼管建设事业。1953 年 3 月，设交通科（1955 年 1 月撤，次年 5 月复设至 1958 年 11 月），由交通科兼管建设事业。1982 年 3 月，成立松阳县城建规划领导小组，4 月，成立县基本建设局。1984 年 5 月，改称城乡建设环境保护局。1996 年 8 月，撤销松阳县城乡建设环境保护局，成立松阳县建设局，与环境保护局合署办公，一个机构两块牌子。2001 年 10 月，保留建设局，环境保护局改为县政府直属事业单位。

县建设局的主要职能是研究制定松阳县建设事业的发展战略、中长期规划、产业政策和体制改革的方案并组织实施。负责管理和指导全县城市规划、村镇规划和城市勘察、市政工程测量工作；承担推进城市化的组织协调工作；负责城市总体规划、城镇体系规划的审查和报批工作；负责制定城市规划管理的有关文件，办理设计城市规划管理的行政诉讼事项；组织制定建设行业的地方性标准和行业规划；监督指导各类工程建设标准、规范、定额的实施。

县人民防空办公室。1950 年 9 月，由县人武部分管防空工作。1982 年后，人防工作仍由县人武部军事科负责。2004 年 12 月，设立县人民防空办公室，核定人员编制 3 人，为全额拨款事业单位，归属县政府办公室管理。2005 年 12 月，县建设局增挂松阳县人民防空办公室牌子。2006 年 3 月，松阳县人民防空办公室成立，独立办公。

县人民防空办公室的主要职能是管理本辖区的人民防空工作，制定人民防空工作措施和任务，编制防空发展规划，组织落实防空战略，动员民兵开展防空袭斗争，发布人民防空决定和命令。组织实施人民防空指挥工作，负责制定城市防空方案、战时人口疏散计划和各项保障方案，协调有关部门搞好疏散基地建设。组织管理全县人民防空工程建设，贯彻执行国家人民防空工程防护标准和质量标准。负责人民防空通信和警报网的建设与管理。

县交通局　1953 年 3 月，县政府设交通科。1955 年 1 月撤销，次年 5 月复设至 1958 年 11 月。1982 年 4 月，县政府设交通局。

县交通局的主要职能是组织编制全县公路和水路交通行业发展规划，制定固定资产投资、运输、交通科技的中长期规划和年度计划并组织实施；负责全县的公路和水路交通基础设施及其配套项目建设、维护工作；负责路政、运政、航政、港政管理工作；对国家重点物资运输和紧急客货运输进行必要的调控；负责全县陆上交通运输安全的行业管理和县管通航水域的水上安全监督；负责交通战备日常工作。

县农业局（县农村工作办公室） 1951年12月，县政府设农林科。1955年1月，农林分设，析出农业科，10月，改称县人委农业科。1956年8月，改设为农业局至1958年11月。1982年4月，县政府复设农业局，1984年4月，改为农牧特产局，1991年1月，又改称为县农业局。县农业局的主要职能是贯彻落实有关农业、农村经济的法律、法规、方针和政策；研究、提出全县农业和农村经济发展战略和政策建议；制订农业和农村经济中长期发展规划及年度工作意见并组织实施；研究提出农业产业政策，参与研究提出深化农村经济体制改革与发展的意见和措施。负责编制农业生产发展规划，制订农业产业的技术标准并组织实施；负责全县农业行政执法工作；预测并发布农业产业产品及农业生产资料供求情况等农业经济信息。

1982年4月，县政府设农业经济委员会。1996年10月，县农业经济委员会改称为县政府农村工作办公室。2001年10月，县农业局与县农村工作办公室合署办公。2010年，县农业局与县农村工作办公室分设，职能进行调整。县农村工作办公室的主要职能是承担全县农村工作重大问题的调查研究、检查、监督、综合协调、指导服务职责。

县林业局 1953年4月，县政府设森林工作站。1955年1月，县政府设林业科；10月，改称县人委林业科。1957年，县森林工作站改称森林工业局。

1958年1月，改设为林业局。6月，森林工业局并入县工业局至11月。1982年4月，县政府设林业局。

县林业局主要职能是研究起草县级有关林业生态环境建设、森林资源保护和国土绿化的规范性文件、规定，经审议通过后组织实施；研究制订全县林业中长期发展规划并组织实施；组织开展并指导植树造林、封山育林和封山护林工作；组织、指导、监督全县森林资源管理和森林资源调查、动态监测和统计；组织指导并监督全县生态公益林建设和管理；组织开展并指导全县退耕还林工作；组织指导以植树种草等生物措施防治水土流失和防沙治沙工作。

县林业局森林公安局。1992年9月，建立松阳县公安局林业公安分局。2008年12月，松阳县公安局林业公安分局更名为松阳县林业局森林公安局，增挂松阳县公安局森林警察大队牌子。

县林业局森林公安局的主要职能是研究制定松阳县森林公安行政管理的实施意见；负责全县范围的盗伐、滥伐森林，非法狩猎，放火或过失烧毁森林和其他林木的刑事案件的侦查；负责维护全县的木材生产经营及林区的治安秩序；查处违反《中华人民共和国森林法》和《浙江省森林管理条例》等法律、法规的林业行政案件。

县水利局 1956年10月，县政府设县人委水利科。1958年9月，县人委水利科改设县水利水电局。1982年1月，松阳县水利水电局组成。2001年10月，水利水电局更名为水利局。

县水利局的主要职能是组织制定水利和渔业产业化发展的规划、计划并监督实施；研究制订水利、水产发展的有关政策；组织制订县级河道及县内跨流域综合规划和有关专业规划并监督实施；对全县水利系统的国有资产实行管理和监督；统一管理水资源（含空中水、地表水、地下水）、渔业资源及水生生物资源；制订全县水资源、渔业资源开发、利用、保护配置规划和全县、地域水长期供求计划、水量分配方案并监督实施；组织有关国民经济总体规划、城镇规划及重要建设项目的水资源和防洪的论证工作；实施取水许可证、水土保持合格证和渔业捕捞许可证、水产养殖使用证制度及水资源费、渔业资源增殖保护费征收制度；编制全县水资源公报；指导全县水文工作。

县防汛防旱指挥部。1953 年，县防汛防旱指挥部成立。1982 年 6 月，复设松阳县防汛防旱指挥部。1988 年 9 月，县防汛防旱指挥部办公室作为常设机构设立，挂靠县水利局。

县防汛防旱指挥部的主要职能是于每年汛前组织防汛检查和防汛抗旱各项准备工作，落实防汛防旱措施，包括人员、物资、技术通信等；组织水利、水温、气象、邮电、物资等部门协作；针对水情或旱情调度水利工程，决策防汛防旱抢险救灾，落实措施。

县文化广电新闻出版局（体育局）　2001 年 10 月，撤销文化局和原事业机构体育事业发展局、广播电视局，组建文化体育广播电视局。文化体育广播电视局主要职能是主管全县文化、文物、体育、广播电视、新闻出版工作。2005 年 6 月，县文化体育广播电视局改组为县文化广电新闻出版局，为县政府工作部门，与县体育局合署办公。

县文化广电新闻出版局（体育局）的主要职能是对全县文化、广播电视、新闻出版、体育等工作进行行政管理。

县文化局。1984 年 3 月，设文化局。2001 年 10 月，撤销文化局，组建文化体育广播电视局。

县文化局的主要职能是贯彻执行县级政府和上级文化行政管理机关有关文化工作的命令、指示和规章；严肃文化执法，依法管理全县各项文化事业。

县体育局。1982 年 4 月，县政府设体育运动委员会。1984 年 3 月，撤销体育运动委员会，设教育体育局。1985 年 3 月，撤销教育体育局，复置体育运动委员会。1996 年 10 月，改称体育事业发展局，转为县政府直属事业单位。2001 年 10 月，撤销体育事业发展局。2005 年 6 月，设立县体育局，与县文化广电新闻出版局合署办公。其主要职能是拟定全县体育工作的规范性文件和政策，经批准后实施等，履行全县体育行政管理职能。

县广播电视局。1982 年 4 月，县政府设广播事业局。1984 年 8 月，广播事业局改设为广播电视局。其职能为主管全县广播电视宣传和广播电视事业工作。2001 年 10 月，撤销广播电视局，组建文化体育广播电视局。

县卫生局　1954 年 12 月，设卫生科。1955 年 10 月，改称县人委卫生科至 1958 年 11 月。1982 年 4 月，县政府设卫生局。

县卫生局的主要职能是研究制定全县卫生事业发展的政策措施，推动卫生事业改革，促进医疗卫生事业发展，依法行使卫生行政监督职能等。负责疾病预防控制工作，制订并实施疾病预防规划与策略，对重大疾病实施防控和干预；负责卫生应急工作，制订卫生应急预案和政策措施，指导实施突发公共卫生事件预防控制与应急措施；依法负责职业卫生和医疗机构执业的监督管理；推进医疗卫生体制改革，组织拟订公立医院改革政策措施，指导、监督公立医院建立科学的管理体制、运行机制和监管机制，指导、监督民营医疗机构健康规范发展；实施医疗机构和从业人员执业许可制度；组织制订医疗卫生职业道德规范，建立医疗机构医疗服务评价和监督体系；负责卫生信息化建设，管理和发布卫生相关信息；负责重要会议与重大活动的医疗卫生保健工作。

县人口和计划生育局 1958年4月，松阳县节育工作委员会成立。1963年，遂昌县计划生育委员会成立。1982年4月，松阳县计划生育委员会设立。2001年10月，计划生育委员会更名为计划生育局。2005年6月，计划生育局更名为人口和计划生育局。

县人口和计划生育局的主要职能是贯彻实施计划生育方针、政策、法规；对全县计划生育工作进行指导、检查、督促；协调有关部门推进人口与计划生育工作的综合治理。

县审计局 1984年3月，县政府设审计局。

县审计局的主要职能是组织对县管党政领导干部和国有企业（独资及国有控股）负责人的任期经济审计；审计监督社会保障资金和环境保护资金。

县侨台事务办公室（县委台湾工作办公室） 1958年前，设中共松阳县委对台工作领导小组。1982年5月，设中共松阳县委对台工作领导小组办公室，具体办理对台事务。1983年6月，设县人民政府台湾同胞接待办公室，与县委对台办合署办公。1986年6月，改称县人民政府台湾事务办公室。1984年7月，设立松阳县人民政府侨务办公室。

侨务办公室、台湾事务办公室（县委台湾工作办公室）原为县委统战部的2个内设机构，2001年10月机构改革后，称侨台事务办公室（县委台湾工作办公室），为县政府工作机构，与统一战线工作部合署办公。

县侨台事务办公室的主要职能是主管全县侨务、对台工作；负责全县侨务、台湾事务工作的督查等。

县安全生产监督管理局 2005年6月，组建松阳县安全生产监督管理局。县安监局的主要职能是贯彻执行国家、省市有关安全生产的法律、法规、规章和方针政策；综合管理全县安全生产工作。

县环境保护局 1982年10月，设县环境保护办公室；1984年3月，属县城乡建设环境保护局。1996年8月，撤销城乡建设环境保护局，成立环境保护局，与建设局合署办公，一个机构两块牌子。2001年10月，保留建设局，环境保护局改为县政府直属事业单位。2005年5月，环境保护局改为县政府工作部门。

县环保局的主要职能是主管全县环境保护工作；制定各项实施办法及其指导与监督实施。

县统计局 1954年12月，县政府设统计科，1955年1月改称计划统计科至1958年10月。1982年4月，县政府设统计局。2001年10月，统计局并入松阳县发展计划局。2005年6月，县统计局从县发展和改革局析出单独行政。

县统计局的主要职能是贯彻执行国家统计法律、法规以及省统计条例、规章，实施全省统一制定的统计改革方案、统计工作规章、统计现代化建设、统计调查任务，组织领导和综合协调各乡镇、部门的统计和国民经济核算工作。

县政府直属单位

县工业园区管理委员会 2003年4月，设立松阳县工业园区管理委员会。

县工业园区管理委员会的主要职能是具体负责工业园区的规划、开发、建设、管理、招商引资和为入园企业提供全程服务。

县风景旅游局 2001年11月，松阳县风景旅游局成立。

县风景旅游局的主要职能是根据全县国民经济和社会发展总体规划，编制全县风景旅游发展的中长期规划和年度计划，并组织实施。负责全县风景旅游资源的调查、保护、管理；负责风景名胜区的规划范围的确定、规划编制和报批；负责风景资源开发、景点布局、旅游基础项目的审判和管理；负责风景名胜区的规划监察和建设监察的执法管理。负责旅游经营单位的审核报批和行业管理；负责旅游经营许可证的发放、年检和业务活动的指导、检查、管理及协调。负责导游人员管理、旅游安全管理、旅游纠纷投诉、旅游质量监督管理和景容管理。组织对旅游行业人员业务知识和技能培训。

县气象局 2002年9月，建立县气象台，归口县农业局管理。2005年8月，成立松阳县气象局，为县政府直属正科级事业单位。

县气象局的主要职能是根据法律法规，负责本行政区域内气象设施建设和气象管理工作，行使气象法律法规的贯彻执行和监督、执法职能。

县广播电视台 1992年12月，筹建广播电视台。2003年6月，从县文体广电局中分出，实行台局分设。其主要职能为主管全县广播电视工作。围绕县委、县政府中心工作，积极发挥“喉舌”作用，认真办好广播电视节目；负责安全优质转播中央、省、市各级广播电视节目；落实各类广播电视业务新项目的开发；负责乡镇广播电视站的人事管理，开展乡镇广播宣传工作和广播事业建设。

县经济技术协作办公室 1985年3月，县政府办公室设经济技术协作办公室，其主要职能是组织开展区域经济合作和招商引资管理工作。1996年10月，转为县政府直属事业单位。1999年8月，增挂县招商局牌子，实行两块牌子一套班子，合署办公。2003年10月，经济技术协作办公室的职能从招商局划出，挂靠县经济贸易局。

经济技术协作办公室的主要职能是会同有关部门研究拟定并组织实施松阳县与外县之间开展经济、科技、教育、文化、卫生等领域合作的政策规定；负责“山海协作工程”实施；研究拟订松阳县国内经济技术合作的规划、年度计划，协同有关部门组织实施；推进和发展区域经济联合与协作；组织协调外县经济组织到松阳的投资与合作事宜；负责外来企业与机构到松阳设办事处的联络、服务与管理工作，以及县企事业单位到县外（境内）设立办事机构的联络、协调和服务工作；协同有关部门做好外县经济技术合作代表团的来访接待工作和县领导对外县有关经济技术合作工作出访的组织、联络和服务工作。

县招商局 1999年8月，原经济技术协作办公室增挂招商局牌子，实行两块牌子一套班子，合署办公。2003年10月，经济技术协作办公室的职能从招商局划出，成为独立的招商局，为政府直属正科级财政全额拨款事业单位，其主要职能是招商引资。

县政府行政审批中心 2000年9月，成立县人民政府办事中心。2002年11月，县政府办事中心更名为松阳县政府行政审批中心。2006年6月，成立县招标投标中心，与县行政服务中心合署办公。

松阳县政府行政审批中心主要职能是代表县政府对行政审批等事项进行组织、协调、监督、管理和服务。

县供销合作社联合社 1955年10月，县人委设农村产品采购局。1957年1月，并入县供销合作社至1958年11月。1982年1月，设县供销合作社。2000年7月，改称为县供销合作社联合社。

供销合作社联合社的主要职能是坚持为农村、农业、农民服务的宗旨，组织协调农业生产资料的供应和各项为农服务工作，按照政府授权承担重要农业生产资料、农副产品的储备，适时调控市场；宏观管理、协调、监督、指导供销社系统的服务工作，维护基层供销社合法权益，促进城乡物质交流和效益农业的发展。

根据2008年12月“三定”方案，县供销合作社联合社受县委、县政府领导，联合社机关参照群团组织机构管理。机构规格相当于正科级。

县政府双重管理单位

县国家税务局 1994年9月，建立国家税务局，与松阳县财政（地税）局合署办公。1997年8月分设，受丽水地区国家税务局和松阳县人民政府双重领导。

县国家税务局的主要职能是贯彻执行国家的各项税收法律、法规和规章，并结合本县实际情况，研究制定具体的实施办法；负责中央税收、中央与地方共享税收的征收管理和稽查工作；负责增值税专用发票、普通发票和其他税收票证的管理工作。负责该地区进出口税收和涉外税收的管理工作；围绕本县经济工作，发挥税收调控和监督职能，为发展市场经济和社会事业服务。

县工商行政管理局 1949年5月，县政府设工商管理局。1955年10月，改设工商科至1958年11月。1982年7月，县政府设工商行政管理局。1984年3月，设物价局。1996年11月，物价并入县工商行政管理局，挂松阳县工商行政管理局（物价局）牌子，合署办公。1999年4月，工商行政管理系统实行垂直管理，析出物价局，恢复工商行政管理局。

县工商行政管理局的主要职能是主管各类工商企业和从事生产经营活动的事业单位，社会团体的登记注册，核发营业执照，依法确认企业法人资格和合法经营地位，依法监督检查其登记注册行为；依法监督外商的生产经营业务活动；主管城乡个体工商户、合伙企业和私营企业的登记注册，核发营业执照；依法监督管理个体工商户、合伙企业和私营企业；依法监督管理农贸市场、消费品市场、生产资料市场。

县供电局 1982年4月，县政府设供电局。县供电局的主要职能是负责全县电力发展规划并组织实施；负责全县的电力调配、输送和供电，确保工农业生产用电和居民生活用电需要。

县邮政局 1998年9月，成立松阳县邮政局。县邮政局的主要职能是执行国家邮政局统一的技术业务规程、标准和各项规章制度；经营邮政通信业务，做好各项邮政服务工作，完成各项邮政通信工作；负责辖区内的邮政通信行业管理。

中国电信股份有限公司松阳分公司 1998年9月，成立松阳县电信局。2000年7月，松阳县电信局更名为浙江省电信公司松阳电信局。2001 年 3 月，浙江省电信公司松阳电信局完成主辅分离工作，原松阳电信局分设为浙江省电信公司松阳电信局和浙江省电信实业集团松阳县有限公司。2002 年 9 月，浙江省电信公司松阳县电信局更名为浙江省电信有限公司松阳县分公司。2008 年 2 月，浙江省电信有限公司松阳县分公司变更为中国电信股份有限公司松阳分公司。

中国电信股份有限公司松阳分公司的主要职能是根据国家相关法律、法规，经营基于松阳县电信网络的话音、数据、图像及多媒体通信与信息服务，经营与通信及信息业务相关的系统集成、技术开发、技术服务以及通信产品的销售、设计、安装、信息咨询；负责保障通信畅通，及时修复通信障碍，确保信息安全。

丽水市烟草公司松阳分公司　1986 年 9 月，松阳县烟草公司成立。1988 年 3 月，松阳县烟草专卖局成立，与烟草专卖公司实行两块牌子、一套班子。2008 年 9 月，浙江省烟草公司松阳县分公司根据行业母子公司体制改革的需要更名为丽水市烟草公司松阳分公司。

丽水市烟草公司松阳分公司的主要职能是宣传、贯彻执行国家烟草专卖法律、法规，查处卷烟经营违法违规行为，搞好烟草专卖管理和经营；负责权限的烟草专卖管理、卷烟营销和烟叶生产、收购、销售工作；组织全县的烟草专卖管理、卷烟营销和烟叶的生产、收购、销售等工作。

县标准计量局（县技术监督局、县质量技术监督局）　1990 年 6 月，县标准计量局成立，与县计委合署办公。1996 年机构改革，撤销县标准计量局，成立县技术监督局，仍与县计委合署办公。1999 年 10 月，县技术监督局从县计委析出独立行政，并改名为县质量技术监督局，接受省质量技术监督系统的垂直管理。县质量技术监督局主要职能是管理全县质量、标准、计量、特种设备、食品安全。

县食品药品监督管理局　1990 年 7 月，设医药管理局，与县经委合署办公。2002 年 1 月，撤销与原经委合署办公的医药管理局，撤销县卫生局内设的药政机构，将县卫生局下属的县药品监督检验所建制划归县药品监督管理局，组建松阳县药品监督管理局，为丽水市药品监督管理局的直属机构。

2005 年 3 月，在原县药品监督管理局的基础上，组建松阳县食品药品监督管理局，为丽水市食品药品监督管理局直属机构，继续承担原县药品监督管理局的职责。

松阳县食品药品监督管理局主要职能是负责对本辖区药品的研究、生产、流通使用进行行政监督和技术监督；承担食品、保健品、化妆品安全管理的综合监督、组织协调和依法组织开展对重大事故查处；负责保健品许可有关工作。

中国人民银行松阳县支行　1982 年 5 月，设中国人民银行松阳县支行。1985 年 5 月，改称中国工商银行松阳支行。1986 年 7 月，恢复人民银行县支行。

中国人民银行松阳县支行主要职能是执行全国统一的货币政策，运用存款准备金率、基准利率、再贴现，向商业银行、农村信用社提供再贷款、公开市场业务及其他货币政策工具、调节货币供应量、保持币值稳定，促进经济增长；依法对所辖范围内的金融机构进行监管，维护金融机构合法、稳健运行。

丽水银监分局松阳办事处　2003 年 12 月，中国人民银行松阳县支行分设中国银行业监督管理委员会丽水监管分局派驻松阳监管组。2004 年 4 月，更名为中国银行业监督管理委员会丽水监管分局松阳办事处。

松阳银监办的主要职能是根据授权，统一对辖区内银行业金融机构的监督管理，防范和化解银行业风险，保护存款人和其他客户的合法权益，促进银行业健康发展。

县农村信用合作社联合社　2005 年 4 月，县农村信用合作社联合社改制为县农村信用合作联社，县农村信用合作联社为股份制的农村合作金融机构，实行一级法人、统一核算、分级管理、授权经营的管理体制。

县农村信用联社的主要职能是执行党和国家及中央银行制定的有关农村合作金融方针、政策、货币政策及规章制度，接受中央银行的监管；依法履行指导、监督、管理、服务和协助农村金融工作，担负经营业务和管理服务的双重职能，立足农村，服务“三农”，为促进农村产业化经营、促进农村经济服务。

中国农业发展银行松阳县信贷组　1996 年 12 月，中国农业发展银行丽水地区分行派驻松阳办事组成立。1999 年，更名为中国农业发展银行丽水市分行派驻松阳县办事组。2001 年 2 月，中国农业发展银行丽水市分行派驻松阳县办事组更名为中国农业发展银行松阳县信贷组。

中国农业发展银行松阳县信贷组的主要职能是贯彻党和国家金融方针和粮棉油购销政策，按封闭管理的要求管理辖区粮棉油收购资金。按照总行有关规定，编制辖区粮棉油收购资金贷款计划，并组织实施。

附：松阳县部分企业单位

中国工商银行松阳县支行　1984 年 5 月，设中国工商银行松阳支行，与县人民银行合署办公。1986 年 8 月，工商银行松阳县支行单独设置。

中国工商银行松阳县支行主要职能是办理人民币存款、贷款和各种结算，管理银行资产，代理各类中间业务、代理发行有价证券、代理其他银行委托的各种业务，充分发挥资金效益，为经济社会发展服务。

中国农业银行松阳县支行　1956 年设立中国农业银行松阳县支行，1957 年 3 月，并入县人民银行。1964 年 1 月复置。1965 年 12 月再并入县人民银行。1980 年 1 月再次分设。1982 年 5 月，中国农业银行松阳县支行随县制恢复。

中国农业银行松阳县支行的主要职能是执行党和国家及中国人民银行制定的有关金融方针、政策及规章制度，接受中央银行的监管；组织单位存款及个人储蓄，发放贷款，办理结算等中间业务，支持地方经济的发展；负责制定本行人事、信贷、财务、保卫等方面的具体制度并组织实施。

中国建设银行松阳县支行　1983 年 1 月，设立中国人民建设银行松阳县支行。松阳建设银行的主要职能是吸收人民币存款，发放短期、中期和长期贷款；办理结算、票据贴现，代理发行、兑付、承销、买卖政府债券；从事同业拆借，提供信用证服务以及担保；代理收付款项及代理保险业务。创新和完善金融产品和手段，提高资产质量和经营效益，为社会进步和国民经济发展服务。

中国银行股份有限公司松阳县支行　1993 年 9 月，设立中国银行松阳县支行。中国银行松阳县支行的主要职能是执行中国人民银行制定的统一货币政策，接受央行的监管，吸收个人储蓄和单位存款业务，发放贷款，办理各种中间业务。

中国人民财产保险股份有限公司松阳支公司　2003 年 7 月，中国人民保险公司松阳支公司更名为中国人民财产保险股份有限公司松阳支公司。

中国人民保险公司松阳县支公司的主要职能是贯彻执行党和国家金融工作方针、政策及规章制度，运用互助共济的原则，将个体面临的风险由群体分担，有分散风险、消减损失的职能。组织社会经济补偿，对参加保险的法人和自然人在遇到各种自然灾害和事故时给予经济补偿。二是支持社会减灾防损，灾前搞预防，灾后搞补偿。

中国人寿保险股份有限公司松阳县支公司　1997 年 11 月，中保人寿保险有限公司丽水地区分公司松阳营销点改设中保人寿保险有限公司丽水地区分公司松阳县办事处。1999 年 5 月，中保人寿保险有限公司丽水分公司松阳办事处更名为中国人寿保险公司丽水分公司松阳县办事处。2002 年 4 月，中国人寿保险公司丽水分公司松阳县办事处更名为中国人寿保险公司松阳县支公司。2003 年 10 月，中国人寿保险公司松阳县支公司更名为中国人寿保险股份有限公司松阳县支公司。公司隶属中国人寿保险股份有限公司丽水分公司，属商业保险的经营企业，主要经营人寿保险、健康保险、意外伤害保险等各类人身保险业务。松阳县人寿保险公司主要职能是经营以人的寿命和身体为标的的人寿保险、健康及意外伤害保险。

中国移动松阳分公司　1998 年，中国移动松阳分公司成立，隶属中国移动通信集团公司浙江有限公司，是中国移动（香港）有限公司的全资运营子公司，也是 1997 年最早在美国和中国香港同步上市的国内通信公司。主要从事为广大用户提供中国移动通信公司的移动业务服务。

中国联通松阳分公司　2000 年 7 月，中国联通松阳分公司成立，8 月，融合浙江国信通信有限公司松阳分公司，隶属中国联通丽水分公司，是综合电信运营商，属独资经营（港资）企业分支机构。2004 年 5 月，中国网络通信有限公司松阳县分公司成立。2008 年 12 月 30 日，原中国联合通信有限公司松阳分公司和原中国网络通信有限公司松阳县分公司重组，成立中国联合网络通信有限公司松阳县分公司。主要业务为 WCDMA、GSM 移动通信和固定电话、IP 电话、数据通信、互联网接入应用等多种业务的建设和经营管理。

（“中国移动松阳分公司”“中国联通松阳分公司”内容详见第七编“邮政 电信”第七章“邮电企业”第二节“移动公司”、第三节“联通公司”）

第三节　区（公社）、乡镇（管理区、公社）政府

民国24年（1935）7月，竹溪区苏维埃政府成立。这是红军挺进师进浙后创建浙西南革命根据地建立的第一个区级苏维埃政权。区政府设在燕田村吴氏宗祠，下辖黄南独立乡苏维埃政府、五部乡苏维埃政府。

7月22日，玉岩苏维埃政府成立，驻地丁坑村，下辖小吉、枫坪、高亭、安岱后、斗潭等5个乡苏维埃政府。此时，松阳西南部山区的乡村各级旧政权由苏维埃政府所取代。

1949年3月，根据中共浙东临委决定，松阳起义后立即成立浙东第五行政督察专员公署，松阳县归属第五行政督察专员公署管辖。县政府分别在江南、靖居区成立区人民政府。

中华人民共和国成立后，按照各个历史时期的工作重点和机构设置原则，在1958年县制撤销之前和1982年县制恢复之后，县域内行政区划进行过多次调整和改革。1949年5月，松阳全县设4个区、21个乡镇；1950年，调整为4个区、43个乡镇。1958年，全县辖4个区、25个乡镇。1982年，全县辖2个直属镇、1个直属公社、4个区、22个公社。1992年，撤区扩镇并乡后，调整为20个乡镇。至2010年，为20个乡镇。

第四节　历任县长、副县长

民国38年（1949）3月13日，成立松阳县民主政府。1949年5月9日，松阳县解放；26日，成立松阳县人民民主政府。7月，改称松阳县人民政府。

1955年10月，县人民政府依法改组为县人民委员会（简称县人委）。

1954年7月，县第一届人民代表大会第一次会议选举产生第一届县人民政府县长、副县长。1956年12月、1958年6月，先后召开县第二届、第三届人民代表大会第一次会议，选举产生县第二届、第三届县人民委员会县长、副县长。

1958年11月，松阳县制撤销，并入遂昌县，松阳县人民委员会撤销。

1982年1月，国务院批准恢复松阳县制；4月，中共浙江省委下达建立松阳县人民政府的通知，任命县长、副县长。

1984～2010年，松阳县共召开7届县人民代表大会，选举产生第四至第十届松阳县县长、副县长。

1949～2010年松阳县历届（次）县长、代理县长、副县长名录表

表 22-2-4-1

届（次）别	职务	姓名	任职年月	任职方式
—	县　长	祝更生	1949.03～05	率部起义，上级任命
—	副县长	王桂五	1949.03～04	起义，上级任命
—	县　长	林艺圃	1949.05～1951.05	上级任命
—	县　长	吴胜义	1951.05～11	代理县长，上级任命
—	县　长	赵荣和	1951.11～1954.01	代县长，上级任命
—	县　长	薛家鼐	1954.01～1955.10	上级任命
—	副县长	吴　奉	1949.05～08	上级任命
—	副县长	赵荣和	1951.10～11	上级任命
—	副县长	吴毓惠	1953.09～1955.10	上级任命
第一届人民委员会	县　长	薛家鼐	1954.10～1956.12	先上级任命，后选举
	副县长	吴毓惠	1955.10～1956.12	先上级任命，后选举
	副县长	潘玉珉	1955.10～1956.12	先上级任命，后选举
第二届人民委员会	县　长	薛家鼐	1956.12～1957.09	选举产生
	县　长	李效孔	1957.09～1958.05	上级任命
	副县长	吴毓惠	1956.12～1958.05	选举产生
	副县长	李金福	1956.12～1958.05	选举产生
	副县长	张盛林	1956.12～1958.05	选举产生
	副县长	叶光仪	1956.12～1958.05	选举产生
第三届人民委员会	县　长	李效孔	1958.06～1958.10	选举产生
	副县长	张盛林	1958.06～1958.10	选举产生
	代县长	陈士杰	1982.01～1984.01	上级任命
	代县长	夏金星	1984.01～1984.07	上级任命
	副县长	姜勇明	1982.01～1984.07	上级任命
	副县长	林　文	1982.04～1984.07	上级任命
	副县长	郑世贤	1982.04～1984.07	上级任命
	副县长	吴绍裘	1982.04～1984.07	上级任命
	副县长	项根深	1984.01～1984.07	依法任命
	副县长	车震亚	1984.01～1984.07	依法任命

续表 22-2-4-1-1

届（次）别	职务	姓名	任职年月	任职方式
第四届人民政府	县　长	夏金星	1984.07～1987.04	选举产生
	代县长	张向北	1987.04～1987.06	依法任命
	副县长	姜勇明	1984.07～1986.06	选举产生
	副县长	车震亚	1984.07～1987.06	选举产生
	副县长	丁家亮	1984.07～1987.06	选举产生
	副县长	项根深	1984.07～1987.06	选举产生
	副县长	周国达	1985.07～1987.03	选举产生
第五届人民政府	县　长	张向北	1987.06～1990.01	选举产生
	代县长	徐光照	1989.11～1990.06	依法任命
	副县长	项根深	1987.06～1990.06	选举产生
	副县长	丁家亮	1987.06～1989.07	选举产生
	副县长	叶茂亨	1987.06～1990.06	选举产生
	副县长	连星磁	1987.06～1990.06	选举产生
	副县长	郑朝多	1990.01～1990.06	选举产生
	副县长	洪平津	1990.01～1990.06	选举产生
	副县长	蔡明德	1989.01～1990.02	选举产生
第六届人民政府	县　长	徐光照	1990.06～1992.11	选举产生
	代县长	姚祖根	1992.11～1993.04	依法任命
	副县长	叶茂亨	1990.06～1992.11	选举产生
	副县长	连星磁	1990.06～1993.04	选举产生
	副县长	郑朝多	1990.06～1992.11	选举产生
	副县长	洪平津	1990.06～1992.11	选举产生
	副县长	陆元吉	1990.07～1992.11	选举产生
	副县长	叶关福	1992.11～1993.04	选举产生
	副县长	叶思敬	1992.11～1993.04	选举产生
	副县长	吴仿甦	1992.11～1993.04	选举产生
第七届人民政府	县　长	姚祖根	1993.05～1994.07	选举产生
	代县长	姜人敬	1995.01～1995.04	依法任命
	县　长	姜人敬	1995.04～1996.01	选举产生
	代县长	吴炳全	1996.01～1996.04	依法任命

续表 22-2-4-1-2

届（次）别	职务	姓名	任职年月	任职方式
第七届 人民政府	县　长	吴炳全	1996.04～1998.04	选举产生
	副县长	叶关福	1993.05～	选举产生
	副县长	叶思敬	1993.05～	选举产生
	副县长	余良林	1993.05～	选举产生
	副县长	胡仁义	1993.05～	选举产生
	副县长	江家余	1993.06～	选举产生
	副县长	吕军民	1994.07～1995.01	选举产生
	副县长	邝平正	1995.08～1997.11	选举产生
	副县长	林伟明	1995.09～1998.04	选举产生
	副县长	董伟敏	1996.01～1998.04	选举产生
	副县长	汪传凯	1997.09～1998.04	选举产生
	副县长	杨晓宏	1997.11～1998.04	选举产生
	副县长	王　钢	1997.11～1998.04	选举产生
第八届 人民政府	县　长	吴炳全	1998.04～2000.09	选举产生
	代县长	邓唐良	2000.09～2000.11	依法任命
	县　长	邓唐良	2000.11～2003.04	选举产生
	副县长	邓唐良	1998.04～2000.11	选举产生
	副县长	余良林	1998.04～2001.03	选举产生
	副县长	林伟明	1998.04～2002.12	选举产生
	副县长	王　钢	1998.04～2001.03	选举产生
	副县长	叶赞平	1998.04～2002.12	选举产生
	副县长	董伟敏	1998.04～1998.12	选举产生
	副县长	陈霄雄	2000.09～2003.01	选举产生
	副县长	周星龙	2000.10～2003.04	选举产生
	副县长	林　康	2001.03～2002.12	选举产生
	副县长	吴善本	2001.03～2003.04	选举产生
	副县长	沈维强	2002.06～2003.03	选举产生
	副县长	杜光旻	2002.12～2003.04	选举产生
	副县长	杨秀清	2002.12～2003.04	选举产生
	副县长	张云高	2002.12～2003.04	选举产生
	副县长	徐兼明	2002.12～2003.04	选举产生

续表 22-2-4-1-3

届（次）别	职务	姓名	任职年月	任职方式
第九届人民政府	县　长	邓唐良	2003.04～2005.07	选举产生
	代县长	林　康	2005.09～2005.11	依法任命
	县　长	林　康	2005.11～2007.03	选举产生
	副县长	周位标	2003.10～2006.01	选举产生
	副县长	姚志强	2005.04～2007.03	选举产生
	副县长	叶郑献	2005.10～2007.03	选举产生
	副县长	周星龙	2006.01～2006.10	选举产生
	副县长	杨秀清	2006.01～2007.03	选举产生
	副县长	张云高	2006.01～2006.10	选举产生
	副县长	徐兼明	2006.01～2007.03	选举产生
	副县长	周位标	2006.01～2006.05	选举产生
	副县长	李炀德	2006.10～2007.03	选举产生
	副县长	毛胜法	2006.10～2007.03	选举产生
第十届人民政府	县长	林　康	2007.03～	选举产生
	常务副县长	姚志强	2008.01～2009.10	选举产生
	常务副县长	钟建安	2009.10～	选举产生
	副县长	杨秀清	2007.03～2009.01	选举产生
	副县长	徐兼明	2007.03～2010.03	选举产生
	副县长	李炀德	2007.03～	选举产生
	副县长	毛胜法	2007.03～	选举产生
	副县长	王立武	2007.03～	选举产生
	副县长	陈海江	2008.05～2010.05	选举产生
	副县长	吴善华	2009.01～	选举产生
	副县长	翁樟明	2009.12～	选举产生
	副县长	蓝宁虹	2010.05～	选举产生
	副县长	叶建明	2010.08～	选举产生

第三章　重大决策与施政

松阳县人民政府在1949～2010年各个不同时期，按照“发展要有新思路、改革要有新突破、开放要有新局面、各项工作要有新举措”的要求，联系松阳实际，因地制宜开展施政，为加快松阳建设作出重大决策，为松阳人民办好事、办实事，使老百姓得到许多实惠。

第一节　重大决策

开辟山区道路

1957年12月，县政府、县人民委员会作出向山区人民筹款开辟山区道路的决议。主要内容为开辟山区道路是松阳县广大人民的要求，为便利山区人民交通，改善山区人民生活，加速把现在经济上、文化上落后的山区，建设成为经济、文化上进步、繁荣、康乐、幸福的社会主义新山区，并积极开发山区丰富的资源宝藏，支援国家社会主义建设事业，必须积极开辟山区道路。但在国家建设资金有限的情况下，必须依靠广大群众的人力财力，才能解决开辟道路所需资金。因此，松阳县人民委员会提出，根据合理负担的原则，制定筹款办法，区别不同地区从林木产品售价中提成筹集。

开展除“四害”运动

1958年6月，松阳县人民委员会作出在是年端午节前后开展突击除“四害”讲卫生运动的决定。在端午节前后发动一次彻底大扫除，做到人人动手，户户清洁。发动突击除“四害”，由县统一指挥作战，围剿麻雀，歼灭蚊蝇、捕捉老鼠。要求在运动后组织检查评比，健全组织，使以除“四害”讲卫生为中心的爱国卫生运动更趋经常化。

加速经济发展

1992年7月，中共松阳县委、松阳县人民政府联合发文，作出加快改革开放，加速经济发展的决定。县政府结合松阳县情况，确定一系列对外开放的总体战略，即建设经济长廊（采取两头并进方法，开发西屏至古市工贸长街）；重视外引内联（县内联合，县外引进）；促进中部开花（以西屏车站为中心点，向北山、马桥一带建设工业区，向造纸厂一带沿路建设市场）；发展5个集镇（坐落在龙丽、港玉省、县道上的5个镇。主攻工业经济，大力发展第三产业，大干快上，发挥龙头作用），带动全县各乡。县政府要求各级干部群众抓住有利时机，充分发挥当地优势，继续抓好稳定和完善家庭联产承包责任制，发展壮大集体经济，大力调整农村产业结构，推进农业综合开发，积极发展多种经营；加强社会化服务体系建设，特别要重视产后服务；以工业经济为重点，主攻乡镇企业。

减轻农民负担

1993 年 8 月，松阳县人民政府作出减轻农民负担的决议。决议要求各乡（镇）及有关部门抓紧研究，加强检查和督促，把减轻农民负担工作落到实处。涉及农民负担的各项提留代收款必须严格按照规定办事，凡未经县人民政府批准的新增统筹项目和收费，基层组织和农户可以拒绝执行。坚决反对乱提、乱派等错误行为，实行“专款专用”，每年支出的账目向村民张榜公布，接受群众监督。

太平坊路改造工程

松阳县人民政府决定实施县城太平坊路改造工程。太平坊路改造工程，从县政府至松阳一中成一直线，全线长 900 米，宽 54 米，其中街道宽 28 米。太平坊路改造整个工程，分三次实施。第一次，1985 年 4 月，太平坊路拓宽 18 米，太平坊至环城西路，长 433.9 米。第二次，1990 年 11 月，对太平坊路与新华路交叉口东北角进行拆迁工程。第三次，拆迁范围，西起人民大街，东至龙丽路、延伸至松阳一中，全长 900 米，宽 54 米。其中，街道宽 28 米，建设带及通道两侧宽 26 米。接通环城东路观音阁亭至荷塘坌，长 70 米，路宽 11 米。

制订松阳县依法治县规划

1994 年 4 月，松阳县人民政府制定《松阳县依法治县规划》。主要内容为加强社会主义法制教育，深入普及法律知识，使全县公民的法制观念和依法办事的自觉性进一步增强；在党的领导下，国家机关及其工作人员，依照法律和法规，对全县的政治、经济、文化等事务以及社会生活的各个方面进行管理；依照法律和法规，不断完善各项管理制度，使各项工作的管理法律化、制度化、在全县范围内建立起法律秩序，形成法制环境；逐步完善执法监督检查体系，基本实现执法监督检查规范化、制度化，形成强有力的监督机制，促使法律正确全面实施；依法保障人民当家做主的地位，维护公民的合法权益。县政府要求，经济越发展，改革越深入，开放越扩大，越要加强法制建设。各乡镇人民政府、县政府所属各部门、各单位，要根据县政府依法治县规划，结合各自的实际情况，制定出与之衔接配套、切实可行的本地区、本单位、本部门的依法治理规划；县人民法院、县人民检察院，要根据自己的职责范围，制订出推进依法治县的实施方案，以保证依法治县规划有条不紊地顺利实施。

加快工业经济发展

1995 年 6 月，中共松阳县委、松阳县人民政府作出《关于加快我县工业经济发展的决定》，主要内容：松阳县工业处于发展的初始阶段，要突出工业经济地位；加快工业小区建设，并制定优惠政策；加速技术改造步伐，投资额在 50 万元以上的技改项目，在收费、用地和新增税收方面享受工业小区优惠；发展个体私营、股份合作工业，鼓励机关事业单位人员经批准离岗在县内创办工业企业，并在三年内享受本人在职 80%的经济待遇；加大引资筹资力度，凡县外人员带资到松阳县投资新办的工业企业和县外资金占 50%以上且投资额在 50 万元以上的新办合资工业企业，不论是否进入工业小区，一律视同工业小区内企业；优化工业发展环境；加强工业经济领导。县政府从松阳经济发展的薄弱环节入手，把工业放在重中之重的位置，突出工业的地位，一切向工业倾斜，要求各乡镇及有关部门，特别是各级领导干部，要树立强烈的历史使命感和责任感、紧迫感，增强“公仆”

意识，创大业意识，按照县政府的部署，狠下一条心，把工业搞上去，发展经济，造福人民。

推进殡葬改革

2003年8月，松阳县人民政府决定推进殡葬改革。在2003年末前在全县范围内全面推进遗体火化，少数交通不便的地方经批准后可逐步推行火化。

编制松阳县生态县建设规划

2004年9月，松阳县人民政府制定《松阳生态县建设规划》，要求建设生态县应以科学的发展观为指导，遵循自然、经济和社会发展规律，不断增强全社会的生态环境意识，正确处理好加快发展经济与保护生态环境之间的关系，积极稳妥地推进生态县建设。

推进新农村建设

2007年7月，中共松阳县委、松阳县人民政府决定扎实推进社会主义新农村建设。主要内容是“五新一好”，即以村镇规划为龙头，建设新村镇；以农民增收为目标，发展新产业；以提高人民素质为根本，培训新农民；以农业产业化为动力，优化新经济组织；以创建文明村镇为先导，塑造新风貌；以“亲民为民富民”为抓手，创建好班子。主要目标任务达到“四转一化”，即加快推进传统农业向高效生态农业转变；加快推进以种养业为主的传统农村产业体系向一二三产并举的农村现代产业体系转变；加快推进农村传统村落向能过上现代文明生活的农村新社区转变；加快推进传统农民向有文化、懂技术、会经营、素质全面的新型农民转变。加快形成城乡互促、共同繁荣的城乡一体化发展新格局。

加快古市镇小城镇发展改革工作的意见

2007年1月30日，县政府研究决定，提出《进一步加快古市镇小城镇发展改革工作的若干意见》，主要内容为突出副中心地位，促进城乡一体化发展。加快形成以西屏镇为主中心，古市镇为副中心，结构合理、特色明显的城镇发展新格局；统筹规划，突破行政区域限制，合理确定范围，统一规划，促进资源优化配置；大力发展特色产业，积极培育副中心的经济基础。拓展城镇发展空间，通过挖潜改造旧城、迁村并点、土地管理、开发利用荒地和废旧弃地，做到集中用地和集约用地。加大财政支持力度。对古市镇建设资金给予一定的扶持政策。扩大行政管理权限，根据改革与发展的需要，通过授权或委托的行使，赋予镇政府在经济社会和行政管理等方面的县级管理权限；进一步理顺县驻镇派出机构的条块管理关系。深化户籍制度改革，实行城乡户口登记管理一体化，与户籍制度改革相配套，政府及有关部门对已在镇落户的居民一视同仁。

完善农村合作医疗制度的意见

2007年5月，县政府研究，提出完善《新型农村合作医疗制度实施办法》的意见。主要内容为适当降低住院医药费报销起报线。报销起报线从700元降至500元，降低部分按第一档报销比例(25%)核报；在本县乡镇定点卫生院住院治疗由300元降低至100元，降低部分按第一档报销比例（25%）核报；在县外医院住院治疗，报销规格不变。门诊医疗费用的报销比例和方法，医疗费用扣除自费部分，按可计报销医疗费用的15%予以报销，由该医疗机构通过信息系统进行直接结报。

定点医疗机构，限于县内各乡镇卫生院、城镇社区卫生服务机构、古市医院以及经卫生行政部门审核确认具备相应条件的卫生院分院。

加快农民异地转移、促进农民增收的若干意见

2008 年 5 月，县政府常务会议提出《关于加快农民异地转移，促进农民增收的若干意见》。从 2008 年开始，低收入农户集中村整村搬迁补助标准提高到每人 3500 元；安排村庄整治专项经费 200 万元；安排农民异地培训专项配套补助 40 万元；安排来料加工和农家乐休闲旅游专项资金各 10 万元。

深化推进体制改革

2008 年 11 月，县政府就深化体制改革提出如下意见：推进经济体制改革。积极探索有松阳特色的经济发展方式；继续深入开展要素配置市场化改革；深化国有企业改革，不断改善发展民营经济的体制环境，继续深化民营经济公平市场准入机制改革，拓宽民营经济发展空间。深化农村经济体制改革。逐步建立社会主义新农村建设的新机制；积极推进中心镇改革，建立统筹城乡发展、推进城乡一体化的评价体系，指导督促加快统筹城乡发展；深化农村经济管理体制改革。推进行政管理体制改革。稳步推进事业单位改革；深化行政审批制度和投资体制改革；深化公共财政体制改革；建立健全社会信用体系；完善就业和社会保障制度；推进公平教育体制改革；深化医疗卫生体制改革；深化文化体制改革；切实将各项改革措施落到实处。

实施残疾人共享小康工程的意见

2009 年 3 月，县人民政府制定《松阳县人民政府关于实施残疾人共享小康工程的意见》，主要内容为实施残疾人基本生活保障工程。对家庭人均收入低保标准 100～150%（不含 100%）的持证重度残疾人，参照本县低保标准，全额发放低保补助金。实施残疾人康复工程。对家庭人均年收入在低保标准 150%以内、有适应指征并有康复需求的残疾人，实施助明、助听、助行康复工程。实施重度残疾人托（安）养工程。对生活不能自理、残疾等级为一级的残疾人逐步实施安家安养、日间照料和集中托养。经费标准和资金保障。残疾人共享小康社会所需保障资金和工作经费纳入县财政预算。

加快工业企业分离发展服务业的意见

2009 年 4 月，松阳县人民政府作出《加快工业企业分离发展服务业的若干意见》，主要内容为对松阳县实行独立核算的工业企业分离新设立的服务业经济实体，实行 3 年的财政补助。在 3 年内给予房产税减征。如纳税有困难，3 年内可向主管税务机关申请报上级税务机关申请减征。鼓励企业科技创新，开发新产品、新技术、新工艺所发生的研究开发费用，未形成无形资产计入当期损益的，在按规定据实扣除的基础上，按照研究开发费用的 50%加计扣除；形成无形资产的，按照无形资产成本的 150%摊销。工业企业分离发展服务业过程中，涉及资产过户的，其用地性质不变，缴纳的税收县得部分，财政给予全额补助。工业企业销售额 1000 万元以上，在 3 年内，本企业运输费用超基数 30 万元以上部分按其营业税县得部分 80%给予财政补贴。固定资产在 500 万元以上，超基数部分 3 年内，享受新设立分离企业政策。

制定新农合和农民健康体检工作的意见

2010 年 3 月，松阳县人民政府制定《新型农村合作医疗和农民健康体检工作意见》，主要内容为从 2010 年开始，农民健康体检资金纳入新农合资金统一管理，新农合人均筹资标准为 185 元，其

中各级财政补助为人均 135 元，农民以户为单位，按 50 元/人标准缴纳合作医疗经费。已参加城镇职工医疗保险、城镇居民医疗保险等政府举办的医疗保险的人员，不再享受新农合补偿。住院报销起报线，县级医院起报线为 300 元；县外医院起报线为 1000 元。住院报销封顶由 2009 年的 6 万元提高到 7 万元。住院医疗费用报销标准：起报线 5000 元部分按可报金额计算报销 45%；5000～10000 元部分按可报金额计算报销 50%；10000～30000 元部分按可报销金额计算报销 55%；30000～50000 元部分按可报销金额计算报销 60%；50000 元以上部分按可报金额计算报销 65%。各体检单位参合农民体检费用补助，根据体检人次计算，按成人 30 元/人次、0～7 岁儿童和中小学生 15 元/人次的补助标准在新农合基金中列支。

制定社会保险五费合征工作的实施意见

2010 年 12 月，松阳县人民政府制定《社会保险五费合征工作的实施意见》，主要内容为县内基本养老保险费、基本医疗保险费、失业保险费、工伤保险费和生育保险费从 2010 年 12 月 24 日开始统一征收。

第二节　重大施政

治理松阴溪

松阴溪为松阳境内主要干流，贯穿整个松古盆地。松阴溪河道弯曲，河床变迁，流向不定，洪灾频繁。

1949 年，松阳县人民政府在百废待兴中，重视兴修水利、河道及防洪工作，积极组织群众修筑堤防，防汛抗洪。1952～1956 年，重点抢修加固岗寺乡黄圩大堤。1976 年 1 月，遂昌县政府成立治理松阴溪工程规划组。治理松阴溪工程分两期进行：第一期，从遂昌资口到水南踏步头，将 34.1 千米的旧河弯道取直为 26.9 千米；第二期工程向下延伸至王田圩河段。1977 年 9 月，县政府成立松阴溪工程指挥部，组织专业队伍，在黄圩至石门圩 5.3 千米河段开始施工，进行综合治理。

1982 年，松阳复县伊始，财力困难，治理工程规模缩小至以局部地段续建和水毁修复工程为主。1984 年，松阴溪南、北两岸堤防建成，松阴溪第一期工程施工告一段落。1989 年，西屏、古市、斋坛、岗寺、新兴、赤寿等沿溪乡镇在各自区域河段兴修、加固堤防。2003 年，县城防工程开始修建抵御 50 年一遇洪水堤防。2005 年，全线开展标准堤防工程建设。2010 年末，建成松阴溪干流堤防长 26.384 千米。

松阴溪通过治理，提高安全防洪系数，保障沿溪两岸 2 个镇 6 个乡 10 多万人民生命财产的安全，提高 7300 多公顷农田的抗旱防洪能力，截弯取直后，溪滩还田，增加耕地 1600 多公顷。特别是标准城防工程建成后，全面提升防灾减灾能力。

农村宅基地换养老

2008 年 10 月，赤寿乡梧桐口村开展“农村宅基地换养老”模式。主要做法是孤寡、贫困以及留守老年人在依法、自愿、有偿的前提下，永久放弃宅基地使用权，将宅基地交归村集体所有。拆除破旧房时，老年人可得到村集体给予的每平方米60～70元的经济补偿。村集体规划出5000平方米的土地，作为老年公寓与公园的建设用地，并出资30余万元，先后两期新建24套老年公寓，安置60位老人。公寓产权归村集体所有，老年人终身享有免费居住权和使用权，实现老有所居、老有所养、老有所乐。

县政府及时发现、总结、扶持、推广梧桐口村的“农村宅基地换养老”模式，并通过统筹城乡土地资源配置，解决农村老人的部分养老基金，同时整合国家、省市的惠农政策，给予各方面的配套扶持，促进此项工作的开展。

截至2010年12月，全县有35个行政村开展此项工作，新建或修建老年公寓645套，安置1280位老人。这个模式较好地实现老人、村民、集体、政府“四方受益”。2010年1月，松阳“农村宅基地换养老”模式获得“第五届中国地方政府创新奖”提名奖。

图22-1 “第五届中国地方政府创新奖”颁奖大会现场（叶光铭 摄于2010年）

村村通公路

通村公路建设又称“康庄工程建设”，经历手车路—机耕路—简易公路—通村公路的发展过程。为改变农村的落后面貌，松阳县人民政府把村村通公路（康庄工程）作为农村工作的重中之重。

1949年10月，各乡镇普遍开始新建或修复手车道。

1968年，松阳境内始有手扶拖拉机，手车道无法适应拖拉机田间作业及道路运输的需要，部分地区开始兴建机耕路。至20世纪70年代，全县平原地区基本形成手车道网络。

1982年1月，复置松阳县后，各公社生产大队自发开展机耕路建设。原有手车道被拓宽改造成机耕路。90年代初期，全县大部分平原行政村开通机耕路。1994年，全县乡村群众自发筹集资金1078.39万元，用于机耕路建设。

1997年，松阳县交通局编制《1997～2000年简易公路建设计划》，开展简易公路建设。次年，成立松阳县简易公路建设办公室，专人负责，加强协调。

2003年12月，县委、县政府成立松阳县乡镇康庄工程建设领导小组，领导小组下设办公室（简称“康庄办”）。县康庄办负责全县通行政村公路工程项目的审查、审批，编制工程建设计划，工程实施过程中重大业务及技术指导、工程质量督查、施工验收、财务管理等工作。

2007年，松阳县交通局编制松阳县农村公路联网规划，形成以县城为中心向各乡镇辐射的半小时交通圈，以各乡镇为中心向各行政村辐射的公路网络。次年，开展联网公路工程，打通两地之间断头路，行政村之间联网，与重要省县道联网。2010年，全县农村基本实现“路成网、车到村”。

旧村改造

2006年，县政府在西屏镇北山村开展旧村改造工作试点。2008年，县政府对30个行政村进行旧村改造。县委印发《关于加快旧村改造推进社会主义新农村建设的若干意见》。

2009 年，县政府提出“改造空心村，撤并自然村，建设新农村”的目标。松委办印发《关于加快推进 2009 年旧村改造工作的通知》和《松阳县旧村改造五年规划（2009～2013）》。

2008～2010 年，松阳县累计实施旧村改造项目 146 个，拆除破旧房 11328 户，面积 929690 平方米，批准建新房 6241 户，面积 55884 平方米，有 30128 位农民住进新房。

发展茶产业

松阳是个传统的农业县，种植茶叶历史悠久。1949 年，松阳县人民政府发出号召：“立即恢复、培植原有荒芜茶园，改进技术，提高品质，逐渐扩大。”此后十年，松阳茶叶稳步发展。

20 世纪 60 年代，松阳的茶叶普遍是零星种植的，通常都种在田头地角。70 年代，引进无性系茶树良种，并在半古月、横溪两村建立茶树母本园。农业局干部卢良根研制出松阳银猴茶。

图 22-2　松阳茶叶获得的部分荣誉（叶光铭提供）

1982 年，实施家庭联产承包责任制，松阳县茶叶生产出现快速发展势头。

20 世纪 90 年代，随着农业产业结构的调整，新兴镇率先利用山垄田、旱田发展良种密植。

2000 年开始，无性系良种茶园面积连续多年以 8000 亩以上的速度递增。2002 年开始，县政府每年安排上百万元资金，推送松阳茶叶参加全国各地举办的茶叶博览会及世界各国举办的一系列博览会、推介会、品尝会。2008 年开始，县政府每年投入五六百万元资金，连年举办中国茶商大会暨松阳茶叶节，并且每年投入 600 万元用于全县茶叶统防统治。2010 年，全县茶园面积有 11.02 万亩。

2005 年 11 月，松阳县人民政府获“中国茶产业发展政府贡献奖”。2008 年，松阳被授予“中国名茶之乡”称号。2009 年，松阳县被命名为“中国绿茶集散地”。

改善农民饮用水

2003 年，松阳县根据“省千万农村饮用水工程”实施办法，采用股份制形式的筹资方式，组建松阳县大众乡村供水有限责任公司，建设六都源水库供水示范工程。至 2004 年，完成六都源水库灌区的仪桥、郑家等村及小港流域的曹竹、苏马坪、五部、洋坑埠头、蚶湖等 17 个行政村的供水工程。供水范围包括 3 个乡镇 22 个行政村，约 1.44 万人口受益。2007 年 9 月，县政府出台《松阳县加快农民饮用水工程建设实施意见》，成立农民饮用水工程指挥部。县政府提出“以县城西屏镇为中心，以古市镇为副中心”，对松古平原各乡镇农村通过县水厂管网延伸，105 个村 6.1 万人口实现城乡供水一体化。边远山区乡镇分散 101 个村 5.32 万人口利用山坑小溪采用单村及分散式供水。2010 年 8 月，设立松阳县农村饮用水管理办公室，实施农村饮水管理，提升农民饮用水长效管理水平。

2003～2010 年，松阳县农村饮用水安全工程解决 267 个行政村 14.78 万人饮水困难问题。农村合格自来水普及率从 2003 年的 16.1%提高到 2010 年的 90%以上。

下山脱贫

松阳县地处高山远山地区的有 12 个乡镇 9.9 万人，地处库区的行政村有 16 个 2138 户 7124 人，地质灾害隐患点有 91 个自然村 619 户 2190 人。这些地区的农民生产生活条件较差，经济基础薄弱。

松阳县于 2000 年开始实施下山脱贫工作。2005 年，编制《松阳县欠发达地区整体搬迁规划》。2006 年，成立县下山脱贫办公室，配备专职工作人员，负责该项工作的统筹协调。按照“政府引导、农民自愿、统一规划、分步实施”的要求，采取集中安置和分散安置相结合的方式，鼓励居住在高山远山、地质灾害隐患点、重点库区的农民搬迁下山。配套出台下山脱贫农户搬迁资金补助、康庄工程结合下山脱贫整村搬迁工作补助等扶持政策。其中，四都、板桥、新处、谢村 4 个欠发达乡整村搬迁的农户享受省政府每人 3000 元的补助资金，其余 16 个乡镇的下山脱贫农户享受县政府给予每人 500 元的补助资金。

图 22-3 西坌下山脱贫小区（县农办提供 2009 年）

对纳入下山脱贫范围的村庄，松阳县实行萎缩性管理，交通、水利、通信等项目资金要转用于下山脱贫小区基础设施建设。同时把下山脱贫工作与新农村建设、城市化建设和低收入农户奔小康工程工作结合起来。

下山脱贫农民在教育、就业、医疗、社会保障等方面，与当地居民享受同等待遇，并承担相应义务。农民异地转移安置小区建设涉及的县政府管辖范围内的规费，一律给予减免。

至 2010 年，全县建立下山脱贫小区 5 个，下山脱贫点 10 个，撤并行政村 8 个、自然村 23 个，实现下山脱贫农户 2390 户 8809 人，其中筏铺、西坌小区集中安置 563 户 2491 人。

第四章　经济技术协作与招商引资

松阳县是传统产粮县，农业经济发展缓慢，是浙江省欠发达县之一。改革开放以后，为加快经济发展，逐步缩小与发达地区的距离，松阳县政府作出经济技术协作、招商引资的战略决策，对松阳的经济发展起到较大的促进作用。

第一节　经济协作

1985 年 3 月，县政府办公室设经济技术协作办公室。1996 年 10 月，转为县政府直属事业单位。1999 年 8 月，增挂县招商局牌子，实现两块牌子一套班子，合署办公。2001 年 10 月，县经济委员会、对外贸易经济合作局、商业局、物资局合并成立县经济贸易局。2003 年 10 月，经济技术协作办公室的职能从招商局划出，挂靠县经济贸易局。

2004 年，松阳县与省内发达地区对口县市开展经济技术协作工作，主要抓好松阳与余姚山海协作工程的具体项目对接。签约项目 22 个，投资额为 4.285 亿元，实际到位资金 2.175 亿元。合同履约率、到资率、开工率、投产率等完成情况较好。

2005 年，松阳县参与山海协作企业促进会。2006 年，县政府制定《关于进一步治理和优化经济发展环境的实施意见》，加强与发达地区的经济协作，松阳和余姚“山海协作工程”对接。松阳县与杭州、宁波、温州、台州等地区签订工业、农业、基础设施等项目。开展“亲商、安商、帮商、富商”活动，把年销售收入 100 万元以上企业纳入信息库，实行动态管理。

2007 年，松阳县与江苏、德清等地结成友好联盟。申报云南省宾川县辰辉林产化工有限公司、隆华特钢、西屏工业园区开发有限公司、水车村杨梅合作社 4 家企业为西部大开发和山海协作工程财政贴息补助项目。组织 5 家企业参加“2007 中国义乌小商品博览会”。为象溪镇象溪一村的村镇道路建设、古市镇东角垄村的自来水安装工程、西屏镇水车村的杨梅基地建设、新兴乡内孟村的孟子文化村建设及生态旅游开发，向余姚 4 个部门争取项目资金 40 余万元，支持松阳县新农村建设。

第二节 招商引资

1999年8月，原经济技术协作办公室增挂招商局牌子，实行两块牌子一套班子，合署办公。2003年10月，经济技术协作办公室的职能从招商局划出，成为独立的招商局，为政府直属正科级财政全额拨款事业单位。主要工作是贯彻执行上级有关招商引资的方针政策，拟定松阳县招商引资方针政策，负责组织参与各类招商引资活动，负责全县招商引资项目的洽谈服务工作等。

2004年，松阳县开展上门招商、会议招商、网络招商等活动。先后从温州、武义、青田、丽水等地引进雷克摩托、欧马钢业、隆华特钢等一批带动能力强、发展潜力大的工业企业。逐步形成以西屏工业园及古市、象溪工业区为主的“一地多区块”工作格局。完成引资签约项目66个，合同投资5.5亿元，实际完成投资额1.6亿元。2005年，全年引资项目35个，实际投资额1.73亿元。2006年，松阳县与杭州、宁波、温州、台州等地区签订包括工业、农业、基础设施等各类项目23个，投资额4.3亿元，实际到位资金3.69亿元。2006年，松阳县组织实施“亲商、安商、帮商、富商”活动。引进包括穿孔生产线在内的不锈钢制品生产企业36家。其中，竣工投产12家，累计工业产值3.8亿元。全年引进项目22个，实现合同投资额2.67亿元，实际投资额1.62亿元。

2007年，全年签约项目29个，实际到位资金3.6亿元。签约项目引资额创松阳县年度招商引资数历史新高，项目履约率100%，开工率86%，到资率279%，投资率71%，超额完成丽水市政府下达松阳县的招商引资任务指数。2008年，接待来自全国各地的客商400多人次。全县引进项目21个，签约项目合同金额10亿元，实际利用资金总额6.96亿元，21个项目全部开工建设，其中7个项目已投产。2009年，全县招商引资签约项目16个，签约项目合同金额10.13亿元，其中有10个项目投资额在3000万元以上，3个项目投资额在1亿元以上，分别是华东特钢、浙江耶米玛服饰和浙江新瑞特钢。

2010年，县招商局组织人员到温州、宁波、永康以及上海、福建等地走访一些有意向对外拓展的投资企业主。5月，组织人员到海交会推介松阳县投资环境。全年引进内资项目8个，合同金额在1亿元以上的大项目5个，合同金额总计13.38亿元。引进项目和续建项目实际投入资金7.98亿元，位居丽水市第二，同比增长54%。赤寿乡政府与浙江明维科技发展有限公司和浙江澳科博石英有限公司签约，投资额0.64亿元。

第五章　行政审批改革

2000 年 9 月前，各项行政审批业务由各主管部门自行审批。

2000 年 9 月，松阳县成立县人民政府办事中心。2002 年 11 月，县政府办事中心更名为松阳县政府行政审批中心。2006 年 6 月，松阳县招投标中心成立，与县行政审批中心合署办公。县政府行政审批中心主要职能是代表县政府对行政审批等事项进行组织、协调、监督、管理和服务。

松阳县政府行政审批中心从 2000 年 9 月成立到 2010 年 12 月，以全心全意为人民服务为宗旨，采取措施调动干部、窗口人员的主动性、积极性，提高审批中心的办事效率和人民群众的满意度。

第一节　审批服务内容

审批机构及工作演进

2000 年 9 月，松阳县行政审批中心（办事中心）成立，由办公室、综合科和窗口单位组成。成员单位有发展计划局、国土资源局、建设局、经贸局、消防大队、地税局、国税局、工商局、环保局 9 个。县行政审批中心实现“五制”，即简单事项的直接办理制、重大事项的并联办理制、普通事项的承诺办理制、上报事项的负责办理制、控制事项的明确答复办理制。2003 年 8 月，松阳县完成二轮审批制度改革后，推行告知承诺制。全县的审批、核准、审核三项之和从 290 项减到 187 项，减幅为 35.5%，审批时间由原来的 2283 个工作日减到 1484 个工作日，提速 35%，达到县政府提出的行政审批等事项再削减 1/3 和审批时限提速 30%的要求。2005 年，县行政审批中心搬迁到土管局一二楼，进“中心”的部门从 9 个增加到 17 个，行政许可事项从 32 项增加到 167 项。建立松阳县行政许可清理领导小组和清理办公室，由县法制局牵头，对松阳县各职能部门行政许可事项、规定、实施主体、收费项目等全面清理。全县应当执行行政许可事项为 311 项，省政府规章设定保留 1 年的行政许可项目为 27 项。

图 22-4　位于县土管局大楼的县行政审批中心（叶光铭 摄于 2005 年）

2005 年，县行政审批中心实现“一门受理，抄告相关，内部运行，统一收费，限时办结”的运行方式，按照公开、透明的要求，审批事项、办事程序、审批依据、申报材料、收费标准、服务承诺全部向社会公开；服务项目需按规定收费的，一律在中心设立的银行专柜统一缴纳。

2006年8月，审批中心协调国税、地税等部门实行国地税采用“一窗一证一码一费”的方式，提高办证速度，降低办证成本达50%。审批中心综合科对各窗口办件情况进行跟踪，发现超过承诺时限或违反并联程序办理事项的立即给予严肃处理，2006年，审批中心共实行并联审批事项17个。2007年，县行政审批中心完善优化以发改局为牵头单位的基本建设项目审批、以经贸局为牵头单位的技术改造项目的审批和以工商局为牵头单位的注册登记类项目的审批流程，对各审批事项中所需的材料名目、数量，收费标准、收费依据、监督举报电话等进行明确和细化。加强对并联审批工作的后续跟踪督查，对主动采取措施实现提质提速的办事窗口给予鼓励和加分，促进各窗口自觉提高并联审批效率。全年为企业上门提供快捷高效的并联审批事项15件。为推进松阳县行政审批制度改革，从根本上解决审批中心一些窗口授权不到位、办事效率不高的问题。

2008年，县行政审批中心根据《中华人民共和国行政许可法》《中华人民共和国政府信息公开条例》，对所有审批事项的审批依据和条件、所需提交材料、承诺时间、收费标准和依据、审批流程和业务办理情况等方面的规范格式以多种形式予以公开。开通“绿色通道”，对重大项目、特殊业务实现急事急办、特事特办。2009年，推进网上审批与电子监察系统建设，进行硬件投入。全县12个部门189项行政服务事项正式接入网上审批系统投入运行。

至2010年，全县纳入系统的职能部门和审批事项分别达到30个和352项，实现80%以上的工作目标。审批中心对全县具有行政许可职能的30个单位及时开展上门面对面服务，提高全县系统操作水平。对窗口存在二次输入、延时上报、操作程序不规范等问题，审批中心及时督促整改。中心会同纪委监察部门加强各部门网上审批系统建设运行情况督查，将系统建设情况纳入考核内容，确保全县网上审批系统切实投入，发挥作用。至12月末，通过网上审批办理事项24144件，其中即办件18790件，承诺件5354件。

审批内容

发展计划局 项目建议书和可研报告的许可；项目初步设计的许可；项目年度投资计划许可；招标投标工程的核准；招标项目审批。以上未包括政府投资项目。

经贸局 内外资技改项目进口设备免税确认审核；企业注册安全主任、厂长(经理)安全资格、安全管理人员、特种作业人员考核发证；新、改、扩建工程项目安全设施与主体工程“三同时”核准；预征收发展新型墙体材料专项基金返退核准；预收散装水泥专项基金的退还核准；技术改造项目国产设备投资抵免所得税审核；技术创新项目审核；投资3000万元以上或用汇额100万美元以上的可行性研究报告审核；投资1000万～3000万元以下或用汇额100万美元以下的可行性研究报告的审批；外商投资在3000万美元以下的可行性研究报告的审批；特种劳动保护用品安全许可证、定点经营资格证的审核；典当行设立前置审核；矿山采掘施工企业安全资格审核；成品油零售批发仓储经营资格审核；矿山安全条件许可证核发；资源节约与综合利用，新能源和可再生能源及环保项目的立项审核；危险化学品包装物、容器(包括用于运输工具的槽罐)专业生产企业审查和定点审核；危险化学品生产、储存企业定点审核；煤炭经营资格审核；监控化学品特别生产许可审核；危险化学品经营许可审核；中外合资经营企业设立；外资企业设立；中外合作经营企业设立、重大变更。

国土资源局　采矿权转让(县级发证)的审批；采矿权设立、变更、延续的审批；土地所有权、使用权和他项权利登记；改制企业土地资产处置的审核；农村私人建房用地的审核；土地使用和划拨、出让、租赁、作价入股、改变用途、补办手续收回与划拨土地使用权补办出让手续审议；临时用地许可；具体建设项目预审；具体建设项目用地审核；20万吨以下砂、石、粘土采矿权设立的审核；农用地转用和征用、使用集体土地的审核；矿山闭坑的核准。

环保局　放射性污染物排放申报登记；排污申报登记；建设项目环境影响评价许可；污染防治设施的拆除或闲置许可；向大气排放特殊可燃、有毒气体许可；建设项目环保设施“三同时”验收；排放污染物许可证核发；关闭、闲置或拆除城市生活垃圾处理设施、场所许可；环境影响评价文件经批准后五年方开工建设的环境影响评价许可；危险废物经营许可证核发。

民政局　社会团体法人登记；福利企业的审核、变更、注销；民办非企业单位的设立、变更、注销；婚姻登记。

卫生局　食品卫生许可证核发；建设项目预防性卫生监督许可；公共场所卫生许可证核发；食品卫生公共场所从业人员健康证核发。

水利局　取水许可；开发建设项目水土保持方案许可；河道管理范围内建设项目许可；渔业捕捞许可；水利水电基建项目许可；占用规划保留区土地审核；水利工程规划同意书审批；水产种苗生产许可证；水利水电建设工程开工许可；在河道内爆破、钻探、挖筑鱼塘审批；在河道滩地存放物料、修建厂房或其他设施许可；水利工程建设施工图设计文件审批；大坝管理和保护范围内修建建筑物的审批；堤坝兼做公路的审批；水利工程管理范围内建房的审批。

农业局　种畜禽生产经营许可证的审批；菌种生产许可证(三级菌种场)的审批；低空漂浮物施放的审批；动物及动物产品准运证的审核；植物检疫登记证的核准；动物诊疗许可证的核准；建(构)筑物防雷设施及例行检测的核准；动物防疫合格证的核准；种子生产、经营许可证的核准；兽药经营许可证的核准。

工商局　个体工商户设立、变更、注销登记；个人独资企业设立、变更、注销登记；合伙企业设立、变更、注销登记；有限责任公司设立、变更、注销登记；企业集团设立、变更、注销登记；非公司企业法人设立、变更、注销登记；营业单位设立、变更、注销登记；分支机构设立、变更、注销登记；名称预先核准登记；个体工商户异地经营备案；企业法人登记公告备案；企业变更不涉及执照内容的登记事项备案。

质监局　申领组织机构代码；核发企业产品执行标准登记证的备案；企业产品标准备案。

林业局　木材运输证核发；占用或征用林地许可；森林经营方案的批准；在林区经营加工木材的批准；森林经营单位占用林地的批准；山林纠纷案件的受理和调处；森林植物检疫证核发；驯养繁殖一般保护陆生野生动物许可证核发；经营利用一般保护陆生野生动物核准证核发；猎捕一般保护陆生野生动物狩猎证核发；一般保护陆生野生动物或者其产品出县境运输证核发。

建设局　房屋产权登记、房屋他项权利登记；临时用地或临时建设办理延长手续；建设项目选址意见书审批；建设用地规划许可证核发；建设工程规划许可证核发；改变土地、建筑物使用性质审批；城市规划区挖取土方、沙石等审批；建筑工程施工许可；建设用地平面布置图审核；建设工程施工图审批；城市道路临时道路占用许可批准；城市道路挖掘许可审批；城市大型户外广告设置许可审批；工程建设报建手续；公共绿地内开放商业服务摊点，设立广告牌等许可；已批规划的变更审批；城市建筑物、设施上张挂、张贴宣传品；临时堆放物料、摆设摊点、搭建非永久性建筑物审批；临时用地或建设申请。

国税局　税务登记(税务登记开业登记、税务登记变更登记)；个体户税收初始定额；门征开票（代开普通发票）。

地税局（财政）　地税税务登记；地税代开发票及相应税款征收；契税、耕地占用税征收。

消防大队　公众聚集场所使用或开业的审批；建筑工程项目消防设计防火审核、验收。

文化广电新闻出版局(体育局)　文物保护单位建设控制地带内建设工程设计方案审批；文物保护单位保护范围内进行其他建设工程或爆破、钻探、挖掘等作业审批；对县级文物保护单位，未核定为文物保护单位的不可移动文物进行修缮审批；国有未核定单位文物保护单位的不可移动文物作其他用途审批；娱乐场所经营单位设立审核；电影放映许可证核发；营业性文艺表演团体许可证核发；营业性演出场所许可证核发；临时组合演出许可；音像制品零售、出租经营许可证核发；出版物零售许可；互联网上网服务营业场所许可证核发；名片印刷经营许可；区域性有线广播电视传输覆盖网的设立许可；因建设工程需要迁建广播电视设施审批；在广播电视信号发射设施和传输线路周围施工作业审批；营业性演出内容核准；设立电子出版物发行单位审批；出版物发行单位变更名称、业务范围、地址或者兼并、合并、分立审批；在古建筑内安装电器设备审批；在古建筑内设置生产用火审批；博物馆处理未达收藏标准、无保存价值的文物或标本审批；闭路电视准播证核发；举办健身气功活动及设立站点审批；开办武术学校审批；开办少年儿童体育学校审批；临时占用公共体育设施审批；经营性体育活动备案。

司法局　法律援助申请；公证服务。

第二节　提升服务质量

2003年，按照“依法申办、宽进严管”的原则，县行政审批部门开始推行告知承诺制。把简化审批事项与强化事后监管相结合、依法行政与提高办事效率相结合，营造比较宽松的市场准入环境。县政府办公室确定第一批实现企业登记前置审批告知承诺的前置审批事项。

2003年松阳县首批前置审批告知承诺试行的事项一览表

表22-5-2-1

序号	试点项目	前置审批事项	审批部门	依据
1	种子经营	核发种子经营许可证	农业局 林业局	《中华人民共和国种子法》
2	兽药经营	核发兽药生产经营许可证	农业局	《兽药管理条例》及实施细则
3	烟草制品零售	核发烟草专卖零售许可证	烟草局	《中华人民共和国烟草法》
4	书报刊零售	核发文化经营许可证	文体广电局	《出版管理条例》
5	部分餐饮	核发食品卫生许可证 公共场所卫生许可证	卫生局	《中华人民共和国食品卫生法》 《公共场所卫生管理条例》
6	食品经营销售	核发食品卫生许可证	卫生局	《中华人民共和国食品卫生法》
7	公共场所（含美容美发、娱乐场所）的卫生许可证项目	核发卫生许可证	卫生局	《公共场所卫生管理条例》
8	名片、打字、复印、其他印刷品印刷	核发其他印刷品经营许可证	文体广电局	《印刷业管理条例》
9	旅行社	核发国内旅行社业务经营许可证	旅游局	《旅行社管理条例》及实施细则
10	宾馆（旅馆）	核发卫生许可证	卫生局	《公共场所卫生管理条例》
11	汽车（摩托车）维修	核发技术合格证、道路运输经营许可证	交通局	国家工商局、国家经委、交通部关于颁发《汽车维修行业管理暂行办法》的联合通知、《浙江省道路运输管理条例》
12	普通货物运输	核发道路运输经营许可证	交通局	《浙江省道路运输管理条例》
13	广告业	核发广告经营许可证	工商局	《广告管理条例施行细则》
14	职业介绍	审批	人劳局	《职业介绍规定》《关于加强职业介绍机构管理通知》
15	营业性演出场所	核发营业性演出许可证	文体广电局	《营业性演出管理条例》

2004年，县行政审批中心先后制订和出台一次性告知制、首问责任制、AB岗位制等一系列制度，以制度规范服务。全面推行全程办事代理工作，为企业和群众办事提供极大的方便。2005年，县行政审批中心建立重大项目审批“快速通道”，压缩承诺时间，提高即办件比例，全年共实行并联审批项目26个。

图22-5 县行政审批中心优化大厅建设（县行政审批中心提供 2010年）

2007年，县行政审批中心提升服务质量。将服务范围从厅内向厅外延伸，组织上门服务，走访企业，接受企业咨询36次，为企业办理事项，制作“企业联系预约卡”，方便企业联系办理业务。2008年，县行政审批中心推进乡镇便民服务中心规范化建设，组织人员对各乡镇便民服务中心进行业务指导。是年，大部分便民服务中心已建成一类标准。

2009年，县行政审批中心开展多种服务方式，主动上门，提前介入服务，减少办事环节及收费项目，提高服务效率。全年共通过联合办证业务办理1435件，为群众节约办证费用2.87万元。2010年，县行政审批中心优化审批流程。对8个涉工审批部门、117个审批事项、65个办事流程的内容进一步进行优化并联；完善国税、地税、工商等窗口联合办证业务。全年共联合办证1510件，为办事群众节约成本30200元。

2010年松阳县告知承诺审批方式的操作流程

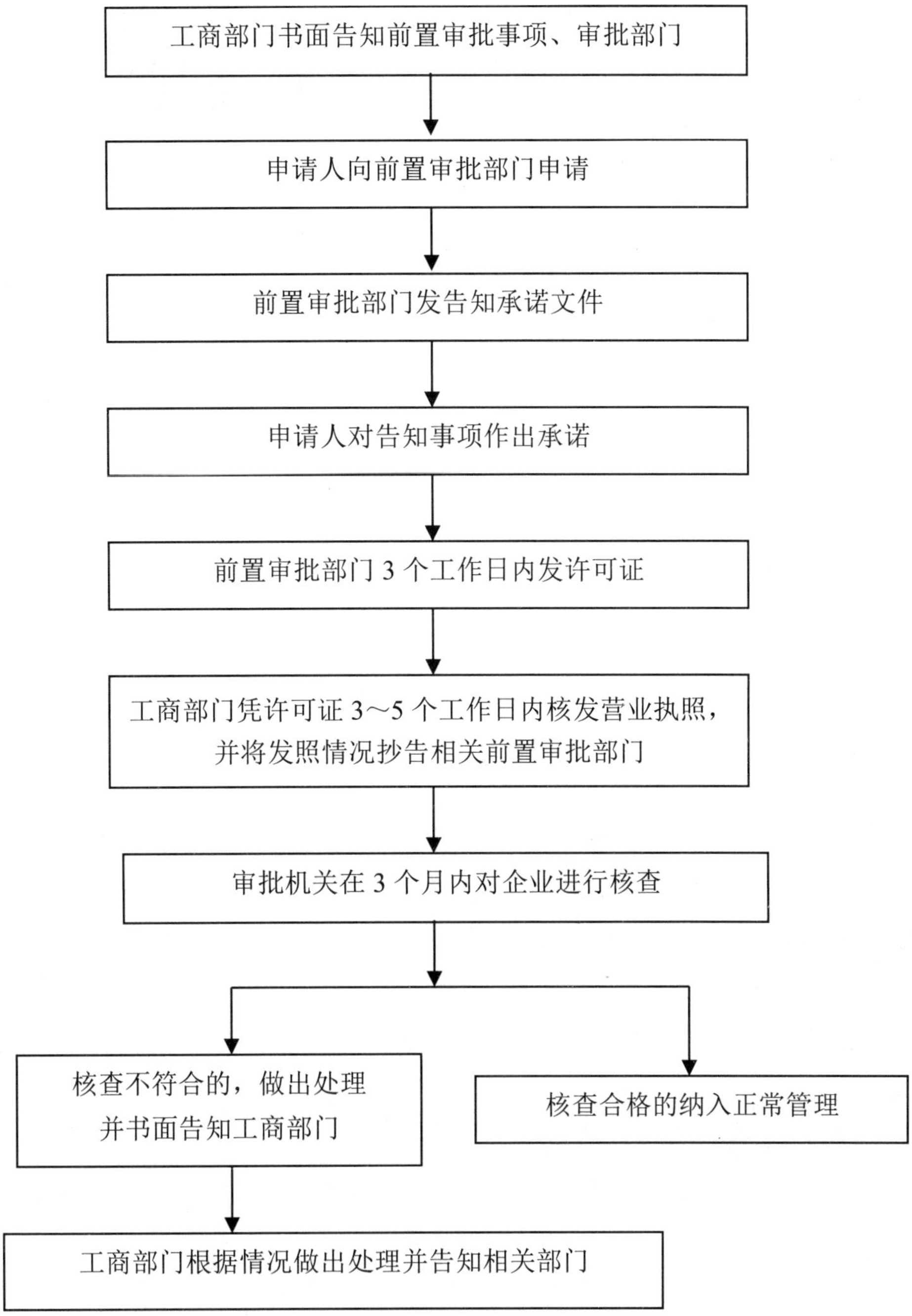

第三节　招投标工作

2006年6月，松阳县招投标中心成立。制定出台内部管理制度和服务规范，开通招投标专用网站，把所有程序在网上公开，接受社会各界监督，遏制暗箱操作和腐败行为的发生。当年受理招投标业务69个项目，开标60个项目，交易额1.55亿元。

图22-6　县招投标中心成立挂牌（叶光铭摄于2006年）

2007年，全年各类招投标项目142个，累计完成交易金额6.01亿元，工程和采购类招标项目资金节约率12.30%，产权交易和土地出让类交易项目资金增值率115.56%。2008年，县招投标中心完善制度，创建统一规范的交易平台，制定严格评标区监控制度，指定专人使用电子监控设备，对每一个交易项目的开标、评标过程的监控录像制成电子档案加以保存；改进措施，规范管理，保证交易过程的公开、公平、公正；对200万元以下的小额招标项目开设“快速通道”，缩短招标时间；完善软硬件设施，强化社会监督，在招标过程中，遵循“四公开制度”（公开规章制度、公开运作程序、公开办事结果、公开接受监督）；加强招标档案管理。

2009年，县招投标中心邀请县公证处公证员全程公证，指定专人使用电子监控设备对每一个交易项目的开标、评标过程实现全程监控。实施《松阳县房屋建筑和市政基础设施工程施工招标投标评标实施细则》，启用评标专家自动语音抽取系统；对一些项目实现招标文件网上下载，取消报名，减小投标环节；对部分工程实现地域限制招标，缩短招标时间。全年共受理各类采购招标项目157个，完成交易资金6.21亿元，为政府增收节支1.79亿元，政府资金使用效率得到有效提高。2010年，县招投标中心根据有关法律法规及《内设科室考核办法》等内部管理制度，严肃工作纪律和保密原则，要求评委评标前签署承诺函。从第二季度开始，会同县检察院对进入中心平台的所有招标项目在预中标公示阶段进行行贿犯罪档案查询，改变以往只对200万元以上的招标项目进行行贿犯罪档案查询的做法。

2006年松阳县招标投标中心100万元以上工程建设类招投标项目表

表 22-5-3-1

编号	工程名称	业主单位	招标方式	标底造价或指导价（万元）	工期（天）	开标时间	中标单位	中标价（万元）	质量目标
SGCJS2006-001	新华北路交叉路口工程	松阳城市发展有限公司	公开	164.9696	90	2006.08.23	浙江万寿建筑工程有限公司	151.9388	合格
SGCJS2006-003	经济适用房工程	松阳城市发展有限公司	公开	926.9396	180	2006.08.28	松阳万寿建筑工程有限公司	894.3160	合格
—	石仓畈（二期）土地整理项目Ⅱ标段	松阳县土地开发整理中心	公开	117.0202	110	2006.08.31	浙江鸿鑫	105.31818	合格
SGCGT2006-002	石仓畈（一期）土地整理项目Ⅲ标段	松阳县土地开发整理中心	公开	148.7891	110	2006.08.31	浙江鸿鑫	133.9102	合格
—	石仓畈（一期）土地整理项目Ⅳ标段	松阳县土地开发整理中心	公开	135.7687	110	2006.08.31	浙江处州市政	122.192004	合格
—	石仓畈（一期）土地整理项目Ⅴ标段	松阳县土地开发整理中心	公开	140.5736	110	2006.08.31	云和市政	126.516286	合格
SGCJS2006-004	新兴乡中心小学教学楼	松阳新兴中心小学	公开	144.0749	182	2006.09.01	遂昌三建	133.1244	合格
SGCJT2006-002	象溪镇靖板线至下寮儿公路改建工程	象溪镇政府	公开	116.7565	180	2006.09.18	松阳神强	113.1813	合格
SGCJS2006-005	枫坪乡中心小学学生宿舍餐厅楼	松阳县枫坪乡中心小学	公开	121.1716	118	2006.09.22	浙江中邦	110.9995	合格
SGCJT2006-004	新处乡竹朱公路改建工程	新处乡政府	公开	150.376	180	2006.09.28	缙云通达	138.1753	合格
SGCJS2006-008	府前街拆迁农民安置区道路及排水项目	松阳县城市发展有限公司	公开	109.9600	80	2006.10.20	浙江百川	106.8888	合格
SGCJS2006-002（Y）	兴城·御景园工程	兴城房地产公司	邀请	1975.6576	548	2006.10.23	浙江长城	1873.652	合格
SGCJS2006-003(Y)	西屏镇环城南路清表填方工程	松阳县城市发展有限公司	邀请	109.9788	45	2006.11.05	浙江万寿建筑工程有限公司	108.7140	合格

续表 22-5-3-1

编号	工程名称	业主单位	招标方式	标底造价或指导价（万元）	工期（天）	开标时间	中标单位	中标价（万元）	质量目标
SGCJS2006-007	要津路新华北路沿街建筑外墙涂料	松阳县城市发展有限公司	公开	280	60	2006.11.06	浙江玲珑中宇建设	211.2000	合格
SGCJT2006-005	谢村乡大畈至塔岭公路改建工程	谢村乡政府	邀请	133.815	180	2006.11.06	浙江天城	126.8088	合格
SGCJS2006-010	古市镇派出所办公楼工程	松阳县公安局	公开	333.9417	301	2006.11.07	浙江凯恩	305.1274	合格
SGCJT2006-006	玉岩镇程路段等村公路（II 标段）	玉岩镇政府	邀请	155.820440	120	2006.11.08	中宇建设	145.5771	合格
SGCJS2006-011	赤寿乡中心小学教学楼工程	赤寿乡中心小学	公开	110.6025	258	2006.11.15	云和城关	108.6670	合格
SGCGT2006-004	高亭畈土地整理项目	县土地开发整理中心	公开	220.978053	120	2006.11.27	云和树人	203.9626799	合格
SGCJS2006-014	府前街道路改造工程	城市建设发展有限公司	公开	121.0979	50	2006.12.06	丽水中邦	118.4337	合格
SGCJS2006-015	大东坝中心学校学生宿舍及食堂餐厅	大东坝镇中心学校	公开	174.0462	233	2006.12.11	丽水中广	170.9108	合格
SGCSL2006-001	古市镇防洪三期工程	县松阴溪堤防建设管理所	公开	498.6600	180	2006.12.25	松阳泰盛水利	449.2850	合格
SGCJS2006-005(Y)	青蒙新村住宅小区室外道路及排水	县旧城改造发展有限公司	邀请	940.1670	180	2006.12.26	宁波国盛	878.1312	合格
	赤寿乡康庄工程 II 标段	赤寿乡政府	公开	144.4800	120	2006.12.26	丽水路桥公司	132.8201	合格

2007～2010年松阳县招标投标中心500万元以上工程建设类招投标项目表

表 22-5-3-2

编号	工程名称	业主单位	招标方式	预算价（万元）	标底造价或指导价（万元）	工期（天）	开标时间	中标单位	中标价（万元）	质量目标
SGCJS2007-001（Y）	长虹公寓楼小区工程	松阳县万寿房地产开发	邀请	879.2226	879.2226	206	2007.01.26	浙江万寿建筑工程有限公司	861.6380	合格
SZDGCJS2007-001	松阳县博物馆（暨张玉娘纪念馆）	松阳县博物馆	公开	691.8827	636.5321	308	2007.02.26	浙江中邦	561.4113	合格
SGCJS2007-003（Y）	松阳县创宇·时代中心商住楼工程	松阳县创宇房地产开发有限公司	邀请	1719.8599	1719.8599	360	2007.04.09	浙江宝华建设集团	1659.0757	合格
SZDGCJS2007-003	松阳县中小企业孵化基地填方工程	松阳中小企业孵化基地开发有限公司	公开	554.2143	526.5035	80	2007.04.17	浙江万里建设	505.5743	合格
SGCJS2007-007（Y）	松阳浙南茶叶市场二期（1#～6#楼）工程	浙江浙南茶叶市场有限公司	邀请	1255.5733	1180.2389	312	2007.07.17	庆元县鑫直建筑	1174.3376	合格
SGCJS2007-007	松阳县民族中学综合楼工程	松阳县民族中学	公开	768.8974	768.8947	332	2007.07.26	浙江富宇建设	679.7037	合格
SGCJT2007-005	松阳县西屏镇西屏三桥工程施工	松阳县西屏三桥工程建设指挥部	公开	5026.1157	5026.1157	15个月	2007.08.17	浙江鼎盛交通建设	4565.2345	优良
SZDGCJS2007-005	松阳县江滨大道区块一期道路及排水工程	松阳县城市建设发展有限公司	公开	977.2245	915.8465	268	2007.08.24	浙江万景市政园林	780.1662	合格
SGCJT2007-006（Y）	44省道上松线（松阳段）路面整治工程	松阳县公路管理段	邀请	980.6040	980.6040	365	2007.09.13	松阳三鑫工程有限公司	961.716272	优良
SGCSL2007-003（Y）	松阳县裕溪水电站施工工程	松阳县合溪水电开发有限公司	邀请	1337.0000	1337.0000	15个月	2007.09.19	浙江省第一水电建设	1228.1956	优良
SZDGCJS2007-006	松阳县西屏镇长虹路道路改造一期工程	松阳县城市建设发展有限公司	公开	2263.7059	2263.7059	303	2007.09.04	江西省宏盛建业	1861.8537	合格
SGCJS2007-008（Y）	松阳县吴苏君伤科医院综合楼工程	松阳县吴苏君伤科医院	邀请	716.9075	673.8931	338	2007.09.27	浙江万寿建筑工程有限公司	633.4763	合格
SZDGCJS2007-007	松阳县江滨大道一期景观工程	松阳县城市建设发展有限公司	公开	841.4776	790.9889	260	2007.10.24	浙江仙都园林	771.5948	合格

续表 22-5-3-2-1

编号	工程名称	业主单位	招标方式	预算价（万元）	标底造价或指导价（万元）	工期（天）	开标时间	中标单位	中标价（万元）	质量目标
SZDGCJS2007-008	松阳县中小企业孵化基地道路及排水工程	松阳县中小企业孵化基地开发有限公司	公开	1201.6323	1119.1017	180	2007.11.06	浙江处州市政	996.4485	合格
SGCJT2007-009	龙泉安福至松阳大东坝公路建设工程松阳段（一期）施工（第一合同段）	松阳县龙松公路建设工程指挥部	公开	4526.4060	4526.4060	16 个月	2007.11.30	浙江金顺路桥建设	4022.1644	优良
—	龙泉安福至松阳大东坝公路建设工程松阳段（一期）施工（第二合同段）	松阳县龙松公路建设工程指挥部	公开	5686.7966	5686.7966	16 个月	2007.11.30	浙江华通路桥	5053.2875	优良
—	龙泉安福至松阳大东坝公路建设工程松阳段（一期）施工（第三合同段）	松阳县龙松公路建设工程指挥部	公开	1487.7079	1487.7079	8 个月	2007.11.30	浙江奔腾交通	1321.9772	优良
SGCJT2007-012	松阳县江南公路三期及斋坛连接线工程施工（第一合同段）	松阳县江南公路三期及斋坛连接线建设指挥部	公开	2948.1878	2948.1878	21 个月	2007.12.06	浙江大地交通工程	2520.7006	优良
—	松阳县江南公路三期及斋坛连接线工程施工（第二合同段）	松阳县江南公路三期及斋坛连接线建设指挥部	公开	1883.3828	1883.3828	21 个月	2007.12.06	浙江省衢州市交通建设集团	1610.2923	优良
SZDGCJS2007-010	松阳县西屏镇白露岭道路工程	松阳县城市建设发展有限公司	公开	878.5662	878.5662	330	2008.01.04	丽水市市政工程	708.9884	合格
SZDGCJS2008-001	松阳县西屏镇环城南路道路景观工程	松阳县城市建设发展有限公司	公开	1012.0548	931.0904	110	2008.01.31	宁波市金峨市政园林	850.0479	合格
SGCJS2008-001(Y)	松阳县万寿家园住宅小区一期工程	松阳县万寿房地产开发有限公司	邀请	2126.9917	2126.9917	182	2008.03.16	浙江万寿建筑工程有限公司	2105.0909	合格
SZDGCJS2008-005	松阳县城南小学教学楼工程	松阳县城南小学	公开	1352.0454	1352.0454	312	2008.07.03	浙江大业建设	1168.5737	合格
SGCJT2008-001	农村公路大中修工程	松阳县农村公路管理办公室	公开	1067.4259	1067.4259	150	2008.07.11	松阳三鑫工程有限公司	1059.9515	合格

续表 22-5-3-2-2

编号	工程名称	业主单位	招标方式	预算价（万元）	标底造价或指导价（万元）	工期（天）	开标时间	中标单位	中标价（万元）	质量目标
SZDGCJS2008-006	松阳县职业中专教学大楼工程	松阳县职业中专	公开	804.6337	804.6337	307	2008.07.15	浙江万寿建筑工程有限公司	730.0521	合格
SZDGCJS2008-008	松阳县公安局看守所迁建工程	松阳县公安局	公开	1627.1857	1431.9234	399	2008.08.22	常山县邮电建筑装璜有限责任公司	1365.2077	合格
SGCJS2008-012（Y）	松阳县万寿家园住宅小区二期工程	浙江万寿房地产开发有限公司	邀请	1812.1223	1812.1223	489	2008.09.13	浙江万寿建筑工程有限公司	1789.9057	合格
SZDGCGT2008-003	松阳县殿砚后等（十）片土地开发项目（棋盘山片）工程	松阳县土地开发整理中心	公开	761.9533	761.9533	60	2008.10.8	丽水市三元建筑工程有限公司	646.6697	合格
SGCJT2008-007	上松线公路边坡处治、避险车道及隧道维修工程	松阳县公路管理段	公开	805.00	805.00	5 个月	2008.11.6	松阳三鑫工程有限公司	794.98	合格
SGCJT2009-009 号	50 省道龙丽线路面大中修工程	50 省道龙丽线路面大中修工程管理办公室	公开	1152	1152	5 个月	2009.07.24	松阳三鑫工程有限公司	1080.08	合格
SZDGCGT2009-011 号	2009 年松阳县农村公路大中修、安全保障工程	松阳县农村公路大中修工程管理办公室	公开	2160	2160	5个月	2009.07.30	松阳三鑫工程有限公司	2056.88	合格
SZDGCGT2009-012 号	松阳县大东坝镇明源村垦造耕地项目工程	松阳县土地开发整理中心	公开	631.40	631.40	120	2009.08.04	云和县树人建筑工程有限公司	525.64	合格
SGCJS2009-018 号	松阳县市场开发服务有限公司综合楼工程	松阳县市场开发服务有限公司	公开	1157.69	1157.69	397	2009.08.19	浙江中邦建设工程有限公司	1044.83	合格
SZDGCJS2009-006	松阳县王村工业区块基础设施（土石方、市政）工程	松阳县中小企业孵化基地开发有限公司	公开	6781.33	6781.33	18个月	2009.10.20	杭州市路桥有限公司	5463.83	合格
SZDGCSL2009-006 号	松阳县松阴溪干堤水南段二期加固工程	松阳县水库和堤防管理处	公开	631.98	631.98	240	2009.11.10	松阳县泰盛水利建筑工程有限公司	598.69	合格
SZDGCJS2009-007 号	松阳县古市镇中心学校迁建一期项目教学楼及多功能教室工程	松阳县教育发展有限公司	公开	1078.30	1078.30	327	2009.12.08	浙江中邦建设工程有限公司	957.75	合格

续表 22-5-3-2-3

编号	工程名称	业主单位	招标方式	预算价（万元）	标底造价或指导价（万元）	工期（天）	开标时间	中标单位	中标价（万元）	质量目标
SZDGCGT2009-013号	松阳县江南畈基本农田建设项目大东坝镇土地整理工程（一标段）	松阳县国土资源局	公开	646.49	646.49	240	2010.01.26	浙江中南市政建设工程有限公司	547.06	合格
	松阳县江南畈基本农田建设项目大东坝镇土地整理工程（二标段）			672.27	672.27	240	2010.01.26	浙江林苑路桥工程有限公司	579.70	合格
SZDGCSL2010-003号	松阳县松阴溪赤寿至新兴段治理工程施工（Ⅰ标段）	松阳县水库和堤防管理处	公开	1055	728.99	230	2010.03.02	浙江景昌建设有限公司	692.38	合格
	松阳县松阴溪赤寿至新兴段治理工程施工（Ⅱ标段）			1136	785.07	230	2010.03.02	松阳县泰盛水利建筑工程有限公司	753.60	合格
SGCJS2010-001(Y)号	创宇·桃花源一期工程	浙江创宇房地产开发有限公司	邀请	1362.04	1362.04	271	2010.03.03	松阳县兴宇建设工程有限公司	1184.67	合格
SZDGCGT2010-001号	松阳县大东坝镇燕田村土地开发项目工程	松阳县土地开发整理中心	公开	899.20	899.20	120	2010.04.20	缙云县新建建筑工程有限公司	759.82	合格
SGCJT2010-001号	浙江省2010年50省道龙丽线（松阳段）路面大中修工程	松阳县公路管理段	公开	576.07	576.07	4个月	2010.07.06	松阳三鑫工程有限公司	539.53	合格
SGCJT2010-002号	2010年松阳县县乡公路大中修、安全保障工程	松阳县公路管理段	公开	1520.67	1520.67	4个月	2010.07.08	松阳三鑫工程有限公司	1427.50	合格
SGCJS2010-005（Y）号	创宇·桃花源一期（高层）工程	浙江创宇房地产开发有限公司	公开	2311.14	2311.14	559	2010.07.13	浙江宝华建设集团有限公司	2033.28	合格
SZDGCSL2010-005号	松阳县松阴溪干堤黄圩段南岸加固工程	松阳县水库和堤防管理处	公开	594.07	572.32	160	2010.07.26	松阳县泰盛水利建筑工程有限公司	566.78	合格
SZDGCJS2010-003(Y)号	2010年度松阳县小型农田水利重点县建设项目一期（Ⅰ标）工程	松阳县水库和堤防管理处	邀请	637	559.10	150	2010.07.27	松阳县泰盛水利建筑工程有限公司	556.00	合格
	2010年度松阳县小型农田水利重点县建设项目一期（Ⅱ标）工程			681	565.92			缙云县水电建设工程公司	560.60	合格

续表 22-5-3-2-4

编号	工程名称	业主单位	招标方式	预算价（万元）	标底造价或指导价（万元）	工期（天）	开标时间	中标单位	中标价（万元）	质量目标
SGCJS2010-006（Y）号	创宇·桃花源一期（21、22、24、25#楼和 3#地下室）	浙江创宇房地产开发有限公司	邀请	1182.98	1182.98	298	2010.08.12	丽水锦鸿建设工程有限公司	1081.71	合格
SZDGCSL2010-008号	2010 年松阳县松阴溪干堤白沙段加固工程	松阳县水库和堤防管理处	公开	600	556.36	120	2010.08.27	松阳县泰盛水利建筑工程有限公司	539.46	合格
SZDGCJS2010-010号	西屏镇长松路延伸段道路工程	松阳县城市建设发展有限公司	公开	1010.32	1010.32	358	2010.09.03	浙江万寿建筑工程有限公司	832.51	合格
SZDGCGT2010-004号	松阳县安民乡苏马坪垦造耕地项目及配套工程	松阳县土地开发整理中心	公开	1360.86	1360.86	385	2010.09.14	丽水市丽都建筑工程有限公司	1146.52	合格
SZDGCJS2010-010(Y)	松阳县人民医院迁建工程 BT 招标	松阳县人民医院	邀请	12993.94	12993.94	800	2010.09.21	浙江省基础建设投资集团股份有限公司	14068.7	优质
SGCJS2010-022 号	松阳县 2010 年保障用房建设工程	松阳县城市建设发展有限公司	公开	806.54	806.54	302	2010.09.28	松阳县鸿鑫建设工程有限公司	700.22	合格
SGCJS2010-007（Y）号	浙南茶叶市场三期工程	浙江浙南茶叶市场有限公司	邀请	2100.33	2100.33	368	2010.10.15	浙江中邦建设工程有限公司	1904.34	合格
SZDGCJS2010-013号	松阳县垃圾填埋场二期改造工程	松阳县城市建设发展有限公司	公开	1017.51	1017.51	320	2010.10.26	浙江晟民建设有限公司	845.70	合格
SZDGCJS2010-016号	松阳县公安局消防大队迁建工程	松阳县公安局消防大队	公开	1140.98	1140.98	362	2010.11.03	松阳县鸿鑫建设工程有限公司	998.10	合格
SGCJT2010-004	松阳县西屏至叶村公路改建工程土建施工	松阳县交通发展有限公司	公开	2282.21	2282.21	22 个月	2010.11.09	宁波远翔交通建设有限公司	2076.76	优质
SZDGCJS2010-015号	文化中心二期工程	松阳县文化馆	公开	2327.43	2327.43	495	2010.12.02	浙江万寿建筑工程有限公司	2087.69	优质
SZDGCJS2010-020号	松阳县松古平原污水处理一体化管道工程（一期）	松阳县供排水有限公司	公开	2093.13	2093.13	18 个月	2010.12.23	浙江华成市政公用工程有限公司	1825.28	合格

2006年6月至2010年松阳县政府采购项目选登表

表 22-5-3-3

业主单位	采购内容	采购编号	采购方式	中标单位	开标时间	预算价（万元）	成交价（万元）	节约资金（万元）	资金节约率（%）
县城市建设发展有限公司	果壳箱	—	现场采购	永康新世纪文化用品有限公司	2006年6～12月	20.00	17.30	2.70	13.50
赤寿乡政府	自来水管道	—	协议采购	台州奥博管业有限公司		45.00	40.00	5.00	11.11
县中医院	CR 系统	SYZCG2006-001	询价采购	衢州康捷医疗器械有限公司		45.00	40.00	5.00	11.11
县人民医院	发电机组	SYZCG2006-002	公开招标	上海美捷机电有限公司		50.00	45.00	5.00	10.00
县环卫处	装载机	SYZCG2006-003	询价采购	温州华推机械公司		30.00	29.20	0.80	2.67
松阳一中	课桌	SYZCG2006-004	竞争性谈判	丽水绿舰校具有限公司		13.50	11.10	2.40	17.78
望松乡政府	自来水管道	SYZCG2006-005	竞争性谈判	福建亚通新材料科技股份有限公司		55.58	49.40	6.18	11.11
松阳二中	食堂餐桌	SYZCG2006-006	竞争性谈判	丽水教育设备有限公司		5.60	5.48	0.12	2.14
县就业处	网络设备	SYZCG2006-007	询价采购	松阳县旷世电脑经营		12.08	9.38	2.70	22.39
松阳二中	食堂设备	SYZCG2006-008	竞争性谈判	宁波甬欣厨房工程有限公司		30.00	24.60	5.40	18.001
民政局	棉被	—	协议采购	个人		13.50	7.25	6.26	46.33

续表 22-5-3-3-1

业主单位	采购内容	采购编号	采购方式	中标单位	开标时间	预算价（万元）	成交价（万元）	节约资金（万元）	资金节约率（%）
合溪水电开发有限责任公司	水轮机、水轮发电机设计、制造	—	公开招标	杭州发电设备厂	2007.01.16	800.00	615.70	184.30	23.04%
松阳县医疗保险管理处	松阳县“新农医”计算机信息系统设备	SYZCGJ2007-003	竞争性谈判	松阳朗通信息技术有限公司	2007.04.06	55.00	39.80	15.20	27.64%
松阳县博物馆	松阳县博物馆安全防范系统工程	SYZCGZ2007-001	邀请招标	浙江浙大华是科技有限公司	2007.04.09	80.00	47.84	32.16	40.19%
松阳县妇幼保健所	松阳县妇幼保健所彩色超声诊断仪设备	SYZCGJ2007-006	竞争性谈判	杭州云祥医疗器械有限公司	2007.05.11	50.00	42.80	7.20	14.40%
松阳县古市医院	松阳县古市医院CR系统、激光成像仪设备	SYZCGJ2007-008	竞争性谈判	衢州康捷医疗器械有限公司	2007.06.05	50.00	42.88	7.12	14.24%
松阳县土地储备中心	三都乡马鞍山钼矿区地质普查项目	SYZCGZ2007-002	邀请招标	浙江省核工队269大队	2007.06.12	140.00	138.72	1.28	0.91%
松阳县土地储备中心	板桥乡岭头钼矿区地质普查项目	SYZCGZ2007-003	邀请招标	浙江省第七地质大队	2007.06.12	110.00	100.42	9.58	8.71%
松阳县供电局	松阳县供电局汽车	SYZCGX2007-007	询价采购	松阳元通汽车贸易有限公司	2007.06.26	77.00	75.19	1.81	2.35%
松阳县凌宵外语中学	松阳县凌霄外语实验中学笔记本电脑	SYZCGZ2007-004	公开招标	浙江教育用品发展有限公司	2007.07.09	96.00	83.88	12.12	12.63%
松阳县供排水有限公司	县供排水有限公司承插式钢筋混凝土排水管	—	竞争性谈判	金华市巨龙管业有限公司	2007.07.12	51.30	48.33	2.97	5.79%
中共松阳县委办公室	松阳县协同办公硬件设备	SYZCGJ2007-010	竞争性谈判	浙江联信科技有限公司	2007.08.13	85.00	76.80	8.20	9.65%

续表 22-5-3-3-2

业主单位	采购内容	采购编号	采购方式	中标单位	开标时间	预算价（万元）	成交价（万元）	节约资金（万元）	资金节约率（%）
松阳县疾病预防控制中心	无菌实验室项目	SYZCGJ2007-011	竞争性谈判	浙江鸿泰净化工程有限公司	2007.08.16	85.00	66.00	19.00	22.35%
松阳县博物馆	（暨张玉娘纪念馆）安全防范系统工程	SYZCGJ2007-015	竞争性谈判	温州中程科技有限公司	2007.10.22	84.00	68.90	15.10	17.98%
松阳县供电局	汽车采购	SYZCGX2007-010	询价采购	金华物产汽车销售服务有限公司丽水公公司	2007.10.25	98.80	90.80	8.00	8.10%
松阳县环境卫生管理处	县城街道及公厕清扫保洁服务	SYZCGJ2008-001	竞争性谈判	松阳县文兴保洁有限公司 松阳县龙兴保洁有限公司 松阳县龙兴保洁有限公司 松阳县鑫各物业管理有限公司	2008.03.20	208.00	84.60 74.05 21.70 12.30	15.35	7.38%
松阳县城市建设发展有限公司	玻璃钢电缆保护管	SYZCGJ2008-002	竞争性谈判	浙江圣贝工贸有限公司	2008.03.25	315.00	280.50	34.50	10.95%
松阳县城市建设发展有限公司	花岗岩项目	SYZCGJ2008-006	竞争性谈判	福建省泉州市瑞发石材有限公司	2008.04.01	350.00	320.80	29.20	8.34%
松阳县人民医院	彩色超声诊断仪	SYZCGJ2008-007	竞争性谈判	浙江康捷医疗器械有限公司	2008.04.08	90.00	87.50	2.50	2.78%
松阳县财政局	网络改造及安全建设项目	SYZCGJ2008-008	竞争性谈判	恒生电子股份有限公司	2008.04.22	65.35	49.00	16.35	25.02%
县城建监察大队	治理县城非法小广告服务采购	SYZCGJ2008-011	竞争性谈判	金华越圣建设建设工程有限公司	2008.05.30	60.00	56.70	3.30	5.5%
松阳县供排水有限公司	中小企业孵化基地给水用高密度聚乙烯（HDPE）管道	SYZCGJ2008-014	竞争性谈判	浙江中财管道科技股份有限公司（二次招标）	2008.06.27 2008.07.02	105.28	60.37	44.91	42.66%
松阳县城市建设发展有限公司	江滨一期花岗岩	SYZCGJ2008-015	竞争性谈判	福建凤山石材集团有限公司	2008.07.22	171.38	170.00	1.38	0.80%

续表 22-5-3-3-3

业主单位	采购内容	采购编号	采购方式	中标单位	开标时间	预算价（万元）	成交价（万元）	节约资金（万元）	资金节约率（%）
松阳县农发办	松阳县2008年黄坑源山区小流域农业生态工程	SYZCGZ2008-001	邀请招标	丽水业丰建设工程有限公司 浙江永和路桥建设有限公司 丽水市三元建筑工程有限公司 浙江中邦建设工程有限公司	2008.08.26	405.14	113.42 113.11 40.01 51.33	87.27	21.54%
松阳县农发办	松阳县2008年桐溪片山区中低产田改造项目	SYZCGZ2008-002	邀请招标	浙江中邦建设工程有限公司 丽水市天宇建筑工程有限公司 浙江万寿建设工程有限公司 松阳县泰盛水利建筑工程有限公司	2008.08.27	249.68	60.09 49.00 64.56 32.31	43.72	17.51%
县委组织部	计算机二次询价采购	—	询价采购	松阳县西屏旷世电脑经营部	2008.09.11	41.56 自定 51.56 协议	40.90	0.66 10.66	1.59% 20.68%
松阳县委办	协同办公系统二期硬件设备	SYZCGJ2008-019	竞争性谈判	浙江联信软件科技有限公司	2008.09.12	56.25	53.30	2.95	5.24%
松阳县环境监测站	环境监测仪器设备	SYZCGZ2008-003	公开招标	浙江赛因科学仪器有限公司 浙江环信环境自动检测有限公司	2008.10.15	86.30	56.50(I) 12.27(II)	17.53	20.31%
浙江城市建设发展有限公司	松阳县江滨大道北路沿江景观带灯具项目	SYZCGJ2008-021	竞争性谈判	宁波帅康灯具股份有限公司	2008.11.10	55.00	47.00	8.00	14.55%
中共松阳县委办公室	县协同办公系统二期推广软件	—	单一来源	福建榕基软件股份有限公司	2008.11.17	87 （19家） 150 （60家）	60.9 （19家） 115 （60家）	26.10	30.00%
松阳县城市建设发展有限公司、松阳县环境卫生管理处	垃圾压缩设备采购	SYZCGJ2008-023	竞争性谈判	中汽商用汽车有限公司（杭州）	2008.12.25	100.00	86.00	14.00	14.00%
松阳县供排水有限公司	螺旋焊接钢管采购项目	SYZCGJ2009-002	竞争性谈判（单一来源）	杭州宇通减振降噪设备有限公司	2009.03.09	65.30	64.50	0.80	1.23%

续表 22-5-3-3-4

业主单位	采购内容	采购编号	采购方式	中标单位	开标时间	预算价（万元）	成交价（万元）	节约资金（万元）	资金节约率（%）
浙南茶叶市场	改扩建信息系统集成项目	SYZCGZ2009-001	公开招标（单一来源）	山东浪潮齐鲁软件产业股份有限公司	2009.03.18	150.00	133.81	16.19	10.79%
松阳县环境卫生管理处	县城街道公厕清扫保洁服务项目	SYZCGJ2009-003	竞争性谈判	松阳县文兴保洁有限公司 松阳县龙兴保洁有限公司 松阳县万寿物业管理有限公司	2009.03.31	300.00	287.56	12.44	4.15%
松阳县人民法院	网络设备	SYZCGJ2009-005	竞争性谈判	浙江丽威网络工程有限公司	2009.04.14	60.00	57.99	2.01	3.35%
松阳县电化教育馆	多媒体设备	SYZCGJ2009-006	竞争性谈判	杭州高科工贸有限公司	2009.06.03	70.00	64.75	5.25	7.50%
松阳县城市建设发展公司	花岗岩	SYZCGJ2009-007	竞争性谈判	福建南安福龙石业有限公司	2009.06.22	140.00	115.66	23.34	17.39%
松阳县教育局	学生健康平安保险	SYZCGJ2009-010	竞争性谈判	平安养老保险股份有限公司浙江分公司	2009.08.30	意外伤害险 2 万元；意外伤害医疗险从 0.2 万元（上年）提高到 0.5 万元；附加住院医疗险从 6 万元（上年）提高到 9 万元(保费每人 60 元/年）			
松阳县博物馆	陈列布展工程设计及招标	SYZCGZ2009-002	公开招标	武林建筑工程有限公司	2009.09.01	350.00	332.35	17.65	5.04%
松阳县农产品质量检验测试中心	农产品检测仪器设备	SYZCGZ2009-003	公开招标	温州九泰科学器材有限公司	2009.09.25	280.00	249.32	30.68	10.96%
松阳县电化教育馆	计算机设备采购项目	SYZCGZ2009-004	公开招标	丽水市同心科技有限公司	2009.09.30	131.15	129.30	1.85	1.41%
松阳县广播电视台	非线性编辑网络设备采购项目	SYZCGJ2009-009	竞争性谈判	杭州格非文化传播有限公司	2009.11.17	80.00	71.80	8.20	10.25%
松阳县农产品检测中心	实验室设备采购项目	SYZCGJ2009-015	竞争性谈判	浙江富宇建设有限公司	2009.11.19	70.00	60.34	9.66	13.81%

续表 22-5-3-3-5

业主单位	采购内容	采购编号	采购方式	中标单位	开标时间	预算价（万元）	成交价（万元）	节约资金（万元）	资金节约率（%）
松阳县广播电视台	数字电视分前端设备采购	SYZCGX2010-001	询价采购	杭州万隆光电设备有限公司	2010.02.04	59.78	56.08	3.71	6.20%
松阳县城市建设发展有限公司	汽车采购项目	SYZCGD2010-003	单一来源	浙江凯通汽车贸易有限公司松阳分公司	2010.03.26	50.00	49.28	0.72	1.44%
松阳县环境卫生管理处	县城街道公厕清扫保洁权采购项目	SYZCGJ2010-003	竞争性谈判	松阳县文兴保洁有限公司 松阳县龙兴保洁有限公司 丽水市中环涂装保洁服务有限公司	2010.03.30	371.80	348.47	23.33	6.28%
古市镇人民政府、人民医院、农产品质量检验测试中心、中小企业贷款担保有限公司	汽车采购项目	SYZCGD2010-004	单一来源	浙江凯通汽车贸易有限公司松阳分公司	2010.05.05	107.14	106.24	0.90	0.84%
中共松阳县委组织部	“网络化管理、组织式服务”管理信息系统	SYZCGD2010-005	单一来源	杭州天阙科技有限公司	2010.05.06	60.00	55.00	5.00	8.33%
松阳县农民饮用水工程建设领导小组	HDPE管道及管件协议采购项目	SYZCGD2010-007	单一来源	福建亚通新材料科技股份有限公司 台州奥博管业有限公司	2010.05.06	150.00	下浮40% 下浮52% （81万元）	69.00	46.00%
松阳县第一中学	计算机设备采购项目	SYZCGZ2010-001	公开招标	松阳县青林数码科技有限公司	2010.05.27 2010.06.04	61.49	59.13	2.36	3.85%
松阳县实验小学集团学校	便携计算机采购项目	SYZCGZ2010-002	公开招标	丽水市同心科技有限公司	2010.07.05	88.62	84.19	4.43	5.00%
松阳县农保处	城乡居民养老保险系统硬件设备采购	SYZCGD2010-009	单一来源	浙江网新恩普软件有限公司	2010.06.11	50.00	45.00	5.00	10.00%
松阳县部分行政事业单位	汽车采购项目	SYZCGX2010-002	询价采购	浙江凯通汽车贸易有限公司松阳分公司 丽水市金丰丰田汽车销售服务有限公司	2010.07.01	164.58	159.41	5.17	3.14%

续表 22-5-3-3-6

业主单位	采购内容	采购编号	采购方式	中标单位	开标时间	预算价（万元）	成交价（万元）	节约资金（万元）	资金节约率（%）
松阳县农民饮用水工程建设领导小组办公室	缓释消毒器采购项目	SYZCGD2010-010	单一来源	杭州科莱迪环保技术有限公司	2010.07.30	50.00	46.00	4.00	8.00%
松阳县供排水有限公司	球墨铸铁管及球墨管配件采购项目	SYZCGJ2010-009	竞争性谈判	新兴铸管股份有限公司	2010.09.03	110.66	89.08	21.58	19.50%
松阳县广播电视台	广播式数字电视机顶盒采购项目	SYZCGZ2010-004	公开招标	浙江万隆光电设备有限公司 浙江丽威网络工程有限公司	2010.09.15	230.00	207.00	23.00	10.00%
松阳县城市建设发展有限公司	西屏镇高速连接线道路 LED 路灯采购项目	SYZCGJ2010-012	竞争性谈判	浙江名创光电科技有限公司	2010.10.18	145.00	69.60	75.40	52.00%
松阳县农业综合开发领导小组办公室	2010 年西坑片山区中低产田改造项目	SYZCGZ2010-005	公开招标	缙云县水电建设工程有限公司 松阳县泰盛水利建筑工程有限公司	2010.11.30	510.51	466.09	44.41	8.70%
松阳县城市建设发展有限公司	松阳县高速连接线交通信号灯及智能交通管理系统采购项目	SYZCGD2010-013	单一来源	浙江浩腾电子科技有限公司	2010.12.10	65.00	64.00	1.00	1.54%

2006年6月至2010年松阳县国有产权交易情况表

表22-5-3-4

项目编号	项目名称	出让方式	开标日期	起拍价（万元）	成交价（万元）	买受人	其他
SYZTBCQ2006-001	林村林场林木所有权	拍卖	2006年6~12月	61.80	88.60	个人	—
SYZTBCQ2006-002	裕溪车辆所有权	挂牌		1.80	1.80	个人	改为协议转让
SYZTBCQ2006-003	新处小岭头林地	招标		13.80	14.00	个人	—
SYZTBCQ2006-004	大东坝横樟林木所有权	拍卖		160.00	269.00	松阳县绿野牧业有限公司	属于2007年
SYZTBCQ2007-001	大东坝横樟村象山场林木所有权	拍卖	2007.01.19	—	269.00	松阳县绿野牧业有限公司	—
SYZTBCQ2007-002	梧桐源水电管理处旧设备	拍卖	2007.02.09	—	16.10	个人	—
SYZTBCQ2007-003	稻谷、汽车	拍卖	2007.04.26	280.17	299.87	个人	轿车流拍
SYZTBCQ2007-004	松阳县总工会车辆使用权	挂牌	2007.08.01 2007.08.14	4.60	5.71	个人	—
SYZTBCQ2007-005	松阳县地方税务局车辆所有权	挂牌	2007.08.13 2007.08.24	2.90	3.57	个人	—
SYZTBCQ2007-006	县城街道悬挂横幅广告经营设施使用权	公开竞价出让	2007.08.15	8.00	13.80	个人	—
SYZTBCQ2007-007	西屏镇人民政府车辆所有权	挂牌	—	—	—	—	流拍
SYZTBCQ2007-008	松阳县界首联营林场内抚育间伐的杉原条类林木所有权	公开拍卖	2007.09.20	80.00	97.00	个人	—
SYZTBCQ2007-009	松阳县路桥工程有限公司整体资产拍卖	公开拍卖	2007.11.21	350.00	485.00	松阳县林苑工艺有限公司	—

续表 22-5-3-4-1

项目编号	项目名称	出让方式	开标日期	起拍价（万元）	成交价（万元）	买受人	其他
SYZTBCQ2007-010	县棋盘山林场林木所有权及林地使用权	公开拍卖	2007.12.04	130.00	141.00	个人	—
SYZTBCQ2007-011	松阳县地方税务局车辆所有权	挂牌	2007.12.06 2007.12.12	1.00	1.00	个人	—
SYZTBCQ2007-012	松阳县计生局车辆所有权	挂牌	—	—	—	—	流拍
SYZTBCQ2008-001	松阳县玉岩镇车辆所有权	挂牌	2008.01.17 2008.01.23	2.00	—	—	流拍
SYZTBCQ2008-002	松阳县城市建设发展有限公司造纸设备	公开拍卖	2008.01.25	28.50	30.50	松阳县王村废品收购站	—
SYZTBCQ2008-003	松阳县政协车辆所有权	挂牌	—	—	—	—	流拍
SYZTBCQ2008-004	县城发公司废旧工业机器铸造设备	公开拍卖	2008.03.21	40.80	43.30	松阳县长虹废旧物资经营部	—
SYZTBCQ2008-005	松阳县板桥畲族乡潘八村林木所有权	公开拍卖	2008.03.26	40.80	53.80	个人	—
SYZCGJ2008-003	松阳县西屏镇五村办公楼出租项目	竞争性谈判	2008.03.26	11.00	15.56	个人	—
SYZTBCQ2008-006	松阳县卫生局车辆所有权	挂牌	2008.03.27 2008.04.02	0.80	0.83	个人	—
SYZTBCQ2008-007	松阳县发改局粮油所有权	公开拍卖	2008.04.08	466.75	491.74	武义县王宅镇和平米厂 丽水市粮食总公司 苍南县灵溪镇城关粮食加工厂 丽水市新强粮食加工有限公司 温州市梧田双星粮食经营部 丽水市德进粮油批发有限公司 温州市梧田双星粮食经营部 温州市瓯海日丰粮油有限公司 松阳县旭升米业有限公司	—

续表 22-5-3-4-2

项目编号	项目名称	出让方式	开标日期	起拍价（万元）	成交价（万元）	买受人	其他
SYZTBCQ2008-008	松阳县绿洲林场呈田联营林场雪压林木所有权	挂牌	2008.05.13 2005.05.19	3.69	3.80	个人	—
SYZTBCQ2008-009	松阳县绿洲林场李山头联营林场部份林木所有权	公开拍卖	2008.06.04	40.80	—	—	流拍
SYZTBCQ2008-010	松阳县绿洲林杨李头山林场林木所有权	挂牌	2008.07.09 2008.07.16	20.00	—	—	流拍
SYZTBCQ2008-011	县卫生局、经贸局店面	挂牌	2008.07.11 2008.07.17	15.84	16.80	个人	—
SYZTBCQ2008-012	县广播电视台车辆所有权	挂牌	2008.07.16 2008.07.22	0.80	0.80	浙江碧云天茶叶有限公司	—
SYZTBCQ2008-013	县林村林场林木经营权转让	—	2008.08.05	—	—	投标价低于保留价	流拍
SYZTBCQ2008-014	松阳县国资公司店面房出租	挂牌	2008.10.16 2008.10.24	21.60	23.76	个人	—
SYZTBCQ2008-015	松阳县安监局爆竹经营权	挂牌	2008.10.30 2008.11.05	0.00	55.57	个人	—
SYZTBCQ2008-016	松阳县工商行政管理局车辆所有权	挂牌	—	—	—	—	—
SYZTBCQ2008-017	松阳县教育局店面房出租	挂牌	2008.11.17 2008.11.26	34.56	34.56	个人	—
SYZTBCQ2008-018	松阳县老干部局车辆所有权	挂牌	2008.12.10 2008.12.16	3.00	3.02	个人	—
SYZTBCQ2008-019	松阳县妇幼保健所店面房出租	挂牌	2008.12.05 2008.12.11	8.64	9.60	个人	—
SYZTBCQ2009-001	松阳县发展和改革局店面房及仓库出租	挂牌	2009.02.11 2009.02.17	16.24	16.48	个人	—
SYZTBCQ2009-002	松阳县工商行政管理局车辆所有权挂牌转让	挂牌	2009.02.18 2009.02.24	4.00	5.40	个人	—

续表 22-5-3-4-3

项目编号	项目名称	出让方式	开标日期	起拍价（万元）	成交价（万元）	买受人	其他
SYZTBCQ2009-003	松阳县发展和改革局车辆所有权挂牌转让	挂牌	2009.04.14 2009.04.20	1.00	2.10	个人	—
SYZTBCQ2009-004	中共松阳县委统战部车辆所有权挂牌转让	挂牌	2009.04.27 2009.05.04	3.00	4.90	个人	—
SYZTBCQ2009-005	松阳县种子管理站叉车所有权挂牌转让	挂牌	2009.05.23 2009.06.01	1.60	1.60	个人	—
SYZTBCQ2009-006	松阳县财政局人民大街23号店面房挂牌出租	挂牌	2009.07.14 2009.07.20	10.08	10.56	个人	—
SYZTBCQ2009-007	松阳县公安局店面房公开拍租	拍租	2009.07.24	45.46	105.60	个人	—
SYZTBCQ2009-008	松阳县市政工程管理处大排档摊位挂牌出租	挂牌	2009.07.15 2009.07.21	16.50	32.20	个人	—
SYZTBCQ2009-009	松阳县林村林场林木所有权	公开招标	2009.08.12	18.00	24.32	个人	—
SYZTBCQ2009-010	松阳县绿洲林场林木所有权	公开招标（挂牌）	2009.08.27 2009.09.03	25.00	25.10	个人	—
SYZTBCQ2009-011	松阳县人民检察院车辆所有权挂牌转让	挂牌	2009.09.02 2009.09.08	1.80	1.80	个人	—
SYZTBCQ2009-012	松阳县财政局环城西路95号店面房出租	挂牌	2009.12.25 2009.12.31	5.52	6.0	个人	—
SYZTBCQ2009-013	松阳县城建监察大队县城街道水果摊摊位出租	挂牌	2009.12.25 2009.12.31	26.40	35.28	个人	—
SYZTBCQ2010-001	松阳县残疾人就业服务中心房产所有权拍卖出让	拍卖	2010.01.27	—	—	—	流拍
SYZTBCQ2010-002	松阳县种子管理站车辆所有权挂牌转让	挂牌	2010.01.20 2010.01.29	1.20	1.25	个人	—

续表 22-5-3-4-4

项目编号	项目名称	出让方式	开标日期	起拍价（万元）	成交价（万元）	买受人	其他
SYZTBCQ2010-003	松阳县国有资产投资经营有限公司店面房挂牌转让	挂牌	2010.03.22 2010.03.26	12.00	22.0	个人	—
SYZTBCQ2010-004	松阳县发民展和改革局储备粮油拍卖	拍卖	2010.04.07	369.63	398.96	常山县金建粮油购销有限公司衢江良兴精制米厂、龙游信辉精制米厂、永嘉县德康粮油有限公司	—
SYZTBCQ2010-005	松阳县房管处部分非住宅公房承租权拍卖	拍卖	2010.06.09	145.76 157.74 （递增 8%）	362.09 391.83 （递增 8%）	个人	—
SYZTBCQ2010-006	松阳县林村林杨林木所有权拍卖	拍卖	2010.06.18	48.00	65.00	个人	—
SYZTBCQ2010-007	松阳县财政局店面房挂牌出租	挂牌	2010.06.09 2010.06.13	7.20	18.00	个人	—
SYZTBCQ2010-008	松阳县殡葬管理所车辆所有权	—	—	—	—	—	流拍
SYZTBCQ2010-009	松阳县总工会房屋挂牌出租	挂牌	2010.06.18 2010.06.24	15.00	15.48	个人	—
SYZTBCQ2010-010	松阳县卫生局店面房挂牌出租	挂牌	—	—	—	—	流拍
SYZTBCQ2010-011	松阳县国有汽车所有权拍卖	拍卖	2010.07.22	10.26	16.50	个人	—
SYZTBCQ2010-012	松阳县房管处西屏、古市部分非住宅公房拍租	拍卖	2010.07.22	18.78	33.31	个人	—
SYZTBCQ2010-013	松阳县妇幼保健所车辆所有权挂牌转让项目	挂牌	2010.07.29 2010.08.04	3.00	3.15	个人	—
SYZTBCQ2010-014	松阳县博物馆店面房挂牌出租项目	挂牌	2010.08.02 2010.08.06	5.40	5.40	个人	—
SYZTBCQ2010-015	松阳县国有资产投资经营有限公司店面房挂牌出租项目	挂牌	—	—	—	—	流拍

续表 22-5-3-4-5

项目编号	项目名称	出让方式	开标日期	起拍价（万元）	成交价（万元）	买受人	其他
SYZTBCQ2010-016	松阳县发展和改革局车辆所有权挂牌转让项目	挂牌	2010.08.16 2010.08.20	2.10	2.15	个人	—
SYZTBCQ2010-017	松阳县房地产管理处 非住宅公房挂牌出租项目	挂牌	2010.08.18 2010.08.24	14.02	16.75	个人	—
SYZTBCQ2010-018	松阳县城建监察大队县城街道广告经营设施使用权挂牌转让	挂牌	2010.08.20 2010.08.27	63.00	108.00	松阳县红枫广告有限公司 松阳县迪尚广告文化传媒有限公司	—
SYZTBCQ2010-019	松阳县国土资源局房地产拍卖	拍卖	2010.09.20	319.00	—	—	流拍
SYZTBCQ2010-020	新松阳采编中心车辆 所有权挂牌转让项目	挂牌	2010.09.08 2010.09.14	2.50	—	—	流拍
SYZTBCQ2010-021	松阳县民政局福利院房屋出租项目	挂牌	2010.09.15 2010.09.20	9.00	—	—	流拍
SYZTBCQ2010-022	松阳县林业局轻型普通货车所有权车让项目	挂牌	2010.09.25 2010.09.30	0.50	0.55	个人	—
SYZTBCQ2010-023	松阳县房地产管理处 非住宅公房挂牌出租项目	挂牌	2010.10.11 2010.10.15	12.08	—	—	流拍
SYZTBCQ2010-024	松阳县房地产管理处 非住宅公房挂牌出租项目	挂牌	2010.1022 2010.10.28	12.08	12.08	个人	—
SYZTBCQ2010-025	松阳县绿洲林业林场所属梧桐口联营林场部分山块的林木所有权	拍卖	2010.11.19	58.00	71.00	个人	—
SYZTBCQ2010-026	丽水中等专业学校车辆 所有权挂牌转让项目	挂牌	2010.12.01 2010.12.17	4.00	4.28	个人	—
SYZTBCQ2010-027	松阳县国土资源局紫荆路房地产拍卖	拍卖	2010.12.23	296.00	401.00	个人	—

2006 年 6 月至 2010 年松阳县国有土地使用权出让情况表

表 22-5-3-5

项目编号	地块名称	出让方式	开标日期	起拍价（万元）	成交价（万元）	买受人	备注
松土告字〔2006〕6 号	象溪供电所内国有土地	挂牌	2006 年 6～12 月	5.66	5.66	松阳县供电局	—
松土告字〔2006〕7 号	新兴横溪中心村公路边	拍卖		3.36	4.63	个人	1、3、4、5 号流拍
松土告字〔2006〕8 号	古市原种子公司地块	拍卖		49.92	143.33	个人	5、6 号流拍
松土告字〔2006〕9 号	新兴古市二桥上安段	拍卖		38.93	88.79	个人	1、6、7 号流拍
松土告字〔2006〕10 号	新华路与龙丽线交叉口	拍卖		—	—	—	流拍
松土告字〔2006〕11 号	城东路与城南路交叉口和茶叶市场周边地块 A	拍卖		3300.00	6200.00	松阳县创宇房地产开发有限公司 松阳县万寿房地产开发有限公司	茶叶市场周边 B 块流拍
松土告字〔2007〕1 号	古市二桥接线（上安段）	拍卖	2007.02.02	23.38	44.60	个人	1、5、6 号流拍
松土告字〔2007〕2 号	古市镇松洲路迁建安置区、古青公路边	拍卖	2007.02.08	138.86	273.90	个人	—
松土告字〔2007〕3 号	松阳县西屏镇北山路	挂牌	2007.05.16 2007.05.29	180.66	180.66	吴苏君伤科医院	—
松土告字〔2007〕4 号	新兴乡横溪中心村公路边	挂牌	2007.06.26 2007.07.10	30.90	40.66	个人	—
松矿出〔2007〕1 号	松阳县靖居包矿区萤石矿探矿权	拍卖	2007.09.20	280.00	1460.00	个人	—
松土告字〔2007〕5 号	云岩山东侧（原金包莱公司）地块国有土地	挂牌	2007.11.23 2007.12.06	9180.000	9180.00	松阳县万寿房地产开发有限公司	—
松土告字〔2007〕6 号	新兴大桥与江南路接口的国有建设用地	挂牌	2007.11.29 2007.12.12	18.50	19.60	个人	—

续表 22-5-3-5-1

项目编号	地块名称	出让方式	开标日期	起拍价（万元）	成交价（万元）	买受人	备注
松土告字〔2007〕7 号	西屏镇新华路与龙丽公路交叉口东南角的国有建设用地	挂牌	2007. 11. 30 2007. 12. 13	295. 00	295. 00	松阳县西屏镇十一村村委	—
松土告字〔2008〕1 号	古市镇松州路中段沿街、松州路迁建安置区内地块	拍卖	2008. 05. 07	147. 22	577. 78	个人	—
松土告字〔2008〕2 号	古市镇原派出所地块	拍卖	2008. 05. 08	42. 77	—	—	流拍
松土告字〔2008〕3 号	象溪镇工业园区 1 号地块	挂牌	2008. 06. 06 2008. 06. 19	133. 41	133. 41	浙江卡洛鞋材有限公司	—
松土告字〔2008〕4 号	古市二桥接线（上安段）地块国有建设用地使用权	拍卖	—	—	—	—	流拍
松土告字〔2008〕5 号	松阳城北工业园区三期 1 号、2 号、4 号、5 号、9 号地块国有建设用地使用权	挂牌	2008. 06. 16 2008. 06. 27	235. 04	235. 04	松阳县星星纸盒厂 松阳县豪捷纸箱厂 松阳县森宇工艺品有限公司 松阳芸俊电容器厂 丽水新隆达不锈钢有限公司	—
松土告字〔2008〕6 号	古市镇松州路中段沿街、松州路迁建安置区内地块国有建设用地使用权	拍卖	2008. 07. 23	149. 45	397. 05	个人	—
松土告字〔2008〕7 号	松阳县原公安局古市派出所地块国有建设用地使用权（同 2 号）	拍卖	—	—	—	—	流拍
松土告字〔2008〕8 号	松阳县西屏镇长松路与长虹东路交叉口东侧酒店后地块国有建设用地使用权	挂牌	2008. 09. 17 2008. 09. 26	84. 45	84. 45	松阳天元国际酒店	—
松土告字〔2009〕1 号	松阳县古市镇高速公路工业区块 1 号、2 号、3 号、4 号地块，十五里茶产叶工业区块 1 号、2 号、3 号、4 号地块	挂牌	2009. 02. 03 2009. 02. 18	1653. 31	1653. 31	浙江宝隆铜业有限公司、浙江新信峰工具有限公司、浙江非特阀门有限公司、浙江振通宏茶叶有限公司、松阳县宏顺玻璃纤维有限责任公司、松阳县嘉丰科技发展有限公司、松阳县凯利达玻璃纤维有限公司	—

续表 22-5-3-5-2

项目编号	地块名称	出让方式	开标日期	起拍价（万元）	成交价（万元）	买受人	备注
松土告字〔2009〕2 号	松阳县原公安局古市派出所地块国有建设用地使用权	拍卖	—	—	—	—	流拍
松矿出〔2009〕1 号	松阳县玉岩萤石矿权拍卖	拍卖	2009.06.16	600.00	1650.00	浙江林苑路桥工程有限公司	—
松土告字〔2009〕3 号	县工业园区四期 13 号、16 号地块国有建设用地使用权	挂牌	2009.06.12 2009.06.25	2192.52	2369.42	浙江锐奇鞋业有限公司 浙江耶米玛服饰有限公司	—
松土告字〔2009〕4 号	县工业园区青云路 208 号西南地块国有建设用地使用权	挂牌	2009.06.15 2009.06.26	1346.00	1360.00	松阳县市场开发服务有限公司	—
松土告字〔2009〕5 号	古市镇松洲路中段沿街、松洲路迁建安置区内国有建设用地使用权	拍卖	2009.08.05	147.86	623.58	个人	—
松土告字〔2009〕6 号	古市镇横街西路地块国有建设用地使用权	拍卖	2009.09.09	118.16	503.04	个人	—
松土告字〔2009〕7 号	西屏镇城南路新法院边、古湖东小区 2 区地块国有建设用地使用权	拍卖	2009.09.16	372.62	935.62	个人	—
松土告字〔2009〕8 号	西屏镇江滨路地块国有建设用地使用权	拍卖	2009.10.16	16300	27300	松阳县创宇房地产开发有限公司	—
松土告字〔2009〕9 号	古市二桥接线（上安段）地块国有建设用地使用权	拍卖	2009.11.05	78.16	226.22	个人	—
松土告字〔2009〕10 号	松阳县赤寿乡工业区块国有建设用地使用权	挂牌	2009.11.13 2009.11.25	809.62	809.79	浙江以诚不锈钢有限公司、 浙江天意达不锈钢有限公司、 浙江博盛不锈钢制造有限公司、 浙江隆兴不锈钢有限公司、 浙江盛丰不锈钢制造有限公司、 浙江华旭不锈钢有限公司	—

续表 22-5-3-5-3

项目编号	地块名称	出让方式	开标日期	起拍价（万元）	成交价（万元）	买受人	备注
松土告字〔2009〕11 号	松阳县原公安局古市派出所地块国有建设用地使用权	拍卖	2009.11.19	234.52	417.39	个人	—
松土告字〔2009〕12 号	松阳县裕溪乡工业区块二期地块国有建设用地使用权	挂牌	2009.11.19 2009.12.03	175.95	175.95	浙江卖油翁油品有限公司	—
松土告字〔2009〕13 号	松阳县古市镇横街西路地块国有建设用地使用权	拍卖	2009.12.30	94.86	329.28	个人	流拍
松土告字〔2010〕1 号	松阳县江南工业园区块一期国有建设用地使用权	挂牌	2010.03.01 2010.03.12	1240.26	1259.3262	浙江冠宇管业有限公司、浙江华田不锈钢制造有限公司、浙江益宏不锈钢有限公司、浙江正南钢业制造有限公司、松阳县保利春工具有限公司	—
松土告字〔2010〕2 号	松阳县裕溪乡工业区块 1 号国有建设用地使用权	挂牌	2010.05.31 2010.06.11	71.53	—	无人报名未成功	—
松土告字〔2010〕3 号	松阳县裕溪乡工业区块 1 号国有建设用地使用权	挂牌	2010.07.07 2010.07.21	71.53	71.53	浙江卖油翁油品有限公司	—
松土告字〔2010〕4 号	松阳县城浙南茶叶市场以北、金屏路以南的国有建设用地使用权	挂牌	2010.07.15 2010.07.28	1451.25	1451.25	浙江浙南茶叶市有限公司	—
松土告字〔2010〕5 号	松阳县古市镇过境公路边工业区块 2 号地块的国有建设用地使用权	挂牌	2010.07.16 2010.07.29	216.17	216.17	浙江顺风钢结构有限公司	—
松土告字〔2010〕6 号	松阳县象溪镇01号地块国有建设用地使用权	挂牌	2010.09.09 2010.09.22	55.00	55.00	松阳县农村信用合作联社	—

续表 22-5-3-5-4

项目编号	地块名称	出让方式	开标日期	起拍价（万元）	成交价（万元）	买受人	备注
松土告字〔2010〕7号	古市镇松州路迁建安置区、后塘小区、城隍小区、城隍路、游园路与松州路转角地块国有建设用地使用权	拍卖	2010.09.08	89.27	242.81	个人	—
松土告字〔2010〕8号	松阳县工业园区四期1号、3号地块国有建设用地使用权	挂牌	2010.09.10 2010.09.23	418.83	525.98	浙江豪康钢业有限公司 丽水新丰达钢管制造有限公司	—
松土告字〔2010〕9号	古青公路白沙村段原供电局物资仓库地块国有建设用地使用权	挂牌	2010.10.08 2010.10.20	248.99	248.99	松阳县供电局	—
松土告字〔2010〕10号	松阳县工业园区四期8号地块国有建设用地使用权	挂牌	2010.10.11 2010.10.22	951.82	951.82	浙江上上不锈钢有限公司	—
松土告字〔2010〕11号	松阳县古市车站地块国有建设用地使用权	挂牌	2010.10.18 2010.10.29	433.14	433.14	松阳长运有限公司	—
松土告字〔2010〕12号	松阳县古市镇横街西路地块国有建设用地使用权	拍卖	2010.10.21	131.60	521.06	个人	—
松土告字〔2010〕13号	松阳县江南工业园区块一期8-14号地块国有建设用地使用权	挂牌	2010.10.21 2010.11.03	2734.81	2849.82	松阳泰朗精密不锈钢有限公司、松阳青山不锈钢有限公司、浙江巨龙钢业有限公司、松阳县供电局、浙江恒源钢业有限公司、华东特钢有限公司	—
松土告字〔2010〕14号	松阳县工业园区二期1号地块国有建设用地使用权	挂牌	2010.11.15 2010.11.26	278.86	278.86	松阳宝丰冶金研发有限公司	—
松土告字〔2010〕15号	松阳县古市二桥接线（上安段）地块国有建设用地使用权	拍卖	2010.12.01	122.93	421.67	个人	—

续表 22-5-3-5-5

项目编号	地块名称	出让方式	开标日期	起拍价（万元）	成交价（万元）	买受人	备注
松土告字〔2010〕16 号	松阳县王村工业区块 1-3、5-7 号地块国有建设用地使用权	挂牌	2010.12.06 2010.12.17	8138.46	9784.93	浙江泰鑫合成革有限公司、浙江旭峰布业有限公司、浙江丽泰革业有限公司、丽水云中马布业有限公司、丽水振华化纤有限公司、浙江万通革业有限公司	—
松土告字〔2010〕17 号	松阳县新兴乡大石工业区块 1 号地块、江南工业园区块 5 号地块国有建设用地使用权	挂牌	2010.12.09 2010.12.22	353.50	407.76	浙江绿野活性炭有限公司、浙江益宏不锈钢有限公司	—
松土告字〔2010〕18 号	松阳县城江滨 B—01、B—02 地块和古湖东区地块的国有建设用地使用权	挂牌	2010.12.20 2010.12.31	6369.00	17149.00	松阳县天元房地产开发有限公司	—
松土告字〔2010〕19 号	松阳县工业园区四期 5 号地块、古市镇高速公路接线工业区块 5 号地块国有建设用地使用权	挂牌	2011.01.17 2011.01.28	644.38	748.57	浙江瑞鑫达实业有限公司 浙江华威门业有限公司	—

第六章 政府法治工作

1996年8月，县政府法制科为县政府办公室内设机构，对外挂县政府法制局牌子；2001年10月，法治局改为法制办公室。2005年5月，县政府法制办公室与县政府办公室合署办公。

县政府法制办公室负责县政府规范性文件的审核和备案，行政执法的监督、检查和考核工作；负责办理县政府行政复议案件，受县政府委托参与行政诉讼；受理并办理行政执法投诉、监督案件；负责全县行政执法人员的资格培训和行政执法证件的管理工作。

第一节 法治政府建设与规范文件

法治政府建设

县政府法制办公室设立后，以“推进政府工作法治化，从严治政，依法治政”为工作目标，为切实推进依法行政、完成县政府各项工作任务提供良好的法律保障。2004～2005年，以国务院《全面推进依法行政实施纲要》为工作目标，推进政府依法行政。2006年，根据浙江省委、省政府建设“法治浙江”“法治政府”建设意见，履行政府法制各项职责，推进法治政府建设。

2007年，修订《松阳县政府工作规则》，规范行政执法行为，完善行政执法资格管理制度，保证行政执法机关严格按照法定程序和权限行使职权，履行职责。围绕“法治政府”建设这一总目标，落实行政执法责任制，规范行政执法行为。各行政机关理清执法主体、执法依据、职权，积极推行工作机制和制度创新，提高行政效能，落实推进法治政府建设的措施。法制办制订《松阳县行政执法责任追究办法》，就责任的划分、追究的范围、形式、程序等作出具体规定，将行政执法、追究责任纳入法治化、规范化轨道。

2010年，围绕“法治政府”建设的总体目标，履行好政府法制各项职责：深化行政执法责任制，严格规范行政执法行为。完善行政执法质量评价考核体系。通过政府网站、松阳公报等形式，依照法定程序和时限推进政务公开、“阳光政府”建设。

制定规范性文件

1998～2003年，县政府法制办共依法审查县政府规范性文件90件，发布89件。凡涉及公民群众切身利益的规范性文件，在《新松阳》等新闻媒体全文刊登，向社会公开。完成省、市政府法制办共38件规章及规范性文件草案征求意见工作，提出修改建议31条。2004年，收集县政府令、县政府规范性文件及有关政策措施37份，通过校对、整理，采用《松阳政报》的形式向社会公布。至2006年，收集规范性文件及有关政策措施，汇编成《松阳政报》6期，发送至全县各乡镇、部门、行政村以及企业。

2006 年，对全县各部门报送的有关发改、财政（地税）、建设、国土、人劳社保、民政、林业、计生、招投标等规范性文件共 24 件，进行合法性、合理性、可行性审查。2007 年，对县政府及县政府办公室自 2001 年起至 2006 年末制定的涉及 28 个单位共 113 件规范性文件进行全面清理。其中继续执行的 60 件，修改后执行的 14 件，废止执行的 39 件。以传递依法行政信息为重点，全年共收集规范性文件 39 件，编印《松阳政报》3 期。2008 年，按照《浙江省行政规范性文件备案审查规定》，逢文必审，严把法律关，继续做好规范性文件的评估清理工作。对那些内容空洞、照搬、缺乏针对性和操作性以及强化部门利益的文件一律不予发布。对涉及群众利益的文件，通过召开座谈会等方式征求有关单位和行政管理相对人的意见。审核时实行“四查”制度。即查依据是否合法、主体权限是否合法、内容是否合法、程序是否合法。在审查中发现的问题，及时提出整改意见。

2009 年，县政府法制办加强与草拟文件部门的沟通协调，改进起草、审查工作的方式、方法，增强规范性文件制定工作的前瞻性、主动性。对涉及全县经济社会发展的重大决策事项以及专业性较强的决策事项，必须进行必要性和可行性论证。对涉及面广、与人民群众利益密切相关的决策事项，事先告知社会公众，并通过举行座谈会、听证会、论证会等形式听取意见，确保政府科学、民主决策和依法、合理行政。2010 年 5 月，松阳县被省政府法制办列为全省行政规范性文件备案审查 14 个示范点之一。县政府法制办对全县规范性文件进行全方位清理审核。共清理县人民政府及政府办公室规范性文件 195 件，其中继续执行的 175 件，废止的 20 件。县直属部门的规范性文件 541 件，其中继续执行的 528 件，废止的 11 件，失效的 2 件。

第二节　行政复议与执法监督

行政复议

20 世纪 50 年代后期至 60 年代初，行政法规规定行政复议，但对行政复议的称谓没有完全规范，一般都以“申诉、复审、复验”等名称出现。

进入 80 年代，行政复议制度得到恢复和发展。1999 年，《中华人民共和国行政诉讼法》颁布实施，行政复议制度渐趋法治化、规范化。

1998～2010 年松阳县行政诉讼、复议案件情况表

表 22-6-2-1　　单位：件

时间	受理案件	不予受理（终止、驳回、确认违法）	山林、土地确权	卫生类	公交类	人事劳动类	工商类	国土房产类	计生类	物价类	乡镇类	代理县府复议诉讼	市法制办委托办	水利类	环保类	建设类	林业类	其他
1998～2003	111	—	16	—	—	—	—	—	—	—	—	13	1	—	—	—	—	30
2004	8	9	—	2	3	2	2	4	1	1	1	—	—	—	—	—	—	—
2005	32	7	6	7	5	1	13	8	—	—	1	—	—	1	1	1	1	—
2006	18	2	1	8	—	—	1	3	-	-	2	—	—	—	1	3	—	—
2007	9	1	—	—	—	—	3	2	1	—	—	—	—	—	—	2	—	—
2008	4	2	4	—	—	—	—	—	—	—	—	—	—	—	—	—	—	—
2009	17	1	—	—	—	—	—	—	—	—	—	—	—	—	—	—	—	—
2010	9	—	—	—	—	—	—	—	—	—	—	—	—	—	—	—	—	—

说明：1. 1998～2003 年，受理 111 件，维持决定 54 件，撤销 24 件，变更 19 件，撤回 14 件；指导部门、乡镇处理有关法律事务和疑难信访案件共 30 多件；接待各类法律咨询 160 多件；办理山林土地确权 16 件；代理县政府复议诉讼 13 件；市法制办委托 1 件；环保 1 件。其他 30 件

2. 2007 年，受理 9 件，不予受理 1 件，撤回 3 件

3. 2008 年，受理 9 件，撤销 2 件，撤回 5 件

4. 2009 年，受理 18 件，维持 8 件，不予受理 1 件，驳回 1 件，确认违法 1 件，涉及房屋、公安、卫生、农业等

5. 2010 年，受理 9 件，维持 5 件，终止 3 件，责令限期作出决定 1 件

行政执法监督

1998～2003年，县政府法制办开展应对中国加入WTO政府政策措施的清理工作。对1982年恢复松阳县制以后县委、县政府及县委、县政府办公室颁发的所有公文进行全面清理，废止有关政策措施47件，修正有关政策措施5件。根据省、市法制办公室统一部署，每年在全县范围内开展行政执法证使用管理监督检查工作。

2004年5月，松阳县组织具有行政许可职能的部门对行政许可事项、依据、实施主体、收费项目等进行全面清理，组织执法人员培训执法证件年审换证工作。2005年6月，督促各单位尽快制定和完善统一管理行政许可申请和统一送达行政许可决定、行政许可告知、延长办理期限批准等7项配套制度，对县国土资源局、人口和计生局等行政执法单位2004年、2005年行政处罚案件卷宗进行检查，对存在的问题提出整改意见。2006年1月，法制办对全县行政执法人员年度执法表现及岗位调离情况等进行年审。同时，法制办对全县行政许可项目进行一次全面的规范，解决相同系统的许可项目名称不统一，行政许可与不许可界定不明确、实施不规范等问题。11月，开展一年一度的行政执法案件质量检查工作。重点抽查县建设局、城管大队、县公安局消防大队2003年以后行政处罚案件，共查阅92卷案卷，对存在的问题提出整改意见。

2007年，法制办落实国务院《全面推进“依法行政”实施纲要》，制定《松阳县政务督查办法》，提出《松阳县行政执法责任追究办法》，完善行政监督机制，修订《松阳县依法行政工作考核评分办法》。12月，对全县27个行政执法单位的依法行政工作进行考核，并建立考核档案。2008年，法制办会同县人大、纪委对全县最主要的12个行政执法单位开展行政执法检查，对存在的问题提出整改意见。2009年，法制办制定《松阳县全面推行规范行政处罚自由裁量权工作的实施方案》，规范行政处罚自由裁量行为，统一执法尺度，保护行政相对人的合法权益。组织执法人员旁听有影响的行政诉讼案件的审理，追究败诉案件具体执法人员的责任，并对重大败诉案件进行专题分析，切实改进工作方法。将行政机关负责人出庭应诉率、行政机关败诉率列入行政执法考核内容。法制办对政府重大的具体行政行为严把审查关。参加涉及法律事项决策会议，参与重大决策调研，并提供法律服务。是年，共办理涉及土地使用权、拆迁安置、企业改制等方面信访复查复核事项19件。

2010年，法制办对行政处罚行政许可案卷评查工作，采用部门先自查自纠，然后由法制办严格按照评查内容和标准逐件评查，并提出具体的评查意见。完善行政审批制、集体讨论决定制和备案审查制，确保执法公正公平合理，在行使行政执法自由裁量权时，对有从重、从轻、减轻处罚情节的，必须在调查报告中说明行使的事实和理由。

第七章　友好往来　后勤

改革开放以后，为学习和借鉴国（境）外先进技术和管理经验，松阳县人民政府采取“走出去，请进来”的方法，加强与国（境）外地方政府和有关企业部门之间的合作交流，把国（境）外的好技术用来发展和壮大松阳经济，把国（境）外的好经验用来管好松阳企业，使松阳经济社会快速发展。

1982 年 1 月，恢复松阳县制，设松阳县委、县政府办公室行政科，负责县委县政府机关大院的重大基建工程的规划、论证、监管等；负责县委、县政府机关办公用房、附属设施用房的建设、使用、分配和调整等综合管理；负责固定资产、不动产的登记建档、报废及管辖范围内有关资产管理、维护等。1991 年 3 月，县委、县政府办公室行政科改为松阳县政府办公室行政接待科，行政科的一部分职能由县政府办公室接待科负责。1993 年 5 月，改为机关事务管理处，撤销行政科。

第一节　出访　来访

出访活动

1998 年，全年共审核办理领导干部因公出国（境）3 批共 3 人次。出访地为美国、法国等。出访目的是考察河流治理开发和防灾、减灾技术，参加小城镇发展管理培训。2000 年，县委办发出《关于加强因公出国（境）管理工作的通知》，第一次对因公出国（境）人员作出相应的规定。2001 年，全年共审核办理领导干部因公出国（境）6 批共 18 人次。出访地为美国、德国、意大利、新加坡、泰国等。出访目的是考察培训、经贸洽谈、参加放射学会议、CT 机操作维护等。2003 年 3 月，县委办公室下发《关于进一步加强因公出国（境）管理工作的通知》，规范全县党政机关领导干部因公出国（境）管理的有关法规政策，重申因公出国（境）人员的申报审批制度、申报程序和政审程序。2004 年，审核领导干部因公出国（境）1 人。2005 年，县政府制定《因公临时出国（境）管理办法》，要求严格按照程序办事，把好出国（境）审核关。是年，共有 13 人出访，除到法国、德国、美国等进行经贸考察、培训外，另有自组一批到西欧考察。2006 年，县委、县政府完善因公出国（境）管理办法。全县审核办理因公出国（境）23 人次，分别到亚洲、欧洲、美洲、大洋洲等有关国家和地区。出访目的为进行工业、农业、水利、城建以及招商引资等方面的考察活动。

2007 年，贯彻落实丽水市委、市政府《关于加强党政机关领导干部因公出国（境）的管理工作的规定》，严把全县党政机关领导干部因公出国（境）资格审核关，注重加强出行人员安全教育工作。全年共审核办理领导干部因公出国（境）9 批 10 人次。出访地为亚洲、欧洲、美洲、大洋洲等有关国家和地区。出访目的是进行工业、农业、水利、城建以及招商引资等方面的考察访问。2008 年，共审核办理领导干部因公出国（境）考察访问 12 人。出访地为西班牙、葡萄牙、德国等。出访目的是经贸交流、项目洽谈、签订年度贸易合同等。2009 年，全年共办理审核因公出国（境）考察访问 2 人。出访地为巴西、阿根廷、德国。出访目的是考察议会立法、监督和安全生产监督培训。

2010 年，全年共审核办理领导干部因公出国（境）10 人。出访地为德国、英国、美国、希腊、瑞士、加拿大、韩国。出访目的是刑事量刑机制，住房政策、住房金融考察，防空，地方议会对议员联系选民、议员履职保障，学校教育培训等。

来访活动

1991 年，香港同胞沈炳麟到松阳考察并捐赠人民币 14.5 万元，建松阳实验小学、裕溪乡中心小学庆同教学楼各 1 座。1996 年 6 月 13 日，香港闻氏福利基金会会长闻儒根到松阳考察。1997 年 4 月 3 日，由闻儒根捐资 12 万元助建的四都乡闻裕顺中心小学举行落成典礼，香港闻氏福利基金会会长闻儒根、夫人闻周鹤翠、基金会秘书长童田村等出席庆典。5 月 9 日，美国佛罗里达州大学教授、国际柑橘协会 2000 年年会执行主席 J·基因阿布里博士到松阳考察脐橙生产管理并作技术指导。10 月 28 日，旅美侨胞潘福回松阳并向母校松阳一中捐赠 5 万美元，用于建造教学楼。

2000 年 4 月 16～17 日，越南河内经贸代表团一行 5 人到松阳考察，洽谈业务并签订协议。2001 年 9 月 25～26 日，希腊爱琴岛市市长哥特西斯一行 3 人到松阳摄影采风。2004 年 4 月 15 日，越南国家文联副主席、越南摄影家协会主席黎馥为团长 6 人代表团到松阳开展为期 3 天的访问采风活动；8 月 11 日，孟加拉国摄影家代表团一行 5 人到松阳开展为期 2 天的创作交流采风活动。2006 年 6 月，经省、市对外友好协会和县外事办多方联系和争取，牙买加驻上海名誉领事馆和上海金源国际贸易公司到松阳开展助学活动，资助新兴乡中心小学 55 万元人民币建新教学楼。2007 年，邀请日本、韩国和国际摄影节期间 17 位外国摄影家到松阳采风。2008 年 7 月，丽水仰天湖进出口有限公司邀请美国 H·阿诺德木业有限公司副总经理和公司财务总监到松阳考察和洽谈业务，签订 2008 年下半年贸易定单。浙江国邦钢业有限公司邀请俄罗斯 SSA 公司 4 名经理到松阳进行商务考察，签订 2008 年下半年合作内容。11 月，浙江盛洋不锈钢有限公司邀请伊朗德黑兰 TEJARATGOSTARANKASPIAN 贸易公司总裁于 2008 年 11～12 月到松阳进行商务考察，签订出口销售合同。

图 22-7　8 个国家的外宾在新兴乡外孟村考察旧村改造工程（叶光铭 摄于 2009 年）

2009 年 5 月，浙江金信不锈钢制造有限公司邀请伊朗伊斯兰共和国 FARASTATRADINGCO，LTD 公司董事和公司经理到松阳进行商务考察，签订 2009 年出口销售合同。10 月，松阳县宝丰钢业集团有限公司邀请巴基斯坦 IMPEXMETALOREASLAPK 公司到松阳考察，并签订 2009 年下半年出口销售合同。浙江宜洁刷业有限公司邀请太钢尼日利亚有限公司的总经理、运营部经理、市场部经理共 3 人到松阳开展商务访问、业务交流、签订订购合同等活动。11 月，浙江宜洁刷业有限公司邀请尼日利亚 TokunbohNigerlaLimited 的采购经理、会计经理于 2009 年 11 月 20 日到松阳开展业务交流并签订订购合同。浙江宜洁刷业有限公司邀请尼日利亚 TokunbohNigeriaLimited 的采购经理于 2009 年 11

月30日到松阳开展业务交流，提出相关生产要求并签订订购合同。

2010年2月，丽水卓越文具制造有限公司邀请巴基斯坦M/SSohail＆Company的业务经理到松阳洽谈下年度业务合作事项，验收合同产品质量等。10月，浙江银来钢管有限公司邀请伊朗GrouhHonarvabawPishtazCo的总经理和业务经理到松阳访问考察，协商双方近期业务合作事项，验收合同产品质量等。12月，松阳县蒂索服饰辅料有限公司邀请阿富汗EmiratsChinaWholleSalePlaza（L.L.C）公司经理于2010年12月至2011年1月到松阳进行商务访谈，洽谈合作开发项目，签订新产品销售合同等活动。

第二节 后勤服务

后勤工作

松阳县政府机关事务管理处，主要负责全县大型会议和重大活动的后勤保障，承担县委县政府召开的各类会议的后勤、会务保障工作；负责做好县委县政府和其他重要外宾的接待工作，负责县委县政府主要领导外出考察的后勤保障服务工作；负责机关大院房产的使用、分配和综合管理，负责县委宿舍等有关房产的产权、产籍和使用管理及修缮维护管理；制定并组织实施有关规章制度，负责机关大院办公及附属用房等建设的财政预算资金管理和基建工作。

2010年松阳县政府机关大院房产情况表

表22-7-2-1

楼名	建筑面积（平方米）	建设时间	设计单位	建设单位	使用单位
县府1号办公楼	2000	1983.11～1984.07	松阳县建筑设计室	丽水地区建筑公司	县委、县政府
县府2号办公楼	1482	1986.03～1986.10	松阳县建筑设计室	松阳第二建筑公司	县人大、县政协
县府3号办公楼	1482	1986.03～1986.12	松阳县建筑设计室	丽水市建筑公司	县委统战部、县人大、县政协
县档案（馆）局	400	1983.12	松阳县建筑设计室	不详	县委组织部
县委组织部档案楼	424.52	1992.06	松阳县建筑设计室	县建筑公司	县委组织部
县人民武装部办公楼	1668	1986	松阳县建筑设计室	不详	县纪委
县人民武装部接待处	673.45	1986	松阳县建筑设计室	不详	县委宣传部

安全保卫

1949年松阳县人民政府成立时，县委县政府宿舍大门设门卫，雇用民工看护。

1954年前后，成立县政府保卫委员会，县政府大门设传达室，有人员日夜值班。并建立值班、会客、防范制度。

1999年，成立县委、县政府保卫科，主要负责制定县机关大院的安全保卫、消防等有关规章制度、措施，并监管实施；负责协助信访、公安等部门做好大院上访人员的疏导和处置突发性事件；会同有关部门对大院内的安全保卫、消防、停车秩序工作进行指导、检查和监管；指导机关和下属机构开展法制宣传教育、安全保卫、消防工作等社会治安综合治理工作；负责保卫人员的业务知识和操作技能培训。坚持24小时值班制度，开展保卫工作检查。制定突发事件应急预案，加强自动化硬件建设，提高处理各类问题的能力。

车队

1982年1月恢复松阳县制后，县政府办公室下设小车班，班长1人，驾驶员2人。

1988年8月，改称为松阳县委县政府车队，设车队长1人，驾驶员4人。1989年3月，建立县委县政府车队小车库。

车队的主要工作是负责制定县机关车辆管理制度并监督执行；负责县委县政府领导日常公务用车；负责县委办、县府办的工作用车；负责县机关车队驾驶员的日常管理和交通安全教育工作；协助机关完成重大会议及重大活动的车辆保障、车辆调度工作；负责车辆的日常维护工作。

1982～2010年，车队工作正常开展。2010年，车队有公务用车13辆。

机关大院管理

机关大院坐落于西屏山东南角、环城西路西侧。大门东向，正对府前街。院内以坐北朝南的1号楼、2号楼、3号楼为主，四周围墙，于松阳恢复置县后的1983～1986年建造。

1号楼位于大院北部，五层；2号楼和3号楼位于1号楼南部的东西两侧，均为三层；整个建筑布局呈品字状。大院东北部另有体量小的2幢楼。县委、县人大、县政府、县政协，县纪委、县委组织部、县委宣传部、县委统战部以及相关的办公室等机构人员在大院内办公。甬道旁的绿地，除种植低矮的灌木以外，也种植雪松、银杏、广玉兰等；南侧围墙内有一排凤尾竹。

大院东大门安排人员值全勤。机关庭园绿化管理委托园林所负责。卫生工作安排专人负责。

接待

接待工作，主要负责县委县政府来宾及来松阳的人大、政协副厅以上实职领导和其他重要内外宾客的接待工作；负责县委县政府各类会议和重大活动的接待工作；负责针对全县性工作的各类检查组、考核组、考察组的接待工作；负责县委县政府主要领导外出考察的后勤保障工作；负责县委办、县府办的接待工作；负责做好重要来宾接待档案的建立与管理工作。

1991年1月，县政府办公室对接待工作作出暂行规定：接待范围，原则上县政府办公室行政（接待）科只接待县五大班子的上级领导和兄弟县（市）的领导以及县里邀请的客人；其他部门的上级领导和客人，由部门自行负责。接待工作实行联系制度，凡属上述接待范围内的客人，有关部门应事先把联系单送行政科，便于安排食宿，并由行政科开具接待用膳联系单，到指定的地点用餐，会计室凭联系单给予结账。

1993年5月，成立松阳县人民政府机关事务管理处。

第八章　档案与地方志

档案工作是一项记录历史、传承文明、服务社会、造福人类的伟大事业。随着经济社会快速发展和全面深化改革不断推进，档案工作涉及的领域更加广阔、内容更加丰富、需求更加多样，地位和作用越来越重要。全县档案工作者切实增强责任感和使命感，认真履行好“为党管档、为国守史、为民服务”的职责，档案事业获得快速发展。从 2007 年 4 月开始，取消档案利用服务收费制度。

松阳历来就具有纂修方志的优良传统。松阳地方志的纂修始于元代，盛于明清。自元代以来，松阳县共纂修县志、村志和各种专业志书数十部，记录和汇集大量的历史珍贵资料，成为地方文献中一笔不可多得的宝贵财富。元代吴莱编纂有《松阳志略》。明正统年间（1436～1449），纂修有《松阳县志》。明成化二十二年（1486），处州知府郭忠及刘宣等纂修的《处州府志》卷九、卷十《松阳县志》有十八卷八册。明隆庆年间（1567～1572），松阳潘伯广纂修有隆庆《松阳县志》。清顺治十一年（1654），松阳知县佟庆年、荆溪胡世定纂修的顺治《松阳县志》有十卷四册。清乾隆三十三年（1768），松阳知县曹立身及潘茂才等纂修的乾隆《松阳县志》有十二卷六册。清光绪元年（1874），松阳知县支恒椿及丁凤章等纂修的光绪《松阳县志》有十二卷六册。民国 14 年（1925），松阳县知事吕耀钤及高焕然等纂修的民国《松阳县志》有十六卷十册。1996 年，新编《松阳县志》全一册。此外，还有许多反映松阳人文、山水、古迹、风土、文献、金石、民族的文集和专志。

松阳历史上编纂的各类志书体例完备，门类齐全，反映出松阳县深厚的历史文化底蕴及历代社会各界人士对纂修地方志的热情。

第一节　档案业务

机构沿革

松阳县档案局（馆）主管松阳县内的档案工作，对松阳县内档案工作实行监督和指导；负责收集和保管多门类载体的档案和有关资料，并向社会提供利用。为中共松阳县委、松阳县人民政府直属的正科级文化事业机构。

民国时期，县政府秘书室设文卷室。1949 年 4 月，卷宗大部被游击队烧毁。

中华人民共和国成立后，中共松阳县委、县人民政府秘书室设档案室，各配干部 1 人，收集、整理、保管档案，负责对县级机关档案工作的业务指导。1959 年 12 月，原松阳县档案资料移至遂昌县档案室保管。

1982 年 1 月 30 日，恢复松阳县制；5 月，设松阳县档案科。1983 年，松阳档案馆舍动工兴建，

1984年5月馆舍落成，地址松阳县西屏镇府前街1号（县府大院内）。馆舍总建筑面积802平方米，库房面积458平方米。1985年8月23日，松阳档案馆成立，与县委档案科合署办公，直属县委办公室。1989年8月11日，松阳县档案局设立，与县档案馆合署办公，对全县机关、团体、企事业单位和其他组织的档案工作进行监督、指导。

图 22-8　位于县政府大院内的松阳县档案馆（县档案馆提供 2007年）

1995年，县档案馆创建省三级档案馆。1996年10月，松阳县实行党政机关机构改革，档案局与档案馆合并，保留档案局牌子，为县委办公室管理的科级事业单位。1998年列入参照公务员管理制度范围，“三定”方案核定局（馆）编制10人，其中局长1人，副局长2人，内设业务科、保管利用科、办公室3个科室。2004年11月设立现行文件查阅利用中心。

2008年5月，松阳县档案馆设立松阳信息公开查阅点，晋升省二级档案馆。2008年，松阳县档案局定编10人，全局参公人员9人，其中局长1人、副局长2人，内设业务科、保管利用科（挂现行文件查阅利用中心）、办公室3个科室。

2010年，增设信息科，成立县电子文件和数字档案登记备份中心。

馆藏档案

历史上，松阳县几经更名、并县、复县，屡遭战火及自然灾害，清代以前的档案资料全部流失遗散。民国时期，县政府秘书室设文卷室。1949年，民国时期档案大多被烧毁。

1958年11月，松阳县制撤销，并入遂昌县。1959年12月，原松阳县档案资料移至遂昌县档案室保管。1982年，松阳、遂昌分县。1985年，从遂昌县档案馆接受回库原属松阳县档案1375卷，资料9册。

截至2010年，尚存馆藏各类档案149个全宗，其中民国档案全宗14个、中华人民共和国成立后档案全宗135个，档案42275卷和24693件，音像档案105盒，照片4913张，实物档案267件，资料1651种，11381册（卷）。馆藏档案由民国时期档案和中华人民共和国成立后档案两部分组成。

民国时期档案　民国时期档案又称旧政权档案，系指1912年中华民国成立至1949年中华人民共和国成立之前，民国松阳县政府各机关、党团、军警、县级企事业单位及个人形成的档案。县档案馆馆藏的民国档案共计14个全宗，638卷。这些档案绝大部分是1956年松阳县公安局档案股收集、整理、编目而成；1985年5月由遂昌县档案馆移交松阳县档案馆。一部分则来自于民间个人上缴、征集和捐赠，还有少量是在编史写志过程中从中国第二历史档案馆等复制而来的。

民国档案按内容不同，分为党团、军警、政府、政法、财政、金融、邮电、农业团体等类。其中党团类有国民党松阳县党部（包括区党部分部）、三青团松阳分团、青年党松阳县党部联合全宗

164卷；军政类有松阳县“清乡善后委员会”全宗17卷；政府类有松阳县政府（包括参议会）和松阳县政府行政干部训练所等2个全宗117卷；政法类（包括个人形成的档案）有黄庆符法律事务所（松阳县司法处、看守所）全宗42卷；文教卫生类有松阳县立初级中学（私立国强中学，松阳县立简易师范学校）联合全宗、松阳县私立俭公中学、古市小学、松阳县卫生院（松阳县国医支馆）联合全宗等4个全宗79卷；财贸类有财政部浙江区货物税务局松阳分局、财政部浙江直接税局松阳分局联合全宗95卷；金融类有浙江省地方银行松阳办事处全宗16卷；邮电类有松阳县邮政局、松阳县电信局全宗9卷；农业类有松阳县农业推广所全宗20卷；团体类有松阳县商会全宗79卷。

馆藏民国档案为解放后收集而得。残缺不全，数量极少，整理时能组联合全宗，分类是按组织机构、跨年度不分内外文件组卷的，卷内杂乱无章。移交县馆时无卷内文件目录，只有案卷总目录，县馆再编制卷内目录、全引目录、文件级卡片、全宗介绍、组织机构沿革等检索工具，以便快捷提供利用。

民国档案能反映民国时期松阳县级部分单位的主要活动和县境内发生的重大事件，是民国时期松阳县政治、军事、经济、文化、教育等方面的原始记录。其中，反映黄庆符律师事务所活动缩影，档案内容有清朝的契约，特别珍贵；反映松阳县商会活动情况，茶叶、烟叶对外贸易档案也是弥足珍贵；反映抗战时期省府迁松期间，共产党派遣特别工作团在松活动等档案，是研究松阳历史的珍贵史料。此外还有反映中国工农红军挺进师在松活动和建立浙西南根据地的档案；反映日军在松阳制造烧杀大惨案和细菌战等暴行的档案。

中华人民共和国成立后档案　松阳县档案馆保存的中华人民共和国成立后的档案，共135个全宗，42275卷和24693件。音像档案105盒，照片4913张，实物档案267件，是馆中数量最多，内容最丰富、最系统完整，具有松阳特色的档案。档案的起止时间为1949～1958年和1982～1995年（县委、县政府和撤销机关1996～2007年）。

县档案馆馆藏建立新中国后档案主要来自于县级各机关及所属部门、企事业单位，也有少量来自于个人捐赠和寄存。根据《中华人民共和国档案法》和省政府颁布的《浙江省档案馆管理规定》，县档案馆接收县级各机关单位形成的永久、长期保管的档案，一般接收年限为10～15年。对撤销机关的档案，则随时接收；对破产企业档案，按档案馆接收标准，通过鉴定整理、接收或寄存。

县档案馆收藏的建立新中国后档案按全宗进行管理。全宗内的整理，一般按照年度—组织机构（或问题）进行分类；案卷则以问题特征为主，结合作者、时间、地区、文件名称、通信者等特征进行组卷。

图22-9　县档案馆库房（县档案馆提供 2007年）

建立新中国后档案按内容不同，分为党群、政府、区乡镇、县属企事业单位等类。其中，党群类有松阳县委及工作机构，县人大、县政协、群众团体等30个全宗8492卷、12488件；政府类有县人民政府及工作机构等51个全宗25809卷、12205件；区乡镇党委政府类有松阳区、西屏镇等35个全宗3977卷。县企事业单位有松阳一中、县文化馆等19个全宗3359卷。建立新中国后档案有文书档案、科技档案、会计档案、专门档案，还有照片档案、音像档案、实物档案等多门类和载体。特种载体档案按全宗管理（案卷目录），同时另编目录集中统一库柜保存，便于保管利用。

建立新中国后档案内容极为丰富，涵盖政治、军事、经济、科学、技术、文化、宗教等方面。凡解放后松阳国民经济和社会发展方面均有记载，如中华人民共和国成立初军管、剿匪反霸、镇压反革命、土地改革、抗美援朝、农业合作化、农业学大寨、城市对资改造、反“右”运动、“文化大革命”、农村改革、城市改革、机构改革等。每一个历史时期，每次政治运动，发展和挫折，经验与教训，档案内容均有详细反映，是研究松阳解放后政治、经济、科技、文化发展变化的真实历史记录，也是编史修志的重要史料。

资料　截至2010年，馆藏资料11381册（卷），1551种，其中图书5765册、资料（刊物）3366册、报刊1698册。主要有八个大类，分别为：松阳县史料有县志、党史、组织史、专业志、年鉴等；各种规划报告有《松阳县土地利用现状概况报告》《松阳县自然资源和农业区划》《松阳县城规划》等10余种；文化研究资料有古老民间剧种《松阳高腔》、唐代叶法善道教宗师、女诗人张玉娘的研究资料，松阳民间故事；经典著作或传记有马克思、恩格斯、列宁、斯大林、毛泽东、刘少奇、周恩来、邓小平等；党报党刊有《新华日报》《人民日报》《文汇报》《浙江日报》《丽水日报》《松阳报》和《求是》等；工具书有各种辞典、词典、字典、大百科全书；文件汇编有中央文件、法规性文件；历史书籍有《二十四史》《资治通鉴》《浙江通志》《重修浙江通志》《古今图书集成》等；文史史料有中共党史、中华民国史、全国文史、浙江文史，有人物传记，大事记等；图书资料有工农业经济统计等。

特色馆藏

松阳高腔档案　2007年，县档案馆开展重点档案“松阳高腔”剧本的征集和抢救工作，采取各方动员和征购相结合的方法，征集47个散落民间的“松阳高腔”剧目手抄本，其中最早的为清嘉庆年间手抄本；复制44个“松阳高腔”手抄本；收集高腔照片120张，并把8个剧目刻录成DVD光盘56张，另收集“松阳高腔”有关素材DVD4张。

芳溪堰档案　县档案馆保存着芳溪堰从明嘉靖九年（1530）至清光绪九年（1883）353年间，历代县府关于芳溪堰水事的榜文和判决等原件共22件，其中包括水系图1幅、石碑拓文1件、16位县令原始文稿手迹20件。内容主要包括组织合力修堰、轮流分水灌溉、处理纠纷案件等公示、公告和批示，从中可见芳溪堰灌区的水旱灾情和水事纠纷的概况。《芳溪堰档案》反映同一事件时间较早，具有系统性、代表性和地方性，对研究古代水利工程修筑、封建县级政权管理水利的情况，具有较高的凭证价值。对研究古代公告批文格式、书法等方面也具有价值。

“松阳记忆”老照片档案　县档案馆征集到摄影爱好者叶祖青拍摄、珍藏的松阳政治、经济、历史特色的老照片800余张。照片拍摄时间从光绪三十三年（1907）到2007年，有的记录松阳旧貌、有的反映当时百姓生活、有的见证松阳文化发展的重要事件，是松阳100多年岁月的最佳见证。

开发利用

1988 年，松阳县档案馆根据《中华人民共和国档案法》制订《松阳县档案馆开放档案暂行办法》。6 月 20 日，首批向社会开放保管期满 30 年的民国档案、中华人民共和国成立后的现行档案和报刊资料等 9585 卷。至 2008 年，前后共开放档案 5 次。经几次鉴定、剔除，现有开放档案 14522 卷。

开展档案的接待利用工作　凡持中华人民共和国公民身份证或工作证、介绍信均可到馆查阅所需档案。土地、山林、婚姻等有关内容均可利用计算机进行目录检索，提高查档效率。

1985～2010 年松阳县档案馆提供档案利用情况表

表 22-8-1-1

年度	接待人次（人）	提供档案资料（卷册）	复制（页）
1985	85	172	—
1986	445	1783	—
1987	1207	2980	11034
1988	1077	4395	719
1989	973	5165	2872
1990	929	4447	2226
1991	1923	3283	2311
1992	2650	6135	6692
1993	1097	3425	4621
1994	401	891	891
1995	467	740	740
1996	293	553	559
1997	237	430	531
1998	235	364	465
1999	260	374	434
2000	267	570	673
2001	303	514	767
2002	235	671	749
2003	450	561	534
2004	1700	1850	2300
2005	722	2345	2134

续表 22-8-1-1

年度	接待人次（人）	提供档案资料（卷册）	复制（页）
2006	820	2400	1500
2007	1263	2971	3235
2008	617	1972	1116
2009	823	3024	2818
2010	962	2524	2530
总计	20441	54539	52442

开发档案信息资源　至2010年，松阳县根据馆藏档案，编印《松阳历次党代会会议简介》《松阳县历届人代会会议简介》《松阳县晒红烟》《“粮食单打”冠军——松阳县农民李金水高产攻关全程系列报导汇编》《松阳县人口情况数据汇集》《松阳县人口土地增减情况对比数据专辑》《松阳县普通中小学、幼儿、少数民族、成人教育基本情况数据汇编》《松阳县卫生事业机构、单位、人员、经费、农村医疗发展情况数据汇编》《松阳县历届团代会简况》《松阳县历届妇代会简况》《松阳县档案简介》《松阳县简介》《改革开放三十年》《“松阳县商会”档案文献抢救保护项目》。

馆务建设

1985年档案馆成立后，在做好档案进馆的同时，注重自身基础业务建设。

对馆藏档案进行倒库，并重新统一编制档案存放示意图，建全全宗单、全宗卷、全宗名册、松阳县档案馆档案存放一览表、档案进出登记簿、档案总登记簿。对土改时发放的1000余卷“土地证存根”进行装盒、编目。

在编制案卷目录的基础上，编制《全宗全引目录》和书本式《姓名索引》。制作文件、人物卡片25000张，编制专题目录8种。编制图书、资料、报刊等分类目录、案卷目录、全引目录、分类目录、各种索引，合计706本。

对破损的“土地房产登记清册”和“农业税清册”进行修补，对土改时发放的“土地证存根和清册”进行整理编目、装盒、排列上架。对褪色档案使用化学药品复原。对民国时期统计资料作部分复制。

图 22-10　档案整理（县档案馆提供 2007 年）

2010年，开展“松阳县畲族文契古籍”档案文献抢救保护整理工作，共收集200多件古籍。内容涉及清代及民国的赋税、契税、杂税、田赋执照、上下忙执照、畲族医药、佛道教、文学等多个种类。

是年，县局（馆）有查阅室、全宗室、库房、办公室等，面积共计600余平方米。一楼库房2间，二楼库房5间，三楼库房5间，使用铁制档案柜和书柜。库房内有空调、除湿机、消毒柜、扫描仪等设施。

制定《松阳县档案馆工作人员守则》《松阳县档案馆政务公开制度》《松阳县档案馆收集制度》《松阳县档案馆接收档案标准》《松阳县档案馆调阅利用制度》《松阳县档案馆咨询和服务工作制度》《松阳县档案馆开放档案暂行办法》《松阳县档案馆档案保管制度》《松阳县档案馆库房管理制度》《松阳县档案馆档案鉴定工作制度》《松阳县档案馆统计工作制度》《松阳县档案馆档案保密制度》《松阳县档案馆库房人员出入交接制度》《松阳县档案馆安全保卫制度（防盗、防火等内容）》《松阳县档案馆行政后勤管理制度》。

截至 2010 年，全县有 12 个单位档案室达省一级标准，23 个单位档案室达省二级标准，20 个单位档案室达省三级标准，2 家企业达省级标准，3 个社区被评为省级社区示范档案室，2 个村档案室被评为浙江省行政村示范档案室。

第二节　地方志工作

机构

1986 年 5 月 20 日，松阳县志编纂委员会成立，下设办公室。有行政编制 2 人，其中专职副主任 1 人。1996 年，党委所辖党史研究室与政府所辖地方志办公室合并称史志办公室，为县委办管理的正科级事业单位，定编 6 人。1998 年，工作人员由事业编制改为参照公务员管理。至 2000 年，史志办公室为归口县委办公室管理的科级全额拨款事业单位，内设综合事务科、业务编研科，事业编制 6 人。2007 年，增设年鉴编辑部，增加自收自支事业编制 2 人。至 2010 年，内设综合科、编研科、年鉴编辑部，人员编制 6 人，参照国家公务员制度管理。其中主任 1 人，副主任 1 人；科室领导职数 2 人。地方志工作主要职责是负责地方文献的征集、整理；负责地方志编纂及指导部门志、乡镇志的编纂工作；负责地方综合年鉴的编纂；协同有关部门开展地方志研究成果的开发利用工作；拟定地方志编纂计划。

地方志编纂

一轮县志编纂　一轮修志始于 1986 年，距民国 15 年（1926）《松阳县志》修成刊行刚好 60 年。1986 年 5 月 20 日，松阳县志编纂委员会成立，下设办公室。1991 年 9 月，调整县志编纂委员会，组设《松阳县志》编辑班子。此后，制定编纂计划和撰写规则，指导各部门编纂专业志和县志资料稿。1993 年 2 月，调整编辑班子。之后逐月安排志稿任务；是年 8 月，《松阳县志》征求意见稿发至各部门各乡镇广泛征求意见；11 月，完成评审稿总纂。1994 年 3 月 7～10 日，召开松阳县志稿评审会；10 月，送审稿送交省地方志

图 22-11　《松阳县志》评审会（县史志办提供 1994 年）

办公室审定；12月，由浙江人民出版社编辑出版。

二轮县志编纂　2009年9月9日，全面启动新修《松阳县志》，总结松阳县首次修志工作，部署安排二轮修志任务，动员全县上下集中力量，按照国务院《地方志工作条例》的修志工作要求，做到领导到位、机构到位、经费到位、队伍到位、条件到位；成立由主要领导挂帅的编委会或领导小组，组建修志专门办事机构和编纂办公室，具体承担修志的组织和编纂工作。2010年，陆续招聘驻办编辑，适时开展业务的学习及培训。至2010年，完成新修《松阳县志》篇目编写。

图 22-12　松阳县二轮修志动员会（县档案馆提供）

松阳纪事编辑　编辑工作从1997年6月开始，于1998年6月编就。内设县情概要、大事记、名录、文件选录、专题记事、附表六部分，全面载录1993～1997年（个别资料延至1998年3月）松阳县经济建设和社会事业取得的成就，客观地反映五年间发生的重大事件，并收录一部分对全县工作有普遍指导意义的重要文件，选取部分经济、文化及社会事业作专题记述。

年鉴编辑　2004年，启动并编纂68.6万字的《松阳县年鉴（1998～2003）》。从2005年开始，《松阳年鉴》改为一年一鉴，全面反映当年松阳县经济、政治、社会、文化、生态情况。2007年，史志部门成立年鉴编辑部，壮大年鉴编辑队伍。

旧志与地方文献整理

旧志整理　编史修志是松阳悠久的文化传统，早在元朝开始修撰县志，到民国期间，已有10余个版本。2006年，为更好地保存这份珍贵的文化遗产，以民国《松阳县志》为底本，参照《中国地方志集成影印本》进行点校，年末出版全省第一部宣印线装标点本民国版《松阳县志》。

地方文献出版　2006年，启动《松阳姓氏志》编纂工作。2007年，完成全县姓氏情况、族谱分布情况的摸底工作。2008年，完成孟姓、阙姓、汤姓姓氏志。截至2010年末，完成松阳县域的姓氏情况、族谱分布情况的摸底工作，编写各姓族人收藏宗谱清册、各乡镇宗谱收藏人名册及松阳县姓氏人口状况等，对松阳县286个姓氏郡望及郡望地名进行调查，并编写人口相对较多的204个姓氏郡望及郡望地名，征集、扫描、点校和复制多个姓氏民间家谱97部329册。完成孟、阙、汤、詹、包等5个姓氏文化研究，为县志姓氏编写积累原始资料。

图 22-13　1992年前完成的部分部门志书（县档案馆提供）

2008年，编纂出版《松阳桥梁》画册。该画册收集松阳自古至今各种类型桥梁的照片、资料，从桥梁的变化，再现松阳桥梁发展史，反映松阳交通事业的发展，社会的进步。

2009～2010年，出版《闲话松阳》，着手出版《松州长歌》。

专业志书编纂指导

指导部门志　一轮修志期间，县志部门指导《松阳县交通志》《松阳县烟草志》《松阳县教育志》的编纂出版工作。指导《松阳县国有工业志》《松阳县劳动人事志》《松阳县财税志》《松阳县电力工业志》《松阳县供销合作社志》《松阳县水利志》《松阳县卫生志》《松阳县公安志》《松阳县工会志》等的编纂工作。2005年，完成《丽水市乡镇通览》（松阳部分）的编纂，协助指导《松阳水利志》的编修工作。2006年，启动松阳县组织史料的编写。2007年，陆续指导国土资源志、人大志和教育局的乡土教材等志书教材的编写。2008年，指导县交通志、军事志的编写。

指导村志　2006年，指导编写《界首村志》，2007年出版。《界首村志》成为松阳县解放后的第一部村志。2009年，指导《玉岩村志》编写。2010年，完成《玉岩村志》初稿。

编纂专业志　1998年以来，县史志部门编纂《浙江省乡镇（街道）年鉴》《浙江省民营企业志》《浙江省城市图鉴》（松阳部分），推介松阳的风土人情、名优特产、风流人物等。2004年，完成编写《浙江省城市图鉴》（松阳部分）和《丽水市乡镇（街道）通览》中松阳县20个乡镇近10万字的志稿任务等。2007年，编纂《浙江省市场志》《浙江省民营企业志》《浙江省地图集》（松阳部分）。

参与农村文化礼堂建设

参与设计农村文化礼堂等载体，力求活动开展多形式、多层次、多渠道，并派熟知风俗民情的老同志指导各村开展文明礼仪、文化展陈、文化交流、文化娱乐等活动，参加农村文化礼堂讲师团，通过活动的开展和思想引导，引领广大群众价值观的转变。

第二十三编　政协松阳县委员会

中国人民政治协商会议（简称政协），是中国人民爱国统一战线的组织，是中国共产党领导的多党合作和政治协商的重要机构，是中国政治生活中发扬社会主义民主的一种重要形式。

中国人民政治协商会议由中国共产党和各民主党派、无党派民主人士、各人民团体、各界爱国人士共同组成。

县政协参加单位有县总工会、团县委、妇联、科协、文联、工商联、残联、侨联、台谊会。

中华人民共和国成立初期，各界人民代表会议同时也是人民政协的前身。1956年，浙江省一些县市开始筹备成立地方政协，松阳因1958年并入遂昌未成立县政协。1984年7月，中国人民政治协商会议松阳县委员会(简称县政协)成立。第一至三届，每届任期3年，第四届开始改为5年。至2010年，共历7届。

政协会议主要有全体会议、常务委员会会议、主席会议3种，是政协履行政治协商、民主监督、参政议政的主要形式。

县政协全体会议每年举行一次，由大会主席团主持。出席会议的委员，从第一届的80余人逐渐增至第七届的170余人。会议的议程通常包括听取和审议常委会工作报告、提案工作报告；列席县人民代表大会，听取并讨论《县政府工作报告》和其他有关报告；审议通过政治决议和有关报告；组织大会发言和开展讨论；每届的第一次会议都要选举主席、副主席、秘书长和常务委员。县政协常委会会议自第一届至第七届四次会议共召开134次。

根据《中国人民政治协商会议章程》规定，县政协委员会逐步建立若干工作机构开展日常工作。县政协常委会是政协松阳县委员会的常设机构，除设办公室外，分设若干专门委员会。专门委员会下设若干委员活动组(工作组)，并根据工作需要而调整。第七届的专门委员会有:经济发展委员会、社会发展委员会、提案委员会、文教卫体和文史资料委员会。

提案工作是人民政协的一项全局性工作。经审查立案的提案，根据提案的内容和有关单位的职责分工确定承办单位。办理单位一般在3个月内按规定的格式行文答复。为提高办理质量，提案委以电话、上门联系、发专函等方式进行催办、督办。

调研和视察是政协委员深入实际、调查研究、知情参政、建言献策的重要途径。县政协常委会和主席会议以及专门委员会和委员活动组，均选定若干课题或工作内容开展调研和视察，其中的调研成果以调研报告的形式报送县委县政府供决策参考。

反映社情民意，是人民政协一项经常性工作，是履行职能的重要基础和关键环节。1998年，县政协办公室创刊《社情民意》，向县委县政府报送相关信息。所反映的问题涉及较高层面的，则向上级政协报送。《社情民意》受到中央、省、市、县的重视，发挥应有作用。

县政协重视文史资料征编工作。至2010年，共征集文史资料640余篇，编辑出版18辑。

县政协通过举办“经济发展论坛”助力县域经济发展。1985～2010年，共举办各类专题的论坛18个。

第一章 机构沿革及政协委员

清宣统二年（1910），设松阳县地方自治事务所，实行地方自治。

中华人民共和国成立初期，松阳县根据1949年9月29日颁发的《中华人民共和国政治协商会议共同纲领》之规定，于1949年11月召开第一届松阳县各界人民代表会议。至1953年4月，先后召开7次各界人民代表会议，代行权力机关的职责。这一时期的各界人民代表会议，也是新民主主义革命时期统一战线工作的延伸，即人民政协的前身。

1954年12月25日，全国政协二届一次会议通过《中国人民政治协商会议章程》。到1956年初，浙江省一些县市根据《中国人民政治协商会议章程》和上级党委指示，筹备并成立地方政协。1958年11月，松阳县建制被撤销。1966年5月“文化大革命”开始，全国政协机关从8月30日起停止办公，地方政协基本停止活动。1978年3月8日，全国政协五届一次会议通过修改后的《中国人民政治协商会议章程》，政协活动开始逐步恢复。

1984年3月22日，中国人民政治协商会议松阳县筹备领导小组建立。先后举行4次会议，完成县政协第一届委员会第一次全体会议的各项准备工作。

政协会议主要有全体委员会议、常务委员会会议、主席会议3种，是政协履行政治协商、民主监督、参政议政的主要形式。主席会议在常务委员会闭会期间主持政协重要日常工作，由主席、副主席、秘书长组成。

第一节 县政协组织

县政协

中国人民政治协商会议浙江省松阳县委员会（简称“县政协”）成立于1984年7月。由中国共产党、各民主党派、无党派人士、人民团体、各少数民族和各界代表、台湾同胞和归国侨胞的代表以及特别邀请人士组成，设若干界别。至2010年12月，共历7届。

政协松阳县委员会设主席、副主席若干人和秘书长。委员会设常务委员会，主持全体委员会议的会务，在全体委员会议闭会期间主持委员会工作。常务委员会由主席、副主席、秘书长和常务委员组成。其候选人由参加政协松阳县委员会的各党派、团体、各民族和各界人士协商提名，经县政协全体会议选举产生。常务委员会下设工作机构。工作机构的设置，按实际情况和工作需要，由常务委员会决定。

中共松阳县政协党组于1984年10月成立。党组由书记、副书记、成员若干人组成，由中共松阳县委任命，任期与本届政协委员会相同。

政协松阳县委员会第一至三届，每届任期3年，第四届开始改为5年。根据中共中央统一地方各级领导班子换届时间的意见，第六届提早一年结束。全体会议每年举行1次。

政协松阳县委员会每届的参加单位、委员名额和界别设置、委员人选经上届委员会主席会议审议同意后，由常务委员会协商决定。如有必要增加或变更参加单位、委员名额和委员人选，经主席会议同意后，由常务委员会协商决定。

内设机构

根据《中国人民政治协商会议章程》规定，县政协委员会应建立工作机构。1984年7月2日，政协松阳县筹备领导小组举行第五次会议，决定成立办公室、学习、提案审查、文史资料和工作组委员会，下设10个工作组。政协松阳县首届委员会成立后，设提案审查委员会和10个工作组。从第二届开始，机构不断完善，除设办公室外，增加专门委员会，对工作组的划分进行调整。专门委员会设主任、副主任、委员。工作组设组长、副组长。从第三届开始，工作组改称委员活动组。

第二节　县政协委员

第一届委员会（1984.7～1987.6）

1984年3月22日，中国人民政治协商会议松阳县筹备领导小组成立。经过3个月的筹建，县政协第一届第一次全体会议于1984年7月4～8日召开。参加会议有18个界别的86名委员。1985年5月13日，第一届第五次常委会议决定，增补9名政协委员。其间，委员调外地工作2人、病逝1人、除名1人，实有委员91人。

第二届委员会（1987.6～1990.6）

县政协第二届第一次全体会议于1987年6月11～17日召开。参加会议有15个界别的99名委员。1988年3月28日，第二届第五次常委会议决定，增补15名政协委员。1988年9月29日，第二届第六次常委会议决定，增补1名政协委员。1988年12月21日，第二届第七次常委会议决定，增补2名政协委员。其间，因工作调动等原因辞去委员3人，实有委员114人。

第三届委员会（1990.6～1993.4）

县政协第三届第一次全体会议于1990年6月11～16日召开，参加会议有16个界别的127名委员。1991年3月19日，第三届第六次常委会议决定，增补10名政协委员。1992年3月28日，第三届第十二次常委会议决定，增补10名政协委员。1992年4月24日，第三届第三次全体会议增选2名政协常委。其间，因工作调动辞去委员3人，实有委员144人。

第四届委员会（1993. 4～1998. 3）

县政协第四届第一次全体会议于1993年4月25～30日召开。参加会议有16个界别的127名委员。1994年4月，第四届第二次全体会议增选3名政协常委。大会期间，常务委员会议决定，增补19名政协委员。1995年4月，第四届第三次全体会议期间，常委会议决定，增补4名政协委员。1997年4月，第四届第四次全体会议选举1人为秘书长，常委会议决定增补2名政协委员。1998年3月，第四届第十八次常委会议决定增补9名政协委员。除辞去2名委员，委员人数增至160人。

第五届委员会（1998. 3～2003. 4）

县政协第五届第一次全体会议于1998年3月26日至4月1日召开。参加会议有代表15个界别的142名委员。1999年3月，第五届第六次常委会议决定增补11名政协委员。第五届第二次全体会议选举1人为秘书长、2人为政协常委。因工作调动，同意1人辞去政协秘书长，同意2人辞去政协常委。2001年3月，第五届第四次全体会议选举1人为政协副主席。因工作调动，先后有5人辞去政协委员。2002年3月，第五届第五次全体会议接受1人辞去政协秘书长的请求。政协委员实有142人。

第六届委员会（2003. 4～2007. 3）

县政协第六届第一次全体会议于2003年4月14～18日召开。参加会议有代表16个界别的156名委员。2004年3月1日，第六届第五次常委会议决定，增补9名政协委员。2005年3月11日，第六届第十次常委会议决定，增补9名政协委员。2006年2月24日，第六届第十五次常委会议决定，增补2名政协委员。其间，因工作调动，辞去政协委员10人，实有政协委员166人。

第七届委员会（2007. 3～）

县政协第七届第一次全体会议于2007年3月22～26日召开。参加会议有代表19个界别的169名委员。2007年12月28日，政协第七届松阳县委员会第四次会议决定，增补18名政协委员。2010年2月3日和2月26日，政协第七届松阳县委员会第十五次和第十六次常务会议决定，增补11名政协委员。2010年3月18日，第七届第四次全体会议增选1人为副主席、4人为常务委员。其间，因工作调动原因，辞去政协委员22人，撤销委员1人。

松阳县第一届至第七届政协委员会委员构成情况表

表23-1-2-1

界别	首届一次		二届一次		三届一次		四届一次		五届一次		六届一次		七届一次	
	委员数（人）	占比（%）	委员数（人）	占比（%）	委员数（人）	占比（%）	委员数（人）	占比（%）	委员数（人）	占比（%）	委员数（人）	占比（%）	委员数（人）	占比（%）
民主党派	2	2.44	3	3.19	6	5.04	6	5.00	5	3.10	6	3.6	7	4.14
人民团体	6	7.32	3	3.19	4	3.36	3	2.50	5	3.10	9	5.39	23	13.61
无党派人士	—	—	4	4.26	6	5.04	4	3.33	21	13.00	4	2.40	5	2.96
侨台联	13	15.85	10	10.64	14	11.76	10	8.33	8	4.94	9	5.40	10	5.92

续表 23-1-2-1

界别	首届一次		二届一次		三届一次		四届一次		五届一次		六届一次		七届一次	
	委员数（人）	占比（%）	委员数（人）	占比（%）	委员数（人）	占比（%）	委员数（人）	占比（%）	委员数（人）	占比（%）	委员数（人）	占比（%）	委员数（人）	占比（%）
社会科学界	1	1.21	3	3.19	5	4.20	9	7.50	12	7.41	14	8.40	14	8.28
教育界	11	13.41	14	14.89	14	11.76	12	10.00	11	6.80	13	7.78	12	7.10
科技界	19	23.17	23	24.47	16	13.44	11	9.17	10	6.17	12	7.19	10	5.92
农林水界	2	2.44	—	—	12	10.08	11	9.17	11	6.80	16	9.58	14	8.28
医药卫生界	7	8.54	7	7.45	8	6.72	7	5.83	8	4.94	9	5.39	9	5.33
文化新闻界	4	4.88	6	6.38	5	4.20	5	4.17	5	3.10	8	4.80	7	4.14
工商界	4	4.88	7	7.45	14	11.76	21	17.50	21	13.00	19	11.38	15	8.88
少数民族	3	3.67	3	3.19	5	4.20	6	5.00	7	4.32	6	3.60	6	3.55
宗教界	—	—	1	1.06	3	2.52	4	3.33	4	2.47	4	2.40	4	2.37
特邀人士	10	12.20	10	10.64	7	5.88	11	9.17	6	3.70	8	4.80	11	6.51
经济界	—	—	—	—	—	—	—	—	28	17.28	30	18.00	22	13.02
合计	82	100.00	94	100.00	119	100.00	120	100.00	162	100.00	167	100.00	169	100.00

第三节　省、市政协委员

省政协委员

1983～2010年，松阳县当选浙江省政协委员的有：第五届（1983～1988）：王宝钧；第六届（1988～1993）：华利荣；第七届（1993～1998）：何宝元；第八届（1998～2003）：程继伍；第九届（2003～2008）：应有君；第十届（2008～）：包远辰。

市政协委员

2001～2010年，松阳县当选丽水市政协委员的有：

第一届（2001～2006）：项根深　何宝元　张增礼　叶祖武　王陈亮　谢秉芳　吴瑞华　严德华　吴旭华(女)　钟紫燕(女)　雷法宝（畲）　叶吉云(女)　周建华　王巍(女)　吴延德

第二届（2006～2011）：张增礼　何宝元　叶祖武　周建华　王巍(女)　黄显起　叶关毅　叶玲(女)　徐然虎　吴旭华(女)　单国亮

第二章 县政协会议

县政协委员会全体会议主要议程是选举主席、副主席、秘书长和常务委员；听取和审议常务委员会上年或上一届的工作报告、提案工作委员会上年或上一届的提案工作报告；列席县人民代表大会，听取并讨论《县政府工作报告》和其他有关报告；审议通过会议决议、常务委员会工作报告、提案工作报告和本次会议提案审查报告；组织大会发言和开展讨论，对松阳县经济和社会事业发展提出意见和建议。

历届县政协全会第一次会议均进行换届选举，选举产生新一届政协主席、副主席、秘书长和常委委员。其他次别的会议或有若干职位的增选、补选。

全体会议每年举行一次。历届历次全体会议上，县政协委员和参加政协的各党派、各人民团体以及政协各专门委员会，相对集中地向县政协全体会议提交提案。提案审查委员会审查后，对立案的提案进行分类，并向大会报告《提案初步审查情况的报告》。

中国人民政治协商会议松阳县委员会常务委员会，简称松阳县政协常委会，由主席、副主席、秘书长和常务委员组成。县政协主席主持常委会工作。

县政协常委会是政协松阳县委员会的常设机构，除设办公室外，分设若干专门委员会。专门委员会下设若干委员活动组（工作组），并根据工作需要而调整。历届县政协常委会会议召开次数不同。

第一节 县政协委员会全体会议

图 23-1 政协松阳县第一届委员会第一次会议主席台（县档案馆提供 1984 年）

县政协委员会历届第一次全体会议召开前，召开全体委员参加的预备会，通过主席团成员名单，确定秘书长。主席、副主席、秘书长、常务委员候选人人选由县委向主席团提出建议名单。主席团讨论选举办法，协商讨论该届县政协主席、副主席、秘书长、常务委员候选人建议名单后，向大会提名候选人建议名单；委员分组讨论选举办法，讨论酝酿该届县政协主席、副主席、秘书长、常务委员候选人建议名单；主席团审议通过选举办法和该届县政协主席、副主席、秘书长、常务委员候选人名单；大会通过选举办法，采取无记名投票和等额选举方式选举产生新一届县政协主席、副主席、秘书长和常务委员。

第一届委员会全体会议

第一次全体会议　县政协第一届第一次全体会议于1984年7月4～8日在县城召开。委员86人参加会议。县委、县人大、县政府及各部门领导应邀参加会议。

预备会上通过大会主席团成员名单。主席团主持该次大会。县政协筹备领导小组组长曲修同致开幕词，县委书记林彬在开幕式上讲话，县政协筹备领导小组副组长吴绍裘向大会作《政协松阳县委员会第一届第一次会议筹备工作情况和今后任务的报告》。全体委员列席县第四届人民代表大会第一次会议，听取和讨论县长夏金星所作的《政府工作报告》及其他报告。会议以无记名投票方式选举曲修同为主席，吴绍裘、吴金、胡雪英为副主席，叶蔚荫等11人为常务委员，组成政协松阳县第一届常务委员会。会议听取提案审查委员会副主任作的《关于提案审查的报告》。

会议审议通过《政协松阳县委员会第一届第一次会议政治决议》《政协松阳县委员会第一届第一次会议关于筹备工作情况和今后任务的报告的决议》和《政协松阳县委员会第一届第一次会议关于提案审查的报告的决议》。县政协副主席吴金致闭幕词。

第二次全体会议　县政协第一届第二次全体会议于1985年5月25～30日在县城举行。委员87人参加会议。县委书记林彬、副书记樊炳法、县长夏金星、县人大副主席郑世贤等出席开幕式，县委书记林彬在开幕式上讲话。

与会委员听取并审议县政协副主席吴绍裘作的《政协松阳县第一届委员会常务委员会工作报告》；听取并审议县政协副主席吴金作的《县政协第一届第一次会议以来提案工作情况的报告》和提案审查委员会副主任邵光昭作的《关于县政协第一届第二次会议提案审查情况的报告》；列席县第四届人民代表大会第二次会议，听取并讨论县长夏金星所作的《政府工作报告》和其他报告。

会议审议通过《政协松阳县委员会第一届第二次会议政治决议》、政协松阳县第一届委员会第二次会议《关于常务委员会工作报告的决议》和《关于提案工作情况的决议》。县政协主席曲修同致闭幕词。

第三次全体会议　县政协第一届第三次全体会议于1986年4月10～15日在县城举行。委员91人参加会议。县委、县人大、县政府、县纪委领导应邀参加会议。县人大副主任、省政协委员王宝钧应邀参加。县委书记林彬在开幕式上讲话。县委副书记纪秋光在闭幕式上讲话。

与会委员听取并审议县政协副主席吴绍裘作的《政协松阳县第一届委员会常务委员会的工作报告》和县政协副主席吴金作的《政协松阳县第一届第二次会议以来提案处理情况的报告》；列席县人大第四届第三次会议；听取并讨论县长夏金星所作的《政府工作报告》和其他报告。

会议审议通过《政协松阳县第一届委员会第三次会议政治决议》、政协松阳县第一届委员会第三次会议《关于常务委员会工作报告的决议》和《关于提案处理情况报告的决议》。县政协主席曲修同致闭幕词。

第二届委员会全体会议

第一次全体会议　县政协第二届第一次全体会议于1987年6月11～17日在县城举行。委员97

人参加会议。县委、县人大、县政府领导应邀参加会议。省政协委员王宝钧、县政协前任领导、县委统战部、对台办、县政府侨办的负责人应邀列席会议。主席团主席车震亚致开幕词，省政协丽水地区联络组组长田有祺和县委书记夏金星到会讲话。

与会委员听取和审议吴绍裘作的《政协松阳县第一届委员会常务委员会的工作报告》和提案委员会作的《政协松阳县第一届委员会第三次会议以来提案处理工作情况的报告》及《政协第二届第一次会议提案审查报告》；列席县人大五届二次会议，听取和讨论县长张向北作的《政府工作报告》和其他报告。会议以无记名方式投票选举车震亚为主席，吴绍裘、邵光昭、龚昌义、阙良庆为副主席，林明亮为秘书长，叶祖青等11人为常务委员，组成政协松阳县第二届常务委员会。

会议审议通过《政协松阳县委员会第二届第一次会议政治决议》、政协松阳县第二届委员会第一次会议《关于常务委员会工作报告的决议》和《关于提案处理工作情况的决议》。县政协副主席龚昌义致闭幕词。

第二次全体会议　县政协第二届第二次全体会议于1988年4月10～14日在县城举行。委员112人参加会议。县委、县人大、县政府领导应邀参加会议。县委书记夏金星以《履行使命 发挥优势 增强活力》为题致词。

与会委员听取并审议县政协主席车震亚作的《政协松阳县第二届常务委员会工作报告》和副主席邵光昭作的《政协松阳县二届一次会议以来提案处理情况的报告》；列席县人大五届三次会议，听取并讨论县长张向北所作的《政府工作报告》和其他报告；举行委员大会发言，9名委员就松阳县经济发展和精神文明建设提出意见和建议。

会议审议通过《政协松阳县第二届委员会第二次会议政治决议》、政协松阳县第二届委员会第二次会议《关于常务委员会工作报告的决议》和《关于第二届第一次会议以来提案处理情况报告》。县政协副主席阙良庆致闭幕词。

第三次全体会议　县政协第二届第三次全体会议于1989年4月9～13日在县城举行。委员114人参加会议。县委、县人大、县政府、县纪检委、县人武部领导应邀参加会议。县政协副主席阙良庆致开幕词。县委书记夏金星作《肝胆相照 竭诚合作》的讲话。

与会委员听取并审议县政协主席车震亚作的《政协松阳县第二届委员会常务委员会工作报告》、副主席邵光昭作的《政协松阳县第二届第二次会议以来提案处理情况的报告》；列席县人大五届四次会议，听取和讨论县长张向北作的《政府工作报告》和其他报告；部分委员与县委、县政府领导进行协商对话；与会委员还学习全国政协关于《政治协商、民主监督的暂行规定》。

会议审议通过《政协松阳县第二届委员会第三次会议政治决议》、政协松阳县第二届委员会第三次会议《关于常务委员会工作报告的决议》和《关于第二届第二次会议以来提案处理情况报告的决议》。县政协副主席吴绍裘致闭幕词。

第三届委员会全体会议

第一次全体会议　县政协第三届第一次全体会议于1990年6月11～16日在县城举行。委员127人参加会议。县委、县人大、县政府、县纪委、县人武部领导应邀参加会议。在松阳的省政协委员、县政协老领导及县机关部门负责人应邀列席会议。主席团主席项根深致开幕词。县委书记张向北作《精诚合作 再谱新篇》讲话。省政协丽水地区工委副主任金善宝到会祝贺并讲话。

与会委员听取并审议阙良庆作的《政协松阳县第二届委员会常务委员会工作报告》，许祝义作的《政协松阳县二届三次会议以来提案处理情况的报告》和周敏作的《政协松阳县第三届第一次会议提案审查情况的报告》；列席县人大第六届第一次代表大会，听取并讨论代县长徐光照作的《政府工作报告》及其他报告。会议以无记名投票方式选举项根深为主席，蓝高飞、龚昌义、阙良庆、周敏为副主席、王陈亮为秘书长，王爱美等17人为常务委员，组成政协松阳县第三届常务委员会。

大会审议通过《政协松阳县第三届委员会第一次会议政治决议》、松阳县第三届委员会第一次会议《关于第二届常务委员会工作报告的决议》和《关于第二届第三次会议以来提案处理情况报告的决议》。县政协副主席蓝高飞致闭幕词。

第二次全体会议　县政协第三届第二次全体会议于1991年4月15～19日在县城举行。委员108人参加会议。县委、县人大、县政府领导应邀参加会议，政协丽水地区工委副主任蓝光谅等到会祝贺。

项根深主席致开幕词，县委书记张向北和政协丽水工委领导蓝光谅分别讲话；县政协副主席阙良庆作《政协松阳县第三届委员会常务委员会工作报告》，副主席周敏作《政协松阳县第三届第一次会议以来提案工作情况的报告》，提案委员会作《政协松阳县第三届第二次会议提案审查情况的报告》；委员列席县人大第六届第二次会议，听取并讨论副县长洪平津关于县“八五”计划草案和《政府工作报告》的起草说明；举行大会发言，14名委员就松阳县经济建设和精神文明建设提出意见和建议；学习中共十三届七中全会和省政协六届四次会议精神。

会议审议通过《政协松阳县委员会第三届第二次会议政治决议》、政协松阳县第三届委员会第二次会议《关于常务委员会工作报告的决议》和《关于第三届第一次会议以来提案工作情况报告的决议》。县政协主席项根深致闭幕词。

第三次全体会议　县政协第三届第三次全体会议于1992年4月20～24日在县城举行。委员144人参加会议。县委、县人大、县政府、县纪委领导出席会议。在松阳的省政协委员、台胞代表、县政协历届主席、副主席、秘书长、县机关各部门负责人应邀列席会议。开幕式上，中共松阳县委副书记焦光华作讲话，中共丽水地委统战部相关领导到会祝贺并讲话。

会议听取并审议县政协副主席阙良庆作的《政协松阳县第三届委员会常务委员会工作报告》，副主席周敏作的《政协松阳县第三届第二次会议以来提案工作情况的报告》和提案委员会作的《政协松阳县第三届第三次会议提案审查情况的报告》；列席县人大第六届第三次代表大会，听取并讨论县长徐光照所作的《政府工作报告》及其他报告；举行委员大会发言，7名委员就松阳县经济发展、教育、卫生及祖统联谊工作提出建议；大会以无记名投票方式增选2名政协常务委员。

会议审议通过《政协松阳县委员会第三届第三次会议政治决议》、政协松阳县委员会第三届第三次会议《关于常务委员会工作报告的决议》和《关于三届二次会议以来提案工作情况报告的决议》。会议期间，省政协主席商景才到会指导，并在闭幕式上讲话。政协丽水地区工委副主任支存定和县政协主席项根深在闭幕式上分别讲话。

第四届委员会全体会议

第一次全体会议 县政协第四届第一次全体会议于1993年4月24～30日在县城举行。委员127人参加会议。县委、县人大、县政府、县人武部领导应邀参加会议。副县级以上离退休干部、县政协历届主席、副主席、秘书长、县政协三届常委、县机关各部门负责人应邀列席会议。开幕式上中共松阳县委书记焦光华作题为《团结奋进 共展宏图》的讲话，政协丽水地区工委领导雷松庭到会祝贺并讲话。

与会委员听取并审议阙良庆作的《政协松阳县第三届委员会常务委员会工作报告》、周敏作的《政协松阳县第三届第三次会议以来提案处理情况的报告》和提案委员会作的《第四届第一次会议提案审查情况的报告》；列席县人大七届一次会议，听取并讨论代县长姚祖根作的《政府工作报告》及其他报告。与会委员投票选举项根深为政协主席，叶茂亨、阙良庆、周敏、何宝元为副主席，叶斐华为秘书长，丁献福等17人为常务委员，组成政协松阳县第四届常务委员会。

大会审议通过《政协松阳县委员会第四届第一次会议政治决议》，政协松阳县委员会第四届委员会第一次会议《关于第三届委员会常务委员会工作报告的决议》和《关于三届三次会议以来提案处理情况报告的决议》。政协丽水地区工委副主任支存定在闭幕式上讲话。县政协主席项根深致闭幕词。

第二次全会会议 县政协第四届第二次全体会议于1994年4月19～22日在县城举行。委员146人参加会议。县委、县人大、县政府领导应邀参加会议。县政协历届主席、副主席、秘书长、县政协三届常委、已退休的统战部领导以及县机关各部门负责人列席会议。县委书记焦光华在开幕式上讲话。

与会委员听取并审议县政协副主席叶茂亨作的《政协松阳县第四届委员会常务委员会工作报告》、副主席周敏作的《政协松阳县四届一次会议以来提案处理情况的报告》、秘书长叶斐华作的《政协松阳县四届二次会议提案审查情况的报告》；列席县七届人大二次会议，听取并讨论县长作的《政府工作报告》和其他报告；大会经过选举，增补3名县政协常委；16名委员在大会上发言。

大会审议并通过《政协松阳县第四届第二次会议政治决议》，政协松阳县委员会第四届第二次会议《关于常务委员会工作报告的决议》和《关于四届一次会议以来提案处理情况报告的决议》。县政协主席项根深在闭幕式上讲话。

第三次全体会议 县政协第四届第三次会议于1995年4月16～20日在县城举行。委员150人参加会议。县委、县人大、县政府、县纪委、县人武部领导应邀参加会议。历届政协主席、副主席、秘书长、县政协三届常委、县属各机关部门负责人列席会议。县委书记陶国忠在开幕式上讲话。

与会委员听取并审议县政协副主席叶茂亨作的《政协松阳县第四届委员会工作报告》、周敏副主席作的《政协松阳县四届二次会议以来提案处理情况的报告》和秘书长叶斐华作的《政协松阳县四届三次会议提案审查情况的报告》；列席县七届人大三次会议，听取并讨论县长姜人敬作的《政府工作报告》和其他报告；21名委员在大会上发言。

大会审议通过《政协松阳县第四届委员会第三次会议政治决议》、政协松阳县委员会第四届第三次会议《关于常务委员会工作报告的决议》和《关于四届二次会议以来提案处理情况报告的决议》。县政协主席项根深在闭幕式上讲话。

第四次全体会议　县政协第四届第四次全体会议于1996年4月8～11日在县城举行。委员151人参加会议。政协丽水地区工委、中共丽水地委统战部领导，县人大、县政府、县纪委、县人武部领导应邀参加会议。县政协历届主席、副主席、秘书长、县政协三届常委、县各机关部门负责人应邀列席会议。县委副书记曹树德在开幕式上讲话。

与会委员听取审议县政协副主席叶茂亨作的《政协松阳县第四届委员会常务委员会工作报告》、副主席周敏作的《政协松阳县四届三次会议以来提案处理情况的报告》和秘书长叶斐华作的《政协松阳县四届四次会议提案审查情况的报告》；列席县人大七届四次会议，听取并讨论代县长吴炳全作的《关于松阳县国民经济和社会发展“九五”计划和2010年远景发展规划的报告》和其他报告；20名委员在大会上发言。

大会审议通过《政协松阳县第四届委员会第四次会议政治决议》、政协松阳县委员会第四届第四次会议《关于常务委员会工作报告的决议》和《关于四届三次会议以来提案处理情况报告的决议》。县政协主席项根深在闭幕会上讲话。

第五次全体会议　县政协第四届第五次全体会议于1997年4月8～10日在县城举行。委员160人参加会议。省政协丽水地区工委、中共丽水地委统战部、县委、县人大、县政府、县纪委、县人武部领导应邀参加。县政协历届主席、副主席、秘书长、县政协三届常委、已退休统战部领导、县机关部门负责人应邀列席会议。县委书记肖建中在开幕式上讲话。

与会委员听取并审议县政协副主席叶茂亨作的《政协松阳县第四届委员会常务委员会工作报告》、副主席周敏作的《政协松阳县四届四次会议以来提案工作情况的报告》；列席县人大七届五次会议，听取并讨论县长吴炳全所作的《政府工作报告》及其他报告；大会选举刘炳亮为政协秘书长。

大会审议通过《政协松阳县第四届委员会第四次会议政治决议》、政协松阳县委员会第四届第五次会议《关于常务委员会工作报告的决议》和《四届四次会议以来提案工作情况报告的决议》。县政协主席项根深在闭幕式上讲话。

第五届委员会全体会议

第一次全体会议　县政协第五届第一次全体会议于1998年3月27～31日在县城举行。委员143人参加会议。省政协丽水地区工委、中共丽水地委统战部领导，县委、县人大、县政府、县纪委、县人武部领导应邀参加。县政协历届主席、副主席、秘书长、县政协四届常委及机关部门负责人、乡镇党委、政府领导列席会议。政协丽水地区工委副主任支存定和县委书记肖建中开幕式上讲话。

与会委员听取并审议项根深作的《政协松阳县第四届委员常务委员会工作报告》、周敏作的《政协松阳县四届五次会议以来提案工作的报告》和提案委员会作的《政协松阳县五届一次会议提案审查情况的报告》；列席县人大八届一次会议，听取并讨论县长吴炳全作的《政府工作报告》以及其他报告；大会以无计名投票方式选举项根深为主席，阙良庆、周敏、何宝元、王陈亮为副主席，刘炳亮为秘书长，叶永萱等17人为常务委员，组成政协第五届常务委员会；16位委员在大会上发言。

大会审议通过《政协松阳县第五届委员会第一次会议决议》。县政协主席项根深在闭幕会上讲话。

第二次全体会议　县政协第五届第二次全体会议于1999年3月22～25日在县委党校会堂举行。委员139人参加会议。省政协丽水地区工委副主任蓝光谅、丽水地委统战部长胡振康，县委、县人大、县政府、县纪委、县人武部领导应邀参加会议。历届县政协主席、副主席、秘书长、县政协四届常委和县机关各部门负责人应邀列席政协会议。政协丽水地区工委副主任蓝光谅在开幕式上讲话。

与会委员听取并审议县政协副主席周敏作的《政协松阳县第四届委员会常务委员会工作报告》、副主席何宝元作的《政协松阳县五届一次会议以来提案工作的报告》、提案委员会作的《政协松阳县五届二次会议提案审查情况的报告》；列席县人大八届二次会议，听取并讨论县长吴炳全作的《政府工作报告》和其他报告；20名委员在大会上发言。

会议审议通过《政协松阳县第五届委员会第二次会议决议》。县政协主席项根深在闭幕会上讲话。

第三次全体会议　县政协第三次全体会议于2000年4月10～12日在县城举行。委员139人参加会议。县委、县人大、县政府、县纪委、县人武部领导应邀参加会议。县政协历届主席、副主席、秘书长、县政协四届常委、县机关各部门负责人、乡镇统战委员应邀列席会议。县委书记肖建中在开幕会上讲话。

与会委员听取并审议县政协副主席阙良庆作的《政协松阳县第五届委员会常务委员会工作报告》、副主席何宝元作的《政协松阳县五届二次会议以来提案工作的报告》和《政协松阳县五届三次会议提案审查情况的报告》；列席县人大八届三次会议，听取并讨论县长吴炳全作的《政府工作报告》和其他报告；21名委员在大会上发言。

大会审议通过《政协松阳县第五届委员会第三次会议决议》。县政协主席项根深在闭幕会上讲话。

第四次全体会议　县政协第五届第四次全体会议于2001年3月26～29日在县城举行。委员149人参加会议。丽水市政协主席张向北，县委、县人大、县政府、县纪委、县人武部领导应邀参加会议。历届政协主席、副主席、秘书长和县政协四届常委、在松阳的市政协委员、县机关各部门负责人、乡镇党委、政府领导及统战委员应邀列席会议。县委副书记毛建华在开幕式上讲话。

与会委员听取并审议县政协副主席阙良庆作的《政协松阳县第五届委员会常务委员会工作报告》、副主席何宝元作的《政协松阳县五届三次会议以来提案工作的报告》和夏志明作的《政协松阳县五届四次会议提案审查情况的报告》；列席县人大八届四次会议，听取并审议县长邓唐良作的《政府工作报告》和其他报告；14名委员在大会上发言。

大会审议通过《政协松阳县第五届委员会第四次会议决议》。县政协主席项根深致闭幕词。

第五次全体会议　县政协第五届第五次会议于2002年3月25～28日在县城举行。委员152人参加会议。丽水市政协和市委统战部领导、县委、县人大、县政府、县人武部领导应邀参加。县政协历届主席、副主席、秘书长和四届县政协常委、在松阳的市政协委员、县机关部门负责人、乡镇统战委员列席会议。县委副书记毛建华在开幕式上讲话。

与会委员听取并审议县政协副主席陈长康作的《第五届委员会常务委员会工作报告》、何宝元副主席作的《五届四次会议以来提案工作的报告》和县政协办公室主任夏志明作的《五届五次会议提案审查情况的报告》；列席县人大八届六次会议，听取并讨论县长邓唐良作的《政府工作报告》和其他报告；14 名委员在大会上发言。

大会审议通过《政协松阳县第五届委员会第五次会议决议》。县政协主席项根深在闭幕会上讲话。

第六届委员会全体会议

第一次全体会议　县政协第六届第一次全体会议于 2003 年 4 月 13～18 日在县城召开。委员 156 人参加会议。丽水市政协、丽水市委统战部、县委、县人大、县政府、县纪委、县人武部领导应邀参加会议。历届政协主席、副主席、秘书长和五届县政协常委、在松阳市政协委员、县机关部门负责人、乡镇统战委员列席会议。丽水市政协副主席洪正、县委书记吴炳全分别在开幕式上讲话。

与会委员听取并审议陈长康作的《政协松阳县第五届委员会常务委员会工作报告》、何宝元作的《政协松阳县第五届委员会提案工作情况的报告》；列席县人大九届一次会议，听取并讨论县长邓唐良作的《政府工作报告》和其他报告；经民主协商，选举张增礼为主席，陈长康、周敏、何宝元、王陈亮、叶祖武为副主席，张碧联为秘书长，叶岳娟等 16 人为常务委员，组成政协松阳县第六届常务委员会；21 名委员在大会上发言。

大会审议通过《政协松阳县第六届委员会第一次会议决议》。县政协主席张增礼在闭幕会上讲话。

第二次全体会议　县政协第六届第二次全体会议于 2004 年 3 月 23～25 日在县城举行。委员 160 人参加会议。县委、县人大、县政府、县纪委、县人武部领导应邀参加会议。历届政协主席、副主席、秘书长和五届县政协常委、在松阳的市政协委员、县机关部门负责人、乡镇统战委员应邀列席会议。县委书记吴炳全在开幕会上讲话。

与会委员听取并审议县政协副主席陈长康作的《政协松阳县第六届委员会常务委员会工作报告》和副主席何宝元作的《政协松阳县六届一次会议以来提案工作情况的报告》；列席县人大九届二次会议，听取并讨论县长邓唐良所作的《政府工作报告》和其他报告；17 名委员在大会上发言。

大会审议通过《政协松阳县第六届委员会第二次会议决议》。县政协主席张增礼在闭幕会上讲话。

第三次全体会议　县政协第六届第三次全体会议于 2005 年 3 月 28 日至 4 月 1 日在县城举行。委员 163 人参加会议。丽水市政协领导，县委、县人大、县政府、县纪委、县人武部领导应邀参加会议。县政协历届主席、副主席、秘书长和五届县政协常委、在松阳的市政协委员、县机关部门负责人、各乡镇统战委员列席会议。在开幕式上，丽水市政协领导致辞，县委书记林健东讲话。

与会委员听取并审议县政协主席张增礼作的《政协松阳县第六届委员会常务委员会工作报告》、何宝元副主席作的《政协松阳县六届二次会议以来提案工作情况的报告》；列席县九届人大三次会议，听取并讨论县长邓唐良所作的《政府工作报告》和其他报告；12 名委员在大会上发言。杜光旻常务副县长在大会发言后讲话。

大会审议通过《政协松阳县第六届委员会第二次会议决议》和《我为松阳经济发展献一策》的倡议书。县政协主席张增礼在闭幕会上讲话。

第四次全体会议　县政协第六届第四次全体会议于 2006 年 3 月 13～16 日在县城举行。委员 165

人参加会议。丽水市政协、县委、县人大、县政府、县纪委、县人武部领导应邀参加会议。历届政协主席、副主席、秘书长和五届县政协常委、在松阳的市政协委员、各机关部门负责人、乡镇统战委员等列席会议。县委书记林健东在开幕会上讲话。

与会委员听取并审议县政协主席张增礼作的《政协松阳县第六届委员会常务委员会工作报告》、副主席何宝元作的《政协松阳县第六届委员会三次会议以来提案工作情况的报告》和提案委员会作的《政协松阳县六届四次会议提案审查情况的报告》；列席县人大九届四次会议，听取并讨论县长林康作的《政府工作报告》及其他报告；12 名委员在大会上发言。常务副县长姚志强在大会发言后讲话。

大会通过《政协松阳县第六届委员会第四次会议决议》。县政协主席张增礼在闭幕会上讲话。

第七届委员会全体会议

第一次全体会议　县政协第七届第一次全体会议于 2007 年 3 月 22～26 日在县城召开。委员 169 人参加会议。县委、县人大、县政府、县纪委、县人武部领导应邀参加会议。历届政协主席、副主席、秘书长和六届县政协常委、在松阳市政协委员、县机关部门负责人、乡镇统战委员列席会议。丽水市政协副主席齐育华、县委书记林健东分别在开幕式上讲话。

与会委员听取并审议张增礼作的《政协松阳县第七届委员会常务委员会工作报告》、叶祖武作的《政协松阳县第七届委员会提案工作情况的报告》；列席县人大十届一次会议，听取并讨论县长作的《政府工作报告》和其他报告；会议以无记名投票方式选举张增礼为主席，叶祖武、詹志文、周永龙、单国亮为副主席，董金福为秘书长，王彦等 21 人为常务委员，组成政协松阳县第七届常务委员会；11 名委员在大会上发言。

图 23-2　政协第七届松阳县委员会第一次会议(叶光铭 摄于 2007 年)

大会审议通过《政协松阳县第七届委员会第一次会议决议》。县政协主席张增礼在闭幕会上讲话。

第二次全体会议　县政协第七届第二次全体会议于 2008 年 3 月 19～21 日在县城举行。委员 175 人参加会议。县委、县人大、县政府、县人武部领导应邀参加会议。历届政协主席、副主席、秘书长和六届县政协常委、在松阳的市政协委员、县机关部门负责人、乡镇统战委员应邀列席会议。县委书记林健东在开幕会上讲话。

与会委员听取并审议县政协主席张增礼作的《政协松阳县第七届委员会常务委员会工作报告》和副主席叶祖武作的《政协松阳县七届一次会议以来提案工作情况的报告》；列席县人大十届二次会议，听取并讨论县长作的《政府工作报告》和其他报告；15 名委员在大会上发言。

大会审议通过《政协松阳县第七届委员会第二次会议决议》。县政协主席张增礼在闭幕会上讲话。

第三次全体会议　县政协第七届第三次全体会议于 2009 年 2 月 24～26 日在县城举行。委员 173 人参加会议。县委、县人大、县政府、县纪委、县人武部领导应邀参加会议。县政协历届主席、副主席、秘书长和六届县政协常委，在松阳的市政协委员、县机关部门负责人、各乡镇统战委员列席会议。在开幕式上，县委书记林健东讲话。

与会委员听取并审议县政协主席张增礼作的《政协松阳县第七届委员会常务委员会工作报告》、副主席单国亮作的《政协松阳县七届二次会议以来提案工作情况的报告》；列席县十届人大三次会议，听取并讨论县长作的《政府工作报告》和其他报告；12 名委员在大会上发言。常务副县长姚志强在大会发言后讲话。

大会审议通过《政协松阳县第七届委员会第二次会议决议》。县政协主席张增礼在闭幕会上讲话。

第四次全体会议　县政协第七届第四次全体会议于 2010 年 3 月 15～18 日在县城举行。委员 177 人参加会议。丽水市政协副主席叶赞平，县委、县人大、县政府、县纪委、县人武部领导应邀参加会议。历届政协主席、副主席、秘书长和六届县政协常委、在松阳的市政协委员、各机关部门负责人、乡镇统战委员等列席会议。县委书记林健东在开幕会上讲话。

与会委员听取并审议县政协主席张增礼作的《政协松阳县第七届委员会常务委员会工作报告》、副主席单国亮作的《政协松阳县第七届委员会三次会议以来提案工作情况的报告》；列席县人大十届四次会议，听取并讨论县长作的《政府工作报告》及其他报告；12 名委员在大会上发言。常务副县长姚志强在大会发言后讲话。

大会通过《政协松阳县第七届委员会第四次会议决议》。县政协主席张增礼在闭幕会上讲话。

第二节　政协常务委员会会议

松阳县政协常委会第一至第七届共召开 134 次会议，其中第一届 13 次，第二届 15 次，第三届 17 次，第四届 23 次，第五届 26 次，第六届 19 次，第七届 21 次。

第一届常务委员会会议

第一次会议　1984 年 7 月 9 日召开。主要议题是决定主席、副主席、常委分工；建立工作机构和制订有关制度；决定工作组组长、副组长。

第二次会议　1984 年 8 月 11～12 日召开。主要议题是省政协委员、县人大副主任王宝钧传达省政协五届二次会议精神；建立常委学习制度。

第三次会议　1984 年 11 月 18～20 日召开。主要议题是学习中共中央十二届三中全会公报和《中共中央关于经济体制改革的决定》。

第四次会议　1985 年 4 月 10～12 日召开。主要议题是传达省政协会议精神；讨论 1985 年工作要点；讨论提案工作；增补委员。

第五次会议　1985 年 5 月 13～14 日召开。主要议题是讨论第一届第二次全体会议常务委员会工作报告；增补政协委员。

第六次会议　1985 年 6 月 24～28 日召开。主要议题是传达省政协提案工作会议精神；学习省政协五届三次会议有关文件；决定给委员发放“委员巡视证”，为加强与委员联系，给委员发放专用信笺和信封。

第七次会议　1985年10月31日至11月2日召开。主要议题是学习《中共中央十二届五中全会公报》及有关文件；县工业局长介绍松阳县国营工业现状；各工作组交流活动情况。

第八次会议　1986年3月13～15日召开。主要议题是传达胡耀邦视察浙江的讲话精神；讨论第一届第三次全体会议常务委员会工作报告和一届二次全体会议以来提案处理情况的报告；决定第一届第三次全体会议有关事项。

第九次会议　1986年6月3～5日召开。主要议题是学习中共浙江省委书记王芳在省政协五届四次会议上讲话；研究各工作组开展视察调研活动问题；发动委员开展献计献策活动。

第十次会议　1986年10月9～12日召开。主要议题是学习中共中央十二届六中全会的决议、《中共中央统战部关于新时期党对民主党派工作的方针任务的报告》；研究“为四化建设献计献策汇报会”的各项准备工作。

第十一次会议　1987年12月18～19日召开。主要议题是学习中共中央《关于国家机关和事业单位工作人员职务变动后确定职务工资问题的通知》；传达地区统战工作会议精神；协商讨论有关政协换届工作；推荐新委员。

第十二次会议　1987年4月13～14日召开。主要议题是讨论通过第一届委员会常务委员会工作报告和一届三次全体会议以来提案处理情况报告；决定政协第二届第一次全体会议有关事项。

第十三次会议　1987年4月27日召开。主要议题是协商决定第二届政协委员；协商决定第二届第一次全体会议主席团、秘书长名单；决定会议的议程和日程。

第二届常务委员会会议

第一次会议　1987年6月16日召开。主要议题是讨论工作计划；决定县政协机构的设置；决定各委、组负责人名单。

第二次会议　1987年8月13～15日召开。主要议题是学习全国政协工作组（委）会议有关文件，传达地区政协主席会议、地区统战部长会议精神；讨论提案工作；通过工作组组织简则；通过人事任免。

第三次会议　1987年12月14～16日召开。主要议题是学习中共中央十三大文件，互相交流心得体会；各工作组交流工作经验；研究如何开好“协商对话会”。

第四次会议　1988年3月28～29日召开。主要议题是讨论二届二次全体会议常务委员会工作报告和二届一次会议以来提案处理情况的报告；讨论通过二届二次全体会议有关事项；决定增补政协委员17名。

第五次会议　1988年4月10～14日召开。主要议题是总结第二届第二次全体会议情况；总结协商对话会。

第六次会议　1988年9月27～29日召开。主要议题是传达地区政协主席会议精神；学习中共浙江省委文件精神和省政协党组的通知；确定工作组视察调研活动内容。

第七次会议　1988年12月20～21日召开。主要议题是县经委主任通报松阳县1988年经济发展状况；法院院长通报法院工作情况；决定增补2名政协委员；召开春节团拜会有关事项。

第八次会议　1989年3月1～3日召开。主要议题是学习《政协全国委员会关于政治协商、民主监督的暂行规定》；参加会议的常委及工作组长对县城的交通、卫生情况进行视察；讨论第二届第三次全体会议有关事项。

第九次会议　1989年4月9～13日召开。主要议题是讨论《政府工作报告》；讨论县政协第二届第三次全体会议常务委员会的工作报告和二届二次全体会议以来提案处理情况的报告；决定二届三次全体会议的有关事项。

第十次会议　1989年6月28～29日召开。主要议题是学习邓小平在接见首都戒严部队军以上干部时的重要讲话和中共中央十三届四中全会公报；学习《人民日报》社论。

第十一次会议　1989年9月25～26日召开。主要议题是学习中共中央关于加强政治思想工作的有关文件；听取县计经委和县民政局有关工作情况的通报；通过人事任免。

第十二次会议　1989年12月25～26日召开。主要议题是学习邓小平、江泽民、李鹏等领导同志在中共中央十三届五中全会上的讲话；协商换届工作的有关事项。

第十三次会议　1990年3月29～30日召开。主要议题是学习中共中央六中全会公报，传达省政协会议精神；提案委员会汇报第二届第三次全体会议以来提案办理答复情况。

第十四次会议　1990年4月24～25日召开。主要议题是讨论第二届委员会常务委员会工作报告和二届三次会议以来提案处理情况的报告；通过第三届政协委员。

第十五次会议　1990年5月25～26日召开。主要议题是继续讨论第二届委员会常务委员会工作报告和二届三次会议以来提案处理情况的报告；决定第三届第一次全体会议主席团名单、秘书长名单、列席会议名单；决定第三届第一次全体会议其他有关事项。

第三届常务委员会会议

第一次会议　1990年6月16日召开。主要议题是讨论并通过《政协松阳县常务委员会工作规则》。

第二次会议　1990年8月3～4日召开。主要议题是学习《中共中央关于加强统一战线工作的通知》；传达地区统战工作会议精神；协商讨论县科局级人事安排方案；审定三届一次会议10件重要提案。

第三次会议　1990年9月21～22日召开。主要议题是学习中共中央总书记江泽民在全国统战工作会议上的讲话；讨论并决定各专委会和工作组的设立、负责人名单。

第四次会议　1990年12月4～5日召开。主要议题是通过教育组、医卫组、农林水组的3个视察报告的建议案；决定召开各界人士新春座谈会；讨论各专委会、工作组1991年工作打算。

第五次会议　1991年1月21～22日召开。主要议题是通报县政协建议案的反馈意见；学习中共中央十三届七中全会文件；审议民族组视察报告。

第六次会议　1991年3月19日召开。主要议题是通报关于少数民族教育问题建议案的反馈意见；讨论三届二次全体会议常务委员会工作报告和三届一次会议以来提案处理情况的报告；讨论三届二次全体会议有关事项。

第七次会议 1991年4月15日召开。主要议题是决定三届二次会议有关事项；增补10名政协委员。

第八次会议 1991年5月18日召开。主要议题是确定10个重要提案；决定“七一”和辛亥革命纪念活动内容；讨论委员加强学习的问题；审议各委、组的工作计划。

第九次会议 1991年8月21～22日召开。主要议题是审议教育组和财贸组的视察报告；县长、副县长应邀参加会议，并通报上半年政府工作情况；回顾政协上半年工作，研究下半年如何进一步搞好工作。

第十次会议 1991年10月16～17日召开。主要议题是学习中共中央总书记江泽民在庆祝中国共产党成立七十周年大会上的讲话。

第十一次会议 1991年12月29～30日召开。主要议题是学习中共中央十三届八中全会有关文件、中共中央总书记江泽民在八中全会闭幕时的讲话；回顾1991年工作，讨论1992年工作；县政府反馈政协关于幼教和税务工作的两个建议案；传达地区政协工作座谈会精神。

第十二次会议 1992年3月27～28日召开。主要议题是讨论三届三次全体会议常务委员会工作报告和三届二次会议以来提案处理情况的报告；决定对优秀提案、调查报告、信息进行大会表彰；决定三届三次全体会议的有关事项；增补政协委员；通过《政协松阳县委员会提案工作暂行规定》。

第十三次会议 1992年7月23～25日召开。主要议题是学习邓小平南方谈话、《中共中央关于传达学习邓小平同志重要谈话的通知》；审议文化新闻、医卫、农林水、教育等工作组的调查报告；通报农村工作情况。

第十四次会议 1992年10月14～15日召开。主要议题是学习中共中央十四大有关文件；县政府反馈《县政协常委会关于加强税费管理的建议案》；审议财贸组、医卫组、教育组的3个调查报告。

第十五次会议 1992年12月28日召开。主要议题是通过先进委员材料。

第十六次会议 1993年4月13日召开。主要议题是讨论三届委员会常务委员会工作报告和三届三次会议以来提案处理情况的报告；讨论并通过第四届第一次全体会议有关事项；决定表彰优秀提案、调查报告、信息报道。

第十七次会议 1993年4月19日召开。主要议题是协商第四届政协委员名单；协商决定第四届第一次全体会议主席团、秘书长名单；讨论并决定第四届第一次全体会议有关事项。

第四届常务委员会会议

第一次会议 1993年4月30日召开。主要议题是确定7个专门委员会的设置，任命主任、副主任；确定9个工作组的设置，决定组长、副组长；确定建立象溪、大东坝、玉岩3个委员联络组，决定组长、副组长。

第二次会议 1993年6月15日召开。主要议题是学习全国政协主席李瑞环在全国政协八届一次常委会上的讲话；学习中共丽水地委书记赵仲光在全区五大班子培训会上的讲话；修订县政协1993年工作计划；县委与政协常委协商政府各部门的干部调配方案。

第三次会议　1993年9月20～21日召开。主要议题是学习《中共中央 国务院关于当前经济情况和加强宏观调控的意见》和中共中央总书记江泽民在中纪委二次全会上的讲话；讨论反腐斗争和廉政建设问题；审议5个工作组的调查报告。

第四次会议　1993年12月13日召开。主要议题是学习《邓小平文选》第三卷；审定3个工作组的调查报告，作为常委会建议案送交县政府；县农业局长反馈县政协《关于搞好农村产业结构调整的建议案》；县政府通报1993年经济工作情况；提案委员会通报提案办理答复情况。

第五次常委会　1994年3月15日召开。主要议题是讨论四届二次全体会议常务委员会工作报告和四届一次会议以来提案处理情况的报告；决定第四届第二次全体会议有关事项。

第六次常委会　1994年4月20日召开。主要议题是协商增选常务委员候选人，通过选举办法；大会发言的准备工作。

第七次常委会　1994年9月6日召开。主要议题是通报上半年松阳县经济发展情况和今后工作打算；学习修改后的《中国人民政治协商会议章程》；听取提案委员会关于四届二次全体会议以来提案复办情况。

第八次会议　1994年12月30日召开。主要议题是开展解放思想大讨论，并结合实际学习有关文件；总结县政协1994年工作和讨论1995年工作计划。

第九次会议　1995年3月16～17日召开。主要议题是讨论四届三次全体会议常务委员会工作报告和四届二次全体会议以来提案处理情况的报告；讨论并决定四届三次全体会议有关事项；增补政协委员。

第十次会议　1995年4月10日召开。主要议题是听取各委员活动组召集人汇报委员讨论情况；通过四届三次全体会议有关决议。

第十一次会议　1995年5月17日召开。主要议题是讨论县委、县政府关于发展工业经济的有关政策和措施；通过《政协松阳县委员会关于发挥在发展工业经济中作用的决定》。

第十二次会议　1995年9月22日召开。主要议题是听取县政府通报1～8月经济运行情况；县工业小区办领导通报工业小区发展情况，并围绕松阳工业经济问题进行讨论。

第十三次会议　1995年12月18日召开。主要议题是讨论《松阳县国民经济和社会发展“九五”计划和2010年远景发展规划》；传达县农村工作会议精神；审议农林水组、社会法制组、民族组的视察调查报告；通报政协四届三次全体会议以来提案办理情况。

第十四次会议　1996年3月2日召开。主要议题是讨论四届四次全体会议常务委员会工作报告和四届三次全体会议以来提案处理情况的报告；决定四届四次全体会议有关事项；增补政协委员。

第十五次会议　1996年7月3～4日召开。主要议题是讨论松阴溪综合治理问题，政协丽水地区工委领导、县长、副县长、县府办、农经委、土管局、农业局、城建局、林业局等有关部门领导及松阴溪沿岸各乡镇长应邀参加；研究如何进一步做好反映社情民意工作。

第十六次会议　1996年9月27日召开。主要议题是反馈《关于加速松阴溪治理的建议案》；通报四届四次全体会议以来提案办理答复情况；审议通过《工业园区当前存在问题和对策》的调查报告。

第十七次会议　1996年12月5日召开。主要议题是讨论城镇综合治理的问题，审议文化新闻组《关于加强县城环境整治的建议》等建议案。

第十八次会议　1997年3月17～18日召开。主要议题是讨论四届五次全体会议常务委员会工作报告和四届四次全体会议以来提案处理情况的报告；讨论县政府工作报告（征求意见稿）；决定四届五次全体会议有关事项；决定表彰优秀提案、调查报告、大会发言、信息工作积极分子；增补政协委员。

图23-3　在政协常委会审议关于加速松阴溪治理建议案前，主席办公会议成员到松阴溪实地考察（县档案馆提供 1998年）

第十九次会议　1997年4月8日召开。主要议题是讨论并通过四届五次全体会议有关决议；听取各讨论组的汇报；决定县政协秘书长候选人。

第二十次会议　1997年6月26日召开。主要议题是讨论松阳县竹木加工行业的问题；审议工交组的调查报告，并向县政府送交建议案。

第二十一次会议　1997年8月18日召开。主要议题是审议财贸组、社会法制组和农林水组的视察调查报告。副县长及人民银行、公安局、供销社、劳动局、农村合作基金会等单位领导应邀参加会议。

第二十二次会议　1997年12月23日召开。主要议题是反馈《关于重点扶持松阳茶厂的建议案》；协商决定五届政协委员界别设置及委员名额；通报四届五次全体会议提案办理答复情况。

第二十三次会议　1998年3月5日召开。主要议题是讨论政协第四届委员会常务委员会工作报告和四届五次全体会议以来提案处理情况的报告；决定第五届政协委员名单；决定第五届第一次全体会议有关事项。

第五届常务委员会会议

第一次会议　1998年4月1日召开。主要议题是决定设置7个专门委员会和11个委员活动组、联络组，并通过组长、副组长名单。

第二次会议　1998年5月28日召开。主要议题是通过《政协松阳县委员会常务委员会工作规则》《政协松阳县委员会专门委员会通则》《政协松阳县委员会提案工作暂行规定》；决定政协办公室主任人选。

第三次会议　1998年8月12日召开。主要议题是听取关于松阳县企业改制情况的通报；审议通过教育组关于学校办点布局调整的调查报告；决定政协副秘书长人选。

第四次会议　1998年11月19日召开。主要议题是学习中共中央十五届三中全会有关文件和《中共中央关于农业和农村工作若干重大问题的决定》；听取县政府关于松阳县农业和农村工作情况及“两抓一快”情况通报；审议通过县政协文化新闻组关于《积极启动旅游事业、促进地方经济发展》的调查报告。

第五次会议　1999年3月8日召开。主要议题是讨论五届二次全体会议常务委员会工作报告和五届一次会议以来提案处理情况的报告；决定五届二次全体会议有关事项；讨论《政协松阳县委员会视察简则》和《政协松阳县委员会加强与委员联系的制度》。

第六次会议　1999年3月15日召开。主要议题是决定增补2名政协常委候选人、11名政协委员；审定大会发言的材料，确定大会发言人。

第七次会议　1999年3月24日召开。主要议题是听取各工作组对补选秘书长、常委候选人建议名单的意见；讨论选举办法和五届二次全体会议有关决议。

第八次会议　1999年7月6日召开。主要议题是审议通过财贸组关于《我县国有、集体流通企业改革情况和工作建议》的调查报告。县人大常委会副主任、副县长应邀参加讨论；调整专门委员会、工作组负责人。

第九次会议　1999年9月20日召开。主要议题是为庆祝人民政协成立50周年和松阳县政协成立15周年，举行常委座谈会，并决定有关庆祝活动事项。

第十次会议　1999年10月18日召开。主要议题是讨论松阳县农业产业结构调整问题，在讨论基础上形成常委会建议案。县委常委、纪委书记和县政府农办负责人参加讨论会。

第十一次会议　1999年12月28日召开。主要议题是审议通过《关于县城社区建设情况的调查报告》《松阳县主要农产品市场营销障碍剖析及工作建议案》；传达丽水地区政协工作会议精神。

第十二次会议　2000年3月30日召开。主要议题是讨论五届三次全体会议常务委员会工作报告和五届二次会议以来提案处理情况的报告；决定第五届第三次全体会议有关事项。

第十三次会议　2000年4月10日召开。主要议题是讨论第五届第三次全体会议有关决议；决定全体委员视察参观事宜。

第十四次会议　2000年6月21日召开。主要议题是通报政协“三讲”教育和主席、副主席、秘书长民主生活会的情况。

第十五次会议　2000年10月27日召开。主要议题是审议通过关于社区建设情况的调查报告。

第十六次会议　2000年12月28日召开。主要议题是听取县建设局领导关于城镇规划和建设情况的通报；讨论政协2001年工作要点；听取提案委员会有关提案办理答复情况的汇报。

第十七次会议　2001年3月12日召开。主要议题是讨论五届四次全体会议常务委员会工作报告和五届三次全体会议以来提案处理情况的报告；决定五届第四次全体会议有关事项。

第十八次会议　2001年5月16日召开。主要议题是听取县长邓唐良通报松阳县1～4月经济运行情况；通过人事任免。

第十九次会议　2001年8月21日召开。主要议题是讨论松阳县生态环境保护问题；县公安局领导通报严打整治情况。

第二十次会议　2001年11月5日召开。主要议题是讨论农民下山进城问题；审议《关于加快我县旅游发展的建议案》；县政府通报提案办理答复情况；人事任免。

第二十一次会议　2002年3月13日召开。主要议题是讨论五届五次全体会议常务委员会工作报告和五届四次全体会议以来提案处理情况的报告；决定五届五次全体会议有关事项。

第二十二次会议　2002年6月24日召开。主要议题是讨论反映社情民意问题，并审议通过《关于进一步加强反映社情民意工作的若干意见》。

第二十三次会议　2002年7月19日召开。主要议题是讨论《关于弱势群体社会保障工作的调研报告》，县政府副县长林伟明、县人事劳动局、民政局、教育局、信访局、残联等部门领导参加会议。

第二十四次会议　2002年3月8日召开。主要议题是讨论第五届常委会工作报告和五届五次会议以来提案处理情况的报告；审议并通过六届政协委员的界别设置，委员名额等有关事宜。

第二十五次会议　2003年3月19日召开。主要议题是继续讨论第五届常委会工作报告和五届五次会议以来提案处理情况的报告；决定六届一次全体会议有关事项；讨论《政府工作报告》（征求意见稿），副县长张云高参加会议。

第二十六次会议　2003年3月26日召开。主要议题是协商决定第六届第一次全体会议主席团、秘书长名单；协商决定第六届政协委员名单。

第六届常务委员会会议

第一次会议　2003年4月18日召开。主要议题是2003年工作思路；决定各专门委员会的设置，确定主任、副主任；通报主席、副主席、秘书长工作分工。

第二次会议　2003年6月3日召开。主要议题是讨论修改有关政协工作规则和制度；通过《政协松阳县委员会特邀监督员工作简则》；研究2003年调研课题；听取副县长徐兼明关于“非典”防治工作的通报；听取县委组织部长上官国明有关政府人事安排的通报。

第三次会议　2003年9月5日召开。主要议题是听取县纪委有关党风廉政建设和反腐败工作的通报；听取宣传部有关创建文明县城工作的通报；听取工业园区管委会有关工业园区情况的通报；讨论工业园区运行机制的调查报告；决定人事任免。

第四次会议　2003年12月5日召开。主要议题是听取县府办有关提案办理答复情况的通报；听取县财政局关于2003年1～11月财政运行情况的通报；讨论2004年工作思路；研究六届二次会议有关事项和增补政协委员。

第五次会议　2004年3月1日召开。主要议题是讨论六届二次全体会议常务委员会工作报告和六届一次会议以来提案处理情况的报告；决定六届二次全体会议有关事项；增补政协委员。

第六次会议　2004年3月25日召开。主要议题是各组汇报讨论情况；决定六届二次全体会议有关决议。

第七次会议　2004年8月6日召开。主要议题是确定开展农业产业化问题的调查研究；县政府办公室通报县政协《关于采取“削峰填谷”措施，相对平衡公职人员经济收入的建议》采纳情况；通过《政协松阳县委员会关于对松阳县农副产品质量安全工作进行民主监督的实施方案（草案）》。

第八次会议　2004年11月12日召开。主要议题是决定召开“农产品质量安全政情民意交流会”有关事项，审议通过《关于加强我县农产品质量安全管理工作的建议》。

第九次会议　2005年1月21日召开。主要议题是县委常委、纪委书记通报县委2004年工作总结和2005年工作思路；审议通过《关于松阳县农业产业化经营的调查报告》。

第十次会议　2005 年 3 月 11 日召开。主要议题是听取对《农业产业化调研报告》和《农产品质量安全民主监督的建议案》的反馈意见；讨论六届三次全体会议常务委员会工作报告和六届二次会议以来提案办理情况的报告；决定六届三次全体会议有关事项；决定增补政协委员名单。

第十一次会议　2005 年 3 月 30 日召开。主要议题是听取各活动组讨论情况；审议《倡议书》和全体会议有关决议；成立课题调研组。

第十二次会议　2005 年 6 月 1 日召开。主要议题是视察工业园区；审议《农民下山脱贫新村建设》的调研报告；开展对城乡建房用地管理工作民主监督的有关事项。

第十三次会议　2005 年 10 月 9 日召开。主要议题是听取县政府关于松阳县 1～9 月经济运行情况、高速公路建设情况、工业用地改变用途清理整顿情况的通报；审议通过政协有关规章制度。县纪委书记邢长勇、副县长姚志强、杨秀清参加会议。

第十四次会议　2005 年 11 月 9 日召开，主要议题是讨论 2005 年工作总结和 2006 年工作思路；通过周敏副主席的辞呈。

第十五次会议　2006 年 2 月 24 日召开。主要议题是听取县政府办公室通报关于提案办理情况和农民建房管理工作建议案的反馈；增补政协委员。

第十六次会议　2006 年 3 月 15 日召开。主要议题是各委员活动组汇报大会讨论情况。

第十七次会议　2006 年 5 月 26 日召开。主要议题是学习《中共中央关于加强人民政协工作的意见》；审议通过城市执法管理专项民主监督方案和旅游业发展专题议政会方案。

第十八次会议　2006 年 9 月 1 日召开。主要议题是审议通过《关于城市执法管理工作的建议案》；听取发改局通报松阳县上半年经济运行情况；视察高速公路建设情况。

第十九次会议　2006 年 12 月 1 日召开。主要议题是听取县府办关于政协六届四次会议以来提案办理情况和城市执法管理工作建议案的反馈；视察东坞水库除险加固情况。

第七届常务委员会会议

第一次会议　2007 年 3 月 26 日召开。主要议题是决定 4 个专门委员会的设置，确定主任、副主任；讨论 2007 年工作思路；听取县教育局有关教育工作情况通报。

第二次会议　2007 年 5 月 11 日召开。主要议题是审议通过《政协松阳县委员会全体会议工作规则》（试行）《政协松阳县委员会常务委员会工作规则》《政协松阳县委员会专门委员会通则》《政协松阳县委员会提案工作规则》；研究“2007·松阳经济发展论坛”和 2007 年调研课题。

第三次会议　2007 年 9 月 30 日召开。主要议题是听取县经贸局有关经贸工作情况通报；审议通过《县政协关于加强松阳县〈行政许可法〉执行工作的建议》《县政协关于推进松阳县不锈钢产业跨越式发展的建议》。

第四次会议　2007 年 12 月 28 日召开。主要议题是听取县政府关于《县政协关于加强我县被征地农民社会保障工作的建议》办理落实情况的通报；讨论七届二次全体会议有关事项。

第五次会议　2008 年 2 月 29 日召开。主要议题是审议通过七届二次全体会议系列文件。

第六次会议　2008 年 3 月 21 日召开。主要议题是审议七届二次全体会议决议（草案）；审议通过2008松阳经济发展论坛方案。

第七次会议　2008年7月18日召开。主要议题是听取县政府关于2008年上半年经济社会发展情况通报、关于工业发展情况通报、关于县政协《推进我县不锈钢产业跨越式发展的建议案》办理情况通报；审议通过茶产业可持续发展的调研报告及建议案；听取县教育局关于教育强县有关工作汇报。

第八次会议　2008年9月26日召开。主要议题是听取县政府关于七届二次会议以来重点提案办理情况通报；审议通过村镇规划情况的调研报告；听取2008松阳经济发展论坛有关情况汇报；视察旧村改造及宅基地复垦工作情况。

第九次会议　2008年12月31日召开。主要议题是听取县政府对县政协关于推进松阳县茶产业可持续发展建议案的办理情况通报；审议县政协常委会工作报告和提案工作报告。

第十次会议　2009年2月2日召开。主要议题是审议通过七届三次全体会议有关事项。

第十一次会议　2009年2月26日召开。主要议题是审议七届三次全体会议决议（草案）；审议通过2009松阳经济发展论坛方案。

第十二次会议　2009年7月17日召开。主要议题是听取县国土局关于土地利用规划修编情况通报、县移民办关于滩坑移民情况通报；审议关于松阳县农民增收问题的调研报告（草案）；视察教育强县创建工作。

第十三次会议　2009年9月21日召开。主要议题是听取县政府关于旧村改造情况的通报；审议关于加强城乡饮用水安全管理的建议案（草案）。

第十四次会议　2009年12月25日召开。主要议题是听取县政府工作情况通报、关于提案办理情况通报、关于加强城乡饮用水工程建设与管理建议案办理情况通报；听取2009经济发展论坛有关情况汇报；讨论常委会工作报告和提案工作报告。

第十五次会议　2010年2月3日召开。主要议题是有关人事任免。

第十六次会议　2010年2月26日召开。主要议题是审议通过七届四次全体会议文件草案。

第十七次会议　2010年3月15日召开。主要议题是讨论七届四次全体会议《选举办法（草案）》和政协副主席、常务候选人名单。

第十八次会议　2010年3月17日召开。主要议题是审议七届四次全体会议有关事项及有关人事问题。

第十九次会议　2010年7月23日召开。主要议题是听取县政府上半年工作情况通报；审议通过省级生态县创建专项民主监督报告及建议案。

第二十次会议　2010年9月30日召开。主要议题是视察县重点工程建设情况；审议乡镇工业区块调研报告；听取县建设局工作情况通报。

第二十一次会议　2010年12月28日召开。主要议题是听取并讨论《松阳县“十二五”经济社会发展规划纲要》（征求意见稿）；听取县政府对县政协《关于加强省级生态县创建的建议》办理落实情况通报、关于县政协七届四次会议提案办理情况通报；研究讨论政协常委会和提案工作报告。

第三节　政协常委会工作机构

1984年7月2日，政协松阳县筹备领导小组举行第五次会议，决定成立办公室、提案审查委员会及文史资料等10个工作组。政协松阳县首届委员会成立后，仅设提案审查委员会和10个工作组。从第二届开始，机构逐步完善，除设办公室外，增加专门委员会，对工作组划分进行调整。专门委员会设主任、副主任、委员。工作组设组长、副组长。从第三届开始，工作组改称委员活动组。

第一届委员会工作机构

专门委员会：提案审查委员会。

工作组：工交组、教体组、医药卫生组、文化新闻组、财贸组、农林水组、祖国统一联络组、文史资料组、民族宗教组、工青妇组。

政协机关：办公室。

第二届委员会工作机构

专门委员会：学习委员会、提案工作委员会、文史资料研究委员会。

工作组：工交组、教育组、农林水组、财贸组、医药卫生组、文化新闻组、祖国统一联络组、法制组、民族宗教组。

政协机关：办公室。

第三届委员会工作机构

专门委员会：提案委员会、学习委员会、文史资料委员会、经济科技委员会、教育文化卫生体育委员会、社会法制委员会、祖国统一联谊委员会。

委员活动组：工交组、农林水组、财贸组、医卫组、教育组、文化新闻组、社会法制组、台联组、侨联宗教组、民族组。

政协机关：办公室。

第四届委员会工作机构

专门委员会：提案委员会、学习委员会、文史资料委员会、经济科技委员会、教育文化卫生体育委员会、法制委员会、祖国统一联谊委员会。

委员活动组：工交组、农林水组、财贸组、教育组、医卫组、文化新闻组、台侨宗教组、民族组、社会法制组、古市片联络组、象溪片联络组、大东坝片联络组、玉岩片联络组。

政协机关：办公室。

第五届委员会工作机构

专门委员会：提案委员会、学习委员会、文史资料委员会、经济委员会、科技教育文化卫生委员会、社会法制委员会、祖国统一联谊委员会。

委员活动组：工交组、工商联组、农业组、财贸组、教育组、医卫组、文化新闻组、侨台宗教组、民族组、社会法制组、古市片联络组。

政协机关：办公室。

第六届委员会工作机构

专门委员会：提案委员会、学习委员会、文史资料委员会、经济委员会、教科文卫委员会、社会法制委员会、祖国统一联谊委员会。

委员活动组：经济组、工商联组、教育组、农业组、民宗组、侨台组、医卫组、文化新闻组、社会法制组、科技组、古市联络组。

政协机关：办公室。

2006 年 2 月 24 日，政协第六届松阳县委员会常务委员会第十五次会议通过，原设 7 个专门委员会改设 4 个专门委员会：经济发展委员会、社会发展委员会、文教卫体和文史资料委员会、提案委员会。

第七届委员会工作机构

专门委员会：经济发展委员会、社会发展委员会、提案委员会、文教卫体和文史资料委员会。

委员活动组：经济组、农业组、科技组、社科一组、社科二组、工会组、侨台组、民宗组、工商联组、民盟组、无党派组、共青团组、妇联组、教育组、医卫组、文学艺术组、新闻出版体育组。

政协机关：办公室。

第四节　历任县政协领导

第一届（1984.07～1987.06）

主席：曲修同；副主席：吴绍裘、吴金、胡雪英（女）。

第二届（1987.06～1990.06）

主席：车震亚；副主席：吴绍裘、邵光昭、龚昌义、阙良庆；秘书长：林明亮。

第三届（1990.06～1993.04）

主席：项根深；副主席：蓝高飞（畲）、龚昌义、阙良庆、周　敏；秘书长：王陈亮。

第四届（1993.04～1998.03）

主席：项根深；副主席：叶茂亨、阙良庆、周　敏、何宝元；秘书长：叶斐华。

第五届（1998.03～2003.04）

主席：项根深；副主席：阙良庆、周　敏、何宝元、王陈亮；秘书长：刘炳亮。

第六届（2003.04～2007.03）

主席：张增礼；副主席：陈长康、周　敏、何宝元、王陈亮、叶祖武；秘书长：张碧联。

第七届（2007.03～）

主席：张增礼；副主席：叶祖武、詹志文、周永龙、单国亮、杨水文；秘书长：董金福。

第三章　县政协主要工作

政治协商、民主监督、参政议政是政协履职的主要形式。具体包括提案交督办、调研和视察、组织大会发言、反映社情民意、征集和编辑文史资料、开展“三胞”联谊和组织经济发展论坛等。

第一节　提案工作

提案及办理方式

提案是政协委员和参加政协的各党派、各人民团体以及政协各专门委员会，向政协全体会议或者常务委员会提出的、经提案审查委员会或者提案委员会审查立案后，交承办单位办理的书面意见和建议。松阳县政协全会上收到的提案相对集中，到2010年七届四次全会止，最少的有67件、最多的有178件。

政协委员的提案，经提案审查委员会审查后立案。立案后的提案，提案委根据提案的内容和有关单位的职责确定承办单位，然后通过一定的方式和程序把提案交由承办单位办理。承办单位接到提案后，一般在3个月内办复。办理结果大致有三种：一是提案被采纳，所提的问题已解决或基本解决；二是提案被采纳，所提的问题需逐步解决；三是因受政策限制或超越县里职权范围等原因，暂时难以解决。

第一次全体会议后，提案委根据案由和归口处理的原则，把提案分别送县委、县政府及有关职能部门办理，并以电话、上门联系、发专函等方式进行催办，促进提案办理。

1989年，省政协颁布《提案工作试行办法》，促进提案工作逐步走向制度化、规范化。1992年，县政协制定《提案工作暂行规定》。

1996年5月，县人大办、县政府办、县政协办联合举行人大代表议案和政协委员提案交办工作会议。提案委根据省政协修订的《提案工作条例》，进一步规范提案工作。

四届五次全会后，提案委对提案办理要求注重实效，立足于解决问题。

五届一次全会后，县政府与县政协专门召开由政府各有关部门主要负责人参加的提案交办会，要求各承办单位与委员多沟通，把提案办理工作作为大事、实事、细事来做好。各承办单位通过召开党政班子会议，对提案专题研究，逐条讨论，形成初步答复意见，然后邀请提案人参加办理座谈会，进一步倾听委员意见，把提案办理好。五届三次全会前，县委发出《关于进一步加强和改善对政协工作领导的通知》，县政府发出《关于认真办理人大代表建议和政协委员提案的通知》，把提案办理情况列入部门目标管理考核，强调承办任务比较重的单位，领导班子集体研究，对重要的提案，主要领导要亲自办理。五届四次全体会议后，由主席会议确定5件重点提案，分别由主席、副主席督办。这种以重点带动一般的办法，促进提案的落实。五届五次全会后，提案委对过去有前瞻性的一般一年内很难办理完毕的提案，采取“回头看”的办法，对五届一次会议以后的11件提案，重新提交有关承办单位。

六届二次全会后，人大代表议案和政协委员提案，改过去由县人大、县政府、县政协3家办公室交办为由4家办公室联合交办，即县委办公室参加交办；县政府首次把政协主席督办的重点提案列入县政府办公会议的议题。

2009年，县政协对七届三次会议第56号提案《请求尽快实施高速公路出口至县孵化基地—江南公路三期工程》的办理情况进行评议，探索如何深化提案办理工作。2010年，制定《松阳县政协民主评议提案办理工作暂行办法》。经各专委会推荐、提案委讨论、主席会议审定，确定把《提高我县高考竞争力的建议》《缓解城区停车难的建议》《要求在县城加快开通公交车的建议》列为评议件。

提案选介

松阳县政协历届历次全会提案中，多件提案办理结果反响良好。

一届一次全会：《南门大桥的建造方案》《建议拓宽西屏镇街道》《化肥农药问题应高度重视》。

一届二次全会：《关于新建县广播大楼》《关于古市镇部分群众用不上自来水》。

一届三次全会：《关于要求新建县青少年宫》《关于改变望松农中归属问题》。

二届一次全会：《解决捕杀猪瘟专用款》《要求给饮食个体户供应议价粮油》《县医院应增添医疗设备》《应增加侨汇优待券物资品种供应》《应组织厂长、经理学习现代企业管理知识》。

二届二次全会议：《搬迁小猪市场不该再拖》《控制二道菜贩子欺行霸市行为》《开设县中医院病房》《统一规定离退休干部修房补助费》《白露岭水库至肥料部路段改造急需解决》《县职技校学生在招工中应优先录用》《要求新建古市医院病房楼》。

二届三次全会：《建议县委开展民主评议党员的活动》《农资专营要公开公布指标和价格》《要求整顿乡镇领导班子》。

三届一次全会：《建议每位县委常委联系一所学校》《建议县政府拨款为松阳电影院安装冷气设备》《要求改造西屏至青蒙段公路》《新建县医院传染病房》《民族乡农业税返还作补助款》《改善城镇公共卫生设施》。

三届二次全会：《开发利用毛竹资源优惠供应本县工厂用木材》《给乡镇企业以更优惠的政策》《我县应制订配套的创办各类企业和发展科技优惠政策》。

三届三次全会：《建议县领导联系一个技改项目》《建议县领导抓一个重点企业》《建议尽快规划好县工业园区实施好四通》《对引进“三资”问题的几点建议》。

四届一次全会：《建议对我县新上项目进行一次综合调查研究》《我县经济开发区土地征用缺乏具体规划》《要加强对文化市场的管理，清除淫秽书刊》。

四届二次全会：《建议不要拖欠教师工资》《建议太平坊路拆迁后街面的建房应有统一的建筑设计方案》《加快谢玉公路和江南大道建设》《对学校危房应引起高度重视》。

四届三次全会：《制止党政干部用公款支付娱乐性活动费用》《加强农资市场管理，保护农民种粮积极性》《尽快恢复我县西部山区二乡一镇的广播线路》《尽快重建西屏镇校》《要求加快殡葬改革进程》。

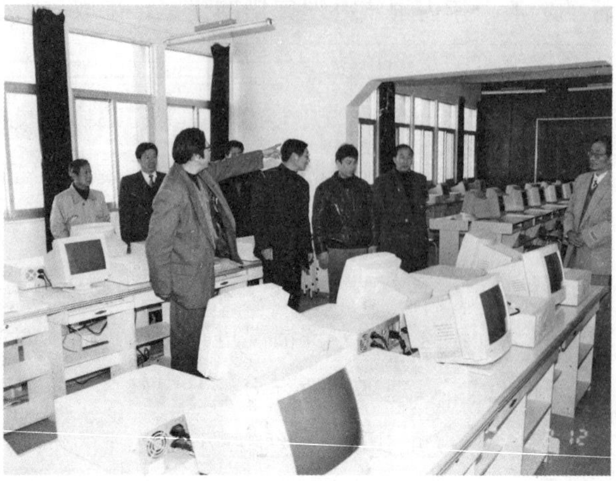
图 23-4　政协教育组到松阳一中检查重点提案办理落实情况（县档案馆提供 1998 年）

四届四次全会：《要求对古市镇排水拆街工程给予资金扶持》《要制止公款私存》《尽快修复环城西路》《拓宽改造龙丽线县城过境公路》《进一步加强我县药品管理》《取消用电联户总表，保护消费者权益》。

四届五次全会：《解决教师子女就业问题》《松阳一中教学楼立项上马已刻不容缓》《城建规划必须重视下水道建设》《要求建松阳二中科学馆的建议》。

五届一次全会：《尽快筹措资金新建松阳三中综合楼》《早日开通县内环形公路，促进江南经济发展》。

五届二次全会：《要求切实执行省政府关于少数民族学生免交学杂费的规定》。

五届三次全会：《要求县政府设立综合办事大厅》。

五届四次全会：《要求在松阴溪县城段拦河建造人工湖》《要求政府扩建实验小学校园》。

五届五次全会：《关注弱势群体》《县城建设应加强文物保护》《高度重视市场经济下农民培训教育》。

六届一次全会：《关于解决县城停车难》《关于要求建立名师奖励基金》《关于尽快解决南菜场进场设摊问题》。

六届二次全会：《采取“削峰填谷”措施相对平衡公职人员的经济收入》《发展我县幼儿教育》《关于尽快建设农副产品市场建议》《整治“黑网吧”，保护青少年身心健康》。

六届三次全会：《关于加强国有资产管理的建议》《关于加强对黄家大院的保护与开发的建议》《紧抓发展“红色旅游”机遇，做大做强我县旅游业的建议》。

六届四次全会：《关于要求政府加强对砂石料管理的建议》《关于缓解我县财政困难的当务之急是做活土地文章》《关于解决外来民工子女读书问题的建议》《关于抓紧落实工业园区一、二、三期路名的建议》。

七届一次全会：《城镇（农村）无固定收入居民参加新型农村合作医疗保险的建议》《加强明清一条街保护和开发的建议》《抓紧编制不锈钢主导产业发展规划的建议》《打造“靓丽独山”，打开田园之窗》《关于做好农民饮用水工程的建议》《关于茶产业发展的建议》。

七届二次全会：《把香榧产业培育成为我县山区的重要富民产业》《实施旧村改造破解农民建房难》《师资要城乡均衡发展》《加强电动车管理的建议》。

七届三次全会：《请求尽快实施江南公路三期工程》《关于接通白龙堰新老河道的建议》《进一步发挥公积金作用的提案》《加快长虹东路拓宽改造进度的建议》。

七届四次全会：《整治我县违法建筑的建议》《缓解城区停车难的建议》《完善危险固废处置助推不锈钢产业发展》《关于加快县城周边山体绿化及林相改造的建议》。

政协松阳县委员会第一届至第七届提案内容情况表

表 23-3-1-1

届次	全体会议	立案总数（件）	分类别立案数（件）
第一届	第一次全体会议	133	工业、邮电、交通、城建、环保方面 36 件；农业、林业、水利方面 11 件；教育、体育、科技、广电方面 45 件；财贸、人民群众生活方面 7 件；医药、卫生方面 7 件；落实政策方面 9 件；其他方面 18 件
	第二次全体会议	67	工业、农业、林业方面 7 件；交通、城建、环保方面 16 件；教育方面 17 件；文化宣传方面 11 件；卫生、计划生育方面 7 件；其他方面 9 件
	第三次全体会议	93	工业、交通方面 16 件；农林水方面 6 件；财贸方面 13 件；教育方面 18 件；卫生保健方面 6 件；文化宣传方面 14 件；其他方面 20 件
第二届	第一次全体会议	115	工业交通方面 16 件；农林、水利建设方面 14 件；城建环卫方面 17 件；教育方面 17 件；财贸方面 16 件；文化体育方面 7 件；社会法制方面 4 件；落实政策等其他方面 17 件
	第二次全体会议	84	经济建设方面 12 件；民主和法制建设方面 12 件；教育方面 19 件；财贸方面 13 件；文化、卫生方面 5 件；社会福利和殡葬改革方面 12 件；机关干部作风方面 8 件；其他方面 3 件
	第三次全体会议	125	经济建设方面 57 件；文教卫生方面 19 件；党政工作、统战政策、民主法制方面 49 件
第三届	第一次全体会议	95	经济建设方面 25 件；文化、教育、卫生、科技方面 24 件；精神文明和党风廉政方面 13 件；土地管理、城建交通、市场管理、环境保护方面 24 件；民主法制、统战工作方面 8 件
	第二次全体会议	91	经济建设方面 35 件；科技、教育、文化、体育、医药卫生方面 25 件；精神文明建设方面 11 件；劳动保护、人事方面 5 件；统战政策 2 件；其他方面 13 件
	第三次全体会议	87	经济建设方面 37 件；精神文明建设 16 件；文化、教育、科技、卫生方面 12 件；城镇建设方面 7 件；其他方面 15 件
第四届	第一次全体会议	77	经济建设方面 26 件；城市建设方面 13 件；教育、文化、卫生方面 21 件；社会法制方面 5 件；统战方面 2 件；其他方面 9 件
	第二次全体会议	73	经济建设方面 28 件；教育、文化、卫生方面 17 件；城镇建设方面 6 件；社会治安综合治理方面 7 件；政策方面 9 件；其他方面 6 件
	第三次全体会议	82	经济建没方面 21 件；科技、教育、文化、卫生方面 17 件；城镇建设方面 10 件；政策建设和工作作风方面 16 件；反腐倡廉方面 4 件；政策和统战方面 12 件；其他方面 2 件
	第四次全体会议	118	经济建设方面 56 件；精神文明建设方面 38 件；民主法制建设方面 22 件；其他方面 2 件
	第五次全体会议	84	经济建设方面 13 件；精神文明建设 20 件；城乡建设方面 21 件；人事劳动及有关政策问题 13 件；科教文卫方面 15 件
第五届	第一次全体会议	126	经济建设方面 61 件；精神文明建设和社会法制方面 39 件；政策、人事和统战工作方面 26 件
	第二次全体会议	112	经济建设方面 55 件；精神文明和法制建设方面 50 件；统战政策 3 件；其他方面 4 件

续表 23-3-1-1

届次	全体会议	立案总数（件）	分类别立案数（件）
第五届	第三次全体会议	107	工业交通、城建环保、农林牧副，水利水电方面 68 件；科技、教育、文化、卫生方面 30 件；政协、统战和其他方面 9 件
	第四次全体会议	115	改革开放和经济建设方面 56 件；精神文明建设和发展科技教育、文化、卫生、体育方面 47 件；政协、统战和社会法制建设方面 12 件
	第五次全体会议	123	改革开放和经济建设方面 60 件；精神文明建设和社会发展方面 45 件；政协、统战和社会法制建设方面 18 件
第六届	第一次全体会议	172	深化改革和经济建设方面 86 件；科教文卫方面 47 件；精神文明和社会法制建设 39 件
	第二次全体会议	155	深化改革和经济建设方面 84 件；科教文卫方面 29 件；精神文明和社会法制建设方面 42 件
	第三次全体会议	174	经济建设方面 107 件；科教文卫等社会事业方面 45 件；政策、法规及其他方面 22 件
	第四次全体会议	162	改革开放和经济建设方面 85 件；科教文卫等社会事业方面 35 件；政策、法规和其他方面 42 件
第七届	第一次全体会议	193	经济建设方面 74 件；科技、教育、文化、卫生方面 48 件；城市建设和管理方面 42 件；法制、统战、社保、人事及其他方面 29 件
	第二次全体会议	158	经济建设方面 48 件；城市建设和管理方面 40 件；科技、教育、文化、卫生方面 30 件；环保、法制、人事及其他方面 40 件
	第三次全体会议	163	经济建设方面 33 件；建设、交通、环保方面 78 件；科技、教育、文化、卫生、体育、社保方面 41 件；统战、政法及其他方面 16 件
	第四次全体会议	178	经济建设方面 45 件；建设、交通、环保方面 83 件；科技、教育、文化、卫生、社保方面 40 件；统战、政法及其他方面 10 件

第二节　调研视察与建议案

县政协开展调研视察活动，按照“选题准、调查实、分析透、建言精”的要求进行。调研视察结束后，在集思广益的基础上形成调研报告或视察报告。视察调研活动一般由常委会和主席会议，或专门委员会和工作组组织开展，委员个人也有一些调研考察活动。

调研视察

第一届（1984.07～1987.06）　1984 年 10 月，县政协部分常委和委员与县人大常委会和代表一起视察西屏和古市 2 个镇的市容、交通、卫生等情况。视察后会同县人大，向县委、县政府提交《关于西屏、古市镇的视察报告》。

1985 年 5 月，县政协主席曲修同和农林水工作组委员视察望松农中，听取办学情况的汇报，参观勤工俭学生产基地，对学校的发展提出建议。8 月，县政协文化新闻组委员在玉岩、周安、白沙岗 3 个村对松阳高腔进行为期 6 天的考察调研。考察组以召开座谈会、家庭访问、观摩演出、查阅宗谱、搜集剧本及道具、乐器等形式开展工作。经考察调研，初步掌握清乾隆以来有关松阳高腔的衍传、班社结构、演出区域、剧目、演员情况，发现和收集到 43 个传统剧目的手抄本以及古乐器、道具等。其中，乾隆九年（1744）手抄本《拾义记》，道光二十四年（1844）手抄本《金印》《卖水记》，乾隆武义县教谕吴国玫遗下的乐器“檀香”，嘉庆十九年（1814）建的戏台和台上匾额等都是很有价值的戏曲文物。考察组建议，要尽快组织专门人员对松阳高腔进行抢救。9月，县政协财贸工作组委员对松阳区供销社进行考察，并提交专题报告。考察组认为，松阳区供销社实行体制改革和经济责任制，方向正确、方法得当，能调动职工的积极性。考察组对他们在改革中遇到的困难和问题进行分析和探讨，提出改进的建议。12月，县政协财贸组部分委员到黄岩路桥考察集市贸易，并提交《赴路桥学习考察集市贸易情况汇报及改进我县集市贸易工作若干建议》。

1986年4月，县政协教体组委员对实行九年制义务教育和教育分级管理问题，在水南乡进行视察调研。委员们的考察报告认为，当前教育最大的困难是经费不足，要保证九年义务教育，除政府拨款外，要提高广大群众集资办学的积极性，并制订必要的制度和实施办法，通过各种渠道解决教育经费困难的问题。1987年4月，县政协民族组委员对全县畲族居住区进行调查研究，并提交《关于我县少数民族基本情况的调查报告》；9月，县政协常委会组织部分委员视察南门大桥，并举行南门大桥修建工程方案研讨会，提交《关于修建南门大桥的建议》。县政协常委会建议县政府，责成有关部门尽快采取严格的桥面管理措施；在老桥上首规划另建新桥。

第二届（1987.06～1990.06） 1987年10月，县政协法制组委员到玉岩、大东坝区所属4个乡镇，专题调查山区乡镇企业发展的情况，提交《一个值得重视的问题》的调研报告。

1988年3月，县政协农业林水组委员到阳溪乡白沙村等产粮大村进行视察调研，提交《关于粮食生产情况的分析和建议》。5月，县政协财贸组委员视察县粮食部门，着重对群众普遍关心的粮油购销工作进行调查研究，提交《考察粮食部门工作后的建议和主要情况反映》。10月，政协主席车震亚、副主席吴绍裘、邵光昭与工交组委员，对国营造纸厂、二轻系统的耐火器材厂在实行企业承包后的情况和存在问题进行视察调研，提交《关于对造纸厂、耐火器材厂的视察调查情况与建议》；同时，县政协民族宗教组委员对靖居乡石牌门等5个畲族村进行视察调研，提交《对靖居石牌门等5个畲族村的视察调查报告》。

1989年2月，参加二届八次常委扩大会议的部分常委和工作组长，对西屏镇的交通秩序和卫生状况进行视察调研，提交《关于西屏镇交通和卫生情况的视察报告》。7月，县政协组织财贸组、农林水组委员对古市区农资专营工作进行视察，提交《关于古市区农资专营工作的视察报告》。11月，县政协主席车震亚、副主席阙良庆带领农林水、教育、卫生3个工作组部分委员，到板桥畲族乡进行为期3天的视察活动，提交《关于视察板桥乡农业开发性生产、教育、卫生情况的报告》。

第三届（1990.06～1993.04） 1990年9月，县政协文教卫体委员会组织教育组全体委员视察望松农中，提交《关于视察望松农中的情况报告》，经县政协常委会审议通过，向县政府送交《关于加强全县职业教育的建议》的建议案。10月，县政协经济科技委员会组织农林水组委员视察县茧、丝、绸“一条龙”生产情况，提交《关于视察我县茧丝绸生产情况的报告》，经常委会审议通过，向县政府送交《关于发展我县茧丝绸生产的建议》的建议案。11月，县政协文教卫体委员会组织医卫组委员视察安民乡医疗卫生工作，提交《关于加强我县农村医疗工作的建议》，经常委会审议通过，以常委会建议案送交县政府。

1991年2月，县政协祖国统一联谊委员会组织民族组委员视察靖居区畲族学生流生情况，提交《关于靖居区畲族学生流生情况的视察报告》。经常委会审议通过，向县政府送交《关于加强民族教育，制止畲族学生流生现象的建议》的建议案。5月，县政协教育组委员视察调研西屏镇所属各幼儿园和托儿所，提交《关于西屏镇各幼儿园托儿所的视察报告》，经常委会审议通过，以常委会建议案送交县政府。报告建议，各级党政部门要把幼教工作列入议事日程，协调各相关部门履行职责，做好工作；改善幼儿园的条件，在西屏镇办好示范幼儿园；建立幼教表彰制度。6月，县政协农林水组委员到四都乡榔树村视察调研，提交《关于四都乡榔树村经济建设情况的调查报告》；同时，县政协主席项根深、副主席龚昌义带领财贸组委员对松阳财税所进行视察，提交《关于视察松阳财税所情况的报告》。10月，县政协农林水组委员到新兴乡内孟村对林业生产情况进行视察，提交《新兴乡内孟村林业生产情况的考察报告》。11月，县政协农林水组委员到枫坪乡视察科技达标工作，提交《枫坪乡科技达标工作考察报告》。12月，县政协民族组委员在县政协副主席兰高飞、秘书长王陈亮带领下，对板桥乡金村、靖居乡村头村、裕溪乡源底村、雅溪乡石马源村的农业开发情况视察调研，提交《关于视察靖居区少数民族开发农业的报告》。

1992年4月，县政协医卫组委员视察赤寿乡实施初级卫生保健工作情况，提交《关于对赤寿乡实施初级卫生保健工作情况的视察报告》。经县政协常委会审议通过，以常委会建议案送交县政府。同时，县政协文化新闻组委员视察岗寺乡广播站，提交《关于视察岗寺乡广播站的报告》。5月，县政协财贸组委员在古市、西屏2个镇调查27家私营企业和个体工商户，提交《关于对部分个体工商户、私营企业税费负担情况的调查报告》；县政协常委会向县政府送交《关于加强税费管理的建议》的建议案。6月，县政协教育组委员视察松阳一中、松阳二中、松阳三中、县职技校、教师进修学校、古市镇中、县实验小学、古市镇小学8所学校的校办工厂，提交《关于视察西屏、古市两镇校办工厂情况的报告》；县政协常委会以建议案送交县政府。8月，县政协工交组委员视察松阳县啤酒厂，提交《关于对松阳啤酒厂“两制改革”试点情况的视察报告》。9月，县政协副主席阙良庆带领教育组委员和中国民主同盟松阳县支部部分盟员到革命老区玉岩镇考察实施九年义务教育情况，提交《革命老区玉岩镇实施九年制义务教育情况的调查报告》；县政协常委会以建议案送交县政府。同时，县政协医卫组委员视察枫坪乡初级卫生保健工作实施情况和乡卫生院的建设情况，提交《关于枫坪乡初级卫生保健工作实施情况的视察报告》；县政协常委会以建议案送交县政府。

第四届（1993.04～1998.03）　1993年7～8月，县政协农林水组、文化新闻组委员分别到新兴乡和赤寿乡视察农村产业结构调整情况，提交《关于视察新兴乡农业二季作物结构调整情况的报告》和《关于视察赤寿乡农业产业结构调整情况的报告》；县政协常委会向县政府送交《关于搞好农村产业结构调整的建议》的建议案。8月，县政协法制组委员到玉岩镇、大东坝镇、古市镇、西屏镇、望松乡及县法院、县公安局、县土管局等单位进行视察，了解《中华人民共和国行政诉讼法》的实施情况，提交《关于加强〈行政诉讼法〉实施工作的建议》；政协常委会以建议案送交县委。县政协农林水组部分委员到箬寮岘天然林区进行实地考察，提交《关于对箬寮岘天然林区的考察报告》；政协常委会以建议案送交县政府。县政协文化新闻组委员视察县丝绸厂业余艺校，提交《关于视察县丝绸厂业余艺校情况的报告》，县政协常委会以建议案送交县政府。9月，县政协文化新闻组委员先后视察西屏、古市2个镇的文化市场，提交《关于文化市场的调查报告》，县政协常委会以建议案送交县政府。10月，县政协财贸组委员对县财税工作进行视察，提交《关于搞好财税工作的建议》，县政协常委会以建议案送交县政府。11月，县政协农林水组委员视察县蚕业公司所属白沙茧站、石马铺茧站和县丝厂所属王田铺茧站，提交《关于加强蚕桑生产经营工作的建议》。县政协常委会以建议案送交县政府；县政协教育组委员到松阳一中、松阳二中、松阳三中、松阳师范，对在校学生违法犯罪情况进行视察调研，提交《警钟要长鸣，治理需合力——县政协教育组就青少年违法犯罪情况的调查报告》，县政协常委会以建议案提交县政府。

1994年3月，县政协教育组委员到县职技校视察，提交《关于发展职业技术教育的调查报告》；7月，县政协教育组委员到大东坝镇和安民乡考察尊师重教情况，提交《尊师重教山区行》的报告。

1995年5～6月，县政协财贸组委员到产粮区望松乡、樟溪乡等地进行视察，提交《粮食生产、定购工作存在的问题应引起重视的调查报告》。9月，县政协农林水组委员到赤寿乡，对该乡《中华人民共和国土地管理法》和《浙江省土地管理实施办法》实施以来的土地管理工作进行视察，提交《关于赤寿乡土地资源和资产管理情况的视察报告》。10月，县政协法制组委员在县政协副主席叶茂亨带领下，对处州制药厂、县釉面砖厂、县耐火器材厂等企业进行《中华人民共和国劳动法》实施情况的调查，提交《应进一步重视〈劳动法〉的实施》的调查报告，县政协常委会以建议案送交县政府。11月，县政协农林水组部分委员走访古市等农技站，就县农技站去向问题进行专题调查，提交《关于农技站设置问题的调查报告》；县政协常委会以建议案送交县政府。县政协民族组委员到象溪镇的石马源、塔背、下寮儿、岭下、高岭、板桥乡的潘八、裕溪乡的新渡坑等畲族村庄视察调查畲民农业综合开发情况，提交《关于我县畲族农业综合开发情况的调查》；调查报告以常委会建议案送交县政府。

1996年6月，县政协主席会议决定，组织委员对松阴溪治理工作进行专题调研，提交《关于加速松阴溪治理的调查报告》；县政协常委会以建议案送交县政府。8月，县政协工交组委员对县工业园区运行情况进行专题视察调研，提交《工业园区当前存在问题和对策》的调研报告；县政协常委会以建议案送交县政府。10月，县政协部分常委及文化新闻组委员对县城环境“脏、乱、差”的状况进行视察，提交《关于加强县城环境整治的建议》，以常委会建议案送交县政府。

1996年11月，县政协教育组委员视察望松农中，并就农业职高出路问题进行论证。12月，县政协民族组委员深入畲族村，就经济、文化、教育和社会发展情况进行深入调查研究，提交《关于我县少数民族工作情况的调查报告》，以常委会建议案送交县政府。

1997年5月，县政协常委会组织工交组委员对县竹木加工企业情况进行视察调研，提交《从我县竹木制品加工企业滑坡看合力扶工之重要》，以县政协委员会名义送交县政府。建议：县机关各部门要加强中心意识，努力营造合力扶工的良好氛围；企业要积极主动，依法经营，为提高企业档次不懈努力；加强督查，确保优惠政策落实和提高部门的办事效率。同时县政协社会法制组委员对龙丽线的县汽车站至东菜场路段交通堵塞情况进行实地调查，提交《关于车站路段交通安全情况的

图 23-5　工业界委员到望松工业小区调研（县档案馆提供 1998 年）

视察报告》。7 月，县政协农林水组委员对县农村合作基金会工作进行视察，提交《关于我县农村合作基金会情况的调查报告》，县政协社会法制组委员到县计生委、西屏镇派出所等单位，就松阳暂住人口的计划生育和社会治安状况进行视察，提交《关于我县暂住人口计划生育和社会治安管理情况的调查报告》；县政协财贸组委员对松阳茶厂的生产经营情况进行专题调研，提交《关于松阳茶厂生产经营情况的调查报告》；县政协常委会以《关于重点扶持松阳茶厂的建议》的建议案送交县政府。9 月，县政协常委会组织部分常委和委员，走访部分企业厂长、经理、乡镇分管工业的领导，召开 2 次县有关部门领导参加的座谈会，在广泛听取意见和建议的基础上，提交《关于工业园区建设的几点建议》，以政协松阳县委员会名义送交县政府。

第五届（1998.03～2003.04）　1998 年 5～7 月，县政协经济委员会组织工交、财贸、工商联组的委员就企业改革问题开展调研活动，提交《关于对当前企业改革的情况反映》。6 月，县政协教育组委员就全县中小学网点布局进行视察调研，提交《关于我县中小学网点布局调整的调查报告》，以常委会建议案送交县政府。常委会认为，松阳县中小学网点布局很不合理，布局调整势在必行。同时，县政协文化新闻组委员到兰溪、东阳等地对旅游业进行考察，提交《关于发展旅游业的几点思考》。

1999 年 5 月，县政协财贸组委员到商业、物资、供销系统，就县国有、集体流通企业改革问题进行专题调研，提交《我县国有集体流通企业改制情况及工作建议》，以常委会建议案送交县政府。7 月，县政协农业组委员到板桥乡考察农业综合开发情况，提交《板桥乡农业综合开发路何在》的调查报告。10 月，县政协社会法制委员会组织委员对县城的社区情况进行调查研究，提交《关于县城社区建设情况的调查报告》，以常委会建议案送交县委、县政府。11 月，县政协工商联组委员到缙云等县考察企业贷款担保有限责任公司的情况，提交《关于缙云县及相关县市“企业贷款担保”的调查报告》。12 月，县政协医卫组委员对石仓、赤寿等乡（片）的初保工作进行视察调查，提交《乡镇初保工作现状》的调查报告；县政协财贸组委员到古市、西屏、大东坝 3 个镇，就柑橘、食用菌、茶叶等大宗农产品的营销等问题进行专题调研，提交《我县主要农产品市场营销障碍剖析及工作建议》，以常委会建议案送交县政府。

2000 年 7 月，县政协教育组委员再次到望松农中，就该校的走向问题进行视察调研，提交《关于望松农中前景问题的调查报告》，县政协常委会以《关于撤并县望松农中的建议》为题的建议案送交县政府。常委们认为，望松农中应与县职业中学联合办学。8 月，县政协农林水组委员对乡镇统筹、集资款的收取、使用情况进行调研，提交《关于乡镇统筹、集资款收取、使用情况的调查报告》，以主席会议建议案送交县政府。

2001年5月，县政协组织部分委员对乡镇区划问题进行专题调研，提交《关于乡镇区划调整的调研报告》，向县委送交建议案；县政协组织部分委员对县级事业单位机构改革进行专题调研，提交《关于县级事业单位机构改革的调研报告》，向县委送交建议案。11月，县政协组织部分委员对吸纳农民进城实现梯度脱贫问题进行专题调研，提交《关于农民进城梯度脱贫的调查报告》，以县政协常委会建议案送交县政府。12月，县政协文化新闻、侨台组委员对松阳县发展旅游业进行专题调研活动，提交《关于加快我县旅游业发展的建议》。

2002年4月，县政协组织调研组对县弱势群体的情况进行专题调研，提交《关于弱势群体社会保障工作的调研报告》，县政协以主席会议向县政府送交《关于做好弱势群体社会保障工作的建议案》。9月，县政协民族组委员对象溪镇下寮儿等3个少数民族村的干水果种植情况进行视察调研，提交《关于象溪镇少数民族村干水果种植情况的调研报告》。10月，县政协常委会组织部分常委及市、县政协委员，对创建市级卫生县城进行视察，提交《关于创建市级卫生县城的视察报告》。

第六届（2003.04～2007.03） 2003年5月，县政协组织部分委员对县工业用地改变性质情况进行专题调研，提交《关于我县工业用地违规情况的调查报告》。主席会议向县政府送交《关于解决有关建设用地遗留问题的建议》。6月，县政协常委会组织工业园区运行机制专题调研组，对县工业园区运行情况、机构设置、资金筹措等问题开展调研，提交《关于县工业园区运行机制的调查报告》，以常委会建议案送交县政府。12月，县政协常委会听取县财政局《关于2003年1月至11月份财政运行情况和2004年财政工作思路通报》后，县政协各委员活动组分别召开座谈会，广泛听取各界别的意见，提交《关于我县2004年财政工作的有关建议》，以常委会建议案送交县政府。

图23-6 政协代表考察工业园区企业（叶光铭 摄于2005年）

2004年3月，县政协组织部分委员对县城污水排放问题进行视察调研，提交《关于县城排污问题的建议》。5月，县政协组织部分委员对松阳的茶叶生产进行实地考察，提交《关于松阳茶叶发展的建议》。11月，县政协常委会组织委员对县农产品质量安全管理工作进行专项民主监督，提交《关于我县农产品质量安全种植养殖环节管理工作民主监督报告》《关于我县农产品质量安全加工流通环节管理工作民主监督报告》，常委会审议通过《关于加强我县农产品质量安全管理工作的建议》，以建议案送交县政府。县政协常委会组织部分县、市政协委员和有关专家参加的课题组，对县农业产业化经营作专题调查研究，提交《关于我县农业产业化经营的调研报告》，以常委会建议案送交县政府。

2005年3月，县政协社会法制委员会组织部分委员到湖南有关县市考察，提交《输出回流并举，发展县域经济》的考察报告。4月，县政协常委会组织专题调研组，对“农民下山移民工程”的实施和农民下山新村建设进行调研，提交《加强领导，通力合作，大力推进我县农民下山新村建设》

的调查报告，以常委会建议案送交县政府。6月，县政协常委会组织专门调查组，对农民建房管理工作开展专项调查研究，提交《树立以人为本思想，破解农民建房难题》为题的调查报告，以常委会建议案送交县政府。是月，县政协常委会组织专题调研组，对县工业园区进展情况进行视察调研，提交《关于工业园区进展情况的视察报告》。9月，县政协社会法制委员会组织委员对民政福利企业中残疾职工的福利待遇情况进行调查研究，提交《民政福利企业中残工福利待遇情况的调查报告》。12月，县政协组织部分委员到象溪、大东坝、玉岩3个镇视察敬老院工作，提交《关于我县“五保、三无”人员集中供养工作情况的视察报告》；县政协主席会议组成人员对农民饮用水工程实施情况进行视察调研，提交《关于我县农民饮水工程实施情况的视察报告》。

2006年4月，县政协经济发展委员会组织部分委员到江西省赣县、吉安等地调查研究，提交《因地制宜，分类指导建设新农村》的调查报告；4月下旬，县政协法制组部分委员到福建省古田、长汀等地调研考察，提交《发展红色旅游业的思考和建议》。5～8月，县政协常委会就城市执法管理工作专项民主监督组织专题调研组，围绕县城市执法管理的现状及存在问题开展调研，提交《关于我县城市执法管理问题的调研报告》，以常委会建议案送交县政府。6月，县政协常委会就全县旅游业发展组织专题调研组，到大东坝镇六村、安民乡李坑村实地考察，提交《关于我县旅游业发展情况的调查报告》，以主席会议建议案送交县政府；县政协主席会议组织部分委员对不锈钢产业集群发展情况进行考察调研，提交《关于我县不锈钢产业集群发展情况的考察报告》，以主席会议建议案送交县政府。8月，县政协侨台组委员到县浙江科马摩擦材料有限公司、松阳亚州制漆有限公司等4家侨台企业调研，提交《我县侨台资企业存在问题及对策》的调研报告。9月，县政协常委会议对龙丽高速公路松阳段的建设情况组织专题视察调研，提交《关于我县龙丽高速公路建设情况的视察报告》，以常委会建议案送交县政府。

第七届（2007.03～） 2007年9月，县政协常委会就松阳县《中华人民共和国行政许可法》执行情况开展专项民主监督调研，提交《关于我县〈行政许可法〉执行情况专项民主监督的调研报告》，以常委会建议案送交县政府；县政协常委会对松阳县被征地农民社会保障问题进行调研，提交《关于我县被征地农民社会保障问题的调研报告》，以常委会建议案送交县政府；县政协主席会议成员到浙江温州和广东佛山等地开展不锈钢产业专题考察，提交《发展块状特色经济加快产业集聚速度》的考察报告，以常委会建议案送交县政府。12月，县政协文教卫体文史资料委员会对松阳高腔的保护情况进行专题调研，提交《关于松阳高腔抢救保护情况的调研报告》，以常委会建议案送交县政府。

2008年10，县政协常委会对县村镇规划及实施情况开展专项民主监督调研，提交《关于我县村镇规划及实施情况专项民主监督的调研报告》，由办公室报送县委办、县府办。12月，县政协主席张增礼牵头开展《加快发展和提升我县生产性服务业》课题调研，形成主导产业服务业、运输物流园、信息服务业、金融保险业4个方面的子课题调研报告，由办公室报送县委办、县府办。

2009年4月，县政协七届三十一次主席会议专题视察县社区建设工作，提交《关于我县社区建设工作的视察报告》。5月，县政协考察团一行16人到安徽等省考察包括政协委员在内的松阳籍人士在外创业情况，提交《县政协主席会议到安徽等省考察松阳人外出创业的启示与建议》。7月，县政协常委会组织6个调研小组专题调研松阳县农民增收问题，提交《关于我县农民增收问题的调研报告》；县政协提案委对《加强东坞源上游水源保护，加快农民异地搬迁步伐》的提案办理情况进行视察，提交《加强东坞水库饮用水源保护，加快农民异地搬迁步伐》的视察建议，由办公室报送县委办、县府办。9月，县政协常委会组织监督组对松阳县千万农民饮用水工程建设情况开展专项民主监督，提交《关于我县千万农民饮用水工程建设情况的专项民主监督报告》，以常委会建议案送交县政府。12月，县政协七届三次、第八次主席会议专题视察松阳县农村文化设施建设情况，提交《关于我县农村文化设施建设情况的视察报告》，以常委会建议案送交县政府。

2010年7月，县政协常委会成立专项民主监督组，对创建省级生态县中的农村生态环境建设、城市环境基础设施建设、工业污染防治3个方面情况开展专项民主监督，提交《关于我县省级生态县创建情况的专项民主监督报告》，以常委会建议案送交县政府；县政协在新兴乡横溪村召开提升茶叶质量专题协商会，提交《县政协提升茶叶质量专题协商会议纪要》，常委会以《关于种植环节中提升茶叶质量的建议》报送县政府。10月，县政协常委会组织调研组对乡镇工业区块建设情况开展调研，提交《关于我县乡镇工业区块建设情况的调研报告》，以常委会建议案送交县政府。

建议案与反馈

政协委员开展视察调研活动所撰写的视察调研报告，大致分三类情况进行处理。第一类由县政协常委会或主席会议组织视察调研活动，所撰写的视察调研报告，经常委会或主席会议审议通过后，以常委会建议案或主席会议建议案送交县政府或县委处理。第二类由县政协专门委员会或委员活动组组织视察调研活动所撰写的视察调研报告，分两种情况处理：一种是视察调研报告内容和建议比较重要，要求尽快解决的，就召开县政协常委会议审议通过，以常委会建议案送交县政府或县委处理；另一种是视察调研报告内容和建议是好的，要求政府逐步解决的，由县政协办公室送交县政府办公室处理。第三类是委员个人进行视察调研活动所撰写的视察调研报告，一般留在政协，在县政协召开专题座谈会、研讨会时，进行专题发言。

县政协常委会或主席会议建议案送交县政府或县委后，县政府或县委一般都有反馈。反馈有三种形式：由县长或分管副县长、县政府办公室主任或副主任，在县政协常委会或常委扩大会议上，对常委会或主席会议建议案，面对面进行答复，进一步听取意见，以利政府工作；由县政府、或县政府办公室、或主管部门以书面形式答复；县委、县政府办的内部刊物上登载有关视察调研报告的内容及有关信息。

第三节　民主监督

大会发言

县政协自二届二次全会开始，大部分全会都安排大会发言。大会发言有委员个人发言、代表党派或团体发言、代表专门委员会或委员活动组发言。政协在召开全会前二三个月进行大会发言的组织工作。发言的委员要做好充分准备，选择人民群众关心、党委政府重视的问题，通过调查研究，写好发言材料。大会发言时，委员面对面地向党政领导机关提出建设性的意见和建议；党政领导听取委员的发言，吸收其意见和建议。县领导在听取发言时会在一些发言材料上作出批示，会后交相关部门落实。至七届四次全会，共组织大会发言 20 次。有发言材料 376 份。其中，第二届 7 份，第三届 23 份，第四届 75 份，第五届 86 份，第六届 89 份，第七届一次至四次 96 份。

社情民意

1996 年以前，社情民意有的刊在《松阳政协》上，部分寄政协丽水地区工委有关刊物刊登。1996 年后，县政协办公室专门创刊《社情民意》，至 2010 年末，共刊发 187 期。县政协刊发的《社情民意》，一部分受到中央、省、市、县各级领导的重视，国务院总理、副总理批示的有 2 件，浙江省副省长批示的有 2 件，丽水市委领导和松阳县委领导批示的有 45 件。

第四节　文史资料征集

资料征集

政协文史资料工作开始于 1984 年。初设文史资料工作组，1987 年，改设文史资料研究委员会；1990 年，改名文史资料委员会，负责政协文史资料的征集、编辑和出版工作。

政协文史资料的征集，强调亲历、亲闻、亲见的“三亲”特点。1984 年，文史资料工作组发出征稿启事。1984～1998 年，以征集辛亥革命至解放前的文史资料为主。1998 年后，开始征集中华人民共和国成立后的文史资料。

在征集文史资料过程中，文史资料委员会通过印发《征稿启事》和《参考题选》、召开座谈会、聘请特约撰稿人、查访有关档案等方法，广泛发动政协委员和社会各界人士参加。对部分年老体弱的老先生，派专人采访记录；对在外省（含台湾）的乡亲，发信函联系征集文史资料。至 2010 年止，征集到文史资料 640 多篇，共计 160 多万字。

文史资料征集后，文史资料委员会坚持“存真务实”原则，做好编辑、出刊工作，力求达到“存史、资政、团结、育人”的效果。到 2010 年末，共编辑出版松阳文史资料 18 辑。其中综合类 7 辑，专集有《松阳当代名人》《松阳高腔曲牌》《松阳乡土史》《松阳政协 15 年》《历史文化名城松阳》《松阳历代诗词选》《松阳民族民间器乐曲》《松阳茶文化》《唐叶法善家庭三碑考》《松阳文物》《松阳非物质文化遗产集粹》共 11 辑，计 150 多万字。

《松阳政协》

2006 年之前的《松阳政协》是内部工作简报。2007 年，新创办的内部刊物《松阳政协》，16 大开本，图文并茂。主要栏目有领导讲话、调查研究、委员风采、提案选案、社情民意、政协知识、史海钩沉、松阳风情等。到 2010 年末，共刊出 21 期。

第五节 “三胞”联谊

接待“三胞”

2006年，松阳有台胞886户，3553人；台属2644户，8907人；从台湾回乡定居9人。港澳同胞22户，110人；侨胞277户，1711人，遍及36个国家；归侨、侨眷共255户，1355人；另有出国留学生80人。

1984年5月，3位台胞取道日本回古市镇探亲，县政协与县对台办予以热情接待。1986年12月，县政协与县委统战部、台办联合举办祖国统一工作报告会，开展“一国两制”的宣传工作，协助有关部门建立归国华侨联合会和台属联谊会。

1988年，县政协制作《松阳风貌》录像带，分赠港澳台同胞。至1989年末，祖国统一联络组共接待台湾同胞367人次、港澳同胞和国外侨胞等37人次。

1990年中秋节，县政协会同县委统战部、县台办、侨办、台联、侨联，邀请回乡探亲的台胞举行以“和平统一中国”为主题的联欢会和知识竞赛活动。至1990年末，县政协第三届委员会台联组共接待港澳台同胞400余人次。

县政协第四届委员会在做好接待港澳台同胞的同时，召开到台湾探亲的政协委员和侨台属座谈会，希望他们主动介绍改革开放后大陆取得的新成就和故乡的变化，宣传“和平统一，一国两制”的方针政策。香港回归前夕，县政协祖国统一联谊委员会与县委统战部联合召开座谈会，与回乡探亲的港澳台同胞共话迎回归。组织县政协委员赴侨、台企业，帮助解决困难。1995～1996年，共接待港澳台同胞219人次。

县政协第五届委员会努力做好联谊工作，宣传江泽民的八项主张，接待探亲、访友、观光、经商的台湾同胞及侨胞。1998年，台湾发生“9·21”地震，县政协通过18位到台湾探亲的政协委员和台属，送去关怀和慰问。并把联谊工作和经济工作相结合，力促松阳经济发展。

县政协第六届委员会社会发展委员会组织台、侨界委员、侨联委员和台联理事认真学习《中华人民共和国反分裂国家法》和《浙江省华侨捐赠条例》，贯彻落实省委统战部《关于给居住我省台湾省籍生活困难同胞发放生活补贴的通知》，对3名台湾籍同胞发放生活补贴。至2006年上半年，共接待港澳台同胞320人次。

联谊活动

每逢中秋、春节等传统节日，县政协邀请政协委员和各界人士举办茶话会、座谈会、联欢会，1985～1993年，共举办11次。

自1994年始，改由县委举办，县政协主席、副主席、常委、部分委员及各界人士代表参加。2003年后，“新春团拜会”“中秋座谈会”由县委、县政府、县政协联合主办，县委统战部具体操办。

1999年8月，县政协诗书画社成立。诗书画社是政协领导的爱国统一战线性质的艺术团体，为政协下属的非建制性机构，以诗词、书画、篆刻等艺术形式开展交流联谊活动。曾3次举行书画、摄影展，以文会友，弘扬优秀的传统文化。后因人事变动而停止活动。

2007年7月，松阳县政协之友社和松阳县政协诗书画社分别成立，为政协松阳县委员会领导下的联谊团体，同时接受松阳县社团登记管理机关的业务指导和监督管理。

县政协加强与全国各地松阳乡亲的联系。县政协领导多次到北京、上海、南京、杭州等地，与当地的同乡会或乡亲联络员接洽，为发展松阳经济做许多有益的工作。对来自全国各地回乡探亲的知名人士，县政协给予热情接待。

第六节 经济发展论坛

县政协通过召开各种座谈会、调研会、研讨会、举办“经济发展论坛”等活动，汇编委员和专家学者们的建言献策，供县委、县政府决策时参考。

1985～2010年若干年份松阳县政协召集经济发展论坛等情况表

表23-3-6-1

时间	内　容
1985年	为顺应乡镇企业的发展，县政协开展信息引进和传播工作，编写3期《近期科技成果转让信息》
1986年	12月，县政协成立松阳县经济信息服务部，为乡镇企业提供义务技术咨询；举办会计专业班，会计函授班，培养财务人员
1991年	县政协农林水组委员与望松乡联办农民文化技术学校，讲授专业知识
1993年	7月，县政协召开工业经济研讨会，就如何转换工业企业经营机制、增加企业活动、提高企业效益等问题向县政府提出意见和建议
1993年	10月，县政协召开农村经济研讨会，就农业产业结构调整方向问题向县政府提出意见和建议
1994年	4月6日，县政协财贸组召开研讨会，就发展个私经济和市场等社会热点问题进行研讨
1995年	9月，县政协召开农业主导产业论证会，会后提交《农业综合开发主导产业论证会纪要》，供县委和县政府决策时参考
1997年	12月，县政协召开经济工作座谈会，针对松阳县经济运行中存在问题提出对策和建议。会后，政协办公室及时把委员的意见和建议转交县政府
1998年	7月，县政协经济委员会对委员经调查研究所反映的问题，提交《关于当前企业改革的情况反映》，就谨慎对待职工下岗失业、企业资产评估等问题提出意见和建议
1999年	3月，县政协五届二次全会期间，召开竹木行业专题协商座谈会，向县政府反映木材公司收费不合理的问题
2000年	3月，政协组织“WTO”调研组，研究我国加入世界贸易组织对我县工农业生产的影响。调研组分工业组和农业组，经3个月的调研，撰写若干篇调研报告，汇编成《我国加入世贸组织后对我县工农业生产的影响调研论文集》。7月31日，县政协召开“入世”研讨演讲会，县五大班子领导出席会议并听取演讲。8月4日，县政协召开总结表彰大会，对获奖论文及其作者进行表彰

续表 23-3-6-1

时间	内 容
2005 年	3 月 30 日，县政协六届三次全体会议上，常委会发出“我为松阳经济发展献一策”倡议书。希望县政协各参加单位、各位委员、各界人士、社会贤达围绕“生态立县、工业强县”发展战略，为松阳经济发展奉献聪明才智。4 月 13 日，县政协成立“经济发展论坛”组委会。半年后共收到稿件 112 篇，其中 10 多篇撰写者是居住国外的侨胞和在台湾、北京、杭州、宁波、丽水等地的松阳人。11 月，举办“松阳经济发展论坛”，全国各地的领导、专家、学者、各界知名人士 200 多人参加，还有从比利时、巴西等国专程赶来的华侨，专家、学者在论坛上积极为松阳经济发展建言献策。组委会汇编《优秀论文选编》，经评审，12 篇论文获金、银奖
2006 年	4 月，县政协向社会各界人士发出松阳经济发展论坛有关生态立县专题活动征稿启事。9 月，成立论坛会务筹备小组，建立论坛评委会。10 月 27 日，县政协松阳经济发展论坛生态立县专题活动开幕。县政协把论文整理成册，刊印《松阳县经济发展论坛生态立县专题材料汇编》，经评审，有 8 篇论文分获一、二、三等奖。8 月 22 日，县政协召开专题协商会，讨论县委、县政府《关于加快工业经济发展的若干意见》（征求意见稿）和《关于加快推进古市镇发展改革试点工作的意见》（征求意见稿）
2007 年	9 月，县政协与浙江省特种设备中心联合主办以不锈钢产业做强做大为专题的松阳经济发展论坛，全国不锈钢行业协会、全国多地不锈钢产业著名企业家及知名专家学者应邀出席，14 位专家作专题讲座。论坛期间组织编发论坛专刊
2008 年	8 月，县政协围绕不锈钢产业与生态环境协调可持续发展举办松阳经济发展论坛
2009 年	以推动不锈钢产业转型升级为主题举办松阳经济发展论坛，整理形成调研文章 12 篇
2010 年	11 月，县政协以不锈钢产业发展方向为主题举办松阳经济发展论坛，整理形成调研文章 17 篇

第二十四编　党派 工商联

本编记述松阳县的中国国民党、三民主义青年团（简称三青团）、中华民国自由党、中国青年党、民主同盟（简称民盟）等党派的相关内容。

自民国 15 年（1926）国民党松阳县党部筹委会组成后，国民党连年大规模“征求”新党员。在松阳县的国民党、三青团组织、中华民国自由党、青年党等党派中，国民党的组织规模最大，至民国 26 年（1947），全县有区分部 127 个，党员 6479 人。

1984 年，民盟松阳小组成立，属民盟金华市委。1987 年，民盟松阳支部成立，为民盟浙江省委直属基层组织。至 2010 年，民盟松阳总支有盟员 83 人。民盟组织建立后，积极参政议政，服务社会，发挥参政党应有之作用。

松阳县工商联组织，清朝末年称为松阳县商务分会；民国初称松阳商会，后改组，称商业同业公会；解放后由县人民政府接管。1956 年，松阳县工商业联合会（简称工商联）正式成立。

第一章　中国国民党及其附属组织

民国 15 年（1926），时任松阳县长陈惟俭委派专人组建国民党松阳县党部筹委会。民国 18 年，松阳县党部党务指导委员会组成。次年召开党员代表大会。至民国 26 年，共召开 7 次代表大会。。

三青团组织作为国民党在全面抗战时期发展起来的一支力量，一度发挥积极作用。解放战争时期，并入国民党。中华民国自由党和青年党等党派在松阳未成气候。

第一节　中国国民党

组织沿革

民国 15 年（1926）10 月，国民党浙江省党部执行委员陈惟俭任松阳县长，委派叶熙年为松阳县党部筹备委员会常务委员，筹委会由 7 人组成。民国 16 年 4 月后，国民党进行改组，省党部改组委员会派叶铭为松阳县党部改组委员会常务委员，组成改组委员会。民国 16 年冬，省党部临时执委会委派吴彭为松阳县党部临时执行委员会常务指导委员，詹尧云等 4 人为县党部执行委员，设秘书 1 人、干事 9 人。民国 17 年秋，省党务指导委员会委任詹尧云、叶青、吴彭 3 人为松阳县党务指导委员，组织党务指导委员会，设秘书 1 人、干事 6 人，办理发展党员、划分区党部、区分部、筹备成立县党部等工作。后党务指导委员詹尧云、叶青“涉共”被捕，吴彭外出，省党部派张锦潮主持党务。民国 18 年 12 月，松阳县党部党务指导委员会组成，全县划分 3 个区党部、19 个区分部，有党员 317 人。民国 19 年，召开党员代表大会，各区分部按党员人数，推选 1～3 名代表出席大会，选举执行委员、监察委员。松阳县党部应选执行委员 3 人、监察委员 1 人，先选出 3 倍人数呈省党部执委会圈定后组成执委会。执委会设常务委员 1 人，下设组织、训练、宣传 3 部，执委、候补执委兼任部长，并设干事若干人。县党部执委会除管辖区党部、区分部外，指导农、工、商、教、妇女等团体工作。民国 19～26 年，县党部先后召开 7 次代表大会，选举执行委员、监察委员。

民国 27 年（1938）5 月，改选举制为特派员制。省党部派戴逸云任书记长，设秘书 1 人、干事 4 人、助理干事兼理事 1 人。县党部辖 22 个区分部，党员 658 人。民国 28 年，设民运指导室，主任由县党部聘任，报省备案。民国 29 年，民运指导室工作移交县政府社会科办理。同年，县党部设计划委员会，党的宣传、组织、训练等工作提交计划委员会讨论后执行。是年，县党部奉令完成区域组织，在全县 42 个乡镇中建成 72 个区分部，313 个保中建小组 268 个，当年度“征求”800 名新党员（任务 500 名），全县有党员 2437 人。

民国 30 年（1941）5 月，恢复执、监委员会，由 72 个区分部各选出 1 名党员代表出席县代表大会，代表 2695 名党员选举产生县党部执行委员、监察委员，戴逸云为书记长。此后数年，省执委会依照各县人口比率，规定年度“征求”新党员数额、标准和对象，“叠经督促加紧办理”，松阳县党部“奉令大量征求党员”。民国 33 年，第一期限 6 月末应征 3000 人，实征 2954 人，书记长及主办人员均受嘉奖；第二期（7～12 月），应征党员 3500 人，实征 1540 余人。至次年 2 月，全县有区分部 74 个，党员 7631 人。

民国 35 年（1946），县党部召开党员代表大会，选举产生新一届执、监委会。执委会以下设计划委员会、区党务指导员；监委会以下建党员监察网，各区分部书记兼监察员。是年 10 月，县党部执行委员何鹏任书记长。

民国 36 年（1947）10 月，中国国民党、三青团合并，省党部指定何鹏等 5 人为党团合并统一委员会委员，实施合并。三青团松阳分团部的干事为县党部执行委员，监察委员为县党部监察委员，团员即党员。合并后县党部执行委员 17 人，监察委员 5 人，候补执行委员 2 人。是年，全县有靖居、玉岩、古市、城竹 4 个区党部，下辖 127 个区分部，党员 6478 人。区党部、区分部均设执行委员 3 人，分常务（书记）、组训、宣传；区党部设监察委员 1 人，区分部由书记兼监察委员。党团合并以后，县党部除书记长外，设秘书、干事各 1 人，其他人员遣散。1949 年 5 月，松阳全境解放，国民党松阳县党部及其所属组织瓦解。

主要活动

县党部成立后，即着手发展党员，组织“党义读书会”，对党员灌输“三民主义思想”。指定专人进行邮政检查，查扣“宣传赤化之书刊报章”。民国 24 年（1935），配合国民党军对浙西南革命根据地进行“清剿”。

全面抗战期间，宣传、推行“二五减租”运动，发动民众劳军为前方将士征募寒衣，赶制劳军鞋，节日期间向驻军送劳军物品；组建县政工队，印发《抗敌三日刊》《松涛》等，宣传抗日。

解放战争时期，严密布置情报网站，密查、监视进步人士。民国 37 年（1948）11 月，一批中共党员被捕，松阳 2 个中共支部均遭破坏。

第二节　三民主义青年团

组织沿革

抗日战争全面爆发后，国内各党派和全国人民要求一致对外，国民党不得不暂敛锋芒，下令取消小组织。民国 27 年（1938），假借“三民主义”，经国民党中央全会通过决议，组织“三民主义青年团”。

民国 29 年（1940），省政府交际处秘书郑琴隐组织三民主义青年团浙江支团松阳直属分队。民国 30 年 12 月，扩充为直属松阳区队。

直属松阳区队设区队长、区队附各 1 人；下设总务、组训、宣教 3 股，各有股长 1 人。队址设在西屏镇大井路吴氏宗祠。区队成立后，积极发展组织，吸收团员。第一批发展的团员在毓秀小学宣誓，约 150 人，分编为七个分队，其分布情况是：一、二、三分队设在县府及县直属单位，四分队设在草场圩的“军官团”部，五分队设在湘湖师范本部（古市广因寺），六分队设在松阳中学，七分队设在战时中学。

民国 31 年（1942）秋，直属松阳区队改组。同时把县府所属的政工队改编为战时服务队，隶属三青团。其人选均由直属区队分配、兼任。直属区队队址设在申亭弄天主堂。

民国 32 年（1943）上半年，直属区队所属战时服务队进行改组，在团员中筛选，集训 1 个月后录用，队员增至 30 余人。同年秋，队址搬迁至耐性桥叶氏宗祠；后又迁城隍庙。直属区队改为筹备员办公室，县长徐雄飞兼筹备员，仍设组训、总务、宣教（后改为宣传服务股，简称服务股）3 股。扩展基层组织，改建松中、战中两分队为区队（时湘师已建直属区队，划归支团部领导）。以西屏镇各小学教师（男性）为基础，吸收部分社会青年组建为第一区队；西屏镇的女团员组建为第二区队；成立古市、玉岩、靖居等区队。

民国 33 年（1944）秋，撤销筹备员办公室，成立松阳分团筹备处。以乡、镇为单位，普遍建立区队或直属分队。发动知识青年从军，对参军的青年开展招待欢送等。积极筹备团员代表大会的召开。

民国 35 年(1946)春，松阳分团部筹备处召开代表大会，选举干事。潘成义任三青团松阳分团部主任。

不久，三青团松阳分团部干事会改组，潘成义为干事长，刘岳琮为书记兼组训股长。同时，把属县府领导的“中国童子军理事会松阳分会”及“新生活促进会松阳分会”划归分团部领导。

民国 36 年（1947）10 月，三民主义青年团松阳县分团并入国民党松阳县党部。

主要活动

民国 32 年（1943），三青团的主要任务是发展组织，吸收团员；协助县府征兵征粮；压平（管制）物价；宣传抗日救亡；捉汉奸等。

民国 35 年（1946），调整区、分队和重新委派区、分队长。民国 36 年春，奉令进行“团员总甄核”，经过甄核后，松阳有三青团员 500 余人。为“国大”代表的选举进行各种活动，密切注意基层选举的动态；只讲目的，不授方法；参与县“联秘室”的汇报会议，秘密审讯、处理共产党地下党员和进步人士，监视“异党分子”；奉令组织“社会调查小组”，各区、分队指派通讯员 1 人，受团的指使进行特务活动。

第三节　其他党派

中华民国自由党

中华民国自由党成立于 1912 年 1 月 8 日，林与乐、梁舜传、谢树华等 12 人在上海发起建立中华民国自由党。松阳有部分青年加入自由党。2 月 3 日，在上海张园召开自由党正式成立大会，千余党员到会，成员主要分布于江浙一带，苏州、镇江、扬州、杭州等各支部代表赴会。

《自由党简章》规定，党员入党时须缴徽章费一元，凭收据发给桃形银质徽章一枚。如助经费 50 元或介绍入党 50 人以上者，则可得金质荣誉徽章。党员如不佩徽章，即取消其党员资格，故一度以佩戴自由党徽章为时尚。

中国青年党

民国 36 年（1947），青年党省党部派黄启复到松阳充任松阳县青年党代表，参与选举国民代表大会代表事宜。黄启复到松阳后，住松阳县私立国强中学内发展党员。民国 37 年 7 月 29 日，青年党省党部指定何重华为松阳青年党主席；8 月 10 日，青年党松阳县党部成立，有党员 40 余人。县党部设主席、秘书，有组织、宣传、财务等股，办公地点设在尼宗小学。民国 38 年 2 月，在县城南门何重华家召开第一次执委会议，有执行委员 5 人，商讨发展党员建立组织，在县议会争一席地位。先后发展党员 50 余人，多数为国强中学学生，未建立基层组织。1949 年 5 月解体。

第二章　中国民主同盟

中国民主同盟（简称民盟）是主要由从事文化教育以及科学技术工作的高、中级知识分子组成的，具有政治联盟特点，接受中国共产党领导、同中国共产党通力合作，进步性与广泛性相统一、致力于中国特色社会主义事业的参政党。

民盟于 1941 年 3 月 19 日在重庆秘密成立，当时的名称是“中国民主政团同盟”。1944 年 9 月，在重庆召开全国代表会议，决定把名称改为“中国民主同盟”，由团体会员制改为个人申请参加。1944 年 10 月，发表《对抗战最后阶段的政治主张》，响应中国共产党提出的建立民主联合政府的号召。

松阳县自 1955 年始有 1 名盟员。至 1984 年，有 5 名盟员，建立小组。1987 年，建立支部。1993 年，成立总支委员会。

第一节　组织建设与参政议政

组织机构

1955 年，松阳有中国民主同盟盟员 1 人。1966 年，有盟员 2 人。1982 年后，民盟金华市委发展松阳籍盟员 4 人。1985 年，成立民盟松阳小组，有盟员 5 人，属民盟金华市委。

1987 年，民盟松阳小组发展盟员 11 人，符合组建支部条件，经民盟金华市委报省委会审批，民盟浙江省委会于 1987 年 8 月 8 日批准成立民盟松阳支部，为民盟浙江省委直属基层组织。民盟松阳支部下设一中、医卫、师范、机关 4 个小组。

图 24-1　民盟松阳县总支五届三次盟员大会（叶光铭摄于 2009 年）

1992 年，民盟松阳县支部委员会由 5 人组成，主任委员阙良庆，有盟员 30 人，分一中、师范、医卫、机关 4 个小组。盟员中教育系统 18 人，卫生系统 8 人，工程技术人员 2 人，社科人员 2 人；具有高级专业技术职称的 10 人，中级职称的 20 人。

1993 年 11 月 30 日，民盟松阳县总支委员会成立。下设一中、医卫、师范、科技 4 个支部。2007 年 11 月，由科技支部析出部分盟员成立经济支部。

2010年7月，把原经济、科技2个支部重组为3个支部，增设环境资源支部。至10月，民盟松阳总支有盟员83人，下设一中、师范、科技、文教、医卫、经济、环境资源7个支部。

盟员会议

1985年6月至1987年8月，民盟金华市委任命阙良庆为松阳小组组长。1987年8月至1993年11月，松阳民盟支部主委为阙良庆。1988年，民盟松阳支部下设一中、医卫、师范、机关4个小组，分别任命组长。1990年进行民盟松阳支部换届，时盟员总数27人，支部主委、副主委、支部委员、小组长均未变动。

1993年11月，民盟松阳县总支委员会成立后，改原小组为支部。主委为阙良庆；总支下设松阳一中、医卫、师范、科技4个支部。

1996年11月21日，民盟松阳总支召开第二届一次盟员大会，进行民盟总支换届，产生民盟松阳总支第二届总支委员会，主委为阙良庆。1999年12月5日，民盟松阳总支召开第三届一次盟员大会，选举产生民盟松阳总支第三届总支委员会，主委为何宝元。总支下设一中、师范、医卫、科技、文教5个支部。

2003年1月4日，民盟松阳总支第四届一次盟员大会产生民盟松阳总支第四届总支委员会，主委为何宝元。总支下设一中、师范、医卫、科技、文教5个支部。2007年2月2日，民盟松阳总支召开第五届一次盟员会议，选举产生民盟松阳第五届总支委员会。时有盟员72人，主委为陈孟义。总支下设一中、师范、医卫、科技、文教5个支部。

民盟在人大、政协任职情况

人大任职　浙江省人民代表大会代表。第七届：朱建民。

丽水市人民代表大会代表。第一届：陈孟义、吴迈青、王所菁。第二届：陈孟义、刘志云。第三届：廖旭青、刘志云。

县人大常委员会副主任。第四届：吴烈民。第五届：吴烈民。第六届：吴烈民。第七届：朱建民、华利荣。第八届：陈孟义。第九届：陈孟义。

政协任职　浙江省政协委员。第六届：华利荣。第七届：何宝元。第八届：程继伍。

丽水市政协委员。第一届：何宝元、吴端华、吴延德。第二届：何宝元、叶关毅、吴延德、叶向东。第三届：叶向东、叶关毅、周才用。

县政协副主席。第二届：阙良庆。第三届：阙良庆。第四届：阙良庆、何宝元。第五届：何宝元。第六届：何宝元。

参政议政

1988年，民盟松阳支部向中共松阳县委提出加强中小学生政治思想教育的建议，县委派工作组到松阳一中蹲点调研。

1991～1993年间，民盟松阳支部盟员共提出51件议案或提案。其中，经济建设方面有《建议调整粮食作物品种，供应优质大米和杂粮》《开阔科技转化为生产力市场》《加强松阴溪护岸管理和维修》《关于建立茶叶市场》等；市场建设方面有《治理西屏脏、乱、差现象》《调整流动领域，严禁制造销售伪劣商品》《禁止大街行驶拖拉机》等；城镇建设方面有《建议先拆建太平坊路西段》《缓建西屏山宾馆》《如何使古市镇排水拆建工程顺利进行》等；教育方面有《要求每一位县委常委能联系一所学校》《建造县幼儿园和调整全县中小学校布局的建议》《建议早日实现30年以上教龄的退休教师的优惠待遇》等；卫生方面有《加强食品卫生检查管理》《政府政绩如何，卫生也要考核》《关于改善婴儿计划免疫接种现状的建议》《县医院急需建立传染病房》等；统战方面有《积极支持民主党派参政监督》《培养非中共干部》等；文化方面有《关于确立文化导向政策的建议》《建议县政府新建县博物馆》等。

1997～1999年间，民盟省委会下派盟员到松阳任副县长1人。阙良庆委员以民盟总支的名义在县两会上作的关于《对于开发旅游资源发展旅游业的建议》的发言，何宝元的《适应水果产前、产中、产后服务，发挥名牌效益》的发言，被县政府采纳，县领导均批示有关部门逐步付诸实施。省政协委员程继伍关于《一些乡镇教育费附加管理和使用混乱状况亟待改进》建议被省政协采纳，副省长鲁松庭作出批示。

2003年，在市两会期间，市级盟员共向大会提交提案4件、议案1件；在县两会期间，县级盟员共提交提案30件，占全县总数的16.9%。民盟总支提出的提案占优秀提案的60%。2004年，在市两会期间，民盟总支向政协会议提交个人和集体提案共29件，占全县总数的18.1%。2005年，在市人大一届五次会议上，盟员中市人大代表向大会提交5件议案。在市政协一届五次会议上，民盟向大会提交2件提案。在县政协六届三次全会上，民盟总支、各支部及盟员中的政协委员向大会提交39件提案。2006年，在市两会期间，盟员向大会提交3件提案。2006年，在县政协大会上，总支向大会提交个人提案36件、集体提案5件和大会发言5篇。

2007年，在市两会期间，市人大代表向市人大提交《关于松阴溪生态修复的建议》等3件议案，松阳民盟总支中的市政协委员向市政协会议提交《制定优惠政策，采取市场运作方式，破解“空心村”难题》等6件提案。在县两会期间，5位政协委员向大会提交5篇大会发言。总支及各支部向县政协大会提交团体提案10件，盟员向大会提交个人提案26件。2008年，在市两会上，松阳民盟总支中的市人大代表提交《将松阴溪纳入瓯江干流生态恢复整治规划》等3件议案，市政协委员提交5件提案。在松阳县政协七届二次会议上，民盟松阳总支共向大会提交5篇大会发言。2009年，在市两会上，松阳民盟总支中的市人大代表提交《关于争取2010年立项建设衢丽铁路的建议》等7件议案，市政协委员提交2件提案。在县政协七届三次会议上，民盟松阳总支2名盟员向大会提交2篇大会发言。在县政协七届三次会议上，2名盟员作大会发言；民盟总支、各支部、盟员中的政协委员向大会提交5件集体提案和19件个人提案。2010年，在县两会上，民盟总支、各支部、盟员中的政协委员、人大代表向大会提交30件提案和3件建议案。

第二节 服务社会

争取资金

2006 年，民盟松阳总支主委何宝元帮助三都乡与省民革联系，到水利厅争取到 30 万元水毁工程修复资金，省民革连续 3 年对三都乡中心学校品学兼优的学生实行奖励，每年金额 5000 元，另赠送电子显微镜等教学设备。

2008 年，为改善阳溪小学的办学条件，民盟松阳总支在民盟丽水市委会的帮助下，民盟浙江省委机关支部捐赠 10 万元帮助阳溪小学添置部分教育设施。同时与阳溪小学建立长期帮扶关系。

2009 年，民盟松阳总支与古市镇谢树寮村结对，解决该村变压器增容和道路整修问题。主动联系专家，帮助寺口村解决茶叶技术指导方面的难题。

教育帮扶

1986～1987 年，举办民盟高复班，为大专、中专输送 40 余名人才。

1987 年和 1988 年，利用暑假为成绩后进的初中在校学生举办补习班；1987 年暑假，举办英语补习班；1988 年，举办数学补习班。

2001 年，文教支部组织盟员到三都乡中心小学进行考察调研，开展向三都中心学校送图书活动，赠送适合少年儿童阅读的新书 265 册、练习簿 1000 余本，价值 2000 多元。师范支部为提高松阳教育教学水平，每年组织骨干教师开展送教下乡活动。

2003 年，松阳一中支部在学校行政、中共党支部的支持下，举办“文理”2 个高复班，共计 90 余人参加学习，其中 7 名学生考上重点大学、60 多人考上本科。

2007 年，师范支部全体盟员到新处乡中心小学开展“献爱心”助学活动，向新处乡中心小学捐赠一批图书、文具和运动器材。

送医下乡

1988 年，医卫支部为全县离休老干部检查身体，并开展《老年人常见病及其防治》专题讲座。1998 年，医卫支部为参加两会的全体人大代表、政协委员和列席人员免费体检，并建立健康档案。组织 10 位医务人员自带医疗器材，到革命老区大东坝镇开展义诊。

2001 年，医卫支部利用休息日承担全县卫生系统“医学中医”函授班的教学任务。组织医疗队分别到蛤湖卫生院、石仓卫生院为广大村民开展医疗服务和咨询。为卫生院职工开展业务讲座。

2003～2008 年，医卫支部每年组织支部盟员一年 2 次下乡义诊，免费为农民做 B 超和心电图等；上街宣传新的《中华人民共和国中医条例》，配合卫生局做好举办中医药人员中医知识培训工作。

2009 年，医卫支部多次组织本支部盟员到安民、斋坛、赤寿等乡义诊，为村民讲授医疗保健知识课；多次组织专家到岗寺敬老院为老人作健康体检。

2010 年，医卫支部组织专家盟员多次到斋坛、安民等地开展咨询、义诊活动。

援建灾区与捐资助学

2008年5月，四川省汶川县发生大地震，民盟中央向全体盟员发出《灾后重建家园 爱心汇成希望》倡议书。民盟松阳总支动员盟员捐款共计29150元。

2001年，民盟松阳总支组织全体盟员连续3年捐款5800余元，分别资助玉岩中学、古市中学和三都小学的学生，解决他们的就学困难。

2001～2010年，多位盟员与多名学生结对，解决学生就学困难。

社会活动和调研

1997年，民盟领导分别到松阳一中、县机关作《一国两制与迎香港回归》的报告。

2001年，民盟松阳总支联系三都乡，为三都乡改善交通、调整农业产业结构、大力发展山区干水果献计出力。师范支部积极开展教学研究，年度在省级以上刊物公开发表论文10多篇。文教支部结合活动，到项桥下村考察经济发展，并与农民进行座谈，为农村经济发展理清思路。一中支部、师范支部每学期开展送教下乡。科技支部与三都乡上源村结成扶贫对子，指导当地农民对毛竹资源进行初加工，促进村民脱贫致富。

2007年，民盟松阳总支发动盟员开展社会服务咨询活动。内容有法律、文化教育、用电知识、稽征运管知识咨询及医疗服务。文教支部组织盟员到县教师进修学校进行考察调研，了解全县中小学教师继续教育情况，与学校教师开展联谊活动。2009年，民盟松阳总支多次组织盟员利用古市镇集市时人口聚集的特点，开展医疗服务、法律、科技、用电知识、运输管理知识咨询等服务。2010年，环境资源支部组织盟员到古市镇下五木村开展社会服务活动，宣传环保理念。

第三章　工商联

清末，松阳县成立县商务分会，后改称县商会。

1949年，县人民政府接管县商会。1950年，成立松阳县工商业联合会筹备委员会，同时成立西屏镇工商联筹委会和古市镇工商联筹委员，对私营工商业者加强思想教育和政策教育。是年，工商登记核准开业的工商业户462户。1951～1952年，工商业者参加“捐献飞机、大炮”运动。工商界在“五反”运动中检查对照，主动补缴税款，抑制“五毒”行为，广大私营工商业者爱国敬业、守法经营。1953年下半年，根据中共中央《关于实行粮食计划收购和计划供应的决议》，严禁自由经营粮食，对从事粮食经营的私营商贩采取撤销经营、转业等限制措施，一部分私营粮商成为国营粮食公司的代销店。1955年，工商联协助政府团结、教育会员，实行公私合营，把私营工商业改造成为社会主义企业。1956年10月，县工商业联合会正式成立，下属有西屏镇工商联、古市镇工商联。

1956～2010年，县工商联共召开4次代表大会。县工商联的主要活动有参政议政、开展光彩事业、服务社会等。

第一节　机　构

县工商联及行业协会

松阳县工商业联合会（总商会）历经多次变更。清宣统三年（1911），松阳县商务分会成立。民国元年（1912），改称松阳县商会。民国28年2月，进行改组，共有商业同业工会23个、会员611人。

图 24-2　松阳县商会工作座谈会（叶光铭 摄于2007年）

中华人民共和国成立后，县人民政府接管商会。1950年，松阳县成立工商业联合会筹备委员会。时工商登记核准开业的工商业462户。1952年，私营工商业的开业、歇业、转业由县政府核准并办理税务登记。

1956年10月，松阳县工商业联合会（总商会）正式成立，简称工商联（总商会）。下属有西屏镇、古市镇工商联（商务分会），全县共有300余会员。1958～1982年并入遂昌县期间，保留西屏、古市镇工商联（商务分会）。“文化大革命”开始后，停止活动。1994年3月至1996年5月，松阳县工商业者联合会筹备小组建立。1996

年6月，松阳县设立工商业联合会（总商会），行政编制3人（含工勤人员）。2001年10月，工商联（总商会）建立党组，成立直属机关党委。

2004～2010年，工商联（总商会）成立7个行业商（协）会，含在外松阳商会和外地在松阳商会。北京松阳商会于2004年6月成立，是松阳县首家异地商会；2007年6月，北京松阳商会召开二届一次会员代表大会。松阳松香商会于2005年2月成立；2010年2月，松阳松香召开二届一次会员代表大会。松阳温州商会于2006年12月成立，是温州籍在松阳县的企业法人团体和经商办企业的个人自愿组织的非经营性社团组织，以“凝聚温商情缘，搭建政企桥梁，至诚服务会员，促进共同发展”为宗旨；2010年4月，松阳温州商会召开二届一次会员代表大会，选举产生二届理事会理事；会员企业有88家。温州松阳商会于2007年9月成立；2010年8月，温州松阳商会召开二届一次会员代表大会，选举产生二届理事会理事。松阳县门窗业商会于2009年12月成立。宁波松阳商会于2010年8月成立。杭州松阳商会于2010年9月成立。

图24-3　松阳温州商会成立（叶光铭 摄于2006年）

代表大会

1956年10月，县工商联（总商会）召开第一次代表大会。大会选举产生首届执行委员会委员、常委。

1996年6月，县工商联（总商会）召开第二次代表大会。到会代表95人，列席代表33人。大会听取、审议并通过工商联（总商会）《发扬光荣传统 为建设社会主义市场经济体制做贡献》的工作报告，并通过相应决议。大会选举产生第二届执行委员会委员25人，其中常委7人、主席（总商会会长）1人、副主席（总商会副会长）4人。

2002年7月，县工商联（总商会）召开第三次代表大会。102名代表参加会议。大会听取、审议并通过《认真实践“三个代表”重要思想 与时俱进开创工商联工作新局面》的工作报告，并通过相应决议。大会选举产生第三届执行委员会委员38人，其中常委17人、副主席（总商会副会长）6人、秘书长1人。

2008年3月，县工商联（总商会）召开第四次代表大会。130名代表参加会议。大会听取、审议并通过《创业创新 奋发有为 为推进松阳经济社会发展和构建和谐松阳而努力》的工作报告，并通过相应决议。大会选举产生第四届执行委员会主席（总商会会长）1人、副主席11人、总商会副会长16名、秘书长1人、常委29人和执行委员会委员65人。

县工商联职能

县工商联的主要职责是参与政治协商，发挥民主监督作用；引导服务非公有制经济发展；鼓励非公有制经济人士热心公益事业，促进社会全面发展；加强和改进思想政治工作，坚定非公有制经济人士的理想信念；指导服务商会组织建设，提升商会会员素质，维护其合法权益；参与政府的经济活动，推动区域贸易交流和协作，助力县域经济社会发展。

第二节　工商联主要活动

1956年，私营工商业实行全行业公私合营，基本完成私营工商业社会主义改造。

参政议政

1996年7月至2002年7月，县工商联（总商会）中的县人大代表、县政协委员提出议案、提案、建议127件。其中《关于建立中小企业信用担保机制 促进个私经济快速发展的建议》《建议办事中心真正成为便民的窗口》等被县政府采纳。

2002年8月至2008年3月，县工商联（总商会）代表、委员提出议案、提案、建议206件。其中《我县民营企业信用建设的几点思考》《关于进一步改善我县工业发展软环境的建议》等引起政府和有关部门重视。

2008年4月至2010年11月，县工商联（总商会）代表、委员提出议案、提案、建议168件。内容涉及新农村建设、机关作风建设、基础设施建设、工业经济发展和科技创新等方面。调研文章《松阳县非公有制经济代表人士队伍现状》获2008年浙江省工商联参政议政调研成果优秀奖。

第一届至第四届执行委员会成员中，担任浙江省政协委员1人、市人大代表3人、市政协委员2人、县人大代表9人、县政协委员35人。

光彩事业

1996～2004年，县工商联（总商会）在吸收就业、安排下岗职工方面作出努力的同时，在扶贫济困、修桥铺路、资助学校、助学结对等光彩事业中累计捐献资金、物资120万元，其中2004年20余万元。

2005年，县工商联（总商会）开展访贫问苦“送温暖”“情系少数民族、共创美好明天”、结对助学等活动，投入光彩事业累计26余万元。2006年，县工商联（总商会）开展献爱心活动，投入光彩事业累计390余万元。其中，工商联（总商会）副会长叶根金资助新处乡教育基金10万元，并带头向县慈善总会捐款100万元；副会长王宗和向县慈善总会捐款60万元。

2007年至2010年11月，县工商联（总商会）开展访贫问苦活动，支援“老、少、边、穷”地区，投入光彩事业累计近400万元。

至2010年，县工商联（总商会）会员向县慈善总会捐款共557万元；向四川汶川地震灾区捐款204万元；慰问贫困户800余户。松阳松香商会筹款70.8万元，松阳北京商会筹款36万元，用于扶贫济困、结对助学。

服务社会

抗美援朝期间，县工商业联合会筹备委员会参加“捐献飞机、大炮”运动，发动联合会成员在

“五反”运动中主动补交税款。

1996 年 6 月至 2002 年 6 月，县工商联（总商会）联系企业捐款捐物建造学校，浇筑水泥路面；通过省工商联争取港台知名人士、惠民基金会会长陈宜昌捐款 15 万元，扶持玉岩镇新建惠民教学楼。

2002 年 7 月至 2008 年 3 月，县工商联（总商会）会员企业参与社会各项公益事业的捐资总额有 1200 万元。2006 年 9 月，县工商联（总商会）牵头民营企业参与新农村建设，20 家企业、3 个商会分别与 18 个村签订携手共建新农村协议书。参与 2 个农业开发项目，投资 600 余万元，发展农业生产基地，吸收一批农村劳动力。松阳松香商会资助竹源乡小竹溪等村修桥铺路、安装自来水等累计 150 余万元。

2008 年 4 月至 2010 年 11 月，县工商联（总商会）引导广大企业家弘扬“发展企业、回馈社会”精神参与新农村建设，创新结对扶持机制。发动 4 个商会、32 家会员企业与 28 个行政村结对，由民营企业与结对村签订帮扶协议，各自履行义务。引导 22 名商会会员兼任支书、主任和村级顾问。会员企业参与 3 个农业开发项目，项目投资近 1000 万元。支持农村基础设施建设 360 余万元。结对助学支持教育事业 36 万余元。为农村解决就业 1800 多人。

会员企业松强木制工艺品有限公司在参与新农村建设中创新思路，变输血为造血功能，在农村开发香榧基地 5000 亩，采取与农民四六分成的长效机制。企业获“浙江省民营企业参与社会主义新农村建设贡献奖”。

第二十五编 社会团体

民国时期，松阳县相继建立职业工会。1950 年，松阳县总工会成立，至 2010 年，全县除县总工会外，有基层工会 424 家，会员 3 万多人。

民国 24 年（1935），建共青团竹溪区委。1950 年 5 月，建立共青团松阳县委员会。至 2010 年，团县委共召开 12 次代表大会。

民国 21 年（1932）9 月，松阳县妇女救济会成立。民国 24 年，苏维埃政府设有妇委会。1949 年 7 月，松阳县妇女协会成立；1957 年，更名为县妇女联合会。至 2010 年，共召开 10 次妇女联合代表大会。

松阳县科学技术协会于 1982 年 9 月成立，至 2010 年，全县有学（协）会 14 个。

松阳县文联于 1985 年建立，至 2010 年，共召开 4 次代表大会。

县残疾人联合会于 1991 年 1 月成立，至 2010 年，共召开 5 次代表大会。

清末建农会，松阳解放后，新建县农民协会。

松阳县社会团体还有红十字会、计划生育协会、体育总会、关工委、消费者协会。

第一章 工 会

民国 16 年（1927），松阳县建立埠夫工会；民国 26 年，县总工会成立。中华人民共和国建立后，新建立的松阳县总工会成为中国共产党领导的职工群众自愿结合的人民团体，至 2010 年，共召开 10 次代表大会，先后产生十届工会委员会。工会内设办公室、基层工作部（宣传教育部）、权益保障部（经济和劳动保护部、女职工部）等职能部室，下设县职工服务中心和县工人文化宫等事业单位。

松阳县工会的主要职责是确定全县工会工作的指导思想和任务，领导全县工人运动和工会工作；围绕有关职工合法权益的重大问题进行调查研究，向县委、县政府和上级工会反映职工群众的思想、愿望和要求，提出意见和建议，参与涉及职工切身利益的政策、措施、制度的拟定，参与职工重大伤亡事故的调查处理；维护职工的经济利益、政治权利、精神文化利益和女职工特殊利益，为职工提供法律咨询和创业就业服务；研究指导工会自身改革和建设，指导各级工会的民主管理和民主监督工作；协助县直有关单位党组织管理同级工会领导干部，研究制定工会干部的教育培训工作，指导全县新经济领域企业组建工会组织，监督、检查县总工会机关和直属事业单位党员干部党风廉政建设情况；指导全县各级工会组织职工学政治、学经济、学文化、学法律、学技术、学管理，进行爱国主义、集体主义和社会主义教育；负责做好全国、省、市劳模及“五一劳动奖章”的推荐、评选和管理工作；负责全县工会经费和工会资产的管理、审查、审计工作，负责对工会举办职工劳动福利事业的指导、协调工作。

第一节　工会沿革

民国 16 年(1927)，松阳县建立埠夫工会，丁光任理事长。民国 20 年，县篾匠、木匠、缝纫、五金职业工会相继成立。民国 26 年，县总工会成立，丁廉为常务理事。民国 31 年，有木匠、埠夫、泥水匠、筏业、挑运、铁业、篾业、缝纫业、五金业、理发业、人力车夫业、船匠业等 13 个职业工会，会员总人数 1679 人。民国 32 年，县总工会所属职业工会 9 个，会员总数 750 人。次年，会员增至 878 人。民国 38 年 3 月，职业工会 7 个，会员 400 人。县总工会属国民党县党部管理（全面抗战期间，由县政府社会科管理），总工会主席（理事长）早期由县国民党党部委派，后由职业工会的会员中产生理事，在理事中产生工会主席（理事长）。

1949 年 5 月，有缝纫、理发、木业、搬运、筏业、店员、医务、铁业、泥水、篾业等工会，会员 400 人。7 月，由各行业工会中推选 1 名委员，组成松阳县工会筹备委员会。1950 年 2 月，松阳县总工会成立。1951 年，有基层工会 29 个，会员 1488 人。1953 年 8 月，县总工会更名为县工会联合会；是年，有基层工会 43 个，会员 1503 人。1957 年，基层工会 45 个，会员 1301 人。1958 年 11 月至 1982 年 1 月，松阳和遂昌并县，松阳区域基层工会仍然存在。1961 年，精简下放职工，支援农业生产，工会会员骤减。1963 年后，职工逐步增加，会员随之增多。“文化大革命”期间，工会停止活动。1977 年 11 月，各工会组织恢复，工业、交通、国营企业、粮食、供销系统以及国营农林场等建立工会组织。此后，在二轻、教育、卫生、金融、财税等单位建立工会组织。

1982 年 1 月，恢复松阳县建制，重建县总工会。县各机关、事业企业单位陆续建立和完善工会。5 月，全县有基层工会组织 63 个，工会会员 3200 人。1983 年，先后建立工业、交通、二轻、粮食、供销、商业、物资、卫生、林业、文化、机关、城建、教育、乡镇企业等系统工会委员会。2010 年，松阳县基层工会组织 424 个，工会会员 31109 人。

第二节　职工代表大会

第一届职工代表大会

1952 年 9 月 15～18 日，松阳县召开首届职工代表大会。大会正式代表 105 人，列席代表 6 人。大会听取《目前形势和任务的报告》《三年来的工会工作总结》《下半年工会计划报告》，选举成立县总工会，并通过相应决议。

大会选举产生县工会第一届委员会委员 13 人、候补委员 2 人、常务委员 5 人、总工会主任、副主任各 1 人、经费审查委员会组成人员 5 人。

第二届工人代表大会

1954 年 11 月 26～28 日，松阳县召开第二届工人代表大会。大会通过《关于松阳县两年来工会工作总结报告》《关于松阳县工会今后任务的决议》《关于拥护全国各民主党派各人民团体解放台湾的联合宣言》。制定并通过松阳县工会联合会执行委员会委员及经费审查委员会委员、候补委员的选举办法。选举产生第二届执行委员会委员 15 人、常务委员 7 人、经费审查委员会组成人员 5 人。

第三届工会会员代表大会

1956 年 4 月 10～13 日，松阳县召开第三届会员代表大会。大会正式代表 81 人，列席代表 7 人。大会通过《工会工作报告》，选举产生第三届工会联合会委员 13 人、候补委员 2 人以及各工作委员会、主席、副主席等。

第四届工会会员代表大会

1957 年 7 月 12～14 日，在工人俱乐部召开第四届会员代表大会，大会代表 650 人（含正式、列席）。会议听取并通过有关决议。选出第四届委员会委员 20 人、经费审查委员会组成人员 5 人，选举出席省工会会员代表大会的代表。

第五届工会会员代表大会

1984 年 12 月 6～8 日，松阳县召开第五届会员代表大会。大会正式代表 138 人，特邀代表 24 人，列席代表 7 人。大会选举产生第五届工会委员会委员 17 人、候补委员 2 人、常务委员 6 人、经费审查委员会组成人员 5 人。

第六届工会会员代表大会

1988 年 10 月 20～21 日，在商业局会堂召开第六届会员代表大会。大会正式代表 160 人，列席代表 19 人。全体代表经无记名投票差额选举产生第六届委员会委员 15 人、经费审查委员会组成人员 5 人。同时选举总工会主席、副主席和经费审查委员会主任、副主任。

第七届工会会员代表大会

1993 年 11 月 30 日至 12 月 1 日，在总工会四楼会议室召开第七届会员代表大会。大会正式代表 181 人，列席代表 15 人。大会听取并通过相关工作报告。经无记名投票选举产生工会第七届委员会委员 19 人、常务委员 7 人和经费审查委员会组成人员。

第八届工会会员代表大会

1998 年 12 月 10～11 日，在总工会四楼会议室召开第八届会员代表大会。大会正式代表 132 人，列席代表 16 人，特邀代表 26 人。选举产生第八届委员会委员 21 人、常务委员会委员 7 人，选举产生经费审查委员会委员、主任。

第九届工会会员代表大会

2003 年 10 月 16～17 日，在县委党校召开第九届会员代表大会。大会正式代表 128 人，列席代

表7人。选举产生第九届委员会委员21人、常务委员会委员9人，选举主席、副主席和经费审查委员会组成人员、主任。

第十届工会会员代表大会

2008年10月21～22日，在县委党校召开第十届会员代表大会。大会正式代表147人，列席代表4人。大会选举产生第十届委员会委员23人；选举产生常务委员7人，其中主席1人、副主席2人；选举产生经费审查委员会委员3人、主任1人。

第三节　工会组织建设

1951年，全县小型工厂9个，其中公营2个、合营1个、私营6个；职工136人（其中工会会员36人，占职工数的26.4%）；其他国营企业共5家，职工155人。全县各行业职工总数1840人。1952年，全县1860名职工（不包括乡村中分散的职工数）参加工会组织的1396人，占全县职工的75%；建立基层工会组织38个，主要行业有工业、商业、教育、运输、手工业、税务、银行、土产供销等。1953年，全县职工2008名，分布在手工业、林业、教育、交通、供销、建筑、税务、银行、粮食、文化等行业中；其中工会会员数1503人，占全县职工总数的75%；已建工会委员会和工会小组40个。1954年，全县工会组织43个。1957年7月，新增棉织厂、保健站等单位工会。

1982年，松阳县制恢复，县总工会重新建立。基层工会组织和职工加入工会人员逐年增多。

1996年3月，松阳县首家私营企业工会丽水地区华东漆包线有限责任公司工会成立。1999年9月，松阳县首家行业分会松阳县私营企业协会竹木行业分会工会联合委员会成立。11月，松阳县私营企业（乡镇）工会工作委员会成立。2000年，全县有10家改制企业、150家非公有制企业完成工会组建任务，职工入会率85%以上。

2002年，在全县工会系统开展基层组织规范年活动；至年末，全县新建非公企业工会186个，组建率95%以上。2003年，开展党建带工建、工会三级联创工作，先后建立西屏镇、古市镇、玉岩镇、望松乡、叶村乡、县工业园区、象溪镇、大东坝镇、斋坛乡、樟溪乡10个工会。是年末，全县职工总数10318人，工会会员9927人，会员占职工总数的98%；全县基层工会数320个。2004年末，全县基层工会数327个，会员10227人。全县非公企业建会共189家，会员数3456人，职工入会率96%。2005年，全县基层工会组织370家（机关84家、事业53家、企业233家），会员数10075人，组建率和会员入会率均在95%以上。

图25-1　工业园区企业工会授牌（叶光铭 摄于2006年）

2006年，全县新建企业工会35家（其中独立建会23家），新增工会会员1300余人，基层工会组建率和职工入会率均在95%以上。2007年，组建独立工会29家、联合工会3家，涵盖分工会70家。全县工会组建率和工会会员入会率分别为98%和95%。2008年，组建独立工会34家、联合工会2家，涵盖分工会62家。

2009年，新增基层工会29家，全县独立建制的基层工会累计352家，其中非公企业独立建会186家；新建联合工会1家，涵盖企业56家，累计联合工会18家，涵盖327个企业。会员新增1684人，其中新增农民工会员1545人。基层工会组建率和职工入会率均在98%以上。2010年，全县已建工会424家，涵盖699家单位。其中机关64个、事业77个、企业558个，全县工会会员31109人。建立工业园区、西屏、古市、望松4个总工会，西屏镇所属6个社区建立小三级社区工会组织。

1982～2010年若干年份松阳县工会建设情况表

表25-1-3-1

时间（年）	职工人数（人）	工会会员（人）	占职工总数比例（%）	工会组织（个）
1982	4877	3200	65.6	63
1983	—	4300	—	78
1984	6188	5536	89.4	100
1985	6946	6089	87.7	110
1986	8293	7534	90.8	147
1987	9387	8492	90.5	163
1988	9518	8801	92.5	175
1989	10210	9792	95	176
1990	10266	9972	97	183
1991	12100	10355	85.6	—
1992	—	9961	—	184
1993	11900	10212	85.8	184
2003	10318	9927	98	320
2005	10605	10075	95	370
2010	31743	31109	98	424

第四节 工会主要活动

组织职工劳动竞赛

20世纪50年代初，县总工会组织职工在工厂进行以生产改革为主要内容的劳动竞赛；发动职工制订爱国增产公约，开展爱国增产竞赛活动；在国营、公私合营工厂企业及交通邮电部门开展爱国增产节约劳动竞赛。私营企业在开展劳动竞赛同时，协助有关部门做好城乡物资交流工作；在增产节约的劳动竞赛中，改善工人生活，改进工人福利事业，配合政府解决工人失业问题。

1954年，发动职工开展以技术革新为中心的劳动竞赛。充分发挥职工潜在力量，提高质量，降低成本，保证国营、地方国营、公私合营企业各项主要指标不低于1953年的水平。1956年，开展以先进生产者运动为中心的社会主义劳动竞赛。在劳动竞赛中，采取提高技术、改进技术、学习和掌握新技术的办法，贯彻互相学习、互相帮助、取长补短、共同提高的竞赛原则。1957年，发动全县各级基层工会，开展以增产节约为中心的先进生产者竞赛活动。贯彻党中央提出的“增加生产、增加收入、紧缩开支、励行节约”的建设方针，挖掘企业潜力，树立“勤俭建国、勤俭办企业、勤俭办合作社、勤俭办一切事业”的思想，改变产品质量低劣、品种不多、成本高、原材料不足、人事多和浪费的现象。1958年，开展“双反、双比”（反浪费、反保守、比先进、比多快好省）的竞赛活动。各级基层工会组织职工群众进行月度、季度、年度竞赛，进行班组与班组、车间与车间、厂际与厂际、商店与商店、学校与学校、单位与单位之间等形式的竞赛活动。

1959～1962年，各级基层工会开展以“比、学、赶、帮”为主要形式、以保粮保钢为中心的增产节约社会主义劳动竞赛活动。1963年，开展“扭亏转盈”和“反浪费、比先进、争五好”的增产节约劳动竞赛，继续进行“比、学、赶、帮”竞赛活动。1964年，开展以“五好”为目标的“比、学、赶、帮”劳动竞赛。1965年，继续开展以“五好”为目标、以支农为中心的社会主义劳动竞赛。评选出“五好”集体、先进单位、先进班组和先进个人。1966年，组织职工继续开展以“五好”“六好”为目标、以增产节约为中心的“比、学、赶、帮、超”的劳动竞赛。

1977年，组织职工开展工业学大庆，财贸学大庆、学大寨竞赛活动，企业单位工会开展“厂举大庆旗，人学王进喜”的劳动竞赛。1978年，组织职工群众开展社会主义劳动竞赛。工业系统开展以“优质、高产、低耗、安全”为内容的竞赛，财贸系统开展优良服务竞赛活动。1979年，组织职工学习贯彻国民经济调整、改革、整顿、提高的方针，开展以“四化”为中心的增产节约劳动竞赛，竞赛活动分别于厂际、车间、班组、个人之间进行。开展“质量活动月”“节能活动月”“优良服务月”等竞赛活动。

1980年，各级工会继续开展以生产为中心、以优质、高产、低消耗为内容的增产节约劳动竞赛，开展“为四化立功”活动。1981年，组织职工群众开展多种形式的社会主义劳动竞赛活动。竞赛的原则是“互相学习、互相帮助、取长补短、共同提高”（另称“比、学、赶、帮、超”），体现优质、高产、多品种、低消耗和完成、超额完成经济技术指标的基本精神。1982～1984 年，开展以四化建设为中心的劳动竞赛活动。全县 7 个国营工业企业的经济效益明显提高。1984 年 1～10 月利润比 1983 年同期提高 158.94%；1984 年利润比 1983 年增长 26.72%。

1984 年，开展“当主人、献计策、反浪费、挖潜力、增效益”“为人师表”“文明经商”“为您服务”等具有职业特色的竞赛活动。1985～1986 年，组织职工群众投身改革，参与企业的承包经营责任制，开展以提高经济效益为中心的劳动竞赛。1987 年，各级工会把“双增双节”社会主义劳动竞赛作为中心任务。召开全县“回顾过去的一年，展望新的一年”的劳动竞赛座谈会，近 5000 名职工开展不同内容不同形式的竞赛活动。1988 年，组织全县基层工会开展以“双增双节”、人人“献百元”为主要内容的社会主义劳动竞赛。1989 年，发动全县职工开展“做主人、比贡献、迎国庆”“增产节约、增收节支”竞赛活动，并开展“学模范、学先进、赶先进”活动。年末，县总工会分片召开企业工会主席会议，交流“双增双节”劳动竞赛经验。

1990 年，各级工会开展“三爱、四比、五创”劳动竞赛，内容是爱国家、爱集体、爱岗位、比产量、比质量、比干劲、比节约和创先、创新、创汇、创佳，实现每个职工全年为国家平均创收节支 100 元目标。1991 年，组织职工开展“效益杯”（当主人、献一计、创一流、比贡献）劳动竞赛，并组织“红五月”劳动竞赛。全县 57 个单位成立竞赛领导小组，参赛职工 6400 余人。第三季度开展“战高温、夺高产、创效益”劳动竞赛，第四季度开展“完成或超额完成年度计划”的劳动竞赛。1992 年，全县职工开展“效益杯”劳动竞赛，以“三赛五评”为竞赛主题，即赛提高产品质量、赛产品适销对路、赛增长经济效益，评先进班组、评合理化建议标兵、评技术革新能手、评销售能手、评生产操作能手。

1994～1997 年，继续开展“双增双节”活动，开展以提高经济效益为目标的劳动竞赛。1997 年 3 月，县粮食局、长运集团公司、耐火器材厂和包闻书等分别被评为地区劳动竞赛先进单位和个人。

1999 年，开展以基层工会为组织单位的劳动竞赛活动，主要内容形式有“安康杯”安全生产竞赛、职工技术创新、科技进步与创新、经济技术创新、技术创新能手等。在竞赛活动中形成“尊重劳动、尊重知识、尊重人才、尊重创造”的风气。2001 年，全县 126 家企业工会组织劳动技术竞赛，开展经济技术创新活动，6000 多名职工参与岗位练兵活动。2003 年，全县有 17 家企业参加“安康杯”劳动竞赛，长运公司被评为丽水市“安康杯”竞赛优胜企业。

2004 年 5 月，县总工会、经济贸易局、卫生局联合开展以提高职工安全卫生意识和技能为重点，以降低工伤事故和职业危害发生为目的的“安康杯”竞赛活动。全县有 44 家企业、3717 名职工参加竞赛活动。2005 年，组织职工参加以提高经济效益为目标，争当“创新能手、技术标兵”的竞赛活动。2006 年，全年有 79 家企业 5000 多名职工参加以岗位练兵、双增双节等为内容的生产竞赛活动。58 家国有、集体及规模以上非公企业的 5717 名职工参加“安康杯”竞赛活动。2007 年，全县有 138 家企业组织开展“安康杯”竞赛活动，参赛职工 6923 人。20 个乡镇及工业园区均成立竞赛领导小组，国有、国有控股及规模以上非公企业参赛率 100%。

2008 年，有 17 家企事业单位组织各类技术比武 23 场。有 148 家企业组织职工参加“安康杯”

竞赛活动，参赛7923人。开展技能培训、技能帮带、技能竞赛、技能晋级等“四位一体”的职业技能提升工程，共组织培训8批次、职工500多人，职业技能等级晋升220人。2009年，继续开展“安康杯”竞赛活动，谢村源水利水电开发有限责任公司获省“安康杯”竞赛活动先进单位。

2010年，全县参加“安康杯”竞赛活动职工9800余人，10家国有和国有控股企业、规模以上非公企业全部参赛。县供电局古市供电所被评为2009年度全国“安康杯”竞赛优胜班组。

举办职工文体活动

1953年1月，在县城原谢家祠堂创办县工人俱乐部，设立文娱活动室、图书室，并在古市镇设图书流动站1所。县总工会创办《工人通讯》刊物，有工人通讯员42人，每期发行46份。配合各项工作，举办图片展览；举办职工球类友谊赛、广播收听、政治讲座等活动；协助基层工会开办图书室10个。1955年，县工人俱乐部增添设备，有书籍、音响、乐器、体育用品等，职工文化活动阵地拥有比较完整的文化设施。1956年，配合县政府建立县体育协会，开展广播操等形式的体育活动，举办全县职工篮球赛和职工文艺汇演。1957年，举办职工篮球、排球、乒乓球和象棋比赛活动，14个基层工会285名职工参加活动。10月1日，举办庆国庆文娱活动。

1960年5月1日，举办职工篮球比赛。1961年，举办元旦文娱联欢晚会，主题是歌颂党的领导，宣传大办农业大办粮食，倡导大跃进和技术革新等。各基层工会在“五一”与国庆期间举办文体活动。1962年5月1日，西屏、古市镇基层工会组织开展象棋比赛。全县基层工会开展演唱革命歌曲活动。1963年国庆节，各级工会举办篮球、乒乓球、排球等比赛活动。1964年，举办职工篮球、排球、乒乓球、射击等锦标赛。是年，松阳造纸厂、松阳毛弄煤矿、西屏镇、古市镇等建立工人俱乐部、工农俱乐部。

1980年，举办篮球、棋类比赛。1982年5月1日，县工会与文化馆联合举办文艺会演。1983年，举办春节拔河、象棋、乒乓球、自行车慢速比赛；举办县史专题报告会，举办矿工、锅炉工、养路工、炊事员、搬运工、邮递员代表参加的“光荣岗位工人座谈会”，举办戏曲、音乐、越剧流派讲座；与团县委、经济委员会联合举办小发明、小革新、小改造、小设计、小建议“五小智慧杯”竞赛活动。是年，县政府拨土地900平方米，由省总工会投资建造县工人俱乐部。1984年，举办篮球、乒乓球、象棋、自行车比赛。举办全县音乐舞蹈调演、职工书画摄影展、“在四化征途上报告会”。与县委宣传部、团县委、教体局、文化局联合举办“迎春普通话演讲比赛”。1985年，举办乒乓球、围棋个人赛。与人民银行、粮食局、物资局等工会联合举办松阳、遂昌2县职工参加的中国象棋友谊赛。1986年，在县工人俱乐部举办科普知识、书法、美术展览等。举办吉他、美术、演讲、书法等文艺比赛及其他小型的文娱体育活动。举办小提琴、吉他等培训班。文娱活动室、图书室等活动室共接待13600余名职工参加活动。

1987年，举办首次越野长跑比赛。举办职工棋类、桥牌、舞会、乒乓、阅览等比赛和活动。举办“女工演讲会”“改革在我们这儿”演讲比赛、法律知识口头抢答竞赛。举办美术学习班、音乐培训班、舞蹈培训班。《松阳县职工文艺作品选》出刊。1988年，举办龙宫灯谜、书法展览、摄影展、雕塑油画展、军人画展、舞会等活动。举办职工篮球、乒乓球、棋类、桥牌赛。举办少年儿童文艺演出。1989 年，举办迎春长跑比赛，1300 多名职工参赛。举办“电力杯”和“乒协杯”乒乓球赛，80 多名职工参加。举办太极剑训练班、中老年迪斯科学习班、美术学习班和职工健身健美操学习班。举办党政工领导干部篮球友谊赛，20 个代表队 200 余名干部参赛。举办“爱国爱党爱社会主义合唱比赛”，19 个系统（局）462 名职工干部参加。

1990 年，举办篮球、乒乓球、棋类、拔河、迎春长跑、田径等体育活动。举办美术、音舞等培训班。1991 年，组织参加省“丝绸之春”文艺会演，歌舞《缫丝工之歌》、曲艺《工厂新风》获二、三等奖。举办首届职工文艺创作汇演，全县 16 个系统工会共创作 19 个音乐、舞蹈、曲艺、小品等形式的节目参加演出。举办“党在我心中”演讲比赛。举办“社会主义好”征文比赛，共征集到 28 篇作品，其中 7 篇作品入选地区并参加全省征文比赛。组织职工参加地区第二届职工文艺创作会演，获地区优秀组织一等奖。

1992 年，举办以歌颂社会主义祖国和税收法制为内容的“五一”书法比赛，共征集 200 多幅书法作品。组织“七一”慰问演出团，到古市、松阳煤矿等地给一线职工群众慰问演出，演出团由 14 个部门单位 46 名文艺职工组成，有合唱、独唱、歌舞、戏曲、曲艺等形式。举办《中华人民共和国工会法》《中华人民共和国妇女权益保障法》知识竞赛。1993 年，举办职工文艺创作会演，有 16 个部门单位组织职工创作节目参加演出。是年，《处州制药厂厂歌》、小品《假药显形记》获丽水地区文艺创作汇演一等奖。1994 年，《处州制药厂厂歌》获省文艺创作汇演创作奖。1995 年，举办庆“三八”女职工环城长跑比赛，400 多名女职工参赛。1996 年，举办“金盾杯”职工拔河比赛。

1997 年元旦，举办职工乒乓球赛。与司法局联合举办庆“‘五一’迎接香港回归”法律知识竞赛，28 个代表队参加。1998 年，举办职工演唱赛，47 个代表队 180 多名职工参加。12 月，根据浙江省总工会的文件精神，松阳县工人俱乐部更名为松阳县工人文化宫。1999 年，与体育局、妇联联合举办女职工广播体操和健美操比赛。举办庆“五一”首届企业职工田径运动会。举办“庆祝澳门回归，迎接 2000 元旦”活动，全县 11 个系统的 232 名职工参加男子射箭、女子弩、男子台球比赛。

2000 年，开展“凝聚力工程”活动，举办全县职工运动会、职工演唱赛和健美操比赛等活动。2001 年，全年举办戏曲演唱赛、《中华人民共和国工会法》知识竞赛、灯谜活动、歌曲演唱赛、台球赛、书画展等活动。2002 年，举办《中华人民共和国工会法》知识竞赛等活动。

2003 年，进行厂、院、校歌创作评选活动。举办职工保健知识竞赛、企业形象大使选拔赛和系统乒乓球循环赛等活动。举办全县职工庆“五一”拔河比赛。2004 年，举办全县职工拔河比赛、合唱比赛、职工篮球赛、职工广场文艺晚会等活动。2005 年，举办“十大歌星”与优秀歌手评选活动。全年组织和参与大型职工文化活动 6 次，基层工会组织职工文化活动共计 200 多场次。2006 年，举办全县职工庆“五一”趣味体育活动。全年举办大型文体活动 3 场，各级基层工会组织职工文化活动总计 89 场。

2007 年，在市政广场举办“迎奥运庆‘五一’”职工拔河比赛，全县机关、企事业单位 66 支代表队 1500 多名职工参赛。举办“职工风采”摄影比赛，共收到 200 多件摄影作品。工人文化宫开展企业文化人才的发现与培养工作，组建企业文化辅导工作队，成员 25 人，全年到各企业开展各种文体辅导活动 16 次，协助机关、事业单位开展文体活动 8 次，观众 6000 余人。组织职工演出团队，举办慰问工业园区企业员工夏凉文艺晚会和慰问革命老区文艺演出 2 场大型文艺活动，观众近 3000 人。

2008 年，举办全县职工气排球比赛，成立松阳县气排球协会。2010 年，组织 60 名职工组成的代表队参加浙江省首届体育大会开幕式的表演和决赛。继续打造职工气排球文化活动品牌，举办第三届、第四届全县职工气排球比赛，16 个乡镇代表队、49 个部门、企事业单位代表队、12 个离退休老同志代表队近 1200 余名运动员参加。

为特困职工送温暖

1952～1954 年，在西屏、古市镇搬运站和公私合营发电厂等单位进行工资改革，有 20 个单位为职工增加工资。通过工资改革，提高职工生产积极性，工效提高一倍左右。1956 年 7 月，县工会联合会召开职工工资、劳保福利工作会议。1957 年，对符合困难补助的职工进行物质和贷款相结合的帮助。1960～1962 年经济困难时期，各级工会协助行政开展职工困难补助工作。1963 年，落实职工补助经费来源，做好被精简下放职工的安置和生产自救工作。

1982 年，各级工会对伤病、退离休的职工进行定期慰问。有 45 个单位建立职工储金会。至 1983 年，对 830 名职工进行困难补助，补助总额 23317 元；有 56 个基层工会建立职工储金会，储金总额 39000 元。1984 年，各级工会建立职工储金会互助组织 56 个，储金额 44737 元。1987 年，松阳煤矿工会开展互助互爱活动、慰问离退休职工、放电影 103 场、经济补助困难职工等工作；古市区供销社、处州制药厂、车站工会做好职工食堂和幼儿园工作。

1992 年春节前夕，县总工会开展“进万家门、知万家情、解万家难、暖万家心”的“送温暖”活动，对全县 29 名特别困难职工进行家访，并送去慰问补助款。8 月 1～3 日，慰问 50 多名在洪灾中蒙受损失的职工；地区工会办事处拨慰问款 4000 元。1993 年，省、地工会共拨救济补助款 2500 元、困难职工慰问款 1400 元，用于“送温暖”工作。1996 年 9 月，贯彻县政府《关于对特困职工实行若干优惠政策的通知》，县总工会、财政局制定《松阳县特困职工救急济难基金管理办法》，凡属城镇家庭人均月收入低于 100 元且生活特别困难的，给予发放特困职工优惠证，享受政府优惠待遇，特困职工优惠证每年审核一次。1997 年，慰问古市轮胎翻修厂等 11 家特困企业和 31 名职工困难户。地区工会办事处拨款 5000 元，用于遭洪水灾害的职工生活困难补助。至 5 月 30 日，全县共有 104 个单位 6067 名干部职工为“送温暖”活动捐款 74462 元。1999 年，为下岗职工举办 4 期再就业培训班（计算机、服装、美容美发、裁缝），培训下岗职工 154 人，其中 95 名实现再就业。对家庭人均月收入达不到 120 元的 30 户特困职工颁发特困证并建立特困职工档案。

2000 年 7 月，对各级工会帮扶特困职工工作作出规定与要求。11 月，摸底调查全县困难职工 314 人、特困职工 51 人。举办服装裁缝、美容美发、来料加工、电脑技术等培训班 10 期，培训下岗职工 706 人，310 名下岗职工重新走上就业岗位。在全县在职干部、职工中掀起“送温暖基金”筹集募捐活动，共筹集资金 20 余万元，对 75 个困难企业和 587 名困难职工进行慰问。为 20 名特困职工落实生活补助和优惠政策，并颁发特困职工证书。为 35 名困难职工帮扶结对，其中有 5 名实现脱贫。2001 年 1 月，慰问特困职工和困难职工 364 户，慰问金 15.17 万元。7 月，在各级工会组织开展“1+1”为主要内容的职工互助互济活动。即每个职工每月出资1元（最低），企业每月为每个职工捐资不少于1元，逐月积累基金，帮助解决本企业职工因病、因灾等原因而造成的生活困难。是年，共走访困难企业81家，慰问困难职工452人，发放慰问金7.6万余元。开展职工职业技术培训和下岗职工再就业培训，培训下岗职工156人，经牵线搭桥，使74名下岗职工走上就业岗位。2002年，各级工会组织做好“第一知情人”，切实履行“第一责任人”的职责，对困难职工进行全面调查摸底。继续实施“送温暖工程”，筹集“送温暖基金”5.3万余元，慰问特困职工62户352人，发放慰问金5.2万余元。开展结对扶贫帮困活动，使26户特困职工实现脱贫。举办服装、美容美发、来料加工、电脑技术等培训班，培训下岗职工364人，有65名下岗职工走上就业岗位。2003年3月，县总工会建立特困职工档案，筹集基金4.32万元，慰问困难职工500余人、特困职工60户，新增帮困结对52对，发放慰问金4.82万元。2004年，走访慰问困难职工101户，慰问职工324人，新增帮困结对45对，发放困难职工慰问金5.2万余元。2005年，筹集困难救助资金12万多元，救助困难职工117户；资助结对助学资金3万余元，使27名困难职工子女圆就学梦。分别帮助安民乡安岱后村修复自来水，李坑村开发白茶基地，李坑、苏马坪村恢复台风灾后生产，四都乡塘后村修建道路等，共捐资1.3万元。

2006年，组织筹集资金40余万元，对2000多名困难职工实施慰问和救助。其中，县总工会筹集资金4.91万元，慰问困难和特困职工246户、困难企业44家。开展“金秋助学”活动，筹集资金3.5万元，对30名中小学困难职工子女（包括7名农民工子女）进行助学，帮助5名家境困难高校新生圆大学梦。2007年，对60名建档困难职工形成结对帮扶机制，对44名贫困学生开展“金秋助学”活动。共慰问困难企业50家，特困、困难职工241人，累计资助资金15余万元。2008年，建立扶贫帮困长效机制，完善特困职工档案。筹集助学资金5万余元，资助困难学生54人。慰问困难企业60家，特困、困难职工253人，资助资金1万余元。8月，开展送清凉活动，对坚持高温作业的企业一线工人进行慰问。2009年，举办电工、焊工、司炉工、起重机操作、家政服务等培训班10期，培训下岗失业人员和返乡农民工675人。新建档困难职工175人，筹集慰问资金18万元。组织女职工妇科检查，共有2720名女职工参加。2010年，调整困难职工帮扶救助办法，把符合条件的175户困难职工纳入救助体系。走访慰问困难职工，发放慰问款、物共计20余万元。投入资金6万余元，对61名困难职工（农民工）子女进行助学。

维护职工权益

从1982年开始，县总工会和各级基层工会指定专人负责，受理职工来信来访和劳动争议问题。1989年3月，县总工会成立法律顾问处。1992年，根据《劳动争议暂行条例》有关规定，全县有35家企业建立劳动争议调解委员会，委员会人数100名，其中职工代表42名、行政代表28名、工会代表30名，全年共受理职工劳动争议案件6件。1994～1998年，共受理职工来访96批次1186人次，来信132件。受理劳动争议和纠纷案52件，参与劳动争议仲裁庭审理案件43件，参与职工工伤伤残鉴定120余人次。1998年，各级工会开展《中华人民共和国工会法》《中华人民共和国劳动法》宣传活动，建立企业劳动争议调解委员会，总工会参与处理突发事情。1999年，与信访局建立信访接待联席会议制度。1999～2002 年，共接待职工上访 71 批次 603 人，其中集体上访 15 批次 162 人、来信 46 件。

2003 年 5 月，松阳县总工会困难职工帮扶中心（以下简称“中心”）建立。中心承担政策咨询、困难救助、职业介绍、法律援助四项主要职能。至年末，全县建立劳动争议调解组织 49 家、劳动保护监督组织 49 家。受理劳动争议和纠纷案件 52 件，参与劳动争议仲裁庭审理案件 43 件。2005 年，启动“情系职工，服务会员”工作活动，在法律、图书阅览、妇幼保健、购物等方面定点为工会会员提供优惠服务，为 7000 余名工会会员办理会员优惠卡。至年末，接待职工来信来访 90 多批次 1330 人次，为职工提供法律咨询 700 余人次，为 15 个案件提供法律援助，参与劳动仲裁案件 12 件，为职工追回各种赔偿金 112 万余元，筹集困难救助资金 12 万余元，救助困难职工 117 户。培训职工 1870 多人次，为职工牵线搭桥，实现再就业 480 余人。2006 年，中心接待职工来信来访 56 批次，办结率 95%；为受到侵害的职工提供法律援助 22 起，解决清欠工资案件 7 起，为 48 名农民工（其中 17 名外来工）追讨工资合计 19 万余元，参与劳动仲裁案件 17 起，为职工直接挽回各种经济损失 4.2 万元，累计 140 万元。是年，被省总工会评为工会维权工作先进集体。

2007 年，中心启用“全国帮扶工作管理软件”，完善困难职工帮扶档案管理和数据统计工作。中心参与劳动仲裁案件 16 起，为 7 起职工（农民工）权益受侵害案件提供法律援助，为职工追回各种赔偿金 43 万余元，协助有关部门为农民工追讨欠薪工资 26 万余元，全年接待来信来访职工 128 人次，办结率 100%。继续开展“情系职工，服务会员”活动，在 5 家单位推出工会会员优惠服务工作，至年末已为 8600 余名工会会员办理会员优惠卡。开展“寻找最感动你的民工，最具才艺的民工，感动民工的好企业”的推选工作。开展关爱农民工活动，向非公企业职工送去《中华人民共和国工会法》《中华人民共和国劳动法》《民工维权 100 问》等维权资料。

2008 年，中心参与劳动仲裁案件 26 起，为 37 起职工（农民工）权益受侵害案件提供法律援助，协助有关部门为农民工追讨欠薪工资 43 万多元。共接待职工来信来访 87 批（次），办结率 100%。2009 年，调处各类信访案件 36 起，参加劳动争议案件仲裁 40 起，挽回职工经济损失 150 万元；帮助解决拖欠农民工工资案件 28 起，清欠工资总额 55 万元。全年新签女职工权益保护专项集体合同 80 家，累计有 275 家企事业单位签订女职工权益保护专项集体合同。中心获“浙江省职工维权帮扶中心先进集体”称号。2010 年，中心共调处各类信访案件 18 起，参加劳动争议案件仲裁 12 起，帮助解决拖欠农民工工资案件 8 起，依法为农民工挽回各项经济损失 35 万余元。在西屏、古市等 7 个乡镇相继建立劳动争议调解组织。全年乡镇劳动争议调解组织共调解各类劳动纠纷 10 余起，涉及金额 6 万余元。

劳动模范等先进评选推荐工作

县级模范评选表彰　1951 年 4 月，松阳县召开首届劳动模范表彰大会，评选出 10 名劳动模范，其中男 9 人、女 1 人。1954 年，评选出县级工业劳动模范 13 人。1958 年，评选出县先进集体 60 个。1960 年，评选出县级先进集体 10 个。1961 年，评选出县级先进集体 11 个。1962 年，评选出县级先进集体 4 个。1963 年，评选出五好班组、先进集体、单项先进、先进班组共 15 个。1964 年，评

选出先进集体53个。1965年，评选出县级五好企业1个、先进集体4个、先进班组5个、单项先进1个。1966年，评选出五好企业8个、先进单位15个、单项先进单位6个、先进班组14个。1978年3月，评选出县级先进单位2个、先进集体40个。2004年，县委、县政府授予叶文汉等7人县级劳动模范称号，授予县实验小学模范集体称号。2007年，卢良根等10人被评为县级劳动模范，中国银行股份有限公司松阳县支行、县供排水有限公司、凯尔泰竹木制品有限公司（非公企业）被评选为县级模范集体。

图25-2 松阳县劳动模范学习座谈会（叶光铭 摄于2006年）

市级模范推荐 1955年，推荐6名先进人物为专区级劳动模范。2003年，推荐陈全潘、翁凤英、应友君为丽水市首届劳动模范；推荐西屏镇中心小学为市级模范先进集体。2008年，推荐夏宗云、范春根、林发生、刘志远、孟文魁为市级劳动模范；推荐中国银行松阳县支行和赤寿乡界首村为市级劳动模范集体。2009年，推荐松阳供电局营业厅、中国电信股份有限公司松阳分公司政企客户部和县人民医院外科为丽水市“工人先锋号”；推荐杨永生为“丽水市勇克时艰十大优秀职工”。2010年，推荐县人民医院外科为“丽水市工人先锋号”；推荐刘志华为“丽水市十大杰出职工”。

国家部委与省政府表彰的先进 1952～2010年，获国家部委、省政府表彰的先进集体有6个。1956年5月，国务院命名县木材收购站为全国先进集体。1982年，松阳煤矿采掘一队获浙江省劳动模范集体。1999年，三都乡后湾村获浙江省农村模范集体。2007年，县长运有限公司客运中心站被浙江省委组织部、省总工会命名“三级联创”先进县。2008年，松阳县总工会被浙江省委组织部、省总工会命名“三级联创”先进县。2010年，县人民医院外科获浙江省五一劳动奖状（班组）。

获全国系统劳动模范称号的有马慰大、杨堂金；获全国五一劳动奖章（状）的有潘长旺、谢作庭；获浙江省劳动模范称号的有程凤娣、宋宪华、叶子福、潘陈根、宋火星、陈全潘、刘晓高、林发生、夏宗云；获浙江省生产（工作）先进者称号的有吕福祥、阙琳珠、张华荣、涂玉长、吴颜森、叶新、何火亮、郑潮鸿、范金娇、叶因元、阙祖德、潘官信；获浙江省五一劳动奖章（状）的有卢良根、黄樟生。

第二章　共青团

中国共产主义青年团松阳县委员会（简称团县委）自建立以来，领导全县青少年贯彻党的路线、方针、政策，完成党和政府交给的各项任务，开展多种形式、适合青少年特点的活动，发挥其生力军和突击队的作用。

第一节　组织机构与建设

机构沿革

民国24年（1935）7月，中共竹溪区委批准建立共青团竹溪区委，下辖燕田、黄南、蛤湖、洋坑埠头、五部、台坑、曹竹8个团支部，团员100余人。民国25年4月，团区委书记被捕牺牲，团组织停止活动。

1950年5月，中国新民主主义青年团松阳县工作委员会建立。1957年7月，更名为中国共产主义青年团松阳县委员会。1958年11月，随县制撤销。“文化大革命”期间，共青团组织停止活动，1976年10月后恢复共青团组织。

1982年4月，中共松阳县委任命共青团松阳县委副书记1名主持工作。1992年，全县有基层团委33个、总支22个、团支部660个、团员12581人。1997年，县委批准《共青团松阳县委机关职能配置、内设机构和人员编制方案》。2002年，团县委机关行政编制4人（含工勤人员）；其中书记1人、副书记1人。2005年，增加副书记编制1人。2010年，团县委机关行政编制4人（含工勤人员），其中，书记1人、副书记2人。

主要职责

团县委机关的主要职责是贯彻执行县委、团市委的指示，实施团代会决议，及时向县委和团市委报告执行中的新情况、新问题；领导全县共青团、少先队工作，加强青少年活动阵地的建设和管理；制订并组织实施全县团的工作计划，指导和协调各乡镇、部门、学校共青团工作。调查青少年思想动态和青少年工作情况，研究青少年工作理论和思想教育问题，提出相应对策。团结带领全县青少年在松阳两个文明建设中作出贡献，发挥主力军和突击队作用。协助政府教育部门组织中小学生开展各具特色的教育和活动，维护学校稳定和社会安定团结。协同有关部门监督青少年法规的执行，利用各种宣传、舆论阵地为青少年健康成长提供良好的社会环境，开展青少年的维权工作。会同乡镇党委做好团委换届和团干部协管工作，指导并组织全县各级团干部的在职培训。负责全县“希望工程”的实施工作，并做好延续和深化。

组织建设

1955年，松阳县第一次青年社会主义建设积极分子大会召开。1958年7月，第二次青年社会主义建设积极分子大会召开，出席代表183人。

1958年11月，团县委随县制撤销，松阳区域的基层团组织由遂昌县团委领导。1982年，恢复共青团松阳县委。

1987年，县青少年宫活动中心建立，属公益事业单位，地址设县城大井路2号文庙内，2001年迁至县环城西路97号。

1990年，供销合作联社团委、机械厂团总支、中医院团支部、农业银行团委相继成立；3月，监察局团支部、劳动局团支部成立；4月，枫坪乡团校成立；5月，土地管理局团支部成立；11月，统计局团支部成立。是年，青农、青工、学校团工作管理委员会成立，分类分条线管理全县共青团工作。

1996年，松阳县开展“党团共建”目标管理工作，谢村源水库电站团支部成立。1998年，重新建立机关团委，成立国家税务局团支部、邮政局团支部、药检所团支部、共青团枫坪乡中心学校团总支。1998年，全县共有合格团委34个、合格团支部759个、三类团支部43个。

1999年，松阳县开展创建共青团工作示范乡镇活动，在团基层组织中开展创建“五四红旗团委”活动；电信局团总支部、中国农业银行松阳县支行团支部委员会成立。是年，发展新团员3409人，全县共有团员14271人。

2000年，城南中学团委成立，为县直属团组织；成立林苑工艺有限公司团支部、越天制衣有限公司团支部委员会。西屏镇团委、斋坛乡团委、古市镇团委为共青团工作示范乡镇。2001年，成立古市中学团委。2003年，撤销共青团松阳县城乡建设环境保护局总支委员会，成立共青团松阳县建设局总支委员会；成立松阳移动公司团总支、共青团民族中学委员会、共青团大东坝中学委员会、浙江松寿堂中药有限公司团支部；符合建团条件的非公有制企业建团率85%。2004年，成立谢村源水库电站团总支。2008年，成立共青团工商行政管理局工作委员会、国土资源局工作委员会。2010年，新建非公企业团组织43家、新社会组织6家；新建2个县直属团组织，2个非公企业建立驻外团组织，在义乌建立首个驻外团工委。

第二节　共青团代表大会

1954年到2010年12月，共青团松阳县委员会共召开12次代表大会。大会选举产生委员会委员、常委、副书记、书记。

松阳团县委历次代表大会简况表

表 25-2-2-1

届次	时间	代表数（人）	团员总数（人）
第一次	1954 年 10 月 9～14 日	225	2996
第二次	1956 年 8 月 29 日至 9 月 2 日	337	3961
第三次	1957 年 12 月 5～13 日	210	4202
第四次	1982 年 12 月 16～19 日	255	9456
第五次	1986 年 1 月 20～23 日	197	10716
第六次	1988 年 9 月 27～30 日	195	12306
第七次	1991 年 11 月 20～22 日	230	11933
第八次	1996 年 6 月 24～26 日	213	13796
第九次	1999 年 12 月 21～22 日	183	14271
第十次	2002 年 12 月 26～27 日	150	12857
第十一次	2006 年 11 月 27～28 日	154	12933
第十二次	2009 年 12 月 28～29 日	170	13286

第三节　青少年活动

青年创业创新活动

1964 年，松阳区域团组织指导团员青年开展农业科学实验及种试验田、丰产田活动。

1978 年，开展“学科学、用科学、夺高产”“争当新长征突击手”和“争能手、创一流”活动。团员曾玉亮获全国“新长征突击手”称号，1982 年出席团中央和农委联合召开的全国青年学科学、用科学经验交流会，被授予全国农村青年学科学、用科学标兵；当选为共青团第十一次全国代表大会代表、团中央第十一届委员会候补委员。1984 年，在农村青年中开展专业户、示范户活动。1987 年，1 万余名团员青年参加“青年能手杯”竞赛活动。1988 年，对 12306 名团员颁发团员证；同年，开展“学南州，献青春”活动。

1990 年，税务系统联合财政系统开展“学先进、比贡献、争当税务系统青年标兵”活动，评选优秀青年标兵。组织开展“收旧利废周”活动，提高废弃物重复利用率，提倡勤俭节约。在农村开展“青年星火带头人”活动，有 2 名团员青年被团省委、省科委授予“星火带头人”称号。

1997 年，开展“百万农村青年科技传播活动”，贯彻落实“扶持十个村，带动百个村，培养千名科技致富带头人、帮助万名青年脱贫致富奔小康计划”。1998 年，全县有青年星火基地 21 个、青年星火带头人 112 人、参加实用技术培训 1009 人。1999 年，全县共有青年星火基地 24 个、省级青年星火带头人 3 人、市（地）级青年星火带头人 30 人、县级青年星火带头人 162 人。2001 年 4 月，1 人获省“农村青年星火带头人”称号，7 人获市“农村青年星火带头人”称号。

2002 年，团县委联合金融部门指导成立乡青年技术服务队，开展信贷扶持青年创业发展工作。2003 年，举办第二届青年创业设计大赛。各级团组织开展服务创业结对帮扶工作。实施“服务青年创业计划”。1 人获浙江省农村“青年星火带头人”称号，2 人获市青年岗位能手称号。2005 年，2 人获市第二届农村青年创业设计大赛二等奖、1 人获三等奖；绿都果品专业合作社被评为丽水市十大青年农业示范基地；1 人获市“青年岗位能手”称号。

2007 年，成立青年创业者协会。推出“农村青年人才培训工程”，举办各类职业技能培训班 6 期，培训学员 312 人，实现就业 268 人；开展农村青年适用技术培训 22 班次，受训 1000 余人。开展青年效益农业开发行动，培养农村青年星火带头人 26 人。开展导师带徒、岗位练兵、青年岗位能手竞赛等活动，培养青年岗位能手 52 人。2008 年，开办“高举旗帜跟党走，创业创新作贡献”主题教育活动，帮助青年就业和再就业。开办职业技能培训班 12 期，培训学员 991 人，实现就业 991 人；开办农村青年适用技术培训 10 余班次，受训 1000 余人。建立青年创业者协会导师团，坚持把带动青年创业就业作为服务青年的重点着力点，创造性地开展凝聚创业团体、挖掘创业典型、创业经验交流、着力创业实践、提升创业能力等工作，切实加强青年创业工作、助推经济发展。

图 25-3　青年创业创新大赛（叶光铭 摄于 2010 年）

2009 年，发放青年创业贷款 1819.5 万元，扶持创业青年 157 人。推进农村青年培训转移就业工作，开设 13 个班，培训青年 726 人，转移就业 617 人。开展实用技术培训，受训 140 余人。2010 年，发放青年创业贷款 2010.5 万元。举办技能培训班 12 期，培训青年 937 人，转移就业 910 人；举办青年创业培训班 2 期、创业训练营 1 期，受训 165 人。建立 9 家就业创业见习基地，建立首个大学生村官创业实践基地，筹建青年农业创业孵化基地。筹备建立青年创业者协会创业发展基金，首批募集资金 300 万元，打造抱团创业文化。

2002～2010 年，为深化信贷、扶持青年创业，共为八批次 176 名农村青年发放“创业发展信用卡”。

创建“青年文明号”

“青年文明号”是以青年为主体，在生产、经营、管理和服务过程中创建的体现高度职业文明、创造一流工作成绩的青年集体（班、组、队）、青年岗位（岗、台、车、船、站、所、店）和青年工程。旨在组织和引导青年诚实劳动，文明从业，树立敬业意识、创业精神和质量、安全、效益、竞争、服务等观念，展示精神风貌，塑造行业形象。

1996 年，根据《浙江省“青年文明号服务卡”暂行管理办法》，推行“青年文明号服务卡”。1998 年，全县命名的青年文明号 8 个、推行青年文明号服务卡单位 6 个、争创青年文明号活动单位

34 个。1999 年，全县共有市级文明号 2 个、县级文明号 8 个、推行青年文明号服务卡单位 7 个、争创青年文明号活动单位 36 个。松阳县邮政局储汇班获 2000 年度省级青年文明号。

截至 2010 年，全县共有县级青年文明号集体 20 个、市级青年文明号集体 18 个、省级青年文明号集体 1 个。

青年志愿服务活动

1996 年 12 月，各级团组织和青年志愿者深化“扶贫助困送温暖”行动，开展文化、科技、卫生“三下乡”活动。“三五”学雷锋纪念日（下称“三五”）期间，松阳师范校团委组织青年志愿者服务队上街为民众义务篆刻、写字，修理自行车、三轮车，照相，缝补衣服，开展心理咨询、联系家教等。

1998 年，全县有青年志愿者服务队 149 支、青年志愿者服务站 26 个、青年志愿者一对一结对 453 对。“三五”期间，全县各团委、团组织开展青年志愿者学雷锋活动。1999 年，全县有青年志愿者服务队 171 队、青年志愿者服务站 26 个、青年志愿者一助一结对 563 个；开展“千名自愿者结对百名革命功臣”“青年志愿者绿色行动”等活动。

开展青年志愿者文明行动活动。组织青年开展为老、助残服务。至 2003 年，全县有 249 支青年志愿者服务队、7000 余名青年志愿者。

2004 年，实施大学生志愿服务欠发达地区计划。2005 年、2006 年，分别有 1 人获评服务丽水“十佳”大学生志愿者。2007 年，全县有 100 余支青年志愿者服务队，参加各项工程建设志愿活动 46 次，2000 余名青年参与活动。松阳一中志愿者服务站获省级先进青年志愿者服务站。2008 年，开展“传播志愿服务精神，打造爱心松阳品牌”浙江省首个志愿者日统一行动，开展“社区矫正志愿者阳光行动”。全县注册志愿者服务队 76 支，志愿者 3503 人。2010 年，开展“青少年生态绿色行动”，建立 50 余支共 1000 名成员参与的生态环保志愿者队伍。

图 25-4 青年志愿者便民服务（叶光铭 摄于 2007 年）

助学助医活动

爱心助学工作是共青团组织服务青少年成长的一项载体，1989 年，设立专职工作人员从事爱心助学工作。1995～2010 年，获得援建希望小学建设资金 350 余万元，兴建 16 所希望小学：大东坝希望小学、水南小学（西屏镇圣雄希望小学）、樟溪小学（赛尔国贸希望小学）、三都小学（浙大 37 期总裁班希望小学）、新处小学（巍巍希望小学）、枫坪小学（养生堂成长快乐希望小学）、阳溪小学（联华保洁希望小学）、赤寿小学（超宁希望小学）、新兴小学（正达希望小学）、望松小学（圣雄希望小学）、叶村小学（精工钢构希望小学）、谢村小学（凯德希望小学）、象溪镇中心小学（浙江精工钢构希望小学）、靖居小学（巍巍希望小学）、古市镇岗寺小学（锦绣育才希望小学）、赤寿小学（锦绣育才希望小学）。

1992～2010 年，共发放助学款 144.26 余万元，资助学生 2180 人，其中小学生 1611 人、初中生 228 人、高中生 117 人、大学生 224 人。争取省级爱心助学款 58.8 万元，资助学生 1404 人；争取市级爱心助学款 19.6 万元，资助学生 172 人；争取县级爱心助学款 65.86 万元，资助学生 577 人。争取省青基会爱心助学款 11.44 万元，资助学生 39 人，其中资助小学生、中学生、大学生各 13 人。

2009 年，发动团队组织为家境贫困低收入农户青少年送爱心捐款 35070.85 元，为 10 名青少年申请“千里马医疗救助”资金，为 34 名低收入农户青少年助医提供资金 10.31 万元。整合社会资源帮助低收入农户青少年 3393 人，共计资助资金 130.11 万元。2010 年，发动各级团组织、少先队组织以及社会爱心人士为血友病女孩募捐，累计收到捐款 4 万余元。

少年先锋队组织与活动

1950 年，各中小学校先后建立少年儿童队。农村组织儿童团配合民兵站岗放哨。1953 年，少年儿童队改名少年先锋队（简称“少先队”）。1966 年，“文化大革命”开始，少先队为“红小兵”所取代。1978 年 12 月，恢复少年先锋队。各小学及初中均建有少先队组织。队章规定，凡 7～14 周岁的少年儿童，愿意遵守队章，提出申请，经中队委批准，均可成为队员。少先队员占学生总数 90%以上的学校设大队，班级设中队。大队、中队辅导员由学校领导、班主任兼任或聘请离退休干部、先进人物担任。1987 年 1 月 3～5 日，松阳县第一次少先队员和辅导员代表大会召开。

1996 年，开展“跨世纪少年雏鹰行动”。1997 年，开展向“全国十佳少先队员”学习活动。西屏镇小大队部获浙江省雏鹰红旗大队称号。1998 年，参加雏鹰行动的少先队员共 5668 人，参加手拉手活动的少先队员结对数为 538 人，参加雏鹰争章活动 3765 人。有雏鹰假日小队 358 个、少年军（警）校 2 个、少先队劳动实践基地 11 个、少年科（技）校 1 个、少先队鼓号队铜管乐队 9 个。1 人获省级雏鹰奖章，6 人获地级雏鹰奖章。6 月，召开少先队工作会议，表彰 10 个少先队雏鹰大队、10 名优秀辅导员和 34 名四级、5 名三级、1 名二级雏鹰奖章获得者。全县城镇雏鹰行动开展率 95%，农村少先队组织开展率 60%。1999 年，开展少先队建队五十周年纪念活动，开展“五自”“手拉手”“启明星”、百花园等活动，活跃“雏鹰假日小队”。

2000 年，松阳县少先队小干部学校成立。2001 年，开展以“新世纪我能行”为主题的体验教育活动。2003 年，开展“争戴小公民章，做合格小公民”系列活动。2007 年，实验小学集团学校的“快乐双休日”获全国少先队“魅力杯”优秀少先队队会、队日活动。

1996～2010 年，全县少先队员有 350 余人次受到省、市、县各级表彰。

第三章　妇　联

松阳县妇女联合会（简称松阳县妇联）是松阳县各族各界妇女群众组织，是党和政府联系妇女群众的桥梁和纽带。

县妇联主要职能是深入妇女群众反映妇女愿望和要求，为妇女群众谋利益，维护妇女儿童的合法权益；代表党和政府向妇女群众宣传党的方针政策，团结领导广大妇女；教育引导广大妇女发扬自尊、自信、自立、自强的精神，提高综合素质，促进全面发展；代表和组织妇女群众参与国家和社会事务的民主决策，参与有关妇女儿童法律、法规的制定；通过多种渠道和形式加强与社会各界的联系，协调和推动社会各界力量为妇女儿童做好事、办实事；巩固和扩大各行各业妇女的大团结。

第一节　妇女组织沿革

历史沿革

县妇女会　民国21年(1932)9月，松阳县妇女救济会成立。次年3月，进行改组，成立松阳县妇女会，选出理事5人、候补理事2人，并推定常务理事1人；设总务、训练、救济、组织、调查5个股。因选举“不足法定人数”，民国24年3月，重新组织松阳县妇女会，选出理事5人、候补理事2人，公推常务理事1人；设总务、组织、救济、训练、宣传5个科。民国25年、27年、28年、30年，先后4次换届选举，妇女会受国民党县党部指导。1949年5月，松阳县妇女会解体。

竹溪区苏维埃政府妇女队　民国24年(1935)7月，竹溪区苏维埃政府设妇女队。其职责是发动和组织妇女为红军和游击队送信、报信，护理伤病员和送粮送物，打草鞋、做布鞋支持红军。各乡、村苏维埃政府有相应的妇女组织。11月，革命根据地遭破坏，妇女队停止活动。

县妇女联合会　1949年7月，松阳县妇女协会成立。1950年，改称民主妇女联合会。1952年，江南、江北、古市、靖居、玉岩5个区设妇女联合会，全县42个乡(镇)有33名妇联主任，其余为女干部兼管妇联工作。1957年11月，松阳县民主妇女联合会更名为松阳县妇女联合会(简称县妇联)。1958年，随县制撤销。1982年4月，复设松阳县妇联，内设1个综合办公室。

组织建设

1958年后，境内区、镇、乡以及村级妇联组织健全。1982年，全县4个区、25个公社(镇)，配有妇联主任29人、委员263人，396个大队建立妇代会。1960～2010年，全县妇女组织获得国家级表彰的集体11个，个人6人；省级表彰的集体41个，个人52人；市级表彰的集体49个，个人55人；县级表彰的集体195个，个人267人。至2010年末，全县有镇、乡妇联20个，县直机关企事业单位妇委会28个，社区妇联6个，村妇代会401个。

第二节 妇女代表大会

1952～2010年，松阳县共召开10次县妇女代表大会。大会选举产生执行委员会委员、常委、副主席、主席。1952年6月，松阳县民主妇女联全会召开第一次代表大会，代表77人，选举产生执行委员会主任1人。2002年5月，松阳县第九次妇女代表大会召开，听取并审议通过《抓住机遇、团结奋进，为开创新世纪妇女工作新局面而努力奋斗》的工作报告，选举产生第九届执行委员会常委13人。2007年10月，松阳县第十次妇女代表大会召开，听取并审议通过《坚持科学发展，共建和谐家园，团结引领全县妇女为全面建设小康社会而努力奋斗》的工作报告，选举产生第十届县妇联执行委员会常委13人，其中主席1人、副主席2人。

松阳县妇女联合会第一至第十次代表大会一览表

表25-3-2-1

届　次	时　间	代表数（人）	选举产生执行委员会委员数（人）
第一次	1952年6月4～6日	77	主任1
第二次	1954年10月12～15日	124	21
第三次	1955年11月	不详	不详
第四次	1956年11月6～9日	199	15
第五次	1982年12月21～23日	210	25
第六次	1986年6月15～17日	263	25
第七次	1991年11月24～26日	260	29
第八次	1996年11月27～29日	220	29
第九次	2002年5月21～22日	199	29
第十次	2007年10月25～26日	168	29

第三节 妇女主要活动

参与社会发展

巾帼文明岗创建　1998年3月，县妇联印发《松阳县“巾帼文明示范岗”创建活动实施办法》，每年定期对已命名的“巾帼文明示范岗”（简称“示范岗”）和要求争创的“示范岗”进行考核、复查、评比和认定。1998～2003年，共创建“巾帼文明示范岗”23个，1012名妇女参加“示范岗”竞赛，评出10个先进“示范岗”、112名“巾帼建功”标兵。2004年，“示范岗”从科教文卫、窗口单位向私营企业、个体经济扩展，“示范岗”数量增至30个。2005年，“示范岗”增至32个，新增3个巾帼社区服务实体。2007年，开展以“倡导职业文明、实施关爱行动、创造一流业绩、培养岗位典型”为主要内容的“巾帼文明岗”创建活动，有县级岗18个、市级岗9个、省级岗5个、国家级岗1个。

巾帼社区服务工程　2001～2010年，县妇联在西屏镇6个社区组建妇联组织，把社区妇联的性质、指导思想、工作对象、工作任务等内容，制成5块板面，分送各社区上墙公示。组织开展“巾帼志愿者服务队”活动。全县共建立20支巾帼志愿者服务队，近500名志愿者为妇女提供法律援助、科技咨询、医疗保健、扶贫结对、环保绿化等方面服务。依托社区服务中心，开展技能培训、家政服务、职业介绍等，创办7个巾帼社区服务实体，培训下岗女工261人，帮助203名妇女实现就业和再就业。

巾帼建功活动　20世纪50年代中期，发动妇女参加造林育林，全县先后有10452名妇女投入造林，有“妇女解放林”和“三八纪念林”等共98片。1960年3月，靖居公社小槎生产队油茶专业队、西屏搬运站七姐妹小组被全国妇联授予“三八红旗”集体称号。80年代，更多妇女从事种植、养殖、加工业。1989年，有7000余名妇女掌握1～2门实用技术，35名妇女获农民技术员职称，1名妇女获助理农艺师职称。至1992年，全县有全国妇联授予“三八红旗”集体2个、“三八红旗手”4人；省妇联授予“三八红旗”集体9个、“三八红旗手”14人。2007年，开展“巾帼展风采，齐心创省卫”活动，建立巾帼保洁队。开展“十佳农村巾帼”“创业之星”评选活动。赤寿乡界首村被命名为省级巾帼示范村。2010年，鼓励妇女参与继续教育和学习；开展“一岗带数岗”“岗岗联创”“岗村联创”等工作，形成资源共享、岗村联动氛围。

双学双比活动　1989年，开展“学文化、学技术、比成绩、比贡献”的“双学双比”竞赛活动，全县有18010名妇女参加，参赛人数占全县妇女劳动力的42.23%。2008年，组织由全国“双学双比”女能手、省三八红旗手、省优秀来料加工经纪人等7名优秀创业妇女典型组成的农村妇女创业创新报告团，到西屏、古市、玉岩、大东坝、象溪等乡镇作巡回报告。录制3名农村“巾帼创业之星”的创业之路专题片，引导、提升女性创业意识。

图25-5　农村妇女“双学双比”竞赛活动插秧比赛现场（县档案馆提供 1992年）

三百工程　1998～2003年，组织广大农村妇女参与“三百工程”（扶持树立100个省级“妇字号”龙头企业，100个“双学双比”生产示范基地，100个妇女营销大户）。6年共举办培训班568期，有7.4万名妇女参与培训，其中绿色证书培训班20个、农函大培训班19个，有2738名妇女获得绿色证书、农函大证书。树立20个“妇字号”

企业、20个“双学双比”示范基地、20名“妇女营销大户”。有7家企业被评为市级“妇字号”龙头企业，6个基地被评为市级“双学双比”示范基地，7名妇女被评为“市级妇女营销大户”。受浙江省妇联表彰的“女能人”和“妇女营销大户”各2人。致富女能手与贫困妇女结对695对。

科技（实用）培训和技能竞赛活动 2004年3月，县妇联在古市镇无公害生态茶叶基地举办妇女采茶比赛活动，全县20个乡镇有80名采茶能手参加；9月，在樟溪乡万寿龙剑茶厂举办名茶制作培训班，50余名妇女参加培训；组织农村妇女参加科技部门视频网络培训，共举办93期科技培训班，培训妇女5710人次；创建县级“妇字号”龙头企业、“双学双比”示范基地、妇女营销大户各5个，树立科技示范户97户、评比表彰县级“巾帼创业能手”10人；创建市级“妇字号”龙头企业、“双学双比”示范基地各2个，妇女营销大户3个，“三八”绿色工程基地1个；开展“信贷支持农村妇女发展创业”活动，县农村信用联社提供25万元低息贷款支持16名妇女创业。

来料加工 2005年，组织乡镇妇联主席到来料加工点现场观摩；发展来料加工女经纪人29人，加工项目涉及10余个品种，加工费300余万元；争取100万元资金信贷，扶持50余名农村妇女创业。2006年，组织来料加工技能比武，把来料加工培训纳入政府“阳光工程”培训计划，编印来料加工人员培训手册，组织加工队伍开展加工技术培训。2007年，争取150万元小额低息信用贷款业务，为36名农村创业妇女从事种植、养殖、来料加工等提供资金支持。全县33家农村经济合作社中女社员占50%。2008年，新增2名经纪人在义乌设立联络点。至年末，全县有82名经纪人、10家加工企业，年发放加工费50万元以上的重点经纪人有10人，加工队伍7000余人，实现加工费2100万元。2009年，新发展专业村11个，培养经纪人103人，带动从业人员8540人次，全县发放加工费2855万元（其中低收入农户和异地转移农民638万元），人均增收3300元。35名来料加工经纪人（企业）获得46万元省来料加工以奖代补资金，10名经纪人获市妇联在欠发达乡镇发展来料加工项目补贴，8名经纪人获县政府奖励资金。帮助15名经纪人联系信贷扶持资金75万元。建立来料加工经纪人协会组织。组织7期电动缝纫车工培训班，培训500余名熟练工。组织4名经纪人参与市妇联组织的来料加工重点经纪人培训班。拓展温州、台州的服装、鞋革来料加工市场。至年末，全县有服装鞋革加工厂22个，吸纳加工人员2000余人。推动来料加工经纪人到温州、义乌等地开设摊位、窗口，延伸产业链，提高市场占有率。

2010年，全县实现来料加工费5065万元，从业人员12300人，培育17个专业村。帮助60位农村妇女创业致富获得305万元低息信贷资金。帮扶女大学生创业就业，带动女大学生村官加入来料加工、农产品基地开发等行业。

妇女创业就业 从2003年开始，连续7年开展信贷扶持农村妇女创业工作。2007年，发挥女能人带动效应，开展“双百”活动，即百名副科以上女干部联系百名女经纪人。培育来料加工女经纪人50余名，带动5000余名妇女从事来料加工业，人均增收1660元。形成串珠、彩灯、圣诞礼包、服装等特色加工基地。培育帮扶12名来料加工女经纪人，带动12个行政村成为来料加工特色基地。确定副科以上女领导联系女经纪人，开展“一对一”帮扶。组织12名女企业家与12户农村贫困妇女家庭结对，并解决就业难家庭6家。建立女企业家与帮扶对象联系卡，落实帮扶措施。

妇女参政议政

1953年，全县国家干部中，有女干部110人，占干部总数的16.64%，其中正副科长2人、正副区长2人，乡镇中有乡长、指导员、副乡长24人。1992年，全县副科级以上干部中有女干部21人，占总数的7.87%。历届县党代会、人代会、政协会议中都有一定比例的女代表、女委员。1990年，县党代会女代表33人，占总数的15.1%；人民代表中有女代表25人，占总数的10.2%；政协委员中有女委员22人，占总数的17.2%。村级妇代会主任1/3参加村两委会(党支部委员会、村民委员会)领导班子。2005年，与组织部、民政局联合下发《关于做好村级组织换届选举中提高女性进村两委比例的实施意见》，在新当选的村两委班子中，有31.1%的行政村中至少有1名妇女成员。推荐3名女领导作为市管后备干部，推荐上报1名优秀女性为《时代楷模、中国杰出女性》入编者。2008年，全县换届选举的389个村中，选举产生388名女委员，其中女村支书、女村委主任17人，基本实现村村有女委员的目标。

各级妇联、妇代会组织，配合计划生育工作部门完成计划生育、优生优育等宣传教育工作。

妇女权益保障

设立维权组织　1987年4～11月，县妇联配合公安部门查处拐卖妇女儿童犯罪活动案件。1999年6月，调整松阳县妇女儿童工作委员会。2001年9月，松阳县维护妇女儿童合法权益合议庭设立。2003年5月，松阳县妇女儿童救助中心成立。2004年，建立妇女儿童权益保障联席会议制度。3月，在西屏、古市、樟溪、新兴、赤寿等乡镇开展《中华人民共和国妇女权益保障法》、《中华人民共和国婚姻法》《中华人民共和国土地承包法》等法律宣传咨询活动。协调相关部门为“讨薪女工纵身跳楼”中的受害人讨回公道，追回医疗费。全年共接待处理来信来访34件，结案率98%。2005年，联合司法局在望松乡开展以“提高妇女法律素质，促进构建和谐社会”为主题的三八维权周法律知识讲座；上街开展法律咨询；在婚姻登记中心常年开设婚前咨询窗口；推荐6名女干部担任人民陪审员；成立女法律工作者联谊会组织。全年共接待来信来访36件，结案率98%。2006年，开展“十五”妇女儿童规划监测评估工作。组织开展送法下乡活动。在土地征收补偿费分配纠纷调处会上，县妇联谏言献策，力促妇女土地权益得到维护。全年共接待群众来信来访26件，结案率100%，解答咨询236人次。

图25-6　妇女公益讲座（叶光铭 摄于2006年）

组织学习培训　1982～1990年，县妇联举办3期幼儿教师培训班，培训幼师180人；举办158所家长学校，学员14199人。1984年2月，开展维护儿童妇女合法权益法制宣传月活动。1985年6月，建立妇联法律顾问小组；11～12月，举办区、乡、村三级妇女干部法律培训班，411名妇女参加学习。2005年，组织村妇代会主任、女能手等妇女骨干参加培训，发放农函大结业证书208本，58名妇女取得农民技术员职称，64名妇女取得家政服务上岗证书；建立以女性为主的专业合作经济组织6个。2006年，组织农村妇女参加中式面点师等就业培训。2007年，组织女村支书、村民主任参加市农村女干部培训班；5名村妇代会主任参加省基层妇联干部培训班；组织开展女干部培训班，有55名女干部参加学习。2009年，开展“万名妇女学法律，家庭平安促和谐”活动。普及《中华人民共和国婚姻法》《中华人民共和国劳动合同法》和《浙江省实施〈妇女权益保障法〉办法》等知识，增强妇女群众维护合法权益的能力。加强乡镇（村）妇女维权站建设。实施“百名女法律工作者进百村”活动，推选确定10名熟悉法律业务、热心妇女工作的女法律工作者无偿为广大农村妇女提供法律服务。2010年，开通“12338”妇女维权服务热线，乡镇、村妇女维权站覆盖率100%。

宣传《婚姻法》和计划生育　1953年，训练保育员、辅导员158人、教养员58人。2月，成立婚姻法宣传运动委员会，妇女联合会协同有关部门解决各类婚姻案件236件，其中离婚55件、童养媳回娘家4件、寡妇改嫁5件、虐待妇女25件。

家庭文明建设

县、乡（镇）、村三级“文明家庭”创建活动领导小组成立，形成城乡巾帼志愿服务网络。全县文明家庭创建活动参与面达90%以上，共创建省级绿色家庭近2000户、省级绿色家庭创建活动示范点44个、省廉政文化进家庭示范点104个。共组建巾帼志愿者队伍9100支，参与近50万人次。

1998年，制定《“文明家庭”创建活动实施方案》，开展家庭学习年、创建学习型家庭活动；通过广播、电视、报纸等形式宣传“十佳文明家庭”和“十佳学习型家庭”先进事迹，并拍摄电视专题节目进行宣传。

2004年，开展以环境宣传为重点、引导公众参与环境保护为主要内容的“绿色家庭”创评活动。协调环保局、文明办向全县家庭发出“人人行动起来，共建绿色家庭”的倡议，树立“绿色理念，倡导资源节约型生活方式和消费行为”。组织参与省妇联举办的“环保与我家”征文活动。开展“绿色家庭创建活动示范点”和“绿色家庭”创建评比活动。2008年，开展节能减排宣传，倡导绿色生活方式。2005年，开展“美德在农家”创建特色文明家庭活动试点工作；与县禁毒办联合开展“不让毒品进我家”活动，通过签订家庭承诺书、电视台开设“文明家庭风”专题节目等形式营造创建氛围。全县20个乡镇开展“美德在农家”特色文明家庭活动，有9户家庭被市文明委评为“文明家庭”，1户家庭被评为“学习型家庭”，2户家庭被评为“美德之家”，县妇联被评为市创建活动先进组织。2010年，参与“松阳县第二届道德模范推荐评选”活动，推选“孝老爱亲”模范，评比表彰“十佳廉洁家庭”。开展清洁家庭创评活动，召开2次现场推进会。2006年，以“廉洁家庭”创建为载体、“树廉洁家风，建和谐社会”为主题，开展“廉政文化进家庭”系列活动。组织召开科级领导干部家属廉政文化培训会，80多名领导干部家属参加，并向与会家属发放廉政警示牌。2008年11月，启动首次村主要干部家属廉政培训，对村支书和村委主任的家属进行廉政文化教育。县妇联被推荐为省级廉政文化进家庭示范点。

2007年，出台《开展平安家庭创建工作的实施意见》。开展平安家庭演讲比赛，签订平安家庭创建承诺书，组建农村治安巡逻队。全县401个行政村中，开展平安家庭创建的有297个村，创建面73%，创建户数为57310户，达标户数54093户，达标率91%。2008年，印发《关于深入开展平安家庭和廉洁家庭创建活动的实施意见》，组建禁毒志愿者队伍。全县行政村参与平安家庭创建活动创建面100%。

关爱儿童工作

家庭教育 探索家庭、学校、社会三位一体的社会化家庭教育模式。开展“家庭教育示范户评选活动”，把“十佳家庭教育示范户”列入家教志愿者队伍。组织家教大讲堂活动。在全县“春泥计划”的68个实施村组建农村家长学校，邀请县家庭教育讲师团成员和家教志愿者在“春泥计划”实施村开展农村家庭教育专场讲座。2007年，深化以“为国教子、以德育人”为主题的“双合格”家庭教育实践活动和读书活动，增强家长现代教育观念。2008年，举办讲座累计16场。2010年，开设“家教大讲堂”，挖掘当地家教讲师资源，传播科学家教知识；邀请省家庭教育杂志社副社长举办家庭教育讲座。

图25-7　农村家长学校交流家教经验（叶光铭摄于2009年）

关爱留守儿童行动 2007年3月，联合教育部门对留守儿童进行调查摸底，建档立册，全县共有留守儿童1329人。5月，妇联与教育局、文明办、关工委等联合发出招募留守儿童代理家长倡议书。6月，在试点乡镇竹源乡举行代理家长与留守儿童关爱行动启动仪式，现场结对留守儿童24人。组建农村“留守儿童俱乐部”，举办“同享一片蓝天”文艺晚会，组织2名留守儿童到杭州参加留守儿童夏令营活动。共有340名女干部、青年团员、教师志愿者、老干部等参与留守儿童结对活动。制作《爱心助成长 留守不孤单》电视专题片。

春蕾、春泥计划 县妇联开展贫困女童结对助学工作。2006年，开展“春蕾助学献爱心”活动，全县受助女童39人。2007年，实施“春蕾计划”，开展县直各部门妇委会和“春蕾女童”结对活动，组织各级巾帼文明岗与“春蕾女童”帮扶结对。2009年，开展“春蕾结对”献爱心活动，发动县直各部门妇委会和社会各界爱心人士开展结对助学活动，筹集结对助学资金。在“春泥计划”试点村成立农村家长学校，在叶村乡寺岭下、古市镇筏铺等村开展农村家庭教育专场讲座。2010年，68个“春泥计划”实施村组建家长学校，邀请县家庭教育讲师团成员和家教志愿者在实施村开展教育讲座。

第四章 科 协

松阳县科学技术协会（简称县科协）是松阳科学技术工作者的群众组织。

县科协协调和指导各学会、协会工作。1982 年，有学（协）会 10 个，会员 274 人。1983 年，县土木建筑学会、林学会成立，会员 75 人。1984～1985 年，有学（协）会 26 个，会员 1001 人。1986～1987 年，有学（协）会 34 个，会员 1600 人。1988～1990 年，有学（协）会 34 个，会员 2000 人。2010 年，松阳县有学（协）会 14 个，会员 1996 人。

第一节 组织建设与代表大会

组织机构

松阳县科协于 1982 年 9 月成立，与松阳县科学技术委员会合署办公。1998 年 8 月，与松阳县科学技术委员会分开独立建制。2002 年 8 月，参照国家公务员制度管理，编制 4 人(含工勤人员)，其中主席 1 人、副主席 1 人（不含兼职）。2003 年，县编办批复农函大松阳分校自收自支事业编制 2 人；2010 年，经县编办批复注销。

图 25-8 县科协第五次代表大会选举(叶光铭 摄于 2008 年)

县科协是由县级学（协）会、乡镇（社区）科学技术协会等组成的科学技术工作者的群众组织。其主要职责是开展科普宣传，普及科学知识，弘扬科学精神，宣传科学思想，提倡科学方法。

组织建设

县级学（协）会、乡镇科协、县级农村专业技术协会、厂矿科协是县科协的团体会员。1992 年 3 月撤区扩镇并乡后，至 1998 年先后成立乡镇科协 20 个，在全县 401 个行政村中建立科普工作领导小组 300 个、农村专业技术协会 11 个。

各县级学(协)会在 1991 年、1998 年经历两次整顿，经撤、并及新建。2010 年末，县科协下属县级学（协）会 14 个，会员 1996 人，主要开展专业性调查研究、论文撰写、科技研讨、学术交流、科技宣传，科学技术培训、推广和普及等活动。

科协所属学（协）会是科协的重要组成部分，是科协组织工作的主体。1991 年整顿前，松阳县学（协）会、研究会有 32 个、会员 1507 人。

1991年松阳县科协所属组织整顿前情况表

表 25-4-1-1

序号	学会、协会、研究会全称	成立年月	会员数(人)
1	松阳县林学会	1983.01	74
2	松阳县公路学会	1983.05	12
3	松阳县土木建筑学会	1983.07	67
4	松阳县环境科学学会	1984.04	23
5	松阳县会计学会	1984.06	143
6	中华医学会浙江省松阳县分会	1984.09	99
7	中华中医学会浙江省松阳县分会	1984.09	33
8	松阳县农学会	1984.12	54
9	松阳县畜牧兽医学会	1984.12	18
10	松阳县食品工业学会	1984.12	9
11	松阳造纸学会	1984.12	43
12	松阳县教育学会	1984.12	140
13	松阳县数学学会	1985.10	100
14	松阳县财税学会	1987.02	44
15	松阳县科技情报学会	1987.05	78
16	松阳县地质学会	1987.05	19
17	松阳县机械工程学会	1987.05	44
18	松阳县化工学会	1989.04	28
19	松阳县硅酸盐学会	1989.07	13
20	松阳县林业科普协会	1984.04	60
21	松阳县花木盆景协会	1985.02	66
22	松阳县粮食科普协会	1984.04	25
23	松阳县蚕桑科普协会	1984.04	89
24	松阳县茶叶科普协会	1984.04	11
25	松阳县水果科普协会	1984.04	19
26	松阳县家禽科普协会	1984.04	15
27	松阳县家畜科普协会	1984.04	24
28	松阳县水产科普协会	1984.04	25
29	松阳县食用菌协会	1984.04	19
30	松阳县青少年科技辅导员协会	1986.10	60
31	松阳县电影科普协会	1984.12	35
32	松阳县电子科普协会	1986.04	18

1991年末，对各学（协）会进行整顿，经过撤、并后，有县级学（协）会22个、会员1076人。

1991年末松阳县科协所属组织整顿后情况表

表25-4-1-2

序号	学协会名称	人数（人）	序号	学协会名称	人数（人）
1	县教育学会	176	13	县中医学会（中华浙松分会）	32
2	县科技情报学会	43	14	县化工学会	13
3	县食用菌协会	52	15	县农学会	65
4	县离退休科技人员工程技术协会	8	16	县畜牧兽医学会	32
5	县土木建筑学会	36	17	县电影科普协会	23
6	县数学学会	37	18	县机械学会	41
7	县公路学会	21	19	县财税学会	45
8	县林学会	167	20	县电子学会	19
9	县地质学会	15	21	县青少年科技辅导协会	31
10	县环境科学学会	15	22	县医学会（中华医学会松阳分会）	36
11	县会计学会	143	合计		1076
12	县造纸学会	26			

1998年松阳县学（协）会情况表

表25-4-1-3

序号	学会、协会名称	序号	学会、协会名称
1	松阳县教育学会	14	县化工协会
2	县青少年科技辅导协会	15	县机动车驾驶员协会
3	县离职退休科技人员工程技术学会	16	县公路学会
4	县科技情报协会	17	县电影协会
5	县食用菌协会	18	县兰花协会
6	县大东坝食用菌协会	19	县数学学会
7	县林学会	20	县气功学会
8	县护理学会	21	县地质学会
9	县会计学会	22	县晒红烟协会
10	县财税学会	23	县畜牧兽医协会
11	县竹制品加工企业协会	24	县农学会
12	县耐火纤维企业协会	25	县土木建筑协会
13	县造纸学会	26	县环境科学协会

续表 25-4-1-3

序号	学会、协会名称	序号	学会、协会名称
27	县中医学会	30	电子科普协会
28	县医学会	31	特种动物养殖全程服务协会
29	县机械学会	—	—

1999年，县民政部门对各学（协）会进行整顿、清理，经过撤、并后，有县级学（协）会11个。

1999年松阳县科协所属组织情况表

表 25-4-1-4

序号	学会、协会名称	序号	学会、协会名称
1	县竹制品加工企业协会	7	县医学会
2	县机动车驾驶员协会	8	县护理学会
3	县林业科学协会	9	县中医学会
4	县财税协会	10	县晒红烟协会
5	县会计学会	11	县办税员协会
6	松阳县教育学会	—	—

2010年，县科协所属学（协）会、企业科协为14个。

2010松阳县学（协）会基本情况表

表 25-4-1-5

序号	学会名称	业务主管局	会员数（人）	序号	学会名称	业务主管局	会员数（人）
1	县林业科学协会	林业局	130	8	松阳养蜂行业协会	农业局	65
2	县财税学会	财政局	60	9	县办税员协会	地税局	200
3	县会计学会	财政局	154	10	县药学会	药检局	52
4	县教育学会	教育局	313	11	县茶叶产业协会	农业局	146
5	县医学会	卫生局	280	12	县沼气协会	能源办	56
6	县中医学会	卫生局	50	13	县食品加工行业协会	质监局	40
7	县护理学会	卫生局	280	14	卖油翁油品有限公司企业科协	卖油翁有限公司	170

代表大会

1983～2010年，松阳县科学技术协会共召开5次代表大会。

松阳县第一次至第五次科协代表大会情况表

表 25-4-1-6

届　次	时　间	选举委员（人）	选举常务委员（人）
第一次	1983 年 4 月 19～20 日	45	10
第二次	1987 年 12 月 26～28 日	52	10
第三次	1994 年 3 月 30 日至 4 月 1 日	31	11
第四次	1998 年 11 月 17～18 日	34	9
第五次	2008 年 6 月 18～19 日	37	11

第二节　科普活动

科普宣传

1988～2003 年，每年举办一次科普宣传周活动。1993～1997 年，每年组织科技人员下乡，对各乡镇的党员、干部进行农村实用科学技术培训。1995 年，组织青少年科技夏令营活动。1996 年，主办“破除迷信，宣传科学”科技挂图巡回展览，对中小学生进行科普知识教育。1997 年，组织“科技宣传一条街”活动。

2004～2010 年，每年组织科技（科普）活动周（5 月第三周）和全国科普日（9 月 17～23 日）活动；开展流动科技馆展览、科普图片展、科普知识竞猜、科技服务咨询、义诊等系列活动，并利用大型电子屏幕轮番播放科普宣传标语及实用技术光盘。每年发放各类宣传资料 6500 余份，接受群众咨询近 1000 人次，接受义诊群众 200 余人。2010 年，在县网格化管理组团式服务信息系统中开辟科普知识专栏，每星期两次定期更新科普知识内容。20 个乡镇、401 个行政村均可通过网络观看定期刊登的科普系列知识。

农村科普

经浙江省农村致富技术函授大学批准，浙江省农村致富技术函授大学松阳分校(简称农函大松阳分校)于 1995 年建立，面向全县农村开展实用技术和剩余劳动力转移培训。2008 年 6 月，在叶村乡举办“丽水市远教助创送服务活动”启动仪式，主要内容有新能源技术培训、远教助创科普图片展示宣传、科普资料现场赠送、农村新能源建设现场咨询等。

图 25-9　农村科普活动（叶光铭 摄于 2007 年）

至 2010 年，共培训各类学员 11 万余人次，为农村培养一批懂技术、会经营、善管理、能致富的新型农民和致富带头人，曾获“开展返乡农民工培训工作先进分校”“全国农函大先进分校”称号。评选出1993～2010年县级农村科技示范户6批次868户、市级2批次21户、省级4批次15户。

2008～2010年，在全县评比、筛选、推荐一批有突出贡献和较强区域示范作用的农村专业技术协会、农村科普带头人，带动更多的农民提高科学文化素养，掌握生产劳动技能，引导加快田园松阳建设。

2004～2007年松阳县市级农村科技示范户名单表

表25-4-2-1

批次	姓名	性别	地　址	专业
第一批（2004年）	孟际红	女	新兴乡横溪村塴头	茶　叶
	刘跃松	男	西屏镇古湖小区	水　果
	徐国平	男	西屏镇紫荆路	花　卉
	程金林	男	裕溪乡裕溪村	吊　瓜
	吴火坤	男	竹源乡小竹溪村	山野菜
	何火英	女	玉岩镇根坑村	茶　叶
	叶文伟	男	古市镇东角垄村	茶　叶
	潘卓陈	男	大东坝镇洋坑埠头村	水　果
	叶根生	男	枫坪乡枫坪村	水　果
	艾有法	男	西屏镇周坌村	水　果
	徐际中	男	象溪镇南州村	种　植
第二批（2007年）	孟文魁	男	新兴乡横溪村	茶　叶
	王根亮	男	西屏镇长虹西路	养　殖
	严福运	男	大东坝镇牛角圩村	种　植
	曾海土	男	裕溪乡黄岭头村	种　植
	何火英	女	玉岩镇根坑村	种　植
	杨必孟	男	安民乡苏马坪村	食用菌
	周建春	男	西屏镇育英路	茶　叶
	余文姬	女	樟溪乡溪下村	养　殖
	王增荣	男	叶村乡包安山村	种　植
	何更森	男	四都乡下包村	养　殖

1993～2010年松阳县省级农村科技示范户名单表

表 25-4-2-2

批次	姓名	性别	地 址	专 业
第三批（1993 年至 1995 年）	何开华	男	古市镇上河村	养殖甲鱼
	叶长法	男	枫坪乡黄埠坞村	食用菌
	徐建明	男	枫坪乡斗潭村	笋竹两用林
第四批（1996 年至 1998 年）	王益富	男	西屏镇踏步头村	养 殖
	叶关爱	女	玉岩镇根坑村	食用菌
	袁启章	男	新兴乡上安村	茶 叶
第六批（2004 年至 2007 年）	孟际红	女	新兴乡横溪村墈头	茶 叶
	刘跃松	男	西屏镇古湖小区	水 果
	徐国平	男	西屏镇紫荆路	花 卉
	程金林	男	裕溪乡裕溪村	吊 瓜
第七批（2007 年至 2010 年）	孟文魁	男	新兴乡横溪村	茶 叶
	王根亮	男	西屏镇长虹西路	养 殖
	严福运	男	大东坝镇牛角圩村	种 植
	曾海土	男	裕溪乡黄岭头村	种 植
	何火英	女	玉岩镇根坑村	种 植

2008～2010年松阳县受表彰的科普惠农先进集体和个人一览表

表 25-4-2-3

时间	发文单位、文号	先进单位和个人名称
2008 年	中国科协，科协发普字〔2008〕49 号关于表彰 2008 年全国科普惠农兴村先进单位和带头人的决定	松阳县沼气协会
2009 年	浙江省科协，浙科协发〔2009〕40 号关于表彰 2009 年浙江省科普惠农兴村先进单位和带头人的决定	松阳县三都乡里庄村 刘志云
2010 年	浙江省科协，浙科协发〔2010〕31 号关于表彰 2010 年浙江省科普惠农兴村先进单位和带头人的决定	农函大松阳分校

1988 年，开始农民技术职称评定工作。到 2010 年末，由农民自己申报，经各专业考评组初评，报县评审委员会评定（晋升），共评出农业、林业、水产、土管、农电、能源等系列的农民技术人员职称 2589 人，其中高级农民技师 33 人、农民技师 373 人、助理农民技师 646 人、农民技术员 1537 人，证书由县政府颁发。

1988～2010年松阳县高级农民技师名录表

表 25-4-2-4

姓　名	性别	从事专业	工作地点
邓献根	男	食用菌	松阳县玉岩镇政府
陈德体	男	食用菌	松阳县燎元微生物研究所
刘志云	男	果树	松阳县绿珍果业有限公司
叶　生	男	水利	松阳板桥畲族乡板桥电站
阙水祥	男	水电	松阳县石仓电站
叶洪标	男	食用菌	松阳县新处乡东北头村
杨文平	男	土地管理	松阳县西屏镇土管所
林跃长	男	土地管理	松阳县赤寿乡土管所
罗保志	男	土地管理	松阳县土地资源调查办公室
刘养维	男	土地管理	松阳县古市镇土管所
金永伟	男	土地管理	松阳县樟溪乡土管所
吕火根	男	种　植	松阳县裕溪乡农科站
周关仁	男	种　植	松阳县斋坛乡农科站
王家顺	男	林　业	松阳县大东坝林业站
叶山汉	男	林　业	松阳县玉岩镇林业站
何樟良	男	水　利	松阳县梧桐源水库管理处
陆世堂	男	水　利	松阳县十三都电站
宋宪华	男	淡水养殖	松阳县马蹄泉水库
詹开文	男	农　经	1992 年松阳县农业局农经站
潘思俊	男	畜牧兽医	松阳县西屏镇兽医站
蔡先德	男	农　学	松阳县古市镇政府
吴冠钦	男	农　业	松阳县阳溪乡农科站
黄文胡	男	农　业	松阳县岗寺乡政府
孟仁贵	男	栽　培	松阳县新兴乡农科站
叶火宝	男	林　枝	松阳林业站
蔡高寿	男	果　蔬	松阳县绿珍果业有限公司
刘世忠	男	果　蔬	松阳县绿川有机果业合作社
刘跃松	男	果　蔬	松阳县桃花源果品专业合作社
叶献华	男	农　电	松阳县东坞水库管理处

续表 25-4-2-4

姓　名	性别	从事专业	工作地点
王柯铭	男	畜牧兽医	松阳县西屏镇十一村
周根献	男	畜牧兽医	松阳县西屏镇西垄村
王伟华	女	畜牧兽医	松阳县古市镇黄圩村
叶庆喜	男	茶　叶	枫坪乡沿坑岭头村

城镇科普

以社区为阵地，2005～2008 年，创建市级科普示范社区 4 个，每年进行健康科普知识、预防疾病、崇尚科学、反对邪教等知识宣传和讲座。2005～2010 年，在各社区建立科普组织、科普画廊、科普活动站、科普图书室。以文明健康为主题创建科普社区、科普楼道和科普家庭共 281 户。

青少年科普

县科协联合县教育局开展以中小学生为主的科技创新、科幻绘画、信息学奥林匹克竞赛、科普知识竞赛、科普征文等活动，邀请国家科普报告团到松阳为青少年作科普报告，协助学校培训电脑机器人指导老师，举办科普图片展、科普大篷车进校园、科普夏令营等活动。2006 年全国科普日期间，承办丽水市全民科学素质行动百场万人科普报告会，邀请国家地震局地质研究所研究员作《神奇的南极、北极》科普报告。2007 年，组织第二十一届省青少年科技创新获奖优秀作品展出活动。至 2010 年，在各类青少年科技竞赛活动中取得较好成绩：在信息学奥林匹克竞赛中，获全国联赛一等奖 2 人、获浙江省一等奖 3 人。在青少年科技创新大赛、科普征文大赛中，获省一等奖 2 项、二等奖 4 项、三等奖 8 项，获市一等奖 9 项、二等奖 34 项、三等奖 29 项。开展中小学生“读书月”活动。每年组织科普大篷车进革命老区开展活动，让山区学生感受科学奥妙。

学术交流

推动学术交流是县科协工作的重要内容。县科协不定期组织各学（协）会科技人员参加中西部科技论坛、金丽衢科技合作论坛、丽水市科协工作研讨会、县政协“生态立县”论文评选等学术交流活动。1988～2010 年，各学（协）会开展交流活动 200 多次，科技人员参与交流近万人次。

论文评选

开展自然科学优秀论文评选及推荐活动，1988～1995 年，获市级二等奖 3 篇、三等奖 9 篇。2002～2003 年，获市级三等奖 2 篇。2004～2005 年，评出县级一等奖 2 篇、二等奖 2 篇、三等奖 7 篇，其中获市级三等奖 8 篇。2006～2007 年，评出县级一等奖 5 篇、二等奖 10 篇、三等奖 15 篇，其中获市级二等奖 3 篇、三等奖 10 篇。2008～2009 年，评出县级一等奖 5 篇、二等奖 8 篇、三等奖 27 篇，其中获得市级二等奖 1 篇、三等奖 11 篇。

第三节 基层科普示范单位

县科协坚持开展基层科普示范单位创建工作，探索有效的工作机制，加强对基层科普工作的业务指导。把科普示范基地作为加强农民技术培训、提高农民科技素质、推进科普惠农的重要阵地。2005年以来，培育一批基层科普示范基地，促进新农村建设。

2005～2009年松阳县创建基层科普示范单位（省、市、县级）一览表

表25-4-3-1

时 间	命名单位	授命单位
2005.07	松阳县科协	西屏镇：城西社区、城中社区。望松乡：翁村
2005.10	丽水市科协	西屏镇：城西社区
2006.08～12	松阳县科协	西屏镇：城北社区。象溪镇：象溪一村 新兴乡：内孟村、横溪村、上安村、端口村、渡市村、大石村 裕溪乡：裕溪村、徐山村、潘山村、小槎村 枫坪乡：黄埠坞村
2006.10	丽水市科协	新兴乡。新兴乡：内孟村。西屏镇：城北社区
2007.06	松阳县科协	裕溪乡。四都乡：下包村。裕溪乡：黄岭头村、内陈村、小槎村。 西屏镇：城中社区。赤寿乡：界首村
2007.10	丽水市科协	裕溪乡：小槎村、黄岭头村、内陈村 四都乡：下包村 示范社区：西屏镇城中社区
2007.12	浙江省科协	裕溪乡：小槎村
2008.08	松阳县科协	玉岩镇。枫坪乡：高亭村。古市镇：筏铺村。谢村乡：大岭根村。 樟溪乡：上徐山村。叶村乡：叶村村、寺岭下村。望松乡：郑家村。 西屏镇：城东社区
2008.10	丽水市科协	樟溪乡：上徐山村。叶村乡：叶村村。谢村乡：大岭根村。古市镇：筏铺村 西屏镇：城东社区
2009.09	松阳县科协	古市镇。古市镇：岗下村。望松乡：山头背村。斋坛乡：斋坛村。 玉岩镇：玉岩村。西屏镇：古城社区
2009.11	丽水市科协	斋坛乡：斋坛村

第五章 文 联

县文学艺术界联合会（简称县文联）实行团体会员制，主要业务是指导、组织各协会开展文艺创作、理论研究、学术交流、人才培训等有关工作，并为文艺爱好者提供政策咨询、权益保护等有关政务服务。有不定期文艺刊物《松涛》《白龙洲》《松阳文艺》，发表本地作者的各类文艺作品，多次举办书法、美术、摄影展览。1992 年，下属有美术协会、书法协会、摄影协会、文学协会、戏曲协会、音乐协会、舞蹈协会、电影协会、松阳高腔研究会、民间文学研究会，共有会员 166 人。根据文艺界的现状，及时调整团体协会，壮大文艺队伍，至 2010 年，县艺术界形成一支老中青相结合、富有活力的文艺队伍。

2010 年，县文联下属 11 个艺术团体，有 433 名会员。

第一节 机构及代表大会

机构

松阳县自解放以后至 20 世纪 80 年代初，未组建文学艺术组织。1984 年 10 月，松阳县文学艺术界联合会（简称“县文联”）筹备小组建立。1985 年 4 月 20 日，第一次文代会的召开标志着文联正式成立。文联是全县文艺界群众团体。

2002 年 11 月，机构改革，文联编制 3 人（含工勤人员），参照国家公务员制度管理。设主席 1 人（兼）、副主席 1 人。2005 年 11 月，调整文联领导职数，改主席兼职为专职。至 2010 年末未变。

代表大会

1985 年 4 月 20～22 日，文联召开第一次代表大会。有正式代表 101 人、列席代表 15 人、特邀代表 16 人，选举产生首届委员会委员 15 人。设主席 1 人、副主席 1 人、秘书长 1 人。

1997 年 5 月 16～17 日，文联召开第二次代表大会。有正式代表 101 人、特邀代表 30 人，选举产生第二届委员会委员 21 人。设主席 1 人、副主席（兼秘书长）1 人。

2003 年 11 月 27～28 日，文联召开第三次代表大会。有正式代表 100 人、特邀代表 30 人，选举产生第三届委员会委员 20 人。设主席 1 人、副主席 1 人（兼秘书长）、副秘书长 1 人。

2008 年 11 月 6～7 日，文联召开第四次代表大会。有正式代表 100 人、特邀代表 19 人，选举产生第四届委员会委员 20 人。设主席 1 人、副主席 1 人、秘书长 1 人。

第二节　组织活动

特色文化挖掘

创建地域文化品牌　县文联向浙江省民间文艺家协会申报命名松阳为“叶法善文化之乡”，保护和弘扬张玉娘遗著《兰雪集》，组织编辑、出版《兰雪集与张玉娘研究》。《兰雪集与张玉娘研究》《松阳钩沉》《松阳高腔音乐与研究》分别被省社科联列为2005年度、2006年度社科普及年度课题和重点课题。

打造摄影主题酒店和摄影基地　策划评选松阳十大摄影基地，并编印成旅游指南手册。承办越南、孟加拉国、台湾等摄影代表团队在松阳的采风创作活动。邀请10多位知名艺术家到松阳开展艺术讲座、作品点评、创作采风等活动。举办“喜迎双节，发现精彩”摄影抓拍赛、“寨头杯”浙南桃花源松阳摄影大赛、“城市园林杯”摄影赛等。2005年，策划组织评选松阳“十大摄影创作基地”。2006年，举办“三都梨花节”和“巨龙腾飞”高速公路等摄影大赛。

策划大型活动　举办“2009新春美术作品展暨第九届大学生美术展”、中华叶氏书画名家邀请展暨第二届卯山文化等书画展；协助承办市小品加工会、市作家笔会、市诗联大会和市舞蹈家协会；举办“百名艺术家看松阳”“美丽乡村、文化之旅”大型文艺采风活动。协办迎新春团拜会、创业之星文艺晚会、松阳银猴开茶节、首届农民文化节等活动。举办各类全县性展赛活动，开展“兰雪之夜诗歌散文朗诵会”“2010元旦诗歌朗诵会”“丽水市诗歌散文笔会”等活动。2010年，举办庆“六一”“小明星”舞蹈专场演出。

推介“田园松阳”　编印《松阳传统村落》（图片版）《江南秘境——松阳古村落》，承担编制《中国绿茶集散地》《印象松阳》等画册，承办开茶节期间黄腊石展、书画摄影展，举办田园诗歌研讨会暨田园诗歌朗诵会。开展文艺家共建文化礼堂活动，“采、送、种”结合，探索建立县级文艺家协会与农村文化礼堂共建机制。举办“松阳端午茶”“松阳卯山文化”“江南诗歌散文”等论坛。

群众文化交流

组织对外文艺交流　与省内外文联开展文艺交流活动，与缙云、云和、龙泉等县开展文艺走亲活动；接待余姚、桐乡、洞头等地文艺家到松阳采风交流。文联每年开展“艺术家送欢乐下基层”、为农民写春联、“艺术家种文化”等活动。至2010年，共下乡调研210次，下乡辅导521人次，培训辅导业余文艺骨干2000人次。

开展县内活动　1998年，举办“浪潮中的写作”文学讲座、“全市书画摄影创作研讨会”、“青年作家笔会”。1999年，举办《松阳文学》创刊座谈会、“九届美展创作笔会”。2000年，举办“革命老区安岱后文学采风及创作会”。2001年，举办文学采风活动。2002年，举办美术创作讲座。2003年，举办摄影创作讲座。2005年，举办各类艺术作品展7次，累计参展作品1000余件，全年共举办艺术赛事4次。2006年，组织书法美术协会会员到三都乡杨家堂、西屏镇水南村送写春联；与各社区联合举办10多项文艺活动。2009年，组织文艺家到望松敬老院和市政广场进行文艺演出。

2010年，到裕溪乡小槎，望松乡砌磁、麻洋塔，竹源乡黄下等10余个村免费为农民写春联、拍全家福和肖像照。

文艺家队伍建设

创办《文联动态》简报，编辑刊发《松阳文艺》期刊。支持相关部门举办艺术节及各种主题展演活动，支持下属各协会及其他团体会员举办各类主题文艺活动。

至2010年，每年开展“艺术家深入生活创作采风”系列活动，组织艺术家到基层进行创作采风体验。

支持艺术家参加国家、省级各种文艺赛事。至2010年，参加省级以上各类文艺赛事作品1万余件。

第三节 协会建设

基层协会

1985年，文联下属有美术书法协会、摄影协会、文学协会、戏曲协会、音乐舞蹈协会、电影协会、松阳高腔研究会、民间文学研究会、中学生写作研究会9个艺术团体，共有会员165人。

1997年，文联下属有美术协会、书法协会、摄影协会、文学协会、戏曲协会、音乐协会、舞蹈协会、电影协会、松阳高腔研究会、民间文学研究会、中学生写作研究会11个艺术团体，共有会员205人。

2003年，文联下属有美术协会、书法协会、摄影协会、文学协会、戏曲协会、音乐协会、舞蹈协会、民间文艺研究会、松阳高腔研究会、兰雪诗社10个艺术团体，共有会员273人。其中，市级会员117人，省级会员28人，全国级会员5人。

2008年，文联下属有美术协会、书法协会、摄影协会、文学协会、戏曲协会、音乐协会、舞蹈协会、民间文艺研究会、松阳高腔研究会、兰雪诗社10个艺术团体。2009年，卯山文化研究会成立，为文联下属协会。

协会活动

摄影协会组织会员到梧桐源水库、三都、四都和武义、安吉、富阳、遂昌、丽水等地进行创作。舞蹈协会组织会员到大东坝石仓古民居、海宁等地进行舞蹈采风活动。民间文艺家协会组织会员到道惠口、程路、山边、李山头等20多个村庄采风。摄影协会组织会员参加2005年中国·丽水第11届国际摄影节，参观武义·松阳摄影艺术作品联展活动，对展出作品进行观摩学习。美术家协会组织会员参加第五届松阳县美术院校在校大学生作品展播、新春美术作品展、残疾人四人展、妇女书画作品展等观摩。舞蹈协会组织会员到海宁等地观摩学习。书协、美协组织会员参加“绿谷杯”全国师范类大专院校书画大赛及作品展。

组织戏曲家协会、音乐协家、舞蹈协会、高腔协会等参加“十六届四中全会”精神文艺宣传队、“正月十五闹元宵灯会”“三月三”畲乡歌会、“金融之秋”迎国庆大型广场文艺晚会、2005年中国·丽水国际摄影节之际的采街活动、庆祝建党84周年文艺晚会等。音协、舞协、民协、戏协参加省内外举办的各种演出和比赛。

第四节　文艺创作成果

县文联联络、协调、指导各协会、研究会，组织文艺工作者开展文艺创作。1985年，创办文艺刊物《松涛》《白龙洲》。组织民间文艺研究会会员对文化遗产桂花亭、月光佛像、石仓马灯、道惠茶子灯等进行调查，出版7部有地方物色的书籍。其中，《走进松阳》被浙江省图书出版协会评为优秀图书二等奖、封面装祯一等奖。

图 25-10　松阳县文联出版的部分书籍（县文联提供）

1998～2003年，县文联主办各种展览、演出、征文等活动10余次。2004年，地市级以上发表、展出、播出、演出及获奖的各类文艺作品有250余件。2005年，文联组织编纂的《兰雪集与张玉娘研究》《松阳钩沉》正式出版发行。散文集《老车游记》《淡淡的颜色》和诗集《不惑歌谣》出版发行。歌词《幸福年年、快乐天天》获2005年第五届歌曲新作大赛二等奖。歌词《南宋女词人张玉娘》获市“旅游杯”第二届“绿谷之韵”创作银奖。摄影作品《山村寄宿生》获中国·丽水第十一届国际摄影节金奖。在市级以上发表、展出、演出及获奖的各类文艺作品近300件。2006年，文联组织编纂的《松阳高腔音乐与研究》《叶法善传奇》《兰雪集》出版发行。其中，《松阳高腔音乐与研究》和《兰雪集》被列入《处州文化丛书》。《畲族情歌选》出版发行，《兰雪集与张玉娘研究》《松阳钩沉》获市社科项目奖。2007年，出版发行《古邑松阳》。编印《千年古县·田园松阳》宣传册。编辑出版《松阳文艺》《卯山诗词楹联》专辑。是年，各协会会员在市级以上发表、展出、获奖的文艺作品共164件。

2008年，文联参与“新春团拜会”大型文艺晚会的编排演出，为晚会提供10幅书画作品。参加《古邑茶韵》大型晚会编排。各协会会员在市级以上发表、展出、获奖的文艺作品共202件。2009年，作协会员在各级期刊发表文学作品80余篇。各协会会员在市级以上发表、展出、获奖的文艺作品共235件。2010年，作协出版诗集《未完成》。高腔剧《火珠记》参加浙江省第五届非物质文化遗产展演。各协会会员在市级以上发表、展出、获奖的文艺作品共309件。

第六章 残 联

松阳县残疾人联合会是全县残疾人代表组织和主管残疾人工作的事业团体，具有“代表、服务、管理”职能，代表残疾人共同利益，维护残疾人合法权益；开展各项业务和活动，直接为残疾人服务；承担政府委托的部分行政职能，发展和管理残疾人事业。业务上接受上级残联和县政府有关部门对口指导。

2003年，松阳县共有持证残疾人3363人，其中听力语言残疾249人、肢体残疾1826人、视力残疾874人、智力残疾236人、精神残疾178人。2010年，全县共有各类持二代残疾人证5191人，其中视力788人、肢体2918人、听力719人、言语57人、智力338人、精神188人、多重残疾183人，一级841人、二级625人、三级1181人、四级2544人。

第一节 组织机构

机构沿革

松阳县残疾人联合会（简称县残联）于1991年1月19日成立。为挂靠民政局的事业单位。1994年，机构单列，为正科级全额拨款事业单位。1998年，参照公务员制度管理。2002年11月，实行机构改革，县残联内设办公室、康复科，下设劳动就业服务所。机关编制5人（含工勤人员），参照国家公务员制度管理。其中理事长1人、副理事长2人、科室领导职数2个。下设劳动就业服务所编制3人、股级领导职数1个。

县残联主要职责是弘扬人道主义精神，宣传残疾人事业，动员、组织社会开展扶残助残活动，组织开展残疾人康复、医疗、训练和残疾预防工作，残疾人用品用具供应，无障碍环境建设的指导、监督。负责开展残疾人劳动就业、教育、扶贫工作，健全残疾人劳动就业服务网络，依法收缴、管理和使用残疾人就业保障金。指导乡镇残联组织建设和社区残疾人工作，开展相关干部的培训工作。承担县人民政府残疾人工作委员会的日常工作。

代表大会

1991年1月24～26日，残联召开首次代表大会。正式代表103人，特邀代表15人。大会选举产生残联第一届主席团成员12人。

1993年12月18～19日，残联召开第二次代表大会。正式代表82人，特邀代表7人。大会选举产生残联第二届主席团成员25人。

1998年11月9～10日，残联召开第三次代表大会，共100名代表出席大会。大会选举产生残联第三届主席团成员 28 人。

2003 年 7 月 14～16 日，残联召开第四次代表大会，共 100 名代表出席会议。大会选举产生残联第四届主席团成员 23 人。

2007 年 11 月 7～8 日，残联召开第五次代表大会，共 100 名代表出席会议。大会选举产生残联第五届主席团成员 23 人。

组织建设

1991～2010 年，县残联完成 5 次换届工作，并成立残疾人工作委员会。2006 年，建立 4 个村级残疾人协会。2008 年，全县 20 个乡镇建立 342 个村级残疾人协会，每个乡镇、村（社区）选聘 1 名残疾人专（兼）职委员。2009～2010 年，先后制定《松阳县委、县人民政府关于加快残疾人事业发展的若干意见》《松阳县扶助残疾人实施办法》《松阳县人民政府办公室关于加快推进残疾人社会保障体系和服务体系建设的通知》及残疾人优先、优惠政策细化条款等文件。

创设县、乡镇、村（社区）三级残疾人组织网络，2010 年，20 个乡镇和县城 6 个社区配备残疾人专职委员，全县 401 个行政村和 6 个社区均成立村（社区）残协，村级残协组建率 100%。选聘残疾人专职委员、联络员 403 人。成立助残联络站，组建 6 个助残志愿者队伍，志愿者 435 人，为残疾人开展各项服务。

第二节　残疾人康复

1992 年，残联开办聋儿语言培训班。1998 年，建立残疾人康复服务指导站。至 2003 年，共完成肢体残疾康复训练 40 人、脑瘫儿童康复训练 7 人、智力残疾儿童系统康复训练 28 人。配用助视器 19 人，建立低视力康复点 3 个。进行肢体矫治手术 24 例，麻风畸残矫治 7 例，装配矫形器 19 人，装配假肢 28 人。聋儿语言培训 12 人。用品用具供应 369 件。

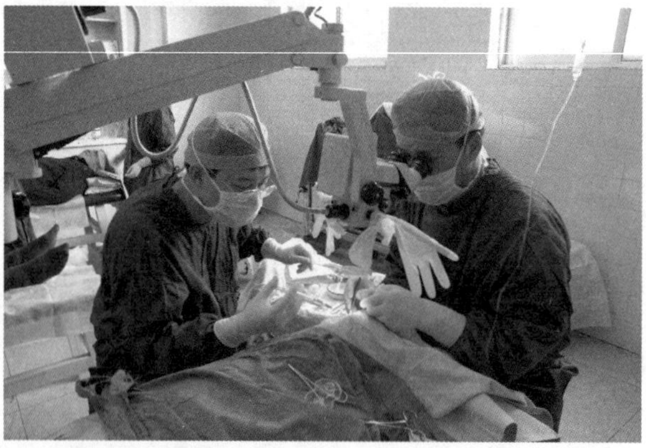

图 25-11　白内障复明手术（叶光铭 摄于 2004 年）

2004 年，邀请省级白内障复明手术医疗队为 108 例白内障患者施行复明手术，低视力验配助视器 5 人，低视力者家属培训 1 人。聋儿语训 5 人，聋儿家长培训 3 人，听力助残助听器供应 12 台。矫形器装配 8 件，普及型假肢装配 6 条。肢体残疾康复训练 6 人，脑瘫儿童康复训练 1 人，智残儿童康复训练 6 人。用品用具供应共 56 件。2005 年，邀请省医疗队为 100 名白内障患者施行复明手术，完成低视力验配助视器 3 例，低视力者家属培训 1 人；聋儿语训 7 人，聋儿家长培训 3 人；矫形器装配 7 件，普及型假肢装配 7 条；麻风畸残康复矫治手术 2 例；发放辅助用具 17 件；肢体残疾康复训练 6 人，脑瘫儿童康复训练

1 人，智残儿童康复训练 6 人。供应助听器 10 台，其它用品用具供应 89 件。被浙江省残联评为“残疾人用品用具供应服务达标站”。

2006 年，完成白内障复明手术 100 例，低视力验配助视器 5 例，低视力家属培训 2 人。聋儿语训 3 人，聋儿家长培训 3 人。肢体残疾康复训练 6 人，脑瘫儿童康复训练 2 人，智残儿童康复训练 6 人。普及型假肢装配 8 条，麻风畸残发放辅助用具 3 件，矫形器装配 7 件，儿麻手术矫治 2 人。全年用品用具供应 90 件。2007 年，完成白内障复明手术 125 例，低视力验配助视器 5 例，低视力家属培训 2 人。聋儿语训 3 人，聋儿家长培训 3 人，智力残疾培训 6 人，智残家长培训 3 人。肢体残疾康复训练 6 人。盲人定向行走培训 1 人。用品用具供应 91 件。2008 年，完成白内障复明手术 60 例。验配助听器 60 台，助视器 4 台。假肢装配 6 条。聋儿康复训练 3 人，聋儿家长培训 3 人。智残儿童家长培训 3 人，智残儿童康复训练 6 人。肢体残疾康复训练 6 人。盲人定向行走训练 1 人。精神病患者医疗救助 100 人。用品用具供应 90 件。

2009 年，完成白内障复明手术 125 例。验配助听器 120 台，低视力验配助视器 8 例，低视力家属培训 2 人。假肢装配 10 条，盲人定向行走训练 1 人。聋儿康复训练 3 人，聋儿家长培训 3 人，智残儿童家长培训 3 人。肢体残疾康复训练 6 人，脑瘫儿童康复训练 1 人，智残儿童康复训练 6 人。用品用具供应 90 件。2010 年，开展康复工程回访，对 32 名残疾人使用助听器效果及保养进行上门服务。完成白内障复明手术 190 例。免费验配助听器 50 台、助视器 4 台，安装假肢 10 条。聋儿语训 1 人，聋儿家长培训 3 人，低视力家属培训 2 人。智力康复训练 1 人，肢体残疾康复训练 6 人，智残儿童康复训练 6 人，盲人定向行走训练 1 人。康复服务进家庭 90 人次。精神病患者医疗救助 156 人。用品用具供应 90 件。

图 25-12　爱耳日活动（叶光铭 摄于 2009 年）

县残联自成立以后，每年以“爱耳日”“爱眼日”“世界精神卫生日”等节日为契机，开展残疾预防和康复知识的宣传活动。出台《加强残疾人康复工作的实施办法》，19 个乡镇（街道）设立康复指导站；开展“国际残疾人日”“国际盲人节”“国际聋人节”等重大宣传活动。开展助明、助听、助行工程，免费验配助听器、助视器、安装假肢等。开展“无障碍设施进家庭”项目，改造无障碍厕所。协助有关部门、乡镇做好新型农村合作医疗保险工作，帮助残疾人落实参保费用，通过民政部门、乡镇对特困残疾人实施医疗救助和康复救助。

第三节　残疾人工作

就业

县残联每年向安置残疾人未达比例的单位征收残疾人劳动就业保障金，2002～2010年，征收残疾人就业保障金累计1300余万元。开展就业登记、就业介绍和就业服务，开拓残疾人就业渠道。至2010年，共安排1618名有劳动能力的残疾人就业，扶持各种形式自主就业、创业残疾人680多人次，扶持残疾人创业资金200余万元。扶持残疾人来料加工，有残疾人来料加工点9家，近百名残疾人实现在家门口甚至在家里就业。配合上级部门对残疾人进行各种培训。举办盲人医疗按摩、电脑、来料加工、农村实用技术等培训，并举办手语培训班。

图25-13　手语培训（叶光铭 摄于2005年）

扶贫

截至2003年，残联落实中央康复扶贫贷款90万元，使250名残疾人脱贫，并建立残疾人小康示范基地1个、种养业基地18个。1747名残疾人纳入低保范围。

2004年，走访慰问困难残疾人102户，落实扶贫资金40.3万元。新建4个残疾人扶贫基地。向省残联争取100万元残疾人扶贫贷款贴息。投入34.71万元，改善残疾人家庭居住条件。2005年，采取多种方式扶持428名残疾人，全年农村贫困残疾人纳入低保户共1165户。实施“安居工程”为贫困残疾人解决住房难问题。2006年，完成43户残疾人危房改造工作。为2435名农村持证残疾人支付参保费用；帮扶结对95户残疾人。扶持残疾人30户种养大户和14户个体工商户。

2007年，协助有关部门和乡镇做好新型农村合作医疗保险工作，帮助2505名残疾人落实参保费用共5万余元。2008年，实施“三个一百”工程，向贫困残疾人发放电视机、收音机、电话机各110台。配合省残联做好各项爱心捐赠物品的发放；给予100名精神病残疾人每人300元的药费补助；扶持残疾人基地松阳绿轩茶叶农机化生产专业合作社。

2009年，实施并落实残疾人“安居工程”40户。对30户残疾人种养殖业主、20户个体就业户、84名特困残疾人等进行金额不等的资金扶持，发放额511.8万元。2010年，扶持发展残疾人扶贫基地，对3个基地和72户残疾人种养户发放贴息补助21.6万元、扶贫资金22万元。

文体宣传

残联组织开展残疾人书画展、残疾人卡拉OK比赛和才艺展示、残疾人趣味运动会、残疾人单项体育竞赛等文体活动。在“残疾人文化艺术周活动”中，组织残疾人艺术人才到阳光家园慰问演出。

开展“自强模范、助残先进”评选、残疾人事业好新闻评选、爱心单位、爱心企业、爱心乡镇、爱心家庭等评选活动。

在“全国助残日”“国际残疾人日”等活动中，开展向贫困残疾人赠送电视、宽带、电话（手机）等活动；县图书馆为盲人提供有声读物；电视台每周六和周日开播电视双语新闻节目；广播电台每周开播残疾人事业宣传专题节目。

图 25-14 残疾人运动会少儿组运动员选拔赛(叶光铭 摄于 2007 年)

（有关残疾人体育的详细内容请参阅第三十二编“体育”第二章“大众体育”第四节“特殊群体体育”）

第七章　红十字会

松阳县红十字会是中国红十字会的县级分会，以弘扬“人道、博爱、奉献”的红十字精神、保护人的生命和健康、促进人类和平进步为宗旨。

第一节　机　构

1990年12月，松阳县红十字会建立。它是中国红十字会的地方组织，是从事人道主义工作的社会救助团体。

2007年，红十字会设立专职编制。10月，成立第一届理事会。2008年，升格为正科级单位。11月，成立全县首个村级红十字会组织——新兴乡上安村红十字会。上安村被浙江省红十字会列为省级首批20个村（居）“红十字爱心互助金”试点村。

2009年，红十字会配备专职常务副会长，成立第二届理事会。6月，成立红十字卫生工作委员会。2010年，红十字会核定编制3人，属参照正科级管理的事业单位。会长由分管副县长兼任，设常务副会长（正科级）1人、非领导职数2人。

红十字会主要职责是普及卫生救护知识，进行初级卫生救护培训，组织群众参加现场救护等工作。

县红十字会遵循国际红十字与红新月运动的七项基本原则，积极履行《中华人民共和国红十字会法》赋予的各项职责，突出抓好备灾救灾、卫生救护知识培训、社会服务、传播国际人道法及红十字运动基础知识、推动无偿献血和红十字青少年道德教育、造血干细胞捐献、人体器官（组织、遗体）捐献和社区志愿服务等工作，加强人才培养、向社会宣传和多渠道筹集资金等工作，配合社会主义精神文明建设和社会保障制度的建立，努力建设中国特色的红十字事业，发挥党和政府在人道领域的助手作用。

第二节　救护培训与备灾救灾

培训

摩托车驾驶员初级卫生救护培训　2009年，县红十字会与交警部门、达安机动车驾驶员培训学校联系沟通，对初领证的摩托车驾驶员进行卫生救护培训，把卫生救护培训与驾驶知识培训相结合，

每周二上午定期授课 1 次。2010 年 4 月，汽车、摩托车驾驶员卫生救护培训合二为一集中上课，由 3 名授课教师定期进行授课培训。2006～2010 年，接受卫生救护培训的机动车驾驶员共 8945 人。

电力、消防等初级卫生救护培训 县红十字会人员通过“进企业、进学校、进乡村、进社区、进单位、进农村”六进活动，开展卫生救护、防灾避险、流感预防、高血压防治、中医中药等内容的健康宣教，普及传播卫生救护、红十字知识，提高电力、消防人员和学生群众的卫生救护基本知识。2006～2010 年，接受卫生救护培训的电力、消防、学生以及社区人群 5620 人次。

救助

1998～2003 年，县红十字会开展救灾帮困活动，争取大米、被服、药品等救灾物资，价值累计 29.5 万元，受救助 3000 余人。

2005 年，13 号台风后，县红十字会向浙江省红十字会争取医疗救助药品、衣被、大米、食用油等救灾物资，价值 49 余万元，发放到板桥、大东坝等 14 个乡镇遭受台风灾害的灾民和贫困户手中。

图 25-15 县红十字会与县卫生局联合组织医务人员到板桥乡抗冰灾现场提供医疗保健服务（县红十字会提供 2008 年）

2008 年春季，松阳县遭受低温冷冻天气，大量农作物受灾，民房倒损，电柱压断，公路阻断，树木笋竹被压受损。红十字会下拨价值 5.59 万元的救灾物资及药品；与县卫生局联合组织医务人员奔赴板桥乡抗冰灾电网抢修现场，为广大武警官兵、电力工人和民工提供医疗保健服务，并给参战武警送去药品和袜子；到四都乡平田村慰问受灾群众，送去大米、棉被、棉衣等物品。

2008 年，县红十字会筹集到救灾救助物资和药品价值合计 138.66 万元。其中，向汶川地震捐款 136.12 万元。

2009 年 8 月，松阳县遭受台风“莫拉克”重创，红十字会深入重点灾区了解灾情，向上级红十字会争取救灾援助，筹集到价值 4.6 万元救灾物资慰问灾民。青海玉树地震和西南地区旱灾发生后，筹集募捐 13.94 万元。2010 年，设立“松阳吴苏君伤科医院红十字助医基金”，吴苏君伤科医院为基金捐助 100 万元，分 10 年支付，每年 10 万元。其中，8 万元为定向诊治基金，2 万元为重病救助基金。主要用于救助经济困难人群和重病困难人员。

另外，2006～2010 年期间，红十字会向省市争取与自筹“博爱送万家”救助慰问品、慰问金、日常慈善救助物资、药品等价值近 235 万元，惠及 110924 人次。

第三节　无偿捐献活动

献血

2000 年，红十字会首次开展无偿献血活动。有 855 名机关、企事业单位干部职工和社会群众参加无偿献血，献血量 17.1 万毫升。

2002 年，红十字会规定每月 19 日为无偿献血日。至 2004 年 12 月，无偿献血共 7667 人次，献血总量 153.34 万毫升。无偿献血量占临床用血量比例为 100%。

1999～2010 年松阳县无偿献血情况表

表 25-7-3-1

年度	献血人次（人）	年献血量(升)	献血量占临床用血比例（%）	成分血(%)
1999	464	92.80	—	—
2000	856	171.20	—	11.10
2001	2298	459.60	—	—
2002	2000	400.00	—	—
2003	2382	476.40	155.00	—
2004	1863	459.00	105.00	—
2005	1816	544.60	147.00	—
2006	1906	627.14	166.60	—
2007	2055	625.00	152.70	99.70
2008	2104	721.00	157.70	99.90
2009	2259	824.30	181.30	99.80
2010	2361	848.57	205.40	99.60

2002～2010 年，献血先进评比中，松阳籍人士获全国无偿献血奉献奖金奖 6 人、银奖 8 人、铜奖 39 人；获浙江省无偿献血之江杯奖 3 人；获浙江省无偿献血奉献奖 346 人；松阳县每年均获无偿献血先进县称号。2010 年 3 月，召开全县献血工作表彰大会，表彰松阳县 2006～2007 年度全国无偿献血奉献金奖、银奖、铜奖 15 人，浙江省无偿献血奉献奖 132 人。

捐献造血干细胞

2005 年，红十字会首次倡导捐献“造血干细胞志愿者行动”，共有 91 名成员进入中国造血干细胞捐献资料库，其中医务人员 72 人。

器官捐献

2010年，浙江省开展人体器官（组织、遗体）捐献试点工作。是年4月，松阳县捐献1例肝、肾、脾、角膜，为丽水市首例人体器官捐献者。是年，松阳县遗体捐献登记1例。

博爱送万家活动

2009年1月4日，在新兴乡上安村举行“浙江省红十字2009年博爱送万家活动”启动仪式。把价值45584.5元的棉被、食用油、大米及棉衣鞋袜等物品和慰问金1.8万元，分别发放给60户受助人员。1月8日，在大东坝镇举行“丽水市2009年博爱送万家活动”集中发放仪式，发放市红十字会下拨松阳县的价值2.6万元的棉被、大米、食用油等慰问物资。

（此节内容与第三十四编“医疗卫生”第四章“医疗”第五节“采供血”互为补充）

第八章　计划生育协会

计划生育协会是在中国共产党领导下经政府批准的为计划生育事业服务的全国性计划生育组织，是党和政府联系广大育龄群众的桥梁和纽带，是协助政府动员广大群众参与计划生育工作的一种组织形式。

县计生协会的宗旨是团结和依靠全县广大育龄群众和社会各方面热心于计划生育的人士，协助政府实行计划生育基本国策，控制人口数量，提高人口素质。在遵守国家宪法、法律、法规和弘扬良好社会道德风尚的前提下，表达和维护育龄群众的切身利益和诉求，提高人民生活质量，促进社会和谐发展，推动人口与经济、社会、资源、环境的协调和可持续发展。

县计生协会的任务是协助政府贯彻落实国家和省、市、县有关计划生育的政策和法律法规，发动广大会员在控制人口增长、提高人员素质、实行计划生育中起带头作用。向群众宣传人口科学理论，宣传计划生育的方针政策和法律法规，宣传计划生育、生殖健康等科学技术知识，提高群众知情选择避孕方法的能力。协调社会力量，向群众提供生产、生活、生育服务，推动人口福利事业和计划生育保险事业，帮助群众解决实行计划生育的实际困难和后顾之忧。履行民主参与和民主监督职能，维护育龄群众在计划生育和生殖健康方面的合法权益，促进实现男女平等。组织调查研究、计生干部培训、表彰先进、交流工作经验，加强自身建设。参与国际、国内民间组织的合作交流，接受捐赠和资助，开展有偿服务和慈善活动。

第一节　计生协会组织

随着基层协会组织和会员队伍的不断壮大，县计生协会办事机构不断加强。计生协会成立初期，办公室确定1名干部为协会兼职工作人员，2002年8月2日开始，经县编委批准计生协会事业编制3人（含工勤人员）。

1988年4月，县委、县政府批准建立松阳县计划生育协会（简称县计生协会）。这是松阳县最大的计划生育工作群众团体。自此，计划生育工作从以政府管理为主发展为行政管理与群众自我管理相结合的模式。

办事机构

至1990年末，全县各乡镇均已建立计划生育协会。初期，协会工作人员均由计划生育委员会干部兼任。1992年8月，省编委对省计委、省计生协会《关于要求解决各级计划生育协会机构设置及专职人员编制的请示》作出批复后，县、乡镇（街道）计生协会各核定一定数量的专职人员，促进协会专职干部的配备工作。一批年富力强、经验丰富的人员相继充实到各级协会中来，初步形成一支能够上情下达、下情上陈、并指导基层协会开展工作的协会专职干部队伍。

乡镇计生协会一般与同级计生办公室合署办公，会长由党政或人大主席团领导担任，专职副会长或秘书长由计生办干部兼任，无正式编制。行政村、居委会和企事业单位的协会会长一般由支部书记或村（居）委会主任及单位分管领导兼任。专职副会长由计生干部或妇女干部兼任。

至2010年末，全县有计生协会组织454个，会员25157人，会员联系户36721户。

2010年松阳县计划生育协会组织表

表25-8-1-1

单位	组织机构个数（个）	专职工作人员			理事		团体会员人数（人）	个人会员人数（人）	会员小组个数（个）	经营性实体个数（个）	宣传服务阵地个数（个）	会员联系户（户）	会员之家（个）
		编制人数（人）	实际人数（人）	其中女性（人）	人数（人）	其中女性（人）							
县级计生协会	1	3	3	3	55	12	—	—	—	—	1	—	—
乡级计生协会	20	—	20	20	232	65	—	—	—	—	20	—	—
村级计生协会	411	—	411	410	2768	729	1545	22880	1783	9	411	36372	411
企事业单位计生协会	21	—	21	21	189	72	—	1261	42	—	19	339	21
流动人口计生协会	1	—	1	1	7	3	—	16	2	—	1	10	1
合计	454	3	456	455	3251	881	1545	24157	4827	9	452	36721	433

协会工作

1992年1月，县计生协会开展评选先进集体、先进工作者活动。评出先进集体11个、先进工作者21人。11月，县计生协会第二届二次理事会议召开，探讨有关流动人口管理的措施办法。1999年3月5～6日，省计生委、计生协会组成的评价组到松阳县检查评估“一流协会”开创情况。

2000年，县计生协会协同乡（镇）村（居）协会开展宣传、培训及特色活动，组织人员上街咨询和参与县指导站医务人员送医、送药下乡村等活动。2002年10月19日，市计生协会把省计生协下达计生保险代理业务指导性计划7.5万元分配松阳县。全县6个社区建立计生协会组织。通过评估401个村协会，优秀96个、合格252个，基层协会整建情况良好。

2003年9月，松阳县计生协会第五届会员代表大会制定《松阳县计划生育协会章程》。2004年6月，县计生协会上报《关于进一步加强新时期基层计生协会建设的实施意见的报告》。10月，市计生协、计生委下发《关于建立丽水市新家庭计划生育少生快富项目点资助款的批复》，资助松阳古市镇黄圩村计生协文化园1.3万元。

2005年5月11日，县计生协会向各乡镇计生协会发出《关于开展纪念中国计生协会成立25周年暨“5·29”会员集中活动日活动的通知》。8月，县计生协会印发《关于开展村（居）合格协会评估活动的通知》。制定合格村（居）协会评估标准及评分细则。各乡镇配设专职副会长，并落实其享受计生岗位津贴，逐步落实村协会专职副会长享受村“两委”副职待遇，村计生协会秘书长年报酬不少于600元的补贴。围绕重大节日开展一系列宣传活动，制作计划生育年画和计划生育明信片1.5万份，发放到全县育龄夫妇手中。发放少生优生、生殖健康、知情选择等资料2万余份。进行晚婚晚育转型生育宣传，开展百场电影进百村活动。

2008年5月12日，松阳县“大石土特产”出资100万元建立全市首个冠名“石头计划生育关爱基金”。是年，全县计生协会会员之家建设达标率76.2%以上。2009年5月，县计生协会成立县计生协会评估定级工作领导小组，下设办公室。制定《计生协评估定级工作的实施意见》，分评估目的、目标、范围、办法及时间安排、要求六大内容。

2010年1月，县计生协会发出《关于评比表彰计生协会优秀会员的通知》，对评选范围、办法、名额分配、材料要求等作出明确规定。2月，共评选优秀会员36人。5月5日，县计生协会向各乡镇、企业计生协会发出《关于开展“5·29会员活动日”活动的通知》，对活动的主题和重点、活动时间、活动内容、工作要求作出明确的要求。积极开展生育关怀活动。实施“少生快富”项目——松阳县无公害标准化蔬菜生产基地建设项目，新增就业人数350人，其中计生困难家庭200多人，实现人均收入增加600多元。

第二节　计生协会代表大会

1988年4月22日，县计生协会召开第一次会员代表大会。大会制定并讨论通过《松阳县计划生育协会章程》（草案）。选举产生计生协会第一届会长、副会长、秘书长和理事。是年，乡镇相继成立计生协会。

1991年4月23日，县计生协会召开第二次会员代表大会。会议总结第一届理事工作，交流各乡镇开展协会工作的经验。修改和通过协会章程。选举第二届协会的领导班子。

1996年12月19日，县计生协会召开第三次会员代表大会。会议回顾上届工作，交流经验，研究部署下步工作，选举第三届协会的领导班子。

1998年11月26日，县计生协会召开第四次会员代表大会。会议回顾上届工作，交流经验，研究下步协会工作。选举第四届协会的领导班子。

2003年9月3日，县计生协会召开第五次会员代表大会。会议回顾上届工作，交流工作经验，布署下步协会工作。选举第五届协会的领导班子。

2008年11月12日，县计生协会召开第六次会员代表大会。会议由下级协会汇报工作，县协会指出问题；部署下步的工作。选举第六届协会的领导班子。

松阳县历届计生协会情况一览表

表 25-8-2-1　　单位：人

届次	一	二	三	四	五	六
名誉会长	—	1	1	—	—	—
会　长	1	1	1	1	1	1
常务副会长	—	1	1	—	—	—
副会长	4	3	3	4	2	4
秘书长	1（兼）	1	1	1	1（兼）	1（兼）
常务理事	15	21	23	21	10	15
理　事	33	43	41	42	43	29

第三节　计划生育服务

计划生育服务既包括计生医疗技术服务和计划生育管理中的人性化、人文化服务两个方面，也包括党和政府对计生家庭、独生子女计生优惠政策的深化和完善。松阳县计划生育人文化、人性化关爱服务始于21世纪初。此前因控制人口数量、降低人口自然增长率而偏重管理，未对计生服务作出要求。

2000年，松阳县农村（主要是每个行政村和一部分较大的自然村）开始推荐落实村级计生服务员。推荐工作通过村民代表大会提名、讨论、筛选，经村委会商议和全体党员会议通过。

计生服务措施

2002年，松阳县政府制定《松阳县开展计划生育优质服务工作实施意见》和《松阳县生育避孕方法知情选择指导性意见》，指导乡镇开展避孕方法知情选择工作。取消一孩生育审批，实行登记结婚和初婚夫妇依法自主安排生育，以生殖健康服务证取代生育证，简化二孩生育审批程序。县计生部门组织实施知情选择、出生缺陷干预、生殖保健三大工程。引进福施福和优生检测项目，有效预防出生缺陷的发生，提高出生人口素质。7～11月，优生检测136例，其中有4例阳性感染不宜怀孕。县计生指导站开展送医下乡，巡回20个乡镇，协助做好透环孕检工作。加强孕前管理，开展优生优育、避孕节育、生殖保健咨询服务；开展随访服务。

2003年，开展更有针对性、亲和力的计生服务。建立已婚育龄妇女生殖健康档案；开展“预告式”服务；深化避孕节育知情选择；对避孕节育对象进行随访和上门服务，建立各村计生服务员随访日记。开展关爱女孩行动，出台系列关爱女孩的优惠政策；建立性别比治理经常性工作机制。整顿B超市场、技术服务市场、医药市场，强化孕情跟踪服务、婴儿死亡核实制度，加强中期以上终止妊娠的管理，建立《非医学需要胎儿性别鉴定、选择性别人工终止妊娠及弃婴、溺婴有奖举报制度》。是年，独生子女中考加分及特困生公益金救助等开始实施优惠补助。

2006年，计生家庭奖励扶助和特别扶助金开始实施。2007年，820名老人得到扶助，229户计生家庭得到公益金救助，42名高中特困生得到资助，5名独生子女得到助学优惠，435名中考生享受中考成绩加5分的优惠，9718名农村独生子女参加“农医保”得到保费补助。全县2.3万名计生协会会员开展生育关怀“一元捐”活动，募捐爱心款40567.1元，资助208位特困女孩。农村独生子女家庭在宅基地审批、集体经济分配、农业开发补助等方面得到优惠。为农村已婚育龄妇女开展以生殖感染为重点的妇女病检查，并为他们建立生育健康档案，开展预告式送医下乡活动。加强随访服务，在局机关干部、乡镇干部和计生专干、村计生服务员中开展进万家门、知万家情、解万家难、暖万家心、写万家书的“五万工程”活动，规范避孕药具管理和发放，规范随访日记，随访到位率和群众满意率进一步提高。

2003～2010年松阳县计生家庭公益金、新农合等补助、资助情况表

表25-8-3-1

年份	中考加分（人）	资助		公益金补助		新农合	
		特困生（人）	金额（元）	特困户（户）	金额（元）	人数（人）	金额（元）
2003	198	21	14000	—	—	—	—
2004	228	11	9000	61	17800	—	—
2005	200	15	12000	167	40200	—	—
2006	213	28	25000	270	49690	8126	81260
2007	435	42	34000	229	59600	9718	97180
2008	503	43	35000	391	85800	11337	113370
2009	456	26	41000	385	73000	12000	120000
2010	534	51	60500	323	115050	12000	120000
合计	2767	237	230500	1826	441140	53181	531810

2006～2010年松阳县计生家庭奖扶、特扶情况表

表25-8-3-2

年份	奖励扶助		特别扶助	
	人数（人）	金额（元）	人数（人）	金额（元）
2006	734	440400	—	—
2007	820	492000	—	—
2008	905	543000	53	74040
2009	978	704160	79	131400
2010	1081	778320	92	154440
合计	4518	2957880	224	359880

基层计生工作

计划生育基层基础工作以村级自管、村民自治为主要抓手，加强能力建设，夯实工作基础和乡村计划生育标准化创建工程，健全管理网络，优化服务体系，全县形成网络健全、管理规范、政策落实、服务满意、保障有力、工作有效的基层基础工作格局。

2001年，全县401个行政村中有120个村推行村民自治民主管理，有95个村达标。计生合格村创建率80%。是年，建成县人口信息中心，如期完成省、市、县、乡镇四级联网，完成“育龄妇女综合信息数据库”的信息导入工作。县财政投入7万余元，建立松阳县计划生育局外网网站，对局域网的内外网进行物理隔离。全县20个乡镇、6个社区与县信息中心拨号联网，基本实现办公文档一体化、计生数据信息化、管理服务网络化。2002年，全县有136个村推行村民自管自治工作，创建率72%。县计生指导站配备B超、血液分析仪、乳房检查仪等总价40万元的医疗器械，12个乡镇服务站更新B超，17个乡镇更新电脑。536名村服务员中，初中以上文化占97%，45周岁以下占89%，党员占37%。

2004年，加强流动人口的管理。开展常住人口登记造册、下岗失业人员调查、签订外来流动人口责任书、签订出租户责任书等工作。同时，加强对外来已婚育龄妇女的随访及“三查”服务。2006年4月，对全县40名计生专干和580名计生服务员及2200多名驻村干部、村两委干部进行培训。在象溪一村开展计划生育村级民主管理试点，规范村级计生民主管理制度，健全“村两委负责、协会当骨干、群众做主人”的运行机制。继续申报20个示范村创建和20个后进村转化项目，通过抓两头带中间，促进整体工作平衡发展。

2008年1～2月，全县开展“进一步夯实计生基层基础活动月”活动，开展集中整治，张贴标语，发放宣传品，组织10000余人次学习培训。5月，启动“加强源头管理，推进优质服务”活动。另外开展村级计生工作大帮扶运动。

2010年，突出“标创”工程。强化目标责任制落实，强化相关配套制度建设、计生村规民约修订、换届计生责任落实，强化分类预警创建工作。

计生领导机制

2002年2月2日，县委、县政府召开计生工作干部大会，全面部署计生工作，落实目标管理责任制，协调解决重点难点问题：稳定计生机构，协会工作人员从1人增加至3人，并参照公务员管理，加强计生工作的力量；在县财政困难的情况下，保证计生经费的投入比上年增加18万元；协调帮助计生局以较低价格购置办公大楼、改善办公条件；提高计生服务补贴，从150元增至200元；充实县计生领导小组成员。先后制定《计划生育领导小组成员单位职责》《松阳县人口与计划生育督查制度》《关于建立计划生育利益导向和激励机制的实施意见》《流动人口计划生育职能部门责任制考核细则》等文件，建立“党政领导、部门配合、群众参与、齐抓共管”的治理机制。制订《松阳县实施浙江省人口与计划生育条例办法》《关于开展松阳县计划生育统计改革的实施意见》等一系列推动人口与计划生育的政策措施。建立健全以党政“一把手”亲自抓负总责为核心的目标管理责任制，把计生工作列为县政府对乡镇、部门年度综合考核的重要内容，县政府与各乡镇计生站、各乡镇与行政村层层签订责任状。四都、古市等乡镇把计生工作责任落实到驻村和村两委干部身上，做到职责明确，奖罚分明。

2005年，进一步完善到人到边的目标管理责任制和责任追究制度。县、乡（镇）、村三级层层签订责任状，乡（镇）对行政村计生工作考核分值普遍占25%以上。2006年，把人口计生法纳入县普法内容，层层落实行政执法责任制、公示制、评议制和执法过错追究制，开展计划生育行政执法“十大精品”案件的评比等活动，提高计生干部依法行政的意识和执法能力。2009年，采取计生工作月排名、月公示、末位班长谈话等1+7计生工作制度（目标管理责任制、一票否决制、责任追究制、晋级制、末位班长谈话制、月排名制、专项督查制和县领导联系薄弱乡镇制度）。2010年，成立以县委副书记、政法委书记为组长、22个成员单位组成的县“标创工程”工作领导小组，制订“标创工程”实施方案。

落实优生两免工作

2009年7月14日，松阳县人民政府印发《关于实施免费婚前医学检查和免费孕前优生检测的意见通知》，对实施“两免”（免费孕前检查、免费婚检）服务、工作目标、主要任务、检测项目、服务机构、服务程序、组织实施、保障措施作出明确规定。10月，县人口和计划生育局印发《关于规范“优生两免”工作的通知》，要求各乡镇把生殖健康服务证和再生育证编号告知县计生站，及时增加育龄妇女“两免”信息，落实村（居）计生服务员、计生专干实施“优生两免”工作职责。

2010年，全面贯彻落实“优生两免”政策，提高出生人口素质，在县妇幼保健所、县计生指导站设立“优生两免”咨询服务热线，印发“优生两免”政策问答。

（本节内容与第五编“人口”第五章“计划生育”第三节“基层计生工作”互为补充）

第九章 体育总会

自20世纪90年代始，松阳社会各界群众体育活动呈蓬勃发展趋势。乒乓球、羽毛球、气排球、门球、登山、健身和体育舞蹈等单项体育社团踊跃组团。1995年上半年，松阳县成立县体育总会，统一对全县各类社会体育团体组织进行管理，加强指导。

第一节 机 构

县体育总会

松阳县体育总会是由县体育行政主管部门和社团登记管理机关授权、具有独立的法人资格、对松阳县各类体育社团组织进行管理的非营利性群众性组织，是丽水市体育总会的团体会员。

1995年4月19日，松阳县体育总会成立。2000年，松阳县体育总会社会团体进行登记，具有体育专业性质。根据《松阳县体育总会章程》规定，县体育总会每四年换届一次。

1999年6月换届以后，县体育总会贯彻实施《中华人民共和国体育法》和《全民健身计划纲要》，广泛开展群众性体育活动，全民体育竞技水平进一步提高，体育健身设施建设进一步加强，群众性体育网络进一步健全。

松阳县体育总会设立常务委员会，常务委员会由委员选举产生。常务委员会是大会的执行机构，在闭会期间领导本会开展日常工作，对委员会负责。常务委员会须有2/3以上常务委员出席方能召开，其决议须经到会常务委员2/3以上表决通过方能生效。常务委员会每年至少召开1次会议，情况特殊的，也可采用通讯形式召开。

体育总会主席、副主席、秘书长任期4年。因特殊情况需延长任期的，须经委员会2/3以上委员表决通过，报业务主管单位审查并经社团登记管理机构批准同意后，方可任职。

体育总会经费来源主要有捐赠和社会赞助、政府拨款、在核准业务范围内开展活动或服务的收入、利息、其他合法收入。总会经费必须用于本会章程规定的范围和事业发展，不得在会员中分配。

代表大会

松阳县体育总会的最高权力机构是会员代表大会。委员会须有2/3以上的委员出席方能召开，其决议须经到会委员半数以上表决通过方能生效。委员会委员任期4年，因特殊情况需提前或延期换届的，须由本会常务委员会表决通过，报业务主管单位审查并经过社团登记管理机构批准同意，但延期换届最长不超过1年。

2004年12月30日，县体育总会第三届会员代表大会召开，选举产生县体育总会第三届委员会委员、常务委员、副主席、主席、名誉主席。2007 年 3 月 26 日，同意县万年青健身中心为县体育总会青少年俱乐部团体会员，独立法人。2007 年 9 月，县体育总会第四届会员代表大会召开，选举产生新一届委员会。

第二节　体育总会主要活动

1999 年 4 月 30 日，县第二届体育总会与县总工会联合举办松阳县首届企业职工田径运动会，进一步活跃职工群众的业余体育文化生活。

2006 年，县第三届体育总会组团参加浙江省第十三届运动会和浙江省第五届老年人运动会。配合文体广电局完成赛事。2007 年，县第四届体育总会举办迎奥运全县乒乓球比赛。县体育舞蹈协会举办少儿体育舞蹈培训班和成人体育舞蹈培训班。县健美协会举办 3 次登山活动，会员乒乓球赛 1 次。县羽毛球协会举办羽毛球赛 3 次。总会协助各乡镇、社区开展活动，派员协助乡镇老年体协开展“迎奥运”健步走活动 2 次；派员协助社区开展体育活动 2 次；派员协助有关单位开展体育活动 5 次。

图 25-16　玉岩镇老年体协举办老年人活动（金康法摄于 2010 年）

第十章　关工委

松阳县关心下一代工作委员会是在县委、县政府领导下，以关心、教育、培养青少年健康成长为目的的群众性工作组织，是党和政府教育青少年的参谋和助手，联系青少年的桥梁和纽带。其宗旨和任务是组织和动员老干部、老战士、老专家、老教师、老模范等对青少年进行思想教育，引导青少年树立正确的世界观、人生观、价值观，养成高尚的思想品质和良好的道德情操。加强青少年的法制教育及身心健康教育，引导青少年珍惜时光、勤奋学习，注重社会实践，强身健体，提高青少年的综合素质。积极开展“老少共建”精神文明创建活动，协同社会各方面力量关心爱护青少年，努力为青少年办实事、做好事、解难事。

松阳县关心下一代工作委员会与各部门、各乡镇关心下一代工作委员会在工作上是指导关系；配合党政有关部门和群团组织开展工作，在培养教育青少年工作中相互支持、通力合作，共同为青少年健康成长创造良好的社会环境，促进社会和谐。

1991 年 9 月，松阳县建立关心下一代工作委员会（简称关工委），是以“老干部、老教师、老专家、老模范、老战士”五老为主体，由有关部门和群众团体负责人参加的全面关心青少年健康成长的群众性工作组织。

机构设主任、副主任、名誉主任、顾问。除 1 名专职副主任外，其余均由离退休人员或在职的县领导及有关部门领导兼任。办公室编制 2 人，参照国家公务员制度管理。其中，办公室主任（副科，由关工委专职副主任兼任）1 人。至 2010 年末，关工委下设 5 个专业委员会。其主要职责是开展爱国主义、社会主义、集体主义和法制教育，开展科技扶农、助学帮困、失足帮教、文艺宣传等工作。

第一节　青少年教育

县关工委以各种载体为平台，对青少年加强法制教育，预防青少年违法犯罪。法制委员会成员到各中小学校和社区举办法律知识讲座；重视对特殊群体的普法教育，组织相关人员到省未成年犯管教所对在押的松阳籍失足青少年进行面对面法制教育；对劳教回归人员开展跟踪帮教工作。

1997～2003 年，关工委创办家长学校 32 所；对青少年开展各种形式的法制教育 93 场，受教育者 3 万余人。连续 7 年对松阳籍未成年犯进行面对面帮教。

2004 年，组织宣讲团开展以中共十六大主题精神为主要内容的爱国主义宣讲活动 51 场；播放《激励永远》爱国主义教育光盘 23 场。

关工委组织宣讲团成员利用清明扫墓、五四青年节、六一儿童节等节假日开展宣讲活动。宣讲内容有《纪念抗日战争胜利60周年》《黄富武烈士永垂不朽》《学习“三个代表重要思想”走好人生路》《艰苦奋斗的思想不能丢》《做一个爱校的好学生》《学习新宪法做一个好公民》等。根据不同的受教育对象，新编整理《中国工农红军挺进师安岱后对敌斗争史》《牢记历史不忘国耻——日寇在松阳的罪行录》《要始终永葆共产党员先进性》等宣讲资料。

2006年，由退休老教师组成的宣讲团配合学校开展爱国主义宣讲教育，全年讲课60余次，受教育约1.5万人。法制委成员对在校学生进行《中华人民共和国未成年人保护法》《中华人民共和国预防未成年人犯罪法》普及教育和《中华人民共和国治安处罚法》宣讲活动，受教育师生共8000余人。

2007年，爱国主义宣讲团和法制委员会成员对青少年进行革命传统教育和法制教育，共宣讲20场，受教育者2万人。2008年，宣讲团成员向青少年进行发扬革命传统、学革命先烈、明“八荣八耻”、树“社会新风”教育。全年讲课80余次，受教育2万人。开展以社会主义核心价值体系为主要内容的“红歌进校园”活动。2009年，关工委与综治委、团委、教育局、妇联联合开展“为了明天预防青少年违法犯罪”的专项教育活动。组织学生参加浙江省委宣传部、教育厅、关工委联合举办的“我爱我的祖国”网上征文活动。

2010年，在抗美援朝60周年之际，关工委成员以各种形式对青少年进行爱国主义教育。

第二节　帮困助学与科技扶农

帮困助学

每年6月初开始，关工委对应届高中毕业生开展调查摸底，借助报社、电视台、网络等各种媒体力量，宣传帮困助学的重要意义、报道贫困学生的感人事例和先进典型，扩大爱心助学工作社会影响面。

1998～2003年，共筹集“帮困助学”资金25.8万余元，累计资助在校特困生257人。

2004年，筹集资助款22.4万元，资助特困生78人，其中中小学生31人、大学生37人。2005年，为47名考分位居前列、学业品行较好、家庭经济特别困难的贫困生解决部分求学费用。2006年，筹集资助款34.58万元，对29名困难大学生进行资助。2007年，筹集资助款30余万元，为37名高考贫困生和7名中学生解决就学难问题。2008年，筹集资助款43.2万元，资助贫困生52人。

2009年，筹集资助款38.5万元，资助贫困生67人。关工委除帮困助学外还注重对受助生在政治、思想、道德修养上的“全程关爱”，加强与受助生联系，走访资助对象。2010年，筹集资助款95万元，资助89名高考贫困新生。其中全程结对资助贫困生（大学期间每年资助）34人，资助款70余万元。

科技扶农

关工委组织一批离退休农林科技老专家、老技术员组成科技咨询委员会。2005 年，关工委参与科技服务，水车村村级集体年收入从 2002 年的 3.17 万元猛增到 38 万元。2007 年，委员会成员继续加强科技服务，村级集体年收入增加至 50 多万元。2008 年，在松阳召开全市科技扶农现场会。是年，关工委科技咨询委有 20 位老专家参与市委组织部、市关工委联合举办的“百名老科技专家联百村”活动。2010 年，18 名老科技人员举办科技培训班 20 余期，通过科技辅导增加经济效益 600 余万元。

图 25-17 老科技工作者下乡指导茶叶种植（张群英摄于 2010 年）

第十一章　消费者协会

松阳县消费者协会是指依法成立的对商品和服务进行社会监督，从而保护消费者合法权益的县级社会团体的总称。松阳县消费者协会积极完善消费者申诉举报平台建设，受理消费者申诉举报，开展消费者组织建设工作。

第一节　机　构

消费者协会

1992 年 3 月，松阳县消费者协会（简称“消协”）经县人民政府批准正式成立。由工商、质量技术监督、卫生、药品监督、经济贸易、建设、交通、环保等部门和行业管理部门、行业协会、社会团体以及消费者代表组成，共 57 家会员单位。

2007 年 4 月，经县人民政府批复同意，消费者协会更名为消费者权益保护委员会。更名后的消费者权益保护委员会继续履行《中华人民共和国消费者权益保护法》和《浙江省实施〈中华人民共和国消费者权益保护法〉办法》赋予消费者协会的法定职能。其主要职责是对商品和服务进行社会监督，保护消费者的合法权益；引导消费者合理、科学消费，促进社会主义市场经济健康发展。

2007 年 5 月，消费者协会办事机构更名为消费者权益保护委员会办公室（简称“消保委”）。内设办公室（宣传指导室）、投诉监督室、调解仲裁室等机构，设立松阳办事处、古市办事处、城郊办事处。

至 2010 年，消保委在乡镇建立 12315 消费维权（食品安全）监督联络站 20 个，在农村建立监督联络站 74 个，在中小学校建立监督联络站 26 个；成立以社区、超市、商场为依托的 12315 消费维权监督联络点 16 个，建成国民消费教育中心 7 个。消保委设立监督站、联络站等各类基层网络组织 140 余个，消费维权监督站义务监督员 400 余人，维权志愿者 26 人，形成城乡结合、上下联动的消费维权运作网。

代表大会

1992 年 3 月，松阳县消费者协会召开首次代表大会。2000 年 9 月，召开第二届理事会。2004 年 11 月，召开第三届理事会。2007 年 4 月，更名为松阳县消费者权益保护委员会（简称“消保委”）代表大会。消保委代表大会在农村乡镇、城市设立消保委分会，组织机构是理事会。其日常工作由常设办事机构承担，秘书长、副秘书长专职管理，并向会长负责。代表大会经费由政府资助和社会赞助。

至2010年，消保委代表大会共召开3次代表大会，成立3届理事会。

第二节 消费维权

消费者协会每年按期开展纪念“3·15”国际消费者权益日宣传活动，分发《消法知识读本》《中华人民共和国消费者权益保护法》等各类宣传资料，现场接待群众咨询，现场受理消费者投诉，开展食品检查活动，配合上级部门开展以农资为重点的抽检工作。

1998～2003年，以“12315”为载体开展维权活动。整合消协与“12315”维权中心职能，完善“一个中心，分级执法”的维权工作机制，加强与新闻媒体合作，拓宽案源渠道。

开展以“为平安松阳站岗、为消费安全护航”为主题的“百日百县”食品安全统一执法行动。2004年，受理消费者投诉举报案件197件，为消费者挽回经济损失11.43万元。签订《食品经营单位自查自纠承诺书》1434份，建立食品消费安全监督防范体系。

2005年，“12315”指挥系统全年受理各类消费投诉举报案件199件、咨询287件，为农民挽回经济损失16万元。集中销毁10余万元假冒伪劣、过期商品。开展3·15维权日、消费者知识宣传活动周活动。在职业中专学校正式挂牌成立首家消费教育基地。全年发放宣传单24300余份，培训597人次，召开讲座4次。2006年，办结消费投诉举报案件395件，为消费者挽回经济损失18余万元，结案率100%。创建“放心店”108家。建立407个消费维权监督站，聘请477名监督员。2007年，建立市—县—所三级信息畅通渠道，实现“相对集中受理、分工协作办理、应急指挥调度、信息汇总分析、进行消费提示”等功能的12315申报举报网络框架。全年职守电话485个，受理各类消费投诉举报567件，其中解决投诉162件、接受咨询405件，为消费者挽回经济损失16.7万元。

2008年，西屏镇6个社区、20个乡镇401个村、3个市场、7家超市、25所学校设立12315消费维权监督联络点，聘请482名监督联络员。受理消费者申诉举报、咨询共344件，职责范围内查实、解决消费者申诉举报164件，办结率100%，为消费者挽回经济损失30.5万元。

建立健全工商主导、经营者自律、群众参与、社会监督相结合的消费维权工作机制。2009年，受理消费者咨询投诉475件，其中申诉119件、举报41件、咨询315件，为消费者挽回经济损失12.6万元，结案率100%。

2010年，受理群众申诉案件13件，处理13件，处理率100%。

第十二章　农民协会

清朝末年，松阳县农会建立。民国时期，各乡镇都成立农会。解放后不久，松阳县农民协会成立，下设区、乡、村农民协会。

第一节　农会组织沿革

清宣统三年（1911），建松阳县农会，址城北天后宫右厢，设会长、副会长各1人主持会务。民国8年（1919）2月，浙江省实业厅以“民国维新，注重农政”，训令各区一律建立农会。3月，成立城区农会。随后，古市、五都、厦田、靖居、竹溪、玉岩、石仓各区农会相继成立。民国15年（1926）10月，成立松阳县农民协会，开展“二五减租”运动。民国20年3月，县农会改组，设干事长、副干事长各1人，干事5人，候补干事3人。民国27年，全县54个乡镇先后成立农会。民国29年，依新划乡镇并为42个乡镇农会。民国32年3月，重新成立县农会。民国35年5～8月，乡镇农会重新成立，时全县有乡镇农会30个，会员12963人，其中个人会员12370人、团体会员593人，农会职员656人。

1949年，松阳解放，旧县农会解体。1950年4月，县农民协会成立，1964年，被贫下中农协会取代。1969年，县、公社成立贫下中农代表大会，取代贫下中农协会组织。1978年，恢复县贫下中农协会组织；1980年后停止活动。

第二节　农会主要活动

在大革命时期和土地革命时期，农民协会是中国共产党在农村所依靠的基本群众组织。民国24年，中国工农红军挺进师以松阳安岱后为中心据点，创建浙西南革命根据地。在根据地内，乡、村分别建立苏维埃政府和农民协会、分田委员会等组织，开展打土豪、分田地工作。全面抗战时期，农会协助政府推行“二五”减租，从事农产改良及发展农村合作事业，出版农民节大型壁报和举行游艺活动等。县农会隶属国民党县党部和县政府，干事均由官方圈定。中华人民共和国成立初期，由于农村土地改革、巩固农村新生政权、调整农村阶级和社会关系的需要，农民协会迅速兴起。

松阳解放后，中共松阳县委立即部署全面开展以发动和组织农民群众、筹建农民协会为重点的农村工作。1949年11月2～4日，召开全县农民代表会议，成立松阳县农民协会筹备委员会。会员为农村中的雇农、贫农、中农、农村手工业者及贫苦的革命知识分子。县农民协会下设区、乡（镇）、村农民协会，村以下编为若干小组，设组长。区、乡（镇）农民协会配备专职的主任；县农民协会由会员选出委员会，设主任、副主任、委员。1950 年 4 月，松阳县农民协会成立。6 月，县农民协会下辖 4 个区农民协会、43 个乡（镇）农民协会、261 个村农民协会，会员 27790 人。年末，会员增至 45339 人。

根据《中华人民共和国土地改革法》规定，农民协会是农村土地改革的合法执行机关。农民协会在农村反霸、减租、生产、土地改革、抗美援朝及发展互助合作等工作中发挥重要作用。

1964 年 7～11 月，结合农村社会主义教育运动，松阳境内 27 个人民公社、399 个生产大队、2909 个生产队均成立贫下中农协会组织（简称“贫协”）。公社、大队成立贫协委员会，设主席、副主席、委员；生产队设贫协小组。成员限于农村人民公社中贫农、下中农成分的社员。

“文化大革命”期间，1969 年，县、公社成立贫下中农代表大会（简称“贫代会”），取代贫下中农协会组织。1976 年 12 月 23 日，“贫代会”停止活动。1978 年春，恢复县贫下中农协会。1980 年后，贫下中农协会已无活动。

第二十六编　公　安

东汉建安四年（199）始置松阳县，历代分别置兵曹、县尉、司法、兵房、刑房等，掌管县域司法事务。明清时期，县衙设典史署事管辑捕。清时，典史署改为警察所，后称警务长公所。民国时期称县警察署，后改称县政府公安局，再改称县公安局等。

1949 年 5 月，中国人民解放军松阳军事管制委员会设公安局；5 月末，成立县人民民主政府公安局；7 月，改称县人民政府公安局。后改称县公安局至 2010 年。

松阳解放初期，公安机关面临匪患猖獗的严峻形势。县公安局配合人民军，全面开展剿匪斗争，肃清县境内武装土匪。之后，坚决打击反革命分子，保证土地改革、抗美援朝运动的顺利进行。20 世纪 50 年代中期，公安工作步入正常轨道，及时打击各种刑事犯罪活动，保卫社会主义革命的建设。

1958 年，松阳县并入遂昌县以后，原松阳县境域内设置松阳、古市、玉岩公安派出所。20 世纪 60 年代初期，国民经济困难时期，社会治安问题严峻。面对复杂的社会治安问题和对境内外敌人斗争的困难，公安机关正确区分和处理两类不同性质的矛盾，开展整顿社会秩序工作，促进社会治安的好转。1978 年以后，各项公安基础工作、队伍建设、业务装备都得到加强。公安工作重点转移到保卫改革开放和经济建设上来。

1982 年，恢复松阳县建制，复建松阳县公安局。在经济发展、市场繁荣的新形势下，松阳县公安机关不断深化对敌情和各种治安问题变化的认识，在防范、打击犯罪、管理社会治安和加强队伍建设方面开展一系列富有成效的改革工作，有力地维护社会政治和治安的持续稳定，为松阳经济社会建设的顺利进行发挥重要作用。

进入 21 世纪，县公安机关围绕建设平安松阳、构建和谐社会这一新时期发展目标，深入推进以平安建设为载体的治安防范社会化工作，构筑起全方位立体化的防控网体系，坚持服务社会、维护治安、促进经济发展的精神，开展各种内容形式的治安行政管理和依法惩治犯罪活动，取得很好的效果。社会治安动态管理的快速反映、严密的控制体系已基本建成并取得显著的成果。

第一章 机 构

松阳县古时就有警察机构。明清时期，县公署设典史署，掌管缉捕。清光绪三十三年（1907），始设县警察局，民国元年（1912），设县警察署。民国18年，改为县政府公安局；民国31年，改设县警察局。民国38年3月，松阳起义，县警察局解体。1949年7月，设立松阳人民政府公安局。1958年，随松阳县制并入遂昌县。1982年，复建松阳县公安局。

松阳县公安机关组织机构分为行政机构、党委组织和监督机构。行政机构对全县公安部门单位工作进行行政管理，表现为法律、法规、法令、决议、命令和其他规范性文件的严格执行方面；党委组织依照党章的宗旨开展活动，为加强党员干部队伍建设和保持党组织的先进性、纯洁性而努力；监督机构在行政、党委组织的支持下，致力于加强干部职工队伍建设，加强干部职工队伍的日常监督管理，通过制订各项规章制度等机制，不断提高干警队伍素质，始终保持优良传统，为公安工作建功立业。2010年，全县公安行政编制为280人，内设机构20个。

第一节 沿 革

明、清时，县公署设典史署，典史掌管缉捕。

清光绪三十三年（1907），始设松阳县警察局，后改称警务长公所。

民国元年（1912），改县警务长公所为县警察署，址设县公署西厢，置二等警佐，县知事兼警务监督。另设古市警察署，置警佐一员，址设古市城隍庙右厢房，后借设永宁观三清殿左厢房。

民国2年（1913），改县警察署为警察事务所，置警务长。古市警察署改为警察分所，并相继设立西乡（玉岩）、南乡（靖居）警察派出所。各所设巡官1员、长警1棚（1棚为10人）。西乡派出所址设白岩庄（今玉岩村）白云观道院，南乡派出所借设南州民房。民国3年7月，西乡、南乡警察派出所裁撤；8月，县警察事务所改为警察所，县知事兼所长，下设警佐。民国9年，县警察所长另委警佐充任。民国14年，复设玉岩、靖居警察分所，各配分所长1人、长警1棚。民国18年5月，改县警察所为县政府公安局，设局长1人、事务员2人、书记2人、巡官1人、长警4棚。古市、靖居、玉岩设公安分局。古市分局警额10人，靖居、玉岩分局各5人。民国19年，改靖居、玉岩公安分局为派出所。

民国20年（1931），县政府公安局改称县公安局，设局长1人、课长2人、课员3人、巡官1人、书记2人、长警22人，另置临时公安队33人。古市分局警员11人，玉岩、靖居派出所警员各6人。年末，全县有警械短枪31支、子弹4217发。民国21年，全县警察有63人，占总人数口的0.5‰。

民国24年9月，裁撤县公安局，警察事务归县政府第三科。县城设城区警察所，由三科科长兼任所长，各区设警察分驻所，各所设巡官1人，长警照旧。民国26年，改县政府第三科为警佐室，置警佐、科员、办事员及警察政治指导员。民国27年8月，各警察分驻所并入区署，设巡官1员，区长统辖警察事务。

民国31年（1942）3月，废警佐室设县警察局，址设善应堂。各区仍设警察分驻所。县警察局设警察大队，下设3个中队，直属县府。民国32年5月，县警察局迁址中弄汤兰公所，警察大队改编为警察队，充实警械步枪70支。是年9月，警察队裁废。民国34年，县警察局职员改组，设局长1人、科长2人、科员3人、督察员2人、巡官2人、办事员1人、书记2人、长警4棚。民国35年，县警察局由三等局改为二等局，设局长室、督察室、总务室、总务科、行政科、司法科和刑警队，下辖古市、靖居、玉岩警察所和堰头警察分驻所，共有职员、长警140人。民国37年春，县警察局迁至官塘路三元宫。民国38年3月13日，县警察局长郑金法率部随县长祝更生起义，县警察局解体。3月16日，浙江省政府派李和涛代理松阳县长，朱春棋主持县警察局事务。4月26日，松（阳）宣（平）遂（昌）人民游击支队解放松阳县城。5月9日，中国人民解放军第二野战军十一军三十二师九十六团进驻松阳县城，松阳全境解放，旧警察机构被彻底摧毁。

民国时期，松阳县公安（警察）机构历任主事有黄定甲、王寿荣、刘乃封、何光跃、丁文衡、陈容谬、姚以咏、张衍、张孝植、周子华、吴纪藩、张岳皋、张梨庄、黄炯、王钢、黄丽生、施干人、朱祖颛、黄炯（再任）、张霖生、张景阳、郑金法、朱春棋。

1949年5月26日，松阳县人民民主政府公安局成立，下设侦察股、司法股、公安队。址设县府西侧叶家祠堂。8月，县人民民主政府公安局改称县人民政府公安局，增设审讯股、看守所。1950年4月，增设治安股，同时建立古市镇派出所。5月，县劳教所成立。12月，侦察股、治安股、审讯股分别改称为第一股、第二股、第三股，另设秘书室。局址迁至怀保亭徐图远住宅。

1951年5月，西屏镇派出所建立。10月，县劳教所改为县劳改中队。年底，全局在编干警67人（不含公安队）。1952年1月，丽水专署撤销，松阳县人民政府公安局隶属衢州专署公安处。6月，公安队改编为中国人民解放军公安部队浙江省松阳县公安队。同时，公安队整编，县独立营裁撤部分人员并入公安队。1953年9月，县劳改中队撤销，其物资、人员由衢州公安处劳改科接收。1954年9月，各区设公安特派员，列入公安局编制。1955年4月，县局第三股改为预审股。8月，公安队改编为人民武装警察队（简称民警队），属公安机关建制。是年，撤销古市镇派出所配设公安特派员。1956年4月，县局第一股、第二股分别改为政保股、治安股。7月，县局设政治协理室。是年，县人民政府公安局改称县公安局。1957年9月，撤销西屏镇派出所，设公安特派员。县局秘书、治安、政保、预审4个股内勤集中办公，业务分股负责。1958年，精简机构，公、检、法3个部门成立联合办公室，分内、外线，内线设清案组、侦破组、肃反组、秘书资料组，外线设4个工作组、1个检查组。

1958年11月，国务院公布撤销松阳县建制；12月，松阳县公安局并入遂昌县公安局。1960年9月，恢复西屏镇派出所。1966年，撤销各区、镇公安特派员建制，建立松阳、古市、玉岩派出所。

松阳派出所辖西屏镇、松阳区、靖居区、石仓公社（县直属公社）的公安业务。1968年1月，公安机关实行军事管制，各派出所一度停止办公。1971年7月，西屏镇派出所恢复；8月，古市镇派出所恢复。1973年8月，公安机关结束军事管制，县公安局恢复，松阳境内4个区1个直属公社恢复公安特派员建制。1974年，各区、直属公社公安特派员改为公安员，非直属公社配公安助理员。1980年5月，区、直属公社公安员仍改为公安特派员，归公安机关建制。1981年10月，增设松阳区派出所和古郊派出所，松阳、古市两区公安特派员随之撤销。

图26-1 20世纪80年代的公安民警（县公安局提供 1982年）

1982年1月，松阳县恢复建制。5月，复建松阳县公安局，址设西屏镇人民大街19号。局机关设秘书、政保、治安、预审4个股和刑侦队、政治工作办公室，下设西屏镇、古市镇、松阳区、古郊4个派出所和森林派出所。7月，增设靖居、玉岩派出所。11月，增设石仓派出所。12月，局机关增设内保股。

1983年1月，松阳县公安局消防中队建立，属人民武装警察序列。10月，设立松阳县看守所。1984年3月，县局各股、室改为科。5月，局址迁西屏镇新华路29号，与消防队同址办公。9月，中国人民武装警察部队松阳县中队成立，隶属武警丽水地区支队和县公安局双重领导。1985年6月，松阳车站派出所建立。7月，县局内保科改为保卫科。8月，玉岩区枫坪乡民警值班室建立，并相继在玉岩、靖居、大东坝3个区的10个乡配备驻乡民警（人员属乡政府编制）。1986年3月，石仓派出所改名为大东坝派出所。6月，新建拘留所竣工投入使用。11月，县局增设消防科，人员由消防中队调配。同时，建立松阳造纸厂驻厂民警执勤室，并在松阳区阳溪乡配驻乡民警。1987年10月，松阳县公安交通警察队成立，原松阳县交通监理所人员划归公安建制。1988年5月，局址迁入人民大街新建办公楼。8月，西屏镇交通警察队（1990年6月撤销）成立。12月，松阳县银行系统成立经济民警中队、小队。1989年，县局相继建立监察科、户政科和法制科。松阳区望松、四都2个乡配驻乡民警。

1991年5月，交通警察队改称交通警察大队，森林派出所更名林业公安分局。1993年1月，玉岩、靖居、大东坝派出所随乡、镇建制更名玉岩镇、象溪镇、大东坝镇派出所，松阳派出所更名城郊派出所。8月25日，县局刑侦队更名刑事侦查大队，秘书科更名办公室。1994年7月，县局消防科更名消防大队。8月，增设城南派出所。1995年11月，松阳县公安局巡特警大队成立，配干警17人。1996年9月，在枫坪乡政府驻地枫坪村设玉岩镇派出所枫坪分所。1997年末，局机关机构有政保、保卫、治安、户政、预审、法制、政工、监察8个科和看守所、刑事侦查大队、巡特警大队、交通警察大队、办公室、纪检委。1998年5月，县局设立计算机安全监察通讯科（计通科）和经济案件侦察大队。6月，局机关机构进行调整，政工科更名政治处，保卫科更名经济文化保卫大队。调整后的公安局内设机构有：政治处、办公室、信访科、政治保卫大队、经济文化保卫大队、治安警察大队、巡特警大队、刑事侦查大队、经济案件侦察大队、计算机监察通讯科、交通警察大队、指挥中心、预审科、户政科、法制科、纪检监察室、法医中心、看守所。下辖西屏镇、古市镇、象溪镇、玉岩镇、大东坝镇、城郊、古郊、城南 8 个派出所。全局在编干警 226 人，其中女干警 30 人。1999 年 7 月，撤销预审科，实行侦审合一，刑侦大队内增设西屏中队、重案中队、技术中队；督察大队建立。

2001 年 1 月，县公安局设立行政科。6 月，政保大队更名国内安全保卫大队；交通警察大队和巡特警大队合并成立交通巡逻警察大队，增设防暴中队；古郊派出所并入古市镇派出所。2002 年 3 月，经济文化保卫大队、户政科并入治安警察大队。2003 年 1 月，行政科改称后勤科。9 月，西屏镇派出所、城郊派出所、城南派出所三所合一，设立西屏中心派出所。2004 年 1 月，设立公共信息网络安全监察大队（简称网监大队），与计通科合署办公；局信访室划归纪检督察管理。2 月，设立禁毒大队，与刑侦大队合署办公。7 月，松阳县公安局交通巡逻警察大队更名松阳县公安局交通警察大队。

2005 年 7 月，巡特警从交通警察大队中划出，单独设立县公安局巡特警大队（为股级内设机构）。10 月，设立刑侦大队网上作战中队、治安大队基层基础信息指导中队和县公安局交通警察大队大东坝中队、玉岩中队（为副股级内设机构）。2006 年 3 月，县局设立基建科，办公室内设机要室。4 月，松阳县公安局治安拘留所更名松阳县拘留所。6 月，设立交警大队法制科（为交警大队内设机构）。9 月，设立松阳县公安局刑事科学技术室，对外加挂松阳县公安局物证鉴定室牌子，为局内设机构。2007 年 5 月，恢复城南、城郊、西屏镇派出所，并把城郊派出所、城南派出所分别更名为园区派出所、江南派出所。2008 年 3 月，设立县公安局交通警察大队江南中队（为副股级内设机构）。2009 年 8 月，设立县公安局交通警察大队四都中队（为副股级内设机构）。2010 年 5 月，松阳县公安局法制科更名为法制大队。

至 2010 年末，县公安局内设机构有政治处、纪督信、指挥中心（办公室）、警务保障室、法制大队、国保大队、治安大队、网监大队、巡特警大队、经侦大队、刑侦大队、看守（拘留）所、交警大队。下辖西屏镇、园区、江南、古市、象溪、大东坝、玉岩 7 个派出所，共有在编民警 280 人，其中职工 213 人。

第二节　职能与内设职能部门选介

职能

2002 年，松阳县党政机关机构改革方案确认，县公安局是县政府主管全县公安工作的职能部门，领导、管理全县范围内的公安工作。其主要职责是贯彻执行党和国家关于公安工作的路线、方针、政策和法律法规，组织、指导、检查、监督全县公安工作；掌握影响稳定、危害国内安全和社会治安情况，分析形势，制定对策；预防、制止和侦查违法犯罪活动，负责对危害国家安全案件、刑事案件、经济案件以及对毒品案件的侦察、预审工作；维护社会治安，制止危害社会治安秩序的行为；维护交通安全和交通秩序，处理交通事故，加强车辆及驾驶员的依法管理；指导、检查、监督全县公安机关的执法活动；指导、监督、组织实施全县消防工作；指导、监督全县公安机关对国家机关、社会团体、企事业单位和重点建设工程的治安保卫工作以及群体性治安保卫组织的治安防范工作；指导、监督、实施全县公安机关对信息网络的安全监察工作；指导、监督、实施全县公安机关依法承担的执行刑罚和监督、检察工作；指导、监督、实施对看守所、治安拘留所的管理工作。

图 26-2 公安干警上街宣传法律(叶光铭 摄于 2008 年)

依法管理户口、居民身份证、枪支弹药、管制刀具和易燃易爆、剧毒、放射性等危险物品和特种行业的管理工作；依法管理集会、游行、示威活动；警卫国家规定的特定人员、守卫重要的场所和设施；负责全县公安后勤保障工作；制定全县公安机关人员培训、教育及公安宣传的方针和规划，检查监督落实情况；按规定权限使用干部；制订全县公安队伍监督管理工作规章制度，分析队伍现状，组织实施督察工作；按规定权限对干部管理监督；查处全县公安队伍违纪违法案件。

内设职能部门选介

指挥中心　成立于 1997 年 11 月。负责 110 报警、群众求助和监督电话的值机，24 小时随时接受基层公安业务部门和执勤巡逻民警报告的紧急情况，协调处置紧急警务，承担授权的有关指挥协调工作；随时收集和掌握重要敌情、社情动态，及时整理上报，并转达到有关业务部门；在各警种、各业务部门分类预案的基础上，综合制定处置紧急治安事件和重大紧急情况的工作预案；负责传真收发工作。

1998 年 11 月 18 日，松阳县为民服务社会联合行动正式启动。“110”由公安行为转变为政府行为。2005 年 5 月 7 日，“110”“119”“120”三台合一，增强了公安机关指挥协调功能。

禁毒大队　成立于 2004 年 2 月。掌握、分析全县毒品违法犯罪活动动态、规律和特点，研究拟定预防、打击对策；负责毒品犯罪案件的侦查和涉毒违法案件的查处工作；组织、指导麻醉药品、精神药品的安全管理和易制毒化学品管制等工作；负责县禁毒领导小组办公室的日常事务工作，组织开展禁毒预防宣传教育，协调有关部门开展禁毒工作。

巡特警大队　成立于 1995 年 11 月。开展日常治安巡逻，预防和打击街面违法犯罪活动；参与对抗性群体性事件的现场处置；参与严重暴力性事件和恐怖事件的先期处置；接受指挥中心下达的处警指令；参与大型活动安全保卫和重大警卫活动；参与以黄赌毒和黑恶势力为重点的社会治安突出问题的整治，办理职能范围内的治安、刑事案件；为群众提供紧急救助服务，参与社会应急抢险救灾。

西屏派出所　1951 年 5 月，松阳县人民政府公安局西屏镇派出所建立，配户籍警 8 人、办事员

3 人；址设西屏镇南直街 195 号，管辖全镇 11 个行政村（街）所属地段。1957 年 9 月撤销；1958 年遂松两县合并后于 1960 年 9 月重建。1966 年裁撤，另设松阳派出所。1971 年 7 月，公安机关军事管制时期，再建西屏镇派出所，址设太平坊路西屏镇政府内。1973 年，改为遂昌县公安局西屏镇派出所，址设西屏镇人民大街 19 号。1982 年，松阳恢复县制，改名松阳县公安局西屏镇派出所。1998 年，全所干警 16 人，址设人民大街 27 号。管辖西屏镇区域常住人口 52715 人。2003 年 9 月 9 日，经县人民政府批准，西屏所、城南所、城郊所 3 所合一，成立西屏中心派出所，下设刑侦、治安、基础、巡逻、处警 5 个中队。管辖望松、斋坛、三都、四都、水南、叶村、阳溪、竹源 8 个乡及西屏镇，辖区人口 101362 人。2007 年 5 月，西屏镇所、城南（更名江南）所、城郊（更名园区）所 3 所分设。分设后的西屏镇派出所辖西屏城区（不含工业园区）、阳溪乡。

图 26-3　西屏镇派出所干警开展政治学习（县档案馆提供 1992 年）

古市派出所　1950 年 4 月，松阳县人民政府公安局古市镇派出所建立，配户籍警 7 人、办事员 3 人，址设古市镇前街 10 号。管辖城头街、三角坛、前后街、中前街、横街、下后街、塘岸街、下街、筏铺 9 个村（街）。1955 年，改设古市镇公安特派员。1958 年遂松合并后于 1966 年建立遂昌县公安局古市派出所，配干警 3 人，管辖古市镇及岗寺、赤寿、新兴、樟溪、谢村、新处 6 个公社所属地段，1968 年 1 月公安机关实行军管后撤建。1971 年 8 月，建立遂昌县公安机关军管组古市镇派出所。1973 年 8 月，撤销军管，恢复遂昌县公安局古市镇派出所，址设古市镇牛行弄 20 号。1989 年 5 月，与古郊所合并成立古市派出所。1994 年 8 月，恢复古市镇派出所。2008 年 1 月，迁址至古市镇万寿北路 139 号，新建办公楼。至 2010 年，全所共有民警 22 名，配所长、教导员各 1 名，副所长 3 名。管辖古市镇、新兴镇、赤寿乡、樟溪乡、新处乡、谢村乡，共有常住人口 63468 人。

图 26-4　古市镇派出所办公楼（县档案馆提供 1998 年）

第三节 公安干警

1949 年，县人民政府公安局成立初，全局干警 11 人。1951 年，全局干警 67 人。1998 年，全局干警 232 人。

2002 年 11 月机构改革后，行政编制由 210 人增加到 212 人（含工勤人员），实际在职干警 237 人。其中，局长 1 人，政委 1 人，副局长 4 人，政治处主任 1 人，纪委书记 1 人；交巡警大队大队长 1 人（副科），交巡警大队教导员 1 人（副科）；中层领导职数 82 个。2003 年 8 月，县公安局行政编制增加到 272 人；2005 年 2 月，增加到 274 人；2009 年，增加到 316 人。

2006 年，县公安局贯彻落实上级机关从优待警政策。是年，西屏、古市、象溪、大东坝、玉岩 5 个派出所所长任当地镇党委委员（副科级）。2009 年 11 月，治安、刑侦、经侦 3 个大队的大队长高配副科级。2010 年 5 月，任副科级 2 年以上的 6 名局领导被确定为正科级。

1949～2010 年松阳县公安局历任局长名录表

表 26-1-3-1

姓　名	任职时间	离任时间
周凤鸣	1949.05	1949.07
殷　镒	1949.08	1952.05
李金福	1954.04	1958.10
戴岳棠	1983.7	1990.08
姚永喜	1990.08	1993.06
刘　敏	1993.06	1997.03
樊甫俊	1997.03	2003.01
胡先龙	2003.01	2006.05
周松一	2006.05	—

第二章　社会治安

松阳县公安治安警察大队负责掌握全县社会治安动态，研究制定治安行政的政策、规定；负责全县社会治安管理工作，指导、监督全县公安机关查处危害社会秩序的行为；负责查处重特大治安案件和事件；管理集会、游行、示威活动，维护公共场所秩序；负责枪支弹药、爆炸物品和特种行业、公共场所的治安管理等工作。

县公安局在上级公安机关的统一部署下，在全县范围内开展治安行政管理。通过专项行动等工作，净化社会风气。县公安局通过完善预警机制建设，加强不安定因素排查调处工作，及时有效地做好突发性事件的处置。同时加强对特种行业、公共复杂场所、危险品管理等各方面综合治理，切实有效地维护全县社会的稳定。

第一节　镇反与取缔反动会道门

镇压反革命运动

解放初期，松阳在开展剿匪斗争的同时，对残余的反革命分子进行镇压。至1950年10月，逮捕反革命分子100多人。根据中共中央1950年10月10日发出的《关于纠正镇压反革命活动的右倾偏向的指示》，11日始，在全县大张旗鼓地开展镇压反革命运动（简称“镇反”），打击土匪、恶霸、特务、反动党团骨干和反动会道门头子五个方面的反革命分子，至1953年10月结束，历时3年。整个镇反分高潮镇反、中潮镇反和镇反判定三个阶段。

1950年11月，县成立以县委书记杨景云为首的裁判委员会和人民法院等专门机构，贯彻执行“镇压与宽大相结合”的政策，实行全党动员、群众动员，在全县范围内开展打击土匪、恶霸、特务和其他反革命分子的镇压反革命运动。下旬，全县统一行动，依法逮捕各种反革命分子，经丽水地区裁判委员会核准，对其中匪特犯、内奸犯、阴谋犯判处死刑。12月，结合土地改革和抗美援朝运动，全面发动群众，揭发控诉反革命分子的罪行。

1951年2月，中央人民政府颁布《中华人民共和国惩治反革命条例》。3～4月，镇反运动在全县形成高潮。5月，根据城镇镇反运动不及农村深入的情况，县成立由县委书记、公安局长、独立营政委及一二区区委书记组成的城镇镇反委员会，下设西屏、古市两个调查组。6月以后，根据中共中央批转《第三次全国公安会议决议》精神，贯彻“谨慎收缩”方针，县成立清理积案小组，开展清理积案工作。采取发动坦白、重点审讯、群众调查相结合的方式，做到以事实为根据，严格量刑标准，从杀、关、管、放四方面入手，分别作出处理。10月，高潮镇反结束。

1951 年 11 月始，进入以取缔反动会道门为主，继续打击特务和反动党团骨干，扫清残余土匪、恶霸的中潮镇反。重点放在镇反不彻底的地区、不彻底的方面以及逃亡躲藏的反革命分子。县公安局组织 4 个调查组，深入农村调查摸底，搜集核实材料；在船工中开展水上镇反，把船民分两批集中在温州、丽水，进行水上民船民主改革和镇反学习。至 1952 年 12 月，中潮镇反结束。

从 1953 年 1 月开始，结合生产与民主建设，进行镇反摸底和镇反补课工作，重点解决边远山区和结合部镇反不彻底的问题以及搜捕漏网的反革命分子。全县有板桥、雅溪、南源等 12 个乡进行镇反补课。2 月 25 日，裕溪乡民兵抓获隐藏两年之久的土匪“浙东义勇总队”中尉。8 月 30 日，潜逃在外的土匪“国防部 24 挺进总队”中校参谋被缉拿归案。其间，结合进行整顿管制反革命分子、整顿治安保卫组织以及争取教育反革命分子家属等工作。

1953 年 8 月，根据省公安厅《关于镇压反革命彻底地区的判定标准》，由点到面分批开展镇反判定工作。全县 42 个乡（镇）于 12 月底前全部完成镇反判定工作。

取缔反动会道门

松阳县反动会道门组织主要有同善社、一贯道、先天教，民国时期为统治阶级所利用。中华人民共和国成立后，反动会道门继续利用封建迷信欺骗群众，对抗政府，制造事端。1952 年春，石仓同善社公开聚众跳坛炼火，捻制“仙丸”骗取钱财，煽动 600 多名群众无端滋事。

1952 年 12 月 15 日，县人民政府发出布告，宣布取缔同善社、一贯道等反动会道门组织。全县广泛开展宣传教育，运用会议、幻灯、戏曲、图片展览等形式，揭发反动会道门组织的罪恶活动；先后召开各种报告会、座谈会、控诉会。公安机关本着“打击惩办少数有罪恶的道首，教育改造一般道首，对被诱骗会众只要声明退道，脱离非法组织，一律不予追究”的方针，先后在反动会道门活动猖獗的地区召开控诉斗争道首大会和道徒退道大会。至 12 月 27 日，全县查封同善社、一贯道坛、堂、祠、所等 28 处，逮捕处理道首 4 人，自动到公安机关登记的一般道首 14 人，道徒退道 420 人；收缴符书、咒纸 427 份，符布 13 块。

第二节　公共场所与特种行业管理

公共场所管理

1949 年 11 月，松阳县公安机关贯彻执行丽水专署公安局转发的《丽水专署公共娱乐场所管理暂行办法》。

20 世纪 50 年代，县公安机关对全县剧院、旅馆、餐饮店办理申请登记，核发特种营业执照。经常组织夜查旅馆，对商贾行旅中形迹可疑分子进行盘查，以防匪徒、盗贼骚扰。外地到松阳演出游艺团体，须向公安机关办理登记审核手续。

松阳、遂昌并县期间，西屏镇派出所组织售票员、服务员、营业员、招待员、市管员在车站、旅店、戏院、百货公司、饮食店等人员拥挤的公共复杂场所开展安全宣传，预防和减少治安案件发生。

复置松阳县后，县公安部门会同工商、财税、文化、体育、卫生、商业等部门联合组成整顿小组，对影剧院、录像放映点、舞厅、台球场、餐饮店以及农副产品、小商品市场等从事文娱、体育、游览、贸易活动的公共场所进行整顿。1988 年，全县核发公共场所治安许可证 203 家。在整顿中，破获大小刑事案件 30 余起，查处治安案件 50 余起，处罚违法人员 60 余人。

20 世纪 90 年代，县公安机关对公共场所分期分层次进行清理整顿。把文化娱乐体育场所、饮食服务场所、凭票进入的游览场所和固定设施贸易场所列入公共场所治安管理对象。1991 年，全县核发公共场所治安许可证 259 家。1995 年 7～8 月，对全县路边店、大型集贸市场和季节性临时饮食娱乐场所进行集中整治。1997 年，全年下发整改通知书 42 份；全年申领治安许可证的公共场所 503 家，其中饮食服务业 314 家、文化娱乐业 104 家、游览场所 1 家、其他 84 家。1999 年 5 月，县公安部门在“5.1”期间，对歌舞厅、录像厅、美容美发店、路边店、出租私房等进行治安大清查。

21 世纪，按照省公安厅、地区公安局统一部署，县公安部门适时开展“打流窜、缉逃犯”治安大清查集中统一行动。以城乡接合部、城镇集合交通沿线为重点地区，对暂住人口和流窜犯、逃犯可能藏身落脚的旅店客栈、出租私房、建筑工棚、公共场所等场所进行清理。2000 年 5 月，县公安局印发《关于两年内暂停审批新设立电子游戏机经营场所的通知》，控制电子游戏机总量的增加。7 月，县公安局联合有关部门对全县歌舞娱乐、录像放映、美容美发等 150 余处娱乐服务场所进行全面清查，共查获违法犯罪案件 6 起，抓获违法犯罪嫌疑人 10 名。

2001 年 4 月，开展 “春雷一号”和“春雷二号”治安大清查统一行动，拉开“严打”整治斗争的序幕。全县共出动警力 1000 余人次、其他力量 200 余人次，清查各类公共复杂场所 900 余家，破获刑事案件 10 余件，查处治安案件 30 余件。

2008 年，县局治安大队通过与场所业主和负责人签订治安责任书，同辖区民警签订目标责任书，层层落实责任制，加大公共娱乐场所的管理力度，确保全县公共场所不发生重特大安全责任事故。7 月 20 日，开展“攻坚一号”集中清查行动。共出动警力 234 人，检查车辆 200 余辆，查处各类交通违法行为 135 起，暂扣机动车 12 辆；清查旅馆 83 家，当场处罚不按规定登记 4 家，发放限期整改通知书 3 家；检查网吧 12 家，处罚 3 家；检查公共娱乐场所、出租私房、民爆仓库和企业工棚等。

2010 年，县公安局在两会、茶商大会、世博会、亚运会等重大活动和敏感期，加大对违法犯罪人员易落脚点、重点活动场所特别是出租房屋的排查力度。共登记暂住人口 24182 人、出租房屋 7518 户。

特种行业管理

20 世纪 50 年代初，县公安部门把旅馆业、刻字业、画业、照相业、理发业、镶牙业、杂货业、西药房、烟行、钟表行、修理自行车行等行业列为特种行业进行登记管理。1950 年，全县登记发证 146 家。1951 年，根据公安部规定，调整特种行业管理范围，限于旅馆业、公共场所娱乐业、印刷刻字铸造业、无线电器材业、旧货业 5 种行业，规定管理工作首先在设有公安派出所的集镇进行。西屏镇、古市镇列入管理的有旅栈业 56 家、公共场所娱乐业 2 家、印刷刻字业 8 家，共 66 家。

1956 年，私营工商业社会主义改造完成后，私人旅栈业、旧货业、印铸刻字业等相继成为国营或公私合营企业，由商业、服务部门统一管理，公安机关依靠各部门力量教育职工，健全制度，做好防范工作。

1962年，公安机关恢复特种行业管理，凡区域内经营旅馆、印铸、刻字、誊写、晒图、旧货、废品收购营业的，不论属全民所有制或集体所有制，均列为特种行业进行管理，由县局核发特种行业许可证。对不列入特种行业管理范围而又易被犯罪分子利用进行活动的洗染业、照相业等，重点加强控制。外来照相、打银、修补行业和农村剧团，须向当地公安派出所登记获准后方可营业。1967年后，特种行业管理一度停止。1973年，重新恢复管理。

1984年，改革特种行业管理，放宽审批手续，缩小管理范围。1987年，列为特种行业管理的有旅馆业、印刷业、刻字业、生产性废旧金属收购业和信托寄卖行业。是年8月，对旅馆业进行整顿，核发旅馆业营业许可证75家。

1992年，全县核发新的特种行业许可证125家。1993年7月，县公安局制定《松阳县旅馆业管理暂行办法》。1995年，通过整顿换发新的特种行业许可证117家，其中旅馆业61家、印刷业26家、刻字业12家、生产性废旧金属收购业18家。至1997年末，全县列入管理的特种行业125家，其中旅馆业64家、印刷业35家、刻字业15家、旧货业11家。1998年7月13日，凡特种行业和列管场所业主均签订治安责任状，特种行业、场所中的安全单位达到90%以上。1998年9月3日，根据地区公安局、工商行政管理局、财政局、中国银行丽水地区分行联合发文《关于在全区推广使用防伪印章的通知》，松阳开展旧印章集中更换。1999年，县公安部门会同文化部门对全县印刷业进行清理整顿，打击非法印刷制假窝点2个。

2008年7月20日，县公安部门与工商、通信、移动等相关部门组成联合检查组，对全县非生产性金属收购点、生产性废旧金属收购经营点、流动收购人员进行突击检查。

第三节　危险物品管理

枪支弹药管理

1949年5月21日，松阳县军事管制委员会发出布告，收缴国民党部队溃退丢弃失散的械弹，并规定奖励办法，凡人民群众拾得枪支自动交缴者，按枪支类别每支给以5～15千克大米的奖励。全县收缴步枪200多支。12月8日，县人民政府公安局发出通令，对县、区、乡各级工作人员携带之长短枪及民兵枪支进行登记，核发持枪证。时持枪人员无明确范围，枪支保管使用无严格制度，枪支走火等事故屡有发生。1949年8月至1950年7月，全县发生枪支走火伤人事故8起。

1951年6月，公安部《枪支管理暂行办法》公布后，规定持枪人员范围为县委委员、县政府科长以上、区公所主要负责干部和必须持枪的公安人员以及各机关交通员、通讯员、首长警卫员。上述人员经县公安局审查、县长批准，可以持枪。不符合上述规定人员的枪支，一律上交县公安局。其间，还对民间猎枪进行调查登记。全县登记猎枪数：城关区192支，古市区130支，靖居区743支，玉岩区126支，共1191支。1952年10月，对机关干部自卫枪支进行登记，颁发公安部统一制发的持枪证，全县登记各类短枪 36 支、步枪 133 支。

1956～1958 年，收缴长短枪 5 支、子弹 201 发，均由县公安局统一管理。1976 年 6 月，县革委会发出彻底收缴一切私制、私藏武器弹药的通知，收回一批“文化大革命”期间散落的枪支弹药。

1981 年 4 月，《中华人民共和国枪支管理办法》公布实施。次年 10 月，县公安局对非军用枪支进行清理登记，换发持枪证。是年，根据省公安厅《关于自卫枪和工作用枪的管理规定》，调整佩枪人员范围，全县佩枪人员限于县委书记、县长、县人大常委会主任、分管政法工作的县委副书记和必须带枪的公、检、法干警，以及金融系统的保卫干部。1989 年 5 月，全县开展清理收缴流散在社会上的枪支弹药、爆炸物品、管制刀具的专项治理。收缴各类枪支、子弹、手榴弹，取缔非法生产经营的非军用枪支生产点、销售点。

根据《中华人民共和国野生动物保护法》及民用枪支弹药管理有关规定，1995 年 11 月，对射击运动枪、猎枪、气枪及各类弹药进行全面清理登记注册，核发相应的持枪证并签订枪支管理使用责任书。1996 年，根据《中华人民共和国枪支管理法》和上级公安机关统一部署，在全县开展收缴枪支工作。共收缴各类枪支 1283 支。举办两期公务用枪培训班，培训合格人员 280 人。1998 年，对松阳县民用枪支证件的办理范围、审批权限、办理程序和应具备的基本材料及条件、收费标准等进行统一规范。2000 年 6 月 15 日，古市镇派出所民警查获并收缴赤寿乡某村民的 1 长 3 短共 4 支装满弹药的土铳。

针对群众反映野猪严重危害农作物问题， 2000 年 7 月 26 日，松阳县首家狩猎队松阳县竹源乡狩猎队正式成立。

2001 年，县公安局开展“治爆缉枪”专项行动。在 2 个月的大排查中，共收缴枪支 1002 支、子弹 2151 发、铅弹 11262 发、手榴弹 3 枚、炮弹 33 枚。破获涉枪案件 14 起，处理人员 14 人。2002 年 1 月 5 日，西屏镇派出所民警抓获 1 名持枪犯罪嫌疑人，缴获自制手枪 1 支、小口径步枪子弹 50 余发。2007 年，县公安局督察大队把公务用枪的使用、保管、库存、交接和核对作为主要任务进行清理检查，严格规范公务用枪的使用和管理。11 月，安民乡大泮坑村村民向大东坝派出所上交 63 式木柄手榴弹 1 枚、半自动步枪子弹 5 发、苏式步枪子弹 2 发。2009 年，县公安局在全县范围内开展防范打击涉枪违法犯罪专项行动。

民用爆炸物品管理

解放初期，公安机关对县内生产经营烟花爆竹、黄磷、土硝、硫磺、火油、火药等爆炸易燃危险物品的工厂、作坊、堆栈仓库及买卖行商，不论公营私营均进行定期登记，有计划地组织安全检查，预防各类事故发生。1957 年 11 月，公安部公布施行《爆炸物管理规则》后，对炸药、雷管等爆炸物品实施购买证、运输证、申请书、许可证制度。“文化大革命”前期，爆炸物品一度被“造反派”用以制造炮弹、地雷等用于武斗，造成严重恶果。1971 年，根据浙江省《化学、易燃、易爆物品安全管理暂行规则》的规定，恢复对易燃、爆炸危险物品管理。1977 年 9～12 月，收缴一批“文化大革命”期间散落在社会上的炸药、雷管等列管爆炸危险品。

1982 年松阳复县，大批基建工程开工，炸药、雷管等爆炸物品用量大增，部分单位管理不严，偶尔发生意外爆炸事故。1984 年 6 月 17 日，港玉公路第十三工程队租住的玉岩乡召楼村一村民家发生特大爆炸案，致 13 人死亡、6 人受伤、3 幢房屋毁坏。是年 9 月，贯彻《中华人民共和国民用爆炸物品管理条例》，对县内爆炸危险品进行清理整顿，收缴流散在社会上的炸药 100 千克、雷管 488 只、导火索 229 米。1987 年 3 月，县公安部门以玉岩、大东坝、靖居 3 个区为重点，开展收缴流散在社会上爆炸物品的专项治理，收缴炸药、雷管、导火索、子弹、手榴弹及其他凶器等。4 月，县公安部门举办爆破员培训班，培训爆破员和爆炸物品专管员 132 人，办理爆破员作业证 25 本。1987 年 9 月，对县内制作、经营烟花爆竹的单位、个体商店进行整顿，发放烟花爆竹销售许可证 332 家。

1992 年 4 月，对各烟花爆竹销售点进行安全检查，收缴非法经营的烟花爆竹和伪劣烟花爆竹 13115 包（箱），价值 2 万余元人民币。1995 年，查处违反《民用爆炸物品管理条例》案件 6 起，处罚 9 人，取缔审批手续不全和不具备生产条件的火炮生产厂家 4 家。1997 年，全年培训合格爆破人员 176 人，核发爆炸物品销售许可证 144 份、使用证 95 份。查处违反爆炸物品管理案件 5 起，处罚 9 人；收缴炸药、雷管、导火索若干。1998 年 6 月，开展农村民用爆炸物品使用单位集中整治工作。期间，侦破涉爆案件 5 起，收缴炸药、雷管、导火索若干；打击非法走私烟花爆竹团伙 2 个，收缴烟花爆竹价值 5 万余元。

1999 年 7 月，在全县范围内开展“强化爆炸物品管理，严打涉爆范围”专项斗争。收缴炸药、雷管、导火索若干；查获非法营运烟花爆竹 8 车次 2050 件，价值 13 万元；取缔非法烟花爆竹销售点 5 处，没收烟花爆竹 80 件价值 8000 余元。8 月，松阳县实现民用爆破器材专营。9 月，县公安局大东坝派出所针对辖区高岭土矿开采爆炸物品使用较多较频繁的实际情况，组建一支民爆服务队。这是全县第一个民爆服务大队。是年，全县共组建民爆服务队 7 个、狩猎队 10 个，培训爆破员 159 人。

2000 年，治安大队对全县爆炸物品销售许可证进行年审。51 家销售单位年审，合格 46 家，合格率 90.2%。1 月，巡特警大队在“百日攻坚”破案大会战中，破获 1 起生产销售伪劣商品案件，抓获犯罪嫌疑人，缴获烟花爆竹 90 余件价值 2 万余元。8 月，县公安局、工商行政管理局、质量技术监督局、经济委员会、供销合作社联合发文《松阳县烟花爆竹安全管理规定》。

2001 年，对全县 35 家涉爆单位进行安全大检查。发出整改通知书 19 份，勒令停业整顿通知书 4 份，吊销许可证 1 家，依法查处非法储存爆炸物品等案件 4 起，查扣炸药、雷管、导火索若干。是年，县公安部门在“治爆缉枪”专项行动中，收缴炸药、黑火药、雷管、导火索、烟花爆竹、剧毒物品若干，查处涉爆案件 34 起 55 人。

2002 年 1 月，县公安局在 110 接处警中收缴炸药、雷管、导火索若干。2007 年 9 月，200 余名县民爆“四大员”（安全员、宣传员、爆破员、保管员）轮训班在县委党校开训。2008 年，开展治爆缉枪专项行动，查获各类炸药、雷管、导火索若干、各类枪支及子弹和管制刀具，查处涉爆涉枪案件 1 起，查获违法犯罪人员 7 人。

2009 年 7 月，县公安局组织民警对全县 46 家不锈钢企业使用的剧毒物品氰化钠管理情况进行全面检查。年内缴获各类枪支、子弹、军用炮弹、管制刀具、雷管、导火索等。2010 年，根据上级公安机关统一部署，县公安局在全县范围内开展治爆缉枪专项行动。

第四节　严禁“黄赌毒”

县公安局禁毒大队贯彻《中华人民共和国禁毒法》和各级人民政府对禁毒工作的规定和要求，利用每年的“6.26”国际禁毒日等时机，开展《中华人民共和国禁毒法》宣传教育活动。特别重视加强对青少年和在校生的预防毒品教育活动，定期派出民警到各有关学校上禁毒预防教育课，增强青少年识毒、防毒和拒毒的意识。禁毒大队联合治安、刑侦、巡特警、派出所开展禁吸戒毒、查禁毒品和吸毒管控工作，打防并举，遏制贩吸新型毒品违法犯罪快速发展蔓延的势头。在禁毒的同时，开展禁赌、禁黄运动。

宣传教育

民国19年（1930），县政府布告《栽种罂粟地亩充公办法》，分发全县170个村里委员会张贴，并派演讲员随地演讲，明确毒品（罂粟）的危害，以期家喻户晓。

1950年2月，县内开展禁毒宣传。1952年9～11月，全县开展禁毒运动，各乡、村结合镇反运动开展禁毒宣传。共查获贩毒、吸毒人员14名，缴获毒品毒具1批。1958年2月，县人委发文《关于严禁赌博布告》，在全县开展禁赌工作。此后一段时间，“黄赌毒”基本绝迹。改革开放后，又死灰复燃。

1989年10月，全县开展打击和查禁卖淫嫖娼、制作贩卖传播淫秽物品、拐卖妇女儿童、走私吸食贩运毒品和利用封建迷信骗财害命的扫“六害”斗争。

1993年2～5月，全县组织开展“反赌、打流、扫黄”专项治理活动，抓获各类违法犯罪人员442名，收缴黄色录像带、非法出版物若干。1997年5～6月，全县开展禁赌、禁毒、禁黄和反暴力斗争，抓获黄、赌、毒违法犯罪人员219名。1998年6月，全县开展以“反盗窃、除三害（黄、赌、毒）、强基础”为主要内容的夏季严打惩治行动。

2003年6月27日，禁毒大队上街对群众进行禁毒宣传，分发宣传资料。2005年6月，县公安局开展国际禁毒宣传日活动，上街开展图片展览和咨询活动。在县城主要街道悬挂禁毒宣传横幅，在电视台图文频道播放《禁毒条例》。9月，禁毒大队民警会同县妇联主要负责人到望松乡走访500余户家庭，签订500余份“不让毒品进我家”的家庭承诺书，开展“无毒社区”“无毒村”创建活动。

2008年3月，松阳县以学习贯彻《中华人民共和国禁毒法》和《戒毒条例》为主线，开展禁毒宣传教育。2010年12月10日，民警到松阳三中对学生进行禁毒宣传教育。

禁种铲毒

近代，松阳山区有以治病为由种植罂粟等毒品，但政府予以禁止。

中华人民共和国成立后，境内以“观赏”“治病”等名义种植罂粟的事件时有发生。公安机关一经发现，会在第一时间清理、铲除，同时对当事人依法作出处罚。

1984年，板桥、靖居、联溪等乡陆续发现非法种植罂粟。县公安局及时予以查禁。缴获罂粟果

10 多颗，罂粟籽 1 克。1992～1999 年，全县共铲除毒品原作物 1700 余株。

2000 年 3 月，根据全省禁毒工作会议的部署，县公安部门在 3～6 月开展一次涉毒人员大排查和禁毒专项斗争。3 月 21 日，古市派出所民警抓获 1 名嫌疑人，并铲除其种植在山地的 642 株罂粟。

2004 年 4 月 16 日，古市派出所根据群众举报，铲除 1 名村民所种的 85 株罂粟。

2007 年 5 月，禁毒大队根据群众举报，查处 1 起非法种植罂粟案，铲除罂粟 94 株，行政处罚 1 人。2009 年 4 月，象溪派出所联合禁毒大队，在合溪下村查处非法种植罂粟 70 余株，并对种植户进行行政处罚。

2010 年 4 月 8 日，禁毒大队联合江南派出所铲除毒品原作物罂粟 100 余株。4 月 29 日，根据群众匿名举报，铲除种植在大东坝镇二滩坝村的 455 株罂粟，对种植者依法予以行政拘留 10 日。

禁吸戒毒

民国 17 年（1928），松阳县设除毒分会，劝人戒除鸦片、红丸、海洛因等毒品。政府明令禁止种制、贩运、吸食毒品。所有烟案均由县警察局查缉后移送地方法院审判。民国 19 年 8～11 月，县警察局查缉烟犯 8 名，收缴红丸 5 箱。民国 22 年，经查验，全县戒绝烟毒者 187 人。民国政府虽查禁烟毒，但只查下不查上，只查民不查官，烟毒屡禁不止。至民国 38 年，全县有种毒者 2 人、制毒者 2 人、贩毒者 13 人、吸毒者 35 人。

1951 年 6 月，县人民政府公安部门在西屏镇查获贩毒案 1 起，缴获鸦片 25 克。1952 年 11 月底，共查获贩毒、吸毒犯 14 名，其中逮捕法办 1 名、送专署公安处集训 2 名、宣判管制 3 名、传讯登记 7 名、自动登记 1 名。缴获一批鸦片、烟枪、烟窝、烟盘、吗啡针等毒品毒具，鸦片烟毒彻底禁绝。

2008 年，共抓获涉毒犯罪嫌疑人 3 名，查处涉毒案件 2 起，缴获 K 粉 2.31 克、冰毒 3.26 克、麻古 46 粒。

2009 年 1～11 月，查获吸毒案件 7 起，治安处罚 7 人。破获一起贩毒案，当场抓获涉毒人员 6 名，缴获冰毒 10.3 克、毒资 2 万余元。

2010 年 2 月，县公安部门在松阳县某大酒店查获 3 名吸毒嫌疑人，经氯胺酮尿检检测结果呈阳性反应。查明后，该 3 名吸毒违法人员各被处以行政拘留 5 日。是年，县公安局破获涉毒案件 10 起，抓获涉毒人员 18 名，查获冰毒 59.5 克、麻古 10 粒。

禁赌禁黄

旧时，松阳县赌风盛行。历代官府虽屡加查禁，恶习终难禁止。解放后，人民政府禁止一切形式赌博，并明确规定赌博属违反治安管理行为，应受到治安处罚；以营利为目的聚众赌博，或以赌博为业的犯罪行为，应受到国家法律制裁。解放初期，经广泛开展禁赌宣传，组织民兵和治保人员抓赌禁赌，依法惩处开设赌馆设赌抽头的赌棍，赌博活动一度敛迹。

1956 年冬，赌博活动有所抬头。1957 年，全县发生赌博 300 余起，参赌者近千人，致使部分地方生产停顿，家庭纠纷不断发生。1958 年 2 月，县人民委员会发出《关于严禁赌博的布告》，县委宣传部编印《关于劝止赌博的宣传提纲》，县公安局依靠基层治保组织，组织民兵抓赌，训教参赌人员，组织嗜赌者家属反赌，依法惩处少数赌博为首分子，全县收缴麻将、骨牌、骰子、宝盒等赌具85副，刹住赌风。1961年，境内少数地区又出现赌博活动，经及时查禁，得以制止。

1981年，靖居、石仓等地赌风又起。联溪公社12个大队有7个大队赌博成风。1982年2月，县公安部门在靖居、石仓、玉岩3个区举办禁赌法制学习班，对117名参赌人员集中进行教育，促其悔改弃赌。1983年，严厉打击刑事犯罪斗争第一仗中，全县抓获赌头赌棍11人。1985年，县公安部门首先在安民、石仓2乡进行禁赌试点，尔后全面开展禁赌工作。组织公安干警和治保人员冲击赌窝赌点64处，登记参赌人员817名，查处惯赌分子50名。全县先后举办禁赌法制学习班18期，召开禁赌现场会5次。

1987年元旦、春节期间，全县开展禁赌活动。县政府颁发禁赌通告，各乡镇召开禁赌工作会议，有线广播宣传禁赌。全县674名参赌人员自动到当地政府和公安机关登记自首，95名惯赌分子分别受到警告、罚款、行政拘留等处罚，3名赌头赌棍被依法逮捕法办。1988年3月，公安干警在裕溪乡章山村冲击一赌点，当场抓获赌徒19名，缴获赌款。1989年，全县开展查禁赌博的专项治理，各派出所设举报接待站，举办参赌人员学习班，公安干警冲击赌场18处，抓获聚众赌博的为首分子和嗜赌分子84名，缴获赌资2300余元，处赌博罚款15460元。经过连续查禁，赌风得到控制，但部分集镇和厂矿赌博活动仍未制止。

1990年3月，抓获赌徒12名，尔后挖出赌徒24名。6月，县公安部门在古市镇查获一特大赌博犯罪团伙，赌徒近百名，输赢额120余万元。1993年，全县开展“反赌、打流、扫黄”专项治理，清查冲击赌场60余处，抓获参赌人员395人。1994～1997年，全县查处赌博案件678起，农村和集镇建立妇女禁赌小组369个，成员1211人。1998年，县公安部门开展打击“黄赌”违法犯罪活动。全年共查处涉赌、涉黄案件87起，抓获违法犯罪人员494名。

1999年2月，古郊派出所在新兴乡横溪村当场抓获赌博违法人员20余名，没收赌资4000多元，对参赌人员依法作出处理。是年，全县共查处赌博案件64起，抓获违法人员357人，其中治安拘留14人、治安罚款343人。

2000年1～6月，县公安部门共查处赌博违法犯罪人员216人，并以《浙江省禁赌条例》对涉赌人员进行法制教育。8月，县公安部门在夏季社会治安整治中，查获赌博团伙8个、赌博案件21起，处理涉赌人员130人。2001年4月，县公安局在治安大清查的统一行动中破获赌博案件15起。

2004年3月，县公安部门集中警力对县城歌舞演艺、宾馆饭店、美容美发、出租私房等场所进行突击检查。共查处涉黄案件10起，查获“黄色”光碟1批；涉赌案件19起，处理涉赌涉黄人员156人。4月，县公安部门组织开展“威慑四月”集中行动，抓获赌博人员11人，缴获赌资2200元。2005年，全局共查处各类赌博团伙49个，抓获参赌人员498人，其中治安拘留56人、治安罚款505人，收缴赌资、罚没228.99万元。

2006年7月，公安部门在西屏、古市、新兴等地抓获涉赌人员64人。2007年，共查处涉赌案件41起，捣毁赌博窝点35处，缴获赌博机23台，抓获参赌人员405人。2008年，公安部门抓获涉赌人员50多人，缴获赌资7万余元和一批赌博机。

2009年，全县查处涉黄案件9起、涉赌案件41起，捣毁赌博窝点35处，缴获赌博机23台，抓获参赌人员405人。其中破获一起运用网络财富游戏进行赌博的案件，涉赌人员遍及10余个县市30余人，涉赌金额200余万元。2010年12月，县公安局在全县组织开展“冬季行动”“冬季扫毒”和“挤压犯罪”等系列专项行动，共检查各类重点场所3000多场次，查处涉赌涉黄案件9起，处罚46人。

第五节 处置群体性治安事件

2000年7月18日，县公安局制定《关于处置聚集突发事件的紧急预案》。2003年，县公安部门以“维护稳定”工作为首要任务，全年共收集国内安全的情报信息106条，上报县市有关部门34条，被省厅录用5条，市局录用13条。县局信访部门全年共受理初访58批129件，共213人，所有信访件均在期限内办结。2004年，县公安局共排查出龙丽高速公路工程、小水电建设工作、县城“拆违”、松建公司整治等涉及的不安定因素35起。全县共发生群体性事件33起，同比上升135.7%。

2007年5月，县公安局制定《松阳县公安局重大群体性事件隐患专案经营工作实施意见》，建立不安定因素排查机制、不安定因素研判机制、重大群体性事件隐患专案经营机制等长效机制。年内共排查不安定因素25起，其中上年遗留8起、当年新增17起，化解22起。2008年，共排摸出不安定因素11条，其中化解5条、稳控6条。

2009年5月，根据公安部和省、市公安机关的统一部署，县公安局印发《松阳县公安局开展社会治安整治行动工作方案》，在全县范围内组织开展为期6个月的社会治安整治行动，确保松阳县社会大局稳定。

第六节 治安处罚

解放初至松阳分县前治安处罚

解放初，治安案件一度沿称违警案件。1950年5月，县政府公安局始对治安行政案件建立统计月报制度。是年5～12月，全县查处治安案件61件，其中赌博18件、偷窃25件、防害公共秩序5件、敲诈他人钱财3件、扰乱金融秩序3件、破坏山林2件、贩运买卖违禁品5件。

1957年10月，松阳县通过有线广播开展《中华人民共和国治安管理处罚条例》宣传。12月，县公安部门分别在城关、古市、靖居、玉岩4个区举办基层治保干部训练班，共培训270人。是年，全县查处治安案件187人，治安处罚197人。1958年5月，县公安局提请县人民委员会批准，把农村5日以下拘留和警告处罚，授权给全县27个乡（镇）人民委员会裁决，执行拘留用劳动代替。是年4～6月，全县治安处罚177人，其中执行拘留164人、罚款13人。1959年6月，下放给乡（镇）人民委员会的拘留和警告处罚权收回县局。

恢复松阳县制后的治安处罚

1987年，新修订的《中华人民共和国治安管理处罚条例》颁发实施。是年，全县查处治安案件144起，处罚278人。1989年，县公安局建立法制科，实行治安案件由法制科审核把关，并确定委托诉讼代理人开展行政诉讼工作。

1993年，全县查处各类治安案件428起，依法治安拘留98人次，罚款754人次，警告51人次。1995年，县局治安科直接受理查处治安案件45起，其中重特大治安案件7起全部查结。审核各科、所、队上报裁决治安案件349起，开具治安裁决书979份。

1997年，深化各项治安管理工作，坚决打击严重危害社会治安的违法犯罪活动，严密社会治安秩序控制。全年查处治安案件515起，查处各类违法人员1155人次，罚款总金额114.7万元。调解各类民间纠纷185起。1998年，共受理治安案件321起，查处315起，查处各类违法人员888人次，调解纠纷87起。1999年，共查处治安案件247起，劳动教养4名，治安处罚658人。

2001年，共受理查处治安案件430起；调处纠纷403起，依法处罚1010人。2002年，共受理查处治安案件350起；调处纠纷357起，依法处罚842人。2003年1～11月，共发现治安案件1003起，查处831起；调处纠纷327起，依法处罚1403人。2004年，共受理治安案件3106起，查处2848起；调处纠纷813起，抓获各类违法人员3508人，治安处罚2961人。

2005年，全县共发现受理治安案件2223起，查处1856起，查处违法人员2625人；受理行政案件6881起，查处6880起，查处违法人员6880人。2006年1～6月，共受理治安案件805起，查处287起，查处违法人员931人；受理行政案件1462起，查处1322起，查处违法人员1812人。2007年，为确保创建“平安松阳”工作稳步推进，共查处行政案件923起，罚款463人，拘留243人。

2010年，县公安局先后4次组织开展世博安保“护城”集中统一行动。共查处治安案件2904起，与2009年2528起相比上升14.9%。

1982～1993年松阳县治安案件处理情况表

表26-2-6-1

案件 \ 年份		1982 5～12月	1983	1984	1985	1986	1987	1988	1989	1990	1991	1992	1993
治安案件（起）	扰乱公共秩序	9	6	2	6	5	5	6	2	11	8	9	13
	调戏侮辱妇女	0	0	0	2	2	2	0	1	0	2	30	17
	流氓奸宿	0	0	0	1	4	3	1	0	0	0	0	0
	殴打伤害他人	9	9	18	20	24	26	22	37	22	45	40	59
	偷窃财物	9	11	16	19	11	35	46	64	45	68	116	67
	骗取、抢夺、敲诈勒索财物	2	2	0	0	2	1	4	5	1	11	15	15
	哄抢财物	0	0	0	1	2	1	2	0	2	1	2	1

续表 26-2-6-1

案件	年份	1982 5～12 月	1983	1984	1985	1986	1987	1988	1989	1990	1991	1992	1993
治安案件（起）	毁坏公私财物	0	0	0	1	6	4	6	3	4	15	12	8
	赌 博	7	15	7	19	15	39	20	24	21	13	16	157
	妨害公务	0	1	1	1	4	3	14	7	11	9	14	11
	违反危险物品管理	0	0	0	4	5	9	3	3	2	8	8	4
	制作贩卖传播淫秽物品	0	0	0	0	0	4	0	2	2	0	0	0
	卖淫嫖娼	0	0	0	0	0	0	1	0	0	2	2	8
	其 他	31	29	17	16	10	12	11	18	26	47	39	163
	合 计	67	73	61	90	90	144	136	166	147	229	303	623
治安处罚（人）	拘 留	78	80	63	107	119	164	214	314	267	226	229	93
	罚 款	35	27	6	16	33	109	47	183	100	107	249	754
	警 告	13	6	5	4	18	5	4	29	22	37	48	51
	合 计	126	113	74	127	170	278	265	526	389	370	526	898

1994～1997 年松阳县治安案件处理情况表

表 26-2-6-2　　单位：起

年 份		1994	1995	1996	1997
合 计		899	612	514	563
扰乱公共秩序	扰乱工作、公共秩序	13	13	10	11
	结伙斗殴寻衅滋事	50	45	37	43
	侮辱妇女及其他流氓活动	2	6	13	27
	阻碍国家工作人员执行职务	15	19	30	21
妨害公共安全	违反枪支管理规定	0	0	1	1
	违反爆炸物品管理规定	1	5	5	5
	违反经营旅馆安全规定	8	0	2	5
侵犯人身权利	殴打他人	66	87	70	48
	其 他	17	8	4	3
侵犯公私财物	偷窃财物	141	113	79	80
	骗取、抢夺、敲诈勒索财物	41	21	23	16
	哄抢公私财物	1	0	0	1
	意损坏公私财物	12	24	19	7

续表 26-2-6-2

年份		1994	1995	1996	1997
妨害社会管理秩序	私种毒品原作物	0	0	0	5
	利用迷信扰乱秩序或骗取财物	1	0	1	1
	违反严禁淫秽物品管理	14	19	15	15
	卖淫、嫖娼、暗娼	8	7	19	68
	介绍容留卖淫、嫖娼、暗娼	7	1	2	2
	赌博	218	200	124	136
	其他	155	23	51	63
违反户口居民身份证管理		81	5	0	0
其他		48	16	9	5
治安处罚（人）	拘留	98	148	112	161
	罚款	1526	1393	963	1126
	警告	34	29	27	16
	其他	2	0	—	0
	合计	1658	1570	1102	1303

第三章 刑事犯罪侦查

松阳县公安部门具有负责全县各类刑事案件、经济犯罪案件、毒品犯罪案件的侦查和治安案件的查处工作，预防和处置危害社会安全的重大群体闹事、骚乱事件和群体性突发事件的职责。

县公安局内设刑事侦察大队，负责组织、规划、指导全县刑事侦查工作，掌握刑事犯罪动态，收集、通报刑事犯罪信息，研究制定预防、打击对策；组织、指挥全县公安机关侦破、打击刑事犯罪工作，组织开展专项斗争；负责严重暴力案件、涉外案件、偷渡案件和跨区域重特大刑事案件的侦破工作，承办上级交办的案件；研究制定全县刑侦基础业务的总体发展规划，负责全县刑事技术建设点建设。

县公安部门遵照上级公安机关的要求，努力建立健全刑事侦察各项机制，深化刑侦改革，加大打击犯罪力度，强化情报资料工作，提高破案效率，坚持严打方针，打击多发性侵财案件，扎实开展打击流氓团伙犯罪，积极开展严打战役和专项斗争，侦破一大批刑事案件，为确保松阳县的社会稳定作出努力。

2010 年，全县恶性案件数回落，全年发生“五类”恶性案件 5 起，同比下降 40%，发破命案 1 起，实现从 1998 年开始连续 13 年命案全破。

第一节 刑事侦查机制与刑事案件侦查

刑事侦查机制建设

松阳解放初，县公安局未设刑事侦察机构，刑事案件侦破由治安股负责。1955 年全国第一次刑事侦察工作会议后，县局治安股确定专人负责刑事案件侦破工作，并配备用于刑事侦察的照相机，刑事侦察工作开始步入正规。1958 年，由省厅聘任县人民医院医师为县局兼职法医。

1982 年，松阳恢复县制后，县公安部门始建刑事侦查队（简称刑侦队）。1986 年 7 月，省厅批准县局建立三级刑事技术点，设立法医、痕迹、照相、文检专业刑侦岗位，于次年建成。1989 年，刑侦队加强隐蔽力量、刑侦技术和刑事犯罪档案等刑侦业务建设。隐蔽力量提供有价值的线索 94 条，破获刑事案件 64 起。

1993 年 9 月，县局刑侦队改称刑事侦察大队，在编干警 13 人。1994 年、1997 年，县局共选送 13 名干警到地局干校培训痕迹检验，送 3 名法医到地局法医班进修。1996 年，刑事侦察大队增配情报资料员 1 人；指纹档案、情报资料实行规范化管理。1998 年 1 月，省公安厅下发《1998 年全省刑侦工作要点》，对全年侦查破案提出具体指标要求。5 月，根据公安部提出“如实立案与破案统计”

的精神，县公安局制定《关于刑事案件如实立案和破案统计的规定》。8月，县公安局印发《松阳县公安局刑事犯罪情报资料工作暂行规定》，并把这项工作列入民警考核内容。

2004年，刑侦大队深入开展“三无”（执法无违法、队伍无违纪、无责任事故）活动。2005年，县公安局加强刑侦三大支柱（刑事技术、情报信息、系统应用）建设，促进案件侦破。2009年，为加速刑侦工作现代化的进程，县公安局努力推进公安信息化建设，建立信息质量巡查制度，注重刑侦情报信息基础建设，加强DNA生物检材的提取工作，充分发挥警犬中队的作用，刑侦工作水平得以进一步提高。

刑事案件侦查

解放初期，刑事案件立案范围和标准无明文规定。县公安机关主要力量投入镇反运动。

1954年，县公安局在与隐蔽的反革命分子作斗争的同时，大力开展同刑事犯罪分子作斗争。打击的主要对象是敌对阶级的现行破坏分子和惯盗、惯窃。是年1～7月，全县破获各类刑事案件31起，其中盗窃案23起，占74.19%。1955年，县公安局贯彻全国刑事侦察工作会议精神，始有刑事立案标准和分类统计。至1958年，全县发生刑事案件128起，破88起，破案率68.8%。

1960～1961年，经济困难时期，境内盗窃粮食、盗杀耕牛、抢劫财物案件比较突出，公安机关及时查获一批犯罪分子，刑事案件发案率明显下降。

“文化大革命”期间（1966～1976），社会秩序混乱，打、砸、抢、骗、凶杀案件上升，流窜犯罪活动增多。

1977年4月，公安机关以西屏镇、古市镇和公路沿线乡村为重点开展打击流窜犯统一行动，组织公安干警、治保人员、民兵、群众积极分子设卡检查，抓获一批流窜犯罪分子。

1978～1981年，松阳境内共发生刑事案件393起，破307起，破案率78%。1984年，全县发生刑事案件81件，破62起，其中大案要案8起全部及时破获。

1985年下半年，全县先后2次开展以反盗窃为中心的侦破战役，破获刑事案件142起，挖出盗窃犯罪团伙4个、成员28人。

1986年，刑侦队分5个侦破组深入松阳、古市等重点地区，协同当地派出所，挖出盗窃团伙3个，破获刑事案件80起。1987年，及时破获古市“7·13”凶杀案，经地区公安处批准，县局刑侦队荣立集体三等功。1992年，刑侦队开展“百日破百案”活动，破获刑事案件88起，抓获各类案犯59人，缴获赃款赃物计人民币28万余元。

1994年，破获古市镇特大强奸、轮奸、流氓团伙案，涉案30余人。县局专案组被省厅荣记集体二等功。1995年，县公安局根据公安部“春季严打攻势”的总体部署，深化严打整治斗争，先后开展“打流追逃”集中统一行动、“打流禁毒扫丑”夏季战役和“百日破案攻坚战”等专项打击和专项治理，共破获各类刑事案件372起。1996年，县局专案组破获县城发生的一起特大香烟盗窃案。1997年，县境内重特大案件发案突出，全年发生抢劫、杀人、强奸等重特大案件135起，其中杀人案件10起，全年破获重特大刑事案件104起，占重特大刑事案件立案数的77%。1982～1997年，全县共发刑事案件4941起，破3604起。1998年，县内共发各类刑事案件472起，破275起。

进入21世纪，县公安局先后组织开展“打黑除恶”“治爆缉枪”“破案追逃”“网上追逃”等专项行动，以及打击经济领域犯罪活动等一系列专项行动，有效遏制刑事犯罪高发势头。2001年，共发各类刑事案件896起，破获789起。抓获各类犯罪嫌疑人490人，缴获赃款赃物共计150余万元。2002年，县内共发各类刑事案件740起，破获年内案件487起，年前案件160起。抓获各类犯罪嫌疑人356人，缴获赃款物折价21.6余万元。2003年，破刑事案件78起，抓获犯罪嫌疑人13名。

图26-5 公安机关开展专项行动（县档案馆提供 1997年）

2004年，破获各类刑事案件596起，查破犯罪团伙12个46人，抓获犯罪嫌疑人593人。2005年，全面实行侦查破案责任制和侦查破案协作责任制，年内共破获各类刑事案件623起。2007年，全县共立刑事案件1315起，侦破各类刑事案件820起。2009年1～11月，全县共立刑事案件1221起，破案819起。抓获犯罪团伙15个56人，作案人员300余人。2010年，全县恶性案件发案数回落，全年发生“五类”恶性案件5起，同比下降40%，发破命案1起，实现从1998年开始连续13年命案全破。

1998～2010年松阳县公安局侦破刑事案件情况表

表26-3-1-1　　单位：起

类别／年份	合计	杀人	抢劫抢夺	盗窃	流氓团伙	拐卖妇女、儿童
1998	280	2	25	246	5	2
1999	399	1	15	380	3	0
2000	397	10	13	342	2	30
2001	575	5	11	553	4	2
2002	529	9	16	499	3	2
2003	439	8	10	416	5	0
2004	510	6	27	474	2	1
2005	545	8	21	511	4	1
2006	683	2	10	669	1	1
2007	664	6	12	643	2	1
2008	620	2	2	616	0	0
2009	596	1	4	591	0	0
2010	540	0	1	539	0	0

第二节 预 审

1949年8月，县人民民主政府公安局设置审讯股，配股长、审讯员各1人。主要担负剿匪、肃特、反霸以及反盗反窃等工作中收押案犯的审理任务。

1951年“高潮镇反”期间，共审理逮捕反革命案犯数百名。当时法律文书简单，仅一份呈批表，证据材料简单粗糙，给审讯工作带来很多困难。1952年，县公安局对呈捕案件和在押未决案件派员下乡实地调查，核对材料，收集、补充证据材料420份，发现张冠李戴、伪证、诬告材料构成的案件12件，其中重大案件7件。1953年秋，除继续清理积案外，着手补办镇反运动中被假释、管制、剥夺政治权利、徒刑缓刑者的法律手续。结合镇反判定，纠正错捕、错判案件。

1955年4月，县公安局建立预审股，配股长1人、预审员2人。根据《中华人民共和国逮捕拘留条例》和《逮捕预审工作条例（草案）》规定，逐步建立正规的预审制度。根据宪法规定，逐步把审判工作移交司法机关，以专门从事反革命罪犯的审理。是年，逮捕各类案犯169名，加上上年积压案件人犯34名，共计203名，审结201名，办案率99%。

1956年，加强内部肃反运动中重大专案的审讯工作和社会镇反逮捕人犯的预审工作，遵守重证据不轻信口供的原则，配合政法部门清案小组，清理1956年前的积案，完成补办法律手续。1958年“大跃进”期间，公、检、法机关一度合署办公，组成预审、起诉、审批联合办公室，实行“三员汇报、三长决定，党委批准”，一度失去公、检、法机关相互监督、相互制约的作用。是年末，随着县制撤销，预审工作并入遂昌县公安局。

1982年5月复置松阳县后，恢复松阳县公安局预审股，编制3人。时《中华人民共和国刑法》和《中华人民共和国刑事诉讼法》全面实施，预审工作走向法律化。逮捕、拘留和搜查一律出示逮捕证、拘留证、搜查证，当场向当事人宣布。1983年8月21日至年末，“严打”第一战役第一仗共逮捕案犯71名（其中检察机关直接批准逮捕7名），报捕率98%，审结案件53起，案犯80名，其中起诉48起，案犯74人，免诉3起4人，撤销案件2起2人，查明收审对象5起8人。通过预审，发挥侦查继续职能作用，破获一批案件。1984年，改预审股为预审科。1985年，“严打”第二战役中，共受理收捕案件51起，案犯60名，其中大案要案15起，案犯17名，全部在法定时限内审结。1986年，进行预审工作改革，实行预审目标管理岗位责任制，案件审结率、准确率、合法率均有提高。全年受理各类刑事案件76起，案犯92名。其中大要案21起21人，团伙案11起36人，审理报检察院批捕56起69人。通过预审，深挖犯罪线索，破获大小案件31起，其中够立案的14起。

1993年，预审部门受理案件71起，审理案犯156人，审结率90.1%，正确率97.8%，深挖查破案件48起（其中重大案件2起），查获罪犯29人（其中追究刑事责任22人），追缴赃款赃物1.5万余元。有关“三打一禁”斗争中的案件，提前介入，快审快结快移诉。1994年8月1日，开始执行预审部门办理重特大案件报告制度。对于反革命案件、涉外案件、政法系统干警犯罪案件、科（局）

级以上干部犯罪案件，当地影响大的大案、要案及其他可能判处无期徒刑以上的案件等，把“预审终结报告”“起（免）诉意见书”及有关预审文书，一案一报省公安厅。1995年，预审部门共受理刑事案件47起68人，其中，受理杀人、抢劫、强奸、放火等“七类”案件10起12人，全部在20天内审结。受理报捕案件48起61人，经审查报捕的47起60人，检察机关批准逮捕45起55人，逮捕率为95.8%。是年，预审部门贯彻预审目标管理责任制，建立疑难案件和免诉案件集体讨论的制度，审结案件、定性定罪、处理意见准确率100%。1997年，预审干部增至9人。全年审结案件63起88人，深挖破获刑事案件37起，其中特大案件8起，挖出犯罪嫌疑人9名，追回经济损失8.43万元。1998年，贯彻执行省公安厅《留置盘问工作暂行规定》。1999年，县公安局贯彻执行省公安厅《关于加强留置工作管理的通知》和公安部、最高人民法院、最高人民检察院、国家安全部《关于取保候审若干问题的规定》，进一步规范取保候审工作。

1999年7月，实行侦审合一体制改革，预审科撤销，审核、起诉等职能分解到法制、侦查部门执行。

第三节　严打与专项战役

严打战役

1983年，贯彻全国人大常委会《关于严惩严重刑事犯罪活动的决定》。8月起，在县委统一领导下，采取“坚决打击，一网打尽”和“从重从快”的方针，公安机关与各司法部门分工配合，协同作战，在全县范围内开展严厉打击严重刑事犯罪活动的斗争（简称“严打”）。“严打”持续三年，至1986年9月结束，整个过程共分三个阶段。全县共收捕各类违法犯罪分子407人，摧毁犯罪团伙42个，成员167人。其中依法逮捕114人，劳教31人，少管5人。缴获枪支、子弹、各类凶器若干及炸药、雷管、导火索、淫秽物品等，赃款赃物计人民币14.87万元。通过“严打”，社会治安明显好转。1984～1986年，全县发刑事案件243起，比前三年391起下降38%，治安案件减少，公共场所秩序走向正常。

1998年7月，开展以“反盗抢、除三害、强基础”为主要内容的夏季严打整治行动。检查各类公共复杂场所419家，查处治安案件15起，破获现行刑事案件2起，冲击赌场11处并缴获赌资4680元。抓获各类违法犯罪嫌疑人员87名，查获、缴获自行车、来历不明的摩托车、淫秽录像带等若干。

1999年，开展夏季严打整治两次统一行动。共追捕归案各类逃犯43名，追回罚款10余万元。全县共破获各类刑事案件235起，抓获刑事犯罪嫌疑人106名。缴获被盗摩托车，收缴炸药、雷管、导火索、枪支、剧毒物品等若干物品。夏季严打共挽回经济损失300余万元。是年11月至2000年1月，开展以破大案、追逃犯、打流窜、强防范为重点的“百日攻坚”破案大会战。共破获刑事案件54起、年前隐漏案2起、外辖区案件13起。摧毁犯罪团伙6个，抓获犯罪嫌疑人46名。查处治安案件32起，抓获违法人员68名，查处涉黄案件6起，抓获违法人员13名。收缴雷管13枚，炸药 159 千克。

2000 年 6 月下旬至 8 月 16 日，县公安局根据上级公安机关部署，开展以“反盗抢、打流窜、促防范、保稳定”为重点的夏季社会治安整治行动。共破获各类刑事案件 143 起，抓获各类犯罪嫌疑人 106 名。破获 1999 年“百日攻坚破案大会战”中地区公安局挂牌的“10・5”杀人抢劫案。摧毁涉案价值达 10 万余元的特大盗窃团伙案。9 月 22 日至 12 月，开展以“反盗抢，打流窜，破大案，追逃犯，促防范”为重点的破案追逃大会战。截至 11 月 22 日，全县共破获现行案件 86 起，抓获各类犯罪嫌疑人 134 名，其中在逃犯罪嫌疑人 3 人。

2001 年 6 月至 2003 年 7 月，在为期两年的严打整治斗争中，全县共破获各类刑事案件 1322 起，抓获刑事犯罪人员 812 名，查处违法人员 1747 名。

2006 年 7 月 21 日至 9 月 20 日，开展夏季大会战，加大对侦查破案和打击犯罪的工作力度。破获一批省公安厅、市公安局挂牌督办的案件。2007 年，开展破案追逃活动，年内抓获各类在逃犯罪嫌疑人 98 名。2009 年，强化追逃工作机制和多警种协同作战，积极探索追逃新机制。截至 11 月 20 日，全县新增上网逃犯 67 人，抓获 65 人，完成上一考评年度总数的 160%，位列全省第一。

图 26-6 犯罪嫌疑人被押回松阳（叶光铭 摄于 2007 年）

专项斗争

在“严打”的同时，县公安机关根据刑事犯罪活动的变化，采取在一定时期、一定范围内组织专项斗争的形式，及时打击和制止各种形式犯罪分子的破坏活动。

1987 年 4～6 月，县公安机关以玉岩区为重点开展打击拐卖妇女犯罪活动的专项斗争。先后查清被当地不法分子和外地人贩子拐卖到松阳县玉岩区的妇女 85 人。查获拐卖妇女的违法犯罪人员 25 名。6～8 月，开展“打流氓、反盗窃”专项斗争。破获大小刑事案件 151 起，抓获各类犯罪分子 79 名，缴获淫秽书刊抄本若干、赃款赃物折人民币 4.13 万元。

1988 年 11 月至 1989 年 3 月，开展打击刑事犯罪和经济犯罪的“双打”斗争。破获各类刑事案件 155 起，抓获各类犯罪分子 140 名。

1989 年 10～11 月，针对松阳县内部分地区农田水利电力设备被盗突出的现状，县公安机关在松阳、古市、大东坝 3 个区开展区域性严厉打击破坏水利、电力设备的专项斗争，破获盗割铝线、盗拆电动机等破坏水利电力设备的案件 64 起。抓获破坏水利电力设备的案犯 21 名，缴获被盗铝线、电动机若干，价值 2.5 万元。

1990 年 4 月，开展反盗窃自行车斗争，缴获被盗自行车 73 辆。5～6 月，开展查处“打击报复基层干部、破坏农业生产案件”的专项治理，查处破坏农业生产案 15 起。

1992 年 3～5 月，开展打击流氓违法犯罪活动的专项斗争，抓获流氓违法犯罪分子 127 名，破获刑事案件71起，查处治安案件49起。1993年2月20日至5月底，开展“反赌、打流、扫黄”专项治理，抓获各类违法犯罪人员442名。收缴黄色录像带4盒，查禁非法出版物若干。6～8月，开展以打击团伙犯罪、打击拐卖妇女儿童、打击车匪路霸和严禁卖淫嫖娼为主要内容的“三打一禁”斗争，破获各类刑事案件204起，查获各类违法犯罪人员261名。

1994年3～4月底，开展“反窃车和打击流氓恶势力、打击破坏农业生产犯罪”的“一反二打”专项斗争，集中打击以西屏、城郊、古市及龙丽公路沿线为重点部位的流氓恶势力和破坏农业生产设施的犯罪分子。9～12月，集中开展整治农村治安斗争，重点整治流氓恶势力活动猖獗、治安秩序混乱的乡、镇、村和公共场所。全县重点整治13个乡镇、32个场所，破各类刑事案件125起，其中重大案件36起。1995年，先后开展“打流追逃”集中统一行动、“打流禁毒扫丑”夏季战役和“百日破案攻坚战”等专项打击和专项治理，破获各类刑事案件194起，抓获各类刑事案件犯罪分子147名，缴获摩托车、炸药若干、赃款赃物折合人民币95万余元。

图26-7 反盗窃斗争动员大会场景（县档案馆提供 1998年）

1997年3月，开展春季严打整治行动，以影响大、危害严重的大要案和系列盗窃、侵财案件为目标，破获刑事案件79起。5～8月，开展禁赌、禁毒、禁黄和反暴力的“三禁一反”斗争，整治重点路段、场所、部位231处，取缔赌博、卖淫嫖娼窝点各1个；查破赌博案件75起，涉黄案件59起，查获赌博团伙10个58人，涉黄团伙2个12人，抓获和打击处理黄、赌、毒违法犯罪人员575名，收缴淫秽物品若干；铲除罂粟若干。9～11月，开展“打流窜、追逃犯”为主要内容的破案攻坚战，破各类刑事案件63起。

1999年3月，县公安局根据省公安厅“扫黄”紧急会议精神和地区公安局的统一部署，在春节前后开展一次以清理整顿娱乐服务业、查禁吸毒卖淫嫖娼、传播淫秽物品、赌博活动为重点的专项整治行动。捣毁违法犯罪团伙14个，违法犯罪窝点16个，取缔场所2家，刑事拘留3人，治安处罚84人，没收非法所得27456元，罚款75200元。

2000年，开展“打拐”专项斗争。共破获拐卖妇女儿童案件28起，打掉犯罪团伙3个，抓获犯罪嫌疑人52人。解救被拐卖妇女787人，解救被拐卖儿童1人。抽取来历不明儿童血样521份。2001年3月22日，开展“打黑除恶”专项斗争。共查破涉恶案件24起，摧毁团伙3个，成员32人。2004年7月，开展反盗窃车专项斗争，查扣无牌无证摩托车566辆，缴获赃车74辆，破获刑事案件34起，抓获嫌疑人15人，其中刑事拘留7人、治安处罚8人。2006年4月，开展“打黑除恶”专项斗争。破获6个涉恶团伙，抓获170名涉恶违法犯罪人员，缴获砍刀、镀锌管若干。

2008年，按照上级公安机关的工作要求和统一部署，县公安局在全县范围内开展奥运安保“攻坚3号”及“大追逃、大排查”专项行动。年内共侦破盗抢案件546起，打掉盗抢团伙5个，抓获盗抢犯罪嫌疑人 130 名，抓获盗抢网上在逃犯罪嫌疑人 21 名。

1998～2010 年松阳县公安局严打战役与专项斗争情况一览表

表 26-3-3-1

项目 时间	破获各类刑事案件（起）	抓获犯罪嫌疑人（人）	抓获在逃犯罪嫌疑人（人）	查处各类治安案件（起）	抓获违法人员（人）	执行裁决未执行人员（人）	收缴罚物款（万元）
1998	2	2	—	15	85	—	—
1999	614	465	141	199	103	398	26.06
2000	452	575	5	303	595	115	7.09
2001	55	60	—	46	279	18	—
2002	18	22	—	20	90	—	—
2003	1805	901	—	1575	3150	—	50
2004	103	21	2	234	34	—	4.73
2005	—	—	—	—	—	—	—
2006	326	260	7	—	—	—	—
2007	—	—	—	—	—	—	—
2008	870	417	39	2649	2010	—	350.56
2009	870	334	63	2528	1882	—	296.77
2010	901	316	56	2904	1895	—	702.36

说明：“—”处数据为 0 或无据可查

第四节　侦破现行反革命案件

1950 年 2 月，省公安厅召开首次全省侦审工作会议后，县人民政府公安局遵循“长期内线侦查，分清对象，掌握组织，及时破案”的方针和运用“以特治特，以匪治匪，与群众路线、治安管理相结合”的路线，结合剿匪、肃特、镇反运动开展侦察工作。3 月，破获“青年反共救国团奇峰支队”反革命组织，捕获 16 人。7 月，在玉岩区捣毁土匪窝点“云龙松边区自卫团地下联络站”。8 月 20 日，在城关区破获匪“国防部青年救国团浙东义勇总队十一支队”丁山头情报小组案。21 日，破获“国防部浙江第七区渗透支队”案。12 月，借助内线破获一起以潜伏特务、国民党县党部执行委员叶青为首的“反策组”匪特组织，查获全案 11 人，缴获无线电发报机 1 台、美式步枪 1 支、子弹 130 发、手榴弹 1 枚、手摇电机 1 架。1951 年 3 月，破获“国防部青年救国团浙东义勇总队第二支队独立第一大队”。其成员 22 人，由特务分子 2 人、国民党军政人员 10 人、匪首 3 人、武装匪徒

7人组成，全部被查获。1953年，群众性镇反运动结束后，转入同隐蔽的敌人作战斗。至1958年11月松阳撤消县制，共破获现行反革命案件29起，其中反革命集团案7起、反动标语案及反动信件案18起、其他反革命案件4起。

1963年3月，全省政保工作会议提出侦察工作要贯彻执行“长期打算，内线侦察，依靠群众，适时破案”的方针，着重加强隐蔽斗争的调查研究、侦察破案、反偷渡、反空降和宗教侦察工作。先后破获匪“西北特侦站松阳组”特务案以及发生在西屏镇的散发反动传单案等反革命案件。60年代，松阳境内共破获反革命集团案2起、特务案1起、反动传单案2起、反动会道门案1起。

1976年，西屏镇发生一起重大的反革命挂钩集团案。全案涉及20余人，首犯王某，武义县人，系刑满释放的历史反革命分子。

1997年，新修改的《中华人民共和国刑法》把反革命犯罪改为危害国家安全罪，此类案件侦查由国家安全部门负责。

第五节　打击经济犯罪

改革开放后，社会经济发展迅速，社会经济活动广泛开展，经济领域监管未能同步跟上，故一个时期来，走私、诈骗、贩卖假币假票等经济犯罪案件随时代滋生。

1998年8月，松阳县公安局印发《关于在全县开展金融诈骗犯罪专项整治活动实施方案》，以严厉打击金融诈骗行为和利用贷款进行诈骗的犯罪活动。松阳县公安局与相关银行联合成立整治活动领导小组。是年，县公安局经侦大队破获经济案件12起，其中特大案件1起，抓获犯罪嫌疑人8名，挽回经济损失22.02万元。1999年1～6月，共破获经济案件11起，刑事拘留11人，转逮捕1人，为群众追回被骗款34000元。配合烟草专卖局查获假烟、无证运输等案件5起，涉案价值90余万元。

2001年，破获浙江雷克机械工业公司员工挪用资金案。2002年12月底，围绕“整顿和规范市场经济秩序”专项行动，严厉打击各类经济犯罪活动。全年共立各类经济犯罪案件19起，破18起，抓获犯罪嫌疑人24名，其中刑拘7人、逮捕3人、取保候审11人、监视居住7人，为国家集体挽回经济损失41.98万元。2004年，县公安局经侦大队全年共受理各类经济案件25起，立案15起，破案8起，为企业挽回直接经济损失40.23万元。2005年，受理各类涉企纠纷和案件26起，立案10起，破5起，抓获上网在逃犯罪嫌疑人1名，协助外地公安机关办理经济案件6起，为企业挽回经济损失216万元。2007年，侦破以衢州人郑某某为首的跨地区销售假烟网络案件。共查明涉案人员60余人，采取刑事强制措施12人，逮捕5人，查获涉案假烟2000余件。案值600余万元。是年，共立经济案件15起，破12起，年度经济案件破案率80%。2008年，受理各类经济案件涉23人，其中刑拘23人，取保候审18人，逮捕7人，移送起诉案件20人；抓获年前逃犯1人，为国家挽回经济损失260余万元。

2009年11月，县公安局通过组织开展“09行动”，打击烟草走私等专项行动，联合人民银行、工商、税务等行政管理部门，严厉打击经济案件犯罪。1～11月，受理经济犯罪案件18起，立案16起，破案13起，收缴假币面值17570元，挽回经济损失1328.7万元。2010年，受理经济犯罪案件13起，立案9起，破案7起，协助外地公安机关办理经济案件7起，挽回经济损失230余万元。查获假发票537份，暂扣疑似假发票22本，联单收款收据32份。抓获各类在逃犯罪嫌疑人52名。为企业追回经济类案件赃款2300多万元。

1998～2010年松阳县公安局侦破经济案件情况表

表26-3-5-1　　单位：起

类别 年份	合　计	走　私	诈　骗	假币假票	经济犯罪大案
1998	12	0	6	5	1
1999	21	0	10	5	6
2000	40	0	31	4	5
2001	51	0	41	7	3
2002	55	3	42	6	4
2003	23	0	21	1	1
2004	21	0	13	3	5
2005	10	0	3	4	3
2006	18	0	16	1	1
2007	34	0	24	3	7
2008	4	0	4	0	0
2009	7	0	5	0	2
2010	6	0	4	0	2

第四章 监所管理

松阳县古时县公署就设有监狱，民国时改为松阳县地方法院监狱。民国31年（1942）设在县署仪门外两侧监狱被日军焚毁，仅留监房一角。松阳解放后由县人民政府接管，后修缮成监房16间，建立看守所。1985年5月，县城半岗山43号新建看守所投入使用。

县看守所主要职责是承担公、检、法等机关的刑事犯罪嫌疑人、被告人的羁押、管教任务；承担留所服刑罪犯的深挖犯罪、教育改造任务以及追捕归案人员的临时羁押任务。

县拘留所主要职责是依法对被拘留人员实行看守，按照教育与处罚相结合的原则进行法制、道德教育；组织被拘留人参加适当的劳动。

1997年，看守所被省公安厅评为“十二年安全无事故优秀看守所”，并记集体二等功一次。1998年，松阳县看守所被省公安厅命名为二级看守所。2009年，县公安局监所管理部门与驻所检察室、县武警中队密切合作，加强监所安全管理，实现监所连续9年没有发生一起安全责任事故。是年，县看守所被省公安厅授予“全省监管系统先进集体”称号。

第一节 监管场所

1982年5月，松阳县公安局随县制刚恢复时，没有专门设立监管场所。1983年8月，全县开展严厉打击严重刑事犯罪斗争，借用东坞水库房地建立“临时收容审查站”，主要收容审查流窜犯罪嫌疑分子和重大犯罪嫌疑分子。1985年5月，成立收容审查所。按照公安部《关于收容审查所管理工作暂行规定》，对被收审人员进行管理教育，配合审查，保证安全；在业务上归口刑侦部门。

1992年3～4月，县局法制科会同预审、刑侦、收审部门对收审工作进行全面清理整顿，建立健全收审案件的送卷、审核、审批登记、催办制度，杜绝滥行收审、超期关押等违法现象发生。1995年7月，县公安局进一步贯彻收审工作有关规定，严格收审条件和范围，从严控制收审手段的运用。

1983～1996年，全县共收容审查2144人次。经审理，逮捕1233人，劳动教养113人，解除收容798人（包括转外地处理，教育释放，作其他处理）。

1997年1月1日起，实施修改后的《中华人民共和国刑事诉讼法》，取消收容审查。

看守所

1949年8月，修缮监房16间，建立看守所，其中8间归县法院关押人犯（1951年5月全部归县公安局管理）。看守所配看守干部2人，县公安队一个班负责看守人犯。解放初，对犯人曾实行一日两餐制。实行粮食定量后，按居民定量供应。监内除规定人犯按时作息外，实行定期放风，洗晒衣被和打扫卫生。每月至少上大课1次，对犯人进行形势教育和政策教育。

1951年秋高潮镇反期间，监所发生时令性疫病，病犯60余人。县局派医生对人犯进行全面体检，每天下午派医生对病犯诊治，并采取延长放风时间、改善伙食、增加狱内消毒次数等措施，及时遏制疫病蔓延。12月，重修监房12间，新建拘留所3间。

1952年，新建土墙平房6间。监房设施简陋，看守力量薄弱，关押人犯多，又经常组织人犯上山砍柴等，犯人逃跑等事故屡有发生。监所经过不断完善，建立严格的看守制度，犯人越狱逃跑事故未再发生。1958年12月，监所随县制变更撤销，境内人犯移送遂昌县看守所看押管理。1982年复局初期，人犯仍送遂昌县看守所。

1983年8月开展“严打”斗争，借用东坞水库用房作为临时收容站收押人犯。同时在城东半岗山动工兴建看守所，1985年5月竣工投入使用。用地面积9134.1平方米，建筑面积为1526.9平方米，内有监房一座13间，每间有单独放风活动场地。监所内设有预审室、值班室、监所检察室、医务室、家属接见室、人犯用品储藏室及犯人伙房等配套设施，防范措施良好，卫生设备齐全。1986年，新建拘留所拘禁用房6间，刑事拘留与治安拘留严格分开。1986～1992年，看守所连续7年安全无事故。

1995年，松阳建立定期安全检查和清监制，全年大检查24次，召开狱情分析会36次，严格凭证提人、收人等各项规章制度。全年关押人犯全部安全出所。1996年，国家对看守所在押人犯伙食供应标准作出调整，每人月伙食规定：食米18千克，食肉1.5千克，食油0.5千克，其他鱼蛋、蔬菜等都有具体规定，是年7月1日开始实行。

1999年5月底，县公安局根据地区有关文件要求，完成看守所的机构设置、警力配置的调整工作。

2005年，开展监所整顿工作，提高公安监管场所保障安全，保障在押人员合法权。是年，狱侦工作获取破案线索210条，破获刑事案件129起，狱侦破案成绩名列全市前茅。2006年6月，县看守所组织4批留所服刑犯为一中和职技校学生现身说法，通过警示教育取得良好的社会效果。是年，县看守所被省公安厅命名为三级看守所，并记集体三等功一次。2007年，看守所共收押各类犯罪嫌疑人281名。办理取保候审、监视居住释放67人，办理因其他原因释放91人，投送监狱71人，送劳教7人，少教3人，办理减刑案11起；狱侦工作获取线索132条，破案102起。

县公安局监所管理部门与驻所检察室、县武警中队密切合作，2000～2008年，实现监所工作连续9年安全无事故。2008年，共收押524人次。其中治安拘留298人次，刑事拘留以上226人次，办理取保候审、监视居住释放80人，狱侦工作获取线索91条，破案65起。2009年，通过狱侦工作获取线索55条，破案21起。

拘留所

1957年10月《中华人民共和国治安管理处罚条例》颁布实施前，无治安拘留之处罚。1958年5月始，五日以下拘留下放乡镇人民委员会裁决，执行拘留用劳动代替。1983年10月前，松阳县公安机关裁决治安拘留的，送遂昌县看守所执行。借用东坞水库库房建立松阳县看守所后，治安拘留人员送县看守所执行，与刑事羁押人员、收容审查人员、服刑人员一同关押，一同管理。

1983 年 1 月，松阳县开始建设拘留所、看守所，选址在西屏镇半岗山 43 号。1986 年 6 月，新落成的拘留所正式启用，从此，刑事拘留与治安、司法拘留被严格分开。时治安拘留所归属治安科管理。2004 年 1 月开始，治安拘留所划归县看守所管理。

2006 年，松阳县公安局治安拘留所更名松阳县拘留所。4 月，省厅转发《公安部关于印发<拘留所等级评定办法（试行）>的通知》，从当年开始对全省的拘留所进行等级评定。

2007 年 5 月，省厅下发《关于规范拘留所设置和建设工作的通知》，统一全省拘留所设置标准，要求对设置在看守所警戒围墙内的拘留所，必须于当年底从看守所警戒围墙内撤出，不能按期撤出的，一律停止收押被拘留人员。

2008 年 4 月，县公安局贯彻落实《浙江省公安厅关于印发<拘留所办理被拘留人入、出所工作规范>的通知》。11 月，学习实施《拘留所集体教育工作规范》，确保被拘留人每周不少于 10 课时的集体教育时间。

第二节　在押人员管教

教育

1986 年，看守所建立健全收押、提审、放风、劳动、看病、会见等制度。关押人员生活除每天按时按定量供给外，每月改善伙食一次。每天放风半小时，每监室订阅《浙江日报》一份，每月开一次广播会，找关押人员个别谈话两次，并邀请所长等进行广播讲话。每天监室内轮流打扫卫生，定期理发、洗衣、洗澡，小病不出所，大病医院受诊或保外就医。

1994 年底至 1995 年初，监所本着“管理从严，教育从紧，思想开导”原则，开展一次政治攻势专项斗争。督促在押人员和服刑人员坦白交代共计 750 人次，获取犯罪线索 89 条，破案 13 起，对检举揭发他人犯罪的有功者兑现奖励政策。1995 年，县公安局加强监所管理，确保安全，组织实施看守所目标管理的“五五”目标，即政治工作落实、监管措施落实、思想教育落实、政治攻势落实、生活卫生落实的五个落实；不发生重大事故、不发生“牢头狱霸”、不发生违反法定程序事件、不发生急性传染病蔓延、不发生干警违法乱纪事件的五个不发生。

1999 年，贯彻落实丽水地区公安局《关于呈报减刑、假释案件材料若干问题规定的通知》要求，对呈报办理减刑、假释案件的材料内容作出规定。

2002 年春节期间，县看守所对 3 名表现突出的留所服刑人员准允回家过年。注重改善在押人员的节日伙食，使看守所春节期间保持良好的秩序。

改造

1949 年 12 月，县成立管制局，集训降匪 160 余名，组织劳动改造。

1950 年 5 月，县劳教所成立，址设西屏镇中弄 12 号汤兰公所。劳教所初成立时，有劳改犯 87 名，共开垦荒芜桑地面积 71 亩。1951 年 10 月，县劳教所改为劳改中队，有管理人员 5 人，劳改犯

115 名。编为 9 个小组，在叶村乡小叶村从事农业生产，种植水田和旱地 180 亩，兼养猪、砍柴、加工等副业生产。时劳改犯的供给，已决犯由公安厅拨给，未决犯由县财政解决。1951 年，共生产粮食计大米 32778 斤，补实经济开支。1953 年，贯彻“改造第一、生产第二”的方针，1 月份进行冬训，组织劳改犯学习政策法令，以反造谣破坏、反包庇隐瞒、反逃跑、反消极怠工、反装病偷懒、反浪费时间、反投机取巧七反为内容，端正劳动态度投入劳动改造。1953 年 9 月，县劳改中队撤销。余刑一年以下的短刑犯由看守所监管，就地组织劳动改造；刑期一年以上的已决犯，押送上级公安机关指定的劳改单位改造。自解放至 1954 年 9 月末，全县投入劳改犯人 936 名，其中公安局投入劳改的 413 名、降匪集训劳改的 161 名、法院判刑投入劳改的 362 名。

1957 年 8 月 3 日，国务院公布《关于劳动教养问题的决定》。次年 4 月，成立以县长、公安局长、民政科长、人事科长、肃反办公室主任 5 人组成的劳动教养初审小组，负责对社会上和机关内部劳动教养对象的审批工作。自“决定”公布至 1958 年，全县送劳动教养 48 人。1958 年，全县先后办乡、社劳动教养队 26 个，收容 459 人。1959 年 4 月，乡、社教养队撤销。“文化大革命”期间，劳动教养工作一度停顿。

1980 年 2 月，国务院公布《关于劳动教养的补充规定》后，恢复劳教制度。1982～1997 年，全县送劳动教养 136 人。

1999 年，根据规定，县级公安机关收到《刑满释放人员通知书》《解除劳动教养人员通知书》后，在一周内通知刑释解教人员原户籍所在地的公安派出所；县级司法行政机关收到通知，在一周内通知刑释解教人员原户籍所在地的乡（街道）安置帮教工作站，做好在教人员刑释解教时的衔接工作，加强安置帮教，预防减少重新犯罪。9 月，县公安局执行地区公安局《关于进一步加强劳动教养执行工作的通知》精神，办案单位在接到劳动教养决定书和通知书后，应立即予以送达，在一个月内把劳动教养人员投送到劳动教养管理场所执行，投送后 7 日内把劳动教养管理场所签收的送教回执寄回到地区公安局法制处；对劳动教养所外执行人员，应严格掌握，从严掌握上报审批；对危害国家安全的、团伙案件中的首要分子、流窜作案的、劳动教养期限 2 年以上的，一律不予上报审批所外执行。

2001 年，松阳县看守所共收押刑拘、逮捕人员 215 人，其中投送劳改劳教人员 58 人、处理出所 157 人。深挖犯罪线索 93 条，侦破和协助有关科、所、队破案 64 起。在押人员坦白自首和检举他人违法犯罪行为共 22 人次，因悔改明显或立功表现好被依法减刑的 6 人。

第五章 网络安全管理

1998年，县公安局建立计算机监察通讯科（简称计通科）。其职责是开展互联网信息监控和处置，及时发现、处置网上反动有害信息和煽动破坏活动；依法加强网络安全监督管理，维护网络安全秩序；依法防范和查处主要违法犯罪活动在信息网络中实施的违法犯罪，协助查处利用信息网络的违法犯罪；建设管理和使用互联网侦探手段，依法对网上特定对象、特定目标开展技术侦察；开展网上舆情控制工作，有效防止网上恶意炒作影响社会稳定；监督、检查、指导国家重要信息系统的信息安全等级保护工作，承担国家网络与信息安全的信息通报工作。

2004年1月，计通科更名为网监大队，2008年1月并入治安大队。网监大队成立后，在上网服务场所安全监督管理、防控、打击网络犯罪活动等方面取得一定的成效。2010年，县公安局开展惩治网络赌博违法犯罪活动专项行动，网监大队通过网警数据发现本地有多人通过网络游戏进行赌博，网监民警开展调查，共抓获犯罪嫌疑人15名，收缴赌资800万元。是年，县公安局整治网络赌博专项行动办公室被评为“全国公安机关集中整治网络赌博违法犯罪活动专项行动成绩突出集体”。

第一节 网警创立与发展

1998年1月，浙江省公安厅印发《1998年全省公安计算机管理监察工作要点》。3月，省公安厅印发《关于认真做好“网吧”安全审核和日常管理工作的通知》。4月，松阳县公安局成立“加强计算机2000年问题协调小组”；5月，计算机安全监察通讯科（计通科）设立。

2004年1月，计通科更名为公共信息网络安全监察大队（网监大队）。2005年5月，110、119、122“三台合一”系统开始进入运行状态。基层一线办案单位和机关综合部门采购60余台计算机，全局计算机人均拥有率99.1%；新建计算机培训中心，用于全体民警职工组织计算机应用培训；完成看守所监所监控系统建设，提升监所安全；组织对局域网进行新网页和新管理软件的制作，提高局域网的实际应用效能；完成视频会议系统建设，实现县公安局和上级机关会议音像资料的互通；完成城区适时治安监控系统建设，在城区各重要路口安装22个摄像头，提高公安机关对城区的整体防控能力。是年，县公安局配合市公安局完成公安信息网三级网升级改造工作，使县公安局到市公安局的两条信息网络均畅通无阻，完成三台合一系统的采购和安装工作。

2006年4月，县公安局下发《关于设立信息网络安全专干的通知》，并在各科、所、大队设立公安信息网络安全专干。

2009年8月，开展刑事、行政案件卷宗电子化试点工作，实现行政案件实体证据与案件信息同步上网。10月，西屏派出所第一次运用电子笔录制作系统办理一起盗窃案。通过执法办案平台增设“在线电子笔录”功能，实现真正意义上的“单轨制”审核审批和行政案件卷宗的电子化。

第二节 网络监管与打击网络违法犯罪

网络监管

1998年，县公安机关建立计算机监察通讯科（后改建为网监大队），加强计算机安全监察管理工作。

1999年12月，根据松阳县政府“计算机2000年问题过渡应急计划”的要求，为有效处置因Y2K引发的重特大突发事件，成立“松阳县公安局Y2K安全保卫应急小组”。是年，开展国际互联网备案，根据省公安厅有关网吧安全管理规定，要求上网人员必须在地区公安局开证，由省公安厅发证。

2003年4月20日开始，每日在互联网巡查，实现网上动态的监控。按时上报每日网上“非典”动态信息。2005年12月，加强对民警计算机应用培训，组织警力经常性地对网吧经行检查，年内对辖区内的网吧违规经营行为进行28次警告和罚款，有效维护网上安全。2006年3月，县公安局下发《关于加强对计算机信息系统保密安全管理的通知》，组织全体民警进行计算机信息系统保密教育及有关法律法规学习。9月，印发《网络和信息安全保密大检查工作方案》，规定按照“综合协调，分责实施，专业保障”原则，以建立安全保障管理工作机制为重点，打牢安全保密工作的基础，以集中整治存在的突出问题为突破口，有针对性地开展漏洞查堵和重点治理，确保公安网络和信息安全。

防控打击网络违法犯罪

1998年，松阳县公安部门成立计算机培训中心、计算机监察通信科，负责全面打击网络违法犯罪侦破工作。

2006年6月，网监大队联合县工商部门取缔一家无证经营游戏机的游戏室，查获5台电脑及一批计算机网络设备。这是松阳县查获的第一例违法通过网络游戏盈利案件。7月，网监大队通过网吧安全管理软件系统，发现上网逃犯在辖区内某网吧上网，迅速予以抓捕。8月，网上作战中队通过综合运用网上作战手段，破获涉案被盗电脑30余台、物品价值10余万元的专门盗窃机关单位电脑案件。

2010年4月，县公安局开展整治网络赌博违法犯罪活动专项行动。2010年8月至2011年6月，网监大队通过网警数据发现当地有多人通过“通吃酒吧”网络游戏平台进行赌博，大队民警到杭州、宁波、温州等地开展调查，共抓获犯罪嫌疑人15名，收缴赌资800余万元。

第六章　安全保卫

松阳县公安机关有指导基层治保会及群访群治组织的建设和担负着对机关、团体、企事业单位、重点建设工程和大型活动治安保卫工作的指导、监督职责。

按照上级公安机关对安全保卫工作的要求，县公安局着手抓好群众治保组织的建设，学校与社区警务建设以及指挥警务建设等方面的工作。

在接警处置方面，自1998年松阳县公安局110指挥中心成立后，中心向社会承诺“有警必接，有险必救、有难必帮、有求必应”，为人民群众排忧解难，对有效应对各种重大犯罪案件和突发事件发挥作用。

第一节　群众治保组织与社区警务建设

对“五类分子”管制

1950年冬，全县开展土地改革和镇压反革命运动，公安机关依靠乡政府和村农会，组织民兵、儿童团对地主、富农分子和反革命分子进行管制。1951年7月，土改运动结束，各乡、村先后建立治安保卫组织，开展对土匪、恶霸、特务、反动党团骨干、反动会道门头子等反革命分子的依法管制，未列入管制的反革命分子和地主、富农分子，则被列为群众监改对象。1952年，根据公安部《管制反革命分子暂行办法》，对管制工作进行整顿，纠正错管、漏管等问题，严格管制审批手续。凡被管制的反革命分子，除法庭依法判决者外，均由区、乡人民政府或公安派出所根据群众意见及其罪恶事实提出，报经公安局批准，下达正式通知书，并当众宣布。管制的延长、缩短、撤销，须办理同样手续。1954年，全县列入依法管制的反革命分子438名。

1956年始，反革命分子管制一律由县人民法院判决，公安机关执行。按照《全国农业发展纲要（草案）》的规定，以公安部门为主组织力量，开展对地主、富农、反革命分子评议处理规划入社工作，分期分批把其纳入农业生产合作社参加集体生产劳动，实行政治上区别对待、经济上同工同酬的政策。全县3060名地主分子、富农分子和反革命分子，经自报互评、群众公议、政府批准，表现较好的708人，允许入社成为正式社员并改变成分；表现一般的1752人，入社作为候补社员，暂不改变成分；表现不好的444人，交农业社监督生产；依法管制的有156人。1957年，监改对象增加“坏分子”一类（罪行轻微，不够刑事处分的违法犯罪分子），与地主、富农、反革命分子一起，统称“四类分子”。之后，被错划的“右派分子”也一度被列为监改对象，合称“五类分子”。1958年，贯彻监督劳动与政治教育相结合、承办与改造相结合的政策，对全县2737名地主、富农、反革命分子、坏分子实行群众和专人负责包教、包管、包改造，“四类分子”本人定守法公约、定劳动出勤、定改造计划、定期汇报思想和改造情况的“三包四定”办法，进行监督改造。1959年，推行“十个好人夹一个坏人”的集体承包、专人负责监改措施，对“四类分子”实行月考、季评、年升降制度。通过年度评审，老实守法表现好的摘取“帽子”，已经摘掉“帽子”又有新的违法活动的重新戴回“帽子”。

治保组织

1951年7月，古市镇首先建立治安保卫委员会，开展防奸、防谍、防火、防盗宣传教育，协助政府和公安机关检举、监督、管制反革命分子，维护社会治安。10月，全县农村以乡为单位成立武装治安委员会，行政村成立武装治安小组；城镇以派出所管辖区为单位成立治保委员会，居民区成立治保小组。至年末，全县建立乡（镇）武装治安委员会42个，成员340人；村武装治安小组263个，成员671人。1953年1月，召开全县防奸治安模范代表会议，表彰县级防奸治安模范。11月始，农村治安保卫组织和人民武装组织分别建立。1954年，全县建立乡（镇）治安保卫委员会44个，成员352人；村治安保卫小组295个，成员1841人。1955年8月，召开全县治安模范代表会议，评出县级治安模范。

1956年农村实行合作化后，乡（镇）仍设治安保卫委员会，原则上每村选1名委员参加。农业生产合作社30～100户的大社建立治保委员会或治保小组，30户以下的小社设治保委员。是年11月，县公安局首次举办农村治保人员培训班，培训244人。1958年农村人民公社化后，治保组织相应调整，农村以人民公社的生产大队为单位，城镇街道以居民委员会为单位，建立治安保卫委员会。“文化大革命”初期，推行“群众专政”，基层治保组织被迫停止工作。1964～1965年，推广诸暨县枫桥区依靠群众专政就地监督改造“四类分子”的经验（简称“枫桥经验”），一批“四类分子”摘帽。1973年，重新学习推广“枫桥经验”，“文化大革命”初期被停止的基层治保组织恢复活动，逐步恢复对流窜犯和其他轻微违法犯罪人员的帮教工作。

1980年1月，公安部发出关于继续贯彻执行1952年8月公布的《治安保卫委员会暂行组织条例》的通知。1982年，治保会写进《中华人民共和国宪法》，治保组织经过整顿，更加健全完善。

1984年，随着乡政府和村民委员会的建立，对全县治保组织作出相应的整顿和调整，充实新生力量，提高队伍素质。全县有治保委员会463个，成员1818人。其中治保会417个、成员1625人，城镇街道治保会36个、成员133人，厂矿、企事业单位治保会10个、成员60人；治保小组57个、成员184人。1986年，学习奉化、普陀推广治安承包责任制的经验，全县27个乡（镇）411个行政村（含15个居委），有405个行政村（居委）建立各种不同形式的治安承包责任制，参加治安承包人员1164人。是年，农村和城镇街道民事、治安纠纷比上年下降57.4%。1987年，全县有230个村的治安承包组织签订3年以上的治安承包合同。1989年5月，西屏镇分别在菜市场、客运站、剧院、电影院建立治安值班室。

1991～1995年，对基层治保组织先后两次进行整顿，落实人员、组织、报酬、职责。1996年，全面开展以创建“平安社区”和内部单位创安活动为载体的社会治安综合治理基层基础建设年活动。

至 1997 年末，全县有治保会 488 个、成员 1414 人，治保小组 179 个、成员 417 人。1998 年 7 月，县公安局对全县的治保组织进行充实、整顿，80%以上治保组织起着积极作用。

2005 年 4 月，分两批对全县内保单位分管保卫工作的领导、保卫科长及全体经济保卫人员进行为期 5 天的业务培训和军事训练；9 月，西屏中心派出所召集辖区内 53 个行政村、6 个社区的治保调解主任召开治保培训会。2009 年，在城区推行“城南巡防”模式，在平原乡镇推行“治安承包”模式，在城郊接合部推行“联防联调”模式，在山区乡镇推行“双所联动”模式。全县实现发案数连续 3 年下降、破案数连续 3 年提升的目标。

治安联防

20 世纪 50 年代，全县各乡（镇）、村在当地党政组织领导下，组织治保干部、民兵联合开展区域性、季节性的治安联防工作。

1979 年，西屏镇、古市镇建立治安联防队。1982 年 4 月，省公安厅颁布《浙江省城镇治安联防队暂行组织条例》，是年，古市、西屏 2 镇联防队相继挂牌成立。1989 年，古市镇治安联防队被评为省级治保战线先进集体。

1991 年 8 月，靖居区与丽水市曳岭区建立双边综合治理联防组织，成立靖居区曳岭区双边综合治理联防会。1994 年 7 月，松阳、遂昌、云和、龙泉 4 个县市有关公安、乡镇领导在松阳枫坪乡召开治安联防协作会议，建立治安联防协作关系。1997 年 3 月，松阳、遂昌、龙泉 3 个县市在松阳玉岩镇召开治安调解联席会议，总结治安联防协助经验，探讨进一步搞好治安联防协助工作。

2000 年 7 月，古市派出所组建由辖区 18 家单位和 10 个行政村派员组成的治安巡逻队。2007 年，玉岩镇建立双所联动调解制度，通过整合派出所和乡镇司法所的力量，把矛盾纠纷化解在基层。

保安服务组织

1998 年，贯彻落实省公安厅《关于清理整顿保安服务行业实施意见》，重新审核登记保安服务公司，加强整治单位自建保安组织的管理，规范保安人员培训活动。

2003 年，对全县范围的保安组织进行清理整顿，加强对保安服务公司的监督管理。2006 年 7 月，松阳县四方保安服务有限公司成立。公司主要经营项目：派驻专业化保安，安装、维护 110 防盗报警系统，安装视频、监控系统，现钞押运及贵重物品押运，商业性大型活动安全保卫等。2007 年，公司由最初的二三十人增加至上百人；到 2009 年，发展至 200 多人。

学校与社区警务建设

1998 年 2 月，根据省公安厅《关于整顿中小学校治安秩序落实管理防范工作责任制的通知》要求，对全县中小学校进行全面摸底调查，并对扰乱中小学校秩序、侵害师生人身安全的违法犯罪活动依法予以严厉打击。同时，结合正在开展的安全社区创建工作，维护好校园和周边秩序。建立派出所责任制，各派出所对所属辖区的中小学校治安秩序负有直接责任。3 月，地区公安局下发《一九九八年继续开展创建“安全小区”“安全村居”活动的工作意见》。至 2000 年，100%的居民区和行政村参与创建活动。1999 年，根据省公安厅《关于开展创建“安全小区”、“安全村居”活动通知》，县公安局继续开展创建“安全小区”“安全村居”活动。

2004 年 3 月 21 日，丽水市首家驻校警务室在松阳中等专业技术学校揭牌成立。9 月，县公安局集中开展幼儿园及周边地区治安秩序专项整治活动，对全县 152 所幼儿园进行系统检查。

图 26-8　古湖东义务治安巡逻队夜巡中（县公安局提供 2010 年）

2006 年 10 月，省公安厅印发《浙江省公安厅关于深入实施社区和农村警务战略的工作意见》，推进社区和农村警务工作。2007 年 5 月，省委常委、公安厅长王辉忠在考察古湖东区义务巡逻队和“松林警务室”后，写下“扎根社区，服务群众”八个大字。城南社区先后成立义务治安巡逻大队、党员巡逻大队等巡逻队伍。

2010 年 5 月，县公安局开展校园及其周边治安秩序专项整治行动。对全县 155 家中小学、幼儿园及周边治安环境进行全面排查整治。共清理整顿 143 家文具店和玩具店，收缴各类仿真枪、管制刀具若干。协助县教育局对全县校园内部“不放心人员”展开排查，同时开展涉校交通安全隐患整治、学生接送车安全专项整治，共查处学生接送车超载案件 11 起。

第二节　指挥勤务

接警处置

1997 年，松阳县公安局 110 指挥中心成立。中心向社会承诺“有警必接、有险必救、有难必帮、有求必应”，为人民群众排忧解难。提升公安机关的快速反应能力，对有效应对各种重大犯罪案件和突发事件发挥作用。

2000 年，县公安局要求民警加强警情意识，把警情信息工作作为重要的工作来抓。年内共收集各类警情信息 73 条，筛选上报松阳县委、县政府和上级公安机关 54 条，被丽水市公安局录用 17 条、省公安厅录用 6 条、公安部录用 2 条，警情信息工作列全市第二。2001 年，全年共收集各类情报信息 68 条，被丽水市公安局录用 13 条、省公安厅录用 9 条、公安部录用 1 条。2002 年，年内共收集各类情报信息 60 条。其中，上报市公安局 33 条，被录用 12 条；被省公安厅录用 7 条。

2008 年，县公安局指挥中心发挥信息监控中心和信息研判中心的作用，扎实做好接警、打防控监控及指挥协调和对重大信息的报送、综合研判工作。年内共接警 10088 起，编辑 110 简讯 363 期，收发传真 184 份。

1998～2010 年松阳县公安局 110 指挥中心接处警总数与有效警情表

表 26-6-2-1　　　　单位：起

年　份	接警总数	有效警情
1998	4235	1784
1999	6807	2190
2000	7016	2298
2001	8329	3084
2002	9217	3910
2003	18435	6082
2004	38484	8175
2005	53488	8861
2006	55674	9125
2007	57268	9881
2008	69201	10088
2009	70248	10326
2010	72530	10784

110 服务

1997 年 10 月 1 日，110 报警服务台开始试运行；11 月 18 日正式开通。1998 年上半年，110 处警中队接警 426 起，查破刑事案件 7 起、治安案件 54 起，处罚违法人员 137 人。平息和制止各类突发案件和纠纷 299 起。1999 年，110 指挥中心开展争先创优活动。

2001 年，以交巡警合并为契机，进一步强化 110 为民服务意识。全年 110 共接处警 3068 起。在处警工作中，抓获案犯 57 人，破获刑事案件 39 起，救助伤员和群众 93 人次，受理群众警务投诉 1 起。2002 年，110 共接处警 3794 起，比上年增加 24%。在处警工作中，抓获案犯 60 人，破获刑事案件 32 起，救助伤员和群众 251 人次，受理群众警务投诉 3 起。是年，县公安局 110 指挥中心对接警员业务技能知识进行考核，考核结果与工资挂钩。2004 年，实施 110、119、122“三台合一”。规范接处警工作，提高快速反应和打击现行能力；加强反恐

图 26-9　县公安局 110 电脑报警服务台民警正为民快速接处警(县档案馆提供 1998 年)

处突工作，建立健全突发性事件的应急指挥机制；抓追逃技术设施建设，在 110 安装打防控预警缉控系统，实行 24 小时监控，直接为一线单位提供缉逃线索。全年共抓获各类逃犯 26 名。

2006 年，县公安局印发《110 处警现场取证及处警人员着装携装工作实施方案》，规范 110 处警现场取证及处警人员着装携装工作，提高处警民警现场取证能力和取证质量，依法、及时、准确打击违法犯罪，从源头上规范执法行为。2007 年，110 接报警电话 2499 起，有效接警 208 起。2009 年，接警 66472 起，其中提供咨询 5875 次。

第三节　巡特警

1995 年 11 月，松阳县公安局巡特警大队成立，配干警 17 人。

训练比武

1998 年，县公安局巡特警大队按照“内强素质，外树形象”队伍建设要求，以“公安特警五项”科目的训练为基础，开展射击、徒手格斗、防暴队形、速降救援、设卡封控等训练。突出尖子训练，发挥特长，开展南拳、棍术、双节棍等特色训练。是年，巡特警大队的“徒手格斗”科目在全市综合演练中取得优异成绩。

2008 年 9 月，在丽水市公安巡特警基本功训练比武活动中，县公安局代表队取得全市团体第二名。2009 年 9 月，松阳县公安局巡特警大队参加丽水市公安特警组织的集结演练。

巡逻防控

巡特警大队成立后，按照《浙江省城市人民警察训练工作暂行规定》，建立巡逻执勤制度，组织实施巡逻执勤工作。划定县城新华路、紫荆街、人民大街、太平坊路、环城西路、车站路的繁华地段街道及有关街巷为巡逻警区位，分三个巡段组织巡逻执勤。巡逻执勤采取徒步、自行车、机动车训练相结合。以徒步为主，自行车、机动车训练为辅。夜间采取公开着装巡逻和便衣秘密巡逻相结合。实行 1/3 以上警力 24 小时全天候巡逻执勤，加强对重点时空的巡逻控制。

图 26-10　格斗训练（县公安局提供 2010 年）

自 1995 年 11 月大队成立至年底的一个多月时间里，破获刑事案件 21 起（其中重大案件 16 起），查处治安案件 16 起，纠正交通违章 227 起，劝止民事纠纷 31 起，为民排忧解难 16 起。

至 1997 年末，共为民排忧解难 1082 起，劝止民事纠纷 462 起，查处打架斗殴等治安案件 84 起，制止各种肇事行为 161 起，制止处置妨碍国家工作人员依法执行公务行为 54 起，消除各类安全隐患 52 起，盘查违法犯罪嫌疑人员 450 人次，检查涉嫌车辆 100 余辆，纠正交通违章 227 起。

1998年，加强学校放学、小区下半夜等重点区域的重点时间的巡逻，通过巡逻盘查，及时制止数十起持刀欲伤害学生的案（事）件。加强县政府及银行、医院等重要区域的巡逻，及时处置多起非法上访事件、医闹事件，对可能发生危害的事件做到早发现、早汇报、早解决。通过有效巡逻防控，年内城区发案率与同期相比，刑事案件下降33.6%，治安案件下降19.5%。1999年，贯彻执行省公安厅《预防和处置群体性事件工作意见》，强调“慎用警力、警械、武器和强制措施”。

图26-11　联合武警巡逻（叶光铭　摄于2010年）

2009年9月20日至10月8日，联合武警在城区范围内组织开展公安武警武装巡逻行动，做好国庆60周年安保工作。

接警处警

县巡特警大队建立初，制作印发载有大队电话号码及地址等内容的警民联系卡，便利群众报警。做到接警及时，出警迅速。

1996年，接受各种形式和内容报警救援1898起，受理893起。破案68起，参与处置多种暴力性事件和紧急事件16起。发还破盗摩托车、自行车、彩电等物价值18万余元。在平息新疆青年持刀报复行凶事件中，被地区公安局荣记集体三等功。在爱民、为民、便民、利民活动中，被省公安厅授予爱民月先进单位。1997年末，共接到各类报警268起，巡特警大队处警143起，出动警力687人次。1998年1～6月，巡特警大队共接处警796起，救助群众165人，留置审查104人，破获刑事案件13起，抓获犯罪嫌疑人成员17名。

2002年，交巡警大队全年共接受110指令1123起，接受群众报警115起，巡逻执勤中处警135起。侦破刑事案件27起，查处治安案件28起，抓获违法犯罪嫌疑人158名，缴获机动车2辆，赃款赃物折价5万余元。巡逻纠正市容违章58起，处置突发事件6起，为民服务736起。

2007年5月21日，巡特警参加县公安局在大东坝召开的“110接处警规范现场会”，按照《110接处警规范》的要求做好接处警工作，提升快速反应水平和现场处置能力。

第七章　交通管理

松阳县公安局负有管理全县城乡道路交通安全，维护交通秩序，处理交通事故，承办车辆验审，发放车辆牌照、驾驶证及驾驶员管理等工作职责。

松阳解放初期，由丽水车辆监理所办理车辆监理工作。1987 年始，设松阳县公安局交通警察队，1991 年 8 月改称交通警察大队，是松阳县公安局内设交通管理职能科室。

1998 年，县公安局交警大队获省公安系统“讲文明、树新风”活动先进集体称号。2008 年，开展奥运道路交通安全攻坚战中，松阳全县事故 4 项指标降幅居全市前列。

第一节　勤务建设

民国初期，县公署未设交通管理机构。民国 11 年（1922），县公署实业科兼交通管理。民国 17 年，实业科改为建设科，管理全县道路建设。

1951～1955 年，由丽水车辆监理所办理车辆监理工作。1956 年始，改由龙游汽车中心站监理所管理。1961 年后，由遂昌县交通管理站办理交通监理业务。

1983 年 2 月，松阳县车辆监理站和松阳县运输管理站建立。1985 年，两站合并，改称松阳县交通监理所，统一管理全县公路运输、车辆管理、交通安全和路政工作。

1987 年 10 月 1 日，松阳县公安局交通警察队建立，交通监理工作划归公安机关，原交通监理所人员划归公安建制。时，交警队设车辆管理所和安全管理中队，有干警 9 人。次年 8 月，增设靖居交通管理站，招聘干警 3 人。

1991 年 5 月，交通警察队改称交通警察大队，干警增至 14 人。1992 年，改靖居交通管理站为象溪中队。1997 年末，交警大队设车辆管理所、安全管理中队和象溪、古市、城镇 3 个中队，在编干警 33 人。1999 年 5 月，县公安局交通警察大队针对公路交通事故不断上升和交通事故多发的现状，提出 4 项对策，即建设区域内过境公路，完善公路的交通标志标线；加大对超载、超速等严重违章行为和肇事者的处罚；在事故多发路段，设置雷达测速区；加大交通安全宣传力度。

2003 年 7 月 14 日，县公安局交通警察大队城区中队正式成立，配备民警 7 名、协警 12 名。主要负责县城主要街道环城西路、新华路、人民大街、长虹路、紫荆路、太平坊路、府前街、长松路、要津路等交通秩序管理，并负责上述主要街道的治安巡逻和社会治安动态管理，及时制止和打击街面现行违法犯罪活动。

2001 年，交通警察大队和巡特警大队合并成立交通巡逻警察大队。2004 年 7 月，松阳县公安局交通巡逻大队更名为松阳县公安局交通警察大队。

第二节 路面管理

1998～2002年，松阳县开展“平安大道”创建工作，“平安大道”全长21千米，沿线经赤寿、古市、望松、西屏4个乡镇。

2003年7月，县公安局交巡警大队开展“文明示范街”创建活动，确定西屏镇太平坊路为创建路段。

道路安全管理

民国22年（1933），修筑龙游至南山公路（简称“龙南线”），全长144.46千米，从龙游经遂昌金岸至界首村入境，堰后村出境。民国25年10月建成通车，境内58千米。此为松阳县最早的一条过境公路干线。其间，无路政管理专门机构。发生公路破坏事件，由警察机关处理。

中华人民共和国成立后，政府每逢节日或重大社会活动，经常组织群众护路护桥，防止破坏，以保障公路安全畅通。1950年11月，浙江省人民政府结合农村土地改革，规定公路用地保留范围，松阳县虽有初步规划，但未执行。公路摊晒、堆放杂物、挖沟饮水、削路为田等侵路现象普通存在。1961年，各区成立交通管理站，路政管理列为职责范围，仍未采取切实有效措施，损坏公路设施，干扰公路交通仍有禁不止。

图 26-12　交通警察在路检（县档案馆提供 1992年）

1983年，贯彻执行国务院《关于加强路政管理，保障公路安全畅通的通知》。县政府组织交通、治安部门进行安全大检查，先后清除违章堆物31处，制止违章建筑16处，清理路障23处，保障公路安全畅通。1987年10月，道路交通划归县公安局交通警察队统一管理。11月5日至12月20日，在全县开展道路交通大整顿工作，印发张贴县人民政府《整顿交通秩序布告》。1988年11月，组建交通警察队城镇管理分队（1990年6月撤销），整顿治理城镇交通秩序，管理违章设摊、搭棚和违章停车、非机动车违章等群众反映强烈的问题，减少城镇交通事故发生。

1987～1992年，县交警队共上路检查车辆94891车次，纠正违章34318车次。1994年，交警大队出动警力上路巡查5933人次，共检查车辆5万余车次，纠正违章2850车次。1995年，县交警大队会同交通、工商、城建运管、公路段和消防队组成道路交通综合治理工作队，对省道丽龙线穿插县城路段太保庙至永丰粮库路段非交通占道进行集中整治。

1997年10月，县公安局成立公路巡逻民警大队，加强道路交通动态管理。对省道线易堵易发事故路段和治安事件多发路段实行24小时全天候监控，公路沿线交警队实行夜间开门点灯执勤，以利于打击车匪路霸。1999年，交警大队全年共出动警力800余人次，其中整治行动13次，查扣各类无牌车辆、未检验车辆600余辆，查处无证人员400余人。2000年，根据公安部、省公安厅、地区公安局关于城市交通管理“畅通工程”实施方案的要求，县公安局决定把县城太平坊路建成“严管街”。

2002年3月，根据省公安厅、市公安局开展创建平安大道活动的统一部署，县公安局制定《2002年松阳县创建平安大道活动实施方案》，确定222省道赤寿乡赤岸村至西屏镇青蒙村路段共21千米为创建“平安大道”活动路段。

2003年，交巡警大队先后组织50余次较大规模的城区道路交通秩序集中整治活动。2004年，共发生大小交通事故2476起，其中发生在省道781起、县乡道874起、城区821起，涉及摩托车交通事故1578起。上报事故220起，死亡48人，受伤210人，直接经济损失86.08万元。2007年，全县共发生各类交通事故3067起，其中上报事故115起、死亡37人、受伤145人，直接经济损失32.48万元。

2009年，交警大队以“零增长”和“控大”为目标，先后组织开展酒后驾驶专项整治、严重交通违法行为集中整治、“蓝盾09-1号”至“蓝盾09-11号”集中统一行动等一系列道路交通秩序整治活动。全年共上报交通事故28起，死亡18人，受伤26人，直接经济损失3.74万元。与2008年相比，事故下降50.88%，死亡人数下降18.18%，受伤人数下降61.19%，直接经济损失下降60.54%，实现特大交通事故“零发生”。2010年，交警大队开展“迎世博禁酒驾”专项整治行动。查处酒后驾驶870起，拘留56人。

打击交通违法犯罪事件

2000年8月12日，省道上松线松阳段邵山老公路地段发生一起重大交通事故，邵山村一名村民被一辆驶往四都方向的蓝色货车碾压，当场死亡，肇事车辆逃离现场。县公安局交警大队接报警后，全方位开展查缉肇事逃逸车辆行动，并把肇事车辆和驾驶员截获。

2006年2月7～22日，县公安局交警大队开展集中整治“酒后驾驶”专项行动，重点查处“酒后驾车”交通违法行为。

第三节　车辆验审管理

牌证管理

1991年上半年，松阳县进行无牌无证摩托车专项治理和违章“双超”（超车、超载）治理整顿，查处违章车辆295辆。1992年，办理汽车牌照116辆，摩托车、简易三轮车牌照238辆。对黄包车登记发号，并纳入管理序列。1993年，核发各类机动车号牌620辆，办理各类车辆检验350辆。是年5月，根据公安部在全国范围内开展查禁无牌无证工作的部署，交警队组织开展查禁无牌无证车辆和狠刹快车风、超载风的专项治理，查扣无牌无证摩托车 100 多辆。

1994 年 7 月 1 日始，统一启用换发“九二”式机动车号牌及行驶证。丽水地区代号为“浙 K”，松阳县代号为“J”。至 1994 年末，全县启用换发“九二”式号牌 532 副。

1998 年 2 月，根据公安部、省厅、地区公安局通知要求，县公安局展开自行车治安管理和启用分合式牌照工作。全县共办理各类牌照 2454 件，检验各种机动车 5160 辆。1999 年上半年，县交警车管部门办理各类牌照 1337 件，检验各种机动车 3905 辆。

2001 年 4 月 11～23 日，交警大队在“春雷一号”和“春雷二号”治安整治斗争中，共查扣无牌无证车辆 372 辆，赃车 2 辆。是年，组织开展“道路交通秩序集中整治”“交通安全大检查”等大规模整治行动 17 次，区域性整治 70 余次。

2004 年 5 月 26 日，交巡警大队城区中队查获无牌无证机动车 129 辆，其中被盗摩托车 2 辆。是年，车管所核发新车号牌 5568 副，检验车辆 20490 辆。

2009 年 6 月 20 日至 7 月 30 日，交警大队开展为期 40 天的涉牌涉证违法行为集中整治行动。2010 年 7 月 1～20 日，交警大队开展涉牌涉证违法行为专项整治暨严打整治行动。共检查嫌疑车辆 3000 余辆，查扣摩托车 321 辆，查处各类交通违法行为 4230 起。

检验管理

1983 年松阳建立监理工作后，监理站按照规定定期检验各种机动车辆，审验驾驶人员。是年，检验各类机动车辆 105 辆，免检 36 辆。配合农机管理部门办理换发手扶拖拉机牌照 531 台、方向盘拖拉机牌照 51 台。1984～1985 年，检验机动车 964 辆。1986 年，上路检查各种机动车 5843 辆，纠正违章 3643 次。

1987 年始，机动车年检除手扶拖拉机委托农机部门检验外，均由县交通警察队按照规定严格检验，凡检验不合格者，督促车辆单位及时返修。是年 11～12 月，检验换发大小汽车新牌照 252 辆。1988 年，检验汽车、摩托、简易车等近 700 辆，上路检查车辆 8500 车次，纠正违章 3845 车次。

1995 年，换发公安部统一式样的车辆定期检验合格证，全县检验登记注册机动车 2478 辆。是年，制订《人力三轮车管理规定》，对人力三轮车办证、行驶、停放、处罚实行依法管理。1997 年，共查处无牌无证二轮摩托车 463 辆（已督促办牌 452 辆）、无牌照或超年限使用的农用车 47 辆。至 1997 年末，全县有汽车 582 辆。1998 年 11 月，公安部下发通知，决定从 1999 年 1 月 1 日起实施《车辆识别代码（VIN）管理规则》。

2001 年，共检查各类车辆 15320 辆，辖区车辆检验率从原来的 40%上升至 80%，辖区车辆安全技术状况好转。2004 年，要求客运车辆一律进行第三者责任保险和旅客意外伤害保险，经检验合格的予以上路载客。

2010 年 6 月，开展摩托车专项整治，暂扣未年检摩托车 416 辆，报废摩托车 59 辆。

车辆管理

民国 17 年（1928），赤寿乡界首村刘德怀从日本留学回国带回日产自行车 1 辆，此为松阳县第一辆自行车。民国 24 年 5 月，龙（游）南（山）线松阳至遂昌段公路通车，始设松阳车站。站址西屏镇南门埠头，隶属浙江省公路管理局。民国25年，碧湖至松阳段公路通车，站址改设西屏瑞阳门（北门）。是年，西屏镇金家开始经营自行车修理及出租业务，开设松阳最早的自行车行“金义盛车行”，备出租车不到10辆。民国26年，民国政府开征自行车捐。民国36年，省公路局在西屏设养路费征收站。时车辆登记、发证工作均由省公路局直接办理。

至1949年5月松阳解放时，龙（游）、松（阳）、遂（昌）线车辆仅有龙游商车23辆。松阳车站无车辆配置，有员工2人。1956年，全县纳税自行车110辆。是年2月21日，发生自行车在西屏镇大街撞到路边高梯跌伤居民的重大事故。为此，县人民委员会布告禁止在西屏镇内街道骑车。1960年，开始执行交通部修订的《机动车管理办法》和《公路交通规则》。是年，县财政税务部门开始对自行车登记、发照、征税。是时全县有自行车86辆。

1967年，全省统一停征自行车牌照税。1978年，公安机关对自行车全面登记换照，松阳境内设西屏、古市、靖居3个点办理登记换照工作，共登记换照自行车3915辆。

1982年松阳复县后，县公安局对全县自行车进行验审换发牌照。1984年10月，省政府颁发《自行车管理暂行规定后》，加强对自行车管理。其间，破获自行车盗窃案多起。此后，全县每年增加自行车4000辆以上，其中1988年增加8000余辆。至1997年末，全县有自行车10万余辆。

根据省公安厅《关于电动自行车上牌管理的通知》，自1998年10月1日开始，电动自行车纳入非机动车管理范畴，由各级公安交通管理部门核发牌证。1999年1月，县公安局交警大队开展清理整顿机动车修理业专项治理。全县共侦破盗抢摩托车团伙6个，捣毁机动车销赃窝点2个，取缔非法经营销赃窝点4个，破获摩托车被盗案43起、摩托车抢劫案1起。刑事拘留犯罪嫌疑人18人，追缴机动车48辆，返还摩托车48辆，行政处罚非法经营的业主3名，为群众挽回直接经济损失50余万元。

2001年12月，县公安局交巡警大队在开展道路交通秩序集中整治中，查扣拖拉机16辆、非法改装车17辆，强制报废农用车8辆。2002年，查扣各类无牌车辆、未检验车辆627辆，无证驾驶人员251人，查扣违章载客农用车21辆、拖拉机16辆、非法改装车9辆，强制报废农用车8辆。2004年，组织30多次较大规模的集中整治行动，共查扣无牌、未检验摩托车1200辆，查处无证人员900余人，处罚各类交通违章违法行为5万余起。

第四节　交通秩序管理

驾驶员管理

民国21年（1932），松阳县城叶祖扬、潘宗山、何戎3人在丽缙汽车驾驶人员养成所学习汽车驾驶，然3人学成后均未成为专业汽车驾驶人员。

中华人民共和国成立后，松阳县管理驾驶员工作先后由县政府、县交通管理站、车辆监理所等交通管理机构负责。1963年，实施交通部颁布的《汽车驾驶员考试暂行规定》。

1983年，松阳县交通监理站成立。按照规定，监理站定期审验机动车驾驶人员。是年，审验汽车驾驶员56人，免审66人。配合农机部门审验手扶拖拉机手1071人、方向盘拖拉机驾驶员88人。1984年，审验持有执照的驾驶员1259人（含免审134人），举办驾驶员学习班3期，办理应考交通规则和路试人员25人。1985年，审验应考驾驶员229人，对23名违章肇事驾驶员进行专科考试，办汽车驾驶员轮训班3期、持有部队驾驶员执照的退伍军人驾驶员短训班1期、拖拉机驾驶员培训班2期，组织轻便车、简易车、摩托车驾驶员考试5次。1987年，全县有各类机动车1514辆，驾驶员2247人。是年起，驾驶员由县公安局交通警察队进行审验考核和培训。当年审验签证正式驾驶员323人，对15名违章肇事者进行一、二、三科考试。1988年，进行车辆和驾驶员汇登签证工作，共汇登签证持有正式驾驶证的驾驶员383人。举办摩托车、简易车驾驶员培训班3期，参加培训245人，合格率为98.2%。

1990年，通过年审，对驾驶员普遍进行法制和职业道德教育，对950名机动车驾驶员换发新证。1991年，培训摩托车驾驶员336人，受地区交警支队委托举办汽车驾驶员培训班2期，参加培训58人。1992年，在年审中组织1367名机动车驾驶员参加《浙江省实施道路交通管理条例办法》考试。

1993年，为528名汽车驾驶员办理换发新证，为850名各类驾驶员办理转证手续。1994年，松阳县驾驶员协会成立，强化安全管理制度，健全安全保障体系，加强对驾驶人员的源头管理。1997年，县车管部门举办车辆驾驶员培训班19期1227人。至1997年末，全县有各类机动车驾驶员7476人。1998年，举办摩托车驾驶员培训班12期1186人、农用车驾驶员培训班5期100人，办理驾驶员审核、换证、过户、变更等3973人次。

2001年12月，县公安局交警大队在集中整治交通违章行动中，共查处无证驾驶人员350人。是年，交警大队举办车辆驾驶员培训班17期3776人。审验换证摩托车驾驶员6973人，审验换证农用车驾驶员137人。协助市汽校在松阳培训汽车驾驶员4期241人。2004年2月，对参加春运的200余名客运驾驶员进行交通安全法规知识培训，交警大队与参加春运的车主和驾驶员签订春运交通安全责任书。是年，交警大队车管所举办两轮摩托车驾驶员培训班48期，完成摩托车理论考试7397人，经技术考试合格后制作驾驶证5795本，审验驾驶员1920人，换证2503人，补证196人。2006年，松阳县印发《集中整治“酒后驾驶”专项行动方案》，重点查处“酒后驾车”交通违法行为。

2010年，开展交通安全先进单位和优秀驾驶员评选活动，加强客运车辆、校车的驾驶员安全教育管理工作。

交通秩序整治

1999年6月，交警大队和县城管大队联合开展“纠违章，压事故”交通秩序集中整顿行动，查扣无牌无证摩托车43辆、无牌证工程运输车12辆，教育、处罚违章驾乘人员300余人，清理城镇违章占道摊位200余处，纠正违章停放车辆150余辆。

2001年5月21日开始，县公安局开展为期3个月的交通安全秩序整治活动。2002年7～8月，县公安局交巡警大队在全县范围内集中开展摩托车违章专项整治行动。共出动警力1048人次，开展集中统一整治行动22次。处罚摩托车违章人员600余人次，记分120人；破获盗窃摩托车案件1起，抓获犯罪嫌疑人 3 名。2003 年 1～6 月，在“创平安大道”活动中，交巡警大队开展各类交通违章专项整治行动，共进行 50 余次较大规模的集中行动。通过整治，过境公路交通事故死亡人数下降 20%。是年，全县共发大小交通事故 1842 起，上报事故 199 起，死亡 44 人，受伤 182 人，直接经济损失 78.48 万元。

2004 年春运期间，交巡警大队共检查车辆 1.4 万余辆次，纠正违章 1.2 万余辆次，查扣无牌无证摩托车 58 辆，查扣非法改装营运农用车、拖拉机、三轮摩托车共 15 辆，处罚超载客车 150 余辆次。2007 年春运期间，交警大队共出动警力 2400 余人次，检查车辆 2 万余辆次，查处各类交通违法行为 7500 余起，查扣无牌无证摩托车 122 辆，查扣非法改装营运农用车、拖拉机、三轮摩托车 5 辆；查处客运车辆超载 23 起，三轮车、低速载货车、拖拉机违法载人 57 起，共卸客转运乘客 212 人。全县共上报道路交通事故 22 起，死亡 5 人，受伤 29 人，直接经济损失 5.1 万元。

图 26-13　春运安全检查（叶光铭 摄于 2007 年）

2010 年 8 月，配合做好世博会安保工作，交警大队查处酒后驾驶 406 人、醉酒驾驶 28 人，在全市 10 个大队查处酒后驾驶总起数从倒数第三跃居第五，人均查处总分从倒数第二跃居第六。

第五节　交通事故及处理

交通事故概况

20 世纪 50 年代，县境内仅龙（游）南（山）线一条过境公路。车辆流量少，事故偶有发生。60 年代后，随着城乡公路发展，车辆流量增加，事故逐渐上升。1966～1969 年，共发生交通事故 47 起，死亡 6 人，受伤 16 人。1970～1979 年，共发生交通事故 198 起，死亡 35 人，受伤 106 人，直接经济损失 94513 元；年平均发生事故 19.8 起，死亡 3.5 人，受伤 10.6 人。1980～1989 年，共发生交通事故 286 起，死亡 109 人，受伤 268 人，直接经济损失 136293 元；年平均发生事故 28.6 人，死亡 10.9 人，受伤 26.8 人。与 70 年代比，事故次数、死亡人数、受伤人数分别上升 44.5%、211%和 152%。1966～2010 年，共发生交通事故 25126 起，死亡 836 人，受伤 2741 人。

事故处理

解放初至 1987 年，交通事故主要由交通监管部门查处。发生重大事故时，县公安局治安科配合处理。1987 年交通管理体制改革后，道路交通事故除拖拉机发生在乡村公路、院场和田间作业的事故由农机管理部门查处外，均由县交通警察队负责勘察现场，调查原因，分清责任，协助调解，按责论处。对事故责任者，按事故性质、情节、后果、责任程度，按协商或裁定的数额责令赔偿外，分别给予批评教育、警告、扣留车辆、扣留或吊销驾驶证、行政拘留等处罚。触犯刑律的，移送司法部门处理。1987～1993 年，县交警队共查处交通事故 219 起，追缉交通肇事逃逸事故 35 起。

1994 年 12 月，县公安局正式开通“122”道路交通事故报警电话（简称“122”报警台）。1994～1997 年，县交警大队共查处大小交通事故 1500 余起，追缉交通肇事逃逸事故 35 起。1998 年，发生大小交通事故 284 起，死亡 25 人，伤 26 人；交通事故结案率 96%；交通肇事逃逸案 5 起均破。1999 年，发生交通事故 439 起，死亡 56 人，受伤 150 人，发生交通逃逸案件 5 起，破 4 起。

2001 年，全县共有交通事故复议案件 21 起，经市交警支队重新调查、认定，维持原责任认定的 15 起，变更 1 起，撤销 3 起，重新调查 2 起。交通事故逃逸事件 12 起均破。2002 年，发生交通事故 527 起，死亡 53 人，受伤 540 人，经济损失 160.15 万元，分别比上年上升 39.3%、48.5%、45.95%、108.9%。2005 年，发生大小伤人交通事故 1752 起，其中上报事故 132 起，死亡 36 人，直接经济损失 34.82 万元。

2006 年上半年，全县发生大小交通事故 1203 起，上报事故 81 起，死亡 16 人，受伤 50 人，直接经济损失 7.21 万元。2007～2010 年，全县共发生大小交通事故 12417 起，直接经济损失 57.80 万元。

1983～2010 年松阳县交通事故处理情况表

表 26-7-5-1

项目 年度	共发生大小交通事故（起）	上报事故（起）	死亡数（人）	受伤人数（人）	直接经济损失（万元）
1983	56	18	7	17	0.38
1984	58	25	13	23	0.90
1985	69	30	15	34	1.75
1986	72	19	10	12	1.55
1987	72	19	10	12	0.75
1988	117	31	16	41	64.64
1989	135	46	24	36	2.21
1990	86	22	8	24	2.40
1991	107	30	13	17	1.73
1992	119	36	21	77	15.45
1993	406	36	23	34	4.34
1994	295	30	22	22	11.28
1995	343	32	32	23	5.79
1996	398	41	51	14	21.0

续表 26-7-5-1

项目 年度	共发生大小交通事故（起）	上报事故（起）	死亡数（人）	受伤人数（人）	直接经济损失（万元）
1997	471	74	29	32	67.47
1998	284	—	25	26	—
1999	439	—	56	150	—
2000	406	168	38	76	96.8
2001	430	135	35	436	90.96
2002	527	138	53	540	160.15
2003	1842	199	44	182	78.48
2004	2467	220	48	210	86.08
2005	1752	132	36	101	17.135
2006	1806	128	39	98	37.205
2007	3067	115	37	145	32.48
2008	3116	58	25	67	9.7856
2009	3057	39	26	36	5.003
2010	3177	44	25	41	10.6401

第六节　安全宣传教育

宣传形式

县公安局交通警察大队重视交通安全宣传工作，交通安全宣传内容根据各个时期相关法律法规、交通安全常识和各种专项行动等，每年具体拟定。宣传方式有在全县中小学校开展交通安全教育，利用班课讲交通安全；宣教民警到学校、车辆单位宣传交通安全；违章驾驶人到处理中心接受处罚宣传；驾驶人满分、货运驾驶人被记分学习培训宣传；路面违章直接处罚面对面宣传；乡镇、单位、企业召开会议宣传；公路沿线村庄设点宣传；网络交通安全宣传；利用传统的黑板报、横幅、标语、电子屏开展交通安全宣传。

起初，在公路沿线乡村书写“行人靠边走”“注意行车安全”等墙头标语，进行安全宣传。1955年，县汽车站开展“安全行车百万公里竞赛”。1959～1960年反灾害事故斗争中，广泛开展交通安全检查和安全宣传，减少交通事故发生。

1983年，县监理站成立，增设公路安全宣传标志。1985年，在事故易发地段增设安全宣传牌、安全标志、安全管理禁令牌。1988年，开展交通安全月宣传活动。先后多次召开全县性交通安全会议和车管干部会，举办学习《中华人民共和国道路交通管理条例》驾驶员学习班5期。

20 世纪 90 年代后，交警大队陆续创办交通安全简报、春运简报、公安交通简讯、松阳交警等，登载车辆管理动态、交管信息、事故看台、交通安全知识等。开设“松阳交警之窗”宣传栏，刊登新交通法规、交通违法车辆曝光、驾驶员安全驾驶常识等。每年的交通管理重大活动，印发宣传资料分发市民。

1990 年，在道路事故易发地段增设大型宣传牌、告示牌。组织公路沿线拖拉机手上安全课，给公路沿线中小学生发公开信 5000 多份。县交警大队还自制图片，在城镇、乡村巡回演出，受展人数 7 万多人次。是年，县交警大队被地区支队评为安全宣传先进单位。1987～1992 年，共办宣传报 15 篇，编发交通事故简报 42 期。

2004 年 2 月，县公安局交巡警大队在全县范围内开展“反三超，查三车，治三无”为重点的交通秩序专项整治活动。在西屏镇、古市镇、象溪镇、大东坝镇以及筏铺等主要支线悬挂宣传横幅标语。百名民警和丽水师专松阳校区学生及社区群众共 300 余人参加《中华人民共和国道路交通安全法》宣传启动仪式。2008 年 9 月，县公安局交警大队在县城繁华街道举行“弘扬奥运精神，交通安全记心中”集中宣传活动。10 月，交警大队进园区企业、公路沿线村庄进行交通安全宣传，播放交通宣传片，展出交通事故展板，悬挂横幅，张贴标语，出黑板报，发放市民倡议书、交通安全提示卡等宣传资料。

图 26-14　交通安全教育（县公安局提供）

2009 年 2～3 月，县公安局交警大队开展集中整治严重交通违法行为活动，深入运输企业、学校、乡镇（村），给民众上交通安全课。开展大型宣传咨询活动，悬挂宣传横幅，出黑板报，给一年级小学生发放小黄帽和宣传资料；在安全中队过道安装液晶电视，播放交通事故警示片；在 50 省道制作永久性宣传标语，摆放交通事故警示展板。

宣传平台

宣传车　1988 年，利用宣传车在集镇和公路沿线乡村宣传《中华人民共和国道路交通管理条例》，受教育 4 万多人次。2004 年 12 月底，县公安局交警大队配备一辆宣传车及有关音像设备，深入公路沿线乡、镇、村，城市主要街道、社区及重点公共场所，开展流动宣传活动。

学校教育活动　1997 年，采取交警到中小学授课、交通法规知识竞赛等形式，加强对中小学生的交通法律知识教育。2000 年 4 月，县公安局在县城太平坊路建成“严管一条街”。

2002 年 5 月，县公安局交巡警大队象溪中队和派出所先后到靖居、裕溪、板桥、雅溪、玉岩等中小学上交通安全知识讲座和法制讲座。2004 年，县公安局交巡警大队民警到各中小学校上交通安全教育课，开展图片展览，放映宣传影像，悬挂宣传横幅，受教育的群众、学生达 10 万余人次。2005 年 4～5 月，县公安局交警大队分别派出警力到斋坛乡中心小学、竹源乡中心小学、新兴中心小学、古市中学、赤寿乡中心小学、松阳三中等中小学校开展交通安全进校园活动，活动以安全图片展、赠送小黄帽、上交通安全课等多种形式进行，5000余名师生受到安全法规教育。

2008年6月，县公安局交警大队为古市镇中心小学安装警示标志、道路减速带，为该校学生和古市幼儿园学生系上“安全带”。9月，交警大队组织警力深入全县各中小学校开展“校车交通安全宣传周”活动，为各学校上交通安全常识课，展出交通事故等警示图板，播放电教片，张贴交通安全提示标语，发放《平安伴你行》画册。2009年11月，“平安娃娃浙江行”传递启动仪式在松阳县实验小学隆重举行。交警大队在现场进行交通宣传，为该校送去小黄帽、《平安伴你我成长》卡通图册。

广播电视宣传　1990年，在县广播站开设“红绿灯”专题广播，年播出32期。1987～1992年，共播出稿件200篇；西屏镇广播站“交通安全”专题广播播出稿件146片。1997年始，在县电视台开辟“红绿灯”交通安全宣传栏，每周一、四晚播放公安部统一录制的交通安全录像片。1999年，交警大队利用有线广播和电视台，向全县群众宣传交通法律法规和安全常识。

2004年“反三超，查三车，治三无”专项整治期间，交巡警大队在市、县电视台进行5次专题宣传，每周2期在县广播站《红绿灯》和西屏镇广播站《交通安全宣传》专栏上进行宣传。2008年7月，县公安局交警大队针对农村道路电动车事故频发的特点，联合松阳电视台，制作《电动车喜与忧》专题，在《松阳新闻》栏目中播放，对全县人民进行交通安全警示教育。

第八章　户政与出入境管理

松阳县在明清时期，县衙就户籍编制黄册，每年都有户口报告数字。民国时期，户政由民政部门执掌。1950 年，废除旧的户籍制度，全县开始户口查对，时城镇户口由公安部门管理，农村户口由民政部门管理。1956 年开始，全县户口统计划归公安部门管理。

1989 年，县公安局设置户政科，为公安机关依法管理户籍的职能科室。1998 年，县公安局成立治安大队办证中心，统一受理、办理城区范围内的户口证件和全县范围内需县公安局受理、办理的证照，其他地方以派出所为单位，开设办证窗口。2002 年 3 月，户政科并入治安警察大队。2009 年，县公局办证中心组织开展户口整顿工作，重点是清理、纠正户口登记差错。

松阳县公安局户政管理部门负责全县常住人口管理，做好人口统计、人口普查、居民身份证办理和换证工作。在各基层公安派出所和乡镇建立人口数据库，完成人口信息的质量检查，形成图像输入联网任务。对于边境通行证的办理，凡符合规定、手续完备，做到随叫随办。

1990 年，县公安局设立出入境管理科（与政保科合署办公）。松阳县公安局出入境管理科是依法受理、审核居住松阳公民的出国出境、定居港澳台申请，办理护照、通行证，控制不准出入境人员出入境，对入境松阳的境外人员加强管理，查处违反出入境管理法规的违法犯罪案件。

随着对外开放和经济发展，到松阳探亲、旅游、考察、经贸的境外人员不断增加，县公安局出入境管理机关始终认真履行职责，实现了对外国人管理达到底数清、管得住、服务好的目标。同时，严格把控国家工作人员和法定不准出入境人员的办证，做好违反出入境法规案件的查处，及时指导不准出入境人员的控制工作。

2008 年，县公安局出入境管理科被省公安厅评为“2007 年度省级文明窗口”。

有关人口普查的内容详见第五编“人口”第四章“人口普查与抽样调查”第一节“人口普查”、第十八编“综合经济管理”第一章“统计管理”第三节“统计调查”之目“人口普查”。

第一节　常住人口管理

明前，松阳户籍、丁口无考。明成化八年（1472）起，全县有人口调查统计。其时，制以男为丁，女为口，“十六岁曰成丁，丁成而役，六十岁免役”，故人民为避赋役，瞒报颇多。

清承明制，编制户籍黄册，户籍分军、民、匠、灶四类，各分上中下三等，丁有民丁、站丁、土军丁、卫丁、屯丁。户册附以田亩，作为征课赋役依据。雍正四年（1726），以 10 户为牌，有牌头；10 牌为甲，设甲首；10 甲为保，有保正，分掌户籍。乾隆六年（1741）至道光三十年（1850）

的 110 年间，每年都有户口报告数字。

民国时期，户政由民政部门执掌。民国 23 年（1934），实行保甲制，全县置 5 个区、59 个乡、313 保、3269 甲，各乡镇户籍由乡镇公所事务员兼管。民国 27 年，县政府设户籍室。民国 29 年，乡镇公所设户籍干事。

中华人民共和国成立后，废除旧的户口管理制度。1950 年 9 月，全县开始户口查对、补报工作。时城镇户口由公安部门管理，农村户口由民政部门管理。县公安局由治安股管理户政工作，西屏、古市镇派出所设户籍民警管理户口。

1952 年，西屏、古市两镇重新编制门牌号码，核发居民户口簿，建立人口出生、死亡、迁出、迁入 4 项变动登记制度。1953 年开展第一次全国人口普查，建立县、乡 2 级户口册，实行户口迁移证制度。1956 年 3 月，国务院下发通知，农村户口登记统计划归公安管理，由乡镇政府文书兼办。1958 年 1 月《中华人民共和国户口登记条例》公布实施后，对城镇、农村、集体、暂住人口分类进行管理。

1962 年，贯彻执行国民经济“调整、巩固、充实、提高”的八字方针，压缩城镇吃商品粮人口，西屏、古市 2 镇 892 名职工和职工家属、城镇居民户口迁往农村。1964 年，开展第二次全国人口普查，建立公社、生产大队 2 级户口制度，公社文书和生产大队会计为兼职户口员。

20 世纪 50～70 年代，松阳县有过几次较大的跨县境人口变动。1956 年，杭州居民 166 户 521 人移居新兴、赤寿、岗寺、庄门、阳溪、樟溪、望松、叶村 8 个乡。1959 年和 1962 年，松阳县青年及家属 367 人分两批到宁夏回族自治区支援边陲地区社会主义建设。1962 年始，先后接收新安江电站遂安县和淳安县移民 422 户 1929 人，安置在新兴、赤寿、樟溪、叶村 4 个公社，单独组建章家、朝阳、垟里、端口、高丰、进贤、渡市、贤溪、叶家、陆家 10 个大队。1964 年始，先后接受 5 批外籍知识青年到松阳插队落户，以 1966 年绍兴县知识青年人数最多，计 324 人，其中男 227 人、女 97 人。1979 年后，陆续返回原籍一部分，留松阳 110 人。1978 年，接受乌溪江水库库区遂昌县湖山区移民 901 户 4595 人，在新兴、赤寿、樟溪、岗寺、斋坛、叶村、水南、阳溪、望松 9 个公社和西屏、古市 2 镇的 212 个大队插队安置。

1982 年第三次全国人口普查前，进行户口整顿，重点解决户口居住地与户口登记地脱节的问题，实行按实际居住地登记户口。

根据国务院《关于农民进入集镇落户问题的通知》，1985 年开始，对申请到集镇务工、经商、办服务业的农民和家属，有固定住所，有经营能力，或在乡镇企业长期务工的人员，准予落实常住户口，办理入户手续，发给自理口粮户口簿，统计为非农业人口。至 1986 年 7 月停止办理，共办理 617 户 1373 人，其中西屏镇 512 户 1154 人、古市镇 105 户 219 人。同年，对具有中级以上技术职称科技干部的农村家属办理“农转非”户口。

1992 年撤区扩镇并乡后，西屏、古市、玉岩、大东坝、象溪 5 个镇的户口归当地公安派出所管理，各乡仍由乡人民政府管理。1993 年 5 月始，办理蓝印户口，解决进入集镇从事第二、第三产业农民的落户问题，至年末办理 84 人。1994 年 8 月，开展暂住人口清查整顿工作。全县有暂住人口

1709 人，登记 1698 人，发放暂住证 1573 人；发放出租房治安许可证 264 户，出租房主与派出所签订治安承包责任书，严格暂住人口管理。1995 年 1 月 1 日始，全国统一启用新的户口迁移证。新证增加莹光暗记、水印图案、印章暗记、人数标识号等许多防伪识别标志。1996 年，西屏镇派出所开始实施微机管理户口。

根据省公安厅《公安办证中心建设实施方案》的要求，1998 年 8 月，在县城建立办证中心，统一受理、办理城区范围内的户口证件和全县范围内需县公安局受理、办理的证照，其他地方以派出所为单位，开设办证窗口。12 月，省公安厅印发《关于解决户口管理工作中几个突出问题实施意见》，对户籍管理中较突出的婴儿随父随母落户自愿、夫妻分居户口、父母投靠城市子女、投资落户 4 个突出的城市落户问题进行统一规范，强调不得收取城市增容费或类似费用。

1999 年 1 月，开展农村中小学教师配偶、子女“农转非”办理工作。10 月，贯彻执行公安部《关于为常住户口特定人员编制公民身份号码工作有关问题的通知》。是年，县公安局完成从乡镇到派出所的户口接管工作，并把户口纳入微机化管理，完成全县人口信息网络工作和身份证升位工作。共办理各类户口准迁证 800 份，办理两劳回归人员安置证 110 份。

2000 年，办理两劳回归人员安置证 118 份、准迁证 800 份，办理各类农转非 1921 人，落实城镇户口 1839 人。2001 年，办理各类投靠户口 367 人，提供各类户口证明 2200 余份，为侦破案件提供信息 2500 余人次。2002 年，办理各类投靠户口 377 人，办理两劳回归人员安置证 145 份。

2009 年 1～2 月，县公安局办证中心根据公安部、省公安厅、市公安局工作要求，组织开展户口整顿工作。工作重点是清理一批违规登记户口，注销一批应销未销户口，登记一批应登未登户口，动迁一批人户分离户口，纠正一批户口登记项目差错。

2010 年 4 月，根据县委、县政府制定的《办理原农村户籍大中专院校毕业生未就业人员户籍回迁有关问题通知》精神，稳步推进大中专院校毕业生回原籍农村落户工作。

第二节 人口统计

明成化八年（1472），松阳县始有丁口记载，全县有居民 12755 户，22068 丁。成化十八年（1482）有 13034 户、25007 丁，十年间增加 279 户、2939 丁。崇祯八年（1635）有 13014 户、24667 丁。160 年间，人口时起时落，仅增加 256 户、2599 丁。

至清顺治十一年（1654）有丁口 10191。康熙十三年（1674）五月至十五年（1676）八月“三藩之乱”，人口锐减。光绪二年（1876）有居民 21235 户、53100 丁。清代 200 多年间，增加 8000 余户、2.8 万余人。

民国 15 年（1926），全县有居民 26801 户、110763 人。民国 31 年 8 月，侵华日军窜犯松阳，民众被杀 1571 人、被虏 1854 人，外逃者不计其数。至民国 32 年统计，全县人口比民国 30 年减少 2097 户、12278 人。民国时期 30 余年，全县人口总数徘徊在 12 万左右。

民国 18 年（1929），办理土地陈报，同时普查人口，全县人口为 31073 户、121205 人。民国 28 年，以 4 月 1 日为标准日，全省进行户口总检查，松阳县人口为 136773 人。

明、清时期松阳县人口统计表

表 26-8-2-1

时　　间	户　数（户）	人　口　数（人）		
		合 计	男	女
明成化八年（1472）	12755	22068	—	—
明成化十八年（1482）	13034	25007	—	—
明崇祯八年（1635）	13014	24667	—	—
清顺治十一年（1654）	—	—	10191 丁口	—
清康熙六十年（1721）	—	—	10728 丁口	—
清雍正四年（1726）	—	—	10827 丁口	—
清嘉庆五年（1800）	—	—	10157 丁口	—
清同治十三年（1874）	21235	52938	—	—
清光绪二年（1876）	21261	53100	—	—

民国 15～37 年（1926～1948）松阳县人口统计表

表 26-8-2-2

时　　间	户　数（户）	人　口　数（人）		
		合 计	男	女
民国 15 年（1926）	26801	110765	—	—
民国 17 年（1928）	28732	121574	69719 丁口	51855
民国 18 年（1929）	31073	12105	—	—
民国 23 年（1934）	31287	126955	71701 丁口	55254
民国 24 年（1935）	33117	129448	72399 丁口	56449
民国 25 年（1936）	—	1287767	73416	56360
民国 26 年（1937）	33159	127478	71789	55684
民国 27 年（1938）	33044	131773	74818	56955
民国 28 年（1939）	—	136773	—	—
民国 29 年（1940）	—	131935	—	—
民国 30 年（1941）	32667	134698	73403	61295
民国 31 年（1942）	—	128536	67287	61249
民国 32 年（1943）	30570	122420	65794	56626

续表 26-8-2-2

时 间	户 数（户）	人 口 数（人）		
		合 计	男	女
民国 33 年（1944）	27518	123495	66944	56551
民国 34 年（1945）	25736	120085	66305	54780
民国 35 年（1946）	25683	113999	61103	52896
民国 36 年（1947）	26164	112262	60020	52242
民国 37 年（1948）	26266	119958	63524	56134

中华人民共和国成立后，进行一年一度的人口统计。1949 年，全县人口 27418 户，114765 人。1950～1958 年，人口由 11.53 万增至 13.32 万，年均增长率为 16.2‰，为人口增长第一个高峰期。1959～1961 年国民经济暂时困难时期，境内人口由 13.53 万下降至 13.48 万，年均增长率为-2.59‰，为人口低谷期。

1962～1975 年，人口由 13.66 万增至 19.11 万，年均增长率为 26.16‰，最高的 1963 年，人口出生率为 47.9‰。人口自然增长率为 35.8‰，为人口增长第二个高峰期。

1976 年开展计划生育，人口逐渐得到控制。1980 年后，人口纳入计划发展轨道，是年人口自然增长率由 1979 年度 10.1‰下降至 5.4‰。

1997 年，全县有居民 71087 户，228678 人。其中男 120020 人，女 108658 人，比 1949 年人口增加 113913 人。是年，出生 2659 人，死亡 1684 人，迁出 2143 人，迁入 2378 人；总人口中，非农业人口 25242 人，占 11.38%。

1949～2010 年松阳县常住人口统计表

表 26-8-2-3

年 度	总人口（人）	男性		女性		城镇人口		农村人口	
		总人数（人）	占总人口百分比（%）	总人数（人）	占总人口百分比（%）	总人数（人）	占总人口百分比（%）	总人数（人）	占总人口百分比（%）
1949	114765	61999	54.02	52766	45.98	9606	8.37	105159	91.63
1950	115348	62288	54	53060	46	9461	8.20	105887	91.80
1951	116447	63149	54.23	53298	45.77	7277	6.25	109170	93.75
1952	116264	62380	53.65	53884	46.35	7844	6.75	108420	93.25
1953	119640	63818	53.34	55822	46.66	9857	8.24	109783	91.76
1954	122992	64262	52.25	58730	47.75	9384	7.63	113608	92.37
1955	123794	64707	52.27	59087	47.73	10844	8.76	112950	91.24
1956	126738	66233	52.26	60505	47.74	12895	10.17	113843	89.83
1957	129450	67314	52	62136	48	10318	7.97	119132	92.03

续表 26-8-2-3-1

年度	总人口（人）	男性		女性		城镇人口		农村人口	
		总人数（人）	占总人口百分比（%）	总人数（人）	占总人口百分比（%）	总人数（人）	占总人口百分比（%）	总人数（人）	占总人口百分比（%）
1958	133299	68869	51.67	64430	48.33	10964	8.23	122335	91.77
1959	136512	71618	52.46	64894	47.54	11983	8.84	123529	91.16
1960	134928	70205	52.03	64723	47.97	11234	8.33	123694	91.67
1961	134793	71569	53.10	63224	46.90	12328	9.15	122465	90.85
1962	136572	72149	52.83	64423	47.17	9173	6.72	127399	93.28
1963	142038	75251	52.98	66787	47.02	9212	6.49	132826	93.51
1964	143242	76000	53.06	67242	46.94	10144	7.08	133098	92.92
1965	148717	79164	53.23	69553	46.77	10198	6.86	138519	93.14
1966	152983	81368	53.19	71615	46.81	11202	7.32	141781	92.68
1967	155979	82934	53.17	73045	46.83	9835	6.31	146144	93.69
1968	160911	85530	53.15	75381	46.85	9841	6.12	151070	93.88
1969	166285	88414	53.17	77871	46.83	9226	5.55	157059	94.45
1970	170106	88638	52.11	81468	47.89	8952	5.26	161154	94.74
1971	176338	92806	52.63	83532	47.37	11138	6.32	165200	93.68
1972	179091	94067	52.52	85024	47.48	9893	5.52	169198	94.48
1973	183599	96535	52.60	87024	47.40	7791	4.24	175808	95.76
1974	186925	98301	52.59	88624	47.41	9173	4.91	177752	95.09
1975	191093	100443	52.56	90650	47.44	9165	4.80	181928	95.20
1976	194612	102383	52.61	92229	47.39	9303	4.78	185309	95.22
1977	196842	103743	52.70	93099	47.30	9009	4.58	187833	95.42
1978	203798	107381	52.69	96417	47.31	9926	4.87	193872	95.13
1979	205262	108031	52.63	97231	47.37	10232	4.98	195030	95.02
1980	206122	108694	52.73	97428	47.27	10466	5.08	195656	94.92
1981	207362	109159	52.64	98203	47.36	12091	5.83	195271	94.17
1982	210584	111028	52.72	99556	47.28	13730	6.52	196854	93.48
1983	212145	112008	52.80	100137	47.20	14565	6.87	197580	93.13
1984	213079	112170	52.64	100909	47.36	15122	7.10	197957	92.90
1985	215153	113533	52.77	101620	47.23	18264	8.49	196889	91.51
1986	217250	114459	52.69	102791	47.31	17769	8.18	199481	91.82
1987	219959	115915	52.70	104044	47.30	18458	8.39	201501	91.61
1988	222497	116833	52.51	105664	47.49	19426	8.73	203071	91.27

续表 26-8-2-3-2

年 度	总人口（人）	男性		女性		城镇人口		农村人口	
		总人数（人）	占总人口百分比（%）	总人数（人）	占总人口百分比（%）	总人数（人）	占总人口百分比（%）	总人数（人）	占总人口百分比（%）
1989	224101	117768	52.55	106333	47.45	19971	8.91	204130	91.09
1990	224763	118219	52.60	106544	47.40	20314	9.04	204449	90.96
1991	225141	118315	52.55	106826	47.45	20476	9.09	204665	90.91
1992	225511	118732	52.65	106779	47.35	21490	9.53	204021	90.47
1993	226170	119003	52.62	107167	47.38	21982	9.72	204188	90.28
1994	226731	119129	52.54	107602	47.46	22886	10.09	203845	89.91
1995	227489	119470	52.52	108019	47.48	23945	10.53	203544	89.47
1996	228033	119819	52.54	108214	47.46	24584	10.78	203449	89.22
1997	228678	120020	52.48	108658	47.52	25242	11.04	203436	88.96
1998	228809	120098	52.49	108711	47.51	118043	51.59	102908	48.41
1999	229778	120642	52.51	109136	47.49	118735	51.67	111053	48.33
2000	230231	120985	52.55	109246	47.55	119529	51.92	120702	48.08
2001	230739	121087	52.48	109652	47.52	120461	52.21	110278	47.79
2002	231229	121237	52.43	109246	47.57	121451	52.52	119778	48.48
2003	230999	121108	52.43	109891	47.57	121611	52.65	109388	47.35
2004	231037	121137	52.43	109900	47.57	121550	52.61	111366	46.39
2005	231428	121342	52.43	110086	47.57	121780	52.62	109648	47.38
2006	233415	122412	52.44	111003	47.56	122756	52.59	110659	47.41
2007	234556	122966	52.43	111590	47.57	123188	52.54	111366	47.46
2008	235746	123406	52.35	112340	47.65	123820	52.52	111926	47.48
2009	236907	123901	52.30	113006	47.70	124617	52.60	112290	47.40
2010	237226	123881	52.22	113345	47.78	124345	52.42	112881	47.58

第三节 流动人口管理

1998 年 2 月，丽水地区公安局下发《全区流动人口集中整治工作方案》。松阳县公安局印发《全县流动人口集中整治工作方案》，对全县实有人口状况进行一次全面整顿调查。全县设流动人口登记站 42 个，以 5 个镇为重点。共登记暂住人口 1946 人，发放暂住证 1480 份，发证率为 89%。登记出租房屋 742 户，办证 561 户，出租公房登记 390 家。登记人户分离 7837 人，其中 5 个建制镇有人户分离 2819 户 6248 人，占人户分离总人数的 79.7%。待定户口 1981 人，在专项治理中已落实 403 人。查获“三无”人员 21 名。

1999年1～6月，全县共登记暂住人口1316人，发证1083人。

2001年，县公安局在流动人口集中整治行动中，建立健全暂住人口管理网络和管理制度，新登记暂住人口6924人，新发暂住证1931人，发函与外县市联系单450余份。2003年9月9日，玉岩派出所民警携带拍摄工具到周安莹石矿，为工地流动人口上门登记办证。

2008年，县公安局围绕“常住人口管得准，流动人口管得活”的目标，完成出租私房登记办证和流动人口信息录入工作。全年共录入出租房屋6899户，登记暂住人口22002人，其中新登记出租房屋1502户，新办理暂住证7000余份，保持微机录入率100%。2009年，全年登记暂住人口21416人，其中新登记暂住人口20258人，出租房屋6701户，包括年内新增537户。

第四节　居民身份证管理

1985年9月，国家颁布《中华人民共和国居民身份证条例》。1987年3月，松阳县成立颁发居民身份证领导小组及其办公室，各区、乡、镇相继建立领导小组和办事机构，各城镇居委会和行政村建立发证办事点。

全县发证工作于1987年10月23日开始在西屏镇先行试点，1988年初在全县范围内铺开，5月底完成第一次集中性发证。全县发证129331人，占应发证人数的82.76%。至1993年，全县发放居民身份证178535人，发证率95%。

1988年6月，县人民政府发布《关于居民身份证使用和查验工作的通知》，规定自7月1日开始实行使用居民身份证。凡户口登记、兵役登记、办理公证事务、办理边境通行证、办理申请出境手续、办理车辆执照、参加社会保险、领取社会救济、领取邮政和金融部门款项等21项公务活动，一律使用居民身份证证明身份。自发证至1989年7月，公安机关运用证件资料，发现、控制和打击犯罪活动，破案24起，其中大案4起。居民身份证的日常管理工作由县公安局户政科办理，各乡、镇凡设有公安派出所的由户籍内勤承办，其他乡镇由乡镇人民政府文书承办。

1996年始，居民身份证启用新标准相片及防伪措施，底卡制作实行计算机管理。1997年，对1987年首批发证有效期10年的居民开始换证工作。1998年，对居民身份证编号纠错工作进行专项整治，采取常表、编码表同时核对、函调核对、电脑核对等办法，查出身份证登记信息各种差错1419人次，纠错1182份，纠错率83%。2.5万人的身份证有效期已满，已换证2.2万张，换证率88%。全年办理身份证2.2万张、临时身份证0.11万张。1999年1～6月，全县共办理居民身份证9686张、临时身份证350张、户口准迁证351张，安置两劳回归人员51人。

图26-15　民警上门为老人办理二代身份证拍照（县公安局提供）

2000年，共办理身份证1.3万张，临时身份证675张。2001年，编制392张现役军人公民身份证号码。年内共办理居民身份证1.1万张、临时身份证750张。2005年3月，松阳县被确定为全市开展换发第二代居民身份证工作试点县，年内共办理换发证2.8万张。

2008年，贯彻执行省公安厅联合省军区司令部、政治部制定的《浙江省现役军人和人民武装警察居民身份证申领发放工作实施方案》。全县共办理第二代居民身份证12591张、临时身份证527张，发放第二代居民身份证14714张。

2009年，全年受理申领换发第二代居民身份证12565张，发放9974张，办理临时身份证1556张。

第五节　边境与出入境证件管理

边境通行证管理

20世纪50年代，凡前往满洲里、绥芬河国境地区的政府机关工作人员，必须持有专署公安处签发的护照；居民前往旅游者，发县以上通行证明（临时书写、不印）。60年代，前往内蒙古的部分盟、市、旗边境地区，要办理边境通行手续。至20世纪70年代，松阳县前往边境地区人数极少。

1977年，公安部根据国务院文件，统一制发和启用中华人民共和国边境管理区通行证（简称边境通行证），有汉、汉维、汉蒙、汉藏文字4种，于1977年5月1日全国统一启用。凡因公外调、联系工作、采购、办理支边青年事宜或因私探亲、处理丧事等正当理由，经审核后，由县公安局签发边境通行证。实行边境管理地区的范围有：黑龙江、吉林、内蒙古、宁夏、甘肃、新疆、广东、广西、云南、西藏等省、自治区的部分边境管理区。20世纪80年代，实行对外开放，边境通行政策放宽。

1982年5月1日起，边境通行签证发由治安部门办理。1989年9月改由户政科办理。1984～1993年，全县办理边境通行证1421人次，其中绝大部分前往深圳、珠海开发区。1995～1998年，签发边境通行证1773张。2000年，办理边境通行证434张。2001年，县公安局户政部门办理边境通行证425份。2002年至2007年9月，县公安局户政部门办理边境通行证2591张。

2007年10月9日，《国务院关于第四批取消和调整行政审批项目的决定》规定，取消到深圳等地办理边境通行证。

出入境管理

1990年，县公安局设立出入境管理科（与政保科合署办公），专门管理出入境工作。1995年，建立以出入境管理机构为指导、派出所为主体、外管联络员和涉外联系员为依托的横向到边、纵向到底的外管工作管理网络。派出所配备外管联络员，有出入境的乡镇村（居委）建立涉外联系员，协助管理出入境工作。

1962～1974年，境内批准出境5人。1979年后，实行对外开放，出入境人数日益增多。

1982～1985年，共受理出国出境22人，省厅批准发照20人。1986年，《中华人民共和国出入境管理办法》公布实施，进一步放宽限制，简化手续，方便公民出国出境。

1986～1997年，共办理定居、探亲、访友、旅游、考察等出国出境357人次，目的地有巴西、加拿大、卢森堡、德国、西班牙、比利时、挪威、葡萄牙、新西兰、瑞典、泰国、塞浦路斯、厄爪多尔、澳大利亚、意大利、美国、荷兰、罗马尼亚、保加利亚、阿尔巴尼亚、捷克、马来西亚、新加坡、东南亚、日本等25个国家及中国香港、澳门、台湾等地区。

随着对外开放和经济发展，到松阳探亲、旅游、考察、经济贸易的境外人员不断增加。1992年，有国外商人10批21人到松阳洽谈贸易、探亲和旅游。1993年，接待和验证入境的外国人24人次。1994～1997年，入境外国人108人次，国籍为日本、比利时、韩国、葡萄牙等。

1998年，全县外事申请97起，外国人入境12人次；办理通行证500余张。1999年，贯彻执行公安部、外经贸部、外交部联合下发的《关于办理外派劳务人员出国手续的暂行规定》。上半年受理外事74起，外国人入境54人次。2000年，贯彻实施丽水地区公安局《出入境管理服务经济建设实施意见》。全年共受理外事180次，全部办结。

图26-16　民警为市民办理出入境证件（县公安局提供）

2002年，配合市公安局处理9名松阳人到韩国自费旅游后非法滞留事件。2008年1月，县公安局出入境管理科被省公安厅评为“2007年度省级文明窗口”。3月，一名全国上网逃犯试图办证出境被松阳县办证工作人员当场发现并抓捕。是年，共受理审批出国出境1686人次，受理不准出境报备272人。2009年，县公安局受理审核出国、出境材料1967人次，受理法定不批准出境人员报备案364人次。

公民往来港澳台地区管理

1993年，接待和验证入境的华侨、港台同胞147人次，其中台胞回松阳定居3人。1994～1997年，入境华侨、港澳台同胞404人次。

1998年，公民往来台湾地区业务由县公安局政保大队受理。当年，港澳台同胞入境42人次。

2000年11月，县公安局依据丽水市公安局制定的《办理台湾居民多次入境出境签注受理审批条件的暂行规定》，对办理多次入出境签注的人员范围、有效期限、须交的证明材料以及公安局出入境管理部门受理台湾居民多次入出境签注的办法作出具体规定。

2000年11月，贯彻执行丽水市公安局政治部制定的《关于对干警、职工持有因私护照或往来港澳通行证实行报告等级制度的通知》，对民警、职工申请因私出国（境），需履行的投靠方式、报告工作对象、报告内容、报告受理机关、报告纪律方面等作出详细说明。

2010年春节前夕出现办证高潮。一季度，出入境管理科共受理申请706人次，与上年同期相比上升102%，其中受理内地居民往来港澳通行证申请290人次，同比上升108%；受理大陆居民往来台湾通行证申请183人次，同比上升205%；受理中国公民因私出国护照申请233人次，同比上升66%。

第九章 消 防

1982 年 12 月，松阳县消防中队成立（后升级为松阳县消防大队），实行义务兵役制，接受上级军事机关和松阳县委、县政府双重领导。

县消防大队的工作主要是通过消防宣传教育、防火安全检查、督促整改火险隐患，提高广大群众遵守消防法规的自觉性和“以防为主”的目的。火灾扑救是消防工作的主要任务，同时担负着各项抢险救灾等工作。

县消防大队成立以来，积极开展进企业、进单位、进社区，主动上门宣传消防常识，开展消防工作，监督检查，发现火灾隐患做到及时整改。尤其是注重预防群死群伤恶性火灾，为防范火灾起到很好的作用。

第一节 消防组织

中国人民武装警察部队松阳县消防大队

1983 年 1 月，中国人民武装警察部队松阳县消防中队成立，配干警 10 人，营房设西屏镇人民大街西屏派出所二楼。有 1 辆消防吉普车，配消防手抬泵及水带等灭火器材。

实行义务兵役制，纳入人民武装警察序列，隶属丽水地区消防大队，受公安、武警双重领导，人事归属地区武警支队消防科管理，业务上受地方公安领导。1984 年 12 月，消防中队新营房建成，位于新华路 29 号，新增兵员 4 人。后迁至环城西路 93 号。1985 年，县公安局设消防科（副营级建制），下设消防中队，配科长 1 人、防火参谋 3 人。是年，全县列入消防重点保卫的 24 家单位陆续建立消防队，配备专职消防员和相应的消防器材。1986 年，根据公安部规定，县以上消防管理机构纳入同级公安机关序列，受同级公安机关党委直接领导，继续执行部队的条令条例，装备、被服、给养则由武警部队代供，业务经费由地方财政拨付。

图 26-17 位于县城紫荆街的县消防大队营房（县档案馆提供 1998 年）

1994 年 7 月，县局消防科改为消防大队，主管公安消防工作。由副营级建制部队改为正营级建制部队。大队下设中队，编制人员 22 人。隶属地区消防支队领导，接受上级军事机关和县委、县政府双重领导，负责全县防火、灭火工作，指导群众消防联防工作，担负各项抢险救灾工作。

义务消防队 专职消防队

民国时期，西屏、古市 2 镇设有群众消防组织。民国 23 年（1934），西屏镇设东门、南门、西门、北门 4 个水龙会，古市镇设 1 个水龙会。2 镇水龙会共有会员 301 人。民国 31 年，日军侵占松阳，水龙会救火器具遭受严重破坏。至 1949 年，水龙会组织已名存实亡。

中华人民共和国成立后，县人民政府公安局于 1950 年冬开始整顿消防组织。1951 年 4 月，在西屏镇成立消防总队，有志愿消防队员 544 人。消防总队下设 5 个分队，每个分队设锚手、摇机、水枪、上高、运水、照明、通讯、救护、纠察等组。次年，古市镇成立人民消防队，下设 3 个分队、1 个机动队，有志愿消防员 440 人。

1957 年，玉岩村成立志愿消防队。全县有区域性群众消防队 3 支，下设中队 17 支，队员 1080 人；有工厂、企业消防队 2 支，队员 80 人。1962 年，整顿义务消防组织，添置消防设备。1963 年，西屏镇人民委员会设专职消防干部 1 人，专管防火工作。

1986 年，农村先后建立志愿消防队 28 支，队员 223 人。

1992 年，松阳县消防联防大队成立，开展区域性消防联防工作。1995 年，全县有 21 个消防联防组织，人员 210 人，分布各乡镇。1997 年末，全县有志愿消防队 53 支，队员 530 人。

2003 年，玉岩村志愿消防队成立。2007 年，通过业务培训，有队员 12 人，有手抬机动水泵 1 台及手推车 1 辆。

2010 年 12 月 24 日，古市派出所专职消防队成立，为 1998 年后县内最早成立的乡镇专职消防队伍。有队员 5 人，由古市派出所副所长负责专职消防队的日常工作，队员由派出所协警组成。配备皮卡车、进口机动消防泵等消防器材。

第二节 训练与装备

训练比武

1956 年，松阳举办 2 期全县义务消防队员训练班，学习消防知识，进行防火演练，参加训练的义务消防队员 365 人。

1983 年，县公安局消防中队成立后，以战备为中心，实行训战、训管相结合，组织官兵学习专业消防知识，提高队伍的灭火战斗能力。至 1993 年，消防干部参加省级培训 3 人次，中队正副班长参加地区培训 20 人次。义务消防队队长和消防员参加省、地培训 17 人次；县级组织义务消防队员训练、演练 35 次。

1993 年，按照《军队基层建设纲要达标细则》的要求，实施 14 个项目的达标训练。全年共训练 108 天，官兵参训率 100%。全队 100%的战斗员达到三级战斗员标准，80%的战斗员达到二级战斗员标准。1996 年，县消防大队建立五层训练塔，全队参训率 95%，达标率 100%，优秀率 95%。

1999 年，县消防部队开展“全员岗位大练兵活动”，在丽水消防支队比武中取得团体第四名。2002 年，中队 1 名战士被支队评为中队战斗员岗位练兵能手。2003 年，有 3 人在支队比武中取得岗位第三名的成绩。

2007 年，在支队比武中，松阳消防大队取得团体总分第一的成绩，2 人取得个人综合第一的成绩，1 人取得个人第三的成绩。

2009 年，开展 5 千米背负空气呼吸器跑，背空气呼吸器携两盘水带上 10 楼、20 千米跑等超体能极限项目训练，官兵的身体素质得到极大的提高。大队组队参加支队体能比武，再次取得团体总分第一的成绩。

图 26-18　消防官兵进行登高训练（县档案馆提供 1998 年）

2010 年，在市消防支队组织的 2010 年打造消防铁军比武中取得团体总分第三名。

装备设施

民国 26～28 年（1937～1939），全县各消防队有邦浦机龙、旧式铜龙、新式铜龙等 9 部，出入水带 12 条，担桶 120 副，保险竹帽 240 顶，铁钩锯 20 件，高盏 70 具，铁钳铲 20 件。另有长短梯、识别带、队旗及各团体服装等。民国 31 年，日军入侵松阳，消防器具遭到破坏，只剩完整木龙 1 架。

1952 年，西屏、古市 2 镇义务消防队有邦浦机龙 4 部、腕力龙 3 部、水枪 163 支。1958 年，西屏镇消防总队有 4 匹马力机动泵浦 2 台、手摇泵浦 2 台、古老叉龙 2 架、出入水带 9 条、水枪 24 支、担桶 90 副、钢盔 24 顶、保险竹帽 200 顶。分置横街、大井头、永庆铺、万寿宫、四柱亭。古市镇人民消防队有古老锡龙 1 架、捺龙 1 架、水枪 46 支。玉岩村消防队有古老叉龙 1 架。西屏镇粮管所配手掀泵浦 1 台。1962 年，西屏、古市 2 镇各添 7 匹马力自动泵 1 台。

图 26-19　消防官兵做好车辆的维护保养工作（县档案馆提供 1998 年）

1983 年，县公安局消防中队配解放牌消防车 1 辆；1987 年再配 1 辆。1995 年，新添新型东风牌消防车 1 辆及随车器材出水带 500 米；宁波消防支队赞助消防指挥车 1 辆。1996 年，添置消防指挥车 1 辆、传真机 1 台、带架水枪 2 支、移动泡沫枪 1 台、泡沫液 1 吨以及挂钩梯、拉梯等器材，并建立备用器材库和训练器材库。1984 年始，城镇和部分厂矿、企业安装消防栓。至 1997 年末，共安装消防栓 108 只，其中城镇 93 只，厂矿、企业等单位 15 只。全县 33 家消防重点保卫单位建有义务消防队 30 支，队员 240 人。配备各式灭火器 644 只、水枪 62 支、手抬水泵 14 台、水带 3528 米。乡镇有义务消防队 19 支，配备手抬水泵 19 台、水枪 19 支、水带 1900 米。

2010 年，松阳消防大队有消防车 5 辆，头车为国产东风水罐消防车，二车为东风水罐泡沫车，三车为国产举高喷射消防车，四车为五十铃 B 类泡沫消防车，五车为抢险救援消防车，成为县消防大队执勤备战、抢险救援的攻坚利器。

第三节　消防安全宣传与检查

消防宣传

1963 年元旦、春节期间，西屏镇组织业余剧团上街进行防火宣传演出，居民区组织 24 个防火检查小组，对 2900 多户居民进行防火安全检查。1984 年，《中华人民共和国消防条例》公布实施。全县开展以宣传贯彻《中华人民共和国消防条例》为中心的防火安全活动。县公安局消防中队出动宣传车，运用广播、幻灯、黑板报、图片展览、知识讲座等形式，深入 27 个乡镇公路沿线的 150 多个村庄宣传《中华人民共和国消防条例》。消防部门会同公安局内保科组织 3 次全县性的防火安全大检查，共检查 100 多个单位，整改火险隐患 350 处。

1996 年，通过开展“千校万生消防安全大行动”，抓好小学生的消防知识普及工作，提高学生和家长消防安全意识。1998 年 5～9 月，县消防大队开展易燃易爆化学物品专项整治宣传活动，并对液化气储配站、供应站及油库、加油站等重点单位及场所进行检查。

2000～2009 年，县消防大队开展社会化消防宣传、培训、演练 700 余次。2010 年，县消防大队组建义务消防队和消防志愿者队伍，开展消防宣传工作。

消防检查及处罚

解放初，消防工作贯彻“以防为主，以消为铺”的方针，每年冬季开展以防火为中心的冬防安全活动，普遍进行防火宣传和防火检查，消除隐患，预防火灾。1957 年，全县组织群众性防火小组 338 个，经常检查火烛，督促居民做好防火工作。1958 年，古市镇结合安全活动，普遍制定《防火公约》，实现连续 5 年无火灾、火警。

图 26-20　消防安全检查（叶光铭 摄于 2010 年）

1984 年，根据《中华人民共和国消防条例》规定，对建筑工程项目实行消防管理。1985 年，对易燃易爆化学危险物品实施消防监督。县公安局把松阳造纸厂、处州制药厂等 24 家厂矿、企事业单位列为消防重点保卫单位。1986 年，按照文化部、公安部公布的《古建筑消防管理规定》，公安消防部门会同古建筑管理单位，对省级重点文物保护单位延庆寺塔以及汤兰公所、城隍庙、永宁观天师殿、南门潘祠、望松黄家大院、卯山俭公祠、后周包包茂櫄故居、黄南叶氏宗祠

9处木结构古建筑进行防火安全检查。8月，县塑料化工厂火灾，造成严重损失。县公安局会同有关部门依照《治安管理处罚条例》有关规定，给该厂处以罚款1000元，3名负责人分别处以罚款100元和行政拘留15天的处罚。1987年，城镇居民防火以每户挂防火牌和制定《防火公约》为主要内容，开展“防火活动日”“活动周”“百日无火灾”等防火安全活动，共发放防火标牌10500张。1989年《浙江省消防管理处罚办法》公布实施后至1997年，全县共处罚67人次。

1991年，县公安局消防科根据城镇居民使用液化石油气覆盖面积越来越大的情况，组织消防安全检查，宣传防火常识，共检查1141户。1995年，贯彻实施《公共娱乐场所消防安全管理办法》和《集贸市场消防安全管理办法》，对公共娱乐场所、成品油市场、液化气市场开展消防安全专项治理整顿，共查出火险隐患201条，限期整改36家，停业整改4家，对12家有违反消防法规行为的液化气点按其情节分别作出处罚。1997年，开展易燃易爆化学物品专项治理，共检查56家化危场所，当场取缔2家，限期搬迁1家，发重大火险隐患整改通知书5份，共发现火险隐患168条，整改160条。至年末，全县发放消防安全许可证157个单位。被列为重点保卫单位的消防单位33家。1998年《中华人民共和国消防法》颁布后，县消防大队每季度对辖区内消防安全重点单位开展不少于一次的监督检查。

2002年，县消防大队开展公开聚集场所消防安全专项整治。2003年，对使用、储存、经营、生产、运输易燃易爆化学物品的单位和个人以及公开聚集场所的消防安全进行专项整治。

第四节 火灾选录与扑救

灾情选录

清道光二十六年（1846），城南善观铺失火，上至桶盖亭，西至官塘口及市墈头亭下，两旁店房俱焚。民国19年（1930），城南某裁缝店失火，延烧店铺10间。

1955年10月31日，庄门乡千义坑村发生重大火灾，受灾8户74人，烧毁房屋25间，伤亡3人。

1961年1月15日，安民公社安岱后大队大横坑村失火，全村18户受灾15户，烧毁房屋4幢、生产仓库1座，毁粮5000余公斤，损失2万余元。1962年4月23日，三都公社松庄大队发生重大火灾，烧死1人，重伤3人，轻伤4人。烧毁房屋121间、粮食6407公斤。全村64户，受灾37户。1963年5月23日，水南公社横山大队因村民用火不慎引起火灾，烧毁房屋62座，烧死1人。住户受灾21户91人。1964年7月21日，玉岩公社吴山头大队村民用篾灯照明不慎发生火灾。受灾10户，烧毁房屋21间、粮食1000多公斤、大小农具120件，损失5000余元。1969年9月22日，竹源公社周岭根大队火灾，周某某等8户房屋、衣物焚毁无遗，损失万余元。1973年12月26日，谢村公社大铺大队发生重大火灾，烧毁房屋79间，大队、生产队仓库3座，小学校舍1座，烧死儿童3人。1975年2月16日，古市镇七分会五保户邓某某火笼放被窝烤火过夜引起火灾，烧毁房屋2间，邓某某被烧死。1976年1月14日凌晨3时许，庄后公社赤岩大队发生特大火灾，烧毁房屋1幢，烧死9人。1977年12月2日，石仓公社上寮山大队1名女社员烧饭时，不慎引起火灾，烧毁房屋22间，粮食5400公斤，损失9800余元。1978年8月7日夜，板桥公社高山大队叶某某家中发生火灾，造成全村11户受灾，烧毁房屋36间，牛栏、猪舍11间，烧死1名2岁小孩，直接经济损失3万余元。

1980年10月27日，水南公社横山大队蚕场失火，烧毁大队蚕室4间，蚕具全部被焚，损失1万余元。1982年6月12日，松阳烟丝场焙烟车间失火，烧毁特松烟丝656公斤、烤烟丝568.5公斤及全部生产设备，直接经济损失6600余元。1983年7月26日，竹源公社黄下大队小孩玩火引起火灾，烧毁村民房屋38间、生产队仓库2座，粮食7400公斤，受损群众14户。1984年10月11日，松阳县工艺化工厂高分子腊车间设备故障引起火灾，烧毁厂房140平方米、聚乙烯原料7吨、手杖原材料5立方米及全部机械设备、电气设备，损失2.53万元。1985年12月19日，水南乡水南村清代建筑何家祠堂失火，烧毁建筑面积761.2平方米、村民堆放在祠堂内的木料19立方米、稻谷2600公斤和乡工程队的卷扬机等机械设备，损失8.52万元。

1986年3月12日，玉岩镇乌岩村文理后自然村火灾，共4人被烧死。1988年12月3日，西屏镇耶稣堂弄15号住户用“六六六粉”熏房灭鼠引起火灾，烧毁房屋510平方米，损失7.21万元。1989年8月29日，靖居乡坑里村火灾，焚毁房屋42间，损失10余万元。

图26-21　消防官兵正赴火场一线（县档案馆提供1998年）

1991年8月12日，望松乡岗后村火灾，7户村民房屋、衣物和粮食全部被烧毁，损失2.1万元。1993年7月30日，西屏镇草场圩县橡胶粉厂因用电线路老化引起火灾，烧毁厂房8.5间（381.78平方米）及生产设备、原材料等，直接经济损失32.5万元。1994年10月4日，县图书馆发生火灾，烧毁资料室、采编室等建筑物计面积60平方米，以及书籍、报纸、杂志等，直接经济损失13.35万元。1996年10月26日，枫坪乡高亭村发生重大火灾，受灾22户74人，烧毁房屋面积800平方米，直接经济损失37万元。

1998年上半年，县消防中队全年共接警出动44次，出警扑救26次，灭火成功率100%。火灾造成1人死亡、3人受伤，直接经济损失55.33万元。1999年，共接处警53次，出警扑救25次。火灾死亡1人，造成直接经济损失33.5万元。

2001年，共发火灾11起，死亡1人，受伤6人，直接经济损失50余万元。2002年，共发火灾4起，直接经济损失14.88万元，无人员伤亡。2004年，发生火灾90起，死亡3人，直接财产损失39万元。2005年，县消防大队全力开展火灾扑救和社会抢险救援工作，推进消防工作社会化。年内共发生火灾69起，接处警111次，出动警力875人次，出动消防车125次，其中抢险救援42次，抢救7人（次）。

2007年，县消防大队共接处警176起，出动车辆242辆次，出动警力1426人次，抢救被困人员41人，疏散被困人员33人，抢救财产价值1104.2万元。其中，火灾9起，无人员伤亡，直接财产损失6.11万元，过火面积1823.5平方米，受灾26户74人。2008年，县消防大队共接处警169起，出动车辆206辆次，出动警力1406人次，抢救被困人员30人，疏散被困人员35人，抢救财产价值86.8万元。共发生火灾14起，死亡1人，直接财产损失34.06万元，过火面积 3214.4平方米，受灾55户79人。

2009年，县消防大队共接处警169 起，出动车辆196辆次，出动警力1319人次，抢救被困人员106人，疏散被困人员107人，抢救财产价值122.3万元。共发火灾15起，无伤亡，直接财产损失35.04万元，过火面积1305.8平方米，受灾18户35人。2010年，县消防大队共接处警135起，出动车辆165辆次，出动警力1127人次，抢救被困人员25人，抢救财产价值285.7万元。火灾11起，零伤亡，直接财产损失40.72万元，过火面积1232平方米，受灾20户59人。

解救险情

县消防大队在强化灭火执勤的同时，充分发挥消防部队器材装备的优势，积极做好抢险救援工作。2007～2010年，共接处警649次，出动车辆809辆次，出动警力5278人次，抢救被困人员202人，疏散被困人员175人，抢救财产价值1599万元。

2007～2010年松阳县消防大队解救抢险情况表

表26-9-4-1

年份	接警（起）	出车（次）	出警（人）	抢救（人）	疏散（人）	抢救财务（万元）
2007	176	242	1426	41	33	1104.2
2008	169	206	1406	30	35	86.8
2009	169	196	1319	106	107	122.3
2010	135	165	1127	25	0	285.7
合计	649	809	5278	202	175	1599.0

第十章　森林安全保卫

1982年5月，松阳县公安局森林派出所建立。1989年，更名为松阳县公安局林业公安分局。1998年，更名为松阳公安局森林分局。2008年12月，增挂松阳县林业局森林公安局牌子。实行林业、公安双重领导管理体制，业务上以公安部门领导为主，行政后勤管理以林业部门为主。

松阳县公安局森林分局主要职责是担负全县保护森林资源安全、维护林区治安稳定、查处森林刑事、治安及林业行政案件的执法任务。

（此章与第十二编“林业”第四章“森林资源保护与发展”第四节“森林公安建设”内容互为补充）

第一节　森林公安

民国时期，为防止林木被盗伐，政府配有森林警察。

中华人民共和国成立后，在一个相当长的时期内，未单独设置林业公安机构，林业案件均由各地人民政府和公安机关受理。1977年，根据丽水地区公安处文件精神，设立遂昌（含松阳）公安局森林派出所，定员7人。1981年以后，浙江省开始加强重点林区林业公安队伍建设。是年9月7日，遂昌县（含松阳）建立公安局森林派出所，编制17人。

1982年5月，松阳县从遂昌县分出后，遂昌县委组织部发文《关于分县人员分配方案的批复》，同意建立松阳县公安局森林派出所（配备干警7人）、林业检察科（编制2人）、森林法庭（编制2人）。1985年6月30日撤销林业检察科，1990年10月撤销森林法庭。

1998年7月，松阳县公安局林业公安分局编制由17人增至21人。12月，省人事厅、林业厅、公安厅发布《关于全省森林公安人民警察实施国家公务员制度有关问题的通知》，森林公安在编在职、具有国家正式干部身份、并授予警衔，经公安机关人民警察基本素质考试合格的人员，过渡为国家公务员，正式过渡时间为1998年12月。11月15日，县公安局林业公安分局在岗13名干警在丽水考点参加考试，全部合格。1999年8月，县公安局林业公安分局改用行政编制，编制数暂按17人控制，原使用的事业编制予以核销。

2002年8月5日，县政府办公室《关于印发松阳县公安局森林分局职能配置、内设机构和人员编制方案的通知》规定，森林分局为副局（科）级单位，内设办公室、治安科、刑侦科、防火办4个职能科室，以及西屏、玉岩、象溪3个警务区。人员编制21人（含工勤人员），其中局长1人、教导员1人（林业局领导兼）、副局长1人、副教导员1人、科室及警务区领导职数7个。10月，松阳县公安局林业分局更名松阳县公安局森林分局。

2008年12月，县机构编制委员会下发《关于松阳县公安局森林分局更名等事项的批复》，把松阳县公安局森林分局更名为松阳县林业局森林公安局，增挂松阳县公安局森林警察大队牌子，行政编制19个，人员编制纳入国家政法专项编制管理。后经省局协调，全省保留森林公安分局，即保留松阳县公安局森林分局牌子，增挂松阳县林业局森林公安局牌子。

第二节　队伍管理与基础设施建设

队伍管理

1982年，松阳县公安局森林派出所建立。1984年，在招聘森林警察时，对非林业院校毕业的聘用人员，上岗前进行林业专业知识和有关法律、法规的培训，保证森警人员的高素质。1989年，省林业公安处《关于加强林业公安队伍建设若干事项的通知》重申林业公安的主要职责是：积极配合有关部门落实森林资源和内部的安全防范措施，做好违法犯罪的预防工作，查处破坏森林资源的一般刑事案件和治安案件，协助侦破和查处重大刑事案件和治安案件。

2002年9月，县公安局森林分局制定《关于进一步规范林业行政执法的意见》，并制订《森林公安机关行政案件质量评判标准》以及“案件检查监督”“案件汇报处理”“案件处罚审查”等制度。2003年2月，县公安局森林分局与民警、工勤人员逐个签订责任书。向社会公开“五条禁令”，接受社会监督，并安排专人督察。2004年，县森林分局被省林业厅授予浙江省森林公安第二期“固本强基”示范单位。

2006～2008年，县森林分局加强“三基”（抓基层、打基础、苦练基本功）工程建设，提高森林公安工作水平和队伍战斗力。2008年，县森林分局制订《2008～2013年松阳县森林公安民警大轮训实施方案》，建立松阳森林公安教官队伍，建立培训基地，参训民警每年培训时间不少于15天，训练内容包括警体和业务培训两大方面。

2010年，县森林分局推行民警身份证制度，实行“一牌一卡”制。设立民警联系乡镇、村制度，每人联系1～2个乡镇、村，负责摸清、掌握所辖乡镇、村林区的治安情况。

基础设施建设

2009年，森林公安在县林业局机关大院内修缮森林公安办公用房1座，建筑面积612平方米。

按照《公安机关执法办案场所设置规范》的要求，对办案区进行功能改造，共改造建筑面积110平方米，总投资70余万元。办案区严格配置录音、录像等监控设备，达到执法办案场所设置规范、硬件设施到位的预期目标。分局民警在办事、办案两独立的同时，杜绝执法办案场所存在的安全隐患。

2010年始，县森林分局开展“平安林区”创建活动。

第三节　案件侦查

案件查处

2004年，受气候变化等因素的影响，森林火灾频发，森林公安全年查处18起森林火灾案件，其中受害森林面积30公顷以上的森林火灾6起，6人被依法追究刑事责任。

1982～2010年，县森林公安机关查处林业行政案件3931起，涉案4256人；林业治安案件141起，涉案143人；林业刑事案件立案239起，起诉234起，判刑235人。

专项行动

根据省、市森林公安机关的统一部署，依据《中华人民共和国森林法》《中华人民共和国野生动物保护法》等法律法规，从2000年开始，县森林公安在全县范围内多次开展打击破坏森林、林地、野生动植物资源等涉林违法犯罪专项行动。

2000年7月，开展“南方二号行动”，严厉打击破坏野生动物资源违法活动。2001年4月，开展“禁种铲毒”专项行动。2002年8月，开展严厉打击毁林开垦和乱占林地违法犯罪行为专项整治。2003年4月，开展“春雷行动”，严厉打击破坏陆生野生动物资源违法犯罪集中统一行动。10月，开展禁种铲毒、严厉打击非法征占用林地、毁林烧炭、破坏森林资源违法犯罪专项行动。

2004年1月和3月，开展“清火一号”“清火二号”行动，侦破森林火灾案件大会战，严厉打击破坏野生鸟类资源违法犯罪，禁种铲毒集中统一行动。2005年3月，开展侦破森林火灾案件大会战。10月，开展“为民除害”集中猎捕成灾野猪的专项行动。12月，开展“绿锋行动”，严厉打击破坏森林和野生动植物资源违法犯罪专项行动。2006年3月，开展“清火一号”行动。5月，开展“打团伙、挖窝点、破大案”为重点的破案攻坚战。7月，开展严厉打击破坏陆生野生动物资源专项整治行动。11月，开展“绿盾行动”。

2007年3月，开展侦破森林火灾案件大会战。4月，开展 “春雷行动”。6月，开展“绿盾二号”行动。11月，开展集中猎捕成灾野猪专项行动。2008年3月，开展“飞鹰行动”和“清火行动”。5月，开展禁种铲毒和保护林地资源专项检查行动。9月，开展“为民除害”集中猎捕成灾野猪专项行动。11月，开展“候鸟三号行动”。2009年2月，开展森林火灾案件大会战。4月，开展“春雷一号行动”。5月，开展禁种铲毒专项行动。6月，开展“绿盾三号行动”。

2010年1月，开展“冬季行动”。3月，开展森林火灾案件大会战。4月，开展“春季行动”和禁种铲毒专项行动。9月，开展严厉打击破坏野生动物资源违法犯罪专项行动。

第十一章 监 督

松阳县的公安监督分内部监督与外部监督。内部监督又分系统上级对下级、本级设立监督机构进行监督；外部监督分人大、政协、群众以及检察机关对其监督。本章主要记述内部监督。

1989 年 12 月，松阳县公安局设立法制科。2010 年 5 月，法制科改为法制大队，为公安系统内设的公安内部监管机构。

2010 年，松阳县公安局执法工作获全省公安系统执法优秀单位称号。

第一节 机制建设

1989 年 12 月，县公安局建立法制科。1995 年 3 月，县公安局成立执法监督委员会，负责处理理赔、追偿、错案责任追究等执法监督中的重大问题。

1999 年 5 月，县公安局开展群众测评活动，发出测评表 1200 多份，群众对县公安系统的工作满意率为 97.6%。

2000 年，县公安局制定《执法责任制考核标准》。内容分综合执法、行政执法、刑事执法、执法监督 4 个部分。是年，县公安局制定《关于进一步规范执法工作规定》，规定在办理各类案件时，一律不得向案件当事人（或单位）收取赞助款，在执收执罚中，严格按照法律法规的规定和审批的收费项目进行罚没和执行收费，严禁在收费当中超标准、超范围收取，立即停止自立项目收费。

2001 年 4 月，根据公安部电话会议精神，县公安局制定《全县公安机关制止刑讯逼供、滥用枪支警械和滥用强制措施“三项治理”工作实施方案》。2002 年，设立松阳县公安局维护人民警察合法权益委员会（简称“维权委员会”），制定《松阳县公安局维护人民警察正当执法权益委员会工作细则》。是年，贯彻执行公安部《公安派出所执法执勤规范》。2006 年，县公安局制定《执法质量考核评议实施办法》。

2010 年，松阳县公安局的执法工作，经省公安厅抽查、复核验收，获评全省执法优秀单位。

第二节　执法监督与行政诉讼

执法监督

1951年3月15日，县人民政府发出通令，针对当时存在有的民兵、农会不按规定任意捕人的现象，要求各区严格执行《华东军政委员会逮捕人犯暂行条例》，规定逮捕人犯须向县公安、司法机关办理报捕手续，持逮捕证方能捕人，制止乱捕人现象。1953年，在“镇反”判定工作中，共查处漏划的反革命分子52名，纠正划宽的“五类”反革命分子164名，错捕的13名。1956年，县公安机关贯彻中央“有反必肃、有错必纠”的方针，协助县政法办公室与检察、法院组成检查组，共检查237个案件，发现错捕的反革命和刑事犯4名，可捕可不捕而捕了的12名，作出平反纠正。1962年，对望松公社1958年以来社办劳动教养队情况进行检查，全社共收容劳动教养人员47名，其中不该教养而教养的有38名。

1979～1981年，县公安局抽调4名干部建立冤假错案复查办公室，对“文化大革命”前后办理的案件进行清理复查。平反纠正34件34人，其中“文化大革命”前的13件13人、“文化大革命”中和“文化大革命”后的21件21人。配合法院和有关部门，对已判和未判的反革命集团案件进行复查，平反纠正集团案件4起，涉及50余人。

1982年恢复松阳县公安局后，抽调干部建立专门班子，对解放后经办的有申诉、有反映、有争议的案件进行复查。至年末，共复查拘捕、劳教、戴帽3类案件61件，涉及61人。平反纠正43件43人，其中错戴反、坏分子帽子的25件、错拘留的10件、错劳教的8件，占复查总数的70.5%；维持原结论18件18人，占29.5%。1987年9月11日至10月20日，全局开展执法检查，未发现严重侵犯公民合法权益的行为和冤假错案以及漏罪漏诉等问题。

1991年，执法检查发现少数被收容审查人员超出范围和超羁押期；1997年，执法检查发现有的把监视居住对象羁押在留置室，有的行政案件处罚裁决送达不及时，治安管理处罚的案件中罚款案件较多，可并处或应当拘留处罚而没有拘留等问题，均及时予以纠正。2000年，县公安局法制部门共审核刑拘案175起，取保候审案件98起，解除取保候审155人，监视居住11起，报捕案件100起，移送起诉97起，行政治安案件285起，报批劳教、少教8人。

2001年，法制部门共审核刑事拘留案件217件296人，取保候审案件107件123人，解除取保57件97人，监视居住9件9人，解除监视居住4件4人，提请批准逮捕119件152人，其中批准逮捕117件141人，批准率为92.7%。移送起诉128件167人，退回补充侦查9件18人，退查率为7.03%，起诉准确率100%。2002年，法制部门共审核刑事拘留案件144件181人，取保候审案件75件83人，解除取保59件89人，监视居住9件13人。提请批准逮捕78件89人，批捕率为96.6%。移送起诉102件132人，退回补充侦查4件6人，退查率为4.5%，起诉率为100%，有罪判决100%。各项指标均达到上级要求。办理治安行政案件350起842人，申请复议的4起4人均裁定维持。

2005年，法制部门共审核案件342起。其中刑事案件138起，刑事拘留213人，取保候审51人，监视居住3人，起诉184人，存疑不诉1人；刑拘转处率为87.32%，取保候审转处率为90%，起诉率为98.87%，退查率为1.48%；行政案件204起，罚款567人，警告31人，拘留196人，劳动教养12人。各项执法指标均达到省公安厅提出的标准。2006年上半年，县公安局刑拘转处率71.8%，起诉率97.8%，转移起诉准确率98.9%，批捕率91.5%。在年内全市第一次执法考评中，松阳县公安局荣获第一。

2009年1～11月，全县共办理刑事案件112起，刑事拘留215人，取保候审122人，监视居住4人，逮捕124人，移送起诉176人，批捕率98.4%，起诉率95%，定性准确率100%，退查率5%，上述指标均达标。

1979～1987年松阳县复查纠正冤假错案情况表

表26-11-2-1

类别	时期	平反纠正		维持原处理	
		件	人	件	人
戴帽	1966年5月前	12	12	2	2
	1966年5月至1976年10月	9	9	3	3
	1976年10月至1978年	26	26	5	5
拘留	1966年5月前	5	5	3	3
	1966年5月至1976年10月	8	8	—	—
	1976年10月至1978年	1	1	—	—
劳教	1966年5月前	16	16	4	4
	1966年5月至1976年10月	—	—	—	—
	1976年10月至1978年	—	—	—	—
结论定性	1966年5月前	1	1	1	1
	1966年5月至1976年10月	—	—	—	—
	1976年10月至1978年	—	—	—	—
合计		78	78	18	18

1998～2010年松阳县公安局法制部门审核案件情况表

表 26-11-2-2

项目 年份	合计（起）	刑事案件		治安案件	
		起	人	起	人
1998	590	275	386	315	888
1999	643	396	506	247	658
2000	460	175	256	285	712
2001	429	217	296	212	749
2002	494	144	181	350	842
2003	432	110	164	322	855
2004	368	128	166	240	595
2005	342	138	184	204	567
2006	389	159	193	230	738
2007	527	323	553	204	556
2008	320	140	417	180	557
2009	332	133	222	199	597
2010	342	132	396	210	632

行政诉讼

1987 年 2 月，县公安局派 1 名行政诉讼代理人到省公安厅参加为期 2 个月的业务培训。1990～1997 年，县局法制部门共受理行政诉讼应诉案件结案 44 起，其中经法院审理作出维持裁决的 21 起、作出撤销或部分撤销裁决的 4 起、变更的 3 起、原告撤回起诉的 16 起。

2001 年，提出复议 18 件 19 人，复议后维持裁决的 15 件 16 人、申请人撤回申请的 3 件 3 人，其中 1 件 1 人提起行政诉讼，经审判维持原裁决。

2009 年 11 月，2 人提出行政诉讼，经法院一二审判决（裁定），维持松阳县公安局公安行政处罚决定。2010 年 1 月，1 人不服松阳县公安局行政拘留决定，提起诉讼，法院判决驳回原告诉讼请求。

第十二章 后勤保障

松阳县公安后勤警务保障工作包括财务管理、装备设施、基本建设及现代化科技建设等工作。

县公安局内设警务保障室，职责是做好财务管理，积极主动向县财政、市公安厅争取办公、办案、基建等各项经费，确保公安保障经费的正常运转。制定规章制度，加强枪支弹药管理使用，确保安全工作万无一失。在基本建设方面，积极争取资金，兴建投资200多万元的110处警大楼，古市、工业园区、象溪、玉岩等基层派出所的办公用房也得到较大的改善。

第一节 装备设施

着装

解放初，县公安局干警实行供给制待遇，统一着灰色干部制服。1950年，确定人民警察服装制式，派出所干警统一着“五零式”警服，县公安局机关不着警服。1960年，基层派出所干警着全蓝棉布警服。1966年，改着上绿下蓝警服。

1982年，全局干警统一着警服，春秋装衣料为涤棉三合一，冬装衣料为的卡。1985年5月1日始，改着“八三式”橄榄色警服，夏装上衣为米黄色，衣料为涤府绸，局级领导春秋装衣料为混纺凡立丁，冬装为混纺马裤呢。1987年5月始，佩戴盾形臂章。1990年，开始着“八九式”警服。1992年9月始，全局在编授衔干警佩戴警衔。

2002年1月，民警统一着“九九式”警服。从1950年确定人民警察服装制式到2010年，经过多次改革，人民警察服装先后有八种制式，即五零式、五五式、五九式、六五式、七八式、八三式、八九式、九九式。

武器弹药

1950年，松阳县公安队在编35人持枪，计木壳枪1支、轻机枪1铤、冲锋枪2支、步枪30支，并配备各式子弹。1952年，县公安局给需佩带枪支的侦察、警卫、保卫、治安、看守工作人员配发使用短枪及所需的子弹。之后，武器弹药随人员增加而增加。至1997年，县公安局机关、派出所、交警队、武警中队配用“54”式、“64”式、“77”式手枪，“56”式机枪、半自动步枪、冲锋枪，“79”冲锋枪及“81”式自动步枪等。

1999年，县公安局执行省公安厅转发公安部制定的《公安机关公务用枪规定》。

通讯办公设备

解放后，松阳长期凭借公用电话、电报、信函，保持通讯联络。1983年，建立松阳县公安局总机室，属秘书部门管辖。内有30门指挥调度台1座，单路真迹传真机2台。是年12月，公安专线开通使用，与丽水地区公安处总机联网，下通局机关各科室及西屏镇、松阳派出所。1988年8月，县局无线电三级组网简易开通使用，在局总机室设总台，有对讲机30只，并在邵山顶设差转台，在全县范围内实现无线通讯。1993年末，县公安总机室建立无线寻呼台。1996年末，县公安局程控总机、全自动寻呼台开通运行。1998年，在全县8个派出所及户政科均配齐电脑。

2000年，县公安局投资30余万元建立与市公安局联网的公安通讯专网，投资20余万元建立区域防盗系统，建成25个报警点。投资10余万元为相关科室购置传真机、勘察箱、扫描仪、电脑、多波段光源等技术装备，增加一线办案单位工作中的科技含量，提高工作效率。2004年12月，县公安局把机关、西屏派出所、交警大队等单位的120余部电话全部改成公安虚拟电话，完成语音交换机改造和公安语音专网建设。做好350兆无线通讯系统建设工作，添置40台对讲机和13台车载台。2005年6月，基层一线办案单位和机关综合部门采购60余台计算机和打印机、扫描仪等，公安局计算机人均拥有率86%。新建一个计算机培训中心，用于全体民警职工计算机应用培训。完成看守所监所监控系统建设，看守所监所安全大幅度提升。

2007年，省公安厅对全省派出所、交警队、巡特警工作等一线实战单位和县级公安机关装备室设计提出新的要求，对欠发达地区的公安派出所装备室按5万元标准予以补助。

交通工具

20世纪50年代，松阳仅有几辆自行车，以应付紧急情况。1982年，复设松阳县公安局，从遂昌县公安局分得旧的北京牌吉普车1辆、东海牌三轮摩托车1辆、自行车6辆。是年，添置“山东牌750”三轮摩托车1辆、北京牌吉普车1辆（旧）（省厅配发）。1985年后，交通工具不断增加。1997年末，计有轿车、吉普车、勘察车、囚车等34辆。其中，局机关11辆，交警大队8辆，巡特警2辆，消防大队3辆，西屏镇和城郊派出所各2辆；古市、象溪、玉岩、古郊、城南、大东坝派出所各1辆。摩托车除破损报废外，133辆全部折价给干警固定使用。

1998年2月20日，县公安局制定《关于车辆管理的规定》，对车辆调度的原则、权限作出明确规定：车辆燃料使用实行专车用油登记制度，一车一卡。对车辆维修、干警自备摩托车的管理等都作出规定。

2000年以后，公安交通工具逐年增加和更新，县公安局专门制定《松阳县公安局车辆管理补充规定》。

第二节　警务用房建设

20世纪50年代，县局和基层派出所办公用房借用祠堂庙宇和民房，因陋就简使用。1951年，扩修看守所。1978年，在西屏镇人民大街新建西屏镇义务消防队用房；新建古市镇派出所二层砖木办公用房，计面积250平方米。

1982年，复置松阳县。是年，新建西屏镇义务消防队用房，砖木结构二层，面积105平方米，地址城内横街。1983年5月，省厅拨款10万元，在城东半岗山新建看守所，后续拨14万元；1985年5月建成投入使用，建筑面积1526.9平方米。

1984年5月，新建的县消防中队营房竣工使用，钢筋水泥结构三层，建筑面积550平方米，地址新华路29号。1985年10月，在看守所南侧新建武警中队营房1座，建筑面积826平方米。1987年10月，新建拘留所1座，建筑面积167.3平方米，址设半岗山脚。1987年5月，县局机关干警宿舍竣工使用，四层钢筋水泥结构，建筑面积1400.9平方米，址设县局内。1988年，四层钢筋水泥结构的县局办公楼、技术楼竣工使用，共有建筑面积2040平方米，址设人民大街19号。

1992年5月，建造城郊派出所办公楼及干警宿舍三层综合楼，钢筋水泥结构，建筑面积922.94平方米，址设荷塘坌1号。1993年8月，动工新建古市镇派出所办公综合楼；1996年建成使用，建筑面积1302平方米。1993年12月，象溪镇购买民房1座，计253平方米，作为镇派出所办公用房及干警宿舍。1994年，城南和古郊派出所分别在水南瓦窑头及古市筏铺，新购民房作为派出所办公及干警宿舍综合用房。1994年，西屏镇派出所在人民大街购三层楼房1座，为办公用房，高层经装修为县局干警宿舍。1997年，玉岩派出所新购原玉岩营业所房屋为办公室及干警集体宿舍。

2000年，县公安局投资200余万元建造“110”接处警大楼，同时投资30余万元建造玉岩派出所食堂用房等。对大东坝、象溪派出所办公生活用房、公安局食堂进行装修。

2006年，新建古市派出所办公楼，总用地面积6050平方米，建筑占地面积620.37平方米，建筑总面积2838.1平方米。项目概算投资436万元。2007年末竣工。

2010年，新建园区派出所，选址于县工业园区东南面，云岩山公园东侧、中二路西侧。工程总用地4228.8平方米，总建筑面积1582平方米。核定工程概算投资320.6万元。

第二十七编　检　察

松阳县人民检察院始建于1955年4月；1958年11月，随县制并入遂昌县人民检察院。1982年4月重建松阳县人民检察院后，县人民检察院围绕改革发展稳定大局，贯彻落实中共的路线方针政策，履行宪法和法律赋予的职责，依法打击各种刑事犯罪活动，查办、预防各类职务犯罪，强化对诉讼活动的法律监督，推进检察体制和工作机制改革，加强检察队伍建设和检察后勤保障等工作。2002～2010年，县人民检察院共有41个先进集体和个人受到县级以上机关表彰，其中国家级1个、省市级17个、县级23个。先后被授予全国检察机关办案用房和专业技术用房建设先进单位、全省政法系统规范执法为民先进集体、全省政法系统规范执法先进单位、省级先进检察院等称号，被省检察院荣记集体二等功1次。2009年，松阳县人民检察院被省检察院授予“2009年度省级先进基层检察院”称号。

第一章　检察机构

松阳县人民检察院的内部组织机构主要包括检察委员会及其他具体工作机构。检察长统一领导检察院工作。县人民检察院设立县检察委员会，实行民主集中制，在检察长的主持下，讨论决定重大案件和其他重大问题。检察长在重大问题上不同意多数人的决定，可以报请本级人民代表大会常务委员会决定。检察工作机构包括刑事检察、经济检察、法纪检察、监所检察、民事检察和行政检察等业务机构，设立反贪局、建立举报中心，直接依靠群众同贪污、贿赂、渎职、侵权等犯罪行为作斗争，实行专门工作与群众路线相结合的形式。

第一节　县人民检察院

民国时期，司法检察事务由县长兼理。1955年4月，始建浙江省松阳县人民检察院，业务隶属浙江省人民检察院金华分院领导。1958年11月，随县制撤销。1982年1月，恢复松阳县建制；4月，松阳县人民检察院重建。

松阳县人民检察院是国家的法律监督机关，主要任务是依法履行法律监督职能，保证国家法律的统一和正确实施。

图 27-1 检察院大楼落成典礼（县检察院提供 2003 年）

县人民检察院主要职责是在县委和丽水市人民检察院的领导下，对县人民代表大会及其常委会负责并报告工作，接受其监督，依法向县人民代表大会及常委会提出议案；依法对贪污、贿赂犯罪，国家机关工作人员的渎职犯罪，国家机关工作人员利用职权实施的非法拘禁、刑讯逼供、报复陷害、非法搜查等侵犯公民人身权利的犯罪以及侵犯公民民主权利的犯罪案件进行立案侦查；对全县的刑事案件依法审查批准逮捕、决定逮捕、提起公诉，掌握社会治安动态，参与社会治安综合治理；对刑事诉讼及民事与经济审判和行政诉讼实行法律监督；对公安机关的侦查活动实施法律监督；对人民法院的审判活动实施法律监督，对确有错误的判决或裁定依法提起抗诉；对刑事判决、裁定的执行和看守所的执法活动实行法律监督；受理单位和公民的控告、申诉、举报以及犯罪嫌疑人自首，管理对贪污、贿赂、渎职侵权等犯罪的举报并依法进行初查；对全县职务犯罪预防工作进行研究并提出预防对策；对检察工作中具体应用法律问题进行研究，努力解决执法中存在的问题；加强检察机关的思想政治工作、队伍建设、宣传、教育和培训工作；根据《中华人民共和国人民检察院组织法》和《中华人民共和国检察官法》的有关规定，办理向县人大及其常委会提请任免议案。

第二节　内设机构与历任检察长

内设机构

1955 年 4 月，松阳县人民检察院初建时仅设办公室。

1982 年 4 月，重建松阳县人民检察院，设办公室、刑事检察一科、刑事检察二科、经济检察科、法纪检察科和林业检察科；7 月，建立中共松阳县人民检察院党组。1983 年 8 月，成立松阳县人民检察院检察委员会。1985 年 5 月，设立监所检察科；9 月，撤销林业检察科。1988 年 7 月，设立控告申诉科；11 月，设立经济罪案举报站。1989 年 1 月，设立驻松阳县财税局税务检察室。

1990 年 5 月，县检察院设立政工科；经济检察科改称贪污贿赂侦查局，经济罪案举报站业务分别归口贪污贿赂侦查局与控告申诉科。1991 年 9 月，撤销经济罪案举报站实体机构，举报站挂靠控告申诉科。1996 年 3 月，贪污贿赂侦查局更名为反贪污贿赂局。1997 年 9 月，驻松阳县财税局税务检察室撤销。1997 年 11 月，机构改革方案确定 11 个内设机构为办公室、政治处、审查批捕科、审查起诉科、反贪污贿赂局、法纪检察科、监所检察科、民事行政检察科、控告申诉检察科（举报中心、刑事赔偿办公室）、检察技术科、法警大队。1998 年 7 月，设立民事行政检察科；12 月，政工科、刑事检察一科、刑事检察二科、控告申诉科分别更名为政治处、审查批捕科、审查起诉科和控告申诉检察科。

2002 年 11 月，机构改革方案确定 11 个内设机构为办公室（法律政策研究室）、政治处、侦查监督科、公诉科、反贪污贿赂局、渎职侵权检察科、监所检察科、民事行政检察科、控告申诉科（举报中心、刑事赔偿办公室）、行政装备技术科、监察室。2003 年 5 月，审查批捕科、审查起诉科、法纪检察科分别更名为侦查监督科、公诉科、渎职侵权检察科；设立行政装备技术科。2004 年 7 月，松阳县建立预防职务犯罪工作领导小组，领导小组办公室设县检察院。2005 年 7 月，渎职侵权检察科更名为反渎职侵权局。2006 年 2 月，设立松阳县人民检察院人民监督员办公室、中共松阳县人民检察院纪律检查组。2008 年 5 月，设立职务犯罪预防科；此前，职务犯罪预防工作由反贪污贿赂局兼责。重设法警大队，法警人员由办公室兼管。设驻看守所检察室，同监所检察科合署。

2010 年 1 月，设立中共松阳县人民检察院直属机关委员会；3 月，设立中共松阳县人民检察院第一支部委员会、第二支部委员会、第三支部委员会和中共松阳县人民检察院退休老干部支部委员会；5 月，增设法律政策研究室；12 月，增设工业园区检察室和古市检察室。至此，松阳县人民检察院内设机构有办公室、政治处、侦查监督科、公诉科、反贪污贿赂局、反渎职侵权局、监所检察科(驻看守所检察室)、民事行政检察科、控告申诉科（举报中心、刑事赔偿办公室）、行政装备技术科、监察室、职务犯罪预防科、法警大队、法律政策研究室、工业园区检察室、古市检察室 16 个部门。

图 27-2　检察院干警上街开展《检察官法》宣传周咨询活动（县档案馆提供 1998 年）

2010 年末，县检察院机关行政编制数 53 人。领导职数有检察长 1 人、副检察长 3 人，党组副书记 1 人、纪检组组长 1 人、政治处主任 1 人，反贪污贿赂局局长、教导员、反渎职侵权局局长高配副科干部各 1 人，检察委员会专职委员高配副科干部 2 人。

历任检察长

1955年4月成立检察院后，一直未选派检察长。1958年11月，松阳并入遂昌，检察院随之撤销。1982年4月恢复县制后重建检察院，也未有检察长。直到1984年松阳第四次人民代表大会上，才选举产生检察长。

1984～2010年松阳县人民检察院历任检察长名录表

表27-1-2-1

姓 名	籍贯	任职时间
赵洪权	江苏涟水	1984.11～1987.03
徐成康	浙江兰溪	1987.08～1997.11
季王民	浙江青田	1998.04～2002.12
金　珍（女）	浙江遂昌	2003.06～2006.07
朱小刚	浙江遂昌	2007.04～2010.11

第二章　刑事检察

刑事检察是人民检察院的业务之一。松阳县人民检察院按照法律规定，对公安机关的刑事侦察活动和人民法院的刑事审判活动是否合法进行监督检察。主要表现形式为对于公安机关提请逮捕人犯的案件进行审查，决定是否批准逮捕；对于公安机关侦查终结后移送起诉或免于起诉的案件进行审查，决定是否提起公诉或免于起诉；对于公安机关侦查活动的合法性进行监督；对于向人民法院提起公诉的案件，出席法庭，支持上诉；对于人民法院刑事审判活动的合法性进行监督；对于人民法院发生法律效力的判决、裁定，认为确有错误的，按照审判监督程序提出抗诉。

第一节　侦查、审判监督

侦查监督

侦查监督是法律监督的一个重要方面。松阳县人民检查院对公安机关的侦查活动是否合法实行监督，目的在于发挥检察机关与公安机关相互制约作用，保证正确合法地追究犯罪，防止和减少冤、错案件的发生。侦查的主要内容包括公安机关在侦查活动中法律手续是否完备，有无非法拘捕、错捕或漏捕人犯的情况；在立案、侦查、预审时及勘验、搜查、扣押、鉴定中，有无违法行为；在讯问被告人和询问证人中有无违法乱纪、刑讯逼供等情况。

1982～2002 年，追捕 23 人。对公安机关应当立案而不立案的监督受案 50 件，公安机关主动立案 42 件 48 人，对公安机关不应当立案而立案的监督受案并纠正 14 件 15 人，对侦查活动监督提出纠正违法 10 件次，对立案监督案件移送起诉 13 件 20 人作出有罪判决。

2003～2010 年，对公安机关应当立案而不立案的监督案 51 件，追捕漏捕 15 件，对公安机关不应当立案而立案的监督受案并纠正 29 件。2010 年，以防止错捕错诉、漏捕漏诉和纠正超期羁押为重点，严把案件事实关和证据关，对不构成犯罪或不符合逮捕、起诉条件的，依法作出不批捕决定 4 件 7 人，作出不起诉决定 12 件 14 人。

审判监督

审判监督程序，又称再审程序，是松阳县人民检察院对县人民法院作出的已发生法律效力的判决、裁定，发现确有错误，依职权提起再行审理的特殊诉讼程序。目的在于对已生效并确定有错误的判决和裁定，通过再审并作出裁判予以纠正。

重点纠正确有错误的刑事判决，开展审判监督工作。1982～2002 年，提出抗诉 19 件。2003～2010 年，纠正漏诉 14 件 16 人，提出检察建议 21 件 40 人；二审程序提出抗诉 8 件，审判监督程序提请抗诉3件。

第二节 打击刑事犯罪

民国26～28年（1937～1939），松阳县收受检察案件618件，其中伤害案件145件、盗窃案件63件。

1955年，松阳检察院建院初，开展批捕、起诉为主要内容的刑事检察业务。反革命案件和重大刑事案件，经县检察院审查，提出检察意见，报请松阳县委批准。一般刑事案件，委托县公安机关直接提起公诉。从1956年始，建立审查批捕、审查起诉和提起、支持公诉等检察制度，对公安和审判机关的侦查、审判活动实行法律监督。1955～1957年，批准逮捕各类刑事案犯362名，提起公诉刑事案件168件。1958～1981年，随县制并入遂昌县人民检察院。

1982年，重建松阳县人民检察院，设立刑事检察一科和刑事检察二科，分别担负审查批捕和审查起诉业务。1983年8月，开展为期3年的严厉打击严重刑事犯罪活动（简称“严打”）。至1986年7月，批准逮捕各类刑事犯罪分子210人，提起公诉198人。1986年后，配合公安、法院等部门，对不同时期犯罪特点和治安状况，开展专项斗争，及时批捕、起诉。对重大案件实行提前介入，熟悉案情，从快从严。1989～1992年，受理公安机关提请逮捕犯罪嫌疑人1343名，批准逮捕1130人，不批准逮捕118人；受理公安机关移送起诉犯罪嫌疑人1317人，提起公诉1184人（其中移送丽水地区检察分院审查起诉57人），决定免予起诉91人、不起诉14人。在批准逮捕犯罪嫌疑人中，25岁以下青少年犯罪嫌疑人占56%。

1993～2002年，在审查逮捕方面，受理提请批准逮捕案件845件1215人，批准逮捕769件1064人，不批准逮捕66件136人；在审查起诉方面，受理移送起诉案件881件1295人（其中职务犯罪案件61件72人），提起公诉750件1033人（其中职务犯罪案件23件27人），不起诉48件99人（其中职务犯罪案件23件28人），移送分院起诉44件98人。

2003～2010年，在审查逮捕方面，受理提请批准逮捕案件827件1190人，批准逮捕783件1134人，不批准逮捕43件55人；通知补查24件30人，无逮捕必要11件13人，参与现场勘查23件51人，检察建议6件23人。在审查起诉方面，受理移送起诉案件1107件1746人，提起公诉1008件1545人，不起诉31件59人，移送其他检察院37件83人；退查重报60件127人，检察建议21件40人。其中，受理提请批准逮捕职务犯罪案件55件59人，批准逮捕42件46人，不批准逮捕13件13人；受理移送起诉职务犯罪案件42件46人，提起公诉88件110人，不起诉2件2人。

2009年6月，最高检通过关于检察机关职务犯罪案件的批准逮捕权上提一级的规定，松阳县人民检察院立案侦查的职务犯罪案件犯罪嫌疑人批准逮捕由市检察院批准决定。

第三章　经济检察

经济检察是人民检察院的业务之一。人民检察院依照法律规定，对经济领域的违法犯罪活动进行检察。根据人民检察院组织法和刑事诉讼法的规定，松阳县人民检察院依法对贪污、贿赂犯罪、国家机关工作人员的渎职犯罪、国家机关工作人员利用职权实施的犯罪案件进行立案审查，以及对全县职务犯罪预防工作进行研究并提出预防对策。

县检察院依法直接立案侦查国家工作人员贪污贿赂等案件，开展贪污贿赂的预防工作；研究贯彻执行反贪污贿赂业务工作细则、规定，推进反腐倡廉工作，把惩治和预防贪污贿赂等犯罪摆在重要位置。

第一节　查处贪污贿赂

1955～1957 年，松阳县人民检察院立案侦查贪污案件 9 件，起诉 3 件，转其他部门改行政处理 6 件。

1982 年，县检察院设立经济检察科。1985 年 8 月，把打击严重经济犯罪活动作为主要任务；1988 年，把反贪污贿赂列为首要工作。1989 年 8 月，最高人民法院、最高人民检察院联合发布《关于贪污、受贿、投机倒把等犯罪分子必须在期限内自首坦白的通告》后，8～12 月，全县立案侦查经济案件 10 件，有 3 名犯罪嫌疑人自首。1990 年 5 月，以经济检察科为基础，组建贪污贿赂侦查局。县检察院设立反贪污贿赂局后，直接受理贪污、贿赂、偷税、抗税、假冒商标等案件。1991 年，深入部门系统，结合纠正行业不正之风，以典型案件为突破，敦促 10 名违法犯罪嫌疑人自首，立案查处受贿案件 14 件。1982～1992 年，立案查处贪污、贿赂、挪用公款、偷税、抗税等经济犯罪案件 109 件 119 人，其中贪污、贿赂案件占 69%，逮捕经济犯罪嫌疑人 62 人，起诉 64 件，免予起诉 40 人，挽回经济损失 113.8 万元。

图 27-3　贿赂侦查局的干警查账办案（县档案馆提供 1992 年）

1993～2002 年，县检察部门初查经济案件 132 件，立案侦查 55 件，为国家和集体挽回经济损失634余万元。初查涉税案件58件，立案侦查8件，为国家追回税款280余万元。期间，未发生错案，完成案100%。

2003～2010年，受理贪污贿赂案件79件，初查78件，立案76件87人。其中，举报7件，自首3件，自行发现43件，纪检监察移送3件，其他司法机关移送1件，再立案4件。侦查终结合计80件91人，移送起诉79件90人。其中，行政机关人员32人，司法机关工作人员4人，军事机关工作人员2人，国有公司企业工作人员18人，国有事业单位工作人员11人；其中共产党员50人、人大代表7人、政协委员3人、科级32人；其中司法机关4件4人、行政执法机关18件21人、金融保险系统4件4人；判决处10年以上有期徒刑的6人，免于刑事处罚的14人。挽回经济损失1083.36万元。

第二节 职务犯罪预防

2005年之前，职务犯罪预防工作由反贪污贿赂局兼管。2005年，开始行贿犯罪记录查询工作。2008年8月，增设职务犯罪预防科，县检察院的反腐倡廉工作进入“惩防并举，构建职务犯罪预防新体系”的阶段。

1998～2003年，根据上级检察院关于反腐败斗争的部署，结合松阳实际，突出专办职务犯罪案件。期间，共立案侦查职务犯罪案件64件70人，其中贪污贿赂犯罪案件52件58人、渎职犯罪案件12件12人。针对发案单位在管理中存在的问题，提出检察建议，协助单位建立健全规章制度，堵塞漏洞，加强犯罪预防，2003年共发出检察建议书15份，均被有关部门采纳。

图27-4 检察院反贪局干警分析案情(县档案馆提供 1998年)

2006年，加大查办和预防职务犯罪力度，共查办职务犯罪案件44件48人，提起公诉42件47人，均被法院作出有罪判决。结合办案制发检察建议68份，帮助相关单位完善管理，加强防范。

县检察院以案件剖析、法制讲座、预防通报、检察建议、重点工程热点部位专项预防等方式和平台推进职务犯罪预防工作。行贿犯罪记录查询工作的范围、广度和频度得到扩大和推进，在构建诚信社会方面发挥应有的作用，在政府工程项目的招投标方面尤为突出。是年，惩治职务犯罪与预防职务犯罪并重，全年共立案侦查贪污、贿赂、渎职、侵权等职务犯罪案件19件19人，其中受贿案11件11人、贪污公款案2件2人、玩忽职守案2件2人。向发案单位及有关部门发出检察建议书26份。与有关部门召开预防职务犯罪联席会议4次，上法律预防课2次，开展工程预防项目2个。

与县公安局、国税局等34家行政执法单位联合发布并实施《行政执法与预防职务犯罪工作信息共享机制》，逐步形成大网络预防的格局。

2009～2010年，加大查办和预防职务犯罪，积极推进反腐倡廉工作，始终把惩治和预防贪污贿赂、渎职侵权等职务犯罪摆在重要的位置。期间共立案侦查职务犯罪案件18件25人，通过办案挽回经济损失700余万元。其中，原丽水电业局局长高某某案件是松阳检察机关恢复重建以来查获涉案金额最大的职务犯罪案件。同时着力加强职务犯罪预防工作，加强政府主导的重点工程预防。与县招投标管理办公室共同商定将把先200万元以上为起点的政府投资工程建设项目、公开招标的政府采购项目必须经过行贿犯罪档案查询降到50万元以上，进一步增加查询范围。充分发挥检察机关治理腐败和预防商业贿赂作用，注重招投标环节预防、提供犯罪档案系统查询109件次。利用《浙江省预防职务犯罪条例》颁布实施3周年之际，在《新松阳》报和松阳电视台播出职务犯罪预防宣传专版，用某村5名村干部贪污土地征用款案件进行剖析警示教育，做到预防职务犯罪“关口前移”，推进社会化大防范。

第四章 法纪检察

法纪检察是人民检察院的业务之一。人民检察院通过行使国家检察权来完成自己的任务。它对于危害国家安全案、危害公共安全案、侵犯公民人身权利民主和权利案及其他重大犯罪案件，行使检察权。松阳县人民检察院依照法律规定，对国家公职人员遵守和执行法律的情况实行监督检察。主要是对国家公职人员触犯刑律，构成犯罪，需要追究刑事责任的案件行使检察权。包括特殊的法纪检察，即对叛国案、分裂国家案以及严重破坏国家的政策、法律、法令、政令统一实施的重大犯罪案件实行检察；普通法纪检察，即对于国家工作人员的渎职案件和侵犯公民人身权利、民主权利等案件实行检察。

第一节 查处侵权案

县检察院建院初期，主要负责查处侵犯公民民主权利、人身权利、渎职，以及破坏公共秩序等方面13种案件。1955～1957年，查处法纪案件18件，其中提起公诉1件，其余均转有关部门作党纪或行政处理。

1982年，法纪检察科设立，主要受理侵权、渎职犯罪案件侦查业务。1982～1990年，受理非法拘禁、玩忽职守、非法侵入住宅、破坏邮电通信、报复陷害等法纪案件128件，立案侦查23件、32人，起诉19人，免予起诉11人，撤案1件1人，其中非法拘禁案占有量30%。1990年，查处3件破坏选举违法犯罪案件。1991年，县检察院以报复陷害罪立案侦查1例打击报复举报人案件。1991～2002年，加强法纪检察工作，查处侵权、渎职犯罪案件，初查各类法纪案件90件，立案侦查13件。

2003～2010年，受理渎职、侵权案件18件，初查18件，立案19件20人。其中，举报4件、自首1件、自行发现9件、内部移送3件、外部移送1件；侦查终结合计19件20人，移送起诉18件18人，撤销案件1件2人。其中，行政机关工作人员15人，司法机关工作人员3人；共产党员13人，科级3人；司法机关3件3人（公安），行政执法机关11件11人（林业）；免于刑事处罚7人，挽回经济损失40.39万元。

第二节　查处其他违反法纪案件

1982～1990 年，受理非法拘禁、玩忽职守、非法侵入住宅、破坏邮电通信、报复陷害等法纪案件 128 件，立案侦查 23 件、32 人，起诉 19 人，免予起诉 11 人，撤案 1 件 1 人，其中非法拘禁案占 30%。

1998～2003 年，严肃查办国家机关工作人员渎职犯罪案件，共立案侦查行政机关工作人员玩忽职守犯罪案件 9 件，司法机关工作人员徇私舞弊犯罪案件 2 件。

2005 年，共立案侦查职务犯罪案件 12 件 15 人，其中玩忽职守案 2 件 2 人。2006 年，突出查办国家机关工作人员渎职犯罪。

2009 年，紧紧围绕省政法委要求检察机关严厉查处虚假立功案的部署，把虚假立功案件作为重点进行查处。

第五章 监所检察及其他

监所检察、控告申诉检察和对人民法院的民事审判活动和行政诉讼活动进行法律监管，是县人民检察院的主要职责。

监所检察是检察机关监所检察部门，对刑事案件的判决、裁定的执行和监狱、看守所等监管场所依法履行监管职责。松阳县检察院设置监所检察科，负责对全县刑事案件判决、裁定的执行和看守所执法活动是否合法的监督工作的指导；指导发生在监管场所的贪污、贿赂、侵权、渎职等案件的侦查工作以及被监管改造人员重新犯罪案件的批捕、起诉工作；负责被监管改造人员及其亲属的控告、申诉工作；研究制定监所检察业务工作计划、规定和办法。

控告申诉检察工作是人民检察院直接依靠群众实施法律监督的一项检察业务工作。控告申诉检察部门是人民检察院履行法律监管的职能部门之一。控告申诉检察工作的主要任务是统一受理来信，接待来访，处理涉及刑事问题的控告、检举、申诉和自首；承办分管的控告、申诉案件；结合处理来信来访和办案工作，宣传法制，提供法律咨询，处理矛盾可能激化的控告申诉，预防犯罪，参与社会治安的综合治理；综合分析信访情况，及时反映信息，提供案件线索。松阳县检察院专门设立控告申诉科（举报中心、刑事赔偿办公室），受理和查办公民和单位的举报、控告、申诉案件；统一管理受理的举报线索并开展初查工作；承办向市检察院备案的要案线索的报送；综合反映控告申诉和举报情况，研究制定本院控告申诉检察业务工作计划、规定和办法。

人民检察院依法独立行使检察权，通过办理民事、行政、抗诉案件，对人民法院的民事审判活动和行政诉讼活动进行法律监管，维护国家利益和社会公共利益，维护司法公正和司法权威，保障国家法律的统一实施。人民检察院受理的民事、行政案件，主要来源有当事人或者其他利益关系人申诉的、国家权力机关或者其他机关转办的、上级人民检察院交办的、人民检察院自行发现的。松阳县人民检查院专门设立民事行政检察科，办理管辖范围内的有关抗诉案件，立案查处由本院管辖的发生在民事、经济、行政审判中执法人员贪赃枉法、徇私舞弊的犯罪案件，负责对全县民事、经济、行政抗诉案件的备案审查。

第一节 监所检察

安全防范检察

1956 年 9 月，县检察院对县公安局看守所开始进行检察活动，担负起监所检察职责，对“以押代侦”“久押不决”等违法现象提出纠正建议。1956～1957 年，对在押犯的教育、改造、伙食、卫生和看守所监管秩序等方面存在的问题，提出检察建议，配合做好管教和安全防范工作，并与公安、法院、司法等部门制订监所管理联系制度。

1982 年，松阳县监所检察工作由刑事检察一科兼管。1985 年 1 月，设立监所检察科，配备专职监所检察干部 1 人，开始对判处缓刑、剥夺政治权利、管制、假释和保外就医 5 类监外改造罪犯考察工作，监所检察走向经常化、制度化、规范化。

1982～1992 年，松阳县监所检察科干警给在押人员授法制课 43 次，对在押人员进行个别谈话教育 741 人次，对执法人员提出纠正意见 158 件次，对监外改造的 5 类罪犯考察 405 人次。

1993～2002 年，松阳县抓好监所检察工作，加强对县看守所执法活动的监督，协助公安、武警做好安全防范和人犯管教工作，打击“牢头狱霸”，纠正有关执法人员的违法行为 115 次，依法维护人犯的合法权益，维护监管场所的正常秩序。

2004 年，加强刑罚执行监督。分管检察长和驻所检察干警为看守所在押人员上法制教育课 7 次，获取在押人员检举他人犯罪线索 46 件，移送司法机关立案 20 件。开展执法检查 67 次，提出检察建议并被采纳 9 次。审查呈报减刑 12 件，提出不能减刑建议 1 次。

2008 年，市检察院指定松阳县检察院查办并移送审查起诉的青田县公安系统系列贿赂案的犯罪嫌疑人发生集体翻供的不正常现象，检察院对此开展专项检察，并针对看守所在会见、劳动、监查等方面管理中存在的问题和漏洞，向县公安局发出检察建议书，并督促看守所落实整改。加强驻看守所检察室的规范化建设，是年，驻看守所检察室被评为全省检察机关派驻监管场所三级规范化检察室。

查处监所干警违法事件

2003～2010 年，全县刑罚执行、监管活动监督合计 48 起。其中，违法收押收容 7 起，违反规定留所服刑 3 起，违法准予外出 1 起，其他 37 起；实行监外执行罪犯 201 人，监管改造违法情况 77 起，无监管措施 4 起，脱管失控 36 起，未按规定收监 3 起，提出纠正 48 次，后予以纠正 48 次。在罪犯减刑、假释、暂予监外执行方面，执行机关呈报 41 件，法院裁定 19 件，保外就医 1 件，提出纠正 24 件，并全部纠正。

第二节　控告申诉 民事行政检察

控告、申诉检察

发动群众举报经济犯罪线索，打击经济犯罪行为。1988 年 7 月，县检察院增设控告申诉科；11 月，设立经济罪案举报站。

1988～1992 年，全县受理控告申诉来信来访 3006 次，其中经济犯罪线索 331 件、法纪犯罪 96 件。

1993～2002 年，全县受理控告申诉来信来访 2072 次，其中经济犯罪线索 222 件、法纪犯罪 61 件、刑事案件线索 105 件、申诉案件 33 件、重复来信来访 198 件。

2003～2010 年，全县受理举报贪污贿赂、渎职侵权 233 件。其中县检察院管辖 228 件，非检察院管辖5件；实名举报136件；举报党政机关工作人员76件、司法机关工作人员22件、国有公司企事业30件、农村基层组织工作人员95件、其他6件，其中科级51人；审查处理合计292件，分送本院其他部门107件，移送其他检察院2件，转其他机关14件，直接答复1件，存查24件，移送立案17件，举报失实27件，其中检察长接待42人。受理控告申诉案件566件，其中控告427件、申诉139件；其中实名控告申诉323件。审查处理合计381件，控告部门办理6件，分送本院其他部门63件，移送其他检察院1件，移送公安机关117件，移送其他机关87件，直接答复107件；其中检察长接待79件245人，批办案件50件，已结案件38件。受理刑事申诉案件7件（重复申诉2件），立案复查5件；受理刑事赔偿申请案件2件，予以确认1件，支付赔偿金6900元；举报奖励22人，奖励金额18200元。按照上级检察机关部署每年开展举报宣传周活动。

民事行政检察

随着县域经济建设得到发展，民事、行政申诉案件增多。1998年10月，县检察院增设民事行政检察科。

1998～2002年，松阳县加强对民事审判和行政诉讼活动的法律监督，受理民事、行政申诉案件44件。

2003～2010年，在民事、行政检察方面，受理案件113件，审查处理88件，立案72件。其中建议提请抗诉5件，提请抗诉19件，检察建议提出17件，支持起诉55件。

第二十八编　法　院

松阳县人民法院始建于1950年4月，1958年11月随县制并入遂昌县人民法院。1982年4月重建松阳县人民法院以后，县人民法院在中共松阳县委、县人大及其常委会、市中院的领导、监督和指导下，全面贯彻“公正司法，一心为民”的指导方针，推进“社会矛盾化解、社会管理创新、公正廉洁执法”等重点工作，围绕“为大局服务，为人民司法”工作主题，大办倡导“案结事了”的司法理念，强化诉讼调解，狠抓审判管理，遵循公开审判原则，深化审判方式改革，以强化合议庭和法庭职责为重点，建立符合审判工作特点和规律的审判管理机制，在依法审理民责商事、行政、刑事案件中为维护公平、公正，促进社会稳定和谐作出应有的贡献，审判工作和队伍建设都取得明显的成效。2010年，多项办案绩效指标位居全省、全市法院前列，在全市基层法院岗位目标考核中获一等奖。

第一章　审判机构

松阳为丽水市建制最早的县，始建于东汉建安四年（199）。时置松阳长1人，兼理辖区狱讼。清宣统三年（1911）七月前，凡诉讼概由历代县正印官审理，刑科协理。法、政一体，由知县（县令、县长、县尹）兼理诉讼、审判。

民国36年（1947），县地方法院建立。1949年6月，松阳县人民政府接管原地方法院，改设司法科。1950年4月，撤销司法科，成立松阳县人民法院，审级关系隶属丽水分院。1958年，松阳县人民法院随县制并入遂昌县人民法院，在松阳设西屏法庭。“文化大革命”时期被“砸烂”；1976年10月后逐步建立、完善。

1982年，松阳县人民法院随县制恢复，院址设在西屏镇人民大街21号。2003年，院址迁移至西屏镇长松路1号，有内设机构11个。

第一节　机构沿革

民国元年（1912），松阳成立执法科，由知事直接管理。民国5年5～9月，设审检所。民国16年，执法科改称司法科，由县长兼理。民国19年，县政府颁布《司法科办事暂行细则》。民国

25年4月之后，依据《各县司法处组织暂行条例》，设立司法处，由县长兼理司法行政事务及检察职务。

民国36年（1947）11月，撤县司法处，建县地方法院，隶属丽水分院。县地方法院分审、检两部，下设看守所、监狱。审部由民庭、刑庭和书记室等组成，分别由院长、庭长、推事执掌充任；检部由首席检察官、检察官和书记室等组成，由首席检察官主管。其间，民事诉讼以基层组织、民间自行调解为主，较少通过司法处、法院调解。

1949年6月，县人民政府接管原县地方法院，改设司法科，主持司法审判。1950年4月16日，撤销司法科，组建县人民法院；审级关系由省人民法院丽水分院管辖。5月，建立法院看守所，负责看守羁押未决人犯，所址设松阳县公安局内；6月，成立县委、县政府、法院、公安等领导组成的审判委员会；11月，审批委员会撤销；12月，为配合土地改革和镇压反革命的需要，建立县人民法庭；12月底，设立由正副审判长和审判员组成的审判委员会。1951年4月，把看守所移交公安局。

1952年4月，丽水专区撤销，松阳县划归衢州专区，审级关系由浙江省人民法院衢州分院管辖。1954年6月，松阳成立县普选人民法庭，保证人民行使民主权利，专审破坏选举案件。8月，县人民法院设立县第一、第二巡回法庭，分设在江南区公所（址叶村）、古市区公所，方便人民群众诉讼，就地宣传法律知识。

1955年3月，衢州专区撤销，法院审级关系由金华地区中级人民法院管辖。1956年3月后，法院先后设立刑事审判庭、民事审判庭、办公室、信访接待室等。9月，撤销第二巡回法庭，成立古市法庭。12月，建立审判委员会，由5人组成。1958年11月，松阳县与遂昌县合并；在西屏镇成立西屏法庭。1966年5月，“文化大革命”开始不久，对公、检、法机关实行军事管制。1973年5月后，遂昌法院恢复，西屏法庭、古市法庭重新办公。

1982年1月，复置松阳县；5月3日，松阳县人民法院恢复，审级关系由丽水地区中级人民法院管辖。院址设在西屏镇人民大街21号。下辖西屏、古市法庭；设刑事审判庭、民事审判庭、办公室、信访室、执行组、复查组；建立审判委员会，由3人组成；6月，建森林法庭，建制归县林业局，业务归松阳法院领导。1984年9月，建立经济审判庭。1985年2月，建立靖居、玉岩法庭。1986年3月1日，西屏法庭改名松阳法庭。1987年4月，建立大东坝法庭；8月，县法院迁址，搬入人民大街20号办公。1988年12月1日，撤销大东坝法庭。1989年，撤销执行组，建立执行庭；9月，建立法医技术室。

1990年1月，行政审判庭和政工科建立；10月，森林法庭撤销。1990年始，审判委员会由7人组成。1991年3月，告诉申诉审判庭建立，撤信访室；7月9日，监察室建立；8月，审判少年刑事案件合议庭建立。1992年8月，县法院驻公路管理段行政审判站建立。1993年6月，松阳法院调解中心成立，建松阳法院驻县公路运管稽征所执行室；8月，县法院驻大东坝审判站建立。1994年5月，松阳法院驻县农行金融法庭建立。1995年6月，司法警察大队成立。1997年3月，向县公安局交警大队派驻道路交通巡回法庭。

2001年7月，立案庭和审判监督庭设立，撤销告诉申诉庭； 9月1日，玉岩法庭和靖居法庭撤销；12月31日，执行庭改为执行局；年末，内设机构共11个科、室、队，1个巡回法庭，4个基层法庭。2002年11月，县人民法院内设机构共11个，即办公室、政治处、刑事审判庭（挂少年犯罪审判庭牌子）、民事审判第一庭、民事审判第二庭、行政审判庭、立案庭、审判监督庭、执行局（执行庭）、司法警察大队、纪检监察室；人民法庭2个，即松阳法庭、古市法庭；全院干警61人。2003年3月3日，松阳法庭撤销；5月8日，建立后勤服务中心；8月18日，法院迁址于西屏镇长松路1号。

2010年，县法院设有机构11个，基层法庭2个（松阳、古市法庭）。

第二节　内设机构及历任院长

内设机构

2002年，松阳县委办《松阳县人民法院职能配置、内设机构和人员编制方案》确定，松阳县人民法院是国家审判机关，依法独立行使审判权，对县人民代表大会及其常务委员会负责并报告工作，上级法院监督和指导下级人民法院的审判工作。其主要职责是：依法审判法律规定由基层人民法院管辖的刑事、民事、行政等第一审案件；依法审判上级人民法院指定管辖的案件；指导基层人民调解委员会工作，负责人民陪审员的培训和使用；受理不服该院已发生法律效力的判决、裁定等审诉和申请再审，对其中确有错误的依法提起再审；审判上级法院按照审判监督程序指令再审的案件；依法行使司法执行权和司法决定权；针对案件审理中发现的问题提出司法建议；管理该院有关经费和物资装备；在业务中开展法制宣传，教育公民忠于社会主义祖国，自觉遵守宪法、法律和社会公德心。

2010年，县人民法院内设11个职能部门和松阳、古市2个基层法庭。正式在编人员71人，其中行政编制68人，事业编制3人；大专学历13人，本科学历52人，硕士研究生3人；法官（含助理审判员）41人。

办公室　协助院领导组织、协调、处理日常工作；负责文秘、文电、档案、保密、保卫及综合性会议组织工作；会同有关部门负责武器弹药的管理；负责法院的装备和法庭的基本建设工作；负责法院车辆、房屋、设备的管理及维修，负责环境卫生和接待等工作。

政治处　负责法院的政治思想工作，协助院党组抓好队伍建设；负责法官等级的评定与晋升的呈报工作，办理法官考评委员会会议决定事项；负责对司法警察的警衔的评定与晋升呈报工作；负责教育培训工作，制定并决定实施法官培训计划。

立案庭　负责对法院依法受理的各类案件进行登记、立案、排期、送达和审判流程管理及案件督办工作；依法对审理管辖争议案件和公示催生案、对不服本级人民法院的生效裁判提出各类申诉以及再审申请进行审查。

刑事审判庭　依法审判第一审普通刑事案件；审理上级人民法院指定管理或同级人民法院移送管辖的刑事案件。

民事审判第一庭 依法审判一审婚姻和家庭、继承案件，损害赔偿案件，人身权案件，债权、债务案件，房地产案件，财产权属及相关合同等纠纷案件，劳动争议等民事纠纷案件；监督、指导法庭的相关民事审判工作。

民事审判第二庭 依法审判一审负责、保管、承包等合同纠纷案件，金融纠纷案件，企业破产等商事案件；监督指导法庭的相关民事审判工作。

行政审判庭 负责行政诉讼案件的审查立案，依法审判行政案件；审查和执行行政机关申请强制执行的案件。

审判监督庭 依法审理检察院提起抗诉的再审案件；审判已经发生法律效力的有关刑事、民事再审案件；负责刑事、民事再审立案前的复查工作；审查申诉、申请再审，决定是否立案等复查及再审立案登记。

司法警察大队 组织落实司法警察工作条例的规定内容；负责犯罪嫌疑人、罪犯的庭审押解，依法执行传唤、拘传、挽留任务；负责值庭和审判区、办公区安全警卫工作；协助审判业务庭查封、扣押、执行工作。

执行局 执行市人民法院第一审生效判决、裁定及调解协议中关于财产的决定；执行法律规定的由本院执行的其他法律文书。

监察室 负责法院的纪检、监察工作；监督、检查法院系统党员和国家工作人员执行党纪国法及行政纪律的情况；受理法院系统党员和国家工作人员违纪行为的检举、控告；调查处理法院系统党员和国家工作人员的违纪行为；制定纪检、监察工作的规章制度。

历任院长

1950年4月组建法院，至1958年11月随县制撤销，上级任命两任院长。1982年恢复松阳县人民法院后，院长由上级任命、县人民代表大会选举产生。

1952～2010年松阳县人民法院历任院长名录表

表28-1-2-1

姓名	籍贯	任职时间
王耕农	山东济阳	1952.10～1954.02
尹连级	—	1954.02～1958.11
黄振荣	上　　海	1983.07～1988.10
陈长康	浙江松阳	1988.10～1997.10
朱卫明	浙江遂昌	1997.10～2001.10
杜干金	浙江缙云	2001.10～2006.06
舒维云	浙江青田	2006.06～

第二章　审判制度及改革

审判制度是国家制度的重要组成部分，是司法机关进行诉讼活动的基本原则。通过审判活动，惩罚犯罪分子，调整民事关系和其他的社会关系，维护统治阶级的利益，巩固其统治秩序。

清代以前，一直实行司政合一，民刑不分，诸法合体，地方由行政机关兼理司法事务。清朝末年，进行一些变法修律活动。民国时期，实行资产阶级性质的司法制度改革，逐步建立一套比较完整的司法审判制度。

中华人民共和国成立后，审判实行党委审批制度。1980 年后，人民法院依法行使独立审判，建立健全人民陪审、辩护、代理、合议庭、公开审判、回避、审判委员会、两审终结、审判监督制度。根据诉讼法系不同，还实行巡回审理、就地办案、诉讼收费等一系列制度。

随着改革开放不断深入，司法领域特别是审判制度的改革日臻完善。

审判改革始于 1979 年。20 世纪 80 年代初，法院由原先的独任制改为合议庭制。20 世纪 90 年代中期，随着互联网应用，审判文书的式样、形式均得到优化。1996 年始，法院开展审判方式改革，完善人民法院审判模式，从不完全公开审判向公开审判转变，提倡透明的“阳光下的审判”。依法应当公开审理的案件全部公开开庭审理，实现 90%以上案件当庭宣判。1999 年，松阳法院根据《人民法院五年改革纲要》和《最高人民法院关于民事经济审判方式改革问题的若干规定》，审判组织制度和审判方式改革进入新的进程。

2000～2010 年，县人民法院改革遵循公开审判原则，深化审判方式改革。以强化合议庭和法官职责为重点，建立符合审判工作特点和规律的审判管理机制；以加强审判工作为中心，改革法院内设机构，提高审判工作效率和管理水平，健全各项监督机制，保障司法人员的公正、廉洁。对法院的组织体系、法院干部管理体制、法院经费管理体制改革等进行积极探索。

2002 年 5 月 1 日开始，庭审开始时实行法槌制度；法官着新式法袍，戴胸徽。

第一节　审判制度

人民陪审制度

解放初期，松阳县法院案件审理均邀请各界人士参加陪审。1953 年 10 月，首次选举人民陪审员 154 名，其中妇女占 30%。此后，各乡镇均设人民陪审员。“文化大革命”时期，陪审员制度被取消。1984 年，普选人民陪审员 135 名。1990 年，选出人民陪审员 67 人，根据案件的性质、类别，特邀人民陪审员参加陪审。

2006 年，报请人大任命并组织培训 16 名人民陪审员，全年人民陪审员共参与审理案件 200 件。2009 年，新任人民陪审员参与审理案件 331 件 387 人次。

2010年，经选任，21名具备大专以上学历，分别来自乡镇、部门、企事业单位、社区（村）的人员成为新一届人民陪审员，全年人民陪审员参审率79.95%，同比上升31.84%。1名陪审员被评为2010年度全省十佳人民陪审员。

辩护代理制度

1980年，松阳开始实施辩护制度，以维护被告人合法权益。1990年，办结123件刑事案件，被告人委托律师辩护61件，委托其他人代理辩护60件，被告人自行辩护2件。

1991年以后，辩护代理制度正常化。

图28-1 县法院举行人民陪审员培训班(县档案馆提供 1998年)

合议庭制度

1980年1月，开始实行合议庭制度，由审判长、审判员、陪审员组成合议庭，集体审理案件。重大案件提交审判委员会裁决。1990年，审理案件712件，合议裁决145件。至2010年，除一部分简单的适用简易程序案件外，均由合议庭合议裁决。

公开审判制度

中华人民共和国成立后，除涉及国家机密、个人隐私和未成年人犯罪案件外，均实行公开审判，允许旁听。对涉及国家机密、个人隐私及未成年人犯罪等案件，依法不予公开审理，宣判公开。1982～1990年，松阳县公开宣判14次，参加听众12万人次以上。1990年，依法审判刑事案件123件，其中公开审判109件，占88.62%，旁听公民每次均在20人次以上，最多逾数百人。

1998年开始，全面落实公开审判制度，依法应当公开审判的案件一律做到公开开庭审理。同时，实现90%以上案件当庭宣判。全面推行以公开举证、供证、辩论、认证为主要内容的庭审方式，使庭审活动真正成为审判的中心。

回避制度

建院始，松阳县人民法院就实行回避制度。1982年后，回避制度法律化。诉讼当事人提出回避申请，分别经审判委员会、院长、审判长裁决同意，被申请回避人依法回避。当回避申请驳回时，当事人可申请复议一次。

审判委员会制度

1950年6月，松阳县人民法院组成以县长为首，有公安局、法院领导和审判人员参加的审判委员会。是年末，县人民法院建立，随即组建由正副审判长和审判员参加的审判委员会。1956年12月，由5人组成审判委员会，直至1958年松阳县制撤销。1982年复置县人民法院，重新组建审判委员会，由3人组成。1990年以后，审判委员会委员均由7人组成，至2010年无变化。

两审终结制度

当事人和检察院对一审判决裁定不服，可在法定期限内向上一级法院提出上诉和抗诉，上一级法院的判决裁定为终审判决、裁定。1992年，当事人不服一审判决裁定上诉的有51件。2003年，全年共有7件上诉、抗诉案件，二审全部维持原判。2008年，在审结的1560件一审诉讼案件中，被二审发回重审和改判的案件共12件，占全部审结一审诉讼案件的0.77%。2010年，在一审审结的1396件案件中，被二审改判或发回重审的案件共3件，占0.26%，同比下降0.69个百分点。

第二节　审判制度改革

审判方式改革

1979年以前，审判采取非公开形式进行。20世纪80年代初，丽水地区法院审判方式实施改革。1982年，一审刑事案件实行公开审判制度。民事庭改过去单纯书面审理为召集双方当事人开庭审理。在庭审中，注意强调当事人的举证责任，并发挥合议庭作用。

1994年，法院坚持和完善举证须知、举证通知、证据收集制度。是年，县人民法院开展普通程序和简易程序的规范化审理观摩活动。1996年9月，松阳法院开展刑事普通程序和简易程序的庭审试点工作。11月，成立专门的审判方式改革指导组。1997年，松阳法院重点推进民事、行政审判方式的改革，规范审判活动，发挥庭审功能，强化合议庭的职能作用，突出控辩双方、当事人的举证责任，加强审判活动透明度。1998年，成立审判方式改革领导小组及办公室，制定《审判方式改革第一阶段实施方案》。8月，举行规范化庭审方式改革示范庭。1999年，实施公开审判制度，提高当庭宣判率。除依法不公开开庭审理的案件外，一审刑事、民事、经济、行政案件均实现公开开庭。建立案件流程管理制度、排期开庭制度等。

2000年3月28～29日，丽水中院制定《丽水中院2000年审判改革实施方案》。是年，松阳法院加大庭审方式改革力度，强化当事人举证责任，发挥当庭举证、当庭质证、当庭认证、庭审小结等形式的作用，并试行庭前证据交换、庭前听证会等方法。实施案件审判全流程管理，实行排期开庭。2001年，松阳法院坚持公开审判制度，规范法庭质证、认证活动。开展巡回审判，便利当事人诉讼。2002年，统一立案、统一排期开庭和审判流程管理制度得到完善。案件繁简分流制度推开。

2003～2005年，推行以公开举证、质证、辩论、认证、裁判为主要内容的庭审方式。改革完善审判方式和诉讼证据制度，实行庭前证据交换、证据展示等制度。

2006年，建立规范化立案大厅，实行立案导诉、“一站式”服务、一次性告知、限时办结等制度。改进立案管理，探索邮寄立案、网上立案、上门立案和预约立案等多种立案方式，方便群众诉讼。坚持巡回审判制度，在有关乡镇、中心村设立审判流动站（点），并以派出审判组、实行法庭下乡等方式巡回办案。是年，适用简易程序审理的案件数占结案总数的66.9%，专门设立速裁机构。

2007年，丽水中院制定《关于进一步加强巡回审判工作的实施意见》。2008年，建立审判、执行质量效率评估体系，促进审判管理监督。当地公安机关建立当事人身份查询制度。

2009年，推行电子审务，建立涵盖部门和个人的审判执行质量效率评估体系。依托信息化办案方式，制定《关于案件跟踪监督和办理反馈的暂行规定》，完善案件质量评查和案件督查工作，定期开展审判工作通报和评析活动。2010年，开展司法服务下基层活动，建立法院门户网站，实行开庭排期网上预告，开通案件查询系统。

2010年，深化“繁简分流”审判方式的改革，以民一庭为试点，推行“繁简分流优化组合”工作，取得明显成效。是年，简易程序适用率超过全院该项指标11.59个百分点，平均审理天数件均减少4.81天，虽然上诉率上升1.04个百分点，但上诉维持率上升41.13个百分点，二审发回重审率下降17.14个百分点。

审判组织制度改革

1979年前，一般实行独任制审判。自20世纪80年代初起，在强化合议庭职责、审判长的选任、规范审判委员会的工作职责和完善人民陪审员制度等方面，作出有益的探索。

1980年，成立审判委员会，对重大、疑难和复杂的案件进行讨论，作出决定。1988年，松阳县人民法院改变审判委员会包揽案件决定权的做法，由合议庭行使法律规定的职权。1994年，强调当事人举证责任，发挥合议庭作用，防止庭审流于形式。

2000年2月中旬开始，县人民法院刑事审判实行还权与合议庭的改革，凡在无期徒刑（含无期徒刑）以下量刑的案件，除特殊原因外，由合议庭评议决定，并直接下判，同时授权合议庭审判长负责对案件有关法律文书的签发。是年，推行审判长、独任审判员选任制。根据“还权明责、审判合一”的原则，建立主审法官负责制。

2001年，松阳县人民法院制定《合议庭评议案件规则》，推行合议庭评议制度改革。2005年，完善审判委员会议事规则和合议庭评议规则，明确和细化案件承办人、合议庭成员、审判长、庭长、院长、审判委员会的责任，规范讨论、评议案件的具体内容、程序。

2007年，松阳县人民法院制定《进一步强化院、庭（局）长管理指导审判执行工作职责的规定（试行）》，强化和明确院、庭（局）长的监督管理职责，加强对审判权的监督制约；建立完善全市法院及内设审判机构之间法律观点和认识的协调统一机制，规范法官对案件的自由裁量权。完善审判委员会工作机制，发挥审判委员会作用。

松阳县人民法院通过主办案件、审核法律文书、要求合议庭复议、提请审判委员会讨论等方式，强化监督管理，提升办案质量。2010年4月1日始，县人民检察院检察长可以列席县法院审判委员会会议，检察长不能列席时，可以委托副检察长列席县法院审判委员会会议。

审判文书改革

1993年，丽水中院组织开展全区刑事裁判文书评选活动。5月，丽水中院对松阳等法院诉讼文书样式试行情况进行评查。1999年，最高法院制发刑事诉讼文书新样式后，松阳县法院采用新样式制作刑事裁判文书。同时，对民事、经济、行政法律文书加强分析论证。两级法院普遍把裁判文书的质量作为案件质量优劣的重要内容进行评查，并列入岗位目标责任制予以考核。实行最优、最差裁判文书评选、通报的制度。

2003～2004年，松阳法院注重对证据的分析和适用法律的阐述，增强裁判文书的说理性。实行裁判文书公开查阅制度，提高裁判结果的公开性和透明度，接受社会各界和人民群众的监督。2007年，扩大裁判文书公开范围，开展正规化分类培训和岗位技能培训，提高法官驾驭庭审、认定证据、适用法律、调处纠纷、制定裁判文书等技能。2009年，开通外网，法院裁判文书上网公开。

第三章　刑事审判

刑事审判是指人民法院在控辩双方和其他诉讼参与人的参加下，依照法定的程序对被提交审判的刑事案件进行审理并做出裁判活动。人民法院担负着打击敌人，惩办一切犯罪分子，保护人民的职责。刑事审判是用刑罚同一切反革命和其他刑事犯罪行为做斗争的重要手段。松阳县人民法院专门设立刑事审判庭，依法审判第一审普通刑事案件；审理上级人民法院指定管理或同级人民法院移送管辖的刑事案件。通过审判活动，依法惩处犯罪分子，保护人民，保障社会主义革命和社会主义建设事业的顺利进行。

第一节　刑事案件审判概况

1950 年 12 月后，为配合土地改革、打击土匪恶霸和镇压反革命运动，松阳依法审判处决一批残害人民的土匪、恶霸和反革命分子。1952 年，松阳审结刑事案件 19 件涉 23 人，经上诉或复核维持原判 3 人，占 12.1%；改判 20 人，占 87.9%，其中死刑改判 6 人。1957 年后，由于受极“左”思想的影响，造成一批冤假错案，刑事发案率直线上升，两年中审结各类刑事案件 611 件，仅 1958 年高达 460 件，占总案数 75.3%。

1966 年下半年，审判工作停顿，改由军管小组代行职能，直至 1973 年 5 月法院恢复。1980 年 1 月 1 日，反革命案件改由中级法院一审审判。

图 28-2　县法院在开庭审理刑事案件（县档案馆提供 1998 年）

1982 年 5 月至年末，县法院共审结各类刑事案件 41 件。1983～1984 年，开展“严打”运动，审理各类刑事案件 135 件，其中严重刑事案件 44 件。1985～1990 年，共审结 512 件。

1991 年，全年共审结 108 件刑事案件。1992 年，开展“三打一禁”，在贯彻落实严打“从重从快”方针的同时，突出一个“准”字，严把案件质量关，全年审结各类刑事案件 107 件。1993～2000 年，共审结刑事案件 585 件。1998～2003 年，共办结各类刑事案件 770 件 1032 人，其中办结公诉案件 592 件 792 人。

2004 年，共受理刑事案件 147 件 225 人，旧存 6 件 6 人，其中公诉案件 133 件、自诉案件 14 件，共办结 147 件 224 人。2005 年，共受理刑事案件 137 件 196 人（旧存 6 件）。其中自诉案件 3 件 3 人，分别比2004年下降6.8%和12.89%；判决发生效力124件187人，其中判处5年以上有期徒刑的28人，占14.97%。2006年，共受理刑事案件108件158人（旧存6件），共办结刑事案件110件163人（其中自诉案件3件4人），结案率96.49%，比上年同期下降19.71%和15.98%，当庭宣判率为92.52%，其中158人被刑事处罚，2人免于刑事处罚。被处罚的人员中，被判处有期徒刑5年以上的有21人。

2007年，共受理刑事案件136件213人（旧存4件）。共办结137件214人，结案率为97.86%，比上年度上升24.55%和31.29%；未结案件3件3人（其中自诉案件2件2人）。判决发生效力126件196人，其中192人被刑事处罚、4人免除刑事处罚，被判处5年有期徒刑的为30人。2008年，受理刑事案件138件215人（旧存3件3人）。共办结刑事案件138件215人，结案率为97.87%，当庭宣判率为88.89%；未结刑事案件3件3人（自诉案件0件0人），判决发生效力119件194人，其中189人被处于刑事处罚、5人免于刑事处罚，被判处有期徒刑5年以上的有22人。2009年，受理刑事案件132件，判处罪犯186人。其中刑事附带民事案件受理、办结各14件，调解12件，调解兑现率为100%。判处5年以上有期徒刑的为25人，免于刑事处罚4人。

2010年，全县受理办结140件，其中刑事附带民事受理、办结各10件。调解结案3件，兑现率为100%。判处5年以上有期徒刑的36人，免于刑事处罚5人。1950～2010年，审结各类刑事案件4744件。

第二节　侵犯人身权利案件审判

1949～1958年，松阳法院审判以盗窃案居榜首，有219件，占全部刑事案件的4.23%，其中1955年发案率最高，审结54件，占全年刑事结案的23.5%。

1983～1984年，开展“严打”运动，严惩刑事犯罪活动；1985～1990年，共审结各类刑事案件3947件。

1998～2003年，在审判工作中，开展“严打”整治斗争，始终对抢劫、杀人、强奸、重大盗窃等犯罪保持高压态势，共判处严重刑事犯罪分子355名，其中判处5年以上有期徒刑的112人。

2004年，严厉惩处抢劫等暴力犯罪以及团伙犯罪，共审结此类案件72件，判处犯罪分子122人，其中团伙犯罪15件70人。针对失火案件频发的态势，对失火案件依法予以从重从快打击，共计审结此类案件18件18人，先后4次在火灾频发的山区开展巡回审理失火案件，警示山区人民重视山区火灾防范。2005年，坚持“严打”方针，重点打击盗窃、抢劫等严重影响人民群众生活安全的多发性犯罪，共计审结此类案件46件，判处犯罪分子61人。严厉打击团伙犯罪，共审结23件，惩罚犯罪分子84人。2006年，突出打击重点，开展打黑除恶专项斗争，对严重影响群众安全的暴力性犯罪、多发性犯罪、黑恶势力犯罪进行严厉打击，共审结放火、强奸、“两抢一盗”、聚众斗殴、寻衅滋事案件44件66人。

2007年，坚持“严打”方针，贯彻“宽严相济、不枉不纵”的刑事政策，对危害人民群众安全的8类（杀人、放火、抢劫、强奸、爆炸、投毒、贩卖毒品、故意伤害致人重伤）刑事案件，保持刑事审判的高压政策。2008年，继续“严打”方针，对八类严重危害群众安全的刑事案件持续保持高压政策，依法予以严惩。同时注意延伸审判功能，强化警示教育，通过广播电视报刊进行法制宣传，引导共建良好社会风气。

2009～2010年，办结严重危害社会治安多发性侵财案件共53件，判处罪犯94人，其中5年以上有期徒刑的罪犯61人。

第三节　经济、渎职犯罪案件审判

合同诈骗、受贿、挪用公款等经济犯罪严重影响市场经济秩序，在审判工作中必须严厉打击，以保护公民、国家的财产不受侵犯。

松阳县人民法院在历年审判中，盗窃案件常居全年经济犯罪案件收案的首位。1949～1958年，盗窃案有219件，在审判工作中，注意效率，确保打击的及时性和威慑力，严厉处罚此类犯罪。

1982年，重建松阳县人民法院后，贯彻中央关于反腐败的决策部署，依法惩处国家工作人员特别是领导干部贪污、受贿、挪用公款等经济类案件，竭力挽回国家财产损失，推动反腐败斗争深入开展。对包括国家机关工作人员严重不负责任、不履行或者不认真履行职责，致使公共财产、国家和人民利益遭受重大损失的行为的渎职、玩忽职守罪绝不姑息。1998～2003年，严惩贪污、贿赂等经济犯罪，推动反腐败斗争的深入开展，共审结办理此类案件51件58人；2004年，7件9人；2005年，11件15人；2006年，11件17人；2007年，12件12人；2008年，12件20人；2009年，19件19人；2010年，14件19人。

第四章 民商审判

松阳县人民法院内设民事审判一庭、民事审判二庭，分别依法审判一审婚姻和家庭、继承案件，损害赔偿案件，人民权利案件，债权、债务案件，房地产案件，财产权属及相关合同等纠纷案件，劳动争议等民事纠纷案件；依法审判负责、保管、承包等合同纠纷案件，金融纠纷案件，企业破产等商事案件。县法院在民事、商事审判工作中，注重法律效果和社会效果的统一，慎重判决，努力化解矛盾，多做调解工作，最大限度地追求案结事了。全力化解民事纠纷，促进社会和谐发展。

1983 年 3 月 1 日，《中华人民共和国商标法》实施，丽水法院开始受理涉及商标的民事纠纷案件。松阳法院无此类案件。

第一节 民事案件审判概况

民国期间，民事诉讼以基层组织、民间自行调解为主，绝少通过司法处、法院调解。民国 21～22 年（1932～1933），各乡镇设调解委员。

中华人民共和国成立初期，党和国家主要任务是恢复国民经济，继续完成民主革命遗留的反封建任务。为保障国民经济恢复和各项民主改革的顺利进行，废除旧法制，建立新秩序，民事案件由司法科受理。1950 年 4 月，由法院受理，1950 年 5 月 1 日《中华人民共和国婚姻法》颁布施行，广大群众尤其是青年妇女，渴求解除包办、强迫、买卖的封建婚姻关系的愿望十分强烈。离婚、解除婚约和童养媳等婚姻案件迅速上升。1952 年农业合作化前夕及 1953 年农业合作化的蓬勃发展，在生产力和生产关系的变革中，出现许多土地、山林、水利、生产等纠纷案件。1954 年，《中华人民共和国宪法》《中华人民共和国法院组织法》颁布后，从根本上确认中国人民司法工作的原则和制度，中国民事立法工作进入新的时期。1955～1979 年，最高人民法院先后提出《十五个大中城市刑、民事程序初步总结》《关于各级人民法院民事案件审判程序总结》《关于民事审判工作若干问题的意见》《人民法院审判民事案件程序制度的规定（试行）》，在当时，客观上起到民事诉讼法律的作用，为今后民事诉讼法的制订奠定基础。

1950～1992 年，松阳县人民法院共审结各类民事案件 9531 件，其中离婚案件居多，共计 4221 件，占结案总数 44.3%；婚姻家庭案件 748 件，占 5.1%。1980 年后，房产纠纷案件增多，至 1991 年共审结 647 件，占同期结案数 21.8%；赡养案日益突出，结案 151 件，占同期结案数 5.1%。1982 年 5 月后，民事纠纷逐年增多，积案率增加；5～6 月，县法院首次组织人力突击清理民事积案，收到实效。此后，每年均集中力量突击清理积案。1988～1990 年，审结各类民事案件 1329 件，结案率 70.12%。1990 年 2 月，推行民事限期结案措施，办案效率明显提高，结案率 92.9%。1949 年 6 月至 1992 年末，共结案 10346 件。

1993 年以后，随着改革开放的不断深入，市场经济的培育、建立，市场经济的观念也体现在平常百姓生活的方方面面，人们的法制观念也不断加强，遇有民事纠纷，不少人会选择通过法律途径解决。于是，各种民事案件不断增多。1993～2000 年，结案 2583 件；2001～2010 年，结案 10144 件。

第二节　家事案件审判

婚姻家庭案件

辛亥革命后提倡保护妇女权益，但实际上各地方法院、司法处等司法机构仍旧继续确认封建家族制和一夫多妻制，广大妇女在政治和经济地位上未能解脱。1950 年，《中华人民共和国婚姻法》颁布实施，各地的婚姻纠纷案件增加。对于婚姻案件的处理方针与原则依照《中华人民共和国婚姻法》规定，并根据男女双方具体情况参酌决定。当时存在着父母包办等封建的婚姻习俗，少数僻野荒村，仍旧存在典妻、赘夫、童养媳、买卖等婚姻陋习。对于重婚纳妾等案件，若系中华人民共和国成立之前的，不告不理，作为社会问题看待；但诉讼至法院，多数是根据具体情况或离去一个。中华人民共和国成立后，重婚、纳妾及有配偶而姘居等情形时有发生。松阳县受理的离婚案件，80%为女方提出离婚。

“文化大革命”期间，婚姻家庭案件审判工作受到严重干扰。1979 年 3 月，婚姻家庭纠纷的审判逐步走上正轨。1981 年 1 月 1 日，修订后的《中华人民共和国婚姻法》正式实施，婚姻案件数量急剧上升。审理中，根据修订后的《中华人民共和国婚姻法》，尤其把握“感情是否彻底破裂”作为准予或不准予离婚的界限，清除过去在婚姻纠纷案上“政治第一，感情第二”的“左”的影响。通过调查研究，查明双方婚姻基础、婚后感情、发生纠纷原因与责任、夫妻关系现状以及有无和好的愿望等多种因素进行审判，经调解无效，感情确已破裂，依法准予离婚，一批早已名存实亡的婚姻得以解除。

1998～2003 年，共审结婚姻家庭纠纷案件 1163 件；2005 年，审结婚姻家庭纠纷案件 176 件，比 2004 年同期上升 7.98%，依法保护妇女、老人、未成年人、残疾人和无过错方的合法权益，并引导当事人正确处理好家庭关系；2010 年，审结婚姻、赡养、抚养、继承等家庭婚姻纠纷案件 269 件，调解撤诉率 66.17%。

继承案件

民国时期，继承诉讼为数甚少。这一时期，虽然从法律上废弃宗祠继承制度，但财产继承为男子专有是沿袭数千年的习惯，根深蒂固，故有许多女子未能享有这个权利。

1950 年，《中华人民共和国婚姻法》废除封建宗法继承制，以法律形式明确男女继承权平等，《中华人民共和国婚姻法》规定“夫妻有互相继承遗产的权利”“父母子女有互相继承遗产的权利”。

当时遗产范围比较宽，包括生活资料和土地等生产资料。1956年，国家对农业、手工业和资本主义工商业的社会主义改造基本完成，生产关系发生变化，公民可继承的遗产亦相应发生变化，公民私有的生产资料变为集体所有，土地、商店、厂房、机器设备等生产资料已不能作为遗产继承，人民法院依法保护公民的合法收入、房屋、储蓄以及其他生活资料所有权。1967～1972年，无继承案件审判。

1985年10月1日，《中华人民共和国继承法》颁布实施，对继承的基本原则、遗产范围、法定继承、遗嘱纠纷、遗赠遗产处理等问题作出具体规定，继承问题越来越被重视，继承纠纷也相应增加。在1985年9月底前，法院审理继承案件主要依据最高人民法院《关于贯彻执行民事政策法律若干问题的意见》中有关继承的规定。依据《中华人民共和国继承法》和最高人民法院《关于贯彻执行〈中华人民共和国继承法〉若干问题的意见》，坚持男女享有平等继承权的原则、养老育幼、互相扶助的原则、权利和义务相一致的原则，以及尊重被继承人合法遗嘱的原则，认真进行处理，切实保护公民的私有财产继承权。2008年，共受理婚姻、继承类案件264件，比2007年同期的210件上升25.7%。婚姻、继承类案件结案率96.32%；2009年，审结婚姻、继承类案件278件，同比上升6.11%。

第三节　土地房屋案件审判

清代，田宅诉讼，府县均按《大清律》之“田宅律”审判，处罚违法者，保护业主所有权。具体处理房屋诉讼，县衙依律处罚盗卖、换易、冒认及侵占他人房屋者，房屋还给原主。重复典卖者，以所得价钱计赃照窃盗论处，追价还后典买主，房屋归原典买主为业。房屋典期已满，准许业主回赎。典主托故不肯放赎者，予以处罚。典期未满，业主强赎者，亦照律处罚。

民国初期，房租管制、住宅保障立法未提上日程。民国18年（1929）始，按《中华民国民法典》执行。房屋案件占民事案件的比重较大。民国36年，《房屋租赁条例》颁布后，地方审判机构据此审理房屋案件。

1950年，处理房屋案件依据中共中央关于城市房产屋租性质相关政策，及参照各大城市所颁布的房屋租赁条例处理。对于乡村房屋，根据契约、土地价值、有否胁迫行为与阶级成分来决定，即从有利于生产方面出发。押租偿还的标准，是按照其原有购买力折算为原则。1958年，国家对城市私有出租房屋进行社会主义改造，农村人民公社化运动中刮“一平二调”的“共产风”，房屋案件数量下降。

1962年，中共中央颁布的《农村人民公社工作条例（修正草案）》（即六十条）明确规定，保障社员所有的房屋不得侵犯。全县房屋案件增多。这一时期房屋案件，在城市主要是由于国家对没有纳入即行改造的房主实行“自行经营，国家监督”的方针，对租金作必要的限制和调整，房主感到利益微小，要求收回房屋自用或出卖的案件增多；在农村，主要是以退赔公社化运动中平调房屋的纠纷为主。法院审理这类案件，主要依据是《农村人民公社工作条例（修正草案）》和1963年8月最高人民法院《关于贯彻执行民事政策几个问题的意见（修正稿）》中的有关规定，保护公民的房屋所有权，允许房主收取公平合理的租金，除确因自身的住房有困难外，不许房主强行收房。

1977年后，由于落实私房政策，发还“文化大革命”期间被挤占的私房产权而引起的有关纠纷增多；加之房屋价值上涨，要求收房出卖或作为生产经营场所，以及要求回赎以往出典房屋的纠纷增多，房屋案件大量回升。

1981年后，房产纠纷越来越多，出现不少新情况和新问题。20世纪50年代初土改运动中遗留的问题，土改中有些地主、富农或商业兼地主、资本家、反革命等保留的房屋被国营商店、厂矿、单位以及区乡（公社）、大队占用，要求归还。

1984年7月7日，最高人民法院《关于贯彻执行民事政策法律若干问题的意见》指出，人民法院处理公民之间宅基地使用权的案件，应根据土地归国家或集体所有，一律不准出租、转让和买卖的原则。

20世纪90年代，房屋确权案件显著减少，房屋案件呈下降趋势；但由于国家大力发展城市建设，尤其是随着国家土地使用权出让、转让制度的建立，房地产市场的培育和发展，出现合作建房、商品房预售、买卖、房地产承包、开发经营、拆迁安置、楼盘按揭、物业管理等新类型案件，且成倍增加，案件标的额大，相当一部分案件涉及多方当事人的利益。

第四节　山林权属纠纷案件审判

民国时期，丽水法院对山林纠纷案件按照《中华民国民法典》和《森林法》等有关规定进行审判。

1950年6月，《中华人民共和国土地改革法》公布后，没收地主的山林，征收祠堂、庙宇、寺院、教堂、学校及团体的山林和富农出租的山林。除大森林、大荒山经省政府批准收归国有外，把其余的山林分配给农民所有，数户共有或乡、村、组共有，并进行登记、造册、发证。

1961年，国家对国民经济实行“调整、巩固、充实、提高” 方针，并对公社化运动中出现“一平二调”的“共产风”进行纠正，林权纠纷案件开始增多，争山争林的群众性纠纷时有发生。6月26日，开始执行中共中央《关于确定林权、保护山林和发展林业的若干政策规定（试行草案）》，规定从有利生产、有利集体、有利团结、便利经营管理、照顾历史习惯等方面考虑，深入实地，依靠群众，勘察现场，弄清事实，协商解决：土改时，已确定山林所有权的一般不再变动，但重复登记或漏登因而发生争执的，根据双方提出的有关人证物证，结合历来经营管理情况，由双方协商解决，重新确定山权、林权。合作化时期，划归集体所有的山林和社员个人所有的山林，仍归生产大队、生产队集体所有和社员个人所有。公社化及以后新造的各种林木，坚持“谁种谁有”。原属社员个人所有的零星树木和社员在房前屋后、路边水边、自留地上和宅基地上种植的树木，仍归社员个人所有。群众之间和群众与集体之间，因乱砍林木而引起纠纷的，教育制止，已砍去的酌情退赔，对因投机买卖而偷砍滥砍林木者，除把全部出卖树木的价款如数退回外，根据其情节，给予适当处分。1963年5月27日，国务院发布《森林保护条例》，为人民法院审理山林纠纷案件提供法律依据。

1980年，农村实行改革，林业纠纷又趋增多。

1982年5月复置松阳县人民法院后，设置松阳县森林法庭，专事山林案件审理。90年代后，森林案件数量减少，后于1990年10月撤销松阳森林法庭。之后，山林权属纠纷案件由法院民一庭和各派出法庭审理。

第五节　损害赔偿案件审判

清代，损害赔偿诉讼，县知县依据大清田宅、钱债、厩牧、斗殴律审判，处罚致害人，赔偿受害人财产损失。

民国时期，损害赔偿属债务诉讼范围，无专项司法统计。民国18年（1929）10月10日，《中华民国民法典》实施。松阳审判机构依法审判此类案件，保护受害人的人身、人格和财产权利。地方法院对不法侵害他人的身体、名誉、自由和财物权益的案件，依照《中华民国民法典》中有关侵权行为的规定，判令侵权人承担损害赔偿责任。

20世纪80年代，松阳法院恢复，人民法院审理赔偿案件，受理范围为诉讼主体双方或一方是法人、其他经济组织、个体工商户、个人合伙、私营企业，侵权损害的事实发生在生产、流通等经济领域，经济、行政方面的法律法规规定可以向人民法院起诉的经济损害赔偿案件。1982～1989年，松阳法院共审结损害赔偿案件233件。

20世纪90年代，随着消费者法律意识的提高，产品责任纠纷损害赔偿案件开始起诉到法院。法院审理这类案件主要依据《中华人民共和国民法通则》《中华人民共和国产品质量法》等有关规定，对于因产品存在缺陷造成人身、他人财产损害的，根据过错责任，判决产品的生产者或销售者承担赔偿责任。1990～2001年，松阳法院审理赔偿案件1177件。

2002～2010年，通过社会治安综合治理及专项整治，松阳社会和谐，治安状况良好，但随着交通事业的快速发展，交通事故案件大幅度上升，人身损害赔偿和财产损害赔偿随之增多，共审结损害赔偿纠纷案件1986件。

第六节　劳动争议案件审判

民国时期，地方审判机构审理劳动纠纷案件主要依据《中华民国民法典》和《劳资争议处理法》等有关规定办理。当时，对私营企业中雇主与工人团体或15名以上工人发生劳资争议，一律由行政主管官署先行调解，达不成协议的，则由仲裁委员会仲裁。地方法院派代表一人参加仲裁委员会，仲裁委员会由主管官署召集，并担任主席。不履行裁决的，当事人可径向法院请求强制执行。所以，起诉到法院的劳动纠纷案件很少。民国 36 年（1947）11 月始，劳资纠纷由隶属于县政府的劳资评断委员会裁决，主管机关强制执行。

中华人民共和国成立初，劳动争议通过调解、仲裁、诉讼 3 个途径解决，但争议案件较少。1987 年，恢复劳动争议仲裁制度，劳动合同纠纷案件由法院受理。1993～1995 年，法院依据“劳动法”等法律、法规，保护劳动者和用人单位的合法权益，维护社会稳定，为改革开放，发展经济服务。

随着市场经济的发展、经济结构调整的加快和劳动用工制度改革的进一步深化，劳动争议纠纷日益成为社会关注的热点。

2000 年始，劳动争议案件主要有以下几种类型：劳动报酬、劳动保险、工伤事故、劳动合同终止、解除、其他。

2000～2010 年，松阳法院受理劳动争议一审案件 227 件。

第七节　商事审判

经济合同纠纷案件审判

隋唐至清代，松阳长期处于自给自足的小农经济状态，民商事案件发生较少。清末，随着经济贸易发展，开始有民商事纠纷，由县知县依据清律审判民商纠纷案件。

民国时期，民经案件不分。民国初年，地方审判依据前清律及北洋政府颁布的《商人条例》《公司条例》《证券交易法》等法规审判经济纠纷案件。民国 18 年（1929）后，各地法院依据国民政府公布实行的《中华民国民法债编》《中华民国票据法》《公司法》《中华民国海商法》等法规审判买卖、租赁、承揽、行纪、运送、营业、合伙、证券等经济纠纷案件。

1949 年 8 月至 1955 年，国家处于经济恢复和对生产资料私有制改造时期，经济纠纷分为工商业纠纷（合伙合营、预购合同、加工承揽、运输）、公私纠纷（加工订货、收购包销、代购代销、银行和信用社贷款）两大类。

1956 年，国家对农业、手工业、资本主义工商业社会主义改造基本完成后，强化计划经济管理，经济纠纷多由行政主管部门调处或仲裁解决，民事诉讼很少。

1966～1978 年，主要由行政主管部门调处经济纠纷。

改革开放后，经济活动日益活跃，经济案件随之增多。1982 年，松阳恢复县制，重新建立法院后，开始受理经济案件。1984 年，松阳县人民法院设立经济审判庭，专事经济、商事审判案件审理。

1988 年，县法院针对农贷纠纷案件剧增状况，开展清理工作。审结农贷久拖未决案 100 多件，解决诉讼标的金额 30 万元。是年，受理经济案件 240 件，审结 186 件，解决诉讼标的金额 95 万元。

1985～1990 年，县法院审结经济合同案件 669 件。1991～2000 年，审结经济合同案件 4166 件。2001～2010 年，审结经济合同案件 6388 件。其中，2010 年受理民商事案件 1168 件（另旧件 60 件），审结 1177 件，同比分别下降 12.44%和 11.3%。结案金额 7535.44 万元，在办结案件中，调解撤诉率 57.91%。

金融借贷案件审判

金融借贷是指企业、个人向银行、财务公司等金融机构长期借款。随着经济的发展，中小型企业蓬勃发展、公民消费方式改变等各种原因，银行金融借贷成为生活中重要的一环。后来各金融机构不良信贷频现，金融借贷纠纷日益增多，越来越多的纠纷诉至法院。涉案双方主体、纠纷内容呈现多样化趋势。银行方面，提起金融纠纷诉讼的多为地方农村信用合作联社，再后来，邮政储蓄、农业银行等提起诉讼的金融纠纷案件也越来越多。被诉主体方面，借贷人多为城镇工商户、企业主及农村部分从事个体经营的农民，借款用途多为投资、经营。

1982～1990 年，松阳县审结各类经济纠纷案件 716 件，其中借贷合同案 388 件，占结案总数 47.2%；1991～1992 年，审结各类经济案件 830 件，其中借贷合同案 359 件。

2009 年，松阳县共受理各类民商事案件 1335 件，审结 1327 件，其中审结金融借款、民间借款等合同类案件 824 件，同比下降 10.53%。

2010 年，全年审结各类借款合同纠纷案件 456 件，调解撤诉率 54.82%。

企业破产案件审判

民国时期，企业破产案件归民事审判。

20 世纪 50～80 年代，丽水地区无此类案件 。20 世纪 80 年代末，随着市场经济的发展，有些企业因设备陈旧、技术落后、经营管理不善、严重亏损，无力清偿到期债务，债权人或债务人申请宣告破产。破产案件涉及面广，审理难度大，特别是职工安置和财产分配，既是一项审判工作，又是一项行政工作，政策性强，直接关系到企业转制和社会的稳定。

1994 年，松阳法院开始受理破产案件。是年，松阳法院受理松阳县建筑材料装饰厂破产案件。1995 年，受理松阳县醴泉酒厂破产案件。1997 年和 1998 年，各受理 3 件破产案件。1999 年，受理 7 个破产案件。2000～2007 年，共受理破产案件 11 个。其中，2004 年，慎重审理涉及企业改制破产案件，防止国有资产流失，在审理 2 起版权转让纠纷案中，依法追缴原松阳粮食经营有限责任公司在改变土地用途中的违法所得 563.64 万元。

2010 年，做好服务中小企业工作，落实省高院《关于为中小企业创业创新发展提供司法保障的指导意见》，密切关注全县中小企业在经济发展中的司法需求，结合审判实践中易引发诉讼的管理疏漏及经营法律风险等问题，编成《防范经营法律风险及诉讼风险提示》，向县工业园区、江南工业园区等 50 余家中小企业发放；充分发挥法律专业优势，对县工业园区 20 余家中小企业负责人就民商事、企业破产纠纷等法律问题进行讲解，为企业发展出谋划策。

第五章 行政审判与国家赔偿

民国3年（1914）5月18日，北洋政府公布《行政诉讼条例》，设置平政院，受理中央和地方行政诉讼。民国17年10月，《国民政府组织法》颁布，国民政府实行立法、行政、司法、考试、监察5院制，司法院设行政法院受理行政案件。民国21年11月17日，国民政府公布《行政诉讼法》《行政法院组织法》。民国22年6月，行政法院成立，隶属司法院，与最高法院并列，受理全国土地、捐税、关务、商标、教育、农工商等行政案，由评事5人组成合议庭审判，一审终审。民国期间，松阳法院无行政审判案件。

1990年10月，《中华人民共和国行政诉讼法》实施后，松阳县人民法院行政审判庭开始受理行政审判案件。

《中华人民共和国国家赔偿法》实施前，行政赔偿分散规定于《中华人民共和国宪法》及其他规范性文件之中，松阳法院没有专门审理此类案件。1954年，《中华人民共和国宪法》就对国家机关及其工作人员侵犯公民权利应当赔偿作出原则性规定。1982年的《中华人民共和国宪法》重申这一原则，《中华人民共和国民法通则》《中华人民共和国行政诉讼法》中也作出相应的规定。

第一节 行政案件审判

中华人民共和国成立至1982年，松阳法院无行政审判案件。

1990年1月，县人民法院始设行政审判庭，负责行政诉讼案件的审查立案，依法审判行政案件；审查和执行行政机关申请强制执行案件。

1990年10月《中华人民共和国行政诉讼法》实施后，森林法庭撤销，森林案件统一由行政审判庭受理审判。1990年10月至1992年末，松阳法院行政审判庭受理当事人不服土地、公安、工商等行政机关处罚、处理的行政案件，审结28件。

1998～2003年，县法院共审理行政案件81件。其中撤销行政机关具体行政行为14件。2004年，共受理行政案件12件，办结12件，维持行政机关具体行政行为5件、撤销行政行为5件、原告自行撤诉4件。2005年，共受理行政案件9件，维持行政机关具体行政行为的3件，赔偿的1件，撤销具体行政行为的1件，驳回起诉的1件，原告自行撤诉的3件。2006年，加强和改进行政审判工作，坚持监督和保护并重的原则，依法保护行政相对人的合法权益，全年受理行政案件5件。

2007年，在构建和谐社会的新形势下，强化“依法行政、行政为民”的执法理念，在审判工作中注重加强与行政机关事前、事中、事后的沟通协调。全年受理行政案件3件，办结3件。2008年，适应行政审判相对集中管辖改革的新要求，及时调整工作重心，做好有关受理、审查、移送的工作。共审结案件 15 件。

2009 年，受理行政案件 34 件，经丽水市中院指定管辖，13 件移送，审结 21 件，原告撤诉 4 件。2010 年，受理行政案件 16 件，经丽水市中院指定管辖，4 件移送，审结 12 件，原告撤诉 5 件。其中，维持行政机关依法行政行为 2 件，判决行政机关败诉 2 件；裁定驳回起诉 2 件，驳回原告诉讼请求 1 件。

第二节　国家赔偿

1995 年 1 月 1 日始，《中华人民共和国国家赔偿法》实施，法院审理行政赔偿案件有明确的法律依据。

法院受理国家赔偿案件有单独提起和一并提起两种形式。单独提起行政赔偿的案件，须先经行政机关确认违法。行政赔偿中涉及违法侵权行为分两类：一类是违法的具体行政行为，另一类是事实行为。赔偿范围为侵犯人身要及财产权的赔偿。国家赔偿必须具备损害事实存在且受损利益为合法权益，损害事实必须是行政机关及其工作人员行使职权或与行使职权相关行为造成，损害事实与违法行为有因果关系及致害行为是违法行为等要件。侵犯人身自由，每日赔偿金按国家上年度日平均工资计算；造成身体伤害，支付医疗费、赔偿因误工减少的收入；造成部分或全部丧失劳动能力的支付医疗费及残疾赔偿金；造成公民死亡，支付死亡赔偿金、丧葬费；造成公民财产损害，赔偿直接损失；罚款、追缴、没收财物或违反国家规定征收财物、摊派费用的，返还财产；查封、扣押、冻结财产的解除决定，造成财产损坏或灭失，恢复原状或给付相应赔偿金；财产已拍卖的，给会拍卖所得价款；吊销许可证和执照、责令停产停业，赔偿停产停业期间必要的经常性费用开支。经审查不构成行政赔偿，判决驳回诉讼请求。

为贯彻实施《中华人民共和国国家赔偿法》，最高人民法院于 2004 年印发关于《人民法院国家赔偿确认案件若干问题的规定（试行）》的通知，以规范此类案件。是年始，丽水市各基层法院不再受理国家赔偿确认案件。2010 年 4 月，全国人大常委会通过《关于修改＜中华人民共和国国家赔偿法＞的决定》，修改后的《中华人民共和国国家赔偿法》取消确认程序，畅通请求渠道，确立多元化的归责原则，扩大赔偿范围，完善赔偿程序，提高赔偿标准。

松阳县人民法院没有设立专门审理国家赔偿案件的机构。

第六章　立案、审判监督与执行

民国时期，松阳地方法院按照刑事、民事诉讼法律规定的再审程序审理再审案件。

中华人民共和国成立初期，松阳法院先后设置人民群众来信来访接待室，受理人民群众告诉、申诉、检举、控告，并及时调处简易纠纷，维护人民群众诉讼权力。刑、民审判庭在审理案件的同时，主动对可能错判的案件进行复查纠正。1978 年中共十一届三中全会以后，随着中国民主与法制建设的推进，人民群众法律意识的提高，各类申立案与审理分开，为正确处理人民群众的告诉申诉提供了重要保证。

中华人民共和国成立后，审判监督成法院审判工作的重要组成部分。松阳人民法院依据各个时期的政策和法律进行审判监督。1967～1972 年，审判监督工作停顿。1973 年，法院恢复后，审判监督随即恢复。中共十一届三中全会后，刑事审判监督工作进入一个新的发展阶段。松阳法院认真执行《中华人民共和国人民法院组织法》的规定，把复查纠正冤假错案作为一项主要工作来抓，对“文化大革命”期间以及 1977～1978 年判处的反革命案件和其他刑事案件，进行全面复查，并按审判监督程序提起再审，平反纠正了大量的冤假错案。1980 年以后，松阳法院对“文化大革命”历史遗留案件中的冤假错案，尤其是统战方面的冤假错案进行复查纠正。20 世纪 80 年代以后，随着《中华人民共和国刑法》《中华人民共和国刑事诉讼法》《中华人民共和国民法通则》等法律的颁布实施，社会主义法制建设进一步发展和健全，审判监督逐步走上法制化、规范化轨道。

案件执行，指将法院已经生效的判决、裁定所确定的内容付诸实现马上执行过程中的变更执行等问题而依法进行的活动。

在案件执行时，实行执行裁决和实施两权分立制衡制度，由不同的执行组织和人员分掌裁决权和实施权，避免和消除执行权过于集中带来的执行不公、滥用执行权等问题。

第一节　案件立案

中华人民共和国成立后，松阳法院审理民事、经济纠纷和刑事自诉案件，由有关审判庭自行审查立案。20 世纪 80 年代中期，随着经济建设的迅速发展，人民群众的法律意识增强，起诉到法院的案件逐年大幅度上升，由于办案力量不足，加之制度不严，因而在立案工作中不同程度存在“不结不立”“案多不立”“难办的案件不立”等问题。

1986 年，全国法院信访工作座谈会提出为解决以上问题的立案与审理分开措施，松阳县法院逐步推行这一做法。

1991年，《中华人民共和国民事诉讼法》实施后，松阳法院进一步抓立案工作的规范化、制度化建设，逐步形成上下对口、运行有序的立案工作体系。松阳法院告诉立案工作，对以往积压在庭里276份诉状进行清理，对其中61件予以立案，需要转交人民法庭审查立案的109件，及时转交人民法庭审查立案。《中华人民共和国民事诉讼法》颁布实施后，全区法院进一步明确告诉申诉工作职责范围，积极开展告诉立案工作。1993年，两级人民法院按照正确、及时、合法、方便群众的原则，经审查符合受理条件的依法立案；不符合受理条件的，做好起诉人思想工作或作为简易纠纷予以调处，或转有关部门处理。实行立案与审理分开制度，保证依法立案，及时立案，克服立案的随意性，避免“人情案”“关系案”

1994～1996年，法院健全和完善“统一立案制度”做到受理有依据、立案有标准、移送有手续。为提供立案工作的全程监督，松阳法院推行“大告申，全监督”制度。

1998～2003年，按照“大立案、精审判”的立案工作要求，立案庭按照流程管理规定，认真开展各类案件的立案工作，确保准确、及时立案，6年，依法审结各类案件7012件。其中，2003年共立案1525件，件均立案时间1.21天。

2010年，全年共立案受理各类案件2000件，办结2019件（含旧存115件），同比基本持平。

第二节　审判监督

中华人民共和国成立后，法院实行“实事求是，有错必纠”办案原则，通过申诉复查法定程序，纠正错案。1952年司法改革中，对建院以来结案的1600余件民事、刑事案件重点复查，抽查105件案件中，检查出偏差案件36件，其中需重新审理或改判20件，占偏差案件55.56%。1956年依据“有反必肃，有错必纠”原则，抽查1955～1956年审结的反革命案和普通刑事案件，纠正129件，其中错判50件，占应纠案件38.76%；轻罪重判74件，占应纠案件57.36%；重罪轻判5件，占应纠案3.88%。

1982年5月至1992年，复查审结刑事申诉案件272件，其中改判121件，占44.5%；维持原判91件，占33.4%；撤诉60件，占22.1%。复查民事申诉案件1件。1991年3月后，错案复查纠正工作纳入告诉申诉审判庭，审判监督工作走上规范化。

1998年后，加大审判监督力度，拓宽监督渠道，改进案件质量监督评比办法，明确各类案件质量标准并与违法审判责任追究制度配套实施。严格审查审诉和申请再审案件。2004年，共审结再审案件4件，维持2件，改判2件，并实行差错通报制度，全年案件质量评查392件，裁判文书证评查305件。同时邀请人大代表、政协委员旁听点评案件庭审，广泛接受监督，全年共邀请省、市、县人大代表旁听案庭审11人次。

2005年，全年庭审考核案件42件，评查案件453件，再审2件，追究差案2件。主动邀请人大代表政协委员旁听、点评案件庭审19人次，广泛接受监督，提高办案质量。

2010 年，深化审判监督机制，落实四项监督制度：重大疑难案件内部讨论制度；院长评查制度；二审发改案件“一案一分析”制度；案件质量每月“查、报、评”报度。全年共评查多类案件 1257 年，评查管理系统中案件信息 638 件，组织 41 次庭审考核。

第三节　案件执行

执行受理

1998～2003 年，全县共受理执行案件 3488 件，执结 3402 件。2006 年，进行 2 次集中清理执行未结案件活动。2007 年，松阳成立破解执行难领导工作小组。

2008 年，运用修改后的《中华人民共和国民事诉讼法》对有履行能力而拒不履行的被执行人依法果断采取强制措施。全年追究刑事责任 1 人，司法拘留 33 人，扣押护照 1 人。被丽水中院评为“2008 年度破解执行难优秀法院”。

2010 年，在各职能部门配合的“大执行”格局下，全年受理执行案件 612 件（旧存 53 件），执结 621 件，同比分别上升 30.21%和 31.01%；结案标的金额 1238.36 万元，其中，自动履行和解方式办法的占执行案总数的 48.7%。在继续开展集中清理执行积案活动中，排摸出的 14 件重点案件全部执结。通过媒体协助曝光、职能部门协助执行等方式，有效地执结案件 237 件。

执行监督

执行监督工作始于 20 世纪 90 年代初。采取强制执行措施时，与有关组织和乡镇密切配合，协同进行。在强制执行前，均向当事人所在组织和乡镇进行通报，取得一致意见。执行时，邀请单位和上级组织派人参加。上级法院对下级法院的执行活动，实行法律监督。

2009 年，加强执行工作，努力破解“执行难”。全年传唤被执行人 307 人次，司法拘留 47 人，查封、扣押财产 450 万元；被执行人因妨碍公务被依法判刑 1 人，因涉嫌拒不执行判决、裁定罪被依法移送公安机关立案侦查的 4 人。在执行工作中，坚持“清理旧案”与“执行新案”两手抓，严格执行《两个“必须”与三个“必查”》，制定并执行“协助执行奖励办法、执行期限、执行公开、执行听证”等制度，充分发挥各职能部门协助执行“绿色通道”作用，穷尽执行措施。

第二十九编 司法行政

松阳古代有司法行政机构。明代，松阳县衙置刑科掌管缉捕、监狱诸事。清宣统三年（1911），设立初级审判厅，掌管审判及监狱、公证等职权。民国时期，先后设置县执法科、审检所、司法科、司法处、县地方法院等司法机构。

松阳解放后，1950年，县人民法院设立司法科，建立古市区调解委员会。次年，全县各乡镇普遍建立人民调解组织，全县通过选举产生调解委员326人。“文化大革命”期间，县革委会人民保卫组行使司法行政职能。1982年复置松阳县后，成立松阳县司法局，为县政府独立行使司法行政职能单位。普法、依法治理、人民调解、公证、律师、法律服务、安置帮教、社区矫正、法律援助等司法行政工作全面开展，各方面都取得较好成效。

第一章 机 构

明代以前，松阳县由主政官员亲自掌理司法行政事务，县丞协理。明代，县衙设置刑科掌管缉捕、监狱等事务。清宣统三年（1911），设立初级审判厅，掌管审判、监狱及公证等事务。

民国元年（1912），松阳县设立执法科，兼管司法行政事务。民国3年，设立司法科。民国5年，改设审检所。民国25年4月，设司法处，由县长兼理司法行政与审判职权。民国32年，设立地方法院，地方法院书记室设监狱科、公证处，专门负责监狱管理、公证等司法行政事务。

1949年，松阳解放之初，县民主政府设立司法科；1950年，并入县人民法院。1952年9～10月，中共松阳县委建立司法改革委员会，下设专门办公室，开始有计划、有步骤地进行以反旧司法观点、反旧司法作风、整顿法院组织为主要内容的司法改革运动。“文化大革命”期间，由县革委会保卫组行使司法职权，后逐步由县人民法院兼理司法行政事务。1982年5月，成立松阳县司法局，开始独立行使司法行政职能。

第一节　司法行政机构

县级机构

1949年5月，松阳复设司法科，掌管司法行政事务。1950年4月，司法科并入县人民法院，由法院负责审判、监狱管理、公证、人民调解、法制宣传等司法行政事务。“文化大革命”期间，县革命委员会人民保卫组行使司法行政职权。“文化大革命”结束后，由人民法院兼理司法行政事务。

1982年5月，松阳恢复县制后建立县司法局，为司法行政职能单位。内设办公室、基层股、宣教股、县公证处、县法律顾问处等机构。1984年把内设“股”改为“科”。1990年11月，设立中共松阳县司法局党组。1994年，县司法局有司法行政编制人员38人，内设科室有办公室、政工科、律师管理科、公证管理科（公证处）、行政法制科、两劳回籍人员管理科、法制宣传科（普法办）、基层工作管理科8个科室。2001年，建立县司法局纪检组。2002年8月，松阳县党政机构议事方案确定，县司法局内设5个职能科室，即办公室、政工科（行政法制科）、两劳回籍人员管理教育科、法制宣传教育科（普法科）、基层工作管理科（“148”协调指挥中心）。下设机构有公证处、法律援助中心、乡镇司法所。行政编制34人。2006年，县司法局内设机构有办公室、宣教科（普法办）、公证处、综合一科（由原基层科、归正人员管理科、法制科组成）、综合二科（由原法律援助中心、12348指挥协调中心组成）。有司法行政编制人员34人。2007年7月，归正人员管理科增挂社区矫正工作管理科牌子，并对司法局内部科室进行重组，改为办公室、政工科（法制科）、基层科（12348指挥协调中心）、宣教科（普法办）、归正人员管理科（社区矫正科）、公证处和法律援助中心。有司法行政编制人员36名。

2010年末，县司法局内设办公室（政工科）、法制宣传教育科（普法办）、综合一科（基层工作管理科、两劳回籍人员管理教育科）、综合二科（法律援助中心、“12348”服务中心）、法制科、公证处6个科室。有司法行政编制人员42人，设局长（局党组书记）1人、党组副书记1人（兼纪检组长）、副局长2人。

基层组织

1977～1978年，松阳区域内各公社全部配备兼职司法助理员。

1982年，古市镇、西屏镇、靖居区率先成立司法办公室，各配备专职司法助理员1人。1984年1月，全县所辖乡镇均配备1名司法助理员。1989年8月，区、镇司法办事处、办公室、司法点等统一更名为司法所。1990年，组建松阳司法所和古市司法所。1992年，组建靖居司法所。嗣后，撤区扩镇并乡，区级司法所撤销。2004年始，全县各乡镇均建立司法所。至2005年，全县共有20个乡镇司法所。司法所是司法局在乡镇的派出机构，具体组织实施和直接面向人民群众开展司法行政各项业务工作。

2006年开始，实施基层司法所规范化项目建设。至2009年，初步完成全县20个乡镇司法所的规范化建设，人员、办公场所、办公设备等方面得到加强。在全县5个镇和县工业园区设立6个直属司法所，配备12名专职司法行政编制人员到岗。至2010年，全县基层司法所共有专、兼职人员94人。是年，投入资金8万元，为各司法所更新现代化办公设备，为工业园区司法所配备业务专车。各司法所办公用房面积达到120～150平方米。

第二节 职能转变

中华人民共和国成立的1949年至1982年初，司法行政工作的大部分职能由县人民法院管辖。1982年县司法局成立，其法定职责是编制全县司法行政工作中长期规划、年度计划，制订司法行政工作的各项规章制度并监督实施；承担行政、企事业单位法律顾问工作并参与行政执法检查、司法鉴定工作，依法承办仲裁机构有关事项；管理和指导全县两劳回籍人员的帮教工作；制订全县法制宣教规划并组织实施，指导各乡镇各行业依法治理工作；管理和指导全县律师和法律顾问工作、综合管理社会法律服务机构；管理和指导全县公证机构和公证业务活动；管理指导全县人民调解和司法助理员工作，参加社会治安综合治理；指导、组织全县各类法学教育工作；指导全县司法行政系统的队伍建设和思想政治工作；负责法院的机构设置、人员编制、物资装备和司法统计，管理司法干部；协同法院建立健全各种审判制度。

1983年，人民法院的机构设置、人员编制、物资装备和司法统计及管理司法干部等职能从县司法局划出。

1996年，根据机构改革“三定”工作方案，县司法局进行职能转变，强化八项职能：研究制订全县司法行政工作的发展规划和政策；宏观管理全县法律服务工作；指导行政机关、企事业单位法律顾问工作；管理指导两劳回籍人员的帮教工作；组织指导全县法学教育、法制宣传及依法治理工作；公证员、律师资格考试前期准备工作；基层乡镇法律服务机构的设置、审批等。

2000年，县司法局的法定职能有所增加：制订全县法制宣传与普法教育的规划并组织实施；指导各乡镇、各行业的依法治理和法制宣传工作；指导监督全县律师、律师事务所、律师协会及法律援助工作；指导监督公证机构和公证业务活动；指导监督全县司法鉴定机构和司法鉴定业务活动；综合管理基层司法所和基层法律服务、人民调解、刑释解教人员安置帮教、社区矫正工作；指导协调“12348”法律服务工作；参与社会治安综合治理。

2010年末开始，县司法局职能调整为：法制宣教、律师管理、公证管理、司法鉴定管理、基层司法行政管理、人民调解指导、安置帮教、社区矫正、法律援助9项。

第二章　法制宣传

法制宣传教育是新时期思想政治教育的一项重要、艰巨的任务。自中共十一届三中全会以后，特别是随着改革开放的不断深入，法治教育越来越显示出它在思想政治工作实践中的重要位置。从稳定局势看，需要深入普法，进行法治教育。

唐武德四年（621），松阳县学创立，为处州最早的地方官学。县学礼科负责向生员讲读律令、诏诰、经史、礼仪等。清代，宣教律法主要是各朝制定的国家法典。

民国时期，县级实行司法行政与审判合一制，先后由执法科、审检所、司法科、司法处等机构负责法制宣传事务。

1949 年松阳解放以后，先后由县政府司法科、县人民法院、县司法局等机构负责法制宣传教育工作。

第一节　基本法律宣传

民国时期，法律宣传主要以《刑典法》《考试法》《票据法》《商标法》《土地法》《会计法》《公务员惩戒法》为重点。还对官员、民众进行以《惩治贪污暂行条例》《严禁溺女婴虐妇》《严厉废除娼妓》《严禁鸦片赌博》《摘示法律常识》等为内容的宣传。

松阳解放初期，主要宣传《中华人民共和国婚姻法》《中华人民共和国土地改革法》《中华人民共和国惩治反革命条例》《中华人民共和国兵役法》。20 世纪 70～80 年代，在工厂、企业、学校、公社、农村针对各行各业，重点宣传贯彻《中华人民共和国森林法》《中华人民共和国刑法》《中华人民共和国刑事诉讼法》等法律知识。

图 29-1　县司法局开展法律咨询活动（叶光铭 摄于 1984）

1982 年，松阳县司法局建立以后，运用授课、墙报、图片、广播、电影、幻灯、法制宣传日上街设点等多种形式开展法制宣传教育活动，提高全县人民法律知识水平。

1983 年，司法局印发 3 期宣传《中华人民共和国婚姻法》的《法制宣传》专刊，反对买卖婚姻，提倡婚事新办，并列举买卖婚姻和赌博走向犯罪道路的事例。在西屏、古市2镇开展法制宣传活动，印发《怎样请律师》《怎样办公证》《打官司的程序》《调介工作简解》等7个方面的宣传资料，解答法律和政策性问题。是年9月，县法制宣传办公室成立，不定期开展法制宣传月活动，编印打击刑事犯罪分子的具体案例及刑法、森林法、经济合同法、婚姻法、土地管理法、计划生育法等材料，发至各机关和城乡基层单位。运用宣传车在全县城乡及山区巡回宣传，并指派司法干警去各学校上法制课。1984年，县法制宣传办公室有重点地开展维护妇女儿童合法权益宣传月和严厉打击刑事犯罪宣传活动。充分发挥县电影院以及各区、乡、镇电影队和文化中心、广播站、调解办公室（司法办公室）的作用，编制法制宣传幻灯片、快板、顺口溜、漫画、墙报、黑板报等方式进行灵活多样的宣传。总结新兴公社泉庄大队制订乡规民约建设“文明村”的先进典型，向全县农村推广。在西屏镇的向阳旅馆和斋坛乡的东圩蓬村开展建设文明单位试点工作，制订村（店）规民约，开展“遵纪守法光荣户”评比等活动，使村（店）风气有很大的转变。

1986～2010年，按照中共中央的要求，全县部署有计划地开展5个五年规划的全民基本普及法律常识教育。

第二节 普及法律知识

1986年1月，松阳县成立普及法律常识工作领导小组，建立普及法律常识办公室（简称普法办），与司法局宣教科合署办公。

从“一五”普法至“五五”普法，每期都各有重点普法内容和重点普法对象。根据省普法领导小组《关于普法考核验收工作的安排意见》和丽水地区《关于在全区公民中普及法律常识的五年规划》的要求，每期普法活动结束后，对全县普法工作采取按系统、划地区、分期分批、自下而上逐级检查，成熟一个验收一个的办法进行考核验收。

“一五”普法（1986～1990）

“一五”普法以“十法一条例”为主要内容，即《中华人民共和国宪法》《中华人民共和国刑法》《中华人民共和国刑事诉讼法》《中华人民共和国民事诉讼法》《中华人民共和国民法通则》《中华人民共和国婚姻法》《中华人民共和国继承法》《中华人民共和国经济合同法》《中华人民共和国兵役法》《中华人民共和国森林法》和《中华人民共和国治安管理处罚条例》为主要内容。重点普法对象是工人、农民、知识分子、干部、学生、军人以及其他劳动者和城镇居民中有接受能力的公民。

“一五”普法采取针对不同的普法对象以面授为主、多种形式相结合的方法。面授形式有4种：定期辅导，分散自学，统一考试；利用周六干部理论学习时间和班前班后时间组织集中普法学习；举办普法学校，分期分批脱产轮训；利用农闲组织农民和居民集中学习。还采取灵活多样、群众喜闻乐见的形式，组织职工观看法制电影、电视录像片、文艺节目。利用文艺演唱、摄影、绘画、书法、板报、图片展览、模拟法庭等生动活泼的形式进行法制宣传教育。

1986年，举办普法轮训班31期，参加普法学习4826人，通过考试取得学习合格证者3876人。6月始，配合反盗窃斗争开展法制宣传。选取县内的典型案例绘制81幅图文并茂的反盗窃斗争法制图片，并组织部分赃款赃物在全县各地巡回展出。印发反盗窃斗争法制宣传资料1000余份，印发普法辅导资料3万多册，全县订阅法律常识读本6600册。组织法制教育电影周活动，放映法制影片392场次，观众25万余人次。1987年，全县19355人通过普法学习考试合格。在斋坛乡开展农村普法试点；赤寿乡举办两期普法培训班，年内完成全乡563名农村重点对象普法任务。至年末，全县有16个乡镇完成农村（居民）重点对象的普法任务。1988年，开展全县中小学生法律知识竞赛，参赛10000余人次，全年完成普法考试14872人。配合中心工作开展多种形式法制宣传，编制宣传资料20多种。全年共刊出法制宣传窗、墙报、黑板报共1100多期。1989年，全县“九法一条例”普法教育工作经地区普法办检查验收合格，评选普法先进集体7个、先进个人10人，分别受到地、县表彰。1990年，开展《中华人民共和国行政法》和《中华人民共和国行政诉讼法》宣教活动，举办培训班10期，参训人员800多人次。9月，采用松阳县“严打”斗争第一战役的一些典型案例，编绘20幅法制宣传图片，出动普法宣传车巡回全县27个乡镇进行重点宣传。

“二五”普法（1991～1995）

“二五”普法内容以《中华人民共和国宪法》为核心，以《中华人民共和国行政诉讼法》《中华人民共和国义务教育法》《中华人民共和国集会游行示威法》《中华人民共和国国旗法》《中华人民共和国国徽法》《中华人民共和国婚姻法》《中华人民共和国公司法》《中华人民共和国产品质量法》《中华人民共和国反不正当竞争法》《中华人民共和国国家赔偿法》《中华人民共和国担保法》等法律宣传为重点。重点普法对象为全县各级领导干部，执法人员包括司法人员、行政执法人员，宣传教育工作者，青少年特别是大、中学校在校生等。

“二五”普法期间，玉岩镇溪口村被列入丽水地区法制村试点，《浙江法制报》对该村“依法治村”工作进行采访报道。新兴乡新兴初中被列入丽水地区依法治校试点，省司法厅司法简报专门刊登新兴初中的试点工作总结。1991年，抓好“二五”普法启动工作，全县有31个系统和部门建立健全普法机构，制订“二五”普法规划。各系统选送40多人参加省、地举办的“二五”普法师资培训班学习。召开各区乡镇有关人员参加的普法规划宣传座谈会。全县召开广播动员会，各乡镇广播站分别举办专题宣传节目、刊出宣传墙报。完成企业厂长、经理经济法岗位培训第一期培训任务。1992年，处州制药厂被列为依法治厂工作试点。完成第二期企业厂长、经理经济法岗位培训任务。9～10月，举办二期“二五”普法“共同法”师资骨干培训班，共培训普法师资83人。全年上门为学校、厂矿上法制课40多场次。1993年，重点抓好各系统、各部门专业法的学习教育指导工作，做到普法工作与依法治理有机结合。同时，结合县、乡换届选举工作，宣传《中华人民共和国全国人民代表大会和地方各级人民代表大会代表法》《中华人民共和国全国人民代表大会和地方各级人民代表大会选举法》，加强对《中华人民共和国宪法》的学习宣传，使换届选举工作顺利开展。1994年，有组织、有计划地开展依法治村、依法治乡镇、依法治理各行各业宣传。结合全县集中整治农村社会治安开展法制宣传，形成法制舆论攻势，出动宣传车在公路沿线和重要集镇、重点地区进行巡回宣传。在开展农村法治斗争试点的安民乡，对当地19名有违法行为人员举办法制学习班。1995年，集中精力对乡镇“二五”普法工作进行全面检查、考核，个别乡镇进行补课，最后通过地区“二五”普法检查组验收。

“三五”普法（1996～2000）

“三五”普法活动突出法制教育与法治实践相结合，全面推进各项事业依法治理。普法内容有《中华人民共和国行政处罚法》《中华人民共和国国家赔偿法》《中华人民共和国知识产权法》《中华人民共和国消费者权益保护法》《中华人民共和国劳动法》《国际经济法》《中华人民共和国保守国家秘密法》《中华人民共和国档案法》《中华人民共和国教育法》等法律的宣传学习。重点普法对象为全县各级领导干部、执法人员、企事业经营管理人员、青少年、外来人员。

图 29-2 县机关干部听普法辅导报告（县档案馆提供 1992 年）

“三五”普法期间，成立县法制宣传教育、依法治理工作领导小组办公室，全县20个乡镇和40个部门制订本单位的“三五”普法规划，成立普法依法治理领导机构及办公室。同时组建县普法讲师团，由宣传部、政法委、教委、党校及司法局等单位具有一定法律知识和授课能力的人员组成，分赴机关、乡镇、学校及厂矿企业普法宣讲。与教委联手编写《青少年普法必读》，以全县初中以上学生为对象，实行人手一册，保证青少年普法教育顺利进行。建立干部学法建档考试制度、县理论中心组学法日制度，并组织人大任命干部上岗前法律考试。2000年，培训县（处）级领导干部26人、科局级以及乡镇领导干部400人、一般干部2300人、企业经营管理人员680人、青少年1025人。依法治理不断深化，全县依法治理覆盖率乡镇100%、机关90%、企事业单位85%。

“四五”普法（2001～2005）

“四五”普法围绕“两个转变，两个提高”（努力实现由提高全民法律意识向提高全民法律素质的转变、由注重依靠行政手段管理向注重运用法律手段管理的转变，全面提高全体公民特别是各级领导干部的法律素质、全面提高社会法制化管理水平）的目标，深入开展法制宣传和依法治理活动。活动内容主要是《中华人民共和国民法通则》《中华人民共和国公司法》《中华人民共和国合同法》《中华人民共和国消费者权益保护法》《中华人民共和国劳动法》等法律的宣传。每年市普法办精选重点普及宣传的法律编成《法律知识读本》供学习参考。重点普法对象为全县各级干部（职工）、中小学生、企业管理人员。

“四五”普法主要采取法制讲座形式授课宣讲、送法下乡、法制征文、演讲比赛等。其间开展“12·4”全国法制宣传日活动；开展与邪教组织斗争宣传活动。全县干部（职工）参加学法建档考试，组织中小学校长、政治教师学习并考核，发合格证。组织企业管理人员法制讲座，并向农村、社区群众发放《实用法律知识读本》进行普法宣传教育。2001年，全县副科以上领导干部分两期集中进行法制培训，参加考试人数400多人，一般干部职工参加考试人数6000余人，并全部建立个人学法档案。对在“三五”普法期间取得显著成绩的单位和个人进行总结表彰。在赤寿初中、县实验小学等中小学校举办“未成年人保护”专题法制讲座。组织开展“148”妇女维权周、全国助残日、《中华人民共和国婚姻法》宣传日、“12·4”全国法制宣传日等义务法律咨询活动。2003年，邀请浙大法学院教授就中共十六大后中国社会的法治之路为全县副科以上干部作专题讲座。2004年，全县420名副科以上干部参加培训，考试合格，6500名干部职工参加普法学习考试合格。2005年，开展以《中华人民共和国公务员法》《反分裂国家法》等为主要内容的全县干部职工普法建档考试，全县6000名干部职工参加考试合格。精心筹备法律宣传20周年部署活动，举办“弘扬宪法精神，构建和谐社会”演讲比赛，完成省法制宣传20周年纪念展暨丽水展区布展材料验收等工作。

图 29-3　法制宣传（叶光铭 摄于2005年）

“五五”普法（2006～2010）

“五五”普法活动，内容以《中华人民共和国宪法》为核心，包括《中华人民共和国公务员法》《中华人民共和国侵权责任法》《中华人民共和国人民调解法》《中华人民共和国节约能源法》等各部门法律法规、规章及地方性法规的学习。重点普法对象为公务员尤其是领导干部以及青少年学生、企业经营管理人员、农民、外来务工人员。

“五五”普法突出“法律六进”（法律进机关、进乡村、进学校、进社区、进单位）。全县以“法律六进”活动为主要载体，每年编印《法律知识读本》作为学习资料，发放供学习参考。建立领导干部法律知识考试任职资格制度，县、乡镇及县府部门党委（党组）中心理论学习集体学法制度化。乡镇建立法制辅导站、青少年法制教育基地和法制学校。通过法制教育课、发放宣教资料、法律咨询、法制讲座、法律宣传栏、学法用法考试等形式进行普法教育。

“五五”普法期间，每年上街开展法律咨询、发放宣传资料及宣传挂图。其中，2010年是“五五”普法总结验收之年，全年上街开展法律咨询活动8场次，累计发放各类法律宣传资料8000份，接受法律咨询上万人次。各乡镇法律辅导站建有率100%，各行政村法制宣传栏建有率80%以上。在《新松阳》开设《法制园地》普法宣传栏，全年刊出有关道德与法制内容稿件100多篇。组织全县500多名科级领导干部和6200多名一般干部职工进行学法建档考试。

2010年10月，全国普及法律常识办公室授予松阳县“全国法治（县、区）创建活动先进单位”称号。

1986～2010年松阳县“一五”至“五五”普法基本情况表

表 29-2-2-1

普法时间	重点普法对象	普法的主要内容	主要普法形式	取得普法成效
“一五”普法（1986～1990年）	工人、农民、知识分子、干部、学生、军人及其他劳动者和城镇居民中有接受能力的公民	以“十法一条例”为主要内容，即：《中华人民共和国宪法》《中华人民共和国刑法》《中华人民共和国刑事诉讼法》《中华人民共和国民事诉讼法》《中华人民共和国民法通则》《中华人民共和国婚姻法》《中华人民共和国继承法》《中华人民共和国经济合同法》《中华人民共和国兵役法》《中华人民共和国森林法》和《中华人民共和国治安管理处罚条例》	针对不同的普法对象，以面授为主，组织群众观看法制电影、电视、文艺节目，利用文艺演出、摄影、绘画、书法、板报、图片展览、模拟法庭等生动活泼的形式	1986年，普法考试合证者3876人；1987年，19355人通过普法考试；1988年14872人通过普法考试；1989年地区，“九法一条例”普法教育验收合格；1990年，完成《中华人民共和国行政诉讼法》和《中华人民共和国行政法》培训班10期，参训人员800多人
“二五”普法（1991～1995年）	全县各级领导干部；执法人员，包括司法人员、行政执法人员；宣传教育工作者；青少年，特别是大、中学校在校生	以《中华人民共和国宪法》为核心，以《中华人民共和国行政诉讼法》《中华人民共和国义务教育法》《中华人民共和国集会游行示威法》《中华人民共和国国旗法》《中华人民共和国国徽法》《中华人民共和国婚姻法》《中华人民共和国公司法》《中华人民共和国产品质量法》《中华人民共和国反不正当竞争法》《中华人民共和国国家赔偿法》《中华人民共和国担保法》等为重点	玉岩镇溪口村被列入丽水地区法制村试点，新兴乡新兴初中被列入丽水地区依法治校试点，处州制药厂被列为依法治厂工作试点，有关部门单位被列入依法治理和普法试点	玉岩镇溪口村依法治村试点工作取得成效，得到省、地普法办首肯，省法制报对溪口村“依法治村”工作进行专题采访报导；新兴初中依法治校试点工作得到省司法厅肯定，并在省司法厅简报刊登该校试点工作总结。完成2期企业厂长、经理培训，培养一批懂法的企业营销人员

续表 29-2-2-1

普法时间	重点普法对象	普法的主要内容	主要普法形式	取得普法成效
“三五”普法（1996～2000年）	全县各级领导干部、执法人员、企事业经营管理人员、青少年、外来人员	突出法制教育与法治实践相结合，全面推进依法治理。主要有《中华人民共和国行政处罚法》《中华人民共和国国家赔偿法》《中华人民共和国保护国家秘密法》《中华人民共和国档案法》《中华人民共和国教育法》等	成立县法制宣传教育、依法治理工作领导小组，全县20个乡镇和40个部门制订本单位普法规划并成立普法依法治理领导小组及办公室。组建县普法讲师团分赴机关、乡镇、学校及厂矿企业普法宣传	1996年、1997年连续2年上法制教育课20多场次，受教育人数9000多人；1998年，举办2期科级干部学法培训班，400名干部通过考试，年内共有3000多人参加普法建档考试；1999年，85名农村基层干部、426名科级以上干部交流活动考试合格；2000年，完成2400名各级领导干部法制培训任务，680名企管人员通过普法考试
“四五”普法（2001～2005年）	全县各级干部（职工）、中小学生、企业经营管理人员	围绕“两个转变，两个提高”的目标，深入开展法制宣传和依法治理活动。主要内容是《民法通则》《公司法》《合同法》《消费者权益保护法》《劳动法》等的宣传教育	主要采取法制讲座形式授课宣讲、送法下乡、法制征文、演讲比赛等	2001年，400名科级干部、6000名一般干部职工通过学法建档考试；2004年，420名科级干部、6500名一般干部职工通过学法建档考试，1500人参加移动杯宪法知识竞赛；2005年，6000名干部职工参加《公务员法》《反分裂国家法》考试合格，西屏镇成立阳溪、水南、西垒3所少年法制宣传大队，有少年法制宣传员1200多人
“五五”普法（2006～2010年）	公务员尤其是领导干部以及青少年学生、企业经营管理人员、农村农民、外来务工人员	以《中华人民共和国宪法》为核心，包括《中华人民共和国公务员法》《中华人民共和国侵权责任法》《中华人民共和国人民调解法》《中华人民共和国节约能源法》等各部门法律法规、规章及地方性法规的学习	突出“法律六进”（法律进机关、进乡村、进学校、进社区、进单位）为载体，每年编印《法律知识读本》作为学习资料，发放供学习参考。建立领导干部法律知识考试任职资格制度，建立乡镇法制辅导站、青少年法制教育基地和法制学校	2006年，465名科级干部、5700名一般干部职工完成学法建档考试；2008年，完成中小学校长、政教主任法律知识培训，聘请政法干警担任各学校法制副校长；2009年，全县6000名干部学法建档考试完成；2010年，乡镇法律辅导站建有率100%，村级法制宣传栏建有率80%以上；获“全国法治（县、区）创建活动先进单位”称号

第三节 民主法治村建设

2001年开始，县司法局开展“民主法治村（社区）”创建活动，积极发挥司法行政职能，推动基层民主法制建设进程。

2001年，在“民主法治村”达标活动中，全县“民主法治村”达到五星级的村1个、四星级的村13个、三星级村208个，以点带面，树立典型，推动农村民主法制建设的进程。2005年，“民主法治村”创建，达到五星级标准的村1个、四星级的13个、三星级的208个。2006年，全县新申报三星级民主法治村69个，创建率72%。2007年，创建申报全国民主法治示范村1个（赤寿界首）、五星级民主法治村1个（古市筱铺）、四星级民主法治村3个（新兴大石、象溪一村、石仓六村）、三星级民主法治村80个。2008年，全县100%的村和社区开展“民主法治村（社区）”创建活动，创建全国民主法治示范村1个、五星级民主法治村2个、四星级民主法治村26个、三星级民主法治村（社区）275个。2009年，推进新一轮民主法治村（社区）创建工作，新创建1个省级、14个市级民主法治村（社区）。是年，有县级以上民主法治示范村（社区）305个，其中全国民主法治示范村1个、省级民主法治村3个。

2010年末，有全国民主法治示范村1个、省级民主法治村3个、市级民主法治村44个、县级民主法治村（社区）274个，星级民主法治村（社区）达标率79%。

第三章　人民调解

人民调解是指在人民调解委员会主持下，以国家法律、法规、规章和社会公德为依据，对民间纠纷双方当事人进行调解、劝说，促使当事人双方互相谅解、平等协商、自愿协议、消除纷争的活动。

唐代，乡里分设乡正、里正、族长，对民事纠纷进行调解仲裁。明洪武年间（1368～1398），在乡、里设立“老人”一职，专事调解乡民、族众之间的各种民间纠纷。清宣统元年（1909），由各乡议事会负责调解民间纠纷。民国时期，设有乡一级调解组织。民间各地建有“申明亭”，乡贤、社会名流主持调解；各族姓建有宗祠，族长调解族内纠纷。

松阳解放后，1951 年开始，各乡（镇）村普遍建立人民调解组织，由县法院代理民间纠纷调解工作。1981 年始，开始由司法行政部门负责人民调解工作。

第一节　调解组织

民国时期，乡、村设“息讼会”，专门负责调解各地纠纷。息讼会设会长 1 名、公断员 5～7 名。民国 20 年（1931）1 月，县设立民事调解处，委派推事、书记官负责调解事务。4 月，对乡镇调解委员会组织权限、调解刑事与民事案件范围、调解方法等作出具体规定。县、乡镇均建有调解委员会，委员一般由乡镇长、学校校长、保长、民众代表等组成。民国 36～38 年，在乡镇建立调解组织的同时，县警察局设司法科，负责基层调解组织解决不了的疑难纠纷。

中华人民共和国成立初期，民事案件均由县司法科审理。1950 年 4 月以后，县法院开始受理民事案件；同时，在部分乡镇建立调解委员会组织。6 月，建立古市区调解委员会。

1951 年末至 1952 年初，各乡（镇）村普遍建立人民调解组织，均称人民调解委员会，设主任委员 1 人、委员若干名。1952 年，全县选举产生调解委员 326 人。1954 年，根据政务院颁发的《人民调解委员会暂行组织通则》，在乡镇普遍建立调解委员会，调解民间一般的民事纠纷与轻微的刑事案件。乡镇调解委员会由乡人民代表大会推选。1956 年，建立以公安派出所辖区为单位的大型调解委员会。1959 年，人民调解委员会统一改为调处委员会。是年，把原调处委员会与治安保卫委员会合一，设立治保调处委员会。

1964 年，以公社、大队、城镇居民委员会为单位设立调解委员会和调解小组。1966～1972 年，“文化大革命”期间，人民调解工作处于停顿状态。1973 年，恢复城镇以居民委员会为单位、农村以生产大队为单位的调解委员会。

1981 年，人民调解管理工作由人民法院移交县司法局（其时，松阳县尚未从遂昌分县）。所有生产大队均建立调解组织。

1982 年 5 月，松阳县司法局全面负责调解组织的整顿工作。首先在新兴公社开展调解组织整顿的试点工作，建立健全全公社 20 个大队和 1 个林场共 21 个单位调解组织。1983 年，先后在古市区所属公社建立调解办公室。调解室人员 3～5 人，设正副主任。建立值班收案、学习、调解日等制度。全县 27 个社（镇）及部分企业，共建立调解组织 29 个，调解工作人员 1626 人。1986 年，建立法律服务站和司法通力合作办公室等基层法律服务机构 29 个。1990 年，企业改制、重组、破产工作中产生的纠纷较多。全县整顿各级调解组织 344 个，占总数的 81%。新建松阳造纸厂调委会和新兴乡中学调委会等调解组织。

司法行政机关在组建调解组织时，又注重整顿调解组织。1991 年，整顿调解组织 339 个，占全县调解组织的 80%。其中，一类调解组织 242 个，占总数的 5.7%；二类组织 143 个，占总数的 34%；三类组织 32 个，占总数的 8.8%。1992 年，既抓乡镇、村级人民调解组织建设，又抓业务指导，落实兼职司法助理员工作。经整顿，一类调解组织有 204 个，占总数 48.57%；二类 163 个，占 38.82%；三类 53 个，占 12.61%。1993 年，全县一类调解组织 197 个，二类 165 个，三类 55 个。

1996 年始，乡镇司法助理员均由副科以上干部担任，全县达到标准化调解委员会的有 381 个，达标率 91.36%，形成覆盖全县的调解网络。全年举办调解员培训班 3 期，培训调解干部 125 名。

1997 年，社会民间纠纷矛盾呈现出主体多元化、易激化、群体化的特征，有形成“大调解”网络格局的需要，构筑毗邻地区联调网，首次与遂昌、龙泉、联城成立联调组织。

1998 年，全县建立 6 个司法所，配备司法助理员 30 人；建设“标准化调委会”385 个，达标率 92．32%。共培训 9 个乡镇、226 个村 544 名调解干部。1999 年，与武义县委建立联防联调组织。

2001 年，松阳县各乡镇均建立司法调解中心，共有工作人员 188 人。一、二类调委会 436 个，占调委总数的 98.86%。全年共开展法制宣传 234 次，受教育 58629 人次。是年，全县开展规范化司法所考核评估活动，西屏镇司法所被省司法厅授予“文明司法所”称号。组织乡镇司法所人员参加培训，参训率 100%。

图 29-4　县工业园区人民调解中心成立（县司法局提供 2008 年）

至 2006 年，全县建立调委会 454 个，其中乡镇调委会 20 个、村级调委会 412 个、其他调委会 22 个，人民调解员有 1467 人。2007 年，玉岩、枫坪 2 个乡镇建立“双所联动中心调解”模式，创建毗邻村综治联调站。2008 年，在职工人数 200 人以上的企业建立调委会，在外来人口聚居区县工业园区组建人民调解中心，县内各乡镇建立连片联调中心。提高调解“以奖代补”案件奖励标准，进一步完善该制度。

2009 年，大东坝镇石仓片 9 个行政村成立治安联防联调中心。全县所有行政村（居）调委会全部使用规范化调解协议书。2010 年，全县共成立各级人民调解组织 483 个，调解人员 1810 名，形成乡镇调委会、村（居）调委会、企事业单位调委会、行业性调委会和专业性调委会的基层调委会网络。

第二节　民间纠纷调处

调处情况

民国以前，调解民间纠纷主要有婚姻家庭、田宅财产、债负、宗族事务、斗殴、田亩灌溉、牲畜食践禾田等。民国时期，民间调解组织主要调解和处理各类民事纠纷和刑事案件。民事纠纷包括缴租退佃、家庭、相邻权、山林、房屋宅基等纠纷；需调解的刑事案件有伤害风化罪、妨害婚姻家庭罪、伤害罪、妨害名誉及信用罪、妨害秘密罪、盗窃罪等。调解程序逐渐规范，调解案件一般都制作有调解笔录。

20 世纪 50 年代，民间调解仍以婚姻家庭纠纷、邻里纠纷、房屋宅基地纠纷为主。1951 年 1～10 月，全县共收到婚姻案件 101 件，调解和好 16 件，解约 15 件，离婚 70 件。

“文化大革命”时期，传统民间纠纷数量减少。20 世纪 70 年代末，由于基层矛盾纠纷复杂化，毗邻边际山林资源纠纷等调解事项逐步显现。80 年代，随着社会主义市场经济的发展，矛盾纠纷主体、内容日益多样化、复杂化，山林纠纷、合同纠纷、赔偿纠纷、劳动争议纠纷、村务管理纠纷逐渐增多。毗邻边际联调等新型调解机制逐渐形成。

1982 年，复置松阳县，全县 25 个乡镇、388 个大队、13 个居民区、3 个厂矿企事业单位建立健全调解组织。20 世纪 80 年代，调处各类纠纷和轻微刑事案件为各级调解组织的主要工作内容。经各级调解人员细致工作，民间纠纷案件大多得以解决。

20 世纪 90 年代，调解工作以预防民间纠纷激化为重点，全县各级调解组织工作重点放在一方面防止民间纠纷转化为刑事案件，另一方面抓乡镇、村级人民调解组织建设，加强对调解人员业务指导。1999 年，建立 20 个乡(镇)司法所，配备司法助理员 20 人，培训调解干部 942 人、调解员 942 人。

2000 年开始，征地拆迁、补偿、农村生产结构调整、土地及承包、村务公开、劳动争议、医患、环保等领域成为调解矛盾纠纷的重点。

2006 年，县司法行政部门引导法律工作者宣传法律，帮助下岗职工、困难群体起草调解协议。2010 年，开展上海世博会护城河工程、校园周边环境整治等专项排查。全年共调处矛盾纠纷 4465 件，调解成功 4412 件，调解成功率 98.8%。

1982～2010年若干年份松阳县人民调解工作概况表

表29-3-2-1

年份	受理纠纷（件）	调处成功（件）	调解成功率（%）	防止民转刑（件）
1982	2044	—	—	—
1983	3752	—	—	—
1984	3652	—	—	—
1987	4019	—	87%	—
1988	3542	3231	—	—
1989	3555	—	—	—
1990	2025	—	87%	—
1991	2581	—	76%	—
1992	2010	—	88%	7
1993	1759	1461	—	8
1995	1437	1283	89%	31
1996	1433	1343	94%	—
1997	1194	—	93%	6
1998	1300	1205	93%	—
1999	1683	1607	95%	—
2001	631	—	92%	—
2003	1860	1795	97%	—
2004	819	802	98%	—
2005	619	596	96%	—
2006	786	—	97%	6
2007	1339	—	98%	19
2008	2568	2548	—	60
2009	3063	3007	99%	—
2010	4465	4412	99%	—

调处案件选介

案例1：1990年，西屏镇村民徐某某因建房占用公用通道而与邻居刘某某发生争执。由于徐某某坚持对刘某某的不当侵害，致使刘某某纠集40多人将徐的西墙拆毁，徐某某发现后也立即纠集人马准备与刘某某相拼。西屏镇调解办得到报告后，立刻会同有关部门赶到事发现场。首先制止事态发展，然后进行实地调查，连续作战，规劝双方，晓以利害，一场由纠纷激化的险情终被化解，从而避免转化为刑事案件。

案例2：1995年，赤寿乡某村一对相恋青年男女，由于各种原因恋爱不成，导致失恋的男方由爱生恨，情绪失控，欲在女方家自尽。村调解干部闻讯后，当即现场制止，通过多次疏导和耐心细致的思想工作，男方终于想通，放弃轻生和伤害，纠纷事件完满解决。

案例3：1997年下半年，象溪镇靖居口、石牌门、靖居包3个村因钼矿水环境污染问题与矿方连续发生几起较大冲突事件，其中多人被打伤。县司法局干警与象溪司法所及时介入调处，几天几夜坚持一线疏导、劝阻，耐心做好双方思想说服解释工作，最终成功平息事态，达成协议，化解矛盾，避免更大流血事件的发生。

第四章 安置帮教与社区矫正

民国时期，松阳县设立类似安置帮教组织的出狱人保护会。1954年8月，政务院颁布《劳动改造罪犯刑满释放及安置就业暂行处理办法》。1995年，松阳县建立刑满释放、解除劳教人员安置帮教组织。

社区矫正是针对被判处管制、宣告缓刑、裁定假释、暂予监外执行这四类犯罪行为较轻的对象所实施的非监禁性矫正刑罚。

社区矫正工作是指把符合社区矫正的罪犯置于社区内，由专门国家机关在相关社会团体和民间组织以及社会志愿者协助下，在判决裁定或决定确定的期限内，矫正其犯罪心理和行为恶习，并促使其顺利回归社会的非监禁刑罚执行活动。2006年，松阳县建立社区矫正工作组织。

第一节 安置帮教

安置帮教是社会对刑满释放解除劳教人员进行非强制性的帮助教育、监督管理，使刑释解教人员巩固改造成果，继续加强思想意识改造和行为矫正，适应社会环境，不再违法犯罪和危害社会。安置帮教工作涉及综合部门、司法行政部门、公安部门、检察院、劳动部门、工商部门、地方税务部门、工青妇老干部等部门。街道和乡镇对刑释解教人员都负有相应责任。

1995年，县司法局建立“两劳”（劳改、劳教）回籍管理教育科，专事安置帮教工作。1996年，县社会治安综合治理委员会成立归正人员安置帮教工作协调小组及其办公室，办公室设在县司法局。乡镇建立安置帮教工作领导小组，在乡镇司法所增挂两劳回籍人员管理工作站牌子，与司法所合署办公。在行政村和有关居委会、厂矿企事业单位建立帮教小组，基本形成县、乡、村三级安置帮教工作网络。对1994年后287名刑满释放回籍“两劳”人员建立档案，定期走访；对21名“三类”（管制、缓刑、假释）人员签订守法敬业责任状。是年接收两劳回籍人员87名。全县设立5个基层“两劳”工作管理站，负责对辖区内“两劳”回籍人员帮教考察。

1997年4月，县成立“两劳”回籍人员安置基金。“两劳”管教工作走上网络化、规范化轨道。对条件比较好的行政村，建立由3～7名人员组成的帮教小组，全县共有帮教小组49个。形成横向到边、纵向到底、辐射到点的帮教网络。对帮教对象排队摸底，登记造册，分类归档，随时记载帮教时间、帮教内容和被帮教人的表现及鉴定等。全县已建档的363名“两劳”回籍人员全部指定专人帮教，实行“一帮一”结对子制度。对全县139名“两劳”回籍人员进行全面考察，并记录归档。成立松阳县探监帮教团，首次到婺城监狱对100多名松阳籍服刑人员进行探监帮教。新增县第五建筑公司为“两劳”回籍人员过渡性安置企业。共接收“两劳”回籍人员71名，安置率100%，帮教率100%，改好率100%。1998年，建立乡镇“两劳”管教工作站6个、基层帮教小组172个，建立过渡性安置基地2个，安置率100%。接收“两劳”回籍人员83人，全部落实帮教措施。1999年，建立乡镇“两劳”管教站20个、帮教小组287个，帮教小组成员1023名。接收“两劳”回籍人员100人，落实“两劳”回籍人员“一帮一”帮教措施，全部签订遵纪守法责任状，农村户口的均安置、落实责任田。

2001年，对刑释解教人员进行摸排、分类登记造册。全县20个乡、镇全部建立“两劳”管教站，有工作人员78人，设立村(居)委帮教小组412个，帮教工作人员1405人。全县401个行政村、16个居委会建立帮教对象、帮教记录等各类专项登记簿，落实“一帮一”措施。共接收刑释解教人员101人（刑释93人、解教8人），其中落实责任田92人、从事个体经营6人、回原单位安置3人，安置率100%。对63名监外执行人员举办封闭式法制学习班。2004年，全县建立乡镇帮教站20个、村级帮教小组401个、社区帮教小组7个，共有帮教人员2200人。开展监狱结对、探监等活动，做好青少年违法犯罪的预防工作，落实“导航工程”，安置部分归正（刑释、解教）人员进入企业单位工作。全年共接收归正人员95人，其中落实责任田80人、自谋职业15人，重新劳教率为零。2005年，接收归正人员77人，其中农村落实责任田有69人、城镇居民自谋职业8人。对符合条件的112名归正人员进行撤管。2006年，接收归正人员77人(其中刑释71人、解教6人)，农村落实责任田有72人、城镇居民自谋职业5人。对119名归正人员撤管。4月，设立浙江科马摩擦材料有限公司为归正人员安置就业基地。2007年，接收105名归正人员，其中农村落实责任田的99人、城镇居民自谋职业的6人，安置率100%，重新犯罪率2.7%。

2008年，接收归正人员109人。对困难帮教、无劳动能力、无生活来源、无法维持基本生活的归正人员，与民政部门联系给予社会救济，对符合享受最低生活保障的给予解决低保金，寻找结对帮扶对象帮助他们解决生活困难。落实科马摩擦材料有限公司为安置基地，安置归正人员就业，并对他们进行帮教和管理。有条件的每个乡镇落实1个安置基地。2009年，全年新增社区服刑人员86人、期满解矫96人、收监执行3人。共接收和落实刑释解教人员91人，安置率、帮教率100%。2010年，加强归正人员专项排查摸底和衔接、安置、帮教工作。联合政法委、公安、检察院、法院等单位成立帮教团，到十里丰监狱对松阳籍服刑人员进行帮教。实施归正青少年“导航工程”。新增社区服刑人员112人，期满解矫84人，社区服刑人员无脱管漏管，再犯新罪率为零。归正人员当年重新犯罪13人，重新犯罪率为2.7%，社区服刑人员和归正人员未发生严重刑事案件和严重影响经济秩序案件。

第二节　社区矫正

2006年，松阳县根据两高（最高人民法院、最高人民检察院）、两部（公安部、司法部）的通知精神，建立社区矫正工作组织。司法行政机关是具体组织实施社区矫正工作的部门，与法院、检察院、公安、民政、监狱等部门分工负责，密切配合，共同做好社区矫正工作。做好全县 5 种监外执行对象（管制、缓刑、剥夺政治权利、假释、保外就医）的调查摸底和核查工作，初步建立档案。2006 年，全县共有 153 名 5 种监外执行对象。加强对重点对象的帮教工作，县帮教领导小组成员分别到省未成年管教所和省第三监狱探望松阳籍服刑人员，对在押犯人进行帮教。配合省未成年管教所对已经释放回家的未成年犯进行帮教。

2007 年 7 月，县司法局内设归正人员管理教育科，增挂社区矫正工作管理科牌子，被市司法局确定为社区矫正试点工作县，对辖区内 5 类罪犯进行调查，逐人建档，矫正行为。根据《浙江省社区矫正试点工作实施意见》要求，成立县、乡（镇）、村（居、社区）三级组织机构。制定《社区矫正工作制度》《社区矫正工作流程》《松阳县社区矫正工作若干补充规定（试行）》等制度。组织社区矫正工作人员培训班，对各乡镇分管领导和社区矫正专职干部举办矫正业务、日常监督、档案制作方法的业务培训。全县有矫正对象 164 人。其中，管制 4 人，缓刑 119 人，假释 11 人，暂予监外执行 9 人，剥夺政治权利 21 人。是年，县司法局“两劳”回籍人员管理科更名为社区矫正工作管理科，承担社区矫正和“两劳”回籍人员的安置帮教工作。2008 年，全县铺开社区矫正试点工作，组织社区矫正对象集中教育、参加公益劳动。对全县 2004～2008 年刑释解教人员进行专项排查摸底，做到人员底数清、情况明，全县帮教归正人员共 503 人。制定出台《松阳县社区矫正工作考核及评分标准》，按照社区矫正对象档案管理规定，建立社区矫正对象电子档案。根据矫正对象服刑类别进行人性化管理。全县 20 个乡镇分别确定敬老院、村居活动室、体育场所等作为服刑人员的公益劳动基地。是年，累计接收社区矫正对象 328 人，累计解除社区矫正对象 135 人，列管 193 人，脱管漏管率 1%，无一人重新犯罪。

2009 年是丽水市社区矫正规范落实年。松阳县严格按照“依法、规范、有序”、积极稳妥的原则，推进社区矫正规范落实。在组织管理、衔接制度、监督管理、教育矫正、基地建设、档案管理等方面的规范建设取得重要进展，实现全年无一矫正对象漏脱管。县矫正办被评为“浙江省社区矫正规范落实年”活动先进集体。是年，对全县 180 名社区服刑人员进行两次走访，把其中 7 人列为重点监管对象，对 1 名拒不服从监管、继续扰乱社会秩序者向法院提出收监执行建议，并经法院裁定予以收监。组织社区服刑人员集中学习教育 767 人次，个别谈话教育 670 人次，组织公益劳动 568 人次。全县年度新增社区服刑人员 86 人，期满解矫 96 人，收监执行 3 人，列管 173 人，未出现脱管、漏管和再犯新罪。共接收和落实刑释解教人员 91 人，安置率、帮教率均为 100%，重新犯罪 11 人，重新犯罪率控制在 3%以下。2010 年，进一步推进社区矫正规范落实。在组织管理、衔接制度、监督管理、教育矫正、基地建设、档案管理等方面的规范化建设取得重要进展。在上海世博会和广州亚运会期间，实施社区矫正“护城河”工程，开展“分阶段、滚动式”排查走访工作，落实管控应急措施。组织社区服刑人员开展集中学习和公益劳动 41 场，共 650 人次参加学习、劳动，个别谈话教育 1200 余人次。截至 2010 年末，全县累计解除矫正 287 人，在册 202 人，新增社区服刑人员 112 人，期满解矫 84 人，死亡 1 人。社区服刑人员无脱漏管，无重新犯罪。社区服刑人员和归正人员未发生严重刑事案件和严重影响经济秩序案件。

第五章　律师与基层法律服务

律师职业发轫于古代帮人办理诉讼事务，以替打官司的人出主意、写状纸为职业的讼师（亦称状师）。律师是指通过国家司法考试并依法取得律师执业证书，接受委托或者指定，为当事人提供法律服务的执业人员。

基层法律服务工作者和律师一样，均可作为诉讼代理人参加民事诉讼。其具体职责是：依据司法部规定的业务范围和执业要求，开展法律服务，维护当事人的合法权益，维护法律的正确实施，促进社会稳定、经济发展和法制建设。

第一节　律师组织

民国 26 年（1937），黄庆符创办松阳县个人律师事务所，称黄庆符事务所。1949 年 5 月停办。

松阳解放后，由专区法院律师检验委员会对律师资格按期进行检验。1956 年 7 月，律师工作开展初期，国家司法部发文，明确从事律师工作须具备曾在中华人民共和国高等法律学校或中等法律学校毕业，并有一年以上司法工作经验或曾在人民法院、人民检察院做过一年以上审判员或检察员，具有一定政策、文化水平、法律知识和社会经验适合做律师工作的条件，并经省、自治区、直辖市司法行政机关审查批准才能成为律师。

1957 年，松阳县人民法院成立法律顾问处。1958 年，撤销律师审批活动中心。“文化大革命”期间，律师工作停止活动。1980 年 8 月，第五届全国人民代表大会常务会第十五次会议通过《中华人民共和国律师暂行条例》，颁布律师暂行条例，律师制度正式恢复。

1982 年 12 月，松阳县司法局建立以后，设立县法律顾问处，配备法律工作者 3 名。1983 年，县司法局成立律师资格审核小组，拟定考评意见，报地区行署司法处审核，省司法厅发证。1985 年，县法律顾问处更名为松阳县律师事务所，有专职律师 2 人、律所工作人员 2 人、兼职律师 1 人。1986 年，司法部改律师资格考核为统考，未经考试合格者，不得取得律师资格。

1988 年，松阳县第二律师事务所成立；次年，更名为松阳法律服务所。1993 年 3 月，松阳县蓝天律师事务所成立，为县内首家合作制律师事务所。8 月，成立松阳县法律服务中心；10 月，增挂松阳县经贸律师事务所牌子。

1996 年，按照《中华人民共和国律师法》的要求，推进律师体制改革，逐步向司法行政机关宏观管理下的律师协会行业管理的体制过渡。在有条件的律师所进行效益工资改革，条件不成熟的所，继续保留财政拨款或补助的体制。律师所组织形式，从原来单一的国资所，向国资所、合作所、合伙所等多种形式并存的格局转化。1998 年，丽水地区律师协会成立，县律师事务所律师自愿参加地区律协。2000 年，丽水市基层法律工作者协会成立，县基层法律工作者自愿参加该协会。同年，改革律师管理机制，实施工作目标管理，律师事务所全部实行自收自支。

2004 年，全县有 2 家律师事务所，7 名律师。2008 年，全县有松州、绿谷 2 家律师事务所，9 名律师。至 2010 年末，全县有松州、绿谷、君问 3 家律师事务所，共有律师 14 人（其中执业律师 11 人）。

第二节　律师业务与收费

律师业务

古代讼师的主要业务是代理民事案件。具体有代写遗嘱、各种契约、诉状以及工商、行政等方面的申请，接受咨询和策划诉讼，教习讼学，民间调解等。民国期间，律师的主要业务是刑事代理辩护。

1956 年，律师开展民事代理。1958～1977 年，松阳没有开展律师业务。

1981 年，律师重新开始开展法律服务活动。1982 年，开始办理经济案件。年末，挂牌成立县法律顾问处，有 3 名律师工作人员。全年共受理民事代理 17 件，接待来访 519 人次，解答法律咨询 294 件，经济合同代理 2 起，挽回经济损失 3400 元。

1984 年，县法律顾问处开展刑事辩护工作，共受理刑事案件 38 件，参辩率 50%；为 3 个国营企业单位和 1 个专业户担任常年法律顾问，提供法律帮助，维护合法权益。全年共办结各类案件 51 件，代书 53 件，解答法律咨询 760 人次，接待来访 1311 人次，答复来信 31 件，受理经济合同纠纷案件标的 7.25 万元，追回货款 6.02 万元。1986 年，县律师事务所为 13 家企事业单位和农村专业户担任常年法律顾问，为这些单位处理法律事务共 94 件，办结经济合同纠纷 23 件，挽回经济损失 18.42 万元。全年参与刑事辩护 31 件；办结民事代理案件 38 件；办结非诉讼事件 51 件；经济合同纠纷 15 件，占 71%；接待来访群众 2324 人次，解答法律咨询 1054 人次；代书 96 件；上法制课 33 场次。1987 年，县律师事务所有在编人员 4 人，兼职律师 1 人。1989 年，担任常年法律顾问 33 家，比上年增加 65%；办结各类案件 228 件，较上年增加 78%；代写法律文书 322 件，比上年增加 103%。1990 年，2 个法律服务所共办理民事代理和非诉讼代理案件 128 件（其中松阳法律服务所 92 件、古市法律服务所 36 件）；解决各类纠纷 62 起，挽回企事业单位经济损失 20 多万元；代写法律文书 230 份；接待群众法律咨询 3511 人次。

1994 年，蓝天律师事务所和松阳法律服务所推出节假日律师值班、晚间值班、电话预约上门服务等制度。1995 年，共办理各类诉讼案件 348 件、非诉讼案件 85 件、法律援助案件 3 件，担任法律顾问 75 家，为企事业单位、个人挽回经济损失 420 多万元。1996 年，办理案件 294 件。其中民事、经济诉讼代理 180 件，刑事辩护案件 26 件，行政诉讼代理 5 件，非诉讼案件 83 件。担任法律顾问 58 家。1998 年，指派律师参加信访接待工作，选派 5 名律师组成县人大常委会法律咨询组。9 月，县内 2 个律师事务所完成脱钩改制和新组建律师事务所工作。

2000 年始，松阳县经济纠纷、版权纠纷、物权纠纷等案件逐步增多。代理全省首例资产评估委托合同纠纷案。2004 年，律师开始涉足金融、房地产、企业兼并与重组、招投标、投资等领域非诉讼业务以及社会矛盾化解。

2008 年，规范法律服务市场，组织律师和法律工作者上街开展法律咨询。松州律师所和县法律服务所以召开座谈会形式开展帮扶活动，与农村（社区）结对。引导律师参与县领导信访接待工作，把部分上访群众需要解决的问题引上法律途径。2009 年，成立由 3 家律师事务所律师、法律援助中心和公证处工作人员组成的工作队伍，为广大村民提供法律咨询、指导新农村建设中的涉法事务处理、帮助申请法律援助、修订完善村规民约等法律服务。全年共解答村民法律咨询 1000 余人次，办理各类涉法事务 31 件。

2010 年，深化企业法律顾问、企业“法律体检”等措施，推进巩固中小企业与律师事务所之间的法律服务关系。开展“法律走进民营企业服务月”活动，通过为企业提供法律咨询服务、开展法制讲座、出具法律意见书、风险提示函等形式，增强企业的法律意识。引导法律服务向基层延伸，资源向农村倾斜。全年共开展项目审核、村规民约修订等法律服务项目 90 余件，举办法律讲座 6 场，提供各类法律咨询 1800 余人次。

1982～2010 年若干年份松阳县律师业务情况表

表 29-5-2-1

年份	诉讼业务（件）				非诉讼案件（件）	担任法律顾问（家）
	总数	刑事	民事（经济）	行政		
1982	19	0	19	0	—	—
1984	51	38	13	0	—	4
1986	94	31	63	0	—	13
1987	76	29	47	0	11	15
1988	86	43	43	0	41	20
1989	228	—	—	—	—	33
1990	117	61	56	0	22	29
1991	124	48	76	0	29	—
1992	108	54	52	2	4	16
1993	101	22	74	5	13	10
1994	226	—	—	—	63	69
1995	348	—	—	—	85	75

续表 29-5-2-1

年份	诉讼业务（件）				非诉讼案件（件）	担任法律顾问（家）
	总数	刑事	民事（经济）	行政		
1996	211	26	180	5	83	58
1997	234	45	186	3	14	47
1998	296	44	249	3	223	71
1999	515	91	412	12	18	66
2004	212	—	—	—	40	55
2005	—	—	—	—	26	41
2006	190	—	—	—	18	51
2010	432	61	369	2	—	72

律师收费

1982 年，县法律顾问处成立后，办案收费按照司法部与财政部 1981 年下发的《律师收费暂行办法（试行）》办理。业务收费由法律顾问处统一收费，开具收据。律师个人不得私自收费。律师对因生产事故造成损失请求赔偿案件，请求抚养费、赔偿费、抚恤金之类的案件，以及对经证明经济困难无力负担费用的事件，均免费提供法律服务。

1990 年 4 月，开始执行司法部会同财政部和国家物价局下发的《律师业务收费管理办法及收费标准》。律师收费由律师事务所统一办理，开具收据，律师个人不得私自收费。解答法律咨询可计件收费，亦可计时收费；担任法律顾问可按年度固定收费，也可在收取签约费后按实际工作量另行收费；办理涉及财产关系的民事案件、经济案件和行政案件，除收取手续费外，还应按争议标的收取一定比例的报酬；办理疑难、复杂的法律事务，可适当增加收费，但最高不得超过收费标准所规定数额的 2 倍；办理涉外案件比照疑难、复杂案件收费；办理异地案件除按标准收费外，还应收取交通费、住宿费。

1996 年，按照《中华人民共和国律师法》的要求，推进律师体制改革，在有条件的律师所进行效益工资改革，条件不成熟的所，继续保留财政拨款或补助的体制。律师所的组织形式从原来单一的国资所，向国资所合作所、合伙所等多种形式并存的格局转化。2000 年，改革律师管理机制，实施工作目标管理，律师事务所实行自收自支，律师所和律师不再保留财政拨款或补助。

2010 年，中共丽水市委、市政府制定《关于加快推进律师业发展的若干意见》，对新增初次执业律师每年补助 5000 元，新设律师事务所每年补助 2 万元，时限 3 年。

第三节　基层法律服务组织与业务

基层法律服务组织

基层法律服务所的业务范围广泛，除不能办理刑事诉讼案件外，其他与律师事务所的业务范围相同。

1982 年，古市镇、西屏镇、靖居区成立司法办公室，各配备专职司法助理员 1 人，除承担司法行政工作任务外，主要开展解答法律咨询、代写法律文书和非诉讼调解等业务。1985～1986 年，县司法局对基层法律服务机构进行试建和全面组建，配备法律服务机构工作人员。各乡镇司法所负责法律服务所日常管理工作。1986 年始，县司法局每年举办一次基层法律服务人员业务培训班。1987 年，乡镇法律服务机构统称法律服务所。地区司法处对乡镇法律服务所的法律服务工作者资格进行统一考试。考试内容有《乡镇法律服务所暂行规定》《中华人民共和国民法通则》《中华人民共和国民事诉讼法》《中华人民共和国经济合同法》《中华人民共和国婚姻法》《中华人民共和国继承法》《中华人民共和国治安处罚条例》《中华人民共和国调解业务》等。1989 年，地区司法处制定《丽水地区基层法律服务所工作若干办法》，对基层法律服务所的组织、管理、收费等作出详细规定。1990 年，全县开始重组法律服务所，组建松阳法律服务所、古市法律服务所、靖居法律服务所（撤区扩镇并乡后改为象溪法律服务所）。地区司法处统一印制法律服务所各项规章制度，基层法律服务工作逐步走向制度化、规范化。

图 29-5　优秀基层法律服务所（古市法律服务所）工作人员讨论案件（县档案馆提供 1998 年）

2010 年，全县有长虹法律服务所、东方法律服务所、古市法律服务所 3 家基层法律服务所，共 12 名执业法律服务工作者，全部自愿加入丽水市基层法律工作者协会。市司法局每年对辖区基层法律服务机构及法律工作者进行考核年检，对不合格者予以取消执业资格。

基层法律服务业务

基层法律服务所业务主要是为机关、企业、事业单位和公民提供法律咨询，代写法律文书，接受当事人委托参与民事诉讼、非诉讼调解和仲裁活动。应聘担任乡镇（街道）机关、企业、事业单位和个体工商户法律顾问等。随着社会经济不断发展，基层法律服务所从 1985 年主要从事解答法律咨询、代写法律文书和非诉讼调解等业务为主，逐步涉及各类民事（经济）案件诉讼业务代理，担任机关企事业单位法律顾问等业务。

1986 年，基层法律服务机构代理民事案件 15 件、非诉讼代理 5 件。全年各基层法律服务机构共调处各类民间纠纷和轻微刑事案件共 4284 起，为消除社会不安定因素发挥积极作用。1988 年，通过基层法律服务所调处纠纷挽回经济损失 25.3 万元。1991 年，古市、松阳两个法律服务所担任法律顾问 17 家，办理民事代理和非诉讼案件 150 件，代写法律文书 170 件。通过各项业务活动，取得明显的社会效益。赤寿乡半古月村与海宁市联营办地毯厂发生纠纷，久拖两年多得不到解决。古市法律服务所为该厂担任法律顾问后，依法与海宁方多次交涉，最后使纠纷得到妥善处理，为村里挽回经济损失 2.8 万元。赤寿乡大岭脚村和龙下村在古市法律服务所的帮助下，收回历年拖欠承包款 2.73 万元。古市所和松阳所全年累计为乡镇企业和村集体挽回经济损失 14 万元，避免经济损失 17.23 万元。

1994 年，古市司法所、法律服务所购买古市老车站站房，作为服务所办公用房。全年共办理民事代理案件 93 件、非诉讼案件 19 件，担任法律顾问 89 家，业务收费比上年增加近一倍。

2004 年，全县法律服务所共担任法律顾问 55 家，代理诉讼事务 212 件，代理非诉事务 40 件，调解纠纷 13 件，代写法律文书 203 件，业务收费 15.94 万元。2006 年，全县法律服务工作者共担任法律顾问 51 家，代理诉讼事务 190 件、非诉讼事务 18 件，解答法律咨询 1857 件，为当事人避免、挽回经济损失 173 万元，业务收入 19.9 万元。2008 年，司法部《关于乡镇法律服务所的暂行规定》下发后，基层法律服务工作者通过专业培训，全面开展参与民事诉讼代理活动，为乡镇政府担任法律顾问，为外向型经济案件提供法律服务等活动。

2010 年，拓展法律顾问服务，全面建立律师、法律服务工作者、公证员服务全县乡村的法律顾问制度，强化示范点建设。全年共接受法律咨询 1216 人次，开展法律宣传 15 场次。安排各法律服务机构为相应乡镇及所辖行政村担任法律顾问，实行分片、分区联系，确保乡村法律顾问全覆盖。组织乡村法律顾问工作小组全面展开，是年，帮助修订和完善村规民约、合同、协议 97 件，受邀见证、监督选举过程 104 场，法律服务业务得以进一步拓展。

第六章　公证与司法鉴定

唐代，买卖奴婢及牲畜，官府以立券的形式实行强制公证制度。

宋代，松阳县衙设置“书铺”，是最早的县级官方公证机构，其主要职能是公证履历。凡进京赴省赶考的生员，必须带上经书铺钤印、能证明自身履历的各种档案材料。南宋时期，官府曾专门对用户田地的优劣、面积进行登记公证，并把它作为征税依据。

清代，松阳民间买卖田地、房屋、山林，以及产嗣、借贷、遗嘱、继承等行为，一般采取立契约的私证形式，请地方上有名望的知名人士、族中长老、亲友作为中人，在契约上签名画押，称“白契”。也有许多私证双方恐对方毁约，呈送县衙，由知县钤印，称“红契”，这是被官府认可且具有法律效力的产权凭证。

民国初年，公证事务由处州军政分府司法部统一负责。民国 2 年（1913）后，公证事务由地方法院书记室兼办，由推事主办或兼办、书记官协办。

公证机构是依法设立，不以营利为目的，依法独立行使公证职能、承担民事责任的证明机构。松阳的司法鉴定主要是法医伤检鉴定和财产鉴定。

第一节　公证组织

民国 24 年（1935）7 月，国民政府司法院公布国内首个公证法规《公证暂行规则》，始有独立公证制度。民国 35 年，松阳县地方法院设立公证处。

松阳解放初期，没有专门的公证机构，公证事宜由县人民法院兼理。1956 年 1 月，司法部《关于公证业务范围问题的通知》下发后，设立县公证室，有公证员 1 人，由此开展有关公司权利义务方面的公证业务。至 1958 年，共办理各种合同签证 24 件。1959 年，县级司法行政职能被取消，县公证室也随之被撤销。1980 年，地区中级法院设立公证处，配备公证员 3 人，负责办理除青田县以外的各县涉外公证事务。1981 年，地区公证处归口地区司法处。10 月，遂昌县（时松阳未从遂昌分县）公证处成立，公证员 2 人。

1982 年 7 月，松阳县公证处成立，配备公证员 2 人，公证工作人员 2 人。次年，地区司法处调整公证办理权限，国内公证由县司法局负责审核签发。1988 年，县公证处有三级公证员 2 人、四级公证员 3 人。

2005 年，聘请县人大等单位的 5 人为公证行风监督员，征求他们的意见，接受评议。2006 年 3 月 1 日，《中华人民共和国公证法》颁布实施，对公证制度作出明确而具体的规定。指出，公证是公证机构根据自然人、法人或者其他组织的申请，依照法定程序对民事法律行为、有法律意义的事实和文书的真实性、合法性予以证明的活动。2008 年 10 月，县公证处单位类别调整为准公益类事业单位。2010 年末，县公证处共有公证工作人员 7 人，其中公证员 3 人。

第二节 公证业务

唐代，有买卖奴婢、马、牛、骡和驴、买卖田宅等证明行为。宋代，有土地、奴婢、牛马等买卖及遗产继承、文书等证明行为。遗嘱须“经官印押，出执为照”。田宅买卖，沿用“税契”制度，有田宅争讼，税契可作为证据采用。元明清时期，有典卖田地、宅院等证明行为。

民国时期，主要办理实体性公证事务，有合同契约、财产契约、卖契、遗嘱、委任状、借据、不动产租赁合同等业务。民国 2 年（1913），公证处业务范围包括为法律行为提供公证书、对私证书进行认证等。经过公证的债权文书可以强制执行。民国 34 年，公证事项主要有赠与、契约、委托书、赁贷借契、结婚契约、证明书、买卖契约、和解证书、遗嘱、字据、合伙契约、不动产买卖、动产买卖契约等。

松阳解放初期，少有公证事务。1956 年开始，承办合同公证及遗嘱、继承、收养子女、房屋买卖和租赁、委托书、亲属关系、失踪、死亡等业务。1959 年，地区停止办理公证事务。1980 年，重新开始办理国内民事权利义务公证事务。

1982 年 7 月，县公证处成立以后开始办理国内公证业务。公证内容涉及委托书、债权书、继承权、遗嘱、出生、婚姻状况、合同、保管文件、保全证据、开奖等项。至年末，公证处成立 5 个多月，共受理各类公证 59 件，已办理 56 件。1983 年，共受理公证案件 147 件，办结 145 件，共计收费 2866 元。当年，主要办理经济合同公证、建筑工程承包合同公证和试办农村专业承包合同等的公证。开展对农村农业生产专业承包的公证工作试点。选择阳溪公社项弄大队为蚕桑专业承包合同公证工作试点。该大队自 1981 年开始实行蚕桑生产专业承包，都是由生产队长以上的干部承包，每年上交大队隐性利润 7500 元，社员意见大，通过大队社员自愿报名签订承包合同，并由县公证处办理承包合同公证，从而使承包合同的履行有了法律的保障，甲乙双方都放心。通过试点，同一公社的白沙大队亦要求县公证处为其办理蚕桑专业承包合同公证 36 件、柑橘专业承包 6 件。1984 年，在叶村乡开展西瓜、柑橘产销合同的公证试点，又在全县范围内办理 55 件农副业专业承包合同公证，涉及承包橘山面积 1100 亩、茶山面积 540 亩、桑园面积 340 亩、油茶面积 40 亩、杉树面积 70 亩、果园 80 余亩。

1986 年，全县共受理公证案件 307 件，其中 80%以上是经济合同案件。在办理经济合同案件公证中，严格把好审查关，防止出错证、假证，避免可能造成的经济损失。1987 年，公证业务从原先的一般经济合同、公民权利义务公证拓展到企业承包租赁、银行信贷、生猪购售、农村果树承包、工程建设、企业拍卖、房屋财产拍卖、证据保全公证等。开展建设公证联络员工作，发展 4 名公证联络员，协办10起公证案件。1988年4月始，工商业企业的招标承包、租赁、拍卖合同、企业之间横向联营合同、职工购买旧住房合同、购销合同、建筑工程承包合同、加工承揽合同、货物运输合同、供用电合同、仓储保管合同、借款合同、财产保险合同、科技合作及其他经济合同等开始办理公证。1989年6月，在樟溪乡开展计划生育合同公证试点工作，为130对农村户口并符合生育二胎的育龄夫妇办理计划生育合同公证。1990年，公证处办理各类公证案件1622件，比上年同期增加2.4倍。实行公证办理“四统一”（立案、收费、建档、管理）和“四公开”（挂牌办证、收费标准、办证条件、办证纪律）制度。

1991年，办结各类公证案件1291件，其中经济合同公证1097件、公民权利义务公证149件、涉外公证45件。办理林业部门850件造林合同公证案件。妥善解决叶村乡松山、寺岭下、黄公渡等村承包合同引起的纠纷。1992年，增加土地使用权招标、拍卖公证、公民职业、户口和退休公证、市场摊位公证、企业资信公证等10多项公证业务。在叶村信用社开展担保、抵押贷款合同公证，协助担保抵押合同130多件。到西屏、古市2镇进行公证咨询服务，散发公证宣传资料。对房地产赠与、析产、买卖转让以及房屋拆迁等项目进行公证。1995年，开拓房屋拆迁公证业务。涉外公证办理比例逐年提高。公证事项有合同、继承、委托、声明、赠与、遗嘱、财产分割、招标投标、婚姻状况、亲属关系、收养关系、出生、生存、死亡、身份、经历、学历、学位、职务、职称、有无违法犯罪记录、公司章程、保全证据、文书上的签名、印鉴、日期、文书的副本、影印本与原本相符、自然人、法人或者其它组织自愿申请办理的其他公证事项。1998年，为政府机关、困难企业、公民提供法律援助15次，挽回经济损失几百万元。1999年，开拓证人证言保全公证，全年共办此类案件28件。2000年，开展金融、房地产业重点建设项目等领域的公证。

图29-6　公证人员在国有土地使用权拍卖现场进行公证服务（县档案馆提供 1992年）

2007年，开拓巩固汽车抵押贷款合同、抵押登记公证等新证源。到农村拓展，介入康庄工程的招投标工作，涉及20个乡镇、130余个工程项目。参与移民安置择地抽签、下山脱贫房屋安置抽签、保全证据等现场监督公证。开展遗嘱、继承、财产分割等各类型的公证。2008年，开始办理涉农公证，为困难群众办理法律援助公证案件26件。2009年，开拓涉及房地产的公证业务，共办理各类涉及房地产委托、继承、买卖、赠与、析产等公证300余件。2010年，为政府重点工程招投标、矿山、土地拍卖等提供全程的公证法律服务。开设城镇和农村房地产公证业务，为下山脱贫农户提供免费公证服务。

自1982年松阳县公证处建立至2010年末，共办理公证总量22438件，其中涉外、涉港澳台2532件。

1982～2010年若干年份松阳县公证办理情况表

表 29-6-2-1

年份	公证总量（件）	国内公证（件）	涉外公证（件）	收费（万元）
1982	56	56	—	—
1983	145	145	—	—
1984	132	129	3	—
1985	—	—	—	—
1986	307	303	4	—
1987	221	201	20	—
1988	1426	1413	13	—
1989	678	—	—	—
1990	1622	1350	92	—
1992	2367	2334	33	—
1993	1351	1324	27	—
1994	1731	1685	46	—
1995	1144	1075	69	—
1996	437	69	68	—
1997	652	557	65	—
1998	3465	3364	101	—
1999	894	778	106	—
2001	783	664	119	—
2005	648	369	279	—
2006	765	450	315	—
2007	757	435	322	27.31
2008	808	526	282	28.139
2009	1076	819	257	34.014
2010	973	662	311	—

第三节　公证管理及收费

公证员管理

20世纪50～60年代，公证工作由县人民法院办理，县公证员亦由县人民法院审判员兼任。1973年，县人民法院重新组建后，由县人民法院任命公证员。

1982年5月，恢复松阳县制，松阳县公证处成立。拟任公证员报省司法厅任命，助理公证员由丽水地区行署司法处任命。1987年，县公证处把辖区内的乡镇划分区片，实行公证员包片指导管理。

1988年，县级公证人员进入专业技术干部管理序列，实行评聘制，明确规定公证处定编定员，并实行限额聘任或任命制度。松阳县公证处公证员属参照公务员编制管理序列。1989年，涉外公证员实行统一考试，合格者方可承担涉外公证办理业务。是年7月，丽水地区行署司法处制定《公证处办公制度》《公证处内部管理制度》《公证人员守则》《办证情况意见表》等规定，把全县公证处指导乡镇法律服务所提高法律服务质量纳入工作目标管理。

2006年，松阳开展公证岗位培训活动，县司法局组织公证员和公证工作人员集中学习《2006年全国公证岗位培训大纲》，集中培训时间超过40学时。同时，开展自查自纠，严格执行司法部规定的“五条禁令”。严格执行公证收费公示制度，禁止非公证员办理公证案件。制订《重大疑难案件汇报制度》，进一步建立健全公证处规章制度，以保证公证质量。2009年，参加市公证处公证员法律责任感和法律技能教育培训，县公证处加强公证办案质量管理，完善涉外水印纸、档案资料管理，开展公证质量检查，健全监督管理制度，规范办证程序。

公证收费

1982年县公证处成立以后，根据司法部、财政部《公证费收费暂行规定》及浙江省司法厅《关于公证费收费暂行规定补充通知》规定，对申请人为外籍公民、居住在域外的华侨、港澳同胞要求中国公证处办理公证的一律加倍收费；公证费收入提留40%用于补充公证业务开支，其余部分上缴财政和省司法厅。1983年，公证收费根据司法部、财政部联合下发的《关于修改、补充公证费收费暂行规定的通知》，执行证明经济合同、证明股票、房屋转让、买卖、遗赠、证明财产继承、证明财产分割、证明债权文书等的公证收费标准。1988年2月，根据国家司法部、财政部、物价局《关于下发〈公证收费规定〉的通知》执行公证收费标准。

1999～2010年，公证收费执行《浙江省公证服务收费标准》。收费类别包括证明法律行为、证明法律意义的事实、证明有法律意义的文书、提存公证、赋予债权文书具有强制执行效力、办理遗嘱公证及其他相关业务、证明财产清点、清算情况、证明其他民事法律行为的设立、变更、终止、依法办理其他公证业务、提供其他服务10大类。此外，对受理的公正事项，申请人要求撤回时，可收取手续费。未经审查的，每件收取10元；已经审查的，按照该公证事项收费标准的50%收取公证费。2010年，全年公证收费36.53万元。

第四节 司法鉴定

松阳解放初期，由松阳县人民法院负责司法鉴定工作。“文化大革命”期间，司法鉴定工作停滞。1973～1980年，由县人民法院负责司法鉴定工作。1981年始，由县司法局负责区域内司法鉴定人和鉴定机构业务指导和日常管理工作。鉴定人或者鉴定机构有违反规定行为的，由地区司法处(局)报省司法厅予以警告，责令改正，给予停止从事司法鉴定业务3个月以上1年以下的处罚；情节严重的，可撤销登记。

1998年12月，丽水地区司法鉴定中心成立，主要从事人体损伤、文字、见证等鉴定工作。1999年，松阳县筹建司法鉴定室，并选送优秀青年医生参加伤害鉴定专业培训。是年6月，松阳县司法鉴定中心成立，法医鉴定室正式挂牌，开始法医伤检鉴定和财产鉴定工作。聘请县卫生局长、县人民医院院长为司法鉴定中心顾问，返聘县人民医院2位副院长、副主任医师及有关科室主任组成司法鉴定中心人体损伤鉴定专家小组，具体负责研究解决一些重大、复杂、疑难的司法鉴定案件。是年，共受理司法鉴定案件49件，其中，鉴定意见书35件、技术意见书12件、药审意见书2件。2001年，推进司法鉴定工作，设立县人民医院法医门诊室和古市医院法医室2个业务工作机构，当年受理鉴定案件32件，其中伤残鉴定案件17件。2001年，派司法鉴定人员到上海司法鉴定研究所培训，通过培训考试取得司法鉴定资格证后，执证上岗，提高服务质量。2002年7月，成立县司法鉴定中心，开始执行司法部颁发的《司法鉴定文书示范文本》（试行）。

2004～2008年，丽水天平司法鉴定所、丽水大众司法鉴定所、丽水市第二医院司法鉴定所等先后成立，为独立司法鉴定机构，鉴定范围为法医临床鉴定。松阳司法鉴定案件大多以市鉴定所为主。

第七章　法律援助

松阳县法律援助组织，最早源于清同治、光绪年间实行法制改革时出现的救助会。这是对“鳏寡孤独及废疾之无告者”等弱势群体实行社会救助的官办慈善机构，贫民遇重大案件请求救助会派员代伸权利，不取报酬。

民国元年至16年（1912～1927），松阳地方法院通过指定辩护，为有必要的人提供法律援助。民国30年，由地方律师公会负责法律扶助事务，安排理事轮流值班接待平民申报法律扶助事项。民国31年，设立询问处，法院指派人员为不明诉讼程序而到法院询问者免费解答。民国34年6月，成立公设辩护人制度。

第一节　法律援助制度与机构

援助制度

法律援助是指政府设立的法律援助机构组织法律援助的律师，为经济困难或特殊案件的人给予无偿提供法律服务的一项法律保障制度。1950～1955年，由法院临时指定工作人员开展法律援助活动。1956年，司法部颁布《律师收费暂行办法》，规定律师免费或减免给予法律帮助的具体案件范围。1957年，人民法院成立法律顾问处，负责开展法律援助工作。1958年，法律顾问处撤销。

1979年以后，陆续颁布实施的《中华人民共和国刑事诉讼法》《中华人民共和国民事诉讼法》《中华人民共和国律师工作暂行条例》等法律法规，规定一些相关的法律援助内容。1982年，县司法局重新成立法律顾问处，负责法律援助工作。1994年，司法部正式提出建立法律援助制度。

2003年9月，国务院颁布实施《法律援助条例》，由政府承担法律援助责任的原则正式确立。法律援助的对象是指有权或有资格申请并获得法律援助的人。2005年，《浙江省法律援助条例》颁布。2007年4月，施行国务院常务会议通过的《诉讼费用缴纳办法（草案）》，专章规定司法援助的主体、条件等内容，其中对减免诉讼费用分别规定具体的适用情形。

援助机构

1995年，丽水地区司法处要求各律师事务所开展法律援助活动，为经济困难的当事人及企业提供无偿服务。是年，松阳县蓝天律师事务所在全区率先开展法律援助工作。1997年，设立县法律援助基金，成立县法律援助中心，确立由政府承担法律援助责任的原则。

1999年，县司法局设立“1600148”法律服务专线电话。年底更名为“12348”法律服务专线电话。2004年，县司法局与县总工会联合成立职工法律援助工作站，实行“专人管理，律师常驻、无休日办公”制度。

2005年，《浙江省法律援助条例》规定，县级以上人民政府设立在司法行政部门的法律援助机构组织的法律服务机构（指律师事务所、公证处和基层法律服务处）及法律援助人员，为经济困难或特殊案件的当事人提供无偿的法律服务。2006年，在西屏、古市、大东坝、象溪、玉岩5个镇分别建立法律援助工作站，形成法律援助横向部门联动、纵向所站配合的法律援助工作网络。2007年，法律援助中心在工作中不断探索和完善工作制度，建立统一的法律援助、咨询、申请、受理、审批等公开办事制度，保证援助工作有序开展和健康发展。同时，在司法局一楼设立法律援助窗口，做到当场受理、当场审查、即时指派，以方便受援群众。2008年，在县工业园区专门设立法律援助工作站，对民工的维权案件先行办理，补办审批。

2010年，相继在县林业局、县人武部、县总工会、县妇联、县残联、团县委等单位建立法律援助工作站，开展针对性的法律援助。是年底，全县20个乡镇全部建立法律援助工作站。

第二节　法律援助业务与经费

援助业务

民国3年(1914)，法律援助的事项主要为刑事案件。法律援助的对象主要是无法律知识、经济困难、可能判处3年(或5年)以上有期徒刑的刑事犯。民国29年后，律师公会开展“平民法律扶助”工作。

中华人民共和国成立后，法律援助扩展的事项有请求国家赔偿的，请求给予社会保险待遇或者最低生活保障待遇的，请求发给抚恤金、救济金的，请求给付赡养费、抚养费、扶养费的，请求支付劳动报酬的，请求医疗事故、交通事故、工伤事故赔偿的，聋哑盲和其他残疾人追索侵权赔偿的法律事项，请求主张因见义勇为行为产生的民事权益的等。可以申请法律援助的刑事案件当事人有：犯罪嫌疑人在被侦查机关第一次讯问后或者采取强制措施之日起，因经济困难没有聘请律师的；公诉案件中的被害人及其法定代理人或者近亲属，自案件移送审查起诉之日起，因经济困难没有委托诉讼代理人的；自诉案件的自诉人及其法定代理人，自案件被人民法院受理之日起，因经济困难没有委托诉讼代理人的等。

1995年，松阳县蓝天律师事务所在全区率先开展法律援助工作。1997年，县法律援助中心成立后，当年办理援助案件12件。“148”法律服务专线开通后，法律援助中心认真接待，热情服务。1999年，县内律师为政府机关、困难企业、公民提供法律援助62件，办理公民代理登记28件，参与领导信访接待20批1120人次。

2001年，县内律师承办援助案件36件（刑事案件24件、民事案件12件）。其中，未成年人援助案件20件，老年人援助案件2件，残疾人援助案件3件。2003年，举办“伸出援助之手，献出慈爱之心”为主题的大型法律咨询活动。2004年，开展法律服务队伍送法送援助入基层活动。在

“3·15”消费者维权日、“三八”妇女节、“12·4”法制宣传日上街开展咨询宣传活动。2005年，法律援助中心除办理各类法律援助外，还开展法律援助宣传、法律咨询、送法进社区等活动。行政审批中心设立法律援助窗口，方便群众。2007年，推进西屏、古市、大东坝、象溪、玉岩5个镇法律援助工作站的法律援助工作。2008年，县法律援助中心推行便民利民措施。对赡养、劳动争议、劳资争议等特殊类型的案件均开通绿色通道，仅凭身份证即可办理。建立常年法律顾问，方便当地村民解决法律纠纷问题。对那些合法权益受侵害、又无能力支付法律服务费用的基层残疾人、行动不便的老人提供上门服务，为突发事件开辟“绿色通道”。2009年，推行“1小时法律援助圈”，通过健全各乡镇及工业园区法律援助工作站、在行政村建立联系点、配备信息联络员，把法律援助触角延伸至村。2010年，援助中心为旧村改造工作和县领导接访工作提供法律咨询，办理信访部门转交的法律援助案件，创建法律服务涉法涉诉的信访案件机制。

2005～2010年松阳县法律援助案件办理情况表

表29-7-2-1

年份	援助案件总数（件）	刑事案件援助（件）	民事案件援助（件）	公证等援助案件（件）	法律咨询（人次）	代书（份）
2005	68	16	52	—	2860	68
2006	146	14	132	—	2866	320
2007	134	—	—	—	—	—
2008	171	9	122	40	2930	112
2009	189	—	—	—	2760	132
2010	146	11	130	5	2630	112

办案经费

1999年以前，没有专门法律援助案件补贴及标准。2000年开始，援助案件补贴一般为200～300元。2006年后，补贴标准提高到刑事案件每件400元、民事案件补贴700元。2010年，援助案件补贴标准为刑事案件补贴每件600元，民事案件补贴每件900元。

第三十编 军 事

东汉建安四年（199），孙吴在瓯江流域松阴溪畔置驻官置县，设县尉，辅佐县指挥掌管军事，负责县域警务防务。

唐末，浙江各地地方武装势力崛起，纷纷拥兵自重，割据一方。中和元年（881），遂昌卢约响应黄巢起义，率众起兵攻占遂昌、松阳县城，攻取处州各县，自领刺史。不久，五代后梁镇东、镇海两节度使钱镠削平群雄，建立吴越国。其子钱传璙、钱传瓘收取温州、处州，卢约战败归降于钱。

北宋宣和二年（1120），松阳县人洪载响应方腊为首领的义军起事。明正统十一年（1446），处州矿工叶宗留、陈鉴胡率闽浙边数万矿工抗击朝廷，与福建省沙县邓七领导的农民起义军相结合，攻克闽、浙、赣边境的府县多处，一时震动东南沿海。正统十三年七月，丽水陈鉴胡率义军攻克松阳。松阳苏牙、俞伯通等人率矿工响应。起义军建立矿工政权，改年号“泰定元年”。清顺治四年（1647），农民起义军头领洪舜率众啸聚，两次攻打松阳县城未克，驻兵松阳石仓源和松遂交界之牛头山一带。后洪舜被擒就义，义军星散。顺治六年八月，县人周君秀、王大头发动起义。顺治八年八月，王应举聚众起义。

松阳人民的反抗斗争精神世代相传。1919年的“五四”运动时期，松阳进步师生、青年，发起成立松阳县反帝救国会、“启新社”等，进行反帝救国斗争。大革命失败后，民国24年（1935）5月，中国工农红军挺进师到达安岱后，乡人陈凤生、卢子敬等带领穷苦百姓立刻响应。红军很快建立起300多平方千米的浙西南革命根据地。全面抗战爆发后，民国27～31年，松阳共征兵6628人走上抗日前线。民国31年（1942）8月，日军占领松阳28天（8月2～29日）。

1949年5月，松阳解放，人民当家作主，掌握军事斗争的主动权。

第一章 军事要隘

松阳县地处仙霞岭山脉东南部，仙霞岭余脉分两支蜿蜒于松古盆地东西两侧，全境以中低山区丘陵地带为主，千米以上的山峰225座，最高山峰箬寮岘海拔1502.3米，最低点裕溪乡合溪村下松阴溪边，海拔78米，全县平均海拔547米，平均坡度28.9度。整个地势西南、西北高，东南低；两侧高，沿溪低；山丘岗谷、畈、滩构成复杂的地貌。

全县水系呈叶脉状，松阴溪、小港为主干，众多山坑小溪汇集，均属瓯江水系。松阴溪为主要溪流，发源于遂昌县垵口乡贵义岭金岙，由遂昌县妙高镇资口入境，到裕溪乡堰后圩出县，自西北流向东南，县境段干流长 60.5 千米。主要支流有小港、十二都源、十三都源、竹溪源等 20 多条。其中，最大支流小港，流长 63 千米。

松古盆地地处松阴溪流经的两岸，长 25 千米，宽 5～7 千米，成一槽型。历史上，松古盆地以产粮著称，一直是松阳县的政治、经济、文化中心。

第一节 关 口

松古盆地四围多高山，其山间隘口往往扼守出入盆地的交通要道，在军事上就成为重要的关口。往东、南、北方向都有山岭隘口。往东方向有钓鱼岭、石佛岭、马翻岭等，往南方向有石仓岭、大岭等，往北方向有八索岭、竹客岭等。

钓鱼岭

距离县城约 5 千米，是古时松阳出入东南方向的门户。1996 年《松阳县志》记载："通云和：一出县城济川门(南门)，过赤塔桥(今南门大桥附近)，越钓鱼岭，进小港达五合圩，继越梦岭、石仓岭，入云和县境，全程 70 千米，多为石径，间有泥路……"另同出济川门，经水南越过白峰尖，至石寺源，沿小港溪南行，进入石仓源，到梦岭脚与前道交会，合为一。

石佛岭

民国《松阳县志·卷一》记载："石佛岭，在县东二十里，高数百丈。前有巨岩如佛，故名。向为由县至府通衢，石磴崎岖，殊艰行旅。乾隆三十三年（1768），知县曹立身捐俸修砌平坦，行者便之。下有普陀庵、白坛岭、白鹤岭。"古时出县城光华门（东门），过石佛岭，经港口、王田铺，涉渡至陈下，折南州过渡至石马铺，过靖居口南行，经碧湖，达丽水。全程 60 千米，境内 35 千米。沿途设有递铺 6 处。

马翻岭

坐落在象溪镇与板桥畲族乡之间，有 502 县道通过。越过马翻岭就进入板桥畲族乡，往东可达莲都区丽新畲族乡。古时出县城光华门，过朱武岭、七里岭、牛铺岭、马翻岭，经板桥至畎岸，进入丽水境内。

石仓岭

云和人称方山岭。从古时松阳县城济川门出发，过赤塔桥经水南、横山、越钓鱼岭，经港口过小港到百步、五合圩，越过梦岭到石仓，越石仓岭进入云和。这是古时松阳到云和的官道松云古道。

1942 年 8 月，窜犯松阳的侵华日军抄近路，拟取道石仓源，翻越石仓岭，袭击浙江省政府等党政军机关临时驻地云和县。国民党军 21 师在石仓岭与日军激战 4 昼夜，粉碎日军进犯。石仓岭因此成为丽水市十大抗战遗址。有县道 301 公路经过石仓岭，通往云和。

大岭

距离县城南十余千米，自叶村向南经过东坞水库，登上大岭，过南岱、岱头村往南，可达玉岩。

是古时玉岩一带村民出入县城的重要通道。有乡村公路通往岱头村。

八索岭

是旧时内三都的岭上、碗寮、淡竹、紫草、呈回、黄岭根、周山头、上源、里黄、后畲、水竹等各村百姓进城的必经之途，也是从前松阳通往宣平、武义、永康、天台的重要通道。古时的驿道遗迹尚存。

竹客岭

距离县城约5千米，有竹客岭古道经此。古时出县城朝天门（北门），过竹客岭（又名寨头岭），入宣平（今属武义县），达柳城镇，设递铺于四都乡陈家铺村。古道全长约30千米，在松阳境内近15千米。其年代久远，始于汉末松阳建县之时，已有2000多年，是古时北出宣平、金华的要道。明正统年间（1436～1446）处州叶宗留率矿工起义的队伍、清代“三藩”中的耿精忠的军队、太平天国军以及后来的侵华日军，都在此发生过战斗。上松公路初始就是从古道上的寨头岭通过，后来寨头岭隧道开通，古道渐废。民国《松阳县志·卷一》记载：“寨头岭，在县东六十里。路径峻仄，下临深溪，最为险要。”另出古市下街，入湖溪源，登百步岭，过松阳宣平交界处的风水亭，也可达柳城镇。

第二节 历史要地

松古盆地位于松阳县中部，松阴溪流经两岸，呈北偏西40度走向。东西宽约5～7千米，南北长约25千米，成一槽型，上至赤寿乡界首与遂昌县分界，下至西屏镇青蒙塔，总面积约153平方千米，是丽水市最大的盆地。盆地四周高山环峙，主要山峰有留明尖、白峰尖、白水基等。

西屏山

县城西侧屏障，有大小不等的数座小山，是县城的制高点。县城名“西屏镇”出此。民国《松阳县志·卷一》记载：“其山壁立如屏，山顶平旷，石壁间有‘凌霄台’三大字，相传为米元章所题。”

独山

古名百仞山，在县城南松阴溪边上。唐天宝中，量日影有百仞，更名百仞山。其山孤立，旁无连续，故称独山。站在独山顶上，可览县城全貌。

箬寮岘

坐落在松阳县城西南68千米处，在安民乡、枫坪乡境内，西临龙泉市，属仙霞山脉，海拔1502.3米，为松阳县第一高峰。该山山势起伏较大，多由火山岩构成；森林茂密，道路崎岖。民国《松阳县志》卷一载：“上出矿冶，明嘉靖间封闭。”明末清军入关，明军曾在山上扎寨抵抗。山上还留有明军当时烧饭所筑的灶址，称三十六灶。民国24年（1935），粟裕、刘英率领的中国工农红军挺进师曾以此为中心据点建立根据地。1952年，曾设航空哨于此。

烂浆湖

位于松阳县城西南 40 千米，海拔 1035 米，四周环山，呈畚箕型，湖面面积 500 余平方米，水草丛生，湖水几乎干枯，烂泥甚深，湖边地形平坦，面积约 1 平方千米，林稀草多，露岩少，附近设有安民乡林场，林茂坡陡，地形复杂，曾是浙江省军区反空降重点地区之一。

市口

市口村距离县城南面约 5 千米。经市口过大岭头村、横樟村，往东可达石仓，往南可到玉岩。古时这两个方向出入县城都经此。

岱头

岱头村位于麻士尖东南方向一个较为平坦的山坳及周围山坡上，海拔 830 米，是叶村乡海拔最高的村。其西下通往玉岩大岭脚，北邻新处官岭，南下竹源周岭根，东连南岱，是一条古官道的必经之处，也是古时玉岩部分村落进县城的必经之地。

高亭 龙虎坳

松阳县枫坪乡高亭村，又名亭川，处于松阳、遂昌、龙泉 3 个县交界处，距松阳县城 72 千米。出高亭，过龙虎坳，可达遂昌、龙泉。有公路通往 2 个县。民国 24 年（1935）5 月，刘英、粟裕率领的中国工农红军挺进师转战松阳，建立以安岱后等地为中心的浙西南革命根据地，这一带都是当时红色政权的重要组成部分。1949 年 4 月 2 日，改编后的起义部队在高亭与“进剿”的国民党军发生激战。村里建有高亭战斗纪念碑亭。民国《松阳县志》记述龙虎坳：“在县西一百二十里。高三千丈有奇，山半为龙虎坳，东龙泉界，两山对峙，中通一线，倚山设险，鸟雀不通，诚松邑西界之锁钥也。”

界首

界首村为松阳县与遂昌县交界、入松阳境内的第一个村，故名界首，又称界头。距松阳县城西北 20 千米处，是通往遂昌古道的必经之地。古时出县城凤臻门（北门），过望松岭，至古市城头，经通京桥，出界首，至遂昌县资口村，全程 20 千米，沿途设有递铺 3 处。

第二章 驻 军

东汉建安四年（199），东吴在瓯江流域松阴溪畔置县驻官，设县尉，辅佐县官，负责县域安宁。松阳县域直至清代都未见有关长期驻军的历史记载。松阳置县后，松阳境内曾有过多场战事。唐中和元年（881），遂昌人卢约聚众起义，攻占包括松阳在内的处州各地，松阳农民积极响应。宋代，方腊义军进入松阳作战，杀松阳县丞梅溶等，震惊宋朝廷。清代顺治八年（1651），王应举聚众起义，活动于大东坝、石仓、梅村等地。战事期间，松阳或为义军所占，或有朝廷的军队驻扎。一等战事结束，驻扎松阳的军队旋即开拔。直到清康熙年间（1661～1722），始见有关松阳长期驻军的历史记载。

第一节 古代至民国时期驻军

古代驻军

旧志载，清代前松阳县无官兵驻守，以本籍健民 75 名为民兵，有警时外请兵援。清初地方多事，民兵一度增至 150 人，于是设防守官员 1 人。康熙年间，石仓设置兵丁 20 人，到康熙五十二年(1713)，添兵 10 人。雍正六年（1728），全县由 10 铺增加到 11 铺，司兵 47 人。驻防县前、青蒙、宏口（雅溪口）、石马（石马铺）、净居（靖居口）、郑店、堰后 7 处各有 5 人，驻防十五里、城头、赤溪（界首）、陈寮 4 处各有 3 人。旧市（古市）塘设牌楼 1 座、望楼 1 座、烟墩 3 座、营房 3 间、塘兵 3 人。雍正九年（1731），有防守汛把总 1 员，外委把总 1 员，马步战守兵丁 100 人。增设副防外委把总 1 员。乾隆二十八年（1763）四月，移驻旧市分防，县城、旧市共设战守兵丁 39 人，内战兵 10 人，守兵 29 人。乾隆三十三年，裁兵 8 成，存 80 人，不久又裁至 64 人。道光二十二年（1842）再裁，存 53 人。同治五年（1866）减兵加饷，照旧额裁减 4 成。同治七年，两次收标，共收战守兵丁 39 人，县城汛驻 29 人，旧市汛驻 10 人。

民国时期驻军

民国 16 年（1927），国民党省防军第 4 团驻扎松阳。民国 19 年 6 月中旬，浙江保安团 1 个团派驻松阳，“清剿”玉岩一带农军。

民国 24 年（1935）8 月，为“清剿”红军挺进师，国民政府省防军第 3 团驻扎松阳。9 月，国民党当局调集陆军第 18 军等约 7 万兵力，“清剿”浙西南游击区。第 18 军第 94 师移驻松阳，师部驻县城，559 团驻白沙，561 团驻靖居口，564 团驻雅溪口。同时，税警连移驻古市城隍庙。12 月，第 18 军第 6 团 1200 余人分驻丽松（西屏至碧湖）新筑公路沿线。

民国26年（1937）4月，浙江战云密布，作为抗日战争的最前线，浙江省国民政府通过考察，决定把丽水作为第二临时省会，提前做好省政府迁移丽水地区的准备。“七七事变”之后，侵华日军进犯浙江，杭州被日军攻陷，以黄绍竑为主席的浙江省国民政府迁驻永康，同时把省建设厅和教育厅迁址丽水。国民党省政府委员、建设厅厅长伍廷飏被指派到丽水，开始建立浙江省抗日后方根据地的工作。

民国27年（1938）2月，国民政府军事委员会特种工作团第1团第6分团驻古市，松阳籍人孟卿任团长，执行抗日战争政治训导工作，两个月后解散。民国27年3月，浙江省防空司令部第五监视队88哨所迁设松阳，第79师36团团部驻古市镇城头洪祠。民国28年，国民党军暂编第11旅、第19师第3营分别驻防召坑、燕田、西明山、山甫一带。民国29年，温处师管区第1团团部驻县城，第3团驻古市；第3战区兵站分监部甲种军械堆积所驻县城北门外云岩寺。浙江保安处集中营驻草场圩。浙江省盐务局下属盐库设叶村河头、下桥头（今叶村卫生院后），盐税警1个中队、3个班、60余人担任警戒，中队部设妙音堂，民国32年秋迁往丽水。民国30年4月25日，省照料荣誉军人办事处迁驻塔溪乡（今属西屏镇）乌形山刘祠。同年，丽云师管区第2补充团团部驻古市下街叶文斌宅院。中央军校第7分校第18期入伍生团驻草场圩，下设3个营、21个连，1000余人，分驻城郊各乡村，于民国31年5月移驻福建建阳。

民国30年（1941）4月23日，浙江省国民政府从永康迁入松阳县省农业改进所，8月6日迁回永康方岩。民国31年5月，日军进犯浙赣铁路，永康告急。5月18日，临时省政府紧急迁入松阳，尚未来得及办公，闻衢州、龙游等地皆已失守，于6月2日，临时省政府改迁至云和县建国路县政府，并决定以云和县为临时省会。8月3日，松阳县城沦陷。8月29日，松阳收复。

民国31年（1942），驻松阳暂编第9军第34师、第35师调后方整训，改由第79师、21师接防。第79师驻白沙、大岭脚、南岱一带防务；21师驻石仓源、横樟、大岭头一带防务。8月29日，日军离境后，21师、79师先后移驻望松乡乌井一带驻防。

民国32年（1943）12月，政治部荣誉军人招待所第7总队第13大队移驻县城北街90号。民国33年1月，国民政府财政部税警第11团2营8连由福建移防松阳，驻东门徐祠。9月，第三战区兵站第四十三粮库移驻松阳。民国38年4月中旬，丽水保安队独立营第5连100余人进驻松阳，连部驻城隍庙，后改编为松阳县自卫队。

1949年5月9日，中国人民解放军进驻松阳，解放全境。

第二节　红军、解放军

中国工农红军挺进师

民国24年（1935）1月，中共闽浙赣省委根据中共中央电示，以北上抗日先遣队先行部队和突围部队为基础，组建中国工农红军挺进师，粟裕任师长，刘英任政治委员，下辖3个支队、1个直属队。3月，闽北军区红3团归建挺进师，并挥师进入浙江；支队、直属队扩编为纵队。7月中旬，组建以松阳农民积极分子为主的第5纵队。其时，挺进师下辖5个纵队。9月，国民党当局调集陆第18军等约7万兵力，“清剿”浙西南游击区。挺进师留下第2、第5纵队、浙西南军分区和农民游击队坚持斗争，主力于9月26日跳出包围圈。

民国25年（1936）6月，粟裕率浙西南独立师之一部重返浙西南。民国26年10月，挺进师改编为国民革命军闽浙边抗日游击总队，粟裕任司令员，刘英任政治委员。下辖3个支队、1个教导队。民国27年3月18日，粟裕奉新四军军部命令，率部从平阳山门出发开赴皖南。

浙西南军分区

民国24年（1935）6月，为加强对浙西南游击根据地范围所属县的农民游击队的政治、军事领导，红军挺进师在松阳小吉村师政委会上宣布成立浙西南军分区。会议任命王缊瑞为军分区司令员，黄富武兼政委，欧阳道为政治特派员，李树正为参谋长，张昌炳为供给部长，陈丹山为征募委员会主任。军分区驻地小吉村，后转驻安岱后村。任务是在挺进师师部和浙西南特委会领导下，带领浙西南农民武装游击队以武装斗争形式，保卫和配合地方工作团发动群众，开辟和建设游击根据地。军分区领导机关曾多次在安岱后村召开规模不同的游击队长和队员会议，动员游击队员团结一致打土豪、分青苗、分田地；开辟游击根据地；为红军站岗放哨、传递消息。

松遂龙游击总队

民国24年（1935）5月，中国工农红军挺进师在安岱后组织游击队，当地群众170余人参加。6月上旬，成立松（阳）遂（昌）地方游击大队，陈凤生任大队长。7月初，建立松遂龙地方游击总队，陈凤生任总指挥，卢子敬、陈丹山任副总指挥，下辖60多个游击队，有队员1000余人。

中国人民解放军松阳县大队、独立营

1949年3月15日，民国松阳县长祝更生率部武装起义，与林艺圃、王桂五等领导的武工队改编为松（阳）宣（平）遂（昌）游击支队。林艺圃任政委，祝更生任支队长，下辖第一大队、第二大队、突击队、教导队。5月，松宣遂人民游击支队改编为中国人民解放军松阳县人民自卫大队，林艺圃任队长兼政委，杨凤山任副队长，杨景云任副政委，下设1个中队、2个分队，共9个班，108人，另辖一、二、三、四区区队，共128人。

第三节 中华人民共和国成立后驻军

1951年1月4日，松阳县人民自卫大队改编为第七军分区第五独立营，简称县独立营，营长王树云。1952年6月撤销。

1968年3月，中国人民解放军某部队一个连进入松阳“支左”，是年5月调离。

1969年2月，中国人民解放军浙江省军区某师一个排分驻松阳“支左”，同年10月调离。此后至2010年，松阳县境内设有人民武装部、武警松阳中队、武警松阳消防大队。

第三章　军事机构

旧时，松阳无正规军事机构，直至全面抗战期间，各种抗敌武装力量被组织起来，县乡地方政府中先后出现相应的军事机构。

第一节　清末及民国时期军事机构

保安团

清末时，汛防和民壮机构都被裁撤，改设巡警。民国初期又改为警察；民国 4 年（1915），县区乡成立保卫团；民国 17 年，县里成立保卫总团部，县长兼任总团长，各区设区团部。民国 20 年 11 月，第四区大竹溪组建冬防保卫团，担任警戒，维持治安。

县清乡善后委员会

民国 24 年（1935）10 月 4 日成立，县长兼任主任委员，督率保安警察队、义勇壮丁队协同驻县政府国民党军“清剿”共产党军队及善后工作。受驻县最高军事长官监督与指挥。内设总务、宣抚、保甲 3 组。

侦察哨 递步哨

民国 26 年（1937），组成全县各乡镇侦探哨网。总哨 1 所，设县政府内；分哨 117 所，分设城区 32 所、古市区 28 所、竹溪区 13 所、南州区 19 所、玉岩区 25 所。民国 28 年，设松丽支线递步哨。总哨设城区警察所内，第一分哨所设石马铺，第二分哨所设堰头，与丽水互相连结。信息由当地乡保义务通讯班传递。民国 31 年 10 月，防空监视哨通讯线路开通，有松阳至宣平、丽水、遂昌 3 条有线电话线路，辅以无线电报，遇空情即报监视队，并通告邻哨，有官佐 1 人、士兵 8 人，担任警戒执勤。

义勇壮丁队

民国 26 年（1937）春，各乡镇壮丁编为义勇壮丁队，玉岩、古市、城区各成立义勇壮丁队警卫区队，每保抽选壮丁 1 人，集训后编入区队驻守。是年 4 月，各乡镇义勇壮丁队分设各任务中队（救护、交通、运输、特务）外，添设警备队，每乡设一中队，全县共有 59 个义勇壮丁任务中队和 5 个警卫区队。民国 28 年 1 月，各任务中队改编为预备队、后备队，有预备队员 14272 人、后备队员 8290 人。

县防护团

民国 26～28 年（1937～1939），设县防护团，县长蒋剑农兼任团长，团部驻县城钟楼街。设正副团长、总干事、副总干事各 1 人，直辖警备、消防、交通、灯火管制等 9 股，下设 2 个区团、5 个分团。第一区团第一分团辖警备、消防、救护等 11 队。

县国民抗敌自卫团

民国27年（1938）8月，裁撤县保卫团，成立县国民抗敌自卫团，县长任司令，下设2个中队、4个分队，配有步枪212支、木壳枪4支。同时编组国民抗敌自卫队，建制1个独立中队，辖3个分队，有官佐9人、士兵121人。各区乡镇义勇壮丁队改编为国民抗敌自卫任务队。凡当年年龄18～45岁的壮丁一律编入，全县共有队员21914人。次年1月，县政府添设军事科，撤县国民抗敌自卫团部，仍设县司令部，国民抗敌自卫队、各区乡镇国民抗敌自卫任务队仍受县司令部指挥调遣。是年6月，指派自卫队独立中队第二分队到云和县担任防务。

县常备队

民国27年（1938）9月，成立县常备队，设1个独立中队、2个区队，配队长、特务长各1人、区队长2人、官佐4人，计官兵92人。

社会军事训练总队

民国27年（1938）成立，县长兼任总队长，少校教官兼任副总队长，配督练员、政训员、书记、司书共6人，专事国民兵组训。民国25～28年，共训导壮丁17320人，占应训的92%。

县政府兵役科

民国27年（1938）7月，县政府设兵役科，科长兼任社训总队教官，配科员3人、办事员1人，主管征募兵役工作。其后各区乡设兵役督征员1人，由国民兵团后备队分队长兼任，协助区署或联办处征募壮丁。

国民兵团

民国28年（1939）12月，撤销县政府军事科、社训总队，组建国民兵团，团部与县政府合署办公。次年，县兵役科并入国民兵团。县长兼任团长，团部设中校副团长、少校团副各1人，官佐6人，士兵2人。下辖常备、自卫、后备3个中队，共有士兵317人，其中国民兵180人。其职责是维持社会治安，训导壮丁。除派自卫队一部分驻伤兵医院、各交通要道设盘查所外，每晚还设有巡查队；后备队组织全县5个区壮丁轮训，届满由团派员检阅合格后归区署管理召集。各乡镇保设壮丁队，甲设壮丁班。民国35年9月裁撤。

自卫预备队

民国28年（1939）7月，成立自卫预备中队。队部设城区联办处，附驻二分队；一分队驻靖居区署。是年11月1日，增设1个中队，为第二中队，队部设古市区署，附驻一分队；第二分队分驻玉岩署与竹溪联办处。

民众自卫总队

民国35年（1946），成立县民众自卫总队，县长兼任总队长。民国37年12月，自卫总队下辖2个常备中队，官佐10名，队丁192人。配步枪129支、轻机枪4挺、手枪6支。区乡镇建立民众自卫队，全县共有4个大队、21个中队、官佐687人、队丁17842人，配步枪21支、鸟枪842支。以保为单位，抽调1甲1丁，分期训练，每两周为一期，直至全数轮训完毕止。

国民政府军事科

民国35年（1946）9月，撤县国民兵团，改设军事科，内设警卫、征募、编练3股。

第二节　中国人民解放军松阳县人民武装部

1951年4月23日，中国人民解放军松阳县人民武装部建立，设有政工股、军事股，下设4个区人武部，属军队序列，隶属丽水军分区。1952年6月，丽水军分区撤销，划归衢州军分区建制。

1954年9月，松阳县兵役局建立，松阳县人民武装部仍保留名称，下属各区人武部即行撤销。县兵役局下设政工科、征集科、民兵科，编制14人。

1955年2月，衢州军分区撤销，县兵役局隶属金华军分区。

1951年4月至1958年10月，松阳县人民武装部下辖5个区人武部、25个乡镇人武部。1958年10月后，乡建制改为公社建制，乡人武部改称公社人武部。1958年12月，松阳县兵役局随县制并入遂昌县兵役局。

松阳恢复县制后，1982年3月，复建中国人民解放军松阳县人民武装部，为正团级单位，隶属丽水军分区；1982年7月正式办公，下设政工科、军事科、后勤科；配干部17人，战士3人。1984年12月，组建县计经委人武部，配专职人武干部2人。

1982年1月至1984年6月，中国人民解放军松阳县人民武装部下设4个区人武部、2个镇人武部、21个人民公社人武部。1984年6月，改公社为乡镇人民政府。中国人民解放军松阳县人民武装部下辖21个基层人民武装部。

1986年6月，中国人民解放军松阳县人民武装部划归地方建制，改称浙江省松阳县人民武装部，为副处（县）级单位，机构单设。下设军事科、政工科、办公室，配备干部15人、职工7人。全县设基层人武部33个，配专职武装干部45人。

1996年4月，收归军队建制，复称中国人民解放军松阳县人民武装部，下设军事科、政工科、后勤科。2010年，现役干部编制11人、职工编制12人。

第四章 军事工作

松阳县解放初，人民政权初建，境内匪患猖獗，社会秩序混乱。县大队（独立营）、人民武装部边组建边执行剿匪任务，经过3年剿匪作战，肃清匪患，安定社会秩序，从根本上保卫人民政权。

1982年复建松阳县人武部后，人武部党委贯彻落实中共中央军委关于军队建设的一系列重要指示，加强人武部战备训练，抓好机关和组织民兵军事训练工作，为实现“军事过硬”做好准备。

第一节 军事训练

明清时期军事训练

明代，洪武六年（1373），朝廷颁布《教练军士律》，每年各卫所军士按律在指定地点进行校阅、考核。乡兵“寓兵于农，缓则修农，急则为兵”。时松阳县设民兵150人，农闲集中操练，以提高自卫、防御能力。随后，民兵废用，各都设练总2～3人、乡兵10～20人，于农闲进行战术、技术、步射、刀矛及阵法操练。

清代，康熙四十八年（1709），县里设有都练总40人。“当农隙之暇，印官传集乡兵于教场操练，赏给猪酒以鼓励之，亦古者寓兵于农之意也”。康熙四十九年至同治八年（1710～1869），松阳守备衙门驻防汛兵的军事训练以冷兵器为主，操练弓箭、盾牌、刀矛、云梯等；火器为辅，演习抬枪、鸟枪等。操练分春、秋、冬操。春操一般在二月开操，六月结束；秋、冬操在七月开操，到十二月封操。至光绪末年，驻防汛兵的军事训练校阅，多流于形式，所练阵法已落后于军事发展步伐，无补于战斗力。

民国时期军事训练

民国4年（1915），松阳县保卫团根据《县保卫团法》规定，凡20岁以上40岁以下的男子，均有参加保卫团接受训练的义务。其军事训练内容，主要授以军事知识及技术。军事训练分区实施，军事训练员由各区团选聘。保卫团除平时训练外，各乡镇三个月会操1次，各区每年会操1次。

民国25年（1936），根据军事委员会与行政院《壮丁军事训练实施纲要》规定，凡是服国民兵役的壮丁都要接受军事训练。8月，松阳县社会军事训练总队成立，专事国民兵组训。社训总队举办短期社会军事训练班，轮番召集全体国民兵施训。训练内容为基本军事知识和技术操练。专门举办妇女社训班，教授军事及救护知识。至民国27年，社会军事训练总队共训练壮丁1.8万人，其中女壮丁456人。民国27年，组建抗敌自卫常备中队2个，负责城乡防务。中队每周以2课时施训政治，讲授抗战意义；4课时施训军事知识，训练作战技术。民国32年，松阳国民兵团对全县的兵团人员分期分批实施训练，教授军事知识和作战防御技能。至民国34年，参训国民兵1752人。

民国34年（1945），恢复军事科建制，编组民众自卫队。县里设立总队，乡镇设立中队。全县编为中队29个，分（保）队275个。分队设常备班1个，甲类班则有2909个，队丁1.88万人。规定中队在农闲时，分乡镇组织军事训练，常备班施行正常化训练，每周以“保”为单位训练3次，每次不少于2小时。民国35年，参照省保安处颁发的《战时教育训练大纲》训练县自卫队士兵。训练内容分学科和术科，训练时间1个月计208小时；学科占21%，术科占79%。主要内容有政治教育、军事教育、基本教练、战斗训练、阵中勤务、土工作业等。

红军挺进师军事训练

民国时期，在松阳的红军挺进师的军事训练，主要是根据武装斗争的需要，利用战斗间隙，进行军事理论学习和军事训练。

民国24年（1935）5月，红军挺进师进入浙西南，部队在松阳玉岩、遂昌王村口、龙泉住溪一带活动，开展游击战争。部队利用战斗间隙进行军事训练。训练内容主要是游击战术、山地运动战术，以及射击投弹、刺杀、土工作业等。新战士入伍，首先进行政治教育，然后教授基本军事知识和技术操练。是年8月4日《东南日报》报道：“松阳白（玉）岩、枫坪两区被共军盘踞，该两村距县城八十余里，形势险要，进退咸宜，四周有荒山四十余里，有共军四百人聚集其间，正招集当地游民，加以爬山训练。”许多战士入伍次日就上战场，部队只能进行应急训练，以适应当时军事斗争需要。

松阳县人武部首长机关军事训练

1950年9月，松阳县人武部成立，其主要任务是组织民兵配合部队剿匪。根据斗争需要，首长机关干部进行轻武器和识图用图等军事训练。1951年5月，松阳境内土匪基本被剿灭，机关干部转入正常性军事业务训练。主要训练内容为学习条令、条例、兵器常识、参谋业务等。

1966年，“文化大革命”开始以后，县人武部抽调部分干部参加“三支两军”（解放军在“文化大革命”中，执行支左、支农、支工、军训、军管任务的简称）工作，首长机关训练中断。

1970年8月，县人武部与县中队联合组织野营拉练。是年，人武部举办医务人员“三防”（防原子武器、防化学武器、防细菌武器）训练班，参训80人。此后首长机关训练恢复正常。

1980年，首长机关干部完成每年20个训练日，次年增至35个训练日。军事训练任务共有人民战争、敌军研究、通信知识、军事地形学、军兵种知识、队列、射击、军队标号和游击战的组织指挥9项共同课目。1986年，规范战备训练秩序，开始实行基地化训练。8月，组织“反暴徒抢劫破坏民兵装备仓库”的演练。

1991年，以新时期军事战略方针，做好军事斗争准备为主题，组织县五套班子领导成员和武委会成员进行军事训练，增强“兵”的意识。1992年，机关6名干部参加军分区举办的战争动员想定作业集训。1997年，参加省军区组织的人武部室内战术想定作业。1998年，拟制松阳县军警民联合反暴演习方案和可能发生的15种反暴演习实施计划。2000年，松阳县国防动员委员会组织开展实兵演练。

进入21世纪，突出高科技训练内容，学习自动化指挥和办公手段，对台、美军研究，以计算机和“四会”（会做思想工作、会做示范动作、会讲解动作要领、会教动作）为主要内容的新技能、多媒体制作等训练，新“三打三防”（打隐形飞机、打巡航导弹、打武装直升机，防精确打击、防电子干扰、防侦察监视）战术研究。学习战例研究，敌我双方主要高科技武器装备知识学习研究。组织以“国防动员战时行动”为课题的室内战术演习，围绕平战转换、兵员动员、防空支前保障和首长机关带领指挥民兵应急分队完成应急任务等训练。

根据上级赋予松阳县可能担负的作战任务，立足在复杂困难条件下与敌作战，研究对台作战问题，推进对台军事斗争准备。围绕“登岛作战”中平战体制转换、兵员动员、支前保障和对主要通道的过境保障进行深化研究。2004年，组织人武部机关全体干部参加军分区举办的现役军官军事技能培训。2005年5月，松阳县人武部制订首长机关训练计划，坚持每周出操和体能训练制度，明确规定机关干部、职工每星期一晚上为军事理论学习时间，星期二、四早上出操训练，由军事科统一组织。

2006～2008年，首长机关每年按纲施训，对防卫作战、动员支前、保障畅通、国防动员等知识和武器装备操作、参谋业务基础、指挥自动化系统等内容进行训练。

2009～2010年，组织人武部党委班子成员岗位练兵。强化干部“六会六能”（六会：读、记、算、写、画、传；六能：战略思维能力、辅助决策能力、指挥协调能力、信息获取能力、环境适应能力、综合表达能力）基本功，提高组织指挥能力。

第二节　军事行政管理

日常行政管理

1951年4月23日，中国人民解放军松阳县人民武装部建立，属军队序列，归丽水军分区建制。1954年12月，松阳县成立县人民武装委员会，委员由11人组成，县人武部第一政委任主任，县兵役局长任副主任。

1958年10月，松阳县兵役局（人武部）随县制撤销。

1982恢复中国人民解放军松阳县人武部后，基层人武部正规化建设取得成效，全县各乡人武部建立起三室（办公室、兵器室、器材室）。1986年6月，中国人民解放军松阳县人民武装部划归地方建制，改称浙江省松阳县人民武装部，为副县级单位。全县设基层人武部33个。1987年，制订《县人武部日常工作制度和规定》，修订区、乡人武部正规化建设标准。

1991～1995年，完成“一个教育”（国防教育），开展“两个达标”（人武部建设达标、基层民兵工作“三落实”达标），提高“三个素质”（基干民兵、干部、新兵的素质）。1996年，完成人武部收归军队建制工作。1997年，修订“战备、训练、工作、生活”4个秩序实施细则。

2005年，严格“人车枪弹密、毒火电气油”的管控。2006年9月，进行为期16天的安全管理教育整顿工作，解决精神状态不振、日常管理不规范、安全意识淡薄问题；基干民兵到点率 98%。

2010 年 4～5 月下旬，分别开展地面交通管制分队和民兵应急分队的紧急派出演练。5～8 月，全县基层人武部组织民兵连长、民兵应急分队、各兵种专业技术分队开展军事训练。

安全防事故

1963 年 9 月，侦破县人武部某干部一支 51 式手枪失窃案。1977 年 4 月 10 日，作训科一干部子女玩弄 54 式手枪，发生走火伤人的重大事故。

1982 年，恢复松阳县建制后，人武部加强分散在乡镇保管的武器弹药装备管理工作。1983 年，收缴下发基层的各类枪弹、手榴弹、雷管等武器弹药。1984 年，完成民兵训练基地建设。1987 年，建成民兵装备仓库。库区总面积 2880.39 平方米，其中武器弹药及危险品库房建筑占地 212.86 平方米。同时，陆续收回由乡镇保管的民兵武器装备，由县统一保管。

1990 年，人武部在全县人武系统进行一次认真清缴私存枪弹爆炸物品工作。1993 年，安全收发武器 500 多件、子弹万余发。1996 年，民兵武器仓库安装脉冲电网。

2005 年，坚持用条令、条例和各项规章制度规范工作、生活和办公秩序。2009 年，安全工作坚持“内控外援”原则。2010 年，作战值班和武器仓库值班员每天早晚对民兵武器仓库、办公区、生活区进行一次巡查，值班首长定期抽查。

保密工作

解放初期，县人武部的保密工作一直都正常而规范。“文化大革命”期间，人武部机关的保密工作受到严重干扰和破坏。1982 年，县人武部机关落实各项保密措施，加强机关保密工作。1985 年，执行军分区《关于民兵武器集中到县保管的指示》。

1991 年，人武部调整保密领导小组，由部办公室主任等 5 人组成。翻印《中华人民共和国保护国家秘密法》和《国家保密法实施办法》，制订《文件承办和保密管理》等有关规定，发给人手一册。

2005 年，加强秘密载体的网络安全监控。落实“统一归口，专人保管”的管理制度，进一步规范文件传（借）阅手续。对所有办公室进行一次清理，秘密以上保密级别的文件，严禁在保密室外过夜，确保涉密载体和文件资料不失控。按照省军区的要求，对保密办公秩序进行规范，消除安全隐患。2010 年，制定《松阳县人武部保密办公规定》，对保密办公设施、涉密文件的收发、传阅、回收、保密室的规范等都作出具体、可操作性强的规范。

第三节　战备工作

民国 26 年（1937），按照《浙江省各县（市）组织大纲》规定，县里成立防护团，各区成立区团。防护团的职责是抢救伤员、扑灭火灾、掩埋死者。民国 27 年 10 月，县成立五八防空监视哨。哨所配 8 倍以上望远镜 1 副，电话机 1～2 部，以及定向仪、指北针、时钟、对空联络布板等，派住 1 个执勤班执勤。所得防空情报，报监视队汇集，转报省防空情报所，电达第二十七空军站。民国

28年，又增筑防空洞120余个。后因年久失修均已报废。民国29年下半年，县城设置警钟4座，后增设古市警报处，配警报兵2人。

民国31年（1942）6月，浙江省政府迁入云和县，丽水随之成为日军空袭的重点地区。松阳县为战备需要建立防空机构，构筑一定数量的防空工事。民国32年4月，县防护团并入县国民兵团。民国33年7月，重新成立县防护团。民国34年11月，防护团专职人员被遣散，只保留防护团名称，其业务交由县警察局办理。

中华人民共和国成立初，松阳县战备工作由松阳县人武部负责实施。人武部组建初期，其主要任务是山区防空降、防暴乱及参加地方防卫，协助地方维护社会治安，以及军警民联防等工作。此后根据不同时期军事斗争的特点，制定相应的战备预案。

1949～1952年，县人武部、县大队和民兵组织执行剿匪任务，肃清境内武装土匪，积极维护社会治安和保卫新建立的人民政权。1953年，人武部针对松阳山区复杂环境，及时制定战备预案，加强山区防空降、防敌特部署。

1958年，松阳县并入遂昌县后，战备勤务工作主要由遂昌县人武部负责组织实施。

1969年11月，苏联在中国东北边境集结重兵。遂昌县制定《遂昌县人民防空作战预案》，做好反空袭和反空降的战斗准备。1977年10月，对水南公社、岗寺公社、玉岩公社、解放机械厂4个武装连的民兵武器进行换装。1978年，县人武部组织3个检查组到民兵连、哨所和重点地区检查战备工作。随着武器装备不断增加和改善，在原有51个武装连的基础上，再扩建16个武装连。全年参加战备执勤的民兵有2.76万人次，守卫重点目标20余座。

1980年，战备工作的重点是做好战备秩序规范化建设，强化战备意识，提高战备工作能力。主要加强三室一库（值班室、作战室、战备资料室、战备物资库）建设；加强武器装备器材管理，主要武器装备的完好率达到80%以上。民兵战备值班分队的轻武器完好率达到95%以上。

1982年，恢复松阳县建制后，战备勤务工作由松阳县人武部负责。1984年，制定“作战、应急动员、防暴乱、军警民联防、武器仓库防范”等预案。作战室添置活动图板8块，标绘要图13幅，堆制沙盘，组织军警民实地实兵演练。完成《松阳县兵要地志》，制定战时兵员动员方案。严格执行省军区的战备等级规定。在元旦、春节、八一、十一重大节日期间，执行战备值班制度。1985年，建立军警民联防指挥部，成立以乡镇为单位的联防分部。1986年3月，县人武部拟制《松阳县战争初期作战预案》。

1987年6月，组建县民兵快速小分队。快速小分队完成第一期训练任务。1988年，全面调查整理全县国防潜力和兵要地志等资料。6月，建立民兵联防指挥部。11月，制定松阳县《战争初期兵员动员方案》。1989年，修订防外逃、防袭扰、防破坏为重点的战备工作预案。翌年，修订松阳县民兵装备仓库联防预案。建立各种专业分队，落实应急的物资和联防制度。

1992年，开展全县国防潜力调查。主要调查全县适合服军官预备役干部人数和一类预备役兵员人数，调查各类汽车、粮食、食盐、汽油、柴油等的数量，服预备役退伍军人和技术兵的人数等。建立健全县、乡（镇）人武部各类资料，为战时快速动员奠定基础。1993年，建立健全民兵预备役工作5个预案，更新作战室的战备资料，保证装备仓库人员在位率。坚持科以上领导检查和住库值班制度。1994年，为全县20个乡镇的民兵应急分队队员配备迷彩服、解放鞋、手电筒等。1996年，县人武部收归军队建制后，调整应急指挥班子，规范作战值班、请示报告等日常战备制度。建立首长值班和现役军官24小时作战值班制度。并于翌年制定实施《贯彻落实军事斗争准备八项任务工作规划和措施》。

1998年，拟定松阳县军警民联合反暴演习方案和可能发生的15种反暴行动演习实施计划。11月，拟定军事演习作业文书共35项。组织通信抢修、医疗救护、交通运输、道路抢修等专业分队，进行战备演练和战备教育。1999年，根据军区“战役训练三年规划”，提高机关干部高科技知识学习、机关应用文书写作、作战文书的拟制和标图等能力。

进入21世纪，实施人武部战备秩序规范化建设方案，完善战备值班制度和严格战备检查制度，对应急分队进行必要的战备演练。按照战备工作有关规定，完善兵员动员、紧急收拢、抢险救灾、防暴制乱、重要目标守护等行动预案，确保对重大事件及时有效地处置。2001年3月，县人武部成立民兵信息领导小组和县民兵信息站，各基层人武部建立相应的民兵信息网组织；全县设信息站和信息组、民兵信息员。突出高科技训练内容，学习自动化指挥和办公手段。学习战例研究，组织以“国防动员战时行动”为课题的室内战术演习。围绕平战转换、兵员动员、防空支前保障等，首长机关指挥民兵应急分队完成应急任务的训练。

组织人武部机关全体干部参加军分区举办的现役军官军事技能培训，根据本级作战任务，指挥员完成联合登岛作战条件下本级战术行动课题的情况判断、决心意图、作战协同、综合保障和综合练习课目训练。2004年，在省军区组织的考核中，5个项目成绩总评优秀。

落实人员、组织、物质和器材，达到“见人、见物、见账”要求。完成民兵预备役部队组织整顿工作和情报侦察工作。2010年，应急动员物资储备补充到位，预编兵员和应急兵员动员落实到位。重点队伍精编、可靠管用，一般队伍编实、到位能用。军警民联防、乡镇民兵信息网等正常运转。

第五章 政治工作

民国24年（1935）5月，中国工农红军挺进师进入松阳，师部设政治部，政委会为挺进师的最高领导机关。工农红军的政治工作确保部队在共产党的绝对领导下开展武装斗争，并取得革命斗争的胜利。

20世纪50年代，人民武装部的政治工作主要以剿匪作战、开展抗美援朝运动、建立民兵组织、反骄防腐为主要内容开展政治教育。60～70年代，人武部的政治工作主要进行正确对待国家经济生活暂时困难和发扬艰苦奋斗光荣传统的教育，掀起学习毛泽东著作、学习“南京路上好八连”和向雷锋同志学习的热潮。

中共十一届三中全会以后，松阳县人武部的政治工作紧紧围绕地方经济建设和官兵思想实际，引导官兵保证完成战备训练、完成地方政府赋予的急难险重任务，密切军政军民关系，为松阳的经济发展和社会稳定作出贡献。

土地革命战争时期，中国工农红军除执行作战任务外，还担负宣传、组织、武装群众，帮助建立革命政权工作。在作战和训练中，中国工农红军严格执行三大纪律八项注意，处处维护人民群众的利益。全面抗战时期，八路军、新四军开展大规模的拥政爱民运动。解放战争时期，中共中央号召全军部队不要片刻放松拥政爱民。人民解放军严格执行命令、执行政策、执行三大纪律八项注意，向新解放区派出大批干部，组成工作团，协助地方建党建政，帮助新生的人民政权发动群众，进行土地改革，剿匪反霸，巩固政权，发展生产。中华人民共和国成立后，中国人民解放军各部队执行党和政府的各项方针、政策，参加国家经济建设和抢险救灾，支援社会公益事业，增强军政、军民团结，拥政爱民的光荣传统不断传承和发扬光大。

第一节 军队党的建设

民国23年（1934）冬，永康籍共产党员朱金宝、朱南火落脚松阳霭溪村，成立中共霭溪支部。从此，松阳县开始有共产党的组织。次年，中国工农红军挺进师进入松阳，师部设政治委员会，确保部队在共产党的绝对领导下开展武装斗争。

1950年4月，松阳县人武部建立，同时成立中共松阳县人武部党支部，归隶中共松阳县委领导。50年代，人民武装部围绕剿匪作战、开展抗美援朝运动、建立民兵组织、反骄防腐等中心工作，进行政治教育。组织人武部机关干部学习马列主义、毛泽东著作，学习文化知识。1954年9月，人武部改称兵役局。12月，建立兵役局党支部。

20世纪60～70年代，政治工作侧重于引导干部群众发扬艰苦奋斗光荣传统，正确对待国家经济生活困难；引导干部群众努力学习毛泽东著作，学习“南京路上好八连”，向雷锋同志学习。1976年，政治工作重回正轨。

1982年5月，松阳县人武部恢复建制。6月，经丽水军分区党委批准，建立中共浙江省松阳县人民武装部委员会。县人武部开展政治工作，坚持四项基本原则，坚持改革开放基本路线，以经济建设为中心，保证战备训练和各项任务的圆满完成。

1986年6月，县人武部移交地方管理，人武部党委由上级党委任命。1996年4月，人武部收归军队建制。人武部重视发挥政治工作的优势，保持部队思想高度稳定。

2005～2010年，县人武部党委落实《关于加强军队高中级干部教育管理的若干规定》，加强党风廉政建设。重点抓好党委班子建设，提高凝聚力、战斗力；坚持党委中心组学习制度，及时撰写体会文章，增强党委核心堡垒作用。

第二节　军队干部工作

松阳县人武部党委历来重视干部的政治思想教育，重视培养和使用干部。帮助解决干部的住房、子女上学、家属随军、转业安置、生活福利以及卫生健康等困难，消除其后顾之忧。

1971年，对专武干部进行调整、充实，新配备干部23人，免职18人，调整12人。1979年，嘉奖6人。做好军转干部工作，按政策对参谋、干事、秘书等15人定职。

1980年，调整全县专武干部，提升26人，调动8人，免职3人。在专武干部中，参加同级党委60人，担任区、社党委副书记15人。在地方工资调整时，专武干部晋级有58人，占56%。

1981年，精简整编人武部，转业干部9人。1982年，复建中国人民解放军松阳县人民武装部。1984年7月，第一次招聘专武干部20人。1985～1986年，军队精简整编，县人武部划归地方建制。1991年，实行人武部机关干部目标管理责任制，按制度实施考评、奖惩。

1996年4月，收归军队建制时，县人武部的干部按照干部服役条例进行考核，实行军衔制。有6名干部第二次服役，提升5人，有6名干部到地方任职。

2010年，松阳县有专武干部30人。其中，国家公务员26人，招聘4人。

第三节　军队宣传工作与干部文化提升

军队宣传工作

松阳解放初期，县人武部面临的主要任务是剿匪、镇压反革命、协助地方建立人民政权。人武部贯彻中共七届二中全会精神，努力克服个人主义、享乐主义、功臣自居、骄傲自满等思想情绪。

“文化大革命”时期的宣传工作，总体上是以“阶级斗争为纲”，向大家灌输“无产阶级专政下继续革命”的理论。

1982年，开展以“四有、三讲、两不怕”（有理想、有道德、有文化、有纪律，讲军容、讲礼貌、讲卫生，不怕艰难困苦、不怕流血牺牲）为主要内容的社会主义精神文明和“为人民吃亏光荣”的教育。1983年，开展学习中国近代史为主要内容的爱国主义教育。1984年，开展经济体制改革和对外开放政策的教育。1986年开始，着重学习邓小平理论，包括坚持四项基本原则、建设有中国特色社会主义理论、邓小平南方谈话、新时期军队建设思想等。

1998～2002年，在实验小学举办5期少年军校夏令营活动。2000年5月，县国防教育办公室对全县6300余名中学生进行国防教育。

进入21世纪，县人武部组织官兵着重学习建设社会主义市场经济体制的理论知识，学习“三个代表”重要思想和科学发展观。

2002年、2003年全民国防教育日，举办全民国防教育读书活动，开展国防知识竞赛，宣传国防知识。2003年7月，开通全市第一个国防教育网站。2005年，开展保持共产党员先进性教育活动。为县委中心组理论学习成员主办“现代战争与人民防空”专题讲座。

2009年，在基层人武干部中开展“扎根山区干武装，科学发展求作为，履行使命见成效”的专题教育活动。2010年，牢固确立“打仗”思想，扎实推进作战准备。开展形势任务和战备教育，抓应急战备建设。

干部文化提升

解放初期，松阳县人武部机关干部总体文化水平普遍较低，有相当多的文盲半文盲，严重影响人武部的建设、教育和训练。文化教育主要通过上文化课、办文化夜校，扫除文盲和普及小学文化教育，少数干部进部队速成中学学习。

“文化大革命”开始后，部队文化教育中断。

1985年，人武部党委把干部学习科学文化知识和培养两用人才作为一项战略任务摆到党委议事日程上，统筹安排，舍得花时间、花经费，使育才工作得到快速发展。1988年，松阳县人武部抓在职干部函授学习成绩显著，被分区评为先进单位。1989年后，松阳县人武部干部、职工积极参加军队院校和地方党校的函授学习。

2003年，专武干部获得函授大专文凭3人、本科文凭4人。2000～2010年，每年举办八一建军节文艺晚会、军事日等活动。

第四节　拥政爱民

1991年，人武部组织力量围绕脱贫致富、科技兴农、办好劳武企业等课题进行调查研究，总结经验，促进工农业生产的发展。1992年，人武部发挥民兵预备役人员在两个文明建设中的骨干带头作用，组织和发动民兵预备役人员开发农林业、兴修水利、科技兴农、脱贫致富、维护社会治安。全县建立示范点3个，人武部系统扶贫户6户，经帮助当年脱贫4户。

1993年，省军区下发《关于组织民兵预备役人员开展在经济建设主战场上建功立业竞赛活动的通知》。松阳组织民兵预备役人员开发荒山荒坡，创办果木林基地，基本上做到乡乡有基地、村村有项目。围绕“脱贫致富奔小康”，广泛发动民兵开展扶贫帮困活动。大力开展“五小”（小发明、小创造、小设计、小建议、小革新）活动，提高企业的经济效益。在企业中建立民兵班组、民兵科技攻关小组、民兵红旗岗，开展“五小”活动，承担企业生产中的急难险重任务。全县先后派出民兵32645人次，参加抢险救灾和维护社会稳定工作。

1994年，消防大队致力于文明单位和青年文明号的创建工作。大队先后与多家单位建立共建关系，在重大节日和重大纪念活动期间组织与共建单位开展各种共建活动，大队每年与共建单位举行各类大型活动10余次。同时，积极参与县政府组织的植树活动和争创文明县城和双拥模范城活动，每年参加各类义务劳动800余人次，为县精神文明工作作出很大的贡献。

消防大队在强化灭火执勤的同时，充分发挥消防部队的器材装备的优势，建立为民服务组，定期为民做好事；积极协助县政府做好争创文明卫生县城和双拥模范县城的各项工作；做好与警民共建单位的文化娱乐活动。

2006年8月，县人武部干部职工参加“献爱心”捐款活动。岁末，走访慰问老同志和贫困户。2007年，县人武部为安民乡大横坑村落实7.8万元资金，帮助村里建造3座蓄水池，铺设自来水管道，解决村民生活用水问题。2008年，县人武部为安民乡乌弄村落实4.5万元资金，拓宽和硬化村停车场。2010年，为全县256户义务兵家庭发放优待金143.3万元；为72名现役军人发放立功奖金1.78万元；支付优抚对象医疗补助金201.6万元；开展优抚对象医疗保障“一站式”即时结算服务。

第六章　后勤工作

中国自汉代开始实行屯田制度，军队且耕且戍，以省馈饷。隋唐时期实行府兵制，寓兵于农，军队平时耕作，战时出征。宋元时期屯田制度进一步发展。明朝实行军屯制度，军队用粮基本做到自给。清朝军队开始没有完整的后勤体制和统一的后勤指挥，缺乏一定章程。光绪二十九年（1903），清朝仿效西方军队编制，设置后勤机构，配备专职人员，担负后勤保障任务。民国初期，军队沿用北洋营制饷章，供应补给，多就地筹粮、筹饷。北伐战争开始后，军队粮饷供应由地方负担。国民政府建立后，逐渐形成统一的补给系统，制定补给制度，按系统按标准由上而下层层补给。中国共产党领导的人民武装，开始没有专门的后勤机构，后来逐步建立供给部、卫生部等保障机构。红军挺进师进入浙西南后，后勤机构设有供给部、卫生部和没收委员会。中华人民共和国成立后，人民解放军的后勤供应由国家和地方政府统筹解决。

2010 年，人武部有职工编制 12 人，民兵武器装备仓库职工 6 人，后勤科职工 6 人。

第一节　后勤体制

明清时期军队供给

明、清时期，驻县汛兵俸饷的支发，由县库发给，俸饷支发后，分别向户部、兵部奏销。乡兵的供给由县征地丁银支付，或向司库领取。后在县上解的地丁漕粮额中抵减。

明洪武间（1368～1398），松阳县设民兵 117 人，岁征银 1605.6 两。马步巡检司弓兵 20 人，岁支饷银 28.8 两。

清初，县设民壮 120 人。后逐次裁减，至道光十五年（1835），尚存民壮 14 人，支付地丁银 84 两，由县库领给，外增工食粮 16.24 两，由司库领给。

康熙四十九年（1710），县设守备衙门，驻防守兵 300 人，军需给养、马草供应骤增。据光绪《松阳县志》卷二载，乾隆十二年（1747），在上解地丁银额中，留充兵饷银 4622.39 两，其他抵解兵饷银 3215.43 两。道光四年（1824），月粮给军米 19 硕 5 斗 5 升 4 合。六年，月粮给军米 14 硕 9 斗零 7 合。十年，应征米 5 硕 8 斗 5 升 4 合内，月粮给军米 5 硕 7 斗 9 升 4 合，外增米 2 斗 4 升 5 合，存留米 5 升 9 合。

同治年间（1862～1874），守备衙门岁支薪俸，守备俸银 18.78 两，其余 72 两，马乾银 48 两，养廉银 200 两；千总俸银 14.96 两，其余 33 两，马乾银 24 两，养廉银 120 两；把总俸银 12.46 两，其余 23.5 两，马乾银 24 两，养廉银 90 两，战兵俸银 24 两，守兵俸银 18 两。每名日给银 8 分 3 厘，日支口粮米1升。

民国时期军队供给

民国时期，松阳县地方武装机构的后勤保障，多参照陆军军制配备后勤人员。

民国4年（1915），松阳县组建保卫团，团部配备军需员、事务员、炊事员及夫役等后勤人员。民国23年，松阳县保卫团总团官兵薪饷，总团长由县长兼任，不另支付；副总团长，按二等二级支薪，每月银80元；督察长40元，事务员30元，文牍20元，书记18元，夫役8元。民国25年4月，设置松阳县社会军事训练总队，总队部置军需官，专管后勤事务。民国28年，组建松阳县国民兵团，为县政府平行机关，团部及下属自卫队设后方勤务机构。该勤务机构设有军需官1人、伙夫8人、担架5人。

民国35年（1946）4月，参照《浙江省保安司令部暨所属各团队暂行给予规定》，对军官支付月薪银少校135元、上尉80元、中尉60元、少尉42元、准尉32元。因县财力不足，按标准减半执行。民国37年7月，组建松阳县保卫总队（习称自卫队），总队部参照省保安部队的后勤编制，设军需官、军医、事务长、炊事兵等后勤人员，自卫中队设特务长、军械士、伙夫、采办等后勤人员。民国时期，地方武装机构的经费来源基本上为地方财政、摊派捐款及上级军事部门的拨款。8月，官士薪饷改为法币，少校4万元，上尉到下士分别为3.5～0.64万元。

松阳县地方武装组织主食供应，所需款项，列入预算，由县库划拨。官兵日食米24两（折公制750克），伙食标准每月3元；副食自行采办。全面抗战争爆发后，物价飞涨，核定膳食费不敷购办主副食之需，县政府令各乡镇组织“军人副食征集委员会”，筹措副食品，以缓保卫总队主副食之乏匮。

松阳县地方武装组织的武器装备，多系国民党野战部队、省保安部队换装的武器，且品类繁杂。

民国37年（1948），松阳县保卫总队下辖1个保卫中队、2个自卫中队。有官佐34人、士兵256人。装备轻机枪5挺、冲锋枪2支、各类步枪224支、驳壳枪8支、手榴弹40枚、各类弹药0.58万发。松阳县保卫总队（自卫队）的经费，在地方保安经费项中列支，及省保安处拨给部分给养、装备。由于县财政支出困难，保卫总队的预算经费往往不能按时发放。

红军挺进师的后勤管理

民国24年（1935）3月，挺进师供给部作出具体规定，每人每月菜金2.1元，粮食折合2元，合计4.1元。黄富武、粟裕在师会议上宣布，打土豪得来的财物要归公，猪肉等副食吃土豪的，不能白拿群众的粮食和蔬菜。5月，红军挺进师在松阳县各地活动，时全师438人，有长短枪345支、重机枪4挺、轻机枪8挺。司、政、后机构配置齐备。后勤机构设供给部、卫生部和没收委员会。挺进师的给养主要靠打土豪筹措经费和群众支援。5月13日，挺进师抵达大柘镇，打土豪、宣传革命。没收委员会没收士绅的部分钱财和粮食，把粮食分给贫苦群众，余款用于解决部队经费和部分军需。5月17日，红军一、三纵队攻占旧市（今古市镇），在三清殿召开群众大会，打开南杂店、西药店、布庄等，把商品分发贫苦农民，其余用于补充给养。

民国37年（1948）冬，丽（水）青（田）松（阳）边区在丽、松边境的金坑村办起小规模的缝纫制衣点，解决游击队的服装。民国38年（1949）春，在板桥乡潘八村开办支队部军用被服厂。该厂有缝纫机8台，缝纫师傅10多人。后又组织在县城秘密加工军需被装的16名缝纫师傅，到裕溪乡黄地村制作衣被等军需品。

民国38年（1949）3月，松阳起义前，祝更生把原收交国库的50万市斤存粮分散贮存到河头、雅溪、玉岩、高亭、小吉以及古市乡下的一些地方，以满足起义部队和游击队后勤保障。

中华人民共和国成立后的后勤工作

1949年5月，松阳县自卫大队在原松宣遂人民游击队的基础上扩编组成，隶属中国人民解放军浙江军区第七分区第五独立营。

1951年4月，成立松阳县人民武装部，人武部机关设管理员1人，负责后方勤务。部队实行供给制，军需及军需物资由第三（衢州）军分区供给。粮秣由县财粮科筹划、征发，向军分区核报。大队官兵伙食按级别标准实行小、中、大灶制，士兵在“大灶”用膳。每年分夏、冬季两次统一供应被褥服装。此后，根据上级后勤部门制定的标准，人武部被服装具由军分区后勤部根据人武部年度统计，依照经济实力按时供应。被服装具每年分夏季和冬季统一供应。征集新兵所需被服装具，每年按征兵任务进行保障。人武部的给养按照全军统一标准供给。粮食供应一直按国家军粮供应办法和军队标准制度规定，向驻地粮食部门采购。1958年12月，松阳并入遂昌县。1963年，为简化评价折款手续，粮食供应改为按固定金额包干供应。

1982年3月，复建松阳县人武部。后勤保障工作由后勤科负责。1986年6月，县人武部划归地方建制，人武部机关设办公室，兼管后勤工作。1996年4月，县人武部收归军队建制，仍设后勤科。1997年，更换“97式”军车号牌，配专职汽车驾驶员1人，兼职1人。车辆及驾驶员由军分区后勤部管理。2005年，人武部有指挥轿车1台、吉普车1台、工具车1台。人武部车辆用油根据军分区分配的油料指标，由驻地加油站代储代供。

2006年，落实战备储备机制。与县相关部门签订多个战备物资的征用协议，包括战备储备、战备车辆、战备公路机械设备、战备医疗救护车、手术台、战备柴油、战备汽油等。2009年，根据上级《关于对军队宾馆招待所及相关出租场所机械清理整顿的通知》精神，对人武部所属出租场所进行全面的清理。

第二节　军事财务与营房管理

军事财务

1949年7月，县大队（后改编为独立营）成立。1951年4月，县人民武装部编入军队序列。部队经费统一由浙江军区（后称省军区）后勤部拨给，地方政府支付的经费有民兵事业费、兵员征集费、战备支前费和人武部营房、民兵训练基地、民兵武器装备仓库修建经费等。

1952年6月以前，财务管理主要以审计单据进行决算。由浙江军区（省军区）后勤部财务处负责审决，人武部不保存单据。1958年12月，松阳县人武部随县制并入遂昌县人武部。1981年，根据上级“紧缩军费开支，厉行精简节约”的指示，人武部对各项经费进行压缩。1982年3月，复建松阳县人武部。

1982年，财务管理日趋规范，经费开支平衡，食堂管理提升，伙食不断改善。1983年，军分区对人武部的会计单位和伙食单位进行检查。1984年，后勤人员参加军分区以会代训的学习，对财务进行会审，对所得评分依照标准进行考核，松阳人武部财务工作成绩达到良好以上。1985年，实行统一领导与分工负责相结合的财务管理体制，全面推行事业费包干给各科的办法。严格精简整编过程中的财、物管理，严禁私分公物。1986年4～6月，人武部先自查，后接受军分区的财经纪律检查。检查保证经费物资管理制度落到实处，各类物资武器装备器材逐件分类登记，达到“数量清、质量清、存放地点清、交接手续清”。人武部移交后，军地双方都比较满意。6月，县人武部改归地方建制，供给关系转到松阳县。

1996年4月，县人武部收归军队建制，供给关系随之转到军分区。1999年，后勤科把好预算编报、经费审批、资金拨付三个关，切实堵塞漏洞。继续坚持经费报销卡制度，采取事业经费和其他经费包干使用的办法，提高经费使用效益。人武部生活费、公务事业费决算、会计报表全部实行电脑管理，提高会计业务质量和工作效率。实行大宗物资统一采购制度。

2000年，人武部财经委员会每年对单位财务工作检查两次，规范财务管理秩序。2001年3月，军分区对松阳县人武部的经费预算进行审计评审。2003 年，财务审计工作严格执行双主官联审会签审批制度，实行经费计划管理，每月定期财务公开。2004年，建立集中采购、建账登记、专人保管等制度，进一步规范财务管理秩序。2005年，后勤工作着重集体采购制度建设。至2010年，后勤工作规范、有序。

营房管理

据旧志载，古时县城驻防衙门一所，设在城东钟楼下明德坊；协防衙门一所，设在古市，两衙门都于清咸丰八年（1856）被太平军毁坏。营房墩台九处，分布在堰头、靖居口等。教场设在水南外赤塔埠，清嘉庆年间（1796～1820）毁于洪水，后来移到北门外。

1985年，建成人武部办公楼、宿舍楼。次年，建成民兵训练基地教学楼、食堂。又建成仓库和职工宿舍1幢。2001年，新建人武部办公楼。2010年，县人武部总面积为35795平方米，建筑面积为5940平方米。

第三节　薪　金

解放初，人武部和全军一样，实行供给制。干部、战士每人每月发给津贴1元，并酌发黄烟（香烟）、肥皂、牙膏。1951年2月，根据中央军委指示，人武部对排以上干部进行工资等级评定，从排到团共分四等十二级。各按级别标准工资分值发给工资。

从 1955 年 1 月始，全军副排以上干部实行薪金制。军官薪金标准由级别薪金和军龄补助金两部分组成。级薪与军龄补助金合计最低为 66 元，最高为 585 元。当时军官薪金高于政府同级别工作人员工资 11%左右。此外，实行薪金制前军官所生子女超过两个者，从第三个开始，每个子女每月补助生活费用 20 元。1956 年 7 月，为缩小上下级之间的薪金差别，对团以下干部的薪金进行调整，副排增加 9 元，正排增加 6 元，副连至正团各增加 5 元。1960 年 11 月，正营以上党员干部实行减薪，正营减 15 元，准团、副团、正团各减 2 元。

1991 年 5 月至 1992 年 9 月，军官薪金由职务薪金（1～6 档）、军衔薪金和军龄薪金组成。1992 年 10 月至 1993 年 9 月，军官薪金由职务薪金（1～9 档）、军衔薪金和军龄薪金组成。1993 年 10 月至 1997 年 6 月，军官工资由职务工资（1～10 档）、军衔工资（分基本标准和年增资额）、基础工资和军龄工资组成。1997 年 7 月至 2000 年 12 月，军官工资由职务工资（1～18 档）、军衔工资（分基本标准和年增资额）、基础工资和军龄工资组成。2001 年 1 月，军官工资由职务工资（1～20 档）、军衔工资（分基本标准和年增资额）、军龄工资组成。每年 1 月定期增加职务 1 档及一定数额的军衔、军龄工资。

人武部收归军队建制后，现役军官的工资由部队供给。人武部职工视同地方财政全额拨款事业单位职工，其工资级别、等级与地方其他事业单位职工一样计算，其工资由地方财政支付，直至 2010 年无变化。

第七章　民　兵

民国24年（1935）3月，红军挺进师进入松阳县，在以松阳县安岱后村为中心据点创建浙西南革命根据地，组建农民游击队。是年6月，挺进师第二纵队在安岱后、大潘坑、玉岩、枫坪、小吉等地开展军事斗争，同时建立农民游击队等群众武装。

中华人民共和国成立后，随着剿匪反霸、抗美援朝等运动的开展，民兵队伍得到发展。“文化大革命”时期，民兵建设在艰难曲折的斗争中不断发展。1970年，松阳县建立民兵独立营。

1976年，恢复民兵工作的优良传统。1982年，根据上级要求，完成民兵组织调整任务。通过调整，民兵总人数占人口比例由25%下降到11.8%，武装民兵由3%下降到2.1%。民兵年龄由16～45岁改为18～35岁，女民兵18～28岁。取消民兵师团建制，改为普通民兵和基干民兵两种。1985年，贯彻中央军委指示，开展城市民兵工作调整改革。1986年，按照中共中央“减少数量，提高质量，抓好重点，打好基础”的十六字方针，对民兵组织进一步调整，同时组建民兵应急分队。1990年之后，根据省政府、省军区的指示，围绕“数量要搞够，质量要达标，队伍要纯洁，组织要落实”的要求，重点抓好基干民兵和民兵应急分队的建设。

第一节　民兵组织建设

1949年5月，松阳解放后，松阳县各级党组织开始大力发展民兵组织，村建立民兵队，以优秀民兵组建区中队。是年，古市、阳溪、望松等平原地区先行建立农会及民兵组织，逐渐向全县铺开。至1950年末，全县各乡村普遍成立民兵队。

1953年，分批逐步实行普遍民兵制，凡18～40岁的男性青壮年，政治纯洁、身体无疾病者均被编入民兵组织，设小队、分队、中队建制，建立民兵基干团。18～25岁者编入基干民兵。1955年5月，调整基干民兵编制。以农业社、互助组为组织单位，依据人数编成小组、小队、分队建制。

1958年，大办民兵师。县建民兵师，区建民兵团，人民公社建民兵营，生产大队建民兵连。1963年，以公社为单位建立武装基干民兵连（简称武装连），配发武器。

1981～1982年，基干民兵年龄改为18～28岁。取消民兵师、团建制。民兵组织实行“两个结合”即民兵制度与预备役制度结合，民兵工作与战时动员工作结合。

1982年，恢复松阳县建制。松阳县民兵工作由县人武部主管。

1985年2月7日，人武部与县公安局共同建立松阳县军警民联防指挥部，下设第一办公室为县人武部军事科，第二办公室设在县公安局。区（镇）乡分别设立指挥分部和联防领导小组。1986年，着重加强民兵预备役和快速小分队建设，探索城市民兵改革之路。全县共组建连级快速小分队 1 个。1988 年，全县基干民兵组建占行政村总数的 92.7%。

1990 年，松阳县民兵应急分队成立。1992 年撤区扩镇并乡后，镇编基干民兵营，乡编基干民兵连，普通民兵按行政村编连。1997 年，组建民兵专业分队。

2000 年，全县压缩基干民兵。2001 年 5 月，组建二炮保障分队。2003 年 4 月，建立和完善以专业技术分队为主体、应急分队为重点，技术含量高、专业种类齐全的城市民兵组织。

2006 年，根据《民兵组织整顿暂行规定》和军分区《关于开展民兵整组工作的通知》要求，对基层人武部的首批动员对象进行调查摸底，做好整组工作。2008 年，民兵重点力量应急分队编精编实、到位管用，关键岗位人员不缺，战斗力动态保持。2009 年，3 次召开民兵整组工作部署会，完成民兵整组工作。2010 年，民兵整组确保重点队伍编精、可靠管用，一般队伍编实、到位能用。

第二节 民兵训练

1949 年 5 月，松阳解放。全县各行政村组建起民兵队，利用农闲时间，操练民兵站岗、放哨、投掷手榴弹（木制）、擒敌等。1951 年 4 月，县人武部成立，负责实施民兵训练。是年冬，组织民兵集中军事训练 5～7 天。1952 年，培训民兵骨干 750 人。1953 年，训练民兵骨干 876 人。1956 年，组织年满 19～22 周岁青年训练。全县参训民兵 2800 人。1958 年“大办民兵师”，共训练基干民兵 2500 人、民兵干部 160 人。是年，松阳县并入遂昌县。

1960 年，训练的兵种有步兵、炮兵、侦察兵、通信兵、驾驶员、军械修理员、卫生员等。1962 年，民兵训练增加“反空降”等内容。1965 年，民兵普遍开展“大比武”和军事演练。1966 年“文化大革命”开始，经常性的民兵训练停止。

1970 年，民兵训练恢复。1971 年，全县集训民兵干部 625 人，训练基干民兵 1800 人。训练内容为实弹射击、投弹、一般指挥与战术。1973 年，武装基干民兵大多集中在各公社训练，训练 15～20 天，并记给工分，或发给工资。是年，县人武部集训民兵连干部 850 名、武装基干民兵 1.37 万人。此后加强民兵连排干部的训练，并对训练进行考核。

1981 年后，减少年度训练人数，提高训练质量，基干民兵的训练，两年为一个周期。1982 年，恢复松阳县人武部建制。县人武部着手组织民兵训练。1983～1984 年，参训 1133 人，经考核，合格 1052 人。是年，丽水军分区组织对民兵训练考核中，阳溪公社通信连获全区第二名。1984 年 10 月，设立松阳县民兵训练基地。基地总面积逐年扩大至 26 公顷。陆续建成教学兼宿舍楼 1 幢，建筑面积 900 多平方米，食堂 1 幢 300 平方米，先后配备练兵场、兵器室、装备仓库、靶场等设施。1985 年，改两年一周期为年度集训。每年按上级任务数，分兵种、分专业开展 20～30 天集中基地训练。同时开展学生军训。每年为松阳师范、松阳一中、松阳二中、松阳职业中专等学校的新生进行为期 10～15 天的军训。至 1998 年，全县开展炮兵、通信兵和步兵训练，实现民兵军事训练基地化、专业化、正规化。

1999年9月，组织民兵通信和步兵两个专业在训练基地进行训练。11月，完成军分区组织的军事演习。2001年后，强化训练改革，注重把训练内容同实际需要结合，抓好民兵应急分队举行抢险救灾、维护社会稳定等课目演练。

2004年4月，县国动委组织民兵防空分队和道路抢修分队民兵若干人参加丽水市国动委举行的实兵演练。2005年，完成县民兵应急分队、工兵专业技术分队、通信、医疗卫生分队、汽车运输专业对口分队的接口补差军事训练。全县民兵应急分队和专业技术分队参训，应急分队完成15个训练日，各专业技术分队完成54个训练日。2006年4～8月，组织应急分队、某迫击炮分队、工兵分队、通信分队进行训练。

2008年5月，组织民兵应急分队进行队列、射击、盾牌警棍术、盾障队形和应急围捕行动5个课目强化训练。2009年4～5月，组织民兵地面交通管制分队和应急分队的紧急派出演练。2010年5月，接受省军区民兵整组拉动点检，抽点民兵军需物资保障分队二分队，人员到点率95%，点到率100%。5～8月，组织完成民兵连长、民兵应急分队各专业分队人员的军事训练。

第三节 民兵武器装备

松阳解放初期，民兵武器主要是大刀、长矛、土铳和各式步枪，以及部队交给地方的少量冲锋枪、轻机枪。1958年，民兵手中的冷兵器和土枪、土炮等已经全部淘汰。1962年开始，民兵逐步装备部队换装下来的五三式骑步枪以及少量的五六式武器。1965年，省军区下拨一批旧式武器和观测器材。境内基本上实现社社有武器。武器以个人保管为主，枪弹分开保管，并建立保管检查制度。

1973年，根据要求，松阳完成轻重机枪、冲锋枪等5种旧武器的改试工作，质量良好。1975～1979年间，六三式、五六式半自动步枪、冲锋枪、班用轻机枪等各式国产武器开始装备民兵。武器装备也由个人分散保管到集中保管。民兵连都建有武器室，集中保管武器。1985年，民兵武器装备实现国产化。炮兵和侦察分队装备测距仪、方向盘、炮兵镜，工兵、通信、防化分队也装备相应的器材。1987年4月，松阳县民兵武器装备仓库建成投入使用。

2008年，松阳县所有乡镇统一购置应急指挥作业器材和应急维稳器材，添置民兵信息器材、防汛器材、灭火器材。

第四节 协助维护社会治安和抢险救灾

1949年5月松阳解放后，松阳县民兵在丽水地委、军分区统一部署下，协助人民政府剿除余匪。1953年2月，裕溪乡9名民兵在潘坑村茶坑门山洞中抓获隐藏3年之久的土匪“青年救国军浙东义勇队”中尉分队长附叶权。至此，县境内零星土匪也全部肃清。

1970年，雅溪公社集中700多名民兵进行野营拉练，清晨训练，白天开荒，晚上学习；开荒1000多公顷。1977年，港口大桥施工木架被洪水冲走，下游两岸民兵自觉投入打捞，减少国家损失。1978～1981年，石仓公社牛角圩大队民兵连4年设卡守护，制止乱砍滥伐，保护集体山林。1987年，共组织民兵1720人次，参加扑火52场。1988年8月末9月初，三都乡等4个乡人武部派出民兵设卡31处，配合追捕“8·25”凶杀案犯罪嫌疑人。组织民兵参加森林灭火。

1990年12月，全县组织民兵治安小组52个。全年组织民兵预备役人员参加抗旱抗洪、抢险救灾；组织100多名民兵预备役人员协助公安部门维护社会治安。1992年，各乡镇人武部组织民兵，参加抗洪抢险，抢救物资20余吨。500多名民兵参加重建和生产自救。全县派出民兵1024人次，协助公安部门维护社会治安。组织民兵巡逻队271个，抓获犯罪嫌疑人5人。1996年，全县民兵参加维护社会治安等活动120多次。派出民兵应急分队，协助破获各类案件8起，协助抓获犯罪嫌疑人20余人。1998年4月，组织民兵上山搜寻在玉岩镇白沙岗村失事坠毁的空军2架飞机，找到飞行员和飞机残骸及部分弹药。是年，县人武部组织民兵参加抗洪抢险。1999年，全县派出专武干部、民兵干部和民兵，协助公安部门清理邪教活动点，取缔非法传销活动。

2000～2002年，全县民兵参加抗洪救灾和扑灭山林火灾36次。2003年，在抗击“非典”期间，派出600余人次的民兵应急分队参加设卡、重点守护等抗“非典”工作。2005年，组织专武干部和民兵参加各种抢险救灾20余次，抢运物质10余吨，挽回经济损失上百万元。2007年，组织民兵参加防卫警戒、扑灭火灾、防汛抢险等各种急难险重任务。2008年2月，动员民兵参加抗冰冻雨雪灾害工作，166名民兵进驻玉岩镇参加”抗冰保电”突击任务。派出民兵参加森林救火作业。开茶节派出百余名民兵值勤。2009年，派出民兵完成扑灭山火等维稳工作。2010年，共8次组织民兵参加山林扑火。

第八章　兵役制度

中国历代的兵役，曾经实行过民军制、世兵制、府兵制、募兵制、征兵制等。旧志记载，清代前松阳县无官兵驻守，以本籍健民75名为民兵，有警时外请兵援。清初时地方多事，民兵增加到150人，才设有防守官员1人。康熙年间（1662～1722），石仓设兵20人，到康熙五十二年（1713），添兵10人。自松阳有驻军以来，其兵丁都募自本籍。到了清代，松阳才出现兵役的记载，且为募兵制。

第一节　民国时期兵役

民国初期，松阳县未设专门兵役机构，役政事务由知事和民政科兼理。军队兵役仍沿用清末新军的募兵制，由军队自行就地募兵。这一时期的募兵，既没有规章，也不必经政府认可，由军方派员到各地挂旗招兵，自愿者报名入营。投军者多系破产农民和市井无业游民。

民国25年（1936），松阳县正式实行征兵制。县社会军事训练总队常备队负责乡镇征集新兵管训。民国26年，全面抗战爆发后，正常征兵难以满足部队兵员补充，于是征兵募兵兼行，禁止各部队擅自招募或向地方勒派。民国27年8月，设立兵役科，为县之役政机构。民国33年1月，兵役科裁撤，役政事务先后由国民兵团征募股、军事科承办，在浙江省军管区下属的师、团管区司令官领导下，统一办理役政。民国35年，内战爆发，松阳县兵役征集事务由浙西师管区丽水团管区管辖。松阳县应征员额大幅度增加，造成完成征兵的数量与配额间出现很大缺口，正常征兵十分困难。于是各部队私自招募现象普遍，强行招募、乱拉壮丁时有发生。民国36年5月，松阳县兵役协会成立，下辖乡镇兵役协会，为征集兵员的辅助机构，隶属县军事科。

第二节　红军、游击队的兵员征集

民国时期，中国共产党领导的红军、游击队的兵员征集，实行与其当时政治、经济和军事斗争相适应的志愿兵制。其时，驻松阳的红军挺进师军队补员，主要采取动员群众参军。

民国17～19年（1928～1930），松阳农军、松阳红军游击队在中共组织领导下，开展武装斗争。大东坝、玉岩、安民、枫坪各地民众自愿参加，不计报酬。

民国24年（1935）5月，中国工农红军挺进师进入松阳，深入宣传革命，发动群众、组织群众。八一前夕，挺进师在安岱后召开“扩大红军”誓师大会。松阳群众热烈响应，踊跃参军。挺进师扩军 400 余人，编入挺进师第 5 纵队第 13、15 支队。

民国 27 年（1938），抗日战争前线部队急需补员，中共组织要求各地动员青年参军。民国 36 年 7 月，处属共产党领导的武装组织丽青松武工队建立，境内青年 20 多人先后加入武工队。民国 38 年，松阳中学进步学生自愿报名参加中国人民解放军，为浙江和全国的解放作出贡献。

第三节 中华人民共和国成立后兵役

兵役工作

1951 年 4 月，松阳县人民武装部成立，负责办理县内兵役工作。1949 年 5 月至 1953 年，松阳县仍实行历次革命战争时期施行的志愿兵役制。

1949 年 5 月，全县一批青年踊跃报名参加中国人民解放军，随第 11 军解放大西南。1950 年，为保卫新生革命政权，清剿土匪武装，农村优秀青年自愿报名，参加县大队、区中队。1951 年 3～5 月，在抗美援朝、保家卫国运动中，全县要求报名参军的青壮年有 1.5 万人，共有 1048 人被批准参加中国人民志愿军。

1954 年 9 月，《中华人民共和国兵役法》（草案）公布，开始实行义务兵役制试点。同月，松阳县兵役局成立，专事县内兵员动员征集工作。义务兵征集工作，一般每年征集 1 次，少数年份征 2 次，均在冬季进行。是年，首次征集义务兵 395 人。次年，全县征集义务兵 350 人。

1958 年 11 月，松阳并入遂昌县。1959 年，兵役局撤销，兵役工作改由中国人民解放军遂昌县人民武装部负责。1958 年 12 月，始为基层人武部配备专职人武干部。1966 和 1967 年，因受“文化大革命”干扰，未征集兵员。1969 年以后，县成立征兵工作领导小组，承办县内征兵工作。下设征兵办公室，负责日常事务。1982 年，复置松阳县，恢复松阳县人武部建制。

1984 年 5 月，《中华人民共和国兵役法》颁布，实行义务兵役制为主体的义务兵与志愿兵相结合、民兵与预备役相结合的兵役制度。松阳县实行法制化征兵。县人民武装部兼县人民政府的兵役机关，设征兵办公室，负责办理区域内的兵役工作。

1988 年，改冬季征兵为次年春季征兵；1990 年，又改为冬季征兵。至 2005 年，连续 21 年无一退兵。1989～2005 年，松阳县先后 5 次被省政府、省军区评为征兵工作先进单位。

2009 年，突出征召六类院校的应届毕业生。2010 年，从全县适龄青年中，反复筛选，及时足额完成征兵任务。

退役安置

1950 年 9 月，县复员委员会成立，开始办理首批志愿兵复员的安置。1952 年 1 月，改称县转业建设委员会。1956 年增设办公室，负责办理转业军人接收安置工作。至 1957 年，全县接收复员、转业军人 1234 人，分别安置回乡务农或在城镇从事其他工作。1958 年，改设退伍军人安置办公室，办理义务兵退伍安置。11 月，并入遂昌县。1966～1968 年，因“文化大革命”，安置机构一度撤销，安置工作由县人武部农业生产办公室等兼办。1969 年，恢复安置机构，机构名称几经变更。

1982 年 1 月，复置松阳县，退伍军人安置办公室同时成立。1985 年，对服现役期间立三等以上战功者给予安排工作。1986 年，设县军队离退休干部和退伍军人安置领导小组。1985～1990 年，陆续接收安置军队离退休干部 7 人。其中，团级 3 人，营、连级 4 人。由所在部队拨给建房费。2001 年开始，城镇入伍的义务兵，退伍后自谋职业的，每人发放 2 万元安置费，同时对重点优抚对象发放医疗补助费。

1982～2002 年，全县共接收退伍（含志愿兵）军人 1379 人，安排工作 561 人，安置农村 773 人，自谋职业 45 人。2003～2010 年，完成接收退伍（含志愿兵）军人工作。

退伍军人服预备役登记

1956 年，根据《中华人民共和国兵役法》，松阳县开始进行复员军人预备役登记。1955～1958 年，县接收编入预备役军官 41 人，年龄均在 25～45 岁，其中军事指挥官 27 人、技术军官 4 人。

1958 年后，民兵与预备役合而为一，预备役登记工作告停。是年，松阳县并入遂昌县。退伍军人预备役登记工作由遂昌县人武部完成。

“文化大革命”期间，预备役登记工作中断。1979 年，恢复预备役登记工作。是年，全县共有复员、退伍、转业军人 5040 人（含遂昌、松阳区域），全部进行登记建卡。此后，县退伍军人预备役登记统计工作每年开展一次，形成制度化。

1983 年，境内以前已登记的退伍军人预备役 918 人，其中技术兵 434 人、普通兵 484 人。1983 年，全县登记接收退伍军人 185 人，适合服预备役人员 158 人。1984 年，实行以义务兵为主、义务兵与志愿兵相结合、民兵与预备役相结合的制度。

2005 年，完成登记退伍军人工作。经登记的退伍军人预备役全部编入基干民兵组织，成为基干民兵的主体。2006～2010 年，完成登记退伍军人工作。

第九章 国防动员

松阳县国防动员委员会成立于1996年4月1日。其主要任务是贯彻执行党中央、中央军委确立的新时期军事战略方针、政策、指示，组织实施全县国防动员工作。根据上级有关法律规定，制定国防动员工作的地方性法规和措施。协调国防动员工作中经济与军事、军队与政府、人力与物力的关系，提高平战转换能力。加强人民武装工作建设，落实军事斗争准备工作，组织领导民兵预备役工作，加强国防动员的政治宣传动员工作。

第一节 机 构

1996年4月，松阳县国防动员委员会成立。由县委书记任第一主任，县长任主任，副县长、县人武部部长任副主任，委员由宣传、公安等有关部门负责人组成。下设秘书组和县人民武装动员办公室、经济动员办公室、人民防空办公室和交通战备办公室。秘书组和县人民武装动员办公室设在县人武部内，其他3个办公室分别设在县计划经济委员会、县人民政府办公室和县交通局，3个办公室主任由这3个部门第一领导兼任。

县国防动员委员会为主管全县国防动员工作的议事协调机构。负责组织编制全县国防动员的规划和计划，拟定全县国防动员工作的规定和措施，检查监督国防动员法规、计划的实施和执行，协调全县军事、经济、社会等方面的重要国防动员工作等。

1997年11月精简机构，县人民武装委员会与县国防动员委员会合并为一个机构，简称“国动委”。2001年，增设综合办公室、政治动员办公室，其办公室设在人武部内。2003年，增设科技动员办公室，办公室设在科学技术局内；信息动员办公室，办公室设在发展计划局内。各乡镇设国防动员领导小组，下设办公室，领导小组办公室设在乡镇人武部。2005年末，县国动委设8个专门办公室，下辖乡镇国防动员领导小组及办公室等20个。2007年，以县人武部为主体、县国动委为基础，组建松阳县战争动员委员会。战争动员委员会设第一主任、主任、常务副主任各1人，由县委、县政府、县人武部领导担任，副主任若干名。此后至2010年，松阳县国防动员委员会机构设置没有变化。

第二节　国防动员准备

国防动员综合能力

中华人民共和国成立后，松阳经济日益发展。1949年，松阳县国内总产值587万元；2010年为47.86亿元，增长815倍多。

2010年松阳县人口和自然资源基本情况表

表30-9-2-1

项　目	人口（万人）			土地面积(平方千米)	木材蓄积量(万立方米)	年平均气温(摄氏度)	年降水量(毫米)	年雨日(天)	水资源总量(亿立方米)
	总人口	男性	女性						
全县	23.72	12.39	11.33	1406	427	17.9	1985.8	171	23.13

2010年松阳县国民经济主要指标基本情况表

表30-9-2-2

项　目	国民生产总值(亿元)	消费品零售总额（万元）	自营出口总额（万美元）	全社会固定资产投资（亿元）	财政总收入(亿元)	城镇居民可支配收入（元）	农民人均收入（元）
全县	47.86	466	26.2	24.19	4.04	19371	6064

2010年，第六次全国人口普查，松阳县总人口23.72万人，其中男性12.39万人，女性11.33万人。

国防动员保障能力

医疗　2010年，全县有主要医疗机构3家，床位494张，卫生技术人员874人，其中执业医师274人。

邮电通信　松阳境内有线通信铺设光缆主干线293.51千米。政府网、公安网、金融网、计生网及国防教育网站均开通，可以及时地传递声讯和数据信息，战时均可为野战部队的通信保障服务。主要通信企业有移动松阳分公司、联通松阳分公司、松阳县电信局、邮政局、松阳县金海通信电缆厂。

2010年松阳县邮电基本情况表

表30-9-2-3

项　目	邮政业务总量（万元）	电信业务总量（万元）	本地电话用户数（户）	住宅电话用户数（户）	移动电话用户数（户）	国际互联网用户数（户）	移动电话普及率（部/百人）	固定电话普及率（线/百人）
指标	761	11445	45062	22875	169161	19819	71.36	19.01

交通情况　公路通车里程1310.8千米。其中，全县有高速公路1条（境内长52.8千米），省道2条(50省道，境内长57千米；44省道，境内长21千米)，县乡公路11条。

2010年松阳县公路运输情况表

表30-9-2-4

项　目	境内等级公路里程（千米）	民用汽车拥有量（辆）	私人汽车拥有量（辆）	客运量（万人）	旅客周转量（万人千米）	货物周转量（万吨千米）	货运量（万吨）
全县	1311	9610	7701	271	12015	104320	810

科技队伍　至2010年，全县企、事业单位专业技术人员6845人，其中高级职称315人，中级职称2683人，初级职称3847人。

2010年松阳县科技进步评价指标表

表30-9-2-5

项　目	每万人中科技活动人员数（人）	科技经费投入总额（万元）	人均科普活动经费（元）	信息化规模（千户）	信息化水平（户/百人）	每万人口授权指数	高新技术产业增加值（亿元）
指标	3.88	1400	0.97	274	115.41	54	1.16

第三节　国防教育

松阳县国防教育委员会成立于1990年12月，由县委分管副书记任主任，成员由县委宣传部、县人民武装部等部门负责人组成。松阳县国防教育委员会下设国防教育办公室，负责日常事务。国防教育办公室设在县人武部内。县属有关部门和乡镇均成立国防教育领导小组，在农村、工厂、学校等基层开展教育活动，形成国防教育组织体系。1990年，在全县基干民兵中开展《东海民兵》刊授教育。

1991年，国防教育纳入干部培训必修课，县、乡两级党校在所承办的干部培训班上安排国防教育课。县国教办在每年召开的党管武装工作会、征兵工作会、武委会等会议上穿插进行国防教育，上国防教育课。每年有近百名干部在各种会议上受到教育。年度征兵，全县张贴宣传标语5000多张，做到“天天有广播，村村有标语”。组织参加“丽水地区全民国防教育知识百题”竞赛。1992年，《民兵工作条列》《浙江省国防教育条列》《中华人民共和国军事设施保护法》等国防法列入“二五”普法内容，对全县副科以上干部和乡镇主要领导进行集中辅导和考试。6月中旬，县人武部举办以《民兵工作条例》和文件为主要内容的学习培训班，乡镇主要领导、有关学校、厂矿负责人和全体武装干部110余人参加培训。1993年开始，每年组织县五套班子领导“过军事日”，进行新时期军事战略方针、高科技条件下局部战争等课题讨论研究，学习轻武器常识，进行实弹射击等活动。

1994年，群众国防教育面达到80%以上，企事业单位职工教育面达到90%以上。1993～2005年，先后组织参加“浙江省国防教育”知识竞赛、全国“迎接香港回归，纪念建军70周年”知识竞赛、全国“国防教育”知识竞赛。

1994～1995年，举办机关局级、乡镇干部、青年干部、少数民族干部和村党支部书记培训班，均安排国防教育内容。两年间，县委党校共上国防教育课60次，受教育7600余人；乡镇党校上国防教育课80次，受教育1.9万人次。1995年，“抗战胜利50周年”纪念日，县召开老红军战士座谈会，举办战歌演唱会和大型图片展览，全县700多名干部在活动中受到教育。1996年，组织“纪念红军长征胜利60周年”文艺演出5场，观众1.5万余人。县委中心组理论学习会和党员干部电化教育安排国防教育内容，播放国防教育片，开展国防知识、理论学习讨论，有600余名机关党员干部受到教育。是年始，每年组织万人送兵活动，对群众进行国防观念教育。1997年，国教委举办“迎接香港回归”和“纪念建军70周年”知识竞赛活动。全县军民参加活动1.2万人次。

2000年，《中华人民共和国兵役法》《中华人民共和国国防法》列入“三五”普法内容，全县各级党政干部、中小学教师普遍学习两部法律。2001年，《中华人民共和国国防教育法》颁布，确定每年9月第三周的周六为“全国国防教育日”。是年国防教育日，全县干部、民兵预备役人员和青少年学生约1.5万人，参加全民国防教育知识竞赛。自此，每逢国防教育日都开展形式多样、丰富多彩的教育活动，人防办拉响警报，县城主要街道悬挂宣传横幅和张贴宣传挂图，县电视台、广播电台、《松阳报》以国防教育为重点开展宣传，播放教育录像，举办有奖征文活动。4月，松阳县把《中华人民共和国国防教育法》列入“四五”普法内容。2005年，是抗日战争胜利60周年和世界反法西斯胜利60周年，组织开展以县机关工作人员、企事业单位骨干、中小学生和民兵预备役人员为主的国防教育读书活动。2006年，组织开展忠实履行新世纪新阶段中国人民解放军历史使命教育、社会主义荣辱观教育、构建社会主义和谐社会教育。2007年，组织开展青少年国防教育。在党校开设的各类训练班上都有国防教育课。开展核心价值观教育、赞颂辉煌成就和坚定政治信念教育、尊干爱兵教育。2010年，开展“加强党性修养、锤炼思想作风”教育。

第四节　爱国主义教育基地

1995年11月，松阳县公布首批爱国主义教育基地。包括西屏山革命烈士陵园、延庆寺塔、枫坪乡小吉村中国工农红军挺进师政治委员会会议旧址、松阳县博物馆、箬寮岘自然保护区及安民乡安岱后村挺进师首脑机关旧址、青云塔6处。

1996年10月开始，先后命名县级爱国主义教育基地6个，形成省、市、县三级革命历史、文物博物、建设成就、风景名胜四大类教育基地。

安岱后挺进师首脑机关旧址

位于距县城62千米的安民乡安岱后村，由挺进师师部旧址、红军桥等六部分组成。属革命历史类基地。1996 年 10 月，被命名为县级爱国主义教育基地。2006 年 2 月，被审批为市级爱国主义教育基地。

松阳县博物馆

在县城中弄汤兰公所内，又名兰溪会馆。清嘉庆十四年（1809），汤溪、兰溪布业商人建造。占地 1100 平方米，四合院式，共 3 进，抬梁、穿斗混合式构架，梁柱硕大，中厅歇山顶，飞檐翘角，整座建筑雕梁画栋，高大壮观。有局部缺损，1990 年依原貌修复。

中国工农红军挺进师政治委员会会议旧址

位于枫坪乡小吉村。与龙泉、遂昌接壤，是浙西南革命根据地中心区域之一。村中翁氏宗祠、翁光道老屋为当年红军挺进师政治委员会“小吉会议”旧址。

图 30-1 小吉会议旧址

西屏山革命烈士陵园

位于县城西屏山西麓，与古迹“偃月泉”为邻。占地 5 亩，建筑面积 1039 千米，有石台阶 110 级，宽 3.8 米，条石砌成。上有平台 3 座，纪念碑台 1 座。淡黄色花岗岩砌成的革命烈士纪念碑，碑身高 15.1 米，上镌“革命烈士纪念碑”7 个金字，为原中国工农红军挺进师参谋长、曾任中国人民解放军军事科学院副院长的王永瑞（王蕴瑞）所题。碑前两侧为墓室，安放陈凤生等 169 位烈士遗骸，墓室前耸立着革命烈士名录录牌，铭刻烈士英名。

延庆寺塔

位于城西塔寺下村，南临上方山，北倚云龙山。北宋咸平二年（999 年）动工兴建；咸丰五年建成。仿楼阁式砖木结构，六面七级，高 38.32 米，每层设有平座回廊，可登顶层，斗拱瓦铺作双卷头，出檐舒展平缓，铁质塔刹相轮为卷草图案，曲线流畅，塔壁绘有朱画飞天，颇具唐塔风格。

青云塔

因靠近青蒙村，民间称青蒙塔。该塔座落在城东松阴溪畔青云山，明万历年间（1573～1620），知县林大佳倡建。空筒体砖塔，塔高 31 米，六面七级。底层有一拱门卷门，内有木梯盘旋而上，壶门隔层相间，菱角牙子叠涩出檐。

第五节 学生军训与预备军人职业学校

学生军训

1986 年 7 月，松阳县根据《中华人民共和国兵役法》和有关精神，对在校高一年级学生实施军训试点工作。首批接受军训学生 252 人。训练时间利用假期 10 天左右时间进行。是年，松阳师范、松阳一中、松阳二中把军训内容正式列入学校教学计划。至2002年，共军训学生9274人。

2003年9月，县人武部抽调机关和专武干部35人，在松阳师范和松阳一中对学生进行为期15天的军训，参训学生2500人。在军训中严格按照《学生军事训练大纲》要求实施。2004年，在松阳师范、松阳一中、二中、职业中专等学校组织学生进行15天军事训练，接受施训学生3200人。内容包括参加军事训练、聆听军事国防知识讲座、参观访问军营等活动，使受训者增强"兵"的意识，提高国防观念。至2005年，累计训练学生2万余人。其中，1995月8月，松阳一中20名学生参加军分区组织的丽水地区学生军训大比武，取得第二名。

图30-2 学生军训（松阳一中提供 2004年）

2007年8～9月，分别对松阳县职业中专的700多名学生和松阳师范600多名学生进行军训。此后至2010年，每年进行学生军训。

预备军人职业学校

1989年4月，由县教委、人武部共同领导，利用松阳县中等职业技术学校已有师资力量和教学条件，创办松阳县预备军人职业学校（简称预备军校），所需军事教员由人武部统一选调。学制为2年，编2个中队，每中队学员40～50人。文化课使用高中教材，所学专业与部队专业技术对口，国防教育训练教材参考全国通用的《高级中学军事教材》和《高等院校军事教材》施教。学校实行军事化管理，军事教员和学员统一着陆军服装，佩戴专武干部帽徽、肩章和领花（或领章）。2000年8月停办。

第十章 防 空

松阳县的防空初创于抗日战争时期。1942 年 6 月，浙江省政府迁入云和县后，丽水地区随之成为日军空袭的重点地区。为有效应对日军空袭，松阳县建立防空机构，构筑一定数量的防空工事，对于防御日军空袭起到一定的作用。

第一节 防空机构

松阳县的防空初创于抗日战争时期。民国 26 年（1937），按照《浙江省各县（市）组织大纲》规定，县里成立防护团，由县长兼任团长，警察局长、县党部书记及地方绅士担任副团长。各区成立区团，由办事处主任兼任区团长。防护团的职责是抢救伤员、扑灭火灾、掩埋死者。民国 27 年 10 月，县成立五八防空监视哨。哨所编一个执勤班，配 8 倍以上望远镜 1 副、电话机 1～2 部，以及定向仪、指北针、时钟、对空联络布板等。所得防空情报，报监视队汇集，转报省防空情报所，电达第二十七空军站。

民国 31 年（1942）6 月，浙江省政府迁入云和县，丽水市随之成为日军空袭的重点地区。松阳县及时建立起防空机构，构筑一定数量的防空工事。民国 32 年 4 月，县防护团并入县国民兵团。民国 33 年 7 月，县重新成立防护团。民国 34 年 11 月，防护团专职人员被遣散，只保留防护团名称，其业务交由县警察局办理。

1949 年，浙江解放之初，美国和台湾国民党飞机对浙江沿海和内陆城镇经常进行骚扰。为掌握空情、防空袭、反空降，1950 年 9 月，松阳县人民武装部（属地方建制）建立，由县人武部分管防空工作。

1958 年 11 月，松阳县建制撤销，并入遂昌县。1963 年，以公社为单位组建武装基干民兵连，松阳区域有武装基干民兵连 23 个。

1982 年，松阳恢复县制。3 月，中国人民解放军松阳县人民武装部复建。松阳县的人防工作开始由县人武部军事科负责。2002 年，松阳县的人防合成专业队组建到位。2004 年 12 月，县人民防空办公室设立，核定人员编制 3 人，为全额拨款事业单位，归属县政府办公室管理。

2005 年 1 月，松阳县城为省定人民防空城市。12 月，在县建设局增挂松阳县人民防空办公室牌子，人防办与建设局合署办公。县人民防空办公室是县人民政府的人民防空主管部门，是县国防动员委员会的常设机构。2007 年 2 月，西屏镇 6 个社区成立社区人防工作站。4 月，古市镇、玉岩镇、大东坝镇、象溪镇为浙江省政府确定的 163 个人民防空重点镇中的 4 个镇。

2008年，松阳县人民防空指挥部正式成立，副县长担任指挥长。指挥部办公室设在县人防办，主要负责指挥部日常工作。西屏镇和4个人防重点镇都成立人防工作领导小组，具体负责本辖区的人民防空工作。

松阳县人民防空指挥部下设9个组：综合组、抢险抢修组、人口疏散组、医疗防疫组、消防防化组、政治工作组、通信保障组、治安交通组和综合保障组。至2010年，松阳县防空机构没有变化。

第二节　防空活动

中华人民共和国成立初，人民防空的任务是对付台湾蒋介石集团的空中骚扰，做好防空袭、反空降斗争，着重做好城镇及水、电、通信、交通枢纽设施和大型工厂等重要目标的对空防护。

1959年5月，安民乡烂浆湖被定为反空降重点地区。县内主要桥梁、厂矿、水库等多处被定为防空重要目标，布置民兵进行守卫。

1969年11月，县革命委员会、县人武部根据国际形势和上级指示，制订人民防空作战预案，积极做好反空袭和反空降准备工作。落实防空措施，构筑防空工事。在重点目标、城镇等处配置对空射击火力网，构筑对空武器阵地。县属各单位的专业分队，按预定方案进行必要的演练，保证战时通讯、交通、救护、消防、灯火管制、社会治安等项工作顺利开展。保证粮食、商品物资的储备、供应。

1970年，县人民防空领导小组，依托民兵组织，组建城镇防空专业队伍。编成6个连，外加1个独立排，共有专业队员663人。1970年和1971年，2次组织城镇群众进行疏散演练。1973年5月，开展各防空专业分队的业务培训。1979年6月，县人武部按照战备要求，组织民兵在反空降重点地区进行自然山洞、矿井调查，发现多个具有利用价值的洞穴、矿井。

1998年4月，空军2架飞机在松阳县玉岩镇白沙岗村失事坠毁。军分区和松阳县人武部组织民兵预备役人员上山搜寻，找到飞行员2人、飞机残骸2架及部分弹药，并协助部队处理善后事宜，2名飞行员中1人幸免于难。

2002年6月，组织人员收集数据资料、踏勘人口疏散地域、准确掌握人口疏散方案有关资料，设计标绘人口疏散图表，完成城区人口疏散方案。2004年，县人防办会同人武部、社区，认真做好“人口疏散方案进社区”工作，明确人口疏散地域及行动路线。2005年11月，县人防办调整人防合成专业队干部，并对电力抢险抢修专业队24名干部、队员进行年度集训。训练内容为共同科目训练、政治教育、人防知识培训和测试等。2007年，完成《松阳县人民防空应急行动方案》编制工作。完成普通地下室普查建档工作。开始征收人防易地建设费。组建松阳县群众性防空组织人民防空合成专业队、人民防空应急救援队、人民防空志愿者服务队。专业队分共同科目和专业科目进行年度训练。

2008年，选定11个村作为人防应急疏散点，并在疏散点开工建设停车场。开展西屏镇城北社区居民临战疏散演练，开展松阳县第三中学师生防空防灾应急疏散演练。此后，每年开展社区人口临战疏散演练和学校防空防灾人口应急疏散演练。2009年，县人防办在上海建筑设计院帮助下编制完成《松阳县人防应急疏散避难地暨四都乡疏散体系建设一期项目建议书》，送交县发改部门立项、审批。8月，参加浙江省人民防空指挥部研究性演习。9月，组织人口疏散隐蔽演练。任命人防专业队干部，落实人防专业队员。2010年5月12日，在首个“防灾减灾日”，组织松阳三中等4所中学7600多名师生进行应急疏散演练。8月，参加浙江省人民防空指挥部研究性演习。9月，组织人口疏散隐蔽演练。

第三节 防空设施

民国26年（1937）“七七事变”爆发后，日机空袭频繁，松阳县城钟楼大钟一改日常报时，用作防空报警。在县城四门构筑防空壕47处。民国27年2月，松阳县城区成立防空监视哨，番号88，设置哨长1人、哨兵8人。地址设在城中善应堂，嗣后奉令解散。10月，松阳县城成立五八防空监视哨，属于浙江省第五监视队管辖。监视哨编1个执行班，配8倍以上望远镜1副，电话机1～2部，对空联络布板、地名布板各1副，时钟、定向仪、指北针各1具，岗亭用具齐全。在县城构筑掩蔽部80余处。民国28年，又增筑防空洞120余个。因年久失修均已报废。民国29年下半年，县城设置警钟4座，后增设古市警报处，配警报兵2人。

1969年11月，县人民防空领导小组遵照毛泽东主席“提高警惕，保卫祖国”的指示，认真落实中央各项防空措施，掀起群众性挖掘防空洞的热潮，组织机关干部、工人、学生、人民群众，到指定的防空规划区域挖掘防空工事。

1970年6月，按照战备要求，县人武部组织民兵在反空降重点地区，进行自然山洞、矿井调查。发现具有利用价值的洞穴40个、矿井26个。10月底，全县群众性挖防空洞420处，面积7382平方米。

至2010年，松阳县有防空设施7处26931平方米，可利用空间133377立方米。

2006年7月，新安装JDS至2000新型电声防空警报装置1台。9月，加入省人防CDMA集群指挥网。10月，接通军用专线。2007年，新安装2台电声警报器。2008年8月，新安装4台防空警报装置和无线统控装置，县境内防空警报覆盖率97%以上。2008年12月，建设完成短波无线电台。2009年1月，完成综合业务网安装调试，加入省人防有线网，开通人防OA办公系统和人防专线电话。2010年，人防应急指挥所项目进入可行性研究报告审批阶段。项目规划总用地面积12000平方米，总投资3037万元。

第十一章　武装警察

中国人民武装警察部队组建于1982年6月，由内卫部队和黄金、森林、水电、交通部队组成，列入武警序列的还有公安边防、消防、警卫部队等。

2010年，驻松阳县人民武装警察包括武警松阳县中队和武警松阳县消防大队。其中武警松阳县消防大队的相关内容在第二十六编“公安”第一章“机构”第一节“沿革”以及第九章“消防”中记述，因此本章仅记武警松阳县中队。

第一节　沿　革

1949年，松阳组建成立县公安局公安队。1952年6月，县公安队改称中国人民公安部队县公安中队。1958年11月，松阳县撤销县制并入遂昌县。1982年1月，松阳县恢复县制。1984年9月，武警松阳县中队在东坞水库成立。

1985年5月，中国人民武装警察部队浙江省总队松阳县中队正式成立，隶属丽水地区武警支队。中队移驻松阳县城半岗山18号。其主要任务是负责对国家目标和临时目标的执勤巡逻任务，处理突发性事件，维护社会治安，保障县党政领导机关的安全和社会秩序的稳定。至2010年，中队连续保持看守所执勤安全无事故。

第二节　军事训练与战备执勤

军事训练

1984年，中队突出勤务训练，抓技术、战术、夜间训练和共同科目训练。抽调骨干到支队培训班集训，进一步促进中队的军事训练。1985年，改革创新，实行新老兵分训等做法，各科目成绩优秀。

1987年，基础训练完成射击、战术、队列、擒敌、执勤业务、军事体育和条令条例等科目训练，成绩优良。1989年，军事训练贯彻“两严”和“训练抓主官，主官抓训练”的方针，完成全年各项科目训练。

1991年，贯彻军委《军事训练条例》和武警总部《军事训练若干规定》，坚持战斗力标准。开展射击、擒敌、战术、军体和5千米越野“五项全能”训练竞赛活动。1994年，进行“处突”训练和战备建设，进行跨壕沟、越矮墙、过独木桥等实战训练，突出山地捕歼中的格斗和仰俯角射击训练，早操内容为 5 千米长跑和爬山。1995 年，中队依据新颁发的《军事训练若干规定》《军事训练大纲》，突出干部骨干训练和干部跟班作业。1996 年，中队建立防暴小分队，以“四贴近”要求规范化训练。1997 年，中队进行专勤专训，重点是勤法规、“三班四哨”动作、押解、追捕和哨兵反袭击动作等 8 项科目训练。1998 年，八一期间参加支队组织的军事训练汇报表演。表演科目为擒敌基本动作、倒功操、紧急派出、防暴队形及防暴枪的使用、警棍术、居民区解救人质等 8 个项目。

图 30-3 武警官兵苦练精兵（县档案馆提供 1998 年）

2002 年，贯彻新《军事训练与考核大纲》，完成“四哨”、哨兵反袭击等专勤专训和队列、障碍、越野、射击及战术科目训练，还进行警棍、擒敌术和催泪弹、手枪步枪狙击枪等科目训练。2005 年，在体能、耐力训练中，邀请体育局专业人员来讲解运动心理学和交流科学训练体能的方法。

2010 年，依照《军事训练与考核大纲》，开展“五小练兵”活动，做到人员、时间、内容和质量四落实。

战备执勤

1984 年，县中队负责看守所的外围武装警戒任务，在看守执勤中严格按有关规定执行。加强对官兵职责任务教育，落实看守执勤各项规章制度，强化安全保卫工作，做到重点犯人重点控制，严防各种事故发生。1984～1989 年，配合公安机关押解罪犯 44 次 114 人。逮捕罪犯 8 次 23 人，执行处决罪犯 3 次 5 人。共派出警力 560 多人次。

1994 年，中队积极参加严打统一行动，在协助公安、法院等部门追捕逃犯、押解人犯、维护公判秩序、处决罪犯等任务中发挥重要作用。1996 年，中队执行追捕、押解、“严打”和处决等任务 33 次，派出官兵 269 人次。中队始终坚持从严治警，以抓正规化执勤为重点，确保各项任务圆满完成。

2000 年 3 月，中队认真贯彻武警总部执勤“三共”（“共建、共管、共保安全”）活动和正规化建设的指示。中队与看守所、监所检察室 3 家签订“三共”活动合约，规范公安、检察、武警中队 3 家共保看守目标安全机制，落实各项制度及实施计划。武警松阳县中队代表武警丽水支队在全省开展落实“三共”活动会议上作经验介绍，得到省总队的肯定。

推进”依法治勤科技强勤”，提高内卫、执勤正规化水平。2002 年，根据总队中心工作会议精神，着力落实新训大纲，强化中队执勤处突能力。是年，完成重大勤务 10 次，派出干警 76 人次。2005 年，武警县中队加大内部执勤检查督促力度，确保部队安全稳定和各项中心任务的完成。中队连续 26 年安全无事故，看守所连续 20 年安全无事故，受到上级的嘉奖，被上级评为执勤一级单位。

2010 年，落实上级战备指示，集中进行战备教育，指定战备力量，组织紧急派出预演，完成春节、五一、世博会、国庆节等战备任务。派出兵力近百余人次，完成松阳两会、松阳银猴茶叶节等警卫安保任务，担负押解勤务 6 次，协助法院开庭 5 次，森林救火 3 次。

第三节　后勤保障

营房建设

20世纪90年代，武警松阳县中队的营区设在松阳县城半岗山43号。营区总占地面积1350平方米，其中营房建筑面积1544平方米，操场及空地面积578平方米。2007年，县政府为改善部队生活条件，决定兴建新营区，2010年，完成基本设施建设，2011年交付使用。

图30-4　县武警中队警营（县档案馆提供　1998年）

后勤管理

1984年，中队为改善伙食，增强劳动观念，积极组织官兵搞好农副业生产，种菜养猪改善部队伙食，蔬菜达到自给有余。1985年，全年栽培蔬菜20余个品种，收获蔬菜1.98万千克，养猪5头，结余伙食费500元。1986年，部队农副业产品除自给外，出售给地方食堂，收入780.9元。1998年，投资近3万元，修建晒衣场、床铺、饭桌和营房维修等。1999年，投入设施建设经费5600余元，进行营房翻修和增添伙房设施。

2000年，落实每人早餐“一个蛋”和“半斤奶”指标。2001年，落实伙食管理五项制度和分餐制，人均每天伙食费9.06元。2002年，投资8万元，更新饭堂、桌凳、大彩电、乒乓桌，布置电视室、阅览室、储藏室、接待室和干部宿舍。2003年，投资 12万元，购置电脑、热水器，更换办公桌和营具等设施。2005年，县中队每人每天伙食达到12元，食堂有等级厨师3人、卫生员2人。松阳县人民医院、松阳县中医院每年为官兵进行健康检查。2010年，投资7万元，用于营房翻新、警用和训练器材购买等。

第十二章 战 事

唐代，遂昌人卢约聚众起义，攻占包括松阳在内的处州各地，松阳农民积极响应。宋代，方腊义军进入松阳作战，杀松阳县丞梅溶等，震惊宋朝廷。清顺治八年（1651），王应举聚众起义，活动于大东坝、石仓、梅村等地。民国时期，人民大众为争自由、求解放，多次爆发农民暴动。民国17年（1928）7月，陈凤生、卢子敬、陈丹山等深受福建崇浦农民暴动的影响，四处寻找共产党，积累暴动力量。次年12月，温州青帮首领邹庆武到安岱后发展陈凤生、卢子敬、陈丹山入“青帮”。而后，三人在松（阳）遂（昌）龙（泉）边境发展青帮5000多人，提出“打土豪、分田地”“劫富济贫”等政治主张。民国24年5月，刘英、粟裕率中国工农红军挺进师挺进松阳，开展游击战争，建立浙西南游击根据地。7月初，师政委会决定以独立第15支队及松遂龙地方武装游击队为基础扩编为挺进师第5纵队（其战士大部分为松阳籍），共有战士150多人。同时成立松遂龙地方游击总队，陈凤生任总指挥，卢子敬任副总指挥，有游击队80多支，1000余人。

中华人民共和国成立初期，中国人民解放军和民兵协力清剿土匪，肃清匪患。此后，境内未发生战事。

第一节 古代战事

唐代松阳民众参与卢约起义

唐广明元年（880），遂昌人卢约响应黄巢起义，松阳乡勇聚众参与卢约义军。中和元年（881）十一月，松、遂义军攻克遂昌、松阳县城，后又攻克丽水、青田，占据处州。卢约自任刺史。天祐元年（904）八月，处州刺史卢约遣其弟卢佶攻取温州。至此，卢约占据处、温2州地盘。

后梁开平元年（907）三月，镇海、镇东两军节度使钱镠收复睦、衢、婺3州后，又遣其子传瑛、传瓘率军直达温州。四月，卢佶兵败，被斩于青田海口。钱军趁势攻处州，卢约兵溃。五月，钱镠被后梁太祖朱温封为吴越王，卢约以处州归降吴越。

北宋方腊部将洪载占松阳

北宋徽宗宣和二年（1120）十月，松阳人洪载聚众响应方腊起义，活动于松阳、遂昌、龙泉等地，并与仙居、东阳、归安（今湖州吴兴）等地义军互为响应。三年（1121）正月，方腊率军南进攻克婺、衢。洪载率众去往迎接方腊军。后松阳义军折回，攻克遂、松，焚毁县内官邸，杀县丞梅溶，不久攻占处州。3月，洪载部又从松阳攻克遂昌。此时，朝廷命童贯等率兵15万，倾力进剿方腊，方腊被擒。8月，洪载不支，被迫投降。

元代战事

元至元十五年（1278）六月，龙泉张三八、衢州陈千二、遂昌叶丙六等聚众反元，松阳人闻悉响应，声震江浙。张三八义军几次大败元军。义军因粮草短缺，斗志逐渐消磨。张三八降元，陈千二、叶丙六及松阳义军被元军镇压。

元至正十七年（1357）五月，松阳、丽水等县农民起义，松阳义军以白岩（今玉岩）为中心活动，常在险要处伏击元朝官兵。元朝行枢密院判官石抹宜孙指派行军都事胡琛带岳父镇压，义军战败，800人被捕，数十人被杀。

明代矿工暴动、抗倭

明正统十二年（1447），处州庆元举义，叶宗留部属叶希八、陶得二攻占松阳，旋经处州而去。十四年，丽水陈鉴胡率部占领松阳、青田等地。松阳苏牙、俞迫通等人率矿工响应。起义军建立矿工政权后，国号太平，年号泰定。后被御史张骥率兵镇压。

嘉靖三十二年（1553），倭寇500多人经青田、丽水转掠松阳，知县罗拱辰率兵抗击。寇败，从水路遁去。

清代战事

清顺治四年（1647）十月，农民起义军洪舜率部攻打县城未果。十一月，洪舜再次率部攻打松阳、遂昌等县城，仍未克。分兵驻扎石仓源、牛头山等地。刘登瀛率清兵援救，分兵清剿，洪舜被捕，义军战败。

顺治六年（1649）八月，周君秀、王大头发动起义，居石仓源、均溪、羊山等处筑营寨。刘登瀛率兵乘夜偷袭，攻破山寨，义军战败溃散。

顺治八年（1651）八月，王应举聚众起义，不敌清军刘登瀛部，败退大阴源头一带。刘登瀛引兵沿途追剿，直至青田县境。

康熙十三年（1674）五月，耿精忠叛军总兵徐尚朝率军陷松阳。十五年八月，清军贝子率满汉都统马喇台吉、总兵李英、陈世凯等攻破叛军防地，依次荡平松阳境内之叛军。

康熙四十八年（1709）二月，福建彭子英在石仓、桑岭根发动农民起义，以石仓、蔡宅、外社等处为中心抗击清兵。处、温、金、衢4府联合镇压，彭子英被擒，起义失败。

咸丰八年（1858）三月，太平天国石达开部将石镇吉率部由遂昌攻松阳。松阳知县张士超率县民团及各乡团练驻守界首、狮子口、大石、赤岸等地。太平军势大，知县张士超被斩首，城破。后石部沿松阴溪东进，攻克处州。

咸丰十一年（1861）五月初六，太平天国侍王李世贤部将黄呈忠、范汝增、练业坤合军进攻遂昌。松阳知县闻悉太平军欲进取松阳，率松、遂2县民团奋力阻截太平义军。11日，激战于县城外，双方损失惨重。县民团战败，太平义军占领县城。12日，太平义军向东进发，在堰头村附近打败前来阻截的清军，生俘处州知府李希郊、清军把总金荣国，就地处决。28日，攻克松阳、宣平、处州的太平义军返回金华会合。是年9月11日，李世贤部花旗军自龙游南进攻克遂昌又直通松阳古市。13日，太平军另一部又从金华入境增援，松阳被攻克。11月，李世贤部10余万人由武义直取处州，清兵望风而逃，各县乡民团抵挡无力纷纷败溃，太平军势如破竹，军力遍布婺、处2州，松阳、宣平、遂昌、云和诸县均被太平义军攻陷，形成以金华为中心进取浙江的太平天国侍王根据地。

同治元年（1862）2月8日，太平军部占领遂昌，遂昌各乡民团图谋偷袭太平军。入夜，火光冲天，民团乘虚袭太平军。太平军退出遂昌县城占领松阳。随后，太平军返回金华营地。6月19日，清军派奸细5名潜入县城，各乡勇民团与清军在县城外守候待命。“约期放火，里应外合”，县城被民团攻破，太平军向宣平方向退去。

自咸丰八年（1858）至同治元年（1862）的4年中，太平军先后8次转战松阳，所到之处，清政府地方政权随之摧毁，同时也遭到地方民团武装的顽强抵抗，松阳人民饱受战乱流离之苦，有很多松阳籍人在作战中阵亡或死于无辜。

光绪三十年（1904）8月，松阳县南门青田码道王金宝以“扶清灭洋”为口号，秘密组织处州“双龙会”。会员遍及处州各县，入会者每人领“双龙旗”一面，以作标志。王金宝被众会员推为首领，分别在松阳、遂昌、青田等地设擅练拳习武。不久，双龙会与革命党人陶成章、魏兰取得联系。王金宝及双龙会员受到陶、魏等革命党人的民主革命思想影响。10月，双龙会响应湖南华兴会义军行动，在松阳等地聚众数千人准备进攻松、遂2县城。由于叛徒告密，清政府举兵大肆镇压，会徒星散，事败。王金宝在桐庐被捕，被杀害于丽水。

第二节　民国时期战事

农民武装斗争

赤溪暴动　民国19年（1930年）春末夏初，中共杭州市委指派中共党员孟卿带着少量武器弹药到松阳，组织农民进行武装斗争。孟卿到松后，在赤溪一带秘密物色骨干，利用骨干分子走村串户，动员家庭赤贫、对反动当局深恶痛绝的青壮农民参加暴动。经过一段时间筹备，孟卿主持召开骨干会议，作出三项决定：一是确定以界首、赤岸、狮子口、大石4个村庄为暴动中心区域；二是成立暴动指挥部，指挥部设在狮子岩洞内，孟卿为总指挥，全面负责暴动事宜，陈会根为副总指挥，具体指挥暴动队，詹树岩协助副总指挥的工作；三是制定暴动计划和目标：袭击县警察局，夺取武器弹药，占领县城，推翻国民党松阳县政府，建立红色政权，如暴动失利，则上山打游击，与反动当局分庭抗礼，以动摇国民党在松阳县的统治基础。此后，他们切断通往县城的电话线，派人到古市、松阳两个片区秘密动员贫苦民众参加暴动。不久，农民暴动队成员达数百人之众。

在指挥部确定暴动时间、准备集结暴动队员时，有内奸向国民党松阳县政府告密邀功。孟卿与指挥部成员商定提前暴动，指挥部迁到樟溪法昌寺，暴动队在樟溪先集结，再出发突袭县城。刚撤到法昌寺，他们得知县城已经戒严，孟卿在古市镇的房屋已被国民党重兵包围，国民党军警大批人马正赶来镇压。孟卿当机立断，让暴动队员暂时化整为零、疏散隐蔽，摆脱国民党军警包围。指挥部成员则从法昌寺向石秀山方向转移。

事后，国民党浙江省政府对孟卿发出通缉令，松阳县政府也对暴动骨干发出通缉令，大肆搜捕。副总指挥陈会根隐蔽湖州，陈光章被捕入狱，大石村陈子祥和上溪滩村叶高忠被捕，遭严刑拷打致死；许多暴动队员被抄家，亲人受株连。

玉岩农民武装暴动 民国19年（1930）初，陈凤生、卢子敬、陈丹山等人在松阳、遂昌、龙泉3县边境地区发展“青帮”会员5000多人，提出“打土豪、分田地、劫富济贫”的政治主张，秘密组织农军。7月16日，农军300余人袭击玉岩警察分局，缴获步枪7支、子弹500余发及部分军用物资。县警察局长亲率警队星夜追击，18日，与农军激战于毛岭口、塘鱼岗。农军首领傅昌龄中弹牺牲。省防军一个团入境“协剿”，农军寡不敌众，于8月25日由玉岩撤至古市温州寮一带活动。9月2日，陈凤生等率农军突围至宣平樊岭脚再与敌遭遇，激战失利。之后，联络红13军浙西3纵队，打出“红军”旗号。13日，农军赴遂昌天堂村，与遂昌、宣平2县农军会合，欲攻打遂昌县城。18日拂晓遭到遂昌县长杨兴烈、警察局长李子龙带领的保卫队和省防军偷袭，农军猝不及防，从驻地牛头山天师殿退往松遂交界之田岗、刘坞，又与省防军遭遇，牺牲24人，被俘18人。此战失败后，农军转入秘密活动。

桐川农民武装暴动 民国19年（1930）冬，松阳县桐川乡铁匠王兰伟和木匠章克钱秘密串联和发动500多人，聚集在东坑村枫岭根祠堂，组织政治教育，进行爬山、越野、投掷、刺杀、击棍等军事训练。经过一段时间训练后，组建农军，按军队设置番号，编制营、连、排。农军雇用工匠在祠堂锻制匕首、大刀、长矛，制造松树炮、火铳、小火药枪等武器，熬制火药。

不久，桐川农军在营地竖起军旗，准备进攻丽水县碧湖镇。出征途中，王兰伟得知国民党丽水县政府已请调省保安队驻丽水部队严密防守碧湖镇。首领们认为攻镇利少弊多，遂令农军撤回桐川，就地组织农民抗租、抗息、抗粮、抗丁、抗捐“五抗”运动。当地乡政府人员和土豪劣绅闻风逃遁。

民国20年（1931）春，国民党松阳县政府请调省保安队驻松阳县保安队前往桐川“围剿”农军。农军首领王兰伟被诱骗杀害，章克钱也被杀害，农军战士或被捕受刑，或到外地隐蔽，家属受尽株连之苦。

坳头农民武装暴动 民国19年（1930）冬，陈凤生、陈丹山、卢子敬领导的“青帮”骨干、古市黄圩寮村黄元洪、黄德功、刘元才等人，在松（阳）宣（平）边界地区收徒400多人，带到古市源口村坳头自然村。在叶氏宗祠里，这支“青帮”以开“香坛”的形式为掩护，秘密聚会，酝酿暴动。会后，樟溪乡力溪村“青帮”头领林关富率领众徒直奔力溪村保长家，开仓分粮。其他头领也率众徒袭击山下阳村地主家，获得粮食等战利品。

由于坳头、力溪村地处松古平原，离县城和古市镇较近，因此，暴动很快被察觉。国民党松阳县政府、古市区公所及其公安分局闻风而动，前来“围剿”。黄德功连夜辗转到牛头山脚隐蔽，黄元洪、刘元才等人到县外躲避，暴动告停。

马桥农民武装暴动 民国19年（1930）冬，“青帮”骨干金魁元会同何登林、潘其法收徒100人，聚集县城西北郊马桥头关帝庙，以开“香坛”为掩护，密谋暴动。农民暴动队试图连夜袭击望松乡乌井村大地主黄秋光的豪宅，以开仓济民、夺银充饷，但因黄家大院围墙高垒、家丁密布、防

守甚严，夜袭没有成功。

国民党松阳县政府闻报，即派大批警察缉捕聚众暴动的“青帮”骨干。金魁元、何登林、潘其法等人隐避外地，其他人员星散躲避。

红军游击斗争

民国24年（1935）5月，中国工农红军挺进师建立以玉岩安岱后为中心的游击根据地，开展武装斗争。5月17日，红军180余人袭击旧市街（古市），毙伤国民党税警团官兵2人。7月26日，浙江保安团4个团在遂昌、松阳、云和、龙泉一带构筑封锁线。8月28日黄昏，黄富武指挥红军挺进师第5纵队，与浙保安团第3团在燕田黄沙坪激战，击毙浙保团官兵十余人，缴获机枪1挺、步枪4支，红军战士、游击队员牺牲11人。燕田之战后，国民党省防军接防“追剿”。9月2日，第5纵队和地方游击队与浙保安团第3团再战于庄后麻士尖。战斗持续10多个小时，红军伤亡20余人。9月，国民党第18军4个师、第2军部子举纵队会同闽浙赣皖四省保安团4个团，约44个团7万余兵力，对浙西南革命根据地进行全面“围剿”。9月下旬，红军挺进师主力向庆元、景宁转移，陈凤生、卢子敬率松遂龙地方游击总队，配合黄富武率领的挺进师第5纵队就地坚持斗争。他们合力同几十倍于我之敌周旋，屡破国民党军层层围追堵截。10～12月，陈凤生等105位红军游击队战士及领导人先后被捕，后多遭杀害，其中仅松阳籍219人。

附：燕田战斗经过

1935年8月28～29日，浙江省政府派重兵进剿苏区，围追堵截红军部队。

8月26日，侦察获悉，敌军一个团的兵力，正向在云和县山区莲花村一带活动的红军逼近。敌强我弱，红军队伍迅速翻山越岭，向松阳方向转移。28日晌午，到达松阳燕田村。

到村后，红军立即勘察地形，并派出一个班的兵力，用1挺机枪和数支步枪卡住东关口（从叶明山进村路口）；另派出两名红军战士警戒西关口（从洋坑埠头进村路口）。部队驻扎后，即令部分战士在老乡的帮助下准备毛竹担架，其他战士在屋后坪进行军事训练，随时准备打击敌人的进剿。

图30-5 燕田战斗地点（燕田村入口，黄沙坪）

很快，敌3团就追至松阳县境内洋坑埠头和双坑口村，未能发现红军过境踪迹。敌军逼迫双坑口村农民傅英兆带路。傅不从，当场中弹身亡。另一村民被逼无奈，带着敌军向燕田方向进发。

当天下午5时许，红军派出燕田村游击队员吴孟庭、吴昌贤两人到洋坑埠头侦察敌情。两人在离村不远的指北界岙，与敌一个先遣班相遇。隐藏在灌木丛林中的红军暗哨看到后，急向敌开火，带队敌排长旋被击毙。尾随的敌兵也慌忙开枪，吴孟庭中弹牺牲，吴昌贤钻进灌木丛林得以脱险。

枪声响起，驻村红军领导迅速下达战斗命令：纵队直属、后勤人员和群众由吴富带路，迅速往东殿后岗高地转移；红军主力和游击队员由村苏维埃主席吴坛宝带路迅速冲往寮基头山岙，占领岙口左右两侧高地的有利地形，集中火力封锁岙口。战斗从黄昏6时左右开始，红军居高阻击，敌虽人数众多，武器精良，弹药充足，也未能冲上山头。战斗持续四五个小时之久，击毙敌军7人。天黑后，红军队伍由吴坛宝、吴延清、吴关元带路，向柿树垄、山后垄方向撤出。经小后畲、银岭湾、苏马坪、高硋背向曹竹转移。伤员由妇女队长杨樟珠、潘关女等负责，向苞萝寮、大潘坑、安岱后转移。

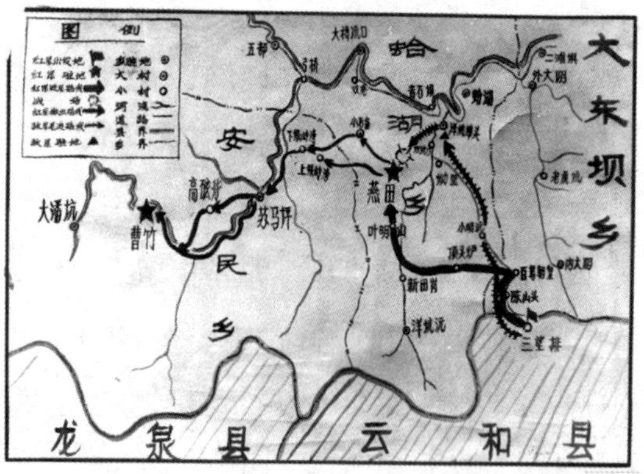

图 30-6 燕田战斗示意图

29日上午8～9点，在燕田村殿后岗沿背高山担任侦察任务的战士，突然发现有十多名敌兵进村，随即开枪射击，击退敌兵。下午2时，燕田游击队员吴仲邦、吴仲喜等7人，扮成看田水之模样，背着锄头去黄沙坪清理战场，安葬红军遗体，被敌一行7人发现，吴仲邦为掩护其他同志被捕，后在松阳县城被杀。

燕田战斗历时2天，击毙敌军排长1人、士兵10人，伤敌连长1人、排长3人，缴获机枪1挺、步枪4支、子弹5担。红军阵亡11人，重伤2人、轻伤若干人，被俘的游击队员若干人。

对日作战

民国31年（1942）5月4日，一股日军麇集松阳、云和交界之石仓岭，欲越山岭奔袭省政府临时驻地云和，遭国民党第88军与暂编第9军南北顽强阻击，止日军于石仓源、洋坑埠头、三望排一线。5日，日军增加空军与炮兵火力，再次猛烈攻击石仓岭未果，渐退。10日，第88军收复石仓源。16日，该军所属21师挺进清源坌、白峰尖。次日凌晨，21师一个连偷袭驻横山背日军，迫其节节后缩。8月27日，日军原田混成旅团开始撤退，经宣平退据武义。日军奈良支队被国民党第79师攻击后，经宣平退往东阳，一股由原路向丽水遁去。29日收复松阳。史称石仓岭战斗（云和县称方山岭战斗）。

夜袭靖居口警察所

民国37年（1948）下半年，中共靖居地下党组织根据上级党组织的指示，到处张贴反对压迫、反对内战、要和平要民主要吃饭等内容的标语，发动群众起来斗争。国民党派遣1支保安队驻守靖居包，专事拘捕共产党人和进步群众，镇压民众运动。

9月中旬，王桂五率领丽青松边区游击队一部、处属二支队副大队李新民、张俊率部分人员转移到松阳板桥一带活动。时值靖居党组织把外地转来的大学生张廉光护送至游击区参加游击队，以及原松阳籍队员叶椿（周延清）、宋旺等人与李新民等会合，组成1支15人的游击队伍，准备袭击靖居口警察所。9月下旬一天夜晚，李新民率游击队员假扮县自卫队员，冲进靖居口警察所。俘巡官叶焕棠夫妇，缴获步枪10余支、快慢机1部。

祝更生起义与反“围剿”战斗

1949年3月12日黄昏，民国松阳县长祝更生派人控制住交通、邮电机构，召集县府、自卫队和警察局骨干，动员部署起义。晚上，诱捕中统特务兰琛，扣押豪绅何子明等20余人。卜明、应飞率中国人民解放军浙东游击纵队第 6 支队挺进松阳中学附近，接应祝更生率部起义。午夜，祝更生率起义武装把国民党浙东师管区征兵部队 100 余人缴械，随后，至城郊迎接第 6 支队进城。13 日下午，第六支队宣告松阳解放。起义部队撤出县城，转战板桥、枫坪一带。

3 月下旬，国民党第 11 师 33 团（5281 部队）进驻松阳，团长王志任率部进攻玉岩地区，“围剿”起义部队。3 月 29 日，松宣遂游击队在梨树下村召开军事会议，决定兵分两路活动。4 月 1 日，林艺圃、祝更生率领支队部、1 大队和突击队从玉岩向青田方向进发，在石仓源下宅街击退国民党第 11 师 33 团的追击。2 日凌晨 4 时许，王桂五等率领的 2 大队、教导队和县民主政府人员，在高亭村被国民党第 11 师 33 团偷袭包围。驻高亭游击队英勇奋战，经数小时激战，寡不敌众，15 人中弹牺牲，王桂五等 37 人被俘，8 人突围，松宣遂游击队遭受重大损失。

解放松阳县城

1949 年 4 月 25 日，林艺圃指挥游击支队由靖居、碧湖、三都区武工队组成攻城突击队和外围接应部队、民运队共 350 余人，从象溪牛铺村向县城进军。26 日，突击队 40 人在打入国民党军队内部的游击队员配合下，迅速解放县城。国民党松阳县长李和涛逾墙逃跑，游击队全俘丽水保安队独立营第 5 连士兵，缴获机枪 1 挺、步枪 100 余支、掷弹筒 2 具、短枪一支、一批手榴弹、子弹等。5 月 9 日，中国人民解放军解放松阳全境。

民国 24 年（1935）工农红军挺进师在松阳主要战斗战绩表

表 30-12-2-1

战斗名称	作战日期	作战地点	参战兵力		战斗结果
			工农红军	国民党军	
古市战斗	5 月 17 日	松阳县古市镇	挺进师第二纵队	保安基干队浙江省税警	歼保安基干队，缴获长短枪二十余支
燕田战斗	8 月 28～29 日	松阳县燕田村	挺进师第五纵队 300 人	浙江保安第三团	歼保安团十余人，缴获机枪 1 挺，步枪 4 支。挺进师牺牲 11 人，伤 10 人
麻士尖战斗	9 月 2 日	松阳县庄后村与岱头村交界处	挺进师第五纵队和地方游击队 300 人	浙江保安团 2 个营	歼保安团 4 人，游击队牺牲 20 余人，伤 10 人

第三节　剿　匪

1949年5月松阳解放后，国民党军队残部、潜伏特务和地痞流氓、地主恶霸组织武装土匪，横行山野，四出袭扰区乡人民政府，杀害革命干部及民兵，严重威胁人民群众生命财产安全。县境内先后有大小土匪14股，大队级以上土匪47人，中队级59人，分队级82人，匪干74人，匪兵（包括匪地下线）1026人。主要活动于县境周边与邻县交界山区。

1949年8月后，丽水地委、军分区统一部署剿匪。丽水地区共成立三个边区临时工委，其中辖松阳县境有两个，其一称“丽、宣、松边临时工委”，由傅光汉任书记，以警备团一个营为主力，松阳靖居区、宣平曳岭区、丽水碧湖区的区长或区委书记各带领该区武装及地方干部归其统一指挥；其二为“丽、云、松边临时工委”，由刁筠寿为书记，以五分区增调的三个连为主力，松阳、云和、丽水一部分地方武装及地方干部归其统一指挥。松阳县里组织县大队（区中队）、公安队及广大民兵协剿。

至1951年5月，县境内已无股匪活动。1953年2月25日，裕溪乡民兵9人在潘坑村茶坑门山洞中，最后抓获隐藏三年之久的土匪“青年救国军浙东义勇队”中尉分队长附叶权。

畎岸战斗

1949年10月24日上午，中国人民解放军松阳县大队便衣队25人奔袭畎岸村（今丽水市）匪“丽宣松办事处”，当场毙匪中队长1人，生俘9人。傍晚，又击退纠集股匪反扑。夜，便衣队在畎岸宿营，次日晨被匪包围。便衣队迅捷占领小山头固守，顽强反击，同数倍于己的土匪周旋，击毙土匪40余人。激战数小时，弹药耗尽，指战员以石块相拼。7名战士英勇牺牲，14名被俘，1名战士突围，带出冲锋枪1支，逃出、隐藏山中3人，损失各类武器23件。27日，剿匪部队迅速包围畎岸，全歼匪徒，活捉“青年反共救国军浙东义勇军总队司令”陈迪化。

县西南地区剿匪战

1950年7月，县西南山区土匪活动猖獗，县组织军事力量在枫坪等6地部署清剿点重点清剿；后又增设根下、高亭、梨步坑3处，构成清剿网。在围剿土匪斗争中，密切联系群众，广泛宣传，贯彻“首恶必办、胁从不问、立功受奖”政策，采用“军事清剿、政治攻势、群众工作”三结合的方法，依靠县大队、公安队为主力进行军事清剿。在强大政策攻势下，土匪纷纷缴械投降。7月中旬，匪王清廉股24人携枪4支，向进剿部队投降。

7月20日，四区（玉岩）中队在周坑村包围叶连芳股匪10余人，生俘4人。7月27日，四区中队叛徒吴益兴率匪5人，携机枪1挺，向区公所自首。8月7日，叶连芳股匪派人把3支步枪送交四区区公所。8月7～13日，匪“松、云、龙、遂四县民众反共自卫团”副团长邹成岭率部及散匪、地下线人40多人向驻地解放军部队投降。

7月31日至8月15日，松阳共俘获土匪510人，缴获步枪7支。县西南山区股匪全部肃清。

松阳县志

二

松阳县地方志编纂委员会　编

方志出版社

目 录

第十编 经济综述与体制改革

第十一编　农　业

第十二编 林 业

第十四编 工 业

第十五编　商贸 服务业

第十六编 金 融

第十七编 财政 税务

第十八编　综合经济管理

第十编 经济综述与体制改革

松阳是丽水地区肇始之县，有着浙西南最大的河谷盆地。千百年来，松阳先民不断兴修水利、改良土壤、选育良种、引进品种，成就了松阳农耕文明的辉煌，故有“松阳熟、处州足”的美誉。旧志载，明成化之后，每年资助他邑粮食8000担；清乾隆《松阳县志》载，“松邑产米为独盛，是以闾阎常无籴贵之患”“粟米羡余，每资他邑”。

传统农业社会，松阳经济自给自足。若遇战乱或水旱灾害，则百姓生活困苦。

中华人民共和国成立后，经过土地改革、“一化三改造”，农民组织起来，积极性提高，经济有较快发展。经历“大跃进”、撤县并入遂昌、公社化、三年困难时期，国家调整政策后，经济建设逐渐步入正轨。

1976年，松阳开始推广杂交水稻，粮食产量大幅提高。1978年12月改革开放后，松阳的农业经济快速发展。由于产业的落后，松阳经济发展赶不上发展第二三产业的其他地方。20世纪90年代，党委政府曾探索发展工业、商业、旅游业的路子，成效不明显。与发达地区相比，差距仍大。

21世纪，松阳立足“生态优势”“后发优势”“文化优势”以及产业优势，找到适合自身发展的道路，经济快速发展，人民生活水准明显提高。

松阳的经济改革从农村开始，先是计件、包干等按劳计酬，提高劳动效率，再过渡到分“小小队”，进一步缩小核算单位；1982年，推行家庭联产承包责任制。1984年，完善家庭联产承包责任制，土地承包期延长到15年。1999年，搞好第二轮土地承包和落实扶农政策。

公有企业产权制度改革经历利改税、落实厂长（经理）负责制、推行承包经营责任制、转换企业经营机制等一系列以放权让利为主要特征的改革，以提高企业整体活力为目标，把建立现代企业制度作为公有企业改革的方向，建立健全公有资产的管理和监督体制。

流通领域的改革，从传统经营方式向现代流通业态转变，从初步改革到产权制度改革。

第一章 经济发展概况

松阳地处浙西南腹地，县域内有丽水市最大的山间盆地，阡陌纵横，良田千顷。松阴溪从西北向东南斜贯其中，河网交错，灌溉便利。气候四季分明，日照长、雨水多，温雨同步，适宜作物生长。向有“处州粮仓”之称。

东汉末年，北方战乱，松阳地处浙西南山区，社会相对稳定，建立丽水地区第一个县级行政机构。“永嘉南渡”后，中原人口迁入松阳，带来文明和先进农业生产技术、工具，松阳农业经济发展发生质的变化。唐初，松阳经济不断发展，兴办丽水第一个官学。两宋时期，特别是“靖康之难”后，原来黄河流域的士大夫、文人、平民大批涌入松阳，给松阳注入更加先进的生产力、技术和文化，松古盆地的四周中低山区得到开发。

明初，松阳社会比较稳定，商品交易较为频繁，百姓生活水平有所提高。到了明代中后期，土豆、番薯等“杂粮”引进，松阳成为丽水地区富庶之地，谚语云“处州吃粮靠松阳”。清初，“削藩”“海禁”，福建、江西等地难民迁入松阳，促进技术交流和松阳的土地开垦，山区得到开发，松阳经济进一步发展。但总体来说，松阳人民的生活仍不富裕，农业抗击自然灾害能力低，农作物产量不高，解放后直到改革开放前，百姓基本的温饱问题尚未解决。

改革开放特别是21世纪后，随着科学技术的发展、各种基础条件的改善、产业结构的调整，松阳经济走上快速发展道路，老百姓生活水准真正得到提高。

第一节　历史时期经济状况

汉建安时期前，松古盆地四周高山阻隔，交通不便，对外交流少，经济状况明显落后于中原文明地区。东汉建安四年（199）松阳置县后，古市成为浙西南政治、经济、文化中心。孙吴政权稳定以后，江南地区有个相对稳定的发展时期。“永嘉南渡”后，中原文明南迁，促进松阳经济发展。唐贞元年间（785～805），因水患频繁，县治迁至松古盆地的东端紫荆村（后为西屏镇）。松阳经济中心从古市移向西屏。

两宋时期，全国经济中心继续南移，由黄河流域移向长江流域。随着北方大量劳动力和先进垦殖技术的南迁，伴随着大量人口迁入和先进文化的进入，松阳经济得以快速发展。

明正统六年（1441），浙江省布政司曾将分司设置在古市，布政分司是国家赋税管理机构，掌管当时整个处州府的财政，足可见当时松阳农业经济发达。明成化二十年（1482）《处州府志·松阳县志》记载成化十八年县贡，“茶芽三斤，锦鸡三只，白鹇二只，玉面狸三只，松香四十七斤十二两，沥青三十六斤十三两，蛇含石五两五钱三分，甜葶苈三斤四两五钱，麂皮七十九张，羊皮七十五张，翎毛二万四千张，弓二百六十张，箭二千七百根，弦一千三百条，历日黄白纸三万四千二百七十二张”。从贡品中可以看出当时经济产业状况。

清代，农产以稻为大宗，烟叶、豆麦等次之。此外是米麦、竹木、草纸、桐油、豆油及药材等。乾隆《松阳县志》载，“处郡诸邑，介在万山，率多瘠土。而松邑产米为独盛，是以闾阎，当无粜贵之患。旧志称：粟米羡余，每资他邑，诚有然也。”清道光元年（1821）前，松阳商业、药业多由徽商操持，南北货多由闽商经营。咸丰、同治年间，兰溪、温州的商贾开始多于安徽、福建。晚清，市内列肆，当地人占大多数，尤其是经营烟业，且直达上海、福建、厦门、台湾、香港等处。但县域内仍无工业可言，寻常日用品大多来自温州、青田、永康等地。

民国初期，除烟业经济外，提倡蚕业发展。随着温州的漕运人员、商人沿松阴溪往来经商，松阴溪成为交通要道。输出瓯江流域大量的粮食、烟叶、箬叶、靛青、茶叶、瓷器等物资，也转运大批来自钱塘江流域出产的粮食、布匹、药材等货物。

第二节 中华人民共和国成立后经济发展情况

中华人民共和国成立后，实行土地改革，废除封建土地关系。人民翻身做主人，松阳经济快速恢复。之后进行“一化三改造”，发展经济。

1949～1958年，在经济建设方面取得的成就，前期主要体现在国营经济领导地位的确立和巩固、农业互助合作运动的开展以及工业、农业和交通建设政策的实施，使得全县的国民经济得到迅速恢复和发展。后期主要表现在社会主义公有制的确立、基础设施的改善和经济的快速发展。

1958年，全县形成以11家全民企业和58家集体企业为基础的社会主义工业经济，形成以国营商业、城镇合作商业和农村供销合作商业为基础的社会主义商业经济，形成以370个高级农业生产合作社为基础的社会主义农业经济，从而确立以生产资料公有制为基础、计划调节为手段的社会主义经济体制。是年，全县经济建设经费128万元。新建或续建一批公路，全县公路通车里程79.8千米。开挖一批塘库堰渠，全县有效引流灌溉面积6万亩，比1949年的2万亩增长3倍。全县农业产值1617万元、林业产值545万元、畜牧业产值176万元，分别比1949年增长94%、100%、76%；粮食及大豆总产量43970吨，社会商品零售总额576.4万元，城乡居民储蓄存款30.5万元，财政收入365.61万元。

1958～1959年，农村生产力受到严重破坏，严重影响人民群众的生产积极性。1959～1961年，松阳粮食年平均总产量为4014.5万公斤，比1958年减少8.7%。国民经济和人民生活出现严重困难，境内发生非正常死亡现象。

1961年，县委贯彻中央“调整、巩固、充实、提高”的八字方针，松阳境域内国民经济开始好转。初步解决所有制和权力下放问题，农村经济有较大变化。1962年，精简下放职工和城镇人口支援农业生产。

1966～1976年，在“农业学大寨”运动中，松阳兴修水利工程，增加旱涝保收农田面积，改善农业生产条件。贯彻农业“八字宪法”和“以粮为纲、全面发展”的方针，发展农业生产。至70年代初，松阳工农业生产初步复苏，境内国民经济逐步好转。

1976年10月，经济发展随之步入正轨。县委恢复、发展国民经济和各项社会事业，各项事业的发展受到不同程度的影响。1978年12月，中共十一届三中全会召开，干部群众的思想得到解放，国民经济和各项社会事业进入一个新的发展阶段。

1982年1月，复置松阳县。松阳农村实行联产承包责任制，大批农业劳动力转向第二三产业，农副产品大量上市，西屏、古市等镇的农贸市场得到恢复和发展。是年，粮食总产突破10万吨。20

世纪 80 年代中期开始，松阳提出农业产业结构调整，种植水果、茶叶等经济作物。新兴乡渡市、横溪等村尝试种植无性系繁殖茶叶。

1992 年，中共十四大以后，全县围绕建设社会主义市场经济体制，进一步改革开放。致力于转换企业经营机制、完善社会化服务体系，培育开放的市场体系以及发展多种经济成分。造纸厂、毛纺厂等企业成为全县工业的龙头企业。至 20 世纪末，松阳县经济在丽水地区处于中下游地位。

21 世纪后，松阳全面实施“生态立县、工业强县、开放兴县”发展战略，县域经济呈现良好的发展势头。农业着力打造“浙江生态绿茶第一县”和“中国绿茶集散地”，大力发展茶产业。工业开始建设工业园区，工业化进程开始加快。实施“松阳人异地创业”战略，全县有 2 万余人到江西等 18 个省（市、区）从事松脂采集加工，在全国各地所生产的松香（脂）、松节油产量占全国总产量的 40%左右，打响“松阳松香”的牌子。松香产业的发展称为“松阳现象”。同时，一批松阳人外出务工、创业。

2003 年，松阳的三产结构发生根本转变，第二产业的比重首次超过第一产业。2004 年，松阳银猴被评为“浙江十大名茶”。浙南茶叶市场交易量连续 5 年居全省首位。2007 年，全县实现国内生产总值 30.27 亿元，全社会固定资产投资 18.46 亿元，财政总收入 3.04 亿元（其中地方财政收入 1.79 亿元）。全县茶园 10.5 万亩，其中白茶 2 万余亩，良种率达 92%，全县有 8 万人从事茶产业。城镇居民人均可支配收入 13784 元，农民人均纯收入 3741 元。

2010 年，全县工业经济总量突破百亿元。第二产业比重首次超过三产，三次产业结构打破“一、三、二”“三、一、二”的传统状态，形成“二、三、一”的格局。黑色金属冶炼及压延加工业（不锈钢）是松阳的第一大产业。“十一五”期间，以黑色金属冶炼及压延加工业、有色金属冶炼及压延加工业、塑料制品业等为重点的重工业快速发展，重工业比重上升较快。2010 年，全县实现国内生产总值 47.86 亿元，其中第一产业总值 9.29 亿元、第二产业总值 19.92 亿元、第三产业总值 18.66 亿元；财政总收入 4.04 亿元，其中地方财政收入 2.55 亿元。

第二章 经济发展速度与质量

1949年前，松阳的经济发展缓慢。1949年5月，松阳解放。人民政府采取各种措施恢复和发展经济。土地改革后，农民的劳动积极性被调动起来，经济发展较快。后经历“公社化”和“文化大革命”，经济发展速度减缓。

改革开放以后，松阳县委、县政府把发展经济作为中心工作。20世纪80年代，仍以种植粮食为主，发展多种经营。90年代初期，农业综合开发兴起。21世纪开始，重新注重经济质量。开始发展绿色产业，采用清洁生产技术，降低原材料和能源消耗，实现少投入、高产出、低污染，把对环境污染物的排放消除在生产过程之中。

第一节 国民经济综合指标

国民经济恢复时期（1949～1952）

中华人民共和国成立后，1949～1952年是国民经济恢复时期。在这一时期，国家贯彻财经统一、调整工商业、调整公私关系和劳资关系以后，全县工商企业逐步走出困境，实现经济恢复和财经状况的根本好转。

第一个五年计划时期（1953～1957）

经过3年经济恢复时期，松阳的工农业生产、商贸经营、财政税收等各项事业均恢复到最好水平，为有计划的经济建设创造有利条件。

1952年，中共松阳县委成立松阳县经济建设五年计划编制委员会，组成编制工作班子。是年7月，县政府上报“一五”计划及主要经济指标，并下发征求意见；9月，正式编写经济建设五年计划指标。经有关会议通过《松阳县经济建设五年计划指标》，付诸实施。

附：“一五”计划的指标

1. 粮食生产。在1952年预计总产量10230万斤的基础上，1957年增产到14370万斤，增长40%。

2. 林业生产。在1952年造林1万亩的基础上5年造林10万亩。

3. 工业原料。①松脂。在1952年预计采脂5万担的基础上，争取每年采脂5万担，5年共采脂25万担。②纸浆。在1952年预计生产纸浆1.4万担的基础上，1957年达到2万担。

4. 特产作物。①烟叶。1952年烟叶种植面积10535亩，产烟26340担，将扩大粮田面积，5年内烟田面积缩小到5000亩，提倡旱地种烟，烟叶上山，提高单位面积产量，1957年烟叶总产量20000担。②茶叶。在1952年茶叶总产量1000担的基础上，1957年增产到2000担。③山棉皮。在1952

年预计产量2.5万担的基础上，1957年达到5万担。

5. 油料作物。①油菜。在1952年油菜种植面积6686亩，总产量44万斤的基础上，1957年扩大面积44000亩，油菜籽总产量达到400万斤。增产8倍多，以满足饼肥之需要。②油桐。在1952年桐林面积22.8亩，预计油桐籽4800担的基础上，1957年油桐籽面积扩大1倍以上，达到6436亩，桐籽总产量9650担。③油茶。在1952年面积3000亩，预计茶籽总产量5150担的基础上，5年内扩大面积到6000亩，茶籽总产量达到10000担。④乌桕。在1952年面积8000亩，预计乌桕籽总产量6800担的基础上扩大乌桕树面积到12700亩，乌桕籽总产量达到13538担增长1倍。

6. 牲畜家禽。①牛。在1952年预计10743头的基础上，5年增长25%，1957年达到13427头。②猪。在1952年预计生猪存栏16228头的基础上，5年增加1倍，1957年达到32456头。③鸡、鸭、鹅。在1952年预计共计23950羽的基础上，5年内增长50%，1957年达到346900羽。

“二五”至“五五”计划时期（1958～1980）

1958年10月，遂昌、松阳2县合并。松阳区域未独立编制过“二五”计划（1958～1962），包含在遂昌县计划中。

1963年9月，中央决定再用3年时间（1963～1965）继续进行调整，作为第二个五年计划到第三个五年计划之间的过渡阶段。松阳按照上级指示精神，贯彻执行“以农业为基础，以工业为主导”的总方针，把发展农业放在首要地位，把各行各业的工作转移到以农业为基础的轨道上去。

“文化大革命”期间，原遂昌县计委停止工作，导致“三五”计划（1966～1970）无法编制执行。

“四五”计划时期（1971～1975），丽水地区各县未编制计划，松阳区域仍把发展农业生产放在经济建设的首位。

“五五”计划期间（1976～1980），遂昌县未曾编制过综合性的五年计划。松阳区域的经济建设事业呈现出良好的发展势头。

“六五”计划时期（1981～1985）

1981年11月7～10日，遂昌县第七届人民代表大会第一次会议召开。会议决定取消县革命委员会，恢复县人民政府。1982年1月松阳恢复县制。1981～1985年，丽水地区编制《丽水地区经济发展十年规划》。松阳区域在“六五”时期主要目标任务是：

农业继续实行作物布局、耕作制度的调整，建立和健全发展四级农耕网，应用和推广农业先进科学技术，抓好种子的培育、更新和复壮，加强病虫害的防治，不断提高抗灾能力，提高单位面积产量，增加复种指数，稳定粮食作物面积。多种经营继续从调整内部结构入手，发展商品生产，争取外贸出口，扩大食草性动物的比重。在稳住生猪饲养的基础上，发展羊、兔、牛、家禽和养鱼等项目。按照中央文件精神，执行家庭联产承包责任制。

工业立足现有资源，发展食品工业和饲料工业。推行和采用新工艺、新设备、新技术、新材料，提高产品质量，注重能源的节约和综合利用，降低能源单耗和生产成本。

社会事业继续执行计划生育政策，严格控制人口增长。不断拓宽就业渠道，加强劳动力管理，不断提高劳动生产率。发展幼儿教育，充实加强小学，整顿提高初中，调整改革高中，把中等教育结构改革列为重点，使职业学生的比重不断提高。不断提高医疗卫生水平，加强食品卫生和饮用水的改革，制止对自然环境的破坏。

交通事业，至1983年，实现全县乡乡通车，做好公路维修、养护、拓建、改造工作，增加装卸、运输吞吐能力。

“七五”计划时期（1986～1990）

松阳自恢复县制后第一次编制《松阳县国民经济和社会发展第七个五年计划》。经济发展的奋斗目标为：1990年工农业总产值达到22000万元左右，比1985年实绩增长1.74倍，“七五”平均每年递增14.9%。国民收入22200万元，人均国民收入达到1000元，五年增加360元。国民生产总值25000万元，年递增10.5%。至1990年，工业总产值达到12000万元，平均每年净增1500万元，年递增21.4%。农业总产值从1985年的8060万元增加到1990年的10000万元，年递增21.4%。财政收入达到1500万元，比1985年增加近500万元，增长50%，每年递增8.2%。“七五”期间财政支出，文教科卫事业费650万元，占总支出的45%左右；支援农业生产支出80万元，比1985年增长70%；企业控节效资出100万元，增长150%；行政管理费支出控制在330万元以内安排。

“七五”期间，固定资产投资5600万元，其中全民基本建设2210万元（水电1270万元、交通300万元、供电200万元、文教体卫440万元），技改3400万元（骨干工程投资2500万元，占技改总投资的74%）。社会商品零售额每年递增10%，即从1985年5483万元，增加到1990年8800万元的指标，其中商业系统年递增7%、供销系统年递增8%。

“八五”计划时期（1991～1995）

“八五”计划的主要指标（现价）：国民生产总值33700万元，比“七五”实绩递增70%。国民收入27200万元，比“七五”实绩年递增5.3%。工农业总产值40563万元，比“七五”实绩年递增6.6%。其中，农业总产值22021万元，比“七五”实绩年递增3%；工业总产值18542万元，比“七五”实绩年递增9.52%。财政收入2750万元，比“七五”实绩递增8%。外贸收入1940万元，年递增15%。全社会固定资产投资“七五”完成11570万元，“八五”计划20700万元。其中，基建“七五”完成8970万元，“八五”计划16200万元；技改“七五”完成2600万元，“八五”计划14500万元。“八五”年末人口控制数23.55万人，自然增长率控制8‰。农民人均纯收入“八五”计划650元，递增6%。

松阳县“八五”综合计划指标表

表10-2-1-1

项　目	单位	1985年实绩	1990年实绩	1995年计划	递增速度（%）	
					“七五”	“八五”
1.国内生产总值（现价）	万元	15449	24000	33700	9.2	7
1980年不变价	万元	10698	12250	15650	2.74	5
2.国民收入（现价）	万元	13573	21000	27200	9.12	5.3

续表 10-2-1-1

项　　目	单位	1985年实绩	1990年实绩	1995年计划	递增速度（%）	
					“七五”	“八五”
3.工农业总产值（现价）	万元	18101	32454	40563	7.26	6.6
其中：农业	万元	12941	19566	22021	1.24	3
工业	万元	5160	12888	18542	15.43	9.52
4.财政收入	万元	1014	2055	2750	15.2	6
5.社会商品零售额	万元	5483	11518	17000	16	8
6.外贸收购额	万元	90	964	1940	60	15
7.全社会固定资产投资	万元	2004	2595	“七五”完成11570；“八五”计划20700		
其中：基建	万元	1548	2159	“七五”完成8970；“八五”计划16200		
技改	万元	456	436	“七五”完成2600；“八五”计划4500		
8.年末人口	万人	21.52	22.48	23.55	—	
自然增长率	‰	7.18	4.21	8	“七五”平均8.2 “八五”平均8.4	
9.农民人均纯收入	元	356	486	650	6.4	6

说明：1990年人均354美元，1995年人均430美元

“九五”计划时期（1996～2000）

“九五”计划的主要指标为到2000年，全县国内生产总值（1990价）达到12.7亿元，年平均递增21.9%，人均国内生产总值5290元，年平均递增20.6%。

工农业生产总值（1990价）38亿元，年平均递增31.4%。其中，农业生产总值（1990价）5亿元，年平均递增7%；工业生产总值（1990价）33亿元，年平均递增33%。外资收购总值3亿元，年平均递增43.1%。社会消费品零售额8亿元，年平均递增20%。全社会固定资产投资5亿元，年平均递增20%。财政收入6200万元，年平均递增12%。2000年末总人口24万。2000年，全县农民人均收入达到3000元，职工年均收入达8000元。巩固九年制义务教育，科技进步贡献份额达到35%左右。

“九五”期末，三大产业结构比为23∶54∶23，城镇化水平达到30%。

“十五”计划时期（2001～2005）

“十五”计划的目标与任务是深入实施“生态立县、工业强县”战略，构筑茶叶优势产业，搭建园区工业发展平台，拉开城镇建设框架，改善基础设施条件，推动全县经济和社会事业的较快发展，“十五”计划的主要预期目标超额完成，实现二产超一产以及人均GDP1000美元的历史性突破，为实施“十一五”规划奠定良好的发展基础和有利条件。

通过“十五”时期的努力，全县经济结构调整取得明显成效，经济实力有显著提高，城乡人民生活基本实现小康；城镇功能增强，生态环境优美，社会事业协调发展，精神文明建设进一步加强，历史文化名城形象逐步形成。

松阳县“十五”计划主要预期调控目标一览表

表 10-2-1-2

指标名称	单位	“八五”期间		“九五”期间					“十五”期间	
		1995年实绩	年均增长（%）	1999年实绩	比上年增长（%）	2000年实绩	比上年增长（%）	年均增长（%）	2005年预计	年均增长（%）
一、国内生产总值	亿元	8.40	13.40	10.78	8.20	11.57	8	7.50	18.60	10
其中第一产业增加值	亿元	3.89	8.90	4.57	5.40	4.79	5.50	5.20	6.10	5
第二产业增加值	亿元	2.37	19.50	3.09	10.40	3.32	9	9.1	6.40	14
第三产业增加值	亿元	2.14	16.50	3.13	9.80	3.46	10.60	8.90	6.10	12
人均 GDP	元	3697	13.20	4703	7.90	5032	7.70	7.20	8000	9.70
二、全社会固定资产投资	亿元	2.05	51.20	3.38	60.60	3.21	-5.10	9.40	4.70	8
三、财政总收入	万元	3509	11.30	6785	23.50	7585	11.8	16.70	12780	11
其中地方财政收入	万元	1850	—	4375	25.70	5001	14.30	22	8810	12
四、出口收购额	亿元	0.52	—	0.98	26.60	1.07	9.20	15.40	2.70	20
自营出口总额	万美元	—	—	541	259	844	56.20	—	2500	24.30
五、社会消费品零售总额	亿元	3.58	30.90	4.37	6.50	4.90	12.20	6.50	8.60	12
六、城镇居民人均可支配收入	元	4077	—	6020	16.30	6321	5	7.40	8100	5
农村居民人均纯入	元	—	5.50	2436	—	2565	5.30	4.50	3300	5
七、年末总人口	万人	22.75	—	22.98	—	23.02	—	—	23.50	—
人口自然增长率	‰	5.20	—	4.50	—	5.60	—	4.25	3.70	—
八、初升高入学率	%	39.5	—	53.8	—	55.0	—	—	75.0	—
九、城市化水平	%	17.8	—	21.3	—	22.1	—	—	35.0	—

到 2005 年，预期国内生产总值达到 18.6 亿元，年均增长 10%；人均国内生产总值达到 8000 元。三次产业结构调整为 33∶34∶33；全县非劳动力比重达到 30%以上。全社会固定资产投资 5 年累计 20 亿元，投资率达到 26%，比“九五”期间提高 2 个百分点以上。科技进步对经济增长的贡献率达到 40%以上。财政收入 12780 万元，年均增长 11%；其中地方财政收入 8810 万元，年均增长 12%。城镇化水平达到 35%，享受社会保障人口比重超过 90%，主要城镇基本普及高中段教育。农村居民人均纯收入年均增长 5%，城镇居民人均生活费收入年均增长 5%。全县年末总人口控制在 23.5 万以内，人口自然增长率 3.7‰。

“十一五”规划时期（2006～2010）

“十一五”开始称规划。科学编制松阳县“十一五”规划纲要，对正确把握人均 GOP1000 美元重要战略机遇期、充分发挥松古盆地区域优势、促进国民经济持续健康快速发展和社会全面进步具有重要的指导意义。

松阳县“十一五”规划主要指标一览表

表 10-2-1-3

类别	指标名称	单位	2005 年初步统计	2010 年目标	指标属性
经济发展	1. 全县生产总值（2005 年价格）	亿元	21.9	＞38，年增 12%	预期性
	2. 人均生产总值（2005 年价格）	元	9474	17000（2000 美元）	
	3. 工业增加值占生产总值比重	%	23.5	＞35	
	4. 非农从业人员比重	%	26	＞40	
	5. 全社会固定资产投资	亿元	五年 40	五年 80	
	6. 财政总收入	亿元	1.97	＞3，年增 10%以上	
	7. 城镇居民人均可支配收入（2005 年价格）	元	11566	15500，年增 6%	
	8. 农村居民人均纯收入（2005 年价格）	元	3154	4200，年增 6%	
社会发展	9. 城镇化水平	%	31	＞40	预期性
	10. 初升高比例	%	89	＞93	
	11. 转移农业劳动力人数	万人	—	五年 1.5 万人以上	
	12. 农村合作医疗覆盖率	%	73	90	约束性
	13. 城镇登记失业率	%	4.2	4.5 以内	
	14. 人口自然增长率	‰	3.81	5 以内	
可持续发展	15. 工业固体废弃物处置率	%	45.2	99	预期性
	16. 森林覆盖率	%	73.8	74	
	17. 县城生活污水处理率	%	—	60	
	18. 万元 GDP 排放化学需氧量	千克/万元	18.0	10.0	约束性
	19. 县城空气质量达到二级标准的天数	天/年	＞292	＞292	
	20. 地表水控断面水质达到三类标准以上比例	%	85	85	

第二节 经济总量

并县前的经济总量

中华人民共和国成立后，国家采取一系列政策、措施，用 3 年时间实现经济恢复和财经状况的根本好转。1952 年，松阳县工农业总产值（现价）2177 万元，比 1949 年增长 67%。其中，工业总产值（现价）174 万元，比 1949 年增长 270%；农业总产值（现价）2003 万元，比 1949 年增长 59.4%。

财政收入 39 万元，1949 年松阳财政收入只有 1 万元。

到 1957 年末，“一五”计划所列 14 种工农业产品，除生猪达到 4 万余头，茶叶达到 2600 担，分别超额 1 万头和 600 担，其余 12 项产品产量均未达到计划指标。粮食计划指标 7185 万千克，实际总产量 3903.5 万千克；5 年造林计划指标为 10 万亩，实际造林总计 9.3 万亩；烟叶计划指标为每年保持 2 万担，实际年均总产量不足 1.4 万担；油菜籽计划指标为 200 万千克，实际总产量 14 万千克；耕牛计划指标 13427 头，实际 11350 头；家禽计划指标 34.69 万羽，实际 21.47 万羽；纸浆计划指标 2 万担，实际产量低于 1952 年预计产量 1.4 万担；松脂计划指标每年采脂 5 万担，实际各年度松脂产量均低于 1952 年的 645 吨（1.29 万担）；山棉皮、桐籽、茶籽、乌桕籽等项产品实际产量均与计划指标差距较大。

“一五”计划最后一年，1957 年，全县生产总值 1605 万元，比 1951 年增长 61%。财政收入（现价）211 万元，是 1949 年的 210 倍，比 1951 年增长 167%；财政支出 90 万元，比 1951 年增长 400%。社会消费品零售总额 543 万元，比 1949 年增长 99%、比 1951 年增长 69%。

1958 年 11 月，遂昌、松阳 2 县合并。

并县时期区域经济总量

1958～1960 年，为贯彻“大办工业”“大办钢铁”的方针，坚持“以钢为纲”，片面追求高指标，造成国民经济的主要比例严重失调。工农业生产大幅度下降，1959～1961 年，松阳区域连续 3 年减产，粮食年平均总产量为 2007 万千克，比 1958 年减少 8.7%，出现三年困难时期。县委和政府一方面发动群众生产自救，多种瓜菜代食品；另一方面国家拨出粮食，发放救济金，妥善安排群众生活，渡过饥荒。在松阳区域安排统销粮 794 万千克，发放饥荒救济金 10.78 万元。

1962 年，松阳区域粮食产量为 4154 万千克，比上年增产 453 万千克，增长 11.6%。农业总产值为 2326 万元，比上年增加 243 万元，增长 11.7%。年末生猪存栏数 3.5 万多头，比上年增加近 1.5 万头，农村调整取得较好的效果。

从 1961 年初开始，松阳区域对财政的调整取得较好成效，建设总投资得到压缩和控制；“二五”期间（1958～1962），松阳区域基本建设投资平均每年 89.77 万元。1962 年，松阳区域的财政总收入 223 万元；财政支出 98 万元，比 1961 年财政支出 182 万元减少 84 万元，出现收入增加支出减少。松阳区域国营工业企业 9 家，比 1960 年减少 11 家；工业总产值 400 万元，占工农业总产值比重的 15.15%（1960 年为 25.57%）。

“二五”计划最后一年，1962 年松阳区域生产总值（现价）1444 万元，比 1957 年减少 10%。财政收入（现价）223 万元，比 1957 年增长 6%；财政支出 98 万元，比 1957 年增长 9%。社会消费品零售总额 583 万元，比 1957 年增长 7%。

国民经济调整期（1963～1965），到 1965 年基本完成国民经济的调整任务，国民经济一些主要指标，除工业外，比 1962 年都有所增长，其中农业经济指标增长较快。到 1965 年，松阳区域农业总产值 2528 万元，比 1962 年增长 12.40%；粮食总产量 45025 吨，比 1962 年增长 12.50%；生猪存栏数 38354 头，比 1962 年的 23946 头增加 14408 头；烟叶、蚕茧、茶叶产量都有大幅度提高。

调整后，1962年工业企业47家，工业总产值335万元，比1962年下降19.4%。国民经济好转，人民生活逐步改善，城乡商业贸易市场出现新的繁荣。建设投资得到压缩和控制，三年调整期境内基本建设投资年均每年48.32万元。

1965年，农民纯收入50元，比1962年增加319%。各种存款、储蓄余额175万元，比1962年增长1.7倍。松阳区域生产总值（现价）1528万元，比1962年增长6%。财政收入205万元，比1962年减少8%；财政支出107万元，比1962年增加9%。社会消费品零售总额645万元，比1962年增长11%。

“三五”时期（1966～1970）的1966年，松阳区域工农业总产值2985万元，比上年增长4.26%。其中，农业总产值2605万元，比上年增长3.04%；粮食总产量46715吨，比上年增长3.4%；工业总产值380万元，比上年增长13.4%。社会商品零售总额752万元，比上年增长16.7%。财政总收入216万元，比上年增长5.36%；财政总支出134万元，比上年增长25.23%。

1970年，松阳区域生产总值（现价）2984万元，比1965年增长95%。财政收入270万元，比1965年增长32%；财政支出218万元，比1965年增长104%。社会消费品零售总额911万元，比1965年增长41%。

“四五”时期（1971～1975）的最后一年，松阳区域生产总值（现价）3383万元，比1970年增长13%。财政收入302万元，比1970年增长12%；财政支出391万元，比1970年增长79%。社会消费品零售总额1311万元，比1970年增长44%。

“五五”时期（1976～1980）的最后一年，松阳区域工农业总产值8040万元，比1975年增长56.08%。其中农业总产值6040万元，比1975年增长54.31%；工业总产值2000万元，比1975年增长61.68%。社会商品零售总额1660万元，比1975年增长26%。财政总收入581万元，比1975年增长92.38%；财政总支出577万元，比1975年增长47.57%。粮食总产量98490吨，比1975年增长49.53%。

恢复县制后的经济总量

“六五”时期（1981～1985），松阳于1982年1月恢复县制，落实家庭联产承包责任制。1983年8月，全县2891个生产队全部实行包干到户形式的生产责任制，承包集体耕地农户43256户，承包耕地面积164275亩。1982～1985年，粮食总产突破11万吨。1984年总产12.49万吨，比1980年增长26.79%，创历史最高记录。茶叶671吨，比1980年增长43.16%。“六五”期间的各项指标比“五五”期间的各项主要指标都有较大幅度增长，达到翻一番，为松阳县编制第七个五年计划打下坚实的基础。1985年，松阳县生产总值（现价）15449万元，比1980年增长106%。财政收入1014万元，比1980年增长75%；财政支出1292万元，比1980年增长124%。社会消费品零售总额4387万元，比1980年增长142%。

“七五”期间（1986～1990年）的最后一年，全县生产总值（现价）24426万元，比1985年增长58%。财政收入2055万元，比1985年增长103%；财政支出3054万元，比1985年增长136%。社会消费品零售总额9332万元，比1985年增长113%。

“八五”期间（1991～1995年）的最后一年，全县生产总值84492万元，比1990年增长246%。财政收入3509万元，比1990年增长71%；财政支出6135万元，比1990年增长101%。社会消费品零售总额35845万元，比1990年增长284%。

“九五”期间（1996～2000年）的最后一年，全县生产总值117885万元，比1995年增长40%。财政收入7585万元，比1995年增长116%；财政支出12873万元，比1995年增长110%。社会消费品零售总额49003万元，比1995年增长37%。

“十五”期间（2001～2005年）的最后一年，全县生产总值219175万元，比2000年增长86%；人均生产总值9474元。财政收入19684万元，比2000年增长160%；财政支出34387万元，比2000年增长167%。社会消费品零售总额79410万元，比2000年增长62%。生态治理与保护进一步加强，经济发展质量得到提高。

“十一五”（2006～2010年）规划的最后一年，松阳县实现生产总值46.28亿元，人均生产总值22000元（常住人口），平均分别增长12.4%、13.7%。财政收入4.04亿元，其中地方财政收入2.55亿元，年均分别增长15.5%、17.7%。工业总产值101.56亿元，年均增长38.0%。

三次产业结构由2005年的28.7∶31.4∶39.9调整为2010年的20.3∶40.7∶39.0，三次产业内部结构持续优化，二产比重首次超过三产。

松阳县“十一五”规划纲要主要指标完成情况表

表10-2-2-1

指标属性	指标名称	单位	2005年	2010年目标	2010		“十一五”年均增长（%）	基本评价
					完成	增速（%）		
预期性指标	全县生产总值	亿元	21.9	>38	46.28	13.3	12.4	超额完成
	人均生产总值	元	11562	17980	22800	11	11.4	超额完成
	工业增加值占生产总值比重	%	23.5	>35	32.5	—	—	未完成
	非农从业人员比重	%	35	>40	>40	—	—	完成
	五年全社会固定资产投资	亿元	39.5	80	100.35	—	15.9	超额完成
	财政总收入	亿元	1.97	>3	4.04	12.1	15.4	超额完成
	城镇居民人均可支配收入	元	11566	15500	19371	10.0	8.7	超额完成
	农村居民人均纯收入	元	3154	4200	6064	15.3	11.3	超额完成
	城镇化水平	%	31	>40	35.8	—	—	未完成
	初升高比例	%	89	>93	97	—	—	超额完成
	五年转移农业劳动力人数	万人	—	1.5	2.5	—	—	超额完成
	工业固体废弃物处置率	%	45.2	99	99.0	—	—	完成
	森林覆盖率	%	73.8	74	75.2	—	—	超额完成
	县城生活污水处理率	%	—	60	60	—	—	完成

续表 10-2-2-1

指标属性	指标名称	单位	2005 年	2010 年目标	2010		“十一五”年均增长（%）	基本评价
					完成	增速（%）		
约束性指标	农村合作医疗覆盖率	%	85.0	90	95	—	—	超额完成
	城镇登记失业率	%	<4.2	<4	<4	—	—	完成
	人口自然增长率	‰	3.8	5 以内	4.9	—	—	—
	万元生产总值排放化学需氧量	吨/万元	18.0	10	7.64	—	—	—
	县城空气质量达到二级标准的天数	天/年	>292	>292	>292	—	—	—
	地表水控制断面水质达到三类标准以上比例	%	85.0	85	>85	—	—	—

“十一五”规划执行的结果，2010 年，全县生产总值 478641 万元，比 2005 年增长 118%。财政收入 40428 万元，比 2005 年增长 105%；财政支出 108135 万元，比 2005 年增长 214%。社会消费品零售总额 169937 万元，比 2005 年增长 114%。

1949～2010 年松阳县历年生产总值一览表

表 10-2-2-2

年份	总户数（户）	人口（人）	国内生产总值（万元）		第一产业（万元）		第二产业（万元）		第三产业（万元）	
			现价	90 价	现价	90 价	现价	90 价	现价	90 价
1949	27418	114765	678	2693	—	—	—	—	—	—
1950	27977	115348	802	3205	—	—	—	—	—	—
1951	31932	116447	997	3972	—	—	—	—	—	—
1952	32199	117164	1141	4533	—	—	—	—	—	—
1953	32950	120640	1174	4590	—	—	—	—	—	—
1954	34195	122992	1297	5103	—	—	—	—	—	—
1955	34931	123794	1326	5147	—	—	—	—	—	—
1956	34628	126738	1483	5683	—	—	—	—	—	—
1957	35181	129450	1605	6114	—	—	—	—	—	—
1958	36830	133299	1720	6576	—	—	—	—	—	—
1959	37555	135512	1734	6563	—	—	—	—	—	—
1960	37080	134928	1615	6122	—	—	—	—	—	—
1961	36761	134793	1371	5290	—	—	—	—	—	—
1962	36854	136572	1444	5472	—	—	—	—	—	—

续表 10-2-2-2-1

年份	总户数（户）	人口（人）	国内生产总值（万元）		第一产业（万元）		第二产业（万元）		第三产业（万元）	
			现价	90 价	现价	90 价	现价	90 价	现价	90 价
1963	37378	142038	1492	5864	—	—	—	—	—	—
1964	37141	143242	1524	5978	—	—	—	—	—	—
1965	37036	148717	1528	5951	—	—	—	—	—	—
1966	37384	152983	1607	6222	—	—	—	—	—	—
1967	38954	155979	2266	6682	—	—	—	—	—	—
1968	39395	160911	2311	6690	—	—	—	—	—	—
1969	39692	166285	2641	7651	—	—	—	—	—	—
1970	40970	171106	2984	8544	—	—	—	—	—	—
1971	41466	176338	3089	8713	—	—	—	—	—	—
1972	41796	179091	3429	9661	—	—	—	—	—	—
1973	42449	183599	3439	9669	—	—	—	—	—	—
1974	43058	186925	3507	9810	—	—	—	—	—	—
1975	44015	191093	3383	9511	—	—	—	—	—	—
1976	44659	194612	3201	8661	—	—	—	—	—	—
1977	45761	196842	3756	10187	—	—	—	—	—	—
1978	46568	203798	5793	13254	3922	9504	714	1271	1157	2479
1979	46808	205262	6682	15142	4524	10857	823	1481	1335	2804
1980	47217	206122	7498	16661	5304	12084	965	1496	1566	3081
1981	49150	207362	7835	16857	5076	12232	924	1644	1498	2981
1982	49683	210584	8067	17633	5461	12840	994	1665	1612	3128
1983	50364	212145	8418	18110	5470	12883	1234	1924	1714	3303
1984	51266	213619	9780	19990	6447	14189	1344	2064	1898	3737
1985	52603	215153	15449	22662	10220	14745	2274	3011	2955	4906
1986	53802	217250	15325	23539	9368	14821	2605	3492	3352	5226
1987	56898	219959	17651	23872	10561	14155	3532	4451	3558	5266
1988	59441	222497	22645	24064	13097	13017	4346	5036	5202	6011
1989	62419	224101	23406	24190	13368	13262	4611	5366	5427	5562
1990	63618	224763	24426	24426	13334	13334	5574	5574	5518	5518
1991	64423	225141	29916	29290	15295	15144	6714	6483	7907	7663

续表 10-2-2-2-2

年份	总户数（户）	人口（人）	国内生产总值（万元）		第一产业（万元）		第二产业（万元）		第三产业（万元）	
			现价	90价	现价	90价	现价	90价	现价	90价
1992	65671	225511	37242	34125	16920	15740	10626	9541	9696	8844
1993	68992	226170	50240	38805	23017	18181	15011	11115	12212	9509
1994	67986	226731	70733	43267	33963	19609	19751	12605	17019	11503
1995	69142	227489	84492	—	38866	—	23681	—	21945	—
1996	70160	228033	95453	—	45573	—	24405	—	25475	—
1997	71087	228678	99863	—	43910	—	27384	—	28569	—
1998	72152	228809	103090	—	43929	—	28614	—	30547	—
1999	72485	229778	109606	—	45667	—	30908	—	33031	—
2000	73413	230231	117885	—	47953	—	33216	—	36716	—
2001	74308	230739	134915	—	51210	—	37751	—	45954	—
2002	74926	231229	150863	—	53789	—	43886	—	53188	—
2003	75723	230999	169595	—	56214	—	51546	—	61835	—
2004	76768	231037	194388	—	59966	—	58603	—	75819	—
2005	77904	231428	219175	—	62830	—	68829	—	87516	—
2006	79741	233415	251017	—	65462	—	85210	—	100345	—
2007	81341	234556	313073	—	71784	—	117882	—	123408	—
2008	82321	235746	364106	—	80609	—	140375	—	143123	—
2009	84474	236907	391808	—	85543	—	149835	—	156431	—
2010	85178	237226	478641	—	92870	—	199205	—	186567	—

说明：1.1949～1975年的“90价”按“80价”发展速度推算；2.1978～1994年的“90价”按“80价”分产业增速推算；3.1995～2010年按当年价格计算

1949～2010年松阳县财政收支及社会消费品零售总额一览表

表 10-2-2-3　　单位：万元

年份	财政总收入	其中		财政总支出	社会消费品零售总额
		中央	地方		
1949	1	—	1	1	273
1950	20	—	20	11	320
1951	79	—	79	18	322
1952	117	—	117	39	318

续表 10-2-2-3-1

年　份	财政总收入	其　中		财政总支出	社会消费品零售总额
		中　央	地　方		
1953	130	—	130	52	393
1954	107	—	107	55	432
1955	182	—	182	54	442
1956	181	—	181	82	503
1957	211	—	211	90	543
1958	366	—	366	210	576
1959	389	—	389	200	672
1960	313	—	313	175	697
1961	177	—	177	182	633
1962	223	—	223	98	583
1963	198	—	198	170	581
1964	212	—	212	124	571
1965	205	—	205	107	645
1966	216	—	216	134	752
1967	176	—	176	176	806
1968	128	—	128	194	613
1969	233	—	233	274	936
1970	270	—	270	218	911
1971	253	—	253	258	1027
1972	253	—	253	341	1120
1973	412	—	412	351	1342
1974	350	—	350	384	1266
1975	302	—	302	391	1311
1976	386	—	386	289	1320
1977	393	—	393	360	1317
1978	480	—	480	458	1184
1979	501	—	501	520	1447
1980	581	—	581	577	1816
1981	572	—	572	563	2295

续表 10-2-2-3-2

年 份	财政总收入	其 中		财政总支出	社会消费品零售总额
		中 央	地 方		
1982	583	—	583	869	2769
1983	647	—	647	920	3429
1984	680	—	680	1000	3927
1985	1014	—	1014	1292	4387
1986	1215	—	1215	1617	5658
1987	1358	—	1358	1615	6670
1988	1650	—	1650	2202	9177
1989	1941	—	1941	2696	9226
1990	2055	—	2055	3054	9332
1991	2117	—	2117	3258	9973
1992	1999	—	1999	3837	13037
1993	2992	—	2992	4624	20152
1994	3289	1847	1442	5547	27535
1995	3509	1850	1659	6135	35845
1996	4081	2019	2062	7515	40860
1997	4752	1882	2870	8921	42108
1998	5493	2012	3481	9729	40996
1999	6785	2410	4375	11113	43665
2000	7585	2584	5001	12873	49003
2001	10026	2742	7284	16996	56006
2002	12012	4689	7323	20936	62746
2003	15038	6029	9009	24789	70462
2004	18018	6931	11087	30100	79097
2005	19684	8420	11264	34387	79410
2006	24679	10206	14473	40791	89980
2007	30379	12521	17858	52408	104395
2008	33636	13591	20045	68406	125410
2009	36050	14117	21933	88153	143757
2010	40428	14953	25475	108135	169937

第三节 绿色产业与总资产贡献率

绿色产业

21世纪以后，松阳县重视绿色产业的发展，采取措施严防环境污染。在农村推行无公害栽培农作物，加大对农产品的监管力度。2004年开始，县农业局、工商局联合开展对县城东菜场和南菜场销售的蔬菜进行监测。农业、质监、工商等部门分别对全县各农产品生产基地、茶叶生产基地、浙南茶叶市场、茶叶加工厂进行茶叶农药残留、重金属的抽样检测。2004～2005年，对浙南茶叶市场销售的茶叶人为掺杂行为进行检查和整治。2007年，建立放心菜检测示范基地，对全县蔬菜生产基地生产的蔬菜进行质量监测。2009年，检测示范基地的监测范围从蔬菜扩展到水果、茶叶等其他农产品，对主要生产基地生产的产品进行质量监测。

2010年，县委、县政府加快二产的发展，加强对废气、污水进行妥善处理，直至达标。随着农村专业化生产的发展，过去千家万户的蔬菜种植转变为专业户规模经营为主的模式，政府出台扶持政策，农业科技干部给予技术指导，促进蔬菜生产快速发展。年末，全县茶园面积11.02万亩，三品（绿色产品、有机产品、无公害农产品）认证基地面积53026亩，占比47.98%。共有绿色产品1个，有机产品11个，无公害农产品19个，认证产量3601吨。全县果园面积5.59万亩，三品认证基地面积2.8504万亩，占比50.99%。共有绿色产品1个，有机产品4个，无公害农产品17个，认证产量2.97万吨。全县食用菌生产6351万袋，三品认证基地面积4270万袋，共有绿色产品1个，有机产品2个，无公害农产品9个，认证产量3135吨。

松阳县“十一五”期间经济成果与环保要素对照表

表10-2-3-1

项目名称	2006年	2007年	2008年	2009年	2010年
全县生产总值（万元）	268449	313073	364106	390459	475017
环镜污染投资（万元）	5389	277	9659	9369	6158
完成城市环境基础设施投资（万元）	4191	12188	16156	11214	11492
“三废”综合利用产品产值（万元）	2594	3787	6133	6553	5200
工业废水排放量（万吨）	2348.01	1567.68	1610.54	1573.13	1277.56
工业废水排放达标量（万吨）	2303.15	1422.41	1457.27	1499.32	1234.49
工业废水排放达标率（%）	98.09	90.73	90.48	95.31	96.63
工业废气排放量（万标立方米）	211579	147315	137987	100072	96217
二氧化硫排放量（吨）	2036	1713	1777	1715	1654

续表 10-2-3-1

项目名称	2006 年	2007 年	2008 年	2009 年	2010 年
二氧化硫排放达标量（吨）	1785	1081	1614	1624	1577
烟尘排放量（吨）	2710	385	385	273	247
烟尘排放达标量（吨）	2615	382	379	271	246
工业粉尘排放量（吨）	4708	3491	3402	1466	1377
工业粉尘排放达标量（吨）	4593	3353	3326	1413	1338
工业固体废物产生量（万吨）	41.63	30.46	31.53	25.33	25.10
工业固体废物综合利用量（万吨）	28.05	15.67	16.60	19.16	25.32
工业固体废物综合利用率（%）	67.38	51.43	52.64	75.67	98.90

松阳县“十一五”期间经济成果与能耗、水用量对照表

表 10-2-3-2

名称	2006 年	2007 年	2008 年	2009 年	2010 年
全县生产总值（万元）	268449	313073	364106	390459	475017
原煤（吨）	—	40270	—	48551	42082
无烟煤（吨）	—	—	—	—	4279
一般烟煤（吨）	—	—	—	—	37803
洗精煤（吨）	—	—	—	96	108
焦炭（吨）	—	50	—	52	—
其他燃料（标准煤）（吨）	—	9078	—	4413	—
汽油（吨）	—	1548	—	567	800
煤油（吨）	—	12	—	—	—
柴油（吨）	—	1529	—	2729	3198
燃料油（吨）	—	1357	—	1491	8239
其他石油制品（吨）	—	5	—	—	2
电力（万千瓦时）	9944	10581	—	14069	18079
生物质废料用于燃料（吨）	—	—	—	—	16785
支付费用取水量（立方米）	—	600000	—	5668260	8740730
取水支付金额（万元）	—	142.3	—	323.2	504.4

总资产贡献率

反映企业全部资产的获利能力，是企业经营业绩和管理水平的集中体现，是评价和考核企业盈利能力的核心指标。

1981～2010年松阳县总资产、国民生产总值一览表

表 10-2-3-3

名称	年份	全社会固定资产投资		国民生产总值	
		总金额（万元）	增速%	总金额（万元）	增速%
"六五"计划	1981	191	0	7835	0
	1982	810	324.1	8067	2.96
	1983	859	349.74	8418	7.44
	1984	1045	447.12	9780	24.82
	1985	2010	952.36	15449	97.18
"七五"计划	1986	2168	1035.08	15325	95.60
	1987	1894	890.06	17651	125.28
	1988	2477	1196.86	22645	189.02
	1989	2566	1243.46	23406	198.74
	1990	2595	12586.39	24426	211.75
"八五"计划	1991	3552	1759.69	30183	285.23
	1992	5979	3030.37	37527	379.00
	1993	11873	6116.23	50295	541.93
	1994	10041	5157.07	70854	804.33
	1995	20487	10626.18	84492	978.39
"九五"计划	1996	17911	9277.49	95453	1118.29
	1997	18421	9544.50	99863	1174.58
	1998	21028	10909.42	103090	1215.76
	1999	33780	17585.86	109606	1298.93
	2000	32116	16714.66	117885	1404.59
"十五"计划	2001	37734	19656.02	134915	1621.95
	2002	49949	26051.31	150863	1825.50
	2003	80951	42282.72	169595	2064.58
	2004	100773	52660.73	194388	2381.02
	2005	125894	65813.09	229506	2829.24
"十一五"规划	2006	187048	97830.89	268449	3326.28
	2007	184635	96567.54	313073	3895.83
	2008	188000	98329.32	364107	4547.19
	2009	201909	105611.52	390459	4883.52
	2010	241941	126570.68	475017	5962.76

第三章　经济结构

经济结构，指松阳县国民经济的组成和构造，是一个由许多系统构成的多层次、多因素的复合体。影响松阳经济结构形成的因素很多，最主要的是社会对最终产品的需求，而科学技术进步对经济结构的变化也有重要影响。结构合理就能充分发挥经济优势,有利于国民经济各部门的协调发展。1951年，开展土地改革，实现“耕者有其田”。1952年，经过“一化三改造”，到1956年，土地归国有或集体所有。松阳是传统农业县，第一产业一向占国民经济中的绝大部分。直到21世纪初，二、三产业才超过第一产业。第一产业向以谷物为主导产品；21世纪后，经济作物中的食用菌、茶叶一度超过谷物产值。

在劳动力结构中，以农业劳动力为最；21世纪后，第三产业的劳动力有所增加。在固定资产投资方面，20世纪90年代前，以国有单位投资为主；之后，以私人投资为主。农村经济中以农业产值占比大。

第一节　所有制和产业、产品结构

所有制结构

1952年2月，土改结束，农民真正实现“耕者有其田”，个体所有制在引领农业生产和农村经济的发展。1953年2月，项弄村叶群丰互助组、横溪村廖达富互助组转为“土地入股、统一经营”的初级农业合作社开始，松阳农民开始走上合作化道路，农村经济逐步转为集体经济。

1958年9月20日，城关区6个乡1个镇85个高级社联合建立红旗人民公社。9月底，古市区改建为红光人民公社，靖居区改建为先锋人民公社（靖居片）、红星人民公社（石仓片），玉岩区改建为卫星人民公社，自此全县实现人民公社化。“政社合一”“一大二公”，农村经济过渡到全民所有制。1961年,自从贯彻中央“农业六十条”后，人民公社经济涵盖全民所有和集体所有两个部分。改革开放后，逐步形成以公有制经济为主体、多种经济成分并存的所有制结构。

产业结构

松阳县经济建设的格局随着“四化”（工业、农业、国防、科学技术四个现代化）建设发展不断改变。在中华人民共和国成立初期至1978年，第一产业占主导地位。自1979年开始，第二产业和第三产业开始上升；至1991年，二产、三产产值之和开始接近一产产值；至1992年，二产、三产产值之和超过一产产值的20.11%；至2003年，第三产业产值超过第一产业产值10%；2005年，第二产业产值超过第一产业产值10%。

1978～2010年松阳县国内生产总值中各产业比重一览表

表10-3-1-1

年份	国内生产总值（万元）	一产		二产		三产	
		产值（万元）	比重（%）	产值（万元）	比重（%）	产值（万元）	比重（%）
1978	5793	3922	67.70	714	12.33	1157	19.97
1979	6682	4524	67.70	823	12.32	1335	19.98
1980	7498	5304	67.70	965	12.87	1566	19.43
1981	7835	5076	64.79	924	11.79	1498	23.42
1982	8067	5461	67.70	994	12.32	1612	19.98
1983	8418	5470	64.98	1234	14.66	1714	20.36
1984	9780	6447	65.92	1344	13.74	1898	20.34
1985	15449	10220	66.15	2274	14.72	2955	19.13
1986	15325	9368	61.13	2605	17.00	3352	21.87
1987	17651	10561	59.83	3532	20.01	3558	20.16
1988	22645	13097	59.03	4346	19.19	5202	21.78
1989	23406	13368	57.11	4611	19.70	5427	23.19
1990	24426	13334	54.59	5574	22.82	5518	22.59
1991	29916	15295	51.13	6714	22.44	7907	26.43
1992	37242	16920	45.43	10626	28.53	9696	26.04
1993	50240	23017	45.81	15011	29.88	12212	24.31
1994	70733	33963	48.02	19751	27.92	17019	24.06
1995	84492	38866	46.00	23681	28.03	21945	25.97
1996	95453	45573	47.74	24405	25.57	25475	26.69
1997	99863	43910	43.97	27384	27.42	28569	28.61
1998	103090	43929	42.61	28614	27.76	30547	29.63
1999	109606	45667	41.66	30908	28.20	33031	30.14
2000	117885	47953	40.68	33216	28.18	36716	31.14
2001	134915	51210	37.96	37751	27.98	45954	34.06
2002	150863	53789	35.65	43886	29.09	53188	35.26
2003	169595	56214	33.15	51546	30.39	61835	36.46
2004	194388	59966	30.85	58603	30.15	75819	39.00
2005	219175	62830	28.67	68829	31.40	87516	39.93
2006	251017	65462	26.08	85210	33.95	100345	39.97
2007	313073	71784	22.93	117882	37.65	123408	39.42

续表 10-3-1-1

年份	国内生产总值（万元）	一产		二产		三产	
		产值（万元）	比重（%）	产值（万元）	比重（%）	产值（万元）	比重（%）
2008	364106	80609	22.14	140375	38.55	143123	39.31
2009	391808	85543	21.83	149835	38.24	156431	39.93
2010	478641	92870	19.40	199205	41.60	186567	39.00

农业产品结构

农业产品结构在产值中充分体现。1982～1992 年，谷物产值超过茶叶、蔬菜、水果及其他产品产值之和。自 1993 年开始，谷物产值少于茶叶、蔬菜、水果及其他产品产值之和。至 2001 年，食用菌在农业产值中占 24.24%，而谷物仅占 13.92%。至 2005 年，茶叶产品产值超过其他产品，持续到 2010 年。

1982～2010 年松阳县农业产值中与各项产值比重一览表

表 10-3-1-2

年 份	农业产值（%）	谷物产值（%）	食用菌产值（%）	茶叶产值（%）	蔬菜产值（%）	水果产值（%）	其他产值（%）
1982	100	79.22	0	5.15	5.36	0.32	9.95
1983	100	80.65	0	4.5	5.21	0.49	9.15
1984	100	80.56	0	3.73	4.98	0.44	10.29
1985	100	75.86	0	4.15	5.37	0.73	13.89
1986	100	72.58	0	4.85	6.19	1.27	15.11
1987	100	73.44	0	5.61	7.09	1.38	12.48
1988	100	71.89	0	6.09	7.46	1.16	13.4
1989	100	72.36	0	6.38	8.07	2.09	11.1
1990	100	73.84	0	6.60	7.02	2.74	9.8
1991	100	65.69	0	6.63	12.70	6.12	8.86
1992	100	61.38	0	6.22	14.9	6.52	10.98
1993	100	40.01	0	5.36	12.84	6.97	34.82
1994	100	35.51	0	5.05	13.75	8.32	37.37
1995	100	33.05	0	4.70	14.71	11.45	36.09
1996	100	43.35	0	5.57	17.74	3.03	30.31
1997	100	42.50	0	6.33	16.56	3.45	31.13
1998	100	35.74	0	8.97	16.95	4.88	33.46
1999	100	30.68	0	11.59	20.08	6.30	31.35

续表 10-3-1-2

年 份	农业产值(%)	谷物产值(%)	食用菌产值(%)	茶叶产值(%)	蔬菜产值(%)	水果产值(%)	其他产值(%)
2000	100	22.68	0	16.12	21.89	8.77	30.54
2001	100	13.92	24.24	12.05	21.77	6.55	21.47
2002	100	11.37	26.54	15.13	21.61	8.44	16.91
2003	100	10.44	26.76	18.76	19.58	7.99	16.47
2004	100	12.04	24.88	22.27	16.31	8.83	15.67
2005	100	11.54	22.75	25.03	16.68	8.83	15.17
2006	100	10.86	22.93	27.59	14.28	8.9	15.44
2007	100	10.39	21.72	29.92	13.29	9.80	14.88
2008	100	10.40	19.55	31.30	11.28	9.24	18.23
2009	100	8.56	20.72	35.79	10.84	8.09	16.00
2010	100	7.42	20.39	41.04	10.29	9.47	11.39

工业产品结构

2005 年，全县有 62 家规模以上企业实现工业产值 12.3 亿元，占全部工业总产值比重从上年的 53%提高到 61%。全县引进不锈钢企业 35 家，开工建设 15 家，投产 9 家。

2008 年，工业总产值 61.48 亿元，与上年相比增长 38.8%。园区工业和不锈钢企业约占全县工业比重的 60%和 50%。

2010 年，工业总产值 101.56 亿元，增长 49.7%。规模以上不锈钢企业全年共实现产值 39.07 亿元，占规模以上工业产值的 45.1%。不锈钢管出口占全部出口额的 78.6%。全年限额以上工业完成投资 9.93 亿元，其中制造业投资 8.86 亿元，分别增长 22.7%和 44.4%。至 2010 年，全县 63 家不锈钢企业投产。

第二节 劳动力结构

松阳县农村劳动力基本上从事农业劳动。1949 年，全县农业户 25674 户，农业人口 105109 人，劳动力 43912 个，劳动力占农村人口的 41.76%。“一五”计划最后一年的 1957 年，全县农业户 32857 户，农业人口 119132 人，农村劳动力 47053 人，农村劳动力占农村人口的 39.50%。

“二五”计划最后一年的 1962 年，松阳境内农业户 35163 户，农业人口 126850 人，农村劳动力 49004 个，农村劳动力占农村人口的 38.63%。“三年调整”最后一年的 1965 年，境内农业户 34540 户，农业人口 138833 人，农村劳动力 53686 个，农村劳动力占农村人口的 38.67%。

“十一五”规划最后一年的2010年，全县总劳动力有11.52万人，第一产业有4.95万人占42.97%，第二产业有3.58万人占31.08%，第三产业有2.99万人占25.95%。

1949～2010年松阳县全社会劳动力结构一览表

表10-3-2-1　　单位：万人

年份	全县劳动力	按城乡分			按三次产业分		
		国有	城镇集体	乡村	第一产业	第二产业	第三产业
1949	4.39	0	0	4.39	—	—	—
1950	4.16	0	0	4.16	—	—	—
1951	4.19	0	0	4.19	—	—	—
1952	4.25	0	0	4.25	—	—	—
1953	4.32	0	0	4.32	—	—	—
1954	4.40	0	0	4.40	—	—	—
1955	4.41	0	0	4.41	—	—	—
1956	4.46	0	0	4.45	—	—	—
1957	4.71	0	0	4.71	—	—	—
1958	4.88	0	0	4.88	—	—	—
1959	4.96	0	0	4.96	—	—	—
1960	4.89	0	0	4.89	—	—	—
1961	4.90	0	0	4.90	—	—	—
1962	4.90	0	0	4.90	—	—	—
1963	5.07	0	0	5.07	—	—	—
1964	5.17	0	0	5.17	—	—	—
1965	5.37	0	0	5.37	—	—	—
1966	5.53	0	0	5.53	—	—	—
1967	5.64	0	0	5.64	—	—	—
1968	5.81	0	0	5.81	—	—	—
1969	6.01	0	0	6.01	—	—	—
1970	6.19	0	0	6.19	—	—	—
1971	6.47	0	0	6.47	—	—	—
1972	5.85	0	0	5.85	—	—	—
1973	5.97	0	0	5.97	—	—	—
1974	6.12	0	0	6.12	—	—	—
1975	6.35	0	0	6.35	—	—	—
1976	6.46	0	0	6.46	—	—	—
1977	6.52	0	0	6.52	—	—	—

续表 10-3-2-1

年份	全县劳动力	按城乡分			按三次产业分		
		国有	城镇集体	乡村	第一产业	第二产业	第三产业
1978	6.77	0	0	6.77	—	—	—
1979	7.08	0	0	7.08	—	—	—
1980	7.66	0	0	7.66	—	—	—
1981	8.04	0	0	8.04	—	—	—
1982	8.98	0.59	0.29	8.10	—	—	—
1983	9.11	0.61	0.29	8.21	—	—	—
1984	10.26	0.61	0.40	9.25	—	—	—
1985	10.93	0.62	0.45	9.86	—	—	—
1986	11.25	0.68	0.48	10.09	—	—	—
1987	11.64	0.75	0.51	10.38	—	—	—
1988	11.89	0.78	0.51	10.60	—	—	—
1989	12.07	0.79	0.48	10.80	—	—	—
1990	12.28	0.83	0.53	10.92	—	—	—
1991	12.77	0.90	0.59	11.28	—	—	—
1992	13.19	0.96	0.48	11.75	—	—	—
1993	12.74	0.94	0.50	11.30	—	—	—
1994	13.06	0.95	0.37	11.74	—	—	—
1995	13.26	0.99	0.41	11.86	—	—	—
1996	13.32	0.98	0.40	11.94	—	—	—
1997	13.09	0.98	0.36	11.75	—	—	—
1998	13.19	0.91	0.26	12.02	—	—	—
1999	13.17	0.79	0.18	12.20	—	—	—
2000	13.20	0.76	0.18	12.26	—	—	—
2001	13.21	0.75	0.13	12.33	—	—	—
2002	11.42	—	—	—	8.37	0.87	2.18
2003	11.27	—	—	—	7.93	1.15	2.19
2004	11.31	—	—	—	7.92	1.16	2.23
2005	11.39	—	—	—	6.97	2.14	2.28
2006	11.42	—	—	—	6.98	2.14	2.30
2007	11.45	—	—	—	6.66	2.50	2.29
2008	11.49	—	—	—	6.41	2.81	2.27
2009	11.50	—	—	—	6.38	2.81	2.31
2010	11.52	—	—	—	4.95	3.58	2.99

第三节　固定资产投资与商品流通结构

固定资产投资结构

改革开放以后，松阳县固定资产投资力度加大。全社会固定资产投资由1978年的176万元增加到2010年的24.19亿元，年均增长42.93%。

“七五”期间（1986～1990）：1986年，全社会固定资产投资总额2168万元，比上年增长94%。其中，基本建设186万元，技术改造433万元，零星土建196万元。在全部投资中，全民单位投资815万元，比上年下降195%；城乡集体投资638万元，比上年增长80%；城乡个人投资645万元，比上年增长209%。1987年，全社会固定资产投资总额1894万元，比上年下降11.2%。其中，基本建设405万元，技术改造190万元，零星土建51万元。在全部投资中，全民单位投资646万元，比上年下降20.74%；城乡集体投资607万元，比上年减少4.86%；城乡个人投资610万元，比上年下降5.43%。1988年，全社会固定资产投资总额2477万元，比上年增长30.33%。其中，基本建设1954万元，技术改造474万元。在全部投资中，全民单位投资1122万元，比上年增长73.68%；城乡集体投资422万元，比上年减少31.48%；城乡个人投资884万元，比上年增长44.92%。1989年，全社会固定资产投资2566万元，比上年增1.33%。其中，全民所有制单位投资1066万元（基建910万元、更改措施92万元、零星土建64万元），比上年减少5%；城乡集体单位投资383万元，比上年减少9.2%；城乡个人投资1117万元，比上年增长26.4%。1990年，全县完成固定资产投资2595万元，比上年增长1.13%。其中，全民所有制单位投资1245万元，比上年增长16.79%；集体所有制单位投资533万元，比上年增长39.16%；城乡个人投资817万元，比上年减少26.86%。五年全社会固定资产投资11467万元，比“六五”计划期间增长218.26%。

“八五”期间（1991～1995）：1991年，全县完成固定资产投资3552万元，比上年增长36.88%。其中，全民所有制单位投资1722万元，比上年增长38.31%；集体所有制单位投资1053万元，比上年增长97.56%；城乡个人投资777万元，比上年下降4.9%。1992年后，全县经济计划工作的重点，转到合理确定经济和社会发展的战略目标，搞好经济预测、总量控制、重大结构与生产力布局规划，促进经济更快更好地发展。是年，全县完成固定资产投资5979万元，比上年增长68.33%。其中，全民所有制单位投资2912万元（全民基本建设1687万元、全民更改措施1178万元、全民零星47万元），比上年增长69.11%；集体所有制单位投资2108万元（城镇集体基建400万元、城镇集体更改措施626万元、城镇零星5万元、农村集体投资1077万元），比上年增长100.19%；城乡个人投资959万元，比上年增长23.42%。1993年，全县完成固定资产投资11873万元，比上年增长98.58%。其中，全民所有制单位投资8152万元（全民基本建设7055万元、全民更新改造786万元、商品房建设311万元），比上年增长179.95%；集体所有制单位投资2841万元（城镇集体投资580万元、农村集体投资1930万元、农村购买生产性固定资产投资331万元），比上年增长34.77%；城乡个人投资880万元（城镇私人建房77万元、农村私人建房803万元），比上年下降8.2%。1994年，全县完成固定资产投资10041万元，比上年下降15.43%。其中，全民所有制单位投资4111万元（全民基本建设3545万元、全民更新改造339万元、商品房建设227万元），比上年下降50.3%；集体单位投资2874万元（城镇集体投资904万元、农村集体投资1494万元、农村购买生产性固定资产476万元），比上年增长1.16%；个人投资3056万元（城镇私人建房128万元、农村私人投资2928万元），比上年增长247.27%。1995年，全县完成固定资产投资20487万元，比上年增长104.03%。其中，全民所有制单位投资8735万元（基建6354万元、比上年增长79.24%，更新改造2152万元、比上年增长534.81%，商品房229万元、比上年增长0.88%），比上年增长112.48%；集体单位投资1626万元，比上年减少43.42%；个人投资10126万元（城镇私人建房802万元、农村私人投资9324万元），比上年增长231.35%。五年全社会固定资产投资5.1932亿元，比“七五”总投资增长3倍多。

“九五”（1996～2000）开局的1996年，全县完成全社会固定资产投资17911万元，比上年下降12.57%。其中，国有单位投资5364万元，比上年下降38.59%（基本建设投资4603万元、比上年下降27.56%，更新改造投资554万元、比上年下降74.26%，房地产开发投资207万元、比上年下降9.61%）；集体单位投资587万元，比上年下降63.9%；城乡居民个人投资11960万元，比上年增长18.11%。1997年，全县完成全社会固定资产投资18421万元，比上年下降2.8%。其中，国有单位投资7970万元，比上年增长48.6%（基本建设投资7082万元、比上年增长53.9%，更新改造投资355万元、比上年下降35.9%，房地产开发投资533万元、比上年增长157%）；集体单位投资460万元，比上年下降21.6%；城乡居民个人投资9991万元，比上年减少16.5%。1998年，全县全年完成固定资产投资21028万元，比上年增长14.2%。其中，国有等单位投资10237万元，比上年增长28.4%（基本建设投资7260万元、增长2.5%，更新改造投资2481万元、比上年增长600%——有口径归类变化的原因，房地产开发投资378万元、比上年减少29.1%）；城镇、农村集体单位投资2070万元，比上年增长350%；城乡私人投资8721万元，比上年减少10.1%。1999年，全县全年完成固定资产投资33780万元，比上年增长60.6%。其中，国有等单位投资20920万元，比上年增长96.8%（基本建设投资15915万元、增长120%，更新改造投资2769万元、比上年增长11.6%，其他固定资产投资1284万元、是上年的9.88倍，房地产开发投资952万元、比上年增长150%）；城镇个私企业投资3216万元，比上年减少22.97%；农村集体投资2097万元，比上年增长25.04%；城乡私人投资7547万元，比上年增长66%；城镇个私投资3216万元，比上年减少23%。2000年，全县完成固定资产投资32116万元，比上年下降4.93%。其中，全民所有制单位投资21827万元（全民基本建设17190万元、比上年增长8.01%，全民更新改造3732万元、比上年增长34.78%，商品房建设905万元、比上年下降4.94%），比上年下降%；集体单位投资5449万元（城镇个私企业投资3311万元、比上年增长2.95%，农村集体投资2138万元、比上年增长1.96%），比上年增长2.46%；个人投资4840万元（城镇私人建房1747万元、比上年减少59.95%，农村私人投资3093万元、比上年减少2.89%），比上年下降55.03%。“九五”期间，五年全社会固定资产投资123256万元，比“八五”增长137.34%。

“十五”期间（2001～2005），固定资产投资总额39.5301亿元，是“九五”时期的3.2倍，投资率45%；以“两网络、两平台”（交通网络、供电网络，工业平台、城镇化平台）建设为重点的基础设施建设极大地优化发展环境。工业园区、龙丽高速公路、4万吨水厂等事关松阳长远发展的重大建设项目顺利推进；中心镇框架拉开，人口、产业进一步集聚发展，城镇化水平提高到31%，县城建成区面积扩大到6平方千米。

“十一五”期间（2006～2010），五年全社会固定资产投资100.35亿元，比“十五”增长157.2%。

“十一五”期间，基础设施建设成效明显，城乡统筹逐步深化，固定资产投资是“十五”期间的2.5倍。工业园区三四期、浙南茶叶市场等产业基础设施项目陆续建成。龙（游）丽（水）高速公路松阳段、龙（泉）松（阳）公路一期、江南公路三期、江滨大道、松州大桥等工程相继完工，“松古平原20分钟，全县1小时”交通圈基本形成。江北灌区节水改造、松阴溪干堤加固、松古平原供水一体化等水利民生设施工程全面推进，电力、通信等设施进一步完善。围绕打造“西屏镇、古市镇城乡一体化发展核心区，松古平原城乡一体化发展先行区”和“一主一副”组合式城市的目标，城镇规模快速扩大，县城建成区面积拓展到8.3平方千米，西屏、古市2个镇的建成区人口分别达到6.6万和2万，全县城镇化率35.8%。

“十一五”固定资产投资是1978～2005年固定资产总投资159.31亿元的62.99%。

根据“限额”以上投资比较，1990～2010年，“投资项目”投资122.21亿元，是同期固定资产总投资157.66亿元的77.51%；房地产开发投资12.05亿元，是同期固定资产总投资的7.64%。“投资项目”投资是房地产投资的10.14倍。

1978～2010年松阳县全社会固定资产投资完成额一览表

表10-3-3-1　　　　单位：万元

名称	年 份	全社会投资	总计中限额以上投资			总计中国有经济
			合　计	投资项目投资	房地产开发投资	
“五五”计划	1978	176	176	176	0	—
	1979	280	254	254	0	—
	1980	2010	1010	1010	0	—
“六五”计划	1981	191	191	191	—	191
	1982	810	434	434	—	434
	1983	859	479	479	—	479
	1984	1045	597	597	—	597
	1985	2010	1010	1010	—	1010
“七五”计划	1986	2168	815	815	—	815
	1987	1894	646	646	—	646
	1988	2477	1122	1122	—	1122

续表 10-3-3-1

名称	年份	全社会投资	总计中限额以上投资			总计中国有经济
			合计	投资项目投资	房地产开发投资	
“七五”计划	1989	2566	1066	1066	—	1066
	1990	2595	1245	1064	181	1245
“八五”计划	1991	3552	1722	1513	209	1722
	1992	5979	3043	2912	131	3043
	1993	11873	8152	7841	311	8152
	1994	10041	4111	3884	227	4111
	1995	20487	8735	8506	229	8735
“九五”计划	1996	17911	5364	5157	207	5364
	1997	18421	7437	6904	533	7970
	1998	21028	9741	9363	378	10237
	1999	33780	18684	17732	952	20920
	2000	32116	21827	20922	905	13096
“十五”计划	2001	37734	22337	21553	784	16706
	2002	49949	32456	30627	1829	25466
	2003	80951	68336	64060	4276	37521
	2004	100773	90085	79981	10104	48818
	2005	125894	118759	109804	8955	93169
“十一五”规划	2006	187048	175593	157052	18541	130548
	2007	184635	168701	133753	34948	93745
	2008	188000	176029	164322	11707	81857
	2009	201909	185723	177630	8093	74966
	2010	241941	214553	197533	17020	72679

商品流通结构

1978 年以后，改革开放促进商品经济迅速发展，商品流通市场逐步从计划经济向社会主义市场经济发展，由卖方市场向买方市场转变，全县商品流通规模不断扩大，个私经济活跃，城乡商业网点日益增多，连锁店、便民店、超市、专卖店涌现，消费品市场发展。汽车、住宅、通信、电子产品等为主的消费热点基本形成。全县社会消费品零售总额由 1978 年 1184 万元提高到 2010 年 16.99 亿元，年均增长 35.05%。

1978～2010年松阳县商品流通结构一览表

表 10-3-3-2

年份	社会消费品零售总额（万元）	国内贸易（万元）			对外贸易（万美元）		
		按行业分			进出口总额	出口总额	进口总额
		批发零售	住宿餐饮	其他			
1978	1184	1057	45	82	—	—	—
1979	1447	1257	53	137	—	—	—
1980	1816	1617	60	139	—	—	—
1981	2295	2011	65	219	—	—	—
1982	2769	2312	75	382	—	—	—
1983	3429	2890	100	439	—	—	—
1984	3927	3107	302	518	—	—	—
1985	4387	3536	120	731	—	—	—
1986	5658	4324	128	1206	—	—	—
1987	6670	5267	148	1255	—	—	—
1988	9177	7366	159	1652	—	—	—
1989	9226	7536	181	1509	—	—	—
1990	9332	7524	209	1599	—	—	—
1991	9973	8023	329	1621	—	—	—
1992	13037	10581	462	1994	—	—	—
1993	20152	16829	762	2561	—	—	—
1994	27535	19282	1972	6281	—	—	—
1995	35845	25124	2799	7922	—	—	—
1996	40860	28271	3395	9194	—	—	—
1997	42108	29317	3795	8996	—	—	—
1998	40996	28508	3911	8577	—	—	—
1999	43665	31022	4313	8330	—	—	—
2000	49003	33912	5257	9834	867	867	—
2001	56006	40013	5449	10544	479	477	2
2002	62746	44745	6388	11613	610	610	0
2003	70462	60503	7293	2666	367	367	0
2004	79097	68416	7300	3381	627	627	0

续表 10-3-3-2

年份	社会消费品零售总额（万元）	国内贸易（万元）			对外贸易（万美元）		
		按行业分			进出口总额	出口总额	进口总额
		批发零售	住宿餐饮	其他			
2005	79410	70942	8468	0	762	762	0
2006	89980	80172	9808	0	1387	1387	0
2007	104395	92823	11572	0	2293	2292	1
2008	125410	110718	14692	0	7007	7007	0
2009	143757	127584	16173	0	4460	4459	1
2010	169937	151167	18770	0	9673	9578	95
合计	1365691	1127756	130758	103382	28532	28433	99

第四节　农村经济结构与分配结构

农村经济结构

松阳县农村的经济结构在若干年份表现为：1978 年，农业产值占 59.64%，林业产值占 17.15%，牧业产值占 9.77%，渔业产值占 0.11%，其他产值占 13.33%。

1982 年，农业产值占 63.07%，林业产值占 10.19%，牧业产值占 16.57%，渔业产值占 0.23%，其他产值占 9.94%。1985 年，农业产值占 57.80%，林业产值占 12.90%，牧业产值占 18.56%，渔业产值占 0.61%，其他产值占 10.13%。

1990 年，农业产值占 61.32%，林业产值占 14.87%，牧业产值占 22.55%，渔业产值占 1.26%。1995 年，农业产值占 61.32%、林业产值占 14.87%、牧业产值占 22.55%、渔业产值占 1.26%。2000 年，农业产值占 54.08%，林业产值占 28.57%，牧业产值占 16.11%，渔业产值占 1.24%。从“九五”计划开局之年的 2001 年开始，“一优两高”农业效益明显，农业产值所占比重很快升至 70.73%，直至 2010 年，均保持在 70%左右的发展态势。

2005 年，农业产值占 70.53%，林业产值占 9.94%，牧业产值占 17.93%，渔业产值占 1.48%，其他占 0.12%。2010 年，农业产值占 73.71%，林业产值占 10.59%，牧业产值占 2.59%，渔业产值占 1.22%，其他占 11.89%。

1978～2010年松阳县农村经济结构一览表

表10-3-4-1

年份	合计	农业		林业		牧业		渔业		农林牧渔总产值指数
		产值（万元）	占比（%）	产值（万元）	占比（%）	产值（万元）	占比（%）	产值（万元）	占比（%）	
1978	4666	2783	59.64	800	17.15	456	9.77	5	0.11	100.00
1979	5382	3162	58.75	1085	20.16	576	10.70	4	0.07	114.21
1980	6040	3452	57.15	1383	22.90	608	10.07	5	0.08	128.70
1981	6481	3802	58.66	1355	19.81	676	10.43	8	0.12	129.28
1982	6850	4320	63.07	698	10.19	1135	16.57	16	0.23	140.73
1983	7121	4479	62.90	670	9.41	1219	17.12	12	0.17	146.31
1984	8270	5089	61.54	1042	12.60	1312	15.86	12	0.15	157.89
1985	12941	7476	57.80	1670	12.90	2402	18.56	79	0.61	168.02
1986	12333	6959	56.43	1294	10.49	2646	21.45	87	0.71	168.96
1987	14403	7939	55.12	1465	10.17	2862	19.87	94	0.65	168.42
1988	18008	9695	53.84	2073	11.51	3642	20.22	118	0.66	165.82
1989	18556	10924	58.87	2940	15.84	4442	23.94	250	1.35	168.59
1990	19566	11997	61.32	2910	14.87	4413	22.55	246	1.26	173.11
1991	21037	12789	60.79	3567	16.96	4445	21.13	236	1.12	194.54
1992	22776	12874	56.52	4089	17.95	5586	24.53	227	0.10	203.53
1993	30575	17056	55.78	5733	18.75	7476	24.45	309	1.01	247.34
1994	46204	24011	51.97	8994	19.47	12605	27.28	594	1.29	273.55
1995	51947	27244	52.45	11417	21.98	12649	24.35	637	1.22	299.77
1996	66000	34643	52.49	17757	26.90	12916	19.57	684	1.04	333.05
1997	68466	32871	48.01	21893	31.98	13018	19.01	684	1.00	373.35
1998	69505	37098	53.37	17652	25.40	13991	20.13	764	1.10	378.95
1999	72848	39611	54.37	20122	27.62	12225	16.78	890	1.22	404.48
2000	76798	41529	54.08	21945	28.57	12372	16.11	952	1.24	426.32
2001	81042	57317	70.73	8348	10.30	14428	17.80	949	1.17	449.77
2002	83683	60484	72.28	8274	9.89	13849	16.55	1076	1.29	464.61
2003	87931	62980	71.62	8478	9.64	15251	17.34	1122	1.28	487.84
2004	92613	65097	70.29	9328	8.99	16911	18.26	1162	1.25	507.84
2005	97187	68542	70.53	9657	9.94	17426	17.93	1442	1.48	532.73

续表 10-3-4-1

年份	合计	农业		林业		牧业		渔业		农林牧渔总产值指数
		产值（万元）	占比（%）	产值（万元）	占比（%）	产值（万元）	占比（%）	产值（万元）	占比（%）	
2006	101394	71549	70.57	10534	10.39	17621	17.38	1560	1.54	548.80
2007	109547	75836	69.23	11955	10.91	20029	18.28	1587	1.45	560.06
2008	120645	84225	69.81	13661	11.32	20948	17.36	1663	1.38	—
2009	128636	93630	72.79	14126	10.98	18972	14.75	1698	1.32	—
2010	139617	102907	73.71	14786	10.59	3615	2.59	1708	1.22	—

分配结构

松阳县的分配结构主要体现在：一是在全县年财政支出中，政府所属各部门及本级党政机关全年支出占县财政总支出的比重。主要分农业、林业、水利系统事务支出，文化、教育、科研、卫生系统事业费支出，各级党政机关的一般公共服务支出。二是在全县城镇职工的工资总额中，“国有”“集体”“其他”单位职工工资总额所占比重。

1978～2010年松阳县财政收入和支出情况表

表 10-3-4-2　　单位：万元

年份	财政总收入	其中		财政总支出	其中		
		中央	地方		农林水	文教科卫	公共服务
1978	480	0	480	458	195	—	—
1979	501	0	501	520	215	—	—
1980	51	0	581	577	173	—	—
1981	572	0	572	563	163	—	—
1982	583	0	583	869	186	320	197
1983	647	0	647	920	196	399	146
1984	680	0	680	1000	178	411	227
1985	1014	0	1014	1292	178	523	217
1986	1215	0	1215	1617	251	636	308
1987	1358	0	1358	1615	235	610	333
1988	1650	0	1650	2202	303	867	339
1989	1941	0	1941	2696	270	936	470
1990	2055	0	2055	3054	341	1071	540
1991	2117	0	2117	3258	477	1220	525

续表 10-3-4-2

年份	财政总收入	其中		财政总支出	其中		
		中央	地方		农林水	文教科卫	公共服务
1992	1999	0	1999	3887	527	1388	732
1993	2992	0	2992	4624	635	1520	895
1994	3289	1847	1442	5545	731	2149	1234
1995	3509	1850	1659	6135	617	2259	1241
1996	4081	2019	2062	7515	929	2007	1571
1997	4752	1882	2870	8921	824	2441	1996
1998	5493	2012	3481	9729	1223	3445	2029
1999	6785	2410	4375	11113	1013	3967	2308
2000	7585	2584	5001	12873	1299	4522	2493
2001	10026	2742	7284	16996	1588	5560	3264
2002	12012	4689	7323	20936	1851	6985	3875
2003	15038	6029	9009	24789	1943	8307	4723
2004	18018	6931	11087	30100	2082	9834	5609
2005	19684	8420	11264	34347	3948	10467	6460
2006	24679	10206	14473	40791	4427	12873	7105
2007	30379	12521	17858	52408	6930	17138	11639
2008	33636	13591	20045	68406	12617	21818	12946
2009	36050	14117	21933	88153	14092	29786	14756
2010	40428	14953	25475	108135	17116	36056	16313

1978～2010年松阳县财政支出中各系统所占比重一览表

表 10-3-4-3

年份	财政总支出	农林水事务支出		文教科卫事业费出		公共服务支出	
		金额（万元）	比重（%）	金额（万元）	比重（%）	金额（万元）	比重（%）
1978	458	195	42.58	—	—	—	—
1979	520	215	41.35	—	—	—	—
1980	577	173	29.98	—	—	—	—
1981	563	163	28.95	—	—	—	—
1982	869	186	21.40	320	36.82	197	22.67

续表 10-3-4-3

年份	财政总支出	农林水事务支出		文教科卫事业费出		公共服务支出	
		金额(万元)	比重(%)	金额(万元)	比重(%)	金额(万元)	比重(%)
1983	920	196	21.30	399	43.37	146	15.87
1984	1000	178	17.80	411	41.10	227	22.70
1985	1292	178	13.78	523	40.48	217	16.80
1986	1617	251	15.52	636	39.33	308	19.05
1987	1615	235	14.55	610	37.77	333	20.62
1988	2202	303	13.76	867	39.37	339	15.40
1989	2696	270	10.01	936	34.72	470	17.43
1990	3054	341	11.17	1071	35.07	540	17.68
1991	3258	477	14.64	1220	37.45	525	16.11
1992	3887	527	13.56	1388	35.71	732	18.83
1993	4624	635	13.73	1520	32.87	895	19.36
1994	5545	731	13.18	2149	38.76	1234	22.25
1995	6135	617	10.06	2259	36.82	1241	20.23
1996	7515	929	12.36	2007	26.71	1571	20.90
1997	8921	824	9.24	2441	27.36	1996	22.37
1998	9729	1223	12.57	3445	35.41	2029	20.86
1999	11113	1013	9.12	3967	35.70	2308	20.77
2000	12873	1299	10.09	4522	35.13	2493	19.37
2001	16996	1588	9.34	5560	32.71	3264	19.20
2002	20936	1851	8.84	6985	33.36	3875	18.51
2003	24789	1943	7.84	8307	33.51	4723	19.05
2004	30100	2082	6.92	9834	32.67	5609	18.63
2005	34347	3948	11.49	10467	30.47	6460	18.81
2006	40791	4427	10.85	12873	31.56	7105	17.42
2007	52408	6930	13.22	17138	32.70	11639	22.21
2008	68406	12617	18.44	21818	31.89	12946	18.93
2009	88153	14092	15.99	29786	33.79	14756	16.74
2010	108135	17116	15.83	36056	33.34	16313	15.09

1982～2010年松阳县城镇单位职工工资总额和平均工资一览表

表 10-3-4-4

年份	工资总额（万元）				平均工资（元）			
	全部职工	国有经济单位职工	城镇集体单位职工	其他经济单位职工	全部职工	国有经济单位职工	城镇集体单位职工	其他经济单位职工
1982	576	401	175	0	653	745	610	—
1983	623	448	175	0	692	747	626	—
1984	801	512	289	0	796	888	767	—
1985	1122	716	406	0	1036	1177	971	—
1986	1435	956	479	0	1240	1445	1023	—
1987	1587	1025	562	0	1259	1422	1203	—
1988	2134	1406	728	0	1654	1850	1476	—
1989	2413	1606	807	0	1916	2038	1715	—
1990	2738	1812	926	0	2088	2237	1847	—
1991	3062	2010	1052	0	2109	2264	1864	—
1992	3436	2458	978	0	2465	2626	2135	—
1993	4285	3035	1250	0	3045	3266	2615	—
1994	5764	4611	1152	1	4401	4899	3134	833
1995	6705	5052	1649	4	4819	5180	3971	4875
1996	7703	5625	1908	170	5389	5773	4813	2909
1997	8118	6243	1645	230	5940	6537	4554	4550
1998	8707	6644	1340	723	6799	7468	5011	5855
1999	9387	6908	1094	1385	7903	8843	5973	6221
2000	10452	7876	1181	1395	9189	10251	6629	7312
2001	12451	9006	1244	2201	11337	11869	10274	10076
2002	13393	10845	894	1654	13598	15183	8021	10395
2003	15765	13006	1235	1524	16458	18403	11947	10313
2004	18607	15602	1142	1863	19153	21600	13533	11306
2005	19129	15825	1149	2155	20155	22317	19886	11827
2006	20277	16898	1313	2066	23095	24054	23241	17360
2007	24094	19836	1791	2467	26990	28316	31638	18195
2008	28306	24042	2028	2237	32930	34194	35636	22462
2009	34736	30037	2553	2146	40325	41648	44789	25793
2010	41950	36496	2960	2494	46746	48850	51133	26988

1982～2010年松阳县城镇职工工资总额中“国有”“集体”“其他”单位所占比重一览表

表10-3-4-5

年份	全县职工工资总额	国有经济单位职工		城镇集体单位职工		其他经济单位职工	
		总额（万元）	比重（%）	总额（万元）	比重（%）	总额（万元）	比重（%）
1982	576	401	69.62	175	30.38	0	—
1983	623	448	71.91	175	28.09	0	—
1984	801	512	63.92	289	36.08	0	—
1985	1122	716	63.81	406	36.19	0	—
1986	1435	956	66.62	479	33.38	0	—
1987	1587	1025	64.59	562	35.41	0	—
1988	2134	1406	65.89	728	34.11	0	—
1989	2413	1606	66.56	807	33.44	0	—
1990	2738	1812	66.18	926	33.82	0	—
1991	3062	2010	65.64	1052	34.36	0	—
1992	3436	2458	71.54	978	28.46	0	—
1993	4285	3035	70.83	1250	29.17	0	—
1994	5764	4611	80.00	1152	20.00	1	—
1995	6705	5052	75.35	1649	24.59	4	0.06
1996	7703	5625	73.02	1908	24.77	170	2.21
1997	8118	6243	76.90	1645	20.26	230	2.83
1998	8707	6644	76.31	1340	15.39	723	8.30
1999	9387	6908	73.59	1094	11.65	1385	14.75
2000	10452	7876	73.46	1181	11.30	1395	13.35
2001	12451	9006	72.33	1244	9.99	2201	17.68
2002	13393	10845	80.98	894	6.68	1654	12.35
2003	15765	13006	82.50	1235	7.83	1524	9.67
2004	18607	15602	83.85	1142	6.14	1863	10.01
2005	19129	15825	82.73	1149	6.01	2155	11.27
2006	20277	16898	83.34	1313	6.48	2066	10.19
2007	24094	19836	82.33	1791	7.43	2467	10.24
2008	28306	24042	84.94	2028	7.16	2237	7.90
2009	34736	30037	86.47	2553	7.35	2146	6.18
2010	41950	36496	87.00	2960	7.06	2494	5.95

第五节　综合经济效益

改革开放以后，松阳县域经济发展迈上快车道，经济效益不断提高，在相对效益（国内生产总值）迅速上升的同时绝对经济效益（财政收入）也快速提高，经济质量越来越好。

1949～2010年松阳县相对效益与绝对效益一览表

表 10-3-5-1

年份	人口（人）	相对效益（国内生产总值）（万元）		绝对效益（财政收入）（万元）
		现价	90价	
1949	114765	678	2693	1.1
1950	115348	802	3205	20.07
1951	116447	997	3972	79.04
1952	117164	1141	4533	116.91
1953	120640	1174	4590	130.19
1954	122922	1297	5103	106.98
1955	123794	1326	5147	181.61
1956	126738	1483	5683	180.94
1957	129450	1605	6114	211.05
1958	133299	1720	6576	365.61
1959	135512	1734	6563	289.42
1960	134928	1615	6122	312.50
1961	134793	1371	5290	176.70
1962	136572	1444	5472	222.90
1963	142038	1492	5864	197.60
1964	143242	1524	5978	211.80
1965	148717	1528	5951	205.10
1966	152983	1607	6222	216.10
1967	155979	2266	6682	175.50
1968	160911	2311	6690	128.30
1969	166285	2641	7651	232.70
1970	171106	2984	8544	269.50

续表 10-3-5-1-1

年份	人口（人）	相对效益（国内生产总值）（万元）		绝对效益（财政收入）（万元）
		现价	90 价	
1971	176338	3089	8713	253.30
1972	179091	3429	9661	253.40
1973	183599	3439	9669	411.70
1974	186925	3507	9810	350.20
1975	191093	3383	9511	302.40
1976	194612	3201	8661	385.90
1977	196842	3756	10187	393.30
1978	203798	5793	13254	480
1979	205262	6682	15142	501
1980	206122	7498	16661	581
1981	207362	7835	16857	572
1982	210584	8067	17633	583
1983	212145	8418	18110	647
1984	213619	9780	19990	680
1985	215153	15449	22662	1014
1986	217250	15325	23539	1215
1987	219959	17651	23872	1358
1988	222497	22645	24064	1650
1989	224101	23406	24190	1941
1990	224763	24426	24426	2055
1991	225141	29916	29290	2117
1992	225511	37242	34125	1999
1993	226170	50240	38805	2992
1994	226731	70733	43267	3289
1995	227489	84492	——	3509
1996	228033	95453	—	4081
1997	228678	99863	—	4752
1998	228809	103090	—	5493
1999	229778	109606	—	6785

续表 10-3-5-1-2

年份	人口（人）	相对效益（国内生产总值）（万元）		绝对效益（财政收入）（万元）
		现价	90 价	
2000	230231	117885	—	7585
2001	230739	134915	—	10026
2002	231229	150863	—	12012
2003	230999	169595	—	15038
2004	231037	194388	—	18018
2005	231428	219175	—	19684
2006	233415	251017	—	24679
2007	234556	313073	—	30379
2008	235746	364106	—	33636
2009	236907	391808	—	36050
2010	237226	478641	—	40428

第四章 经济社会发展宏观管理

中华人民共和国成立后各个时期，中共松阳县委、县人民政府加强对经济社会发展的宏观管理，促进经济社会更好地发展。县计划委员会负责组织编制全县国民经济和社会发展的中长期规划和年度计划，提出战略目标和政策措施。县发展计划局具体研究和实施全县国民经济和社会发展战略，制订中长期规划和年度计划以及各种专项规划，对全县国民经济和社会发展情况进行宏观经济的预测，研究提出全县运用财税、金融、投资和价格等经济手段进行宏观调控的政策建议。

第一节 管理机构

行政机构

民国27年（1938）2月15日，浙江省战时物产调整处松阳办事处成立，统筹战时物资。1949年，松阳县人民政府未设置专门的计划管理机构，有关计划事宜一般由相关科室或县财政经济委员会负责。1951年4月，松阳县财政经济委员会（简称县财经委）成立。县财经委书记由县委书记兼任；副书记由县长、代县长与中央公粮分库主任、县粮食局长兼任。1952年，衢州地区开始实行国民经济统一计划、分级管理体制。1954年11月，松阳县计划委员会（简称县计委）成立，职能涵盖计划、统计、物价管理范畴。1958年11月，松阳县计委随松阳县制撤销。

1982年4月，松阳计划委员会（简称县计委）成立。工作职能包括计划、物价、环保、统计管理等。1984年3月，县计委与县经济委员会（简称县经委）合并为松阳县计划经济委员会（简称县计经委）。

1996年11月，撤销县计经委，恢复县计委和县经委，二者分别独立行政；撤销县标准计量管理局，成立县技术监督局；县技术监督局与县计划委员会合署办公，称为县计划委员会（技术监督局）。1999年10月，县技术监督局析出独立行政，改名为松阳县质量技术监督局，实行省质量技术监督系统垂直领导。

2001年10月，撤销县计委单独行政，县计委、粮食局、物价局、统计局4个部门合并组成松阳县发展计划局。发展计划局负责研究提出全县国民经济和社会发展战略、规划、总量平衡、结构调整，主管物价、粮食、统计工作；指导和协调全县招投标工作、农业区划工作；参与财政金融及经贸流通的研究；加强全县重点项目稽查工作；加强全县国防动员的国民经济动员工作；组织协调全县信息产业工作，参与信息服务市场的监督管理；批发零售业、餐饮业的小型及个体的抽样调查，规模以下工业抽样调查，效益农业、服务业等专项抽样调查工作交由事业单位承担。把编制国土规划有关职能交给县国土资源局，把散装水泥管理、成品油管理、煤炭经营企业管理工作交给县经贸局。

2005 年 6 月，统计局析出独立行政，县经济体制改革办公室并入，发展计划局改称松阳县发展和改革局（粮食局）（简称发改局）。

内设机构及编制

计经委内设机构 1984 年，其内设机构有办公室、生产技术科、企业管理科、综合计划科、计划统计科、基建科、能源办。行政编制 12 人。1993 年 2 月，内设机构调整为办公室、信息科、经济技术开发服务中心、行政科、计划投资科。行政科设轻工纺织口、矿产建材口、食品化工口、机电竹木加工口。

1985 年，县人武部在计经委设立人武部。1988 年 3 月，县标准计量所正式从县科委划归县计经委管理。1990 年 6 月，在松阳县标准计量所增挂松阳县标准计量管理局牌子。

计划委员会内设机构 1996 年，其内设机构有办公室（财务科）、计划科（散装水泥办公室、国土办、信息科）、投资科（墙改办、重点建设科）、综合管理科、执法科。人员编制及领导职数为行政编制 18 人（含机关后勤服务人员）。其下属事业单位有松阳县计量检定测试所，为股级事业单位，定编 8 人；松阳县产品质量监督检验所，为股级事业单位，经费财政全额拨款，定编 8 人。

发展计划局内设机构 2001 年，其内设机构为办公室（政策法规科）、国民经济综合科（农业区划办）、投资科（重点办、招标投标管理办公室）、价格收费科、粮食调控管理科、综合统计科、专业统计科。

发展和改革局内设机构 2005 年，其内设机构有办公室（法规科、监察室与其合署）、国民经济综合科（挂发展规划科牌子）、产业科、投资科（挂县重点办、前期办、重点项目稽查办、综合能源科牌子）、行政许可科、农村经济发展科（挂农业资源区划办公室牌子）、社会发展科、价格收费管理科（挂县价格监测、认证中心牌子）、粮食调控管理科（粮食监督检查科与其合署）、经济体制改革科、服务业发展科、休闲养生办、招管办。直属行政机构有县价格监督检查分局（挂县价格举报中心牌子）。行政编制 14 人，后勤编制 2 人。直属行政机构县价格监督检查分局专项行政编制 9 人。

第二节　管理职能

县计划委员会主要职能

县计划委员会负责组织编制全县国民经济和社会发展的中长期规划和年度计划，提出战略目标和政策措施；负责编制全县中长期地方企业债券发行计划和重要商品的供需平衡计划，参与财政、信贷计划的编制。组织有关部门研究制订全县产业政策和行业发展规划，并协调和监督其实施。综合协调财政、税率、信贷、价格、工资等经济杠杆，并结合行政和法律手段，做好社会总需求和总供给以及全社会资金等重要经济总量的综合平衡和重大比例关系的协调，保证规划、计划的实施。负责全县宏观经济的监测、预测和分析，提出对策措施；组织有关部门对生产和重要物资进行调度。

负责全县资源节约、开发和综合利用工作。参与协调重大抗灾救灾工作；指导、促进全县市场体系的建立，组织制订全县重点区域性的批发市场、期货市场、重点要素市场的发展规划与重大调控政策措施，会同有关部门实施重要商品的调控。

县计划委员会负责全县国土和生产力合理布局，协调经济发展与资源、环境保护关系。组织编制国土开发和区域经济发展规划以及土地利用等资源保护和环境保护年度计划，并监督实施。研究全县农村经济发展中的重大战略问题，协调农村生产力布局、农业综合开发等重大事业的开展。负责中长期和年度固定资产投资总规模规划的编制，研究和协调投资和建设领域的重大问题，引导资金的投向。负责全县基本建设的综合管理，编制重点建设项目计划并争取立项和综合分析、监测、协调等。负责审批职权限额内的基本建设项目，审核上报国家和需经省、地审批的项目，编制下达年度计划。

县计划委员会提出全县利用外资的总规模和投向；负责审批、审核外资项目（包括合资、合作及独资）和境外投资项目；协助利用外资项目的招商工作；编制全县进出口计划和利用外资计划，会同有关部门研究提出改善进口商品结构的政策措施，协调内外贸平衡；归口管理机电产品进出口工作，归口管理口岸工作。

县计划委员会研究社会事业发展中的重大问题，编制计划、制定相关的政策措施；争取安排社会事业专项资金；协调各项社会事业之间及其与社会经济发展的相互关系。宣传、贯彻国家有关技术监督工作的方针、政策、法律、法规；负责制定全县标准化、计量、产品质量监督管理规定、计划和有关规范性制度，并负责组织实施和行政执法工作。

县计划委员会推进技术监督工作和国际惯例接轨；负责全县质量监督工作，参与全县质量管理工作的宏观指导；制定年度质量监督检验计划。依法对生产、经销的产（商）品质量进行监督管理，调解和仲裁质量纠纷，参与县内重大质量事故处理；查处质量违法案件，打击制售假冒伪劣商品行为；会同有关部门对不合格产（商）品的生产和经销进行整顿；指导申报质量认证和生产许可证，并负责对认证产品和生产许可证产品实行监督管理。

县计划委员会负责管理全县标准化工作，组织标准宣传贯彻和监督实施，推行国际标准和国外先进标准，查处标准化违法行为；管理企业标准备案，指导企业标准工，负责产品标准登记发证工作；负责全县计量工作；组织执行国家计量制度，推行法定计量单位；负责建立和规划管理全县公用计量标准，开展量值传递；组织全县企事业单位计量标准考核；依法核发制造、修理计量器具许可证；负责查处计量违法行为；组织计量仲裁检定；负责对行业以及社会技术监督机构的业务指导，负责对产品质量公证检验机构和计量公证服务机构的指导和监督管理；指导全县技术监督工作，领导和管理直属所、指导挂靠本机关的学会、协会工作；负责有关技术监督工作的宣传、教育、科学研究、情报信息工作。负责全县企业商品条形码的申报和协调工作；机关、企事业单位代码申报、赋码、发证、联网和应用工作的分工，按省有关部门职能对应调整承担。

县发展计划局主要职责

县发展计划局研究提出全县国民经济和社会发展战略，制订中长期规划和年度计划以及各种专项规划。对全县国民经济和社会发展的情况进行宏观经济的预测；研究提出全县运用财税、金融、投资和价格等经济手段进行宏观调控的政策建议。负责全县粮食宏观调控，掌握粮源、实现粮食供需平衡和市场稳定；搞好全县粮食等重要商品轮换和投放，研究指导全县市场流通设施建设规划和总体布局。研究提出全社会固定资产投资规模，规划重大项目的布局；负责全县固定资产投资的综合管理，协调引导其他投资资金的投向；负责安排限额以内的基本建设项目，审核上报国家和省市审批项目。负责全县基本建设和重点项目的综合管理；提出县及县以上重点工程农用地转建设用地的年度计划，并会同有关部门编制实施计划。指导和协调全县招投标工作，制定相应的实施管理办法。负责工程咨询业的管理；组织和管理全县重大项目稽查工作。

县发展计划局负责科教文卫等社会事业以及国防建设与全县国民经济和社会发展计划、规划的衔接平衡；协调各项事业发展中的重大问题；争取并安排社会事业专项资金。负责组织、协调全县信息产业工作，参与信息服务市场的监督管理。

县发展计划局研究全县农村经济发展中的重大战略问题；负责全县农业资源的综合管理和农业区划工作。研究提出全县主要产业门类的发展战略，会同有关部门组织编制产业发展规划和年度计划；组织参与县重点产业项目，研究提出主要产品的专项发展规划。

县发展计划局研究制订投融资、计划、价格、粮食流通、统计等体制改革方案并指导实施。制订全县价格改革和粮食流通发展的中长期规划、年度计划、价格总水平调控目标和调控政策。组织实施粮食网点建设和技术改造；制定全县的价格管理目录并组织实施。制订全县价格管理的行政措施；组织全县性的价格监督检查；组织实施商品和服务明码标价制度；依法对县直各部门和县属企事业单位的价格活动进行监督检查，对各类价格违法行为实施行政处罚；受理价格行政复议案件和申诉案件。负责对全县范围内的商品和服务价格进行管理；制定和调整价格分工审批权限内的工农业商品、房地产、重要的公用事业价格、经营性和中介服务收费。配合有关职能部门审批、管理行政事业性收费项目；会同有关部门制定和调整收费标准，组织实施收费许可证制度和收费的定期验审制度。监督收费执行情况；参与清理整顿乱收费工作。负责对市场价格行为的管理和监督，规范和引导经营者定价行为。负责市场价格的监测、监审、调查分析市场价格变动趋势；指导全县建立健全价格调节基金和风险基金制度及重要商品储备制度。负责对涉案价格鉴证机构的监督、指导工作，组织全县涉案标的物价格评估、价格鉴证、认证、咨询、仲裁，以及拍卖公物的底价认证和财物拍卖等价格事务工作。

县发展计划局研究提出全县粮食购销政策，负责对全社会粮食流通的管理，保障军粮供应；督促储备粮、粮食风险基金及各项粮油政策性补贴的落实；组织先进粮油加工技术推广和新产品开发，引导粮食种植结构调整。研究制订全县国民经济和社会统计规划、统计调查计划和调查方案；组织协调全县的社会经济调查；组织实施全县统计报表管理工作。负责组织县内重大国情国力、省情省力、市情市力的普查工作；搜集、整理和提供全县性的基本统计资料；对国民经济社会发展和科技进步等情况进行统计分析、统计预测和统计监督，向县委、县政府及有关部门提供统计信息和咨询服务。统一核定、管理和公布全县性基本统计资料，定期向社会公众发布全县国民经济和社会发展情况的统计信息；组织社会经济发展评价。组织指导统计基础建设和实施统计单位登记制度；组织实施专业统计人员持证上岗制度。

县发展和改革局主要职责

组织编制和实施全县国民经济和社会发展战略、中长期规划和年度计划；负责规划体制改革，建立健全发展规划体系；负责规划和计划的制定、审核、调整、评估等综合管理工作；组织编制、审核、审批区域规划和重点专项规划；衔接平衡土地利用总体规划、城乡规划等区域规划与专项规划之间的关系；组织编制主体功能区规划并负责协调实施和监测评估。负责全县社会总需求和总供给等重要经济总量的平衡和重大比例关系的协调，提出国民经济发展和优化重大经济结构、实施可持续发展战略的目标和政策；组织拟订区域协调发展战略、规划，引导和促进区域经济协调发展；参与研究城市化、城乡一体化发展战略和重大政策，参与编制国土整治、资源合理开发利用规划，会同有关部门组织实施与管理。负责宏观经济预测、预警和信息引导；研究分析全县国民经济运行、总量平衡、经济安全和总体产业安全等重要问题并提出调控政策建议；参与制定财政、价格和土地政策，协调解决经济运行中的重大问题，协调解决经济运行中的重大问题。研究提出全县产业发展战略，组织拟订综合性产业政策，负责协调一、二、三产业发展的重大问题并衔接平衡相关发展规划和重大政策，推进经济结构战略性调整；负责拟订全县服务业的发展战略和重大政策，指导和协调服务业发展；负责安排服务业建设项目，并组织对服务业发展工作进行考核；研究指导县生态休闲养生(养老)经济发展规划、总体布局和项目建设；负责全县重要农产品进出口、粮食等重要商品、物资储备的计划管理。

指导推进和综合协调经济体制改革，研究经济体制改革和对外开放的重大问题；提出我县经济体制改革的总体规划和实施意见；研究拟订综合性经济体制改革方案，协调有关专项经济体制改革方案，研究拟订投资、规划、计划、粮食、价格等改革方案并组织实施。研究提出全县固定资产投资总规模，负责规划重大建设项目和生产力布局；按权限负责全县固定资产投资的综合管理；提出县财政性建设资金的规模和投向，并纳入政府投资项目计划管理；协调引导其他投资资金的投向；按权限审批、核准、备案重大项目，以及县级单位的基本建设项目；承担政府投资项目的前期储备、计划编制、组织实施、协调监督等综合管理；加强和改进对各类民间投资的宏观调控，牵头建立主体功能区规划空间管制原则、资源合理利用、行业准入标准等。负责全县基本建设和省、市重点建设项目和重大前期项目的综合管理，组织申报省、市重点建设项目计划，编制县重点建设项目和重大前期项目计划并组织实施；按照县政府关于建设县招投标统一平台的工作分工，履行招投标工作职责；组织开展全县重大建设项目稽察工作。指导和监督国外贷款建设资金的使用，引导民间投资的方向；负责核准、审批和上报外商投资项目和国外贷款项目；按规定权限审批、核准、审核外资项目。负责全县社会发展年度形势分析；负责人口和计划生育、文化、教育、卫生、体育、广播电影电视、新闻出版、旅游、民政等各项社会事业，以及国防建设与全县国民经济和社会发展计划、规划的衔接平衡；研究提出促进就业、调整收入分配、完善社会保障等经济与社会协调发展、相互促进的政策建议；协调各项社会事业发展和改革中的重大问题及政策；参与社会保障制度改革政策的制订；负责协调推进基本公共服务均等化工作。研究提出农村经济发展战略、体制改革及有关政策建议，协调农业和农村经济社会的重大问题；会同有关部门研究提出农村经济发展速度、总量平衡、结构调整目标及政策建议；提出农村、农业重大建设项目布局建议并协调实施；负责全县农业资源的综合管理和农业区划工作，定期编制农业资源评价报告；编制全县农业综合开发规划，协调、监督、检查农业综合开发规划和有关生态环境保障制度的实施；参与全县农业综合开发工作；协调中心镇培育工作。组织编制综合交通发展规划，负责铁路规划研究、项目前期、工程建设和地方铁路事务的综合协调管理，以及各种交通运输方式的衔接平衡工作；负责制定能源发展规划、组织协调重大能源项目建设等工作；负责安排重大工业、高技术产业建设项目；参与各类园区发展规划和综合平衡。组织拟订并协调实施发展循环经济的规划及政策措施；负责归口管理应对气候变化工作，组织拟订和实施县应对气候变化方案和政策措施，协调推进低碳经济发展；参与编制生态建设规划，参与编制环境保护规划，协调循环经济发展中的重大问题。负责国民经济和社会发展（综合性）、经济体制改革的有关规章草案的起草；参与协调全县社会信用体系建设、公共资源交易工作，并组织制订相关综合性政策。组织拟订国民动员规划、计划，组织实施国民动员方案、专业保障队伍组建、物资筹措、战备储备点建设等工作，协调国民平战转换能力建设。

贯彻执行国家价格改革、调整方案，负责拟订全县价格改革方案。按《价格管理目录》实施价格管理，牵头制定和调整全县行政事业性收费标准，配合财政部门审批管理全县行政事业性收费项目，负责制订全县行政事业性收费管理的有关制度，并组织实施。负责全县价格监督检查工作，依法实施对价格和收费违法行为的监督检查和行政处罚，依法受理价格行政复议，组织实施全县价格执法检查；负责全县市场价格行为的监督管理工作，依法调查、认定和处理价格垄断、价格欺诈等不正当价格行为，指导企事业单位和社会组织的价格自律工作；负责全县价格公共服务工作，宣传价格法律制度和方针、政策，公开价格信息，办理价格投诉举报，处理价格争议，协调价格矛盾，维护合法价格权益。负责全县价格监测预警工作，制订价格监测预警工作制度，定期分析研判价格形势，及时提出对策建议；制订全县价格应急预案，并组织实施；负责全县价格成本调查和监审工作，制定成本调查和监审的有关制度，组织实施重要农产品成本调查，组织实施政府定价成本监审；根据价格调控监管工作的需要，调查分析重要商品和服务的成本费用变化情况。贯彻执行国家、省和市有关粮食工作方针、政策、法规，制订全县有关粮食流通和地方储备粮管理的具体政策，并组织实施；负责粮食流通管理，调控全县粮食市场，保障军队粮食供应，落实粮食安全保障措施，实现供需平衡和市场稳定；指导全县粮油仓储管理工作，确保储粮安全；负责县粮食安全工作协调小组的日常工作，执行省政府统一领导下的粮食工作市县政府分级负责责任制；落实粮食安全应急措施。负责粮食流通监督检查，监督检查国家和省粮食购销政策的执行情况，监督检查辖区内从事粮食收购、储存、运输、加工等经营活动和政策性粮食购销活动，监督管理粮食收购、储存环节的粮食质量安全。

第五章 宏观调控体制改革

1985 年 5 月 19 日，松阳县经济体制改革领导小组成立。1996 年 10 月，松阳县经济体制改革领导小组改称为松阳县经济体制改革委员会（经济与社会发展研究中心），下设办公室，与政府办公室合署办公。

2001 年 10 月，县经济体制改革办公室与县政府办公室分开，独立行政，为正科级单位。2005 年 6 月，县经济体制改革办公室撤销，其承担的职能划入县发展和改革局。

（财政体制改革内容详见第十七编“财政 税务”第一章“财政管理体制”第二节“县级财政管理体制”）

第一节 计划管理体制改革

计划经济时期

1954 年 11 月，松阳县计划委员会成立，开始对国营企业实行高度集中的计划管理，对公私合营和私营企业的产、供、销分别通过加工订货、经销代销等间接形式，纳入计划管理渠道。对粮油等关系国计民生的重要产品实行统购统销，以稳定市场，保证“一五”经济建设计划完成。计划编制由上级颁发控制数字，自下而上编制计划草案，经上级综合平衡后批准下达正式计划。

1956 年，国营企业生产、全民所有制基本建设和财政收入，由国家直接安排计划。农业、手工业和私营工商业，实行间接计划管理。手工业社会主义改造基本完成，全县组织手工业合作社（组）81 个，从业人员 2017 人。1958 年，由商业部门经营的主要物资纳入计划管理轨道，县计划委员会负责主要物资分配。

计划经济与市场调节相结合时期

中共十一届三中全会后，开始改革开放。松阳区域在“六五”时期，农业仍以粮为纲，全面发展，因地制宜，适当集中；工业以现有企业为重点，发展轻纺工业。继续贯彻实行“调整、改革、整顿、提高”的方针，把全部工作转移到以提高经济效益为中心的轨道上。

1982 年开始，松阳县农村实行家庭联产承包责任制，国家指令性计划内容逐步缩小。1984 年 10 月，中共中央、国务院作出改进计划体制和经济体制改革的决定。计划体制实行指令性计划、指导性计划和市场调节相结合的形式。全县列入指令性计划管理的工业产品有机制纸 1 种，指导性计划管理的工业产品从 30 种减到 20 种，小商品全部开放，实行市场调节。对农业生产和农产品实行指导性计划及市场调节、生产和基建需要的物资，大部分通过协作和市场解决，基本建设实行统一计划、分级管理。

1985 年，国家全部取消指令性计划，只对 15 种主要农产品的产量和农业总产值实行指导性计划管理，并对粮、棉的播种面积下达指导性计划数，其他农产品实行市场调节。

1991 年，农业计划逐步由计划管理与市场调节相结合，以计划为主的管理模式向计划指导与市场调节相结合、以市场调节为主的管理模式转变。

市场调节为主计划为辅时期

1996～2005 年，社会主义市场经济体制初步建立，松阳县经济进入从温饱向基本实现小康社会和建设全面小康社会时期。逐步把农产品推向市场，发展优质、高产、高效农业，以市场为导向，以效益为中心，依靠科技进步，调整和优化农业产业结构。粮食经济作物种植面积比例扩大到 50∶50，茶叶成为松阳县农业的主导产业。鼓励农民向城镇集聚，农村基本达到小康水平。

加强招商引资工作，主要精力放在西屏、望松、古市工业小区，形成食品、竹木加工、矿产建材、机械加工 4 个主导产业框架。深化企业改革，对国有和集体企业推行以资产保值增值为目标的资产经营责任制，通过兼并、购买、租赁、参股等形式进行资产重组和产品结构调整，完成国有、集体工业企业改制。

从计划转变为规划时期

2006 年以后，是国民经济发展计划管理向国民经济发展规划管理转变、松阳县建设全面小康社会和统筹城乡发展的攻坚时期。

农村加强规划，突出重点，以下山移民、中心村建设为主导，引导和整合资源，更好地发挥投资效益。发展现代农业，加大“三农”投入力度，推进“三大改革创新”（深化旧村改造、深化农民异地转移、深化集体林权制度的改革创新）。

工业化步伐进一步加快，不锈钢产业主导地位更加突出，工业经济“一心多块”发展格局初步形成。工业发展平台建设快速推进，工业化程度逐年上升，浙江省不锈钢管产业基地初步形成。

至 2010 年，工业在国民经济的比重逐渐加大，2010 年“二产”超过一、三产业，旅游业、市政建设、第三产业、科教文卫事业都有较大发展。

第二节　价格体制改革

改革进程

1979 年至 1984 年 10 月，以国家调整价格为主，逐步放开一些商品价格的管理权限。

1979 年，粮食统购价格提高 20%，超购部分在这个基础上加价 50%，其他主要农产品收购价格也适当提高。在销售价格没有变动的情况下，粮、棉、油等主要农产品收购价格大幅度提高。同时，对八类副食品（猪肉、牛肉、羊肉、禽类、鲜蛋、牛奶、水产品、蔬菜）在提高收购价格之后，适当提高销售价格。1981 年，决定提高烟酒价格。次年，放开工业品中 100 种小商品价格，以后逐年扩大放开品种范围。至1983年，提高棉布价格，同时降低涤棉布和部分轻工业品的价格。调价之后，解决涤棉布大量积压的问题，促进纺织工业的协调发展。

1984年10月至1988年9月，以放开价格管理权限为主，同时继续对由国家管理的价格进行若干调整。1985年，对粮食、棉花、食用植物油及油料实行按比例价收购（在收购粮食总量当中，30%按原统购价，70%按原超购加价，两者综合平均即为比例价），取消超购加价，实行合同定购和合同定购价格，取消统购制度和统购价格；除少数重要农产品和少数经济作物由国家定价外，其他农产品价格放开，实行市场调节。1986年，全部放开小商品的价格，放开自行车、收录机、电冰箱、洗衣机、黑白电视机、中长纤维布和80支以上棉纱制品的价格。1988年，提高粮食、油料的收购价格和原油等重工业品的出厂价格；提高肉、蛋、糖、茶四类副食品价格，各地根据不同情况，给职工发放适当的补贴；放开名烟、名酒价格。

1988年9月以后，在国民经济治理整顿深化改革的过程中，通货膨胀得到明显抑制，物价上涨幅度回缩，市场销售疲软，改革进入深化阶段。1989年，提高粮、棉、油的收购价格；松阳县早籼稻收购价为16.44元／50千克，较上年提高31.2%；油菜籽收购价格为41.38元/50千克，较上年提高6.65%。大部分进口商品的国内交货价格，从按国内价格作价改为按进口成本作价，即按代理作价。1990年，提高公路的货物运价；对近40年未动的邮政资费作适当调整；较大幅度地提高煤炭、原油、有色金属和部分钢材的出厂价格和民用燃料的销售价格；提高自来水、牛奶价格和公共交通票价；把橡胶、炭黑的计划内外“双轨制”价格合并为“单轨制”价格。

改革成效

1982年，县物价部门主要对当地产品黄酒、打稻机、红砖、自来水、当地产煤、豆制品等进行定价。针对刚恢复县制，建筑材料需求量大的特点，县政府制定砖石、沙石料价格，保持地方建材价格的基本稳定。

1984年8月，县物价部门确定，对统派购的一二类农副产品，计划任务和计划外购销数量与价格已签合同的，可按比例制定混合收购价。1985年3月，生猪实行议购议销，并逐步放开肉、菜、蚕豆等副食品价格。从4月1日开始，放开木材购销价格的管理。粮食取消统派购，改为合同定购和按比例加价政策。同时调整农村粮油购销价格，改变农村返销粮油购销价格倒挂的不合理状况；对城镇居民定量供应的粮油零售价保持不变，行业用粮销价改按议价供应。1986年3月，对地产丝绸被面、化纤织物销售价作出规定，出厂价以现行试销价为中准，实行5%以内的上浮幅度，下浮不限。对县管产品、工业自销部分的价格彻底放开。

农产品收购价格，1990年比1978年提高1.74倍，其中农民出售粮食的价格上升2.25倍。粮价同其他农产品价格比价关系趋向合理。同期农村工业品零售价格上升72%，以农村工业品零售价格指数为100的工农业产品综合比价指数为159，即用同样数量的农产品，1990年比1978年可多交换到59%的工业品，年平均递增4%，工农产品价格剪刀差迅速缩小。1992年上半年，放开豆制品等副食品价格，由生产者自行定价销售。

工业品出厂价格，1990年与1978年相比，采掘工业品价格提高1.5倍，原材料工业品价格提高1.3倍，加工工业品价格上升94%。这种价格上升的梯形格局，使长期以来基础工业产品价格偏低、加工工业产品价格偏高的状况有一定程度的改善，有利于基础工业的发展。消费品零售物价总指数，1990年比1978年上涨107.7%，其中消费品零售物价指数上升109.4%，平均每年递增约为6.3%，低于同一时期工农业货币收入平均每年递增的幅度。随着生产的发展，原来价格较高的化纤、电子等新技术产品及许多耐用消费品价格相对或绝对地降低，而长期偏低的食品价格上升。

对价格构成因素进行改革，实行资源有偿占用制，基本建设投资拨款改贷款，使多年成本计算不全的状况得到改善。

改革以后，市场日益活跃和繁荣，实行多年的凭票证供应的商品品种和范围大为减少，长期短缺的消费品绝大多数敞开供应，人民生活水平明显提高。消费市场逐步实现从计划经济向社会主义市场经济发展，由卖方市场向买方市场转变。

价格改革有利于改善不合理的经济结构。松阳县历年生产总值中1978年一产0.39亿元、二产0.071亿元、三产0.12亿元，2010年一产9.3亿元、二产19.9亿元、三产18.7亿元，分别增长22.8倍、279.3倍、154.8倍。

第三节　金融体制改革

1982年5月，中国人民银行松阳县支行（简称县人行）设立。1983年1月，中国人民建设银行松阳县支行成立。1984年5月，中国工商银行松阳县支行设立，与县人行合署办公。1986年8月，工商银行松阳县支行单独设置。1993年9月，中国银行松阳县支行成立。1998年，中国农业发展银行丽水地区分行派驻松阳县办事组成立。2001年，更名为中国农业发展银行丽水市分行松阳县信贷组。是年1月18日，邮政储蓄实现全国联网，活期业务实现全国实时通存通兑。

随着金融事业的发展，金融业务由原来的计划经济体制下单一的银行机构办理较为单纯的存、贷、汇等传统金融业务，发展到传统的银行业务与金融多功能的综合服务业并存、现有业务与金融创新并存等特点。逐步建立以人民银行为引导、银监会为监管，国有商业银行为主体，政策性银行、股份制商业银行和地方商业银行等各种金融机构并存发展的金融组织体系。

中国人民银行松阳县支行体制改革

1986年末开始，县人行根据《中华人民共和国银行管理暂行条例》的规定履行中央银行职责。

1994年，根据国务院《关于金融体制改革的规定》，人行松阳县支行及时转换职能，实现工作重点转移，认真执行货币政策，强化金融宏观调控和金融监管，防范金融风险，国有专业银行积极向商业银行转轨，分离政策性和商业性金融业务，以安全性、流动性、效益性为经营原则，建立资产负债比例管理和风险管理机制，扩大存款、增强实力，增加信贷有效投入。1995年3月颁布的《中华人民共和国人民银行法》进一步确立人民银行行使中央银行的法律地位。1998年末，根据人民银行行政机构改革方案，设立中国人民银行上海分行，辖管人民银行上海、浙江、福建1市2省各分支机构。

2003年12月，中国银行业监督管理委员会丽水监管分局派驻松阳监管组设立。2004年4月，更名为中国银行业监督管理委员会丽水监管分局松阳办事处。

2010年，人行松阳支行发挥基层央行“防范和化解金融风险，维护金融稳定”的职能，对新成立的金融网点按操作规程严把资料审核关、资格认可关、制度设施核验关。推出银行卡助农取款服务，全县完成85台POS机安装工作。是年，在县域审批设立泰隆商业银行。

松阳县农村信用合作社联合社改制

1987年，松阳县农村信用联社从中国农业银行分离出来。

2005年4月，人行松阳县支行指导完成县信用社与县农业银行脱钩。县农村信用合作社联合社改制为县农村信用合作联社，主要是股份制的农村合作金融机构，接受中央银行的监管，依法履行指导、监督、服务和协助农村金融工作，担负经营业务管理服务，立足农村，服务三农。

县农村信用合作联社成立以后，开展劳动用工制度改革，制定《松阳县农村信用社系统离岗休养制度》《管理干部转岗制度》《员工停薪留职制度试行办法》；提拔一大批有学历、有能力的年青干部，增强信用社经营活力。制定信用社经营目标和效益工资考核办法，实行工效挂钩、按劳分配，充分调动广大员工的工作积极性、主观能动性和创造性。为提高信用社的安全性和效益性，按经济区域设立信用社、安全效能原则重组信用网点。1996年以后，全县独立核算信用社，由原来的23家调整为2010年的11家。1999年10月底，完成基金会归并工作。2000年，完成城市信用社归口工作。2001年开始，实行员工离岗休养。

积极引进面向小微企业和“三农”的中小金融机构，促进当地“三农”及中小微企业发展。

（其他银行的相关内容详见第十六编“金融”第一章“金融及监管机构”第二节“银行及监管机构”）

第六章　农村经济体制改革

农村经济体制从中华人民共和国成立之初就开始改革、不断完善。先后经历土地改革、合作化、人民公社时期。1982年后，松阳县农村进入新的一轮实行以家庭联产承包制和增收减负为主的改革，解放农村的生产力，改变农村的落后面貌。但是，相对于建立社会主义市场经济体制来说，农村的改革已经相对滞后。从总体上说，农村的改革由过去基本是放权让利的改革转向以制度创新和提高市场化水平为主攻方向的改革。

（土地改革、合作化、人民公社化以及土地使用权改革的内容详见第三编“自然资源”第一章“国土资源”第二节“土地制度”）

第一节　家庭联产承包责任制

中共十一届三中全会以后，经济体制改革首先在农村率先展开。1979年初，中共中央发出《关于加快农业发展若干问题的决定》（草案）和《农村人民公社工作条例》（试行草案）。3月，中共遂昌县委在大柘公社黄安大队进行联产承包责任制试点，对各生产队和大队企业实行定人员、定产量产值、定成本费用、定工分报酬、超产部分分成奖励的“四定一奖”生产责任制。

1980年9月，中共中央颁发《关于印发〈进一步加强和完善农业生产责任制的几个问题〉的通知》。10月中旬，县委贯彻党中央精神，强调集体经济的优越性、建立生产责任制的必要性。联溪公社党委从自身山区比较贫困的实际出发，在9个大队37个生产队建立包产到户形式的生产责任制。11月中旬，县委在岗寺公社上河大队进行试点。年末，全县其他生产队建立和完善各种形式农业生产责任制。

1981年，全县推行分组作业和包工包产、定额到田、按件计酬的责任制。12月，县委、县政府、人大联合召开会议，进一步讨论农业生产责任制问题，坚决反对分田分山分掉集体财产和公共积累。

1982年1月，中共中央发出《全国农村工作会议纪要》。文件突破传统的“三级所有，队为基础”的体制框架，明确指出包产到户、包干到户或大包干“都是社会主义生产责任制”。2月，县委推行包产到户、包干到户责任制。接着，改革农村经营管理体制，打破人民公社“三级所有，队为基础”的模式，实行家庭联产承包责任，完善和发展“统、分”结合的双层经营体制。工副业和多种经营实行专业承包；大田生产多数包产到户、联产到户，一部分联产到组或实行定额包干。

1982年末，全县全面推行家庭联产承包为主体的生产责任制，农民有相对的经营自主权，积极性更高。

第二节 林权制度改革

1981年5～6月，中共丽水地委在遂昌县新路湾区新溪公社搞林业“三定”（稳定山林权属、划定社员自留山、确定林业生产责任制）工作试点。7月，县委、县革委会发出《关于稳定山权、林权和落实林业生产责任制的意见》。10月，开展山林稳权发证工作。

1982年8月，松阳县“三定”工作领导小组成立，在三都公社进行试点后逐步全面铺开。1984年6月，“稳定山林权，划定自留山，确定生产责任制”的林业“三定”政策工作结束。

2008年6月8日，松阳县贯彻《中共中央国务院关于全面推进集体林权制度改革的意见》，制定《松阳县林权登记管理办法（试行）》《关于推进森林资源流转工作的实施意见》《关于稳定和完善农村基本经营制度促进农村改革发展的实施意见》《关于印发松阳县农民创业小额贷款财政贴息办法（试行）的通知》等多项政策，推出免征收林业“两金”、对林权抵押贷款实行优惠利率、对小额贷款实行财政贴息等多重利好，激发广大林农参与林改的积极性。设立林权管理中心、森林资源收储中心、森林资源资产评估中心、森林资源流转中心等集林权管理、林权抵押、交易实施、中介服务于一体的林业要素市场，有效整合林业资源，实现资金、技术、信息、林木资产等要素向林业领域有序流转，营造有利于林业发展的市场环境和社会环境，促进全县林农林业生产的积极性。

对已明确山林所有权的地块进行实地勘界，建立一套以林地所有权为基础的图、表、册一致，人、地、证相符合的林权地籍电子管理档案，提高林权管理质量。

根据县委、县政府提出的加快林权抵押贷款“增量扩面”要求，适时地将该项业务在全县范围铺开，增设邮政储蓄为办理此项业务的金融机构；推进贷款模式的多样化、便民化，积极推广林权抵押贷款信用证制度，逐步实现有林权证就有信用证。至2009年5月底，全县共办理林权抵押贷款663笔，计2835.6万元。在此基础上合力推进林权抵押贷款增量保质。全县开始着手统筹各金融机构、林业等部门，综合发挥财政、信贷、保险、担保、评估合力作用，引导更多的金融机构积极开展以森林资源资产抵押为核心的金融服务，构建多元化的林权抵押贷款支持体系，逐步扩大林权抵押贷款规模；加强贷款风险控制，确保不良贷款率处于极低水平。

坚持“依法、规范、自愿、有偿”的原则，正确引导集体林权有序流转，盘活森林资源资产，鼓励林农依法以转包、出租、转让、互换、股份合作等多种形式流转林地林木，促进林业规模化、标准化、集约化经营。2008年后，通过公开招标、拍卖或挂牌流转的国有、集体林权38起，面积4592亩，实际成交金额726.9万元，其中进县交易中心8起，成交额266.9万元，比标底（159万元）高出107.9万元。

松阳县积极培育新型林业经营主体62家，扶持开展集约经营管理。

第七章　工业企业制度改革

1993年，松阳县国有企业普遍试行产权制度改革，其首先模式是股份合作制。企业改制工作从1998年正式全面展开，是以产权制度改革、劳动关系转换为核心的改革。2001年后，国有、集体资本从一般性竞争领域退出，企业改革取得明显成效。全县需要改制的国有、集体企业105家，至2003年末，共有97家国有、集体企业完成改制工作。2003年末，有8家企业未完成改制。至2010年，尚有松阳县耐火纤维总厂、松阳县食品公司2家企业未完成改制。

第一节　企业产权制度改革

产权制度改革又被称为所有制改革，简称“改制”。包括所有权制度改革、经营权制度改革、处置权制度改革和收益权制度改革。同时，产权制度改革还包括公有企业的产权制度改革和私有企业的产权制度改革。产权制度改革是对产权关系和产权运行规则进行的变革。通常所说的公司制改造、联合、兼并、股份合作制、出售等行为都属于产权制度改革，公司制改造是产权制度改革的一种主要形式。产权制度改革是国企引入承担资产损失责任主体的最有效途径。

松阳县产权制度改革分国营企业和农村集体经济产权制度改革两部分。国营企业产权制度改革分三个阶段，第一阶段以贯彻落实中共十二届三中全会决定为标志，国企改革经历实行两步利改税、落实厂长（经理）负责制、推行承包经营责任制、转换企业经营机制等一系列以放权让利为主要特征的改革过程；第二阶段以贯彻中共十四大、十四届三中全会和十五大精神为标志， 松阳县以提高企业整体活力为目标，把建立现代企业制度作为国企改革的方向，到2003年末，全县国有小型企业的改制工作大致完成；第三阶段继续深化和完善以产权制度改革为核心的现代企业制度，建立、健全国有资产管理和监督体制。

农村集体经济的产权制度改革是针对农村集体资产产权归属不清晰、权责不明确、保护不严格等问题日益突出，侵蚀农村集体所有制的基础，影响农村社会的稳定，改革农村集体产权制度也势在必行。

第二节　公有企业改革

松阳的经济体制改革是以产权制度改革、劳动关系转换为核心的改制改革，是以此为主线贯穿各个改革阶段、不断完善各项配套改革过程；主要集中于国资、企改、审改、社保、金融、教育等方面。

中共十一届三中全会作出改革开放的战略决策，国有经济体制改革开始逐步展开。这个阶段集中表现为放权让利、松绑解套。1982 年 1 月松阳复县后，境内企业改革沿用全国统一做法：宏观上体现国家利益的绝对性，同时兼顾企业和职工个人的利益。具体形式是实行多种形式的利润留成和盈亏包干，然后发展成为扩大企业自主权和实行生产责任制。由于企业仍受计划经济束缚，模糊、单一的让利形式并不能真正起作用。之后，松阳的国有经济体制改革把着力点定位于“利改税”政策上，把让利以税的形式强制并固定。税后利润是企业的“蛋糕”，利多多留，利少少留，无利不留。虽说这期间曾大胆地尝试所有权与经营权分离，却未触动计划经济体制，企业产权制度仍是单一国有制，并没有实质性的变化。随着在改革过程中的不断摸索，人们普遍意识到改革的根本对象是产权。

1992 年 10 月召开的中共十四大通过《中共中央关于建立社会主义市场经济体制若干问题的决定》，明确提出国有企业改革的方向，就是建立现代企业制度。这个时期，县内国有企业普遍试行产权制度改革，其首先模式是股份合作制。运行实践表明，企业实行股份合作制，让企业内部职工也参股经营，促成职工与企业构成利益共同体，这对增强企业活力起到一定作用，但也出现国有股权管理失控的现象。由于改制时宏观上认识有局限性，兼之操作粗放，国有股权遭损。股份合作制一方面强调股份独特的效率功能，另一方面突出合作企业的公平点；但它既不完全是一种财产组织形式，又不完全是一种经营组织模式。这种不明确的特征使这种形式具有相当大的局限性。这一阶段所围绕的国有产权制度改革，没有真正跳出国有控股的思路，是不完全、不彻底的改革。但这是改革所必须经历的摸索阶段，是改革的初探。

1997 年中共十五大后，一切从“三个有利于”出发，继续以产权制度改革为突破口，以制度创新和建立现代企业制度为目标，对国有经济结构布局实施战略性调整。通过改革，合理收缩国有经济的运作战线，在通过控制制约经济发展命脉的关键产业，建立富有效力和活力的机制同时，也明确国有、集体资产要尽可能地彻底退出竞争性行业的根本性的改革思路，逐步改变松阳县国有资产分布结构不合理、与民争利、影响和排挤非公有经济发展的局面，产权制度改革思路清晰、目标明确，充分体现市场经济体制下，对改革务必“改在根本、改到彻底”的要求。

1998 年，松阳县的企业改制工作正式全面展开，是以产权制度改革、劳动关系转换为核心的改革，并加快推进股份制改造，积极发展产权多元化的混合所有制。2001 年以后，全县改制取得成效。全县需要改制的国有、集体企业共有 105 家。2003 年末，全县共有 97 家国有、集体企业完成改制工作；转换职工身份 4430 人，安置企业离退休职工 833 人，办理“双缴”职工 50 人，内退职工 137 人；支付职工补偿金等改革成本 11005 万元。

2003 年末，尚未完成改制的企业为松阳县电力实业公司、松阳县建筑安装公司、松阳县耐火纤维总厂、松阳县食品公司、松阳县二轻供销公司、古市粮油经营公司、古市供销社、松阳供销社。

至 2010 年，松阳县尚有松阳县食品公司、松阳县耐火纤维总厂未完成改制工作。

第八章　商业流通体制改革

松阳县供销合作社于1949年11月成立，历经60余年曲折发展，供销社完成从传统经营方式向现代流通业态转变，从单纯购销业务向综合经营服务转变，从单一供销合作向多领域全面合作转变，成为经营性服务功能充分发挥、公益性服务作用不断体现的新型农村合作经济组织，成为农业社会化服务的骨干力量、农村现代流通的主导力量、农民专业合作的带动力量。松阳商业领域体制改革在经济发展过程中逐步进行，大致分为商业领域初步改革（1978～1998）和商业企业进行产权制度改革（1998～2002）两个时期。

（松阳的供销合作社改革与专记《松阳县供销系统改制纪略》互为补充）

第一节　供销流通体制改革

松阳合作事业起源于民国21年（1932），松阳县政府根据省政府的有关规定，在建设科配备1名合作事业指导员，开始对民众进行合作事业的宣传。民国24年，城乡食盐消费合作社成立，是松阳县第一个合作社。随后水南、王村、湖溪、白角外等肥料供给合作社相继成立。民国26～31年，杭州沦陷，省府及相关单位内迁，松阳成为战时合作重点县，松阳的合作事业得到迅速发展。民国31年，松阳县有联合社1个，信用、农业、茶叶、雪茄烟生产消费、肥料供给、烟叶运销、食盐消费、造纸等各种形式的合作社156个，社员20611人，股金157640元（旧币），入社户数占区乡总户数的70%以上。社务、业务活动亦颇为活跃。后因日军疯狂掳掠烧杀，合作事业遭受严重摧残，1949年，松阳的合作事业多数倒闭解体。

中华人民共和国成立后，随着社会主义改造的进展和城乡市场的变化，供销合作社与国营商业进行了2次分工。

1953年底，第一次按经营对象分工，供销社负责收购和经营粮、油农副产品、手工业品。农业生产资料和农村生活资料由当时设立的农业生产资料、日用品采购批发站负责。根据按集镇建社的原则，全县16个基层供销社并为9个。1954年7月，第二次按城乡分工，供销社领导农村市场，掌握公私经营比重，掌握农副产品收购价格和对农村私商的社会主义改造。基层供销社由9个合并为城区、古市、靖居、玉岩4个。1956年，第三次实行按商品和城乡结合的分工调整，供销社主管除粮油外的农副产品、农业生产资料的采购供应、农村生活资料的批发、零售以及废品收购。

1953～1956年，供销社发展迅速。1957年，松阳县供销合作社有社员43298人，股金77470元，全年购销总额317.15万元，利润21.91万元。

1958年4月，松阳县供销合作社与县商业局合并。11月，松阳并入遂昌县。12月，各基层供销社的人员、资金、财产下放人民公社管理使用。基层社改称人民公社供销部，成为基层政权组织的附属部门和国营商业的基层单位。供销社原来民主管理的组织和制度被取消，内部管理制度基本上执行国营商业的制度。1959年，基层社的人财物收归商业局领导。1960年，国民经济调整，重新明确供销社为集体所有制性质。

1961年10月，遂昌县供销社与商业局分开，供销社调出的骨干归队，供销社的力量得到加强。1964年1月，遂昌县供销社召开第二次社员代表大会，选举产生理事会、监事会。设立多种经营机构和扶持农村多种经营的发展，积极开展自营业务，组织工业品，送货下乡，方便农民群众。这个时期成为供销合作社第二个民主办社的好时期。1966年1月，县商业局、供销社、工商行政管理局合并办公，实行三块牌子一套人马，统一领导，统一管理。6月，“文化大革命”开始，供销社受到极大的冲击。

1977年，供销社改为全民所有制性质。1978年，县供销社再次与商业局分开办公。中共十一届三中全会召开后，通过拨乱反正，供销社逐步把工作重点转移到以振兴农村经济服务、发展商品流通、繁荣城乡经济上来。

1982年1月，恢复松阳县建制；5月，松阳县供销合作社正式开始办公；11月，浙江省人民政府召开全省商业工作会议，决定开展供销社体制改革。

1983年1月，松阳县供销社在靖居区进行体制改革试点，清理股金，补发红利，增股扩股，发展社员，而后在全县推广；6月，松阳县供销合作社召开第二届社员代表大会，选举理事会9人，监事会11人，组建民主管理组织，实现社员民主管理。松阳县供销合作社改为松阳县供销合作社联合社，作为联结全县基层供销社的经济实体，并承担行政管理的责任。

1984年，松阳县供销社取消对农民入股的限制，放手吸收农民入股。通过集资办企业和投劳带资的形式，建立全县第一个较大的供销社工业企业康乐食品厂。

经过1983年和1984年的改革，恢复松阳县基层供销社的集体性质，松阳县供销社联合社组织上的群众性、管理上的民主性和经营上的灵活性得到恢复和发扬，服务领域和经营范围进一步扩大。

1986年，松阳县供销社普遍落实各种经营责任制。县社在西屏镇成立贸易中心，靖居区社在温州设立门市部，发展和扩大纵向、横向经济联系。10月，松阳县供销合作社联合社召开第三届社员代表大会，选举产生县联社理事会、监事会。全县供销社干部职工1020人，商业网点遍布城乡，有5个基层供销社、3个工厂、1个车队。有流动资金和固定资产719.22万元，购销总额3002.2万元，利润91.52万元，社员股金40.09万元。

1996年，供销社退出政府行政机构序列。根据实际需要，可以承担政府委托的任务，行使政府授权的某些职能，列席政府的有关会议。政府依照法律和政策，对其进行指导、协调、扶持、监督。

1997年9月底，松阳县供销系统13家企业（县属8家、基层社5家），在册职工1139人，另有离退休人员146人、定补70人，总计1355人。所有者权益-827.29万元，银行贷款总额4100万元。1998年6月，松阳县国有企业、城镇集体企业产权制度改制工作全面开始。依据相关政策精神，改制的主要形式有实施企业破产、解散、先破后立等。对不能偿还到期债务和资不抵债的松阳丝厂、松阳绸厂、靖居供销社、大东坝供销社、松阳农资公司、松阳茧丝绸总公司6家企业依法实施破产。企业竞争性强、经营难的松阳副食品公司、松阳工业品公司，实行先分流职工、后解散终止企业。对松阳土特产公司实施破产后重新建立松阳县红烨烟花爆竹经营有限责任公司。

1999年，供销系统改制以县属单位为重点，采取分块分步办法抓好下属企业改革。由于县供销合作社联合社底子亏，人员多，摊子大，历史遗留问题多，改革缺乏成本，资产变现难，改革阻力较大。

2000年4月，经过2年左右改制，企业人员分流。松阳县供销系统在册职工428人，比1997年9月减少711人。

2001年5月，县供销合作社联合社机关改革，分流17人。2003年，对松阳供销社、古市供销社进行改制。2004年5月，对古市供销社采取人性化操作，实行先分流人员，后对企业依法实施破产。2005年，松阳县供销合作社联合社对改制企业的遗留问题进行处理。2006年，松阳供销社按原制定的企业改制方案，对部分职工进行安置补偿。

第二节　商业领域体制改革

商业的发展过程

松阳商业以运销农产品、购入生活用品为主，市场集中在西屏、古市、大东坝、玉岩、靖居、新兴等地。

1949年，松阳有商店369户，社会商品零售额272.6万元。1950年，私营工商业26个行业462户。1951年，对私营工商业重估财产，清产核资，核定资本总额17.39万元。1956年，全县私营商业539户774人，经私营商业社会主义改造，批准271户446人为清产核资公私合营的经（代）销店、26户（人）为合作商店、181户207人为合作小组、8户22人过渡到国营供销社。基本完成对私营商业的社会主义改造。

1957年3月，松阳县人民委员会设商业科。1958年1月，改设商业局。5月，公私合营、合作商店全部并入国营商业。1968～1976年，取消个体商贩，关闭集市贸易，流通受阻，商品匮乏。1968年，全县社会商品零售总额613万元，比1966年下降18.49%。

1978年中共十一届三中全会后，私营商业发展，经济体制改革在国营、集体商业企业中开展，流通渠道逐步畅通，城乡贸易交流日渐活跃。1978年，社会商品零售总额1660.7万元，农副产品采购总值828.8万元。1992年，全县有商业零售机构2421家，从业人员3698人；社会商品零售总额15642万元、农副产品收购总额8415万元。

商业领域体制改革

1978年12月，松阳恢复流通集市贸易，城乡经济开始活跃。1980年，推行国营商业经营承包责任制。1981年12月，境内商业系统8个单位、37个门市部实行“利润包干，超额分成，层层承包”的商业经营制度。

1982年，松阳县政府设商业局，为政府工作部门。1983年下半年，松阳县商业系统职工工资实现奖金与经营效益挂钩。

1987年，松阳县国营中型商业企业实行以核定基数、确保上缴、超收多留、欠收自补为原则的第一轮财政承包。小型企业实行内部招标租赁、承包制。1990年，国营商业第二轮承包签约。1991年，推行经营、价格、用工、分配“四放活”改革。

1994年1月，松阳县商业局转为县政府直属单位。1996年10月，县商业局转为经济实体。1997年7月，松阳县商业集团公司成立。

1998年6月，松阳县的商业企业改制工作全面展开。1999年3月，松阳县饮食服务公司破产；5月，松阳县百货公司采取全额置换国有资产的方式进行改制。2000年4月，松阳县石油公司破产。8月，松阳县五金交电化工有限总公司按解散企业、变现资产安置职工的方式进行改制。11月，松阳县糖烟酒菜有限公司采取变更企业名称和合理分流富余人员相结合的方式进行改制。12月，松阳县食品公司由国有控股改制为国有控股有限责任公司。2002年，商业开发公司破产；12月，糖酒菜有限公司实行改制重组。至此，商业企业产权制度改革基本结束，商业局的职能由松阳县经济贸易局履行。

第十一编　农　业

松阳农业经济历史悠久，在县域社会经济发展中始终居先导性与基础地位，在松阳经济繁荣发展中有着重要影响。

松阳境内在荫岗山、占安山、营盘背等地陆续发现新石器时代遗存，在大石、塘寮等地发现商周遗址，表明早在新石器时代至商周时期，松阳先民就在这片土地上进行农事活动。隋唐以后，随着国家经济重心向南方转移，松阳土地逐步开拓。

民国 19 年（1930）6 月 21 日至 10 月底，办理土地陈报，全县公私土地面积 231195.524 亩。民国 26 年，抗日战争全面爆发；浙江省农业改进所迁址松阳。解放后，松阳农业恢复发展。1982 年 1 月，松阳县恢复县制后，农业生产发展迅速。1984 年，粮食总产量 12488 万千克。产业结构进行大调整，实行粮经结合，以发展食用菌为先导，茶、桑、烟、果、蔬、畜禽业并进，农业经济全面发展。21 世纪后，松阳县形成茶叶、香榧、油茶农业三大主导产业。2010 年，农业总产值 139617 万元，粮食总产量 5214 万千克。

第一章　农业生产条件

松阳位于浙西南山区，地处瓯江上游松阴溪流域。全县地域面积 1406 平方千米。地形以丘陵山地为主，四面环山，中部盆地以其开阔平坦称松古盆地，面积 175.46 平方千米，其中农田 90.67 平方千米（占全县农田的 58%），呈带状由西北向东南延伸，是浙西南最大的山间盆地，但总体可谓“八山一水一分田”。因其优越的自然条件，松阳向以农业为主导产业，水稻种植历史悠久，素有“处州粮仓”之称。

自松阴溪畔经盆地边缘至山顶，土壤依次分布为培泥沙土、泥沙土、谷泥沙土、黄泥沙土、山地黄泥土等，黄壤多在海拔 750～800 米的地带，以山地黄泥土、山地石沙土、山地泥沙土为主。

气候属中亚热带季风气候，四季分明、气候温和、雨量充沛。年无霜期 250 天，冰冻期 30 天左右，年日照 1832 小时；年平均降水量 1500 毫米左右。

松阳历史上就是以种植粮食为主，水稻种植是松阳在改革开放之前的最重要产业。经济作物中有“三张叶”之称，即“茶叶、烟叶、桑叶”；改革开放之后，茶叶一枝独秀，占农业的半壁江山。

松阳古时多用动物粪便及杂草、草木灰、豆萁、淤泥等作为肥料。解放后，逐步使用多种化肥。

“七五”期间，松阳县实施农作物模式栽培与全年亩产吨粮工程。

第一节 土 地

土地情况

1996年《松阳县志》载："南宋绍定四年(1231)，凡田原陂塘廛市庐舍2607顷45亩。明成化二十二年(1486)，承粮田地、山塘3162顷43亩。清初，原额田2273顷34亩。顺治十一年(1654)，田2272顷，地101顷45亩；雍正七年(1729)，承粮土地2272顷32亩，乾隆三十一年(1766)，原额田2213顷37亩；道光十六年(1836)，承粮田1511顷89亩，地94顷87亩。民国19年(1930)，耕地24.15万亩，其中平原16.28万亩、山丘7.77万亩、湖荡0.098万亩。民国33年，耕地19.97万亩，其中水田16.25万亩、旱地3.71万亩。民国35年，田地22.63万亩，其中水田20.52万亩、旱地2.11万亩。1949年，耕地18.24万亩，其中水田17.45万亩、旱地0.79万亩，人均耕地1.59亩。1951年，耕地18.22万亩。1954年，耕地17.99万亩。1958年，耕地17.7万亩，其中全民所有0.02万亩、集体所有17. 53万亩、社员自留地0.15万亩。1982年，耕地17.41万亩，其中全民所有0.02万亩、集体所有17.39万亩(含社员自留地1.03万亩)。1992年，耕地16.64万亩，其中水田16.17万亩、旱地0.47 万亩，人均0.74亩。"2010年，全县农业耕地面积14.80万亩（造成耕地面积锐减的原因一是工业用地需求量的大幅度增加，二是交通、城镇建设的快速发展占用土地）。

1957～2010年若干年份松阳县耕地情况表

表11-1-1-1

年份	全县耕地面积（万亩）	总人口（人）	农业人口（人）	人均耕地面积（亩）	粮食总产量（万千克）	农业产值（万元）
1957	17.75	129450	119132	1.49	3903.5	2474
1962	17.83	136572	126850	1.38	4154	2326
1965	18.12	148717	138519	1.26	4518	2611
1970	17.79	171106	162154	1.10	5777.5	3800
1975	17.56	191093	181937	0.97	6586.5	4232
1980	17.45	206122	195656	0.89	9703	5304
1982	17.08	215153	196889	0.86	11364	10220
1990	15.16	224763	204449	0.74	10965.5	13334
1995	15.93	227489	203544	0.78	9640.5	38866
2000	14.98	230231	202908	0.74	9325.5	47953
2005	11.52	231428	202542	0.57	6137.8	62830
2010	14.80	237229	208487	0.71	5213.9	92870

土壤类型

松阳境内的土壤以红壤土为主，大致可分为5大类、11个种类、41个土层、74个土种。

红壤土是最主要地带性土壤，广泛分布在海拔800米以下的低丘陵，面积约计折77264.67公顷，占全县土壤总面积的56.5%。黄壤土微酸性，pH值4.5～5.8，主要分布在海拔800米以上的低丘陵上。岩性土壤，在松阳境内面积较少，仅573.33公顷，占土地总面积的0.41%，零星分布在松古盆地的低山丘陵上；其母质为钙质紫砂岩、石灰性紫砂岩及玄武岩；母岩的特性保留在土壤中，此类土壤宜于种植耐旱作物。潮土类土壤，分布在溪流两岸，是发展桑麻、柑橘的优良土壤，也宜于种植西瓜、花生及豆类等旱作物。

松阳境内的土壤分布规律是海拔100～150米的沿溪两岸，为近代河溪泛滥的沉积物发育而成的土壤，主要为培泥沙土，宜种植农作物。海拔150～200米的，多属红砂岩、钙质紫砂岩等发育而成的土壤，宜种植干水果、茶叶等植物。由古红土发育而成的黄筋泥等红壤土融于红紫砂岩，在低丘顶部呈帽式线丘状分布；低丘陵间，又铺盖着历代溪水搬运的冲积物，土质疏松，腐植质较为丰富，宜于农作。海拔800米以上的多为黄壤，呈微酸性，宜于发展林木。海拔800米以下的低丘陵的土色呈红或橙色，俗称黄泥土，呈微酸性，面积较广，宜于种植茶叶、油茶及干果类植物。

（相关内容详见第二编“自然环境”第四章“土地与土壤环境”）

耕地整治和开荒造地

1964～1979年，松阳境内人民群众在“农业学大寨”运动中，开展农田基本建设。先后完成白龙堰浆砌块石滚水堰坝、观口堰块石堰坝改造工程、梧桐源水库、江南渠道。国家投入巨资，在松古平原用混泥土修建大量“三面光”的引水沟渠。至1974年末，境内建成大小水利工程1100多处，总蓄水量由1964年的780多万立方米增加到1900万立方米；旱涝保收、稳产高产田由1964年的4.6万亩增加到15万亩。1999年开始，在全县范围内通过土地整理方式改造低产田，到2007年末，共投入项目建设资金19824.35万元，完成39个标准农田的建设项目，基础设施不断完备，土地生产能力增强，有效耕地面积增加，农村生产生活条件得到改善，为粮食高产、稳产打下基础。2010年开始，把西屏镇、古市镇、叶村乡、樟溪乡、斋坛乡共58个行政村的30897.96亩二等标准农田列入提升工程范围。

通过土壤有机质提升（绿肥种植、秸杆还田、商品有机肥应用、农牧业废弃物利用）、农田耕作层改良（土壤耕作强化、合理耕作制度推广）和土壤养分平衡（土攘酸化调整、配方肥应用）三大工程建设，实施土壤培肥及配套完善农田基础设施（平田整地、灌溉排水、田间道路），建立完善农田质量检测与监测体系，对土壤地力进行定位、动态、长期和有效监测，强化责任落实，建立建设与管护机制。

1964～1974年，新开农田2500多亩。1998～2003年，新增有效耕地面积12163.2亩。2005年，建成标准农田22929.3亩，新增有效耕地面积12218.55亩。2006年，水田开发84.15亩。2007年，开发总面积3057.9亩（水田209.1亩、旱地2848.8亩）。2008年，完成土地开发3076.35亩。2010年，新增耕地面积2961亩。

第二节 农业生产工具

历史时期传统农器具

春秋战国时期，金属农具替代石制、骨制农具，农业生产力大大提高。

隋唐以后，中国经济重心开始向南方转移。火耕水耨的耕作方式向精耕细作方向发展，以耕、耙、耖为核心的耕作技术形成。唐时，长辕犁改为曲辕犁，先在江东一带广泛使用，后传入松阳。

图 11-1 耕地（叶高兴 摄于 2006 年）

宋代，“灌钢”技术流行，传统铁制农具质量全面提高。农业生产力走上以提高单位面积产量为主的阶段，水田耕作形成耕—耙—耖—耘—耥相结合的体系。还有耘田的耘荡、耘爪、田刨等农具，农民劳动强度大为减轻。蚕具有蚕架、蚕匾、桑刀、桑砧等。松阳茶叶生产团茶、饼茶。明初，向散茶发展，茶器也有新的改进。

传统农器具在宋元发展到高峰后，整个明清时期基本固定下来。在土地利用率和生产率提高的同时，劳动生产率未提高。究其原因是人多地少、小农经济规模狭小，缺乏改进农具、提高劳动生产率的内在动力。

松阳县近代农具在种类上比前期较为完备，有犁、耙、耖、耘、耥、田刨、水车、锄头（阔窄两类）、铲（铁锹）、镰刀、篾垫、稻桶、桶梯、水碓、砻、风柜（风车）、米筛、箩框等农耕作业所需的专门工具。所用动力基本以人力为主，只有少数农民使用畜力。广大无耕畜和大型农具的农民以劳力向畜主换租畜力或直接以人代畜从事劳动。一般小型农具若无自备，则相互借用或直接以手代替。民国时期，仍使用以人力、畜力操作的农具。民国 22 年（1933），国民政府内政部公布的数字证实，在 10 年间全国耕牛减少 1/3，农具的情况大体相同。民国 24 年，对浙江等 5 个省 11 个县 1426 家农户农具备置情况调查，半数以上农户没有常用的小型农具。可见这一时期（民国 12～22 年）农民备置的常用传统农具与前期相比，未曾改善。

现代农具

耕牛和耕作机械 1955 年，松阳引进第一台双轮双铧犁。1956 年，全县推广双轮双铧犁 143 部。后因不适应松阳水田作业，1957 年冬退回 66 部。耕牛仍是松阳有史以来农民耕种土地的主要畜力。1957 年 10 月 14 日，县人委发布《关于严格掌握宰杀耕牛的布告》指出：“耕牛是农业生产的主要力量，特别是实现农业合作化后，复种指数提高，种植面积逐渐扩大，当前要严格防止乱宰耕牛现象，加强耕牛的保护。”

1968年，松阳境内引进第一台柴油内燃动力“工农-12型”手扶拖拉机，配置双轮双铧犁和水田旋耕机，可分别进行犁耕和水田旋耕作业，也可配简易拖斗进行货物运输作业。20世纪70年代中后期，引进宁波产“东方红-24”、江西产“丰收-27”、上海产“丰收-35”等中小型拖拉机，挂上拖斗可作运输工具。70年代末开始乡村农田机耕路建设，至90年代初，松古平原及一些相对平坦的河谷农田，可使用拖拉机进行耕作。联产承包责任制实行后，土地分散经营，产业结构调整，在大田种植多年生经济作物，机械效能受到限制，农户对机耕作业需求下降，拖拉机用于专业运输增多。80年代末，引进开沟机，用于小麦种植。后种植小麦效益不高，逐渐消失。90年代末，引进起垄机，用于油菜等旱作，因适应性不佳未进一步推广。2006年，引进首批宁波协力多功能田园管理机，在玉岩、大东坝等山区推广应用。该机动力为3～5马力汽油机和柴油机，整机重65～100千克，可两人扛抬，方便地方转移，适应山区农田耕作需要，也可用于钢架大棚内耕作。至2010年，全县有此类微耕机百余台。

种植机械　20世纪70年代末，引入6台机动插秧机，在阳溪、望松、赤寿、岗寺、西屏等地使用，后效能不高，未继续应用。1997年，引进抛秧机等机械，后产业结构调整等因素，未推广应用。2009年，首次引进育秧流水线、育秧盘及步行式插秧机在斋坛乡试用，也因产业结构调整等因素，未推广应用。

图11-2　松阳县水稻机械化育插秧技术推广现场会（叶光铭 摄于2009年）

灌溉机械　1953年，县良种繁育场首先使用抽水机灌溉。1962年8月，望松石角电灌站建成灌溉农田。20世纪60～70年代，大兴水利建设，在松古平原兴建石角、下马坑、白沙、周垈、航埠头、十五里、岗下、西屏等电灌站，中小型抽水灌溉机较广泛应用。2000年后，喷滴灌技术逐步兴起，并在蔬菜、茶叶、水果园中应用。

植保机械　20世纪50年代，县良种繁殖场率先试用高压喷雾器防治农作物病虫害。60年代，农村推广人力喷雾（粉）器，70年代中后期，机动喷雾器出现。2006年后，小型背负式机（电）动喷雾机及担架式机动喷雾机在松阳推广应用。

随着农业生态环保被日益重视，生物、物理防治技术得到快速发展。2002年，松阳首次使用有线电杀虫灯。2010年后，太阳能杀虫灯在茶园及蔬菜基地推广应用。

图11-3　太阳能杀虫灯（叶光铭 摄于2009年）

粮食收获机械　20世纪50年代末期，松阳开始推广应用人力打稻机。70年代，引进机（电）

动打稻机。70 年代末，阳溪公社白沙村引进湖州产半喂入稻麦联合收割机，因故未进一步推广应用。1996 年，借助“粮食自给工程”建设，引进“桂林-5 号”、台州产“三联”“柳林”等全喂入谷物联合收割机，全县共 6 台。后产业结构调整未继续使用。

畜牧业机械　2010 年，牛羊养殖开始使用青贮饲料收刈机械；养猪场引进湿帘降温设施。饲料自动投放系统逐步在养鸡、养猪场推广应用。奶牛养殖场引进挤奶机、鲜奶贮运罐等机械设施。

农副产品加工机械　1956 年，最先引进番薯刨丝机，之后碾米机、磨粉机、饲料粉碎机等加工机具陆续引进应用。20 世纪 70 年代末开始，大多乡村办有碾米、磨粉、榨油、饲料粉碎功能的加工厂。传统的水碓、人力踏碓等设施和人力工具逐渐消失。90 年代中后期，碾米、磨粉等多功能小型加工机械在农村家庭迅速推广，村办加工厂逐渐消失。粮食购销放开后，随着大中型粮油、饲料加工厂的兴起，农村小型农副产品加工机械的作用逐步衰退。

茶叶生产加工机械　松阳成为茶叶生产大县，茶叶成为农村三大支柱产业（茶叶、香榧、油茶）之首。20 世纪 70 年代初，松阳引进简易锅式杀青机、揉捻机等茶叶初制加工机械，在赤寿乡红连、半古月及竹源乡呈田等茶场推广应用。至 70 年代末，大部分村级初制茶厂使用锅式杀青机、揉捻机等加工机械。80 年代中后期，引进相对先进的滚筒式杀青机和揉捻机等加工机械，并广泛应用。2002 年，半自动扁形茶炒制机引进，迅速推广。茶叶修剪机、采摘机、理条机、提香机、脱毛机等机械也被引进推广应用。2008 年，茶叶机械进入农机购置补贴目录，各类茶叶生产加工机械被广大茶农购置应用。2005 年 3 月，松阳县福运生态茶业有限公司引进首台韩国进口大原色选机。2010 年，上河茶机厂全自动智能扁形茶炒机研制成功，取代半自动扁形茶炒制机。

图 11-4　茶叶机械采摘（叶光铭 摄于 2009 年）

食用菌生产机械　1986 年，松阳推行人工栽培食用菌，引进木料粉碎机、简易装袋机等机械。随着食用菌产业的形成和扩大，杀菌用蒸汽炉、封口机、封袋机等机械被广泛推广应用。2010 年，智能型菌棒生产流水线由枫坪食用菌专业合作社建成投产。

农用运输工具　20 世纪 70 年代之前，农村运输使用胶轮手拉车。70 年代，手扶拖拉机在农村逐步普及；农忙时在田间作业，农闲时挂上拖斗进行货物运输。1985 年，对上道路拖拉机开始核发牌照后，上道路运输拖拉机数量不断增长；至 1996 年高峰期，全县各类上道路拖拉机 1360 余台。1997 年后，后驱动农用变型运输车逐渐取代速度慢、安全性能不佳的手扶拖拉机运输，成为农用运输的主要工具。从 80 年代中期至 21 世纪初，全县专业从事拖拉机运输业者一直保持在 2000 人左右，承担着 90%以上农村建房、农田水利基本建设、农村生产生活资料的运输量。随着交通运输现代化进程的加快，拖拉机运输有所减少。农用运输形成各类运输工具并存局面。

其他农业设备　20世纪90年代中期，为新鲜食用菌保鲜，松阳开始引进冷藏保鲜库。2000年后，除食用菌保鲜外，蔬菜、水果、茶叶等农产品冷藏保鲜的需求量增加，冷藏保鲜库快速发展。1994年，赤寿、望松等乡引进钢架大棚生产蔬菜，后在苗木、茶叶、食用菌生产上，大棚面积不断扩大。20世纪70年代中期，在农田水利建设中开始引进大型推土机、挖掘机等机械。1998年，引进首台水果分级机。

农业机械装备总体水平和发展状况

1982年，全县农用总动力23077千瓦，其中耕作机械动力14994千瓦，亩均占有农用动力0.15千瓦。全县各类农机具5300余台，农业机械总值670.98万元。主要机具有大、中、小型拖拉机810台，收获脱粒机具1286台，植保机械152台，排灌机械759台，农副产品加工机械1406台，茶叶加工机械271台，农用运输机械579辆。

2010年，全县农用总动力117321千瓦，其中耕作机械动力6539千瓦，亩均占有农用动力0.92千瓦。全县各类农机具12604余台，农业机械总值17346.5万元。主要机具有大、中、小型拖拉机847台，收获机械873台，植保机械1173台，排灌机械5626台，农副产品加工机械3102台，茶叶生产加工机械24599台，食用菌机械2100台，农用运输机械992辆，各类冷藏保鲜库120余座、容积8500余立方米，钢架大棚115万余立方米。

与1982年相比，新增食用菌机械和冷藏保鲜等农业设施内容。茶叶生产加工机械的增长最为突出。

农业机械化作业总体水平

至2010年，松阳农机化作业项目涵盖农业各主导产业的耕种、养殖、收贮、加工、运输等各个环节。全县机耕面积5.6万亩，机播面积0.2万亩，机电灌溉面积10.6万亩，机械植保面积12.6万亩，机收面积0.94万亩，机械脱粒粮食0.6万吨，机械烘干粮食0.45万吨，农产品机械初加工8.43万吨，机械化饲料加工4.5万吨，冷藏保鲜贮量2.6万吨，设施农业（钢架大棚）1290余亩，农业运输2.48万吨公里。

农业主导产业机械化应用水平

粮食产业　20世纪80年代初，全县平原地区和有条件机耕的地方基本应用拖拉机耕田，山区机耕难点至2007年得到解决。2009年后，种植、收获及烘干贮藏机械化获得有效突破。至2010年，松阳县卯丰粮食专业合作社在赤寿乡赤岸畈承包200余亩农田，购入大型拖拉机、收割机、烘干机、育秧流水线等机械进行水稻全程机械化生产。

茶叶产业　20世纪70年代初，开始使用茶叶初加工机械。2000年后，名优茶加工机械在松阳推广普及。至2005年，松阳茶叶初制加工基本实现机械化。2007年后，随着茶叶机械修剪、采摘及高效能植保等机械的推广应用，茶叶生产全程机械化水平逐步提高。2008年后，茶叶色选机普遍应用、振通宏茶业精深加工生产线投产使用，松阳茶叶生产的各个环节全部进入机械化。2010年，松阳县茶叶加工迈向自动化、智能化阶段。

食用菌产业　20世纪90年代中期后，应用冷藏保鲜提升新鲜食用菌的品质。至2010年，全县食用菌生产中，木料粉碎、杀菌、装袋、接种等生产工序基本应用机械和专业设备。

畜牧业　20世纪90年代中期后，饲料加工基本实现机械化。2010年，规模养殖场开始使用青贮饲料收刈机械和湿帘降温设施。

水果产业　1998年，水果分级包装实现机械化。2001年，夏季水果应用冷藏保鲜技术。

农业机械购置补贴

2004年，国家及地方财政对农民购买农业机械机具实行补贴政策。2007年，松阳开始执行该项政策。松阳县农机购置补贴机具以茶叶生产加工机械为主，占所有受补机具的95%以上，从而提升松阳茶叶生产机械化水平。

2007～2010年松阳县农机购置补贴实施情况表

表11-1-2-1

年份	中央补贴资金（万元）	省级补贴资金（万元）	县级补贴资金（万元）	受补贴机具（台）	农户自筹投入资金（万元）
2007	—	7.153	2.153	272	17
2008	109.961	8.028	5.352	1189	416
2009	525.559	1.124	0.483	4322	1802
2010	669.96	—	—	7802	2230
合计	1305.48	16.305	7.988	13585	4465

农机制造业与维修网络

农机制造业　1970年，上方拖拉机修造厂在古市镇上方村建立，初期制造交流三相电动机并修理拖拉机。20世纪80年代中期后，生产手扶拖拉机挂车，最多时有工人百余人。90年代末，企业改制后，因无新产品推出而倒闭。

20世纪70年代末，位于西屏镇北直街的原松阳铁业社改名松阳农机厂，开始生产碾米机等农副产品加工机具。2001年以后，因企业改制未能继续扩展而倒闭。

2010年，松阳县上河茶叶机械有限公司成立。生产自主专利的智能型扁形茶炒制机以及恢锅机等茶叶加工机械。产品行销省内外，企业规模不断扩大。

图11-5　松阳农机厂生产的主要产品6YT-58型榨油机，曾获地区级新产品奖（县档案馆提供 1998年）

农机维修网络　20世纪70年代初，在多个人民公社建立农机修理厂，负责辖区内集体所有的农机具维修保养。80年代末，个体农机维修店出现。90年代中期，个体农机维修纳入工商管理，原公社农机修理厂被私人承包或解散。1996年，全县有各类个体农机维修点40余个。2010年，全县有农机维修点20余个。

第三节 肥 料

肥料种类

一般分无机肥料、有机肥料和生物肥料。无机肥料又称化学肥料，有氮肥、磷肥、钾肥、复混肥等；有机肥料又称农家肥，有厩肥、绿肥、饼肥、圈肥和堆肥等；生物肥料又称细长肥料，属于改善植物营养条件的肥料，不能直接供给养分。

化肥（无机肥） 据有关资料记载，中国进口化肥始于清光绪三十一年（1905）。民国18年（1929），英国东印度公司到松阳推销肥田粉。20世纪30年代始，民国政府组织全国性肥效试验，称为地力测定。测定结果表明，氮素极为缺乏，磷素养分仅在长江流域或长江以南各省缺乏，钾素在土壤中很丰富。新中国成立以后，1958年和1980年，先后2次组织全国性的土壤普查，对全国的土壤类型、特性、肥力状况等进行系统的调查测定，促进化肥的施用和农业化学研究工作。1999年，经土壤调查，松阳县标准农田土壤养分有机质含量超过30克/千克的有39316亩，占35.0%；有机质含量30～20克/千克之间的有64290亩，占57.1%；有机质含量小于20克/千克的有89250亩，占7.9%。pH值小于5.5的面积有59127亩，占95.4%；pH值小于等于4.5严重酸化的48114亩，占42.9%。有效磷含量平均136.3毫克/千克，最高650.1毫克/千克，最少的仅1.1毫克/千克，有效磷丰缺严重不平衡，总体上有富集现象；大于50毫克/千克的面积81413亩，占73.3%；小于7毫克/千克的缺磷田块也有3473亩，占3.1%。效速钾含量平均仅91毫克/千克，含量大于150毫克/千克的只有14039亩，占12.5%；小于50毫克/千克的缺钾面积23557亩，占20.9%。耕层厚度不足12厘米的标准农田7154亩，占6.4%；耕层厚度12～16厘米的标准农田47134亩，占41.9%；耕层厚度大于16厘米的58243亩，占51.7%。

中华人民共和国成立前，全国仅2座规模不大的氮肥厂和2个回收氨的车间。中国化肥产业自1949年开始发展，先氮肥，后磷肥，再钾肥、复合（混）肥。常规化肥品种的发展趋势基本遵循着世界化肥产业发展的主流趋势，即向高浓度和复合化方向迈进。化肥的品种主要有有氮肥、磷肥、钾肥、复混肥料等。

氮肥，包括碳酸氢铵、尿素、硝铵、氨水、氯化铵、硫酸铵等。磷肥，以磷素营养元素为主要成分的化肥，包括普通过磷酸钙、钙镁磷肥等。钾肥，主要品种有氯化钾、硫酸钾、硝酸钾等。复混肥料，肥料中含有2种肥料三要素（氮、磷、钾）的二元复混肥料和含有氮、磷、钾三种元素的三元复混肥料。

有机肥 松阳人习惯称农家肥。其特点是原料广，数量大；养分全，含量低；肥效迟而长。常用的自然肥料品种有绿肥、人畜禽粪、厩肥、堆肥、沤肥、沼气肥和废弃物肥料等。

绿肥是用绿色植物体制成的肥料，为土壤提供丰富的养分，是有机肥中的一种。松阳农谚云，“草子（紫云英）种三年，差田变好田”。

附：松阳紫云英种植

松阳当家绿肥品种是紫云英。紫云英又叫红花草、草子，是豆科越年生草本植物。原产中国，据史载，长江流域在五代就广为种植，有1000多年的栽培史，是松阳农民最喜欢种植的绿肥优良品种。三都乡紫草村就是因广泛种植“草子”而得名。因此，种好紫云英对改良土壤、培肥地力、促进粮食和畜牧业的发展有着重要的意义。

播种以秋分至寒露之间为宜，每亩播种量2～2.5千克（留种田1～1.5千克）。播种前晒种半天，也可浸种36小时后，进行催芽（种子露白后）播种。播种时每亩用钙镁磷肥5～7.5千克，加土杂肥10千克左右拌种后均匀播种。一般再生稻收割前、双晚齐穗后15天排水，当田泥落干，田表湿润，脚踩不沾泥、不下沉时即可播种。

紫云英播种后，要开好排灌沟，要求沟沟相通，力求做到雨过田间不积水。割稻后及时亩用150千克左右稻草均匀撒盖，把多余的稻草搬出田。

重施冬肥，紫云英施肥以磷肥为主，配施氮肥、钾肥和钼肥。割稻后至小雪前是小阳春气候，也是紫云英冬季生长、分枝高峰期，强化水肥管理是奠定来春早发高产的关键技术措施。这阶段一般秋高气爽干旱，要抢在台风前或灌“跑马”水后重施冬肥。施冬肥时间宜在割稻后15天内完成，亩用过磷酸钙15～20千克，氯化钾5～8千克或草木灰、垃圾灰50～100千克均匀撒施，提倡喷施0.05%钼酸铵+0.2%磷酸二氢钾，促进冬前苗壮分枝多，冬前要求株平均分枝数达3枝以上，亩茎株数达45万株以上。同时做好紫云英病虫害的防治工作。

生物肥料　生物肥料是以现有机质为基础，然后配以菌剂和无机肥混合而成，能提供作物营养、改良土壤，并对土壤起到修复作用。

新型肥料　指具有一定肥料功能和一定增产作用，含有机、无机、微生物菌剂或兼有上述成分的新品种肥料。

2010年松阳县主要新型肥料定义及优势一览表

表11-1-3-1

肥料类别	肥料定义	肥料优势
复混（合）肥	至少有两种养分标明量的由化学方法和（或）掺混方法制成的肥料	能同时供应作物多种速效养分，发挥养分间的相互促进作用
有机肥料	农村中就地取材、就地积制的自然有机物肥料的总成。包括粪尿肥类、堆沤肥、秸秆类肥、绿肥类、土杂肥类、饼肥类、海肥类、腐殖酸类肥、农用废弃物类、沼气肥类	有机肥中的维生素、黑腐酸、黄腐酸、棕腐酸，及低分子的有机酸、丁酸等，除直接影响植物营养功能外，还有生理活性和刺激作用，增强呼吸作用，促进根系生长，直接影响土壤环境形状
有机—无机复混肥	含有一定有机肥料的复混肥料	有机无机肥配合使用能培育地力，提高肥料利用率，改善作物品质

续表 11-1-3-1

肥料类别	肥料定义	肥料优势
微生物肥料	是以微生物的生命活动导致作物得到特定肥料效应的一种制品	微生物肥料与化肥配合施用，既能保证增产，又能减少化肥使用量，还能改善土壤及作物品质，减少污染
叶面肥	通过作物叶片为作物提供营养物质的肥料	迅速补充营养，充分发挥肥效
缓控释肥料	以各种调控机制使其养分最初释放延缓，延长植物对其有效养分吸收利用的有效期，使其养分按设定释放率和释放期缓慢或控制释放的肥料	在水中的溶解度小，营养元素在土壤中释放缓慢，减少营养元素的损失；肥效长期、稳定，能源源不断地供给植物在整个生产期对养分的需求

施肥技术

古人云，“种田无师傅，只要粪水足”“粪多力勤，不用问人”。这一农谚反映松阳农民种田增肥、增产的历史经验。唐宋以后，随着水稻在长江流域的推广，施肥经验日益积累，从而总结出“时宜、土宜和物宜”的施肥原则，即施肥应随气候、土壤、作物因素的变化而定。

在缺肥条件下，对施肥时间、施肥方法、肥料用量的任何一项技术的改进都能促进作物生长、提高产量和质量。要根据作物品种“耐肥”差异，掌握肥料用量；据土壤供肥特性，掌握基肥、追肥比例；根据肥料的理化性质，使用不同的施用方法；根据气侯变化情况，调控肥料用量；根据作物长相，适度追施肥料。

20 世纪 70 年代后期，松阳县开始注意施肥与土壤肥力的关系，测定土壤养分含量、估算肥料用量，其目标是“增产、节肥”，提高施肥的经济效益。

第四节　农业区划

1984 年，松阳县农业区划办公室成立，相关部门成立土地、种植业、畜牧业、农机、气象、水利、渔业、林业、能源、乡镇企业 10 个专业区划组，80 余位科技工作者参与农业自然资源调查和农业区划工作。至 1985 年末，全面完成土壤普查、土地概查、种植业、畜牧业、农机、水利、气象、渔业、林业、能源、乡镇企业、综合农业等调研工作，编写《松阳县综合农业区划报告》。在全面系统地调查研究各区域农业自然资源和社会经济条件的

图 11-6　松阳县综合农业区划工作获省科技成果三等奖（县档案馆提供 1986 年）

基础上，根据各区域农业生产状况和经营方针，以及区域分异规律进行分区划片。

划分农业区划的原则是根据农业生产条件的相似性、农业发展方向的共同性、保持行政区域的完整性进行划区分片。农业区划种类包括自然条件区划（土壤、植被、地貌、气候）、生产部门区划（种植业、林业、畜牧业）、农业技术区划（土壤改良区划、水利、农机、能源）、综合农业区划。

附：《松阳县综合农业区划报告》摘录

农业生产状况

种植业以粮食为主，烟叶、茶叶享有盛名。粮食生产方面，1983 年，农作物总播种面积 68.15 万亩（概查数），其中粮食播种面积 51.04 万亩，占农作物总面积的 74.9%。粮豆总产 117560 吨，比 1949 年增长 4 倍。按统计面积计算，平均年亩产 711 千克，比 1949 年提高 583.5 千克。提供商品粮 30020 吨，商品率 25.83%。烟叶生产，1983 年，烟叶种植面积 0.59 万亩（概查数），产量 620.85 吨，投售量 172.8 吨，占农业总收入 3%。国家通过烟叶商品可得税利 52 万元，占地方财政收入近 10%，居首位。园地作物，以茶叶、桑叶和柑橘为主。1983 年，茶叶面积 18097 亩，总产量 678.35 吨，比 1949 年增长 65.83 倍。松阳茶叶不仅发展快、产量提高，且研制出“银猴”“玉峰”等名茶。桑园面积 4820 亩，产茧 129.65 吨。柑橘面积 4434 亩，产量 449.65 吨。其他有桃、梨、李、青梅、杨梅、杏梅、柿等水果，数量少，大多是农户零星种植。

松阳素为浙江重点林区之一，据森林资源“六五”清查，全县有林地 120.1 万亩，森林覆盖率为 60.9%。有乔木蓄积量 261.05 万立方米，毛竹 999.76 万支。在森林资源开发的同时，进行植树造林。至 1984 年，累计造林 72.32 万亩，保存面积 39.43 万亩。累计封山育林 14.97 万亩。由于林业生产发展缓慢，森林过度砍伐，结构失调，成、过熟林比例急速下降，导致可利用资源枯竭。具有较高经济价值的主要树种杉木资源比例急速下降，造成经济产值低。采脂资源枯竭，有松木成熟林 7815 亩，蓄积量 53696 立方米。1982 年，采松脂 469.4 吨。1985 年，采 4.05 吨。

畜牧业生产在松阳县农业总产值中所占比重大，位居第二，基础较好。畜牧业生产以养殖生猪为主，牛、羊等食草牲畜比重小。1983 年，畜牧业产值 1146 万元，占农业总产值的 15.56%。养猪产值占畜牧业总产值的 72.93%，家禽占畜牧业总产值 19.55%，牛、羊、兔等其他产值占畜牧业总产值的 7.52%。

全县水域面积 11458 亩，可养殖水面 4995 亩。1983 年，全县养殖水面 4112 亩，占可养殖水面的 86.5%。渔业产值 12 万余元，比 1949 年增长 4 倍。淡水鱼产量 101.2 吨，比 1949 年增长 1.4 倍。推广水稻田养鱼。1982 年，在松阴溪投放蟹苗 100 千克计 1000 万只；1983 年，捕获 17.5 吨。全县人均食鱼 0.5 千克，是全省人均 2.875 千克的 1/6。

农村工副业基础差，缺资金、技术。全县的工副业生产，特别是乡镇企业基础很弱。20 世纪 50～60 年代初，沿袭解放前的传统工艺，经营简单的竹、木、铁制品及火炮、毛纸、陶器等制作业。60～70 年代，发展缓慢，并不时受到挫折干扰。1978 年以后，工副业生产特别是乡镇企业有较大发展。1981 年，全县工农业总产值 8546 万元，工业产值占 22%；1983 年，全县工农业总产值 9922 万元，工业产值上升为25.75%。1983年，全县有社队企业241家，从业人员4548人，总产值953万元，利润124.8万元。1984年，集体企业发展到341家，总产值1531.5万元，利润193万元。按行业分，工业企业199家，占58%；农业企业82家，占24%；交通运输业12家，占3%；建筑业15家，占4%；其他行业33家，占9%。

个体企业规模不大。1984年，全县个体企业有1788家，比1983年831家增加115%，全年营业额4249万元，创利润272万元。

农业生产存在的问题

农业结构不合理，“五业”（农、林、牧、副、渔）生产不协调。解放以后种植业产值在农业总产值中所占比重平均为60%；林业产值无明显回升，1981～1985年仅占15%；畜牧业、渔业、工副业虽有所上升，但变化幅度不大。

劳动力安排不当，资金投放不妥。1984年，全县农村劳动力约8.2万人，农、林、牧、副、渔五业所占劳力比例分别为61.8%、11.4%、12.4%、8.3%和0.5%，所占生产费用分别为77.81%、2.66%、14.55%、0.27%、4.72%。即农村61.8%左右的劳力和77.81%的资金都束缚在占土地总面积14.7%的耕地和园地上；其他各业则人力短缺，致使占土地85%的林地仅占8.96%的产值，每亩林地平均收入5.82元。

经济流通信息不灵，产、供、销纽带不紧。交通不便，信息不灵。农副产品加工能力低，粮食加工除碾米、磨粉、粉干、面条、蛋白肉、酱油酿造外，花色品种少、成本高、效益低，有的传统加工工艺得不到恢复发展。蛋、奶、禽肉制品等土特产均无厂家生产。饲料生产刚起步，不能适应需求。产、供、销、服务纽带薄弱。由于缺少必要的信息来源、供销渠道、科技指导，以及交通运输、资金、加工、储藏等条件限制，周而复始的再生产就会产生盲目性，甚至受到阻碍和中断，因而造成茶叶、兔毛、米仁降价、滞销。

农业发展方向

松阳县农业要根据自然资源、社会经济技术条件、生产现状的特点，做到扬长避短，发挥优势，有利于促进两个“转化”和提高三个“效益”来确定发展方向。

松古盆地是丽水地区商品粮生产基地之一，保证粮食生产自给有余，尽可能保持“处州大米出松阳”的盛名。国家要求浙、闽丘陵地域成为南方用材林、茶叶、水果的出口基地。浙江省要求浙南山地以林、茶、粮、畜为主。松阳的自然资源条件都有利于这些农产品进一步发展。

松阳具有地区优势的拳头产品有烟、果、茶、桑、油茶、杉木。这些植物对土地条件有一定的要求，县内未利用的土地较多，且适宜栽培这些植物。发展这些优势产品不存在与粮争地的矛盾，还具与粮食生产相辅相成、互相补充的作用，能充分合理利用劳力资源和土地资源。

松阳县根据复杂的地形条件，实行多层次的开发利用，走农、林、牧、副、渔全面发展的道路。重视采矿业和小水电的开发利用，发展农副产品加工业，使农副产品得以增值，促进经济繁荣。

农业区划研究表明，松阳县充分发挥山、水、地（耕地）的潜力优势，保持粮食自给有余；振兴林业；大力发展多种经营，重点发展烟、果、茶、桑、猪、兔生产；努力开发小水电、小矿产，促进以农副产品加工为主的农村工副业，使农、林、牧、副、渔全面发展，走“农工商”综合经营的道路，把松阳县建设成生态良好、经济繁荣发达、文明富裕的新农村。

结构布局调整

种植业结构调整宜大力利用丘陵、低山扩大园地，发展果、桑、茶等经济作物，逐步提高园地经济比重。挖耕地潜力，在保证粮食生产的基础上，提高一年生或一季成熟的经济作物比重，以发展烟、油、菜、瓜等经济作物为主。

林业结构调整宜提高森林覆盖率和林木蓄积量，确保青山常在是改变松阳县生态环境和促进农牧业发展的关键。林业发展的总体布局应改变单纯的用材林生产，多方向发展，形成远山、深山用材林，低山、近山经济林和薪炭林，河流源头、水库周围涵养林，江岸、路旁防护林，名胜古迹、城镇村庄四周风景林的合理布局。

畜牧业生产宜稳步发展生猪，大力发展长毛兔，积极发展禽、菜牛、奶牛、肉兔等畜禽，努力把肉、禽、蛋、奶发展成为松阳县的大宗商品。

渔业生产发展应在充分利用塘库、溪坑可养水面发展水产养殖的同时，积极发展稻田养鱼，提高自给水平。

农村工副业发展应立足当地资源的工业，积极发展商业、服务业等第三产业。形成一个小规模、多层次、多门类的乡镇企业发展体系。在建设资金来源上，采取自筹、引进外资、群众集资、利用信贷等多种办法解决。同时各行业要在技术、原料、销售、税收上给予支持和优惠。要与外地协作，吸引外地技术、资金，提供市场信息。培养、起用、引进能人。

第二章　粮食生产

松阳县气候温和，雨量充沛，土壤肥沃，劳力充裕，水田、旱地均适宜发展一年多熟制粮食生产。随着社会经济的发展，农田基础设施的改善，科学技术的进步，人们对农副产品需求的变化，粮地种植的作物种类逐渐增多，复种指数逐渐提高，品质越来越好，粮食生产沿着优质、高产、高效的路子发展。

第一节　种植制度

旧时，松古平原地区三熟制，以小麦或大麦—中稻—秋作（马料豆或荞麦）为主；二熟制以烟叶—晚稻为主；山区和少数平原地区多一年一熟中稻，少量有绿肥—中晚稻的两熟制。21 世纪后，松阳县推广创新种植模式：蚕豆—春玉米—夏玉米—秋马铃薯一年四熟；或鲜食蚕豆—春玉米—水稻一年三熟。

水田种植制度

民国 26 年（1937）冬，县政府贷款购进小麦种子分发给农民播种，倡导扩种冬作。民国 27 年后，省农业改进所在项弄稻麦繁殖场试种两季连作稻，因病虫严重，未能推广。是年冬，县政府督导扩种冬作。次年，冬作面积 5.38 万亩，总产 3185 吨，较上年增 12.7%。民国 32 年，县政府曾令“扩种冬作，限种烟叶和糯稻”，以增加战时粮食所需，因农民传统种植习惯一时难以改变及品种单一等问题，成效甚微。

1952 年，塔寺下村何世清互助组试种连作晚稻成功。1954 年，扩大双季连作晚稻面积，同时试种秋玉米、秋番薯获成功。1956 年始，全面推行“五改”，即单季稻改双季稻、间作稻改连作稻、晚稻改早中稻、低产作物（马料豆、荞麦）改高产作物（秋玉米、秋番薯）、单作改间作套种，全县水稻复种指数由 97.15%上升至 110.1%。

1961 年，水稻“矮脚南特”试种成功。1965 年后，全县基本上实现水稻品种矮秆化。1964 年秋，大面积播种紫云英作早稻绿肥，以扩大复种指数、提高产量。1965 年，紫云英播种 6.33 万亩；1976 年，播种 10.59 万亩。水稻复种指数由 60 年代的 113.8%提高到 1976 年的 140.6%。

1976 年，杂交水稻试种成功。20 世纪 70 年代末，杂交水稻大面积推广。1980 年，新兴公社横溪大队五队在 4.88 亩水田试种“麦—稻—稻”新三熟制，以“麦—稻—稻”或“油菜—稻—稻”或“麦—稻—玉米”为主。1990 年，浙江省政府决定在全省开展吨粮田工程建设，要求把农艺措施与工程措施及基础设施建设结合起来，深化粮食作物高产模式栽培。是年，松阳县杂交稻种植面积占水稻面积的51.7%。1992年，杂交连作晚稻和中稻种植面积、产量均占水稻总面积、总产量的90%，基本实现杂交化。2000年，早稻种植66171亩、单产358千克，双晚稻76425亩、单产406千克，单季中晚稻47835亩、单产424千克。水稻种植面积中，早稻占34.75%、双晚稻占40.13%、单季中晚稻占25.12%。

2010年，早稻种植16303亩、单产408千克，连作晚稻11242亩、单产424千克，单季稻38242亩、单产481千克。水稻种植面积中，早稻占24.78%、连作晚稻占17.09%、单季稻占58.13%。

旱地种植制度

20世纪50年代后，松阳旱地种植制由一熟制向两熟制、三熟制（老三熟麦—玉米或大豆—番薯等行间连环套种的种植制）向新三熟制（麦或绿肥—春玉米—番薯大小行间作套种的种植制），两熟两收或三熟三收向多熟多收，行间套少数几种作物向行间套多种作物发展，搭配种植方式丰富多彩。

旱地种植制类型 一年一熟制，主要分布在高海拔山区及部分陡坡贫瘠山地。每年种一熟玉米、番薯、马铃薯为主的夏秋旱粮，常年冬季休闲。一年两熟制，全县各地均有两熟制分布，约占全县旱地总面积的70%以上。冬作一般是大麦、小麦、马铃薯、蚕（豌）豆、油菜、紫云英等；夏秋旱粮为玉米、番薯、大豆、小米等。冬作与夏、秋作采用单种接作布局，是旱地粮食两熟制的基本特点。一年三熟制，全县除高山陡坡外各乡镇均有分布。这种复种方式运用套种间作争天时，延长作物生长期，这是旱地三熟制的基本特点。

旱地多熟制的发展 冬作—春玉米—番薯，在原有的冬作—番薯一年两熟中增套一季春玉米。这种多熟制全年产量最高，但对土、肥条件要求也高。冬作—番薯间作套种豆、瓜、菜类，套种间作的作物有花生、玉米、芝麻、西瓜、甜瓜、冬瓜、番薯、茄子、大头菜、榨菜、雪里蕻、芥菜、萝卜、大豆、绿豆、赤豆、豇豆、四季豆、菜瓜（稍瓜）等。春粮或油菜—大豆—秋粮，可分平地和山地两种类型。平地指土瘠、肥缺、少水的靠天田。在雨水调匀年份，秋作种上水稻，在干旱年份种上番薯、三季纯旱作。山地三熟制，春粮或油菜—大豆—番薯或玉米，三熟复种。春粮—芝麻—番薯，其套种的特点是春粮实行净作，收获后先种番薯后套种芝麻。冬作—番薯—豇豆或绿豆，冬作是净作，后作为豇豆或绿豆和番薯套种。

第二节 稻 作

品种更替

清顺治《松阳县志》载，谷类有香稻、白稻、龙泉稻、晚稻、占城稻、早稻、师姑稻、冷凌稻、早糯、望秋稻、乌嘴糯、淮南糯。民国初期，有细叶青、大叶青、千棒槌、九黄禾、龙泉稻、清源谷、观音糯、淮南糯等22个品种。

民国28（1939）年，浙江省农业改进所为补救浙南山田缺水之弊，开始早稻育种。在松阳县中心农场育成改良稻种有浙农早籼503、504（双季稻田）、6505，早中籼5575、5441、6506；中籼浙农1号、10号、302号、龙凤尖、2777号；晚籼浙场9号；晚粳浙农129号；晚糯浙农204号、丹阳糯、老鼠牙等。

1976～1977年，县农业部门选派20人到海南岛进行杂交水稻制种成功。杂交水稻品种迅速在松阳全境推广、取代老品种。

早稻　20世纪90年代前，早稻主要品种有浙733、舟优903、汕优48-2、珍优48-2等；90年代后，以杂交早稻K优402、威优402为主，并引进嘉育948、嘉早935、中丝2号等长粒型优质早稻品种。2000年～2010年，以金优402、金早47为主。

晚稻　1993～2000年，杂交晚稻主栽品种为Ⅱ优10号、汕优10号、协优46、Ⅱ优92、汕优92。2001年以后，先后推广协优9308、Ⅱ优8220、两优培九、甬优4号、甬优6号、中浙优1号、中浙优8号、中浙优86、甬优5号（糯稻）、丰两优1号、甬优10号（糯稻）、甬优9号、甬优12等，尤其是甬优系列品种甬优9号、甬优12号的引入，为水稻高产单产突破700千克打好品种基础。常规晚稻主要是粳、糯稻品种，粳稻主要有秀水11、春江03粳，糯稻主要有春江03糯、双糯4号、祥湖84、荆糯6号等。2000年后，引入粳稻品种春江11、糯稻品种绍糯119、祥湖914、春江2号、浙糯5号，推广后主要靠农户自繁留种，至2010年，仍有少量分布。

栽培技术

育秧　旧时县内一直沿用水秧田育秧。民国27年（1938），省农业改进所在县中心农场示范推广畦宽4尺的合式秧田。20世纪50年代初，全县合式秧田育秧占80%。1957年，推广燥耕水耥的半旱秧田育秧，减少烂秧，出苗整齐。1969年，早稻秧田推广覆盖尼龙薄膜育秧，小秧带泥栽。70年代后期，杂交水稻育秧推行删密补疏和两段育秧。80年代后，实行小秧带泥栽、半旱秧田水育大秧、两段育秧相结合的“三秧配套”。雅溪、裕溪等地的部分农户，晚稻沿用旱地育秧法。1986年后，春花田早稻、中稻、晚稻秧苗，以稀播喷施“多效唑”，控长促蘖，渐而取代两段育秧。

20世纪50年代，稻种下田前用泥水、盐水选种和西力生浸种。60年代中期，推广钙镁磷肥拌种，至2010年一直沿用。80年代后，种子仍过“五关”（晒种、选种、浸种、拌种、药剂消毒和催芽），并辅以“402”、石灰水、强氯精进行种子消毒及高温露白、适温催根、保湿催芽、摊凉炼芽等措施。

单季稻以清明下种为宜。连作早稻播种期在春分至清明。20世纪80年代后，按品种特性、气候条件和前作熟期等决定适宜播种期。绿肥田3月20日左右播种，春花田4月8～10日播种，杂交双季晚稻约在6月15～25日播种。

秧苗一叶一心期施“断乳肥”，移栽前5～7天施“起身肥”，做到带肥、带药移栽。

移栽　水稻移栽，俗称“插田”。单季稻时期，平原地区冬闲田移栽时间一般在4月底5月初，春花田5月下旬，山区则稍迟。移栽密度向在8寸×8寸。1952年始推行小株密植。1954年，8寸见方以下占2.9%，8～10寸见方占85.5%。1956年，移栽密度提高到7～8寸见方。1958年，曾强行推广“满天星”密植法，甚至将抽穗期的稻苗，拔苗并丘，使不少农田颗粒无收。1959年5月，因地制宜推广科学栽培技术，合理密植移栽。80年代后，常规早稻移栽在秧龄25～30天期进行，移栽密度为5寸×4寸或6寸×4寸，丛插5～7株。杂交早稻移栽期，绿肥、春花田秧龄在35天内，移栽密度为6寸×4寸。杂交双季晚稻秧龄35天，移栽密度6寸×5寸，落田苗8～12株。

施肥　在火耕时代，用草木灰作肥料。犁田时不再烧田，把草掩埋田中以增加土壤中的有机质。16世纪，松阳农民普遍采用绿肥作物。绿肥作物除紫云英外，还有苜蓿、豌豆秆等，甚至有用春小麦、大麦苗者。晚清时期，水稻施肥继承用绿肥的优良传统，并有因土施肥和冷水田施石灰的施肥技术创新。民国时期，农民肥田方法习惯以肥壅垃圾居多，也有试用“肥田粉”（硫酸铵）等化学肥料的。

20世纪50年代前，松阳水稻以农家肥为主，兼施少量石膏或石灰。50年代后，逐步推广硫酸铵、钙镁磷肥、硫酸钾肥。60年代，以绿肥为早稻田基肥，氮素化肥为追肥。70年代后，提倡氮、磷、钾肥配合施用。进入80年代，化学肥料成为大田作物主要肥源，以施用钾肥增产，至1983年，化肥施用量占肥料总量的54.3%，平均每亩耕地施氮肥（折纯氮）36.7千克、磷肥（折五氧化二磷）4.2千克、钾肥（折氧化钾）4.86千克。绿肥田早稻在插秧后25天内，麦、油菜田早稻在插秧后15天内，晚粳稻在8月25日前，杂交稻在8月15日左右，基本施好肥、耘好田、发足苗、搁好田。1986年，推广“以土定产、以产定氮、因缺补缺、高产栽培”的配方施肥法。移栽后，水浆管理运用“浅水插秧、寸水护苗、浅水孕穗、湿润灌溉”的方法。1990年，配方施肥面积10万亩。1992年，提倡“三高一稳”，即高成穗率、高实粒数、高经济系数和稳定高产所需穗数的栽培技术。

自2006年松阳县被列为农业部测土配方施肥补贴项目县至2010年，累计推广测土配方施肥面积235万亩次，其中配方肥施用面积135万亩次；减少化肥投入节本增效总额21064.39万元；完成农户调查1229户，建立土壤肥力定位监测点5个，建立土壤肥力动态监测点10个，建立施肥情况长期观测点60个；采集化验土样5373个，获得参数47880项次；安排“3414”试验32个，配方矫正示范13个；获得大量科学施肥基础数据，建立施肥指标体系。初步测算，全县约5.94万户农户接受并实施测土配方施肥技术，入户率92.6%。

测土配方施肥推广普及后，农民开始重视氮、磷、钾肥的合理配施，复合肥、配方肥用量增加。2008年，全县平均每亩耕地施用氮肥（折纯氮）38.2千克、磷肥（折五氧化二磷）3.4千克、钾肥（折氧化钾）11.6千克。

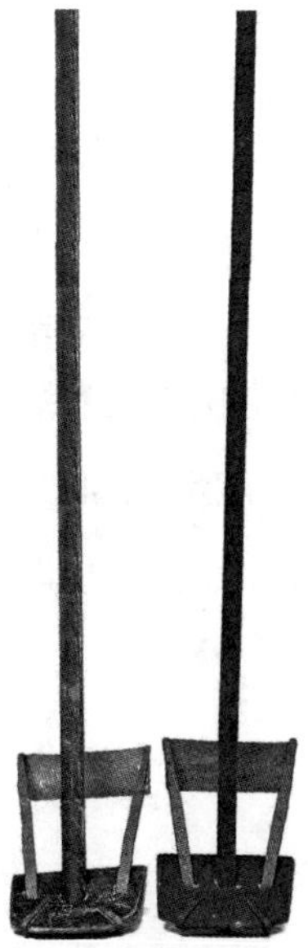

图11-7　田刨（包朝龙 摄）

耘田　秦汉时期，水稻栽培系沿用火耕水耨法。随着铁器工具与耕牛使用的逐渐推广，“生地”的开垦、“熟地”的“深耕易耨”得以顺利进行，生产力大为提高。宋时，强调耘田时要放掉水，待土面开裂时再灌入水，干干湿湿使“田干水暖，草死土肥”，结合排灌，促进稻株的生长。直至清时“稻初发，田荡耙于棵行中曳松，稻根则易旺，荡断横根，则直根生向下。五六日后耘去稗草，再停五六日又耘一次”。耘耥一直延续到20世纪80年代。耘耥工具松阳人称田刨。早期因疏植，田刨以7～8寸宽为普遍；后提倡密植，田刨的宽度改为5寸左右。有铁木结构的刨铁加木板，也有纯刨铁制成圆圈，扶杆统以小竹杆制。90年代，广泛使用除草剂后，耘田的劳动强度大大减轻，甚至不用耘田，但残留农药危害大。

灌溉　稻田主要依靠自流灌溉。在干旱季节用脚踏水车（又名龙骨水车）提水灌溉。这种方法，唐宋以后才普及使用。稻田用水管理中最重要的一个环节是适当的排水干田（称搁田），以利田土的通气、分解养分，改进分蘖条件。

民国时期至20世纪50年代初，水稻灌溉以满灌、串灌或大水漫灌居多，有的地方田间不断水，易造成倒伏和水稻纹枯病危害。60年代以后，水稻灌溉技术有较大改进，水层灌溉时间由长到短，田面水层深度由深到浅，中期搁田由不搁到迟搁、一次重搁到早搁、多次轻搁，露田和干田时间则从无到短、到长的方向发展。一般是采取浅水插秧，深水护苗，薄露分蘖，到分蘖后期、拔节以前采取排水搁田，抑制分蘖。凡苗色嫩绿，或已有披叶现象的大苗，或阴雨天多，或是低田、烂田、排水差的田，都要重搁。搁田起始时间，60～70年代在总苗数达到预期穗数的1.5倍，稻苗封行后才开始搁田（简称“封行搁田”），到80年代提早到总苗数达到预期穗数相近（100%穗数苗）时开始搁田（称“够苗搁田”），至90年代提出“超前搁田”，即当苗数达到预期穗数的80%左右时开始排水搁田。搁田程度和次数，60～70年代要求重搁田（搁至田土发白开裂后才上水）一次完成，结果导致稻根拉断、叶片光合作用受抑；80年代后，提倡轻搁田，即当土壤含水量达到田间最大持水量的80%左右时（大致上掌握脚踏田面有印而不下陷时）即需灌浅水，灌后田水自然落干再搁，重复多次。搁田终止时间，以往没有一个明确的界限，80年代后研究明确，待水稻倒2叶露尖期为搁田终止期，此后需建立水层以保护颖花正常发育、减少退化率，成熟期保持干干湿湿，以湿为主，防止过早断水、影响粒重。

图11-8 水车（包朝龙 摄）

第三节　旱　粮

松阳县旱粮作物种类繁多，主要有小麦、大麦、玉米、番薯、马铃薯、大豆、蚕豆、豌豆、大红袍赤豆、旱稻，以及高粱、小米、绿豆等其他小杂粮。

麦

境内传统种植品种有小麦、大麦、米麦、荞麦、燕麦（鸟儿麦）等。

小麦　民国28年（1939），经松阳县农业推广所试验，以改良麦“浙农9号”“浙农17号”为当时主要推广品种。1949年，全县小麦种植面积4.13万亩，单产69公斤，总产2845吨。20世纪50年代后，小麦品种以“浙农17号”“矮粒多”“矮杆红”“蜈蚣麦”“和尚麦”“山农205”“矮洛阳”“白江西”等为主。1980年始，“浙麦2号”大面积推广，为小麦主栽品种。后引进“浙麦3号”“87选”“鉴4”“丽恢4号”“鉴776”“丽麦16”等小麦品种。1980年，新兴乡农科站从“浙麦2号”小麦田中选出一变异株，经2年繁殖试种，种性稳定；1982年，定名为“新科80选”。1990年，“新科80选”在古市区域种植面积占小麦总面积的26.8%，比“浙麦2号”增产16.1%。1987年后，推广“舟麦2号”“沪麦4号”“早熟3号”（俗称啤酒大麦）等品种，由于产量、品质、效益不高，逐年减少。

麦种播种，旧时以清尿浸种，泥灰拌种。20世纪50年代为“冷浸日晒”；70年代后，普遍采用“402”“多菌灵”“钙镁磷肥”等浸（拌）种，一直沿用。50年代，推行大穴点播和阔条稀播，亩种子用量分别为4千克和5千克。1974年后，推广撒播麦，草害严重。80年代中期，推广免耕稻坂麦，结合化学除草，采用撒播、条播、密点播，亩播种量视播种方式、品种和地区而定，为6～10千克。迟熟品种在10月底至11月播种，早中熟品种在11月上旬播种，山区适当提早播种。1987年，全县实施“浙麦2号亩产250千克模式栽培”技术，即先全田放种子，后分畦开沟覆土（宽畦窄沟），增加有机肥用量，扩大化学除草面积，施足基肥，以叶龄为指标，早施苗肥，适当控制中期施氮肥量，看苗补施穗肥，增施磷钾肥，推广喷施多效唑防倒伏。至1990年，累计推广“模式栽培”技术13.6万亩，增收粮食3366.8吨，获浙江省人民政府颁发的1990年度“农业丰收计划三等奖”。

小麦种植面积，1949年，41300亩，亩产69千克，总产量2845吨。面积最大的年份是1991年，56057亩，亩产157千克，总产量8815吨。到2010年，种植小麦面积322亩，亩产219千克，总产70.4吨。

1973～2010年松阳县小麦种植情况表

表11-2-3-1

年 份	播种面积（亩）	亩产（千克）	总产量（吨）
1973	20600	95	1960
1974	24700	133	3290
1975	23700	69	1635
1976	24600	81	1990
1977	27600	74.5	2050
1978	29800	107.5	3205
1979	32000	118	3780
1980	32300	147.5	4760
1981	28800	131.5	3790

续表 11-2-3-1

年 份	播种面积（亩）	亩产（千克）	总产量（吨）
1982	31300	158.5	4960
1983	46300	152	7055
1984	54100	186.5	10075
1985	53600	183.5	9895
1986	50800	171	8690
1987	45800	80	3655
1988	46800	155	7260
1991	56057	157	8815
1992	53384	163	8692
1993	45633	179	8170
1994	40712	165	6718
1996	43264	193	8369
1997	43241	182	7866
1998	39858	171	6818
1999	30655	179	5483
2000	15763	178	2802
2001	8575	173	1486
2002	5340	161	860
2003	2976	157	468
2004	1597	172	274
2005	1143	155	177
2006	754	159	120
2007	502	159	80
2008	544	183	99.7
2009	354	215	76
2010	322	219	70.4

大麦 明清时期，商业性农业发展，在稻麦一年两熟栽培的基础上，扩充入其他作物的栽培，且从一年的轮作发展为若干年的轮作，加上间作、套种等方法出现，使大麦、小麦与蚕豆、豌豆、油菜及其他绿肥作物轮作外，大麦、小麦又与豆类作物进行间作、套种。

民国中后期，试验和推广麦豆套种、麦棉套种、旱作开沟作畦和间套复种制等技术，并发展翻耕与免耕结合的轮耕体系。

20 世纪 50 年代始，松阳大麦生产发展较快。大麦品种有皮大麦和裸大麦两大类型，还有三叉大麦（又名僧帽大麦），并有二棱、四棱、六棱和早、中、迟熟之分；70 年代中期至 80 年代前期，重点推广从日本引进的二棱大麦“早熟 3 号”，面积迅速扩大，1975 年占大麦种植面积一半以上，1983 年占 90%以上。80 年代中后期，以“浙农大 3 号”和“沪麦 4 号”等品种为主。

全县大麦种植面积， 1986 年 522 亩，亩产 140 千克，总产 73 吨；1991 年 125 亩，亩产 136 千克，总产 17 吨；1997 年 26 亩，亩产 154 千克，总产 4 吨；1998 年 18 亩，亩产 111 千克，总产 2 吨。自 1999 年始，大麦种植在全县消失。

玉米

玉米，松阳人俗称苞萝。因属五谷之外，又称六谷。

种植概况　明代中期，玉米种植传入松阳。1949 年前，松阳山区以玉米为主粮。民国 30～35 年（1941～1946），年均种植夏玉米 22700 亩。20 世纪 50 年代，仍多在山区林业更新迹地（俗称“火烧山”）点播玉米，平原少量种植。1954 年，秋玉米试种成功。1956 年，全县种植 24000 亩。20 世纪 70 年代，随着山区小麦、水稻产量提高，林业生产技术的改进，山区火烧山迹地减少，山区玉米种植面积相应减少。平原地区引进杂交玉米品种，水利条件稍差的山边田多种秋玉米。1973 年，全县种植玉米 36400 亩，是 1949 年的 15 倍。80 年代后，农业生产结构改变，玉米种植面积不断变化。1999 年，全县种植玉米 7251 亩，亩产 289 千克，总产 2096 吨。2001 年，全县种植玉米 9643 亩，亩产 233 千克，总产 2251 吨。随着农业生产结构“一优”“两高”理念的确立、鲜食玉米的推广，玉米种植面积逐渐回升。 2005 年，全县玉米种植面积 16445 亩，亩产 220 千克，总产 3618 吨。2010 年，全县玉米种植面积 15817 亩，亩产 307 千克，总产 4852 吨。

品种　玉米品种向以当地种为主，20 世纪 50 年代后，引进“东阳壳里老”“永康大粒黄” 等品种。1957 年，曾引进“浙杂 1 号”试种。1980 年，引进“浙单 1 号”杂交亲本在靖居区制种。后陆续引进推广“旅曲”“虎单”“丹玉”“中单”“苏玉”等杂交组合。1992 年，以杂交玉米“苏玉 1 号”“丹玉 13”“中丹 206”等品种为主。

1949～2010 年松阳县玉米种植情况表

表 11-2-3-2

年 份	种植面积（亩）	平均亩产（千克）	总产量（吨）
1949	2400	48	115
1950	1100	59	65
1951	6800	70	475
1952	8000	47.5	380
1953	9600	54.5	525
1954	7900	68.5	540

续表 11-2-3-2-1

年 份	种植面积（亩）	平均亩产（千克）	总产量（吨）
1955	19400	71.5	1385
1956	24000	61.5	1485
1957	20700	66.5	1380
1958	19600	76.5	1500
1959	27000	78	2105
1960	23100	61.5	1425
1961	18600	105.5	1960
1962	20400	94	1915
1963	20100	122.5	2460
1964	15500	113.5	1755
1965	10800	111.5	1205
1966	16600	96	1495
1967	15500	76	1175
1968	23400	63.5	1480
1969	18100	124.5	2250
1970	21600	94.5	2040
1971	29700	90.5	2690
1972	31400	99.5	3120
1973	36400	97	3530
1974	33400	78.5	2615
1975	27600	89	2455
1976	29700	67	1985
1977	32500	101	3275
1978	28600	92	2630
1979	26000	91	2380
1980	18900	92	1735
1981	13506	75	1013
1982	8000	97.5	780
1983	6135	89.5	549
1984	5400	92	497

续表 11-2-3-2-2

年 份	种植面积（亩）	平均亩产（千克）	总产量（吨）
1985	6011	91	545
1986	6646	74	492
1987	6188	82	509
1988	6734	59	400
1989	9464	49	464
1990	8925	56	500
1991	7084	62	442
1992	3319	122	405
1993	1946	158	308
1994	1489	183	273
1995	2452	228	559
1996	4312	255	1098
1997	3692	204	752
1998	5194	200	1037
1999	7251	289	2096
2000	8315	221	1838
2001	9643	233	2251
2002	10475	236	2472
2003	13480	214	2883
2004	15216	217	3302
2005	16445	220	3618
2006	14417	252	3630
2007	15305	240	3673
2008	17627	281	4955
2009	18704	279	5211
2010	15817	307	4852

玉米栽培技术　春玉米选用华珍甜或浙凤糯 2 号品种，采取苗床育苗或大孔径塑盘育苗。2 月下旬播种，地膜覆盖；3 月下旬移栽。在畦两边各栽种 1 行玉米，株距 35～40 厘米。玉米移栽成活后每亩施氮、磷、钾有效养分各 15%的复合肥 10～15 千克，有机肥 3000 千克。蚕豆收获后，把蚕豆秸秆放置玉米基部，每亩追施高氮高钾复合肥 10 千克，并进行培土。大喇叭口期每亩追施高氮高

钾复合肥30千克或尿素15千克、钾肥10千克，齐穗后看苗补施尿素10～15千克。做好玉米大小斑病、纹枯病、锈病和玉米螟、蚜虫及地下害虫蝼蛄等病虫害的防治工作。

夏玉米选用鲜甜5号品种，及时把前茬玉米秸秆砍下摆放在畦中间，每亩施入尿素和氯化钾各15千克作基肥，再在畦两边挖出移栽穴（沟），把基肥和玉米秸秆埋入土中封严。在春玉米收获前3天播种，苗龄7天左右移栽，栽植密度每亩2500株左右。玉米移栽成活后亩施复合肥10千克促苗，中期看苗促平衡，大喇叭口期追施高氮高钾复合肥30千克，抽穗后看苗补施尿素10～15千克。夏玉米生长期间温度高，病虫发生频繁，要根据病虫发生情况及时做好防治工作。

番薯

番薯又名甘薯，属旋花科。明代中期，旅居吕宋国（现属菲律宾）的华侨陈振龙为家乡救饥度荒，用高价买到几尺薯藤，把它编入一股汲水绳中，巧妙躲开西班牙殖民者的检查，于万历二十一年（1593）把它带到厦门。何时传入浙江说法不一。但番薯至迟于17世纪初期传入松阳。番薯适应性广，抗逆性、再生性强，受灾后恢复生长快，稳产性好，在恶劣的环境条件下仍能获得一定收成。因此，常被当作救荒作物，在歉收年份，番薯的种植面积就会有大的发展。1949年前，主栽品种为“南瑞苕”“白皮白心”“红皮白心”（又称“六十日”）。20世纪50年代后期，引进“胜利百号”，成为主栽品种，后品种退化严重。1992年，番薯品种有“红头3号”“荊56”“南薯88”“瑞薯1号”“徐薯18”等。21世纪后，引进黄皮红心的“美国种”“紫番薯”和“红皮红心”等品种。

薯种一般采用地窖或保暖越冬，谷雨至小满培育薯藤，剪藤为苗扦插，藤苗长3～4节（即3～4叶），插入土中2～3节（其叶可埋入土中也可外露），留1节（1叶1芽）在土外。历来沿用高垄斜插，垄宽60～80厘米，单行栽植。夏栽在芒种前后，秋栽在大暑至立秋。中耕、施肥结合除草培土，在插后十余天至薯藤封垄前进行。中耕深度掌握由深至浅（即垄底部要深锄，顶部要浅锄）。栽后半月施肥以速效氮肥为主，结薯期以磷钾肥为主，裂缝肥以人粪或腐熟的饼肥水为主（为节省人工，在第一次中耕后也可一次性施足饼肥，离苗5厘米以上处埋入50克左右饼肥，或25克左右复合肥）。薯藤封垄后期为防到处生根，或提藤1～2次，以利薯块膨大。

松阳县番薯种植历史悠久，自1949年后，全县种植面积最少的年份是1981年，4736亩；种植面积最大的年份是1958年，有26700亩。

1949～2010年松阳县番薯种植情况表

表11-2-3-3

年　份	种植面积（亩）	平均亩产（千克）	总产量（吨）
1949	12100	87	1055
1950	12200	86	1055
1951	7300	133.5	975
1952	8100	141	1145

续表 11-2-3-3-1

年　份	种植面积（亩）	平均亩产（千克）	总产量（吨）
1953	8100	116.5	945
1954	10500	139	1460
1955	14900	144.5	2160
1956	16000	190.5	2410
1957	18500	142	2630
1958	26700	183.5	4895
1959	18200	172	3130
1960	20000	131.5	2625
1961	15600	187	2915
1962	13300	227.5	3025
1963	11500	224	2575
1964	6300	164.5	1035
1965	7700	181	1395
1966	7600	178.5	1360
1967	6600	128	845
1968	5600	181	1015
1969	9900	238	2360
1970	9300	225.5	2210
1971	7800	224	1745
1972	11200	308.5	3455
1973	10700	246.5	2635
1974	10100	277	2795
1975	10100	259.5	2620
1976	10500	241.5	2115
1977	13600	265	3610
1978	11100	183.5	2035
1979	9500	222	2080
1980	6000	271	1630
1981	4736	268	1269
1982	5800	266	1543

续表 11-2-3-3-2

年　份	种植面积（亩）	平均亩产（千克）	总产量（吨）
1983	10256	235	2410
1984	10300	221	2276
1985	11147	236	2631
1986	11145	215	2396
1987	11691	229	2677
1988	12373	161	1991
1989	12637	192	2426
1990	13509	199	2688
1991	13153	212	2784
1992	12768	222	2836
1993	12531	239	2994
1994	12419	241	2994
1995	13465	257	3461
1996	18727	241	4515
1997	19155	254	4861
1998	18593	264	4913
1999	19281	258	4975
2000	18663	282	5263
2001	18772	301	5652
2002	17264	308	5317
2003	16684	290	4834
2004	17490	298	5215
2005	15862	301	4781
2006	15964	295	4717
2007	14565	306	4457
2008	20413	349	7121
2009	18395	351	6456
2010	15579	404	6294

马铃薯

马铃薯又名洋芋、土豆，起源于南美洲安第斯山区，17世纪从荷兰传入中国台湾，随后引入松阳种植。

马铃薯生育期短、产量高，在春、秋两季种植可作为“填闲作物”，充分利用生长季节，也是一种较好的救荒作物。民国30～35年（1941～1946），全县年均种植0.2万亩。20世纪50年代后，曾先后引入“深眼窝”“男爵”“克星1号”“克星2号”“克星4号”“金丰22-1”“7705-1”“3113×荷6”“克7943-7”等新品种进行试种，其中以“克星2号”较适宜当地栽培，推广面积较大。

马铃薯不宜连作，也不宜与茄科其他作物接茬，否则易遭青枯病、晚疫病及28星瓢虫等病虫的危害。谷类、豆类、纤维作物是马铃薯的最佳前作。

马铃薯在粮食生产多熟制中的复种方式主要有平原稻区为马铃薯—早稻—晚稻，旱地为马铃薯—玉米—番薯，山区为马铃薯—杂交水稻等。

马铃薯块茎在高温环境下会加速病毒侵染而造成退化。种薯要选健壮薯块，必要时可用加温、沙床或赤霉素药剂处理，进行催芽。

春马铃薯在土层10厘米深的地温达6～7℃时播种，使种薯免受晚霜危害。在夏季高温来临前可充分膨大成熟。一般在2月初（农历正月）播种。马铃薯既可整薯下种也可切块下种，在种薯不足情况下，可采用芽栽、苗栽和块栽压茎等方法。采取地膜覆盖有利马铃薯早熟、早收获，为后作争农时夺高产创造条件。同时，提早上市，调剂淡季蔬菜供应，增加经济收入，具有良好的经济效益和社会效益。

春马铃薯生育期比秋马铃薯长，种植密度应稀些。马铃薯适宜于垄作，有利提高土温，促进早熟，便于培土、锄草和灌溉，使结薯部位土壤疏松、通气性好。马铃薯是高产作物，需肥量大。一般亩产1500千克鲜薯需从土壤中吸收氮素8.3千克、磷素3.3千克、钾素15.3千克，三要素的比例约为2.5∶1∶4.5。除生长后期外，在各个生育阶段对钾的吸收量均超过氮和磷，其相对吸收量以生长前期较高。氮素则在生长中后期被吸收。马铃薯生育期间，施肥应掌握基肥重、追肥早的原则。基肥以有机肥为主，用量一般占50～60%。追肥以速效化肥为主，一般在花期前施用完毕。

秋马铃薯栽培技术是松阳县在20世纪90年代发展起来的马铃薯种植新模式。早中稻9月上中旬收获后，土地空闲季节，光、温、水等自然资源恰好还能种植一季秋马铃薯。栽培技术是选用良种“中薯3号”或“中薯5号”。当年春马铃薯收获时选30克左右健壮饱满的小马铃薯用作种薯，在立秋后8月下旬至9月上中旬播种。在11月底开始收获。

1982年后，全县马铃薯种植面积最少的年份是1983年，为2869亩；种植面积最大的年份是1999年，为25089亩。亩产最低的年份是1987年，仅46千克；亩产最高的年份是2008年，为358千克。全县总产量最少的是1987年，为302吨；最多的年份是2008年，为5759吨。

1982～2010年若干年份松阳县马铃薯种植情况表

表 11-2-3-4

年份	种植面积（亩）	平均亩产（千克）	总产量（吨）
1982	1800	178	325
1983	2869	111	318
1984	5123	143	730
1985	5639	125	709
1986	6456	149	965
1987	6548	46	302
1988	7122	145	1029
1989	9724	152	1481
1990	12809	169	2161
1991	13948	131	1829
1992	14227	163	2319
1993	14411	167	2412
1994	13595	159	2159
1995	14049	150	2112
1996	17567	190	3331
1997	23373	192	4482
1998	24748	183	4531
1999	25089	182	4569
2000	24807	177	4396
2008	16076	358	5759
2009	15403	309	4757
2010	15687	306	4808

说明：2001～2007年，县统计部门对马铃薯未单独统计

豆类作物

豆类在松阳县粮食作物中的地位仅次于谷类作物，种类繁多。清顺治《松阳县志》载，“菽有黑豆、白豆、绿豆、赤豆、蚕豆、豌豆、豇豆、褐豆、鲫鱼豆、茶豆”。按种皮颜色分，有赤、黄、绿、白、黑、花豆。有专作疏菜的蚕豆、豌豆、豇豆、四季豆等。以黄豆（大豆）为多，有夏、秋大豆之别。

黄豆（大豆）　20世纪50年代后，大豆以“苞萝豆”“六月豆”“青皮豆”“大田白”“湖椒

豆”“野猪戳”为主。推广过“兰溪大豆”。80年代，以“六月豆”“矮脚豆”“九月黄”等品种为主。1990年后，推广春大豆，品种有“矮脚早”“浙春2号”；夏大豆以“临安八月白”为主。90年代，适应红黄壤旱地种植的品种有“浙春1号”“浙春2号”以及较耐肥的“浙春3号”“华春14”等。在三种类型中，春大豆和夏、秋大豆各占一半，其中夏大豆以田塍豆和幼林地及桑、茶、果园套种为主，成片种植不多。夏大豆在立夏前后播种，秧期约7天。移栽至稻田田塍边，俗称“田岸豆”。秋大豆分处暑豆和烟田豆。处暑豆在中稻收割后播种，按稻茬掘穴占播，以象溪镇、裕溪乡居多。烟田豆则在烟畦边直播套种，以松古平原产烟区为多。

1950～1957年，全县年均种植大豆10000亩，其中秋大豆占90%以上。随着双季晚稻种植面积的扩大，秋大豆种植面积逐渐减少，春大豆渐增。20世纪70年代，年均播种面积7500亩，其中夏大豆占47%。1978年后，播种面积回升。1990年，16400亩，其中夏大豆14700亩，占89.6%。

1949年后，全县大豆种植面积最少的年份是1949年，为2600亩；种植面积最大的年份是2008年，为28985亩。总产量最低的年份是1949年，仅85吨；最高的年份是2008年，为5015吨。

1949～2010年松阳县大豆（黄豆）生产情况表

表11-2-3-5

年份	种植面积（亩）	平均亩产（千克）	总产量（吨）
1949	2600	32.5	85
1950	4100	25.5	105
1951	11300	52	585
1952	12600	53	670
1953	10800	56	605
1954	9700	48.5	470
1955	12500	37	465
1956	10100	45.5	460
1957	8900	34.5	305
1958	5000	65	325
1959	8400	53	445
1960	5200	29	150
1961	3600	53	190
1962	3900	54	210
1963	4600	56.5	260
1964	6600	56	370
1965	5800	80	465

续表 11-2-3-5-1

年份	种植面积（亩）	平均亩产（千克）	总产量（吨）
1966	5900	69.5	410
1967	4900	46	225
1968	5900	74.5	440
1969	8800	79	695
1970	9400	84.5	795
1971	9400	84.5	795
1972	11200	102	1145
1973	10800	71.5	770
1974	10700	95	1015
1975	10000	68.5	685
1976	10100	85	860
1977	10700	97.5	1045
1978	10700	95.5	1020
1979	10500	104	1090
1980	9900	123	1220
1981	12189	121.5	1481
1982	12800	102.5	1310
1983	13055	104.5	1364
1984	14265	121	1726
1985	14717	121	1779
1986	15580	109	1694
1987	15170	109	1706
1988	16326	98	1605
1989	16552	88	1462
1990	16390	97	1584
1991	15617	104	1626
1992	15603	114	1776
1993	15418	121	1872
1994	16287	123	2007
1995	15755	129	2038

续表 11-2-3-5-2

年份	种植面积（亩）	平均亩产（千克）	总产量（吨）
1996	17993	136	2447
1997	19823	143	2835
1998	21617	156	3380
1999	21257	142	3009
2000	23576	152	3584
2001	24393	155	3793
2002	24927	151	3753
2003	24835	140	3469
2004	26705	150	4011
2005	25143	148	3722
2006	24907	154	3847
2007	24829	160	3966
2008	28985	173	5015
2009	26464	165	4368
2010	23815	166	3964

蚕豆 豌豆　蚕豆松阳人称“佛豆”。蚕豆为一年生或越年生草本植物。豌豆，松阳人称“麦豆”，为一年生或越年生攀缘性草本植物。

蚕豆、豌豆在松阳广为种植，最早记述见于宋代。蚕豆、豌豆初传入时以蔬食为主。蚕豆的籽粒有大、中、小 3 种类型，最大的称牛踏扁。豌豆的花有红白两种，白花豌豆以蔬食为主，红花豌豆以谷食（即粮食）为主，明清方志中也有记载。

20 世纪 50 年代以后，松阳县蚕、豌豆种植面积迅速发展，其中以蚕豆为主。特别是 21 世纪后，蚕、豌豆种植面积更大。全县种植蚕、豌豆面积最少的年份是 1998 年，为 8162 亩；种植面积最大的年份是 2001 年，为 39425 亩。全县蚕、豌豆平均亩产最低的年份是 2001 年，仅 89 千克；平均亩产最高的年份是 1998 年，为 131 千克。全县蚕豌豆总产量最少的年份是 1998 年，1071 吨；全县蚕、豌豆总产量最高的年份是 2003 年，为 4216 吨。

1998～2010年松阳县蚕豌豆种植情况表

表 11-2-3-6

年份	种植面积（亩）	平均亩产（千克）	总产量（吨）
1998	8162	131	1071
1999	27760	110	2783
2000	35712	96	3438
2001	39425	89	3525
2002	42643	91	3880
2003	42250	100	4216
2004	36898	91	3342
2005	30651	89	2727
2006	27492	102	2798
2007	21274	95	2011
2008	21580	94	2027
2009	19586	99	1948
2010	18512	98	1814

马料豆　即小黑豆，皮色有斑纹。多在水稻齐穗后撒播。1949年前，县境内普遍种植，20世纪50年代种植面积较多。随着耕作制度改变和人们生活水平提高，播种面积渐减，到2010年基本消失。

大红袍赤豆　松阳大红袍赤豆，系松阳传统特产，因其子粒色泽深红而得名，是赤豆中的优质地方品种，主产地玉岩山区。1938年，浙江省农业改进所（浙江农科院前身）《工作报告》记载，“松阳大红袍赤豆适宜海拔500米以上山区杂地、田坎边种植，为全省优质品种”。

1979年，赤豆生产快速发展；1980～1988年，全县年均总产119.9吨。在1992年元旦召开的浙江省首届名特优新农产品展销会上，松阳大红袍赤豆被评为“最畅销产品”。1994年，松阳大红袍赤豆在全县山区、半山区幼林地带、茶园等地套种和田坎边及其他地方零星种植，总面积1.7万亩，总产250吨，亩产最高田块113千克。

其他小杂粮

松阳小杂粮种类多，主要有蓼科的荞麦，禾本科的旱稻、高粱、黍、薏苡等。

荞麦　松阳人称花麦。荞麦耐寒、耐瘠、耐酸，是新垦地、贫瘠地的先锋作物。全生育期60～90天，适播期长，春、夏、秋三季都可种植，多为填闲和备荒救灾作物，历史上在轮作复种中有一定地位。“红花荞麦”“大粒种”“细粒种”“山荞”等都是农家良种。20世纪50～80年代，由于耕作制度改变和荞麦产量低等原因，境内荞麦种植由全县普遍渐为零星。

高粱　松阳俗称“高粱粟”，是县内最早栽培的禾谷类作物之一。20世纪50年代，各地零星种植较多，以后仅在山区、半山区有少量种植，主要用于酿酒。高粱播种期一般在4月至7月上旬，以4月下旬至6月上旬为适期。

黍　俗称“粟尼”，籽粒性有粳有糯，糯者煮熟口感颇佳。20世纪50年代，松古平原农户在旱地上有成片种植，因其产量低，后逐渐消失。

薏苡　又名米仁、薏仁，松阳俗称“白面珠尼”，是一种经济价值高的谷类作物和药用作物，还是一种保健食品。以种仁和根入药，有健脾补肺、清热利尿等功效。

薏苡性喜温暖、潮湿，适应性较强，傍河谷、溪涧、池塘、宅屋周边杂地生长，在海拔300～1300米的山地都可种植。播种一次可连续收获3年，以第二年产量较高。

1949～2010年松阳县粮食播种面积与产量一览表

表11-2-3-7

年份	耕地面积（万亩）	粮食			其中					
					春粮			水稻		
		播种面积（万亩）	总产量（吨）	单产（千克）	播种面积（万亩）	总产量（吨）	单产（千克）	播种面积（万亩）	总产量（吨）	单产（千克）
1949	18.24	23.74	23065	97	5.19	3615	70	10.89	18075	107
1950	17.83	24.22	27160	112	5.11	2380	47	17.22	23530	137
1951	18.20	25.25	30955	123	3.71	2175	59	16.44	26030	159
1952	18.27	24.90	36020	145	4.18	2660	64	16.74	29790	178
1953	17.99	26.82	33410	125	3.89	2710	70	16.75	27615	165
1954	17.99	28.62	37770	135	4.99	3290	66	16.69	30430	183
1955	17.55	31.34	37105	116	6.39	3880	61	16.46	28610	174
1956	17.83	32.64	38165	117	7.32	4120	57	17.38	28865	166
1957	17.75	32.34	39035	121	6.76	3560	53	18.82	30470	162
1958	17.70	33.25	42525	128	5.90	3550	60	18.91	30625	162
1959	17.64	31.38	39345	126	5.54	3265	59	19.46	29960	154
1960	17.59	34.19	38695	113	7.40	4605	62	21.20	29500	139
1961	17.69	31.35	34135	109	7.90	3690	47	18.83	25135	134
1962	17.83	27.47	35630	130	5.47	2825	52	17.65	27465	156
1963	18.20	27.01	42620	158	4.18	2310	56	18.25	34690	190
1964	18.10	25.80	41045	159	2.77	1740	63	20.53	36400	178
1965	18.12	25.48	41560	163	2.24	1555	70	20.94	37220	178
1966	17.91	26.22	43245	165	1.71	1050	62	20.91	38930	186
1967	17.94	24.60	37925	154	2.16	2120	86	19.52	33655	173
1968	17.79	26.92	42920	160	2.63	2520	96	20.39	37315	183
1969	17.82	28.67	53145	186	2.61	2365	91	21.82	45380	208

续表 11-2-3-7-1

年份	耕地面积（万亩）	粮食			其中					
					春粮			水稻		
		播种面积（万亩）	总产量（吨）	单产（千克）	播种面积（万亩）	总产量（吨）	单产（千克）	播种面积（万亩）	总产量（吨）	单产（千克）
1970	17.79	31.26	56910	182	3.22	2920	91	23.41	48985	209
1971	17.78	30.39	54605	180	2.80	3330	119	21.82	45740	210
1972	17.70	31.86	65075	205	3.16	3865	123	22.88	53835	236
1973	17.69	31.57	63100	200	3.13	2645	85	22.60	53760	238
1974	17.67	31.65	67075	212	3.52	4350	124	22.58	56580	251
1975	17.56	31.39	63450	202	3.31	2145	65	22.67	55725	246
1976	17.63	31.27	56300	180	3.20	2470	77	22.64	49235	218
1977	17.59	32.34	67915	210	3.40	2440	72	23.23	58025	250
1978	17.57	32.03	78440	236	3.53	3645	104	23.80	66835	281
1979	17.48	31.26	88235	270	3.63	4150	115	23.48	75445	322
1980	17.45	30.64	98490	301	3.40	4915	145	24.41	84990	342
1981	17.44	29.89	100300	314	2.97	3870	131	24.89	87330	351
1982	17.41	30.37	113375	350	3.24	5095	158	25.57	98590	386
1983	17.40	33.70	117560	345	4.96	7410	150	26.96	105625	392
1984	17.38	34.71	124880	355	5.94	10830	183	27.04	109355	405
1985	17.08	33.50	115420	400	5.95	10625	179	25.68	99615	388
1986	16.90	32.81	110069	331	5.78	9735	168	25.10	95540	381
1987	16.92	33.02	108305	323	5.60	4355	76	25.47	98820	388
1988	16.93	32.63	100050	302	5.64	8565	152	24.87	87295	351
1989	15.09	34.39	104752	300	6.24	9062	143	25.68	91086	354
1990	15.16	34.88	111241	314	6.76	12053	178	25.54	94167	369
1991	16.84	35.26	118613	331	7.01	10661	152	25.73	102825	400
1992	16.64	33.94	113124	328	6.77	11021	163	25.21	96822	384
1993	16.30	31.63	104708	325	6.01	10591	176	23.92	88658	370
1994	16.05	31.66	99189	307	5.72	9273	162	22.92	84167	367
1995	15.93	31.25	98444	308	5.56	7938	143	23.13	84223	364
1996	15.92	32.75	108252	331	6.55	12283	188	23	90010	391
1997	16.28	33.63	108229	322	7.22	13101	181	23.25	89078	380
1998	16.17	33.59	107309	319	7.28	12422	171	23.25	88369	382
1999	15.76	34.72	111236	320	8.35	12835	154	23.07	90788	394

续表 11-2-3-7-2

年份	耕地面积（万亩）	粮食			其中					
					春粮			水稻		
		播种面积（万亩）	总产量（吨）	单产（千克）	播种面积（万亩）	总产量（吨）	单产（千克）	播种面积（万亩）	总产量（吨）	单产（千克）
2000	14.98	30.01	93256	311	7.63	10636	139	19.04	75002	394
2001	14.19	23.93	78095	326	4.8	5011	104	15.74	64777	412
2002	12.51	21.93	69546	317	4.80	4740	99	13.91	56684	407
2003	11.31	15.02	53277	355	4.52	4684	104	11.26	44787	398
2004	11.41	18.93	60128	318	3.85	3616	94	11.43	47680	417
2005	11.52	17.80	57656	324	3.08	2904	95	10.99	46019	419
2006	16.03	18.77	57856	308	2.82	2918	103	10.04	42398	422
2007	15.02	17.21	54263	315	2.18	2091	96	9.26	39701	429
2008	18.60	20.50	67190	328	3.82	7886	206	9.51	41603	437
2009	16.38	17.68	56289	318	3.53	6781	192	7.39	33001	447
2010	14.80	15.92	52139	356	3.45	6692	194	6.58	29805	454

说明：1.春粮：包含大小麦、马铃薯、蚕豌豆 2.1958～1982 年松阳区域划归为遂昌县管辖，松阳区域没有单独编制计划

第四节 高产模式栽培与吨粮田工程建设

高产模式栽培

松阳县自 1987 年开始试行农作物高产模式栽培。以春粮、早稻、晚稻三熟制为主，实行模式片、中心示范方、高产攻关田和对比试验田四个层次配套。采取以高产良种为中心，推广行之有效的高产措施。

主要技术措施是选用良种，坚持稀播培育壮秧，应用多效唑控苗促蘖，增施磷钾肥，推广配方施肥和综合防治病虫害等配套技术措施。

1987 年，全县农业产值为 4541 万元；1988 年，全县农业产值为 9695 万元，是 1987 年的 2.13 倍；1989 年，全县农业产值为 10924 万元，是 1987 年的 2.41 倍。

吨粮田工程建设

自从试行、推广粮食作物模式栽培取得成功后，松阳县政府决定在“八五”期间松古盆地建设 10 万亩吨粮田。分类指导、分批建设，计划五年力争三年实现盆地 10 万亩粮田全年平均亩产超吨粮（1989 年全年亩产 800 千克左右），总产 1 亿千克。1990 年 2.5 万亩；1991 年 5.5 万亩；1992 年 8.5 万亩。

1989年，县吨粮田工程建设领导小组成立，聘请100名农民技术员当辅导员，做到人员、任务、报酬三落实。为积累吨粮田工程建设的经验，科学指导全县工作，县委、县政府在阳溪乡白沙村建立132亩“吨粮高产指挥畈”。1991年，该畈平均亩产1154千克，试验田1.53亩、亩产1351.5千克。1991年4月，县政府与各区、乡（镇）签订责任书，明确职责。是年，县农业部门在吨粮区举办638期培训班，受训人员4.45万人次。同时，建立吨粮区社会化服务组织142个（含乡农科站14个、村农技服务组织77个、机耕服务队26个、植保服务队5个、配肥站3个、植物医院1个、庄稼医院1个、乡成人技术文化学校7个）。

在建设过程中，县种子部门为吨粮工程建设提供杂交水稻良种4万千克、常规稻良种1.5万千克。县土肥部门推广垄畦法栽培技术1.14万亩次，促使早稻增产11%、晚稻增产9.4%。县粮食部门提供“三挂钩”平价化肥1537吨、平价柴油170.9吨。县供销系统供应农药化肥6600吨。县农业银行为吨粮区农民支持贷款290万元。县财政从农发资金直接拨出4.5万元用于辅导员工资、培训、灭鼠、机动喷雾器经费等开支。县水利部门启动水利工程359处、投入资金415万元。

图11-9　改造后的低产田（县档案馆提供 1992年）

1990年，松阳县开始实施“中低产田改造”工程建设，吨粮田计划分布14个乡镇77个行政村。实施的结果，吨粮区粮地面积41941亩，平均亩产863千克，总产36195吨。其中，7个村达到吨粮目标。是年，全县粮地平均亩产704千克，总产量111241吨。1991年，全县吨粮田实施计划4万亩，落实41229亩，平均亩产930千克，总产38355吨，其中达到吨粮指标面积21952亩。在实施的77个行政村中，有26个村达到吨粮目标，粮地面积10952亩，平均亩产1044千克。其中斋坛乡石门圩村，粮地面积1173亩，平均亩产为1148千克；新兴乡横溪村和岗寺乡下黄圩村，粮地平均亩产为1108千克。

1992年，吨粮田工程建设实施的第三年，规划面积为6万亩，全县共116个行政村、18942个农户参加。吨粮工程建设一直延续到1996年。1997年，因农村种植结构调整，茶叶、蚕豌豆等经济效益高的作物种植面积扩大、粮地面积减少而转入“粮食自给工程”。

第三章 经济作物

松阳的经济作物大致分为衣着原料、嗜好原料、食用原料三大类。衣着原料有蚕茧丝、棉、麻等。嗜好原料有茶叶、烟叶等。食用原料有油料、糖料、食用菌、水果、蔬菜、药材等。

松阳县经济作物的栽培历史久远。衣着原料以丝、麻的利用为早。明成化二十二年（1486），松阳贡丝28斤10两1钱5分，绢25匹1丈3尺6寸，表明当时松阳种植蚕桑较为普遍。棉花在松阳农村种植较少。茶叶、种蔗制糖、人工栽培药材时间较早。

旧时在松阳先人的生活中，经济作物产品满足人们除粮食外的生活需求，发挥着“拾余补缺”的作用；在现代社会中，不仅满足人们除粮食外的生活需求，而且其经济效益在农业产值中占的比重越来越大。1982年，全县经济作物产值占农业产值的20.78%；到2010年，经济作物产值占农业产值比重升至87.89%。

（“茶叶”“烟叶”与“专记”中《松阳茶叶》《松阳晒红烟》互为补充。）

第一节 茶 叶

茶叶发展史

据传，三国时期，松阳已出现人工种植、制作茶叶。宋代，松阳制作团茶、茶饼。张玉娘的诗词中出现“小凤团”茶。明朝时期，松阳茶业进一步发展，在制茶技术上，由炒青茶逐步替代原来的蒸青茶。成化年间（1465～1487），进贡“芽茶”3斤，列为贡品。清朝，松阳茶叶进一步发展。

图 11-10 横山村老茶树（吴晓霞 摄）

民国28年（1939），浙江省农业改进所在横山村设立省茶叶调整实验场，创办制茶厂，推动当时浙南乃至全省茶叶生产。后因受日军入侵封锁、常遇洪水灾害等因素的影响，全县茶园面积减少1/3。民国36年，全县茶园面积恢复到117.3公顷（其中山地96公顷、平地21.3公顷），全年茶叶总产量上升到105吨。

1949年，全县茶叶面积再度回落到42.9公顷，总产量10.15吨。

20世纪50年代初，县政府倡导水南、竹源、谢村等主要产茶乡的茶农对茶园垦复改造，恢复生产。在江南、古市2区发展少量的新茶园。到50年代末，全县茶园总面积406.7公顷，总产量150吨。

60～70年代，“农业学大寨”运动中，平原地区公社各大队成立茶叶专业组，大面积开垦荒山，种植茶叶。1964年，赤寿公社红连大队利用荒坡地开辟丽水地区第一块集中连片的常规茶园5.2公顷。1970年，开辟茶园600多公顷，掀起茶叶规模发展高潮，茶园总面积达808公顷。至1979年，全县茶园面积1590.6公顷、全县茶叶总产量440.5吨，比1970年的94.7吨增加3.6倍。1982年，全县茶叶生产创历史新高，总产量751.3吨，收购量500吨。1983～1985年，茶叶严重滞销积压，致使大批茶园失管抛荒。1984年区划调查，全县茶园总面积缩减到1470.4公顷。

90年代，茶叶销售回暖，茶农积极性提高，特别是无性系良种的培育和外地良种的引进，名优茶的开发生产使松阳茶叶种植面积持续增加。1990年，松阳县茶园总面积1373.4公顷，茶叶产量1059吨，茶叶产值530万元，占当年松阳农业总产值19566万元的2.7%。1999年，全县茶园面积1474.4公顷，茶叶产量1961吨，产值3832万元。占当年松阳农业总产值72848万元的5.3%。

图 11-11　原赤寿公社红连大队茶园（叶火香提供 2010年）

2000年12月底，县里组建松阳县茶叶产业化办公室，先后出台一系列茶产业扶持政策，在茶叶基地建设、茶厂优化改造、龙头企业培育、组织化建设、品牌市场建设和产品流通等方面给予政策支持。

2000年，松阳县茶园总面积2129.4公顷，茶叶产量2532吨，茶叶产值6025万元，产值在当年松阳农业中居第5位。

2006年，松阳县茶园总面积5980.5公顷，茶叶产量5688吨，茶叶产值19740万元，占当年松阳农业总产值101394万元的19.5%，产值跃居松阳农业第一位，成为松阳农业第一支柱产业。

2010年，全县茶叶面积7344.1公顷，茶叶产量9049.5吨，茶叶产值4.22亿元，占当年松阳农业总产值139617万元的30.3%，产值连续5年稳居松阳农业第1位，茶业成为松阳农业的主导产业、松阳农民的民生产业。茶产业在松阳呈现3个1/3的生产格局，即全县农业产值1/3来自茶叶、农民收入1/3来自茶叶、全县人口1/3从事茶业。

良种生产

1980年，全县购进茶叶良种15万千克，茶苗30余万株，发放贴息贷款和扶助资金45万元。1980年春季，县茶叶技术干部指导赤寿公社半古月大队茶场，利用福云池边三号无性系茶树品种进行银猴茶研制，取得成功。此后松阳玉峰、万寿茶、小凤凰等名茶相继问世，分别被评为省级、地级名茶。在1980年、1982年、1984年连续三届名茶评比会上，松阳银猴茶均被评为省一类优质名茶，1984年获浙江省名茶称号。

1988年10月，县政府提出，利用现有的自然和劳力资源，因地制宜，大力开发无性系良种茶园，出台相应的扶持政策。到90年代初，全县发展以银猴品种为主的无性系良种密植茶园267公顷。

1990年，在雅溪村建立百亩茶树良种母本园，被省农业厅定为茶叶良种繁殖基地。年初开始，新兴乡首次利用山垄田、大田发展良种密植茶园。

图11-12 1990年开发的“雅溪百亩茶叶良种母本园”（县档案馆提供 1992年）

茶叶专业技术人员于1992年、1994年、1999年开始引进推广龙井43号、嘉茗1号、白叶1号等茶树良种。到2005年，全县共有无性系良种茶园5066.7公顷（其中大田3000公顷），良种覆盖率89.7%，绝对量居全省首位。2010年，无性系良种茶园6874.1公顷，良种覆盖率93.6%。2002年松阳县被省林业厅授予浙江省良种茶之乡，并于2001年度、2004年度、2007年度、2010年度，先后4次被浙江省农业厅授予浙江省茶树良种化先进县称号。

1998～2003年，相继制定松阳银猴、松阳玉峰茶等县级地方农业标准，建立2个茶树良种母本园和10个“松阳银猴”标准化建设优质高效示范基地，总面积433.4公顷。

2001年，松阳县被省林业厅评为浙江省良种茶之乡。2002年12月，“银猴”牌绿茶通过国家绿色食品认证。

2006年，茶叶良种率90.5%，全县累计通过无公害以上认证的茶园基地2476公顷，其中8个品牌180公顷茶叶基地通过有机认证。2007年4月，“松阳银猴”白茶成为国务院会议、接待、外事活动指定用茶。2008年始，“绿谷龙剑”茶叶获第七届国际名茶评比会金奖，为松阳县茶叶首次获国际殊荣。2009年夏茶始，松阳县赤寿乡楼塘村、新兴乡上安村茶农采用鸠坑有性群体种、福云3号等品种鲜叶原料，参照外地的红茶加工工艺，研制松阳银猴而成松阳红茶。

2010年，松阳银猴品牌价值10.49亿元，居中国茶叶区域公用品牌价值榜第十六位。松阳县被农业部列为茶叶标准园创建示范县，被中国茶叶流通协会评为全国重点产茶县。于2001年度、2004年度、2007年度、2010年度，先后4次被浙江省农业厅授予浙江省茶树良种化先进县称号。

茶叶加工

20世纪70年代中期，松阳开始陆续引进茶叶初制机械，机制茶逐步得到推广。与此同时，松阳茶叶技术干部与新兴乡等地茶农在传承传统地方名茶横山茶、下街茶炒制工艺基础上研制“松阳香茶”。至80年代初，全县建成茶叶初制厂68座，共有初制机械345台，重点产茶单位基本实现茶叶加工机械化。

1998～2003年，茶叶加工企业发展迅速。县政府每年拨付50万元资金重点扶持规模加工企业，培育一批龙头企业。于2004年度、2006年度、2008年度，先后3次被浙江省农业厅评为浙江省初制茶厂优化改造先进县。

2005年，县政府加大茶厂优化改造力度，通过实施各项措施，全年新建、改造标准化茶厂26家；在新兴等地建立10个茶叶标准化生产示范基地。碧云天茶叶公司成为全市第一家通过QS食品生产许可认证的茶厂。2006年度，松阳县越玉兰茶业有限公司被评为第三批省级示范茶厂，碧云天茶叶获浙江名牌称号。

图11-13　标准化茶厂（叶光铭 摄于2008年）

2008年，新建和改造标准化茶厂20家，新增QS认证茶叶企业5家，累计16家。振通宏茶叶公司引进投资7500万元的茶叶精深加工项目在古市镇十五里落户。

至2010年，全县新建和优化改造的茶厂120多家。浙江碧云天茶业公司等20家企业取得QS认证，在茶叶企业中培育出13家省、市农业龙头企业。

茶叶市场

创建于1993年的松阳茶叶市场，随着交易量的不断扩大，曾经三易场址。2001年，更名为浙江浙南茶叶市场。2003年，交易总量9955吨，居全省各大市场之首；交易额3.44亿元，居全省第二位。在重点产茶乡镇建立9个主要茶青市场，茶青年交易量1.2万吨、交易额8000余万元，有效地促进茶叶流通。2005年初，占地面积1.45万平方米的交易区一期工程和占地2.6万平方米的物流中心投入使用；同年与济南茶叶市场结成友好市场，成为全省最大的成品茶集散中心。全县重点产茶区域的10个茶青交易市场实现茶青交易量1.5万吨，交易额1.6亿元。2008年初，浙南茶叶市场二期工程投入使用。占地1.38万平方米，营业房100间，交易摊位5000多个。全年实现茶叶交易量3万吨，交易额6.7亿元，交易量和交易额均居全省各大茶叶市场之首，被评为第十四批“农业部定点市场”，成为丽水市首家“农业部定点市场”。

2010年，浙南茶叶市场茶叶交易量5.12万吨，交易额17.8亿元，交易量连续8年、交易额连续5年位居全省之首。浙南茶叶市场成为全国最大的绿茶产地市场，先后被列为“省重点农副产品批发市场”“省骨干农业龙头企业”“省三星级文明规范市场”“农业部定点市场”“浙江省重点市场”。

（此目与本编第六章“农场与农业产业化经营”第三节“农产品市场”、第十八编“综合经济管理”第四章“工商行政管理”第四节“集贸市场管理”之目“松阳县主要集贸市场选介”互为补充）

1949～1983年松阳县茶叶生产情况表

表 11-3-1-1

年份	面积（亩）	产量（吨）	年份	面积（亩）	产量（吨）
1949	643	10.15	1967	3647	85.3
1950	1206	21.15	1968	3647	87.05
1951	1303	24	1969	2887	91.05
1952	2534	50.1	1970	12120	94.7
1953	2976	61.9	1971	13026	103.85
1954	3907	62.7	1972	15836	133.85
1955	3137	83.2	1973	17305	153.9
1956	5350	101.65	1974	19247	162.35
1957	5358	103.35	1975	19868	212.45
1958	5895	90.45	1976	21643	242.35
1959	6100	150.55	1977	22628	260.25
1960	6032	117.45	1978	22714	336.2
1961	1643	71.1	1979	23859	440.55
1962	1141	66.25	1980	22377	472.15
1963	1785	73.3	1981	21745	577.25
1964	3418	79.4	1982	22197	751.3
1965	3647	86.8	1983	22213	678.35
1966	3647	85.5	—	—	—

1984～2010年松阳县茶叶生产情况表

表 11-3-1-2

年 份	面积（公顷）	产量（吨）	产值（万元）
1984	1470.4	596	161
1985	1422.9	671	205
1986	1402.8	760	295
1987	1410.1	862	405
1988	1395.2	899	448
1989	1374.2	971	486
1990	1373.4	1059	530

续表 11-3-1-2

年 份	面积（公顷）	产量（吨）	产值（万元）
1991	1358.2	1143	411
1992	1214.9	1103	483
1993	1302.2	1215	889
1994	1310.3	1224	763
1995	1275.7	1208	895
1996	1241.6	1301	1050
1997	1218.7	1345	960
1998	1289.6	1730	1900
1999	1474.4	1961	3832
2000	2129.4	2532	6025
2001	2959.8	2776	6905
2002	3824.2	3652	9149
2003	4710.9	4306	11814
2004	5241.2	4758	14498
2005	5648.7	5195	17158
2006	5980.5	5688	19740
2007	6702.8	6388	22688
2008	6993.1	7285	26364
2009	7283.7	8725	33519
2010	7344.1	9049	42238

第二节　烟　草

松阳晒红烟发展史

松阳的晒红烟源自福建。清初“三藩之乱”时，福建省安溪、永定、泉州等地民众因避战乱，迁居松阳樟溪、赤寿、岗寺等乡村，烟草随之传入。清康熙年间（1662～1722），已成为商品。康熙末年，麓阳庄（今古市镇山下阳村）张起云从事烟叶贸易。道光年间（1821～1850），松阳晒红烟已销往金华、兰溪、宁波、上海等地。

清咸丰年间（1851～1861），罗鸿槐在古市太保庙创办“罗萃泰”烟行。民国 4 年（1915），罗萃泰烟行选送的松阳晒红烟在旧金山举办的巴拿马太平洋博览会上获奖。民国 10 年，叶村农民罗水宝应荐到台湾传授种烟技术；民国14年，返松。民国18年，浙江省在杭州主办“西湖博览会”，罗萃泰、徐裕昌烟行选送的松阳晒红烟获西湖博览会优等奖。民国20年，全县产烟4.5万担（2250吨）。民国27年4月，浙江省烟叶股份有限公司在松阳成立。

松阳晒红烟主要分布于松古平原。民国时期的主要产地为七都（古市镇岗寺片北部）、赤川（赤寿）、樟溪、仓溪（古市镇岗寺片一带）、峰林（古市镇十五里一带）、安溪（新兴乡北部）、梓山（西屏镇北山一带）、附郭（西屏镇项弄一带）、溪沿（西屏镇水南一带）等农村。栽培面积以古市区为多，城区（西屏）次之，竹溪区又次之；靖居、玉岩2区有零星种植。中华人民共和国成立后，仍以传统产区为主要种植区。1952年，全县种烟1.2万余亩，产烟叶26340担（1317吨）。千亩以上的乡镇有樟溪、望松、赤寿、岗寺。20世纪60～80年代，全县种植面积为4000～6000亩。80年代中期稍有上升，至7000亩以上；90年代又趋下降。

樟溪、六都一带，烟叶种植面积广、产量高、品质好，产于六都一带的“六都烟”（松北烟）和产于樟溪一带的“樟村烟”为松阳烟之上品。

1957年11月中旬，县人委根据省委确定的“以粮食生产为主”的方针，调整烟叶种植面积，从1957年的5783亩缩减到1958年的4500亩。

1984年9月，松阳晒红烟被列为全国名烟。1986年，松阳晒红烟出口埃及等国家和地区4400担（220吨），为1949年以后出口最高年份。1985～1990年的“七五”期间，全县烟叶累计77273.6担（3863.68吨），收购金额6656554元，增加税收2624534元。

1943～2010年松阳县烟叶生产情况表

表11-3-2-1

年份	种植面积（亩）	总产量（吨）	年份	种植面积（亩）	总产量（吨）
1943	7500	750.0	1955	5643	501.9
1944	1502	100.0	1956	6395	586.8
1945	4000	433.5	1957	6395	729.7
1946	2173	246.7	1958	4843	487.2
1947	7000	809.8	1959	4205	457.7
1948	12173	1101.7	1960	7432	524.3
1949	3850	400.2	1961	5378	347.4
1950	6407	760.5	1962	6717	438.8
1951	9343	1021.5	1963	5693	547.0
1952	12170	1145.2	1964	6332	643.3
1953	8186	928.0	1965	5337	583.0
1954	8619	737.5	1966	5071	515.5

续表 11-3-2-1

年份	种植面积（亩）	总产量（吨）	年份	种植面积（亩）	总产量（吨）
1967	4890	399.2	1989	7500	1264.4
1968	4832	412.6	1990	3069	547.0
1969	4825	406.4	1991	4481	923.4
1970	5107	475.0	1992	5967	1319.0
1971	5681	579.5	1993	4741	978.0
1972	6156	757.2	1994	2117	445.0
1973	6127	591.3	1995	3220	561.0
1974	5776	655.6	1996	3448	567.0
1975	5246	372.5	1997	5349	848.0
1976	5104	456.8	1998	5505	1014.0
1977	4705	420.4	1999	3776	653.0
1978	5328	479.5	2000	2959	547.5
1979	5523	466.7	2001	3772	734.0
1980	4746	550.5	2002	2940	592.0
1981	3793	501.1	2003	2909	665.0
1982	3745	579.4	2004	2581	594.0
1983	4207	620.9	2005	1566	339.0
1984	3877	679.9	2006	1264	268.0
1985	7582	1344.0	2007	736	154.0
1986	7470	1537.2	2008	762	160.0
1987	7133	1098.1	2009	656	149.0
1988	6258	1144.0	2010	605	137.0

品种

松阳种植的烟草属普通（红花）烟草。按晒后烟叶的颜色分为晒黄烟、晒红烟 2 类。松阳烟草的传统品种主要是“尖刀叶”“小叶烟”“蒲扇叶”“牛舌尖”等，统称晒红烟。

竹溪及城区一带以“蒲扇叶”为最多，古市区以“牛舌尖”为普遍，“小叶烟”“尖刀叶”甚少。民国 27 年（1938），省农业改进所引进“萧山烟”“新昌烟”未能推广。至 20 世纪 70 年代，沿种传统品种。1955 年，对全县 2577 亩烟田进行抽样调查，“蒲扇叶”2174 亩，占 84.36%；“牛舌尖”340 亩，占 13.2%；“尖刀叶”57 亩，2.21%；“小叶烟”6 亩，占 0.23%。

1975 年，新品种“松选三号”选育成功，1978 年得以推广，传统品种遂不多见。“松选三号”

性状基本稳定，突出表现为抗病力强，耐肥，优质、高产。1987年，“松杂87”选育成功，“松选三号”“松杂87”遂成主要种植品种。

“蒲扇叶” 株式塔形，株高近2米，叶数26张，节距6厘米左右，小叶柄上无耳叶，花冠粉色，蒴果长圆筒形成黄褐色，籽粒黄褐有光泽，烟味浓。亩产约138千克，生长期约120天。西屏镇一带种植者多。

“牛舌尖” 株式塔状，高约1.9米，叶数27张，节距6.8厘米，耳叶近茎处小而皱，花冠粉红色，蒴果塔形，果色黄褐，籽粒黄褐少有光泽，烟味浓辣。亩产143千克左右，生长期和“蒲扇叶”相近。古市区范围内普遍种植。

“尖刀叶” 株式塔状，株高约1.8米，叶数26张，节距9.5厘米，花冠粉红，蒴果塔形，烟味浓辣，叶质偏薄，产量低，民国时期已少有种植。

“小叶烟” 株高约2米，全株茶色，节距约7厘米，叶数25张，叶形偏小，20世纪40年代后几近绝种。

图 11-14 松阳县培育并推广的优质高产抗病的“松选3号”烟叶（县档案馆提供 1992年）

“松选三号” 株形塔状，株高1.6米，叶宽卵圆形，叶茸毛较长，抗叶斑病，抗蚜虫，少病毒病，一般生长期为120天左右。亩产一般225～250千克，出丝率78～80%。1986年后，成为松阳的“当家”品种。1988年10月25日，山东青州烟草研究所对“松选三号”化验鉴定认定，叶色棕黄，光泽鲜明，有香型，香气足，有刺激性，劲头较大，余味尚舒适，燃烧性中等，灰色灰白，质量较好，可用于生产混合型卷烟。

“松杂87” 又称“晒红烟8701”。1987年，用“松选三号”与“松烟资S7”选配而成。适应性和抗病力强，用肥省，叶片组织较细致，早花现象轻，耐旱性能强，苗期耐寒，大田、山坡、荒滩均可种植，是缓解烟粮争田矛盾的较好品种。1989年，全县种植“松杂87”104.3亩。1990年有增加，且以山地为主，也有大田种植。1990年1月，经青州烟科所鉴定，“松杂87”叶片光泽暗，香型较显，香气足，杂气微有，浓度中，有刺激性，劲头较大，余味尚舒适，燃烧性中，灰色灰白，可作混合型卷烟原料。

烤烟 民国27年（1938），浙江省农业改进所在松阳引种美国烟（烤烟），设古市烟草繁殖场（嗣称松阳县中心农场）试种。民国28年，向全县推广烤烟，规定凡种植烤烟农户，无偿提供烟苗、技术及防治病虫害所用药剂，并为烟农贷款。同年，浙江省湘湖师范学校在黄圩设农场，配合农改所试种烤烟，未及推广。1960年春，县农业部门从河南、福建引进烤烟“抵字101”“特字401”在望松、岗寺一带试种。后因种植经验不足，花工大、产量低、效益差，加上燃料匮乏，种植面积逐年减少。至1981年，境内已无种植。小范围试种过香料烟，“云南多叶烟”“湖北白肋烟”均未成功。

栽培

育苗 于立冬前择背风向阳、土质肥沃、易于排灌、3 年内未种植过茄类作物的土地育苗。苗床宽 1～1.2 米、高 0.15～0.2 米，畦平整疏松，畦边踏实，四周有高出畦面 4～6 厘米的围埂。播种前用稻草燃烧畦面，铺一层焦泥灰厚约 5 厘米，上浇人粪备用。每亩大田需苗床约 10 平方米，传统苗床必扎制稻草帘覆盖的寮棚，草帘与地面成 60 度角，坐北朝南，北向接地以抗风寒。20 世纪 70 年代，有采用尼龙薄膜育苗。苗床要求如同传统方法，唯以全封闭薄膜覆盖代替草帘遮盖。寮棚育苗法，在播种前把烟籽与草木灰和拌均匀播撒于畦上，覆以稻草。4～6 天后发芽，苗叶大于瓜子时揭去稻草。遇天气干燥，适时灌水至畦土湿润；适施稀人粪，促苗旺长。薄膜育苗法，待烟苗呈十字花形后，定时掀揭薄膜通风。移栽前 7～10 天，掀去薄膜“炼苗”。待苗床表土干燥后，结合施肥浇水保湿，以氮肥为主，至 3～4 片真叶时再施 2%复合肥 2～3 次，每半月一次喷施 1∶150 倍波尔多液防治炭疽病。1979 年，试验成功二段育苗法（假植育苗）。在大田内做 20～25 平方米苗床，宽 1～1.2 米，假植前 7～10 天施主底肥，假植后覆盖尼龙薄膜，注意通风保湿。移栽大田前 7 天掀去薄膜炼苗，移植前施浇适肥 3 次。间苗分别在 2 片和 4～6 片真叶时进行。

图 11-15　烟叶育苗（望松乡提供 2010 年）

整地 烟田需在上年冬翻耕，沙质地可边整边栽。烟畦以南北向为佳，作畦时土要整细，畦高一般为 20～25 厘米，宽 80～90 厘米，长因田而异，畦间沟底宽约 30 厘米，截面呈等腰梯形，畦壁平整。山地烟畦须顺山势横向制作，有利保持水土，其他要求大致相同。作畦时在畦中挖一道凹沟，于移栽前 1 月左右，施入厩肥为基肥。

图 11-16　整地（望松乡提供 2010 年）

移栽 移栽时间一般在 3 月下旬，烟苗高 15 厘米左右即移植，以阴天为佳。拔苗前先浇水，免伤苗根。移植时让根伸直，浅植穴中，浇淡粪水（俗称“还魂水”），数日后缺株补苗。植株行距 65 厘米，株距 40 厘米，每穴 1 株，每畦 2 行，左右株交错排列，亩栽烟苗约 1400～1500 株。

施肥 传统肥料以饼肥（豆、桐、油茶、油菜籽枯饼）、厩肥（家畜、禽栏肥）、人粪肥、灰肥为主，次为土杂肥、绿肥等，以饼肥为最佳。20 世纪 50 年代中期，化肥用量增多。80 年代后，用肥结构更新，一般亩施猪牛栏肥约 40 担，尿素 52 千克，硝铵 94 千克，过磷酸钙 46 千克，磷酸二氢钾 1.5 千克；也有亩用栏肥约 60 担，焦泥灰 30 余担，尿素 40 千克，硝铵 65 千克，磷肥 34 千克，复合肥 20 千克，磷酸二氢钾 1.3 千克。

中耕　一般于移植半月后苗高六七寸（20～23 厘米）时进行首次中耕，至苗高尺许再行二次中耕并施肥。烟田的中耕培土颇考究，烟农多备有口径 30 厘米左右的“大阔锄”（俗称“大阔板”），专用于松土和“上烟土”（培土）。首次中耕（即松土）配施氮肥；二次中耕埋施豆饼、菜枯等，俗称“埋大枯坑”；三次中耕称“上烟土”，所有农活中要求最高的首推上烟土。须把畦坑耕作层全部土壤培到烟株周围，烟畦成梭台状，四壁成斜坡，棱角分明，畦面须平整。畦高度因耕作层深度而异，一般高 35～50 厘米。宜于晴天进行，有“烟土三次白，自然有得摘”之说。

灌溉排水　烟田前期耗水少，中期多，后期少。初栽期宜注意排水，增强土壤的通气性，旺长期宜科学灌水，一次灌水 15 厘米左右，采取下灌上喷方式，充分满足其对水分的需要。成熟期应注意排水防涝，除较长期的干旱需浇灌外，一般情况不需灌溉。

打顶抹叉　这是保证叶大片厚的有效措施之一，旧时已有。民国 27 年（1938），浙江省农业改进所在松阳农场进行“打顶摘心”试验，其成果延用至今。打顶时间宜视烟株长势和留叶张数而定，一般于 5 月 10～15 日，或每株有效叶 16～18 片时进行。打顶后每隔 7～10 天或边芽 2～3 厘米时抹叉为最佳期。

图 11-17　烟叶种植（望松乡提供 2010 年）

病虫防治　虫害有切根虫、烟草蛾、蚜虫、斜纹夜盗蛾、青臭椿象、烟草盲椿象、烟草蓟马、油胡、烟草甲虫等，以蚜虫、切根虫危害最甚。20 世纪 50 年代前，防治蚜虫方法极为原始，用面粉拌香料捏成块状的黏团子黏除蚜虫，或以棉花蘸油黏除。后又以砒酸铅拌和玉米粉撒于叶面，每周 2 次，直至摘顶时为止。50 年代后，采用化学农药防治，用 6%可湿性六六六粉加水 600～800 倍液喷射，或用乐果、速灭杀丁喷雾防治病害。1989 年、1990 年县烟草侵染性病害课题调研组的普查，根茎部病害有立枯病、猝倒病、炭疽病、黑胫病、空胫病、青枯病，叶部病害有花叶病、赤星病、蛙眼病。根茎部病用波尔多液或退菌特 800 倍液，或 50%代森铵 500 倍液喷雾防治，或用敌克松 300～400 倍液浇灌。黑胫病用 25%瑞毒霉 800～1000 倍液喷雾、乙磷铝 300～400 倍液浇灌。空胫病用 200ppm 农用链霉素喷雾防治。叶部病害蛙眼病、赤星病用 1∶1∶150 倍波尔多液或托布津 800 倍液或多菌灵 800 倍液，隔 10 天左右防治 1 次，也可用 50%退菌特或 50%纹枯利 800 倍液喷雾。花叶病常用 0.2%硫酸锌溶液或用 1%尿素和 0.2%磷酸二氢钾混合喷雾防治。21 世纪多使用低毒高效的农药。

采摘

采摘当成熟期进行。烟叶叶色褪青转黄、叶基部主支脉发白、叶部呈现大拇指大小的淀粉斑、叶尖往下垂、叶面茸毛脱落油分增多有粘手感即为成熟期。采摘时先摘脚叶，上、中部叶片则视其成熟度，不漏熟、不采生，每次采2～3片，5～6天采一次。采摘宜于下午或傍晚进行，忌凌晨采摘“露水叶”。

晒制

烟叶采摘后经暴晒干燥呈红褐色的过程称晒制，经晒制的烟叶方可贮藏、出售。其过程是：上烟夹。烟夹用竹篾编制而成，宽50～60厘米，长160～170厘米，烟夹空眼6～7厘米见方。使用时两片成一副，把烟叶整齐叠铺于其间，用4根小篾条把两夹相串。皮脚叶采摘后立时上夹；大叶片采摘后放在阴凉处，叶柄朝下竖放地面，5～6小时后待主脉变软再上夹，以免叶片破碎、叶筋折断。上夹时叶背朝上、叶面向下，按叶片大小、好坏不同，分类上夹。每夹装烟叶数量因叶片大小而异，一般为20～50片。晒制是把上夹的烟叶背朝外，两烟夹靠成30度角的人字形，避免阳光直射，任其日晒夜露2～3天；再增大至60度角的八字形，扩大曝晒面，直至叶片呈虎斑色（红褐色）时再把烟夹翻转，使叶面朝外、叶背朝里晒制2～3天，直至叶脉晒干为止。卸下烟叶堆于室内架上让其充分转色。整个过程因天气而异，一般需7～10天。晒干后按质分级分捡出售。

图11-18　烟叶晒制（叶坚红 摄于2010年）

购销

自清中叶至20世纪40年代，晒红烟一直是松阳财政收入的重要来源。清光绪三十二年（1906），出口晒红烟22147担（1107.35吨），值银24.3万海关两。宣统元年（1911），全县产烟3万担（1500吨），值银30万两。民国元年至3年（1912～1914），全县统捐总额37400元，其中烟酒两项捐额34500元，占总额的92.24%。民国19年，出境县外物品总值银120.2万元，其中烟叶一项为60万元，约占50%。民国34年，全县货物税点额4088万元，其中烟叶税2366.5万元，占56.91%。民国35年烟叶税额2820万元，占货物税总额42.78%。民国37年1～4月，烟叶、烟丝税额7926.75万元，占同期货物税总额的73.76%。

收购　初始，烟农自产自销。烟叶成为商品后，城里有“弃儒就贾”“贩运至沪者”。至清末民国初，每届烟叶产期，沪杭商贾竞相到松阳收购；境内商人亦纷纷建行设店收购。中间商烟牙郎每届烟叶产期，径至农家收购烟叶再转售烟行、烟商。也有代烟商、大烟行下乡收购者。民国时期，有一些从事烟叶购销的半官半民机构。民国初年，设县烟酒公卖局。民国4年（1915），设烟酒公会参与协调购销价格，力主公道。民国19年，设烟叶公会运销公司，专事烟叶流通贸易并监理收购价格。民国26年初，组设烟叶同业公会、烟叶特产公司、烟叶评价委员会；是年秋，成立烟叶股份有限公司。民国27年，设浙江省烟叶股份有限公司。民国28年，浙江省烟叶股份有限公司改为处属烟叶运销处，不久改称县烟叶运销处。

1950年前，烟叶收购尚未纳入正常管理。1950年8月，由国营、合作、私商代表组设松阳县烟叶联购委员会商定烟叶收购比例，除烟农自产自销外，国营占12.29%，合作社占22.25%，私商占55.4%。1951年7月，成立县烟叶交易所，改分散交易为集中收购，纳入计划管理。7月，省第二次烟叶会议决定，松阳烟叶原则上国营公司收购70%，私商收购30%。1954年，县政府决定，除土产公司及委托代购单位外，任何公私单位不得经营烟叶收购。

1949～2010年松阳县烟叶收购量一览表

表 11-3-2-2

年 份	收购量（50千克）	年 份	收购量（50千克）	年 份	收购量（50千克）
1949	3089	1970	7265	1991	12234
1950	8069	1971	8748	1992	20868
1951	19997	1972	11705	1993	11415
1952	19543	1973	9530	1994	4222
1953	15406	1974	9404	1995	4350
1954	12778	1975	4949	1996	3941
1955	6814	1976	5921	1997	11391
1956	11680	1977	4762	1998	8383
1957	9359	1978	6447	1999	4736
1958	7349	1979	6868	2000	5265
1959	5258	1980	7608	2001	7172
1960	9884	1981	6272	2002	6606
1961	4661	1982	11173	2003	7836
1962	6219	1983	4929	2004	8464
1963	8892	1984	7776	2005	2834
1964	11664	1985	27300	2006	2054
1965	10124	1986	28205	2007	2196
1966	9335	1987	14441	2008	2407
1967	6840	1988	15370	2009	2882
1968	7524	1989	10408	2010	2295
1969	8626	1990	8850	—	—

中华人民共和国成立前，县内烟农历来以烟粮比价论定烟叶贵贱，烟叶价格受丰歉和销路的左右，升降无定。清光绪末期，担烟可售得银圆10元。清宣统三年（1911），担烟价格7～8元。民国18年（1929），担烟值洋15元，可购米2担。全面抗战前，收购价格多随行就市，由买卖双方酌议，除民国26年（1937）因销路阻滞，烟价惨跌外，皆相对稳定。

民国19～28年（1930～1939）松阳县烟叶收购价格表

表11-3-2-3 单位：元／市担

民国纪年	19	20	21	22	23	24	25	26	27	28
价格	19.43	19.43	20.40	21.37	17.49	14.57	19.43	7.35	18.50	28.50

民国35年（1946）后，因法币不断贬值，烟价朝夕悬殊。民国36年，担烟最高价80万元，最低50万元，担烟价格不及担米。民国37年秋，通货膨胀，县内有据的烟粮（稻谷或其他谷物）比价，大致为1∶4左右（1斤烟叶可换4斤稻谷左右），高者达1∶7，低者不足1∶2。

20世纪30年代松阳县烟叶、稻谷价格对照表

表11-3-2-4

年份	烟叶价格（元／担）		稻谷价格（元／担）
	最低售价	最高售价	年平均售价
1932	30	33	4.1（最高售价5.21）
1933	21	23	3.68
1934	14	19	2.93（最高4）
1935	10	12	3.12
1938	18	25	3.33（最高价3.85）

中华人民共和国成立后，人民政府对烟价进行过若干次调整，同时几次调低化肥等农用物资价格，采取一系列扶持、奖励政策，降低烟叶生产成本，烟粮差价渐趋合理。1952年，县政府向全县烟农发放免息烟叶定金每亩6～10元，烟叶上市时收回。1954年，县政府垫资从外地购入豆饼7000多千克供应烟农。是年，省政府决定一级晒红烟收购价比上年提高5.32%，每担42.42元。1956年，又上调5.12%。1973年3月3日，省商业局规定，凡投售50千克烟叶，奖售化肥10千克。1977年，一、二、三级松阳晒红烟收购价年均提高12.44%。1983～1986年，县政府规定每投售50千克烟叶，奖售化肥20千克。1984年，规定凡户种3亩以上或投售烟叶500千克以上的烟农，各发奖金60元，平价供应上海产“凤凰”牌自行车1辆。是年，投售烟叶，价外补贴20%，全县烟农从中增收117608元。1987年，规定凡投售50千克烟叶，奖售化肥50千克。1988年，改贴烟金为烟叶生产扶持费，每投售50千克烟叶，一律补贴20元。1990年始，烟金补贴提高到22元；并对每亩山地烟另奖售化肥10千克、补贴20元，鼓励发展山地烟。

由于粮食市场价格受丰歉影响，市价悬殊，故烟粮比价升降不定。

1950～1990年若干年份松阳县烟叶与稻谷价格对照表

表 11-3-2-5

年份	烟叶（元／50千克）	稻谷（元／50千克）	比　价
1950	28.94	4.22	1∶6.86
1954	34	6.69	1∶5.08
1957	37	8.45	1∶4.38
1958	40	21.12	1∶1.89
1970	49	14.08	1∶3.48
1974	56	18.31	1∶3.08
1977	62	35.21	1∶1.76
1978	62	31.64	1∶1.96
1980	77	16.19	1∶4.76
1984	92.04	17.60	1∶5.25
1987	112	17.60	1∶6.36
1988	112	21.12	1∶5.30
1990	152	37	1∶4.11

销售　松阳烟行始于清咸丰年间（1851～1861），民国时期（1912～1949）最盛。因经营烟叶获利颇丰，不仅该县商人乐此不疲，外地客商也到松阳设栈开行收购。“郭隆兴”烟行行东系仙居人，“临天栈”行东为天台人。民国 18 年（1929），境内有烟行 35 家；民国 37 年，有烟行 19 家（其中古市 5 家、县城 14 家），购销总数 29200 担，“郭隆兴”一家 8000 余担。“罗萃泰”烟行开张于清咸丰年间，行东罗鸿槐，址古市太保庙左侧，生意一度红火，年购销量居全县之首，后中辍。宣统二年（1910），其子罗锡祺再度开张。民国 4 年（1915），罗萃泰行东把烟叶精选装潢，送到美国旧金山“巴拿马万国博览会”参展获金奖。民国 18 年，选送松阳晒红烟至“浙江西湖博览会”参展，与县内徐裕昌烟行送展的烟叶同获优等奖。民国 26 年，其三子罗锵接手经营烟行，改行号为“罗萃泰生记烟行”。1952 年，与其他烟行合并称“古市新生土特产行”，年经营烟叶 913 担，兼营其他土特产，1955 年歇业。

1949 年，全县有烟行 23 家。1951 年，设烟叶交易市场，烟叶收购纳入计划管理轨道。1952 年，有烟行 3 家。1954 年，烟叶定为国家统购物资，由县农产品采购部门设站收购。1955 年，县内已无烟行从事烟叶购销。

民国28年（1939）松阳县烟行一览表

表 11-3-2-6

烟行名称	地址	开设年代	运销数量（担）	运销地点
郭隆兴	县城	清	2500	温州及台湾各县
金达三	县城	清	2500	温州、厦门及台湾各县
恒源兴	县城	清	800	龙泉及金华、衢州、严州属各县
罗萃泰	古市	清	1000	龙泉及金华、衢州、严州属各县
同兴和	古市	民国元年	1600	金华、衢州、严州属各县
协茂	县城	民国5年	1500	台湾各县
徐德记	县城	民国5年	1000	温州、宁波、上海、厦门及台湾各县
李德盛	古市	民国16年	1500	衢州、常山、兰溪、金华、义乌、厦门、温州
刘辅记	古市	民国18年	1200	龙泉及金华、衢州、严州属各县
处州烟叶运销处	县城	民国27年	6000	上海、厦门、温州、徽州、兰溪、龙游等地

说明：严州，指建德、桐庐一带。徽州，后改为黄山市。

1912～1954年若干年份松阳县烟行数统计表

表 11-3-2-7

年 份	烟行数（家）	年 份	烟行数（家）	年 份	烟行数（家）
1912	9	1939	10	1949	23
1927	30（含牙行）	1942	17	1950	16
1928	34（含牙行）	1943	11	1951	14
1929	35	1944	8	1952	3
1936	14	1946	2	1953	1
1937	6	1947	17	1954	3
1938	10	1948	19	—	—

清嘉庆年间（1798～1820），松阳烟叶曾销往上海等地。道光年间（1821～1850），销往上海、宁波等地。咸丰年间（1851～1861），销往上海及南洋一带。同治年间（1862～1874），大量销往兰溪、衢州等地。光绪三十一年（1905），瓯海关出口烟什4837万担（241.85万吨）。次年出口22147担，约值银24.3万两。宣统元年（1909），运销日本6000担。国内销至广州、厦门、汕头、温州、台州、兰溪、金华、衢州等地。

民国37年（1948）松阳县烟叶销售情况表

表 11-3-2-8

烟行名称	地　址	全年销售量（担）	运销地点
临天栈	县　城	300	—
方　成	县　城	250	台湾各县
金达三	县　城	6500	温州、厦门、台湾各县
郭隆兴	县　城	8000	温州、台湾各县
裕　春	县　城	200	—
同义和	县　城	600	—
同春长	县　城	700	—
协裕记	县　城	400	—
隆　茂	县　城	500	—
益　大	县　城	500	—
荣　华	县　城	1000	—
仁　丰	县　城	800	—
大　来	县　城	800	—
兴　记	县　城	200	—
杨德森	古　市	250	—
罗萃泰	古　市	700	龙泉、金华、衢州属各县
李德太	古　市	1000	厦门、衢州、温州、金华、兰溪
蓝裕记	古　市	3000	—
同　兴	古　市	3500	—
合　计		29200	—

中华人民共和国成立后，原自由销售改为统一调拨，调往省内的有杭州、宁波、三门、桐乡、兰溪、临海、温州、仙居、龙游及县烟丝厂。1983年后，主要调供桐乡雪茄厂（嘉兴卷烟厂）和县内烟丝厂。调供省外主要厂家有福建泉州烟丝厂、广东县恩平烟丝厂、安徽蒙城卷烟厂、辽宁营口卷烟厂及河南、江苏、吉林等地的烟厂。外销出口烟叶由上海烟草进出口公司经营。

1953～2010年松阳县烟叶出口及销往港澳概况表

表 11-3-2-9

年 份	出口数量（吨）	销往 国 家 和 地 区
1953	0.051	港澳
1957	52.679	阿拉伯联合酋长国、港澳

续表 11-3-2-9-1

年 份	出口数量（吨）	销往国家和地区
1958	43.99	阿拉伯联合酋长国、港澳
1961	47.654	阿拉伯联合酋长国、港澳
1962	36.052	法国、阿拉伯联合酋长国、港澳
1963	6.253	港澳
1964	142.149	阿拉伯联合酋长国、几内亚、港澳
1965	139.1	阿拉伯联合酋长国、几内亚、马里、港澳
1966	233.775	几内亚、阿拉伯联合酋长国、马里
1967	95.283	几内亚
1968	23.73	黎巴嫩
1969	52.217	黎巴嫩、科威特、澳门
1970	179.228	几内亚、阿拉伯联合酋长国、马里、科威特、澳门
1971	35.563	科威特、澳门
1972	125.707	几内亚、黎巴嫩、阿拉伯联合酋长国、澳门
1973	177.427	几内亚、科威特、马里、阿拉伯联合酋长国、澳门
1974	138.009	几内亚、马里、科威特、黎巴嫩、几内亚比绍、澳门
1975	159.395	几内亚、马里、黎巴嫩、科威特
1976	80.996	几内亚、埃及、孟加拉、澳门
1977	36.555	马里、黎巴嫩、孟加拉、澳门
1978	200.304	黎巴嫩、澳门
1979	109.316	黎巴嫩、澳门
1980	78.794	黎巴嫩、澳门
1981	57.319	黎巴嫩、澳门
1983	69.607	埃及、澳门
1984	133.986	埃及、澳门
1985	111	埃及、澳门
1986	220	埃及、澳门
1987	54.506	埃及
1988	134.068	埃及、澳门
1989	113.402	埃及、澳门、瑞典、奥地利
1991	115	埃及、澳门
1992	116	埃及、马里
1993	134.3	埃及

续表 11-3-2-9-2

年份	出口数量（吨）	销往国家和地区
1994	109.8	埃及、澳门
1995	22.3	埃及
1996	6	埃及
1997	96.2	埃及、英国
1998	127.6	埃及、英国
1999	256.9	埃及、英国
2000	207.15	埃及、英国、美国
2001	187.9	埃及
2002	254.3	埃及、澳门
2003	314.1	埃及、澳门
2004	170.4	埃及、澳门
2005	35.2	埃及、澳门、香港
2006	163.85	埃及、荷兰
2007	214.2	埃及
2008	—	—
2009	63.5	埃及
2010	88	埃及

1951～2010年松阳县三级晒红烟收购、调拨价一览表

表 11-3-2-10　　单位：元/50千克

年份	收购价	内销调拨	外销调拨	年份	收购价	内销调拨	外销调拨
1951	34.35	—	—	1962	49	83.10	114.60
1952	27.898	—	—	1963	49	82.87	111.02
1953	32.183	—	—	1964	49	82.87	111.02
1954	33.917	—	—	1965	49	82.87	111.02
1955	35.906	—	—	1966	49	82.87	111.02
1956	36	—	—	1967	49	82.87	111.02
1957	37	—	—	1968	49	82.87	111.02
1958	40	64.32	—	1969	49	82.87	111.02
1959	43	64.32	—	1970	49	82.87	108.10
1960	43	64.32	—	1971	49	81.71	111.92
1961	51	83.10	—	1972	56	85.28	111.92

续表 11-3-2-10

年份	收购价	内销调拨	外销调拨	年份	收购价	内销调拨	外销调拨
1973	56	85.28	132.70	1992	157	214.20	367.32
1974	56	85.28	132.70	1993	110	—	—
1975	56	85.28	132.70	1994	135	—	—
1976	56	85.28	132.70	1995	133	—	—
1977	62	93.93	145.60	1996	155	—	—
1978	62	93.93	145.60	1997	309	—	—
1979	62	93.93	145.60	1998	303		
1980	77	118.48	178.50	1999	300		
1981	77	118.48	178.50	2000	357		
1982	77	118.48	178.50	2001	322		
1983	77	118.48	178.50	2002	354		
1984	77	118.48	178.50	2003	414		
1985	77	123.49	187.26	2004	377		
1986	77	130.67	206.975	2005	361		
1987	92	146.57	242.72	2006	520		
1988	92	171.10	282.51	2007	618		
1989	92	187.88	282.51	2008	687		
1990	130	214.20	333.09	2009	707		
1991	130	214.20	367.32	2010	711		

第三节　蚕　桑

松阳桑蚕业发展史

桑叶是松阳县传统农业“三张叶”之一，境内蚕农素有在田边地头栽桑和养蚕自缫土丝的习惯。民国 30 年（1941），浙江省农业改进所在古市开垦桑园 192 亩，植桑 53200 株。民国 35 年，定松阳为新蚕区。民国 36 年，县蚕丝试验场筹备处繁殖春用原蚕种 1514 张，秋用原蚕种 346 张。1949 年，仅存省农业改进所蚕管会松阳场（原农场范围内，现江滨公园）和界首私人桑园约 40 余亩。

1956 年，县蚕桑推广委员会设立。是年，在水南、樟溪 2 乡建立桑苗基地 215 亩。1957 年春，在赤寿、新兴、庄门、岗寺、望松、阳溪、叶村、水南、雅溪等乡植桑 80 万株，是年养蚕 17 张，收蚕茧 550 千克。1958 年，春蚕试养成功，最高单产 54 千克，全年养蚕 220 张，产茧 4.10 吨。1962 年，桑园面积下降。

1980年，发展新桑园每亩补贴20元。1982年，桑园5536亩，发放蚕种5930张，全年收购蚕茧172.35吨。1985年，蚕茧市场疲软，茧价下跌，至1986年毁桑改种上千亩，是年面积5682亩，发种9808张，产茧5635担，产值106.72万元。1987年后，蚕桑生产回升。1990年，面积5700亩，发种10950张，产茧355吨。之后，县里把发展桑蚕生产作为主导产业来抓，每亩补贴40元、贴息贷款260元。1992年，桑园9861亩，养蚕18508张，产茧587吨。1993年，桑园11050亩，养蚕19105张，产茧11900担。蚕桑重点村有横山、程徐、白沙、力溪、南州、象溪等村。

1994年以后，桑园面积逐步萎缩，到2010年，只有南州村和周边零星种植，面积约300亩，养蚕在500张左右，产量约22.5吨，产值约90万元。

图 11-19 西屏镇白沙村高产桑园（县档案馆提供 1992年）

桑树栽培

蚕桑品种 民国19年（1930），种有桑树“湖桑”“野桑”，年产桑叶4500担，每担产茧2.5～3市斤。民国28年，省农业改进所在界首村建蚕种繁育场，有桑园百余亩，饲养繁育“华六”“华七”“洽种”等原蚕种。主要桑树品种有“团头荷叶白”“荷叶白”“湖桑197”“桐乡青”“杂交桑”；普遍饲养“浙蕾×春晓”“新杭×科明”等优良蚕品种。1998年，引进“农桑8号、12号、14号”“大中华”“盛东1号”等桑树新品种在南州村种植。新引进蚕品种有“青松×皓月”“秋风×白玉”等。

桑树栽培技术 旧时，桑树主要栽植在田边地头和四旁隙地，也采用上山和溪滩栽植。1952年开始，贯彻不与粮棉争地的原则，在山区、丘陵地发展新桑园。1956年，松阳区域开始大规模垦山种桑。60年代，推广溪滩栽桑。1978年以后，各地重视应用区划成果，改善立地条件，桑园逐步由土质差的山地转向土质较好的溪滩地和低丘缓坡地发展，松阴溪两岸圩地开发为成片桑地。

明代以前，桑树栽植较稀。“纵横各七尺，每亩约二百株”。自清代始，栽植密度略有提高，“密者仅离4尺许，疏者相离六七尺”。每亩栽桑数增到300株左右，且品字形交叉定植。树形养成有中干、高干，有剪养法、拳式养成法、无拳式养成法等。民国时期，各地栽桑密度不一。20世纪50年代初，栽桑密度行距一般为1.33×1米，亩栽400多株，中干拳式养成。1949年后，桑树耕作制度进行重大改革，逐步形成以矮化密植为中心的桑园栽培技术体系。20世纪60年代，改稀为密。70年代，推广无干密植桑。80年代，每亩桑园种植700～1000株，低干或中干偏低养成；因地制宜每亩栽种1000～2000株的密植速生桑；每亩保持有效条6000～7000条、平均条长1米以上，总条长7000米以上的群体结构。亩桑产茧量成倍增加。

明清时期，桑树施肥已达较高水平。桑树“二、五、八与冬月上肥”，即一年施4次肥。堆厩肥、人粪和饼肥是当时松阳的主要肥料。20世纪30年代初期的桑园，有一年施3次肥的，即发芽前、采叶后和冬肥各一次。有的桑园施肥对象不是桑树，而是间作的其他作物。是蚕桑生产较好时期的施肥水平。全面抗战开始，浙江省农业改进所建在松阳，推广良种，科学施肥。

20世纪50年代，施肥水平较低。平均每亩全年施肥不到1次。20世纪60～70年代，桑园施肥水平略有提高。1961年开始，国家对蚕茧实行奖售政策，规定每收购50千克鲜茧，奖售化肥100千克。同时，农业部、对外贸易部每年还拨给桑苗和幼龄桑园专用化肥。20世纪80年代后，各地积极推广优化施肥技术。1988年，开始引进国外复合化肥，研制开发桑树专用复合肥。

明清蚕桑兴盛时期，高产桑园基本不间作，中低产桑园有间作，即亩产桑叶200～300千克的低产桑园，间作豆类。在桑园四旁及桑树未成林时，可适当间作菜、豆等作物，忌种大麦、芥菜及藤蔓作物。民国时期，桑园间作逐渐增多。20世纪50年代初，桑园不合理间作一度减少。1953年实行粮食统购统销和1955年粮食“三定”后，农民口粮趋紧，桑园间作面积增加。桑园不合理间作后，过度消耗地力，影响桑园通风光照，加重病虫危害，致使桑叶减产。1985年，松阳推出的模式为桑园—蔬菜—蔬菜。

20世纪50年代前期，桑树病虫危害严重，主要桑虫有桑螨、桑天牛、野蚕、桑尺蠖、尺螟、桑毛虫、桑叶虫、金龟子等；桑病有萎缩病、褐斑病、细菌病、赤锈病、膏药病等。针对桑树害虫发生规律和危害特点，省农业厅植保站会同经济作物管理局组织有关县、市进行协作研究，经1984～1988年5年的努力，提出《浙江省桑园害虫药剂防治规范》和常用农药品种谱，在全省主要蚕区开展统一时间、统一地段、统一药剂、统一浓度“四统一”规范化治病虫。由于病虫防治技术的提高，及时组织联合防治，新发生的桑瘿蚊、桑疫病、桑粉虱和桑黄花型萎缩病等特发性病虫害都得到有效控制。桑树主要病害有萎缩病、根结线虫病、粗皮病、芽枯病等；桑树主要虫害有桑螟等。常见蚕病有僵病（白僵病等）、病毒病（空头病、中肠型浓病、血液型浓病等）、细菌病（败血病等）、昆虫病（蝇蛆病等）和各种农药及氟化物中毒。

桑蚕饲养

松阳的蚕业，即指家蚕的饲养。家蚕俗称桑蚕，简称蚕。家蚕属蚕蛾科，在人工驯养下形成众多的品种。

蚕的品种　宋元时，蚕品种已有一化、二化和三化性。明清时，已按茧形、茧色、化性、眠性、体色或地名来命名蚕品种。清光绪三年（1887）采集的浙江地方蚕品种有一化性18种，二化性10种，三化性6种，三化性以上8种。光绪二十三年至宣统三年（1897～1911），蚕学馆从农家种中选育出青桂、新圆、轰青、龙角、诸桂、大圆、绯红、泥蚕、金蚕、姚种、诸夏、四化12种。民国11～12年（1922～1923），浙江省立蚕桑学校（前身为蚕学馆）在饲养大圆、新圆、桂圆和余夏等地方品种的同时，从日本引进赤熟、青熟、又昔、小石丸等品种，并第一次制成诸桂×赤熟和桂圆×青熟一代杂交种，在农村饲养成效较好。民国14年，从日本购入原种，制成诸桂×赤熟一代杂交种1万余张。民国15年，在农村推广。民国21年，指定诸桂、新桂、新昌长、华一、华三、华五6个品种为标准原种。民国22年，标准原种仅留诸桂、新桂、华五、华六4个品种。民国24年，配发到各县的蚕种新桂系占91.84%，其他只占8.16%。民国27年，保留华五、华六、华七、洽桂和诸桂等品种。民国37年后，逐步为华八、华十、瀛文、瀛翰所代替。

1949～1989年，实现5次品种更新。生产上所用的蚕种基本上是一代杂交种。每张蚕种的蚕卵一般为23000粒蚕卵，分花蚕和白蚕。

蚕的饲养　古代称蚕种催青为“暖种”。松阳广为应用的是蚕种藏于人体胸背用体温暖种。民国时期，“催青方法，十、九为人体暖种”。当代在改进养蚕技术上首先把农户各家暖种改为集中共同催青。从1949年秋开始，全县以重点蚕桑区为单位修建催青室，实行蚕种集中催青。1951年3月，松阳县按照省蚕业改进所印发的《家蚕实用胚子图解》和《浙江省蚕桑技术指导纲要》的规定，掌握蚕卵胚子发育阶段的催青温度和湿度标准及操作技术。

20世纪50年代以后，松阳逐步改进桑蚕的饲养方法，特别是稚蚕的饲养技术。1952年，省农林厅特产局提出“高温干燥，通风换气，多回薄饲，广舒蚕座”四大技术环节，1～3龄稚蚕期保持的温度25.6℃、相对湿度76%，每昼夜饲桑10次。技术推广后，基本控制住僵病危害。1952年，农业部介绍苏联“高温感光快速养蚕法”，浙江省经过试点，于1955年总结出快速养蚕法的经验并举办培训班进行推广。1956年，全省80%春蚕饲养量推广该技术。省农业厅蚕桑管理局于1957年春对“稚蚕防干育”进行试点。此法把蚕座用涂石腊的牛皮纸上盖下垫、四周包折、每昼夜饲桑5次，节省桑叶和劳力，且能高产，从而替代“高温感光快速养蚕法”。1961年，开始试验以塑料薄膜替代防干纸覆盖育蚕，改善饲养管理。1964年，推广中国农业科学院蚕业研究所的“稚蚕炕床（炕房）育”技术，该技术既有塑料薄膜覆盖育的优点，又可利用多种燃料加温，缓解农村加温燃料的困难。

20世纪80年代，省农业厅特产局与省农业科学院蚕桑研究所合作，制订以保持高温多湿条件、掌握日眠为中心的“春蚕杂交种饲育技术标准”，使全省稚蚕饲养走向标准化。1988年，全省开始推广“稚蚕平面一日二回育省力化养蚕”。此法采用暗火加温，覆盖上有气孔的保鲜薄膜，一昼夜给桑2次。该技术具有省工、省叶、省成本优点，基本改变长期以来日夜喂蚕、人离不开蚕的局面，有利于农村多种经营全面发展的需要，也有利于蚕茧增产和提高效益。松阳均推广这些技术。

清代，微粒子病、僵病、空头病、脓病、细菌病等蚕病都有发生。防病措施是清洁蚕室，洗晒蚕具和精心饲养管理，也使用石灰消毒蚕座的方法。20世纪20～30年代，蚕室蚕具开始用硫磺、漂白粉和福尔马林等消毒，但仍不普及。40年代，推广冰醋酸液蚕座消毒以防治僵病。50年代后，通过提高蚕种质量、改进饲养技术、贯彻预防为主、消毒防病，使大面积流行的蚕病逐步得到控制，改变长期存在的“头蚕白肚、二蚕僵”的局面，使蚕作安全性增强，蚕茧产量提高。60年代，蚕病以中肠型脓病和传染性软化病为主。1965年，省农业科学院蚕桑研究所提出蚕室蚕具消毒、蚕体蚕座消毒和“灭蚕蝇”的使用等6项技术标准，采用漂白粉溶液或赛力散石灰浆消毒。从而，病毒病的流行和蝇蛆病的危害得到控制。70年代，针对全年多次养蚕易发蚕病的问题，稚蚕饲养推广“三专一远”（专室、专具、专人，远离大蚕室），把消毒防病措施贯穿于养蚕的全过程，做到饲养之前全面消毒，养蚕期中间消毒，养蚕后回山消毒。推广使用的有“防病1号”“敌蚕病”“新洁尔灭石灰浆合剂”等，使蚕病损失率降至10%左右。80年代，全省建立35个专业蚕药厂，开发和推广

“消特灵”“蚕菌清”“蚕病净”等新蚕药，蚕病的危害被控制。为防止砖瓦厂排放的氟化气体中毒，省人民政府每年行文各地，规定砖瓦厂在蚕期必须停火。

上蔟蔟具　蚕农为节约成本，早先有用油菜、小麦秸杆做蚕山，后来多用稻草蜈蚣蔟。20世纪70年代，浙江省在普及推广蜈蚣蔟和改良伞形蔟的基础上，于1973年从日本引进回转蔟。回转蔟是由纸板方格蔟蔟片和木制框架组合而成。1974年，浙江省农林局、商业局和第一轻工业局联合发出《关于进一步搞好方格蔟试验的通知》，由浙江农业大学和省农业科学院进行技术指导。方格蔟上结的茧，茧质比在蜈蚣蔟和伞形蔟上结的好，但使用方格蔟的一次性成本较高。为鼓励使用方格蔟，省农业厅在1974～1990年，共拨专项扶持资金275.8万元。1993年，全省在11个市（地）和59个县（市）推广方格蔟4225万只，供21万张蚕种上蔟使用。使用方格蔟的上茧率比使用蜈蚣蔟或伞形蔟的一般提高10个百分点，一茧丝长增加100米以上，鲐茧出丝率从14.2%提高到17%，对蚕农、丝厂、国家都有利。1996年，有采用竹制品厂的下脚料制作竹签蜈蚣蔟。现多采用纸板方格簇，规格12×13孔。松阳蚕农随时代变化，使用省里推行的产品。

蚕桑相关企业

松阳丝厂　厂址在西屏镇瓦窑头村，前身为县供销社丝棉厂，1985年成立。1986年，产丝棉1683千克，产值5.5万元。1986年6月，开始筹建丝厂。1987年，招进的缫丝工在诸暨市牌头镇丝厂培训。1988年2月，建成投产。是年产白厂丝21.17吨，其中出口10.68吨，创外汇100.89万元。后经过初次技改，缫丝机从60台增加到120台，生产的“梅花牌”白厂丝为省定点产品。1991年，组织成立丝织车间；1992年，有职工495人，固定资产266.81万元，丝织品14.54万米，白厂丝33.2吨，产值638.73万元。是当时松阳县纳税大户之一。

图11-20　松阳丝厂剥选车间（县档案馆提供 1994年）

松阳丝厂还在西屏镇瓦窑头、金山脚、古市镇筱铺、象溪镇黄田铺等地设立蚕茧收购站。评茧方式用蚕茧干壳量计重或在收购时辅以目估评出茧价。

为保障蚕茧货源和税收，松阳丝厂联合县里相关部门在蚕茧销售季节严厉打击茧贩子，在象溪等地设有哨卡，但仍有象溪镇南州村等地茧贩子在西屏镇横山、程徐、白沙村，象溪镇南州、象溪村等蚕桑重点村收购蚕茧销往缙云、永康、武义等地。

随着整个蚕桑市场滑坡，松阳丝厂市场环境逐步恶化，丝厂和蚕茧收购站已改制出卖。

蚕业公司　1993年，松阳县名特优产品开发公司、烟草公司、象溪粮管所、西屏镇白沙村等单位共同创办松阳县蚕业公司，在白沙村、石马铺村设有蚕茧收购站。

1957～2010年松阳县蚕桑生产情况表

表 11-3-3-1

年份	桑园面积（亩）	养蚕种（张）	蚕茧产量（吨）	产值（万元）
1957	2698	—	2.05	—
1958	1067	—	5.25	—
1959	2941	—	11.80	—
1960	6197	—	5.55	—
1961	354	—	3.50	—
1962	136	—	1.80	—
1963	144	—	2.50	—
1964	147	—	3.60	—
1965	280	—	3.60	—
1966	280	—	3.55	—
1967	280	—	3.00	—
1968	280	—	3.15	—
1969	283	—	3.10	—
1970	243	—	1.55	—
1971	211	—	2.20	—
1972	716	—	3.70	—
1973	751	—	6.40	—
1974	911	—	9.15	—
1975	1139	—	12.30	—
1976	1761	—	17.65	—
1977	2043	—	28.70	—
1978	2781	—	35.90	—
1979	3554	—	55.30	—
1980	2942	—	68.50	—
1981	4444	—	138.20	—
1982	5536	—	172.35	—
1983	5507	—	179.65	—
1984	5915	—	197.00	—
1985	6297	—	235.30	—
1986	6512	—	275.80	—
1987	5835	10090	315.75	139.88

续表 11-3-3-1

年份	桑园面积（亩）	养蚕种（张）	蚕茧产量（吨）	产值（万元）
1988	5982	10004	299.10	271.71
1989	4930	10916	335.28	362.00
1990	5112	12291	366.28	327.68
1991	7108.4	14192	426	393.96
1992	9861	18508	11740	761.56
1993	10066	20219	589.51	1056.03
1994	9523	16947	299.32	644.49
1995	9139	17848	552	559.29
1996	4783.8	7981	144.60	322.92
1997	4996	7096	302.00	422.8
1998	3672	7200	230.00	322
1999	3688	6182	214.00	274.38
2000	2000	4920	196.00	337.1
2001	3556	6773	269.85	464.11
2002	2922	5897	242.00	416.22
2003	2364	4009	164.00	282.06
2004	2313	4388	177.00	—
2005	2133	3767	147.00	—
2006	2015	3636	140.00	—
2007	1767	3591	134.60	—
2008	1516	2870	123.00	—
2009	829	1530	75.90	—
2010	800	783	31.00	—

第四节　香菇　木耳

香菇

松阳香菇栽培历史较久，但生产落后，产量低。民国时期最高年产数百担。1950 年，有少量香菇收购，后逐年减少。至 20 世纪 60 年代仅有零星栽培。1979 年，在枫坪公社根下、山乍口大队建有生产基地，利用杂木接种香菇菌种 460 瓶，当年少有收成。80 年代后，引入香菇人造袋木露地栽培技术。1986 年，栽培人造袋木 3.7 万袋，产干菇 2.8 吨。1988 年，发展至 20 万袋，产干菇 15 吨，生产范围从山区发展到松古平原。1991年，全县栽培食用菌120万袋，干菇产量90吨。1992年，人造袋木香菇增至620万袋，产量466吨。从90年代中期开始，松阳县食用菌产业在全国食用菌行业占据一席之地，1997年，进入全国食用菌生产十强县（市）之列；全县栽培6500万袋，香菇总产量4885吨，约占全国总产量13.09万吨的3.7%。是年，县政府获评全国食用菌先进生产单位。2000年，人造袋木香菇栽培达到历史高峰，为6910万袋，产干菇5182吨。2001年，松阳县食用菌办公室获评全国先进单位。2007年，松阳县食用菌位居全省十强县，玉岩镇获“中国花菇之乡”称号。2010年，全县栽培人造袋木6552万袋，产干菇4934吨，产值2.10亿元。

20世纪90年代至2010年，松阳县的花菇生产闻名遐迩，产品销往日本、美国等国家和地区。

1986～2010年松阳县香菇产量一览表

表11-3-4-1

年份	栽培数量（万袋）	产量（吨）	产值（亿元）
1986	3.7	2.8	0.001
1987	10	7.5	0.003
1988	20	15	0.006
1989	30	23	0.01
1990	30	23	0.01
1991	120	90	0.03
1992	620	466	0.17
1993	600	451	0.17
1994	1400	1052	0.39
1995	2580	1939	0.73
1996	4200	3156	1.24
1997	6500	4885	1.57
1998	4533	3407	1.09
1999	5502	4126	1.58
2000	6910	5182	1.50
2001	4556	3417	1.39
2002	5978	4542	1.65
2003	6342	4756	1.80
2004	6481	4861	1.85
2005	5690	4051	1.62
2006	6319	4801	1.75
2007	6752	5130	1.85

续表 11-3-4-1

年份	栽培数量（万袋）	产量（吨）	产值（亿元）
2008	5970	4673	1.65
2009	6351	4792	1.89
2010	6552	4934	2.10

香菇又名香蕈。松阳香菇生产历经原木砍花栽培、段木砍花栽培、段木接种栽培、袋料栽培四个阶段。

原木砍花栽培是最原始的一种半人工栽培技术。在原木上砍以疤痕，让天然孢子落入其中生长而成。民国时期，砍花栽培技术更为规范。对菇场选择、砍花标准，管理技术、香菇类别等均有明确要求。

20 世纪 30 年代末，开始段木砍花栽培。与原木砍花法比较，其进步之处在于菇树任意截断，不拘长短，搬集排列，以求简便；旧木菌丝引于菇上为种子，使其发酵，减少酝酿，促其速产；改进品质，择优取良。

20 世纪 50 年代中期以后，各地主要采用段木接种栽培方法。它与段木砍花栽培法不同之处是采用人工培育的菌种。菌种有锯木屑制成的纯菌丝菌种、小木钉培养成的木钉菌种。接种时，把菌种逐一装入接种孔，然后盖上事先制成与接种孔同样大小的小圆树皮盖。与段木砍花法栽培相比，段木接种栽培具有菌丝萌发快、接种成品率高、产品质量好的优点。袋料栽培是利用木屑、刨花、棉籽壳等农林副产品代替木材栽培香菇，为扩大香菇栽培原料开辟一条新途径。袋式栽培香菇所需常用设备和材料有灭菌灶、接菌种箱、菇场、装袋机和接种工具、塑料薄膜、消毒药品、培养料、菌种等。松阳人造菇木栽培香菇大多为秋栽，8～9 月接种，次年 5～6 月结束。20 世纪 80 年代末期，由于高温香菇品种的引进试种成功，夏栽香菇逐渐增加。90 年代初，推广低温型长菌令香菇新品种后，接种期提前至早春，到次年晚春结束。

图 11-21　香菇栽培（叶光铭 摄于 2006 年）

松阳香菇品种有“704”“Cr02”“Cr04”“Cr06”“Cr20”“沪农 1 号”“85-6”“L04”“L26”“241”“武香 1 号”等。

木耳

松阳生产的均为黑木耳。20 世纪 50 年代，开始采用砍花法的半人工接种栽培。60 年代，可以人工提取木耳孢子，并培养成纯菌丝作菌种。70 年代，开始段木栽培。80 年代，采取袋料栽培木耳。90 年代，开始人造木耳栽培法。大多以棉籽壳为主料，另加麸皮、木屑、石膏、糖等。

段木栽培木耳，取长 1 米、直径 8～12 厘米的小径杂木或树梢、废老树木，在早春时，用打孔器打上品字形排列的接种孔，孔深 1.5 厘米，横距 6 厘米、直距 12 厘米，接入菌种，盖上树皮盖，把耳木堆叠至 1～1.5 米高促使发菌，外覆盖塑料薄膜，待菌丝发透耳木时，架起耳木出耳。生长正常的木耳，当年可以初收，第二年大收，第三年继续采收。大面积的段木木耳产量，每立方米木材收干木耳 10 千克左右。

袋料栽培木耳，1980 年，推广布袋装木屑压块法，由 90%木屑、10%米糠和少量糖、石膏组成养料装入布袋，灭菌，料温降至 30℃以下时，在无菌条件下把培养料取出压成块（干料 1.5 千克 / 块），上下面各撒施菌种 1500 克，然后置于室内发菌，室内或室外出耳。这项技术用种量大、成本高、产量低。

松阳的木耳品种有“Au 新科”“沪耳 1 号”“冀诱 1 号”“大光木耳”“AP-4”“AP-48”等。

第五节　油料作物

松阳县油料作物栽培历史悠久，除木本植物油茶外，农作物有油菜、花生、芝麻等。而其中以油菜为主，花生、芝麻多以原果食用。

油菜

油菜，古名芸苔，松阳人俗称油菜籽。民国 30 年（1941），全县种植油菜 6546 亩，品种为白菜型土种，总产 2870 担（143.5 吨），亩产油菜籽 22 千克。民国 32 年，9460 亩，总产 4350 担（217.5 吨），亩产 23 千克。1949 年，全县种植油菜 7137 亩，总产 3072 担（153.6 吨），亩产 21.5 千克。1952 年，种植 11013 亩，亩产 37 千克，总产 405.10 吨。后因偏重粮食生产，加上油菜品种老化，单产低，种植面积逐年下降。20 世纪 60 年代，年均种植 1072 亩，其中 1961 年境内种油菜仅 56 亩。1976 年后，大面积推广甘蓝型品种，推行增施硼肥等技术措施，产量提高，油菜生产逐年回升。2010 年，全县种植 23283 亩，亩产 121 千克，总产 2806 吨。

1949～2010 年松阳县油菜生产情况表

表 11-3-5-1

年　份	种植面积（亩）	亩产（千克）	总产（吨）
1949	7137	21.5	154
1950	9694	36	351
1951	9694	36.5	356
1952	11013	37	405
1953	10748	39.5	424
1954	10175	36.5	369
1955	9257	19.5	180

续表 11-3-5-1-1

年　份	种植面积（亩）	亩产（千克）	总产（吨）
1956	4931	20.5	101
1957	6426	21.5	139
1958	3942	40.5	159
1959	1457	48	34
1960	728	12	9
1961	56	24	1.4
1962	1759	32	47
1963	1962	10	19
1964	1915	24	46
1965	1275	22	28
1966	710	21.5	15
1967	1009	24.5	25
1968	560	30.5	17
1969	1049	32	33
1970	2246	44.5	100
1971	3718	46.5	173
1972	4651	46.5	216
1973	5615	23.5	131
1974	3517	75.5	265
1975	5679	36.5	206
1976	5799	37.5	218
1977	7392	49	361
1978	7626	38	291
1979	10570	47	450
1980	12695	67	847
1981	14914	53.5	800
1982	14963	77.5	1158
1983	16457	69	1134
1984	16912	84	1424
1985	16734	93	1555
1986	18748	92	4722
1987	20656	64.5	1333

续表 11-3-5-1-2

年　份	种植面积（亩）	亩产（千克）	总产（吨）
1988	22031	84	1846
1989	20995	76	1608
1990	23400	101	2357
1991	26963	101	2710
1992	30477	97	2949
1993	26731	98	2607
1994	25987	99	2582
1995	28695	84	2408
1996	29778	105	3140
1997	30439	109	3322
1998	29087	96	2786
1999	27515	101	2792
2000	23491	110	2588
2001	21550	110	2378
2002	18338	109	1996
2003	13154	112	1469
2004	11441	114	1308
2005	15916	115	1833
2006	15580	118	1844
2007	14390	117	1680
2008	15424	117	1812
2009	23361	117	2741
2010	23283	121	2806

松阳历史上油菜品种除芥菜型外，主要是白菜型。比较好的农家品种有“余杭长杆油白菜”“平阳矮脚乌”“矮脚黄”“黄岩宁波种”“永嘉迟油菜”“金华土种（又称金华红子）”“绍兴豆姜油菜”“矮大杆”“半长杆”“平湖灯笼种（又称短种）”“姜黄种”“兰溪黑籽油菜”“开化油菜”等。1954 年，从四川省引进甘蓝型胜利油菜，具有抗寒、耐肥、抗毒素病、高产等优良性状，适于密植和施肥水平不断提高的条件。20 世纪 70 年代，推广由浙江省农科院选育的甘蓝型早中熟的“九二油菜”品种。80 年代，推广由镇海县良种场选育的“九二 13 系”，搭配种植的品种有“480”“浙油 7 号”“东胜 14”等。80 年代中期以后，推广“九二 58 系”，直至 90 年代初期，仍以“九

二13系”“九二58系”为主栽品种。其次有“7755-2”“79601”等常规品种。这些品种单产虽高，但油分中的芥酸含量和饼粕中硫代葡萄糖甙含量较高，作为食用油较难为人体吸收利用，营养价值较低，菜籽饼不能直接作饲料，多数只能作肥料使用。在80年代末、90年代初，先后种植低硫甙新品种“浙优油1号”和低芥酸、低硫甙新品种“浙优油2号”。同时从外省引进“中单821”“湘油11号”“涪油1号”等单低、双低油菜新品种。

甘蓝型油菜生育期较长，苗期生长慢，一般在9月下旬到10月初播种育苗，秧龄约35～40天。白菜型品种于10月中下旬播种（直播的要适当推迟），秧龄30～35天。20世纪80年代末期，推广存3叶期喷施多效唑控苗，以防高脚苗。油菜移栽提倡“干耕燥种，潮土拔苗，抢晴早栽，带土轻压”，达到“壮、直、实、匀、肥”。即壮苗下田、根要种直，栽时根部泥土压实，防止摇头菜；秧苗大小均匀、株行距均匀；带肥移栽，一般用焦泥灰作压根肥或随种随浇。

油菜多作双季稻的后作种植。20世纪80年代以后，推广稻田免耕栽培油菜。油菜免耕栽培，省工、省劳力，有利争季节，一般可提前7～10天移栽，栽后早返青活棵。但免耕土壤透水性差，在“烂冬”年份容易造成渍害，且易滋生杂草和发生病害。因此，要在移栽前开好“三沟”（直沟、横沟、隔水沟），防止渍害。

油菜需肥较多，甘蓝型油菜施氮、磷、钾等化肥25千克，白菜型的施化肥15千克。甘蓝型油菜各生育期氮磷钾三要素吸收量以苔花期为最多，尤以苔期（50～60天）为甚，吸收量约占总吸肥量的一半，是吸肥强度最大的时期。为使油菜生育达到“冬壮春发”或“冬春双发”，改变过去“冬养春发”的习惯，做到年内施足肥、年外勤施肥，达到双发双壮，全田生育平衡。缺硼地区在苗期、苔期喷施硼肥，以防“花而不实”。应用“增产菌”“喷施灵”等生物调节剂能防止油菜早衰，提高结实率和千粒重，一般增产一成以上。

油菜需水又怕水，要经常疏通沟渠，使排水畅通。中耕培土，早中耕、厚培土可防冻保暖，使壮苗安全过冬。防治病虫害，危害油菜的病虫主要有油菜菌核病、病毒病、霜霉病和蚜虫、油菜潜叶蝇等。主要采取综合防治，选用抗病虫品种、合理密植、水旱轮作、降低湿度、消灭杂草等，并辅以药剂防治。

油菜是无限花序农作物，边开花、边结荚，开花可延续30天，荚果成熟很不一致，故有“八成十收、十成八收”的农谚。因此，一般在终花后25～30天，有2/3的荚果呈枇杷黄色时，进行割收或连根拔收，经堆蓬“后熟”后，细打细收。

花生

花生，松阳人称落花生。多在麦田套种，古市、望松、斋坛、樟溪、新兴等乡镇种植较多。

民国30～35年（1941～1946），年均种植3437亩。其中民国35年种植5930亩，总产27578担（1379吨）。1949年种植2321亩，亩产95千克，总产221吨。1957年种植4579亩，亩产86千克，总产391吨。1982年种植1815亩，亩产102千克，总产185吨。2010年，全县种植2295亩，亩产159千克，总产365吨。

1949～2010年松阳县花生生产情况表

表 11-3-5-2

年 份	种植面积（亩）	亩产（千克）	总产（吨）
1949	2321	95	221
1950	2886	115	332
1951	2510	103	258
1952	2886	115	332
1953	2345	86	202
1954	2095	76	159
1955	2652	99	262
1956	4398	71	311
1957	4579	86	391
1958	1420	117	166
1959	2174	103	223
1960	1229	57	70
1961	1796	97	174
1962	2353	50	117
1963	1818	76	137
1964	1915	67	127
1965	1945	92	178
1966	1702	92	155
1967	1608	83	132
1968	1519	114	173
1969	2398	119	285
1970	2221	86	190
1971	1895	78	147
1972	1478	163	241
1973	1825	87	159
1974	1882	150	283
1975	2175	131	285
1976	2068	132	273
1977	2060	164	338
1978	1848	152	280
1979	1884	128	240

续表 11-3-5-2

年　份	种植面积（亩）	亩产（千克）	总产（吨）
1980	2580	109	280
1981	2410	124	299
1982	1815	102	185
1983	1601	91	146
1984	1430	102	146
1985	1752	92	161
1986	1734	92	159
1987	1647	88	145
1988	1603	77	123
1989	1430	83	118
1990	1150	103	119
1991	920	105	97
1992	647	124	80
1993	761	171	130
1994	878	150	132
1995	827	135	112
1996	702	132	93
1997	993	131	130
1998	1190	133	158
1999	894	142	127
2000	1629	153	249
2001	2513	136	341
2002	2820	143	404
2003	3171	141	446
2004	2849	147	419
2005	2201	145	319
2006	2112	147	311
2007	2091	143	300
2008	2394	149	356
2009	2483	154	383
2010	2295	159	365

花生以熟性区分，有早、中、晚熟3种；以介枝与主茎形成角度分，有直立型、蔓生型、半蔓生型3种；以花生仁大小分，有大粒、中粒、小粒种3种。优良品种有“大洋生”“小洋生”“海门子”“新昌麻皮花生”“磐安半大种”“永嘉山头多粒”“普陀红衣”“宁海大麻皮”等。

花生播种前需带壳晒种，在播前1～2天进行剥壳，取果仁浸种催芽。先把种仁放入30℃温水中浸4小时，然后放入箩内，上盖湿布，温度保持25℃左右，经24小时即可露芽；也有采用沙床催芽。播种时用根瘤菌拌种。春花生播种适期为4月上中旬，地膜覆盖栽培的相应提早5～7天。夏花生在芒种播种，秋花生在大暑至立秋间播种。行距40厘米，穴距13～17厘米，每穴2粒，播种深度一般为5厘米左右。

1982年始，春播花生采用地膜覆盖栽培技术，据各地在1982～1986年的5年试验、示范和推广，比常规露地花生增产33.1～114.0%。地膜花生做畦根据地膜幅宽而定。整地后播种前要施足基肥，尤其是磷钾肥。先播种后覆膜，待花生顶土出苗时破膜，也有在覆膜后打孔播种。

利用麦地套种花生，亩产量100～140千克，经济效益和生态效益都比较好。间作套种的品种，宜选用“粤油116”“白沙7号”等早中熟的品种。花生与春玉米间作的，在7月中下旬玉米收获后及时培育，才能获得高产。

花生病虫害主要有叶斑病、枯萎病、锈病、病毒病及蛴螬、蚜虫等。除选用抗病品种、实行合理轮作等农业措施外，宜采用对口低毒农药进行防治。

花生具有连续开花、结荚、陆续成熟的特性。在茎基部果荚饱满、果壳内壁呈褐色、种皮变红、上部叶片转黄、基部叶片逐渐脱落时为收获适期。

芝麻

芝麻，松阳人称脂麻、油麻等。元至正二年（1342）已有种植黑芝麻、白芝麻的记载。松阳多在滩圩、缓坡播种，或与番薯套种。为防止种子流散，穴播后用脚踏实，俗称“踏芝麻”。民国30～35年（1941～1946），年均种植芝麻3102亩，总产1432担（72吨）。20世纪50年代后，多为零星种植，种植面积和产量甚微。1973～1980年，为社员自营经济作物，少量种植，多至1980年总产量为5.25吨，少至1976年0.4吨。1990年，全县种植94亩，单产51公斤，总产5吨。至2010年，全县各地零星种植。

芝麻品种主要有“义乌黑芝麻”“衢县黑芝麻”“金华厚皮黑芝麻”“金华薄皮黑芝麻”“奉化白芝麻”“杭芝32”“杭芝23-1”“杭芰41”“杂交芝麻”“中芝8号”等。

一般在小满至芒种播种。在番薯地套种的，于5月底以前播种。当春粮收获后立即整地，筑成薯垄，实行一条薯垄单边套种，左右两旁隔年轮换，或者是隔垄对向双边套。隔年换垄种植的，每亩不少于1500穴，每穴2～3株，亩栽不少于3000株。芝麻种子小，要精细整地，开沟播种后适当镇压，播种后用磷肥或焦泥灰盖籽，覆土约2厘米。

播种后如遇雨地面板结，雨后晴天及时破除土壳。及时间苗、定苗，适时中耕、培土。从出苗到始花前，一般中耕除草3～4次，封行后停止中耕，中耕时结合培土。合理施肥，基肥浅施，酸性土壤的增施石灰和草木灰。土壤磷、钾含量低的，增施磷钾肥。芝麻病害有立枯病、炭疽病、白粉病、枯萎病、叶枯病、褐斑病等。采用合理轮作、选用抗病品种、进行种子处理并加强田间管理和药剂防治。虫害有地老虎、蚜虫、芝麻夜蛾、芝麻盲蝽象等，及时用药剂喷杀。

芝麻成熟时朔果易开裂脱落，需及时收获。一般在叶子大部分枯黄，下部叶子开始脱落，中下部朔果呈现褐色即行收获。把割取的植株扎成15～20厘米粗细捆束，每3束成支架，竖架曝晒。当大部分朔果裂开时进行第一次脱粒，然后再晒，3～4次基本脱净。

第六节　蔬菜　果瓜

清乾隆《松阳县志》载，蔬菜有姜、葱、蒿、韭、萝卜、波棱、莴苣、苦实、苋、冬瓜、瓠瓜、茄、芋、茭笋、笋、薯、蒜、稍瓜、丝瓜、刺瓜、苣药、薤、黄瓜、冬白、藜豆、刀豆、扁豆、白菜。四都乡一向有烧山种菜的习惯，三都乡多产生姜、大蒜，俗称“四都菜头（萝卜）三都姜”。

蔬菜生产

松阳是传统农业县，自给自足能力强，中华人民共和国成立前，蔬菜基本自产自食。中华人民共和国成立后，非农业户口的居民也有少量菜园种植蔬菜，不够部分，集市可补购。

1982年，松阳恢复县制后，县政府将城镇蔬菜供应交由商业局和西屏镇共同解决，在当时计划经济体制下，蔬菜生产和供应具体由县商业局下属糖烟酒菜公司承担。1982年底，决定把西屏镇七村第一生产队80亩农田转成松阳第一个蔬菜生产基地。菜农享有与居民同等基本生活物质分配待遇。松阳县糖烟酒菜公司负责派遣技术人员指导，并从杭州聘请有经验农民作为蔬菜生产顾问。1984年，把西屏镇七村第十五生产队50亩农田转为蔬菜基地；是年，县农业部门也参与蔬菜生产技术指导工作。在县城北直街建有100余平方米国营菜场，由糖烟酒菜公司收购和出售基地生产的蔬菜。1986年后，菜场关闭，菜农开始自产自销。

20世纪80年代至90年代后期，松阳主要的蔬菜产地分布较广，主要有赤寿乡楼塘，新兴乡大石、后周包、杨村头，樟溪乡钟家，古市镇八村、湖溪，望松乡翁村、五都阳，叶村乡寺岭下，西屏镇九村、十村、十一村、塔寺下、上连头等村。古市片的蔬菜生产除供应当地外，还供应遂昌县城。其中赤寿乡楼塘村主要栽培西红柿，其品种是60年代的“北京早红”，极其单一而久远，露地种植面积最多时200多亩。湖溪片以早熟矮生菜豆、大白菜、花菜等为主，塔寺下以包心菜等为主，古市八村以葱蒜类和芫荽等香辛类为主，望松乡翁村、五都阳以大棚茄子、辣椒为主。

图11-22　四都萝卜（刘土伟 摄）

1994年，赤寿乡楼塘村、卯山后村和望松乡五都阳村等地开始出现竹木结构蔬菜大棚。为鼓励农户，县政府采用平价柴油补助。1998 年，开始推广钢架蔬菜大棚，楼塘和五都阳各有 10 亩。之后，各村菜农自行采购安装大棚。至 2010 年，全县有各种钢架大棚 500 余亩，竹木结构基本淘汰。西屏镇蔬菜主要产区在项弄、白沙一带，零星的还有西屏镇九村、十村、十一村、塔寺下、上连头、竹溪，叶村乡河头，望松乡翁村，古市镇城头、八村等。

高山蔬菜，松阳有“四都萝卜三都姜”的俗语，历史较久。高山萝卜一直是这 2 乡当年的主要农产品之一，主要栽培在夏季的千米高山缓坡，主要有四都乡下包村邵山、榔树村白水基、陈家铺、西坑村大种山和三都乡淡竹村的鸡冠山等，种植面积多时 4000 余亩。品种为国内传统萝卜“小勾白”，种子采购于金华北山。春季，村民开荒烧灰，5 月始开穴点播，50 余日即可上市；萝卜一般长 20 余厘米，下端粗约 4～5 厘米，由下至上渐细弯曲至缨颈粗 2 厘米，底部尖，主根明显。三都乡生姜、大蒜栽培历史也相当悠久，最多时全乡生姜种植面积 800 余亩、大蒜 1000 余亩。大蒜基本都套种菠菜，除采收蒜头外，每年 5 月能采收一批蒜苔，效益尚可。

1985 年开始，四都乡引进西红柿、辣椒、茄子、早熟大白菜、西瓜等品种高山蔬果，随后三都乡也开展其他高山蔬果的引进种植。1993 年，三都乡从缙云引进“高山冷水单季茭白”栽培，面积逐年扩大，多时 2400 亩，不少农户转租农田成为种植大户，形成三都乡里庄高山蔬菜交易市场。

1998 年，农业部下达松阳高山蔬菜生产基地建设项目，随即在全县各山区乡镇也掀起发展高山蔬菜的高潮。全县高山蔬菜一度达 15000 亩，主要品种有茭白、辣椒、萝卜、四季豆、西红柿等。随着山区劳动力大量向城市转移，高山蔬菜相对效益波动较大，山区高山蔬菜种植也出现较大的变化，高山萝卜近乎绝迹，高山冷水茭白萎缩至 400 余亩；高山四季豆近年来发展迅猛。2010 年，全县高山蔬菜约 1 万亩，主栽品种为四季豆、辣椒、茭白以及少量西红柿等其他品种，主要分布在玉岩镇、枫坪乡、新处乡、谢村乡、三都乡和四都乡。

1983 年，确定常年蔬菜生产基地后不久，由县商业部门和西屏镇共同成立蔬菜办公室。1994～2004 年，县政府成立蔬菜生产领导小组，下设蔬菜办公室。

1983～2010 年松阳县蔬菜生产情况表

表 11-3-6-1

年 份	种植面积（亩）	亩产（千克）	总产（吨）	产值（万元）
1983	10485	2530	26523	233（318）
1984	13410	1994	26740	—
1985	14760	2031	29976	250（600）
1986	16335	2000	32670	287（653）
1987	16470	2224	36630	322（1099）
1988	17955	2286	41040	326（1112）
1989	21570	1915	41300	—
1990	26385	1356	35771	1162

续表 11-3-6-1

年 份	种植面积（亩）	亩产（千克）	总产（吨）	产值（万元）
1991	27720	1533	42500	1404
1992	29175	1682	49066	1678
1993	38685	1554	60103	1887
1994	41430	1596	66118	2133
1995	49830	1503	74915	2322
1996	34611	2135	73890	6457
1997	33731	2160	72581	5443
1998	36647	1971	72245	6287
1999	48325	1960	94733	7956
2000	63105	1895	119565	9091
2001	94763	1708	161867	12481
2002	104773	1641	171900	13069
2003	143747	1330	169997	12335
2004	97544	1516	147912	10618
2005	96337	1513	145754	11432
2006	85564	1537	131554	9033
2007	84473	1508	127378	8942
2008	69146	1692	116980	9509
2009	70976	1639	116306	10152
2010	68324	1734	118475	10585

说明：“产值”栏中“（ ）”内的数据为当年价

果瓜生产

松阳果瓜有西瓜、甜瓜、稍瓜等。

西瓜　20 世纪 50 年代，西瓜除县内销售外，还销往遂昌、龙泉、丽水等地。后因偏重粮食生产，西瓜种植面积锐减。改革开放后，种植面积扩大，并大批运销温州、衢州等地。1990 年，全县种植面积 1247 亩，平均亩产 1016 千克，最高单产超万斤（市斤），总产 1267.23 吨。1992 年，全县种植面积 2451 亩，平均亩产 1595 千克，总产 3909 吨。2010 年，全县种植 1439 亩，亩产 1185 千克，总产 1705 吨。

松阳西瓜主要品种有“中育 1 号”“浙蜜 1 号”“浙蜜 2 号”和“新澄”等。

甜瓜　松阳甜瓜种植面积每年 50 余亩，平均亩产与西瓜相近，经济效益不及西瓜。

稍瓜　主要作为蔬菜生产。

1983～2010年松阳县西瓜生产情况表

表11-3-6-2

年份	种植面积（亩）	亩产（千克）	总产（吨）
1983	922	—	—
1984	—	—	—
1985	3793	—	—
1986	4245	—	—
1987	3709	—	—
1988	2417	1467	3545
1989	2248	1022	2297
1990	1028	1234	1268
1991	1481	1446	2141
1992	2451	1595	3909
1993	2207	1209	2669
1994	1442	1390	2005
1995	1213	1401	1699
1996	890	1684	1499
1997	1191	1278	1522
1998	1029	1292	1329
1999	1208	1704	2058
2000	1983	1962	3890
2001	4485	1715	7690
2002	4521	1809	8179
2003	5051	1906	9626
2004	3577	1899	6793
2005	2967	1714	5084
2006	2351	1645	3867
2007	2214	1154	2554
2008	1742	1304	2272
2009	1687	977	1649
2010	1439	1185	1705

第七节 甘 蔗

甘蔗，松阳人称糖蔗。旧时，松阳农户种植的甘蔗有“紫蔗”“青蔗”“白蔗”（俗称小糖蔗），仅作水果食用，寺岭下、塔寺下、樟溪、斋坛一带种植较多。1949年，全县种植328亩，亩产1807千克，总产593吨。2010年，种植143亩，亩产2951千克，总产422吨。1949年后，全县甘蔗种植面积最多的年份是1962年，有1304亩；平均亩产最高的年份是1974年，有4459千克；总产最多的年份是1979年，有3738吨。

1949～2010年松阳县甘蔗种植情况表

表11-3-7-1

年 份	种植面积（亩）	亩产（千克）	总产（吨）
1949	328	1807	593
1950	328	1807	593
1951	328	1807	593
1952	452	2128	962
1953	463	2111	977
1954	260	2112	549
1955	339	2107	714
1956	233	2109	491
1957	199	2013	420
1958	352	1234	434
1959	546	958	523
1960	364	1319	480
1961	455	970	441
1962	1304	1076	1402
1963	902	1500	1353
1964	700	1553	1087
1965	543	1613	876
1966	399	1551	618
1967	455	1319	560
1968	490	1325	649

续表 11-3-7-1-1

年 份	种植面积（亩）	亩产（千克）	总产（吨）
1969	750	1879	1409
1970	708	2009	1422
1971	956	1966	1879
1972	1170	3178	3718
1973	938	2931	2749
1974	580	4459	2586
1975	1079	2673	2884
1976	589	1607	946
1977	749	2763	2069
1978	1015	3314	3363
1979	1009	3705	3738
1980	619	2843	1760
1981	607	2942	1786
1982	577	3081	1777
1983	886	2651	2349
1984	790	3163	2498
1985	987	2937	2898
1986	1021	3044	3108
1987	884	2838	2509
1988	794	2640	2096
1989	807	2569	2074
1990	745	2553	1902
1991	682	2646	1803
1992	653	2521	1646
1993	625	2726	1726
1994	534	2635	1407
1995	459	2861	1313
1996	409	2780	1137
1997	466	2775	1293
1998	438	2963	1298

续表 11-3-7-1-2

年 份	种植面积（亩）	亩产（千克）	总产（吨）
1999	412	2969	1223
2000	365	2795	1020
2001	422	2822	1191
2002	369	2867	1058
2003	358	2824	1011
2004	344	2939	1011
2005	262	2676	701
2006	168	2708	455
2007	174	2799	487
2008	175	2760	483
2009	159	2871	457
2010	143	2951	422

品种

古代栽培的甘蔗主要是多年生荻蔗和多种地方品种，后逐渐演变为以制糖为主的糖蔗和以鲜食为主的果蔗两大类型。至 2010 年，有 200 多个品种，大多是 20 世纪 50 年代后引进的。民国 22 年（1933）以前，以栽培“竹蔗”为主，兼有“骨皮蔗”“赤皮蔗”“小儿蔗”等地方品种。“竹蔗”来自福建，于 300 年前传入。“竹蔗”系小茎型品种，多分蘖、早熟、中糖分，纤维含量高、抗逆力强。

民国 22 年（1933），引进“爪哇 2878”“爪哇 2825”，系大茎型品种，中迟熟、高产、中糖分。由于气温条件不能满足品种习性的要求，甘蔗不能充分成熟，鲜蔗产量虽高于“竹蔗”，但产糖率不及“竹蔗”。

1954 年，引入、推广“印度 290”，成为当家品种。属中小茎型，中晚熟。其特性是分蘖力强、有效茎多、宿根性好、适应性广，耐旱、耐瘠、耐寒、生长带脆弱，易风折、不易窖藏、抗病力较弱，产量和糖分均高于“爪哇 2878”“爪哇 2825”和“竹蔗”。同期引入的还有“台糖 134”，其产量高于“爪哇 2878”，但产量、糖分均不及“印度 290”。

1966 年，逐步推广“纳印 310”。该品种是由南非糖业试验场和印度科巴陀甘蔗育种场联合育成。1971 年，成为当家品种。属中小茎型，早熟、分蘖力较强、成茎率较高、宿根性强、适应性广、耐霜冻，较耐旱、耐瘠、耐盐、抗风折。鲜蔗产量、产糖率均高于“印度 290”，可比“印度 290”延长榨季 1 个月。

1976 年后，“赣蔗 1 号”种植面积逐年增加，同时推广“赣蔗 8 号”“川蔗 10 号”“浙蔗 1

号”。“赣蔗 1 号”属中茎至中大茎型，具有早熟、高糖、高产、生长势旺、宿根性强、出苗早、出苗率高、成茎率高、抗风折倒伏，较耐盐、易感染嵌纹病、鞘枯病，易遭蓟马危害和难剥叶等特点。

1984 年后，“川蔗 10 号”逐渐成为当家品种。同时，推广“CP65 / 357”“川糖 83 / 139”“云蔗 71 / 545”“赣糖 76 / 567”“桂糖 9 号”等新品种。

“川蔗 10 号”是 1975 年从四川省轻工业厅甘蔗研究所引入的。属中茎型、青皮、早中熟、高产、高糖，春植的比“赣蔗 1 号”增产一成至三成。

果蔗品种以地方品种为主，有“瑞安陶山蔗（莳花蔗）”“金华白蔗”“临平紫皮”“上湖青”“秤杆青”等。20 世纪 50 年代，逐步发展从广东引进的南洋热带种“白地拉”。该品种出苗率高、成茎率高、抗风折倒伏、高产、高糖，比一般地方果蔗品种更易栽培、窖藏，适口性好、商品性强。

栽培技术

甘蔗传统的种植方法是单株育苗移栽法，株行距 30×40 厘米以上，亩用种量 1500 个左右单芽苗。在春分至清明之间下种。20 世纪 70 年代初，开始试验推广塑料薄膜覆盖双芽或多芽节育苗移栽和温室催芽新技术。下种育苗时间提前到雨水节气前后，最迟不过惊蛰。在清明前后，视蔗苗长势抢晴移栽，力求春育春移。移栽密度每亩基本苗为 3000～4000 株。

1983 年后，采用地膜覆盖栽培甘蔗，有“五保”（保温、保湿、保土、保肥、保疏松）、“二增”（增温、增光）、“四早”（早出苗、早分蘖、早拔节、早成熟）、“五提高”（提高出苗率、提高分蘖率、提高有效茎数、提高产量、提高出糖率）的作用。

春植蔗在 2 月下旬，冬植蔗一般在 11 月上旬至次年 2 月上旬；旱蔗一般在清明下种。每亩用种量 3500～4500 个双芽苗。有单行条播、双行条播、三角条播等。排种方向可直排或斜排。芽数以双行条播最多，单行条播最少。排种时做到芽向两侧，并揿实使之与泥土密接，然后盖细泥。

果蔗下种方法比糖蔗细致。糖蔗多干排，果蔗多水排即拌泥浆下种。

甘蔗施肥，历来以土杂肥为主。20 世纪 80 年代以后，逐渐形成一套科学的施高肥方法，采取“两头轻、中间重”和“三攻一补”的原则。即苗期早施、薄施、勤施攻壮苗，拔节后期轻施攻分蘖，分蘖盛期和拔节期重施攻长茎，生产后期补施壮尾肥。

20 世纪 80 年代前，一般培土 3 次。80 年代初，试验推广多次培土、培土、湿培土经验，防止甘蔗倒伏。一般是始蘖期小培土，培高 3 厘米左右；盛蘖期中培土，培高 10 厘米左右；拔节始期大培土，培高 30 厘米左右；伸长盛期高培土，垄高达到 50 厘米左右。

灌溉，普遍采用沟灌。有条件的采用喷灌，可节水一半、增产一二成。一般掌握“润—湿—润”的原则，即苗期润，伸长期湿，成熟期润。

糖蔗主要害虫是稻螟、二点螟，采取科学防治。

第八节　水　果

生产情况

清顺治《松阳县志》载，水果有柿、枣、梅、鹅梨（洪梨）、李、桃、杏梅、杨梅、栗、榧、石榴、银杏、枇杷、莲子、藕、菱、樱桃、葡萄、西瓜、甘蔗、林檎（花红）、橘、橙、海棠、金豆、甜瓜。

1949年，全县果园面积440亩，总产297吨。至1957年，水果面积和总产均无多大变化。1958～1981年，松阳并入遂昌县，境内水果略有发展，但较缓慢。其中，1958～1969年，种植面积除1959年有1224亩，其他年份不足千亩；1970～1977年，种植面积在1000～2000亩；1978～1981年，种植面积在3000～5000亩。改革开放后，种植的主要水果有柑橘、梨、李、桃、杨梅、柿、葡萄等，种植面积以柑橘最大，梨次之，柑橘、梨成为水果的主要品种。

图 11-23　斋坛乡花田垄村千亩胡柚基地（县档案馆提供 1998年）

1982年，水果种植面积7439亩。至2003年，全县水果种植面积78163亩，为历史高峰，以后逐年回落。

水果生产中，柑橘与梨栽培面积与产量所占比例较大。2010年，柑橘、梨的种植面积共38284亩，占水果总面积的69.24%；产量36610.7吨，占水果总产量的77.80%。其他水果面积17011亩，占水果总面积的30.76%；产量10446.5吨，占水果总产量的22.20%。

1958～2010年松阳县主要水果生产情况表

表11-3-8-1

年　份	果园面积（亩）	总产量（吨）	产　值（万元）	其中			
				柑橘		梨	
				面积（亩）	产量（吨）	面积（亩）	产量（吨）
1958	456	206	—	19	1.75	—	—
1959	1224	554	—	127	0.35	—	—
1961	617	320	—	19	9.3	—	—
1962	589	184	—	8	5.65	—	—

续表 11-3-8-1-1

年 份	果园面积（亩）	总产量（吨）	产 值（万元）	其中			
				柑橘		梨	
				面积（亩）	产量（吨）	面积（亩）	产量（吨）
1963	607	544	—	15	2.4	—	—
1964	710	320	—	—	—	—	—
1965	780	184	—	—	—	—	—
1966	820	544	—	—	—	—	—
1967	840	216	—	—	—	—	—
1968	880	223	—	—	—	—	—
1969	920	227	—	—	—	—	—
1970	1100	206	—	43	0.15	—	—
1971	1100	208	—	206	3.05	—	—
1972	1399	251	—	213	0.35	—	—
1973	1435	265	—	221	1.4	—	—
1974	1299	255	—	119	0.8	—	—
1975	1616	248	—	358	1.85	—	—
1976	1847	119	—	683	2.65	—	—
1977	1970	394	—	782	3.35	—	—
1978	3118	329	—	1011	3.05	—	—
1979	3515	287	—	2676	19.75	—	—
1980	3336	279	—	2600	55.5	—	—
1981	4943	384	—	4007	143.4	—	—
1982	7439	434	—	4493	260.5	—	—
1983	7316	645	—	4650	449.9	—	—
1984	7718	654	—	6956	426.75	—	—
1985	6382	1039	—	5375	700.6	—	—
1986	12496	1748	—	9629	1434.35	—	—
1987	15173	1774	—	11479	1611.6	—	—
1988	16968	1533	—	12702	1194.3	—	—
1989	16258	2736	—	11919	2292	783	136
1990	23578	5678	—	17141	4243	—	—

续表 11-3-8-1-2

年份	果园面积（亩）	总产量（吨）	产值（万元）	其中			
				柑橘		梨	
				面积（亩）	产量（吨）	面积（亩）	产量（吨）
1991	20723	5682	—	15175	4716	—	—
1992	24091	6230	—	17997	5416	—	—
1993	27922	8552	—	21090	7004	—	—
1994	30039	10848	1239	22258	9215	—	—
1995	34640	15801	1870	25232	13796	—	—
1996	36061	19598	—	27185	17611	—	—
1997	37499	23606	—	28533	20676	—	—
1998	39564	25299	—	29251	21707	—	—
1999	41683	31462	—	33911	28280	—	—
2000	51384	23158	—	38222	19007	—	—
2001	58729	39845	—	42941	29659	—	—
2002	71025	44786	—	41223	29749	—	—
2003	78163	48373	—	37112	32616	—	—
2004	75949	51807	—	33524	27630	—	—
2005	73388	48121	5901	33524	27630	18904	5995
2006	66546	48125	6614	27408	27965	18508	7377
2007	61225	48804	7380	24577	27376	17577	8520
2008	59465	54745	6385	24044	31869	17350	10060
2009	55891	47384	6660	21957	25770	16911	10448
2010	55295	47057	5792	21485	25665	16799	10946

主要水果

柑橘　1949 年后开始引种。1949～2010 年之间，1956 年柑橘面积为历年最少，仅 15 亩，产量为 0.25 吨。种植面积最大的年份是 2001 年，有 42941 亩，占当年水果总面积的 73.12%。产量最高的年份是 2003 年，有 32616 吨，占当年水果总产的 67.43%。

全县多数乡镇有柑橘种植，主要分布在松古盆地的 8 个乡镇和象溪镇。其中，西屏镇面积最大，2010 年种植面积 3879 亩；赤寿乡、古市镇和象溪镇次之，分别有 3462 亩、3158 亩和 2953 亩；种植面积在 1000 亩以上的还有斋坛乡、望松乡。

松阳县柑、橘、橙、柚四大种类都有种植，主要品种有椪柑、温州蜜橘、脐橙、胡柚、瓯柑、甜橘柚、甜橙等，其中脐橙、椪柑、温州蜜橘种植面积最大。

1992年，柑橘类产品结构开始调整，从重庆奉节、黄岩、丽水等地引进朋娜、纽荷尔、清家、大山岛、奉节72-1、红肉脐橙等试种，并相继投产。到1997年底，形成1.2万亩的脐橙商品基地，确立纽荷尔为当家品种。

梦阳脐橙，1997年获“丽水地区柑橘品评会一等奖”、1998年获“浙江省首届农博会优质农产品银奖”、2000年获“中国特产之乡农产品交易会名优柑橘金奖”、2001年被评为“浙江省绿色放心营养标志产品”。2000年，松阳县被浙江省林业厅命名为“浙江脐橙之乡”。2002年，“松阳县三万亩脐橙生产技术研究与应用”获浙江省农业丰收二等奖。从2004年开始，松阳脐橙连续7年经加工后出口日本，年出口量500～1000吨。

图 11-24　梦阳脐橙包装车间（叶光铭 摄于2007年）

1995～2006年，从浙江柑橘研究所、丽水农科所、象山等地引进市文、胁山、山川三号、大分一号等特早熟温州蜜橘品种，并陆续投产。

梨　松阳种植历史悠久，唐李德裕《怀山居邀松阳子同作》诗云，“醉思剖红梨，饭忆食紫蕨”。品种有红梨、白梨、回肚梨、绵梨、柿梨、斑糖型、赤梨、水浸梨（算盘子）。主要分布在西屏镇、象溪镇、新兴乡、赤寿乡、古市镇松阴溪两岸滩圩。红梨长至2厘米大小时，配合疏果，用箬叶逐个包扎，成熟后，红梨个大、无虫伤、皮薄肉细、清甜可口。20世纪40～50年代，产梨最高达数千担（50千克/担）。多运销温州、丽水等地。50～70年代，被大批砍伐，少有保存。

1997年底，松阳县从浙江省农科院引进翠冠、西子绿等品种开始试种，1999～2005年进入大发展时期。2005年，全县种植面积18904亩，产量5995吨。2010年，全县种植面积16799亩，是1992年的18.67倍；产量10946吨，比1992年增加10803吨。主产于三都乡、大东坝镇、枫坪乡、象溪镇、西屏镇、玉岩镇和赤寿乡。品种以翠冠梨为主，还有黄花、清香、翠玉、初夏绿、圆黄、西子绿、雪青、雪英、雪丰、桂冠、新世纪等。

图 11-25　翠冠梨（叶光铭 摄于2006年）

2001年以后，松阳县组织参加全国优质早熟梨鉴评会3次，有14个样品被评为“全国优质早熟梨”；参加全省优质早熟梨评比，有40多个样品获“浙江省优质早熟梨金奖”和“浙江省优质早熟梨优质奖”。2003年、2008年，两度获“浙江省十大名梨”称号。2008年12月，三都乡被省人民政府命名为“浙江省水果产业强乡”。

桃　松阳栽桃历史悠久。20世纪50年代初，桃在松阳分布虽广，但栽培面积不大，产量不多。

90年代末，三都乡开发桃园，成片种植。2005年，全县种植7319亩，产量2084吨，产值375万元。2010年，全县种植面积4806亩，产量1210吨，产值640万元。

1997年前，主要品种有五月桃、南京桃、水蜜桃、白凤、猪血桃等，主要分布在松古盆地。1997年后，引进丽油3号、曙光、中油3号、中油4号、中油5号等油桃品种和迎庆桃、日本仓方早生（江南一号）、新川中岛、燕红、早甜露等品种并陆续投产。以新川中岛、燕红、迎庆桃为主，主要分布在三都乡。

2005～2010年松阳县桃生产情况表

表11-3-8-2

年份	栽培面积（亩）	产量（吨）	产值（万元）
2005	7319	2084	375
2006	5324	1429	286
2007	4416	1929	502
2008	4776	2920	584
2009	4886	2310	647
2010	4806	1210	640

李　松阳李树栽培历史久远，多为零星、分散栽培，集中成片者少。20世纪70年代开始，为开拓市场，李除鲜食外，加工成“化核加应子”远销东南亚国家，李树栽培才有较快发展。2001年，全县种植面积3106亩，是1992年的15.93倍；产量747吨，比1992年增加713吨。主产于叶村乡、西屏镇、斋坛乡等乡镇，主要品种有芙蓉李、松山李、布朗李系列等。2005年，全县种植10571亩，产量4522吨，产值1085万元。2010年，全县种植11082亩，产量3200吨，产值1169万元。

2005～2010年松阳县李生产情况表

表11-3-8-3

年份	栽培面积（亩）	产量（吨）	产值（万元）
2005	10571	4522	1085
2006	10871	3152	1072
2007	10567	4152	1495
2008	10782	6090	1218
2009	11082	3210	1156
2010	11082	3200	1160

杨梅 松阳栽培杨梅历史也悠久。民国时期，杨梅栽培面积进一步扩大，品种增多。松阳杨梅的栽培面积、产量次于柑橘、梨、李、桃，位居第五。2005 年，全县种植面积 3002 亩，产量 610 吨。2010 年，全县种植面积 3470 亩，产量 850 吨，产值 410 万元。主产于西屏、象溪、大东坝、古市、谢村等乡镇，其中西屏镇水车村、南山村的杨梅最为有名。品种以东魁、炭黑等为主。

2005～2010 年松阳县杨梅生产情况表

表 11-3-8-4

年份	栽培面积（亩）	产量（吨）	产值（万元）
2005	3002	610	183
2006	3052	713	214
2007	3082	823	329
2008	3082	878	358
2009	3280	1150	483
2010	3470	850	410

柿 松阳柿树栽培历史悠久，《浙江通志》载，“处州松阳柿尤为奇品”，果大核小，橙黄透亮，甜蜜清味，滋肺清火。20 世纪 70 年代前，年产量三四百吨。70 年代后，柿树大量被砍，产量剧减。枫坪乡金枣柿，去皮晒干如同黑枣，无核无渣，香甜可口，为松阳特产，年产 10 吨左右。多为房前屋后零星种植。

2005 年，全县种植柿树 1220 亩，产量 986 吨，产值 118 万元。2010 年，全县柿树种植面积 1260 亩，是 1992 年（991 亩）的 1.27 倍；产量 1320 吨，是 1992 年（266 吨）的 4.96 倍，产值 50 万元。品种有肉柿、水柿、金枣柿、扁柿、牛奶柿、野生柿、日本甜柿、永嘉长方柿等。

2005～2010 年松阳县柿子生产情况表

表 11-3-8-5

年份	栽培面积（亩）	产量（吨）	产值（万元）
2005	1220	986	118
2006	1260	1286	154
2007	1260	1376	110
2008	1260	1370	82
2009	1260	1320	79
2010	1260	1320	50

枇杷 松阳栽培枇杷历史有 800 多年。过去多为红色、粒小、糖分多的土枇杷。改革开放后，引进白枇杷。

2005 年，松阳全县栽培 300 亩，产量 190 吨，产值 76 万元。2010 年，面积 212 亩，产量 174 吨。分布区域以象溪镇和西屏镇为主，品种有大红袍、洛阳青、夹脚、大五星、白枇杷等。

2005～2010 年松阳县枇杷生产情况表

表 11-3-8-6

年份	栽培面积（亩）	产量（吨）	产值（万元）
2005	300	190	76
2006	300	248	99
2007	300	348	139
2008	300	145	58
2009	300	190	76
2010	212	174	76

葡萄　松阳栽培葡萄有 700 多年历史。过去多为青皮粒小的土葡萄。20 世纪 70 年代末、80 年代初，引进抗病、耐湿的大果型欧美杂交种巨峰系列，早结、丰产、色香味俱佳，浙江葡萄生产有突破性进展。1987 年后，引入果粒特大的日本藤稔葡萄。

2005 年，松阳全县栽培葡萄 170 亩，产量 78 吨，产值 16 万元。2010 年，全县栽培面积 170 亩，产量 230 吨，产值 90 万元。葡萄栽培以西屏镇水南片、三都乡、赤寿乡、古市镇为主。县内栽培除上述品种外，还有巨峰、红富士、先锋、醉金香等。

2005～2010 年松阳县葡萄生产情况表

表 11-3-8-7

年份	栽培面积（亩）	产量（吨）	产值（万元）
2005	170	78	16
2006	170	89	25
2007	170	107	34
2008	170	110	35
2009	170	230	83
2010	170	230	90

其他水果

松阳县还出产南方苹果、枣、杏、石榴、猕猴桃、无花果、青梅等水果。1993 年，从浙江省农科院引进南方苹果试种，后逐渐淘汰。其他品种多为零星种植。

第四章　畜牧业

自古以来，松阳农村畜、禽生产与粮食生产一样，在人们生活中具有重要的地位。松阳畜牧业包括牛、马、猪、羊、兔、鸡、鸭、鹅等家畜、家禽的饲养业和鹿等经济兽类的驯养业。主要以生猪和家禽养殖为主。1949年，畜牧业产值约为100万元。1958年，畜牧业产值为176万元。改革开放起步的1978年，畜牧业产值为456万元。20世纪80年代以后，松阳县的畜禽生产得到稳步发展，规模化养殖程度进一步提升，重点发展生猪、耕牛、鸡鸭等畜、禽生态养殖。1982年，畜牧业产值为1135万元。1993年，畜牧业产值为7476万元。2010年，畜牧业产值为19241万元。在1978～2010年的农村经济结构中，畜牧业产值平均占农村经济总量的17.77%，成为农村经济建设不可或缺的支柱产业，并成为全省12个生猪调出大县之一。

第一节　家畜养殖

猪

饲养　猪为境内主要畜种。民国19年（1930），全县养猪8100头。民国27年，省农业改进所以“大约克猪”改良松阳土猪；然而，杂交第一代毛色多白，农民视白猪为不祥。次年3月，用“盘克猪”改良松阳土猪，推广民间饲养。是年，省农业改进所饲养纯种（“盘克猪”、“约克猪”、抗病育种猪）免费供给特约农户家猪配种。民国19年，松阳生猪饲养1.23万头。至民国35年，共推广改良猪264头；是年，饲养量为8691头。

1949年，松阳生猪饲养1.69万头，存栏1.08万头，其中能繁殖的母猪3607头。1952年，饲养2.74万头，出栏0.97万头，存栏1.77万头。1954年3月，松阳县毛猪生产委员会成立。1956年，实行生猪“派养、派购”。1957年，饲养3.42万头，出栏0.84头，存栏2.58万头。1961年，饲养量和存栏数分别降至2.02万头和1.36万头，投售生猪559头。1962年，分给养猪社员饲料地、饲料粮，投售生猪实行奖售，整顿农村集体猪场，生猪生产得到发展。1965年，饲养6.55万头，农户户均1.9头。1970年，饲养8.07万头，农户户均2.1头。1975年，饲养12.69万头，农户户均3.1头。

20世纪80年代前，农村传统饲养周期在1年以内。采用“两头精，中间粗”的吊架子饲喂法。即在仔猪培育阶段，以豆腐渣、麦麸、米粥等饲料培育苗猪；待长到20～30千克时，称“猪骨儿”（即架子猪），喂以青粗饲料和糠为主；猪重50千克以上时，在饲料中加入大米等精饲料。1979年7月，家畜良种推广站开展人工授精。

20世纪80年代后，逐步推广高投入、高产出的直线育肥法。利用配（混）合饲料、辅以青粗饲料生喂，添加微量元素、生长剂和维生素，定期防疫和驱虫，饲养周期缩短为6～8个月。

随着农村联产承包责任制的落实，农村产业结构的调整，出现许多养猪重点户和专业户。1985年，全县饲养量为20.28万头，农户户均4.3头；能繁殖的母猪7910头。1987年后，生猪饲养量稳定在22万头左右。

1994年，全县猪的饲养量为历史高峰，31.77万头，是1949年的18.84倍，农户户均饲养5.38头，此后逐年下降。2010年，生猪年饲养量为20.47万头，农户户均3头，产值19241万元。

品种　20世纪50年代，以饲养碧湖猪和龙游乌猪为主。1955年2月，引进纯约克夏母猪、公猪各2头。1956年2月和4月，先后引进纯约克夏公猪3头，繁育小母猪80头，由集体猪场和农户饲养3年。80年代后，基本实现公猪外来良种化、母猪本地土种化、肉猪杂交一代化。1990年，全县共有良种公猪89头，其中外地引进良种占67.1%，以大型约克为主。肉猪杂交一代饲养量占全年饲养量的80%以上；能繁殖母猪存栏7538头，年繁殖仔猪13万头左右，除供当地饲养外，还运销外地。先后引进盘克、约克、长白、温白、杜洛克、金华两头乌、江山乌猪、嘉兴黑猪等品种。

图11-26　友口福养猪合作社（叶光铭 摄于2006年）

猪肉加工　松阳县民间采用自家土猪肉作为原料制作香肠、腊肉、火腿等。20世纪80年代初，松阳县食品公司采用“传统+规范质量管控”生产模式，进行大批量生产。到90年代，松阳县食品公司持“金华火腿”品牌生产金华火腿；到2005年，金华火腿加工基本消失。

牛

松阳农村传统饲养有黄牛和水牛，以役用为主，兼以肉用。黄牛体型小、行动灵便，适于坡地梯田耕作，多分布于山区、半山区；水牛体型大、力强、喜栖水，多分布于平原地区。民国19年（1930），全县饲养牛0.73万头，其中水牛0.33万头，占总数的45.2%。民国30～35年，年均饲养0.59万头，其中水牛占21.7%、黄牛占78.3%。1949年，存栏耕牛0.73万头。水牛种牛来源于江西省广丰和浙江省的江山、平阳等地。黄牛多数是当地土种，繁殖多系自然交配，近亲繁殖后代，生长缓慢、体型小，群众戏称为“犬牛”或“牛丁”。

中华人民共和国成立后，人民政府提倡保护耕牛，鼓励群众饲养。1952年，全县耕牛存栏数1.17万头。1956年4月，金华专署分配松阳县种牛7头，因饲养管理不善，未能发挥良种优势。1958年后，耕牛作为主要生产资料，为集体所有。20世纪50～60年代，县内有2户农户饲养6头“黑白花”乳牛，后停养。1961年，耕牛存栏降至0.87万头。

1974～1980年，国家拨耕牛基地补助资金8万余元建立耕牛繁殖基地，1980年，耕牛存栏1.35万头。1981年，发放养牛基地周转金1.1万元。1980年2月，县家畜良种推广站引进“西门塔尔”

乳肉兼用牛和杂交乳牛各2头。1982年，产奶2.58吨。

1982年，在靖居、裕溪公社选育留种黄牛40头。是年，用“西门塔尔”良种公牛与本地土种黄母牛进行人工授精，共繁殖杂交一代牛近千头。杂交改良牛初生体重较本地黄牛高50%，18月龄的体重接近当地成年黄牛，可日耕地2～3亩，相当于一般水牛役力。1983年后，原集体所有的耕牛折价归农户或联户所有。1984年，赤寿乡、新兴乡等地农民开始饲养“荷兰黑白花”乳牛；是年，全县饲养27头，年产奶18.28吨。至1987年，饲养乳牛农户25户，51头，其中产奶牛38头，年产奶66.3吨。1990年，全县饲养7头，年产奶4.2吨；是年，县家畜良种推广站奶牛全部淘汰。

1990年，全县牛存栏1.6万头，为历史高峰，是1949年的2.2倍。至1992年，先后引进温岭高峰牛、上海荡脚牛、黑白花乳牛、西门塔尔牛、海福特牛、利木赞牛、摩拉水牛、上海嘉定水牛等品种公、母牛或其冻精，用以改良当地牛种。是年，全县存栏1.51万头。

进入21世纪后，由于农业机械化程度的迅速提升，耕牛牛力的使用大幅度减少，农户所养主要为菜牛。2010年末，全县存栏4841头。

耕牛饲养管理，春、夏、秋季一般以放牧为主，饲喂青草；冬季关进牛栏以舍养为主，喂以稻草加补热粥等饲料；农忙时加喂黄酒鸡蛋。

羊

县内历来很少饲养。民国19年（1930），全县有山羊320只。民国30年，有34只。1949年，存栏118只。品种以当地山羊为主。1955年4月，引进绵羊100只。1958年8月，从山东引进绵羊352只。由于饲养管理不善，未成功。嗣后，曾引进湖羊、考力代绵羊、赛能奶山羊等品种，都未能成功。1974年，增加至1018只，后逐年下降。1992年，存栏仅51只，后逐年回升。2000年末，羊存栏2915只。2008年，开始小规模养殖。2010年为历史高峰，年末存栏4523只。

兔

旧时，仅作观赏动物，少量饲养。民国36年（1947）1月，浙江省农业改进所松阳办事处饲养少量英占拉兔、比利时兔和杂种兔。1958年3月，县供销社从外地引进力克斯皮用兔400只，供养户饲养。6月，西屏镇2户居民购进力克斯兔20只、长毛兔6只，在西屏山创办养兔场；至1959年2月，饲养力克斯兔284只、长毛兔44只，后停办。

20世纪70年代，政府鼓励农户养兔。1978年底，存栏0.3万只。1981年，有4.05万只。1982年后，兔毛出口疲软，价格下跌。1984年，存栏0.5万只。1985年，存栏增至1.24万只。1986年，因兔毛价格下跌，存栏逐年下降。1992年，存栏0.95万只；品种主要是西德长毛兔、日本大耳兔、安哥拉兔、力克斯兔和本地肉兔（俗称月月兔）。

20世纪70年代前，采用地笼平地饲养，管理较粗放。70年代后，开始发展专业养兔，均采用笼养（竹笼、砖砌水泥舍），饲养密度高。春夏秋以草食为主；冬季，掺加精饲料喂养。

20世纪90年代后期，农民家庭副业以发展猪、羊、鸡、鸭为主的家畜家禽，并开始发展规模养殖。加上基层供销社改制、收购站解体，兔毛收购渠道断裂，兔业生产萎缩，兔子作为城乡居民家中宠物饲养，县统计部门也不再统计养兔的数据。

1949～2010年松阳县畜牧业生产情况表

表 11-4-1-1

年 份	生猪全年饲养量（头）	其中		羊存栏数（只）	牛存栏数（头）
		出栏（头）	存栏（头）		
1949	16861	6056	10805	118	7316
1950	18245	6900	11345	130	8282
1951	22829	8447	14382	169	11220
1952	27399	9684	17715	148	11704
1953	32152	11717	20435	142	11547
1954	36699	12917	23782	133	11732
1955	32607	12424	20183	104	11269
1956	32867	13855	19012	104	11458
1957	34171	8386	25785	237	11199
1958	30211	10430	19781	192	11535
1959	35293	13131	22162	215	10570
1960	20573	5447	15126	380	10310
1961	20152	6560	13592	175	8664
1962	35745	11799	23946	388	8962
1963	48457	15895	32562	385	9119
1964	69087	20960	48127	169	9236
1965	65498	27144	38354	533	10689
1966	64067	29135	34932	584	10041
1967	66042	28227	37815	507	10705
1968	72827	36570	36257	528	10819
1969	56752	19543	37209	640	11639
1970	80694	28672	52022	963	11929
1971	102642	34782	67860	888	12858
1972	113457	41446	72011	879	10718
1973	117919	41429	76490	993	12448
1974	130590	45176	85414	1018	12269
1975	126898	45430	81468	903	12039
1976	112797	43268	69529	892	11563
1977	92099	28909	63190	814	12010
1978	109404	31468	77936	838	12518
1979	143550	43682	99868	857	12376

续表 11-4-1-1

年 份	生猪全年饲养量（头）	其中		羊存栏数（只）	牛存栏数（头）
		出栏（头）	存栏（头）		
1980	162314	63146	99168	758	13488
1981	159670	55817	103853	626	12675
1982	171254	59992	111262	289	12978
1983	180264	63044	117220	175	13232
1984	182564	65397	117167	115	13999
1985	202794	75171	127623	72	14951
1986	217284	82109	135175	—	15407
1987	220564	84617	135947	28	15908
1988	222674	88995	133679	12	15624
1989	225749	88065	137684	—	15909
1990	220974	88907	140678	—	16017
1991	239645	94332	145313	—	15597
1992	259557	104753	154804	—	15118
1993	291227	122104	169123	—	13857
1994	317662	141725	175937	—	12708
1995	317020	145039	171981	—	12614
1996	299374	136028	163346	—	12428
1997	219321	98649	120672	—	11665
1998	245466	110937	134529	—	11306
1999	250903	117132	133771	—	10775
2000	255480	119026	136454	2915	10732
2001	269017	132424	136593	3874	9775
2002	261483	132620	128863	3308	8907
2003	262560	129677	132883	3778	7365
2004	261114	132150	128964	3870	7167
2005	273322	145227	128095	3337	6473
2006	254084	143995	110089	1478	5224
2007	210153	122763	87390	3184	4305
2008	196448	124186	72262	1624	3416
2009	206339	126855	79484	4276	5231
2010	204746	126054	78692	4523	4841

说明：2009年和2010年，牛、羊为年饲养量

第二节　家禽养殖

松阳县家禽养殖历史悠久，自古以来民间就有饲养的习惯。农村向来以散放养禽，鸡、鸭饲米饭拌糠，或喂秕谷。《浙江省农业志》记载，南朝（420～589）养鸡十分普遍。宋代开始应用人工孵化技术，到明、清时期盛行。松阳传统的家禽有鸡、鸭、鹅等，以养鸡为主，遍及家家户户。

1982年松阳县制恢复以后，家禽养殖发展迅速。推行规模养殖，采用全进全出的科学饲养方法，商品率高，生产周期短，经济效益好。1985年，全县饲养量为37900羽，1988年上升为521400羽。2001年，进一步上升为1705065羽。2004年，为历史高峰，为3234208羽，是1985年的85.34倍。

鸡

民国17～21年（1928～1932），古市镇下街农民叶争青在徐学村创办“生生鸡场”，饲养500羽来克杭蛋鸡。民国19年，全县有鸡、鸭、鹅等6.54万羽，其中鸡3.99万羽，占总数61.1%。民国28年2月，省农业改进所在松阳设孵坊繁殖萧山鸡146羽、龙游鸡2734羽。民国30年，全县饲养量0.83万羽；民国33年，1.27万羽。民国30～35年，推广萧山鸡、龙游鸡、永嘉鸡、金华鸡等原种及改良种共计4.75万羽，年均推广0.79万羽。

1954年，松阳饲养量19.78万羽。1980年后，松阳先后引进萧山鸡、白洛克、新浦东、红育、星布罗、海新、海佩科、AA鸡、宝星鸡、狄高鸡、红宝鸡、来杭鸡、尼克、罗斯鸡等品种的肉用和蛋用鸡，并开始饲养鹌鹑、肉用鸽。1983年，农村产业结构调整，规模饲养肉用仔鸡、商品蛋鸡的专业户兴起，家禽生产发展加快。肉用鸡、蛋用鸡，鸡舍圈养，全部喂饲配合饲料。1984年，饲养量37.88万羽。1985年，42万羽。1990年，为52.85万羽。1992年为60.61万羽，出栏率为46.86%；是年，全县有养禽专业户77户，饲养量占总数的22.9%，其中养鸡33户，年提供商品肉鸡4.64万羽。

鸭

鸭以番鸭为主，中华人民共和国成立以后至20世纪70年代末，除有少量产蛋群养鸭外，仍以农户散养为主。群养鸭以绍兴麻鸭、福建金定鸭为主，次有北京鸭、樱桃谷鸭等品种。80年代后，群养蛋鸭农户增多，群鸭仍放养、圈养结合，但皆未成规模。

鹅

鹅以当地种为主，有广东狮头鹅、永康灰鹅、浙东白鹅等少量外来品种。鹅食草或糠饭，饲养周期长，生长慢，但肉质鲜美。

1984～2010年松阳县家禽饲养情况表

表 11-4-2-1

年 份	全年饲养量（羽）	其 中	
		全年出栏（羽）	年末存栏（羽）
1984	378800	128100	250700
1985	37900	13500	244000
1986	39600	15600	240000
1987	442327	179772	262555
1988	521400	227000	294400
1989	442327	179772	262555
1990	424700	143900	280800
1991	525191	253685	271506
1992	602600	254700	347900
1993	668115	310712	357403
1994	735880	353142	382738
1995	845928	459249	386679
1996	843352	469516	373836
1997	833507	497353	336154
1998	846046	499831	346215
1999	768280	440795	327485
2000	946511	597587	348924
2001	1705065	1125608	579457
2002	2011683	1443742	567941
2003	2408668	1734422	674246
2004	3234208	2023926	1210282
2005	2693036	2123530	569506
2006	2390418	1829760	560658
2007	2325607	1729609	595998
2008	2008540	1486621	521919
2009	2070001	1534189	535812
2010	1853334	1355041	498293

第三节　特种养殖

特种畜禽养殖

松阳县特种畜类的饲养，民间习惯养猫、狗。20 世纪 80 年代，开始饲养鹌鹑、肉用鸽。90 年代，引进七彩山鸡，至 1992 年，饲养七彩山鸡专业户 22 户，年底存栏数 3000 余羽。2004 年，规模养殖鹊山鸡。2010 年，发展家禽 500 羽以上规模饲养户 236 户，特色养殖鹊山鸡 20.6 万羽，全年向市场提供优质鸡蛋近 1100 吨，并在龙泉、云和、遂昌、桐庐等地建立 7 个基地，形成“公司+基地+农户”的发展模式。

2002 年，松阳县古市镇曾引进鹧鸪饲养，赤寿乡引进西德番鸭即野鸭饲养。2003 年，引入梅花鹿饲养。2009 年，竹源乡引入贵妇鸡、孔雀、灰头雁、火鸡试养，后因效益不佳，未扩大饲养。

1994～2010 年松阳县畜牧业产值一览表

表 11-4-3-1　　单位：万元

年份	牧业总产值	其中				
		牲畜	家禽	活畜禽产品	捕猎野兽禽	其他动物饲养
1994	13332	10253	392	529	80	2078
1995	12646	—	—	—	—	—
1996	13564	10393	515	710	178	1768
1997	13018	9876	685	527	126	1804
1998	13991	—	—	—	—	—
1999	12225	9102	617	486	236	1784
2000	12372	9293	897	424	160	1598
2001	14428	10244	1525	393	144	2122
2002	13849	9394	1948	541	82	1884
2003	15251	10392	2338	549	84	1888
2004	16911	11322	2719	816	133	1921
2005	17426	11780	2815	870	118	1823
2006	17621	12642	2646	918	111	1304
2007	20029	15178	2475	787	127	1462
2008	20948	15903	2258	705	183	1899
2009	18972	14043	2196	792	245	1696
2010	19241	14377	1982	894	280	1708

蜜蜂饲养

松阳民间养蜂历史悠久。农户习惯零星饲养少量土蜂，取蜂蜜自食或馈赠亲友，少有上市销售蜂蜜。20 世纪 70 年代始，一些农户开始专业养蜂，根据季节变化和各地植物花期的差异，搬运蜂群在全国流动。随着科技的进步，养蜂业也有较大发展。2009 年，松阳在枫坪乡黄埠坞村和古市镇上五木村成立养蜂专业合作社。

第四节　疫病与防治

畜病

猪病　有猪瘟、猪霉形体肺炎、猪丹毒、猪传染性胃炎、仔猪副伤寒、乙型脑炎、流行性感冒、猪巴氏杆菌病、大肠杆菌病（仔猪白痢、黄痢、水肿病）、萎缩性鼻炎、密螺体病、破伤风、钩端螺旋体病、弓形虫病、猪锥虫、猪住肉孢子虫、猪蛔虫、猪细颈囊尾蚴、猪绦虫、肺线虫、姜片吸虫、疥癣等。猪瘟是危害最烈、发病范围最广的疫病。

中华人民共和国成立前，猪瘟不见史料记载。1956 年 4 月，从金华种猪场引种时带入猪霉形体肺炎，初期呈高死亡率。1964 年 1 月，古市镇首次发现猪传染性胃炎，后几乎每年冬有大范围流行。1970 年后，仔猪副伤寒疫情扩大，危害仅次于猪瘟。

1979 年 10 月，猪瘟第四次流行，范围遍及全县。至 1989 年，发病 9814 头，死亡 7851 头。

牛病　有牛流行热、传染性角膜结膜炎、传染性胃肠炎（暂定名）、巴氏杆菌病（1958 年后未见病例）、破伤风、梨形虫病、伊氏锥虫病、住肉袍子虫病、犊新蛔虫、肝片吸虫、前后盘吸虫、螨、蜱、虱等。

1961 年秋，牛流行热呈地方性流行，数年发生一次，流行快、症状重、死亡率低。1969 年 6 月，大东坝大队首次发生牛梨形虫病，后每年 4～8 月呈散发性发生。1982 年夏秋，松古盆地沿溪两岸发生伊氏锥虫病，后疫情逐年扩大，为县内危害最严重之牛病。1987 年，县畜种站奶牛群检出白血病、结核病、副结核病阳性牛，后淘汰。

羊病　有羊痘、羊口疮、羔羊痢疾病、羊螨虫病、羊肝片吸虫病、山羊传染性胸膜肺炎、羊传染性角膜炎、羊传染性脓疮、羊布鲁氏杆菌病、羊黑疫、快疫等。

兔病　有病毒性出血症、球虫病、弓形虫病、巴氏杆菌病、魏氏梭菌病。1985 年 3 月，岗寺乡上五木村发生兔病毒性出血症，并流行于全县各地，死亡 342 只。1986 年和 1989 年，再次发生。

禽病

有鸡新城病、马立克氏病、传染性法氏囊病、鸡瘟、鸭瘟、小鹅瘟、鸭病毒性肝炎、禽慢性呼吸道病、传染性支气管炎、腺毒病、禽霍乱、肉毒梭菌病、禽曲霉菌病、黑头病、鸡白痢、球虫病、住白细胞虫病、蛔虫病、异刺线虫病等。1978 年，首次发现鸡马立克氏病。1980 年，古市镇潘连大队副业队鹅发病 57 羽。1983 年，古市 7 个村发生鸭瘟。1984 年 6 月，望松农业中学鸡场发生鸡住白细胞虫病。1985 年春，叶村乡寺岭下村民从龙游县十里丰农场引进的麻鸭，发生鸭病毒性肝炎。

后每年都有群鸭发病，死亡率极高。1987年，望松乡草塔村民从杭州引进的新浦东鸡，发生传染性法氏囊病，扩散至全县，为县内雏鸡的主要疫病之一。

防治

20世纪80年代，开展鸡瘟、鸡痘、兔病毒性出血症、鸡马立克氏病、鸡法氏囊病的预防防疫工作，注册常年有效注射密度在90%以上。1982年秋，对仔猪防疫推行20日首免、上市前7天二免，并挂耳卡作标志，降低猪瘟的发病率。90年代初，松古平原一带有猪丹毒、猪肺疫零星发病，给养殖业带来一定的冲击。随着全县养猪业的发展，规模养殖不断扩大，从2000年开始新出现“猪高热病”，把其误诊为猪蓝耳病（附红细胞体、圆环病毒、副猪嗜血杆菌病、猪链球菌病、猪伪狂犬病、猪细小病毒）等，给养殖业带来一些负面影响。

免疫

20世纪90年代，动物防疫工作以猪瘟、猪丹毒、猪肺疫病为主。到2000年，随着市场开放，外省调运频繁，增加很多种畜禽疫病，防疫工作面临更大压力。2000年前，动物防疫费用由养殖户承担，影响防疫密度。2000年后，全面停止向养殖户收取防疫费用。根据新动物防疫法，每年年初，松阳县制定重大动物疫病强制免疫计划，切实做好高致病性禽流感、口蹄疫、猪蓝耳病、猪瘟的防控。重点抓好春、秋季节集中免疫和夏、冬季节紧急补免工作；确保畜禽规模养殖场免疫到位，避免连续发生重大疫情。

检疫

20世纪70年代前，畜禽及其产品的检疫检验无专人负责，仅在西屏、古市2个小猪市场作临时检疫。80年代后，检疫制度渐趋完善。1986年，全县配备43名检疫检验员和5名兽医卫生监督员，分别在西屏镇、古市镇、靖居口村设检疫点；在望松乡山仁下、斋坛乡斋坛、三都乡下田、水南乡大竹溪等村设立生猪收购检疫点。1987年，松阳县家畜、家禽防疫检疫站成立。

20世纪90年代初，由于人员、经费不足，委托乡镇兽医检疫。之后，建立西屏、古市2个动物卫生监督分所和检疫申报点，配备常驻检疫员8人，负责区域动物防疫监督和检疫工作，落实检疫申报制度，规范检疫行为。至1992年，共检疫检验猪7.92万头，检出病猪47头，其中猪瘟病26头。

1993年1月，古市一带农村生猪“口蹄疫”猖獗，松阳县及时组织畜牧兽医部门工作人员到疫区扑治。2月，疫情得到遏止。

2006年，禽流感防控形势日趋严峻，县委发布文件，要求迅速组织开展集中免疫工作，对所有超过免疫保护期和新补栏的畜禽进行免疫，规模养殖户由乡镇联场带户人员督促自行免疫，散养户由乡镇组织防疫员实施免疫，做到“应免尽免”。禽流感集中免疫在3月26日前完成，牲畜Ⅴ病免疫在4月12日前完成。

2009年，全球甲型H1N1流感疫情严重，松阳召开防控甲型H1N1流感领导小组成员会议，要求进一步高度重视甲型H1N1流感防控工作，加强生猪检疫，严防病猪上市。

2010年4月13日，新兴乡召开村级动物防疫员会议，要求严抓屠宰点和外来畜禽的检疫工作，注重动物疫病防控工作的规范操作。重视疫苗的管理，注重疫苗的运输和储藏。

第五章 渔 业

松阴溪支流众多，境内多山塘、水库。松阳人素有捕鱼、养鱼习惯，养鱼历史悠久。旧时，古市、西屏一带渔民向以鱼罾、线网、鱼叉、鹭鸶等传统渔具捕鱼。

中华人民共和国成立后，特别是20世纪70年代，松阳建成一批山塘水库，以灌溉为主，兼养鱼类。1983年编制的《松阳县自然资源普查资料和农业区划》显示，全县溪、港、坑、山塘、水库的水域总面积757.3公顷，其中溪港水面面积413.3公顷、山塘水面面积182.8公顷、水库水面面积158.4公顷、鱼种塘水面面积2.8公顷。全县水面总面积中，可利用水面面积615.7公顷，占81.3%。全县可利用水面面积中，可养鱼水面面积有335.8公顷，占54.5%。全县有水稻田面积11200公顷，其中可发展稻田养鱼8666.7公顷，占77.4%。21世纪后，大田产业结构调整，全县罕有稻田养鱼。

1983年全县自然资源普查资料显示，全县有山塘2292处，其中可养鱼的山塘2055处、面积174.4公顷、占95.6%；已养鱼山塘水面126.6公顷，占可养鱼山塘水面面积72.5%。可养鱼山塘主要分布于松古盆地的10个乡镇，共有1766处，水面面积157.2公顷，占全县山塘水面面积的85.9%。位于山区的竹源、安民2乡山塘为零，四都、玉岩、枫坪、新处、谢村、板桥6个乡（镇）山塘水面面积也在1.3公顷以内。

1984年后，新建中小型水库8座，水库水面面积增加，山塘水面面积略有减少。随着甲鱼养殖业的发展，田挖塘面积增加。2010年，全县淡水养殖水面面积715公顷。

2010年，松阳县有水库37座，共有水面面积362公顷。水库大小不一，条件各异，均可养鱼。按其库容大小，分为中型水库、小（一）型水库、小（二）型水库3类。

松阴溪为瓯江主要一级支流，县境内流长60.5千米，可利用水面有280公顷。其主要支流有小港、谢村源、十三都源，其中小港可利用水面29.3公顷。

第一节 渔业发展

旧时，松阴溪及小港等主要支流中，自然鱼类繁多，任凭人们自由捕捉，或放钓、或撒网。也有渔民用渔船沿溪捕鱼为生；或制作竹筏借助鸬鹚于夜间捕鱼为业，最多年份年捕捞量为3～4万千克。

民国25年（1936），全县有水池塘面积33.2公顷，其中养鱼面积10公顷，养鱼鱼种以鲤鱼为主，辅以花、白鲢鱼，年产量5625千克。

1949年后，水利事业的发展和中小型水库的兴建，为发展渔业拓宽水域资源。1958年，全县淡水鱼养殖面积133.3公顷，总产量10万千克，为1948年3750千克的26.7倍。

20世纪60～70年代，渔业生产一度下滑，1971年，全县淡水鱼年产量1万千克。其间，淘汰鸬鹚捕鱼，严禁在溪流中炸、毒、电鱼。

1982年，松阴溪首次人工放流鱼种、蟹苗成功，为江河水面开发利用拓展新途径。是年，县水利部门设立水产科室，加强淡水鱼生产技术指导和服务工作。全年渔业总产量9.5万千克，其中养殖产量7万千克，占73.7%。1983年，从青田引进稻田鱼鱼苗，在玉岩、枫坪等山区稻田试养。1985年，渔业总产量增至73.8万千克，其中的捕捞量下降至0.8万千克，仅占总产量的1.10%。1986年，马蹄泉水库创办家鱼人工繁殖场和商品鱼养殖基地。次年，家鱼人工繁殖鱼苗成功，结束长期鱼苗靠外地引进的历史。1988年10月，水产科室分设为水产技术推广站和渔政管理站。

1990年后，松阳县渔业生产向基地规模化、品种优质化方向发展，推广库塘高产养殖新技术，发展生态渔业、名特优水产品养殖。1991年，推广山塘水库高产养鱼面积86.7公顷，其中高产示范面积6.6公顷。是年，山塘养鱼单产每公顷2886千克；水库养殖单产每公顷1937千克。1992年，共产淡水鱼苗4960万尾、淡水夏花560万尾、淡水鱼种147万尾。

图11-27　县蔬菜水产公司淡水鱼基地（县档案馆提供 1992年）

1993年，古市镇上河村新辟甲鱼塘面积1.5公顷、新挖高产鱼塘面积2公顷，开始养殖甲鱼等名特优水产品。1994年，全县渔业生产与1993年相比，总产量增长35.9%，总产值增长120%，渔业户、渔业劳动力分别增长77%和8.4%。在水产品中，杂食性鱼类品种比例提高，草食性鱼类品种比例降低。是年，上河村有70余户农民从事甲鱼养殖，占全村总户数的41.2%，养殖面积16.7公顷。全县甲鱼总产量8000千克，且开始仔鳖繁殖。山塘、水库养殖单产分别提高到每公顷7500千克、3750千克。1995年，全县甲鱼养殖面积33.3公顷。全年生产仔鳖20万只，产值600万元。是年，引进加州鲈鱼、革胡子鲶等新品种10余万尾，当年养殖产量4万千克。1996年，松阳县从外地引进泥鳅新品种，在樟溪乡溪下村、西屏镇邵山村稻田试养，试养面积居全地区之首。是年，全县仔鳖生产60万只，产值900万元；全县渔业总产值1738万元。1997年，水库养殖面积增加40公顷，围滩养殖面积增加7公顷，全县养殖总面积536公顷。是年，全县仔鳖生产增加12万只，渔业总产量增加2.7万千克，总产值减少43.3%。影响总产值减少的因素有二：一是商品鱼价格和仔鳖价格下跌；二是受9号台风影响，洪水冲毁塘库8公顷，损失塘库养鱼4.8万千克，直接经济损失25万元。

21世纪后，松阳渔业由传统渔业逐步向专业化、市场化、规模化、现代化渔业转变。2002年12月，松阳县万寿龟鳖专业合作社成立，有社员120人。淡水鱼养殖改粗放式养殖为精养方式养殖，提高鱼种的放养规格，全县养殖产量比2001年增长6.6%。9月，在松阴溪、小港和谢村源、东坞、六都、梧桐源4座水库人工放流仔鳖5.12万只，以提高中华鳖的野生风味，促其自然繁殖。

2003年，全县甲鱼养殖户有600余户，养殖面积67公顷，繁殖仔鳖312万只，为首次繁殖仔鳖的1995年的15.6倍，实现产值280余万元，增幅近50%，全年出售商品鳖7.8万千克。是年，通过产品结构调整，甲鱼养殖逐步向无公害商品鳖养殖方向发展。是年8月，“万寿”牌龟鳖商标经县工商行政管理局登记注册，松阳首次有自己的水产品品牌。12月，松阳县良种场水产养殖基地中华鳖被认定为省级无公害水产品产地。松阳县万寿龟鳖专业合作社被授予第三批省级示范性农村专业合作社称号。

2004年，松阳县水产技术推广站根据《GB/T1.12000标准化工程导则》要求，编制完成《松阳花鳖无公害养殖技术规范》。4～10月，县水产技术推广站在3个乡镇、15个养殖户的池塘、水库试养罗非鱼获成功，产量6.1万千克，产值61万元，纯利18万元，户均增收947元。2004年9月，再次在松阴溪、小港和谢村源、东坞、六都、梧桐源、安民、洋坑源6座水库人工放流仔鳖6.06万只。至年末，全县有3018人从事渔业生产，其中专业劳动力748人、兼业劳动力2270人。全县渔业总产量142.5万千克（其中养殖产量131.8万千克，占92.5%；捕捞产量10.7万千克，占7.5%），总产值1958万元。

2005年6月，县政府批准《松阳县“十一五”水产养殖规划》（简称《规划》）。《规划》根据松阳水产养殖业的现状及产业集聚特点，分为4个养殖区。其中内塘水域养殖区，水域面积193公顷，发展龟鳖产业和“溪鱼”等名特优品种养殖；小（一）型以上水库渔业开发区，有养殖水面199.47公顷，利用水库大水面进行鲢、鳙鱼养殖，发展网箱养鱼和流水养殖；山塘、小（二）型水库养殖区，面积185.48公顷，重点发展“溪鱼”养殖（鲢鱼、鳙鱼、草鱼、鳊鱼、鲫鱼）等优良品种；稻田生态养鱼区，有可养稻田1331公顷，重点推广瓯江彩鲤养殖，发展田螺养殖和茭白田养鱼。是年，松阳县被省海洋渔业局列为甲鱼增殖放流试点县，丽水市9县（市、区）从松阳采购花鳖种苗24万只，分批投放于瓯江水域（松阳县在松阴溪投放8万只）。

2006年4月，松阳县贯彻省政府开展“千场无公害、万户信得过”活动，推广高效、生态、清洁、安全的渔业生产模式，实施百万亩生态型水产养殖塘标准化建设工程，松阳县万寿龟鳖专业合作社列入该工程，并被列为松阳县第一批高新技术研发中心。是年，松阳县加大鱼苗人工放流力度，先后3次共投放蟹苗127.5千克（约 8万只）、鳖苗6万只、红鲤鱼2.5万尾，供应外地鳖苗12万只。是年，根据省海洋与渔业局部署，开始“十一五”“百万亩养殖塘标准化建设工程”项目的实施，当年共改造标准塘建设12公顷，获省补资金3.6万元。

2007年，松阳县马蹄泉鱼苗繁殖场实施池塘标准化改造建设面积16.6公顷，获省补资金6.3万元。谢村源水库鳜鱼网箱养殖示范基地建设被省海洋与渔业局列为欠发达地区开发性渔业项目，省补资金10万元。

2008年，松阳县马蹄泉鱼苗繁殖场列入省2008年百万亩生态型水产养殖塘标准化示范项目，养殖塘改造面积13.3公顷，省补资金8万元；松阳县良种繁育场的“建立稳定的产销协作水产品原料基地建设”列入2008年省农业产业化以奖代补项目，获省补资金10万元。是年，松阳县东坞水库休闲渔业基地通过省海洋与渔业局、省旅游局的验收，并正式挂牌。是年，开展渔业污染源的普查工作，审核确定有效普查表 144 份，涉及规模化水产养殖场 2 个、水产养殖专业户 122 户。

2009 年，松阳县水产技术推广站“无公害鲢鳙鱼标准化养殖推广示范”列入 2009 年度省级农业标准化推广示范项目计划，起止年限为 2008 年 1 月至 2009 年 10 月，推广面积 96.6 公顷，省补资金 11 万元。

2010 年 3 月，松阳县实施中央专项资源增殖放流项目计划，在瓯江流域放流鲤鱼 100 万尾，获补助资金 10 万元；放流鲫鱼 200 万尾，获补助资金 20 万元。

1982～2010 年松阳县渔业发展情况表

表 11-5-1-1

年份	渔业劳动力					淡水产品总产量			水产品总产值		
	总人数（人）	专业劳动力			兼业劳动力（人）	总产量（万千克）	淡水捕捞（万千克）	淡水养殖（万千克）	总产值（万元）	淡水产品产值（万元）	淡水苗种产值（万元）
		小计（人）	捕捞（人）	养殖（人）							
1982	17	15	8	7	2	9.5	2.5	7.0	24.20	24.20	—
1983	49	18	8	10	31	20.2	2.7	17.5	20.00	20.00	—
1984	80	20	2	18	60	20.6	2.9	17.7	52.30	52.30	—
1985	108	27	8	19	81	73.8	0.8	73.0	113.00	113.00	—
1986	1589	27	8	19	1562	46.3	0.8	45.5	118.20	118.20	—
1987	1325	36	10	26	1289	43.9	3.5	40.4	168.00	168.00	—
1988	1485	50	10	40	1435	43.3	5.0	38.3	215.00	215.00	—
1989	1611	123	54	16	1488	46.3	5.6	40.7	212.90	186.00	26.90
1990	1547	83	46	37	1464	48.3	4.1	44.2	208.00	194.30	14.60
1991	1762	105	43	62	1657	50.6	3.8	46.8	235.48	210.32	25.16
1992	1983	128	48	80	1855	52.1	4.5	47.6	242.46	216.00	26.46
1993	2666	206	50	156	2460	68.8	4.8	64.0	335.10	302.70	32.40
1994	2891	323	74	249	2568	93.5	7.8	85.7	737.60	671.00	66.60
1995	3114	404	83	321	2710	96.4	8.8	87.6	821.00	746.00	75.00
1996	3140	420	85	335	2720	97.2	8.9	88.3	1738.00	759.00	979.00
1997	2635	436	80	356	2199	99.8	8.0	91.8	984.00	652.00	332.00
1998	2729	450	80	370	2279	105.8	8.2	97.6	1253.00	718.00	535.00
1999	2748	553	86	467	2195	116.5	9.6	106.9	1383.00	915.0	468.00
2000	2850	614	91	523	2236	123.5	10.5	113.0	1654.00	988.00	666.00
2001	1863	619	93	526	2244	133.2	10.9	122.3	1607.00	1181.00	426.00
2002	3006	750	95	655	2256	141.6	11.2	130.4	1708.00	1260.00	448.00

续表 11-5-1-1

年份	渔业劳动力					淡水产品总产量			水产品总产值		
	总人数（人）	专业劳动力			兼业劳动力（人）	总产量（万千克）	淡水捕捞（万千克）	淡水养殖（万千克）	总产值（万元）	淡水产品产值（万元）	淡水苗种产值（万元）
		小计（人）	捕捞（人）	养殖（人）							
2003	3022	757	92	665	2265	142.1	11.5	130.6	1818.00	1107.00	566.00
2004	3018	748	81	667	2270	142.5	10.7	131.8	1958.00	1658.00	300.00
2005	3015	750	—	—	2265	1475.0	102.0	1373.0	2329.00	—	—
2006	2958	710	—	—	2248	1483.0	85.0	1398.0	2656.00	—	—
2007	2900	706	—	—	2194	1494.0	80.0	1414.0	2976.00	—	—
2008	2884	698	—	—	2186	1502.0	76.0	1426.0	2896.00	—	—
2009	2696	680	—	—	2016	1536.0	68.0	1468.0	2934.00	—	—
2010	2699	687	—	—	2012	2102.0	86.0	2016.0	4620.00	—	—

第二节　渔业资源与生产

渔业资源

松阳县属中亚热带季风性气候，温暖湿润，雨量充沛，溪流纵横，水源充足，水质良好，水生生物物种资源丰富，且具山区多样性小气候生态条件，乃一方宜渔之地。

清乾隆《松阳县志》载，有自然繁衍之鳞类鱼10余种、介类鱼4种。民国《松阳县志》在物产篇中记载，松阳有鳞类鱼27种、介类鱼9种。20世纪80年代，水利部门普查显示，松阳县鱼类品种有80余种。经济鱼类有草鱼、鳙鱼、鲢鱼、鲤鱼、鲴、倒刺鲃、鲶、鳊、鲥、光唇鱼、乌鱼、鲵、南方马口鱼等；经济贝壳类有中华绒螯蟹；爬行类有龟、鳖。1985年后，引进建鲤、罗非鱼、团头鲂、彭泽鲫、湘云鲫、异育银鲫、革胡子鲶、淡水白鲳、加州鲈鱼、池沼公鱼、美国鳄龟、巴西彩龟等经济价值较高的名、特、优水产新品种。

溪流渔业

松阴溪流域在县境内共有水面面积420公顷，其中可利用水面面积280公顷，占66.7%。斜贯松古盆地的松阴溪河段，河面开阔，河床平坦，水流平稳，多深潭，岸边水草丛生，乃鱼、蟹良好的栖息地，宜于天然鱼类生息繁衍，亦益于人工放流新鱼种生存繁殖。

旧时古市、西屏一带沿溪鱼民，浊水布网，清水叉鱼，年捕捞量3～4万千克。民国37年（1948），捕捞量3.75万千克。鱼罾、线网、鱼叉、鸬鹚等传统渔具及捕鱼方式一直沿用。中华人民共和国成立后，松阴溪流域的年捕捞量均在4万千克以上。1960年，松阴溪水质受遂昌、松阳两地纸业生产的污染日趋严重，炸、毒、电鱼时有发生，鱼类生存环境遭到一定程度的破坏，溪流中天然优良鱼种逐年减少，起捕的天然鱼类个体也越来越小，代之以塘库养殖外逃入溪的家养鱼类。

1974年，首次在松阴溪人工放流鲤鱼、夏花鱼种5万多尾。1982年，首次从瑞安引进河蟹苗100千克，在松阴溪干流增殖放流。次年10月开始捕捞河蟹，3个月共捕捞河蟹1.75万千克，产值4.2万元，为投入成本 1000元的42倍。1982～1991年，在松阴溪干流共放流蟹苗722千克、幼蟹559千克。1983～1994年，共捕捞成蟹11.85万千克，年均捕捞量9875千克；总产值238.9万元，年均产值19.91万元。其间的1988年，投放幼蟹300千克，捕捞成蟹1.05万千克，产值31.5万元，获农业部浙南河蟹大面积增殖增收技术二等奖。松阴溪河蟹在满足县内市场需求后，还销往杭州、上海等地。1982～1994年统计显示，松阴溪蟹苗和幼蟹的人工放流，对恢复溪流渔业资源效果明显。1992年后，受多种因素制约，终止在松阴溪流域放流蟹苗和幼蟹。

图 11-28　渔政人员在松阴溪放鳖苗（叶光铭 摄于2005年）

2002年9月6日，首次在松阴溪干流和小港流域的12个点放流中华仔鳖3.4万只。2004年9月，再次在松阴溪干流和小港流域的28个点放流中华仔鳖4.623万只。2002年在松阴溪干流和小港流域放流的中华鳖，经两年跟踪调查，生长良好，野生中华鳖的个体已长到0.15～0.55千克。2005年，放流仔鳖8万余只。2006年，放流蟹苗127.5千克（约8万只）、仔鳖6万只、红鲤鱼2.5万尾。是年，增殖放流鱼苗品种多、次数多。7月12日，在县城段人工湖放流红鲤鱼苗2.5万尾。8月3日，在象溪、古市、西屏等6处投放蟹苗127.5千克，约8万只。8月21日，在水库、山塘及溪流投入中华鳖苗种6万只。

2010年3月，在松阴溪流域放流鲤鱼100万尾、鲫鱼200万尾。人工放流对溪流鱼类的繁殖注入催化剂，淡水渔业的捕捞量逐年提高，是年捕捞86万千克，为1948年的20多倍、2000年的8倍多。

2006～2010年松阳县渔业资源增殖放流情况表

表 11-5-2-1

年份	放流品种	数量	投入资金（万元）	放流地点
2006	红鲤鱼 蟹 中华鳖	2.5万尾 8万只 6万只	8	松阴溪、小港、水库、山塘
2007	中华鳖 唇鱼骨	3万只 5万只	6.5 0.6	松阴溪、小港、中型水库
2008	中华鳖 唇鱼骨 鲤鱼	1.6万只 5.1万尾 5.3万尾	4.8 0.8 1.2	松阴溪、小港、十二都源、中型水库

续表 11-5-2-1

年份	放流品种	数量	投入资金（万元）	放流地点
2009	中华鳖 唇鱼骨 鲤鱼	1.5 万只 5 万尾 101 万尾	4.5 0.8 3	松阴溪、小港、十二都源、中型水库
2010	唇鱼骨 鲤鱼 鲫鱼	10 万尾 100 万尾 200 万尾	1.6 3.5 4.0	松阴溪

库塘渔业

松阳县库塘养鱼源远流长，尤其是松古盆地的岗寺、望松一带农民，素有养鱼传统。县域内库塘水面宽阔，水位夏高冬低，利于夏养冬捕；一般库塘底面平坦、淤泥肥厚，水深 2～10 米，利于管理；库塘上游或四周皆有村庄、农田，大量有机质和无机盐排入库塘，利于浮生物生长繁殖，宜于鱼类养殖。

民国 25 年（1936），全县池塘水面面积 33.2 公顷，其中有 10 公顷水面养鱼。养殖鱼种以鲤鱼为主，搭养花白鲢，年产量 5000～6000 千克。

1949 年后，松阳大兴山塘、水库建设，库塘可利用水面扩大。1958 年，全县库塘养殖面积 133.3 公顷。20 世纪 60～70 年代，库塘渔业一度下滑。1971 年，全县养殖产量 1 万千克。

1980 年后，随着生产责任制的落实，承包库塘养鱼户剧增。1982 年，全县库塘养殖面积 257 公顷，养殖产量 7 万千克。1985 年，库塘养殖面积 322 公顷，养殖产量增到 62.2 万千克。是年，梧桐源水库采取“赶、拦、刺、张”联合捕鱼法，创下一网捕鱼 7500 千克的新纪录。1988 年，在官溪水库推广网箱养殖罗非鱼新技术试点，一只 33 平方米的网箱，放养罗非鱼苗 2437 尾，经 6 个月精养，捕捞成鱼 586 千克，盈利 1500 多元。1987 年，创办马蹄泉水库商品鱼养殖基地，采取小水库精养高产技术和牧草栽培技术；1989～1991 年，共生产商品鱼 1.52 万千克，年均单产每公顷 2530 千克，为同期水库养殖单产每公顷 390 千克的 6.5 倍；3 年共创产值 4.6 万元，年均产值 1.53 万元。

1991 年，推广库塘养鱼高产技术面积 86.7 公顷，其中示范面积 6.6 公顷，山塘养殖单产提高到每公顷 2886 千克，水库养鱼单产提高到每公顷 1937 千克。1993 年，古市镇连片开挖高产鱼塘 27 公顷。次年，全县高产鱼塘面积 119 公顷，比 1993 年增加 22 公顷；库塘养殖产量 50.5 万千克。1995 年，新增内河养殖面积 4 公顷，新挖鱼塘 2.7 公顷。是年，引进加州鲈鱼、淡水白鲳、罗非鱼、革胡子鲶等优质鱼种 10 万余尾，当年产量 4 万余千克。1996 年，首次在库塘试养异育银鲫新鱼种。次年，谢村源水库投入使用，库塘养殖面积增加至 386 公顷。1998 年，从缙云县大洋水库引进池沼公鱼卵 500 万粒，投入谢村源水库试养。池沼公鱼属冷水鱼类，投放后增殖快，形成新种群。

2000 年，全县库塘养殖面积 401 公顷，产量 72.9 万千克，占全县淡水渔业总产量的 68.7%。2002 年，在谢村源、梧桐源、东坞和六都源 4 座水库首次放流中华仔鳖 1.6 万只，促其自然繁殖。

2004年，全县库塘养殖面积657公顷，产量77.6万千克，占全县淡水渔业总产量的58.9%。是年9月，在谢村源、梧桐源、东坞、六都源、安民和洋坑源6座水库共放流中华仔鳖1.44万只。

2010年，全县库塘养殖面积715公顷，养殖产量201.6万千克，为2004年的2.6倍。

1982～2004年松阳县库塘养殖情况表

表11-5-2-2

年份	养殖面积				养殖产量			
	小计（公顷）	山塘（公顷）	其他（坑塘）（公顷）	水库（公顷）	小计（万千克）	山塘（万千克）	其他（万千克）	水库（万千克）
1982	257	120	4	133	7.0	4.5	0	2.5
1983	150	58	0	92	17.5	10.0	0	7.5
1984	338	160	20	158	16.4	10.8	2.5	3.1
1985	322	167	9	146	62.2	53.8	3.7	4.7
1986	338	160	20	158	40.5	37.1	0.3	3.1
1987	332	165	9	158	31.4	28.1	0.2	3.1
1988	323	158	7	158	27.3	21.7	2.2	3.4
1989	325	160	7	158	29.3	22.2	2.4	4.7
1990	329	164	7	158	36.9	29.3	1.8	5.8
1991	320	161	7	158	39.6	29.7	1.9	8.0
1992	329	163	8	158	40.2	30.0	1.9	8.3
1993	333	166	9	158	44.2	30.7	2.1	11.4
1994	337	166	11	160	50.5	34.3	2.8	13.4
1995	340	168	12	160	56.2	35.9	3.5	16.8
1996	340	168	12	160	56.4	35.4	3.7	17.3
1997	386	168	12	206	61.2	39.4	4.2	17.6
1998	386	168	12	206	69.7	41.2	4.4	24.1
1999	390	170	14	207	73.3	42.5	5.5	25.3
2000	401	171	19	211	72.9	38.9	6.3	27.7
2001	413	178	22	213	78.1	40.3	7.1	30.7
2002	463	178	22	263	82.9	41.9	7.9	33.1
2003	441	178	0	263	75.5	41.0	0	34.5
2004	657	178	193	286	77.6	42.5	0	35.1

说明：2005～2010年未作统计

稻田养鱼

松阳县共有水田面积 11200 公顷，其中有 8666.7 公顷可开发稻田养鱼，占 77.4%。

旧时，三都、靖居一带农民有稻田养鱼历史，但皆为粗放粗养，品种单一，产量低，未能形成规模。稻田放养之鱼俗称“田鱼”，“田鱼有红、黑、驳数色，于稻田及圩地养之”。

1959 年，古市镇庄门村在 1.2 亩稻田中试养鲤鱼，产鲜鱼 125 千克，同期水稻单产每公顷 533 千克，比未养鱼的稻田增产 33%。

1983 年，从青田引进稻田鱼苗，由玉岩、枫坪等山区乡镇的 50 户农民试养，试养稻田面积 1500 亩。当年一般试养户每亩稻田产鲜鱼 7～16 千克，其中有 2 户每亩稻田产鲜鱼 20 千克。1985 年，全县试养面积增加至 2200 亩，试养户 4000 余户，当年稻田养鱼总产量 1.63 万千克，平均每亩产鲜鱼 7.4 千克。单产最高的枫坪乡梨树下村每亩产鲜鱼 25.6 千克，超过省定每亩 25 千克的指标。稻田养鱼品种以鲫鱼、鲤鱼为主。1987 年后，稻田养鱼面积减少，至 1991 年岗寺尚有少数农户放养。

1995 年，省海洋与渔业局拨出专项资金，采取“以奖代补”方式，鼓励农民发展稻田养鱼。次年，全县发展稻田养鱼面积 900 亩；1997 年增至 4200 亩，产量 5.4 万千克，养殖面积和养殖产量分别为 1984 年的 2.8 倍和 4.2 倍。

2000 年，在古市、玉岩 2 镇和斋坛、枫坪 2 乡的 57 个行政村发展稻田养鱼，扶持开发 3 个稻田养鱼示范片：玉岩镇的玉岩、溪口、步新、乌岩、坳头、余叶、根坑 7 个村 16 户共 18 亩；枫坪乡的山乍口、斗潭 2 个村 51 户共 54 亩；斋坛乡小石村 4 户共 22 亩。是年，斋坛乡小石村“丰收计划”示范点的 5 亩稻鱼总产量 240 千克。次年，在古市、西屏、玉岩、斋坛、赤寿、新兴、樟溪、枫坪 8 个乡（镇）的 68 个行政村发展稻田养鱼。2003 年 5 月，在象溪镇潘弄、石马铺村的 42 户村民中开展稻田养鱼试点，试养面积 70 亩，放养鲤鱼苗 354.5 千克，取得成功。2004 年 5 月，继续在象溪镇潘弄村的 32 户村民中推广稻田养鱼，推广面积 416 亩，放养鲤鱼 410 千克。

2005 年后，由于产业结构的调整，有的水稻田改种其他经济作物（茶叶），有的挖塘养鳖、养鱼，稻田养鱼逐年减少，而田螺养殖和茭白田养鱼逐年发展。

鱼种生产

图 11-29 养鱼农民挑鱼苗（县水利局提供）

民国时期，望松乡王村等村农民从江西九江等地购进鱼苗，育成鱼种，投入大塘放养。之后，多从广东、湖南、杭州、衢州、金华等地购进鱼苗，育成鱼种，投入库塘养殖。长途运输，鱼苗成活率低。鱼种以青鱼、花鲢为主。

1973 年，县农水部门在岗寺、望松兴办鱼种场，开始人工繁殖鱼苗试验，后因管理不善，缺乏经验，未获成功。是年冬，创办国营六都鱼种繁殖试验场，开辟鱼种塘 26.5 亩，再图鱼种人工繁殖试验，又受地理、水质、技术等诸多因素影响未果。库塘养鱼仍从外地购进鱼苗，在六都鱼种塘育成鱼种。每年培育鱼种约 25 万尾，出售养鱼户投放大塘养殖。1979年，东坞水库建成18亩鱼种塘，把从外地购进的鱼苗育成鱼种，供应养鱼户。

1986年，马蹄泉水库利用库湾围建鱼种塘10亩，创办家鱼人工繁殖基地，重试家鱼人工繁殖。马蹄泉水库光照条件好，水质肥沃，pH值6.4，宜鱼生长。1987年，人工繁殖草鱼、白鲢、花鲢等家鱼鱼苗首获成功；当年产鱼苗800万尾，松阳县家鱼养殖鱼苗采购历史结束。此后，人工繁殖鱼苗逐年增多，1990年，生产淡水鱼苗2005万尾、淡水夏花300万尾、淡水鱼种131万尾，除满足县内养鱼户需要，还销往金华、衢州、永康、丽水等市县，成为丽水地区唯一的家鱼人工繁殖基地。

1988～1991年，共生产鱼苗8830万尾、夏花108万尾、一龄鱼种11.96万尾、商品鱼1520千克，盈利9.05万元。

1990年后，松阳县鱼种生产发展快，鱼种塘面积逐年增加，鱼苗（种）生产量逐年增长。1991年，全县有鱼种塘240亩；次年增加至315亩，生产淡水鱼苗1960万尾、淡水鱼种147万尾。至1996年，淡水鱼苗生产1亿尾，为首次人工繁殖鱼苗成功的1987年的12.5倍。1998年，全县鱼种塘面积增加至750亩，鱼苗生产超过1.5亿尾。

2004年，全县生产淡水鱼苗1.6亿尾、淡水夏花1297万尾、淡水鱼种11.2万千克，放养仔鱼种12.1万千克。鱼苗除销往丽水、永康、萧山、宁波、衢州外，还远销上海和江苏吴江等地。2007年，松阳县马蹄泉鱼苗繁殖场斑鳜鱼人工繁殖取得成功，并以年产各种淡水鱼苗2.6亿尾获浙江省农业吉尼斯“最大的淡水鱼苗繁殖户”称号。松阳县良种繁育场的蛇鳄龟苗基地建设列入省2007年第二批农业产业化以奖代补资金项目。

2008年，松阳县优质鱼类苗种繁殖与推广基地建设列入浙江省2008年水产种子种苗项目实施计划，引进优质鳜鱼亲鱼600千克，进行筛选与培育，新建一条孵化环道和2个孵化池。

2009年，松阳县良种繁育场的蛇鳄龟种苗基地建设列入省2009年度水产种子种苗项目实施计划，省补资金26万元，用于改建池塘25亩，引进原种龟600只，年新增龟苗2万只。

1990～2004年松阳县淡水鱼苗（种）生产放养情况表

表11-5-2-3

年份	淡水鱼苗（万尾）	淡水夏花（万尾）	淡水鱼种生产		其中五寸以上		放养仔鱼种		放养老口鱼种		生产仔鳖（万只）
			万尾	万千克	万尾	万千克	万尾	万千克	万尾	万千克	
1990	2005	320	131	1.87	11	0.7	137	1.71	19	1.58	—
1991	3865	342	140	2.18	13	0.61	141	2.01	12	0.55	—
1992	4960	560	147	2.37	17	0.76	167	2.46	18	1.05	—
1993	5500	640	162	2.7	25	1.4	264	4.26	20	1.49	—
1994	5800	750	249	4.7	34	1.9	282	5.6	35	2.7	—
1995	6400	820	265	6.6	52	2.8	264	6.6	25	4.3	10

续表 11-5-2-3

年 份	淡水鱼苗（万尾）	淡水夏花（万尾）	淡水鱼种生产		其中五寸以上		放养仔鱼种		放养老口鱼种		生产仔鳖（万只）
			万尾	万千克	万尾	万千克	万尾	万千克	万尾	万千克	
1996	10000	850	272	6.7	55	2.9	300	0.8	20	0.6	60
1997	12000	870	275	7.2	58	3.6	310	7.8	10	2.5	72
1998	15000	900	278	7.3	58	4.5	315	8.3	32	1.8	90
1999	8000	1020	305	7.9	63	4.7	321	8.5	35	2.9	123
2000	7000	1125	293	7.1	87	4.5	387	12.7	56	4.3	215
2001	13000	1233	337	7.9	93	4.9	406	13.1	69	5.4	287
2002	10000	1235	340	8.2	96	5.0	382	9.2	70	4.5	310
2003	15000	1216	369	11.0	90	4.8	323	12.6	46	3.9	312
2004	16000	1297	375	11.2	—	—	310	12.1	—	—	315

说明：2005～2010 年未统计

名特优水产养殖

松阳县名特优水产养殖以龟、鳖为主。鳖亦称“甲鱼”。

松阳县域内溪流及山塘皆有天然龟鳖生存繁衍，清时归入蟹类，民国时属爬行类。20 世纪 80 年代中期开始人工养殖龟鳖，人工繁殖仔鳖兴于 1995 年。

图 11-30 上河村的甲鱼养殖场（县档案馆提供 1998 年）

1984 年，县政府在古市镇上河村发动村民养鳖，因缺乏人工养鳖技术，养殖效益低，未能推广。1993 年 ，在专业技术人员指导下，上河村民新挖甲鱼塘 22 亩，引进中华鳖种苗，开发野生风味中华鳖养殖。当年商品鳖产量 2000 千克。次年，全县甲鱼养殖面积增加到 250 亩，产量 8000 千克，其中上河村有 70 余户农民从事中华鳖养殖。是年，上河等地养殖户开始人工繁殖中华鳖种苗。1995 年，全县有甲鱼塘 500 亩，年产仔鳖 20 万只，销往外地，仅此一项产值 600 万元。是年，上河村养殖大户年产值 30 余万元，成为松阳县甲鱼养殖专业村。

1996 年，全县有甲鱼塘 650 亩，年产商品鳖 4000 千克，繁殖仔鳖 60 万只，与 1995 年相比增长 200%。全县仅出售仔鳖一项年产值 900 万元。1999 年，全县年产商品鳖 1.5 万千克、仔鳖 123 万只。是年，首次引进美国鳄龟 240 只。鳄龟具有繁殖率高、生长快、产肉多等特点。其体形美，具有很高的观赏价值；其肉鲜美可口，具有食疗滋补作用；其甲有很高的药用价值。

2000年，全县甲鱼塘扩大至795亩，年产中华鳖种苗205万只，其中上河养殖基地80万只，占全县的37.2%。

2001年，在浙江大学动物科学院等科研院校支持下，引进浙江省中得农业集团有限公司，投资350万元，建成松阳中得花鳖苗种选育与产业化研究发展基地，面积70亩，运用遗传基因工程、生物工程技术，对优良种质进行杂交、选育、培育，形成独特的松阳中得花鳖苗种体系，实行标准化生产。2002年，松阳县特种水产品中华鳖养殖从苗种生产发展成无公害商品鳖养殖，全县生产商品鳖产量5万千克，年产中华鳖种苗310万只，年总产值比2001年增加270万元。是年10月，松阳县万寿龟鳖专业合作社成立。

2003年，除续引美国鳄龟260只外，还引进美国火焰龟、黄喉水龟和巴西彩龟新品种试养。其中3万只巴西彩龟长势良好，年底有部分彩龟产蛋，次年大批量产龟。2004年，全县生产稚鳖315万只。是年，丽水市在瓯江流域实施渔业资源增殖项目，放流松阳花鳖苗20万只。2005年5月8日，松阳县水利部门成立中华鳖标准化养殖推广项目实施小组，负责中华鳖养殖标准化推广、示范宣传和具体实施、技术培训指导。

2010年，在浙江省渔业博览会上，松阳县良种繁育场的“万寿”牌龟鳖获金奖，蛇鳄龟良种繁育精品园建设列入第一批省级现代渔业精品园建设。

1982～2010年松阳县淡水渔业生产情况表

表11-5-2-4

年份	总产量（万千克）	捕捞产量（万千克）	养殖产量（万千克）						养殖面积（公顷）				
			合计	山塘	坑塘	水库	稻田	其他	合计	山塘	坑塘	水库	其他
1982	9.5	2.5	7.0	4.5	0	2.5	0	0	257	120	0	133	4
1983	20.2	2.7	17.5	10.0	0	7.5	0	0	150	58	0	92	0
1984	20.6	2.9	17.7	10.8	2.5	3.1	1.3	0	352	160	20	158	14
1985	73.8	0.8	73.0	53.8	3.7	4.7	1.6	10.2	404	167	9	146	82
1986	46.3	0.8	45.5	37.1	0.3	3.1	0.3	4.7	352	160	20	158	14
1987	43.9	3.5	40.4	28.1	0.2	3.1	0.3	8.7	377	165	9	158	45
1988	43.3	5.0	38.3	21.7	2.2	3.4	0	11.0	398	158	7	158	75
1989	46.3	5.6	40.7	22.2	2.4	4.7	0	11.4	402	160	7	158	77
1990	48.3	4.1	44.2	29.3	1.8	5.8	0	7.3	396	164	7	158	67
1991	50.6	3.8	46.8	29.7	1.9	8.0	0.1	7.1	400	161	7	158	74
1992	52.1	4.5	47.6	30.0	1.9	8.3	0	7.4	404	163	8	158	75
1993	68.8	4.8	64.0	30.7	2.1	11.4	0	19.8	427	166	9	158	97
1994	93.5	7.8	85.7	34.3	2.8	13.4	0	35.2	456	166	11	160	119

续表 11-5-2-4

年份	总产量（万千克）	捕捞产量（万千克）	养殖产量（万千克）						养殖面积（公顷）				
			合计	山塘	坑塘	水库	稻田	其他	合计	山塘	坑塘	水库	其他
1995	96.4	8.8	87.6	35.9	3.5	16.8	0	31.4	482	168	12	160	142
1996	97.2	8.9	88.3	35.4	3.7	17.3	1.9	30.0	492	168	12	160	152
1997	99.8	8.0	91.8	39.4	4.2	17.6	5.4	25.2	536	168	12	206	150
1998	105.8	8.2	97.6	41.2	4.4	24.1	1.5	26.4	539	168	12	206	153
1999	116.5	9.6	106.9	42.5	5.5	25.3	5.0	28.6	551	170	14	207	160
2000	123.5	10.5	113.0	38.9	6.3	27.7	7.9	32.2	579	171	19	211	175
2001	133.2	10.9	122.3	40.3	7.1	30.7	10.7	33.5	596	178	22	213	183
2002	141.3	11.2	130.4	41.9	7.9	33.1	15.8	31.7	648	178	22	263	185
2003	142.1	11.5	130.6	41.0	0	34.5	13.8	41.3	650	178	0	263	209
2004	142.5	10.7	131.8	42.5	0	35.1	12.3	41.5	657	178	0	286	193
2005	147.5	10.2	137.3	43.1	0	35.8	11.2	47.2	657	175	3	286	193
2006	148.3	8.5	139.8	44.3	0	38	9.5	48	657	175	3	286	193
2007	149.4	8.0	141.4	46.5	4.8	40	8	42.1	665	175	8	312	170
2008	150.2	7.6	142.6	30	0	41.2	6	65.4	715	100	0	362	253
2009	153.6	6.8	146.8	30	0	49.9	6	60.9	715	100	0	362	253
2010	210.2	8.6	201.6	40	0	84.7	9	67.9	715	100	0	362	253

第三节　渔业管理

机构

旧时，松阳县未专设渔业管理机构，溪流鱼类任凭人们自由捕捉；农民养鱼全凭经验而为，并无专设机构指导。

中华人民共和国成立初期，松阳渔业以捕捞为主，先后归属农林科、农业科、水利局、水电局管理，渔民可在溪流上自由捕捞。山塘养鱼业主受益，且皆为兼养，尚无专业养殖户。

1982 年，县水电局设水产股。1988 年，改为水产技术推广站，负责全县渔业生产技术推广和技术服务，兼管渔政工作。1984 年 10 月，县水电局设渔政管理站，负责渔业有关法规的监督、检查，查处违法行为；维护渔业秩序和渔民合法权益；办理捕捞许可证的审批、签发、注销工作；保护渔业资源，征收和管理渔业资源增殖保护费；办理其他有关渔政管理事项等。

1999 年，县渔政管理站与水利局水政股合署办公。2002 年，渔政管理站改为渔业渔政科，与水政水资源科合署办公。2006年8月，松阳县渔政管理站与松阳县水政监察大队合并为松阳县水政渔政执法监察大队。

管理

1983年，松阳县人民政府颁发《关于保护水产资源严禁炸鱼毒鱼电鱼的布告》，开展打击电鱼专项行动，全年收缴电鱼电瓶300只。

1984年3月和8月，松阳县水利水电局、公安局、工商行政管理局先后联合发出《关于加强渔业管理维护渔业生产秩序的通知》和《关于保护河蟹资源的联合通告》，以维护渔业生产秩序，打击偷鱼、电鱼、毒鱼、炸鱼等违法行为，保护河蟹资源。

1986年1月，《中华人民共和国渔业法》颁布。10月，实施捕捞许可证制度，规定县境内从事捕捞的单位和个人，必须办理捕捞许可证，并缴纳渔业资源增殖保护费。对无捕捞许可证而出售鱼货者，予以罚款并没收鱼货。

1986～1988年，松阳造纸厂启闭机闸门2次失控，导致日排20万千克的高浓度污水两度排入松阴溪，受污染河道长21千米，毒死鱼类1.7万千克，直接经济损失10余万元。案发后，县渔政管理站会同工商局、司法局和环保部门联合调查处理，责成松阳造纸厂依法赔偿水产资源增殖费1.19万元。

1991年，全县共发放临时捕捞证（无专业捕捞证）300本、捕蟹证150本、收取资源增殖费13万元。县水产技术推广站先后举办鱼病防治、鱼种培育、稻田养鱼、河蟹增殖等培训班，受训人员2560人次；出售鱼病防治药物1200千克；接受技术咨询4280人次。1993年后，水产技术推广站致力于推广库塘高产养殖新技术，拓展龟鳖养殖，建无公害水产品基地，创名特优水产品牌。

2000年，松阳县渔业管理依据修订后的《中华人民共和国渔业法》，全年开展执法检查45次，查处电鱼案6起、炸鱼案1起。2001年，在松阳电视台开设为期一周的《中华人民共和国渔业法》宣传教育讲座。在开展渔业专项执法宣传行动中，会同公安、新闻单位，出动执法人员67人次，查处电鱼案9件。

2002年9月10日，松阳县水利局与公安局联合发布《关于加强渔政管理，严禁炸鱼、电鱼、毒鱼、无证捕捞的通告》（简称《通告》），划定松阴溪县城段人工湖为常年禁渔区，规定其他河段每年4月1日至6月30日为禁渔期，以促进渔业资源的增殖。《通告》发布后，渔政人员深入全县各乡镇和主要村庄张贴通告，每周巡查不少于2次，全年出动执法检查236人次，查处渔业违法案件27件。为促进渔业资源的增殖和合理开发，全年办理捕捞许可证45本，收取渔业资源管理、增殖费0.71万元。

2003年2月，在县电视台、广播站开设为期3周的渔业法规知识宣传专题节目。在3月20日至6月20日的春季禁渔期间，出动执法巡查37次，计225人次，检查市场餐馆6次，查处渔业违法案件17件（其中电鱼15件、网鱼2件）。是年，首次对小港流域试行分河段捕捞个人承包责任制管理。一年来在承包河段没有发生电鱼、毒鱼和违规捕捞案件。

2004年，县水利局渔业渔政科采取白天检查与夜间巡查相结合、水上检查与陆上市场检查相结合的方式，检查市场4次、夜间检查5次、白天检查9次，出动渔政检查员72人次，查处渔政违法案件45件。

2005年6月，县政府制订《关于实施渔业水域养殖证制度的若干意见》，建立起以养殖证制为基础的水产养殖业管理制度，由县渔业行政主管部门具体负责渔业水域养殖证的申请受理、审核和发证工作。至年底，全县共发放渔业水域养殖证142本，发放养殖水域面积6780亩，发证率100%。

2006年5～6月，开展水产苗种专项整治。在县电视台、广播站播放春季禁渔期通告，组织渔政人员到沿溪村庄宣传、张贴、发放通告，对禁渔期非法捕鱼、非法销售溪鱼开展为期一个月的高强度执法巡查行动。9月和12月，分别组织执法人员在全县开展初级水产质量安全专项执法检查，对全县水产养殖集约化程度较高的10余家养殖单位进行重点检查，未发现禁用渔药使用和其他违法行为。全年共查处违法案件42起。

第六章　农场与农业产业化经营

民国26年（1937）冬，日军内侵，兵临浙境，浙江省府及机关单位南迁。时浙江省有关农林机构亦于此时裁撤，纷纷迁至浙西南松阳县西屏镇。省稻麦改良场、省林场、茶叶改良场、园艺改良场、省昆虫局、省水利局及省农林业各部门之推广机构等，陆续集聚于松阳。

民国27年（1938）1月，这些机构奉命裁撤归并，在松阳成立浙江省农业改进所（下称省农改所）。初址设县城北门太保庙，因陋就简开展工作。至民国28年冬，始在县城南门北侧购置圩地百亩，纠工购材，建造农业实验室、血清制造室、杀菌制药厂、办公用房及员工宿舍等，共76间（松阳师范、中药厂厂址）。

在松阳成立的省农业改进所，下设总务、农艺、森林、畜牧、蚕桑、病虫害、推广、农田水利8个股。后奉命增设化学肥料管理处、农艺化学股农药厂。另外，设立重点府县改良及推广机构及农林实验园（场）多处，改善民生，支持抗战。

抗战胜利后，部分员工回迁杭州，还有部分科研人员一直坚持到1949年5月松阳解放。不久，农改所改称松阳西屏农场。

松阳县力溪农场系原松阳县第一、第二农林牧垦荒高级社，是20世纪50年代根据省山区经济开发委员会有关指示精神创办的。1958年11月，松阳并入遂昌县，力溪农场改为遂昌县农业技术学校。1961年初，遂昌县农业技术学校奉命停办，后复称力溪农场。

松阳县农业产业化经营围绕支柱产业和主导产品，优化组合各种生产要素，对农业和农村经济实行区域化布局、专业化生产、一体化经营、社会化服务、企业化管理，形成以市场牵龙头、龙头带基地、基地连农户，集种养加产供销、内外贸、农科教为一体的经济管理体制和运行机制。

松阳县农民专业合作社于2001年开始发展，至2010年，发展到300余家。

松阳县的农业企业起步晚、规模小及农民专业化程度不高，农产品市场不发达、农产品生产基地建设滞后。1998年以前，松阳县还没有农产品加工龙头企业。21世纪后，松阳农产品加工企业发展迅速，主要有茶叶、粮食、蔬菜、肉类、副食品加工等。随着农业产业化程度的不断提高，农业加工企业发展迅速，尤其是茶叶主导产业形成规模后，茶叶加工企业遍布全县各乡镇。也涌现出一大批能起示范带动作用的龙头企业，其中绿色食品厂被评为“丽水市十佳企业”。

第一节 农 场

松阳县良种繁育场

松阳县良种繁育场是由民国时期的浙江省农业改进所沿革过来的。中华人民共和国成立初，松阳县农场成立。1958年11月，遂昌、松阳两县合并改为遂昌县西屏农场。1963年9月，改为良种繁育场，主要从事良种繁育。1963年9月5日，省人委批复遂昌西屏农场归口农业部门主管。

1982年1月1日，遂、松两县分设。5月，改遂昌县西屏良种繁育场为松阳县西屏良种繁育场，为松阳县农业局下属事业单位。

自20世纪50年代始到60年代初，松阳县良种繁育场（以下简称县良种场）主要种植40余亩的双季稻和矮秆品种良种试验、示范、繁育，每亩生产优良稻种250余千克。

1984年，县良种场主要在40余亩水田进行杂交稻的“父本”“母本”良种繁育，每亩产良种约25余千克。每年生产的常规良种1万余千克、杂交稻良种1000余千克，全部由县种子公司收购，供应全县农民种植。

1985～1995年，县良种场实行农田分割到户承包，凡有制种技术的职工继续制种，缺乏技术的职工在搞好粮食生产的同时发展多种经营。1985～1987年种植水稻103亩，分别生产粮食4.85万千克、6.06万千克、6.79万千克；种植柑橘18亩，3年分别产柑橘4448.5千克、10302.5千克、11924千克；3年共生产商品猪400余头、良种仔猪1100头；还养牛、养鱼，创办轧石场，开办碾米厂、饮食店、旅馆、农机修理等。1986年9月，新办保温材料厂。3年工农业总产值分别为10.8万元、14.4万元、18万元。

1999年，停止制种，转向水产养殖为主，并引进蛇鳄龟和松阳花鳖，经过10多年养殖，成为全县规模最大的龟、鳖类养殖基地。干部职工20人，占地面积200亩，综合用房8000平方米，已形成一个产业结构合理、技术力量比较雄厚的科技效益型良种场新格局。

2010年，县良种繁殖场已建成蛇鳄龟繁育与生态养殖场，并通过品种结构调整，由单一的养鳖为主向多元化的养殖方式转变。形成年生产蛇鳄龟3万千克的能力，其他龟类品种2万千克，稚龟鳖种350万只的生产规模，是丽水最大龟鳖种源基地和全县最大的商品龟鳖供应基地，在鳄龟繁殖能力和苗种供应的核心技术领域保持国内领先水平。

2002～2010年松阳县良种繁育场经营情况表

表 11-6-1-1

年份	人数		土地面积（亩）			水产品产量（吨）	产值（万元）	利润（万元）	当年新增固定资产（万元）
	从业	离退休	总面积	耕地	水平				
2002	19	—	183.5	63.5	120	12	60	10.6	106
2003	19	—	183.5	63.5	120	25	100	22.1	143
2004	8	2	183.5	63.5	120	15	125	−11.1	—
2005	12	12	183.5	63.5	120	10	80	2	—
2006	9	15	174.92	63.5	105	12	85	1	—
2007	6	18	174.92	63.5	105	水产 12 猪肉 61.6	水产 119 牧业 100	1.3	78
2008	6	19	174.92	168.5	60	水产 12 猪肉 38.5	水产 132 牧业 88	1	32
2009	6	19	174.92	168.5	60	12.5	水产 150 牧业 80	2.3	—
2010	6	18	174.92	168.5	60	15	水产 160 牧业 80	3	—

说明：1.2007 年在册职工 10 人，其中内部退养 4 人。2.2006 年土地总面积中有 6.42 亩改变为建设用地（其中商业服务 4.09 亩、住宅用地 2.33 亩）。3.2008 年始，耕地面积包含水塘面积。4.2009 年省财政补助 100 万元、2010 年省财政补助 65 万元。5.2009 年、2010 年饲养母猪均 110 头

2002 年 9 月，县农场在新华路与长松路交叉口投资 1084.2 万元兴建 7000 平方米的松阳县农业综合大楼。2004 年 12 月竣工，为县农业局、县农办办公综合楼。

2003 年，县农场通过浙江省海洋与渔业局“无公害水产品产地”认定，2005 年，该场的“蛇鳄龟繁育与生态养殖技术研究”通过浙江省科技厅高新技术鉴定，具国内领先水平，是松阳县科技示范基地重点培育对象。2005～2006 年，获“浙江省农业博览会金奖”。2006 年，被评为浙江省省级骨干农业龙头企业，蛇鳄龟繁育生态养殖技术研究获丽水市科学技术二等奖。2008 年，被评为浙江省第二批农业部水产健康养殖示范场、浙江省农场土地管理工作先进单位。2009 年，被评为浙江省示范性渔业专业合作社。2010 年，获省级水产优质苗种规模化繁育基地。

力溪农场

松阳县第一农林牧垦荒高级社创办于 1955 年 10 月，地点在力溪化成寺，有社员 110 人。松阳县第二农林牧垦荒高级社创办于 1955 年 12 月，地点在阳溪乡项桥下村，有社员 103 人。创办这 2 个社目的，主要为解决城镇（包括部分农村）闲散劳动力的就业，扩大耕地面积，发展农业生产。参加垦荒社的社员由县有关部门招收，办社经费由省财政下拨，社员生活费开始由国家发给每人每月 18 元，待生产发展后逐步做到自给。2 个社均由县委派国家干部担任领导。

1957 年 3 月，根据省委农村工作部指示精神，对 2 个社进行整顿，以一社为基础，两社合并为松阳县高级农林牧生产合作社（又称力溪农场），地点设力溪村化成寺，人员缩减为 53 人。

1958 年 9 月，力溪农场改为遂昌县农业技术学校。1961 年初，遂昌县农业技术学校奉命停办。4 月，学校改名为地方国营遂昌县力溪农场，有工人 75 人。1962 年 7 月，改为集体所有制农场，下放归樟溪公社领导，作为樟溪公社的一个核算单位。

1964 年 7 月，遂昌县农业技术学校在力溪农场恢复，校址仍设在化成寺。1974 年后，农场更名为樟溪公社力农大队。1984 年，更名为富兴村。

第二节 农业企业与专业合作社

2001 年，浙江省委、省政府《关于进一步促进农业增效农民增收的若干政策意见》下发后，松阳县农业企业如雨后春笋般地涌现出来。2001～2010 年 12 月，全县共有农业企业 320 家，其中注册资金 50 万元以上 100 万元以下 81 家，100 万元以上 76 家。

2004～2010 年松阳县注册资金 100 万元以上农业企业一览表

表 11-6-2-1

序号	企业名称	经营地址	注册资金（万元）	成立时间
1	早上好鹊山鸡养殖专业合作社	新处乡新处村	120	2004.09.14
2	东田板栗专业合作社	象溪镇雅溪口村	150	2005.01.17
3	松阳友口福养猪专业合作社	西屏镇长虹西路 89 号	100	2005.10.19
4	石马铺板栗专业合作社	象溪镇石马铺村	200	2005.10.31
5	福运天茶业专业合作社	大东镇牛角圩村	200	2005.11.09
6	金秋农产品专业合作社	叶村乡寺岭下村	200	2005.12.07
7	精农农副产品产销专业合作社	西屏镇横山村 98 号	100	2006.04.29
8	齐星养猪专业合作社	赤寿乡章家村	100	2006.06.07
9	玉岩花菇专业合作社	玉岩镇车站路 14 号	326	2006.08.14
10	昌旺农产品专业合作社	望松乡石门村	350	2007.03.15
11	包安山农产品专业合作社	叶村乡包安山村	128	2007.07.19
12	松珍果蔬专业合作社	西屏镇长松路 249 号	200	2007.07.20
13	剑郡潇茶业专业合作社	樟溪乡馒头山村高里村	120	2007.08.14
14	玉岩余叶香榧专业合作社	玉岩镇余叶村	100	2007.09.26
15	黄山头农产品专业合作社	赤寿乡黄山头村	200	2007.10.22
16	白沙养鸭专业合作社	西屏镇白沙村	100	2008.03.21
17	绿轩茶业农机化专业合作社	望松乡郑家村	100	2008.04.25

续表 11-6-2-1-1

序号	企业名称	经营地址	注册资金（万元）	成立时间
18	家旺养殖专业合作社	望松乡乌石下村	108	2008.05.07
19	和兴蛋鸭养殖专业合作社	西屏镇瓦窑头村	100	2008.05.29
20	谢村源高山白茶专业合作社	谢村乡大岭根村	100	2008.06.20
21	大山生态种养殖农民专业合作社	新处乡张山头村	120	2008.07.07
22	古玉竹子专业合作社	古市镇岗下村岗背桥	120	2008.08.27
23	卯山农产品专业合作社	古市镇东角垄村	100	2008.09.01
24	老虎背板栗专业合作社	古市镇横街 189 号	100	2008.09.10
25	日新农产品专业合作社	古市镇城隍小区 67 号	100	2008.09.18
26	大东坝农产品专业合作社	大东坝镇西山村 7 号	280	2008.11.26
27	金岭头农林产品专业合作社	古市镇溪边路 8 号	200	2008.11.27
28	上安茶叶专业合作社	新兴乡上安村	110	2008.12.04
29	雪峰尖农产品专业合作社	新兴乡横溪村	200	2008.12.18
30	老伟甲鱼养殖专业合作社	古市镇上河村	380	2008.12.22
31	梧桐源大坪生态养殖专业合作社	西屏镇环城西路 129 号	600	2009.01.08
32	莲花山种养专业合作社	古市镇航埠头莲花山	180	2009.01.14
33	阿牛香榧专业合作社	板桥畲族自治乡板桥村	100	2009.03.06
34	大石甲鱼专业合作社	新兴乡大石村 47 号	210	2009.03.09
35	绿谷银芽茶叶专业合作社	西屏镇阳溪茶场	300	2009.03.23
36	老寨农植保专业合作社	四都乡庄河村	120	2009.04.16
37	绿谷渔业专业合作社	赤寿乡梧桐源水库管理处	260	2009.07.15
38	远方茶叶专业合作社	古市镇上河村	100	2009.07.29
39	正溪山畜牧专业合作社	象溪镇雅溪口村	200	2009.07.29
40	玉泉香榧专业合作社	新处乡外石塘村徐家	180	2009.08.11
41	上路弯茶业专业合作社	象溪镇塔背村	200	2009.08.19
42	枫坪茶叶专业合作社	枫坪乡山乍口村	116	2009.08.19
43	新处果蔬专业合作社	西屏镇府前街 2 号	200	2009.08.24
44	江南春农产品专业合作社	樟溪乡力溪村	100	2009.09.10
45	白龙蔬菜专业合作社	西屏镇长虹东路 120 号	120	2009.09.29
46	天天鲜畜禽产销专业合作社	斋坛乡下坌村寺口塔 12 号	100	2009.10.23
47	东岗香榧专业合作社	象溪镇坑里村 35 号	102	2009.12.18

续表 11-6-2-1-2

序号	企业名称	经营地址	注册资金（万元）	成立时间
48	建建农副产品专业合作社	古市镇松州路 50 号	100	2010.01.12
49	瑞生养殖专业合作社	赤寿乡梧桐口村	100	2010.02.26
50	振新农产品专业合作社	古市镇樟塔头 16 号	280	2010.03.19
51	伟标畜禽养殖专业合作社	古市镇下五木村	160	2010.04.23
52	众利板栗专业合作社	象溪镇南坑源村西坑口	100	2010.05.17
53	瑞丰毛竹专业合作社	三都乡酉田村	100	2010.05.21
54	茗城农产品专业合作社	望松乡山仁下村	200	2010.05.25
55	春南茶业专业合作社	古市镇新铺路工业小区	200	2010.05.26
56	龙鼎山香榧专业合作社	四都乡林场	200	2010.06.11
57	华鑫农产品专业合作社	西屏镇御景园 2 幢 5 号	100	2010.06.29
58	叶村植保专业合作社	叶村乡寺岭下村	100	2010.08.10
59	巾帼农产品专业合作社	叶村乡叶村村	200	2010.09.02
60	水旺香榧专业合作社	安民乡大潘坑村	100	2010.09.07
61	家增农产品专业合作社	西屏镇竹客口村兴村 18 号	100	2010.09.07
62	棋盘山金银花专业合作社	古市镇上方村 108 号	1000	2010.09.17
63	凤凰山油茶专业合作社	望松乡王村村东路 18 弄 15 号	100	2010.09.20
64	龙泉湾农产品专业合作社	象溪镇坑里村外坑里	102	2010.09.28
65	茗阳农产品产销专业合作社	西屏镇长松路 148 号	500	2010.10.20
66	新勇茶叶专业合作社	斋坛乡小石村	100	2010.10.26
67	绿春茶叶专业合作社	斋坛乡大路村毛村	200	2010.10.27
68	枫坪食用菌专业合作社	枫坪乡斗潭村	106	2010.11.10
69	亿都农副产品专业合作社	望松乡山仁下村	100	2010.11.29
70	恒丰竹业专业合作社	古市镇松州路 102 号	260	2010.12.09
71	贵泽土鸡专业合作社	新兴乡后刘村	100	2010.10.22
72	杨素兰水果种植专业合作社	西屏镇官溪水库白目山	100	2010.12.24
73	万香鑫茶叶专业合作社	西屏镇竹客口村	120	2010.12.28
74	常绿茶叶专业合作社	古市镇下街 119 号	200	2010.12.28
75	项桥下茶叶专业合作社	西屏镇项桥下村	100	2010.12.28
76	老晓茶叶专业合作社	古市镇筱铺 146 号	200	2010.12.30

龙头企业

2002年，松阳县浙南茶叶市场评定为浙江省第二批省级骨干农业龙头企业。

截至2010年，全县有年销售收入1000万元以上农业龙头企业28家，列入丽水市重点农业龙头企业24家，其中浙江省骨干农业龙头企业4家。

按类型分，流通型企业3家，为浙江浙南茶叶市场股份有限公司、新兴乡茶青市场和松阳县粮食收储有限公司，其余25家属加工型企业。

按销售收入分，上亿元企业1家，是浙江浙南茶叶市场股份有限公司；3000万元至1亿元企业7家，分别是浙江碧云天茶业有限公司、浙江越玉兰茶叶有限公司、浙江振通宏茶业有限公司、新兴乡茶青市场、浙江卖油翁油品有限公司、松阳县良种繁育场、松阳县雪峰云尖茶业有限公司；其余20家企业销售收入1000万～3000万元。

按产业分，茶叶11家，粮油2家，畜禽类5家，水果2家，林业3家，渔业2家，综合类3家。

龙头企业注册资金共1.01亿元，有固定资产2.66亿元、资产总额4.73亿元。2010年，实现销售收入19.73亿元（其中浙南茶叶市场12.8亿元）、利润3784万元，带动县内外农户39.04万户、联结带动基地63.5万亩（其中浙南茶叶市场带动农户30万户、联结基地50万亩）。

至2010年末，龙头企业注册商标30个。其中，“碧云天”“越玉兰”“早上好”“箬寮”为浙江省著名商标；“碧云天”“越玉兰”“早上好”“箬寮”“福运天”“绿谷青帝”“梦阳”为丽水市著名商标。“银猴牌茶叶”“碧云天牌茶叶”为浙江省名牌产品；“越玉兰牌茶叶”“福运天牌绿茶”“早上好牌鹊山鸡蛋”“大富地牌脐橙”“绿谷油翁牌山茶油”为浙江省名牌农产品。“早上好牌鹊山鸡蛋”“箬寮牌绿壳鸡蛋”“碧云天牌绿茶”“越玉兰牌绿茶”“福运天牌绿茶”“绿谷青帝牌绿茶”为丽水市名牌产品。

2001～2010年松阳县市级以上龙头企业一览表

表11-6-2-2

序号	企业名称	级别	经营地址
1	浙南茶叶市场股份有限公司	省级	西屏镇长虹中路155号
2	浙江碧云天茶业有限公司	省级	县工业园区瑞阳大道215－1号
3	松阳良种繁育场	省级	西屏镇长松路258号
4	浙江振通宏茶业有限公司	省级	县茶叶加工园区（古市镇十五里）
5	松阳县绿色食品厂	市级	古市镇万寿南路71号
6	浙江大富地农业发展有限公司	市级	县工业园区云岩山路43号
7	松阳县新兴乡茶青交易市场	市级	新兴乡上安村
8	松阳县青山生态农业发展有限公司	市级	古市镇十五里村
9	松阳县早上好鹊山鸡养殖有限公司	市级	古市镇广场路

续表 11-6-2-2

序号	企业名称	级别	经营地址
10	松阳县绿野木业有限公司	市级	西屏镇项弄村
11	丽水古力竹业有限公司	市级	古市镇上方村
12	松阳县粮食收储有限公司	市级	西屏镇新华路 74 号
13	浙江越玉兰茶业有限公司	市级	新兴乡横溪村
14	浙江福运茶业有限公司	市级	大东坝镇牛角圩村
15	松阳县大坪山农业发展有限公司	市级	西屏镇环城西路 129 号
16	松阳县雪峰云尖茶业有限公司	市级	新兴乡横溪村
17	松阳县中得甲鱼科技开发有限公司	市级	西屏镇双坑口村
18	松阳县绿谷牧业有限公司	市级	斋坛乡小石村
19	丽水仙人源农业发展有限公司	市级	县工业园区金屏路 206 号
20	松阳县绿珍果业责任有限公司	市级	西屏镇长虹东路 165 号
21	浙江卖油翁油品有限公司	市级	裕溪乡裕溪村
22	松阳县邦佐畜牧有限公司	市级	西屏镇后弄尼
23	浙江正德和食品有限公司	市级	望松乡工业小区
24	松阳县大自然茶业有限公司	市级	新兴乡上安村

农民专业合作社

松阳县农民专业合作社从 2001 年开始起步，通过引导、培育，到 2010 年末，发展到 320 家，几乎覆盖全县农业生产的主要行业。共有入社社员 11400 人，资产总额 46122.60 万元，其中社员股金 21833 万元。2010 年，实现销售收入 63733.26 万元，获纯利 5737.31 万元，二次返利 2436.80 万元。有 58 家农民专业合作社注册 60 个自有商标。合作社联结基地 54062 亩，新增就业岗位近 2000 个，带动周边 3.26 万个农户致富。有省级示范性农民专业合作社 12 家、市级（重点农业龙头企业）示范性农民专业合作社 12 家、省优秀农民专业合作社 1 家、市级十佳农民专业合作社 2 家、县规范化星级农民专业合作社 48 家。

图 11-31 古松家禽养殖专业合作社成立大会(叶光铭摄于 2005 年)

2010年松阳县农民专业合作社行业分类汇总表

表11-6-2-3

序号	行　业	数量（家）	序号	行　业	数量（家）
1	茶叶种植加工	60	10	吊瓜生产	4
2	水果种植	28	11	森林食品生产	1
3	林产品干水果	23	12	药材生产	6
4	野菜蔬菜种植	23	13	农副产品购销	61
5	笋竹林种植	10	14	农机植保	21
6	油茶种植加工	12	15	动物养殖	30
7	粮食种植	10	16	水产养殖	8
8	食用菌培植	14	17	蜜蜂养殖	3
9	花卉苗木种植	2	18	其　他	4
合　计		320			

第三节　农产品市场

茶叶市场

随着茶叶交易量的不断扩大，松阳茶叶市场曾三易其址。1992年末，松阳县在新华路和龙丽公路交叉口开设简易茶叶交易市场，市场有十几间店面，为全县广大茶农提供名优茶交易场所。市场年交易量40吨左右，交易额不足1000万元，经营户主要为当地及遂昌、浦江等地茶农、茶商。

1998年3月，松阳县长运有限公司利用车站路14号地块，改造成茶叶交易市场，改造店面30多间。全县从事茶叶流通人数300余人，同时吸引大批外地茶商。在茶叶交易旺季，来自全国各地的茶商500余人，形成一支庞大的茶叶经销队伍，使长期存在的产销矛盾有效地得到解决。市场吸引周边县市以及新昌、金华等地的茶商到松阳交易，逐步发展成一个初具规模的专业市场，年交易额5000万元左右。茶叶市场集茶叶交易、物流受理、信息配载、仓储配送、货物中转等于一体，形成综合服务体系，使茶叶流通更现代化。茶叶市场建立后，适合内销的名优茶不断增加。

2000年，松阳县长运有限公司将车站路17号地块（原运输公司停车场）改造成茶叶市场，市场占地7933平方米，拥有58 间店面，吸引大批外地客商到松阳交易。

2001年12月，市场正式更名为浙江浙南茶叶市场，次年被评为省级骨干农业龙头企业，并于2003年通过ISO9000质量体系认证。2004年，全年实现茶叶交易量1.59 万吨，居全省各大市场之首，交易额4.01亿元，居全省第二。2004 年10月，在长虹中路155号新建的浙江浙南茶叶市场一期竣工并投入使用，市场营业房100间，营业面积1.21万平方米，交易摊位5000多个，停车场物流中心 2.3 万平方米。

2005 年初，占地面积 1.45 万平方米的交易区一期工程和占地 2.6 万平方米的物流中心投入使用。当时市场营业房 100 间，占地面积 1.45 万平方米，交易摊位 5000 多个；停车场、冷库、物流、宾馆、茶楼、餐饮、娱乐等配套设施一应俱全。由于市场功能更加完善，交易的茶叶品种丰富，吸引上海、江苏、安徽、山东、北京、甘肃、黑龙江、内蒙古等 10 多个省市的茶商到松阳交易。2005 年，全县茶叶总产量 5195 吨，其中名优茶 4805 吨，占总产量的 92.5%。松阳茶叶绝大部分依靠内销市场流通，茶叶销往上海、山东、北京、江苏、山西、甘肃等 20 多个省市。2005 年，入市茶叶交易量 1.68 万吨，交易额 4.86 亿元，分别列全省第一、二位。2007 年 7 月，启动浙南茶叶市场二期工程，占地 1.38 万平方米，有营业房 96 间，交易摊位 5000 多个，营业面积 1.8 万平方米，于 2008 年初竣工并投入使用。

图 11-32　新旧茶叶市场（叶光铭 摄）

浙南茶叶市场联结松阳当地茶园 10 万余亩，联结周边县市遂昌、武义、云和、莲都茶园 20 万余亩，惠及茶农 15 万余户。松阳名优茶通过该市场除销往国内上海、江苏、山东、广东、陕西、甘肃等 20 多个省、市、自治区外，还远销港澳、欧美、东南亚等地区。茶叶上市旺季，日客流量 6000 人，在高峰期日交易额达 900 多万元。2010 年，浙南茶叶市场茶叶交易量 5.12 万吨，交易额 17.8 亿元，交易量连续 8 年、交易额连续 5 年位居全省之首。浙南茶叶市场先后被列为“省重点农副产品批发市场”“省骨干农业龙头企业”“省三星级文明规范市场”“农业部定点市场”。

（此目与本编第三章“经济作物”第一节“茶叶”、第十八编“综合经济管理”第四章“工商行政管理”第四节“集贸市场管理”之目“松阳县主要集贸市场选介”互为补充）

茶青市场

自 20 世纪 90 年代中期，新兴乡茶农率先在上安村的公路边建立茶农自由交易的茶青市场。

新兴乡茶青市场曾经三度搬迁，20 世纪 90 年代中期至 1998 年在上安村的公路边。为解决当时有市无场的情况，新兴乡投资 8 万元，在横溪村公路边一片空地上建成 1000 余平方米的露天市场。2002 年初，投资 66.8 万元，在横溪建立占地 3328 平方米，设有摊位 1000 个的棚架茶青市场。是年，日交易额高的达 30 余万元，全年茶青交易额 2200 余万元。2003 年上半年，茶青交易 3500 吨，交易额 2800 万元，高峰期每日交易人员 2500 余人，市场呈现繁荣兴旺景象。

新兴茶青市场的发展带动赤寿、斋坛、板桥、樟溪、西屏等乡镇区域茶青市场的发展。赤寿乡在章家村建立占地 2000 平方米、上百个摊位的茶青市场；斋坛乡在大路村公路边形成路边茶青交易市场，每天交易人员可达 200 多人，日交易量高有 4～5 吨，交易额 800 万元；西屏镇项桥下村茶青市场每天交易人员 100 多人，年交易额 450 万元。2003 年，全县茶青交易总量 1.2 万吨、交易额 8000

余万元，占全县茶叶总产值的67%。

全县各产茶乡镇建立10多个专门交易茶青的市场，解决茶农茶青卖得了、企业加工有货源的问题。2005年，茶青市场交易量超1.5万吨，交易额1.6亿元，形成完整的产业链，产业链各环节既有专业分工，又紧密相连，把千家万户的茶叶种植户与加工企业连接起来，推进茶叶专业化和集约化经营。

图11-33 上安村茶青市场（叶光铭 摄）

香菇市场

1994年，在西屏镇长虹东路建造中国松阳香菇市场，面积5000平方米，有摊位800间，吸引福建、杭州、丽水、龙泉、云和等地菇商到此交易，主要交易干香菇，年交易额4000万元左右。后来，被逐步淘汰。

农贸市场

综合市场　俗称东菜场，位于县城长虹中路汽车客运站对面，建于1997年，原由松阳县工商局下属的工商服务中心主办，为县城的中心菜市场。2001年末，工商系统市场管办脱钩后，经县政府同意，以1201万元转让给松阳县旧城改造发展有限公司。市场红线占地4549.6平方米，建筑占地3837.3平方米，一楼为综合性农贸市场，二楼经营家具、网吧，三楼以上为办公场所，总建筑面积10936.3平方米。2010年末，由国资回租一楼，交由县市场开发管理中心管理，并投资进行改造提升，创建为省文明示范农贸市场。

北菜场　占地2060平方米，建筑面积1860平方米。市场1995年由西屏镇二村兴建，由于村办集体企业亏损，由西屏镇信用合作社抵押收购。信用社在经营几年后，因管理跟不上，经营惨淡，效益不好，又由县土地储备中心收储。

南菜场　原名松阳县新华综合市场。市场由松阳县旧城改造发展有限公司创办，2003年投入使用。该菜场有三层建筑，第一层为菜场，有营业房20间，摊位263个，建筑面积3092平方米（其中摊位建筑面积2000平方米），第二层租赁给人经营歌厅，建筑面积3272平方米，第三层空置，建筑面积570平方米。南菜场南侧空地424.3平方米未开发，该地块产权属松阳县旧城改造发展有限公司所有。后由政府投资进行改造提升，并创建省文明示范农贸市场，交由县市场开发管理中心管理。南菜场的产权分散，小业主众多，尚存在债务纠纷。市场的营业房、菜场摊位于2003年春前后，大部分产权分割转让给个人，涉及的业主共有85位。

古市综合市场　该市场坐落于松阳县古市镇樟塔头，产权隶属松阳县古市综合市场开发有限公司，于2000年建成。原业主是松阳县旧城改造有限公司，2006年12月，变更给松阳县古市综合市场开发有限公司。市场占地面积5429平方米，建筑面面积7093.16平方米，其中一楼市场占地面积3226平方米，有摊位232个（小格464格）、营业房53间（其中有8间产权属于古市三村）。市场主要经营当地蔬菜、猪肉、牛肉等农产品，以零售为主要方式，主要为古市、新兴、赤寿、樟溪等周边乡镇2万多名居民提供服务。

第四节　种植业基地

松阳县从2002年开始农产品“三品”（有机、绿色、无公害）认证之后，认证规模得到快速发展。截至2010年，累计有66个农业生产主体98个农产品获得“三品”认证，其中有机农产品28个、绿色食品4个、无公害产品66个；涉及产地面积115471亩，认证产量48029吨，占主要农产品种植（养殖）总面积27.4435万亩的比重为42.07%。

蔬菜生产基地详见第本编第三章“经济作物”第六节“蔬菜 果瓜”。

2004～2010年松阳县主要农（水）产品中有机、绿色、无公害产品比重表

表11-6-4-1　　　　单位：亩

年度	认证面积				主要农产品种植面积	占比重（%）
	合计	有机	绿色	无公害		
2004	38689	866	3430	34393	247455	15.63
2005	45094	866	3430	40798	247455	18.22
2006	51440	3510	3430	44500	241477	21.30
2007	51440	3510	3430	44500	256575	20.05
2008	65826	7541	3430	54855	256225	25.69
2009	96296	7952	4730	83614	274435	35.09
2010	115471	11676	4730	99065	274435	42.07

说明：主要农产品种植面积为耕地面积＋园地面积＋养殖水面面积（农业统计数据）

茶叶基地

2010年，全县茶园面积11.02万亩，三品认证基地面积5.3026万亩，占比47.98%。共有绿色产品1个，有机产品11个，无公害农产品19个，认证产量3601吨。认证产品中“松阳银猴茶”“碧云天牌茶叶”2个产品获得浙江省名牌产品，“越玉兰牌绿茶”“福运天牌绿茶”2个产品获得浙江省名牌农产品，“绿谷青帝牌绿茶”等 4 个产品获得丽水市名牌产品，“碧云天”“越玉兰”商标获得浙江省著名商标。“松阳银猴”茶蝉联第一、第二届“浙江十大名茶”，被评为“华东十大名茶”，成为国务院会议、外事接待指定用茶。“松阳银猴”品牌成为全国农产品区域公用品牌百强，品牌价值 10.5 亿元。

水果基地

2010 年，全县果园面积 5.59 万亩，三品认证基地面积 2.8504 万亩，占比 50.99%。共有绿色产品 1 个，有机产品 4 个，无公害农产品 17 个，认证产量 2.97 万吨。产品以早熟梨和脐橙为主，认证产品中，有 14 个样品被评为“全国优质早熟梨”，2 次获全国早熟梨评比综合得分第一，一次获“最佳果形”奖；有 33 个样品获“浙江省优质早熟梨金奖”，是全国和全省历届优质早熟梨评比中获奖最多的生产县。“翠沁蜜梨”被评为“浙江省十大名梨”，梦阳牌 518 梨在 2008 年全省优质早熟梨评比中获第一名，被冠以“浙江梨王”称号。梦阳牌脐橙也多次获国家、省级金奖。

食用菌基地

2010 年，全县食用菌生产 6351 万袋，三品认证基地面积 4270 万袋，共有绿色产品 1 个，有机产品 2 个，无公害农产品 9 个，认证产量 3135 吨。食用菌是松阳县的传统优势产业，至 2010 生产规模稳定在 6000 万袋左右，是山区农民经济收入的主要来源。玉岩镇有全省首个花菇清洁化生产基地，全县花菇种植稳定在 3000 万袋，花菇年产量 2.5 万吨，约占全国总产量的 10%。松阳县是“浙江省食用菌产业强县”，玉岩镇是“中国花菇之乡”。

图 11-34　玉岩镇菇农进行香菇交易（县档案馆提供 1998 年）

第七章 乡镇企业

乡镇（社）办集体企业、村（队）办集体企业及联户、合作企业和个体企业统称乡镇（社队）企业。民国后期，松阳县乡镇就有企业，只是规模小、设备简陋、操作简单，多数比较分散，生产的产品主要有火炮、棉纸、竹制品、毛纸、竹木制品、铁制农具、日用陶器、木榨油车等。中华人民共和国成立初期，松阳县乡镇企业起步较晚、底子薄，所走的历程艰难曲折。

20 世纪 50 年代，松阳县乡镇企业生产工艺基本上沿袭民国后期的生产方式，但组织形式等发生变化，分行业建立篾业、木器、铁器、灶、陶器、造纸、榨、粮食加工厂、小型发电站等组织。企业数量、品质、门类有增加，生产力有一定的发展。“文化大革命”期间，社队企业发展受到挫折，处于停顿状态。1982 年松阳恢复县制后，开始兴办社队工业。

1978 年，松阳区域社队企业从业人员 1571 人，总产值 112.67 万元；1984 年，从业人员 7878 人，总产值 3086.98 万元，分别比 1978 年增长 5.01 倍、27.40 倍。1997 年，以企业产权制度改革为重点，坚持因厂制宜，多形式地转换乡镇企业经营机制，全县乡镇企业以新的市场主体出现，并焕发生机和活力。

中共十一届三中全会后，遂昌县松阳、古市、靖居、玉岩区及所辖社（镇）建立社队企业发展较快。20 世纪 80～90 年代，乡镇集体企业是松阳县乡镇企业的主体，在发展的速度上较快，产值、利润、税金、职工总数占的比重大。1984 年，松阳县开始发展联户、个体企业。1992 年末，全县乡镇集体企业产值 9077 万元，比 1978 年增长 80.56 倍；联户、个体企业 8782 万元，比 1984 年增长 6.22 倍。20 世纪末，乡镇企业进行改制，逐步退出历史舞台。

1982 年 1 月遂昌、松阳分县，恢复松阳县制。1982 年 5 月 10 日，松阳县社队企业管理局成立，局机关设置人事秘书股、生产股、财务统计股。区、公社、镇的社队企业管理机构，有大东坝区、西屏、古市镇的社队企业办公室，玉岩、枫坪、交塘、蛤湖、大东坝、雅溪、靖居、新兴、新处、岗寺、赤寿乡的社队企业办公室；其他区、社均未设立管理机构。设立机构的人员工资从社队企业上交的管理费中支付。

1984 年 3 月 7 日，松阳县社队企业局改为松阳县社队企业联社，内设人事秘书股、生产股、财计股、供销业务股。1984 年 6 月 29 日，松阳县社队企业联社改为松阳县乡镇企业局。1985 年 1 月，增设业务股。局机关共有干部职工 22 人，其中行政干部 9 人、职工 13 人。1987 年 10 月，撤销业务股，增设技改股、生产经营管理股。1992 年 3 月，生产股、技改股合并为生产技改股；同月，内设经营管理股。年末，共有干部职工 22 人，其中行政 11 人、职工 11 人。1996 年 10 月，县工业局、二轻局合并成立经济委员会挂乡镇企业局、医药管理局牌子。2001 年 10 月，乡镇企业局更名为中小企业局，并入经济贸易局，对外挂中小企业局牌子。

（本章内容与第十四编“工业”第一章“工业概况”第二节“工业所有制结构”、第三节“工业产品”互为补充）

第一节　发展概况

1982年前，遂昌县社队企业局投资19.4万元，与松阳区水南公社联办松阳织绸厂；投资5万元与石仓公社联办松阳红灯皮革厂；投资14.4万元与西屏镇联办松阳耐火纤维厂；投资2万元为西屏镇建立西屏停车场。

1982年5月，松阳、遂昌分县时，西屏、古市、玉岩、枫坪、交塘、蛤湖、大东坝、雅溪、靖居、新兴、新处、岗寺、赤寿等区社镇设立社队企业办公室，管理社队企业。枫坪、玉岩、交塘、安民、大东坝、蛤湖、雅溪、裕溪等山区社队创办木材加工厂、小型发电站；矿山开采企业有靖居的莹石矿、蛤湖的叶蜡石矿；城镇工业企业有松阳县西屏镇农机厂、松阳县五金厂、松阳县电瓷厂、西屏镇瓦楞纸厂、西屏镇织席厂、古市镇的织席厂、纸袋厂、镇农机修配厂；建筑企业有古市建筑工程队、新兴建筑工程队，赤寿建筑工程队、西屏镇建筑工程队、公路工程队、松阳区工程队、水南工程队等；建材工业企业有赤寿砖瓦厂、望松砖瓦厂、阳溪砖瓦厂，其他是农村小型瓦窑；加工企业有各社队为农民加工的米厂、茶叶初制厂、小型榨油厂。

图11-35　松阳农机厂生产的310型粉碎机（县档案馆提供1992年）

1982年5月，松阳县社队企业管理局成立。7月，松阳县地方工业供销公司成立。1984年3月，县社队企业局改为县社队企业联社；6月，改为县乡镇企业局。1985年末，全县乡镇企业从业人员10804人，乡镇企业总产值3086.98万元，分别比1982年增长2.38倍、4.09倍。1990年末，全县乡镇企业总产值达到6030万元，其中工业总产值3659万元，占全县乡镇企业总产值的60.67%。1992年，松阳乡镇企业超常规发展；年末，全县乡镇企业总产值17859万元，比1991年增长99.12%；实现工业总产值15022万元，比1991年净增8452万元，增长128.65%。全县乡镇工业总产值占全县工业总产值3.21亿元的46.79%，乡镇企业成为松阳国民经济重要组成部分和县财政收入的主要来源。乡镇企业的发展，完全改变了县域历史上以种养业为主的单纯农村经济结构。

1978～1992年松阳县乡镇（社队）企业发展情况表

表 11-7-1-1

年份	企业（家）	从业人员（人）	总产值（万元）	其中						税金（万元）	利润（万元）
				工业（万元）	农业（万元）	建筑业（万元）	运输业（万元）	商业（万元）	饮食业及其他（万元）		
1978	—	1571	112.67	89.64	4.68	13.08	5.27	—	—	3.29	15.45
1979	—	996	194.57	148.35	—	25.80	17.15	—	3.27	6.14	13.29
1980	—	2550	558.38	295.92	—	236.01	16.17	—	10.19	15.38	102.23
1981	—	5688	534.86	253.01	—	260.51	11.97	—	9.37	19.19	177.21
1982	241	4548	802.21	368.41	127.68	276.38	11.99	—	17.75	22	130
1983	191	3930	1054.34	465.06	115.71	420.52	15.22	—	37.83	29	125
1984	1686	7878	2077.33	827.48	278.25	562.12	215.32	140.60	53.56	74	428
1985	3046	10804	3086.98	1559.31	175.53	553.66	572.63	241.13	84.72	247	576
1986	3766	11450	3966.59	1908.75	279.16	610.14	765.55	218.83	184.16	242	580
1987	3867	11976	4766.64	2708.14	229	584.90	736.86	244.07	263.67	289	406
1988	3466	12148	5758	3443	383	574	815	249	294	344	597
1989	3627	11235	6028	3639	304	608	873	268	336	402	378
1990	3991	11381	6030	3659	181	651	1024	253	264	422	247
1991	4051	11979	8969	6570	—	852	911	363	273	530	305
1992	5494	15994	17859	15022	—	789	1328	382	338	877	655

1995年，全县乡镇企业2046家，工业总产值37003万元。其中乡镇办50家，工业总产值8168万元；村级及村以下1996家，工业总产值28835万元。1996年，全县乡镇工业企业930家，工业总产值43811万元。其中乡镇办37家，工业总产值4828万元；村级及村以下893家，工业总产值38983万元。1999年，全县村级及村以下企业755家，工业总产值70643万元；乡镇办企业12家，工业总产值1450万元。之后，乡镇企业改制。2005年，全县有规模以上股份合作制企业、有限责任公司、私营企业等16家，工业总产值110951万元；规模以下个私企业1210家，工业总产值76991万元。2010年，全县规模以上有限责任公司、私营企业等154家，工业总产值840012万元；规模以下个私企业2414家，工业总产值149758万元。

第二节　乡镇企业所有制类型

乡镇集体企业

集体企业是松阳县乡镇企业的主体，在发展的速度上较快，产值、利润、税金、职工总数占的比重大。1982 年末，全县社队集体企业 241 家，企业总产值 802.21 万元，其中工业产值 368.41 万元，占总产值的 48.84%；职工 4548 人；利润 130 万元；上缴国家税金 22 万元。1986 年末，全县乡镇集体企业 373 家，比 1982 年 241 家增长 54.77%。

1985 年，全县乡镇集体企业 373 家，总产值 1675.77 万元，占全县总产值的 54.3%，比 1982 年增长 1.2 倍；乡镇集体企业工业产值 940.25 万元，占集体企业总产值 56.1%，职工 5946 人，比 1982 年增长 30.73%；乡镇集体企业实现利润 230.27 万元，比 1982 增长 77.13%；上缴国家税金 105 万元，比 1982 年增长 3.77 倍。1988 年末，全县有产值 50～100 万元的乡镇集体企业 4 家，产值 100～250 万元的乡镇集体企业 2 家，产值 250～500 万元乡镇集体企业 1 家。西屏镇乡镇企业总产值首次达到 500 万元。1990 年末，全县乡镇集体企业 212 家，比 1985 年减少 161 家；乡镇集体企业总产值 3310 万元，比 1985 年增长 97.52%；工业产值 2459 万元，占总产值 74.29%，职工 4877 人，比 1985 年减少 21.91%；乡镇集体企业总利润 -35 万元，比 1985 年减少 230.27 万元；上缴国家税金 197 万元，比 1985 年增长 87.62%。年末，全县产值 100～200 万元企业有松阳县耐火材料制品厂、松阳县城关建筑工程公司和松阳县二建第一、第二、第三工程队等 5 家。产值 250～500 万元企业有松阳县通用机械厂、松阳县耐火纤维厂、光明电器厂 3 家；产值 500 万元以上有松阳县二建公司。产值 500～1000 万元的区乡镇有古市镇、古市区。产值 1000～2000 万元的有西屏镇、松阳区。

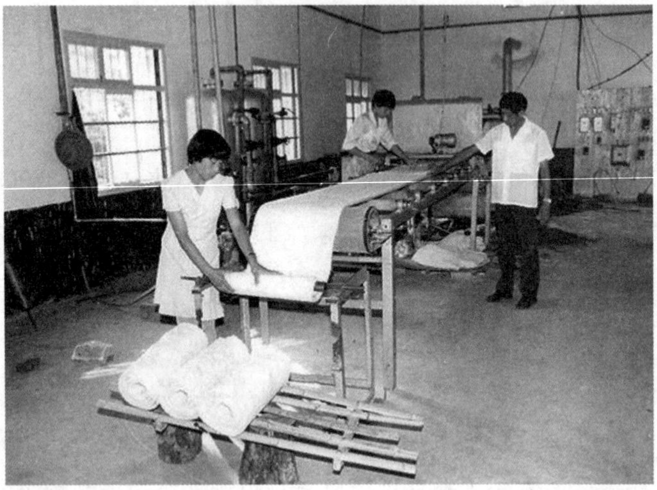

图 11-36 松阳耐火纤维厂制品生产流水线（县档案馆提供 1992 年）

1992 年，全县乡镇集体企业 131 家，比上年增长 12.93%；职工 4707 人，比上年减少 1.3%。乡镇集体企业总产值 9077 万元，比上年增长 64.35%。其中工业总产值 8249 万元，占集体企业总产值 90.88%；乡镇集体企业实现利润 101 万元，比上年增长 11.1 倍，上缴国家税金 340 万元，比上年增长 34.39%。年末全县产值 100～200 万元乡镇集体工业企业有松阳鸿埠玻璃纤维厂、松阳县制伞总厂、松阳县斋坛纸箱厂、松阳县华联木制品厂、松阳县羊毛衫厂 5 家；产值 200～500 万乡镇集体工业企业有松阳县竹木工艺厂、松阳县耐火材料制品厂 2 家；产值 500～1000 万元乡镇集体工业企业有松阳织绸厂，松阳县耐火纤维厂2家；产值3000万元以上的乡镇集体工业企业松阳县通用机械厂，实现工业产值3015万元。西屏镇工业总产值首次突破7000万元（7123万元）。

1995年，全县有乡镇办集体企业50家，工业总产值8168万元。1999年，全县乡镇办集体企业12家，工业总产值1450万元。2001年，全县有集体企业4家，工业总产值47331万元，其中股份合作制3家、工业总产值38316万元。

2005年，全县股份合作制企业1家，工业总产值602万元。2006～2010年，全县无乡镇集体企业。

1978～1992年松阳县乡镇（社队）集体企业发展情况表

表11-7-2-1

年份	企业数（家）	从业人员（人）	总产值（万元）	其中						税金（万元）	利润（万元）
				工业（万元）	农业（万元）	建筑业（万元）	运输业（万元）	商业（万元）	饮食业及其他（万元）		
1978	—	1571	112.67	89.64	4.68	13.08	5.27	—	—	3.29	15.45
1979	—	996	194.57	148.35	—	25.80	17.15	—	3.27	6.14	13.29
1980	—	2550	558.29	295.92	—	236.01	16.17	—	10.19	15.38	102.23
1981	—	5688	534.86	253.01	—	260.51	11.97	—	9.37	19.19	177.21
1982	241	4548	802.21	368.41	127.68	276.38	11.99	—	17.75	22	130
1983	191	3930	1054.34	465.06	115.71	420.52	15.22	—	37.83	29	124.77
1984	341	4952	1525.32	647.76	220.50	462.63	85.35	94.21	14.87	48	222.77
1985	373	5946	1675.77	940.25	175.53	469.38	3.55	59.90	27.36	105	230.27
1986	416	5719	1935.81	1092.81	267.44	496.72	11.50	35.32	32.02	85	164.33
1987	312	6145	2554	1696	229	546	4	42	37	125	126.07
1988	297	6213	3057	2082	383	519	—	24	49	173	131
1989	260	5384	3107	2193	304	558	—	9	43	191	79
1990	212	4877	3310	2459	181	625	—	7	38	197	-35
1991	116	4769	5523	4625	—	839	—	8	51	253	-10
1992	131	4707	9077	8249	—	774	—	4	50	340	101

乡镇联户、个体企业

1984年末，全县有联户、个体企业1345家，总产值552.01万元，其中工业产值179.72万元；实现利润205.97万元，上缴国家税金26.02万元；从业人员2926人。1985年，全县乡镇联户、个体企业2673个，比上年增长78.73%；总产值1510万元，比上年增长1.56倍，其中工业产值619.06万元、比上年增长2.44倍；上缴国家税金141.85万元，比1984年增长4.45倍；从业人员3858人，比上年增长 31.85%。1986 年，全县乡镇联户、个体企业实现利润 345.83 万元，比 1984 年增长 67.90%。

1990 年，全县联户、个体企业 3779 家，总产值 2720 万元（其中工业产值 1198 万元），实现利润 282 万元，上缴国家税金 225 万元，从业人员 6504 人。1992 年末，全县联户、个体企业 5363 家，总产值 8782 万元（其中工业产值 6773 万元），占全县乡镇企业总产值的 49.17%，实现利润 554 万元，上缴国家税金 537 万元，从业人员 11287 人。

1995 年，全县村及村以下工业企业 1996 家，工业总产值 28835 万元。1999 年，全县村及村以下工业企业 755 家，工业总产值 70643 万元。2001 年，全县有年销售收入 500 万元及以上农村工业企业 11 家，工业总产值 255819 万元。2004 年，全县有规模以上私营独资企业 8 家，工业总产值 60268 万元；有规模以上有限责任公司 40 家，工业总产值 683130 万元。

2005 年，全县有规模以上有限责任公司 4 家，工业总产值 7602 万元；规模以上私营企业 52 家，工业总产值 102747 万元；规模以下个私企业 1210 家，工业总产值 76991 万元。2010 年，全县有规模以上有限责任公司 2 家，工业总产值 4881 万元；规模以上私营企业 152 家，工业总产值 835131 万元；规模以下个私企业 2414 家，工业总产值 149758 万元。

1984～1992 年松阳县乡镇联户、个体企业发展情况表

表 11-7-2-2

年份	企业（家）	从业人员（人）	总产值（万元）	其中						税金（万元）	利润（万元）
				工业（万元）	农业（万元）	建筑业（万元）	运输业（万元）	商业（万元）	饮食业及其他（万元）		
1984	1345	2926	552	180	58	99	130	46	39	26	206
1985	2673	3858	1510	619	—	84	569	181	57	142	346
1986	3335	5731	2031	816	12	113	754	184	152	157	416
1987	3555	5831	2213	1012	0	39	733	202	227	165	280
1988	3169	5936	2701	1361	0	55	815	225	245	171	466
1989	3367	5851	2921	1446	0	50	873	259	293	211	299
1990	3779	6504	2720	1198	0	26	1024	246	226	225	282
1991	3935	7210	3446	1945	0	13	911	355	222	277	315
1992	5363	11287	8782	6773	0	15	1328	378	288	537	554

第三节 产业结构

乡镇（社队）农业企业

1970年开始，山区公社在各村远离村镇的荒山、疏林山统一规划，统一开垦造林，山地权属归村队级所有，统一由公社组织劳力开垦种植杉木、厚朴。分配上实行二八或三七分成。公社林场规模在500亩以上的有玉岩、枫坪、安民、交塘、新处等林场。村级的农业企业主要有茶场、柑橘场、蚕桑场。这些企业是村级集体经济收入的主体，是村级农田基本建设、公共福利事业、村干部和民办教师工资的主要来源，经济收入每年少的万元左右，多的10余万元。规模比较大的茶场有赤寿的半古月、红连、朝阳，斋坛的花田坌，新兴的横溪，阳溪的项桥下、乌形山。这些茶场大多是1975年“农业学大寨”运动中知识青年上山下乡到村，由公社统一组织各村的下放知青抽调到茶场建立知青点，由县知识青年办公室拨款建立。1983年初，改为公社茶场。柑橘场有赤寿的叶川头、梧桐口、卯山后、黄坑口，新兴的大石、后周包，叶村的松山、叶村、官田，斋坛的石门圩等。蚕桑场连片种植面积在100亩以上的有樟溪的溪下，岗寺的十五里、黄圩，水南的横山、程徐、水南，叶村的河头、寺岭下、叶村，阳溪的项弄、白沙等。在经营管理上，承包到户，每亩承包款为50～200元不等。

1983年始，全县社队农业企业普遍建立责任制，采取大包干或抵押承包，承包期限一般3～5年，长的15年。1984年，公社改为乡镇政府。至1985年末，全县有乡镇农业企业53家，从业人员1298人，总产值176万元，上缴国家税金10万元、利润63万元。

1989年，全县有乡镇农业企业73家，从业人员1386人，产值304万元，占全县乡镇企业总产值的5%。上缴国家税金16万元、利润58万元。

1982～1989年松阳县乡镇村（社队）以上农业企业发展情况表

表11-7-3-1

年份	企业（家）	从业人员（人）	产值（万元）	上缴税金（万元）	利润（万元）
1982	105	1584	—	6	58
1983	67	1332	—	3	30
1984	82	1052	221	7	43
1985	53	1298	176	10	63
1986	127	1295	267	10	53
1987	75	1424	229	18	20
1988	85	1469	383	13	66
1989	73	1336	304	16	58

乡镇（社队）工业企业

1982 年末，全县社队工业企业 105 家，均为区社村办集体企业；职工总数 1682 人，占全县社队企业职工总数的 36.98%；工业产值 368.41 万元，占全县社队企业总产值 754.29 万元的 48.89%，实现利润 59 万元，上缴国家税金 20 万元。

1985 年，全县有乡镇工业企业 1150 家，其中乡（镇）村以上工业企业 274 家，有职工 3108 人；工业产值 1559.31 万元，占全县乡镇企业总产值的 50.51%。其中，村以上集体工业企业实现利润 111 万元，上缴国家税金 66 万元。

1990 年，全县有乡镇工业企业 1051 家，有职工 6313 人。其中，村办以上集体企业 159 家；联户、个体企业 892 家、工业产值 3659 万元、占全县乡镇企业总产值的 80%。全县乡镇企业实现利润 -78 万元，上缴国家税金 159 万元。

1992 年，全县有乡镇工业企业 2055 家，职工 10950 人。其中，村以上集体工业企业 118 家，村以下联户、个体的工业企业 1948 家。村以下联户、个体工业企业工业总产值 15022 万元，占全县乡镇企业总产值的 84.11%；村以上集体工业企业实现利润 96 万元，上缴国家税金 223 万元。乡镇工业企业成为全县乡镇企业的主体，对全县工业发展起着举足轻重的作用。

1982～1992 年松阳县乡镇（社队）工业行业结构一览表（一）

表 11-7-3-2

年份	金属制品业			非金属矿			化学工业		
	个数（个）	从业人员（人）	产值（万元）	个数（个）	从业人员（人）	产值（万元）	个数（个）	从业人员（人）	产值（万元）
1982	—	—	—	—	—	—	—	—	—
1983	—	—	—	—	—	—	1	52	9
1984	—	—	—	1	18	4	—	—	—
1985	4	85	40	6	91	27	2	30	5
1986	3	95	52	3	80	26	2	22	7
1987	5	153	119	5	158	34	3	51	23
1988	5	145	65	2	64	22	4	54	39
1989	5	136	142	2	65	21	2	40	37
1990	8	160	166	2	68	22	3	58	17
1991	6	133	204	3	86	25	2	68	46
1992	5	186	218	4	104	34	4	93	130

1982～1992年松阳县乡镇（社队）工业行业结构一览表（二）

表 11-7-3-3

年份	纺织工业			建材及非金属矿物制品业			竹木加工业			机械工业		
	个数（个）	从业人员（人）	产值（万元）	个数（个）	从业人员（人）	产值（万元）	个数（个）	从业人员（人）	产值（万元）	个数（个）	从业人员（人）	产值（万元）
1982	1	82	41	13	629	69	10	124	92	15	143	51
1983	1	82	39	15	583	124	9	109	92	15	143	71
1984	1	179	57	26	740	164	18	119	97	16	203	88
1985	3	335	153	40	661	149	25	233	131	13	170	111
1986	6	499	198	25	609	208	22	280	101	12	165	108
1987	6	701	307	22	694	348	24	310	153	9	207	159
1988	6	715	391	21	936	456	29	454	240	10	207	185
1989	5	703	581	16	705	504	26	402	217	9	210	197
1990	3	458	463	12	730	675	31	526	351	8	179	190
1991	6	906	1260	10	792	1071	34	732	849	6	239	379
1992	5	1018	3643	10	782	1606	40	847	1306	7	147	343

1982～1992年松阳县乡镇（社队）建筑企业发展情况一览表

表 11-7-3-4

年份	总产值（万元）	总收入（万元）	固定资产（万元）	上缴国家税金（万元）	年利润（万元）	年竣工面积（平方米）	职工人数（人）	企业（家）	企业平均人数（人）	全年工资总额（万元）
1982	—	242	33	3	9	33545	1188	10	—	85
1983	—	335	38	2	12	48866	851	9	—	82
1984	463	381	43	1	26	51667	1116	15	—	72
1985	418	418	68	6	38	46800	1234	12	1234	118
1986	497	496	78	10	18	65712	1411	10	1454	119
1987	546	405	84	10	10	31697	1282	11	1237	127
1988	519	509	91	16	5	36128	896	10	882	132
1989	558	634	112	22	6	37558	724	7	636	139
1990	625	708	113	24	3	36341	801	7	784	112
1991	839	871	106	24	4	29729	752	5	638	187
1992	774	769	138	27	5	28457	653	5	620	172

附：县乡镇企业局直属企业选介

松阳县羊毛衫厂　建于1987年10月，是与嵊县羊毛衫总厂按2∶8投资及2∶8分成联营，厂名为嵊县羊毛衫总厂松阳分厂，共投资25万元。新建厂房300平方米，借用制伞总厂320平方米，职工198人。1987年12月，投产2个月，生产各类男女羊兔毛套衫、开衫、背心等，产值14万元，税利10万元。1988年，产值73万元，税利16万元，固定资产19万元，职工197人。1990年5月，终止联营合同。至年末，产值12万元，税利-31万元，职工有38人。1992年末，有职工100人，产值180万元，固定财产28万元，税利6万元。产品销往北京、上海、山东、杭州等地。1992年12月终止。

松阳县制伞总厂　建于1979年10月，恢复松阳县制前，由遂昌社队企业局投资5万元，与石仓公社联办。1982年恢复松阳县制后，于1984年4月从石仓乡蔡宅村搬迁到西屏镇紫荆村，改称松阳县皮件厂。1990年底，改称为松阳县制伞总厂。1984年8月，由县农行、建行、县财政局贷款24.8万元，建造新厂房、办公室、仓库各1座，建筑面积2700平方米。至1985年底，生产直杆伞、各类男女手提包、旅行袋。从业人员50人，固定资产22万元，产值21万元，税利2万元。1986年，调整企业产品结构，生产各种花色的二折伞。1988年，投资2.5万元，扩建伞骨车间，前后开发自开直杆伞、三折伞、双人鸳鸯伞、童伞等。双人鸳鸯伞、童伞获地区级新产品奖。1990年，从业人员55人，固定财产24万元，产值76万元，税利4万元。1992年末，从业人员80人，固定资产29万元，产值105万元，税利3万元。其时，制伞总厂成为丽水地区生产各类晴雨伞的主要厂家之一。产品销往云南、贵州、四川、安徽、江西、陕西、湖北、湖南及本省各地。1992年12月终止。

松阳县乡镇企业局招待所　建于1984年6月，共有建筑面积1300平方米，设有餐厅，可住宿120人，容纳用膳200人，有职工11人，可接待中小会议。1984年6月建所后，每年营业额6万元、利润2万元左右，固定财产5万元。1990年末，职工11人，营业额79636元，税利7861元。1992年末，职工10人，营业额73943元，上缴税金4066元。1992年，因二层进行改造，亏损6891元。1992年12月终止。

松阳县乡镇企业局工业供销经理部　前身是松阳县地方工业供销公司，建于1982年7月。1985年8月，松阳县地方工业供销公司上海分公司经营冷热风机、鸿运电扇、生铁亏损97万元，歇业倒闭；1986年，改建松阳县乡镇企业局工业供销经理部，实行独立核算自负盈亏。主要推销乡镇企业产品，供应乡镇企业生产用的各种材料。主营木材、钢材、水泥，有职工11人。1987年，实行委托承包，有职工11人，营业额130.67万元，上缴国家税金33680元，年利润51937元，上缴局管理费8849元。1988年，营业额359.56万元，上缴国家税金2.39万元，年利润6.69万元，上缴局管理费27513元。1989年，实行抵押承包，全年营业额98.84万元，上缴国家税金1.24万元，利润0.39万元，上缴局管理费4946万元。1990年，营业额44.37万元，上缴国家税金2886元，亏损6936元，上缴局管理费1330元。1992年末，营业额720724元，上缴国家税金6992元，上缴局管理费3514元，亏损5186元。1992年10月终止。

乡镇商业服务企业

20 世纪 80～90 年代，松阳县乡镇商业服务企业商业经营主要是农村农民、城镇居民所需的日用生活必须品，糖、烟、酒、盐、糕点、日用小百货，代销县饲料公司的猪、鸡、鸭饲料，县生产资料公司的化肥、农药等。服务行业主要是小型的农机、饮食、旅馆、汽车修理、推销农副产品等。

1985 年，全县有商业服务业集体企业 33 家，从业人员 304 人，产值 87 万元，上缴国家税金 23 元，利润 17 万元。1990 年末，全县有商业服务业集体企业 8 家，从业人员 83 人，产值 45 万元，上缴国家税金 4 万元，利润 -1 万元。1992 年末，商业服务行业 6 家，从业人员 46 人，产值 54 万元，税金 3 万元，利润 1 万元。

1984～1992 年松阳县乡镇商业服务业集体企业发展情况一览表

表 11-7-3-5

年份	商业企业					饮食服务业				
	企业数（个）	从业人员（人）	产值（万元）	上缴税金（万元）	利润（万元）	企业数（个）	从业人员（人）	产值（万元）	上缴税金（万元）	利润（万元）
1984	18	67	94	7	42	15	108	15	1	—
1985	18	79	60	22	16	15	225	27	1	1
1986	17	55	35	13	17	17	116	32	2	1
1987	11	57	42	10	216	6	86	37	2	1
1988	6	33	24	3	1	6	82	49	3	2
1989	4	17	9	2	—	6	59	43	3	—
1990	3	20	7	1	—	5	53	38	3	-1
1991	3	21	8	2	—	1	20	51	2	1
1992	5	26	4	1	-1	1	20	50	2	1

第四节　产　品

20 世纪 80～90 年代，松阳县乡镇企业行业多，产品门类齐全，从单一的竹木制品、砖瓦、莹石开采，发展到丝绸被面、棉织大提花贡缎、化纤布、精粗纺兔羊毛纱、针织、硅酸铝纤维棉、毯、管道、玻璃纤维布、电器、纸箱、铸钢、机械制造、高岭土开采、竹粒系列产品、豪华家具、面粉、发电、制伞等。

经过不断地技术改造、设备更新、工艺流程改进，乡镇企业的产品质量不断提高，出现地、省、国家级的新产品，在市场的销售上有一定的知名度。地区级的产品有松阳县制伞总厂的童伞、双人

图 11-37 织绸厂生产的大提花贡缎丝绸被面、丝绸锦缎、花软缎（县档案馆提供 1992 年）

鸳鸯伞、松阳县光明电器厂的豪华型八角琉璃灯具、松阳县羊毛衫厂的棉麻衫、松阳县赤寿砖瓦厂的四六砖（在地区八大轮窑评比名列第一）、松阳县利民木材加工厂的躺椅、松阳县竹制工艺厂的竹粒座垫系列产品、叶村乡蜜饯厂的猕猴桃罐头、松阳县通用机械厂的双人打稻机等产品。省级的有松阳县织绸厂的百子图七色被面（获省丝绸面料消费者协会评选的织女杯奖）、松阳农用化工厂的强力增产素、松阳县铸钢厂的工业纯铁、松阳县赤寿活性炭厂的果壳不定型活性炭。国家级的有松阳县微型水轮机厂发电机组（获国家科委在杭州召开展览会上金奖，列入国家星火计划，该产品获得国家专利）、松阳县竹木工艺制品厂生产的竹珠、竹粒系列产品（在北京竹制工艺品展览会上获银质奖）。

1982～1992 年松阳县乡镇（社队）企业主要产品、产量一览表（一）

表 11-7-4-1

年份	产品名称	产量（吨）	产品名称	产量（万块）	产品名称	产量（万条）	产品名称	产量（万元）	产品名称	产量（万米）
1982	砩石	1211	砖	498	被面	3.03	竹草制品	9	布	—
1983	砩石	1414	砖	962	被面	3.40	竹草制品	3	布	—
1984	砩石	1654	砖	1492	被面	4.47	竹草制品	5	布	1
1985	砩石	2300	砖	1691	被面	7.34	竹草制品	3	布	13
1986	砩石	3000	砖	1708	被面	11.5	竹草制品	6	布	9
1987	砩石	2600	砖	1232	被面	14.36	竹草制品	—	布	—
1988	砩石	2662	砖	1469	被面	8.0	竹草制品	7	布	—
1989	砩石	2592	砖	1403	被面	3.54	竹草制品	34	布	—
1990	砩石	2171	砖	1286	被面	0.69	竹草制品	67	布	7
1991	砩石	1871	砖	1352	—	—	竹草制品	49	布	52
1992	砩石	1649	砖	688	—	—	竹草制品	244	布	110

1982～1992年松阳县乡镇（社队）企业主要产品、产量一览表（二）

表 11-7-4-2

年份	产品名称	产量（吨）	产品名称	产量（吨）	产品名称	产量（万千瓦时）	产品名称	产量（吨）	产品名称	产量（吨）
1982	耐火材料	16	叶蜡石	1273	发电量	—	面粉	—	针织绒	—
1983	耐火材料	43	高岭土	1338	发电量	1086	面粉	—	针织绒	—
1984	耐火材料	49	高岭土	889	发电量	1054	面粉	103	针织绒	—
1985	耐火材料	60	高岭土	—	发电量	925	面粉	67	针织绒	—
1986	耐火材料	272	高岭土	6	发电量	878	面粉	2728	针织绒	—
1987	耐火材料	662	高岭土	397	发电量	1246	面粉	4596	针织绒	—
1988	耐火材料	952	高岭土	433	发电量	1266	面粉	4063	针织绒	7
1989	耐火材料	1001	高岭土	472	发电量	1280	面粉	4920	针织绒	43
1990	耐火材料	1303	高岭土	920	发电量	1679	面粉	2400	针织绒	56
1991	耐火材料	1699	高岭土	2458	发电量	1190	面粉	2485	针织绒	103
1992	耐火材料	2519	高岭土	3377	发电量	1009	面粉	2583	针织绒	308

第五节　乡镇企业门类及企业

纺织工业企业

1980年末，松阳纺织工业有松阳织绸厂1家，职工82人，产值41万元。1984年上半年，纺织工业开始起步，当年办厂的有水南乡的江南织绸厂、叶村乡白龙州织绸厂。1985年，新办的有新兴乡织绸厂。联户、个体办的有城东织绸厂、城南织绸厂、水南纺织厂。1985年末，全县共有纺织企业3家。1986年有纺织企业6家，职工335人。年产各种单丝、双丝的丝绸被面7.34万条，涤纶华达呢、春秋呢等化纤布13万米，1985年，产值153万元，比1982年增长3.73倍，实现利润11万元，上缴国家税金9万元　后因丝绸被面、化纤布滞销，江南织绸厂、新兴织绸厂生产处于半停顿状态，城东、白龙州织绸厂转为校办工厂，水南织绸厂停产；至1990年末，尚在生产的有松阳织绸厂、江南织绸厂、新兴织绸厂。1988年，有新办的第二毛纺织厂等4家企业，职工463人。年产被面6879条，毛巾毯、各类化纤布7万米，羊兔毛纱90吨，产值463万元，实现利润-90万元，上缴国家税金18万元。

1992年，尚在生产的厂有松阳织绸厂、新兴织绸厂、第二毛纺厂3家，职工728人。年产大提花贡缎确平纺等110万米、兔羊毛纱308吨，产值3161万元，实现利润39.77万元，上缴国家税金140.4万元。

松阳织绸厂建于 1980 年 4 月，恢复松阳县制前由遂昌社队企业局投资 19.4 万元，水南公社投资 8000 元，由松阳区公所负责征地，是 3 家联办企业。1980 年 6 月，在水南公社塘寮村征用圩地 10500 平方米，并新建生产车间、职工宿舍、仓库、办公用房等 756.5 平方米。开始先在西屏镇 3 号公房生产单丝双丝被面。1981 年 7 月，从西屏镇 3 号公房搬迁到水南新厂房，至 1982 年恢复松阳县制时，有职工 82 人，固定资产 19.2 万元，产值 41.14 万元，实现利润 4.82 万元，上缴国家税金 0.77 万元。1984 年，进行技术改造，由松阳县建设银行贷款 44 万元、松阳县农业银行贷款 30 万元，扩建厂房、仓库等 4638 平方米，增加各类机器。1985 年末，有职工 271 人，生产单丝、双丝被面 69024 条，各种化纤布 125030 米，产值 147 万元，固定财产 76 万元，税利 22 万元。1990 年末，共有职工 320 人，产值 78 万元，固定资产 138 万元，税利 -32 万元。12 月，开始进行产品更新，生产出口大提花贡缎。至 1992 年末，有职工 470 人，产值 574 万元，税利 8 万元，固定资产 247 万元。其时，松阳县织绸厂是全县的骨干企业之一，是丽水地区纺织行业最大的生产厂家之一。

松阳县第二毛纺织厂，创办于 1988 年 9 月，开始与嵊县第二毛纺织厂联营按 2∶8 比例投资，共投入 90 万元，生产粗纺羊毛纱。1990 年 9 月，结束联营。至 1990 年末，有职工 100 人，固定财产 86 万元，当年生产兔羊毛针织绒纱 55.5 吨，产值 485 万元，实现税利 56 万元。1992 年 9 月，由台湾客商姚木先生投资 70 万元，通用机械总厂投入 70 万元，成立合资浙江松阳奥丽多制衣有限公司，增添设备。1992 年 12 月投入生产，主要产品有精纺、粗纺全羊毛或兔羊混纺毛纱，男女各式高中档纯羊毛和兔羊毛衫，任意提花各式男女高档羊毛衫。产品在全国各地大商场销售，并出口东西欧、东南亚等地。1992 年末，有职工 258 人，固定资产 412 万元，总产值 2587 万元，税利 172 万元。是松阳县乡镇企业骨干厂，为丽水地区重点企业之一。

建材工业及非金属矿物制品业企业

建材工业及非金属矿物制品，在 1982 年恢复松阳县制前，有松阳耐火纤维厂、赤寿砖瓦厂、村办的集体砖瓦厂等。至 1982 年末有 13 家此类企业，从业人员 629 人，年产值 69 万元。1985 年，发展到 40 家，从业人员 661 人，产值 149 万元。1990 年，减少到 12 家，从业人员 703 人，产值 675 万元。

1992 年末，有建材工业及非金属矿物制品业 10 家，从业人员 782 人，产值 1606 万元。1990 年开始，不断地进行技术改造，扩大生产规模，建材工业及非金属矿物制品业成为松阳乡镇企业的主要行业之一。

松阳耐火纤维厂，创建于 1980 年 5 月，遂昌县社队企业局投资 14.4 万元与西屏镇共同联办，厂区面积 9750 平方米，兴建办公用房、生产车间、仓库等 1072 平方米。

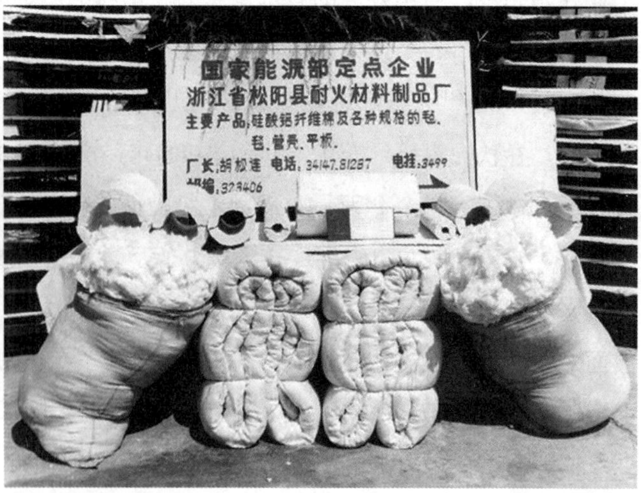

图 11-38　松阳耐火材料制品厂的主要产品(县档案馆提供 1992 年)

利用山东焦宝石作原料，在2000℃多的高温中熔化，经压缩空气喷吹成高温纽丝而成。具有重量轻、耐高温、热稳性好、导热低、绝缘、吸音、抗震、抗腐蚀，化学性能稳定的特性。生产品种有硅酸铝纤维棉、纤维毯、纤维被、纤维管套、纤维卷毯等。应用于石油、化工、交通、机械、电力、冶金、轻工、纺织等工业部门。1982年末，有职工19人，纤维棉60吨，产值8.17万元，利润0.41万元。经过1986年技术改造，由县农业银行投入5万元，扩建烘房，更新改造三相电弧炉及喷房。到1985年，有职工33人，纤维棉及制品150吨，产值29万元，固定资产19万元，税利2万元。1989年，投入4.5万元改造烘房，扩大制品生产。1987～1988年，投入5万多元建成长网连续生产线。1990年，投入7.2万元，改造排污设备，扩大烘房。纤维棉制品500吨，产值353万元，税利18万元；固定资产34万元，职工62人，厂区面积1万平方米，建筑面积1600 平方米。1992年末，耐火纤维棉及制品700吨，产值856万元，税利48万元，固定资产83万元。职工90人。其时，松阳县耐火纤维厂是松阳乡镇企业骨干企业之一，也是丽水地区生产硅酸铝纤维规模最大的厂家之一。

松阳县耐火材料制品厂，是古市镇的镇办企业，建于1985年5月。职工39人，固定财产12万元，年产值5万元，厂区面积4447.5平方米，厂房面积696.5 平方米。用山东焦宝石作原料，生产硅酸铝纤维棉、毯、管套等制品。1988年，实行抵押承包。1990年，有职工70人，产值161万元，固定资产27万元，实现税利8万元。1992年10月，被定为能源部定点厂。1992年末，有职工80人，固定资产80万元，产值472万元，税利15万元。

赤寿砖瓦厂，建于1975年4月，是松阳最早的机械制砖的企业，是丽水地区八大轮窑之一。厂区面积100亩，配套厂房3150平方米。1982年，生产能力1400万块砖，职工120人，年产值39万元，税利2万元。1985年，有职工260人，固定资产52万元，产值53万元，税利18万元。经丽水地区检测红砖标号在75#以上，为丽水地区产值、产量、经济效益之首。至1990年，由于缺乏原料，产值下降到27万元，税利5万元，固定资产53万元，职工200人。1992年，由于缺乏制砖泥土，处于半停产状态，产值15万元，税利-12万元，固定资产51万元，职工200人。

松阳县二建砖瓦厂，建于1988年10月，投入资金45万元，年生产能力1200万块四六砖。厂房面积400平方米，是年建厂投产。至1989年，职工140人，固定资产35万元（福建师傅投资10万元抽回），年产红砖800万块，产值23万元，税利-7万元。至1990年，有职工198人，固定资产35万元，年产红砖900万块，产值29万元，税利5万元。该厂生产的红砖主要供其公司各工程队和农村建房，产品质量经地区检测，标号为80～100。1992年末，有职工220人，产值52万元，税利11万元，固定资产39万元。

图11-39 松阳鸿埠玻璃纤维厂生产的玻璃纤维及纤维布（县档案馆提供 1992年）

松阳县鸿埠玻璃纤维厂，是岗寺乡的乡办企业，建于1985年5月。利用无色碎玻璃，通过镍坩埚加温拉丝成32支玻璃纤维，将玻璃纤维织成玻璃纤维布，用于石油、化工管道包扎。1990年，从业人员65人，固定财产13万元，产值32万元，税利4万元。1992年10月，改名为松阳县玻璃纤维总厂，为古市镇办企业，职工107人，产值103万元，税利5万元，固定资产24万元。

竹木加工及家具制造业企业

竹木加工是山区乡镇（社队）的主要乡镇（社队）工业，从1978年8～12月份，建立木材加工厂的有枫坪、玉岩、交塘、安民、蛤湖、大东坝、石仓、雅溪等区社。主要加工产品为自行车的包装箱、啤酒箱，松、杉、实木门窗料及板方料。至1982年，有竹木加工企业10家，从业人员124人，产值92万元。1985年1月，木材加工向精加工发展，加工木地砖、折椅、躺椅、家具、学生课桌凳、大小圆桌等。至1985年末，有30家企业，从业人员273人，木材加工总产值为140万元。

1987年冬，松阳县竹制工艺品厂从台湾引进竹粒加工工艺，试制成功竹粒沙发座垫、汽车驾驶员座垫，并投入批量生产，产品投放到上海、南京、西安等地市场试销，取得较好的效益。从1988年竹制工艺企业开始起步，至1990年末，竹木工艺品厂发展到31家。规模较大的有三都乡办的松阳县利民竹木加工厂、松阳竹木工艺制品厂、竹制工艺品厂。产品从竹粒沙发、汽车坐垫发展到竹粒凉席、汽车驾驶室竹粒沙发座垫、竹珠沙发、竹珠靠背椅、背袋、门帘等系列产品。至1990年末，全县竹木加工企业的总产值390万元，占全县工业总产值的10.65%。全县从事竹木加工、家具制造企业共36家，职工633人。从1991年初开始，竹木系列制品、竹木家具产品进行技术改造，产品进行更新。至1992年末，竹木加工业、家具制造业的企业发展到52家，产值1532万元，从业人员1090人。竹木加工、家具制造业成为松阳县乡镇工业的主要行业之一。

图11-40　大东坝镇黄南地板厂一角（县档案馆提供1998年）

机械工业企业

松阳县机械工业开始是各社队农机修理站。由于实行联产承包到户，乡镇（社队）农机站大型拖拉机已不适应，村级所有小型手扶拖拉机折价给个人所有，各乡镇（社队）的农机修配站相继停办。至1982年，恢复松阳县制时留下的机械工业企业15家，从业人员143人，产值51万元。有一定规模的有松阳通用机械厂、靖居农机厂（靖居微型水轮机厂）及古市、岗寺、赤寿、斋坛农机厂。主要修理打稻机、手扶拖拉机、喷雾器、铸造手扶拖拉机的零配件。制造单人、双人脚踏打稻机。至1985年，全县有机械工业企业13家，从业人员170人，总产值111万元，占全县工业总产值的7.11%。至1990年，机械工业企业8家，从业人员179人，产值190万元，占全县工业总产值的5.2%。1992年末，机械工业企业7家，从业人员147人，产值343万元，占全县工业总产值的2.28%。

靖居微型水轮机厂，前身是靖居农机厂，1989 年 8 月研制成功微型水轮发电机后，改称松阳县微型水轮发电机厂。该厂创办于 1979 年 2 月，是靖居公社的主要社办工业企业，主要生产铁木结构单人、双人打稻机及工农东风-12 型手扶拖拉机架、手把座组合件、进排气管等 49 种零配件，并兼营农机具的修配业务。至 1985 年，共有职工 68 人，厂房 360 平方米，固定资产 10 万元，产值 45 万元，税利 13 万元。 该厂从 1987 年开始研制微型水轮发电机，试制的第一台安装在靖居乡双溪口村，解决全村 20 多户畲族村民的小型家用电器及照明用电。微型水轮机配上微型碾米机、磨粉机，解决村民粮食加工。1988 年，微型水轮发电机组列入浙江省科研计划。1989 年 8 月，产品通过省级鉴定，可供农副产品加工综合利用。1990 年末，该厂生产的微型水轮发电机在松阳、景宁、青田、云和等地推广。至 1990 年末，有职工 52 人，年产值 20 万元，固定财产 16 万元，税利 2 万元。1992 年 6 月，100 台微型水轮发电机组发往西藏。1992 年，从业人员 66 人，产值 75 万元，税利 1 万元，固定财产 16 万元。

松阳通用机械厂，原为西屏镇农机修配厂，创办于 1979 年 3 月。1985 年 2 月，改为松阳县通用机械厂。办厂初时，有职工 6 人，产值 2.5 万元，厂房 223.5 平方米，修理手扶拖拉机、打稻机等。1982 年恢复松阳县制后，增添机器设备。至 1985 年，全厂职工 26 人，厂房扩大到 1384 平方米，年产值 32 万元，固定财产 13 万元，税利 2 万元。1985 年初到 1990 年末，投入 35.2 万元，进行技术改造，更新设备，增加木材加工、铸造分厂。主要生产双人、单人铁木结构的打稻机、水管、茶叶生产用瓶茶机、手扶拖拉机的皮带盘、机架等 30 余种零配件。双人打稻机列入国家计划，年产 500～600 台。同时，兼营农用汽车、各种型号手扶拖拉机及农用机具的修理。到 1990 年末，全厂职工 38 人，厂房 2838.4 平方米，固定财产 38 万元，自有资金 27 万元，产值 156.6 万元，税利 11 万元。1992 年末，从业人员 56 人，产值 169 万元，税利 10 万元，固定财产 71 万元。是松阳乡镇企业机械工业主要骨干厂之一。

松阳县铸造厂，建于 1992 年 5 月，属联办集体企业，下设浙江省冶金研究所松阳铸钢厂和松阳铸造厂（叶村乡联办企业）2 个分厂。厂区面积 6048 平方米。1992 年，投入技改资金 72 万元，厂房 2000 平方米。固定财产 150 万元，职工 120 人，以加工制造各种合金钢铸件、普通碳钢和工业纯铁铸件产品，年生产能力 1000 吨。该厂生产的工业纯铁系冶金部“七五”重点科研课题，1990 年研制成功。1991 年 3 月，通过省级鉴定，填补省内纯铁生产的空白。为华东地区唯一生产工业纯铁的单位，产品销往上海、江苏、江西和杭州、温州等地，并有 8 家大中型企业与其协作。1992 年，产值 93 万元，税利 6 万元。是松阳县铸造业的主要厂家之一。

造纸、电气器材制造业企业

1982 年松阳恢复县制前，有古市镇纸袋厂、西屏镇瓦楞纸厂、岗寺乡纸袋厂 3 家。至 1982 年末，从业人员 42 人，产值 7 万元，主要生产水泥纸袋、中成药纸盒。1985 年 7 月，斋坛乡新办的斋坛纸箱厂，主要生产包装用的纸箱，为松阳县处州制药厂、陶瓷厂、羊毛衫厂、制伞总厂包装用箱。1985 年末，有 4 家纸制品企业，从业人员 61 人，产值 10 万元。1990 年，有 3 家纸制品企业，从业人员 64 人，产值 52 万元。1992 年末，造纸及纸制品业 5 家，从业人员 111 人，产值 186 万元。

1992年，斋坛乡纸箱厂，从业人员60人，产值135万元，固定财产17万元，税利3万元，成为松阳县纸制品业主要厂家之一。

电气器材制造业，全县仅一家，即新处乡办的松阳县光明电器厂。创办于1986年10月，当年办厂，当年投产，从业人员38人，产值8万元。1990年，从业人员145人，固定资产43万元，年产值260万元，税利16万元。该厂生产的主要产品为调光器、豪华型八角琉璃灯。生产的调光器主要为上海长虹灯具厂配套产品，通过上海口岸出口欧洲。1992年，从业人员35人，产值78万元，税利-9万元，企业面临破产、倒闭。

电力生产企业

全县电力生产企业，主要是农村的小型水力发电站。利用山坑、小溪、水库蓄水放水灌溉发电，供应农村照明、农副产品加工用电，部份在丰水期并入电网。农村的小型水力发电站的发展，是从合作化人民公社时期开始的，规模比较小，一般在5～20千瓦。自20世纪70年代“农业学大寨”开始，特别是中共十一届三中全会以后，农村的小水电发展较快，装机容量、发电量逐年增加。各区社都扩建、新建电站。有一定规模的有松阳区东坞水库一二级电站、水南公社竹溪源水库发电站，古市区梧桐源水库电站、樟溪杨岭脚水库电站、新兴大石电站，靖居区毛弄电站、雅溪港口电站、南坑源村电站，大东坝区横水口电站、石仓电站、蛤湖电站、安民潘坑电站、苏马坪电站，玉岩区玉岩电站、溪口电站、枫坪电站。利用山坑、小溪发电的小型电站由于有的一年只有半年有水发电，在枯水期不能发电。1985年后，除长期有水发电的小型电站外，大部分村庄都安装高压电，小型电站被淘汰。1982年，全县有14处电站，从业人员159人，年发电量851万千瓦时，产值53万元。1985年，电站14处，从业人员147人，年发电量975万千瓦时，年产值64万元。1992年末，有电站8处，从业人员57人，产值62万元，年发电量1009万千瓦时。

金属制品业企业

1979年10月，乡镇（社队）企业的制伞业由遂昌县社队企业局投资与石仓公社联办的松阳县红灯皮革厂，生产各式背袋、直杆伞，到1982年，制伞业仅此1家。1985年，制伞业有松阳县皮件厂、石仓乡的环球伞厂、红灯伞厂3家，从业人员85人，产值40万元。至1990年，发展到8家，从业人员160人，年产各类晴雨伞15万把，产值166万元。1992年末，有5家，从业人员186人，产值218万元，年生产各类晴雨伞30万把。

非金属矿采选业企业

乡镇企业的采矿业，主要是开采莹石矿、高岭土矿。1958年6月，靖居乡在弄背开采莹石矿。1982年末，产量1211吨，年产值8.9万元，职工18人。蛤湖公社小樟源高岭土矿（以前叶蜡石矿），1982年产量1273吨，产值5.8万元，职工15人。1985年，开采莹石矿的有靖居乡弄背2处、板桥畲族乡的碧安、裕溪乡的大岭、赤寿乡的垄下5处。蛤湖乡小樟源高岭土矿转为国营开采；年开采2处莹石矿2300吨。1985年，开采非金矿6处，从业人员91人，年产值27万元。1990年，全县开采莹石矿和高岭土矿共2家，从业人员68人，年产莹石2171吨、高岭土920吨，产值22万元。1992年，非金属矿开采4家，从业人员104人，年产莹石1649吨、高岭土3377吨，产值34万元。

垄背莹石矿，矿脉比较稳定，长500米，厚1米左右，最厚大于2米，根据采掘现状，储量为7万吨，远景储量大于20万吨，矿石品位较富，一般CQF含量70%～80%，富的达90%，贫的也有60%。从1958年6月开采至1994年，累计开采3.6万吨，累计产值260万元，税利7万元。

高岭土采掘，在1982年前蛤湖公社小樟源开始，为社办矿业。1982年末，开采1273吨，开采的矿石销往温州西山瓷厂、松阳电瓷厂。1985年，该矿转为国营高岭土矿。1986年，重新开始开采，年开采量397吨。1992年，大东坝镇开采3处矿场，年产量3377吨。

化学工业企业

1982年恢复松阳县制时，松阳没有化学工业。1984年10月，叶村乡创办企业，生产农用强力增产素。该产品是植物生长刺激素，用于粮食作物、油菜、大小麦、亚麻、大豆、桑树、茶叶等，具有增产作用。至1990年末，从业人员8人，年产值8万元，利润1万元。1992年，从业人员12人，年产值12万元，利润2万元。

赤寿乡活性炭厂，1985年10月从遂昌林化厂引进食用、药用活性炭项目，当年投入资金3万元，开始建炉、建厂，当年投产。1987年，进行技术改造，扩大生产规模。至年末，有职工25人，固定资产1.2万元，年产量90吨，产16万元，税利1万元。1990年末，有职工30人，固定财产16万元，由于产品滞销，年产活性炭60吨，产值9万元，税利1万元。1992年7月，该厂生产的果壳不定形颗粒活性炭，通过省级鉴定，属国内先进水平，填补省内空白。1992年，从业人员30人，固定财产32万元，产值51万元，税利5万元。

肉类食品加工业企业

1991年10月，新建立松阳县金山脚肉类加工厂。1992年9月，改名为松阳县火腿厂。1992年10月，新办松阳县第二火腿厂、松阳古市火腿厂，全县肉类加工企业共3家。

松阳火腿厂挂靠西屏镇，1992年7月，投入资金28.4万元，厂区面积1413 平方米，新建生产用厂房432平方米，是浙江省食品公司金华牌火腿定点厂，1992年11月，开始投入生产，总收购鲜腿10056只，是松阳县肉类加工的两个重点企业之一。

第六节　乡镇企业投入

1982年松阳恢复县制前，遂昌县在松阳区域社队企业投入资金41.8万元。其中，松阳织绸厂19.4万元、松阳县耐火纤维厂14.4万元、叶村乡陶器厂3万元、石仓乡红灯皮革厂5万元。松阳区域乡镇工业企业机械设备陈旧，产品单一，缺乏竞争能力。1984年，全县社队工业企业设备贷款投入151.7万元，其中农行、信用社投入102.3万元、建行投入44万元；流动资金投入169.5万元，其中农行贷款投入127.7万元、信用社贷款投入41.8万元。1985年，全县乡镇工业投入111.9万元，其中农行贷款投入76.6万元、信用社贷款投入5.3万元、建行贷款投入30万元。农行系统投入乡镇工业企业流动资金374.1万元。1985年末，全县乡镇企业固定资产574.67万元。1990年，全县乡镇企业固定资产3518万元，比1982年增长6.11倍。1982～1990年，全县共投入乡镇（社队）工业企业设备、技改项目资金645.1万元，流动资金1778.8万元。

图11-41 县农行、信用社投放乡镇企业贷款扶持企业（县档案馆提供 1992年）

1992年，县农行、信用社、建行共投入乡镇企业的设备技术改造贷款341.3万元，比1991年增长51.69%，其中农行投入218.8万元、信用社投入2.5万元、建行投入120万元；投入乡镇企业流动资金贷款2883.7万元，比1991年增长65.52%，其中农行投入1206.1万元、信用社投入1254.6万元、建行投入423万元。全年设备技术改造贷款和流动资金贷款是分县后投入最多的一年。1982～1992年，县农行、信用社、建行投入设备、技术改造贷款累计1211.4万元。1992年末，全县乡镇企业固定财产原值4922万元，比上年增长26.56%；总收入16331万元，比上年增长59.94%。

1982～1992年松阳县乡镇（社队）企业收入及固定资产、设备、流动资金贷款情况表

表11-7-6-1　　单位：万元

年份	总收入		固定资产原值		设备贷款				流动资金贷款			
	合计	村及村以上	合计	村及村以上	合计	农行	信用社	建行	合计	农行	信用社	建行
1982	788.85	788.85	574.67	547.67	11.6	10.6	1	—	60.6	45.2	15.4	—
1983	935.99	935.99	1014.78	1014.78	13.7	11.7	2	—	66.4	37.3	29.1	—
1984	2153.95	1380.71	1103.87	1103.87	151.7	106	1.7	44	169.5	127.7	41.8	—
1985	3784.21	1841.16	1284.31	1284.31	112	76.7	5.3	30	374.1	301.9	72.2	—
1986	4905.34	1989.1	2717.6	1546.92	100.8	83.4	17.4	—	553.1	410.2	142.9	—
1987	5841.63	2417.69	2573.35	1621.85	104	87.3	16.7	—	954.7	754.4	200.3	—
1988	7314	3234	3025	1937	86.1	76.5	9.6	—	1196.9	896.0	300.9	—
1989	7629	3107	2863	1913	38.1	12	11.1	15	1588.9	775.9	491.8	321.2
1990	7870	3254	3518	2231	27.1	24.7	2.4	—	1778.8	988.3	586	204.5
1991	10211	3973	3880	2444	225	207.5	2.5	15	1742.2	1187.7	554.5	135
1992	16331	5901	4922	2138	341.3	218.8	2.5	120	2883.7	1206.1	1254.6	423

1985～1992年松阳县乡镇企业资金投入情况表

表 11-7-6-2　　　　单位：万元

序号	投入时间	企业名称	项目名称	投入资金	新增产值	经济效益（利税）	备注
1	1985.09	县织绸厂	购机生产化纤布	28	95	14.3	—
	1986.07	县织绸厂	购机生产三色、七色被面	14.2	45	7.25	—
	1987.03	县织绸厂	购机生产中高档被面	6	50	8.5	—
	1988.02	县织绸厂	购机生产毛巾被单	6.75	65	5.5	—
	1989.04	县织绸厂	购机生产七色锦纶被面	6.75	75	8.1	—
	1990.07	县织绸厂	购机生产大提花贡缎布	10.5	74	5	—
	1990.12	县织绸厂	扩大生产大提花贡缎布	20	71	8.5	—
	1991.05	县织绸厂	增机生产出口产品	102	240	29.36	—
2	1985.10	县活性炭厂	扩建16管道活化炉	5	24	5.6	—
	1990.05	县活性炭厂	扩建16管道活化炉生产粉炭	8	21	3.1	—
	1991.02	县活性炭厂	开发不定开颗粒活性炭	8.16	60	12	—
3	1985.10	松阳县五金厂	土建厂房	15	36	4.48	—
	1986.07	松阳县五金厂	购机生产自贡螺丝	9	38	5.9	—
4	1985.08	县电瓷厂	购置设备、土建厂房	60	67	8	—
5	1985.05	县皮件厂	购置设备、土建厂房	19	40	6	—
	1991.03	县制伞总厂	增添设备、生产直杆伞	8.93	80	15	—
	1992.03	县制伞总厂	生产鸳鸯伞和三折伞	5	20	2	—
6	1985.08	县耐火材料制品厂	购置设备	14	96.6	14.29	—
	1991.05	县耐火材料制品厂	改造喷花房、扩大生产能力	4.83	109.5	7.42	—
	1991.06	县耐火材料制品厂	新建吹棉制品车间	12.6	300	66	—
	1992.04	县耐火材料制品厂	新建吹棉制品车间	32.6	350	19.87	—
7	1986.06	赤寿砖瓦厂	规划道路	4	44	14.78	—
8	1986.04	新兴织绸厂	改机	10	25	2.5	—
9	1986.08	县啤酒原料厂	扩建仓库	30.3	91	5.74	—
10	1987.09	县羊毛衫厂	土建、购置设备	25	78	8.5	—
	1991.06	县羊毛衫厂	生产28支精纺四平羊毛衫	6.2	16	3.8	加工产值
11	1989.01	县光明电器厂	土建厂房	46	208	13	—
12	1988.10	县二建砖瓦厂	土建厂房购置设备	45	108	8.98	—
	1992.01	县二建砖瓦厂	扩建砖坯晒场	3	18	3	—

续表 11-7-6-2-1

序号	投入时间	企业名称	项目名称	投入资金	新增产值	经济效益（利税）	备注
13	1988.12	县第二毛纺织厂	扩建厂房购置设备	79.4	281	24.96	—
	1990.12	县第二毛纺织厂	改造危库	9.85	—	—	—
	1991.04	县第二毛纺织厂	扩建精纺车间	150	500	60	—
	1991.04	县第二毛纺织厂	建造拣毛纺测试室等	9.8	—	—	—
	1992.01	县第二毛纺织厂	扩建精纺车间	64	500	83.24	—
	1992.01	县第二毛纺织厂	扩建粗纺车间	90	300	48.44	—
14	1989.12	县通用机械厂	扩建铸钢车间	13.2	—	—	—
	1991.05	通用机械厂	扩建木材、铸钢车间	10.5	100	13.15	—
	1992.01	通用机械厂	拆迁铸钢、木材分厂	23	50	11.23	—
15	1989.08	县微型水轮机厂	开发水轮机	15	1.5	—	实际价值
16	1989.11	县耐火纤维厂	改造烘房、扩大制品生产	4.5	—	—	—
	1990.08	县耐火纤维厂	排污	2.2	—	—	—
	1990.02	县耐火纤维厂	改造烘房	5	32	6	—
	1991.01	县耐火纤维厂	拓宽路面	4.95	—	—	—
	1991.06	县耐火纤维厂	增建吹棉车间及干法成型生产线	40	200	25	—
	1992.07	县耐火纤维厂	新建新华分厂、扩大生产规模	36	250	12	—
17	1991.03	县玻纤厂	增机 14 台，生产玻纤布	8.4	20	9.9	—
	1992.08	县玻纤厂	增织机扩大生产能力	43	90	17	—
18	1991.01	县利民木制品厂	增设备扩大躺椅生产线	10	100	13.54	—
19	1991.07	古市编织厂	购置配套设备	1.5	12	2.3	—
20	1991.08	县纸箱厂	购置设备改旧房、扩大生产能力	8.78	70	6	—
	1992.06	县纸箱厂	增设备改造旧房扩大生产能力	20	100	10	—
21	1991.09	县竹木工艺制品厂	增设备扩大生产能力	5.5	18.2	11.92	—
22	1991.09	樟溪面粉厂	增设备提高面粉质量	8.8	15	7.72	加工产值
23	1991.09	县制伞公司	增设备扩大生产能力	5	45	4	—
	1992.06	县制伞公司	增设备扩大生产能力	45	53	15	—
24	1991.12	玉岩绿色食品厂	开发生产汤汁笋罐头	25	26	10.6	—
25	1992.05	县铸钢厂	增设备及石英砂加工场	50	80	11	—
26	1992.05	斋坛竹木制品厂	增设备扩大生产能力	9	60	16	—

续表 11-7-6-2-2

序号	投入时间	企业名称	项目名称	投入资金	新增产值	经济效益（利税）	备注
27	1992.07	永新机械厂	扩建机械及竹粒制品车间	16	80	14	—
28	1992.07	钟楼木制品厂	增设备扩大生产能力	15		12.8	—
29	1992.07	城镇家具厂	增设备扩大生产能力	13.8	120	27.8	—
30	1992.07	新华建筑材料厂	建造水泥制品加工场	10	60	7.8	—
31	1992.07	县火腿厂	建造火腿制品加工场	35	100	17	—
32	1992.08	塑料制品印刷厂	新建吹塑车间	15.3	65	14	—
33	1992.08	西屏瓦楞扁丝厂	新建竹粒制品车间	6	20	4	—
34	1992.07	县钢球厂	新办钢球厂	34	252	46.7	—
35	1992.09	县塑料造粒厂	年产 128T 再生塑料	7	41	8	—
36	1992.09	县实验工艺厂	开发生产机制木炭	7.5	75	31	—
37	1991.01	玉岩区木材加工厂	增添设备，生产出口产品	4.5	15	2.25	—

第八章　农业技术推广与服务

中华人民共和国成立前，省级农业科研单位在松阳发展农业，普及种植业、畜养业等。中华人民共和国成立后，松阳县建立以县农科所（农场、农业局）、公社农科站、大队农科队、生产队农科组“四级农科网”为主体的农技推广体系。20 世纪 80 年代至 90 年代末，形成以县农技推广中心为龙头、以乡镇农技站为纽带的五级农技推广组织体系。这一时期农业技术推广体系的主要特征是政府直接领导农业推广，科技服务组织是以县农业推广中心机构为主，县农经委、县科协技术委员会等多部门协作。21 世纪开始，形成农业科研、农技推广中心、教育单位、农村合作经济组织、涉农企业、协会组织等广泛参与的多元化农技推广体系，为农业增效、农民增收服务。

20 世纪 90 年代后，农业和农村形势发生根本性变化，越来越多的农民自愿地组织起来，以专业合作社或专业技术协会等形式建立各类农村专业合作组织。这些合作组织包括生产环节、流通环节、产供销一体化的合作，产前、产中、产后的合作，农户与农户、集体与集体、个体与集体、个体与企业等的合作。在此期间政府创办的农业技术推广体系是全县农技推广服务体系的主导力量，重点开展各类推广、科技评估、标准检测、政策咨询、科技示范等公益性的活动，促进科技资源与其他要素的合理配置。以农民为创办主体的专业技术合作组织成为松阳县农技推广服务体系中不可替代的力量。

第一节　农业技术推广队伍

乡镇农技人员

1979 年 6 月，县域内建立人民公社农科站 25 个，有脱产农民技术员 197 人；建立生产大队农科队 225 个，有不脱产农民技术员 1035 人；建立生产队农科组 1179 个，有不脱产农民技术员 3355 人。四级农科网针对当地生产薄弱环节，开展群众性科学实验活动，因地制宜推广先进技术，促进农业生产发展。

1983 年 7 月，建立和健全为农民服务的农林科技推广体系，每个公社农技站配备农业科技人员 2～4 名。

20 世纪 80 年代后，各地农技站实行定岗位、定职责、定指标、定奖罚的岗位责任制，把责任制、考核制、奖惩制结合起来。农技推广人员深入调查研究、亲自搞试验示范、积极传授技术，各项先进技术得到推广使用。

农技推广中心

20 世纪 80 年代，计划体制下形成的政府农业推广机构的职能已经不能适应农村经济发展的需要。推广对象由生产队变为农户、专业户，推广目标由完成计划任务变为追求利润，推广内容由单一化变为多样化、系列化，松阳农村农户自发地出现适应市场经济发展要求的茶叶、蚕桑、水果等专业队、专业户组织。这一阶段专业合作组织主要开展引进、培训、推广实用技术及试验、示范、交流信息等技术交流方面的服务，部分专业合作组织起到区域行业协会的作用。

20 世纪 90 年代，松阳县在全县各乡镇设立农业综合服务站，在松阳、古市、象溪、大东坝、玉岩 5 个片设立农技站，承担农技推广职能，全县农技干部 230 人。1992 年撤区扩镇并乡，绝大部分地区（片）农技站的农技干部被分配到乡（镇）农技站工作。到 2000 年，仅保留松阳区域（片）农技站，工作人员 3 人，其他农技人员全部归并到县农技推广中心。2007 年以前，农技人员编制为单独设置；2007 年乡镇机构改革后，把农技人员编制与其他事业编制混编，未单独列编。至 2010 年，从事农技服务的农技人员中，县农技推广中心 59 人，其中高级职称 20 人、中级职称 27 人；乡镇 100 人，其中中级职称 35 人。农技推广分茶叶、粮油、水果、食用菌、蔬菜、农机、农经 7 个专业；各乡镇主导产业确保有农技员，非主导产业大部分为兼职农技员，动植物疫病防控、农产品质量监管各安排 1 人负责日常事务。

开展农民技术资格证书制度试点工作，对具有初中毕业文化程度的村服务体系的干部、专业户、科技示范户、青年农民和一些技术性较强岗位的从业农民，开展 300 学时左右的岗位专业知识和技能培训；培训内容为农学、畜牧、果树和蔬菜 4 个专业。至 1992 年末，开办农民技术资格证书培训，全县参加培训学员 48 人。

1988～2007 年若干年份松阳县农民技术职称人数统计表

表 11-8-1-1　　单位：人

职称＼年份	1988	1997	1999	2003	2007
助理技术员	—	94	5	4	—
技术员	—	49	71	37	10
助理技师	—	67	33	103	6
技师	—	—	19	36	6
高级技师	—	—	1	—	—
助理会计员	21	—	—	—	—
会计员	80	—	—	—	—
助理会计师	180	—	—	—	—
会计师	38	—	—	—	—

第二节　农业技术推广管理

1984年，松阳县对农业技术推广开展项目管理。设定项目的来源有经过国家和省有关部门审定的农业科技成果，经过生产实践证明行之有效而尚未推广的增产技术，从省内外引进当地试验、示范、经济效益显著的农业新技术。设定项目的原则有当地生产和广大农民急需的适用技术，花钱少、见效快、收益大的技术，适应范围广、增产潜力大、能在大面积较快推广的技术。

项目内容有1980年3月以后承担农业重点技术重点项目6项。种好杂交水稻和杂交玉米；推广高产优良品种（早籼青秆黄、竹科2号、晚粳矮粳23、双糯4号等新品种）；推广尼龙薄膜育秧、两段育秧、三秧配套等多种育秧方式，培育壮秧；推广合作防治制度，建立植保队伍，防治病虫害；推广开好水稻田排水沟，实行三沟配套；推广改造冷水田、烂糊田、坡耕地等低产田地。

项目实施过程中，增加农技推广投入，农业技术推广经费以各级财政投入为主、多渠道筹措为辅。从1987年开始，从多渠道筹集的农业发展基金中划出一部分资金，专项用于农业科技成果和适用技术的推广。按政策规定，收取粮食、棉麻、茶叶、蚕茧、糖料等各项作物的技术改进费，专项用于品种改良和技术推广。在发展粮食生产专项资金中安排一部分资金，用于重点技术推广项目的实施，同时安排专项化肥配套。从乡村集体经济中提取适当的资金，用于农业技术推广和技术培训。从农技推广部门兴办经济实体的创收中，提取一部分用于农技推广项目实施。

第三节　农业科技成果及管理

县农业部门负责科技奖励的日常管理和评审组织工作。

农业科技成果奖面向农业系统，奖励通过试验示范和推广应用的农业科技成果和先进适用技术，取得显著经济效益、社会效益及生态效益的项目。重点奖励在高效生态农业发展中，科技含量高、推广范围广、效益显著，对保障粮食安全、实现农业增效、农民增收有较大作用的项目。

农业丰收计划项目

丰收奖是农业部门设立的农业技术推广奖，用于奖励在农业技术推广活动中做出突出贡献的集体和个人，农业部、省农业厅、市农业局设有丰收项目，丰收奖设一、二 、三等奖。主要从技术经济指标，总体技术水平（其中推广或创新的核心技术），组织管理水平，社会效益、经济效益和生态效益等方面评审或验收。

松阳县丰收奖自1987年始省地县三级联动，开展粮食丰收计划项目立项、实施、验收、报奖工作。立项依据在于提高粮食产量及效益的技术推广，几年后改为农业丰收计划。松阳设立农业丰收计划约3年后取消，相应项目成果直接报县科技进步奖。

松阳县推广的主要项目有粮食作物高产模式栽培、水稻配方施肥技术推广、旱地绿肥新品种推广（大荚箭舌豌豆）、高山蔬菜生产基地建设、平衡施肥示范、吨粮田建设、脐橙基地建设、早熟梨基地建设、“松阳香茶”工艺技术研究与开发、茶厂优化改造建设示范与推广、茶叶病虫害统防统治示范推广、肥药减量增效技术推广应用等。

2003 年，松阳县茶叶农药残留控制技术获农业部农牧渔业丰收奖二等奖。2009 年，假眼小绿叶蝉和茶蚜等害虫及其天敌引诱技术研究及应用获农业部中华农业科技奖三等奖。松阳县粮食作物高产模式栽培获 1987 年度浙江省粮食丰收二等奖。农田新三熟技术推广获 1998 年度省农业丰收一等奖。万亩无性系良种茶园高效示范推广获 2001 年度省农业丰收二等奖。三万亩脐橙生产技术研究与应用获 2002 年度省农业丰收二等奖。茶树病虫无害化防治技术获 2005 年度省农业丰收奖一等奖。

1996 年度，新兴乡获丽水地区农业丰收奖二等奖。2000 年度，松阳县获丽水市农业丰收奖项目共 4 项，其中由县农业部门承担的万亩高山蔬菜生产基地建设项目获一等奖、由县食用菌办公室承担的千亩草腐菌高产高效基地建设项目获二等奖。2002 年度，松阳县获丽水市农业丰收奖项目 3 项，其中由县农业部门承担的松阳香茶工艺技术研究与开发获二等奖。2007 年度，由县农业部门承担的茶厂优化改造建设示范与推广项目和县种子公司承担的松阳县超级稻新品种推广项目均获市农业丰收奖项二等奖。生态绿茶病虫综合防治技术推广与应用，获 2008 年度丽水市农业丰收奖一等奖。

农业科技进步奖

浙江省农业厅技术进步奖含技术开发类项目、社会公益类项目和软科学项目。1998 年，松阳县水稻稻秆潜蝇发生规律和综合防治技术研究获省科技进步奖三等奖。松阳县的茶叶病虫害区域综合治理较少集成示范与应用项目获省农业厅 2009 年度农业科技进步二等奖，获丽水市政府科技进步二等奖。

第四节 农业服务

农业信息服务

农业信息工作起始于 2000 年，当时职能归属松阳县农业局科教站。2001 年 11 月，松阳县农技 110 信息中心正式挂牌，办公场所设在新华路 32 号原农业局一楼，松阳农技 110 信息网（httpz://www.synj110.gov.cn）即时开通演示，开始信息网上发布。各乡镇也同步建立农技 110 信息网服务站。2003 年 10 月，信息中心从科教站分离，归并局办公室。

2005 年开始，全面推广农民信箱工作。由省农业厅建立应用系统（http://www.zjnm.cn），陆续开通农民信箱农机、粮油、畜牧二级短信平台。2007 年，农技 110 信息网重新设计改版，功能完善、发布便捷、网页美观，信息发布量得以提升。

2010 年，全县农民信箱注册用户 16982 个，注册用户启用数 16496 户，其中普通农户启用数 11488 户。全县共有农民信箱联络室 26 个、联络点 468 个，农民信箱成为松阳“三农”领域最为普及的信息工具。农民信箱累计发送个人信件1165万封，短信1145万条，发布公共信息2800余条，发布买卖信息3033条。利用农民信箱的产销对接、信息集成、电子政务、农技服务等功能，帮助指导农民发展生产、销售产品，引导农民创业创新；利用农民信箱的产销平台，开展一系列农产品产销对接活动，共有网上农产品摊位239个，发布买卖信息2300余条，降低营销成本；农民信箱 “每日一助”服务取得较好的成效。“每日一助”发布信息1100条，接受反馈12000人次，促成交易金额上千万元。全县20个乡镇、401个行政村均建立乡村网站，实现村村建站、乡乡联网。每个村网站年发布信息均在25条以上。松阳农业信息网实施改版后，新增政务公开、农机购置补贴、农情热线、农村教育、市场走势、便民服务、网上农展会等栏目，进一步拓展农技110网站的服务功能，农业信息网累计发布各类信息1万余条。

杂交制种保障

杂交稻种子生产按照全县水稻种植计划落实制种基地。1993～2007年，累计供应农作物良种1153.42吨，年均76.89吨，其中水稻种子1062.39吨，年均70.83吨，占总量的92.1%。水稻种子供应量超过100吨的年份有1993年、1994年、1995年。1994年为最高值116.44吨。1995年，安排种子基地2300余亩，收购杂交稻种子18.7万千克。之后，总体呈下降趋势，2007年，杂交水稻种子销售量为23.76吨。此后农作物种子经营市场化。

1993～2007年，县种子公司承担农作物新品种引进工作。每年进行水稻新品种试验和品种试种，根据需要安排小麦、油菜、玉米、蚕豆等试验或试种，从中筛选出优良品种进行推广，促进松阳县农作物品种更新换代。

20世纪90年代前期，早稻主要品种有浙733、舟优903、汕优48-2、珍优48-2等，90年代后期，以杂交早稻K优402、威优402为主，并引进嘉育948、嘉早935、中丝2号等长粒型优质早稻品种。2000年以后，以金优402、金早47为主。2010年，引进中早22、中早39种植。

1993～2000年，杂交晚稻主栽品种为Ⅱ优10号、汕优10号、协优46、Ⅱ优92、汕优92。2001年以后，先后推广协优9308、Ⅱ优8220、两优培九、甬优4号、甬优6号、中浙优1号、中浙优8号、中浙优86、甬优5号（糯稻）、丰两优1号、甬优10号（糯稻）、甬优9号、甬优12等，尤其是甬优系列品种甬优9号、甬优12号的引入，为水稻高产水平突破700千克打好了品种基础。2010年，杂交水稻种植面积前5位的品种依次是甬优9号、中浙优86、甬优12、中浙优1号、中浙优2838，占总面积的76.5%，其中甬优9号占总面积的36.8%。常规晚稻主要是粳、糯稻品种，粳稻主要有秀水11、春江03粳，糯稻主要有春江03糯、双糯4号、祥湖84、荆糯6号等。2000年后，引入粳稻品种春江11，糯稻品种绍糯119、祥湖914、春江2号、浙糯5号，推广后主要靠农户自繁留种。2010年，境内

图11-42　农技培训（叶光铭　摄于2006年）

有少量分布。

技术服务

1995年，农业部门干部到乡村举办720多期培训班，受训人数4.8万人次；在乡村召开广播会150余期，印发各类技术宣传资料1.5万多份；在县广播站开设《科教兴农》专题节目。

实行农业技术干部“蹲点办方”的工作方法，以点带面推广新技术。每一专业有“示范方”，每一业务干部联系8户以上示范户，全县共建立50个示范点、582个联系户，耕地面积7794.51亩。

开展新技术研究，探索“优高”农业发展新路，进行“粮经”（粮食与经济作物）种植模式研究 “春马铃薯—早稻—晚稻”等模式成功推广，春马铃薯一季产值1471元，比种植小麦产值高出6倍多。2010年，开展“百名农技人员培育百个农业生产经营主体、培训千名新型农民活动”。松阳打造“中国绿茶集散地”入选“20个创业创新样本”，为丽水市唯一获此殊荣的农业类创业创新样本。

第九章　农村能源建设

1982年5月，能源办公室（简称能源办）成立，归属县政府管理。1984年3月，能源办归口县林业局管理。1985年6月，能源办划归县计划经济委员会管理。1993年，能源办设立能源综合服务部。1997年5月，能源办划归县科学技术委员会管理，属科学技术委员会下属事业单位。2003年10月，能源办划归县农业局管理，机构性质不变。

1996年，县能源办被评为全国省柴节煤工作先进集体；1997年，被评为全省节能管理先进单位；2006年和2008年，被评为全省农村能源生态建设工作先进集体。

（本章内容与第四编“生态县建设”第三章“生态工程建设”第二节“生态乡镇建设”互为补充）

第一节　普及推广省柴灶、沼气技术

推广省柴灶

“七五”期间（1986～1990），全县农村能源建设重点是改灶节柴。“八五”期间，松阳农村能源建设重点从生活节能转向生产节能，香菇灭菌灶、制茶节能灶在全县逐步推广。

1987年，开始研制松阳县省柴灶图册，共研制出烧稻草、麦秆、秸秆的Ⅰ型组合灶、小巧玲珑的城镇角灶、烧木糠的特殊型灶6种灶。通过专家鉴定，首选Ⅰ型组合灶为松阳山区理想灶型，并大力推广，是年改建灶1250户。1988年，松阳被列入农业部改灶节柴试点县。

1990～1996年，开始普及省柴灶，并由手工砌筑技术向产品的规格化、系列化、商品化发展。期间，改造制茶灶12座、灭菌灶4座、烘干灶6座，平均每座生产大灶节柴5吨以上，合计节柴60吨以上，累计推广省柴灶4万余户，全县80%以上农户使用省柴灶。

推广应用沼气技术

1990年之前，松阳陆续建有农村小型沼气池；1990年之后，小型沼气池向畜禽专业户发展，沼气池年均产气率由原来的约0.1立方米提高到约0.3立方米。1991年，发展新型户用沼气池23个、城镇沼气化粪池5处。1992～1996年，全县推广建设户用小型高效沼气池186个，计容积2134立方米，结合标准改厕154个，利用有机肥15万余立方米，节省燃料成本30余万元；沼液浸种150亩，沼液喂猪600头，沼液养鱼50亩。

1996年开始，沼气池的技术结构有新突破。设计旋流式射料与手压进料、手提出渣的配套沼气池和浮罩贮气箱沼气池，解决原圆柱型沼气池料液发酵不充分、冬春季节产气少、气压不稳定、出沼渣难等技术问题。

1995～1996年，实施《农村生态农业示范试点项目》，被省科委列入星火计划，建设内容为“以沼气为纽带，以家庭为单位，实行猪栏、厕所、沼气池三位一体”的庭院生态农业模式。1997年，新发展沼气80户，全县累计有300个，计800户。1999年，主推“种养结合 循环利用”，首次在古市镇庄门村种养殖基地建成1座53立方米的水压式沼气池，在赤寿乡红连村养殖场建成1座30立方米的水压式沼气池，取得综合利用的良好效果。

2000年，建设沼气池250只。2002年，列入省级农村能源利用项目，在象溪镇东田村推广以沼气为纽带“猪栏、厕所—沼气—茶叶、水果等基地”为一体的能源生态模式，建户用沼气池100只。2003年，列入省级能源建设项目，在大东坝镇牛角圩村建造沼气池125户。

2005年，全县新建沼气2010户，“一池三改”（沼汽池、改圈、改厕、改厨）配套标准的占60%以上。2006年，新建沼气1550户，全年实现节本增效198.4万元。在新兴乡内孟村、新处乡坳后村、樟溪乡肖周村实施生活污水净化沼气工程项目，解决农村污水排放，保护生态环境。该项目通过建设预处理沉砂池、一级厌氧消化池、二级厌氧消化池、兼性生物滤池处理生活污水。

2007年，松阳成立全省首家农村沼气合作社。引导农民推广“猪—沼—茶（果）”等立体农业种植模式，进行沼渣、沼液的综合利用，户用沼气推广技术有序推进，新建沼气1919户。协助畜牧兽医局完成500头以上养猪场排泄物治理工程建设14处。

2008年，户用沼气推广技术有序推进，新建沼气1900户。生活污水沼气净化处理7个村。实施规模化养殖场排泄物治理工程9处。在古市镇庄门村建立96亩的茶叶、水果沼液滴灌示范基地。

图11-43　沼液滴灌示范基地（叶光铭 摄于2007年）

2009年，在赤寿乡梧桐口村开展秸秆生物气化集中供气示范工程建设，用秸秆作为沼气发酵原料的应用模式在丽水市尚属首例。

2010年，建成西屏镇程徐村、上连头村、周垄村山顶自然村，象溪镇吕潭村，裕溪乡毛弄村等一批沼气示范村，共完成户用沼气池810户。在斋坛乡小石村（绿谷牧业公司）建成全市首座日处理污水50吨、粪便15吨的大型沼气综合利用工程。

是年，建成畜禽养殖场沼气工程22处。建成斋坛乡东关村、斋坛乡中心小学、枫坪乡枫坪村3处生活污水净化沼气工程。

2008～2010年，在全县设立70个乡村沼气服务网点，负责户用沼气管护，确保沼气能安全、高效、持续利用。初步形成农村沼气“六位一体”服务网络，即农村能源办公室→沼气专业合作社（沼气协会）→农村沼气县级服务站→区域沼气服务站→乡村沼气服务网点→沼气村六位一体的服务网络。

第二节　开发利用太阳能与其他节能措施

利用太阳能

1991～1996年，松阳县逐步发展双筒式太阳能热水器。首先在县城试用，后向古市镇、西屏镇、望松乡等平原乡镇推广。至1996年末，累计推广240余台。1997年，推广闷晒式太阳能热水器500台。1998～2010年，主推全玻璃真空管太阳能热水器，累计推广4800余台。

2008年，在松阳县食品有限公司安装50多平方米的太阳能供水工程。2008～2010年，在象溪镇、玉岩镇、望松乡、新兴乡、叶村乡等地逐步开展太阳能光电利用技术推广，累计安装太阳能路灯8盏、太阳能杀虫灯78盏、高效节能路灯874盏。

图11-44　居民家中安装太阳能热水器（县档案馆提供 1998年）

其他节能措施

1991年，松阳县被农业渔业部列为首批微型小水电试点县，主要为贫困山区和革命老区无电农户解决照明问题。1991～1993年，全县共计推广微型水轮发电机组20处，总装容量46.3千瓦，年发电量61100千瓦时。解决贫困边远山区359户1475人的照明、电器用电和碾米加工等问题。

2008年，完成大东坝镇山边村大王庙、百叶坝、高坑、潘山头4个自然村的微水电项目。

“九五”期间，在农村开始推广浙江省中外科技扶贫项目水锤泵净水机。1996年，在小竹溪村试装2台，每天可净水180吨，服务1000多名村民。

1996～2006年，引进香菇蒸汽炉，先后在西屏一村和赤寿龙下村试用。一次性可蒸1000余袋菇棒，省柴省时，高效节能，灭菌效果好。到2010年，累计推广香菇棒蒸汽炉1300台。

1997年，在西屏、古市2镇建立4个节能推广站。1997～1998年，推广高效电子节能灯4500盏。

2002～2008年，在德国不莱梅州海外发展研究协会扶贫项目资助下，全县推广水锤泵320台，其不耗电、不耗油、日夜不间断自动提水的独特功能，为松阳县的茶叶、香菇、木耳、水果、吊瓜等生产基地的滴灌、喷灌以及鸡棚降温等一系列生产、生活用水提供水源，让广大农民真正得到实惠，取得良好的社会效益、经济效益和环境效益。

2006年，在全市率先推广生物质气化炉技术。项目在叶村乡河头村试验成功的基础上，向叶村乡寺岭下村、新兴乡内孟村、玉岩镇玉岩村、象溪镇石马铺村等地普及推广。全县有80余户农民开始使用生物质气化炉，利用废菌棒、垃圾、果壳、杂草等废弃物，较好地实现资源循环利用。

第十章 农业行政管理

民国 11 年（1922）6 月开始，县署始设实业科，代行农业行政管理职能。民国 17 年 3 月，改称建设科。民国 27 年，与财政科合并称财建科。民国 28 年，恢复建设科。

1949 年 5 月 26 日，松阳县人民民主政府成立，设实业科。1949 年 7 月，松阳县人民民主政府改称松阳县人民政府，实业科改称建设科。

第一节 农业局

机构沿革

1951 年，建设科改称农林科。1955 年 1 月，撤销农林科，分设农业、林业 2 科。1956 年 8 月，农业科改组为农业局。

1958 年 11 月，松阳县并入遂昌县，松阳县农业局随县制撤销。

1982 年 1 月，松阳恢复县制。5 月，松阳县农业局成立。1984 年 3 月，松阳县农业局改称松阳县农牧特产局。1991 年 1 月，松阳县农牧特产局改称松阳县农业局，内设办公室和财会股 2 个行政科室及农技推广中心；推广中心内设 18 个站、2 个场、1 家公司和 1 个所。1997 年 10 月，县农业局内设办公室和农业法制股 2 个职能科室，行政编制 9 人。下属事业单位设科教站、粮油蔬菜站、土肥站、植保站、植检站、经济作物站、农机管理站、畜牧兽医站、农经管理站、种子站（公司）、农科所，人员编制 99 人。撤销原西屏、古市、大东坝、玉岩和象溪农技站。

2001 年 10 月，县农业局与县委、县政府农村工作办公室合署办公，一套班子、两块牌子。合署后称县农业局（农村工作办公室），内设 4 个职能科室，为办公室、农村调研管理科（县农民负担监督管理办公室、扶贫办公室）、农政科、农村发展科（农业产业化办公室）。行政编制 15 人，其中局长 1 人、副局长 3 人、纪检组长 1 人、科室领导职数 7 个。

2010 年 8 月，县农业局与县委、县政府农村工作办公室分设，职能进行调整。县农业局内设办公室、产业科（农村调研管理科）、政策法规科（挂行政许可牌子）、农产品质量安全监管科。局行政编制 8 人，后勤服务人员编制 1 人。其中，局长 1 人、副局长 2 人、纪检组长 1 人、总农艺师 1 人、股级领导职数 4 个。

职能

2001 年 10 月至 2010 年 8 月，县农业局（农村工作办公室）主管全县农业和农村经济发展的县政府组成部门；县农村工作办公室为县委、县政府农村工作领导小组的常设办事机构，承担全县农村工作重大问题的调查研究、检查监督、综合协调、指导服务职责，履行县扶贫开发领导小组办公室的职能，负责《浙江省农业和农村现代化建设纲要》的组织实施和检查考核。

原县农业局直属的畜牧兽医站、农业机械管理站、经济作物站、土肥站、植保站、种子站等事业单位的有关农业行政执法职能划归局机关。

2010 年 8 月，县农业局与县农村工作办公室分设，其主要职能是贯彻落实有关农业、农村经济的法律、法规、方针和政策，研究提出全县农业和农村经济与社会发展战略；研究制订农业和农村经济中长期发展规划与农业技术推广计划，并组织实施。研究提出农业产业政策，引导农业产业结构的合理调整、农业资源的合理配置和产品品质的改善；参与提出有关大宗农产品流通、农村外向型经济及农村一、二、三产业发展的政策建议，并协调有关事项。

参与研究提出深化农村经济体制改革与发展的意见和措施；负责稳定和完善农村基本经营制度、政策，调节农村经济利益关系；管理、监督减轻农民负担工作；指导、监督农村集体土地承包及承包合同管理、耕地使用权流转、农村集体资产管理和农业投入积累体系建设工作；指导、监督乡村集体经济组织的财务会计、审计工作；指导农民专业合作经济和农业社会化服务体系的建设。

研究制订农产品市场建设与发展规划；研究制订农业产业化经营有关政策的实施意见，促进农业产前、产中、产后一体化；指导农副产品加工与流通工作；研究提出主要农产品及重要农业生产资料的进出口建议；指导现代农业、农业产业化经营、农产品加工园区、休闲观光农业、农业适度规模经营和外向型农业的发展。负责编制农业生产发展规划；参与研究提出农业基础设施建设规划；负责农牧业产品及种子、种苗基地建设和具有示范效应的农业产业化项目工作；负责抗灾救灾农用物资的分配工作。

负责农业生态建设规划，指导生态农业、循环农业和农业可持续发展工作；指导农村可再生能源综合开发与利用，指导农业面源污染治理、农业废弃物综合利用，指导农业生物质产业发展和农业农村节能减排有关工作；负责农业用地及农业生物物种资源的保护管理工作。

负责农业科研、教育、技术推广及其队伍建设的协调管理工作，实施科教兴国战略；参与农业重大科研和技术推广项目的遴选与实施；负责农业技术推广体系建设、农业技术成果的管理工作；负责全县农业科技成果推广的日常管理工作；承担农业技术推广基金的日常管理工作；负责农村劳动力素质教育、农业实用技术培训等工作；参与指导农民技术职称评审管理。负责全县农业行政执法工作；制订农业产业的技术标准并组织实施；组织实施农业产业产品及绿色食品的质量监督和农业植物新品种的保护工作；负责全县饲料和饲料添加剂的管理工作；负责全县生产及进口种子、种苗、肥料、兽药、饲料和饲料添加剂、食（药）用菌种等农业投入品的检查、监督工作；组织实施动、植物防疫检疫（森林植物由林业部门检疫）工作；依法参与蔬菜基地建设保护、基本农田保护工作；组织实施拖拉机等农业机械的安全监理工作。

负责农产品质量安全的监督管理工作；制订并组织实施农产品质量安全监测计划，对生产中或者市场上销售的农产品进行监督抽查。组织实施农产品质量安全监测；组织实施符合安全标准的农产品认证申报和监督管理；负责农产品产地环境监测和农产品禁止生产区域划定工作；组织农产品质量安全监督管理的有关工作。负责全县农业信息工作，指导全县农业信息系统的建设；预测并发布农业产业及农业生产资料供求情况等农业经济信息。负责全县农业外事、外经、农业招商引资工作；参与组织开展国际间农业经济和技术交流合作，指导农产品市场流通体系和农业龙头企业建设。

第二节　动植物疫病防控

（疫病情况详见本编第四章“畜牧业”第四节“疫病与防治”）

防疫情况

20 世纪 90 年代，动物防疫工作以猪瘟、猪丹毒、猪肺疫病为主。由于人员、经费不足，委托乡镇兽医检疫，检疫工作不甚规范。之后，政府重视动物防控和畜产品安全管理工作，建立西屏、古市 2 个动物卫生监督分所和检疫申报点，配备常驻检疫员 8 人，负责区域动物防疫监督和检疫工作，落实检疫申报制度，规范检疫行为并派驻官方兽医带班检疫、出证，使产地检疫率、屠宰检疫工作进一步规范和加强。2000 年，随着市场开放外省调运频繁，导致多种畜禽疫病传入境内，防疫工作面临更大压力。20 世纪开始，随着动物防疫法制定、修改，停止全面防疫收费，改由政府拨款。根据《中华人民共和国动物防疫法》，每年年初，松阳畜牧兽医部门制定重大动物疫病强制免疫计划，确实做好高致病性禽流感、口蹄疫、高致病性猪蓝耳病、猪瘟的防控。重点抓好春、秋集中免疫和夏、冬紧急补免工作，确保畜禽规模养殖场免疫到位，避免连续发生重大疫情，维护社会公共安全。

动物及其产品检验检疫

1952 年下半年，松阳县开始筹建县级兽医组织。1953 年 5 月，成立畜牧兽医组，隶属于建设科；1956 年，畜牧兽医组改名为畜牧兽医股（畜牧兽医工作站）；1987 年，增挂松阳县家畜家禽防疫检疫站，两块牌子一套人员，负责动物及其产品检验检疫工作。2003 年，县畜牧兽医站增挂松阳县动物防疫监督所（2007 年更名为松阳县动物卫生监督所），原家畜家禽防疫检疫站自然消失。2006 年 12 月，设立松阳县畜牧兽医局，下设西屏、古市、象溪、大东坝和玉岩 5 个畜牧兽医监督管理站，为县局派出机构。2010 年 7 月，原在县畜牧兽医站挂牌的县动物卫生监督所改在县畜牧兽医局挂牌，职能不变。动物及其产品检疫办理程序包括申请、受理、检疫、发证 4 个环节。

2006 年 10 月，松阳开始实施畜禽调运备案制度。生猪运输检疫数量基本平稳，每年 2 万头左右，家禽运输检疫数量受其他因素影响波动较大。2006 年上半年，受“禽流感”影响，检疫家禽 0.94 万羽。2009 年，全年检疫家禽 7 万余羽。

植物出入境检验检疫

1984 年，松阳县设立植物检疫站，为农业局下属全额财政拨款事业单位，依据国务院《植物检疫条例》的授权履行相应的监督管理职能。

第三节　种子种苗管理

20世纪90年代初，松阳县种子管理站（松阳县种子公司）设立，由县种子公司具体负责种子管理工作。2007年，推进种子管理体制改革，种子生产经营机构与农业行政主管部门实行人、财、物脱钩。县种子管理站为县农业局下属、县财政全额拨款事业单位，核定编制5人。2008年4月，松阳县种子公司注销，国有企业从此退出种子市场，种子生产经营企业与农业行政主管部门脱钩。种子由合法注册登记的商户经营，促进种子市场公平竞争。

县种子管理站的主要职责：宣传贯彻种子法律法规和产业政策，承担辖区内种子质量管理，种子行政许可审核，种子市场监测调控，持证企业管理，种质资源保护管理、品种管理，种子储备管理，种业发展规划编制与实施，新品种试验展示示范、种业信息服务等。

种子生产及外销

1992年开始，县农业部门进一步加强全县杂交水稻制种基地管理，由县种子公司按计划统一安排制种基地，计划外制种行为得到有效遏制，全县杂交水稻制种逐渐步入规范、有序的轨道。从1992年开始，制种规模逐年扩大，松阳成为浙江省杂交水稻制种大县。种子行销丽水、温州、金华、台州等省（地、市）各县及江西等省，品种主要有Ⅱ优10号、汕优10号、协优46、Ⅱ优92、协优9308、Ⅱ优8220、汕优48-2、威优402等。1999年，全县制种面积3463.6亩，生产杂交水稻种子524.06吨，创下历史最高纪录。是年，全县制种村28个、农户2159户，主要分布在斋坛乡、赤寿乡、新兴乡、西屏镇、樟溪乡。1993～2006年，累计生产杂交水稻种子3224.61吨，外销2591.61吨，外销量占生产量的80.4%。2007年，全县杂交水稻种子生产终止。

县种子公司在发展杂交水稻种子生产的同时，积极开发新组合，与中国水稻研究所、浙江大学专家合作，进行Ⅱ优8220、中浙优86、特优9702等品种父母本播差期试验并进行试生产，均取得成功，为这些品种在省内外大面积推广提供重要的技术数据和生产经验。

良种供应

1993～2007年，累计供应农作物良种1153.42吨，年均76.89吨；其中水稻种子1062.39吨，年均70.83吨，占总量的92.1%。水稻种子供应量超过100吨的年份有1993年、1994年、1995年；1994年为最高值116.44吨，此后总体呈下降趋势。2007年，杂交水稻种子销售量为23.76吨。之后，农作物种子归个体经营。2010年，全县杂交水稻种子销售量约为11吨。

品种更迭

1993年至2007年，县种子公司承担农作物新品种引进工作。每年进行水稻新品种试验和品种试种，根据需要安排小麦、油菜、玉米、蚕豆等试验或试种，从中筛选出优良品种进行推广，促进松阳县农作物品种更新换代。

早稻　90年代前期，早稻主要品种有浙733、舟优903、汕优48-2、珍优48-2等；90年代后期，以杂交早稻K优402、威优402为主，并引进嘉育948、嘉早935、中丝2号等长粒型优质早稻品种。2000年以后，以金优402、金早47为主。2010年以后，引进中早22、中早39等。

晚稻　1993年至2000年，杂交晚稻品种主栽品种为Ⅱ优10号、汕优10号、协优46、Ⅱ优92、汕优92；2001年以后，先后推广协优9308、Ⅱ优8220、两优培九、甬优4号、甬优6号、中浙优1号、中浙优8号、中浙优86、甬优5号（糯稻）、丰两优1号、甬优10号（糯稻）、甬优9号、甬优12等，尤其是甬优系列品种甬优9号、甬优12号的引入，为水稻亩产水平突破700公斤打好品种基础。2000年后，引入粳稻品种春江11、糯稻品种绍糯119、祥湖914、春江2号、浙糯5号，推广后主要靠农户自繁留种。

玉米　1993～1998年，玉米品种主要为苏玉1号、丹玉13和小面积当地山玉米；1999年，引入苏玉糯1号。2000年，引入超甜204，为松阳首次引入鲜食类玉米品种。以后先后引进苏玉糯2号、浙糯玉1号、超甜2018、京科糯2000、燕禾金2005、华珍、先甜5号、南甜2号等甜、糯玉米品种，另有济单7号普通杂交玉米品种。

小麦　20世纪90年代，小麦品种主要为浙麦2号、87鉴4、温麦8号等，种子以农家自繁为主，县种子公司有少量供应。2002年，供应量为225公斤，品种为浙麦2号。2003年供应停止。

油菜　20世纪90年代，油菜品种主要为九二-13系、九二-58系，种子以农户自繁为主。2002年，引进中油杂1号，为松阳首次引进杂交油菜品种，同时也是首次引进双低油菜品种，此后相继引进浙双72、浙双6号、高油605、油研9号、油研10号、沪油杂1号等；松阳油菜品种全面优化，杂交、双低油菜占80%以上，农户自繁种子现象基本消失。

第四节　土肥监管

土壤是农业的基础，摸清土壤底细，查清土壤资源，实行因土种植、因土施肥、因土改良利用，是土肥监管的重要工作内容。

土壤普查

1958年，松阳县开展第一次土壤普查，其间正值松阳并入遂昌县，普查资料收入1959年编写的《遂昌土壤》。1980年开始第二次土壤普查，至1982年7月完成野外作业。1982年1月，恢复松阳县建制。8月，松阳县土壤普查办公室成立，开展内业整理工作，编印《松阳县土壤养分理化性状资料汇编》《松阳县各村庄及主要山峰海拔手册》。在资料汇总的基础上，编辑《松阳县土壤志》。

标准农田建设

松阳标准农田的建设始于1999年，在全县范围内通过土地整理的方式改造低产田，到2007年末，有标准农田面积112531亩。

根据《浙江省标准农田地力调查与分等定级技术规范》，确定按地貌类型、坡度、冬季地下水位、地表砾石度、剖面构型、耕层厚度、耕层质地、容重、pH值、阳离子交换量、水溶性盐总量、有机质、有效磷、速效钾、排涝（或抗旱）能力和土壤主要障碍因子16个指标划分，分为三等七级。松阳属于一等田的面积仅占总面积的1.1%（全部为二级田），位于西屏镇安宁垄畈和斋坛乡东关畈；属于二等田的面积为69637亩，占总面积的61.9%（其中三级田18652亩，占16.6%；四级田50985亩，占45.3%），主要位于松古盆地常年种植粮油蔬菜等农作物的水田和象溪、大东坝峡谷地带；属于三等田的面积为41644亩，占总面积的37.0%（其中五级田37533亩，占33.4%；六级田4111亩，占3.6%），主要位于松古盆地种植果茶的园地和山区地块。

图11-45　投资200多万元按“田成方、路成框、渠成网”标准建设的安宁垄低产田改造工程(县档案馆提供 1998年)

有机质含量超过30克/千克的有39316亩，占35.0%；有机质含量30克/千克至20克/千克之间的有64290亩，占57.1%；有机质含量小于20克/千克的有89250亩，占7.9%。耕层厚度不足12厘米的标准农田有7154亩，占6.4%，耕层厚度12～16厘米的标准农田47134亩，占41.9%，耕层厚度大于16厘米的有58243亩，占51.7%。

标准农田质量提升

松阳标准农田质量提升工程自2010年开始申报实施。2010年，省下达标准农田质量提升工程土壤培肥项目实施任务3万亩。松阳上报的建设范围为西屏镇、古市镇、叶村乡、斋坛乡、樟溪乡所属的10个畈19个区块的二等标准农田，图斑测算面积30897.96亩。

项目实施主要通过“土壤有机质提升”“农田耕层改良”和“土壤养分平衡”三大工程建设来实施土壤培肥。

测土配方施肥

2006年，松阳县被列为农业部测土配方施肥补贴项目县。至2010年，累计推广测土配方施肥面积235万亩次，其中配方肥施面积135万亩次；增加产量3.158万吨，减少化肥投入（折纯）891.1吨；节本增效总额21064.39万元；完成农户调查1229户，建立土壤肥力定位监测点5个，建立土壤肥力动态监测点10个，建立施肥情况长期观测点60个；采集化验土样5373个，获得参数47880项次。初步测算，全县约5.94万户农户接受并实施测土配方施肥技术，入户率92.6%。

耕地地力评价

2006年3月，松阳县开展耕地地力评价工作。至2009年3月，在全县20个乡镇共采集各类土壤样品4251个，涉及到全县原积物、坡积物、冲积物、洪积物、再积物及各种岩类风化物等成土母质，包括红壤、黄壤、潮土、岩性土、水稻土5个土类、10个亚类、35个土属、53个土种。分析化验项目59736项次，测试的项目有pH值、有机质、全氮、全磷、全钾、有效磷、速效钾、水解性氮、缓效钾、水分、水溶性盐总量、容重、阳离子交换量、钙、硫、铜、锌、铁、镁、硼等。从中选取具有代表性的采样调查点1017个，对全县27.38万亩（2007年末）耕地和园地进行地力评价，形成松阳县耕地土壤分布图、采样点位图、二次土普采样点位图（电子图）、土地利用现状图、土壤有机质含量分布图、土壤全氮含量分布图、土壤有效磷含量分布图、土壤速效钾含量分布图 、土壤pH值分布图、耕地地力评价分等图、耕地地力评级分级图等一批成果图件。编写《松阳县耕地地力评价工作报告》《松阳县耕地地力评价技术报告》《松阳县耕地地力评价专题报告》《松阳县标准农田质量提升及粮食生产能力分析》。建立松阳县测土配方施肥数据汇总系统和松阳县耕地资源管理信息系统。

与1984年第二次土壤普查测定数据比较，土壤有机质、全氮、有效磷、速效钾分别增加950.0%、14.56%、358.3%、20.75%。

2009年松阳县各土种土壤养分含量及面积情况表

表11-10-4-1

土壤养分 / 土种名称	有机质（克/千克）	有效磷（毫克/千克）	速效钾（毫克/千克）	面积（亩）
洪积泥沙田	25.95	119.47	78.41	29463.6
黄泥砂土	27.79	117.67	97.12	22907.1
黄泥土	29.43	67.45	73.66	22882.5
红土心洪积泥砂田	26.24	153.14	91.99	17092.2
红松泥田	31.46	64.82	53.63	14972.1
砂性黄泥田	28.3	121.84	84.06	12443.3
黄泥田	30.99	96.35	70.82	10796.7
红松泥	30.49	45.76	52.27	9517.3
红砾泥	32.31	99.2	101.73	7924.2
黄泥砂田	27.61	140.65	99.01	7817.6
培泥砂田	24.6	107.96	77.84	7421
石砂土	31	77.43	76.57	7083.3
黄筋泥田	27.56	112.7	78.45	6919.9
白砂田	34.89	66.08	63.36	6381.9
黄大泥田	25.87	107.57	96.11	5627.1
砾质红紫泥砂田	30.31	50.81	54.65	5530.9
山黄泥土	37.05	120.58	75.61	5429.1
古潮泥沙田	30.85	69.95	72.23	5252.9
红黏田	27.68	72.98	93.88	5043.7
泥质田	26.98	79.73	98.29	4885.5
潮红土	25.61	72.16	87.07	4271.8

续表 11-10-4-1-1

土壤养分 土种名称	有机质 （克/千克）	有效磷 （毫克/千克）	速效钾 （毫克/千克）	面积 （亩）
黄筋泥	28.45	91.89	77.9	4089.1
砂田	25.69	94.67	77.48	3676
红砂田	23.42	98.02	81.77	3330.3
砂黏质黄泥	30.09	26.41	46.24	2927.6
青紫心洪积泥砂田	29.43	85.96	75.23	2810.4
青塥泥砂田	26.19	94.28	90.86	2800.3
红泥砂土	23.45	102.1	90.41	2752.6
培泥砂土	26.96	98.27	91.92	2693.6
山黄泥砂土	36.06	99.04	83.29	2600
老黄筋泥田	26.74	109.39	81.45	2535.2
紫泥砂田	22.7	187.75	91.5	2425.6
砂性山黄泥田	40.81	83.76	64.8	2078.5
山黄泥田	39.28	111.48	68.1	1852.1
红砂土	26.17	112.94	71.03	1837.5
麻箍砂田	34.23	15.8	56.86	1811.1
焦砾塥洪积泥砂田	33.28	103.25	76.78	1662
紫大泥田	26.76	98.75	76.95	1346.1
山黄泥砂田	37.38	118.18	80.73	1336.2
红黏泥	27.34	115.62	91.78	1306.8
红泥砂田	22.61	69.75	85.76	1164.1
紫砂土	28.47	100.67	88.22	866.3
卵石清水砂	21.92	92.96	69.42	694.3
焦砾塥黄泥田	29.02	109.83	102.5	654.9
黄粘泥	21.55	64.43	74.9	627.3
红紫砂土	23.86	88.62	77.22	616.9
清水砂	22.27	68.81	84.62	563.2
烂黄泥砂田	30.88	65.15	65.74	528.6
棕黄筋泥田	31.81	166.57	100.74	512.2
黄红泥土	24.84	76.97	68.36	512
洪积泥砂土	22.9	65.13	73.08	447.1

续表 11-10-4-1-2

土壤养分 土种名称	有机质 （克/千克）	有效磷 （毫克/千克）	速效钾 （毫克/千克）	面积 （亩）
酸性紫砾土	29.11	207.68	110.94	385.3
棕泥土	30.34	107.96	108.9	335.3
褐斑黄筋泥	25.23	83.17	105.84	213.8
烂泥田	25.61	169.73	80.95	165.6
平　均	28.56	105.41	80.91	—
合　计	—	—	—	273823

耕地地力分级

2007 年末，松阳县耕地 273823 亩，耕地土壤类型以水稻土为主。根据耕地生产性能综合指数（IFI）采用等距法，把耕地地力划分为六个等级：一级地力耕地评定为 0；二级地力耕地面积为 266 亩，占总耕地面积的 0.1%；三级地力耕地面积 45634 亩，占总耕地面积的 16.7%；四级地力耕地面积 164107 亩，占总耕地面积的 59.9%；五级地力耕地面积 63722 亩，占总耕地面积的 23.3%；六级地力耕地面积 94 亩，占总耕地面积的 0.03%。按照标准农田的分级标准，松阳县的一等田面积 266 亩，占总耕地面积的 0.1%；二等田面积 209741 亩，占总耕地面积的 76.6%；三等田面积 63816 亩，占总耕地面积的 23.3%。

耕地地力分级土种构成

松阳县耕地地力等级高低与土壤种类之间有着一定的相关性，土壤肥力水平好和土壤发育程度较高的土种，出现在二、三级地力耕地的几率较大，地力相对较好的土种有洪积泥砂田、黄泥土、黄泥砂田等。

2007 年松阳县土种地力分等定级情况表

表 11-10-4-2

土种	地块数（块）	面积（亩）	一等田（亩）	百分比（%）	其中		二等田（亩）	百分比（%）	其中		三等田（亩）	百分比（%）	其中	
					一级田（%）	二级田（%）			三级田（%）	四级田（%）			五级田（%）	六级田（%）
白砂田	624	6382	—	—	—	—	5060	79.3	4.2	75.1	1322	20.7	20.7	0
潮红土	298	4272	—	—	—	—	3629	84.9	6.6	78.3	643	15.1	15.1	0
古潮泥沙田	681	5253	—	—	—	—	4333	82.5	3.3	79.2	920	17.5	17.5	0
褐斑黄筋泥	19	214	—	—	—	—	214	100	0.8	99.2	—	—	—	—
红砾泥	662	7924	—	—	—	—	4641	58.6	0	58.6	3283	41.4	41.4	0
红泥砂田	107	1164	—	—	—	—	1148	98.6	37.4	61.3	16	1.4	1.4	0

续表 11-10-4-2-1

土种	地块数（块）	面积（亩）	一等田（亩）	百分比（%）	其中		二等田（亩）	百分比（%）	其中		三等田（亩）	百分比（%）	其中	
					一级田（%）	二级田（%）			三级田（%）	四级田（%）			五级田（%）	六级田（%）
红泥砂土	307	2753	—	—	—	—	2293	83.3	33.3	50	460	16.7	16.7	0
红砂田	443	3330	—	—	—	—	3330	100	44.5	55.5	—	—	—	—
红砂土	193	1838	—	—	—	—	1524	82.9	20.3	62.6	314	17.1	17.1	0
红松泥	717	9517	—	—	—	—	3807	40	0	40	5711	60	60	0
红松泥田	1064	14972	—	—	—	—	3855	25.7	0	25.7	11117	74.3	74.3	0
红土心洪积泥砂田	2069	17093	89	0.4	0	0.4	16778	98.2	30.5	67.7	226	1.3	1.3	0
红黏泥	127	1307	—	—	—	—	1307	100	64	36	—	—	—	—
红黏田	498	5044	—	—	—	—	5032	99.8	10.7	89.1	12	0.2	0.2	0
红紫砂土	97	617	—	—	—	—	598	97	46.9	50.1	19	3	3	0
洪积泥沙田	3480	29463	17	0.1	0	0.1	29026	98.5	26.9	71.6	421	1.4	1.4	0
洪积泥砂土	65	447	—	—	—	—	447	100	0	100	—	—	—	—
黄大泥田	643	5627	—	—	—	—	5130	91.2	26.8	64.4	498	8.8	8.7	0.1
黄红泥土	56	512	—	—	—	—	439	85.7	0	85.7	73	14.3	14.3	0
黄筋泥	273	4089	—	—	—	—	3965	97	29.4	67.6	124	3	3	0
黄筋泥田	581	6920	—	—	—	—	6571	95	23.3	71.7	349	5	5	0
黄泥砂田	830	7818	—	—	—	—	7164	91.6	27	64.7	654	8.4	8.4	0
黄泥砂土	1694	22907	—	—	—	—	11781	51.4	6.2	45.3	11126	48.6	48.2	0.4
黄泥田	1274	10797	—	—	—	—	7602	70.4	6.6	63.8	3195	29.6	29.6	0
黄泥土	3098	22883	—	—	—	—	16438	71.8	4.5	67.3	6445	28.2	28.2	0
黄黏泥	20	627	—	—	—	—	99	15.8	0	15.8	528	84.2	84.2	0
焦砾塥洪积泥砂田	188	1662	—	—	—	—	1657	99.7	20.3	79.4	5	0.3	0.3	0
焦砾塥黄泥田	52	655	—	—	—	—	655	100	87.8	12.2	—	—	—	—
烂黄泥砂田	42	529	—	—	—	—	—	—	—	—	529	100	100	0
烂泥田	19	166	—	—	—	—	166	100	50.2	49.8	—	—	—	—
老黄筋泥田	214	2535	—	—	—	—	2533	99.9	47.2	52.7	2	0.1	0.1	0
砾质红紫泥砂田	296	5531	—	—	—	—	1635	29.6	0	29.6	3895	70.4	70.4	0
卵石清水砂	69	694	—	—	—	—	625	90.1	0	90.1	69	9.9	9.9	0
麻箍砂田	176	1811	—	—	—	—	1167	64.5	0	64.5	644	35.5	35.5	0

续表 11-10-4-2-2

土种	地块数（块）	面积（亩）	一等田（亩）	百分比（%）	其中		二等田（亩）	百分比（%）	其中		三等田（亩）	百分比（%）	其中	
					一级田（%）	二级田（%）			三级田（%）	四级田（%）			五级田（%）	六级田（%）
泥质田	721	4886	160	3.3	0	3.3	4725	96.7	63.2	33.5	—	—	—	—
培泥砂田	1032	7421	—	—	—	—	7417	99.9	47.3	52.7	4	0.1	0.1	0
培泥砂土	238	2694	—	—	—	—	2584	95.9	53.6	42.4	109	4.1	4.1	0
青塥泥砂田	362	2800	—	—	—	—	2800	100	60.3	39.7	—	—	—	—
青紫心洪积泥砂田	296	2810	—	—	—	—	2810	100	14.7	85.3	—	—	—	—
清水砂	73	563	—	—	—	—	179	31.7	9.8	21.9	385	68.3	68.3	0
砂田	445	3676	—	—	—	—	3387	92.1	19.9	72.2	289	7.9	7.9	0
砂性黄泥田	1225	12443	—	—	—	—	11439	91.9	13.7	78.3	1005	8.1	8.1	0
砂性山黄泥田	125	2079	—	—	—	—	1350	64.9	0	64.9	729	35.1	35.1	0
砂黏质黄泥	278	2928	—	—	—	—	1010	34.5	4.2	30.3	1917	65.5	65.5	0
山黄泥砂田	117	1336	—	—	—	—	888	66.5	0	66.5	448	33.5	33.5	0
山黄泥砂土	148	2600	—	—	—	—	1715	65.9	0	65.9	886	34.1	34.1	0
山黄泥田	216	1852	—	—	—	—	655	35.4	0	35.4	1197	64.6	64.6	0
山黄泥土	496	5429	—	—	—	—	2888	53.2	0	53.2	2541	46.8	46.8	0
石砂土	769	7083	—	—	—	—	5421	76.5	1.2	75.4	1662	23.5	23.5	0
酸性紫砾土	34	385	—	—	—	—	385	100	27	73	—	—	—	—
紫大泥田	167	1346	—	—	—	—	1334	99.1	24	75.1	12	0.9	0.9	0
紫泥砂田	284	2426	—	—	—	—	2424	99.9	34.6	65.3	2	0.1	0.1	0
紫砂土	55	866	—	—	—	—	866	100	64.2	35.8	—	—	—	—
棕黄筋泥田	54	512	—	—	—	—	479	93.5	55.8	37.8	33	6.5	6.5	0
棕泥土	49	335	—	—	—	—	335	100	25.7	74.3	—	—	—	—
合计	28160	273823	105	0	—	—	92590	33.8	—	—	25033	9.1	—	—

施肥状况

农民施用肥料主要为两大类：一是有机肥，包括绿肥、牲畜栏肥、人粪、草木灰和焦泥灰等农家肥；二是化肥，主要有尿素、过磷酸钙、钙镁磷肥、氯化钾、硫酸钾及复合肥等。调查松阳肥料发展历史，可把松阳农民施肥发展状况概括为：解放前以有机肥为主，20 世纪 50 年代以农家肥当家，60 年代以氮素化肥为主，70 年代以磷增氮，80 年代施钾增产。至 1983 年，化肥施用量占肥料总量的 54.3%，平均每亩耕地施氮肥（折纯氮）36.7 千克、磷肥（折五氧化二磷）4.2 千克、钾肥（折氧化钾）4.86 千克。测土配方施肥推广普及后，农民开始重视氮、磷、钾肥的合理配施，复合肥、配方肥用量增加。2008年，全县平均每亩耕地施用氮肥（折纯氮）38.2千克、磷肥（折五氧化二磷）3.4千克、钾肥（折氧化钾）11.6千克。

分区施肥

根据当地的实际情况，综合考虑土壤类型、土壤质地、气象资料、种植结构、作物需肥规律等因素，结合土壤测试结果、田间肥效试验数据、农民生产水平、肥料使用现状、作物产量等，将条件相同、相近的区域划分到同一区，进行施肥分区的确定，结合松阳县的实际情况，把松阳县测土配方施肥分区划分为松古盆地施肥区和低山丘陵施肥区两大区块。

松古盆地地形平坦，光热条件优越，耕地主要分布于赤寿、樟溪、斋坛、叶村、古市、新兴、西屏、水南、望松等乡镇，面积占全县耕地面积的56%。盆地中的耕作土壤主要由冲积物和洪积物发育组成。多数松古盆地的耕地土壤耕作层较厚，土壤熟化程度高，有机质、速效钾含量较丰富，有效磷含量高，路、沟、渠等配套设施较完善，交通便利，灌溉保障程度高，有利于耕地土壤的培肥和农作物的高产；部分松古盆地的耕地存在土壤土层浅薄易漏水失肥、水资源不足易受干旱威胁等不利因素，影响了农作物的生长发育，制约产量的提高。

松古盆地耕地施肥原则是增施有机肥，控制磷肥施用量，推广测土配方施肥，改良土壤性状，提高土壤肥力；土壤土层浅薄田块采用少量多次的施肥方法以减少肥料的流失，提高肥料利用率。

中低山丘陵区耕地主要分布于板桥、裕溪、竹源乡、枫坪乡、新处乡、谢村乡、三都乡、象溪、大东坝、玉岩等乡镇，海拔200～800米的梯田、垅田，占全县耕地面积的44%。耕地土壤主要由变质岩、酸性火山喷出岩、火山侵入岩、花岗闪长岩等风化发育而成。中低山丘陵耕地约半数土壤耕作层较厚，有机质、速效钾含量较丰富，有效磷含量较高，排水良好。部分土种如黄大泥田、黄筋泥田、红黏田的耕地存在质地粘重，通透性差，耕性较差等不利因素，还有部分耕地是水利条件差的“靠天田”。

中低山丘陵耕地施肥原则是推广种植绿肥，加大有机肥施用量以改善土壤通透性培肥地力，深施化肥，适施氮磷肥，增施钾肥增强作物抗旱能力。

土壤改良

松阳县耕地土壤主要是水稻土。中华人民共和国成立后，经过多次大规模土地改造与土壤改良工作。1958年，通过一系列平整土地，治水改土工程建设，初步改造部分低产田，粮食亩产得到较大的提高。1980～1984年，针对水渍、易旱、缺肥等现状采取因地制宜的改良措施。土壤肥力总体水平较好，尤其是土壤养分水平比之前有所提高，但是土壤pH值下降，土壤趋于酸化。根据地理位置和土壤类型及改良利用方向可划分为3个土壤利用改良区。

位于松阳县中部偏北的松古盆地水稻土潮土培肥改土区，地势随溪流自西北向东南倾斜，海拔120～170米，目前农业利用以种植茶叶、水稻、玉米等为主。该区分布着红壤、岩性土、潮土、水稻土4个土类，代表性土种是培泥砂田、泥砂田、谷口泥砂田和谷口砾坤泥砂田等。

土壤存在问题是部分田块地下水位较高排水困难，某些年份还受洪水威胁；部分砂田、谷口砾坤泥砂田土薄砂重，保肥水性能差；部分红土发育的土壤质地黏重，通透性差易板结。改良方法为改造整修排灌系统，对水渍田块进一步加强田、水、路综合治理，达到降沟排渍的目的；对土薄砂重田加客土，增厚土层，提高土壤保肥水能力；对土壤质地黏重田块提倡加砂深耕深翻，增施有机肥实行水旱轮作，提高土壤通透性。

位于松古盆地两侧及县东南部的低山丘陵黄红壤培肥改土区，包括三都乡、四都乡、裕溪乡、象溪镇及盆地中各乡镇的低山部分，海拔800米以下，目前农业利用以种植茶叶、单季稻为主。该区土类以黄壤和红壤为主，代表土种有红松泥田、黄大泥田、黄筋泥田和麻箍砂田等。

土壤存在问题是部分土壤质地黏重，通透性差易板结，水土保持性差；水利条件差，岗田宜缺水；部分垅田渍水。改良方法为重视水土保持，增施有机肥，提高土壤通透性；水利条件差的要因地制宜调节作物布局，改水作为旱作，提高土地产出率，增加经济效益；做好降潜排渍改造烂糊田，合理施用氮、磷、钾肥，提高单位面积产量。

位于县南部的白砂田培肥改土区，地形呈漏斗状盆地，地形坡度大，海拔250～600米，目前农业利用以种植茶叶、单季稻为主。成土母质为砂黏质红土，土层厚薄不一，全剖面含粗石英砂30%以上，有的犁底层以下纯属粗石英砂。

土壤存在问题是漏水失肥，土薄淀浆。改良方法为增施有机肥提高土壤熟化程度，耕作时不宜深耕，以免破坏犁底层加剧漏水，水耕时宜死水耕作，以免砂化加重，减轻淀浆。

第五节 农机管理

机构沿革

1977年前，农机由农水局水利股兼管。1977年，县农水局设立农机股，管理全县农业机械。1978年，农业、水利分设局，农机管理遂归农业局农机股。各人民公社分别招聘农机管理员。1982年，松阳县恢复县制，农业局农机股有工作人员4人，人民公社农机管理员33人。

1985年，农机股内增设农机安全监理站、农机培训站，实行一套人马，多块牌子办公模式。1991年，为与上一级农机管理机构名称相对应，农机股改名农机管理站，同时各乡镇设农机管理站，一直沿用。

1982年5月，松阳县农业局农机股在原县良种繁育场恢复办公。1984年，农业局大楼建成，农机股迁址县城新华路32号。1985年，成立农机安全监理站，行使对上道路拖拉机及驾驶人员核发自牌证职能。1999年，农机办公楼建成，农机管理站迁址县城北山路13号。

管理职能的变化与转换

农机管理初期的职能，是围绕各个时期的农业发展需要、农业生产发展特点制订农业机械发展规划；引进适应当地农业生产实际需要的新机具和新技术；对农机从业者和农机技术人员实施技术培训。

改革开放后，农业机械化快速发展，农机作业量不断增加，规模不断扩大，农机生产过程中的规范化及安全保障等矛盾突出。松阳县对农机管理进行改革，管理形式从单纯的技术推广、管理逐步转向行政引导、政策扶持模式，对农机行业的各类审核、许可、监督内容不断增多，行政职能不断增加，转化为具有行政性质的农机行业管理职能机构。

1985～1994年计划经济时期，负责全县农用燃油计划指标的分配管理。随着国家燃油供应政策并轨，农用燃油计划指标的分配管理权自然消失。

1982年，县农机培训站（古市镇黄岗坑7号）开始对上道路拖拉机驾驶员进行培训，每年开设2～3期。1994年，农机培训曾纳入社会力量办学，培训站改称农机化技术培训学校。2002年后，仍改回农机培训站。至2010年，培训农机人员总量4000余人次。

第六节　农产品安全检测

农产品质量检验测试中心

2003年5月，松阳县农产品质量检测站成立。2004年2月，与植保站、土肥站合署办公。7月，更名为松阳县农产品质量检验测试中心。2005年5月，从原址望松岭11号（种子公司）迁入长松路258号（松阳县农业大楼）；11月，106项参数检测能力通过浙江省质监局计量认证。

通过逐年的资金投入，到2010年，拥有气相色谱仪、气质联用仪、液相色谱仪、原子吸收分光光度计、原子荧光光度计等大型检测仪器设备。11月，通过浙江省质监局计量认证复审和扩项评审的现场评审，授权检测参数从原来的106项扩展到219项。检测范围以茶叶为重点，兼顾其他产业，包括农业投入品、生产环境和农产品质量3个方面的农业综合性检测中心，是丽水市唯一一家具备第三方公正地位、可向社会出具具有证明效力的数据和结果的农业综合性检测机构。

产品质量监管及检测

松阳县人民政府对农产品质量安全进行分段管理，农业局负责对农产品生产过程进行监管，质监局负责加工环节的质量监管，工商局负责农产品流通环节的质量监管。

2004年开始，农业局、工商局联合开展对县城东菜场和南菜场销售的蔬菜进行监测。农业、质监、工商等部门分别对松阳各农产品生产基地、茶叶生产基地、浙南茶叶市场、茶叶加工厂分别进行茶叶农药残留、重金属的抽样检测。2004～2005年，对浙南茶叶市场中销售的茶叶人为添加糖、色素等行为进行检查和整治。

2007年，建立放心菜检测示范基地，对松阳蔬菜生产基地生产的蔬菜进行质量监测。2009年，检测示范基地的建设范围从蔬菜扩展到水果、茶叶等其他农产品，对当地生产的主要农产品生产基地进行产品质量监测。

第七节 农业执法

农业执法机构

1999 年 12 月，松阳县农业行政综合执法大队成立。2006 年，更名为松阳县农业行政执法大队。主要职责是负责全县农业行政执法工作，依法进行农业执法检查、监督管理和行政许可等，主要开展植物防疫和检疫，种子种苗、农药、肥料、饲料及饲料添加剂、蚕种、食（药）用菌种、种畜禽及兽药管理，蔬菜基地保护，农业技术推广和农业植物新品种保护等农业行政执法工作，组织实施拖拉机、联合收割机等农业机械的安全管理等农业行政执法工作，集中农业执法检查和行政处罚权。

农业执法案件查处

2001 年，“永晶”牌硼砂共造成松阳 302 个农户的 450 亩油菜、蚕豆花而不实，严重田块受害减产 80%以上，甚至绝收，直接经济损失 13 万元，共追回理赔款 10 万元。2005 年，“飞雁”牌过磷酸钙及其下游产品，造成全县 11 类作物 206 户农户共计 299.92 亩作物伤害，其中 98 户烟叶 114.27 亩绝收，直接损失 39.88 万元，追回理赔款 8.38 万元。2006 年，松阳农民使用“威化”牌有机无机复混肥造成肥害，共有 113 户 251.38 亩农作物受损。通过调查处理，共计补偿受损农民 7.86 万元，补贴肥料 0.2 吨，生产自救材料（生石灰）12 吨。

2008 年，松阳 5 个乡镇 228 户 227.65 亩玉米发生错种，该批“京科糯 2000”玉米种子由于生产商在发货中把“苏玉糯 2 号”错发成“京科糯 2000”玉米种子，造成重大损失。经调查处理，发放农损理赔款 4.78 万元。是年，遂昌某食用菌原辅材料销售商销往松阳的麦麸发生质量问题。通过调查处理，销售商召回 79.2 吨问题麦麸，29 户菇农 13.06 万元购货款如数退还，挽回经济损失 158 万元。

2009 年，松阳叶村乡河头、叶村、松山、官田 4 个村的 62 户菇农种植香菇“808”发生严重烂棒。经调查，系香菇原种部分错种，自繁生产种生产后出现混种，产生拮抗线现象造成的损失。通过协议调处，补偿受损菇农 8.24 万元。

至 2010 年末，共立案查处各类违法行为 481 件，其中简易案件 170 件，一般程序案件 311 件，累计罚没款 43.6 余万元。共受理调解农业生产事故 106 起，成功调查处理 102 起，为农民挽回经济损失近百万元。

第十一章　农村工作

农村的资金、资产、资源谓之农村“三资”。农业、农村、农村集体经济的概念，最早产生于20世纪50年代农村合作化时期。它主要由村级经济所拥有的资源性资产、实物性资产、货币性资产所构成。长期以来，由于农村工作政策多变，集体资产几经分合，导致流失现象严重，集体经济发展缓慢。

中华人民共和国成立后，松阳在经济、政治、文化、生活等方面发生巨大变化。对农民来说，最重要是取消农业税。农村在党的农业政策指引下，从贫穷进入小康，从落后走向辉煌。

第一节　农村“三资”

农业资金投入

增加农业资金投入，加强农业基础设施建设，不断改善生产条件，提高防灾抗灾能力，是松阳县农业发展的重要因素之一。由于松阳工业发展滞后、县财力不足，自身难以形成“以工哺农”的局面。农业资金的投入主要仰赖于国家财政资金、农业合作经济的积累和银行、信用社的信贷资金。改革开放以来，投入向多渠道发展。农户资金的投入成为农业资金投入的主体。同时，有国家对农业财政投资、银行信用社信贷资金、合作经济组织资金、乡镇企业“以工补农”资金和农业发展基金等。

国家资金包括财政支农资金和银行信贷资金。新中国成立以来，随着国民经济的发展，国家对农业的资金投入呈稳步增长趋势。

20世纪80年代，国家对农业的投入很少。1987年，省财政和地方财政对松阳县农业的投资为16.735万元（省7万元、地方9.735万元）。1989年，省财政对松阳县农业的投资为14万元。1991年，省财政和地方财政对松阳县农业的投资为2.95万元（省2.7万元、地方0.25万元）。1994年，省财政对松阳县农业的投资为22.7万元。

20世纪90年代，国家加大对农业的投入。1996～2000年（“九五”计划期间）五年的数据分析，国家财政（含省财政和地区财政，下同）对松阳县农业的投入年均484.03万元，比“八五”计划期间年均增长36.74倍。

进入21世纪以后，2001～2005年（“十五”计划期间）的5年，国家财政对松阳县农业的投入继续加大，年均766.3万元，比“九五”计划期间年均增长58.32%。

2006～2010年（“十一五”规划期间），5年的国家投入年均2403.4966万元，比“十五” 计划期间年均增长213.65%。

1996～2010年中央和省、市、县财政下拨松阳县农业资金情况表

表 11-11-1-1　　　　单位：万元

年份	合计	其中		
		中央	省	地方
1996	561	0	246	315
1997	1081.9	0	531.9	550
1998	156	0	156	0
1999	563.2	0	409	154.2
2000	58.05	0	20	38.05
2001	324.16	0	280.5	43.66
2002	830.65	30	569.85	230.8
2003	920	—	606.7	313.3
2004	1152.8	182.88	538	431.92
2005	603.89	123.84	452.13	27.92
2006	927.951	—	716.86	211.091
2007	2066.46	34.6	954.32	1077.54
2008	1173.559	34	1133.516	6.043
2009	2321.401	359.961	1687.528	273.912
2010	5528.112	0	5528.112	0

说明：2010年农业资金含中央财政

1987～2010年中央和省财政下拨松阳县百万以上农业项目资金表

表 11-11-1-2　　　　单位：万元

日期	项目名称	投资金额			
		总投资	国家补助		自筹
1987.07.20	1986年度山区机耕路建设第二批资金补助（裕溪、枫坪、新处、水南乡）	175.5	省财政	7	0
1989.09.13	松阳县山区机耕路建设补助	332	省财政	14	318
1996.09.19	1996年度松阳县粮食自给工程项目	442	省财改	146	221
			县财政	75	
1996.10.03	省级商品粮基地建设项目投资计划及1996年度商品粮建设资金	340	省财政	100	0
			地方财政	240	0
1997.07.16	松阳县第一批省级商品粮基地1997年度建设资金	600	省财政	200	0
			地方财政	400	0

续表 11-11-1-2-1

日期	项 目 名 称	投资金额			
		总投资	国家补助		自筹
1997.10.06	松阳县第二期粮食自给工程（择子山片、黄田山片、象溪片 4180.4 公顷）	907	省财政	292	465
			县财政	150	
1997.10.15	1997 年山区机耕路建设补助资金（裕溪乡潘山、西屏镇乌形山、望松乡王村、板桥乡）	129.4	省财政	13	116.4
1998.07.07	松阳县 1998 年度粮食自给工程	465	省财政	146	0
1999.07.26	松阳县第三投资期（1999～2000 年）粮食自给工程建设	910	中央 省财政	263	512
			县财政	135	
1999.07.30	第三投资期 1999 年度粮食自给工程资金	132	省财政	132	0
2002.09.12	1000 万亩商品粮基地“三新技术”配套项目（樟溪、斋坛、叶村乡）	110	省财政	60	0
			地方财政	50	
2003.11.27	四都、谢村、新处 3 乡 224 户 785 人欠发达乡镇下山脱贫扶持	352	省财政	95	0
2004.11.19	2004 年浙江省农村沼气建设国债项目投资计划（“一池三改”2286 户）	731.52	中央	182.88	365.76
			地方财政	182.88	
	2004 年动物疫病控制、特色畜牧业和种畜生产实施计划（畜牧兽医站动物疫病诊断实验室 80 万元、新处乡早上好鹊山鸡养殖基地 40 万元）	120	省财政	30	0
			地方财政	90	
2004.12.06	2004 年浙江省特色优势农产品生产基地项目补助资金（千亩良种茶叶示范基地建设）	100	省财政	100	0
2005.12.15	2005 年农村沼气国债项目配套补助资金	495.36	中央	123.84	309.6
			省财政	40	
			县财政	22.92	
2005.12.16	2005 年特色优势农产品生产基地项目补助资金（无公害杏鲍菇生产基地 50 万元、无公害优质商品猪示范小区建设 50 万元）	100	省财政	100	0
2006.08.21	测土配方施肥试点项目补贴资金	100	省财政	100	0
2006.12.04	特色优势农产品生产基地项目补助资金（银猴茶产业示范基地、友口福养猪合作社）	150	省财政	100＋50	0

续表 11-11-1-2-2

日期	项 目 名 称	投资金额			
		总投资	国家补助		自筹
2007.03.29	县良种繁育场粮食生产基地建设项目贷款项目资本金	1076	县财政	1076	0
2007.09.28	2007 年省财政扶持村级组织运转补助经费	160	省财政	160	0
2007.12.24	2007 年特色优势农产品生产基地补助（银猴茶产业化基地提升 30 万元、高山蔬菜产业基地建设 50 万元、高老庄生态养殖基地 40 万元）	120	省财政	120	0
2008.03.24	雪灾后农林业恢复生产补助资金（农业 130 万元、林业 80 万元）	210	省财政	210	0
2008.10.20	2008 年度农村劳动力转移培训阳光工程补助资金（一类地区）	120	中央	34	0
			省财政	86	0
2009.04.14	2008 年度省级现代农业生产发展资金项目补助资金（碧云天茶业 100 万元、山菌食用菌种业、玉岩花菇专业合作社 60 万元、县林业技术推广站 50 万元、县良种繁育场 20 万元）	230	省财政	230	0
2009.06.25	2009 年茶事活动工作经费	100	县财政	100	0
2009.08.10	2009年中央立项现代农业生产发展资金蔬菜产业提升项目补助资金（蔬菜生产基地建设）	200	中央	200	0
2009.08.12	2009 年现代农业水果产业提升项目补助资金（大富地农业发展有限公司）	235	省财政	235	0
2009.09.11	县农产品质量检验测试中心扩建项目配套资金	119	县财政	119	0
2009.10.23	2008 年省级农业机械购置补贴资金	123.341	中央	109.961	0
			省财政	8.028	
			县	5.352	
2009.11.9	2009 年村级组织运转省财政补助经费	271	省财政	271	0
2009.11.11	2009 年农村劳动力转移培训阳光工程补助资金（2000 人）	120	中央	50	0
			省财政	70	0
2010.11.15	省级现代农业白茶产业示范区建设（松古盆地省级现代农业综合区精深农产品加工园）	267	省财政	110	157

农村“三资”管理

松阳县农村集体“三资”管理工作，始于 1997 年“村账乡镇管理”。2003 年，实行委托代理（简称单代理）。2004 年，实施会计电算化操作（单机版）。2008 年，在 3 个乡镇开始村级财务会计、出纳“双代理”试点。2009 年，全县全面推行村级集体财务“双代理”制度，并投资 40 余万元建成松阳县农村财务计算机监管网络系统，全面实现农村财务管理的电算化、网络化，实现县、乡、村三级对村级集体财务数据的实时传递、查询和监控。2010年，根据省、市有关文件精神，在斋坛、叶村、四都3个乡开展农村集体“三资”管理工作试点，并把农村财务计算机监管网络系统升级到松阳县农村集体“三资”监管网络系统；后在全县推广实行。

第二节　农业政策与农民生活

农业政策

农业生产经营模式的转变　1981年，松阳区域自发开始“包产到户、联产承包责任制”的生产经营模式改革，大部分村社加入改革行列。1982年1月1日，中共中央发出第一个关于“三农”（即农业、农村、农民）问题的“1号文件”，突破传统的“三级所有、队为基础”的体制，明确指出包产到户、包干到户或大包干“都是社会主义生产责任制”。1月30日，松阳县恢复县制后，全县普遍实行家庭联产承包责任制，当时承包期限有3年或5年。1983年1月，第二个中央“1号文件”《当前农村经济政策的若干问题》颁布，提出稳定和完善农业生产责任制，是当前的农村工作的主要任务；森林过伐、耕地减少、人口膨胀是中国农村的三大隐患。要按照中国国情，逐步实现农业的经济结构改革、体制改革、技术改革，走出一条具有中国特色的社会主义农业发展道路。1984年1月1日，中共中央发出《关于一九八四年农村工作的通知》，即第三个“1号文件”。强调要继续稳定和完善联产承包责任制，延长土地承包期，规定一般应在15年以上，生产周期长和开发性旳项目，承包期应更长一些。县农工部牵头进行完善并由农工部印发合同文本和承包证书，并要求承包期限到1998年（15年），全部工作由县农委主持。1986年1月1日，中共中央、国务院下发《关于一九八六年农村工作的部署》，即第五个“1号文件”。肯定农村改革的方针政策是正确的，必须继续贯彻执行。在肯定原有的一靠政策、二靠科学的同时，强调增加投入，进一步深化农村改革。同时明确提出个体经济是社会主义经济的必要补充，允许其存在和发展。发展国民经济以农业为基础，必须坚定不移地将其作为一个长期的战略方针。

1998年第一轮农村土地承包到期后，全县由县农委组织开展第二轮农村土地承包工作，于2000年6月通过省、市验收。2003年6月，全县以各乡镇为主开展二轮土地承包扫尾完善工作。全县共完成土地承包面积9.34万亩，占应承包面积的74.7%；全面完成二轮承包的村192个，占总村数的47.88%；签订土地承包合同总数4.43万户，占应签订农户数的70.3%；发放土地承包经营权证2.52万户，占农户数的40%。二轮土地承包扫尾完成后，农村土地承包管理工作由县农委移交到县农业局。

2004年，根据中共浙江省委办公厅《关于进一步稳定和完善农村土地承包关系的意见》，松阳县全面开展第二轮土地承包规范完善工作。从年初准备到10月底基本结束，全县除滩坑移民、高速公路、园区建设、康庄工程经县政府批准暂缓的100个村、862个村民小组、18805户农户外，新签订承包合同6499份，累计签订承包合同38275 份，累计合同签订率98.89%；新落实承包土地面积

5910 亩，落实承包土地面积率 100%；核发土地承包权证 5751 本，补发土地承包权证 12685 本，累计核发土地承包权证 38275 本，累计核发土地承包权证率 97.83%；变更承包合同 122 份，变更承包权证 53 本，换发 69 本，变更率 100%；完善前承包面积、地块、四至与权证不一致的 886 户，换发承包权证 886 本，注销承包权证 955 本，换发注销率 100%；规范完善土地使用权流转合同 586 份，完善率 100%；调解解决土地承包纠纷 90 起。此外，对个别地方原二轮土地承包时形成的定期小调整决议进行及时纠正，确保农村土地承包政策的落实。

2008 年 10 月，中共十七届三中全会发布《中共中央关于推进农村改革发展若干重大问题的决定》，明确提出“健全严格规范的农村土地管理制度”，要求“搞好农村土地确权、登记、颁证工作”。2011 年 2 月，农业部门开展农村土地确权登记试点工作。

农产品流通政策 1985 年 1 月，中共中央、国务院发出《关于进一步活跃农村经济的十项政策》，即第四个“1 号文件”，取消 30 年来农副产品统购派购的制度，对粮、棉等少数重要产品采取国家计划合同收购的新政策。家庭联产承包责任制进一步系统化，同时从农产品统派购制度、产业结构调整、交通、支持乡镇企业、鼓励人才流动、放活金融政策、加强小城镇建设等十个方面活跃农村经济。文件还提出扩大市场调节，使农业生产适应市场的需求，促进农村产业结构的合理化，进一步把农村经济搞活；国家还把农业税由实物税改为现金税。

增加农业投入政策 2004 年 2 月 8 日，针对全国农民人均纯收入连续几年增长缓慢的情况，中共中央、国务院下发《关于促进农民增加收入若干政策的意见》，成为改革开发以来中央的第六个“1 号文件”，也是时隔 18 年后中央再次把农业和农村问题作为中央“1 号文件”的主题。文件要求，要调整农业结构，扩大农民就业，加快科技进步，深化农村改革，增加农业投入，强化对农业的支持保护，力争实现农民收入较快增长，尽快扭转城乡居民收入差距不断扩大的趋势。

2005 年 1 月 30 日，中共中央、国务院出台《关于进一步加强农村工作提高农业综合生产能力若干政策的意见》，即改革开放以来中央第七个“1 号文件”，要求要稳定、完善和强化各项支农政策，切实加强农业综合生产能力建设，继续调整农业和农村经济结构，进一步深化农村改革，努力实现粮食稳定增产、农民持续增收，促进农村经济社会全面发展。2006 年 2 月 21 日，中共中央、国务院出台《关于推进社会主义新农村建设的若干意见》，即改革开放以来中央第八个“1 号文件”，要求要完善强化支农政策，建设现代农业，稳定发展粮食生产，积极调整农业结构，加强基础设施建设，加强农村民主政治建设和精神文明建设，加快社会事业发展，推进农村综合改革，促进农民持续增收，确保新农村建设有良好开局。

2007 年 1 月 29 日，中共中央、国务院出台《关于积极发展现代农业扎实推进社会主义新农村建设的若干意见》，即改革开放以来第九个“1 号文件”，要求发展现代农业是社会主义新农村建设的首要任务，要用现代物质条件装备农业，用现代科学技术改造农业，用现代产业体系提升农业，用现代经营形式推进农业，用现代发展理念引领农业，用培养新型农民发展农业；提高农业水利化、机械化和信息化水平，提高土地产出率、资源利用率和农业劳动生产率，提高农业素质、效益和竞争力。2008 年 1 月 30 日，中共中央、国务院出台《关于切实加强农业基础建设进一步促进农业发展农民增收的若干意见》，即改革开放以来中央第十个“1号文件”，强调按照统筹城乡发展要求切实加大“三农”投入力度，巩固、完善、强化强农惠农政策，形成农业增效、农民增收良性互动格局，探索建立促进城乡一体化发展的体制机制，并制定一系列政策措施。文件以切实加强农业基础建设，进一步促进农业发展农民增收为主题，切中现时农业农村发展的要害，抓住实现经济社会又好又快发展的基础问题，是党中央从经济社会发展全局出发，从农村发展迫切需要出发，对“三农”工作作出的重大部署。

稳定粮食等农产品生产 2009年2月1日，中共中央、国务院出台《关于促进农业稳定发展 农民持续增收的若干意见》，这是改革开放以来第十一个以“三农”为主题的中央1号文件，指出必须切实增强危机意识，充分估计困难，紧紧抓住机遇，果断采取措施，坚决防止粮食生产滑坡，坚决防止农民收入徘徊，确保农业稳定发展，确保农村社会安定。

城乡统筹发展政策 2010年2月1日，中共中央、国务院下发《关于加大统筹城乡发展力度 进一步夯实农业农村发展基础的若干意见》，是改革开放以来为“三农”的第十二个“中央1号文件”。鉴于面对复杂多变的发展环境，促进农业生产上新台阶的制约越来越多，保持农民收入较快增长的难度越来越大，转变农业发展方式的要求越来越高，破除城乡二元结构的任务越来越重。文件要求，必须不断深化把解决好“三农”问题作为全党工作重中之重的基本认识，稳定和完善党在农村的基本政策，突出强化农业农村的基础设施，建立健全农业社会化服务的基层体系，大力加强农村以党组织为核心的基层组织，夯实打牢农业农村发展基础，协调推进工业化、城镇化和农业现代化，努力形成城乡经济社会发展一体化新格局。具体提出“健全强农惠农政策体系，推动资源要素向农村配置”“提高现代农业装备水平，促进农业发展方式转变”“加快改善农村民生，缩小城乡公共事业发展差距”“协调推进城乡改革，增强农业农村发展活力”“加强农村基层组织建设，巩固党在农村的执政基础”五个方面27条政策措施。

中共松阳县委、县政府紧紧围绕上述12个“中央1号文件”，带领全县涉农干部，认真学习、深刻领会、积极贯彻、全面落实，把松阳这个古老、贫困的农业县引上现代农业经济的快车道。

农民生活

1949年以后，县委、县政府带领松阳人民经过艰苦卓越、奋发图强的努力奋斗，松阳农民已经在经济、政治、文化、生活等方面有着天翻覆地的变化。2004年，农业税取消，广大农民受益。

（此目内容详见第十编“经济综述与体制改革”第一章“经济发展概况”）

1978～2010年松阳县农村居民生活要素概况表

表11-11-2-1

年份	人均总收入（元）	人均纯收入（元）	人均生活支出（元）	人均住房居住面积（平方米）	恩格尔系数
1978	—	86	—	—	—
1979	—	102	—	—	—
1980	—	123	—	—	—

续表 11-11-2-1

年份	人均总收入（元）	人均纯收入（元）	人均生活支出（元）	人均住房居住面积（平方米）	恩格尔系数
1981	—	120	—	—	—
1982	—	136	—	—	—
1983	—	210	—	—	—
1984	—	256	—	—	—
1985	—	356	—	—	—
1986	—	366	—	—	—
1987	—	404	—	—	—
1988	—	452	—	—	—
1989	—	474	—	—	—
1990	—	486	—	—	—
1991	—	561	—	—	—
1992	—	731	—	—	—
1993	—	935	—	—	—
1994	—	1035	—	—	—
1995	—	1203	—	—	—
1996	—	1254	—	25	—
1997	—	1516	—	25	—
1998	—	1759	—	25	—
1999	—	2058	—	25	—
2000	3843	2565	2119	31	44.33
2001	3646	2695	1839	36	43.25
2002	3802	2845	1988	37	42.20
2003	4114	2956	2551	40	41.20
2004	4316	3056	2753	45	40.20
2005	4367	3154	2639	51	40.10
2006	4684	3267	2846	52	39.66
2007	5070	3741	2665	52	39.75
2008	6277	4512	3380	52	39.94
2009	7061	5258	3498	53	38.78
2010	8223	6064	4090	53	39.87

说明：农民人均纯收入1999年及以前为“农经”口径，2000年开始为“农调”口径。

第十二编 林 业

松阳是国家级生态县，地处浙西南山区，林业原始底蕴丰富，经历过曲折的道路。改革开放后，持续深化改革，最终走上可持续绿色发展道路，打开绿水青山转化为金山银山的绿色发展通道。

松阳封山育林历史悠久，民国时期就竖禁山牌、立民约、开锣禁山、违约受罚。有谚：“官靠印、山靠禁”。各地所存名木古树、水口老林，乃历千百年封山育林所成。

民国 17 年（1928），政府确定每年 3 月 12 日为植树节，大力提倡群众植树造林，绿化荒山。1949 年，全县山地面积 182.24 万亩，其中森林面积 164.78 万亩。

1956 年，松阳县木材收购站被国务院命名为“全国先进集体”。1958 年，林村林场被国务院授予农业社会主义建设先进单位。改革开放后，松阳林业事业蓬勃发展。20 世纪 80 年代，普遍造林、消灭荒山。90 年代，开展世行贷款造林项目。2000 年后，持续推进香榧、油茶、笋竹林等林业主导产业快速健康发展，先后获得“全国森林经营方案编制试点县”“全国油茶产业发展试点县”“全国造林补助试点县”“全国绿化造林百佳县”“全国经济林建设先进县”“全国‘七五’速丰林基地建设重点县”“全国林业工作站建设合格县”等荣誉称号。

松阳野生植物资源丰富，2010 年，全县有古树名木 4711 株。高山湿地有大东坝镇五部村“烂浆湖”及新处乡朱山村“烂田砚”。

过去，松阳是杉木传统产区，造林以点桐插杉为主，马尾松多数依赖天然飞子成林。1956 年和 1957 年，湖溪和林村 2 个国营林场相继建立，自采马尾松、杉木种子育苗。1969 年春，松阳公路段建苗圃，引种法国梧桐等。1989 年，松阳县委、县政府提出“二年准备、五年消灭荒山、八年绿化松阳”的目标，到 1993 年基本消灭荒山，完成绿化。1988 年和 1989 年均获得丽水地区林业局商品材速丰林基地建设达标奖。1990～1998 年，分两期开展世界银行贷款实施国家造林项目，实际完成造林面积 6635 公顷；1994～1998 年，连续 5 年被浙江省世界银行贷款造林项目办公室（下称省世行办）评为世行造林省级优秀工程。2000 年，被全国绿化委员会评为全国造林绿化百佳县。2004 年后，实施林业分类经营，打造林业特色基地建设，实施松阳县万亩脐橙森林食品基地项目建设和万亩脐橙示范基地，被浙江省林业厅命名为浙江省效益林业十大示范基地，香榧油茶产业进入大规模发展阶段。

1983 年，松阳县开始实行木材按计划凭证采伐，促进森林资源保护与发展。20 世纪 90 年代初开始，袋料香菇产业发展导致优质阔叶林资源急剧下降。为发展山区通村公路，采取“以山换路、以树换路”的筹资方式，特别是大柳杉古树遭到较大破坏。进入 21 世纪，松阳林业由木头经济转变为林业生态建设的可持续健康发展阶段，林业工作的重心从挖坑种树向高效林业建设转变，林业的工作任务从单一的经营森林向特色产业基地、森林旅游多元化发展。2001～2009 年，建成国家、省级公益林93.2万亩，实施公益林优质林分建设，森林资源得到较快恢复性增长，实现林业双增目标，生态环境日益好转。

第一章　森林资源

森林资源是地球上最重要的资源之一，是生物多样化的基础。森林资源包括森林、林木、林地以及依托森林、林木、林地生存的野生动物、植物和微生物；以林木资源为主，包括林中和林下植物、野生动物、土壤微生物及其他自然环境因子等资源。林地包括乔木林地、疏林地、灌木林地、林中空地、采伐迹地、火烧迹地、苗圃地和国家规划宜林地。

松阳县地处浙江西南部，气候温暖湿润，地形复杂多样，土壤肥沃，森林资源丰富。古时松阳全境森林繁茂，禽兽众多。根据相关的文献资料，全县的植物资源2000多种，占全省植物资源种类的一半以上。21世纪以来，松阳县致力于保护森林生态系统、守护绿水青山，注重可持续开发利用森林资源，提升生态环境保护功能。

第一节　林种分布

松阳县境森林植被属中亚热带常绿阔叶林区。因地势高低悬殊，形成多种小气候环境，森林植物群繁多。海拔500米以下低山丘陵以马尾松林和马尾松、常绿阔叶混交林为主。海拔500～800米低山区，大面积山坡是杉木林或马尾松、阔叶混交林。海拔800～1400米山地，近山脊或阳坡以黄山松、阔叶林混交林为主，中下部或阴坡以杉木与木荷、甜槠等阔叶混交林为主。植被类型主要有针叶林、针叶阔叶混交林、阔叶林、毛竹林，以及油茶、茶叶、香榧等经济林。

乔木林

松木林　以马尾松为主，多分布在海拔800米以下低山丘陵，以松古盆地四周、松阴溪及小港两岸山坡最普遍。天然更新为主，亦有人工造林。黄山松分布在海拔800米以上山地。在800～1000米山地有马尾松、黄山松，以及二者天然混生，尤以东南部山区更为明显。

杉木林　为人工栽培的主要森林群落，面积大，分布不均，垂直分布以海拔500～700米山地长势最佳。有54.7%的面积和63.2%的蓄积分布在玉岩、枫坪、安民、大东坝4个乡镇。

阔叶林　原始亚热带常绿阔叶林无存，现存天然次生林，分布于深山区，面积很少。海拔800米以下为以甜槠、木荷、苦槠、栲类等为代表的常绿阔叶林。海拔800米以上为以甜槠、木荷、光叶水青冈、多脉青冈、鹅耳枥、椴类等为代表的常绿、落叶阔叶林；海拔800～1200米以黄山松、柳杉等针叶林与常绿、落叶阔叶林混生为常见，形成针阔混交林。

竹林

境内竹种繁多。2010年，各类竹种有25种。全县竹林总面积14.8万亩，占林地面积的10.2%。毛竹占竹林总面积的97.1%，一般分布在海拔800米以下。玉岩、枫坪、新处、安民、大东坝等乡镇有毛竹面积6.49万亩，占全县毛竹林总面积的53.73%，为全县毛竹重点乡镇。竹源、谢村、三都乡次之，面积3.7万亩，占总面积的30.63%。其他杂竹大多零星分布在松古盆地各村落，以笋用竹为主。

图12-1　竹源乡呈田村竹林（叶坚红 摄于2010年）

2010年，毛竹林面积比1984年增加3.23万亩，年均增加1154亩。毛竹株数增加1170.5万株，年均增加42万株，亩均株数151株。1976年，确定枫坪公社为浙江省毛竹丰产基地，要求全面垦复后每年或隔年松土一次（“熟山管理”）。1979年，枫坪公社建立丰产基地1.83万亩，当年松土面积260亩，留养34.8万株。2000年以后，毛竹自然扩鞭和高效笋竹建设成效显现，毛竹市场持续看好，竹农培育积极性大增。

1984年与2010年松阳县各竹种面积变化情况表

表12-1-1-1　　单位：亩、万株

竹　林		1984年	2010年	增量	年均增量
合计面积		115634	147940	32306	1154
毛竹	面积	115108	143672	28564	1020
	株数	999.76	2170.26	1170.5	42
杂竹面积		526	4268	3742	133.6

2010年松阳县竹林主要产区分布及比重情况表

表12-1-1-2

乡　镇	面积（亩）	比重（%）	乡　镇	面积（亩）	比重（%）
玉岩镇	30046	20.9	叶村乡	5783	4.0
枫坪乡	26411	18.4	象溪镇	3539	2.5
新处乡	20392	14.2	裕溪乡	3552	2.5
谢村乡	11054	7.7	四都乡	3173	2.2
竹源乡	10283	7.2	板桥畲族乡	1973	1.4
三都乡	9886	6.9	西屏镇	1402	1.0

续表 12-1-1-2

乡　镇	面积（亩）	比重（%）	乡　镇	面积（亩）	比重（%）
大东坝镇	7111	4.9	其他乡镇	7398	7.0
安民乡	5937	4.1	合　计	147940	—

经济林

2010 年末，全县经济林面积 23.23 万亩。有油茶、茶叶、香榧、板栗、柑、橘、柚、橙、梨、杨梅、桃，以及桑、厚朴等，占经济林面积的 95%。主要分布在裕溪、象溪、板桥、大东坝、玉岩、三都、西屏、古市、赤寿、新兴等乡镇。厚朴主产区在松南林区，安民乡安岱后村和枫枰乡梨树下村种植历史悠久。

灌木林

灌木丛多分布在海拔 800 米以上的山脊、山顶，以茅栗、杜鹃、短柄杞以及矮曲林为代表，山间裸岩石壁以乌冈栎林、箬竹、胡枝子为代表。

第二节　森林资源调查

森林资源调查是以林地、林木以及林区范围内生长的动植物及其环境条件为对象的林业调查。及时掌握森林资源的数量、质量和生长、消亡的动态规律及其与自然环境和经济、经营等条件之间的关系，为制订和调整林业政策、编制林业计划和鉴定森林经营效果服务，以保证森林资源在国民经济建设中得到充分利用，不断提高其潜在生产力。

按调查的地域范围和目的，森林资源调查分为：以大区域为对象的森林资源调查，简称一类调查；为编制规划设计而进行的调查，简称二类调查；为作业设计而进行的调查，简称三类调查。这三类调查上下贯穿、相互补充，形成森林调查体系，利于合理组织森林经营，实现森林多功能永续利用，建立和健全各级森林资源管理体系。

森林调查作为一种专门技术，始于买卖青山时的树木材积量测，相当于现代的三类调查。中国从 20 世纪 50 年代开始森林调查工作。至 2010 年，应用抽样以及电子计算机、林业遥感等先进技术，查清森林资源情况，进行全国各大林区的森林经理调查，建立森林调查的 3 级体系，森林资源数据库自动化体系也在逐步建立中。

民国 25 年（1936），浙江林业主管部门曾派员踏勘钱塘江等 4 个水系上中游地区水源林情况。民国 27 年，浙江省农业改进所对松阳、丽水等 10 个县的林业生产经营状况进行踏勘。民国 28 年，全县山地面积 188.24 万亩，其中林地面积 180.06 万亩。主要林种为马尾松、杉、桐、茶、竹、杂木。1949 年，全县山地面积 182.24 万亩，其中森林面积 164.78 万亩。

根据1951年9月省农林组织浙江大学农学院森林系师生和华东革命大学浙江分校第六期学员的普查估算，全县森林面积111.74万亩，宜林地面积3.96万亩，其中松树41.29万亩、杉树32.91万亩、油茶3.54万亩、棕榈0.55万亩、毛竹8.73万亩、灌木林18.63万亩、其他林10.05万亩。

1958年松阳县森林资源调查森林蓄积量分布情况表

表12-1-2-1

树 种	蓄积量（立方米）	占比（%）	古市区（立方米）	西屏区（立方米）	靖居区（立方米）	石仓公社（立方米）	玉岩区（立方米）
总 计	**1925831**	**—**	**406666**	**252356**	**399320**	**399320**	**468169**
1.幼林	**356527**	**18.5**	**79733**	**66967**	**133415**	**60636**	**15776**
杉 木	—	—	—	—	—	—	—
松 木	347510	97.5	79718	65260	132302	56247	13983
杂 木	9017	2.5	15	1707	1113	4389	1793
2 中林	**679761**	**35.3**	**150119**	**100120**	**124494**	**120751**	**184277**
杉 木	50322	7.4	5748	9254	12936	6946	15438
松 木	610922	89.9	143364	88798	110707	105739	162314
杂 木	18517	2.7	1007	2068	851	8066	6525
3 近熟林	**794411**	**41.3**	**130763**	**83595**	**110958**	**216177**	**252918**
杉 木	781477	98.4	130193	82365	110141	211094	247684
松 木	1636	0.2	540	9	671	195	221
杂 木	11298	1.4	30	1221	146	4888	5013
4 成过熟林	**95132**	**4.9**	**46051**	**1674**	**30453**	**1756**	**15198**
杉 木	82137	86.4	44639	830	29556	1313	5799
松 木	1723	1.8	276	612	80	417	338
杂 木	11220	11.8	1084	232	817	26	9061

1982年松阳恢复置县后，分别在1985年、1989年、1994年、1999年、2005年、2009年进行森林资源调查。据此确定林业主导产业发展方向，提出分类指导和发展措施。

1985～2009 年若干年份松阳县森林资源调查面积对比情况表

表 12-1-2-2　　单位：万亩

调查年度	总面积	林业用地									非林地
		合计	有林地				灌木林	疏林	未成造	无林地	
			小计	乔木林	经济林	竹林					
1985	210.6	164.0	123.7	97.5	14.6	11.6	4.6	11.2	3.1	21.4	46.6
1989	210.6	163.9	130.4	102.7	15.6	12.1	7.4	8.3	4.5	12.6	46.7
1994	210.6	161.5	144.6	115.5	16.8	12.3	7.7	2.2	5.2	1.8	49.1
1999	210.6	165.0	143.7	114.3	16.7	12.7	11.8	4.1	2.7	2.7	43.4
2005	210.6	170.5	146.3	132.0	—	14.2	2.0	0.15	3.0	1.3	40.1
2009	210.6	170.6	145.5	130.7	—	14.8	2.1	0.2	4.7	1.2	40.1

1985～2009 年若干年份松阳县森林资源分树种、龄组面积情况表

表 12-1-2-3　　单位：万亩、万立方米

调查年度	合计		松		杉		阔		幼林		中林		近、成、过熟林	
	面积（万亩）	蓄积（万立方米）	面积（万亩）	蓄积（万立方米）	面积（万亩）	蓄积（万立方米）	面积（万亩）	蓄积（万立方米）	面积（万亩）	蓄积（万立方米）	面积（万亩）	蓄积（万立方米）	面积（万亩）	蓄积（万立方米）
1985	96.2	236.9	42.3	106.6	32.0	54.0	21.9	76.3	45.5	41.8	32.4	107.7	18.3	87.4
1989	112.7	245.3	56.6	128.5	40.9	71.3	15.2	45.6	43.0	25.4	49.2	126.1	20.5	93.8
1999	108.0	242.8	38.4	84.1	54.2	110.6	14.9	48.1	34.8	25.4	44.3	98.1	28.5	119.2
2005	132	386.1	48.2	144.8	52.4	196.4	21.2	43.4	46.4	43.1	46.6	143.7	39.0	199.3
2009	130.7	423.5	48.2	160.7	50.6	211.7	21.5	49.7	37.6	33.0	40.5	123.0	52.6	267.6

第三节　林下资源

境内林下野生资源极为丰富，有野生药材、林中小野果、野菜和野生小动物等。

林下资源是林冠层以下各种动植物的总称，包括林果、林药、林蛙、林鱼、松果、真菌、苔藓以及山野菜等。可分为野生经济植物资源、野生经济动物资源和森林旅游资源。

林下野生药材

清光绪六年（1880）、民国 15 年（1926）《松阳县志·物产》一目中分别记述，山区有珍贵中草药 128 种。其中茯苓、何首乌、白术、夏枯草（俗称地风蓬）、桔梗、马齿苋、鱼腥草（俗称秋荚儿）、野菊花、土高丽参、茵陈、金银花、野生参（短萼黄莲）、黄精、七叶一枝花、三叶青等

应用价值大，可列入珍贵中草药。民国 18 年，在杭州举办的万国博览会上，松阳桔梗获优等奖。

林中小野果、野菜

县域内的小野果有野生树莓、野山楂、毛花猕猴桃、乌饭籽（南烛子）、掌叶复盆子（土名角公扭）、桑葚籽、白栎籽、青栎籽、毛栗、地菍（山落苏）等。有蕨菜、马兰头、马齿苋、苦叶菜、野百合、野水芹菜、香荠、紫背三七（土名观音菜）等，品种繁多。

第四节　野生动植物

野生动植物种类

野生动物　松阳县有野生动物，兽类 22 科 40 种，鸟类 35 科 94 种，爬行类 10 科 27 种，两栖类 7 科 21 种。国家级保护动物有中华秋沙鸭、云豹、豹、黑鹿、大灵猫、小灵猫、金猫、毛冠鹿、白颈长尾雉、红腹锦鸡、猕猴、短尾猴、穿山甲、苏门羚、白鹳、黄腹角雉、鸳鸯、白额雁、小天鹅、白鹇、虎纹蛙等。

境内的玉岩、安民、四都、三都、竹源等林区乡镇都可见少量猕猴。穿山甲数量很少，大东坝、玉岩、新处等部分乡镇有分布。

全县共有脊椎动物 330 余种，其中属国家保护的野生动物 53 种（一级 8 种、二级 45 种），省级保护的 41 种。

全县珍稀鸟类有中华秋沙鸭、国宝白鹤、鸳鸯等；水生珍稀动物有水獭、花鳗鲡、虎纹蛙等。

脊椎动物 4 个纲及其中的国家重点保护的野生动物有：

兽纲（类）有 22 科 40 种。有国家保护动物 15 种，其中一级保护 7 种、二级保护 8 种、省级保护 10 种。

鸟纲（类）有 35 科 94 种。有国家保护鸟类 30 种，其中一级 3 种、二级 27 种、省级保护 30 种。

爬行纲（类）有 10 科 27 种。其中有省级保护 6 种。

两栖纲（类）有 7 科 21 种。其中有国家级保护动物 2 种，省级保护 2 种。

松阳林区野生小动物繁多。有两栖类蛙科学名“石蛙”“棘胸蛙”（当地人称“蜷鱼”“坐鱼”），生长在山区的溪流下或山涧的岩石下，属两栖纲蟾蜍科，白天多栖于泥穴中或石下或草丛内，日息夜出捕昆虫，其后腺和皮肤腺的白色分泌物供药用。

2010年松阳县境内兽类一览表

表 12-1-4-1

科	种
刺猬科	刺猬
鼹鼹科	臭鼱
鼹鼠科	缺齿鼹
菊头蝠科	皮氏菊头蝠
蹄蝠科	大蹄蝠
犬　科	豺狼　狐狸　貉
熊　科	黑熊
鼬　科	青鼬　黄鼬（黄鼠狼）　鼬獾　水獭　猪獾
蝙蝠科	普通伏翼
猴　科	猕猴　短尾猴
穿山甲科	穿山甲
兔　科	华南兔
松鼠科	赤腹松鼠
灵猫科	大灵猫　小灵猫　花面狸　食蟹
猫　科	豹猫　金猫　云豹　豹虎
鼯鼠科	熏白飞鼠
仑鼠科	黑腹绒鼠
鼠　科	小家鼠　白腹巨鼠　褐家鼠
豪猪科	豪猪
猪　科	野猪
鹿　科	獐　黑鹿（乌獐）　小鹿毛冠鹿
牛　科	苏门羚　青羊

2010年松阳县境内鸟类一览表

表 12-1-4-2

科	种
鸳　科	池鹭　黄嘴白鹭　白鹭
鹳　科	白鹳　黑鹳
鹮　科	白鹮　白琵鹭
鸭　科	中华秋沙鸭　绿翅鸭　鸳鸯　小天鹅　疣鼻天鹅
鹰　科	雀鹰　苍鹰　赤腹鹰　松雀鹰　鸢　普通狂　灰脸狂鹰　乌雕白　腹山雕　风头鹃隼　栗鸢 毛脚驾　蛇雕

续表 12-1-4-2

科	种
隼　科	灰背隼　燕隼　红隼
雉　科	灰胸竹鸡　鹌鹑　白鹇　环颈雉　勺鸡　白颈长尾雉　黄腹角雉
鹤　科	灰鹤
鸻　科	风头麦鸡
鸡鸽科	山斑鸠
杜鹃科	四声杜鹃 大杜鹃
鸱鸮科	红角鸦　雕鹊　领角鸦　鹰鹗　斑头鸺鹠　褐林鸦　长耳鹗
革鹗科	草鹗
夜鹰科	普通夜鹰
雨燕科	白腰雨燕
翠鸟科	蓝翡翠　冠鱼狗　普通翠鸟
佛法僧科	三宝鸟
戴胜科	戴胜
须驾科	大拟啄木鸟
啄木鸟科	斑啄木鸟　黑枕缘啄木鸟
八色鸫科	蓝翅八色鸫　百灵科　小云雀
燕　科	家燕　金腰燕
鹊鸽科	山鹊鸽　白鹊鸽　树鹨
山椒鸟科	粉红山椒鸟
鹎　科	白头鹎　绿鹦嘴鹎
伯劳科	红尾伯劳　棕背伯劳
黄鹂科	黑枕黄鹂
卷尾科	发冠卷尾
掠鸟科	八哥
鸦　科	松鸦　红嘴蓝鹊　喜鹊　灰树鹊　乌鸦
鹅　科	乌鸫　画鹛　红嘴相思鸟　黄眉柳莺
山雀科	大山雀　红头（长尾）　山雀　黄颊山雀　黄腹山雀
锈眼鸟科	暗绿绣眼鸟
文鸟科	麻雀　山麻雀
雀　科	黑尾蜡嘴雀　金翅雀　三道鹛草鹏

2010年松阳县境内爬行类动物一览表

表 12-1-4-3

科	种
龟　科	乌龟
鳖　科	鳖（甲鱼）
壁虎科	多疣壁虎
石龙子科	石龙子　蓝尾石龙子
蜥蜴科	北草蜥
蛇蜥科	脆蛇蜥
游蛇科	钝尾两头蛇　赤链蛇　王锦蛇　黑眉锦蛇　中国水蛇　颈棱蛇　水赤链游蛇　乌游蛇　虎斑游蛇　翠青蛇　山溪后
棱　蛇	乌梢蛇　灰鼠蛇　纹花林蛇
眼镜蛇科	银环蛇　眼镜蛇
蝗　科	五步蛇　山烙铁头　烙铁头　竹叶青

2010年松阳县境内两栖类动物一览表

表 12-1-4-4

科	种
隐鳃鲵科	大鲵
蝾螈科	东方蝾螈　中国瘰螈　肥螈有斑亚种　沼蛙　九龙棘蛙　棘胸蛙　虎纹蛙　武夷湍蛙
锄足蟾科	淡肩角蟾　挂墩角蟾　崇安髭蟾
蟾蜍科	大蟾蜍华西亚
树蛙科	大树蛙　小弧　大蟾蜍中华亚种
雨蛙科	中国雨蛙
蛙　科	泽蛙　黑斑蛙　斑姬蛙　饰纹姬蛙

附：国家级保护动物

兽类中国家一级保护动物：

虎　panthera tigris linnaeus

云豹　Neofelis nebulosa Griffith

豹　Panthera Pardus Linnaeus

黑麂（乌獐）　Muntiacus crinifrons Sclater

兽类中国家二级保护动物：

猕猴　Macaca mulatta Zimmermann

短尾猴　M.thibetana Milne—Edwards

穿山甲　Manis pentadactyla Linnaeus

豺　Cuon alpinus Pallas

大灵猫　Viuerra Zibetha Linnaeus

小灵猫　Viuerricula indica Desmarest

金猫（原猫）　Felis temmincki dominicanorum Sclater

苏门羚（鬣羚）　Capricornis sumatraensis Bechstein

青羊（斑羚）　Naemorhedus goral Hardwieke

鸟类中国家一级保护动物：

中华秋沙鸭　Mergus squamatus

白鹳　Ciconiaci conia boyciana swinhoe

黑鹳　C. nigra（Linnaeus）

白颈长尾雉　Syrmaticus ellioti（swinboe）

黄腹角雉　Tragopan caboti（Gould）

鸟类中国家二级保护动物：

黄嘴白鹭　Egretta eulophotes（Swinhoe）

白鹮　Threskiornis aethiopicus melanocephalus（Latham）

白琵鹭　Platalea leucorodia

鸳鸯　Aix galericulata（Linnaeus）

小天鹅　Cygnus Columbianus Jankowskji Alpheraky

疣鼻天鹅　C.olor（Gmelin）

雀鹰　Accipiter nisus nisosimilis（Tickell）

苍鹰　A.gentilis schvedowi（Menzbier）

赤腹鹰　A.soloensis（Horsfield）

松雀鹰　A.virgatus gularis（Temminck et schlegel）

鸢　Milvus Rorschun Lineatus（Gray）

普通鵟　Buteo buteo burmanicus Hume

灰脸鵟鹰　Butastur indicus（Gmelin）

乌雕　Aguita clanga pallas

白腹山雕　A.fasciata fasciata Vieillet

凤头鹃隼　Auiceda leuphotes（Dumont）

栗鸢　Haliastur indus（Boddaert）

毛脚鵟　Buteo lagopus menzbieri Dementber

蛇雕　Spilornis cheela ricketti sclater

灰背隼　Falco columbarius insigmis（clark）

燕隼　F.Subbuteo linnaeus

红隼　F.tinnuneulus saturatus（Blyth）

白鹇　Lophura nycthemera fokiensis Delacour

勺鸡　Pucrasia macrolopha darwini swinhae

红领鸮　Otus scops（Linnaeus）

雕鸮　Bubo bubo kiantschensis Reiehenow

领角鸮　Otus bakkamoena erythrocampe（swinhoe）

鹰鸮　Ninox scutulata burmanica Hume

斑头鸺鹠　Glaucidium Cuculoides whiteleyi（Blyth）

领鸺鹠　G.brodiei brodiei（burton）

褐林鸮　Strix leptogrammica ticehursti Delacour

长耳鸮　Asiootusotus（Linnaens）

草鸮　Tyto capensis chinensis（Hartert）

两栖类中国家二级保护动物：

虎纹蛙　Rana tigrina rugulosa Wiegmann

野生植物　《松阳树木彩色图鉴》记录，松阳木本植物包括乔木、灌木、木质藤本共653种，变种、品种101种，分别属于88科288属，其中裸子植物8科25属35种10个变种；被子植物80科263属618种91个变种，配有树木形态实物彩色照片千余幅，其照片绝大多数有花或果，并有简要的形态特征描述、生物学生态学特性、分布和用途等。属国家级保护植物有：银杏（野生）、南方铁杉、江南油杉、白豆杉、长叶榧、黄山木兰，乐东拟单性木兰、凹叶厚朴、天竺桂、闽楠、浙楠、伯乐树、南方红豆杉、紫茎、银钟树、长序榆、香果树、八角莲、缺萼黄莲等19种。

全县有乔木树种280多种，其中有发掘利用价值树种110种，优良、速生珍稀用材树种50多种，经济林树种36种。国家二级保护树种白豆杉生长在枫坪关山源海拔800米以上多基岩裸露的陡坡、空气湿度大的山坡阔叶林下。南方铁杉仅在关山源和梨树下村边山坡少量分布。国家二级保护树种长叶榧在小苏源是数量多又集中的地方。长序榆是20世纪70年代发观的树种，玉岩镇何山头村边有1株大树，树高32米，胸径47厘米，是研究植物分类和东亚—北美植物区系珍贵材料，幼树有数株。乐东拟单性木兰在关山源和安岱后有零星生长大树，是优良庭院观赏树种。闽楠见于竹源乡黄庄和大东坝镇洋坑埠头有少量生长。

图12-2　南方红豆杉（杨益达 摄）

根据初步调查，并对照《浙江中药材志》，松阳县有中药材植物870种，其中普遍实用的有300多种。常用的有厚朴、金银花、桔梗、龙胆草、细辛、首乌、七叶一枝花、前胡、南沙参、天门冬、黄精、威灵仙、丹参、半夏、汉防己、白芨、鹿含草、益母草，鱼醒草、紫花地丁、小春花、夜交藤、覆盆子、海金沙、虎杖、稚、桑寄生、缺萼黄连、阔叶十大功劳等90多种。这些中草药都零散分布在全县各地山区，并以森林植被较好的林中，或灌草丛中，呈野生状态。

2010年松阳县境内裸子植物一览表

表12-1-4-5

科	种
苏铁科	苏铁　四川苏铁
银杏科	银杏
松　科	日本冷杉　雪松　江南油杉　湿地松　马尾松　日本五针松　火炬松　黄山松　金钱松　铁杉
杉　科	杉木　水杉　台湾杉　落羽杉　池杉
柏　科	日本花柏　日本扁柏　柏木　福建柏　刺柏　侧柏　圆柏　铺地柏
罗汉松科	竹柏　百日青　罗汉松
三尖杉科	三尖杉　粗榧
红豆杉科	白豆杉　南方红豆杉　榧树　长叶榧

2010年松阳县境内被子植物一览表

表12-1-4-6

科	种
胡椒科	山蒟
金粟兰科	金粟兰　草珊瑚
杨柳科	响叶杨　加拿大杨　垂柳　银叶柳　长梗柳　南川柳　绒毛皂柳
杨梅科	杨梅
胡桃科	薄壳山核桃　青钱柳　少叶黄杞　华东野核桃　化香　枫杨
桦木科	桤木　江南桤木　光皮桦　雷公鹅耳枥
壳斗科	锥栗　板栗　茅栗　米槠　甜槠　罗浮栲　栲树　南岭栲　秀丽栲　青钩栲　苦槠　钩栗　赤皮青冈　青冈栎　细叶青冈　大叶青冈　多脉青冈　小叶青冈　云山青冈　褐叶青冈　水青冈　亮叶水青冈　短尾柯　石栎　硬斗石栎　木姜叶石栎　麻栎　白栎　乌冈栎　短柄枹栎　栓皮栎
榆　科	糙叶树　紫弹树　朴树　西川朴　山油麻　刺榆　多脉榆　杭州榆　长序榆　榔榆　榉树
桑　科	藤葡蟠　小构树　构树　无花果　天仙果　台湾榕　琴叶榕　全缘琴叶榕　条叶榕　异叶榕　薜荔　珍珠莲　爬藤榕　构棘　桑橙　桑　鸡桑　华桑

续表 12-1-4-6-1

科	种
山龙眼科	小果山龙眼
铁青树科	青皮木
桑寄生科	椆树寄生　锈毛钝果寄生　槲寄生棱枝槲寄生
紫茉莉科	光叶子花　叶子花
毛茛科	女萎　威灵仙　舟柄铁线莲　山木通　单叶铁线莲　毛柱铁线莲　柱果铁线莲
木通科	木通　三叶木通　鹰爪枫　大血藤　显脉野木瓜　五指挪藤　尾叶挪藤　短药野木瓜
小檗科	阔叶十大功劳　十大功劳　南天竹
防己科	木防己　秤钩风　蝙蝠葛　汉防己
木兰科	披针叶八角　南五味子　鹅掌楸　乳源木莲　夜香木兰　黄山木兰　玉兰　荷花玉兰　紫玉兰　厚朴　皱叶木兰　景宁木兰　白兰花　乐昌含笑　含笑　金叶含笑　灰毛含笑 醉香含笑　深山含笑　阔瓣含笑　野含笑　乐东拟单性木兰　观光木　华中五味子
蜡梅科	腊梅　柳叶腊梅　山腊梅
樟　科	华南樟　樟树　浙江樟　银木　香桂　乌药　狭叶山胡椒　香叶树　红果山胡椒　山胡椒　绒毛山胡椒　绿叶甘橿　三桠乌药　红脉钓樟　山橿　豹皮樟　山鸡椒　黄丹木姜子　石木姜子　浙江润楠　薄叶润楠　建润楠　黄绒润楠　绒毛润楠　刨花润楠　红楠　浙江新木姜子　云和新木姜子　浙闽新木姜子　闽楠　浙江楠　紫楠　檫树
钟萼木科	钟萼木
虎耳草科	宁波溲疏　中国绣球　绣球　圆锥绣球　腊莲绣球　长圆叶鼠刺　浙江山梅花冠盖藤
海桐花科	海金子　海桐
金缕梅科	细柄蕈树　腺蜡瓣花　灰白蜡瓣花　蜡瓣花　金缕梅　小叶蚊母树　杨梅叶蚊母　米老排 枫香　檵木　红花檵木
杜仲科	杜仲
悬铃木科	二球悬铃木
蔷薇科	东亚唐棣　木瓜　皱皮木瓜　日本木瓜　野山楂　棣棠花　台湾林檎　尖嘴林檎　垂丝海棠 湖北海棠　西府海棠　海棠花　中华石楠　椤木石楠　光叶石楠　褐毛石楠　小叶石楠 桃叶石楠　石楠　红叶石楠　钟花樱桃　红叶李　迎春樱　麦李　灰叶稠李　郁李　浙闽樱 山樱花　日本晚樱　刺叶桂樱　火棘　豆梨　石斑木　硕苞蔷薇　软条七蔷薇金樱子　小果蔷薇　野蔷薇　七姐妹　掌叶复盆子　山莓　光果悬钩子　蓬蘽　高粱泡　茅莓　盾叶莓　绣毛莓　空心泡　红腺悬钩子　木莓　三花悬钩子　石灰花楸　江南花楸　绣球绣线菊　中华绣线菊　渐尖粉花绣线菊　光叶粉花绣线菊　单瓣李叶绣线菊　野珠兰 波叶红果树

续表 12-1-4-6-2

科	种
豆　科	合欢　山合欢　紫穗槐　云实　春云实　锦鸡儿　广西紫荆　紫荆　巨紫荆　翅荚香槐　香槐　南岭黄檀　藤黄檀　黄檀　香港黄檀　中南鱼藤　小槐花　皂荚　肥皂荚　宁波木蓝　浙江木蓝　马棘　胡枝子　中华胡枝子　截叶铁扫帚　美丽胡枝子　杭子梢　香花崖豆藤　网络崖豆藤　常春油麻藤　花榈木　红豆树　葛　刺槐　槐　紫藤　翅荚木
古柯科	东方古柯
芸香科	代代花　朱橘　臭辣树　吴茱萸　石虎　山橘　金橘　臭常山　枸橘　茵芋　椿叶花椒　竹叶椒　花椒　大叶臭椒　花椒簕　青花椒　野花椒
苦木科	臭椿　苦木
楝　科	米兰　楝树　川楝　毛红椿　香椿
远志科	黄花远志
大戟科	山麻杆　酸味子　重阳木　算盘子　白背叶　野梧桐　东南野桐　石岩枫　青灰叶下珠　山乌桕　白木乌桕　乌桕　油桐　木油桐
交让木科	交让木　虎皮楠
黄杨科	尖叶黄杨　匙叶黄杨　黄杨
漆树科	南酸枣　黄连木　盐肤木　青麸杨　野漆树　木腊树　毛漆树
冬青科	短梗冬青　冬青　珊瑚冬青　枸骨　钝齿冬青　凸脉冬青　厚叶冬青　硬叶冬青　榕叶冬青　台湾冬青　大叶冬青　木姜叶冬青　矮冬青　小果冬青　具柄冬青　毛冬青　铁冬青　香冬青　三花冬青　亮叶冬青　尾叶冬青
卫矛科	大芽南蛇藤　窄叶南蛇藤　毛脉显柱南蛇藤　短梗南蛇藤　卫矛　肉花卫矛　百齿卫矛　雅椿卫矛　扶芳藤　西南卫矛　常春卫矛　冬青卫矛　丝棉木　大果卫矛　矩圆叶卫矛　福建假卫矛　雷公藤
省沽油科	野雅椿　省沽油
槭树科	阔叶槭　三角槭　樟叶槭　紫果槭　青榨槭　秀丽槭　建始槭　鸡爪槭　毛脉槭
无患子科	全缘叶栾树　无患子
清风藤科	垂枝泡花树　异色泡花树　腋毛泡花树　红枝紫　笔罗子　毡毛泡花树　鄂西清风藤　清风藤　灰背清风藤
鼠李科	多花勾儿茶　牯岭勾儿茶　枳椇　马甲子　山绿柴　长叶鼠李　圆叶鼠李　冻绿　钩刺雀梅藤　梗花雀梅藤　雀梅藤
葡萄科	广东蛇葡萄　异叶蛇葡萄　异叶爬山虎　绿叶爬山虎　爬山虎　东南葡萄　刺葡萄　葛藟葡萄　菱叶葡萄　华东葡萄　温州葡萄　网脉葡萄
杜英科	中华杜英　杜英　秃瓣杜英　薯豆　山杜英　猴欢喜
椴树科	扁担杆　浆果椴　粉椴

续表 12-1-4-6-3

科	种
锦葵科	金铃花 木芙蓉 木槿 地桃花 梵天花
梧桐科	梧桐
猕猴桃科	软枣猕猴桃 异色猕猴桃 中华猕猴桃 毛花猕猴桃 长叶猕猴桃 小叶猕猴桃 对萼猕猴桃 安息香猕猴桃
山茶科	黄瑞木 短柱茶 浙江红山茶 尖连蕊茶 毛花连蕊茶 茶梅 闪光红山茶 红山茶 油茶 粉红短柱茶 单体红山茶 茶 红淡比 厚叶红淡比 翅柃 微毛柃 细枝柃 格药柃 细齿叶柃 窄基红褐柃 木荷 尖萼紫茎 厚皮香 亮叶厚皮香
藤黄科	金丝桃 金丝梅
大风子科	山桐子 柞木
旌节花科	中国旌节花
瑞香科	瑞香 毛瑞香 结香 了哥王 北江荛花
胡颓子科	毛木半夏 巴东胡颓子 藤胡颓子 宜昌胡颓子 木半夏 胡颓子 牛奶子
千屈菜科	紫薇 福建紫薇 南紫薇
蓝果树科	喜树 蓝果树
八角枫科	八角枫 毛八角枫 瓜木
桃金娘科	华南蒲桃 赤楠 三叶赤楠
野牡丹科	秀丽野海棠 中华野海棠
五加科	吴茱萸五加 五加 白勒 楤木 头序楤木 棘茎楤木 树参 短梗大参 鹅掌柴 八角金盘 通脱木
山茱萸	青木 灯台树 尖叶四照花 秀丽四照花 四照花 浙江青荚叶
山柳科	华东山柳 江南山柳
杜鹃花科	毛果南烛 马醉木 云锦杜鹃 鹿角杜鹃 满山红 羊踯躅 马银花 猴头杜鹃 映山花 乌饭树 短尾越橘 无梗越橘 扁枝越橘 江南越橘
紫金牛科	血党 朱砂根 百两金 紫金牛 大罗伞树 山血丹 网脉酸藤子 杜茎山 光叶铁仔 密花树
柿树科	浙江柿 柿 金枣柿 罗浮柿 老鸦柿 延平柿
山矾科	薄叶山矾 总状山矾 华山矾 南岭山矾 宜章山矾 光叶山矾 黄牛奶树 白檀 四川山矾 老鼠矢 山矾
野茉莉科	赤杨叶 银钟花 鸦头梨 小叶白辛树 赛山梅 白花龙 野茉莉 郁香安息香 红皮树
木犀科	流苏树 金钟花 白蜡树 苦枥木 庐山白蜡树 尖叶白蜡树 清香藤 云南黄馨 迎春花 女贞 金叶女贞 小蜡 银桂 宁波木犀 木犀 厚叶木犀 牛矢果

续表 12-1-4-6-4

科	种
马钱科	醉鱼草　蓬莱葛
夹竹桃科	链珠藤　夹竹桃　毛药藤　紫花络石　络石
萝摩科	牛奶菜
紫草科	厚壳树
马鞭草科	紫珠　华紫珠　白棠子树　老雅糊全缘叶紫珠　日本紫珠　长柄紫珠　枇杷叶紫珠　红紫珠　臭牡丹　灰毛大青　大青　浙江大青　马缨丹　豆腐柴　牡荆
茄　科	鸳鸯茉莉　枸杞
玄参科	华东泡桐　白花泡桐　台湾泡桐　毛泡桐
紫葳科	凌霄　梓树
茜草科	水团花　细叶水团花　茜树　流苏子　虎刺　短刺虎刺　狗骨柴　香果树　栀子　水栀子　榄绿粗叶木　锡金粗叶木　羊角藤　大叶白纸扇　海南槽裂木　白马骨　密毛乌口树　钩藤
忍冬科	南方六道木　淡红忍冬　菰腺忍冬　忍冬　大花忍冬　灰毡毛忍冬　下江忍冬　短柄忍冬　细毡毛忍冬　金腺荚蒾　荚蒾　宜昌荚蒾　南方荚蒾　光萼台中荚蒾　披针叶荚蒾　绣球荚蒾　黑果荚蒾　珊瑚树　蝴蝶戏珠花　球核荚蒾　具毛常绿荚蒾　茶荚蒾　合轴荚蒾　水马桑
石榴科	石榴

附：国家级保护植物

属国家一级保护植物的有 4 种：

南方红豆杉　Taxus mairei（Lemee et Levl）S.Y.Hu

钟萼木　Bretchneidera sinensis Hemsl

香果树　Emmenopterys henryi Oliv

银　杏　Ginkgo biloba Linn.

属国家二级保护植物的有 6 种：

长叶榧　Torreya jackii Chun

白豆杉　Pseudotaxuschienii（Cheng）Cheng

闽　楠　Phoebebournei（Hemsl）Yang

浙江楠　Ph.chekiangensisC.B.Shang

厚　朴　MagnoliaofficinalisRehd．et Wils.

花榈木　OrmosiahenryiPrain

属国家三级保护植物的有 12 种：

南方铁杉　TsugachinensisPritz．var．tchekiangensis（Flous）ChcngetL，L

江南油杉　KetelleriacyclolepisFlous

长序榆　UlmuselongataL．K，fuetC．S．Ding

黄山木兰 Magnolia cylindrica Wils

乐东拟单性木兰 Parakmerialotungensis（Chun et Tsoong）Law

浙江樟 CinnamomumchekiangenseNakai

毛红椿 Toona ciliata Roem．var．Pubescens（Franch．）Hand．—Ma

短穗竹 Brachystachyum densiflorus（Rendle）Keng var.

短萼黄连 CoptischinensisFranchVar．brerisepalaW．T．WangetHsiao

八角莲 Dysosma Versipellis（Hance）M．cheng

银钟树 Halesia macgragersli chun

紫茎 Stewrtia SinensisRehd.et wils

野生动植物保护

野生动植物在人为干预和政府保护不严的情况下，往往成为民间自由猎捕、采挖的对象，造成野生动植物种群逐步减少甚至灭绝的境地。长期以来，国家对保护野生动植物采取许多措施。民国3年（1914）9月1日，北洋政府颁布《狩猎法实施细则》；民国21年，民国政府颁布新的《狩猎法》。20世纪50年代末至60年代初，各地扩大害鸟、害兽范围，强调保粮除害，采用不合理的工具和方法行猎，致使鸟兽数量不断减少。1961年林业部重申，必须认真贯彻“加强资源保护，积极繁殖饲养、合理猎取利用”的护、养、猎并举的方针。1962年9月14日，国务院发出《关于积极保护和合理利用野生动物资源的指示》。1975年12月10日，农林部颁发《关于保护、发展和合理利用珍贵树种的通知》，同时公布《关于一二类珍贵树种的有关规定》。1980年后，国家相继出台保护野生动植物的法令、法规。这些保护政策经过宣传教育、贯彻落实，保护措施进一步完善，野生动植物的生存环境有所改善。

2003年3月前，野生动物管理工作归属县林业局林政股。2003年3月至2009年5月，划归县公安局森林分局管理。2009年5月，在县林业局设立松阳县野生动植物保护站。

在每年春季开展爱鸟周宣传与保护；夏季开展野生动物产品及制品H1N1流感的监督检查；每年秋季开展“鸟类保护和野生动物疫源疫病防控工作”专项执法行动，根据国家林业局、浙江省林业厅的统一部署，组织开展“春雷行动”“野生动物保护专项执法行动”及加强对秋冬季候鸟的滥测保护等，集中打击破坏野生动物资源的违法犯罪活动，收缴禁用猎捕工具“电猫”、铁夹，收缴捕鸟猎具。1992年，查处猎捕屠杀国家一级保护动物案件3起，查扣云豹1只、红唇豹1只、穿山甲1只。1998年，查处非法猎捕案件29起，查扣放生国家重点保护野生动物猕猴2只、猴面鹰6只。2005年和2010年10月，分别开展“集中猎捕成灾野猪”专项行动。

附：松阳“野人”考

1996年版《松阳县志·大事记》载：1957年5月23日，水南乡清路村卢火珠等4名妇女打死一头俗称“人熊”的短尾猴。何以2008年12月27日北京电视台科教中心《魅力科学》栏目组一行4人会再一次来到松阳县拍摄关于“野人之谜”的专题，“野人”传说会再度成为人们关注的焦点呢？

1957年5月23日，清路村卢火珠、徐福娣等4名妇女打死一个人形怪兽。是日（农历四月二十四）午后，天气晴朗，一个人形动物忽然出现在清路村田坎上放牛的女孩王聪美面前，年幼的王聪美被这突如其来的怪兽吓得惊声尖叫。其母徐福娣从附近赶来，怪兽骤然受惊，慌不择路四处逃窜。原本四肢着地的它，在逃跑时，竟然前肢离地、身体直立开始逃跑。在附近劳作的村民闻声纷纷赶来。原本在田埂上逃窜的怪兽，面对越来越多村民的围攻和追击，只好跳到农田里。这个时节，是村民们准备插秧的时候，经过翻耕和引入溪水，田里的泥土湿润且黏结。怪兽一跳进田里，两脚深深陷进黏土之中，任它如何使劲，依然移动缓慢。追赶而来的徐福娣见状，举起手上钩粪棒对着怪兽当头一击，随后赶到的村民又将它打了一顿，最后，用铁链将仍未断气的怪兽绑好，拖回村里。随后，村民砍下怪兽的四肢，又将它身上的毛褪去，烧煮而食。这个怪兽，直立时身高约1米，大约有30公斤，头顶有个发旋，全身都长满密密麻麻的棕色体毛，毛长约10厘米，手脚很肥，脚部尤甚；褪毛后的皮肤较白，透着微微浅红。这个怪兽还长有一条尾巴，约20厘米长，雄性。

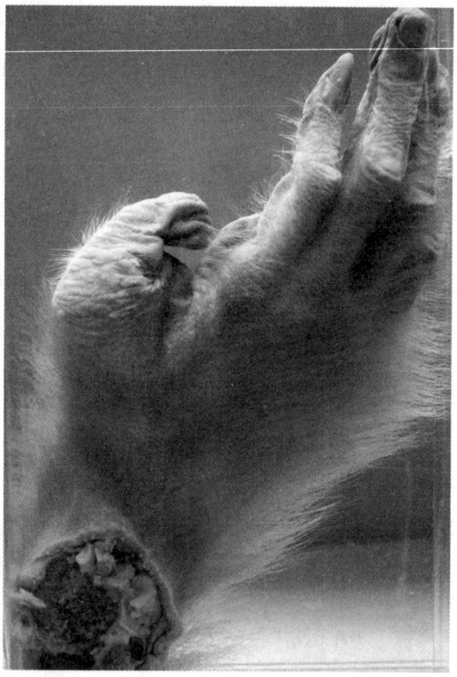

图12-3 “野人”右脚掌背（叶祖青 摄于2004年）

事后，村民把人形怪兽的双手双脚送到政府，一方面是对打死怪兽作个交代，另一方面企望得到一定的奖赏。然后，把它挂在县城耐性桥繁华地段的一棵大树上，前来围观的群众都十分好奇，谁也没有见过这样的动物手脚，其中，有人大呼，这就是野人啊！由此，清路村出现“野人”的事就在县里迅速传开。于是，就有了5月26日《松阳报》发表以《四个农妇打死了个人型怪兽》为题的新闻。

松阳中学生物教师周守嵩在得知这个消息的第二天，赶到清路村，找到徐福娣，被告知那个怪兽已被烧煮而食。当他来到烧掉怪兽的地方，出现在他眼前的只有一个烧焦的头颅和一些零碎的骨头。之后，周守嵩得到允许将残存的一双手脚带回，并做成浸制标本收藏。于是，就有了现在仍存放于松阳一中的“野人”肢体标本。仔细观察，这只手掌和人掌的大小、形状都十分相似。

自清路村出现村民所认为的“野人”之后几十年里，陆陆续续地有专家和考察队来访。1979年8月，丽水地区科委组织自然资源考察队在对九龙山综合考察的项目中，包括对“人熊”的探究。1980年12月，又有一批被“野人”传说吸引的专家来到当地考察，并研究这些手脚标本。在丽水地区科委和有关单位协助下，这些专家经过现场调查，对目击者和当事者访问，并携带标本访问国内许多动物园和博物馆，将该标本与各种猴类、猩猩等进行对比分析。出于研究的需要，松阳一中（时称遂昌一中）被借走“野人”肢体手脚标本各一只，至今尚未归还。1980年12月6日，《浙江日报》以《遂昌发现“野人”手脚标本》为题发表报道。根据对该标本形态观察和测量、X光片分析，以及标本指纹、掌纹和毛发的分析，毫无疑问，它属于高等灵长类，是当地一种科学上尚未见记录的以地面生活为主的大型短尾猴类。之后，《浙江日报》对此作了数期连载，引起国内外生物研究专家的极大热情和兴趣，松阳“野人”受到进一步的关注。编写 1996 年版《松阳县志》时，《大事记》记有打死一头俗称“人熊”的短尾猴一事。

松阳一中生化教师杨土美在接管实验室的时候，无意中发现两瓶没有标签的肢体标本，其中，一瓶中能清楚地看出手的形状；另一瓶看不太清楚，隐约是一个脚的形状。这个标本，就是当年的“野人”肢体标本。信息传出，引来“野人迷”王莹的注意。2008 年 12 月 8 日，王莹从北京来到松阳一中寻访保留半个世纪神秘的“手掌”。为了探索“野人”之谜，王莹请来中国科学探险协会珍稀动物考察专业委员会秘书长王方辰、北京自然博物馆总工程师周国兴。周国兴认定这怪兽是短尾猴，只是在浙江地区极其少见。据王方辰分析，松阳地处浙江西南部，距离遂昌九龙山只有几十公里。这一地区丛林茂密，主要生活着两类跟人类外形相似的猴群，一类是猕猴，一类是短尾猴。这只短尾猴，应该是一个刚被赶出猴群的老猴王，在走投无路、腹中饥饿的情况下，误打误撞走进附近的村庄，与小女孩不期而遇，再加上当地村民的误解，才让它死于非命。

综上所述，1996 年版《松阳县志·大事记》所载当年清路村打死一头俗称“人熊”的人形怪兽是短尾猴、不是“野人”的说法，是经得起科学论证的。从中值得我们反思的是为什么在 20 世纪 50 年代中期的水南一带会出现这种浙江地区极其少见的动物。短尾猴系南亚和东南亚地区的特有灵长类，主要栖于热带雨林、季雨林、季风常绿阔叶林、落叶阔叶林以及中山针阔混交林，栖息高度可从沿海低地至海拔 2650 米的中山林区。主要利用常绿阔叶林带和常绿与落叶混交林带这两个林带，除此之外，在其栖息地中还需有山溪水源和悬崖陡壁，供猴群喝水和夜间睡眠。食性较杂，既取食野果、树叶、竹笋，也捕食蟹、蛙等小动物。除采食和夜宿多在树上外，白天大多在地面或矮树上活动。松阳水南一带当年能够出现短尾猴，可见在其周边的生态环境能够适应它的生长。而今，面对资源约束趋紧、环境污染严重、生态系统退化的严峻形势，必须树立尊重自然、顺应自然、保护自然的生态文明理念，走可持续发展道路。在新形势下，松阳的生态环境必将得到进一步改善，久违的鸟兽虫鱼珍稀动物有望重回松阳。

第二章　山林权属

中华人民共和国成立前，松阳农村林地大部分归私人所有，林地所有权与经营权多分离。

中华人民共和国成立后，松阳林业产权制度经历三次大变革。第一阶段是土地改革，没收地主的山林分配给农民，山林为个体所有。第二阶段是农业合作化山林入社经营。1958 年，松阳开展“大办钢铁”运动，滥伐林木成风。“大跃进”和“文化大革命”期间，毁林烧荒，开荒种植玉米、番薯等现象非常普遍。第三阶段是落实家庭联产承包责任制，推进林业富民增收，但受小农经济思维的制约没有做到联产连片承包经营，成为制约现代林业发展的重要因素。

1982 年落实林业生产责任制，推行家庭联产承包，山林分散、多户多山导致无法连片规模化经营。1990 年和 2006 年，因考虑林业政策稳定、防止大规模毁林发生，没有计价收回统一重新连片发包，分别进行完善林业生产责任制和延长山林承包期工作，没有实现连片集约经营，导致山林纠纷不断，成为制约现代林业发展的首要不利因素。

第一节　山林所有制沿革

土地改革时期山林所有制

中华人民共和国成立后，实施土地改革运动，自 1950 年 4 月开始，至 1951 年 4 月基本结束。通过土地改革，形成国家所有制山林、乡村公共所有制山林、农民个人所有制山林等多种所有制形式并存的体制。私有制林业仍占很大比重。

松阳县土改中遗留的山林问题较多。一部分山林权属没有分配落实，造成无证山；一部分山林权属重复登记，出现了一山多主现象；在填写土地清册、土地证时，山林界至以人名互靠，没有具体的固定界标，造成界至不清，纠纷不断。

集体化时期山林所有制

松阳县合作化高潮中，初级合作社正向高级合作社过渡。通过林木折价入社，农民把山林交给农业合作社，山林从个体所有制转变为集体所有制。1955 年 2 月，全县初级社发展到 307 个。由于政策处理工作未能跟上，山区出现山林无代价入社归公，致一些地方发生砍树烧山的破坏山林现象。1957 年春，在合作社化高潮中，山林被宣布“入社”。在人民公社化运动中，受“一平二调”的“共产风”影响，不问山林所有权的归属，打破社界、乡界、县界，组织大批农民上山突击采伐木材。无偿砍伐生产大队、生产队和社员个人的树木，打乱山林所有制，造成山林无人管理，破坏无人过问，森林资源遭到大规模破坏。

1958年10月，全县（含遂昌）有654个大队落实山林所有权，占有山林队数的93%，使山林所有权分别固定为大队或生产队所有，发给山林所有权证，建立山林管理制度，调动群众林业生产的积极性。1966年“文化大革命”开始后，森林遭受不同程度的破坏，到1972年恢复基本核算单位，稳定山林权。

改革开放时期山林所有制

1981年3月8日，中共中央、国务院发布《关于保护森林发展林业若干问题的决定》，要求在全国开展稳定山权林权、划定自留山和确定林业生产责任制的林业“三定”工作。1982年8月12日，县成立林业“三定”工作领导小组，在三都公社（乡）进行试点，1984年6月，“三定”工作结束。通过“三定”确认山林权属154.03万亩，其中国家所有2.68万亩、集体所有151.35万亩；填发山林所有权证5728张。全县划定自留山29.90万亩，占20.5%，填发自留山证4.27万张；责任山72.90万亩，占49.9%；集体统管山43.30万亩，占29.60%；集体林场34个，面积5.39万亩。但受林业政策多次变化及小农意识制约，林业“三定”工作中，绝大部分农村划分自留山、责任山时，往往只依据山林当时的林木、毛竹数量及油茶产量，远近、好差搭配，每户划分的山林面积很小且分散多地，导致无法连片经营。

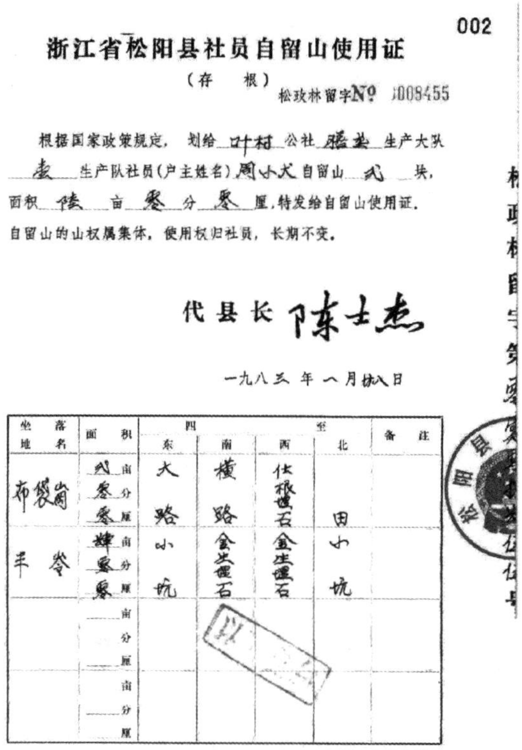
002

浙江省松阳县社员自留山使用证

（存 根）

松政林留字№ 008455

根据国家政策规定，划给叶村公社　　生产大队　　生产队社员(户主姓名)　　自留山　贰　块，面积　陆　亩　零　分　零　厘，特发给自留山使用证。

自留山的山权属集体，使用权归社员，长期不变。

代县长 陈士杰

一九八三年一月廿八日

坐落地名	面积	四至东	四至南	四至西	四至北	备注
布袋山阉	贰亩零分零厘	大路	横路	仕根垄石	田	
半岭	肆亩零分零厘	小坑	金生垄石	金生垄石	小坑	
	亩分厘					
	亩分厘					

图12-4　1983年颁发的山林证（县档案馆提供）

1990年和2006年，因考虑林业政策稳定没有计价收回统一重新连片发包，分别进行完善林业生产责任制和延长山林承包期工作。已承包到户的责任山，符合延包条件的，延包至2055年12月31日，把全县建立林业责任制以来的所有资料装订成册。但由于林权证没有采取计算机打印而是采取人工填写，经办人（村会计）水平参差不齐，导致部分证书填写错误较多，部分遗漏没有换发新证，或与1983年原始记载不一致，原户主有些亡故后仍按原本名字填证导致死人证较多。整理林权证档案时，没有统一记载林权证编号及林政证证号，导致林权证数字化查询困难。

第二节　山林纠纷调处

1980年9月，遂昌县（松阳）处理山林纠纷领导小组成立，下设办公室，配备2名专职干部。1982年松阳恢复县制后，县政府建立松阳县山林定权发证领导小组，下设山林定权发证办公室和山林纠纷处理办公室。1984年6月“三定”结束，年底撤销山林纠纷处理办公室。1987年10月，松阳县处理山林纠纷领导小组成立，下设办公室，配有2名专职干部。至2010年，县处理山林纠纷领导小组及其办公室工作照常。

山林纠纷成因

松阳土地改革时期，山林的没收征收和分配工作存在很多遗留问题，造成大量山林纠纷。合作化时期，山林从农民私有制转变为集体所有制的大变动中，在土地权属问题上存在很多政策遗留问题。林业“三定”时期，在颁发山林所有权证工作中，不少地方方法比较简单粗糙，多数用自报登记的办法，没有查验呈报登记者原来所持有的有效凭证，没有到实地逐块勘察丈量缩绘成图，对林地、林木的坐落位置、四至界线、地名及有关参照物的记录不清，加上发证前未能张榜公布登记结果及时更正错误，对历史上的遗留问题也未能作一次全面的清理，造成一些新的隐患。还有一些人为制造事端引发的山林权属纠纷继续存在。

1982年初，中共中央1号文件转发《全国农村工作会议纪要》，要求在承包责任制中土地承包的政策必须合理，社员承包的土地应尽可能连片并保持稳定。但没有刚性明确要求一户只能承包一片土地。在松阳实际工作中，受林业政策多次变化及小农意识的制约，每户划分的山林面积很小且分散多地，导致一座山好几十户经营、一家有十几处分散山林，客观上不可避免的导致山林纠纷大量增加。

山林纠纷处理

中华人民共和国成立后，山林权属纠纷调处工作得到各级人民政府的重视。20世纪50～60年代，松阳山林权属纠纷主要依靠林业主管部门对纠纷双方进行协商调解。土地改革中全县几万亩未定权属的无证山林权属纠纷，以及县际和乡镇际的大量插花山纠纷和土改时重田轻山、山界不清等纠纷，合作化时期山林折价入社遗留问题引起的纠纷，绝大多数是通过对当事双方协商调解得到处理。1961年，中共中央《关于确定林权、保护山林和发展林业的若干政策规定（试行草案）》（林业“十八条”）和1962年中共中央发布的《农村人民公社工作条例修正草案》（农业“六十条”），各地都曾派出工作组，集中力量调解一大批历史遗留的山林权属纠纷，解决人民公社化运动中“一平二调”所造成的山林权属混乱问题。

20世纪80年代以后，为了解决历史遗留的山林权属纠纷，国务院于1980年规定处理纠纷的四条原则。1982年，开展林业“三定”工作，有效调处一批山林权属纠纷。1984年7月17日，国务院批转林业部、民政部等部门《关于调处省际山林权纠纷问题的报告》，对调处省际山林权纠纷规定八条政策原则。1985～1987 年，处理山林纠纷归属松阳县森林法庭调解。1988 年 4 月开始，建立四级调解、两级裁决的分级负责制。

1993 年 9 月 25 日，《浙江省森林管理条例》颁布，对森林、林木和林地权属及纠纷处理作出明确的规定。1995 年，浙江省政府办公厅转发《省林业厅关于加快我省山林纠纷调处工作意见》的通知。1996 年，林业部发出《关于林木、林地权属争议处理办法》第 10 号令。上述法规和规范性文件，是处理山林权属纠纷的重要法律依据。2005 年 1 月，松阳县政府办公室印发《松阳县山林纠纷处置预案》，明确规定调处原则、调处管理、纠纷排查报告制度、纠纷处置、组织实施和奖励与惩罚六个方面内容。1982～2010 年，全县共处理山林纠纷 667 起，调处山林面积 51753.9 亩，其中县际 37 起、县内 630 起，协议调解 561 起、县政府裁决和县法院判决 84 起、撤诉 22 起。

1982～2010 年松阳县山林纠纷调处情况表

表 12-2-2-1

年度	起数（起）	面积（亩）	其中（起数）		调处方式		
			县际	县内	调解	裁决	撤诉
1982	22	无	—	22	22	—	—
1983	72	无	8	64	69	2	1
1984	23	无	5	18	22	1	—
1985	3	无	—	3	—	3	—
1986	19	1050	—	19	14	3	2
1987	19	3537	—	19	14	5	—
1988	19	1180	1	18	5	14	—
1989	17	850	4	13	11	5	1
1990	19	823	—	19	11	8	—
1991	13	4436	—	13	8	4	1
1992	5	1105	—	5	4	—	1
1993	19	795	2	17	14	1	4
1994	10	806.5	1	9	6	2	2
1995	7	288.4	2	5	6	1	—
1996	7	9085	—	7	5	1	1
1997	16	508	—	16	13	—	3
1998	7	61.5	—	7	3	2	2
1999	13	823	7	6	13	—	—
2000	20	12064	1	19	15	4	1
2001	11	1446	2	9	8	—	3
2002	8	326	—	8	2	6	—
2003	8	366	—	8	7	1	—

续表 12-2-2-1

年度	起数（起）	面积（亩）	其中（起数）		调处方式		
			县际	县内	调解	裁决	撤诉
2004	13	2208	2	11	8	5	—
2005	20	820.9	1	19	17	3	—
2006	194	7349.4	1	193	191	3	—
2007	15	550.5	—	15	10	5	—
2008	21	320.5	—	21	19	2	—
2009	16	192.5	—	16	13	3	—
2010	31	761.7	—	31	31	—	—
合计	667	51753.9	37	630	561	84	22

第三节　林权制度改革

2008 年 6 月 8 日，中共中央、国务院颁布《关于全面推进集体林权制度改革的意见》，不断创新集体林业经营的体制机制，依法明晰产权、放活经营、规范流转、减轻税费，进一步解放和发展林业生产力，促进传统林业向现代林业转变。2007 年 4 月，松阳县林业部门设立林权管理中心。2008 年 5 月，松阳县森林资源收储中心设立。

规范补换发林权证

2007～2010 年，松阳县按照国家林业局规定程序发证。共受理林权登记 1085 件，办理林权登记 963 件 3410 宗地。其中，初始登记 156 件 656 宗地，变更登记 760 件 2754 宗地，遗失（损坏）补办 47 宗；发放林权证 1001 本，注销无效证 629 本。

2007～2010 年松阳县林权登记、发证情况表

表 12-2-3-1

年度	受理	办理							发证	注销
		合计		其中：						
				初始登记		变更登记		补办		
	件	件	宗地	件	宗地	件	宗地	件	本	本
2007	53	53	178	32	158	17	20	4	47	4
2008	130	130	421	51	214	74	207	5	138	39
2009	441	322	1438	39	177	270	1261	13	433	311
2010	461	458	1373	34	107	399	1266	25	383	275
合计	1085	963	3410	156	656	760	2754	47	1001	629

推进林权抵押贷款

松阳县深化集体林权制度改革，通过林权抵押贷款，有效盘活森林资源资产，扩大农村金融市场，缓解农民“贷款难”“抵押难”问题。2009 年，实施林权 IC 卡，以电子档案的形式记录林农拥有的林权各种信息与森林资源资产评估值，林农可持卡到银行办理林权抵押贷款。2010 年，全县发放林权抵押贷款 2411 笔 11832 万元，林权抵押贷款余额 3043 笔 13295 万元。其中，小额循环贷款 1257 笔 3983 万元，直接抵押贷款 1780 笔 9281 万元，收储中心等组织担保贷款 6 笔 31 万元。

培育新型林业经营主体

松阳县严格按照《浙江省林权流转和抵押登记管理办法》规定，依法依规发放林地经营权流转证，培育新型林业经营主体，鼓励引导林农发展林业专业合作社、合作林场、股份制林场、家庭林场等林业合作组织，推进林业主导产业可持续健康发展。

2006～2010 年松阳县林权流转情况表

表 12-2-3-2

年 度	林权流转件数（件）	林权流转面积（亩）	成交金额（万元）
2006	95	40363	2103.85
2007	22	4713	605.46
2008	199	1767	198.63
2009	462	4269	252
2010	224	2250	229.74
合计	1102	53362	3389.68

森林保险全覆盖

松阳县积极推进政策性林木保险工作，最大限度降低和减少森林火灾造成的损失，增强林农抵御自然灾害能力，巩固林权制度改革成果。

2009 年以后，每年投入近 60 万元资金，与中国人民财产保险有限公司签订政策性林木火灾投保协议，为全县 146.5 万亩有林地实现全覆盖保险。

第三章　植树造林

林业建设以营林为基础，普遍护林，大力造林，采育结合，永续利用。松阳县对生态环境保护日益重视，营林生产取得较好的经济效益，实现可持续发展。

1990年，松阳县消灭山林荒山。1995年，全面绿化达标。1997年，进入全国造林绿化百佳县行列。2000年以后，林业工作逐步从原来的木材生产向生态建设转变，林业工作的重心从挖坑植树向高效林业建设转变，林业的工作任务从单一的经营森林向特色产业基地、森林旅游多元化发展。

第一节　育　苗

旧时多以自然更新、扦插杉萌条、移栽野生苗木等方式造林。民国10年（1921），松阳县在古市镇山下阳村设立农林试验场；在县城北望松禅院东园设立苗圃，面积3亩。民国27年，设在松阳的浙江省农业改进所在城北太保庙建苗圃1亩，育苗4.66万株。民国28年，育苗8.7亩，从外地调进油桐种子1500千克，发至山农种植。至民国35年，年均育苗9.82亩，育有胡桃、刺槐、侧柏、红豆、乌桕、马尾松、刺杉、桑苗等。

20世纪50年代初期，就地采集杉木萌条、野生马尾松苗进行人工造林。1951年，委托群众育苗2.75亩。1956年和1957年，湖溪和林村两个国营林场相继建立，自采马尾松、杉木种子育苗。1957年，开始在山区贯彻“自采、自育、自造”的育苗方针，培训采种员。是年，完成采种2.65吨，育苗66亩。20世纪50年代，年均育苗40亩，其中1959年育苗127亩。60年代，年均育苗105亩，其中1960年育苗面积364亩、1962年育苗仅10亩。70年代，以松、杉为重点，年均育苗210亩。1978年，实行大田育苗，凡育苗3亩以上每亩补助原粮250千克。1980年，面积3亩以上的骨干苗圃，每亩补助100元、原粮250千克。

1951～1981年松阳县育苗情况表

表12-3-1-1　　单位：亩

年　度	育　苗	年　度	育　苗	年　度	育　苗	年　度	育　苗
1951	2.75	1954	1	1957	66	1960	364
1952	2.8	1955	2	1958	107	1961	32
1953	2	1956	26	1959	127	1962	10

续表 12-3-1-1

年　度	育　苗	年　度	育　苗	年　度	育　苗	年　度	育　苗
1963	72	1968	56	1973	72	1978	221
1964	102	1969	31	1974	349	1979	329
1965	111	1970	46	1975	355	1980	276
1966	115	1971	142	1976	149	1981	300
1967	172	1972	342	1977	103	合计	4085.55

1982 年，全县林木育苗 175.8 亩，基本满足全县造林需要。松阳县林科所培育光皮桦、拟赤杨等多个优良乡土树种，苗木 3 亩、产苗 3.1 万株，在国营林场及部分山区乡村进行示范造林，面积 75 亩。20 世纪 90 年代，开始应用容器育苗新技术。自 1989 年开始采用“订单育苗”模式，推行统一苗木质量检查，确保松阳县绿化造林用苗质量。2010 年，育苗面积 42.3 亩，育苗 263.6 万株。

1982～2010 年松阳县育苗情况表

表 12-3-1-2

年度	育苗面积（亩）	苗木株数（万株）	年度	育苗面积（亩）	苗木株数（万株）
1982	175.8	—	1997	62.5	—
1983	162.6	—	1998	52.2	125.7
1984	211.6	—	1999	73.1	185.5
1985	160	—	2000	85	240
1986	145	—	2001	64.5	277.9
1987	161	—	2002	30	305.8
1988	150	—	2003	80	385.8
1989	150.2	—	2004	50	416.1
1990	196.9	—	2005	52.5	415.1
1991	191.5	—	2006	51.8	265.5
1992	136	—	2007	56.1	321.6
1993	118.5	—	2008	55	310.2
1994	127.2	—	2009	51	320.4
1995	123.9	—	2010	42.3	263.6
1996	94.5	—	合计	3110.7	12919.3

第二节　造　林

义务植树

民国4年（1915），北洋政府规定清明节为植树节。民国17年，民国政府确定每年3月12日孙中山逝世纪念日为植树节，开展植树造林活动。民国19年，松阳县开展义务植树活动，栽松树苗12万株、其他3660株。民国21～25年，全县义务植树87.47万株。

中华人民共和国成立后，义务植树活动广泛开展。1950年，4万多人次参加义务植树14.25万株。1982年，松阳县绿化委员会成立；当年春季，全县3.25万人参加义务植树活动，栽树43.56万株。

1982～2010年，全县参加义务植树215万人次，种树近900万株，年均义务植树29万株，全民义务植树尽责率90%以上。

松阳县绿化委员会决定，从2006年开始对以资代劳的单位按其单位应参加义务植树人数收取绿化费每人每年30元。

荒山造林

松阳是杉木传统产区，造林以点桐插杉为主。开山种杂粮1～2年后点种油桐，桐粮套种2～3年后，选用杉木萌条，在春分至清明扦插，至幼杉郁闭成林，桐树淘汰。马尾松多数依赖天然飞子成林。民国12年（1923），全县有裕林、裕利、丙寅、壬戌等森林公会和各种造林护林团体20个。民国14年，年度植树运动支出经费65.50元。民国24年，年度支出植树经费1.40万元。1930～1950年，全县每年植树50～90万株，年均造林2000亩。

民国30～35年（1941～1946）松阳县造林情况表

表12-3-2-1　　单位：万株

民国纪年	合计	油桐	乌桕	枫香	刺杉	马尾松	油茶
30	51.82	37.21	3.37	1.14	1.58	4.83	3.69
31	60.04	42.53	5.86	1.25	1.33	5.67	3.40
32	94.06	66.67	3.37	1.35	14.72	3.72	4.23
33	62.36	36.38	3.25	1.24	13.68	6.64	1.17
34	51.93	26.74	2.47	1.14	14.36	4.67	2.55
35	64.88	39.61	3.81	1.30	11.32	5.75	3.09

中华人民共和国成立后，党和人民政府重视植树造林工作。1950～2010年，松阳县共造林1205787亩。植树造林分七个阶段。

1950～1957年为第一阶段，所有制从私人转向集体，政府大力恢复和发展林业生产，造林形式从个体转向互助合作。1950～1957年，共造林111627亩，年均13953亩。

1958～1962年为第二阶段，以人民公社集体造林为主，积极发展国营林场，领导重视、发动面广、规模浩大，但造林成活率不高，实际成效差。1960～1962年，处于三年困难时期，毁林种粮现象严重。

1963～1971年为第三阶段，县政府全面贯彻中央关于人民公社“六十条”、林业“十八条”和国务院颁发的《森林保护条例》。实行三级核算，队为基础，落实山林权属，对无偿砍伐集体和个人的林木进行清查和退赔。林业生产开始恢复和发展，造林以生产队为主。这个阶段造林200420亩，以迹地更新造林为主；同时开展荒芜油茶、毛竹的抚育工作。全面贯彻毛泽东主席“浙江要发展1000万亩油茶”的指示，发动群众营造油茶林基地建设。

1972～1981年为第四阶段。1972年，掀起以林业基地建设为重点的造林运动，境内营造基地林138237亩，其中杉木林122486亩。国家对林业基地采取较严格的实地规划和检查验收制度，并给予资金、粮食和化肥等方面的补助和扶持。1972年，在樟溪公社黄田山一带飞机播种造林8063亩（马尾松）。1972年后，提高造林补助，一般造林每亩补助6元，从而调动群众造林育林的积极性。实行造林面积、质量验收制度，造林质量显著提高。1972～1981年，境内造林面积248700亩，年均24870亩。

1982～1993年为第五阶段，造林形式多样化，共计造林265130亩，年均22094亩。1989年，全县有荒山面积116230亩，限期绿化宜林荒山1779个小班、91573亩。实施荒山造林1097个小班、48825亩，实施荒山封山育林682个小班、42748亩。林业部门联营合作造林42处，经营面积36325亩。到1993年，基本消灭限期绿化荒山，经浙江省组织验收，达标合格率为98.7%，提前两年实现消灭荒山目标。

1994～2002年为第六阶段，营林生产转向巩固造林成果。林业结束长期以来以木材生产为主的经营模式，进入以建设生态林业为主的新时代。造林树种也一改以往的针叶纯林为针阔混交林为主。共造林143470亩，年均15941亩。1990～1998年，分两期开展世界银行贷款实施两个国家造林项目，实际完成造林面积99525亩。第一个项目是“国家造林项目”，于1993年签定“省、县协议”并开始实施，1998年项目建设结束。项目累计造林27231亩。项目总投资683.14万元，其中国际开发协会信贷388.03万元、省级配套38.21万元、县配套120万元、造林单位自筹186.5万元。第二个项目是“森林资源保护和发展项目”，于1995年签订“省、县协议”并开始实施，2001年，项目建设结束。项目实际造林面积72307亩。项目总投资1463.7113万元，其中国际开发协会借款644.1074万元、省级配套138.79万元、县级配套161.4万元。

2003～2010年为第七阶段，实施林业分类经营，打造林业特色基地建设。这个阶段造林20万亩，年均约2.5万亩。2004年以后，实施松阳县万亩脐橙森林食品基地项目建设和万亩脐橙示范基地建设，被浙江省林业厅命名为浙江省效益林业十大示范基地；香榧、油茶产业进入大规模发展阶段。营造生物防火林带232.78千米，完成针叶林阔叶化改造1488亩，全县新造林中阔叶林和针阔混交林比重85.4%以上，历年绿化造林成活率95%以上，义务植树416万株，全民义务植树尽责率90%以上。

1950～1981 年松阳县造林情况表

表 12-3-2-2　　　　单位：亩

年 度	造林面积	年 度	造林面积	年 度	造林面积
1950	4954	1961	1791	1972	29802
1951	5799	1962	13824	1973	32942
1952	8051	1963	5021	1974	17548
1953	11984	1964	20156	1975	16314
1954	12656	1965	23094	1976	21537
1955	19623	1966	34640	1977	16002
1956	23790	1967	33592	1978	16679
1957	24770	1968	11369	1979	30537
1958	27833	1969	19181	1980	37425
1959	31342	1970	26037	1981	29914
1960	21796	1971	27330	合计	657333

1982～2010 年松阳县造林情况表

表 12-3-2-3

年度	计划造林（亩）	实际造林（亩）	完成率（%）	年度	计划造林（亩）	实际造林（亩）	完成率（%）
1982	20900	20800	99.6	1997	16000	17079	106.7
1983	20000	23100	115.5	1998	16000	16895	106.2
1984	20000	21100	105.5	1999	13000	16546	127.3
1985	18000	20099	112.0	2000	13000	14950	115.0
1986	18500	23610	127.6	2001	10000	11150	139.4
1987	16000	19429	121.4	2002	9000	12549	136.2
1988	16000	19000	118.8	2003	9000	11802	131.1
1989	16000	17603	110.0	2004	9300	9550	102.3
1990	18000	23933	133.0	2005	7000	13384	191.2
1991	25000	33000	132.0	2006	11300	16047	142.0
1992	25000	25808	103.3	2007	14500	17530	117.2
1993	16000	17648	110.0	2008	23920	26548	111.0
1994	16000	20425	127.6	2009	25000	25284	101.1
1995	16000	18279	114.0	2010	15766	19462	123.0
1996	15000	15507	103.4	合计		548207	

封山育林

松阳封山育林历史悠久，民国时期就竖禁山牌、立民约、开锣禁山、违约受罚。有谚：“官靠印、山靠禁”。各地今存名木古树、水口老林，乃历千百年封山育林所成。民国26年（1937），松阳县政府根据浙江省有关封山育林的规定，对荒山造林实行封山护林，发布保护森林布告，不准任何人在造林完毕之山地割取柴草、放牧牛羊，损害林木。乡村民众素有自立禁约、护林护竹的习惯，封山前杀猪分肉或鸣锣放炮，对违反禁约者，按约追究责任。封禁时间，区别不同山块和树种，有三五年的，有几十年的，甚至有永不开禁的。

中华人民共和国成立后，建立健全护林组织，配备护林员，制订护林公约。1982～2010年，全县封山育林面积为897365亩。2001年，松阳县重点建设生态公益林面积265400亩。对省道线两侧第一层的脊线内、县乡道两侧第一山脊线内、松古盆地四周、箬寮岘自然保护区、水库库区两侧第一层山脊线内、乡镇及村周围等山场实施长期封管。从此，封山育林纳入生态公益林管护序列。

封山育林的对象主要是疏林地和低产次生林地。每年10月，县林业部门组织人员进行封山验收，验收合格的，给封育单位每亩0.5～1元的经济补助。补助资金除省拨资金和县育林资金外，还有各封育单位自筹资金。1982年后，三方资金累计总投入239.2万元。实行封、管、伐、造四结合，做好封山区轮伐养护工作。对连续封山期满、大队（村）要求对山块轮流开封、然后继续管护的，开封管理措施经审批，给予采伐。

1982～2009年松阳县封山育林面积表

表12-3-2-4　　单位：亩

年度	面积	年度	面积	年度	面积
1982	34684	1992	12295	2002	28500
1983	25598	1993	17139	2003	32732
1984	48835	1994	14745	2004	35400
1985	21055	1995	57657	2005	54000
1986	56021	1996	31332	2006	21060
1987	30968	1997	21286	2007	30031
1988	31396	1998	18761	2008	29798
1989	31005	1999	24770	2009	29924
1990	42358	2000	59009	合计	897365
1991	29712	2001	27294	—	—

森林抚育

历史上松阳县杉木林基本上采用扦插造林，采用林间套种以耕代抚，至杉木郁闭油桐树自然淘汰，再行下层修枝俗称“脱裤”。20世纪50年代，在对新造林地开展抚育外，对35100亩幼林及残次林进行抚育。60年代，年均抚育23700亩；70年代，年均抚育66100亩。1982～1992年，累计抚育1440700亩，其中幼林597500亩、成林349200亩，年均抚育131500亩。1993～2010年，共计抚育330231亩，其中幼林78162亩、成林1040987亩，年均抚育19425亩。

1959～2010年松阳县林木抚育面积情况表

表12-3-2-5 单位：亩

年度	幼林面积	成林面积	年度	幼林面积	成林面积
1958	以前查无数据		1985	45124	79163
1959	11809	35845	1986	48338	89050
1960	6878	8254	1987	54553	71206
1961	1458	1310	1988	48070	76781
1962	4608	1161	1989	55000	114500
1963	4121	26380	1990	57285	70077
1964	10325	30063	1991	79014	61926
1965	8990	29335	1992	65400	149000
1966	20583	24744	1993	46723	124900
1967	12396	14873	1994	60482	74761
1968	9895	8899	1995	64104	55212
1969	12831	6332	1996	54400	102000
1970	23265	7755	1997	52300	65600
1971	26158	37757	1998	47854	56239
1972	13333	3525	1999	49266	64006
1973	15730	45600	2000	44638	58212
1974	36157	31302	2001	40918	53097
1975	33857	33998	2002	40000	60000
1976	18454	9949	2003	41550	54350
1977	32709	48617	2004	30000	10000
1978	39931	72089	2005	25000	8000
1979	51011	81126	2006	38327	38210
1980	62978	53223	2007	27282	55000
1981	119915	11341	2008	42390	52800
1982	77586	36736	2009	69362	53600
1983	41673	77507	2010	7024	55000
1984	42362	78459	合计	2014129	2479820

1972年开始，人工用材林基地建设连续抚育三四年，抚育方式有挖山、铲山、劈山、以套代抚等，采取经济和粮食补助的扶持政策，定期验收。经济林以油茶为主，民间素有“七月挖金、八月挖银”的说法。1976年，开始对部分油茶实行保肥、保水、保土的“三保”抚育。

第三节 美丽乡村建设

林业在美丽乡村建设中具有基础地位，植树造林保护水源涵养林，美丽林相改造促进绿化美化，积极推进生态文明建设。引入森林康养新理念，谋划林旅融合的深度发展。借力传统古村保护发展，建设融森林文化与民俗风情为一体的生态友好型观光休闲区。

城乡山体及庭院绿化

旧时，松阳县城内的公共用房，如县署、孔庙、城隍殿内外，有古树数株。民居中，大户人家的庭院中一般植有观赏树木一二。民国初，境内有苗圃之名而无人工绿化事业及其管理机构。

民国10年（1921），城北望松禅院东隅曾设苗圃。是年，山下阳村设农林试验场，兼种植供地方绿化用的各种苗木，其中多为油桐、油茶一类经济林树苗。仅繁少量法国梧桐，供公私建设绿化事业之用，鲜有成效。民国27年，浙江省农业改进所在山下阳村创设农业实验场，繁殖、推广桑苗、油茶、柏子等经济实用林苗木及刺柏、香樟、法国梧桐一类苗木。民国33年，浙江省农改所雇工在农改所大门外、白龙堰水渠北侧路旁，植法国梧桐数十株。此后在城北瑞阳门汽车站站房前后，植法国梧桐数十株，为松阳境内最早人工栽培行道树。

解放后，以基本建设为主，少有林相改造和庭院、公园绿化之事。

2001年，江滨公园建成，总面积7.02公顷。其中，绿草植被面积约占70%，基本上以植物造景为主，花卉为次。2008年，对樟溪乡法昌寺周边山体林相改造，改造面积523亩，补植山杜英、深山含笑、香樟、枫、乳源木莲等树种。同年，对东坞水库周边山体林相进行改造，改造面积323亩。2009年，对卯山国家森林公园进行林相改造，改造面积523亩，补植树种有乐东拟单性木兰、广玉兰、深山含笑等7500余株。2010年，对独山进行林相改造，改造面积189亩，补植树种有山杜英、木荷、南方红豆杉、银杏、细柄蕈树、金叶含笑、云山白兰、桂花、罗汉松、枫香等28个珍贵优良乡土树种4236株，成活率98.5%。是年，对云岩山进行林相改造，改造面积235亩，补植香樟、枫香、木荷、桂花、女贞等珍贵乡土树种5911株，成活率95%。

从2009年开始，实施“千村示范、万村整治”工程建设。2009年，创建省绿化示范村1个，市级绿化示范村6个，“千村示范、万村整治”工程建设村40个。2010年，创建省级森林村庄1个，省级绿化示范村5个，市级绿化示范村23个，县级绿化示范村12个。

道路沿线绿化

2004年，松阳县开始实施50省道绿色通道建设任务。

2010年，对新建龙（泉）松（阳）一期公路进行绿化，长度27千米，面积55亩，用苗3.9万株；对新（处）谢（村）公路连接线进行绿化，长度10千米，面积15亩，用苗3580株。同年，实施松阴溪县城至青蒙段的堤岸绿化工程，长度4千米，面积60亩，用苗2.7万株。

2010年，西屏、赤寿、新兴、玉岩等乡镇利用春季义务植树时机，开展村道绿化大行动，共绿化村道158千米，面积237亩，用苗5.3万株。树种有香樟、山杜英、桂花、红叶石楠、龟甲冬青、女贞、乐东拟单性木兰、南方红豆杉等。

省级森林城市建设

2010年3月12日，松阳县举行以“创建浙江省森林城市、园林城市、建生态田园新松阳”为主题的启动仪式。成立“四城联创”（省级森林城市、省级园林城市、国家级生态县、国家级卫生城市）联创工作领导机构。按照“创建森林城市、打造田园松阳”的工作定位和“林城相融、林水相依、林路相连、林居成景”的创建思路，编制完成《松阳县森林城市建设总体规划》，确立森林城市总体结构布局为“一核，一环，两轴，四片，多园，多廊”，并把该规划纳入城市发展总体规划并组织实施。松阳立足自然生态优势，大力推进公园绿地和生态绿道建设，全面培育和打造“山、水、城、园、林”和谐相依的最美田园城市。

森林公园

卯山国家森林公园　位于古市镇政府驻地北部，距县城14千米。总面积约1385公顷。2005年5月，国家林业部批准建立。

卯山国家级森林公园是丽水市第三个国家级森林公园，由卯山农业观光区、七都仙人谷景区、万寿山景区、界首文化古村景区和八都生态保护区组成。公园内有生态公益林959公顷、卯山茶园36.27公顷，另有脐橙、早熟枇杷、胡柚、桃、黑李、梨等果园共83.33公顷。公园森林资源丰富，森林覆盖率96.4%。因唐代道教法师叶法善在卯山修道，山上多道教遗迹。

（此子目内容与第二编“自然环境”第五章“生态环境”第三节“自然生态保护区”之目“卯山国家森林公园”互为补充）

马鞍山省级森林公园　位于松阳县东部，建立在松阳县林村林场基础上，总面积1190.74公顷，由林村、马鞍山和四都十里沿背3个片区组成。最高峰马鞍山海拔1234.7米。公园内森林植被群落类型丰富，森林覆盖率94.7%。1983年，松阳县林科所于公园内繁育成功国家Ⅱ级重点保护野生植物——长序榆采种母树园。

西屏山城市森林公园　1987年建设西屏山公园，实行封山育林，加强绿化，后成林木茂盛、树冠蔽日、众鸟栖息之地。公园景区总面积17.35公顷，山上建有数个亭阁，南麓建有气排球馆，为市民锻炼、游憩之佳处。西屏山海拔181米，因其紧贴县城，犹如县城西侧之屏障，故名。旧县志曾以“凌霄岚翠”列为松阳县十景之一。白鹤殿早圮，凌霄台尚在，旁有“凌霄台”“醴泉”崖刻，书法苍劲。山南有郾（偃）月泉。

独山森林公园　位于县城南瓦窑头村西、松阴溪南侧，海拔274.8米。孤峰独立，挺拔雄峻，植被丰盛。旧县志曾以“百仞云峰”列为松阳十景之一。峰侧旧有蟾峰阁，久废。山麓旧有大慈寺，久废。山脚有瑞观夫人庙。沿溪青龙堰灌田益民。独山北侧的崖壁上，镌刻有历史上的分水故事。

根据城市总体规划，以独山为中心建设城市公园，形成具有标志性的绿化景观空间，使独山风景区成为市民和游客休闲游览的好去处。

箬寮原始林景区

箬寮原始林景区，又称箬寮—安岱后风景名胜区，是松阳第一个国家AAAA级旅游景区。位于县域西南部，距县城约55千米。总面积1583.86公顷，森林覆盖率95%以上。主峰箬寮岘海拔1502米，为县境内第一高峰。旧志记述“陟其巅，可览七邑之胜”。属中亚热带季风气候，境内温暖湿润，雨量充沛。山峦起伏、沟谷纵横，地势地貌复杂多变。野生动植物资源极为丰富，其中有国家一级保护植物东方水韭、被誉为“十里花海”的高山猴头杜鹃花群及各种野生花卉。

图12-5 箬寮原始林高山猴头杜鹃（吴钟锋 摄）

1935年，刘英、粟裕率红军挺进师以安岱后为中心据点，创建浙西南革命根据地。至2010年，仍保留着十多处革命遗址。

2000年8月，箬寮原始林景区由松阳县长运有限公司投资开发。2002年12月，松阳县林业局邀请武汉大学生命科学院专家对松阳箬寮岘自然保护区进行科学考察，发现国家一级保护植物东方水韭；2005年9月，国际生物物种命名委员会确认东方水韭为新种。

（此目与第二编“自然环境”第五章“生态环境”第三节“自然生态保护区”之目“箬寮岘自然保护区”内容互补）

古树名木保护与森林古道

在杨家堂村庄前2株古樟成为村庄的符号和标志。在大树后村，千年红豆杉群和数百株珍贵树木环绕村子周围，成为真正的家乡“风水树”，也是乡村风情游的精彩之笔。

名木古树是森林资源中的瑰宝、社会文明的标志和历史的见证者，是重要的物种、景观、生态资源，具有重要的历史、文化、生态、经济、人文、科研价值，承载乡愁情思。森林古道镌刻着祖先文明发展的印记，见证历史长卷所浓缩的辉煌与衰败，具有历史文化底蕴和良好的森林生态环境，众多古树构成一道亮丽的“风景林”景观带。

松阳县“最美古树群”有玉岩镇何山头村社殿门前古树群；安民乡李坑村屋后山古树群；大东坝镇黄南村坟岗古树群；象溪镇小佛儿村牛铺古树群；新处乡官岭村村口古

图12-6 名木古树挂牌（吴关军 摄于2004年）

树群。玉岩镇白麻山村墓坟古树群，尚存古树 72 株。主要树种为柳杉、枫香、马尾松、香樟等。大东坝镇黄南村坟岗及上殿后古树群，尚存古树 87 株，为松阳县株数最多的古树群。主要树种为细柄蕈树、甜槠、马尾松等。其中，细柄阿丁枫集中连片分布，数量 30 余株。枫坪乡南胜村粗垄古树群，现存古树 47 株。树种主要为南方红豆杉、柳杉、赤皮青冈等。安民乡大横坑村大石岩自然村旁有一片水青冈古树群，总计 10 株。松阳“最美古树”有板桥畲族乡桐榔村罗汉松；望松乡吴弄村香樟；玉岩镇大树后村南方红豆杉；象溪镇南坑口村常春油麻藤；赤寿乡黄坑口村银杏；三都乡杨家堂村香樟；竹源乡小竹溪村金桂；安民乡安岱后村柳杉；新处乡竹囮村榧树；三都乡酉田村马尾松。

松阳境内海拔最高的古树是位于玉岩镇程源头村的榧树，树龄 250 年。平均树冠幅度最大的古树是位于松阳二中的樟树，平均树冠幅度 36.5 米。全县树干最高的古树是位于玉岩镇坳头村的台湾冬青，其树高 44 米。古树最多的乡镇是玉岩镇，古树有 717 株。全县古树最多的村是新处乡官岭村，全村古树 162 株。

玉岩镇大树后村生长着 1 株千年南方红豆杉（2003 年挂牌树龄为 1000 年），胸围 8.91 米，树高 31.5 米，平均冠幅 21 米。2007 年获浙江农业吉尼斯“浙江最大南方红豆杉”称号。

枫坪乡梨树下村古树群及散生古树中，有 1 株南方铁杉树龄 300 年、1 株响叶杨树龄 260 年。据植物学家考证，两者均为该树种的全省最大植株。

箬寮岘关山源山脊北坡有株亮叶水青冈大树，高约 40 米，胸径 1.5 米，树冠幅度 46 米，属浙江省最大。

松阳县现存树龄最大的 2 株罗汉松位于板桥畲族乡桐榔村崇觉寺大门前，树龄 800 多年。

松阳县尚存树龄最大的马尾松，位于板桥乡大毛科村后山，树龄 350 年。

松阳县尚存树龄最大的樟树，位于新兴乡外孟村，树龄 500 多年，也是松阳县胸围最大的古树，胸围 760 厘米。

松阳县尚存树龄最大的枫香，位于象溪镇雅溪口村村口，树龄 400 多年。

松阳县尚存树龄最大的榧树，位于新处乡竹囮村村口，胸径 2.14 米、树龄 600 多年。

松阳县尚存树龄最大的金桂，位于竹源乡小竹溪村，树龄 300 年。

松阳县尚存树龄最大的苏铁，主干长 5 米，位于象溪镇南州村，树龄 200 多年。

2010 年，松阳县共有古树 4711 株；分属 36 科，62 属，89 种，其中一级古树 61 株、二级古树 543 株、三级古树 2327 株。

旧时进出松阳有 5 条通道，往西通遂昌，向北通宣平，朝东通丽水、云和，朝南通向龙泉。八索岭、官岭、横樟岭、钓鱼岭、午岭、燕田岭、黄田岭、松（阳）云（和）古道，古道从松阳的古镇、古村延伸出去。古道两侧古树参天，有著名的百步岭古道、枫槐古道，风景独特。

2002年松阳县古树名木分树种数量情况表

表 12-3-3-1

科	属	种	数量（株）
裸子植物			
柏科	刺柏属	刺柏	7
柏科	圆柏属	圆柏	11
红豆杉科	榧树属	榧树	85
红豆杉科	红豆杉属	南方红豆杉	249
罗汉松科	罗汉松属	罗汉松	25
三尖杉科	三尖杉属	三尖杉	2
杉科	柳杉属	柳杉	314
杉科	杉属	杉木	16
松科	松属	黄山松	4
松科	松属	马尾松	251
松科	铁杉属	南方铁杉	1
松科	油杉属	江南油杉	3
苏铁科	苏铁属	苏铁	3
银杏科	银杏属	银杏	12
被子植物			
椴树科	椴树属	浆果椴	1
大风子科	柞木属	柞木	2
大戟科	重阳木属	重阳木	1
冬青科	冬青属	铁冬青	3
冬青科	冬青属	冬青	2
冬青科	冬青属	短梗冬青	2
冬青科	冬青属	台湾冬青	7
冬青科	冬青属	香冬青	1
冬青科	冬青属	小果冬青	1
豆科	黄檀属	黄檀	13
豆科	油麻藤属	常春油麻藤	2
豆科	皂荚属	肥皂夹	2
豆科	皂荚属	山皂荚	2
豆科	紫藤属	紫藤	1
杜英科	杜英属	山杜英	8

续表 12-3-3-1-1

科	属	种	数量（株）
胡桃科	枫杨属	枫杨	22
胡桃科	核桃属	华东野核桃	1
胡桃科	黄杞属	少叶黄杞	3
桦木科	桦木属	亮叶桦	1
金缕梅科	枫香属	枫香	402
金缕梅科	檵木属	檵木	3
金缕梅科	蕈树属	细柄蕈树	46
壳斗科	栲属	米槠	2
壳斗科	栲属	钩栗	63
壳斗科	栲属	栲树	15
壳斗科	栲属	苦槠	330
壳斗科	栲属	甜槠	86
壳斗科	栲属	乌楣栲	3
壳斗科	栎属	白栎	2
壳斗科	栎属	短柄袍	2
壳斗科	栎属	麻栎	1
壳斗科	栗属	锥栗	3
壳斗科	青冈属	赤皮青冈	9
壳斗科	青冈属	大叶青冈	2
壳斗科	青冈属	褐叶青冈	6
壳斗科	青冈属	青冈栎	6
壳斗科	青冈属	细叶青冈	1
壳斗科	青冈属	小叶青冈	8
壳斗科	青冈属	云山青冈	15
壳斗科	石栎属	石栎	14
壳斗科	水青冈属	水青冈	4
兰果树科	兰果树属	蓝果树	4
木兰科	含笑属	野含笑	1
木兰科	木兰属	玉兰	3
木兰科	拟单性木兰属	乐东拟单性木兰	2
木犀科	木犀属	金桂	8
木犀科	木犀属	银桂	2

续表 12-3-3-1-2

科	属	种	数量（株）
木犀科	女贞属	女贞	8
漆树科	黄连木属	黄连木	17
漆树科	南酸枣属	南酸枣	2
千屈菜科	紫薇属	尾叶紫薇	1
蔷薇科	石楠属	石楠	2
桑科	榕属	珍珠连	2
山茶科	红淡比属	红淡比	3
山茶科	木荷属	木荷	38
柿树科	柿属	浙江柿	1
卫矛科	卫矛属	卫矛	1
无患子科	无患子属	无患子	2
梧桐科	梧桐属	梧桐	1
杨柳科	杨属	响叶杨	1
杨梅科	杨梅属	杨梅	1
野茉莉科	安息香属	红皮树	1
榆科	糙叶树属	糙叶树	23
榆科	朴属	朴树	7
榆科	朴属	樱果朴	1
榆科	朴属	紫弹树	1
榆科	榆属	长序榆	13
榆科	榆属	多脉榆	1
榆科	榆属	杭州榆	2
榆科	榆属	榔榆	1
樟科	楠木属	闽楠	10
樟科	楠木属	浙江楠	5
樟科	润楠属	红楠	14
樟科	樟属	樟树	248
紫葳科	梓属	梓树	7
36 科	62 属	89 种	2515

2002年松阳县古树名木分布情况表

表 12-3-3-2　　　　　　单位：株

单位	古树名木				区域			位置									分布		
	合计	一级	二级	三级	合计	城市	农村	合计	庭院	宅院	寺院	村旁	路旁	水旁	田旁	山坡	合计	散生	群状
合计	2515	46	563	1906	2515	76	2439	2515	36	6	33	1624	222	58	117	419	2515	1878	637
安民	127	—	24	103	127	—	127	127	—	1	1	101	5	1	16	2	127	99	28
板桥	211	2	15	194	211	—	211	211	—	—	8	169	32	—	2	—	211	196	15
赤寿	55	—	5	50	55	—	55	55	1	1	—	36	12	—	5	—	55	55	—
大东坝	298	—	51	247	298	2	296	298	—	—	7	225	13	8	9	36	298	239	59
枫坪	192	—	51	141	192	—	192	192	—	1	3	173	—	5	3	7	192	101	91
古市	35	—	8	27	35	28	7	35	21	1	1	6	2	—	4	—	35	35	—
三都	171	6	57	108	171	—	171	171	—	—	—	139	11	—	14	7	171	133	38
四都	56	—	18	38	56	—	56	56	—	—	—	44	10	—	1	1	56	56	—
望松	19	1	13	5	19	—	19	19	3	—	—	12	4	—	—	—	19	19	—
西屏	95	4	33	58	95	6	89	95	5	1	2	73	3	2	9	—	95	95	—
象溪	197	6	30	161	197	—	197	197	—	1	2	56	80	14	1	43	197	82	115
谢村	130	1	49	80	130	—	130	130	—	—	—	44	3	—	17	66	130	130	—
新处	250	8	43	199	250	—	250	250	—	—	2	53	11	4	2	178	250	150	100
新兴	24	4	5	15	24	—	24	24	—	—	—	16	3	—	4	1	24	24	—
叶村	50	1	21	28	50	—	50	50	—	—	—	40	9	—	1	—	50	50	—
玉岩	424	8	59	357	424	40	384	424	6	—	5	297	14	20	11	71	424	245	179
裕溪	13	—	2	11	13	—	13	13	—	—	—	7	5	1	—	—	13	13	—
斋坛	40	1	14	25	40	—	40	40	—	—	—	33	1	—	6	—	40	40	—
樟溪	41	—	17	24	41	—	41	41	—	—	—	21	1	1	12	4	41	41	—
竹源	87	4	48	35	87	—	87	87	—	—	2	79	3	—	—	3	87	75	12

湿地

松阳县有3个湿地类8个重要板块，总面积946.28公顷。其中，包括烂田岘、烂浆糊2个沼泽湿地，东坞水库等5个人工湿地以及松阴溪（全流域）河流湿地。松阳县珍稀动植物种类众多，如珍稀鸟类有中华秋沙鸭、白鹤、鸳鸯等；水生珍稀动物有水獭、花鳗鲡、虎纹蛙等；水生珍稀植物有东方水韭等。

图 12-7　西屏镇青蒙村边湿地(叶高兴 摄于2003年)

第四章 森林资源保护与发展

为保护与合理利用森林资源中蕴含的丰富物种资源和遗传种质资源，松阳县积极构建健康稳定优质高效的森林生态系统，完善森林资源管理体系，创新资源管护方式，保护森林资源，促进林区森林资源逐步恢复和稳定增长，增强生态系统功能，提高森林质量与效益，充分发挥森林多种功能。通过“趋利避害，因地制宜、合理布局”的办法，把森林病虫害、森林火灾、森林气象灾害等对林木的危害控制在最低程度。

历史上松阳县森林病虫害为局部发生，未酿成重灾。

第一节 森林防火

森林火灾是造成森林资源破坏的主要原因之一。因缺乏有效的预防和扑救措施，历史上，松阳森林火灾频发，森林资源遭受损失，生态环境遭受破坏。历代官府曾发布不少有关森林防火的法令、法规，民间也建立禁山会等护林防火组织，制订乡规民约。但因缺乏完整的森林防火管理机构，加上民间烧山垦植和烧草炼山等屡禁不止，森林火灾一直不同程度存在。

20 世纪 90 年代以来，人们逐渐意识到自然火干扰在森林中的普遍性以及在创造和维持森林、促进森林发展方面的重要性。火灾的破坏性与建设性同时存在，也是森林自我更新的一种手段，影响森林生态系统演替速度和演替模式。火是防病虫害廉价有效又快速方便的工具，烧毁枯枝落叶及附着虫卵或幼虫，可抑制病虫害的大暴发。

民国 19 年（1930）前，松阳县政府遵照森林法令，创设林业公会 20 余所，发布保护森林禁令，配备 1 名警察担负护林职责。

1955 年 5 月，松阳县建立护林防火委员会。1978 年 6 月，遂昌县（松阳与遂昌并县时期）革命委员会组织县有关部门重建森林防火委员会。

森林火灾

1952～1981 年，松阳境内发生森林火灾 1550 起，受害森林面积 38.3 万亩，森林火灾造成人员 3 死 6 伤，平均每年发生森林火灾 59.62 起，受害森林面积 1.47 万亩。1961 年，全县共发生大小森林火灾 1000 起，受害面积 25 万多亩（含遂昌县），为历史上森林火灾最多的年份之一。

1982～2010 年，全县发生森林火灾 590 起，过火面积 3250.1 公顷，受害森林面积 2283.7 公顷，损失成林木蓄积 49148 立方米，损失幼林 335.32 万株，森林火灾伤亡 13 人（5 死 8 伤）。

1949～1981年松阳境内森林火灾情况表

表12-4-1-1

年份	火灾次数（起）	受害面积（万亩）	林木株数（万株）	伤亡人数	年份	火灾次数（起）	受害面积（万亩）	林木株数（万株）	伤亡人数
1949	—	—	—	—	1966	18	0.40	—	—
1950	—	—	—	—	1967	22	1.20	—	—
1951	—	—	—	—	1968	20	0.79	—	—
1952	8	0.41	6.18	—	1969	10	0.20	—	—
1953	—	—	—	—	1970	1	0.03	—	—
1954	—	—	—	—	1971	3	0.07	—	—
1955	—	—	—	—	1972	15	0.22	—	—
1956	15	0.65	31.0	—	1973	27	0.35	—	3死6伤
1957	47	2.25	42.0	—	1974	1	0.00	—	—
1958	43	1.40	—	—	1975	1	0.01	—	—
1959	12	0.53	—	—	1976	15	0.15	—	—
1960	11	0.14	—	—	1977	10	0.10	—	—
1961	1000	25.00	—	—	1978	57	0.64	—	—
1962	54	0.51	—	—	1979	41	0.33	—	—
1963	73	2.54	—	—	1980	20	0.07	—	—
1964	7	0.06	—	—	1981	27	0.25	—	—
1965	19	0.48	—	—	合计	1577	38.3	—	—

1982～2010年松阳县森林火灾损失情况表

表12-4-1-2

年份	次数（起）	过火面积（公顷）	受害面积（公顷）	损失成林（立方米）	损失幼林（万株）	伤亡情况（人）		受害率（%）
						烧死	烧重伤	
1982	11	58.0	36.6	1055	6.50	—	—	0.37
1983	37	245.0	183.3	1565	28.00	—	—	1.90
1984	36	215.0	178.7	1288	27.88	—	—	1.85
1985	42	148.0	129.0	1907	32.81	—	—	1.35
1986	66	286.0	261.9	1399	25.90	—	—	2.78
1987	51	81.0	69.3	566	23.55	—	—	0.72
1988	86	155.0	130.6	559	28.49	—	—	1.36
1989	40	79.0	69.1	485	13.40	—	—	0.72
1990	8	15.0	11.2	98	0.40	—	—	0.17

续表 12-4-1-2

年份	次数（起）	过火面积（公顷）	受害面积（公顷）	损失成林（立方米）	损失幼林（万株）	伤亡情况（人）		受害率（%）
						烧 死	烧重伤	
1991	9	8.0	4.9	89	0.65	—	—	0.05
1992	20	111.2	78.9	5239	9.63	—	—	0.82
1993	17	100.1	51.9	1869	10.03	—	—	0.53
1994	5	34.9	17.2	689	0.55	1	—	0.20
1995	7	47.1	37.3	384	3.52	—	—	0.38
1996	14	107.1	64.5	1822	8.93	—	—	0.65
1997	5	10.7	9.3	148	0.20	—	—	0.10
1998	7	17.4	11.8	252	1.82	—	1	0.12
1999	10	27.5	21	617	2.19	—	—	0.21
2000	10	156.7	74.5	1691	10.67	—	3	0.77
2001	5	50.2	37.4	837	2.61	—	—	0.39
2002	10	63.0	56.3	1251	5.17	—	—	0.58
2003	24	415.9	305.9	10086	30.57	—	—	3.20
2004	15	270.3	165.4	5255	27.09	3	3	1.73
2005	10	186.6	79.2	2356	18.94	—	—	0.83
2006	15	29.2	17.8	532	0.19	1	—	0.18
2007	4	87.6	50.8	1624	4.40	—	1	0.52
2008	16	182.7	93.7	4288	9.07	—	—	0.96
2009	6	41.8	24.4	822	0.86	—	—	0.25
2010	4	20.0	11.7	384	1.30	—	—	0.11

森林防火

1952 年 4 月，县政府公布《关于严防森林火灾的布告》。1956 年 5 月，县人民委员会分别向丽水、云和、龙泉等县人委发出公函，要求派代表协商建立护林防火联防组织，促使 3 县 16 乡制订出毗连地区护林防火暂行办法。1958 年，县林业主管部门提倡林区野外主要用火实行改烧田塝为割田塝、改清明节上坟烧纸为上坟压纸、改山上烧灰为灰铺烧灰的“三改”措施。1959 年，在全区域范围内开展“无森林火灾安全运动”。1980 年 1 月，县革命委员会发出关于做好护林防火的通知，要求各区、社结合当时的法制教育，继续宣传贯彻《中华人民共和国森林法（试行）》和国务院关于护林的布告。

1987 年 11 月，松阳县重新建立县护林防火委员会，全县各乡镇和村均建立护林防火组织，在 9 个重点林业乡镇建立森林扑火队。1988 年 12 月，松阳县护林防火委员会更名为松阳县森林防火指挥部。

2004年，松阳县政府决定有森林的村配备1名专职森林防火巡查员，每人每年补贴150元，从县财政支付，当年全县配备387名。2007年7月，撤销松阳县森林防火指挥部，成立松阳县人民政府森林消防指挥部。全县20个乡镇、2个国有林场建立森林消防指挥部（所）。

2009年，实行公益林管护员与森林防火员“两员合一”，统称护林员，新组建的村级护林员337人。

图12-8 武警森林消防队成立（叶光铭 摄于2005年）

制度建设 1987年后，松阳县先后制定出台《松阳县护林防火实施办法（试行草案）》《松阳县林区野外生产用火管理办法》《松阳县森林防火规定》《松阳县森林防火奖罚办法》《松阳县森林火灾事故应急处置预案》《松阳县森林消防队伍管理办法》等规定和工作制度。

1988年，县政府建立森林防火责任制。1991年，森林防火责任制向行政村延伸。1992年，县政府对森林防火责任制进行考核。1997年，森林防火责任状签订延伸到村、户。2003年，首次提出森林防火乡镇书记、乡镇长包乡镇，驻村干部包村，村两委包组，家长包家庭成员的“四包”责任制。2004年，首次把森林防火工作列入县综合目标责任考核；出台《松阳县森林防火责任追究制度》，全年查处森林火灾事故责任人27人次。2005年，实行森林防火属地管理，政府主要领导为森林防火第一责任人，分管领导为主要责任人。

2007年，森林防火期定为当年10月1日至次年5月31日。县、乡镇加强值班，及时处置林火事故。

宣传教育 松阳县贯彻执行森林防火有关法规，林业主管部门利用会议、广播电视、标语、宣传资料、宣传车、培训班、手机短信、森林消防知识竞赛活动等开展常规宣传教育。1987年，印发国家《森林防火条例》和森林防火布告，进入乡村开展宣传教育。1999年，首次在全县中小学校开展森林防火宣传教育活动；在县广播电视台首次开辟森林防火“绿色长廊”专题宣传节目。2002年3月，首次举办森林火灾肇事者培训班；在乡村和公路沿线制作永久性森林防火标语。2003年，结合县百部电影送百村活动，开展森林防火宣传。2004年11月，举行全县森林防火万人签字活动。2005年，举办全县性森林消防培训班，制作森林防火宣传专题片；编写《森林防火手册》。2006年，对特定人群实施群发手机短信提示森林防火和火险预报。2007年，组织2000余人参加《浙江省森林消防条例》知识竞赛。2008年，汇编印发《松阳县森林消防规章制度》手册；乡镇人民政府和林业系统的车辆装上森林防火宣传喇叭。2009年，汇编印发《森林消防法规》《森林防火条例》小册子，组织全县社会各界人士2000余人参加市森林消防知识竞赛活动。

综合治理 1992年，松阳县完成全县森林火险区区划工作。1995年，编制《松阳县生物防火林带工程建设规划》，全年营造生物防火林带98千米。1996年，编制《松阳县森林防火基础设施建

设“九五”计划和2010年规划》。1997年，松阳县被列为第二批“浙江省森林火灾综合治理工程建设县”，在安民乡进行试点；1999年，项目通过省验收，松阳县被评为第二批森林火灾综合治理合格县。1999年，编制《松阳县森林防火“十五”计划及2015年规划》。2003年，县政府发出《关于开展森林重点火险区综合整治工程建设的意见》，计划利用五年时间建设“十项标准”和“五大硬件”，提高森林火灾的防控能力。2005年，编制《松阳县森林防火“十一五”规划》。2007年，松阳县被列为国家“浙江省丘陵地区森林重点火险区综合治理工程建设县”和“浙江省第三批森林灾害远程视频工程项目建设县”，2个项目总投资分别为87.5万元和95万元。2009年，“乡镇森林消防规范化建设”通过验收。

林火处置　1982年，县林业部门组织以青年民兵为主要对象的森林火灾扑火队。1987年5月，全县建立护林防火组织317个，扑火队10个，兼职护林员592人。1989年，成立民兵森林扑火分队15支，450人；县森林防火指挥部发布《松阳县处理森林火灾事故预案》；首次组建森林防火无线电通讯网络，在邵山设立差转台，县林业局建立中基台，各区林业站设置基地台，配备若干只对讲机；开辟防火线108.6千米。

1993年，县林业部门成立一支31人的林业职工扑火队。1996年，县森林防火指挥部发出文件，要求各乡镇、林业站、林场建立森林消防队。

图12-9　森林防火演练（县林业局提供 2008年）

2000年3月27日，大东坝镇树稍村土名“背头坑”山场发生森林火灾，村民阙祖发在扑火过程中被烧成重伤，县政府授予“见义勇为扑火勇士”称号。

2004年3月6日，西屏镇青路村1个山场发生森林火灾，县林业干部曹振飞、徐永平在扑救森林火灾时以身殉职，被浙江省政府追认为烈士。是年，松阳县人民法院依法对玉岩、西屏、安民发生较大影响的3起森林火灾事故的肇事者进行公开审理审判。

2005年11月，武警松阳县森林消防队组建成立。2007年，县政府出台《松阳县森林消防队伍管理办法》和《松阳县森林火灾应急处置预案手册》，成立松阳县森林消防专家组。2008年开始，全县25支森林消防队，870名队员投入人身意外保险；全县146.3万亩有林地首次实施森林火灾保险；制订《松阳县政策性林木火灾保险理赔资金使用管理办法》。

至2010年末，全县配有森林消防车1辆，森林灾害远程视频监控点2处，风力灭火机212台，油锯43台，割灌机11台，无线对讲机40只，森林消防高压水泵12台，以及摄像、照相机、电脑等设备。

第二节　森林病虫害防控

病虫危害

森林病虫害素有“不冒烟火灾”之称。森林病虫害在森林资源保护中与森林防火有着同等重要的地位。

历史上，松阳县森林病虫害局部发生，未酿成重灾。根据2005年松阳县林业有害生物普查成果报告的数据，全县主要树种病原51种，其中危害严重的本土病害17种。板栗粉锈病、柑橘黄龙病、杉木细菌性叶枯病、马尾松赤枯病、柳杉赤枯病、板栗疫病等病害发生面积大、危害大。害虫9目82科408种，本土害虫16种，以松毛虫、柳杉毛虫、刚竹毒蛾等危害最为严重。有害植物10科23种，其中本土有害植物，有律草、锈毛寄生、杜板归等15种。20世纪80年代以来，松材线虫病危害严重。

松毛虫　县境内马尾松林中分布较广，松毛虫是危害最为严重的森林害虫之一。20世纪60年代偶有发生。70年代，湖溪林场的卯山林区曾暴发成灾。80年代，开始在县内普遍暴发。1989年，发生面积首次突破万亩。1990年，蔓延到古市、西屏、靖居的9个乡2个镇2个林场，第一代松毛虫发生1.32万亩，第二代2.20万亩。1992年，实际发生1.03万亩。1998～1999年，松毛虫在县境内大面积暴发，除靖居区外，松阳、古市、大东坝、玉岩区都严重发生。最终砍伐上千立方米松木，衰败的松树林3年后才得到恢复。

柳杉毛虫　是一种历史性的成灾虫害，为县内重要虫害之一。20世纪50年代就有发生，1963年、1966年玉岩区柳杉林曾严重受害。1985年，在安民乡安岱后大面积成灾。1987年，因受柳杉毛虫致死的柳杉，玉岩区有800余亩。1992年，全县柳杉毛虫发生面积780亩。

刚竹毒蛾　境内大东坝、安民、竹源、三都、裕溪、叶村等乡镇的毛竹均有发生。大东坝镇黄南、五部等产竹区危害历史较长。

油茶煤污病　为间歇性病害，暴发时可使油茶颗粒无收，甚至死亡，为县内油茶林主要病害。在海拔300米以上的油茶林均可发生，以象溪和大东坝受害最重。1978年，全县暴发成灾，损失油茶籽约60万斤，经济损失20余万元。据调查，约13～14年暴发一次。1983年后，零星发生，未大面积成灾。

油茶炭疽病　是松阳县内油茶的常见病，造成落叶、落蕾、落果和枝干枯死，其成灾和损失不亚于煤污病。

杉木细菌性叶枯病　为普遍发生的幼林病害，遍及全县，尤以高山风口、土地瘠薄、迎风山坡的杉木易发生。1980年，庄后公社（后改为新处乡）官岭村一片1000多亩杉木幼林中有80%受害。

病虫防治

旧时，限于林业科技知识的匮乏，林区群众把森林病虫害归咎于鬼神闹灾，或修庙供香许愿，或打醮驱鬼。

中华人民共和国成立前，对森林病虫害的防治采用单一的人工捕杀。中华人民共和国成立后，随着科学技术逐步发展，从20世纪50年代的化学防治、60年代飞机洒药防治、70年代生物防治、80年代植物检疫，到后来的综合防治，全县森林病虫害防治取得良好效果。

20世纪50年代，开始对油茶煤污病进行防治。推广石硫合剂等以杀菌为主的化防方法，局部进行小面积防治。70年代初，大东坝利用天敌瓢虫防治油茶煤污病，效果较好，但瓢虫难以大量生产供应，故未获推广。1976年，开始在蛤湖乡进行刚竹毒蛾幼虫期杀虫剂熏烟、喷液、竹腔注药和喷施白僵菌粉等防治工作，效果较好，但局限于小面积试验性防治。1979年，大东坝林业站利用安全方便的内吸杀虫剂涂干法，有效地杀死油茶煤污病寄生媒介——日本卷毛蚧，而基本不伤害天敌瓢虫，此后，在全县推广应用。

20世纪80年代，境内松毛虫蔓延，危害较重，成为松阳县森林病虫防治的主要对象。1983年开始，对马尾松毛虫采取防治措施。是年，共防治1300亩次，其中利用灯光诱杀成虫的办法防治500亩、诱杀成虫19千克；采用敌百虫喷杀办法防治800亩。1984年，防治面积扩大到4000亩，其中化学防治3350亩。1985年，在松阳、古市2个虫灾区设立3个马尾松虫测报点，聘请测报员3人。1989年，从以往单一的化学防治转变为化学、生物相结合的防治办法。是年，实际防治松毛虫2900亩，其中以白僵菌为主的生物防治500亩。1991年8月，县林业局从下属单位聘请37人为兼职森林病虫测报、防治员。同年，对松毛虫实行综合防治，即化学防治与白僵菌、悬挂鸟箱的生物防治、黑光灯、粘虫胶的物理防治以及实行大面积封山育林的生态防治相结合。1992年，森林病虫防治率从1986年的16.7%提高到47.9%，有效地控制森林病虫害的蔓延。

1982～1990年，松阳县森林病虫发生面积47725亩，防治面积22572亩，防治率为47.3%。其中化学防治18600亩、生物防治3972亩。

1991年，重点防治松毛虫害887亩，效果在80%以上。1993年，测报面积40586亩，防治面积11960亩，防治率为82%。1999年，发生松毛虫暴发。根据全县松毛虫越冬取食代虫情测报统计，有马尾松毛虫面积27131亩，其中一级21743亩、发生面积5388亩（即二级以上）；2～3级3293亩，4级1347亩，5～6级748亩，平均虫口14.2条/株，有虫株率86%。总的特点是分布广、虫口高。刚竹毒蛾、竹螟轻度和中度危害面积近5000亩。松毛虫主要分布在大东坝、安民、象溪、裕溪、西屏、望松、新兴等乡镇的有关山片；刚竹毒蛾、竹螟主要分布在枫坪、大东坝、竹源、玉岩、三都、新处等乡镇的有关山片。对越冬取食代松毛虫，全面采取生物防治（白僵菌防治）。1991～2000年，全县森林病虫发生面积99558亩，防治面积87173亩，防治率达87.6%，防治效果93.5%。

2001～2010年，松阳县森林病虫发生面积71317亩，防治面积94497亩，防治率132.5%。2006年6月底至7月上旬，对全县当年第一代松毛虫虫情进行调查，共调查松林面积103310亩，调查小班325个、标准株10274株。发现有虫面积36436亩，平均虫口0.75条/株，平均虫株率35%，其中，虫灾一级以下面积35541亩、虫灾二级以上发生面积895亩，平均虫口3.5条/株，平均虫株率58%。

1982～1990年，全县森林病虫害防治率为47.3%，防治效果为75%。1991～2000年，全县森林病虫害防治率87.6%，防治效果93.5%；2001～2010年，森林病虫害防治率132.5%，防治效果97.9%。

1982～2010年松阳县森林病虫害测报防治情况表

表 12-4-2-1　　单位：亩

年度	病虫发生面积	病虫监测		病虫防治	
		应测面积	监测面积	防治面积	防治率（%）
1982	4047	0	0	20	0.49
1983	7400	0	0	4426	59.8
1984	3200	0	6000	1020	31.9
1985	3230	0	19800	400	12.4
1986	3500	0	13520	2060	59
1987	3750	0	13750	6020	160.5
1988	5400	0	12150	1600	29.6
1989	10300	0	19050	3557	34.5
1990	6867	0	21984	3469	50.5
1991	14613	0	21826	8474	58
1992	10933	30000	37556	8324	76.1
1993	14590	30000	40586	11960	82
1994	11366	30000	38500	8720	76.7
1995	11299	30000	36330	8690	76.9
1996	17409	30000	35477	19666	113
1997	1968	30000	32597	5400	274.4
1998	4130	30000	47810	3169	76.7
1999	9330	30000	46971	9330	100
2000	3920	46971	47212	3440	87.8
2001	1558	40000	61100	1558	100
2002	896	40000	96249	1001	111.7
2003	869	423400	429430	869	100
2004	3997	1240600	1269344	3997	100
2005	8005	1298600	1319962	7505	93.8
2006	7658	1310000	1311469	6730	87.9
2007	6797	1330000	1331811	6797	100
2008	6164	1310000	1319270	6164	100
2009	9076	1400000	1409000	8776	96.7
2010	8398	1420000	1427956	8398	100

松材线虫病防控

松材线虫病又称松枯萎病，是松树的一种毁灭性病害。该病为松材线虫引起，在中国传播松材线虫的媒介昆虫主要是松褐天牛。据文献记载，此病由日本传入中国。1982年，中国在南京市中山陵首次发现，相继在多个地区发现并流行成灾，导致大量松树枯死。

图 12-10 松褐天牛（县林业局提供）

上半年的伐倒木如不及时运出林外，留在林中过夏，或不经剥皮处理，则很快即被此虫侵害。8～9年的幼树受害较轻，20年树龄以上大树受害严重。各类松树中，马尾松、湿地松和卡锡松受害最重。

近距离传播靠天牛等媒介昆虫传带，松褐天牛每年发生1代。幼虫在松树木质部坑道中越冬。一般情况下，次年3月中旬越冬代幼虫继续取食，4月上旬在蛀道末端蛹室中化蛹，4月下旬始见成虫，5月中旬为羽化盛期，5月下旬幼虫出现，10月下旬或11月初幼虫陆续越冬。在松褐天牛羽化前，采用喷洒噻虫啉微胶囊粉剂杀灭天牛防治效果明显。

松阳县政府采取各种措施积极应对松材线虫病入侵，遵循“属地管理、政府主导、社会参与、预防为主、分类施策、综合防治”的原则，坚持预防、封锁和除治并重，加强依法防治，强化政府行为，依靠科技进步，加大资金投入，实行分类指导，分区施策，重点突破，整体推进，把松材线虫病防治工作抓紧抓好。1998年，组织2次普查，未发现松材线虫危害。2000年，松阳县松材线虫病预防指挥部成立，县政府每年与有关部门及乡镇签订松材线虫病预防责任状，并进行考核。

远距离传播则主要借助感病苗木、松材、枝桠及其他松木制品的调运进行。开展“绿盾护林”检疫执法专项行动和平时的及时复检工作，对辖区内调入的木质包装箱、电缆盘及松原木等进行全面复检，复检率100%，严防从疫区调运的松木及制品进入县境内，切断松材线虫病人为传播途径，杜绝疫源的传入。同时联合商检、电力、通讯等部门开展检疫检查，检查加工、调运松木企业是否建立进出制品台账。对违规从事松木加工调运的企业，查清违法调运松木的来源，给予警告；对造成危害的，必须重罚直至追究刑事责任。2004年10月2日，县木材运输巡查大队查处从台州某县入境的携带有大量松褐天牛幼虫松木板16.94立方米。2007年11月15日，县森防森检站查处从宁波北仑某公司调运入境的44只带有松材线虫疫病的电缆盘。

林木检验检疫

1983年12月26日，松阳县森林植物检疫站成立，办公地点设在县林科所。1986年5月，松阳县森林植物检疫站改设在松阳县林业局营林股。1991年3月6日，县森林病虫害防治站与县森林植物检疫站合并办公，经松阳县政府批准设立具有事业单位独立法人代表资格。2006年4月4日，松阳县森林植物检疫站更名为松阳县森林病虫防治检疫站。

林业有害生物普查　2004年，根据上级要求，松阳县林业部门在全县范围内开展较全面的林业有害生物普查工作。完成对全县20个乡镇2个林场的松、杉、竹、厚朴、柑橘、板栗等树种病虫害的调查。共调查标准地197个，面积38861亩，踏查面积50万亩。本土危险性林木病虫害种类较多，主要为松毛虫、松木赤枯病、柳杉赤枯病、松瘤锈病、枇杷轮斑病、梨锈病、板栗赤斑病、板栗疫病、板栗白粉病、杨树星天牛、乳白蚁、家白蚁、厚朴横沟象、叉斜线网蛾、柳杉毛虫、刚竹毒蛾等。采集到23种有害植物。制作针插标本1000多只，病害标本及有害植物40盒，并浸制一些幼虫标本和小型昆虫，采集到3种昆虫的生活史标本，拍摄1000多张照片。鉴定出昆虫种类9目82科408种，其中蝶类82种。

松阳县危害严重的本土有害生物共计53种（参照浙江省拟定的名单），其中病害17种、害虫16种、有害植物15种、有害动物5种；外来有害生物1种。浙江省拟定的名单中对松阳县林木生长构成危险的有11种，其中白蚁危害最大，几乎危害松阳县所有的树种，松林、杉木林的危害最严重，已引起10亩松林、3亩杉木林枯死。柑橘黄龙病在松阳县发生的范围较广，涉及10个乡镇2000多亩柑橘林。而松毛虫、柳杉毛虫、刚竹毒蛾、板栗粉锈病每年均对松阳的松林、柳杉林、板栗林、毛竹林发生危害，造成较大损失。此次调查，基本查清松阳县主要树种病害的发生情况，林木病害共计51种。其中，板栗粉锈病、柑橘黄龙病、杉木细菌性叶枯病、马尾松赤枯病、柳杉赤枯病、板栗疫病等病害发生面积大，危害大。松材线虫病危害尤为严重。

森林植物检疫对象　2004年8月12日，国家林业局重新发布19种森林植物检疫对象，2008年2月18日，国家林业局发布公告，将枣实蝇增列为全国林业检疫性有害生物。至此，国内林业检疫性有害生物共有21种。其中，线虫1种，害虫13种，病原微生物6种（其中冠瘿病菌在松阳境内有），有害植物1种。

检疫员、兼职检疫员每年不定期到种苗繁育基地等进行产地检疫调查，对产地检疫合格的由检疫员或兼职检疫员发给“产地检疫合格证”，不合格的发给“检疫处理通知单”。凡调运森林植物和林产品，包括母竹、花卉、木本植物的种子、苗木和繁殖材料等必须经过检疫，凭“植物检疫证书”调运。松阳县象溪、下包木材检查站增加植物检疫检查职能。2007年，制订《松阳县突发性重大林业有害生物灾害应急处置预案》，定期开展外来木材及各类制品的检疫复检工作。

第三节　森林资源保护

森林资源保护是促进森林数量的增加、质量的改善或物种繁衍，以及其他有利于提高森林功能、效益的保护性措施，大致分为森林资源消耗量控制、森林生物多样性保护、森林景观资源保护及森林灾害防治等。

森林资源专项规划

1989年，松阳县提出“五年消灭荒山、八年绿化松阳”的目标，开展宜林荒山专项调查，编制荒山绿化规划。规划宜林荒山1305块，面积74162亩。其中，限期绿化的宜林荒山1273块，面积

72906 亩（规划封山育林面积 18599 亩，人工造林面积 54307 亩），划作固定性经营的柴山、放牧山、高山顶草山等不作绿化对象的宜林荒山小班有 32 个，面积 1256 亩。

2007 年以后，全县编制林地保护利用、低丘缓坡综合开发利用、香榧产业发展、小港省级现代农业综合区建设、森林城市建设、油茶产业发展、玉岩镇森林城镇建设、西屏山城市森林公园建设、平原绿化、十二五林业、城市周边林相优化改造、浙江省松阳县森林抚育 12 个专项规划，其中省级 4 个、市级 1 个、县级 7 个。实施时间从 2006～2020 年不等。

林木采伐凭证限额管理

森林年采伐限额制度是指《中华人民共和国森林法》所确立的，国家根据用材林的消耗量低于生长量的原则，严格控制森林年采伐量，确定最高年伐限额，年度木材生产计划不得超过批准的年采伐限额的一项法律制度。根据合理经营和永续利用的原则，提出年森林采伐限额指标，逐级上报。省林业主管部门对上报的森林年采伐限额指标进行汇总、平衡，经同级人民政府审核后，报国务院批准。除了用材林的成熟林和过熟林蓄积量超过用材林的总蓄积 2/3 的个别省和自治区以外，其他省、自治区、直辖市都必须按用材林的消耗量低于生长量的原则，核定年森林采伐限额。

中华人民共和国成立后，松阳县曾几度发生森林过伐现象。如“一直被茂密针阔混交林所覆盖的邵尖山，由于乱砍滥伐，五十年代末遂成童山秃岭”。据 1961 年浙江省林业厅调查数据显示：“由于 1958 至 1961 年大量砍伐，遂昌县（含松阳）每年要下降森林蓄积量 52 万立方米。”1973 年 10 月 10 日农林部颁布《森林采伐更新规程》。1979 年 2 月，国家颁布《中华人民共和国森林法》（试行），林木采伐管理做到有法可依，然而超伐未绝。1982 年，全县采伐量 18.4 万立方米，大大超过年生长量。1983 年，全县实行计划采伐，严格控制采伐量，凡胸径 6 厘米以上的立木皆纳入采伐计划。国家派购计划按合同规定采伐；自用材（含集体和个人）凭《林木采伐证》进行采伐。1984 年，松阳县把全年生产木材分为国家派购材、林区自用材、林区自主材三种类型，实行分类管理。派购材由林业站与林农签订投售合约，以合约代替采伐证，凭约采伐；自用材由县下达计划，乡政府专人审批，以批准书写代替采伐证，并由乡护林员检查、监督，不进入商品流通；自主材由县下达计划，县林业局发放采伐证之后，方可进入流通。

1990 年 1 月 1 日，全县开始实行“定员发证”制度，使用全国统一的林木采伐许可证、严格采伐管理手续。1991 年 3 月 19 日至 4 月 1 日，在大东坝乡开展森林资源采伐消耗实行全额管理试点工作。

1991 年，浙江省政府核定松阳县“八五”期间（1991～1995）年森林采伐限额 15.38 万立方米，毛竹 60 万支。对商品材、自用材、烧柴指标，进行分类控制。烧柴限额由县林业主管部门实行总量控制。1995 年，省政府核定松阳“九五”期间年森林采伐限额为 16 万立方米，毛竹采伐限额为 59.8 万支。2000 年 2 月，组织“十五”森林资源抽样调查，确定把松阳县“十五”期间年森林采伐限额定为 17.2 万立方米，毛竹采伐限额 80 万支。12 月 27 日，县政府提出“关于优化环境、发展经济，在木竹经营上实行逐步改革、收费统一、鼓励加工”的精神，明确森林采伐管理和审批程序。加强伐中检查和伐后验收工作，设立采伐验收申报制度。

2005 年 6 月 10 日，浙江省林业厅增加松阳等 4 个采伐消耗结构改革试点县。2005 年 1 月，明确“十一五”期间年森林采伐限额指标为17.5万立方米、毛竹170万支。2005年，松阳县被列为全省5个网上办理林木采伐许可证的试点县之一，率先在全市实行网上办理林木采伐许可，及时掌握发证发放情况和各项限额指标的使用情况。减轻发证操作员的工作量，提高工作效率。

2009年，松阳县作为全国168个县（市）、全省20个县（市、区）、全市3个县的试点县之一，启动并开展森林采伐管理改革试点工作。

1982～2010年松阳县林木采伐限额与实际采伐情况表

表12-4-3-1

年度	林木采伐管理			
	采伐限额		实际采伐	
	木材（蓄积）（万立方米）	毛竹（万支）	木材（蓄积）（万立方米）	毛竹（万支）
1982	11.68	60	11.08	24.34
1983	15.18	60	12.41	35.50
1984	15.18	60	15.03	43.50
1985	15.18	60	15.05	39.80
1986	15	60	15.48	46.50
1987	15	60	14.80	50.80
1988	14	60	13.96	60
1989	14	60	13.80	60
1990	14	60	13.50	60
1991	15.38	60	15.20	61.30
1992	15.38	60	15.19	60
1993	18.88	60	17.84	59.40
1994	15.38	60	14.82	59.30
1995	17.38	60	17.35	32
1996	16	59.80	10.98	30
1997	16	59.80	15.48	16.30
1998	16	59.80	15.85	56.38
1999	16	59.80	15.98	32.80
2000	16	59.80	14.51	59.80
2001	18.00	80.30	13.10	38.58
2002	18.60	80.30	14.06	89.39
2003	18.60	100.30	14.10	97.21
2004	17.20	120	13.45	120

续表 12-4-3-1

年度	林木采伐管理			
	采伐限额		实际采伐	
	木材（蓄积）（万立方米）	毛竹（万支）	木材（蓄积）（万立方米）	毛竹（万支）
2005	16.23	180	12.57	141.70
2006	18.54	180	13.31	94
2007	18.77	180	13.07	83
2008	36.17	280	21.65	130
2009	24.94	180	14.12	159.33
2010	17.77	260	15.80	165.46

林政管理

1954年9月， 松阳县在玉岩、靖居两区各配备1名林政助理员；行政上归当地政府领导，业务上归松阳县木材收购站指导。1955年3月，在县人民政府设立林业科，主管林业生产、采购计划、查处破坏山林案件。1963年5月，境内各地建立健全护林组织，增配护林员，制订护林公约。1977年7月，县“五七”大学林业班50名毕业生，大部分安排在各林业站任林技员或林政员。1980年，全县（含时松阳、遂昌区域）配备护林员56人。

1982年松阳恢复县制，县林业局内设资源林政股，负责森林资源林政管理工作。1983年，县政府印发《关于保护森林资源发展林业生产几个问题的决定》。1984年，批准开放西屏和古市两个木材市场。1985年4月1日开始，正式放开木材经营、取消木材统购派购任务，开放木材市场，实行议购议销。1987年9月25日，县政府决定木材仍由林业部门统一管理和收购。

1991年，乡林政管理站更名为乡林业工作管理站，在12个乡设立林业工作管理站，有林政管理员55人。1996年，进行林政管理改革，首次设立松阳县林政管理总站（保留资源林政股）。2002年，资源林政工作归5个区域林业工作中心站管理。

1992年8月，松阳县制定《关于边界木材流通管理的规定》，加强外县转入松阳县收购木材计划管理，在边界地区放宽政策设木材市场。由于“外县材”政策失误，发生多起“外县材”林政管理案件与刑事案件，森林资源受到严重破坏，多人因此受到党纪国法处理。

1994年，建立木材凭证收购制度，明确规定林业站收购商品材必须凭商品材采伐证和投售清单收购。允许加工企业进山组织货源，并简化审批手续，鼓励发展加工业，鼓励木材深度加工。

1999年，根据浙江省林业厅《关于禁止采伐天然阔叶林生产木炭和运输有关事项的通知》，松阳县禁止采伐天然阔叶林烧制木炭，商品木炭不准外运。

2007年，根据《丽水市国有和集体森林林木林地流转招标拍卖挂牌办法（试行）》的通知精神，松阳县林业主管部门及时组织人员对全县森林、林木、林地流转情况进行全面调查。2008年5月15日，县林业主管部门开通丽水市木材流通管理系统。

1982～2010年松阳县林政管理处罚情况表

表 12-4-3-2

年　度	查处起数	查处人数	查扣木材（立方米）	罚款金额（万元）
1982	171	171	23880	2.10
1983	391	1547	8561	2.20
1984	385	652	7564	2.60
1985	435	735	8114	3.50
1986	574	822	970	4.07
1987	149	207	984	4.03
1988	801	801	2998	10.41
1989	678	678	190	3.38
1990	384	384	387	4.62
1991	281	281	701	4.98
1992	678	678	704	15.33
1993	478	478	2820	25.56
1994	977	977	836	8.77
1995	1023	624	867	6.43
1996	1755	1755	2428	176.94
1997	1651	1651	1337	112.49
1998	2311	2325	1445	112.87
1999	1900	1900	1414	77.80
2000	1784	1784	1298	55.90
2001	1622	1622	1467	78.26
2002	1697	1702	1360	87.77
2003	712	712	757	56.95
2004	503	503	807	40.88
2005	515	515	830	61.76
2006	237	237	415	18.07
2007	303	304	944	69.83
2008	278	278	859	58.22
2009	249	249	528	26.71
2010	274	274	509	29.80
合计	23196	24846	75974	1162.23

木材流通管理

木材流通政策变化　木材流通是指木材经营、加工、运输活动。木材流通管理主要包括县内木材运输、木材市场、木材加工、木材出运管理和木材运输检查等内容。1984 年前，木材由森工部门统一经营，实行统购派购计划管理，林农按林业部门下达的计划采伐木材，由森工部门统一收购、销售，国家根据计划调拨运输和供应。林农只有少量木材在市场上交易。1985 年 4 月 1 日，针对木材正式放开经营、取消木材统购派购任务，开放木材市场，实行议购议销。1987 年 9 月 25 日，松阳县木材仍由林业部门统一管理和收购，对原有木材购销个体户，进行一次全面清理。

1993 年 9 月 25 日，松阳县林业部门首次建立木材出运计划台账管理制，全县木材加工企业发证 501 家。

木材检查站建设　1964 年，在裕溪公社金村圩设立靖居木材检查站，隶属靖居林业站管理。

1982 年 2 月，在石仓公社百步村设立石仓木材检查站，隶属大东坝林业站管理。是年 8 月，提升为县级木材检查站，由县林业局直接管理，站址迁至石仓公社西山大队上包村。1988 年，更名为上包木材检查站。1985 年 4 月，增设四都下包木材检查站。1987 年 12 月，在板桥畲族乡桐榔村设立木材、税务联合检查站（1990 年 12 月 1 日撤销）。1988 年 8 月，在四都乡下包村木材检查站增设税务检查站。1990 年 11 月，设立板桥畲族乡护林站。

1991 年，对公路检查站进行检查整顿，撤销 10 个护林站，境内保留裕溪、下包、上包 3 个木材检查站；根据木材流通管理需要，1991 年 12 月，设立茶铺护林站。1992 年 8 月，设立黄峰洞护林站，后站址迁至真武桥，更名为真武桥护林站。1993 年 10 月，设立玉岩镇坳头、道惠口护林站。1995 年，全县木材检查站、护林站划归当地林业工作站管理。1996 年 1 月，设立松阳县木材检查总站，下辖裕溪、下包、上包 3 个木材检查站和板桥、茶铺、真武桥 3 个护林站。

图 12-11　象溪木材检查站（县林业局提供 2008 年）

2001 年 12 月，县木材运输巡查大队成立，同时撤销上包木材检查站。2006 年 12 月，撤销板桥、真武桥护林站。2008 年 4 月，裕溪木材检查站更名为象溪木材检查站，站址设象溪镇王田铺。2009 年 6 月，松阳县木材运输巡查大队增挂松阳县森林资源保护管理总站、松阳县野生动植物保护站 2 块牌子，实行 3 块牌子 1 套人马的管理模式，推行综合林政执法。年末，撤销茶铺护林站。

木材流通管理措施　20 世纪 50 年代初，松阳竹木管理市场设立；1957 年 9 月，撤销。木材收购和供应由县森工局管理，毛竹、木炭、竹皮购销由供销社经营。1972 年 9 月，木材（含木制品）、毛竹（含竹皮、竹制品）按国家计划收购，经县林业主管部门签发出口证方可出运。1982 年初，木材出口办公室设立。在西屏、古市 2 个镇设木材市场，是年 10 月关闭。

1983 年 3 月，实行木材统一经营管理，取缔木材自由市场，规定木材由林业部门统一经营，其他任何单位和个人都不得进入林区采伐、收购和加工；竹柴炭仍由供销部门经营。1984 年，重新开放西屏、古市木材交易市场。为规范竹木交易，以林业为主，财税、工商配合，设立木材交易市场管理站，实行查证、税收市场管理，林农上市的木材必须持有等量的自主材采伐证。1987 年 10 月，设立竹源乡创古基、叶村乡东坞源口 2 处木材市场，逢西屏镇市日开放。1988 年 10 月，全县统一使用“浙江省毛竹运输证”。毛竹运销出县须由县林业主管部门办理出运证明。

1993 年 3 月，县林业部门把木材运输细码单列入木材购销票证管理范围。1994 年 4 月，成立路上木材检查队，在县内巡回检查，对林业部门内部的木材检量、木材检查执法进行监督。县内木材凭运输证流通。1997 年 9 月，对市贸材进行规范管理。1999 年，进一步规范木竹加工企业计划三级台账管理，对木材加工企业的进出料数进行银行“存折式”管理，做到账账相符。

2003 年，松阳县林业部门根据上级要求，结合松阳的实际，规范县内木材运输行为，实行凭号印、运单或运输证流通。2004 年，县内木材流通凭“消耗结构和产地验讫印”及“木材运输细码单”运输。2007 年 8 月 29 日，丽水市林业局发出《关于进一步加强木材流通管理的通知》，为加强全市木材流通管理，进一步规范林业行政行为，要求各县市规范木材流通管理，加强木材检查站的监管，推进规范化木材检查站建设，加强木材流通管理队伍建设，严格执行木材运输质量台账登记制度。12 月 24 日，开始启用“浙江省松阳县木材运输合法来源证明”，原松阳县运输木材细码单和松阳县林业工作中心站木材检尺验收细码单同时停止使用。2008 年 4 月，为做好雨雪冰冻灾后恢复重建和竹木清理的后续工作，开通省道受灾竹木运输免费“绿色通道”。免费通行时间为 2008 年 4 月 1 日至 7 月 30 日。

林地管理

《中华人民共和国森林法》中对林地所作的解释是：“林地包括郁闭度 0.2 以上的乔木林地、竹林地、灌木林地、疏林地、采伐迹地、火烧迹地、未成林造林地、苗圃地和县级以上人民政府规划的宜林地”。林地管理一般包括林地权属管理、山林纠纷调处和征用占用林地管理。

在 1964 年 8 月 31 日后，林地作为“非耕地”之一纳入土地管理范围，征占用林地一般由乡镇人民政府上报县土地管理部门审核，报县人民政府审批。1996 年 12 月 30 日，县政府印发《松阳县林地管理实施办法》，对林地的保护、利用、管理和开发征占用林地的补偿费用、法律责任等作明确规定。

1997 年 1 月 1 日始，松阳县实行使用林地许可证制度。在县林业局以及西屏、古市、玉岩、象溪、大东坝 5 个林业管理区和林村、湖溪 2 个国有林场配备林地专管员。按林地管理办法规定，经批准的征占用林地，按规定向被征占用林地单位（个人）征收森林植被恢复费，按 667 元/亩收取；林地资源保护费，按 333 元/亩收取，用于森林植被的恢复和管护。

2000 年，松阳县立案查处县过境公路建设项目，征占用林地 45.13 亩，未办理林地征用手续，依照《森林法实施条例》第四十三条之规定，依法对责任单位进行处罚。

2002～2005 年，龙游至丽水高速公路松阳改建段建设工程征占用林地 151.52 公顷；2004 年，松阳县梧桐源水库除险加固工程征占用林地 22.80 公顷，均依法办理林地征占用审批手续。

2007 年开始，对全县征占用林地项目及《使用林地可行性报告》，实行专家评审和现场查验制度。2008 年开始，根据国家、省有关文件精神，征占用林地实行严格控制。

1997～2010 年，全县征占用林地项目共计 636 个，面积 684.6429 公顷，征收林地征占用规费 3283.8 万元。其中，森林植被恢复费 3199.05 万元，征用占用林地资源保护费 84.75 万元。根据《浙江省林地管理办法》第二十九条规定：森林植被恢复费，省、市（地）、县林业主管部门按 15∶5∶80 的比例分成，纳入育林基金，按预算外资金管理有关规定管理，专款用于森林植被的恢复和管护。松阳县低丘缓坡林地开发主要用于开发香榧、油茶、茶叶等高效经济示范林建设，解决耕地占补平衡问题及县域经济发展用地指标的问题。

2003 年 1 月 17 日，浙江省财政厅、省林业局《关于转发〈财政部、林业局印发森林植被恢复费征收使用管理暂行办法〉的通知》规定，森林植被恢复费实行专款专用，专项用于林业主管部门组织的植树造林、恢复森林植被。

2006 年以后，松阳县开展低丘缓坡开发利用林地项目，出台推进林业产业结构调整的政策，要求低丘缓坡开发利用区块与林业产业结构调整同步推进，开发区块选址由林业主管部门把关，开发后必须种植以经济林为主的木本植物，享受扶持政策，走出一条适合松阳发展高效林业的新路子。贯彻落实省政府《关于加强和改进垦造耕地工作的通知》，注重生态环境保护，严格规范垦造耕地选址。垦造耕地项目选址必须符合土地整治规划或低丘缓坡综合开发利用规划，严禁把坡度 25° 以上的林地、省级以上生态公益林林地、自然保护区和自然保护小区林地、省级以上森林公园林地、有古树名木和珍贵树种分布的林地、生长茂盛成片的林地垦造为耕地。

2008 年 8 月，编制《浙江省松阳县低丘缓坡综合开发利用规划（2008～2020 年）》。规划到 2020 年，全县开发利用低丘缓坡土地面积 11056.0 公顷。其中用于农业开发面积 7543.9 公顷，占规划开发利用低丘缓坡土地面积的 68.2%；非农开发面积 3512.1 公顷，占 31.8%。农业开发面积中，用于开发耕地的低丘缓坡土地面积 5972.5 公顷，占农业开发面积的 79.2%；开发林地的低丘缓坡土地面积 1571.4 公顷，占 20.8%。

第四节 森林公安建设

机构演变

新中国成立之后，在一个相当长的时期内，林业案件均由各地人民政府和公安机关受理。1977 年，设立遂昌森林派出所。1981 年 9 月，遂昌县建立公安局森林派出所。1982 年 5 月，松阳恢复县制后，建立松阳县公安局森林派出所、林业检察科、森林法庭。1985 年 6 月，撤销林业检察科；1990 年 10 月，撤销森林法庭。1989 年 11 月，浙江省公安厅《关于同意龙泉等五个县建立林业公安分局的批复》，把松阳、龙泉、庆元、景宁、遂昌县公安局森林派出所改为县公安局林业分局。松阳县公安局林业分局编制 35 人。

1998年12月，浙江省人事厅、浙江省林业厅、浙江省公安厅《关于全省森林公安人民警察实施国家公务员制度有关问题的通知》，森林公安在编在职、具有国家正式干部身份，并已授予警衔、经公安机关人民警察基本素质考试合格的人员，过渡为国家公务员。1999年8月，松阳县公安局林业公安分局改用行政编制，编制数暂按17人控制。2002年10月，松阳县公安局林业分局改名为松阳县公安局森林分局。

队伍管理

1989年，浙江省林业公安处《关于加强林业公安队伍建设若干事项的通知》，重申林业公安的主要职责是积极配合有关落实森林资源和内部的安全防范措施，做好违法犯罪的预防工作，查处破坏森林资源的一般刑事案件和治安案件，协助侦破和查处重大刑事案件和治安案件。

2002年8月5日，松阳县公安局林业分局是主管森林公安工作的副局（科）级单位，实行林业、公安双重领导的体制，业务上以公安部门领导为主，行政后勤管理以林业部门为主。分局内设办公室、治安科、刑侦科、防火办4个职能科室及一、二、三警务区。人员编制21人，其中局长1人、教导员1人（林业局领导兼）；副局长1人、副教导员1人；科室及警务区领导职数共7人。2003年3月，森林分局设立局办公室、刑侦和治安科、玉岩警务区、象溪警务区；2007年9月，增设西屏警务区。

2004年初，县森林公安第二期“固本强基”工程通过省厅的验收，被授予省厅第二批“固本强基”示范单位称号。

案件查处

盗伐、滥伐森林和森林火灾是威胁森林资源安全的主要祸源。改革开放前，政府林政机构不健全，护林制度和乡规民约不普及，林业公安队伍力量薄弱，对毁林犯罪分子的查处不力，导致森林资源遭受重大破坏。改革开放后，落实林业“三定”政策，进行林权制度改革，以及“森林法”的实施，林区生产秩序渐趋稳定，森林资源保护工作获得进展。

2000年开始，松阳县在全县范围内开展多次打击破坏森林、林地、野生动植物资源等的涉林违法犯罪专项行动。先后有南方二号行动、禁种铲毒、春雷行动、清火一号、二号行动、绿锋行动、绿盾三号行动，促进全社会树立共同保护森林生态环境和野生动植物资源的良好风气。

（此节与第二十六编“公安”第十章“森林安全保卫”内容互为补充）

2000～2010年松阳县森林公安局案件查处情况表

表12-4-4-1

年度	林业行政案件		林业治安案件		林业刑事案件			其中案件原因数	
	起数	人数	起数	人数	立案	起诉	判刑	滥盗伐	火灾
2000	80	85	6	6	9	9	9	56	10
2001	70	72	5	5	6	6	6	51	6
2002	35	40	1	1	3	3	3	18	11

续表 12-4-4-1

年度	林业行政案件		林业治安案件		林业刑事案件			其中案件原因数	
	起数	人数	起数	人数	立案	起诉	判刑	滥盗伐	火灾
2003	30	30	1	1	7	7	7	13	15
2004	12	12	2	2	20	20	20	10	21
2005	22	22	2	2	11	11	11	21	9
2006	18	18	0	0	11	11	11	19	4
2007	22	22	0	0	8	8	8	24	3
2008	36	36	1	1	19	19	19	29	11
2009	15	15	0	0	9	9	8	14	6
2010	21	21	0	0	12	12	12	22	5
合计	361	373	18	18	115	110	114	277	101

第五节 生态公益林建设

生态公益林是保护和改善人类生存环境、维持生态平衡、保存物种资源、科学实验、森林旅游、国土保安等需要为主要经营目的的森林、林木、林地。

公益林规划与保护

松阳县自 2001 年开始公益林建设，至 2010 年，全县省级以上重点公益林面积 932047 亩。

2001～2004 年的初期规划阶段 2001 年，在省、县、乡道线两侧第一层的脊线内、松古盆地四周、箬寮岘自然保护区、水库库区两侧第一层山脊线内、乡镇及村周围等山场确定为松阳县 2001 年生态公益林建设任务。2004 年 4 月，全县落实重点生态公益林建设面积 444971 亩，小班数 3963 个，占林业用地总面积的 27.1%。其中国家公益林 28518 亩，班数 211 个；省级公益林 416453 亩，小班数 3752 个。分布在 20 个乡镇和 2 个国有林场的 259 个村（林区、单位）。

2009～2010 年的增划扩面阶段 2008 年下半年，根据浙江省林业厅《关于上报新增省级重点公益林建设规模意向性调查规划材料的函》的要求，确定全县在 5 年内拟定新增省级重点生态公益林建设面积 428888 亩。

2010 年 3 月，最终确认新增省级重点公益林 483186 亩，2816 个小班，分布全县 20 个乡镇的 250 个行政村，涉及农户 10846 户。扩面后全县省级以上重点公益林总面积达到 932047 亩，占全县林地总面积的 54.7%。其中，国家级公益林面积 29896 亩；省级公益林面积 902151 亩。

建立健全管护新体系 2001 年后，松阳县各村建立护林组织，设立专职护林员，建立健全管护体系。2010 年，松阳县实行公益林管护员与森林防火员“两员合一”，统称护林员。新组建的村级护林员 351 人，分布在 20 个乡镇 297 个村和 2 个国营林场，签订合同，明确职责，规定报酬，全面

落实护林装备。

生态公益林资金管理 生态公益林补偿基金的管理、使用和发放按《浙江省森林生态效益补偿基金管理办法（试行）》执行。实行专户储存、专人管理、专款专用。补偿资金发放实施阳光工程，发放清册在县乡村三级公示，补偿款资金通过银行直接发放到每个林农账号上。加强对重点生态公益林补偿基金的管理，确保补偿基金专款专用，县级设立“森林生态效益补偿基金专户”，对补偿基金实行专户管理，护林人员劳务费由县林业主管部门根据管护目标责任考核结果统一发放。公共管护费由县林业主管部门根据管护项目统一安排支出，实行专款专用。

2010年松阳县护林员配置和劳务报酬标准表

表 12-4-5-1

村（场）森林面积	配备专职护林员	护林员每月劳务报酬
5000 亩以上	1 人	400 元
1500～5000 亩	1 人	300 元
1000～1500 亩	1 人	200 元
500～1000 亩	1 人	100 元
500 亩以下	1 人	50 元

2001～2010年松阳县公益林补偿资金来源情况

表 12-4-5-2　　单位：万元

年度	资 金 来 源			合 计
	国家	省	县	
2001	0	48.38	10	58.38
2002	0	41.46	10	51.46
2003	0	91.78	15	106.78
2004	15	272.88	41.5	329.38
2005	15	287.88	59.2	362.08
2006	15	376.08	79.79	470.87
2007	15	496.02	53.40	564.42
2008	15	584.18	66.75	665.93
2009	15	680.69	75.65	771.34
2010	15	1359.01	158.45	1532.46

2001～2010 年松阳县公益林补偿资金发放情况表

表 12-4-5-3

年 度	补偿标准（元/亩）	发放资金（万元）
2001	5	45.65
2002	5	45.09
2003	5	91.58
2004	8	246.02
2005	8	248.68
2006	10	375.30
2007	12	503.96
2008	15	624.88
2009	17	720.80
2010	17	1459.84

公益林占补平衡　依法依规严格控制占用征收生态公益林，对事关松阳经济社会发展的重、特大项目需要占用征收生态公益林的，优先给予保证并落到实处；保护生态公益林所有者、经营者的合法权益，加强生态公益林保护和管理，改善生态环境，维护生态安全，建立实施生态公益林“占一补一”储备补充的长效机制，由林业部门把生态公益林调整方案上报省林业厅，待占用征收生态公益林项目经省林业厅批准实施后，生态公益林调整正式生效。占用征收生态公益林必须缴交森林资源补偿费，按二级林种的征收标准加倍征收。

生态公益林建设成效

实施生态公益林工程建设以来，松阳县大力发展阔叶林工程，实施生物防火林带建设、城镇周边山体绿化、森林消防队伍建设、有害生物综合治理等生态工程，以提高生态安全保障能力。

2006～2010 年，共完成阔叶林改造 17869 亩，生物防火林带 208.78 千米，增加公益林阔叶林树种比例，增强林分的生物多样性，建成较为完备的森林生态系统，从而发挥森林的多种生态功能。与“十五”相比，森林火灾受害率下降 0.11‰，森林火灾面积下降 48%。林农逐步形成从“砍树”向“看树”的经营方式转变。直接补偿到村集体的补偿资金，使当地发展林业产业、林区道路建设等公益性事业有更多的资金保障，促进社会主义新农村建设。截至 2010 年，全县共建立重点生态公益林补助资金发放专户专账 21230 个，2001～2010 年，累计发放森林生态效益补偿资金 7805.48 余万元，受惠林农 13 万余人。

以重点公益林建设为依托，保护造就许多优美的森林景观，充分发挥生态公益森林景观、生态环境的优势，开展森林旅游活动。涌现一批“林业观光园区”“林家铺子”“森林特色旅游基地”等，既保护森林资源，又提高林农收入。

践行“绿水青山就是金山银山”理论

2005 年 8 月 15 日，中共浙江省委书记习近平到安吉调研时在天荒坪镇余村第一次提出“绿水青山就是金山银山”的科学论断，开启绿水青山就是金山银山的可持续健康发展阶段。2006 年 7 月 29 日，习近平到丽水调研时，告诫当地干部，“绿水青山就是金山银山，对丽水来说尤为如此”，丽水“守住了这方净土，就守住了‘金饭碗’”。

2005 年 2 月，浙江省在全国率先免征农业税后，停征 20 世纪 70 年代初开始征收的林业“两金”（育林基金和更新改造资金），成为全国第一个在政策层面上实现农民“零负担”的省份。停征林业“两金”后，欠发达地区的财政净减收部分由省财政转移支付予以补助。

为加强森林资源动态管理，积极做好森林资源可持续经营管理试点工作。开展森林资源动态监测系统的数据库更新工作。制定《松阳县森林资源可持续经营管理试点实施方案》，完成县级森林可持续经营规划编制和湖溪、林村 2 个国有林场、绿洲林业林场及全县 157 个林地面积占 65%以上村的森林经营方案的编制工作。开展森林资源一张图工程，集成相关数据到平板电脑，综合反映森林资源的现状，提升森林资源的管理水平，为全县一张图的绘制及林业方针政策的制定提供基础翔实的数据。通过浙江省林业厅对当年完成森林资源“双增”目标的考核。考核数据显示，全县阔叶林资源增加较快，林分结构趋向合理，资源总量总体呈上升趋势。

第五章 经济林开发与管理

经济林种植与采集业是农村特别是山区农民收入的重要来源。经济林在维护国家粮油安全、促进农民增收及绿化国土等方面的作用十分突出。新形势下推动经济林发展，必须尊重自然规律、把握经济规律，重视经济林种苗、种植、深加工及营销等产业发展各个重要环节，积极发展林下生态复合立体经营模式，及时解决制约产业发展问题，促进经济林持续、健康发展，为生态文明建设作出贡献。

松阳的经济林树种主要有油茶、茶叶、香榧、板栗、橘、柑、柚、橙、梨、李、杨梅、桃、枇杷、葡萄、柿以及厚朴等。象溪、大东坝、玉岩、新兴、板桥、三都、西屏、古市、赤寿等乡镇经济林面积占全县95%。至2010年末，松阳县经济林面积发展到28.8万亩，占林地面积的19.8%。

松阳县致力于绿色食品标准化生产基地建设，开展生态防治与测土配方施肥，在林业产业建设的每一个环节始终贯穿可食林产品的质量监控，落实标准化生产模式，宣传制止违法使用禁限农药，生产绿色有机安全食品。

第一节 木本经济林产业

油茶

松阳县栽培利用油茶历史悠久，是浙江省油茶传统产区之一。油茶集中分布在象溪、裕溪、板桥、大东坝4个乡镇，占全县油茶总面积的86%。20世纪70年代，生产队发动社员挖掘水平带，保水、保土、保肥，开展“三保”油茶基地建设。80年代，油茶生产达到历史高峰，被赞誉为“松阳油库”。2007年开始，为推进油茶产业发展，县政府聘请中国林科院亚热带林业研究所经济林专家为全县油茶产业发展技术顾问；同时从该所引进一批高产、稳产优良无性系品种，营建优质高产新品种油茶采穗圃。2009年，裕溪乡被国家林业局正式命名为“中国油茶之乡”称号。是年，松阳县政府出台《关于扶持油茶产业发展的意见》。

图12-12 红花油茶（县林业局提供）

香榧

松阳历史上山区乡镇均有实生榧树（俗称土榧）自然分布，且生长良好。县志记载，松阳早在明代开始就有榧树种植。据浙江省林业勘察设计院与浙江林学院2000年调查统计，全县有胸径6厘米以上榧树14170株，其中较大的榧树5600株，集中分布在玉岩镇的余叶、何山头、潘山头、周坑等村。新处乡竹囤村一棵榧树，是松阳尚存树龄最大的榧树，胸径2.14米、树龄600多年，为浙南最大实生榧树；玉岩镇余叶村口分布着百年以上香榧古树群，每一株古树就是一个景，推进林旅融合发展。

图 12-13　香榧（县林业局提供）

从1990年开始，松阳县从诸暨等地引种香榧造林，经历引种试种、缓慢发展、快速发展、茶榧融合发展，香榧逐步成为松阳林农的主导产业之一。2006年，县政府实施“香榧南扩”工程，打造“浙南香榧之乡”，探索并推广生态复合高效经营模式，有效推进香榧油茶主导产业的融合快速健康发展，践行省林业厅提出的一亩山万元钱的现代林业发展目标。2009年，县政府制定《松阳县扶持香榧产业发展意见》，扶持香榧产业标准化生产，松阳县逐渐成为浙南香榧南扩的先行区与示范区。2010年以后，成立松阳香榧产业公办室、香榧产业协会，编制《松阳香榧全产业链发展手册》《山地茶园套种香榧种植技术规程》，以标准化生产推进可食林产品安全监管，定期开展针对榧农的实用技术培训，进一步提升香榧产业化水平。

松阳县积极创建香榧公共品牌，开展公共品牌宣传与推广，帮助企业开展SC认证。大力推广香榧+互联网、香榧+微信，突出流通环节的可追溯化。构建香榧质量溯源、监管、查询为一体的香榧质量安全追溯平台，每批次香榧的栽培、施肥抚育、采摘加工、检测等数据信息，通过二维码扫描平台，就可直接查询到每袋香榧的“成长信息”。通过互联网，把香榧送到消费者眼前，透明香榧生产全过程，让消费者放心，积极打造松阳香榧品牌。

板栗

20世纪50年代前，板栗主产区为石仓公社的横樟、外大阴、二滩坝等地。60年代，在新兴乡和靖居区坑里等地发展500余亩。70年代，在象溪、裕溪、靖居、古市、松阳、玉岩等地发展300余亩。1984年，全县板栗面积为372亩，占经济林面积的0.2%。到2010年，全县板栗发展到29539亩，主要分布在象溪、裕溪、大东坝等乡镇，占经济林面积的12.7%。

1953～2010年松阳县经济林发展情况表

表 12-5-1-1　　　　单位：亩

年度	面积	主要树种	年度	面积	主要树种
1950	无记录	—	1981	3827	油茶、茶叶、油桐、乌柏等
1951	无记录	—	1982	3366	油茶、茶叶、油桐、乌柏等
1952	无记录	—	1983	2315	油茶、茶叶、油桐、桑等
1953	2624	油茶、茶叶、油桐、乌柏等	1984	1176	油茶、茶叶、桑、干水果类
1954	4557	油茶、茶叶、油桐、乌柏等	1985	187	油茶、茶叶、柑橘类、桑等
1955	12147	油茶、茶叶、油桐、乌柏等	1986	506	油茶、茶叶、干水果类、桑等
1956	14093	油茶、茶叶、油桐、乌柏等	1987	697	油茶、茶叶、干水果类、桑等
1957	14555	油茶、茶叶、油桐、乌柏等	1988	550	油茶、茶叶、干水果类、桑等
1958	13555	油茶、茶叶、油桐、乌柏等	1989	480	油茶、茶叶、干水果类、桑等
1959	15774	油茶、茶叶、油桐、乌柏等	1990	460	油茶、茶叶、柑橘类、桑等
1960	8948	油茶、茶叶、油桐、乌柏等	1991	2465	油茶、茶叶、干水果类等
1961	629	油茶、茶叶、油桐、乌柏等	1992	3100	油茶、茶叶、干水果类等
1962	2978	油茶、茶叶、油桐、乌柏等	1993	2988	油茶、茶叶、干水果类等
1963	3260	油茶、茶叶、油桐、乌柏等	1994	4225	油茶、干水果类、茶叶等
1964	7545	油茶、茶叶、油桐、乌柏等	1995	8590	油茶、柑橘类、板栗、茶叶等
1965	6978	油茶、茶叶、油桐、乌柏等	1996	8439	油茶、柑橘类、板栗、茶叶等
1966	12634	油茶、茶叶、油桐、乌柏等	1997	4924	油茶、柑橘类、板栗、茶叶等
1967	8742	油茶、茶叶、油桐、乌柏等	1998	2807	油茶、干水果类、茶叶等
1968	4471	油茶、茶叶、油桐、乌柏等	1999	8907	油茶、干水果类、茶叶等
1969	5668	油茶、茶叶、油桐、乌柏等	2000	8283	油茶、茶叶、板栗等干水果类
1970	12494	油茶、茶叶、油桐、乌柏等	2001	4311	油茶、茶叶、板栗等干水果类
1971	20929	油茶、茶叶、油桐、乌柏等	2002	4627	油茶、茶叶、板栗、椪柑等
1972	8057	油茶、茶叶、油桐、乌柏等	2003	4810	油茶、茶叶、板栗、椪柑等
1973	9794	油茶、茶叶、油桐、乌柏等	2004	2980	油茶、茶叶、板栗、椪柑等
1974	2849	油茶、茶叶、油桐、乌柏等	2005	948	油茶、茶叶、板栗、椪柑等
1975	2043	油茶、茶叶、油桐、乌柏等	2006	3413	油茶、茶叶、板栗、椪柑等
1976	621	油茶、茶叶、油桐、乌柏等	2007	4914	油茶、茶叶、板栗、椪柑等
1977	1812	油茶、茶叶、油桐、乌柏等	2008	4272	油茶、茶叶、板栗、梨类等
1978	2800	油茶、茶叶、油桐、乌柏等	2009	5256	油茶、茶叶、板栗、梨类等
1979	4537	油茶、茶叶、油桐、乌柏等	2010	8246	油茶、茶叶、干水果、香榧等
1980	6661	油茶、茶叶、油桐、乌柏等	—	—	—

第二节　高效笋竹林建设

基础设施建设

松阳县根据市场发展需求，积极扶持山区竹农，开展毛竹林低产林改造，修筑竹林道，建设高效笋竹两用林，鼓励发展扶持笋、竹加工产业，提升竹农经营笋竹林的经济效益。克服毛竹林分布分散、无法实施连片经营管理，缺乏竹林道与灌溉水池等基础设施，竹农经营毛竹林理念陈旧、毛竹林新技术培训及推广力度不够，毛竹产品销售渠道单一等因素对全面实施竹林高效集约经营的制约。通过修建笋竹林基础设施，推广定向培育，开展高效笋竹林建设，提高林农经营笋竹林的经济效益与生态效益。

笋竹两用林建设

2001 年，松阳县与浙江林学院开展科技协作，开展高效笋竹林培育试验和推广。2002 年，县政府发出《关于加强高效笋竹林基地建设的通知》，明确指出高效笋竹林建设是一项资源增值型，保持青山常在，可持续利用的绿色经济。到 2004 年，建成高效笋竹林基地 5000 亩。根据不同的竹林类型和经营基础，开展合理（平衡）施肥、改善施肥方法、调整施肥时间、竹林结构动态管理、冬笋高效经营技术等试验研究和示范。2002 年 1 月，调查示范点冬笋平均亩产 75～155 千克。

松阳林业部门坚持开展毛竹可持续增效集成经营技术研究与推广，推广毛竹高效经营技术，试行毛竹竹腔施肥技术、竹林病害虫综合防治等多项先进技术，取得较好效果。2010 年前，全县有竹加工企业 31 家，主要产品竹炭、竹凉席、竹丝、竹粒、鸟笼等，另有 3 家笋罐头厂，年生产笋罐头能力为 1000 余吨。但开发笋竹两用林时竹农连续大量使用草甘膦等除草剂，污染山区水资源影响群众饮用水安全。伴随着五水共治，竹农基本停止大量喷施草甘膦等化学除草剂。松阳及周边县的毛竹加工厂陆续关停，毛竹的经济效益及采伐量大幅度下降。

第六章 林产品经营加工

松阳自然森林资源丰富。民国初年，有松阳私商在杭州南星桥开设松茂木行。民国29年(1940)，境内开设方辉斋木行。民国34年，开设丁恒春木行。

中华人民共和国成立初期，木材生产基本处于自由购销阶段，主要靠林区农民自采自运。林农把零星分散生产的木材收购、集中运出，支援国家建设。20世纪50年代，全县逐步建立各级木材采运机构，设立较为完备的森工企业。森工企业在林区从事木材采运、加工、林产化工、林机修造、运输、供销，形成包含木材生产、营林、林产加工和多种经营四大支柱产业。在计划经济年代，木材归属林业部门的森工企业独家经营，林业经营性税费收入占县财政收入的重要部分。实行市场经济后，允许林农和集体的木材自由上市，逐步放开经营，持续简化手续，降低收费直至2008年取消林业“两金”。2001年后，连续3次规划实施公益林保护，林木采伐量持续大幅度下降，森林资源持续恢复性增长，逐步走上绿色可持续健康发展道路。

松阳县林业局于1982年5月设立森工股；1998年8月，森工股更名为产业股；2004年1月，产业股更名为产业办公室。

第一节 木材经营

民国19年（1930），全县年产木材500万根。1950年，中国煤业建筑器材公司（简称煤建公司）建立松阳收购组，挂牌购销木材。1952年12月，更名为松阳收购站。1953年2月，转属浙江省森林工业局管辖，统一经营全县林木采伐、购销、调配、供应等。1982年5月，松阳县木材厂（公司）建立。1984年6月，松阳县木材公司更名为松阳县林产品经销公司；10月，松阳县林业局森工股与松阳县林产品经销公司合并为松阳县木材公司，于1984年1月搬迁至松阳县城白露岭30号。隶属松阳县林业局领导，木材业务由木材公司全面实施。1988年5月，确定松阳县木材公司不再列入事业单位序列，与行政机关脱钩。

历史上松阳县山林多属私有，合作化时期山林归集体所有。林木砍伐后，经自然干燥，采用“充铺”的方式以人扛肩运至集材点，或采用溜槽（也称树溜）滑至山脚，遇汛期流漂（俗称洪水赶羊）至出水口编扎木筏，约160根合编为一条大排，直下丽水、青田、温州，由私商购销。木材运输从20世纪50年代水运为主，逐步发展到60年代水陆运并举、70年代陆运为主的运输方式，基本形成产、贮、运、销一条龙网络。80年代随着科技进步，木材经营者连片承包山林，采伐集材后用架设的钢制索道运送至公路边。随着林区公路事业的不断发展，木材运输工具渐被手拉车、拖拉机、汽车取代。

木材购销大致分自由购销——统购统销——逐步放开——议购议销4个阶段。1949～1952年，为木材自由购销阶段。木材主要通过市场交易进行流通，出现国营中国煤业建筑器材公司、集体经济的供销社和个体木商竞相收购的局面。1951年始，在全国范围内实行统一调配，把木材的生产和流通逐步纳入计划轨道。1952年，凡私商经营木材须向税务部门登记，围径12寸（约40厘米）以上的木材由煤建公司经营。是年，煤建公司在松阳收购木材1.32万立方米，调销1.30万立方米。1953～1980年，为木材统购统销阶段。国营木材公司统购木材83.86万立方米，年均2.98万立方米；调销81.99万立方米，年均调销2.39万立方米。1981～1984年，木材经营逐步放开，在完成国家派购任务的前提下允许多渠道经营。国家统购70～90%，10～30%左右的木材实行加价收购。1985年，取消木材派购任务，开放木材市场，允许林农和集体的林木自由上市，议购议销，形成国营、集体、个体多渠道经营局面；木材价格随行就市。是年，全县木材调销7.71万立方米。1987年10月后，重点产材县实行林业部门统一管理和进山收购，其他部门和个人运销木材向木材公司批发，林业部门在木材经营中发挥主渠道作用。进入90年代后，国营木材公司经营形势每况愈下。从1995年开始，国有森工企业全面推行全员劳动合同制。2002年，木材公司退出市场经营，改制成功，松阳林业从此由木材经济转向林业生态建设的可持续健康发展阶段。

图12-14　县木材公司的国材林联营基地(县档案馆提供1992年)

1950～1995年若干年份松阳县森工收购木材数量情况表

表12-6-1-1　　单位：立方米

年份	收购计划	实际收购	年份	收购计划	实际收购
1950	—	500	1986	14250	17316
1951	—	4200	1987	38720	—
1952	—	8400	1988	—	38059
1953	—	17200	1989	35000	21947
1954	24900	31705.36	1990	29485	28096
1955	23470	24456	1991	31300	—
1956	24675	36023	1993	30550	46359
1983	27000	27588	1994	—	26000
1985	—	32482	1995	—	36994

第二节 林业基金

林业基金用于发展用材林、经济林等商品性林业的再生产，实行有偿周转使用，限期回收，并取得积累；用于不能取得直接经济收益的营林支出（如护林防火等），实行无偿使用。各级财政拨款用于营林的资金，由林业部门建立有偿回收制度，回收的资金继续留给林业部门周转，用于扩大营林再生产。松阳县从1964年开始建立集体林育林基金制度，先后开展依法征收育林基金与更新改造资金，用于林业事业发展。

林业“两金”征收始于20世纪70年代末，征收标准即按照木竹经营者收购后第一次销售价的15%征收。一般是在当地林业部门颁发采伐许可证或开木材运输出口证时缴纳，只针对第一次交易时征收，再次转卖时不用再交纳。2002年1月1日开始，停止收缴农业特产税。2007年12月，浙江省委、省政府决定，2008年1月1日始，在全国率先停止征收林业“两金”。

林业基金规费征收

育林基金　1964年，浙江省开始建立集体林育林基金制度。12月，省农业厅、财政厅、供销合作社、中国农业银行浙江省分行根据林业部、财政部、中国农业银行《关于建立集体林育林基金的联合通知》和“两部一行”联合颁发的《集体林育林基金暂行办法》。规定集体林育林基金分甲、乙两种。甲种育林基金，由收购或组织采伐集体林木材、毛竹的单位缴纳；缴纳标准，木材每立方米5元，毛竹每百根5元。乙种育林基金，由社队从交售木材、毛竹所得的价款中提取上交；提取标准，木材每立方米2元，毛竹每百根2元。1979年始，甲种育林基金改由省、县两级按30∶70比例分成。征缴办法，仍按照企业收购（采伐）木材和毛竹数量，定期向省财政以退库方式征缴。其中，30%（1.5元）由省林业厅向省财政办理退省库，70%（3.5元）由县林业局向县财政部门就地办理退省库。

更新改造资金　1972年，《浙江省木材生产更新改造资金的使用、管理试行办法》规定，森工企业不论采伐国有林或收购集体林的木材，均按每立方米木材4.6元提取“更新改造资金”（企业提取的基本折旧基金照提），作为运材道路延伸、河道整治和有关工程设施等维持再生产的投资。此项资金由省农林局按全省森工企业实际采伐和收购的木材数量和计提标准，定期向省财政部门办理退库的方式提取。1979年始，木材更改资金征收标准每立方米木材由4.6元提高到5元，省、县两级按30∶70比例分成，使用征缴办法与集体林甲种育林基金相同。1982年、1985年、1988年进行多次调整。

护林防火费　1987年，浙江省部分林区县规定，从木竹经营收入中计提护林防火费。1988年10月，浙江省规定，向经营单位和个人的经营收入中计征林政管理费和林区管理建设费。松阳县按每立方米木材或每百株毛竹计征林政管理费3元。林区管理建设费，木材按每立方米松杂木5元、杉木10元、毛竹按每百株8元计征。林业“两费”征收方法与征收集体林育林基金、更新改造资金相同。征收的林业“两费”，省不分成。林业“两费”主要用于林政管理、林区护林防火和林区管理建设。1994 年 5 月，浙江省改设林业保护建设费收费项目后，上述“两费”不再继续收取。

林业保护建设费　1994 年 8 月，浙江省制定《浙江省林业保护建设费收费项目及标准》。林业保护建设费的收费对象，除农村集体和林农以外的木材（含毛竹，下同）销售者（单位和个人）及经林业部门批准可以直接进入林区收购的木材单位（包括地方国有林场、森工企业所办林场）。松阳县收费标准按木材收购数量每立方米（毛竹每百株）5 元一次性收取。对地方国有林场、森工企业所办林场等单位自产自销的木材，林业保护建设费按其生产数量和上述标准一次性收取。林业保护建设费专项用于林政管理、森林防火和林区中幼林抚育的道路建设。林业部门收取林业保护建设费后，不再收取林政管理费和林区管理建设费。林业保护建设费的收入，省、市（地）、县按 15∶5∶80 比例分成。林业保护建设费收费项目于 2003 年 10 月 28 日停征。

森林植物检疫费　1989 年 5 月，松阳县根据浙江省林业厅、浙江省物价局、浙江省财政厅“关于转发《国内森林植物检疫收费办法》的通知精神”，开始按规定征收调运的森林植物和林产品，包括母竹、花卉、木本植物的种子、苗木和繁殖材料等植物检疫费。1989～2010 年，共计征收 425.92 万元。

森林植被恢复费　松阳县根据财政部、国家林业局关于印发《森林植被恢复费征收使用管理暂行办法》（简称《暂行办法》）的通知精神，从 2003 年 1 月 1 日开始征收森林植被恢复费。《暂行办法》规定，凡勘查、开采矿藏和修建道路、水利、电力、通讯等各项建设工程需要占用、征用或者临时占用林地，经县级以上林业主管部门审核同意或批准的，用地单位应当按规定向县级以上林业主管部门预缴森林植被恢复费。森林植被恢复费属政府性基金，纳入财政预算管理，实行专款专用，专项用于林业主管部门组织的植树造林、恢复森林植被，包括调查规划、设计、整地、造林、抚育、护林防火、病虫害防治、资源管护等开支。2003～2010 年，全县共计征收 3014.85 万元。

陆生野生动物资源保护管理费　为加强对陆生野生动物资源的保护与管理，1999 年 4 月，浙江省林业厅、浙江省财政厅、浙江省物价局印发《浙江省陆生野生动物资源保护管理费收费办法》，凡经批准在本省境内捕捉、猎捕、出售、利用国家重点保护、省重点保护和一般保护陆生野生动物或其产品和依法经销猎枪、弹具的，必须按规定缴纳陆生野生动物资源保护管理费。对批准捕捉、猎捕陆生野生动物的向捕捉、猎捕者收费。对批准经营利用国家一级陆生野生动物或其产品，按其成交额的 8%向供货方收费；对批准经营利用国家二级陆生野生动物或其产品，按其成交额的 6%向供货方收费；对批准经营利用省重点保护陆生野生动物或其产品，按其成交额的 5%向供货方收费；对批准经营利用省一般保护陆生野生动物或其产品，按其成交额的 3%向供货方收费；属驯养繁殖的陆生野生动物或其产品减半收费。

1982～2010 年，松阳县共收取各类林业基金、资金、规费等 1.08 亿元，其中育林基金 6581.7 万元，更新改造资金 2631.32 万元。林业规费等其他收费 776.38 万元。

1982～2010 年，全县用于营林生产、森林资源保护、森林资源清查、规划设计、林业科技推广与开发、林业宣传及业务培训、林业生产基础设施建设、林技员、林政员、护林员经费、上缴省市县经费、其他项目（包括人员经费）等林业费用支出1.076亿元。

林业税收

农业特产税征收 1983年11月，国务院发布《关于对农林特产收入征收农业税的若干规定》。1994年，浙江省实施《国务院关于对农业特产收入征收农业税的规定》规定，从1995年1月1日开始，在松阳县境内从事原木生产、收购的单位和个人都必须依照上述规定缴纳农业特产税。

原木农业特产税实行生产、收购两个环节征收，税率均为8%。原木农业特产税实行“随购代征”和“源头控管，核定征收”相结合的征管办法。

原竹农业特产税征收 原竹征税包括毛竹、竹段、竹制品、竹炭等。实行生产、收购两个环节征税、从事原竹经营、加工的单位和个人收购原竹时按实际收购数量和规定计税价格代扣生产环节农业特产税并缴纳收购环节农业特产税，其税率均为8%。

林业项目专项资金

21世纪后，随着林业天然林保护工程、三北和长江中下游地区等重点防护林建设工程、退耕还林还草工程、环北京地区防沙治沙工程、野生动植物保护及自然保护区建设工程、重点地区以速生丰产用材林为主的林业产业基地建设工程六大工程的实施，国家对林业的投入逐年加大，加快林业发展的步伐，同时也赋予各级林业部门管理用好林业资金的重大责任。作为林业工程项目单位，肩负着项目实施、正确使用、管理、核算各项林业工程资金的使命。2003～2010年，中央、省、市对松阳的林业建设项目给予极大的扶持，推动松阳林业经济建设。从造林、林木抚育、苗木、笋竹林、香榧、油茶、林道、公益林、森林消防、森林病虫害防治、城乡绿化、兴林富民、基本建设、林改林保、林场扶持等20余项项目专项资金扶持，共计项目（专项）资金1.59亿元。其中，中央3848.07万元，省11755.8万元，市 324.85万元。

第三节 林副产品

松阳县气候温暖湿润，山地广阔，动植物资源丰富。据统计，有利用价值的野生植物1000多种，可提制各种香料、香精、淀粉、药材及其他工业原料和培养食药用菌等，是轻工业原料的重要来源。松阳林农在林副产品资源利用和生产方面有着悠久的历史。松阳广大林区林副产品资源主要有油桐、乌桕、松脂、竹笋、薪柴、杉木梢、木棍、木炭、箬叶、毛竹梢、栲胶、山苍籽、香菇等。

桐油

松阳人工栽培油桐始于清代，全县各地均有栽培。浙林3号（桃形桐）、浙林5号（五爪桐）为优良品种。民国19年（1930），全县产量约130担。民国21～31年，年均产桐油3209担。20世纪30年代，桐油出口创汇销量大增，油桐生产获得很大发展，桐油产量也达到历史最高水平。

中华人民共和国成立后，人民政府积极推广点桐插杉、桐杉套种的传统经验恢复发展油桐生产。但由于林业种植方式改变和桐油价低等原因，收购量渐减。20世纪50年代，年均收购桐籽80.60

吨。60年代，年均收购桐籽53.35吨。70年代，年均收购桐籽45.25吨。80年代，年均收购桐籽28.6吨（全县1982年油桐面积356亩、1983年油桐面积381亩、1986年油桐面积113亩）。1992年，收购10吨桐籽。之后，逐年减少。

乌桕

乌桕又名桕籽树、皂子树，彩色树种。松阳栽培乌桕历史悠久，各乡村均有分布，多田边零星种植，成片造林不多。栽培的主要品种有小粒鸡爪桕、大颗鸡爪桕（过冬青）和大颗葡萄桕等3种。明清时期至20世纪初，乌桕种植已成为农村的重要产业之一。古代对乌桕的利用最初在榨油燃灯，以后加工技术改进，皮油、籽油分榨，桕脂广泛用于燃灯、浇烛。民国27年（1938），松阳产桕油258担，青油158担。民国28年，产桕油700担，青油400担。民国37年，中国植物油料厂要求松阳产桕油、青油500～1000担，且品质优良。20世纪50年代，年均收购桕籽313.50吨。60年代，年均收购桕籽175吨。70年代，年均收购桕籽134.90吨。80年代，年均收购桕籽77.95吨（1982年乌桕林面积900亩；1983年乌桕林面积441亩）。1992年，收购桕籽20吨。之后，逐年减少。

竹笋

旧时多数竹林自然生长。1958年，上海采伐队进驻松阳大量伐竹，收购48.64万株，毛竹资源受到严重影响。1975年，境内竹林面积110138亩。1976年，枫坪公社为定为浙江省毛竹丰产基地。1979年，枫坪公社建立丰产基地18300亩。1986年，全县有竹林面积115634亩，蓄积9997600株。1990年，枫坪公社斗潭村铁目山作为笋竹两用林开发试点，竹林地一年深挖两次，施用化肥，原立竹密度从每亩78株增至130株，鲜笋从每亩25千克增至400千克。“十二五”《松阳县森林资源动态监测成果报告》显示，全县竹林面积147940亩，其中毛竹林143672亩、杂竹4268亩。毛竹总株数为21754400株。其中，毛竹林21702600株，散生毛竹51800株（天然林36702亩，占25.55%；人工林106970亩，占74.45%）。松阳竹笋根据其出土季节，分为春笋、夏笋和冬笋3种。旧时，春笋过后山区林农收集笋壳晒干出售。每年有大量毛竹笋加工成笋干或罐头供应国内市场和外贸出口。笋干品种也较多，有篆笋干、羊角、短尖、长笋干、杜衣、蝴蝶片等，以篆笋干为大宗。1982～1992年，全县收购笋干1015吨，年均收购101.5吨。

箬叶

松阳素有“箬叶之乡”的誉称。民国时期，松阳年产箬叶万担，产量为全省第一。1952年，收购箬叶150吨。20世纪60年代后，年均收购箬叶345.60吨，其中1966年收购箬叶645吨。70年代开始，因箬竹大批枯死，产量逐年下降。1986年，收购箬叶60.80吨。1989年，收购箬叶233吨。1990年，收购箬叶320吨。大多出口日本、新加坡、马来西亚等国家，并销往台湾、港澳等地。至2010年，采摘箬叶仍是山区林农重要的林副产品收入。

薪柴

1950年，松阳县供销社开始经营木柴，是年收购47.45吨，主要供应食堂、会议用柴。1952年，由省下达木柴收购任务，调拨温州、江苏等地民用，收购量逐年增加。1955年，收购木柴250吨。1959年，收购量9800吨。20世纪50年代，年均收购2795吨。1962年后，逐年有收储战备木柴任务，由县政府下达派购任务到各区社。1964年，境内收购木柴700吨。60年代，年均收购930吨。70年代，年均收购1285吨。随着市场开放，供销社经营量逐年减少。1980年，仅收购50吨。1981年后，供销社未再收购木柴。1988年，在实行限额采伐，严格控制采伐量制度的同时，实施“改灶节柴”工作。90年代，全县农村普遍以煤、电为原料，薪炭林除处交通不便的农村作为生活用柴的补充外，主要用于纤维板、刨花板等工业生产。

梢棍

梢棍旧时为林区废弃物，一般多为家庭自用，无人经营。梢棍品种繁多，有杉木梢、锄头柄、地拖柄、煤锹柄、木抬杠、木扁担、镐柄等。20世纪60年代后，供销部门开始购销各类梢棍。1961年，供销社收购杉木梢39.30万支。1965年，收购杂梢棍13.60万支。1980年，收购杉木梢27.40万支。1981年，收购杂梢棍9300支。1986年，收购杂梢棍364.65万支。1987年以后，随着工农业生产的需要和市场行情的变化，供销部门停止收购梢棍。

木炭

木炭属旧时县内大宗林副产品之一，生产历史悠久。有白炭、乌炭、乌钢炭、青炭、松杂炭、活性炭之分。民国19年（1930）全县产木炭约0.75万担，均销往温州、丽水等地。

1952年始，木炭由供销社经营，是年收购700吨。1957年，收购3900吨。1954年始，木炭列入国家计划，生产采购量大幅度提高，以供销社经营为主。1958年“大办钢铁”时，滥伐林木烧木炭，导致境内森林资源遭受严重破坏。

1949～1990年，境内收购木炭5.18万吨，年均收购木炭1235吨。为推广木炭窑综合利用，提倡回收烧炭时的废烟，生产蜡石和木焦油等副产品，收入比原来增加2～3倍。随着社会需求量锐减、木炭价格趋低等原因，木炭产量下降。

20世纪70年代，木炭市场供应不足，木炭从三类商品提升为二类商品，实行计划管理。1984年，市场逐步放开，木炭又从二类商品改为三类商品。烧炭须经林业部门批准，所需林木纳入采伐限额管理。

20世纪80年代开始，民用及工业用木炭的需求增长，山区林农大量采伐阔叶林烧制硬炭，或砍伐乌冈栎木烧白炭，出口日本创汇。90年代后期，以毛竹为原料高温烧制而成竹炭出口日本。1996年始，逐步禁止采伐天然阔叶林烧炭；1999年，全面禁止木炭外运。2000年后，研制成功用木糠压制后烧机制炭取代阔叶林烧炭。

松脂

松香是松阳的一项传统产业。早在南宋时期，松阳人就已经熟练掌握松香采集技术。经过历代松阳人的不懈努力，松阳松香产业逐渐走出浙江，影响全国。民国32年（1943），浙江省农业改进所即在松阳平山儿山进行松脂采集方法实验，以鱼骨式较好。民国34～37年，浙江省建设厅在西屏镇郊航船头、岗寺乡五木村建松香厂。

1951年，松阳县工商联在航船头建松香厂，职工18人，日产松香2.5吨。1954年，松香生产改为“滴水法”工艺，品质显著提高。松阳脂民创造的“上升式采脂法”和钩形松脂割刀传遍东南各省，被称为“松阳采脂法”和“松阳刀”，并列入林业教材。1982～1992年，全县产松香1257.80吨、松节油51.40吨。1949年，收购松脂35吨。1950年，收购松脂98吨、松节油58吨。1952年，收购松脂645吨。1956年，收购松脂12吨。1962年，收购松脂3.5吨。1978年，兴建松脂基地。1980年，收购松脂715吨。1983年，松阳县木材厂生产松香270吨、松节油30吨。1991年，收购松脂4176担。1992年，收购松脂1628.34担。1949～1992年，境内共收购松脂7537吨，年均171.30吨。

2010年，全县约有2万人在江西、福建、广东、广西等15个省、市、自治区从事松脂采集加工，创办松脂加工企业近300家，年加工松香、松香树脂量20多万吨，占全国总产量的1/3，年销售额超25亿元。2005年2月，松阳松香商会成立。

1949～1993年松阳县部分林副产品收购量一览表

表12-6-3-1

年份	木炭（万担）	松脂（千克）	棕片（担）	箬叶（担）	木柴（万担）
1949	0.39	37300	36	—	1.03
1950	2.44	122650	43	—	1.38
1951	3.56	457600	131	—	1.55
1952	4.25	643150	249	—	2.53
1953	4.63	235700	262	—	2.39
1954	8.91	175300	205	—	2.82
1955	9.49	100650	131	—	2.37
1956	15.54	159750	141	—	4.71
1957	29.28	166100	72	—	5.74
1958	84.41	100600	257	—	12.97
1959	24.18	57400	151	12334	19.60
1960	14.8	84900	113	2495	5.93
1961	9.79	12400	123	3281	3.42
1962	8.75	3500	80	4003	4.89
1963	5.98	50150	187	5826	0.74
1964	4.76	168100	252	9058	0.65
1965	6.65	74800	258	11250	0.30
1966	6.98	44850	280	12892	0.94
1967	8.08	58200	195	4948	0.88
1968	6.83	41700	113	3935	0.17
1969	3.74	89800	128	6433	0.69
1970	4.8	82050	167	4787	1.19

续表 12-6-3-1

年份	木炭（万担）	松脂（千克）	棕片（担）	箬叶（担）	木柴（万担）
1971	5.44	93900	134	9021	2.68
1972	4.53	69650	93	2737	2.35
1973	3.46	89100	42	269	2.52
1974	3.71	111400	40	480	2.82
1975	3.01	147800	32	308	2.07
1976	3.91	149000	64	269	4.92
1977	6.45	108450	218	456	2.71
1978	7.35	—	286	662	2.19
1979	2.61	317950	152	1030	2.23
1980	0.89	714150	57	685	2.21
1981	0.47	286500	38	614	1.06
1982	1.23	469400	66	610	0.47
1983	1.35	442650	85	1656	1.31
1984	2.12	393350	102	674	0.59
1985	2.57	25400	45	1005	0.10
1986	0.95	65500	40	1336	—
1987	0.16	81100	20	1960	0.04
1988	1.14	97500	26	4210	1.14
1989	—	2769.75	—	—	—
1990	8000	21	34	64000	—
1991	85500	—	—	—	—
1992	85500	81417	—	—	—
1993	105000	—	—	—	—

1990～2010年若干年份松阳县部分林副产品产量情况表

表 12-6-3-2

年份	笋干（吨）	香榧（吨）	油茶籽（吨）	毛竹（万根）	木材（万立方米）	木家具（万件）	人造板（万立方米）
1990	112	2	954	60	—	—	—
1993	631	—	944	60	—	—	—
1994	403	—	1301	60	—	—	—
1995	835	—	1309	59.6	8.24	—	—
2000	1322	18	1661	60	8.01	35.51	0.92

续表 12-6-3-2

年份	笋干（吨）	香榧（吨）	油茶籽（吨）	毛竹（万根）	木材（万立方米）	木家具（万件）	人造板（万立方米）
2005	1510	17	2299	141.88	11.65	11.70	6.58
2006	1635	18	1682	93.78	11.66	24.50	4.30
2007	2046	21	1966	86.96	13.78	25.20	4.50
2008	2300	21	2166	135	14.20	18.10	4.30
2009	3161	28	2237	170.73	9.61	22.00	3.40
2010	1834	31	1499	164.68	9.41	35.86	2.71

1949～2010年松阳县林业产值及所占国民经济比重表

表 12-6-3-3

年份	产值（万元）	比重（%）	年份	产值（万元）	比重（%）	年份	产值（万元）	比重（%）
1949	273	22	1970	578	16	1991	3567	16.96
1950	311	21	1971	617	17	1992	4089	17.95
1951	366	21	1972	584	15	1993	5733	—
1952	406	21	1973	616	16	1994	8994	—
1953	416	22	1974	570	14	1995	11417	22
1954	462	21	1975	627	16	1996	17757	—
1955	466	21	1976	542	16	1997	21893	—
1956	493	22	1977	653	16	1998	17652	—
1957	545	22	1978	822	17	1999	20122	—
1958	651	22	1979	1105	20	2000	21945	28.6
1959	504	20	1980	1414	23	2001	8348	—
1960	390	18	1981	1297	21	2002	8274	—
1961	351	17	1982	688	10	2003	8478	—
1962	367	17	1983	660	9	2004	9328	—
1963	270	12	1984	954	13	2005	9657	9.9
1964	314	13	1985	1040	13	2006	10534	10.4
1965	404	16	1986	862	11	2007	11955	10.9
1966	431	17	1987	838	10	2008	13661	11.3
1967	501	18	1988	934	11	2009	14129	11.0
1968	501	17	1989	2940	—	2010	14786	10.6
1969	539	17	1990	2910	—	—	—	—

第四节 林产工业

民国时期，松阳林产工业有樟油生产和简易的板材粗加工，松阳土纸业大致分为竹造纸、皮造纸、草造纸3类。中华人民共和国成立后，林产工业得到较快发展。20世纪50年代，松阳人造丝浆厂筹建处成立，古市创办裕民森记火柴盒片厂。1978年后，松阳造纸厂扩建增加凸板纸和纸袋纸生产能力。20世纪80年代，木材由林业部门独家经营，产销两旺，县木材公司成为县财政的纳税大户。90年代后，木材市场放开经营，全县各类家具厂、木材加工厂兴起，林业产业快速发展。

1982年10月15日，松阳县木材厂筹建领导小组成立；1983年3月投入生产。1986年11月17日，县木材公司投资兴办的松阳县植物纤维板厂试产成功，继而又发展为高密度植物纤维板厂。20世纪90年代初，县内从事木材简单加工的个体工商户急剧增加。由于私人加工厂经营灵活，国营的松阳县木材厂在竞争中逐步衰退，1992年初停产，职工在1998年9月解除劳动关系。

2000年初，遂昌纤维板厂到松阳投资创办浙江松阳昌松人造板有限公司，主营中密度纤维板制造。公司生产车间设在原松阳造纸厂。公司2005年停产，2006年初清产核资解散。

2002年初，松阳县工商资本先后创办绿野、精彩、绿阳细木工板企业。松阳县木材公司结束经营木材后，公司原来的管理层带领下岗职工创办松阳县绿野木业公司，先后到江西省创办铜鼓绿海分公司、德兴绿野分公司。公司自行研制开发的9毫米规格细木工板填补国内空白，属国际认可的绿色环保产品，被德国客商指定为进口的专用产品。2002年8月，绿野木业公司通过ISO9001：2000版国际质量管理体系认证。2005年，公司生产的“森阳”牌细木工板进驻北京奥运村。公司一度产销两旺，经营效益较好。由于木材加工市场竞争激烈，2010年10月公司停产。这一时期，由于资源枯竭、产品附加值低等原因，精彩、绿阳细木工板企业也先后停产解散。县内以锯板材、方料为主的加工厂大部分先后停产。

2010年前，全县有竹加工企业31家，主要产品有竹炭、竹凉席、竹丝、竹粒、鸟笼等，有3家笋罐头厂，年生产笋罐头能力为1000余吨。松阳鸟笼主要是出口创汇，年产值500万元以上，后因企业管理不善而倒闭。

图12-15 木材加工（县林业局提供 2008年）

2010年，保持正常生产的木材加工企业中，西屏以丽水教育设备有限公司、松阳县南华工艺有限公司、浙江嘉彩文具制造有限公司、浙江一棵树文教用品有限公司、浙江松阳金星文教用品有限公司、浙江神工木业有限公司为代表的企业，主要生产铅笔、国际象棋、圣诞灯架等文体教育用品；古市以松阳县古丰地板厂、松阳县元丰竹制品厂、松阳县璟玥竹制品厂、松阳县古玉竹子专业合作社、浙江凯尔泰竹业有限公司、松阳县玉新峰竹制品厂、松阳县恒丰竹业专业合作社、松阳县邦荣竹制品厂、浙江荣兴活性炭有限公司为代表企业，主要以竹胶合板、竹地板、活性炭为主打产品；象溪以松阳县盛昌木制品厂、松阳县峰明家具有限公司为代表的企业，主要以家具为主打产品；大东坝以松阳县绿城木制品厂、友贵木制品厂、松阳县丽林竹木制品厂、松阳县森浩木制品加工厂、林华木材加工、松阳县财意菜板刀架厂、松阳县兴超木制品厂、百威家具厂为代表的企业，主要以托盘、刀架为主打产品。 在西屏以松阳县依家亲衣柜厂、松阳县杉强美木业有限公司以及大东坝的青鸟木制品厂、松阳县西杉木业有限公司、青雅家具厂、顺心竹木制品厂、松阳县欣林木制品厂、新宇木制品厂为代表的 15 家企业，以在网上销售的简易衣柜为主打产品。大东坝因此成为浙江淘宝村。

第七章 林 场

民国17年（1928）3月，根据省建设厅要求，设立县立苗圃。民国27年，抗日战事扩大。为适应战时需要，集全省原有农、林、水等机构在松阳县成立省农业改进所，内设森林股，负责管理全省有关林业事宜。

中华人民共和国成立初期，国家为加快森林资源培育，保护和改善生态，在重点生态脆弱地区和大面积集中连片的国有或征收临近村集体荒山荒地上，采取国家投资的方式建立国有林场，是专门从事营造林和森林管护的林业事业单位，主要任务是扩大森林资源，提高森林质量，充分发挥国有林地生产潜力，提高生态、社会和经济效益。1956年9月，在湖溪村设立浙江省松阳县林场，后改为湖溪林场。1956年10月，在湖溪村设立松阳县森林经营所；1958年1月搬迁至林村，更名为林村林场。

第一节 国有林场

20世纪50年代初，国有林场的经营方针是“普遍护林、护山，大力造林、育林，合理采伐利用”。50年代中期，调整为“以林为主，实行多种经营”。主要任务是扩大森林资源，提高森林质量，充分发挥国有林地生产潜力，提高生态、社会和经济效益。

1957年12月，松阳县林场更名松阳县第一林场。1963年7月至1964年2月、1971年上半年，林村、湖溪2个国有林场先后接收过2批知识青年共49人。

林村林场

林村林场建于1957年9月，原名松阳县第二林场。下设马鞍山、十里沿背和林村3个林区。林区与松阳县三都乡、四都乡、板桥畲族乡、西屏镇、象溪镇的19个行政村辖区接壤，并与丽水市林场相毗邻。1958年1月，林场场址从古市镇湖溪村搬迁至阳溪乡林村村旁。先后更名为遂昌县林业局林村林场、松阳县林业局林村林场、松阳县林村林场。5～7月，经浙江省林业厅林野调查队测量，林场经营面积为63283.5亩。1962年，根据当时形势和上级有关指示精神，把22693.5亩国有林地和9057亩农田等划归水南公社有关大队，经营面积减少至31530亩。受人力、物力的限制，林场未对林地进行全面经营管理，加上山林手续不全、权属不清，导致争山争树的事件不断发生。从1958年9月到1993年8月，林村林场与乡（社）村（队）签订林地、林木权属协议书57份。1958年12月31日，该林场获评全国农业社会主义建设先进单位并受到国务院表彰。

1966年8～9月，遂昌县林业局组织工作组，与林场和相关公社大队的有关人员共同上山踏勘，开会讨论签订协议，落实山权林权，划清四至界限。根据各大队划入林场面积多少和大队当时田地、劳力、山林情况，林场退还部分山林给相关大队。签订国有林边界协议书 18 份、山林权变更协议书 1 份、国有林边界变更图 2 份。林场划出 19003 亩山林归各有关大队所有，林场面积锐减至 15236 亩。1972 年，扩建十里沿背林区，实测林区面积 3629 亩。1978 年 12 月，建立黄家铺林区，实测林区面积 972 亩。

图 12-16 松阳县林村林场职工到马鞍山植树造林（叶祖青 摄于 1971 年）

1984 年，林场再次把 4363 亩国有林地退还有关乡村。历经上述几次山林权属变更，林场经营面积减至 17783 亩。1990 年 10 月，林场投资 80 万元在县城新华路兴建林工商大楼（新华路 99 号）。

2001 年 1 月，林村林场制定《关于全面实行〈松阳县林村林场转换内部经营机制实施方案〉的通知》，对林场的劳动用工、人事、收入分配三项制度实行改革。2003 年 6 月，林村林场场部从西屏镇林村迁至松阳县城新华路 99 号林工商大楼三楼。

2010 年，林场建成良种油茶采穗圃 200 亩，总投资 200 多万元；建成良种美国山核桃采穗圃 50 亩，总投资 40 多万元。12 月，确定林村林场为公益二类事业单位，核定编制 16 人，并增挂松阳县林村国有公益林管护站牌子。

1985～2010 年松阳县林村林场森林经营效益情况表

表 12-7-1-1　　单位：万元

年度	产值（万元）	税收（万元）	林价金（万元）	利润（万元）
1985	27.41	3.09	8.22	13.4
1986	17.22	1.85	5.17	5.29
1987	87.58	10.3	26.27	30.28
1988	15.16	1.63	4.55	3.14
1989	27.51	4.21	8.25	8.68
1990	61.87	11.15	18.56	10.01
1991	44.46	9.33	13.34	2.05
1992	46	10.49	13.8	12.66
1993	51.61	5.89	13.12	29.9
1994	143.7	11.97	43.11	33.96

续表 12-7-1-1

年度	产值（万元）	税收（万元）	林价金（万元）	利润（万元）
1995	120	7.68	10.65	31.96
1996	93.98	6.4	8.29	-2.29
1997	134	8.18	13.95	1.93
1998	112.86	5.97	15.8	3.81
1999	117.15	5.7	18.93	23.32
2000	127	8.88	22.39	10.68
2001	83.76	4.86	12.87	1.42
2002	46.53	—	6.88	16.33
2003	51.59	—	7.69	19.84
2004	81.18	—	13.02	2.24
2005	82.5	—	4.72	5.49
2006	71.62	—	4.16	-18.35
2007	71.83	—	12.85	-2.25
2008	46.79	—	8.37	-32.23
2009	51.16	—	9.64	-0.91
2010	80.85	—	19.47	2.49

湖溪林场

民国初期，曾在湖溪源（又名七都源）建立省立甲种森林学校造林场。民国 27 年（1938），松阳县政府请准浙江省建设厅把湖溪源划为国有林。

湖溪林场创建于 1956 年 5 月，其前身是松阳县林场、松阳县森林经营所、松阳县第一林场。辖七都、八都、卯山、万寿山、楼塘、官岭 6 大林区。卯山林区是独立于松古盆地的孤山，顶峰海拔 430 米，建有环山公路；七都、八都林区为仙霞岭支脉，主峰高 890 米。各林区适合马尾松、杉木及经济林、竹林生长。林场经营总面积 15774 亩，其中林业用地面积 15402 亩、森林面积 14170 亩（其中公益林面积 14462 亩）。

1956 年林场成立时，有山林面积约 3 万亩。1957 年 6 月，经浙江省林野调查队测量规划，全场总面积 24075 亩。1958 年 11 月 5 日，当地群众和外地来支援烧木炭的人员共 8000 余人，擅自进入七都源和八都源林区进行肆意采伐，致使较大树木全部被砍伐。浙江省人民政府得悉情况后，及时电告遂昌县人民委员会和遂昌县人武部，人民委员会和人武部派人到林场林区保护国有林木，但未能阻止毁林事件。

1959 年，松阳县林业局湖溪林场更名为遂昌县林业特产科湖溪林场。1963 年，复更名为遂昌县林业局湖溪林场。1962 年，把部分山林划归相关社队，林场留 8486 亩；千义坑村以“一平二调”的名义提出对八都林区的权属主张，八都 13110 亩山林长达 38 年的山林纠纷案从此发生（1992 年 3 月，湖溪林场向丽水地区山林办申请解决八都山林纠纷。2000 年 7 月，浙江省林业局在杭州组织调解八都山林权属纠纷案，确认湖溪林场在八都经营面积为 5124 亩）。1967 年下半年至 1968 年上半年，湖溪林场周围的望松公社、古市镇数千村民涌入七都源林区乱砍滥伐林木。1976 年，建立杉木种子园 100 亩、七都外猪槽杉木采穗圃 30 亩。1981 年，兴建卯山茶园 150 亩；6 月 30 日，遂昌县人民检察院、法院、公安局、林业局、古市镇等五单位联合对东角垄生产大队乱砍滥伐卯山国有林事件进行调查处理，并发文制止。

1982 年，扩建卯山茶园 350 亩，共计 499.95 亩。1983 年 9 月 16 日，代县长陈士杰签发的山林所有权证表明，湖溪林场拥有山林面积 7755.6 亩（大横坑 904.4 亩、外猪槽 2060.6 亩、桃树坞 2267.8 亩、鱼坑外 272.8 亩和 2250.0 亩）。

1992 年 1 月，先后开发卯山脐橙基地 1200 亩、卯山名茶基地 750 亩。“卯山”牌脐橙和仙茶多次在省、市、县评比中获奖。6 月，湖溪林场办公楼竣工验收。1996 年 6 月，湖溪林场场址迁至古市镇万寿北路 61 号。

1997 年 1 月，湖溪林场受松阳县营林公司委托，经营官岭山林 2222 亩、与湖溪村联营 748 亩。2002 年，与楼塘村联营 940 亩。2003 年，与东北头村联营 215 亩；购买万寿山林地 218 亩。至此，林场经营总面积为 17953 亩。

2001 年 5 月，建立卯山森林公园。随后建成游客服务中心七都仙人谷、卯山山庄。2003 年 11 月，兴建卯山顶森林防火瞭望台。

2004 年，国家旅游局批准湖溪林场设立卯山国家农业观光园。2005 年 5 月，经国家林业局批准，在卯山建设国家级森林公园。

2007 年 4 月 18 日，卯山狩猎场开业。2010 年 3 月，建设香榧基地和山核桃苗木基地；11 月，卯山环山 7.6 千米路面拓宽并硬化；12 月，创建国家生态文明教育基地。

1986 年 10 月，湖溪林场开始经济体制改革。1990 年，确定为事业单位。2010 年，有干部职工 40 余人。

五部林场

五部林场（原称松阳县第三国营林场）建于 1958 年 8 月，撤于 1961 年 12 月。场部设横樟乡五部大队公房。林场干部职工主要从松阳县第一国营林场（湖溪林场）调入，从安民、蚶湖 2 乡各村推选优秀青年农民转为林场职工，部分从部队复员、退伍军人中招收，另有部分从遂昌县上江栲胶厂调入；技术员基本从林校分配而来。

由政府划给五部林场经营的山场有孔曹源全部、大樟源大部、烂浆湖荒山、关山源等，规划山林面积 32118 亩。其中，大樟源 15000 亩，烂浆湖 2000 亩，孔曹源 8800 亩，关山源 5000 亩。五部林场存在期间，经营重点在烂浆湖，营造 1500 亩林木；有松木、檫木、锥栗、栓皮栎等树种（撤场后被五部村烧山种粮而更新）。孔曹源、大樟源、关山源只进行林木调查规划，未进行经营活动。

1966年，松阳县林业部门与潘坑大队订立孔曹源国有林托管合同。由潘坑大队采伐、更新、保护、管理，出售木材按每立方米8元山价向国家缴纳，托管期限为5年。其时适逢“文化大革命”，至1979年，既未中止、也未续订合同。1974年始，潘坑大队多次向上级报告，要求将孔曹源山林权“归还”，并退回已缴山价。1979年，县委作出决定，取消山价，发给潘坑大队在该山上的基地造林补贴。1995年5月2日，由中共丽水地委政法委牵头召开“孔曹源”山场的山林权属、经营管理等问题座谈会，形成“经营管理权的划分应由松阳县人民政府确定”等5条会议纪要。8月22日，松阳县政府对孔曹源国有山林的委托管理作出处理决定：明确四至范围面积，山林权属为国家所有；按现行收购价折价由林业部门退还给潘坑村；明确划分一部分国有山林委托潘坑村集体经营，一部分委托大东坝镇五部村集体经营；原潘坑村营造的153亩人工林仍由潘坑村经营到2010年末止；采伐前要依法审批许可证，且需提交山价款；今后国家在此进行开发用地，不发一切补偿费用。潘坑村村民委员会不服决定，诉至松阳县人民法院，法院判决维持松阳县人民政府此前作出的处理决定。1996年1月17日，丽水地区中级人民法院就潘坑村不服松阳县人民法院的行政判决作出裁定：准许上诉人撤回上诉。当事人按原审法院判决执行。

五部林场在五部村土名中窝儿开垦种植油茶100余亩，在土名孔曹源抚育毛竹、杉木林数百亩。培育苗圃10余亩。砍伐杂木烧木炭数万斤支援国家大办钢铁事业。兴办林产化工生产，利用松树根蒸馏提取松节油、松焦油；从炭窑中收取木醋酸等；用龙须草等草本植物初加工为“人造棉”等。

1961年末，单位开始精简机构、人员，林场被撤销。林场在“孔曹源”“烂浆湖”的山场委托五部大队代管，部分工人及财产、档案、财会等并入牛头山林场，场领导调入湖溪林场任职，少数工人调入县公路段从事养路或靖居林业站从事放排等工作。

第二节　合作林场

乡村林场

社队林场是在农业高级社时期普遍建立林业专业队、组的基础上发展起来的。1978年末，松阳有社队林场37个，经营面积4.46万亩。其中，社办12个、经营面积1.52万亩，队办25个、经营面积2.94万亩。1982年，有社队林场52个，其中社办林场16个，经营面积2.40万亩，专业人员146人；队办林场36个，经营面积5.14万亩，专业人员167人。

1983年以后，人民公社、大队、生产队三级改为乡、村、村民小组三级，社队林场也相应改称乡办、村办、村民小组办（或联办）合作林场。是年，开展林业“三定”工作以后，乡村林场开始衰退。1988年，全县具有一定经营面积和林木、房屋基础的乡村林场45个，其中乡办25个、村办20个。

1990年，县政府下发《关于恢复、巩固、发展乡村林场的若干意见》后，全县乡村林场形势有所好转，但普遍存在产权不清、管理不顺等问题。

乡村林场主要从事造林营林，切实保护、科学经营利用山林资源，增加森林植被，改善生态环境；发展商品生产，为市场提供优质木材、林副土特产品及其他产品。

1988年5月松阳县乡村林场基本情况表

表 12-7-2-1　　　　单位：万亩、万立方米

单位名称	经营面积	有林地						经济林面积	未成林造林地面积
		合计		用材林					
				合计		其中：成林			
		面积	蓄积	面积	蓄积	面积	蓄积		
古市区合计	**5908**	**5570**	**21927**	**4965**	**21927**	**2207**	**13623**	**255**	**530**
新处乡林场	1541	1437	3001	832	3001	709	2127	205	400
官岭村林场	1500	1450	2200	1450	2200	500	1000	50	—
谢村乡林场	434	434	3758	434	3758	224	2688	—	—
塔岭村林场	309	309	2472	309	2472	309	2472	—	—
大岭里村林场	269	239	1478	237	1478	177	1416	—	30
南坑村林场	591	491	980	491	980	164	820	—	100
西坑村林场	710	710	7788	710	7788	124	3100	—	—
新兴乡林场	554	500	250	500	250	—	—	—	—
玉岩区合计	**9603**	**9573**	**15396**	**9273**	**15396**	**1000**	**3500**	**230**	**150**
玉岩镇林场	5719	5719	8578	5419	8578	—	—	200	150
交塘乡林场	2528	2498	4266	2498	4266	500	2000	30	—
枫坪乡林场	1356	1356	2552	1356	2552	500	1500	—	—
大东坝区合计	**5045**	**5045**	**25800**	**5045**	**25800**	**1910**	**11800**	**—**	**275**
蛤湖乡横樟村林场	4185	4185	2300	4185	2300	1700	11000	—	105
石仓乡六村林杨	860	860	2800	860	2800	210	800	—	170
靖居区合计	**1337**	**279**	**380**	**279**	**380**	**—**	**—**	**322**	**122**
板桥乡林场	337	15	30	15	30	—	—	322	—
裕溪乡吴村林场	1000	264	350	264	350	—	—	—	122
松阳区合计	**7745**	**6511**	**14400**	**6251**	**14400**	**800**	**2400**	**1064**	**250**
竹源乡林场	2500	1860	5400	1860	5400	—	—	640	—
四都乡林场	2145	2145	4000	1885	4000	—	—	80	180
三都乡林场	1100	756	1500	756	1500	—	—	344	—
叶村乡岱头村林场	2000	1750	3500	1750	3500	800	2400	—	250

续表 12-7-2-1

<table>
<tr><th rowspan="4">单位名称</th><th rowspan="4">经营面积</th><th colspan="8">有林地</th><th rowspan="4">未成林造林地面积</th></tr>
<tr><th colspan="2">合 计</th><th colspan="4">用 材 林</th><th rowspan="3">经济林面积</th></tr>
<tr><th rowspan="2">面积</th><th rowspan="2">蓄积</th><th colspan="2">合计</th><th colspan="2">其中：成林</th></tr>
<tr><th>面积</th><th>蓄积</th><th>面积</th><th>蓄积</th></tr>
<tr><td>全县合计</td><td>29638</td><td>26978</td><td>77903</td><td>25813</td><td>77903</td><td>5917</td><td>31323</td><td>1871</td><td>1327</td></tr>
<tr><td>其中：乡林场</td><td>18214</td><td>16720</td><td>33335</td><td>15555</td><td>33335</td><td>1933</td><td>8315</td><td>1821</td><td>800</td></tr>
<tr><td>村林场</td><td>11424</td><td>10258</td><td>44568</td><td>10258</td><td>44568</td><td>3984</td><td>23008</td><td>50</td><td>527</td></tr>
</table>

绿洲林业林场

绿洲林业林场前身是松阳县营林公司和松阳县木材公司。1992 年 3 月 17 日，县林业局成立松阳、古市、靖居、大东坝、玉岩 5 个林业林场，行政上属当地林业站领导，业务上归口松阳县营林公司指导，经济上享受与各乡、镇、村林场同等地位和待遇。2006 年 3 月，松阳县绿洲林业林场成立，原松阳县营林公司、松阳县木材公司以及松阳、古市、靖居、大东坝、玉岩 5 个林业林场与各乡、镇、村联营（合作）的山场均划归绿洲林业林场统一经营管理，上述 5 个林业林场同时予以撤销。

绿洲林业林场的经营方式主要是乡、镇、村与林业林场联营（合作）造林。乡、镇、村为甲方，林业林场（县营林公司、县木材公司各分场）为乙方，合同期限一般为 40 年，土地权属不变，股益比例分成。

绿洲林业林场的建设历程分为 3 个阶段：艰苦创业期（1987～1995 年）、整顿改革期（1996～2006 年）、巩固发展期（2006～2010 年）。林业林场取得较好成效：绿化荒山，改善生态环境；建成一大批速生丰产用材林和名特优经济林基地；以森林资源为依托，经济实力日益增强；依靠科技，实行科学管理，为松阳县山区林业建设起到带头示范作用；林场实行分类经营，把森林划分为公益林和商品林两大类。

1997 年之前，林场的管理由县林业局营林科牵头负责，各林业站（林业林场）具体实施日常管理和造林、抚育等多项工作，管理体制较顺。1997 年末，县林业局进行乡镇林业站管理体制改革，撤销 5 个片区林业站，成立 20 个乡镇林业站。林业林场业务由县林业局营林科管理，营林科再委托 5 个镇林业工作站管理。2000 年末，县林业局又进行乡镇林业工作管理体制改革，撤销 20 个乡镇林业工作站，成立 5 个林业工作中心站。林业林场业务先由营林科直接管理，后归口县林业技术推广站管理，并于 2010 年 6 月 10 日与松阳县绿洲林业调查规划设计所合署办公。

绿洲林业林场有森林经营面积 69555 亩，其中商品林 50805 亩、生态公益林 18750 亩。活立木蓄积 20 万立方米。联营（合作）山场分布在 5 个林业工作中心站辖区，涉及 14 个乡镇、38 个行政村。

建场以后，累计投资 2000 多万元。2006～2010 年，实现经营收入 300 万元。其中，木材销售收入 250 万元，实现利润 150 万元；完成营林投资 150 万元，采伐间伐成本支出 50 万元。至 2010 年末，林场有总资产 6000 万元，其中林木资产 5800 万元。

2010年松阳县绿洲林业林场基本情况表

表12-7-2-2　　单位：亩

名　称	统计总面积	联营面积	退转及合作面积
古市林业分场	31596	21001	10595
象溪林业分场	10404	10404	—
大东坝林业分场	16784	15007	1777
玉岩林业分场	9796	7010	2786
西屏林业分场	10338	9863	475
合　计	78918	63285	15633

说明：国有林5908亩。其中，委托潘坑村代管3712亩，委托五部村代管2196亩

截至2010年松阳县陆续终止联营的山场情况表

表12-7-2-3　　单位：亩

分场	联营方	联营时间	终止时间	终止原因	面积	合同情况
西屏	林科所	—	2001.03	出卖给宁波镇海金戈尔制衣有限公司	10	—
西屏	岱头	1992.12.18	1996.04	划归湖溪林场管理	475	联营
古市	官岭	1992.09.10	1996.04	划归湖溪林场管理	1731	联营
	大石	1996.08.14	2002.10.22	归还村经营	369	联营
	界首	1988.08	2003.11.05	归还村经营	103	联营
大东坝	牛角圩	1996.10.28	2004.05.20	归还村经营	50	联营
西屏	清路	1993.09.24	2004.06.01	火灾、归还村经营	690	联营
古市	界首	19880.08	2004.09.15	归还村经营	304.1	联营
	外石塘	1991.12.02	2004.11.08	归还村经营	14	合作
西屏	水车	1994.05.25	2005	龙丽高速征用	153	联营
	青蒙	1995.04.27	2005	县垃圾场征用	20	联营
古市	庄门	1987.06.01	2005.07.21	归还村经营	94	联营
	界首	1988.08	2006.04.13	归还村经营	18	联营
西屏	林村林场	1997.08.21	2007.03	归还林村林场经营	127.1	联营
玉岩	玉岩镇林场	1993.08.10	2007.12.06	转让给吴张献	1351	联营
	坳头	1993.08.11	2008.07.07	归还村经营	126.5	合作
古市	外石塘	1991.12.02	2008.07.22	转让给郑连增	884	合作

续表 12-7-2-3

分场	联营方	联营时间	终止时间	终止原因	面积	合同情况
大东坝	小后畲	1995.08.04	2008.08.08	归还村经营	453	联营
	牛角圩	1996.08.14	2008.12.12	归还村经营	98	联营
	下宅街	1992.09.03	2009.04.09	归还村经营	118.9	联营
玉岩	高亭	1991.08.01	2009.09.24	归还村经营	555	合作
西屏	竹源乡政府	1994.12.29	2009.10.19	归还村经营	1183	联营
古市	金坞	1992.02.01	2010.10.15	归还村经营	23	合作
玉岩	小吉	1992～1993	2010.10.25	转让给吴张献	1125	联营

第八章 林业行政与科技文化

《浙江省林业志》记载，浙江省最早管理林业的职官始于清代末年。浙江省于清光绪二十七年（1901）设立农工商矿业局；宣统元年（1909），改设劝业道。民国27年（1938）1月，浙江省农业改进所在松阳成立，直属浙江省政府建设厅，内设森林股。至解放前夕，浙江省林业机构剩省农业改进所森林股与西湖、建德、常山、丽水4个林场，其余林场均告停顿。由于内乱外患的加剧，林业事业日渐滑坡，几呈衰落之势。解放初期，设立收购组，后更名为收购站、森林工作站等；1957年，改为松阳县森林工业局；1958年，松阳县林业局成立。

20世纪80年代改革开放以后，林业事业开始大发展，经历木材经济为主导的林业产业转向生态建设与林业特色产业并举的可持续生态建设之路。各类林业机构得以建立和健全；大中专毕业生加入林业队伍，林业职工队伍素质有较大提高。开展林业科研硕果累累，各类优秀林业专业技术人才脱颖而出，逐步形成一个较完备的林业管理、教育、科研、勘测的森林保护组织体系，生态林业在松阳县国民经济建设与生态建设中发挥着越来越大的作用。

森林文化是指人对森林的敬畏、崇拜与认识。在很长久的一段历史时期，因躲避战乱，中原各族民众先后迁徙到松阳，沿松阴溪及其支流择良地而居，伐木建房，开荒种地，种桑植树，保持古朴的人与自然和谐相处的理念，村口大量保留名木古树。

第一节 行政管理机构

松阳县林业机构随着社会发展和林业工作需要，林业职能不断调整，机构改革频繁。

1950年冬，中国煤业建筑器材公司在松阳设立收购组，该收购组归属中国煤业建筑器材公司丽水支公司管辖。1951年12月，松阳县农林科成立，掌管全县农林事宜。1952年，中国煤业建筑器材公司丽水支公司派员到松阳负责组建松阳收购组；10月，松阳县收购组从丽水支公司划到衢州支公司管辖；12月，松阳收购组更名为松阳收购站。

1953年2月，松阳收购站从中国煤业建筑器材公司划转到浙江省森林工业局管辖，统一经营全县林木采伐、购销、调配、供应等，有职工28人；6月，松阳收购站设立秘书、会计、业务、储运4个内设机构和雅溪、古市2个基层组织，并确定负责人。1954年1月12日，设立古市临时收购组。是年4月，设立森林工业站。1955年1月，松阳县农林科分设为农业科和林业科。

1957年8月2日，松阳收购站改为浙江省森林工业局松阳县局，地址为松阳南直街67号。9月1日，改为浙江省松阳县森林工业局。1958年1月，松阳县林业局成立。11月，松阳县林业局并入遂昌县林业特产局，保留松阳、古市、玉岩、靖居 4 个区林业工作站和湖溪、林村 2 个国营林场及采伐队，隶属遂昌县林业特产局领导。

1982 年 1 月，复置松阳县；5 月 1 日，松阳县林业局开始正式办公。1984 年 1 月 25 日，松阳县林业局办公地址搬迁至松阳县城白露岭 30 号。

2010 年，松阳林业局机关设局办公室、执法监察室、计划财务科、资源林政科、营林科、产业办公室、林地办公室、木材出口办公室（林业派驻行政中心窗口）、森林资源调查规划设计所；县级特设机构有林权管理中心、森林资源收储中心、公益林管理中心、木材运输巡查大队、林业技术推广站、林业种苗管理站、森林病虫害防治检疫站、森林消防指挥部办公室、绿化委员会办公室、处理山林纠纷办公室、松材线虫病预防工作指挥部办公室。党群组织有局党组、纪检组、局机关党委、工会工作委、妇委会、团委、局机关工会、林学会、野生动物保护协会、老年人体育协会（老年人协会）等。

第二节 林业科技与文化

科研机构

松阳县建立林业科研机构历史悠久。早在民国 27 年（1938），为适应战时需要，省建设厅在松阳县成立浙江省农业改进所，内设森林股、后增设木本油科植物系和林产制造示范场，从事相关林业科研。直至抗日战争胜利后，浙江省农业改进所尚有部分科技人员留守松阳。

20 世纪 50 年代初，县政府农林科就设有各区农业技术推广站，负责农业和林业科学技术的推广应用。

遂昌县（松阳）林业科学研究所成立于 1978 年 4 月，地址设松阳县阳溪公社林村村玉砖寺。1982 年，改称松阳县林业科学研究所，归属县林业局，有职工 13 人，科研基地面积 337 亩。2001 年，撤销林科所，归并到林业局营林科。

松阳县食（药）用菌研究所成立于 1993 年 9 月，先后在西屏镇府前街 6 号和北山路 33 号设立办公地点，归属县林业局管辖，有技术干部职工 5 人。主要从事开发、引进、试验、筛选食（药）用菌的优良品种；生产食用菌优质母种、原种和栽培种；开展食用菌栽培技术研究、试验、示范，建立高产、稳产、优质栽培示范场；做好食用菌的技术培训和推广；指导搞好食用菌的销售、加工和贮存。2004 年 5 月，县食用菌研究所划归县农业局管理。

科技社团

松阳县林业学术协会成立于 1983 年 1 月，有会员 94 人。主要从事开展学术交流，促进林业发展，普及科学知识，推广新技术，进行技术咨询和服务等工作。

松阳县茶花科普协会成立于 1984 年 5 月，主要从事茶花栽培技术的推广、普及、交流和新技术新品种的引进工作。

松阳县林业科普协会成立于1984年4月，主要从事林业科学技术科普宣传。

松阳县竹木加工企业协会成立于1991年1月，宣传国家有关政策、调剂会员间产品余缺，维护会员合法权益，提供市场技术信息、开发新产品、协调制止不正当竞争。

松阳县花木盆景协会成立于1984年8月，主要从事花木盆景开发、栽培、推广新产品等工作。

松阳县兰花协会成立于1997年9月，主要从事兰花栽培、推广新产品工作。

松阳县松香商会成立于2005年2月，主要从事松香法律法规、政策的咨询，维护会员合法权益，提供市场信息、开发推广新产品，协调关系，增进交流协作，谋求发展。

松阳县香榧产业协会成立于2010年12月，主要从事香榧产业栽培技术推广，研究开发新产品，香榧成为松阳林业主导产业。

科技人才

1982年5月，全县在职的林业科技人员21人，其中工程师9人、助理工程师6人。1991年末，林业系统在职科技专业人员有64人，占职工总人数的12.3%，其中高级工程师2人、工程师15人、初级职称47人。2001年末，林业系统在职各类专业技术人员69人，占职工总人数的10.4%。其中，大学本科14人，大学专科24人，中专26人，高中以下的5人；有中级职称的12人（工程师10人），初级职称57人。

科技成果

松阳县林业科技人员在生产实践中总结、推广先进技术，取得科技成果，发表论文，著书立说，为后人留下可贵的技术资料。

1982年以后，发表论文内容涉及林木良种、珍稀树种繁育、营林生产技术、生态林建设、病虫害防治、森林防火、林产化工、干水果、油茶、香榧、笋竹林、茶叶、食（药）用菌、林权改革、林政管理、野生动植物保护、财务会计等门类，在各级林业期刊上发表，荣获国家、省、市、县各级林业科技奖项，培养一批林业科技骨干队伍，有效推进林业科技兴林富民。

从松阳恢复县制到2010年，林业部门多人在多种刊物上发表多篇论文。其中在省级以上刊物发表论文11篇，取得市级三等奖以上科技进步奖6项，在省级以上专业会议进行学术交流6人次，公开出版专著4部。

森林文化

松阳古村落最吸引眼球的是村口的“风水树”或成片风景林，任何时候、任何人都不敢损毁一枝一叶，子子孙孙世代保护。从现代生态上讲，水流、道路笔直的村口往往风沙较大，村口的“风水树”恰好起到防风沙的作用。在杨家堂村前2株古樟树、在大树后村的千年红豆杉群，成为村庄的符号和标志。“林在村在、林旺人旺”，一代又一代的村民在这里安宁平和地生活着，不仅承载着村民们的朴素信仰，传承着乡村的历史、文化，是难忘的乡愁，而且构成村落的绿色屏障，形成一幅幅优美乡村生态图景，装点松阳美丽乡村多姿多彩。

《松阳县民间故事》（三集成）中，收集有关森林的民间故事，共10余篇，都反映出历代县人对森林的情缘，也可从中窥出，森林在县人心中之重。明清时期，在境内民间流传的故事有《樟树娘娘》《插花姑娘》《油茶姑娘》《田螺姑娘》等10余则，涉及森林、草木、花卉等的动植物，反映人与自然的关系情感。

林业谚语是林农长期从事林业生产实践的经验总结，也是林业科学的宝贵财富。作为民间文学形式，具有语言精练、形象生动、比喻巧妙、押韵上口、易懂易记等特点，深受广大群众所喜爱。这些林业谚语的流传、推广和运用，对于普及林业科学技术知识，具有一定的指导意义和现实意义。如“正月（植）竹，二月（植）木”“坐车栽橘，戳棒栽桃”“一人栽树，众人乘凉”“只有山青，才能水秀。树木成林，风调雨顺”“绿树成荫，空气清新。青山常在，绿水长流”。

旧时松阳，山区无公路运输，山区采伐的木材、毛竹全赖水力外运，故放木排（竹排）成为沿溪民众运输竹木的主要途径。竹筏也可通至遂昌县的金岸和渡船头，每年有大量木材通过水路运往青田、温州木行市场销售。支流小港船筏经大东坝镇的汶水口，可达外大阴，并延伸到黄南甚至排居口村。

中国民歌体裁劳动号子，又称排筏号、竹木号子、放排歌等。由于劳动过程较复杂，形成多种类别的号子。如汉邦放排号、拉横平木号、摇篝号、捉排会斗号、开放排号、出船推车号、请涨号、编排号等。歌词中常用大量衬词，有的全部为呼喊性的衬词，也有一些是即兴编词或唱某个故事和戏文的。在歌唱形式上，各地放排号都以一领众合为主，领歌者多由有经验的老工人担任。

第十三编　水　利

古时，松阳就有在河道中拦水筑坝、引水灌溉农田的传统。南朝梁天监四年（505），松阳县二十六都堰头村（后属莲都区）就筑成通济堰。在宋、元代修成的青龙堰、金梁堰、白龙堰等，经过数次的复建、修建、改建，仍在发挥灌溉效能。明成化二十三年（1487），松阳有堰坝42条，清顺治十一年（1654）有堰坝44条。民国15年（1926）较为重要堰坝有122条、塘12处。民国27～36年，修建小型水利工程40处，受益面积3.5万亩。至1949年，全县17.45万亩水田中，有效灌溉面积2万亩，尚有10.32万亩易旱田，占水田面积59%。

松阳解放后，中国共产党和人民政府重视农田水利建设。20世纪50年代，相继建成山塘、小水库等蓄水工程494处，新筑和修复大小堰坝近千条。60年代，根据“以蓄为主，蓄引结合”的方针，掀起兴修水利的热潮。1967年，江南渠道基本建成，可灌溉上千亩农田，为当时境内灌溉面积最大的堰渠。1969年冬，境内在建水利工程854处。70年代，治理松阴溪工程动工，是松阳历史上最大一次河道综合治理工程。1982年，在全县范围开展小型农田水利基本建设。在丘陵盆地，以山塘水库续建、重点灌区配套、兴建小型电灌、防洪排涝、更新改造、小流域综合治理为主，因地制宜发展新的水源工程，增加蓄水量；在山区，以兴修小堰坝、发展引水工程为主，引提结合，扩大灌溉面积；对松阴溪及其支流，重点进行河道治理，既防洪又开发利用，建立防洪、排涝安全体系，在松古平原及丘陵地区开展平整土地和改造低产田等农田基本建设。东坞、梧桐源、六都、官溪等骨干水库陆续扩建竣工。90年代以后，水利工程重点转移到引水渠系配套及病险水库加固工程，逐步实施小流域治理工程。21世纪以后，抓住实施万里清水河道建设的机遇，进一步开展河道治理，加速建成城乡防洪工程。

通过半个多世纪的努力，有效地改变了松阳县水利落后的面貌。1950～2004年，松阳县各项水利水电建设总投入124551万元，其中投入水利资金82946万元，完成土石方8626万立方米；2005～2010年，全县投入水利水电资金75005万元。截至2010年末，全县有大小水库、山塘154座、大小堰坝3095条，受益面积6833.6公顷；抽水泵站76处，装机1296.7千瓦；全县蓄、引、提水利工程有效灌溉面积14866公顷；建成松阴溪干流标准堤防13.6千米，保护面积3340公顷、人口4.9万人。

松阳县的水利工作，多次获得殊荣。1988年，县水利水电局获得农业部颁发的全国农牧渔丰收奖。1989年8月，松阳县被水利部评为全国水利建设先进县。1990年8月，松阳县被评为浙江省农村水利建设先进县。1991年，松阳县被水利部评为农村水利建设先进县。1993年，获省级农村水利服务体系建设奖。1998年，省水利厅授予县水利水电局省级先进集体称号。2001年，在全省水利“大禹杯”评比中，松阳县水利水电局获小流域治理单项先进称号。2004年，松阳县获浙江省第十届水利“大禹杯”竞赛铜奖。2009年，水利部授予松阳县全国农村水电及电气化建设先进集体。

第一章 水利灌溉

长期以来，松阳农田灌溉多仰仗在溪中筑坝引水自流灌溉。民国《松阳县志》载，县内有大小堰坝120条。挖塘修水库，蓄水灌溉亦为农田灌溉之重要水源。如若田地高而水源低，则凭脚踏木制龙骨水车、水力筒车或戽水桶、戽斗等各种古老的提水器具灌溉。山区梯田及高山村落则以竹管或木槽引山涧泉水灌溉农田。

1949年以后，党和人民政府重视农田水利工作。20世纪50年代初，采取贷款和“以工代赈”或“民办公助”等方式，发动农民挖塘修堰、改造古代水利工程；大力建造蓄水工程，提高农田灌溉能力。1950～1955年，全县共挖山塘和兴建微型堰陂千余处。60～70年代，治水方针由兴建塘堰转向兴建水库，一批小中型水库陆续建成。随着蓄水量的增加，农田灌溉面积不断扩大，农业灌溉水源不足的状况大为改善。一批灌溉千亩以上的堰坝修复和兴建完成，成为松古平原一带引水灌溉的骨干工程。至90年代末，机电灌溉事业大有发展。全县机电排灌装机4567千瓦，灌溉受益面积3413.3公顷。

通过多年的努力，全县蓄、引、提水利灌溉系统逐步建成，境内农田灌溉及居民生活用水条件得到较大改善。至2010年末，全县蓄、引、提水利工程有效灌溉面积14866公顷。

第一节 蓄水工程

松阳县蓄水工程有大小水库、山塘154座。其中，中型水库3座，小（一）型水库5座，小（二）型水库31座，山塘115座。

山塘

境内古代的蓄水工程，仅有靠人工挖掘兴造而成的小型池塘，借以拦蓄地面径流或集雨水于池塘，供农田灌溉之需，或供近塘居民生活之用，或兼防火之功能。民国《松阳县志》载文称：“括在万山，石田齿齿，然特倚陂塘，川泽为旱备，但陂塘储蓄有限。值久雩，辄病暵干。”

图13-1 山仁下村杨六郎山塘（县水利局提供）

民国《松阳县志·塘堰》记述，最早的一口塘称“官塘”，位于县城西南120步处，“广可一顷。元末塘废，后作田”。望松乡山仁下杨姓先人于清嘉道年间在旺下长岗山边挖塘1口。民间称此塘为杨六郎塘，灌左、右两畈田8公顷，为当时境内第一大塘。

民国《松阳县志》载，全县有山塘14处，且全系小浅塘，总面积不到10公顷，无甚灌溉能力。

中华人民共和国成立初，松阳县委、县政府号召全县人民兴修水利。初以贷款和“以工代赈”及民办公助等方式，发动并资助群众挖塘（含山间鱼鳞塘）、掘陂。数年间，挖就大小不同的塘、陂数以千计，增加灌溉用水储备量，农田受益面积随之扩大。

20世纪50～60年代，治水方针由挖塘修陂转向兴建集蓄雨水工程，增加雨水储存量以备旱时所用，挖塘陂遂被兴建中小型水库所取代。2004年8月编制的《松阳县山塘基本情况》统计，全县有山塘115座。这些山塘大多建于20世纪50～60年代，在农田灌溉方面起到一定作用。但由于受当时生产关系和生产力的局限，工程比较粗糙，经30余年的运行，工程老化，大都存在塘坝漏水、沉陷或塘底淤高等情况，隐患甚多。1992年以后，对全县山塘实施普查，之后，尤其是2009年松阳县被列入全国小型农田水利建设重点县以来，县政府决定发展水利改善民生。在加快水库保安工程建设的同时，乘势而上，实施“百塘除险”工程建设。

2010年末，全县总投资1511.88万元，其中中央371万元、省级826万元、县及县以下314.88万元。北弄湾、包罗源等49座山塘，通过坝体加固、改造溢洪道及放水系统等加固措施，安全投入运行，2.5万人口、535.2公顷农田受益。至2010年末，全县共有山塘115座。

小（二）型水库

松阳有小（二）型水库（蓄水10～100万立方米）31座（庄门源水库已报废，筹备重建）。这些水库大多为土坝，或背水坡铺以块石干砌。设计灌溉面积1566.7公顷，实灌1236.1公顷。干渠44条，长66.5千米。

这些水库主要分布在松古盆地，大多是20世纪50年代中期至70年代初修建的。其中，金达垄、泉坑亭、马蹄泉、岗后垄、里垄源、水井垄、象鼻头、陈塘垄、水碓垄、关弄10座水库分别于1955年和1956年动工，1957年、1958年陆续建成。当时，县成立兴修水利指挥部，由县委书记和县长分别任正副指挥。1958年冬，县委确定正副书记、县长负责指挥水利建设外，分派10名县委委员到4个区分区包干，指定区乡第一书记抓水利，实行全党全民办水利。是年冬至次年春，境内24个乡193个农业合作社坚持以1/6劳力参加兴修水利，高峰时每天出工7万多人。

1960～1965年，东坑弄、谢树寮、庄门源、瓦窑垄、坑后、内洋、洞阳观、后周垄等第二批小（二）型水库相继开工，陆续完成。

1971年，靖居毛弄、西屏官溪、竹溪源、板桥的余庄源、赤寿的仙岩脚等水库陆续开工修复或新建并较快竣工，投入使用。

由于小（二）型水库大多数建设时先天不足，加上长期失修、失管、工程老化、隐患突出，2003年水库安全普查，31座小（二）型水库中，一类坝5座、二类坝9座、三类坝17座。这些病险水库大多居高临下，毗邻村镇，严重威胁人民生命财产安全，急需进行除险加固。2003年以后，松阳县干部群众坚持自力更生，艰苦创业，多方筹集资金，加快水库保安工程建设，先后有关弄、陈塘垄、泉坑亭等24座小（二）型水库，采取各种措施，摘除病险水库帽子，前后投入资金4362.07万元。其中，省财政补助1930万元，县级财政及乡村群众配套资金2432.07万元。4018.64公顷农田、9.7万人口安全受益。

仙岩脚水库　仙岩脚水库位于赤寿乡楼塘村仙岩脚。民国27年（1938），由浙江省农业改进所设计兴建，省农业水利工程队负责施工。筑坝土料全部采用干燥泥土，以木夯夯实，并雇请当地百姓挑土上坝，每担单价0.05元。一年后，大坝建成，高6米。放水涵管在坝基右岸，系基岩拉沟，呈凹字形，上盖条石，以混凝土勾缝。竣工后，曾在坝面立一碑石，上刻“仙岩蓄水库，中华民国二十七年冬建，浙江省农业改进所农业水利工程队建造”隶书。竣工后，负责设计并指导施工的工程师曾交代，水库要待二三年大坝充分沉实后才能蓄水。未料，民国30年汛期，库水平坝，冲塌坝顶一层；次年，土坝彻底垮塌，且冲毁下游水碓1座、农田0.3公顷。

图13-2　仙岩蓄水库摩崖石刻

1952年，县政府曾计划重修仙岩脚水库，衢州专署核准贷款1.5万元支援建库，但村民慑于水患，不敢贸然动工。至1978年，楼塘村民始有重建水库的要求，11月动工重建。为黏土心墙坝，高12.26米，灌溉面积46.7公顷。至1984年12月修复竣工。竣工之际，村民们重新刻石立碑一块，与民国旧碑一并嵌砌于坝面，以志永久。

仙岩脚水库总投工10.2万工，完成土石方10.2万立方米，工程投资8万元，其中国家补助5.5万元，余为村集体自筹。

2006年，仙岩脚水库被列入省千库保安规划。主要采取坝陂覆土碾压、加混凝土面板护陂加固、输水涵管改为输水隧洞、改造溢洪道、坝体采用劈裂掺药灌浆等工程措施，总投资137万元，其中省专项资金55万元，地方财政安排82万元，工程于2006年开工，2007年施工结束。

泉坑亭水库　泉坑亭水库是松阳县最早兴建的水库之一。为松阳、遂昌两县合建。址在2县交界处的大岭脚村附近。1954年秋，经衢州专署派员实地查勘后批准兴建。1955年11月动工。设计土坝高12.6米，灌溉2县2个乡4个村农田108.7公顷，其中松阳77.72公顷、占71.5%。2个县集资1.58万元；另外，国家补助0.8万元，用于购买材料和支付技工工资。水库投工除按灌区各受益村田亩多少摊派外，双方还各自发动非灌区群众支援水库建设。1957年初，水库划归松阳县独立兴建后，县委曾发动谢村、庄后、竹源等山区乡水利基干队近7000人，到泉坑亭等水库支援建库。1958年春，水库按计划建成蓄水。后经逐年配套完善，大坝加高到16.2米，实际灌溉面积108.7公顷。

泉坑亭水库总投工6万工，完成土石方3.35万立方米，共投资2.3万元，其中国家补助1.5万元。2003年冬被列入省千库保安工程建设，主要采取拓宽、降低溢洪道，坝体加宽加固，取消输水涵管，采取开挖隧洞取水等措施。总投资123.29万元。

庄门源水库　庄门源水库位于古市镇庄门村附近。水库始建于1959年，原设计大坝为黏土心墙坝，坝高23米。由于当时资金、技术等原因，到1963年在大坝建到坝高10米时，工程草率收场。

庄门源水库历经40多年的运行，且由于当时工程建设边设计、边施工，大坝建在砂砾石层上，工程设计、施工技术难以保证工程质量。水库有效库容已基本被淤积，淤泥至溢流堰顶仅约2米，基本丧失防洪、灌溉效益。水库存在大坝渗漏、溢洪道及放水系统严重毁坏等病险隐患。

2010年4月，县政府召集相关单位就庄门源流域综合治理工程建设召开协调会，明确报废复垦老庄门源水库、新建庄门源水库、小流域综合治理等事宜。8月，古市镇报送《关于要求报废庄门源水库的申请》和《松阳县庄门源水库报废论证报告》。

根据上述情况，依照水利部《水库降等与报废管理办法（试行）》的规定，同意报废庄门源水库。

小（一）型水库

随着耕作制度的变革，农田需水量渐增。20世纪50年代中后期，松阳境内陆续建成5座小（一）型水库（蓄水100～1000万立方米）（梧桐源水库除险加固后升级为中型水库）。

四都源水库　四都源水库位于县城北竹客口村北四都源口，距县城4千米。筑坝拦截四都源，坝址以上集水面积10.92平方千米，主流长度5.8千米。

1955年10月，金华专署水利局测量队至松阳实地踏勘。1956年10月破土动工。坝为黏土心墙坝。在建库进程中，大坝四次遭洪水冲洗。1958年3月12～14日，连续数日大雨，四都源水暴涨，涵管泄洪不及，水位骤升。14日晨4时许，大坝中心低处被洪水冲决，冲走土方4000多立方米，幸而物资和人员事先已转移。由于土坝尚低，蓄水量不多，下游泄洪溪坑畅通，未遭更大损失。1958年秋，工程继续上马。至11月初竣工，下闸蓄水。

1964年，大坝加高5米，坝高达27米（沉陷后为26米）。1978年，据水电部《关于水利水电枢纽工程等级划分及设计标准》要求，大坝复加高2米。侧堰式溢洪道在大坝左侧，进口长71米，最大泄洪能力为278立方米每秒。灌溉阳溪、望松、四都、西屏等地农田266.5公顷。

施工时，大坝两头山坡清基不彻底，加之坝址周围岩基破碎、裂隙发育，给工程留下隐患。蓄水后，两坝头与山坡接触面严重漏水。1967年5月9日（当时库水深22米），大坝左岸心墙外侧库水直往上冒，造成左岸坝体背水坡滑动、塌方。西屏镇有关大队（居委会）民众撤离至西屏吴家山等高亢安全地段。县人委成立临时抢险指挥部，境内社员、民兵、机关干部等1000多人和县人武部、松阳驻军合力抢险。历5个昼夜，排除险情，保住了大坝。是年冬，在迎水面左坝肩与山坡接触地段，采用黏土护坡加固防渗等措施，但效果不甚显著，漏水仍然较多。由于隐患未彻底排除，多年来一直控制蓄水，被省、地、县列为危险水库。

据省、地水利部门《关于四都源水库抢险施工方案的批复》意见，县里成立四都源水库抢险指挥部。于1974年3月至1975年1月，对四都源水库进行心墙基帷幕水泥灌浆的抢险加固。灌浆处理后，渗漏量明显减少，取得较好的效果。1982年8月，对四都源水库又一次进行除险加固扫尾工程设计。获省、地水电部门批准。1983～1984年，对溢洪道进行护砌，隧洞固结灌浆、钢筋混凝土衬砌及旧涵管封堵等，四都源水库摘掉“危险水库”帽子。

四都源水库属跨乡镇水利工程，委托松阳区公所管理。水库电站经多年运行，机组设备老化。1987年8月，县小水电管理站使用“以电养电”专项基金，对老电站进行改造，修建厂房，更新机组。装机从132千瓦提高到225千瓦。1985年以后，对中干渠和阳溪、西屏等支渠实行配套完善。至1991年末，干支渠总长9千米，完成“三面光”混凝土衬砌长5.4千米，实际灌溉面积313公顷。

21世纪初，水库上游东侧上松公路石渣不断被洪水冲入库内，致水库严重淤积，输水隧洞进口工程位置已2次往高处移动，淤积已逼近新开挖的放水隧洞进口，库容锐减。后水库上游由公路部门出资修筑拦渣坝，水库底淤积之势得以减缓。

四都源水库大坝基础差，仍然存在隐患，被列入2005年度松阳县千库保安工程。工程于2005年11月开工，2006年8月全部工程完工。

六都源水库　六都源水库是以灌溉为主、结合发电的小（一）型水库。位于望松乡六都源口村附近，距西屏镇约7千米。拦截六都源水，库区坝址以上集雨面积10.5平方千米，主流长5千米。

六都源水库于1969年进行勘测设计，为浆砌块石堆石坝；坝高33米，实施分期施工。第一期，完成坝高24米，蓄水91.28万立方米，边兴建边受益；第二期，1975年，受4号台风影响，水库水漫过坝顶，溢流冲走砌体后面的堆石体，二期施工被迫停工。六都源水库随后经重新设计，把大坝增至46米。1985年8月，按新设计的水库工程要求完成，配套一级电站于是年4月建成并网发电。至1985年末，水库（不含渠道）累计投工144.1万工，国家补助资金286.91万元，完成工程量27.2万立方米。六都源水库大坝为浆砌堆石混合坝，坝顶高程252米，坝高46米，坝顶长185米、宽6米。其正常蓄水位250.30米，设计灌溉面积800公顷，实际灌溉面积800公顷。水量按建库时投工数分配，岗寺灌区与望松灌区为1∶2。2010年，水库有东、西、中3灌溉干渠，总长15.8千米。

六都源水库由望松乡和岗寺乡联办，29个村受益，属民办公助性质。1985年3月，县水电局与望松、岗寺乡政府订下归口管理协议书，确定六都源水库隶属县水利水电局管理，有职工8人，水库运行和生产经营属集体所有制性质；渠系工程由灌区自行管理，由东、西、中各干渠水管小组长组成六都源水库灌区灌溉管理委员会，负责协助各灌区建立和完善灌溉及水费征收制度。1986年以后，国家补助95万元支持水库续建配套。望松、岗寺2乡政府加强对渠系配套建设管理，发动灌区群众，多方集资，对中、东、西3条干渠进行续建、修建。至1991年末，完成干渠总长15.3千米、支渠4条9.1千米，其中“三面光”混凝土衬砌长11.4千米，另完成渠系配套建筑物103处。

1987年10月，发现大坝廊道渗漏严重，经专业技术人员现场查勘，认定为山坡与坝体接触处有漏水。后进行基础开挖，浇混凝土防渗齿墙处理。在坝前重新开挖齿槽，回填砼灌浆。后采取钢丝网喷浆，高频震捣处理，效果较好。但因坝基以上10米处未作处理，加之施工处理面小，仍有少量漏水，属病库。

六都源水库因大坝存在严重漏水等原因，被列入2006年度松阳县千库保安工程。工程总投资1964万元。工程于2006年11月开工，2009年11月完工。

官溪水库　位于西屏镇官溪村北，距县城约5千米，库区坝址以上集雨面积0.3平方千米，又跨流域从铺门方向集雨5.5平方千米。坝高20.5米，顶宽4.2米，长325米，溉田133.3公顷。工程于1971年冬动工，1984年2月第一期工程结束，总投工25万工，投资84万元，其中国家补助42万元，完成工程量18万立方米。

1989年11月，动工续建溢洪道，以块石浆砌、干砌加固。至1990年5月，工程基本结束。

官溪水库是阳溪乡骨干水利工程，全乡13个行政村受益，设官溪水库管委会，管理人员3人，归乡政府领导。21世纪初，陆续在灌区内续建配套南、北干渠2条，总长4.7千米；支渠2条，总长2.7千米。其中，北干渠以混凝土衬砌，长2.7千米。兴建渠系配套建筑物52处。管委会加强用水调度，实行计划用水、节约用水，实际灌溉180公顷。1987年11月，据西屏镇六村的要求，经阳溪乡、西屏镇政府协商同意，签订《关于官溪水库增加农田灌溉面积的协议书》，接纳西六村13.3公顷农田为官溪水库受益灌区，西六村缴纳每公顷750元的买水权费，享受同等灌溉权利。

官溪水库因年久失修、溢洪道泄洪能力不够等原因，被列为2004年松阳县千库保安工程。工程总投资384万元。于2004年11月开工，2005年5月28日完工。

杨岭脚水库　杨岭脚水库位于樟溪乡杨岭脚村附近，距古市镇5.5千米。坝址以上灌区集雨面积8.8平方千米，拦截松阴溪支流十三都源分支小南坑水源，引水入库集雨面积52平方千米。该库于1971年9月兴建，原设计土坝高26米。至1973年，筑成20米高地坝蓄水后，获局部效益。1975年8月，进行重新设计。杨岭脚水库以灌溉为主，结合发电，水库属四级水利枢纽工程，按50年一遇洪水设计、30年一遇洪水校核。坝型为黏土心墙堆石坝，高38.6米，坝顶黄海高程250.7米，校核洪水位249.6米，正常水位249.1米。工程于1975年冬再度开工，1981年底完成。1986年，有关部门对续建杨岭脚水库予以鼎力支持，连续5年累计拨款70万元，用于加高大坝，续建溢洪道。1992年初，大坝及溢洪道完成。随后，对右侧长63米的溢洪道作浆砌，最大下泄量274.2立方米每秒。

杨岭脚水库由樟溪乡政府组织修建，干渠总长8.77千米，其中混凝土衬砌长度1.3千米，可灌溉全乡19个村、266.7公顷农田。

1982年10月，杨岭脚水库正式完工。投入使用多年后，大坝存在着一些安全隐患：坝体产生不均匀沉降，坝脚漏水，坝体有白蚁活动。被列入2007年千库保安工程建设，需对水库枢纽建筑物进行除险加固。工程总投资820万元，于2007年12月12日开工，2009年3月施工结束。

安民水库　安民水库位于小港流域的安民溪上，坝址在安民乡曹竹村上游1.2千米处，距县城50千米。水库坝址以上集雨面积45.8平方千米，引水面积7.9平方千米。大坝为细骨料砼砌块石重力坝，最大坝高44.6米，坝顶长162米，呈折线型。坝顶高程427.6米，正常蓄水位425米，校核洪水位427.53米。安民水库作为安民水电站主体工程之一，于2002年1月开工建设，2003年12月完成蓄水阶段验收，水库下闸蓄水。安民水库是安民源流域的控制性工程。它的建成，不但为安民源水电梯级开发创造条件，也为群众生活用水的改善发挥积极作用。

中型水库

全境有中型水库（蓄水1000万立方米以上）3座。

东坞水库　东坞水库位于叶村乡东坞源口，距县城7千米。拦截松阴溪支流东坞源流，主流长

9千米，库区坝址以上集雨面积29平方千米，跨流域引水集雨面积23平方千米，共52平方千米。

东坞水库早在1958年曾动工构筑土坝，由于资金、材料未能到位，不久停工。1970年10月，再度开工；1978年6月，砌筑至设计高程；至1980年7月，主体工程基本完工。国家补助水库工程经费累计470.25万元。民工由受益社队按灌溉面积摊派。

东坞水库为混凝土面板堆石坝，坝高50米，是一座以灌溉为主、结合发电、养鱼等多种经营的中型水库，是松阳县灌溉系统的骨干工程。根据设计要求，总干渠末端设一、二、三级电站，总装机7台1100千瓦。水库坝后电站装机3台共820千瓦，年发电量130万千瓦时。

东坞水库有总干渠、南干渠、北干渠、中干渠等主要灌渠4条，总长21.8千米；支渠13条，总长30.6千米。至20世纪90年代，渠系配套工程干、支渠通水总长51.2千米，其中“三面光”混凝土衬砌渠总长20.6千米；完成渠系配套建筑物89处，其中渡槽9处、0.52千米，隧洞3处、0.21千米，倒虹吸、涵洞、分水闸、小桥、电灌站等7处。主要受益地区有叶村、斋坛、水南、西屏、竹源5个乡镇51个村，灌溉面积1667公顷。

水库养鱼面积46.7公顷，有鱼种养殖场1个、养殖面积1.27公顷。2005年，水库集资30多万元，改造鱼塘，绿化环境，筑卵石道路，建钓鱼长廊、餐厅、酒家及水利系统第一家农家乐。库区山上，种有柑橘、竹、香榧及其他经济林15公顷，经济和生态效益显著。

1990年，县城居民饮用及生活用水由东坞水库供水。至21世纪初，县城和平水厂设计供水能力为4万吨，均东坞水库供水。

2004年始，通过隧洞向东坞水库引水，实现河库串联，扩大东坞水库集雨面积约23平方千米，充实东坞水库的水源，提高水资源的利用率。

东坞水库管理处于1980年7月成立。属自负盈亏的集体所有制单位，由松阳区负责管理，业务由县水利水电局指导，管理处设农业、机电、副业（畜牧、渔业）、林业4个组。1985年3月，水库归属县水利水电局管理，其运行生产经营原属集体的体制性质不变，工程运行生产和人事调配均由县水利水电局直接管辖。建有管理房6幢，计建筑面积3200平方米，船2只。

东坞水库建成运行20余年，存在诸多隐患。2006年9月，丽水市水利局组织专家对大坝进行安全鉴定，鉴定为三类坝。2007年2月，水利部大坝安全管理中心同意该坝为三类坝的鉴定结论。

2007年6月，省发改委下发《关于松阳县东坞水库除险加固工程初步设计的批复》，主要建设内容为大坝加固工程、溢洪道加固工程、发电引水系统加固工程、新建放空洞工程、金属结构及电气、工程观测设施等。工程总投资4600万元，其中除险加固主体工程投资4303.5万元，总工期15个月。2008年，浙江省水利厅批复同意正常水位从205米调整至206米，校核洪水位207.98米。

2008年4月，除险加固工程拦河坝和导流放空洞工程开工；9月，溢洪道工程开工。

2009年5月27日，通过初次蓄水验收；5月29日，下闸蓄水；9月14日，完成溢洪道浇筑；10月底，大坝混凝土防渗重力墙浇筑完成；年底工程全面完工。2010年1月27日，省水利厅组织通过正常蓄水验收。

东坞水库除险加固工程建设，有效地解决县城及周边乡镇7万多居民生活用水和3万余亩农田灌溉用水，同时增加蓄水量130多万立方米。

谢村源水库　谢村源水库位于谢村乡大岭里村下游，拦截十二都源水流建库，距县城33千米。十二都源流域有海拔1300米以上的山峰10多座，源头森林覆盖情况良好，水流常年有续，只是洪枯期流量悬殊。在此建库，集蓄雨水，储备水源，益于发电和下游288.9公顷良田及1300多公顷坡滩地农作物的灌溉。

图13-3　谢村源水库泄洪场景（县水利局提供）

1989年12月，谢村源水库大坝工程动工兴建，1994年4月28日下闸封堵蓄水。大坝为三心双曲变厚砼拱坝，高66米，大坝顶长200.37米，顶宽5.5米；坝址上游原集雨面积74.6平方千米。1998年9月，引十三都源水入库工程动工，引水隧洞共4节，总长8550米。扩大集雨面积27.4平方千米，年均引水量2168万立方米，至1999年11月，水库大坝工程竣工。

谢村源水库是一座以灌溉为主，结合发电、防洪的中型水利工程。通过调度，益于控制下游流量，减轻下游洪灾程度及损失，对下游灌区农田灌溉及乡镇工业、人民生活用水起着重要作用。

梧桐源水库　梧桐源水库位于赤寿乡梧桐源口附近，距古市镇7千米。坝址以上集雨面积53.7平方千米，主流长11.7千米。

梧桐源水库曾有过土坝和溢流重力坝设计。1965年，完成36米高的黏土斜墙坝设计。为避免上游磺铁矿硫磺水污染水源，设计坝高7.5米的龙岩头磺水调节水库及排磺渠道。1965年9月动工。后改变水坝方案，重新设计高18米、蓄水量为87万立方米的浆砌块石溢流重力坝。1966年末完成高9米的坝后，水库曾一度停工。1967年末再度启动，至次年汛前，大坝加到18米高，开始蓄水受益。由于受“文化大革命”影响，施工计划和设计审批手续不完备，工程采取边设计边施工，未及上报审批。1968年冬，经水文计算、规模论证、坝型比较及对灌区的调查后，确定水库坝型为浆砌块石重力墙堆石混合坝，坝高40.2米，并由县农水局设计和编制概算，经省、地水利部门批准后施工。1971年9月，大坝工程基本告竣。1972年，正式蓄水受益。1974年，3处配套电站相继投入运行。1975年春，溢洪道工程也基本完成。1976年末，根据省小型水库防洪安全加固的意见，对水库洪水及调洪演算、水力计算、结构设计、大坝稳定复核等重新进行设计并上报。坝高从40.2米增至40.5米，溢洪道扩大，增设大坝防浪墙等。枢纽工程由大坝和溢洪道组成。大坝为浆砌块石重力坝和堆石混合坝，坝顶高程234.5米，坝高40.5米，坝脊长112米，宽6米。溢洪道设在大

图13-4　除险加固后的梧桐源水库（县水利局提供）

坝左侧，为双侧堰式，堰顶高程234.5米，长120米，最大单宽下泄流量6.98立方米/秒，最大下泄流量838立方米/秒。输水建筑物设上、下两涵管，下涵管长65米，孔径1000毫米，中心高程198.15米，最大下泄流量2.6立方米/秒；上涵管长35米，孔径500毫米，中心高程214.30米，最大泄流量0.76立方米/秒。

至1978年4月，整个水库工程基本上达到设计灌溉效益。水库灌溉面积1400公顷。水库配套电站3处，装机5台643千瓦，年发电量230万千瓦时。设计标准50年一遇，洪水位233.77米，一日最大洪峰流量600立方米/秒，洪水总量1350万立方米；校核洪水位234.24米，一日最大洪峰流量879立方米/秒，洪水总量1960万立方米。库区淹没耕地11公顷，房屋12幢，迁移人口40户234人。

梧桐源水库工程属民办公助性质。至1981年9月水库竣工验收日，累计投放劳动力54.8万工，国家补助资金149.72万元，完成工程量33.4万立方米，耗水泥4781吨、钢材70吨、木材522立方米。

1965年，工程动工，由古市区组织领导，建立水库建设委员会，施工队伍主要是赤寿、岗寺、古市3个公社（镇）共29个受益生产大队农民组成的民工队伍；投工数按受益农田的多寡摊派。民工分常住和临时两种，常住民工由生产队选派青年农民，按期轮换，工地给每工发0.2元生活补贴，其工资近同等劳力在生产队记工分；临时民工主体是灌区受益农民，于农闲时参加劳动。

1981年，水库竣工验收后，成立梧桐源水库管理委员会，隶古市区公所领导，为集体所有制单位。1986年7月，县水电局和古市区公所、古市镇政府就梧桐源水库的管理归属问题进行协商，三方签订《关于梧桐源水库归口管理的协议书》，确认梧桐源水库由县水电局归口管理。水库运行和生产经营属集体所有制性质不变，管理机构更名为梧桐源水库管理处，有职工15人。至1991年末，累计完成配套干渠灌溉19.6千米，渠系配套建筑物41处，实灌面积1200公顷。其中，东干渠长10.4千米，混凝土衬砌长5.9千米，灌溉赤寿、岗寺2乡农田499公顷；中干渠长3.5千米，混凝土衬砌长1千米左右，灌溉古市农田287.7公顷；西上干渠长4.7千米，混凝土衬砌长1.4千米，灌溉赤寿乡农田221.7公顷；西下干渠0.97千米，全部混凝土衬砌，灌溉赤寿乡半古月、红连、朝阳等村农田174.1公顷。

2002年6月，浙江省水利水电勘测设计编制完成《梧桐源水库除险加固工程项目建议书》。2005年3月23日，省水利厅批复同意工程开工建设。是年6月6日，县政府把谢村电站500万元县属转让款作为县财政投入梧桐源水库的建设资金。除险加固内容主要包括大坝适当加固、重建溢洪道、增设放空洞、新建库尾拦污坝及排污隧洞、新建发电引水建筑物及发电厂房、设置工程观测项目等，总投资8217.63万元。

2007年底，除险加固后，梧桐源水库由小（一）型水库升级为中型水库，正常蓄水位245米，设计洪水位246.7米，校核洪水位246.94米。一级电站装机1×200千瓦，二级电站装机2×800千瓦。

黄南水库　黄南水库位于大东坝镇黄南村上游400米处，坝址以上流域面积207.8平方千米，输水隧洞长10千米，配套电站1.8万千瓦，批复概算投资18.07亿元，是一座以供水、灌溉为主，

结合防洪、改善水生态环境、兼顾发电等综合利用的水库。

随着松阳县城市化、工业化发展，城乡供水一体化的推进，松古平原水资源日趋紧缺。2000年，省政府批准《瓯江流域综合规划》，指出“远期通过兴建黄南水库，从小港引水至东坞水库，以解决松古平原水资源短缺问题”。2005年，黄南水库被国家发改委和水利部列为松阳县规划水库建设中的第一位。

2009年初，县政府委托专业部门编制《松阳县黄南水库项目建议书》。4月23日，县政府印发《关于开展黄南水库项目前期政策处理工作的通知》，明确有关政策处理补偿办法。11月23日，松阳县上报省发改委，要求把黄南水库列入全国中型水库建设规划。

2011年6月，省发改委、水利厅把黄南水库列入《全国十二五中型水库项目名单》上报国家发改委、水利部。9月，省水利厅将黄南水库工程项目建议书上报水利部太湖流域管理局。

2009～2010年松阳县山塘综合整治工程情况表

表13-1-1-1

序号	项　目	所在地点	投资（万元）				效　益	
			总投资	其　中			灌区人口（人）	灌区面积（公顷）
				中央	省	县及县以下		
1	北弄湾山塘	西屏镇桥头村	33.28	15	12	6.28	1000	13.33
2	包罗源山塘	西屏镇郑弄口村	37.6	18	14	5.60	0606	48.00
3	门口山垄山塘	西屏镇丁山头村	42.68	20	16	6.68	0555	40.00
4	樟树垄山塘	西屏镇大路口村	32.6	15	12	5.60	314	20.00
5	梅弄口山塘	樟溪乡东市村	31.83	15	12	4.83	600	26.67
6	三眼塘山塘	望松乡岗后村	26.59	12	10	4.59	200	6.67
7	上状头山塘	望松乡六都村	35.55	16	13	6.55	525	6.67
8	徐山山塘	裕溪乡徐山村	27.2	12	10	5.20	328	53.33
9	老八垄山塘	新兴乡横溪村	32	15	12	5.00	897	28.00
10	杨柳塘山塘	望松乡麻洋塔村	33.08	15	12	6.08	350	17.33
11	上洋山塘	新处乡庄后村	38.21	17	14	7.21	500	23.33
12	洞阳亭山塘	西屏镇项弄村	20.72	5	11	4.72	1633	6.67
13	水碓源山塘	西屏镇岩西村	39.07	10	21	8.07	370	23.33
14	烂田山塘	西屏镇邵山村	31.37	8	17	6.37	296	16.67
15	灰弄山塘	西屏镇十三村	22	5	12	5.00	200	7.33
16	里直垄山塘	西屏镇项桥下村	50.08	12	27	11.08	756	13.33

续表 13-1-1-1-1

序号	项目	所在地点	投资（万元）				效益	
			总投资	其中			灌区人口（人）	灌区面积（公顷）
				中央	省	县及县以下		
17	大塘山塘	西屏镇南山村	47.56	12	26	9.56	628	20.00
18	蛙蟆弄山塘	西屏镇五村	43.32	11	24	8.32	1148	6.67
19	燕窝型山塘	西屏镇青蒙村	56.86	14	31	11.86	764	13.33
20	叶脚山垄山塘	西屏镇十二村	85.84	21	47	17.84	765	45.87
21	占村垄山塘	西屏镇六村	55.86	14	31	10.86	260	10.67
22	定照院山塘	西屏镇大路口村	50.15	12	27	11.15	550	6.67
23	鲤鱼山山塘	古市镇山下阳村	23.29	6	13	4.29	1188	10.00
24	水蜡烛山塘	古市镇山下阳村	11.87	3	6	2.87	1188	6.67
25	小山尼山塘	古市镇山下阳村	21.9	5	12	4.90	1188	13.33
26	七眼塘山塘	古市镇山下阳村	13.52	3	7	3.52	1188	13.33
27	道士钟山塘	古市镇岗下村	45.84	11	25	9.84	753	33.33
28	岗下山山塘	古市镇岗下村	31.53	8	17	6.53	753	13.33
29	万天塘山塘	古市镇湖溪村	19.21	5	11	3.21	494	13.33
30	大井塘山塘	古市镇寺口村	52.83	13	29	10.83	703	20.00
31	杨六郎塘山塘	望松乡山仁下村	29.37	7	16	6.37	602	6.67
32	坛头塘山塘	望松乡西河村	62.16	15	34	13.16	602	20.00
33	山垄山塘	望松乡乌石下村	54.89	13	30	11.89	600	6.67
34	五都源山塘	望松乡麻洋塔村	114.41	28	63	23.41	377	13.33
35	水碓后山塘	望松乡乌石下村	56.99	14	31	11.99	1500	6.67
36	黄择山山塘	望松乡石门村	34.84	9	19	6.84	820	33.33
37	半岭脚山塘	望松乡翁村村	35.36	9	19	7.36	764	13.33
38	眼睛子塘山塘	望松乡五都阳村	41.41	10	23	8.41	260	10.00
39	山后垄山塘	大东坝镇燕田村	50.61	12	28	10.61	240	13.33
40	魂山乌山塘	大东坝镇牛角圩村	29.26	7	16	6.26	100	6.67
41	叶明山山塘	大东坝镇明源村	29.31	7	16	6.31	140	11.33
42	富仁堂山塘	赤寿乡择子山村	34.24	8	19	7.24	578	6.67
43	内湾山塘	赤寿乡楼塘村	35.16	9	19	7.16	862	6.67

续表 13-1-1-1-2

序号	项目	所在地点	投资（万元）				效益	
			总投资	其中			灌区人口（人）	灌区面积（公顷）
				中央	省	县及县以下		
44	大弄山塘	赤寿乡楼塘村	22.55	6	12	4.55	862	6.67
45	殿堂后山塘	象溪镇南州村	36.88	9	20	7.98	350	13.33
46	下谷山垄山塘	樟溪乡谷山垄村	30.31	7	17	6.31	205	13.33
47	牛弄源山塘	斋坛乡壜头村	38.8	10	21	7.80	380	20.00
48	五爪垄山塘	新兴乡进贤村	19.82	5	11	3.82	808	20.00
49	上银岭湾山塘	安民乡苏马坪村	32.59	8	18	6.59	220	13.33
小计			1511.88	371	826	314.88	25095	535.2

2005～2010年松阳县水库除险加固工程情况表

表 13-1-1-2

序号	水库类型	水库名称	投资				效益		主要保安工程措施	项目开工时间	竣工或预计竣工时间
			总投资（万元）	中央（万元）	省级（万元）	县及县以下（万元）	灌区面积（公顷）	灌区人口（万人）			
1	中型	东坞水库	4600	1530	920	2150	2000	6.0	大坝：溢洪道防渗透加固；闸门启闭机更新改造；大坝监测设施更新改造	2008.06.25	2010.01
2	中型	梧桐源水库	8217.63	0	0	6713.63	1433	2.5	坝体加固扩建、新建溢洪道及泄洪洞与放空洞	2005.03.07	2008.01
小计			12817.63	1530	2424	8863.63	3433	8.5	—	—	—
1	小（一）型	六都源水库	1964	0	786	1178	800	2.5	大坝防渗透加固、涵管和溢洪道改造	2006.10.15	2009.11
2	小（一）型	四都水库	369	0	147	222	1333.33	4	上下游坝坡护坡、坝体加固、防渗透处理、白蚁防治	2005.11.05	2006.04.03
3	小（一）型	杨岭脚水库	820	0	328	492	633.33	1.55	大坝防渗透加固处理、坝坡整修、涵管改造、溢洪道改造等	2007.12.17	2009.03
4	小（一）型	官溪水库	384	0	154	230	233.33	0.8	大坝渗漏处理、坝坡放缓、白蚁治理、启闭设施改造	2004.10.10	2005.01.08
小计			3537	0	1415	2122	3000	8.85	—	—	—

续表 13-1-1-2-1

序号	水库类型	水库名称	投资				效益		主要保安工程措施	项目开工时间	竣工或预计竣工时间
			总投资（万元）	中央（万元）	省级（万元）	县及县以下（万元）	灌区面积（公顷）	灌区人口（万人）			
1	小（二）型	关弄水库	152.66	0	58	94.66	533.3	1	拓宽、降低溢洪道、对坝体加宽、加固处理；加固除险完成之前，控制水位	2003.09.22	2003.12.18
2		陈塘垄水库	117.12	0	40	77.12	166.67	0.5	拓宽、降低溢洪道、对坝体加宽、加固处理；加固除险完成之前，控制水位	2003.09.22	2003.12.11
3		泉坑亭水库	123.29	0	45	78.29	333.33	0.3	拓宽、降低溢洪道、对坝体加宽、加固处理；加固除险完成之前，控制水位	2003.09.22	2003.12.16
4		内洋水库	127	0	51	76	333.33	0.6	涵管改造、拓宽洪道、大坝护坡	2005.02.	2005.09.
5		水碓垄水库	212	0	84	128	33.33	0.2	大坝防渗透加固处理、坝坡整修、溢洪道改造等	2008.03.11	2009.06.07
6		东坑弄水库	132	0	53	79	533.33	1	坝坡整修、涵管改造、防渗透处理、溢洪道配套加固	2004.10.10	2005.01.08
7		洞阳观水库	136	0	54	82	100	0.2	坝体扩建加固、防渗透处理、溢洪道加固	2005.01.28	2005.04.18
8		里垄源水库	132	0	53	79	66.67	0.5	坝体渗透加固、溢洪道加固配套、涵管改造	2005.10.30	2006.01.15
9		金达垄水库	127	0	51	76	66.67	0.5	坝坡护砌、防渗透处理、溢洪道加固、涵管改造、白蚁防治	2005.11.23	2006.02.23
10		瓦窑垄水库	135	0	54	81	66.67	0.5	坝体防渗透处理、涵管改造、白蚁防治	2004.10.26	2005.01.19
11		仙岩脚水库	137	0	55	82	66.67	0.5	坝坡覆土碾压加砼面板护坡加固、涵改洞、改建溢洪道、劈裂掺药灌浆	2005.11.10	2006.01.29
12		毛弄水库	132	0	53	79	45.33	0.2	涵管改造、拓宽溢洪道、大坝护坡	2004.10.10	2005.01.08
13		黄坑源水库	75	0	30	45	333.33	0.6	大坝加高、溢洪道改造	2003.12.25	2004.04.30
14		桐溪水库	135	0	54	81	200.00	0.2	坝体加厚、坝坡放缓、护坡；涵改洞；改建溢洪道	2005.12.16	2006.04.01

续表 13-1-1-2-2

序号	水库类型	水库名称	投资				效益		主要保安工程措施	项目开工时间	竣工或预计竣工时间
			总投资（万元）	中央（万元）	省级（万元）	县及县以下（万元）	灌区面积（公顷）	灌区人口（万人）			
15	小（二）型	水井垄水库	95	0	38	57	66.67	0.07	坝加厚、放缓坝坡增设护坡、涵改洞、改建溢洪道、劈裂掺药灌浆	2006.03.31	2006.06.11
16		象鼻头水库	202	—	80	122	133.33	0.3	大坝防渗透加固处理、坝坡整修、溢洪道改道等	2006.12.10	2007.09.30
17		马蹄泉水库	123	0	49	74	106.67	0.3	大坝防渗透加固处理、坝坡整修、溢洪道改道等	2006.11.16	2007.04.16
18		岗后垄水库	173	0	69	104	46.67	0.2	坝加厚、放缓坝坡、增设护坡、涵改洞、改建溢洪道、劈裂掺药灌浆	2007.03.28	2007.08.30
19		后周垄水库	182	0	73	109	73.33	0.55	坝加厚、放缓坝坡、增设护坡、涵改洞、改建溢洪道、劈裂掺药灌浆	2007.02.26	2007.07.26
20		坑后水库	164	0	65	99	66.67	0.2	大坝防渗透加固处理、坝坡整修、溢洪道改造等	2006.12.28	2007.04.07
21		小路水库	87	0	35	52	66.67	0.1	涵管改造、拓宽溢洪道、白蚁治理	2007.10.15	2008.03.21
22		竹溪源水库	573	0	229	344	300	0.9	加固重力墙，背水面块石护坡，坝体渗漏采用固结灌浆和帷幕灌浆，溢洪道改造	—	2009.12
23		余庄源水库	564	0	427	137	80	0.1	大坝防渗加固处理、坝坡整修、涵管改造、溢洪道改造等	—	2010.12
24		谢树寮水库	326	0	130	196	200.00	0.18	涵管、溢洪道改造、渗漏处理、白蚁防治	2008.11.25	2009.03.25
小计			4362.07	0	1930	2432.07	4018.64	9.7	—	—	—
总计			20716.7	1530	5769	13417.7	10524.63	18.55	—	—	—

2010年松阳县水库基本情况表

表 13-1-1-3

水库类型	序号	水库名称	所在河流	所在地点 乡（镇）	所在地点 村	集水面积（平方千米）	重现期（年） 校核洪水	重现期（年） 设计洪水	拦水坝 坝型	拦水坝 坝高（米）	拦水坝 顶长（米）	拦水坝 顶宽（米）	拦水坝 迎水坡	拦水坝 背水坡	溢洪道 型式	溢洪道 堰坝高程（米）	溢洪道 堰坝长（米）	放水设施 型式	放水设施 进水口中心高程（米）	放水设施 断面尺寸（米）	配套电站（千瓦）	设计灌溉面积（公顷）	建成年月	除险加固实施年月
中型水库	1	谢村	松阴溪谢村源	谢村乡	谢村村	74.56	1000	50	双曲拱坝	66	200.33	5.5	—	—	坝身式	474	—	—	—	—	22500	287	1995.04	—
	2	东坞	松阴溪东坞源	叶村乡	源口村	52	2000	50	砼防渗面板浆砌块石重力墙堆石混合坝	50.11	180	10.5	1:0.17	1:1.3/1:1.3/1:1.5	开敞式侧堰	206	100	竖井式	171.5	矩形/城门洞形	820	2000	1980.07	2008.06～2010.01
	3	梧桐源	松阴溪支流梧桐源	赤寿乡	梧桐口村	53.2 含金矿支流	1000	50	浆砌块石重力墙堆石混合坝	53.7	194.96	5.0	1:0.1	1:1.3	有闸门控制溢洪堰	240	16	竖井式	213.0	1.5×2.0m	1800	1433	1978.04	2005.03～2008.01
小(一)型水库	1	六都源	松阴溪支流六都源	望松乡	源口村	12	500	50	浆砌块石重力墙堆石混合坝	50.2	186	6	1:0.12	1:1.6	侧槽式	250.3	80.4	深水进水口	209.75	Φ0.8m	350	800	1985.12	2006.10～2009.11
	2	四都	松阴溪支流四都源	西屏镇	竹客口村	10.92	300	50	黏土心墙坝	28.45	240	4	1:2/1:2.0/1:2.5	1:1.15/1:2/1:2:5	侧槽式	223.95	71	深水进水口	208.85	1.8×1.5（圆拱直墙式）	225	1334	1978.12	2005.11～2006.04
	3	杨岭脚	松阴溪支流十三都源	樟溪乡	杨岭脚村	9.2	100	50	黏土心墙坝	38.7	205.6	8	1:3.0	1:2.5/1:1.5	侧槽式	250.9	63	潜孔式	208	圆拱直墙形	400	633	1992.03	2007.12～2009.03
	4	官溪	松阴溪三都源	西屏镇	官溪村	0.3/引水：5.5	500	50	均质黏土坝	20.6	290	5.0	1:3.0/1:3.5	1:3.0/1:3.5	正槽式	184.3	2	潜孔式	169	Φ0.35	—	333	1983.04	2004.10～2005.01
	5	安民	小港安民源	安民乡	曹竹村	45.8	200	50	砼砌块石重力坝	46.6	132	6	—	—	坝身式	425	—	隧洞	1.8×1.8	—	16600	—	2004.04	—

续表 13-1-1-3-1

水库类型	序号	水库名称	所在河流	所在地点		水库基本特性																		
				乡（镇）	村	集水面积（平方千米）	重现期（年）		拦水坝						溢洪道			放水设施			配套电站（千瓦）	设计灌溉面积（公顷）	建成年月	除险加固实施年月
							校核洪水	设计洪水	坝型	坝高（米）	顶长（米）	顶宽（米）	迎水坡	背水坡	型式	堰坝高程（米）	堰坝长（米）	型式	进水口中心高程（米）	断面尺寸（米）				
小(二)型水库	1	关弄	松阴溪支流大路源	西屏镇	铺门村附近	1.98	50	10	黏土心墙坝	10.5	236	7.2	1:3.0	1:2.25	正槽式	184.75	—	潜孔式	179.35	圆拱直墙形	0	167	1964.03	2003.09~2003.12
	2	陈塘垄	松阴溪支流流域乌洋坑	西屏镇	项桥下村	0.1/1.0	200	20	黏土均质坝	12.3	120	3	1:2.5	1:2/1:2	渠道式	177.7	4.5	虹吸管	—	Φ0.25m	0	50	1958.03	2003.09~2003.12
	3	泉坑亭	松阴溪支流泉坑源	赤寿乡	大川村	1.95	200	20	黏土心墙坝	16.2	71	4.5	1:3.0	1:2.5	侧堰开敞式	241.86	—	潜孔式	231.25	1.8×1.8（圆拱直墙形）	0	109	1957.12	2003.09~2003.12
	4	内洋	松阴溪	西屏镇	清路村	1.5	200	20	黏土心墙坝	14.5	84	4	1:2.1	1:1.75	侧堰开敞式	192.3	18	潜孔式	184	1.8×1.8（圆拱直墙形）	0	47	1962.10	2005.02~2005.09
	5	水碓垄	松阴溪支流	西屏镇	北山村	0.3	100	50	主坝：黏土心墙坝 副坝：均质土坝	9	164	4	1:2.5	1:2.2	实用堰	159.2	—	倒虹吸	—	Φ250mm放水管	0	77	1958.09	2008.03~2009.06
	6	东坑弄	松阴溪支流	西屏镇	青蒙村	1.7	50	10	黏土心墙坝	9.23	74	4	1：3.0	1:2.25	正槽式	184.76	—	潜孔式	179.35	1.8×1.8（圆拱直墙形）	0	30	1965.09	2004.10~2005.01
	7	洞阳观	松阴溪支流	西屏镇	乌形山村	0.1	200	20	均质土坝	16.1	75	5	1：2.5	1:1.8/1:2.5	开敞式	148.25	5	潜孔式	136.5	2.0×1.22（圆拱直墙形）	0	40	1965.12	2005.01~2005.04
	8	里垄源	松阴溪支流	望松乡	岗后村	1.3（其中引水0.1）	200	20	黏土心墙坝	7.4	135	6	1：3.0	1：3.0	侧堰开敞式	180	5	潜孔式	172	2.0×1.42（圆拱直墙形）	0	20	1958.10	2005.10~2006.01
	9	金达垄	松阳溪支流	古市镇	卯山后村	0.2	50	10	黏土心墙坝	9.7	78	5.5	1：3.0	1:1.75/1:2.0	正槽式	171.2	10	潜孔式	166	2.0×2.0（城门洞形）	0	67	1956.03	2005.11~2006.02
	10	瓦窑垄	松阳溪支流	古市镇	刘边村	0.15	200	20	黏土心墙坝	11	80	4	1：3.0	1：3.0	侧堰开敞式	180	5	潜孔式	172	圆拱直墙形	0	47	1961.03	2004.10~2005.01

续表 13-1-1-3-2

水库类型	序号	水库名称	所在河流	所在地点		水库基本特性																		
				乡（镇）	村	集水面积（平方千米）	重现期（年）		拦水坝						溢洪道			放水设施			配套电站（千瓦）	设计灌溉面积（公顷）	建成年月	除险加固实施年月
							校核洪水	设计洪水	坝型	坝高（米）	顶长（米）	顶宽（米）	迎水坡	背水坡	型式	堰坝高程（米）	堰坝长（米）	型式	进水口中心高程（米）	断面尺寸（米）				
小(二)型水库	11	仙岩脚	松阳溪支流	赤寿乡	楼塘村	1	200	20	黏土心墙坝	12.26	65	5	1：2.0/1:2.5	1:1.72/1:1.2/1:2.5	侧槽堰式	211	10	潜孔式	197	2.0×1.42（圆拱直墙形）	0	50	1984.12	2005.01～2006.01
	12	毛弄	松阴溪	象溪镇	毛弄村	2.09	200	20	黏土斜墙堆石头坝	25	60	5	1:2.5	1:1.5/1:2/1:1.25	侧堰开敞式	183.2	15	潜孔式	172	2.0×1.42（圆拱直墙形）	0	0.6	1974.06	2004.10～2005.01
	13	黄坑源	松阴溪黄坑源	西屏镇	岩西村	4	200	20	浆砌块石双曲拱坝	21.6	84	2.4	—	—	坝顶开敞式溢流堰	256	28	涵管	—	Φ0.3	0	200	1996.10	2003.12～2004.04
	14	桐溪	松阴溪支流桐溪源	西屏镇	桐溪村	1	300	30	黏土心墙坝	22.34	51.3	5	1:2.5	1：1.5/1：2.0	侧槽式	195.71	3	潜孔式	182.3	1.8×1.8（圆拱直墙形）	0	53	1975.03	2005.12～2006.04
	15	水井垄	松阴溪	叶村乡	官田村	0.1（引水1.0）	50	10	均质坝	8.2	50	4	1:3.0	1：2.0	侧堰开敞式	150.1	9	潜孔式	144.2	2.0×2.0（圆拱直墙形）	0	33	1958.10	2006.3～2006.6
	16	象鼻头	松阴溪支流	古市镇	黄枝连村	0.15	50	10	均质土坝	7	247.5	3	1:2.5	1：2.0	正槽式	170.4	3	潜孔式	166.8	0.8×0.7	0	33	1958.12	2006.12～2007.09
	17	马蹄泉	松阴溪支流	西屏镇	岩下村	0.32	50	10	均质土坝	9.2	55	4	1:2.5	1：2.0	正槽式	148	2	潜孔式	142.5	2.0×1.3（圆拱直墙形）	0	42	1959.11	2006.11～2007.04
	18	岗后垄	松阴溪支流	望松乡	岗后村	0.3	50	10	均质土坝	8.7	73	3.8	1:2.5	1：20	敞开式	155.9	1.4	潜孔式	151.8	2.0×1.42（圆拱直墙形）	0	38	1957.10	2007.03～2007.08
	19	后周垄	松阴溪支流	古市镇	山下阳村	0.2	200	20	黏土心墙坝	12.6	152	3.5	1:3.0	1：2.5	渠道式	180	6	涵管	—	Φ0.3	0	67	1966.04	2007.02～2007.07
	20	坑后	松阴溪支流	望松乡	仪桥村	0.85	50	10	均质土坝	9.5	94	4.5	1:3.0	1：2.8	正槽式	192.3	7.5	潜孔式	186.7	2.0×1.42（圆拱直墙形）	0	93	1962.10	2006.12～2007.04
	21	小路	松阴溪	西屏镇	横山村	1.5	200	20	浆砌石拱坝	19.7	85	3.5	1:2.15	1:1.85	侧槽式	159.15	4	涵管	—	—	0	43	1962.03	2007.10～2008.03

续表 13-1-1-3-3

水库类型	序号	水库名称	所在河流	所在地点 乡（镇）	所在地点 村	集水面积（平方千米）	重现期（年）校核洪水	重现期（年）设计洪水	拦水坝 坝型	坝高（米）	顶长（米）	顶宽（米）	迎水坡	背水坡	溢洪道 型式	堰坝高程（米）	堰坝长（米）	放水设施 型式	进水口中心高程（米）	断面尺寸（米）	配套电站（千瓦）	设计灌溉面积（公顷）	建成年月	除险加固实施年月
小（二）型水库	22	竹溪源	松阴溪支流	竹源乡	创古基村	38	200	20	浆砌块石堆石坝	24.5	101	2	1:0.1/1:0.253	1:1.5	侧槽式与正槽式结合	203.8	57	—	191.22	钢筋砼管管径0.6m	360	160	1972.04	2009.12
	23	余庄源	宣平溪支流余庄源	板桥乡	板桥村	4.2	300	30	面板堆石坝	28	70	4	1:0.85	1:1.4	侧槽式	378.2	28	岸坡式	355.3	2.2×1.8（圆拱直墙形）	125	40	1972.04	2009.12～2010.12
	24	谢树寮	松阴溪支流	古市镇	谢树寮村	0.627	200	20	黏土心墙坝	18	93	3	1:2.25	1:2.0	实用堰	187.2	28	潜孔式	173.78	2.0×1.42（圆拱直墙形）	0	67	1999.12	2008.12～2009.06
	25	雅溪坑	松阴溪支流	象溪镇	东田村	35.9	100	20	双曲拱坝	41.5	71	1.8	—	—	坝顶溢流	192.5		隧洞	—	—	960	133	1999.12	—
	26	谢村一级	松阴溪谢村源	谢村乡	谢村村	24.9	100	30	浆砌石重力坝	28	92	2.5	—	—	坝顶溢流	605	10	隧洞	—	1.8	2500	—	2002.04	—
	27	山乍口	小港源支流	枫坪乡	山乍口村	20.3	200	30	双曲拱坝	23	60.55	2.2	—	—	坝顶溢流	114	30	钢管	—	1.1	640	—	2000.09	—
	28	南源	松阴溪支流	叶村乡	南源村	9.88	200	30	双曲拱坝	24.8	71.4	6	—	—	坝顶溢流	431.5	15	隧洞	—	2.0	800	—	2001.01	—
	29	道惠口	小港源支流	玉岩镇	道惠口村	11.06	100	30	双曲拱坝	23.5	60.4	2	—	—	坝顶溢流	760.5	26	隧洞	—	2.0	1000	—	2002.01	—
	30	枫溪	小港源支流	枫坪乡	斗潭村	58	200	20	浆砌石拱坝	29	96	—	—	—	—	—	—	—	—	—	6385	1706.6	—	—
	31	洋坑源	小港源支流	大东坝镇	青石坝村	23.2	200	20	双曲拱坝	29	80	—	—	—	—	462	—	—	—	—	0	1890	2003.01	—

说明：经除险加固水库首次投入使用时间为完工检查验收或蓄水验收时间

2010年松阳县山塘基本情况表

表 13-1-1-4

序号	山塘名称	所在乡（镇）	所在村	集雨面积（平方千米）	大坝							溢洪道			输水设施		灌区情况		建造年月
					设计坝型	坝高（米）	顶高程（米）	迎水坡	背水坡	坝顶长（米）	坝顶宽（米）	标准（%）	形式	进口尺寸（米）	形式	断面直径（毫米）	设计灌溉面积（公顷）	干渠总长（千米）	
1	占村垄	西屏镇	占村（六村）	0.2	均质土坝	3.5	103.5	1:1	1:2	100	1.8	10	渠式	2	涵管	200	15	1.0	1956.04
2	云岩垄	西屏镇	三村	0.15	均质土坝	5	105	1:2	1:2	61	1.5	10	渠式	2.0	涵管	150	3.3	1.0	1958.02
3	叶脚山垄	西屏镇	塔寺下村	0.2	均质土坝	4.27	104.27	1:1.5	1:2.3	24	3	10	渠式	2.5	分级卧管	150	10.7	1.0	1971.12
4	下塘垄	西屏镇	七村	0.1	均质土坝	6	106	1:1.5	1:2	67	2.3	10	渠式	2.5	涵管	200	6.7	1.0	1957.01
5	寺山垄	西屏镇	三村	0.2	均质土坝	7	107	1:1.5	1:1.5	36	2	10	渠式	1	分级卧管	150	6.7	1.5	1958.04
6	水圳垄	西屏镇	五村	0.1	均质土坝	6	106	1:1.5	1:1.75	106	6	10	渠式	0.5	分级卧管	150	4.7	0.5	1956.08～1958.02
7	灰弄	西屏镇	上连头村	0.15	均质土坝	5	105	1:1.5	1:1.75	43	3.3	10	渠式	1	分级卧管	150	6.7	1.0	1959.03
8	黄墩顶垄	西屏镇	三村	0.15	均质土坝	6	106	1:2	1:2	65	7	10	渠式	0.5	分级卧管	150	3.3	0.1	1959.12
9	蛤蟆弄	西屏镇	五村	0.16	均质土坝	6	106	1:2	1:1.75	87	3	10	渠式	2	涵管	200	33	1.0	1958.03
10	有道观	西屏镇	岩西村	0.2	土石混合坝	5	105	1:1.5	1:1	15	12	10	渠式	2	涵管	150	53	1.0	1977～1979.12
11	小垄	西屏镇	郑弄口村	0.1	均质土坝	6	106	1:1.5	1:1.5	38	1.4	10	渠式	1.5	分级卧管	150	4	0.8	1968～1970.04
12	水碓源	西屏镇	岩西村	0.3	均质土坝	9	109	1:1.5	1:2	65	3	10	渠式	2.30	涵管	200	10	0.5	1962～1979.09
13	石垦塘	西屏镇	南山村	0.1	均质土坝	8	108	1:2	1:2	30	6	10	渠式	1.8	分级卧管	150	5.3	0.6	1958～1979.03
14	空麻塔	西屏镇	潘村村	0.1	均质土坝	7	107	1:1.75	1:1.25	90	3	10	渠式	1	涵管	150	6.7	0.5	1971.09～1972.03
15	坑尾头	西屏镇	清路村	0.1	均质土坝	11	111	1:1.75	1:2	75	6	10	渠式	2.5	涵管	200	20	0.5	1975.10
16	横山背	西屏镇	横山村	0.1	黏土心墙坝	8	108	1:2	1:2.5	50	3.5	10	渠式	1.5	涵管	200	6.7	1.2	1956～1957.02
17	高坑源	西屏镇	岩西村	引水 0.1	均质土坝	5	105	1:1.5	1:1.5	60	2	10	渠式	1	分级卧管	150	3.3	0.3	1957～1958.11

续表 13-1-1-4-1

序号	山塘名称	所在乡（镇）	所在村	集雨面积（平方千米）	大坝							溢洪道			输水设施		灌区情况		建造年月
					设计坝型	坝高（米）	顶高程（米）	迎水坡	背水坡	坝顶长（米）	坝顶宽（米）	标准（%）	形式	进口尺寸（米）	形式	断面直径（毫米）	设计灌溉面积（公顷）	干渠总长（千米）	
18	大塘	西屏镇	南山村	0.2	均质土坝	10	110	1:0.75	1:2	40	3.5	10	渠式	1.10	分级卧管	150	13	3.0	1958～1979.10
19	大路源	西屏镇	潘村村	0.7	均质土坝	7	107	1:2	1:2	37	11.5	10	渠式	2.5	涵管	200	27	2.0	1966～1973.09
20	大荒凹	西屏镇	岩西村	0.1	均质土坝	10	110	1:1.75	1:1.5	38	1	10	渠式	1.0	涵管	150	5.3	1	1979.12
21	朝弄源	西屏镇	踏步头村	0.2	均质土坝	7	107	1:1	1:1.75	33.5	4	10	渠式	1	分级卧管	150	4	0.4	1968.12
22	北弄湾	西屏镇	桥头村	0.1	均质土坝	7	107	1:1.75	1:1.5	60	3	10	渠式	2	分级卧管	150	13	0.5	1966～1969.04
23	包罗源	西屏镇	郑弄口村	1.20	均质土坝	8	108	1:2	1:1.5	51	2.8	5	渠式	6	涵管	200	8	1.20	1991.12
24	樟坑源	西屏镇	水车村	0.3	均质土坝	8	108	1:1.5	1:2	55	2.3	10	渠式	2.3	涵管	200	8.7	3	1970.12
25	燕窝型	西屏镇	青蒙村	0.2	均质土坝	11	111	-	-	58	1.2	10	坝顶溢流	10	涵管	200	10	2.5	1991.10
26	乌龟山垄	西屏镇	北山村西垄村	0.1	均质土坝	9	109	1:1	1:1.5	97	7	10	渠式	1.5	涵管	200	29	0.6	1971.11
27	塘内	西屏镇	丁山头村	0.05	均质土坝	7.5	107.5	1:1.5	1:1.5	65	2	10	渠式	0.5	涵管	200	5.3	0.2	1991.03～1991.12
28	千塘垄	西屏镇	项桥下村	0.2	均质土坝	10	110	1:2	1:2	145	2	10	渠式	0.8	涵管	200	11.3	0.3	1968.11～1976.12
29	马鞍山后	西屏镇	丁山头村	0.05	均质土坝	7.5	107.5	1:1.5	1:1.8	98	2	10	渠式	1.5	涵管	200	40	0.1	1991.11
30	里直垄	西屏镇	项桥下村	0.2	均质土坝	10	110	1:2	1:1.5	82	2	10	渠式	1.2	涵管	200	27	0.5	1957.01
31	老鼠垄	西屏镇	大路口村	1.0	均质土坝	10	110	1:1.2	1:1.2	60	2.5	10	渠式	2	涵管	200	20	0.6	1979.11
32	烂田	西屏镇	邵山村	0.1	均质土坝	10	110	1:1.5	1:2	88	3	10	渠式	3	涵管	200	10	0.2	1990.05
33	洞阳亭	西屏镇	项弄村	0.3	均质土坝	9	109	1:2	1:2	65	3.5	5	渠式	2.5	涵管	200	33.3	0.2	1957.11～1963.4
34	洞阳观（二）	西屏镇	乌形山村	0.2	均质土坝	11	111	1:1.5	1:2	83	2.5	10	渠式	1.5	涵管	200	40	0.15	1968.12
35	定照院	西屏镇	大路口村	0.4	均质土坝	7	107	1:1.5	1:1.2	67	2.5	10	渠式	0.5	涵管	200	10	0.01	1977.12

续表 13-1-1-4-2

序号	山塘名称	所在乡（镇）	所在村	集雨面积（平方千米）	大坝							溢洪道			输水设施		灌区情况		建造年月
					设计坝型	坝高（米）	顶高程（米）	迎水坡	背水坡	坝顶长（米）	坝顶宽（米）	标准（%）	形式	进口尺寸（米）	形式	断面直径（毫米）	设计灌溉面积（公顷）	干渠总长（千米）	
36	大塘垄	西屏镇	西垄村	0.2	均质土坝	9	109	1:1.5	1:2	60	4	10	渠式	1.7	涵管	200	40	1.2	1989.12
37	大水缺	西屏镇	东坑村	0.2	均质土坝	8	108	1:1.8	1:1.6	61	1.5	10	渠式	1.2	涵管	200	13.3	0.5	1966.12
38	草塔外	西屏镇	丁山头村	0.05	均质土坝	8	108	1:1.5	1:2	46	4.5	10	渠式	0.8	涵管	200	6.7	0.4	1991.03～1991.12
39	兆弄	西屏镇	西垄村	0.1	均质土坝	9	109	1:2	1:2	100	4.5	10	渠式	2	涵管	200	30	0.2	1955.11～1965.12
40	大井塘	古市镇	寺口村	0.01	均质土坝	4	104.40	1:1.75	1:2	40 附坝 200	2.8	10	渠式	3	分级卧管	200	13.3	0.1	1960～1961.03
41	道士钟	古市镇	岗下村	0.02	黏土心墙坝	6	106	1:1.5	1:0.85	75	4	10	渠式	1.5	涵管	150	13.3	0.5	1958.12
42	廿步岭	古市镇	岗下村	0.1	黏土心墙坝	7.5	107.5	1:1.2	1:1.75	60	1.8	10	渠式	2.5	涵管	200	13.3	0.6	1957～1958.12
43	社公垄	古市镇	白角外村	0.02	均质土坝	3.5	103.5	1:1.5	1:1.75	60	2	10	渠式	1.2	分级卧管	200	13.3	0.5	1956～1958.12
44	新卯垄	古市镇	七村八村	0.1	黏土心墙坝	7	107	1:3.8	1:4.7	67	2	10	涵管	2	涵管	200	20	0.6	1957.10～1958.03
45	竹叶山	古市镇	十五里村	0.12	黏土心墙坝	6	106	1:1.75	1:2	125	3	5	渠式	2.5	涵管	200	27	0.2	1965.12～1967.12
46	茶寮	赤寿乡	半古月村	0.06	黏土心墙坝	6	106	1:2.5	1:1.5	82	3	5	渠式	5	涵管	200	13.3	0.6	1957.09～1958.12
47	富仁堂	赤寿乡	择子山村	0.05	均质土坝	5	105	1:1.05	1:1.5	42	2.5	10	渠式	0.6	涵管	150	3.3	0.5	1959.09～1960.11
48	棺材岩	赤寿乡	择子山村	0.03	均质土坝	7	107	1:1.5	1:1.5	52	4	5	渠式	1.5	虹吸管	200	6.7	0.2	1957.11～1959.3
49	六亩头	赤寿乡	择子山村	0.12	均质土坝	6	106	1:1.5	1:1	28	8	10	渠式	2.1	分级卧管	200	6.7	1	1970.10～1972.03
50	后垄	赤寿乡	黄坑口村	0.24	黏土心墙坝	8	108	1:2.5	1:2	46	2.5	10	渠式	3	涵管	200	20	0.3	1954.11～1956.01
51	麻地湾	赤寿乡	楼塘村	0.15	黏土心墙坝	6	106	1:1.5	1:2	70	2.5	10	渠式	1.5	涵管	200	6.7	0.25	1956.11～1957.12
52	麦弄源	赤寿乡	狮子口村	0.15	黏土心墙坝	5	105	1:2	1:1.5	44	8	10	渠式	2	涵管	200	6.7	0.5	1956.12～1958.12

续表 13-1-1-4-3

序号	山塘名称	所在乡（镇）	所在村	集雨面积（平方千米）	大坝							溢洪道			输水设施		灌区情况		建造年月
					设计坝型	坝高（米）	顶高程（米）	迎水坡	背水坡	坝顶长（米）	坝顶宽（米）	标准（%）	形式	进口尺寸（米）	形式	断面直径（毫米）	设计灌溉面积（公顷）	干渠总长（千米）	
53	西垄源	赤寿乡	狮子口村	0.06	均质土坝	6.5	106.5	1:1.75	1:1.5	51	4	10	渠式	1.5	分级卧管	150	3.3	0.2	1959.11～1960.02
54	柿树坪	赤寿乡	大川村	0.1	均质土坝	3.5	103.5	1:1.5	1:1..5	50	3	10	渠式	1.2	分级卧管	150	6.7	1.10	1957.10～1958.12
55	太平山源	赤寿乡	卯山后村	1.23	双曲拱坝	13	109.5			41.45	2	1	坝顶溢流	22	闸阀	300	饮用水+13.3	主管道0.8	2000.04～2001.02
56	乌坛弄	赤寿乡	黄坑口村	0.15	黏土心墙坝	8	108	1：2.25	1:2.0	41	2.5	10	渠式	2	涵管	150	21	0.5	1959.11～1968.03
57	上洋	新处乡	庄后村	0.2	均质土坝	11	111	1:1	1:1.4	42	4.5	10	渠式	3	涵管	200	23.3	1.5	1971.12～1972.12
58	安露源	新兴乡	徐郑村	0.75	土石混合坝	16	116	1:3 1:2.75	1:1 1:2	50	6	5	侧堰	3.5	涵管	300	27	0.5	1970～1990.08
59	白塔垄	新兴乡	杨村头村	0.06	黏土心墙坝	6	106	1:2	1:2	55	3	10	渠式	1.5	涵管	200	10	0.6	1958.04～1959.12
60	凤凰山脚	新兴乡	下源口村	0.5	黏土心墙坝	8	108	1:2.5	1:1.5	106	4.5	10	渠式	1.0	涵管	200	13.3	0.1	1957.10～1959.01
61	古西垄	新兴乡	后刘村	0.02	均质土坝	6.5	106.5	1:2.75	1:2.5	52	2.5	10	渠式	1	涵管	200	20	0.6	1957.11～1959.02
62	黄塘	新兴乡	后周包村	0.05	均质土坝	5.5	105.5	1:3	1:2.5	64	3.7	10	渠式	0.5	分级卧管	150	3.3	0.1	1954～1964.03
63	老八垄	新兴乡	横溪村	0.06	均质土坝	8.5	108.5	1:1.5	1:2	77	2.5	10	渠式	1.2	涵管	250	20	1.0	1958.03～1960.03
64	里顶	新兴乡	大石村	0.5	均质土坝	7.5	107.5	1:2.75	1:2.5	40	5	10	渠式	0.9	分级卧管	250	20	0.3	1956.10～1957.10
65	连子塘	新兴乡	外孟村	0.045	均质土坝	5.8	105.8	1:1.5	1:1.2	60	2	10	渠式	1.5	分级卧管	200	3.3	0.1	1957.11～1958.11
66	麻车子垄	新兴乡	上安村	0.06	均质土坝	5	105	1:2	1:2	45	2.7	10	渠式	0.8	分级卧管	200	6.7	0.3	1959.12
67	南门坑	新兴乡	杨村头村	0.75	均质土坝	10	110	1:2	1:1	43	6.4	10	渠式	1.50	分级卧管	200	13.3	0.6	1965～1967.04
68	五爪垄	新兴乡	进贤村	0.01	均质土坝	7	107	1:3	1:2	52	2.5	10	渠式	1.60	分级卧管	200	10	1.0	1957.10～1958.05
69	坞叉源	新兴乡	后周包村	0.3	均质土坝	9	109	1:2	1:2	37	5	10	渠式	1.50	涵管	200	27	1.5	1974.05
70	梅弄口	樟溪乡	东市村	0.1	均质土坝	12	112	1:1.5	1:1.5	40	2	10	渠式	1.0	涵管	200	6.7	0.2	1974.09～1979.05

续表 13-1-1-4-4

序号	山塘名称	所在乡（镇）	所在村	集雨面积（平方千米）	大坝							溢洪道			输水设施		灌区情况		建造年月
					设计坝型	坝高（米）	顶高程（米）	迎水坡	背水坡	坝顶长（米）	坝顶宽（米）	标准（%）	形式	进口尺寸（米）	形式	断面直径（毫米）	设计灌溉面积（公顷）	干渠总长（千米）	
71	十四亩	樟溪乡	东市村	0.2	均质土坝	8	108	1:3	1:2	90	4.5	10	渠式	1.0	涵管	250	27	0.3	1957.10～1958.03
72	安垄	望松乡	翁村村	1.5	均质土坝	7	107	1:2	1:1.5	80	1.5	10	渠式	2.0	涵管	150	5.3	0.3	1954.09～1956.04
73	半岭脚	望松乡	翁村村	0.2	均质土坝	4	104	1:2.5	1:1.5	65	2	10	渠式	0.5	分级卧管	120	5.3	0.8	1970.09～1972.12
74	后垄	望松乡	翁村村	0.2	均质土坝	7	107	1:2.5	1:2.5	63	2.5	10	渠式	2.5	涵管	300	30	1.0	1956.09～1962.12
75	徐钟儿	望松乡	翁村村	0.5	均质土坝	4	104	1:1.5	1:2	60.2	1.2	10	渠式	0.5	分级卧管	120	6.7	0.6	1962.10～1963.04
76	安山垄	望松乡	西河村	0.1	均质土坝	5	105	1:1	1:1.5	60	6	10	渠式	1.0	涵管	200	12	0.5	1958.09～1968.04
77	坛头塘	望松乡	西河村	0.5	均质土坝	8	108	1:2	1:1.5	60	3	10	渠式	0.5	涵管	200	9.3	0.9	1962.09～1965.09
78	后连山垄	望松乡	岗后村	0.06	均质土坝	5	105	1:1.5	1:1.5	60	3	10	渠式	0.6	涵管	150	10	0.4	1957.12～1959.10
79	三眼塘	望松乡	岗后村	0.8	均质土坝	5	105	1:1.2	1:1.9	47.5	3.8	10	渠式	1.50	涵管	200	10	0.5	1958.10～1964.09
80	后垄	望松乡	王村村	0.1	黏土心墙坝	6	106	1:2.5	1:3	71	9	10	渠式	1.2	涵管	150	13.3	0.8	1965.09～1966.12
81	上安垄	望松乡	王村村	0.12	黏土心墙坝	5	105	1:2	1:2	68	9	10	渠式	1	分级卧管	350	13.3	0.6	1963.09
82	黄择山龙	望松乡	石门村	0.13	均质土坝	5	105	1:2.5	1:2.5	86	1.7	10	渠式	3	分级卧管	200	13.3	0.5	1958.03～1960.10
83	茭笋塘	望松乡	仪桥村	0.01	均质土坝	7	107	1:1	1:1	30	1.2	10	渠式	1	分级卧管	150	9.3	1.4	1958.09～1959.12
84	龙安山	望松乡	乌石下村	0.04	均质土坝	9	109	1:1.5	1:1.5	50	3	10	渠式	5	涵管	200	6.7	0.3	1953.08～1954.12
85	山垄	望松乡	乌石下村	1.0	均质土坝	5	105	1:1.75	1:1.5	70	2	10	渠式	0.5	涵管	200	14.7	0.5	1957.09～1959.12
86	水碓后	望松乡	乌石下村	2.0	均质土坝	2.5	102.5	1:1.5	1:1	200	2	10	渠式	3	分级卧管	200	20	1.0	1956.09～1966.04
87	清水弄门	望松乡	五都阳村	0.5	均质土坝	7	107	1:2	1:1.5	73	2.5	10	渠式	2	涵管	150	33.3	0.8	1958.09～1963.09
88	后垄	望松乡	翁村村	0.2	均质土坝	7	107	1:2.5	1:2.5	63	2	10	渠式	-	砼方涵	300	30.0	1.0	1956.09～1962.12

续表 13-1-1-4-5

序号	山塘名称	所在乡（镇）	所在村	集雨面积（平方千米）	大坝							溢洪道			输水设施		灌区情况		建造年月
					设计坝型	坝高（米）	顶高程（米）	迎水坡	背水坡	坝顶长（米）	坝顶宽（米）	标准（%）	形式	进口尺寸（米）	形式	断面直径（毫米）	设计灌溉面积（公顷）	干渠总长（千米）	
89	杨六郎	望松乡	山仁下村	0.3	均质土坝	4	104	1.0:1.0	1:0.8	45	2	10	渠式	0.9	分级卧管	150	8.0	—	1973～1979
90	眼睛子塘	望松乡	五都阳村	引水0.3	均质土坝	3	103	1:1.5	1:1	350	1.5	10	渠式	0.8	分级卧管	150	40	0.9	1958.09～1960.04
91	五都源	望松乡	麻洋塔村	0.8	黏土心墙坝	12	112	1:2	1:1	43	3	10	渠式	2	涵管	300	15	1.5	1962.09～1965.12
92	东关源	斋坛乡	东关村	8	土石混合坝	20	120	1:3	1:0.7	50	3.5	10	渠式	3.5	涵管	600	133.3	1.5	1969.10～1972.11
93	牛弄源	斋坛乡	坳头村	0.05引水东坞	均质土坝	6.1	106.1	1:2	1:2	83	3	10	渠式	2.5	涵管	150	20	0.4	1967.10～1969.01
94	仙坑源	斋坛乡	花田垄村	3.5	土石混合坝	11	111	1:5	1:2.5	51	14	10	渠式	3.5	涵管	600	80	1.0	1969.11～1972.12
95	杨堂山	斋坛乡	花田垄村	0.05引水东坞	均质土坝	4	104	1:2.5	1:2	100	1.5	10	渠式	1	分级卧管	200	133.3	0.3	1956.10～1958.11
96	后塘垄	叶村乡	松山村	0.5	均质土坝	7	107	1:2.5	1:2	120	7.5	10	渠式	1.5	砖井	300	6.7	0.4	1955.11～1957.12
97	寺后垄	叶村乡	叶村村	0.1	均质土坝	5	105	1:2	1:2.5	85	1.5	10	渠式	1	涵管	300	4.7	0.15	1956.09～1957.11
98	东坞头	叶村乡	南岱村	0.1	均质土坝	12.6	112.6	1:1.2	1:2.5	34	2.5	10	渠式	1.4	闸阀	150	23.3	1.80	1975.01～1976.10
99	灯盏凸	三都乡	上田村	1.5	均质土坝	12	112	1:2	1:2	40	2.5	10	渠式	3	涵管	300	27	2.0	1956.09～1957.12
100	老湾	三都乡	上田村	2.0	均质土坝	15.5	115.5	1:3.2	1:2.5	40	4.3	10	渠式	2	涵管	300	18.6	2.0	1972.11～1991.05
101	细坛磨	板桥乡	张山村	0.1	均质土坝	12	112	1:1.5	1:1	52	3.5	10	渠式	2.5	涵管	300	10	0.13	1975.10～1991.05
102	岗沿	象溪镇	陈家里村	0.05	均质土坝	10	110	1:2.4	1:1.5	39	1.5	10	渠式	0.5	涵管	200	6.7	0.5	1975.10～1976.12
103	小佛儿	象溪镇	小佛儿村	0.4	均质土坝	16	116	1:1.3	1:1.7	69	3.5	10	渠式	3.5	涵管	200	13.3	0.3	1969.12～1980.04
104	山后	象溪镇	象溪村	0.3	均质土坝	6.5	106.5	1:2	1:0.75	42	8	10	渠式	2.5	分级卧管	150	3.3	0.2	1957～1964.03
105	李家塘	象溪镇	石马铺村	0.1	均质土坝	6	106	1:2.5	1:3	30	2	10	渠式	0.5	涵管	200	4	0.8	1956～1957.01
106	东方红	象溪镇	靖居包村	0.5	均质土坝	22	122	1:1.5	1:1	60	4	5	渠式	9	涵管	300	26.7	0.5	1970.07～1980.04

续表 13-1-1-4-6

序号	山塘名称	所在乡（镇）	所在村	集雨面积（平方千米）	大坝							溢洪道			输水设施		灌区情况		建造年月
					设计坝型	坝高（米）	顶高程（米）	迎水坡	背水坡	坝顶长（米）	坝顶宽（米）	标准（%）	形式	进口尺寸（米）	形式	断面直径（毫米）	设计灌溉面积（公顷）	干渠总长（千米）	
107	殿塘后	象溪镇	南州村	0.125	均质土坝	6	106	1:2	1:1.6	63	7.5	10	渠式	2.5	涵管	200	20	3.0	1957～1965.03
108	大垦	象溪镇	石牌门村	2.0	均质土坝	12	112	1:2	1:1.5	39	6.5	10	渠式	3	涵管	300	12	1.0	1979.12～1980.12
109	徐山	裕溪乡	徐山村	0.1	均质土坝	11	111	1:0.6	1:1.5	43	5	10	渠式	2.5	闸阀	150	20	1.2	1965.11～1966.12
110	大坑头	裕溪乡	凤弄源村	1.25	均质土坝	12	112	1:0.5	1:0.6	40	3.5	10	渠式	1.5	涵管	300	10	0.7	1970.10～1972.12
111	突良坞	玉岩镇	周安村	1.0	均质土坝	8	108	1:1.2	1:1 1:2.5	55	12	10	渠式	2	涵管	200	20	4.0	1971.10～1974.12
112	东头	大东坝镇	牛角圩村	0.15	均质土坝	12	112	1:2	1:15	30	3.5	10	渠式	1.0	涵管	200	3	1.3	1988.10
113	山后垄	大东坝镇	燕田村	0.4	均质土坝	8	108	1:3	1:3	35	5	10	渠式	1.2	涵管	200	19	3.0	1958～1976.11
114	山外坑源	大东坝镇	燕田村	0.4	均质土坝	8	108	1:4	1:4	15	4	10	渠式	2	涵管	150	6	1.5	1984.11
115	叶明山	大东坝镇	燕田村	0.8	均质土坝	7	107	1:2	1:1	40	3	10	渠式	3	涵管	250	9	2.0	1970.09～1975.12

第二节 引水工程

堰坝建设演进

历史上的松阳，以农业立县。其农田灌溉，自古以来都在溪中筑坝，让坝横卧溪中，借以抬高堰坝上游水位，以引溪水自流灌溉。筑拦河坝所用材料，主要是毛竹编成的竹笼，以河中的卵石填入笼中，以松树等木材为立柱，堆砌成坝，再铺垫草皮等杂物护坡，用这样的围堰截水引流。

图 13-5 竹笼填石拦河坝（县水利局提供）

松阴溪及各支流中之堰坝名，大多以地理特征或以传说故事，或以堰坝渠道所在地取名，如境内的芳溪堰、新兴堰、徐郑堰、青龙堰、白龙堰等。

中华人民共和国成立前，境内蓄集雨水工程较少，一些小型山塘星散于各地村野田间。境内历史上的农田灌溉，除使用一些古老而原始的提水器具提水灌溉外，全仰在溪中筑坝开渠，借水的重力作用，直接流入渠道灌溉农田，也供傍堰渠村落群众生活之用。

中华人民共和国成立后，百废待兴，人民政府屡次拨款，对古堰坝进行维修或改造，大多改为块石干砌坝，或以水泥浆砌块石，少数以铁水或桐油、石灰浇筑而成。

民国《松阳县志》记载，全境有大小古堰坝 120 多条。2004 年，境内仍有溉田 66.7 公顷（合 1000 亩）以上的堰坝 14 条，溉田 6.7 公顷（合 100 亩）至 66.7 公顷的 108 条，溉田 6.7 公顷以下的小型堰坝 2984 处。

2004 年 8 月，松阳县编制完成《浙江省松阳县千万亩十亿方节水工程实施方案》。发展水利，改善民生的惠农政策，为松阳县灌区改造引水水源修复重建带来千载难逢的机会。前后修复、重建观口堰、金梁堰、梁下堰、青龙堰、白龙堰、午羊堰 6 条历史名堰（其中午羊堰原已废，2010 年重建），改善灌溉面积 1200 多公顷。共投入资金 1042.42 万元，其中中央补助 363 万元、省财政补助 326 万元、县及以下配套资金 353.42 万元。

至 2010 年末，松阳县灌溉 66.7 公顷农田以上堰坝 15 条，灌溉 6.7～66.7 公顷农田的堰坝 96 条，灌溉 6.7 公顷农田以下堰坝 2984 处。其中，青龙堰、白龙堰、金梁堰、众济堰、上洋堰、沙坡堰、观口堰、响石堰、下洋堰、梁下堰、通泽堰（已废。1978 年冬，因赤岸畈平整土地、园田化建设需要降低渍水位，经农水局同意废除，古市镇部分农田改由梧桐源水库灌溉，新建古市镇后塘畈电灌站作为补充水源。继后，又从梧桐源下游上方段筑堰坝引水解决）、芳溪堰、新兴堰等堰坝，为历史古堰，灌溉面积较大，为松古盆地水利骨干工程。中华人民共和国成立初，境内塘库仍较少，蓄水量小，绝大部分农田仍以古老堰坝引水灌溉为主。20世纪60年代始，在“以蓄为主，蓄、引、提相结合”的治水方针指导下，全县兴修水库，在增加蓄水量的同时，对古堰坝进行多次维修和改造，有的改竹笼卵石坝为块石干砌或浆砌坝，或迎水坡和背水坡用水泥浆砌块石混凝土面板防渗，中间用卵石充填，称为硬壳坝，对堰坝干支渠进行清淤或以混凝土浇砌，减少渗漏，增加引水量，扩大灌溉面积。60年代中期，动工兴建江南堰及其渠道。80年代后期，在冬春农田水利基本建设进程中，对金梁堰、梁下堰、观口堰、白龙堰、响石堰、下洋堰等溉田千亩以上堰坝输水渠道，进行拓宽、整修，或施以砼衬砌，累计完成“三面光”砼渠道4.5千米。对玉岩、大东坝、靖居等山区农村的大批小型堰渠，亦进行修复或改造。至20世纪末，全县共治理大小堰坝285处，总引水量显著增加，灌溉面积随之扩大。

2010年松阳县引水工程概况表

表13-1-2-1

项目 实绩 规模		堰坝数（条）	年均引水量（万立方米）	受益面积		引水渠	
				合计（公顷）	其中：保灌面积（公顷）	总长度（千米）	其中：衬砌长度（千米）
全县总计		3095	4586.2	7133.5	3905.6	234.48	42.86
其中	灌溉66.7公顷以上	15	1731	2363	2363	103.1	11.76
	6.7～66.7公顷	96	1056.7	1503	482.6	47.25	2.1
	灌溉6.7公顷以下	2984	1798.5	3267.5	1060	84.03	29.0

堰坝选介

被列为骨干水利工程的堰坝有青龙堰、金梁堰、白龙堰、芳溪堰、观口堰、江南渠堰等15条。

通济堰　通济堰初建于南朝梁天监四年（505），为司马詹、南二氏所创。坝址在松阳东去30千米处的堰头村边松阴溪中。

通济堰拱型大坝长275米，宽25米，高2.5米。据载，此坝初为木筱结构，每岁汛期，频频为洪水冲圮，颇费工本。南宋开禧元年（1205），郡人参政何澹主张把通济堰的木筱坝改石坝，奠定拱坝坚实基础。此后的千百年间，依然屡建屡圮，屡圮屡修。

历史上，通济堰屡经修复，直至民国28年（1939），设在松阳的浙江省农业改进所所长莫定森募资进行大修。中华人民共和国成立之后，多次进行加固，并疏浚渠道，以利灌溉。

通济堰的输水渠道呈竹枝状分布。渠水通过干支毛渠，经堰头村南侧，过保定村，向东穿越碧湖平原石牛诸乡，流抵下圳（圳即堰）、白桥等村后出口，注入瓯江。通济堰渠长23千米，几乎覆盖整个碧湖平原。

1963年，行政区划变更时，堰坝所在地堰头村等划归丽水县管辖，通济堰归属变更。

青龙堰　又名百仞堰、何家堰。堰坝在松阴溪南岸百仞山（独山）山麓西上0.4千米与竹溪源水交汇处。距北侧下游白龙堰0.5千米，距西屏镇2.5千米。原堰坝为块石干砌而成的连拱坝，高1.5米，长110米。坝右连接渠道平均宽1.5米，高1.2米，设计进水流量为1.5立方米/秒。渠首为隐蔽涵洞，长120米，横穿竹溪源河床底。渠道由西向东，经独山脚下，过瓦窑头、山脚下、水南青龙村、程徐等村，至横山村汇入黄坑源，经踏步头村注入松阴溪干流，全长7千米，灌溉西屏镇十村和水南乡瓦窑头、塘寮、青龙、水南、程村、徐村、横山、踏步头8个村，灌溉面积186.5公顷。

图13-6　青龙堰（叶光铭 摄于2006年）

青龙堰为松阳历史名堰之一，旧址在独山麓独山潭下，宋庆历年间（1041～1048）遭水毁。明正德年间（1506～1521）修复，又毁。明万历二年（1574），由何姓子孙另修建堰渠，名“何家堰”。明万历二十二年（1594），知府周宗邠率众修复百仞堰，把堰址上移数百米，使“南可决水灌田，北不漫流漂舍”；明万历二十四年（1596），又毁。明万历二十六年（1598），知府任可容倡捐扩建何家堰，改竹笼卵石为块石筑砌，并重新把何家堰改为青龙堰。此堰一直为水南一带的主要引水工程。

1950年，省人民政府补助1万公斤大米，资修青龙堰等引水工程。由于堰首渠道约有200米须横穿竹溪源河床，每遇洪水，沙石淤塞，渠道易被阻塞，影响通水，每年汛后清淤修渠耗工甚巨，1963年冬和1964年冬，连续两年，国家补助2万多元，群众自筹1.5万元，建成一条长80米、高1.2米、宽1米许的浆砌石涵洞，上用钢筋混凝土盖板密封，效果较好。1976年，青龙堰管理委员会利用水费收入，把涵管延伸至堰头闸门，又在涵管上游修筑浆砌块石护坝，保护涵管不受冲刷。随后，在干渠各关键处，用浆砌块石及混凝土衬砌渠道250米，减少渗漏，灌区受益面积随之扩大。

青龙堰管理向为堰长董事负责制，水费按亩摊派捐，并订有修堰、放水等乡规民约。独山北侧有一摩崖，上记：“光绪三十四年复筑何家堰上首，堤一百七十余丈，按亩派捐，每亩一角，向业主捐洋七角，以为公费之资。水南坐田六成，徐村坐田二成，程村坐田二成。日后轮流水期，亦照田亩多寡按田灌溉，周而复始……各村堰董公立。”1950年始，重新成立青龙堰管理委员会，有成员11人，设正、副主任，经济保管员、会计各1人，并订有派工、派资、修堰等乡规民约。1982年后，水费按每亩0.8元收取。亦可以工代资，但须正劳力。

青龙堰后因年久失修，基础差，洪水冲刷坝体毁坏严重，下游3050亩农田灌溉用水困难。2006年，省水利厅下达计划，批复水南畈灌区改造工程青龙堰修复工程。其中，中央财政补助30万元，省财政配套50万元，县财政配套60万元，群众自筹61.2万元。工程分两期实施，一期工程为青龙堰右坝段长44.28米连拱坝的修复，新建44.6米输水渠；二期工程包括青龙堰左岸新建拦水堰坝

139.8米，右岸新建拦水堰坝109.5米，左右岸下游与堰衔接处新建防洪堤21米。工程于2005年11月6日正式开工，2006年1月20日完工。工程实施后，提升了水南灌区水利设施标准，节约农业灌溉用水，改善灌溉面积3000多亩，灌溉保证率80%。

金梁堰　金梁堰又名京梁堰，被后人誉为宣公堤，为境内历史名堰之一。在松阴溪斋坛乡大花地村北溪中，距西屏镇8.5千米。民国《松阳县志》载：“金梁堰，在县西二十里十五都，灌田六十顷，元至元六年（1340）堰坝圮。达鲁花赤（官名，掌印掌权者，即县令）买住复筑，民获其利，因名宣公堤。”元时，由七象鼻潭进水，至明洪武年间（1368～1398），改由犊儿洞潭进水。该堰在松阴溪流上无拦水坝，其进水口建在轭儿洞潭南缘，充分利用松阴溪的河道条件和水脉，自然平稳地从松阴溪进水。清光绪十二年（1886）立《重修京梁圳碑》称：“处松之西乡，有京梁圳焉。是圳也，十五都与十六都人民，协力共兴。”灌斋坛乡小石、桐村、金梁、大路等6个村的农田2687公顷。堰右进水口，设拉杆启闭闸门1处，宽2米、高4米，下接渠道，平均宽2.5米、高1.5米，设计引水流量2立方米/秒。主要干渠有3条：第一条进口起由北向南，至棺材峡（土名）折而向西南，经下桐村、道堂口、斋坛、大路、毛村、官田，在叶村附近注入松阴溪，长6千米；第二条自棺材峡起分水，由北向南，经东圩蓬村至大路村南，注入松阴溪，长4千米；第三条自大花地村西分水，由北向南经小石、浮桥头、湾口至大路村南注入松阴溪，长4.5千米。

图13-7　金梁堰进水口的变迁（县水利局提供）

古时，这3条干渠叉口，在分水问题上有严格规定，但由于水少田多，每遇旱年，分水纠纷迭出，严重时常有械斗发生。历代州府、知县，曾为此发过不少告示和批文。今之化成寺、大路社公殿及历代堰董后辈手中，尚存有金梁堰碑记及旧时府县的榜文原件。其中，清道光、同治、光绪年间刻制的几块碑刻对金梁堰各受益村的水利纠纷、轮流放水时日等问题的处理和规定尤为详细。

1950年，人民政府曾补助1万公斤大米兴修金梁堰等引水工程。历年来，国家对该堰清淤、修堰坝等陆续投入较多资金，同时建立和健全堰坝管理组织和各种水事制度。金梁堰管理委员会由6个受益村近20人组成，3条干渠又有相应的水管小组。每年冬春，管委会组织村民修理堰坝或渠道清淤。干旱期放水轮流值班，严格各村分水期制度，管理秩序较好。20世纪70年代始，金梁堰灌区的许多农田已由东坞水库北干渠灌区所覆盖，金梁堰分水纠纷减少。金梁堰灌区收水费面积为108.1公顷。水费标准50年代初为亩收谷3.5公斤，1985年改为亩收1.5元。水费收入除支付管理员的误工补贴，其余全部用于维修堰坝或清淤。90年代初，灌区群众对堰渠进行维修并拓宽渠道，对主要地段渠道施以衬砌加固，减少渗漏。

因金梁堰年久失修，基础差，效益低下，2008年被列入松阳县东坞水库灌区节水改造工程。修复重建，由松阳县水利水电勘测设计所设计，在距原金梁堰进水口 5 米处新建重力式实用堰，坝长 181 米，堰顶高程 134 米，堰高 4.24～6.08 米，堰体宽 5.5 米，采用 C15 砼整体浇筑，溢流为 20 厘米 C25 砼，堰坝基础后端设齿槽，下游面设 0.5 米厚、2.5 米宽 C15 砼防冲护坦。堰顶两侧防洪堤采用浆砌块石护坡，砂砾石碾压回填。

金梁堰重建修复工程于 2008 年 11 月 19 日动工，2009 年 7 月 4 日竣工，总工期 228 天，造价 156 万元，其中中央补助 30 万元、省补助 60 万元、县及群众自筹 66 万元。工程完工后，由原受益斋坛乡 400 亩农田，发展到能解决斋坛、樟溪 2 个乡 7 个行政村 5000 多亩农田灌溉用水，灌溉保证率由 60%提高到 80%。

白龙堰　白龙堰在松阴溪城南航船头河段中，距西屏镇 1.5 千米。其坝初为竹笼充填卵石堆积而成，1964 年改为巨石浆砌。属浆砌块石滚水坝，长 136 米、高 4 米（其中河床以上 1.2 米），顶宽 2.1 米、底宽 12 米（其中坦水宽 5.2 米）。渠道年引水量为 60 多万立方米。坝左端设转盘拉杆启闭闸 1 台，高 5 米，进口净宽 1 米，水深 2.6 米，设计进水流量为 2 立方米每秒。排沙闸在堰坝右端，兼作筏道，宽 4 米、高 2 米。干渠自进水口起自西向东，流经西屏南门、项弄，至白沙村南注入松阴溪，输水渠道全长 4.5 千米。灌溉项弄、白沙及西屏等农田 180 余公顷；为堰水渠沿岸 2300 多村民提供生活消防用水。600 多年来，白龙堰对灌区人民的生存和发展有着重要贡献。

图 13-8　白龙堰（叶光铭 摄于 2009 年）

《浙江分县简志》《松阳县志》等地方文献记载：“白龙堰，在县南五里一二都，灌田二十顷。元末（约 1355～1368）里人周汉杰捐资并鸠工筑成，称为竹笼卵石坝。”“明万历十六年（1588）知县廖性之凿石修筑。崇祯丙子（1636）为水冲坏。”西屏镇《周氏宗谱·山图》记载：“公（周汉杰）轸念兆民，捐金独拨白龙堰，灌溉东乡良田千亩，人享其利。钦准立祠，名曰石柱殿，奉公神主，以表其德。”清康熙十七年（1678），松阳知县张景留主持重修。“清乾隆六年（1741），程圣鼎、王者佐、潘维光、程发寿等捐资立会，于每年夏初，董率田户疏筑，即以会资为费，岁以为常。”据地方文献记载，初时拦河堰坝为竹笼充填卵石堆积而成，明万历十六年（1588），始改为巨石干砌。后仍有不少漏水，故引水量有限；每逢汛期，堰坝又易毁，远不能满足灌区之需。1950 年和 1951 年，省政府连续补助大米 5000 公斤，又贷款对该堰渠进行整修加固，引水量遂得增加，灌溉能力有所提高。

1963 年 11 月，再度修建白龙堰。至 1964 年 4 月竣工。工程耗资 9 万元，其中国家补助 6.5 万元、群众自筹 2.5 万元；总投工 2.7 万工。当时，灌区群众及机关干部、学校师生员工、工商界人士等，均为修建白龙堰付出过艰辛劳动。

中华人民共和国成立前，管理为堰长负责制，成员由各受益村选派代表组成，称“堰董”，一般由6～8人组成。水费按每亩谷一桶（折合9.4千克）收取，也可以工代谷，并订有乡规民约，对护堰、修堰、分水等均有明确规定。1950年冬，成立白龙堰管理委员会，有成员11人，负责堰渠的维修、收费等。1990年，又筹措资金，完成混凝土衬砌堰渠0.65千米，提高通水能力，旨在让这条古堰坝继续发挥其重要作用，惠泽灌区后代子民。

1991年10月20日，浙江省省长沈祖伦考察白龙堰，对白龙堰作出评价“白龙堰是集灌溉、生活、消防、调节于一体的名堰”。

白龙堰为项弄、白沙灌区的重要引水工程，又是沿渠居民洗涤、用水的重要水源之一。1994年6月17日，白龙堰坝被水毁。1995年后，随着城市建设发展，征用项弄、白沙村农田，该堰农田灌溉功能有所减弱。

白龙堰修复重建工程于2008年9月22日开工，2009年2月18日完工，总造价159万元。

芳溪堰　芳溪堰分芳溪一堰和二堰，北宋即已存在。坝址皆在芳溪坑新兴乡下源口村附近段河床，距古市镇3.5千米。芳溪一堰为干砌块石过水堰坝，高1.5米、宽1.0米、长58米。进水口在堰坝左侧，下接渠道。渠长2.5千米，平均宽1.5米、高0.8米，由西南向东北流经新兴乡下源口、贤溪、项宅、小上安等村，溉新兴乡下源口等5村农田共113.3公顷。

芳溪二堰在头堰下游90米左右处，系块石硬壳堰坝。1976年重建，高1.7米、顶宽1.5米，长70米。进水口在堰坝右端，设螺杆式木闸启闭机1台，宽2米、高2.5米。干渠平均宽1.5米、高0.8米，由西北向东南流经樟溪乡新安寮、后肖、大徐、赤山头、力溪等村，至下阙家村注入松阴溪，全长6千米，灌溉樟溪乡力溪等村农田共105公顷。

图13-9　明洪武年间芳溪堰水系水利图（县档案馆提供）

芳溪2条堰同引十三都源芳溪坑水。两堰坝相距较近，分别属于新兴、樟溪2乡所有。而两乡水利条件较差，供需矛盾突出。堰坝均为各方主要引水工程，因而，干旱年景，两乡村际水事纠纷不断，为水利多事之地。1949年前，历代如此。县档案馆尚存明嘉靖九年（1530）至清光绪九年（1883）的353年间历代县府关于芳溪堰水事的榜文和判决等原件及水利碑刻拓本共22件，由此可见芳溪堰灌区水旱灾情及水事纠纷之概。中华人民共和国成立至今，随着杨岭脚水库的建成及古代引水工程的改造，江南渠道贯穿2个乡境内腹部，复加下马坑等电力提灌工程建成，灌溉条件大有改善。同时，樟溪乡实行蓄、引、提“三水”统筹，把芳溪一、二堰合入杨岭脚水库灌区，使芳溪二堰灌溉面积从105公顷扩大到280公顷。1989年5月，在县水利水电局和古市区公所的主持下，樟溪、新兴2乡政府就芳溪堰引水灌溉问题签订《关于芳溪堰灌溉分水和十三都源电站引水发电的协议》，2乡数百年来历史性的灌溉供需、分水矛盾，得以化解。

观口堰　观口堰又名瓜渚堰。坝址在古市镇八村南，古市大桥往下游约300米的松阴溪干流河床，距县城西屏12千米，为松阳古堰坝之一、古市观口潭五堰之一。灌溉七都上、下五木暨黄圩、岗下、上河、航埠头等农田80余公顷。堰水经左侧堤下进入渠道。堰堤及渠道历沧海桑田，频受洪水损坏。民国8年（1919），各村民联名呈请查知事，经莅勘后，集资修筑，名为下街保安堤。民国12年，又被冲坍，由叶应龙等呈请吕知事筹捐修复。

图13-10　观口堰进水口（县水利局提供）

观口堰坝初为竹笼充填卵石堆积成坝。每逢汛期，频被洪水冲坍。竹笼堰坝漏水严重，进水量少，远不能满足灌溉之需。1963年，省政府及行署批准改竹笼卵石为干砌块石坝，并助资金1.5万元。主体工程于次年3月完成，效益显著。其进水渠、闸、拦河堰坝之护坡等续建配套工程全部完成后，累计投资3.4万元，投工2万多工。1976年治理松阴溪时，对堰坝左岸进口枢纽又予以改建加固，工程臻于完善。观口堰现为干砌块石硬壳堰坝，高1.5米，顶宽1.5米，坦水宽14米，长135米。其进口闸在堰坝左端，高4米、总宽6米，设2孔。灌溉古市镇的黄圩、上下五木、下黄圩、岗下、上河、黄埠头7个村的27公顷农田。输水干渠自进口后即一分为三，以中干渠为最长，由西北向东南经黄圩、下黄圩、上河至航埠头村汇入松阴溪，全长5.4千米，沿途又分黄圩、五木、岗下等支渠数条，呈瓜渚状，因名。

观口堰向由堰董组织维修管理。中华人民共和国成立后，设观口堰水利管理委员会，成员由各受益村选出代表组成，负责收费、维修等水务。1964年改为块石坝后，岁修成本减少，水费标准随之降低。至20世纪90年代初，完成砼砌干渠4.5千米。

2003年，古市镇被列入全省防洪试点镇，在兴建城防工程时对观口堰进行修复改造。修复后的观口堰总长186米，4个隔墩，隔墩之间布置安装9米×5米水力自控翻板闸门4扇，堰顶高程140米，按20年一遇防洪标准设计。

观口堰重建修复工程于2007年1月动工，是年12月竣工，总投资242万元。其中，中央补助30万元，省补助100万元，县及以下112万元。

龙石堰　龙石堰又称龙石陂堰、龙陂堰。堰址在市口上村头。

民国《松阳县志·塘堰》记称：“*龙石陂堰，在县南十里十八都，灌田二十顷。*”是堰为跨都水利工程，历史上水利纠纷迭出，不断因分水多寡难均造成争执，乃至付诸暴力或对簿公堂。

经考史料及道光十四年（1834）九月立的碑刻《奉宪勒石永示》（碑在叶村乡河头村杨某家庭院），龙石圳即龙陂圳，拦截竹溪源水，坝址在市口村边。堰水流至市口村头，分为东、西两向渠道。东向灌竹溪方面田，西向灌溉河头、寺口、包安山等村田地。共灌农田226公顷。龙石陂堰坝高3米，长53米。1964年重修时改为砼砌。

限于龙石堰水源受益田地较广，加之输水渠道沿途有9个分水处，故历史上水利纠纷频发。清康熙四十一年（1702），松阳大旱。河头、保安山等村和大竹溪等村因分水多寡发生互相抢夺农具，乃至互殴。时代理县令陈壿临场讯断该堰水期，立下印单；在寺口村头的分水处，渠道左右中间及渠道河床，按规定阔狭深浅，分别嵌砌花岗石板，作为旱年按田亩分水之依据。

道光十四年（1834）七八月，松阳大旱。龙石陂堰灌区相关农户数百人，日夜聚首堰渠争圳水。大竹溪村代表与河头村代表向府县提出互控。时处州知府陆玉书、省布政使司程、巡抚部院等，逐级行文到府至县，合行饬遵，命县官吏立即查照。知县汤景和即到现场，秉公查明，平息纷争。嗣后如实订定各灌区各田片的分水时间，并给示勒石以杜纷争，永远遵循，以利农田。

民国时期，大小纠纷依然。民国21年（1932），河头、竹溪因旱年分水，发生打斗，县府指派临场解决纷争的司法人员遭到殴打，后经公堂始决。

20世纪80年代，输水渠道总长60.3千米的东坞水库建成及大小电灌站启动，龙石陂堰灌区历史性的水利纠纷始断绝。

济众堰　民国《松阳县志》载“在县南十里十八都，灌田三百余顷”。

济众堰坝位于市口村中新桥下首10余米处。输水渠过大竹溪村边，灌大竹溪村、市口村及水南东岗寮等村的农田，近300公顷。

午羊堰　午羊堰最早有记载为清道光二十七年（1847）《石门圳碑记》，1972年重建。因设计标准偏低、施工技术落后、资金缺乏等原因，堰坝已完全毁坏。每年仅依赖临时堆积砂砾拦水，解决枯水期农田灌溉。灌区下游共4500亩农田，仅能灌溉3000亩，灌溉保证率仅60%，下游农业生产和居民生活用水十分困难，用水矛盾突出。

午羊堰是叶村乡黄公渡村、西屏镇塔寺下村等4个行政村的重要生产和生活水源。2009年，松阳县被列入全国小型农田水利建设重点县，给重建午羊堰工程带来新的机遇。堰坝重建工程位置在石门圩老大桥上游100米处，按20年一遇洪水设计，堰顶高程127.25米，堰坝长245.7米，堰型为实用堰，左岸取水，采用进水闸控制进水，修建引水干渠1100米，设计流量0.4立方米/秒，断面为2米×1.5米。该工程建设资金242.62万元，其中中央财政补助84万元、省级财政补助66万元、县财政配套资金15万元、农民群众自筹77.62万元。工程成立松阳县午羊堰水利管理协作会进行管理，成员由各主要受益村村主任组成。工程自2010年4月1日开工，2011年3月15日完工。

梁下堰　梁下堰为历史名堰，创建于清代，工程受益村为斋坛乡石门圩村，人口1600多人，灌溉农田3000多亩。该工程曾于1971年修复，因施工条件限制，资金缺乏，不久被毁坏。每年修补，以砂砾石筑坝引水，难以解决下游农田灌溉和生活用水，用水矛盾日益增多，急待重建。

2006年，梁下堰被列入松阳县灌区节水改造工程项目建设。拦水坝为重力式溢流堰，坝体宽5.5米、坝高4.8米，总长为170米。横跨松阴溪两岸，坝轴线与河床正交布置，右坝头位置为石门圩引水干渠进水口下游24米处，该段防洪保持完好，结构稳定。工程对堰坝上游20米到堰坝下游50米区间内两岸防洪堤做护脚处理，并进行必要的加高，以防堰坝建成后抬高洪水位带来的影响。

重建梁下堰工程于2006年10月底动工，2007年3月底竣工，总投资141.6万元。其中中央财政补助30万元，省财政补助50万元，县及以下自筹61.6万元。

2010年松阳县灌溉农田66.7公顷以上古堰情况表

表13-1-2-2

堰坝名	又名	所在河流	受益乡镇	堰坝		引水量（万立方米）	灌溉面积（公顷）	引水渠道	堰坝所在地址	创建年代	修建时间
				高度（米）	长度（米）			总长（千米）			
青龙堰	百仞堰	松阴溪	西屏镇	1.5	110	100	133	9.7	竹溪源与松阴溪交汇处	北宋庆历前（1041前）	1972年9月修复，2005年11月重建
芳溪一堰	—	十三都源	新兴乡	1.5	58	85	123	3.7	下源口村头	宋代	—
芳溪二堰	—	十三都源	樟溪乡	1.7	70	75	481	9.5	处一堰外樟溪电站边	宋代	1976年9月修复
白龙堰	—	松阴溪	西屏镇	4	136	66	87	6.5	航船头	元末	1964年11月修复 2008年9月重建
金梁堰	金梁堰	松阴溪	斋坛乡	1.0	85	202	150	8.0	九溪犊儿洞潭进水	元代	2008年11月重建
观口堰	瓜渚堰	松阴溪	古市镇	1.5	135	203	84	10.9	古市下街	清初	1964年10月修复 2003年重建
济众堰	众济堰	竹溪源	西屏镇 叶村乡	3	53	120	293	7.7	竹溪村顶	清代	1964年11月修复
龙石堰	龙石陂堰 龙陂堰	竹溪源	西屏镇	3	30	75	100	4	市口上村头	清代	1989年10月修复
新兴堰	堋头水圳	十二都源	新兴乡	0.5	100	95	166.7	4.0	上源口村顶	清代	—
响石堰	—	松阴溪	赤寿乡	2.5	74	90	140	5.0	大石桥下	清代	1990年10月修复
神坛堰	沙坡堰 田圳 坛头圳	东坞源	叶村乡	1.3	35	66	133	1.8	松山村顶	清代	1989年11月修复
梁下堰	—	松阴溪	斋坛乡	1.2	101	62	100	3	石门圩上村顶	清代	1971年修复，2006年10月重建
梓溪堰	—	四都源	西屏镇	1.5	19	80	72	4.5	竹客口上村边	明万历十二年（1584）	民国2年（1913）修复
朴子堰	—	四都源	西屏镇 望松乡	1.5	16	80	80	4	竹客口下村边	明万历十二年（1584）	民国2年（1913）修复
午羊堰	—	松阴溪	叶村乡 西屏镇	4.3	245.7	182	300	1.1	石门圩老大桥上游100米	明代	1972年修复，2010年4月重建

江南渠道　江南渠道亦称江南堰，是中华人民共和国成立后新建的灌溉 66.7 公顷以上的堰坝。拦河坝址在遂昌县三川乡资口村约 200 米处的松阴溪中，距松阳县城 23 千米。坝为块石浆砌，长 140 米，堰顶高程 167.5 米，堰身高 2 米，地下部分平均高 5.5 米，上游坡 1∶1.5，下游坡 1∶8，下游堰脚坦水宽 6 米，堰顶 20 年一遇设计过水深 4.46 米，50 年一遇校核水深 5.05 米。堰坝右端设冲沙闸（2.5 米宽）1 孔，进水闸（1.2 米宽）2 孔。江南渠道由西北向东南，从遂昌三川资口村入松阳县新兴乡，经大石、后周包、杨村头、进贤、外孟、上源口、徐郑、贤溪，又入樟溪乡徐山、周弄口、陆家、兰家、樟村、谷山垄、岗头儿，至东市毛庄自然村止，全长 19.3 千米。建有 8 处渠系交叉建筑物。沿途横穿阳樟源、华坑源、十二都源、十三都源等 7 条支流，皆以涵管或渡槽引水过溪，其中以十三都源倒虹吸涵管规模最大，系钢筋混凝土管，长 94 米，管内径 1.50 米，管壁厚 0.15 米。

图 13-11　江南渠道（县水利局提供）

1965～1966 年，江南渠道工程在地区农业办公室、省水电设计院帮助下进行勘测，县农业局于 1966 年 9 月 27 日向地区专署农业办公室、省水电厅报送《江南渠道工程设计任务书》。11 月，根据省水电厅《关于兴建江南渠道引水工程的批复》，完成工程设计任务，并经省、地有关部门审批。1966 年，江南渠道设计工程包括 140 米长的浆砌石拦水堰坝 1 条和 19.3 千米长的总干渠及 8 处渠系交叉建筑物等，总工程量 25.78 万立方米，计划投资 18 万元，投工 30 万工。工程于 1966 年 11 月 20 日动工，新兴、古市、樟溪等受益社队派民工参加施工；次年 7 月，堰坝主体工程基本完成。“文化大革命”期间，渠道及配套水工程完成量不到设计的一半，许多地段未达设计标准，有的仅挖粗坯一条。新兴公社 7.5 千米渠道能通水使用，灌溉农田面积 333 公顷，与设计灌溉新兴、古市、樟溪等乡镇 1000 公顷农田的要求相距甚远。

江南渠堰由新兴、樟溪等公社统一组织，并建立江南渠道管理委员会，委员由各受益大队选出，设主任和副主任各 1 人。引水渠道由各所在地分段受益大队负责管理，征收水费标准由公社统一制定。拦河堰坝及渠道闸门开关有专人看管。每年冬春，组织受益村群众利用劳动积累工或集资进行养护，提高堰渠的引水能力。

1991 年秋冬，新兴、樟溪 2 乡政府组织发动灌区群众投劳集资，对江南渠道进行拓宽改造，变部分土渠为混凝土渠道，以提高引水效能。

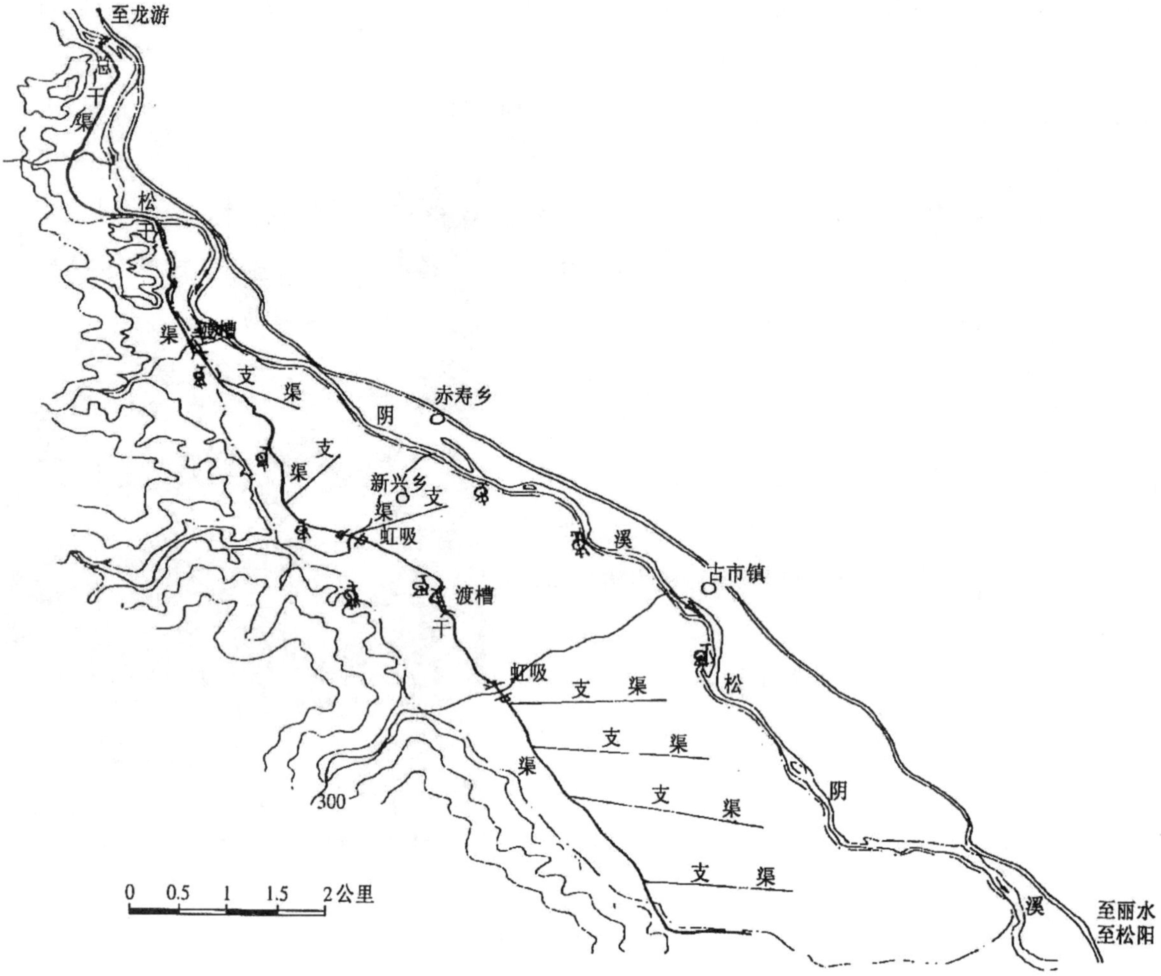

图 13-12　江南堰灌区输水渠示意图

2010年松阳县灌溉农田6.7～66.7公顷堰坝工程情况表

表 13-1-2-3

堰坝名称	所属河流	受益乡（镇）村		堰坝		引水量（万立方米）	受益面积		引水渠长（千米）
		乡（镇）	村	高度（米）	长度（米）		合计（公顷）	其中：保灌面积（公顷）	
合计	—	—	—	—	—	1056.7	1503	482.6	47.25
龙舌堰	松阴溪	西屏	塔寺下	2	120	17.5	53.3	14.9	0.5
石桥堰	四都源	西屏	上连头	2	12	20	26.7	8.1	0.4
高　堰	四都源	望松	西　河	6	10	37.5	50	15.1	1.1
八字堰	四都源	望松	五都阳	2	30	35	47.7	14.7	0.95
樟树堰	五都源	望松	仪　桥	6	7	19.6	33.3	10.1	0.90
新　堰	四都源	望松	五都阳	1.5	40	15	20	6.1	0.7
圩槽头堰	四都源	望松	王　村	1.5	10	15	20	6.1	0.5

续表 13-1-2-3-1

堰坝名称	所属河流	受益乡（镇）村		堰坝		引水量（万立方米）	受益面积		引水渠长（千米）
		乡（镇）	村	高度（米）	长度（米）		合计（公顷）	其中：保灌面积（公顷）	
清明堰	四都源	望松	五都阳	2	25	12.5	16.7	5.1	0.53
招弟堰	四都源	望松	乌石下	1.5	20	11.5	15.3	4.6	0.41
九担堰	五都源	望松	岗　后	2	3.5	8.6	14.7	4.4	0.5
金横坑堰	五都源	望松	仪　桥	2.5	5	8.4	14.3	4.3	0.53
水角流堰	四都源	望松	王　村	1.5	1	10	13.3	4	0.45
馒头石后堰	五都源	望松	乌　井	2.1	4.5	10	13.3	4	0.4
坑埠头堰	五都源	望松	山仁下	3	4	4.7	13.3	4	0.45
下源堰	五都源	望松	翁　村	2.5	4.5	6.5	8.7	2.6	0.25
草头堰	五都源	望松	翁　村	2.3	4	4.7	8	2.4	0.3
小山儿堰	五都源	望松	郑　家	1.5	3	6.5	8	2.4	0.3
水碓堰	五都源	望松	翁　村	1.5	4	6	7.3	2.2	0.15
和尚堰	四都源	望松	西　河	2	10	4.7	6.7	2	0.15
龙潭堰	五都源	望松	山仁下	4	8	5.5	6.7	2	0.3
社公后堰	五都源	望松	山仁下	3	6	5	6.7	2	0.25
火烧坑堰	五都源	望松	半　岭	2.5	3.5	3.9	6.7	2	0.25
黄浪头堰	四都源	望松	石　门	2	5	3.9	10.7	3.2	0.4
新　堰	四都源	西屏	西　屏	4	12	44	58.7	17.8	0.3
水碓堰	三都源	西屏	大路口	2	10	30	40	12.1	0.4
樟树堰	三都源	西屏	周　垈	3.5	10	15	20	6.1	0.5
开担堰	三都源	西屏	项桥下	2.5	6	12.5	16.7	5.1	0.7
水碓塘堰	三都源	西屏	项桥下	1	5	10	13.3	4	0.3
丁形头堰	三都源	西屏	乌形山	3.5	7.5	8.3	11	3.3	0.3
水碓堰	三都源	西屏	周　垈	3	10	7.5	10	3	0.45
十三担堰	三都源	西屏	乌形山	4	10.4	6	8	2.4	0.45
陈斌仁堰	三都源	西屏	乌形山	4.5	7.5	5.8	7.7	2.3	0.5
大桥堰	三都源	西屏	周　垈	3.2	10	5.5	7.3	2.2	0.35
下圩堰	三都源	西屏	周　垈	3.5	10	5.5	7.3	2.2	0.5
乌磁岩堰	三都源	西屏	项桥下	2	5	5.5	7.3	2.2	0.4
水碓角堰	三都源	西屏	白　沙	1.5	20	5	6.7	2	0.4

续表 13-1-2-3-2

堰坝名称	所属河流	受益乡（镇）村		堰坝		引水量（万立方米）	受益面积		引水渠长（千米）
		乡（镇）	村	高度（米）	长度（米）		合计（公顷）	其中：保灌面积（公顷）	
社公堰	三都源	西屏	项桥下	2	4	5	6.7	2	0.6
犬勃堰	四都源	四都	庄　河	5	4	9	20	6	0.9
大水路堰	三都源	三都	上　田	2	3	5.4	12	2.5	0.6
一盆桥堰	三都源	三都	紫　草	2.5	10	3.6	8	2.4	0.5
上源堰	三都源	三都	上　源	6	15	3	6.7	2	0.4
大路堰	东关源	斋坛	东圩蓬	1	10	22.5	30	8.7	0.7
横塘堰	东关源	斋坛	大　路	4	6	20	26.7	75.3	0.65
桐楼堰	东关源	斋坛	桐　楼	0.5	6	17.5	23.3	7.1	0.4
大桥亚下堰	东关源	斋坛	东圩蓬	1	2	5.5	8	2.2	0.25
大桥亚上堰	东关源	斋坛	东圩蓬	1	2	5.5	7.3	2.2	0.25
后塘堰	东坞源	叶村	松　山	2	20	30	40	12.3	0.35
烟坑堰	东坞源	叶村	松　山	2	15	6	8	2.4	0.45
大陂头堰	黄坑源	西屏	程　徐	2	20	25	33.3	10.1	0.75
大桥头堰	黄坑源	西屏	南　山	4	30	6.5	10	3	0.6
水碓堰	黄坑源	西屏	潘　村	4	10	7.5	10	3	0.6
黄坑源堰	黄坑源	西屏	岩　西	3	5	6.5	8.7	2.6	0.5
石空堰	黄坑源	西屏	桥　头	3	4	6	8	2.4	0.45
黄坑源堰	黄坑源	西屏	桥　头	5	5	5.5	1.3	2.2	0.6
沙帽堰	黄坑源	西屏	潘　村	3	6	5	6.7	2	0.5
金丝垄堰	黄坑源	西屏	南　山	2	20	5	6.7	2	0.5
水碓堰	黄坑源	西屏	岩　下	2	5	5	6.7	2	0.5
道堂堰	竹溪源	竹源	小竹溪	2	10	3	6.7	2	0.6
科　堰	梧桐源	赤寿	乌　连	2.7	12	14	18.7	5.7	0.6
上溪滩堰	松阴溪	赤寿	界　首	1.3	30	10	13.3	4.7	0.5
斜田堰	梧桐源	赤寿	择子山	1.1	3.2	5.5	7.3	2.2	0.4
犁头堰	松阴溪	古市	黄　圩	1.5	15	20	26.7	8.6	0.65
石砬堰	竹溪源	西屏	市　口	4	3	5	6.7	2	0.5
下黄圩堰	松阴溪	古市	上　河	1.5	15	14	18.7	57	0.6
上寺潭堰	六都源	古市	寺　口	2.5	35	12.5	16.7	5.1	0.5

续表 13-1-2-3-3

堰坝名称	所属河流	受益乡（镇）村		堰坝		引水量（万立方米）	受益面积		引水渠长（千米）
		乡（镇）	村	高度（米）	长度（米）		合计（公顷）	其中：保灌面积（公顷）	
源门堰	湖溪源	古市	源　口	1	10	12.5	16.7	5.1	0.5
水碓堰	松阴溪	古市	黄　圩	1	15	10	13.3	4	0.45
桃花堰	松阴溪	古市	上五木	3	18	9	12	3.6	0.5
新　堰	六都源	古市	寺　口	1	60	9	12	3.6	0.4
圩竹堰	松阴溪	古市	黄　圩	1.5	10	8.5	11.3	3.4	0.4
象鼻潭堰	松阴溪	古市	岗　下	3	15	7.5	10	3	0.5
下　堰	六都源	古市	寺　口	2	15	7.5	10	3	0.5
处上堰	湖溪源	古市	白角外	2	15	5	6.7	2	0.45
溪滩堰	松阴溪	新兴	后　刘	3	55	25	33.3	10.6	0.6
燥　堰	松阴溪	新兴	后　刘	2.5	45	20	26.7	8.5	0.5
新兴堰	十二都源	新兴	上源口	1	50	20	26.7	8.5	0.35
新兴三堰	十二都源	新兴	横　溪	3	60	20	26.7	8.5	0.5
新兴二堰	十二都源	新兴	徐　郑	1.5	50	10	13.3	4	0.43
上水碓堰	华坑源	新兴	后周包	1	30	10	13.3	4	0.42
上安二堰	松阴溪	新兴	上　安	2	40	5	6.7	20	0.5
大亩堰	十三都源	樟溪	溪　下	2.7	43	20	30	9	0.4
芳溪三堰	十三都源	樟溪	下源口	3.5	28	35	20	14.3	0.6
大夹拦堰	十二都源	谢村	李山头	2	8	4.8	13.3	2.3	0.6
石洞堰	十二都源	谢村	西　坑	1.5	10	4.5	10	3	0.4
四坑下堰	十三都源	新处	庄　后	3	10	4.8	13.3	2.3	0.5
内水碓堰	雅溪源	象溪	雅溪口	3	25	10	15	14.6	0.7
坑下垒堰	雅溪源	象溪	雅溪口	2	15	9.5	14	7.5	0.6
大烟头堰	南坑源	象溪	南坑口	1.6	13	7.20	10.7	5.6	0.6
麻车后堰	石马源	象溪	石马铺	2	7.5	5	7.7	4.1	0.45
老丕头堰	雅溪源	象溪	东　田	3.1	15	5	7.3	3.9	0.45
吴村堰	雅溪源	象溪	雅溪口	3	25	4.5	6.7	1.7	0.4
赵圩堰	小港源	大东坝	西　山	1	50	8.4	18.7	9.5	0.55
百步栏堰	小港源	大东坝	百　步	3	20	6.9	15.3	7.7	0.45
骑马堰	十二都源	玉岩	新　岗	1	2	6	13.3	3	0.7

续表 13-1-2-3-4

堰坝名称	所属河流	受益乡（镇）村		堰坝		引水量（万立方米）	受益面积		引水渠长（千米）
		乡（镇）	村	高度（米）	长度（米）		合计（公顷）	其中：保灌面积（公顷）	
大坳堰	小　港	玉岩	玉　岩	2	14	4.2	9.3	4.7	0.6
下坳堰	小　港	玉岩	玉　岩	2	14	3.5	6.7	2.1	0.3

1992年前松阳县各乡镇灌溉农田6.7公顷以下堰坝工程情况表

表 13-1-2-4

乡镇名称	处数（条）	引入水量（万立方米）	受益面积		引水渠长（千米）	乡镇名称	处数（条）	引入水量（万立方米）	受益面积		引水渠长（千米）
			合计（公顷）	其中：保灌面积（公顷）					合计（公顷）	其中：保灌面积（公顷）	
总计	2984	1798.5	3267.5	1060.9	84.03	樟溪乡	64	39	62.9	22.9	0.64
西屏镇	44	27	27	15.9	0.44	谢村乡	122	64	151	37.5	1.22
望松乡	96	58	131.8	34.1	0.94	新处乡	134	81	166.5	47.5	1.34
阳溪乡	102	62	174.4	36.4	1.02	雅溪乡	125	75	75.3	44	1.25
四都乡	158	95	64.9	53.7	1.58	靖居乡	158	96	155.7	56.3	1.6
三都乡	134	81	72.4	47.5	1.34	裕溪乡	120	72	132.7	42.3	1.2
斋坛乡	44	27	27.3	15.9	0.44	板桥乡	108	65	142.9	381.1	1.08
叶村乡	36	22	80	12.9	0.36	大东坝乡	134	81	125	48.9	10.2
水南乡	72	44	105.5	25.8	0.72	石仓乡	155	93	240	54.5	4.5
竹源乡	105	63	68.7	36.9	1.05	蛤湖乡	125	75	118.7	44.9	9.4
古市镇	48	29	27.2	17	0.48	安民乡	138	87.5	120	52	9.6
赤寿乡	75	45	49.8	26.4	0.75	玉岩镇	180	108	239.5	64.7	9.5
岗寺乡	71	43	53.7	25.3	0.71	枫坪乡	182	110	393.7	65.9	12.0
新兴乡	65	42	64	24.7	0.65	交塘乡	189	114	153.6	66.9	10.0

附1：民国《松阳县志》收录的堰坝（摘自2006年《松阳县水利志》）

全县有大小古堰共120条，灌溉面积千亩以上的23条，百亩以上千亩以下的97条。

百仞堰（即青龙堰）　（见本节“引水工程”“堰坝选介”中“青龙堰”）

白龙堰　（见本节“引水工程”“堰坝选介”中“白龙堰”）

金梁堰　（见本节“引水工程”“堰坝选介”中“金梁堰”）

金梁子堰　在县西二十里十六都，灌田二十顷。

双坑堰　在县北七里六都，旧名岭石，灌田一顷。

管州堰　在县东十五里二十都，灌田四顷五十亩。

小槎大畈陂堰　在县东五十里二十二都，灌田九十亩。

裕溪陂堰　在县东五十里二十三都，灌田七十亩。

孤山陂堰　在县东六十里二十六都，灌田一顷九十亩。

佃溪堰　在县东六十里二十六都，灌田九十五亩。

上洋堰　在县东南二十里二十都，灌田五十亩。

松山陂堰　在县南十里十八都，灌田二十顷。

龙石陂堰　（见本节“引水工程”“堰坝选介”中“龙石堰”）

济众陂堰　在县南十里十八都，灌田三十顷。

沙陂堰　在县西南十里，旧名神坛堰（此为叶村神坛堰），灌田二十顷。（大竹溪神坛堰已失，故未列入）

粗石堰　在县西南十五里十六都，灌田一十顷。

寺前堰　在县西南十五里十六都，灌田二顷。

坑西陂堰　在县西南十五里十六都，灌田一顷五十亩。

后路陂堰　在县西南十六里十六都，灌田一顷五十亩。

知墓陂堰　在县西南十六里十六都，灌田一顷。

白陇堰　在县东南二十里二十都，灌田一顷。

响石堰　在县西四十里十都，灌田二十顷。

仑溪堰　在县西北十里六都，灌田二顷。

常熟堰　在县西北十二里五都，灌田三十顷。

龙凤堰　在县西北二十里七都，灌田五顷。

泥坡堰　在县西北二十里九都，灌田三十顷。

源口陂堰　在县西北三十里十二都，灌田一顷五十亩。

石陇堰　在县西北三十五里十一都，灌田一顷八十亩。

长丰堰　在县西北四十里十一都，灌田七十亩。

竹客源口堰　在县北七里四都，灌田二十一顷。

高路陂堰　在县东北三十里二十四都，灌田五顷。

岗下陂堰　在县东北三十八里二十四都，灌田一顷六十五亩。

渡头陂堰　在县东北三十八里二十四都，灌田一顷五十亩。

双坑陂堰　在县东北三十八里二十四都，灌田二顷。

白社堰　在县东十二都，废。

章潭堰　在县东十二都，废。

巷路堰　在县东十二都，废。

西坑水堰　在县东三十里十二都，灌田五十亩。

叶二水堰　在县东三十里十二都，灌田一顷五十亩。

显坑水堰　在县西南十里十七都，灌田四十亩。

山坑水堰　在县西南十里十七都，灌田三十亩。

常熟堰　在县五都。康熙初纪有老叶四迪指筑，灌田二顷。

高堰（又称通济堰）　在县北七里，即旧志所载竹客源口堰，第一支流入西河方向，灌田四百余亩。

八字堰　在县北六里许。左右分流，故曰八字堰，灌田六顷有奇。

龙舌堰　在县西五里，水从鹰咀潭引入，绕赤壁山脚龙舌下至中央圩，灌田八百余亩。

下洋堰　在县西五里黄公渡。

梁下堰　即石门圩堰，在县西十里，灌田九百余亩。

湾口堰　在县西十里，灌田百余亩。

扑子梓溪二堰　在城北，水由四都源来，年久失修，坝被冲塌，水道淤塞。民国2年农会长叶秀文募捐，复禀请知事补助，添筑新陂于竹客口，水利自此复兴。

清明堰　在县北五里，接梓溪水，灌田五百余亩。

和尚堰　在县北五里，接梓溪水，灌田七十余亩。

杨柳垒堰　在县北三十里赤岸庄上隔溪，灌溉粮田二百余亩。

瓜渚堰（即观口堰）　（见本节“引水工程”“堰坝选介”中“观口堰”）

皇上堰　在九都梧桐源口，灌溉民田十余顷。

蛇皮堰　在九都半古月村下，灌溉民田二百余亩。民国3年（1914）呈准匀知事，给字立案。

通泽堰　在赤寿村下，旧名州陈堰，上接遂昌大溪，讫于梧桐溪，灌溉八都上下后塘民田一千八百余亩。民国11年再议修复，呈准吕知事给字立案。现已失。

芳溪堰　（见本节“引水工程”“堰坝选介”中“芳溪堰”）

黄圩寮大坑堰　在县西二十里十三都，油麻山脚入水，灌田三顷。

塘头堰　在县西二十五里十四都，灌田八顷。

六亩堰　在县西二十五里十三都油麻山脚入水灌田三顷。

西湖堰　在七都上河庄，灌田百余亩。

书院堰　在十二都内孟，灌田二十余亩。

道堂堰　在内孟村外，灌田二十余亩。

徐郑堰　在十二都上源口，旧名二堰，灌田百余亩。

新兴堰　在上源口庄，旧名上堰，长约二十一丈，阔约四丈余，灌溉十顷零，系上源口、外孟、泉庄、杨村头、西明周五坦公有，为十二都源口外第一堰，故又名头堰。

岗儿堰　在县北二十里油麻山脚，灌溉阴岗下、横圳各村民田约七百余亩。

浦沙堰　在县北二十里宋坦村外，灌田百余亩。

墈头堰 在县西二十五里大墓山悟真寺桥之上，堰水由十二都发源，达源口新兴堰，其坝中低，以便入水。民国10年经赵知事案给谕，复经吕知事平定。是堰灌田七百余亩。

大坳堰 在玉岩庄，灌田百余亩。

水路岚堰 在支木庄，灌田五十余亩。

若坑头堰 在官岭庄，灌田百五十亩。

济虹木堰 在玉岩，灌田五十余亩，自东而西六丈有奇。初以竹抗水，时有旱患，光绪丙午叶水滋、杨光格等募捐改筑石陂，用大松树造堰，抗水农田得资灌溉，叶应龙有诗题赠以记其事。

新处弄坳 在县东四十里东源水口，灌田八十余亩。

大坑官坳 在县东四十里靖居包，灌田一顷。

种德源坳 在县东六十里桐廊李家门口，灌田八十石。

石唇陂坳 在桐廊村，灌田四十余亩。

羊头陂坳 在二十三都小槎，灌田三十五亩。

上坳 在小槎，灌田四十余亩。

下坳 在小槎，灌田七十余亩。

老鼠坳 在小槎，灌田七十余亩。

大垰头坳 在小槎，灌田三十余亩。

溉水堰 在县东五里，溉田五百余亩。

垵源堰 在县东三十里，溉田八十余亩，由黄岭根直达宣平武村与溪水合流。

七宝坑 在县东二十里，溉田数百亩。

苏埠坑 在县东十里，溉田数百亩。

殿桥坑 在县东二十里，溉田数百亩。

济众附堰 在县南十里大竹溪村头，即济众堰下。

岩西堰 在县南十里外二十都，灌田一顷。

上黄堰 在外二十都，灌田八十余亩。

降福堰 在外二十都，灌田七十余亩。

章文堰 在外二十都，溉田四十余亩。

庵下堰 在外二十都，灌田三十亩。

木堰 在外二十都，灌田三十余亩。

石堰 在外二十都，灌田一顷。

陈陂堰 在外二十都，灌田五十余亩。

狮子口堰 在外二十都，灌田三十余亩。

潘村水碓堰 在外二十都，灌田三十余亩。

沿坑堰 在县西南十里外十八都松山，灌田一顷。

项堰 在外十八都，灌田三顷。

河头堰　在外十八都，灌田六顷。

犊儿弄堰　在县西十里外十八都，灌田一顷。

嘉石沙堰　在外十八都，灌溉源口、麻寮寺山、杨里洞、官田、下阳等处共田三十余顷。

东坞陂堰　在县西十五里外十八都，灌田一顷。

桐青堰　在外十八都，灌田一顷。

寺后堰　在县西十五里十六都，灌田八顷。

坑西堰　在县西十五里，灌田四顷。

桐村堰　在县西十五里，灌田五顷。

东关堰　在县西十五里，灌田五顷。

齐磁堰　在县西十里，灌田四顷。

后冈堰　在县西十里外十八都，灌田一顷。

枫树磁堰　在外十八都，灌田一顷。

上寮堰　在外十八都，灌田一顷。

鸡毛坪堰　在外十八都，灌田一顷。

桥头堰　在县南十里外十八都，灌田一顷。

金丝堰　在外二十都，灌田一顷。

新堰　在县西南十里外十八都，灌田三顷。

冈头堰　在县西南五里十七都，灌田四顷。

吊陵堰　在县南三十五里下十八都，灌田一顷。

高山堰　在县西南十里外十八都，灌田一顷。

乌村堰　在县西南五里十七都，灌田二顷。

木杓堰　在县南十里二十都，灌田一顷。

纱帽堰　在二十都，灌田一顷半。

附2：灌溉农田66.7公顷以上古堰湮灭情况（摘自2006年《松阳县水利志》）

竹客源口堰　民国《松阳县志》载，在县北七里四都，灌田二十一顷。经查，该堰坝位于四都源水库坝址内。1956年10月，四都水库大坝动工，即废。

通泽堰　民国《松阳县志》载，在赤岸村下，旧名州陈堰，上接遂昌大溪，迄梧桐溪，灌溉八都上下后塘民田一千八百余亩。经查，1978年赤岸畈平整土地，园田化建设需降低渍水位，即废。该堰之灌区为古市镇后塘畈，1981年9月为梧桐源水库北渠取代。

皇上堰　民国《松阳县志》载，在九都梧桐口，灌田十余顷。经查，该堰在梧桐源西电站边，其灌区已为梧桐源水库渠道所取代，于1981年湮失。

泥坡堰　民国《松阳县志》载，在县西北二十里九都，原灌田三十顷。经查，该堰位于梧桐源东电站上首50余米处，该灌区已为梧桐源水库输水渠道取代，因废。

嘉石沙堰　民国《松阳县志》载，在十八都，灌溉源口、麻寮、寺山、杨里洞、官田、下杨等处灌区共有田三十余顷。经查，该堰坝址在东坞水库大坝范围内。1970年10月，东坞水库再度动工时被填埋。

松山陂堰　民国《松阳县志》载，在县南十里十八都，灌田二十顷。经查，东坞源流域和竹溪源流域范围内，均无松山陂堰。从旧志所载该堰所处方位及该堰名称来看，此堰可能是河塘堰的前身。但河塘堰灌溉面积较少，对不上号，暂付阙如。

金梁子堰　民国《松阳县志》载，在县西二十里十六都，灌田二十顷。经查，此堰应为斋坛乡金梁堰的一条主要支圳，称毛村圳，古代称金梁子堰。该堰系归入金梁堰，原名失传。

常熟堰　民国《松阳县志》载，在县西北十二里五都，灌田三十顷。经查，据县志所载该堰的方位和都名及所灌田亩数推断，此堰当在十五里村一带。但多方查找，难寻其址，暂付阙如。

粗石堰　民国《松阳县志》载，在县西南十五里十六都，灌田十顷。经查，据县志所载该堰方位、距离、都名及所溉田亩数推断，此堰当时在东关、坑西两村一带。经多方查找，难寻其故址，暂付阙如。

第三节　提水工程

水井

松阳的先民有凿井而饮的传统。民间饮用水及生活、生产用水，一直沿用传统的提水工具及其方法。水井系以开采地下水源而钻凿或开挖，井深不一，井圈形状有方形、圆形、半月形。古时概为人工开凿。井壁卵石垒砌，其技艺高超，历时千百年而不废。

清光绪《松阳县志》载入松阳城内有井19口；民国《松阳县志》载入松阳城内有井25口。分布在境内各地的水井星罗棋布，有1180多口。其中，位于古市镇卯山之巅通天宫遗址上的古井，凿于唐代，是松阳尚存最古之井；该井圈高0.30米、圈径0.56米、井深6米余，井水常年不涸，泉甘而清。位于界首村东北部的唐、宋古瓷窑遗址（系县文物保护点），因当时生产瓷器用水需要，在瓷窑址的山坡上挖凿了10多口井，土名水井岭头由此得名。界首村尚存古井6口。2004年10月23日，在延庆寺塔（系全国重点文物保护单位）东侧发现一口凿于北宋咸平二年（999）的古井，井底出土同时期文物8件，井圈和井壁均用规整的长条形卵石垒砌，平整美观。古市镇松阳二中校园内正念寺古井，凿于清道光十六年（1836），井深约9米，井圈刻“正念寺住持僧比空邱林置，大清道光拾陆年岁次丙申孟春月”。

1982年前，松阳城区有井121口。20世纪90年代，在旧城、旧村改造时，一些水井被填埋消失。至2010年，尚存36口，有的仍在使用。三都乡呈回古村落，海拔630米，村中的古井水质清洌，旱年不涸，是村民的生活饮用水。

水井的提水工具，一般使用吊桶（或称井桶），系以绳索。汲水方式多样。

清顺治、民国《松阳县志》载入的松阳县水井情况表

表 13-1-3-1

清顺治《松阳县志》	民国《松阳县志》	说　明
瑞阳井	瑞阳井	在瑞阳门侧，大旱不竭
上宫井	上宫井	在节孝祠后
狮口井	狮口井	在学署后门，左、右 2 井
永安井	永安井	在城北毛祠上
月霭井	月霭井	在城东。泉深而甘，大旱不竭，为邑中第一井，又名叶庵井
蔴地井	蔴地井	在桥亭街上
朱山井	朱山井	在朱山下。大旱不竭，可灌田十余亩
铜锣井	铜锣井	在旧明善书院前。汲水有铜锣声，故名
大 井	大 井	在城西大市坊直街，上、下 2 井
状元井	状元井	在大井头弄内
四方井	四方井	一在五福社巷内；一在万寿宫下
兰雪井	兰雪井	在城南鹦鹉塚旁，泉白如雪，其臭如兰
万寿井	万寿井	在宫墙右耐性桥街西，又名明伦井
官塘井	官塘井	在城南横街，泉甘而清，为第二泉
陈巷井	陈巷井	在济川社巷内，泉深芳洁，为第三泉
金钟井	金钟井	在古学宫前
—	杨柳井	在城北杨柳街
—	光华井	在光华门内，程氏宗祠前
—	甘露井	在甘露堂前
—	净水井	在净梵寺
—	孺子井	在南州村
—	坟坛井	在南州村
—	下徐井	在象溪村

早期提水工具

20 世纪 70 年代初，境内各地渐次引入手摇泵，以解决饮用和生活用水。

用于农业灌溉的提水、排水手段，早年多沿用传统工具及方式。凡水源低于用水处时，则需使用木制龙骨水车或用篾制的戽斗，另一种提水工具为木质戽水桶。

境内的传统提水工具数脚踏水车（又称龙骨水车）和水力筒车为上乘。这种水车，长条方柜形，内用带有叶片的链带（俗称龙骨），凭借人力使叶片转动，水随叶片转动而向上涌，尔后进入农田。旧时松阳的龙骨水车车身的木板上常写上“悬之高处，备而不用；龙之出洞，沛然而雨”等字，此

乃人民的理想和愿望所寄。龙骨水车有 2 人或 3 人踏的，车身 3～6 米，提水高程也不一样，可逐级车水。

水力筒车结构简单，其水轮用木或竹制成，轮径 1.5～2 米。置于溪边水中，受水流冲击而转动，轮周系有竹制或木制盛水筒。筒经水中盛满水后，随轮转至上方，水便自动倾入特备的槽内，流入农田。此筒车的短处是须在溪边有流动的水的地方方能使用。其长处是只需有水带动，有水可提，不需人力，且日夜不停地为人们提水灌溉农田。当地农民谐称为自动化的提水工具。

20 世纪 70 年代，人力汲水渐被电力抽水所取代。工厂、学校多以电力带动抽水机，或以微型水泵抽取井水，甚是方便。松阳二中校园内，有凿于清道光十六年（1836）的一口古井，装上泵，供全校千余名师生生活用水。这些提水工具为历代取水饮用或灌溉作出过贡献，直至 20 世纪 70～80 年代，电力排灌设施在境内广泛设立后，才逐渐退出水利舞台。

动力提水

中华人民共和国成立前，松阳境内无机械及电力提水设施。

1954 年，松阳县农场购进 1 台 8 瓦柴油动力抽水机，可溉田 5.9 公顷。此为境内以柴油机为动力的提水灌溉之始。1958 年，金华专署分配给松阳 12 千瓦的以煤油为动力的抽水机 4 台，并帮助培训抽水机手 3 人，分别在古市筏铺等地试用。1962 年 3 月，国家投资 7.53 万元，在望松公社石角建成电灌站 1 座。此为境内电力提水灌溉之始。石角电灌站分 3 级拦水，每级装机容量 20 千瓦，扬程 10.8 米。3 级机埠总装机 6 台 60 千瓦，总扬程 32.4 米，灌区有田 166.7 公顷。

1964 年，石仓、水南等社队相继建成水轮泵站，系由水轮泵、水轮机同轴组装成整体的一种泵，利用水力转动抽水机，带动水泵把水上提，达到把低处水提到高亢农田的目的。20 世纪 60 年代末统计，全境共建成水轮泵站 86 处，受益面积约 566.7 公顷。水轮泵耗水量大，动力机件极易损坏，渐被淘汰。至 80 年代初，水轮泵站被机电提水工程所取代。各地都在设法加快兴办电灌，西屏及樟溪公社的几座较大电灌站相继建成。负责全县的机电排灌建设和管理业务，加强发展机电提水工程的领导。地处松古盆地及山丘坡地的社队，致力发展机电提灌。至 1985 年，共兴建机电提灌站 45 处，装机 47 台，装机容量 489 千瓦。还推广经济作物区的机电喷灌，办成小型移动喷灌机械 149 台套 915 千瓦，又因地制宜建成柑橘、茶叶等固定电力喷灌站 3 处，装机容量 77 千瓦。至 1985 年末，全境存 4 处水轮泵站，灌溉面积不到 7 公顷。

20 世纪 90 年代，全县共有机电排灌机 380 台 4567 千瓦，其中电灌 213 台 3269 千瓦、机灌 82 台 611 千瓦；喷灌 85 台 687 千瓦；建成固定机电扬水站 252 处 3880 千瓦，其中电灌站 173 处 3269 千瓦。

至 90 年代后期，全县机电灌溉受益面积 3413.3 公顷，保证灌溉面积 1693.3 公顷；喷灌面积约 436.7 公顷。1978 年，境内遇到罕见大旱，旱情特别严重的新兴、樟溪、望松、阳溪、靖居、石仓等地，有 200 多台 2205 千瓦的机电提水设备投入抗旱，灌溉 1333 公顷农田，有效地减轻灾情。下马坑电灌站建成后，樟溪乡粮食生产的安全系数提高。西屏镇电灌站一、二、三级机埠渠系配套完成后，西屏镇太保殿下、白塔亭一带的山垄田，普遍可种双季稻。赤寿乡缸窑机灌站装机 12 瓦，建成运行后，农田旱涝保收。

21 世纪，随着农村农业生产结构大规模调整，土地生产经营承包责任制的深化，同时农业产业化生产，对用水要求的变化，部分泵站已丧失功能而报废。2010 年末，全县泵站正常运行 76 处，装机 1296.7 千瓦。境内较大的电灌站有西屏镇、下马坑、岩西等处。

西屏镇电灌站 西屏镇电灌站为梯级提水工程，一、二、三级机埠总装机 7 台 309 千瓦，总扬程 48.44 米，灌溉干渠总长 3886 米，已衬砌 2500 米。溉西屏镇一、二、三、四、五、六、八、十村等农田 234.1 公顷。灌区位于镇西北，为半丘陵坡地，地势高亢，水源缺乏，灌区内无大的山塘、水库，向为水利死角。若遇旱年，禾稻难保，有十年九旱之说。1968 年冬，县里决定建造电灌站。

电灌一级机埠建在城南大堤西首，取松阴溪水。1969 年动工，1971 年建成。总装机 3 台 225 千瓦，配套 10SH-9 型水泵 3 台，总流量 405 升每秒，实际扬程 29.58 米。供电线路引自中药厂，高低压输电线长 0.9 千米，安装 SJ-240/10 变压器 1 台。泵房为砖瓦平房，建筑面积 90 平方米。引水渠长 179.2 米，输水渠长 2068.3 米。二级机埠紧接一机埠干渠，位于城北太保殿旁。1976 年动工，1978 年建成。机房为砖瓦平房，面积 66 平方米。装机 2 台 47 千瓦，配套 250S-/4 和浙农 8-24 水泵各 1 台，实际扬程 10.36 米，总流量 219 升每秒。供电线路引自太保殿，长 200 米，装配 SJ-75/10 变压器 1 台。输水干渠长 1.6 千米。三级机埠紧接二级机埠干渠，位于城北白塔亭。1978 年动工，1980 年建成。泵房为砖瓦平房，面积 51 平方米。装机 2 台 37 千瓦，配套 IB150-125-200/水泵 2 台，总流量 129 升每秒，实际扬程 8.50 米。供电线路引自太保殿，长 1.65 千米，配用 SJ-50/10 变压器 1 台。输水干渠长 200 米。电灌站总投工 21.5 万工，投资 23 万元。

西屏镇电灌站为镇办提水工程，由镇政府直接领导，从 1969 年一级机埠动工兴建之日起，建立电灌建设委员会。1985 年以后，改为西屏镇电灌管理站。电灌供水实行轮水期、收水费制度。1984 年前，水费按每小时 8 元收取。1985 年以后，由于电费及各种机械配件价格的提高，水费标准已按每小时 13.8 元收取。各机房值班实行合同承包制，一改过去无专人负责值机的弊端。

随着城建规模的不断扩大和城北工业园区的建成，西屏镇耕地被大批征用，所剩无几，电灌站灌溉功能消失，处于废弃状态。

下马坑电灌站 樟溪乡下马坑电灌站亦为梯级提水工程。3 级机埠，5 座泵房，装机 10 台 256.5 千瓦，累计扬程 63 米，输水干渠总长 5.3 千米，灌溉樟溪乡下马坑、高岸、力溪、馒头山、钟家、大徐、兰家、樟村、谷山垄、岗头儿、东市、肖周、包村、溪下等村的农田 266.7 公顷。

1965 年 6 月，经有关部门批准，在下马坑兴建抽水机站，为临时机埠。站址下马坑村东大溪畔。分两级抽水，一级设 6×6 卡佛式水泵 2 台，扬程 12 米，总流量 96 升/秒，配用动力 8 千瓦柴油机 2 台；二级设 10×8 卡佛式水泵 1 台，扬程 8 米，流量 73 升/秒，配用 12 千瓦柴油机 1 台，溉下马坑等大队农田 20.3 公顷。1967 年，筏铺、下马坑、高岸、高里村等大队联合集资 7 万多元兴建下马坑固定机灌站，调换原机组，扩大装机，增加抽水量。其中，一级机埠设 40 千瓦柴油机 1 台，配用 14×12 卡佛式水泵 1 台，扬程 8 米，流量 170 升/秒，泵房为泥墙瓦屋，面积 126 平方米；二级机埠设 20 千瓦、12 千瓦柴油机各 1 台，配用浙农 8-24 型水泵各 1 台，扬程 8 米，总流量 130 升每秒。输水干渠，一级机埠 0.25 千米，二级机埠 1.9 千米，灌溉下马坑等 4 大队农田共 85.3 公顷。

1971 年冬，下马坑、高岸、高里村、力溪等大队（原受益大队筏铺大队退出灌区，自建电灌）集资 4 万元，国家补助 2 万元，把下马坑机灌站改建为电灌站，站址和厂房设在原机灌房，高压线路接自筏铺，长 0.91 千米。一级机埠装机 1 台 55 千瓦，配用水泵 12SH-19 型 1 台，扬程 10 米，流量 220 升/秒；二级机埠装机 1 台 17 千瓦，配用卡佛式 14×2、10×8 型水泵各 1 台，扬程 8 米，总流量 243 升/秒。一、二级机埠共用 100 千伏安变压器 1 台，灌溉 4 个大队农田共 80 公顷。

1976 年，随着灌区不断扩大，原有动力和水量不能满足要求，遂对原电灌设施进行更新改造。改造后，一级机埠机房扩建为 156 平方米，装机 2 台 110 千瓦，配用 10SH-9A 水泵 2 台，扬程 10 米，总流量 260 升每秒，装配 240 千伏安变压器 1 台；二级机埠装机 2 台 34 千瓦，配用卡佛式 14×12 型水泵 2 台，扬程 8 米，总流量 230 升/秒，装配 75 千伏安变压器 1 台。二级机埠输水干渠延长 1.5 千米，输水渠总长 3.68 千米，0.9 千米砼浇。这次改建，灌区投资 2.7 万元，国家补助 0.7 万元。投工按受益田亩摊派。改建后，灌溉下马坑、高岸、力溪、大徐、馒头山、钟家 6 个大队农田 133.3 公顷。

至 1982 年，樟溪公社水利会实行全公社蓄、引、提“三水”统管，下马坑电灌灌区范围进一步扩大到 15 个大队 233.3 公顷农田。一级机埠装机容量增加到 3 台 165 千瓦，水泵 3 台，流量增至 490 千/秒。二机埠装机容量增加到 4 台 67 千瓦，水泵 4 台，流量增至 535 升/秒。新建三级、四级机埠。其中三级机埠设金村和樟村 2 个电灌抽水站。金村三级机房面积 42 平方米，装机 30 千瓦、13 千瓦各 1 台，配用 10-35 和 10SH-19 型水泵各 1 台，扬程 8 米，总流量 250 升/秒；高压线路自下马坑至金村长 780 米，装配 50 千伏安变压器 1 台；输水渠长 0.5 千米，其中 0.3 千米完成砼砌。樟村三级机房面积 30 平方米，装机 13 千瓦、7.5 千瓦各 1 台，配用 8-24 和 6-18 型水泵各 1 台，扬程 10 米，总流量 129 升/秒；高压线路引自下马坑，长 0.9 千米，配用 50 千伏安变压器 1 台；输水渠长 0.6 千米，其中完成混凝土衬砌 0.3 千米。四级机埠设樟村和溪下 2 个电灌抽水站。樟村四级机房面积 60 平方米，装机 2 台 15 千瓦，配用浙农 6-11 型水泵 2 台，扬程 11 米，总流量 3.16 升/秒；变压器及高压线路同樟村三级共用；至输水渠长 0.15 千米处接入江南渠道。溪下四级机房面积 30 平方米，装机 13 千瓦 1 台，配用浙农 8-12 型水泵 1 台，扬程 8 米，流量 84 升/秒；高压线自金村至溪下长 0.6 千米，装配 30 千伏安变压器 1 台；输水渠长 0.3 千米，皆砼砌。

1989 年冬，樟溪乡政府集资 14.4 万元，对下马坑电灌站进行技术改造，合并一二级机埠，改为由一级机埠直接送水至三级机埠。一级装机 3 台 165 千瓦，总扬程 11.22 米，泵房改为砖混楼房。1990 年，技改工程竣工。

下马坑电灌站 1965 年开始建设，经多次改造、扩建，配套完善，灌溉面积扩大，为樟溪乡“三水”中的重要工程。历年来，电灌投资累计 35 万元，投 16.2 万工。电灌站建成前，只能种荞麦、玉米等旱作物的田地，电灌建成后可种双季稻，旱涝威慑相对减轻。渠系维修、征收水费等工作，由乡电灌管委会负责管理。各机埠机组配有专职人员，且有规章制度适行。1983 年，樟溪公社灌溉公司成立后，制定灌溉公司章程和用水公约，电灌站每年收取水费 2 万多元，用于机械维修、渠系配套、抽水费用等，电灌管理逐步实现制度化、规范化。

后由于年久失修，机组老化，运行费用高、效率低，农业生产受到严重影响。2009 年，松阳县被列入全国小型农田水利重点县，根据“建设方案”，改造泵房 1 处，新建灌渠 0.8 千米，更新水泵机组设备 3 套，即 10SH-9A 水泵 3 台、Y250M-4/55 电动机 3 台。投入建设资金 56.25 万元，其中中央财政补助 23 万元、省级财政补助 18 万元、县财政配套资金 5 万元、樟溪乡政府配套 10.25 万元。工程于 2009 年 12 月完成。

岩西电灌站　岩西电灌站位于西屏镇岩西村山边，机房为砖混结构平房，面积 59.4 平方米，装机 3 台 165 千瓦，配套 8SH-13 型水泵 3 台，总流量 240 升/秒，总扬程 41.3 米。高压线路接自水南东岗寮，长 2.4 千米，装配 SJ-200 千伏安变压器 1 台。

岩西电灌站系东坞水库南干渠配套工程，由东坞水库送水，引水渠长 7.7 千米，渠底高程 164 米，输水渠长 2.7 千米，渠首高程 203 米，灌溉岩西、桥头、清路、郑弄口 4 村农田 160 公顷。电灌工程于 1983 年 11 月动工，1984 年 8 月建成，总投资 10 万余元，其中国家补助 8 万元。电灌站由东坞干渠水管会统一管理。因多年未运行，失去功能。

2004 年松阳县灌溉农田 33.3 公顷以上电灌站情况表

表 13-1-3-2

泵站名称	受益乡镇	灌溉水源	工程概况								泵站效率（%）	亩耗电量（千瓦时）	灌溉成本（元/亩）	建成年月	改建时间
			机埠	净扬程（米）	装机 台数	装机 容量（千瓦）	灌溉面积 设计（公顷）	灌溉面积 实灌（公顷）	渠道 渠长（千米）	渠道 初砌长（千米）					
总　计	14 处		27 座		53	1313.5	1553.3	1246.9	31.0	16.87	—	—	—	—	—
石角	望松	松阴溪	一	14.15	2	44	120	90	2.4	0.25	54.6	36.1	3.95	1962	1989 年 10 月改建
			二	12.2	1	11									
下马坑	樟溪	松阴溪	一	11.22	3	165	266.7	266.7	4.5	1.5	54.5	32.5	4.51	1971	1990 年改建
			二	18	4	63.5									
			三	19	3	28									
西屏镇	西屏	松阴溪	一	29.53	3	225	287.8	234.1	3.35	2.5	61.25	49.0	5.23	1971.6	—
			二	10.36	2	47									
			三	8.5	2	37									
石门圩	斋坛	松阴溪	一	6.5	2	20	77.1	77.1	1.7	1.3	46.5	24.6	3.27	1979	—
官溪	西屏	官溪水库	一	12	2	26	110	110	1.5	0.6	49.5	40.5	4.56	1980	—
			二	19	3	52.5									
			三	9	1	18.5									
横山	西屏	松阴溪	一	29.35	2	44	53.3	24	1.3	0.35	56.2	31.7	4.12	1981.7	—

续表 13-1-3-2

泵站名称	受益乡镇	灌溉水源	工程概况								泵站效率(%)	亩耗电量(千瓦时)	灌溉成本(元/亩)	建成年月	改建时间
			机埠	净扬程(米)	装机		灌溉面积		渠道						
					台数	容量(千瓦)	设计(公顷)	实灌(公顷)	渠长(千米)	初砌长(千米)					
青蒙周垒	西屏	松阴溪	一	18	2	35.5	73.3	53.7	1.45	0.3	48.7	34.7	5.01	1981	1986年改建
			二	12.7	2	31									
			三	9	1	7.5									
岗下	古市	观口堰	一	14.45	1	30	46.7	34.7	3.7	3.7	60.1	60.9	7.69	1982	—
			二	12	1	11									—
岩西	西屏	东坞南渠	一	36	3	165	160	100	2.3	2.3	64	44	5.65	1984.10	—
白沙	西屏	松阴溪	一	7.87	2	21	40	40	1.3	1.3	56.45	35.75	3.92	1987.7	—
			二	6.9	1	7.5									—
			三	6.0	1	4.5									—
后塘畈	古市	松阴溪	一	9.56	3	50	186.7	103.3	2.3	2.3	59.5	31.36	4.62	1987	—
黄公渡	叶村	松阴溪	一	4.3	1	10	34.7	20	1.8	0.17	47	27	3.12	1987.7	—
上河	古市	观口堰	二	8.2	2	30	53.3	33.3	1.4	0.3	56.2	32.4	4.25	1988.7	—
筱铺	古市	松阴溪	一	12.4	2	60	46.7	40	1.5	-	60.5	40.8	4.65	1989	—
			二	6	1	4	—	—	—	—	—	—	—	—	—

2004年松阳县机电灌溉情况表

表 13-1-3-3

乡镇名称	机电灌拥有量			其中				灌溉面积(公顷)	其中		另有喷灌电机					
	处数(处)	装机(台)	容量(千瓦)	电灌		机灌			电灌(公顷)	机灌(公顷)	固定			移动		
				处数(处)	装机(千瓦/台)	处数(处)	装机(千瓦/台)				处数(处)	装机(千瓦/台)	面积(公顷)	处数(处)	装机(千瓦/台)	面积(公顷)
全县统计	252	295	3880	173	3269/215	79	611/82	1693.3	1460	233.3	4	152.5/5	610	51	534/30	396
西屏镇	65	80	1275.3	41	1146/64	14	129.3/16	632.7	573.4	59.3	1	18.5/1	120	13	169/22	156.7
望松乡	22	23	196.5	18	160/19	4	36.5/4	124	100	24	—	—	—	4	27/5	21.3
叶村乡	5	5	36	1	10/1	4	26/4	153	20.7	13.3	—	—	—	3	33/6	27.3
斋坛乡	5	6	58.4	2	31/3	3	27.4/3	90	73.3	16.7	—	—	—	4	49/7	34.7
三都乡	3	3	31.5	1	15/1	2	16.5/2	6.7	4.7	2	—	—	—	—	—	—
古市镇	31	38	460.5	22	383/28	9	77.5/10	279.3	260	19.3	—	—	—	3	27/5	58.7
赤寿乡	21	23	336	15	285/17	6	51/6	92	68.7	23.3	2	104/3	370	6	61/9	50
新兴乡	25	25	470.7	19	16/19	6	54.7/6	63.3	38.7	24.7	—	—	—	5	49/7	32
樟溪乡	12	17	361.5	8	325/13	4	36.5/4	224.3	208.7	15.7	—	—	—	6	44/8	420

续表 13-1-3-3

乡镇名称	机电灌拥有量			其中				灌溉面积（公顷）	其中		另有喷灌电机					
				电灌		机灌					固定			移动		
	处数（处）	装机（台）	容量（千瓦）	处数（处）	装机（千瓦/台）	处数（处）	装机（千瓦/台）		电灌（公顷）	机灌（公顷）	处数（处）	装机（千瓦/台）	面积（公顷）	处数（处）	装机（千瓦/台）	面积（公顷）
象溪镇	26	28	267	10	172/33	15	96/15	96	46.6	22.3	—	—	—	—	—	—
裕溪乡	14	14	138	10	110/10	4	28/4	22.7	20	2.7	—	—	—	—	—	—
大东坝镇	20	20	152.6	18	145/18	7.6/2	—	34	31.4	2.7	—	—	—	—	—	—
安民乡	3	3	11.4	—	—	3	11.4/3	3.3		3.3	—	—	—	—	—	—
玉岩镇	15	4	20.6	2	13/2	2	7.6/2	9	6.6	2.7	—	—	—	—	—	—
枫坪乡	2	2	11.5	1	5.5/1	1	6/1	5	3.7	1.3	—	—	—	—	—	—
其他	4	4	52.5	4	52.5/4	—	—	4	4	2.7	1	30/1	120	—	—	—

1949～2004 年松阳境内机电提水泵站建设情况表

表 13-1-3-4

序号	乡镇	电灌站		灌溉面积（亩）	机灌移动喷灌		灌溉面积（亩）	固定喷灌		灌溉面积（亩）
		处/台	装机（千瓦）		处/台	装机（千瓦）		处/台	装机（千瓦）	
1	西屏镇	39/53	954.7	12040	27/53	393	3160	2/2	37	130
2	望松乡	15/16	137.5	3250	14/15	131.5	1070	—	—	—
3	斋坛乡	2/3	31	1800	11/21	182.4	1160	—	—	—
4	叶村乡	1/1	10	900	5/6	50	400	—	—	—
5	竹源乡	—	—	—	18/19	132	1230	—	—	—
6	四都乡	—	—	—	16/16	128	680	—	—	—
7	三都乡	2/2	30	120	34/36	310	2680	—	—	—
松阳片合计		59/75	1163.20	18110	125/166	326.9	10380	2/2	37	130
8	古市镇	24/28	396	9545	36/38	375	2200	—	—	—
9	赤寿乡	15/18	222.5	2000	42/46	335	3650	2/2	104	335
10	新兴乡	19/20	291	3535	51/56	446	3400	—	—	—
11	樟溪乡	10/12	272	5300	38/42	346	2100	1/1	15	60
12	谢村乡	—	—	—	12/18	136	500	—	—	—
13	新处乡	—	—	—	9/16	116	500	—	—	—
古市片合计		68/78	1181.5	20380	188/216	1754	12450	3/3	119	395

续表 13-1-3-4

序号	乡镇	电灌站		灌溉面积（亩）	机灌移动喷灌		灌溉面积（亩）	固定喷灌		灌溉面积（亩）
		处/台	装机（千瓦）		处/台	装机（千瓦）		处/台	装机（千瓦）	
14	象溪镇	21/25	309.5	2050	68/69	295	1250	1/1	7.5	50
15	裕溪乡	6/6	46.5	500	45/46	356	1640	—	—	—
16	板桥乡	—	—	—	9/9	45	310	—	—	—
靖居片合计		27/31	356	2550	122/124	696	3200	1/1	7.5	50
17	玉岩镇	3/3	18.5	98	25/25	185	700	—	—	—
18	大东坝镇	26/26	219.20	1175	27/27	215	600	—	—	—
19	安民乡	—	—	—	—	—	—	—	—	—
20	枫坪乡	—	—	—	—	—	—	—	—	—
小港片合计		29/29	237.70	1273	52/52	400	1300	/	—	—
全县总合计		183/213	2938.40	42313	487/558	4176.9	27230	6/6	163.5	575

2010年松阳县泵站情况表

表 13-1-3-5

序号	地点及名称	所在乡镇	装机流量（立方米/秒）	装机功率（千瓦）	所属单位
1	白沙墙头垄泵站	西屏镇	0.05	7.5	白沙村村委会
2	白沙上夹溪泵站	西屏镇	0.04	7.5	白沙村村委会
3	白沙乌石洞泵站	西屏镇	0.06	11	白沙村村委会
4	北山水碓弄泵站	西屏镇	0.014	5.5	北山村村委会
5	大路口村泵站	西屏镇	0.02	5.5	大路口村村委会
6	洞阳观水库泵站	西屏镇	0.075	15	乌形山村村委会
7	防洪堤园林喷灌泵站	西屏镇	0.014	18.5	松阳县水库和堤防管理处
8	官溪水库白梨山泵站	西屏镇	0.04	29.5	松阳县西屏镇官溪水库管理委员会
9	官溪水库东渠泵站	西屏镇	0.06	7.5	松阳县西屏镇官溪水库管理委员会
10	官溪水库三级机埠	西屏镇	0.04	18.5	松阳县西屏镇官溪水库管理委员会
11	官溪水库一级机埠	西屏镇	0.12	85	松阳县西屏镇官溪水库管理委员会
12	七村（松阳一中旁）泵站	西屏镇	0.01	2.2	七村村委会
13	桥头村泵站	西屏镇	0.01	7.5	桥头村村委会
14	十村（独山脚）泵站	西屏镇	0.04	18.5	十村村委会
15	村头泵站	西屏镇	0.04	11	塔寺下村村委会

续表 13-1-3-5-1

序号	地点及名称	所在乡镇	装机流量（立方米/秒）	装机功率（千瓦）	所属单位
16	中央垄二级机埠	西屏镇	0.06	11	上连头村村委会
17	石笋脚机埠	西屏镇	0.02	5.5	塔寺下村村委会
18	上连头一级机埠	西屏镇	0.13	31.5	上连头村村委会
19	踏步头村泵站	西屏镇	0.01	11	踏步头村村委会
20	塘寮村泵站	西屏镇	0.03	18.5	塘寮村村委会
21	桐溪东站泵站	西屏镇	0.02	15	桐溪村村委会
22	桐溪西站泵站	西屏镇	0.04	18.5	桐溪村村委会
23	项弄排垒岗泵站	西屏镇	0.06	11	项弄村村委会
24	项弄溪边泵站	西屏镇	0.07	7.5	项弄村村委会
25	一村泵站	西屏镇	0.03	15	一村村委会
26	邵山四都源泵站	西屏镇	0.027	11	邵山村村委会
27	八村下连畈微灌泵站	古市镇	0.03	7.5	古市镇八村村委会
28	筱铺二级机埠	古市镇	0.01	4.5	古市镇筱铺村村委会
29	筱铺一级机埠	古市镇	0.15	52	古市镇筱铺村村委会
30	岗下二级机埠	古市镇	0.04	11	古市镇岗下村村委会
31	岗下一级机埠	古市镇	0.1	30	古市镇岗下村村委会
32	后塘畈泵站	古市镇	0.06	21.5	古市镇后塘畈水管会
33	航埠头松阴溪边泵站	古市镇	0.04	15	古市镇航埠头村村委会
34	下五木二级机埠	古市镇	0.03	15	古市镇下五木村村委会
35	下五木一级机埠	古市镇	0.08	11	古市镇下五木村村委会
36	白丰泵站	大东坝镇	0.04	11	大东坝镇白丰村村委会
37	二滩坝麻厂二级泵站	大东坝镇	0.014	5.5	大东坝镇二滩坝村村委会
38	二滩坝麻厂一级泵站	大东坝镇	0.06	11	大东坝镇二滩坝村村委会
39	二滩坝梅村泵站	大东坝镇	0.04	11	大东坝镇二滩坝村村委会
40	二滩坝寺下坝泵站	大东坝镇	0.06	7.5	大东坝镇二滩坝村村委会
41	二滩坝圩头泵站	大东坝镇	0.07	11	大东坝镇二滩坝村村委会
42	港口泵站	大东坝镇	0.01	7.5	大东坝镇西山村村委会
43	后宅村口泵站	大东坝镇	0.02	15	大东坝镇后宅村村委会
44	牛角圩村头泵站	大东坝镇	0.01	7.5	大东坝镇牛角圩村村委会
45	牛角圩双坑口泵站	大东坝镇	0.02	10	大东坝镇牛角圩村村委会
46	外大阴内村泵站	大东坝镇	0.01	15	大东坝镇外大阴村村委会

续表 13-1-3-5-2

序号	地点及名称	所在乡镇	装机流量（立方米/秒）	装机功率（千瓦）	所属单位
47	西山村泵站	大东坝镇	0.02	22	大东坝镇西山村村委会
48	西山港口泵站	大东坝镇	0.02	10	大东坝镇西山村村委会
49	西山上包二级机埠	大东坝镇	0.03	10	大东坝镇西山村村委会
50	西山上包一级机埠	大东坝镇	0.03	10	大东坝镇西山村村委会
51	玉岩泵站	玉岩镇	0.03	7.5	玉岩镇玉岩村村委会
52	吕潭一级机埠	象溪镇	0.02	17	象溪镇吕潭村村委会
53	石马铺石马坛头泵站	象溪镇	0.07	11	象溪镇石马铺村村委会
54	塔背花地脚泵站	象溪镇	0.03	7.5	象溪镇塔背村村委会
55	枫坪黄埠坞村泵站	枫坪乡	0.01	5.5	黄埠坞村村委会
56	半岭脚村泵站	望松乡	0.018	7.5	望松乡半岭村村委会
57	石角一级机埠	望松乡	0.079	44	望松乡石门村村委会
58	石门溪边泵站	望松乡	0.15	11	望松乡石门村村委会
59	小凤凰泵站	望松乡	0.024	5.5	望松乡石门村村委会
60	横溪寺山泵站	新兴乡	0.04	30	新兴乡横溪村村委会
61	后周包侧扁儿一级泵站	新兴乡	0.05	30	新兴乡后周包村村委会
62	林场村二级机埠	新兴乡	0.01	4	新兴乡杨村头村村委会
63	林场村一级机埠	新兴乡	0.04	18.5	新兴乡杨村头村村委会
64	上安一级机埠	新兴乡	0.04	30	新兴乡上安村村委会
65	上源口泵站	新兴乡	0.03	15	新兴乡上源口村村委会
66	外孟村一级机埠	新兴乡	0.02	15	新兴乡外孟村村委会
67	下源口村泵站	新兴乡	0.03	15	新兴乡下源口村村委会
68	潘连二级机埠	新兴乡	0.03	22	新兴乡潘连村村委会
69	潘连一级机埠	新兴乡	0.07	22	新兴乡潘连村委会
70	东坞茶叶基地二级泵站	叶村乡	0.014	22	松阳县东坞水库发展有限公司
71	力溪村阳塘岭机埠	樟溪乡	0.01	5.5	樟溪乡力溪村村委会
72	力溪二级机埠	樟溪乡	0.01	4	樟溪乡力溪村村委会
73	力溪一级机埠	樟溪乡	0.09	13	樟溪乡力溪村村委会
74	馒头山一级机埠	樟溪乡	0.04	17	樟溪乡馒头山村委会
75	狮子山茶园喷灌泵站	樟溪乡	0.51	15	松阳县碧云天茶业公司
76	下马坑泵站	樟溪乡	—	165	樟溪乡政府
合计				1296.7	

附：

松阳县县城水井分布示意图

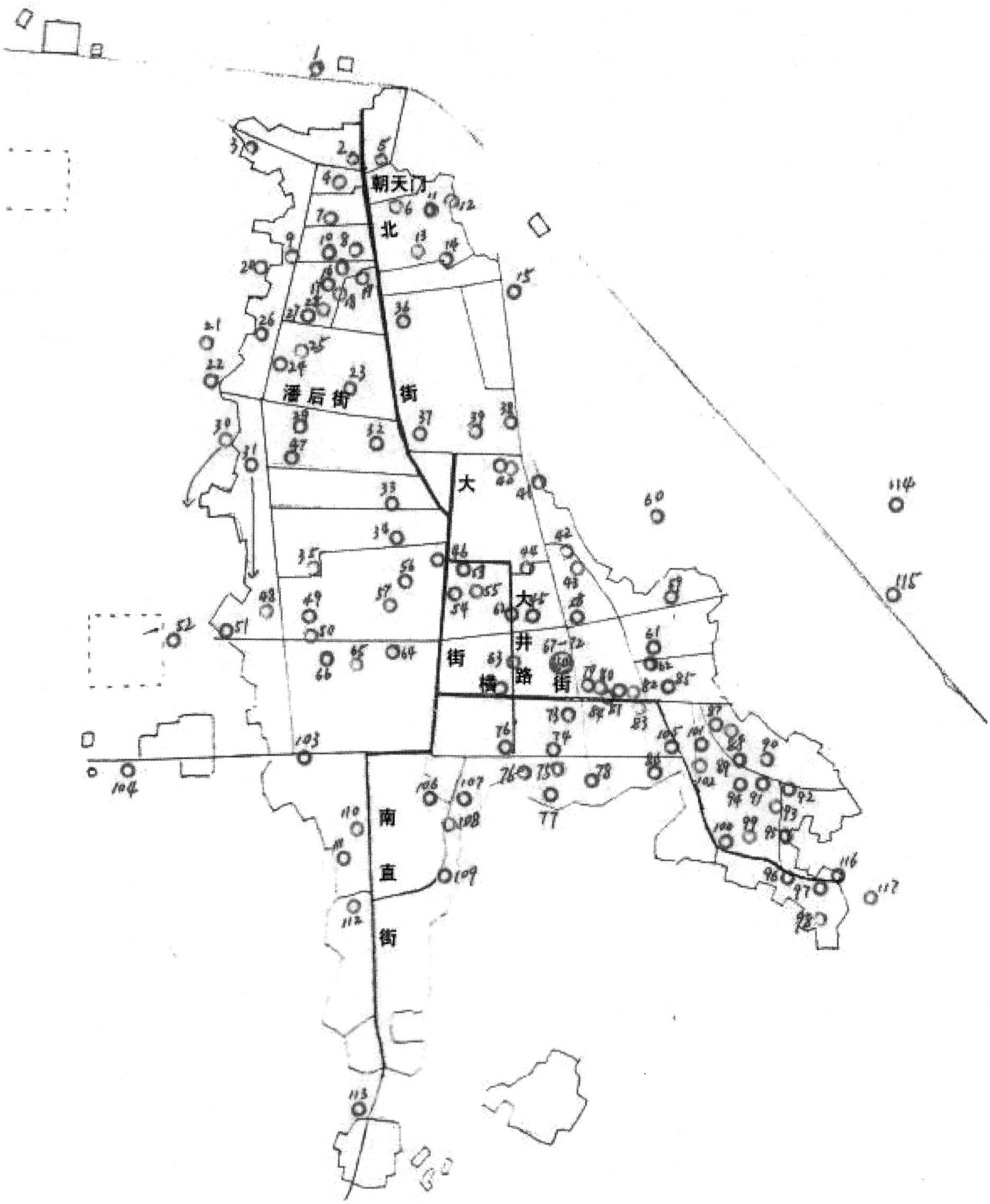

示意图说明：

1.孤老院井：在城北孤老院边，尚存

2、朝天门井：在朝天门外，尚存

3.永安井：在永平社后弄，无存

4、毛宅井：在毛祠路毛家起宅侧，尚存

5.朴子巷井：在毛关宝宅侧，无存

6、常聚坛井：在常树弄内，尚存

7、叶家井：在临天栈弄内，无存

8、叶园井：在北直街叶肇达院内，无存

9、杨柳井：在杨柳街，无存

10、菜园井：在北直街潘德金院内，无存

11、鄢家井：在当店弄当店后，无存

12、当店井：在当店弄当店右，无存

13、大上间井：在北直街大上间宅内，无存

14、当店弄井：在当店上弄何仁恩宅前，无存

15、瑞阳井：在瑞阳门外，无存

16、仁寿坊弄北井：在弄北徐金发宅内，尚存

17、仁寿坊弄北井：在毛德根宅前，尚存

18、铜锣井：在旧明善书院前，无存

19、铜锣井弄口井：在弄口宅内，无存

20、塘亭井：在西二村塘亭边，无存

21、马头坑井：在马头坑旁，无存

22、马头坑劄井：在马头坑叶长书宅前，无存

23、潘后街井：在潘祠左弄内，尚存

24、博爱井：在旧博爱医院内，无存

25、博爱后井：在旧博爱医院北，无存

26、菜园井：在杨柳街周亦彬菜园内，无存

27、耶稣堂井：在耶稣堂内，无存

28、耶稣东井：在耶稣堂外，不详

29、毓秀井：在旧毓秀小学厨房前，无存

30、大坛井：在大坛下坑边，无存

31、华家井：在华世开园内，无存

32、王家弄井：在北街王家弄内，无存

33、申亭弄井：在林有寿宅旁，尚存

34、何家井：在中弄，何联奎故居内，尚存

35、中弄井：在药王宫斜对面，无存

36、永庆铺井：在张宅后，不详

37、小弄井：在三角店后，无存

38、社仓井：在钟楼路社仓东弄口，无存

39、县衙井：在古县衙内，无存

40、狮口井：在孔庙后门外，并列双井，存 1 口

41、周家井：在钟楼脚周赞堂内门外，无存

42、楼家井：在明德路，尚存

43、明德路井：在刘樟龙宅内，无存

44、状元井：在大井路弄内，无存

45、叶家井：在大井路小弄，尚存

46、万寿井：又名明伦井，在耐性桥路上，无存

47、上宫井：在上天后宫旁节孝祠后，无存

48、西寺下井：在官儒路小弄内，不详

49、西寺下东弄井：在官儒路弄内，尚存

50、西寺下亭东井：在徐祠门前，无存

51、永丰井：在永丰桥头，无存

52、山川坛井：在王仁医院后，无存

53、群益井：在耐性桥群益店后，尚存

54、大街潘家井：在潘宗献屋旁，尚存

55、大井路西弄井：在潘大和宅边，无存

56、潘家弄井：在耐性桥下潘家弄内，无存

57、下弄井：在今新华书店后，尚存

58、月霭井：在城东，1992 年太平坊路建设时毁

59、朱山路井：在徐祠前，无存

60、朱山井：在田间，无存

61、朱子庙井：在朱子庙内，无存

62、社前井：在朱山社前，不详

63、大井：在大井路，有上下 2 口，尚存下大井

64、太平坊潘家井：在原潘连喜宅，尚存

65、仙娘殿边井：在殿东蔡家宅旁，无存

66、仙娘殿井：在仙娘坛边，无存

67、68、徐家井：在十字路徐登清院内屋旁，尚存 1 口

69、粮管所井：在原粮管所食堂内，无存

70、徐寿芝宅边井：不详

71.徐发家宅后井，不详

72、木犬宅边井，不详

73、内墙弄四方井，尚存

74、晖积堂井：在丁家门内，尚存

75、丁家新井：在丁光宅内，尚存

76、叶祠井：在陈巷叶祠内，不详

77、陈巷井：在猪行路踏步下，尚存

78、圣殿井：在圣殿边，尚存

79、徐家绍甫堂外井，尚存

80、徐堂东井：无存

81、酱油厂井：不详

82、酱油厂东边井：不详

83、徐家屋后井：不详

84、潘邦兴屋后井：不详

85、蔴地井：在桥亭街上，尚存

86、金钟井：金钟仓库边，无存

87、柿树下井：在东阁街，无存

88、四相公上弄井，无存

89、四相公井：又称八角井，在东阁街，尚存

90、东阁街周家明屋后井：无存

91、观音阁下首菜园内井：无存

92、观音阁后井：无存

93、观音阁前井：无存

94、林家宅后井：尚存

95、祠弄内井：不详

96、叶善金门前井：尚存

97、善金菜园井：尚存

98、昌达屋后井：不详

99、吴宏贵屋边井，不详

100、詹祠上弄井：无存

101、詹祠下弄井，无存

102、官塘井：在官塘路旁，尚存

103、兰雪井：在官塘路鹦鹉冢旁，尚存

104、石板桥井：在石板弄，无存

105、柿树下弄井：无存

106、寿年井：在旧寿年小学，无存

107、龙泉井：在荷田岭下，尚存

108、潘前弄井：在路边，不详

109、万寿宫井：在宫边，无存

110、四方井：在南直街小弄内，尚存

111 潘祠井：在祠内，无存

112、南明井：又称四方井，在南明桥下，尚存

113、仁寿井：在松阳一中校门左，无存

114、净水井：在净梵寺，无存

115、光华井：在光华门内程祠前侧，无存

116、甘露井：在甘露堂前，无存

117、粮管所宿舍井：在济川路，无存

118、叶公兴井：在横街，尚存

第四节　节水灌溉工程

境内引进喷灌设施及技术，始于1981年古市镇后塘畈园田化建设。三村山头背喷灌站装机7.5千瓦，为固定自动喷灌，10余只喷头，喷灌柑橘、茶叶约20公顷。至90年代中期，喷灌机械发展到85台套687千瓦，喷灌控制面积436.7公顷。其中，固定电力喷灌站4处，装机5台152.5千瓦，受益面积40.7公顷。喷灌对象主要是桑、茶、水果等经济作物。在喷灌发展过程中，初以小型移动喷灌为主，尔后针对作物的特点和地形条件，逐步转为固定、半固定式喷灌，以移动式喷灌为辅，并把重点喷灌放在水源、电源条件好的地方，充分发挥喷灌作用。

2009年，松阳县被列入全国第一批小型农田水利重点县，成立全国小型农田水利重点县工程建设指挥部。2010年，先后建成项桥下茶叶喷灌工程，横山圩李子喷滴灌工程，樟溪乡筏铺片茶叶喷灌工程，庄门源、塘头、黄圩喷灌工程，卯山茶叶喷滴灌工程，斋坛乡石门圩、东关茶叶喷灌工程6处，以及官溪片柑橘滴灌、三都乡上田梨子滴灌、新兴乡里顶脐橙滴灌3处高效节水工程，共投入资金418.18万元，新增喷微灌面积705公顷。在湖溪林场苗圃引进倒挂旋转式微喷灌；叶村乡河头大棚蔬菜300亩、寺岭下大棚提子300亩、玉岩镇棋盘山金银花900亩都采用滴灌技术；大东坝镇上寮山500亩香榧采用管道节水灌溉。

喷灌

红连茶园喷灌站 红连茶园喷灌站是境内第一座固定电力茶园喷灌站。茶园面积 6.7 公顷。由于山地茶园地形起伏不平，实施地面自流灌溉难度大，且易造成浪费。20 世纪 80 年代初，红连村集资 5.45 万元（国家补助 4 万元），兴建电力喷灌站。工程于 1982 年 11 月动工，次年 8 月建成，装机 30 千瓦。高压线引自村茶场，低压送电线路长 0.45 千米，装配 50 千伏安变压器 1 台。喷灌水源引自梧桐源水库西干渠。安装互控射流喷头和摇臂喷头共 74 个，5 个喷头同时工作，喷头间距 30 米。红连茶园实行喷灌，有利于提高茶叶的质量和产量。

梧桐源水库橘山喷灌站 橘山喷灌站位于梧桐源水库，受益面积 8 公顷。1985 年 10 月动工，1986 年 2 月竣工，总投资 5.4 万元。取水库东上渠道水，喷灌系统设置主干管 1 条、分干管 4 条、支管 15 条、竖管 42 条，总长 1.38 千米，喷头 42 只，喷头间距 32 米。

叶川头橘山喷灌站 叶川头橘山喷灌站是境内最大的固定电力喷灌站，位于赤寿乡叶川头村口附近。1988 年 11 月动工兴建，1989 年 5 月竣工。总投资 18.6 万元，喷灌面积 18 公顷。喷灌站取水于梧桐源水库中干渠，设置主干管 1 条、分干管 7 条、支管 50 条、竖管 146 根、喷点 146 条，管道总长 4.63 千米，有主镇墩 3 座、分管镇墩 146 座，设置阀门井 45 个，配套建造橘山管理用房 5 座、小型蓄水池 7 座。

白沙橘山喷灌站 白沙橘山喷灌站位于阳溪乡白沙村附近，喷灌面积 8 公顷。于 1989 年 11 月动工，1990 年 5 月竣工，总投资 6.7 万元。喷灌站取松阴溪干流水。设置主干管 1 条、分干管 3 条、支管 22 条、竖管 48 根，管道总长 1.793 千米，设 48 个喷点。建站前，橘山常受干旱影响，产量低且不稳定。1990 年使用喷灌后，干旱影响甚微。

樟溪乡狮子山茶园喷灌工程 狮子山茶园总面积 20 公顷。喷灌工程位于樟村狮子山，于 2003 年 10 月动工，2004 年 3 月竣工，总投资 12 万元。设计主干管 1 条，管径口 80 厘米，支管 13 条，设置喷头 33 只，竖管 33 条，管道总长 1280 米。

项桥下片大路口茶叶喷灌工程 项桥下片大路口茶叶喷灌工程位于西屏镇项桥下村附近，喷灌面积 26.67 公顷，土地连片，地势为坡地，海拔高程在 170～250 米，全部开发成茶园。布置 3 套喷灌系统，新建泵站 3 座，配套水泵机组 3 台套，工程总投资 60.49 万元，其中中央财政专项资金补助 19 万元、省财政专项资金补助 15 万元、县及县以下配套资金 26.49 万元。2009 年 11 月开工，2010 年 10 完工。

横山圩李子喷滴灌工程 横山圩李子喷滴灌工程位于西屏镇横山村附近，喷滴灌面积 40 公顷，紧邻黄坑源，周边土地连片、地势为滩地，地面海拔高程在 118～120 米，所开发李子基本靠天然降水解决用水问题。从小路水库引水，工程总投资 80.06 万元，其中中央财政补助 32 万元、省财政补助 26 万元、县财政及以下配套资金 22.06 万元。2009 年 11 月开工，2010 年 10 月完工。

樟溪片筏铺茶叶喷灌工程 樟溪片筏铺茶叶喷灌工程位于古市镇筏铺村樟溪乡交界之地，喷滴灌面积 33.33 公顷。喷灌工程位于松阴溪旁，地势平坦，种植茶叶、蔬菜是当地村民的主要经济来源。本工程新建泵站 1 座，装机 15 千瓦。工程总投资 68.28 万元，其中中央财政补助资金 17 万元、

省财政补助37万元、县财政及地方配套资金14.28万元。2010年8月开工，2011年1月竣工。

庄门源塘头、黄圩茶叶喷灌工程　庄门源塘头、黄圩茶叶喷灌工程分塘头、黄圩2个灌溉区，工程项目分别在古市镇七村中部和黄圩中部。喷灌面积分别为10.67公顷和40公顷。新建泵站5座，总装机功率56千瓦。工程总投资107.75万元，其中中央财政补助26万元、省财政补助59万元、县及以下配套资金22.75万元。2010年8月初开工，2011年2月底完工。

卯山片拳头山、四村茶叶喷灌工程　卯山片拳头山、四村茶叶喷灌工程分别位于古市镇七村拳头山和四村，项目区分拳头山和四村2个灌溉片区，喷灌面积分别为6.67公顷和20公顷。工程位置地势平坦，土壤为壤土，多年平均气温17.7℃，设计新建泵站2座，总装机28.5千瓦。工程总投资54.05万元，其中中央财政补助14万元、省财政补助29万元、县财政及以下配套资金11.05万元。工程于2010年8月开工，12月完工。

斋坛乡石门圩、东关茶叶喷灌工程　斋坛片石门圩、东关茶叶喷灌工程，分别位于斋坛乡石门圩村和东关村，分石门圩和东关2个灌溉片区，喷灌面积分别为66.67公顷和10公顷。石门圩灌区地势平坦，东关灌区为丘陵。设计新建泵站3座，总功率59千瓦。工程总投资158.32万元，其中中央财政补助39万元、省财政补助87万元、县及以下及配套资金32.32万元。2010年8月初开工，2011年3月底竣工。

微喷

用与毛管连接的微喷头将水喷洒在作物根区附近的土壤表面以湿润土壤。用微小水量、微小水压喷灌。2010年，新兴乡政府和湖溪林场苗圃在示范试用。

滴灌

官溪片柑橘滴灌工程　官溪片柑橘滴灌工程位于西屏镇官溪村附近，紧邻官溪水库和丁旺山水库，面积166.67公顷，分成2块区域，布置4套滴管节水系统，新建泵站4座，配套水泵机组4台套，总装机96千瓦，共埋设各级管道53.78千米，滴管带543千米，共投资332万元，其中中央补助135万元、省财政补助108万元、县及以下配套资金89万元。2009年10月开工，2010年8月完工。

三都乡上田梨子滴灌工程　上田梨子滴灌工程位于三都乡酉田村附近，面积53.3公顷，新建蓄水池1座，容量63立方米，主管道400米，支管网6.5千米，滴灌管网40千米，机组及设施1套，工程于2010年8月23日开工，2010年11月5日竣工，总投资85万元，其中，中央财政补助37万元、省财政补助30万元、县及县以下配套资金18万元。

新兴乡里顶脐橙滴灌工程　里顶滴灌工程位于新兴乡大石村山区，滴灌面积12.67公顷，工程新建泵站1座，50立方米蓄水池2座，埋设干支管2.715千米，铺设毛管36.72千米，滴箭8680个，于2010年8月开工，2010年12月底完工。工程总投资29.78万元，其中中央财政补助7万元、省财政补助16万元、县及县以下配套6.78万元。

2009～2010 年松阳县小型农田水利建设县喷灌工程情况表

表 13-1-4-1

序号	项目	所在地点	投资（万元）				效益		水泵			
			总投资	其中			灌区人口（万元）	灌区面积（公顷）	水泵型号	扬程（米）	功率（千瓦）	流量（立方米/小时）
				中央	省	县及县以下						
1	官溪片滴管工程	西屏镇	332.01	135	108	89.01	0.15	166.67	IS100-65-380A	80	37	100
									IS100-65-200	50	22	100
									IS100-65-200	50	22	100
									IS80-50-200	50	15	50
2	项桥下喷灌工程	西屏镇	60.49	19	15	26.49	0.0756	240	80CYZ55	70	18.5×3	60
3	横山圩喷灌工程	西屏镇	80.06	32	26	22.06	0.1087	40	从黄坑源水库取水	—	—	—
4	三都上田片喷微灌工程	三都乡	85	37	30	18	0.022	53.33	WQ20-5-0.75	5	0.8	20
5	新兴乡里顶脐橙滴管工程	新兴乡	29.78	7	16	6.78	0.0075	12.67	IS80-50-200	50	15	45
6	樟溪片筏铺村喷灌工程	古市镇	68.28	17	37	14.28	0.0348	39	IS80-50-200	50	15	45
7	庄门源塘头、黄圩喷灌工程	古市镇	107.75	26	59	22.75	0.0971	50.67	SBZ80-65-160	35	7.5	45
									IS80-50-200A	65	18.5	45
									IS80-50-200A	65	18.5	45
									SBZ80-65-160	35	7.5	45
									WQ15-32-4	32	4	15
8	卯山片拳头山、四村茶叶喷灌工程	古市镇	54.05	14	29	11.05	0.0971	26.67	SBZ80-50200A	44	11	47
									IS80-50-250	65	18.5	45
9	斋坛片石门圩、东关茶叶喷灌工程	斋坛乡	158.32	39	87	32.32	0.0973	76.67	IS100-65-380A	80	37	100
									IS100-65-200	50	22	100
小计			418.18	103	228	87.18	0.6901	705.68		—	316.8	—

第五节　灌　区

解放后，松阳县陆续修建一些水利工程，对农业的发展起到重要的作用。至2010年末，全县共建成万亩以上灌区3个，千亩以上灌区14个，百亩以上灌区95个，累计总有效灌溉面积14.64万亩。

万亩以上灌区均位于松古平原，分别为江北灌区、东坞水库灌区和江南渠道灌区。千亩以上灌区零星分布在松古平原，从松阴溪拦水灌溉。山区丘陵连片500亩以上的有大东坝石仓片、象溪靖居片、雅溪片区。

松阳县中型（千亩左右）灌区均修建于20世纪70～80年代，灌区水利骨干工程建设受当时技术经济和社会条件限制，建设标准低，加上骨干工程运行多年，工程设施老化严重，渠道及建筑物完好率为60～70%。为确保工程安全运行，有必要进行更新改造。

根据省水利厅《关于编制浙江省“千万亩十亿方节水工程”实施方案的通知》要求，松阳县决定实施中型灌区骨干水利改造工程。2004年8月，松阳县编制完成《浙江省松阳县千万亩十亿方节水工程实施方案》。通过项目实施，新增加灌溉面积0.75万亩，灌区受益面积12.7万亩，改善灌溉面积3.63万亩，灌溉保证率从60%提高到75%，渠系水利用系数从0.55到0.65，水稻年产量增加1214吨，经济作物年生产量增加5050吨，每年可节约水量945万立方米。

在国家强农、惠农的政策支持下，松阳县根据实施方案，加强重点灌区节水配套改造项目管理，实施中型灌区骨干水利改造和全国小型农田水利重点县建设。按水利部《农业综合开发水利骨干工程项目管理和运行机制改革指导意见》，努力建立灌区良性运行机制，保证工程长期发挥效益。

江北灌区

江北灌区位于松阴溪北岸的松古平原，灌区内有赤寿、古市、望松、西屏4个乡镇。

2004年，灌区国内生产总值10.32亿元，其中农业产值3.92亿元，灌区粮食总产量5.8万吨，人均年收入3806元。灌区内有土地面积13.2万亩，灌溉面积为8.05万亩，有效灌溉面积5.4万亩。

灌区内的主要水源有梧桐源水库、六都源水库、四都源水库、官溪水库和关弄水库，其次还有一些山塘和堰坝引水工程。原有的各水库灌溉渠道各自独立、不衔接，缺少一条连通整个灌区的总干渠，各灌溉片的水量分配不均，梧桐源水库水量充足，却得不到很好的利用，而其他灌溉片水源不足，影响水资源的合理分配和利用。经多年运行，渠道老化，塌方多、淤积多、渗漏多，渠系建筑物老化失修严重，难以满足农业生产和发展的需要，不能适应农业综合开发的要求。

2005年，由省水利水电勘测设计院编制完成《松阳县江北灌区节水改造工程规划》，县政府同意实施。2005年8月，由省水电科技咨询有限公司编制完成《松阳县江北灌区节水配套改造项目可行性研究报告》，国家农业综合开发办公室审定同意。2006年6月，省开发办、省水利厅下达实施计划批复意见，批复项目工程总投资2408万元，建设工期为2年。2010年5月，省农发办、省水利厅下达预备费使用和部分建设内容及概算调整的批复，批复本项目总投资2409.17万元。

工程于 2006 年 12 月 1 日进场开工建设，2009 年 8 月，完成各项建设任务。

松阳县江北灌区节水配套改造工程，以加高加固后的梧桐源水库为主要水源工程，通过新建和改造梧桐源水库至四都水库总干渠，结合六都源水库、四都源水库等补充水源工程，把原来分散、独立的渠系，连成一个系统，形成“长藤结瓜”的渠系布置方式，以利于充分利用梧桐源水库的新增水量，实现水源共享，扩大灌区有效灌溉面积，并通过对原来渠道的进行疏浚和衬砌等改造措施，提高渠系水利用系数和灌溉保证率。同时通过建设水位水量自动遥测设备，提高灌区自动化管理水平。

工程总投资 2409.17 万元，其中中央财政资金 800 万元、省财政农业综合开发专项配套资金 640 万元、松阳县财政农业综合开发专项配套资金 288 万元、省水利厅专项资金 240 万元、松阳县水利资金 440 万元。

根据 2005 年 8 月编制完成的《国家农业综合开发浙江省松阳县江北灌区节水配套改造项目改革初步实施方案》，结合《松阳县水利工程管理体制改革实施方案》，确定松阳县水库和堤防管理处为灌区工程管理的执行机构，承担渠道管理、水事处理和水土保持等多种职能。选定古市镇庄门村开展用水协会试点工作，2009 年 3 月 26 日，召开用水协会代表大会，选举产生执委会委员，并举行挂牌仪式。

江北灌区建成后，可新增灌溉面积 2.65 万亩，改善灌溉面积 5.4 万亩，新增节水灌溉面积 8.05 万亩，年增加供水能力 356 万立方米，渠系水利用系数由原来的 0.5 提高到 0.7，年节水量 1036 万立方米；年新增粮食生产能力 79 万千克，新增其他农产品生产能力 255.7 万千克，新增产值 855 万元。

江南灌区

江南灌区位于松阳县的西南部，松阴溪南侧松古平原，由江南渠道、杨岭脚和东坞 3 个灌片组成，范围为古市镇、西屏镇、叶村乡、斋坛乡、樟溪乡、新兴乡 6 个乡镇，灌区土地总面积 12.3 万亩，设计灌溉面积 7.0 万亩，现状有效灌溉面积 5.5 万亩，是国家农业综合开发区和松阳县的重要粮食生产功能区。

江南灌区内村庄密集，人口集中，农业基础较好，农民收入较高。由于近年来社会经济的发展，城市规模的扩展，城镇人口的增加，工业基地、特色园地的拓展，生活、生产、生态用水日益增多。江南灌区建设于 20 世纪 70～80 年代，渠道严重老化，同时受当时经济条件限制，设计标准低等因素，造成渠道从修建开始就存在许多缺陷，渗漏水严重，水的利用率不高。由于大修资金不足以及人为破坏等因素，使渠道在不利的状况条件下运行，加剧老化速度，坍塌、淤积严重，渠道边坡和底板冲涮严重，勾缝砂浆脱落。现有灌区渠系建筑物存在不同程度的破损，且配套建筑物明显不足。同时原有的各个灌区灌溉干渠各自独立、不衔接，没有形成统一的灌溉网，造成局部地区的水资源不足，部分区域的水资源浪费现象，水量利用不合理，水资源的浪费较大，灌区现状灌溉保证率为 60%，用水矛盾突出。

2010 年 8 月，松阳县委托专业部门开展该项目的规划及可行性研究的编制工作；是年 12 月，县政府批复同意该规划。松阳县即委托专业部门开展初步设计阶段的工程地质勘察工作和项目实施计划初步设计的编制工作；项目实施计划及初步设计报告于 2011 年 2 月编制完成，并于是年 4 月通过审查；6 月，水利部、国家农业综合开发办公室同意该项目的实施计划；7 月，浙江省水利厅、浙江省农业综合开发办公室同意该项目的初步设计报告。

松阳县江南灌区节水配套改造项目，主要是通过节水配套改造，以达到提高灌溉保证率，改善灌区农业生产条件的目的。项目实施后，项目区干渠衬砌率达到 70%以上，灌溉保证率提高到 90%，项目区渠系水利用系数提高到 0.65，灌溉水利系数提高到 0.61，年节约水量 695.1 万立方米。

该项目概算总投资 2680.49 万元，资金来源为中央财政预算内专项资金 1000 万元，省财政资金配套 1000 万元，省水利厅补助 112 万元，县财政资金配套 400 万元，县水利局自筹 168.49 万元。

工程计划于 2011 年 10 月开工建设，施工期 2 年。

东坞灌片位于松古平原江南下片，灌溉工程涉及叶村乡、斋坛乡和西屏镇 3 个乡镇。灌片水源工程包括 1 座中型水库东坞水库、2 条松阴溪拦水堰坝和 6 座小（二）型水库及零星分布的山塘水库及堰坝。灌片骨干渠道建于 20 世纪 70 年代中期至 80 年代中期，干渠由总干渠、中干渠、南干渠、北干渠 4 条干渠组成，总长 35.6 千米，其中干渠长 17.8 千米。灌片总土地面积 4.27 万亩，耕地面积 3.59 万亩，占土地总面积的 84%。耕地中水田面积 3 万亩。东坞水库灌片节水改造工程其中的渠道因年久失修漏水严重，影响正常运行。灌片节水改造工程于 2010 年 10 月 20 日正式开工。一期工程于 2011 年 2 月 10 日完工。

第二章　溪流治理

松阴溪是松阳的母亲河，松阳县域90%以上为松阴溪流域，因而溪流治理就是松阴溪治理。松阴溪河道弯曲，河床宽窄不一。千百年来，河道走向几度变迁，流向不定，尤其是松古平原河段，地势开阔，两岸无防洪御水堤防，洪水恣意横流，洪灾频繁。旧时南门大桥下外溪滩一带，原系瓦窑头一个自然村，1955年河流改道，水漫村庄，全村覆没，变为溪滩。

人们在沿岸修堤筑坝，抵御洪灾。清道光十五年（1835）知县汤景和劝捐筹款，在县城济川门外筑堤防洪，后世称“汤公堤”。民国3年（1914）、民国8年，先后在古市下街、城头修筑保安垯。民国37年，县长祝更生在水南村指挥修筑防洪堤。

1949年后，人民政府重视兴修水利、河道治理及防洪工作。20世纪50年代初期，国家拨出专款和大米支持修建五里亭垯、南门大垯、黄圩垯、五亩垯等防洪工程。

1976年，县委决定彻底治理松阴溪，提高防洪抗灾能力。第一期首先实施遂昌资口至松阳水南踏步头34.1千米河段疏浚河道、截弯取直、沿溪筑堤的治理方案。历经7年，至1984年告一阶段。

1989年后，西屏、望松、斋坛、岗寺、新兴、赤寿等沿溪乡镇有关村，在各自村前河段兴修加固防洪工程。

21世纪初，松阴溪治理标准提升。2003年，县城防工程开工，修建完成高标准抵御50年一遇洪水堤防2.6千米，修建完成白龙堰生态示范堰坝。2004年，古市镇修建完成一期堤防0.7千米，疏浚河道4.7千米，总投资450万元。2003～2005年，十三都源、十二都源、古湖坑、茅溪坑等重要河段开始整治。青龙堰、白龙堰、观口堰、梁下堰、金梁堰、午羊堰等一些历史名堰也相继修复重建。

2005年后，加快防洪工程体系建设，提升防灾减灾能力。从城防工程向干流上下游延伸，全线开展标准堤防工程建设，共计完成堤防长13.59千米，总投资6379万元，其中中央财政645万元、省专项资金4573万元、地方配套资金1161万元。

至2010年末，完成松阴溪干流堤防长26384米，标准堤防长25327米。

（此章与“专记”中的“松阴溪综合治理”内容互为补充）

第一节　松阴溪河道

松阴溪曾名大溪，为松阳境内主要干流，经遂昌资口村入松阳县境，自西北而东南斜贯全境，至松阳前二十六都堰头村（1963年行政区划变更，堰头村划为丽水县管辖）注入瓯江。从发源地至堰头村，全长109.4千米，水位总落差830米。从资口至出境堰后圩，长60.5千米，天然落差100米。

松阴溪河道弯曲，河槽宽窄不一，汛期宽100～300米；枯水期河面极窄，窄处仅几十米。松阴溪属季节性河流，河槽走向在历史上恒受洪水冲刷而改向，亦间有人为因素导致河槽改向。

松阴溪河道自界首经赤岸达古市，从前多向南，今改向北行；而古市以下，昔向北经五木、岗下、上河、十五里折南由浮桥头出黄公渡，今则向南经力溪折北由石门至黄公渡。黄公渡以下，古时迤北经小赤壁，出塔寺下、石笋脚，而后弯出航船头。不知何年月，因溪水洗刷，由叶村直至航船头，现今塔寺下、石笋脚一带早成田地，唯溪边岩壁上的“小赤壁”“放生潭”等摩崖题刻尚存。这题刻也足以见证该地昔为溪流无疑。南门潘祠，昔为骥湖，市塴头为大溪河岸。在漫漫的岁月中，渐成街市，人烟稠密。民国前，南门大堤旁的溪流由县厘捐局旧址前，向南直下横山，迄青蒙岭脚；今则经外水碓北入白沙村口，过青蒙村外出青蒙岭脚，相传此犹旧流也。港口以下，中流积沙砾滩长数百米，溪水被分成南、北两支，至陈下相汇，北为小樇梼滩，南为大樇梼滩。民国以前忽北忽南，均视大溪水势强弱为转移，自民国11年（1922）以后，则均经小樇梼。自此以下至堰首，两岸青山岩壁，溪港狭窄，农田、河道并无几许迁变。

松阴溪水南段，民国27年（1938），洪水把10余公顷土地冲成溪滩，河面拓宽。至民国37年，县长祝更生亲临水南，动员群众修筑防洪堤200余丈，保护村庄，部分农田遂得垦复。1955年6月，松阳发大水，水南段松阴溪河面被冲宽。

松阴溪自青云山始，直到出境，两岸青山相夹，河槽鲜有变迁。

经1976～1977年的大整治，松阴溪疏浚河道，截弯取直，兴筑南、北两岸防洪长堤48136米，溪道相对稳定。

历史上的松阴溪，航运发达。遂昌、松阳两县凡到温州、丽水方向，无论是过往商旅还是行人，大多乘坐松阴溪蚱蜢船；若遇浅水期，两岸山货土特，则改由竹木筏放行。

近百年来，松阴溪上游两岸，林木采伐，导致水土严重流失，河床上升，淤积量逐年递增，地下潜流量因增，地表径流量相对减少。再加上近30年，松阴溪及其各主要支流上，水利水电工程大量兴建，对松阴溪径流及河道造成很大影响。

20世纪70年代，党和人民政府发动群众，自力更生、艰苦奋斗，沿溪两岸修筑堤防、小流域治理、河道相对稳定，溪流生态环境和生产条件均获较大改善。21世纪以后，开展城市防洪工程体系建设，河道整治，大量砂、石料采挖清理，以及标准堤防和配套工程建设，加强沿溪两岸的抗洪能力。2003年，全县开展万里清水河道建设，根据浙江省出台的《浙江省万里清水河道管理办法》和

《浙江省万里清水河道考核办法》，建立长效管理机制，松阴溪主要河道两岸以绿带水，以水养绿的生态环境，沿溪城镇结合景观工程建设，成为一道靓丽的风景线。

附：

古话说，“三十年河东，三十年河西”。松阴溪河道由西北而东南，主要河道走向未变，唯部分河槽有较大改道。据《佳溪刘氏宗谱》记述，界首村中之禹王殿，初建在临溪村边，后为洪水所漂，清道光八年（1828），移址于村中古道旁。这段文字的背后，藏着佳溪村边的佳溪河道，有南移的迹象，不知何年何月，复向北扩展河道，致河面由狭而宽。

民国《吴氏宗谱》的《赤岸村志·序》有这样一段文字：“沿溪一带捍以长堤，堤上广植树木，则美荫深护，殷富可仍此也。”民国后期，赤岸村临溪一侧，已无长堤，但见沙滩连村。

地方文献无此记述，在此记上一笔，供有志者或后来人探索。

叶村乡黄公渡村东里许的上方山麓岩石上，残留着“放生潭”三字。近山麓的一方田，土质糊状，旱年不涸。当地农民据前辈口传，说是这一带原为深潭，松阴溪经此直达塔寺下、石笋脚，而后弯出航船头。而今则迄南经叶村直达航船头。

从石门鹰嘴潭至航船头这段大溪，究于何年何月致“沧海”成为“桑田”的，史少记载。

南门潘祠一带，据《潘氏宗谱》记载，从前是骥湖，不知何时逐渐淤积，又开发成人居之处所。

今之城南有市塥头，塥即险陡堤岸。这也足以推断市塥头以下，直至今之南门桥墩北端，应是深潭湖泊。

现南门老大桥汇车道处（前南门木桥近南岸处），50年前为中央溪滩，有民居数十幢，店铺10余间，酷似江心岛屿。1955年，毁于特大洪水，中央溪滩今已成河道。

清光绪《松阳县志·艺文》刊有《谒龙王庙感》诗，其诗云：“春水漫漫赋济川，江天一色绿无边。至今寺塔知何处，留得青溪灌良田。”这诗也从旁印证溪之变迁。

据载，松阳城南原有济川城门，门外尚有一塔，塔旁建有龙王庙。后历几次洪水，济川门、赤塔冲圮，龙王庙亦荡然无存，成为松阴溪内湖。据老辈人言，民国初期，船、筏尚可泊在民国税关旧址前的内湖边。

第二节　治理松阴溪工程

修固堤防

明万历二十年（1592）五月，松阴溪水暴涨，力溪村护村堤防300余丈被洪水冲圮，伤田数10亩，近堤民宅几没，老幼惊慌。六月，县正堂赴现场踏看，特示各庄按田亩公派工本，大堤得以修复。此为有文字记载的松阴溪治理之始。

据地方文献记载，清康熙二十年（1681），力溪村右侧大堤（防洪堤）多处被洪水冲圮。当年集资修复。道光十五年（1835），知县汤景和为首劝捐，在城南济川门外筑护城堤防数百丈。

光绪初，赤岸村沿溪一带筑造堤防数百丈，堤外栽柳树，旨在护堤。至民国3年（1914），古市城头、下街筑造保安堤数百丈。民国37年，水南村边被洪水侵蚀，时县长祝更生发起修筑防洪堤数百丈。民国前及民国时期，除兴造防洪堤外，尚有把大溪所冲大石投入溪弯处护堤的做法，但未见疏浚河道记述。

1949年10月后，党和人民政府在百废待兴中，重视兴修水利、河道及防洪工作，积极组织群众修筑堤防，防汛抗洪。国家拨出专款和大米，支持修建五里亭�、南门大垟、五亩垟等3处堤防工程。1952年，岗寺乡黄圩大堤被省列为重点急需抢修工程，省、地、县有关部门多次行文，敦促抓紧抢修完成，确保村民安全。后多次追加拨款扶持。1952～1956年，省、地先后6次拨款，累计1.66万元，又拨大米1万公斤，资助松阳修建、加固堤防。

综合治理

1976年开始的松阴溪治理，是中华人民共和国成立后县域内规模最大、历时最长、全民参与的河道综合治理工程。从遂昌资口至水南踏步头为松阴溪中游河段，贯穿整个松古盆地，全长34.1千米。原河道走向不稳，部分河段严重淤积，宽窄悬殊，最宽处约500米，最窄处深潭仅几十米。1976年1月，县里成立治理松阴溪工程规划组。经调查、规划，于1977年8月完成施工前准备工作。治溪工程分期进行：第一期，从遂昌资口到水南的踏步头，把34.1千米的旧河弯道取直为26.9千米；第二期工程向下延伸至王田圩河段。规划要求：通过治理提高安全防洪系数，保障沿溪两岸2个镇6个乡10多万名群众生命财产的安全，提高7300多公顷农田的抗旱防洪能力。截弯取直后，溪滩还田，可增加耕地1600多公顷。计划两岸砌筑防洪堤59.84千米，疏通河道29.92千米，整修堰坝10条，修筑控制闸20处，涵洞60处，总工程量1057万立方米，总投工770多万工，总造价1178多万元。主体工程防洪堤设计标准为10年一遇，防洪堤平均高6米，顶宽6米，边坡1∶0.5至1∶0.8，堤体干砌块石，临水、背水护坡沟为块石干砌，堤体内充填卵石和一定比例的砾石。

这是一项集抗洪防旱、开垦农田、发展交通于一体的水利工程，同时又是结合山、水、田、路综合治理、综合开发、综合利用的大型水利工程。1977年9月15日，全县（今松阳、遂昌）各地的开岩工、泥工、篾工、木工、机修工、电工等3300多人组成的专业队伍，和松阳、古市两区的5000名民工，在黄圩至石门圩5.3千米试点河段开始施工。10月21日，治理松阴溪万人誓师大会在古市镇召开。是年秋收冬种后，松阳、古市两区各社队每天安排15000多人上工地，最多时两三万人。其他工地，各社队调集力量参与施工。50多辆汽车、80多台大中型拖拉机参加工程运输。“大兵团”式的施工持续3年后，由松阳、古市两区专业队各自在该区所属河段内，以承包工程形式继续施工。1982年，复县伊始，财力困难，治理工程规模缩小至以局部地段续建和水毁修复工程为主。

1984年，第一期工程施工告一段落，累计投工535.38万工，投资400万元，完成工程量728.25万立方米，兴建防洪堤63千米，清理河床、疏通河道24.3千米，建成防洪闸6座，整修堰坝12条，修筑施工公路40条，总长109千米。

1989年，西屏、古市、斋坛、岗寺、新兴、赤寿等沿溪乡镇村落群众，集资投劳，在各自村前河段兴修、加固堤防。至1992年末，累计投工5.7万工，人均百余工，总共投资近10万元。完成修补、加固防洪堤1.5千米，累计完成土石方8.3万立方米。

2003年，县城城防工程开工，修建抵御50年一遇洪水堤防，南北两岸建成防洪大堤2.60千米。

古市镇为浙江省城防建设的重点镇，规划建设堤防3.8千米，修建观口堰坝1座分四期实施，其中一期于2004年实施，修建堤防0.7千米，疏浚河道4.7千米，完成投资450万元，疏浚河道4.74千米。相继十三都源、十二都源、古湖坑、茅溪坑等重要支流重点河段开始整治。2003～2005年，对整治河道全部落实保洁工作，保洁水域面积210万平方米。生态堤的建设，增加绿化面积4.6万平方米、堤面及亲水平台面积7.6平方米、人工湖40万平方米保洁面积。松阴溪干流综合治理开发全面开展。石马铺电站、合溪梯级等河床式电站相继建成。前后修复重建青龙堰、白龙堰、观口堰、梁下堰、金梁堰、午羊堰6座历史名堰。

图 13-13 松阴溪县城段河道翻板坝(叶光铭 摄于2004年)

“十一五”期间（2006～2010），松阳县加快防洪工程体系建设，全面提升防灾减灾能力，以“强塘工程”为契机，抓好松阴溪干流治理和松古平原防洪排涝工程，从城防工程向干流上、下游延伸扩展。防洪堤断面设计更加生态化，迎水面由原刚性浆砌石逐步转向草皮及鱼笼式护坡、干砌卵石护坡等有利于鱼类繁殖。全线开展标准堤防工程建设：西屏镇白沙，水南一期、二期，松阳县中小企业孵化基地，赤寿乡界首，新兴乡大石，古市镇二期、三期、四期，裕溪等河段标准堤防相继建成，共计堤防长13591米，总投资6379万元。其中，中央645万元，省专项资金4573万元，地方配套1161万元。万里清水河道工程38.4千米，省财政以奖代补资金609万元。

至2010年末，松阴溪干流堤防长26384米，标准堤防长25327米。

2010年松阴溪干流堤防情况表

表13-2-2-1

项目 堤防名称	级别	河流岸别	起终点村	开工时间	规划标准	堤防长度（米）	设计（高潮）水位（米）	堤顶起点/终点高程（米）	堤防高度最小值/最大值（米）	堤顶宽度最小值/最大值（米）
西屏镇段	3	左	塔寺下至白沙村	2004.04	50	4173	120.25	123.25/118.1	5.8/8.5	5.7/8
西屏镇段	3	右	寺岭下村至水南村	2001.11	50	3970	120.25	122.46/118.1	5.8/8.5	5.7/8
青蒙段	3	左	青蒙村	—	50	1006	115.16	120/115.16	5.5/10.7	2.5/5
裕溪段	4	左	裕溪村	2010.05	20	505	86.68	87.85/86.7	1.9/5	3.5/3.5
裕溪段	4	右	裕溪村	2010.05	20	350	86.78	87.94/87.82	6/7	8/12

续表13-2-2-1

项目 堤防名称	级别	河流岸别	起终点村	开工时间	规划标准	堤防长度（米）	设计（高潮）水位（米）	堤顶起点/终点高程（米）	堤防高度最小值/最大值（米）	堤顶宽度最小值/最大值（米）
叶村乡官田段	4	右	官田村	2007.03	20	1500	127.63	129.58/127.31	9.3/10.2	5/5
界首段	4	左	界首村	2010.11	20	425	165.08	163.3/165.44	7/10	8/12
赤寿至古市段	4	左	赤三村至古市镇六村	—	20	6017	150.86	157.6/145.53	7.2/9.7	5/5.6
新兴段	4	右	大石至泉庄	2010.01	20	3954	157.03	159.9/155.37	6/9	3.5/5
古市至樟溪段	4	右	筏铺至力溪	2005.03	20	3427	141.35	144.96/139.15	6.8/8.5	3.5/5

2005～2010年松阳县万里清水河道工程项目情况表

表13-2-2-2

序号	河道名称	实施年度	所在乡镇	整治河道			主要建设内容	以奖代补资金（万元）
				起点	终点	长度（千米）		
1	松阴溪干流	2005	西屏镇	青蒙	塔山	1.5	疏浚、拓宽、护岸	70
2	松阴溪干流	2005	古市镇	十三都源口	古市镇中心学校	1	疏浚、拓宽、护岸	60
3	松阳县万里清水河道	2006	—	—	—	24.5	河道疏浚、拓宽、护岸	78
4	松阳县河道保洁	2006	—	—	—	26	河道保洁	10
5	松阳县水资源保护	2007	—	—	—	138.3	河道疏浚、坝体加固	106
6	松阳县万里清水河道	2008	—	—	—	38	河道疏浚、坝体加固	103
7	松阳县万里清水河道	2009	—	—	—	33	河道疏浚、坝体加固	77
8	松阳县河道保洁	2009	—	—	—	36	河道保洁	10
9	松阳县万里清水河道	2010	—	—	—	38.4	河道疏浚、坝体加固	95
	小计	—	—	—	—	—	—	609

查处违法行为

2003年10月，县水政监察大队在沿溪巡查中，发现龙丽一级公路某施工队未按水土保持方案规定堆放弃渣，将开挖公路的大量弃渣（约600立方米），任意倾倒在松阴溪赤寿段（土名金牌玉印）河道内，违反《中华人民共和国防洪法》第二十二条第二款之规定，造成河道淤积，影响防洪安全，又污染水质，直接危及河岸堤防安全及两岸群众之生命财产安全。该施工队被责令立即停止向河道内倾倒弃渣，并清除开挖点上下游河道内的全部弃渣，恢复河道原状。

象溪镇岭下村至裕溪乡合溪村河段，因临溪高速公路施工，产生大量弃渣，致局部河道堵塞，严重影响泄洪。裕溪乡赤路圩村斜对面，沿溪开挖路基，有块石飞落溪中，引起局部河道堵塞，影响河道防洪能力。至2004年春，部分得到清理。

2005年6～9月，松阳县天立建筑工程有限公司承包县旧城改造发展有限公司青蒙住宅小区天然砂砾石填方工程，项目负责人组织机械车辆在松阴溪项弄至白沙段河道管理范围内非法采运砂砾石27万立方米。因过度采挖，致使该河段北岸护堤地1000多米被不同程度挖毁。堤身迎水面的护堤地开采至堤脚3米，最窄处不足2.5米，开挖深度2～3米，超过原堤脚基础深度，并挖毁护堤挡水障7处。经现场勘查，并经松阳县水利水电勘察设计所认定，采取补救措施修复需工程总投资人民币166.3万元。松阳县水电局2005年10月31日向松阳县天立建筑工程有限公司作出水行政处罚决定书之后，被处罚单位松阳县天立建筑工程有限公司要求协商解决，经请示县政府同意，松阳县水利局于2006年2月6日在水利局三楼会议室召集松阳县天立建筑工程有限公司、松阳县旧城改造发展有限公司、西屏镇人民政府召开协调会议，最后妥善处罚。

2009年7月1日，松阳县水库和堤防管理所成立，属纯公益性事业单位，全额财政拨款，落实管理人员和管理制度。建立堤防及水域保洁、绿地维养制度，河道巡查堤防、闸坝维护制度，河道加固建设制度以及松阴溪取水、采砂许可制度等。根据《河道管理条例》，加强执法检查，对松阴溪河道的稳定和安全防洪起积极作用。

第三节　小流域治理

松阴溪在县境内有 15 条支流，支流小流域总面积 788 平方千米，占全县面积的 56%。全县历次较大规模的旱涝灾害造成的经济损失，有 75%发生在小流域。小流域治理始于 1977 年，在实施松阴溪治理工程的同时，对有关支流分段整治，其中工程较大的有六都源、东坞源、梧桐源、庄门源、竹溪源、四都源等，总长 94.47 千米。

六都源治理

六都源流域综合治理列为省小流域治理试点工程。治理分两个阶段：第一阶段，1992 年冬至 1994 年春，以六都源水库灌区渠系配套为重点的“六都水库灌区四位一体综合治理”，即防洪、灌溉、排涝、中低产田改造四位一体，山、水、田、林、路综合治理。第二阶段，1994 年秋至 1998 年春，以水土保持、河道整治为重点，实施灌溉、乡村供水、道路建设等小流域治理。至 1998 年 1 月，上述二阶段重点项目基本完成。共衬砌干支渠 35.5 千米；新建电灌站 4 处，装机 110 千瓦，流域内 600 公顷农田抗旱能力提高到 70 天以上；河道整治、砌筑防洪堤 7.2 千米，疏浚河道 3.6 千米，修筑堤顶道路 1.2 千米，砌筑堰坝 5 处，形成可开发滩地 10 公顷，完成土石方 21 万立方米，防洪标准提高到 10 年一遇以上；兴建排涝支沟 3.25 千米，涵洞 21 处，流域内 66.7 公顷易涝低产田全部达到 5 年一遇一日暴雨 24 小时排出的标准；铺设六都源水库供水干管 1.5 千米，流域内人、畜饮水困难基本解决。

六都流域综合治理工程，是全省率先通过验收的3个小流域治理工程之一。历时6年，总投资552万元，其中省补助195万元、自筹322万元、贷款35万元。投放劳动力46万工。

东坞源治理

东坞源治理列入浙江省“十五”小流域治理规划，始于2001年。主要工作有河道疏浚4.2千米，工程量1.6万立方米；修建防洪堤8.4千米，工程量3.5万立方米；修建渠道15千米，工程量2.95万立方米；修建堰坝2座，工程量0.6万立方米；修机耕路4千米，工程量1.5万立方米。总工程量10.15万立方米。另外，水土保持项目包括治理水土流失3.93万平方千米等若干工程。

治理工程于2001年开始，2003年基本完成，总投资776万元，其中省投资220万元、县投资250万元、乡投资306万元。

东坞源流域治理后，增加耕地面积2公顷，改善灌溉面积133.3公顷，改造中低产田66.7公顷，土地利用率提高到98%，植被覆盖率提高到95%，防洪标准提高到10年一遇。保护2200人，保护农田133.3公顷。

梧桐源治理

梧桐源流域治理为省“十五”小流域治理工程，始于2001年。主要工作有河道疏浚4.6千米，工程量3.1万立方米；修建防洪堤7.2千米，工程量5.4万立方米；修建渠道30千米，工程量3.9万立方米；修建堰坝3座，工程量0.8万立方米；修建机耕路3千米，工程量0.8万立方米。总工程量14万立方米。另外水土保持项目包括治理水土流失面积5.8平方千米及建谷坊栏沙坝2座，开挖排水沟30千米等工程。

治理工程2004年基本完成，总投资919万元，其中省投资280万元、县投资300万元、乡投资339万元。

治理后，流域内增加耕地面积6公顷，增加灌溉面积53.3公顷，改善灌溉面积266.7公顷，改造中低产田面积133.3公顷，土地利用率提高到98%，植被覆盖率提高到95%，防洪标准达到10年一遇。保护1700人，保护农田153.3公顷。

庄门源治理

庄门源流域治理工程于1992年10月动工，1993年4月竣工。治理工程包括河道整治2.75千米，修筑防洪堤3.9千米，灌渠砼衬砌2.0千米，总工程量74.88万立方米。

治理后，流域内增加灌溉面积66.7公顷，改善灌溉面积100公顷，农田除涝面积166.7公顷，保护5000余人，保护耕地166.7公顷。工程总投资43.8万元，其中省补助20万元、县补助7万元、自筹16.8万元。总投工18.3万工。

竹溪源流域治理

竹溪源治理工程于1988年10月动工，1992年基本完成。治理河道长2.5千米，完成工程量7.5万立方米，总投资27.5万元。

治理后，保护农田233.3公顷，保护村庄5个、4000余人。

四都源流域治理

四都源治理工程于1992年10月动工，次年基本完成。新建防洪堤2.2千米，疏浚河道1.5千米，完成工程量3.2万立方米。

治理后，保护1400余人、农田300公顷、民房2万平方米。

古湖坑治理

古湖坑位于县城城郊结合部，河道弯曲，淤积严重，汛期泛滥成灾，枯水期臭水污染。1999年开始治理，历经2年，疏浚河道，建成395米集防洪、绿化、休闲为一体的高标准堤防。后经多次配套建设，成为水清岸绿，散步休闲的场所。

图13-14　治理后的古湖坑（叶光铭 摄于2008年）

2010年松阳县小流域堤防情况表

表13-2-3-1

堤防名称 \ 项目	河流岸别	堤防级别	建成时间	起终点村	规划标准	设计（高潮）水位（米）	堤防长度/达到标准的长度（米）	堤顶起点/终点高程（米）	堤防高度最小值/最大值（米）	堤顶宽度最小值/最大值（米）
庄门源堤防加固工程	右	4	2012.12	古市镇庄门村	20	202.3	785/785	211.85/193.73	3.5/5.5	5/5
东坞源小流域堤防麻寮段	左	4	—	叶村乡麻寮村	20	155.15	520/520	159.7/152.2	7.2/9.1	5.5/5.5
东坞源小流域堤防麻寮段	右	4	—	叶村乡麻寮村	20	153.37	380/180	155.2/152.2	3.9/5.1	5/5
东坞源小流域堤防松山段	左	4	—	叶村乡松山村	20	144.2	654/654	147.8/141.71	4.3/6.1	5.5/5.5
东坞源小流域堤防松山段	右	4	—	松山村	20	144.64	342/342	146.55/143.35	3.9/5.2	3/3
东坞源小流域堤防河头段	左	4	—	叶村乡河头村	20	128.77	340/340	132/126.4	4/5	5/5
东坞源小流域堤防河头段	右	4	—	河头村	20	128.77	270/270	132/126.4	3.8/4.8	7.5/7.5
四都源堤防加固工程	左	4	在建	望松乡五都阳	20	142.42	440/440	144.44/141.6	2.3/4.7	2.5/5
四都源堤防加固工程	右	4	在建	望松乡五都阳	20	150.4	900/900	152.47/149.53	6.5/7.1	4/4
玉岩镇城镇防洪工程	右	4	2010.05	玉岩村	20	398.28	450/450	406.69/392.08	5.3/6.3	3/4
十三都小流域（竹囮）治理工程	右	4	2010.03	新处乡竹囮村	20	407.09	350/254	411.58/406.2	4/5	3.4/3.4
十三都源筏铺新村堤防加固工程	右	4	在建	樟溪乡溪下村	20	147.73	1120/1120	152.1/144.96	4/6	5/5

续表13-2-3-1

项目 堤防名称	河流岸别	堤防级别	建成时间	起终点村	规划标准	设计（高潮）水位（米）	堤防长度/达到标准的长度（米）	堤顶起点/终点高程（米）	堤防高度最小值/最大值（米）	堤顶宽度最小值/最大值（米）
梧桐源堤防加固工程	左	4	2010.08	梧桐口村	20	95.11	600/600	98.86/92.56	4/6	3.5/3.5
竹溪源小流域堤防加固工程	左	4	—	大竹溪村	20	138.95	800/641	142.51/136.78	3.4/5.3	5.6/5.6
古湖坑西屏镇堤防	左	4	2011.09	西屏镇五村	20	122.73	1561/1461	126.66/120.7	3.5/4.7	1.2/6
古湖坑西屏镇堤防	右	4	2011.09	西屏镇五村	20	122.73	1561/1461	125.66/120.7	3.5/4.7	1.2/6

第四节　防汛抗旱

水旱灾害是松阳县主要自然灾害。人们通过堰渠引水灌田，利用戽桶、木制水车等提水抗旱。遇洪水，则构筑堤防或建造禹王庙，以祈求保佑一方风调雨顺之意。对于水务，古代地方政府并无专管机构。地方府县对水旱之事，民间有呈文禀报才受理，大多由正堂操办。遂昌与松阳交界处的资口村尾的后山圳，于明末至清道光年间，在省“塘工总局”辖下曾设“总镇宪会”，分别设塘兵丁（塘工），向各自域内收取水费，以维修水利工程，并过问旱季水资源的分配。

旧时，农田水利设施维修及水利纠纷等，大多由民间水利会或堰董、堰长直接掌管。发生冲突殴斗，或告之府县。至于抗御及善后事宜，古时官府鲜有介入。

1949年以后，人民政府重视防汛抗旱救灾工作，设置专管汛旱的机构，领导防汛抗旱。1955年大水，县委组织1400余人投入抢险救灾；2003年遭遇50年一遇大旱，县政府成立抗旱领导小组，分3个抗旱工作队到旱情最严重的乡村，参与指挥抗旱减灾；2004年大旱，中共浙江省委、省政府派飞机施行人工增雨。1949～2010年，实行全面兴利除害，兴建蓄、引、提等水利灌溉工程和防洪排涝工程，成立专门防汛抗旱机构，通过气象预报、汛情雨情监测、制订应急预案等抗灾工作，减轻灾害造成的损失。

组织机构

1953年，县防汛防旱指挥部成立，区、乡设立相应的防汛抗旱组织，专事组织指挥防汛抗旱救灾工作。1988年，设立防汛防旱指挥部办公室，为各级人民政府防汛防旱指挥部的常设办事机构，事业编制；2003年转为依照公务员管理。根据县防讯防旱指挥部确定，县境内各中型、小（一）型、小（二）型水库大坝安全管理责任人、总负责人为县长，具体负责人为副县长、县水利局局长或水库所在地的乡（镇）长。

县防汛防旱指挥部的主要职责是每年汛期前组织防汛检查和防汛抗旱各项准备工作，落实防汛防旱措施，包括人员、物资、技术、通讯等；组织水利、水文、气象、邮电、物资等部门协作；针对水情或旱情调度水利工程，决策防洪抗旱抢险救灾，落实措施。指挥部下设办公室，设正、副主任各1人，负责日常工作。

县防汛防旱指挥部有严格的检查报汛报灾制度。汛前，指挥部协助召开全县防汛抗旱工作会议，布置防汛抗旱各项准备工作，督促对水利工程的检查和除险维修。一遇洪灾，火速组织，落实防汛抢险措施，指挥抗洪抢险救灾。抗旱期间，深入旱区，组织群众抗灾减灾。

灾害预防

2006年，松阳被列为国家和省第一批山洪灾害防御试点县，十二都源和安民源分别被列为试点流域。县政府成立试点工作领导小组，由副县长任组长，成员由水利、国土、气象、教育等部门及有关乡镇领导组成。试点县小流域山洪灾害防御预案编制内容和初定的监测预警系统建设方案有明确要求：试点范围内有滑坡、泥石流等地质灾害隐患点，把监测信息纳入试点小流域的预警系统；加强在通讯中断时及时发布村级预警信息措施，加强预警责任的落实；强调信息在村一级传递，培训好预警员等。

2007年4月，全县各乡镇完成小流域山洪灾害防御方案和监测体系建设工作。2008年，对全县乡镇的小流域山洪灾害防御预案进行完善和补充，全县共建水情遥测站37个、人工雨量站30个，基本满足全县山洪灾害防御的需要。

2009年，在洪涝灾害严重的乡镇率先完成防汛体系建设。2010年，全县各乡镇按照“组织健全、责任落实、预案实用、预警及时、响应迅速、全民参与 、救援有效、保障有力”的要求，全面推进完成基层防汛体系建设。在山洪灾害防卸任务重的村建立工作组，明确责任人，组建小流域巡查组。

2010年5月5日，县防汛防旱指挥部根据《松阳县防汛抗洪预案》的要求，结合防汛防台工作的需要，成立松阳县防汛防台专家组。成员由县水利局、建设局、国土局、气象局的主要领导以及县水利局总工程师、水利类高级工程师等人员组成。

汛情预报

民国20年（1931），设立松阳雨量站，为最早观测降雨量、气象、水文等汛情机构。

1949年以后，水情情报工作得以重视。1951年5月，在堰头设立三等水文站。随着时代的进步，境内水文调查技术及水情观测设备不断地更新改造，其数据的可利用性及可靠性逐步增强。各级防指通过水文情报等信息，及时做好各项抗灾工作。（水文管理机构详见第二编“自然环境”第三章“水环境”第二节“水文”）

松阳县境内的水文情报预报工作，除报告县政府及其防汛防旱指挥部外，还定期向省防指和市防指及青田圩江水文站报告。2003年开始，境内以各水库报汛站为中心，建成12个水雨情自动测报站、13个人工测报站；并建立严格的水情水文自动测报和预报工作等规章制度。

2009年4月，县防汛防旱指挥部办公室搬迁至松阳大厦9楼。2010年，对全县55个水情遥测点、7个小（一）型以上水库、5个松阴溪主干道进行实时水、雨情监控，对32个小（二）水库进行彩信图像监控；对7个小（一）型以上水库下游进行无线预警，可接入气象、国土信息等。在监控室可全面监控全县水情、雨情信息，调度指挥全县防汛防台工作，还可与中央、省、市防汛机构进行会商。

附：抗灾纪实

一九五三年抗灾　1953年，先涝后旱，灾情严重。6月22日开始，各地连日暴雨，松阳、古市等区最为严重，当时水势紧急，水位骤然上涨，为30年一遇大水。古市区有80%的水利工程被冲坏，被水淹没农田1万多亩。

水灾过后，紧接着旱灾。7月2日至8月中旬，一个半月久晴未雨，全县6万多亩稻田受旱，一些地方人畜饮水困难。由于严重的旱情，农民焦急异常，各地相继发生拜佛求雨和少数地区的骚动事件。

面对水旱灾害，早在6月22日洪灾来临时，县委、县政府组织县城各机关单位干部1200多人深入灾区，帮助组织护堤抢险。衢州地委特派专家到松阳指导救灾。古市区在10日内组织1500人，修复水毁工程79处。

旱情发生后，县委即抽调40名机关干部组成抗旱工作队，衢州地委也派员指导抗旱。当各地出现拜佛求雨和骚动事件时，各区、乡及时召开农民代表会，采用新旧社会回忆对比方式，澄清群众的混乱思想，提高政治觉悟。通过宣传教育，广大群众积极投入抗旱，并制止和平息拜佛求雨及骚动事件。对煽动骚动的首要分子，经公安部门侦查，弄清犯罪事实，依法逮捕8人。

一九五五年抗灾　1955年，松阳县遭受特大水灾。6月18～21日，3天实测面上降雨量197.4毫米，连日暴雨，山洪爆发，松阴溪水位超过历史上最高水位。20日，靖居口流量达4250立方米/秒，西屏水位达120.61米，水淹至城南市墈头街道。全县有15个乡41个村2190户3760人受灾，其中死亡21人、伤14人。2700多幢房屋受损，大量农作物和牲畜被冲走冲毁，供销、森工等部门的物资遭受严重损失，800多处水利工程被毁坏。减产、损失粮食210万千克，损失惨重。

6月18日，县政府即开始防洪部署，对沿松阴溪两岸险要地段和较大防洪工程及水库派出专人守护。6月20日，洪水蔓延，县委、县政府立即组织力量，由县委主要领导带队赶到险区抢险救灾。县城南门洪水上涨时，县机关干部540人、工人308人、工商界和学校师生员工等200多人及西屏镇群众700多人，连夜在南门大埃护堤抢险，堵住被洪水冲开的3个缺口。阳溪乡的白沙村被洪水包围，一些老人留恋家产不肯撤离，后被县乡干部动员撤离。水南瓦窑头村114户被洪水冲淹，全村男女老少避上独山，全部家产被水冲走。

6月21日，县委抽调机关干部57人，组成救灾工作队，分成6个组，各组由县委委员带队，分别到各重灾区，指导协助区乡政府做好水毁工程抢修和救灾工作。对15处修复水毁工程有困难的由银行贷款；对9处较大必须抢修而当地群众无力负担的工程，发动外围支援。县里拨出救济款，解决重灾户的生活困难。同时，动员工人、学生和医务人员、机关干部到灾区帮助抢修住房，抢救稻苗和医治伤病灾民。对受灾农民生活问题和家务进行救济和临时安置。然后，组织力量、发动群众，进行洗苗扶苗或改种杂粮等生产自救。这次抢险救灾，共发动群众5.97万工、修复水毁工程750处，3.83万亩农作物恢复灌溉，保障1891户群众安居。其中，由贷款修复的较大工程19处，决口修复3处，完成土石方2.8万立方米。

一九七一年抗灾 1971年是松阳县几十年一遇的特大旱年。全年降水量1160毫米，为多年平均降水量1700毫米的68.2%。6～9月，持续高温晴热少雨，连续干旱90余天。8月26日，靖居口实测水位86.25米，流量0.78立方米/秒，是历年来的最小枯水位。全县8.2万亩农田晒白，作物枯黄，一些丘陵地带山村人、畜饮水发生严重困难。

旱情发生后，县委抽调干部组成抗旱工作队到旱情最严重的区社，发动群众开展抗旱工作。各区社因地制宜取水抗旱。叶村公社河头大队社员在东坞源干枯断流后，立即转向松阴溪干流深潭抽水。用一天一夜即架设输水渡槽400米，把溪水引进上片田；阳溪公社乌形山大队，为了把水引上高田，架设临时“天桥”，200多名社员自发把家里的竹杆、门板、簟皮，甚至吃饭用的桌凳都扛出来作搭架材料；西屏镇七大队在铺门一带的田片早已无水可抽，他们安装七级抽水机埠，硬是把松阴溪水引上铺门。望松公社是境内受旱最严重公社之一，全社80%以上农田受灾，麻洋塔、五都阳等大队人畜饮水发生危机，只好发水票控制用水。广大干部社员开展“找泉水、挖井水、抗旱抗到天低头”的找水抗旱保苗活动。全公社找到泉水70多处，打出深井11口。旱情最严重的时刻，西屏镇党委发动全镇各界人士、师生员工和当地居民数百人，每天轮流从西屏南门大溪用车拉、肩挑、手提等办法，送水到北门浇水保苗。

通过全民抗旱，全县4万多亩农田得到抢救，减少旱灾损失。

一九八三年抗灾 1983年10月4日下午5时30分至10时30分，县北五都源一带连降暴雨，5小时降雨量达126毫米。山洪暴发，山体塌方，形成具有强大破坏力的泥石流，冲毁堤防，淹没农田，水漫村庄，毁坏房屋，冲断道路，造成生命财产重大损失。望松公社水碓坑一带的翁村、岗后、王村及阳溪公社的邵山等村遭灾尤为严重，造成房屋倒塌366幢，牛栏、灰铺冲毁100多间，死亡5人、重伤5人，粮食、牲畜等生产生活物资被冲走不计其数。

灾情发生当晚，县领导冒着大雨深夜赶到望松、阳溪等灾区指导抗洪救灾。县防指、县水电部门及时做好技术参谋，派员坚守暴雨区内的六都源、四都源等重点水利工程，根据汛情及时指导调洪。同时连夜组织群众做好各水库溢洪道清障等工作，确保暴雨区内水库、山塘的安全度汛。与此同时，组织发动灾区群众，疏通河道，守堤护坝，抢救财物，发生险情时及时动员群众转移撤退。

灾后第二天，县委、县政府组织2个工作队，分别到望松、阳溪协助社队做好灾后善后工作。逐村逐户进行调查访问，了解灾情，配合当地干部安排落实灾民住宿生活，对死者家属进行慰问并帮助解决有关善后问题等。同时鼓励灾民树立自力更生、重建家园、恢复生产的决心和信心。水利部门派员调查水毁工程情况，帮助制订修复计划，组织人员抢修。

灾后，全县人民自觉发起捐款捐物活动，向灾区群众送去粮食、被服、生活用品等物资，支援灾区人民渡过难关。省水利厅、省民政厅等上级有关部门及时拨出专项救济款，扶持受灾群众生产自救，重建家园。

一九八八年抗灾 1988年6月中旬，全县不断普降大到暴雨，松古平原边缘山区雨量尤为集中，导致溪水猛涨，松阴溪水位超过警戒线。6月18～20日，三日降雨量达250毫米。暴雨中心的东关源、东坞源、南坑源、三都源及松古平原一带，日降雨量达140毫米，局部地区一小时降雨70毫米。

20日，松阴溪水位超过1975年四号台风洪水位0.4米。洪水冲毁大量的水利工程，淹没农田，冲倒房屋，冲断桥梁公路、通信线路等，遭灾严重。

6月18日晚11时，东坞源山洪暴发，东坞水库出现较大的溢洪，下游麻寮村洪水漫村，房屋泥墙倒塌，群众被洪水围困，救援人员无法进村抢救。闻讯后，县防指和水电部门的3位领导立即前往出事地点，行至半途，叶村、寺岭下、河头一带道路早已被冲断，人、车无法通过。他们马上回头绕道斋坛乡，冒雨摸黑步行5千米，于凌晨2时赶到麻寮，与东坞水库职工会合。此时，村庄早已被洪水围困，村内群众与抢救人员无法联系。抢险人员迎着洪水急流，强行涉水进村，抢救财产物资，动员群众尽快撤离险境。他们三次涉水进村，挨家挨户寻找群众，清点人数，直到全部灾民撤离到安全区。天亮以后，重新组织抗洪抢险队伍，堵截洪水分流，疏导洪峰，防止产生更大损失。

19日，暴雨持续不断，溪水继续猛涨。县委、县政府针对麻寮村灾情和各地可能出现的险情，迅速作出抗洪救灾决策，要求各地把抗洪抢险救灾当作压倒一切的紧急任务，立即行动，组织群众抗洪抢险。县、区、乡（镇）干部在抗洪抢险中，实行行政首长负责制，分片包干，定工程、定地段、各司其职。洪峰期间，沿松阴溪两岸乡镇5000多人投入抗洪抢险。县人武部带领民兵突击队在抗洪最危险地段参战。1万多只稻草包及编织袋、篾笼等填充沙土加固、加高防洪堤。经全力抢险，三里亭、下马坑、石门圩、小石、上河、丝绸厂、五里亭等防洪危险地段脱离险情。

县防指在组织松阴溪防洪抢险同时，密切关注水库防洪调度，保证全县所有水库安全度汛。当三都源洪水暴发，引水闸门失去控制、引水流量急增、危及官溪水库大坝安全时，指挥部立即采取措施，令阳溪乡深夜组织两支民兵突击队，一支在上游封堵分流，一支在下游疏导排洪，迅速开闸分水，避免水库超蓄，防止严重事故发生。19日夜，当六都源水库将要溢流时，指挥部提前通知下游沿溪群众作好防洪准备。20日晨4时，水库溢洪，下游安然无恙。

灾后，县委组织水利、民政等部门组成工作组，分别到古市、松阳、靖居等重灾区，指导救灾和灾民安置等工作，做好被毁农作物补苗、补种、改种以及防洪危险地段加固、修复等工作。县委办发出《关于组织捐物捐资、支援灾民的通知》，号召全县广大干部、厂矿企事业单位的职工，发扬共产主义精神，有钱出钱，有物出物，以实际行动帮助灾民渡过困难，恢复生产，重建家园。

第三章 水土保持

松阳县历史悠久，自然条件优越，系传统农业县，素有“处州粮仓”之誉。历代也曾“劝捐筹款”，兴修水利工程，囿于落后生产力和历史条件，收效甚微，水旱灾害仍频，水土流失趋重。

第一节 水土保持法制建设

中华人民共和国成立后，松阳县重视水土保持工作。1958年，贯彻浙江省委“治山治水相结合，以治山为主；工程措施与生物措施相结合，以生物措施为主”的水土保持工作方针，县政府在阳溪乡项桥下村召开水土保持现场会暨治水积极分子表彰会，推广挖掘山茅坑蓄水、积肥、改良土壤的经验。会后，全县各乡村一年中共挖鱼鳞坑、山茅坑等2600多个。1959年，县成立治山治水指挥部，广泛发动群众植树造林，绿化荒山。是年，境内造林2066.7公顷，其中育苗8.47公顷。据统计，20世纪50～60年代，在开展大规模的治山治水和农田水利基本建设中，境内新建大小水库、山塘900多处，总蓄水量576万立方米，改善灌溉面积2333公顷。

1982年6月，国务院颁布《水土保持工作条例》，要求各地因地制宜做出规划，采取生物措施与工程措施、重点治理与一般治理相结合的原则，以小流域为单元，分期分批搞好治理工作。1985年，贯彻省政府批转的《关于加强水土保持工作的意见》，加强水土保持监管工作。70～80年代，农田水利基本建设蓬勃发展，建成东坞、梧桐源等一批中小型水库，增加蓄水量3000万立方米，改善灌溉面积4667公顷；在松阴溪河道治理中，累计修建防洪堤147千米，保护人口10.2万，保护耕地5200公顷。

1990年6月，松阳县被省水利厅列为浙江省第二批建立水利执法体系试点县。12月，省水利厅、财政厅批准松阳县为全省第一期自力更生治水资金扶持县，签订第一期扶持县三年农田水利建设协议书，三年内省补助水利建设资金420万元。1991年6月29日，《中华人民共和国水土保持法》正式颁布施行。此后，松阳县水土保持工作坚持预防为主，防治结合；以小流域为单元，山水田林路相结合；工程措施、生物措施与农业技术措施相结合；治理与开发相结合；人工治理与自然恢复相结合；政府组织推动和依靠市场机制驱动相结合；水土保护部门与有关部门协作相结合的原则，因地制宜，因害设防，遏制人为水土流失。

1995年12月24日，松阳县被省水利厅列为全省第二批水土保持监督执法试点县。1996年，松阳县制定《水土保持监督执法试点工作实施方案》，全面展开水土保持监督执法试点工作。1997年3月26日，县人民政府公布《松阳县水土保持方案编报审批管理暂行规定》，开始实施生产建设项目水土保持方案申报审批制度，按有关规定缴纳水土保持保证金或水土流失防治费和水土保持补偿费。4 月，县水土保持监督管理站设立。县政府根据《中华人民共和国水土保持法》和《浙江省实施<中华人民共和国水土保持法>办法》，建立基层水土保持监督网络，任命水土保持监督员 10 人、乡镇助理监督员 20 人，配备行政村水土保持管护员 400 人，加强水土保持监督工作。4 月 28 日，县政府公布“松阳县水土保持重点预防保护区、重点监督区和重点治理区”的范围和治理、监督、保护措施，实施分类治理。7 月，丽水地区水电局受省水利厅委托，对松阳县水土保持监督执法试点工作通过验收。

1999 年，丽水地区被列为国家级生态示范区建设。松阳县配合示范区建设，加快水土流失治理步伐和投资力度，按照“谁开发谁保护、谁破坏谁治理”的原则，严格执行水土保持设施和生产建设项目同时设计、同时施工、同时验收使用的“三同时”制度。2000 年，编制《松阳县水土保持总体规划》，明确近期（2000～2010 年）和中期（2011～2020 年）水土治理目标。此后，通过小流域综合治理和山塘水库除险加固工程，有效遏制水土流失。

2007 年 5～10 月，根据省水利厅《关于开展开发建设项目实施水土保持法等法律法规情况检查活动的通知》要求，在全县范围内开展开发建设项目有关法律法规情况检查活动。9 月，市水利局下发《关于进一步加强和规范城市水土保持工作的通知》，松阳县建设项目水土保持监督执法专项行动领导小组成立，严格执行开展建设项目水土保持方案申报审批制度，坚持建设项目水土保持设施必须与主体工程同时设计、同时施工、同时投入使用，主体工程竣工验收时，由水行政主管部门对水土保持设施进行验收，并签署验收意见。

2009 年 5 月，省水利厅转发水利部《关于规范生产建设项目水土保持监测工作的意见》，提高水土保持管理效率和管理水平。是年，县水利部门根据文件要求，开展水土保持国策宣传教育系列活动，增强国策意识。

第二节　水土流失与保护

松阳县属浙闽低山丘陵区，地貌类型复杂多样。县境内海拔高低相当悬殊，地势起伏变化很大，许多地方地面坡度达 40 度。由于坡度陡峻，溪流源短流急，洪水暴涨暴落，地面处于经常受侵蚀状态。

松阳县林业用地为 164 万亩，占全县土地总面积的 77.9%，森林覆盖率 60.9%，素为浙江省重点林区和全国杉木基地之一。长期形成的乔灌草立体绿色工程，起到涵养水源、保持水土的作用。然而，近百年来，人类活动诸如垦山种粮、修路建厂、开矿采石、筑窑烧炭等，导致植被破坏、水土流失。至 1949 年，全县荒山面积从民国 28 年（1939）的 5460 公顷增加到 30933.3 公顷。

1949 年以后，松阳县重视水土保护，全县城乡大力开展植树造林、封山育林、绿化荒山等活动，林业生产得以恢复发展，水土流失减缓。但生产关系变动频繁，每变动一次，山林就被破坏一次。尤其是 1958 年的大办钢铁、大办食堂，森林资源破坏严重；1961 年的以粮为纲、毁林种粮；“文化大革命”初期，乱砍滥伐之风；20 世纪 80 年代的山林权属变更之初，农民担心政策不稳，开始滥伐林木。森林资源多次遭到破坏，水土流失几度加剧，导致河流输沙量增加、河床抬高、河道变窄、塘库淤积，影响生态环境。靖居口水文站 1960～2001 年的水文资料显示，松阴溪水系多年平均侵蚀模数为 10.56 万千克每平方千米，年均流失泥沙 20310 万千克，年均随沙流失的有机质 538.38 万千克、全氮 23.01 万千克、速效磷 740 万千克。全县耕地水土流失面积从 1980 年的 2300 公顷上升到 1991 年 2933.3 公顷。

水土流失的加剧，不但每年冲走大量肥土，同时泥沙冲入河道，河床抬高，影响泄洪，洪灾易发；造成塘库淤积、库容减小，影响灌溉。1996 年后，贯彻执行《中华人民共和国水土保持法》和《浙江省实施〈中华人民共和国水土保持法〉办法》，松阳县加强水土保持监督执法工作，水土流失趋缓。1998 年水土流失普查显示，松阳水土流失面积为 249.17 平方千米，占全县土地面积 17.7%，水土流失类型主要是水力侵蚀。2004 年末，全县水土流失面积为 160.2 平方千米，比 1998 年减少水土流失面积 88.97 平方千米（年均减少 14.83 平方千米）。

2006 年，贯彻《浙江省水土保持生态修复规划》，松阳在水土流失预防中坚持预防为主、保护优先，以人为本、生态为重，尊重自然、和谐共处，统筹规划、突出重点，生态修复为主、人工治理为辅，政府协调、公众参与六项原则，取得成效。

第三节 水土治理

松阳县水土治理工作实行全面规划、综合治理、因地制宜、注重效益的方针，坚持生物治理与工程治理相结合的原则，注重“生态、经济、社会”三大效益并重。

2005～2006 年，每年完成水土流失治理面积 10 平方千米。2007 年，松阳县完成水土流失综合治理面积 9.99 平方千米，其中生态修复面积 8.98 平方千米。1998～2008 年，全县水土流失综合治理面积 148.29 平方千米。2008～2010 年，完成丽水市水利局下达的每年 10 平方千米的水土流失防治任务，并加强对治理成果和重点预防保护区的管理。

封禁治理

松阳县境乡村历来有竖禁碑、立民约、开锣禁山、违约受罚之习俗。各地尚存名木古树、水口老林，乃千百年封山育林所成。

1997 年 4 月，县政府发布《松阳县水土保持重点预防保护区、重点监督区和重点治理区》，确定各范围和治理措施，实施封禁分类治理。

小港流域和松东南丘陵区为重点预防保护区。预防保护措施是加强现有林地保护，水土保持林只许抚育采伐、更新采伐和限额采伐；实施采伐申报制度；严禁在 25 度以上陡坡地开垦种植，已开垦的要逐步退耕还林。

松古盆地外缘、海拔 500～800 米的低山区域为重点监督区。监督措施是执行建设工程水土保持方案报批和水土保持设施验收制度；坚持谁设障、谁清理原则，生产建设中废弃的砂、石、土等不得倒入河道、库塘和沟渠；生产建设中的植被遭受破坏的，采取宜农则农、宜林则林等相应措施恢复表土和植被。

松古盆地为重点治理区。治理措施是对禁止开垦坡度25度以下、5度以上的耕地及农业开发用地，采取修整水平带、整治排水系统、平整梯田及保水保土耕作等水土保持措施；对开垦25度以下、5度以上的荒坡地，实施水土保持方案报批和水土保持措施监督制度；坚持谁承包、谁治理、谁受益原则，开展综合治理；修复加固松阴溪及主要支流两岸堤防。

生物治理

主要指植树造林、封山育林、增加植被、涵养水源、推进生态自我修复。

松阳县植树造林历史悠久。民国12年（1923），国民政府倡导发展林木，组织林业公会承领荒山造林。民国28年，全县有裕村、裕创、丙寅、壬戌等森林公会和冬季造林团体20个。民国30～35年，全县年均造林133.3公顷，年均植树64万株。

1949年以后，人民政府重视造林工作，广泛开展义务植树活动。1950年，全县有4万多人次参加义务植树14.25万株。1950～1957年，全县共造林7740公顷。1963～1971年，全面实行停垦还林，期间年均造林1486.7公顷。1972年，实施飞机播种马尾松造林537.5公顷。1982年，松阳县绿化委员会成立，当年，全县有3.25万人参加植树活动，植树43.56万株。

1950～2003年，全县造林面积7.15万公顷，育苗533.3公顷。至2003年末，全县10.99万公顷林业用地中，有森林面积8.12万公顷，森林覆盖率为73.8%；活立木蓄积量258.2万立方米，立竹13780万株。1998～2008年，累计建设水土保持林4086公顷，经果林3333公顷、残次林改造2000公顷，种草400公顷。

中华人民共和国成立后，人民政府重视封山育林，每年有选择地对疏林地和有树种源的荒山实施封山育林。至2003年末，全县累计封育林面积14.19万公顷，抚育山林0.60万公顷。国家拨款补助育林（护林）经费累计200.35万元。

1998～2008年，全县累计封禁治理面积1500公顷。

工程治理

主要是以小流域治理为重点，采取兴修水利和农田基本建设等措施，防止水土流失。

中华人民共和国成立后，全县从兴建塘、堰起步，逐步转向兴建中小型水库，同时利用库塘周围进行植树造林、封山育林，取得水土保持成效。1977年以后，在实施松阴溪干流治理的同时，对小流域实施分段治理。其中小流域治理工程较大的有六都源、东坞源、梧桐源、庄门源、竹溪源、四都源等。

1998～2008年，全县小流域治理水土流失面积60平方千米，其中坡改梯10平方千米、水保林15平方千米、经果林3平方千米、种草2平方千米、残次林改造15平方千米、封林治理15平方千米。在小流域治理中新建截水沟400千米，排水沟渠800千米，沉砂池15处，谷坊和拦沙坝30座，蓄水池30座，塘堰16座，疏溪固堤54.12千米，沟头防护5千米，整修田间道路400千米。

第四节 水土改良

水土改良含低产田改造、粮食自给工程、土地平整和农业综合开发等项目。其中，土地平整归口县国土部门实施，农业综合开发项目由县农业发展有限公司组织实施。

低产田改造工程

渍害是松阳部分农田低产的重要原因。全县有渍害低产田7900公顷，占水田总面积的70.2%。低产田类型有死泥田、薄土田、靠天田、冷水田和烂糊田。松阳农民历来精耕细作，注重农田基本建设，筑渠引水，挖沟排水，排涝除渍。但千百年来的个体经营势单力薄，大的水利环境没有根本改善，渍害低产问题也难以根本改变。

中华人民共和国成立后，随着水利事业的蓬勃发展，改善渍害低产田得以逐步展开。20世纪70年代，省水利部门明确提出以改土治水为中心，山、水、田、林、路综合治理。松阳县于1978年开始低产田改造工程。1979年，省政府要求在全省开展低产田改造。1984年，松阳县以改造低产田为中心开展水利建设，逐片逐畈制订规划，加强技术指导，全面铺开低产田改造工程。至1992年，全县累计改造低产田4800公顷，占全县低产田总面积的60.7%。其中，改造烂糊田200公顷，冷水田600公顷，薄土田800公顷，死泥田200公顷，靠天田3000公顷。

2007年，松阳县开展渍害田的全面调查。全县共有耕地面积7600公顷，其中渍害田面积1873.33公顷、占24%；已治理面积660公顷、占35.23%；未治理面积1213.33公顷、占64.77%，渍害田治理任务仍很重。渍害田的类型有涝渍型675.6公顷、占36%，贮渍型337.8公顷、占18%，潜渍型399.3公顷、占21%，泉渍型460.7公顷、占24%。

2010年松阳县渍害田分布情况表

表13-3-4-1　　单位：公顷

乡镇	渍害田面积			渍害田类型			
	总面积	治理面积	未治理面积	涝渍型	贮渍型	潜渍型	泉渍型
西屏镇	420	140	280	140	33	67	40
古市镇	347	153	194	80	13	53	48
大东坝镇	33	7	26	—	—	—	26
象溪镇	53	8	45	27	—	—	18
新兴乡	200	80	120	—	33	33	54
赤寿乡	240	67	173	87	67	9	10
樟溪乡	80	33	47	—	13	—	34

续表 13-3-4-1

乡镇	渍害田面积			渍害田类型			
	总面积	治理面积	未治理面积	涝渍型	贮渍型	潜渍型	泉渍型
望松乡	86	33	53	33	—	20	—
斋坛乡	233	80	153	34	34	67	18
叶村乡	160	53	107	67	—	—	40
裕溪乡	20	5	15	—	—	—	15

古市镇后塘畈园田化工程　后塘畈位于古市镇东北部，全畈面积200余公顷，其中易涝烂糊田33.3公顷、易旱靠天田66.7公顷。后塘畈三面坡地环抱，中部地势低洼，农田长期串灌漫灌。雨季排水不畅，浸没农田，作物受涝；旱季水源不足，农田缺水，庄稼遭旱。畈内烂糊田单产一直徘徊在每公顷3000～3750千克。

后塘畈园田化建设工程以旱涝保收、稳产高产为目标，以改土治水为中心，实施山、水、田、林、路综合治理。主要工程有平整土地200公顷，每块农田大小划一（100×20米），沟渠配套，明灌暗排，分级控制，沟田间隔，保土保水，保肥保温；新修南北灌排干渠1条长7000米（其中新开河2500米），主要支渠6条总长6000米；新修4米宽机耕路6条，总长6000米；新建39千瓦和34千瓦电喷灌站各1处；新修U型渡槽1座，长164米。

后塘畈园田化工程于1978年12月动工，整个工程分3期完成。第一期工程（1978年冬至1979年春），古市镇10个行政村4000多民工进入工地，挖河开沟，修路填塘，平整土地，累计投工14万工，完成土石方13.5万立方米，基本完成园田化建设主体工程。第二期工程（1979年冬至1980年春），完成续建配套工程。第三期工程（1989年冬至1991年春），连续2个冬春，结合防洪排涝，对新开河河道清淤疏浚，加大断面，加高防洪堤，块石护陂，提高灌溉效益；第三期工程投资8.8万元，投工10万多工，完成工程量8万余立方米。

后塘畈园田化工程于1991年末竣工，累计投入资金15万元、投工24万工、完成总工程量21.5万立方米。工程效益明显，畈内4个行政村的单位面积产量从1978年的每公顷8100千克提高到1980年9780千克，1985年后稳定在每公顷12270千克左右，增幅20～30%。

水南畈低产田改造工程　水南畈位于西屏镇水南片，北邻溪，南环山，地势低洼平缓，水系紊乱，排灌不畅，洪、涝、渍、旱综合性灾害并存。畈内有农田166.3公顷，多为常年积水的“烂糊田”，可种植春花作物的面积不足20%，年均单产每公顷不到6000千克。

1989年8月，水南畈低产田改造工程着手勘测设计，确定灌溉、排涝、防洪、降渍“四位一体”治理方案，实施山、水、田、林、路综合治理。

1991年11月15日，水南畈低产田改造工程动工。至1992年末，完成新开截洪沟2500米，下游河道整治750米，新开排涝降渍渠系29条总长11000米，布设干支渠20条总长9900米，新建机耕路13条总长7400米，新修配套渡槽、涵洞、桥梁等交叉建筑物85处。总投工10.5万工，总投资 117 万元，完成工程总量 39.6 万立方米。

水南畈低产田改造工程施工期间，省长沈祖伦到工地指导，县政府组织机关干部到工地义务劳动。

斋坛湖畈低产田改造工程 斋坛湖畈位于斋坛乡境内，东北临松阴溪，南有东关源、桐村源、仙坑源等小支流，由斋坛湖、石桥头湖、金梁湖和桐村湖构成，畈内共有农田 233.3 公顷，地下水位高，排涝不畅，洪、涝、渍害严重。

斋坛湖畈低产田改造工程项目有拓宽、整治泄洪沟 3547 米，新开排水沟 4 条总长 8050 米，新开灌渠 700 米。改造工程于 1990 年冬动工，至 1992 年，累计投工 35 万工，投资 48 万元，完成工程量 17.68 万立方米。其中干、浆砌工程量 2.3 万立方米，钢筋混凝土 500 立方米。

新兴畈低产田改造工程 新兴畈位于新兴乡境内，包括横溪、后刘、端口、上安、高丰 5 个村的 80 公顷农田。畈内地势低洼不平，水系紊乱，为易受洪、涝、渍、旱的低产田。

新兴畈低产田改造工程实施水、田、路统一规划，灌溉、排涝、防洪、除渍“四位一体”综合治理。1990 年冬动工，至 1992 年末，新开主排干渠 2600 米，新挖下游承泄河道 2 条总长 1000 米，新修灌溉主干渠 1700 米，新建渡槽、涵洞、桥梁等配套交叉建筑物 36 处，完成土石方 5.15 万立方米，干、浆砌 1.85 万立方米，混凝土 0.05 万立方米，总投资 14 万元，投工 7.5 万工。

安宁垄低产田改造工程 安宁垄位于西屏镇水南片，竹溪源由南向北穿过垄内。垄内有农田 666.7 公顷（其中有小部分农田属竹源乡）。

安宁垄低产田改造工程设计灌溉保证率为 90%，有效灌溉面积 100%。工程分 2 期实施。一期工程包括渠系工程和配套道路工程。渠系工程（1997 年 12 月 21 日至 1998 年 4 月 15 日），新建排水渠 1028 米、大号 U 型渠 7685 米、小号 U 型渠 1633 米、涵洞 56 处；道路配套工程（1998 年 8 月 20 日至 9 月 20 日），新修道路 3100 米，其中 5 米宽道路 1420 米，3.5 宽道路 1680 米。一期工程于 1998 年 10 月 8 日通过验收。

二期工程为续建工程，工程项目有路、渠结合式排渠 870 米，排渠改道拓宽 463 米，完成干砌石 2548 立方米、土方开挖 5343 立方米、砼及铪 82 立方米。工程于 1999 年 2 月 1 日开工，是年 4 月 15 日完工。安宁垄低产改造工程历时 2 年，总投资 243 万元。

马桥片红壤土改造工程 2000 年 8 月 15 日，马桥片低丘红壤土改造工程正式启动。工程位于望松乡境内，面积 20 公顷，总投资 80 万元，总工期 6 个月。

工程主要建设内容为新建提水泵站 2 座，铺设Φ200 主管 650 米、Φ110 干管 800 米、Φ63 支管 7000 米；新建机耕路 0.8 千米；新建管理房 1 处、面积 30 平方米，仓库 1 处、面积 30 平方米。

梧桐源片红壤土改造工程 2008 年 11 月，梧桐源片 40 公顷低丘红土壤开发治理工程列入省 2008 年度低丘红壤治理项目实施计划，核定总投资 103 万元，省专项资金补助 36 万元。

工程主要建设内容有新建提水泵站 1 座、蓄水池 2 个、取水堰坝 1 座；新建管理用房 2 处 95 平方米；铺设Φ160 主管 0.7 千米、Φ110 干管 1.88 千米、Φ63 支管 6.8 千米；修建机耕路 1000 米；开挖水平带及种植柑橘 1.2 万株。

水南片红壤土改造工程 2009年8月31日，水南片红壤土改造工程正式启动。该工程位于西屏镇横山村附近，建设规模为改造水南片低丘红壤土40公顷，在治理的同时，因地制宜发展养殖业，实行种养结合，主体开发。工程总投资200万元，总工期12个月。

工程主要建设内容为新建水塘1座，面积0.66公顷，容积0.8万立方米；新建鸡鸭舍2座，面积320平方米；新建引水渠道0.4千米；新建提水泵站1座；铺设Φ160主管910米、Φ110干管1460米、Φ63支管10500米；新建管理房1处、面积66平方米，仓库1处、面积30平方米。

上田片红壤土改造工程 2010年8月31日，上田片红壤土改造工程启动。工程位于三都乡上田片，改造面积33.3公顷，已开发种植翠冠梨，但由于缺少水利设施，经济效益差，急需新建滴灌工程，解决灌溉用水问题，增加当地农民收入。

工程主要建设内容为新建提水泵站1座、50立方米蓄水池1座、9立方米蓄水池7座；铺设Φ125主管290米、Φ110干管773米、Φ75支管2573米、Φ63支管4150米、毛管83470米；安装滴灌208430个。总投资80万元，工期7个月。

粮食自给工程

松阳县是一个以产粮为主的传统农业县，然随着市场经济的发展，种粮效益比较低，农民种粮积极性受影响。农田基础设施薄弱，机械化作业水平低，粮食综合生产能力不高，粮食总产量连年滑坡，从1984年的12500万千克下降到1995年的9850万千克。且粮食结构严重失衡，每年在调出商品粮（稻谷）的同时，需调进大量的饲料粮和工业用粮。号称“处州粮仓”的传统农业县，竟面临粮食不能自给的局面。

粮食自给工程是省财政厅、农业厅、水利厅联合实施的一项由国家、省财政给予补助，通过在项目区内实施农业、农机、水利三大综合措施，提高项目区内粮食生产能力，并通过其辐射示范作用，推进全县粮食生产能力的提高，逐步实施粮食自给，减少调入（或增加调入）粮食。

松阳县连续2年被列入浙江省1996年度第一投资期和1997年度第二投资期粮食自给工程项目县。县和项目区有关乡镇均成立粮食自给工作领导小组 第一投资期（1996年9月至1997年4月）。1996年9月19日，省财政厅、农业厅、水利厅联合批复，松阳县列入浙江省1996年度粮食自给工程第一投资期浙西项目区松阳项目县。一期粮食自给项目自1996年9月20日开始实施，1997年4月10日竣工，历时近7个月。根据《浙江省粮食自给工程第一投资期项目验收方案》，经省验收合格。

第一投资期属浙西项目区松阳项目县，分古市镇卯山片、樟溪乡馒头山片、斋坛乡小石片3个项目小区，共25个行政村，总人口1.6万，总面积3722公顷，总耕地面积467公顷，可开发旱粮坡地、圩地共100公顷。3个项目小区经一年建设，农业、农机、水利三大措施综合配套工程全部完成，并达到省定标准。其中，水利部分拓宽衬砌江南渠道1.5千米、梧桐源东干渠3千米、支渠3.5千米，安装U型渠道6.5千米；新建机电提灌站4座152千瓦，推广节水灌溉面积2313.3公顷，新建工程管护设施250平方米。

3个项目小区建设共投入资金451.1万元。其中中央、省财政共投入146万元，县财政配套投入75万元，乡村集体和农民自筹资金230.1万元。在完成的投资中，水利部分投资224.5万元，占总投资的49.76%。3个项目小区建设效益明显：粮食生产后劲增强，新增有效灌溉面积400公顷，新增提灌动力152千瓦，项目区内防洪标准为20年一遇，除涝标准10年一遇、一日暴雨两日排出，灌溉保证率90%；农业新技术得到推广，推广覆盖率85%，推广良种216吨，良种覆盖率100%，植保综防0.37万公顷次；农业机械化水平提高，新建农机中心1个，机耕面积85%，机收面积15%。粮食生产能力提高，3个项目小区1996年粮食总产量分别比1995年增长15.2%、17.7%和10.8%，粮食增产总量322.5万千克，其中旱粮160万千克，超过省定总产量221万千克和旱粮88万千克的指标。是年，全县粮食总产量10699万千克，比1995年增长12.5%，扭转粮食生产连年滑坡的被动局面。

第二投资期（1997年10月至1999年2月）。1997年10月6日，省财政厅、农业厅、水利厅联合批复，松阳县列入浙江省1997年度粮食自给工程第二投资期项目县。项目建设自1997年10月开工，1999年2月竣工，报省验收合格。

第二投资期属浙西项目区松阳项目县，分择子山片、黄田山片和象溪片3个项目小区。3个项目小区共涉及8个乡镇、172个行政村，总面积5040公顷。

3个项目小区经2年建设，农业、农机、水利三大措施综合配套工程全部完成，并达到省定标准。其中，水利部分修建渠道29.35千米，其中U型渠道20.86千米、排涝渠道3.7千米；新建随渠配套机耕路5.58千米，兴建水利工程管护设施250平方米。3个项目小区建设内容全部完成《浙江省1997年度粮食自给工程项目协议书》规定的任务。

3个项目小区自给工程共投入资金908.8万元，完成第二投资期计划的100.2%。其中，中央、省财政共投入292万元，县财政配套投入150万元，乡镇集体和农民自筹资金466.8万元。在完成的投资中，水利措施454.8万元，占总投资的50.1%。

3个项目小区建设效益明显。粮食总产量分别比1995年增长15.5%、17%和16.2%，总产量增加672万千克，超过省定增产422万千克的指标，其中旱粮188万千克、超过省定132万千克的指标。

第四章　小水电开发

松阳县雨量充沛，河川密布，河床坡度大，河道天然落差大，水力资源丰富。

松阳的水力利用历史悠久。在古代和近代，以结构简易的水碓、水磨、水碾之类的水力机械为主，始于何时不详。至唐宋时期，水碓舂米、水磨磨粉、水碾榨油已相当普遍，民间有“进村看水碓、进户看咸菜”之说。“水碓，以水注轮而转”“水磨，以水转轮，以轮转磨”。水碓、水磨、水碾等均以木、石制作而成，以木制水轮，以石制臼、制磨，以质硬耐腐耐磨之粗大圆木制成轮轴。20世纪60年代，随着内燃机、电动机等的逐渐引进，尤其是小水电的迅速发展，古老低效耗时费力的简易水力机械被淘汰，仅留下一些与水碓有关的村庄、涵洞之类名称。

松阳县水力资源理论蕴藏量13.6万千瓦，占瓯江流域水力资源理论蕴藏量的5.27%。松阴溪干流及其28条主要支流中，有101处可开发小水电，总装机10.8万千瓦（占理论蕴藏量的79.4%），年发电量2.9亿千瓦时，全县人均占有水力资源量0.468千瓦，高于全省人均0.154千瓦的水力资源量。

至2010年末，全县共有小水电站66座，装机107台，总装机容量97295千瓦，年发电量2.35亿千瓦时，年产值9500多万元，年上缴各项税费1500多万元。

（松阳县小水电发展情况详见第八编“电力”第一章“发电”第二节“水力发电”相关内容）

第一节　水电梯级开发

小水电开发坚持治理与开发相结合的原则，以小流域梯级开发为重点，最大限度地利用河床的自然落差和流量，实现一水多用，有利于在同等条件和效益的前提下，减少土地淹没和移民，有利于小流域的统一规划和治理。

松阴溪干流水电梯级开发

从上游到下游分四段进行开发：第一段为资口—古市段，兴建界首电站、三里亭电站；第二段古市—西屏段，该段暂不规划水电开发；第三段西屏—靖居口段，兴建水车电站、象溪电站和石马铺电站；第四段靖居口—县界段，兴建裕溪和合溪电站。

资口—古市段分二级开发，兴建界首、三里亭2座引水式径流水电站。界首水电站位于资口，坝址以上集水面积605平方千米，设计流量36立方米/秒，装机1280千瓦，年发电量392万千瓦时。2007年建成发电，总投资1120万元。三里亭水电站位于大石村，集水面积650平方千米，设计流量46立方米/秒，装机1600千瓦，年发电量450万千瓦时。2007年1月并网发电，总投资1380万元。

西屏—靖居口段分三级开发，兴建水车、石马铺、象溪3座引水式径流水电站。

水车水电站（后更名金旺水电站）集水面积1236平方千米，设计流量10.7立方米/秒，总装机容量1500千瓦，年发电量580万千瓦时。1998年动工，2001年5月建成并网发电，总投资1550万元。

象溪水电站集水面积1845平方千米，流量73.08立方米/秒，总装机容量2520千瓦，年发电量1124万千瓦时。2000年动工，2004年2月建成并网发电，总投资2279万元。

石马铺水电站位于王田铺村，集水面积1739平方千米，设计流量92立方米/秒，装机3300千瓦，年发电量960万千瓦时。2009年7月建成并网发电，总投资3260万元。

靖居口—县界段分二级开发。裕溪水电站在金村圩，集水面积1904平方千米，设计流量100立方米/秒，装机6400千瓦，年发电量1997万千瓦时。2009年2月建成并网发电，总投资5390万元。合溪水电站在合溪村，集水面积1964平方千米，设计流量108立方米/秒，装机5000千瓦，年发电量1567万千瓦时。2008年6月并网发电，总投资4380万元。

至2010年，在松阴溪干流兴建7座梯级低水位水电站，总装机容量21600千瓦。

松阴溪支流水电梯级开发

小港流域水电梯级开发　小港为松阴溪最大支流，流域水能理论蕴藏量5.58万千瓦，占全县理论蕴藏量41.03%，可开发小水电站39座，总装机4.43万千瓦，占理论蕴藏量79.4%。

至2010年底，小港干流开发建成水电站13座，总装机15700千瓦，年发电量5122万千瓦时。其中，装机容量1000千瓦以上电站6座：枫坪电站装机1890千瓦，年发电量510万千瓦时；余叶口电站装机1200千瓦，年发电量320万千瓦时；坳头电站装机1300千瓦，年发电量420万千瓦时；黄南电站装机2000千瓦，年发电量538万千瓦时；二滩坝电站装机2520千瓦，年发电量1067万千瓦时；西山电站装机2520千瓦，年发电量885万千瓦时。

安民源水电梯级开发　安民源水电开发于2002年1月开工，为两级开发，兴建2座水电站。安民一级水电站为混合式电站，装机2×6300千瓦，年均发电量2450万千瓦时。2004年4月并网发电，总投资10820万元。安民二级水电站为引水式电站，装机2×2000千瓦，年发电量1578万千瓦时。2003年3月动工兴建，2004年9月并网发电，总投资3610万元。

图13-15　安民电站（县水利局提供 2006年）

大坑源水电梯级开发　大坑源在玉岩源上游，流域面积72.6平方千米，落差780米，坡降55.71‰。分二级开发，大坑源一级水电站设计水头140米，流量0.48立方米/秒，装机500千瓦，年发电量190万千瓦时。1997年4月动工，1998年建成并网发电，总投资252万元。大坑源二级电站引一级电站尾水发电，装机容量640千瓦，年发电量220万千瓦时，与一级电站同步兴建，总投资350万元。

洋坑源水电梯级开发　洋坑源在大东坝镇境内，分一二级两座电站开发，2003年1月动工建设。

二级电站装机容量2400千瓦，年发电量509万千瓦时，总投资1176万元，2004年10月并网发电；一级电站装机1260千瓦，年发电量253万千瓦时，总投资800万元，2005年3月竣工发电并网。

该项目业主为洋坑源水电开发有限公司，由松阳水利局、供电局职工入股投资建设。

谢村源流域水电梯级开发　谢村源是松阴溪第二大支流。谢村源水库电站是浙江省重点工程，是县农业水利化和农村电气化关键工程。

谢村源流域梯级开发，由谢村源水库、跨流域引水工程和一二三级电站及上源口电站、南坑口电站等组成。工程于1989年动工，2002年3月完成，总投资1.48亿元，总装机容量2.332万千瓦，设计年发电量5004万千瓦时，年产值2100万元。

图13-16　谢村源二级电站（县水利局提供 2006年）

谢村源水库及梯级电站被省水利厅列为自动化改造试点。2004年，自动化改造试点项目全部完成并通过验收，总投资840万元。

梧桐源流域水电梯级开发　开发主要工程包括梧桐源水库和梧桐源梯级电站。2004年，梧桐源水库实施除险加固工程，原4座老电站予以报废，新建梧桐源一二级电站，装机分别为200千瓦和2×800千瓦，设计年发电量390万千瓦时。

电站工程于2007年投入运行，总投资2190万元。

东坞源梯级水电站　已建成4级电站，总装机1950千瓦，年发电量332万千瓦时，总投资859万元。其中，一级电站为坝后试电站，1978年10月并网发电；二三四级3座电站为径流式电站，2002年3月建成并网发电。

图13-17　东坞一级电站（县水利局提供 2006年）

六都源梯级电站　六都源水库建成后，已兴建一二两级水电站。六都一级电站装机250千瓦，年发电量40万千瓦时，1985年4月并网发电。六都二级电站装机100千瓦，年发电量18.36万千瓦时，2001年4月并网发电。

竹溪源梯级电站　已建成一二两级水电站。1986年5月建成竹溪源一级电站，装机110千瓦，年发电量55万千瓦时。竹溪源二级电站，装机250千瓦，年发电量139万千瓦时，1981年4月建成发电。

雅溪坑梯级电站　雅溪坑在雅溪上游。1999年6月兴建雅溪坑一级电站，在象溪镇东田村，装机640千瓦，年发电量204万千瓦时，投资390万元。雅溪坑二级电站装机320千瓦，年发电量50万千瓦时，投资183万元，2000年11月并网发电。

吾赤坑梯级电站　吾赤坑发源于四都乡白水基，注入宣平港。2002年，在吾赤坑上游兴建黄岭根一二两级水电站。黄岭根一级电站设计水头155.22米，流量0.832立方米/秒，装机1000千瓦，年发电量266万千瓦时。2003年5月并网发电，投资451万元。黄岭根二级电站装机640千瓦，年发电量176万千瓦时。2004年2月并网发电，投资300万元。

第二节　小水电管理

1974年，贯彻执行浙江省革命委员会生产指挥组制定的《浙江省农村水电站管理试行办法》，农村小水电站实行“谁建、谁管、归谁所有”的政策，国家兴办的水电站属国家所有；社队自办（包括国家补助）的水电站属社队所有；既有国家投资又有社队集体投资的水电站，由县和社队协商，在处理好有关政策的基础上，确定水电站的所有权，不能“一平二调”，明确规定“水电站的经营管理，归水利部门领导”。

1986年4月，松阳县人民政府颁布《关于加强小水电管理的若干规定》，实行“谁建、谁管、谁有、谁受益”的政策，明确权属关系，实行分级管理：装机75千瓦以上的水电站由县水电局统一管理，负责制定岗位责任制和经济责任制，帮助制订生产计划，审查财务收支情况，建立职工学习、培训、考核办法；75千瓦以下的小水电站以乡、村管理为主，县水电局给予技术、运行管理指导。1987年4月，浙江省水利厅颁发《关于加强小水电管理的若干规定》后，县水电局设立小水电管理站。1989年10月，水利部颁发《地方中小水电站建设与管理暂行办法》，对地方中小水电站的管理体系、开发与建设、电价、资金筹集、联网、经营管理和职工培训与技术进步等作出具体规定。

1993年，开始实行机电运行工年审制度，明确规定小水电机电运行工须参加应知和应会年审，年审合格盖章后，合格证继续有效；不参加年审或年审不合格者，收回合格证，使用代理证。1995年，松阳县全面落实和完善经营承包责任制，推行“一定三包”制，即定发电基数，包利润、包费用、包安全。1996年12月，县水利水电局在《职能配置和内设机构方案》中进一步明确，县小水电管理站的职责是负责水利系统开发建设的水电工程，全县水电站行业管理，制订发电计划，指导检查水电站设备、检修、安全生产，负责与供电部门的业务联系。是年，松阳县小水电管理以小水电公司为主，对各并网电站实行“五统一”，即统一职工管理；统一结算电费、财务和资产管理；统一安排生产任务和计划管理；统一安排设备测试、检修和技术培训；统一提取各项税费。

1998年，在全县开展“以安全为中心的运行管理，以标准化管理为依据的设备管理，以效益为中心的企业财务管理和以技术进步为目标的人才管理”活动，纠正重建轻管倾向。1999年，贯彻省水利厅《关于加强小水电建设管理的若干意见》，县小水电管理站加强对全县小水电建设的程序管理、建设市场管理、工程质量管理和安全生产管理。

协会管理

2003年4月，为规范水电开发行为，加强小水电建设管理，引导和扶持小水电产业健康发展，松阳县政府制定《松阳县小水电开发和建设管理的若干意见》。是年12月，松阳县小水电协会正式成立，主要职责是履行协调职能，加强行业自律，充分发挥对行业管理工作的补充作用，成为政府和水电企业间的桥梁和纽带。2004年底，全县共有小水电管理人员286人，其中运行工238人。全县共举办小水电培训班10期，培训运行工219人，经考试合格发给机电工运行合格证的有218人，获证率99.55%，严格实行持证上岗制度。

2010年7月5日，省水利厅下发《关于加强农村水电行业协会工作的通知》，要求充分发挥水电行业协会在政策宣传、行业自律和维权、信息传递等方面的优势和作用，使之成为政府与企业间沟通的桥梁，成为政府在农村水电行业管理的重要助手。

经营权管理

1986年后，松阳县对并网小水电站实行“统分并举、两权分离和分级管理”：县直接投资建设的水电站，归县水电局管理，对各电站实行经济指标考核；以国家扶持为主、集体投工投资为辅，规模较小、跨乡（镇）水库的配套电站，归县水电局统一管理；既有国家补助，又有集体投工投资建设的装机75千瓦以下的水电站，把电站所有权与经营权分开，所有权归股份所有，经营管理权（包括人、财、物调配权）归县水电局统一管理，电站原有固定资产折价后与再投入改造资金一并入股，纯利润按股分红。

2001年，松阳县在全省率先试行水电资源开发权有偿出让。县政府制定《松阳县水电资源开发权管理办法（试行）》，明确规定水电资源开发由县水行政主管部门会同计委、监察、物价等有关部门共同组织实施和管理。

2005年，丽水市监察局、水利局、发改局、财政局联合发出《关于进一步规范水电资源开发权出让工作的通知》（简称《通知》）。根据《通知》要求，2006年8月，松阳县水利局修订出台《松阳县水电资源开发权管理办法》，修订、补充的主要内容包括取消协议出让，一律采用招标、拍卖和挂牌方式出让。至年末，全县共出让电站21处，总装机23970千瓦，收取出让金104.413万元。其中，建成投产发电的1处，主体工程完工的1处，在建5处，即将动工2处，初设阶段6处，未设计3处，暂缓开发2处，业主放弃开发1处。

目标管理

1991年，松阳县把标准化水电站建设列入目标管理主要内容，推进小水电站安全、经济、高效运行，提高小水电站综合效益。通过自查、自验、申报和县验收，至1993年，四都、十三都2座水电站达到标准化管理要求。1994年，梧桐源坝后、六都坝后、东坞坝后及枫坪、坳头、青石坝、大东坝7座水电站达到标准化管理要求，发给标准化水电站命名牌。

1996年，按省水电开发管理中心制定的《浙江省地方水电目标管理考核细则》要求，以“安全、高效、富裕、美丽”为目标，对各并网电站实施目标管理，使水电管理工作步入正规化、规范化轨道。经省水利厅全面检查考核，松阳县水电局自1997始，连续7年获省地方水电目标管理合格单位，受到省水利厅表彰。

2003年，全县开展“四无”水电站清查，确保水电站安全度汛。4月，对西山等7处在建水电工程进行安全检查，并向责任单位发出整改意见，责其限时整改。

计划管理

1993年前，实行年度计划管理，由县小水电管理站下达各并网电站年度发电计划安排意见。1994年开始实行月计划管理；是年3月，县小水电管理站下发《关于进一步做好小水电上网电量计划管理的通知》，要求各上网电站在每月5日前书面向县小水电管理站报次月上网电量计划，经县平衡后下达月发电计划；是年9月，县三电办、水电局、供电局、物价局联合制定《松阳县小水电计划管理办法》，进一步明确，为促进小水电站按计划发电，平衡发电、供电、用电之间的关系，小水电站发电计划由县小水电管理站一个指标统筹管理。

1995年8月，县水电局制定《松阳县小水电计划管理办事制度》，进一步规范小水电计划管理办事程序和办事时效，明确责任人和督查人。

安全管理

1987年，松阳县小水电管理站设立后，每年召开安全生产工作会议，开展安全生产检查，把安全生产列入小水电目标管理考核内容。

1993年，按省水利厅《关于开展百日安全竞赛的通知》要求，全县小水电站全面开展百日安全竞赛活动。竞赛时间为每年的4月5日至7月15日，竞赛内容以部颁《电业安全规程》为主，参照省水利厅有关安全检查的内容，包括工程设备与安全检查、安全生产、规章制度、安全组织和劳动纪律4个方面13项内容。每年开展一次全面检查，评选出百日安全生产先进电站和先进工作者，召开总结表彰会。

1999年，松阳县水电部门规定，取得省、地安全生产先进单位的电站，从发电收入中提取2%作为集体奖励，先进个人享受每月安全津贴50元；县级安全生产先进电站，从发电收入中提取1%作为集体奖励，先进个人享受每月安全津贴20元。

2003年，在全县水利系统开展主题为“实施安全生产法规，保障生命财产安全”安全生产年活动。总体目标是通过安全生产年活动，力争在落实安全生产责任体系，加强安全生产宣传教育，强化事故防范机制，严肃责任追究和行政执法，规范安全生产管理台账等5个方面取得重大进展。

2004年，水利水电建设市场呈现投资主体多元化、安全隐患多样化、安全管理复杂化、责任追究个人化的新特点，为提高安全生产水平，规范安全台账管理，专门编印《松阳县在建水利水电工程安全生产管理台账》，做到职责分明，管理明晰。2005年3月25日至4月25日，县水利部门发出《关于开展水工隧洞施工安全生产专项整治的通知》，在全县范围内开展在建水利水电项目隧洞施工安全专项整治，消除水工隧洞工程安全事故隐患，有效防止和减少安全事故发生。专项整治内容包括隧洞爆破安全、隧洞通信排烟安全、隧洞洞顶安全、隧洞用电安全和隧洞汛期施工安全。

2006年3月，县水利局对各类水工程安全度汛情况进行全面检查。全县共检查小（一）以上水库8座、小（二）水库31座、山塘116座，松阴溪主、支流河段堤防近百千米，以及主要电站、堰坝、股份制电站等一批在建项目。6月，全县在以“安全发展，国泰民安”为主题的“安全生产月”活动中，开展安全生产宣传咨询日活动（6月11日），开展事故隐患大排查活动，举办企业负责人、安全管理人员和特种作业人员安全生产法律法规培训班，启动全员培训工程，推动安全生产各项工作的落实。2007年3月，全省开展小水电安全生产大检查，采取电站自查、县级检查、市级对口抽查、省级抽查等方式进行。11月，贯彻省水利厅、经贸委、安监局、电力工业局和质监局联合发文的《浙江省农村水电安全生产若干规定》，建立农村水电站事故报告制度。

2008年，根据丽水市政府、市安全生产委员会和市水利局的统一部署，在全县水利系统开展安全生产“基层基础建设年”活动。5～7月，开展水利安全生产百日督查专项行动，加大隐患排查治理力度。2009年3～4月，在全县开展小水电安全生产大检查，强化水电站安全管理，杜绝各类事故隐患，确保电站安全度汛、安全运行。2010年，省防汛抗旱指挥部、省水利厅印发《浙江省农村水电站防汛安全管理办法》，共7章36条。松阳县遵照执行。

第五章 水 政

元、明、清时期，府县未设水利专管机构，水利事务由知府、知县（知事、县长）总管、总裁。清朝末叶，松阳曾设过塘工，专管水利事宜，不久即废。民间由堰会负责调处水利事务。

民国 27 年 1 月，浙江省农业改进所在松阳成立。所内设农田水利股，掌理农田灌溉、排水工程之测勘与实施，调解农田水利纠纷；预防水旱灾工程之调查与计划，兼及水文测量、统计、气象观测等。此后，松阳水利由省农业改进所直接领导，农田水利股负责实施。

民国 27～34 年（1938～1945），浙江省农业改进所农田水利股下设农田灌溉、气象、水文、农田水利工程队等机构。西屏镇南门和靖居口曾设立测候站和水位站，分别负责天气观测预报及测量降雨量等水情。

第一节 水政机构

机构沿革

1949 年 5 月，松阳县人民民主政府成立，设实业科，主管全县农、林、水、工、交五业。1950 年 4 月，实业科改称建设科，主管职权与实业科相同。1953 年 1 月，建设科改称农林科，主管农、林、水。1955 年 7 月，设立县农业水利科，主管农业水利。1956 年 10 月，农、水分开，设立县水利科。1958 年 9 月，设立县水利水电局。

1958 年 11 月，松阳、遂昌两县合并，县水利水电局随县制撤并。

1982 年 1 月，恢复松阳县制。4 月，设立松阳县水利水电局。2001 年 9 月，松阳县水利水电局更名为松阳县水利局。

2010 年末，县水利局核定行政编制 9 人、事业编制 69 人，事业编制中，参照公务员法管理 10 人、全额拨款 49 人、自收自支 10 人。

2010 年，松阳县水利局下设行政职能科室有办公室、规划与建设管理科、水政水资源科（渔业渔政科）；事业科室有松阳县防汛防旱指挥部办公室、松阳县水利水电勘察设计室、松阳县小水电管理站、松阳县水利水电工程质量监督站、松阳县水政渔政执法监察大队、松阳县水产技术推广站。下属事业单位 8 个：松阳县水库和堤防管理处、松阳水文站、松阳水利管理站、古市水利管理站、小港水利管理站、象溪水利管理站、松阳县六都鱼种繁殖试验场、松阳县谢村源水库管理处。下属企业单位 6 个：松阳县泰盛水利建筑工程有限公司、松阳县水利水电勘察设计所、松阳县东坞水库发展有限公司、松阳县梧桐源水库发展有限公司、松阳县六都水库发展有限公司、松阳县大众乡村供水有限公司。归口管理的电站3个：松阳县谢村源水库电站、松阳县安民水库电站、松阳县十三都电站。另松阳县洋坑源电站、青石坝电站、雅溪坑水电站、合溪水电开发有限公司等股份制电站，按现代企业要求由电站自主经营。

县水利局主要职责

贯彻执行《中华人民共和国水法》《中华人民共和国水土保持法》《中华人民共和国防洪法》《中华人民共和国渔业法》等法律、法规；组织制订水利的渔业产业化发展的规划、计划，并监督实施；研究制订水利、水产发展的有关政策；组织制订县级河道及县内跨流域综合规划和有关专业规划，并监督实施；对全县水利系统的国有资产实行管理和监督。统一管理水资源（含空中水、地表水、地下水）、渔业资源及水生生物资源；制订全县水资源、渔业资源开发、利用、保护配置规划和全县地域水长期供求计划、水量分配方案，并监督实施；组织有关国民经济总体规划、城镇规划及重要建设项目的水资源和防洪的论证工作；实施取水许可证、水土保持合格证和渔业捕捞许可证、水产养殖使用证制度及水资源费、渔业资源增殖保护费征收制度；编制全县水资源公报；指导全县水文工作。

组织、指导和监督全县节约用水工作；编制节约用水规划，制订水资源保护规划；组织水功能区的划分和饮水区等水域排污的控制；监测河道、水库的水量、水质，审定水域纳污能力，提出限制排污总量的意见；组织指导渔业水域生态环境的监测和保护工作，并将有关数据和情况通报县环境保护局。组织、指导水行政执法和渔业行政执法；协调并仲裁部门间和县内地域间的水事纠纷和渔事纠纷。编制、审查县级水利、水电、渔业基建项目建议书，审查水利水电项目建设书、可行性报告和初步设计报告；组织水利、水电、渔业科学技术推广；组织指导水利、水电、渔业基建项目的建设管理；监督实施水利、水电、渔业的法律法规、行业技术质量标准和水利、水电工程的规程、规范；组织指导水利、水电设施、水域及其岸线的管理与保护；组织指导县级河河道、水库、滩涂的综合治理和开发；管理河道采砂；组织建设和管理具有控制性的或跨行政区域的重要工程；组织指导水利、水电工程的运行管理和安全监管。组织、协调、监督、指导全县防汛防旱工作和水土保持工作，负责县政府防汛防旱指挥部的日常工作；组织实施、指导全县城镇防洪工作。指导全县农村水利工作；组织协调农田水利基本建设、农村水电电气化和乡镇供水工作。负责水利与渔业科技、教育、对外合作工作；组织、管理全县水利、渔业队伍建设。制订水利行业的经济调节措施；对水利资金的使用进行宏观调节；指导水利行业的供水、供电、水产养殖等经济调节意见。负责渔业行政管理，指导全县水产养殖、捕捞、加工、流通等；组织实施渔业生产经营许可证制度；组织实施水生动物防疫、检疫工作，负责水产品质量、水产种苗生产的监督管理等。

第二节　水利工程管理

管理组织

松阳县早在宋代就有关于筑堰、修渠管理的记载。宋乾道五年（1169），制定有“通济堰规”共19条。元代，出现专门管理堰坝的董事会等组织。元至元六年（1340），斋坛金梁堰（宣公堤）设有董事会，管理分水、放水、修堰等事宜。明清时期，一些灌溉面积较大的堰坝实行“堰董、堰长”负责制，一般由3～5人组成董事会，并订有相应的乡规民约，对修堰、分水、征收水费等都有详细的规定。民国时期，堰坝管理仍以“堰董、堰长”负责制，修堰经费按亩收取，“以时修作”。一些小塘坝大多为私有，实行谁挖、谁管、谁受益的管理方式。

1951年3月，古市镇建立通泽堰水利委员会，次年改为古市镇水利委员会，统管全镇水利工程，为中华人民共和国成立后松阳最早的乡镇水利管理机构。1956年，被评为省水利管理先进集体。1954年后，庄门源水库、泉坑亭水库等相继建立水库管理委员会。20世纪60年代后，水利工程不断增多，对跨区、乡的水利工程，由有关区、乡联合组成管理机构，负责工程施工和竣工后的管理。70年代，江南渠道、下马坑电灌站等一批县重点水利工程均设立专门的管理机构。1983年，樟溪乡成立灌溉公司。1985年，古市、松阳、小港3个水利管理站先后成立，为县水利局派出机构。1992年，全县151座水库和14条灌溉千亩以上堰坝均设立管理组织，共有专管人员250人，季节性兼管人员300多人，定期召开灌区代表会议。

2004年，小（一）型以上水库设立管理处，小（二）型水库设立水库管理委员会。各乡镇都配设专职水利员。2009年，县成立水库堤防管理处。2010年，东坞水库发展有限公司、六都源水库发展公司相继成立，为国有独资企业。

库塘管理

库塘管理一般采取分级管理办法。东坞、梧桐源、谢村源、六都源水库归属县水电局，四都和官溪水库分属所在乡镇管理。小（二）型水库亦有相应的管理组织，一般按工程大小及受益范围分别由乡镇、村或农户个人分级管理。小水库及山塘则由村或组自行管理。

1956年，县政府要求各地在库塘管理中，把水库安全加固、提高水库工程防洪安全作为重点。1973年，全县开展水利工程大检查。1999年7月，松阳在丽水地区率先落实塘库巡查责任制。

2003年10月，全县有23座水库大坝属三类坝，均为土石坝，白蚁危害严重。是年，全县启动“百库除险工程”，提出用5年时间，消除100座库塘的病险隐患。2004年，部分“千库保安工程”水库通过省级验收为优良。是年4～5月，县拨出专项资金，聘请湖北白蚁防治专家，对一些被白蚁侵蚀的水库大坝进行捕杀，消灭白蚁数亿只。是年，东坑垄等16座水库完成除险保安，毛弄等20座水库亦陆续于2004～2007年完成除险保安，梧桐源水库除险加固扩建工程于2008年1月完成。

堰坝管理

松阳县堰坝管理历史久远。今尚存元代《金梁堰碑记》记录有该堰放水轮流灌溉水期的时间及水量详细刻载。明嘉靖四年（1525），芳溪堰受益户推举堰长，负责管理堰坝水务。独山摩崖石刻犹存清光绪年间青龙堰董所立的“堰规”。

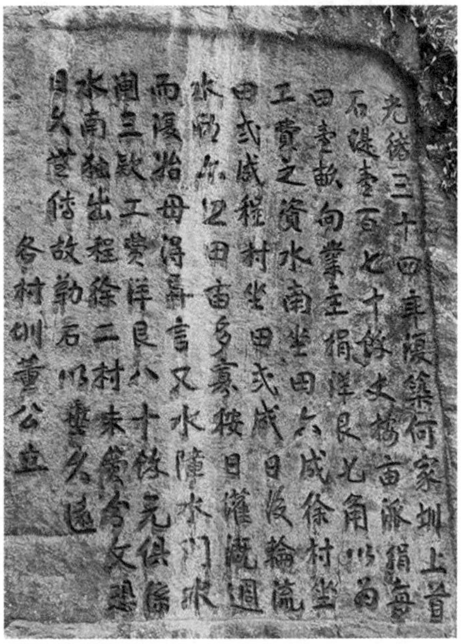

图 13-18　独山摩崖石刻——清光绪年间青龙堰堰规（叶坚红 摄于 2010 年）

中华人民共和国成立后，灌溉较大的堰坝都成立管理委员会。斋坛乡金梁堰管理委员会有成员 19 人，3 条灌溉干渠相应成立管理小组。每年冬春组织村民修堰清淤，夏旱放水轮流值班。对护堰修渠、征收水费、分水用水等都有详尽规定。20 世纪 60 年代末建成的江南渠道，于 1971 年成立管理委员会，共有成员 14 人。闸门专职管理人员按月发工资，其他管理人员也有一定的劳动报酬，均在收取的水费中列支。灌溉面积在 1000 亩以下堰坝，大多不设管理机构，一般以自流灌溉为主。旱时，受益村民自发清渠障水，所需费用由村集体或受益户分摊。

2005 年，县有关单位在青龙堰水毁工程现场办公，落实修复工程资金筹措方案：工程总造价 45 万元，其中县财政局补助 20 万元、西屏镇政府筹 5 万元、青龙堰水管会筹 5 万元、其余 15 万元由水利部门筹集。2007 年，青龙堰又毁。由县政府召开青龙堰修复工程协调会，县财政补助 30 万元、水利部门出资 30 万元、交通部门出资 50 万元、西屏镇出资 10 万元、青龙堰水管会出资 5 万元，共 125 万元，在次年春汛前完成青龙堰修复工程。

电灌站管理

1955 年，松阳县首次使用机械动力提水灌溉。2010 年末，全县泵站正常运行的有 76 处，装机 1296.7 千瓦，其中较大的电灌站有西屏电灌一级二级、岩西电灌、官溪一级电灌、白沙一级电灌、望松一级电灌和樟溪乡下马坑电灌 7 座。

1963 年，县农水局颁发《抽水机埠管理办法》，对机埠的经营管理等均有具体规定。1976 年，县水电局设立机电排灌站。各地电灌站以公社、大队管理为主，县机电排灌站负责建站设计、施工安装等技术指导。

1983 年，樟溪乡灌溉公司成立，下马坑电灌站纳入公司统一管理，配有多名专职机手，报酬和机组维护费用从水费中列支。1985 年，西屏镇电灌站制订有《西屏镇电灌站公约》，水费不够站内开支时，由镇政府补贴。

县境内其他小电灌站及机埠，一般配兼职管理员，站内开支由村集体经费支付或受益农户分摊。

河道管理

县内河道长期以来未实行规范性管理，松阴溪堤防均由县政府出资兴建。20 世纪 70 年代，实施松阴溪治理工程曾从全县各地抽调民工义务疏浚河道、兴修堤防。支流河道及沿岸堤防一般由所在河段附近乡村自行管顾，维修防护则由县政府补助资金、地方筹劳解决。

1990 年 2 月，县设立松阴溪河道管理所，负责管理县境内河道、堤防及附属水利工程设施，执行国家有关河道管理法规和政策。次年，县政府发布《松阳县河道管理暂行规定》，明确县水行政主管部门为县河道主管机关，县河道管理所负责河道、堤防的具体管理工作。1991 年开始，对在河道内采沙、涉河建设项目实行采沙许可制度和审批制度。至 2004 年末，全县累计发放河道采沙许可证 152 本，征收河道采沙管理费 60 万元；审批涉河建设项目 71 个，征收占用水域补偿费 30 万元；制止无证采沙和不合理采沙案件 10 余起。

2010 年，松阳县制定《松阳县河道采沙管理办法（试行）》和《松阳县河道采沙专项整治活动的方案》，专项治理河道采沙活动，查处河道内违规采沙行为。

水费征收

元、明、清时期，各古堰皆订有修堰、放水、收费等乡规民约，实行“按亩收费，夏初疏堰，岁以为常”，收费标准为每亩每年谷一桶（约计 9 千克）。青龙堰不仅“按亩派捐收费”，且灌区内的 2 座水碓因利用该堰水为动力，每年派收水粮 1500 千克。古市镇通泽堰原“视水旱之程度按亩派抽水费”，民国 11 年（1922），改为“无论水旱，以时修作，每亩年谷三斗”收取。

20 世纪 50 年代初期，征收水费仍按旧制。随着水利工程的增多，1953～1958 年，县委、县人委对计收水费等问题都有暂行规定。1965 年 7 月，县人委对水库、堰坝、渠道征收水费问题作出明确规定：根据“量入为出，当年平衡，略有盈余”的原则，蓄水 30 万立方米以上水库和灌溉 500 亩以上堰坝，每亩收现金 0.2 元、稻谷 2 千克，由粮管所代收。小堰坝、小水库及其灌区，每亩收费标准由区、社自定，直接由专管机构从生产队征收，专款列户存入银行，作为水利工程维修养护费用。

四都源水库于 1961 年开始收费，至 1991 年，前后 8 次调整收费标准。东坞水库自 1981 年开始收水费，年均收水费 6.53 万元。1989 年，松阳县政府颁发“以实物计收水费”的通知文件，水费征收制度逐步走向正规化、正常化，水费征收时间一般以夏粮入库，秋后由粮食部门按规定收缴额统一代收。斋坛乡金梁堰灌区在征收水费工作中成绩突出，1990 年获县水费征收先进乡称号。1982～1992 年，全县共收取水费 118.8 万元。

2000 年以后，收费制度日臻完善。2004 年，东坞水库灌区面积 1000 公顷，收费标准为每公顷 75～225 元，全年收费 14 万元。其他各大水库、堰坝灌区水费标准亦在每公顷 45～225 元，全县共收水费 58.54 万元。2010 年，收费标准略有提高，小水利工程则基本不收水费，工程维修及管理费用一般在村集体经济中列支，按实报销。

第三节 水利科技

科技队伍

中华人民共和国成立后，水利事业不断发展，水利科技队伍也逐渐壮大。1949 年末，县主管农、林、水的实业科仅有水利技术人员 1 人。后通过工程实践锻炼、工地培训、水利干校进修、大中专毕业生分配等培养，水利科技人员逐年增多，至 1958 年松阳撤销县制前，全县有水利技术人员 9 人。1980 年 11 月，境内招聘区、社农民水利员 28 人，属招聘干部编制、财政全额拨款的事业人员，通过多种形式培训、进修学习，成为一支重要的水利科技力量。1988 年，有水利工程技术人员 12 人，其中工程师 1 人、助理工程师 3 人。1993 年 2 月，把 10 名水利员分流到水利任务繁重的西屏、古市等 10 个重点乡镇工作，技术职称均在助师以上。2007 年 4 月，全县水利员由原招聘干部转为全民事业单位合同制工人。

至 2010 年末，全县形成一支相当规模的水利科技队伍，共有水利、水电、水产、经济专业助师以上技术人员 73 人。其中高级工程师 3 人，工程师 24 人、经济师 2 人、会计师 2 人，助理工程师 35 人、助理会计师 2 人。另有高级技师 1 人、技师 12 人，中高级技工 4 人，水利水电工程质量监督员 3 人，水土保持方案编制人员 8 人，施工图设计文件审查人员 9 人，浙江省水利工程造价员（造价师）11 人。还有一支长期工作在农村和山区第一线的农民技术人员。全县水利系统获农民水利技术职称的有 258 人。其中技术员 111 人，助理技师 87 人、技师 54 人、高级技师 6 人。

科技档案

1982 年，松阳县水利科技档案室成立。1986 年，综合档案室建立。水利部门的各类档案全部由档案室集中统一管理。1984 年后，水利系统所属重点水利水电工程、小（一）型水库和重要水电站全部建立档案。

水利综合档案共有档案用房 2 间。其中档案库房 1 间 80 平方米，阅档室和工作办公室各 20 平方米，配备有复印机、打印机、录像机、计算机等现代办公设备。库房装备符合规范要求。档案装置能满足 30 年档案存放需要。

经过多年的收集、补充、完善，水利综合档案室已初步形成一个室藏丰富、门类齐全，具有水利行业特色的综合档案室。至 2010 年末，档案室共有各类水利文书档案 11222 件，照片底片 1869 张，底图 1600 张，录音、录像带 121 盒，光盘 30 盒，蓝图 18100 张，水利资料 2300 多册，还有元、明、清时期各州府的水利榜文、告示原件等珍贵水利历史资料 26 件，以及中华人民共和国成立以后松阳县各级党委、政府、水利部门关于水利工作的文件，水利工程设计、规划、施工方面的档案、照片及录音录像带。

科技应用

民国 26 年（1937），省农业改进所、农业水利工程队设计施工兴建楼塘村仙岩脚水库，土坝高

6 米。施工时全部采用干燥泥土填筑，放水涵采用洋灰（水泥）嵌缝。民国 31 年端午节，土坝被冲垮。中华人民共和国成立后，1952 年贷款续建，1978 年 11 月重建，1984 年复建并扩建竣工。

1954 年，兴建庄门乡后垄水库、赤寿乡泉坑亭水库，土坝高分别为 8 米和 16.2 米；板桥乡张山水库为“照谷社”坝，其迎水坡为黏土，中间碎石反滤层，背水坡为堆石体，运行情况良好。20 世纪 50 年代中期，全县一大批土坝水库相继开工，土坝愈建愈高。70 年代中期扩建的杨岭脚水库为黏土心墙坝，高 37 米，为松阳县最高土坝。官溪水库为重黏土均质坝，背水坡脚采用砂卵石料填压层的应用技术，尚属首例。70 年代初期，派员到外省参观取经后，堆石重力坝技术在松阳县逐步开始应用，梧桐源、东坞、六都源等一批小（一）型以上水库系刚性重力墙堆石混合坝，其中东坞水库高 50 米，为松阳最高堆石坝。80 年代，阳溪乡水车村坑口水库采用砌石拱坝，坝高 16.15 米为松阳县第一座砌石拱坝水库，由农民技术员陈关寿设计并参与施工。1987 年动工兴建的谢村源水库，坝型采用混凝土三心变厚双曲拱坝，坝高 64 米，为坝顶溢流，弧形闸门控制。2002 年动工兴建的安民电站水库大坝为细骨料砼砌块石重力坝，坝高 44.6 米。

引水堰坝从历史上单一用卵石砌筑和毛竹笼内填卵石筑坝引水，到 70 年代发展到在基岩上砌筑堰坝，其外壳用 50～100 厘米浆砌块石，中间干砌石回填，迎水面用混凝土面板或水泥砂浆粉刷防渗，谓之硬壳坝。其坝工艺简单，施工方便，坚固耐用，既可壅水引水，又可溢洪，在县内普遍被采用。青龙坝、观口堰、港口电站、青石坝电站等的引水堰坝均为此类坝。随着科技进步，松阳县水利水电工程建设和管理水平不断发展和创新。20 世纪 90 年代，水电站拦水堰坝广泛使用实用堰和宽顶堰、水力自控翻板闸门，取得较好效果。

1978 年，古市镇后塘畈园田化工程和上方电灌站输水渡槽首次采用预制钢筋混凝土薄壳 U 型结构，预制钢筋混凝土立柱，吊装拼接而成。该渡槽长 145 米、壁厚 6 厘米、每节长 4 米，过水流量 0.26 立方米/秒。从此结束长期运用的矩形渡槽的历史。1989 年，枫坪大石汇电站建引水渠道和黄埠坞渡槽采用 U 型结构，长 120 米，设计过水流量 2.65 立方米/秒，排架和槽身全部采用直接混凝土现浇而成。U 型渡槽具有过水流量大、重量轻、省料等优点。此后，U 型渡槽在全县普遍采用，并逐渐被推广到灌溉渠道中应用。1991 年，官溪水库、六都源水库、望松乡石角电灌站等灌区配套干渠普遍使用预制砼 U 型渠道，接头预制成“半边嵌槽”，安装时采用高标号水泥砂浆平缝连接。

预制混凝土 U 型渠道具有省工、省时、省料的优点，而且还有较好的水力断面，流量及流态都优于一般矩形和梯形渠道。

胶泥防渗接缝技术的推广、帷幕灌浆技术的应用、钢丝网及喷射钢纤维水泥混凝土在防渗加固工程的应用、黏土劈裂灌浆技术的应用、园田化建设和四位一体综合治理低产田改造技术推广、山洪灾防御技术、水库自动虹吸涵管技术、冲抓钻套井回填土坝防渗墙技术、小水电计算机监控技术应用、水文自动测报技术应用等都发挥较好的经济效益。水产技术推广应用、水稻需水量试验等都取得一定的成果。

第四节　水利规约

各地结合水利情况的需要，在堤防、灌区和水利工程方面制订有关规约，作为用水准则，或张榜公布，或勒石立碑，晓谕遵守执行，以维护工程设施和用水秩序，解除纷争。中华人民共和国成立后，水利建设大规模开展，水利法制意识增强，水利执法体系得以健全和完善，松阳县逐步走上依法治水的道路。

民国以前规约

松阳历史上重要的水利工程对用水、分水均有章程和规约，并刻石立碑规范分水。毁弃约定、违反用水的行为，均被指为不法，遭到舆论谴责，或受官府署衙制约。

南宋乾道五年（1169），处州知州范成大到堰头踏勘后，主持整修通济堰坝，并主持修订《通济堰规》。订下堰规20条，对管理机构人员、职责分工和赏罚、堰渠运用方式均有具体规定，且奉行不辍，成为后世管理通济堰的重要基础。历代又不断修订堰规，管理制度愈加严谨周详，以致通济堰至今仍在发挥着农田灌溉的作用，成为中国著名的古代水利工程，也是浙江地方水利规章的一个范例。

金梁堰灌区的十五都与十六都农民早于明洪武年间（1368～1398）就立有分水的乡规民约，按约轮流灌溉久远。明正统四年（1439），十五都部分村民聚众卸去分水石，意图多占水源。后经知县李拘集里中老人，赴实地踏视后，又立下分水章程、均水规约。

明宣德年间（1426～1435），芳溪一堰两边门定石分水，且以铁水铸定，舒旱年分水之难。天顺元年（1457）四月，天大旱。金梁灌区内相关农户恃强破坏分水规约。后经县令介入，始达成分水合约，并勒之于石，以垂久远。嘉靖九年（1530），芳溪堰灌区相邻受益诸村庄订立文明用水、均水之约，履行多年。清乾隆十九年（1754），对前分水规约进行调整、更改。其间，仍有纷争。至清道光四年（1824）二月，灌区五小坦庄民认为乾隆十九年知县某未及勘汛，所定分水及准绳不公不均，如五小坦田多，而轮灌期及水量独短少，多次要求调整。是年三月，在县令江的主持下，详细调查各庄田亩、离堰路途之远近，尔后按各庄田亩多寡等情，定出分水口各输水渠放水、停水起讫时间，并以地支时辰作计时依据，且自下而上，从远到近，昼夜相继，周而复始，各庄循环轮流。同时规约于石，以垂永久遵守。

清道光十三年（1833），知县汤景和亲临金梁堰，达成分水协议，把金梁堰水利照田多寡派日期。刻石《金梁堰碑记》，以垂永久。道光十四年（1834）九月，天久旱，水南寺口村头的龙石堰灌区内的河头、大竹溪等庄村民，在县令汤景和主持下，制订用水均水条款，同时，在分水口以石板砌之，谓之“平水石”，以此为放水、均水准绳。并按各田地距坝远近、田亩多寡、沿渠渗漏等情，订定放水起讫时间，达到公平分水，免除纷争。道光二十九年（1849），芳溪二堰诸受益村因分水致讼，经知县李断案，立《芳溪二堰水期碑记》于堰侧，今犹在。同治三年（1864），叶村神坛堰与松山河堰两堰灌区之间，经磋商后，据双方田亩、渠道等情，凿定分水圳口阔狭深浅，做到文明均水。嗣后双方将均章程各勒于石，名为《神坛堰碑》，永远为据，以免两相致争。

清光绪二十四年（1898）春，古市庄门龙峰圳灌区庄门、塘岸、下街3方共同协议，立分水、均水议约，镌刻于庄门畈一崖壁上。光绪三十四年，何家堰（青龙堰）灌区的水南、徐村、程村3方就何家堰分水、均水达成友好议约。议约言明，水南多具修渠资金，分水均等的谦让之情，一概摩刻在独山北侧崖壁上，以垂永久文明均水，勿伤和气。

松阳县用水、分水规章制度历史悠久，传统优良，大多以用水规约或分水章程约束规范灌区人的用水、分水行为，达到公平分水，免除纷争。

民国时期规约

民国初期，松阳没有水利专管机构，水利事务由知县、知事直管，执行全省性地方水利规章。水事纠纷一般由政府派员或由民间堰会、圳会负责调处。

民国2年（1913），城北朴子、梓溪二堰坝被冲塌，渠道淤塞，年久失修。农会长募捐修复，并禀告知事补助，添筑新陂。竹客口水利自引复兴。秋后，包、潘、刘等倡设水灾善后机构，称水害善后事务所。其性质与水利相近。民国4年7月，十四都村民与十三都村民因水争执。十四都村民纠众毁堰，后涉讼。知事派员查勘后，下判了结。民国9年，观口堰被冲。各村民联名呈请知事查锦枞踏勘后募资修复。是年5～6月，旱情严重。杨源乡（今属新兴乡）、安溪乡（今属新兴乡）因争执新兴上圳及新兴坝水利，两次斗殴，后诉讼。经10余年，无果。民年23年，省建设厅派员实地查勘，又召集杨源、安溪2乡多次磋商，凿定新兴坝缺口之宽度及深度暨新兴上圳之平均高，依照二乡灌溉田亩差别，定为十与六之比，将堰坝筑成。十余年之悬案至此始决。

民国19年（1930），新兴乡横溪、上安等村与徐郑、泉庄诸村因水发生纠纷乃至斗殴，后经县长居中协调结案，按田亩分水，并立碑为照。是年，县水利委员会成立。

民国26年12月，浙江省农林机关暨水利局搬迁至松阳，于次年1月，合并成为浙江省农业改进所。所内设农田水利股第七股，掌理农田灌溉，排水之测勘，计划与实施，调解农田水利纠纷，对历史水旱灾害实行调查，包揽水文测量、记录及气象观测等事项。民国28年12月，松阳县政府认为事关水利要政，将杨源、安溪两乡协议以布告形式刻《横溪勘头水圳碑记》，立于安溪乡横溪村头，仰二乡民众尔后有所遵循。此碑今犹在。

中华人民共和国成立后规约

中华人民共和国成立以后，人民政府重视水利工作，松阳县成立水利专管机构，区、乡、镇都有负责人分管水利工作。水政工作一般都是执行省级政府颁布的水利法规，20世纪80年代，县里先后制定与法律法规相配套的文件，使水利工作逐步走上依法治水、管水、用水的轨道。

1950年1月，松阳县委号召全县人民兴修水利、发展农业生产。3月，古市镇通泽堰水利委员会成立，负责通泽堰各灌区的水事，专管用水、分水、维修水工程等（1978年，古市镇后塘畈、赤寿乡赤岸畈园田化建设，通泽堰报废）。1951年7月，在县二届一次各界人民代表大会上，成立县水利委员会，负责兴水利，除水害，公平派工派粮治水，公平用水、分水。1952年4月，新兴乡第一村与古市镇第九分会因潘连堰分水问题发生纠纷。区委居中协调，始息。是年秋，新兴堰、潘连堰、青龙堰、东关源堰陆续因分水发生纠纷。新兴堰因双方争水，矛盾激化，以致斗殴。后经省、地派员居间协调，争端平息。1953 年 1 月，浙江省人民政府对松阳县人民政府关于新兴堰坝左、右两岸分水槽宽窄深浅的规定，复文表示同意。实施后，缓解两岸受益村户旱年争水之历史性矛盾。1965 年 7 月 31 日，县人委发出《关于水库、堰渠征收水费问题的通知》，对水利工程征收水费作出具体规定。此为境内有偿用水之始。

1982 年后，松阳县贯彻把水利工作的着重点转移到管理轨道上来，《古市镇后塘畈用水管理章程》《六都灌区放水民约》《六都源灌区用水分配放水小时表》、樟溪公社《关于三水统灌管理章程》《东坞水库南干灌区水利管理制度》《西屏镇电灌管理公约》等村规民约相继订立与实施。1983 年 6 月，丽水地区水电局在樟溪乡召开全区灌溉用水现场会，樟溪灌溉公司“三水统管”（蓄、引、提）及征收水费经验得到认可。1984 年 3 月，县水利水电局、公安局、工商局联合发布《关于加强渔政管理维护渔业生产秩序的通知》，对县内渔政管理作出 5 条规定，有效地保护渔业资源。1984 年 11 月，松阳造纸厂青蒙污水库管理条例出台。1986 年 4 月，县政府发出《关于加强小水电管理的若干规定》，小水电实行“谁建、谁管、谁有、谁受益”和“以电养电”政策。1986 年 10 月，松阳县发出《关于加强河蟹管理的联合通知》，规定河蟹放养和捕捞的管理办法。

1987 年 2 月 21 日，遂昌县和松阳县人民政府由丽水地区行署和丽水地区水电局鉴证，签订《关于建造资口电站与江南渠道灌溉供水的协议》。遂昌县因建造资口电站（装机 5000 千瓦），把尾水降低于江南渠道水位 4 米，影响松阳农田灌溉。双方商定增设一套 2.5 立方米/秒的机组，其尾水放在江南渠道，并设放水叉管，保证下游灌溉供水。1989 年 9 月 1 日，双方又订立补充协议，明确双方有关供用水的要求和各自的义务和责任，将供水量和供水过程具体化。

20 世纪 90 年代，随着改革开放的进程，水利水电建设的快速发展，农村水电初级电气化建设以及加强水政水资源管理等工作需要，松阳县人民政府制定与国家和省颁布的法律法规相配套的规范性文件，进一步加强水利法制建设。1991 年 1 月 15 日，县政府发出《关于印发松阳县水利工程水费核订、计收和管理办法的通知》，为全县各重点水利工程逐步解决维持简单再生产所需资金起到积极作用。1991 年 5 月 12 日，县政府先后发出《松阳县划定水工程管理范围和保护范围的规定》《松阳县河道管理暂行规定》《松阳县河道采沙管理暂行规定》《松阳县取水许可登记发证暂行规定》五个规范性文件的通知；1991 年 10 月，松阳县财政局、松阳县物价局发出关于收取河道采沙管理费的通知，为水工程管理、河道管理、采沙管理、取水管理有序工作、减少纠纷起到积极作用。

1993 年 9 月，松阳县物价局、财政局、水电局联合发出关于转发《浙江省水资源费征收管理暂行办法》的通知，明确全县水资源费征收标准和管理暂行办法。1994 年 1 月，县政府发出《关于村镇和工业从现有水库取水有关问题的通知》和《关于农业用水工程水费收缴管理的补充通知》，明确实行计划供水、有偿供水及管理使用办法，妥善处理城乡用水、工农业用水的关系。1994 年 3 月，县政府发出《关于加强水利工程固定资产管理的通知》，明确县水行政主管部门是国有水利固定资产的管理部门，国家投资和补助形成的固定资产与增值为国有水利固定资产，任何部门和单位都不得占有和平调。这一通知得到水利部和省水利厅的肯定。

1996 年 1 月和 3 月，县政府分别发出《关于健全农村农民义务工和劳动积累工制度的若干实施意见》和《进一步加强农田水利基本建设的决定》，进一步提高对水利重要性的认识，把水利放在基础设施建设的首位，明确水利工程投资政策和实行分级管理的措施，强调水利建设和管理工作的重要性，强调发扬自力更生、艰苦奋斗的精神兴修水利。1996 年 11 月 22 日，县政府发出《关于成立松阴溪水利综合治理委员会的通知》，切实加强松阴溪治理，充分发挥防洪、灌溉、抗旱综合效益。

1997 年 2 月，松阳县编制委员会发出《关于同意设立松阳县水土保持监督管理站的批复》。1997 年 3 月，县政府印发松阳县实施《中华人民共和国水土保持法》的暂行规定；转发《松阳县水土保持预防监督规划》的通知；批转松阳县水电局《关于要求公布松阳县水土保持重点治理区、重点监督区、重点保护区的请示》的通知，为切实加强预防和治理水土流失、正确处理农业综合开发、基础设施建设与水土保持工作，提供法律依据。

2001 年 2 月 16 日，县政府发出《关于进一步加强水库管理工作的通知》，以进一步加强水库工程管理，发挥更好的效益。2001 年 10 月，县人民政府办公室发出《松阳县水电资源开发权管理办法（试行）》，制定水资源开发权有偿出让管理措施和办法。2003 年 4 月，县人民政府发出《关于加强小水电开发和管理的若干意见》，明确小水电建设项目审批、建设、验收等管理办法，在全省率先推出小水电建设生态流量制度，使小水电产业健康发展。2006 年 1 月 8 日，县政府出台《松阳县梧桐源水库除险加固工程移民安置实施意见》，根据国务院《大中型水利水电工程建设征地补偿和移民安置条例》，参照滩坑水电站移民工作政策和经验，制订该实施意见。

2007 年 9 月，县政府办公室印发《松阳县加快农民饮用水工程建设实施意见》。12 月，松阳县政府办公室召开关于资口堰坝分水问题协调会议并形成会议纪要，认为资口堰自 1967 年建成投入使用 40 年来，两岸区域用水量没有大的变化，水量基本相近。江南渠道水管会、赤寿乡赤岸畈水管会双方认同原设计分水方案，若一方因生产、生活需要，导致用水量增加，由协议双方另行协商。2008 年 11 月，松阳县政府办公室印发《松阳县水电资源开发使用权出让管理暂行办法》。2009 年 11 月，大东坝镇石仓自来水管理协会制订石仓自来水管理制度，明确在本行政区域内，开发、建设和使用农村自来水的单位和个人，均应遵守本制度，并指定是大岭口管道引进工程设施进行净化，采用集中统一方式供应的商品水，设立管理机构，制定管理办法、水费管理等制度。

2010 年 8 月，松阳县委、县政府印发《松阳县重点道路、河道保洁管理办法（试行）》。同时，设立松阳县农村饮用水管理办公室，核定人员编制 2 人，主要职能是负责编制全县农村饮用水安全工程规划和年度实施方案；负责农村饮用水工程的技术指导和建设管理；会同有关部门对农村饮用水工程进行检查验收；对农村饮用水工程进行指导、监督；负责制定农村饮用水安全管理制度。

水利执法体系建设

1990 年 2 月，松阴溪河道管理所设立；5 月，县政府批准建立松阳县水政水资源监察管理站；制定与水法规配套的规范性文件，全面开展水法宣传、取水登记、采沙登记、划定水工程管理范围和保护范围，查处水事违法案件工作。

1990年6月，浙江省水利厅确定松阳县为全省第二批建立水利执法体系试点县。根据试点县工作要求，6月制定《松阳县水利执法体系试点工作方案》，7月成立松阳县水利执法体系试点工作领导小组。1991年 5月，县政府和水利局分别聘请、任命水政监察员。1991年6月，《中华人民共和国水土保持法》颁布实施，松阳依法行政。1995年12月，浙江省水利厅确定松阳县为全省第二批水土保持监督执法试点县。1996年10月，县政府办公室转发《松阳县水土保持监督执法试点工作实施方案》。1997年2月，松阳县水土保持监督执法领导小组成立。3月，县政府发出《松阳县水土保持监督管理工作章程》《关于建立基层水土保持监督管理网络的通知》；4月，转发《松阳县水土保持预防监督规划》《松阳县水土保持方案编报审批管理暂行规定》等。是月，松阳县水土保持监督管理站设立，建立基层水土保持网络，各行政村配备1名水土保持管护员。1997年5月，县政府办公室正式批准松阳县水利水电局职能配置、内设机构和人员编制方案。事业单位增挂松阳县水政监察大队牌子（与河道管理所、水土保持监督管理站合署办公）。

1998年1月，松阳县水政监察规范化建设领导小组成立。2003年，水政监察大队列为依照公务员管理单位。2006年8月，松阳县水政监察大队更名为松阳县水政渔政执法监察大队。

第五节　投入及效益

中华人民共和国成立后，党和人民政府重视水利建设。1950～2004年，松阳县各项水利水电建设总投入124551.075万元，投入水利资金82946.075万元，其中国家补助、省投入共计7637.397万元，县、乡镇、村自筹共61781.678万元，其他资金13527万元；完成土石方8626.12万立方米；另投入谢村源流域水电开发资金1.48亿元，松阳水利水电面貌发生深刻变化。

2005～2010年，松阳县投入水利水电总资金75005.49万元。其中中央补助5484万元，省级财政补助18417.4万元，县财政及乡、镇、村、群众自筹配套资金26882.09万元，贷款及其他资金计24222万元。水利成为松阳国民经济和社会发展的重要基础产业。

投入

中华人民共和国成立前，松阳县水利仅有一些山塘、引水堰渠、河道局部地段低标准防洪堤。这些工程岁修经费一般按受益农田面积多少由受益者分摊，实行自建、自修、自管。一些乡绅以民间捐资立会、筹款筹物等形式赞助修复水利工程活动，政府也偶有一些资金、大米之类的补助。《松阳县志》载，西屏镇南门“汤公堤”、古市镇“保安垯”、樟溪乡力溪护村堤等防洪工程及青龙堰、白龙堰、芳溪堰等一批古老堰坝都曾得县、乡“奉拨赈款”修复。民国26年（1937），省农业改进所还专门拨款并组织兴建赤寿乡楼塘村仙岩脚水库。

中华人民共和国成立后，各级党组织和人民政府对松阳县水利建设均予极大的支持。县里根据自力更生、艰苦创业的精神，在不同的时期按照工程规模及性质区分，采取不同的补助办法和投入方式。

20 世纪 50 年代，面对松阳县严重的水旱灾害，在财政十分困难情况下，国家用“以工代赈”或以贷款的方式扶持兴建水利。黄圩防洪炼、青龙堰、白龙堰、金梁堰和泉坑亭水库等工程的修建，省、地、县等有关部门都拨出过专款或大米给予补助。1952 年春，省政府拨款 1470 元助松阳兴建水利。其中，800 元修理雅溪南州岩塘水库，200 元重修雅溪口防洪堤，120 元建湖溪暗涵，其他水利工程 350 元。这些工程一般都由水利会等民间组织管理，岁修经费及用工由受益群众自负。

1957 年 6 月，县人委召开水利普查规划会议。9 月，抽调乡领导、水利专职干部到金华地委干校学习水利专业知识。11 月，在赤寿乡半古月村举办有 160 人参加的小型水库施工技术培训班。1958 年“二五”计划开始，正值“大跃进”时期，出现以修建山塘、水库为主要内容的水利建设。金达垄、谢树寮、泉坑亭、仙岩脚、内洋、马蹄泉、桐溪、陈塘垄、关弄等一大批小型水库、山塘相继动工兴建。1957 年冬至 1958 年春，县委发动全县农村各区社派民工支援四都源水库建设，以公社为单位组织民工大队轮流驻库施工。由于规划设计跟不上、资金不足等原因，部分工程被迫缓建，但为以后水利工程建设打下基础。

20 世纪 60～70 年代，松阳县一些较大重点农田水利工程大多在此期间兴建，农村小型水电站也逐步兴起。这些工程所投民工统一由区社组织，既坚持谁受益谁负担的原则，又提倡社会主义大协作精神，发动社会各界人士义务支援水利建设。东坞、梧桐源、六都、四都、官溪、杨岭脚 6 座重点水库相继扩建。每年冬春治水施工期间，灌区 70%以上男女劳力上工地。1977 年 9 月，声势浩大的治理松阴溪工程中，县委曾调动全县（当时包括遂昌）各个区社组成 31 个连队参战，高峰期上工地人数 3 万多人。1979 年冬东坞水库施工高峰期间，松阳区委发动全区 8 社 1 镇 2000 多人上工地。民工报酬都回所在社队记工分，参加生产队分红，工地发给 0.2～0.5 元（人民币）生活补贴费。同时，调动全县机关事业单位、工厂、社会等运输车辆 100 多辆支援建设。全县水利拨款大多投放在这些较大的工程上，治理松阴溪一项，当时国家投资 100 多万元。

小（一）型以上水库、松阴溪治理、江南渠道等较大水利工程兴建，实行民办公助的办法。工程勘测设计费、材料费、设备费、征用土地和移民搬迁费以及部分民工生活补助费等，原则上由国家负担，土建用工由受益乡村（社队）负担。

20 世纪 70 年代以后，小型水利工程建设补助资金实行“三个一点”的办法，即“农民群众自筹一点，集体拿一点，国家补助一点”。国家一般按工程投资的 1/3 给予补助。小水库、机电灌溉站、堰渠、防洪堤的兴建以及社队办重点水电站工程，原则上由受益社队自修、自管、自用，国家根据实际情况予以适当补助，用于购买部分设备和材料。社队自发自用小型水电站一般采取补助“一机”（水轮机或发电机）的办法。

20 世纪 80 年代后期，在全国重视农业、重视水利大环境的影响下，松阳县掀起农田水利基本建设高潮，谢村源水库也在此时动工兴建。这个时期的农村水利工程经费一般采取县、乡村和个人三级集资的办法，一些乡村设立水利资金专户，统一保管使用水利经费。在使用资金上按照“先动工后补助”原则，以促进工程开工。并采取“以奖代补”的方式从补助资金中列支 12%为工程奖，促进工程保质保量地按时完成。工程用工则实行“劳动积累工”制度，规定农村每年劳均投入水利劳动积累不少于25工。1988年后，松阳县在农田水利建设的4年中，全县农村年劳均投工30工以上，超过省政府规定标准年劳均投入20工的标准，每年冬春兴修水利期间，全县日上工地人数1万人以上。

1990年，县政府对水利资金补助对象、范围、标准等重新明确规定，“受益灌区群众年度投入亩均集资10元以上或当年人均收入的2%以上投入水利建设，劳动积累工30个以上的及年度投入亩均集资在50元以上，投入劳动积累工按标准定额计算在40工以上的工程可给予补助”。补助范围限于材料费和技工工资。除特殊工程外，补助都应在水利集资超过基数以上部分，按工程规模、工程性质不同给予一定的补助。一般工程可先按年度计划预补助一部分，再根据工程完成情况，验收决算后补清。较大及重点的水利工程按签订的补助资金合同补助，分期下达。其间，无论是平原还是山区农村，都掀起大规模的小型农田水利建设热潮，全县乡村建库凿渠、“长藤结瓜”的水利灌溉网络以及小流域治理防洪工程建设全面开展。松阳县农田水利基本建设群众投劳集资强度之大，为全省范例。省长沈祖伦2次考察松阳水利，并在1990年全省农村工作会议上多次肯定松阳水利建设。全省大多市、县组织人员到松阳参观水利建设。1988～1992年，阳溪乡丁山头、西坌村，岗寺乡谢树寮、上河村，水南乡郑弄口村水利工程，农民投工多、热情高，男女老少上工，施工现场轰轰烈烈，参观人员络绎不绝，被誉称为松阳水利的“老三片”。

松阳县自力更生治水成绩显著，1989年后，2次被评为全国水利建设先进县，3次被评为全省水利建设先进县。省委、省政府根据松阳人民艰苦奋斗、自力更生兴修水利的做法，在全省设立自力更生治水扶持县项目，以进一步推动全省农田水利建设。1990年，松阳县首批被列为省自力更生治水扶持县，自此后3年内每年获得省政府140万元的水利扶持资金。

省重点工程和县骨干电站工程采取国家全额投资的方式兴建。1986年兴建的青石坝电站、1989年12月动工兴建的谢村源水库工程等均由国家投资兴建。这些工程施工一般采取招投标承包的方式，由有一定资质的专业工程队伍施工兴建，县政府负责行政、组织协调管理。1986年，松阳在全地区内率先探索县乡联办小水电站方式，兴建竹溪源一级电站，双方按比例投资兴建，建成后收益再按投资比例分配，工程施工均由专业队伍承担。

20世纪90年代中期，小水电建设按市场化运作，投资主体发生根本性变化，全部由私人合伙或股份制投资兴建，原有电站也都进行承包、租赁、拍卖和股份制改制等。

20世纪90年代后期，农村税费改革，农田水利建设出现新的资金缺口，农村水利建设组织形式有较大变化。1996年以后，国家实施农业综合开发土地治理，增加农田水利建设补助资金渠道。由县政府开发办公室直接管理，基层水利站参与施工管理。该项目每年用于农田水利基本建设田间渠系配套工程资金300～400万元。投入资金中，中央、省、县之比分别为1∶0.8∶0.36，明确为民办公助工程，要求农民自筹部分资金。另外，全县水利包干经费从1982年恢复县建制时的每年32万元逐步增加，2004年为85万元，还有商品粮基地建设、粮食自给工程、节水灌溉贴息货款、低产农田改造等项目专项资金，增加了水利投入。

21世纪以后，松阳县水利工程建设项目全面实施项目法人负责制、建设监理制、招投标制、合同管理制 4 项管理制度。县水利局严格掌握行政许可一般程序，申请—受理—审查—批准；招标基本程序为招标—投标—开标—评标—中标—签订合同—颁发许可证，使全县水利水电工程建设保质保量扎实推进。城市防洪工程、安民水电站工程、千库保安工程、万里清水河道、千万农民饮用水工程、高效节水灌溉、灌区配套改造及水土保持等水利项目全面开展，同时松阳县在创新水利筹资机制上作积极探索：一是积极盘活水利国有资产。2004 年，进行谢村源水库电站部分县属资产的转让，所得转让金 4300 万元，其中 3100 多万元用于城防工程、河道整治、梧桐源水库除险加固等水利工程建设。二是引进市场机制，筹资投入水利工程建设。松阴溪原造纸厂至塔山河段 1000 米长的防洪工程实行房地产开发与河道整治有机结合；六都水库乡村供水项目由雅溪坑水电开发有限公司与受益乡村合资兴建。三是整合项目资源。统筹千村示范、土地整理、农业开发、康庄工程、移民安置等项目资金，投入水利工程建设。2001～2004 年，合计筹集资金 60904 万元，水利总投入 62564 万元，有效地缓解松阳水利建设的资金需求，促进水利可持续快速发展。

2005 年以后，正值“十一五”时期，是松阳水利发展的重要时期。全县共有 160 多个项目列入省水利建设计划，完成水利固定资产投资近 7.5 亿元。争取到第一批全国小型农田水利建设重点县、全国中小河流治理项目、全国农村河道综合整治试点县及全国水电农村电气化县等国家级项目。完成梧桐源、东坞水库除险加固工程、江北灌区节水改造工程、合溪梯级电站工程等多项省市重点项目；重建青龙堰、白龙堰、金梁堰、梁下堰、观口堰、午羊堰 6 座历史名堰；松阴溪干流建成标准堤防 13.6 千米，全面完成病险水库除险加固，一批山塘得到整治，全县农民饮用水困难问题基本得到解决，新增小水电装机 2.5925 万千瓦。

20 世纪 90 年代前后与 21 世纪初水利投入形式和资金渠道变化较大，不同年代统计内容和方法有差异。2001 年，开始取消农民劳动积累工。2002 年，开始不计劳力折价而作为自筹资金投入；部分劳动强度大的人工用工项目，逐渐被机械或半机械所替代。2005 年后，基本上以中央财政、省级专项资金和县乡村群众地方配套资金的形式，投入水利工程建设。因此，松阳水利建设成果以 1990 年、2004 年为界分期统计。

1950～1990 年松阳县水利建设成果一览表

表 13-5-5-1

年度	完成工程量（万立方米）	投工（万工）	投资（万元）	其中		有效灌溉面积（千公顷）
				国家补助（万元）	自筹（万元）	
1950	0.56	0.4	0.148	0.028	0.12	3.4
1951	1.12	1.8	0.316	0.076	0.24	3.47
1952	5.25	3.2	1.637	1.277	0.36	3.55
1953	23.1	18.9	1.38	1.2	0.18	3.63
1954	28.7	22.4	0.96	0.6	0.36	3.77

续表 13-5-5-1-1

年度	完成工程量（万立方米）	投工（万工）	投资（万元）	其中		有效灌溉面积（千公顷）
				国家补助（万元）	自筹（万元）	
1955	30.8	25.2	1.44	0.3	1.14	3.77
1956	39.9	33.6	5.379	3.446	1.933	3.85
1957	77.7	43.4	5.907	3.36	2.547	3.93
1958	248.5	148.4	8.93	2.34	6.59	4.0
1959	60.8	25.2	1.313	1.055	0.258	4.1
1960	110.6	49.0	13.92	4.94	8.98	4.21
1961	14.7	10.5	7.005	2.805	4.2	4.31
1962	8.4	10.5	11.4	10.3	1.10	4.41
1963	12.6	14.7	14.0	8.0	6.0	4.51
1964	21.7	20.3	26.78	13.09	13.69	4.61
1965	22.4	21.0	12.5	1.5	11.0	1.72
1966	23.8	30.1	35.33	8.46	26.87	4.82
1967	45.5	50.4	23.05	15.47	7.58	4.93
1968	20.3	21.0	21.15	17.34	3.81	5.0
1969	33.6	38.5	59.79	42.29	17.5	5.13
1970	105.0	217.0	33.69	23.16	10.53	5.23
1971	105.0	210.0	91.66	78.51	13.15	5.27
1972	140.0	210.0	71.49	66.94	4.55	5.33
1973	84.0	140.0	85.74	65.47	20.27	5.78
1974	126.0	210.0	90.2	66.5	23.7	6.22
1975	140.0	210.0	90.33	70.33	20.0	6.67
1976	140.0	210.0	33.48	28.48	5.0	7.11
1977	280.0	399.0	75.17	63.24	11.93	7.55
1978	504.0	843.5	260.52	221.82	38.7	8.0
1979	410.0	280.0	162.55	106.01	56.54	8.83
1980	350.0	250.0	142.0	92.0	50.0	8.66
1981	120.0	80.0	75.67	48.72	26.95	8.99
1982	35.99	61.6	146.0	111.0	35.0	9.32
1983	36.0	30.0	140.35	100.35	40.0	9.65

续表 13-5-5-1-2

年度	完成工程量（万立方米）	投工（万工）	投资（万元）	其中		有效灌溉面积（千公顷）
				国家补助（万元）	自筹（万元）	
1984	38.0	32.0	164.9	86.9	78.0	10.09
1985	35.0	30.0	133.39	78.39	55.0	10.09
1986	45.0	50.0	221.6	127.8	93.8	9.63
1987	50.0	45.0	191.9	100.0	91.9	9.63
1988	55.5	50.8	259.0	162.0	97.0	9.63
1989	36.5	128.5	258.2	109.4	148.8	9.63
1990	156.1	303.1	351.2	117.0	234.2	9.63
小计	3822.12	4579	3331.375	2061.897	1269.478	252.06

说明：1.本表以投工、投资统计投入，投工折价难以计算，在总计时按实用人工进行总计

2.自筹资金包含县、乡、村自筹

3.20世纪70年代治理松阴溪工程完成工程量及投工已计入70年代、80年代中，其国家补助资金400万元列入“小计”

1991～2004年松阳县水利建设成果一览表

表 13-5-5-2

年份	实用人工（万工）		完成土石方（万立米）	总投入（万元）	资金筹集（万元）									劳力折价	效益						改善灌溉面积（千公顷）
	合计	其中劳动积累工			合计	省投资（补助）	县自筹资金					乡镇村自筹	其他		有效灌溉面积（千公顷）		防洪面积（千公顷）		新增堤防长度（千米）	新增解决人畜用水（万头/万人）	
							小计	县财政	水利建设基金	银行贷款	自筹				新增	减少	新增	减少			
1991	334	310	180	1865.2	315.2	105	110	42	—	—	68	100.2	—	1550	0.33	0.13	0.6	—	1.5	0.25/0.20	0.6
1992	470	423	280	1983	673	188	160	42	—	—	118	325	—	1310	0.48	0.01	0.4	—	1.5	0.2/0.20	0.8
1993	390	360	285	2407	607	190	112	42	—	—	70	305	—	1800	0.15	0.25	0.53	—	—	—	0.65
1994	395	370	301	3667.5	507.5	107.5	100	50	—	—	50	300	—	3160	0.20	0.15	0.07	—	—	—	0.7
1995	420	380	320	4058	698	177	100	50	—	—	50	421	—	3360	0.15	0.25	0.05	—	—	—	0.65
1996	505	440	480	8642	1067	147	450	50	—	—	400	470	—	7575	0.25	0.15	0.01	—	5.0	0.1/0.1	0.36
1997	626	430	645	11234	1844	181	668	50	—	—	618	995	—	9390	0.3	0.25	0.3	—	—	0.02/0.1	—
1998	656	450	682	10623	3873	168	1755	240	35	1430	50	1950	—	6750	0.12	0.06	0.5	0.09	2.0	0.2/0.08	—
1999	222	195	271	5985	3935	663	1695	79	50	1360	206	1577	—	2050	0.35	0.2	0.3	0.14	3.9	0.4/0.2	—
2000	240	—	340	7791	4791	201	1440	500	60	480	400	3150	—	3000	0.12	0.14	0.09	0.04	3.4	0.36/0.03	—
2001	305	—	350	10019	8359	520	3060	1600	160	800	500	4779	—	1660	0.08	0.88	0.22	0.19	2.6	0.41/0.2	2.1
2002	240	—	280	11000	11000	515	3258	565	—	—	2693	200	7027	—	0.1	0.08	0.03	—	3.05	—	—
2003	180	—	180	19045	19045	937	17733	133	—	4495	13105	375	—	—	0.1	0.11	0.02	—	2.6	—	—
2004	200	—	210	22500	22500	1076	13601	4282	2700	4027	2592	1323	6500	—	0.01	0.01	0.01	0.01	2.86	1.04	0.1
小计	5183	—	4804	120819.7	79214.7	5175.5	44242	7725	3005	12592	20920	16270.2	13527	41605	—	—	—	—	—	—	—
1950～2004年总计	9762	—	8626.12	124551.075	82946.075	7637.397	—	—	—	—	—	—	—	—	—	—	—	—	—	—	—

2005～2010 年松阳县水利建设成果一览表

表 13-5-5-3

项目	投入资金（万元）					工程效益							
	合计	中央财政	省级财政	地方配套	其他（贷款）	防洪保护		农田灌溉		受益情况		装机	发电量
						人口（万人）	面积（公顷）	改善（公顷）	新增（公顷）	人口（万人）	村数（个）	万千瓦	万千瓦时
干流治理新建标准堤防 13.591 千米	6379	645	4573	1161	0	4.9	3342	—	—	—	—	—	—
小流域治理新建标准堤防 9.587 千米	3002	0	1287	1715	0	0.87	1536	—	—	—	—	—	—
万里清水河道	609	0	609	0	0	—	—	—	—	—	—	—	—
山塘整治 49 座	1511.88	371	826	314.88	0	—	—	535.2	—	2.51	—	—	—
小（二）型水库除险加固 24 座	4362.07	0	1930	2432.07	0	—	—	4018.64	—	9.7	—	—	—
小（一）型水库除险加固 4 座	3537	0	1415	2122	0	—	—	3000	—	8.85	—	—	—
中型水库除险加固 2 座	12817.63	1530	2424	8863.63	0	—	—	3433	—	8.5	—	—	—
重建灌溉 66.7 公顷以上堰坝 6 条	1042.42	363	326	353.42	0	—	—	1200	—	1.2	—	—	—
新建喷微灌工程 9 处	418.18	103	228	87.18	0	—	—	705.68	—	0.69	—	—	—
改造电灌站 1 处	56.25	23	18	15.25	0	—	—	266.7	—	0.69	—	—	—
江北灌区节水配套工程	2408	800	880	728	0	—	—	3600	1766	5.8	—	—	—
江北灌区末级渠系改造工程	275.33	60	152	63.33	0	—	200	453	—	—	—	—	—
东坞灌区节水配套工程	681	0	272.4	408.6	0	—	500	800	—	2.4	—	—	—
东坞灌区末级渠系改造工程	358.71	70	183	105.71	0	—	—	440	—	—	—	—	—
农民饮用水工程	12627	1159	3294	8174	0	—	—	—	—	14.8	267	—	—
合　计	50085.49	5124	18417.4	26544.07	0	5.77	5578	18452.22	1766	—	—	—	—
新建裕溪、合溪等 12 座电站	24920	360	0	338	24222	—	—	—	—	—	—	2.5925	7500
总　计	75005.49	5484	18417.4	26882.09	24222	—	—	—	—	—	—	—	—

说明：改善农田灌溉面积中，部分为重复灌溉面积

效益

中华人民共和国成立后，松阳县大兴水利，建立以蓄水工程为主，蓄、引、提相结合的水利灌溉体系，通过园田化、商品粮基地、土地开发治理小康村道路等工程项目建设，平原乡镇初步形成防、排、灌、路融为一体的农田水利网络。

20 世纪后，松阴溪干流标准堤防建设解决西屏镇、古市镇等沿溪乡村，工业园区、中小企业孵化基地及人口聚集区的防洪问题。防洪工程成为城市安全的可靠屏障、市民的主要休闲娱乐场所。

完成以江北灌区、东坞灌区节水配套及末级渠系改造项目，小型农田水利重点县项目建设，重建青龙堰、白龙堰、金梁堰、观口堰、午羊堰 5 座历史名堰，加快病险水库加固步伐，推进小流域治理、千库保安工程、山塘整治以及全国小型农田水利县建设，为工农业生产发展提供可靠水源，对抗御干旱和突发安全事件起巨大作用。

2003 年后，松阳县把民生水利放在水利建设的优先领域，把农民饮用水工程列为重点建设项目，采取水厂管网延伸、区域集中供水和分散式供水等方式累计投入 12627 万元，解决和改善 267 个行政村 14.8 万人口饮用水安全问题，全县农村饮用水难的问题基本得到解决。

万里清水河道、百村绕水等项目措施有效地改善水系功能，实现“水清，路畅、岸绿、景美“的农村水生态环境。

至 2010 年末，全县蓄、引、提水利工程有效灌溉面积 4866 公顷，机电灌溉面积 1210 公顷，松阴溪干流标准防洪堤 13.6 千米，保护面积 3340 公顷，人口 4.9 万。

农田水利条件的改变，使农业生产跨上新台阶，农业生产结构调整，水利灌溉技术提升，喷灌、微灌、滴灌技术的快速发展，松阳高效节水灌溉使大批茶园、果园及经济作物得到保灌，质量普遍提高，茶叶生产已成为松阳主导产业。

2010 年底，全县有小水电 66 处，装机 107 台共 97295 千瓦，年发电量 23500 万千瓦时，年产值 9500 多万元，年上缴各项税费 1500 多万元。松阳小水电建设不断推进提升，1995 年 8 月，全国第二批农村电气化县通过省级验收；“十一五”期间投入小水电资金 24920 万元，新建成合溪等 12 座电站；2005 年 8 月 24 日，全国“十一五”水电农村电气化县建设通过省级验收；2010 年 9 月 26 日，全国“十一五”水电农村电气化通过省级验收。

全县 20 个乡镇 401 行政村 82321 户由电网供电，村通电率 100%，户通电率 100%，全县用电保证率 99.62%。全县丰水期小水电代燃料户 59978 户，占全县总户数的 72.8%，全县总用电量 24035 万千瓦时，人均用电量 1020 千瓦时；生活用电量 5749 万千瓦时，户均生活用电 698 千瓦时，均符合水利部颁发的《小水电供电区农村初级电气化标准》的要求。水电农村电气化建设改善农村生产和生活条件，提高农村电气化水平，保护和改善生态环境，促进节能减排，有力地推动松阳经济社会的全面协调和可持续发展。

第十四编 工 业

松阳县矿产蕴藏丰富，有煤、铁、铜、银、金、铅、锌、铀、高岭土、瓷土、紫砂土、伊利石、莹石、花岗岩、石英等。唐朝，马鞍山采银，靖居桐榔采铜与冶炼。元明时期，松阳始有造纸业。明末清初，出现酒店酱园酿坊。清中期始刨制烟丝。清光绪年间，南坑口村始炼铁。

民国3年（1914），始有印刷业。民国10年，设墨化石印局，始有石印业。民国20年，始有铅印业。全面抗战争期间，浙江化学工厂、浙江硫磺采炼厂、省赈会难民染织厂、浙东纺织公司第二厂、浙江樟脑厂、杭州洗染厂、光华洗染厂7家工厂一度迁至松阳。抗战胜利后，这些厂陆续回迁，松阳工业复归微弱。中华人民共和国成立前，仅有刨烟、铸锅、酿酒、制曲、缸钵、棉纸、印刷、打铁等个体手工业作坊。

中华人民共和国成立后，松阳地方政府重视工业，积极扶持工业企业恢复和发展生产。1950～1954年，通过公私合营初步建立松阳印刷厂、裕民森记火柴盒片厂、利生松胶厂、松阳酒厂等一批地方国营工业企业。1955～1956年，对私营工业分期分批进行社会主义改造。1958年“大办工业”时期，松阳区域新建一批“五小”工业。1962年，贯彻中央提出“调整、巩固、充实、提高”八字方针，缩短工业战线，国营工业企业缩减，仅留松阳酒厂、松阳烟丝厂、松阳造纸厂、松阳煤矿4家。

“文化大革命”期间，松阳区域有6家国营工业企业，3家发生亏损。1977～1978年，开展以“工业学大庆”为中心的增产节约运动，采取有效措施加强整顿管理，提高产品质量和经济效益。1982年5月，县委、县政府立足县域实际，积极发展地方工业。年末有工业企业112家，工业总产值2265万元。1984年，松阳县学习江苏经验，县、区、乡、村、家庭均创办工业，做到“五个轮子”一起转。1990年6月，县委、县政府作出《关于加快改革开放加速经济发展的决定》，坚持“五轮齐转，五路并进”发展工业。1992年，县委、县政府鼓励部门、集体、联户、个体创办企业，并开展机构改革探索，36个部门创办工业企业和服务实体。年末，全县工业企业2151家，其中规模以上企业143家、工业总产值18457万元、工业增加值4988万元。1995年6月，县政府作出《关于加快我县工业经济发展的决定》，把工业放在重中之重的位置，突出工业的地位，一切向工业倾斜。

2009年4月，县政府作出《加快我县工业企业分离发展服务业的若干意见》。对工业企业分离设立的服务企业，实行系列优惠政策，促进工业经济的快速发展。2010年末，全县有工业企业2582家，其中规模以上企业157家。全县工业总产值101.56亿元，比1982年增长381.61倍；其中规模以上工业总产值86.43亿元，增长54.6%。全部工业增加值16.18亿元，增长22.7%，对经济增长的贡献率上升到51.7%。全部规模以上工业出口交货值6.06亿元。全县规模以上工业统计的27种主要产品中，产量增长的 23 种，占产品总数比重 85. 2%。其中服装增长 24. 1 倍，中成药增长 226. 6%，玻璃纤维纱增长 114. 6%，精制食用植物油增长 106. 1%，塑料制品增长 86. 5%，木制家具增长 63. 2%，钢材增长 44. 9%，发电量增长 31. 7%，铜带增长 31. 6%，摩托车增长 23. 4%。工业结构逐步优化。高新技术产业总产值 7. 22 亿元，占规模以上工业总产值的 8. 3%，新产品产值率 15. 9%。全年规模以上工业企业主营业务收入 81. 14 亿元，增长 53. 5%，产品销售率 94. 84%。利税总额 5. 94 亿元，增长 61. 4%，其中利润总额 3. 59 亿元，增长 77. 0%。企业亏损面 10. 8%。

第一章　工业概况

民国前，松阳并无现代意义的工业，仅在西屏、古市等地临街的前店后作坊生产加工酱油、烟丝、酒、糕饼等土特产。民国初期，松阳县仍无现代工业；全面抗战时期，杭嘉湖一带的部分工业企业迁入松阳，才有现代工业。抗战胜利后，这些企业迁回原地。

中华人民共和国成立后，进行社会主义改造。1958 年 11 月松阳撤销县制后，重点建设集中在遂昌区域。松阳区域仅存松阳中药厂、松阳造纸厂、松阳酒厂。1982 年 1 月，松阳恢复县制后，陆续新建高岭土材料厂、高岭土矿、陶瓷厂、针织厂、啤酒厂、装饰材料厂等一批企业。1992 年后，乡镇企业、个体私营企业得到快速发展。是年末，全县有集体企业 334 家，个体私营企业 1794 家。2000 年，全县有工业企业 812 家，工业总产值 94721 万元。其中乡及乡以上 57 家，产值 24078 万元；村及村以下 755 家，产值 70643 万元；规模以上 23 家，产值 34689 万元；规模以下 789 家，产值 60032 万元。2010 年，全县有工业企业 2582 家，其中规模以上 157 家、规模以下 2425 家；全部工业总产值 1015607 万元，规模以上企业产值 864347 万元。

（本章第二节、第三节内容与第十一编“农业”第七章“乡镇企业”互为补充）

第一节　工业规模与总量

1949 年，松阳县有工业企业 1 家，工业产值 47 万元。1952 年，全县工业企业 12 家，工业产值 174 万元。1959 年，松阳区域有工业企业 83 家，工业产值 566 万元。1966 年，松阳区域工业企业 39 家，工业产值 380 万元。1976 年，松阳区域有工业企业 62 家，其中乡镇企业 29 家、二轻企业 24 家、国营企业 9 家，工业总产值 1313 万元。1978 年，辖区规模以上工业企业 89 家，工业总产值 1545 万元，工业增加值 550 万元。

1982 年，松阳有工业企业 112 家，其中国有企业 14 家、集体企业 98 家，工业总产值 2265 万元。20 世纪 80 年代，个体私营工业异军突起。1985 年，新办个体私营工业企业 1049 家，占全部工业企业总数的86.48%。1988年，全县有工业企业1123家，其中国营企业24家、二轻企业32家、乡镇企业104家、村及村以下工业企业963家，工业总产值11502万元；全县规模以上工业企业160家，工业总产值10007万元，工业增加值2987万元。是年，全县工业产值首次超过农业产值。

1992年，县委、县政府鼓励部门、集体、联户、个体创办企业，全年新办工业企业316家。机关部门按“小政府、大服务”的方向，开展机构改革探索，36个部门创办工业企业和服务实体。年末，全县工业企业2151家，其中国有工业企业23家、二轻及其他工业企业62家、乡镇工业企业109家、村及村以下工业企业163家、私营（个体）工业企业1794家，工业总产值32146万元，占工农业总产值的53.26%；全县规模以上工业企业143家，工业总产值18457万元，工业增加值4988万元。1993～1997年，全县工业难中求进，适度增长。1997年，实现工业总产值8.75亿元，比1992年增长1.6倍，年均递增20.7%。工业小区初具规模，工业布局渐趋合理，工业投入累计2.6亿元，出现松阳雷克本田工业有限公司、丽水通讯电缆厂等一批个体私营、股份合作制企业，形成新的工业生产能力。非公有制经济在全县经济中的比重有较大提高，作用进一步增强。

1998～2002年，县委、县政府举全县之力抓工业。“两园一区”（西屏、古市工业园区，象溪工业小区）的区域布局初现雏形，工业园区初具规模，招商引资取得较大成效，多种所有制经济成份进一步发展，重点骨干企业不断壮大，工业规模总量和质量档次不断提升。5年期间，全县实现工业投入4.18亿元，其中引进外地资金2.63亿元、技改投入2.34亿元；新增工业产值超1000万元企业9家，12家企业通过IS09000认证。1998年，全县有规模以上工业企业21家，占全部企业总数的2.51%。2000年，全县规模以上工业企业21家，工业总产值35935万元，工业增加值9888万元。

2003～2007年，县委、县政府集中精力建好工业园区。至2007年，建成工业园区面积3.2平方千米，园区年销售产值15亿元以上。做好古市工业园和象溪工业小区的规划和征地工作，形成“两园一区”格局，实现集聚发展。2003年末，全县有规模以上工业企业38家，比上年增加18家，占工业企业总数的3.09%。2007年末，全县有规模以上工业企业93家，比上年增加34家，占工业企业总数的5.87%。

2008～2010年，松阳县实施“优势产业”工程。加大产业招商和政策扶持力度，积极引进、培育大型不锈钢企业，打造浙江不锈钢管材基地，形成具有市场规模和竞争力的不锈钢产业。围绕“拓空间、布好局”的思路，抓好县工业园区、中小企业孵化基地平台建设，带动古市、象溪及松古平原周边乡镇工业功能区块开发，促使工业产业不断拓展。2008年末，全县有规模以上工业企业120家，比上年增加27家，占工业企业总数的4.86%。2010年末，全县有工业企业2582家，其中国有企业3家、工业总产值105409万元；全县有规模以上工业企业157家，工业总产值864347万元。

1949～2010年松阳县工业发展情况表

表14-1-1-1

年份	合计	国有企业（家）	集体企业（家）	股份合作制企业（家）	有限责任公司（家）	外商投资企业（家）	个私企业（家）	工业总产值（万元）
1949	1	0	0	0	0	0	1	47
1950	3	2	0	0	0	0	1	58
1951	5	3	0	0	0	0	2	111
1952	12	4	3	0	0	0	5	174
1953	17	6	5	0	0	0	6	265
1954	31	5	20	0	0	0	6	273
1955	51	6	40	0	0	0	5	317
1956	75	10	65	0	0	0	0	428
1957	69	11	58	0	0	0	0	496
1958	63	17	46	0	0	0	0	595
1959	83	13	70	0	0	0	0	566
1960	76	20	56	0	0	0	0	749
1961	61	13	48	0	0	0	0	455
1962	62	9	53	0	0	0	0	400
1963	50	8	42	0	0	0	0	380
1964	48	8	40	0	0	0	0	358
1965	47	6	41	0	0	0	0	335
1966	39	7	32	0	0	0	0	380
1967	39	7	32	0	0	0	0	513
1968	36	7	29	0	0	0	0	444
1969	39	7	32	0	0	0	0	650
1970	36	6	30	0	0	0	0	796
1971	48	9	39	0	0	0	0	1047
1972	59	8	51	0	0	0	0	1157
1973	49	9	40	0	0	0	0	1143
1974	53	9	44	0	0	0	0	1110
1975	59	9	50	0	0	0	0	1063
1976	62	9	53	0	0	0	0	1262

续表 14-1-1-1-1

年份	合计	国有企业（家）	集体企业（家）	股份合作制企业（家）	有限责任公司（家）	外商投资企业（家）	个私企业（家）	工业总产值（万元）
1977	61	9	52	0	0	0	0	1480
1978	89	9	80	0	0	0	0	1545
1979	80	9	71	0	0	0	0	1783
1980	97	9	88	0	0	0	0	2000
1981	114	12	102	0	0	0	0	2266
1982	112	14	98	0	0	0	0	2265
1983	113	16	97	0	0	0	0	2753
1984	148	18	130	0	0	0	0	3247
1985	1213	18	146	0	0	0	1049	5160
1986	1441	22	141	0	0	0	1278	6135
1987	1333	26	127	0	0	0	1180	8637
1988	1123	24	136	0	0	0	963	11502
1989	1032	25	384	0	0	0	623	12474
1990	1118	25	445	0	0	0	648	12888
1991	1016	25	215	0	0	0	776	15254
1992	2151	23	334	0	0	0	1794	27362
1993	2336	26	186	0	0	0	2124	44349
1994	1593	24	144	0	0	0	1425	54765
1995	2150	34	120	0	0	0	1996	54333
1996	1022	30	99	0	0	0	893	69805
1997	957	27	60	0	0	0	870	84672
1998	836	27	54	0	0	0	755	88532
1999	822	10	16	0	0	0	796	92058
2000	1153	4	14	4	3	1	1127	105409
2001	1179	3	14	4	3	1	1154	119600
2002	1184	3	11	1	4	1	1164	129898
2003	1218	3	11	1	4	1	1198	142713
2004	1276	4	11	1	5	2	1253	151774
2005	1283	3	11	1	4	2	1262	202675

续表 14-1-1-1-2

年份	合计	国有企业（家）	集体企业（家）	股份合作制企业（家）	有限责任公司（家）	外商投资企业（家）	个私企业（家）	工业总产值（万元）
2006	1553	3	10	0	3	1	1536	264537
2007	1585	3	10	0	4	0	1568	443000
2008	2473	2	14	0	3	0	2454	614304
2009	2550	2	14	0	2	0	2532	678253
2010	2585	3	14	0	2	0	2566	1015607

说明：1992 年前，集体企业包括二轻集体企业和乡镇企业；21 世纪后，集体企业为按现代企业制度建立的有限责任公司

1978～2010 年松阳县按规模划分工业总产值情况表

表 14-1-1-2

年份	规模以上工业企业数（家）	工业总产值（万元）			工业园区总产值（万元）	工业增加值（万元）
		合计	规模以上工业总产值	规模以下工业总产值		
1978	89	1545	1545	0	0	550
1979	80	1783	1783	0	0	634
1980	97	2000	2000	0	0	711
1981	114	2266	2266	0	0	743
1982	112	2265	2265	0	0	765
1983	113	2753	2753	0	0	901
1984	148	3247	3247	0	0	1058
1985	164	5160	5160	0	0	1422
1986	163	6135	6135	0	0	1582
1987	153	8637	8637	0	0	2428
1988	160	11502	10007	1495	0	2987
1989	155	12474	10901	1573	0	3364
1990	162	12888	11529	1359	0	3459
1991	168	15254	13191	2063	0	3948
1992	143	27362	18457	8905	0	4988
1993	212	44349	25038	19311	0	6098
1994	168	54765	26566	28199	0	5969
1995	154	54333	25750	28583	0	7251

续表 14-1-1-2

年份	规模以上工业企业数（家）	工业总产值（万元）			工业园区总产值（万元）	工业增加值（万元）
		合计	规模以上工业总产值	规模以下工业总产值		
1996	129	69805	30598	39207	0	7714
1997	87	84672	23265	61407	0	5825
1998	21	88532	30741	57791	0	8973
1999	23	92058	34689	57369	0	9590
2000	21	105409	35935	69474	0	9888
2001	21	119600	43213	76387	0	12637
2002	20	129898	43598	86300	0	12264
2003	38	142713	62078	80635	0	16935
2004	54	151774	83564	68210	22031	21833
2005	62	202675	123222	79453	51814	35534
2006	67	264537	179122	85415	104684	44043
2007	93	443000	346837	96163	237753	694061
2008	120	614304	505673	108631	371569	—
2009	134	678253	558966	119287	392351	—
2010	157	1015607	864347	151260	585337	—

第二节　工业所有制结构

国有工业

中华人民共和国成立后，松阳地方政府重视工业，积极扶持工业企业恢复和发展生产。1950 年，组建公营松阳印刷厂和古市合作酿坊；建立通记炼胶厂，裕民森记火柴盒片厂由丽水市碧湖镇迁入古市。1951 年，新建公私合营利生松胶厂，组建烟丝加工合作小组、西屏联合酿坊，并扶持郭隆兴织布厂、竞成造纸厂、辛勤织布厂。1952 年，公私合营利生松胶厂转为地方国营，新建仁丰织布厂。1953 年，古市合作酿坊改建地方国营松阳酒厂。1955 年，开始对私营工业分期分批进行社会主义改造。私营裕民森记火柴盒片厂，首先实行公私合营，称公私合营松阳火柴盒片厂。1956 年，完成对私营工业的社会主义改造，私营郭隆兴织布厂和私营竞成造纸厂相继实行公私合营。

1958 年“大跃进”时期，在“大办工业”的口号下，松阳区域新建一批“五小”工业。原手工业合作联社下属的大东坝炼铁合作工厂、西屏农具厂及江南区陶器合作社、水南乡瓦窑头村耐火器材厂转为地方国营，同时新建地方国营化工厂，撤并古市、西屏刨烟小组，组建地方国营松阳烟丝厂。1959年，新建毛弄煤矿；松阳陶器厂停办，耐火器材厂下放村办，大东坝炼铁厂和西屏农具厂转为集体隶属。1960年，建立毛弄炼铁厂和松阳木浆厂。1962年，贯彻中央提出“调整、巩固、充实、提高”八字方针，压缩基本建设投资，缩短工业战线，动员部分职工回农村。经过调整，国营工业企业缩减为松阳酒厂、松阳烟丝厂、松阳造纸厂、松阳煤矿4家，职工减少至162人。

图14-1　松阳造纸厂办公大楼（县档案馆提供 1992年）

“文化大革命”期间，松阳区域6家国营工业企业，有3家发生亏损。由于大多数干部、工人坚守岗位，生产曲折发展。1966年，新建中药厂。1970年，创办机械厂。1971年，开办枫坪煤矿。

1977～1978年，企业开展以“工业学大庆”为中心的增产节约运动，采取有效措施加强整顿管理，努力提高产品质量，节约原材料，降低成本，松阳区域工业企业得到发展，经济效益提高。1978年末，松阳境内有国有工业企业9家，工业总产值1018万元，占工业总产值比重65.89%。

1982年，松阳恢复县建制后，贯彻执行中央精神，逐步推行经济体制改革，扩大企业自主权，所有权和经营权两权分离，落实承包经营责任制，给工业企业注入生机，增强活力，国营工业迅速发展。多渠道筹措资金，引进科技与人才，充分发挥当地资源优势，陆续新建高岭土材料厂、高岭土矿、陶瓷厂、针织厂、啤酒厂、装饰材料厂，并重建松阳印刷厂。年末，全县有国有工业企业14家，工业总产值1474万元，占全县工业总产值比重65.08%。1983年后，全县陆续新办一批国有工业企业。至1987年，全县有国有工业企业26家。1992年末，全县有国有工业企业23家，工业总产值8224万元，比1982年增长5.58倍。

1993～1997年，松阳县贯彻实施《全民所有制工业企业转换经营机制条例》，重点是落实企业自主权，积极改革企业的产权制度，逐步理顺企业的产权关系，使企业真正成为自主经营，自负盈亏、自我发展、自我约束的法人实体和市场竞争的主体。国有企业在进一步完善现有的各种形式的经营承包责任制的基础上，逐步实行以资产增值和税收为主要内容的承包责任制，鼓励企业引进“三资”企业和个体私营企业的经营机制。对面临倒闭企业，允许破产，可以出租、拍卖给集体或个人经营，也允许外商购买或承包、租赁经营。集体企业、乡镇企业完善承包办法，逐步实行股份合作制、租赁、拍卖等形式，促使经营机制的转换，把企业推向市场。1997年，全县有国有工业企业27家。1999年，全县有国有企业10家。2000年，国有企业减至4家，2010年仅3家。

1978～2010年松阳县国有工业企业发展情况表

表 14-1-2-1

年份	国有工业企业数（家）	工业总产值（万元）	工业总产值占全县工业总产值比重（%）
1978	9	1018	65.89
1979	9	1099	61.64
1980	9	1281	64.05
1981	12	1372	60.55
1982	14	1474	65.08
1983	16	1716	62.33
1984	18	1973	60.76
1985	18	2713	52.58
1986	22	3069	50.02
1987	26	4010	46.43
1988	24	4931	42.87
1989	25	5797	46.47
1990	25	6037	46.84
1991	25	6367	41.74
1992	23	8224	30.06
1993	26	9220	20.79
1994	24	11706	21.37
1995	34	14965	27.54
1996	30	16246	23.27
1997	27	15728	18.58
1998	27	16055	18.13
1999	10	4025	4.37
2000	4	3161	3.00
2001	3	1064	0.89
2002	3	1492	3.45
2003	3	1951	1.37
2004	4	6658	4.39
2005	3	9129	4.50
2006	3	10755	4.07

续表 14-1-2-1

年份	国有工业企业数（家）	工业总产值（万元）	工业总产值占全县工业总产值比重（%）
2007	3	12100	2.73
2008	2	14249	2.32
2009	2	16708	2.46
2010	3	24334	2.40

集体工业

民国时期，松阳有少量合作企业。

1952 年，全县有 3 家集体企业，产值 1.19 万元。1956 年，有 81 家，产值 105.74 万元。1958 年，有 22 家，产值 59.17 万元。1959 年以后，松阳区域有少量合作工厂出现。1973 年，松阳区域有集体工业企业 26 家，产值 97.36 万元。1979 年，国家实行改革开放政策后，松阳区域新建第一毛纺厂，其他企业通过不断技术改造，扩大投资，增加生产设备，提高生产能力，生产快速发展。初步形成以第一毛纺织厂、耐火器材厂、农机厂、第二印刷厂、塑料化工厂等为骨干的多门类企业。

合作化、人民公社时期，松阳县社队工业分行业建立篾业、木器、铁器小组，风炉、陶器、造纸、榨油、粮食加工厂，小型发电站等企业，产品品种、类型有所增加，生产力有一定的发展。

1978 年改革开放后，松阳区域社队企业有所发展，但松阳区域的社队企业机构、行业、规模均比较小，企业基础薄弱。松阳恢复县制前，遂昌县社队企业局在松阳区域投资 19.4 万元，与相关社队联合办企业。1982 年松阳恢复县制后，各区、乡（社）镇均建立企业管理办公室。境内社队企业形成纺织、建材、竹木加工、机械、小水电、非金属矿开采等行业。1982 年，全县有二轻工业企业 19 家，均为合作工厂。全年工业总产值 212 万元，比 1978 年增长 164%。年末，全县有社队集体企业 241 家，产值 754.29 万元，其中区、社队办工业企业 105 家，产值 368.41 万元，占全县社队企业总产值的 48.89%，实现利润 130 万元，上缴国家税金 20 万元；社队工业企业有职工 1682 人，占全县社队企业职工总数的 36.98%。

1985 年，全县有乡镇工业企业 1150 家，其中乡镇、村以上工业企业 274 家，乡镇企业工业产值 1559.31 万元，比 1982 年增长 3.23 倍，占全县乡镇企业总产值的 50.51%。1986 年，全县有乡镇企业 416 家，工业产值 1908.75 万元。

1988～1990 年，县委、县政府把乡镇企业作为工业发展的主攻方向。坚持从实际出发，充分发挥自己的资源优势和劳动力优势，实行“五个轮子”一起转，因地制宜发展农副产品和林特产品加工业。1988 年，全县产值 50～100 万元乡镇集体企业 4 家，产值 100～250 万元企业 2 家，产值 250～500 万元企业 1 家。1989 年，全县乡镇工业实现产值 8986 万元，比 1986 年增长 61.3%，平均每年递增 17.3%。1990 年，全县乡镇工业企业 1051 家，其中村办以上集体企业 159 家；产值 100～200 万元企业有县耐火材料制品厂、县城关建筑工程公司及县二建一、二、三工程队 5 家；产值 250～500 万元企业有县通用机械厂、县耐火纤维厂、光明电器厂 3 家；产值 500 万元以上企业有县第二建筑公司。产值500～1000万元乡镇有古市镇、古市区；产值1000～2000万元有西屏镇、松阳区，工业总产值3659万元，占全县乡镇企业总产值的60.67%。

1991年，全县有集体工业企业215家，工业总产值9042万元。其中，二轻系统14家，产值3308万元；交通系统5家，产值404万元；粮食系统1家，产值73万元；供销系统5家，产值772万元；城建系统2家，产值32万元；教育系统14家，产值180万元；供电系统3家，产值234万元；民政系统2家，产值43万元；乡镇企业系统167家，产值4987万元；其他系统2家，产值11万元。1992年，全县有二轻集体骨干企业11家，涉纺织、耐火材料、机械制造、印刷、塑料制品、日用品、造纸、竹木制造、金属制品等行业。年末，二轻工业实现产值3744万元，税金242.2万元，利润75.6万元，产值、税金、利润均创历史最高水平。工业总产值是1982年的16.7倍。是年，全县乡镇工业超常规发展，共有乡镇工业企业2055家，其中村以上集体工业企业118家。全年乡镇工业实现总产值15022万元，比上年增长128.65%，占全县工业总产值的46.79%。产值100～200万元企业有鸿埠玻璃纤维厂、县制伞总厂、斋坛纸箱厂、县华联木制品厂、县羊毛衫厂5家。产值200～500万元企业有县竹木工艺厂、县耐火材料制品厂2家。产值500～1000万元以下企业有松阳织绸厂、县耐火纤维厂2家。产值3000万元以上的企业有县通用机械厂，实现工业产值3015万元。西屏镇工业总产值7123万元，居全县各乡镇之首。1993年，全县乡镇工业总产值29480万元，比上年增长109.54%。

1996年，全县有集体经济工业企业99家，产值16374万元。其中，原二轻系统9家，产值3036万元；粮食系统10家，产值4590万元；供销系统4家，产值1165万元；供电系统1家，产值336万元；交通系统5家，产值1085万元；商业系统6家，产值1239万元；林业系统4家，产值634万元；教育系统7家，产值258万元；民政系统20家，产值2707万元；科技系统2家，产值1031万元；城建系统6家，产值804万元；水利系统6家，产值811万元；乡镇办37家，产值4828万元。

1998年，全县有集体企业54家，工业总产值10343万元；村及村以下企业755家，产值65054万元。集体工业企业中，粮食系统9家，产值4033万元；供销系统3家，产值2895万元；交通系统4家，产值1211万元；商业系统3家，产值1213万元；林业系统1家，产值932万元；教育系统6家，产值271万元；民政系统14家，产值1836万元；城建系统5家，产值464万元；水电系统3家，产值1908万元；外贸系统1家，产值400万元；农业系统2家，产值203万元。1993～1998年，完善集体企业承包办法，全县集体企业逐步实行股份合作制、租赁、拍卖等形式，促使经营机制的转换，把企业推向市场。经过产权制度改革，集体企业成为新的市场主体。

1999年，全县有股份合作制企业6家，工业总产值84264万元。2001年，全县有集体工业企业4家，其中股份合作企业3家，工业总产值47331万元。2005年，全县有1家股份合作制工业企业，工业产值602万元。2006年后，全县无集体工业企业。

1952～1992年松阳县二轻（合作）工业情况表

表 14-1-2-2

年份	工业企业（家）	其中（家）			产值（万元）
		合作工厂	合作社（厂）	合作小组	
1952	3	0	2	1	1.19
1953	5	0	2	3	5.36
1954	24	0	8	16	9.74
1955	40	0	13	27	30.32
1956	81	0	46	35	105.74
1957	58	0	30	28	131.32
1958	22	0	17	5	59.17
1959	29	1	28	0	111.60
1961	41	1	27	13	92.32
1962	46	1	23	22	90.91
1963	31	1	22	8	66.24
1964	29	1	17	11	64.65
1965	27	1	16	10	68.86
1966	27	1	16	10	78.58
1967	26	1	15	98	79.35
1968	25	1	16	9	52.48
1969	25	1	16	8	72.71
1970	26	1	16	9	74.81
1971	27	1	16	10	86.95
1972	27	1	16	10	95.24
1973	26	1	16	9	97.36
1974	26	1	16	9	98.85
1975	26	1	16	9	101.37
1976	24	1	14	9	108.41
1977	23	1	14	8	135.73
1978	12	1	11	0	128.09
1979	12	1	11	0	164.44
1980	13	1	12	0	172.92

续表 14-1-2-2

年份	工业企业（家）	其中（家）			产值（万元）
		合作工厂	合作社（厂）	合作小组	
1981	17	1	16	0	209.00
1982	19	1	18	0	212.00
1983	21	1	20	0	234.00
1984	22	2	19	1	322.48
1985	21	2	18	1	500.91
1986	18	2	16	0	559.00
1987	19	2	17	0	800.20
1988	17	2	15	0	1080.60
1989	18	2	15	1	1025.80
1990	16	2	13	1	1259.10
1991	14	2	11	1	2307.50
1992	13	2	10	1	3744.00

1978～2005年松阳县集体工业发展情况表

表 14-1-2-3

年份	集体工业企业数（家）	工业总产值（万元）	工业总产值占全县工业总产值比重（%）
1978	80	222	14.37
1979	71	341	19.13
1980	88	434	21.70
1981	102	484	21.36
1982	98	509	22.47
1983	97	708	25.72
1984	130	908	27.96
1985	146	1710	33.14
1986	141	2009	32.75
1987	127	3294	38.14
1988	136	4697	40.84
1989	384	5587	44.79
1990	445	5873	45.57

续表 14-1-2-3

年份	集体工业企业数（家）	工业总产值（万元）	工业总产值占全县工业总产值比重（%）
1991	215	7304	47.88
1992	334	13357	48.82
1993	186	17169	38.71
1994	144	20621	37.65
1995	120	14163	26.07
1996	99	15824	22.67
1997	60	12348	14.58
1998	54	10343	11.68
1999	6	84264	24.29
2000	4	5664	15.76
2001	4	4734	10.96
2002	1	683	1.57
2003	1	528	0.85
2004	1	586	0.70
2005	1	602	0.49

个体私营工业

中华人民共和国成立前，松阳大多为个体私营企业。

1949 年，松阳县有个私工业企业 1 家，工业总产值 47 万元。1955 年，全县有个私工业企业 5 家，工业总产值 317 万元。1956 年，私营、联营企业经社会主义改造后，变为公私合营企业。1984 年，开始发展联户、个体企业。年末，全县共有联户、个体企业 1345 家，职工 2926 人，总产值 552.01 万元，其中工业产值 179.72 万元；全县联户、个体企业利润 205.97 万元。

1985 年，全县乡镇联户、个体企业 2673 家，总产值 1411.21 万元，比上年增长 1.56 倍。其中工业产值 619.06 万元，职工 3858 人；全县联户、个体企业利润 345.83 万元。1990 年，全县联户、个体企业 3779 家，总产值 2720 万元。其中，工业产值 1198 万元，职工 6504 人；全县联户、个体企业利润 282 万元。

1992 年末，全县联户、个体企业 5363 家，总产值 8782 万元，占全县乡镇企业总产值的 49.17%。其中，工业产值 6773 万元，职工 11287 人。1993 年，个体私营工业有较快发展，年末，全县有个体私营企业 2124 家，工业总产值 17960 万元，占全县工业总产值比重 40.50%。1999 年，全县有个体私营企业 796 家，工业总产值 79607 万元，占全县工业总产值比重 86.47%。

2003 年，全县有个体私营企业 1198 家，工业总产值 123348 万元，占全县工业总产值比重 86.43%。

2006 年后，个体私营工业成为全县工业经济的主体，当年全县有个体私营企业 1536 家，工业总产值 244538 万元，占全县工业总产值比 92.44%。2010 年，全县有个体私营企业 2566 家，工业总产值 984889 万元，占全县工业总产值比重 96.98%。

1978～2010 年松阳县个体私营工业发展情况表

表 14-1-2-4

年份	个体私营工业企业数（家）	工业总产值（万元）	工业总产值占全县工业总产值比重（%）
1978	—	305	19.74
1979	—	343	19.24
1980	—	285	14.25
1981	—	410	18.09
1982	—	282	12.45
1983	—	329	11.95
1984	—	366	11.27
1985	1049	737	14.28
1986	1278	1057	17.23
1987	1180	1333	15.42
1988	963	1874	16.29
1989	623	1090	8.74
1990	648	978	7.60
1991	776	1583	10.38
1992	1794	5781	21.13
1993	2124	17960	40.50
1994	1425	22438	40.97
1995	1996	25205	46.39
1996	893	37735	50.06
1997	870	56596	66.84
1998	755	62134	70.18
1999	796	79607	86.47
2000	1127	77771	73.78
2001	1154	84081	70.30
2002	1164	99948	76.94

续表 14-1-2-4

年份	个体私营工业企业数（家）	工业总产值（万元）	工业总产值占全县工业总产值比重（%）
2003	1198	123348	86.43
2004	1253	130992	86.30
2005	1285	179378	88.68
2006	1536	244538	92.44
2007	1583	386502	87.25
2008	2469	557142	90.69
2009	2545	656183	96.75
2010	2566	984889	96.98

第三节　工业产品

1949～1992 年工业产品

1949～1992 年，全县工业产品分国有企业、二轻企业和乡镇（社队）企业产品三大类。细分为主要工业产品、名优产品和出口产品三类。

国有工业主要产品　1949 年至 1992 年，全县国有工业企业主要工业产品总计 112 种。其中，纸类产品 9 种，纺织产品 16 种，日用轻工产品 1 种，中成药产品 9 种剂型、百余个产品，机械产品 13 种，电机产品 4 种，建材产品 5 种，酿造产品 19 种，印刷产品 8 种，烟丝产品 11 种，煤炭产品 6 种，矿石产品 8 种，化工产品 2 种，钢铁产品 1 种。

1949～1992 年，全县国有工业产品产量情况：

纸类产品。打字蜡纸原纸，1952～1961 年，生产 32.2 吨；木浆，1960～1966 年，生产 1375 吨；包装纸，1966～1992 年，生产 12122 吨；凸版纸，1967～1992 年，生产 47191 吨；书写纸，1969～1992 年，生产 24003 吨；纸袋纸，1970～1992 年，生产 7485 吨；薄凸版纸，1992 年，生产 60 吨；全木浆马赛克铺贴纸，1992 年生产 119 吨；装饰底层纸，1992 年生产 333 吨。

纺织产品。棉布，1952～1961 年，生产 120.09 万米；袜子，1987～1992 年，生产 302 万双，主要有双色提花丙尼毛巾袜、平板毛巾袜、锦纶平板袜、锦纶提花袜、锦纶提花童袜、弹尼龙长统提花舞袜、低弹单尼丝长统袜、低弹尼双丝长统袜、橡筋口中统 28～32 彩吊素吊男袜、儿童丝袜、薄型尼龙袜、棉丝运动袜等；真丝坯布，1992 年生产 1.5 吨。

日用轻工业产品。火柴盒片，1952～1961 年，生产 240263 万套。

中成药产品。伤湿止痛膏，1971～1992 年，生产 66881.45 万张；片剂，1971～1992 年，生产 18240 万片；冲剂，1971～1992 年，生产 361.06 万包；散粉剂，1976～1992 年，生产 30626 千克；

药酒，1971～1992年，生产4997万千克；糖浆水剂，1972～1992年，生产111万千克；小颗丸剂，1972～1992年，生产75万千克；三参皇浆口服液，1986年，生产22万盒。

图14-2 处州制药厂主要产品（县档案馆提供 1992年）

机械产品。农用挂车，1974～1992年，生产18871台，主要有0.75吨农用挂车、1吨农用挂车、运输型挂车、加重自卸农用挂车；自行车拉杆，1985～1992年，生产149419付；箱体，1990～1992年，生产390台；碾米机，1991年生产37台；粉碎机，1991年生产31台；竹粒机，1991～1992年，生产88台；抛光机，1992年生产7台；前花盘，1992年生产333433只；转轴，1992年生产14316根；风轮叶片，1992年生产2222片。

电机产品。电动机，1988～1992年，生产7539台，主要有A02、B02、C02、D02系列分马力异步电动机，FW-11-6纺织专用电动机，VCC04单相电容起动电动机，BAW13、DAW13系列水泵专用异步电动机。

建材产品。152×152×5毫米白釉面砖，1987～1992年，生产60万平方米，2639.21万片；200×200、240×60、150×75、 150×50四个规格墙地砖138.2万片，折3.98万平方米。

酿造产品。黄酒，1949～1992年，生产50542吨；白酒，7034吨；果汽酒，1693吨；五加皮、葡萄酒、甜蜜酒、姜枣酒、特酿酒、醴泉特曲等酒，1958～1992年，生产3322吨；双奖名酒，1992年，生产10637盒；酒精度12度啤酒，1986～1992年，生产21000吨；健身可乐，1989年，生产76吨；香酒，1990年，生产18吨；饮料，1990～1991年，生产64吨。

印刷。平机，1985～1992年，生产5859万印；小机，1985～1992年，生产8367万印；立飞，1985～1992年，生产2851万印；胶印，1991～1992年，生产610万印；排字，1985～1992年，生产28993页；制版，1988～1992年，生产165244平方厘米；装订，1985～1992年，生产83920万页；纸盒，1988～1992年，生产1096万只。

烟丝产品。烟丝，1958～1992年，生产4486吨。

煤炭产品。原煤，1958～1992年，生产265054吨；煤矸石粉，1985～1992年，生产37751吨；煤矸石粉人造牛角象棋，1985～1992年，生产89万副。

矿石产品。高岭土矿石，1985～1992年，生产263452吨；高岭土矿粉，1986～992年，生产49989吨；造纸涂料，1986～1992年，生产4585吨；优质高岭土矿粉，1987～1990年，生产325吨；伊利石，1988年，生产424吨；瓷土，1988年，生产50吨；滑石粉，1990～1991年，生产356吨；煅烧粉，1992年，生产194吨。

化工产品：松香，1951～1961年，生产1616吨；其中1957年，供杭州建新化工厂生产，缺产量。松节油，1951～1961年，生产187.83吨。

钢铁产品。土铁，1960～1961年，生产210吨。

国有工业名优产品　1978～1992年，境内国有工业共有名优产品35种，其中世界级1种，国家级5种、省优1种、省级16种、地区级12种。

52克/平方米凸版纸，松阳造纸厂生产。以稻草、麦秆为主要原料，经剪切、蒸煮、筛选、漂洗、打浆、施胶等工艺流程精制而成。纸质优良、稳定，产品畅销上海、福建、省内各地（市）印刷厂。1966年，开始生产。1967年，被国家定为全国25 个小型凸版纸生产厂之一。浙江省造纸公司指定生产产品年计划2000吨。1978年10月，省级评比第二名。

松阳牌伤湿止痛膏，处州制药厂出品。从1967年12月开始生产，先为4×6 厘米规格，1978年改为5×7厘米规格。产品质优，畅销国内各地。1978年12月，省医药工业公司授予优质药品称号。1983年6月，省级评比第一名；1984年5月，部级评比第三名。1985年7月，浙江省计划经济委员会授予优质产品。1985～1990年，市场产品质量抽检率一直保持100%。伤湿止痛膏产品的产值占全厂工业总产值30～40%。

松阳牌三两半药酒，处州制药厂生产。按1977年版《中华人民共和国药典》和浙江省1978年版“省药品标准”进行生产，以中药当归、黄芪、怀牛夕、白酒、黄酒精制而成，产品畅销国内各地。1986年6月，全省同品种质量评比获第一名。

松阳特酿酒，松阳酒厂生产。选用当地特产精白糯米为主要原料，采用特制米曲，经两次发酵和三年以上陈化而成。其酒质优、味醇、酚香、可口，畅销国内各地。1982年，被评为丽水地区优秀产品。是年，被浙江省轻工业厅评为省优秀“四新”（新技术、新材料、新工艺、新设备）产品。1992年8月，获布鲁塞尔第三十届世界优质产品金奖。

松阳醴泉特曲酒，松阳酒厂生产。系浓香型大曲酒，以优质高粱、大米为原料，小麦大曲为糖化剂，采用泥池老窖，混蒸续料的传统工艺。酒质纯和协调，窖香浓郁，尾净爽口，产品畅销国内各地。1992年11月，获中国沿海地区外向型企业产品一等奖。

图14-3　松阳酒厂的醴泉特曲酒(县档案馆提供 1992年)

松阳烟丝，松阳烟丝厂生产。精选当地特产上等晒红烟，辅加植物油料，打捆榨压、机切条丝、烘干烤燥精细加工而成。境内生产历史悠久，产品远销上海、福建、江西等地。1992年11月，“哈哈”“金狮”牌烟丝获浙江省首届食品博览会银奖。

高岭土矿石，松阳高岭土公司生产。该矿石具有独特的优势，与同类产品相比，自然白度高，铁钛等物质极少，是境内一大优势资源，被广泛应用于白水泥、玻璃、橡胶、陶瓷、塑料、农药等行业。产品销往上海、江苏、江西等16个省、市、自治区。

松阳“小霸王”干啤酒，松阳啤酒厂生产。以麦芽、大米、酒花、山泉为主要原料，采用糊化、糖化、前酵、后酵、贮酒、过滤等先进工艺流程精制而成。产品畅销福建省和省内城乡各地。1992年10月，获香港中国优质商品展览贸易中心优质商品金奖。

1978～1992年松阳县国有工业企业名优产品情况表

表 14-1-3-1

产品名称	生产企业	级别	时间	颁证单位
52克细2凸版纸	松阳造纸厂	省凸版纸评比第二名	1978.10	浙江省轻工业厅
松阳特酿酒	松阳酒厂	地区优秀产品	1982.01	丽水地区经济委员会
松阳特酿酒	松阳酒厂	省优秀“四新”产品	1982.12	浙江省轻工业厅
伤湿止痛膏	处州制药厂	省同品种评比第一名	1983.06	浙江省医药管理局
伤湿止痛膏	处州制药厂	全国同品种评比第三名	1984.05	国家药材公司
伤湿止痛膏	处州制药厂	省优质产品	1985.07	浙江省计划经济委员会
伤湿止痛膏	处州制药厂	省同品种评比第一名	1985.09	浙江省医药管理局
六味地黄丸	处州制药厂	省同品种评比第一名	1985.09	浙江省医药管理局
乘龙特酿酒	松阳酒厂	地区包装装璜一等奖	1985.11	丽水地区工业局
姜枣酒	松阳酒厂	地区优秀“四新”产品	1985.11	丽水地区工业局
果汽酒	松阳酒厂	地区优质酒	1985.11	丽水地区工业局
乘龙特酿酒	松阳酒厂	省优秀“四新”产品	1986.01	浙江省轻工业厅
姜枣酒	松阳酒厂	省优秀“四新”产品	1986.01	浙江省轻工业厅
三两半药酒	处州制药厂	省同品种质量评比第一名	1986.05	浙江省医药管理局
三参皇浆口服液	处州制药厂	省冬令商品银杯奖	1988.01	《浙江日报》等单位联合举办
高中立体几何（全册）	松阳第一印刷厂	国家部优奖	1988.10	国家新闻出版署、国家教育委员会
高中英语（全册）	松阳第一印刷厂	省印刷质量优质品	1989.01	浙江省出版总社
东方至宝口服液	处州制药厂	全国药理金杯奖	1989.07	全国药理学会
丙尼毛巾袜	松阳针织厂	地区新花色产品二等奖	1989	丽水地区经济委员会
高中英语（全册）	松阳第一印刷厂	国家良好产品	1991.10	国家教委、国家新闻出版署
高中立体几何（全册）	松阳第一印刷厂	国家良好产品	1991.10	国家教委、国家新闻出版署
长统提花舞袜	松阳针织厂	地区优质产品一等奖	1991.11	丽水地区经济委员会
麝香镇痛膏	处州制药厂	地区新产品三等奖	1991.11	丽水地区经济委员会
凤牌干爽型啤酒	松阳啤酒厂	地区新产品二等奖	1992.06	丽水地区经济委员会
松阳特酿酒	松阳酒厂	世界优质产品金奖	1992.08	布鲁赛尔第三十届世界优质产品评选会
“小霸王”干啤酒	松阳啤酒厂	香港中国优质商品金奖	1992.10	香港中国优质商品展览贸易中心

续表 14-1-3-1

产品名称	生产企业	级别	时间	颁证单位
醴泉特曲	松阳酒厂	沿海地区名优产品一等奖	1992.11	中国沿海地区外向型产品展销会
哈哈烟丝	松阳烟丝厂	省银奖	1992.11	浙江省首届食品博览会
金狮烟丝	松阳烟丝厂	省银奖	1992.11	浙江省首届食品博览会
松阳黄酒	松阳酒厂	省铜奖	1992.11	浙江省首届食品展览会
“古松”特制啤酒	松阳啤酒厂	省铜奖	1992.11	浙江省首届食品展览会
头孢拉定胶	处州制药厂	地区新产品三等奖	1992.12	丽水地区经济委员会
全木衆马赛克铺贴纸	松阳造纸厂	省新产品	1992.12	浙江省计划经济委员会
麝香香虎骨膏	处州制药厂	地区新产品二等奖	1992.12	丽水地区经济委员会
醴泉特曲	松阳酒厂	地区新品种一等奖	1992.12	丽水地区经济委员会

国有工业出口产品　“一五计划”期间（1953～1957），松阳国有工业利用当地资源的酿酒、火柴盒片、皮纸和印刷业发展较快。蜡纸原纸韧皮长纤维，质地优良，颇有名气，产品打蜡后销往苏联、朝鲜。

1982 年，松阳恢复建县后，在改革开放政策指导下，国有工业企业重视开拓商品销售市场，发展外向型经济，同时通过技术革新，对老产品进行技术改造，试制优质新产品，争取商品出口，增强企业活力。1987 年，高岭土矿粉 122 吨销往台湾地区。1988～1989 年，松阳高岭土公司含 A1203 20～24%高岭土矿石出口日本 6000 余吨，创外汇人民币 118 万元。

二轻工业主要产品　中华人民共和国成立初期，松阳二轻工业产品分铁制小农具、铁制日用品、木制小农具、木制日用品、竹制农具、竹制日用品、棕制农具、棕制日用品、服装制鞋、纺织品、陶器、土瓷、造纸等众多门类。铁制小农具有锄头、条锄、三角锄、犁头等 20 余种。铁制日用品有铁锅、锅铲、火钳、火铳、火叉、菜刀、铁杓、炉栅、马蹄刀、火笼钵等。木制小农具有水车、风车、稻桶、粪桶、铁盘、尿桶等。木制日用品有床、写字台、樟板箱、杉板箱、条凳等近 20 种。竹制农具有桶簟、畚箕、篾簟、谷掔、谷筛、晒帘、灰筛及竹制日用品的篾席、菜篮、饭篮、笊篱等 10 余种。棕制农具有棕衣、棕裙、牛绳、篾绳等及棕制日用品的棕绳、棕络、棕毡等。服装制鞋有服装加工、布鞋、棉鞋、棉袜等。纺织品有土布、线袜、丝线、染布。陶器有饭钵、酒瓶、水缸、风炉、缸瓦、花钵、小便壶等。土瓷有茶壶、高锅盖、煎药罐、土砖、土瓦、薄砖、栋砖、付脑砖。造纸有棉纸（雨伞纸）、引线纸、草纸等。这一时期，主要是为农业生产服务的铁、木、竹、棕小农具比重大，其他是造船、家具、服装、小五金、竹筷、雨伞及钟表修理。

20 世纪 60 年代，二轻系统工业产品除铁、木、竹、棕、砖瓦、服装加工、丝线、布鞋、弹棉、染坊、豆腐、雨伞、棉纸等传统产品外，铁制新产品有手摇轧面机、电动轧面机、破篾机等，棕制新产品有棕栅、棕衣、棕绳等。20 世纪 70 年代，除保持传统产品外，新发展产品 30 多种。主要是铁制品的打稻机、碾米机、饲料粉碎机、小车床、打包机、电焊机、铁犁等，五金制品的热水瓶壳、铁皮箱、铁桶、喷雾器等，印刷制品的练习簿、零件印刷等，竹制品的打稻机盖、茧匾、棒冰梗、踏足板等，工艺品的各式手杖等，纸制品的纸箱、纸盒、黄板纸、瓦楞纸等，耐火器材制品的黏土砖等，其他还有弦线、鞭炮等。

20世纪80～90年代，二轻工业产品以机械制造、家具、纸业、建材、印刷、日用品、纺织等为主。机械制造产品有碾米机、饲料粉碎机、打稻机、磨粉机、木糠机、木糠装袋机、榨油机、78型打包机、铁制小农具、铁制日用品等。家具产品有木制家具、钢木家具、木制日用品、毛竹旋片等。纸业产品有纸箱、纸盒、瓦楞纸、仿袋纸、箱板纸等。建材产品有黏土砖、高铝砖、流钢砖、炭化硅砖、乙烯蜡等。印刷产品有印刷制品、练习本、书刊印刷、零件印刷等。日用品有手杖、日用刷、水煮猪鬃等。纺织产品有兔羊毛针织绒纱、麦尔登毛纱、精纺纱、呢绒等。

1982～1992年若干年份松阳县二轻工业主要产品产量表

表14-1-3-2

产品名称	计算单位	产量				
		1982年	1985年	1988年	1990年	1992年
碾米机	台	504	1262	1625	1332	1638
饲料粉碎机	台	292	810	753	1125	1890
打稻机	台	500	650	338	200	65
磨粉机	台	—	511	870	711	563
木糠机	台	—	—	110	40	36
木糠装袋机	台	—	—	90	80	160
榨油机	台	—	—	—	80	176
78型打包机	台	70	30	50	—	5
铁制小农具	万件	1.88	2.04	0.52	0.42	0.39
铁制日用品	万件	1.85	10.37	31.05	9.02	9.45
木制家具	万件	0.46	1.16	2.75	0.90	0.10
钢木家具	万件	—	—	0.32	0.51	0.30
木制日用品	万件	0.86	0.67	0.26	0.49	0.31
毛竹旋片	万平方米	—	—	1.30	2.91	0.68
纸箱	万只	3.24	66.06	6.59	—	—
纸盒	万只	58.56	—	—	—	196.5
瓦楞纸	吨	300.8	1126	1370.09	488.04	20.61
仿袋纸	吨	—	19.65	134.72	38.79	149.09

续表 14-1-3-2

产品名称	计算单位	产量				
		1982年	1985年	1988年	1990年	1992年
箱板纸	吨	—	—	11.08	—	106.92
黏土砖	吨	570	1750	3800	7530	3892
高铝砖	吨	—	—	300	50	1197
流钢砖	吨	—	—	—	—	5083
炭化硅砖	吨	—	—	—	—	8
乙烯蜡	吨	—	27.2	88.12	66	135
印刷制品	万印	—	1773	2677	2163	—
练习本	万册	—	34.48	36.30	—	24.92
书刊印刷	令	—	—	—	—	8264.6
零件印刷	令	—	—	—	—	2811.7
手杖	万支	6.99	8.43	7.74	1.01	—
日用刷	万把	—	—	45.22	87.71	60.24
水煮猪鬃	箱	—	—	—	—	218.39
兔羊毛针织绒纱	吨	—	—	71.67	73.95	136.95
麦尔登毛纱	吨	—	—	—	36.18	4.21
精纺纱	吨	—	0.394	1.97	—	141.08
呢绒	万米	—	—	—	2.14	1.81

二轻工业出口产品　松阳县二轻出口产品有手杖、竹筷、各种型号日用刷、碾米机、石雕、木制玩具、水煮猪鬃、耐火砖等。

1982～1992年松阳县二轻外贸产品情况表

表 14-1-3-3

年份	产品名称	规格型号	计算单位	出口数量	出口金额（万元）	出口国家或地区
1982	手杖	—	万支	5.93	8.25	—
1983	手杖	—	万支	5.78	8.03	—
1984	手杖	—	万支	5.94	8.25	—
1985	手杖	—	万支	5.56	7.74	—
1986	手杖	—	万支	8.70	13.05	—

续表 14-1-3-3-1

年份	产品名称	规格型号	计算单位	出口数量	出口金额（万元）	出口国家或地区
1987	手杖	—	万支	5.94	11.09	—
1988	手杖	—	万支	5.17	7.70	—
1988	竹筷	—	万双	117.60	5.26	—
1988	猪鬃鞋刷	428 型	万把	4.31	2.48	—
1988	猪鬃鞋刷	400 型	万把	9.26	5.66	—
1988	指甲刷	423 型	万把	5.00	3.10	—
1988	猪鬃鞋刷	439 型	万把	3.18	2.16	—
1988	猪鬃鞋刷	410 型	万把	1.40	0.95	—
1988	猪鬃鞋刷	480 型	万把	2.00	1.10	—
1988	猪鬃鞋刷	416 型	万把	2.92	0.94	—
1988	猪鬃鞋刷	418 型	万把	0.60	0.33	—
1988	猪鬃鞋刷	3015 型	万把	0.40	0.24	—
1988	碾米机	3 号	台	100	2.50	巴基斯坦
1988	石雕	—	万元	—	4.30	—
1988	木制玩具	—	万元	—	0.45	—
1988	耐火砖	—	吨	18.5	0.30	—
1989	猪鬃鞋刷	101 型	万支	1.20	0.88	—
1989	猪鬃鞋刷	400 型	万支	3.60	2.96	—
1989	猪鬃鞋刷	404 型	万支	3.60	2.36	香港地区
1989	猪鬃鞋刷	415 型	万把	0.60	0.75	新加坡
1989	猪鬃鞋刷	416 型	万把	3.60	1.72	日本
1989	猪鬃鞋刷	419 型	万把	0.60	0.29	美国
1989	猪鬃鞋刷	421 型	万把	0.50	0.56	英国
1989	猪鬃鞋刷	428 型	万把	39.40	23.77	加拿大
1989	木制玩具	—	万元	—	3.64	中东等 10 多个国家和地区
1989	石雕	—	件	60	3.00	
1989	手杖	—	万支	1.35	2.93	
1990	手杖	—	万支	0.95	2.00	
1990	猪鬃鞋刷	400 型	万把	4.20	3.37	
1990	猪鬃鞋刷	410 型	万把	13.20	10.05	

续表 14-1-3-3-2

年份	产品名称	规格型号	计算单位	出口数量	出口金额（万元）	出口国家或地区
1990	猪鬃鞋刷	414 型	万把	1.20	1.39	中东等 10 多个国家和地区
1990	猪鬃鞋刷	416 型	万把	6.78	2.42	
1990	猪鬃鞋刷	419 型	万把	4.80	3.00	
1990	猪鬃鞋刷	420 型	万把	6.00	2.94	
1990	猪鬃鞋刷	421 型	万把	3.60	3.82	
1990	猪鬃鞋刷	428 型	万把	18.84	14.35	
1990	猪鬃鞋刷	439 型	万把	12.00	8.80	
1991	猪鬃鞋刷	A 型 1 号	万把	12.00	7.00	
1991	猪鬃鞋刷	401 型	万把	18.00	7.35	
1991	猪鬃鞋刷	400 型	万把	6.00	4.32	
1991	猪鬃鞋刷	416 型	万把	3.60	1.59	
1991	猪鬃鞋刷	421 型	万把	1.56	1.77	
1991	猪鬃鞋刷	428 型	万把	30.00	20.20	—
1991	猪鬃鞋刷	439 型	万把	3.60	2.35	—
1991	猪鬃鞋刷	502 型	万把	0.72	4.34	—
1992	猪鬃鞋刷	1 号型	万把	6.00	2.70	—
1992	猪鬃鞋刷	1 号 A 型	万把	20.04	11.60	—
1992	猪鬃鞋刷	301 型	万把	3.60	3.70	—
1992	猪鬃鞋刷	302 型	万把	2.40	1.75	—
1992	猪鬃鞋刷	303 型	万把	1.44	1.20	—
1992	猪鬃鞋刷	400 型	万把	9.60	6.33	—
1992	猪鬃鞋刷	405 型	万把	6.06	3.76	—
1992	猪鬃鞋刷	408 型	万把	3.60	2.55	—
1992	猪鬃鞋刷	413 型	万把	0.36	0.40	—
1992	猪鬃鞋刷	414 型	万把	1.50	0.62	—
1992	猪鬃鞋刷	418 型	万把	1.20	0.66	—
1992	猪鬃鞋刷	419 型	万把	1.20	0.75	—
1992	猪鬃鞋刷	420 型	万把	8.40	4.00	—
1992	猪鬃鞋刷	415 型	万把	3.84	4.08	—
1992	猪鬃鞋刷	系列鬃	箱	104	14.90	—
1992	猪鬃鞋刷	2 号	台	100	5.00	新加坡
1992	猪鬃鞋刷	3 号	台	250	10.00	新加坡

二轻工业获奖产品　1982 年，松阳县农机厂横式Ⅲ-Ⅰ型四分离碾米机，获地区二轻“四新”产品三等奖。1983 年，横式Ⅲ-Ⅰ型四分离碾米机，获地区行署工办优秀新产品奖。1987 年，MK30/12 型木糠机，获地区计经委“四新”产品三等奖和地区科技进步四等奖。

1983 年，松阳县工艺厂十二生肖手杖获省“四新”产品奖、地区行署工办新产品奖；“福禄寿”牌手杖获地区优秀旅游产品奖；聚乙烯蜡获地区行署工办优秀新产品奖。1985 年，熨烫剂获轻工部工业优秀“四新”产品奖。1986 年，多功能龙凤手杖，获轻工部铜牌奖和省计经委金鹰奖。

1983 年，松阳县塑料化工厂磁白薄膜获地区行署工办优秀新产品奖。1992 年，聚乙烯蜡获全国适用技术展览交易会金奖。

1987 年，钢木家具厂毛竹旋片及系列产品获省计经委优秀新产品奖。1988 年，毛竹旋片及系列产品，获省计经委“四新”产品二等奖、省科学技术进步三等奖、地区科技进步三等奖、县政府省级产品创优奖。1989 年，毛竹旋片及系列产品获轻工部科技发展司的新产品奖。1987 年，松阳县毛纺厂兔羊毛针织绒纱获地区计经委“四新”产品一等奖。1988 年，低次兔羊毛针织绒纱获地区科技进步四等奖。1990 年，高比例兔羊毛针织绒纱，获地区经委“四新”产品二等奖和县科技进步二等奖。

1989 年，松阳县制刷厂 503 浴刷获地区经委“四新”产品二等奖。1990 年，504 面刷获地区经委“四新”产品二等奖。

乡镇（社队）工业主要产品　20 世纪 80 年代，松阳县乡镇（社队）企业行业多，产品门类齐全，从单一的竹木制品、砖瓦、莹石开采，发展到丝绸被面、棉织大提花贡缎、化纤布、精粗纺兔羊毛纱、针织、硅酸铝纤维棉、毯、管道、玻璃纤维布、电器、纸箱、铸钢、机械制造、高岭土开采、竹粒系列产品、豪华家具、面粉、发电、制伞等。至 1992 年，乡镇企业工业产品占全县工业产品总量 40%以上。

（此小目内容详见第十一编“农业”第七章“乡镇企业”第四节“产品”）

乡镇工业名优特产品　20 世纪 80 年代，经过技术改造、设备更新、工艺流程改进，松阳县乡镇（社队）企业产品质量不断提高，涌现一批地、省、国家级的新产品，在市场的销售上有一定的知名度。地区级新产品有松阳县制伞总厂的童伞、双人鸳鸯伞，松阳县光明电器厂的豪华型八角琉璃灯具，松阳县羊毛衫厂的棉麻衫，松阳县利民木材加工厂的躺椅，松阳县竹制工艺厂的竹粒座垫系列产品，叶村乡蜜饯厂的猕猴桃罐头，松阳县通用机械厂的双人打稻机等产品，松阳县赤寿砖瓦厂的四六砖在地区八大轮窑评比名列第一。省级新产品有松阳农用化工厂的强力增产素、松阳县铸钢厂的工业纯铁、松阳县赤寿活性炭厂的果壳不定型活性炭，松阳县织绸厂的百子图七色被面，获省丝绸面料消费者协会评选的织女杯奖。国家级新产品有松

图 14-4 县制伞总厂制伞车间一角（县档案馆提供 1992 年）

阳县微型水轮机厂发电机组，在国家科委召开的展览会上获金奖，列入国家星火计划，该产品取得国家专利；松阳县竹木工艺制品厂生产的竹珠、竹粒系列产品，在北京竹制工艺品博览会上获银质奖。这些地、省、国家级的产品在北京、上海、南京、杭州、西藏、云南、广西、四川等地销售，有一定知名度和信誉。

1993～2010 年工业产品

1993 年，全县主要工业产品有电力、自来水、中成药、饮料酒、耐火器材、木质家具、精制茶叶、高岭土矿石等。1995 年，增加服装等产品。1999 年，增加化学药品、铅笔等产品。2000 年，增加人造板、玻璃纤维纱等产品。2004 年，增加商品混泥土、钼精粉、涂料等产品。2005 年，增加成品钢材等产品。2010 年，全县主要工业产品有中成药、化学药品、塑料制品、耐火材料制品、精制茶叶、摩托车等 28 种。

1993～2010 年松阳县主要工业产品产量表（一）

表 14-1-3-4

年份	发电量（万千瓦时）	供电量（万千瓦时）	中成药（吨）	化学药品（吨）	人造板（万立方米）	饮料酒（万吨）	耐火材料制品（吨）	成品钢材（吨）	服装（万件）	木质家具（万件）
1993	2300	5280	967	—	—	0.77	18700	—	—	4.37
1994	2227	5291	882	—	—	0.32	17080	—	—	—
1995	3224	6120	835	—	—	0.29	15766	—	28.9	—
1996	2868	6739	1024	—	—	0.34	18102	—	12.0	—
1997	4800	6088	1097	—	—	0.60	24015	—	—	—
1998	6273	6338	1000	—	—	0.40	16400	—	—	—
1999	7102	5988	992	917	—	0.61	21000	—	—	31.02
2000	9734	6695	768	882	0.92	0.50	30900	—	—	35.51
2001	11979	8052	381	900	6.33	0.43	35000	—	—	13.94
2002	15342	8784	465	814	8.63	0.41	71300	—	90.9	23.40
2003	10368	11053	489	953	5.29	0.61	61000	—	85.4	1.96
2004	10517	12684	476	850	10.20	0.67	53024	—	135.0	28.29
2005	19524	15370	535	840	6.58	0.15	31263	1270	81.5	11.70
2006	19506	16815	794	932	4.30	0.15	31954	8419	88.6	24.50
2007	18328	19474	656	728	4.50	0.03	34545	26340	88.0	25.20
2008	18063	22124	527	761	4.30	—	33573	56113	76.0	18.1
2009	18512	25422	732	352	3.45	—	24918	90173	81.0	22.0
2010	26500	28954	2391	465	2.71	—	24996	130675	2030	35.86

1993～2010年松阳县主要工业产品产量表（二）

表14-1-3-5

年份	电缆（千米）	自来水（万吨）	商品混泥土（万立方米）	钼精粉（吨）	涂料（吨）	铅笔（万支）	摩托车（万辆）	精制茶叶（吨）	玻璃纤维纱（吨）	高岭土矿石（万吨）
1993	—	250	—	—	—	—	—	1244	—	7.13
1994	24280	291	—	—	—	—	—	1335	—	5.80
1995	71504	310	—	—	—	—	—	552	—	4.00
1996	1241	330	—	—	—	—	—	624	—	3.63
1997	1724	309	—	—	—	—	—	2011	—	3.88
1998	1308	303	—	—	—	—	2.39	2395	—	2.26
1999	1271	319	—	—	—	7039	2.55	2587	—	0.40
2000	1710	321	—	—	—	7968	2.00	1076	1298	0.82
2001	1455	334	—	—	—	10238	2.17	590	1212	—
2002	582	351	—	—	—	15149	2.27	712	—	—
2003	—	358	—	—	—	12993	2.89	971	—	—
2004	246	350	6.87	503	1059	13865	2.04	2892	4870	—
2005	1595	357	8.72	939	1487	11504	3.30	3094	5453	—
2006	5917	372	16.40	514	1754	20831	4.78	3357	4829	—
2007	6616	391	14.30	613	2840	30035	6.12	3809	7157	—
2008	4373	385	14.5	284	4388	27593	60632	4272	9414	—
2009	6634	437	10.12	550	4530	26214	39471	8040	5377	—
2010	6409	677	12.81	684	4633	33894	48690	9050	11539	—

第二章　松阳工业园区

松阳工业园区是经国家发改委审核公告的省级工业园区，位于金衢丽产业带轴心松古平原中心，规划面积3.2平方千米，沿西屏街道松阴溪两侧发展建设。工业总产值2005、2007、2008年先后跨上20、40、60亿元台阶，年均增长35%，松阳县成为浙江省不锈钢产业主要集聚地，县工业园区成为全省十大创新型工业园区。2008年，园区被省经信委评定为“2008年度省级创新型工业园区”；不锈钢酸洗废水减排在线综合治理系统入选工业和信息部2009年《工业领域节能减排电子信息应用技术导向目录》。

2005年，全县产业集聚区实现工业总产值22031万元。2010年末，共有入园企业90家，投产企业78家，其中规模以上企业60家，产值超亿元企业12家（其中超3亿元企业4家），累计实现产值46.74亿元，上缴税金1.49亿元。

第一节　规划建设

园区一期二期

2001年4月，西屏园区破土动工。6月，园区项目立项。2002年2月，西屏工业园区被命名为“松阳县西屏绿色食品工业专业区”。4月，通过省级环境影响评估会审；5月，通过省重点工业园区扩初会审，正式列入省计委立项的重点工业园区项目松阳绿色食品工业园区。9月，松阳县工业园区开园暨首批入园企业举行奠基仪式。

2004年3月，县政府把松阳绿色食品工业园更名为松阳县工业园区。是年，全国开展开发区（园区）整顿，省政府仍批准保留松阳县工业园区3.2平方千米的土地利用规划和城市总体规划。是年，3.2平方千米工业园区规划通过省、市“二规”审查。园区新增入园企业11家，其中固定资产投资1000万元以上的企业5家；新增开工企业17家，新增竣工投产企业8家，实现工业产值2.2亿元，新增就业岗位1260个。累计入园企业34家，计划项目固定资产总投资6.3亿元。

2005年6月底，完成标准厂房建设63幢、21万平方米，建成园区主、次干道建设8条，总长7.1千米、13.4万平方米，排水管道6千米，排污管道4千米，供电线路6千米，供水管道6千米，绿化2万平方米，挖填土石方33万立方米，新装变压器14台，移动、联通、电信基站各1座，线路各3千米，广电线路1千米，公共厕所1座。完成一、二期基础设施建设工程总量的97%。至2005年末，松阳县工业园区二期共使用土地122.67公顷。有入园企业60家，投产企业30家，吸纳劳动力2400余人。

园区三期

2006年2月，松阳工业园区三期建设工程启动。工程总投资3.1亿元，完成区块内道路工程、排水工程、桥梁工程等基础设施建设，完成供电、供水、电信、网通、移动、通讯等地下管网横穿预埋和电力线路迁改工作。三期地块共招引入园企业共有23家，开工企业21家，其中不锈钢企业18家，并首次引入不锈钢小口径轧钢、轧管、钛合金加工、不锈钢丝、铜包铝等企业。至年末，园区前三期共开发土地186.67公顷，有入园企业78家，其中台账企业71家，投产企业35家，吸纳劳动力3200余人，全年实现工业产值10.5亿元，实现销售产值9.9亿元，企业固定资产投入2.07亿。

园区四期

2008年，开展松阳工业园区四期开发建设。园区四期开发规划总用地62.72公顷（含一期已征用的4.56公顷） 上半年，园区四期完成项目可行性研究报告的编制、基础设施工程的初步设计和基础设施施工图设计文本等工作。至年末，基础设施建设工程基本完成路基开挖回填、安装地下管网等工作，于12月底前全面完成管网安装和路床施工。相关的自来水和移动、电信、广电等管网的预埋工作同期进行。至2009年6月，园区四期续建工程陆续实现竣工验收并投入使用，基本保障入园企业全面配套和无障碍施工。园区四期可供工业用地35.6公顷（含“工业拆迁”安置用地4公顷），至2009年10月底，安排入园企业4家（在建3家，前期技术准备1家）。2010年上半年，园区四期全面完成道路排水工程、四期区域内给水工程、新华北路东侧电力迁改工程和四期区域内电信管理工程等配套设施工程，并完成绿化和亮化工程。并有耶米玛服饰、锐奇鞋业等9家企业入园。至2010年末，松阳县工业园区一至四期共开发土地220公顷。

园区拓展区（园区五期）规划

2010年，开展园区拓展区规划工作。园区拓展区规划位于过境公路以北、三都路口以西、外环线以南、望松王村工业区块以东地块，即县城规划图上东北、北面侧外环线以内，总面积约为6平方千米。按照投入小、设施配套就近、推进速度快、经济效益大的原则，在园区拓展区地块推出园区五期，具体位置规划在过境公路以北、望松乡西河村茅溪坑以南、西屏镇北山村以西、望松乡五都阳村以东，面积约150公顷。

至2010年末，园区拓展区（园区五期）一期完成投资8050万元，主要路网形成框架，部分路面浇筑完成；给排水管网安装和“三线”迁改工作基本到位。

第二节 产业发展

2003年底，工业园有32家企业入园，总投资6亿元，开工建设企业27家，完成固定资产投资额2.2亿元，竣工投产企业12家，初步形成以家电、电机电器、钢构、电缆、不锈钢等为主的产业群。

2004年，松阳县工业园区全年新增入园企业11家，新增开工企业17家，新增竣工投产企业8家，实现工业产值2.2亿元，新增就业岗位1260个。园区主导产业初步形成。强达、隆华等9家不锈钢企业落户松阳园区。有炼钢生产线 2 条，年生产能力 10 万吨；穿孔生产线年生产能力 3 万吨；拉管生产线 50 条，年产钢管能力 3 万吨。初步形成炼钢、穿孔、拉管配套生产工艺。

2005 年，松阳县工业园区不锈钢产业优势逐渐形成，有入园企业 60 家，投产企业 30 家，实现工业产值 5.18 亿元，全年实现销售产值 4.8 亿元，吸纳劳动力 2400 余人。其中，入园的不锈钢企业 35 家，投产企业 12 家，投入 1.99 亿元，全年实现产值 2.55 亿元。2006 年，园区主动承接温州不锈钢梯度转移，通过产业招商、以商招商，有 36 家不锈钢企业在园区落户，涵盖熔炼、穿孔、拉管三道工序，其中竣工投产 12 家，年产值 4.7 亿元。第三期园区落户的不锈钢企业 18 家，包括大口径拉管、超细管拉管、拉丝、合金、钛合金等生产线，进一步拉长不锈钢产业链。引进宏峰铜业和东方铜业落户园区，其中宏峰铜业建成投产。园区内的兴乐电缆实现 3 亿元以上的产值，机电产业成为园区的三大产业之一。至年末，入园企业 78 家，投产企业 35 家，吸纳劳动力 3200 余人，全年实现工业产值 10.5 亿元，实现销售产值 9.9 亿元。

2007 年，盘活原国泰贸易、茂盛机械、宏通管业、信和家纺、同济机械 5 家企业在园区的用地 14.93 公顷。园区入园企业 77 家，投产企业 58 家，实现工业产值 21.15 亿元，占全县总产值的 55.18%。其中，31 家不锈钢投产企业实现产值 15.42 亿元，占园区企业总产值的 72.91%。全年实现产值 23.5 亿元。园区被评定为“浙江省发展循环经济示范单位”。2008 年，园区投产企业 63 家，完成工业总产值 36.32 亿元，占全县工业总产值的 59.1%。其中，规上企业 46 家，实现产值 35.5 亿元，占全县规上企业总产值的 70.1%。不锈钢行业作为园区的主导产业，投产企业 34 家，实现产值 28.82 亿元，占园区企业总产值的 79.3%。上缴税收 7181.2 万元。园区产值超亿元企业共有 10 家，共实现产值 23.8 亿元，占园区总产值的 65.7%。产值超 3 亿元的企业有 4 家，分别为隆华特钢、强达钢管、兴乐电缆和宝丰钢业；产值在 5 千万至 1 亿元的企业有 10 家。

2009 年，园区初步形成以不锈钢管业为主导，机电制造、铜压延加工和轻工轻纺等产业为补充发展的块状经济。5 月，松阳工业园区被确认为丽水市唯一的一家“创新型工业园区”。至年末，有入园企业 83 家，投产企业 77 家，就业人数超过 5000 人，实现工业总产值 33.36 亿元；上缴税金 1.25 亿元，完成各类固定资产投入 2.3 亿元；产值超亿元的企业有 10 家。

2010 年，园区有四期入园企业 9 家，其中投产企业 2 家。至年末，园区共有入园企业 90 家，投产企业 78 家，其中规上企业 60 家；企业实现产值 46.74 亿元，占全县工业总产值的 46.02%。规上企业实现产值占全县规上企业的 53.53%；园区企业上缴税金 1.49 亿元。全年园区共完成招商引资项目 9 个，合同利用 6.51 亿元（其中外资 150 万美元），实际利用 2.23 亿元（其中外资 128 万美元）。园区投产企业中有东方铜业、隆华特钢、兴乐电缆、万通革业、耶米玛服饰等 12 家企业产值超亿元，另有锐奇鞋业等 14 家企业产值超过 5000 万元。园区主导产业不锈钢企业实现产值 23.02 亿元，销售产值 22 亿元。园区隆华特钢、宝丰钢业 2 家企业成功入围浙江民营企业 500 强，鹏业钢管有限公司成为核电站非核级钢管国内仅 4 家合格供应商之一。

第三节 中小企业孵化基地

叶村区块

叶村区块建设项目为县重点建设项目之一，总面积58.67公顷，涉及叶村、斋坛2个乡4个行政村13个生产小组的200余户农户。2006年8月至2007年末，基本完成土地征用和平整工作，基础设施建设工作全面启动，完成投资6000余万元。

2007年，全长460米的防洪坝工程投资300万元；总填方量为69.89万立方米，工程投资约600万元；基地防洪排水渠工程投资344万元；路网及下水道工程（包括3座桥梁）投资996万元；污水处理厂（由落地企业投资300万元）建设及沉淀池、泵送池、办公楼等主体工程全面完成。2008年，叶村区块内的管网、路网、电网、水网工程等基础设施基本完成。区块的选商引资工作顺利推进，共落户企业13家（其中10家为不锈钢企业），华田、冠宇、振阳、恒源、青山、泰朗6家企业于下半年陆续投产，实现总产值1.05亿元。

2009年，叶村区块60万立方米的土石方爆破平整、1847米长的水渠、4100米长的市政路网、生活污水处理站、防洪强排站和4座桥梁等公建项目全面完成。至年末，共落实入园生产企业12家，污水处理及废酸、废油回收企业1家。共11家生产企业投入生产。

叶村区块企业续建共投入15108万元，其中公建项目续建372万元。

王村区块

2007年，县中小企业孵化基地二期（王村区块）项目正式启动。该区块位于县城西北古市镇与望松乡交界处，距县城约5千米。其主体在望松乡境内，占地面积93.33公顷，其中山地66．67公顷、旱地20公顷、水体6.67公顷。土地权属望松乡王村、岗后、石门及古市镇十五里4个行政村。是年末，完成土地调查测量、山地审批和土地开发立项审核工作。

2008年，王村区块项目土地征用款支付完毕。2009年，征地清表工作全面完成，基础设施建设全面动工。至2010年末，王村区块公建项目投入1000万元。

第四节 园区管理

管理机构

2001年3月，松阳县西屏工业园开发有限公司注册成立，为国有独资公司。公司注册资本为人民币150万元，主要负责工业园的开发和建设。是年12月，第九次县长办公会议决定建立西屏工业园区管委会，与西屏工业园开发有限公司合署办公，实行两块牌子一套人马。2003年4月，松阳县工业园区管理委员会设立；内设办公室、经济发展科、建设管理科3个职能科室。2004年6月，设立中共松阳县工业园区管理委员会和中共松阳县工业园区纪律检查委员会。是月，组建园区管委会机关党支部和浙江金包来电器有限公司党支部。经县总工会批准，成立松阳县工业园区工会工作委员会和松阳县工业园区管委会机关工会。9月，成立园区警务室，由西屏镇派出所派出2名干警和10名协警组成。2005年7月，成立下属事业单位工业园区规划建设服务中心。2007年，园区派出所设立，2009年，园区司法所设立。

生态园区建设

2005年8月，采取入园企业出资、政府监管、企业化运作的模式，设立松阳县新星不锈钢废水处理有限公司，对不锈钢企业产生的酸洗废水进行集中处理，于2006年8月投入运行。先后接纳30家不锈钢管生产企业的酸洗废水进入中心。该项目被列入2007年省发展循环经济“991工程”项目。按“雨污分流、清污分流”的原则全面建设工业园区管网，对园区生活污水进行集中处理，采取无动力生活污水厌氧—人工湿地的组合式处理模式，基本解决园区的生活有机污染问题。园区与环保部门共同成立专职环保机构，努力完成不锈钢企业厂内收集和酸洗场所的防污措施建设、烟气治理设施与企业的主体工程同步建设，确保“三同时”制度的基本落实。松阳县新星不锈钢废水处理中心从2006年8月投入运作以来，建成不锈钢废水集中处理中心废水排放口在线监测系统，进入试运行阶段。对部分企业的除尘设施进行改造，有效地控制工业污染，促进园区污染物排放的不断降低。

2008年，园区着手编制工业园区生态化建设改造规划和实施方案、松阳工业园区环境整治行动计划方案，以解决工业园区不锈钢加工企业存在的环境污染问题，达到省级工业园区环境整治验收标准。引入并推广不锈钢熔炼废气治理新技术。隆华特钢在屋顶增加吸尘设备的技术改造，瑞阳特钢采用由中国冶金研究院上海分院设计的红外线控制切换的封闭式除尘系统，于11月建成投入使用。通过与杭州中奇环境工程有限公司的合作，中奇公司投入600多万元建设污泥重金属铬、镍回收工程。工程于3月投入试运行，使全县不锈钢生产废水的治理由原来的无害化向资源化新飞跃。2009年，实施循环经济项目的建设。不锈钢废水深度处理项目回收镍制品20万千克，实现产值900余万元。同时建立一套回收后下脚料制砖的综合利用系统，达到无害化处置要求，实施废酸液回收利用8万千克。中水回用项目工程在不锈钢废水处理中心内部和镍、铬处理系统中和部分企业实行再次循环利用。在园区大部分企业推广实施冷却水及雨水回收工程，减少园区新鲜水源的消耗，增加水资源的可利用问题，实现“废水处理——中水回用”的水资源循环利用。根据园区生态化建设与整治规划，结合省级工业园区环境整治验收标准，以不锈钢行业为切入点从废水、废气、固废以及循环经济等10个方面15个工程开展园区环境污染整治工作。

2010年，园区做好不锈钢企业的酸洗场地改造和烟气治理。完成新酸洗场地的建设和环保设施图纸的设计工作。有3家熔炼企业对除尘系统进行升级改造。园区实施集中供气，《松阳工业区块天然气利用工程初步设计》通过审查批复、完成施工图设计，进入管道铺设阶段。园区二期水环境应急处理工程投入试运行，工程总投资250万元，分收集系统、提升系统和应急处理系统，在企业排污口和生活污水口设置自动监控报警装置。园区三期生活污水和雨水引流工程完成设计、审批和招投标等相关程序。对引进的不锈钢企业设置严密且较高的门槛，园区建立和完善废水收集、处理回收、水环境预警、应急处置和政策保障五大体系，为园区、全县、全市的不锈钢行业水环境污染防治提供范本。

第三章　工业行业

1991年，全县有工业企业1016家，其中轻工业企业626家、产值14098万元，重工业企业390家、产值4687万元。轻工业企业中，以农产品为原料企业609家，以非农产品为原料企业17家。重工业企业中，采掘业5家，原材料企业192家，加工制造193家。2005年，全县有规模以上轻工业企业23家、产值29398万元，重工业企业44家、产值93825万元。按工业行业分，采掘业4家，产值18506万元；制造业57家，产值90909万元；电力、燃气及水的生产和供应业等6家，产值13808万元。2010年，全县有规模以上轻工业企业47家、产值152811万元，重工业企业110家，产值711536万元。按工业行业分，采掘业3家，产值11992万元；制造业148家，产值824844万元；电力、燃气及水的生产和供应业等6家，产值27511万元。

第一节　采掘业

松阳县矿产蕴藏丰富，有煤、铁、铜、银、金、铅、锌、铀、高岭土、瓷土、紫砂土、伊利石、萤石、花岗岩、石英等。

唐代，松阳县马鞍山开采银矿，宋至明时，具有相当规模。清嘉庆年间（1798～1820），矿工数百人。靖居桐榔一带，用胆铜法采铜。蛤湖山徐村平岗自然村枫树湾山中有银矿洞多处，其中一处洞深约100米，人可直立行走。洞旁岩壁留有矿工刻字“宋淳熙十三年”（1186），另一处为“明正德七年”（1512）。从宋至明代，开采时间较长。竹源乡后畲村大风岩山中有银矿洞100余处，高约2米、洞深150米。该村保存有粉碎矿石的石磨2副，直径0.5米。板桥畲族乡板桥村老鹰岩山中银矿洞有170多处，洞高约4米、深200米，洞旁矿工题刻为“正统十年”（1445），并有冶炼场一处，面积约300平方米。裕溪乡黄岭头有银矿洞，洞内遗留火爆法采矿痕迹。

图14-5　松阳煤矿井口（县档案馆提供 1992年）

民国《松阳县志》载，“南平田川坑、新坑、蛤湖、槐木岗、马安山、白坦、横樟、东山、黄坑、大小茗、大小苏、叶明、横岩、神堂以上产银。连绳、潦铸、钱寥、双坑、李斜以上产铜。压石、墨源、李黄以上产铅并久废”。

1958年，靖居区毛弄村农民报矿，经省煤炭工业厅勘测设计确定煤矿，代号584。是年，靖居弄背开采萤石。1970 年 7 月，枫坪煤矿开采。1972 年，石仓公社组织开采高岭土矿石。1984 年，松阳高岭土材料厂建立。1985 年，松阳高岭土矿成立。

1995 年，全县煤矿采选业工业企业 1 家，工业总产值 177 万元。2001 年，全县年销售收入 500 万元以上有色金属矿采选业企业 3 家，工业总产值 35805 万元。2005 年，全县规模以上有色金属矿采选业企业 3 家，工业总产值 18506 万元。2010 年，全县规模以上有色金属矿采选业企业 2 家，工业总产值 10828 万元。

第二节　食品与纺织业

食品加工及制造业

民国 27 年（1938），浙江省农业改进所在松阳引种美国烟草（烤烟）成功；是年 8 月，在松阳中心农场试制“明牌”雪茄烟，投放市场，销路顺畅。民国 29 年，浙东雪茄烟厂建立，从业人员 80 余。一时间，群起效法，雪茄烟厂踵继诞生。至民国 30 年，先后建立“浙东”“松阳”“黄好”“农商”“大中”“胜利”“联合”7 家雪茄烟厂，员工 600 余人。有 10 余家手卷雪茄烟户。1942 年 8 月，日军侵犯松阳期间，各雪茄烟厂迫于战乱关闭，手卷户大多歇业。抗战胜利后，复厂者甚少。民国 35 年，郭振松具资接续松阳雪茄烟厂，易名振东雪茄烟厂。直至 1950 年，因滞销亏损而申请停业。

民国 19 年（1930），全县有酱酒酿造业 27 家，从业人员 71 人。民国 32 年，县城有“震亨仁”“酿泉”“震亨寿”“潘永源”“潘成利”“三和”“德记”“和万元”“吴同兴”“朱德泰”等酒店、酒坊、酱园，古市镇也有多间酒坊、酒店。

1949 年，西屏镇有 4 家烟丝店，年产烟丝 2115 公斤，品牌有“净丝”“香丝”“拣选”“双圈”“芸香”“丁香”“盖露”等。西屏、古市 2 镇有酒商 26 户，产白酒 5.2 吨、黄酒 58.9 吨。1950 年 3 月，古市私营酒商 19 人组成合作酿坊。1951 年 6 月，烟丝店个体作坊组成西屏、古市 2 个烟丝加工合作小组，加工后由“六和”“聚盛”“一和”“协和”“王大昌”等 16 家烟丝店经销。龙泉县城开设有“大升和”烟丝店。10 月，西屏酒商组成联合酿坊。

图 14-6　松阳烟丝厂工人包装外销产品（县档案馆提供 1992 年）

1953 年 5 月，地方国营松阳酒厂成立，经政府多次投资，技改扩建，添置设备，改革工艺流程，酿造业有较大发展。1956 年 2 月，西屏联合酿坊部分工具拍卖给松阳酒厂，职工转入酒厂。

1958 年 4 月，西屏、古市手工刨烟合作小组合并，组建地方国营松阳烟丝厂。是年 7 月，公私合营西屏酱园并入松阳酒厂，更名为地方国营松阳县酿造分厂；1959 年 7 月，更名为地方国营遂昌第二酒厂。1982 年 5 月，地方国营遂昌酒厂复名浙江省松阳酒厂。

1995 年，全县有食品加工、制造工业企业 29 家，其中食品加工业 17 家、食品制造业 8 家、饮料制造业 3 家、烟草加工业 1 家，工业总产值 7380 万元。2001 年，全县有年销售收入 500 万元以上食品加工企业 1 家，工业总产值 8770 万元。

2005 年，全县有规模以上饮料制造业企业 3 家，工业总产值 3617 万元。2010 年，全县有规模以上农副食品加工业企业 6 家，工业总产值 37290 万元；有规模以上饮料制造业企业 9 家，工业总产值 26904 万元。

茶叶加工业

茶产业是松阳县的特色产业。1949 年解放时，松阳县茶叶种植面积 643 亩，总产量 10.15 吨，在多年的发展进程中，全县茶叶种植有所起伏。20 世纪 70～80 年代经历多次起落波动，从 90 年代开始步入平稳发展，年均增长 5.0%；2001～2010 年是快速扩张阶段，年均增幅 13.2%；至 2010 年趋稳定。2010 年，全县有茶园 11.7 万亩，产量 1.1 万吨。全县茶叶的种植面积、总产量、单产、亩均产值均居丽水各县（市、区）首位。松阳县茶叶已经横跨一二三产领域，形成产业链，并形成以茶叶种植为基础、茶业加工为中坚、茶叶市场为龙头的产业发展模式。

茶叶加工随着茶叶种植面积的快速增长而兴起。从 2 次经济普查资料分析，2004～2010 年，全县茶叶加工单位每年以近 200 户的速度递增，相应的工业总产值、工业增加值和产品产量也分别以年均 33.7%、38.6%和 27.0%的速度递增。

1949～2010 年若干年份松阳县茶叶种植面积及产量表

表 14-3-2-1

年份	1949	1981	1990	2000	2002	2005	2007	2010
面积（万亩）	0.06	2.17	2.06	3.19	5.89	8.47	10.05	11.7
产量（吨）	10.15	577	1059	2532	3652	5195	6388	11000

2004 年和 2008 年松阳县茶叶加工单位（含个体）主要经济指标表

表 14-3-2-2

指　标	第一次经济普查（2004 年）	第二次经济普查（2008 年）	指　标	第一次经济普查（2004 年）	第二次经济普查（2008 年）
企业数（家）	464	1562	工业增加值（亿元）	0.29	1.50
从业人员数（人）	1435	4826	固定资产原价（亿元）	0.26	1.44
工业总产值（亿元）	1.49	5.52	产量（万吨）	0.29	0.76

纺织及服装业

松阳县城乡，民间素有纺纱、织土布，加染青、蓝色自着习俗。民国28年（1939） 10月，古市镇消费社创办织袜厂。民国30年5月，县城有杭州洗染厂、允华洗染厂及亨记、源通、裕通源、叶大有、邹万隆、集成、肖记、大中等10余家染坊工业。是年，省赈济会难民染织厂第二发行所设南直街173号。民国31年1月，浙东纺织公司在松阳设第二厂，厂址裕溪刘祠，有员工205人，纺织机63台。民国32年7月，产棉纱239.4包，产值1347万元，民国34年8月，停办。

1951年10月，郭隆兴织布厂开业。1952年，仁丰织布厂开设在西屏镇善应堂包家，兼设布店，有资本0.33万元，流动资金0.3万元，全木机12台，整经机1台，员工16人。产本色棉布1.2万米，计6.61匹。布厂于1954年停办。

图14-7 松阳县丝针织厂（县档案馆提供 1992年）

1982年松阳恢复县制后，针织业发展较快。县城有松阳丝针织厂、织绸厂、第一毛纺厂、第二毛纺厂及私营纺织厂等，县工业局属松阳丝针织厂。1995年，全县有纺织、服装、皮革制造业等工业企业14家，其中纺织业9家、服装及其他纤维制品制造业4家、皮革毛皮羽绒及其制品业1家；工业总产值6953万元。

2005年，全县有规模以上纺织、服装、皮革制造业等企业3家。其中纺织业企业1家，纺织服装、鞋帽制造业企业1家，皮革类制造业企业1家；工业总产值2369万元。2010年，全县有规模以上纺织业企业2家，工业总产值4805万元；有规模以上纺织服装、鞋、帽制造业等企业2家，工业总产值16085万元。

第三节　竹木制品与纸业

竹木加工及家具制造业

1978年，枫坪、玉岩、交塘、安民、蛤湖、大东坝、石仓、雅溪等公社先后创办木材加工厂。主要设备是26～32寸带锯，加工生产自行车包装箱、啤酒箱及松、杉、什木门窗料和板方料。1982年，全县有竹木加工企业10家、职工124人，产值92万元。

1985年，全县有竹木加工企业30家、职工273人，产值140万元，比1982年末增长51.17%。木材加工向精加工发展，加工木地砖、折椅、躺椅、家具、学生课桌凳、大小圆桌等。1987年冬，从台湾引进竹粒加工工艺，试制成功竹粒沙发座垫、汽车驾驶员座垫，并投入批量生产，产品投放到上海、南京、西安等地市场试销。

1988年，竹制品工艺企业开始起步，至1990年末有31家。产品从竹粒沙发、汽车沙发发展到竹粒

图 14-8 松阳县竹制产品（县档案馆提供 1992 年）

凉席、汽车驾驶室竹粒沙发座垫、竹珠沙发、竹珠靠背椅、背袋、门帘等系列产品。家具产品发展办公豪华型系列家具，产品销往上海、北京、南京、西安、杭州、无锡、苏州、郑州、开封等地。1990 年，竹木加工企业的总产值 390 万元，占全县工业总产值的 10.65%。全县从事竹木加工、家具制造业 36 家，职工 633 人。

1991 年开始，竹木系列制品、竹木家具企业进行技术改造，更新产品，全县竹木制品在上海、北京、南京等地畅销。1991 年 10 月，松阳县竹制工艺品厂生产的竹木天然系列产品在“七五”全国星火计划成果博览会上获银奖。1992 年，全县竹木加工业、家具制造业的企业发展到 52 家，职工 1090 人，产值 1532 万元。1995 年，全县有竹木制品业工业企业 28 家，其中木材加工及竹藤棕草制品业共 23 家、家具制造业 5 家，工业总产值 1634 万元。

2001 年，全县有年销售收入 500 万元以上的木材加工及竹、藤、棕、草制品业企业 1 家，工业总产值 69832 万元。2005 年，全县有规模以上木材加工及木、竹、藤、棕、草制造业企业 8 家，工业总产值 8322 万元；规模以上家具制造业企业 2 家，工业总产值 1832 万元。2010 年，全县有规模以上木材加工及木、竹、藤、棕、草制造业企业 12 家，工业总产值 17657 万元；有规模以上家具制造业企业 1 家，工业总产值 4003 万元。

造纸及纸制品业

松阳县造纸历史悠久。元、明时期，传入造纸技术，清以家庭手工作坊改良制作毛边纸。相传虽久，皆因山乡闭塞，墨守旧法，加之运销不畅，发展缓慢。

民国 20 年（1931），产油纸 1200 担、土纸 26700 担、棉纸 100 件。造纸业大多在古市上源、下源 2 乡生产。其质地粗陋，不能供文化印刷之用。民国 28 年 5 月，古市区署召集上源、下源 2 乡热心人士，商讨改良方法，决定筹组纸业改良合作社 2 个，并与浙江省手工业指导所接洽，选派优秀青年纸工 3 人，到龙泉纸业改进场实习，结业回乡协助合作社制造。7 月，省工业指导所派技师涂道如到松阳，在上、下源乡实施研究，指导建筑造纸场。8 月，成立合作社，有社员 91 人，筹集股金 2360 元，产出新闻用纸，质料颇佳，价格较各地低廉，但产量不多，供不应求。是年，省建设厅古市经济实验区在赤川乡大岭脚村开办纸业合作社，生产书写毛边纸。全面抗战期间，古市区樟溪乡钟灵曾以科学方法改良、制造绿报纸及改良纸，因管理不善，亏本停业。纸户仍以土法生产土纸。抗战胜利后，造纸业略有发展，以家庭作坊制造土纸、雨伞纸、棉纸。1949 年调查，纸户最多的南源、周源 2 乡 133 个村有纸槽 265 只、蒸锅 55 只，产量 5530 担。全县年产量约 1 万担。

中华人民共和国成立后，造纸业有较大发展。1951 年，古市叶光尧集股创建私营竞成造纸厂。1955 年，成立西屏镇造纸合作社。1959 年，成立西屏供销部造纸厂。1966 年，开始生产机制纸。

1982年恢复松阳县制后，造纸的规模扩大，产品增加，技术进步。1992年，全县造纸企业2家，从业人员580人，总产值2317.3万元，主要产品有凸板纸、书写纸、纸袋纸、牛皮纸、箱板纸、马赛克铺贴纸、打字纸、瓦楞纸等。

1995年，全县有造纸及纸品业工业企业8家，工业总产值3881万元。2006年，全县有规模以上造纸及制品业企业1家，工业总产值504万元。2010年，全县有规模以上造纸及制品业企业4家，工业总产值5649万元。

第四节　印刷与文教体育用品制造业

民国3年（1914），设有尺素坊文具店，兼印簿册。民国7年，源源文具店有木版印刷书簿。民国10年，有墨化石印局。民国18年，始有铅印、机器印刷。民国20年，西屏镇耐性桥源源文具店有石印机代顾客印书簿。是年，锦铭印刷社置铅印设备。民国23年，翰墨园印刷所开业，地址西屏镇太平坊下。民国27年，文化印刷社置铅印、石印。民国32年，括苍印刷社开业，有二号机1台、三号机2台、石印1块，全为脚踏操作，主要印刷小学簿册。民国34年，毓文印刷社开业，有印刷机2部，员工4人，主要印发票。

1950年，组建公营松阳印刷厂；1952年，改称地方国营松阳印刷厂。1956年2月，毓文印刷所并入县印刷厂。

1982年松阳恢复县制后，印刷业有较大发展。主要印刷企业有松阳第一印刷厂、第二印刷厂、第三印刷厂、西屏印刷厂、松阳二中印刷厂、松阳区校印刷厂、松阳统计局印刷厂7家。1995年，全县有印刷业、记录媒介复制及文教体育用品制造业等工业企业7家，工业总产值1123万元。

图14-9　松阳第一印刷厂印刷车间（县档案馆提供 1998年）

2001年，全县有年销售收入500万元以上文教用品制造业企业1家，工业总产值18090万元。2005年，全县有规模以上文教体育用品制造业企业1家，工业总产值14272万元。2010年，全县有规模以上文教体育用品制造业企业3家，工业总产值7370万元。

第五节 医药制造与橡胶及塑料制品业

医药制造业

松阳城镇，中药铺设有中药加工、泡制工场，自制自用。民国 18 年（1929），“包一钱”中药店选送桔梗，获西湖博览会优等奖。

1966 年 6 月，杭州胡庆余堂制药厂在西屏镇设伤膏分厂，主要生产药用橡皮硬膏、黑膏药。1982 年松阳恢复县制后，称处州制药厂。2003 年 6 月，处州制药厂加盟康恩贝集团，设立浙江英诺珐医药有限公司。2010 年，浙江英诺珐医药有限公司工业总产值 10398 万元。详见本章第八节“企业选介”。

橡胶及塑料制品业

1951 年 6 月，利用原浙江省建设厅放在航船头的 2 个锅炉（国有财产），西屏工商业户投资合办松阳利生松胶厂，称公私合营利生松胶厂。1952 年，改为地方国营，隶属县工业局，厂址西屏镇航船头。经营业务主要是替松阳县土产公司加工松香、松节油。1953 年 12 月停办。1983 年，组建松阳塑料厂；1986 年，成立松阳县塑料化工厂。

2005 年，辖区新办规模以上塑料制品业企业 1 家，工业总产值 19808 万元；新办规模以上橡胶制品业企业 1 家，工业总产值 15440 万元。2010 年，全县有规模以上橡胶制品业企业 3 家，工业总产值 15786 万元；有规模以上塑料制品企业 6 家，工业总产值 56712 万元。

第六节 非金属矿采选业与金属制品

非金属矿采选业

1995 年，全县有非金属矿采选业工业企业 1 家，工业总产值 178 万元。1996 年，有 8 家，工业总产值 851 万元。

2001 年，全县有年销售收入 500 万元以上非金属矿物制品业企业 3 家，工业总产值 38682 万元。2006 年，全县有规模以上非金属矿采选业企业 1 家，工业总产值 650 万元。2010 年，全县有规模以上非金属矿采选业企业 9 家，工业总产值 18532 万元。

金属制品及加工业

1979 年 10 月，遂昌县社队企业局投资与石仓乡联办松阳县红灯皮革厂，生产各式背袋、直杆伞。至 1982 年，松阳县金属制品企业仅此 1 家。

1985 年，松阳县有松阳县皮件厂、石仓乡环球伞厂、红灯伞厂 3 家制伞业，职工 85 人，产值 40 万元。1990 年，发展到 8 家，有职工 160 人，年产各类晴雨伞 15 万把，产值 166 万元。1992 年，降至5家，职工186人，年生产各类晴雨伞30万把，产值218万元，比1990年增长31.33%。

2005年，辖区新办规模以上金属制品企业1家，工业总产值1050万元。2006年，新办规模以上金属制品企业1家；年末，有规模以上金属制品企业2家，工业总产值1006万元。2010年，全县有规模以上金属制品业企业4家，工业总产值6775万元。

第七节　机械制造与建材等工业

机械制造业

清光绪三十三年（1907），石仓茶排村阙宗清在南坑口村建炉炼铁。宣统二年（1910），有72条砂坑洗铁砂，有铁炉10余处，冶炼生铁。民国初年，杜永兴、徐昌源在县城建炉，铸造民用铁锅、犁头、耙齿等。民国18年（1929），有铁铺10家，其中西屏7家。民国20年，石仓金坑下用铁砂炉冶炼铁。

民国时期，城乡均有个体铁匠，县城有铁匠店、铜店、银店，均系手工操作。产品有锄头、犁头、犁壁、耖齿、耙齿、柴刀、菜刀、锅铲、铜壶、汤罐、各类金银饰品等。

1952年，组织松阳铁器生产合作社。1953年，组成石仓炼铁小组。1958年，在全民“大办钢铁”运动中，西屏、古市、大东坝等地大建土炉群，耗费大量人力、物力和财力，产品多为渣铁；1961年后停办。1960年，在靖居毛弄建立炼铁厂，商业局建成五金修配厂。1970年后，随着农业机械逐步推广，部分区社建立农机修配站。1970年12月，建立地方国营县水电局农业机械设备修配厂。1981年后，农业机械设备修配厂获得新发展。

1982年恢复松阳县制时，松阳区域有机械工业15家，职工143人，产值51万元，松阳通用机械厂、靖居农机厂（靖居微型水轮机厂）及古市镇、岗寺公社、赤寿公社、斋坛公社农机厂初具规模。主要铸造手扶拖拉机的零配件，制造单人、双人脚踏打稻机，修理各种农机具。

1985年，全县有机械工业企业13家，职工170人，年总值111万元，占全县工业总产值7.11%。1990年，全县有机械工业企业8家，职工179人，产值190万元，占全县工业总产值的5.2%。1992年，全县有机械工业企业7家，职工147人，产值343万元，占全县工业总产值的2.28%。

2001年，全县有年销售收入500万元以上机械制造业企业6家，其中普通机械制造业1家、交通运输设备制造业3家、电气机械及器材制造业2家，工业总产值192788万元。2005年，全县有规模以上机械制造业企业11家，其中通用设备制造业4家、交通运输设备制造业2家、电气机械及器材制造业5家，工业总产值28687万元。

2010年，全县有规模以上机械制造业企业17家，其中通用设备制造业10家、交通运输设备制造业5家、电气机械及器材制造业2家，工业总产值88342万元。

建材工业

县内界首、三都、水南都有古窑址，生产陶器、砖瓦。三国两晋时已能烧制陶瓷。三都乡碗寮村，白瓷、青花瓷废品堆积。明、清时期，生产雕花大条砖，石雕工艺愈趋精湛，能镌刻石梁、石狮、石栏杆、石香炉、建造石牌坊。民国32年（1943），松阳生产石灰5万担；民国37年，望松一带仍有小窑生产石灰。

1950年，组织江南区陶器生产合作社；1958年6月，转为地方国营；1959年，停办。1955年，瓦窑头村窑户组成手工业社；1958年，转为地方国营；1959年，转为西屏人民公社砖瓦厂。1985年，创建松阳煤矿陶瓷厂。1991年，创办建筑装饰材料厂，生产白色、彩色墙地釉面砖。

1982年松阳恢复县制前，建材工业有松阳耐火纤维厂、赤寿砖瓦厂、村办的集体砖瓦厂等。到1982年末，有13个厂家，职工629人，年产值69万元。1985年，发展到40家，比1982年增长3.07倍，职工661人，产值149万元。

从1990年开始，松阳县建材业不断进行技术改造，扩大生产规模，成为乡镇工业的主要行业之一。是年，企业总数下降至12家，职工703人，产值675万元。

1992年，建材企业降至10家，职工782人，产值1606万元。1992年，县工业局属建材企业3家，产值1055万元，创税利168万元。主要企业有松阳陶瓷厂、松阳建筑装饰材料厂、松阳陶器厂、松阳耐火器材厂。1993～1997年，地方国营企业贯彻实施《全民所有制工业企业转换经营机制条例》，落实企业自主经营权。1998～2002年，多数企业完成改制。至2004年，全县有非金属矿物制品业企业4家，工业总产值54578万元。2010年，全县有非金属矿物制品业企业9家，工业总产值18532万元。

图14-10 松阳建筑装饰材料厂窑务车间(县档案馆提供 1992年)

其他工业

1956年，成立西屏镇建筑生产合作社，地址在西屏镇水牵面弄1号。1958年，“大办钢铁”时主要产品有风箱、单轮车、打稻机，是年工业产值3.487万元，固定资产0.543万元，职工107人。1975年，改名为松阳建筑社，占地面积1267平方米，建筑面积762平方米，职工105人。1978年，改为松阳建筑公司。

1956年，成立古市建筑社，厂址在古市镇筏铺121号。从事小型建筑、房屋修理，试制成功风箱、打擂机、单轮车、毛竹水车等。20世纪70年代，新增木材加工业务。80年代，新增210树脂生产。1975年，工业产值14.44万元，职工31人，厂区占地面积2395平方米、建筑面积562平方米。1978年，与古市木器社合并，改名为古市建筑木器厂。1983年7月，重新分设为古市建筑工程队和古市木制品厂；1988年，古市建筑社扩建县卫生竹筷厂。1989年，建立有机化工厂，实行一套班子二块牌子。保留古市建筑社牌子。主要设备有带锯机、手板振动器、车床、刨床、钻床。1992年，厂区占地面积2395平方米、建筑面积1209平方米，工业产值24万元，固定资产（原值）8.8万元，职工21人，其中工程技术人员2人。

1986 年 10 月，新处乡松阳县光明电器厂建成投产，职工 38 人，产值 8 万元。1990 年，有固定资产 43 万元，职工 145 人，年产值 260 万元，税利 16 万元。主要产品为调光器、豪华型八角琉璃灯。生产的调光器主要是为上海长虹灯具厂配套，八角琉璃灯 1988 年获丽水地区“四新”产品奖，产品通过上海口岸出口欧洲。1992 年，职工降至 35 人，产值 78 万元、税利-9 万元，分别比 1990 年减少 70%和 43.75%。

图 14-11　光明电器厂生产的豪华型八角琉璃灯系列产品（县档案馆提供 1992 年）

1995 年，全县有烟草加工业企业 1 家，工业总产值 111 万元。2005 年，全县有规模以上工艺品及其他制造业企业 3 家，工业总产值 15571 万元。2010 年，全县有电力生产和供应业企业 5 家，工业总产值 21552 万元；水的生产和供应业企业 1 家，工业总产值 712 万元；工艺品及其他制造业企业 4 家，工业总产值 3427 万元。

1991～2010 年若干年份松阳县规模以上工业分行业情况表

表 14-3-7-1

行业名称＼年份	1991		1999		2005		2010	
	企业数（家）	工业总产值（万元）	企业数（家）	工业总产值（万元）	企业数（家）	工业总产值（万元）	企业数（家）	工业总产值（万元）
有色金属矿采选业	—	—	3	42705	3	18506	2	10828
非金属矿采选业	3	525	1	4191	1	—	1	1164
食品、饮料业	26	3407	6	34381	3	3617	15	64194
纺织业	10	2944	—	—	1	556	2	4805
纺织服装、鞋、帽、皮革类制造业	3	4	—	—	2	1813	2	16085
木材加工及木、竹、藤、棕、草制造业	33	1254	—	—	8	8322	12	17657
家具制造业	12	240	—	—	2	1832	1	4003
造纸及纸制品业	6	2066	1	300	1	—	4	5649
文教体育用品制造业	—	—	1	8530	1	1427	3	7370
化学原料及化学制品制造业	—	—	—	—	4	2678	6	9761

续表 14-3-7-1

行业名称 \ 年份	1991		1999		2005		2010	
	企业数（家）	工业总产值（万元）	企业数（家）	工业总产值（万元）	企业数（家）	工业总产值（万元）	企业数（家）	工业总产值（万元）
医药制造业	—	—	1	36061	1	2932	1	10398
橡胶制品业	—	—	—	—	1	1485	3	15786
塑料制品业	—	—	—	—	1	1716	6	56712
非金属矿物制品业	—	—	2	16762	8	10034	9	18532
黑色金属冶炼及压延加工业	—	—	—	—	9	22681	55	396644
有色金属冶炼及压延加工业	—	—	—	—	—	—	4	98376
金属制品业	—	—	—	—	1	1050	4	6775
通用设备制造业	—	—	—	—	4	3777	10	14603
交通运输设备制造业	—	—	3	164687	2	13145	5	31411
电气机械及器材制造业	—	—	1	14203	5	11176	2	42328
通信、计算机及其他电子设备	—	—	—	—	1	594	—	—
工艺品及其他制造业	—	—	—	—	2	1557	4	3765
电力、热力的生产和供应业	—	—	2	21930	4	13346	5	26673
水的生产和供应业	1	35	2	3135	2	462	1	838

第八节　企业选介

松阳酒厂

原地方国有企业，隶属县工业局，厂址古市镇后街垄。始建于 1953 年 5 月，前身在古市合作酿坊基础上，组建为地方国营松阳酒厂。1956 年 2 月，西屏联合酿坊部分工具拍卖给松阳酒厂，职工转入酒厂。1958 年 7 月，公私合营西屏酱园并入，更名地方国营松阳县酿造分厂；11 月，丝线岩麻厂并入。1959 年 7 月，更名地方国营遂昌第二酒厂。1961 年 6 月，公私合营遂昌酒厂并入地方国营遂昌第二酒厂；10 月，更名地方国营遂昌酒厂，设城关、古市车间，厂部迁城关。是年，把白酒生产采用“道桶”吊酒、垫皮发酵、固体小操作，改为麸曲酵母发酵、“木桶”液体大操作。1964 年，对生产工艺流程进行改革，由搭窝酿造、白药小操作改为乌衣红曲、原料粉碎、液态发酵的大操作。1965 年 11 月，增设玉岩、西屏工场，不久即撤销；1970 年 9 月，撤销城关车间，搬迁至古市，厂部随迁。1972年，投资1.7万元，建造铸铁酒精双塔；1973年，投资1.5万元，建造344立方米单层砖瓦结构的后酵房。1980年，对黄酒前酵生产工序进行技术改造，投资7.11万元，建成四层酵楼8只计80立方米的前酵灌，实施前酵大罐、后酵水泥池的连续化生产线。1981年，投资30余万元，建造瓶装酒车间。

1982年5月，复名浙江省松阳酒厂，厂名一直沿用。是年，松阳特酿获省轻工业厅“四新”产品优秀设计奖，丽水地区“优良产品”奖。1983年，形成年产白酒1000吨的现代化生产线。1984年，投资332.4万元，把原瓶装酒车间改建为年产5000 吨啤酒车间。1985年，乘龙特酿获省轻工业厅“优秀四新产品”奖，丽水地区“包装装璜”一等奖。1987年和1989年，酒厂投资29万元，对黄酒生产前后酵分两期进行改造，彻底改变酿缸发酵、地窑蒸饭、木机榨酒的手工操作，形成年产4000吨的现代化生产线。主要产品有黄酒、粮食白酒、代白酒、特酿酒、葡萄酒、五加皮、甜蜜酒、姜枣酒、果汽酒等20余种。1990～1991年，获浙江省酿酒行业最佳企业称号。1992年，投资220万元，在望松乡石角村筹建白酒车间，生产浓香型醴泉特曲白酒。醴泉特曲获中国沿海地区外向型企业展销会优质产品一等奖。松阳特酿获布鲁赛尔第三十届世界优质产品金奖。1992年，厂区面积12528平方米，其中建筑面积10304平方米。有职工146人，其中技术人员20人。年产黄酒2591.4吨，白酒246.9吨，其他酒172.4吨，双奖名酒1万盒。2003年，浙江省松阳酒厂依法破产。

松阳造纸厂

原地方国有企业，隶属县工业局，厂址西屏镇青蒙村。1958年3月，松阳县人民委员会决定成立松阳人造丝浆厂筹建处。10月，在青蒙村征用山地10.67公顷；12月，施工建厂。1959年6月，国家对工业进行全面调整，人造丝浆厂停建；10月，恢复筹建；12月，改为木浆厂筹建处。1960年3月，企业名称定为地方国营遂昌县木浆厂。1966年12月，企业名称改为遂昌县青蒙造纸厂。1969年1月，企业名称改为遂昌县松阳造纸厂。1982年5月，企业改称松阳县造纸厂。1987年，购入4#四缸四网造纸机。1990年，购入1092双缸双网5#机。1992年，企业有职工443人，其中技术人员35人。固定资产原值792万元；厂区面积100622平方米，其中建筑面积24886平方米；在丽水县（今莲都区）的老竹、雅溪、堰头及松阳的上河、塘寮、筏铺设立6处麦秆堆放场，计面积63216平方米，其中建筑面积1614平方米。主要设备有蒸球、造纸机、切纸机、切片机、除节机、浓缩机、漂洗机、精浆机、打浆机、复转机等80余台，形成机械化造纸生产流程。生产工艺为采用草、木硫酸盐蒸煮法。主要产品有52克/平方米凸版纸、50～80克/平方米书写纸、40克/平方米薄凸版纸、30克/平方米打字纸、牛皮纸、纸袋纸、马赛克铺贴纸、着色底层纸等。质地优良，产品畅销上海、福建、杭州等地。年产凸版纸2237吨、书写纸1535吨、纸袋纸1270吨、牛皮纸724吨、装饰底层纸333吨、薄凸版纸60吨、马赛克铺贴纸119吨。产值2260.3万元，利润81.9万元，税金154.7万元。产值、税金居工业系统第一位。2000年7月，松阳造纸厂依法破产。

松阳煤矿

原地方国有企业，隶属县工业局，矿址象溪毛弄村。始建于1959年3月，时称靖居毛弄煤矿。原靖居公社组织开采，后由县接管。1960年1月，改称遂昌煤矿。是年，省投资6万元建小煤井。

1961 年，投资 3 万元；至 1962 年末，共投资 47.94 万元，1964 年投产。1971 年 6 月，称靖居煤矿。1972 年 12 月，称遂昌煤矿。1973 年 7 月，自行设计、测绘、架设 10 万千伏港口至矿区输电线路，解决生产生活用电。1982 年 5 月，改称松阳煤矿。1984 年 10 月，架设井口至北翼风井 1 千米 1 万伏高压线路，改自然通风为机械通风。建立综合防尘系统，井下使用矿灯。

煤炭产品为发热量 3000 大卡以上七级无烟煤，适宜民用和砖瓦厂等。1988 年，省地质二队重新勘探确定，矿区储量为七级无烟煤，发热量在 3000 大卡以上的有 10.92 万吨。松阳煤矿是政策性亏损企业。1985 年 3 月，投资 5 万元建附属厂，即松阳县文具厂。主要产品为人造牛角象棋三种规格七种型号。1992 年，每吨无烟煤成本 106.63 元，而销价仅 90.04 元，每吨亏损 16.59 元，省核定每吨补贴 28 元，年销售 5318 吨，省补贴 15.1 万元。为解决工业用煤的紧张状况和改变居民的燃料，以煤代柴，充分利用当地煤，达到保护山林之目的，每年按计划开采，财政核定吨煤补贴，超亏不补，减亏留用。1992 年，企业有职工 127 人，其中技术人员 13 人。固定资产原值 81.8 万元，产值 55.8 万元，利润 5.1 万元，税金 1.2 万元。产原煤 5012 吨，煤矸石粉 2120 吨，人造牛角象棋 21.28 万副。1961～2010 年，松阳煤矿多次获县、地、省和全国安全生产先进单位称号。1998 年，松阳煤矿闭井关停。

处州制药厂

原地方国有企业，隶属县工业局。厂址县城西吴家山脚（原国强中学旧址）。1966 年，杭州胡庆余堂制药厂根据省计委、省卫生厅在山区建平战结合药厂的指示，经过调查选点，确认选址符合办药厂要求。是年 6 月，省人委批准在西屏镇设杭州胡庆馀堂制药厂伤膏分厂，时称杭州中药厂一分厂。由胡庆余堂直接领导，统筹安排，省 3 次投资计 26.8 万元。1968 年 2 月投产，主要生产药用橡皮硬膏、黑膏药。1971 年 1 月，体制下放，由县管理，与杭州胡庆余堂制药厂脱钩，改名遂昌中药厂；是年，投资 25 万元，建造丸片车间、仓库和办公楼。1973～1974 年，投资 4.7 万元，建造原药仓库、成品仓库和维修车间。1978 年，投资 20 万元，建造中草药提炼车间、锅炉房、配电房、五金仓库。1979 年 3 月，省授予“大庆式”企业称号。1980 年，投资 3.2 万元，建造物料仓库和食堂等生活设施。1981～1982 年，兼用浙江省遂昌滋补品厂厂名。1982 年后，改称处州制药厂。是年 6 月，投资 5 万元，建造口服液车间，1984 年 4 月投产。1983～1988 年，投资 198.84 万元，改造打粉车间、建造四层楼职工宿舍、新伤膏车间、安瓶口服车间，增加不锈钢沉淀锅 27 只，使药酒产量增加 2 倍。

图 14-12　处州制药厂（县档案馆提供 1992 年）

生产的伤湿止痛膏产品，于 1983 年 6 月、1984 年 5 月分别在全省同品种质量评比中获第一名、全国同品种质量评比中获第三名。1985 年 9 月，全省中成药同品种质量评比，六味地黄丸、伤湿止痛膏获第一名。是年，伤湿止痛膏获省优质产品称号。1986年，三两半药酒全省同品种质量评比获第一名。1988年1月，三参皇浆口服液获省最佳冬令商品银杯奖。1989年，东方至宝口服液获全国抗炎免疫抗衰老药物金杯奖。

1992年，厂区面积36794.18平方米，其中建筑面积15624.63平方米。各种生产设备124套（台），产品自动化、半自动化灌装。配备减压蒸馏、远红外线干燥、气相色谱仪、分光光度计、电光分析天平等先进检测仪器，能生产丸、片、冲、散、橡皮硬膏、药酒、糖浆、口服液等10余种剂型百余个产品。主要产品有伤湿止痛膏、麝香伤湿膏、六味地黄丸、香砂养胃丸、羚羊角粉、可达灵片、十全大补酒、三两半药酒、半夏露、维磷补汁、午时茶冲剂、三参皇浆口服液、猴菇饮等。全年中成药产品产量为783.72 吨。其中，药酒675.84吨、丸剂7.66吨、粉剂19.84吨、其他80.38吨，膏药7135.4万张。年产值 2131.9万元，利润81.1万元，税金74.5万元。2001年，处州制药厂工业总产值26006万元，新产品产值592万元。

2003年6月，加盟康恩贝集团旗下，设立全资销售子公司浙江英诺珐医药有限公司。

浙江英诺珐医药有限公司

公司是全国医药行业的重点骨干企业康恩贝集团下属企业，位于松阳县城。前身是素有“江南药王”之称的百年老厂杭州胡庆余堂制药厂的分厂浙江省处州制药厂。2003年6月，加盟康恩贝集团旗下，设立全资销售子公司浙江英诺珐医药有限公司。公司为国家高新技术企业，浙江省技术创新能力百强、浙江省“隐形冠军”培育企业、丽水十强企业、丽水市知识产权示范企业、丽水市100家最佳成长型企业、丽水市百强工业企业、丽水市院士专家工作站、松阳县工业20强。2010年，公司注册资本3亿元，拥有总资产4.8亿。公司主要生产中成药，拥有合剂、酒剂、糖浆剂、口服溶液剂、橡胶膏剂5个剂型。主要产品有复方鱼腥草合剂、麝香解痛膏、麝香镇痛膏、十全大补酒、三两半药酒等产品。

2006年，浙江英诺珐医药有限公司工业总产值2932万元。2010年，公司工业总产值10398万元。

松阳啤酒厂

原地方国有企业，隶属县工业局，厂址古市镇广因寺脚，系松阳酒厂啤酒车间。始建于1985年4月，1986年5月竣工，6月投产。设计年产能力5000吨。基建时拨款9万元，贷款374.4万元，自筹38.71万元，共计投入资金422.11万元。

1986年，与杭州啤酒厂签订技术服务协议书。是年，古松牌啤酒被抽检获省质检局颁发标酒1984质量检查合格证书，投放温州、文成、苍南、丽水、遂昌、松阳等20多家销售点试销。1987年1月，再次与杭州啤酒厂订立经济技术协作书，获得酒精度12度杭州一级啤酒生产权。主要产品有普通啤酒、特制啤酒、凤牌干爽型啤酒。“古松”“杭啤”“特啤”等产品销往福建省浦城县和苍南、瑞安、文成、青田、泰顺、龙泉、庆元、丽水、遂昌等县。年生产能力7000吨，是丽水地区啤酒生产重点厂之一。1987年10月，啤酒车间从松阳酒厂析出，建立地方国营松阳啤酒厂。

1991年5月，松阳啤酒厂承包经营望松乡的松阳麦芽厂。1992年，厂区面积19000平方米，其中建筑面积7899平方米。有职工146人，其中技术人员11人。固定资产原值440万元，年产啤酒

3540.33 吨，产值 493.5 万元，税金 58.5 万元。是年生产的小霸王干啤酒获首届香港中国优质商品博览会金奖，凤牌干爽型啤酒获丽水地区“四新”产品二等奖。

1992 年末，县工业局属国有松阳酒厂、松阳啤酒厂 2 家酿造业企业，有职工 292 人，其中技术人员 31 人。年产值 1190 万元，税金 114 万元。1994 年 8 月，松阳啤酒厂依法破产。

松阳高岭土公司

原地方国有企业，隶属县工业局，厂址西屏镇车站路 27 号。1982 年松阳恢复县建制后，当地政府重视对高岭土资源开发和利用，大力开发高岭土系列产品。1984 年 6 月，松阳县组建松阳高岭土选矿厂筹建小组。6 月，投资 85 万元，征地 1000 平方米，筹建松阳高岭土材料厂，1986 年 8 月投产，厂址西屏镇马桥下。1985 年 4 月，经县政府批准，把蛤湖乡蜡石矿转为地方国营，建立松阳高岭土矿，投资 100.5 万元，新建一条由葫芦井至蜂洞岩、长 11.64 千米的矿山公路。之后，陆续投资 60 余万元添置发电机，安装山坑自来水，建造蓄水池、职工宿舍等配套设施，至 1987 年，年开采量提高到 2.3 万吨。1988 年 1 月，高岭土系列产品开发领导小组建立。1985 年 10 月，经县政府批准，撤并松阳高岭土矿、松阳高岭土材料厂、松阳矿业公司 3 家企业，组建松阳高岭土公司（对外保留松阳县矿业公司牌子）。

1990 年，松阳高岭土公司投资 10 万元，新建矿山索道，改人力肩挑为索道牵引，年末投产，年开采量增加 6000 吨；每吨降低运输成本 30 元。1991 年，投资 500 万元，征地 8 万平方米，研制和新建锻烧、超细、改性高岭土、白炭黑和聚合氯化铝等高岭土深加工系列产品车间。1992 年，公司占地 107920 平方米，其中建筑面积 9679 平方米。有职工 193 人，其中技术人员 21 人。固定资产原值 469 万元。公司有 1 个矿区、1 个厂区、1 个车队。年产矿石 6.74 万吨、高岭土粉 2 万吨，产值 772.5 万元，利润 101.8 万元，税金 51.5 万元。产品有雕刻石、伊利石、瓷土、各种品位高岭土矿石、改性高岭土等，畅销省内杭州、温州及江苏、江西、上海、四川等省市。2002 年 9 月，松阳高岭土公司依法破产。

松阳塑料化工厂

1983 年，组建松阳塑料厂，厂址松阳县阳溪公社周垒大队。1984 年，组建松阳县塑料化工厂，厂址在长虹路第二工艺厂内。1984 年 5 月，浙江省计经委拨出扶贫资金 43 万元，筹建聚乙烯蜡车间，于 1984 年 10 月投产。1986 年 1 月，松阳塑料厂、松阳县第二工艺厂、松阳县塑料化工厂合并，成立松阳县塑料化工厂。1990 年，投资 93 万元，扩建新型多功能麝香项目。全厂设有 3 个科室和 3 个车间，有办公室、供销科、财务科。塑料车间主要设备有塑料挤出机、注塑机、压铸成型机、塑料粉碎机、包装机；化工车间主要设

图 14-13　松阳县塑料化工厂（县档案馆提供 1992 年）

备有反应釜 2 台；麝香车间主要设备有蒸镏釜、中压反应釜、重结晶釜、离心器。主要产品有聚乙烯蜡、农用藻膜、吸塑产品、塑料制品。

1983 年，磁白藻膜和聚乙烯蜡被地区行署工办评为优秀新产品奖。1992 年 9 月，聚乙烯蜡在全国实用技术展览交易会荣获金奖，中国未来研究会商标广告评价专业委员会“松晶牌”聚乙烯蜡评为全国优秀商标设计奖。是年，厂区占地面积 6600 平方米，建筑面积 2300 平方米，工业产值 163 万元，税金 8 万元，利润 3 万元，固定资产原值 33.10 万元，全厂职工 35 人，其中工程技术人员 5 人。

浙江科马摩擦材料股份有限公司

公司成立于 1995 年，注册资金 5680 万元，位于县城瑞阳大道 312 号。厂区占地面积 65000 平方米，年产值 1.3 亿元，是国内从事研发、生产、销售各类汽车用离合器面片专业企业。公司是中国摩擦密封材料协会常务理事、中国汽车工业协会离合器专业委员会会员，先后获得高新技术企业、浙江省级绿色企业称号。公司建有省级高新技术企业研究开发中心，与中科院宁波材料技术与工程研究所共建摩擦材料研究开发基地。公司通过 ISO/TS16949：2009 质量管理体系认证。生产的汽车离合器面片产品被评为浙江省高新技术产品。

浙江隆达不锈钢有限公司

公司成立于 2005 年 8 月，位于松阳县城瑞阳大道 239 号，是一家专业生产无缝不锈钢管的现代化企业。占地面积 3 万多平方米，建筑面积 2.5 万平方米，职工 195 人，年产无缝不锈钢管 1.5 万吨。

宝丰钢业集团有限公司

公司创建于 2007 年，位于县城瑞阳大道 217 号，占地面积 5.33 公顷，厂房建筑面积 45100 平方米。是国内大型不锈钢制品企业，主要产品有不锈钢无缝钢管、不锈钢焊接钢管、钢制管件，属国内不锈钢龙头企业之一。公司注册资本 1.08 亿元，下辖温州宝丰特钢公司、丽水宝丰钢管公司、丽水宝丰焊管公司、丽水宝丰管件公司、丽水宝丰贸易公司、松阳宝丰冶金研发公司等多家子公司，是集不锈钢冶炼、制造加工、销售及技术开发于一体的大型不锈钢专业厂商。2010 年，入围浙江民营企业 500 强。

浙江振通宏茶业有限公司

公司成立于 2008 年，位于古市镇十五里村。2010 年，公司占地面积 12.67 公顷，建筑面积 5.6 万平方米，拥有自营及联营茶园基地 1000 公顷。公司依托松阳县、丽水市丰富的茶叶资源和浙南茶叶市场强大的辐射功能，建有年产 2000 余吨生产能力的速溶茶粉、功能性速溶茶粉生产线；新建年产 500 吨抹茶及各类粉茶生产线。年消耗干茶 1 万余吨，相当于丽水市茶叶总年产量的 1/3 以上，填补丽水市茶叶深加工的空白，从原来的名优茶向茶叶深加工转变，主要产品有速溶绿茶粉、速溶红茶粉、速溶乌龙茶粉、高茶氨酸速溶茶粉、抹茶及各类粉茶等。

浙江耶米玛服饰有限公司

公司于 2008 年 7 月登记注册，注册资金 3125 万元。公司位于县城金屏路 200 号，占地面积 10.87 公顷，投资总额 3.3 亿元（其中固定资产投资 2.03 亿元），总面积 7 万多平方米。公司集棉纺、织袜、有缝内衣和无缝针织内衣生产销售为一体的自营进出口企业，生产的产品全部出口，销往欧、美等十几个国家和地区，并在美国等十几个国家设立贸易公司和办事处。产品从初始原材料棉花、氨纶丝、涤纶丝等，通过纺纱、加弹、包覆、织造到成品的完整的一条龙生产线。公司根据生产的产品和工艺下设 7 个生产车间。2010 年，有员工 917 人，其中当地员工占比 75%以上，企业产值突破亿元。

浙江锐奇鞋业有限公司

公司位于县城青云路 200 号，2009 年建设投产。主要生产中高档硫化鞋、冷粘鞋，是一家集研发、生产、销售于一体的大型无区域民营企业。公司占地面积 3.8 万平方米，建筑面积 4.5 万平方米，总投资 8000 万元。每年投入新产品、新款式研发资金 300 余万元。2010 年，公司有 16 条针车线和 8 条先进成型流水线，成型日生产量 3.5 万双，有员工 1400 余人，企业产值超过 5000 万元。

浙江云中马布业股份有限公司

前身是云中马集团有限公司，专注于革基布的生产与研发，是实施清洁生产的革基布企业。2010 年 9 月，云中马布业股份有限公司成立，位于松阳县王村工业区丽安环路 2 号，公司总投资 4.7 亿元，固定资产占 3.5 亿元，占地 10 公顷，建筑面积 7.6 万多平方米，企业员工 600 多人。经过多年的发展，成为专业生产皮革衬布、服装的龙头企业之一。

浙江顺丰钢结构有限公司

公司成立于 2003 年，位于古市镇黄港坑，是工业园区第一家入园企业，是集各种新型钢结构设计、制造、安装于一体的专业性公司。公司有 8000 平方米的主体厂房和办公楼，员工 300 余人，各类专业高、中、初级技术人员 50 多人，其中工程系列 30 人；有多条先进的自动化生产流水线，产品涉及几十个品种。具有年生产 H 型钢 500 多吨、冷弯薄壁型钢 1000 多吨、各类压型板、轻质板百万平方米的生产能力，有年安装各种跨度和结构的轻型钢结构的厂房、网架、多层钢结构、别墅、可移动办公用房 40 万余平方米的施工能力。

浙江隆华特钢有限公司

公司成立于 2004 年，位于县城瑞阳大道 231 号，是一家从事不锈钢熔炼、无缝不锈钢管、不锈钢线材制造、销售的综合型企业。2006 年，投资兴建浙江金信不锈钢制造有限公司，占地 20 亩。2007 年，在三期投资兴建隆华特钢线材车间，占地 24 亩。3 个实体共占地 82 亩，固定资产投资 5000 万元，建成标准厂房 2.1 万平方米，办公楼、检测楼、宿舍楼 6500 平方米。2007 年，销售产值 7000 万元，是工业园区的龙头企业。2010 年，入围浙江民营企业 500 强。

浙江兴乐电线电缆制造有限公司

2006 年入园，位于县城瑞阳大道 302 号。企业占地面积 120 余亩，厂房建筑面积 3.7 万平方米，总资产 1.2 亿元。实现 3 亿元以上的产值。多次被浙江省人民政府和丽水市人民政府、省工商局评为“重合同、守信用”单位、浙江省优质产品“明星企业”、高新技术企业、科技进步优秀企业、AAA 级信用企业。

浙江宏峰铜业有限公司

2005 年 11 月投资建新厂，位于县城新华北路 139 号。厂区占地面积 2.94 公顷，总建筑面积

17629.43 平方米。2006 年 10 月，建成投入使用，专业制造、加工、销售 H62、H65、H68 等各种牌号、性能、规格的铜带及板材，年产值 5 亿元以上。

浙江东方铜业有限公司

公司成立于 2006 年 11 月，位于县城瑞阳大道 206 号，占地面积 100 余亩，总投资 2 亿余元，是一家专业生产及销售高精度铜板带的企业。2010 年，实现产值 4.16 亿元，员工 118 人，其中专业技术人员 26 人、工程师 10 人、高级工程师 3 人。

浙江鹏业不锈钢有限公司

公司成立于 2005 年 8 月，位于县城鹿鸣路 12 号，是集不锈钢无缝管生产、镍铁冶炼加工以及镍、有色金属、矿石、不锈钢材料等销售为一体的综合型现代化企业。公司总占地面积 8 万多平方米，固定资产 1.2 亿元，年产不锈钢成品管 1.5 万吨，不锈钢管年产值 5 亿元以上（其中出口创汇占总产值的 60%）。2010 年，公司有员工 350 人，其中技术管理人员 50 人、高级工程师 3 人。公司于 2006 年初通过 ISO9001 国际质量管理体系认证，2007 年初取得生产许可证，是松阳县最先获得特种设备生产许可证的企业之一。2010 年，成为核电站非核级钢管国内 4 家合格供应商之一。

松阳雷克本田工业有限公司

公司位于县城长虹东路 328 号，是中国吉利集团投资光彩事业的最大项目。公司主要从事摩托车、发动机零配件研究、开发、制造与销售业务。设计年生产能力 10～15 万台套摩托车。公司从 1995 年 8 月开始筹建，整个工程建设分二期进行。第一期工程于 1996 年 4 月底基本完工，建成装配车间、仓储区、办公楼及宿舍食堂等项目。二期工程于 1996 年 7 月开工，1996 年末即告竣工，建成焊接、喷漆、电泳等车间。占地面积 6.2 万余平方米，建筑面积 2.4 万余平方米。拥有员工 300 余人。1997 年 4 月 28 日，公司正式挂牌开业。7 月，扩建第二条总装配线，基本形成相互配套的生产体系。产品主要有豪迈型、大鲨型、凌鹰型、五羊公主型等多种款式型号的摩托车及零配件。1997 年，生产各种型号的巨龙牌雷克系列踏板式摩托车。

图 14-14　松阳雷克本田工业有限公司（县档案馆提供 1998 年）

第四章 体制改革与管理

1956年，全县私营、联营企业经社会主义改造成为公私合营企业，按股分红改为支付定息。产品实行加工订货，合同经销，逐步纳入计划经济轨道。1957年6月始，厂长负责制改为党委集体领导下的厂长负责制。1978年中共十一届三中全会后，对工业企业进行一系列的改革，从整顿扩权，到开放搞活，加快工业经济发展。1984～1987年，坚持“政企分开，简政放权”的原则，扩大企业自主权。1990～1992年，推进工业企业“三制”改革的试点。1993～1997年，贯彻实施《全民所有制工业企业转换经营机制条例》，重点是落实企业自主权，改革企业的产权制度，逐步理顺企业的产权关系。1998～2002年，基本完成国有、集体企业改制工作。

第一节 经营管理体制改革

按股分红

中华人民共和国成立初期，辖区工业企业均为私营企业，大多是手工业作坊。业主负责来料加工，或上门加工。自行加工的原材料自购，产品自销，国家按税法规定征税。1952～1955年，逐步发展联营和合作型企业，国营工业企业占少数。联营或合作型企业大多为前店后作坊，实行经理或厂长负责，原材料自购，产品自销。收益除向国家缴纳税金、企业开支留成外，按投股数额分红利。国营企业则从计划利润中按不同行业分别提留5%、3.5%、2.5%；超计划利润中按不同行业分别提留20%、15%、12%的奖励基金。企业全年提留奖励基金总额不得超过全年基本工资的15%。提取企业奖励基金后的利润，全部上缴财政。

利润分成

1956年，全县私营、联营企业经社会主义改造成为公私合营企业，按股分红改为支付定息。产品实行加工订货，合同经销，逐步纳入计划经济轨道。1957年6月始，厂长负责制改为党委集体领导下的厂长负责制。1958年始，废除提取企业奖励基金制度，实行利润留成。至此，生产按县计划委员会下达，产品计划调拨，原材料计划供应，品种按计划确定，企业成为单纯的生产型。1962年，县里规定，在全面完成国家批准的主要产品产量和质量计划、新品种计划、核定的工资总额计划、降低产品成本计划、流动资金周转计划和上交利润计划6项年度计划指标后，可按工资总额的3.5%提取企业奖励基金。尚未完成的，每缺一项，少提1/6。超额完成的，可从超额利润中提取10%；计划亏损企业，从计划成本降低额中提取20%。1969年始，奖励基金与职工福利基金合并，按工资总额11%提取职工福利基金。国营企业利润全部上交，盈亏国家统负。

推行合格证书制度

“文化大革命”期间，松阳区域工业企业管理水平下降。1976年10月后，恢复党委领导下的厂长负责制。1977年，企业开展“工业学大庆”，不断加强企业管理，一些规章制度开始恢复建立和健全。同时，整顿和完善经济责任制，改进企业管理；加强劳动纪律，严格奖惩制度；整顿财政纪律，健全财务制度；整顿劳动组织，按定员定额组织生产；建设领导班子，加强职工思想政治工作。通过整顿，组织验收，达到标准后发给合格证。松阳造纸厂、松阳煤矿、松阳酒厂、松阳机械厂、松阳第一印刷厂、处州制药厂经验收取得合格证书。

利改税

1978年中共十一届三中全会后，对工业企业进行一系列的改革，从整顿扩权，到开放搞活，逐步把企业推向市场，加快工业经济发展。1982年前，工业企业按国家规定，截留工资福利基金，核定流动资金以及一定数量的奖金外，全部以利润形式上缴国家财政，亏盈由国家统负。1983年，国营工业企业实行利改税，企业上缴利润改为征收所得税。实行利改税后，国营工业企业增加企业自有资金，增强自我改造、自我发展能力，对搞活企业起到促进作用。是年，松阳造纸厂试行超定额计件奖。除每人每月6元可摊入成本外，其余在职工奖励部分支出，月控制额不超过标准工资的30%。为鼓励企业增产增收，县政府对造纸厂、酒厂实行一年一定的超计划利润分成，实行亏盈包干办法，减亏部分全部留给企业。通过整顿扩权，企业的生产经营发展较快，经济效益比较明显。1987年产值2429万元，比1982年产值1129万元增长1.15倍，税利由199万元到450万元，增长1.26倍。

1984～1987年，按照中共中央关于经济体制改革决定的要求，采取“摸着石头过河”的办法，先试点，后推广，有计划、有步骤地把改革从单项、局部引向全面、配套。坚持“政企分开，简政放权”的原则，扩大企业自主权，减少行政干预。厂长负责制在试点的基础上全面推行。工商企业普遍实行以承包为主的多种形式的经济责任制。在企业内部进行用工制度和经济分配制度的改革，实行合同制和部分浮动工资制，较好克服“大锅饭”“铁饭碗”的弊端，进一步调动职工的积极性。改革促进全县经济持续、稳定、协调地发展。1984年，开展部分企业改革试点，扩大企业自主权。改革领域包括计划、人事、劳动、工资、科技、教育、流通、奖金等方面，国营企业进行第二步利改税试点。这些试点对其他企业单位起到示范作用，推动全县经济工作。采取一些扶持政策，如在财税方面，采取“退一步、进两步”的方针，对部分企业有区别地减收税利，减税180万元，使企业有较多的资金投入技术改造。1986年，全县工业产值5570万元，比1983年增长87.8%。

推行经营承包责任制

1987年3月，松阳县机械厂、松阳酒厂、松阳造纸厂、松阳烟丝厂、松阳高岭土矿第一批实行厂长负责制。其余厂矿陆续推开。是年，深化企业改革，按照《全民所有制工业企业承包经营责任制暂行条例》的精神和“确定基数，递增包干，超收多留，欠收自补”的原则，区分不同情况对国营工业企业实行承包经营责任制。县里对超出承包基数部分，按7∶2∶1比例进行分配，即企业70%或60%、财政20%或30%，其余10%由县财政委托主管局代管，用于对经营者奖励。先后在松阳机械厂、处州制药厂、松阳烟丝厂、松阳酒厂推行承包经营责任制和招标抵押承包，分别签订经营合同和厂长任期目标。1988 年 9 月，对松阳高岭土公司、松阳煤矿进行公开招标。投标者在招标大会上演讲经营方案，解答职工提问，职工投票，评委评定竞争结果，中标者由县工业局行文公布法定代表人，与其签订承包合同和任期目标。中标者交纳一定数量的抵押金。承包期满，进行审计。未进行公开招标的处州制药厂、松阳烟丝厂、松阳酒厂、松阳啤酒厂、松阳机械厂、松阳第一印刷厂、松阳造纸厂实行委托承包。国营工业企业实行承包经营后，增强经营者的责任感，促进生产发展。

1990～1992 年，推进工业企业“三制”和商业企业“四放开”改革的试点，基层供销社实行铺底抽本承包。1990 年，为增强企业风险自我约束机制，浙江省规定从企业税后留利中划出一定比例，建立风险基金。1990 年，松阳造纸厂提 1.6 万元，占企业留利 3.05%；高岭土公司提 0.6 万元，占企业留利 2.08%。1992 年，县工业局首先在啤酒厂进行用工制度和分配制度改革试点。后，国有工业企业全面推开。各企业优化劳动组合，增提折旧和科技开发基金，深化企业内部改革，强化企业管理，用好用活人事管理权、工资奖金分配权，并充分运用市场机制，提高企业素质和经济效益。县工业局对亏损企业建立扭亏增盈目标责任制。采取厂长与局长签订责任书；分线、分片，定厂负责，局领导用工作时间的 1/3 到厂矿指导，机关干部用 1/4 工作时间到厂矿帮助；加快“两项制度”改革；加强内部管理，提高质量，节能降耗；调整产品结构等措施，促进扭亏增盈目标实现。年末，原亏损企业 4 家中有 3 家扭亏为盈，亏损金额由 134.3 万元下降至 10.53 万元。处州制药厂产值由上年的 1406 万元增到 2132 万元，增长 52%；利税由上年的 115 万元增至 156 万元，增长 35.65%。

企业产权制度改革

1993～1997 年，贯彻实施《全民所有制工业企业转换经营机制条例》，重点是落实企业自主权，积极改革企业的产权制度，逐步理顺企业的产权关系，使企业真正成为自主经营、自负盈亏、自我发展、自我约束的法人实体和市场竞争的主体。国有企业在进一步完善现有的各种形式的经营承包责任制的基础上，逐步实行以资产增值和税收为主要内容的承包责任制，鼓励企业引进“三资”企业和个体私营企业的经营机制。对面临倒闭企业，允许破产，可以出租、拍卖给集体或个人经营，也允许外商购买或承包、租赁经营。集体企业、乡镇企业完善承包办法，逐步实行股份合作制、租赁、拍卖等形式，促使经营机制的转换，把企业推向市场。

1998～2002 年，基本完成国有、集体企业改制工作，全县共有 83 家企业进行多种形式的产权制度改革，盘活国有存量资产 4680 万元，转换国有企业职工身份 2773 人，企业资产重组取得明显成绩，现代企业制度逐步确立。至 2005 年，完成国有、集体企业改制。年末，非国有经济增加值占地区生产总值（GDP）比重 80%。

第二节　科技创新与投入

国有工业技改及成果

20 世纪 50～70 年代，松阳县地方国营工业企业以领导、技术员、老工人组成“三结合”科技小组，开展以技术革新、改造设备为主要内容的科技活动。凡对设备进行改革，试制新产品，由三结合班子研究确定，进行试制，成功后报上级主管部门审核同意，再投入批量生产，投放市场。1959 年，松阳煤矿建立生技科，成员 3 人，其中助师工人负责技改和新产品开发。1971 年，处州制药建立技术科，成员 6 人，负责贯彻执行国家技术政策、技术发展规划、新产品研制开发、产品工艺流程、科技档案管理。1978 年 12 月，建立质量监督科，下设中心化验室、菌检室、车间化验室，成员 12 人，其中高级工程师 1 人、初级工程师 11 人；配置气相色谱、电光分析天平、分光光度计、远红外线干燥箱等现代化监测仪器。1990 年，挂牌称处州药物研究所。松阳造纸厂科学技术领导小组共 8 人，负责科技发展规划、新产品研制开发、新工艺流程引进、技术改造等工作。

20 世纪 80 年代后，企业建立技术科和各种学会、协会，主要对旧设备更新改造、引进高新科技、研发新产品。1980 年 5 月，县工业局机械学会、造纸学会建立。1986 年，松阳啤酒厂建立技术科，成员 5 人，其中工程师 1 人、助理工程师 1 人、技术员 3 人，负责科技发展规划、新产品研制开发、设备改造工作。1987 年，松阳陶瓷厂成立技术科，成员 6 人，其中技术员 1 人，负责技改、新产品开发。1988 年，松阳酒厂建立技术科，成员 5 人，其中助理工程师 1 人，负责科技规划、新产品开发、新工艺流程引进、技术改造工作。1991 年 4 月，县质量管理协会成立，负责提高产品质量、交流质量管理经验、宣传质量知识、组织质量检查、质量咨询等。1992 年，县工业局所属企业共有科技组织 9 个。

20 世纪 50 年代，松阳县国营工业企业以开展技术革新为主要内容，对设备、产品结构进行改革，提高产品质量、数量，达到节约原材料、降低生产成本之目的。1954 年，松阳第一印刷厂改进双胶棍、墨盒、墨斗、石印机、裁纸机、铁丝架、字盘等技术；其中改进双胶棍、墨盒、墨斗等 3 件，每天累计可节省时间 8 小时，每月增产 15 万印，全年增产节约 3000 元。1955 年，在开展增产节约运动中，松阳印刷厂进行技术革新，把 2 台 3 号印刷机安装上自动理纸盘和自动报数器，达到节时、增产、准确的目标。

1956 年，公私合营松阳火柴盒片厂改进盒片子最后一刀另切法技术革新，利用底板头复刨，提高原木利用率，每天节约壳子 14270 张、底片 31000 张。在生产打稻机木架中，根据升版机式样利用木料做成升板排钻，用动力带动后，一次可钻 5 个洞，规格准确，一般女工也能操作，生产效率比手工操作提高 10 倍。是年，松阳酒厂改革操作规程，每天投料由 1050 斗米增加到 1200 斗米，提高生产效率。

1982～1992 年，共取得科技成果 22 项，其中改造设备、节能降耗取得成果的 3 项，研制新产品 19 种。在 22 项科技成果中获省奖励 6 项，地区奖励 8 项，县奖励 6 项。1986 年，松阳机械厂对一吨冲天炉进行 3 次设备技改更新，提高挂车产量和质量，企业经济效益显著增加。1987 年，产值 355.1 万元，利润 14.8 万元，税金 6.3 万元，创建厂以来历史最高水平。1988 年 5 月，松阳造纸厂对多缸多网 4# 造纸机进行改进配套工程技术进行辑车，6 月正式生产，到 1989 年 6 月投产一年，产出水泥袋纸和牛皮纸共 1420 吨，达到设计能力的 142%，产值 182 万元，为设计能力的 138.9%，实现利润 55 万元，税金 41 万元，税利总额 96 万元，达到设计能力的 183.2%。1989 年，松阳啤酒厂年投资 2 万元，与浙江省药物研究所科学技术协作开发药物可乐。与杭州啤酒厂进行技术协作，开发杭州啤酒。酒质好，产品畅销城乡市场，取得较好的经济效益。1990 年 3 月，松阳陶瓷厂把装钵工艺中圆装法改为排装法，封闭原窑心¢500MM 的主倒焰孔，对 6 只火膛挡火墙适度进行合理调整，改变火焰运动曲线，缩小挡火钵和窑心温度差，使原来全部挡火钵装上产品，每窑装钵量由原来的 2400 钵，提高 2700 钵，产量增长 12.5%，全年增加生产素坯 80 万片。增加年产值 8 万元，节约能源消耗 3 万元。

图 14-15 松阳县第一粮油加工厂通过技改形成 50 吨日产大米生产车间（县档案馆提供 1992 年）

1991 年，松阳啤酒厂采取技术革新方法，节约原材料，降低生产成本，每吨啤酒耗糖量从 11 千克减至 7 千克，麦芽从 133 千克/吨降至 130 千克/吨，大米从 61 千克/吨降至 58 千克/吨，耗电从 200 千瓦时/吨降至 170 千瓦时/吨，年节约与降低成本资金 1 万多元。是年，松阳高岭土公司组织科技人员进行科技攻关，开发试制伊利石粉，一次性获得成功，使每吨原矿增值 160 元。

1992 年 2 月，松阳造纸厂承担浙江省计划经济委员会指定的科学研制全木浆马赛克铺贴纸，组织科技人员进行试制，主要原料为马尾松枝桠材，产品试制成功，纸质优良，为省级新产品，填补省内空白。全年国有工业系统技改总投资 2154.5 万元，其中生产性投资 1533 万元、更新改造投资 621.5 万元。分别为造纸厂 150 万元，丝针织厂 363 万元，制药厂 290 万元，陶瓷厂 7 万元，酒厂 57 万元，啤酒厂 49.5 万元，印刷厂 68 万元，高岭土公司 1170 万元。

1982～1992 年，全县国有工业企业“四新”产品开发试验，经鉴定后投产并获奖共有 13 种。

1982～1992年松阳县国有工业企业“四新”产品获奖情况表

表 14-4-2-1

产品名称	生产企业	授奖称号及等级	颁奖单位	表彰时间
松阳特酿	松阳酒厂	“四新”产品优秀奖	浙江省轻工业厅	1982.12
乘龙特酿	松阳酒厂	“四新”产品优秀奖	浙江省轻工业厅	1986.01
姜枣酒	松阳酒厂	“四新”产品优秀奖	浙江省轻工业厅	1986.01
丙尼毛巾袜	松阳丝针织厂	新花色产品二等奖	丽水地区经委	1989
麝香镇痛膏	处州制药厂	新产品三等奖	丽水地区经委	1991.11
长统提花舞袜	松阳丝针织厂	新产品一等奖	丽水地区经委	1991.11
小包装特酿酒	松阳酒厂	新产品二等奖	丽水地区经委	1991.11
凤牌干爽型啤酒	松阳啤酒厂	新产品二等奖	丽水地区经委	1992.06
“小霸王”干啤酒	松阳啤酒厂	新产品金奖	香港中国优质商品展览贸易中心	1992.10
麝香虎骨膏	处州制药厂	新产品二等奖	丽水地区经委	1992.12
头胞拉定胶	处州制药厂	新产品三等奖	丽水地区经委	1992.12
醴泉特曲	松阳酒厂	新产品一等奖	丽水地区经委	1992.12
全木浆铺贴纸	松阳造纸厂	省级新产品	浙江省计经委	1992.12

二轻集体工业技改

二轻企业的技术改造基本上以自筹资金为主，国家给予必要的贷款扶持。自筹资金，生产合作社是按“四项费用”的使用办法在公积金中开支。早期主要是维持简单再生产。1973年，古市造纸厂自筹资金2万元，用于自制铁木结构造纸机。1978年，县木器家具厂自筹资金7.5万元，新建耐火器材厂。20世纪80年代，国家提出以技术进步为目标发展生产力的方针，在财政上实行税前还贷的优惠政策，二轻工业的技术改造进入一个大发展时期。新建成毛纺织“一条龙”生产线，为二轻工业创产值最高的大户；扩建年产1万吨耐火砖厂，成为二轻拳头产品；县第二印刷厂扩建年产3万令凸版书刊印刷项目，技改后到1992年产值提高2倍，成为二轻工业骨干企业。

图 14-16　耐火器材厂万吨隧道窑烧制的耐火砖出窑（县档案馆提供 1992年）

1969～1991 年松阳县二轻工业技改情况表

表 14-4-2-2　　单位：万元

年　份	转固定资金数	年　份	转固定资金数
1969	3.45	1981	10.50
1970	8.14	1982	17.50
1971	2.98	1983	40.21
1972	1.11	1984	42.44
1973	6.73	1985	130.44
1974	1.87	1986	58.22
1975	3.48	1987	441.79
1976	4.65	1988	75.96
1977	5.26	1989	18.88
1978	19.45	1990	178.18
1979	10.17	1991	99.88
1980	7.37	—	—

乡镇（社队）工业技改

1982 年恢复松阳县制前，遂昌县对松阳区域的社队工业企业投入比较少，总共投入资金 41.8 万元。境内工业企业机械设备陈旧，产品单一，缺乏竞争能力。1984 年，组织参观外引内联，开展横向经济联系，引进项目与人才。中国农业银行松阳县支行、中国建设银行松阳县支行为企业开发新品种、上项目提供设备贷款和流动资金，大力支持工业企业发展生产。是年，全县工业企业设备贷款投入 151.7 万元，其中农行信用社贷款 102.3 万元、建行贷款 44 万元。流动资金 169.5 万元，其中农行贷款 127.7 万元、信用社贷款 41.8 万元。

1992 年，农行、信用社、建行投入乡镇企业的设备技术改造贷款 341.3 万元。是年末，乡镇企业固定资产原值 4922 万元，总收入 16331 万元。

1982～1992 年松阳县乡镇企业技改项目情况表

表 14-4-2-3　　单位：万元

企业名称	项目名称	投入时间	投入资金	新增产值	经济效益（利税）
县织绸厂	购机生产化纤布	1985.09	28	95	14.3
县织绸厂	购机生产三色、七色被面	1986.07	14.2	45	7.25
县织绸厂	购机生产中高档被面	1987.03	6	50	8.5

续表 14-4-2-3

企业名称	项目名称	投入时间	投入资金	新增产值	经济效益（利税）
县织绸厂	购机生产毛巾被单	1988.02	6.75	65	5.5
县织绸厂	购机生产七色锦纶被面	1989.04	6.75	75	8.1
县织绸厂	购机生产大提花贡缎布	1990.07	10.5	74	5
县织绸厂	扩大生产大提花贡缎布	1990.12	20	71	8.5
县织绸厂	增机生产出口产品	1991.05	102	240	29.36
县活性炭厂	扩建 16 管道活化炉	1985.10	5	24	5.6
县活性炭厂	扩建 16 管道活化炉生产粉炭	1990.05	8	21	3.1
县活性炭厂	开发不定开颗粒活性炭	1991.02	8.16	60	12
县五金厂	土建厂房	1985.10	15	36	4.48
县五金厂	购机生产自贡螺丝	1986.07	9	38	5.9
县电瓷厂	购置设备、土建厂房	1985.08	60	67	8
县皮件厂	购置设备、土建厂房	1985.05	19	40	6

工业投入

1984～1992 年，全县工业投资累计 6480 万元。1993 年，全县工业投资 4573 万元，其中制造业投资 1157 万元。1996 年，全县工业投资 744 万元，其中制造业投资 370 万元。1999 年，全县工业投资 5354 万元，其中制造业投资 2218 万元。2003 年，全县工业投资 29331 万元，其中制造业投资 17633 万元。2004 年，全县工业投资 46591 万元，其中园区建设项目投资 25650 万元；轻工业投资 12725 万元，重工业投资 33866 万元。2007 年，全县工业投资 47488 万元，其中园区建设项目投资 24032 万元。2010 年，全县工业投资 105802 万元，比上年增长 27.8%。其中，国有及国有控股企业投资 8457 万元，非国有投资 97345 万元。

2004～2010 年松阳县工业投资项目完成情况表

表 14-4-2-4　　单位：万元

年份	投资总额			民间投资
	合计	国有及国有控股企业投资	非国有投资	
2004	46591	10226	36365	35265
2005	23462	2873	20589	20489
2006	27577	1130	26447	26047

续表 14-4-2-4

年份	投资总额			民间投资
	合计	国有及国有控股企业投资	非国有投资	
2007	47488	8275	39213	39213
2008	98994	17190	81804	81804
2009	82798	17060	65738	65738
2010	105802	8457	97345	97006

第三节　工业行政管理机构

县工业局

1949 年 5 月，县政府设工商管理局，负责管理工、商企业。1950 年 5 月，改为松阳县工商管理科。1956 年 5 月，县人民委员会设手工业管理科，管理国营和公私合营工业企业。国营工业企业是全民所有制经济，企业的一切生产活动，长期以来按照国家（各主管机构）制定的经济计划（指令）办事。主要产品的品种需上级批准，生产任务由上级确定，流通渠道与价格、利润（或亏损）均列为指令性计划轨道。凡定点企业与产品，其原料由国家调拨供应，产品由国家指定的部门收购或专业部门经销。其职能机构与其相适应设立股、室。1958 年 6 月，撤销原手工业管理科和手工业联社机构，改设松阳县工业局。是年 11 月，松阳县与遂昌县合并，撤销松阳县建制，松阳县工业局并入遂昌县工业局。1978 年中共十一届三中全会以后，县委、县政府贯彻中央“调整、改革、整顿、提高”的方针，整顿和健全各项生产管理制度。随着经济体制改革的深入，国家对企业的管理，从原来指令性计划，逐步改变为指导性计划，分期分批扩大企业自主权，把企业逐步推向适应社会主义市场经济，国营企业从生产型转为生产经营性。1982 年 1 月，松阳县制恢复。4 月，成立松阳县工业局，与经济委员会合署办公。1984 年 3 月，计划委员会与经济委员会合并为松阳县计划经济委员会；松阳县工业局独立办公，内设人事秘书股、经营管理股（财务）、生产股、技改股、行政监察室。1996 年 11 月，县工业局、二轻局合并成立经济委员会，挂乡镇企业局、医药管理局牌子。

县二轻工业局

1982 年 4 月，县二轻工业局成立。1992 年末，县二轻局内设局办公室、企管财务股、生产技术股、供销股、供销公司、二轻总公司第一经营部和 1 个招待所。供销公司、招待所人员为企业编制。1996 年 11 月，县工业局、二轻工业局合并成立经济委员会，挂乡镇企业局、医药管理局牌子。

手工业和二轻工业一向实行指导性生产计划。二轻手工业管理机构一直设有劳动人事和安全生产管理的职能股（科）室。手工业社会主义改造时期，生产工人大多实行计件工资制，劳保待遇基本上按各企业经济条件自行制订分配办法。20 世纪 50 年代，手工业的主要产品是中小农具和配件，以及城乡人民生活的必需品，国家以优惠价供应手工业生产合作社、组部分原材料，其产品按核定价出售。大多数原料由手工业生产合作社、组自行采购，产品自行销售。国家分配的计划原材料由手工业联合社分配到下属单位。1956年6月，县手工业联合社供销经理部建立。

20世纪50～80年代，主要担负支援农业生产和城乡人民生活日用必需品的供应任务。国家有部分原材料计划供应，产品按核定价出售，绝大多数原材料由企业自行采购，产品自产自销。县二轻局成立后，实行生产计划管理，年初下达各项生产计划指标，正式计划指标由县计经委下达，二轻局把计划分解到各企业，企业必须按季度完成。在计划管理中，主管部门定期召开会议，进行经济活动分析。对计划执行情况进行季度小结和年终总结。1988年转入市场经济后，主管部门不再下达生产计划任务，工作重点转向企业技术改造，调整产品结构，初步形成毛纺、耐火材料、农机、印刷、塑料化工、出口制鬃制刷等一批重点产品。

1984年，县二轻局设立供销股，国家分配计划原材料，经县计委和地区二轻局下达到二轻局，供销股根据企业的支农产品比重统一分配。供销股还组织企业参加物资交流会或展销会，出售产品。1985年，国家部分支农物资计划划归乡镇企业局管理。1988年，计划经济转入市场经济，原材料由各企业自行采购，产品自行销售。

县经济贸易局

1996年11月，县工业局、二轻局合并成立经济委员会，挂乡镇企业局、医药管理局牌子。2000年7月，松阳县物资总公司、松阳县商业总公司成立，均为县经济委员会直属事业单位。7月，成立县经济技术协作办公室，与县招商局合署办公。2001年10月，县经济委员会（县乡镇企业局、县医药管理局）、县物资总公司、县商业总公司合并成立县经济贸易局。内设机构有办公室、综合科（经济运行科）、企业科、技改与投资科、对外经济协调科。行政编制23人（含工勤人员）。县经济贸易局下设内贸行业管理办公室，依照国家公务员制度管理，核定事业编制5人。

县经济贸易局的主要职责是：监测、分析全县工业和商贸经济运行态势，提出并实施近期经济运行调控目标、政策和措施。指导产业结构调整，研究提出重点行业、重点产品的调整方案；研究确定、组织培育主导产业和重点骨干企业；联系和指导有关行业协会等社会中介组织。受县政府委托制订工业、商贸方面的综合性经济行政措施和有关政策，经审定后组织实施；收集、整理、分析和发布经济信息。组织制订工商贸行业发展规划，实施行业管理；组织重要物资的紧急调度和综合运输协调工作。负责限额上和涉及国家、省、市、县有关政策措施的技改项目报批工作；指导全县重大技改项目的实施工作；指导除政府拨款以外的工商企业投资和商业性银行贷款的方向；负责县工业园区及乡镇工业区块建设的指导、协调工作。指导全县重点骨干企业的培育工作；负责指导和推进企业信息化工作。研究制订全县商品流通行业发展规划和政策措施，并组织实施；研究和指导全县商贸流通体制改革和行业体制改革；合理布局、培育、建设全县商业网点，培育发展和完善市场体系；负责商贸流通行业统计工作，分析和发布行业经济技术指标和市场信息；负责“菜篮子工程”在商贸流通领域的管理；负责商品猪基地建设及生猪屠宰定点行业管理；指导报废汽车管理工作，负责老旧汽车更新；负责全县拍卖业、典当业、旧货流通等行业管理；指导和联系商贸流通协会和社会中介组织；培训、引进商贸流通行业管理人才和紧缺人才；指导广告业发展。宏观指导各种经济成份的企业，规范企业行为规则；指导企业实施战略性改组，推进现代企业制度建设；负责县政府重点扶持的大中型企业、企业集团和骨干企业的规划与培育工作；协调解决企业改革中的重大问题，指导中小企业的改革和发展；指导全县企业管理人员的培训。指导中小企业的改革和发展，指导产业结构、产品结构和组织结构调整；会同有关部门指导中小企业的计划、统计、财务、审计、资产评估和集体资产管理等工作，建立、健全中小企业的融资、技术、培训、信息、创业辅导等服务体系。制订县对外贸易的中长期规划和出口商品、市场发展战略；监测、分析外经贸宏观运行情况；宏观指导外经贸洽谈会、展销会、交易会等；审核申报对外贸易经营权；指导、协调全县外经贸工作；指导和管理各类外经贸企业；负责工商业外资项目报批管理工作。负责工商行业安全生产管理。研究制订并组织实施我县与外地开展区域经济合作和招商引资的有关政策规定和办法；负责“山海协作工程”实施。提出全县年度招商引资工作总体方案、工作计划，经批准后组织实施。组织开展区域经济合作和招商引资活动。负责外地来本县设立办事机构和本县企事业单位到县外（境内）设立办事机构的联络、服务工作。协同有关部门做好外地有关经济技术合作代表团（组）的来访接待和县领导对外地有关经济技术合作出访的组织、联络与服务工作。

第十五编　商贸 服务业

清咸丰年间（1851～1861），有兰溪药商同仁堂等迁入松阳经营。老字号商店有同仁堂、章广记、集成、王大源、徐裕昌、建泰、同茂、亦隆、罗萃泰等数十家。清宣统年间（1909～1911），集成布店开业，主营棉布，兼营染坊、运销烟叶；古市王大源药店开业于清同治年间（1862～1874），世代业医，自制中药饮片、丸、散、膏、丹。松籍商民外出经营者有杭州松茂木板行、温州仁美木炭行、祁州张益美药材行、龙泉大升和烟丝店等。民国28年（1939），全县商店863户，其中西屏621户。民国35年后，商店纷纷歇业，至民国37年，登记开业185户。

清至民国时期，松阳商贸繁荣，温州、青田、金华、汤溪、兰溪、台州、永康、福建、江西等地大批商人到松阳结帮经营药业、布业、五金、水产、烟业等，并在县城设有各地会馆。万寿宫设江西会馆，关圣宫设汤兰公所（兰溪会馆），上下天后宫设福建会馆，还有温州会馆、瓯青会所、临（海）天（台）会所等。

中华人民共和国成立后，商业经济得以恢复发展。1956年，国家基本完成对私营工商业的社会主义改造。国有、集体商业开始据主导地位。1958年5月，公私合营、合作商店全部并入国营商业。20世纪60～70年代，商业经济发展滞缓。1978年改革开放后，私营商业有所发展，经济体制改革在国营、集体商业企业中开展，流通渠道逐步畅通，城乡贸易交流日渐活跃。2010年，全年社会消费品零售总额43665万元。

中华人民共和国成立前，松阳县有晒红烟、茶叶、白炭、箬叶等出口。中华人民共和国成立后至20世纪90年代，晒红烟继续出口。1995年，增加出口商品38个。2007年，全县机械产品出口增多。2010年，全县主要出口产品有纺织服装和机械产品；全县外贸出口总额9673万美元，自营出口9578美元。

第一章　商业贸易

民国19年（1930），全县有城镇商店350余户。民国31年8月，日军侵占松阳，商店遭劫。至民国37年，登记开业185户。

1950年，全县私营工商业26个行业462户。1956年，对全县私营商业539户进行社会主义改造。1958年5月，公私合营、合作商店全部并入国营商业。1968年，全县社会商品零售总额613万元。

1978年改革开放后，流通渠道逐步畅通，城乡贸易交流日渐活跃。

1982年4月，县物资局、商业局成立；2001年10月，两机构撤销。同时，县经济贸易局成立。（具体详见第十四编“工业”第四章“体制改革与管理”第三节“工业行政管理机构”）

第一节 商贸发展

民国时期，烟纸杂货业户数量最多，共59家。资本额、营业额和年净收入均以绸布业最高，分别为69750元、144420元和4928元。是年，输出商品额120.90万元，购入商品额120.50万元。全面抗战时期，大批省级军政机关、大专院校相继迁入松阳，杭州饭店、楼外楼菜馆、浙江旅行社、新新旅行社等一批公司行号随迁松阳，松阳县城商业兴盛一时。民国28年（1939），全县商店863户，其中西屏621户，时设同业公会23个。民国31年8月，松阳沦陷，商店遭劫。民国32年，有222户商店复业，登记资本124.2万元。民国33年，增为449户，资本额386.93万元。民国35年后，由于物资匮乏，商品滞销，商店纷纷歇业，存197户。至民国37年，登记开业185户。

民国19年（1930）松阳县主要商品购销金额表

表15-1-1-1 单位：万元

	物品	金额	物品	金额	物品	金额	物品	金额
输出	烟叶	60	靛青	0.8	副料板	12	白炭	2
	松杂木	25	稻米	6	土纸	6	小麦	2
	桐油	5	水果	0.6	茶叶	0.4	花生	0.4
购入	布匹	35	纸书	3	棉纱	3	豆枯	7
	丝绸	2	肥皂	1	南北货	25	瓷器	2
	食盐	16	广货	2	药材	5	靛油	2
	煤油	4	铜铁锡	1.5	纸烟	6	牲畜	6

1949年，有各类商店369户，社会商品零售额272.6万元。1950年，私营工商业26个行业 462户。1951年，对私营工商业重估财产，清产核资，核定资本总额17.39万元。1956年，全县私营商业539户774人，经私营商业社会主义改造，批准清产核资公私合营的经（代）销店271户446人，合作商店26户（人），合作小组181户207人，过渡到国营商业、供销社8户22人，暂未安排53户73人。基本完成对私营商业的社会主义改造。

1958年5月，公私合营、合作商店全部并入国营商业。10月，基层供销社改称人民公社供销部；合作小组部分并入公社供销部，部分下伸到大队设点经营；取消个体商业户，关闭自由市场。1962年，开放农村贸易集市。1968～1976年，取消个体商贩，关闭集市贸易；流通受阻，商品匮乏。1968年，全县社会商品零售总额613万元，比1966年下降18.49%。

1978年改革开放后，私营商业发展较快，经济体制改革在国营、集体商业企业中开展，流通渠道逐步畅通，城乡贸易交流日渐活跃。1978年，社会商品零售总额1660.70万元，农副产品采购总值828.8万元。1982年，分别为3554万元和2635万元。1983年下半年始，商业系统实行经济体制改革，职工工资、奖金逐步与经营效益挂钩。1988年，供销社所属企业实行主任（经理）负责制和任期目标责任制，部分商店和门店试行租赁经营。

1987年，国营中型商业企业实行以核定签数、确保上缴、超收多留、欠收自补为原则的第一轮财政承包，小型企业中实行内部招标租赁、承包制。1990年，承包期利润由273.45万元上升为461.85万元，企业利润由98.57万元上升为296.55万元。1990年11月，19户国营商业第二轮承包签约，其中2家中型企业实行公开招标，全员抵押承包。1991年，商业企业进一步完善承包责任制，推行经营、价格、用工、分配“四放活”的改革。

1992年，全县有商业零售机构2421家，从业人员3698人；社会商品零售总额 15642万元、农副产品收购总额8415万元，分别比1979年增6.3倍和5.67倍，比1982 年增3.39倍和2.19倍。1995年，全县有批发贸易业法人机构46个，网点134个，从业人员1048人。其中食品、饮料、烟草和家庭用品批发业17个，网点79个；能源、材料和机械电子设备批发业23个，网点43个；其他批发业6个，网点12个。零售业法人机构61个，网点3388个，从业人员4861人。全年社会消费品零售总额35845万元。

1999年，全县限额以上批发零售销售额9740.6万元，其中批发8561.2万元、零售1179.4万元。其中食品、饮料和烟草批发业销售总额6835万元，日用百货零售业销售总额2905.6万元。全年社会消费品零售总额43665万元。2005年，全县限额以上批发零售业法人单位2个，产业活动单位6个，销售总额18794万元，其中批发额14200万元、零售额4774万元。其中食品、饮料和烟草批发销售总额8984万元，文化、体育用品及器材专门零售销售总额732万元，汽车、摩托车、燃料及零配件专门零售9258万元。全年社会消费品零售总额79410万元。

2010年，全县限额以上批发零售业法人单位8个，从业人员245人，销售总额37036万元，其中批发额30088万元、零售额6948万元。其中，食品、饮料和烟草销售1968万元，糕点、糖果及糖销售1968万元，烟草制品销售17816万元，文化、体育用品及器材专门销售1297万元，医药及医疗器材专门销售3456万元，家用电器及电子产品专门销售1290万元，无店铺及其他销售2073万元。全年社会消费品零售总额169937万元。

1949～1977年松阳县社会商品零售额一览表

表15-1-1-2　　单位：万元

年份	社会商品零售总额	按商品用途分		按行业及经济类型分				
		居民及社会集团	农业生产用	商业	饮食业	工业	其他	农对非
1949	272.6	255.2	17.4	222	4.8	40.5	0	5.3
1950	320	300.3	19.7	263.4	6.2	44.1	0	6.3

续表 15-1-1-2

年份	社会商品零售总额	按商品用途分		按行业及经济类型分				
		居民及社会集团	农业生产用	商业	饮食业	工业	其他	农对非
1951	322	296.3	25.7	261.5	5.5	48.7	0	6.3
1952	318.3	290.1	28.2	253.9	3.9	54.3	0	6.2
1953	392.9	356.5	36.4	336.3	6.6	42.3	0	7.7
1954	431.9	405.3	26.6	390.7	8.1	24.6	0	8.5
1955	442.6	402.3	40.3	384.7	13.6	35.6	0	8.7
1956	503.1	441.4	61.7	419.2	17.2	56.8	0	9.9
1957	543	482	61.0	464.1	23.2	45.1	0	10.6
1958	576.4	512.9	63.5	513.3	23.7	39.4	0	0
1959	672.4	588.5	83.9	604.2	20.6	44.6	3	0
1960	697	569.2	127.8	654.2	24.4	11.8	6.2	0
1961	632.6	560.2	72.4	567.5	21.6	38.5	5	0
1962	583.1	473	110.1	515.4	40.5	22.0	5.2	0
1963	581.1	491.3	89.8	519.5	23.2	23.4	3.96	11.4
1964	570.9	476.1	94.8	519.8	19.1	17.7	3.1	11.2
1965	644.6	524.4	120.2	585.5	22	19.7	4.8	12.6
1966	752.2	599.2	153	678	26	20.3	13.2	14.7
1967	806.3	669.6	136.7	731.6	27.7	20	11.2	15.8
1968	613	509.9	103.1	554.5	21.1	14.1	10.3	13
1969	936	764.0	172	842.1	26.7	24.3	24.6	18.3
1970	911.4	716.3	195.1	809.7	23.4	19.3	41.1	17.9
1971	1027.2	781.1	246.1	911.2	27.4	17.7	50.8	20.1
1972	1119.7	805.9	313.8	977.3	29.4	21.2	69.9	21.9
1973	1341.7	937.4	404.3	1087.4	29.9	68	130.1	26.3
1974	1266.4	951.2	315.2	1140.6	32.5	34.3	34.2	24.8
1975	1310.9	1010.4	300.5	1186.6	36.4	32.1	30.1	25.7
1976	1319.6	1053.6	266	1190.2	38.6	38.9	26	25.9
1977	1316.5	1012.6	303.9	1188.9	40.9	34.1	26.8	25.8

1978～2010年松阳县社会商品零售额一览表

表 15-1-1-3　　单位：万元

年份	社会消费品零售额			
	总计	批发零售业	住宿餐饮业	其他
1978	1184	1057	45	82
1979	1447	1257	53	137
1980	1816	1617	60	139
1981	2295	2011	65	219
1982	2767	2312	75	382
1983	3429	2890	100	439
1984	3927	3107	302	518
1985	4387	3536	120	731
1986	5658	4324	128	1206
1987	6670	5267	148	1255
1988	9177	7366	159	1652
1989	9226	7536	181	1509
1990	9332	7524	209	1599
1991	9973	8023	329	1621
1992	13037	10581	462	1994
1993	20152	16829	762	2561
1994	27535	19282	1972	6281
1995	35845	25124	2799	7922
1996	40860	28271	3395	9194
1997	42108	29317	3795	8992
1998	40996	28508	3911	8577
1999	43665	31022	4313	8330
2000	49003	33912	5257	9834
2001	56006	40013	5449	10544
2002	62746	44745	6388	11613
2003	70462	60503	7293	2666
2004	79097	68416	7300	3381
2005	79410	70942	8468	0

续表 15-1-1-3

年份	社会消费品零售额			
	总计	批发零售业	住宿餐饮业	其他
2006	89980	80172	9808	0
2007	104395	92823	11572	0
2008	125410	11078	14692	0
2009	143757	127584	16173	0
2010	169937	151167	18770	0

第二节　经营体制

国营商业

1950年，设立土产、粮食、油脂、百货公司办事处或收购组。1953年，土产公司改为烟麻公司松阳办事处。1954年，建立专卖公司批发部、食品公司经营组。1956年，设县百货公司。1958年，松阳县制撤销，各国营商业公司改称百货、五金、食品商店，下设批发部和零售部。1963年，设西屏物资供应站。1965年，设松阳饮食服务商店，下设旅馆、照相、饮食门市部。1976年，松阳食品商店分为烟糖商店和松阳、古市、靖居3个食品站。1979年，设立五金交电化工商店。

1982年，各国营商店随县制恢复，改称县公司。物资系统前后成立金属材料公司、化工建材公司、机电设备公司、综合公司、生产资料公司和农业机械公司。石油公司改为燃料公司，经营石油、煤炭。1982年5月，成立粮油贸易公司。1986年6月，设外贸公司。燃料公司分设石油、燃料2个公司，分别隶属商业局和物资局。1988年，成立蔬菜水产公司。

图 15-1　太平坊百货商场（县档案馆提供 1992年）

1989年，国营商业包括商业、粮食、木材、医药、烟草、物资、外贸等机构99个。其中管理机构17个、经营机构82个，干部职工953人，零售额3298万元、占社会商品零售总额29.34%。1992年8月，建立松阳县商业开发公司。年末，有国营商业机构138个，其中管理机构16个、经营机构122个，干部职工1174人，社会商品零售额5344万元、占社会商品零售总额34.16%。

1992年松阳县主要国营商业公司经营简况表

表15-1-2-1

单位名称	职工人数（人）	固定资产（万元）	销售总额（万元）	利润（万元）	隶属单位	成立年份
百货公司	122	111.54	811.32	0.05	县商业局	1956
糖烟酒菜公司	60	71.16	876.93	3.21	县商业局	1976
食品公司	80	126.52	1491.64	54.79	县商业局	1956
五金交电化工公司	45	45.95	1157.84	13.51	县商业局	1979
石油公司	56	472.77	472.77	1.35	县商业局	1982
饮食服务公司	39	75.7	47.74	0.83	县商业局	1965
蔬菜水产公司	74	116.47	432.59	-11.56	县商业局	1988
商业开发公司	6	—	70.46	0.1	县商业局	1992
粮油贸易公司	23	20.76	871.63	21.45	县粮食局	1982
木材公司	218	363.4	1738.5	187.1	县林业局	1982
医药公司	65	36.17	478.48	19.94	与县医药管理局合署办公	1963
烟草公司	33	158.98	1384.91	57.3	与县烟草专卖局合署办公	1986
金属材料公司	11	1.28	2462	8.3	县物资局	1963
化工建材公司	14	1.50	410	9.6	县物资局	1963
机电设备公司	8	0.50	1003.8	7.1	具物资局	1963
综合公司	13	—	663	3.50	县物资局	1963
生产资料公司	11	3.63	1072.8	3	县物资局	1963
农业机械公司	14	27	443.1	4.7	县物资局	1963
燃料公司	26	58.8	398.6	15.1	县物资局	1986
外贸公司	10	5.76	1890.92	3	与县外贸局合署办公	1986

1995年，全县有国有经济批发业法人机构31个，网点104个，从业人员878人；国有经济零售业法人机构5个，网点19个，从业人员157人。全年国有经济商品购进总额21814.9万元；商品销售总额24892.9万元，其中批发20040.3万元、零售4852.6万元。1999年，全县国有经济商品购进总额5431万元；商品销售总额6835万元，其中批发6706万元、零售129万元。

2005年，全县有限额以上国有及国有控股批发零售业法人单位2个，产业活动单位6个，从业人员144人；销售总额18974万元，其中批发14200万元、零售4774万元。2009年，全县有限额以上国有及国有控股批发零售业法人单位1个，从业人员69人，销售总额17816万元。2010年，全县有限额以上国有独资批发和零售业企业1家，从业人员28人，商品销售总额1297万元。

集体商业

合作商店　1956年，通过商业社会主义改造，小商小贩组成统一核算共负盈亏的合作商店26家；分散经营、自负盈亏、提取公益金的合作小组181家，从业人员207人。1957年，有合作商店25家，合作小组294家。1958年，城镇合作商店、合作小组并入国营商业；农村合作商店、合作小组并入人民公社供销部。1961年，合作商店、合作小组恢复集体经济性质。1966年1月始，合作商店按股金发放6%的年度股息。是年，供销社管理的合作商店12家、合作小组5家，从业人员294人，营业网点113个（下设店54个）。1969年，城镇各合作商店实行统一核算，共负盈亏。1971年，按行业组织百货、南货、果菜、旅社、饮食合作商店，农村合作商店按区组织。1977年，设立西屏镇“三八”百货商店，是年，城镇合作商店6家，从业人员112人；农村合作商店12家。1979年，集体商店实行职工退休顶替制度，统一招工，安置待业青年。

1982年，全县合作商店16家，从业人员489人，社会商品零售额592万元，占社会商品零售总额16.66%。1988年，大东坝合作商店并入供销社。1992年，全县有集体、合作商业企业136家，从业人员330人，退休退养人员128人，固定资产3871万元，社会商品零售总额1332万元，占全社会商品零售总额8.52%。1993年后，经过资产重组、改组，合作商店或并入供销社或成为个体私营商业。

供销合作社　民国21年（1932），县建设科有合作事业指导员1人，办理宣传登记事宜。民国24年，城乡食盐消费合作社成立，古市、水南、石门、王村、湖溪等地相继成立食盐消费合作社或肥料供给合作社。民国26年，烟叶运销合作社成立。民国27年1月，松阳县合作联合社成立。至6月，城区、古市、竹溪3个区各乡镇大多成立合作社。民国31年，全县有156个合作社，社员20611户，股金157640元，入社户数占区乡总户数70%以上。民国33年，全县有合作社159个，社员23672户，58933股、股金588330元。民国35年，有合作社163个，社员24016户，69578股、股金695780元。解放前夕，物价暴涨，加之社董趁机私贪，合作社纷纷破产倒闭，幸存者多徒具虚名。

1949年11月1日，丽水专区贸易公司拨55万公斤大米为铺底资金，接收旧合作联合社和合作金库财产，成立县供销商店。1950年2月，改为县供销合作总社；10月，设临时理事、监事机构。1950年9月，万寿乡赤岸供销合作社建立。到1951年，全县有基层社16个、工人消费合作社1个，社员21240人，股金12208元。1952年8月，召开首届社员代表会，选举产生理事会、监事会。1953年末，县总社下设供应、推销2个批发站。11月，根据国营商业与供销社城乡分工的原则，以原批发站为基础改设农业生产资料日用品、土产副食品2个批发站。1955年，按区设置基层供销社4个。全县有零售、收购网点等38个，入股社员43298人，占总人口31.97%，股金77407元，自有资金344182元。1958年5月，县供销合作总社并入县商业局；10月，基层供销社改为人民公社供销部；11月，松阳县供销合作总社随县制撤销。1961年7月，公社供销部复称基层供销社。1966年，供销社与商业局再次合并。1978年11月，恢复供销社。

1982年，复置松阳县供销合作联社，辖5个基层社，建立农业生产资料公司、土特产果菜公司、日用杂品公司、贸易公司。1983年，召开社员代表大会，选举理事会、监事会，着手清股分红，扩股增股，由原来的社员32500户、股金78563元，增加到54996户、168195元。30年来发放股金分红10.4万元。

1992年，供销社有机构158个，其中管理机构13个、经营机构145个，干部职工1523人，入股社员5.5万户，固定资产1286.44万元；社会商品零售额2924万元，占全社会商品零售总额18.96%；农副产品收购总额1311万元，占全社会收购总额的15.58%。

1982～1992年松阳县供销社资金情况一览表

表15-1-2-2　　单位：万元

年度	自有流动资金			自有固定资产			社员股金		
	合计	县社直属企业	基层社	合计	县社直属企业	基层社	合计	县社直属企业	基层社
1982	268.5	56.08	212.42	221.58	50.27	171.31	7.96	0	7.96
1983	293.94	64.42	229.52	249.64	70.13	179.51	16.81	3.21	13.6
1984	311.33	69.26	242.07	313.55	97.03	216.52	20.21	3.21	17
1985	323.33	57.89	265.44	433.75	190.28	243.47	33.51	3.21	30.3
1986	320.64	38.02	282.62	530.48	228.26	302.22	40.01	3.21	36.8
1987	366.81	13.07	353.74	477.48	226.29	251.19	42.60	5.21	37.39
1988	360.09	12.00	348.09	646.27	374.47	271.8	33.85	5.21	28.64
1989	468.19	144.36	323.83	725.94	426.71	299.23	34.80	6.14	28.66
1990	586.61	227.65	358.96	800.78	506.58	294.2	38.15	5.21	32.94
1991	630.43	272	358.43	855.83	547.22	308.61	47.22	5.21	42.01
1992	819.46	383.84	435.62	899.14	598.51	300.63	46.51	5.21	41.3

1992年松阳县供销合作社下属单位一览表

表15-1-2-3

单位名称	成立时间	职工人数（人）	经营机构（个）			固定资产（万元）	销售总额（万元）	利润（万元）
			批发	零售	采购			
农业生产资料公司	1956.03	27	1	1	—	71.35	1463.63	0.24
土产公司	1957.11	31	1	3	—	33.56	221.89	3.81
特产公司	1984.10	34	—	—	4	79.33	972.02	11.95
副食品公司	1985.01	28	3	2	1	22.13	287.40	-2.67
工业品公司	1985.01	24	2	3	—	28.61	204.41	—

续表 15-1-2-3

单位名称	成立时间	职工人数（人）	经营机构（个）			固定资产（万元）	销售总额（万元）	利润（万元）
			批发	零售	采购			
食用菌开发公司	1989.04	9	—	1	—	17.94	39.12	-1.94
液化气公司	1992	22	1	2	—	17.28	23.64	1.44
松阳茶厂	1986.07	135	—	—	—	221.56	1013.67	0.22
松阳丝厂	1987.06	495	—	—	—	266.81	681.80	1.81
松阳供销社	1955	206	1	32	6	136.09	1581.51	-28.19
古市供销社	1955	217	5	23	1	155.14	1455.44	-33.97
靖居供销社	1955	74	1	11	5	60.09	536.05	-21.06
玉岩供销社	1955	69	2	10	4	63.18	277.61	-17.62
大东坝供销社	1959	64	—	15	4	59.29	286.66	-18.39

1995 年，全县有集体经济批发业法人机构 12 个，网点 26 个，从业人员 138 人；集体经济零售业法人机构 22 个，网点 134 个，从业人员 529 人。全年集体经济商品购进总额 8167.6 万元；商品销售总额 8655.9 万元，其中批发 5812.8 万元、零售 2843.1 万元。

1999 年，全县集体经济商品购进总额 1784.8 万元，商品销售总额 2905.6 万元，其中批发 1855.2 万元、零售 1050.4 万元。2000 年后，全县无集体经济商业企业。

个体私营商业

1949 年，全县有个体商业 369 户。1950 年，进行个体工商业登记，登记在册 462 户。1956 年，对私营工商业进行社会主义改造，大部分个体商业并入国营商业、供销合作社和组织合作商店（小组），部分个体商业人员转务农业。1961 年，允许少数个体商贩登记经营。“文化大革命”期间，限制个体经营，个体商业再次并入国营商业或供销社。1978 年中共十一届三中全会后，鼓励发展私营经济，允许城镇待业青年、闲散人员经营个体工商业，农村剩余劳动力纷纷从事个体商业。1982 年，全县有个体商业户 105 家，商品零售额 169 万元，占社会商品零售总额 4.76%。1983 年，调整商业网点，简化发证手续，放宽经营范围，允许长途贩运，个体商业进一步发展。是年，个体商业 742 户，商品零售额 450 万元，占社会商品零售总额的 10.37%。1989 年，增至 1991 家，从业人员 2858 人，商品零售额 3438 万元，占社会商品零售总额的 30.6%。1992 年，有个体（私营）商业 2139 家，从业人员 2571 人，商品零售额 5122 万元，占社会商品零售总额的 32.75%。

1995 年，全县有个体私营批发贸易法人企业 3 家，网点 4 个，从业人员 37 人；私营经济零售贸易法人机构 31 个，从业人员 291 人。全年个体私营经济商品购进总额 617.5 万元，商品销售总额 738.1 万元，其中批发 414.6 万元、零售 323.5 万元。1998 年，全县个体私营经济社会消费品销售总额 27491 万元，占全县社会消费品零售总额的 67.06%。2000 年后，全县社会消费品零售基本由个体私营经济单位经营为主。2005年，全县有限额以上批发零售业有限责任公司1家，产业活动单位2个，从业人员737人；销售总额732万元。股份有限公司产业活动单位2个，从业人员32人；销售总额9258万元，其中批发523万元、零售404万元。2010年，全县有限额以上批发和零售业私营企业4家，从业人员109人，商品销售总额4200万元，其中批发972万元、零售3228万元。

第三节　集市贸易

县城以每旬农历一、六日为传统市日，古市镇以农历每旬四、九日为市日。清代、民国时期，值迎太保、城隍戏两大庙会，四方商贾云集县城，集市贸易十分兴旺。自然形成的专业集市有牛行、仔猪行、鸡鸭行、竹木行、山货行、土纸行及烟行、柴行、米行。全面抗战时期，明令取缔集市贸易。1965年，靖居口开设集市，定农历每月逢十为市日；1987年，玉岩开放集市日，农历每旬四、九日为市日。1992年，靖居口改为每旬五、十日为市日，集市地点移至象溪镇。同年，大东坝镇开设集市日，市期同象溪镇。

1952年6月，在西屏镇举办首次物资交流大会，成交额24.5万元。7月，先后在古市、靖居、玉岩、大东坝组织物资交流大会。1953年，粮食统购统销，取消粮食集市贸易，限制农副产品上市。1956年6月，开放农村集市贸易，市场趋于活跃。1957年8月，粮食市场一度关闭。1961年，再度开放小杂粮、小油料交易，集市贸易再趋活跃。1966年，粮油交易由国营企业独家经营，集市贸易缩减。1978年12月，恢复传统集市，开放粮油市场，集市贸易日渐兴旺。1982年，城乡贸易成交额566.45万元。1982年后，新建古市仔猪市场，西屏耕牛市场，西屏、古市竹木市场，大东坝综合市场等。1984年10月19～21日，召开物资交流会，成交额52.82万元。1985年，城乡集市贸易成交额832.9万元，比1982年增长47.04%。1986年以后，先后建立玉岩综合市场、松阳仔猪市场、县城南、北菜场以及小商品市场。至1992年，共建有各类专业市场18个，建筑面积52609平方米，全年城乡集市贸易成交额3850万元，其中农民对非农业居民销售额920万元，占全社会商品零售额的5.88%。

图15-2　古市综合市场一角（县档案馆提供 1998年）

1992年松阳县主要专业市场分布情况表

表 15-1-3-1

名 称	地点	开业时间	建场投资（万元）	面积（平方米）	摊位（个）	上市主要商品	年成交额（万元）
小商品市场	西屏太平坊	1991.12	100	5050	200	日用工业品	780
松阳仔猪市场	西屏朱山路口	1988.09	20	1621.8	200	仔猪	160
北菜场	西屏新华路北	1990.10	6	1550	68	蔬菜、水产、肉、禽蛋	47
南菜场	西屏新华路南	1991.06	18	2277.5	35	蔬菜、水产、肉、禽蛋	25
松阳竹木市场	瓦窑头村	1984	5	2326.5	—	竹木	30
古市竹木市场	潘连村	1984.12	10	3630	—	竹木	50
古市综合市场	车站路	1992.09	20	6220	215	农副产品、日用工业品	300
象溪综合市场	象溪镇	1992.09	5	3000	50	小商品、仔猪	100
大东坝镇综合市场	大东坝镇	1985.10	1	600	20	副食品、饮食	50
玉岩综合市场	玉岩镇	1985.12	2	1500	70	小商品、副食品	100

1992年后，市场建设加快，政府推出“星期天市场”“夜市”等政策。2004年，全县有商品交易市场15个，市场商品成交额98496万元；在消费品商品交易中，粮食类985万元、油料类248万元、肉食禽蛋类16856万元、水产品类5892万元、蔬菜类14108万元、干鲜果类8218万元、牲畜幼禽类1560万元、工业品类8579万元、其他类42013万元。至此，全县有亿元以上商品交易市场2个。其中浙江浙南茶叶市场有摊位1220个，年茶叶成交额4.01亿元；松阳县综合市场有摊位235个，年蔬菜、肉禽水产等成交额1.4亿元。

2010年，全县有商品交易市场9个，市场商品成交额172860万元；在消费品商品交易中，粮食类290万元、油料类152万元、肉食禽蛋类29257万元、水产品类9508万元、蔬菜类3669万元、干鲜果类1680万元、工业品类34万元、其他类128000万元。浙江浙南茶叶市场年茶叶成交额17.8亿元；全县综合市场蔬菜、肉禽水产等成交额4.26亿元。

2004～2010年若干年份松阳县城乡集贸市场情况表

表 15-1-3-2

项 目 \ 年 份	2004年	2006年	2008年	2010年
商品交易市场（个）	15	16	15	9
其中：消费品交易市场（个）	—	14	13	9
商品交易市场成交额（万元）	98496	92236	95949	172860

续表 15-1-3-2

项目 \ 年份	2004 年	2006 年	2008 年	2010 年
其中：消费品市场成交额（万元）	—	91435	95213	172860
在消费品商品交易市场中：	—	—	—	—
粮食类	985	767	810	290
油脂油料类	248	302	415	152
肉食禽蛋类	16856	12908	14475	29257
水产品类	5892	6152	6581	9508
蔬菜类	14108	8741	8956	3669
干鲜果类	8218	5292	5530	1680
牲畜幼禽类	1560	2353	2512	—
工业品类	8579	500	434	34
其他类	42013	54420	55500	128000

2004～2010 年松阳县亿元以上商品交易市场商品交易情况表

表 15-1-3-3

市场名称	年份	主要上市商品	摊位数（个）	年成交额（亿元）
浙江浙南茶叶市场	2004	茶叶	1220	4.01
	2005	茶叶	3000	4.86
	2006	茶叶	3000	5.44
	2007	茶叶	3000	5.55
	2008	茶叶	5000	6.70
	2009	茶叶	10000	12.40
	2010	茶叶	10000	17.80
松阳县综合市场	2004	蔬菜、肉禽水产	235	1.40
	2005	蔬菜、肉禽水产	291	1.56
	2006	蔬菜、肉禽水产	302	2.53
	2007	蔬菜、肉禽水产	346	1.04
	2008	蔬菜、肉禽水产	347	4.10
	2009	蔬菜、肉禽水产	347	4.49
	2010	蔬菜、肉禽水产	347	4.26

第二章 商业服务业

清末，全县有饮食店25家。民国时期，松阳县旅店、客栈少，一般客栈家店不分，设备简陋。1951年，西屏镇有旅店17家；全县饮食业22户。1953年1月，实行粮食统购统销，此后，个体经营的饮食业少有发展。1985年后，私营旅馆、餐饮店逐年增多。20世纪80～90年代后，休闲娱乐业、中介服务业、信息咨询服务业等新兴服务业不断出现。1992年，全县有旅馆93家、床位1420个，饮食业270户、从业人员463人，批发零售商品总额10581万元。1999年，全县批发和零售业商品销售总额31022万元。2005年，全县星级住宿业和限额以上餐饮业商品零售额等8468万元。2010年，商品零售额18770万元。2010年，全县批发和零售业商品销售总额共151167万元。

第一节 住宿餐饮业

民国23年（1934），龙（游）松（阳）丽（水）公路通车，往来松阳商旅增多。全面抗战时期，内迁人口大增，县城朱山旅社、新新旅社、浙江旅行社等相继开业。民国28年，西屏镇有旅店32家。民国31年，县城沦陷，浙江旅行社被窜犯松阳的侵华日军烧毁。民国35年，旅店仅7家。

民国23年（1934），县城有聚丰园、民乐园菜馆。民国26 年，新开聚福园菜馆。全面抗战期间，省级机关迁入，杭州饭店、楼外楼菜馆等在县城开业，各类饮食店大量增加。民国28年，全县有饮食业72户，其中古市25户。民国35年，全县饮食业减至35户。

1949年，全县住宿餐饮业零售额4.8万元。1951年，西屏镇有旅店17家。1956年，旅店业组织合作商店，设西屏合作旅社，分3个点。1975年，建松阳旅馆。1982年恢复县制后，流动人口增多，旅馆紧缺，县饮食服务公司对松阳旅馆进行改造，增设中高档客房，增添设备；县城相继开设城建局招待所、乡镇企业局招待所、二轻局招待所，私营旅馆逐年增多。1989年，县政府建西屏山接待处。

1951年，全县饮食业22户，其中西屏镇8户。1954年，西屏4户棉布店转业组建四联食堂。1956年，组织西屏饮食合作商店，下设3个饮食门市部。1965年，新建国营松阳饭店，四联食堂并入。1982年，成立县饮食服务公司。个体饮食店迅速发展，供应网点遍及城乡。

1960年，住宿餐饮业零售额24.4万元。1978年，45万元。1982年，75万元。1985年，120万元。1992年，全县饮食业270户，从业人员463人。其中，全民所有制企业5户、30人，集体企业8户、52人，个体有证饮食店257户，从业381人；全年零售额462万元，其中个体户340万元。全县有国营旅馆2家、集体5家、个体有证旅店86家，共有床位1420个。2000年，全县住宿餐饮业商品零售额 5257 万元。2005 年，全县星级住宿业和限额以上餐饮业企业共 3 个，从业人员 93 人；全年星级住宿业和限额以上餐饮业商品零售总额 8468 万元。2008 年，全县星级住宿业和限额以上餐饮业企业共 5 个，从业人员 261 人；全年星级住宿业和限额以上餐饮业商品零售总额 14692 万元。2010 年，星级住宿业和限额以上餐饮业企业共 9 家，从业人员 561 人；全年星级住宿业和限额以上餐饮业商品零售总额 18770 万元。

图 15-3　松阳旅馆餐厅（县档案馆提供 1992 年）

第二节　居民服务业

生活服务业

理发　松阳人俗称剃头。过去县内剃头老司挑剃头担流动服务。农村常年包头，剃头老司定期下村剃头。民国初，有专业剃头店，工具设备简单，一般只有剃刀和剪刀。民国 24 年（1935），城镇最大的磁头理发店设备较好，配有吹风机、酒精灯、烫发火钳和手推剪等理发工具。1956 年，组织西屏镇理发合作社，设 3 个门店，属县手工业联社管理。1958 年，开始使用电吹风、电推剪、电烫等工具。1980 年以后，个体理发店迅速发展，从业人员多为女性。1992 年，全县有证理发业 155 户，从业人员 167 人。2010 年，全县有理发美容店 200 余家，从业人员 250 多人。

图 15-4　留芳照相馆最早馆址太平坊弄 26 号（叶祖青 摄于 1983 年）

照相　民国初年，有方石丈照相馆。稍后，在杨柳街设有精美照相馆。民国 17 年 （1928），开设留芳照相馆。民国 35 年，由碧湖迁入长春照相馆、青年照相馆。1956 年社会主义改造后，长春与青年 2 个照相馆合并为公私合营松阳照相馆；1965 年，并入松阳饮食服务业商店。1982 年，松阳照相馆增置设备，为县内照相业中设备较好的一家。1992 年，全县有照相摄影业 32 户，从业人员 36 人。有摄影人员赴乡村流动服务。2010 年，全县有照相摄影业 80 多户，从业人员 100 多人。

浴室　民国 14 年（1925），叶虎臣曾开办松阳浴室，不久告歇。1954 年，四联食堂兼办四联浴室。1958 年 11 月撤县后，业务清淡，于 1974 年告歇。1989 年，松阳饭店筹建浴室；1991 年末建成；设男女两部，设备较齐。2010年，全县有公共浴室10余家。

日用修理 民国初年，蔡关祥开设镶牙钟表修理店，地址桥亭街。黄仁和在桶盖亭开设铜锡制品店兼营钟表修理。民国20年（1931）后，温州人“大老金”“小老金”在松阳开设自行车店，经营自行车修理和出租。1949年后，有镶牙、钟表修理、自行车修理及日用品修理店等数10家。20世纪80年代，家用电器修理行业兴起。1992年，全县有日用修理店318户，从业者354人；其他服务业40户，从业者75人。2000年以后，个人汽车拥有量急速上升，汽车修理店也逐渐增多。2010年，全县有日用修理店400多家，其中汽车美容、修理店5家。

休闲娱乐业 20世纪80年代后期，县城及几个主要集镇新办多家舞厅、卡拉OK厅等文化娱乐场所。2000年以后，县城及古市等城镇桑拿店、洗脚店陆续出现，休闲娱乐服务趋多元化。2010年末，县城有桑拿、洗脚、推拿等服务经营场所20余处。

中介服务业

20世纪80年代，律师、公证、税务、审计等中介服务业兴起（相关内容分散各相关编章节目）。90年代后，县城典当行业、房地产交易中介服务业兴起，特别是二手房地产交易市场活跃。2010年，全县有房地产中介服务业机构10多处。2010年末，全县城镇房地产中介机构从业人员83人。

信息咨询服务业

20世纪90年代后期，随着电脑的不断普及，县城电脑专卖店、文印服务店、信息咨询站等大量涌现，为群众提供方便。2010年末，全县城镇单位租赁与商务服务业单位从业人员53人。县城有电脑专卖及维修服务店、文印服务店等近20家，涵盖电脑及耗材专卖、打印排版、书刊印刷、商务策划等多方面服务。

第三章 商品购销

清咸丰年间（1851～1861），松阳县老字号商店有同仁堂、章广记、集成、王大源、徐裕昌、建泰、同茂、亦隆、罗萃泰等数十家。民国 19 年（1930），松阳烟纸杂货业户数量最多，共 59 家。民国 31 年 8 月，松阳沦陷，商店遭劫。至民国 37 年，登记开业 185 户。

中华人民共和国成立后，松阳县商业经济不断发展。1949 年，有商店 369 户。1953 年 11 月，粮食实行统购统销；12 月，私营粮商全部停业转营。1956 年 4 月，私营工商业社会主义改造完成后，商业、饮食、服务业全部由国营专业公司归口管理和领导。1958 年 5 月至 1961 年 9 月，国营、合作商业第一次合并，基层供销合作社、公私合营商业、合作商店在购销上均纳入国营商业的计划管理。“文化大革命”期间，取消个体商贩，关闭集市贸易，流通受阻。1978 年改革开放后，商品流通实行开放式、多渠道经营，国有商业结构、经营人员、社会商品零售额比重相对下降。至 20 世纪 90 年代，全县形成县属国营流通企业、物资企业与县属部门经营管理的国营、合作商业并存的格局。1994 年后，随着市场经济体制的建立，商业经营放开，逐渐形成多元化的市场流通格局。

第一节 粮 油

松阳盛产稻米，大多年景均有输出，素有“处州粮仓”之称。明成化年间（1465～1487），松阳赋米年外调温州平定仓 854 石 47 合 3 勺、调往乐清广丰仓 7150 石。民国 21 年（1932），盈余食米 3450 石。民国 22 年，处属各县唯松阳有余米 12500 石，其他 8 个县缺粮 1177240 石。民国 28 年，输出粮食 23055.6 石。民国 30 年，余米 94957 石。

中华人民共和国成立后，粮食产量逐年提高。1958 年，全县粮食总产量比 1940 年增长 89.94%。1978 年，粮食总产为 1949 年的 3.39 倍。1992 年，为 1949 年的 4.88 倍。购、销、调出相抵，年有余裕。1993 年，全部放开粮油价格和经营，取消城镇居民粮食供应统销制度。2000～2010 年，全县粮油购销实行市场化经营。

粮食贸易

自由贸易 民国以前，粮食以私营粮商、米贩经营为主。民国 18 年（1929），有私营粮店 17 家，分布于西屏、古市 2 镇。大多逢集收购，趁青黄不接压价放贷，新粮登场回收稻谷。民国 28 年，松阳县粮食管理委员会成立，下设公卖处，对余粮户进行登记，统一购进余粮，公开出售，颇受各界支持。民国 30 年，私营粮店 20 多户、米贩 80 多户，部分南杂货店兼营粮食。民国 33 年，经营粮食者有 187 户，其中西屏 80 户、古市 35 户，其他乡村 72 户。

松阳解放初期，有粮店6户、米贩31户，粮食市场仍操在私营粮商之手，粮价波动较大。1950年9月，中国粮食公司松阳办事处成立，开展征购粮食、组织供应、抑制粮价活动。1950年，松阳办事处征、购粮食937万千克，供销合作社购入粮食17.5万千克，私营粮商收购65万千克，收购比重分别为91.86%、1.73%、6.41%，人民政府有效地控制粮食市场。

1950～1953年松阳县粮食购销比较表

表15-3-1-1 单位：万千克

年度	合计	收购数				供应数		
		国营	合作社	私营	合计	国营	合作社	私营
1950	1020.0	937	0	17.5	65.5	11.0	8.5	2.5
1951	907.5	831.5	3.0	73.0	394.0	308.5	85.5	0
1952	1007.0	887.5	70.5	49.0	399.0	353.0	38.5	7.5
1953	834.0	767.5	39.0	27.5	321.5	301.5	0	20.0

1953年11月，粮食实行统购统销；12月，私营粮商全部停业转营。除国家粮食部门经营外，委托供销社代销粮食。至1955年3月，粮食购、销、调、存由国家粮食部门经营，允许农民少量粮食上市，进行余缺调剂。1963年，国家粮食部门开展粮食议购议销。1964年12月，取消粮食集市贸易，余粮可向国家换购或卖给粮食交易所。1979年，恢复粮食集市贸易，禁止私人贩卖和远途运销。1982年5月，县粮油贸易公司成立，是年成交量136.35吨；1992年，交易221.50吨。是年，粮油批发交易市场建立。农贸市场粮食成交量1775吨。

统购统销　分农村购销与城镇供应两种情况。1953年，实行农村粮食统购统销，统购任务到县，落实分解到户，按户交售；统销粮食调查测算预定计划，指标到乡，以村为单位组织群众评议，经乡审核后供应。1955年8月，根据国务院颁布《农村粮食统购统销暂行办法》，实行定产、定购、定销的“三定”政策，定产定购3年不变，定销一年一评，落实到户。全县落实定购粮食14910吨，农村定销1495吨。定产以正常年景产量计算，扣除农业税和口粮、种子粮、饲料粮“三留”后，多余者定购，不足者定销，持平者自给。1958年，实行粮食大包干，一定5年，增产不增购，减产不减免。核定松阳县征购任务11290吨，定销1105吨。1958～1961年，共征购粮食55710吨，占粮食总产量33.9%。1960～1962年，国家安排统销粮18745吨。1964年，征购任务2258吨，比1959年调减1032吨。1965年，合理调整征购指标，一定3年。粮区人均口粮超过250千克者，适当增购；低于225千克者减购；山区缺粮队人均高于225千克者减销，低于200千克者增销。调整后，全县征购11435吨，比原征购减少3.01%，定销1150吨。1971年，改为一定5年。1979年，再次调整购销指标，全县减购粮食2280吨，增销1145吨，全县人均年口粮335.5千克，比调整前增长10.5%。1982年6月，实行征、购、销、调包干，一定3年。落实征超购任务20250吨，统销包干数7950吨，完成征购任务后，允许多渠道经营。1985年，取消粮食统购，改为合同定购，采取协商方式，签订定购合同，定购以外的粮食，允许自由购销。1987 年，粮食定购“三挂购”即奖售化肥、柴油和预付定金。全县签约 32723 户，落实定购粮 21540 吨。1992 年，对玉岩、枫坪、象溪、板桥、大东坝等乡镇，调减定购粮食 543.1 吨。1993 年 1 月，放开粮油购销和价格。

1953 年 12 月 10 日始，对城镇居民、工人、机关工作人员口粮及工商企业行业用粮实行计划供应。居民缺粮数报镇（乡）政府审批并开具介绍信到指定粮点供应，机关、学校、企事业单位所需粮食，先编制用粮计划，经工商科批准后供应。1955 年 8 月 25 日始，城镇居民实行以人定量，按户发证供应；机关、学校等单位食堂凭证凭票供应，全县城乡定量供应人口 9861 人。每月粮食定量按劳动差别年龄大小，划分为 4 类 9 等 32 级 146 个主要工种，月定量大米：工人，14～27.5 千克；机关、企业人员和脑力劳动者，13.5～14.5 千克；大中学生，14.5～16.5 千克；居民中 10 周岁以上都 12.5 千克，10 周岁以下按年龄分档定量。工商企业行业用粮，按计划凭证供应；部队凭团以上后勤部介绍信和军用粮油豆供应证供应。1960 年，城镇居民 10 周岁以下儿童每人免费发糕点票 0.5 千克。1962 年，除人口定量外，人月增发熟食票 0.5 千克。1982 年以后，省对县实行粮食包干。1985 年 4 月始，工商行业用粮及饲料逐步改议价供应。1988 年，实行粮食财务包干。1990 年，全县城乡有定量供应人口 10317 人。1992 年，城乡定量供应人口 20316 人。1993 年 1 月 1 日始，取消粮食凭证供应。

实行粮油统购统销后，粮油收购价逐年提高，国家定量供应粮油维持低价销售，致使价差补贴的财政支出数额巨大。1978 年，价差补贴支出 0.42 万元，1979 年 21.74 万元，1988 年 59.50 万元，1990 年 84 万元，1991 年 40.3 万元。1992 年，停止价差补贴。1993 年，全部放开粮油价格和经营，取消城镇居民粮食供应统销制度。

1953～1992 年松阳县粮食购销差数量一览表

表 15-3-1-2　　单位：吨

年份	收购			销售			差额
	合计	征购	议购	合计	统销	议销	
1953	12665	6040	6625	5680	5680	0	6985
1954	16045	7520	8525	7680	7680	0	8365
1955	12730	6755	5975	4100	4100	0	8630
1956	8405	5435	2970	4670	4670	0	3735
1957	12540	7565	4975	4470	4470	0	8070
1958	12820	6710	6110	7225	7225	0	5595
1959	16450	8270	8180	13335	13335	0	6115
1960	14885	7335	7550	8305	8305	0	6580
1961	11495	3635	7860	6380	6380	0	5115
1962	11520	3935	7585	4060	4060	0	7460

续表 15-3-1-2

年份	收购			销售			差额
	合计	征购	议购	合计	统销	议销	
1963	12030	4205	7825	3545	3545	0	8485
1964	11800	4380	7420	3630	3500	130	8170
1965	11490	4335	7155	6180	5545	635	5310
1966	8960	4125	4835	4645	3750	895	4315
1967	6400	2525	3875	4315	4165	150	2085
1968	9640	2395	7245	3295	3145	150	6345
1969	11120	3390	7730	4250	4100	150	6870
1970	10805	4030	6775	3470	3305	165	7335
1971	8365	3385	4980	4855	4530	325	3510
1972	12000	3750	8250	5355	5230	125	6645
1973	12125	3720	8405	4790	4695	95	7335
1974	12225	3710	8515	5245	5155	90	6980
1975	10375	3695	6680	5495	5400	95	4880
1976	7500	3640	3860	4995	4950	45	2505
1977	11965	3685	8280	5425	5365	60	6540
1978	11385	3535	7850	4600	4530	70	6785
1979	14670	3060	11610	6410	6310	100	8260
1980	22805	3060	19745	7915	6400	1515	14890
1981	23265	3100	20165	8395	6650	1745	14870
1982	29230	3115	26115	6655	5180	1475	22575
1983	31385	3130	28255	9285	5975	3310	22100
1984	38830	3140	35690	8120	6120	2000	30710
1985	24825	0	24825	7870	6170	1700	16955
1986	24730	3039	21691	8950	6180	2770	15780
1987	24330	3220	21110	11220	5780	5440	13110
1988	24325	3217	21108	13840	7151	6689	10485
1989	28337	3222	25115	12219	6932	5287	16118
1990	27630	32221	24409	14567	7526	7041	13063
1991	32096	2179	29917	17370	10153	7217	14726
1992	30330	2930	27400	27741	7476	20265	2589

食用油贸易

油料统购　食用油以茶油、菜油为主，农民除自食外，少量上市。1954年，油料油脂统购统销。1956年，油料按比例收购，茶籽多产多购，增产多留，按实产3∶7比例收购（农民留3成），茶枯饼敞开供应。1957年，油料全购全销，除留种、留油外，全部收购，茶枯饼按比例退还。1962年，以生产队为单位，确定油料产量，人均留油1.75千克，其余包干，收购任务一定3年。正常年景增产不增购，歉收不减免。自给队、缺油队不购不销。1973年，超购加价30%。此后数次加价收购。1991年，每50千克茶油从86元提高到235元，菜油从76.11元提高到208元。1993年，放开油料购销和价格。

食油供应　分为人口油、补助油、行业用油等。统购统销后，不分城乡凭证限量供应，每人每月50克。1958年6月，城乡食油供应凭证不限量。1959年3月，凭证限量供应，每人每月100克。1962年，农村人口食油包干。1964年12月，城镇居民每人每月150克。1965年10月，提高为200克，凭证供应。节日补助油及行业用油，按规定和资源情况安排供应。1983年始，扩大议价销售。1993年，放开粮油价格和经营，取消城镇居民粮油供应统销制度。

粮油储运

明清设常平仓、义仓、社仓。民国设集中仓、收纳仓、临时仓等。民国31年（1942），集中仓有城内肖祠，河头潘祠，古市飞来庵、张祠、洪祠及玉岩村等16座32廒，容量10800石；收纳仓有古市相公殿、十五里纪祠和城东净梵寺等11座20廒，容量6200石；两用仓、临时仓有王村叶祠、城内社仓、南州罗祠、古市潘祠等13座37廒，容量7300石。合计40座89仓，总容量24300石。当年存粮食12094石。另有各乡村义仓275廒，储存积谷15460石，以备青黄不接时开仓出借渡荒。

中华人民共和国成立后，接收民国政府仓库52座，接收稻谷170吨、大米27.5吨。利用公房、祠堂、庙宇建造粮仓。1951年，开展无害虫、无鼠雀、无质变、无事故的“四无”粮仓创建活动。1954年，建成部分储油池。1965～1967年，建成仓库10处，5090平方米。1956～1981年，建成储油罐，容量308吨，油池逐步淘汰。至1992年，全县有房式、简易、土圆仓等各类仓库67座、145间，建筑面积33428平方米，油罐容量241吨。1982～1992年，10年被授予省级“四无”粮仓县。

1952年，调入小麦50吨，调出小麦、稻谷等6380吨。1954～1958年，年均调入粮食42吨，调出7168吨。1952～1992年，进出粮食相抵，净调出306293吨，年均调出7471吨。

1982年7月，建立粮食汽车队。1988年，有7辆汽车，车辆吨位57吨。1993年，放开粮油价格和经营后，全县粮油购销逐步实行市场化经营。

第二节 生产资料

机电及金属材料

金属材料　民国时期，县内无金属材料商店，手工业作坊所需的铁、铜、锡等金属材料，由业主自温州、上海和县内铁炉自行采购。1951 年，金属材料被列为计划控制物资，各生产单位所需的材料，向主管部门申报，县计委按计划调拨。1963 年，金属材料由物资系统经营，当年供应钢材 44 吨、生铁 3 吨及少量铜、锡。1970 年，供应钢材 202.5 吨、生铁 79 吨。1980 年，供应钢材 130.75 吨、生铁 290 吨、铜材 107 吨。1982 年后，金属材料需求激增，经营单位也逐年增多，价格实行计划价、议价双轨制。1992 年，全县销售金属材料 29652.15 吨，销售额 2462 万元。1996 年，全县销售生铁 211 吨、钢材 1202 吨、铜材 353 吨。1997 年始，县统计部门不再对全县工业原材料消费总量进行年度统计。

1982～1996 年若干年份松阳县金属材料销售量一览表

表 15-3-2-1　　单位：吨

年　份	钢　材	生　铁	有色金属	年　份	钢　材	生　铁	有色金属
1982	643	8	0.09	1988	1956	20	16.07
1983	1363	117	1.32	1989	1626	16	0.14
1984	1437	5	1.13	1990	1434	17	—
1985	1687	8	1.09	1991	4621	10	—
1986	1447	30	0.02	1992	11358	26	8.00
1987	1751	43	1.29	1996	1202	211	—

机电设备　民国 14 年（1925），华阳电灯公司从上海购进发电设备。松阳解放初，企业所需机电设备均自行从外地购进。20 世纪 50 年代中期，商业部门经营碾米机械、农田灌溉机械和机电小配件。1963 年后，由物资部门统一经营。1979 年，改革经营方式，采用计划价与议价相结合，自营代销并举。1985 年，县机电设备公司成立，缩小指令性计划比重，物资分配逐步向市场化转变。至 1987 年，除汽车等少数产品计划配给外，均敞开供应。1992 年，销售汽车 88 辆、电动机 282 台/832 千瓦、水泵 20 台，销售额 1003.8 万元。

农机具　物资部门经营动力农机及其配件。农机产品实行计划分配，全省销售一道价，允许企业政策性亏损。1983 年后，农机市场放开，分配计划逐步缩小。1982～1992 年，销售农用车 29 辆，各类拖拉机 914 台、柴油机 477 台、碾米机 482 台，农用钢管 12065 米及农机、电机配件等。1992 年，农业机械销售额 443.1 万元。

1982～1992 年松阳县主要机电设备和农业机械销售数量表

表 15-3-2-2

年度	汽车（辆）	农用车（辆）	机床（台）	导线（吨）	水泵（台）	布电线（千米）	拖拉机（台）	变压器（台/kVA）	电动机（台/kW）	柴油机（台）	碾米机（台）	农用钢管（米）	零配件（万元）
1982	6	—	—	16	40	244	30	20/690	90/495	8	30	450	8.10
1983	16	—	4	29	46	265	80	40/1505	164/959	20	70	1500	13.90
1984	18	—	—	30	32	180	100	44/1800	243/1188	42	66	1498	12.91
1985	25	10	1	10	44	137	37	21/1740	143/547	57	56	3676	11.54
1986	22	—	1	20	52	82	123	20/800	167/794	33	40	990	13.93
1987	21	—	13	16	50	126	172	8/330	191/684	85	48	589	10.16
1988	44	2	5	28	78	181	124	42/1505	299/371	54	56	852	10.47
1989	17	—	5	23	68	89	67	17/540	35/269	10	20	900	7.11
1990	16	—	1	15	58	72	16	15/2030	118/553	31	36	705	14.77
1991	36	7	5	4	78	102	42	2/110	574/1172	69	31	600	22.74
1992	88	10	3	2	20	—	73	2/820	282/832	68	29	300	25.89

建筑材料

原由商业部门经营的建筑材料有水泥、玻璃、油毡等。1963 年后，由物资部门经营。1978 年改革开放后，销量逐年增多；1992 年，建材销售额 602 万元。

水泥　松阳解放初，农田水利专用水泥由县农业水利部门计划供应，其余均通过商业部门销售。1963 年始，由物资部门供应。1978 年以前，为国家计划分配物资，物资部门凭县计划部门调拨单供应。1979 年以后，逐步开放经营。1963～1981 年，供应水泥 50533 吨，年均销售 2660 吨。1982 年后，城乡建设加快，水泥销售量增大；至 1992 年，物资部门共销售 105595 吨，年均销售 9600 吨。

玻璃　松阳解放后，玻璃由供销社经营。1963 年始，由物资局计划供应，当年供应 61 重量箱。1982 年，供应 9056 平方米。1986 年，增至 17558 平方米。随着市场开放，物资部门销量下降，其他经济性质的企业参与玻璃经营。1992 年，全民和集体单位平板玻璃消费量 5859 平方米，合 956 重量箱。

其他　1965 年，供应油毡 946 卷。1984 年增至 2304 卷。1988 年，供应 2251 卷。1982～1992 年，共供应 13561 卷，其中 1992 年销售 812 卷。砂石料未形成规模市场，大多自产自用或零星经营。石灰大多由用户自行采购，少数个体经营者销售石灰浆，规模不大。

化工原料及燃料

化工原料　民国时期，有颜料、油漆原料、硫磺、靛青等日用化工原料销售，由百货、南货、杂货商店兼营。农民利用茶籽、桐籽壳烧制土碱上市出售。1955 年始，县百货公司经营日用化工原料，有油漆、颜料、松香、纯碱、硫化碱、硫酸、染料、石蜡、小苏打等品种。1963 年，部分化工产品实行统一计划，分级管理，农用化工原料由供销部门经营。1979 年后，日用化工原料由五交化商店（公司）经营。1985 年，金属材料化工建材公司成立。1992 年，经营日用化工原料 172 种，销售硫酸 2 吨、烧碱 2124 吨、纯碱 25 吨、轮胎 968 套、炸药 160 吨，销售额 410 万元。

石油制品　民国初年，美孚石油公司到松阳推销煤油，各商店经营的煤油品牌有亚细亚、德士古及美孚等；一般日用由杂货店或棉布店兼营，碾米厂、电灯厂所需柴油购自温州。1952 年，百货公司办事处经营煤油批发，年销售煤油 27 吨；1960 年，销售 130 吨。1965 年，石油商店成立。1978 年，对车辆、拖拉机、工矿企业动力机电用油实行统一分配，凭证定量供应，年销售 195 吨。1982 年，县石油公司成立，经营煤炭和各类成品油；1983 年，建松阳加油站，址在丽龙公路 99K+900 米处，有金属油罐 2 个、容量 100 立方米，销售汽油 569 吨、柴油 1256 吨、煤油 225 吨、润滑油 59 吨。1986 年，在古市上方建加油站，有金属油罐 5 个、容量 250 立方米；1987 年，销售汽油 1389 吨、柴油 1844 吨、煤油 174 吨、润滑油 90 吨。1992 年，国营商业销售汽油 1395 吨、柴油 2096 吨、煤油 182 吨、润滑油 110 吨，年销售额 472.77 万元；运输公司加油站油类销售额 236.01 万元。是年，全县有加油站（点）4 处。2010 年，全县有加油站（点）21 处，其中私人加油站（点）10 处。

煤炭　1965 年，松阳石油商店经营煤炭。1986 年，燃料公司成立，工业用煤中计划分配的平价煤供应到使用单位；市场用煤中的指令性计划煤炭先保证生活用煤，城镇居民户口按月定量平价供应；议价煤敞开供应。1987 年，供应煤炭 20710 吨；1988 年，供应 25900 吨。1992 年，取消凭证供应，年供应用煤 17915 吨，销售额 398.6 万元。1996 年，全县原煤消费 19646 吨、焦煤消费 45 吨。1997 年后，煤炭放开市场经营。

化肥农药及小农具

化肥　民国 19 年（1930），英国东印度公司到松阳推销肥田粉。民国 28 年，全县核准化学肥料代售处 2 户。1949 年，土产公司松阳办事处销售肥田粉 5 吨。1950 年，供销社开始经营化肥，当年销售 102.5 吨；1952 年，销售 397.9 吨；1963 年销售 1340 吨；1970 年，销售 6084.1 吨；1980 年，销售 17483 吨；1992 年，销售 30273 吨。1993 年后，化肥放开市场化经营。

农药　民国时期，除省农业改进所使用少量农药外，农民多采用烟梗、茶籽饼、青油等防治农作物病虫。解放后始有农药供应。1950 年，供应“六六六”杀虫螟 50 千克。1954 年，供应 2.5 吨。1963 年，供应 104 吨。1970 年，供应 301.5 吨。1975 年，销售 523.15 吨。1978 年，销售 659.15 吨，为销量最高年份。20 世纪 80 年代初，除虫灭菊酯等新型杀虫剂开始供应；1984 年，停止供应使用有机氯农药。1992 年，供应各类农药 272 吨。1993 年后，农药逐步放开市场化经营。

中小农具　民国时期，由手工业作坊自产自销。松阳解放后，供销社经营中小农具。1953 年，国营农场购进全县第一架喷雾器。1956 年，购进 4 架日本产高压喷雾器，分配县国营农场及阳溪乡项弄、新兴乡新华、岗寺乡上河 3 个高级农业生产合作社。全年供应各种喷雾器、喷粉器等 174 架。20 世纪 80 年代初，推行家庭联产承包责任制后，中小农具销售量从 1975 年的 79504 件增至 1982 年的 98719 件，喷雾器从 1144 台增至 5486 台。1992 年，供应中小农具 25217 件。

1969 年，始有农用薄膜供应，主要用于水稻育秧。1983 年，全县销售农用薄膜 143760 千克。至 1992 年，年销量维持在 5 万千克左右。1993 年后，农资逐步放开市场化经营。

第三节　日用工业品

棉布百货

棉布　民国19年（1930），有绸布业29家，资本总额69750元，其中县城17家、古市镇12家，开业40年以上者有4家，最大资本额8000元。民国22年，经营棉布商店有同发祥、集成、叶大有、同茂、阙合美、亦隆、同集祥等23家，其中古市11家。主要经营常熟布、粗布、细布、斜纹、双巾及色府绸、花叽、花布、色平布、厂布等品种。布商多从兰溪、汤溪、金华、温州厂商批发进货，分期付款，年终结算。全面抗战时期，转从温州进货。民国33年，全县有布店22家，资本总额19.5万元。民国35年，有布店17家，资本额169万元。

1950年，国产半线咔叽等上市销售，品种逐年增多，常熟布、双巾、标布等逐步淘汰。自1954年9月15日始，实行棉布统购统销，凭票供应，由国营公司、供销社统一经营。布票定量标准最高年份1956年，每人每年24市尺；最低年份1962年，每人每年2.6市尺；一般年份每人每年15.5市尺。1984年，停止使用布票。1966年以后，各种化纤布、呢绒、绸缎和化纤织品销售量逐年增加。20世纪80年代始，各种成衣销售量上升，棉布销量下降。80年代末，棉布及丝、棉织物销量又趋上升。90年代中期，棉布及丝、棉织物放开市场化经营。

百货　民国19年（1930），有百货业7家，集中于县城，开业40年以上者1家，资本总额23750元，最大资本额8300元，为全县各业商店之首。民国22年，经营百货的有晋昌（兼织袜）、震寰、恒足、大新、集新等10家，其中古市4家，经营品种有搪瓷类、卫生衫（裤）、毛巾、花毯、球鞋、套鞋、力士鞋、毛线、热水瓶、钢骨布伞、肥皂、火柴和其他小百货，多从温州、杭州进货。民国33年，有百货业8家，资本总额16.35万元。

1950年，百货公司松阳经营组设立；1956年，改为县百货公司，下设4个零售门店，经营品种有棉布、化纤布、针棉织品、大百货、小百货、文化体育用品、钟表、劳保用品类及日用化工、五金交电等。1954年，销售时钟5台；1955年，销售手表108只。批发业务由公司独家经营。1953年，主要商品实行计划分配，计划外商品自行采购。1983年后，胶鞋、洗衣粉和名牌缝纫机仍由省计划分配，肥皂、火柴由省确定收购数以外的部分，由厂自销或由商业部门协商价格收购。1960年8月15日起，卫生衫裤、棉布衫裤、线衣、床单、线毯、毛巾被、绒毯、浴巾、睡衣9种主要针棉织品实行凭布票供应；毛巾、袜子、汗衫背心、棉毯、民用线5种商品实行凭购货证供应。1961年3月1日始，毛巾、线袜、汗衫背心实行凭布票供应。1983年5月始，全部针棉织品免收布票，敞开供应。1961年，日用百货、火柴实行凭证供应；1983年以后敞开供应。1973年1月1日始，肥皂实行凭证定量供应；1983年以后敞开供应。

1983年以后，百货品种逐年增多，市场开放，开展多渠道经营，个体百货店摊增加，市场竞争激烈。1992年，国营商业企业经营品种12376种。20世纪90年代中期，百货放开市场化经营。

五金交电

民国时期，百货业兼营小量元钉、铅丝、电器等。经营铜、锡和白铁制品等商店9家，其中古市4家。经营金银首饰制品8家，其中古市3家。1952年，百货经营组开展经营五金交电业务，私营商店兼营业务逐步减少。1953年，自行车销售6辆。1956年，五金交电合作商店开业。1970年以后，农村小水电站建设发展，电器材料需求量逐年增多，家用电器、五金材料等品种销售量增加，销售额逐年上升。20世纪80年代，市场对日用电器、五金产品、建筑材料、自行车、人力车胎等需求量急增。电视机、电冰箱、洗衣机等高档家用电器开始进入市场。1982年，电视机销售329台。1983年，电冰箱销售4台。1984年，洗衣机销售16台。1982年后，经营五金交电业务的有国营商业、供销社、集体商店、广播电视服务部、交通公司及众多的私营商店。1992年，经营五金966种、交电550种、家电183 种。20世纪90年代中期，五金交电放开市场化经营。

文化体育用品

民国初年，经营文化用品有尺素坊、丙寅、源源等5家。民国20年（1931），有文具店13家，其中古市6家，经营中小学教课本、教育用品、文化用纸、各种书籍。民国35年，有文具商店3家。

1950年，百货公司松阳经营组经营文化体育用品。1956年，有公私合营群益文具店、西屏文具合作商店。1958年，县百货公司把文化用品批发业务逐步延伸到各区供销社和基层分社。20世纪80年代，文化体育用品需求量逐年上升。1992年，文化体育用品经营品种2465种，销售额655万元。20世纪90年代中期，文化体育用品放开市场化经营。

日用杂品

民国初年，县城经营日用瓷器有源通、叶公兴等4家，进货来源有江西、温州、龙泉等地。经营土纸、草席等品种的南杂货店有数十家。杜永兴、徐源昌2家铸造铁锅、犁头等，以自产自销为主，亦有肩挑串乡调换铁锅。陶器多由叶村乡黄犬山村缸窑和水南乡瓦窑头村窑户生产，产品自产自销之余由杂货店经营。

松阳解放后，日用杂品由供销社经营，杂货店、合作商店向供销社批购进货。1959年，日用杂品划归百货商店经营，设日用品经营部。1962年，由县供销社日用品经理部经营。20世纪90年代中期，日用杂品放开市场化经营。

1952～1992年若干年份松阳县主要日用工业品零售量一览表

表15-3-3-1

名称＼年份	1952	1958	1962	1965	1970	1975	1978	1982	1985	1990	1992
棉布（百米）	7418	8565	2339	6103	8454	7368	8671	9170	7817	2843	3543
纯化纤布（百米）	—	—	13	93	1017	1049	1743	1614	3985	650	758
呢绒（米）	—	1	10	17	372	424	1195	10151	14600	23900	18400
绸缎（米）	312	1086	7366	6570	14520	7535	22480	41400	71000	9600	23200
汗衫背心（十件）	250	826	451	964	1414	3513	5304	415	12600	6860	8670

续表 15-3-3-1

名称＼年份	1952	1958	1962	1965	1970	1975	1978	1982	1985	1990	1992
卫生衫裤（十件）	341	551	185	580	1178	2341	1542	1143	1000	170	1680
棉毛衫裤（十件）	73	214	51	486	1164	2123	1766	5248	7700	4600	6160
毛线（千克）	214	506	309	1883	3376	1941	4665	13745	25900	10500	11400
胶鞋（双）	4527	14042	19192	17461	29128	74547	63579	11290	160800	229700	135000
塑料鞋（双）	—	—	3363	3189	10640	37906	36482	3840	51000	21700	26600
火柴（件）	1216	1740	2590	2805	2377	3760	3292	4239	3568	4900	1200
肥皂（箱）	2244	2936	2217	3471	6288	6735	4060	14691	17400	6100	7400
床单（条）	—	—	209	686	1865	3379	2978	8500	29000	5700	4025
保温瓶（个）	2115	2890	7929	3582	8598	5443	16676	21372	37700	30400	20200
缝纫机（架）	—	10	46	62	249	485	664	2302	2540	750	14690
手表（只）	—	10	25	31	109	467	854	8237	12100	2300	3200
时钟（只）	—	267	480	235	271	672	1532	3006	2700	2060	1162
自行车（辆）	—	7	—	7	55	187	331	2343	6988	3522	4339
电灯泡（百只）	—	—	49	93	264	100	383	963	1734	3212	—
收录机（架）	—	—	—	2	1	—	26	1176	2505	815	14
电风扇（台）	—	—	—	—	—	—	—	896	5975	4183	5262
电视机（台）	—	—	—	—	—	—	—	29	1358	2960	5108
电冰箱（台）	—	—	—	—	—	—	—	—	90	318	515
洗衣机（台）	—	—	—	—	—	—	—	—	85	42	141

第四节　副食品

肉禽蛋　水产品

肉类　松阳肉类消费向以猪肉为主；牛肉仅季节性销售，价格约为猪肉的 60～70%。羊肉无市场销售。民国 25 年（1936），有屠宰商 52 户（其中古市 23 户），正常营业的有 10 余户。猪肉货源不足，每年向宣平县收购白肉、向瑞安等地购进生猪。

1956 年，实行生猪统一收购和派购，投售 1 头，发给 15 市斤免税肉票，奖布票 2 市尺，饲料粮票 50 千克。1962～1964 年，城镇居民凭票定量供应。1973 年，发放生猪预购定金，松阳食品商店发放 1.7 万元。1977～1978 年，再次实行凭票供应，居民每人每月 1 市斤猪肉。1982 年以后，实行合同定购。1984 年，再度凭票供应。1985 年始，取消生猪派购和计划收购，实行议购议销，开放生猪自由市场，开展多渠道经营。1987 年，松阳被列为省商品猪基地，县食品公司发展专业养猪户 261 户，贷款贴息和饲料支持，合同订购生猪 9525 头。1988 年，销售猪肉 1338 吨、猪肉制品 5.1 吨（其中火腿 2.2 吨）。同年，收购生猪 32200 头，外调 11223 头。1990 年，收购 52000 头，供应市场猪肉 23600 头、1650 吨。1992 年，收购生猪 47400 头，销售猪肉 27200 头，加工销售金华火腿、香肠等猪肉制品 56980 千克；外调生猪 19051 头，县城有猪肉销售摊点 46 处。20 世纪 90 年代中期，肉类放开市场化经营。

20 世纪 80 年代后，牛肉消费呈上升趋势，市场常年有牛肉供应，价格逐年上升。至 1992 年，牛肉价格为猪肉的 1.5～2 倍，牛肉销售均个体经营。

禽蛋　历来禽蛋除自给外少量上市出售。松阳解放后，禽蛋上市量增加。1961 年，开始对鲜蛋投售实行奖励。1980 年，有家禽养殖专业户 57 户，县食品公司自养肉鸡供应市场。20 世纪 80 年代后，卤制品销售趋旺。1992 年，购销鲜蛋 18.1 万千克，收购家禽 3.02 万只。20 世纪 90 年代中期，禽蛋放开市场化经营。

1955～1992 年若干年份松阳县肉禽蛋购销调情况表

表 15-3-4-1

年份	收购量			售量（50 千克）						调出量		
	生猪（头）	家禽（只）	鲜蛋（50 千克）	鲜猪肉	猪肉制品	其中火腿	咸腊肉	鲜蛋	再制蛋（百只）	生猪（头）	鲜蛋（50 千克）	咸腊肉（50 千克）
1955	10096	6	31	4640	361	23	338	45	—	—	—	—
1962	1279	4818	360	361	35	2	27	30	102	552	204	—
1970	15602	28	804	12718	22	—	22	118	302	674	562	437
1975	34150	680	546	22969	423	20	351	27	611	2068	323	1158
1980	40443	—	2226	31828	1386	—	1330	261	1034	9916	1355	1025
1985	25500	2900	580	28241	159	11	2	820	2060	7718	—	—
1990	52000	32600	4880	33000	236	6	180	794	3440	18728	—	236（火腿）
1992	47400	30200	3620	39320	1138.6	963.4	—	3620	3905	19051	—	—

水产品　民国时期，县内无淡水产品专营商店，除春节前后上市量较大，平常有少量鲜鱼上市。西屏、古市 2 镇有专营海产品商店（贩）50 余家，每年从温州输入带鱼、海蜇头、沙鱼鲞、黄鱼鲞、明甫等。

1956 年，水产品由县供销社副食品站统一经营。20 世纪 60 年代，货源减少，春节实行分配供应。1960 年以后，一批大小水库开始养殖淡水鱼。70 年代，水产品货源趋于正常，有鲜黄鱼、带鱼、墨鱼等供应；淡水鱼上市量逐年增多，常年销售，价格平稳，低于猪肉。1970 年，销售 125 吨；1975 年，销售 217.6 吨。

1982年，县糖烟酒公司从宁波地区调入鲜带鱼、黄鱼、墨鱼等海产品常年供应市场。1983年，水产品销售量241.55吨。1986年，销售量255吨。1987年后，咸水鱼类供应由计划调拨转向市场调节，价格随行就市，温州等地商贩多到松阳经营，供应日趋丰富。1988年，县蔬菜水产公司成立，经营15个水产品种，销售201吨。1992年，全年供应水产品287吨。20世纪90年代中期，水产品放开市场化经营。

果菜

瓜果　民国19年（1930）调查，松阳年产水果9736担，其中外销1250担。1949年，全县年产水果5933担。果农生产水果，以自销为主。

1978年后，农村大力发展水果生产。1990年，全县水果总产量 3840.18吨，其中柑橘2965.33吨、桃370.31吨、柿248.4吨。是年，干鲜果收购额206 万元。1992年，收购额128万元。

干果主要有红枣、桂圆、荔枝、核桃、瓜子、橘饼等，向由南杂货店经营。桂圆、荔枝属高档营养礼品，价高货少，销量不多。解放初，干果由供销社副食品站经营批发业务，南杂货店零售。20世纪70年代前，干果销售量不多，80年代后，货源充裕，品种丰富。1986年，销售香菇2558千克、木耳2085千克、黄花菜800千克。90年代中期，瓜果放开市场化经营。

蔬菜　民国18年（1929），始有临时小菜场。民国31年，有耐性桥叶祠和市塴头王祠2处小菜场。四都乡历来生产白菜、萝卜，每年暑天上市，补充夏秋蔬菜淡季的需求，常年蔬菜供应基本平衡。

1956年后，城镇居民人口增加，蔬菜需求量增大。1958年，撤销松阳县制后，城镇人口减少，市场蔬菜基本满足需求。1982年恢复县制，城镇人口骤增，蔬菜需求量增大，市场供应紧张，价格上涨，自由市场白菜每市斤0.4元左右。1982年，县烟糖公司设蔬菜商店；1983 年，建立蔬菜生产基地。1988年，县蔬菜水产公司成立，配备专职人员指导生产。1989年，基地收购蔬菜307.5吨，外地调入93.8吨，年销售量405.25吨，经营亏损，由财政定额补贴。1990年，农民自产蔬菜上市量增加，满足市场供应，价格平稳。全年干鲜菜收购额442万元，向外县调出163.3吨。同年，县财政拨款建立南北两个菜场。县蔬菜水产公司在蔬菜市场各设1个销售店。1992年，干鲜菜收购额320万元。20世纪90年代中期，蔬菜放开市场化经营。

糖盐酒烟

食糖　由南货业经营。民国28年（1939），西屏镇有南货业28家，古市镇20家。松阳群众喜用红糖，需求量大。红糖有福建漳州糖、台湾糖和瑞安粉糖等；白糖有太古糖、广东糖、荷兰糖等，均从温州购进。

松阳解放初，白糖由百货公司批发，南货业经营。1954年，由食品公司经营。1960年，食糖凭票供应。1962年，销售食糖97.3吨。1965年以后，松阳、古市2个区发展糖蔗种植，加工红糖上市出售。1972年，收购红糖45.75吨。1978年，销售食糖275吨。1982年，销售食糖材851.4吨。1990年，市场白糖与红糖比价接近，白糖销量上升。1992年，销售食糖708 吨。20世纪90年代中期，食糖放开市场化经营。

糖果糕点 民国时期，私营糕饼店大多前店后作坊自产糕点销售。1958年，公私合营康乐食品加工场改建为国营综合食品厂，生产糕点、糖果供应市场。糖果、炼奶、罐头从外地购进供应市场。1985年，供应糕点2.3万千克、糖果9.2万千克。1989年，销售奶制品0.4万千克、糖果8.7万千克、糕点6.4万千克、罐头1130箱。1990年，销售奶制品0.5 万千克、糖果10.5万千克、糕点6.4万千克。20世纪90年代中期，糖果、糕点放开市场化经营。

食盐 松阳向销瓯盐。清乾隆时，徽州盐商项恒泰等6户在松阳经营多年。咸丰年间，仍由徽商经营。民国14年（1925），有盐行1户，大小盐店31户。民国19年，有盐店18户，其中县城9户。民国24年，城乡食盐消费合作社成立。全面抗战期间，食盐供应紧张，盐价猛涨，曾有斗米斤盐之价。民国32年，实施计口授盐，全县每月分配食盐1500担。1949年，全县供应5133担，平均每人全年消费2.18千克。1952年，供应667.8吨，年人均消费5.7千克。1961年，实行凭证供应；1963年，敞开供应。1962年，销售1246吨，年人均消费9.12千克。1975年，供应1594.75吨。1976年，再次限量凭证供应。改革开放后，敞开供应。1986年，曾发生抢购食盐，因储备充足，未出现脱销；是年，供应2000吨。1987年，销售加碘食盐。1990年，全年销售食盐 2012吨。1992年，销售1474吨。20世纪90年代中期，食盐放开市场化经营。

酒类 一向由酒坊或酒店自酿黄酒和烧制白酒销售。民国19年（1930），有酒店 15家，其中县城8家。民国29年，西屏镇有酒店（坊）23家，古市镇11家。民国35年，全县有酒店17 家。1952年，酒类由专卖公司专营。1957年，在古市建国营松阳酒厂，生产黄、白酒。零售商店向国营公司批购，年销售黄酒183.3吨、白酒18.8吨。1958年后，烟酒由松阳食品商店经营。1976年，烟糖酒由松阳烟糖商店专营。1980年，销售黄酒576.7吨、白酒 153.65吨、其他酒73.2吨。1987年，销售黄酒2259.5吨、白酒519吨、其他酒 1125.35吨。1990年，酒类销售3614吨。1992年，销售酒类3553吨。20世纪90年代中期，酒类放开市场化经营。

卷烟 民国初年，朱德泰酱酒店从上海购进“美丽”牌卷烟销售。民国19年（1930），全县卷烟贸易额6万元。1951年8月，烟酒专卖公司设松阳办事处，卷烟纳入专卖轨道。1952年，由省国营商业统一按计划拨县，逐级下拨经销。20世纪60年代，由县烟糖公司统一经营管理。1986年9月，县烟草公司成立，卷烟业务由烟草公司专营。

松阳解放初，全县有经营卷烟摊店70余户。1956年，城乡卷烟兼营网点220户。1960年下半年，主要卷烟实行凭票定量供应。1965年，销售740箱，43.66万元。1975年，销售 1145箱。1980年，销售3541箱。1985年，销售7075箱。1990年，销售5313箱。1992年，销售3488箱。1986年，全县经营卷烟国营商业企业2户，其中1户专营批发，1户零售；集体商业单位53户，其中专营批发5户，批零兼营5户，专事零售的43户。1988年10 月，首次对个体卷烟经营户登记发证，全县720户。1992年，有证个体卷烟零售商1100户。20世纪90年代中期，卷烟零售逐步放开市场化经营。

第五节　土特产与废旧物资回收

土特产

茶叶　民国25年（1936），全县茶叶产量58.3吨；民国35年，减为11.85吨。1949年，为10.15吨，其中商品量1.55吨。1952年，收购茶叶26吨。1956年，茶叶被定为国家二类物资，由供销社收购，当年收购81.5吨。1961年，实行茶叶派购，收购54.70吨。1969年，禁止茶叶上市买卖。1978年，茶叶总产量336.2吨，收购255.35吨。1984年，阳溪乡建茶厂加工茉莉花茶。1985年，茶叶市场放开，取消奖售，改为茶肥挂钩。1986年，收购茶叶485.6吨。1986年，茶厂由县供销社经营，经扩建技改，当年加工花茶75吨，产值66.95万元，利润12.32万元。1990年，收购茶叶827.3吨。1992年，收购691吨，加工精制茶927吨。20世纪90年代中期，茶叶放开市场化经营。绿茶成为县内最大宗农副产品。2007年，浙江浙南茶叶市场茶叶成交额5.55亿元。2010年，浙南茶叶市场茶叶成交额17.8亿元。

蚕茧　1958年，收购蚕茧8.80吨。1959年，收购鲜茧12.80吨。1961年，蚕茧被定为二类农副产品，统一收购，实行奖售，收购量为1.75吨。20世纪70年代初，年收购量1～2吨。1973年后，蚕桑生产发展，当年收购6.25吨。1980年，蚕桑生产进一步发展，当年收购蚕茧93.4吨。1983年，全县桑园3932亩，收购鲜茧177.85吨。1987年，收购306吨。1990年，增加到357.4吨。1992年，桑园面积9861亩，收购鲜茧563吨，收购额972万元。90年代末，蚕茧逐步放开市场化经营。

土纸（竹浆）　元、明时期，松阳山农利用毛竹资源生产竹浆和土纸。民国时期，最高年份产土纸6万担。民国28年（1939），上源、下源2个乡91户纸农，集股2360元组成2个造纸合作社，生产新闻纸，日产5令，质地优良，因日军入侵而停产。民国37年，全县生产松纸26700担、棉纸100件、油纸1200担。1949年，全县年产500吨，南源、周源2个乡33个村生产土纸，纸槽256处，产量276.5吨。1952年，县供销社组织山农生产竹浆。1953年，从事竹浆生产有927户、1142人，产竹浆1250吨。最高年份1954年收购土纸271.8吨。1955年开始，竹浆由手工业联社经营，土纸由供销社购销。1957年，收购竹浆53.1吨、土纸214.9吨，大部分土纸由山农自产自销。随着机制纸的发展，土纸生产日渐萎缩。1961年最低，仅0.95吨。1966年后，竹浆停止生产，土纸年购销量在50～100吨。1988年，收购41.1吨。1992年，多由产纸户自产自销，收购量为12.6吨。20世纪90年代中期，土纸（竹浆）逐步放开市场化经营。

竹木制品　过去由竹木工匠上门加工或自产销售。1952年，供销社经营竹木器。1962年，收购竹簟0.35万条，竹筷35.6万把，购销畚箕、竹箩、竹杠、蚕匾等30多个品种。1978年，收购竹扫帚40万把、竹簟0.7万条。1982年，销售竹制品9万元，供销社收购竹簟1.99万条、竹筷33.42万把、竹扫帚35.28万把。1984年，产销竹木制品92万元、竹扫帚20万把。1985年，二轻工业开发毛竹旋片贴片家具及装潢材料。全县产销竹木家具9万元，竹木加工131万元。1988年，产销竹木家具80.4万元；乡镇企业产销竹木家具20万元，竹木器加工240万元。1992年，全县产销竹木器具1603万元。

1995年，全县有竹木制品业工业企业28家，其中木材加工及竹藤棕草制品业23家。2004年，全县有规模以上木材加工及木、竹、藤、棕、草制造业企业9家，工业总产值132066万元。

山棉（桠）皮　民国时期，山棉皮年产千担，多私商经营。1950年，供销社收购0.7吨。1955年，收购山棉皮14.75吨、山桠皮14.9吨、藤皮9.65吨。1971年，松阳山桠皮样品送东欧各国展出。1972年，收购山棉皮21.75吨。1976年，收购山桠皮134.2吨。20世纪70年代，每年出口50吨以上。20世纪80年代，收购量减少，除1983年、1984年收购山桠皮近100吨外，其余年份约15～30吨。1992年，收购山棉皮0.35吨、山桠皮7.25吨。90年代中后期，山棉（桠）皮逐步放开市场化经营。

芒秆、稻麦草　20世纪60年代，收购芒秆、稻麦草作造纸原料。1956年，收购稻麦草85吨。1966年，收购芒秆635吨、稻麦草455吨。1967～1969年，收购芒秆1275吨，稻麦草停收。1970～1975年，芒秆停收，购稻麦草28060吨。1976～1989年，收购芒秆13745吨、稻麦草61560吨。此后，采集芒秆渐少，收购稻麦草量亦视需要而定。1987～1992年，年均收购1500～2000吨，供应当地纸厂。90年代中后期，芒秆、稻麦草逐步放开市场化经营。

蜂蜜　1955年，县供销社开始收购。1957年，收购2.65吨。1963年、1964年均为1.6吨。1965年，增为10.35吨。1966～1975年，收购100.7吨。1979年，收购16.3吨。20世纪80年代后，收购量不稳。1986年，收0.1吨。1988年，收购1吨。1990年，300吨；1992年13吨。90年代中后期，蜂蜜逐步放开市场化经营。

皮张　民国时期，兽皮多为温州商人收购。中华人民共和国成立后，由供销社统一收购。1955年，县组织563人，组成112支农民狩猎队进山捕猎；是年收兽皮1558张、牛皮1077张。1970年，因出口需要，政府再次组织狩猎生产，是年收购兽皮2574张、牛皮747张。1973年，收购牛皮1291张、兽皮4090张。1976～1980年，收购牛皮3143张、兽皮6531张。后，为保护野生动物，兽皮收购量减少。1981～1985年，收购牛皮2043张、兽皮3136张，1986～1990年，收购量再降为牛皮507张、兽皮37张。1992年，供销社收购牛皮2张、杂皮32张。20世纪90年代中后期，皮张逐步放开市场化经营。

兔毛　1960年，引进良种，开始兔毛生产。次年，收购兔毛99千克。1971年，收购兔毛600千克。1979年，收购2186.5千克。1980年，土产公司配备17名养兔专管员及18名技术辅导员，加强领导和技术指导，毛兔存栏量12100只。1982年，存栏95135只，收购兔毛4494千克。1987年、1988年，外地兔毛投售松阳，收购量1028千克和34175千克。以后，受价格影响，饲养量、收购量锐减。1989年，收购兔毛3858千克。1990年，毛兔存栏2636只，收购兔毛65千克。1992年，存栏毛兔9469只，收购兔毛902千克。20世纪90年代中后期，兔毛逐步放开市场化经营。

羽毛　鹅毛、鸭毛收购始于1954年。1955年，收购150千克。1957年，收购935千克。后一度停收。1961 年恢复收购，数量甚微。1964 年，收购 1218 千克。20 世纪 70 年代，多数年份收购 1300 千克以上。80 年代，个体商贩收购增加，供销社收购量下降，年均收购约 500 千克。1992 年，仅收购 96 千克。90 年代中后期，羽毛逐步放开市场化经营。

废旧物资回收

1950 年，土产公司收购废铜、废铁。各供销社也着手经营，并组织小商贩走村串户上门收购。1954 年，收购杂铜 6809 千克、废铅锡 14568 千克、废钢铁 350 千克，计 19 个品种。1958 年，收购业务扩大，除金属外，尚收购废纸、废布、废橡胶、废塑料等 50 多种废品。1961 年，收购额 1.62 万元，1971 年 3.39 万元，1978 年 5.92 万元。以后废旧物资回收逐年上升。1986 年，收购额 7.36 万元。1988 年，收购额 15.29 万元。1990 年，收购 51.21 万元。1992 年，收购总额 76.22 万元。20 世纪 90 年代中后期，废旧物资逐步放开市场化经营。

1961～1992 年若干年份松阳县主要土特产收购量一览表（1）

表 15-3-5-1

年份	茶叶（吨）	蚕茧（吨）	土纸（50 千克）	竹簟（条）	竹筷（把）	竹帚（把）	棕片（50 千克）
1961	54.70	1.75	149	811	206896	—	61.5
1966	73.25	1.7	2803	—	—	—	140
1970	70.85	1.45	3429	7117	—	—	83.5
1975	201.25	11.3	452	17456	—	—	11.5
1980	387.75	98.4	1345	110033	356400	299367	28.5
1982	582.9	174.8	636	19948	334200	352814	33
1984	404.65	17965	1007	989	126200	229792	51
1986	482	281	1246	2550	—	—	21
1988	753.8	2594	552	3136	—	117272	13
1990	827.3	3574	118	—	—	173693	22
1992	691	563	252	—	—	21176	10

1961～1992 年若干年份松阳县主要土特产收购量一览表（2）

表 15-3-5-2

年份	野生纤维（百斤）	毛竹壳（百斤）	山桠皮（百斤）	山棉皮（百斤）	芒秆（百斤）	稻麦草（吨）	蜂蜜（百斤）
1961	3401	24	1793	278	126551	455	261
1966	25092	1430	1428	267	—	3535	104
1970	—	—	1550	228	—	2825	106

续表 15-3-5-2

年份	野生纤维（百斤）	毛竹壳（百斤）	山桠皮（百斤）	山棉皮（百斤）	芒秆（百斤）	稻麦草（吨）	蜂蜜（百斤）
1975	—	2996	2170	374	20615	4010	198
1980	27727	1501	330	287	28444	4335	61
1982	35553	2263	387	91	5703	7660	70
1984	12984	1047	1410	82	2148	5085	2
1986	5902	844	534	22	614	6515	20
1988	1202	178	366	4	440	6425	6000
1990	1460	—	600	7	—	2000	260
1992	368	22	145	—	—	—	—

1961～1992 年若干年份松阳县主要土特产收购量一览表（3）

表 15-3-5-3

年份	牛皮（张）	杂皮（张）	兔毛（千克）	羽毛（千克）	猪肠衣（条）	废旧物资回收（万元）
1961	473	1334	99	57	419	1.62
1966	714	1034	183	1042	—	3.87
1970	747	2574	332	1263	—	—
1975	813	880	1241	1253	10632	3.64
1980	263	1433	1871	1141	7482	4.33
1982	499	846	4494	886	10461	4.68
1984	391	657	562	488	17741	7.24
1986	200	317	1815	639	20607	7.36
1988	118	141	34175	403	13233	13.2
1990	192	20	65	112	4200	51.21
1992	2	32	302	96	—	76.22

第四章　对外及对港澳台贸易与外资利用

清光绪至民国时期，松阳县有晒红烟、茶叶、白炭、稻谷、箬叶等出口。中华人民共和国成立后至20世纪90年代，晒红烟、茶叶、箬叶继续出口。1992年，全县7个系统16个单位有产品出口创汇。2005年，全县出口总额762万美元。2010年，全县外贸出口总额9673万美元，自营出口9578万美元。1992～2006年，全年利用外商直接投资649万美元。2007～2010年，全县没有外商投资企业。

第一节　进出口贸易

清光绪三十二年（1906），松阳晒红烟海关出口22147担，价银24.2万海关两。宣统元年（1909），日本三井洋行派员驻松阳设栈收购晒红烟外运日本。民国5年（1916），由温州港出口晒红烟21233担。1953年，出口晒红烟0.051吨；1958年，142吨。

1975年，县工艺厂首次出口手杖。1986年6月，县外贸工作组成立，是年出口成交额89.55万元。1986年，全县晒红烟出口221.27吨。1989年，县对外贸易公司和县对外经济贸易局建立。是年，有18个出口产品，出口成交额1126.26万元。1992年，全县7个系统16个单位有产品出口创汇；全县晒红烟出口202.46吨。

1986～1992年松阳县外贸出口概况表

表15-4-1-1

项目 \ 年份	1986	1987	1988	1989	1990	1991	1992	合计
系统（个）	2	4	6	8	7	6	7	—
单位（个）	2	5	17	15	18	15	16	—
品种（个）	3	5	20	21	27	29	27	—
出口额（万元）	89.55	138.06	803.55	1126.26	963.59	1433	1890.92	6444.93
折美元（万元）	—	—	—	291.83	176.74	292.17	330.97	1091.71

1999年，全县外贸出口总额9765万元，自营出口总额541万美元。2000年，全县出口总额867万美元，其中流通公司出口854万美元、“三资”企业出口13万美元；全县进口总额2万美元。2002年，新增自营出口企业5家，总数13家。

2004年，全年自营出口总额627万美元，比上年增长70.8%，结束自2003年的负增长。2005年，全县出口总额762万美元，其中流通公司出口475万美元、“三资”企业出口57万美元、生产企业出口230万美元。2007年，全县自营出口2292万美元，其中生产企业出口1530万美元、占出口总额66.8%；全县进口总额1万美元。2010年，全县外贸进出口总额9673万美元，自营出口9578美元，其中流通公司出口318万美元、生产企业出口9260万美元；全年进口总额95万美元。

2000～2010年松阳县进出口情况表

表15-4-1-2　　单位：万美元

年份	进出口总额					
	合计	进口总额	出口总额			
			合计	其中：流通公司出口	其中：三资企业	其中：生产企业
2000	867	2	867	854	13	—
2001	497	20	477	407	70	—
2002	610	—	610	490	120	—
2003	367	—	367	277	85	5
2004	627	—	627	492	76	59
2005	762	—	762	475	57	230
2006	1387	—	1387	661	26	700
2007	2293	1	2292	762	—	1530
2008	7007	—	7007	362	—	6645
2009	4460	1	4459	304	—	4155
2010	9673	95	9578	318	—	9260

第二节　出口商品及销往港澳台商品

松阳县传统出口商品有晒红烟、茶叶、白厂丝、工艺品、贡缎坯布、矿产品及竹制品、箬叶、香料油、包装箱等。

晒红烟为松阳主要特产，清末至民国，每年均有外销。松阳解放后，继续组织烟叶出口。1986年，全县烟叶出口额76.5万元；1992年，出口107.39万元。茶叶由经营企业直接供口岸中国土产畜产进出口公司浙江茶叶分公司。1987年，出口额48.29万元；1989年，增为679.4万元；1992年，出口额863.11万元。白厂丝，1988年始有出口，由松阳丝厂生产，当年出口146.7万元；1990年，出口202.81万元；1992年，出口额112.41万元。工艺品有手杖、拼接灯饰、漆木碗等，手杖于1975年出口，1986年出口13.05万元，1992年出口18.62万元。拼接灯饰自1988年开始生产出口，当年出口30.05万元；1990年，出口120.81万元；1992年，出口51.28万元。1989年，漆木碗开始出口日本，当年成交额14.5万元；1992年，出口121.74万元。贡缎坯布1990年始有出口，大提花贡缎坯布成交额35.08万元；1992年，出口增至480.23万元。矿产品出口有萤石、高岭土填料。1992年，出口萤石9.13万元、高岭土填料81万元。其他有竹制品、箬叶、香料油、包装箱等，出口额高低不一。1992年，出口日用刷、竹制品、箬叶等127.21万元。

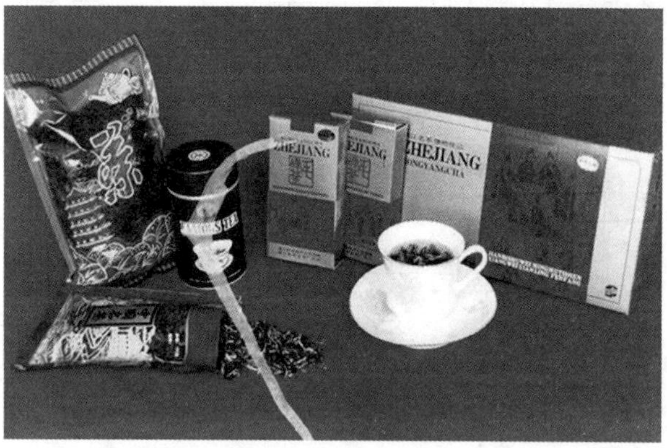

图15-5 县特产公司经营的出口松阳毛峰、银猴等名茶（县档案馆提供 1992年）

20世纪80～90年代，松阳县主要出口产品分系统内供货和系统外供货两种。系统内供货，经县公司调拨给口岸公司的有提花贡缎坯布、日用刷、手杖、木碗、竹制品等。由县外贸公司收购外调口岸公司的有箬叶、香菇等。系统外供货，由生产经营单位直接供给口岸专业公司，有茶叶、晒红烟、白厂丝、拼接灯饰等。1992年末，全县外贸出口额1890.92万元，出口商品销往美、英、日、德、法及中东国家，并销往港澳台等地区，14家企业获出口产品质量许可证。

1986～1992年松阳县出口商品交货额一览表

表15-4-2-1　　单位：万元

年份 类别	1986	1987	1988	1989	1990	1991	1992	合计
茶叶	—	48.29	418.85	679.40	405.60	702.96	863.11	3118.21
白厂丝	—	—	146.70	182.41	202.81	226.67	112.41	871.00
晒红烟	76.50	75.43	83.25	115.30	53.10	—	107.39	510.97
日用刷	—	—	18.07	45.78	51.11	51.01	43.11	209.08
拼接灯饰	—	—	30.05	39.60	120.81	53.02	57.28	300.76
手杖	13.05	10.19	7.70	3.18	3.02	10.89	18.62	66.65
大提花贡缎坯布	—	—	—	—	35.08	208.39	480.23	723.70
竹制品	—	—	5.31	22.10	3.46	2.75	24.57	58.19
箬叶	—	0.88	2.83	5.00	8，96	6.04	17.82	41.53
漆木碗	—	—	—	14.50	30.06	100.06	121.74	266.36
萤石	—	3.25	3.40	6.00	98	6.34	112	34.09
高岭土填斜	—	—	1.98	3.30	18.92	11.41	3.81	39.42
香料油	—	—	30.78	—	—	—	—	30.78
其他	—	0.02	54.63	9.69	24.68	53.46	31.71	174.19
总计	89.55	138.96	803.55	1126.26	963.59	1433.00	1890.92	6444.93

1995年，新增出口商品37个，新增出口额958万元；减少出口商品9个，减少出口额230万元。县原有出口主要商品茶叶、晒红烟受市场影响，下降幅度较大，但一些新品种后来居上，占主导地位。出口百万元以上的商品有节日灯、香菇、眉茶、水煮笋、木制品、金华火腿、猪鬃、晒红烟等。2005年，进出口总额占生产总值比例2.7%。

2007年，全县出口欧洲849万美元、亚洲706万美元，两者占全县出口总额67.8%。全年新增出口国家11个。全县机械产品出口1418万美元，占总额61.9%，其中不锈钢管出口694万美元。轻工产品出口603万美元，增长38.9%，占总额26.5%。

2009年，全年有62个国家和地区的出口市场，比上年减少7个。2010年，全县纺织服装出口1261万美元，增长205.4%。机械产品出口7937万美元，增长93.5%。机械产品中不锈钢管出口额7524万美元，增长98.8%。进出口总额占生产总值比例13.8%。

第三节　利用外资

1992年，松阳县利用外资开始起步。当年利用外资10万美元。1999年，全县新签利用外资合同金额536万美元，实际利用外资44万美元，一些外资企业成为全县骨干企业。2000年，全县实际利用外资41万美元。

2001年，全县实际利用外资11万美元，年末共有3家外资企业投产运行。2003年，全县实际利用外资64万美元。2004年，全县实际利用外资223万美元。2005年，全县实际利用外资256万美元。2006年，全县有外商投资企业1家。1992～2006年，全县利用外商直接投资累计649万美元。2007～2010年，全县无外商投资企业。

第十六编　金　融

元代，松阳设有社仓（义仓），为县内有实物借贷活动的早期信贷机构。民国28年（1939）4月，浙江地方银行所辖沦陷区分支行迁到丽水，设立松阳办事处。

1949年7月5日，中国人民解放军丽水县军管会财经部接管浙江地方银行丽水分行，成立中国人民银行丽水支行，对浙江省银行在松阳的分支机构进行接管和改造，设中国人民银行松阳办事处。1951年2月，改为中国人民银行松阳县支行。“一五”计划期间（1953～1957），人民银行松阳支行积极动员储蓄，积聚资金，按计划给国营工商企业发放贷款，满足流动资金需要；根据“扶助贫农，扶助合作化，发展农业生产，消灭高利贷剥削”的农村金融工作方针，积极发放低息农业贷款，扶持农业合作化和发展农业、手工业生产，发展农村信用合作；对物资、粮食、油料和其他主要农产品的收购资金和现金采取“充分供应”方针，支持国家统购统销政策的贯彻执行。

1958年“大跃进”，下放管理权限，实行“全额信贷”体制。“文化大革命”期间，银行管理体制遭冲击。1971年，人民银行并入财政局。

1979年5月，人民银行从财政部门分离出来，银行独立体系和基本职能得到恢复和发展。10月，国家恢复和建立国家专业银行。建设银行首先从财税局分离出来。是年，恢复农业银行。1985年，人民银行松阳县支行改称中国人民银行丽水地区分行松阳县支行。1986年，划出人民银行松阳县支行承办的相关业务成立中国工商银行松阳县支行。年末，人民银行松阳县支行开始专门行使中央银行职能。

1994年后，松阳金融业实现工作重点转移，认真执行货币政策，强化金融宏观调控和金融监管，防范金融风险；国有专业银行积极向商业银行转轨，分离政策性与商业性金融业务，以安全性、流动性、效益性为经营原则，建立资产负债比例管理和风险管理机制，扩大存款，增强实力，增加信贷有效投入。农业发展银行松阳信贷组成立，承担国家规定的农业政策性金融业务；深化农村金融体制改革，完成农村信用合作社与农业银行脱钩工作；整顿城市信用合作社、农村合作基金会。合理调整金融网点布局，使之与县域经济发展相适应。

1998年，中国人民银行体制实行重大改革。中央决定撤销原中国人民银行各省（市）级分行，在全国建立9个跨省（市）区中国人民银行一级分行，实行跨省区的金融管理体制。2000年7月，丽水撤地设市后，中国人民银行丽水地区中心支行更名为中国人民银行丽水市中心支行，下设松阳县支行。

2005～2010年，中国人民银行松阳县支行加强金融生态环境建设，金融总量保持稳步增长的态势。

第一章 金融及监管机构

清至民国时期，松阳县有典当、钱庄等民间融资机构。民国初期，县内的钱庄业务以从事银两和制钱的兑换为主，随着商品货币经济进一步发展，逐渐成为接受存款、发放贷款、发行信用票据和从事汇兑业务的金融机构。民国 28 年（1939）4 月，浙江地方银行松阳办事处开设。民国 36 年 3 月，浙江地方银行丽水分行改为浙江省银行丽水分行，松阳县设办事处。1949 年 7 月 5 日，中国人民银行松阳县办事处设立。1951 年 2 月，松阳县办事处升格为松阳县支行。1956～1983 年，先后成立中国农业银行、中国人民建设银行、中国工商银行、中国银行松阳县支行等专业银行机构。2004 年 1 月，中国银监会丽水银监分局松阳办事处成立。

民国时期，松阳未设保险机构，少量业务委托邮政局代理。中华人民共和国成立前，松阳少有保险业务；中华人民共和国成立初期，保险业务由人民银行管理。1950 年 12 月，中国人民保险公司松阳特约代理处设立，由人民银行松阳县支行归口管理。1986 年 5 月，中国人民保险公司松阳县支公司成立。1996 年 8 月，从原中国人民保险公司松阳支公司分设中国人寿保险公司松阳支公司，单独经营人寿保险业务。

第一节 典当 钱庄

典当的经济行为松阳早已有之。2010 年，石仓区域发现的数千份石仓民间土地契约中，最早的始于明隆庆六年(1572)，有卖田契、当田契、当山契、当屋契等，多为土地典田（当）契。其土地典当和押租结构为土地买卖——土地典当——土地押租——土地出租。据石仓“当田契”，当出土地者称为“当人”，贷出银钱者称为“银主”或“钱主”。“当人”把土地当给“钱主”，从“钱主”处获得货币后，通常有两种偿还方式:到期以货币支付“钱主”本金与利息，即“借钱还钱”；以土地的出产物稻谷支付利息，即“以谷付息”。在清代中期的石仓源，“借钱还钱”是一种把土地当作抵押物的借贷方式。从乾隆年间至嘉庆初年，“借钱还钱”的年利率均为 30%；嘉庆中期以后，当值年利率有下降的趋势，最低年利率约 20%。石仓村民最常见的土地典当方式是“以谷付息”，其性质为地租抵息。

民国初年，松阳有烟行、棉布商号兼营民间典当业务。其时典当主要形式有：衣服及金银饰物典当，除付利息外，尚需付箱费约 1 分，在取赎时并算；农产品典当，主要是稻谷、米、麦、丝、棉等。典当抵押品除“动产”外，也有经营房产抵当业务。县城北有当店弄，因弄内有当店得名。1938～1942 年，浙江地方银行所辖沦陷区分支行迁到丽水，该行设立松阳办事处。随着新式金融机构的出现，民间典当业发展受到一定影响。

中华人民共和国成立后，中国人民银行丽水支行接管和改造浙江省银行在松阳的分支机构，禁止金银流通，打击金银黑市行为。1951 年 2 月，中国人民银行松阳县支行成立后，实行高度集中的计划经济体制，银行机构单一、业务集中。20 世纪 80 年代中后期，随着改革开放的深入，松阳典当、寄售服务有所发展。1996 年，中国人民银行制订《典当行管理暂行办法》，在全国开展典当行清理整顿工作。2000 年，根据《关于典当行监管职责交接的通知》，由松阳县经济委员会负责典当机构监管工作。全县典当、寄售商行经营不甚稳定。至 2010 年末，松阳县仅 1 家典当行和多家寄售行。典当行主要从事动产、财产权利和房地产典当业务。

钱庄是在货币（银两、制钱）兑换经营基础上发展而成的经营存、放、汇等货币信用业务的民间金融机构。民国 17 年（1928）5 月，县内胜达利钱庄开业。其后陆续出现恒丰、松源、集通源、联生、壬丰、集成等钱庄。全县钱庄最多时有 7 家，多为烟行、棉布商号兼营。钱庄与上海、杭州、温州、金华等地发生直接交易关系。钱庄存款分 3 种：活期存款，亦称浮存，存款不定期限，可任意领取，存款利息按月由钱业公会召集同业公决；定期存款，亦称长存，存款期限分 3 月、6 月、1 年 3 种，利息在约定期限时确定，不得增减；同业存款，存息照公会议定，即日拆。钱庄放款通称放账，又称缺银，分为 6 种：浮缺，等于银行之活期放款；长缺，等于银行之定期放款，3 个月、6 个月、1 年为限；信用放款，凭借款者信用放款；物保放款，凭担保物放款；人保放款，凭保证人信用放款，若借款者无力归还，保证人应负完全偿还之责任；往来抵押透支，存款户与钱庄缔结契约，并交存相当之抵押品作为担保，在一定金额限度内，钱庄发给超过存款额之支票，作为借款。此外，钱庄之间或钱庄与银行之间还有同行拆放，即银行的同业拆借。时松阳胜达利等 7 家钱庄放款大多以信用为主，抵押不多见；汇兑以烟叶、木材货款居多，通汇地点有上海、杭州、金华、兰溪、龙游、温州、青田、丽水、龙泉及遂昌等地。存款年息 2 分，放款利息 1～2 分，以银根松紧为升降。民国 22 年 3 月 10 日，国民政府发布《废两改元令》，取消虚银两结算，钱庄业长期利用银两银圆并用拆借获利的行市消亡，钱庄元气大伤。民国 24 年，国民政府实行"法币政策"，钱庄盈利大减，开始衰落。民国 28 年，浙江地方银行在松阳县设立机构，钱庄先后停业。

民国 17～25 年（1928～1936）若干年份松阳县钱庄一览表

表 16-1-1-1

钱庄名称	经理姓名	股东人数（人）	职工人数（人）	股 数	开设地点	资本额（元）	开业时间
胜达利	方海遵	37	6	61	县 城	30500	民国17年5月
恒 丰	缺	5	4	5	古 市	10000	民国18年
松 源	潘 涛	20	7	60	县 城	30000	民国19年3月
集通源	罗 锵	8	4	20	古 市	10000	民国19年7月
联 生	梅辅卿	缺	缺	缺	县 城	20000	民国22年

续表 16-1-1-1

钱庄名称	经理姓名	股东人数（人）	职工人数（人）	股 数	开设地点	资本额（元）	开业时间
壬 丰	徐一青	缺	缺	缺	县 城	缺	民国23年
集 成	黄伏初	缺	缺	缺	县 城	15000	民国25年1月

第二节 银行及监管机构

监管机构

浙江地方银行松阳办事处 民国 28 年（1939）4 月，浙江地方银行松阳办事处开设，行址西屏镇桶盖亭，资本均由总行调拨，全面接管省、县金库资金的收支调拨，办理存款、放款、汇兑业务，代理中央银行发行和兑付救国公债、同盟胜利公债等债券。民国 36 年 3 月，浙江地方银行丽水分行改为浙江省银行丽水分行，松阳县设办事处。1949 年 7 月 5 日，浙江省银行丽水分行被丽水市军管会接管成立中国人民银行丽水支行，在松阳设分支机构。

中国银行业监督管理委员会丽水监管分局松阳办事处 2003 年 12 月，中国银监会丽水银监分局松阳办事处成立。办事处统一监督管理银行、金融资产管理公司、信托投资公司及其他存款类金融机构，维护银行业的合法、稳健运行。以“管法人、管风险、管内控、提高透明度”的监管理念，统一监管辖区内银行业金融机构，促进银行业金融机构加快健全内控制度，注重把握、防范和化解银行业金融机构的总体风险。2004 年，县银行业金融机构不良贷款余额比年初下降 1730 万元，同比下降 1.5 个百分点。

中国人民银行松阳县支行 1949 年 7 月 5 日，中国人民银行松阳县办事处设立。1951 年 2 月，松阳县办事处升格为松阳县支行。1952 年 2 月，丽水专区撤销，改为人民银行丽水支行。1963 年 5 月，重建丽水专区中心支行。1971 年 7 月，财政、金融合并，建立丽水地区财政金融局。1979 年 5 月，复建人民银行丽水地区中心支行，既是金融管理机关，又是存贷款和结算业务办理机构。1985 年，改称人民银行丽水地区分行，在松阳县设中国人民银行浙江省松阳县支行，开始行使基层中央银行职能，不再办理工商信贷和储蓄业务。1998 年 12 月，人民银行分支机构设置发生重大改革，人民银行浙江省分行撤销；人民银行丽水地区分行划归人民银行上海分行管辖，改称人民银行丽水地区中心支行。2000 年，撤地设市，更名为人民银行丽水市中心支行。

至 2004 年 12 月末，松阳县金融机构各项人民币存款余额 179504 万元，比年初增加 13177 万元；各项贷款 143079 万元。至 2005 年 12 月末，松阳县金融机构各项人民币存款余额 22.75 亿，各项贷款 15.97 亿元。全年共发放支农再贷款 5 笔，金额 6000 万元。是年，金融业取得良好发展。全年金融机构新增存款 41149 万元，增长 17.95%，各项贷款增加 1.53 亿元（剔除高速公路置换因素贷款增加 5.23 亿），增长 9.58%，金融机构实现账面利润 7266 万元。

2006年12月末，松阳县金融机构各项人民币存款余额27亿元，比年初增加4.1亿元，各项贷款17.5亿元。全年银企双方共签约项目12个，协议融资2.1亿元，得到地方政府的赞扬。3月，制定《松阳县金融系统开展“亲商、安商、帮商、富商”活动实施意见》，通过半年多的活动开展，金融支持四商成效显著：各项贷款比年初增加10335万元、签发银行承兑汇票46笔3141万元、办理银行汇票贴现19笔605万元、重点帮扶企业项目74个、发放重点帮扶企业项目贷款22887万元、评定企业信用等级74户。

2007年12月末，全县金融机构存款余额29.46亿元，各项贷款余额21.33亿元；贷款不良率占比1.03%，比年初下降0.23个百分点。全县银行业实现账面利润8999万元。是年，在上级行的大力支持下，发放支农再贷款2400万元；3月，通过中支考核组的现场考核，通过并兑付150万元票据。截至12月末，全县农村信用社共发放林权抵押贷款95笔，共计466万元。积极推进反洗钱工作，6月，在市中支的指导和公安部门的配合下，摧毁一个跨省非法经营团伙，全县涉案金额2000多万元。

至2008年12月末，松阳县金融机构各项人民币存款余额34.7亿元，各项贷款23.5亿元。全县金融机构人民币贷款新增21552万元，增长10.10%，其中工、农业贷款新增17921万元，有效地促进地方经济的发展。在以“发展、合作、共赢”为主题的2008年松阳银企资金衔接会上，企业签订诚实守信承诺书，辖区6家金融机构分别与9家企业和3个政府性项目现场签约3.72亿元。至12月末，实际发放签约贷款27515万元、履约率73.97%。至2008年12月末，全县林权抵押贷款为374笔，余额1550万元，比年初增加1084万元。全县共办理农村区域的国有划拨土地农房抵押贷款88笔、金额1934万元。

至2009年12月末，全县金融机构各项存款余额为48.30亿元，各项贷款余额34.63亿元，金融支持地方经济发展能力日益增强。全年共办理国库收入业务117495笔，金额68784万元；办理支出业务2276笔，金额130354万元；办理退库业务539笔，金额11335万元。为加强信贷领域的金融支持，截至12月末，全县100%行政村开展农户信用信息采集工作，共评定1个信用乡（镇），评定信用行政村52个，对42839户农户进行信用等级评定，建立农户信用档案，占总数的87.39%。取得金融机构授信的农户40865户、金额37498万元；取得银行融资的农户6341户、金额26856万元；全县金融机构新增工业贷款52227万元；全县金融机构对旧村改造的1875户农户进行授信，授信金额7562万元，取得银行贷款的有1165户，金额为5127万元；林权抵押贷款1256笔，金额5767万元，其中2009年累放855笔，金额4400万元。

至2010年12月末，全县金融机构人民币各项存款余额61.35亿元，各项贷款余额47.26亿元。林权抵押贷款余额13295万元；在56个行政村113个联保小组，共对678户农户发放旧村改造联保建房贷款余额3086万元。人行松阳县支行立足县域实际，举全县之力深化农村信用体系建设，截至12月末，对全县10173户农户进行信贷授信，授信金额40905万元；实际发放贷款8786户，余额35358万元。至12月末，全县完成85台POS机安装工作，共办理小额取现业务311笔，累计取现金额157404元，有效解决农村金融网点短板与小额取现需求迫切的矛盾。

2010 年末，人民银行松阳县支行共有在职员工 14 人。

国有商业银行

中国农业银行松阳县支行　1956 年，中国农业银行松阳县支行设立；1957 年 3 月，并入县人民银行。1958 年 11 月，随松阳县制撤销。1964 年 1 月，复置。1965 年 12 月，并入县人民银行。1980 年 1 月，再次分设。1982 年 5 月恢复松阳县制后，复设中国农业银行松阳县支行，管理农村存贷、支农资金，指导县域内农村信用合作社开展金融业务。1992 年，辖松阳、古市、靖居、玉岩、大东坝 5 个营业所和 6 个储蓄所，在编职工 139 人，年末存款余额 6951 万元。2004 年，内设办公室和业务部，辖属营业中心和古市分理处 2 个营业网点。

2007 年，银行卡发卡量 37794 张，存款余额 10199 万元，贷记卡发卡 793 张；网上银行个人注册客户 959 户，企业注册客户 16 户；手机短信注册客户 6481 户，电话银行注册客户 512 户；代理保险 320 万元，代理保险手续费收入 18.3 万元；大口径中间业务收入 181 万元。2009 年末，代理财险 65.10 万元，代理寿险 260.8 万元；新增有效贷记卡 737 张，新增个人网银注册客户 1483 户，新增企业网银 11 户，新增个人电话银行 766 户，新增企业电话银行 13 户，新增手机短信注册客户 2576 户；电子渠道类占比 59.52%。

2010 年，发放惠农卡 7256 张，农户授信 357 户，发放农户小额贷款 1470 万元。年末，各项存款 110059 万元，各项贷款余额 64527 万元，中间业务收入 597 万元。

中国建设银行松阳县支行　1983 年 1 月，中国人民建设银行松阳县支行成立。接办财政基建拨款任务，办理基建预决算监督，履行财政和银行双重职责，管理基本建设资金和信贷、存储业务。1992 年，辖西屏、古市 2 个分理处和 2 个储蓄所。存款余额 2469 万元。经过几年的机构精简、网点撤并，松阳建行为单点型支行，内设机构为 4 个部 1 个室，即行长室、综合管理部、会计结算部、客户部、营业部。

图 16-1　县建设银行办公综合大楼（县档案馆提供　1992 年）

2005 年，发放贷记卡 228 张，发放汽车卡 25 张，完成率名列县市支行第一位；完成个人网银签约客户 305 户，个人银网银交易量 3032 万元；“95533”签约客户 317 户，企业网银 8 户，均居县市支行首位；企业网银交易完成 18996 万元，居全市第三位。2006 年，总分行级 VIP 客户 107 户，黄金级潜在客户 800 户；贷记卡收表合计 232 张，贷记卡消费额 206 万元；网上银行个人客户新增 314 户，网银个人客户交易金额 14830 万元；95533 签约客户新增 241 户。

2008 年，个人网银活动客户新增 1083 户，手机银行客户新增 49 户，手机短信用户 797 户，电话宝用户 12 户。贷记卡、汽车卡发卡量分别为 472 张和 81 张，财政公务卡完成 69 张；贷记卡消费额 1110 万元。OCRM 系统中高端客户 196 户，新增 77 户；AUM20 万以上客户完成率 140%，AUM300 万以上客户完成率-300%。理财产品累计销售1140.01万元。其中，人民币理财产品571.1万元、基金销售额为428万元、保险176.91万元、国债18万元。实现经济增加值1289万元，完成KPI计划的92.8%。

2010年，有在编员工43人，内设机构仍为4个部1个室。年末，支行一般性存款99403万元，各项贷款余额68324万元，不良贷款额比年初减少43.37万元，余额为零，实现不良贷款额与不良率双降的目标。

中国工商银行松阳县支行　1984年下半年，中国工商银行松阳县支行设立，与县人民银行合署办公。1986年8月6日，工商银行松阳县支行单独设置，下设1个办事处、6个储蓄所。1990年9月，开办县内第一家证券交易代办点。1992年11月，设立房地产信贷部。12月，开办牡丹信用卡业务。主营工商企业存、贷、汇、储蓄业务及现金收付、结算、代发工资、有价证券买卖、房地产信贷等。1992年末，在编人员86人，存款余额6203万元。2005年，内设管理科和营业科，对外服务网点1个，有正式员工25人。2007年，新开户69户，存款余额914万元。签约第三方存管业务707户、“电话通”产品协议37户。有营销户280户，销售基金1652万元。营销个人网上银行1305户、个人网银证书版293户、个人电话银行1126户、个人手机银行373户。

图16-2　县工商银行营业大厅（县档案馆提供1992年）

2008年，签发银行承兑汇票24笔、金额1128万元，银行承兑汇票余额558万元。全年营销“新增核心客户”7户、个人“三高”客户55户，第三方存管业务签约164户、“电话通”客户81户、个人网银客户950户，基金定投15户、银行卡1208张。

2010年，企业网银证书客户新增31户；个人网银证书客户新增1652户，个人电话银行新增2285户，手机银行新增2374户；工行信使新增1488户，网点离柜率71.69%。年末，各项存款74920万元，各项贷款68675万元，存贷比91.66%。

中国银行松阳县支行　1993年9月28日，中国银行松阳县支行成立，下设古市办事处，有储蓄所4处，员工42人，代办员10人。主营业务有人民币存贷、外币存贷、外币兑换、国际结算、发放长城信用卡等。2004年，中国银行松阳县支行有正式员工30人、业务临时工5人，下设行长办公室、内控部、业务发展部、营业部、紫荆分理处。2008年，开立银行承兑汇票297笔，累计签发9265万元。为贸易进出口企业办理票据融资业务13笔，计505

图16-3　中国银行松阳县支行大楼（县档案馆提供1998年）

万美元。

2010年末，人民币存款余额102167万元，人民币贷款余额113554万元，实现中间业务收入1283万元，实现净利润2878万元。

中国农业发展银行松阳县信贷组　1998年，中国农业发展银行丽水地区分行派驻松阳县办事组成立。2001年，更名中国农业发展银行丽水市分行松阳县信贷组。2004年，农发行松阳县信贷组累计发放收购贷款2068万元，其中储备贷款861万元、调销贷款31万元，支持调入储备油4.5万千克。

2005年，支持政府建立最低周转粮201万千克，县级储备粮150万千克，收购省级储备轮换粮500万千克。2006年，发放收购贷款1489万元，收购省级储备轮换粮800万千克，实现外购外销400万千克，增加企业效益24万元，增加代保管的保管费收入10万元。增加代理车辆保险险种，全年代理保险手续费收入3911.56元。2008年，松阳县信贷组有存款户17个、贷款户8个；信贷组有职工3人，其中主任1人、会计和信贷员各1人。营销贷款4户，获批金额11200万元，发放贷款9200万元，年累计营销存款11923万元，年中间业务收入2.85万元。

2010年，新增贷款企业4个，办理保险业务39笔，实现中间业务收入4.57万元。年末，各项存款10410万元，比年初增加15.98%；各项贷款余额23234万元，比年初净增3679万元。

中国邮政储蓄银行松阳县支行　民国8年（1919）7月1日，创办中国邮政储金，其种类有存簿（即活期）、定期、支票、零存整付、甲种节建、公库、公益基金等各项存款储蓄。民国28年11月，松阳邮局开办存簿储金业务。民国32年4月，开办支票储金业务。1953年9月，储蓄业务划归为银行办理，邮政储蓄停办。1986年10月，县邮电局重新开办邮储业务。1992年，邮储业务有活期储蓄、整存整取定期储蓄、零存整取定期储蓄、有奖储蓄，代收电话费和代发工资转储。全县储蓄网点6处，储户8985户，年末储蓄余额664.84万元。

2001年1月18日，邮政储蓄实现全国联网，活期业务实现全国实时通存通兑。年末，全县实现邮政储蓄业务总收入190万元，邮政储蓄余额7644万元；邮政储蓄市场占有率9.2%。2005年6月6日，县邮政储汇两网互通工程与全省同步切换上线并正常运行。新增账户到现金、现金到账户、账户到账户三大类汇款业务，实现储蓄与汇兑资金的整合。2008年5月28日，中国邮政储蓄银行松阳县支行成立。7月28日，推出小额贷款业务。至2010年，中国邮政储蓄银行松阳县支行下辖支行营业部、古市镇、太平坊、新华路4个营业网点，城东、城南、新兴、玉岩、象溪、安民6个代理点，斋坛、板桥、赤寿、樟溪、谢村、三都6个乡镇流动服务点以及各行政村的助农取款服务点。

2003～2010 年松阳县各银行各项存贷款明细表

表 16-1-2-1　　单位：万元

年份	工商银行		农业银行		中国银行		建设银行		农业发展银行	
	存款	贷款	存款	贷款	存款	贷款	存款	贷款	存款	贷款
2003	21053	19304	32644	19487	15617	25857	21136	16280	—	—
2004	23598	22419	37007	19504	18298	27127	22341	19581	—	—
2005	32134	25711	49700	24100	17968	25834	28087	20747	—	—
2006	36793	16935	57377	20839	27299	29818	39498	35520	500.06	4569
2007	35714	23705	74536	24543	35871	45781	53328	47211	1649	9471
2008	38565	27799	66851	28594	45958	53495	65045	43158	11923	9200
2009	57734	50487	42640	37764	79554	92340	84704	54336	8975	19555
2010	74920	68675	110059	64527	102167	113554	99403	68324	10410	23234

第三节　合作金库　信用合作社

合作金库

民国 24 年（1935）3 月，松阳县设农民借贷所。民国 27 年 3 月，筹建县合作金库，定额资金 5 万元，其中省拨提倡股 2.5 万元，其余自行筹募；7 月，取消农民借贷所，正式成立县合作金库；8 月，县合作金库参加实业股金共 10 万元。当年发放合作贷款 7.64 万元，交易公店及特约商店贷款 5.79 万元，特种贷款 6.81 万元。

民国 28 年（1939）10 月，县合作金库设古市镇办事处。民国 30 年，由中国银行、农民银行、浙江地方银行、省合作金库辅导业务并调剂资金。民国 31 年末，合作金库股金亏尽，业务转农民银行统一办理。民国 33 年 11 月，合作金库改为委托库，存汇业务停办，留 1 名农贷事务员负责与丽（水）、松（阳）、遂（昌）等县金库往来事务。民国 36 年，结束对外业务，留守到 1949 年 5 月松阳解放。

民国 28 年（1939）松阳县合作金库业务概况表

表 16-1-3-1

放款（元）			存款（元）			汇兑（元）	
放出	收回	余额	存入	支出	余额	汇入	汇出
208312	163090	45222	305082	228798	76285	241965	109464

信用社

民国 28 年（1939）6 月，县合作事业促进会成立，设信用合作社，置县合作金库。初期有 12 个社员、24 元股金。民国 29 年，全县 46 个农村信用合作社，放贷占合作金库放款总数的 83.5%。民国 31 年后，信用合作社纷纷倒闭，少数未曾倒闭的亦资金极少，徒具虚名。

1954 年 3 月，县人民银行在岗下、新兴 2 个乡试点，建立信用合作社。至年末，全县建立信用社 30 个、信用部 1 个，有社员 1452 户，股金 2184 元；当年吸收存款 22287 元，放贷 3235 元。1983 年，信用社增扩股，新入股 15795 户，增股金额 31517 元。1987 年，县信用合作联社成立。1988 年，有 27 个信用社、8 个分社，54982 股，股金 11 万元。至 1992 年末，全县有 18 个信用社、8 个分社、4 个储蓄所、23 个服务站、4 个中心社；在职干部职工 168 人，服务站人员 24 人；年末贷款余额 4302 万元，存款余额 8295 万元。

图 16-4 松阳县信用合作社大楼（县档案馆提供 1992 年）

至 2003 年，全县农村信用社各项存款余额 6.21 亿元，各项贷款余额 4.84 亿元。2005 年，实施农村信用社改革，完成县联社新机构组建和下属 7 家信用社（部）更名工作。年末，全县农村信用社各项存款余额 77796 万元，各项贷款余额 59167 万元。发行“丰收卡”1630 张，实现卡存款额 3090 万元。2006 末，各项存款余额 86815 万元，各项贷款余额 67275 万元。发行“丰收卡”7213 张，卡内存款余额 4476 万元。

2007 年，全年各项存款余额 93150 万元，各项贷款余额 72194 万元。至年末，“丰收卡”发行 13959 张，卡存款 6689 万元。新增 ATM 机、POS 机、信付通终端各 1 台。2007 年末，新评定信用户 260 户、信用村 17 个、信用乡 1 个，累计评定信用户 48000 户、信用村 39 个、信用乡 1 个。全年评定 AAA 级企业 13 家和 AA 级企业 14 家。至 2008 年末，各项存款余额 104542 万元，各项贷款余额 80628 万元；“丰收卡”发行 23984 张，卡存款余额 11114 万元。全县新增信用村 6 个，新增信用户 2100 户，信用村占行政村总数 11.2%，信用农户占农户总数 63%。

2010 年，金融机构空白乡镇增设非全日制金融服务点 4 个和全日制金融服务点 1 个。至年末，各项存款余额 166706 万元，各项贷款余额 124678 万元；共发放农户小额贷款卡 3162 张，贷款余额 13134 万元，中小企业贷款户数 81 户，企业贷款金额 22458 万元，清理不动户 2033 户。

第二章　货币流通

明嘉靖年间，确定银两制度；清代沿用。民国时期流通的有法币、关金券、金圆券等。中华人民共和国成立后，严格现金管理。随着经济总量的扩大，市场货币流通量逐年增大。

第一节　货币种类及流通

货币种类

明嘉靖年间（1522～1566），确定银两制度，有元宝、中锭、小锭、碎银等，清代沿用。县内历代投放流通的金属币有制钱、铜元、银两、银币等。

铜钱，铜质、圆形、方孔。松阳出土有汉代五铢钱、新莽货布币以及唐宋元明清铸制的铜钱。民国初期，仍作辅币流通。铜元，也称铜板，始铸于清光绪二十六年（1900），流通至全面抗战后才逐渐停用。

清光绪十四年（1888）有银圆流通。县内流通有鹰洋、龙洋、中山（小头）、袁头（大头）、船洋及杂洋。民国 24 年（1935）11 月，推行法币，禁止银圆流通。

民国时期，先后有法币、关金券、金圆券流通发行。

民国 24 年（1935）11 月，规定中央、中国、交通、农民 4 家银行发行的纸币为法币。松阳县市面流通法币票面有 1 元、5 角、1 角、5 分等面额。民国 37 年，法币最大面额为 500 万元。

关金券即海关金单位兑换券，发行于民国 20 年（1931）5 月，作为缴纳关税之用。民国 31 年 4 月始，以 1 关金券折合法币 20 元投入流通。民国 37 年，随法币同步贬值。

民国 37 年（1948）8 月 19 日，发行金圆券，以法币 300 万元兑换 1 金圆券，限期兑换。规定民间持有黄金、白银、银币和外币者，限于 9 月 20 日前兑换成金圆券。

中华人民共和国成立初，中国人民银行发行的人民币开始流通，面额 1 元至 5 万元共 12 种，时称旧币。1955 年 3 月 1 日，发行第二套人民币，以旧币 1 万元兑换新币 1 元。新人民币分 1 元、2 元、3 元、5 元、10 元 5 种，辅币有分币、角币等 6 种。3 月，第二套人民币在松阳县发行，并按 1∶10000 兑换比率收回第一套人民币。1957 年 12 月 1 日，发行 1 分、2 分、5 分 3 种铝合金硬币。1962 年 4 月，发行第三套人民币。1964 年 4 月 15 日，苏联版 3 元、5 元、10 元券 3 种人民币停止流通限期收回。1979 年，开始发行贵金属（金、银）币和流通纪念币。1980 年 4 月 15 日，发行 1 角、2 角、5 角铜质铸币和 1 元镍币。1987 年 4 月 27 日，发行第四套人民币，主币面额 100 元、50 元、10 元、5 元、1 元，辅币 5 角、2 角、1 角。1999 年 10 月，发行第五套人民币，共有 1 元、5 元、

10 元、20 元、50 元、100 元 6 种面额。

货币流通

1949～1992 年，松阳县现金总收入 174726 万元，总支出 166160.2 万元，净回笼现金 8565.8 万元。投放渠道以储蓄存款支出、工资性支出、农村信用支出为主，回笼渠道以储蓄存款收入、服务收入、商品销售收入为主，各占收支的 80%以上。1992 年末，货币流通量 1788.1 万元，其中单位库存 137.2 万元、城乡居民持有现金 1621.8 万元（农民 1479.8 万元，城镇居民 142 万元）、其他 29.1 万元。 2008 年，全县现金总收入 1034246 万元，总支出 1035402 万元，净投放现金 1156 万元。2009 年后，现金管理上收丽水中心支行，县支行无统计数据。

1949～2008 年松阳县银行现金收支情况表

表 16-2-1-1　　单位：万元

年 度	收 入	付 出	净投放	净回笼
1949	2	1.6	—	0.4
1950	54	53	—	1
1951	148	171	23	—
1952	339	397	58	—
1953	466	531	65	—
1954	401	503	101	—
1955	439	483	44	—
1956	559	634	74	—
1957	569	633	6	—
1958	610	628	19	—
1959	809	884	75	—
1960	784	777	—	8
1961	658	681	23	—
1962	677	727	51	—
1963	624	713	89	—
1964	643	698	55	—
1965	813	875	62	—
1966	917	1001	84	—
1967	856	862	6	—
1968	776	768	—	8

续表 16-2-1-1-1

年 度	收 入	付 出	净投放	净回笼
1969	917	898	—	19
1970	917	903	—	14
1971	1037	1065	28	—
1972	1137	1164	27	—
1973	1250	1242	—	8
1974	1308	1194	—	114
1975	1361	1254	—	106
1976	1342	1201	—	141
1977	1318	1224	—	—
1978	1414	1325	—	—
1979	1829	1843	14	—
1980	2145	2436	25	—
1981	2685	2565	—	—
1982	3690	3826	—	—
1983	4620	4558	—	—
1984	5594	5588	—	—
1985	8591	7234	—	—
1986	9967	8475	—	—
1987	12104	10167	—	—
1988	16160	15023	—	—
1989	16997	16207	—	—
1990	18139	17158	—	—
1991	20520	20192	—	327
1992	28287	27413	—	874
1993	47178	45849	—	1329
1994	78222	76177	—	2045
1995	104993	101082	—	3911
1996	123239	111009	—	12230
1997	127382	125490	—	1892
1998	222570	220306	—	2264

续表 16-2-1-1-2

年 度	收 入	付 出	净投放	净回笼
1999	271099	269635	—	1464
2000	307567	303946	—	3621
2001	398520	390157	—	8363
2002	487666	481820	—	5846
2003	380797	361524	—	19273
2004	694023	693702	—	321
2005	779586	779598	12	—
2006	940424	939412	—	1012
2007	1043718	1043432	—	286
2008	1034246	1035402	1156	—

1982～1992 年松阳县银行货币流通情况表

表 16-2-1-2　单位：万元

年度	合计	社会团体库存现金	农村现金	城镇居民现金	流动人口及其他
1982	601.4	83	472.1	33.9	12.4
1983	570.8	66.1	457.1	35.3	12.3
1984	682	58.5	558.4	51.7	13.4
1985	834	69	670	80	15
1986	979	78	797	87	17
1987	1148	79	967	84	18
1988	1393	83	1195	95	20
1989	1281.5	78.5	1086	96	21
1990	1193.33	87.59	991.6	90.44	23.7
1991	1244.81	92.3	1029.26	97.85	25.4
1992	1788.1	137.2	1479.80	142	29.1

第二节　货币管理

现金使用管理

1950年4月，中央人民政府政务院发布《关于实行国家机关现金管理的决定》，全国统一实行现金管理。中国人民银行制订《机关、公营企业、合作社现金管理实施细则》，对国家机关和公营企业、合作社实行现金管理。松阳县规定除准予保留规定之限额外，所有现金及票据必须于当日存入中国人民银行，必要时最迟须于次日前存入。各单位除发工资、向农村采购及小额开支外，一律不用现金，用转账支票通过人民银行结算。1957年2月，重新全面核定库存现金额。工资、奖金支出是现金投放的主要渠道之一，劳动工资计划是银行制订现金投放计划的重要依据，工资、奖金管理长期以来构成现金管理的重要内容。1959年12月11日，国家计委、劳动部、财政部、中国人民银行联合颁发《工资基金管理试行办法》，决定从1960年1月始，全面试行工资基金管理。银行的任务是监督各单位工资支付，事后进行统计，超支要报批。

1988年，松阳县施行《现金管理暂行条例》，对各单位现金使用实行控制，人民银行每年组织开展现金管理大检查。1990年，在全县开展现金管理大检查，检查重点是大额现金审批制度的执行，领取现金是否严格按照现金管理规定办理，有否核定、及时调整各单位现金库存限额。1993年，为加强宏观调控，在全县积极组织货币回笼，严格控制货币投放，压缩单位库存现金。1994年，严格控制消费基金增长，抑制通货膨胀。全面实行大额现金审批报备制度，报备对象为办理结算、现金业务的各金融机构，报备内容除储蓄、工资性现金支出以外的大额现金支出，报备的起点金额为10万元。

1997年，中国人民银行先后发出《关于加强现金管理工作有关问题的通知》《关于大额现金支付管理的通知》《大额现金支付登记备案规定》等一系列现金管理制度。松阳县规定严禁公款私存，控制不合理现金支出；规范信用卡管理，减少信用卡提现；认真执行账户管理规定，建立大额现金支付登记备案制度；合理核定开户单位库存现金限额，加强对开户单位库存现金管理；改进金融服务，积极组织货币回笼；推广便捷的结算工具，引导企业减少现金使用。

1999年，中国人民银行发布《大额现金支付管理规定》，松阳县严格执行。次年，人行上海分行制定《中国人民银行上海分行大额现金支付管理实施办法》。要求简化大额现金审批手续，人民银行不再直接审批大额现金，由开户银行负责审批，强化开户银行的现金管理内控制度，严格现金审批授权，对5万元以上（含5万元）的现金支付，按规定审批后支付；建立大额现金支付异常情况报告制度和报备制度，提高大额现金报备起点金额至50万元。

至2001年，松阳县现金管理的重点是合理控制现金投放，防止因现金过量投放引起短期物价上涨。人民银行下达指令性现金计划，加强宏观金融调控，控制消费基金增长，抑制通货膨胀，控制不合理的大额现金支付，严禁违规大额支现。2001年末，人民银行现金管理职责由货币信贷部门调整到货币金银部门。2001 年后，现金管理的重点转向以防范和打击利用现金结算从事违法犯罪活动、防范和化解现金结算风险为主。2004 年，制定《松阳县金融机构工作协调办法》，及时沟通金融机构在执行货币政策过程中出现的问题，发挥整体合力，提高防风险能力。

2005 年，加强现金管理检查工作，督促县辖金融机构认真履行现金管理职责，落实现金管理制度和有关规定，控制不合理现金投放，防范犯罪分子洗钱和诈骗活动，对违反反洗钱有关规定的金融机构做出行政处罚；加强人民币账户管理工作现场检查，督促金融机构加强账户管理，规范账户使用，防止企业多头开户逃避监管；加强银行信贷登记咨询系统运行情况检查，督促金融机构认真落实人民银行《银行信贷登记咨询系统管理办法（试行）》各项规定，加强征信体系建设，为金融机构联手维护金融债权提供数据支持。

反假货币

初期假币的造假方式为手工描绘和木版、石版印刷，之后向照相制版、机器分次套印、复印机分色分次大量复印等技术发展，出现高仿假币，识别难度增加。20 世纪 80 年代后期，假币在松阳县出现。1990 年 5 月，人民银行松阳支行组织反假币培训班，提高临柜人员假币鉴别能力。是年，发现收缴假币 3 张、变造币 9 张。1992～1994 年，全县共没收假币 1438.5 张、面额 61034 元，变造币 17 张、面额 67.7 元。

1995 年，人行松阳县支行保卫科配合县公安局，到松阳、武义、永嘉等县进行调查取证，破获一起假币贩卖案，抓获犯罪嫌疑人 5 人，收缴假币面值 4500 元，立集体三等功。1996 年，全年收缴假币 600 张、面值 22070 元，其中协同县公安局破获假币案 3 起，没收假币 533 张、面额 17840 元。1997 年，收缴假币 1848.5 张、面值 66500 元。

为打击制贩假币，人民银行松阳县支行加大反假币知识宣传、培训等工作，提高群众识别能力，加强与公安、工商等部门协作，严厉打击假币犯罪。1998 年，松阳支行组织全县 28 名新从事现金业务操作的综合柜员参加反假币上岗培训资格考试，同时拓展反假网络，通过筛选新建 4 家乡镇反假工作站，聘任 165 个行政村联络员担任反假宣传员。2004 年，强化货币发行服务管理，开展“人民币反假知识宣传活动”。组织开展反假币宣传活动。在人民币反假知识宣传周中，设立流动宣传车等方式，加大宣传力度；到古市、玉岩等乡镇散发宣传资料、接受反假咨询、张贴宣传画等，开展对辖区金融机构执行账户、现金等管理规定的检查。全县组织对反洗钱工作、假币收缴情况等现场检查。

2005 年，开展人民币反假知识宣传。组织金融宣传小分队采取送电影下乡、上街设摊咨询、进茶叶市场、学校、医院、集市现场宣传、举办金融晚会等形式，全方位、多角度宣传人民币反假知识，提升社会群众识假防假能力。2009 年，重点围绕“五个”转向，把反假币宣传转向大型市场、超市、社区、农村和边远山区；转向联合执法，注重打击；转向普及农村、居民识假技能上；转向创新宣传手段上；转向巩固和建立反假长效机制上。加强人民币流动状况监测，对各金融机构监测的网点情况进行不定期检查；健全农村和城市社区反假货币网络，加强反假联席会议成员单位的联系和沟通，配合公安机关开展“2009 反假行动”；完成辖内假币印章使用情况备案工作，加强假币印章管理；开展“宣传服务进万家”活动，组织实施中小学生教育计划、“千名收银员培训”活动、“百家媒体宣传报道”活动、“反假货币教育片下乡”活动、公共交通工具流动宣传、实施互联网平台宣传等内容，举办反假知识进校园征文活动，开展全民普及反假货币知识活动；加强现金管理，开展现金管理现场检查。

图 16-5　松阳县人民银行组织辖内金融机构到学校进行反假币宣传（县人民银行提供 2009 年）

2010 年，深化反假币联席会议制度，着力构建反假宣传的长效机制，推进反假币网络建设。增强各成员部门间的合作，加强沟通，形成合力，共同营造良好的反假币工作氛围。通过开展送反假币知识进千村入万户活动，利用银行卡助农取款服务点的便民优势，把反假币工作站、联络员网络拓展到农村地区的最前沿。

第三章 信贷与结算

民国17年(1928),松阳私营钱庄开始办理工商信贷。民国27年,设合作金库;至民国28年,共发放贷款28.5万元。民国31年,中国农民银行松阳办事处继续发放农业信用贷款。

中华人民共和国成立后,松阳县金融机构信贷业务随着经济发展而逐步扩大,贷款领域不断拓展,贷款种类丰富,作用显著。改革开放后,金融机构贷款总量快速增长。1990年末,全县金融机构各项贷款余额10374万元;2000年末,为58053万元;2010年末,为472565万元。1990～2010年,贷款年均增幅23.11%。

中华人民共和国成立初期,松阳县银行结算以现金结算为主,同城主要是使用支票结算,异地主要是使用信汇和票汇结算。1994年9月,人民银行出台《关于加强银行结算工作的决定》,松阳县建立以汇票、本票、支票和信用卡(三票一卡)为主体的结算制度。

1982～1991年,共解付侨汇折合人民币128.62万元,另有外汇收兑折合人民币27.28万元。按地区分,亚洲及其他地区32.58万元、美洲23.64万元、欧洲31.25万元、其他汇入21.95万元。2004年,中国银行松阳县支行外币存款236万美元。2006年,获中行浙江省分行郊县支行系统本外币日均存款增长率指标第一名。2010年末,支行外汇存款余额418万元。

第一节 银行信贷

工商信贷

中华人民共和国成立初期,人民银行主要扶持私营工商业。1956年,配合手工业、私营工商业社会主义改造,对公私合营、手工业及小商小贩发放贷款。至1957年,工业贷款余额26.2万元,商业贷款余额222.9万元。1958～1978年,贷款连续增加。1961年,控制不合理支出,督促企业收回不合理占用资金。其间发放工业贷款952.8万元,商业贷款2076.4万元。

图16-6 县工行贷款支持松阳县第一运输公司购买的汽车(县档案馆提供 1992年)

1979年后,由统存统贷改为差额控制实存实贷,对企业择优扶持。逐年扩大信贷规模,开拓新项目,增办中短期贷款和信托贷款,扩大集体企业设备贷款,扶持社队企业及个体工商业贷款。1992

年末，工业贷款余额 14311.8 万元，商业贷款余额 29632.6 万元。2004 年，全县金融机构累计发放工业贷款 12030 万元，占全部贷款累放额的 61%。是年，中国建设银行松阳县支行重点支持浙江科马摩擦材料有限公司、浙江浙南茶叶市场、松阳县第一中学等项目的建设，累计投放固定资产贷款 1700 万元。2005 年，工商银行松阳县支行共新增中小企业贷款 1380 万元；个人贷款累计发放 1184 万元，个人消费贷款 60 户、金额 1184 万元。2008 年末，全县金融机构人民币贷款新增 21552 万元，增长 10.10%，其中工、农业贷款新增 17921 万元。2009 年，全县工商业信贷年末余额 72115 万元。2010 年 9 月，银企合作，10 家企业代表分别与县 4 家国有商业银行、信用联社等金融机构签约，授信额度 4 亿元。

附：中小企业贷款担保

2001 年 3 月，松阳县中小企业贷款担保有限公司成立，注册资本金 2000 万元（县政府出资 500 万元，另外 1500 万元为实物资产），为县政府扶持县中小企业发展的新型服务机构，公司的财务纳入县会计核算中心监督管理。2002 年，被纳入全国中小企业担保体系试点单位。至 2004 年末，县中小企业担保公司累计为 62 家企业提供 6048 万元的贷款担保。担保公司被列入浙江省百家重点培育中小企业担保机构。

至 2005 年，累计实现担保总额 8240 万元，担保余额 2680 万元。全年担保企业新增产值 2.4 亿元，新增税利 2000 多万元，新增就业人数 850 人。是年，县中小企业担保公司成为省信用担保协会理事成员。至 2006 年，担保总额 10500 万元，担保余额 5600 万元，累计实现担保总额 18000 万元，当年坏账损失率为零。全年担保企业新增产值 30000 万元，新增税利 3000 多万元，新增就业人数 1000 人。被列入国家税务总局公布的全省 50 家免税担保机构和浙江省 50 家规范担保机构。

2008 年 4 月，县政府对公司进行资本追加，从原来的 2000 万元增加到 5000 万元，分别由县国资委以 1000 万元的货币资本及县国资公司 2000 万元的实物资本进行注资，最终资本形成国资委出资 24%、国资公司出资 76%。公司注册资金从 2001 年的 395 万元，经过 4 次注资，分别达到 500 万元、2000 万元，最终达到 5000 万元。至 2008 年 10 月，共担保 160 笔、14657 万元，累计实现担保 801 笔、533795 万元；共计提风险准备金 480 万元，公司抗风险能力得到快速提高。通过担保，为松阳县的企业新增工业产值 5 亿元，新增利税 4000 余万元。

2009 年，全年累计为企业提供贷款担保及还贷周转 254 笔，实现担保额 27183.2 万元，担保总额首次突破 2 亿元。担保余额 14821.2 万元，实现担保余额亿元突破。全年公司实现担保费收入 503 万元，风险准备金余额 783 万元，坏账损失率为零。通过担保，是年全县企业新增工业产值 10 亿元，新增利税 2 亿元。12 月末，公司完成增资，注册资本 1 亿元，担保资本金更加充足，担保能力得到提高，同时单笔担保额度达到 1000 万元。

2010 年，公司共为企业提供贷款担保及还贷周转 314 笔，实现担保总额 59303.2 万元，比 2009 年同期增长 118%，担保余额 27546.2 万元，担保余额近 3 亿元。截至年末，公司实现担保业务收入 985 万元，资产总额 16408 万元，所有者权益 11575 万元。

农业信贷

中华人民共和国成立后，农业信贷的重点是支持恢复和发展农业生产。1956 年，发放贫农合作基金贷款 12.04 万元，涉 10736 户。1958 年始，发放粮食、生猪、油料、烟叶等预购定金 70.7 万元。1982～1988 年末，发放预购定金 92 万元。至 1992 年末，共发放各项农业贷款余额 9301.3 万元。其中银行发放 7505.1 万元、占 80.7%，信用社发放 1792.6 万元、占 19.3%。银行对信用社贷款额 318.9 万元。对乡镇企业贷款余额 7218 万元。2009 年末，全县金融机构对旧村改造的 1875 户农户进行授信，授信金额 7562 万元，取得银行贷款的有 1165 户，金额为 5127 万元；林权抵押贷款 1256 笔，金额 5767 万元，全年累放 855 笔，金额 4400 万元。是年，全县农业信贷年末余额 53653 万元。2010 年末，全县各涉农金融机构利用农村信用体系建设共享平台，对全县 10173 户农户进行信贷授信，授信金额 40905 万元；实际发放贷款 8786 户，余额 35358 万元。

图 16-7 信用社信贷干部到田间了解粮食生产情况（县档案馆提供 1992 年）

2007 年，由人民银行丽水市中心支行推动林业部门和各金融机构共同参与的林权抵押贷款，开始在全市全面推开。人行松阳县支行会同县林业局建立林权管理中心、森林资源收储中心、林权交易中心和森林资源调查评价机构四大森林资源流转服务平台。设计符合松阳实际的林农小额循环贷款、林权直接抵押贷款和森林资源收储中心担保贷款三种林权抵押贷款方式。是年，共发放林权抵押贷款 95 笔，金额 466 万元。到 2010 年末，全县林权抵押贷款余额 13295 万元。

基本建设拨款与贷款

基本建设资金向由财政直接拨款。1983 年 6 月，中国人民建设银行松阳县支行成立。财政拨款的基本建设投资由县建设银行管理和监督使用，并办理拨款、放款、存款和预决算业务。凡独立核算有偿还能力的企业单位，实行基建贷款制度。1985 年，建设银行全部信贷收支列入国家信贷计划管理，吸收的存款按 30%向人民银行交存款准备金；1992 年，改按 13%交纳。至 2010 年未变。

1949～2010 年松阳县各金融机构各项贷款年末余额一览表

表 16-3-1-1　　　　单位：万元

年份	合计	工业贷款	商业贷款	农业贷款	个人中长期消费贷款	存贷比（%）
1949	0.1	0	0	0.1	—	—
1950	0.4	0	0	0.4	—	—
1951	4.3	0.1	0.6	3.6	—	—
1952	23.2	0.1	9.2	13.8	—	—

续表 16-3-1-1-1

年份	合计	工业贷款	商业贷款	农业贷款	个人中长期消费贷款	存贷比（%）
1953	45.5	0	15.1	30.3	—	—
1954	23.3	0.6	5.9	16.7	—	—
1955	134.5	1.7	110.3	22.4	—	—
1956	240.4	14.5	125.4	100.5	—	—
1957	221.7	9.2	166.3	44.8	—	—
1958	245.4	22.7	117.1	105.6	—	—
1959	266.4	36.1	73.9	121.8	—	—
1960	288.6	50.7	122.7	61.7	—	—
1961	212.6	16.0	58.9	124.6	—	—
1962	179.6	18.8	62.6	92.5	—	—
1963	176.6	25.2	37.6	107.1	—	—
1964	141.0	1.5	20.8	115.3	—	—
1965	200.7	1.5	55.9	136.0	—	—
1966	199.0	0.3	51.7	140.3	—	—
1967	293.5	11.3	85.3	187.6	—	—
1968	271.7	19.2	53.9	193.6	—	—
1969	273.5	18.5	76.9	174.3	—	—
1970	355.8	28.2	134.4	190.6	—	—
1971	424.6	67.9	152.0	198.4	—	—
1972	390.2	57.0	135.8	193.0	—	—
1973	399.7	54.1	152.0	191.7	—	—
1974	339.2	80.1	72.8	183.5	—	—
1975	390.6	94.3	82.1	200.9	—	—
1976	686.3	101.8	332.7	228.3	—	—
1977	784.7	76.9	472.4	227.0	—	—
1978	1087.2	170.7	572.5	297.9	—	110.7
1979	1375.5	104.6	713.4	500.4	—	98.1
1980	1510.2	233.2	839.6	387.4	—	67.4
1981	1582.0	307.8	901.0	327.7	—	63.3
1982	1902.0	312.4	1265.7	250.3	—	50.0

续表 16-3-1-1-2

年份	合计	工业贷款	商业贷款	农业贷款	个人中长期消费贷款	存贷比（%）
1983	2164.5	257.3	1646.4	189.6	—	55.7
1984	2810.8	343.5	1728.0	330.7	—	63.6
1985	4021.6	375.6	2397.8	448.4	—	58.3
1986	5429	730	2430	585	—	66.6
1987	6315	1035	2766	796	—	61.9
1988	7778	1360	3359	147	—	74.9
1989	9256	1782	3681	181	—	80.3
1990	10414	2150	4029	268	—	66.2
1991	12886	2690	4628	327	—	72.4
1992	17494	3636	6100	360	—	68.2
1993	23245	4902	7126	387	—	75.1
1994	31238	6009	8602	3706	—	84.7
1995	38080	6006	10021	5135	—	81.5
1996	43188	7049	11505	5529	—	73.9
1997	45990	9322	11860	5436	—	67.7
1998	52188	8971	10268	7751	—	61.7
1999	59867	9772	10921	9648	—	62.3
2000	58053	6698	7104	11342	—	56.0
2001	71595	7807	6462	12637	—	60.6
2002	88433	7959	7455	17047	—	61.8
2003	132391	10412	8503	20601	14796	79.6
2004	143080	6040	8646	22938	21251	79.7
2005	159661	6374	4632	27736	23812	70.2
2006	174956	10128	4534	25255	23757	65.1
2007	213339	18341	150	35368	38769	72.4
2008	234890	25127	—	43649	48963	67.7
2009	346283	71815	300	53653	61431	71.7
2010	472565	—	—	—	77737	76.9

2004～2010年松阳县各银行贷款情况表

表 16-3-1-2　　单位：万元

年份	全县贷款年末余额	比年初增长（%）	工商银行	建设银行	农业银行	中国银行	农发行	农村信用联社
			贷款余额总计	贷款余额总计	贷款余额总计	贷款余额总计	贷款余额总计	贷款余额总计
2004	143080	8.34	22419	19581	19504	—	2068	5.08
2005	159661	11.59	25711	20747	24100	25834	1982	59167
2006	174956	9.58	16935	35520	20839	29818	4569	67275
2007	213339	21.35	23705	47211	61181	45781	9471	72194
2008	234890	10.33	27799	43158	28594	53495	17206	80628
2009	346283	47.42	50487	54336	37764	92340	19555	101014
2010	472565	36.47	68675	68324	64527	113554	23234	124678

第二节　存　款

民国时期，存款数额很少。民国 17～18 年（1928～1929），各钱庄共存款 5.11 万元。民国 28 年，合作金库存款 30.51 万元。

1949 年 5 月，松阳解放，人民银行相继开办各项存款业务。存款业务以财政、机关、团体存款为主，个人储蓄极少。1952 年，存款、储蓄余额共 28.6 万元。1957 年，各项存款、储蓄余额计 65 万元。1958 年 11 月，松阳并入遂昌。1965 年，松阳区域存款储蓄余额 138 万元；1981 年，为 2423 万元。

1982 年 1 月，松阳恢复县制。1985 年，全县存款余额升为 6966.50 万元。1992 年，各银行的机关团体、财政、企业、农业存款和城乡储蓄余额 25634 万元，其中信用社存款余额 8295 万元。

工商银行、农业银行、建设银行、中国银行及农村信用社等各银行均经营个人储蓄。先后举办活期、定期、有奖贴花、定活两便、定额保值、零存整取、有奖有息、定期定额、保本保值、折实储蓄、爱国有奖储蓄、实物有奖储蓄、农副产品折算储蓄、贴水储蓄等。1983 年，农业银行发行农业贷款信用卡。1992 年，工商银行签发牡丹信用卡。进入 20 世纪 90 年代，存款业务快速发展。1992 年末，县城有储蓄所 12 个、储蓄专柜 9 个，全县个人储蓄余额 13973 万元。到 1999 年末，全县各项存款余额为 96143 万元。

2000 年后，经济快速发展，社会财富迅速增加，存款以年均 20%速度递增。2010 年末，全县金融机构人民币各项存款余额 614536 万元。

1952～2010年若干年份松阳县金融机构各项存款年末余额一览表

表16-3-2-1　　单位：万元

年份	合计	企业存款	储蓄存款	年份	合计	企业存款	储蓄存款
1952	25	10	4	1992	25634	5845	13973
1957	65	7	29	1993	30971	5314	19113
1962	82	22	19	1994	36874	9308	25508
1965	138	29	37	1995	46738	10135	34191
1970	283	81	36	1996	58423	14564	42012
1975	412	133	112	1997	67927	16459	48879
1978	928	—	174	1998	84637	17975	60122
1979	1275	—	289	1999	96143	22464	68393
1980	2125	—	542	2000	103668	22039	71790
1981	2423	—	698	2001	118213	28676	77266
1982	3747	—	992	2002	143010	37447	88413
1983	4042	—	1256	2003	166327	46341	97810
1984	4599	—	1735	2004	179504	49577	107966
1985	6967	—	2425	2005	227495	65116	130848
1986	8152	1671	3312	2006	268932	77328	144509
1987	10207	1790	4350	2007	294584	91910	152281
1988	10390	1985	4890	2008	346871	100410	194095
1989	11533	1955	6010	2009	483009	150751	257930
1990	15732	3325	7952	2010	614536	189526	310271
1991	1780	4492	10478				

2004～2010年松阳县各银行存款情况表

表16-3-2-2　　单位：万元

年份	全县存款余额	比年初增长%	工商银行	建设银行	农业银行	中国银行	农发行	农村信用联社
			存款合计	存款合计	存款合计	存款合计	存款合计	存款合计
2004	179504	7.92	23598	22341	37007	—	—	65600
2005	227495	26.74	32134	28087	49700	17968	336	77796
2006	268932	17.95	36793	39498	57377	27299	500	86815
2007	294584	9.5	35714	53328	74536	35871	1649	93150

续表 16-3-2-2

年份	全县存款余额	比年初增长%	工商银行	建设银行	农业银行	中国银行	农发行	农村信用联社
			存款合计	存款合计	存款合计	存款合计	存款合计	存款合计
2008	346871	17.63	38565	65045	66851	45958	10170	104542
2009	483009	39.25	57734	84704	42640	79554	8975	140133
2010	614536	27.23	74920	99403	110059	102167	10410	166706

第三节　结　算

结算制度

银行结算分为现金结算和转账结算两类。转账结算又分为异地结算与同城结算两种。

1951年，松阳县按规定，企业单位汇兑归银行办理，个人汇款由银行委托邮局办理。1953年始，实行新的同城结算方式，有支票结算、托收承付、付款委托书、计划结算4种；异地结算推行托收承付、汇兑、特种账户和信用证等，以托收承付、汇兑结算应用最多。到1955年，通汇范围扩大，结算形式增加，结算方式逐步完善，资金调拨灵活，现金使用减少。1958～1976年，松阳县与全国各地一样，结算工作秩序混乱，错、乱、慢、压等现象经常发生。1977年8月，全国会计结算专业会议后，银行结算工作逐步趋向正常。是年，县内开办“行社汇款”和“县内限额结算”等业务。1980年，推行三省一市（浙江、江苏、安徽和上海市）限额结算和异地委托收款结算。1984年，票汇结算开办；1987年，实行华东三省一市票汇结算。1989年4月1日，取消异地托收承付、付款委托书、国内信用证、托收无承付和保付支票结算，推行银行汇票、商业汇票、银行本票、支票、汇兑、委托收款6种结算方式。1990年4月1日，为适应大中型企业结算需要，恢复托收承付结算方式。

1994年9月，人民银行出台《关于加强银行结算工作的决定》，建立以汇票、本票、支票和信用卡（三票一卡）为主体的结算制度，增强票据和结算方式的灵活性、通用性、兑现性、安全性和流动性，汇票和支票在同城占70%，异地约占30%，形成票据的主体地位。

为进一步完善支付结算工具，2009年4月27日，银行本票业务上线流通。

结算形式

票据交换　1987年，松阳县成立同城票据交换所，采取定时、定点，由各参加者安排专职人员参加票据交换。业务开展后，资金在途时间由原来的平均2.5天缩短至0.5天。1992年末，实现电子化交换。

2001年12月1日始，人民银行松阳县支行不参加票据交换，只负责组织辖区内同城票据交换和清算，协调金融机构相互之间的清算事项，其相关业务直接送交人民银行营业室临柜处理。2002年2月后，国有商业银行支行的跨系统异地汇划款项不再通过“同城票据交换”清算资金，款项通过系统内联网汇划至各市级分行，各银行机构辖属支行、分理处陆续退出同城票据交换系统，由市、县级分行向人民银行系统发送支付信息。2002 年 10 月，市本级实现同城提出业务资金实时清算，人民银行县支行会计业务处理方式。

2007～2008 年，开始会计核算业务流程改革，保留县级票据交换所，县支行票据交换所负责原始凭证的实物交换，县级交换单位的票据信息通过其省级管辖发送至杭州金融清算中心进行集中处理，票据资金由其市级管辖行在人民银行丽水市中心支行的账户统一清算。至 2010 年末，共有 74 家银行机构参加市、县级同城票据业务。

联行往来　1949～1980 年，丽水地区金融机构严格执行《全国联行往来制度》要求，由人民银行总行编发全国统一的联行行号、联行“密押”、联行行号专用章和联行行名专用章，使用全国统一的中国人民银行联行代收代付四联报单。1981 年 7 月 1 日，农业银行与人民银行联行业务进行明确划分：县辖往来由农业银行系统举办，人民银行系统参加；全国联行和省辖往来由人民银行系统举办，农业银行系统参加。每天清算汇差并计算联行利息。1985 年 4 月 1 日，取消大联行，采取各行“自成联行系统，跨行直接通汇，相互发报移卡，及时结算资金”的联行体制，但出现专业银行之间不能及时清算、相互占用资金、技术性差错增加等问题，影响联行对账。1987 年 4 月 1 日，改为“自成联行系统，跨行相互转汇”的办法，增加转汇环节，专业银行占用汇差资金，影响结算资金周转。对此，人民银行总行以卫星通讯网为传导方式的全国电子联行开始运行，采用“星形结构，纵向往来，随发随收，当日核对，每日结平，存欠反映”。

1993 年 11 月，建立电子联行小站，使卫星通讯的数据直接与各县（市）支行联网，加快结算速度，提高社会资金效益。1994 年，开办大额转汇，统一转汇标准，各银行跨系统 10 万元以上的汇划款项，通过人民银行转汇；参加同城票据交换的各银行 50 万元以上的银行汇票和系统内 50 万元以上的大额汇划款项，通过人民银行结算资金和转汇。1999 年，重新审核参加浙江省区域联行往来业务机构，并对新申请参加的机构进行核实上报。2000 年 11 月，全面实现电子联行“天地对接”业务到县，实现辐射全辖城乡异地资金跨系统“无缝衔接”。2002 年 2 月，各银行分支机构跨系统异地汇划款项一律通过电子联行“天地对接”系统清算资金。

2002 年 11 月，正式实施会计核算管理“四集中”（会计集中核算、集中联行清算、会计集中事后监督和会计档案集中管理），取消县支行电子联行和手工联行业务，把县级通汇机构的电子联行行号统一归属到人民银行丽水市中心支行清算分中心名下，县级商业银行电子联行来账业务由人民银行丽水市中心支行电子联行“天地对接”系统接收后发送至商业银行管辖行，再由管辖行分发至县级商业银行，实现商业银行各通汇行处就地收发全国电子联行往来账及办理查询、查复业务，使商业银行异地跨系统汇划资金实现“直通车”，电子联行业务稳步上升。2005 年 4 月，市人民银行上线运行中央银行会计集中核算系统；6 月，接入大额支付系统，实现大额资金实时到账。2007～2008 年，为适应金融业集约化经营和中央银行职能调整需要，丽水地区实施会计核算业务流程改革，核算整体上收至市人民银行，信息集中处理、资金统一清算。

账户管理　账户管理是维护正常结算秩序的基础。1950 年，为配合现金管理，人民银行松阳县支行开始进行账户管理，规定机关、部队、公营企业及合作企业一律在人民银行开立结算账户和往来户，开户应提交书面申请和相应文件，经核批后方可开立。在社会主义改造之后对小集体企业和个体工商户的开户、结算作多种限制。1982 年，农村专业户、重点户为解决开户结算问题，出现“挂户”经营现象。1983 年，人民银行浙江省分行放宽开户政策限制，各种经济形式的承包企业、联营企业和个体工商户凭营业执照、主管部门批文、承包合同等即可办理开户。1994 年，为进一步规范企事业单位开户，人民银行把企事业单位的账户划分为基本存款账户、一般存款账户、临时存款账户和专用存款账户；一个企事业单位只能在银行开立一个基本存款账户。同时，实行开户许可证制度。企事业单位开立基本存款账户，必须凭人民银行核发的开户许可证才能开户，如需变更基本存款账户的开户行，必须经人民银行审批同意。各商业银行信用卡部只能为持卡人开立专用存款账户，并按《信用卡管理办法》办理收付。2003 年 9 月 1 日，《人民币银行账户管理办法》进一步完善银行账户管理办法，允许设立个人银行结算账户，取消开立一般存款账户的限制条件，缩小纳入专用存款账户管理的资金范围，扩大临时存款账户的使用对象，突破银行结算账户只能属地管理的原则，突出基本存款账户统驭地位等。2005 年，人民银行开发“人民币银行结算账户管理系统”并上线运行，实现账户数据电子化。至 2010 年末，松阳县共开立单位银行结算账户 3418 户。

第四章　资金管理

中华人民共和国成立初至1978年改革开放前，实行“统存统贷”的信贷管理体制。中共十一届三中全会以后，开始金融体制改革。1979～1981年，先后实行“差额包干”“统一计划，分级管理，存贷挂钩，差额包干”的信贷资金管理体制。1994年，实行“贷款限额控制下的资产负债比例管理”新体制。1998年1月，实行“计划指导，自求平衡，比例管理，间接调控”的信贷资金管理体制。

1979年开始，国家在固定资产投资领域进行由财政拨款改为银行贷款的拨改贷试点；1985年全面推行。20世纪90年代后期，实行金融业治理整顿和分业经营。2003年末开始，国有商业银行逐步建立现代企业制度和规范公司治理的产权激励机制，并通过公开上市增强外部市场约束和社会监督制度。

第一节　信贷资金管理

计划信贷资金管理

中华人民共和国成立至1978年改革开放之前的近30年，实行“统存统贷”的信贷管理体制。地方银行吸收的存款由人民银行总行集中使用、统筹安排。贷款总量调控权集中由人民银行总行掌握，贷款投向由人民银行总行统筹规划，人民银行总行对下属各级银行的贷款实行指标管理，下属银行只能根据上级银行下达的贷款指标和指定的贷款投向按计划进度发放贷款。人民银行根据国家经济发展计划与财政信贷综合平衡状况安排贷款总量与投向。在计划编制和管理上采取“自下而上、自上而下”的办法，总行在编制贷款总量和分项计划的同时，基层银行根据企业的产销计划和财务计划编制企业流动资金贷款供应计划，然后逐级汇总到人民银行总行，总行加以综合平衡后再逐级下达，基层银行按计划额度和计划进度具体发放贷款。人民银行松阳县支行按照上级行的指示，组织力量完成上级分配的贷款指标任务，把握贷款投向。

“差额包干”管理办法

1978年中共十一届三中全会以后，开始金融体制改革。1979年，中国人民银行关于信贷资金体制改革提出“差额包干”的管理办法。1981年，实行“统一计划，分级管理，存贷挂钩，差额包干”的信贷资金管理体制。人民银行总行统一编制信贷计划，各省、自治区、直辖市计算存款和贷款，由人民银行总行核定存、贷款差额。凡存款大于贷款的，称为“存差计划”必须完成；贷款大于存款的，为“借差计划”，不能突破。1983年9月，中国人民银行专门行使中央银行职能。1984年1月，设立工商银行松阳县支行，经营储蓄存款和工商信贷业务。1985年，停止“存贷挂钩，差额包干”的信贷资金管理办法，实行“统一计划、划分资金、实贷实存、相互融通”的货币信贷管理新办法。1990年，松阳县根据国务院关于“从紧方针不变，适当调整力度”的指示和省政府采取的微调措施精神，适当增加信贷规模，当年全县金融系统新增贷款1186万元，增长12.91%，年末贷款余额10414万元。至1993年末，全县金融机构各项贷款余额23245万元。

信贷新体制

1994年，人民银行总行颁布实施《信贷资金管理暂行办法》和《关于对商业银行实行资产负债比例管理的通知》，开始实行“贷款限额控制下的资产负债比例管理”新体制。人民银行松阳县支行为适应信贷资金管理体制变化，把工作重点转移到加强金融监管、确立央行新权威的职能上，既强调规模监控的严肃性，又灵活运用监管手段，积极探索宏观调控新路子。1995年，加大信贷规模监管力度，实施“按季监控，按月考核”，建立有关监督制度，把全部城市信用社列入资产负债比例管理考核范围，引导其规范运作，促使全县金融机构贷款控制在上级行下达的限额与比例之内。全县金融机构加快转换经营机制，推进商业化改革，注重建立、健全金融组织体系和资金管理体制、运行机制的改革，强化资产和负债的管理，增强资金运筹能力。1996年，人民银行严格控制国有商业银行信贷总量，从以往单一对国有商业银行信贷总量监控转到规模监控与信贷结构调整相结合，按月考核，促使各行年末贷款余额控制在信贷规模指标之内。松阳县加强非银行金融机构的资产负债比例考核，建立月末主要指标完成情况快报制度和季度指标执行情况分析制度。

1998年 1月1日，国家信贷管理取消指令性计划，实行指导性计划，在逐步推行资产负债比例管理和风险管理的基础上，实行“计划指导，自求平衡，比例管理，间接调控”的信贷资金管理体制。在新的信贷管理体制下，人民银行松阳县支行运用间接调控手段，发挥央行的窗口指导作用，加强货币信贷政策引导。1998年8～9月，组织开展“增加信贷有效投入，促进地方经济发展”活动，营造助推地方经济发展声势，扭转年初连续5个月贷款负增长的颓势。至年末，全县金融机构各项贷款余额52188万元，比年初净增6446万元，比上年同期多增5527万元。

稳健货币政策

2000～2003年，人民银行松阳县支行贯彻实施稳健的货币政策，改进金融服务，增加信贷投入，支持地方经济发展。2000年6月，针对自身资金不足情况，人行松阳县支行积极向上级行争取4000万元信贷支持，全年新增存款3990万元，新增贷款6543万元，亏损金融机构减少3家，下降60%，利润增加362万元。2002年，组织金融机构开展“打造信用环境、助推经济发展”活动，制定《松阳县创建“农村信用工程”活动实施方案》，全县建立信用村17个，发放联保贷款432万元。出台《松阳县金融系统支持中小企业发展的实施意见》，全年向15家重点骨干企业、龙丽一级公路、工业园区等发放贷款20500万元，同比增加6156万元。

2005～2007年，县人民银行突出加强对经济金融运行的监测分析，找准“窗口指导”的切入点，每年出台《货币信贷工作指引》，组织全县金融机构对工业园区贷款、房地产企业信贷、政府背景贷款、个人消费贷款及下岗失业人员小额担保贷款等项目进行重点支持，同时根据国家宏观调控政策加大信贷结构的调整力度，把握好贷款增量的投向，调整好贷款存量结构，做好有保有压。

2008年，货币政策变化从年初“两防”转为“一保一控”再到“保稳促调”，货币政策由年初从紧直接到年末适度宽松跳越调整，面对多变的政策，县人民银行加强宣传认真贯彻，对各阶段的货币政策做好衔接工作。组织金融机构对县域重点项目和中小企业资金需求在进行充分调查的基础上，主办以“发展、合作、共赢”为主题的2008松阳银企资金衔接会（即项目推荐会）签订诚实守信承诺书，辖内6家金融机构分别与9家企业和3个政府性项目现场签约贷款金额3.72亿元，确保金融支持经济措施落实到位。到12月末，实际发放签约贷款27515万元、履约率73.97%，为使这项活动制度化、经常化，制定《松阳县构建新型政银企合作关系活动办法》，积极为银企沟通合作搭建平台。

2009年，县人民银行组织全县银行业金融机构开展“增贷促发展、企业帮扶年”主题活动，千方百计为企业发展提供资金保障，各金融机构均制订较规范的服务承诺，尽力为企业排忧解难，到12月末，全县金融机构新增工业贷款52227万元。

2010年，县人民银行以“创新金融服务支持经济发展”业务竞赛活动为契机，组织开展为期3个月的以“创新、合作、发展”为主题的“金融服务月”活动。在“金融服务月”期间，开展重点企业调研、银企对接合作、送金融知识进企业、百名信贷员进厂入户破解难题、百企千人评银行服务等活动。促进金融机构与企业之间的交流沟通，搭建“银企”合作平台；在全县银企合作恳谈暨授信贷款签约仪式大会上，10家企业代表分别与县4家国有商业银行、信用联社等金融机构进行贷款授信签约，当场签约授信额度有4亿元。

第二节　存款准备金

存款准备金制度

1984年，人民银行专门行使央行职能，存款准备金制度建立。存款准备金包括法定存款准备金和备付金两部分。为筹集资金、加强经济结构调整，最初的法定准备金率较高，企业存款为20%、储蓄存款为40%、农村存款为25%。1985年，为促进国有商业银行资金自求平衡，把存款准备金率一律调整为10%。1986年10月，为增强中央银行宏观调控能力，把各专业银行和其他金融机构的存款准备金比例提高到12%。1987～1988年，为抑制经济过热、物价上涨过快和货币投放过多的状况，同时为集中资金支持国家重点产业和项目，人民银行分2次上调准备金率至13%，直到1998年初，存款准备金率没有再作调整。

1998年3月，人民银行对存款准备金制度进行改革，把金融机构在人民银行的存款准备金账户和备付金账户合并为“准备金存款”账户。同年，为抵御东南亚金融危机，提振国内需求，刺激经济增长，准备金率从13%下调至8%。1999年，再次下调至6%后，一直持续到2003年。2003年，国内经济金融稳步发展，存款准备金率进入上调通道。2006年开始，为加强银行体系流动性管理，抑制货币信贷过快增长，合理调控货币信贷总量，人民银行加快上调存款准备金率频率，分别于是年

7月5日、8月15日和11月15日各上调金融机构存款准备金率0.5个百分点。

2008年9月25日，人民银行从1999年以来首次下调存款准备金率，以应对美国次贷危机对国内经济金融的冲击，在4季度连续3次下调存款准备金率。至此，大型金融机构存款准备金率下调至15.5%。2010年，随着经济企稳回升，后危机时期的经济刺激政策逐步退出，人民银行连续6次上调存款准备金率至16%。

存款准备金制度实施情况

1985年始，松阳县实施缴存款准备金制度，县辖银行业金融机构在人民银行开立存、贷款账户，人民银行松阳县支行对银行业金融机构的存、贷款实行利率管理。1998年，按《关于改革存款准备金制度的通知》规定，人民银行松阳县支行负责监管辖区地方法人金融机构缴存准备金和准备金管理工作。在2003年松阳县农村信用社统一联社法人之前，各农村信用社系统存款准备金实行联社统一缴存制度，由各联社在人民银行开设存款准备金账户，各农信社法人把准备金资金划转至联社再由联社统一缴存至人民银行；统一县联社法人之后存款准备金由各县（市）联社缴存。

人民银行松阳县支行对农村信用社缴存存款准备金的监管措施主要有：在统一县联社法人前，以联社为单位开立存款准备金专户，把联社作为存款准备金的监管对象，要求各联社对下属的机构进行统一调度、统一缴存；加强存款准备金改革的宣传，及时把准备金管理文件和准备金率调整的文件及处罚规定转发给各级农村信用社，要求切实遵照执行；及时监测各联社资金运行情况。建立每个季度对信用联社资金来源运用情况进行调查制，及时掌握农村信用社资金余缺，为督促农村信用社及时足额缴存存款准备金提供依据。

2004年开始，人民银行松阳县支行建立地方法人金融机构流动性监测制度。2005年初，地方法人金融机构在松阳县支行的指导下，制定存款准备金内部操作规程。

2009～2010年，做好金融稳定监测数据库数据采集和加工分析工作，完善金融统计综合月报及分析制度，分别建立辖区内法人机构流动性和整体性监测、民间借贷利率监测、重点骨干、成长型企业的监测，及时掌握房地产、不锈钢企业等重点行业的信贷风险状况，重点关注资金价格等宏观经济金融运行中的结构性、深层次问题，提高经济金融监测预警能力。

第三节　利率管理

中华人民共和国成立至1978年12月，在计划经济体制下，利率政策更多是配合国家组织资金、恢复经济和私营工商业社会主义改造。为控制金融市场，松阳县按规定采取较高存款利率。1950年4月，一年期储蓄存款年利率为132%。1951年，物价趋向稳定，利率开始下降；3月，一年期储蓄存款年利率降至40.8%。

1949～1952年，实行差别利率：存款利率按不同期限划分档次，放款利率区别对待。对私人存放款利率，高于国营企业存放款利率，合作经营企业利率低于私营企业利率，以促进合作经济发展。

1953～1957年，人民银行大幅调低存贷款利率水平。松阳县为配合私营工商业的社会主义改造，在利率政策上实行差别利率，即对国营企业贷款利率低于公私合营企业，公私合营企业的贷款利率又低于私营企业。1953年10月13日，贷款利率大幅度调低。国营工业贷款由月息6～9.9‰调低为4.5‰，国营商业贷款由月息10～12‰调低为6.9‰，其他所有制性质的行业贷款利率也相应调低。

1958～1976年，利率作用受到严重削弱。1971年，松阳县利率水平全面骤降，档次大幅度归并，计息范围越来越窄，储蓄只留月息2.7‰的档次，放款一律为月息4.2‰。

1979年以后，随着经济体制改革的推进和社会主义市场经济的发展，利率杠杆作用日益重视，利率逐渐成为中央银行一项重要货币政策。1984年始，松阳县在利率管理上建立人民银行统一领导、分层次的管理体制。

1979～1985年，松阳县根据规定全面调整存贷款利率。扩大计息范围，提高存贷款利率水平，增加企事业单位、机关、团体、学校定期存款。1979年、1980年、1982年和1985年，储蓄存款利率5次调整。一年定期存款由月息2.7‰提高到6‰，提高1.2倍。流动资金贷款和一年以下的固定资产贷款利率由月息4.2‰提到6.6‰，提高57.1%。贷款利率从1980年开始实行加息罚息制度，对逾期贷款、积压物资占用的贷款加收利息20%；对企业搞基本建设或更新改造超支而挤占挪用的贷款加收利息50%；对需要特殊照顾、急需发展的产品，对少数民族地区，对发展能源以及采用先进技术和工艺的生产，实行优惠利率。各专业银行和基层银行在规定利率的基础上，有一定的利率管理权。

1988年9月、1989年2月，人民银行松阳县支行根据规定2次上调存贷款利率，并统一个人和企业、事业单位的定活期存款档次和利率；扩大各金融机构贷款利率浮动的权限，即贷款利率上浮幅度由原来的20%扩大到30%。1989年，把城乡信用社贷款利率上浮幅度由30%提高至50%。

1990年12月11日，人民银行松阳县支行统一全县信用社贷款浮动利率的规定，对其他部门的贷款利率进行管理，纠正过高的利率，减轻企业负担。3月和8月，2次下调存贷款利率。利率划分为法定利率、浮动利率、基准利率、同业拆借利率和债券利率五类，统一结息规则和明确加息罚息规则。

1991年4月21日，再次下调存贷款利率，对浮动利率政策进行调整。对流动资金贷款利率的浮动幅度，在中国人民银行规定的可上浮20%以内，仍由专业银行掌握；具体浮动幅度及浮动范围的确定，须经地、市级人民银行分行审查批准。固定资产贷款和优惠贷款利率，一律不得向上浮动。城乡信用合作社贷款利率向上浮动的幅度，城市信用社为30%、农村信用社为60%。超过这个幅度的，需报县以上人民银行批准。

1993年，人民银行松阳县支行根据规定于5月15日和7月11日2次调高存、贷款利率。同时，为整顿金融领域出现的乱拆借、乱提高利率、乱投资和乱设金融机构等现象，人民银行印发“关于不准擅自提高和变相提高人民币存、贷款利率的十项规定”和“关于进一步加强外币利率管理的十项规定”。1995年7月，首次系统性地提出逐步与国际惯例接轨的利率改革原则。在改革步骤上，首次阐述“先外后内，先贷后存，先商业银行后政策性银行，先放开同业拆借利率，后扩大商业银行决定利率自主权”的改革路径。

1996年3月1日，全国统一同业拆借交易网络系统开始试运行。之前的1月4日，第一次正式对外公布全国统一同业拆借市场加权平均利率(CHIBOR)。是月，人民银行松阳县支行通过县金融联席会议发布《关于加强储蓄存款利率管理的公告》，设立公众举报电话，把利率管理行为纳入社会监督轨道。1996年以后，先后放开银行间市场拆借利率、债券市场利率和银行间市场国债和政策性金融债的发行利率；放开境内外币贷款和大额外币存款利率；试办人民币长期大额协议存款；逐步扩大人民币贷款利率的浮动区间。

1997年5月，人民银行松阳县支行与辖区内金融机构签订《松阳县金融机构反不正当竞争公约》（以下简称《公约》），把制止违规发放揽储费作为主要内容订立《公约》之中，对《公约》执行情况进行跟踪检查，开展利率专项大检查和对邮政储蓄违规发放揽储费的专项稽核，检查辖区内金融机构的16个营业网点，查出违规金额4557万元，受理群众举报4起，处以罚息21万元。

1998年，为应对亚洲金融危机对国内经济增长的影响，人民银行分别在3月、7月、12月连续3次下调存贷款利率。上半年，人民银行松阳县支行下发《关于重申加强利率管理的通知》和《关于严禁高息揽存的紧急通知》，组织稽查组对4家国有商业银行和2家城乡信用社开展重点稽核，对查出问题依规处罚。8月，再次对13家金融机构网点利率执行情况进行大检查。

1999年，人民银行发布《人民币利率管理规定》，对利率的制定与管理、存贷款的结息、处罚等作出规定。6月，再次下调存、贷款利率。2004年1月，人民银行总行再次扩大金融机构贷款利率浮动区间；10月29日，放开商业银行贷款利率上限，城乡信用社贷款利率浮动上限扩大到基准利率的2.3倍，实行人民币存款利率下浮制度。

2005年，农村合作金融机构按照“区别对待、择优扶持、差别计算”的信贷利率原则，结合自身实际进一步完善利率定价机制，逐步改变农村合作金融机构贷款利率“一浮到顶”“一刀切”的局面。2006年 4月，上调贷款基准利率，存款利率保持不变；8月，上调存贷款基准利率。

2007年，经济出现局部过热，人民银行从3月开始连续6次上调存贷款基准利率。2007年1月4日，上海银行间拆借利率(Shibor)正式投入运行，利率市场化方向进一步明确，即全面培育Shibor，确立其市场基准地位，逐步建立起以Shibor为核心的市场利率体系。

2008年，美国次贷危机爆发，随之演变为国际金融危机，为应对国内外经济金融不利形势，人民银行在2008年9～12月连续5次下调贷款基准利率、4次下调存款基准利率。2010年，随着经济企稳回升，中央着手退出经济刺激政策，货币政策向常态回归。人民银行分别于2010年10月、12月2次上调存贷款基准利率。松阳县支行即时跟进上述政策。

第五章　金融市场

松阳民间借贷历史悠久，形式多样。 民间自由借贷，高利率较为普遍。民国时期，松阳县接受派募省级债券有定期债券、善后公债、建设公债、清理旧欠公债。1950 年，发行人民胜利折实公债，分配松阳县任务 1000 分。1954～1958 年，发行国家经济建设公债 5 期，全县共推销 28.18 万元。1981 年始，国家向企事业单位、机关团体及个人发行国库券，至 1992 年共发行 12 期。1985～1992 年，全县共发行债券 627.50 万元。

有关债券内容详见第十七编“财政 税务”第四章“信用财政与彩票”第一节“债券 债务”。

第一节　民间借贷与企业（内部）融资

民间借贷

松阳民间借贷常见的互助形式有摇会或称银会，发起人为会首，参加人数 8～10 人，共同议定各人出资数额，限期交纳，无息使用。用款人顺序，多以摇签方式决定，也有协商排序的。用款期限有月、季、年之分，以一年期为最长。

民间自由借贷，高利率较为普遍，年利息 1%，也有 10%，或借一还二。稻谷借贷有的以土地房产文契抵押，或立借据，农作物收获归还，利息有 25～100%者，逾期增收复利。中华人民共和国成立后，政府取缔高利行为，建立信用合作社。合作化后，农村建立储备粮等互助制度。1964 年，全县农村储备粮 108 万千克；1981 年，达到 1504 万千克。改革开放以后，群众创造集资办企业的形式，如带资进厂、按劳投资、联营合资，利息有高于或低于国家存款利率或不计息者，还款期限长短不一。

企业（内部）集资

企业（内部）集资主要有企业债券和短期融资券两种。1989 年以前，企业债券多数是在企业的内部职工中发行，又称为内部债券。1992 年，松阳开始发行企业短期融资券，以解决企业生产经营中临时性、季节性流动资金困难，年内有 2 家企业发行内部债券 46 万元；同时，根据证券买卖情况，及时调整转让价格。1993 年 4 月，国务院发布《关于坚决制止乱集资和加强债券发行管理的通知》，企业债券发行得到进一步规范。是年，全县审批 5 家经济效益较好的国营企业向社会公开发行企业债券 450 万元，实现县内企业直接融资零突破。

第二节　金融产品创新

农村信用体系创新

根据农户的资信状况等，建立农户信用信息档案，把农户信用等级综合评定为1A、2A、3A三等，对获得“信用户”资格的农户发放“信用证”，各金融机构充分运用农户信用等级评价结果，增加对“三农”的信贷投入，有效缓解农户贷款难题。各涉农金融机构出台信用农户“贷款优先、额度放宽、手续简便、利率优惠”的惠农贷款措施，对3A级信用农户的最高授信额度提高到10万元，对不同等级的信用农户给予不同的利率优惠等，让信用评价高、信誉好的农户在政策上得到优惠。

2009年，开展农村信用体系建设工作，改善农村信用环境。年末，全县100%行政村开展农户信用信息采集工作，评选出1个信用乡镇，授予44个行政村“信用村”称号，对42657户农户进行信用等级评定，建立农户信用档案，取得金融机构授信的农户40865户、金额37498万元；已取得银行融资的农户6341户、金额26856万元。

至2010年末，全县农村信用等级评价行政村覆盖面100%。基本形成覆盖全县20个乡镇401个行政村的农户信用信息管理系统，对全部信用户信息进行电子化管理，县域各涉农金融机构充分利用农村信用体系建设这一共享平台，对全县10173户农户进行信贷授信，授信金额40905万元，实际发放贷款8786户，余额35358万元。

特色金融创新

作为浙江省的欠发达地区，山林资源是松阳县最大资源，推进林权抵押贷款，是最大的惠农、扶农政策。2007年，人民银行松阳县支行创新开办林权抵押贷款业务，逐年加大力度。2009年，与县林业部门共同建立松阳县森林资源资产收储中心、林权交易中心、森林资源资产调查评价机构组成的林权流转服务平台，为金融机构进入广阔的农村信贷市场开拓渠道，破解林业史上盘活森林资源难和农村信贷史上农民抵押贷款难两大难题。县内金融机构贷款品种多、参与金融机构多、配套政策多。2010年末，全县累计发放林权抵押贷款3043笔13295万元，完成市政府下达的1.2亿元的工作任务。

第六章 保 险

民国时期，由邮政局代办简易人寿保险，业务量少。1980 年后，人身保险险种有简易人身、人身意外、养老金、儿童健康、师生平安等保险业务。2003 年，中国人寿保险公司松阳支公司开设人寿保险、意外伤害保险等险种 100 多种。1949～1958 年，财产险种有耕牛、火灾、运输、人身保险等。1980 年，开办生猪、鱼、鸡、鸭、烟叶、森林等财产险。1983 年后，有企业财产、家庭财产、运输工具、承运、家财两全、烟叶、商品猪、货运险等保险业务。

1983～1992 年，全县收入保险费 1150.63 万元，理赔 577.10 万元。1997～2010 年，全县理赔、给付 25808 万元。

第一节 保险机构

中国人民保险公司松阳县支公司

1950 年 12 月，中国人民保险公司松阳特约代理处设立，由人民银行松阳县支行归口管理。1956 年 11 月，改隶县财政科。1958 年 6 月，设中国人民保险公司松阳县支公司。11 月，松阳并入遂昌。1959 年，机构撤销，停办保险业务。1982 年 1 月，松阳县恢复建制。1983 年 1 月，中国人民保险公司松阳县办事处复设，归人民银行管理。1986 年 5 月 24 日，中国人民保险公司松阳县支公司成立，下设古市办事处。1996 年 8 月，从原中国人民保险公司松阳支公司分设中国人寿保险公司松阳支公司，单独经营人寿保险业务。2003 年 8 月，成立中国人民财产保险股份有限公司松阳支公司。

图 16-8 松阳县保险公司综合大楼（县档案馆提供 1992 年）

中国人寿保险公司松阳支公司

1996 年 8 月，从原中国人民保险公司松阳支公司单独分设，经营人寿保险业务；1997 年 12 月，正式成立办事处；2002 年 11 月，升格为支公司。2003 年，实现保费收入 3500 万元，比分业初期增长 11 倍，市场份额占 70%以上。实行小额赔款立等可取，大额赔付送款上门的理赔服务，累计给付各类赔款 1500 万元。年末，有员工 150 人，内设团险中介部、个人业务部、客户服务部；在西屏、古市、玉岩分设营销服务部。

中国人民财产保险股份有限公司松阳支公司

2003年8月，中国人民财产保险股份有限公司松阳支公司成立。业务范围为经保监会批准的保险业务。主要产品是财产保险、责任保险和信用保险。2003年末，开办企事业单位财产保险、家庭财产保险、机动车辆保险、货物运输保险、建筑安装工程保险、意外伤害保险和各种责任保险等100多个险种，承担财产风险责任10多亿元。

第二节　保险业务

财产保险

1949～1952年，松阳县按规定对国家机关及县以上合作企业实行强制保险，在农村举办耕牛保险等。1953年，新办火灾、运输、人身保险，停办耕牛保险。1954年，停办国营企业强制保险，发展自愿保险。1955年，恢复耕牛保险。1958年，停办国内保险业务。1980年，恢复保险业，开办生猪、鱼、鸡、鸭、烟叶、森林等财产险。

至1983年，先后开办企业财产、家庭财产、运输工具、承运、家财两全、烟叶、商品猪、货运险等保险业务。1984年，开展农村家庭财产保险。

2003年，中国人民财产保险股份有限公司松阳支公司开办企事业单位财产保险、家庭财产保险、机动车辆保险、货物运输保险、建筑安装工程保险、意外伤害保险和各种责任保险等100多个险种，承担财产风险责任10多亿元，服务渗透到全县经济生活各个领域，连续6年超额完成上级公司下达任务。2004年，中国人民财产保险股份有限公司松阳支公司实现保费收入956.61万元。其中，机动车险655.70万元，货运险18.53万元，企财险61.83万元，责任险51.36万元，工程险65.06万元，家财险60.15万元，意外险41.75万元；非车险占比为31.46%。

2005年，公司保费收入1132.42万元，处理各类赔案1000多件，赔款支出736万元，综合赔付率65%。承保龙丽高速公路工程一期险，收取保费72万元。承保梧桐源水库改造工程和防洪工程，收取保费15万元。收取中小学生平安险保费13.8万元。2006年，公司实现毛保费1787.46万元，其中机动车辆险978.92万元、非车险业务494.15万元、企财险62.75万元、家财险91.83万元、工程险59.87万元、责任险66.94万元、意外险33万元。全年赔付赔款1274件，赔款支出815.69万元；综合赔付率55.37%。全年医疗费审核跟踪657人，审核医疗总费用449万元，审出自费药等91.5万元，扣除率20.38%。

2008年，共签生效保费1490.31万元，完成89.95%；实收保费1439.16万元，赚净保费1527.65万元。2008年是松阳县政策性农业保险试点的第一年，承保全县9.73万公顷林木的火灾保险，共收农险保费72.68万元（其中林木火灾险保费54.68万元）。医疗费审核跟踪 551人，审核医疗总费用270万元，核减不合理费用49.7万元，核减率18.48%。2009年末，应收保费余额175.13万元，应收保费率为 20.81%。

2010年，实现保费收入2113万元，相继开办政策性农村住房保险、油菜保险、森林火灾保险等险种。为全县参保农户提供10多亿元保额的风险保障，全年共受理政策性农房险理赔案件443件，受损房屋460间，支付赔款12.15万元；油菜保险理赔分布全县11个乡镇，因倒春寒、冰雹而受灾的油菜种植农户得到及时补偿，共支付赔款21.73万元；森林火灾保险理赔案件26件，共支付赔款41.17万元。

人寿保险

民国32年（1943）1月，由邮政局代办简易人寿保险，业务量不大。

1980年，恢复师生、母婴平安等人身保险。1983年，开办简易人身、人身意外、养老金、儿童健康、师生平安等保险业务。至1985年，为“五保户”、优抚对象和社会贫困户共633户投保，民政局代交保险费。1990年，累计为农村优抚对象、“五保户”和社会贫困户投保4227户（次），代付保险费10.32万元。

2003年，中国人寿保险公司松阳支公司开设人寿保险、意外伤害保险等险种100多种。实现保费收入3500万元，比分业初期增长11倍；累计给付各类赔款1500万元。

2004年，松阳支公司实现保费收入2985万元，各项赔款支出2759件263万元，综合赔付率67%。2006年，实现保费收入2768万元，其中新单总保费1423万元、期交保费339万元、寿险首年保费967万元、短期险保费457万元。全年办理各类理赔案件2200件，赔款金额265万元，综合赔付率51%。全年新增个险业务员50人、团险中介业务员2人。2007年，实现总保费收入2910万元。其中，个险保费收入1575万元，团险保费收入483万元，中介保费收入852万元。全年给付各类满期金、生存金、红利等2000余万元。办理各类理赔案件2700余件，赔款金额236万元。开展保险驻村代表试点工作，发展驻村协保员40余人。促成新人入队30人，业务队伍展业持证率100%。

2009年，松阳支公司实现总保费3963.46万元，其中实现期交保费468.38万元（10年期以上保费308万元）、实现短期险保费442.56万元、实现趸交保费1613.6万元、实现续期保费1438.92万元。公司在职人员287人，年度新增人员145人，主险举绩人员196人。农村自建房意外险、电瓶车意外险实现零的突破。

2010年，实现保费收入4142.31万元，寿险市场份额占44.28%。其中个险渠道保费收入2863万元，完成预算的113%；团险渠道保费收入294万元，银保渠道985万元。全年办理各类理赔案件1929件，赔款金额296.31万元，综合赔付率63%。

1983～2010年若干年份松阳县保险公司保费收入情况表

表 16-6-2-1　　单位：万元

年份	保费收入	其　中	
		财产险	人身险
1983	5	—	—
1984	7	—	—
1985	16	—	—
1986	33	—	—
1987	51	—	—
1988	82	—	—
1989	116	—	—
1990	176	—	—
1991	252	—	—
1992	412	—	—
1997	992	—	—
1998	812	—	—
1999	825	—	—
2000	861	—	—
2001	2735	—	—
2002	4789	—	—
2003	5973	1231	4742
2004	6181	1445	4736
2005	6174	1601	4573
2006	7763	2466	5297
2007	9936	3200	6736
2008	13290	3060	10230
2009	12549	4391	8158
2010	14830	5475	9355

保险理赔

坚持以事实为依据，以条款为准绳，主动、迅速、准确、合理理赔。1983～1992 年，全县收入保险费 1150.63 万元，理赔 577.10 万元。1997～2010 年，全县理赔、给付 25808 万元。

1983～2010年若干年份松阳县保险公司理赔情况表

表 16-6-2-2　　　　单位：万元

年 份	赔款、给付	财产险	人身险
1983	2.58	—	—
1984	4.42	—	—
1985	12.77	—	—
1986	25.11	—	—
1987	38.53	—	—
1988	35.21	—	—
1989	52.81	—	—
1990	66.74	—	—
1991	71.76	—	—
1992	267.32	—	—
1997	415	—	—
1998	443	—	—
1999	490	—	—
2000	516	—	—
2001	591	—	—
2002	904	—	—
2003	1343	965	378
2004	1514	1095	419
2005	1655	1010	645
2006	1836	1179	657
2007	4521	2832	1689
2008	4408	2108	2300
2009	3640	2422	1218
2010	3731	3108	623

第七章　金融服务

2003年后，人民银行松阳县支行（下称人行县支行）强化对金融机构防范和化解风险工作的督促指导，提高应对金融风险的控制管理能力，密切关注县域民间融资及利率市场化改革。同时，积极做好反洗钱工作，确保全县金融机构稳健运行。2004年，县支行组织商业银行建立个人信用信息基础数据库（个人征信系统）。2005年6月，个人征信系统实现全国联网查询。2009～2010年，松阳县采取“政府支持、人民银行主导、多方参与、共同受益”的模式，推进农村信用体系建设。

第一节　金融信用体系建设

征信制度的建立

1997年，中国人民银行为防范信贷风险，开始筹建银行信贷登记咨询系统；1999年，实现省内联网；2002年末，实现全国联网。2004年，人民银行组织商业银行建立个人信用信息基础数据库（个人征信系统），做好银行信贷登记咨询系统到企业信用信息基础数据库（企业征信系统）升级改造。2005年6月，个人征信系统实现全国联网查询。2006年7月末，在全国范围内实现企业征信系统与银行信贷登记咨询系统的全面切换，正式启动企业征信系统全国联网查询。

人行县支行作为总行派出机构，根据《个人信用信息基础数据库管理办法》，定期和非定期对辖区内金融机构进行现场和非现场检查，检查金融机构对个人系统的查询使用、异议处理和安全管理等方面内容，对金融机构违反《个人信用信息基础数据库管理办法》的行为给予相应的处罚。根据《银行信贷登记咨询管理办法（试行）》，人行县支行办理贷款卡发放及年审手续，定期、非定期对辖内金融机构进行现场和非现场检查，检查金融机构办理贷款业务过程是否存在查验借款人、担保人的贷款卡，是否为无贷款卡的贷款人、担保人办理信贷业务。对金融机构违反《银行信贷登记咨询管理办法（试行）》的行为给予相应处罚。至2010年末，企业信用信息基础数据库收录松阳县企业和其他企业组织1008户。

农村信用体系的建立

2009～2010年，松阳县采取“政府支持、人民银行主导、多方参与、共同受益”的模式，以“三联评、三联动、三联手”为主要手段，推进农村信用体系建设。“三联评”即实行资产评估、信用等级评价、授信额度评定“三联评”，旨在建立信用等级评价机制。通过县、乡、村组织和金融机构，对农户的信用状况进行综合评估，依据农户的收入来源、房产、林权、种养殖数量、贷款和担保情况、其他资产负债等指标要素，确定农户信用等级，以此作为对农户贷款授信的基本依据。“三联动”即实行信用贷款、抵押贷款、联保贷款“三联动”，旨在建立评价成果运用机制。对于小额信用贷款，直接在信用证核定限额内办理贷款；对超过小额信用贷款限额的，采取林权或农房抵押贷款的方式获取担保贷款，在最高授信额度内实行“一次办理、三年有效、随用随贷、余额控制、循环使用”；对超过信用贷款限额、借款人又无法提供有效抵押的，采取农户联保的方式给予贷款。“三联手”即实行政府、银行、农户“三联手”，旨在建立多方协作互动机制。县政府建立农村信用体系建设领导小组，构建可持续的政策扶持机制。各涉农金融机构与基层组织及时互通农户信用动态信息，建立共享的信息数据库，积极开发金融产品，延伸服务窗口，创新服务方式。加强宣传引导，帮助农户树立“穷可贷、富可贷、不守信用不可贷”的观念和意识，营造良好的农村金融生态环境。至 2010 年，全县 401 个行政村均开展农户信用评价工作，行政村评定面 100%，建立农户信用信息档案 42657 户。为全县居民个人信用报告查询、个人信用报告异议申请、相关知识咨询提供服务。年末，个人信用信息基础数据库收录个人信息 9.8 万户。

第二节 反洗钱及金融风险防范

反洗钱

2003 年 5 月，人民银行开始履行反洗钱管理职能。12 月 27 日，《中华人民共和国人民银行法》修订案以国家立法的形式，明确人民银行作为反洗钱行政主管部门的地位。2004 年，人民银行松阳县支行开始履行松阳县反洗钱管理职能，在支行营业室设反洗钱兼职岗位。2005 年，人行县支行运行对县工商银行和县农业银行开展反洗钱现场检查，对存在“大额现金交易漏报、客户身份资料不合规”等违规行为依法进行行政处罚。2006 年，人行县支行印发《松阳县金融机构反洗钱工作考核办法》，积极探索反洗钱监管工作新举措。

2006 年，制定《松阳县金融机构反洗钱工作考核办法》和《松阳县支付清算业务考核办法》，督促金融机构建立完善和认真执行定期报告制度、重大情况及时报告等制度。县辖金融机构反洗钱日常监测报告量较实施前增加近一倍。

2007 年，县人行建立健全反洗钱工作制度。加强与金融监管部门和政府有关部门的沟通配合，完善反洗钱协调协作机制，贯彻落实国家各项反洗钱政策措施，定期或不定期地和公安、银监、各金融机构（邮政储蓄）等进行沟通和交流，分析不同时期出现的情况，共同打击洗钱犯罪活动。是年始，每年组织开展“反洗钱宣传月”活动，通过悬挂宣传横幅、发放宣传资料、设置宣传专栏、设立咨询窗口等形式，增强人民群众对洗钱危害的认识，营造反洗钱社会氛围。6 月，根据反洗钱工作网络，人行县支行发现一起涉嫌洗钱案件，及时组织人员开展调查，在丽水市中心支行的指导和公安部门的配合下，摧毁一个跨省非法经营团伙，松阳涉案金额达 2000 多万元。第三季度开始，县金融机构报送反洗钱非现场监管报表，开展反洗钱非现场监管工作。

2008 年，完善反洗钱协调协作机制，在宣传工作上，采取将反假币、反洗钱、打击支付卡犯罪活动、征信等繁多的宣传内容整合为一，抽调各行人员，组成规模宣传阵容开展宣传。在宣传中，采取固定设点和流动宣传相结合，由10名工作人员分坐10辆“黄包车”连挂宣传标语，组成宣传车队，开展流动宣传，提高宣传效果。组织全县金融机构反洗钱分管领导、反洗钱部门负责人、金融机构临柜人员参加反洗钱培训班，并邀请中支反洗钱专家授课，培训126人。

2009年，落实反洗钱工作联席会议制度，做好与有关职能部门的协调配合，推行金融机构反洗钱工作报备制。加强现场与非现场监管，配合中支完成反洗钱现场检查。

2010年，通过业务培训、无差错工程、检查监督等措施方法，提高国库业务人员对突发事件应急处置的能力。实现国库全年无资金案件、基础预算业务零差错，确保全县国库资金安全。同时，做好反洗钱工作，提高金融机构反洗钱的能力。健全松阳县金融机构反洗钱工作考核机制，制订《松阳县金融机构反洗钱工作考核暂行办法》，组织辖内金融机构开展反洗钱培训宣传月活动。与县人民法院联合研究落实限制借款人员制度，把一批执行案件信息数据录入征信系统，增强金融司法合作效能，夯实金融生态法制基础。至年末，全县有6家银行机构、2家保险机构纳入反洗钱监管体系，各机构均成立反洗钱工作领导小组，指定反洗钱牵头部门，设置反洗钱专（兼）工作岗位，建立反洗钱内控制度和操作规程。各银行、保险机构均配备专（兼）职反洗钱联络员、信息报送员，各金融机构在营业网点、分支机构相应设立专（兼）职反洗钱岗位。各金融机构积极开展客户身份识别、大额和可疑交易报告工作，开展可疑交易分析、识别与报告。

金融风险防范

2003年12月27日，修订后的《中华人民共和国人民银行法》，把防范和化解系统性金融风险，维护国家金融稳定增加为人民银行一项新职责。2004年，做好地方法人金融机构改革，增强农村信用社金融支农服务功能，参与农村信用社深化改革央行资金支持工作，完成县信用联社150万元专项票据签约发行工作。

2006年，为推进金融稳定工作的开展，建立专门协作机制，加强与政府部门、金融部门和监管部门的沟通和协调，建立起由政府、人行、银监、公安和金融机构参与的金融稳定领导小组，形成维护金融稳定合力。落实金融稳定岗位专职人员，制定金融稳定岗位责任制。人行县支行与县法院联合建立金融法制工作联络制度，成立联络小组，协调金融法律工作，依法维护金融债权，联手打击逃废债行为，共同打造诚实守信的金融法制环境。

2008年，根据县域金融特点，完善风险监测评估体系。充分利用金融统计、征信管理系统、企业家问卷、工业景气监测等手段，密切关注引起经济金融不稳定因素，及时形成分析监测报告及动态上报信息，强化对金融机构防范和化解风险工作的督促指导，提高应对金融风险的控制管理能力，关注县域民间融资及利率市场化改革。设立2个民间利率监测点，及时分析和研究民间利率走向。针对2008年不同时期出现的房市过热、民间融资成本攀升、房地产企业支付困难等问题，加强与地方政府、监管部门的沟通联系，提出防止民间无序融资、严密监控集资户动向、政府出台相应措施的建议。指导金融机构对市场利率进行合理定价，完善利率定价机制，切实维护县域金融的安全稳定。

2009年，加强应急预案体系建设。完善突发事件应急处置领导小组，不断修订完善各项应急预案，把应急管理工作纳入部门工作责任考核。利用金融形势分析会、金融机构专业会议等平台进行窗口指导，及时把当前关注的金融问题向辖区内各商业银行进行传达，加强风险提示，确保地方金融稳定发展。加强与县政府相关职能部门、银监办、各商业银行等单位的协调合作和信息沟通，把风险隐患消灭在萌芽状态，促进金融健康有序发展。做好金融稳定监测数据库数据采集和加工分析工作，完善金融统计综合月报及分析制度，分别建立辖内法人机构流动性和整体性监测、民间借贷利率监测，重点骨干、成长型企业的监测，及时掌握房地产、不锈钢企业等重点行业的信贷风险状况，重点关注资金价格等宏观经济金融运行中的结构性、深层次问题，提高经济金融监测预警能力。

2010年，人行松阳县支行把对金融机构的监管提升到一个新的高度，成立专门的工作领导小组，制定工作方案，提出管理要求。职能股室加深对指南操作程序的熟悉和应用，加大对金融机构的宣传，对新成立金融机构网点按操作规程要严把“三关”（资料审核关、资格认可关和制度设施核验关），并组织业务股室开展现场辅导、非现场审查等工作，指导和督促新设金融机构达到相关管理要求和服务标准。对泰隆银行松阳支行新设机构和3家农村信用社网点新增业务办理加入人民银行金融管理与服务体系。

第三节　经理国库

机构设置

民国27年（1938）7月，成立合作金库。31年初，倒闭；4月，重建松阳支金库，由农民银行辅导。民国37年，金库停止对外业务，进行内部清理。

1950年3月，金库由人民银行代理。1951年1月，建立松阳县支金库，人民银行行长兼任金库主任，实行银行与财政分工合作制，稽征、拨付、退税归财政经办；收款、分解、拨付和退库由银行办理。1977年11月，修订的《中央金库条例实施细则》，进一步明确金库业务的职责及账务处理流程。1985年7月，《中华人民共和国国家金库条例》颁布，对国库组织机构、职责权限、库款的收纳与退付、支拨做了明确规定。是年，人民银行松阳支行设立支库，承担经理松阳县国库的职责。1991年，地区财政局规定各级地方预算支出采用实拨资金方式，库款支拨必须在同级财政存款余额内支付，国库只办转账，不支付现金。财政部门拨付异地预算单位各种财政资金和主管部门转拨给异地所属单位预算经费，继续使用银行信汇或电汇凭证拨款；同城拨付的，一律使用专用“预算拨款凭证”；行政事业单位除拨付预算经费外的其他经济往来，按银行结算办法办理。至2010年末，全县设县级支库1个，国库经收处5个，集中收付代理银行1家，非税收入代理银行8家。

国库管理

收缴　国库资金收缴方式主要有三种：就地缴库，缴款单位和缴款人直接向当地国库或国库经收处缴纳；集中缴库，缴款单位将应缴预算收入通过银行汇解到上级主管部门，由主管部门汇总向国库或国库经收处缴纳；自收汇缴，由缴款人或缴款单位直接向基层税务机关、海关缴纳税款，由税务机关、海关把所收款项汇总缴入国库或国库经收处。

支拨、退付　根据同级财政机关签发的库款支付凭证、银行结算汇兑凭证或代理银行（代理财政性资金支付与清算业务的商业银行）开具的申请划款凭证。在库款退付中，财政或征收机关应提供退库的相关文件依据，缴款人申请退库的，还应要求财政或征收机关提供退库申请书。同时，库款的支拨和退库均须坚持三级（财政、税务、国库）审批制度。

更正　在办理预算收入的收纳、划分、报解、入库和退付时，如有差错，按照“谁的差错谁更正”原则，由出错方填制更正通知书，送国库办理。

国库数据基础　1985年，实行“划分税种，核定收支，分级包干”的财政体制，旨在调动中央和地方理财积极性。随着经济发展、财权进一步下放，预算外资金数额与比重增大，1986年，国务院下发《关于加强预算外资金管理的通知》，对预算外资金范围、收费标准、提留比例、开支范围、管理方法等进行规范。对事业、行政单位的预算外资金，采取由财政部门专户贮存、计划管理、财政审批、银行监督的方式。

1993年1月1日，浙江省“分税制”财政体制开始试点。收入划分为三类：中央固定收入、地方财政固定收入、中央和地方财政共享收入。人民银行松阳支行分设中央国库、地方金库，两级金库采用不同会计科目进行核算。支出划分为三类：中央财政支出、地方财政支出、由中央掌管的专项支出。收入基数以1989年的收入决算数为基础，支出基数以1989年的地方包干体制应得财力为基础。1997年，浙江省国家税务局、地方税收局机构分设，并根据征管范围，分别征收税款，松阳支库配合做好国库账务分设及税款的收纳、报解、留成等工作。

国库业务

1951年1月，银行与财税部门分工合作，各按规章，互相制约。1984年始，金库业务由工商银行代理。自1986年7月始，国库业务仍归人民银行代理。支库收入按不同时期的分成规定上缴，实行月清月结，与财政部门定期核对，便于及时组织入库和安排支出。

集中收付制度　2001年3月，国务院下发《财政国库管理制度改革方案》，正式实施建立以国库单一账户为基础、资金缴拨国库集中收付为主要形式的财政国库管理制度的改革试点。方案规定：由县财政局在人民银行国库部门开设国库单一账户、在商业银行开设非税收入财政专户、财政零余额账户和结存资金总户，预算单位在商业银行开设单位零余额账户和按零余额账户管理的预算单位结存资金专户。属于财政直接支付的从财政零余额账户中支付，次日与国库单一账户或非税收入财政专户等财政收入户实现资金清算；属于授权支付的从单位零余额账户或单位结存资金专户中支付，属于单位零余额账户中支付的次日与国库单一账户或非税收入财政专户等财政收入户实现资金清算，属于单位结存资金专户中支付的与结存资金总户实现实时清算。至2010年末，全县纳入国库集中支付改革预算单位10家。

财税库行横向联网　1998年5月，松阳县支库开始与财政、税务、商业银行之间通过计算机技术传输、处理预算收支信息的部门间信息共享网络。2006年10月，启动与地税部门收入和退库的横向联网“一户通”系统；2010年7月末，完成全县国税部门的TIPS推广。是年末，全县通过两系统收缴入库税费110万笔、金额14亿元。

直拨政府性补贴资金 2009年，松阳县支库在丽水市县级支库中首家完成财政国库直接支付试运行及财政国库集中支付试点改革工作，全面提升国库服务水平，拓宽国库服务领域。

1982～1992年松阳县人民银行代理金库收解情况表

表16-7-3-1 单位：万元

年份	地方预算收入			附加及自筹资金				省级预算收入		中央预算收入	
	入库数	上解中央和省	本县留用	入库数	上解中央和省	上解地区	本县留用	入库数	上解中央和省	入库数	上解中央和省
1982	1616	0	1616	—	—	—	—	—	—	—	—
1983	2093	0	2093	—	—	—	—	—	—	—	—
1984	2159	0	2159	—	—	—	—	—	—	41	41
1985	1014	0	1014	23	5	3	15	−60	−60	29	29
1986	1215	6	1209	32	4	3	25	19	19	34	34
1987	1358	2	1356	52	5	3	44	13	13	58	58
1988	1650	3	1647	98	19	3	76	29	29	68	68
1989	1941	119	1882	76	20	3	53	46	46	78	78
1990	2055	128	1927	391	20	2	369	63	63	72	72
1991	2117	127	1990	86	24	2	60	57	57	82	82
1992	1999	116	1883	88	25	2	61	66	66	39	39

1990～2010年松阳县国库收支情况表

表16-7-3-2 单位：万元

年度	收入	支出	年度	收入	支出	年度	收入	支出
1990	2055	3054	1997	5194	8922	2004	22995	35391
1991	2252	3742	1998	5897	9607	2005	25074	41740
1992	2104	3764	1999	7175	11805	2006	30397	52097
1993	3152	5419	2000	8139	13419	2007	41500	59783
1994	3434	6544	2001	11060	18989	2008	56766	100226
1995	3662	6256	2002	15044	27186	2009	68784	130354
1996	4287	7430	2003	18537	28000	2010	90266	157055

说明：收入含一般预算收入、调拨收入、基金预算收入及社会保险基金收入；支出含一般预算支出、调拨支出、基金预算支出及社会保险基金支出

第十七编　财政 税务

中华人民共和国成立后，县级财政管理体制多次变化。1949 年 5 月，实行“高度集中，统收统支”的财政体制。1953 年，改为中央、省（市）、县（市）三级管理财政体制。1958 年，实行 “以收定支”财政体制。1980 年，实行“划分收支、分级包干”财政体制。1985 年，实行“核定收支、分级包干”财政体制。1994 年 1 月始，实施分税制财政体制。

1953 年始，松阳县编制年度财政收支预算。1991 年，实行县、乡（镇）两级预算。1995 年 1 月，执行中华人民共和国预算法，财政预算实现收支平衡。2007 年，全面推行部门预算，并落实“支出一个口子”的财政管理模式。2009 年始，预算支出在保证公共服务支出基础上，每年财政收入增量部分确保有 70%以上用于民生支出。

明成化年间（1465～1487），松阳设课税局。清末置度支部，以布政使掌理地方财税。光绪三十二年（1906），设税务处总理全国税收；地方按上级规章征税。民国 12 年（1923）12 月，始有国、地两税之分。民国 27 年 7 月，松阳设税务分处。1949 年 5 月，松阳县民主政府设人民税务局；7 月，改设县税捐稽征处。1950 年 4 月，国税、县税合并，成立县税务局。1958 年 10 月，松阳并入遂昌，县财税局随县撤销。1983 年 4 月，恢复松阳县税务局，县财政局、县税务局合署办公。1994 年 9 月，建立松阳县国家税务局，与县财政（地税）局合署办公；1997 年 8 月，国、地税分设。

明成化年间，松阳县征收贡、赋、课三类。“贡”以土特产为征收对象；“赋”以田地山塘为课征依据；“课”以产品、财产、商贸为课征客体。清代，开征机制税、牙税、当税。清咸丰三年(1853)开征厘金。民国初年，沿袭清代税制，逐步开办印花税、烟酒牌照税、契税和统捐等税项。民国 20 年，裁撤厘金，征收营业税、货物统税。民国 25 年，开征所得税，继征利得税、遗产税。另有地方附税、杂捐、摊派等。1950 年，中华人民共和国统一税政。其后各个时期，税制由多种税、多次征的复税制，逐步归并简并为单一税制，最后确立多环节、多种税、多层次征收的复合税制。1978 年，中共十一届三中全会后，松阳县域经济得到长足发展，税收愈益受到重视，税收的职能作用得到积极的发挥。

第一章 财政管理体制

清代，县署为国家基层行政机关，兼收赋税。民国之前，松阳县未设专门财政机构。民国 2 年（1913），松阳县公署第二科主管财政。民国 16 年，松阳县政府设财政科。民国 19 年，改财政科为第二科，管理税捐、公债、金融、官产、仓谷、编制收支预决算。民国 27 年，设松阳县财务会。后曾数易其名，或称财政局，或称财政科。民国 28 年，县政府财政科设科长 1 人、科员 2 人、技工 2 人。民国 31 年，县政府财政科设科长 1 人、科员 1 人、事务员 1 人。民国 37 年，松阳县政府财政科再改称第二科，直至松阳解放。

民国元年至 16 年（1912～1927），县级政务经费由省拨付，所有赋税一律归省，地方各项事业经费，依靠各种附加和杂捐解决。民国 24 年，松阳县始编年度收入、支出预算。中华人民共和国成立后，县级财政管理体制经历多次变化。1949 年 5 月始，执行“高度集中，统收统支”的财政体制。1953 年始，实行三级管理财政体制。1958 年始，实行“以收定支”财政体制。1980 年始，实行“分级包干”财政体制。1994 年 1 月 1 日始，实施分税制财政体制。根据事权与财权相结合原则，按税种划分中央财政收入与地方财政收入。

第一节 管理机构

1949 年 5 月，松阳县人民民主政府设财粮科；8 月，财粮分设，建立财政科。1950 年 4 月，设立税务局。1952 年 10 月，复设财粮科。1958 年，财粮机构合并为财政局；11 月，随县制撤销。1982 年 4 月，松阳恢复县制后设立财政税务局。1982 年 11 月，县财贸办公室建立；1984 年 3 月，机构改革时撤销。

1994 年 9 月，松阳县国家税务局建立，与松阳县财政（地税）局合署办公；1997 年 8 月分设，受丽水地区国家税务局和松阳县人民政府双重领导。由此，原县财政税务局改为县财政局（地方税务局）。

2010 年，县财政局设预算局、预算执行局、财政监督局。

内设机构

1950 年 4 月，县税务局下设总务、税务、计会、票证、检查股及古市、靖居税务所。1958 年 7 月，县财税局设秘书、税政、预算、计会、监察 5 个股。下属税务所改为财政税务所，石仓由税征组升格为所。1982 年 5 月，县财税局下设秘书、监察、税政、预算、企业财务、农业财务、计会 7 个股室及松阳、古市、玉岩、石仓、靖居 5 个财税所。1993 年，县财政税务局内设办公室、预算股、企财股、农财股、综合计划股、会计事务管理股、税政股、稽管股、计会股、稽查大队、发票管理所、国有资产管理股12个科室。

2000年7月，县财税局内设机构有办公室（法制股）、人事教育股、监察室（纪检组）、预算股（县控制社会集团购买力办公室）、农业和农业税收管理股、企业财务管理股、国有资产管理股（国有资产管理局、县清产核资办公室）、综合计划股（国债服务部）、会计事务管理股、基本建设股、行政事业财务股（社会保障股）、税政股、税收管理股、计划财务股、财政监督股。2001年10月机构改革后，不再保留县国有资产管理局牌子，国有资产管理职能并入县财政局。12月，撤销国债服务部；县地方税务局直属征管分局更名为县地方税务局第一征收局，县地方税务局古市中心税务所更名为县地方税务局第二征收局。

2002年7月，取消县税收财务大检查办公室，保留县控制社会集团购买力办公室、县政府采购办公室、县清产核资办公室。其中，县控制社会集团购买力办公室与县政府采购办公室合署办公，在行政事业科（社会保障科）挂牌。2004年12月，把原与行政事业科合署办公的社会保障科单独设置。2005年7月，增设县地税局。2010年，内设机构有办公室、政策法规科、预算科、国库科、综合计划科、会计管理科、行政事业科、社会保障科、农业科（农业税收征收管理科）、国有资产企业管理科、财政监督科（经济建设科、绩效评价科）、税政管理科、征收管理科、规费管理科、计划财务科、人事教育科（监察室）16个职能科室。

人员编制

1982年，全县共有财税干部58人。1985年冬，招聘乡镇财政总会计27人，着手筹建乡镇级财政。1990年，财税干部（含招聘职工）165人。2002年7月，县财税局行政编制28人（含工勤人员）。县财政局与地方税务局机关行政编制按6∶4的比例切分，即县财政局17人、县地方税务局11人。2002年9月，核定直属事业单位机构编制：会计核算中心20人、财政（地税）信息中心4人、预算外资金管理中心3人。2004年7月，编制数增加到94人。至2010年，编制未变。

第二节　县级财政管理体制

清代，知县负经征赋税之责。松阳县行政经费按上级核定数额在赋税收入中支出，余款悉数上缴。至于地方公益事业，官府例不干涉。

民国17年11月，南京国民政府把国家财政划分为国家与地方二级，实行分级管理，但县统辖于省，省对县实行统收统支。松阳县政府经费由省核拨，税收除地方附加留县开支外，悉数解省。

民国23年（1934）始，松阳县开始编制地方预算，省对县财政采取预算收支差额补助办法。民国28年9月，松阳县政府财政开始独立。民国24年，松阳县开始编制年度收入、支出预算。分经常门和临时门。规定以每年7月1日至次年6月30日止为预算年度（民国28年1月1日始，改用历年制）。

民国28年（1939）10月，施行财政部颁布的“公库法”及实施细则，建立公库制度，统一公库出纳，改进有关单位自收自用、直支坐支之方法。民国30年，中央对县级财政收入采取税课分成划拨制度。按照分配标准规定，县级财政主要税源有中央划拨一部分土地税、田赋，划拨30%营业税，划拨25%遗产税，划拨30%印花税，5项自治税捐（营业牌照税、使用牌照税、屠宰税、房捐、筵席及娱乐税），警捐。市县之补助金由中央核定拨给。

民国35年（1946）7月，恢复中央、省、县（市）三级财政。税收重行分配后，县级财政所得有田赋50%、营业税50%、契税全部、遗产税30%、原有5项自治税捐。并补充规定，田赋征实部分，其中正赋以中央三成、省二成、县五成分配；征借部分全归中央，公粮部分省县各半分配，积谷归县财政收入。

中华人民共和国成立后，根据不同时期的政治、经济形势，国家对县级财政管理体制在“统一领导、分级管理”的原则指导下，经过多次变革，实行过多种办法。

“高度集中、统收统支”财政体制

1949年5月至1952年，贯彻执行“高度集中、统收统支”的财政管理体制。1949年5月，县民主政府清查接管民国政府遗留财物，把原松阳国税稽征所、县税稽征处改组为人民税务局，开征工商税。县财粮科向殷商富户告借筹集粮款，全县筹借稻谷60.2万斤、大米67.5万斤，组织财政收入全部上缴，县党政军粮食、经费供给以及行政事业开支按月报送经费凭证，向省第七专署财政科领报。

1950年3月，县级经费直接向专署报销。1951年，财政实行中央、大行政区和省三级管理，县收入全部上缴，经费由县编制预算，由专署汇总转报省里按季核拨。1952年，浙江省决定，除农业税附加仍由省统一掌握调剂外，工商业税附加、公用事业附加、契税、规费收入、公学产收入、事业收入、罚没收入等划归县级自行掌握，用于乡村各项开支。

三级财政体制

1953年，从恢复国民经济转到有计划的经济建设。与国民经济发展变化相适应，下放财政权限，实行中央、省、县三级财政。由此建立县级财政。1953～1957年，县级财政执行“收入分类分成，差额补助”制，即支出先用县级固定收入、固定比例分成收入和调剂分成比例收入抵补，不足差额由省调剂补助。县级除固定收入全部归县所有外，固定比例分成和调剂比例分成的比例，均由上级一年一定。

1953～1957年松阳县财政收入分成比例及补助收入情况表

表17-1-2-1

科目		松阳县收入分成比例（%）				
		1953年	1954年	1955年	1956年	1957年
调剂分成	商品流通税	—	10	10	10	20
	货物税	—	20	10	10	20

续表 17-1-2-1

科目		松阳县收入分成比例（%）				
		1953年	1954年	1955年	1956年	1957年
固定比例分成	营业税	—	30	30	40	20
	所得税	—	30	30	40	20
	农业税	—	—	25	50	60
	公债收入	—	—	—	40	40
县固定收入	地方各税	100	100	100	100	100
	县企业收入	100	100	100	100	100
	其他收入	100	100	100	100	100
	上级补助收入（万元）	45.85	19.41	7.77	8.12	—

“以收定支”财政体制

1958年，国民经济进入第二个五年计划时期，经济管理体制作出较大改革。改革的中心是扩大地方权限。随着经济体制的变化，财政管理体制也相应作出重大改革，实行以收定支，确定收支比例，5年不变。实际仅执行1年。1959～1964年，改为“总额分成，一年一变”的财政管理体制。1965～1973年，实行“核定收支，计划包干，总额分成，超收提奖，一年一变”管理体制。1974～1975年，改为“调度比例、固定留成，超收分成”的管理体制。1976～1977年，实行“定收定支，收支挂钩，调度比例，超收分成”的管理体制。1978年，实行“定收定支、收支挂钩，增收分成”的管理体制。1979年，分成比例改为调度比例和差额补助。

“划分收支、分级包干”财政体制

1980年，松阳县实行“划分收支、分级包干”的财政管理体制。1982～1984年，松阳县继续执行“划分收支、分级包干”的管理体制，亦称“分灶吃饭”。按省规定，实行省级和市、县两级包干，其基本原则是在巩固中央及省统一领导和统一计划、确保中央及省必不可少的开支的前提下，明确各级财政的权利和责任，做到权责结合，各行其职、各负其责，充分发挥中央和地方两个积极性。具体做法是把国家预算收入分为三项：县级固定收入，包括地方工商企业利润、工商所得税、农业税及其他收入。工商税（1984年始称产品税、营业税、增值税），为中央和地方的调剂收入；调剂条件，依照省核定县“固定收入”数额，大于省核定“支出包干基数”者，称为“收大于支”，不具调剂条件；工商税收入全额上解，并应把收大于支部分上缴省；“支出包干基数”大于“固定收入”者，称为“支大于收”，其差额由省以工商税收入确定比例予以补足。其他工商税收入和征收排污费收入，不计入包干基数，作为县级机动收入。年终决算，如县固定收入超过省核定基数时，凡属“收大于支”有固定上交任务者，县得70%，上交省30%；凡“支大于收”或固定收入自给平衡，无上交任务者，其超收数全部留县。省核定松阳县收支基数“支大于收”，属于以工商税调剂的县。

省核定工商税收入留县比例为：1982 年 88.9%，1983～1984 年 90.2%。

“划分税种、核定收支、分级包干”财政体制

1985 年，执行“划分税种、核定收支、分级包干”财政体制。以 1983 年调整后的财政决算的收支数为基础，计算确定上缴或补助数额。松阳县属于收不抵支的县，省核定 1985～1987 年收入包干基数为 295.5 万元，支出包干基数为 696.7 万元，工商三税调剂留成基数为 374 万元，补助基数为 27.2 万元。1988 年始，改为“总额分成”体制，重新核定松阳县收入包干基数为 1310.2 万元，地方留用基数为 1229.4 万元，按收入总额分成上解 6.2%。至 1991 年，松阳县仍实行“定额分成”（按财政收入总额的 6.2%上缴省财政 125.3 万元）。按 1987 年核定的收支基数，支出大于收入的部分实行固定数额补助，补助每年以一定的比例递增，松阳县获补助 24 万元。

分税制财政体制

1994 年 1 月 1 日，实施分税制财政体制。根据事权与财权相结合原则，按税种划分中央财政收入与地方财政收入。县财政收入，包括县属企业增值税、营业税、所得税和上缴利润、个人所得税、城镇土地使用税、固定资产投资方向调节税、房产税、车船使用税、印花税、屠宰税、遗产与赠与税（未开征）、土地增值税、资源税（不含海洋石油资源税），城市维护建设税（包括中央与省属企业缴纳的收入）、农业税、农林特产税、耕地占用税、契税、国有土地有偿使用收入、排污费专项收入、其他各项收入（包括收入退库），以及与中央、省、地按固定比例分成的收入（主要是教育费附加、国家能源交通重点建设基金和预算调节基金）。县财政支出，主要包括行政管理费、公检法支出、部分武警经费、县企业技术改选和新产品试制经费、支农支出、城市维护和建设经费、文化教育科学费、卫生和社会保险等各项事业费以及价格补贴支出和其他支出。

县地方财政收入基数，按 1993 年地方决算总收入扣除固定比例分成收入（包括国家能源交通重点建设基金、国家预算调节基金、教育费附加收入）、专项收入（排污费）、中央和省上划收入后的数字确定。从 1994 年始，县地方财政收入比 1993 年基数增长部分，省与县二八分成，即省得 20%，县得 80%。省财政对县“两税”（增值税和消费税）收入返还数额以 1993 年为基期年核定。按照 1993 年各县“两税”实际收入以及税制改革和中央、省、县之间收入划分情况，核定 1993 年中央从县净上划的收入数额（即消费税+增值税 75%+非银行金融企业所得税）。1993 年，中央净上划的收入全额返还给县，并以此作为省对县税收返还基数。

1994 年以后，税收返还额在 1993 年基数上逐年递增，递增率与中央对本省的税收返还递增率一致，若 1994 年以后中央净上划收入达不到 1993 年基数，则相应扣减税收返还数额；若中央净上划收入达到 1993 年基数、而达不到递增率（目标）数，则由地方赔补应上划中央部分。税收返还与上划中央收入考核，以税收返还递增率与县上划中央的收入增长率挂钩，比例为 1∶0.3（即上划中央的收入增长 1%，税收返还增加 0.3%）。县按 1∶0.3 系数增加的税收返还数，比基期增加部分，省与县按 2∶8 比例分成，省得 20%、县得 80%。实施“分税制”以后，原体制的“递增上解”和“定额补助”继续保留。

2002 年 1 月 1 日始，实施所得税收入分享改革，企业所得税和个人所得税，中央、地方各分享

50%，2003 年始改为中央分享 60%、地方分享 40%。基数确定，以 2000 年企业所得税和个人所得税的实际入库数乘以 1998～2000 年三年平均增长率作为 2001 年的基数，企业所得税基数 1.3 亿元，个人所得税 0.785 亿元。基数部分全额返还给松阳。

“两保两挂”政策

1995 年，省对松阳县等 17 个经济欠发达县实行“两保两挂”财政政策。要求县在确保完成上缴中央两税（增值税、消费税）任务和确保当年收支平衡前提下，省对县补助及奖励与县地方财政体制收入增长率和增收额挂钩，即地方财政体制收入（以 1994 年为基数）每增长 1%，省财政对县财政补助（以 1994 年的体制补助、困难补助为基数）增加 0.5%，地方财政体制收入环比每增加 100 万元，省对县奖励 5 万元。

2003 年，省调整“两保两挂”补助挂钩比例，即地方财政收入每增长 1%，省挂钩补助比例 2003 年为 0.5%、2004 年为 0.4%、2005 年为 0.3%。

2008 年，省政府完善“两保两挂”财政政策，建立“分类分档激励奖补机制”，对欠发达的丽水市实行激励奖补政策，即原享受“两保两挂”市、县，在确保实现当年财政收支平衡、确保完成各项职责任务（重点是教育、卫生、社保等有关全面改善民生、促进社会和谐方面）前提下，实行省补助与地方财政收入增长挂钩，奖励与地方财政收入增收额挂钩办法。市、县地方财政收入每增长 1%，省补助按一定系数相应增长。第一档补助挂钩系数为 0.4，第二档补助挂钩系数为 0.3，第三档补助挂钩系数为 0.2。松阳县列第一档。奖励与县地方财政收入增收额挂钩，挂钩比例为增收额的 10%，其中 8%部分用于发展资金、2%部分用于考核奖励。是年起，实行市县营业税当年增收上缴省部分予以返还奖励。省级金融保险业营业税当年增收部分给予市县 20%奖励。新办电力生产企业缴纳的电力增值税 25%部分，所在县与省返还奖励比例由“4∶6”调整为“6∶4”。

1995 年省对松阳县“两保两挂”情况表

表 17-1-2-2　　单位：万元

	地方财政收入	调整后地方收入	困难补助	体制补助	补助基数	1995 年百元增收可得补助
松阳	1442	1393	850	24	874	31.31

固定补助

省把税务经费、代扣代缴、代收代缴、委托代征税款的手续费等原单项结算的体制项目以及 2001 年财力性专项增列“两保两挂”计算的补助数，以 2002 年决算为基数，作为固定补助。城市维护建设税增收上缴返还补助政策保持不变。

第三节 乡镇财政体制

1985 年冬，松阳县招聘乡镇财政总会计，着手筹建乡级财政。1986 年 5 月，县政府规定乡镇财政实行“划分范围，核定收支，收支包干，一年一定”的管理体制。至年末，全县 27 个乡镇初步建立起乡镇级财政。

1987 年，农村零星木材税收，实行县、乡总额分成，其他规定不变。1988 年，乡镇财政体制改为实行“划分范围，核实收支，收支挂钩，定额补助（或定比上缴），一定二年”的体制。乡镇财政收支基数计算，按上年实际收支数经调整确定。1990 年，实行“划分税种，核定收支，收支挂钩，定额补助（或总额定比上缴），一定三年”的体制。收支范围，基本上与之前相同；增加个人收入调节税、城镇土地使用税、耕地占用税、公产变价收入等项目。

1993 年，县对乡镇财政体制根据乡镇收支规模大小，有四种形式：“统收统支”，即收入统一上缴县，支出统一由县拨付；“收支挂钩”，即定收定支，收支挂钩，总额分成，一年一定或一定几年，多收多支，超支不补，结余留用；“超收分成”，即定收定支，收入上缴，超收（或增收）分成，支出下拨，超支不补，结余留用；“收支包干”，即定收定支，收支包干，定额上缴（或者定额补助），一定一年或一定几年不变。乡镇财政收入范围包括：乡镇、村企业、联合体、个体户“工商三税”、工商所得税、农业税、契税、屠宰税、牲畜交易税、补税罚款收入和其他收入等。支出范围包括：乡镇级农业、农机、畜牧、林业、水利、文化、教育、科学、卫生、计划生育、广播、抚恤等事业费和行政管理费。原部分县属事业单位和事业人员充实到乡镇的，年度内所需经费，仍由县主管部门核拨。

1994 年，“分税制”改革以后，乡镇实行分税制财政体制。1995 年后，县把“两保两挂”政策延伸到乡镇。乡镇继续实行“核定收支，收支包干、定额上缴（或定额补助）、超收分成”体制。

2002 年开始，实行以“减调改稳、合理负担、转移支付、配套改革”为主要内容的农村税费改革。取消乡镇统筹费等面向农民征收的政府性收费和集资，取消屠宰税，调整农业特产税，原由乡镇统筹费开支的乡村两级九年制义务教育、计划生育、优抚安置、民兵训练和乡村道路建设经费等，由中央、省、县三级财政合理负担；农村税费改革后出现的乡镇财政资金缺口，由省对市县实行转移支付解决。

2004 年，执行新一轮乡镇财政体制。选择 6 个乡镇超收分成、其他 14 个乡镇选择总额分成办法。

2006 年，出台新一轮乡镇财政体制，采取财政强乡镇实施超收分成、财政弱乡镇实施部门预算管理两类模式、明确收入划分范围等措施，解决上轮财政体制乡镇间分配不合理、财政体制收入没有及时随政策调整等问题；明确乡镇财政支出范围，加大对乡镇的倾斜力度，确保乡镇政权正常运转和各项公共支出的基本需要，推进基本公共服务均等化；实行“一保一挂一补”政策，支持乡镇加快经济发展，对乡镇消化历年赤字和清退人员给予挂钩补助，对乡镇自行清退差额人员或自收自支人员给予补助。6 月，县乡镇会计核算中心设立，推行“乡财乡用县管”改革，由县财政直接管理并监督乡镇财政收支运行。至 2010 年，全县乡镇仍推行这一管理体制。

第二章　财政收入

明成化年间（1465～1487），松阳县级财政收入来源于赋、课等。清道光年间（1821～1850），财政收入来源于地丁及外赋银等。民国时期，财政收入来源于田赋、工商税、地方事业及其他收入。中华人民共和国成立后，县级财政收入包括财政一般预算（预算内）收入、财政预算外和政府基金收入、乡镇财政收入。预算内财政收入，包括企业收入、各项税收收入及其他收入。

第一节　中华人民共和国成立前财政收入

明成化二十二年(1486)，松阳县承粮田地山塘 3162 顷 43.074 亩。征贡：茶、锦鸡、麂皮、弓、纸等 15 种。赋：麦 903.4073 石，米 10319.8751 石，丝 28 斤 10 两 1 钱 5 分、绢 25 匹 1.36 丈。课：房地赁、茶、窑冶、铅坑、周税等银 9698 锭 3 贯 1562 文，铜钱 96980 文及银 2480 两。

清代，松阳财政收入有地丁、外赋、学租 3 项，地丁为主要收入。雍正七年（1729），县征地丁银 18531.442 两，漕米 967.557 石。乾隆三十二年（1767），征地丁外赋银 14756.502 两，漕米 1020.331 石。道光十六年(1836)，全县承粮田 151189.02 亩、地 9487.1 亩、沙地 44.17 亩、山 78657.292 亩、塘 983.18 亩、承粮丁口 9900 丁；额征地丁及外赋银 14287.695 两，漕粮南米 671.34 石。宣统二年(1910)，全县征地丁银 14494.96 两；漕粮南米 387.93 石。

民国时期，县级财政有田赋、工商税、地方事业及其他收入。赋税收入按比例分成归县。民国 16～18 年（1927～1929），松阳县地丁、抵补金每年额征为正税银 27612 元、附捐 52623 元。民国 18 年，实征正附地丁总额 56612 元，牙帖捐、警捐、契税、屠宰税等共实征 11231.4 元。民国 24 年，县收入预算 80005 元，其中田赋占 22.57%、各项捐税占 56.95%、地方财产收入占 11.17%、地方事业收入占 4.09%、行政及其他收入占 1.97%、省款补充占 3.25%。民国 26 年，收入预算 10.56 万元；民国 30 年，收入预算 48.03 万元。民国 35 年，通货膨胀，财政收入决算 11810.10 万元，为民国 30 年预算的 245.89 倍。民国 37 年，通货更加泛滥，物价疯狂上扬，地方收入总预算 935000 万元，为民国 35 年决算的 79.17 倍。

民国 24～37 年（1935～1948）松阳县财政收入预算表

表 17-2-1-1　　单位：万元

民国纪年	收入总计	赋税及附加收入	财产及事业收入	其他收入	省款补助
24	8.00	6.36	1.22	0.16	0.26
25	8.62	6.57	1.17	0.48	0.40
26	10.56	6.58	1.23	0.45	2.30
27	5.53	2.64	0.68	1.52	0.69
28	14.49	6.47	1.69	2.17	4.16
29	19.46	7.29	3.19	3.26	5.72
30	48.03	25.50	5.25	5.48	11.80
31	92.43	55.40	8.93	7.13	20.97
32	298.56	112.81	67.05	112.70	6.00
33	868.52	—	—	—	—
34	3839.03	—	—	—	—
35	11810.10	7807.65	1745.79	2254.66	2.00
36	161743.10	75428.00	16412.00	61069.80	8833.30
37	935000.00	459200.00	137433.00	326267.00	12100.00

第二节　中华人民共和国成立后预算内收入

1949 年 5 月至年末，松阳县预算内财政收入 1.6 万元。

1950～1952 年，政务院发布《关于统一国家财政经济工作的决定》，通过整顿收入并节约支出，使财政状况明显好转。3 年间，全县预算内财政总收入 228.06 万元，平均每年 76.02 万元。国民经济第一个五年计划（1953～1957）至第七个五年计划（1986～1990）末，全县预算内财政总收入 19445.86 万元，年均总收入 511.73 万元。

1982 年恢复县建制至 1990 年，全县预算内财政总收入 11142.4 万元，9 年平均 1238.04 万元，比 1981 年增长 116.44%，年均递增 15.3%。其中，工商各税平均每年递增 22.2%。在财政收入中，工商税收所占比重，1955 年为 38.55%，到 1990 年上升为 89.13%；农业税收入的比重，1955 年为 58.67%，到 1990 年下降为 7.54%。

1991～1993 年，一般预算内财政收入主要包括农业税收收入、工商税收收入、企业收入、专项收入和其他收入。1994 年，实行“分税制”财政体制后，税收收入划分为中央税（中央固定收入）、地方税（地方固定收入）以及中央与地方共享税（共享收入）。由此，一般预算收入又分为财政总收入（一般预算总收入）和地方财政收入（地方一般预算收入）。

财政总收入包括上划中央收入和地方财政收入。上划中央收入起初为消费税和增值税的 75%，2002 年以后，企业所得税和个人所得税实行中央与地方共享分成，中央与地方各分享 50%，2003 年始，中央分享 60%。

地方财政收入包括农业税收收入、工商税收（包括增值税的 25%，2003 年后所得税的 40%）收入，企业收入（国有企业计划亏损补贴）、专项收入、行政事业性收费（2003 年后）和罚没收入、其他收入。2007 年始，一般预算（地方财政预算内）收入决算科目进行调整，分为税收收入和非税收入两大项。税收收入税种有增值税、营业税、企业所得税、个人所得税、资源税、固定资产投资方向调节税（暂缓征收）、城市维护建设税、房产税、印花税、城镇土地使用税、土地增值税、车船税、耕地占用税、契税、烟叶税。非税收入有专项收入、行政事业性收费、罚没收入、国有资产经营收入、国有资源（资产）有偿使用收入、其他收入。

1949～1990 年松阳县预算内（全额）财政收入情况表

表 17-2-2-1　　单位：万元

年份	收入合计	企事业收入	工商各税	农业税	其他收入	企业亏损及价格补贴
1949	1.60	0	0.60	0	1.00	—
1950	32.11	0	22.00	0	10.11	—
1951	79.04	0	61.89	0	17.15	—
1952	116.91	0	82.10	0	34.81	—
1953	82.61	0.47	79.26	0	2.88	—
1954	79.80	0.01	76.03	0	3.76	—
1955	171.81	1.96	66.24	100.80	2.81	—
1956	170.72	3.24	74.88	85.58	7.02	—
1957	210.79	10.29	89.39	103.29	7.82	—
1958	365.61	41.40	96.95	85.47	141.79	—
1959	289.42	104.05	76.37	106.00	3.00	—
1960	312.50	95.70	104.60	101.20	11.00	—
1961	176.70	50.30	62.40	62.40	1.60	—
1962	222.90	76.50	74.60	67.90	3.90	—
1963	197.60	43.40	84.00	69.30	0.90	—
1964	211.80	42.60	95.90	71.70	1.60	—
1965	205.10	40.00	95.00	68.60	1.50	—

续表 17-2-2-1

年份	收入合计	企事业收入	工商各税	农业税	其他收入	企业亏损及价格补贴
1966	216.10	41.00	92.30	82.10	0.70	—
1967	175.50	37.80	84.50	52.90	0.30	—
1968	128.30	80.70	50.60	56.90	0.10	—
1969	232.70	18.90	106.60	107.10	0.10	—
1970	269.50	73.30	114.40	81.00	0.80	—
1971	253.30	61.40	125.90	66.00	0	—
1972	353.40	121.90	153.30	78.10	0.10	—
1973	411.70	159.70	173.80	78.20	0	—
1974	350.20	111.10	162.90	76.10	0.10	—
1975	302.40	80.40	147.20	74.70	0.10	—
1976	385.90	135.40	180.20	68.30	2.00	—
1977	393.30	139.10	171.70	81.90	0.60	—
1978	479.90	194.70	205.50	77.00	2.70	—
1979	501.00	174.40	252.70	73.30	0.60	—
1980	580.90	216.20	287.90	74.90	1.90	—
1981	572.00	192.70	302.90	75.60	0.80	—
1982	583.30	130.10	372.10	79.50	1.60	—
1983	646.70	127.50	416.80	99.60	2.80	—
1984	679.50	139.40	438.80	98.60	2.70	—
1985	1013.70	4.10	888.80	148.50	13.90	-41.60
1986	1214.90	0	1125.50	142.10	14.50	-67.20
1987	1357.70	-11.00	1165.40	156.70	65.60	-19.00
1988	1650.20	12.40	1571.30	152.00	62.40	-147.90
1989	1941.30	30.20	1706.00	192.10	135.90	-122.90
1990	2055.10	-0.80	1831.80	155.00	163.00	-93.90
合 计	19675.52	—				

说明：1.1949～1954 年，农业税征收食物直接入中央库。2.1956～1958 年，“其他收入”包括公债收入；其中，1956 年 5.63 万元，1957 年 6.28 万元，1958 年 5.41 万元

1978～2010年松阳县财政总收入、地方财政收入情况表

表17-2-2-2　　单位：万元

年 份	财政总收入	地方财政收入	年 份	财政总收入	地方财政收入
1978	480	480	1995	3509	1850
1979	501	501	1996	4081	2062
1980	581	581	1997	4750	2870
1981	572	572	1998	5493	3481
1982	583	583	1999	6785	4375
1983	647	647	2000	7585	5001
1984	680	680	2001	10026	7284
1985	1014	1014	2002	12012	7323
1986	1215	1215	2003	15038	9009
1987	1358	1358	2004	18018	11087
1988	1650	1650	2005	19684	11264
1989	1941	1941	2006	24679	14473
1990	2055	2055	2007	30379	17858
1991	2117	2117	2008	33636	20045
1992	1999	1999	2009	36050	21933
1993	2992	2992	2010	40428	25475
1994	3289	1442	—	—	—

企业收入

1993年前，为国营企业收入，包括国有企业所得税、国有企业调节税、国有企业上缴利润、国有企业计划亏损补贴、国有企业承包收入退库等。1994年分税制改革后，国营企业不再上缴利润，一律改为企业所得税，并列入工商税类收入统计。

1983～2010年松阳县企业收入情况表

表17-2-2-3　　单位：万元

年 份	国营企业所得税调节	企业所得税	年 份	国营企业所得税调节	企业所得税
1983	99	—	1988	269	—
1984	115	—	1989	268	—
1985	—	—	1990	337	—
1986	245	—	1991	300	—
1987	198	—	1992	292	—

续表 17-2-2-3

年 份	国营企业所得税调节	企业所得税	年 份	国营企业所得税调节	企业所得税
1993	150	—	2002	—	801
1994	—	66	2003	—	791
1995	—	145	2004	—	1026
1996	—	106	2005	—	1348
1997	—	302	2006	—	1861
1998	—	294	2007	—	1808
1999	—	400	2008	—	1988
2000	—	718	2009	—	1306
2001	—	2105	2010	—	1887

工商税收收入

1991～1993年，工商税收收入由工商统一税、产品税、增值税、营业税、集体企业所得税、城乡个体工商户所得税、私营企业所得税、外商投资和外国企业所得税、个人收入调节税、城镇土地使用税、国营企业工资调节税、城市维护建设税、奖金税、房产税、车船使用税、屠宰税、印花税、牲畜交易税等组成。1994年，税制改革后，地方财政一般预算收入中，工商税收收入包括增值税、营业税、企业所得税、个人所得税、资源税、城镇土地使用税、土地增值税、城市维护建设税、房产税、车船使用税、屠宰税（2000年停征）、印花税等。

1982～2010年松阳县工商税收入情况表

表 17-2-2-4　　单位：万元

年 份	工商税	营业税	增值税	工商所得税	企业所得税	个人所得税	个体工商户所得税
1982	357	—	—	10	—	—	—
1983	369	—	2	41	—	—	—
1984	288	25	3	65	—	—	—
1985	—	254	6	79	—	—	—
1986	—	240	19	109	—	—	13
1987	—	301	120	73	—	—	13
1988	—	417	350	—	—	—	13
1989	—	427	409	—	—	—	20
1990	—	404	454	—	—	—	25
1991	—	379	586	—	—	—	27
1992	—	428	640	—	—	—	34

续表 17-2-2-4

年 份	工商税	营业税	增值税	工商所得税	企业所得税	个人所得税	个体工商户所得税
1993	—	454	1518	—	—	—	25
1994	—	158	568	—	66	33	—
1995	—	212	596	—	145	91	—
1996	—	271	646	—	106	73	—
1997	—	551	614	—	302	108	—
1998	—	733	632	—	294	168	—
1999	—	871	674	—	400	259	—
2000	—	1163	717	—	718	345	—
2001	—	1453	745	—	2105	642	—
2002	—	2193	866	—	801	699	—
2003	—	2691	1054	—	791	747	—
2004	—	3175	969	—	1026	925	—
2005	—	3310	1429	—	1348	927	—
2006	—	4421	1693	—	1861	1269	—
2007	—	6148	2360	—	1808	1599	—
2008	—	6812	2756	—	1988	1409	—
2009	—	5884	3279	—	5884	1425	—
2010	—	7134	3219	—	1887	1541	—

农业税收收入

2002 年前，农业税收收入包括农业四税（农牧业税、农林特产税、耕地占用税和契税）。2002 年始，丽水市区及各县暂停征收农业特产税。2004 年，免征农业税。2006 年，正式取消农业税。

1949～1992 年松阳县农业税征收数一览表

表 17-2-2-5

年度	计划任务（吨）	减免（吨）	实征（吨）	实征税款（万元）	负担率（%）
1949	10000	0	6790	—	29.33
1950	9445	45	8990	—	32.97
1951	8770	81	8540	—	24.84
1952	7415	12	7265	—	19.80
1953	7410	95	6325	—	18.59
1954	8500	124	5435	77.88	13.49

续表 17-2-2-5-1

年度	计划任务（吨）	减免（吨）	实征（吨）	实征税款(万元)	负担率（%）
1955	7435	18	7035	92.24	17.61
1956	7850	124	5435	77.88	13.49
1957	7353	9	6850	96.79	16.85
1958	8373	0	7664	78.73	15.28
1959	8552	0	8552	96.56	17.46
1960	8536	59	8446	91.29	18.02
1961	3933	96	3832	52.03	9.20
1962	4265	38	4197	57.53	9.41
1963	4548	26	4447	58.54	8.14
1964	4748	29	4659	58.76	9.46
1965	4742	41	4523	53.76	9.34
1966	4736	61	4543	67.89	9.27
1967	4733	53	2947	42.77	6.68
1968	4732	90	3486	55.94	7.05
1969	4725	0	4540	98.86	7.75
1970	4721	48	4589	82.82	7.29
1971	4719	359	4135	57.77	6.42
1972	4715	170	4130	69.50	5.56
1973	4712	159	4278	69.60	5.96
1974	4705	145	4178	68.01	5.53
1975	4709	212	4099	66.61	5.67
1976	4705	481	3776	57.72	5.82
1977	4708	160	4446	71.32	5.79
1978	4704	265	4357	65.32	5.20
1979	4623	1280	8223	58.06	3.51
1980	4611	1278	3269	57.40	3.31
1981	4612	1277	3309	53.90	3.29
1982	4485	1095	3390	60.83	3.01
1983	4480	245	4235	83.59	3.52
1984	4480	85	4395	82.59	3.52
1985	4475	135	4340	109.61	3.76
1986	4470	170	4300	109.85	3.91

续表 17-2-2-5-2

年度	计划任务（吨）	减免（吨）	实征（吨）	实征税款(万元)	负担率（%）
1987	4465	105	4355	118.57	4.02
1988	4460	630	3830	119.75	3.83
1989	4450	980	3470	94.10	3.31
1990	4450	1265	3185	80.00	2.88
1991	3573	501	3072	194.00	2.59
1992	3513	446	3067	215.30	2.71
合计	244346	12492	218954	3203.67	—

1993～2010 年松阳县农业四税收入情况表

表 17-2-2-6 单位：万元

年度	总 计	农牧业税	农林特产税	耕地占用税	契 税
1993	210	210	0	0	0
1995	427	427	0	0	0
1996	586	258	302	26	0
1997	734	360	327	47	0
1998	795	356	297	142	62
1999	788	351	413	24	46
2000	742	76	289	377	166
2001	674	297	88	289	163
2002	855	307	0	306	242
2003	1163	270	0	500	393
2004	1538	0	0	1146	392
2005	967	0	0	304	663
2006	1448	0	23	260	1165
2007	820	0	30	7	783
2008	1259	0	36	301	922
2009	2389	0	45	229	2115
2010	1575	0	36	2	1537

说明：1993 年、1995 年农牧业税包括耕地占用税；2006～2010 年农林特产税为烟叶税

专项及其他收入

专项收入主要有排污费收入、水资源费收入、教育费附加收入以及探矿权采矿权及价款收入。其他收入主要有行政性收费收入、罚没收入及利息收入等。

1983～2010年松阳县专项收入及其他收入情况表

表 17-2-2-7　　单位：万元

年度	专项收入	排污费	教育费附加	罚没、行政性收费	其他收入
1983	—	—	—	0.1	2.7
1984	—	—	—	0.2	2.7
1985	—	4.5	—	—	13.9
1986	—	9.8	30	0.4	14.5
1987	—	9.8	76	1.7	16.1
1988	—	11.5	85	1.4	50.9
1989	—	11.6	109	6.6	116.0
1990	—	15，2	198	7.9	117.2
1991	70.7	11.2	210	6.9	66.8
1992	69	—	201	—	96
1993	44	—	316	—	46
1994	—	—	519	—	—
1995	56	20	36	35	17
1996	46	—	46	221	71
1997	—	—	—	502	1
1998	104	27	77	549	—
1999	120	29	91	775	—
2000	137	39	98	595	—
2001	160	12	148	775	—
2002	229	37	192	1026	—
2003	217	25	192	1509	35
2004	284	48	236	2107	45
2005	347	28	319	1436	34
2006	433	40	393	1340	79
2007	615	155	460	2242	60
2008	661	86	574	1949	—
2009	780	110	539	3680	—
2010	1156	40	915	4772	—

说明：1997年决算按要求把专项收入1467万元(其中排污费206万元和教育费附加1261万元)计入基金收入，没有在一般预算收入体现

第三节　财政预算外资金和财政基金收入

预算外资金是根据国家财政制度、财务制度的规定，不纳入国家预算，而由地方自收自支的财政资金。其为预算内收入的补充部分。

1952年，县财政部门直接掌握管理的预算外资金为地方收入，包括工商税附加、规费收入、事业收入（小学学杂费）、公学产收入、罚没收入和其他收入。1953～1955年，地方收入统一纳入预算管理。

1956年，按农业税加征7%的乡自筹经费及随售随征茶叶、林木农业税征收地方附加5%，归县统筹使用。1957年，恢复工商税附加以及其他收入。1990年，松阳县预算外收入有农业税附加12万元、公用事业附加税30.2万元、教育费附加10.1万元、生猪稳定发展基金7.3万元、粮食补偿金收入31万元、其他收入278.4万元，全年共收入369万元，占该年度预算内收入的17.96%，比1957年增长183.5倍。

1991年至1997年，县财政部门掌握的预算外资金收入主要有地方财政税费附加收入、集中企业事业收入、粮食补偿金收入、水利专项基金收入及其他收入。1997年，财政部门预算外资金项目部分列入财政基金；1998年，全部列入政府财政基金。2000年，增加财政基金项目。

1952～1990年松阳县财政预算外收入情况表

表17-2-3-1　　单位：万元

年份	收入合计	农业税附加	工商税附加	折旧基金收入	五小企业留成	其他自筹
1952	5.22	—	2.40	—	—	2.28
1953	1.48	—	—	—	—	—
1954	1.55	—	—	—	—	—
1955	1.64	—	—	—	—	—
1956	3.68	3.68	—	—	—	—
1957	2.00	1.61	0.39	—	—	—
1958	11.11	4.43	0.90	—	—	5.78
1959	28.15	11.95	0.80	—	—	15.40
1960	11.90	6.50	1.00	0.70	—	3.70
1961	6.60	3.20	0.60	0.90	—	1.90
1962	8.80	3.70	0.70	0.30	—	4.10
1963	4.10	3.10	0.70	—	—	0.30

续表 17-2-3-1

年份	收入合计	农业税附加	工商税附加	折旧基金收入	五小企业留成	其他自筹
1964	5.10	4.30	0.80	—	—	1.00
1965	6.00	4.20	0.80	—	—	—
1966	5.70	4.90	0.80	—	—	—
1967	7.60	6.80	0.80	—	—	—
1968	9.90	6.20	0.50	3.20	—	—
1969	16.10	11.70	090	3.50	—	—
1970	20.80	8.80	1.10	10.90	—	—
1971	19.60	7.20	1.20	11.20	—	—
1972	24.90	7.70	1.50	14.80	—	0.90
1973	34.90	7.80	1.70	14.30	—	11.10
1974	9.70	7.50	1.60	—	—	0.60
1975	9.30	7.40	1.40	—	—	0.50
1976	9.10	6.80	1.70	—	—	0.60
1977	10.70	8.20	1.70	—	—	
1978	18.70	7.60	2.10	—	8.30	0.70
1979	62.40	7.30	2.50	—	43.80	8.80
1980	72.00	7.40	2.90	—	52.50	9.20
1981	65.70	7.50	3.00	—	42.50	12.70
1982	54.10	7.90	3.70	—	37.80	4.70
1983	51.40	10.00	4.20	—	37.10	0.10
1984	52.00	9.80	4.40	—	37.80	0
1985	19.80	14.70	0.70	—	—	4.40
1986	24.40	14.10	0.30	—	—	10.00
1987	44.00	15.70	—	—	—	28.30
1988	76.30	13.90	—	—	—	62.40
1989	52.90	13.20	—	—	—	39.70
1990	369.00	12.00	—	—	—	357.00
合计	1237.43	—	—	—	—	—

1997～2010年松阳县财政部门掌握的财政基金收入统计表

表17-2-3-2　　单位：万元

年 份	财政基金收入	年 份	财政基金收入
1997	145	2004	5996
1998	168	2005	7953
1999	326	2006	10779
2000	371	2007	20787
2001	931	2008	38086
2002	3410	2009	59138
2003	3668	2010	79502

第三章 财政支出

民国23 年（1934）前，松阳县级财政经费由省拨付，地方事业开支则靠各种附加和杂捐解决。民国24年，开始编制收支预算。民国37年，支出科目有政权行使支出、行政支出、教育文化支出、经济建设支出等15项。

中华人民共和国成立后，财政支出包括财政一般预算支出（预算内支出）和财政预算外及政府基金支出。一般预算（预算内）支出，包括经济建设、文教科学费、行政管理费及其他经费。预算外支出用于兴办地方公益事业及弥补预算内资金之不足，根据预算外收入，掌握“量入为出”的原则，安排用于举办地方相适应的必要的事业开支。

第一节 中华人民共和国成立前财政支出

清顺治十年（1653），松阳县政经费开支银1412.93两，其中知县俸银27.49两、薪银36两，教谕俸19.52两、薪12两，其余兵饷驿站、应酬交际、春秋祭祀、渡船桥路、孤贫柴米等另有规定专项开支。同治四年（1865），松阳县政经费全年合计1694.48两，项目更为具体。其中，知县经费509.4两，县经历经费76两，儒学经费185.92两，孤贫经费216两，囚犯经费36两，巡盐鹰捕、兵司、渡桥夫等322.8两，春秋祭祀219.96两，儒学加俸、科举路费、乡饮酒礼等60.88两。

民国23年（1934）前，松阳县级财政经费由省拨付，地方事业开支则靠各种附加和杂捐解决。民国24年，开始编制收支预算，支出有党务、自治、公安、保卫、财务、文教、卫生、建设、救恤、杂项、总预备费11项。民国35年，松阳县财政收不抵支，短缺813.12万元。在总支出中，公教人员生活补助支出9443.02万元，占总支出74.81%。民国37年，支出科目改为政权行使支出、行政支出、教育文化支出、经济建设支出、卫生支出、社会及救济支出、保卫及警察支出、财务支出、公务员退休及抚恤支出、依托管理支出、协助及补助支出、其他支出、第二预备金、生活补助费支出、优待费支出15项。

民国24～37年（1935～1948）松阳县财政支出表

表17-3-1-1　　单位：万元

民国纪年	总计	党政军警及自治办	建设费	文教卫生救恤费	其他支出
24	8.00	5.01	0.27	1.98	0.74
25	8.71	5.16	0.22	2.48	0.85
26	10.54	7.17	0.23	2.27	0.87
27	5.53	3.82	0.12	0.97	0.62
28	14.49	9.88	0.20	2.92	1.49
29	19.46	12.29	1.08	4.27	1.82
30	48.02	26.28	2.40	12.58	6.76
31	92.43	53.93	5.15	16.22	17.13
32	298.56	161.53	8.45	50.45	78.13
33	868.52	607.25	14.87	105.37	141.03
34	3839.03	—	—	—	—
35	22623.22	10677.41	42.84	11393.69	509.29
36	161732.10	73717.90	2457.00	57719.00	27838.20
37	935000.00	739799.00	9682.00	132590.00	52929.00

第二节　中华人民共和国成立后一般预算支出

一般预算支出是预算内支出；是根据财政体制，按照县国民经济发展计划，用于支持工农业生产及文教、卫生、科学等事业的发展。

1949年5月至年末，预算内支出1.06万元。1950～1952年国民经济恢复时期，预算内总支出为67.35万元，平均每年支出22.45万元。1953～1957年“一五”计划时期，县预算内总支出为331.51万元，平均每年支出66.30万元，比三年经济恢复时期增195.32%。

1955年6月，松阳县发生特大洪水，全县16个乡镇计41个村严重受灾，由省民政厅拨救济款7400元。上级拔农田、水利经费等13844元、山区经济开发经费61084元。1956年，省拨农田水利工程建设费18459元、防洪经费1300元，企业流动资金21941元（其中酒厂13705元、印刷厂8236元）。1957年，省拨春修水利经费28877元（内含以工代赈款12970元）、松阳报社补助费2740元。

1958～1962年“二五”计划时期，县预算内总支出864.64万元，平均每年支出172.93万元，比“一五”时期增160.83%。三年调整时期(1963～1965)，县预算内总支出400.05万元，平均每年支出133.35万元，比“二五”时期下降22.89%。1966～1970年“三五”计划时期，县预算内支出996.96

万元，平均每年支出199.39万元，比三年调整时期增49.52%。1971～1975年“四五”计划时期，县预算内支出为1725.11万元，平均每年支出345.02万元，比三五”时期增73.04%。

1976～1980年“五五”计划时期，县预算内总支出2203.4万元，平均每年支出440.68万元，比“四五”时期增27.73%。1981～1985年“六五”计划时期，县预算内总支出4643.01万元，平均每年支出928.6万元，比“五五”时期增110.72%。1986～1990年“七五”计划时期，预算内总支出为11184万元，平均每年支出2236.8万元，比“六五”时期增140.88%。

1982～1990年，全县一般预算内总支出为15264.4万元，平均每年支出为1696.04万元，比恢复松阳县建制前的1981年562.61万元，增长201.46%，平均每年递增20.7%。同期，用于经济建设事业的费用为3506万元，占支出总数的22.97%；用于社会文教科卫的事业费6386.8万元，占支出总数的41.84%；用于行政管理费类的支出3255.1万元，占支出总数的21.32%；用于其他支出2116.5万元，占支出总数的13.87%。

2000年，全县一般预算内财政支出合计12873万元，其中，基本建设支出24万元、企业挖潜改造资金335万元、科技事业支出214万元、农林水支出1299万元、文教卫事业支出4460万元、行政管理费2493万元。2003年之前，农业支出项目主要有农业、林业、水利支出；之后，农业支出项目增加扶贫、农业综合开发、农村综合改革及其他农林水支出（款）。2010年，全县一般预算内财政支出108135万元，其中，文教科卫36056万元、农林水支出17116万元、行政管理支出16313万元。

1949～1990年松阳县预算内财政支出分类情况表

表17-3-2-1　　单位：万元

年份	支出总计	经济建设费			社会文教费			行政管理费	其他支出			
		合计	其中：工、交、商	其中：农、林、水	合计	其中：文教科卫	其中：抚恤救济		合计	其中：其他部门事业费	其中：支援不发达地区发展资金	其中：价格补贴支出
1949	1.06	0	0	0	0.02	—	0.02	1.04	0	0	0	0
1950	10.64	0.02	0	0.02	2.67	2.65	0.02	5.79	2.16	—	—	—
1951	17.73	0	0	0	0.58	0.58	0	16.68	0.47	—	—	—
1952	38.98	2.43	1.67	0	17.18	14.18	3.00	19.37	—	—	—	—
1953	52.02	2.26	0	1.89	28.56	27.39	1.17	21.20	—	—	—	—
1954	54.50	2.08	0.14	1.37	26.91	23.68	3.23	25.47	0.04	—	—	—
1955	53.62	3.22	0.22	2.68	24.37	21.44	2.93	25.80	0.23	—	—	—
1956	81.63	7.32	1.62	5.23	34.47	29.83	4.64	38.27	1.57	—	—	—
1957	89.74	12.38	2.10	9.96	38.30	34.49	3.81	36.15	2.91	—	—	—

续表 17-3-2-1-1

年份	支出总计	经济建设费			社会文教费			行政管理费	其他支出			
		合计	其中：工、交、商	其中：农、林、水	合计	其中：文教科卫	其中：抚恤救济		合计	其中：其他部门事业费	其中：支援不发达地区发展资金	其中：价格补贴支出
1958	210.38	128.00	102.36	25.06	41.71	38.80	2.91	39.17	1.50	—	—	—
1959	199.61	112.75	20.58	89.80	41.75	38.33	3.42	43.86	1.25	—	—	—
1960	174.79	88.34	43.48	44.86	42.72	39.27	3.45	42.24	1.46	—	—	—
1961	181.81	98.37	34.00	64.37	44.97	38.67	6.30	37.68	0.79	—	—	—
1962	98.05	21.40	13.80	7.60	39.63	36.83	2.80	34.47	2.55	—	—	—
1963	169.53	88.44	78.50	9.94	46.40	41.60	4.80	29.52	5.17	—	—	—
1964	123.86	32.01	10.48	20.33	57.01	47.56	9.45	29.42	5.42	—	—	—
1965	106.66	24.51	11.93	11.80	49.16	44.86	4.30	30.14	2.85	—	—	—
1966	134.36	33.87	11.98	13.53	61.39	56.64	4.75	33.65	5.45	—	—	—
1967	176.34	74.81	53.63	20.16	62.35	56.80	5.55	33.03	6.15	—	—	—
1968	194.03	85.43	58.77	26.48	71.06	61.41	9.65	33.74	3.80	—	—	—
1969	274.40	155.77	99.39	42.10	71.63	65.58	6.05	43.48	3.52	—	—	—
1970	217.83	100.08	49.66	43.46	72.76	65.36	7.40	41.19	3.80	—	—	—
1971	258.21	129.26	67.38	61.64	83.07	76.82	6.25	44.43	1.45	—	—	—
1972	341.03	186.96	147.95	36.73	103.60	88.75	14.85	48.85	1.62	—	—	—
1973	351.26	195.76	107.98	74.16	104.36	96.06	8.30	46.24	4.90	—	—	—
1974	383.83	225.49	135.86	70.31	110.14	101.74	8.40	45.00	3.20	—	—	—
1975	390.78	232.64	137.81	82.21	112.47	103.12	9.35	43.43	2.24	—	—	—
1976	289.04	111.94	24.98	78.24	128.98	117.18	11.80	44.92	3.20	—	—	—
1977	359.88	175.49	30.63	125.79	124.17	114.57	9.60	56.72	3.50	—	—	—
1978	458.06	229.26	32.17	195.12	163.19	153.39	9.80	60.71	4.90	—	—	—
1979	519.52	257.64	39.96	214.68	185.17	169.92	15.25	66.01	10.70	—	—	—
1980	576.90	222.88	42.43	173.24	250.21	232.76	17.45	91.89	11.92	—	—	—
1981	562.61	189.77	18.84	163.24	248.6	232.56	16.30	109.73	14.25	—	—	—
1982	868.50	281.50	39.30	186.10	336.30	320.00	16.30	195.70	55.00	28.10	—	—
1983	919.90	251.60	16.40	195.70	433.00	398.80	34.20	168.10	67.20	27.50	—	—
1984	1000.30	266.00	41.10	178.00	442.20	411.40	30.80	227.20	64.90	31.70	1.50	—
1985	1291.70	327.00	97.70	178.40	552.00	522.50	29.50	216.60	196.10	101.40	2.50	36.60

续表 17-3-2-1-2

年份	支出总计	经济建设费			社会文教费			行政管理费	其他支出			
		合计	其中：		合计	其中：			合计	其中：		
			工、交、商	农、林、水		文教科卫	抚恤救济			其他部门事业费	支援不发达地区发展资金	价格补贴支出
1986	1617.20	399.60	91.70	251.40	692.90	635.50	57.40	308.30	216.40	77.00	27.10	59.00
1987	1614.60	377.60	75.60	234.90	674.20	609.60	64.60	333.00	229.80	104.80	22.20	56.60
1988	2202.20	503.20	89.50	292.70	967.30	866.90	100.40	446.60	285.10	96.30	58.50	107.60
1989	2696.10	546.60	175.50	269.70	1059.20	935.80	123.40	626.40	463.90	122.40	71.90	221.80
1990	3053.90	552.90	117.80	340.70	1229.70	1084.90	144.80	733.20	538.10	152.70	79.80	246.80
合计	22417.09	6736.53	2124.53	3842.84	8876.62	8058.22	818.40	4274.39	2199.50	739.90	263.50	728.40

说明：经济建设费合计数包括城市维护费、城镇人口就业经费以及1960～1977年基本建设支出

1982～2010年松阳县财政一般预算支出情况表

表 17-3-2-2

单位：万元

年 度	各项经费支出合计	农业支出	文教科卫事业费	行政管理费
1982	869	186	320	197
1983	920	196	399	146
1984	1000	178	411	227
1985	1292	178	523	217
1986	1617	251	636	308
1987	1615	235	610	333
1988	2202	303	867	339
1989	2696	270	936	470
1990	3054	341	1071	540
1991	3258	477	1220	525
1992	3887	527	1388	732
1993	4624	635	1520	895
1994	5545	731	2149	1234
1995	6135	617	2259	1241
1996	7515	929	2007	1571
1997	8921	824	2441	1996
1998	9729	1223	3445	2029

续表 17-3-2-2

年 度	各项经费支出合计	农业支出	文教科卫事业费	行政管理费
1999	11113	1013	3967	2308
2000	12873	1299	4522	2493
2001	16996	1588	5560	3264
2002	20936	1851	6985	3875
2003	24789	1943	8307	4723
2004	30100	2082	9834	5609
2005	34347	3948	10467	6460
2006	40791	4427	12873	7105
2007	52408	6930	14952	11639
2008	68406	12617	21818	12946
2009	88153	14092	29786	14756
2010	108135	17116	36056	16313

说明：2007 年始，经济建设支出不再单独统计

第三节　预算外支出和财政性基金支出

预算外支出

1952 年，预算外收入主要用于乡镇地方经费支出。松阳县收入不够开支，由省财政补助 133681 元。1953 年始，国家财政实行三级财政体制，县辖区乡镇的预算收支统一列入县级地方财政。1954 年，省委批准增征农业税附加 7%，省财政厅通知，把其中 2/7 划归国家预算，弥补任务；5/7 列入地方预算，归省统一使用。

1956 年，按农业税加征的乡自筹经费附加 7%，省规定，归县统筹使用。1957 年，恢复征收工商税附加。此后，随着预算外收入的增加，预算外支出也同步增长。

1982～1990 年，全县预算外总支出为 710.80 万元，平均每年 78.98 万元，占同期预算内支出数的 4.65%。1991 年，县级以上财政部门掌握的预算外资金支出主要有水利专项支出、城市维护（包括公共设施维护、城市住宅维护、中小学校舍维护、公用事业等）支出、行政事业支出及其他支出等。

财政性基金支出

1997 年，政府性基金建立。原财政预算外科目逐步进入财政性基金，同时增加财政性基金科目。2007 年，社会保障基金不列入政府性财政基金科目，支出单独决算。

1952～1990年松阳县预算外财政支出情况表

表17-3-3-1　　单位：万元

年份	支出合计	支农	工业	交通	城市维修	文教科卫	行政其他	上缴款
1952	16.65	0	0	1.86	0.44	9.44	4.91	—
1953	0.52	0	0	0	0	0	0.52	—
1954	1.96	0	0	0	0	0	1.96	—
1955	1.74	0	0	0	0	0	1.74	—
1956	0.75	0	0	0.08	0	0.14	0.53	—
1957	4.03	1.36	0	0.47	0.31	0.41	1.48	—
1958	1.68	0	0	0	0	0	1.68	—
1959	—	—	—	—	—	—	—	—
1960	12.12	10.00	15.40	9.28	0.15	0.70	0.80	—
1961	6.20	4.08	0	1.62	0.20	0.30	0	—
1962	—	—	—	1.00	—	0.19	0	—
1963	6.37	4.97	0	0.33	0	0.89	0.18	—
1964	1.07	0	0	0.37	0	0.40	0.30	—
1965	10.72	5.60	0	0.34	0	0.53	4.25	—
1966	8.12	1.19	0	0.23	0.25	1.15	5.30	—
1967	5.23	0	0	0	0.40	4.83	0	—
1968	10.17	0.10	2.90	0.59	0	6.58	0	—
1969	13.08	0	6.80	0.82	1.30	4.16	0	—
1970	30.73	2.80	19.76	2.53	0.60	3.09	1.95	—
1971	35.46	9.80	13.38	8.98	0.55	2.75	0	—
1972	44.05	6.87	34.48	1.5	0.40	0.30	0.50	—
1973	29.03	0	24.68	1.00	0.50	2.85	0	—
1974	25.52	3.50	8.70	4.73	0.60	7.99	0	—
1975	8.00	4.50	0	0	0.10	3.40	0	—
1976	4.76	0	0	0	0.30	4.46	0	—
1977	10.75	2.00	0	5.25	0.10	3.40	0	—
1978	50.70	35.00	0	8.00	5.40	2.30	0	—
1979	16.64	0	8.80	0	4.58	3.26	0	—
1980	99.26	0	35.00	0	1.00	3.26	60.00	—

续表 17-3-3-1

年份	支出合计	支农	工业	交通	城市维修	文教科卫	行政其他	上缴款
1981	35.95	1.45	17.00	10.00	2.50	4.90	0.10	—
1982	99.20	4.90	59.10	0	10.70	21.10	3.40	—
1983	67.40	0	52.50	0	0.50	5.80	0.30	8.30
1984	78.30	0.70	49.40	0	10.00	7.40	8.00	2.80
1985	4.00	0.20	0	0	0	3.50	0	0.30
1986	1.00	0	0	0	0	0	1.00	—
1987	4.80	0	0	0	4.80	0	0	—
1988	17.80	0	0	0	0	7.50	7.30	3.00
1989	92.60	0	0	0	30.00	0	62.60	—
1990	443.70	0	0	0	133.10	0	310.60	—

第四章 信用财政与彩票

民国时期，国家及省政府多次发行公债，历次均摊派松阳县募集公债。1954～1957 年，全县国债分配 284015 元，实际完成 273148 元。1982～1990 年，全县推销国库券 426 万元，完成任务数的 105.19%；全县企业挖潜改造资金支出 416.9 万元。1996 年， 根据省财政厅要求，把分散于相关职能处室管理的财政周转金进行归集管理。

第一节 债券 债务

民国时期国债

清代以前，无公债制度，国家财政入不敷出之时，依靠增加捐税或按县摊派，直接加重人民负担来解决。如清光绪二十六年(1900)赔款，则加征厘金及一、二次盐斤加价之类，故苛捐杂税日益增多。清宣统二年（1910），松阳县设厘金局，址在下天妃宫东。

民国元年（1912）1 月，浙江省军政府为应付急需，筹议发行爱国公债 500 万元，以平衡财政收支。民国时期，债券有省和中央二级。松阳县接受派募省级债券有定期债券、善后公债、建设公债、清理旧欠公债。民国 13～20 年（1924～1931），计发行劝募 5 万元。中央财政部发行的有续发二五附税库券、善后短期公债、18 年关税库券、编遣库券、19 年关税短期库券、救国公债、同盟胜利美金公债等多种。民国 17～33 年，计推销劝募财政部发行的各种债券 374.27 万元。

民国 13～33 年（1924～1944）松阳县历次派募公债情况表

表 17-4-1-1　　单位：元

民国		公债名称	发行机关	利率	派募数	实募数	派募方法
年	月						
13	1	浙省三次定期借款	省财政厅	月息 12‰	3000	—	—
13	7	浙省四次定期借款	省财政厅	月息 12‰	3000	—	—
14	2	浙省善后公债	省财政厅	年息 10%	5000	4000	设立劝募所 聘任劝募员分区劝募
17	2	续发二五附税库券	财政部	月息 8‰	20000	16000	由绅商劝募
17	9	善后短期公债	财政部	年息 8%	6000	5000	由各区款产会及商会劝募
18	4	十八年关税库券	财政部	月息 7‰	2000	1800	由各区款产会及商会劝募
18	9	编遣库券	国民财政	月息 7‰	10000	7000	由各区款产会及商会劝募

续表 17-4-1-1

民国		公债名称	发行机关	利率	派募数	实募数	派募方法
年	月						
18	10	浙省建设公债	省政府	年息 8%	30000	—	组织劝募委员会 聘任各委员劝募
19	8	十九年关税短期库券	财政部	月息 8‰	10000	缺	组织劝募委员会 聘任各委员劝募
20	1	浙省清理旧欠公债	省财政厅	年息 8%	10000	缺	—
26	—	救国公债	国民政府	年息 4%	155076	67335	—
31	10	同盟胜利美金公债	财政部	—	—	7450	聘任委员 成立县筹募支会负责办理
31	10	同盟胜利公债	财政部	—	—	732000	聘任委员 成立县筹募支会负责办理
32	—	同盟胜利公债	财政部	—	—	1020000	聘任委员成立浙省筹募分会，县长为分会筹募主任
33	—	同盟胜利公债	财政部	—	—	1867100	—

中华人民共和国成立后国债

中华人民共和国成立后，先后发行人民胜利折实公债、国家经济建设公债、特种国债、保值公债及国库券。松阳县各阶层、企事业单位和地方政府积极响应踊跃认购。

人民胜利折实公债　1949 年 12 月 30 日，国家发行 1950 年第一期人民胜利折实公债，此项公债以实物为计算标准，以“分”为单位，每“分”以上海、天津等 6 大城市的大米、面粉、白细布、煤炭 4 种物资定量平均批发价总和计算。折实公债“分值”由中国人民银行每旬公布一次，为收付公债折合金额之标准。折实公债仅发行一期，年息五厘，分 5 年偿还（1951～1955）。推销对象主要是城市工商业者和城乡殷实富户。松阳县任务数 1000“分”，实销 3276“分”（按平均“分值”2.78236 元计算），超额完成任务 227.6%。

国家经济建设公债　1954～1958 年，国家连续 5 年发行国家经济建设公债。发行对象主要是职工、农民、私营工商业者和城市居民。年息 4%，10 月 1 日起计息。1955 年始，每年 9 月 30 日抽签还本一次，分 8 年还清。1955～1958 年，公债分 10 年还清。

1954～1957 年松阳县国债推销情况表

表 17-4-1-2　　单位：元

年度	年息	还清年限	分配任务数	实际完成数	占任务数%
1954	4%	8	58200	85749	147.34
1955	4%	10	79915	68284	85.45
1956	4%	10	76900	56315	73.23
1957	4%	10	69000	62800	91.01
合计	—	—	284015	273148	96.17

国库券　1981年始，为适当集中各方面的财力，进行社会主义现代化建设，国务院决定发行国库券。国库券发行对象为国营企业、集体所有制企业、企业主管部门和地方政府、机关、团体、部队、事业单位，农村富裕社队可适当认购，个人也可自愿认购。是年1月开始发行，6月30日交款结束。年息4%，自发行后第6年起一次抽签，分5年偿还，每次偿还总额的20%，利息在还本时一次付给。

1982～1984年，把城乡个人列为国库券发行对象。交款期限，单位6月30日，个人9月30日。单位购买年息4%，发给国库券收据，可记名、可挂失。自发行后第6年起按单位购买总额平均分5年偿还。个人购买年息8%，自发行后第6年起，一次抽签，分5年偿还。

1985年，国务院重新颁布国库券发行规定，单位购买年息5%、个人购买年息8%。个人购买1000元以上和单位购买的，发给国库券收据，可记名、可挂失。发行后第6年一次偿还本息。国库券可以在银行抵押贷款，个人购买的可以在银行贴现。1986年和1987年，按照国务院发布的条例，提高国库券利率：单位购买年息6%，个人购买年息10%，其他未作变动。1988年，国库券除还本付息年限缩短为3年，同时可以转让。1989～1990年，国库券的发行对象为公民个人和个体工商户。年息提高到14%。1982～1990年，松阳县共推销国库券426万元，超额完成分配任务5.19%。

1982～1990年松阳县国库券推销情况表

表17-4-1-3

年度	年息（%）		还清年限（年）	分配任务数（万元）	实际完成数（万元）	占任务数（%）
	单位	个人				
1982	4	8	10	27	26.7	98.8
1983	4	8	10	27	27.7	102.48
1984	4	8	10	27	27.9	103.39
1985	5	9	5	46	43.2	93.86
1986	6	10	5	47	49	104.25
1987	6	10	5	47	47.7	101.48
1988	6	10	3	65	69.1	106.25
1989	14		3	65	65.8	101.23
1990	14		3	54	68.9	127.59
合计	—		—	405	426	105.19

特种国债　1989年，国务院决定发行特种国债。发行对象：经济条件较好的全民、集体所有制企业、私营企业、金融机构、企业主管部门、事业单位、部队、机关和社会团体，全民所有制企业职工退休养老基金管理机构、待业保险基金管理机构。统一采取收款单形式发行，发行和还本付息

由财政部门组织办理。可记名、挂失。年息 15%，从交款之日起计息，期满 5 年一次还本付息。松阳县任务数 3.5 万元，于 9 月末如数完成。1990 年，继续发行，松阳县推销 7 万元，完成分配任务数 14 万元的 50%。

保值公债　1989 年，国务院决定发行保值公债。发行对象为城乡职工、居民、个体工商业户、各种基金会、保险公司以及有购买条件的公司。债券偿还期限为 3 年，年利率随人民银行规定的 3 年定期储蓄存款利率浮动，加保值贴补率，外加一个百分点。从购买之日起计息，期满 3 年一次还本付息。债券不记名、不挂失，可在国家指定的场所转让。松阳县于 10 月下旬开始发行，至年末推销 92 万元，完成省分配任务数 104 万元的 88.46%。

第二节　财政性资金及福利彩票

支农周转金

支农周转金，属于扶持性的有偿借用（无息或低息）。1984 年 4 月，县财政部门根据上级文件精神，规定借用支农周转金办法。借款范围：种植业、养殖业、家庭加工业（含社办企业）。借用条件：发展的项目具备客观条件，借款人有一定专业技术和管理水平，自有资金有一半以上、并已有一定商品生产规模，讲究经济效益，遵守合同制度。还款期限：一般不超过 3 年；不及时还款者加收逾期占用费。

1985 年 6 月，松阳县规定，周转金逾期不还，按日加收万分之五的偿还费。从 1988 年 7 月 1 日起开始对借用支农周转金收取占用费的费率（按月计算）作出新规定：对种植业、养殖业、直接增加税利的项目，借用在 1 年以内者收 2‰，1 年以上者收 2.5‰；间接增加税利的项目，1 年以内收 2.5‰，1 年以上收 3‰。小型工业、服务性行业，1 年以内收 3.5‰，1 年以上收 4‰。逾期不还者加收 10%的逾期占用费。。

1989 年 1 月始，对占用费费率进行调整。借款合同期内的占用费，乡镇企业、加工业和服务业，一年以内 6.6‰，二年以内 8.7‰，二年以上不贷；种植业、养殖业一年以内 5.4‰，二年以内 7.2‰，二年以上为 9‰。逾期占用费不分借款类别一律按 15‰收取。

1990 年 4 月，县财政部门规定，借款户确有困难，要求延期还款的，经批准，交清到期占用费，重新签订合同，才能延期；并规定每式合同收成本费 2 元。

1982～1990 年，以扶持名特优产为重点，县财政部门累计为种、养业户和乡镇企业提供 201.65 万元低息贷款。

1982～1990 年松阳县支农周转金发放情况表

表 17-4-2-1　　单位：万元

年份	年初数	当年增加	本年减少
1982	2.62	34.32	—
1983	59.66	22.72	—
1984	59.66	15.50	0.56
1985	74.60	10.00	4.81
1986	79.79	33.41	20.94
1987	92.26	8.60	—
1988	100.86	18.00	—
1989	118.86	118.86	—
1990	118.86	17.70	—
合计	707.17	—	—

企业“挖、革、改”资金

依靠现有企业进行“挖潜、革新、改造”，提高生产能力，是开展增产节约，调整国民经济的重要措施。1967 年前，其主要来源为预算拨款。1967 年始，财政不再拨付“四项费用”，另设“企业挖潜改造基金”。

1971 年，国家对松阳境内县办“五小”企业（小电站、小煤矿、小化肥厂、小水泥厂、小冶炼厂）给予投资补助。1976 年，企业挖潜改造资金由各主管部门向下拨款支付。同时，保持县办“五小”企业的技术改造补助款。

1977 年，县办工业企业提取的基本折旧基金，由县财政集中 30%。1979 年，实行县办工业上交利润留成 40%，由县局企业财务股设专户管理，用于企业“挖、革、改”项目。1981 年，省财政厅根据国务院规定作出补充意见：地方集中的更新改造资金可拿出一部分作为“挖、革、改”贷款资金，贷款项目的审批，由县计经委、财政部门负责。

1982 年，松阳县恢复建制，由遂昌县分掰上年结余：投资公司资金 117.5 万元，投资公司专用基金 0.84 万元，集中折旧基金 8.8 万元。1984 年 10 月，松阳县经济开发公司建立，上述资金连同以后县财政续拨的企业“挖、革、改”资金及贷款余额，移归县经济开发公司（1986 年 4 月更名为经济建设服务处）办理。1987 年，县财政支持企业更新改造，对部分企业实行贴息扶持。全年县财政贴息 16.44 万元，向省争取贴息金额 21.5 万元。

1982～1990 年，县财政拨付县工业、商业及交通企业挖潜改造资金共 416.9 万元，占同期财政总支出的 2.73%。其中，以贷款方式拨付 256 万元，其余 160.9 万元，由财政预算直接支出。

1982～1990年松阳县企业挖潜改造资金支出表

表17-4-2-2　　单位：万元

年度	支出合计	其中					
		工业企业	交通企业	农业企业	商业企业	粮食企业	县办“五小”技术补助
1982	6.0	0	0	0	6.0	0	0
1983	4.5	2.0	0	0	0	2.5	0
1984	16.9	10.0	0	0.1	6.3	0	0.5
1985	67.6	40.0	27.6	0	0	0	0
1986	62.3	62.3	0	0	0	0	0
1987	60.0	60.0	0	0	0	0	0
1988	49.6	49.6	0	0	0	0	0
1989	100.0	100.0	0	0	0	0	0
1990	50.0	50.0	0	0	0	0	0
合计	416.9	373.9	27.6	0.1	12.3	2.5	0.5

财政周转金

县级财政周转金大部分来自于省财政厅的借款，主要投向企业技术改造、扶持商业、文教科卫事业和农业生产经营等方面。1995年以前，财政周转金分布在财政局相关职能科室分别管理、分散核算，财政信贷的风险相对较大。1995年10月，财政部制发《地方财政周转金管理暂行办法》，财政周转金由预算部门统一开户，统一核算。

1996年， 根据省财政厅《关于财政周转金实行统一开户、统一核算、集中管理的通知》要求，把分散于相关职能科室管理的财政周转金进行归集，由财政局预算科（股）实行“统一开户、统一核算、统一管理”。做到“财权不变、渠道不乱、有偿周转、统一核算”。是年初，松阳县财政周转金放款余额1659万元。1998年末，全县财政周转金放款余额4050万元。

1999年1月，松阳县成立县财政周转金清理领导小组，制定清理整顿实施方案，全面开展财政周转金的清理工作。是年，县财政局开始分批归还省财政厅借款，根据省财政厅借款性质本息折让政策，即技改借款按30%进行本息折让、其他借款按20%进行本息折让。为鼓励各地、市、县积极筹措资金按时和提前还款，省财政厅设置鼓励政策，按规定计划时间还款的，给予应还借款本息金额3%的返还；对在规定时间提前还款的，每提前一个季度，增加返还提前还款金额3%。

2001年1月，省财政厅考虑丽水市及各县（市、区）财政困难状况，财政周转金以1999年欠省借款数减半折让，分年归还至2004年止。

2002年，松阳县全面开展清理财政周转金工作。对债务人已破产、清算、歇业、解散、死亡等情况的转入待核销，对周转金已过时效、三角债、呆账、死账、坏账等转入待处理损失，经过努力可收回的转入应收款。组织有关人员逐笔认定，指定专人负责，建立分户台账和清欠档案。至2008年，完成财政周转金清收扫尾工作。

财政有偿服务

1984年10月，松阳县经济开发公司开始财政有偿服务，接管原由县局企财股经管的“挖、革、改”基金134万元。

1987年，发放贷款109.1万元，收回历年贷款75.36万元，年末贷款余款为297.97万元。是年发放贷款中，集体企业94.3万元、乡镇企业14.8万元。主要支持茶厂30万元、毛纺厂23.3万元、耐火器材厂8万元、轮胎翻修厂7万元。发放企业“挖、革、改”资金60万元。

1990年，国家实行信贷紧缩方针，企业生产资金紧缺，为解决企业困难，向省财政先后借入周转金763万元，向114家国营、集体和乡镇企业发放信贷资金635.4万元，收回720.2万元。至年末，贷款余额为1076.34万元。

民政福利彩票

1988年国庆节期间，在县内开展社会福利有奖募捐活动。奖券由中国社会福利有奖募捐委员会统一印发，不记名、不挂失、不贴现，不能用作抵押，也不得作为有价证券流通使用，不论中奖与否均不领取本金。购买奖券采取自愿原则，不强迫、不摊派、不能用公款购买。

1988年至1993年3月，每年利用国庆、元旦、春节开展有奖募捐活动，销售各种类型社会福利奖券共92.23万张，发行总金额150.23万元，除购买奖品及活动成本外，共筹集社会福利基金50.47万元。其中，按资金分成及使用原则等有关规定，上缴中央、省、地社会福利有奖募捐委员会17.96万元，县提成32.51万元。

福利基金县提成部分，用于县综合福利院建设30万元、县公墓建设1万元、库存1.51万元。省、地募捐委员会返还补助县综合福利院建设基金13万元。1992年，省募捐委员会通过省民政厅发放松阳县7月24日水灾救灾款15万元。

第五章　财政预算决算

1953 年，建立县级财政，开始按历年制编制年度财政收支预算。1991 年，全国实行中央、省、市、县、乡（镇）五级预算。1995 年 1 月 1 日始，实行《中华人民共和国预算法》，各级预算收入的编制与国民生产总值的增长率相适应，财政预算实现收支平衡。2005 年，印发《松阳县部门预算编制暂行办法》，全县行政事业单位开展部门预算试编工作。2007 年，全面推行部门预算，落实“支出一个口子”的财政管理模式。2009 年，预算支出在保证公共服务支出基础上，每年财政收入增量部分确保有 70%以上用于民生支出。

第一节　预算编制执行

预算编制

中华人民共和国成立初期，实行“统收统支”的财政管理体制，各项收入全部上交，县级行政经费按月编制粮款和经费预算表。下个月的预算须在当月 15 日前报专署财政科核批。1950 年 5 月，对编报预算的日期暂行规定为：区级机关应于当月 8 日前、县级各机关应于 10 日前编好下月份的预算，分别送县主管部门和县政府财政科汇编；不按期报送者，不预先拨付粮款。

1952 年 1 月，省税务局规定，所有税务费、留局提成奖金支出，不论经费之领拨、预算的编报，除指定县以外，各县级局直接递报，不再经过专署局转行领发。

1953 年，建立县级财政，开始按历年制编制年度财政收支预算。原则是“发展生产，增加收入，节约开支，留有后备，确保收支平衡”。编制方法，采取自下而上与自上而下相结合，以自上而下为主。根据上级分配下达的收支任务数，结合县各项计划预算和财力的可能来安排。预算编制的主要依据为上年预算执行情况和该年度各项事业发展计划，该年度的经济计划指标，历年计划执行的有关收支基数，各行政、企事业单位报送的收支预算计划。在预算执行过程中，原核定预算可进行必要的调整。预算调整包括动用预备费、追加或追减、科目留用等。调整时，必须经过有关部门批准，并符合财政制度和有关规定。

1991 年，国务院发布《国家预算管理条例》，全国实行中央、省、市、县、乡（镇）五级预算。松阳县预决算汇总上报丽水地区行政公署。

1991～1994 年，松阳县财政收入计划和省对县财政体制补助均由省财政厅下达指令性指标，财政支出预算依据上一年度预算执行情况和本年度预算收支变化因素，编制年度预算计划。根据《国家预算管理条例》的要求，坚持“量入为出、量力而行、收支平衡、略有结余”的原则，不打赤字，并按年末总支出预算的1～3%安排总预备费。

1995年，根据《中华人民共和国预算法》要求，松阳县预算收入的编制与国民生产总值的增长率相适应；预算支出的编制，贯彻厉行节约、勤俭建国的方针，坚持统筹兼顾、确保重点，在保证政府公共支出合理需要的前提下，妥善安排其他各类预算支出。是年始，省对经济欠发达地区县（市）实行“两保两挂”政策，省财政补助与地方财政收入挂钩，全县财政预算收入（含省补助收入）做到“一年早知道”，财政预算真正实现收支平衡。1997年，预算编制坚持适度从紧，加大经济结构调整力度，支持经济建设和各项事业发展，强化税收征管，保证重点需要，提高财政资金使用效益，实现全县财政总平衡。

2004年，按照公共财政的要求，县财政局调整预算支出范围，优化财政支出结构，。采用零基和细化预算编制的办法，按照各部门实际支出需要调整和优化预算支出。压缩一般性经费支出，坚持按进度拨款，及时拨付各项财政资金，严格控制预算追加，确保机关事业单位工资的及时发放和重点支出资金需要。2005年，印发《松阳县部门预算编制暂行办法》，启动部门预算编制工作，对部门预算编制的原则、范围、内容、程序和方法做出具体明确的规定。2006年，深化部门预算改革，在司法局、纪检委、环保局等单位开展部门预算编制试点工作；年末，全面部署推行2007年部门预算。

2007年，落实“支出一个口子”的财政管理模式。调整财政科室的部分职能，实行分口管理；全面应用“资金申拨系统”，规范预算资金拨付流程，加强会计核算工作，规范财政支出管理。在行政事业单位中全面推行部门预算改革，通过细化和公开预算的编制原则、程序、方法、定额标准，增加预算编制的透明度，强化预算约束的刚性。是年，松阳县级财政确保重点支出，大力支持“三农”、教育、科技和卫生事业的发展，实行“三控、四压、五保”。“三控”即控制支出总量，控制追加预算，控制基建支出；“四压”即压一般会议支出，压外出考察出国差旅费，压公车购置，压公务接待开支；“五保”为保政权建设，保社会稳定，保公共事业，保城乡统筹发展，保重点需要支出。2008年，运行“支出一个口子”的财政管理模式。上线运行“资金申拨系统”，指标管理、资金申拨到审核、批复等各业务环节之间的配合趋于稳定，提高资金拨付效率。推进部门预算改革，改进和规范预算编制工作。按照收支平衡、零基预算和综合预算相结合、部门预算原则，依托信息化建设平台，运用“金财工程”中的部门预算编制软件，切实细化预算编制，强化预算管理，做到一个部门一本预算，全面实施部门预算改革，增加预算编制的透明度。

2009年，松阳县制定《财政性资金审批拨付管理办法》，完善预算支出改革，完善“支出一个口子”的财政管理模式。运行国库集中支付改革试点，为全面推行国库集中支付改革积累经验。2010年，加强预算编制管理。按照“三个子”（笼子、盘子、口子）要求，强化非税收入管理和结余资金管理，增强收入“笼子”统筹力度；执行“两上两下”预算编制程序，把基本支出预算和项目支出预算即一个口子的编制和批复细化到基层预算单位，优化预算“盘子”使用的科学性。实施全口径财政支出预算调整，增强预算完整性。加强预算执行管理，推进国库集中支付制度改革，在试点工作基础上全面启动扩面工作，把试点单位从2家扩面至9家，代理银行增至2家，扩面单位上线运行。加强财政资金安全和财政资金用款计划管理，按照流程办理资金拨付。完善财政临时借款相关程序，借款单位在凭相关批件基础上，与财政部门签订借款协议，明确借款单位责任。加强预算监督绩效管理。实现绩效评价向绩效管理转变，着力提高财政资金使用绩效，探索部门绩效评价的有效途径和方法，增强评价工作的客观性和科学性，建立多层次的评价考核体系，用不断地反馈和应用评价结果来实现政府部门绩效预算的目的。是年始，预算支出在保证公共服务支出的基础上，每年财政收入增量部分确保有70%以上用于民生支出。

预算收支编制范围

预算由预算收入和预算支出组成。1994 年以前，预算收入项目有：企业收入及国营企业所得税类，具体按企业性质分别计算利润（包括调节税）和国营企业所得税及国家批准粮油、棉花、市场用煤等价差补贴；企业上交基本折旧基金，下设工业、交通企业；各类税收下设工商税、增值税、工商所得税、中外合资经营企业所得税、外国企业所得税、个人所得税、其他工商税（车船使用牌照税、城市房地产税、屠宰税、牲畜交易税、集市交易税）、税款滞纳金补税罚款、盐税、农业税、契税；其他收入类下设规费、罚没收入和排污费等。预算支出项目有基本建设支出、企业挖潜改造资金、简易建筑费、科技三项费用、工交商事业费、企业流动资金拨款、农林水利部门事业费类、支援农村生产支出类、文教科学卫生事业费类、其他部门事业费类、抚恤和社会救济费类、国防战备费类、武装警察部队经费类、行政管理费类、其他支出类。

1995 年，实施分税制后，一般预算收入科目有工商税收类、农牧业税和耕地占用税费、企业所得税类、国有企业上缴利润类、国有企业计划亏损补贴类、国家能源交通重点建设基金收入类、基本建设投资归还收入类、其他收入类、国家预算调节基金类、专项收入类、罚没收入和行政性收费收入类共 12 类。一般预算支出科目有基本建设支出类、企业挖潜改造资金类、简易建筑费类、地质勘探费类、科技三项费用类、流动资金类、支援农村生产支出类、农村水利气象等部门事业费类、工业交通等部门事业费类、商业部门事业费类、城市维护费类、文教卫生事业费类、科学事业费类、其他部门事业费类、抚恤和社会福利费类、国防支出类、行政管理费类、公检法支出类、价格补贴支出类、支援不发达地区支出类、其他支出类、总预备费类、专项支出类、农业综合开发支出类共 24 类，类下设具体项目，分部门编制。

1998 年，一般预算科目不分类，预算收入有增值税、营业税、企业所得税、企业所得税退税、外商企业和外国企业所得税、个人所得税、资源税、固定资产投资方向调节税、城市维护建设税、房产税、印花税、城镇土地使用税、土地增值税、车船使用税、屠宰税、筵席税、农业税、农业特产税、耕地占用税、契税、国有资产经营权益、国有企业计划亏损补贴、行政性收费收入、罚没收入、土地有偿使用收入、专项收入、其他收入共 28 款。预算支出有基本建设、企业挖潜改造资金、简易建筑费、地质勘探费、科技三项费用、流动资金、支援农村生产、农业综合开发、农村水利气象等部门事业费、工业交通等部门事业费、流通部门事业费、文体广播事业费、教育事业费、科学事业费、卫生经费、税务统计财政审计等部门事业费、抚恤和社会救济费、行政事业单位离退休经费、社会保障补助支出、国防支出、行政管理费、外交外事支出、武装警察部队支出、公检法司支出、城市维护费支出、政策性补贴、支援不发达地区支出、土地开发建设支出、专项支出和其他支出、总预备费共31款。

2007年1月1日始，全面实施政府收支分类改革。政府收支分类体系由“收入分类”“支出功能分类”“支出经济分类”三部分构成。收入分类主要反映政府收入来源和性质，分为类、款、项、目4级。支出功能分类主要反映政府活动不同功能和政策目标，分为类、款、项3级。支出经济分类主要反映政府支出经济性质和具体用途，设类、款2级。

根据《中华人民共和国预算法》规定，地方各级政府预算的编制内容除本级的预算收入和预算支出外，还包括上一年度结余用于该年度安排的支出、上级返还或者补助的收入；返还或者补助下级的支出、上解上级的支出和下级上解的收入。同时要求，各级政府预算按照复式预算的要求，分别编制政府公共预算、政府性基金预算、国有资产经营预算、社会保障预算、政府性债务收支计划以及加强对预算外资金的管理。

预算审查执行

根据《中华人民共和国预算法》的有关规定，县政府财政部门按照国务院及上级财政部门关于编制下一年预算草案的指示，应当在本级人民代表大会会议举行的一个月前，将本级预算草案的主要内容提交本级人民代表大会有关的专门委员会或者根据本级人民代表大会常务委员会主任会议的决定提交人民代表大会常务委员会有关工作委员会进行初步审查。县人民政府在本级人民代表大会举行会议时，向大会作关于本级总预算草案的报告，提请大会审议和批准。乡镇政府应当及时将本级人民代表大会批准的本级预算报上一级政府备案。县人民政府应当及时将经本级人民代表大会批准的本级预算及下一级政府报送备案的预算汇总，报上一级政府备案，并将下一级政府报送备案的预算汇总后，报本级人民代表大会常务委员会备案。各级政府预算经本级人民代表大会批准后，本级政府财政部门应在一个月内向本级各部门批复预算。各部门应当及时向所属各单位批复预算。

预算年度开始后，县、乡（镇）人民政府预算草案在本级人民代表大会批准前，本级政府可先按照上一年同期的预算支出数额安排支出；预算经本级人民代表大会批准后，按照批准的预算执行。根据《中华人民共和国预算法》要求，预算收入征收部门必须依照法律、行政法规规定，及时、足额征收应征的预算收入。不得擅自减征、免征或者缓征应征的预算收入，不得截留、占用或者挪用预算收入。各级财政部门必须依照法律、行政法规和国务院财政部门的规定，及时、足额地拨付预算支出资金，加强对预算支出的管理和监督。政府各部门、单位的支出必须按照预算执行。各部门、单位应当加强对预算收入和支出的管理，不得截留或者动用应当上缴的预算收入，也不得将不应当在预算支出的款项转为预算内支出。财政、税务等部门在预算执行中，应当加强对预算执行情况的分析；发现问题时应当及时建议本级政府采取措施予以解决。

1993年始，在编制县财政预算收支月报时即开始进行月度收支分析，实行预算执行情况动态管理。1997年始，每年县财政部门于第三季度末，分析和预测全年预算收支平衡情况，提出增减调整方案，并提请本级人民代表大会常务委员会审查和批准。2009年，针对预算单位年度结余结转资金逐年增加、预算执行进度缓慢的实际，丽水市人民政府先后出台《关于清理整合和规范财政预算资金管理的通知》和《关于加快推进公共财政管理改革的实施意见》，要求对财政安排一次专项开展结余资金清理回收工作，并将年度预算安排与单位上年度预算执行进度或预算执行率相挂钩，对于预算执行进度缓慢的部门，在下一年度的支出预算安排时相应核减。

第二节　部门预算

预算内容

部门预算由本部门及其所属各单位预算组成。预算编制坚持综合预算、“量入为出、收支平衡”“优化支出结构，坚持突出重点，兼顾一般”、精细化预算等原则，硬化预算约束。人员经费、公用经费严格实行“定员定额”，所有财政专项资金都应编制项目预算和政府采购预算。预算一经批准，在执行中不得随意调整。部门预算分为收入预算和支出预算两部分。部门收入预算包括财政拨款、预算外资金收入、政府性基金收入、事业单位经营服务收入、上级补助、附属单位上缴收入及其他收入。部门支出预算包括基本支出和项目支出。基本支出预算包括人员经费支出、日常公用经费支出、对个人和家庭的补助支出；项目支出预算包括购置项目支出预算、基建修缮费支出预算及其他专项支出预算。2007 年始，基本支出、项目支出的功能科目从“款”级细化到“项”级，经济科目按新的政府收支分类；单位申报的项目支出要明确测算依据和预期目标，逐步纳入项目库管理。

预算编制程序

部门预算编制实行“两上两下”程序。编制时间一般为上一年的 8～9 月开始部署，至次年同级人民代表大会结束后一个月内完成。具体流程：“一上”指各级预算部门审核、分析、汇总本部门及所属单位的预算，形成部门总收支预算计划，连同所属单位预算建议计划，于 10 月末前，一并报送财政部门，有政府性非税收入的单位，同时填报“非税收入表”；“一下”指财政部门对各部门报送的部门预算建议进行初步审核，按照本级财力和预算编制要求，经综合平衡，提出部门和单位预算控制数，并于 11 月末前下达到各部门；“二上”指各部门根据财政部门下达的预算控制数和本部门年度工作计划和事业发展规划，分轻重缓急，调整、补充和完善本部门总预算草案，于 12 月中旬报送财政部门；“二下”指财政部门会同有关部门进一步审核部门汇总的预算收支数据，并汇总编制本级财政收支预算草案，按法定程序由本级政府提请市人民代表大会审议批准。财政部门在一个月内分部门或项目批复到一级预算部门，一级预算部门再据此批复到二级预算或基层单位。

收入预算编制

部门（单位）收入预算包括财政预算内拨款（补助）资金、预算外资金财政专户拨款和其他收入。收入预算编制到具体收入项目。对财政预算内拨款（补助）资金，结合上年度本部门（单位）支出预算和本部门（单位）收入情况编报；对预算外资金财政专户拨款和其他收入，根据部门（单位）性质和现行财务收支状况测算编报。财政部门根据部门（单位）上年预算外收入预计数，考虑不可比因素核定部门（单位）收入计划数，单位收入先用于经常性综合定额安排，剩余部分的 40%由政府统筹，60%用于部门（单位）专项支出和事业发展支出，定补和经费自负事业部门（单位）不统筹。按规定应上缴财政的罚没收入，按照罚缴分离的要求由代收机构代缴入库，不列入部门（单位）收入预算用于各项支出；公安、法院、工商、计生、环保5个部门的行政性收费上缴国库，其他部门的各项行政事业性收费收入按预算外资金财政专户的管理要求，实行收支两条线管理。政府性基金和专项资金收入按其财务管理办法逐项编报。

支出预算编制

部门（单位）支出预算主要包括基本支出预算、项目支出预算、政府性基金支出预算等。部门（单位）支出预算编制，按照零基预算原则编制。部门（单位）基本支出预算包括人员支出、对个人和家庭的补助支出及日常公用支出的预算。人员支出预算按部门（单位）编制内实有人数和国家确定的工资标准、国家及省市出台的津贴、补贴标准进行审核编制。人员支出预算具体包括在职人员的基本工资、津贴、奖金、社会保障缴费、其他支出等。对个人和家庭的补助支出预算具体包括离休费、退休费、退职（役）费、抚恤和生活补助、医疗费、住房补贴、助学金及其他等。日常公用支出经费编制分一般公用支出、车辆经费支出、专项公用经费。

一般公用支出按人均综合定额计算编制，综合定额项目由办公费、水电费、邮电费、交通费、差旅费、维修费、租赁费、会议费和培训费等组成，部门（单位）综合定额按不同性质、不同类型进行分类分档编制。车辆经费支出按单项定额计算编制，包括维修费、油料费、保险费和养路费等，定额按部门（单位）编制内小汽车数核定。

专项公用经费包括部门（单位）的工作经费、办案经费及领导经费。部门（单位）项目支出预算包括购置项目支出预算、基建修缮支出预算及其他专项支出预算。购置项目支出预算主要包括办公设备购置、专用设备购置、交通工具购置等购置支出。基建修缮支出预算指基本建设及修缮支出，各部门（单位）应逐项填列基建修缮专项支出预算项目，做好充分的论证工作，重大项目应提供项目立项材料。

其他专项支出预算指行政事业部门（单位）按照国家或县委、县政府有关规定，召开的一类会议、开展某种专项业务活动或完成特定工作任务而发生的支出项目。各部门（单位）结合本部门（单位）的工作性质，有重点的进行编排，并提供详细的项目支出内容、资金来源渠道的情况说明。

政府性基金支出预算编制

因政府基金收入而安排的支出预算。在编制时，有关部门（单位）应根据各类基金分项填列。为简化程序，提高预算外资金预算安排的科学性、规范性，2010年，改革预算外资金预算编制办法。具体规定：除定额补助单位、自收自支单位、全额单位中不实行政府统筹的单位外，其他单位均纳入政府统筹范围；预算外收入直接按毛收入进行政府统筹，具体统筹方法以2008年政府应统筹数为基数，财政每月按全年基数的月均数划扣统筹数，收入计划数减去统筹基数后作为单位的专项资金安排；为便于单位资金的使用，年初预算时一般不再安排预留资金，直接把该项资金落实到具体项目；为提高效率和资金整合，原则上要求单位在每年的11月把全年的预算外超收资金使用计划报财政部门审批，11月以后出现的收入超收经预算外资金决算后结转下年支出。

第三节　决算编制

1949年6月，县行政机关粮款支出按月编制决算表，连同支出凭证送专署报销，决算于次月8日前报专署财政科审批。如不按期报送，则该月经费暂缓发给。县级各机关单位每月决算在月终后5日内送财政科审核汇总上报。

1953年，建立县级财政，县级开始试编年度收支决算。县财政收支决算编报制度逐步健全。决算编制由下而上逐级审核汇编。

1953年始，规范县财政收支总决算编报内容。内容包括：反映收支预算执行结果的收支决算数，包括收支决算总表、收入、支出决算明细表及资金活动明细表；反映行政事业单位机构人员和各项事业成果的基础数字；补充说明某些决算收支数字的详细情况的附表和说明。财政收支决算的编制事先要有充分准备，做好年终收支清理工作：核对收支数字，清理应收、应付款，清查财产物资等。要根据规定和要求编报，保证情况属实，数字完整，编报及时。决算的编报和审批程序与预算相同。

1995年始，按照《中华人民共和国预算法》和《中华人民共和国预算法实施条例》规定，县人民政府、各部门、各单位在每一预算年度终时，清理核实全年预算收入、支出数字和往来款项，做好决算数字的对账工作。各部门在审核汇总所属各单位决算草案基础上，连同本部门的决算收入和支出数字，汇编成本部门决算草案并附决算草案详细说明，在规定期限内报本级政府财政部门审核。县财政部门根据本级各部门决算草案汇总编制本级决算草案，报本级政府审定后，由本级政府于9月之前提请人民代表大会常务委员会审查和批准。在向人大常务委员会作关于决算草案报告时，同时提交决算编制说明、一般预算收支结算表、基金预算收支决算表以及审查、批准决算所需的其他材料。

县财政部门于每年2月、3月编制上年度财政总决算报表，决算报表内容根据省财政厅的部署，每年都有所变化。2007年，政府收支实施分类改革后，财政总决算报表共分一般预算、政府性基金、国有资本经营预算、预算外财政专户资金决算、政府性收支及资产负债总况、补充材料6个部分，共需上报30份报表。

其中，一般预算设8张报表，具体为一般预算收支决算总表，一般预算收入预算变动情况表，一般预算支出预算变动及结余、结转情况表，一般预算收入决算明细表，一般预算支出决算功能分类明细表，一般预算收支决算分级表（分县、乡镇两级），民族自治地区一般预算收支决算表，县一般预算收支及平衡情况表。政府性基金设6张表，具体为政府性基金收支决算总表、政府性基金收入预算变动情况表、政府性基金支出预算变动情况表、政府性基金收支结余情况表、政府性基金收支结算分级表、县政府性基金收支及平衡情况表。国有资本经营预算设4张表，即国有资本经营预算收支决算总表、国有资本经营预算收支决算明细表、国有资本经营预算收支决算分级表、县国有资本经营预算收支及平衡情况表，因丽水各县均未编制国有资本经营预算，因此结算报表未编报。

预算外财政专户资金决算设 5 张表，具体为预算外财政专户资金收支决算总表、预算外财政专户资金收入决算明细表、预算外财政专户资金支出决算功能分类明细表、预算外财政专户资金收支决算分级表、县预算外财政专户资金收支及结余情况表。政府性收支及资产负债总况设 4 张表，具体为政府性收支决算总表、预算资金年终资产负债表、预算外财政专户资金年终资产负债表、社会保险基金收支决算表。补充材料设 3 张表，具体为基本数字表、乡镇财政基本情况表、经济分类表。

2000 年前，松阳县财政决算报表在直接上报省财政厅同时，报地区财政局，由地区财政局汇总，编制全区财政总决算报表，上报省财政厅。2000～2010 年，松阳县决算报表直接报省财政厅，同时报丽水市财政局，由丽水市财政局汇总编制全市决算报表上报省财政厅。

第六章 财政管理

中华人民共和国成立初期，行政事业单位定员定额管理，执行供给标准。1953 年，建立单位预算。1955 年 7 月，执行浙江省国家机关行政经费开支标准。1982 年，实行“核定预算，包干使用，节余留用”。1997 年，根据《浙江省事业单位预决算管理制度》等，规范事业单位财务、会计行为。2001 年，成立县机关会计核算中心，全面推行机关事业单位会计集中核算制度。同时，加强基本建设财务管理、国营企业财务管理、预算外资金的收支管理、农业财务管理、会计管理、财政监督等工作。

第一节 行政事业单位财务管理

中华人民共和国成立初期，行政事业单位定员定额管理，执行供给标准。1953 年，建立单位预算，按规定开支标准，实报实销。1955 年 7 月，执行浙江省国家机关行政经费开支标准。1960 年始实行“归口管理，总额包干，节余留用”。1982 年，实行“核定预算，包干使用，节余留用”办法。1986 年，乡（镇）村行政事业费列入乡（镇）财政收支预算。

1987 年，行政事业单位财政经费实行“财政包干，结余留用”的办法。实行包干后，各单位的年终积余可留到下年度继续使用，也可适当改善集体福利设施；超支，原则上不予追补。1992 年，差额预算管理单位和自收自支管理单位建立医疗基金、修购（折旧）基金、事业发展基金、职工福利基金、职工奖励基金和后备基金。

1993 年，事业单位可以按创收总收入（不包括行政收费和管理费收入）提取一定比例的劳务在费用中列支。对一些具备创收能力的事业单位，鼓励其从全额向差额、差额向自收自支（企业化）预算形式过渡。1997 年，根据《浙江省事业单位预决算管理制度》等，进一步规范事业单位财务、会计操作行为。2005 年，把事业单位划分为监督管理类、社会公益类、中介服务类和生产经营类，并对其分别制定收入分配管理办法。至 2010 年，仍按这一分类管理。

差旅费

1956 年 6 月，松阳县根据省财政厅关于修改差旅费标准的通知，对差旅费的开支标准作出补充规定。其中，途中伙食补助费，徒步或乘坐车船达一天里程者，13 级以下人员每天补助 1 元。出差外地及县境内的途中伙食补助费，松阳至龙游、衢州、金华往返补给 1.20 元；松阳至杭州，往返补给 3.1 元；松阳至上海，往返补给 4.2 元；松阳至丽水，往返补给 0.6 元；出差在县境内者，徒步一天达 60 华里以上者补给 0.2 元。

1989年2月，根据省财政厅文件精神，松阳县再次调整差旅费开支标准。差旅伙食补助费，省外出差不分途中和住勤，按到达地区每人每天补助标准：深圳、珠海等7元，其他地区4元；省内出差，每人每天补助4元；县境内出差，每人每天补助2.4元。宿费，每人每夜限额标准为深圳、珠海等20元，一般地区15元；县境内不得超过6元。限额内按实报销，超过限额部分个人自负20%。交通费，规定省外出差每人每天补1元；省内出差凭据报销，不得乘坐出租机动车辆。

1990年7月，差旅费开支标准作部分调整。其中，出差伙食补助费标准：省外出差深圳、珠海每人每天补助10元，其他地区补助6元。住宿费，每人每夜限额标准，省外各地提高到25元，省内出县提高到18元，超过部分30%自负；最高省外不得超过40元，省内不得超过30元，不到限额节约部分30%奖给个人；县境内仍为不得超过6元。市内交通费，省内出差按原规定执行，省外出差每人每天2元，包干使用。

1991年，实行节奖超罚办法，规定出差、住宿费标准，到深圳、珠海住宿费为每人每天25元，省外其他地区20元，省内出本地区18元，地区内出县15元；出差人员实际支出低于上述标准的，节约部分70%奖给个人，超出标准部分自负30%。伙食补助标准为出差深圳、珠海每人每天10元，省外其他地区为6元。1996年7月，地区所辖（县）市补助10元，出差省外一般地区15元，特殊地区（海南、深圳、珠海、厦门、汕头）20元，之后经数次调整。

2007年10月，行政机关工作人员差旅费重新制定。副处职务以上交通住宿费按实报销，科级及其以下工作人员住宿费限额每人每天省外200元、省内150元，公杂费（包括市内交通费和通信费等）每人每天省外限额30元、省内15元。出差伙食补助费标准每人每天省外50元、省内30元。短期培训班学习伙食补助费每人每天省外25元、省内15元，培训班3个月以上减半。汽车驾驶员出差补助标准与一般工作人员相同，驾驶员里程补贴标准调整为每千米0.12元。驾驶员每月各项补贴合计标准400元。至2010年，仍执行这一标准。

车辆运行经费

实行单车定额补助、包干使用的办法。1995年，行政事业单位编制内公务车辆，每辆经费年定额为9000元，1997年调整为15000元，2003年提高到25000元。2006年，小汽车调整为30000元，其他车辆为22000元。2009年，小汽车提高到35000元，其他车辆为27000元。

会务费

1992年4月，会议补贴执行标准为：一类会议（党代会、人代会、政协会议）代表和工作人员每人每天自交伙食费2元，财政补贴18元；二类会议代表和工作人员每人每天补助15元。2002年3月始，工作人员参加各类会议（除洽谈会、订货会），其伙食费、住宿费和公杂费由主办会议单位统一开支，不脱产人员由组织单位每人每天发给误工费30元。至2010年，仍执行这一标准。

通信费

1993年11月，副处级及以上干部每月电话费报销150元，科级干部60元，其他干部40元，副处级以上离退休干部60元。1995年，现职处级以上干部经财政审批陆续配发移动电话“大哥大”。

1997年1月，调整住宅电话包干标准，县处级以上干部每月180元，正科级100元，副科级75

元，其他干部50元。8月，根据行署办公室《清理公款配置移动电话的通知》，各级政府工作人员已用公款配置移动电话，按配置条件（特种岗位），话机归单位所有，单位结算、限额报销，此后停止公款配置移动电话。

1998年4月，机关干部公费住宅电话实行折价处理给个人，副科级以上和特殊岗位干部折价500元，产权归个人所有。事业单位原则上不得用公款配置移动电话，个别单位和岗位确需经常处理急事要事的，必须定岗使用，并列入固定资产管理。现有住宅电话和移动电话一律折价处理给个人，住宅电话按每部1000元标准，经批准安装的收取30%价款，未经批准安装的收取45%价款。移动电话按4000元标准折价。2001年7月，已用公费安装的住宅电话（除保密电话）按现行电话初装费30%，一次性折价外理给个人。

2001年1月始，浙江省党政机关工作人员公务无线通信补助费标准作出新规定：县委、县人大常委会、县政府、县政协正职120元，县委、县人大常委会、县政府、县政协副职100元；县直机关各部门正职，乡镇（街道）党委、人大、政府正职为80元，县直机关各部门副职，乡镇（街道）党委、人大、政府副职为60元。特殊岗位用公款配置的移动电话，一律折价给个人；用公款配备的传呼机免费过户给个人，月租费自理。8月1日始，县委副职、常委和县人大常委会、县政府、县政协副职住宅电话补助费调整为80元。

2005年1月1日始，调整党政机关工作人员住宅电话补助费标准：县委、县人大常委会、县政府、县政协正职为120元，县委、县人大常委会、县政府、县政协副职为100元；县直机关各部门正职，乡镇（街道）党委、人大、政府正职为80元；县直机关各部门副职，乡镇（街道）党委、人大、政府副职为60元。至2010年，仍执行这一标准。

第二节　基本建设与国营企业财务管理

基本建设财务管理

1991年至1995年10月，松阳县委托建行松阳县支行承担本级政府基本建设财政投资贷款计划和建筑企业年度财务收支计划，办理各部门之间年度基本建设贷款指标及建筑企业财务指标的调剂划转工作，负责基本建设年度财务决算，以及有关财务管理制度，拨款、贷款管理和财政监督。1995年10月始，县财政局收回原委托建设银行代行基本建设财政管理职能，负责对各部门各地下达、调整、划转基本建设支出预算，并参与重点基本建设项目评估，可行性研究和扩初设计审查，参与重点项目的概算、预算和决算。

1996年6月，县财政局执行省财政厅《建设工程预决算审查管理暂行办法》，主要对工程预算、招标工程标底和竣工结算审查。从7月1日始，国有单位基本建设工程的预算、招标工程标底和竣工财务决算报同级财政部门组织审批，也可由财政部门委托有资质的工程预、决算审价机构评审后由财政部门审批。是年始，按照《浙江省基本建设资金管理暂行办法》规定，各建设单位所需建设资金按所属关系，由各级财政基本建设管理部门按下达的基本建设支出预算，通过划转方式，拨付到建设单位所在经办银行开设的基本建设基金存款专户，并根据工程进度和资金可能，实行分次拨款。对“拼盘”（资金来源于不同投资者）的基建项目，在其他资金到位的前提下，按工程进度和投资比例进行拨款。

1998 年 1 月，按照省财政厅工程价款结算办法，工程价款结算审查时按资金来源不同，由审价机构分别审查。财政性资金投入和国有单位用自筹资金建设，由同级财政部门或委托社会审价机构进行审查；用其他资金进行建设的，由发包单位自行委托社会审价机构审查。是年始，根据地区行署规定，基本建设支出预算和基本建设计划是拨付建设资金的依据。有财政性资金投入的建设单位，需及时向所在政府财政部门提交建设项目建议书，初步设计批准文件和项目概算，以及项目可行性报告、施工图及施工图预算、施工合同、开发许可证等文件资料复制件。对利用预算外资金和地方税费附加收入安排的基本建设资金以及国有单位自筹的基本建设资金，需在财政部门指定的银行开设专门账户，建设单位上报年度用款计划，填报基本建设资金来源审批表，经主管部门签署意见后，报送同级财政部门审查，由财政局按照工程总投资、年度投资计划，并根据施工合同及工程进度，办理资金拨付。凡实行集中支付的建设项目，除按规定并经政府批准不进行公开招投标的项目外，均须实行招投标，否则不予拨付资金。

1999 年 1 月，建立建设项目工程概预（结）算、竣工决算审查情况定期报告制度。规定要求分别于 7 月 15 日前和次年 1 月 15 日前把县上半年和全年的审查总结报告报地区财政局，地区财政局于 7 月 20 日前和次年 1 月 20 日前报送省财政厅。

2001 年，财政部发布《财政投资评审暂行规定》，财政投资评审对财政性投资项目的工程概算、预算、竣工决（结）算进行评估和审查，以及对使用科技三项经费、技改贴息、国土资源调查费等财政性资金项目情况进行专项检查。2002 年，成立财政投资工程预决算评审中心，进一步加强基本建设财政管理。2007 年 8 月，财政投资工程预决算评审中心更名为财政项目预算审核中心。

2002～2010 年松阳县重点项目工程投资情况表

表 17-6-2-1

工 程 名 称	建 设 内 容	总投资（亿元）	建设时间（年）
龙丽高速公路松阳段	高速公路 52.3 千米	24.6	2002～2007
50 省道松阳三里亭至雅溪口改建工程	三里亭至雅溪段，主线 26.4 千米，一级公路；连接线 2.4 千米，二级公路	3.97	2010 年开工未竣工
康庄工程	路基、路面各 963 千米，乡道硬化 55.1 千米	3.85	2004～2011
龙泉安福至松阳大东坝公路（松阳段）	二级公路，29.583 千米	2.22	2007 年开工未竣工
县工业园区四期基础设施	开发面积 940.6 亩	1.83	2008 年开工未竣工

续表 17-6-2-1

工程名称	建设内容	总投资（亿元）	建设时间（年）
农民饮用水安全工程	总供水能力每日2万吨，解决饮用水不安全人口6.21万	1.33	2007～2012
松阳县人民医院迁建工程	核定床位400床，总建筑面积4560平方米	1.29	2010年开工未竣工
千库保安工程	24座小（二）型以上水库和89座山塘除险加固	1.15	2004～2010
王村工业区块基础设施	安装污水管道9.5千米，4.2万吨/日污水提升泵站1座，2.5万吨/日供水加压泵站1座，开发面积1349亩	1.47	2009年开工未竣工

国营企业财务管理

1991年以前，财政部门重点对国有企业从利润、折旧基金、流动资金、固定资产等多方面进行全面微观管理。1991年始，随着经济体制改革的不断深入和现代企业制度的逐步建立，财政逐步退出企业财务微观管理领域，开始向制定相关产业扶持政策、培植涵养财源的宏观管理转变。1995年，县财政部门积极参与国营企业的股份制改革工作。全县国营工业企业分别采用股份有限公司、有限责任公司、股份合作制、转让、兼并、破产、拍卖、合资合作、委托经营、解体分流等各种改制形式，改革产权制度。至 2003年末，全县国有工业企业改制工作基本结束。

2007年，办理松阳县中小企业贷款担保公司、松阳县工程建设监理有限公司国有注册资本增资和新设立松阳县新绿园林绿化工程有限公司，完善公司法人治理结构。制定《国有资产营运机构经营目标责任制和机构费用预算管理工作意见》，设置国资营运机构五大考核指标、对机构费用的监管、实行年度财务会计审计制度、实行公司财务和项目财务总监委派制度，加强对国资营运机构财务风险和重点项目的财务监管。

2008年初，完成对县供电局、县水厂2007年度工效挂钩情况的结算考核。安排拨付预算资金956万元，用于消化供销社地方政策性挂账。对2005年度县级储备粮油进行轮换公开拍卖，共涉及早稻谷150万千克、周转早稻谷100万千克、菜油4.5万千克，拍卖销售收入491.44万元，增加差价83.05万元。

第三节　农业财务管理

乡镇企业财务管理

1993年以前，乡镇企业执行1987年省财政厅、省乡镇企业局制订的乡镇企业财务制度和乡镇企业会计制度。企业固定资产标准为使用期限在1年以上、单位价值在200元以上，不同时具备上述两个条件的为低值易耗品。固定资产按月提取折旧，控制在综合水平不超过10%、综合折旧率年提取比例不超过10%。各类固定资产残值比例在原值3～5%。低值易耗品统一采用五五分摊法摊入成本。财产清查中发现的材料、产品、商品盘亏和损坏，属于定额内损失的报主管部门和财政部门审批，核销超定额损失，列入生产经营成本或商品流通费用。由于自然灾害发生毁损，经县主管部门和财政部门批准核销后，列作营业外支出。

乡镇企业列入生产经营成本的工资统一按成本（计税）工资计算，标准由财税部门核定。按销售收入额或营业额提取企业管理费，工业企业按销售收入0.3～0.5%，商业、饮食服务业按营业额0.1～0.3%，加工修理和提供劳务，按收益额0.5～1%提取。管理费由企业按季上缴主管部门进行分配，分配比例乡（镇）村50%、县（市）主管部门30%、省市（地）主管部门各10%。企业税后利润除支付税后投资分红外，留给企业部分不少于80%，其余部分上缴乡村主管部门。乡镇企业设发展基金、技术开发基金、福利基金、奖励基金、教育基金、养老保险基金、大修理等专用基金。其中技术开发基金，工业、交通运输、建筑安装企业按销售总额1%按月提取；福利基金按工资总额（扣除副食品补贴和奖金，下同）11%提取；奖励基金按企业完成年度利润计划，按期纳税，经主管部门核定，财税部门审核同意，按工资总额5%从利润总额中提取；教育基金按工资总额1.5%计提；教育培训基金按销售总额0.05%计提。固定资产大修理费用不实行预提，发生时直接计入成本（费用），若金额较大，列入当年成本（费用）会使企业发生损失的，可转入待摊费用处理。

1993年7月1日，省财政厅制订《乡镇企业执行新的企业财务制度若干政策问题》和《乡镇企业执行新会计制度问题的处理规定》，明确规定，主管乡镇企业财务机关是财政部门；建立按投资主体划分资本金制度；按照“企业会计准则”，改变会计核算基本平衡公式；改革投资管理和核算方法，调整固定资产计价标准及核算范围；调整流动资金管理和核算方法；改变成本核算方法，实行制造成本法；调整有关成本费用及税后利润分配提取比例和用途；改革财务报表体系，建立新的财务评价指标。实行经营承包责任制的乡镇企业，其性质和隶属关系不变，企业所有权仍归投资者所有。乡、村主管部门或董事会要与承包人签订合同，明确双方责任和权益。

从1996年开始，乡镇企业经历股份合作制改造和产权制度改革，财政部门逐步从企业微观管理领域退出。

农业综合开发资金管理

农业综合开发资金主要来源包括中央和省级财政投入（国家立项项目包括中央、省财政投入，地方立项项目为省级财政投入）以及市、县财政和乡镇财政配套投入资金、农业综合开发专项贷款、农村集体和农民自筹资金。

1999年3月，省财政厅制定的《浙江省农业综合开发资金管理办法实施细则》规定，农业综合开发资金投入坚持“自力更生为主、国家扶助为辅”和“控制规模、限定投向、健全制度、加强监督”的原则，实行专户存储、专款专用、专人管理、专账核算。

2003年始，农业综合开发资金来源包括农民投工投劳（按劳折资）、企业自身积累投入的资金以及经过法定手续筹集的其他资金。上述各项资金由县财政部门按规定负责筹集。10月，根据省财政厅对配套资金的有关规定，土地治理项目以县地方财政收入为主要依据，确定松阳县地方财政资金占省以上财政资金配套比例为20%。

2004年始，县财政配套资金全部由县财政承担，不再要求乡镇财政负担。

农业综合开发资金主要使用范围：土地治理项目的水利、农业、林业等方面有关措施费用，包括建设灌渠、排水渠、兴建排灌站，建设机耕道路、桥梁，营造防护林带，农业机械购置，科技推广和勘测设计等方面的费用支出；农业产业化项目的设备购置、厂房建设，以及材料购置和技术组织措施费用等支出。项目前期工作费用按本级财政配套资金的2%提取，主要用于项目正式立项之前进行可行性研究、规划设计、评估论证等所需费用。

财政有偿资金实行逐级承借、统借统还的办法，主要用于国家或省级立项的农业综合开发项目。其中，用于土地治理项目的不收占用费，用于各种经营项目的按2‰月费率收取占用费。土地治理项目省以上财政资金从第四年度开始回收，每年回收25%，第七年全部还清；各种经营项目有偿资金按项目批复文件规定归还。2002年开始，全省农业综合开发用于土地治理项目的财政资金，实行全部无偿投入；2003年开始，产业化项目财政有偿资金全面推行委托银行贷款。

财政贴息资金，专项用于符合农业综合开发产业化经营项目扶持范围和立项条件的银行货款利息；申请财政贴息资金，限于具有一定规模的固定资产贷款项目，并按项目所属不同地区，一般要求落实银行贷款在500万元以上的方予贴息；期限1年，不超过2年；年贴息率为5%。

第四节　预算外资金与国有资产管理

预算外资金管理

1991～1992年，预算外资金的范围主要包括：法律、法规规定的行政事业性收费、基金和附加收入等；国务院或省级人民政府及其财政、计划（物价）部门审批的行政事业性收费；国务院以及财政部审批建立的基金、附加收入等；主管部门从所属单位集中的上缴资金；用于乡镇政府开支的乡自筹和乡统筹资金；其他未纳入预算管理的财政性资金；国营企业及主管部门收入。

1993年，财政部把83项行政收费项目纳入财政预算，预算外资金的范围有所缩小。1994年，预算外资金存入指定的商业银行专用账户，实行“收支两条线”管理。1995年，松阳县逐步巩固和完善财政专户存储和“收支两条线”管理办法，规范预算外资金的管理，堵塞“跑、冒、滴、漏”，借助经常性和专项性相结合的监督检查。

1996年，财政部门按国家规定收取的各项税费附加统一纳入县财政预算。调整后的预算外资金收入主要包括法律法规规定的行政事业性收费、基金和附加收入等，国务院或省人民政府及财政、计划（物价）部门审批的行政事业性收费，国务院以及财政部审批建立的基金、附加收入等，主管部门从所属单位集中的上缴资金，用于乡镇政府开支的乡自筹和乡统筹资金，其他未纳入预算管理的财政性资金。

2001年，对预算外资金收入实行收缴分离、收支脱钩的“收支两条线”管理。2003年，把预算外资金逐步纳入收入计划管理，由单位编制预算外资金收支计划，经财政审核后下达执行。按照省政府、省财政厅的要求，对公安、法院、工商、环保、人口和计划生育5个执收执罚部门收取的行政事业性收费和其他预算外收入，按照“单位开票、银行代收、财政统管”的征管体制，纳入预算管理。是年，非税收入范围确定为政府性基金、行政事业性收费、罚没收入、其他财政性资金等。

2004年，预算外资金收入计划涵盖整个政府非税收入。县直行政事业单位的非税收入全面纳入部门预算，实行预算内外资金统筹安排，推行以零基预算为基础的经常性经费定额预算管理，实现预算外资金的收支脱钩。完善行政事业单位收入成本管理。单位设立收入项目成本费用专账，单独核算管理；强化财政部门对单位收入成本列支的核查，防止乱列成本支出和虚报成本挤占收入。全年进入财政专户的预算外收入(不含单位往来款)1.73亿元，比上年增长39.3%。

2005年，加强预算外存量资金结构分析，做好财政资金应急调度工作，通过资金调度缓解县里对部分重点项目资金调度应急需求，使政府按时归还各种贷款，保证重点支出资金需要。对2005年奖金福利分配统筹办法进行修改和完善。对2004年全年奖金福利发放额人均不足3500元的18个单位528人进行填补，对全年奖金福利发放额不足6000元的单位4000多人予以补发，共计支出260多万元。规范行政事业收费行为，减轻社会负担，平衡部门单位收入差距，加强预算外资金管理。查处乱收费等财政违法行为，联合人民银行对全县行政事业单位的银行账户进行清理，注销账户20多个。全年累计进入财政专户预算外收入（不含单位往来款）1.6亿元。

2006年，加强预算外存量资金的结构分析，做好预算外资金的应急调度工作，全年共计为政府筹集和调度应急资金3942万元，缓解政府对有关贷款项目资金调度的应急需求，保证重点支出的资金需要；开展财政专户往来款项专项检查，对2004年1月1日以后缴存财政专户的所有往来款项逐项开展一次专项检查，对检查中发现的混淆收入性质等问题进行严肃处理。开展2005年奖金福利统筹金的征收和填补工作，修订2006年奖金福利分配统筹办法，缓解部门收入差距。通过以上措施，规范行政事业收费行为，减轻社会负担，平衡部门单位收入差距，加强预算外资金管理。全年累计进入财政专户的预算外收入(不含单位往来款)3.04亿元，比上年增长87.75%。

2007年，界定政府非税收入范围，实行分类规范管理，完善征管体系，加强征管信息化建设，提高非税收入征缴率。严格执行“收支两条线”，强化票据审核和管理，认真查处违规收费和财政票据违章等行为，健全预算外收入征管体系，加强对行政事业单位罚没收入、一般预算外收入和专项收入的征收管理，增强政府统筹调控能力。全年进入财政专户的预算外资金（不含单位往来款）2.28亿元。做好2007年度奖金福利统筹金的征收和填补工作，缓解部门单位收入差距。共征收统筹金359万元，对人均年收入6000元以下单位及乡镇3951人补助415万元。加强预算外存量资金的结构分析，做好资金的应急调度工作，及时为政府筹集和调度应急资金5222万元，缓解政府对资金调度的应急需求。

2008年，加强预算外资金监管。通过严格执行“收支两条线”，强化票据审核和管理，认真查处违规收费和财政票据违章行为等，健全预算外收入征管体系，加强对行政事业单位罚没收入、一般预算外收入和专项收入的征收管理，起草并经县政府第十二次常务会议讨论通过《松阳县国有土地使用权出让收支管理办法》，加强土地出让金管理。全年进入财政专户的预算外资金（不含单位往来款）2.5625亿元。

2009年，健全预算外收入征管体系。加强对行政事业单位罚没收入、一般预算外收入和专项收入的征收管理，2009年进入财政专户的预算外资金（不含单位往来款）3.97亿元，比2008年增长55%。

国有资产管理

1988年1月，县财政局内设国有资产管理股，负责全县国有资产日常管理工作。2000年7月，县财政局内设国有资产管理股，挂国有资产管理局、县清产核资办公室牌子。承担县国有资产管理委员会的日常工作；负责国有独资及国有控股、参股企业的资产、财务的管理和监督；管理和指导国有资产营运；组织实施清产核资 、产权管理等基础工作；负责财政性公共资源统计；负责国有资产营运机构会计、财务总监和国有控股企业监事委派和管理；指导和监管国有资产产权交易。

2001年10月，不再保留松阳县国有资产管理局牌子。把原县国有资产管理局承担的资源性国有资产管理的有关职能交给县国土资源管理局、县林业局承担。

1995～2003年，全县国营企业推行股份制改革过程中，县财政部门对企业改制中资产评估、资产核销、资产剥离、资产提留和股权设置等财务各项进行监督管理。对企业在改制中清理出来的不良资产，包括坏账损失、投资损失、资产盘亏及报废损失等，按照现行财务制度规定，经严格审批后予以核销；加强对改制企业在净资产中提留企业社会保险及离退休人员养老、医疗、抚恤等费用审核管理；依法收缴国有资产收益，防止国有资产流失。帮助改制企业建立健全法人治理结构，完善内部财务会计制度，合理处理企业职工与股东利益分配关系。

2004年，制定《松阳县国资营运机构实行经营目标责任制和机构费用预算管理工作意见》，下达年度预算基数，明确预算费用安排，严格预算管理；加强国有产权督理，规范出资行为，建立产权管理档案体系；强化资本运作，逐步盘活存量资产。是年，国有资产处置收入4760万元。

2005年，对国资公司、交通发展公司、担保公司等国资营运机构进行注册资本变更验资，解决出资不到位的问题。全年清算和处置国有资产1700万元，及时收缴谢村源水库电站40.3%县属资产转让收益。首次开展全县国有资产普查，基本掌握全县资源性国有资产分布情况。

2006年，健全国有资产管理和监督体制，完善国有资本授权经营和出资人制度，完善国有公司法人治理结构、规范国有股权代表和财务总监制度，完善企业领导人的聘任制度，初步建立国有资本经营预算制度和企业效绩评价考核体系，强化国有资本运营监管机制，实现保值增值，防止资产流失。积极探索非经营性国有资产管理新模式。出台国有企业财务总监办法。理顺国资公司、交通发展公司、担保公司、农业发展公司等国资营运机构注册资本变更验资手续，解决国资营运公司注册资本不到位问题。

2007年，建立国有资产管理委员会（下设办公室）——国有资产营运机构——企业三个不同层次的国有资产监管营运体制，实现“管人、管事、管资产”三结合。有序开展全县行政事业单位资产清查工作，完成对全县191家行政事业单位资产清查工作。做好企业国有产权年检登记工作，年检登记国有资产8.63亿元。县国资公司对47间店面进行两年一次的招租，年租金收入92.3万元，同比增长28%。

2008年，加强国有资产处置，处置收入实行“收支两条线”管理。注重县直单位店面房出租的管理，规范行政事业单位房屋出租行为，把县级行政事业单位的经营性资产（如店面）分步移交给国资公司，由国资公司进行统一招租，统一管理，实现国有资产收益最大化。做好企业国有产权年检登记工作，办理33家企业和100多家行政事业单位国有产权年度检查登记。

2009年始，严格国有资产处置审批程序，所有处置均通过县招投标中心公开进行，处置收入实行收支两条线管理。规范行政事业单位房屋出租行为，对部分县直单位的店面房进行公开招租。

第五节　会计管理

执行会计制度

1989年，贯彻执行省人大颁发的《浙江省会计工作管理办法》。1993年7月，执行《企业财务通则》《企业会计准则》《企业财务制度》《企业会计制度》。1998年1月，执行财政部颁发的《财政总预算会计制度》《事业单位会计准则（试行）》《事业单位会计制度》《行政单位会计制度》。2000年7月，执行《中华人民共和国会计法》。2005年1月，执行《企业会计制度》《民间非营利组织会计制度》《村集体经济组织会计制度》，同时，国有企业、外商投资企业、非国有大中型企业全面执行《企业会计制度》；2月，不对外筹集资金、经营规模较小企业推行《小企业会计制度》。2007年1月，执行修订后的《企业会计准则——基本准则》。2010年4月，根据财政部、证监会、审计署、银监会、保监会联合颁发的《企业内部控制配套指引》，基本完成企业内部控制规范体系建设。

会计人员管理

1990年，开展会计普查。1991年，开展以会计上岗专业知识为主的培训。同时，建立会计证制度。1993年，对会计人员开展贯彻“两则两制”为主的业务培训及会计专业技术资格考试培训。1994年，进行新会计制度培训及会计专业技术资格考试、注册会计师考试培训。1995年，开展行业会计制度和会计电算化知识为主的培训。1997年，开展以《会计基础工作规范》为主的会计人员培训。1998年，开展会计知识更新为主的培训。1999年，推行会计人员继续教育为主的培训 。2000年，实行新《中华人民共和国会计法》为主的培训及会计电算化知识培训。

1988年后，全国实行会计专业技术资格考试。2002年，会计证更名为会计从业资格证书。2004年3月，执行《会计从业资格管理办法》《代理记账管理办法》，取消按规定学历可以免试取得会计从业资格证书之规定。是年，开展会计诚信档案管理制度试点工作，在全县400家企业建立会计诚信档案资料，提高会计从业人员的依法诚信理财意识。2005年10月至2006年6月，对原有效会计从业资格证书和会计从业资格证书（临时证）按照全国统一格式进行换证。2008年12月，凡在2008年末从事会计工作满30年的人员均可申请中华人民共和国会计人员荣誉证书。

会计集中核算管理

2001 年，松阳县机关会计核算中心成立，推行机关事业单位会计集中核算制度。会计核算中心根据单位授权，具体负责单位会计集中核算的日常工作。按照“三不变”原则，实行“五个统一”。“三不变”即现行财务管理体制和统计职能不变，年度经费预决算仍由单位编报；单位的理财机制不变，资金的使用权和审批权仍在单位；会计主体不变，单位的各项收支仍由各单位负责人审批并承担相应的会计法律责任。“五个统一”即统一办理资金结算，统一发放干部职工工资，统一会计核算，统一会计档案管理，统一财务公开。

2004 年，把县工业园区管委会、采购办、县建筑安全监督管理办公室、县计生公益金管委会等机构纳入中心实行集中支付、统一核算；工资统发和代扣代缴，确保工资及时足额发放；做好事业单位工作人员养老保险改革，及时向社保经办机构移交财政统发人员中的事业单位离退休人员工资。

2005 年，把 6 家新设或临时性机构纳入中心实行集中支付、统一核算。加强乡镇统发工资个人所得税的代扣代缴工作，对各乡镇及所属学校的统发工资应纳个人所得税由中心代扣代缴。针对统发工资中精简、遗属人员的管理情况开展清理工作，共清理出已死亡的精简人员和已超龄不应再享受的遗属补助对象 4 人。

2006 年，把 3 家新设或临时性机构纳入中心实行集中支付、统一核算；对统发工资中精简人员及其遗属的管理情况开展清理工作，共清理出已死亡的精简人员和已超龄不应再享受的遗属补助对象 4 人。

2007 年，把新设或临时性机构及时纳入中心实行集中支付、统一核算；加强全县行政事业单位及乡镇人员工资的统一发放和相关项目代扣代缴工作，保证全县财政供养人员统发工资及时足额发放到位。

至 2010 年，全面推行机关事业单位会计集中核算。

第六节　财政监督

财务检查

1953 年 4 月，县财粮科设财政监察员。6 月，根据省财政厅指示，财政监察以企事业为重点，同时，县财政监察员由专署统一调度使用，进行分批检查。

1953～1954 年，松阳县检查行政及教育卫生事业单位 17 家，发现贪污浪费及违纪金额计 8324.74 元，其中，除 1952 年因扫盲工作盲目冒进，造成浪费损失 5562 元外，贪污违纪金额为 2762.74 元。有贪污行为的干部 8 人。

1983 年，按照国务院《关于开展财务大检查的通知》，松阳成立县财务大检查办公室，在各行政、企事业单位进行自查互查的基础上，对 18 家单位进行重点抽查，共查出违纪金额 46769.73 元。

1985 年始，每年进行一次税收财务大检查。1989 年，开展预算外资金专项检查，有 87 家单位

（其中行政、事业单位55家，区、镇、乡政府32个）进行自查，查出违纪金额124万元，对29家单位进行重点检查，共查出各项违纪金额265万元。县里对其分别作出处理，其中应上缴财政或罚款总额为11.8万元。

1990年4月，开展行政企事业单位“小金库”专项检查。共查出违纪金额8.02万元，追缴入库5.6万元，对70多家行政事业单位的银行开户情况进行清理，撤除不该设立的银行账户100多个。

2009年，开展“小金库”专项治理，制定《松阳县加强政府性债务管理》的若干意见精神，规范乡镇政府举债行为，建立负债责任追究制度，落实偿债责任。加强债务管理考核，把乡镇政府债务管理列入乡镇年度综合考核内容之一，对举借新债、化解旧债等行为采取奖惩措施，提高乡镇政府化解旧债的积极性，遏制举借新债行为。建立债务管理长效机制，出台新一轮乡镇财政管理体制，把债务管理与经济利益挂钩，从体制上予以保障。2010年，全年化解乡镇债务113万元，实现乡镇债务“零负债”。

控制社会集团购买力（政府采购）管理

社会集团购买力是指机关、团体、部队、学校、企事业单位用公款在市场上购买供集体消费的非生产性商品的资金财政预算支出，是社会集团购买力的一个主要组成部分。

1959年，根据中共中央发出的《大力紧缩社会购买力和在群众中解释当前经济情况的紧急指示》，6～8月，暂时停止拨发机关、部队、企业事业单位的办公杂支和器具购置等方面的经费，控制企业职工人数和工资总额。1961年，社会集团购买力按省分配指标控制。1962年，按国务院指示，所有社会集团在3年内不准购买沙发、自行车、摩托车、汽车、收音机、照相机、扩音机、呢绒等23种非生产性设备和高级物品，如需购买的，县级单位报省人委批准。

1973年，实行社会集团购物证制度，使用专用发票。1981年，取消凭购物证供应和专用发票，改为“计划管理，指标控制，专项审批，定额供应”。1982年，松阳县社会集团购买支出65.35万元。专项控制的商品范围由1981年23种增加到1984年32种。是年，根据商业部、财政部《关于严格管理社会集团购买力的通知》，规定审批权限：1.沙发、地毯、高级乐器、大型或高级体育用品等高级消费品应严禁购置或严格控制。个别确需购置的，分别由地区或省主管局审查，报省财政金融局批准。2.电影放映机、电视机、摩托车、电冰箱、小汽车列入计划分配，不办审批手续。3.绸缎、打字机、电风扇、自行车、保险箱、速印机、钟表、计算机等，一般不应购置；少数特殊需要，由县审查，报地区批准，报省备案。同年，省财局制订总额控制管理办法，规定一切行政、企事业单位和主管部门都要编制年度社会集团购买力计划，经财政部门核定后，发给社会集团购物证，按限额登记，并使用专用发票。

1984年9月，浙江省控制社会集团购买力办公室（简称省控办）规定专控商品由原来的32种调整为14种，其中小汽车、大轿车、录像机、空气调节器、摩托车、沙发、地毯、沙发床、大型高级乐器、呢绒纯毛毯等分别由省、县控办审批。1986年，松阳县社会集团购买支出179.8万元。1987年，根据省控办规定，专控商品为小汽车、大轿车、摩托车、地毯、沙发床、空气调节器、录像机、录音机、照相机和放大机（包括各种镜头）、大型或高级乐器、复印机、家具（单价在100元以上的各种家具，松阳县补充规定还包括自行车、电风扇）、呢绒毛料及其制品（包括混纺制品）、纯毛毯、彩色电视机、电冰箱、洗衣机、各种电取暖煮水设备19种。

1988年，执行国务院和省人民政府紧急通知精神，全县党政机关、人民团体、部队、全民和集体企事业单位以及基本建设单位，停止购买1987年的19种专控商品。对直接用于生产经营和因特殊原因必须购买的从严审批。10月，专控商品扩大到29种，新增电力打字机、电传机、羽绒服、风雨衣、吸尘器、丝绸及其制品、5000元以上各种钟表、100元以上各种灯具、国产13种名牌烟酒和进口烟酒10种专控商品。实行直接控制和间接控制两种办法。松阳县党政机关、人民团体、全民和集体企事业、基本建设单位以及职工在200人以上的乡镇、街道企业的社会集团购买力，由上级机关分配指标，按计划管理，实行直接控制。县以下其他单位的社会集团购买力由上级机关提出压缩要求，自行安排落实，实行间接控制。1989年，专控商品由原来29种扩大到32种。新增加布匹及其制品、针织品、书写印刷纸3种。无论直接或间接控制单位，购买上述专控商品，均须经过社会集团购买力管理机关审批后到指定商店购买，凭专用发票报销。严禁购买彩色电视机及国产13种名牌卷烟和进口烟、国产13种名牌酒和进口酒。1990年，省规定从5月1日开始对32种专控商品的审批权限，除继续严禁购买国产13种名牌卷烟和进口烟、国产13种名牌酒和进口酒外，对县及县以上单位，200人以上乡镇、街道企业，购买小汽车、大轿车、摩托车、空调器、录像机、彩电、复印机、电子打字机、录音机和多用机、照相机和放大机、大型或高级乐器、电冰箱、电传机等13种，分别报省、地控办审批；其他17种由县控办审批。县以下其他单位，购买小汽车、大轿车、摩托车3种专控商品，报省控办审批；其他29种由县控办审批。是年，检查16家单位的“控购”执行情况，有违纪问题的6家单位，收缴罚没款225元。同时，对全县专控汽车进行全面普查，各主管局初步建立社会集团购买力辅助账。

1991年，根据全国控制社会集团购买力领导小组《关于一九九一年控制社会集团购买力工作安排的意见》和省控购办《关于下达一九九一年控购工作意见的通知》规定：加强对职工200人以上的乡镇企业和城市街道企业的社会集团购买力办公室进行管理，严格其专控商品审批；当年对行政事业单位一般不再批准购置新的设备，确需购置的须从严审批；新增车辆的审批必须符合“县级以上新建机构、有配车条件且资金落实”两个条件；凡经营性亏损和欠交税利的企业除生产、科研必需外，不再审批专控商品。1992年，县社会集团购买力支出304.9万元，比1982年增加3.67倍。1993年3月始，开征专控汽车消费调节基金（“汽车调节基金”）。1994年4月，首先实行《购置小汽车资金审核管理办法》。7月1日，开征摩托车消费调节基金。对行政、事业、群众团体、企业单位购置小汽车实行浙江省购置小汽车控购指标证制度。县控办在购车审核后，签发购置小汽车“指标证”，公安交警车管部门凭购置小汽车审核表、购置小汽车指标证和征收购置小汽车调节基金证明单予以办理牌证。8月，统一摩托车消费调节基金执行政策，由定率征收改为定额征收。11月，对购置专控商品进行专项清理。

1995年5月，松阳县开征无线移动电话等5种专控商品消费调节基金。8月，贯彻《关于重申社会集团购买力核算范围的通知》精神，规定社会集团购买力核算范围是指一切党政机关、社会团体、学校、事业单位和除私营企业外的一切企业单位，用公款购买（包括自制加工、以物易物、以物顶债和商品性调拨）供集体消费的非生产性商品的货币支出。核算内容划分为六大类：专项控制商品、其他一般商品、劳动保护用品、非生产机动车辆用油、药品和医疗器械及饮水、洗澡、取暖用燃料。10月，对非生产用小汽车暂停审批。1997年，把六项大型医疗仪器和助动自行车列入省专控商品范围。2000年，严格专控商品的审批，严格按照定编方案执行。

2002年7月，保留县控制社会集团购买力办公室、县政府采购办公室，两办公室合署办公。2004年，制定《松阳县2004年集中采购目录和政府采购限额标准》，扩大政府采购范围；推行协议采购制度；规范政府采购的财务核算制度，把“政府采购资金专户”设到核算中心统一账户下，由核算中心统一代理记账，提高协议采购制度的资金审核效率；加强分散采购监管，规范分散采购行为。全年实施政府采购71批次，实际合同支付金额2445万元，比采购预算金额节约11.6%。2005年，制定《松阳县2005年集中采购目录和政府采购限额标准》，扩大政府采购目录，完善协议采购，强化对分散采购的监督管理。全年共实施采购57批次，实际合同支付金额比采购预算金额节约12.7%，采购金额同比增长22%。

2006年，开展政府采购执法专项检查，推行协议采购制度，扩大政府采购范围和规模，加强集中采购和分散采购的监督管理。7月，把政府采购招标项目纳入县招投标中心交易，实现政府采购的管、办分离，规范政府采购行为。全年共实施政府采购63批次，采购实际支付金额3521万元，资金节约率14.01%。2007年，完善政府采购协议供货制度，加强集中采购监督管理，对列入集中采购目录、达到限额标准的项目进行严格审批，一律进入招投标中心交易。县财政局会同县纪委、县招管办参与每个招标项目的监管，做到采购的全过程监督，规范集中采购行为。是年，新增采购范围包括货物类水轮机、发电机组采购，服务类钼矿勘测权采购，工程类农业综合开发项目、疾控中心污水处理系统和无菌实验室等项目。全年实施政府采购64批次，实际合同支付金额4157万元，资金节约率13.35%。

2008年，完善政府采购监管机制，提高采购效益。贯彻《中华人民共和国政府采购法》，按照“扩面增量、规范运作、加强监管、协调发展”的目标，加强监管力度，规范政府采购行为。全年政府采购共实施采购76批次，采购预算金额6840万元，实际合同支付金额6078万元，节约资金762万元，节约率11.1%。2009年，全年共实施采购97批次，实际支付金额5298.23万元，资金节约率13.76%。2010年，共实施采购56批次，采购预算金额5636万元，实际支付金额4897万元，节约资金739万元，节约率13.1%。

财政绩效评价

2005年，财政资金绩效管理工作列入县财政局科室目标责任制考核内容，对社会保障资金、部分农业专项资金进行绩效评价。2006年，把绩效评价分为单位自评、主管部门评价和财政部门组织评价3个层次，相继开展就业再就业资金、农村五保和城镇三无对象集中供养建设资金和特色农产品基地建设等项目的绩效评价，规范财政资金的使用管理。成立评价机构，采用邀请人大、政协专业委员会人员及委托有资质的社会中介机构等方式进行绩效评价，及时查找资金使用过程中存在的问题，提出相应的改进措施，并把评价结果充分利用，与下年度财政预算资金安排相结合。着手建立松阳县财政资金绩效评价专家库工作，把全县范围内符合各领域专家条件的人纳入专家库。

2007年，制定《松阳县财政支出绩效评价工作实施意见》，制作绩效评价工作操作流程和设置评价指标体系，加强对财政支出绩效评价工作指导，组织实施环境自动监测网络建设项目等一系列绩效评价工作，逐步提高财政资金使用绩效。加强政府投资项目资金监管，按建设项目工程进度拨付资金，会同有关部门加强政府性投资工程造价管理，组织对财政性投资项目工程概预决算的评审，开展专项资金追踪问效工作。开展项目单位会计信息质量检查和会计师执业质量检查，重点加强政府投资代建项目财务监督管理。

2008年，松阳县财政支出项目绩效评价工作领导小组及其办公室成立。采取项目自行评价、主管部门和财政部门组织评价相结合的方式，全面推进财政支出项目绩效评价工作。邀请人大代表、政协委员、专家、村级组织和社会公众参与重点项目绩效评价全过程。按计划及时完成农村公共卫生服务项目、康庄工程、千万农村劳动力素质培训、城市防洪工程项目的绩效评价工作并出具评价报告，同时完成省厅部署的社会救助机构专项补助和残疾人安居工程、农村公共卫生服务项目县级组织自评工作。

2009年，在全省首家启动部门预算支出整体绩效评价试点工作，探索部门绩效评价的有效途径。完成市政工程、千库保安工程等多个项目绩效评价工作。2010年，积极探索部门绩效评价的有效途径和方法，增强评价工作的客观性和科学性，建立多层次的评估体系，用不断地反馈和应用评价结果来实现政府部门绩效预算的目的。

第七章　地税管理

民国初年，税收分田赋和工商税两大类。20 世纪 40 年代后，税目屡增，特别在全面抗战中后期开始，名目增多，税外有税，税收浩繁，民负沉重。

中华人民共和国成立后，废除旧税法，初步建立新税制。1953 年，松阳县开征货物税、商品流通税、牲畜交易税、工商业税、印花税、车船使用牌照税、屠宰税、文化娱乐税、利息所得税 9 种。至 1990 年，全县实施征收的税种共有产品税等 20 种（其中含奖金税）。另有省规定征收的粮食附加税、粮食补偿金和由税务部门负责征集的国家能源交通重点建设基金、预算调节基金及教育费附加。至 2010 年，全县开征的主要税种有增值税、营业税、企业所得税等 10 余种。

第一节　机　构

民国时期

田赋机构　清末，县级田赋未设机构，配钱谷师爷为幕僚并配帮办丁役若干管理赋税事宜，知县负经征之责。民国初年，县公署设赋税征收员，经管地丁、契税及土地册籍造串及推收过户划拨。民国 16 年(1927)，县设钱粮总柜，后称征收处，征收地丁、抵补金。为便于农民就近交纳粮谷，另设 3 个分柜：古市为第一区分柜、玉岩为第二区分柜、大竹溪为第三区分柜。总柜设主任、司会员、经征员、催征役等 34 人。由掌册员、管串员管理土地赋册，办理土地变动的推收过户，征收田赋和契税。民国 20 年，更名田赋管理处。民国 27 年，田赋、县税机构合并为赋税征收处。下设田赋股，办理田赋册串资料及征收业务。民国 30 年 9 月，田赋改征实物；成立田赋管理处；县税业务单独划出。民国 31 年 7 月，改名田赋粮食管理处；由县长兼处长，址设城北申亭天主堂左厢；民国 32 年，因人员增加改迁西寺下徐祠。民国 32 年 10 月，设立县地籍测量组于松阳下马街程祠，办理城厢、古市镇土地测量业务，开始土地编查、造具册籍。将土地分段定价，供试办土地增值税、城区地价税和改良物税之依据。民国 35 年，县级撤销田赋粮食管理处，改为田粮科，征收法币。民国 36 年，田赋仍征收实物；成立县田赋粮食征收处，后并入县税捐稽征处，直至中华人民共和国成立。

田赋机构的负责人或称处长，或称主任，大多由县长兼任，另配副职管理具体征收业务，且一些时间与县税合并。

税收机构　清光绪三十二年(1906)，设税务处总理全国税收。地方按上级规章征税。民国 12 年（1923）12 月，公布之宪法始有国、地两税之分，即国税、省税的区别。一般国税、省税泛指厘金、统捐及以后的货物税、直接税、营业税等。民国 16 年 10 月，成立松阳公款公产委员会。民国 17 年 6 月，

成立教育款产委员会，管理公产及教育款产。民国27年7月，松阳设税务分处，主任由县长兼任。

货物税机构。清宣统二年（1910），松阳设厘金局于南门赤塔桥边，负责查验、收厘。民国元年（1912），县设统捐分局，局址袭清代之厘金局，隶属丽水统捐征收局。民国4年，开征烟酒税。民国6年，设烟酒稽征所，古市设分所。稽征所有主任1人、查验主任1人及稽征员、查验员和巡丁共8人；隶属第九区烟酒稽征分局。民国18年，松阳改为烟酒稽征分所。民国20年8月，撤销九区分局，改设遂（昌）松（阳）宣（平）烟酒稽征分局，局址设松阳。民国21年12月，复将处属十县合并改组为处属印花烟酒稽征分局，局址设松阳。民国22年8月，设松阳土烟特税分局，隶属处州。民国29年8月，开征战时烟酒消费特捐，处州设征收处于松阳南门大街；松阳另设征收分处。

全面抗战时期，曾设浙苏皖统税局，温州设查验所，并设驻松阳特派员。民国29年（1940），松阳创办“浙东”“松阳”“胜利”3个雪茄烟厂，于是年11月向该所办理烟标登记。民国32年4月，货物税与直接税合并，成立浙江税务管理局。松阳仍分货物税和直接税2个征收机构。民国33年1月，财政部税警十一团二营由福建移防进驻衢州等11个县，第八连驻扎松阳。财政部浙江缉私处丽水查缉所在松阳设分所，查缉进出口货物和偷漏税案件。6月，为适应抗战区划变化，组成闽浙区货物税局，兼办皖南货物税事宜。民国34年6月，浙江直货两税分设2个区局。是月，成立闽浙区货物税局，松阳设货物税分局。11月，抗战胜利后，恢复浙江区货物税局。民国36年4月，松阳分局改为丽水分局，局址迁丽水，松阳设货物税办公处，下设遂昌、古市办事处。民国37年4月，丽水货物税分局撤销，松阳货物税办公处改属衢州货物税分局。是年8月，直货两税再次合并，成立浙江区国税管理局；衢州货物税分局撤销。是年10月初，设松阳国税稽征局（址设丽水），辖处州属各县。另设松阳国税稽征所，直至1949年5月松阳解放。

直接税机构。民国25年(1936)7月，国民政府公布所得税暂行条例，并相继公布施行细则及征收须知。是年12月26日，设浙江所得税办事处于杭州，办理全省所得税宣传稽征事宜。此为浙江区直接税局之前身。嗣后业务扩展，于民国26年3月在全省各区成立分处。民国29年1月，所得税丽水分处成立，松阳由分处派稽征专员办理所得税业务。民国30年1月，浙江所得税办事处改组为直接税局，除办理所得税及非常时期过分利得税外，又接办印花税；是年7月1日，办理遗产税，直接税系统始告完成。浙江直接税局设各区直接税分局，下面增设查征所。松阳设直接税查征所，隶属丽水分局。民国31年1月，又改松阳直接税查征所为直接税分局并接办营业税。民国32年，曾一度试行统一税务机构，把直接税局与货物税局合并为税务管理局；直接税分局与货物税分局合并为税务征收局，统一办理直接税、货物税及地方税之稽征事宜。是年4月，由浙江直接税局改组成立浙江税务管理局，址设景宁，而各地税务征收局则未合并改设，仍归原各所属机构稽征各自归属之税收业务。其时，松阳分直接税分局和税务局2个机构。民国34年6月，为加强各税稽征，直接税与货物税之征收机构仍分别设立。惟其时浙江省因战事关系，仅留浙南半壁，税源较竭，得与福建合为一组，共设闽浙区直接税局，并于浙闽两省境内分设直接税分局及查征所。民国34年7月，松阳直接税分局改为查征所，隶属龙游直接税分局。民国36年，改属衢州直接税分局。

在浙江区直接税局、浙江区税务管理局、闽浙区直接税局及以后直接税机构的多次离合中，分局与查征所一级始终限于经管直接税的业务。民国31年（1942），始接办营业税。民国34年，土地税（地价税、土地增值税）、契税划归直接税机构兼办；民国35年7月，仍归地方征收。民国35年10月，营业税又划归县税稽征处办理，直至民国37年8月，直、货两税合并为国税机构时而告终。

营业税机构。民国20年（1931）1月，全国裁厘，开征营业税，为其时省税唯一收入。商业不发达的县，营业税委托县政府代征。松阳县营业税由第九区营业税局派员督征。民国27年7月，各区营业税局改为税务处，丽水地区为第九区税务处，松阳为税务分处。民国30年1月，浙江省松阳县税务局成立，办理营业税和县税经征业务。是年12月，机构撤销，营业税仍归松阳直税分局办理。

县税机构　民国前期，地方杂税杂捐，名目繁多，县政府负责经征，百货捐、屠宰税点税捐由同业公会包商认办，经办一年为期，次年再签约承办。房捐、警捐、教育附捐等税捐又由用款部门自行经征。民国21年（1932），设立松阳县赋税征收处。以后县税征收处、县赋税征收处数度易名，均经办县级税捐。民国32年1月，恢复县税征收处，其间一度并入田赋，后又分开。民国35年9月，改组为县税捐稽征处。民国37年10月，设松阳县城竹、古市2个稽征分处。城竹分处配员4人，古市分处配员5人。

中华人民共和国时期

机构设置　1949年5月，建立松阳县民主政府财粮科、人民税务局。7月，国税稽征所实行垂直领导，成立县税捐稽征处，撤销人民税务局。8月，财粮科分为财政科和粮政科。11月，国税稽征所改为查征站。是年，县税捐处在古市、靖居、玉岩设立税捐稽征所。

1950年4月，税务统管，国税、县税合并成立县税务局，下设古市、靖居税务所；撤销玉岩稽征所，由县局指派干部驻区办理经征业务。6月，靖居税务所改为税务组。1951年9月，成立烟酒专卖处，挂靠税务局由税务局局长兼主任。1952年，财、粮二科合并为财粮科，统管地方财粮行政、收支、公款公产及农业税、契税。1953年5月，建立农业税册籍室，由财粮科长兼主任。财粮科先后配备财政监察员及房管干部；后，开展保险业务，配备专职保险干部。8月，靖居恢复税务所；玉岩、石仓设税征组。1954年1月，烟酒专卖事业处从县税局划出。1956年，玉岩改设税务所。1958年7月，下属税务所改为财政税务所；石仓由税征组升格为所。10月，松阳、遂昌2县合并，县财税局撤销。

1982年5月，松阳县财税局随县制恢复，重新成立。1983年，原由财税局管理的房管所、白蚁防治站，划归城建局归口领导。是年4月，恢复县税务局，财政、税务合署，一套班子两块牌子。

1984年10月，县财税局成立经济开发公司分公司。1985年1月，成立县局直属财税所。4月，设立四都税务检查站。6月，设立界首、靖居等12个检查站。1986年，县财税局设检查组。4月，经济开发公司分公司改称经济建设服务处（综合计划股）。1989年1月，松阳县人民检察院在县财税局建立税务检察室。1990年，县财税局内设会计事务股、稽征管理股和税法宣传办公室等职能科室。1993年，内设税政股、稽管股、计会股、稽查大队等科室。

2001年12月，县地税局直属征管分局更名为县地方税务局第一征收局，县地方税务局古市中心税务所更名为县地方税务局第二征收局。2002年7月，不再保留县税收财务大检查办公室。是年，县地税局内设农业科（农业税收征收管理科）、税政管理科、征收管理科。2005 年 7 月，增设县地税局规费管理科。至 2010 年末，县地税局内设科室未变。

人员编制　1950 年 4 月，松阳县税务局成立，核定编制 31 人。1951 年，税务人员 37 人，其中勤杂人员 3 人。1955 年，税务人员增为 46 人。1958 年松阳、遂昌并县时，松阳财税干部 48 人。

1982 年恢复县制后，全县共有财税干部 58 人，县局人员属行政编制，基层所人员属事业编制。1988 年，县局检查组列入事业编制。1985 年末，全县财税干部在职 112 人。1990 年，财税干部（含招聘职工）165 人。2002 年 7 月，县财税局行政编制 28 人（含工勤人员），县财政局与地方税务局机关行政编制按 6∶4 的比例切分，即县财政局 17 人，县地方税务局 11 人。是年 9 月，核定直属事业单位机构编制：会计核算中心 20 人、财政（地税）信息中心 4 人。

2010 年，县财税局行政编制 140 人，其中县财政局机关行政编制 27 人、地方税务局机关行政编制 113 人。直属事业单位机构编制：会计核算中心 20 人、财政（地税）信息中心 4 人。

第二节　明清及民国时期税收管理

明清时期税收管理

明成化 22 年(1486)，松阳征收贡、赋、课如下：

贡：茶芽 3 斤、锦鸡 3 只、白鹇 2 只、玉面狸 3 只、松香 47 斤 12 两、沥青 36 斤 13 两、蛇含石 5 两 5 钱 3 分、甜葶苈 3 斤 4 两 5 钱、麂皮 79 张、羊皮 75 张、翎毛 24000 根、弓 260 张、箭 2700 支、弦 1300 条、黄日纸 34272 张。

赋：田地山塘 3162 顷 43 亩 7 厘 4 毫、夏税麦 903 石 4 斗 7 合 3 勺、秋粮米 10319 石 8 斗 7 升 5 合 1 勺、丝 28 斤 10 两 1 钱 5 分、农桑绢 25 匹 1 丈 3 尺 6 寸。

课：房地赁等钞 47 锭 2 贯 322 文，铜钱 475 文。茶课等钞 9018 锭 1 贯 610 文，铜钱 90181 文。窑冶等钞 281 锭 215 文，铜钱 2803 文。铅坑钞 352 锭 415 文，铜钱 3521 文。周税开办课银 2480 两。

清代沿袭明制。松阳县田赋分丁赋、地税。雍正二年（1724），将丁赋摊入地税之内。此外，有漕粮南米、屯租、租课 3 种，征收粮食。

清顺治元年(1644)，松阳县承粮田地 227337 亩，承粮丁口 10191 人。雍正七年(1729)，松阳县承粮田地 227332.55 亩，每亩征银 8 分 1 厘，征米 4 合 3 勺。共赋额银 18531 两 4 钱 4 分 2 厘；米 967 石 5 斗 5 升 7 勺。道光十六年(1836)，征田 151189.02 亩、地 9487.1 亩、沙地 44.17 亩、山 78657.292 亩、塘 983.18 亩，共征银 13942.492 两、米 687.052 石。是年，全县实征地丁及外赋银 14287.695 两、米 671.34 石。

清光绪二十八年(1902)，为筹集新约赔款，每户投税，粘契尾一张，不论契价多少，捐银 1 两，合银元 1.5 元，谓之契尾税。宣统年间，制订契税试办章程规定买契按价征收 9%，典契按价征 6%。

清同治元年(1862)，浙江创办厘金。松阳于宣统二年（1910）设厘金局。有牙帖捐、百货厘捐、茶厘、洋药厘捐、土药厘捐和茶糖烟酒加成厘捐等项。清末，厘金改办统税。

民国时期税收管理

民国初年，松阳县税收分田赋和工商税两大类。

田赋 民国初，田赋悉以清末为基础。田地山塘基额同宣统末年，惟漕粮南米改为抵补金，即田赋为地丁与抵补金两项，地丁以银两、抵补金以米石为单位，分别折合银圆征收。每地丁一两征银圆 1.5 元，粮捐 0.3 元为省税，特捐 0.7 元为县税。连同正税，共征银圆 2.5 元。抵补金折算各年不同。民国元年（1912），每石折征银圆 3 元，外加省税附加 0.4 元。以后屡有变动。民国 15 年始，每年定为 0.3 元，直至民国 20 年田赋改制。

民国元年（1912）7 月，松阳淫雨四昼夜，灾情严重。至民国 3 年，经省批准免赋银 128.79 两、米 3.4129 石。

民国元年～20 年（1912～1931）松阳县田赋实征情况表

表 17-7-2-1

民国纪年	抵补金		地丁折征银元	民国纪年	抵补金		地丁折征银元	民国纪年	抵补金		地丁折征银元
	米（石）	折征银元			米（石）	折征银元			米（石）	折征银元	
1	282	1241	27825	8	372	1488	25790	15	352	1163	24232
2	388	1708	35304	9	362	1448	24696	16	371	1222	25621
3	527	2319	28330	10	361	1374	24631	17	368	1148	23753
4	377	1875	25744	11	371	1434	25299	18	365	1204	22934
5	373	1506	25411	12	370	1336	25132	19	361	1145	22641
6	380	1524	25868	13	377	1326	25614	20	351	1036	21314
7	370	1481	24283	14	374	1275	25629	—	—	—	—

民国 21 年(1932)，把地丁改名为上期田赋，抵补金改名为下期田赋，正税银每两折银元 1.8 元，米每石折银元 3.3 元。是年，除因灾歉豁免上期田赋 2155 元、下期田赋 106 元外，所有各项附捐，仍照原率带征，自此折算手续得以免除，征输均感方便。直至民国 29 年，松阳县均执行这一规定。

民国 21～29 年（1932～1940）松阳县田赋征收情况表

表 17-7-2-2　　单位：元

民国纪年	期别	应征	实征	短征	民国纪年	期别	应征	实征	短征	民国纪年	期别	应征	实征	短征
21	上期 下期	26464 1287	22855 1111	3609 176	24	上期 下期	26464 1287	16831 819	9633 468	27	上期 下期	26381 1283	19816 964	6565 319
22	上期 下期	26464 1287	20336 989	6128 298	25	上期 下期	26464 缺	5584 缺	20886 缺	28	上期 下期	26456 缺	16843 缺	9631 缺
23	上期 下期	26464 1287	18531 901	7932 386	26	上期 下期	26381 819	17265 878	9116 405	29	上期 下期	缺 缺	缺 缺	缺 缺

民国30年（1941），抗战方殷，物价升腾。浙江省财政厅拟定《浙江省田赋征收实物及米折办法》，以原有各则田地山荡应征上下期田赋，省县正附捐税，以及比照田赋标准或按田亩征收之税费、公费等的总数按照“七七”事变前一年的平均米价折算，每元正附税折征稻谷2市斗，分上下两期各半征收。民国31年，每元原正附税折征稻谷3市斗，另加公粮1市斗，共计4市斗。民国32年，再增征借1.5市斗。民国34年，抗战胜利，田赋豁免。民国35年，田赋仍征收实物，省政府原拟按民国33年标准征收，后经浙江省临时参议会以人民久经战乱，要求恢复民国29年前旧制。政府逼于情势，允许照民国33年原征正附税五成实征，即原额1元折作5角。民国35年，松阳县承粮田为183895.71亩，原赋额108806.41元，五成折征额为54403.21元。再按每元折征谷3市斗，借征1市斗，公粮9升。民国37年，折征标准，公粮照旧，积谷每元征谷3升，借征每元2.25市斗。

民国35年（1946），松阳县开征土地税，经征机关县税稽征处。当年全县共征地价税65142.68元，土地增值税12223元，罚缓437.18元。民国36年，征1114125元。

民国30～37年（1941～1948）松阳县田赋征收稻谷情况表

表17-7-2-3　　单位：石

民国纪年	应征	实征	民国纪年	应征	实征
30	21713	15282	34	豁免	
31	32624	24694	35	21761	16454
32	32544	12550	36	26657	19989
33	缺	8788	37	33396	7235

契税　典买田地房宅时赴官验印，所缴纳的捐税。以契据价格计征，由所有权者缴纳。民国初年，松阳县把契税改称为不动产转移税，税率为买契20‰、典契15‰，押契6‰，契纸价每张0.5元。省国税厅拟订施行细则，调整为买契2%、典契1%。民国4年（1915），财政部颁布契税大纲，税率为买契4%、典契2%。民国6年，又增为买契6%、典契4%，契纸价每张0.5元，于是年3月起实行。民国13年，恢复买9典6。但自加税以后，隐匿愈多，税收反而减少。民国14年，把税率减为买6典3，从4月1日开始执行。

民国32年（1943）5月15日，国民政府公布《契税条例》。规定买契、赠与契、占有契税率15%，典契税率10%，交换契、分割契税率6%。并规定，逾期2个月后交纳，加收10%滞纳罚金，直至与税额同数为止。匿报契价，除补缴税款外，课以短纳税款五成至二倍之罚款。民国35年6月，修正税率：买、赠、占有契各6%，典契4%，交换、分割契2%。民国35年12月，省府规定，不领官用契纸之罚金，最高额为1000元。民国36年2月1日始，提高为20000元。民国37年9月14日，契税征收改按金圆券计算课征。民国38年3月，省财政厅规定，不动产标准价格暂按稻谷评定。

随同契税征收的，民国初开始有验契费、契纸费。抗战时期有注册费、中央教育费以及按契税征收25%的省附加。置产人还要办理推收过户手续的推收费等。

民国 35 年（1946），松阳县契税附加征收数为 742665.07 元。

民国期间若干年份松阳县契税征收数一览表

表 17-7-2-4　　单位：元

民国纪年	契税	契纸费	验契费	罚金	合计
2	1507	23	—	—	1530
3	4994	1042	16041	—	22077
4	5702	1067	15805	—	22547
5	3024	759	1785	—	5568
6	4996	781	501	—	6278
7	2666	357	142	—	3165
8	6373	910	261	—	7544
9	6700	942	131	—	7773
10	4430	652	68	—	5150
11	6090	926	98	—	7114
12	11707	1704	80	—	13491
13	3895	807	78	—	4780
14	8318	1099	87	—	9504
15	2825	443	113	511	3381
16	5063	616	67	558	6257
17	4132	702	—	—	5392
18	2369	373	—	—	3075
19	5231		—	—	—
20	5034		—	—	—
21	6053		—	—	—
22	2907		—	—	—
23	3619		—	—	—
25	6960		—	—	—
26	6044	1001	56	200	7301
27	3714	907	405	1365	5978
28	7741	494	100	997	9745
29-34	缺		—	—	—
35	1365475		—	—	1365475
36	29092232		—	—	29092232
37	1971（金圆券）		—	—	1971

货物税　民国元年（1912），浙江改货物厘金为统捐，颁布《浙江省统捐暂行办法》。税率以清季标准酌量增减，相当于从价5%。生丝、茧、茶、糖、烟、酒类及棉丝设特别税率。原厘金附加税有沪捐、赔款、善后、筹防、塘工等目，均补加于统捐中，遂废附加税之名。松阳于民国元年至3年统捐比额，百货2940元、烟酒34500元，合计银37440元。

厘金开征不久，就百弊丛生，局卡繁多，查验苛严，胥吏勒索，每卡必征，一税再税，而统治者不肯自丧财源，不愿废除。民国初期，地方政府各自为政，至民国20年正式裁撤，把厘金中的落地捐、认捐演变为营业税，厘金中的产地捐演变为货物税。借裁厘后财用不足而补充国库之方策，后改办货物统税。初为棉纱、火柴、水泥，连同原已开征的卷烟、麦粉并称5项统捐，即各种物产在出产时统收一次税，以后通行各地，不复征税。民国22年，制定统税条例及稽征章程，此后征收品目逐渐增多。民国35年8月16日，公布货物税条例，废止统税条例，修正国产烟酒税条例。货物税品目计有卷烟、熏烟叶、洋酒啤酒、火柴、糖类、棉纱、麦粉、水泥、茶叶、皮毛、锡箔及迷信用纸、饮料类、化妆品13项。国产烟酒类，计有烟叶、烟丝、酒类3项。

民国37年（1948）松阳县货物税情况表

表17-7-2-5

货物税税目税率								国产烟酒类税率		
税目	税率（%）	税目	税率（%）	税目	税率（%）	税目	税率（%）	税目	税率（%）	
									36年	37年
卷烟	120	火柴	20	毛纱线	15	皮统	15	烟叶	50	60
熏烟叶	30	糖类	25	饮料类	30	水泥	15	烟丝	30	40
洋啤酒	12	棉纱	10	锡箔和迷信品	60	化妆品	45	酒类	80	100
计税价格				从价征收				产区核定完税价		

民国37年（1948）11月26日，总统府规定，货物税、国产烟酒类及矿产税之征收，一律按民国37年8月19日（即发行金圆券冻结物价之日期）市场批发价格，减除该期实际税额后，依法完税征收。松阳县货物税以烟类收入为大宗，酒类次之，其他税目收入较少。

民国36年（1947），货物税丽水分局辖6个办公处（兼办12个县），征收货物税258856万元。其中，松阳办公处（兼办遂昌）为186545万元，占分局总收入的72.07%。民国37年1～4月，松阳县征收货物税为10746.85万元，其中烟叶税8721.48万元、烟丝税105.27万元、黄酒税1454.61万元、烧酒税345.87万元；以上并计土烟税为8826.75万元、占全县货物税总收入的82.13%，酒类税为1800.48万元、占货物税总收入16.75%；烟酒合计占货物税总收入98.88%，其他税收为119.26万元、只占1.12%。

民国初期，松阳县实行烟酒公卖，公卖费和产地税按一定标准征收。

民国初期松阳县烟酒公卖费、产地税标准表

表 17-7-2-6　　　　单位：元

品名	每百斤征银圆		品名	每百斤征银圆	
	公卖费	产地税		公卖费	产地税
烟叶（上等）	1.80	1.50	烟筋 烟骨	0.50	—
烟叶（中等）	1.50	1.50	黄酒	0.60	0.54
烟叶（次等）	0.80	1.50			
烟丝	3.20	—	烧酒	1.20	0.88

全面抗战时期，为适应战时财政需要，节约烟酒消费，寓禁于征，自民国 29 年（1940）7 月 26 日始，全省征收烟酒消费特捐。规定烟商、酿户于报烟酒税后，向征收机关缴纳战时消费特捐，偷漏特捐者，除补缴外，处以一至五倍的罚款。每百斤捐价为黄酒 1 元、绍酒 1.50 元、烧酒 2 元、生酒 0.50 元、烟叶 0.80 元。

直接税　直接税创始于清末，民国时期为中央税。浙江征税机构于民国 25 年（1936）12 月建立浙江所得税办事处。直接税系与间接税相对称之名词。民国后期，直接税有所得税、利得税、遗产税、印花税、营业税。

所得税。清末已有创议，然未成法规。民国 3 年（1914）1 月，颁布条例 27 条，其范围广、手续繁，全国举办，殊不可能。民国 4 年 8 月，先在小范围内实施，原拟逐步推行，但值袁氏称帝，故延未办。至民国 10 年 1 月 6 日，另行发布征收税目清单，照此征税。惟开征后，税收极微。因官俸所得虽已陆续征税，而工商业户所得则各省商会通电反对，政府又乏决心，故迁延 20 年之久。至民国 23 年，始将所得税列入民国 24 年预算。民国 25 年 7 月 9 日，通过所得税暂行条例，是年 8 月 18 日，行政院通过所得税暂行条例细则草案，自当年 10 月 1 日起施行。

所得税法修正多次，民国 35 年（1946）4 月 16 日，国府修正公布所得税法，计 7 章 42 条，所得税分为营利事业所得税、薪给报酬所得税、证券存款所得税、财产租赁所得税、一时所得税 5 类；规定个人所得额超过 60 万元者，加征综合所得税。故修正所得税法系采取综合与分类并课制度。税率除证券存款所得税采用比例税率外，其余均按超额累进制课税。民国 37 年，行政院会议决议，其中所得税部分：变更稽征方式，营利事业所得税自民国 37 年始，分上下半年度征收，即每年 8 月末及次年 2 月末前申报其半年度所得额，经查定后通知缴纳；改订分类所得税起征额及税率级距表（金圆）。营利事业所得税起征额为每半年所得额满 150 元者，税率分十级，采取超额累进制，最低税率 5%，最高税率 30%。报酬及薪资所得税，甲项为业务或技艺报酬所得税。年所得额满 480 元者，税率 3%；乙项为定额薪资所得税，月所得额满 40 元者，税率分 4 级，按超额累进，最低 1%，最高 4%。财产租赁所得税为年所得额满 80 元者，税率 4%。一时所得税为每次所得额满 40 元者，税率 10%。行商一时所得税，以每次售货收入减除 90%的成本开支之余额为所得额。

利得税。全面抗战之初，物价因战事而波动，各营利事业因而获过分利润，故于民国 28 年（1939）

1月1日，开征非常时期过分利得税。分营利事业过分利得税和财产租赁过分利得税两种。民国32年，增设财产租赁出卖所得税，乃废止财产租赁过分利得税；对营利事业过分利得税之税率，酌于提高，按政务院施行细则规定以利得超过资本额的20%为过分利得，分六级税率，最低为10%，最高为50%。民国35年4月，停征非常时期过分利得税；增设特种过分利得税。后者较前者，征课范围广，起征标准高。民国36年1月1日，公布特种过分利得税法。对买卖业、金融业、代理业、营造业、制造业其利得额超过资本额60%者，除依所得税法征收分类所得税外，加征过分利得税。税率分为13级，采用超额累进制，最低税率为10%，最高为60%。

营业税。民国初年按清例，有牙帖捐及当帖捐，即向牙行、当铺征收帖捐。民国20年（1931）开征营业税，牙帖、当帖一起并入营业税。

民国5～19年（1916～1930）松阳县征收牙帖、当帖捐情况表

表17-7-2-7　　单位：元

民国纪年	税额	民国纪年	税额	民国纪年	税额
5	506	10	456	15	475
6	1067	11	647	16	753
7	568	12	979	17	718
8	672	13	748	18	568
9	735	14	719	19	940

民国17年（1928）7月，全国裁厘会议，决定开征营业税，为裁厘后收入之抵补，订颁营业税大纲，决定厘金裁撤后实行。民国20年1月，实行裁厘；6月13日，由民国政府公布施行。浙江省按公布之营业税法执行。其税率分三大类：以营业收入额为标准者，征收2～10‰；以营业资本额为标准者，征收4～20‰；以营业纯收益额为标准者，其税率又分为三种：纯收益额不满资本额15%者，征收纯收益额2～5%；纯收益额满资本额15%、不满25%者，征收纯收益额5～7.5%；纯收益额满资本额25%以上者，征收纯收益额7.5～10%。自民国20年订颁营业税大纲始，营业税法迭经修正。民国31年5月1日，民国政府公布修正营业税法，把原以营业资本额为课征标准者，改以营业收益额为课征标准，税率4%；以营业收入额为标准的，税率1.5%，其中制造业减半征收。与此同时，订颁特种营业税法，开征特种营业税。课征范围：银行业，信托业，保险业，交易所暨交易所内发生之营利事业，其他有竞争性之国营事业及中央政府与人民合办之营利事业；税率同普通营业税。民国36年11月25日，财政部通令，营业税法第五条加以修正，其税率为以营业收入额为课征标准者3%；以营业收益额为课征标准者6%。民国37年3月，特种营业税移交地方接办，统一按普通营业税法办理，废除特种营业税法。

民国20～37年（1931～1948）松阳县营业税征收情况表

表 17-7-2-8　　单位：元

民国纪年	合计	普通营业税	屠宰营业税	牙行营业税	烟酒牌照税	民国纪年	营业税
20	3790	991	2009	790	—	29	35119
21	9267	3340	4596	1331	—	30	缺
22	8069	5115	1260	1694	—	31	300000
23	10056	5540	3800	725	—	32	897843
24	缺	缺	缺	929	1024	33	1500088
25	9713	4320	3420	1720	1533	34	630027
26	13057	5823	3981	2663	5041	35	3411590
27	22245	8808	5733	1700	—	36	75517817
28	26217	缺	缺	缺	—	37	9949

遗产税。征收遗产税之议，始于民国初年，至民国25年（1936）2月，拟订遗产税原则及暂行条例草案，嗣因全面抗战爆发而停止。民国28年12月30日，国民政府公布修正遗产税暂行条例，明令自民国29年7月1日开征。条例规定，遗产税系在财产所有权人死亡、财产所有权转移时征税，纳税义务人为遗产继承人或受遗赠人。开征初期收入较少。

开征后税法不断修正，税率与起征点多次调整，至民国37年8月，改订遗产税起征点、宽减额及税率。级距如下（金圆）：1.起征点为2万元。2.免征额为：(1)遗产总额未满2万元者；(2)海陆空军官佐士兵及公务员战时阵亡或因战服务受伤致死者之遗产，未超过4万元者；(3)捐助学校、医院、图书馆之财产，未超过1万元者。3.宽减额为：(1)被继承人死亡时，遗有未成年或正在受教育之子女，每一子女准在遗产总额中减去5%的遗产额，免纳遗产税，但每人减除总额不得超过2000元；(2)丧葬所需之必要费用不得超过2000元；(3)农业用具及从事其他各业之工作用具，价值未超过2000元；(4)遗产总额在20万元以上，不适用上述减免之规定。4.税率级距为：遗产总额在2万元以上者征税1%，超额累进税率十级，超过4～8万元者，就其超过额征收2%；超过200万元以上者，就其超过额征收60%。

印花税。清光绪三十三年(1907)，因国库空虚，创立印花税以开辟财源，但未能实行。民国2年（1913）8月，公布人事凭证贴花条例。民国16年11月，国民政府颁布印花税法。民国23年5月，第二次全国财政会议后，制定办法两条，即印花税票改托邮局代售，由人民自行购贴；印花税款提拨一成归省，三成归县，两成接济边区贫瘠省区。整理后的贴花范围共计35目。民国26年10月，财政部规定，印花税一律加倍征收。取消最高额不超过20元之规定。民国32年4月，国府公布修正印花税法，订颁施行细则，税率提高1倍至25倍不等，应贴花之凭证为29目，采取比例纳税和按件定额贴花两种方法。税额自0.1元起，废除分额票，加重罚金。民国34年，推行印花税汇交补销办法。民国35年，仍改为实贴。民国37年4月3日，公布修正之印花税法。是年4月20日，行政院公布施行细则，采用比例贴花和按件定额贴花2种。税目计分商业凭证17目、产权凭证6目、人事凭证6目、许可凭证5目、其他2目，共36目。复于是年8月16日，修订印花税法第16条税额改金圆券计算，类别及项目与前均无变动。

民国32～34年（1943～1945）松阳县直接税系五项税收统计情况表

表17-7-2-9　　单位：元

民国纪年	所得税	利得税	营业税	遗产税	印花税	罚款	合计
32	426702	764911	897843	7998	229833	1235	2327287
33	658891	1092895	1500088	19134	384346		3655354
34	110935	198204	630027	1143	308237		1249781

地方捐税　地方税不是一个独立的税种，系相对中央税而言的一类税。其名称始见于清代，然并未实行。松阳县清代外赋类似地方税，有学租、牛税、碓税、铁税等，其数甚微。岁无定额，尽收尽解。

民国17年（1928），对国家、地方税标准作了划分。地方实指省级。县隶于省，县无独立之财政。民国30年，全国财政会议，统一地方税制。属地方自治税者，有屠宰税、营业牌照税、使用牌照税、房捐、筵席及娱乐税5种。浙江增列警捐、山地收益税2种。

由于地方支出日益庞大，财政困难，当局急不暇择，地方捐税和苛捐摊派此兴彼效，蔓延不已。民国23年（1934），国民政府曾限令废除一切苛捐杂税，但未给地方财政以出路。因而各地多为敷衍，无意执行。松阳废除油捐、枯捐、白炭捐3项，全年征额306元，以资搪塞。但究受法令所限制，苛杂捐税，逐渐归并和稍以减少。嗣后抗战军兴，当局又借抗战军需之机，大兴杂税、摊派之风。

民国期间，松阳县地方捐税和苛杂摊派，除国府5税及省增二种外，尚有屠宰税、营业牌照税、使用牌照税、房捐、筵席及娱乐税、警捐、山地收益税、杂捐及摊派等30余种。

民国4～37年（1915～1948）若干年份松阳县地方屠宰税征收情况表

表17-7-2-10　　单位：元

民国纪年	4	5	6	7	8	9	10	11
税额	1016	563	2540	1309	1336	3432	2830	2670
民国纪年	12	13	14	15	16	17	18	19
税额	1518	2456	3034	1496	2470	5116	3976	3767
民国纪年	31	32	33	34	35	36	37	
税额	136627	545761	2472145	4025734	26604162	221921490	45633	

民国16～37年（1927～1948）若干年份松阳县税收情况表

表17-7-2-11　　单位：元

民国纪年	营业牌照税	使用牌照税	房捐	筵席及娱乐费	山地收益税	警捐
16	—	—	183	—	—	1154
17	—	—	2273	—	—	1146
18	—	—	2260	—	—	1124
19	—	—	2203	—	—	—
26	—	—	3035	—	—	1170
27	—	—	2507	—	—	—
28	—	—	2492	—	—	—
31	14400	3000	17000	3089	—	17000
32	14150	21087	95170	7642	235388	90000
33	82880	127817	131108	34025	242647	130957
34	28485	107400	398766	79400	停征	统入房捐
35	144680	409350	678012	418425	—	681788
36	5940250	777500	12935436	1018821	—	停征
37	206.44	3196	1254.06	251	—	—

民国元年～37年(1912～1948)松阳县地方杂捐一览表

表17-7-2-12

税种	开征时间（民国纪年）	征收对象	征收标准	征收机关	税捐用途	年征数（元）	备注
油捐	16	茶油	售价5%	警察局	警费	84	至民国23年止
枯捐	—	油枯饼	每担0.02元	警察局、商会各半	商会	110	至民国23年止
不动产登记费	1	房地田产变动	无考	县公署	县行政会	2466	—
屠宰附捐	2	猪	每头0.4元	警察局	警费、公益、救济费	3666	—
屠宰救济捐	19	猪	每头0.07元	救济院	救济费	250	—
戏捐	16	戏班	每剧1元	教产会	教育、路灯	455	民国31年为筵席娱乐税
白炭捐	16	白炭	每担0.02元	公产会	公益费	112	至民国23年止
推收附捐	—	田地过户	每亩0.1元，后为1元	款产会	公益费	120	—
米谷出口捐	16	米谷	米每袋0.15元，谷每袋0.10元	款产会	公益费	200	—
经忏捐	17	施念经忏	无考	商人包捐	教育经典	342	—

续表 17-7-2-12

税种	开征时间（民国纪年）	征收对象	征收标准	征收机关	税捐用途	年征数（元）	备注
百货附捐	6	货物	无考	烟酒稽征所	教育经费	800	—
烟叶出口捐	19	烟叶	每担 0.1 元	烟酒稽征所	县行政费	1700	—
广告捐	14	广告商	按尺寸	警察局	区乡保经费	20	—
车捐	16	非机动车	无考	警察局	警费	604	—
自治户捐	20	居民	按户分等	区、乡	警费	82704	民国 32 年止
特产捐	35	竹木、油、药材	从价 5～15%	县税处	县行政费	614705	民国 37 年止
烟田捐	32	烟田	每亩 5000	县税处	县行政费	36661	民国 36 年止
绥靖经费	37	田地	田赋 1 元随征 1.45 斗谷	田粮处	自卫队经费	105780 万元	预算数
车役基金	31	无考	—	—	区乡	300	—
营业税附加	32	商店	营业税的 30%	直接税局	县行政费	74054	—
国难特捐	21	店、住屋、公用事业、饭馆	20%	警察局	军警费	1382	—
摊地使用费	32	营业摊地	无考	警察局	军警费	91441	—
积谷捐	31	田地	无考	田粮处	县行政费	2070	—

第三节　中华人民共和国时期税收管理

征收管理

中华人民共和国成立初期，实行高度集中统一管理的税收管理体制。一部分地方性税收属于县范围的减税、免税等事项授权地方由县人民政府拟议报经省府批准、报中央备案，货物税、盐税、工商业税等各税的减免税权限由中央集中掌握。

1954 年，税务总局规定由地方决定减税、免税事项，由大区税务管理局提出意见报大区财委决定。1955 年 3 月，财政部通知，凡属地区性个别的临时性减税、免税，可由省、市税务局报请省、市人民政府核定施行。1958 年 6 月 9 日，国务院公布《关于改进税收管理体制的规定》，适当扩大省级的税收管理权限：印花税、利息所得税、屠宰税、牲畜交易税、文化娱乐税、城市房地产税、车船使用牌照税 7 种税收，在统一的征税条例基础上，省有权采取减税、免税或加税的措施；有权对这些税收的税目和税率作必要的调整。商品流通税、货物税、营业税、所得税 4 种税收在一定范围内允许省实行减税、免税、加税的措施。

1961 年 1 月，中共中央批转财政部党组报告，其中第四部分为“改进税收管理体制，加强税收管理工作”，把管理权限适当收归中央管理，是财政工作贯彻党的“调整、巩固、充实、提高”方针的重要措施之一。新的税收管理体制规定，凡属工商统一税税目的增减和税率的调整、地方各税税目税率的变动，都应报中央批准。为发挥地方工作积极性和便于工作，各省有权确定一些零星税源的减税、免税和加成征收的权限下放给地、县一级掌握。1969 年 4 月和 1970 年 4 月，中央陆续下放管理权限。省有权制定对农村人民公社工商税的征税办法；有权对由于生产经营变化纳税有困难的国营企业、手工业社等，给予定期减免税的照顾；有权确定屠宰税、牲畜交易税、城市房地产税、文化娱乐税、车船使用牌照税 5 种地方税的征税范围和税率的调整和采取减税、免税措施；有权对投机倒把罚款和确定个体经济加成征税办法。个体经济征税起征点由省机动处理。

1973 年实施的《中华人民共和国工商税条例（草案）》规定，凡需在全国范围内减税、免税的产品，由财政部报国务院批准；省可以根据本条例规定，结合当地情况，制定具体的征收办法。个别纳税单位和个别产品需要减、免税的，由省批准；对农村社队企业需要减成征税或免税的，由省自行决定。省决定把部分权限分别下放给地县。1977 年 11 月 13 日，国务院批转财政部《关于税收管理体制的请示报告》，主要内容是凡属税收政策的改变、税法的颁布和实施、税种的开征和停征，税目的增减和税率的调整，都由国务院统一规定。凡在一个省内对某种应税产品、某一行业进行减税、免税及对烟、酒、糖、手表的减税、免税，都应报财政部批准。部份权限下放给省级，如直接为农业生产服务的县办“五小”企业和社队企业纳税有困难的，新办社队企业、需要给予税收照顾的，对屠宰税等地方税确定征税范围、调整税额等。重申任何地方和部门、单位都无权决定减税、免税，无权下达同税法相抵触的文件。下放给县审批的有：除生产烟、酒、棉纱 3 种产品以外的新办社队企业，在开办初期纳税有困难的，可以减征或免征工商税、所得税 1～2 年。1979 年，省财政厅对工商税、工商所得税的欠税，每户减免额在 2000 元以下的，授权由县财税局审批，对屠宰税欠税减免亦授权县财税局审批。1980 年 7 月，省财政厅对 1976 年前的陈欠授权由县财税局审批，每户减免额放宽到 5000 元。

1984 年，省财政厅规定，乡镇企业试制试销新产品，经县科委鉴定确认的（不包括烟、酒、手表）由县财税局批准，给予 1～2 年减征或免征工商税的照顾。1986 年始，须经地区经委、科委鉴定确认，由地区财税局审批免税。1987 年，省财政厅对企业撤出的混岗、富余人员新办的劳动服务公司需要给予减免税的，其他新办的集体企业一年内减免税额不超过 5 万元的和个别老企业生产经营困难、减免所得税额不超过 5000 元的以及城镇集体工业、企业税前还贷金额不超过贷款比例 60%的，均授权由县财税局给予审批。1988 年，省财政厅对城镇集体工业企业生产销售的小农具，城乡新办的从事理发、浴室、修理修配和经营蔬菜、平价豆制品、煤饼、大饼油条的企业，不分国营、集体，需要给予减免产品税或营业税的，由县财税局审批。1989 年，原有的乡镇及街道工业、校办厂“三税”减免当年 5000 元以下的，新办的这些厂投产后一年内有困难、当年减免“三税”不足 5 万元的，合作商店当年减免营业税不足 1000 元（1990 年为不足 2000 元），均由县财税局审批。

2004 年，对地税收入占 60%以上的 67 户企业进行重点税源监控。制定货物运输业、木制品行业、小水电行业和外出建筑企业等一系列行业征管办法，强化税收管理，促进各行业税收的稳步增长。细化纳税评估，对 6 个行业的纳税人及纳税异常企业进行约谈、举证和评估，促进税收征管的规范有序。新增和调整部分行业的三等六级标准，严格执行个体税收起征点政策。

2005年，健全地税与国税协作框架，在企业纳税信誉等级评定、个体税收定额核定和调整、税务登记等税收信息的传递上国、地税部门进行有效协作。2006年，根据国家税务总局税收管理“科学化、精细化”的要求和省地税局进一步加强税源间接控管的文件精神，逐步形成“数据监控、管理精细、责任到岗”的税源管理工作机制，按照“抓大、控中、定小”原则，松阳县完善税源分析体系，实施分行业、分税种的税源管理办法。2007年，做好税源间接控管工作，加强重点税源监控企业信息的采集和录入，扩大监控面。巩固2006年国地税联合办证工作基础，下发《关于进一步完善税务登记联合办证有关问题的通知》，明确双方工作职责，确定对逾期办证户的处理方式和操作流程。2008年，下发《关于进一步加强个体定期定额发票管理有关问题的通知》，实行分类管理；逐步推行填开式发票，堵塞在发票领购管理、以票控税方面漏洞。

2009年，实施《松阳县货物运输业税收征收管理若干规定》，开发运用“货运税款差额补征系统”，规范个体货物运输业税收征管。突出主体税种征管，加强分税种、分行业、分层次的税源管理。成立企业分离发展服务业领导小组；制订分离发展服务业的优惠政策；制定《松阳县人民政府关于加快我县工业企业分离发展服务业的若干意见》，对企业发展服务业提供政策支持。全年分离企业2家。2010年，巩固上年分离发展成果，对已分离企业进行政策辅导，及时落实税收优惠政策，为2家分离企业兑现优惠32万元。

税制改革

在社会主义改造时期，财政部根据国务院指示，对税收政策方面采取多项措施，促进农业、手工业和资本主义商业的社会主义改造。

新成立的手工业生产合作社，在第一年内一律按小型工业的规定，只依商业税率交纳营业税。自开工生产的月份始，营业税减半交纳一年，所得税减半征二年；对其联社、供销生产社、生产小组等，营业税减征20%一年，所得税减半交纳一年。

1957年，工商业社会主义改造基本完成后，原来配合对私营改造的“多种税，多次征”的税收制度，已不适应基本上是单一的社会主义经济的新情况。1958年9月，根据《中华人民共和国工商统一税条例（草案）》，把原来的商品流通税、货物税、营业税、印花税合并成工商统一税。对工农业产品从生产到流通实行二次课征制，在工业环节和商品零售环节各课征一道税，并适当调整税率，简化中间产品征税办法。原工商业税中的营业税并入工商统一税后，工商业税中的所得税成为一个独立的税种称工商所得税。其时松阳征收工商统一税、工商所得税、屠宰税、车船使用牌照税、利息所得税、牲畜交易税和文化娱乐税7种税。

1959年始，停征利息所得税；9月，停征牲畜交易税。1962年，开征集市交易税。1963年4月，按照《关于调整工商所得税负担和改进征收办法的试行规定》，调整工商所得税税率。1964年9月，停征集市交易税，保留税种。1966年10月，停征文化娱乐税。1969年，对国营商业（含供销社）试行综合税。1970年，试行征收行业税。

1973年，全面试行工商税。其主要内容为合并税种，简化税目，适当调整税率，取消中间产品征税。把原来的工商统一税、车船使用牌照税和屠宰税并成工商税。其中，国营企业只征工商税，集体企业仅征工商税和所得税；车船使用牌照税和屠宰税限于对个人征收。全国开征的工商税为工商税、工商所得税、城市房地产税、车船使用牌照税和屠宰税。松阳县开征工商税、工商所得税、车船使用牌照税和屠宰税4税种。

1983年，国务院决定在全国试行国营企业“利改税”，即第一步“利改税”，把中华人民共和国成立后实行30多年的国营企业向国家上缴利润的制度改为缴纳企业所得税。1984年10月，在全国实施第二步“利改税”和工商税制改革，发布关于国营企业所得税、国营企业调节税、产品税、增值税、营业税、盐税、资源税的一系列行政法规，成为改革开放之后第一次大规模的税制改革。国务院又陆续发布关于征收集体企业所得税、私营企业所得税、城乡个体工商业户所得税、个人收入调节税、城市维护建设税、奖金税(包括国营企业奖金税、集体企业奖金税和事业单位奖金税)、国营企业工资调节税、固定资产投资方向调节税、特别消费税、房产税、车船使用税、城镇土地使用税、印花税、筵席税等税收的法规。1991年，把中外合资经营企业所得税法与外国企业所得税法合并为《中华人民共和国外商投资企业和外国企业所得税法》。至此，工商税制共有37个税种，按照经济性质和作用，大致分为流转税、所得税、财产和行为税、资源税、特定目的税、涉外税、农业税七大类。

1994年，启动新的工商税制改革。全面改革流转税，以实行规范化的增值税为核心，相应设置消费税、营业税，建立新的流转税课税体系，对外资企业停止征收原工商统一税，实行新的流转税制；对内资企业实行统一的企业所得税，取消原来分别设置的国营企业所得税、国营企业调节税、集体企业所得税和私营企业所得税。同时，国营企业不再执行企业承包上缴所得税的包干制；统一个人所得税，取消原个人收入调节税和城乡个体工商业户所得税，对个人收入和个体工商户的生产经营所得统一实行修订后的《中华人民共和国个人所得税法》；调整、撤并和开征其他一些税种，调整资源税、城市维护建设税和城镇土地使用税；取消集市交易税、牲畜交易税、烧油特别税、奖金税和工资调节税；开征土地增值税、证券交易印花税；盐税并入资源税，特别消费税并入消费税。改革之后，税种设置由原来的37个减少为23个，初步实现税制的简化、规范和高效统一。

2000年，在农村开展税费改革，根据“减轻、规范、稳定”的原则对农（牧）业税和农业特产税进行调整，明确在5年内逐步取消农业税。2001年1月1日始，在全国范围内征收车辆购置税，取消车辆购置附加费。

2006年3月14日，第十届全国人大第四次会议通过决议，宣布在全国范围内彻底取消农业税。4月28日，国务院公布《中华人民共和国烟叶税暂行条例》，对烟叶的收购实行20%的比例税率。2007年1月1日，正式实施《中华人民共和国车船税暂行条例》，取代1986年9月15日国务院发布的《中华人民共和国车船使用税暂行条例》。2007年1月1日，正式实施修改过的《中华人民共和国城镇土地使用税暂行条例》。这次修改把外商投资企业和外国企业也纳入城镇土地使用税的纳税人范围。同年3月16日，第十届全国人大第五次会议审议通过《中华人民共和国企业所得税法》，结束企业所得税法律制度对内外资分立的局面，逐步建立一个规范、统一、公平、透明的企业所得税法律制度。至2007年末，现行税制中的税种设置进一步减少为18个。

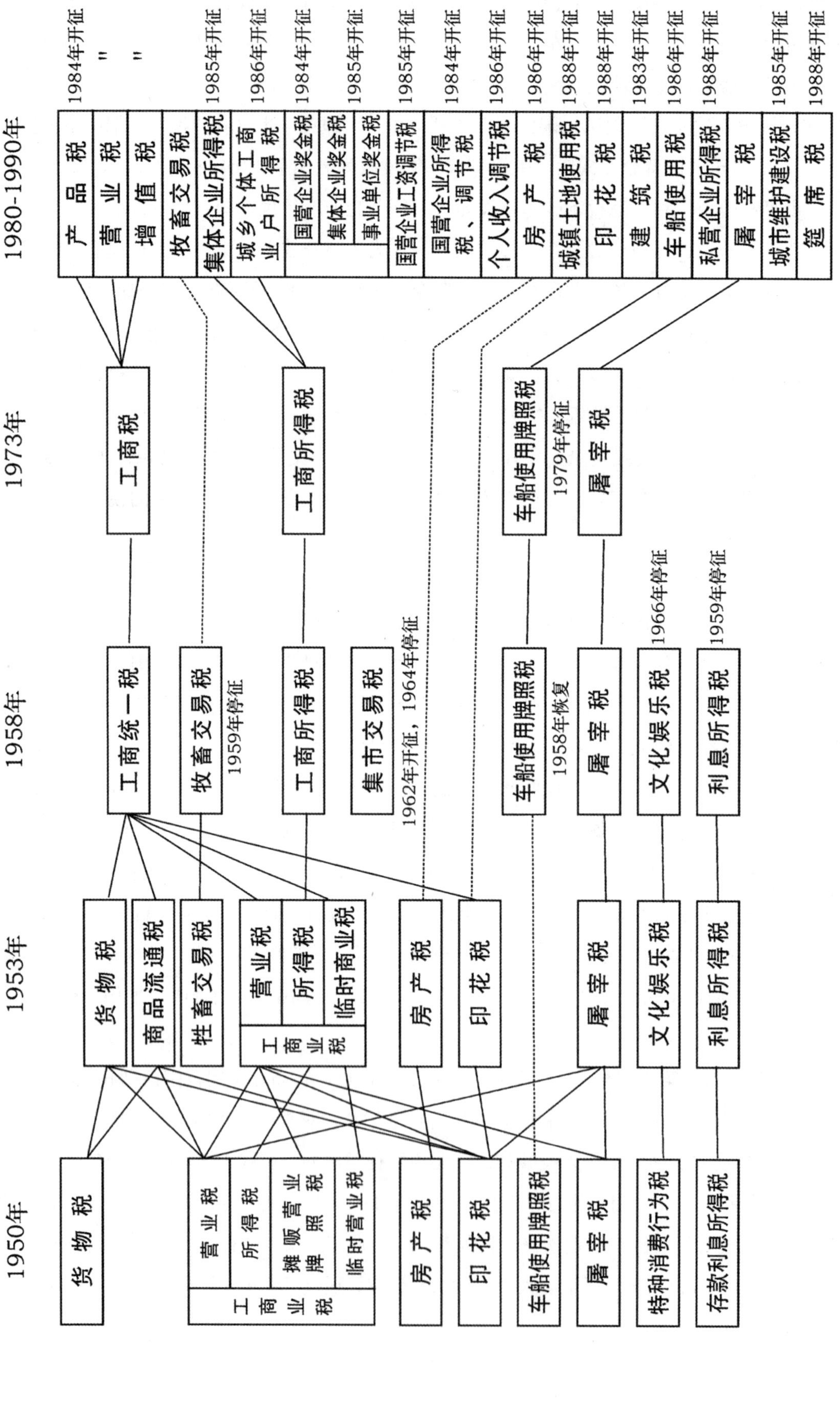

图 17-1　中华人民共和国成立后松阳县工商税制演变示意图

第八章　地税税种税率

1950 年 12 月至次年 9 月，松阳县实施政务院先后颁布的工商业税、货物税等 8 个暂行条例，初步建立新税制。1953 年，开征货物税、商品流通税等 9 个税种。1990 年，开征产品税等 20 个税种。另有省规定征收的粮食附加税、粮食补偿金和由税务部门负责征集的国家能源交通重点建设基金、预算调节基金及教育费附加。至 2010 年，全县开征的主要税种有增值税、营业税、企业所得税等 10 余种。

第一节　农业税

民国时期的田赋，中华人民共和国成立后改称农业税。农业税产粮区以征收稻谷为主，对缺粮地区，征收“代金”。现粮由粮食部门根据“先征后购”原则负责征收。“代金”由财税部门组织征收或委托代征。农业税按其性质分为评产计征农业税和农林特产农业税两种。随着生产的发展，农业税负担率逐年下降，农业税实际负担率从 1949 年的 29.23%下降为 1990 年的 2.86%。

2002 年前，农业税收收入包括农牧业税、农林特产税、耕地占用税和契税。2002 年始，暂停征收农业特产税。2004 年始，免征农业税。2006 年，全国范围内正式取消农业税。

农业税征收

新的农业税制度是在革命战争时期征收公粮的基础上，适应解放农村经济和生产关系的变化，逐步建立和发展起来的。1949 年 5 月 9 日，松阳解放之后，为保障供给，支援前线，遵照有关《征借粮秣暂行办法》的规定，向地主、富农、中农以及庙产祠堂征借粮秣。以户为单位，视土地多寡，采取定额征借和累进征借相结合的办法。1949 年，有农业税任务的，可凭票抵交任务，无任务的归还粮食。1949 年 6 月，开始筹借粮草，全县共借稻谷 30.1 万千克、大米 33.75 万千克。10 月，根据《浙江省征收农业税暂行办法草案》规定，开展农业税征收工作。具体规定，以农业生产之土地为根据，以其收益者为对象，不论自耕、租出或佃入，均由收益者交纳农业税；农业税以每户占有田亩之多少，以土质等条件把土地划为 4 等 19 个税级计征；采取“旧派新摊”的配赋制，即参考民国时期的田亩清册和当地的土质好坏、以及估计匿报土地等情况，自上而下分配征额，并自下而上登记田亩，在既定的派额下按面积和税率逐户计算负担。

1950 年 9 月，中央人民政府颁布《新解放区农业税暂行条例（草案）》，规定农业税按农户人均占有土地之常年产量，实行 40 级全额累进税率计征。其时，农业税主要由地主、富农负担，贫农负担较少，雇农基本没有负担。1951 年，土地制度改革基本完成，生产关系发生根本变化。完成土地改革地区实行23级全额累进税率，对人均常年产量在75千克以下的农户按8%税率计征，1000千克以上的农户按30%税率计征，进一步贯彻“查田定产、依率计征、依法减免”的政策。1952年，政务院对《新解放区农业税暂行条例》作了修改，松阳县执行《晚解放区已经完成土改地区的累进税率》。该税率照顾了贫苦农户的困难，扩大了富裕户的纳税面。是年，全县经过复查调产，确定计税面积为20.54万亩；常年产量4236.27万千克，平均税率17.5%，为依率计征打下基础，负担更趋合理。1953～1957年，继续执行1952年制订的24级全额累进税率，负担基本稳定在1952年的水平。1958年6月，《中华人民共和国农业税条例》颁布，自1958年始执行。继续贯彻稳定负担、公平合理、鼓励增产的政策。改以农业社为纳税单位，实行地区差别比例税率，规定全国农业税平均税率为15.5%。是年，省规定松阳县调产幅度为5.6%；调整后的常产4547万千克，新拟税率16.2%，比老税率降低1.1%，正税计征额稻谷737.5万千克，与1957年相同。1959年，农业税改以生产大队为纳税单位。

1962年，农业税的最高税率为13%、最低为7%，对国营农场以及有农业收入的机关、部队、学校、团体除实行随售随征农林特产产品外，一律按计税产量的9%征收。1963年，调整任务，采取计税产量基本不动，按照不同比例增加税额。是年，农业税改以生产队为纳税单位。相应调整税率，增加7%的任务，作为特大灾歉减免的机动数。1964年，对城镇职工青年、家属、回乡插队人员补分的自留地，连同已分的自留地合计不超过生产队耕地面积7%的，不再减少计税面积、计税产量；对良种示范繁殖场，按农业部门安排的良种繁殖计划面积占总耕地面积70%以上的，免征农业税，不足70%的其余部分的耕地，照征农业税。

1979年，农业税实行起征点征收办法，以生产队为单位，人均自产口粮不足200千克、经济收入不足50元者，免征农业税。1981年，农业税征收仍以生产队为纳税单位，对双包（包产到户，包干到户）责任制的生产队，落实到户，由户负担。

1983年，停止执行农业税起征点征收办法。对纳税确有困难的生产队和农户，采取社会减免照顾。1985年4月1日始，农业税不再征收粮食，改为折征代金，价格统一按粮食“倒三七”的比例收购价计算（30%按原统购价，70%按原超购价）。松阳县在10月末前按早稻每百斤15.3元计征。11月1日始，按晚稻每百斤16.7元计征。1986年，省人民政府为保证粮食定购任务的完成，农业税恢复“实物征收、货币结算”的办法。至1990年，仍沿用1958年颁布的农业税条例。

1991～2003年，随着农村经济的发展和中共在农村各项经济政策的进一步落实，对征收办法虽作过一些修改，但基本政策和制度未变。2004年始，松阳免征农业税。

1979～1982年松阳区域农业税实行起征点减免数量表

表17-8-1-1　　单位：万千克

区 乡	1979年	1980年	1981年	1982年	减免合计
古市区	21.45	11.27	11.27	11.27	55.26
古市	0.46	—	—	—	0.46
赤寿	1.23	—	—	—	1.23

续表 17-8-1-1

区 乡	1979 年	1980 年	1981 年	1982 年	减免合计
岗寺	0.37	—	—	—	0.76
樟溪	4.41	0.13	0.13	0.13	12.72
谢村	7.22	2.77	2.77	2.77	32.33
庄后	7.76	8.37	8.37	8.37	7.76
松阳区	9.66	—	—	—	48.95
西屏	—	38.39	38.39	0.45	5.68
叶村	1.64	5.678	5.68	—	3.88
阳溪	—	2.24	2.24	—	2.14
水南	0.14	2.14	0.14	0.14	5.57
望松	—	5.15	5.15	—	2.02
三都	3.45	2.02	2.02	0.31	14.81
斋坛	—	10.74	10.76	—	1.45
塘后	2.89	1.45	1.45	—	8.23
竹源	1.54	5.34	5.34	—	5.17
石仓	0.04	3.63	3.63	—	0.04
玉岩区	32.72	—	—	—	35.84
玉岩	8.00	1.04	1.04	1.04	11.12
交塘	11.00	1.04	1.04	1.04	11.00
枫坪	8.00	—	—	—	8.00
安民	5.72	—	—	—	5.72
合计	63.87	50.70	12.76	12.76	140.09

农业税征收管理

中华人民共和国成立后，农业税征收管理大体分为调查基数、造册填发任务通知单、组织征收和贯彻减免政策四个方面。

调查基数 主要调查土地、人口、农业产量等基础数字，并办理土地变动登记（1957 年以前，还应办理农业人口登记），据以计算税负，落实计征任务。

1949 年，采取自上而下分派征额，自下而上自报公议相结合的方法。征额的分派，在确保任务的前提下，根据各乡田亩数，参酌土质优劣、土地占有多少，以累进税率确定征额。为了贯彻合理负担的政策，是年秋征前组织查田队，依靠群众，运用民国时田赋征收材料开展查田工作，查出一部分“黑田”，编造土地清册，全县秋征田亩 16.26 万亩。

1950 年 8 月，区、乡、村组成土地整理评产委员会进行土地整理、查田定产和农业人口登记工作，补登隐瞒田 3.34 万亩，确定全县土地计税面积为 19.6 万亩，常年产量为 4085.905 万千克；每亩平均 207.5 千克。

造册 1951～1952 年，通过土地改革，土地面积进一步得到核实，并按土改后分户的土地房产编造“农业税土地房产清册”。1952 年秋，征前认真贯彻“查田定产、依率计征、依法减免”的方针，遵照省地复查调产的指示，先在阳溪、寺口、岗下乡开展查田定产的试点。经过总结经验，然后全民发动，全面开展复查调产。具体做法是以行政村为单位，对所有可耕田地，以土质、水利、阳光等自然条件为依据，按正常年景平均产量确定等级，“分片评等，分类折合”，对村与村、乡与乡、区与区以及县与县各片间接壤区土地的产量，经过组织进行联评，达到产量基本合理，而后分片入户，分户计算产量。经复查调产，全县耕地共分 17 个等级，最好的一等田每亩产量 355 千克、最劣的 17 等每亩产量 115 千克，平均亩产 210.5 千克。全县计税面积 20.54 万亩，常年产量 4236.21 万千克，计征任务 741.5 万千克，平均税率 17.5%，为依率计征打下基础。1957 年，松阳县计税面积 20.39 万亩，常年产量 4306.85 万千克，亩均 211 千克。

1958 年，贯彻执行《中华人民共和国农业税条例》，废除全额累进税制，改为地区差别比例税制。1959～1961 年，农业减产。1961 年，全国决定降低农业税负担。浙江省减征幅度超过中央规定比例，影响财政收入。1962 年的农业税，采取计税产量不变，适当调高税率和计征任务。

1964 年以后，农业生产不断发展，为稳定负担，计税产量未作相应调整，农业税任务一直保持稳定。农业合作化以前，各纳税户之间，因土地买卖、转让、分析、嫁娶、入赘、继承以及其他原因需要变动计税土地的，规定以每年 6 月 30 日为办理土地过拨、人口变动登记的截限日期，期后变动的留待次年办理。农业合作化以后，社与社、队与队以及社队与个体农户之间的土地拨出、拨入、调换以及国家征用、水冲沙压、开荒期满、恢复耕种、征用退还等需要变动计税土地的，规定以每年 3 月 31 日为办理土地变动申报期限。1989 年始，改为从上年 1 月 1 日到 12 月 31 日止，超过期限的列入下年度办理。在办理土地变动申报的基础上，调整基础数字，凭以计征农业税。

征收与减免 农业税以征收粮食为主，以稻谷为计量标准。凡征购任务大于农业税的，全部征收现粮，征购任务小于农业税的，其征购的粮食全部交纳农业税，不足部分征收代金，没有购粮任务的，全部征收代金。1967 年始，现粮价格规定每百斤为 9.2～9.5 元。代金则按每百斤 8.5 元计算。对余粮队因受灾减产而减购增销，农业税改交代金的价格，按照现粮价格计算。

1982 年始，为适应农村普遍实行联产承包生产责任制，农业税实行“户交户结”，同时配备乡财政员，加强征管工作。1983 年，代金价格一律改按当时早稻统购价每百斤 11.55 元计征。1985 年，为了适应农产品收购制度的改革，农业税改为折征代金。代金改按粮食“倒三七”比例价折算计征。1986 年，浙江省农业税恢复“实物征收，货币结算”的办法。1989 年始，农业税现粮、代金征收结算价格规定 10 月 31 日前按全省早稻定购价每百斤 22.2 元、11 月 1 日始按晚稻定购价每百斤 24 元计算。在征收入库过程中，执行“先征后购”“先税后贷”的原则。农业税现粮实行“承包征收，包干结算”。现粮价款由财税部门同粮食部门从稻谷收获季节起，按月按实际征收数量结算入库，最后一期定于 12 月 10 日按农业税应征任务数扣除减免数结清汇解入库。税款全部结清后，由财税部门付给粮食部门 1%的手续费（超过省定标准，1991 年改为 2‰）。1982 年，实行“户交户结”，全县纳税户数由1982年的3735户，到1985年猛增为45207户。为调动工作人员的积极性，松阳县从1984年始推行同工种竞赛办法，经评比获胜的单位和个人给予精神和物质奖励。1984～1990年，松阳区四都乡连续7年在9月末前完成全年任务。1987～1990年，松阳县连续4年完成征收任务。

1995年，省人民政府《关于农业税征收工作的通知》文件规定，农业税现粮计税价格为50公斤的早稻谷56.26元征收现金，由粮食部门调销货款后按规定期限向财政部门回笼。1996年，农业税现粮计税价格为每50千克60元。2001年，农业税现粮计税价格为每50千克46元。2004年，根据省政府统一部署停征农业税。

（1949～1992年松阳县农业税征收情况详见本编第二章“财政收入”第二节“中华人民共和国成立后预算内收入”之目“农业税收收入”）

第二节　流转税类

营业税

1993年12月，国务院发布《中华人民共和国营业税暂行条例》，自1994年1月1日始，在中华人民共和国境内提供条例规定的劳务、转让无形资产或者销售不动产的单位和个人，为营业税的纳税义务人，应当依照条例缴纳营业税。1994年1月1日始，按期纳税的起征点为月营业额400元；按次纳税的起征点为每次（日）营业额50元。1997年1月1日始，金融保险业营业税税率由5%提高到8%，国家政策性银行减按5%的税率征收，农村信用社营业税在1997年12月31日前减按5%征收。提高金融保险业营业税税率后，提高3%税率计征的部分由国家税务局负责征收。1998年1月1日起至2001年9月30日，农村信用社减按6%税率征收营业税。

1999年7月1日始，娱乐业税目中的歌厅、舞厅、卡拉OK歌舞厅和游戏机活动场所4项目的适用税率调整为13%。同月，财政部、国家税务总局发出关于调整房地产市场若干税收政策的通知，对房地产市场有关税收政策进行调整：自1999年8月1日始，对个人购买并居住超过1年的普通住宅，销售时免征营业税；不足1年的普通住宅，销售时营业税按销售价减去购入原价后的差额计征；个人自建自用住房销售时免征营业税。对企业、行政事业单位按房改成本价、标准价出售住房的收入，暂免征收营业税；对1998年6月30日以前建成尚未售出的积压空置商品住房销售时应缴纳的营业税在2000年末前予以免税优惠。2000年7月，财政部、国家税务总局规定，电子游戏厅税率调整为20%。2001年4月，财政部、国家税务总局下发《关于调整部分娱乐业营业税税率的通知》规定，从2001年5月1日始，夜总会、歌厅、舞厅、射击、狩猎、跑马、游戏、高尔夫球、保龄球、台球等娱乐行业统一按20%的税率征收营业税。

2001年，财政部、国家税务总局发出关于降低金融保险业营业税税率的通知。金融保险业营业税税率每年下调一个百分点，分三年把金融保险业的营业税税率从8%降低到5%。2003年5月，丽水市局《关于做好受“非典”影响突出行业税收优惠政策措施落实工作的通知》规定：对从事饮食业、旅店业、娱乐业、出租车业、美容美发等行业实行“双定”（定期、定额）征收的纳税人，税收定额统一下调 50%。2004 年 2 月，省地税局《关于调整农村信用社营业税税率问题的通知》，从 2003 年 1 月 1 日始，信用社的营业税按 3%的税率征收。6 月，财政部、国家税务总局下发《关于调减台球保龄球营业税税率的通知》，自 2004 年 7 月 1 日始，台球、保龄球减按 5%的税率征收。

2005 年，国家税务总局、财政部、建设部发布《关于加强房地产税收管理的通知》，对个人住房转让税收政策进行多次调整：2005 年 6 月 1 日后，个人把购买不足 2 年的住房对外销售的，应全额征收营业税。个人把购买超过 2 年（含 2 年）的符合当地公布的普通住房标准的住房对外销售，应持该住房的坐落、容积率、房屋面积、成交价格等证明材料及地方税务部门要求的其他材料，向地方税务部门申请办理免征营业税手续，凡符合规定条件的，给予免征营业税。个人把购买超过 2 年（含 2 年）的住房对外销售不能提供属于普通住房的证明材料或经审核不符合规定条件的，一律按非普通住房政策，按其售房收入减去购买房屋的价款后的余额征收营业税。2006 年 5 月，国家税务总局《关于加强住房营业税征收管理有关问题的通知》，对个人住房转让税收政策进行调整：2006 年 6 月 1 日始，个人把购买不足 5 年的住房对外销售全额征收营业税；超过 5 年（含 5 年）的普通住房对外销售，向地方税务部门申请办理免征营业税手续，凡符合规定条件的，给予免征营业税。个人把购买超过 5 年（含 5 年）的住房对外销售不能提供属于普通住房证明材料或经审核不符合规定条件的，一律执行销售非普通住房政策，按其售房收入减去购买房屋的价款后的余额征收营业税。

2008 年，财政部、国家税务总局《关于个人住房转让营业税政策的通知》，对个人住房转让税收政策进行调整：自 2009 年 1 月 1 日至 12 月 31 日，个人把购买不足 2 年的非普通住房对外销售的，全额征收营业税；个人把购买超过 2 年（含 2 年）的非普通住房或者不足 2 年的普通住房对外销售的，按照其销售收入减去购买房屋的价款后的差额征收营业税；个人把购买超过 2 年（含 2 年）的普通住房对外销售的，免征营业税。2008 年 11 月，国务院发布修订后的《中华人民共和国营业税暂行条例》，自 2009 年 1 月 1 日起施行。把营业税纳税地点的表述从“劳务发生地”调整为“机构所在地”，把按月或按季纳税的纳税期限，自期满之日起 10 内申报纳税延长至 15 日内，规定单位或者个人把不动产或者土地使用权无偿赠送其他单位或者个人的情形视同发生应税行为。医院、诊所和其他医疗机构提供的医疗服务免征营业税。

2009 年 1 月 1 日始松阳县营业税税目税率表

表 17-8-2-1

税　目	税　率	税　目	税　率
一、交通运输业	3%	六、娱乐业	5～20%
二、建筑业	3%	七、服务业	5%
三、金融保险业	5%	八、转让无形资产	5%
四、邮电通信业	3%	九、销售不动产	5%
五、文化体育业	3%	—	—

2010年1月1日始，个人把购买不足5年的非普通住房对外销售的，全额征收营业税；超过5年（含5年）的非普通住房或者不足5年的普通住房对外销售的，按照其销售收入减去购买房屋的价款后的差额征收营业税；超过5年（5年）的普通住房对外销售的，免征营业税。

1991～2010年松阳县营业税收入情况表

表17-8-2-2　　单位：万元

年 份	营业税收入	年 份	营业税收入
1991	411	2001	1607
1992	482	2002	2382
1993	558	2003	2932
1994	286	2004	3319
1995	344	2005	3310
1996	440	2006	4421
1997	722	2007	6149
1998	884	2008	6812
1999	1000	2009	5884
2000	1303	2010	7135

产品税

产品税征税范围包括工业品和农林牧水产品。税目共270个，其中工业品24类、260个税目，最低税率3%、最高60%；农林牧水产品10个税目，最低3%、最高38%。由于增值税征收范围不断扩大，至1990年，产品税税目96个。企业取得省政府批准或获省财政厅与有关部门联合批准的丝绸原料、蔗糖原料、黄白酒等价外补贴，暂不征收。消费者个人委托加工的产品除烟、酒、糖外，其余暂不征收。商业和外贸企业对商品挑选、整理、冷冻、防腐、切片、炒煮、油汆、装饰、装配、改变包装等免征；商业、外贸部门附属工业企业加工皮棉、絮棉、咸蛋、彩蛋、糟蛋、咸肉、酱肉、熟猪油及肠衣初制，产品冷冻、用已税糖加工绵白糖、用已税水产品加工咸卤水产品暂免征产品税；对商业前店后场销售的自制产品、属税目税率表列举按5%的产品、按规定纳税有困难的，经市（地）县（市）税务局批准，减征六成。国营和城乡集体企业用议价粮生产的白酒、黄酒，减按20%税率，小农具减按3%税率征收；企业以橘子、葡萄经压榨、过滤加防腐剂（不包括酒精）初制品成批出售给食品加工厂作原材料使用的，暂按其他食品5%征收；林场以自产原木、原竹连续加工成竹木制品，如家具、小家具、包装箱等，就最后产品征收；企业以废铝末加工成铝锭（块）应按铝10%税率征收；企业以水泥、碎石加黏合剂，不经过烧制过程而制免烧砖，按“其他建筑材料”5%的税率征收。

1990年松阳县征收产品税主要税目税率表

表 17-8-2-3

税目	税率（%）	税目	税率（%）
烟丝	35	汽酒	15
粮食白酒	50	小型电力	5
薯类白酒	40	鞭炮	30
其他原料白酒	15	焚化品	55
议价粮白酒	35	毛茶	25
黄酒	50	精制茶	15
议价粮黄酒	30	晒烟叶	38
啤酒	40	黑木耳、银耳	5
议价粮啤酒	25	水产品	10
复制酒	30	原木	10
果木酒	15	原竹	5
天然树脂	15	食用生猪、菜牛	3
兔毛	10	—	—

1991～1993年，松阳县产品税入库分别为390万元、364万元和530万元。

增值税

1994年1月，增值税推广到工业生产、商业流通领域、劳务中的工业性加工、修理修配，统一实行价外计征（价税分流）和购进扣税法。增值税征税对象包括应税货物和应税劳务两部分。增值税实行凭增值税专用发票抵扣税款制度。按应税销售额和会计核算是否健全，分为增值税一般纳税人和小规模纳税人。小规模纳税人采用简易计算方法计征增值税。纳税人销售或进口货物（含加工修理修配等劳务项目）基本税率为17%。销售或进口粮食、食用植物油、自来水、煤气、石油液化气、天然气、沼气、农机、农膜等货物，税率为13%。农业产品税率为13%。年销售不到100万元的企业为小规模纳税人，增值税按征收率6%征收。商业流通企业，年销售不到180万元、会计核算不健全的企业，实行按销售额6%征收率征收，后调为4%。

1994年1月1日以后，国地税机构分设，增值税为中央与地方共享税，由国税局负责征收。1991～1993年，松阳县增值税入库分别为585万元、640万元和1518万元。2007～2010年，全县增值税入库11614万元。

1990 年松阳县征收增值税主要产品征收率表

表 17-8-2-4

税目	征收率（%）	税目	征收率（%）	税目	征收率（%）	
					购入原料连续生产的	购入已征增值税产品加工改制的
日用机械零部件	5	耐火材料	12	蚊香、卫生香	5	—
农业机具	3	工业性作品	6	纯毛纺织品	16	10
其他机器机械	6	原材料转售	3	混纺纺织品	14	7
机器机械零部件	6	蚕丝	6	棉胚布色织布	6	4
农机零部件	3	非金属矿采选产品	9	其他棉涤纺织品	8	6
卫生纸	5	其他非金属矿采选产品	6	白坯丝织品	6	4
土纸	5	水泥制品	5	色织丝织品	7	4
其他纸	10	砖瓦	10	印染丝织品	8	5
印刷品	5	建筑陶瓷	12	其他棉纺织品	7	5
儿童玩具	4	建筑用加工石	5	土布	5	—
日用陶瓷	5	其他建筑材料	6	针织品、复制品	8	6
坛碗、坛罐	3	石棉制品	6	属纺织品征收的手帕、线、带	—	5
家具	6	植物油	8	毛料服装	12	6
其他工业品	6	药酒	13	其他服装	7	5
其他塑料制品	5	—	—	土制蔗糖	10	—
小农具	3	—	—	糕点、糖果	14	5
手工日用竹木制品	5	—	—	罐头食品	3	3
有色金属矿采选产品	6	—	—	其他食品	5	5

烟叶税

2006 年 4 月，国务院颁布《中华人民共和国烟叶税暂行条例》，在中华人民共和国境内收购烟叶的单位为烟叶税的纳税人。烟叶税税率为 20%。烟叶税的应纳税额=烟叶收购金额×税率。烟叶税的纳税义务发生时间为纳税人收购烟叶的当天。收购金额包括纳税人支付给烟叶销售者的烟叶收购价款和价外补贴。价外补贴统一暂按烟叶收购价款的 10%计入收购金额征税。收购金额计算公式为：收购金额=收购价款×(1+10%)。2006～2010 年，松阳县烟叶税收入总计 197 万元。

第三节　收益与资源税类

国营企业所得税

1984年10月，实行第二步利改税，大中型企业税率55%；小型企业、饮食服务和营业性宾馆、饭店、招待所等自1985年始改按新八级超额累进税率征收。最高一级年所得额超过20万元的、税率55%，最低一级年所得额在1000元以下的、税率10%。工交企业固定资产原值在300万元以下、年利润不超过30万元，商业零售企业独立核算的自然门店、年利润不超过8万元的为小型企业。年利润以1983年实现数为准。小型企业划定后一定7年不变。如税后留利达不到核定水平的，可按核定比例给予减免所得税，企业年度亏损，可以从下年的所得额中抵补，最长不得超过3年，抵补后余利照征所得税。

减税、免税的若干规定：国家机关、团体、军队、行政事业单位所属的宾馆、饭店、招待所，暂按15%的比例税率；行政事业单位、部队、团体附属企业的收入抵顶事业费支出的，暂免征所得税；纳税人1983年实现利润，由于变动产品税、增值税、营业税税率以及开征资源税而增减利润后的余额，不足核定合理留利的微利企业，暂免所得税3年；对专门生产酱油、醋、豆制品、腌腊制品、酱、酱菜、糖制小食品、儿童食品、小糕点、果脯蜜饯、果汁果浆、干菜调料（不包括味精）的工业企业和饲料工业，在1990年前减半征收所得税；新办的食品工业企业，免征1年；新办的饲料工业企业，免征3年；新组建的专门从事对城市土地、房屋实行开发的城市综合开发公司，从办理工商营业执照之日起，3年内免征；纳税人因风、火、水灾损失，需要减税、免税的，报当地税务机关核转省税务局审批。国营企业所得税按年计征，按月预缴，年终汇算清缴，多退少补。

1994年1月，国家税制改革，国营企业所得税并入国家统一的企业所得税。

1983～1990年松阳县国营企业所得税缴库情况表

表17-8-3-1　　单位：万元

项目＼年度	1983	1984	1985	1986	1987	1988	1989	1990
合计	1201	1171	1246	2435	1704	2711	2669	3396
机械企业	—	—	—	98	55	35	—	—
石油化学工业	—	—	—	—	—	101	83	165
森林工业	127	136	507	955	494	1355	—	—
轻工业	149	94	175	219	241	110	463	488
医药工业	122	118	150	372	329	266	177	605

续表 17-8-3-1

项目＼年度	1983	1984	1985	1986	1987	1988	1989	1990
商业	525	563	258	488	339	402	182	292
粮食企业	—	—	—	62	43	45	77	56
供销社	192	171	12	—	—	—	—	—
文教卫生企业	40	47	37	36	36	20	24	33
物资管理企业	46	42	100	205	162	254	223	111
其他	—	—	31	—	5	123	1440	1646

1991～1993 年，松阳县国营企业所得税收入分别为 299 万元、296 万元和 149 万元。

集体企业所得税

1985 年，《中华人民共和国集体企业所得税暂行条例》公布，实行新八级超额累进税率；3 月，对实行“改、转、租”国营小型商业企业、国营企事业、机关团体、学校、部队办的集体家属厂、城镇金融集体企业，按现行集体企业所得税规定征收集体企业所得税，其中饮食服务企业暂按 15%比例税率征收所得税。所得税减免规定：新建的企业，从投产经营之月始，经批准可在一年内减征或免征所得税；新办饲料生产及加工的企业，免所得税 3 年；乡镇集体企业，生产经营化肥、农药、农机修理修配等及革命老根据地、少数民族乡兴办的乡镇企业，经营确有困难的，可定期减税或免税；利用“三废”作为主要原料生产的产品，免征所得税 5 年；因自然灾害或其他原因，可给予定期或一次性减免税；商业工业专门生产酱油、醋、豆制品、腌腊制品，酱、糖制小食品、儿童食品、小糕点等减半征收所得税；当年安置待业青年占职工总数在 20%以上，给予减免税；利用废旧物资加工的企业，减征所得税；归侨、侨眷、港澳同胞新办集体企业，初办纳税确有困难的，经批准在一年内给予减免税；民政社会福利工厂，安排残疾人员占生产人数 35%以上的免征，超过 10～35%的减半征；农村排灌站、医疗单位、兽医诊所及集体单位经营的饲养业，一律不征所得税。1994 年 1 月，集体企业所得税并入国家统一的企业所得税。

1982～1990 年松阳县集体企业所得税汇算清交负担情况表

表 17-8-3-2　　单位：万元

项目＼年度		1982	1983	1984	1985	1986	1987	1988	1989	1990
合计	征税户数（户）	69	78	95	133	132	138	173	155	111
	平均纯益率%	4.6	5	5	4.3	3.2	3	3	3.1	3.25
	平均税负%	23.4	24.8	33.9	33	31.4	25.1	21.2	28.4	21.2
	税款合计	133	507	706	1063	786	639	808	636	794

续表 17-8-3-2

项目	年度	1982	1983	1984	1985	1986	1987	1988	1989	1990
工业企业	征税户数（户）	12	15	20	21	16	12	17	11	6
	平均纯益率%	3.5	4.3	7	9.4	4.9	2.9	2.1	2.3	5.42
	平均税负%	25	33	35	29	21	32	37	35.1	47.55
	税款合计	10	33	46	66	34	27	97	20	126
	税款占总数%	7.5	6.5	6.6	6.2	4.3	4.2	12	3.1	15.87
交通运输	征税户数（户）	2	3	4	3	4	4	1	2	4
	平均纯益率（%）	2.1	1.4	12.3	15.7	7.6	4.8	6.7	5.6	0.85
	平均税负（%）	32.9	32	41	46	42	33	36	9	95.45
	税款合计	5	5	43	99	43	14	16	17	21
	税款占总数（%）	3.8	1	6.1	9.3	5.5	2.2	2	2.7	2.64
建筑安装	征税户数（户）	2	2	2	2	3	2	4	6	5
	平均纯益率（%）	20	4.4	11.6	17.7	8.4	11	5.5	4.9	6.91
	平均税负（%）	34.5	37	43	35.2	42.2	44.5	49.5	26.9	19.75
	税款合计	5	14	24	15	45	57	59	87	143
	税款占总数（%）	3.8	2.8	3.4	1.4	5.7	8.9	7.3	13.7	18.01

1991～1993 年，松阳县集体企业所得税收入分别为 64 万元、57 万元和 33 万元。

私营企业所得税

1988 年 6 月，国务院颁布《中华人民共和国私营企业所得税暂行条例》，自 1988 年始实施。资产属私人所有、雇工 8 人以上以营利为目的的经济性组织，包括独资、合伙及有限责任公司 3 类，所得税采用 35%比例税率计征。下列项目可以减征或免征所得税：利用本企业“三废”属于资源综合利用目录范围的资源作主要原料生产的产品；因自然灾害等影响生产经营，造成损失的；因特殊情况需要定期或一次性减税或免税的。纳税人年度发生亏损，经报批可在下年度提取相应数字弥补，但不得超过 3 年。

1994 年，停止征收私营企业所得税。1991～1993 年，松阳县私营企业所得税收入分别为 1 万元、1 万元和 5 万元。

企业所得税

1993 年 12 月，国务院颁布《中华人民共和国企业所得税暂行条例》。从 1994 年 1 月 1 日始，在中国境内的企业（外商企业和中外合资企业除外），应当就其生产经营所得和其他所得依照本条例的规定缴纳企业所得税。企业的生产、经营所得和其他所得包括来源于中国境内和境外的所得。企业所得税的纳税义务人为国营企业、集体企业、私营企业、联营企业、股份制企业、有生产经营所得和其他所得的其他组织。

企业所得税采用比例税率。年所得额在 10 万元以上的，按 33%征收，同时设定两档照顾税率：年应纳税所得额在 3 万元（含 3 万元）以下的，按 18%征收；年应纳税所得额在 3 万元至 10 万元（含 10 万元）以下的，按 27%征收。

2000 年 1 月始，个人独资、合伙企业停止征收企业所得税，改为征收个人所得税。

2004 年 8 月，市地税局《丽水市地方税务局关于房地产开发企业有关企业所得税问题的通知》规定：房地产企业对 2003 年 7 月 1 日至 2004 年 6 月 30 日收取的开发产品预售收入进行自查、清理、项目结算；2004 年 7 月 1 日始，对房地产企业预售开发产品预售收入按 15%利润率并计当期利润预征企业所得税。2005 年 5 月，市地税局《丽水市地方税务局关于核定社会中介机构应税所得率的通知》规定：自 2005 年 1 月 1 日始，对所得税实行核定征收的社会中介机构应税所得率暂定为 10%。

2007 年 3 月，《中华人民共和国企业所得税法》颁布，从 2008 年 1 月 1 日始施行：企业所得税税率为 25%；非居民企业取得该法第三条第三款规定所得，适用税率为 20%；符合条件的小型微利企业，减按 20%的税率征收企业所得税；国家需要重点扶持的高新技术企业，减按 15%的税率征收企业所得税。同时废止《中华人民共和国外商投资企业和外国企业所得税税法》和《中华人民共和国企业所得税暂行条例》。2008 年 1 月 1 日始，对账证健全、财务核算规范的建筑安装企业实行查账征收方式征收企业所得税。对未按规定设置账簿或虽设置账簿，但账目混乱、资料残缺不全，不能正确反映生产经营成果的建筑安装企业实行核定征收方式征收企业所得税，应税所得率核定为 8%。2010 年 6 月，市地税局《关于明确固定资产折旧税前扣除有关规定的通知》加强对建筑项目形成的固定资产折旧在企业所得税税前扣除的管理。

（1994～2010 年松阳县企业所得税收入情况详见本编第二章“财政收入”第二节“中华人民共和国成立后预算内收入”之目“企业收入”）

个人所得税

1993 年 10 月，《中华人民共和国个人所得税法》做出修正，于 1994 年 1 月始实施。规定在中国境内有住所或者无住所而在境内居住满一年的人，从中国境内和境外取得的所得都应依法缴纳个人所得税。在中国境内无住所又不居住或者无住所而在境内居住不满一年的个人，从中国境内取得的所得依照本法规定缴纳个人所得税。个人所得税采用分项征收的方法，其税率分项目设置，即工资、薪金所得采用 5～45%九级超额累进税率，每月减除费用 800 元。个体工商户生产经营所得和对企业事业单位的承包、承租所得采用 5～35%五级超额累进税率。其他各项所得均按 20%的比例税率征收。其中，稿酬所得按应纳税额减征 30%，劳务报酬所得一次大于 2 万元小于 5 万元，其超过的部分应加征五成，一次所得大于 5 万元，其超过的部分应加

图 17-2 个体户纳税（县档案馆提供 1992 年）

征十成。

1999 年 8 月，《中华人民共和国个人所得税法》作第二次修正，删除个人所得税法中关于免税项目第 2 点“储蓄存款利息”的内容。11 月，居民个人的储蓄滋生的利息征收个人所得税。

2000 年 9 月，国家税务总局《关于个人独资企业和合伙企业征收个人所得税的规定》从 2001 年 1 月始，实施个人独资、合伙企业停止征收企业所得税，改征个人所得税。

2005 年 10 月，第十届全国人民代表大会常务委员会《关于修改〈中华人民共和国个人所得税法〉的决定》，个人所得税的工资、薪金所得每月减除费用修改为 1600 元。2006 年 5 月，对纳税人未提供完整、准确的房屋原值凭证，不能正确计算房屋原值和应纳税额的，对其实行按住房转让收入的 1%核定应纳个人所得税额。

2007 年 12 月，第十届全国人民代表大会常务委员会《关于修改〈中华人民共和国个人所得税法〉的决定》，个人所得税的工资、薪金所得每月减除费用修改为 2000 元。2008 年，松阳县个人独资及合伙企业核定征收个人所得税应税所得率为：建筑业 7%、饮食业 7%、娱乐业 20%、其他行业 10%。

2009 年 9 月 9 日，市地方税务局《关于加强市本级自然人股权转让所得个人所得税管理的通知》，加强对自然人股权转让所得个人所得税管理。

1994～2010 年松阳县个人所得税总收入情况表

表 17-8-3-3　　　　单位：万元

年度	个人所得税收入	年度	个人所得税收入
1994	33	2003	1624
1995	91	2004	2312
1996	73	2005	2318
1997	107	2006	3171
1998	168	2007	3998
1999	258	2008	3522
2000	345	2009	3562
2001	642	2010	3853
2002	1142	—	—

说明：个人所得税 60%上交，40%留地方

资源税类

中华人民共和国成立初，沿用原税法征收货物税（产品税）。1950 年 1 月，政务院颁布《货物税暂行条例》，把矿产品税列入货物税。1953 年 1 月 1 日始，把货物税的一部分品目划出，施行商品流通税。矿产中的生铁税率为 50%。1958～1982 年，货物税、商品流通税一再简并，成为工商统

一税后，改称工商税。其时，松阳县能源矿品煤的税率为7.5%、非金属矿品为70%。1984年10月，实行第二步利改税，原工商税中分解出产品税税种，以应税产品的销售额、收购额或进口产品的计税价格为计税依据。1986～1990年，先后对有色金属采选产品陆续改征增值税。

1992～2010年，数次调整国家对矿产资源开发利用的有关政策及资源税的征收范围、征收际准、计税标准。2001年，浙江省人大通过并颁布《浙江省矿产资源管理条例》，推进矿业有偿使用制度改革和市场化配置，矿产资源无偿开采制度终结。

松阳县的矿产资源税始于1995年5月，税额为每吨0.5～20元，具体产品的征收额因具体矿产品的价值而异，高岭土每吨3元、铝每吨8元。

矿山资源补偿费始于1994年，此为政策性预算内收费，征收额按销售收入的一定比例，以0.5～4%计征。境内的高岭土、铜、钼、建筑石材等产品征收矿山资源补偿费，均按销售额的2%计征。

2006年1月，对开采建筑用砂的单位和个人开征资源税，建筑用砂资源税从量定额征收，单位税额为1元/吨。

1994～2010年松阳县资源税收入情况表

表17-8-3-4　　单位：万元

年度	资源税收入	年度	资源税收入
1994	3	2003	8
1995	3	2004	9
1996	3	2005	35
1997	3	2006	83
1998	3	2007	71
1999	6	2008	111
2000	7	2009	64
2001	4	2010	79
2002	5	—	—

第四节　财产税类

房产税

1986年9月，国务院发布《中华人民共和国房产税暂行条例》，自10月1日始开征。房产税在城市、县城、建制镇及工矿区征收，纳税人为房产所有权人、承典人，按房产原值一次减除10～30%后的余值计算征收。浙江省统一规定减除幅度为30%，年税率为1.2%；按房产租金收入计算缴纳的，年税率 12%，按年征收，分期缴纳。国家机关、人民团体、军队自用的房产，由国家财政拨付事业经费的单位自用房产，宗教、寺庙、公园、名胜古迹自用房产，个人所有非营业用的房产，企业办的各类学校、医院、托儿所、幼儿园自用的独立的房产，经财政部批准免税的其他房产，免纳房产税。国家机关、人民团体、军队、事业单位的宿舍，暂缓征收。

2001 年 1 月，根据财政部、国家税务总局规定，对个人按市场价格出租的居民住房，房产税暂减按 4%的税率执行。2004 年 8 月，财政部、国家税务总局调整房产税有关减免税政策，停止执行对微利企业和亏损企业的房产可根据实际情况在一定期限内暂免征收房产税的规定。停止执行对企业停产或撤销后，原有房产闲置不用，需经省、自治区、直辖市税务局批准后暂不征收房产税的规定。2005 年 12 月，根据财政部、国家税务总局《关于房产税、车船使用税若干具体问题的解释和暂行规定》，停止执行“为鼓励利用地下人防设施，暂不征收房产税”的规定。同时，根据浙江省财政厅《关于房产税、车船使用税若干问题的规定》，停止执行“整座房产完全设在地下的，暂不征收房产税”的规定。2006 年 7 月，省地方税务局《关于调整房产税和城镇土地使用税征税范围的通知》，除乡行政区域外，浙江省内用于生产、经营的房产，均应缴纳房产税。2008 年 9 月，省地税局调整房产税减免审批权限，对纳税人缴纳房产税确有困难，需要减税或免税的，可报经市、县（市、区）主管地方税务局批准，给予临时性减税或免税照顾。

2009 年 1 月 1 日始，废止《城市房地产税暂行条例》，外商投资企业、外国企业和组织以及外籍个人（包括港澳台资企业和组织以及华侨、港澳台同胞）依照《中华人民共和国房产税暂行条例》及有关规定缴纳房产税。

1995～2010 年松阳县房产税收入情况表

表 17-8-4-1　　单位：万元

年度	房产税收入	年度	房产税收入
1995	63	2003	217
1996	65	2004	263
1997	98	2005	422
1998	104	2006	475
1999	129	2007	458
2000	140	2008	584
2001	175	2009	814
2002	233	2010	817

城镇土地使用税

1988 年 9 月，国务院颁布《中华人民共和国城镇土地使用税暂行条例》，自 11 月 1 日始施行。城镇土地使用税以城市、县城、建制镇和工矿区范围内的土地为征税对象，以实际占用的土地面积为计税依据。每平方米土地每年应纳税额：小城市 0.3～6.0 元；县城、建制镇、工矿区 0.2～4.0 元。松阳县土地划分为若干等级，制定相应适用税额标准。免税范围：机关、团体、军队用地，财政拨付事业费的单位用地，寺庙、公园、名胜古迹、街道、广场、绿化用地，直接用于农、林、牧、渔业的生产用地，能源、交通、水利设施用地。新征用的耕地，自批准之日起满一年时开始缴税。征用的非耕地，自批准征用的次月起缴税，城镇土地使用税按年计证，税款分季、半年或一年期限。

2006 年 7 月，省地方税务局《关于调整房产税和城镇土地使用税征税范围的通知》规定，浙江省对城镇土地使用税的征收范围调整为：除乡行政区域外，浙江省内用于生产、经营的土地均应缴纳城镇土地使用税。

1991～2010 年松阳县城镇土地使用税收入情况表

表 17-8-4-2　　　　单位：万元

年 度	城镇土地使用税收入	年 度	城镇土地使用税收入
1991	17	2001	35
1992	19	2002	29
1993	21	2003	33
1994	18	2004	33
1995	19	2005	86
1996	19	2006	138
1997	18	2007	135
1998	20	2008	440
1999	15	2009	430
2000	27	2010	484

车船（使用）税

1986 年 9 月，国务院颁布《中华人民共和国车船使用税暂行条例》，于 10 月 1 日始施行。下列车船免税：国家机关、人民团体、军队及财政拨付事业费的单位自用车船；上下客货及存货趸船；浮桥用船；消防车船；洒水车、囚车、警车、防疫车、救护车船、垃圾车船、工程车、残疾人专用车、企业内部行驶的车辆、按有关规定缴纳船舶吨税的船。市内公共汽车、电车暂缓征收。省财政厅规定，对自行车、拖拉机和非营业用的非机动车船，暂缓征收。

1992 年 1 月，国营交通运输部门用银行贷款购买的船舶，恢复征收车船使用税。1993 年 1 月，国营、集体交通运输部门用银行贷款购买的车辆，恢复征收车船使用税。机动车辆统一粘贴车船使用税（车船使用牌照税）完税和免税标志。2006 年 12 月，国务院颁布《中华人民共和国车船税暂行条例》；《车船使用牌照税暂行条例》和《中华人民共和国车船使用税暂行条例》废止。

1995～2010年松阳县车船使用税及车船使用牌照税征收情况表

表 17-8-4-3　　单位：万元

年 度	车船使用税收入	年 度	车船使用税收入
1995	14	2003	36
1996	14	2004	48
1997	14	2005	91
1998	19	2006	93
1999	117	2007	129
2000	127	2008	242
2001	148	2009	262
2002	121	2010	320

土地增值税

1994 年 1 月 1 日始开征。土地增值税的纳税人为转让国有土地使用权、地上建筑物及其附着物并取得收入的单位和个人。计税依据为转让房地产所取得的增值额（纳税人转让房地产所取得的收入减除规定扣除项目金额后的余额）。土地增值税实行四级超率累进税率，税率分别为 30%、40%、50%、60%。纳税人建造普通标准住宅出售、增值额未超过扣除项目金额 20%的，因国家建设需要依法征用、收回的房地产免征土地增值税。

2004 年，省地税局规定，对缴纳土地增值税的纳税人采取按销售收入预征、项目全部完成后结算的办法。对增值水平较低的，其预征率允许各市、县地税局在 1～3%预征率幅度内向下浮动 50%预征土地增值税。丽水市地税局规定：对从事房地产开发的企业，按转让房地产所取得的增值额征收土地增值税。在房地产项目未完工前，采取预售方式转让房地产的，暂按预收金额 1%预征土地增值税；开发的房地产项目竣工决算后，由企业提出申请，地税税务分局对开发的应税房地产项目进行土地增值税清算，多退少补。对账证不健全的单位转让房地产和个人转让非普通住宅的所得税预征率由原来的 2%调整为 1%；个人出售现住房应缴纳的个人所得税纳税保证金由原来的 2%调整为 1%；转让房地产的单位和转让非普通住宅的个人应缴纳的土地增值税预征率由原来的 2%调整为 3%。

2007 年 9 月，市地税局规定，对符合核定征收条件的纳税人，按房地产开发项目类型，区别不同情况实行核定征收：住宅类开发项目按 1%；其他开发项目按 2%的征收率核定征收；直接转让土地使用权的按 3%。

2008 年，财政部、国家税务总局《关于调整房地产交易环节税收政策的通知》规定：对个人销售住房暂免征收土地增值税。丽水市地税局《关于调整土地增值税有关税收政策的通知》规定：房地产开发企业在房地产项目未完工前，采取预售方式转让房地产的，土地增值税预征率由原来的 1%调整为 0.5%；对符合核定征收条件的房地产开发企业，核定征收率由原来的住宅类项目 1%、其他开发项目 2%、直接转让土地使用权 3%，统一调整为 0.5%。非房地产开发企业转让房地产和个人转让非普通住宅，土地增值税征收率由原来的3%调整为0.5%。2009年7月，根据《国家税务总局《关于印发<土地增值税清算管理规程>的通知》《浙江省地方税务局关于房地产开发企业土地增值税清算若干问题的通知》等文件精神，清算土地增值税。

1997～2010年松阳县土地增值税征收情况表

表17-8-4-4 单位：万元

年 度	土地增值税收入	年 度	土地增值税收入
1997	2	2004	227
1998	7	2005	171
1999	11	2006	400
2000	1	2007	454
2001	5	2008	525
2002	15	2009	385
2003	116	2010	423

第五节 行为税类

城市维护建设税

1985年2月，国务院发布《中华人民共和国城市维护建设税暂行条例》，缴纳产品税、增值税、营业税（简称“三税”）的单位和个人，为城市维护建设税的纳税义务人，以纳税人实际缴纳“三税”税额为计税依据。纳税人在县城、建制镇的5%，不在县城、建制镇的1%。纳税人经批准减征或免征产品税、增值税或营业税的，同时减免城市维护建设税。批发环节代扣代交零售环节营业税的，不代扣城市维护建设税，由纳税人返回所在地申报纳税。中外合资企业和外资企业不征收城市维护建设税。

1994年1月始，原税率和新颁布实施的增值税、消费税、营业税（简称“三税”）为依据计算征收。

2005年1月，生产企业出口自产货物免抵的增值税按规定征收城建税。2005年1月1日前已按免抵的增值税税额征收的城市维护建设税不再退还，未征的不再补征。生产企业出口货物缴纳城建税计税（费）依据，暂可根据当地国税征收机关退税部门审核盖章（或网上确认同意预免抵）后的《生产企业出口退（免）税申报汇总表》中的“当期免抵税额”确定。5月，对“三税”实行先征后返、先征后退、即征即退的除另有规定外，对随“三税”附征的城市维护建设税和教育费附加，不予退（返）还。2010年12月，外商投资、外国企业及外籍个人发生缴纳“三税”义务的征收城市维护建设税。

1991～2010年松阳县城市维护建设税收入情况表

表 17-8-5-1 单位：万元

年 度	城市维护建设税收入	年 度	城市维护建设税收入
1991	48	2001	250
1992	53	2002	303
1993	69	2003	300
1994	67	2004	363
1995	86	2005	455
1996	107	2006	599
1997	100	2007	814
1998	148	2008	1026
1999	146	2009	950
2000	164	2010	1574

印花税

1988年10月1日始，实施国务院发布的《中华人民共和国印花税暂行条例》。按比例税率计税：财产租赁、仓储保管合同，为千分之一；购销、建筑工程承包、技术合同，为万分之三；加工承揽、货物运输、产权转移合同、资金帐薄，为万分之五；财产保险合同，为万分之零点三；借款合同，为万分之零点五；其他帐薄及权利许可证照，按件贴花五元。对已缴印花税的凭证，其副本或者抄本，以及财产所有人把财产赠给政府、社会福利单位、学校所立的书据，免纳印花税。农林作物和畜类保险合同暂不贴花。1990年，保险合同改原按投保金额贴花为按保险费收入贴花，税率千分之一。责任保证、信用保险合同，暂按定额贴花五元。印花税由纳税人自行计算税额，一次贴足印花税票。应纳税额较大或者贴花次数频繁的，可采取以缴款书代替贴花或者按期汇总缴纳的办法。印花税票应粘贴在应税凭证上，在税票与凭证的骑缝处盖戳注销。

1991年9月，浙江省地税局制定的《关于订货会所签合同印花税缴纳地点问题的通知》规定：在全国性商品物资订货会（包括展销会、交易会）上所签合同应当缴纳的印花税，由纳税人回其所在地后即时办理贴花完税手续；对各地主办、不涉及省际关系的订货会、展销会上所签合同，比照上述规定由纳税人回其所在地即时完税。

1994年2月，国家税务总局印发《关于资金账簿印花税问题的通知》，从1994年1月1日开始执行：生产经营单位执行“两则”（《企业财务通则》和《企业会计准则》）后，其“记载资金的账簿”的印花税计税依据改为“实收资本”与“资本公积”两项的合计金额；企业执行“两则”启用新账簿后，其“实收资本”和“资本公积”两项的合计金额大于原已贴花资金的，就增加的部分补贴印花。

2006年3月，省国税局《关于扩大印花税预征范围若干问题的通知》，除印花税税目税率表中的“营业账簿”“权利、许可证照”和《试行办法》已规定实行预征税款的行业外，对其他企业的应税凭据均实行按经营收入预征印花税的办法。

2010年5月，丽水市地税局《关于加强土地出让和转让合同印花税征收管理的通知》，明确土地出让和转让合同印花税应由签订双方按“产权转移书据”申报缴纳。

1991～2010年松阳县印花税收入情况表

表17-8-5-2 单位：万元

年 度	印花税收入	年 度	印花税收入
1991	6	2001	35
1992	9	2002	33
1993	7	2003	68
1994	16	2004	53
1995	13	2005	134
1996	15	2006	113
1997	10	2007	147
1998	10	2008	229
1999	18	2009	245
2000	22	2010	379

固定资产投资方向调节税

1991年1月1日开始实施《中华人民共和国固定资产投资方向调节税暂行条例》，规定在中华人民共和国境内进行固定资产投资的单位和个人为固定资产投资方向税的纳税义务人。固定资产投资方向调节税按国家产业政策制定差别税率，税率分别为0%、5%、10%、15%、30%。

1999年，国务院决定，从1999年7月1日开始，减半征收固定资产投资方向调节税；从2000年1月1日始，暂停征收固定资产投资方向调节税；《建筑税征收办法》同时废止。1991～1999年，松阳县共征收固定资产投资方向调节税33万元。

屠宰税

1994年，国务院把屠宰税下放地方管理。是年，浙江省人民政府发出《关于做好屠宰税征收工作的通知》，在全省范围内屠宰或收购猪、牛、羊等牲畜的单位和个人为屠宰税的纳税义务人。屠宰税按头（只）定额征收，牛每头14元、猪每头10元、羊每头2元。集体伙食单位屠宰自养牲畜自食的，农民屠宰失去耕作能力的老残耕牛及在春节前20天屠宰自养牲畜自食的，免征屠宰税。

2000年，国务院决定在全国部分地区进行农村税费改革试点，并在试点地区停征屠宰税。1991～1999年，松阳县共征收屠宰税214万元。

1991～1999 年松阳县屠宰税收入情况表

表 17-8-5-3

单位：万元

年 度	屠宰税收入	年 度	屠宰税收入
1991	10	1996	31
1992	7	1997	42
1993	7	1998	36
1994	13	1999	42
1995	26	合 计	214

粮食附加税

1987 年，浙江省人民政府报请国务院批准，12 月 1 日开征粮食附加税。凡在农村从事工业、建筑安装、交通运输业的乡镇集体企业、联产企业、家庭工业和个体经营者，都是粮食附加税的纳税义务人。粮食附加税以纳税人取得的销售收入或营业收入，按 0.6%计征。与产品税、增值税、营业税同时征收。纳税人同时经营工业、建筑安装、交通运输以外的业务取得的经营收入，应一并征收。税款全部交入省库。自 1987 年 12 月 1 日开征至 1990 年末，松阳县实征粮食附加税 48.96 万元。

2001 年，松阳县停止征收粮食附加税。

1991～2000 年松阳县粮食附加税收入情况表

表 17-8-5-4

单位：万元

年 度	粮食附加税收入	年 度	粮食附加税收入
1991	20	1997	15
1992	25	1998	23
1993	22	1999	14
1994	15	2000	15
1995	19	合 计	181
1996	13	—	—

第六节　附加税费

农业附加税

1949 年，根据上级配额征收农业税，不分正税、附加。

1950 年，浙江省规定农业税另加地方附加税，按正税 15%计征。1951 年，附加率提高为 20%。

1952年，按政务院指示，不征附加。1954年，省财税厅指示，恢复征收农业税附加，附征7%。1955年，按农业人口人均全年常年产量在225千克以上的农户，依其应纳税额附征5%，不满规定者免征。

1956年，省人委规定，为适当满足地方建设事业的需要，决定随同农业税征收省附加5%和7%以内的乡自筹经费，即附加征收不超过正税12%。松阳县按12%附征。1958年，按《中华人民共和国农业税条例》规定，地方附加不得超过15%。1961～1963年，省规定附加率为10%，其中，省附加4%。

1964年7月，省人委规定，为了解决农村社会主义教育经费，农业税附加调整为15%。调增5%的地方附加，由省统筹分配。此后，地方附加一直按15%随同正税附征。

粮食补偿金

1989年4月，浙江省决定开征粮食补偿金，用以补偿粮食价差和粮食企业政策亏损。除财政拔款的行政事业单位和已缴纳粮食附加税的乡（镇）村工、交、建运企业外，凡全民所有制和城镇集体所有制，城镇私营企业和其他乡（镇）村企业；实行企业化管理的全民和集体所有制的事业单位；非农业户口的个体工商户，均属征集范围。征集标准为企事业单位按在册职工人数，每人每月3元；个体工商户按从业人员每人每月5元缴纳。补偿金按月缴纳，逾期不交的，按日加收5‰的滞纳金。申报不实的除追补外，可视情节处5倍以下的罚款。

至1990年，松阳县征集入库粮食补偿金47.02万元。

教育附加费

为加快发展地方教育事业，补充地方教育经费的资金来源，根据国务院《征收教育事业费附加的暂行规定》，随同产品税、增值税、营业税同时缴纳的附加收入。1986年7月1日，开征教育事业费附加。松阳县政府批转县财税局制定的《征收教育事业费附加的办法》，教育事业费附加以产品税、增值税、营业税的实缴税额为计征依据，附加率为1%，1990年8月始，附加率调整为2%。1993年5月，附加率调为3%。1995年，附加率调为3.5%。1996年12月，外商投资企业计征额按税额乘以中方投资比例，由中方负责缴纳。1997年1月，附加率调为4%。2005年8月，停止征收外商投资企业教育费附加。2006年5月，教育费附加率下调至3%。

教育费附加实行专项资金管理，由教育部门统一安排，经财政部门同意后，用于改善中、小学教学设施，不得用于职工福利和发放奖金。自1986年7月1日起至1990年末，全县共征集教育事业费附加48.82万元。

1991年，根据省人民政府办公厅《关于贯彻国务院〈关于筹措农村学校办学经费的通知〉的实施意见》，对设在乡、镇（不包括县城）范围内的乡（镇）、村办工业企业（1994年起包括外商投资企业、联营企业、个体企业）征收农村教育事业费附加，按销售收入（外商投资企业计征额按销售总额乘以中方投资比例确定，由中方负责缴纳）0.4～1%。2005年8月，停止征收外商投资企业农村教育事业费附加。2006年5月，停止征收农村教育事业费附加。松阳县仅1999年征收农村教育费附加11万元。

2006年5月，省人民政府发布《关于开征地方教育附加的通知》，以单位和个人实缴增值税、营业税、消费税税额为计征依据，附加率为2%。

1991～2010年松阳县教育费附加收入情况表

表17-8-6-1　　单位：万元

年 度	教育费附加收入	年 度	教育费附加收入
1991	59	2001	205
1992	59	2002	267
1993	31	2003	267
1994	52	2004	328
1995	51	2005	444
1996	57	2006	470
1997	93	2007	511
1998	107	2008	638
1999	127	2009	599
2000	137	2010	915

第七节　其他规费

国家能源交通重点建设基金

1983年1月1日始，执行国务院颁布的《国家能源交通重点建设基金征集办法》。1983年7月1日始，征集率由10%提高到15%。为便于计征，当年应当缴纳的能交基金统一以12.5%的征集率征收。征集的任务由省分配，收入交中央，超收部分实行中央与地方分成。

1987年5月，扩大征集范围，对城乡集体企业和过去尚未征集的其他城乡集体企业以及从事工业、商业、服务业、建筑安装业、交通运输业的城乡个体户均应按缴纳所得税后利润，以7%的征集比例征收。1989年，城市信用社税后利润征集15%。免征项目有农业税附加，中、小学的学杂费，国营企业的大修理基金，林业部门的育林基金，行政事业单位的经费包干结余，民政部门所管社会福利企事业收入。

1987年5月，免予征集项目增加集体企业税后利润不足5000元的及免征所得税的企业；减免所得税的福利工厂、乡财政的预算外资金、缴纳临时经营营业税的经营者。

1983～1990年，全县共征集国家能源交通重点建设基金3288万元。1990年后，不再征收。

1983～1990 年松阳县国家能源交通重点建设基金征集情况表

表 17-8-7-1

单位：万元

年度	1983	1984	1985	1986	1987	1988	1989	1990
总计	259	280	287	336	498	551	538	539
国营企业	185	195	258	250	430	397	383	389
行政事业单位	25	22	7	36	23	94	50	9
地方财政	28	28	3	—	—	—	—	—
城镇集体企业	20	29	19	50	45	49	93	141
城乡集体企业	—	—	—	—	—	11	12	—
其他	1	6	—	—	—	—	—	—

国家预算调节基金

1989 年 2 月，国务院发布《国家预算调节基金征集办法》，自 1989 年 1 月始施行。具体征集范围为地方财政的预算外资金，事业行政单位的预算外资金，国营企业及其主管部门提取的各项专项基金，其他没有纳入预算管理的资金，集体企业、私营企业以及个体工商户缴纳所得税后的利润。

征集率为当年收入的 10%，采取分期缴纳，年终汇算清缴。调节基金中属于中央单位缴纳部分，归中央财政；地方单位缴纳部分，中央、地方各 50%。免征项目有农业税附加，中小学学杂费、勤工俭学收入、高等院校和中专技校学校基金，企业的大修理基金，煤矿维简费，林业部门的育林基金。

1989～1993 年，松阳县征集国家预算调节基金分别为 16.6 万元、43.6 万元、34 万元、12 万元和 10 万元。

水利建设专项资金

1993 年 12 月，省人民政府下发《关于水利建设专项资金征集办法的通知》。按应缴纳单位和个人上年度销售收入或营业收入、利息收入、保费收入实绩全额计征；对新办生产经营单位和个体工商户，可按当年的收入实绩为征集依据。第二年始按上年收入实绩为征集依据。工交、电力、邮电、铁路、烟草、建筑等生产性企业按销售额或营业额 2‰征集；商业、供销、物资、医药、外贸、旅游、饮食服务性企业，按销售额或营业额 1‰征集；金融企业按贷款利息收入 2‰、保险企业按财产保费收入 1‰征集；私营企业和个体工商户按销售额或营业额 3‰征集；证券业务部门证券交易手续费和卖单收入暂按 2‰征集；按销售额或营业额 1‰征集。

1999 年 1 月，水利建设专项资金征收标准调整为凡有销售收入或营业收入的企事业单位及个体经营者，按上年销售收入或营业收入 1‰征集；银行（含信用社）按上年利息收入万分之六征集；保险公司按上年保费收入万分之六征集；各类信托公司、财务公司等非银行金融机构按上年业务收入 1‰征集。

1994～2010 年松阳县水利建设专项资金征收情况表

表 17-8-7-2 单位：万元

年 度	征收数	年 度	征收数
1994	23	2003	159
1995	32	2004	193
1996	39	2005	229
1997	58	2006	322
1998	62	2007	537
1999	83	2008	712
2000	64	2009	574
2001	103	2010	708
2002	127		

残疾人就业保障金

2004 年始，松阳县按照《丽水市残疾人劳动就业保障金征收办法》规定，凡安排残疾人就业达不到单位平均职工人数 1.5%，属残疾人劳动就业保障金征收范围。征收标准为（年平均职工人数×1.5%-已安置残疾人数）×上年度本地区职工平均工资×100%。

2004～2010 年，全县征收残疾人劳动就业保障金 813 万元。

文化事业建设费

2001～2005 年，全县共征收文化事业费 811 万元。2005 年后，未征收。

第九章　地税征收管理

中华人民共和国成立后，财政部与国家税务总局先后制定农业税减免、新办企业的税收减免规定、福利企业的税收优惠政策、老少边穷地区税收优惠政策、技术转让税收优惠政策、就业再就业税收减免规定、定期定额户的税收优惠、第三产业及公益性事业优惠政策、农林牧水（养殖）项目减免规定等一系列税收优惠减免政策措施，促进经济发展。特别是改革开放以来，运用减税还贷及减免税政策，支持企业进行挖潜、革新、改造和给困难企业以税收照顾。1982～1990 年，全县批准企业减免税款 717.2 万元，以税还贷 603.4 万元。为企业增强活力、增加后劲、提高经济效益、增加税利都起到积极的作用。经过多次变动和调整、改革、充实，建立起一套相对完善、符合政治经济发展要求的征收管理制度。

第一节　税收减免

农业税减免

减免按其性质大体可分为三类：一类是社会减免即困难减免，包括贫瘠山区、少数民族和革命老根据地的减免；另一类是灾情减免，根据“特轻不减，轻灾少减，重灾多减，特重全免”的原则，给予灾歉减免；再一类是政策性的奖励和优待减免。

1949 年，《浙江省征收农业税暂行办法》规定，对无劳动力的烈军工属及鳏、寡、孤、独其生活困难者，酌情减免负担 20～50%，荣誉军人及五年以上斗争历史的复员军工人员，每户减征农业税实物（下同）25 千克；遭受自然灾害或意外灾害，生产有困难，均酌情减免。关于灾情减免，省规定：年景六成以上者不减，六成以下减四成，五成以下减五成，四成以下减六成，三成以下全免。

1950 年，灾情减免办法对受灾地区以户为单位计算其全部歉收成数为标准，凡歉收不到二成者，不予减免；二成以上不到三成者，减征二成；三成以上不到四成者，减征三成；依类推之，六成以上不到七成者，减征八成；歉收七成以上全部豁免。1952 年，对土改后新分得土地的贫困农户每亩减征农业税 7.5 千克。1953 年，按省规定，对生产、生活困难的少数民族农户，农业税减征一至三成，贫瘠山区以乡为单位人均常年产量不满 150 千克的农户减征二成。1955 年 9 月，规定歉收六成以上者，全部免征；歉收五成以上不到六成者，减征七成；歉收四成以上不到五成者，减免五成；歉收二成以上不到四成者，按其歉收成数减征；歉收不到二成者，不予减免。是年，松阳县发生特大洪水，损失惨重，农业税减免 124.5 万千克，其中，灾情减免 112.5 万千克。1956 年，农业税灾歉减免办法：农业社以社为单位计算，凡歉收不到一成的不予减免；歉收一成以上不到三成的，按实际歉收成数减征；歉收三成以上不到四成的，按实际歉收成数加一成减征；歉收四成以上不到五成的，按歉收成数加二成减征；歉收五成以上全免。个体农户的灾歉减免，仍按1955年的规定办理。1957年，为了使轻灾的农业社也能得到照顾，对农业社歉收减免办法调整为：歉收不到半成者，不予减征；歉收半成以上不到三成者，按歉收成数减征；其余仍按上年的规定办理。1959年后，由于农业税计税产量多次进行调整，因实产比例的变化，灾歉减免的减征比例也几经更改，直至1972年，灾歉减免修订为当年受灾后的实产量与近年正常年景产量对比计灾。规定为歉收二点五成至三点五成的，按歉收成数减征；歉收三点五成至四点五成的，按歉收成数加一成减征；歉收四点五成至五点五成的，按歉收成数加二成减征；歉收五点五成以上全免。此办法至1990年未变。

1979年，农业税实行起征点办法，规定按照正常年景，以生产队为单位，每人平均口粮在200千克以下、社员平均收入在50元以下，符合这两个条件的免征农业税。同时对起征点以上和不实行起征点办法的纳税单位、缴纳农业税有困难的，给予社会减免。1979～1982年，境内减免70万千克。

1985年，松阳县人民政府规定，从当年开始对4个贫困乡、1个少数民族乡的评产计征农业税，按社会减免和灾情减免后的实征数部分，庄后、塘后、板桥3个乡全部返回，谢村、三都2个乡减半返回，由县财政作为支农资金支出，用于教育、卫生事业的补助和乡村企业的发展资金。1989年始，庄后、谢村、三都3乡农业税不再返回。1985～1990年，共返回资金计46.7万元。

松阳县农业税减免，1950～1957年，计347万千克，占评产计征数6370.5万千克的5.46%；1982～1990年，计471万千克，占评产计征数4021.5万千克的11.7%。

其他税收减免

其他税收减免涵盖营业税、企业所得税、个人所得税、城建税、房产税、城镇土地使用税、土地增值税等多个方面。

1997～2010年松阳县其他减免税情况表

表17-9-1-1　　单位：万元

年份	合计	营业税	企业所得税	个人所得税	城建税	房产税	城镇土地使用税
1997	5	—	1	—	4	—	—
1998	2.5	—	—	—	2.5	—	—
1999	72	—	69	—	3	—	—
2000	21	5	5	—	5	6	—
2001	40	10	18	—	4	8	—
2002	35	10	18	—	4	3	—
2003	369	17	274	3	48	27	—
2004	778	15	713	5	35	10	—
2005	1251	31	1197	13	6	4	—

续表 17-9-1-1

年份	合计	营业税	企业所得税	个人所得税	城建税	房产税	城镇土地使用税
2006	1640	30	1586	13	2	7	2
2007	723	40	662	5	1	15	—
2008	381	39	262	5	1	74	—
2009	383	50	321	4	1	—	7
2010	639	130	391	5	1	64	48

说明：土地增值税和其他税收未曾减免

第二节 征管改革

1954年，浙江省税务局提出实行税务专管员制度。松阳县在西屏、古市2个镇进行试点后，在全县推行。集镇由按行业分税分线专管，改为“划片包干，各税统管”，办理征纳手续。在农村实行“划片专管，分片包干，巡回征收，各税统管”办法，按行政区为主，以税源大小，路途远近和交通条件，若干乡为一个专管区，设置专管点，专管员定期巡回征收，“管、查、评、征”统管各税。

1961年，要求专管员人人建立生产联系点，开展“支、帮、促”活动。支持和帮助农村社队和工商企业发展生产，培养税源，在促产基础上做好“征、管、查”工作。

1981年10月，对专管员提出“岗位十有责任制”，具体规定专管员的任务、内容和要求。1984年5月，县财税局制定《财税所干部岗位责任制试行办法》，实行奖罚制度。1954年10月，对岗位责任制执行情况进行检查考核。具体考核专管员完成收入计划、纳税辅导检查、压缩和清理欠税、征管资料和报表档案、促产增收的成果等项。1985年，财政部颁布《税务专管员守则》。对税务专管员队伍提出具体要求。1986年8月，国家税务总局颁发《税务专管员“五要”、“十不准”规定》。1986年10月，县财税局制定税务专管员《岗位责任制考核、评定等级计奖试行办法》。

1989年4月，省税务局制订税收征管改革试点方案，松阳县在松阳财税所进行试点改革尝试。把当时实行的“征管查合一，分税统管”一员负责制的征管形式，改为征、管、查三分离的征管形式；按企业、发票及代扣代征、临时经营等性质分设征收组，负责税款征收、结算和建立征收档案资料。设企业、个体户、农村及市场等管理组织，负责纳税辅导，制订纳税鉴定，进行税务登记，财政资金信贷管理，确定纳税户的征收方法和纳税数额，减免税的监督管理，促产增收及税法宣传。设若干检查组和检查站，负责税收稽查，处理税务违章及税收政策法令执行情况的检查。

1991～1995年，建立以税务专管员管户制度为核心的税收征管模式。税务专管员制度即税务机关把所辖纳税人按片区或行业划分管辖范围，并由税务干部对每一片区实行专职管理。主要内容包括纳税人纳税鉴定、纳税辅导、税款征收、票证管理、税务检查，集征收、管理、检查于税务专管员一身，以管户为主的税收征管制度。

1992 年，按省税务局统一部署，松阳县开展“两同步”“三结合”改革（即征管改革与税收会计改革同步，与开展电子计算机应用相结合的改革工作），税收征管由手工操作开始向计算机操作转变。

1995 年，根据《国家税务总局工商税制改革方案》和省税务局《关于加快税收征管改革步伐若干意见的通知》，开始探索建立“申报、代理、稽查”三位一体（即建立纳税申报制度，推行税务代理制度，建立严格的税务稽查制度）的税收征管格局，撤销乡镇税收延伸二级所的征管机构。

1996，松阳县实行以办税服务厅为标志的纳税人自行申报纳税制度，取消专管员管户制度。2000 年 3 月，运行“税友 98”软件。2001 年，以信息化为依托，加强税源间接控管，优化纳税服务，推进税收管理“科学化、精细化”。

2003 年 8 月，推行申报缴库网络化，实现税银库一体化，实时扣缴税、费、基金。9 月，对地方税收征管过程中与纳税人有关的涉税事项实行全程服务制度。2004 年 8 月，推广应用“浙江地税因特网办税服务系统”（简称“网税系统”），实行网上申报。至年末，全县有近 6 成企业选择“网税系统”进行网上申报及其他涉税事宜。2005 年，初步形成以“网上申报”为主导的适应现代税收征管需要的新型间接税款征收方式。“一户通”电子扣税系统成功运行，“网税系统”应用范围扩大；全面完成“税友 2000”基础数据清理、企业信息比对和营业税起征点调整等工作。

2006 年，形成以“网上申报”“税银联网”“一户通”为主导的适应现代税收征管需要的新型间接税款征收方式。全面完成税务登记联合办证、换证工作，推广应用电脑版发票。2007 年，推广应用“税友 2006”软件。加强“银税联网”系统的使用和管理，做好货物运输发票程控系统的应用维护。

2008 年，开展 ISO9000、12366 短信、纳税评估等模块的应用，完善“税友 2006”应用及“数据采集、税源监控、税收分析、纳税评估、税务稽查”五位一体的联动机制。把 ISO9000 质量管理体系文件全部导入“税友 2006”；制定年度质量目标，把质量目标分解落实到各部门。2009 年，推广应用“税友 2006”快捷查询管理软件及不动产建筑业税收项目管理软件。在办税服务厅和行政服务中心地税窗口，安装 POS 机刷卡缴税（费），避免纳税人在银行与办税服务厅两头跑，提高办税效率。

2010 年 7 月，试用“地方两税”征收软件，加强“地方两税”的统一管理。应用 CA 证书办理涉税事项，方便纳税人办税，提升电子申报质量。

第三节　地税稽查

中华人民共和国成立初期，主要是对私营工商业的进销货检查和财务检查，每年组织综合性或专项税收检查多次。加强水陆交通码头车辆、船舶货运的检查。1950 年 4 月，松阳县成立检查队，对水陆通道日夜值岗检查。

1951年2月，县税务局建立检查股，配备干部6人，古市、靖居税务所各配2名检查员，先后成立南门检查站，车站、东门桥头检查组，县境公路两端界首、堰头布置缉私网络；税务检查和违章处理同时进行。1951年，全县处理违章案件853件，补罚税款15177元。在县城酿商中，发动反偷漏税教育，14户酒商自查补报偷漏酒税6296千克，占全年已缴酒税16216.5千克的39.82%。查处石仓乡屠宰税包征户挪用290头猪的税款，除追缴外，被法院判处有期徒刑6个月。

1952年1～9月，查处违章364件，查补税款2898元。1954年，发动企业进行工商税收自查互查，进行重点抽查，计查107户，查补税款16130元。其中，国营企业13户，补税3679元；供销社10户，补税4878元；私营企业80户，补税7334元；其他4户，税款2390元。1955年，结合营业税评议，开展税收检查。重点查处23户，补罚款4035元。其中，检查1户私营国药店前后12次逃资5060元，查获暗账1本，私藏现金4300元、存款700元、黄金4.5两、银圆146枚。除追回逃资督促入账外，补罚税款1351元。1959～1961年三年困难时期，税收工作积极参与市场管理，打击投机倒把活动，为活跃城乡经济、保护合法经营作出努力。

1982年，恢复县建制后，在境内交通要道设立3个税务检查站。1985年始，每年进行一次税收大检查。检查分自查、互查、重点检查、整改建制4个阶段，一般进行4个月左右。

1989年1月，由松阳县人民检察院派员组成县局税务检察室，办理偷税、抗税和财税干部违法案件。成立以来共立案侦查8件，其中提出公诉5件、教育免诉2件、移送外县查办1件。经法院审理逮捕、拘役、判刑的5人，追回经济损失182650元。1名财税干部利用职务之便贪污、挪用、受礼及非法所得56200余元，被依法判刑9年。对3起殴打税务干部、妨碍公务的个体商贩，运用法律程序分别作拘留、罚款等处理。

图17-3　县地税局稽查人员在企业检查(县档案馆提供 1998年)

1985～1990年，全县税收大检查，共查9179户次，查出违纪金额578.46万元，其中应补缴税款及能交基金390.33万元。1990年，税务检查历经整顿、加强力量配备和制度建设、提高查缉质量，全年查获偷漏税款15万元。

1991年始，每年开展一次税收财务大检查外，对各类违反财经政策、税务法规的举报案件开展检查。税收财务大检查的范围为：国营、集体企业、企业集团、行政事业单位和社会团体、个体工商户及私营企业。大检查的主要内容为：偷税、漏税和越权减免税；乱挤成本、费用，虚报亏损、虚增利润、虚盈实亏，侵占、截留应交财政的利润、能源交通基金和预算调节基金；乱收费、乱罚款、乱集资摊派；滥发奖金、补贴、实物，用公款请客送礼，游山玩水，擅自购买专项控制商品等挥霍国家和单位的资金；采取非法手段，把全民所有制的资金转为集体或个人所有，或把预算内资金转为预算外资金；侵占、截留、私分、挪用救灾款和物质及各种应交财政罚没款项；公款私存，私设“小金库”，侵占、私分国家和单位的资财；其他违反财经法纪的行为。税务检查以税收财务大检查的工作纪律、检查原则和工作考核为主。从治理整顿的目的出发，坚持自查从宽、被查从严、实事求是、宽严适度的原则。

1993～1997年，按《中华人民共和国征管法》规定，除组织开展税收财务大检查外，还负责实施税收的日常稽查、专项稽查和专案稽查。1998～2002年，税务稽查的重点突出对行业性的税收整治和对涉税违法行为的打击。

2004年，推行和完善税务检查前约谈制度，实行案件目录检查法和案件下户审理制度，规范重大案件审理制度。全年检查案件109件，检查面14%；检查入库金额541万元；重点检查案件处罚率69.6%。2005年，检查案件68件，检查入库金额272万元。2006年，加强小税种检查和专项检查，保障正常的税收秩序。全年共检查案件99件，检查面12.6%，查补入库税收收入184万元；重点检查案件处罚率58.1%。2007年，制定预案制度和征管稽查联动制度，参加汇总纳税企业检查，提高稽查乘方效率。对房地产建筑业、高收入所得税、亏损企业等开展税收专项检查；查处假发票193份，涉案金额319万元。全年共检查纳税户97户，查补入库税收收入148万元。2008年，成立专门领导小组，制定专项检查工作计划，对列入专项检查的房地产业、建筑业、宾馆业等行业进行检查；受理举报案件8起；开展发票整治工作，与公安部门联手破获一起假发票案。全年共对80户次进行检查，其中重点检查47户次，查补金额161万元。入库率100%；按时结案率100%。

2009年，先后对21户纳税人，其中6户大型连锁超市、7家教育培训机构及其他培训机构、8家建筑安装业等企业开展专项检查，自查补缴税费126万元；受理举报案件3起，查补入库税款54.24万元、滞纳金11.67万元、罚款27.12万元。全年共对52户次进行检查，查补金额228万元，入库率100%，按时结案率94%。2010年，对房地产开发业、建筑安装业、交通运输业、广告业等企业开展专项检查工作，全年重点检查27户，查结26户；开展打击假发票专项整治行动，上送鉴定发票1500余份。全年共对88户次进行检查，查补税费总额432万元，比2009年增长56.5%，入库率100%，其中税款407万元。

第十章 国税征管征收

1994 年 12 月，松阳县国家税务局挂牌成立，并与松阳县财政局、松阳县地方税务局合署办公。1997 年 9 月，松阳县国家税务局正式分设，由上级国家税务局垂直领导。2002 年，县国税局进行机构改革，内设办公室、监察室、人事教育科、税政法规科、管理科、计统征收科 6 个行政科室和稽查局 1 个直属机构、信息中心 1 个事业单位。2005 年，进一步规范县局机构设置，内设办公室、人事教育科、监察室、计划征收科、政策法规科、税源管理一科、税源管理二科 7 个行政科室和稽查局 1 个直属机构、信息中心 1 个事业单位。2009 年 11 月，县国家税务局机构增至 11 个内设机构和稽查局 1 个直属机构、信息中心 1 个事业单位。

松阳县国家税务局负责和主管辖区内中央税、中央与地方共享税及国家制定税种的征收管理工作。承担着全县增值税、消费税等主体税种和中央企业所得税、外商投资企业所得税、金融企业所得税、2002 年后新办企业所得税、储蓄存款利息个人所得税、车辆购置税的征收任务以及出口退税的管理任务。

1997 年，全县国税系统共有干部职工 97 人，其中在职干部职工 81 人、离退休干部 16 人。至 2010 年末，全县国税系统共有干部职工 93 人，其中在职干部职工 80 人、离退休干部 13 人。在职干部职工本科以上学历 69 人、大专学历 7 人，大专以上学历人员占干部总数 95%；49 人取得中级以上职称，占 61.25%。全系统进入总局、省局两级人才库 5 人。

1997～2010 年，全县国税部门累计组织税收收入 12.47 亿元，累计办理出口退税 1.5 亿元，其他税收优惠政策退税 8801 万元；国税税收收入从 1997 年的 2570 万元上升到 2010 年的 25362 万元，增长 8.8 倍。

第一节 税收征管

征管改革

1994 年 12 月，松阳县国家税务局成立后，按照“以申报纳税和优化服务为基础，以计算机网络为依托，集中征收、重点稽查、强化管理”的税收征管模式的要求，大力推进征管改革。

1998 年，松阳县国家税务局精简征收机构，在全省率先撤销征管分局及所有 5 个农村办税服务厅，把原征管分局和办税服务厅的管理职能划归到县局职能科室，在县城设立 1 个办税服务厅，实行集中征收。1999 年，重新恢复征管分局，撤销发票管理所，保留牌子，把其职能分别分解到征管分局，把办税服务厅归口征管分局，提高人财物的统筹利用。

1999年，进一步完善税收征管改革，建立分片区的税收管理组，下设松阳片、古市片、象溪片、大东坝片、玉岩片5个管理片区。建立税收调研组归口征管科，配专人负责开展税收调研和学会工作。2001年，综合征管软件V1.5上线运行，逐步实现以市地为单位集中征收的税收征管体系。2003年，上线运行STAIS（中国税收征管信息系统），把全县所有纳税人纳入微机监控。2005年，推广应用VPDN网上安全纳税申报平台。推行《税收管理员制度（试行）》，明确税务人员岗位职责，落实管理责任，规范税务人员行为，促进税源管理，优化纳税服务的基础工作制度。2006年，车购税费改革，车辆购置税业务统一划转国税部门。2007年，个体工商户推行使用计算机核定定额系统。2010年，普通发票实行全国简并票种、统一式样、建立平台、网络开具，以适应税收信息化发展要求。

纳税服务

2001年，松阳县国家税务局在自行申报、邮寄申报、代理申报制度的基础上，积极推出电话申报、“邮政绿卡”申报、网上申报等多元化方式，2600余户农村个体纳税户采取邮政绿卡代办模式申报纳税，为纳税人提供高效、快捷的服务；撤并农村各延伸申报点。2003年，推行全程服务制度和“一窗式”管理模式，打造为纳税人服务的服务品牌。2004年，以方便纳税人、提高机关效能为目标，通过业务重组，合理调整办税大厅窗口功能，“一窗一人一机”模式到位，发挥办税服务厅的综合服务功能。

图17-4　松阳国税纳税服务大厅投入使用（县国税局提供 2000年）

2005年，按照国税总局关于《税收管理员制度（试行）》通知，取消税收专管员制度，建立税收管理员制度，对全县税收管理实行分片管理与行业管理相结合的办法。2006年，全面推行自助申报平台，有效缓解办税服务厅拥挤、排队现状，为纳税人创造良好的办税环境。2008年，车辆购置税新征管系统上线，推行“一窗统办”模式，提高办事效率。2009年，推出POS机刷卡缴税服务，方便纳税人缴纳税款。设立纳税人援助中心，向纳税人无偿提供咨询和服务，维护纳税人合法权益。建立“授权提效”岗位责任体系，简化办税流程，方便纳税人办税。2010年，实施涉税事项“免填单”服务项目，推行财税库银横向联网，建立税务、国库、银行（信用社）等部门间的电子信息通道，为纳税人提供便利。

管理创新

松阳县国家税务局建立“实践—立项—提炼—评审—评估—反馈—申报—再实践”的管理创新工作机制，管理创新活动取得成效。2006～2010年，组织实施管理创新项目共55项，向上级局申报管理创新项目10项，其中《预约耗量、耗用限量，防止农产品加工业增值税流失》被列入浙江省国税系统管理创新入库项目。

优惠政策

1997～2010年，松阳县国家税务局办理“老、少、边、穷”地区新办企业所得税减免税49户（次），共减免税370万元；批准农村信用社所得税政策减免12户（次），办理减免所得税152万元；办理民政福利企业退税317户（次），共退税6641万元；办理资源综合利用退税145户（次），共退税2026万元；办理出口退税523户（次），共退税15898万元。

税务稽查

松阳县国家税务局建立和完善国税稽查体系，发挥稽查的职能作用，以营造公平、公正的税收环境为目标，整顿和规范税收秩序，开展专项检查和专项整治，打击涉税违法犯罪。1997年，国地税机构分设，设立稽查局。1998年，县国税局成立税务案件审理委员会，“稽查选案、检查、审理、执行”实行四分离。2001年，稽查局改为稽查科，业务由市稽查局管理。2002年，稽查科改为稽查局。1999～2010年，通过开展日常稽查、专项稽查、专案稽查，累计检查纳税人471户次，查补税款入库2879万元。

图17-5 松阳国税干部开展税务稽查(县国税局提供 1997年)

第二节 税收收入

1997～2010年，松阳县国家税务局税收收入从1997年的2570万元上升到2010年的25362万元，增长8.8倍，平均年增长19.26%。13年间，累计组织税收收入12.47亿元，累计办理出口退税1.5亿元，其他税收优惠政策退税8801万元（指福利企业、资源综合利用企业及校办企业退税）。

1997～2010年松阳县国税征收入库情况表

表17-10-2-1　　　　单位：万元

税种 年份	增值税	营业税	消费税	内资企业所得税	外资企业所得税	个人所得税	车辆购置税	税收合计	附例资料		
									免抵调	出口退税	其他退税
1997	2455	74	39	2	0	0	0	2570	0	0	72
1998	2529	121	115	26	0	0	0	2791	0	0	92
1999	2694	114	390	25	0	1	0	3224	0	0	132
2000	2899	109	434	39	1	161	0	3643	0	0	99
2001	3012	85	507	53	5	274	0	3936	0	0	454

续表 17-10-2-1

税种 年份	增值税	营业税	消费税	内资企业所得税	外资企业所得税	个人所得税	车辆购置税	税收合计	附例资料		
									免抵调	出口退税	其他退税
2002	3486	42	591	96	7	255	0	4477	72	369	648
2003	4239	9	559	352	7	244	0	5410	68	561	613
2004	4722	0	1099	571	11	339	0	6742	114	702	758
2005	6685	0	721	426	7	308	139	8286	150	432	764
2006	7887	0	432	1441	18	401	120	10299	337	833	1015
2007	10447	0	331	1033	2	412	138	12363	370	1260	1162
2008	12464	0	227	1631	5	234	1300	15861	450	1770	970
2009	16612	0	183	1325	14	91	1515	19740	1080	4140	942
2010	20919	0	153	2071	4	21	2194	25362	700	4830	1080
合计	101050	554	5781	9091	81	2741	5406	124704	3341	14897	8801

第十八编　综合经济管理

民国时期，松阳县的经济行政管理工作由县政府统计室、县物价评议委员会等部门负责。中华人民共和国成立后，松阳县积极恢复工业生产，组织物资交流，促进商品流通，使国民经济得到迅速恢复和发展。同时，组建国营贸易机构，逐步掌握批发业务，调剂民食民需；加强市场物价管理，打击投机、平抑物价。1955～1959年，松阳县初步建立以计划经济为主体的管理体制。工农业生产、商品流通、物资分配、建设项目以及收入分配各个领域均实行计划管理。1958年，经济管理工作用群众运动代替科学管理，导致经济秩序混乱。“文化大革命”期间，松阳区域经济秩序遭受不同程度破坏。1976～1978年，松阳区域经济秩序得到恢复。

1982年恢复县制后，松阳县改革权力过分集中的计划经济行政管理体制，从而促进经济的较快发展。1984年后，改变为以计划为主、市场为辅的计划管理，实行指令性计划、指导性计划和市场调节三种模式，并引入市场机制，大幅度削减指令性计划，扩大指导性计划。1992年后，大幅度取消指令性计划、指导性计划和年度计划，转向中长期计划的宏观管理。2001年后，强化对全县国民经济和社会发展战略、重大方针政策的研究和制定，强化对产业政策、产业结构以及经济与社会协调的研究，强化市场培育和管理。

在改革计划管理体制的同时，松阳县同步加强物价管理、统计管理、审计管理、安全生产监管、市场监督管理、质量技术监督管理等工作。1983年，全县初步形成县、区、乡镇多级统计管理网络；1987年，《中华人民共和国统计法实施细则》发布后，统计工作纳入有法可依的法治轨道。1986～2010年，全县物价管理经历“以调为主”“以放为主”“以建立社会主义市场经济体制为目标”的三个阶段，建立和完善调、放、管三者结合的物价管理体制。此间，通过强化审计工作，严肃财经法纪，维护经济秩序，促进廉政建设，保障全县经济持续健康发展。工商行政管理切实保护合法经济，维护市场准入和退出秩序。质量技术监督工作依法实施标准化、计量、产品质量的执法检查和监督管理，在提高产品质量、净化市场、加强技术基础、加快与国际惯例接轨等方面取得实效。安全生产监督管理工作以安全生产基础管理为重点，建立安全生产网络和安全生产责任制，开展安全生产大检查，发现隐患，限期整改，有效遏制各类重大事故的发生。

从 1953 年始，国家以制订“五年计划”的方式引领经济社会的发展。至 2010 年，已有 11 个“五年计划”发挥着积极作用。基于此，松阳县由一产占绝对优势的农业县蜕变为三产超一产、二产超三产占绝对优势且人均产值超 3000 美元的“田园松阳”。

（有关计划、规划的内容、指标、措施、结果等情况，详见第十编“经济综述与体制改革”第二章“经济发展速度与质量”第一节“国民经济综合指标”、第二节“经济总量”）

第一章　统计管理

1962年4月，中共中央、国务院颁发《加强统计工作的决定》。1963年3月，国务院颁发《统计工作试行条例》。“文化大革命”期间，统计机构被撤销，统计工作仅保留一些主要的报表和指标，且数据不甚准确。1970～1975年，各项统计报表制度逐步恢复。1982年恢复县制后设统计局，松阳县的统计工作得到恢复和发展。1983年12月，《中华人民共和国统计法》颁布，统计工作开始纳入法治轨道。区、乡镇建立健全统计机构、配备统计人员。2003年，实行“在地统计制度”。2005年开始，实施服务业统计报表制度。

第一节　统计体制

历史沿革

民国 21 年（1932）10 月，国民政府颁布《统计法》，随后颁发《统计法实施细则》。民国 32 年 4 月，开始办理统计。初以各项资料抽摘一部分或对少数门类作一统计，未见全貌。民国 33 年，完成《松阳县统计汇编》1 册，内容涉及施政业绩、慈善、灾害、社会病态、礼俗胜迹以及副食品供应等，资料较齐全。民国 35 年，县政府设统计室。民国 36 年 4 月，完成《松阳统计汇编》，除记录民国 35 年较完整的资料外，不少项目统计自民国 30 年以来的历年资料。民国 38 年，撤销统计室。

中华人民共和国成立初期，尚未建立指导全国统计工作的机构，各项统计任务均由各级政府自行决定。统计工作任务单一，且调查表式、统计指标、填报范围、计算方法不尽相同。1953 年 3 月，县人民政府设立统计科。1955 年 11 月，与计委合并为计划统计科。1958 年，随县制撤销。1982 年 4 月，县统计局成立，为县政府主管全县统计和国民经济核算工作的职能部门。1987 年，配备计算机。初期只对工业年报汇总使用计算机，以后应用范围扩大到农业、固定资产投资和劳动工资统计等，初步实现统计工作自动化。2001 年 10 月，与县发展计划局合并；2005 年 6 月，根据《松阳县深化完善政府机构改革方案》，重新设立松阳县统计局。

职能演变

1953 年，县政府统计机构职能是搜集、整理各种基本统计资料，按照上级下达的统计任务组织统计调查，保证按时上报统计资料：及时检查计划执行情况；组织实施地方性调查统计任务，向同级政府的计划部门提供编制地方国民经济计划所必需的资料；汇编各种统计报表；检查、揭发和抑制各种未经批准的统计报表。1958 年，“大跃进”运动开始，统计数字严重失实，统计方法、制度混乱，统计工作缺乏科学性。1966 年下半年，“文化大革命”开始，统计调查工作陷于瘫痪。

1962年，根据国务院下发《关于加强统计工作的决定（统计工作试行条例）》，县级政府统计部门主要职责明确为保证完成国家的统计任务，积极完成当地党政领导机关交付的统计任务；按时向有关领导报告该地区国民经济统计资料，全面检查该地区的计划执行情况；统一管理该地区统计报表、基本统计数字，对统计数字的准确性负责，搜集和整理的统计资料必须直接上报上级机关，任何人都不能随便更改。

1978年，中共十一届三中全会后，统计部门严格执行统计制度和方法，切实负责组织和指导本区域的统计工作。1983年12月，《中华人民共和国统计法》颁布，明确统计工作基本任务是“对国民经济和社会发展情况进行统计调查、统计分析，提供统计资料，实行统计监督”；同时，规定各级统计机构或统计负责人的主要职责。统计工作在法律上得到保障。

1992年后，随着社会主义市场经济体制的确立，政府统计工作改革深化，统计机构工作职责进一步明确。县统计局主管统计和国民经济核算工作，对国民经济和社会发展情况进行统计调查、统计分析、提供统计资料和统计咨询意见，实行统计监督。

第二节 统计报表

人口与劳动统计

1953年，建立以户口登记为基础的经常性的人口统计。其主要指标包括人口数、城镇人口、乡村人口、农业人口、非农业人口、出生人口、人口自然增长人数。

劳动统计　也称劳动工资统计。1955年，开展全省职工普查。是年，建立综合劳动工资统计制度。2001年，全省实现劳动工资统计字典库与基本单位名录库的统一。2004年，全县规模以上私营单位纳入劳动工资年报统计。2008年，浙江省全社会单位工资统计制度正式确立后，全县非私营单位、规模以上私营单位实行全面报表制度，规模以下私营单位实行抽样调查制度，于次年初发布2008年浙江省全社会单位在岗职工平均工资。2009年，全县与省、市基本同步实行联网直报劳动工资统计单位。其主要指标有劳动力资源总数、从业人员、在岗职工、平均人数、工资总额、平均工资等。

计划生育统计　20世纪90年代初期，开始实行计划生育统计。其内容包括人口统计学部分，包括出生、死亡、迁移、人口性别、年龄构成、职业构成、婚姻等；其特有内容主要有晚婚、晚育、出生孩次、计划外生育、已婚育龄妇女、独生子女及其领证、已婚育龄妇女节育手术、避孕节育措施等统计。

部门经济统计

农业统计　农业统计包括农、林、牧、渔统计。1963年前，农业统计还包含农副业统计，总称农业五业统计。20世纪80年代中后期，全县农业统计内容进一步拓展，农业经济统计向农村经济统计转变。21世纪初，全县农业统计基本上覆盖农村全部经济活动和社会主要活动。2000年，全县执行农、林、牧、渔业总产值季报制度。2006年8月，全县开展乡镇农业统计网上直报。2009年，全县开展粮食生产统计监测调查，以监测数据推算全县粮食面积和产量。

工业统计　20 世纪 50 年代初，全县建立工业统计工作。20 世纪 80 年代，全县建立与健全原始记录、统计台账等各项基础工作。1982 年 7 月，全县开展工业经济效益统计。1998 年，全县统计部门修订经济效益评价考核指标体系，其中工业定期统计报表范围由原来按隶属关系划分改变为按产出规模划分，统计报表范围由原来乡及乡以上工业企业调整为全部国有及年产品销售收入 500 万元及以上的非国有工业企业（简称规上工业企业），自 1999 年 1 月开始全面转入计算机超级汇总。2007 年，全县规上工业统计范围调整为年主营业务收入 500 万元及以上的工业法人企业。

建筑业统计　20 世纪 50 年代始，全县建筑业统计称为“承包统计”“施工统计”，其内容列入基本建设投资统计报表制度之中，从属于基本建设投资统计的一部分。此后，建筑业统计从基本建设投资统计中逐步分离出来。20 世纪 80 年代，建筑业统计成为独立的统计类别，统计范围为全民、集体所有制的建筑安装企业和自营施工单位，统计内容注重建筑产品价值量指标和经济效益统计。1990 年始，全县建筑业统计年报实行计算机超级汇总。20 世纪 90 年代，全县调整建筑业统计的范围，由城镇以上企业扩大到具有资质四级及四级以上各种经济类型的建筑业企业。2002 年，全县建筑业从原有资质四级及四级以上改为建筑业企业资质分为施工总承包、专业承包和劳务分包 3 个序列。截至 2010 年，全县建筑业统计已经形成反映企业生产经营活动比较完整的指标体系。

房地产统计　20 世纪 90 年代初，县统计局贯彻国家统计局决定，把商品房建设统计扩大为房地产开发投资统计。1995 年，在固定资产投资统计报表制度中，分设房地产开发统计报表。1999 年始，县统计局开始推进全国 3000 家房地产开发企业联网直报工作。2005 年，把房地产开发统计从《固定资产投资统计报表制度》中单列出来。随着名录库建设的不断深入，房地产开发报表制度不断完善和发展。2006 年，全县开始网络直报房地产业统计报表改革。2007 年，全县房地产业试行纳入网络直报，全国房地产开发直报企业由 3000 家扩展到 5000 家。2009 年，全县房地产开发企业全部实现联网直报。

运输、邮电统计　主要包括铁路、公路、远洋、沿海、内河、民用航空运输、港口装卸以及邮电统计。1985 年 11 月，全县运输统计由原来以县统计部门为主，转向由县交通部门和统计部门共同负责，进而逐步过渡到以交通部门为主，建立全行业统计。

地质普查和勘探业统计　主要反映地质工作活动的一项统计，其目的是摸清地质情况，探明矿产资源，为各级提供各种地质资料。主要由省地质矿产部门组织实施。（详见第二编“自然环境”）

批发零售贸易、住宿餐饮业统计　1992 年前，全县批发零售贸易、餐饮业统计称为商业统计，包括商业、饮食业和服务业统计。1993 年，商业统计进行拆分，分离出服务业统计，纳入新建立的服务业财务统计。20 世纪 90 年代，商业统计报表具体细分为贸易统计、餐饮业统计、社会商品购买力统计和主要商品生产统计、主要商品消费平衡统计。1995 年始，全县国内贸易业、对外贸易业和物资供销业实行双轨合一，统一制作批发零食贸易业、餐饮业一套报表制度。2004 年，全县逐步形成较为完整的指标体系，增加批发和零售业、住宿和餐饮业统计分类，增加《限额以上住宿餐饮业经营情况（E405 表）》月报，对住宿餐饮行业分限上、限下进行统计。

对外经济贸易统计　21世纪初，全县实施对外贸易统计、海关进出口统计和利用外资统计，由县经商局负责组织统计。

原材料、能源统计　1953年前，物资统计报表纳入工业、基本建设报表制度中。1954年，县物资统计从工业等统计中分离出来。20世纪90年代，全县物资统计报表制度出现较多精简和变化。1982年始，全县逐步建立与完善能源统计。1983年，全县建立专项能源统计制度，把能源统计从物资统计中分离出来。1998年，国家撤销合并工业统计报表，取消原材料、能源统计报表制度，把其纳入工业统计报表制度。20世纪90年代，全县能源统计报表总体比较稳定，少数有增减。21世纪，全面加强能源统计，再次把能源统计报表从工业统计报表中独立出来。

固定资产投资统计　20世纪50年代初，全县开始实行基本建设投资统计。20世纪80年代，全县基本建设投资统计项目扩大到"更新改造""房地产开发"及其他投资统计上；统计范围从国有单位投资统计，扩大到城乡集体经济单位投资和城乡个人投资，以及联营经济、股份制经济、外商投资单位、港澳台投资单位及其他各种经济类型单位的全社会固定资产投资统计。20世纪末，全县基本形成一套比较完整的统计报表制度。

财政统计　20世纪90年代，按照国家统计局的部署，开展综合财政统计和财务统计，由县财政部门主管，政府统计部门在县财政部门提供财政资料后，对主要指标进行整理、汇编、分析。

金融统计　包括信贷统计和现金收支统计，由中国人民银行主管，县统计局所需金融统计资料，主要由县人民银行提供。

服务业统计　1993年，建立服务业统计，印发《服务业企业统计报表制度》，分年报、月（季）报表和参考表式3部分。1994年，正式贯彻实施服务业统计制度，定名为《服务业财务统计报表制度》，包括综合年报和基层年报。1995年，首次采取全面调查的方法，对服务业财务统计工作，年报直接布置服务业单位填报，收集财务统计资料。2006年，统计年报开始，建立浙江省服务业统计制度。服务业统计总体上采用全数调查与抽样调查相结合的调查方法、政府综合统计与部门统计相结合的实施方式。2007年，根据丽水市的部署，县统计局全力做好服务业统计工作。

科技、社会文化统计

科技统计　1987年，全县贯彻落实国家统计局制定的《大中型工业企业技术开发年报制度》。1991年，全县贯彻执行《科技综合统计年报制度》。是年，国家首次公布中国研究与试验发展（RAD）总量数据。2000年，县统计局贯彻执行国家统计局与科技部等国务院7个部门联合开展的第一次全国R&D资源清查。R&D资源清查内容由R&D扩大到全部科技活动和科技资源，根据省、市统计局要求把统计范围扩大到全县具有科技活动的企业、事业、机关单位。2009年，全县首次开展R&D资源清查网上直报。

社会文化统计　1998～2010年，全县相继开展科技进步监测统计、妇女和儿童发展规划监测统计、社会发展评价监测统计。

教育统计　中华人民共和国成立后，教育统计由各级教育部门负责组织实施。1952年，对各级各类学校进行第一次普查，建立全国统一的教育统计报表制度。在不同时期，教育统计内容也有所不同。教育统计报表由教育部门自上而下布置，到学期末或学年末按统计制度逐级汇总上报主管部门，同时抄送同级政府统计部门。

国民经济核算统计

1982年恢复县制至2010年，松阳的经济、社会统计主要是通过实施统计报表制度进行的。统计报表制度由“国民经济基本报表”和“专业表”组成，前者由国家统计局统一制定，地方统计局根据需要作适当补充；后者由业务主管部门制定。各个时期的统计报表和指标，随着经济社会的发展及时调整、更新。全县国民经济核算体系的建立和发展经历三个阶段。1982～1984年为第一阶段，全县采用的是物质产品平衡表体系，即MPS体系。1986年，根据省统计局制定的《国民收入统计报表制度》要求，县统计局每年开展《社会总产值和国民收入表》及相关表的收集。县统计局每年进行国民收入核算，到1993年终止计算。1985～1992年为第二阶段，全县MPS和SNA两种核算体系共存。1993～2010年为第三阶段，全县取消MPS体系，采用SNA基本核算框架、核算原则与方法，结合中国实际建立新国民经济核算体系，开始与国际接轨。1992年，根据国务院《关于实施国民经济核算体系方案的通知》精神，分两步实施新国民经济核算体系。1995年初，全县开始国内生产总值分季度核算工作；4月，县统计局根据《丽水市统计局关于地区生产总值实行下管一级集中核算的意见》，开始季度生产总值核算。

第三节　统计调查

人口普查

2010年5月24日，国家公布《全国人口普查条例》，规定人口普查每10年进行一次，尾数逢0的年份为普查年度，标准时点为普查年度的11月1日零时。在两次人口普查之间进行全国1%人口抽样调查，人口抽样调查参照本条例执行。1949～2010年，全国相继开展6次全国人口普查。

第一次全国人口普查　普查标准时点是1953年7月1日零时。全县总户数32991户，总人口120783人，其中男性人口63896人，占比52.9%；女性人口56887人，占比47.1%。

第二次全国人口普查　普查标准时点是1964年7月1日零时。境内总人口141809人，比第一次人口普查增加21026人，增长17.4%。其中男性人口74516人，占比52.5%；女性人口67293人，占比47.5%；性别比为110.73。

第三次全国人口普查　普查标准时点是1982年7月1日零时。全县总人口为208168人，比第二次人口普查增加66359人，增长46.8%；与1953年普查相比，净增87385人，增长72.35%。

第四次全国人口普查　普查标准时点是1990年7月1日零时。全县总人口221381人，比第三次人口普查增加13213人，增长6.35%。

第五次全国人口普查　第五次人口普查的对象是具有中华人民共和国国籍并在中华人民共和国境内居住的人，人口普查采用按常住人口登记的原则。普查标准时点是2000年11月1日零时。全县总人口数为197340人，比第四次全国人口普查增加8780人，增长3.97%。

第六次全国人口普查 普查标准时点是2010年11月1日零时。登记总人数185051人，总户数72406户，男性人口94581人，女性人口90470人。

（此目与第五编“人口”第四章“人口普查与抽样调查”第一节“人口普查”互为补充）

经济普查

经济普查是一项集工业、建筑业、第三产业和基本单位普查于一体的综合性国情国力调查。为适应经济和社会发展需要，并与国家编制五年计划更好衔接，推进国民经济核算与统计调查体系的综合配套改革，国务院决定把原定于2003年进行的第二次全国第三产业普查推迟，与计划在2005年开展的第四次全国工业普查和2006年开展的第三次全国基本单位普查合并，同时把建筑业纳入普查范围，在2004年开展第一次全国经济普查。2004年后，全国经济普查每10年进行两次，分别在逢3、逢8的年份实施。

第一次全国经济普查 2004年，第一次全国经济普查的标准时点是2004年12月31日，时期资料为2004年度，普查对象是在松阳县境内从事第二、三产业的法人单位、产业活动单位和个体经营户；2005年，全县完成经济普查登记、数据处理、审核上报等阶段工作。2004年末，全县共有从事第二、三产业的法人单位1177个；其中企业法人单位479个，机关、事业法人单位244个，社会团体法人单位33个，其他法人单位421个。产业活动单位1376个，其中第二产业269个、第三产业1107个。个体经营户6766户，其中第二产业988户、第三产业5788户。

第二次全国经济普查 2008年，第二次全国经济普查的标准时点是2008年12月31日，时期资料为2008年度。普查对象是在松阳县境内从事第二产业和第三产业的全部法人单位、产业活动单位和个体经营户。普查内容包括单位基本属性、从业人员、财务状况、生产经营情况、生产能力、能源消耗、科技活动情况等。2008年末，全县共有从事第二、三产业的法人单位1354个，与2004年第一次全国经济普查相比，增加177个，增长15.0%。产业活动单位1525个，增加148个，增长10.7%。全县从事第二、三产业的个体经营户9899户，比第一次经济普查增加3133户，增长46.3%。

图18-1 县第二次经济普查登记工作培训（县统计局提供 2009年）

农业普查

2006年8月23日，《全国农业普查条例》公布，规定农业普查每10年进行一次，尾数逢6的年份为普查年度，标准时点为普查年度的12月31日24时。

第一次全国农业普查 1996年，全县开展解放后第一次农业普查。1月开始，全县进行第一次农业普查各项准备工作，县级试点选在西屏镇。12月15日开始，全县农业普查开始现场登记。1997年，全县完成农业普查复查审核、抽查验收、数据处理、资料开发应用等工作。

第二次全国农业普查 2006年，全县开始第二次全国农业普查工作，普查时点为2006年12月

31日24时，普查时期为2006年1月1日至12月31日。此次普查采用新技术，数据处理采用光电录入。2007年6月，全面完成数据处理采用光电录入任务。2008年4月，松阳县农业普查办公室发布第二次农业普查数据公报；7月，编印《松阳县第二次农业普查报告书》。

工业普查

第一次全国工业普查　1950年，根据中央财政经济委员会布置，全县开展第一次全国工业普查，对1949年公营、公私合营及工业生产合作社的工矿企业进行普查。

第二次全国工业普查　1984年，全县进行第二次全国工业普查。1985年，全县开展工业普查登记工作。同年，松阳县工业普查办公室编印《松阳县1985年工业普查资料》。

第三次全国工业普查　1995年，全县开展第三次工业普查。普查对象为全县全部工业企业，重点是国有企业、乡镇企业和外商投资企业。1997年10月，松阳县第三次工业普查办公室编印《松阳县1995年工业普查资料汇编》。

第三产业普查

1993年，全县开展全国首次第三产业普查，普查范围为1991年和1992年全县所有各种经济类型的第三产业、事业、行政单位和社会团体。1994年，松阳县工业普查办公室编印《浙江省松阳县第三产业普查资料汇编》。

基本单位普查

1996年，根据国务院批转国家统计局关于建立国家普查制度改革统计调查体系的通知精神，规定逢1、6的年份进行基本单位基查，摸清基本单位底数及其变化情况，为制订产业政策、调整生产力布局和规划城市建设服务。1996年，全县进行全国第一次基本单位普查。2001年，全县进行全国第二次基本单位普查。2004年以后，基本单位普查归并到经济普查。

全国第一次基本单位普查　普查的标准时点为1996年12月31日。1996年9月以前为普查准备阶段；1996年9月至1997年6月实施普查登记、资料审核、数据处理等工作。这次普查工作完成调查全县法人单位10896个、产业活动单位7024个，建立1996年统计年报字典库，实现基本单位普查与统计年报的有机结合。普查结束后，编印《松阳基本单位普查资料汇编》。

全国第二次基本单位普查　普查的标准时点为2001年12月31日。2001年9月以前为普查准备阶段，完成全县普查机构的组建、人员配置、经费落实、人员培训、设备配置、宣传发动、清查摸底等工作。2001年10月至2002年6月末前，全县完成普查登记、普查资料的审核汇总和数据处理及数据上报工作。普查结束后，编印《松阳县第二次基本单位普查资料汇编》。

其他统计调查工作

年报定报　以提高统计数据质量为中心，以GDP核算为龙头，加强统计综合核算工作，强化组织实施，明确责任，注重沟通协调，完善评估机制，按时高效完成年报和各季度规模以上工业、劳动工资、房地产、投资定报任务。

抽样调查　有序开展城镇住户、农村住户、规模以下工业、限额以下贸易业、工业企业技术创新、景气调查、5‰人口抽样、劳动力、平安浙江、科技等抽样调查工作。

能源统计　加大对年耗能在1000吨标煤以上的重点用能企业的走访、监管力度，强化月度规上企业的能耗统计监测，及时、全面地收集全社会能源统计数据，按时完成季度和年度全社会能源的测算工作。

服务业统计　认真做好数据收集，促进全县服务业统计工作开展。

农民增收目标和粮食统计监测　继续科学、认真地开展农民增收目标监测统计调查，真实反映全县农民增收工程进展情况，为县委、县政府科学决策和制定农民增收目标提供可靠的参考依据。认真制定粮食监测调查方案，及时开展调查员业务培训和乡镇巡查工作，认真抓好实地指导和电脑程序录入培训工作，确保粮食监测统计数据的真实性。

第四节　统计服务与执法监督

统计服务

1982年始，每年编印《松阳县国民经济统计资料》。1991年，改为《松阳统计年鉴》。1984年开始，以《松阳统计资料》简报形式，发表统计资料和综合性、专题性分析资料等统计信息。1984年5月，首次编印《1983年国民经济和社会发展统计公报》。此后，松阳县统计局定期发布上一年度统计公报，时间为每年3月。

1987年，编印1980～1986年《松阳县主要经济指标发展情况》。1989年，编印《松阳县建国四十年国民经济统计资料》。整理汇编专项调查资料有1982年、1990年两次人口普查专项资料；1985年工业普查资料及部门、单位专业报表、专项调查资料等。

1990年5月始，编印《松阳县主要统计数字》月度卡片，供县委县政府党政领导参阅。1992年7月，编入《松阳统计》月刊，同时汇编印发1980～1991年《松阳县乡镇统计资料》。2002年2月始，每年编印《松阳县国民经济和社会发展统计公报》，向县“两会”代表委员提供统计信息服务。2006年2月始，以编印《松阳统计信息》小册子的形式，向县委县政府及社会各界提供统计信息服务。同时，利用办公助手软件，把主要经济指标以短信方式发送到县四大班子主要领导手机中。

2005年，撰写《树立和落实科学发展观、走新型工业化发展路子》《我县农民专业合作组织发展现状及对策》《加快松阳服务业发展的思考》《松阳县非公有制经济领域人才状况调查报告》《优化企业发展环境、加快我县工业发展》5篇调研文章。2006年，制定统计“五五”普法规划，完成松阳县统计局关于行政执法责任制实施方案。2008年，完成《奋进的三十年——松阳改革开放三十年经济社会发展成就综述》一文，编印《数字看松阳——松阳改革开放三十年》一书。2009年，撰写《松阳农民收入和贫困人口状况研究》，完成课题《松阳县与兄弟县市经济社会发展比较研究》。2010年，根据经普资料撰写《优势产业发展问题研究》《统计数据质量的现状及对策》《松阳县全面建设小康社会进程及难点问题探析》等文章。

统计信息化

2005年7月，开通“松阳统计信息网”（内网）；2007年9月、2010年10月2次重新改版。2008年4月，开通“松阳统计信息网”（外网）。2008年始，分专业逐步启动统计数据网上直报工作。截至2010年，规模以上工业、房地产业、限上贸易餐饮业、乡镇农业统计网上直报率均达到100%。及时更新政府信息公开网站和松阳统计信息网站资料，全局每年开展多次计算机培训，加大办公硬件设施的投入。

统计基础

2005年9月，通过统计档案工作目标管理省二级标准验收。2010年6月，成立国瑞统计事务所作为统计中介机构；启动乡镇基层统计基础规范化建设，西屏、古市2个中心镇统计基础规范化建设工作通过县、市统计局验收。

执法检查

1988年，全县开展《中华人民共和国统计法》学习贯彻工作。1998年，中共中央办公厅、国务院办公厅发出《坚决反对和制止统计上弄虚作假大检查的通知》，县统计部门开展统计执法专项检查。

2000年4月，《浙江省统计违法行政处分规定》公布。2001年6月，国家、省统计部门部署统计执法检查。县统计执法活动趋于经常性。2006年4～6月，在全县范围内对负责贯彻实施乡镇企业统计报表制度的政府有关部门、乡镇政府、重点骨干工业企业和限额以上批发零售、住宿餐饮企业等单位进行统计执法检查。2009年5月，监察部、人力资源和社会保障部、国家统计局联合发布《统计违法违纪行为处分规定》。2010年1月1日，新《中华人民共和国统计法》正式实施。6月，全国、省先后召开统计执法大检查电视电话会议，县统计局部署统计执法大检查。

法规宣传教育

1986年始，县统计部门开始执行《中华人民共和国统计法》宣传教育工作。重点是学习以《中华人民共和国统计法》为中心内容的有关统计法律、法规和规章。2007年，把《中华人民共和国统计法》列入全县干部职工“五五”普法考试。2008年，邀请省统计专家在县委理论中心组学习会上作“统计法制”专题讲座。2009年，把《统计违法违纪行为处分规定》列入全县普法培训。2010年6月，与县纪委联合举办《统计违法违纪行为处分规定》培训测试会，县统计部门全体人员、政府有关部门统计人员、乡镇分管统计的领导和统计员共130多人参加培训测试。

第二章 物价管理

民国初年，松阳县市场物价视供求情况由同业公会议定，商会认可。民国 11 年（1922），米价昂贵，奉谕平粜，每斗售钱 108 文，每斤 27 文。民国 26 年 8 月 19 日，国民政府颁发《财政经济紧急处分令》，对主要物品实行限价政策，造成抢购风潮，物价飞涨，限价失败。是年，松阳县成立评价委员会、物价评议会、经济物价评议会等，评定农产品与工业品价格，试图稳定物价，平抑市场。民国 28 年 7 月，松阳县成立战时日用品平价委员会，平抑价格。1949 年初，县内大批私营商店破产、倒闭、停业，维持经营的仅 185 户。市场萎缩不仅直接导致物品奇缺、助长物价上涨，也为一些私商垄断市场提供机会和条件。县内 6 家私营粮店控制全县粮食市场，抢购粮食，囤积待沽，操纵价格，牟取暴利。私人资本垄断市场，造成市场混乱、经济恶化、社会动荡，人民生活困苦不堪。

中华人民共和国成立后，政府平抑物价，保障人民生活。1954 年，松阳县设市场管理委员会管理物价。1957 年 9 月，设县物价委员会。1958 年，县商业局行使价格监督处理权。“文化大革命”时期，县生产指挥组管理物价。1982 年，县物价委员会与县计划委员会合署办公。1984 年 3 月，撤销县物价委员会，建立县物价局。1996 年 11 月，物价局并入县工商行政管理局。1999 年 4 月，物价局从工商局析出，单独设立县物价局。

2001 年 10 月，物价局并入发展计划局。2005 年 6 月，发展计划局改组为发展和改革局。物价管理职能由价格收费科、价格认证中心、价格监督检查分局行使。

第一节 农副产品与日用工业品价格管理

农副产品价格管理

解放初期，次要农副产品价格一般由县人民政府（县人委）批准后执行。1953 年 11 月，国家对粮油实行统购统销政策。1955 年 4 月，对统购统销、包购包销及控制、限量供应的商品（粮、棉、盐、食油、煤油）及主要农副产品（烟叶）等在同一时期、同一市场、同一商品规格牌号，规定其市场购销价应公私同价；非统购统销，但关系民生、群众日常必需的也应公私同价；小商品、次要商品私价可稍高于牌价。

1956 年 4 月，县人委同意麻雀、老鼠的收购价。6 月始，对木材价格制定试行新办法：按固定山价、国家负担砍伐搬运工资的办法计算价格。1957 年，国务院颁布农副产品目录，一类属国家统购 14 种（粮油棉等）；二类国家统一收购的商品 42 种（生猪、晒烟、茶叶、蚕茧、木材等）；三类国家收购52种（花生、木炭等）；四类为自由收购商品（除上述三类外）。对一、二、三类农副产品，价格、购销活动都由国家掌握；四类商品由市场议价。

1960～1962年三年困难时期，物价猛涨。县人委规定18类商品不准涨价，已经涨价又不合理的要降价。1961年，对农村集市贸易122种三类农副产品的协议价收购价格制定统一的参考价格（最高议价幅度）。1966年8月，中央发出通知，采取冻结物价的措施，以保持物价的相对稳定。

1979年，放开三类农副产品的价格，自由定价。国务院决定提高粮、棉、油、猪、南方木材等18种主要农副产品收购价格，相应提高猪肉等8种副食品销售牌价，发给每个职工副食品补贴5元。1980年，国家对晒红烟收购价进行调整，五级烟叶每担（50千克）由62元提高到77元，提高幅度24.2%。1984年，县委、县政府决定从财政和企业的税利中返出款额加价20%收购。1985年、1986年，烟叶收购价仍加价20%。1990年，对晒红烟实行生产扶持费补贴，每50千克补贴22元。

1983年9月，放开肉禽蛋议购议销价格的管理，价格制订、调整由直接经营的县食品公司掌握。10月，县商业部门对计划内生猪收购价作出规定：除头净出肉率70%以上按一等猪作价，瘦肉型每百千克另加8元。

1984年3月，省政府下文调整农副产品购销政策，决定一、二类农副产品由62种调整为50种，其中一类4种、二类46种，除此之外均属三类农副产品。属于统派购产品，计划任务内的部分，必须执行国家统一规定的购销价格。完成任务以后允许上市的统派购产品和三类产品，实行议购议销，价格一般随行就市，或实行同行议价。8月，县物价局确定对统派购的一二类农副产品，计划任务和计划外购销数量与价格已签合同的，可按比例制定混合收购价。

1985年，价格改革第一年。3月，生猪实行议购议销，并逐步放开肉、菜、蛋等副食品的价格。从4月1日始，放开木材购销价格的管理。粮食取消统派购，改为合同定购和按比例加价政策。同时调整农村粮油购销价格，改变农村返销粮油购销价格倒挂的不合理状况；对城镇居民定量供应的粮油零售价保持不变，行业用粮销价改按议价供应。

1986年，毛茶购销价在1979年国家规定的收购牌价基础上，总水平提高15%，适当拉大质量差价；9月，对干鲜果菜实行最高限价。

1988年6月，对干鲜果因个别品种多地进货、多种进价及质量、运距差价，允许按加权平均进价平均差率计价；对价值高、销量小的品种，允许扩大差率3%；对半成品需加工的，可按进价加直接费用再加5%的经管费率确定成品批发价。9月，对县制县供的杂交稻种子销售价格作出规定，在收购价格的基础上购销差率控制在15%以内制定。

1987年、1988年、1989年，国家有计划地调整部分农产品收购价，连续3年提高粮食、部分植物油收购价格。1991年，提高粮油统销价格，冲破25年没有触及的“禁区”。1992年，再次提高粮油购销价格，并实行购销同价。

1992年2月，决定建立猪肉价格调节差价制度。调节差价从县食品公司外调生猪中提取，每头生猪3元。为稳定生猪生产，决定对生猪实行指导性计划管理，基地猪收购实行指导性收购价。从8月27日起，猪肉零售实行分档作价。1993年1月1日始，在全省范围放开粮油购销价格，价格随行就市。对职工每月每人补贴3元。1995年1月1日始，对西屏镇内元旦、春节期间的猪肉零售实行最高限价。

1998年10月22日始，对春节猪肉销售实行最高限价，政府对执行最高限价带来的政策性亏损给予适当补助。

日用工业品价格管理

1984年，县物价局、县供销社对农村供销社经营的日用工业品、副食品等商品城乡差价做出安排。从县外进货商品根据合理流向，加计规定的城城差价（率）后，再加城乡差价计算。8月1日，县物价局、商业局、供销社3个部门对工业消费品市场零售价格管理作出规定：同一商品在同一市场执行同一价格的，兼营者应服从主营者的价格，批发、零售价格必须按规定执行，不准任意提价、降价；允许零售企业在规定幅度内上下浮动；实行花色差价、季节差价的商品，应在保持价格总水平不变的原则下进行。

1985年4月，对国家定价的生活资料（含盐糖等）10种商品，供过于求的，价格允许下浮；服装、搪瓷制品等7种商品，价格允许上浮10%，下浮不限；少数紧俏商品如市场需要，彩电可上浮15%，自行车、缝纫机可上浮10%，全国名酒可上浮10～15%。作价按低价进低价出、高价进高价出的原则掌握。11月，县物价部门决定，批发单位批出商品开单，商品不分国家定价或企业定价，都要在货单上注明当地参考零售价。1986年，对供销社自行采购商品的批发价作出规定，低于批发价自行向外采购的商品，允许执行当地规定的批发价；高于批发价的，可视商品价值的大小和供需情况，在1～3%的幅度内计算手续费后供应；自采商品属国家定价的，零售价不得提高；农民代组织的，按代组织处理。6月，对国家定价（包括省、地定价）商品执行统一牌价外，其余商品按环节定价：批发单位，批发价按进价加规定地区差率和调拨差率（进销差率）计算，零售价按批发价规定的批零差率计算。零售单位，县内进货，同价地区执行同一零售价，不同价地区按规定加城乡差价；县外购进的，按进价加地区差率和批零差率制定零售价；高进高出，低进低出，按进价加地区差率和批零差率制定零售价。从工厂按出厂价购进的，可加厂批差价。9月，县政府发布关于改进工业消费品价格管理的通知，改进工业品价格管理办法。对食盐、白糖、卷烟、火柴、肥皂、计划民用煤油、计划市场用煤、药品、彩电9个品种控制零售价执行牌价（允许下浮）。对纯棉布、洗衣粉、机制纸凸版纸、计划元钉、铁丝、普通灯泡、啤酒、白酒、铁锅、地区内管理价格的地产工业品10个品种，省内产品零售执行牌价，省外产品按规定作价，零售价格上浮不超过10%。其余国家管理价格的工业消费品，不分省内外产品，按规定作价，零售价上浮不超过10%。非国家管理价格商品放开搞活，由企业根据市场情况灵活作价。

1987年12月，对自行车等7种商品作价办法进行改进。“倒扣”定价与“顺加”定价并存。扩大黑白电视机、收录机、洗衣机的进销差率，由2.5%扩大为4%。国产冰箱实行季节差价，旺季进销差率为5.5%，淡季差率为2.5%，旺季时间为7月1日至9月末。1988年7月28日，放开名烟名酒价格的管理（同时相应提高部分中、高档卷烟、粮食酒价格），销价可由企业以进价为基础结合当地市场供求情况，按摆得住、销得出原则自行定价。1989年3月22日，对外采工业消费品价格管理办法作出变更：对彩电、食盐等其他计划商品，一律按规定的价格执行；计划外采购的，按同差率作价，经报批后执行。国务院规定批准放开的小商品、进口烟、名酒、名烟仍由企业定价。

1990年6月25日始，卷烟零售价格放开，由烟草企业按有利于平抑市价的原则自定，批发价格实行浮动。1991年6月18日始，对搪瓷面盆、口杯的价格管理由国家指导价改为企业定价，实行市场调节。

1992年3月22日，县政府同意古市供销社“四放活”试点方案。其中，“放活价格”规定：国家、省、地、县管理的商品按规定办理，其他商品定价权给企业经营部门，放开价格的商品实行同行议价，浮动作价，活价促销。经营部门按商品进价顺加规定的进销差率制定销售中心指导价，作为经营部门售价上下浮动和区社控制管理的依据。是年，推行主动放开一块、坚决管住一块、积极开拓一块的“三块战略”。

从1993年1月1日始，省管商品6种（食盐、党报、中小学教材及课本用凸版纸、电话号码簿、自来水，其中后两种委托县物价局管理）实行国家定价，5种（杂志、其他报纸、金银饰品、民用煤饼、计划外液化气，其中后两种委托县物价局管理）实行国家指导价外，地、县管品种全部放开。

1994年，为缓解盐业产销价格的矛盾，有利于稳定盐业生产、促进流通，根据省物价局《关于调整省产盐价格的通知》精神，规定塑料袋小包装食盐的价格，可在散装食盐零售价格基础上加计，每500克加价0.04元；塑料袋应使用县卫生防疫站和盐业公司监制袋。加碘盐价格可在散装盐价格基础上每500克加价0.02元。食盐的批零差率17%（倒扣）不变，基层供销社转批业务的转批优待率不变。食盐城乡差价作适当调整，毗邻地方就近靠入，从1994年3月15日开始执行。

1994年松阳县食盐零售价格表

表18-2-1-1　　单位：元/500克

执行地	城乡差价		碘盐零售价格		小包装后零售价格	
	调整前	调整后	调整前	调整后	调整前	调整后
县城、古市、岗寺、赤寿、航埠头、樟溪、新兴	—	—	0.34	0.50	0.37	0.54
雅溪、靖居口、靖居包、裕溪	0.01	0.01	0.35	0.51	0.38	0.55
石仓、洋坑埠头、大东坝	0.01	0.015	0.35	0.515	0.38	0.555
庄后、谢村、板桥	0.02	0.02	0.36	0.52	0.39	0.56
安民、高亭、枫坪、斗潭、玉岩、交塘、洋坑	0.02	0.03	0.36	0.53	0.39	0.57

1994年松阳县碘盐批发价格表

表 18-2-1-2　　单位：元/吨

执行地	批发价格（不含小包装）	
	调整前	调整后
县城、古市、赤寿、航埠头、岗寺、樟溪、 新兴	564.4	830
雅溪、靖居口、靖居包、裕溪	581	854.60
石仓、洋坑埠头、大东坝	581	854.90
庄后、谢村、板桥	597.60	863.20
安民、高亭、枫坪、斗潭、玉岩、交塘、洋坑	597.60	879.80

说明：原盐县城批发价格从 531.20 元/吨调整到 796.80 元/吨

1995 年始，价格改革进入完善阶段。建立新的价格管理体制，延续治理整顿，完善市场机制，逐步形成价格体系。对与居民基本生活密切相关的 15 大类 29 个商品的收费实施监控，对政府指导价和市场调节价品种分别实行提价审报和提价备案制度。调整落实市场价格监测网络，加强对市场行情的监测。1996 年的价格改革，重点是贯彻国务院深化定购粮食购销价格管理体制改革，稻谷实行最低收购保护价。推行“三公开”（指定价成本公开论证、作价原则公开确定，审价程序公开参与）审价制度。1998 年，《中华人民共和国价格法》正式颁布实施。依据政府定价、政府指导价、市场调节价并存的 3 种价格形式，重新疏理定价目录；在贯彻实施深化价格改革措施的同时，重点开展“清费、治乱、减负”工作。

1999 年，认真做好价格调控工作，对市场面影响较大的 43 种重要农副产品和工业品的价格实施监测。受理公、检、法等执法部门和社会各类涉案物品价格评估、鉴定 157 件，评估额 895 万元。开展拍卖行业务，成立省拍卖行松阳分行，并于当年进行 6 宗拍卖活动，成交额 271 万元。制定和调整一批新建、改建的水电站上网电价，统一全县峰谷电价。抓粮食、种子、烟叶等重要产品的价格管理，对民生商品根据进货成本、毗邻地区价格水平，及时调整石油液化气、小包装食盐价格。管好房改房、商品房价格，测算上报 1999 年公有住房租金、房改房成本价格和最低限价，核定 2 幢（批）商品房价格，配合县城开发、改造，制定《松阳县房屋拆迁重置完全价评定暂行标准》。是年，全年零售商品价格总指数为 97.07，居民消费价格总指数为 97.4，物价总水平处于丽水地区中等水平。2000 年 1 月 1 日始，实施全省电价改革方案，改一县一价为全省统一销售电价，并实行新的分类电价，全县一年降低电费支出 400 多万元。

2001 年，依法制定水价调整方案，对东坞水库水利工程水价的成本和松阳水厂供水成本进行审核，制定群众关注的自来水一户一表价格。根据国际市场油价变化情况及时调整汽、柴油价格，全年共调价 12 次。指导、规范卫生医疗服务收费及药品价格，及时转发贯彻执行 69 种常用药品价格、药品招标收费、医疗机构药品集中招标采购价格管理等文件，确保价格准确到位。2002 年 6 月，完成一期农村电网改造的同网同价（0.53 元/千瓦时），二期工程于 6 月中旬启动，二期工程网改采取完成一个村、同价一个村的办法，年末前实现同价。9月10日，调整古市水厂的自来水价格。2003年，及时提出对防治“非典”有关的中药材及医药用品和粮食等部分居民生活必需品的价格干预措施，公布146种中成药最高零售价。

2004年，及时调整松阳县电网售电电价。印发《松阳县应对市场价格异常上涨工作预案的通知》。4月，向医疗系统公布3421种中标药品的零售价格，并降低42种抗感类药品零售价格。及时调整食盐及液化气等生活必需品的价格。

2005年4月，首次举行县城房屋拆迁货币补偿基准价听证会。对粮、油、农资、建材等价格进行监测，并对主要化肥尿素实行价格干预，控制批发和零售环节价格差率。

2006年，重新公布524种化学药品的最高零售价和阿霉素等抗肿瘤及亚胺培南西司他定等82种药品临时最高零售价格。重新公布606种化学药品的最高零售价格，降低67种抗肿瘤药品和99种抗微生物药品价格，平均降低16.5%。对县级医疗机构9940种招标药品价格进行调整，比上年降低3.77%。两项合计减轻群众负担100万元左右。

2008年，成立应急管理工作领导小组和价格监管领导小组，落实临时价格干预措施。启动粮食、价格应急预案。召开有粮油、副食品、猪肉、百货、液化气等经营者30余人参加的紧急会议，强调保证价格稳定、保证足够的主要食品及重要生活消费品供应。

2009年下半年，新设立粮食市场价格监测网点，确定成品粮批发价格监测点1个，成品粮零售点2个；针对上半年松阳县肉价波动较大的问题，开展生猪市场调查；加强对粮油价格、猪牛肉价格、生产资料价格、液化气价格走势等关系国计民生的重要商品价格监测，密切关注价格形势，及时提出应对措施与策略。

2010年，重点检查与老百姓生活密切相关的粮、油、肉、蛋、菜、水、电、气等主要商品及餐饮、娱乐等服务价格，增强上述商品价格监测频率、规范市场销售秩序。开展对旅游行业、电力价格、行业协会、涉农涉企收费等专项检查。受理价格投诉举报工作，安排专人值守“12358”价格举报电话，确保全天候畅通，共受理价格投诉举报42件、办结率100%。

第二节　生产资料与工业品价格管理

工农业生产资料价格管理

1985年以前的工农业生产资料，全部实行计划管理，从供应到价格都有严格规定。1985年始，对物资部门经营的计划外工农业生产资料，允许略低于市场价格作价销售参与市场调节，平抑价格，即实行“双轨制”价格。

1985年1月，县物价局规定化肥、农药销售价格的管理权限，除省管销售价格化肥（尿素、硝酸铵、氯化铵、磷肥及进口国拨化肥）、农药（敌敌畏、敌百虫、一六0五、乐果、甲铵磷、井岗霉素）外，其余品种由县物价局、供销社共同管理。价格按省定综合差率加合理运杂费用制定。省管化肥实行一县一价（碳铵除外），农药及非省管化肥县内划片定价。1986 年 3 月始，对小化肥零售价格按最高限价执行。经营单位进价低的零售价相应降低，进价高的不得突破最高限价。1986 年 7 月，对计划外生产资料价格管理作出规定，具体价格由企业按实际进价加合理费用和管理利润制定。

1987 年 11 月，对县农资公司和基层供销社计划外及自行采购的化肥、农膜价格管理作出新规定，属省管理品种，其销价由县供销社统一定价，经县物价局同意后执行；非省管品种由各经营单位在规定费率内定价，报县供销社、物价局备案。基层社组织的，同品种同规格同市场不得高于县农资公司统一规定的价格，低于的不限。对农资商品实行差价统筹。1988 年 8 月 15 日始，对计划外钢材、铝锭销售实行最高限价。根据 1988 年国务院、省政府关于化肥、农药、农膜实行专营的有关规定，从 1989 年 4 月 1 日始，对农资商品价格管理办法作出改进：与粮、棉、油、菜等农副产品挂勾销专项生产补助（包括奖售）和计划分配的化肥、农膜、计划合同内的甲胺磷、乐果、甲基 1605、共螟松 4 样农药，国家财政补贴的，其销价执行国家规定的平价供应。计划外化肥、农药、农资实行综合销售价格。1989 年 6 月 10 日始，对计划外黑色、有色金属执行省物价局等 3 个部门定的最高限价，即国家统一出厂价格加规定的加价额。1989 年 7 月 7 日，允许经营企业在最高限价销售的基础上加收差价，由经营企业申报，经主管局批准后执行。

1990 年，对农作物种子（5 月始）和计划外石油产品（4 月始）试行价格调节基金。1991 年 5 月 20 日，在全县范围试行市场价格调节差价制度。商品范围限于县管价格的商品。

1991 年 6 月 14 日始，对少数物资因市场需要，进货价格较高，按规定作价超过国家定价或限价时，可经报批作一次性定价处理。1992 年 9 月始，取消计划外生产资料实行限价的管理办法。

1994 年 1 月，邻县杂交稻种子价格高于松阳，松阳部分种子外流，为此，适当调整杂交稻种子销售价格。1995 年度，再次提高杂交稻种子销售价格。

1994 年，规定化肥价格统一改为国家指导价格管理，尿素、钾肥价格报物价局核定，碳铵等化肥价格由经营单位按规定差率自定，报物价局备案。国家自 1994 年 5 月 1 日始不再供应平价尿素，对库存的计划内平价供应的尿素，主要用于救灾、扶贫等；1994 年 6 月 1 日始，平价尿素销售价格（松阳）从现行价格基础上每吨提高到 912 元。计划外尿素、钾肥综合价格全县统一销价，尿素每吨 1470 元，钾肥每吨 1360 元。1998 年，核定早稻谷中等质量标准每 50 千克 61.06 元，另加价外补贴 3.74 元，与定购价一并结算，合计定购粮结算价格为每 50 千克 64.8 元。

工业品价格管理

解放初期，松阳县工业落后。地产工业品价格一般由县工商科审核报县政府批准后执行。

1982 年恢复松阳县制后，县物价局（物委）主要对地产黄酒、打稻机、红砖、自来水、地产煤、豆制品等进行定价。

1982 年，对地方建材生产成本进行调查，由县政府批准同意，制定砖石、沙石料价格，保持地方建材价格的基本稳定。1986 年 3 月，对地产丝绸被面、化纤织物销售价作出规定，出厂价以现行试销价为中准，实行 5%以内的上浮幅度，下浮不限；4 月，调高豆制品价格。1992 年上半年，放开豆制品等副食品价格，由生产者自行定价销售。8 月，对高岭土矿石销价，允许企业根据市场行情自行协商上下浮动。是年，对县管产品，工业自销部分的价格彻底放开。

1987年3月开始，处州制药厂生产的药品价格管理权下放到县物价局。新增品种及地管目录31种外的品种价格由厂方自行定价，报县物价局备案。5月始，啤酒价格实行季节差价，时间5月1日至10月15日止。厂价季节差率上浮10%。1988年8月，红砖价格管理权下放企业，由企业定价。

从1992年6月1日始，对小水电上网电价基数进行调整，开始按综合加价办法售电；对上网小水电及用电实行峰谷电量、峰谷电价考核。1994年6月1日始，调整自来水价格。1998年5月，松阳县城自来水价格调整为：居民生活、工业用水到户价每吨1.00元，行政事业单位用水每吨1.10元，商业、饮食等其他用水每吨1.30元。

1994年5月，再次对小水电上网电价、售电价进行调整。小水电电价调整后实行峰谷电价考核。

1994年松阳县小水电上网电价表

表18-2-2-1　　单位：元/千瓦时

电站投产年限	综合电价	峰电价	谷电价
1985年末前投产电站	0.10	0.138	0.046
1986～1990年末前投产电站	0.155	0.215	0.072
1991年后投产电站	0.20	0.277	0.092

第三节　收费与价格管理

收费管理

1982年8月，国务院发布《物价管理暂行条例》，确定交通运价和非商品收费属物价部门管理。属县管的收费项目有手扶拖拉机运价，短途搬运装卸费，农村电话初装费，旅馆业收费，饮食、理发、照相收费，服装加工收费，幼儿园收费等。1982年，松阳县对饮食、旅馆业收费进行整顿，并确定收费标准。

1984年，制订电气设备安装作业收费、服装加工收费、非住宅用房公房租金等收费标准。1986年，按照省物价局有关规定，下达收费管理目录。劳务性收费确定县管目录22项，行政性收费报县政府或县政府委托的部门批准执行。

1987年9月11日，国务院发布《中华人民共和国价格管理条例》，明确所指价格包括商品价格及经营性服务收费标准。对行政性、事业性收费，物价部门应当根据国家的价格方针、政策进行管理和监督，会同有关部门核定收费标准。1988年7月，全县开展清理行政、事业性收费工作。10月28日，县物价局、财政局公布第一批行政事业性收费目录，包括司法、工商、公安3个部门收费。1989年10月，对县管理权限范围内的行政事业性收费按下列程序办理：一般由业务主管部门提出方案，经县物价局、财政局审核后报县政府批准执行；小宗的临时性收费、一次性收费由县物价局核准。区镇、乡级政府无权制定调整和审批行政事业性收费。区镇、乡级于1990年1月1日开始、县级行政事业性单位于1989年10月11日开始一律凭收费许可证收费。至1992年末，共发正式收费许可证、临时证1400件。

1992年4月，松阳县在全省率先对行政事业性收费实行验审制度。验审办法分两种：把已使用的统一的行政事业单位收款票据分期送县物价局验审；定期上门集中验审。1996年，对上年度全县258个行政事业性收费单位进行收费年审，审验的收费总额5665万元，审核率100%。全面换发行政事业性收费许可证。

20世纪80年代后期，行政事业性收费出现乱收费现象。90年代，对行政事业性收费进行清理规范。1998～1999年，全县共取消私营企业管理费、矿产资源采掘管理费、特种消防装备费、农村劳动力使用调节费等行政事业性收费项目1027项，降低取消5项邮电附加费、电话初装费，对电力、铁路中介服务等经营服务收费进行专项整顿，清理公布向外商投资企业减半征收的收费项目共计12个系统119个行政事业性收费项目。2000年，进一步清理整顿收费项目和规范收费行为，公布废止16项因政策调整、管理内容变化不宜再收费的行政事业性收费。把已不具备管理职能的收费转为服务收费。共取消包括律师事务所管理费、电费电度表保证金、购置小汽车调节金、旅游发展统筹资金、旅游附加费、城市交通管理设施费在内的行政事业性收费项目1271项，取消收费(基金)项目102项(其中省以上公布21项，市、县取消81项)，降低收费标准47项。

2001年，取消乡镇企业管理费、抵押登记费、治安联防费、经济民警管理训练费、暂住人口管理费、建筑企业管理费等100多个收费项目。2002年，取消文化音像市场管理费、游泳场所管理费、司法装备管理费、儿童保育保健费、建筑施工安全监督管理费、图书批发企业管理费、营业性电视摄像和音像复录管理费等收费项目85项。落实下岗失业人员再就业收费优惠政策，对下岗失业人员从事个体经营的免交36项行政事业性收费。全面推行涉农价格(收费)的清理整顿和公示制度。2003年，以清理机动车辆收费和消除“非典”影响为重点，取消停车场管理费、驾协安全活动费、机动车抵押登记费、机动车号牌补领加倍费、林业保护建设费等73项，降低15项，对“非典”影响企业实施部分行业收费减免。

2004年，依据《中华人民共和国行政许可法》，取消和调整部分涉及农民负担的行政事业性收费，清理和取消针对农民跨地区就业和进城务工歧视性规定和不合理伙费，全年共取消77项收费项目。对家禽业减免部分政府性基金和行政事业性收费。2005年，重点加强对涉及交通运输企业和私营企业收费的清理整顿，取消交通事故处理费、驾驶证年检费等22项行政事业收费项目，降低大吨位货车的车辆通行费。2006年，全年共取消收费项目75项，规范收费范围7项。根据松阳县实际，核定福利院、招投标中心服务、土地代理服务和26期培训班等收费标准。开展2005年度收费验审工作，全年共验审80个单位，验审收费总额1.2亿元（其中行政性收费1328万元，建设性收费3772万元）。2008年，共验审78个执收单位（含下属事业单位），验审收费许可证78本（含下属事业单位），涉及收费项目80余项、收费金额9099.79万元；做好收费许可证日常管理，核发和变更收费许可证10份。

2009年，县政府下发取消暂停降低部分收费项目和标准的通知，取消45项行政事业性收费项目，涉及12个部门；暂停63项行政事业性收费项目，涉及10个部门；降低29项事业性和服务性收费项目，涉及8个部门。对执行情况进行跟踪督查。2010年，做好“收费许可证”的换发、核发工作和收费项目的取消、标准的调整变更工作，督促收费单位实行一点一证，亮证收费。全县共验审79个单位79本收费许可证，收费总额8498.91万元，验审率100%。

价格监管

商品价格监管　1989年9月20日，全县开展第一次市场物价大检查。1993年，全年共查处乱涨价、乱收费的价格违法案件共21件，查出违纪金额110万元，经济制裁22万元，其中，退还消费者13万元、没收上缴财政9万元。在重大节假日或价格变动较大时及时组织抽查。西屏、古市建设2个物价计量监督亭，全年为消费者购物复称4.3万笔，发现短秤少两的行为及时作出处理，共退还消费者和作出罚款处理1080元。

图18-2　西屏城北物价计量监督亭工作人员为消费者复秤（县档案馆提供 1992年）

1994年，全年开展2次物价大检查，查处违价案件24件，上交财政罚没款8.5万元，并开展石油、化肥、粮油价格专项检查。每逢重大节日，开展节日市场副食品价格检查。遇粮油价格调整和猪肉实行最高限价时，及时组织跟踪检查，保证稳价措施顺利实施。1995年4月始，开展农村化肥及农业生产资料、公路客运价格、食盐价格、蚕茧收购价格、粮食价格及居民必需品的价格、公用电话收费、中小学收费、歌舞厅收费等的物价大检查。全年共查处价格违法案件114件，非法所得10029元，罚款3760元。其中，退还消费者1033元，经济制裁14820元，上缴县财政38787元。1996年，调整粮食、种子、蚕茧、电力、药品、食盐、自来水、民用爆破器材、木材、小水电等一大批商品价格和经营性收费。全年共查处价格违法案件（行为）1921件，非法所得154906元。其中，退还消费者19517元，上缴财政19356元。

2002年，共查处各类价格违法案件23件，实施经济制裁13万元，其中退还用户1.7万元、没收违法所得7.3万元、罚款4万元。2003年，对农村非普工业用电试行同网同价。及时提出对防治“非典”有关的中药材及医药用品和粮食等部分居民生活必需品的价格干预措施。2004年，对县人民医院、县中医院的药品价格进行检查。开展投诉案件的调查处理工作，对技术监督局、国土资源局、房管处进行价格收费检查，没收违法收费7万余元，查出电力部门多收价款百余万元。2005年，承办价格认证业务105件，标的总额6111万元。

2006年，对电信服务业、成品油市场、农资化肥和房地产等的价格及代售代办铁路客票行为开展检查。全年受理价格举报案件44起，查处价格违法案件12件，退还用户11696元，没收违法所得812万元，罚款6.6万元。承办价格认证业务86件，标的总额241万元。2008年，全年共承办价格认证业务100件，标的总额2021.27万元。2009年，承办价格认证业务105件，标的总额141.8

万元，没有发生要求上级复核裁定的案件。2010年，全年承办价格认证业务90件，标的总额316.3万元。

行政事业性收费监管 1990年12月，开始治理行政事业性单位乱收费、乱罚款、乱摊派现象，至1992年5月，共审核行政事业性收费826项，其中保留项目730个、取消96个；可减轻负担16万元，其中减轻农民负担10万元；追缴国库10.45万元，清退企业和群众8.7万元。1993年，全年清理各类收费项目345大项、1200个收费标准，新办许可证108份，换证变更153份，全年查处行政事业单位乱收费案件24起，处理非法收入7.24万元，没收上缴财政2.39万元，退还消费者4.85万元。监督亭为群众复称53852笔，退还消费者375.28元，罚款110元。

1995年，对企业、行政事业单位、社会团体、乡镇政府共计371家单位进行全面的收费审验，共审项目9289个，审验收费总金额2865万元。审验项目包括标准、范围和有无无证收费、使用票据、资金管理使用情况。通过审验发现9起乱收费案件，违价金额1.9万元。1996年，核发、换发收费许可证122本，其中正式证104本、临时证18本。对1995年度全县258家行政事业性收费单位进行收费年审，审验的收费金额5665.4万元，审验面100%。

2002年，取消暂住人口管理费、农民建房土地管理费等55项不合理的收费项目，全年减轻百姓负担50万元。全年共换发收费许可证36本、变更34本、注销8本，共验审155家单位，验审面99%以上。对公检法及行政执法机关各类涉案物品进行认证和评估，全年共评估认证112件，其中法院系统32件、公安系统69件，评估总额维护3万元。

2003年，调整和核定中小学收费、城市绿化补偿费、物业管理费、殉葬服务费等收费标准，取消建设工程招标管理费、客运车票工本费等收费项目；根据省物价局精神，对涉及12个部门、34个项目的关于下岗失业人员从事个体经营的收费提出优惠措施。对全县62所中小学校2002年春季开学后的收费政策执行情况进行全面检查，发现有19所中小学存在价格违法行为，查出多收价款128万元。

2004年，会同县纠风办、减负办等部门对玉岩、望松2个乡镇及涉农收费单位进行检查，查出违价案件3起，违价金额30余万元。2005年，对农业、国土等14家单位进行收费和价格检查，查处价格违法案件14件，违法金额10.45万元，退还消费者5万元、没收违法所得5.45万元。2006年，开展涉农价格和收费、教育收费、电力等公用事业价格收费、人事劳动和社会保障系统收费等的专项检查。2008年1月，县发改局专门成立市场价格监管领导小组，开展涉农涉企收费情况清理检查和教育、卫生收费等专项检查。共查处价格违法案件11件，查处违法金额24.66万元，实施经济制裁24.66万元（其中退还消费者15.16万元、没收违法所得9.5万元）。

2009年，全年共查处价格违法案件5件，违法金额10.277万元，实施经济制裁10.277万元，全部没收上缴财政。全年共受理价格投诉举报33件，查处违法案件4件，咨询29件，退还用户金额3.836万元。2010年，全年共查处价格违法案件5件，违法金额11.98万元，实施经济制裁13.44万元，其中退还用户4.37万元、没收违法所得7.61万元、罚款1.46万元。

价格调整 民国时期，价格主要因政治、自然气候的变化而变动。民国4年（1915），夏秋大旱，谷价飞涨，每担涨到银圆6元。民国23年，岁旱，粮价年涨十倍。全面抗战前，市场物价较平稳。民国25年，米价为每石6.75元（法币）。抗战后，物价开始上涨。民国27年，米价上涨到每石8.1元；民国33年，620元；民国34年，2310元；民国35年，63938元；民国36年，268708元，是民国25年的39809倍。民国37年8月，国民政府颁布《财政经济紧急处分令》，宣布发行金圆券，以1比300万的比价收兑法币。民国38年2月10日，中等米价为每石2400元（金圆券），到4月11日，上涨至18万元，两个月上涨75倍。

中华人民共和国成立初，价格变动较频繁。1950年2～3月猛涨，4月趋跌，6月后趋于平衡。1951年3月，稻谷收购价每50千克4.4元；11月，为6元、上升36%；12月，又降为5.5元。1956年，市场物价基本稳定。

1957年初，国务院有关部门核准下达提高食盐、猪肉、香烟等零售价，省人委及有关主管部门下达提高火柴、黄酒、糯米等零售价。1960～1962年，农产品匮乏，集市贸易价格猛涨，时大米每斤1元、猪肉每斤4元、茶叶每斤4元。1961年，国家有计划地提高一批主要农副产品价格，春花类作物统购价平均上涨24.85%、粮食类提高30.8%、木材收购价格提高20.52%。1963年，农副产品产量大幅度增加，集市价格迅速回落。1964年12月，国家统一调整粮食议价收购和销售价格。1965年4月始，提高城镇粮食统销价格并与统购价持平。1966年春粮上市始，再次提高粮食统购（销）价格。

1985年，相继调整食盐、肥皂、火柴、铝制品、缝纫机价格，县管工业品按价值、供求变化调整价格的有红砖、铁锅、丝绸被面，学生簿册等。3月，生猪实行议购议销后，价格变动较大。4月1日，木材购销价格放开，价格上涨势头较猛。1986年，各种商品价格变动频繁，但未出现连锁反应，市场物价趋于稳定局面。1987年，杉原条平均收购价大涨。是年，全县分期分批对地产工农业产品价格进行逐步调整。全年调高稻谷、烟叶、茶叶、蚕茧、生猪5种（类）农产品价格；提高酒类、纸张、学生用簿、红砖4种（类）地产工业品的价格。调整部分医疗收费和旅馆、招待所收费。1988年，全国性通货膨胀，物价上升较猛，直接影响松阳县的物价上涨。全县燃料类物价指数上升13%，工业消费品类上升21.1%，食品类上升31.9%，全社会零售物价指数上升23.4%。对地产工业品的煤、白丝、酱油、打稻机、高岭土矿石、轮胎翻修、纸张、学生用簿、粮食制品、黄白酒、啤酒等价格作出调整，放开红砖、超产煤价格；农产品提高粮、茧、烟、茶、猪、厚朴等产品价格。1989年1月，调高黄酒零售价。2月1日，国家对彩色电视机实行专营，国家定价之彩电价格逐步与市场价持平。是年，毛茶收购中心指导价在1988年基础上总水平提高15%，春茶价格在中心指导价基础上再上浮5%。

1990年，提高油脂、油料、晒烟等农副产品收购价格；但因市场供求影响，实行指导价的农副产品收购价都有不同程度下降。1991年8月1日始，提高城镇居民煤饼零售价。5月1日，调高粮油统销价格。1992年4月1日始，提高粮食统销价格，提高居民定量口粮价。7月1日始，提高城镇居民煤饼零售价。

1993年，价格改革出现较大的步伐，大部分商品价格放开，实行市场调节，部分国家定价国家指导价商品进行结构性调整，全县年社会生活费用价格持续上升 114.4%，零售物价上升 113.4%，与市场物价上升水平比较，职工生活费收入也有较大幅度的增长，扣除物价上涨因素，职工生活水平有所提高。1994 年，由于大部分商品价格放开，实行市场调节，宏观调控机制不健全，市场物价出现较大幅度的上涨，价格总水平在上年高起点上逐步攀升。1995 年，由于全国 95%的商品价格放开，实行价格调节，宏观调控机制尚不完善健全，1～8 月，价格总水平仍在上年高起点上起伏攀升。9 月以后，物价涨幅逐月回落，速度缓慢，价格水平仍较高。1997 年，价格总水平一直保持平稳。1999 年，全县物价总水平处于丽水地区中等水平。

2001 年，全县消费品市场价格总水平小幅回升，市场价格运行情况平稳。2002 年 5 月 28 日，实行城乡居民生活用电同价，对液化气、水费等价格进行调整。

2004 年 4 月前，化肥等农资价格有较大幅度上涨，4 月后，农资价格开始回落。4 月 27 日，县物价部门对粮食种子销售实行价格干预措施。8 月，执行新的居民用电价格。

2005 年 5 月 1 日始，机关、企业事业单位和商业、工业用电电价每千瓦时提高 0.028 元，居民生活用电、农业及中小化肥生产用电电价不变。成品油价格上扬，瓶装石油液化气价格创下历史新高，全年成品油调价 5 次，其中 4 次调高、1 次降低。商品住房价格大幅度上涨。1～11 月，办理交易过户手续 200 余宗，价格由年初 1100 元/平方米上涨为 1800 元/平方米。2006 年上半年，全县各类商品货源充足，销售秩序良好，居民购物情绪正常，价格水平总体比较平稳，除部分品种波动幅度较大外，其余均没有出现大起大落现象。

2006 年 12 月松阳县主要商品价格表

表 18-2-3-1

种 类	产品名称	规 格	单 位	价 格
成品粮零售价格	早籼米	标一	元/500 克	—
	晚籼米	标一	元/500 克	1.32
	粳米	标一	元/500 克	1.55
	面粉	特一粉	元/500 克	1.50
	黄豆	标准品（三等）	元/500 克	2.00
副食品零售价格	菜籽油	一级散装	元/500 克	4.30
	色拉油	一级散装	元/500 克	4.30
	鲜猪肉	新鲜去骨	元/500 克	8.50
	鲜牛肉	新鲜去骨	元/500 克	12.00
	鸡蛋	新鲜完整	元/500 克	3.70
	带鱼	冻 250 克左右一条	元/500 克	8.00
	草鱼	活 750 克左右一条	元/500 克	4.00

续表 18-2-3-1

种　类	产品名称	规　格	单　位	价　格
副食品零售价格	圆白菜	新鲜一级	元/500 克	0.80
	白砂糖	当地主销	元/500 克	2.50
建材销售价格	圆钢	16，Q235	元/吨	3320
	螺纹钢	22，Q235	元/吨	3300
	线材	普通 6.5，Q235A	元/吨	3300
	普通硅酸盐水泥	42.5 强度	元/吨	330
	砖	当地产	元/百块	30
能源市场销售价格	液化石油气	15 千克±0.5	元/瓶	87
农业生产资料价格	尿素	含氮 46%，国产	元/千克	1.75
	碳酸氢铵	含氮 17%	元/千克	因无市场，已无存货
	过磷酸钙	含磷 12%，国产	元/千克	0.50
	氯化钾	含氧化钾 50～60%，进口	元/千克	2.10
	三元复合肥	含 P、N、K 各 15%，国产	元/千克	2.30
	高压聚乙烯棚膜	折径 1 米，厚 0.10 毫米±0.02	元/千克	13.00
	草甘磷	水剂 10%，0.8 千克	元/瓶	4.00
	三唑磷	乳油 20%，330 毫升	元/瓶	6.00
	杀虫双	水剂 18%，1000 克	元/瓶	3.50
	乙酰甲胺磷	30%乳剂	元/千克	17.30
	杂交稻种子	协优 10 号	元/千克	18.00
	仔猪	15 千克左右	元/千克	10.60
特色产品价格	茶叶	中等香茶	元/500 克	18.00
	蚕豌豆	带壳	元/千克	已过

2007 年上半年，主要商品价格呈上升趋势。2008 年，主要农资价格持续回落。仔猪价格从 5 月开始持续下跌，6～12 月每千克价格分别为：22 元、21 元、18 元、18.5 元、17 元、14 元、10.5 元，已逼近生猪收购价。液化石油气价格再创新高：5 月 20 日为 105 元/瓶，6 月 8 日（端午节）为 121 元/瓶，比上月同期上涨 23.47%，比上年同期上涨 47.56%。

2009 年，全县商品价格以下降为主。2010 年一季度，全县商品市场价格运行温和上涨。

2009年松阳县部分商品价格表

表 18-2-3-2

种　类	商品名称	规　格	单　位	价　格	同比±%
粮　油	早籼米	标一	元/500克	1.48	6
	晚籼米	标一	元/500克	1.80	6
	粳　米	标一	元/500克	1.70	3
	面　粉	—	元/500克	1.60	7
	菜籽油	当地	元/500克	6.00	−25
	菜籽油	一级散装	元/500克	4.00	−38
	色拉油	一级散装	元/500克	3.70	−43
副食品	猪　肉	批发价	元/500克	7.80	−9
	猪　肉	精瘦肉	元/500克	—	−20
	鸡　蛋	—	元/500克	—	−5
	白　菜	—	元/500克	—	−14
	甜　椒	—	元/500克	—	17
	黄　瓜	—	元/500克	—	−34
	仔　猪	25千克左右	元/500克	12.00	−34
建　材	圆　钢	16Q235	元/吨	4200	−26.3
	螺纹钢	22Q235	元/吨	4200	−26.3
	线　材	6.5Q235A	元/吨	3850	−31.3
	水　泥	普　通	元/吨	310	−13.89
农　资	尿　素	—	元/千克	1.70	−32.00
	过磷酸钙	—	元/千克	0.46	−45.24
	氯化钾	—	元/千克	4.50	−13.46
	复合肥	—	元/千克	2.60	−27.78
	高压聚乙烯棚膜	—	—	—	−20.00
	草甘磷	—	—	—	−19.64
	三唑磷	—	—	—	—
	杀虫双	—	—	—	−7.89
	液化气	瓶装14.5±0.5千克	元/瓶	68	−47.10

第三章　审　计

民国时期，县级无审计机构，1984年3月，松阳县始设审计专门机构。

1993年以后，松阳县审计局以财政审计监督为主。至2010年，审计范围逐渐扩展为财政金融审计、经济责任审计、行政事业审计、政府投资审计、专项审计调查等，并负责指导全县内部审计工作。

至1992年末，全县审计机关审计的对象253家，审计179家（次），查出违纪金额1824.62万元。至2003年，全县审计机关完成各类审计项目232项，查出违纪违规资金9587万元。至2010年末，全县审计机关共完成审计项目438个，查出违纪金额21350万元，上缴财政1427万元，移送处理案件8件，处理人员12人。

第一节　政府审计

审计类别

行政事业单位财务收支审计　1992年末，对全县60个行政单位的预算收支活动、预算资金使用效益及财政法规执行情况进行审计监督。其中，对县政府行政科、财税、司法、法院、教育、卫生、民政、银行、保险等单位进行定期和经常审计。审查出的主要问题有不符合规定的开支、预算内资金转为预算外、挤占挪用专项资金和截留罚没款等。自建立审计机构至1992年，共查出违纪违规金额582.51万元。

2010年末，对全县60个行政事业单位的预算收支活动、预算资金使用效益、财经法规执行情况、财政决算情况进行审计监督。其中，对县财政、农业、建设、交通、国土、教育、卫生、民政、乡镇等单位进行定期或经常性审计。审查出的主要问题有不符规定的开支、预算内资金转为预算外、挤占挪用专项资金、截留罚没款和乱发津补贴等。建立审计机构以后，共查出违规违纪金额5856万元。

企业单位财务收支审计　主要审计其财务收支活动的真实性、合法性、效益性，查错防弊。1989年起，对承包企业实行经营责任制期初、期中和期末审计。第一轮承包企业审计13家，完成主要经济指标的有工业企业6家、商业企业2家，承包企业中查出2名职工侵吞国家资财23.25万元，受贿2000元，移送司法机关处理。至1992年末，对林业、物资、石油、农资、粮食、酒厂、印刷、茶厂、药厂、纸厂等67家工商企业进行审计。主要存在截留应交收入、乱挤乱摊成本费用、挤占挪用专项资金、偷漏税收等问题。查出企业单位违纪金额1216.11万元，其中工业企业565.54万元、商业企业190.02万元、农林水企业383.10万元、物资企业77.45万元。

至2010年末，对138家工商企业进行审计。主要存在截留应缴收入、乱挤乱摊成本费用、挤占挪用专项基金、偷漏税收等问题。查出企业单位违规资金5320万元，其中工业企业3450万元、商业企业760万元、农林水企业958万元、物资企业152万元。

基本建设审计 1985年，审计20个自筹基建项目资金来源及使用情况，查出违纪金额26万元。1990～1992年，对51家单位基本建设项目、建筑面积22.74万平方米、投资金额1216.43万元，进行开工前审计。2002年，设立下属单位基建审计中心，负责县内政府投资项目审计。至2009年，实行政府投资项目必审制，共审计政府投资项目185个，审计金额57600万元，核减投资额4285万元，为政府节省大量财政资金。

2006年，完成县城南中学综合科技楼工程、县道砂石路面改造工程、县垃圾处理工程、县城城西绿地地下车库工程、界首水质自动监测站工程竣工决算审计和松阳县4万吨供水工程（四标段）预算执行情况审计，项目送审造价5107万元，净核减230万元。2007年，完成对松阳县疾控中心专项审计调查、松阳县城西绿地及周边道路工程竣工决算审计、松阳县4万吨供水工程二标段工程预算执行情况审计、松阳县古市中学实验楼工程竣工决算审计、松阳古市二桥工程预算执行情况审计、松阳县第二中学学生餐厅工程竣工决算审计。项目送审造价2340.65万元，审定工程造价2095.03万元，净核减245.62万元。2008年，共完成4个政府投资项目的预算执行情况审计和竣工决算审计，核减投资额345万元。

图18-3 审计人员到现场查看松古平原供水工程项目建设情况（县审计局提供 2008年摄）

2009年，安排县博物馆、环城南路、松古平原供水工程、江滨大道一期、城市维护建设资金和全省新增政府主导性项目情况等审计与调查，在规范基建工程管理的同时，严把价款审核关，努力节减政府投资支出。完成6个基建审计项目（其中调查项目1个），核减投资额545万元。同时加强重点基建项目跟踪审计，对采用BT建设模式且概算投资8000多万元的省重点项目松古平原供水工程一期实施跟踪审计。

2010年，重点对省厅布置的两个同步项目实施审计调查和松阴溪干堤古市段加固一期工程、西屏三桥项目、县城南小学基建项目、江滨区块基建项目、县城南小学周边道路等14个项目开展预算执行或竣工决算审计，对县人民医院迁建工程实施跟踪审计，节减政府投资支出1000多万元，并向被审计单位和有关部门提出审计建议。同时，协助市审计局实施2个房地产审计项目。截至11月末，完成新增政府主导性项目和工程建设领域突出问题审计调查；工业园区四期基础设施工程、松阴溪干堤古市段加固一期工程、环城南路绿化工程预算执行情况审计，以及江南公路二期工程竣工决算，报审造价3484.15万元，核减造价260.48万元。基本完成松古平原供水工程、西屏三桥、城南小学、文化中心一期、安民卫生院旧房改造修理、二期工业园区生活污水泵提升管道、县检察院附属工程、古市派出所附属工程造价审计，报审造价8291.49万元，核减造价813.15万元。全年共计核减造价

1074万元。

审计调查

1987年后，开展企业被骗资金情况调查、一次性削价商品审计调查、救灾、林业、农水及承包企业专项基金的提留和使用情况审计调查、企业潜亏情况审计调查及对46家被审计单位的工料费收取和分发范围的审计调查。1993年后，开展行政事业单位干部经商办企业专项审计调查等多个调查项目，为规范财经秩序、严格财政资金管理，提出针对性审计建议23条。

1998～2003年，开展各类审计调查项目20项，先后调查120家单位，写成调查报告，综合分析报告20篇。2004年，完成政府采购、财政转移支付资金、税收征管、县计生局财务收支及专项资金、县公路养路费征收管理使用情况及专项资金、县环保局财务收支及专项资金、县质监局财务收支、大东坝镇财政决算审计和政府性负债、科技经费专项审计调查。完成财政预算执行情况审计。完成县国土资源局、供销合作社、县委党校、松阳报社、枫坪乡、三都乡人民政府等13家单位的领导干部经济责任审计。完成工业园区财务收支审计项目。完成县政府交办的松建公司群众信访审计项目。开展县检察院办公楼、县法院综合楼、县环城西路道路工程、县土地整理中心综合楼等8个基建审计项目。

2005年，完成审计项目47项，其中专项审计调查项目8项，为年度计划的204%。查出各类违纪、违规资金共887万元，应自行纠正资金3611万元，应上缴财政资金58万元，已上缴财政资金123万元（含2004年应上缴款）。开展国家建设项目绩效审计，先后完成县中心粮库二期及附属工程、县拆迁安置房一期工程、县延庆景区河道整治工程、玉岩镇中心学校教学楼工程、古市镇防洪工程一期竣工决算6个审计项目，送审造价3713万元，净核减181万元。对望松乡、裕溪乡、赤寿乡、玉岩镇、县人民医院、县实验小学、县国有资产投资经营公司、县建设局、县水利局、县电大工作站、县体改办11家单位的领导干部实行经济责任审计。对县良种繁育场商业综合大楼工程竣工决算审计、县农村公路建设项目审计及专项审计调查、古市镇防洪工程一期竣工决算审计3个项目开展效益审计。完成福利安置企业税收政策执行、被征地农民基本生活保障基金、粮食财务挂账、全县国有投融资机构投资运营情况、农村公路建设项目、“三电办“资产负债和损益情况、全县住房公积金、林业专项资金8个项目的专项审计调查。

2006年，完成审计项目37个，其中审计调查项目8个，为年度计划的161%。查出各类违规违纪资金1377万元，管理不规范资金8743万元，应归还原渠道资金11万元，应调账处理资金26万元，应上缴财政资金185万元，已上缴财政资金163万元。对农业局、经贸局、供排水有限公司等部门和企业以及古市、安民、四都等乡镇的共16名领导干部进行经济责任审计。查出的问题主要有未按规定缴纳有关税费、违规改变资金用途、挤占挪用专项经费、白条抵库现象等。2007年，完成审计项目33项，为年度计划的143%，其中专项审计调查项目9项。查出违纪违规资金477万元，管理不规范金额21016万元；应收缴财政资金113万元，已上缴财政资金95万元。对县财政地税局、发改局、卫生局、计生局、林业局、残联、松阳二中、进修学校、民族中学9名领导干部进行离任或任期经济责任审计。2008年，共完成审计项目35项，为年度计划的152%，其中效益审计项目20

项，占完成项目数的57%。查出违规违纪资金2407万元，管理不规范资金54575万元，应上缴财政资金265万元，已上缴财政资金199万元（含2007年补交落实款）。全年完成7家单位的9名领导干部的离任或任期经济责任审计。

2009年，完成审计项目31个，为年度计划的135%，其中专项审计调查项目7个，效益审计项目22个。查出各类违规违纪资金1867万元，管理不规范资金6099万元，应上缴财政金额129万元，已上缴财政金额80万元（含2008年补交落实款）。完成13家单位共26名领导干部的经济责任审计中，有13名领导干部是任期审计，占50%，实现零“任中审计”的突破。2010年，完成审计项目28个，为年度计划的122%，其中专项审计调查项目9个，效益审计项目20个。查出各类违纪违规资金453万元，管理不规范资金5901万元，应上缴财政金额96万元，已上缴财政金额155万元（含2009年补交落实款）。重点对中小学校舍安全工程建设、居民养老保险及城镇居民医疗保险制度实施、食盐专营政策执行情况等热点问题开展审计与调查。在14家单位24名领导干部的经济责任审计中，有8名领导干部是任中审计，占33%。对30家单位的47名领导干部进行经济责任离任交接。

第二节 内部与社会审计

内部审计

至1992年，全县企业主管部门中有工业、二轻、交通、林业、商业、粮食等14个部门及4个镇建立内部审计机构。开展23项内部审计，查出违纪违规金额32.03万元。至2010年末，全县企业主管部门中有36个部门、乡镇建立内部审计机构，开展122项内部审计，查出违纪违规金额335万元。

社会审计

审计事务所独立承办审计查证和咨询服务。至1992年，共接受委托承办各类审计事项655项，审计查证金额18412万元。其中，办理企业注册资金验证、年检共623项，验证金额16262万元；核减企业申报注册资金2508万元。接受财政、金融、保险等28家单位的委托，对32个项目进行审计，核实收支。向客户提出审计建议107条，采纳率90%以上，直接提供经济效益并增收节支900万元。移送检察机关立案侦查案件2起，追究刑事责任2人。

至2010年，共接受委托承办各类审计事项2835项，审计查证金额57656万元。其中，办理企业注册资金验证、年检共2668项，验证金额54368万元；核减企业申报注册资金12530万元。接受财政、金融、保险等39家单位的委托，对415个项目进行审计，核实收支。向客户提出审计建议325条，采纳率90%以上，直接提高经济效益并增收节支4300万元。

第三节　审计机构与职能

机构设置

民国时期，省审计处派员至各县巡回审计。1949 年始，以财政监督为主。1984 年 3 月 7 日，松阳县审计局成立。1988 年 8 月，县审计事务所成立。1992 年，县审计局配备干部职工 11 人；全县配有内部审计人员 76 人（其中专职 8 人）、社会审计人员 3 人，先后聘请社会特约审计 30 人（次）。2010 年，县审计局设办公室、财政金融审计科、经济责任审计科、行政事业社会保障审计科 4 个职能科室。配备干部职工 22 人，全县配有内部审计人员 77 人（其中专职 19 人）、社会审计人员 5 人，先后聘请社会特约审计 60 人次。

主要职责

组织实施国家审计方针政策、法律法规；组织实施有关审计行政管理的地方性法规、规章；组织指导、协调监督本级审计机关的业务。向县人民政府报告和向县人民政府有关部门通报，审计情况，提出制定和完善有关政策法规、宏观调控措施的建议。根据《中华人民共和国审计法》的规定，直接进行下列审计：县级财政预算执行情况和其他财政财务收支；县级各部门、事业单位及下属单位的财务收支；县国有企业(独资及国有控股)的财务收支，县本级重点建设项目的工程预算执行情况和决算；县属地方金融、保险机构和非银行金融机构的资产、负债和损益情况；县人民政府部门管理和受县人民政府委托由社会团体管理的社会保障基金、环境保护资金、社会捐赠资金及其他有关基金、资金的财政财务收支；国际组织和外国政府援助、贷款项目的财务收支；其他法律法规规定应由县审计局进行审计的事项。承担审计署授权的国家金融、保险企业、非银行金融机构和中央企事业单位的审计事项。向县人民政府提交县级预算执行情况的审计结果报告；受县人民政府委托代拟向县人大常委会提出县级预算执行情况和其他财政收支审计工作报告。组织实施对贯彻执行国家财经方针政策和宏观调控措施情况的行业审计、专项审计和审计调查。负责县本级经济责任审计。组织对县重点国有企业和重点建设项目的审计监督。组织实施对内部审计的指导与监督；监督社会审计组织的审计业务质量；组织全县审计专业人员的业务培训。承办县政府和市审计局交办的其他事项。

第四章　工商行政管理

民国元年（1912），松阳县署设立实业科，兼管工商行政事宜，民国16年后，改由建设科兼理。

中华人民共和国成立后，松阳县工商行政管理机构多次更迭。1986年，松阳县工商行政管理局职能为工商企业登记管理、市场管理、个体经济管理、商标管理、广告管理、经济合同管理等。1992年10月，工商行政管理业务范围逐步拓宽，主要职责是保护合法经济，维护市场准入和退出秩序；打击非法经济，维护市场交易和市场竞争秩序；接受消费者投诉、申诉，保护消费者合法权益。1999年4月，省以下工商行政管理系统实行垂直管理。松阳县工商行政管理局是隶属丽水市工商行政管理局的直属机构，履行松阳县行政区域内的市场监管和行政执法工作。

第一节　国有企业与个私经济登记管理

国有企业登记管理

1953年10月，全县开始实行工商业社会主义改造。到1956年末，全县核发营业执照企业231家。1957年8月，松阳县开展商业企业登记换证工作。

1962年12月，国务院发布《工商企业登记管理试行办法》，明确企业登记注册由工商行政管理部门主管。从此，企业登记工作得以恢复。时，松阳县并入遂昌县。

1980年2月，在境内对全民和集体所有制工业企业进行全民的普查登记，并换发营业执照。1981年，使用全国统一版式的工商企业营业执照。1982年，松阳县制恢复，到年末，境内所有工商企业都进行登记，并换发营业执照。

1988年12月1日，启用新式营业执照，在全县范围内对工商企业重新进行审批登记，逐步换发新照。

1993年10月，省工商局决定，县级停止办理党政机关新办企业的登记注册，对已办的经济实体，在职能、财务、人员、名称等方面与原机关尚未彻底脱钩的，停止办理新的分支机构。

1993年，《中华人民共和国公司法》颁布；1994年，《公司登记管理条例》发布。松阳县食品有限公司成为松阳县首家按《中华人民共和国公司法》登记的企业。

1994年，根据国务院通知精神，松阳县对1994年6月30日前设立登记的有限责任公司、股份有限公司，依法规进行规范登记。

1998年7月，中共中央、国务院决定，军队、武警部队和政法机关一律不再从事经商活动，所办企业于1998年末前与军队、武警部队和政法机关脱钩。政法机关原则上不再开办新的企业，确需开办的，由省、自治区、直辖市政法委审批。11 月，中共中央、国务院决定，党政机关必须在 1998 年末以前与所办经济实体和管理的直属企业完全脱钩，不再直接管理企业。1999 年 7 月 5 日，省工商局下发《关于加强种植、养殖业登记管理的指导意见》，明确种植业、养殖业登记范围。

2002 年 5 月 1 日，国家工商局更名为国家工商总局，各类企业和个体工商户启用新版营业执照。至 2010 年末，全县非私营企业有 213 家。

2010 年松阳县非私营企业情况表

表 18-4-1-1

行　业	户数	注册资本（万元）
农、林、牧、渔业	4	393
采矿业	1	500
制造业	13	6458
电力、燃气及水的生产和供应业	29	9932
建筑业	3	2555
交通运输、仓储和邮政业	16	6000
信息传输、计算机服务和软件业	10	—
批发和零售业	44	4698
住宿和餐饮业	1	20
金融业	58	17763
房地产业	2	50
租赁和商务服务业	13	4198
科学研究、技术服务业和地质勘查业	12	364
水利、环境和公共设施管理业	2	20000
居民服务和其他服务业	2	80
教育	1	—
卫生、社会保障和社会福利业	—	—
文化、体育和娱乐业	1	38
其他	1	3
合计	213	73052

个体、私营经济登记管理

1950 年 11 月，工商部门对商贩重新进行登记发证。1953 年 8 月，对小手工业者进行登记发证。到 1955 年末，全县登记的个体工商业者共有 231 家。1982 年末，全县城乡个体工商户发展到 891 家。

1993年，启用个体工商户申请开业、变更、歇业、验照4种登记表，新表由省工商局统一印制、发放，规范个体工商户登记管理。

1996年，省政府下发文件，允许下岗待业人员自谋职业，从事个体经营或合伙经营或兴办私营企业。1999年，全年新设个体工商户11家、私营企业29家。

截至2010年末，全县共有私营企业949家、个体工商户6628家。

2010年松阳县私营企业情况表

表18-4-1-2

行　　业	户数（户）	投资者人数（人）	雇工人数（人）	注册资本（万元）
农、林、牧、渔业	30	62	249	7399
采矿业	13	52	359	1410
制造业	316	770	5709	151683
电力、燃气及水的生产和供应业	54	1137	490	17400
建筑业	22	64	846	20144
交通运输、仓储和邮政业	19	51	439	4022
信息传输、计算机服务和软件业	17	21	115	320
批发和零售业	380	308	1393	43811
住宿和餐饮业	18	36	313	6016
金融业	5	2	20	1000
房地产业	15	81	113	25373
租赁和商务服务业	33	98	298	14270
科学研究、技术服务业和地质勘查业	6	20	16	127
水利、环境和公共设施管理业	4	8	26	120
居民服务和其他服务业	8	10	49	167
教育	5	5	56	173
卫生、社会保障和社会福利业	1	1	25	150
文化、体育和娱乐业	3	10	28	30
合　计	949	2736	10544	293615

2010 年松阳县个体工商户情况表

表 18-4-1-3

行　业	户数（户）	从业人员（人）	资金数额（万元）
农、林、牧、渔业	23	40	697
采矿业	—	—	—
制造业	940	1402	5357
电力、燃气及水的生产和供应业	3	6	188
建筑业	7	27	74
交通运输、仓储和邮政业	647	708	3341
信息传输、计算机服务和软件业	64	71	21
批发和零售业	3196	4085	9411
住宿和餐饮业	464	903	2704
金融业	—	—	—
房地产业	8	11	12
租赁和商务服务业	369	394	562
科学研究、技术服务业和地质勘查业	—	—	—
水利、环境和公共设施管理业	82	85	81
居民服务和其他服务业	800	1080	1751
教育	—	—	—
卫生、社会保障和社会福利业	6	7	19
文化、体育和娱乐业	11	25	114
其他	8	8	14
合　计	6628	8852	24346

企业监管

2007 年 1 月，把市场主体登记的后续监管工作从注册分局分立，新组建企业个私监管科，负责辖区各类市场主体的注册登记事项监管工作；负责组织实施企业年检和个体工商户的验照工作；依法查处违反登记管理法律法规的行为，查处取缔无照经营。

2008 年初，在原企业监管职能中植入企业信用监管职能，增加负责企业信用联合征信系统建设、组织成员单位开展信息征集整合与共享、开展企业信用评价、组织指导企业、个体工商户、商品交易市场信用分类管理、开展“信用管理示范企业”的培育等工作，故改名个体私营经济监管科（信用办）。

第二节　经济合同管理

合同管理

1953年9月，县商业、供销部门与农民签订烟叶、茶叶预购合同及柴、竹、炭、猪、禽、蛋等购销合同，工、商之间签订加工产销合同。“文化大革命”期间，经济合同制被否定。1978年，恢复经济合同制度，监督管理趋正常。

1981年12月，工商行政管理部门开展经济合同鉴证工作。1984年2月，推行全省统一规格的购销合同文本和法人委托制度；4月，县工商局成立经济合同仲裁委员会。1986年，组织力量对全县工商企业签订的3415份合同进行清查，帮助企业清理“三角债”。1987年，首次开展“重合同守信用”单位评选活动，15家企业被县人民政府命名为“重合同、守信用”单位；6月，松阳、古市工商所设立经济合同仲裁庭。

1982～1992年，鉴证各类经济合同1787份，鉴证金额5641.35万元，调解纠纷924起、争议金额311.73万元，案件执行率98%；确认无效合同6份，追回拖欠货款215.57万元。

1998年，松阳县合同仲裁机关共鉴证合同282份，鉴证合同金额497万元。1999年，共鉴证合同1897份，鉴证合同金额2236万元。走访44家企业，检查合同138份、金额2098万元，监督合同当事人履行合同88份、金额444万元，协助合同当事人解决合同纠纷2件，直接挽回经济损失12万元。查处违法合同3件、金额14万元，其中合同诈骗1件、金额5万元。行政调解合同争议2件，调解争议金额9万元。

2000年，松阳县合同仲裁机关共鉴证合同587份，鉴证合同金额1108万元。调解合同争议3件，解决争议金额14万元。以合同鉴证的形式介入国有企业改制，对企业改制转让合同和拍卖行业的鉴证工作进行鉴证，维护合同双方当事人的合法权益，支持国有企业改制，防止国有资产流失。拍卖合同的鉴证规范企业，使松阳县拍卖市场初步开始走上法制化的轨道。2001年，共鉴证合同626份，鉴证合同金额5423万元。加强对借款合同、建筑工程承包合同、拍卖委托合同的鉴证工作。探索合同争议行政调解工作，共受理合同争议4起，调解争议金额4万余元，通过多种途径为当事人挽回经济损失70余万元。

2002年，松阳县合同仲裁机关共鉴证合同1035份，鉴证合同金额5758万元。受理调解合同争议3件，调解争议金额1万元。是年11月1日，停止合同鉴证工作。

1998～2002年松阳县合同鉴证情况表

表 18-4-2-1

年度	合同鉴证数（件）	金额（万元）	检查合同				未履行（件）	解除合同（件）
			份数（件）	金额（万元）	不合格			
					份数（件）	金额（万元）		
1998	282	497	—	—	—	—	—	—
1999	1897	2236	138	2098	—	—	—	6
2000	587	1108	221	3051	—	—	—	4
2001	626	5423	660	5987	—	—	—	3
2002	1035	5758	702	7012	—	—	—	3
合计	4427	15022	1721	18148	—	—	—	16

“重合同守信用”评比活动

“重合同守信用”评比活动在全国始于1984年，松阳县级的评比活动始于1987年。在县政府的统一领导下，每两年命名一次，2002年后改为每年评选一次，由县工商行政管理部门组织实施。1997～1998年，县级命名32家企业为“重合同守信用单位”。1999～2000年，县级命名23家企业为“重合同守信用单位”。2002年，县级命名25家企业为“重合同守信用单位”。2003年，县级命名22家企业为“重合同守信用单位”。

2002年，全县有7家单位被市级工商行政管理部门命名为浙江省重合同、守信用先进单位，由市工商部门表彰。2003年，全县有8家单位被市级命名为浙江省重合同守信用先进单位。2002年，省工商局授予1家企业为省级重合同守信用单位。2003年，省工商局授予1家企业为省级重合同守信用单位。

2002年12月，贯彻《浙江省工商企业信用等级“守合同重信用”单位认定管理办法》，把“重合同守信用”企业称号更名为“守合同重信用”企业。实行省市县三级认定，提升标准，改两年认定一次为一年一次，授权市工商局认定信用二级“守合同重信用”单位。2004年，省一级、市二级、县三级分别改称AAA级、AA级、A级。

2006年，松阳县AAA企业续展1家；AA级新认定企业2家，续展1家；A级企业新认定28家，续展10家。

格式条款备案

2002年10月1日，贯彻《浙江省合同行为管理监督规定》，对合同实施格式条款进行监督。2003年，全县受理备案38份，通过审查38份，报备企业10家。2004年，全县受理备案32份，通过审查32份，报备企业14家。2005年，全县受理备案31份，通过审查31份，报备企业12家。采用格式条款的合同样本的备案，涉及房屋买卖、租赁及其居间合同、委托合同、物业管理、物流承运协议书、旅游合同等多个领域。

企业动产抵押物登记

1995 年 10 月 1 日，施行《中华人民共和国担保法》。是年，国家工商局发布《企业动产抵押物登记管理办法》，工商系统开展对企业动产的抵押物登记管理，以防止重复抵押，保障抵押债权的实现。1998 年 1 月，县工商局开始对企业动产抵押物进行登记管理。当年全县办理抵押物登记 38 件，抵押物值 6875 万元，主债权金额 1974 万元。1997 年，对已办理抵押物登记的企业进行回访检查，加强监督管理。1999 年，全县办理企业动产抵押登记 24 件，抵押物值 3848 万元，主债权金额 1570 万元。2000 年，全县办理抵押物登记 14 件，抵押物值 1888 万元，主债权金额 843 万元。2001 年，办理抵押物登记 21 件，抵押物价值 4586 万元，主债权金额 2021 万元。2002 年，办理抵押物登记 37 件，抵押物价值 2851 万元，主债权金额 1382 万元。2003 年，办理抵押物登记 38 件，抵押物价值 2947 万元，主债权金额 1487 万元。

1998～2004 年松阳县级企业动产抵押物登记情况表

表 18-4-2-2

年　份	抵押合同份数（份）	抵押物价值（万元）	主债权（万元）
1998	38	6875	1974
1999	24	3848	1570
2000	14	843	1888
2001	21	4586	2021
2002	37	2851	1382
2003	38	2947	1487
2004	30	17106	6675
合　计	202	39056	16997

拍卖活动监管

《中华人民共和国拍卖法》于 1997 年 1 月 1 日开始施行。2000 年，县工商部门开始受理拍卖企业的拍卖活动备案。

2000 年，县工商部门全面介入拍卖业监管，参与 8 场拍卖会的现场监督。2001 年 1 月 15 日，国家工商局颁布《拍卖监督管理办法》，县工商部门介入拍卖活动的现场监管，执行委托拍卖合同及程序的备案制度，加强对拍卖企业的监督检查。2002 年，省工商局下发文件，规范拍卖活动的备案内容和程序、现场监管。

2000～2004年松阳县拍卖情况表

表 18-4-2-3

年度	拍卖场次（场）	拍卖委托书（份）	委托金额（万元）	成效确认书（份）	成效金额（万元）
2000	8	8	733	8	460
2001	19	19	2282	23	948
2002	12	20	1655	60	1629
2003	16	29	2171	76	1466
2004	15	29	5334	56	1525
合计	70	105	12175	223	6028

第三节　商标与广告管理

商标管理

民国29年（1940），松阳县各雪茄烟厂申请注册商标，分别注册“龙”牌、“战士”牌、“大中”牌、“地球”牌雪茄烟商标。

1950年始，国家陆续颁发有关商标注册条例、法规。“文化大革命”期间，商标注册工作停顿。1979年10月，西屏第二工艺厂“联合”牌弦五两线商标注册。1982年，县食品公司与省食品公司签订金华火腿《商标使用许可合同》。1987年，县制动材料厂对石棉刹车片、离合器片和绒质橡胶石棉刹车带3种产品申报“恒友”牌商标。2001年，“松阳晒红烟”核准注册为证明商标；2010年，启动“松阳银猴”地理标志证明商标申报工作。

广告管理

1955年1月，省人民政府规定，广告管理由工商行政管理部门负责。1957年1月，县人民委员会公布《广告管理暂行条例》。

1978年后，广告管理重新纳入工商行政管理。1982年，县工商局对虚假广告进行清理整顿。在西屏、古市2个镇开辟5处广告张贴栏，制定张贴户外广告管理办法。对广告印制单位进行整顿，未经办理准印手续的广告、年画、挂历等一律不准承印，对广告经营单位被告知年检。1987年10月，县工商局查处虚假广告的案件。1989年，审查广告20余起。1990年，对5家广告经营单位进行整顿。1995年2月1日始，施行《中华人民共和国广告法》。2006年7月1日始，施行《户外广告登记管理规定》，实施户外广告登记管理。

第四节 集贸市场管理

市场管理

清、民国时期，值迎太保、城隍戏两大庙会，四方商贾云集县城，集市贸易十分兴旺。西屏镇以农历每旬一、六为传统市日，古市镇以农历每旬四、九为市日。西屏、古市两镇自然形成的专业市场有牛行、仔猪行、米行、烟行、鸡行、柴行、山货行等。民国初期，由商会事务所、盐务局管理市场。民国16年（1927）后，由建设科管理市场。全面抗战时期，明令取缔集市贸易。不久，群众自发恢复。

中华人民共和国成立后，先后由县人民政府工商科、商业局和工商联管理市场。1952年6月，在西屏镇举办首次物资交流大会，成交额24.5万元。7月，先后在古市、靖居、玉岩、大东坝组织物资交流大会。1953年，粮棉油实行统购统销，取消粮食集贸市场，禁止自由买卖和私商收购、贩运，集市贸易明显减少。1956年6月，开放农村集市贸易，市场趋于活跃。1957年8月，粮食市场曾一度关闭。1958年，主要农副产品和地方手工业产品由当地国营商业收购包销，各地商业部门不得直接向产地采购。1961年，本着"管而不死、活而不乱"的原则，再度开放小杂粮、小油料交易，允许和鼓励社员发展家庭副业，开放集市贸易，集市贸易再趋活跃。1965年，靖居口开设集市，定农历每旬逢十日为市。1966年，粮油交易由国营企业独家经营，限制集市贸易，集市贸易再度缩减。1977年，（遂昌）县革委会废除传统集市日，改每月公历1日、15日为市日。因遭群众抵制，次年，恢复传统集市日。

1979年，逐步放宽对农副产品的管理，开放粮油市场，集市贸易日渐兴旺。1980年，开始征收市场管理费。1982年后，随着市场的不断兴旺，先后新建古市仔猪市场，西屏耕牛市场，西屏、古市竹木市场，大东坝综合市场等。1983年，允许农副产品长途贩运。1984年10月19～21日，召开物资交流会，成交额52.82万元。1985年，农副产品实行定购和市场收购，个人贩运增加，年集市贸易成交额832.9万元。1986年以后，县政府根据集贸市场的发展，把市场建设列入议程，全县出现市场建设高潮。先后建立玉岩综合市场，松阳仔猪市场，县城城南、城北市场以及小商品市场。1992年，靖居口集市改为农历每旬逢五、十日为市，集市地点移至象溪镇。是年，大东坝镇也开设集市日，市期同象溪镇。1998年止，建成各类专业市场17个，建筑面积52609平方米。全年城乡集市贸易成交额3850万元，其中农民对非农业居民销售额920万元，占全社会商品零售额的5.88%。

随着市场的不断建设发展，县工商局加强市场的管理工作。各工商所把市场管理工作的重点放在查处无证经营上。1991年，各工商所进一步加强市场管理，调整摊位，搞好划行归市，取缔无证经营。开展各类展销会的登记，全县核准登记展销会12个。开展文明规范市场创建申报活动。

1992～2006年，全县共有一星级文明规范市场2个，二星级1个，三星级1个，共4个星级文明规范市场。

1993年7月16日，国家工商局发布《商品交易市场登记管理暂行办法》，市场全面开始申请登记。年末，全县对17个市场进行发证审核。按照《浙江省经纪人登记管理试行办法》，县工商局加强对经纪人的培训、考核和管理工作。1998～2006年，经考试审核，有58人领取经纪人资格证书。2001年，县市场管办分离工作全部完成。2001年12月4日，成立松阳县工商事务所。

从2004年始，对市场实行派员驻场管理，建立不合格茶叶退出市场制度、消费投诉处理制度、商品进货销售（批发）台账登记备查制度、进货索证备查制度等一套较完整规范的规章制度和监管体系。加大对掺杂掺假、农残超标茶叶的查处力度。开展市场分类监管工作，与北京市宣武区工商局建立产销两地流通领域茶叶质量安全监管协作机制。

2006年12月，根据市工商局《关于进一步加强陈化粮监管工作的紧急通知》，对县辖区内粮食收购企业、加工企业进行检查、排查，检查企业16家，未发现使用陈化粮现象。

2005年，县工商局成立禽流感防控工作领导小组，具体负责监督、协调和联络、制定各项防控疫情的措施、落实禽流感防控的各项具体工作。对所有出售的活禽、熟食、净鸡、鸭肉进行一次全面检查，对所有禽类商品建立进销台账；坚持每天一消毒制度，要求消毒人员签姓名确认，市场专管人员或工商干部也要签；一旦发现疫情及时上报；并与经营户签订防控禽流感承诺书。

2005年初，开展清理整顿化肥、农药、农膜市场。至6月6日，共发放临时营业执照134份。在辖区开展“红盾护农”农资专项行动。检查各类化肥、农药、种子等经营户163家，抽检农资产品28个年批次，其中有19个批次为不合格产品；立案22起（大要案6起），直接为农民挽回经济损失25.2万元。2007年，组织开展春季“红盾护农”专项整治行动。检查各类化肥、种子、农机具经营户450次（家），抽检农资商品46批次，其中不合格农资商品20批次；共立案41起（其中大要案24起、无照经营案件3起）；对查获的不合格农资商品，封存化肥51.49吨、农药2430千克，货值15.8万元，上缴罚没款26.67万元。针对农资市场特点，2006年11月，协调农业、质检、纪委等部门审定松阳大地农资配送有限公司为农资配送龙头企业。公示农资信用单位，确定47家“农资信用单位”，规范农资商品市场工作。

2006年，县工商局组织各工商所对辖区和县城定点屠宰场、综合市场进行全面检查，开展肉食品市场专项整治行动。检查情况良好，城镇定点屠宰率100%、乡镇定点屠宰率85%。查获51.5公斤未检疫猪肉。对市场肉品质量适时进行检测，及时公布检测结果。加大市场监管巡查力度。与食品、卫生、农业、食药监、经贸等部门密切配合，管好生猪种养、屠宰源头，确保猪肉市场繁荣、稳定、和谐。是年，开展创建省级卫生县城的工作。依据工商监管职能和省农贸市场卫生相关规定，结合松阳县市场实际情况，制定管理办法和制度。认真实施商品准入食品安全工程，利用检测点、检测箱对农贸市场商品进行检测。2006年1～8月，共检测1418批次，其中不合格78批次，不合格商品294公斤，不合格商品全部作退市销毁处理，向社会发布“消费警示”。完善各个市场的硬件基础设施，解决停车、排水、排污、用电、遮阳等问题。规范县城东、南菜场的管理，重新招聘市场协管员，每天到岗上班。

2007年，开展“农村食品市场整顿年”工作。按照“一户一档”的经济要求，健全和完善农村市场经营者“经济户口”档案材料，工商所对经营者的经营信用情况进行综合考评。对农村食品市场中的经营主体资格、准入制度、经营信用和假冒伪劣商品进行检查。检查市场11个、农村季节市场9个、超市5个、个体工商户3143家，查处问题经营户65家，取缔无照经营户58家。查处农村市场假冒伪劣食品案件20件，案值25.68万元。组织对商品交易市场、超市中销售的商品检测，对抽检不合格商品进行没收销毁和退市处理。加强对浙南茶叶市场的监管，坚持驻场管理，严厉打击茶叶掺杂使假违法行为。全年共组织茶叶检测47批次，不合格3个批次，对不合格的产品进行立案查处5起（茶叶掺杂色素案件2起、以次充好茶叶2起、食品掺杂案件1起），分别给予相应处罚。

松阳县主要集贸市场选介

松阳旧时交易市场详见专记《松阳“行日”文化》。

1986年以后，县政府根据集贸市场的发展，把市场建设列入议程，全县出现市场建设高潮。至2010年，各类专业市场共有17个。

浙南茶叶市场　浙南茶叶市场是松阳县第一个农副产品批发市场，创始于1993年初，是一个名副其实的马路市场，交易全部在公路边。1998年初，迁入车站路14号的老车站停车场，设施简陋，交易场所狭窄。2000年初，再次迁入车站路17号，交易空间略大，交易功能基本具备，但设施仍为简易棚、破旧房，交易功能粗放，不适应现代市场的规范化管理和交易量增长的需求。2002年，县政府规划落实茶叶市场用地。2002年1月，经省工商局批准同意，把市场名称变更为浙江浙南茶叶市场。新市场座落于县城长虹中路155号，占地面积5.13万平方米，有交易店面198间，交易摊位近万个，交易区占地面积2.8万平方米，建筑面积3万平方米，配套物流中心（停车场）2.3万平方米，冷库、宾馆、茶楼、餐饮、娱乐等。市场拓展电子商务、信息网络、现代物流、金融服务等配套服务领域，逐步完善市场的服务功能。建立以松阳、遂昌、武义、丽水的茶园基地为基础、市场为依托，集物流受理、信息配载、零担托运、仓储配送、货物中转、车辆停放等综合配套服务于一体的物流中心。与当地金融机构联合，在市场开设金融服务网点。与农业部门合作在市场建立农产品检测中心，保障茶产品质量安全。积极探索建立“茶农+农业合作社+市场”三者紧密合作的茶叶生产流通一条龙经营模式。

（此子目与第十一编“农业”第三章“经济作物”第一节“茶叶”和第六章“农场与农业产业化经营”第三节“农产品市场”互为补充）

松阳小商品市场　位于西屏镇太平坊路，由县工商局投资主办，于1987年开业。市场占地面积4500平方米，市场摊位160个，主要经营小百货、棉布、针织、鞋帽、日用百货等。根据国务院市场管办脱钩的精神，于2002年3月由县国资公司收购。2005年，因市场效益不好注销。2005年3月，松阳小商品市场迁至西屏镇车站路14号。

西屏仔猪市场　于1988年9月由县工商局投资兴建，面积2000多平方米，主要经营仔猪批发零售。市场位于县城长虹东路18号地块，每逢集市，交易客流量大。除松阳的各乡农村养殖户仔猪进入外，还形成一批专门从事仔猪贩运的专业经营客户，吸引遂昌、龙游、武义、莲都等地的客商进入市场交易。年均交易量保持在1000头左右，年成交额1000多万元。根据国务院有关市场管办脱钩的精神，2002 年 3 月，市场变更给松阳县国资公司。2007 年，交易场地被土地储备中心收储，西屏仔猪市场于同年 12 月注销。

古市仔猪市场 位于古市镇朱子祠路，于 1991 年 5 月开业，由松阳县工商局主办，租用房管所的场地，主要经营仔猪零售。1999 年，迁移至古市镇下观桥交警队对面，场地面积由原来的 326 平方米增加到 360 平方米。市场位于龙丽公路边，交通便利，适合仔猪交易，为赤寿、新兴、樟溪、岗寺、谢村 5 个乡和古市镇的仔猪集散地，货源充足，购销两旺，年交易额 700 万元左右。2007 年，因无场地经营而注销。

旧机动车交易市场 位于西屏镇新华路 49 号，1991 年开业，由县工商局主办，主要经营旧机动车零售（旧汽车除外）。2010 年 5 月注销。

机动车市场 位于西屏镇车站路 17 号，由县长运公司主办，占地面积 6000 平方米，营业面积 3500 平方米。于 2004 年 12 月开业，主要经营汽车、摩托车、电动车及零配件。由于经营管理不善，长期处于有场无市的局面，从 2008 年始未能正常经营，2010 年 5 月申请注销。

古市综合市场 位于古市镇上横街与龙丽公路交叉口，由松阳县古市综合市场开发有限公司于 2001 年 10 月投资兴办，总建筑面积 7 万多平方米，总投资 700 万元，主营农副产品、水产品、百货、服装、家私批发零售。

古市农贸综合市场 位于古市镇万寿北路，于 1992 年 9 月由古市镇政府、县工商局、古市镇 5 个村村委会联合创办，主营肉类、鲜蛋类、干鲜蔬菜、日用品、棉布、服装批发零售。市场坐落于车站路东面，面朝龙丽公路边，交通便利，是古市镇范围内最大的综合市场，商品种类齐全，人流量大。古市综合市场基础设施比较落后，许多摊位破损严重。

靖居农贸市场 始建于 1992 年，地处象溪镇，占地面积 1200 平方米，是靖居农村农副产品购销的集散地。主营农副产品、工业品。靖居农贸市场由于地处山区，经济相对落后，逢集日才有市，常住人口少，上市商品达不到一定规模。随着交通业的发展及配送中心的发展完善，市场越趋冷清，于 2008 年 6 月注销。

玉岩综合市场 位于玉岩镇玉岩村，1985 年 12 月建成开业，由县工商局主办。市场占地面积 1000 平方米，室内面积 280 平方米，主营棉布、小百货、农副产品零售。1997 年，由县工商服务中心和松阳玉岩粮管所共同出资筹建，把原来分散的马路式的市场改建为设施较为完备的封闭式专业市场。2002 年 3 月，市场改由个体业主主办。由于经营管理不善，市场陷于瘫痪，2007 年 1 月申请注销。

县城南菜场 位于西屏镇新华路 109 号地块，由松阳县工商局投资兴办，占地面积 2300 平方米。1991 年 4 月开业，主营蔬菜、水产、肉类、蛋类零售。市场位于城乡结合部，位置适中，交易活跃。2002 年，由县国资公司收购。2003 年 3 月，因市场拆迁而注销。

松阳县新华综合市场 俗称南菜场，位于西屏镇新华路南首，由松阳县旧城改造发展有限公司投资兴办，占地面积 3400 平方米，建筑面积 6800 平方米，投资 1600 万元。2003 年 1 月开业，市场面积大，场内设施齐全，场内有 190 户经营户，主营肉禽蛋、蔬菜、水产、干鲜果批发零售。市场面向县城南片的居民、农户，位置好，布局合理，人流量大，市场交易繁荣。

松阳县综合市场　俗称东菜场，位于松阳县城长虹中路93号，1998年由县工商局投资兴办，总投资为858万元（其中内部集资123万元，银行贷款735万元），占地面积3826平方米，建筑面积10608平方米，是松阳县城最大的综合市场，拥有42家商铺，304个摊位，主营肉食禽蛋、蔬菜、水产、干鲜果类、农副产品及其他食品、家具。

县城北菜市场　由松阳县绿得实业总公司于1994年投资兴建，总投资222万元，占地面积7500平方米，1995年10月开业，主营干鲜蔬菜、肉食禽蛋类、农副产品、水产类零售。后因管理不善，公司破产。1998年，由松阳县人民法院裁定抵债给松阳县西屏信用合作社。

松阳县香菇市场　1995年，松阳县元辰工贸有限公司投资兴办，1996年10月开业。市场占地面积4000平方米，总投资200万元，主营食用菌、农副产品批发、零售。市场自开业后基本处于空置状态。

古市竹木市场　位于新兴乡潘连村，由县工商局、林业局、财政局于1988年联合主办。市场占地面积3635平方米，主营竹木零售。该市场处于竹木产区通向城镇的必经之路，适合木材、毛竹的上市、贩运，对市场的繁荣发展起到积极的作用，年成交额曾达800万元。由于国家对木材、毛竹实行归口管理，禁止自由上市，市场成交额连年下滑。2002年3月，由县国资公司收购。2003年，申请注销。

松阳县水果市场　位于县城太平坊路中段，为地地道道的马路市场，设施简陋，流动性大。由县工商局主办，占地面积2400平方米，1991年10月开业，主营干鲜果品。由于地处县城繁华地段，沿街为市，批零兼营，上市品种多，交易活跃，市场繁荣。1998年，随着创建文明县城的需要，市场迁移到新华路北端，由于地处偏僻，交易额直线下降。2002年，由县国资公司收购。2003年3月，因城市创建卫生城市需要，马路市场申请注销。

星级市场创建

1997年，在商品交易市场开展创建星级文明规范市场活动。县工商局组织各市场参与申报评比活动。1992月2月，松阳县综合市场被省工商局认定为二星级文明规范市场；1997年，因为松阳县香菇市场，松阳县被中国国食用菌协会授予“全国食用菌行业”先进县称号，是年被丽水地区食用菌协会授予“丽水地区食用菌行业”先进单位称号；2001年2月，松阳县茶叶市场、松阳县古市综合市场被省工商局认定为一星级文明规范市场；2003年2月，松阳县新华综合市场被省工商局认定为一星级文明规范市场。

第五节　工商执法与保护消费者权益

工商检查与取缔

1982年，县工商局设立市场管理股，主要负责打击投机倒把、走私活动，重点查处倒卖重要生产资料、耐用消费品以及假冒伪劣商品。

1988年，建立县工商行政管理局经济检查队，其主要任务是组织查处市场交易中的垄断、不正当竞争、流通领域走私贩私其他经济违法违章案件。取缔无照经营、查处市场交易中的经济违法案件。负责依法查处流通领域中的假冒商品行为。配合质量技术监督部门查处生产领域中的产品质量违法行为。组织查处严重侵犯消费者权益案件。指导、规范全县“96315”消费者举报投诉中的中心工作。

1988～1992年，共查处经济违法违章案件487件，罚没款36.26万元。

2003年，开展取缔无照经营专项整治工作，共检查各类经营户7851户，检查市场147家次，立案查处各类违法违章案件688件，共处罚没款87.89万元。2005年，查处各类经济违法违章案件164起，其中大要案36起，案值506万元，罚没款98万元。对浙南茶叶市场实行驻场管理，全年查处茶叶违法案件27起，抽检茶叶650批次。2006年，查处经济违法违章案件432起，大要案40起，案值1398万元，罚没76万元。2007年，办结一般案件283件，同比减少111件，下降28.2%；查处大要案44件。罚没款113.5万元，同比增长49.3%。

2010年，县政府转发《县工商局关于松阳县“黑网吧”专项整治行动实施方案的通知》，把该项工作上升为政府行为，把无照经营取缔工作纳入社会治安综合治理考核内容，改变以往无照经营取缔工作由工商局独揽责任的局面。全年查办经济违法违章案件581起，其中大要案67起，罚没款110万元。

保护消费者利益

1992年3月31日，松阳县消费者协会正式成立，县工商行政管理局设立“96315”指挥中心与松阳县消协合署办公。2008年，设立消费者权益保护科，规范和监督检查工作。新成立的松阳县消费者权益保护科履行《中华人民共和国消费者权益保护法》和《浙江省实施〈中华人民共和国消费者权益保护法〉办法》的法定职能。

图18-4　销毁假冒伪劣商品现场（县档案馆提供1998年）

2005年，12315指挥系统受理消费举报199起，处理198起，咨询287起，为消费者挽回经济损失16万元，其中销毁10余万元的假冒伪劣、过期食品。2006年，办结消费投诉举报395起，为消费者挽回经济损失18余万元，结案率100%。2007年，办结消费投诉举报567起，为消费者挽回经济损失26.7万元。

至2010年，全县形成较为健全的消保组织体系。在全县乡镇建立12315消费维权（食品安全）监督联络站20个，在全县农村建立12315消费维权（食品安全）监督联络点74个，在全县中小学校建立12315消费维权（食品安全）监督联络站26个，成立以社区、超市、商场为依托的12315消费维权监督联络点16个，建成国民消费教育中心7个，聘请消费维权义工26人，形成城乡结合、上下联动的消费维权运作网。

第六节　工商管理机构

机构沿革

民国元年（1912），县公署设实业室，兼管工商行政。民国16年，改为建设科，直至解放。

1949年5月，县工商管理局成立。1950年5月，改为工商管理科。1957年，改为商业科。1958年1月，撤销商业科，建立商业局，内设工商行政管理股，负责工商登记、商标登记和市场管理等业务。1967年11月，在松阳区、古市区设立打击投机倒把办公室，靖居、石仓设联络站。

图18-5　位于新华路上的县工商局机关大楼（县档案馆提供 1992年）

1982年，县工商行政管理局成立。1992年，下设松阳、古市、靖居、大东坝4个基层工商所、1个经济检查队。

1999年4月，省以下工商行政管理系统实行垂直管理。松阳县工商行政管理局是隶属丽水市工商行政管理局的直属机构，履行松阳县行政区域内的市场监管和行政执法工作。

松阳县工商行政管理局主要职责为依法承担市场监督管理和行政执法的有关工作，宣传、贯彻、实施国家工商行政管理的法律、法规和政策，依法负责各类内资企业、合作社和从事经营活动的单位、个人等市场主体的登记注册并监督管理，依法查处取缔无照经营。依法规范和维护各类市场经营秩序，监督管理市场交易行为和网络商品交易及有关服务的行为。依法负责监督管理流通领域商品质量和流通环节食品安全，组织实施食品流通许可工作，组织查处侵犯消费者权益案件，开展有关服务领域消费维权工作，按分工查处假冒伪劣等违法行为，做好消费者咨询、申诉、举报的受理、处理和网络体系建设等工作，保护经营者、消费者合法权益。依法查处违法直销和传销案件，监督管理直销企业和直销员及其直销活动。依法开展有关反垄断执法和监督管理工作，依法查处不正当竞争、商业贿赂等经济违法行为，依法监督管理经纪人、经纪机构及经纪活动。依法实施合同行政监督管理，管理动产抵押物登记，组织实施消费类格式合同条款备案，监督管理拍卖行为；依法查处合同欺诈等违法行为。

指导广告业发展，依法负责广告活动的监督管理工作。组织实施商标战略和商标监督管理工作，依法保护商标专用权和查处商标侵权行为。依法保护特殊标志、官方标志。组织实施企业、个体工商户、商品交易市场信用分类管理，研究分析并依法发布市场主体登记注册基础信息，为政府决策和社会公众提供信息服务。依法负责个体工商户、私营企业经营行为的服务和监督管理；领导和管理所属、直属和派出机构的工作；指导与工商行政管理业务有关的社会团体的工作。承办省、市工商行政管理局，县政府交办的其他事项。

内设机构及编制

2010 年，内设机构有办公室、法规股、企业监管股（个私经济监管股）、市场规范管理股、食品流通监管股、纪检监察室、人事教育股、经济检查股（经检大队）、12315 申诉举报指挥中心、网络经营监督办公室（信息化办公室）、注册分局、松阳工商所、古市工商所、城郊工商所。

人员编制：核定行政编制 12 人、工商所专项编制 75 人、后勤服务人员编制 2 人。下属事业单位有县消费者权益保护委员会办公室、县个体劳动者协会秘书处、县私营（民营）企业协会秘书处，事业编制 10 人。

第五章 质量技术监督

1982 年 5 月，松阳县标准计量管理所成立，履行标准、计量以及以后的产品质量监督管理、行政执法和技术服务职能。1990 年 6 月，松阳县标准计量管理局成立。1996 年机构改革，撤销县标准计量局，成立县技术监督局，仍与县计委合署办公。同时，在原标准计量管理所基础上，设立松阳县计量检定测试所和松阳县产品质量监督检验所，隶属县技术监督局，是县法定计量检定机构。至 2010 年末，共建立精密压力表、血压计（表）、加油机容量、F1 毫克组砝码、F1 级克组砝码、F2 级千克组砝码、天平、衡器 8 项社会公用计量标准。

第一节 计量监督与标准化管理

度量衡演变

清光绪三十四年（1908），修订营造尺库平制，规定尺、斤、升的标准。

民国 17 年（1928），国民政府公布《中华民国权度标准方案》，规定标准制和市制并用。次年，公布《度量衡法》。民国 19 年，推行米制。民国 20 年，实行万国制和市制。

1959 年 6 月，推行国际公制，以米制为基本计量单位，废除旧杂制。1966 年末，完成秤制 10 两制的改革。1978 年，中药处方取消两、钱、分，改用克、毫克计量。1984 年，开始推行以国际单位制为基础的法定计量单位。1985 年 10 月 1 日，全县液体商品一律用升、毫升，废除斤、两制。同时，发放启用 250、100、50 毫升容器 4000 余只。是年，取消市制，一律使用法定计量单位。1988 年，压力计量统一使用法定计量单位“帕斯卡”。1990 年，卫生系统使用的压力计、压力表改制，废除毫米汞柱，以“千帕”为计量单位。是年，要求各行业统一使用法定计量单位。

地积单位“亩”，民间一直以正常年景能收获 4 担（每担 150 市斤）的土地面积为 1 亩，以其 1/4 称“一担谷田”。20 世纪 50 年代，曾重新清丈，但农民仍习惯称此。

计量衡器，松阳县一直沿用尺、秤、斗、提，但量值时有变动。衡器主要是木杆秤、戥秤；衡器以尺为主，有市尺、鲁班尺、裁缝尺；量器则有斗、升和各种液体量提。1949 年后，随着经济的发展，新的计量器具陆续引进使用，常见的有台秤、地秤、天平、半自动售粮（油）机、电动加油机、卷尺、折尺、分光光度计、酸度计、压力表、游标卡尺、千分尺、热电偶、电能表、水表等精密长度、热工、力学、电学、化学计量器具。20 世纪 70 年代，松阳造纸厂安装境内第一台 15 吨地中衡，1985 年有秤量 30 吨的地中衡。1986 年，县物价局购进第一台 10 千克电子计价秤。1980 年后，医疗部门使用心电图仪、脑电图仪、B 型超声波仪等计量器具。

计量器具检定

民国22年（1933），计量标准器仅有半米铜尺1支、铜升1只、10千克至10毫克砝码1副。根据标准器具，对使用度量衡器单位的器具进行检查。检定合格的印“同”字，不合格的印“销”字。民国23年，县商会对度量衡器具进行互查。

中华人民共和国成立后，度量衡器具检定由财政科、工商科兼管。1956年后，由商业局、市管会兼管。制造、修理计量器具的单位和个人均被列为特种行业管理。1965年，丽水计量所对西屏镇的商业度量衡器具进行普查，检验合格者贴上合格证，准予使用。1966年8月，西屏计量站有标准器一套。是年，西屏站对西屏、靖居、石仓的商用度量衡器开展普查，经检定合格者，贴上合格证并盖上省标准计量局统一印制的检定印。至1992年，县标准计量局拥有分度值为0.2微米的千分尺检定仪、分度值为0.1毫克的标准天平、最大称量为50千克的天平、各种压力表、电位差计、电阻箱等现代计量标准器。

1985年，对修理、生产计量器具的单位和个人组织培训考核，合格者发给修理、制造许可证。1986年，对全县商贸计量器具进行全面普查。对市场使用的衡器开始不定期监督检查。是年，在全县零售商店开展物价计量信得过商店的评选活动。对工业企业用于经营管理、工艺控制、产品质量检测及能源计量等计量器具检测和计量管理能力，进行计量定级和升级，处州制药厂是首家获得三级计量合格证书的企业。1992年末，全县有计量器具制造、修理业等9户，除水表、电能表等2户修理企业外，均为个体户。2001年，与浙江雷克机械有限公司联合建立量具检定站，与松阳县水厂联合建立水表检定站。协助县城建质监站、环保监测站、疾控中心开展计量合格评审筹备工作，相继通过省级计量认证考核。2003年，科马摩擦材料厂，绿野木业有限公司通过三级计量水平确认。

自2000年至2010年末，累计完成计量器具检定6933台次，其中检定工作压力表1866只、血压计1045台、燃油加油机2135枪次、天平189架次、衡器1698台次。

标准化管理

1976年，开始宣传贯彻《形状与位置公差》新国标。县级标准化管理由计量所负责。1982年，搜集有关各种国家标准、地方标准和行业标准文本等7000余个、计量检定规定和工业技术资料手册近1000余份，共制定企业标准22个。1989年，对24家工业企业的144种产品执行标准化情况进行调查，其中无标准生产的产品31个、占21.5%。1989年，检验确认县茶厂生产的眉茶符合国际标准。至1991年，有10家企业取得省标准化终端验收合格证。1998年，对全县工业企业开展消灭无标生产活动，标准登记备案企业135家，备案标准281项，通过由丽水市技术监督局组织的消灭无标生产试点验收。2000年，制定炒货行业企业标准5项，进一步规范炒货行业健康发展。2002年，新制订涂料企业标准2项，行业的企业产品标准覆盖率100%。2003年，对细木工板、木地板生产企业进行执行标准情况专项整治，新制定2项企业产品标准。全年新备案企业标准24项，登记备案的企业增加到224家。2005年，对全县242家企业400余项产品标准进行全面清理，对59项产品标准予以废止，3项标准重新修订，制订企业标准2项，地方标准1项。2008年，对辖区13家企业销售的电冰箱、空调、洗衣机、燃气采暖热水炉等26个品牌的66种规格型号的产品组织能源效率标识的专项检查。2009年，松阳科马摩擦材料有限公司参与国家标准“汽车用离合面片”标准修订，是松阳县企业首次参与国家、省级标准的制定。松阳县不锈钢管产业联盟制订《松阳县不锈钢管产业起重机械安全管理与使用要求及评价》标准。2010年，推动全县50家不锈钢管企业实质采用国际标准和国外先进标准。至2010年末，标准化良好行为认定企业6家。

1999年，先后制订名优茶、晒红烟等5项农产品标准。2000年，先后为“成东”瓜子、“四都萝卜”“三都茭白”“精彩木业”等60多项产品制定标准，先后会同农业、林业等部门制订发布“梦阳脐橙”“松阳香菇”“松阳银猴”等多项地方标准，建立推广农业标准化示范基地。至2010年末，先后实施无公害茶叶标准化项目等国家级标准化示范项目3项、无公害中华鳖标准化养殖推广示范等省级标准化示范项目12项。

第二节　质量监督与管理

质量监督

1986年，开始对工业企业生产的产品进行定期监督抽样检验，开始质量纠纷仲裁。1989年3月，查扣处理外地商贩运入境内推销的用石粉假冒小苏打5吨，使商店避免7000余元的损失。1990年9月，开展查处生产销售无证假冒伪劣产品活动，没收销毁劣质低压日用电器、劣质塑胶线、变质葡萄酒、汽水、罐头等。2000年6月，开展打假保健康活动，查获假冒花露水、沐浴露等；查处一批经销不合格酱油、黄酒、醋、饮料的经销者。2001年8月，查获县城一家以次充好电经销户。2002年8月，查处一起经销不合格水泥案件。2003年3月，监督抽检两批次液化气不合格。2004年7月，开展茶叶加工户掺杂色素、白糖专项整治工作，收缴掺杂茶叶。2005年3月，对香菇原辅材料特别是假冒气雾消毒剂进行专项打假工作，检查23家香菇原辅材料经销店，当场查获假冒气雾消毒剂。2006年，开展以高速公路为主的重点工程建设产品质量专项执法检查，抽查钢筋13个批次，查获5个批次不合格，立案查处2起。2007年8月，查处一起无证生产大米案件。2008年7月，开展专项监督检查，查获一起炒货企业非法使用添加剂生产西瓜子案件，处罚金6万元。2010年6月，查处6起销售净含量不合格的复合肥料，共处罚金1.5万元。1998～2010年，共查处案件519件，立案452起，结案437起，现场处罚91起，查处违法涉案货值约337万元，罚没款总额151.06万元。

质量管理

名牌培育　县政府2001年作出《关于加快松阳经济发展若干规定》，对首次评为市级名牌产品称号的企业奖励1万元，首次评为省级名牌产品称号的奖励5万元，首次评为国家级名牌产品称号的奖励20万元；首次评为市级著名商标称号的企业奖励1万元，首次评为省级著名商标称号的奖励5万元，首次评为国家级驰名商标称号的奖励20万元。2006年，县委、县人民政府制定《关于扎实推进社会主义新农村建设的若干意见》和《关于加快工业经济发展的决定》，及时调整品牌建设质量提升奖励政策，加大品牌建设质量提升奖励力度。2007年，下发《松阳县加强品牌建设若干意见》，

把名牌培育工作上升到政府层面。

2000年，浙江雷克机械有限公司经丽水市公布为第三批“丽水名牌”产品，实现松阳市级名牌零突破。2003年度，“松阳银猴”成为松阳首个被评为省级名牌的产品。2007年，通过松阳茶地理标志产品保护申报工作。至2010年末，全县拥有省名牌产品4个、市名牌产品14个。

认证认可管理 2001年，松阳县制定的《关于加快松阳经济发展若干规定》，对企业通过体系认证给予奖励。2001年3月，浙江雷克机械工业有限公司成为松阳县首家通过ISO9000认证企业。到2010年末，累计通过ISO9000认证的有83家企业、通过ISO14000认证的有16家企业，多家不锈钢企业通过欧盟PED产品认证、俄罗斯GOST产品认证、欧盟CE认证、多国的船级社认证及摩托车的E-MARK产品认证等。

工业产品许可证管理 县质监局主要承担省级许可产品申请材料的初审；建立省级许可产品生产企业的质量档案；负责辖区内省级许可产品生产企业的监督管理；配合市许可证办公室做好省级许可有关工作；完成市许可证办公室布置的相关工作。

2010年松阳县已取得工业产品许可证的企业一览表

表18-5-2-1

企业名称	地 址	主要产品
松阳县云龙水泥制品有限公司	松阳县望松乡工业小区	输水管
浙江科马摩擦材料股份有限公司	松阳县工业园区瑞阳大道312号	摩擦材料
浙江松阳金星文教用品有限公司	松阳县长虹西路131号	危险化学品涂料
浙江兴乐电线电缆制造有限公司	松阳县工业园区瑞阳大道302号	电线电缆
浙江恒劲树脂有限公司	松阳县工业园区瑞阳大道210号	危险化学品包装物、容器

第三节 质量技术监督机构

机构设置

1999年9月，根据《关于印发省技术监督局关于我省省以下质量技术监督系统实行垂直管理体制实施意见的通知》和《关于印发丽水市及所辖县（市、区）质量技术监督局职能配置、内设机构和人员编制规定的通知》，设置松阳县质量技术监督局。松阳县质量技术监督局是丽水市质量技术监督局的直属机构，负责管理该辖区内的质量技术监督和行政执法工作。

主要职责

松阳县质量技术监督局的主要职责为贯彻执行有关质量技术监督工作的方针、政策及有关法律、法规；领导与监督质量技术监督行政执法工作；负责松阳县与质量技术监督有关的规范性文件的备案审查工作。组织协调依法查处生产领域中的产品质量违法行为，配合工商行政管理局查处流通领域中的商品假冒伪劣等违法行为；管理质量监督工作；管理、指导质量监督检查和产品质量仲裁的检验、鉴定工作；组织协调产（商）品质量、计量纠纷的调解。

统一管理和指导全县质量工作，组织实施政策措施；研究制订提高全县质量水平的发展战略和发展规划；负责全县质量形势的宏观分析和质量信息的发布；组织实施质量奖励制度；组织协调重大产品质量事故的调查处理；受理质量申诉。统一管理全县标准化工作。组织实施国家标准、行业标准和地方标准；监督标准的贯彻执行；推行国际标准和国外先进标准；组织制订农业标准规范；负责企业执行标准的备案管理；组织做好有关组织机构代码、物品编码工作。统一管理全县计量工作。组织实施计量法律、法规，推行法定计量单位；组织建立县级社会公用计量标准，执行计量检定规程和计量技术规范，组织全县量值传递；规范和监督贸易结算、安全防护、医疗卫生、环境监测方面的计量行为；管理全县计量器具产品制造、修理许可证工作。统一管理检验机构，监督质量认证、认证咨询行为。

制订并组织实施质量技术监督事业发展规划；组织协调行业和专业的质量技术监督工作；管理和指导质量技术监督科技工作；负责全县质量技术监督的宣传、教育、培训、信息工作；负责防伪产品的监督管理工作。综合管理全县锅炉、压力容器、电梯、起重机械、厂内机动车辆、客运索道、游乐设施等特种设备安全监察工作。负责有关规章、制度、技术规程在本辖区的组织实施和监督检查工作。领导和管理局直属事业单位；指导挂靠的学会、协会。

第六章　食品药品监督管理

20世纪80年代后，松阳县注重从业人员卫生知识培训和食品卫生监管队伍建设，切实加强食品卫生监督管理。2002年1月，松阳县药品监督管理局成立，加强药品安全监督管理和医疗器械质量管理。2004年，县药监局推进农村药品“两网建设”和“规范药房”工作，形成药品全方位监管格局。

2005年3月，松阳县食品药品监督管理局正式成立。新组建的食品药品监督管理局在承担原药品监管的基础上，新增食品、保健品、化妆品安全管理的综合监督、组织协调和依法组织开展对重大事故查处的职能，并新增食品安全协调监察科，负责组织食品安全的综合监督、组织协调等工作。2006年，引导药品零售企业引入计算机技术的现代化管理手段。2007年，实施行政许可制度，启动药品信用系统及药品行政审批系统。

第一节　食品卫生监督管理

人员培训

20世纪80年代后，松阳县加强食品卫生监督管理。1991年，对全县的食品从业人员分期分批进行卫生知识培训，共培训262人，其中230人参加卫生知识的书面考试，合格率为100%；对2845人进行健康检查，合格2813人；共监测各类食品318份，合格率为88.69%。1993年，新发放食品卫生许可证1601家，验证贴花1352家，验证贴花率97.79%。食品生产经营人员健康检查2888人，体检率97.27%。检测食品7类共135份，合格119份，合格率88.15%。1996年，对全县1634户食品生产经营单位、食堂换发卫生许可证。食品生产经营人员健康检查2347人，体检率100%。对2213名从业人员进行食品卫生知识培训，培训率94.29%。1999年，新发放食品卫生许可证421家，验证贴花1679家。食品生产经营人员健康检查2398人，体检率98%，卫生知识培训2398人。

2000年，新发放食品卫生许可证511家，验证贴花1654家。食品生产经营人员健康检查2364人，体检率100%，卫生知识培训2364人。2002年，核发、换发食品卫生许可证1129件，从业人员健康体检和卫生知识培训2604人。查处1起“盐酸克伦特罗”乌骨鸡非集体性食物中毒事件。2005年，全年办理各类卫生许可证1485件，年审卫生许可证1655件，各类从业人员健康体检、卫生知识培训2868人，办理健康证3223本。加强农村聚餐管理，在全县每个行政村聘请食品安全监督员，经培训上岗，与乡镇政府、乡镇公共卫生服务站（中心）配合工作，形成较完善的农村聚餐监管网络。2008年，核发食品卫生许可证880件，食品从业人员健康体检和卫生知识培训3768人。检测食品 2 类 62 份，合格 49 份，合格率 79.03%。2009 年，核发食品卫生许可证 441 件，食品从业人员健康体检和卫生知识培训 3118 人。检测食品 3 类 60 份，合格 57 份，合格率 95%。抽检餐饮具 259 份，合格 204 份，合格率 78.8%。

2010 年，核发餐饮服务许可证 240 件，从业人员健康体检和卫生知识培训 2871 人。

1991～2010 年松阳县食品从业人员健康体检情况表

表 18-6-1-1　　单位：人

年份	参加培训人数	从业人员健康体检情况			职业禁忌人员调离情况			
		应检人数	已检人数	体检率(%)	职业禁忌人员	应调离人数	已调离人数	调离率(%)
1991	2845	2931	2845	97.67	13	13	13	100
1992	2693	2745	2693	98.11	7	7	70	100
1993	2888	2969	2888	97.27	39	39	39	100
1994	2648	2648	2648	100	18	18	18	100
1995	2549	2549	2549	100	25	25	25	100
1996	2213	2347	2213	94.29	18	18	18	100
1997	2097	2226	2097	94.20	8	8	8	100
1998	2419	2419	2419	100	16	16	16	100
1999	2398	2447	2398	98.00	12	12	12	100
2000	2364	2364	2364	100	10	10	10	100
2001	2339	2339	2339	100	4	4	4	100
2002	2604	2604	2604	100	12	12	12	100
2003	2616	2616	2616	100	14	14	14	100
2004	2918	2918	2918	100	1	1	1	100
2005	2868	2881	2868	99.55	—	—	—	—
2006	3813	3813	3813	100	22	22	22	100
2007	3491	3491	3491	100	23	23	23	100
2008	3768	3768	3768	100	28	28	28	100
2009	2977	2977	2977	100	6	6	6	100
2010	2871	2871	2871	100	—	—	—	—

监督检查

1991 年，监督检查 3690 户次，查处食品卫生违法案件 60 户次，其中警告并限期改进 25 户次、销毁不合格的食品 18 户次计 2106.5 千克、罚款 40 户次共 4275 元。1993 年，监督检查 6116 户次，查处食品卫生违法案件18户次，其中警告并限期改进11户次、销毁不合格的食品7户次计608.75公斤、罚款12户次共1600元。1994年，检测食品107份，合格91份，合格率为85.02%。监督检查6495户次，查处食品卫生违法案件41户次，其中警告并限期改进29户次、销毁不合格的食品7户次计4723千克、罚款36户次共4800元。调查处理食物中毒事件2起。1995年，检测食品和餐饮具273份，合格250份，合格率为91.58%。监督检查3749户次，查处食品卫生违法案件38户次，其中警告并限期改进25户次、销毁不合格的食品9户次计1304千克、罚款33户次共9720元。

1997年，检测食品7类302份，合格273份，合格率为90.4%。监督检查2683户次，查处食品卫生违法案件36户次，其中警告4户次、销毁不合格的食品8户次计3235.5千克、罚款36户次，共2.61万元。1999年，检测食品11类300份，合格197份，合格率为65.67%。餐具检测418份，合格144份，合格率为34.45%。共监督检查4157户次，查处食品卫生违法案件20户次，其中罚款20户次共1.16万元、责令停业1家。

2000年，检测食品12类393份，合格354份，合格率为90.1%。餐具检测492份，合格232份，合格率47.2%。监督检查4500户次，查处食品卫生违法案件23户次，其中罚款23户次共2.11万元、没收销毁不合格食品1318千克、责令停业2家、取缔非法经营4家。调查处理食物中毒事件1起。2002年，在全县开展为期4个月的食品卫生许可证专项清理整顿。完成市级卫生县城创建任务。开展集中打击制售假冒伪劣食品“突击行动周”、违法宣传性功能产品、违规生产经营鹿龟酒等6个食品卫生专项整治。全年卫生监督检查5017户次，一般程序查处食品卫生违法案件107件，其中罚款15.13万元、销毁食品45户次计3788千克、责令改正40户次、取缔12户次；简易程序处罚96件，罚款总金额0.96万元。

2003年，重点开展“食品放心工程”、节日期间食品卫生、大排挡卫生、酒类卫生等11个食品卫生专项整治。全年卫生监督检查5207户次，一般程序查处食品卫生违法案件121件，其中责令改进44户次、取缔25户次、销毁不合格的食品46户次计3356千克、罚款121户次计19.08万元；简易程序处罚61件，罚款0.305万元。全年核发食品卫生许可证507件，食品从业人员健康检查、卫生知识培训2616人。检测食品4类65份，合格59份，合格率90.77%。检测餐具244份，合格199份，合格率81.56%。查处3起食物中毒事件。5月，县政府办公室印发《松阳县聚餐申报制度实施方案》，在全县范围内实施，规定聚餐在50人以上的大型聚餐活动动必须提前申报，由有关部门提前介入实施预防性卫生监督。全年共受理聚餐申报并实施监督检查71户次，服务就餐10760人。2004年，开展散装食品、食品生产企业使用食品添加剂、儿童食品、豆制品卫生、劣质食品、餐饮业卫生等各类食品安全专项整治14次。针对茶叶加工环节存在的诸多卫生安全问题，是年8月，联合有关职能部门开展茶叶加工场所卫生专项整治，制定《松阳县茶叶加工厂卫生规范》和《松阳县茶叶加工作坊卫生规范》，对全县437户茶叶加工厂、加工作坊进行现场监督指导。全年卫生监督检查4282户次，一般程序查处食品卫生违法案件100件，罚款17.93万元，销毁变质、过期食品2000千克。简易程序查处违法案件50件，罚款金额0.25万元。

2005年，组织开展茶叶加工卫生等各类食品安全专项整治7次，完成春节、五一、十一等重大节日的食品卫生保障行动。为方便群众，提高办事效率，5月，将卫生许可证、健康证纳入县行政审批中心统一办理。全年卫生监督检查5920户次，一般程序查处食品卫生违法案件77件，罚款17.44万元，销毁变质、过期食品360千克。简易程序查处违法案件70件，罚款金额0.35万元。检测食品3类76份，合格67份，合格率88.15%。抽检餐饮具465份，合格380份，合格率81.7%。2006年，全年卫生监督检查4602户次，一般程序查处食品卫生违法案件100件，罚款15.93万元。简易程序查处违法案件125件，罚款0.625万元。抽检餐饮具769份，合格589份，合格率76.6%。2007年，开展托幼机构餐饮卫生、“金箭一号”、节前食品安全、夜排档、保健食品卫生等专项检查。完成5项重大活动的食品安全保障任务。开展历时3个月的餐饮消费领域食品安全专项整治，实施餐饮业食品卫生监督信息公示制度试点，选择基础较好的西屏镇要津路17家餐饮经营户，以“笑脸”“平脸”“哭脸”体现展示经营单位的卫生质量，受到社会群众的欢迎。县城餐饮经营单位食品卫生量化分级管理实施率100%，其中A级单位2家，B级单位7家，C级单位278家。3家单位实施“五常法”管理。抽检餐饮具718份，合格530份，合格率73.8%。调查处理1起食物中毒事件。县卫生局印发《松阳县食物中毒事件应急预案》和《松阳县急性职业中毒应急预案》。

2008年，启动“小餐饮卫生整治和规范”三年整规工作，松阳是浙江省“十小”行业小餐饮卫生整治和规范试点县之一，西屏镇是省级试点镇，新兴乡是县级试点乡，共有小餐饮试点户143户。通过整规，90%的试点小餐饮整改到位。在此基础上，开展“小餐饮示范街”创建活动，县城新华北路、要津路石牌坊为2条示范街，共建示范户24户。新兴乡50户小餐饮为试点户。建立餐饮业卫生监督信息公示制度，在全县餐饮经营单位全面推行食品卫生监督量化分级管理、食品采购索证台账制度和消毒台账制度。5家单位实施“五常法”管理。全年查处食品卫生违法案件45件，其中一般程序查处39件，简易程序查处6件，罚款总金额6.29万元。抽检餐饮具337份，合格310份，合格率91%。调查处理2起食物中毒事件。2009年，按照“全面铺开、有序推进、基本完成”的要求，在全县范围内推进小餐饮整规工作。全县244家小餐饮生产经营单位，整规完成率为90%。完成4项重大活动和节假日期间食品安全保障任务，开展餐饮服务行业各类卫生专项整治。全年一般程序查处食品卫生违法案件8件，罚款8户2.29万元，销毁超过保质期食品5.7千克。

2010年，完成小餐饮三年整顿任务，改善全县小餐饮生产经营中“脏、乱、差”等问题，有效遏制无证生产经营、无健康合格证明服务等违法违规行为的发生。创建示范街区2条，示范店25家。全县244家小餐饮经营单位均达到整规标准，整规合格率为100%。其中4家单位被评为省级小餐饮示范单位，11家被评为市级小餐饮规范单位。全县332家餐饮服务单位全面施行食品卫生监督量化分级管理，评定A级单位5家、B级单位8家、C级单位319家，实施率100%。完成5项重大活动和节日期间食品安全保障任务，开展餐饮服务行业问题奶粉、食品添加剂、食堂卫生、豆制品卫生等专项整治。全年一般程序查处食品卫生违法案件22件，罚款22户8.36万元，没收违法所得1户0.99万元，销毁超过保质期食品3.6千克。检测食品3类50份，合格47份，除凉拌菜无评价标准外，其他合格率100%。抽检餐饮具40份，合格40份，合格率100%。

1991～2010年，全县共发生食物中毒事件20起，调查处理20起，调查处理率100%。受理社会卫生监督投诉举报事件 142 件，及时调查处理和反馈，完成全县 19 次重大活动、节假日食品、公共卫生专项整治。

1991～2010 年松阳县卫生行政处罚状况表

表 18-6-1-2

年份	简易程序（户）	罚款金额（万元）	一般程序（户）	没收销毁食品		罚款	
				户数（户）	重量（千克）	户次数	金额（万元）
1991	—	—	60	18	2106.5	40	0.4275
1992	—	—	30	12	2661.35	22	0.2580
1993	—	—	18	7	608.75	12	0.16
1994	—	—	43	7	4723	38	0.52
1995	—	—	38	9	1304	33	0.972
1996	—	—	25	6	2884	25	2.8
1997	—	—	49	8	3235.5	49	2.72
1998	—	—	62	2	420.75	62	4.115
1999	—	—	26	—	—	26	1.32
2000	—	—	23	—	1318	23	2.11
2001	63	0.315	103	—	—	100	15.95
2002	96	0.96	135	45	3788	131	21.84
2003	61	0.305	153	46	3356	152	32.9502
2004	50	0.25	115	16	2000	115	24.36
2005	70	0.35	104	—	360	104	32.34
2006	130	0.65	130	—	340	130	22.94
2007	21	0.105	108	—	—	108	51.53
2008	6	0.03	61	1	0.25	61	12.7
2009	—	—	17	1	5.7	17	10.74
2010	—	—	26	1	3.6	26	9.95

茶叶安全管理

20 世纪 90 年代后，茶产业逐渐成为松阳县农村的一大产业。至 2005 年，全县拥有茶园面积 5200 公顷。县食品药品监管局成立后，主动牵头，积极对特色产业茶叶生产、加工、经营情况的引导监督。针对茶叶生产企业点多分散、生产条件简陋、从业人员多等特点，组织协调各监管部门，深入农村进行走访，基本摸清全县茶叶生产加工企业（户）566 家的基本状况；协调各部门制定《茶叶加工环节质量安全专项整治方案》《松阳茶叶加工规范》《茶叶生产加工管理办法》《松阳县茶叶初制加工厂优化改造规划》等，建立完善《松阳县无公害茶叶加工技术规程》和《松阳县无公害茶叶加工技术操作规程》，制定切实可行的“松阳银猴”“香茶”等地方标准，推进茶叶标准化生产技术；整合监管资源，加大查处茶叶掺杂监管力度，加强加工场所卫生许可的审查，及时查封10家茶叶加工掺杂的加工厂；倡导企业诚信经营，协调相关部门组建好茶叶协会，成立县茶产业协会和新兴乡茶协会，建立松阳县银猴茶、碧云天、玉岩高山茶、板桥畲族有机茶等专业合作社，规范松阳茶叶生产企业（户）的生产、加工、经营行为，促进松阳县茶叶产业健康发展。

食品综合监督

本着“地方政府负责、部门指导协调、各方联合行动”的工作机制，县食品药品监管局发挥食品安全委员会办公室职能，先后组织卫生、工商、质监、经贸等部门，开展春节、五一、十一节假日等市场专项整治工作。重点加强学校的食品安全工作，对有寄宿条件的大中专院校、民办学校、中小学校、幼儿园食堂、副食品店及其周边的副食品店、饮食摊点进行全面检查，净化校园食品环境。一年来，共组织并参与联合执法3775人次，检查食品生产、加工、经营等企业3579家次，查处违法行为259起，涉及总货值金额25.495万元，取缔无卫生许可证企业27家，无营业执照企业21家，销毁伪劣食品605千克，给不法商贩以巨大威慑，进一步净化全县食品市场，有效遏制假冒伪劣食品的滋生和蔓延。

探索食品安全监管长效机制，抓好食品安全“四网”建设（即监管责任网、现代流通网、群众监督网、行业自律网）。按照分段监管为主、品种监管为辅的方式，履行好“监管责任网”的职能，及时建议县政府与20个乡镇、6个部门以及茶叶市场签订食品安全工作目标责任书，进一步明确各级政府及政府职能部门的监管责任，形成一级抓一级，一级对一级负责的食品安全监督责任体系。建立健全食品安全监督体系，联合工商等部门对全县20个监督站的447位监督员进行包括食品安全常识、监督员的职责任务、消费者权益保护法等方面内容的系统培训，对通过考核的人员发放监督联络员证书。同时，协助配合各职能部门做好“现代流通网”“群众监督网”“行业自律网”的建设工作。

2005年，县食品安全委员会随食品药品监督管理局成立，在全县20个乡镇相继成立乡镇食品安全委员会。县食品安全委员会办公室发挥食品安全综合监管的作用，当好政府的“抓手”着力做好食品综合协调日常工作，先后制定《松阳县人民政府关于切实加强食品安全工作的实施意见》《重点工作及责任分解落实方案》《松阳县食品安全专项整治方案》《食品放心工程三年规划》，明确近期一段时间的食品安全工作任务、工作重点及责任，建立健全《松阳县食品安全委员会工作职责》《松阳县食品安全委员会主任制度》《松阳县食品安全委员会主要成员单位联络员会议制度》《信息工作制度》《督查工作制度》《举报投诉处理制度》《宣传教育制度》《食品安全监督责任追究制度》，为食品安全工作走上制度化打下一定的基础。加强职能部门间的交流、沟通、协作，逐步形成统一、协调、权威、高效的食品监管机制。

1991～2010年松阳县食品卫生监督监测情况表

表18-6-1-3

年份	经常性卫生监督		食品监测			餐具监测		
	应监督户数（户）	监督户次数（次）	监测份数（份）	合格份数（份）	合格率（%）	监测份数（份）	合格份数（份）	合格率（%）
1991	1191	3690	318	282	88.68	—	—	—
1992	1234	4770	279	241	86.38	—	—	—
1993	1352	6116	135	119	88.15	—	—	—
1994	1222	6495	—	—	—	—	—	—
1995	1304	3749	273	250	91.58	—	—	—
1996	1634	2526	223	200	89.69	—	—	—
1997	1499	2683	302	273	90.40	—	—	—
1998	1506	3000	459	323	70.37	188	51	27.13
1999	1679	4157	300	197	65.67	418	144	34.45
2000	1654	4500	393	354	90.08	492	232	47.15
2001	2083	4278	202	154	76.24	437	161	36.84
2002	2369	5017	72	66	91.67	510	411	80.59
2003	2165	5207	64	59	92.19	244	199	81.56
2004	2088	4282	174	142	81.61	446	387	86.77
2005	2393	5920	76	67	88.16	465	380	81.72
2006	2191	4602	117	107	91.45	769	589	76.59
2007	2311	4408	67	54	80.59	718	583	73.82
2008	2185	4578	62	49	79.03	337	310	91.99
2009	326	2228	60	57	95.00	259	204	78.76
2010	332	2187	40	40	100	40	40	100

1994～2008 年若干年份松阳县食物中毒发生情况表

表 18-6-1-4

年份	地点、原因	就餐人数（人）	中毒人数（人）	中毒率（%）
1994	1. 西屏镇幼儿园：氯化镁污染食物	—	205	64.06
	2. 樟溪乡力溪村：细菌性食物中毒	51	49	96.08
1998	1. 精粹酒楼：两起不明原因食物中毒	—	—	—
	2. 龙洲大酒店：变形杆菌引起食物中毒	—	92	—
2000	食源性亚硝酸盐中毒事件	—	12	—
2001	1. 农村家庭宴请：变形杆菌所致	140	25	17.8
	2. 家庭宴请：致病性埃希氏菌所致	200	46	23
	3. 饮食店：细菌性食物中毒	43	18	41.86
2002	含“盐酸克伦特罗”乌骨鸡食物中毒	—	37	—
2003	1. 大东坝镇中心小学：高浓度大剂量纯牛奶引起的胃肠道不适伴发热综合征	—	61	—
	2. 食用空心菜导致的有机磷农药中毒	—	9	—
	3. 新世纪大酒店：变形杆菌食物中毒	—	95	—
2004	1. 板桥乡金村：原因不明细菌性食物中毒	100	28	28.00
	2. 安民乡安岱后村：原因不明性食物中毒	130	41	31.54
2005	1. 县城新华酒楼：沙门氏菌食物中毒	50	28	56.00
	2. 大东坝内大阴村：原因不明细菌性食物中毒	260	24	9.23
2007	裕溪乡源底村一村：原因不明细菌性食物中毒	170	28	16.47
2008	1. 农村聚餐：原因不明细菌性食物中毒	71	26	36.6
	2. 城南中学：致病性大肠埃希氏菌食物中毒	—	10	—

第二节　药品监督与医疗器械管理

药品监督管理

松阳县市场监督管理局药品监管科前身是松阳县药品监督管理局药械监管室，成立于 2002 年 1 月，办公地点设在县城新华路 97 号，内设 3 个科室，即综合办公室、市场稽查室、药械监管室。

2004年，县药监局药械监管室以保证广大农民群众用药安全、有效、经济、方便为宗旨，以农村医疗机构药房规范化建设为重点，积极推进农村药品“两网建设”和“规范药房”工作，形成药品全方位监管格局。建立完善农村药品监督网和供应网。依靠乡镇政府、医院院长和村干部的积极性，建立健全以药品监管部门为主，药品质量协管员、信息员等为辅，覆盖县、乡、村的农村药品三级监督网络。2004年末，松寿堂中药有限公司通过GMP认证。

2006年，引导药品零售企业引入计算机技术的现代化管理手段。年初先后选择西屏、古市2家药品零售企业，开展采用计算机技术实施GSP管理的试点工作，推进松阳县药品零售企业GSP管理水平再上新台阶。

2007年，实施行政许可制度，启动药品信用系统及药品行政审批系统。严格按照规定的程序、时限、标准依法实施许可，严格执行补正申请一次性告知义务等要求。

医疗器械质量管理

松阳县市场监督管理局医疗器械监管科前身是松阳县药品监督管理局药械监管室。

2009年，新增行政许可事项5项，取消药品、医疗器械审批等3项收费项目。制定《松阳县医疗机构医疗器械使用规范试点工作方案》，深入相关单位开展监督检查和试点工作指导。检查医疗器械经营企业覆盖面100%，试点单位的医疗器械质量管理水平明显提高。

第七章　安全生产监督管理

松阳解放后，人民政府注重安全生产管理，实行8小时工作制度。1980年5月全国开展安全生产月活动后，确定每年6月开展安全生产月活动，以安全生产月活动促进安全生产。1990年，加强特种作业人员培训，准予持证作业。

第一节　安全生产责任

政府领导责任

明确各级政府承担行政区域内安全生产工作的领导责任，负责安全生产法律法规和方针政策的贯彻落实，及时协调解决安全生产监督管理中的重大问题，把安全生产纳入国民经济和社会发展总体规划，把安全生产控制指标纳入经济社会发展指标体系，建立安全生产监督管理体制、责任体系和安全生产监督管理考核奖惩体系，不断加强安全生产监督管理队伍建设。组织、督促各部门依法履行安全生产监督管理职责，适时组织相关部门按照职责分工，开展安全生产检查和专项整治，排查治理事故隐患，依法关闭不符合安全生产条件的生产经营单位。建立安全生产监督管理专项资金，保障安全生产投入。建立应急救援体系，制定生产安全事故应急救援预案，并定期组织演练。按照国务院《生产安全事故报告和调查处理条例》的规定，报告生产安全事故，组织或委托有关部门调查处理生产安全事故，并向社会公布事故处理情况。加强安全文化建设，采取多种形式开展安全生产法律、法规、规章和安全生产知识的宣传教育培训，增强全社会和从业人员的安全生产意识，提高生产经营单位和从业人员防范事故的能力，履行公众安全生产宣传教育义务，加强对安全生产违法行为的舆论监督。

自2005年开始，全县各级政府和部门按照《中华人民共和国安全生产法》等法律法规要求，坚持“谁主管、谁负责，谁审批、谁负责”和“管行业必须管安全，管业务必须管安全，管生产经营必须管安全”的原则，进一步加强对安全生产工作的领导，落实政府及其部门主要领导负总责、其他分管领导对分管职责负责的责任制。每年召开安全生产工作会议，每季召开一次安全生产工作例会，每年与各乡镇人民政府和县直有关单位签订责任书，通过层层分解落实考核指标，加大督查、检查、考核、奖罚等各项措施的力度，逐步形成横向到边、纵向到底的安全生产责任体系。

部门监管责任

明确政府有关部门安全生产监管职责，各有关部门坚持“管生产必须管安全”的原则，落实“谁主管、谁牵头、谁负责”和“谁发证、谁审查、谁负责”的要求，负责各自职责范围内的安全生产工作，推进产业结构调整升级，严格行业准入条件，提高行业安全生产水平，促进安全发展。组织制订各行业、领域的安全生产发展规划和有利于安全生产的产业政策，加强对各行业安全生产工作的督促，指导和协调。

企业主体责任

明确企业是安全生产的责任主体，企业法定代表人是企业安全生产第一责任人，企业落实物质保障、安全管理、安全管理机构设置和人员配备、建章立制、教育培训、事故报告和应急救援等责任，确保安全投入、管理、装备、培训等措施落实到位。2010 年，开展企业安全生产主体责任落实年活动，开展生产经营单位安全生产状况评估和分类管理、安全标准化、安全诚信管理等工作。

松阳县委、县政府于 2010 年 11 月 12 日制定《关于进一步加强安全生产工作的意见》。

第二节　危险源普查与事故应急救援

重大危险源普查

松阳县构成危险化学品重大危险源的企业共有 4 家，分布较为分散，其中西屏镇 1 家、望松乡 1 家、象溪镇 1 家、古市镇 1 家。根据危险化学品重大危险源分级标准，全县有三级重大危险源 1 处、四级 3 处。

2010 年松阳县危险化学品重大危险源基本情况表

表 18-7-2-1

所在企业	危险源（罐区）		临界量（吨）	分级结果
	危险物质	数量(吨)		
松阳东南液化气有限公司	液化石油气	70	50	四级
松阳和仁燃气有限公司	液化石油气	70	50	四级
松阳鸿运液化石油气有限公司	液化石油气	70	50	四级
松阳永安管道燃气有限公司	液化天然气	360	50	三级

应急预案体系

2005 年，松阳县人民政府办公室分别印发《松阳县重特大生产安全事故应急预案》《松阳县危险化学品事故应急救援预案》《松阳县矿山事故应急救援预案》等 8 个事故类预案。2009 年，松阳县安全生产监督管理局印发《生产安全事故应急预案管理办法的实施意见》，对全县企业应急预案的编制、评审、备案作出统一规定，小型以上企业均编制有企业应急预案，初步形成以《松阳县重特大生产安全事故应急预案》为主体的安全生产应急预案体系。县政府每年组织一次预案演练。2007 年 11 月，开展危险化学品事故应急救援预案演练。2009 年 1 月，开展矿山事故应急救援演练。2010

年12月，开展重大火灾事故应急救援演练。

应急救援基地建设

救援队伍 2005年后，以消防应急救援专业力量为主体，积极整合现有应急资源和社会应急救援力量；矿山、危险化学品领域企业均以各自技术、管理人员为骨干，建有兼职应急救援队伍。

装备建设 原有救援队伍的应急救援装备落后，各类大型装备、特种装备的数量不足。2005年后，松阳县依托高危行业企业力量配备专业应急救援装备，至2010年，有测距仪、防毒面具、救生衣、可燃气体检测仪、矿山救援设备、危化救援设备、个人防护用品等救援设备、设施。

图18-6 松阳县和仁液化气储罐站应急演练（县安监局提供 2008年）

第三节 安全监察与专项整治

行政许可

安全生产许可 国家对矿山企业、危险化学品和烟花爆竹等生产企业实行安全生产许可制度。安全生产许可证由省级以上安全生产监督管理部门颁发和管理。至2010年6月，全县6家企业取得安全生产许可证。

烟花爆竹经营许可 国家对烟花爆竹经营实行许可制度。烟花爆竹经营（批发）许可证由省级安全生产监督管理部门颁发和管理，烟花爆竹经营（零售）许可证由县级安全生产监督管理部门颁发和管理。至2010年6月，全县共有45家企业取得烟花爆竹经营（零售）许可证。

建设项目安全许可 国家对矿山建设项目和用于生产、储存危险物品的建设项目实行安全许可，包括建设项目安全设施设计的审查和竣工验收以及危险化学品建设项目设立安全审查。建设项目安全许可由县级以上安全生产监督管理部门按照有关规定分级负责实施。至2010年6月，对2个建设项目实行安全许可。

综合监管

县安全生产委员会办公室每年组织开展2次全县安全大检查活动，每年至少承办4次安全生产会议，年中和年末2次组织对责任书签订单位进行考核，分析全县安全生产形势，研究提出全县安全生产工作的政策措施，解决安全生产工作中的重大问题。

依法监督检查机械、轻工、纺织、烟草、建材、商贸、冶金、有色行业的生产经营单位贯彻执行安全生产法律、法规情况及其安全生产条件、设备设施和安全管理制度建立等情况；指导、协调和监督公路、水运、建筑、水利、邮政、电信、林业、旅游、教育、消防等行业的安全生产工作。

组织开展矿山、工贸等行业安全生产标准化工作。至2010年末，全县所有矿山企业均已完成安全生产标准化创建工作。工贸行业安全生产标准化试点工作有序推进，至2010年末，有2家工贸行业企业通过安全生产标准化三级达标评审，为松阳县下步全面铺开企业安全生产标准化创建工作提供经验支持。

组织开展一般工矿商贸企业伤亡事故的调查处理，监督相关事故查处的落实情况。

图 18-7　徐砚后高岭土矿安全检查（县安监局提供 2009 年）

矿山安全专项整治

2010年，松阳县安全生产监督管理局落实矿山安全隐患排查制度，开展矿山事故隐患大治理，强化矿山安全技术，部署矿山防台抗汛等工作。严格控制新办矿山规模，促进矿山联合兼并整合，扶持企业做大做强。完成松阳大东坝高岭土矿区的整合。落实企业安全生产主体责任，巩固强化矿山基础工作，完善矿山安全生产条件，提高矿山安全保障水平。地下矿山加大机械装载和轨道运输的应用比例。通过深入开展矿山安全专项整治、矿山安全标准化工作的全面开展、矿山专业技术人员的逐步配备等，全县矿山安全生产形势保持稳定。

危险化学品安全专项整治

到2010年末，松阳县危险化学品生产企业6家，拟建、在建、试生产的危险化学品建设项目2个，危险化学品经营单位52家（其中甲种证21家、乙种证31家），已登记备案的使用剧毒化学品生产性单位1家、非药品类易制毒化学品经营企业1家。

“十一五”以后，按照国家和省局的部署和要求，危险化学品安全监管工作坚持做到依法监管，严格行政许可，强化督促检查，切实加强基层基础建设，深入开展隐患排查治理，大力推进安全标准化工作，有力开展危险化学品企业安全生产专项整治行动，确保全县危险化学品安全生产形势的稳定。危险化学品安全生产事故得到有效控制，全县连续8年未发生危险化学品企业生产安全死亡事故。

图 18-8　元宵节前检查烟花爆竹安全（县安监局提供 2010 年）

全县6家危险化学品生产企业达到市级标准化，危险化学品生产企业安全标准化活动开展率100%。做好危险化学品安全生产许可证换证工作，实现危险化学品企业到期换证率100%。通过两轮换证，企业安全条件明显改善。严格实施危险化学品建设项目安全设施与主体工程同时设计、同时施工、同时投入使用。严格执行剧毒化学品和非药品类易制毒化学品登记备案制度，切实加强对剧毒化学品和非药品类易制毒化学品的安全监管。开展危险化学品企业安全生产状况评估，建立“一企一档”安全生产基础档案，实行分类动态管理。每年下发危险化学品领域安全隐患排查治理工作方案，指导督促危险化学品生产经营单位深入开展隐患排查整治，治理一大批事故隐患。全县危险化学品生产经营单位特种作业人员持证上岗率80%以上。2010年9月，完成《松阳县化工行业（工业）安全发展规划（2010—2020）》的编制，推进化工集中区或化工园区建设，于2010年10月建立化工集中区。每年开展危险化学品安全检查专项行动。加大执法力度，严肃查处危险化学品项目建设以及生产、储存、经营、使用等过程中的各类违法违规行为。

烟花爆竹安全专项整治

到2010年末，全县有烟花爆竹批发经营企业1家、零售经营企业20家，从业人员48人。各部门严格执行烟花爆竹安全管理有关法律法规，认真贯彻落实有关文件精神，严格执行行政许可制度，加强督促指导和日常检查，切实做好烟花爆竹生产经营旺季和重点时段安全生产工作，确保全县烟花爆竹的安全。“十一五”以后未发生烟花爆竹安全生产事故。

松阳县烟花爆竹市场主要分布在县城人员密集地区，容易发生燃爆事故，造成群死群伤，属于重大安全隐患。自2005年以后，烟花爆竹零售经营单位的布点工作，根据省局先规划后布点和总量控制、保障安全的原则，合理布设烟花爆竹零售网点，防止零售网点布设过度集中。

冶金机械安全专项整治

2010年，松阳县安全生产委员会办公室印发《松阳县安全生产委员会办公室转发国家安全监管总局关于开展冶金企业煤气安全管理专项检查的通知》，部署开展冶金企业煤气安全管理专项检查，提高企业安全管理水平。

第四节　监管机构与职能

机构设置

1982年4月，县劳动局设安全监察办公室，对企业的劳动保护管理进行监督。1985年11月，乡镇企业的安全生产纳入管理轨道。1986年11月，县安全生产委员会成立，58家企业建立安全生产组织，配备安全员59人。1987年，加强对建筑行业的安全生产管理，健全安全生产规章制度。2005年6月，组建松阳县安全生产监督管理局。9月正式挂牌，单独设立松阳县安全生产监督管理局，为县政府工作部门，承担全县安全生产综合监督管理和行政执法职能。2010年，设办公室、综合安全监督管理科（矿山安全监察科）、危险化学品安全监督管理科3个职能科室。

主要职责

贯彻执行国家、省、市有关安全生产的法律、法规、规章和方针政策；研究提出全县安全生产重大政策和重要措施的建议，研究拟订全县安全生产监管政策；受委托组织起草全县安全生产方面的规范性文件；监督检查、指导协调县政府有关部门和各乡镇人民政府的安全生产工作；组织全县安全生产大检查；参与研究有关部门在产业政策、资金投入、科技发展等工作中涉及安全生产的相关工作；组织协调重特大生产安全事故应急救援工作；指导协调全县安全生产行政执法工作；承办县安全生产委员会召开的各类会议和重要活动；督促、检查县安全生产委员会决定事项的贯彻落实情况。依法行使全县安全生产综合监督管理职权。指导、协调和监督有关部门安全生产监督管理工作；制订全县安全生产发展规划；定期分析和预测全县安全生产形势，研究、协调和解决安全生产中的重大问题。依法行使全县安全生产监察职权。依法监察工矿商贸企业贯彻执行安全生产法律、法规及其安全生产条件、有关设备（特种设备除外）、材料、劳动防护用品的安全管理情况；对不具备安全生产条件的矿山依法进行查处；组织矿山建设工程安全设施的设计审查和竣工验收。负责发布全县安全生产信息，综合管理全县安全生产伤亡事故统计和安全生产行政执法分析工作，依法组织、协调一般事故的调查处理工作，并监督事故查处的落实情况；组织、指挥和协调安全生产事故应急救援工作。负责综合监督管理危险化学品和烟花爆竹安全生产工作。指导、协调全县安全生产检测检验工作。组织实施对工矿商贸企业安全生产条件和有关设备（特种设备除外）进行检测检验、安全评价、安全培训、安全咨询等社会中介组织的资质管理工作，并进行监督检查。组织、指导全县安全生产宣传教育工作。依法组织、指导并监督特种作业人员（特种设备作业人员除外）的考核工作和生产经营单位主要经营管理者、安全管理人员的安全资格考核工作；监督检查生产经营单位的安全培训工作；组织实施注册安全工程师执业资格制度和企业注册安全主任制度。依法监督检查新建、改建、扩建工程项目的安全设施与主体工程同时设计、同时施工、同时投产使用情况；依法监督检查重大危险源监控、重大事故隐患的整改工作；依法查处不具备安全生产条件的生产经营单位。组织拟订安全生产科技规划，组织、指导安全生产科学技术研究和技术示范工作。组织开展安全生产方面的对外交流与合作。承办县政府交办的其他事项。

图 18-9 县安监局授牌（叶光铭 摄于2005年）

第八章 国土资源管理

国土资源管理体制决定国土资源管理机构的设置，国土资源管理机构设置确保国土资源管理体制的运行及各项工作的落实。松阳县的国土资源管理机构与队伍建设，随岁月演变，历经从无到有，从小到大；从单一管理到全方位管理；从分散多头管理的局面走向专业、系统管理轨道。历经漫长的岁月，也为国土资源管理工作留下经验与教训。

1986 年《中华人民共和国土地管理法》制定，国家土地管理局建立，全国土地、城乡地政统一管理体制得以确立，土地管理机构得以逐步健全。1988 年 3 月，建立松阳县土地管理局，2001 年 10 月始，县地质矿产办公室并入县土地管理局，成立县国土资源局。至 2010 年，经历“以工作促机构，以机构促工作”的发展过程，开创出国土资源管理新局面。

第一节 地籍管理

中华人民共和国成立前地籍管理

封建社会地籍管理　春秋战国时期，实行“井田制”，相地而征，履亩而税的“初税亩”，开始按田亩实数收税。

秦代，让有田地的百姓自己据实申报面积，官府据此定税赋。东汉，按当地田亩多寡肥瘦，编立文簿，藏于县乡。后将其所立条式通令各州县仿行，普遍编造地籍簿册。此后，历代把地籍和户籍作为征收税赋的根据。

宋代，特别是南宋（1127～1279），松阳有过多次的地籍调查。宋绍定年间（1228～1232），按全国统一的“措置经界”的丈量方法，让各乡各户建砧基簿（地籍簿），按规定格式记载各户田亩数量、质量和用途，并绘有田地丘块示意图，标明四至，按图校地。“都、保”负责人签字画押，以资作证。这图一式四份，业主、县衙、州府、转运司各一份。以此经界为基础，逐级征收税赋。绍定二年至四年（1229～1231），松阳查江田原坡塘廛市庐舍 2627 顷 45 亩。

明代朱元璋即帝位后，在全国大规模推行土地调查。洪武六年（1373），定赋税法；洪武十四年，诏令各州县造“黄册”。洪武二十年，在全国范围内全面推行鱼鳞图册，按土地权所有逐丘逐块丈量，详细记载四至、土质、等级。因图上田地以丘块挨次排列尤如鱼鳞，所以叫鱼鳞图册。

明隆庆年间（1567～1572），松阳对田、地、山、塘做过一次清理登记。按田地肥瘠、地势、远近分田畈、垄、坞、排、沙、岗之类进行丈量。

清政权建立后，发现沿袭百年的明朝“黄册”已无实际意义。建立清丈局，筹举清丈，绘造鱼

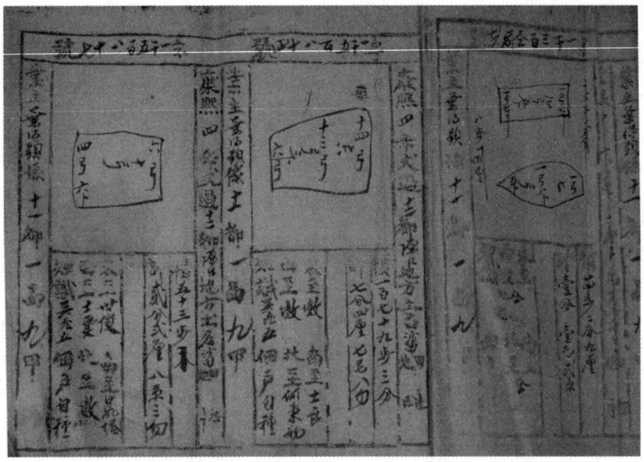

图 18-10　康熙四年土地清册（县卯山文化研究会提供）

鳞图册，颁布田单，受理买卖田地过户和处理田产纠纷等。清康熙元年（1662），松阳开展田土面积大规模核查。

民国时期地籍管理　民国时期地籍管理谓地籍整理，其主要内容包括地籍测量、土地登记、土地使用调查等。民国 16 年（1927），浙江省成立土地厅及清丈局，不久裁撤，由省民政厅继续办理土地清丈事宜。民国 18 年，省土地局成立，制定《浙江省土地陈报办法大纲》二十一条和《浙江省土地陈报施行细则》二十条。松阳县政府组织土地陈报查丈队。查丈工作从民国 18 年 7 月开始到民国 19 年 11 月结束，历时 1 年 4 个月。经宣传动员、查址编号、丈量地质、业主陈报、绘制图册、复查核对、编审总册，实测松阳总面积为工部营造制 4191 方里合为 2623100 亩，耕地 258807.443 亩。

民国 19 年（1930）松阳县业主总数及其占有土地面积情况表（旧制）

表 18-8-1-1

区别	业主总数（户）	耕地面积数（亩）	最大业主占有亩分数	最小业主占有亩分数
一	15923	60423.809	800	0.01
二	11828	75754.354	3004	0.01
三	4433	32757.452	300	0.02
四	11174	54596.244	300	0.10
五	9266	35275.584	380	0.03
合计	52624	258807.443	—	—

说明：民用工部尺比标准尺短 0.13，丈量之面积应以 0.92 折算之。即旧制 1 亩≈0.92 市亩

此次调查还测出全县河流、道路面积共 39328.526 亩；并勘定松阳与遂昌县界 6 处，松阳与宣平县界 3 处，松阳与云和、龙泉、丽水各县均以田界为界。

民国 32 年（1943）10 月，设立县地籍测量组，办理城乡和古市镇土地测量业务，并开始土地编查造具册簿，将地分段定级，供试办土地增值税等。

民国35年（1946）松阳县土地及耕地面积情况表

表18-8-1-2 单位：亩

乡镇名	总面积	田							地								山								荡				
		共计	水田			旱田			共计	宅	园	林	牧	墓	荒	其他	共计	宅	园	林	牧	墓	荒	其他	共计	池塘	草荡	河川	其他
			计	地	山	计	地	山																					
总　计	2085709	230463	226303	221103	5200	4160	1800	2350	86626	42225	11076	15500	9145	4510	1350	2820	1736270	4185	34230	1645902	3546	2508	36341	9450	32350	16262	250	15528	310
西屏镇	25165	9160	9080	9060	20	80	80	—	9454	7240	1100	30	185	724	70	105	4214	10	1720	1250	160	250	649	175	2337	1252	25	1045	15
三都乡	82952	8165	8115	8050	65	50	50	—	4577	2225	200	1360	325	222	85	160	70111	365	1830	65590	170	60	1786	310	99	40	6	35	18
阳溪乡	42884	16466	16390	16360	30	76	76	—	3915	2310	610	140	400	231	84	140	20208	50	1832	16720	195	180	846	385	2295	1110	18	1150	17
望松乡	87653	18883	18528	18200	28	35.5	205	150	5782	2420	1015	1530	360	242	95	120	60689	320	1555	56530	185	140	1599	360	2299	1135	14	1130	20
泰芝乡	43735	18052	17832	17800	32	220	220	—	4658	2675	1000	180	320	267	86	130	18861	40	1825	15610	165	120	795	310	2164	1020	12	1110	22
竹溪乡	42191	15471	15366	15326	46	105	105	—	4573	2830	730	115	410	283	85	120	19767	120	1620	16540	161	110	826	390	2380	1250	11	1105	14
古市镇	33960	8954	8835	8770	65	119	104	15	5340	3150	1020	185	500	315	60	110	17284	235	1552	13650	180	190	1027	450	2382	1225	19	1125	13
仓源乡	39798	15374	5138	15050	88	236	156	80	4032	2370	610	180	460	237	45	130	18231	138	1836	14210	165	160	1262	460	2161	1130	16	1003	12
万寿乡	40168	14400	14250	14160	90	150	85	65	3929	2245	600	160	510	224	60	130	19549	120	1700	15470	150	150	1429	530	2290	1140	15	1120	15
安石乡	37488	15529	15370	15250	120	159	84	75	4454	2540	700	150	605	254	85	120	15483	210	1800	11340	175	140	1208	610	2020	1120	14	870	18
樟溪乡	39409	13870	13730	13600	130	140	100	40	4278	2520	626	100	560	252	65	155	19408	230	1680	15420	180	160	1168	570	1853	1015	16	805	17
南源乡	159891	12880	12660	12400	260	200	70	130	3089	680	540	1020	450	168	45	185	142533	245	1640	138420	175	170	1403	480	410	190	17	190	13
玉岩乡	201960	8883	8543	8253	290	340	60	280	3590	1250	200	1400	420	125	65	130	189106	265	1530	184520	155	80	2136	420	381	185	8	174	14
周源乡	175919	5600	5450	5000	450	190	40	150	3360	1065	325	1200	440	164	56	110	166569	270	1510	161542	165	38	2519	525	350	170	2	165	13
枫亭乡	176835	5600	5310	1830	480	290	60	230	3198	985	210	1410	550	128	65	120	167715	280	1620	162230	170	50	2815	550	322	160	5	145	12
安民乡	171533	5936	5656	5200	456	280	70	210	2801	680	220	1110	430	136	50	175	162573	250	1240	157560	165	60	2718	580	223	120	5	87	11
留茗乡	168085	6275	6070	5600	470	205	40	165	3047	960	220	1135	360	143	44	185	153534	305	1500	148650	180	60	2459	380	229	135	6	69	19
雅南乡	183574	7420	7140	6600	540	280	30	250	3355	1045	300	1200	480	115	55	160	170596	230	1630	165460	190	140	2456	490	2203	1030	19	1140	14
石仓乡	125712	8535	8210	7650	560	325	65	260	3245	1060	310	1100	500	120	45	110	112064	220	1420	106890	160	70	2784	520	1868	820	6	1030	12
靖居乡	112392	9030	8830	8300	530	200	60	140	3290	1180	320	1045	520	70	50	105	98033	250	1550	92430	155	85	2588	535	2039	1010	8	1010	11
裕后乡	100405	5060	5800	5350	450	160	40	120	2660	795	220	1020	360	90	55	120	89742	140	1640	85430	145	95	1872	420	2043	1005	8	1020	10

中华人民共和国成立后地籍管理

整籍发证 1949年6月与7月，县政府和中共松阳县委相继成立，就着手土地整籍工作。在民国田赋册串的基础上，对照旧册籍进行重新登记造册，为政府征借粮草、合理税赋、保障财政供给提供参考依据。

1950年2月，松阳县建立县、区、乡土地整理委员会。按照“弄清业户地亩、地目与占有使用关系，评好产量”的要求，有地籍资料的村庄，对照图册报核；无地籍资料可查的，测绘丘领户图，然后按户逐丘核定，编制“户地清册”。地籍整理由县民政科负责。1951年1～4月，根据《中华人民共和国土地改革法》，全县43个乡镇完成土地改革。是年，县、区、乡分别成立颁发土地房产所有证的发证委员会，负责处理地界纠纷等土改未尽事宜，核实整理土地房产清册，由乡发证委员会发放土地证。土地证一户一份，载有耕地、非耕地、山林、池塘、房屋等（县城非农业人口未发房产证）。一式三联，业主、乡镇政府、县政府各保存一联，土改前土地契约一律作废烧毁。土地改革建立国有土地和农民私有土地所有制，建立较正规的土地房产清册和地籍管理制度。国家承认土地所有者有自由经营、买卖及出租土地的权利。是年，房地产划给财政部门管理。

1951～1955年的农业互助组和初级农业生产合作社时期，仍实行农民土地私有制。

1956年后，随着高级农业生产合作社的建立和城市私房改造的进行，特别是1958年人民公社化，农民土地入社，归集体所有，农民不再拥有土地所有权。国内的土地只有国有和农民集体所有两种。1969～1976年，土地管理和用地审批由县革命委员会生产指挥组农业水电局管理。1977～1981年，由县农业局秘书股兼管。1982年，农业局设土地管理办公室，管理地籍工作。

1982年，全面建立土地承包登记清册，山区通过林业“三定”，查清山林权属，发给山林所有权证，划给农民的自留山，也发给自留山证，承包责任山亦订合同，登记清册。县、乡镇、村对田、地、山建立档案管理。1984年末，全县27个乡镇400个行政村3979个生产队全部完成土地承包责任制。县、乡（镇）人民政府统一印制填发松阳县农民承包耕地使用证，承包期一般为15年。

1985年末，全县国有耕地100亩，集体170700亩，居民及工矿用地24300亩，交通用地6088亩，养殖用地663亩，水域29800亩。

1987年，县农业局土地管理办公室改设为土地管理股。1988年3月，松阳县土地管理局成立，负责全县地籍管理。1998年12月，松阳县土地管理局辖区内设立5个基层土地管理所，管辖临近乡镇土管工作。其中，西屏土管所辖西屏、望松、斋坛、叶村、竹源、三都、四都；古市土管所辖古市、赤寿、新兴、樟溪、谢村、新处；玉岩土管所辖玉岩、枫坪；大东坝土管所辖大东坝、安民；象溪土管所辖象溪、裕溪、板桥。

在农村集体土地第一轮承包到期之前，中央明确宣布，土地承包再延长30年不变。1998年，松阳县政府发出《关于搞好第二轮土地承包稳定家庭联产承包责任制工作的意见》。1999年末，全县20个乡镇401个行政村2993个村民小组61726户领到浙江省农村集体土地承包权证。

土地资源调查 1949年，耕地面积为18.24万亩，其中水田17.45万亩，旱地0.79万亩，人均耕地1.59亩；农业人口人均1.73亩；1982年，恢复松阳建置，全县耕地17.41万亩；1988年，县土管局成立时，有耕地 16.92 万亩，其中水田 16.45 万亩、旱地 0.47 万亩，人均耕地 0.76 亩；1995 年，有耕地 15.93 万亩，人均占有耕地 0.70 亩；2000 年，有耕地 14.99 万亩，全县 230231 人，人均占有耕地 0.65 亩；2002 年，有耕地 12.51 万亩，人均耕地 0.54 亩，为 1949 年的 33.96%、1982 年的 65.06%。但园地面积不断扩大，1949 年园地 75.20 亩，1982 年发展到 3.52 万亩；1992 年为 5.22 万亩；2002 年，发展到 13.28 万亩，是 1949 年的 1766.18 倍、1982 年的 3.78 倍。到 2010 年，园地有 16.61 万亩，是 1949 年的 2208.9 倍。

土地资源调查主要是进行土壤普查、土地概查、土地详查、林地调查发证。1959 年 1～5 月，县政府进行第一次土壤普查和土地规划工作。1980 年 12 月至 1984 年 11 月，松阳进行第二次土壤普查。在赤寿、新兴公社试点，分期分批铺开。调查确定松阳县土壤划分为红壤、黄壤、岩性土、潮土、水稻土 5 个土类，下分 11 个亚类、41 个土属、72 个土种。红壤土类是松阳最主要的地带性土壤，广泛分布在海拔 800 米以下的低山丘陵，面积为 1158970 亩，占山旱地面积的 68.4%，占全县土地面积的 55.1%亩，占全县土壤面积 56.5%。

松阳县各类土壤分布情况，参见第二编“自然环境”第四章“土地与土壤环境”第二节“土壤”。

土地资源的概查又称土地利用现状的概查。松阳县于 1985 年 1～6 月，完成土地概查工作。

1985 年松阳县土地概查面积情况表

表 18-8-1-3　　单位：亩

面积 类别		总面积	分类小计	比重（%）
全县合计		2104049	—	100
耕地	水田	236393	253859	12.06
	旱地	17147		
	菜地	319		
园地	果园	6323	29240	1.39
	桑园	4820		
	茶园	18097		
林地	—	—	1574095	74.81
居民点厂矿用地	—	—	24261	1.15
交通用地	公路	3279	6088	0.30
	农村道路	2809		
水域	溪流	19300	29773	1.42
	沟渠	6781		
	山塘水库	3692		
特殊用地	—	—	663	0.03

续表 18-8-1-3

类别		总面积	分类小计	比重（%）
未利用地	田埂	97578	186070	8.84
	疏林荒山	79640		
	卵石滩地	6706		
	岩秃	2146		

图 18-11 土地资源实地调查（县国土资源局供 1992 年）

土地详查就是土地利用现状调查。1990年5月，松阳县土地资源调查领导小组成立。9月，在阳溪乡进行试点调查。历时两个半月，完成21个行政村、2个县办场（所）共41.51平方千米的野外调绘任务。此后分期分批开展全县的土地利用详查工作，到1993年9月底结束，历时3年。查清全县土地权属界线和各类土地资源，完成全县20个乡镇400个行政村、1个农场、3个林场（所）和全县机关、学校、部队、企事业单位土地所有权与使用权的界线及面积。签订1263份土地权属界线协议书、35份县界接边协议书、120份土地争议原由书；查清分布全县的各种土地类型66个，其中一级类7个、二级类31个、三级类26个、三级类继级2个；调绘地类图斑55992个，其中境内各类插花地7520块，并按行政、分属权、依坡度高程量算汇总出各地类面积；完成66个样点的田埂系数求测工作，确定全县灌溉水田和望天田分坡度级的田埂系数。

此次土地详查也进行县境调查。经查，松阳县境长290.31千米（其中争议9.34千米），涉及松阳13个乡镇68个行政村3个林场，境外5个县（市）18个乡68个行政村。

此次土地详查松阳土地面积为139913.31公顷，比概查面积140269.93公顷减少356.62公顷，比统计沿用面积140600公顷减少686.69公顷。详查县境长度为280.97千米，比1:10000地形图老县境215.28千米，增长65.69千米（不包括争议部分）。由于界线变动造成面积的出入，详查县境为1:10000地形图县境比较，从外县调整划入松阳县面积为1097.26公顷，从松阳县调整划入外县面积为1312.64公顷，两者相比减少215.38公顷。由于历史原因松阳与邻县遂昌仍有争议的界线长达8.27千米，有争议的土地1处，即松阳县赤寿乡黄山头村与遂昌县濂竹乡千义坑村（该村1958年从松阳划入遂昌），面积379.40公顷，其中耕地14.92公顷，林地364.96公顷，未利用土地17.52公顷。县内村与村之间土地权属未定有7处，共计面积12.74公顷。关于县境调整，详见第一编“政区”第六章“地名管理”第三节“地名管理工作”。

1993年松阳县乡镇各地类面积情况表

表 18-8-1-4

面积单位：公顷

乡镇名称	面积	人均占有面积	小计	耕地				小计	园地				小计	林地	
				灌溉田	望天田	旱地	菜地		果园	桑园	茶园	其他园地		用材林	防护林
全县合计	139913.31	0.62	19925.22	9548.26	7635.66	2719.47	21.83	3438.42	1358.68	511.31	1403.13	165.3	100444	54232.52	325.22
西屏镇	11606.94	0.24	2823.01	2208	248.55	356.91	9.52	609.83	247.11	147.27	212.07	3.38	6122.13	4475.51	68.67
古市镇	3674.94	0.17	1572.05	1395.57	40.93	123.51	12.04	292.18	203.98	35.96	52.23	0.01	929.2	666.46	0
玉岩镇	14365.84	1.13	1384.32	78.49	1154.89	150.94	0	123.41	10.46	0	111.47	1.18	11629.13	6384.73	0.36
象溪镇	12006.81	0.79	1399.46	615.49	502.2	281.52	0.25	315.84	61.12	95.97	115.11	43.64	9195.46	4190.01	122.09
大东坝镇	20931.69	1.26	1415.89	580.88	993.74	171.26	0.04	358.64	28.75	16.28	241.14	72.47	17655.8	8033.78	1.74
望松乡	3658.47	0.39	991.3	849.94	45.96	95.36	0	123.01	59.9	37.16	25.95	0	1985.34	1601	0
叶村乡	4255.08	0.5	850.37	620.85	192.57	36.95	0	200.74	122.91	48.62	29.21	0	2661.23	1410.8	5.45
斋坛乡	2832.79	0.33	980.36	779.47	127.38	73.51	0	127.8	41.02	32.2	54.58	0	1265.15	863.33	0
三都乡	5930.73	0.7	356.68	129.11	509.24	218.33	0	57.48	4.1	2.61	50.77	0	4175.57	2098.03	0
竹源乡	5907.65	0.92	389.68	21.39	334.79	33.5	0	8.94	6.66	12.12	50.16	0	5064.57	3741.64	0
四都乡	4050.59	1.08	404.53	21.19	265.37	117.97	0	83.07	0	0.31	44.34	38.42	2758.97	1008.3	0
赤寿乡	5320.1	0.49	1140.74	827.93	125.88	186.93	0.01	418.18	281.51	12.39	121.4	2.88	2861.51	2249.08	0.23
新兴乡	4486.56	0.46	902.92	663.69	146.83	92.4	0	244.53	134.88	15.16	94.49	0	2423.84	1538.71	0
樟溪乡	2665.76	0.26	879.83	631.44	179.14	69.25	0	174.78	92.88	43.73	38.17	0	1201.66	516313	0
谢村乡	4491.99	0.93	650.09	0	476.7	74.39	0	36.55	17.06	0	18.1	1.39	3335.2	1573.68	0
新处乡	5084.51	0.77	520.86	0	482.12	38.84	0	37.26	18.21	0	19.05	0	3974.78	1445.21	0
枫坪乡	10106.36	1.21	1327.62	62.81	982.7	282.11	0	38.04	0	0.12	37.92	0	7688.69	5263.95	0
板桥乡	2890.77	0.57	578.71	244.09	209.42	135.2	0	61.16	14.36	.64	45.52	0.64	1805.41	525.81	0.13
裕溪乡	7455.75	1.12	618.09	147.78	332.95	137.36	0	30.79	10.85	10.77	9.17	0	6293.35	1653.95	126.55
安民乡	8179.47	2.11	338.61	0.1	285.27	53.24	0	36.19	2.86	0	32.28	0.99	7437.01	4996.39	0

续表 18-8-1-4-1

乡镇名称	林地									小计	居民点及工矿用地			
	经济林	竹林	薪炭林	特殊用途林	灌木林	疏林地	未成林造林地	迹地	苗圃		城镇	农村居民点	独占工矿用地	特殊用地
全县合计	6269.52	7880.14	6591.22	280.56	8003.85	7730.27	8985.94	133.98	11.28	2631.23	195.36	2194.4	180.71	60.76
西屏镇	199.27	58.41	566.09	95.42	67.76	430.74	142.87	13.04	4.35	525.35	123.78	300.63	82.68	18.26
古市镇	45.64	15.27	0.3	0.05	0.15	97.71	63.27	39.09	1.26	294.86	51.13	218.05	14.66	11.02
玉岩镇	128.61	1666.2	1480.04	4.43	698.86	103.32	1162.58	0	0	108.56	12.21	85.01	9.21	2.13
象溪镇	1756.44	243.81	41.32	13.99	1633.33	824.27	369.47	0.73	0	173.87	3.93	153.6	14.8	1.54
大东坝镇	1136.73	438.72	1319.11	47.24	3487.18	908.84	2250.91	36.55	0	181.85	4.31	172.3	4.44	0.8
望松乡	22.73	13.59	84.5	0.08	21.34	195.48	46.53	0.09	0	141.12	0	129.13	8.48	3.51
叶村乡	68.99	290.71	2.76	5.71	87.85	586.13	200.69	2.14	0	103.96	0	100.12	3.46	0.38
斋坛乡	27.56	13.18	0	1.77	5.16	315.96	36.52	1.67	0	12593	0	120.68	3.7	1.55
三都乡	189.67	573.92	4.45	28.06	309.16	558.91	416.8	0.43	5.06	62.09	0	61.87	0.22	0
竹源乡	153.51	667	174.67	3.06	57.38	55.01	212.3	0	0	44.87	0	44.67	0.2	0
四都乡	11.92	170.35	108.58	4.92	210.35	835.74	408.81	0	0	29.37	0	29.11	0.26	0
赤寿乡	27.85	24.66	88.36	0.85	39.91	262.72	168.12	0	0	196.86	0	163.68	14.18	19
新兴乡	71.83	12.49	18.82	3.72	88.87	160.08	513.43	15.89	0	122.15	0	108.79	12.97	0.39
樟溪乡	27.79	25.27	0	1.11	7.56	336.38	285.21	4.3	0.61	132.94	0	127.72	4.06	1.16
谢村乡	68.36	533.68	0	3.61	235.98	542.59	373.87	3.43	0	52.45	0	48.37	4.08	0
新处乡	78.14	1032.1	0	2.01	149.54	654.24	611.97	0.57	0	60.94	0	59.35	1.08	0.01
枫坪乡	81.97	1426.55	4.56	4.3	25.48	72.9	748	0	0	92.77	0	92.77	0	0
板桥乡	766.76	82.74	0	18.59	74.94	127.1	198.01	11.33	0	68.41	0	67.68	0.73	0
裕溪乡	1320.3	175.01	1284.3	39.91	707.58	618.57	326.62	1.56	0	76.23	0	74.66	0.56	1.01
安民乡	79.45	385.18	1413.36	2	94.99	13.58	449.9	2.16	0	36.65	0	35.71	0.94	0

续表 18-8-1-4-2

乡镇名称	小计	交通用地		小计	水域						小计	未利用土地				
		公路	农村道路		河流水面	水库水面	坑塘水面	滩涂	沟渠	水工建筑物		荒草地	沼泽地	裸岩石地	田埂（地）	其他未利用地
全县合计	455.98	195.52	260.46	2983.73	1155.34	240.82	342.14	573.51	619.76	52.16	10034.73	4746.32	43.24	1361.24	3785.82	82.11
西屏镇	64.94	23.8	41.14	451.99	127.33	32.46	76.8	137.19	67.7	10.51	1009.69	428.85	13.95	287.7	271.14	8.05
古市镇	39.5	11.75	27.75	266.02	70.34	0.01	68.22	61.78	56.33	9.34	281.13	104.66	0	15.46	159.14	1.87
玉岩镇	18.25	11.78	6.47	135.24	104.28	0	1.31	2.1	25.8	1.75	966.93	514.74	0	3.84	448.35	0
象溪镇	34.98	18.63	16.35	288.5	177.59	0	12.14	47.96	50.68	0.2	598.7	301.39	3.45	24.9	268.96	0
大东坝镇	56.87	39.6	17.27	194.39	194.39	0	3.03	66.55	80.73	1.16	916.78	365.26	2.6	212.86	319.54	16.52
望松乡	18.27	3.34	14.93	164.21	20.18	19.06	72.93	18.16	29.92	3.96	235.22	89.68	0	55.06	90.3	0.13
叶村乡	17.22	3.47	13.75	207.1	42.15	65.98	12.79	54.83	28.08	3.27	224.46	78.15	0.34	25.7	109.64	10.63
斋坛乡	3.15	0.59	2.56	114.57	46.95	0.36	18.52	41.55	5.79	1.4	215.83	70.63	0.79	7.67	120.37	16.37
三都乡	18.22	9.42	3.8	48.27	15.08	0	4.94	0	19.57	8.68	712.42	359.27	0	113.07	239.33	0.75
竹源乡	2.99	2.16	0.83	30.29	0	0	7.5	0.2	22.19	0.4	306.31	166.1	0	8.77	131.44	0
四都乡	17.4	14.57	2.83	16.65	1.97	0	0.73	0.47	13.48	0	740.6	322.66	0	293.92	124.02	0
赤寿乡	33.92	9.74	24.18	211.06	46.2	49.16	27.25	48.74	36.29	3.42	457.7	266.06	0.25	68.7	122.26	0.43
新兴乡	34.76	7.07	27.69	181.03	57.21	0	14.47	60.03	44	5.32	577.33	422.58	0	45	107.46	2.29
樟溪乡	9.29	2.41	6.88	89.57	32.72	8.49	16.63	9.2	20.73	1.8	177.69	40.45	0	19.5	104.67	16.07
谢村乡	7.66	0.03	7.63	92.76	21.63	64.64	0.34	0	6.75	0	417.41	183.31	21.59	18.72	183.2	0.59
新处乡	3.52	2.62	0.87	21.47	9.92	0	0	0	11.55	0	465.58	236.15	0	48.07	178.65	0.81
枫坪乡	23.85	7.98	15.87	68.68	30.14	0	1.17	2.76	34.52	0.09	887.21	463.57	0.27	0.06	422.24	0.47
板桥乡	14.56	4.52	10.04	25.67	10.22	1.26	0.22	0	1.14	0.34	336.85	154.63	0	44.5	129.64	8.08
裕溪乡	15.03	8.47	6.56	156.09	109.23	0	1.52	16.95	28.39	0	266.18	75.99	0	52.66	137.53	0
安民乡	21.6	13.54	8.06	68.7	37.89	0	0.47	5.04	25.26	0.04	240.71	118.19	0	14.48	108.04	0

说明：各乡镇人口总数以1992年《松阳统计年鉴》为依据

1993年松阳县土地利用分区范围一览表

表 18-8-1-5

区名	乡（镇）（个）		行政村（个）	范　　围
	全部	部分		
Ⅰ松中盆地农工园渔集约用地	2	6	174	樟溪乡：溪下、金村、包村、上徐山、下马坑、高岸、肖周、谷山垄、岗头儿、东市、馒头山、力溪、樟村、富兴、大徐、福村、兰家、陆家 古市镇：1～8村、岗下、上河、上五木、下五木、黄圩、十五里、黄埠头、寺口、下社、山下阳、谢树寮、刘边、湖溪、源口、白角外、庄门、下黄圩、湖溪林场 斋坛乡：石门圩、小石、斋坛、东关、桐楼、花田垒、墈头、大路、桐村、金梁、东圩蓬 叶村乡：寺岭下、叶家、包安山、叶村、寺山、松山、黄公渡、河头、麻寮、叶村源口、官田、东坞、东坞水库 望松乡：石门、王村、草塔、乌井、五都阳、乌石下、郑家、六都、吴弄、山仁下、西河、麻阳塔、翁村、仪桥、山头背、岗后（鱼种场） 西屏镇：1～11村（包括西屏良种场）、项弄、白沙、青蒙、水车、乌形山、桐溪、官溪、县林科所、东坑、铺门、大路口、项桥下、西垒、北山、丁山头、邵山脚、竹客口、周垒、源内、官溪水库、乡茶场、砖瓦厂、竹溪、市口、潘村、桥头、清路、郑弄口、南山、踏步头、程徐、青龙、岩下、塘寮、安乐山、瓦窑头、东岗寮、岩下、新溪、水南、横山 赤寿乡：界首、赤三、狮子口、赤四、章家、红连、楼塘、龙下、梧桐口、叶川头、卯山后、黄坑口、择子山、垟里、朝阳、大川、半古月、田岗、黄山头、梧桐源水库 新兴乡：大石、后周包、杨村头、进贤、外孟、上源口、徐郑、泉庄、横溪、高丰、后刘、上安、潘连、贤溪、渡市、下源口、端口
Ⅱ松北低山林菜用地开发区	2	2	33	三都乡：岭下、里庄、后湾、下田、上庄、酉田、紫草、水竹、杨家堂、黄岭根、松庄、淡竹、呈回、毛源、上源、周山头、上田、尹源、乡林场 四都乡：章田、塘后、平田、庄后、西坑、陈家铺、午岭、汤城、柘坑、榔树、下包、乡林场（陈廖林场） 西屏镇：活源、孙源 望松乡：半岭、砌坛 林场：林村、湖溪
Ⅲ松东低山丘陵林园用地区	3	1	68	象溪镇：毛弄、靖居口、金钟、大塔、黄店、石牌门、靖居包、小佛儿、上梅、鲁峰、陈家里、村头、鲁西、塘里源、下寮儿、坑里、雅溪口、吴村、东田、石鼓、龙湾、程路后、金山头、石马源、潘弄、石马铺、下坑源、高岭、象溪、岭下、塔背、南州、南坑源、南坑口、吕潭 板桥乡：板桥、金村、后塘、桐榔、张山、潘八、高山、东坑、大毛科 裕溪乡：木岱坑、徐山、内陈、小槎、叶西后、黄岭头、潘山、裕溪、凤弄源、章山、合溪、源底 大东坝镇：后宅、梨树岗、蔡宅、山头、下宅街、山边、上茶排、下茶排、灯塔、西山、牛角圩、百步

续表 18-8-1-5

区名	乡（镇）（个）		行政村（个）	范围
	全部	部分		
Ⅳ松西南中、低山林园用地区	6	5	125	大东坝镇：山徐、上寮山、蛤湖、洋坑埠头（五部林场）、燕田、小后畲、大樟源口、五部、黄南、横樟、明源、大东坝、树稍、二滩坝、外大阴、内大阴、赤圩、白峰 玉岩镇：玉岩、溪口、排居口、召楼、乌岩、大丘下、周安、吴山头、洋坑、梨步坑、沙丘、白沙岗、程路、程岭根、道惠口、道惠、步斜、烧火坑、程源头、玉岩林场、根坑、西沿头、大树后、潘山头、支木、何庄、周坑、交塘、白麻山、大岭脚、河山头、余叶、坳头 安民乡：大横坑、李坑、大潘坑、台坑、曹竹、乌弄、苏马坪、安岱后 枫坪乡：小吉、龙虎坳、南坑、高亭、高寮、洋庄源、山乍口、斗潭、根下、金竹、钱余、沿坑岭头、丁坑、枫坪、黄埠坞、梨树下、珠岱、十格田林场、烧香沿林场 樟溪乡：黄田、杨岭脚、西源、球坑 新兴乡：内孟、大畈、金坞 谢村乡：塔岭、李山头、孟坑、大岭脚、平卿、南坑、谢村、上仓、太南、大岭里、谢西坑、谢村水库 新处乡：外石塘、坳后、新处、东北头、山甫、朱山、官岭、庄后、赤岩、小南坑、竹囮、张山头、小岭头 斋坛乡：上垄、下垄、吊坛 叶村乡：横坑、南岱、岱头、膳垄、斗米坳 竹源乡：后畲、大岭头、小竹溪、呈田、横岗、可重旺、潘坑、黄上、黄下、周岭根、燕庄、呈田林场、东岭林场

1993年松阳县可利用荒草地宜开发内容面积统计表

表 18-8-1-6　　单位：公顷

乡镇	宜果、桑、茶	宜干果类及其他经济林、竹林	宜营造用材林	合计
赤寿乡	10.52	36.42	14.24	61.18
新兴乡	10.95	148.62	53.53	213.10
谢村乡	0	39.83	42.01	81.84
新处乡	0	45.29	88.69	133.98
樟溪乡	0	0	9.17	9.17
望松乡	3.06	16.33	46.87	66.26
斋坛乡	4.83	9.02	31.62	45.47
叶村乡	11.87	13.68	22.02	47.57
三都乡	0	12.38	37.99	50.37

续表 18-8-1-6

乡镇	宜果、桑、茶	宜干果类及其他经济林、竹林	宜营造用材林	合计
四都乡	0	0	24.75	24.75
竹源乡	0	3.39	19.55	22.94
枫坪乡	0	17.54	231.14	248.68
安民乡	0	16.41	49.03	65.44
裕溪乡	4.00	25.48	17.76	47.24
板桥乡	0	14.99	0	14.99
古市镇	18.70	33.73	4.91	57.34
西屏镇	36.17	214.76	33.87	284.80
玉岩镇	0	72.88	241.24	314.12
大东坝镇	4.00	38.07	107.40	149.47
象溪镇	5.50	132.97	0	138.47
合　计	109.60	891.79	1075.79	2077.18

1981年7月，县革委会签发《关于稳定山权、林权和落实林业生产责任制的意见》，提出“五个维护”“五个不准”的意见：维护社队所有的集体山林，不准分山到户；维护“四固定”时的权属，不准打乱重分；维护现有国营林场，不准侵占毁坏拆场；维护山林资源，不准乱砍滥伐；维护安定团结，不准挑起山林纠纷。1983年9月至1984年6月，松阳县政府组织林业“三定（定山权、林权、林业生产责任制）”工作队，先在三都乡试点，后在全县铺开。通过“三定”工作，查清山林权属面积1540515亩，由县政府填发山林所有权证5672张，同时给32412户的302820亩自留山发给自留山使用证40739张。在建立林业生产责任制的1126683亩集体所有的山林中，联产承包到户的689816亩，联产承包到组的18264亩，由村统一管护的418603亩。在“三定”过程中，调处山林权属纠纷1630起、面积73350亩。

1987年11月，县工作组在蛤湖乡进行试点工作，在原有山林责任制基础上进行“查漏补缺”，解决群众中迫切需要解决的突出问题，而后全县各乡推广。

1990年和2006年，因考虑林业政策稳定没有计价收回统一重新连片发包，分别进行完善林业生产责任制和延长山林承包期工作。已承包到户的责任山，符合延包条件的，延包至2055年12月31日，对全县建立林业责任制以来的所有资料装订成册。但由于林权证没有采取计算机打印而是采取人工填写，经办人（村会计）水平参差不齐，导致部分证书填写错误较多，部分遗漏没有换发新证，或与1983年原始记载不一致，原户主有些亡故后仍按原本名字填证导致死人证较多。而且整理林权证档案时，没有统一记载林权证编号及林政证证号导致林权证数字化查询困难。

土地登记发证　土地登记由县土地登记管理部门负责，其程序一般分为通知、申报、地籍调查、权属审核、注册登记及发证五个阶段。

1988年11月，县政府成立土地使用权登记发证领导小组。12月，在西屏、古市、玉岩开展非农业建设用地使用权申报登记工作。至1989年3月，城镇非农业建设用地使用权申报结束。7月，县政府出台确定土地权属的暂行办法。8月，在县城开展城镇非农建设用地使用权确权登记试点。根据工作进程，县政府于10月16日和11月22日相继发布《关于土地申报登记发证工作中有关收费标准的补充规定》和《关于土地登记发证有关问题的补充规定》。12月，县人民政府召开首批土地使用证书颁发大会，共发土地证书67本，其中单位11宗地，个人56宗地；国有土地49宗，集体土地18宗。

图18-12 县政府在西屏镇大会堂召开颁发首批土地证书大会（县国土资源局提供 摄于1989年）

1990年5月，县土管局在新兴乡开展丽水地区农村宅基地有偿使用试点工作。11月，新兴乡颁发首批土地使用证书349本579宗地。

松阳县非农业建设用地的初始地籍调查和土地登记发证工作，历时7年，到1995年末完成，并对全县每宗地块都建立户口档案。其中，松阳城区地籍调查登记发证工作从1988年11月开始到1993年5月结束，历时4年零7个月。

土地权属变更主要是所有权和使用权的变更。

松阳国土资源局把变更土地登记分为四大类型：新增建设用地的增补调查登记；买卖、调换、赠送、继承、分拍等权属变更登记；更名、更址、用途变更等变更登记；土地使用权抵押登记。松阳县土地变更登记县城始于1994年，乡镇始于1996年。

1998年11月，县土地管理局在县城进行证书年检工作试点，于1999年2月完成。6月，松阳分两片开展土地证书年检工作；1999年8月至2000年6月，完成西屏、古市、象溪、玉岩、大东坝5个镇1.3万宗土地证书的年检任务；2000年7月至2002年末，完成15个乡的9.23万宗土地证书年检任务。

图18-13 整理地籍档案（县国土资源局提供 摄于1992年）

初始地籍调查、土地登记，形成大量地籍档案。松阳县地籍档案分两个层次进行管理。县设总台账，统一管理全县城乡地籍资料册，各乡镇的初始和变更的原始资料全部交县局，按地籍管理要求和国家、省局综合档案管理办法进行建档。乡镇地籍档案移交工作始于1999年5月；至2002

年末，县局综合档案室接收建档103301卷。乡镇设分台账，村设本台账。这两个台账由乡镇土管员集中管理，记录土地的动态情况。初始地籍完成后，随着地籍不断变化，地籍图不断修测、补测。

图 18-14　土地测量队开展地籍测量工作（县国土资源局提供 摄于1989年）

土地定级估价

土地定级估价是地籍管理的重要组成部分。它是根据土地的自然、经济两方面的属性及其在社会经济活动中的地位、作用和收益情况，综合评定土地的级别、价格。其目的是为全面、科学地管理土地，合理利用土地，为有关部门制订规划、计划，保证国家土地所有权在经济上的实现以及利用经济手段强化土地资产管理，促进土地使用制度改革，有偿出让、转让国有土地的使用权，加强国家对土地市场的管理，促进正常交易，培育和规范土地市场提供依据。

西屏镇、古市镇的土地定级估价　1993年8月至1994年6月，松阳县对西屏镇和古市镇的土地进行定级评价。

1991年松阳县城建设用地状况一览表

表 18-8-1-7

用地名称	现　状			国家标准	
	面积（公顷）	占建设用地（%）	人均（平方米）	占建设用地（%）	人均（平方米）
居住用地	77.4	33.9	28.2	20～32	18～28
公共设施用地	32.7	16.9	11.9	—	—
办公用地	10.9	5.6	4	—	—
商业金融服务业用地	9.4	4.8	3.4	—	—
文化娱乐用地	1.4	0.7	0.5	—	—
体育用地	2.0	1	0.7	—	—
医疗卫生用地	1.4	0.7	0.5	—	—
教育科研设计用地	7	3.6	2.6	—	—
文物古迹用地	0.5	0.2	0.2	—	—
工业用地	34.5	17.3	12.6	15～25	10.0～25.0
仓储用地	7.4	3.8	2.7	—	—
对外交通用地	23.3	12	8.5	—	—
道路广场用地	12.3	6.3	4.5	8～15	7～15

续表 18-8-1-7

用地名称	现 状			国家标准	
	面积（公顷）	占建设用地（%）	人均（平方米）	占建设用地（%）	人均（平方米）
市政公共设施用地	12.6	1.3	1	—	—
绿地	2.5	1.3	0.9	8～15	>9
其中公共绿地	2.5	1.3	0.9	—	—
特殊用地	1.3	0.7	0.5	—	>7
城镇建设用地	194	100	70.7	—	75.1～90

县城土地定级估价的主要原则是综合分析原则、主导因素原则、地域分异原则、级差收益原则、定量与定性结合原则、替代原则、预期收益原则、最有效使用原则、报酬递增或递减原则、需求与供给原则。在技术路线上，主要根据城镇土地的用途分类进行。运用因果关系分析法，分析各定级估价因素对地价——土地质量差异的影响程度，进而运用多因素综合评定法划分土地级别，评定基准地价，在基准地价评估的基础上，根据地价样本，解求宗地个别因素的修正系数，评估宗地地价。

1994年松阳县西屏镇商业用地路线价

表 18-8-1-8

序号	区段范围	路线价（元）
1	新华路中段（公园路口—总工会）太平坊路（邮电大楼、新华综合商场—人民大街口）	1550.95
2	紫荆路（新华路口—汽车站） 人民大街（紫荆路—太平坊）	1004.41
3	新华路南段（总工会—南菜场）	862.88
4	新华路北段—（公园路—松阳宾馆）	697.49
5	新华路北段—（松阳宾馆—丽龙路）	422.73
6	人民大街南段—（太平坊—善应堂）	607.28
7	龙丽路北段—茶叶市场—县针织厂	410.88
8	南直街官塘路—白龙堰	298.46
9	丽龙路中段公路段—北山路	376.00
10	丽龙路南段朱山路口—净梵寺	174
11	府前街县府—新华路	872
12	紫荆路西段城西路—新华路	308
13	新华路南段（南菜场—白龙堰）	476
14	丽龙路北段（县针织厂—公路段）	247
15	新华路南段（白龙堰—南门大桥）	270

说明：进深10米·元/平方米

1994 年松阳县西屏镇商服用地级别基准地价表

表 18-8-1-9　　单位：元/平方米

土地级别	级别范围	基准地价
Ⅰ	松阳宾馆、燃料公司、毛祠路、县公路段以南；医药新公司大楼、南菜场、猪行路以北；土管局、保险公司、广播局、电影院、邮电局、百货公司、卫生局、交通局以东；迎宾旅馆、汽车站、钟楼路、大井路以西；太平坊路	985
Ⅱ	Ⅰ级以外，北至望松岭、茶叶市场、县第三运输公司、通用机械厂；南至白龙堰、四柱亭弄、横街、桥亭街、东阁街；西至望松岭、种子公司、粮食车队、西屏山、县政府、白龙堰两端；东至通用机械厂、城东菜场、林苑公司、加油站、塔头街、南直街	383
Ⅲ	Ⅱ级以外，北至装饰材料厂、茶叶市场、大马塔南至南门大桥北端、下马街；西至装饰材料厂、紫荆村、党校、计量局、水厂、农科所；东至破樟树、松阳一中、县华联木材厂、溪滩路	168
Ⅳ	Ⅲ级以外，北至耐火器材厂、装饰材料厂、古安亭、生猪批发市场；南至松阳师范、瓦窑头、县铸造厂；西至县经济技术服务中心，紫荆村以西职技校、松阳林业站；东至福利橡胶粉厂、松阳一中，溪滩路以东	145

1994 年松阳县西屏镇住宅用地级别基准地价表

表 18-8-1-10　　单位：元/平方米

土地级别	级别范围	基准地价	地价变化范围	单元总分均值	总分变化范围
Ⅰ	粮食车队—松阳宾馆—毛祠弄—公路段以南；医药新大楼—人民银行—横街以北；粮食车队—县政府—人民医院以东；凤皇车队—迎宾旅馆—钟楼路—要津路—县供电局以西	208	183.04～243.56	64.38	52.82～78.75
Ⅱ	Ⅰ级以外，北至茶叶市场，朝天门外，通用机械厂；南至望松岭、紫荆村、计量局；东至大马塔、林苑公司、加油站、荷田岭路、南直街	163	151.38～176.51	42.45	35.58～49.52
Ⅲ	Ⅱ级以外，北至装饰材料厂、茶叶市场北、大马塔；南至白龙堰、下马街、协祥竹木制品厂；西至装饰材料厂、紫荆村、科委、林业局、水厂、农科所；东至破樟树、松阳一中、食品厂	141	136.05～149.26	29.31	25.89～34.30
Ⅳ	Ⅲ级以外，北至耐火器材厂、古安亭、生猪批发市场；南至松阳师范、瓦窑头、县铸造厂；西至县经济技术开发服务中心、职技校、体委、松阳林业站；东至福利橡胶粉厂、松阳一中	121	120.00～134.70	18.07	11.30～24.98

基准地价是城镇国有土地的基本标准价格，是根据城镇土地在实际使用过程中产生的基本经济收益，按照一定条件和方法测算出来的土地价格，是城镇在一定时期内的特定区域按商服、住宅、工业等用途分别评估、测算的平均价格。

西屏镇主要工业区有马桥工业区、城东工业区、城北工业区，以出让生地为主。根据松阳县统一征地事务所测算，西屏镇工业用地基准地价为 110.00 元/平方米。加上交通、基础设施、环境状况，不同片区有不同的价格。

工业用地区片价=工业用地基准地价×（1+交通条件修正+基础设施状况修正+环境状况修正）。

1994 年松阳县各区片评估结果表

表 18-8-1-11　　单位：元/平方米

区片名称	交通条件		基础设施		环境状况		区片价
马桥（三类）	20.66	+0.05	63.50	+0.10	严重	−0.05	121.00
城北（一类）	34.73	+0.10	47.64	+0.00	无	+0.05	126.50
城东（二类）	33.53	+0.10	47.30	0.00	较轻	0.00	121.00
旧城区	37.82	+0.10	67.25	+0.10	无	+0.05	138.50
城西	6.30	0.0	59.61	+0.05	较轻	0.00	115.5

1994 年松阳县古市镇商业用地路线价表

表 18-8-1-12

区　段　范　围	路线价
横街　桥头—菜场	567
筏铺　桥头—丁字路口	171
新直街之一　项门弄—朱子祠弄	669
新直街之二　朱子祠弄—龙丽公路	377
前街后街　老区委—三角坛—大井头	125
车站路　客运站—道街	341

说明：进深 10 米·元/平方米

1994 年松阳县古市镇商服用地级别基准地价表

表 18-8-1-13　　单位：元/平方米

土地级别	级别范围	基准地价
I	综合市场—车站以南；前街以北；综合市场—邮电局—古市小学—草纸弄以东；综合市场—汽车站—朱子祠弄—中行弄—柿树弄以西	655
II	I 级以外，北至新村、变电所、后街、塘岸弄；南至前街以南，松阴溪以北；西至新村西北角、天灯弄、五福弄、三角坛弄；东至烟粮仓库、后街、塘岸弄、大井头弄	407
III	II 级以外，北至新村北；南至潘连大桥以西造纸厂；西至城隍殿后、豆制品厂、三角桥头；东至下街、水碓弄、镇中学	156

1994年松阳县古市镇住宅用地级别基准地价表

表 18-8-1-14　　单位：元/平方米

土地级别	级别范围	基准地价
Ⅰ	邮电局—综合市场—车站以南；前街以北；邮电局—古市小学—草纸弄以东；汽车—朱子祠弄—后街—柿树弄以西	194
Ⅱ	Ⅰ级以外，北至新村、烟糖仓库、土产仓库；南至镇政府、筏铺、前街东段；西至新村西北角、天灯弄、镇政府、筏铺以西；东至塘岸、大井头弄	146
Ⅲ	Ⅱ级以外，北至粮管所北、变电所北；南至造纸厂、镇中学；西至城隍殿后西、城门楼外、三角坛桥头、东至下街、徐学、镇中学	104

古市镇工业用地基准地价不分级别一律为每平方米66元。

农用地的定级估价　民国32年（1943）10月，县地籍测量组曾对西屏、古市的部分农田进行过分段定价，用于赋税征收。

中华人民共和国成立后，20世纪50年代初期，县、区、乡土地整理委员会，按“弄清业户地亩，地目与占有使用关系，评好产量”的要求，组织有关人员对全县农用土地进行估产定级，全县耕地按其产量分为17个级别，以后的农业税征收就以此级别为基础，一直沿用。

1995年10月，松阳县土地管理部门对全县农用土地进行一次全面的定级估价，历时1年7个月，1997年5月全面完成。

据划分标准，把全县1.98万公顷耕地划分为15个级别，再利用微机分别对各单元面积进行级别统计。

1997年松阳县农用地级别划分标准表

表 18-8-1-15

级别	实际标准粮总量（千克/亩）	级别	实际标准粮总量（千克/亩）
一级	＞1159	九级	623～690
二级	1092～1159	十级	556～623
三级	1025～1092	十一级	498～556
四级	958～1025	十二级	422～489
五级	891～958	十三级	355～422
六级	824～891	十四级	288～355
七级	757～824	十五级	＜288
八级	690～757	—	—

1997年松阳县各乡镇级别面积情况表

表 18-8-1-16　　单位：公顷

乡　镇	第1级别	第2级别	第3级别	第4级别	第5级别	第6级别	第7级别	第8级别	第9级别	第10级别	第11级别	第12级别	第13级别	第14级别	第15级别	合计
西屏镇	0	75.25	343.56	116.02	9.65	17.92	0	0	14.19	18.00	27.31	0	35.95	0	0	657.85
西屏水南	0	70.72	297.82	323.21	85.66	20.20	12.23	6.13	8.81	47.53	105.98	23.10	80.03	17.70	0	1099.12
西屏阳溪	20.34	177.73	315.06	203.16	55.09	47.85	4.23	1.26	13.64	14.00	25.22	19.16	117.63	45.59	6.18	1066.14
玉岩镇	0	0	0	0	0	0	5.6	16.78	31.61	82.52	119.80	176.07	263.91	11.98	92.44	800.71
竹源乡	0	0	0	0	0	0	0	0	23.61	84.07	35.73	25.83	148.44	38.50	33.50	389.68
三都乡	0	0	20.11	0	0	18.69	38.13	2.46	52.00	103.01	214.93	124.07	54.68	10.27	218.33	856.68
四都乡	0	0	0	0	0	0	0	0	0	0	0	67.50	42.94	154.15	139.94	404.53
望松乡	0	0	106.03	421.77	199.76	68.33	15.34	8.25	15.19	15.07	39.49	0	45.89	21.22	34.96	991.30
斋坛乡	31.51	143.78	242.03	273.65	10.37	20.61	32.93	5.58	0	0	51.85	6.19	96.70	24.52	10.53	950.25
叶村乡	0	65.29	376.71	91.97	49.43	10.4	7.56	14.50	0	15.84	33.48	28.36	115.78	34.17	6.88	850.37
新处乡	0	0	0	0	0	0	0	0	11.77	78.41	89.53	218.26	28.85	53.6	40.54	520.96
樟溪乡	70.8	170.88	296.99	72.87	4.78	0	0	26.12	8.06	105.79	58.88	3.71	40.08	7.59	6.88	873.43
古市岗寺	45.14	103.33	192.70	253.49	196.36	79.22	13.74	24.92	9.23	4.31	26.10	0	72.71	0	0.61	1021.86
古市镇	28.92	128.49	96.92	119.68	92.06	0	9.82	19.84	0	2.28	24.57	0	26.18	0	0	548.76
赤寿乡	0	109.85	225.53	213.48	160.88	34.66	73.84	26.67	31.45	37.09	61.42	4.19	146.82	2.43	4.35	1132.66
新兴乡	56.36	79.87	161.37	141.28	93.29	83.82	0.82	24.58	11.28	19.37	57.62	32.93	68.84	59.9	11.59	902.92
谢村乡	0	0	0	0	0	0	0	0	0	8.86	33.16	152.87	172.58	108.23	74.39	550.09

续表 18-8-1-16

乡 镇	第1级别	第2级别	第3级别	第4级别	第5级别	第6级别	第7级别	第8级别	第9级别	第10级别	第11级别	第12级别	第13级别	第14级别	第15级别	合计
玉岩交塘	0	0	0	0	0	0	0	1.77	27.20	25.74	73.74	156.47	146.82	89.01	63.30	584.05
枫坪乡	0	0	0	0	0	0	0	4.30	77.81	87.89	174.00	284.80	331.24	80.48	287.10	1327.62
安民乡	0	0	0	0	0	0	0	8.23	16.84	39.64	94.10	62.52	47.14	14.82	55.32	338.61
大东坝镇	0	0	12.34	16.22	4.28	21.85	18.21	5.29	17.56	53.57	69.06	49.59	96.70	20.48	7.55	392.70
大东坝蛤湖	0	0	0	0	0	0	3.46	14.60	36.20	20.69	56.67	63.34	87.33	35.76	78.31	396.36
大东坝石仓	0	0	0	15.08	0	9.26	25.42	41.65	5.75	102.30	165.60	157.58	75.08	11.58	17.42	626.72
象溪雅溪	0	0	38.60	162.04	55.60	41.32	41.13	53.89	23.68	37.41	50.35	20.00	30.19	25.26	55.04	634.51
象溪靖居	0	0	13.75	66.71	46.56	28.82	57.53	82.15	97.70	82.36	71.83	21.57	94.36	0	101.61	764.95
裕溪乡	0	0	0	19.71	35.76	75.68	12.45	55.50	44.34	66.62	52.52	57.97	73.50	39.60	84.44	618.09
板桥乡	0	0	0	0	10.91	8.81	33.04	40.19	6.57	86.11	83.38	115.84	87.93	22.89	83.04	578.71
合 计	253.07	1125.19	2739.52	2510.34	1110.44	587.44	405.48	484.66	584.49	1238.48	1896.32	1871.92	2628.30	929.73	1514.25	19879.63

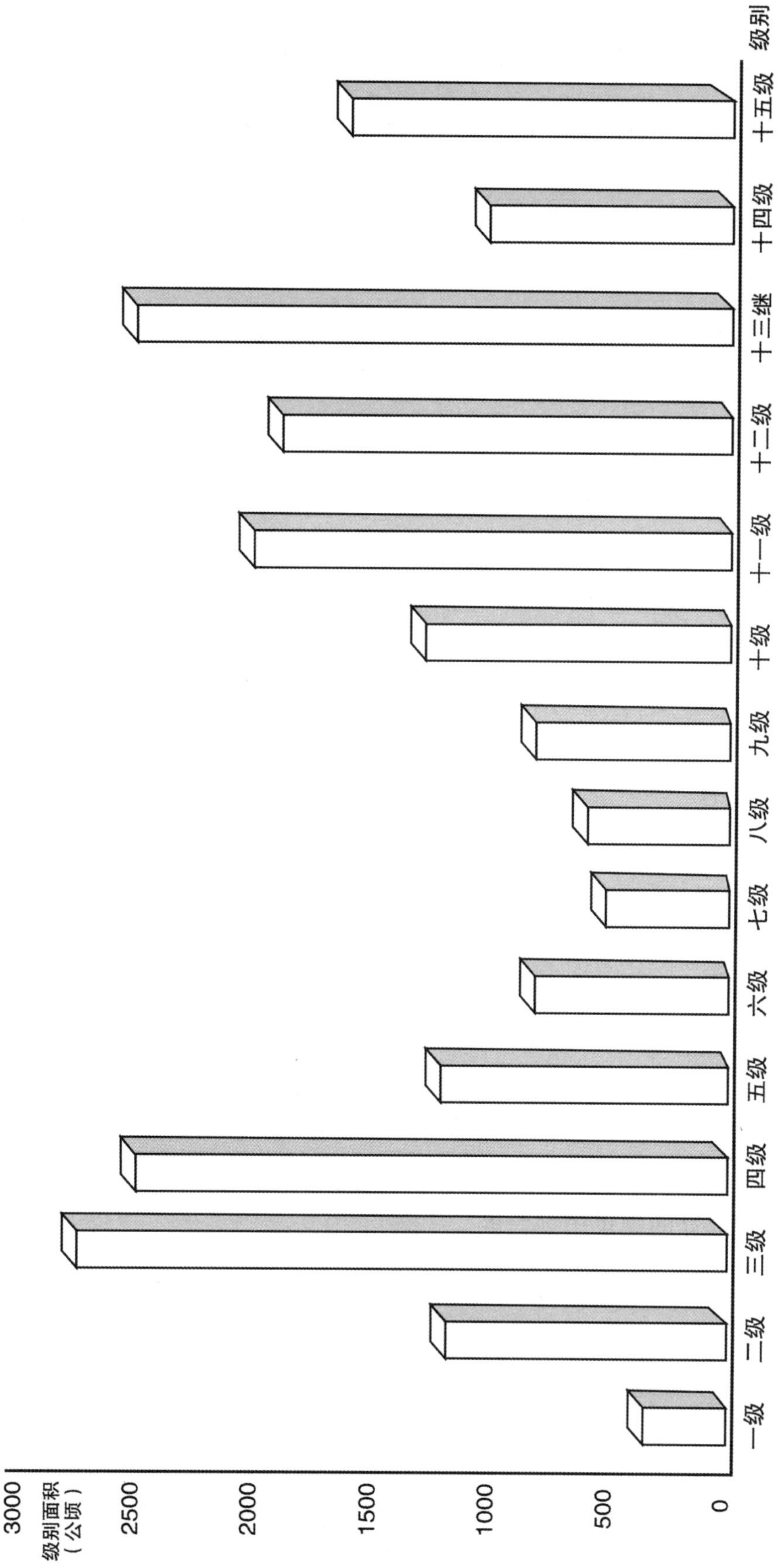

图 18-15 松阳县农用地各级别面积三维柱形图

农用地估价从松阳实际入手，采用收益还原法进行 15 个级别基准地价的预算，建立一套基准地价修正法评估宗地地价的农用土地估价方法体系。

1997 年松阳县农用地各级基准地价表

表 18-8-1-17　　单位：元 / 亩

级别	基准计价	级别	基准计价	级别	基准计价
一级	4951	六级	3214	十一级	1774
二级	4542	七级	3077	十二级	1154
三级	4157	八级	2693	十三级	1191
四级	3909	九级	2420	十四级	931
五级	3698	十级	2072	十五级	645

土地统计

土地统计，按其内容和统计时间可分初始土地统计和经常土地统计；按其组织形式和统计的范围，可分为国家土地统计和基层土地统计。

1988 年 8 月，松阳县政府办公室下达《关于调查统计查处违章用地情况的通知》，全县开始重视土地调查统计工作。

松阳县于 1990 年 9 月至 1993 年 9 月进行的土地利用现状详查资料统计，是一次详细的初始土地统计。

1992 年 12 月，县土地管理局建立土地综合档案和土地综合统计网络。从此土地统计工作更正常化、系统化。1995 年 4 月，地区土管局下达的《丽水地区建设用地管理办法（试行）》中，对各县（市）建立健全规范用地统计制度和报件备案制度作出统一规定。

第二节　建设用地管理

中华人民共和国成立前建设用地管理

中华人民共和国成立前，建设用地一般都用自有土地，或由双方协商买卖，亦有业主自愿捐助赠送的。

民国 4 年（1915），国民政府公布《土地收用法》，规定收用土地时，应向业主交付地价、附属物赔偿费、迁移费等土地征用费。将收用土地分为官产、公产（民间共同所有）、民产三类。收用官产土地，由县政府呈请省政府转饬主管厅拨用；公产或民产，则由县政府查明后向户主收买。对自愿捐助者，视捐助之多寡酌给名誉奖励。收用之地价由县政府组织评价委员会分级评定，但最高每亩不得超过 50 元。土地收用后，田赋由收用者负担。民国 17 年 8 月，国民政府颁布《土地征收法》，征用土地一律按《土地征收法》办理。

民国19年（1930）8月，国民政府公布《中华民国土地法》和《土地法施行法》，该两法均于民国25年3月1日开始施行。《中华民国土地法》规定，土地经核准征收后，由当地政府机关公告，载明补偿费额，并通知所有权人及他项权利人。征收公告后15日内将补偿费发放完竣，即为征收结束，需用土地人始得使用。

民国22年（1933）2月，《浙江省公路管理局修筑公路迁拆地随物办法》规定，凡应行迁拆之地的附着物，经登记以后，应由物主在一个月内自行迁拆清楚，由省公路局按下列标准发给迁拆费：楼屋每椽7元，平屋每椽5元，草屋每椽3元，泥砖墙每平方米2.5元，花息每亩6元，树木每株0.1元（不满5寸者不给价），毛竹每亩不得超过20元，石坟每座不得超过20元，砖坟每座不得超过10元，泥坟每座不得超过8元，浮厝每棺2元。12月，松（阳）遂（昌）公路开工。民国24年（1935）12月，碧（湖）松（阳）公路开工。均按有关规定给予经济补偿。

民国31年（1942），《土地政策战时实施纲要》规定，为实施战时经济政策或公共建设之需要，得随时依照报定之地价，征收私有土地，并由国家发行土地债券偿付之。

中华人民共和国成立后建设用地管理

中华人民共和国成立初，国民经济处在复苏时期，非农建设用地极少。

随着经济的恢复，20世纪50年代后期，建设用地需求增多。1957年11月，浙江省人民委员会规定凡征用土地在50亩以下或移民不足50户者，仍由县、市人民委员会审查批准；凡征用土地在50亩以上或移民在50户以上者，由县、市人民委员会提出意见，报省人委审批。

1957年1月至1958年7月，松阳县各机关、事业、企业、团体共征用47亩田地，其中旱地11亩、水田36亩。多征少用现象约占30%。据此，规定凡机关、团体、事业、企业部门非生产性的建筑，基本上不准征用土地，应尽量利用祠、庙修建。在征用土地中，必须严格审批手续，凡一次征用10亩以上的，征用单位必须在征用前一个月报告县人民委员会；一次征用10亩以下的，征用前15天报告县人民委员会。各乡、镇人民委员会及其他机关、事业、企业、团体都不能批准征用土地。

1960年4月，县民政科对已征用土地进行检查，对未经批准擅自占用、多征少用或补偿不合理的分别予以处理，纠正“大跃进”以来土地平调风。此后几年对非农建设用地控制较严。

1963年4月，建立建房用地审批制度，规定社员建设占用耕地，应填写社员建房用地申请表，逐级审查后报县人委批准，业务由民政科负责。1970年8月，浙江省革命委员会规定对非生产性建设需要征用土地，不论数量多少，一律由市、县革命委员会提出意见，报省革命委员会审批。20世纪60～70年代，松阳境内非农建设用地较少，主要用于公路建设、水库建设和移民住房建设。

改革开放以后，建设用地大量增加。1986年6月25日，国家颁布《中华人民共和国土地管理法》，于1987年1月1日开始施行，1988年作修正。此后国家、省、市（地）、县各级政府和土地管理部门，对非农建设用地实行依法管理。1988年，松阳县土地管理局成立。2001年10月，松阳县土地管理局与县矿产资源办公室合并为松阳县国土资源局。

1988～2010年松阳县建设用地审批情况表

表 18-8-2-1　　　　单位：亩

年份	合计		国家建设			乡镇集体建设			农村个人建房		
	面积	其中耕地	项目	面积	其中耕地	项目	面积	其中耕地	户数	面积	其中耕地
1988	599.39	238.25	56	169.18	81.97	14	165.77	111.84	3293	264.44	44.44
1989	485.38	110.27	21	102.67	25.53	17	109.58	55.94	1893	273.40	28.80
1990	212.75	55.14	13	45.32	30.55	9	51.45	7.39	1237	115.98	17.20
1991	278.40	98.00	28	138.70	67.50	19	39.30	19.90	1474	100.40	10.60
1992	486.9	274.90	57	230.60	166.20	46	111.60	87.10	—	144.70	21.60
1993	331.61	235.15	—	145.21	144.44	—	68.90	64.24	—	117.50	26.44
1994	463.80	266.35	—	288.07	232.44	—	—	—	—	175.73	33.91
1995	631.31	471.95	—	508.08	425.31	—	1.99	1.99	—	121.24	44.65
1996	388.97	255.30	—	224.49	199.12	—	22.72	22	—	141.76	34.18
1997	524.56	327.07	—	418.38	318.06	—	0.43	0.31	—	105.76	8.70
1998	1590.3	1355.85	—	153.30	1355.85	—	—	—	—	45.6	—
1999	385.72	209.31	—	311.46	209.31	—	—	—	—	73.66	—
2000	726.27	196.95	—	602.84	196.95	—	—	—	—	123.43	—
2001	1093.96	299.70	—	1054.13	299.70	—	—	—	—	39.83	—
2002	1075.82	313.65	—	1075.82	313.65	—	—	—	—	—	—
2003	3660	1697	—	3660	1697	—	—	—	—	—	—
2005	435	326	—	435	326	—	—	—	—	—	—
2006	724	314	—	689	294	—	—	—	—	35	20
2007	4720	2737	—	4607	2650	—	—	—	—	113	87
2008	2118	730	—	2034	659	—	—	—	—	84	71
2009	3091	1572	—	2709	1278	—	—	—	—	382	294
2010	2860	1263	—	2723	1169	—	13	13	—	124	81
合计	26883.14	13346.84	175	22325.25	12139.58	105	584.74	383.71	7897	2581.43	823.52

国家建设用地管理　1988年，县政府规定国家、乡（镇）、村集体建设用地由土地管理局直接审批，私人建房用地由县计委与土管局共同下达分配给各乡镇政府审批。私人建房使用耕地的由县土管局审批，使用非耕地的由乡镇政府审批，报县土管局备案。

1990年5月，实行统一征地，县土地管理局代表县政府依法统一管理全县城乡土地和办理各项建设用地的统一征地、划拨、使用的审查和报批工作。建设单位所承担的土地补偿费、青苗费、地面附着物补偿费、安置补助费等一律由土地管理部门转付，不与被征地单位发生资金往来。1992 年 10 月，松阳县政府决定，由统一征地过渡到包干征地。1993 年 10 月，县政府根据松古盆地地貌平坦和经济落后的实际，在批转县土管局关于建设城南商业住宅区的报告中，提出“以土为本、靠地生财、以财招商、抓紧发展”的方针，促进松阳的土地有偿使用。1998 年 2 月，提出“无偿用地管紧，有偿用地搞活，工业用地优先，违法用地查处，存量土地盘活，基本农田保护，后备资源开发”的原则。2001 年 6 月，县政府颁布《征地补偿标准和安置方案公告》。

1982 年松阳恢复县置至 2010 年，城镇建设规模日益扩大，工业园区不断开发，私人建房热长盛不衰，四通八达的公路网特别是过境公路的兴建和龙丽高速公路的修建，以致国家建设用地大量增加。1982 年，县城西屏镇建成区面积 93 公顷，1991 年增加到 194 公顷，2002 年为 395 公顷。

1982 年恢复县置后，为解决机关单位的办公与生活用房，1982～1991 年，征地百余公顷，建成办公用房和单位宿舍。同时形成 1660 米长的新华大街和 740 米长的紫荆街。

1994～1995 年，为拓宽建造太平坊大街（从太平坊口至龙丽路西），新建育英路（龙丽路东至一中门口）。在一中右前侧和古安亭分别征用 10 亩和 7 亩地安置拆迁户。

1998～2002 年，新建长松（城南）路和要津（城东）路两条街道。长松（城南）路长 1750 米，宽 36 米至 40 米，是当时丽水市最长最宽的大街。

2001 年起，延伸新华街北路，长 1550 米、宽 36 米。

1982～2002 年松阳县城新建街道情况表

表 18-8-2-2

街道名	长度（米）	路宽（米）	路面用地面积（亩）	建设起始年	土地来源
新华路	1660	21	52.29	1983	耕地、拆迁
太平坊西路	550	21	23.31	1985	耕地、拆迁
紫荆路	740	18	14.85	1988	耕地、拆迁
太平坊东路	740	20	22.20	1994	耕地、拆迁
育英路	250	20	7.50	1994	耕地、拆迁
长松路	1750	36-40	101.40	1998	耕地、拆迁
环城西路	1860	25	69.75	2000	耕地、拆迁
要津路	750	32	36.00	2001	耕地、拆迁
新华北路	1550	36	83.70	2001	耕地

1983～1988 年，为安置新华路、紫荆街拆迁户和新建户，在城西土名金银花被单山丘上，建成紫荆村。1988 年，在城东荷塘畈征地 15.44 亩，建商品房 120 套，形成荷塘垡住宅小区。1994 年，县政府在城东土名蛤蟆弄征地 32 亩，供 237 户建房用；1995 年，慧明小区新村形成。同时，县政府在古安亭征地 11 亩，供 97 户居民建房，建成古安亭新村。1993 年 8 月 10 日，县政府在城南征

地 40 亩；1999 年，建成永辉（城南）小区，有居民 137 户。

1982～2002 年，松阳县城新建居民住宅小区还有大马塔、长运、醴泉、玉泉、进士、玉峰、青云、金山、凌霄、江滨、古湖、新华小区和教师新村等，小区用地面积有十来亩、几十亩、也有一二百亩的。个人建房用地少者几十平方米，多者五六百平方米。

1995～2002 年，批准房地产公司建设用地面积共 75.07 亩，其中耕地 68.11 亩，非耕地 6.96 亩。2003 年，批准房地产公司建设用地 8 宗，面积 209.06 亩；2004 年，批准房地产公司建设用地 3 宗，面积 12.23 亩；2005 年，批准房地产公司建设用地 2 宗，面积 2.37 亩；2006 年，批准房地产公司建设用地 5 宗，面积 49.41 亩；2008 年，批准房地产公司建设用地 1 宗，面积 66.72 亩；2009 年，批准房地产公司建设用地 1 宗，面积 105.64 亩。

1995 年 7 月 21 日，松阳县人民政府同意建立西屏工业小区（城东工业小区）和望松工业小区。城东工业小区为净梵寺至原松阳造纸厂省道龙丽公路两侧，长 2500 米，纵深 70～300 米，总面积为 190 公顷。望松工业小区位于马桥至乌井公路两侧，规划用地 33.33 公顷。2001 年，县政府议定开发城北工业园区，又名西屏工业园区，列入省级重点园区。该园区位于新华大街延伸段北端东西两侧，过境公路以南。全年首期征地 800 余亩。2002 年，边平整边引进县外资金 2 亿余元。

松阳县过去通车里程少，路况差，交通不便。改革开放后，特别是 1997 以来，公路建设发展迅速。新建从赤寿乡三里亭至西屏镇青蒙的二级加宽过境公路 20.6 千米（其中与龙南线重复 3.58 千米），建造西屏镇太保殿至新兴乡大石的江南公路 14 千米。开通寨头岭隧道，使西（屏）武（义）线，松阳境内的距离由 21.70 千米缩短到 12.07 千米。加宽改造上松线、西小线、王斋线、弓安线、筏樟线、西三线、瓦东线等 12 条公路线，共 112 千米。2002 年末，松阳有公路 31 条计 366.461 千米，其中省道 2 条计 86.556 千米（含过境路 17.018 千米），县道 10 条计 180.695 千米，乡道 15 条计 84.29 千米，专用线 4 条 14.92 千米；机耕路 148 条长 203.559 千米。全县有二级公路 86.556 千米，三级公路 49.6 千米，四级公路 215.6 千米。有高级、次高级公路路面 202 千米。《松阳统计年鉴》载，2002 年，全县 401 个行政村，有 377 个村通公路（包括机耕路或简易公路），占行政村数的 94%。1997～2002 年，用于公路建设用地为 1111.83 亩。

2002 年 6 月 14 日，龙丽一级公路松阳段改建工程设计方案通过省市会审，境内长 51.242 千米。途经新兴、赤寿、古市、望松、西屏、象溪、裕溪 3 个镇 4 个乡的 56 个行政村，需征地 2905.25 亩，其中水田 824.51 亩、旱地 2.58 亩、园地 679.87 亩、林地 952.73 亩、荒滩 202.38 亩、住宅 97.49 亩、其他 145.68 亩。2003 年 11 月，浙江省交通厅决定将龙丽、丽龙一级公路改建段提升为高速公路，征地面积 530.62 公顷。2005 年 3 月，龙丽高速公路松阳改建段复工建设，松阳新建段于 2005 年 7 月开工建设。龙丽高速公路松阳段于 2006 年 12 月 27 日通过交工验收，2010 年 10 月，浙江省发展和改革委员会《关于龙丽高速公路工程设计变更及概算调整批复的函》批复同意龙丽高速公路松阳段工程设计变更及调整概算。

1988～2010年松阳县国家建设用地统计表

表 18-8-2-3　　单位：亩

年份	合计	耕地	非耕地	年份	合计	耕地	非耕地
1988	169.18	81.97	87.21	2000	602.84	196.95	405.89
1989	102.67	25.53	77.14	2001	1054.13	299.70	754.43
1990	45.32	30.55	14.77	2002	1055.82	313.65	742.17
1991	138.70	67.50	71.20	2003	3660	1697	1963
1992	228.60	164.2	64.40	2004	0	0	0
1993	145.21	144.44	0.77	2005	435	326	109
1994	288.07	232.44	55.63	2006	689	294	395
1995	508.08	425.31	82.77	2007	4607	2650	1957
1996	224.49	199.12	25.37	2008	2034	659	1375
1997	418.38	318.06	100.32	2009	2709	1278	1431
1998	1530.30	1355.85	174.45	2010	2723	1169	1554
1999	311.45	209.31	102.14	合计	23680.24	12137.58	11542.66

2010年松阳县风景名胜旅游景区占地面积表

表 18-8-2-4　　单位：公顷

景点名	占地面积	景点名	占地面积
箬寮岘	2667	香乳山	300
延庆寺	450	竹溪源	100
双童积雪	700	独山	18.90
万寿山	850	西屏山	5.40
卯山	300	江滨公园	7.10
玉泉翠华	350	市政广场	2
大平田	351	儿童公园	2
合计	6103.40		

建设用地的审批权限和程序　建设用地的审批权限，在不同时期有所不同。

1953年11月，政务院规定，地方性建设事业用地不足1000亩，或迁移居民不足50户者，由县人民政府批准。1957年10月，浙江省民政厅规定，凡地方性建设用地不足50亩或迁移居民不足50户者，由市、县人民委员会批准；用地50亩以上或迁移居民50户以上者，由市、县人民委员会提出意见，报省人民委员会批准。1963年，浙江省人民委员会明示，“国家建设征用土地，统一归省人民委员会审批”。1970年8月，浙江省革命委员会生产指挥组规定，凡属生产建设征用耕地1

亩以上、非耕地3亩以上、迁移居民5户以上的，均应由市、县革命委员会审查，签署具体意见，报省革命委员会批准。凡征用耕地1亩以下、非耕地3亩以下、迁移居民5户以下的，由市、县革命委员会审查批准，报省革命委员会备案。对非生产性建设需要征用土地，不论数量多少，一律由市、县革命委员会提出意见，报省革命委员会批准。

1986年6月《中华人民共和国土地管理法》颁布，1987年1月1日实施。1987年，《浙江省土地管理实施办法》下达，使用地、批地、征地，逐步走上依法办理的轨道。

国家建设（含乡镇集体建设）征用土地，应按规定的程序办理报批手续。

中华人民共和国成立后的较长时期内，凡国家和地方建设项目需要征地的，都由建设用地单位凭上级批准的计划，由公社、镇人委审查签署意见，加盖公章后，报县人委审批，超限的再报省人委审批。

1988年9月3日，县土地管理局转发1988年8月省土管局《关于建设用地审批工作的暂行规定》，对国家建设（含城镇集体建设）征用土地的审批程序和要求作出规定。这些规定包括土地的申请、选址、补偿方案、测绘设计、报批、划拨等内容。

中华人民共和国成立初期，国家机关、部门、学校、企事业使用国有土地，由政府无偿划拨使用。

1950年8月15日，华东军政委员会《关于修建公路征用土地暂行办法》之第二条规定，因新筑路线或就原有路线加宽路基征用土地时，可经省（区）以上人民政府批准，按原主生活情形分别采取有代价或无代价的征用办法处理之。参照上述规定，20世纪50年代初期，征用集体或私有土地的补偿费，由双方协商定价或由政府核定，也有无偿赠送的。

1953年11月5日，中央人民政府政务院颁布的《关于国家建设征用土地办法》第八条规定，被征用土地补偿费，一般土地以其最近3～5年产量的总值为标准，特殊土地得酌情变通处理。对被征土地中的房屋、水井、树木等附着物及种植的农作物，均应按公平合理的代价予以补偿。第十条指出，凡因征用土地而须迁移坟墓者，必须事前通知坟主，发给适当的迁葬费用，并应照顾当地的风俗习惯妥善处理。第十三条规定，农民耕种的土地被征用后，当地人民政府必须负责协助解决其继续生产所需土地或协助其转业，用地单位亦应协同政府劳动部门和工会在条件许可的范围内，尽量吸收其参加工作。

1956年3月2日，县人民委员会对松阳县供销社为建设仓库要求拨给荒地的报告批复，“你社2月16日为建造仓库要求拨给建筑基地的问题，经研究同意将公安局操场后面与百货公司仓库基地毗连的空地拨给你社使用，计长61公尺，宽50公尺，面积3050平方公尺”。是年，将庄门乡湖溪高级社122.35亩田和6口塘划拨给国营湖溪林场，仅对地上附着物酌情补偿。

1956年8月7日，浙江省人民委员会发布《关于国家建设征用农业生产合作社土地处理意见》，规定，国家建设征用土地时，应该发给农业社土地补偿。根据征用土地的多少、被征社的土地、劳力等经济情况，分别采取不同的办法。

20世纪80年代初，松阳县征用土地采用包干总费（指土地补偿费、安置补助费、青苗补贴费、地上附着物补偿费、造地费、菜地建设费、不可预见费和土地管理费等各项费用的总计）的办法。

西屏、古市镇水田1亩3000～6000元，旱地1亩2000～4000元，非耕地1亩1500～3000元；其他乡（镇）水田1亩1500～3000元，旱地1亩1000～2000元，非耕地1亩750～1500元。

2000年6月，松阳县人民政府根据《中华人民共和国土地管理法》《中华人民共和国土地管理法实施条例》《浙江省实施〈中华人民共和国土地管理法〉办法》的有关规定，结合松阳实际，制定工业园区、教育用地征地补偿标准和安置方案。

水田每亩30000元（其中土地补偿费每亩10000元，安置补助费每亩20000元）；旱地每亩20000元（其中土地补偿费每亩6667元，安置补助费每亩13333元）；非耕地每亩15000元（其中土地补偿费每亩5000元，安置补助费每亩10000元）。

青苗补贴按“有苗则补，无苗不补”的原则执行。粮食类作物补贴，每平方米1元；当年生经济作物、蔬菜类作物补贴，每平方米2元；多年生经济作物，分大（盛产期，6年以上）、中（投产期，4～5年）、小（幼苗期，3年以下），按照农业部门的技术规范，分别计算补偿费。

2000年松阳县多年生经济作物补偿标准表

表18-8-2-5

作物种类	农业部门技术规范（株/亩）			补偿标准（元/亩）		
	小	中	大	小	中	大
柑橘、天草、脐橙类	120	120	100	600	2400	4000
桃	60	60	60	300	1200	2400
李、梨	85	85	85	425	1700	3400
枇杷	50	50	50	500	1500	2500
杨梅	30	30	30	300	900	1800
苹果	85	85	85	425	1700	3400
葡萄	400	400	400	800	2000	5000
桑树	1500	1500	1500	750	1500	3000
茶叶	6000	6000	6000	600	1500	3000
竹	600	600	600	600	1500	3000
苗木	—	—	—	600	1500	3000
药材	—	—	—	600	1500	3000
杂木	—	—	—	3元/株	6元/株	10元/株

田埂视同耕地征用。田埂经济作物按面积补偿，面积按1993年经国家验收的土地详查成果中的田埂系数进行计算；田埂上的当年生经济作物及种植期在三年以下（即小苗）的各类多年生经济作物按粮食类作物补偿，种植期在四年以上的（即中、大果树），按多年生经济作物的补偿标准进行补偿。

塘、鳖池视同水田征用。水产品捕捞补贴，每亩500元，限期捕捞；人工挖的鱼塘、鳖池开发费补贴，每亩1000元。

蔬菜大棚补贴，每平方米4元；水井补贴，每口150元；粪池补贴，每口100元；粪缸补贴，每口50元。灰铺补偿方式，灰铺征购的，土地补偿按耕地补偿标准计算，地上建筑物的补偿标准为，砖混每平方米150元，砖木每平方米100元，泥木每平方米60元，简易棚每平方米10元；灰铺拆迁安置的，不享受土地补偿和地上建筑物补偿，地上建筑物自行拆除后，根据土管部门出具的证明到建设部门办理拆迁安置手续。猪舍补偿，每平方米20元。水泥构筑的三面光渠道补偿，每米60元。水泥地面补偿，每平方米10元。围墙根据长度补偿，每米20元。坟墓一律迁到公墓山安葬。墓穴统一标准，工本费由土地管理部门与公墓业主统一结算，规定每座墓穴搬迁的补贴标准。墓穴搬迁补贴标准为三年内（含三年）土坟补偿400元，三年以上土坟补偿200元；三年内（含三年）水泥坟补偿500元，三年以上水泥坟补偿300元。时间从入葬日开始计算，空坟不补。

田间套种作物按其中的一种主要作物计算补偿费。

2010年前，松阳县征地补偿标准按照“一项目一政策”而分类实施。

乡镇村集体建设用地管理 互助合作时期，乡村集体建设除水利和少量的牛栏、灰铺、公厕外，其他甚少。1958年人民公社化后，一些社队通过平调方式建立农林场、加工场、畜牧场等农业集体企业。三年后实行“三级所有，队为基础”，普遍把土地退还给生产队。

20世纪60～70年代，农村社队建设主要是修建学校、会堂，办碾米厂，建战备粮仓库和灰寮等，一些大村建立农机修理配件厂，其用地面积不大，一般都由社队之间协商调拨，大多未办理申报批准手续。

改革开放后，乡镇村集体建设用地原则上按国家建设征用土地的程序和要求办理。

个人建房用地管理 土地私有制时期，个人在自有的土地上建房，或买田造房，无须审批手续。中华人民共和国成立后实行土地改革，无房户分到被没收的地主房屋，加上农村经济条件有限，个人建房不多，建房地基只需生产队同意即可，报批手续不完善。

改革开放后，农民要求建房逐年增加，一度少批多建、未批先建、乱占滥用耕地现象时有发生。国务院1981年4月11日发出《关于制止农村建房侵占耕地的紧急通知》，同年9月，省政府颁发《关于国家征用土地和农村社队建设用地管理办法》，县政府根据相关规定，采取相应措施，规范个人建房用地管理，由生产大队（后为村民委员会）统一安排，做到计划用地，提倡原拆原建，充分利用原有宅基地。城镇规划区内建房和拆旧建新，都要服从城镇规划，经建房户申请，生产队、生产大队（村委会）签署意见，由公社（后为乡镇政府）审查报县批准。城镇非农业居民建造新房，占用集体土地，依照国家征用土地手续报批，给生产队以经济补偿，经批准后获得土地使用权方可建造，土地所有权属国家。

1988年9月3日，松阳县对国家建设（含城镇集体建设）征用土地报批工作及农村私人建房用地办理程序和要求均作出具体规定。

1992年11月11日，松阳县结合农村宅基地有偿使用实际情况，作出有偿使用收费规定。省定额使用面积范围内的年收费按0.05～0.10元/平方米收取（省定额面积，大户6人及以上140平方米，4～5 人 120 平方米，1～3 人 100 平方米），超过省定额使用面积的收费标准按 1～50 平方米每平方米收 0.1 元；51～100 平方米，每平方米收取 0.2 元；101～150 平方米每平方米收取 0.4 元；151～200 平方米，每平方米收取 0.8 元；200 平方米以上，每平方米收取 2 元。

1993 年 11 月 24 日，松阳县规定乡（镇）村办企业（不包括挂靠企业）占用耕地每亩收取造地费 500 元，农民私人建房占用耕地按每平方米 1.5 元收取。

1990～2002 年松阳县私人建房面积表

表 18-8-2-6　　单位：亩

年份	户数	用地面积					
		面积	其中耕地	城镇居民户		农业人口	
				户数	面积	户数	面积
1990	1863	115.98	17.20	—	—	—	—
1991	1087	100.40	10.60	—	—	—	—
1992	1668	144.70	21.60	—	—	—	—
1993	1246	117.50	26.44	—	—	—	—
1994	1948	175.73	33.91	—	—	—	—
1995	1638	121.24	44.65	68	8.80	1570	112.44
1996	1371	141.76	34.18	17	1.90	1354	139.86
1997	1044	105.76	8.70	8	0.70	1036	105.06
1998	881	80.40	—	371	43.80	510	45.60
1999	679	73.66	—	93	15.90	586	57.76
2000	937	123.43	—	193	37.74	746	85.69
2001	1058	162.80	—	528	123.00	530	39.80
2002	874	288.70	—	—	—	—	—

砖瓦窑用地管理　随着经济的发展，各项基本建设项目和私人建房的增加，砖瓦特别是砖的需求量猛增，供不应求，因而在农村任意毁田取土、占田建窑，毁坏农田情况较为严重。20 世纪 80 年代，西屏镇瓦窑头村有 100 余户，办有 11 个砖瓦窑。

1989 年，县政府结合松阳的实际情况，制定严格砖瓦窑用地管理的若干规定。包括严格的审批程序、较高的管理费和复垦押金标准以及查处规定。

临时用地管理　临时用地主要指主体工程施工过程中堆料、运输以及修建为主体工程施工服务的施工所使用的土地。待主体工程施工结束，临时用地就不再需要，予以整修就可归还原土地使用权者，其经济补偿一般根据地块大小、区位、效益和租用时间长短，由双方协商而定。

建设用地计划管理

从 1987 年开始，县政府对非农业建设用地实行计划指标控制。每年均编制计划并检查执行情况。

编制建设用地计划是根据历年的实际用地情况，参照该年度的用地预计数，在每年第四季度提出下一年度的用地指标，由县计委和土地管理局联合调查，共同编制出年度用地指数，上报省、地（市）有关部门。上级主管部门根据上报计划，于每年上半年将用地指标下达到县计经委和土地管理局。

1987 年开始实施用地指标时，国家、集体用地由县统一掌握使用，不作分解，只将农宅建设用地指标分解到乡镇。参照各乡镇上年建房用地数、总农户数、耕地占有面积、集镇建设等情况，计算建房比例，提出参数，将用地指标分解到各乡镇，由乡镇政府统一安排掌握，并按规定程序办理用地审批手续，不准跨年度使用，不准年终突击分配，由各乡镇认真执行，严格把关，不准突破。

1997 年 8 月，松阳县下发《关于下达农村个人建房用地计划及造田造地的通知》，指出根据地区计委和土管局下达松阳 1997 年土地开发利用计划，结合各乡镇上年度农村个人建房用地实际，以及县政府与乡镇签订的耕地保护目标责任书，经综合平衡，编制当年度农村个人建房用地计划及造地计划。

1997 年松阳县农村个人建房用地及造田造地计划及执行情况表

表 18-8-2-7　　　　单位：亩

行征单位	用地计划			造田造地计划	年终数	
	合计	耕地	非耕地		用地数	开田造地数
全县	117	0	117	750	107	2995.95
西屏镇	15.5	0	15.5	100	18.8	—
古市镇	11.5	0	11.5	40	8.4	—
象溪镇	7.5	0	7.5	80	5.6	—
大东坝镇	7.5	0	7.5	60	3.3	—
玉岩镇	7.5	0	7.5	20	4.1	—
望松乡	7.5	0	7.5	80	17.7	—
斋坛乡	6.5	0	6.5	40	7.3	—
叶村乡	6.5	0	6.5	60	2.5	—
三都乡	4.5	0	4.5	40	1.3	—
四都乡	2.5	0	2.5	5	0.6	—
竹源乡	2.5	0	2.5	10	0.3	—
赤寿乡	7.5	0	7.5	80	9.3	—
新兴乡	6.5	0	6.5	20	8.8	—
樟溪乡	6.5	0	6.5	20	7.9	—
谢村乡	2.5	0	2.5	10	0.7	—
新处乡	2.5	0	2.5	10	0.8	—
裕溪乡	3.5	0	3.5	10	1.2	—
板桥乡	3.5	0	3.5	50	1.7	—
安民乡	2.5	0	2.5	5	0.5	—
枫坪乡	2.5	0	2.5	10	6.2	—

1988～2010年松阳县各项建设用地计划及执行情况表

表 18-8-2-8　　单位：亩

年度	计划数与执行数	合计			国家建设			乡镇集体建设			农村个人建房		
		计	耕地	非耕地	计	耕地	非耕地	计	耕地	非耕地	计	耕地	非耕地
1988	计划数	665	300	365	—	—	—	—	—	—	—	—	—
	执行数	599.39	238.25	361.14	169.18	81.97	87.21	165.77	111.84	53.93	264.44	44.44	220
1989	计划数	605	276	329	—	—	—	—	—	—	—	—	—
	执行数	485.65	110.27	375.38	102.67	25.53	77.14	109.58	55.94	53.64	273.40	28.80	244.60
1990	计划数	628	291	337	—	—	—	—	—	—	—	—	—
	执行数	212.75	55.14	157.61	45.32	30.55	14.77	51.45	7.39	44.06	115.98	17.20	98.78
1991	计划数	540	225	315	—	—	—	—	—	—	—	—	—
	执行数	278.40	98.00	180.40	138.7	67.50	71.20	39.30	19.90	19.40	100.40	10.60	89.80
1992	计划数	600	320	280	—	—	—	—	—	—	—	—	—
	执行数	486.90	274.90	212.00	230.6	166.20	64.40	111.60	87.10	24.50	144.70	21.60	123.10
1993	计划数	525	285	240	—	—	—	—	—	—	—	—	—
	执行数	331.61	235.15	96.46	145.21	144.44	0.77	68.90	64.27	4.630	117.50	26.44	91.06
1994	计划数	773.50	512.50	261.00	—	—	—	—	—	—	—	—	—
	执行数	463.80	266.35	197.45	288.07	232.44	55.63	—	—	—	175.73	33.91	141.82
1995	计划数	735	480	—	—	—	—	—	—	—	—	—	—
	执行数	631.31	471.95	159.36	508.08	425.31	82.77	1.99	1.99	—	121.24	44.65	76.59

续表 18-8-2-8-1

年度	计划数与执行数	合计			国家建设			乡镇集体建设			农村个人建房		
		计	耕地	非耕地	计	耕地	非耕地	计	耕地	非耕地	计	耕地	非耕地
1996	计划数	520.5	285	235.5	—	—	—	—	—	—	—	—	—
	执行数	388.97	255.30	133.67	224.49	199.12	25.37	22.72	22	0.72	141.76	34.18	107.58
1997	计划数	540	—	—	—	—	—	—	—	—	—	—	—
	执行数	524.56	327.07	197.49	418.38	318.06	100.32	0.43	0.31	0.12	105.76	8.70	97.06
1998	计划数	—	—	—	—	—	—	—	—	—	—	—	—
	执行数	1590.3	1355.85	234.45	1530.30	1355.85	174.45	—	—	—	45.6	—	45.6
1999	计划数	315	220.5	94.5	—	—	—	—	—	—	—	—	—
	执行数	385.12	209.31	175.81	311.46	209.31	102.15	—	—	—	73.66	—	73.66
2000	计划数	—	201.89	—	—	—	—	—	—	—	—	—	—
	执行数	726.27	196.95	529.32	602.84	196.95	405.89	—	—	—	123.43	—	123.43
2001	计划数	—	299.70	—	—	—	—	—	—	—	—	—	—
	执行数	1093.96	299.70	794.26	1054.13	299.70	754.43	—	—	—	39.83	—	39.83
2002	计划数	—	—	—	—	—	—	—	—	—	—	—	—
	执行数	1075.82	313.65	762.17	—	—	—	—	—	—	—	—	—
2003	计划数	3660	1697	1963	—	—	—	—	—	—	—	—	—
	执行数	3660	1697	1963	3660	1697	1963	0	0	0	0	0	0
2004	计划数	0	0	0	0	0	0	0	0	0	0	0	0
	执行数	0	0	0	0	0	0	0	0	0	0	0	0

续表 18-8-2-8-2

年度	计划数与执行数	合计			国家建设			乡镇集体建设			农村个人建房		
		计	耕地	非耕地	计	耕地	非耕地	计	耕地	非耕地	计	耕地	非耕地
2005	计划数	435	326	109	—	—	—	—	—	—	—	—	—
	执行数	435	326	109	435	326	109	—	—	—	—	—	—
2006	计划数	724	314	410	—	—	—	—	—	—	—	—	—
	执行数	724	314	410	689	294	395	—	—	—	35	20	15
2007	计划数	4720	2737	1983	—	—	—	—	—	—	—	—	—
	执行数	4720	2737	1983	4607	2650	1957	—	—	—	113	87	26
2008	计划数	2118	730	1388	—	—	—	—	—	—	—	—	—
	执行数	2118	730	1388	2034	659	1375	—	—	—	84	71	13
2009	计划数	3091	1572	1519	—	—	—	—	—	—	—	—	—
	执行数	3091	1572	1519	2709	1278	1431	—	—	—	382	294	88
2010	计划数	2860	1263	1597	—	—	—	—	—	—	—	—	—
	执行数	2860	1263	1597	2723	1169	1554	13	13	0	124	81	43

说明：因 2002 年只有合计执行数，故后三项分类数统计至 2001 年

第三节　土地资源税费

（本节部分内容与第三编“自然资源”第一章“国土资源”第二节“土地制度”内容互为补充）

赋税

田赋　田赋是中国历代统治阶级，对田、地、山、河塘所征收的税，有实物（谷、米或棉麻等）或折征银钱，故别称钱粮。春秋后期为中国田赋之始。

唐时有田租和地税，实行两税法。田租及庸、调并入地税户税，分夏秋两次征收。至宋朝，将唐之户税与斛斗（地税）按田亩征收，赋额增加。官田、民田税项均称赋，田赋名始于此。元代，地丁征米、粟，称税粮。明代，官、民田所征田赋、科赋轻重不同。至明中叶，行“一条鞭法”，徭役、土贡等逐渐折征银两，并入田赋。清代的田赋征收，因袭明制。清朝初期，松阳全县承粮额田 227332.55 亩，亩征大米 4 合 3 勺，征银 8 分 1 厘。全县田赋共额银 18531 两 4 钱 4 分 2 厘，田赋米 967.5 石。至清雍正时，“摊丁入地，地丁合一”，田赋渐成地方主要财政收入。道光十六年（1836），全县田赋额田 151189 亩，地 9487.2 亩，滩地 44.17 亩，山 78657.29 亩，塘 983.2 亩，共征田赋米 687.1 石，征银 13942.492 两。清末，赋外税目巧立，无形中加重田赋。辛亥革命后，将漕粮、芦课及各种官田课统称田赋。

民国 15 年（1926），松阳全县征收田赋米 352 石（第二年改征稻谷），折征银元 1163 元，地丁折征银元 2429 元。民国 31 年开始，将地丁更名为上期田赋，抵补金改名下期田赋，正税银每两折银元 1.8 元，每石米折银 3.3 元。田赋外还有省、县两级的各项附税附捐，按田亩摊派，加入正赋一并征缴。诸如军事善后特捐、建设特捐、乡镇自治附捐、教育附捐、保卫团亩捐、农民飞机捐、整理土地事业费等，税目繁多，捐额往往超过正税，民不堪负。

民国末期，加入田赋的各种附捐的名目，年渐苛繁。民国 35 年（1946），又设立“随赋借购粮”等项。《松阳县政府各种债负科款须知及征收报表》记载，是年全县除田赋外，共向农民借购稻谷 36076.04 石。

农业税　1949 年春，松阳解放初始，遵照《征借粮秣暂行办法》的规定，向地主、富农、中农及祠堂、庙宇征借粮食，给以临时票据。届时，凡有农业税任务的，可凭票抵交任务，无农业税任务的，悉数返还粮食。

1949 年 10 月，《浙江省征收农业税暂行办法》（草案）（以下简称《办法》）颁布。此为中华人民共和国征收农业税之始。《办法》规定，以农业生产之田为根据，以收益者为对象，不论自耕、租出或佃入，概由收益者缴纳。同时规定，税额以农户占有田亩面积及土质、水利等条件，将全县土地划为 4 等 19 个税级，按率计征，任务责任到户。1950 年 9 月，中央人民政府颁布《新解放区农业税条例》（草案），规定农业税按农户人均占有土地的常年产量，实行 40 级全额累进税率计征。其时，农业税主要由地主、富农负担，贫农负担较少，雇农基本没有负担。

1951年，土地改革基本完成，生产关系发生根本变化。完成土改的地区实行23级全额累进税率，对常年产量人均150斤以下的农户，按8%税率计征，2000斤以上的农户按30%税率计征。1952年，政务院对《新解放区农业税暂行条例》进行修改。松阳县按《晚解放区已经完成土地改革地区的累进税率》实施，照顾贫苦农户的困难，扩大富裕户的纳税面。1952年，经复查后调产，核定全县计税面积205400亩，常年产量84725400斤，平均税率17.5%。负担渐趋合理。

1953～1957年，仍执行1952年订的24级全额累进税率。1958年6月，中央颁布《中华人民共和国农业税条例》，贯彻稳定负担、公平合理原则，鼓励增加生产。农业合作化后，纳税人改为农业社集体。是年，省规定松阳县调产幅度为5.6%；新税率为16.2%，较前税率降低1.1%。全县全年正税计征额稻谷14750000斤，少于1957年。

1959年，农业税以人民公社生产大队为纳税单位。至1979年，纳税复以生产队为单位。人均自产口粮不足400斤、经济收入不足50元者，免征农业税。1981年始，搞双包责任制的生产队，农业税落实到户，由户负担。1983年，停止执行农业税起征点征收办法。对纳税确有困难的生产队和农户，采取社会减免照顾，即困难减免。涵括对贫瘠山区、少数民族及革命老根据地的减免，还有灾情减免，此外还有不同时期的属于政策性的奖励和优待减免。

1985年4月1日始，农业税不再征收粮食，改为折征代金，价格按“倒三七”比例收购价计算（30%按原统购价，70%按原超购价）。

1986年，农业税恢复“实物征收，货币结算”办法。2002年始，松阳县不再征收实物，全部改征“代金”，实物税历史至此结束。2006年开始，全国免征农业税。

农林特产税为农业税的组成部分，亦称随售随征农业税，其征收办法主要委托收购单位代征。在市场出售的由财税部门自征，或辅之查账征收，或组织“源头”征收。

契税

土地税 简称地税。它是以土地为课税对象所征税收的总称，涵括地价税与土地增值税，为田赋外税种之一。其征收对象为城乡宅地、农地。纳税义务人是土地所有权人。税额则根据土地的价格、面积或收益等计征，总额以累进税率征收，从价而征。

而地价据面积、地理位置及某地块的商品价值，也会受市场供求关系影响，或上涨或下跌。

清中叶，松阳县曾试行在房地产产权转移、变更时，将地税纳入“印花税”，或单独立目征收，名为土地税。至民国后期，又按地价总额，以累进税率征收。凡地价总额未超过累进起点者，其税率15%，超过5倍以内部分，加征2%，再超过5倍的，加征3%，以后每超过5倍者，继续加征至5%止。

民国末期，松阳县征收土地税和土地增值税。倘有迟缴者，则加收罚锾金。民国35年（1946），全县税课收入6015.69万元，其中土地税2623.30万元，土地增值税12223元，罚锾437.18元（滞纳金）。

城镇土地使用税、增值税 中华人民共和国成立初始，曾有过地产税。1951年秋，即与房产税合二为一，易名城市房地产税。20世纪70年代，并入工商税。

1988年9月，国务院颁布《中华人民共和国城镇土地使用税暂行条例》，于是年11月1日起施行。规定土地使用税每平方米税额县城、建置镇、工矿区0.2～4元，由所在地的税务机关征收。土地管理机关，应向税务机关提供土地使用权属资料。

1993年12月13日，《中华人民共和国土地增值税暂行条例》公布，1994年1月1日起施行。凡转让国有土地使用权、地上建筑物及其他附着物并获取收入的单位和个人，即为土地增值税的纳税义务人，应按上述条例缴纳土地增值税。

耕地占用税 1987年4月1日，国务院颁行《中华人民共和国耕地占用税暂行条例》，规定凡经批准占用耕地建房，或者从事其他非农业建设的单位和个人，都是耕地占用税的纳税义务人，缴纳耕地占用税以实际占用耕地面积计税，按规定税额一次性征收。

从1988年始，对乡、镇、村私人建房征缴耕地占用税。松阳县为四类地区。凡建置镇范围内，每亩税额4000元，其余乡镇每亩税额3000元。农业户口建造自用住宅减半征收。对老、少、边、穷山区，生活确有困难的农户及农村革命烈属、残废军人、鳏寡孤独，纳税确存困难的，按《中华人民共和国耕地占用税暂行条例》第七条规定办理。凡征过耕地占用税后，经核实确系占用农业税计征土地的，其计税产量税额予以核减。

1988年9月，松阳县置订《关于加强耕地占用税征收工作及管理办法的联合通知》，规定在落实好审批用户耕地的同时，根据用户审批的耕地面积，在征收造地费的同时一并征收耕地占用税。松阳耕地占用税征收标准为：公路用地每亩1333元，西屏、古市2个镇的非农业人口占用耕地建房，每平方米征取占用税6元。2个镇外的非农业人口，每平方米征取4.5元；农民按上述标准减半征收。农业户与非农业户的划分，以审批户的户主为准。1992年7月1日始，农业户每平方米按1.5元征收，非农业户每平方米收3.25元。

耕地占用税，原由乡镇财政征收，1988年始，改由土地管理部门在办理审批建房手续时与造地费等一起征收。所征税款由土管局用缴款书解缴国库。1994年，浙江省财政厅下发《关于加强耕地占用税征管工作的通知》，规定从1994年1月1日起，耕地占用税收入体制下放，减免税收权限不变。收入作为市县固定收入，中央和省不再参加分成。各地必须实行“先纳税，后用地”的原则。

田地房宅契税 旧时，政府对典、买田地房宅订立契约的按价款征收的税。田地房宅产权转移订立的契据，经官验印时，政府即据契约上之价格，依率计税，由所有权接受方缴纳。

中国的契税肇始于东晋时的估税。宋开宝二年（969）规定，典买田地房宅，应在两月内向官输钱，请求验印，名印契钱。庆历四年（1044）春，规定价款每贯收缴契税钱四十文。至北宋宣和末年，税额增加。

元、明、清，都收契税。清初定制，置买田地房宅，价银每两纳税3分，属典当的，典当10年以上者，另征杂费；典当有按买契同等征收者，也有减半征收的，税率不一。光绪二十七至二十九年（1901～1903），清政府为筹集“庚子赔款”，要每户投契，粘契1张，不论契价多少，一律捐银一两，折合银元1.5元，名契尾税。至清末，始制定契税试办章程，规定买契按价款征收9%，典契征6%，并规定由受方负担。其时，除正税外还有附加。规定若有逾期未缴或隐匿等情况，经查实得处以罚锾金（滞纳金）。

民国时期随同契税征收的，民国初期有验契费、契纸费；全面抗战时期，增收注册费等附加税费，还要追收受业人的过户手续的推收费。

民国 28 年（1939），松阳全县征契税 7741 元，收契纸费 907 元，验契费 100 元，滞纳金 997 元，合计 9745 元。

民国 35 年（1946）《松阳县政府总会计·岁入累计表》记载，截至是年 12 月 31 日，全县征收契税 1365475 元，征得契税附加 742665 元，有时课以房产租赁契约税。下半年，民国政府修正税率，且规定买、赠占有契征收 6%，典契 4%，交换或房地产分割契 2%。民国 36 年初，浙江省政府规定，不领用官定契约纸的处以罚金 1000 元，后罚金提高到 20000 元。民国 37 年，契税改用金圆券计算征收。

1950 年 3 月，政务院颁行《契税暂行条例》，规定，凡土地、房屋的买卖、典当、赠与或交换，均应凭土地使用权证、房屋所有权证，由承受人依照规定向契税机关交纳契税。当时所定的契税率低而稳定，按买价的 6%计征。赠与则按当时的现值价格，征收率也为 6%。交换的价值相当部分免交，超出部分则按规定税率计征。

1952 年 10 月，省政府制订的《修正浙江省契税条例施行细则》规定，买契税按买价征收 6%；属交换的房地产，对超过部分价格，按买契税率征收；典契税按典价征收 3%；赠与契按当时现值价格征收 6%。

凡交换之土地房屋，双方价格相等，可免征。若是人民群众捐献给机关团体的房地产，按赠与契约纳税。各机关与人民间，倘有土地房屋买卖、典当、赠与或交换行为者，均需交纳契税。房产分析契及继承契据，免征。

松阳县征收契税，始于 1953 年 3 月。是年，共接办各类房地产契据 3500 余件，征得契税款 2320 余元，收契纸工本费 680 余元，滞纳金 11 元。

1954 年 6 月，政务院对 1950 年公布实施的《契税暂行条例》作部分修正，规定机关、部队、学校等，受国家补助的团体、国营或地方国营企业与事业单位，凡有土地房屋买、典、承受赠与或交换行为者，免纳契税。1955 年，农业合作化以后，土地归集体所有，土地不准自由买卖，契税的征收范围仅限于房产，征额甚微。

1988 年，松阳县进行城镇房地产登记，丈量四至并确权时，结合征收契税，税率为 6%。

1997 年 10 月 10 日，国务院颁行《中华人民共和国契税暂行条例》，降低征税率，将原来的 6%税率降至 3%。土地使用权出让、转让，一并列入征收。免征契税范围则严格按国务院的有关规定执行，缩小减免范围。

其他规费

土地管理费　1984 年，中华人民共和国农牧渔业部、国家计委、城乡建设部和浙江省农业厅、省计经委、省城乡建设厅等部门对土地管理费征收，都有明文规定，以征地（划拨、使用、借用）费用总额的 1～2%计收；统一征地的收 3～4%；私人建房每平方米收 0.5 元。2002 年 1 月，私人建房的土地管理费取消。

造地费 1982年，省政府就征用耕地收缴造地费发出通知，将收费标准按地区划出等级，并规定造地费只限于投资造地。1982～1986年，松阳县共收造地费39.36万元，推动开田造地工作。1986年，省政府规定除杭州、衢州等8个地区外，其他地方使用1亩耕地，缴纳造地费1000元。若使用城郊蔬菜基地的菜地，每亩缴纳菜地建设费1000元，不另缴纳造地费。经批准使用的计税耕地，凡缴纳造地费的，免交农业税。

1999年，省政府把原造地费和耕地复垦费合并为耕地开垦费，其收费标准为每亩5000元。从2001年1月1日始，按每平方米10元、占用基本农田的每平方米加收15元的标准收取。

土地使用权出让金、转让金 各级政府土地管理部门，将土地使用权出让给土地使用者，按政策规定，向受让人收取的土地出让的全部价款（指土地出让的交易总额）及土地使用期满，土地使用者需要续期所缴纳的续期土地出让价款。原通过行政划拨获得土地使用权的土地使用者，将土地使用权有偿转让、出租、抵押作价入股和投资，按规定补交的土地出让价款。

国务院和财政部明文规定，土地出让金应全部上缴财政，由财政列入预算，专款专用。

土地使用权转让，是指土地使用者将土地使用权再转移的行为，包括出售、交换和赠与。土地使用权及其地上建筑物，其他附着物所有权转让时增值的，转让人应在合同签订之日起30日内，按相关规定标准缴纳增值费。凡增值1倍以下的，缴纳增值额的10%；增值1倍以上至2倍的，缴纳增值额的15%；增值2倍以上至3倍的，缴纳增值额的20%；增值3倍以上的，缴30%。

增值额按土地使用权及地上附着物，或其他附着物所有权转让时的价格，减去收回成本后的余款计算。可收回的成本，含土地使用权出让金、地上建筑物、其他附着物未折旧定的减值及开发建设投资贷款利息等。可收回成本，当由土地所在地人民政府指定的部门核定。凡属房屋预售的，须另按有关规定办理审批手续。

违法占地罚款 凡违反《中华人民共和国土地管理法》的，所有未经审批便占地使用的行为，都属违法占地行为。

1985年始，松阳县在全县范围内开展有关土地的国策宣传、教育，对非法买卖土地、违法占地或以田报地、批地建田、批东建西、少批多建、乱占滥用耕地现象，进行制止和查处。

对农村集体企业、事业单位，未经批准占用集体土地兴建的建筑物，凡不符规划，影响交通、卫生、电信等设施的，限期拆除，退地还耕；不能拆除的予以没收或罚款，农田每平方米罚10～25元，旱地每平方米罚3～10元。任何单位和个人，买卖或变相买卖土地，一律无效，没收非法所得，并对买卖双方处以罚款。

农村农民未经批准，擅自占地建房的，凡不符合村镇规划破坏布局的，一律拆除，退还耕地；若村镇规划尚未做好的村镇，其住房确有困难，可从轻处罚，每平方米农田罚款3～10元，旱地每平方米1～5元。不符合村镇规划的，予以拆除。房屋不能拆除的，农田每平方米罚款10～25元，旱地每平方米罚3～10元。弄虚作假，批东建西，有碍布局，影响交通、电信等情况，一律拆除，不能拆除的，农田每平方米罚款5～10元，旱地每平方米罚款1～5元。未经批准擅自建造牛栏、灰铺、仓库、晒场等生产设施的，又有碍交通等情况的一律拆除。

专业户、重点户未经批准占用集体土地，建造专业生产设施，凡符合规划要求和专业生产建房条件的，给予罚款处理。农田每平方米罚款3～10元，旱地每平方米罚款1～5元。不符则拆除。凡城镇居民、农村非农业户，未经批准，侵占或购买集体土地建房的，予以没收或处以罚款，农田每平方米罚款10～25元，旱地每平方米罚款5～10元。其他未经批准的占地行为，视不同情况予以不同形式的处罚。

建设用地审批程序及有关税费　建设占用土地，务须依法办理建设用地审批手续。凡涉及农用地转用、土地征用的建设用地，均须逐级报省政府审核、审批。其中按规定须经国务院批准的，由省人民政府审核后，报国务院审批。

《中华人民共和国土地管理法》实施前的存量建设用地，暂按浙江省原建设征（使）用非耕地的审批程序和权限报批。其中，征用集体所有的存量建设用地，按季以市（地）为单位集中上报省土管局备案。20亩以下的，由地（市）县审批，然后报省备案，得到省里认可方可投入使用。

农村住房建房，必须符合乡（镇）土地利用总体规划和村镇规划，严格执行一户只能拥有一处宅基地和拆旧房建新房的规定。宅基地面积标准暂按原标准（125～140平方米）执行。

建设用地凡涉及耕地的，按《中华人民共和国土地管理法》规定执行新的征用耕地补偿标准。征用其他土地的，参照征用耕地补偿标准确定。

非农业建设占用耕地（含桑、茶、果园及养殖水面），在办理农用地转用审批时，应按规定足额缴纳耕地占用税。同时，须遵照“占多少、垦多少”原则，由占用单位负责开垦与所占耕地数量和质量相当的耕地。没条件开垦新耕地的，收取耕地复垦基金和造地费。征用基本农田和城郊蔬菜基地的，用地单位应缴纳基本农田保护费和新菜地开发建设基金。

土地使用权申报登记发证费　1988年12月至1991年7月，每本证征收19.30元，其中印花税5元，代复印费0.3元，申报费5元，证书成本费每本9元。1991年8月，浙江省土地管理局、浙江省物价局、浙江省财政局联合转发国家一部三局关于土地登记收费及其管理办法，对费税标准作出调整。

党政机关、团体的土地使用面积在2000平方米（含此数）以下，每宗地收200元，每超过500平方米内加收25元，最高不超过700元。企业土地使用面积在1000平方米（含此数）以下的，每宗地收100元，每超过500平方米内加收40元，最高不超过40000元。全额预算管理事业单位用地，执行党政机关、团体的收费标准；差额预算管理事业单位土地使用面积在5000平方米（含此数）以下，每宗地收300元，每超500平方米内加收25元，最高不超过10000元；自收自支预算管理事业单位用地，执行企业收费标准。城镇代住房用地，面积在100平方米（含此数）以下的，每宗地收13元，每超过50平方米内加收5元，最高不超过30元。农村居民生活用地，面积在200平方米（含此数）以下的，每宗地收5元，200平方米以上的，每宗地收10元。此项收费于1994年7月29日取消。

个人每证收5元；单位每证10元；“三资”企业和其他用国家特制证书的，每证收20元。

新菜地建设基金、复垦费　凡征用经县（市）、市（地）和省农业（蔬菜）行政管理部门、土地管理部门审核同意，并由省土地管理部门报省政府批准的城镇常年蔬菜基地和后备基地，用地单位务须按规定缴纳菜地开发建设基金。菜地开发建设基金的收取标准，由省政府确定。1994 年 3 月，征用菜地的菜地建设费标准为 20000 元。

1988 年 11 月，中华人民共和国国务院发布《土地复垦规定》，对在生产建设过程中，因挖损、塌陷、压占等造成破坏的土地，须采取整治措施，使其恢复到可供利用状态。1993 年 6 月，省政府制定《浙江省土地复垦办法》，规定土地损失补偿费，分为耕地损失补偿费和其他土地损失补偿费。耕地损失补偿费 以实际造成减产前 3 年的平均产量为计算标准，由企业或个人，按各年造成的实际损失，逐年支付相应的损失补偿费，集体经济组织承包复垦其原有的土地，补偿年限应按合同规定的合理工期确定。其他土地的损失补偿费，参照上述原则确定。

抛荒处罚　1998 年 11 月，省政府制定《浙江省耕地抛荒处罚办法》，规定凡单位或个人承包经营的耕地，全年抛荒的，由乡（镇）人民政府向承包经营者收取相当于当地同类土地种植业年产 3 倍的抛荒费；季节性抛荒的，乡（镇）人民政府可向承包者收取每亩 300 元以上、500 元以下的抛荒费；对自然条件宜种植三季、只种植两季农作物的，给予警告或通报批评。承包经营的耕地，连续 2 年抛荒的，原发包单位应当终止土地承包合同，并收回土地承包权证。所收回的承包权证，上交县级人民政府农业承包合同主管部门予以注销。

地价评估费　1994 年 12 月，国家计划委员会、国家土地管理局联合下发《关于土地价格评估收费的通知》，规定对土地价格评估实行有偿服务。土地价格评估收费，是房地产市场重要的经营性中介服务收费行为。评估机构要按照“自愿委托，有偿服务”的原则，与委托方签订合同，开展评估服务工作，收取合理费用。各级物价、土地部门应加强土地评估收费的监督检查。

第四节　国土资源监察

组织建设

1988 年 3 月前，松阳县土地管理局尚未成立。境内城乡居民申办土地使用事宜，由县农牧特产局（内设土地管理办公室）、县城乡建设局联合办理；对城乡居民侵占耕地、买卖土地、违章建房、违章使用土地等情况，概由上述 2 个单位会同当地乡镇人民政府共同处理，未设专业土地监察组织。

1988 年 3 月，松阳县土地管理局成立，土地监察由局组织人员承办。1989 年 2 月，县土管局内成立松阳县土地监察中队，监察人员均为兼职。3 月，设立地政监察股，与监察中队合署办公。1993 年 11 月，与县公安局联合设立县公安局土地管理治安科。1997 年 12 月，设立松阳县土地执法大队，与地政监察股合署办公，系一个班子两块牌子。原公安局土地管理治安科的建置随之终止。

1990～2002年松阳县土地监察受理情况表

表 18-8-4-1

分类/数量/年份	违法占地										小计	权属争议					征地纠纷				咨询建议				非本系统业务	合计	案发时间		重复来信	联名来信	办理情况						
							毁坏资源																								领导干部						
	擅自占地	越权批地	未批先占	批少占多	非法转让	骗取批准	挖土开矿	建砖瓦窑	荒芜土地	取土制砖		历史遗留	现实发生	宅基地纠纷	国家集体与国家集体	小计	拒征	安置补偿	土地交付	小计	咨询	建议	检举土管干部	小计			一九八七年前	一九八七年后			阅读	办案	交办	自办	立案	结案率	上级下级
1990	12	0	—	86	10	3	—	9	0	—	120	—	34	131	15	180	—	—	—	—	4	0	0	4	5	309	—	—	49	—	—	—	—	—	309	100%	—
1991	54	8	—	37	10	6	—	1	6	—	122	—	8	53	19	80	—	—	—	—	4	5	14	23	0	225	—	—	31	—	—	—	—	—	198	88%	—
1992	29	3	—	7	2	9	—	0	0	—	50	—	0	35	14	49	—	—	8	8	3	6	7	16	4	127	—	—	58	—	25	—	—	—	105	88%	—
1993	25	3	—	2	11	6	—	0	0	—	47	—	0	25	-	25	—	—	1	1	0	4	8	12	4	89	—	—	26	—	20	—	—	—	69	93%	—
1994	49	0	—	2	10	0	—	30	0	—	91	—	0	22	5	27	—	—	1	1	0	6	0	6	0	125	—	—	15	—	25	—	—	—	101	85%	—
1995	11	2	16	3	8	1	—	1	0	0	42	1	5	14	0	20	—	1	0	1	5	6	0	11	1	75	1	—	41	2	26	2	50	23	1	100%	—
1996	5	3	15	1	8	0	—	3	0	0	35	0	1	10	0	11	—	1	0	1	1	8	0	9	5	61	1	—	9	1	28	7	37	17	0	0	—
1997	4	3	15	2	14	0	—	0	0	2	40	3	5	4	0	12	—	1	0	1	2	8	1	11	1	65	3	—	13	0	36	15	26	24	7	100%	—
1998	6	2	26	2	4	1	1	0	1	0	43	3	3	4	0	10	—	1	0	1	5	11	0	16	0	70	3	67	31	4	31	0	41	27	0	0	—
1999	19	2	33	3	13	1	4	0	5	0	80	21	6	6	0	33	1	3	0	4	12	20	0	32	1	150	14	138	55	20	40	0	94	55	0	0	13
2000	11	5	38	5	8	4	1	0	0	2	74	9	1	2	0	12	0	1	0	1	7	23	0	30	1	118	9	109	42	29	27	0	78	40	0	0	6
2001	6	0	35	4	6	4	0	0	6	3	64	2	7	0	0	9	0	3	0	3	5	17	0	22	3	101	2	99	39	17	25	5	70	31	14	100%	16
2002	1	0	24	0	8	5	6	0	1	0	45	0	0	1	0	1	0	5	0	5	8	6	0	14	0	65	0	66	18	16	30	4	41	25	11	100%	13
合计	232	31	202	154	112	40	12	44	19	7	853	39	70	307	53	469	1	16	10	27	56	120	30	206	25	1580	33	479	427	89	313	33	437	242	815	—	48

依法查处违法用地案件

1982年7月，松阳县对全县城乡乱占滥用耕地建房情况进行全面检查和清理。1986年4月，西屏镇政府出台《西屏镇建设用地管理办法》和《对违反用地管理行为的处置办法》，以规范集体企事业单位或个人用地建房（含生产用房）行为。5月1日公布实施。

1987年11月，西屏镇政府制定《清理违章建房补充规定》，规定1982年后，未经县土地管理部门（前期县农牧特产局）审批的新建房屋及未经县城建局和镇政府审批的旧屋拆迁或少批多建、买卖土地等非法占地行为，都属清理对象。古市镇等乡镇也分别组织力量，对违法违章用地行为进行查处。

图18-16　强制拆除违章建筑（县国土资源局提供 摄于1990年）

1995年，全县共查处土地违法案件195件，面积48614平方米，查处处理186件，面积23714平方米，查处处理率为95.4%，遗留9件。

1999年3～12月，古市镇筏铺村委会将该村的3565.5平方米土地非法出卖给25个农户建房，该村非法获得土地款28.84万元，实际收取土地款25.50万元。县土管局对该案件进行查处。

2001年9月，对松阳天工钼业有限公司未经批准，非法占用松阳县象溪镇鲁峰村村集体及一组、二组、三组、五组、十组、十一组等14672.83平方米土地用于建造尾矿库、废石场及厂房的行为进行查处。

2002年，望松乡政府在项目用地未经报批的情况下，指派乡工业办公室与某公司、王村村委会、草塔村委会签订“征地协议”，非法征地47.5亩。县国土资源局对此案件进行依法处理，县政府、市国土资源局发文对该案件进行通报。

2007年，县国土资源局开展巡查157次、487人次，发现并制止违法用地36件，涉及土地面积16270平方米，拆除违法建筑4186.2平方米；查处违法用地案件58件，涉及土地面积1.592公顷。土地违法案件专项行动和土地执法“百日行动”期间，共立案查处土地违法案件30件，违法面积0.84公顷，全部作出行政处罚。2008年，全县共发现土地违法案件45件，面积0.68公顷，发现率、制止率均100%；立案查处各类国土资源违法案件30件，面积4.01公顷，查处处理30件，查结率100%。2009年，全县共立案查处违法用地案件44起，面积5707.74平方米，查处处理44件，查结率100%。

2010年，立案查处土地违法案件28件，结案28件，结案率100%。

调解土地纠纷、信访案件

土地纠纷，即指对某一宗地或边际等使用权的占有、收益和处分等发生异说、争执，以至发生纠纷。一般土地纠纷有三：一是土地权属纠纷，属民事纠纷；二是土地管理行政争议，或称行政纠纷；三是土地承包经营和国有土地使用权出让、转让合同纠纷。三类纠纷的性质不同，解决的途径、程序和适用的法律也不同。一方侵犯另一方的土地使用权，或者土地承包、国有土地使用权出让、转让等合同发生纠纷，应及时组织双方当事人，进行协商调解为主，调解不成立，可提请乡（镇）人民政府或县级以上人民政府参与调处，调处不成，可申请仲裁，也可直接向人民法院提起诉讼。

1990～2002 年，共调解处理土地权属争议 469 起，其中宅基地纠纷 307 起，历史遗留 39 起，土地管理行政争议 53 起，其他争议 70 起。

县土地管理局设立前，群众在使用土地领域遇到问题，大多直接找当地政府，或向当时兼管土地工作的县农牧特产局（或城建局）反映，请求支持或解决。1987 年始，国家规定每月的 25 日为土地信访接待日。土地管理局设立之后，内设信访接待室，专职负责接待或受理人民来信来访。领导重视信访，建立来信来访登记。

1995 年，松阳县共接待人民来信来访 117 起，结案 115 起；办结率 98.3%。1990～2002 年末，县国土资源局办理咨询 206 件次；接受来信来访 543 件次，土管局自办的 452 件，交办的 91 件，结案率 98.5%。

2005 年，县国土资源局共受理来信 40 件，办理 40 件，办结率 100%；接待来访 45 批 103 人次，办结率 100%。2007 年，县国土资源局共受理来信来访 74 件，结案 74 件，办结率 100%；接待来访 81 批 128 人次，办结率 100%。2008 年，县国土资源局共受理来信来访 70 件，报结 70 件，报结率 100%；收到上级下转信访 33 件，立案 7 件，结案 7 件，结案率 100%；向市局申请复查 2 件，向省厅申请复核 1 件，均未被退回重新调查。

2009 年，县国土资源局共受理来信来访 96 件，办结 96 件，办结率 100%；收到上级转办信访件 48 件，办结 48 件，办结率 100%。2010 年，县国土资源局共受理群众信访 81 件，来访 20 批 35 人次，全部办结。

创建土地管理“三无”乡镇

1991 年 6 月始，松阳县开展创建土地管理“三无”乡镇活动，即“无违法批地，无违法管地，无违法用地”。各乡镇党委以宣传土地管理法律法规为导向，采取多种形式的宣传活动。每年辅以不少于两次的执法大检查。发现违法用地行为，即依法按程序查处。

健全各种办事规章制度，规范非农建设用地管理，坚持集体讨论、一支笔审批的用地制度。在审批非农建设用地时，做到“三个一，五不准”和“四公开”制度，对建设用地做到“四到场”全程管理，同时，建立施工管理制度，各村村规民约中有关土地管理的条文，务须公布于墙，做到有章可循。乡镇均设由 6 人组成的创“三无”活动领导小组。行政村则选配 1～3 人为土地管理监察员，并与土地管理员签订土地管理目标责任制。做到月月汇报，季季检查，年度验收考核。

1995 年 12 月，经年终考核验收，全县有新兴等 12 个乡镇土地管理实现“三无”标准，比 1993 年增加望松乡、樟溪乡、三都乡、斋坛乡、叶村乡、大东坝镇、竹源乡、裕溪乡 8 个乡镇。1995 年，新兴乡被评为全国土地管理“三无”乡镇活动模范乡；赤寿乡被评为全省土地管理“三无”乡（镇）活动先进集体。1999 年后，改为创建“土地管理模范乡镇”活动。

第五节　国土资源管理机构

旧时土地管理机构

明代，设课税局，掌管县级贡、赋（田粮）课。清末，县级田赋未设机构，配钱谷师爷为幕僚帮办丁役若干管理赋税事宜，知县负径征之责。

民国初年，县公署设赋税征收员，征管地丁、契税及土地册籍造串及征收过户划拨。民国16年（1927），县设钱粮总柜，后称征地处，征收地丁、抵补金。总柜设主任、司会员、催收税务等34人。由掌册员、管串员管理土地赋册，办理土地变动的征收过户，征收田赋和契税。民国20年，更名田赋管理处。民国27年，田赋与县税机构合并为赋税征收处，下设田赋股，办理田赋册串资料及征收业务。民国30年9月，田赋改征实物，成立田赋管理处,县税业务单独划出。民国31年7月，改名田赋粮食管理处，由县长兼处长。民国32年10月，设立县地籍测量组，办理城乡及古市镇土地测量业务，开始土地编查，造具册籍，将土地分段、定价，供试办土地增值税、城区地价税和改良物之依据。

民国35年（1946），县级撤销田赋粮食管理处，改为田粮科，征收法币。民国37年，田赋仍征收实物，成立县田赋粮食征收处，后并入县税捐稽查处，直至中华人民共和国成立。

中华人民共和国成立后土地资源管理机构

1950年，县、区、乡建立土地整理委员会，实行土地改革。1951年，县、区、乡分别成立发证委员会，负责发放土地房产所有权证。是年，将房地产管理划给财税部门。1958年，松阳并入遂昌县。1963年6月，县建立私房用地审批制度，业务由县民政科管理；1969～1976年，土地管理由县革命委员会生产指挥组农业水电局管理。1977～1981年，由县农业局秘书股兼管。1982年，恢复松阳县建置后，由县农业局负责。是年，农业局设立土地管理办公室，有工作人员2人。1987年改设土地管理股，设员3人。

1988年3月11日，松阳县土地管理局建立，人员编制10人。原县农牧特产局土地管理股3人随同财、物划归土管局，设办公室、建设用地管理股、地籍管理股。1989年3月，在原设1个室2个股的基础上增设地政监察股、土地资源开发股，至此行政股室为1个室4个股。

2001年10月，机构改革时并入土管局的地质矿产办公室在以前也有较长的发展过程。1984年9月，组建的松阳县矿业公司（性质企业）隶县工业局。1989年4月，改称县计经委矿产科，隶县计经委。1991年8月，改称矿产开发管理办公室。1997年6月，称县地质矿产办公室，隶县经委。至2001年10月，并入县土地管理局。2001年10月19日，松阳县国土资源局成立，人员编制定为行政编制13人（含工勤人员），其中局长1人、副局长3人、纪检组长1人；科室领导职数6个。强化的职能是，强化国土资源规划管理，在保护生态环境的前提下，加强土地、矿产等自然资源的规划、管理、保护和合理开发利用，尤其要加强土地管理和耕地保护，确保全县耕地问题动态平衡，强化地质环境保护、矿山生态环境保护和地质灾害防治工作。

2010 年，县国土资源局内设 12 个职能科室。

1988～2010 年松阳县国土资源系统内部机构设置表

表 18-8-5-1

年　月	机构设置
1988.03～1989.02	行政股室：办公室（财会、文秘）、建设用地管理股（建设用地管理，地政管理） 事业单位：西屏镇土地管理所、乡（镇）土地管理小组 党群组织：党支部、团支部、工会
1989.03～1993.07	行政股室：办公室、地籍管理股、建设用地管理股、地政监察股、土地监察中队（合并办公）、土地资源开发股 事业单位：各乡（镇）土地管理站、统一征地事务所、土地勘测队 党群组织：中共松阳县土管局党组（1990.11，建立）、党支部、团支部、工会
1993.08～1998.07	行政股室：办公室、地籍股、建设用地管理股、地政监察股、土地规划股 事业单位：基层中心土地管理所、统一征地事务所、土地登记所、土地估价交易中心、土地执法大队（与地政监察合并办公） 党群组织：党组、党支部、团支部、工会、妇委会
1998.08～2002.05	行政股室：办公室、地籍股、建设用地管理股、地政监察股、土地规划股、地矿办 事业单位：土地执法大队（与地政监察股合并办公）、土地整理中心、土地储备中心、基层中心土地管理所、统一征地事务所、土地勘测所、土地估价交易中心 党群组织：党组、党支部、工会、妇委会
2003.06～2010	行政股室：办公室、地籍管理科、规划耕保科、矿产资源管理科、土地利用科 事业单位：国土资源执法监察大队、地质环境监测站、土地开发整理中心、土地储备中心、统一征地事务所、土地规划勘测所、土地估价交易中心、土地调查登记所 党群组织：局党委、党支部、工会、妇委会

说明：统一征地事务所、土地规划勘测所、土地估价交易中心、土地调查登记所、土地开发整理中心、土地储备中心为自收自支事业单位。执法大队为拨款事业单位

所属事业单位

2002 年，松阳县国土资源局内设 5 个行政科室外，按照行政职能转变要求及实际业务工作需要，下设 7 个事业单位，财政除执法大队系全额财政拨款外，其余 6 个单位财政均为自收自支。在行政科室主导下，事业单位均各自承担业务主体工作。2010 年，松阳县国土资源局是主管土地、矿产等自然资源和矿产及地质环境的规划、管理、保护与合理利用的县政府组成部门。下属事业单位有国土资源执法监察大队（参公）、土地调查登记所、地质环境监测站、统一征地事务所、土地开发整理中心、土地储备中心、土地交易中心、土地规划勘测所 8 个。

松阳县土地监察执法大队：其前身为土地监察执法中队，成立于 1989 年 2 月 15 日。其后为加强监察执法工作力度，1997 年 10 月升格为大队。主要职责是负责对国土资源管理法律、法规和政策的执行情况实施监察检查；依法查处国土资源违法案件；监督国土资源违法案件处罚决定的执行，协助人民法院对国土资源违法案件进行强制执行；承担县政府和县局交办的其他任务。

松阳县统一征地事务所：1990 年 10 月 12 日成立。主要职责是依照《中华人民共和国土地管理法》等法律法规的规定，代表县政府对松阳县范围内的国家、集体建设项目实施统一征地工作；承担县政府和县局交办的其他任务。

松阳县土地登记所：1994 年 9 月 26 日成立。主要职责是承担全县土地利用现状调查、城乡土地所有权、使用权调查登记、土地使用权用途分类统计、土地登记档案管理工作；协助勘测所做地籍图的测量工作；承担县局交办的其他任务。

松阳县土地勘测队（所）：含国土资源信息中心，1992 年 4 月 15 日成立。主要职责是承担全县城乡地籍调查和征地勘测定界的测绘工作；负责全县国土资源规划、土地利用总体规划和各类土地利用专项规划的编制工作；承担国土资源及其利用状况的动态监测；国土资源信息系统建设、更新、维护工作；国土资源信息处理、分析；信息的发布与交流；信息查询与咨询服务；信息业务培训；开展国土资源方面科学研究和技术交流工作；承担县局交办的其他任务。

松阳县土地开发整理中心：2001 年 10 月 17 日成立。主要职责是负责松阳县土地开发整理的规划编制、项目设计与组织实施工作；参与全县土地开发整理的规划编制与组织实施工作；承担县局交办的其他任务。

松阳县土地储备中心：2001 年 10 月 17 日成立。主要职责是代表县政府依法实施国有土地使用权收购、储备工作；承担储备土地出让的前期工作和县政府、县局交办的其他任务。

松阳县地产评估交易中心：其前身为松阳县地产、地价事务所，于 1993 年 5 月 29 日成立。1994 年 9 月 26 日改名为松阳县地产评估交易中心。主要职责是代表县国土资源部门对划拨土地使用权、集体土地使用权、矿业权转让和出租等交易活动实施管理和办理相关手续。

土地调查登记所：其前身为松阳县土地登记所，于 1994 年 7 月 28 日成立。1996 年 10 月 31 日，撤销土地登记所，设立土地调查登记所。主要职责是承担全县城乡土地所有权、使用权、经营权和他项权利的调查，登记审核的具体工作。